Klett's Modern German and English Dictionary

Klett's Modern German and English Dictionary

SECOND EDITION

ENGLISH—GERMAN/GERMAN—ENGLISH
Edited by Professor Erich Weis

English-German by
Professor Erich Weis

Introduction and
Special German Grammar Section by
Charles J. James, Ph.D.
University of Illinois at Chicago

Originally published in the
Federal Republic of Germany by
Ernst Klett Verlag, Stuttgart

National Textbook Company
a division of *NTC Publishing Group* • Lincolnwood, Illinois USA

This edition first published in 1993 by National Textbook Company,
a division of NTC Publishing Group,
4255 West Touhy Avenue, Lincolnwood (Chicago), Illinois 60646-1975 U.S.A.
which has been granted exclusive publishing rights throughout the United
States of America, its territories and possessions and Canada. All rights
reserved. No part of this publication may be reproduced, stored in a retrieval
system or transmitted in any form or by any means, electronic, mechanical,
photocopying, recording, or otherwise, without the prior written permission
of the publisher. Original copyright © 1991 by Ernst Klett Verlag Stuttgart,
Federal Republic of Germany.

The ISBN of National Textbook Company is 0-8442-2871-0

The ISBN of Ernst Klett Verlag is 3-12-517101-6

3 4 5 6 7 8 9 BP 9 8 7 6 5 4 3 2 1

Contents

Contents

INTRODUCTION

This newly revised and updated edition of *Klett's Modern German and English Dictionary* is a highly practical reference designed as an aid to students, teachers, translators, scholars, business people—virtually anyone working with the German language. The revised and updated edition contains more than **5,000** new words and senses reflecting changes and developments in both the English speaking countries and German speaking countries in the past few years.

As a comprehensive guide to contemporary German, the dictionary concentrates on the most important words of everyday language, as well as on numerous compounds, technical terms, and idiomatic expressions. Frequently, carefully chosen examples illustrate the proper context in which a word can be used.

Other features add to the usefulness of the reference. German noun plurals and irregular verbs are indicated within individual entries. In a special reference section, the most frequently used irregular verbs are conveniently listed with their principal parts. Correct pronunciation is indicated by means of the IPA international alphabet.

In addition, at the beginning of the dictionary, a special summary of German grammar, prepared by Professor Charles J. James of the University of Illinois, serves as a concise yet thorough guide to the general patterns and exceptions within the German language. Subjects treated by Professor James include noun gender and case; articles; demonstratives; adjective agreement; comparatives and superlatives; irregular adjectives and adverbs; regular and irregular verbs in all tenses, voices, and moods; prepositions; and question words. This digest of German grammar will be of particular use to students of German, who will find at their fingertips a condensed summary of the most important grammatical elements of the German language.

All these convenient features have been set in an easy-to-use format that is exceptionally clear—with larger type than in comparable dictionaries and boldface typography used in ways that clarify the presentation of information.

For its comprehensiveness, clarity, and practicality, *Klett's Modern German and English Dictionary* is an invaluable tool for the professional or general reader working with the German language or people. Together, National Textbook Company and Ernst Klett Verlag of Stuttgart have published this dictionary to provide readers with a complete and highly functional reference work for the German language.

SUMMARY OF GERMAN GRAMMAR

Nouns (Substantives)

The gender of German nouns is identified by the endings attached to articles and to demonstratives. Since grammatical gender has little to do with natural gender (sex) in German, a noun is replaced by its appropriate pronoun. Note that in the PLURAL no distinction is made as to gender:

SINGULAR			
der Tisch	**er**	[the table	it]
die Tasche	**sie**	[the pocket	it]
das Tuch	**es**	[the cloth	it]
PLURAL			
die Tische	**sie**	[the tables	they]
die Taschen	**sie**	[the pockets	they]
die Tücher	**sie**	[the cloths	they]

The PLURAL is formed in a number of ways. Nouns ending in -e usually add an -n:

die Tasche	die Taschen	[pocket (s)]
der Kunde	die Kunden	[customer (s)]
das Auge	die Augen	[eye (s)]

Many masculine (der) nouns add an -e:

der Tisch	die Tische	[table (s)]
der Tag	die Tage	[day (s)]
der Arm	die Arme	[arm (s)]

Many feminine (die) nouns add an -en:

die Tür	die Türen	[door (s)]
die Uhr	die Uhren	[clock (s)]
die Frau	die Frauen	[woman (women)]

A number of very common nouns, both masculine *(der)* and feminine *(die)* add an -*e* and umlaut the stem vowel:

der Stuhl	die Stühle	[chair (s)]
der Stand	die Stände	[stand (s)]
der Kopf	die Köpfe	[head (s)]
die Hand	die Hände	[hand (s)]
die Nacht	die Nächte	[night (s)]
die Wand	die Wande	[wall (s)]

Several masculine *(der)* and feminine *(die)* nouns umlaut the stem-vowel:

der Mantel	die Mäntel	[(over) coat (s)]
der Garten	die Gärten	[garden (s), yard (s)]
der Vater	die Väter	[father (s)]
der Bruder	die Brüder	[brother (s)]
die Mutter	die Mütter	[mother (s)]
die Tochter	die Töchter	[daughter (s)]

Most masculine *(der)* and neuter *(das)* nouns ending in -*er* add nothing in the plural:

der Lehrer	die Lehrer	[teacher (s)]
der Arbeiter	die Arbeiter	[worker (s)]
das Fenster	die Fenster	[window (s)]
das Zimmer	die Zimmer	[room (s)]
das Laster	die Laster	[(moral) vice (s)]
der Laster	die Laster	[truck (s)]

Many common masculine *(der)* nouns referring to people add an -*en:*

der Mensch	die Menschen	[human being (s)]
der Pilot	die Piloten	[pilot (s)]
der Student	die Studenten	[student (s)]

All feminine *(die)* nouns derived from the masculine counterpart and ending in *-in* add *-nen:*

die Lehrerin	die Lehrerinnen	[teacher (s)]
die Studentin	die Studentinnen	[student (s), "coed (s)"]
die Arbeiterin	die Arbeiterinnen	[worker (s)]

Several common masculine *(der)* and neuter *(das)* nouns add an *-er* and umlaut the stem-vowel in the plural:

der Mann	die Männer	[man (men)]
das Buch	die Bücher	[book (s)]
der Gott	die Götter	[god (s)]
das Dorf	die Dörfer	[village (s)]

● A number of patterns for determining the gender and the plural form of a given noun are discussed in the explanations on pp. iv-vi at the beginning of the German-English section of this dictionary.

Case

All nouns and pronouns are inflected for case. There are four cases:

Nominative: the subject, used often with the verbs *sein* [to be], *werden* [to become], *heißen* [to be called], *aussehen (wie)* [to look (like)], etc;

Accusative: the direct object of most transitive verbs; also follows the prepositions *bis* [until, up to], *durch* [through], *für* [for], *gegen* [against], *ohne* [without], *um* [around];

Dative: the indirect object; also follows the prepositions *ab* [from this point on], *aus* [out of], *außer* [except], *bei* [at], *gegenüber* [opposite], *mit* [with], *nach* [after, towards], *seit* [since], *von* [of, from], *zu* [to];

Genitive: the possessive case; also follows the prepositions *(an) statt* [instead of], *trotz* [in spite of], *während* [during], *wegen* [because of], *innerhalb* [inside of], *außerhalb* [outside of], *oberhalb* [above], *unterhalb* [below].

Definite Article

The endings for case, number, and gender can be illustrated on the definite article (= English "the"):

	SINGULAR			PLURAL
	Masculine	Feminine	Neuter	
Nominative	der	die	das	die
Accusative	den	die	das	die
Dative	dem	der	dem	den
Genitive	des	der	des	der

Demonstratives

The following demonstratives have <u>exactly the same ending as the definite article</u>:

dieser	[this]
welcher	[which]
jener	[that (rare in spoken German)]
solcher	[such a, (a) . . . like that]
mancher	[many a, many (usually replaced by *viel(e)* in the plural)]
aller	[all (singular rare)]
jeder	[(every, each (no plural!)]

The following demonstratives have the same endings as the definite article except for the masculine singular nominative, the neuter singular nominative, and the neuter singular accusative:

ein	[one, a/an (no plural!)]
kein	[no, not a]
mein	[my]
dein	[your - <u>familiar singular</u>]
sein	[his, its]
ihr	[her, their]
Ihr	[your - <u>polite singular and plural</u>]
unser	[our]
euer	[your - <u>familiar plural</u>]

Adjectives

Adjectives have no special endings when they follow the noun. They take gender, number, and case endings when they precede or replace the noun.

1. If there are only adjectives in front of the noun, they all take the same endings as the definite article, with the exception of the genitive singular masculine and neuter:

	SINGULAR			PLURAL
	Masculine	Feminine	Neuter	
Nom.	guter Wein	gute Milch	gutes Wasser	gute Getränke
Acc.	guten Wein	gute Milch	gutes Wasser	gute Getränke
Dat.	gutem Wein	guter Milch	gutem Wasser	guten Getränken
Gen.	gut<u>en</u> Weines	guter Milch	gut<u>en</u> Wassers	guter Getränke
	[good wine	good milk	good water	good drinks]

- All nouns take an -*n* in the dative plural, with the exception of those "foreign words" which form their plural by adding -*s*.
- Masculine and neuter singular nouns normally take -*(e)s* in the genitive!

2. If there are adjectives preceded by a demonstrative with all the endings illustrated for the definite article, then the adjectives receive endings according to the following table:

	SINGULAR			PLURAL
	Masculine	Feminine	Neuter	
Nominative	e	e	e	en
Accusative	en	e	e	en
Dative	en	en	en	en
Genitive	en	en	en	en

	SINGULAR		
	Masculine	Feminine	Neuter
Nom.	der gute Wein	die gute Uhr	das gute Buch
Acc.	den guten Wein	die gute Uhr	das gute Buch
Dat.	dem guten Wein	der guten Uhr	dem guten Buch
Gen.	des guten Weines	der guten Uhr	des guten Buches
	[the good wine	the good clock	the good book

	PLURAL
Nom.	die guten Menschen
Acc.	die guten Menschen
Dat.	den guten Menschen
Gen.	der guten Menschen
	the good people]

● The demonstratives like *ein, kein,* etc. do not have endings in the masculine and neuter nominative singular and in the neuter accusative singular. The adjectives which follow them take the corresponding definite article endings:

ein alter Tisch	[an old table]
der alte Tisch	[the old table]
ein neues Buch	[an old book]
das alte Buch	[the old book]

Comparative/Superlative

The comparative of adjectives and adverbs is formed by adding *-er* to the base form. The superlative is formed by adding *(am)* . . . *-(e)ste(n)* to the base form.

klein	kleiner (als)	kleinste(n)
[small]	[smaller (than)]	[smallest]
fest	fester (als)	festeste(n)
[firm]	[firmer (than)]	[firmest]

Many common adjectives and adverbs require an umlaut in the comparative and superlative, including: *alt* [old], *jung* [young], *lang* [long], *groß* [large, great], *arm* [poor], *klug* [smart, intelligent], *warm* [warm], *kalt* [cold], *stark* [strong], *schwach* [weak], *kurz* [short], *rot* [red], *schwarz* [black], *hoch* [tall, high], *nah* [near].

alt	älter	älteste(n)
jung	jünger	jüngste(n)
groß	größer	größte(n)
hoch	höher	höchste(n) (Note irregularity!)
nah	näher	nächste(n)/naheste(n) (Note irregularity!)

The comparative and superlative forms of adjectives are full-fledged adjectives and take the endings listed above when used in front of nouns.

der kleine Tisch	[the small table]
der kleinere Tisch	[the smaller table]
der kleinste Tisch	[the smallest table]
die alten Menschen	[the old people]
die älteren Menschen	[the older people]
die ältesten Menschen	[the oldest people]

The superlative is frequently in the form *am . . . -sten* when it stands after a noun. This is <u>always</u> the case with adverbs.

am schönsten	am kleinsten	am ältesten	am größten

Dieses Buch ist das schönste/am schönsten.
[This book is the best.]

Er fährt am schnellsten.
[He travels the fastest.]

Irregular Adjectives/Adverbs

gut	besser	beste(n)
[good	better	best]
viel	mehr	meiste(n)
[much	more	(the)most]
bald	eher	am ehesten
[soon	sooner	soonest]
gern	lieber	am liebsten
[gladly]		

● *Gern* is an adverb used to indicate a liking for doing something:
  Ich singe gern.   [I like to sing.]
● *Lieber* indicates preference for something:
  Ich tanze lieber.   [I prefer to dance.]
● *Am liebsten* expresses the same idea as "most of all" in English:
  Ich lese am liebsten.   [I like to read most of all.]

Verbs

Present

Infinitive	machen [to do]	sehen [to see]	geben [to give]	fahren [to travel; to go]
ich [(I)]	mache	sehe	gebe	fahre
du [(you)]	machst	siehst	gibst	fährst
er [(he, it)] sie [(she, it)] es [(it)]	macht	sieht	gibt	fährt
wir [(we)]	machen	sehen	geben	fahren
ihr [(you)]	macht	seht	gebt	fahrt
sie [(they)] Sie [(you)]	machen	sehen	geben	fahren

- *Sie* is the formal form of address; *du* and *ihr* are the familiar forms of address (singular and plural respectively).

- Most German verbs form their present tense like *machen* above. Stem-vowel change verbs like *sehen, geben, fahren* include: *lesen, nehmen, tragen, waschen, treffen, essen, fressen, wachsen, fallen, geschehen*.

Past

Verbs like *machen* form their simple past tense base form by attaching -*te* to the stem (e.g. *mach-*), then adding the following endings:

ich	—	wir	-(e)n
du	-st	ihr	-t
man	—	sie	-(e)n

Verbs like *sehen, fahren, gehen, schlafen, finden, stehen*, etc., have an irregular simple past tense base form. See pp. xxiv-xxvii for the most common verbs. The above endings are added to the base form of all verbs in the simple past.

ich machte, sah	wir machten, sahen
du machtest, sahst	ihr machtet, saht
man machte, sah	sie machten, sahen

Past Participles

Most past participles are formed by adding *ge-* and *-t* to the verb stem:

machen - gemacht	suchen - gesucht	bohren - gebohrt
sagen - gesagt	buchen - gebucht	kochen - gekocht

Many common verbs, however, have a past participle beginning with *ge-* and ending with *-en* plus a change in the stem:

sprechen - gesprochen	beissen	- gebissen
klingen - geklungen	lügen	- gelogen
stehen - gestanden	liegen	- gelegen
bleiben - geblieben	gehen	- gegangen
sitzen - gesessen	stehen	- gestanden

For further details about the formation and use of the past participle, see pp. vii-viii at the beginning of the German-English section of this dictionary. The list of the most common strong (irregular) verbs is on pp. xxiv-xxvii of this section.

Present Perfect and Past Perfect

The present perfect is formed with the present tense of *haben* or *sein* plus the past participle placed at the end of the clause. The past perfect is formed with the simple past tense of *haben* or *sein* plus the past participle placed at the end of the clause.

Ich schreibe jeden Tag einen Brief.	(Present)
[I write a letter every day.]	
Ich habe gestern einen Brief geschrieben.	(Present Perfect)
[I wrote/have written a letter yesterday.]	
Ich hatte vorher einen Bericht geschrieben.	(Past Perfect)
[I had written a report beforehand.]	
Ich schrieb einen Brief und einen Bericht.	(Past)
[I wrote a letter and a report.]	

Wir fahren heute nach Österreich.	(Present)
[We go/are going to Austria today.]	
Wir sind gestern nach Frankfurt gefahren.	(Present Perfect)
[We went to Frankfurt yesterday.]	
Wir waren vorher nach Luxemburg gefahren.	(Past Perfect)
[We had gone to Luxemburg beforehand.]	
Wir fuhren nach Frankreich.	(Past)
[We went to France.]	

Auxiliary Verbs

Present

Infinitive:	sein [to be]	haben [to have]	werden [to become]
ich	bin	habe	werde
du	bist	hast	wirst
er, sie, es	ist	hat	wird
wir	sind	haben	werden
ihr	seid	habt	werdet
sie, Sie	sind	haben	werden

Past and Past Participle

ich	war	hatte	wurde
du	warst	hattest	wurdest
er, sie, es	war	hatte	wurde
wir	waren	hatten	wurden
ihr	wart	hattet	wurdet
sie, Sie	waren	hatten	wurden
Participle:	gewesen	gehabt	geworden, worden

Modal Verbs

Modal verbs include:

können	[can, able]
dürfen	[may, allowed to]
sollen	[should, ought to]
wollen	[want (to) - NEVER will/shall!]
müssen	[must, have to]
mögen	[like (to)]

● *Wollen* indicates intention or wish or plan. *Werden* is used to indicate the future.

Ich will morgen abend kommen.
[I want to come tomorrow evening.]
Ich werde morgen abend kommen.
[I will/am going to come tomorrow evening.]

Their present tense plural forms are perfectly regular. The singular forms have certain pecularities:

ich	kann, soll, will, muß, darf, mag
du	kannst, sollst, willst, mußt, darfst, magst
er, sie, es	kann, soll, will, muß, darf, mag

Their simple past tense forms are listed on pp. xxiv–xxvii. The present and past perfect tenses of modals are formed with the *ge-* plus *-t* past participle, but only when the modal is used as a full verb. In practice, however, a form that looks like the infinitive is placed after the verb infinitive containing the main idea of the sentence:

Du kannst nicht treu sein.	(Present)
[You cannot be faithful.]	
Du konntest nicht treu sein.	(Past)
[You could not be faithful.]	
Du hast nicht treu sein können.	(Present Perfect)
[You have not been able to be faithful.]	
Du hattest nicht treu sein können.	(Past Perfect)
[You had not been able to be faithful.]	

● All modal verbs take *haben* in the compound tenses!

Werden: Future and Passive

The future tense is formed with the present tense indicative of *werden* plus the infinitive at the end of the clause. In this respect, *werden* functions exactly like a modal verb.

Ich *werde* die Zeitung *lesen.*
[I will read the newspaper.]
Mein Freund *wird* die Zeitung *lesen.*
[My friend will read the newspaper.]
Wir *werden* alle eine Zeitung *lesen!*
[We will all read a newspaper.]

The passive voice is formed with the appropriate tense of *werden* plus the past participle placed at the end of the clause. The only difference is in the present or past perfect, which require *worden* instead of *geworden* as the past participle of *werden*.

Die Zeitung *wird gelesen.* (Present)
[The newspaper is (being) read.]
Die Zeitung *wurde gelesen.* (Past)
[The newspaper was (being) read.]
Die Zeitung *ist gelesen worden.* (Present Perfect)
[The newspaper has been/was read.]
Die Zeitung *war gelesen worden.* (Past Perfect)
[The newspaper had been read.]
Die Zeitung *wird gelesen werden.* (Future)
[The newspaper will be read.]

Subjunctive

The subjunctive is used to indicate wishes or statements contrary to fact. Its equivalent in English is the modal verb "would" plus the infinitive, as in "I would go to the store if there were time." The present tense subjunctive is formed by taking the simple past and adding the following endings, to the extent that the ending isn't there already:

ich	-e		wir	-en
du	-est		ihr	-et
man	-e		sie	-en

In the case of "weak" (regular) verbs, the past tense indicative and the present tense subjunctive are usually exactly the same forms. In the case of "strong" (irregular) verbs, the stem vowel will be umlauted if possible.

ich machte, suchte, kochte, bohrte, sagte
[I would do, look for, cook, bore, say]
ich hätte, wäre, führe, gäbe, sähe, müßte
[I would have, be, go, give, see, have to]

It is possible to use the subjunctive of *werden* (= *würde*) with the infinitive to create the subjunctive of most verbs, although the "pure" subjunctive of the verbs *sein, haben, können, dürfen, sollen, wollen, müssen, mögen* is normally preferred.

The past tense subjunctive is formed by using the present tense subjunctive of *haben* or *sein* plus the past participle placed at the end of the clause. Its equivalent in English is "would have" plus the past participle, as in "I would have read the newspaper, if there had been time."

---

ich hätte . . . . . gemacht, gesucht, gekocht, gebohrt, gesagt
[I would have . . . . . done, looked for, cooked, bored, said]
ich wäre . . . . . gewesen, gegangen, gereist, geflogen
[I would have . . . . . been, gone, traveled, flown]

Prepositions

Prepositions govern the accusative, dative, or genitive cases. The prepositions listed under Case above are always used with that particular case. In addition, the following prepositions are used with the dative when they indicate location in space or time or with the accusative when they indicate change of location in space or time.

---

an	[at (location near a vertical surface!)]
auf	[on (location near a horizontal surface!)]
hinter	[behind]
in	[in]
neben	[next to]
über	[above, over]
unter	[below, under]
vor	[in front of]
zwischen	[between]

Das Buch liegt auf dem Tisch.
[The book is lying on the table.]
Ich lege das Buch auf den Tisch.
[I am laying/putting the book on(to) the table.]
Wir sitzen in der Bibliothek.
[We are sitting in the library.]
Wir gehen in die Bibliothek.
[We are going in(to) the library.]

It is possible to replace most prepositional phrases by a word beginning with *da(r)-* or *wo(r)-*:

darauf	worauf?	[on it on what?]
daraus	woraus?	[out of it out of what?]
dabei	wobei?	[at it at what?]
dadurch	wodurch?	[through it through what?]
dafür	wofür?	[for it for what?]
dagegen	wogegen?	[against it against what?]
dahinter	wohinter?	[behind it behind what?]
darin	worin?	[in it in what?]
damit	womit?	[with it with what?]
danach	wonach?	[after it after what?]
darunter	worunter?	[under it under what?]
davon	wovon?	[from it from what?]
davor	wovor?	[in front of it in front of what?]

- The prepositions governing the genitive do not have replacements with *da(r)-* or *wo(r)-*. Instead the *da(r)-* equivalents are:

  *statt*dessen
  *während*dessen
  *trotz*dem
  des*wegen*

The same applies to the following prepositions as well:

  *außer*dem
  *ohne*dies
  *seit*dem

- The *da(r)-* and *wo(r)-* compounds cannot be used in reference to people. Instead the preposition plus the appropriate pronoun must be used.

Ich schreibe mit einem Bleistift; ich schreibe *damit*.
[I write with a pencil; I write with it.]
Ich arbeite mit Kindern; ich arbeite *mit ihnen*.
[I work with children; I work with them.]

Pronouns

Personal Pronouns

		SINGULAR			
Nominative	ich	du	er	sie	es
Accusative	mich	dich	ihn	sie	es
Dative	mir	dir	ihm	ihr	ihm
(Genitive	meiner	deiner	seiner	ihrer	seiner)
	[I	you (fam)	he	she	it]

	PLURAL		
Nominative	wir	ihr	sie/Sie
Accusative	uns	euch	sie/Sie
Dative	uns	euch	ihnen/Ihnen
(Genitive	unserer	eurer	ihrer/Ihrer)
	[we	you (fam)	they/you (pol)]

● The genitive of personal pronouns is listed here for reference only. It is rarely used in modern spoken German.

Reflexive Pronouns

		SINGULAR					PLURAL	
Accusative	mich	dich	sich	sich	sich	uns	euch	sich/sich
Dative	mir	dir	sich	sich	sich	uns	euch	sich/sich

Relative Pronouns

	SINGULAR			PLURAL
	Masculine	Feminine	Neuter	
Nominative	der	die	das	die
Accusative	den	die	das	die
Dative	dem	der	dem	denen
Genitive	dessen	deren	dessen	deren

Question Pronouns

Nominative	wer?	[who?]	was?	[what?]
Accusative	wen?	[whom?]	was?/wo(r)-?	[what?]
Dative	wem?	[(to) whom?]	---/wo(r)-?	[(to) what?]
Genitive	wessen?	[whose?]	wessen?	[whose?]

- *Wo(r)-?* is used with prepositions: *wozu?, worauf?, womit?, worin?,* etc.
- *Wessen?* is usually avoided in modern spoken German, being replaced by *von wem?* or *von was?* or *wovon?.*

Other Pronouns

man	[one, they, you, people]
nichts	[nothing]
viel	[much, a lot]
viele	[many]
alles	[everything]
alle	[everybody, everyone, all]
etwas	[something, somewhat]
einige	[some, several, a few]
wenige	[few]
(ein) wenig	[(a) little]
ein bißchen	[a little]

Other Question Words

wann?	[when?]
wo?	[where?]
wie?	[how?]
warum?	[why?]
wieviel(e)?	[how much (many)?]
wieso?	[how come?]
wohin?	[where . . . to?]
woher?	[where . . . from?]
wie oft?	[how often?]
wie lange?	[how long?]

THE MOST IMPORTANT IRREGULAR GERMAN VERBS

Derivatives and compounds are listed under the basic verb

Ex. 'ab/brechen' under 'brechen.'

Infinitive	Past	Past Participle	Infinitive	Past	Past Participle
backen	backte (buk)	gebacken	fangen	fing	gefangen
befehlen	befahl	befohlen	fechten	focht	gefochten
beginnen	begann	begonnen	finden	fand	gefunden
beißen	biß	gebissen	flechten	flocht	geflochten
bergen	barg	geborgen	fliegen	flog	geflogen ⟨sein⟩
bersten	barst	geborsten ⟨sein⟩	fliehen	floh	geflohen ⟨sein⟩
bewegen	bewog	bewogen	fließen	floß	geflossen ⟨sein⟩
biegen	bog	gebogen			
bieten	bot	geboten	fressen	fraß	gefressen
binden	band	gebunden	frieren	fror	gefroren ⟨sein⟩
bitten	bat	gebeten			
blasen	blies	geblasen	gären	gor(gärte)	gegoren (gegärt) ⟨sein⟩
bleiben	blieb	geblieben ⟨sein⟩			
bleichen	bleichte (blich)	gebleicht (geblichen) ⟨sein⟩	gebären	gebar	geboren
			geben	gab	gegeben
braten	briet	gebraten	gedeihen	gedieh	gediehen ⟨sein⟩
brechen	brach	gebrochen	gehen	ging	gegangen ⟨sein⟩
brennen	brannte	gebrannt			
bringen	brachte	gebracht	gelingen	gelang	gelungen ⟨sein⟩
denken	dachte	gedacht			
dreschen	drosch (drasch)	gedroschen	gelten	galt	gegolten
			genesen	genas	genesen ⟨sein⟩
dringen	drang	gedrungen ⟨sein⟩			
			genießen	genoß	genossen
dürfen	durfte	dürfen, gedurft	geschehen	geschah	geschehen ⟨sein⟩
empfehlen	empfahl	empfohlen	gewinnen	gewann	gewonnen
essen	aß	gegessen	gießen	goß	gegossen
fahren	fuhr	gefahren ⟨sein⟩	gleichen	glich	geglichen
fallen	fiel	gefallen	gleiten	glitt(gleitete)	geglitten (gegleitet) ⟨sein⟩

Infinitive	Past	Past Participle	Infinitive	Past	Past Participle
glimmen	glomm, glimmte	geglom- men, ge- glimmt	melken	melkte, molk	gemolken, gemelkt
			messen	maß	gemessen
graben	grub	gegraben	mißlingen	mißlang	mißlungen
greifen	griff	gegriffen			⟨sein⟩
haben	hatte	gehabt			
halten	hielt	gehalten	mögen	mochte	mögen, ge- mocht
hängen	hing	gehangen	müssen	mußte	müssen, ge-
hauen	haute	gehauen			mußt
heben	hob (hub)	gehoben	nehmen	nahm	genommen
heißen	hieß	geheißen (gehießen)	nennen	nannte	genannt
			pfeifen	pfiff	gepfiffen
helfen	half	geholfen	pflegen	pflog	gepflogen
kennen	kannte	gekannt	preisen	pries	gepriesen
kiesen	kor	gekoren	quellen	quoll	gequollen
klimmen	klomm, klimmte	geklom- men, ge- klimmt ⟨sein⟩	raten	riet	⟨sein⟩ geraten
			reiben	rieb	gerieben
			reißen	riß	gerissen
klingen	klang	geklungen			⟨sein⟩
kneifen	kniff	gekniffen	reiten	ritt	geritten
kommen	kam	gekommen ⟨sein⟩			⟨sein⟩
			rennen	rannte	gerannt
können	konnte	konnen, ge- konnt			⟨sein⟩
			riechen	roch	gerochen
laden	lud	geladen	ringen	rang	gerungen
lassen	ließ	lassen, ge- lassen	rinnen	rann	geronnen ⟨sein⟩
laufen	lief	gelaufen ⟨sein⟩	rufen	rief	gerufen
			salzen	salzte	gesalzen (gesalzt)
leiden	litt	gelitten			
leihen	lieh	geliehen	saufen	soff	gesoffen
lesen	las	gelesen	saugen	sog, saugte	gesogen, gesaugt
liegen	lag	gelegen			
löschen	losch	geloschen ⟨sein⟩	schaffen	schuf, schaffte	geschaffen, geschafft
lügen	log	gelogen	schallen	schallte, scholl	geschallt
mahlen	mahlte	gemahlen			
meiden	mied	gemieden	scheiden	schied	geschieden ⟨sein⟩
			scheinen	schien	geschienen
			scheißen	schiß	geschissen
			schelten	schalt	gescholten
			scheren	schor (scherte)	geschoren (geschert)

Infinitive	Past	Past Participle	Infinitive	Past	Past Participle
schieben	schob	geschoben	sieden	sott,	gesotten,
schießen	schoß	geschossen ⟨sein⟩		siedete	gesiedet
			singen	sang	gesungen
schinden	schund	geschunden	sinken	sank	gesunken ⟨sein⟩
schlafen	schlief	geschlafen			
schlagen	schlug	geschlagen	sinnen	sann	gesonnen
schleichen	schlich	geschlichen ⟨sein⟩	sitzen	saß	gesessen ⟨sein⟩
schleifen	schliff	geschliffen	sollen	sollte	sollen, ge-sollt
schleißen	schliß (schleißte)	geschlissen (geschleißt)	spalten	spaltete	gespaltet, gespalten
schließen	schloß	geschlossen	speien	spie	gespie(e)n
schlingen	schlang	geschlungen	spinnen	spann	gesponnen
schmeißen	schmiß	geschmissen	spleißen	spliß	gesplissen
schmelzen	schmolz (schmelzte)	geschmolzen (geschmelzt) ⟨sein⟩	sprechen	sprach	gesprochen
			sprießen	sproß	gesprossen ⟨sein⟩
schneiden	schnitt	geschnitten	springen	sprang	gesprungen ⟨sein⟩
schrecken	schreckte, schrak	geschreckt (geschrok-ken) ⟨sein⟩	stechen	stach	gestochen ⟨sein⟩
			stehen	stand	gestanden ⟨sein⟩
schreiben	schrieb	geschrie-ben	stehlen	stahl	gestohlen
schreien	schrie	geschrie(e)n	steigen	stieg	gestiegen ⟨sein⟩
schreiten	schritt	geschritten ⟨sein⟩	sterben	starb	gestorben ⟨sein⟩
schweigen	schwieg	geschwie-gen	stinken	stank	gestunken
schwellen	schwoll	geschwol-len ⟨sein⟩	stoßen	stieß	gestoßen ⟨sein⟩
schwimmen	schwamm	geschwommen ⟨sein⟩	streichen	strich	gestrichen ⟨sein⟩
schwinden	schwand	geschwunden ⟨sein⟩	streiten	stritt	gestritten
			tragen	trug	getragen
schwingen	schwang	geschwungen	treffen	traf	getroffen
schwören	schwor (schwur)	geschworen	treiben	trieb	getrieben ⟨sein⟩
sehen	sah	gesehen	treten	trat	getreten ⟨sein⟩
sein	war	gewesen ⟨sein⟩	triefen	triefte	getrieft (ge-troffen) ⟨sein⟩
senden	sandte (sendete)	gesandt (gesendet)			

Infinitive	Past	Past Participle	Infinitive	Past	Past Participle
trinken	trank	getrunken	wenden	wendete, wandte	gewendet, gewandt
trügen	trog	getrogen			
tun	tat	getan	werben	warb	geworben
verderben	verdarb	verdorben ⟨sein⟩	werden	wurde (ward)	worden, ge- worden ⟨sein⟩
verdrie-ßen	verdroß	verdrossen	werfen	warf	geworfen
			wicgcn	wog	gewogen
vergessen	vergaß	vergessen	winden	wand	gewunden
verlieren	verlor	verloren	wissen	wußte	gewußt
wachsen	wuchs	gewachsen ⟨sein⟩	wollen	wollte	wollen, ge- wollt
wägen	wog	gewogen	wringen	wrang	gewrungen
waschen	wusch	gewaschen	zeihen	zieh	geziehen
weben	webte (wob)	gewebt (ge- woben)	ziehen	zog	gezogen ⟨sein⟩
weichen	wich	gewichen ⟨sein⟩	zwingen	zwang	gezwungen
weisen	wies	gewiesen			

Explanations

1. Type faces

Bold	for keyword entries;
Halfbold	for examples and for idiomatic expressions in the source language as well as for Roman and Arabic numerals;
Italics	for information on word class and gender, for explanations, for indications of subject area and language level;
Basic Style	for the German translations of English keywords, examples, and idiomatic expressions;
Basic Style (Modern)	in ⟨ . . . ⟩ for the forms of irregular verbs in English, for irregularities in comparative and superlative forms of English adjectives, and for irregular plural forms of English substantives.

Example: **tread**[tred] ⟨*irr* **trod, trodden**⟩ I *tr* **1.** gehen, schreiten auf; **2.** *(Weg)* machen; ▶ ~ **a risky path** einen gefährlichen Weg beschreiten; ~ **grapes** Trauben stampfen; ~ **water** Wasser treten; ~ **dirt into the carpet** Schmutz in den Teppich treten; **II** *itr* **1.** schreiten, gehen; **2.** treten, trampeln (*on, upon* auf); ▶ ~ **on air** *fig* im Glück schwimmen; ~ **in s.o.'s footsteps** *fig* in jds Fuß(s)tapfen treten; ~ **on s.o.'s heels** *fig* jdm nicht von den Fersen gehen; ~ **on s.o.'s toes** *fig* jdm zu nahe treten; ~ **carefully** vorsichtig gehen; *fig* vorsichtig vorgehen; **III** *s* **1.** Tritt, Schritt *m;* **2.** Tritt(brett *n*) *m;* (Treppen)Stufe *f;* (Leiter)Sprosse *f;* **3.** *(Rad)* Lauffläche *f;* (Gummireifen) Profil *n;* **IV** *(mit Präposition)* **tread down, tread in** *tr* festtreten; **tread out** *tr* austreten.

2. Arrangement of Keyword Entries

The *Roman numerals* serve to distinguish the different word classes to which a keyword can belong, as well as to separate types of verbs *(tr, itr, refl, impers)*.

Example: **vault²** [vɔːlt] **I** *s sport* Sprung *m;* **II** *tr* überspringen, springen über; **III** *itr* springen.

Different definitions of a keyword are indicated by *Arabic numerals*.

Example: **Vic·tor·ian** [vɪk'tɔːrɪən] *adj* **1.** *hist* viktorianisch; **2.** *fig* spießbürgerlich, prüde.

3. Tilde ~

The tilde ~ replaces the previous boldface keyword in examples and idiomatic expressions.

Example: **vet·eri·nar·ian** [ˌvetərɪ'neərɪən] *Am* Tierarzt *m;* **vet·erin·ary** ['vetrɪnrɪ] *adj* tierärztlich; ~ **medicine** Veterinärmedizin *f;* ~ **surgeon** Tierarzt *m.*

4. Gender

All German substantives belong to one of three gender classes (*m, f, n*). In cases where two or more substantives have the same gender only the last word in the series will be marked.

Example: **re·jec·tion** [rɪˈdʒekʃn] **1.** Ablehnung, Zurückweisung *f;* **2.** Abweisung *f;* Verwerfen *n;* **3.** *med* Abstoßung *f.*

Masculine substantives, which can be declined like adjectives, are listed with an *r* in parentheses.

Example: Beamte(r) *m* = der Beamte, ein Beamter

Substantives, which are declined like adjectives and which can be masculine or feminine are marked as follows:

Example: Angestellte(r) *(m)f* = der Angestellte, ein Angestellter
                               die Angestellte, eine Angestellte

If a masculine substantive has a feminine counterpart ending in *-in,* the latter will be listed in parentheses as follows:

Example: Lehrer(in *f*) *m*

If a translation consists of an adjective and a substantive, the gender will not be listed, since the gender of the substantive can be readily determined from the declined form of the adjective.

Example: **va·cancy** [ˈveɪkənsɪ] **1.** Leere *f;* **2.** *(Hotel)* freies Zimmer; **3.** offene Stelle; **4.** *fig* geistige Leere; . . .

5. Additional Information for Verbs, Adjectives, and Substantives

Prepositions which are used with a verb, substantive, or adjective are listed in parentheses with their German equivalent after the German translation.

Example: **re·sult** . . . sich ergeben, resultieren *(from* aus)
               re·sult·ant . . . sich ergebend, resultierend *(from* aus)
               re·ac·tion . . . Reaktion *f (to* auf; *against* gegen)

6. Phrasal Verbs

Phrasal verbs are verbs which change their basic meaning when a prepositional phrase is added to them. In this dictionary, English phrasal verbs are set off from other definitions of a verb by a Roman numeral and the marker *(mit Präposition).* Examples are listed after the definition and preceded by the symbol ▶. The phrasal verbs are listed alphabetically within the entry for the base verb. The base verb is printed out for each new phrasal verb. In examples the verb is replaced by a tilde; the preposition is repeated.

Example: **close²** [kləuz] I *tr* . . . ; **II** *itr* . . . ; **III** *s* . . . ; **IV** *(mit Präposition)* **close down** *tr* **1.** *(Betrieb)* stillegen; **2.** *(Geschäft)* schließen; **close in** *itr* **1.** näherkommen; **2.** *(Abend, Winter)* anbrechen; *(Nacht)* hereinbrechen; **3.** *(Tage)* kürzer werden; *tr* umgeben; ▶ ~ **in on s.o.** jdm zu Leibe rücken; **close off** *tr* abriegeln, absperren; **close up** *tr*(ver)sperren, blockieren; *itr* **1.** naherücken; **2.** *mil* aufschließen; **close with** schließen mit; ▶ ~ **with s.o.** mit jdm zu e-m Kompromiß kommen; ▶ **with an offer** ein Angebot annehmen.

7. Orthography

The orthography for German is based on *Duden, Rechtschreibung der deutschen Sprache und der Fremdwörter*, 18. Aufl., Mannheim 1980. The orthography for English is based on *Advanced Learner's Dictionary of Current English, Oxford University Press, Oxford 1974.*

8. Pronunciation

The symbols of the IPA (*International Phonetic Association*) are used throughout this dictionary. The transcription of individual words is taken from *English Pronouncing Dictionary* by Daniel Jones and A.C. Gimson and *Advanced Learner's Dictionary of Current English.* Every main keyword is listed with its phonetic transcription. Partial transcriptions are given for derivatives. There is no transcription for compound words if the individual parts do not change their pronunciation when put together to form compounds.

9. Syllable Division

Syllable division of English words is marked by a raised dot. The division of compound words corresponds to the division of the individual words in a given compound. Deviations from this pattern are listed separately.

List of Abbreviations

a.	auch	*also*
Abk	Abkürzung	*abbreviation*
acc	Akkusativ	*accusative*
adj	Adjektiv	*adjective*
adv	Adverb	*adverb*
aero	Luftfahrt	*aeronautics*
agr	Landwirtschaft	*agriculture*
allg	allgemein	*commonly*
Am	Amerikanismus	*Americanism*
anat	Anatomie	*anatomy*
arch	Architektur	*architecture*
astr	Astronomie, Astrologie	*astronomy, astrology*
attr	attributiv	*attributive*
aux	Hilfsverb	*auxiliary*
bes.	besonders	*particularly*
biol	Biologie	*biology*
bot	Botanik	*botany*
Br	britisches Englisch	*British English*
chem	Chemie	*chemistry*
com	Handel	*commerce, commercial*
conj	Konjunktion	*conjunction*
dat	Dativ	*dative*
eccl	kirchlich	*ecclesiastical*
EDV	elektronische Daten- verarbeitung	*electronic data proces- sing*
e-e, e-m	eine, einem	
e-n, e-r	einen, einer,	*a*
e-s	eines	
el	Elektrizität	*electricity*
etc.	und so weiter	*et cetera*
etw	etwas	*something*
euph	euphemistisch	*euphemistic*
f	Femininum	*feminine gender*
fam	umgangssprachlich	*colloquial*
fig	bildlich	*figurative*
film	Film	*film*
fin	Finanzwesen	*finances*
geog	Geographie	*geography*
geol	Geologie	*geology*
gen	Genitiv	*genitive*
gram	Grammatik	*grammar*
hist	historisch	*historical*
hum	humoristisch	*humorously*
impers	unpersönlich	*impersonal*
inf	Infinitiv	*infinitive*
interj	Interjektion	*interjection*
iro	ironisch	*ironical*

irr	unregelmäßig	*irregular*
itr	intransitives Verb	*intransitive verb*
jem		
jdm		
jdn	jemand(em, en, es)	*someone('s)*
jds		
jur	juristisch	*legal*
ling	Linguistik	*linguistics*
lit	literarisch, Literatur	*literary, literature*
m	Maskulinum	*masculine gender*
mar	Seefahrt	*marine*
markt	Marketing	*marketing*
math	Mathematik	*mathematics*
med	Medizin	*medicine*
mete	Meteorologie	*meteorology*
mil	Militärwesen	*military*
min	Mineralogie, Bergbau	*mineralogy, mining*
mot	Kraftfahrwesen	*motoring*
mus	Musik	*music(al)*
n	Neutrum	*neuter gender*
num	Zahlwort	*numeral*
obs	veraltet	*obsolete*
od, od	oder	*or*
opt	Optik	*optics*
orn	Vogelkunde	*ornithology*
o.s.	sich	*oneself*
päd	Pädagogik, Schulsprache	*education*
parl	parlamentarisch	*parliamentary*
pej	pejorativ	*pejorative*
philos	Philosophie	*philosophy*
phot	Photographie	*photography*
phys	Physik	*physics*
physiol	Physiologie	*physiology*
pl	Plural	*plural*
pl mit	Plural mit	*plural with*
sing	Singularkonstruktion	*singular construction*
poet	poetisch	*poetical*
pol	Politik	*politics*
pp	Partizip Perfekt	*past participle*
ppr	Partizip Präsens	*present participle*
pred	prädikativ	*predicative*
pref	Präfix	*prefix*
prep, prp	Präposition	*preposition*
prn	Pronomen	*pronoun*
prov	Sprichwort	*proverb*
psych	Psychologie	*psychology*
radio	Rundfunk	*radio*
rail	Eisenbahn	*railway, railroad*
refl	reflexiv	*reflexive*

rel	Religion	*religion*
S	Sache	*thing*
s	Substantiv	*noun*
s.	siehe	*see*
s-e, s-m	seine, seinem,	
s-n, s-r	seinen, seiner,	*someone's*
s-s	seines	
sing	Singular	*singular*
sl	salopp	*slang*
s.o.	jemand(en, em)	*someone*
s.o.'s	jemandes	*someone's*
sport	Sport	*sports*
s.th.	etwas	*something*
tech	technisch	*technical*
tele	Telefon, Nachrichtentechnik	*telephone, telecommunications*
theat	Theater	*theatre*
tr	transitives Verb	*transitive verb*
TV	Fernsehen	*television*
typ	Buchdruckerwesen	*typography*
u., u.	und	*and*
v	Verb	*verb*
vet	Tiermedizin	*veterinary medicine*
vulg	vulgär	*vulgar*
Wz	Warenzeichen	*trademark*
zoo	Zoologie	*zoology*

Pronunciation Key

Vowels and Diphthongs

[ɑ:]	arm, father
[aɪ]	life
[aʊ]	house
[æ]	man, sad
[e]	get, bed
[eɪ]	name, lame
[ə]	ago, better
[ɜ:]	bird, her
[eə]	there, care
[ʌ]	but, son
[ɪ]	it, wish
[i:]	bee, see, me, beat, belief
[ɪə]	here
[əʊ]	no, low
[ɒ]	not, long
[ɔ:]	law, all
[ɔɪ]	boy, oil
[ʊ]	push, look
[u:]	you, do
[ʊə]	poor, sure

Consonants

[b]	been, blind
[d]	do, had
[ð]	this, father
[f]	father, wolf
[g]	go, beg
[ŋ]	long, sing
[h]	house
[j]	youth
[k]	keep, milk
[l]	lamp, oil, ill
[m]	man, am
[n]	no, manner
[p]	paper, happy
[r]	red, dry
[s]	stand, sand, yes
[ʃ]	ship, station
[t]	tell, fat
[tʃ]	church, catch
[v]	voice, live
[w]	water, we
[z]	zeal, these, gaze
[ʒ]	pleasure
[dʒ]	jam, object
[θ]	thank, death

The symbol ː indicates that the preceding vowel is long.
The symbol ' indicates primary stress.
The symbol ˌ indicates secondary stress.

The English Alphabet:

a [eɪ] b [bi:] c [si:] d [di:] e [i:] f [ef] g [dʒi:] h [eɪtʃ] i [aɪ] j [dʒeɪ] k [keɪ]
l [el] m [em] n [en] o [əʊ] p [pi:] q [kju:] r [ɑr:] s [es] t [ti:] u [ju:] v [vi:]
w ['dʌblju:] x [eks] y [waɪ] z [zed, zi:]

A

A, a [eɪ] ⟨pl -'s⟩ 1. a. mus A, a n; 2. (Schule) eins, sehr gut; ► from A to Z von A bis Z; **A1** mar erstklassig; fam 1a.

a [ə, betont: eɪ] (vor Vokal: an) [ən, betont: æn] unbestimmter Artikel ein, eine, ein; ► **five pounds ~ week** fünf Pfund in der Woche; **in ~ day or two** in ein paar Tagen; **he is an Englishman** er ist Engländer; **he is ~ teacher** er ist Lehrer; **~ Mr. Myer** ein (gewisser) Herr Myer; **in ~ sense** in gewissem Sinne.

aback [ə'bæk] adv **be taken ~** verblüfft sein.

aban·don [ə'bændən] I tr verlassen; aussetzen; aufgeben; verzichten (s.th. auf etw); II refl **~ o.s.** sich hingeben (to despair der Verzweiflung); III s **with ~** leidenschaftlich, mit Leib und Seele; **aban·doned** [ə'bændənd] adj 1. verlassen 2. (Leben) lasterhaft, liederlich.

abate [ə'beɪt] I tr vermindern; (Schmerz) mildern; II itr (Wind) abnehmen, abflauen, sich legen; **abate·ment** [—mənt] 1. Abnahme f; 2. jur Beseitigung f (e-s Übelstandes); ► **noise ~** Lärmbekämpfung f.

ab·at·toir ['æbətwɑ:(r), Am ‚æbə'twɑ:(r)] Schlachthof m.

ab·bess ['æbes] Äbtissin f; **ab·bey** ['æbɪ] Abtei f; **ab·bot** ['æbət] Abt m.

ab·bre·vi·ate [ə'bri:vɪeɪt] tr ab-, verkürzen; **ab·bre·vi·ation** [ə‚bri:vɪ'eɪʃn] Abkürzung f.

ABC [‚eɪbi:'si:] 1. Abc, Alphabet n; 2. fig Anfangsgründe m pl; 3. rail alphabetischer Fahrplan; 4. (atomic, biological and chemical) ABC ► **ABC weapons** ABC-Waffen f pl.

ab·di·cate ['æbdɪkeɪt] I tr **~ responsibility** sich der Verantwortung entziehen; **~ the throne** abdanken; II itr abdanken; **ab·di·ca·tion** [‚æbdɪ'keɪʃn] Abdankung f.

ab·do·men ['æbdəmən] 1. (Unter)Leib, Bauch m; 2. (Insekt) Hinterleib m; **ab·domi·nal** [æb'dɒmɪnl] adj abdominal, Unterleibs-.

ab·duct [æb'dʌkt] tr entführen; **ab·duc·tion** [æb'dʌkʃn] Entführung f.

ab·er·ra·tion [‚æbə'reɪʃn] 1. Abweichung f; 2. Verirrung f, Irrweg m; 3. (mental ~) geistige Verwirrung.

abet [ə'bet] tr (Verbrechen) begünstigen; ► **aid and ~ a criminal** e-n Täter begünstigen.

abey·ance [ə'beɪəns] ► **in ~** in der Schwebe; **fall into ~** außer Kraft treten.

ab·hor [əb'hɔ:(r)] tr verabscheuen; **ab·hor·rence** [əb'hɒrəns] Abscheu m; ► **hold in ~** verabscheuen.

abide [ə'baɪd] I itr ► **~ by** festhalten an; treu bleiben dat; II tr ► **he can't ~ him** er kann ihn nicht ausstehen.

abil·ity [ə'bɪlətɪ] 1. Fähigkeit f (for für, zu); 2. Talent n, Klugheit f; Können n; ► **to the best of one's ~** nach besten Kräften.

ab·ject ['æbdʒekt] adj 1. elend, erbärmlich; 2. verworfen, gemein; ► **in ~ poverty** in tiefster Armut.

ablaze [ə'bleɪz] adv, pred adj 1. in Flammen; lodernd; 2. fig glänzend, funkelnd (with von, vor); ► **set ~** entflammen.

able ['eɪbl] adj 1. fähig, kompetent; 2. talentiert, begabt; tüchtig, gewandt; ► **an ~ teacher** ein talentierter Lehrer; **be ~ to** können, vermögen, in der Lage sein zu; **able-bodied** [—'bɒdɪd] adj (körperlich) kräftig, gesund; ► **~ seaman** Vollmatrose.

ab·nor·mal [æb'nɔ:ml] adj anomal, abnorm; ungewöhnlich; **ab·nor·mal·ity** [‚æbnə'mælɪtɪ] 1. Regelwidrigkeit f; 2. med Abnormität f.

aboard [ə'bɔ:d] adv, prep an Bord; Am im Zug, Omnibus, Flugzeug; ► **go ~** an Bord gehen, sich einschiffen; (in Zug, Bus, Flugzeug) einsteigen; **all ~!** alle Mann an Bord! rail alles einsteigen!

abode [ə'bəud] Aufenthalt m; ► **with/of no fixed ~** ohne festen Wohnsitz.

ab·ol·ish [ə'bɒlɪʃ] tr abschaffen; **ab·oli·tion** [‚æbə'lɪʃn] Abschaffung f.

abom·in·able [ə'bɒmɪnəbl] adj scheußlich, widerwärtig; **abom·in·ate** [ə'bɒmɪneɪt] tr verabscheuen; **abom·in·ation** [ə‚bɒmɪ'neɪʃn] 1. Abscheu m (of vor); 2. Greuel m.

abo·rig·inal [‚æbə'rɪdʒənl] I adj 1. eingeboren, ursprünglich; 2. einheimisch; II s Ureinwohner m.

abort [ə'bɔ:t] I tr (Embryo) abtreiben; (Schwangerschaft, Mission) abbrechen; II itr 1. fehlgebären; 2. fehlgebären; **abor·tion** [ə'bɔ:ʃn] 1. med Früh-, Fehlgeburt f; 2. Schwangerschaftsabbruch m, Abtreibung f; 3. Fehlschlag m; **abort·ive** [ə'bɔ:tɪv] adj erfolglos.

abound [ə'baʊnd] itr 1. im Überfluß vorhanden sein; reich sein (in an); 2. Überfluß haben an, wimmeln (*with* von).

about [ə'baʊt] **I** *prep* **1.** *(räumlich)* um, um ... herum, über ... hin, auf allen Seiten; ▶ **a fence** ~ **the garden** ein Zaun um den Garten herum; **2.** nahe bei, nicht weit von; an; **3.** *(Zeit, Maß)* um, ungefähr, etwa, gegen; **(at)** ~ **five o'clock** gegen fünf Uhr; **it is** ~ **the same** es ist ungefähr dasselbe; ~ **my size** etwa meine Größe; **4.** bei sich, an sich; **have you any money** ~ **you?** haben Sie Geld bei sich? **5.** in, an; **her hair is the worst thing** ~ **her** ihr Haar ist das Häßlichste an ihr; **6.** *(hinweisend, bezüglich)* von, über, in bezug auf, betreffend, wegen; **what do you know** ~ **him?** was wissen Sie über ihn? **what is it all** ~**?** um was handelt es sich? **how** ~ **money?** wie steht es mit Geld? **what** ~ **dinner?** was ist mit dem Abendessen? **II** *adv* **1.** herum, umher; **2.** ringsherum, rundherum, im Kreise; **3.** ungefähr, fast, beinahe, nahezu; gleich; **4.** abwechselnd; ▶ **be** ~ sich handeln um; im Begriff sein; auf den Beinen sein; im Umlauf sein, verbreitet sein; **bring** ~ zuwege, zustande bringen; **all** ~ überall; **round** ~ ringsum; **just** ~ **enough** gerade noch genug; **that will just** ~ **do** das reicht gerade noch; **about-face, about-turn** [ə'baʊtfeɪs, ə'baʊttɜ:n] **1.** Kehrtwendung *f;* **2.** *fig* (völliger) Umschwung *m.*

above [ə'bʌv] **I** *adv* **1.** oben, droben, oberhalb; aufwärts, hinauf; darüber; **2.** *(Rang, Bedeutung, Stellung)* höher; **3.** stromaufwärts; ▶ **as (mentioned)** ~ wie oben erwähnt; **II** *prep* **1.** über; höher als; **2.** mehr als; stärker als; **3.** nördlicher als; ▶ ~ **all** vor allem; **over and** ~ obendrein; ~ **ten minutes** mehr als 10 Minuten; **be** ~ **s.o.** jdm überlegen sein, jdn übertreffen; **he is** ~ **it** er steht darüber; **it is** ~ **me** das geht über meinen Horizont; **III** *adj* obig; obenerwähnt; **IV** *s* ▶ **the** ~ **is confirmed** Obiges wird bestätigt; **it follows from the** ~ aus Vorstehendem ergibt sich; **above board** [ˌ—'bɔ:d] *adv, pred adj* ehrlich, redlich, offen; ▶ **everything is** ~ alles ist einwandfrei; **above-men·tioned** [ˌ—'menʃnd] *adj* vorerwähnt.

ab·rasion [ə'breɪʒn] **1.** Abschleifen *n;* **2.** *med* Abschürfung, Schürfwunde *f;* **abras·ive** [ə'breɪsɪv] **I** *s* Schleifmittel *n;* **II** *adj* **1.** (ab)schleifend, schmirgelartig; **2.** *(Person)* scharfzüngig.

abreast [ə'brest] *adv* Seite an Seite; nebeneinander; ▶ **keep** ~ **of, with** Schritt halten mit.

abridge [ə'brɪdʒ] *tr* **1.** (ab-, ver)kürzen; **2.** *(Buch)* zusammenfassen; **abridg(e)·ment** [—mənt] **1.** (Ab-, Ver)Kürzung *f;* **2.** *(Buch)* Auszug *m.*

abroad [ə'brɔ:d] *adv* **1.** im *od* ins Ausland; **2.** weit umher, (weit) verbreitet;

▶ **from** ~ aus dem Ausland; **the news quickly spread** ~ die Nachricht breitete sich rasch aus; **at home and** ~ im In- u. Ausland.

abrupt [ə'brʌpt] *adj* **1.** plötzlich, unerwartet, abrupt; **2.** *(Verhalten)* schroff, unhöflich, barsch; **3.** *(Fels, Pfad)* sehr steil.

ab·scess ['æbses] *med* Abszeß *m,* Geschwür *n.*

ab·scond [əb'skɒnd] *itr* flüchten (*from* vor); sich davonmachen.

ab·seil ['æbsaɪl] *refl* sich abseilen.

ab·sence ['æbsəns] **1.** Abwesenheit *f* (*from* von); **2.** Fernbleiben *n;* **3.** Fehlen, Nichtvorhandensein *n;* **4.** (~ *of mind*) Zerstreutheit, Unachtsamkeit *f;* ▶ **in** ~ **of** mangels *gen;* **on leave of** ~ auf Urlaub; **ab·sent** ['æbsənt] **I** *adj* **1.** abwesend, fehlend; **2.** geistesabwesend, zerstreut; ▶ **be** ~ fehlen, abwesend sein; **be** ~ **without leave** *mil* sich unerlaubt von der Truppe entfernt haben; **II** *refl* [æb'sent] ▶ ~ **o.s. from** fernbleiben von; **ab·sen·tee** [ˌæbsən'ti:] Abwesende(r) *f m;* **ab·sen·tee·ism** [—ɪzəm] **1.** (dauernde) Abwesenheit *f;* **2.** unentschuldigtes Fernbleiben; **ab·sen·tee land·lord** *hist* im Ausland wohnender Landbesitzer; **ab·sent-minded** [ˌæbsənt'maɪndɪd] *adj* zerstreut, geistesabwesend.

ab·so·lute ['æbsəlu:t] **I** *adj* **1.** absolut, völlig, vollkommen; **2.** *chem* unvermischt; **3.** *pol* absolut, unumschränkt; **II** *s* Absolutum; **ab·so·lute·ly** [—lɪ, alleinstehend: ˌæbsə'lu:tlɪ] *adv* **1.** völlig, gänzlich, durchaus; **2.** *fam* gewiß! unbedingt! **ab·sol·ution** [ˌæbsə'lu:ʃn] *rel* Absolution *f;* **ab·so·lut·ism** ['æbsəlu:tɪzəm] *pol* Absolutismus *m.*

ab·solve [əb'zɒlv] *tr* **1.** los-, freisprechen; **2.** *(von Versprechen)* entbinden (*from* von).

ab·sorb [əb'sɔ:b] *tr* **1.** ein-, aufsaugen; **2.** *fig* ganz in Anspruch nehmen; **3.** *fig* verdauen, aufnehmen; **ab·sorbed** [əb'sɔ:bd] *adj fig* vertieft; **ab·sorbent** [əb'sɔ:bənt] *adj* absorbierend; **ab·sorb·ing** [—ɪŋ] *adj fig* fesselnd, interessant; **ab·sorp·tion** [əb'sɔ:pʃn] **1.** *chem* Absorption *f;* **2.** *fig* Vertieftsein *n;* eindringliche Beschäftigung (*in* mit).

ab·stain [əb'steɪn] *itr* sich enthalten (*from s.th.* e-r S).

ab·stemi·ous [əb'sti:mɪəs] *adj* mäßig; enthaltsam.

ab·sten·tion [əb'stenʃn] **1.** Enthaltung *f* (*from* von); **2.** *pol* Stimmenthaltung *f.*

ab·sti·nence ['æbstɪnəns] Enthaltsamkeit *f* (*from* von).

ab·stract ['æbstrækt] **I** *adj* abstrakt; **II** *s (Buch)* Auszug, Abriß *m;* Zusammenfassung *f;* ▶ **in the** ~ abstrakt; **III** *tr* [əb'strækt] **1.** e-n Auszug machen (*from*

von); 2. *fam* entwenden; **ab·stracted**
[æb'stræktɪd] *adj fig* geistesabwesend;
ab·strac·tion [əb'strækʃn] 1. Abstrak-
tion *f;* 2. *fig* Zerstreutheit *f;* 3. Entwen-
dung *f;* 4. abstrakter Begriff.
ab·struse [əb'stru:s] *adj* schwerver-
ständlich.
ab·surd [əb'sɜ:d] *adj* absurd, unsinnig;
ab·surd·ity [əb'sɜ:dətɪ] Unsinn *m.*
abun·dance [ə'bʌndəns] Überfluß *m,*
Fülle *f (of* an); **abun·dant** [ə'bʌndənt]
1. reich (*in* an); üppig; 2. reichlich verse-
hen (*with* mit).
abuse [ə'bju:z] I *tr* 1. mißbrauchen;
falsch anwenden; 2. beschimpfen, belei-
digen; II *s* [ə'bju:s] 1. Mißbrauch *m;*
Mißstand *m;* 2. Beschimpfung *f;* **abus-
ive** [ə'bju:sɪv] *adj* beleidigend; ▶ ~
language Schimpfworte *n pl.*
abut [ə'bʌt] *itr* (an)grenzen (*on, upon*
an).
abys·mal [ə'bɪzməl] *adj* abgrundtief; *fig*
entsetzlich (schlecht); ▶ ~ **ignorance**
grenzenlose Unwissenheit.
abyss [ə'bɪs] Abgrund *m.*
aca·demic [ˌækə'demɪk] I *adj* 1. akade-
misch; 2. wissenschaftlich; geistig;
▶ **that is** ~ das ist nicht direkt relevant;
II *s* Akademiker(in) *m (f);* **acad·emy**
[ə'kædəmɪ] Akademie *f;* ▶ **riding** ~
Reitschule *f;* ~ **of music** Musikhoch-
schule *f.*
ac·cede [æk'si:d] *itr* ▶ **he** ~**d to the
office of mayor** er trat das Amt des
Bürgermeisters an.
ac·cel·er·ate [ək'seləreɪt] I *tr* beschleu-
nigen; II *itr* schneller werden; **ac·cel-
er·ation** [ˌəkˌselə'reɪʃn] Beschleunigung
f; **ac·cel·er·ator** [ək'seləreɪtə(r)] 1.
mot Gaspedal *n;* 2. *phys* Beschleuniger
m.
ac·cent ['æksənt] I *s* Ton *m;* Betonung
f; Akzent *m;* II *tr* [æk'sent] betonen;
ac·cen·tu·ate [æk'sentʃʊeɪt] *tr* beto-
nen, heraus-, hervorheben.
ac·cept [ək'sept] *tr* 1. annehmen, akzep-
tieren; in Empfang nehmen; 2. einver-
standen sein (*s.th.* mit etw); glauben
(*s.th.* an etw); 3. *(Tatsache)* anerkennen,
gelten lassen; **ac·cept·able** [—əbl]
adj 1. annehmbar; 2. angenehm, zufrie-
denstellend; **ac·cept·ance**
[ək'septəns] 1. Annahme, Entgegen-
nahme *f;* 2. Zustimmung, Einwilligung *f;*
3. *com* Zusage *f.*
ac·cess ['ækses] I *s* 1. Zutritt *m (to* zu);
2. (~ **road**) Zugang(sstraße *f*) *m;* Zu-
fahrt *f;* 3. *EDV* Zugriff *m;* II *tr EDV*
(Daten) zugreifen (auf); **ac·cess·ibil-
ity** [ˌæk‚sesə'bɪlətɪ] Erreichbarkeit,
Zugänglichkeit *f;* **ac·cess·ible**
[ək'sesəbl] *adj* zugänglich; erreichbar
(*to* für); **ac·ces·sion** [æk'seʃn] *(Biblio-
thek)* Zugang *m,* Neuerwerbung *f;* ▶ ~
to power Machtergreifung, -übernahme

f; ~ **to the throne** Thronbesteigung *f.*
ac·ces·sory [ək'sesərɪ] 1. Mitschuldi-
ge(r) *f m;* 2. Zubehör *n;* ▶ **motor-car**
accessories *pl* Autozubehör *n;* **toilet**
accessories *pl* Toilettenartikel *m pl.*
ac·ci·dent ['æksɪdənt] 1. Zufall *m;* 2.
Unglück *n;* Unfall *m;* ▶ **by** ~ zufällig; **in**
an ~ bei e-m Unfall; **without** ~ unfall-
frei; **meet with an** ~ e-n Unfall erleiden;
~ **insurance** Unfallversicherung *f;* ~
prevention Unfallverhütung *f;* **be**
~**-prone** zu Unfällen neigen; **ac·ci-
den·tal** [ˌæksɪ'dentl] *adj* zufällig; unab-
sichtlich, versehentlich.
ac·claim [ə'kleɪm] *tr* zujubeln (*s.o.* jdm);
▶ ~ **s.o. king** jdn zum König ausrufen;
ac·cla·ma·tion [ˌæklə'meɪʃn] 1. lauter
Beifall, Zustimmung *f;* 2. *pol* Zuruf *m;*
▶ **elect by** ~ durch Akklamation wäh-
len.
ac·cli·mate ['æklɪmeɪt] *Am s. acclimat-
ize;* **ac·cli·ma·tion** [ˌæklaɪ'meɪʃn] *Am*
s. acclimatization; **ac·cli·mat·iz-
ation** [əˌklaɪmətaɪ'zeɪʃn] *Br* Akklimati-
sierung *f (to* an); **ac·cli·mat·ize**
[ə'klaɪmətaɪz] *tr Br* (an)gewöhnen, ak-
klimatisieren (*to* an).
ac·com·mo·date [ə'kɒmədeɪt] *tr* 1. an-
passen (*to* an); 2. e-n Dienst, e-n Gefal-
len erweisen (*s.o.* jdm); gefällig sein
(*with* mit); 3. beherbergen, unterbrin-
gen; 4. Platz haben für; **ac·com·mo-
dat·ing** [—ɪŋ] *adj* 1. gefällig; 2. zuvor-
kommend; **ac·com·mo·da·tion**
[əˌkɒmə'deɪʃn] 1. Platz *m;* 2. Einigung,
Übereinkunft *f;* 3. Unterbringung(s-
möglichkeit), Unterkunft *f;* Hotelzim-
mer *n.*
ac·com·pani·ment [ə'kʌmpənɪmənt]
mus Begleitung *f (to, for* zu); **ac·com-
pan·ist** [ə'kʌmpənɪst] Begleiter(in) *m*
(f); **ac·com·pany** [ə'kʌmpənɪ] *tr* 1. be-
gleiten *a. mus (on* auf); 2. verbinden
(*with* mit); ▶ **be accompanied with**
verbunden sein mit.
ac·com·plice [ə'kʌmplɪs] Mittäter(in) *m*
(f), Komplize *m,* Komplizin *f.*
ac·com·plish [ə'kʌmplɪʃ] *tr* 1. vollen-
den; 2. vollbringen, zustande bringen;
leisten; 3. *(Zweck, Aufgabe)* erfüllen;
(Plan) verwirklichen, ausführen; *(Ar-
beit)* verrichten; **ac·com·plished**
[ə'kʌmplɪʃt] *adj* 1. vollendet *a. fig;* 2.
kultiviert, vielseitig; **ac·com·plish-
ment** [—mənt] 1. Durchführung, Reali-
sierung *f;* 2. *pl* Fähigkeiten, Fertigkeiten
f pl.
ac·cord [ə'kɔ:d] I *itr* übereinstimmen
(*with* mit); II *tr* gewähren, zugestehen;
III *s jur* Abkommen *n (with* mit; *be-
tween* zwischen); ▶ **in** ~ **with** in Ein-
klang mit; **of one's own** ~ aus eigenem
Antrieb, von sich aus; **with one** ~ ein-
stimmig; **ac·cord·ance** [ə'kɔ:dəns]
▶ **in** ~ **with** entsprechend; gemäß; **ac-**

cord·ing [ə'kɔːdɪŋ] *prep* gemäß, laut, entsprechend (*to* dat); ► ~ **to all appearances** allem Anschein nach; ~ **to schedule** fahrplanmäßig; **ac·cord·ing·ly** [—lɪ] *adv* dementsprechend; danach.
ac·cord·ion [ə'kɔːdɪən] *mus* Akkordeon *n*, Ziehharmonika *f*.
ac·cost [ə'kɒst] *tr* ansprechen.
ac·count [ə'kaʊnt] **I** *s* 1. Rechnung, Berechnung *f*; 2. Konto, Guthaben *n* (*with* bei); 3. Rechenschaft, Darlegung *f*; Bericht *m*; 4. *pl com* Buchhaltung, -führung *f*; Bücher *n pl*; ► **of no** ~ unwichtig, unbedeutend; **not on any** ~, **on no** ~ auf keinen Fall; **on** ~ **of** wegen, auf Grund *gen*; **on this** ~ aus diesem Grund; **on one's** ~ für eigene Rechnung; **call to** ~ zur Rechenschaft ziehen (*for* wegen); **give an** ~ **of s.th.** über etw Bericht erstatten; über etw Rechenschaft ablegen; **open an** ~ **with the bank** ein Bankkonto eröffnen; **take into** ~ in Betracht ziehen, berücksichtigen; **current** ~ Girokonto *n*; **II** *itr* 1. Bericht erstatten (*for* über); erklären (*for s.th.* etw); 2. Rechenschaft ablegen (*for* über); ► **how do you** ~ **for that?** wie erklären Sie (sich) das? **that** ~s **for it** das ist die Erklärung dafür; **there's no** ~ing **for tastes** über Geschmack läßt sich streiten; **ac·count·able** [—əbl] *adj* verantwortlich (*for* für); **ac·count·ancy** [ə'kaʊntənsɪ] Buchhaltung *f*; **ac·count·ant** [ə'kaʊntənt] Buchhalter *m*; ► **certified public** ~ *Am*, **chartered** ~ *Br* Buch-, Wirtschaftsprüfer *m*.
ac·credit [ə'kredɪt] *tr* 1. beglaubigen; *pol* akkreditieren (*to* bei); 2. zuschreiben (*s.o. with s.th.* jdm etw).
ac·crue [ə'kruː] *itr* (*Betrag*) an-, zufallen (*to s.o.* jdm); sich ansammeln.
ac·cu·mu·late [ə'kjuːmjʊleɪt] **I** *tr* auf-, anhäufen; ansammeln; **II** *itr* sich (an)sammeln, anwachsen; **ac·cu·mu·la·tion** [əˌkjuːmjʊ'leɪʃn] Anhäufung, Ansammlung *f*; **ac·cu·mu·la·tor** [ə'kjuːmjʊleɪtə(r)] *tech* Akku(mulator) *m*.
ac·cu·ra·cy [ˈækjərəsɪ] Genauigkeit *f*; **ac·cu·rate** ['ækjərət] *adj* genau, exakt.
ac·cu·sa·tion [ˌækjuː'zeɪʃn] Anklage *f*; ► **bring an** ~ **against s.o.** gegen jdn Anklage erheben.
ac·cus·ative [ə'kjuːzətɪv] *gram* Akkusativ *m*.
ac·cus·at·ory [ækjuː'zeɪtərɪ] *adj* vorwurfsvoll.
ac·cuse [ə'kjuːz] *tr* 1. anklagen, beschuldigen (*of a crime* e-s Verbrechens; *of having done st.h.* etw getan zu haben); 2. vorwerfen (*of being s.th.* etw zu sein); **ac·cused** [ə'kjuːzd] *sing u. pl* Angeklagte(r) *f m*.
ac·cus·tom [ə'kʌstəm] *tr* gewöhnen (*to* an); **ac·cus·tomed** [ə'kʌstəmd] *adj* gewohnt; ► **be** ~ gewohnt sein (*to* an);

get ~ sich gewöhnen (*to* an).
ace [eɪs] 1. (*Spielkarte*) As *n*; (*auf Würfeln*) Eins *f*; 2. (*Experte*) As *n*; ► **serve an** ~ ein As spielen; **within an** ~ um Haaresbreite.
acet·ate ['æsɪteɪt] *chem* Azetat *n*; **acetic** [ə'siːtɪk] *adj chem* ~ **acid** Essigsäure *f*; **acety·lene** [ə'setəliːn] *chem* Azetylen *n*.
ache [eɪk] **I** *s* ► ~s **and pains** *pl* Schmerzen *m pl*; **II** *itr* ► **my foot** ~s mein Fuß tut mir weh.
achieve [ə'tʃiːv] *tr* zustande bringen; erreichen; (*Ziele*) verwirklichen; (*Erfolg*) erzielen; **achieve·ment** [—mənt] 1. Vollendung, Ausführung *f*; 2. Leistung *f*; Errungenschaft *f*.
acid ['æsɪd] **I** *adj* sauer, herb, scharf, beißend; ► ~ **drops** *pl* saure Drops *pl*; ~ **rain** saurer Regen; ~ **test** *fig* Feuerprobe *f*; **II** *s* 1. Säure *f*; 2. (*LSD*) Acid *n*; **acid·ity** [ə'sɪdətɪ] Säuregehalt, -grad *m*.
ac·knowl·edge [ək'nɒlɪdʒ] *tr* 1. anerkennen (*s.o. to be s.th.* jdn als etw); 2. bestätigen; quittieren; 3. sich erkenntlich zeigen (*s.th. to s.o.* jdm für etw); ► **this is to** ~ **receipt of** ich bestätige hiermit den Empfang *gen*; **ac·knowl·edg(e)·ment** [—mənt] 1. Anerkennung *f*; 2. Bestätigung *f*; ► **in** ~ **of** zum Zeichen der Anerkennung für.
acne ['æknɪ] *med* Akne *f*.
acorn ['eɪkɔːn] *bot* Eichel *f*.
acous·tic [ə'kuːstɪk] **I** *adj* akustisch; **II** *s pl* Akustik *f*; **acous·tic coup·ler** ['kʌplə(r)] *EDV* Akustikkoppler *m*; **acoustic nerve** Gehörnerv *m*.
ac·quaint [ə'kweɪnt] *tr* bekannt, vertraut machen (*with* mit); ► **be** ~**ed with s.th.** mit etw bekannt, vertraut sein; **become, get** ~**ed with s.o.** mit jdm bekannt werden; **ac·quaint·ance** [ə'kweɪntəns] Bekanntschaft *f*; Bekannte(r) *f m*; ► **make s.o.'s** ~ jds Bekanntschaft machen.
ac·qui·esce [ˌækwɪ'es] *itr* sich abfinden (*in* mit); **ac·qui·es·cence** [ˌækwɪ'esns] Einwilligung *f* (*in* in); **ac·qui·es·cent** [ˌækwɪ'esnt] *adj* fügsam, nachgiebig.
ac·quire [ə'kwaɪə(r)] *tr* 1. erlangen; erwerben; 2. (*Kenntnisse*) sich aneignen; ► ~ **a taste for s.th.** Geschmack an etw finden; **caviar is an** ~**d taste** Kaviar ist etwas für Kenner; **ac·qui·si·tion** [ˌækwɪ'zɪʃn] 1. Erwerb *m*, Erwerbung *f*; 2. Anschaffung *f*; **ac·quis·itive** [ə'kwɪzətɪv] *adj* habsüchtig, gierig (*of* auf).
ac·quit [ə'kwɪt] **I** *tr jur* freisprechen (*of a charge* von e-r Anklage); **II** *refl* sich verhalten; ► ~ **o.s. well** seine Schuldigkeit tun; **ac·quit·tal** [ə'kwɪtl] *jur* Freispruch *m*.

acre ['eɪkə(r)] Morgen *m (= 160 square poles = 43 560 square feet = 0,40467 ha);* **acre·age** ['eikrədʒ] Fläche *f.*

ac·rid ['ækrɪd] *adj* scharf, ätzend.

ac·ri·moni·ous [ˌækrɪ'məunɪəs] *adj fig* scharf, bitter, beißend; **ac·ri·mony** ['ækrɪmənɪ] *fig* Schärfe, Bitterkeit *f.*

ac·ro·bat ['ækrəbæt] Akrobat(in) *m (f);* **ac·ro·batic** [ˌækrə'bætɪk] **I** *adj* akrobatisch; **II** *s pl* Akrobatik *f.*

across [ə'krɒs] **I** *adv* quer durch; jenseits; drüben; **II** *prep* quer über, quer durch; auf der anderen Seite *gen,* jenseits *gen;* über; ▶ ~ **the board** pauschal; **come** ~ stoßen auf; **come** ~ **as (being) nervous** nervös wirken; **come** ~ **s.o.** jdm begegnen; **put** ~ durchbringen, -drücken; **get s.th.** ~ **to s.o.** jdm etw klarmachen; **just** ~ gerade gegenüber; **right** ~ quer durch; **live** ~ **the street** gegenüber wohnen; **ten metres** ~ zehn Meter breit.

act [ækt] **I** *s* **1.** Handlung, Tat *f;* **2.** *theat* Akt, Aufzug *m;* **3.** *jur* Gesetz *n;* Rechtshandlung *f;* ▶ **caught in the** ~ auf frischer Tat ertappt; **get your** ~ **together!** reiß dich zusammen! **in the** ~ **of going** gerade dabei, zu gehen; **in on the act** mit von der Partie; **don't put on an** ~! spiel doch nicht Komödie! **the A~s (of the Apostles)** die Apostelgeschichte; ~ **of God** höhere Gewalt; **II** *tr* **1.** *theat (e-e Rolle)* spielen; *(Stück)* aufführen; **2.** so tun *(a child* wie ein Kind); **III** *itr* **1.** sich benehmen, sich verhalten *(like* wie); **2.** sich in Szene setzen; **3.** handeln, tun, tätig werden *(as* als); **4.** einwirken *(on* auf), beeinflussen *(on s.th.* etw); ▶ ~ **for s.o.** in jds Namen, für jdn handeln; ~ **on** (be)folgen; sich richten, handeln nach; ~ **up** *fam* Ärger machen; sich schlecht benehmen; **act·ing** ['æktɪŋ] **I** *adj* stellvertretend, geschäftsführend; **II** *s* Schauspielkunst *f.*

ac·tion ['ækʃn] **1.** Tätigkeit *f;* Handeln *n;* Tat *f;* **2.** Wirkung *f;* **3.** *jur* Klage *f;* Prozeß *m;* **4.** *mil* Kampf(handlung *f) m;* **5.** Handlungsweise *f;* ▶ **for further** ~ zur weiteren Veranlassung; **out of** ~ *tech* außer Betrieb; **bring s.th. into** ~, **put s.th. in** ~ etw in Gang setzen; **take** ~ Schritte unternehmen, Maßnahmen ergreifen; **take, bring an** ~ **against s.o.** gegen jdn e-e Klage einreichen, anhängig machen; **field, sphere of** ~ Tätigkeitsbereich *m;* **actionable** [—əbl] *adj jur* verfolgbar, klagbar; **action replay** *TV* Wiederholung *f.*

ac·ti·vate ['æktɪveɪt] *tr* aktivieren *a. chem;* **ac·tive** ['æktɪv] *adj* **1.** tätig, aktiv, handelnd; **2.** betriebsam; **3.** *(Geist)* beweglich, lebendig; ▶ **take an** ~ **part in s.th.** an etw regen Anteil nehmen; **ac·tiv·ist** ['æktɪvɪst] Aktivist(in) *m (f);* **ac·tiv·ity** [æk'tɪvətɪ] Tätigkeit *f;* Ge-

schäftigkeit, Aktivität *f;* ▶ **there is little** ~ es ist wenig los.

ac·tor ['æktə(r)] *theat* Schauspieler *m;* **ac·tress** ['æktrɪs] Schauspielerin *f.*

ac·tual ['æktʃʊəl] *adj* wirklich, tatsächlich (vorhanden); eigentlich; **ac·tual·ly** ['æktʃʊlɪ] *adv* **1.** eigentlich, übrigens; **2.** tatsächlich, wirklich.

actuarial [ˌæktʃʊ'eərɪəl] versicherungsmathematisch; **ac·tu·ary** ['æktʃʊərɪ] Versicherungsmathematiker(in) *m (f).*

ac·tu·ate ['æktʃʊeɪt] *tr* in Gang bringen; auslösen, betätigen.

acu·punc·ture ['ækjʊpʌŋktʃə(r)] *med* Akupunktur *f.*

acute [ə'kjuːt] *adj* **1.** spitz; **2.** *(Sinne)* scharf; **3.** *(Frage)* brennend; **4.** *(Ton)* schrill; **5.** *(Winkel)* spitz; **6.** *med* akut.

ad [æd] *s. advertisement.*

AD *Abk:* Anno Domini n. Chr.

adagio [ə'dɑːdʒɪəʊ] *adj, adv* adagio.

Adam ['ædəm] Adam *m;* ▶ **not to know s.o. from** ~ jdn überhaupt nicht kennen.

ada·mant ['ædəmənt] *adj fig* unnachgiebig *(to* gegenüber).

Adam's apple Adamsapfel *m.*

adapt [ə'dæpt] *tr* **1.** anpassen *(to* an); **2.** *(Roman)* bearbeiten; **adapt·able** [—əbl] *adj* anpassungsfähig *(to* an); **ad·ap·ta·tion** [ˌædæp'teɪʃn] **1.** Anpassung *f (to* an); **2.** *theat* Bearbeitung *f;* **adapter, adaptor** [ə'dæptə(r)] **1.** Bearbeiter *m;* **2.** *tech* Adapter *m;* ▶ **universal** ~ **plug** Sammelstecker *m.*

add [æd] **I** *tr* **1.** hinzusetzen, -tun, -fügen *(to* zu); **2.** *(~ up)* zusammenzählen, addieren; **II** *itr* beitragen *(to* zu), vermehren *(to s.th.* etw); ▶ ~ **up to** sich belaufen auf; **ad·den·dum** [ə'dendəm] ⟨*pl* -da⟩ [ə'dendə] Zusatz, Nachtrag *m.*

ad·der ['ædə(r)] *zoo* Natter *f.*

ad·dict ['ædɪkt] Süchtige(r); Abhängige(r) *f m;* **ad·dic·ted** [ə'dɪktɪd] *adj* süchtig; ▶ ~ **to drugs** rauschgiftsüchtig; **ad·dic·tion** [ə'dɪkʃən] Sucht *f.*

ad·ding-ma·chine ['ædɪŋmə'ʃiːn] Addier-, Rechenmaschine *f.*

ad·di·tion [ə'dɪʃn] **1.** Bei-, Zugabe *f;* Beifügung *f;* **2.** Zusatz *m;* **3.** *math* Addition *f;* **4.** *(Familie)* Zuwachs *m;* ▶ **in** ~ außerdem (noch); dazu; **in** ~ **to** (zusätzlich) zu; **ad·di·tional** [ə'dɪʃənl] *adj* zusätzlich; ergänzend; ▶ ~ **charge** Preiszuschlag *m;* **ad·di·tion·ally** [ə'dɪʃənəlɪ] *adv* zusätzlich; außerdem; **ad·di·tive** ['ædɪtɪv] Zusatz *m.*

ad·dress [ə'dres] **I** *tr* **1.** *(Brief)* adressieren; **2.** anreden; e-e Ansprache halten an *(a meeting* e-e Versammlung); **3.** *(Anfrage)* richten *(to* an); ▶ ~ **o.s. to** sich wenden an; ansprechen; **II** *s [Am* 'ædres] **1.** Anrede, Ansprache *f;* **2.** Anschrift, Adresse *f;* ▶ **deliver an** ~ e-e Ansprache halten; **business** ~ Geschäftsadresse *f;* **form of** ~ Anredeform

f; **home, private** ~ Privatanschrift *f;*
ad·dressee [͵ædre'siː] Empfänger(in),
Adressat(in) *m (f).*
ad·duce [ə'djuːs] *tr (Beispiel)* anführen;
(Beweis) erbringen.
ad·en·oids ['ædɪnɔɪdz] *pl med* Rachen-
mandeln, Polypen *pl.*
adept ['ædept] **I** *s* Kenner(in) *m (f),*
Sachverständige(r) *f m;* **II** *adj* erfahren;
sehr geschickt *(in* in; *at doing s.th.* etw
zu tun).
ad·equacy ['ædɪkwəsɪ] Angemessen-
heit *f;* **ad·equate** ['ædɪkwət] *adj* aus-
reichend *(to* für).
ad·here [əd'hɪə(r)] *itr* 1. haften, kleben
(to an); 2. *fig* festhalten *(to* an), bleiben
(to bei); ▶ ~ **to an opinion** bei e-r
Meinung bleiben; **ad·her·ence**
[əd'hɪərəns] Festhalten *n (to* an); **ad-
her·ent** [əd'hɪərənt] Anhänger(in) *m
(f).*
ad·hes·ive [əd'hiːsɪv] **I** *adj* klebend;
haftend; ▶ ~ **plaster** Heftpflaster *n;* ~
tape Kleb(e)streifen *m;* **II** *s* Klebstoff *m.*
ad·jac·ent [ə'dʒeɪsnt] *adj* angrenzend,
anliegend, anstoßend *(to* an); ▶ **be** ~ **to**
angrenzen an.
ad·jec·tival [͵ædʒɪk'taɪvl] *adj* adjekti-
visch; **ad·jec·tive** ['ædʒɪktɪv] Adjektiv,
Eigenschaftswort *n.*
ad·join [ə'dʒɔɪn] **I** *tr* angrenzen an; sehr
nahe liegen bei; **II** *itr* nahe beieinander-
liegen; **ad·join·ing** [—ɪŋ] *adj* benach-
bart.
ad·journ [ə'dʒɜːn] *tr, itr* vertagen *(for a
week* um e-e Woche).
ad·just [ə'dʒʌst] **I** *tr* 1. anpassen, verstel-
len; abstimmen *(to* auf); *tech* einstellen;
2. richtigstellen; in Ordnung bringen;
(Rechnung) berichtigen; **II** *refl* ▶ ~ **o.s.
to** sich anpassen, sich gewöhnen an; sich
einstellen auf; **ad·just·able** [—əbl] *adj*
regulierbar; ein-, verstellbar; **ad·just-
ment** [—mənt] 1. Anpassung, Anglei-
chung *f;* 2. *tech* Einstellung, Regulie-
rung *f;* ▶ ~ **range** *mot* Einstellbereich
m.
ad·ju·tant ['ædʒʊtənt] Adjutant *m.*
ad-lib [͵æd'lɪb] **I** *tr, itr* improvisieren; **II**
adv aus dem Stegreif.
ad-man ['ædmæn] ⟨*pl* -men⟩ Anzei-
gen-, Werbefachmann *m;* **ad-mass**
['ædmæs]durch Werbung leicht zu be-
einflussende Menschen *pl.*
ad·min·is·ter [əd'mɪnɪstə(r)] *tr* 1. ver-
walten; *(Amt)* versehen; 2. *(Trost)* spen-
den; 3. *(Medizin)* verabreichen; ▶ ~
justice Recht sprechen; **the oath was**
~**ed to him** er wurde vereidigt; **ad-
min·is·trate** [əd'mɪnɪstreɪt] *tr Am* ver-
walten, kontrollieren; **ad·min·is·tra-
tion** [əd͵mɪnɪ'streɪʃn] 1. Verwaltung *f;*
Amtsführung, -zeit *f;* Behörde *f;* 2. *pol*
Regierung *f;* 3. *(Medizin)* Eingeben *n;* 4.
(Sakrament) Spenden *n;* 5. *(Eid)* Ab-

nahme *f;* ▶ ~ **of justice** Rechtspflege *f;*
ad·min·is·tra·tive [əd'mɪnɪstrətɪv]
adj verwaltungsmäßig; ▶ **through** ~
channels auf dem Verwaltungsweg; **ad-
min·is·tra·tor** [əd'mɪnɪstreɪtə(r)] 1.
Verwalter(in) *m (f);* Leiter(in) *m (f);* 2.
(~ of an estate) Nachlaßverwalter(in) *m
(f).*
ad·mir·able ['ædmərəbl] *adj* wunder-
bar, herrlich; bewundernswert.
ad·miral ['ædmərəl] *mar zoo* Admiral
m; **Ad·miral·ty** ['ædmərəltɪ] *Br* Mari-
neministerium *n;* ▶ **First Lord of the** ~
Br Marineminister *m.*
ad·mir·ation [͵ædmə'reɪʃn] Bewunde-
rung *f (of, for* für); **ad·mire**
[əd'maɪə(r)] *tr* bewundern *(for* wegen);
ad·mirer [əd'maɪərə(r)] Bewunderer *m,*
Bewunderin *f.*
ad·miss·ible [əd'mɪsəbl] *adj* zulässig,
statthaft; **ad·mis·sion** [əd'mɪʃn] 1. Ein-
laß, Eintritt, Zutritt *m;* 2. Eintrittspreis
m, -geld *n;* 3. Ein-, Zugeständnis *n;*
▶ **gain** ~ **to** Zutritt erhalten zu; ~ **free**
Eintritt frei; **no** ~! Eintritt verboten!
ad·mit [əd'mɪt] **I** *tr* 1. hereinlassen *(into
a house* in ein Haus); aufnehmen *(to a
club* in e-n Klub); 2. *(Saal)* Raum haben
für; 3. zugeben, ein-, zugestehen; ▶ ~ **to
the Bar** als Rechtsanwalt zulassen; **II** *itr*
gestatten, erlauben *(of no doubt* keinen
Zweifel); ▶ ~ **of no other meaning**
keine andere Bedeutung zulassen; **ad-
mit·tance** [əd'mɪtns] Einlaß, Zutritt *m;*
no ~! Zutritt verboten! ▶ **no** ~ **except
on business** kein Zutritt für Unbefugte!
ad·mit·ted·ly [əd'mɪtɪdlɪ] *adv* zugege-
benermaßen.
ad·mon·ish [əd'mɒnɪʃ] *tr* 1. ermah-
nen; 2. verwarnen; **ad·mo·ni·tion**
[͵ædmə'nɪʃn] 1. Ermahnung *f;* 2. War-
nung *f;* Verwarnung *f.*
ado [ə'duː] ▶ **much** ~ **about nothing**
viel Lärm um nichts; **without further** ~
ohne weitere Umstände.
ado·les·cence [͵ædə'lesns] Jugend *f;*
Pubertät *f;* **ado·les·cent** [͵ædə'lesnt] **I**
adj jugendlich; **II** *s* Jugendliche(r) *f m.*
adopt [ə'dɒpt] *tr* 1. *jur* adoptieren, an
Kindes Statt annehmen; 2. *(Bericht)* bil-
ligen; *(Gedanken)* übernehmen; *(Maß-
nahmen)* ergreifen; ▶ ~ **a motion**
e-n Antrag annehmen; **adop·tion**
[ə'dɒpʃn] 1. Adoption *f;* Annahme *f* an
Kindes Statt; 2. Annahme, Billigung *f.*
ador·able [ə'dɔːrəbl] *adj* 1. liebenswert;
2. reizend, entzückend; **ador·ation**
[͵ædə'reɪʃn] Anbetung *f;* Verehrung *f;*
adore [ə'dɔː(r)] *tr* 1. anbeten; verehren;
2. *fam* sehr gern haben; **ador·ing**
[ə'dɔːrɪŋ] *adj* bewundernd.
adorn [ə'dɔːn] *tr* (ver)zieren, schmücken,
verschönern; **adorn·ment** [—mənt]
Schmuck *m;* Verzierung *f.*
ad·ren·alin(e) [ə'drenəlɪn] Adrenalin *n.*

adrift [ə'drɪft] *adv, pred adj mar* (ab)treibend; ► **come adrift** *fig* sich lösen; *(Pläne)* fehlschlagen.

adroit [ə'drɔɪt] *adj* gewandt, geschickt.

adu·la·tion [ˌædjʊ'leɪʃn] Verherrlichung *f.*

adult ['ædʌlt] I *adj* erwachsen; ausgewachsen; *fig* reif; II *s* 1. Erwachsene(r) *f m;* 2. ausgewachsenes Tier; **adult education** Erwachsenenbildung *f;* **adult film** Film *m* nur für Erwachsene.

adul·ter·ate [ə'dʌltəreɪt] *tr* verfälschen; *(Wein)* panschen; **adul·ter·ation** [əˌdʌltə'reɪʃn] (Ver)Fälschung *f.*

adul·terer [ə'dʌltərə(r)] Ehebrecher *m;* **adul·ter·ess** [ə'dʌltərɪs] Ehebrecherin *f;* **adul·ter·ous** [ə'dʌltərəs] *adj* ehebrecherisch; **adul·tery** [ə'dʌltərɪ] Ehebruch *m.*

ad·vance [əd'vɑːns] I *tr* 1. vorrücken; 2. befördern; 3. *(Meinung)* vorbringen, äußern; *(Grund)* anführen, vortragen; 4. *(Geld)* vorschießen, -strecken; II *itr* 1. vorgehen, -stoßen, -dringen; 2. Fortschritte machen; 3. *(Preise)* steigen; *(Qualität)* besser werden; III *s* 1. Vorrücken *n;* 2. Fortschritt *m,* Besserung, Aufwärtsentwicklung *f;* 3. (Preis)Erhöhung *f;* 4. Vorschuß *m;* An-, Vorauszahlung *f;* Darlehen *n;* 5. *(Beamter)* Beförderung *f;* ► **in** ~ im voraus; **be in** ~ **of one's times** seiner Zeit voraus sein; **be on the** ~ *com* im Steigen begriffen sein; **book in** ~ vorausbestellen, -belegen; **make** ~**s to s.o.** *fig* an jdn herantreten; *pej* sich an jdn ranmachen; **ad·vance booking** Vor(aus)bestellung *f;* Vorverkauf *m;* **ad·vanced** [əd'vɑːnst] *adj* 1. *(Alter)* vorgeschritten; 2. fortschrittlich; **ad·vance·ment** [əd'vɑːnsmənt] Förderung *f;* *(beruflich)* Beförderung *f;* **advance notice** Voranzeige, Voranmeldung, -kündigung *f;* **ad·vance payment** Vorauszahlung *f.*

ad·van·tage [əd'vɑːntɪdʒ] 1. Vorteil *m a. Tennis;* 2. Vorzug *m;* Überlegenheit *f (over, of* über); 3. günstige Gelegenheit; ► **to s.o.'s** ~ zu jds Gunsten; **to the best** ~ so vorteilhaft wie möglich; **be of** ~ von Nutzen, nützlich sein; **have an** ~ **over s.o.** jdm gegenüber im Vorteil sein; **take** ~ **of** übervorteilen *(s.o.* jdn); ausnutzen *(s.th.* etw); **turn to** ~ Vorteil, Nutzen ziehen aus; **ad·van·tage·ous** [ˌædvən'teɪdʒəs] *adj* vorteilhaft.

ad·vent ['ædvənt] Anbruch *m;* ► **A**~ Advent *m.*

ad·ven·ture [əd'ventʃə(r)] Abenteuer *n;* **ad·ven·turer** [əd'ventʃərə(r)] 1. Abenteurer(in) *m (f);* 2. Hochstapler(in) *m (f);* **ad·ven·tur·ous** [əd'ventʃərəs] *adj* abenteuerlich.

ad·verb ['ædvɜːb] Adverb *n;* **ad·verb·ial** [æd'vɜːbɪəl] *adj* adverbial.

ad·ver·sary ['ædvəsərɪ] Gegner(in) *m*

(f); **ad·verse** ['ædvɜːs] *adj* ungünstig, nachteilig; *(Umstände)* widrig; **ad·ver·sity** [əd'vɜːsətɪ] Unglück, Mißgeschick *n;* Elend *n,* Not *f.·*

ad·ver·tise ['ædvətaɪz] I *tr* 1. anzeigen, ankündigen; 2. werben für; annoncieren; II *itr* 1. inserieren; annoncieren; 2. Reklame machen, Werbung betreiben; ► ~ **for** inserieren nach; durch e-e Zeitungsanzeige suchen; **ad·ver·tise·ment** [əd'vɜːtɪsmənt, *Am* ˌædvər'taɪzmənt] 1. (Zeitungs)Anzeige *f,* Inscrat *n,* Annonce *f;* 2. Reklame, Werbung *f;* ► **TV** ~**s** *pl* Werbefernsehen *n;* **ad·ver·tis·ing** ['ædvəˌtaɪzɪŋ] Werbung, Reklame *f;* ► **newspaper, radio** ~ Zeitungs-, Rundfunkreklame *f;* **ad·ver·tis·ing agency** Werbeagentur *f;* **ad·ver·tis·ing cam·paign** Werbekampagne *f;* **ad·ver·tis·ing media** Werbemittel *n pl;* **ad·ver·tis·ing space** Reklamefläche *f; (Zeitung)* Inseratenteil, Anzeigenteil *m.*

ad·vice [əd'vaɪs] 1. Rat(schlag) *m;* 2. Gutachten *n;* 3. *com* Benachrichtigung *f (from* von); ► **a piece, a bit of** ~ ein Rat; **act on s.o.'s** ~ jds Rat befolgen; **ask s.o.'s** ~ jdn um Rat fragen; **take medical** ~ e-n Arzt aufsuchen; **ad·vis·able** [əd'vaɪzəbl] *adj* ratsam, empfehlenswert; **ad·vise** [əd'vaɪz] *tr* 1. raten, empfehlen; 2. *com* benachrichtigen; ► **be well** ~**d** wohlberaten sein; **ad·viser** [əd'vaɪzə(r)] Berater(in) *m (f);* **my legal** ~ mein(e) Rechtsanwalt (-anwältin) *m (f);* **my medical** ~ mein(e) (Haus)Arzt (-Ärztin) *m (f);* **ad·vis·ory** [əd'vaɪzərɪ] *adj* beratend; ► **in an** ~ **capacity** in beratender Eigenschaft; ~ **committee** Beratungsausschuß *m;* Beirat *m.*

ad·vo·cate ['ædvəkət] I *s* 1. Fürsprecher(in), Verfechter(in) *m (f);* 2. Anwalt *m,* Anwältin *f;* II *tr* ['ædvəkeɪt] eintreten *(s.th.* für etw), befürworten.

ad-writer ['ædraɪtə(r)] Texter(in) *m (f).*

aegis ['iːdʒɪs] *fig* Schirmherrschaft *f.*

aeon ['iːən] Ewigkeit *f.*

aer·ate ['eəreɪt] *tr* 1. lüften; 2. mit Kohlensäure versetzen.

aer·ial ['eərɪəl] I *adj* 1. Luft-; 2. *(Kabel)* oberirdisch; II *s Br* Antenne *f;* **aerial view** Luftbild *n.*

aero ['eərə] *pref* Luft-, Flug-, Aero-.

aerobics [eə'rəʊbɪks] *pl* Aerobic *n sing.*

aero·drome ['eərədrəʊm] Flugplatz *m;* **aero·dy·nam·ics** [ˌeərəʊdaɪ'næmɪks] *pl mit sing* Aerodynamik *f;* **aero·naut·ic(al)** ['eərənɔːtɪk(l)] *adj* aeronautisch; ► ~ **engineering** Luftfahrttechnik *f;* ~ **medicine** Luftfahrtmedizin *f;* **aero·naut·ics** [ˌeərə'nɔːtɪks] *pl mit sing* Aeronautik *f;* **aero·plane** ['eərəpleɪn] Flugzeug *n;* **aero·sol** ['eərəsɒl] Sprühdose *f.*

aes·thet·ic(al) [iːsˈθetɪk(l)] *adj* ästhetisch;.. **aes·thet·ics** [iːsˈθetɪks] *pl mit sing* Ästhetik *f.*

afar [əˈfɑː(r)] *adv* ▶ **from** ~ aus der Ferne.

affa·bil·ity [ˌæfəˈbɪlətɪ] Leutseligkeit, Umgänglichkeit *f;* **af·fable** [ˈæfəbl] *adj* umgänglich.

af·fair [əˈfeə(r)] 1. Angelegenheit, Sache *f;* 2. Veranstaltung *f;* 3. *(love ~)* Verhältnis *n;* 4. Affäre *f,* Skandal *m;* ▶ **foreign** ~s *pl pol* auswärtige Angelegenheiten *f pl;* **Secretary of State for Foreign A~s** Außenminister(in) *m (f).*

af·fect [əˈfekt] *tr* 1. beeinflussen, in Mitleidenschaft ziehen; 2. *med* angreifen, befallen; 3. e-n tiefen Eindruck machen *(s.o.* auf jdn), bewegen, (be)rühren; 4. vortäuschen, vorgeben; **af·fec·ta·tion** [ˌæfekˈteɪʃn] 1. Verstellung *f;* 2. Künstelei *f;* **af·fected** [əˈfektɪd] *adj* 1. geziert, affektiert; 2. in Mitleidenschaft gezogen; angegriffen, erkrankt; **af·fec·tion** [əˈfekʃn] (Zu)Neigung *f;* Liebe *f (for, towards* zu); **af·fec·tion·ate** [əˈfekʃənət] *adj* liebevoll, herzlich, zärtlich; ▶ **yours** ~ly mit herzlichen Grüßen.

af·fi·da·vit [ˌæfɪˈdeɪvɪt] *jur* eidesstattliche Versicherung.

af·fili·ate [əˈfɪlieɪt] I *tr* 1. angliedern; 2. *(Mitglied)* aufnehmen *(to, with* in); II *itr* eng verbunden sein *(to, with* mit); ein Mitglied sein *(to, with* bei); III *s Am* Tochter(gesellschaft) *f;* **af·fili·ation** [əˌfɪlɪˈeɪʃn] 1. Verbindung *f,* Anschluß *m;* 2. Angliederung *f.*

af·fin·ity [əˈfɪnətɪ] 1. Verwandtschaft *f;* 2. Neigung *f (for, to* zu); 3. *chem* Affinität *f.*

af·firm [əˈfɜːm] I *tr* (nachdrücklich) erklären; versichern, bestätigen; II *itr jur* feierlich versichern; **af·firm·ation** [ˌæfəˈmeɪʃn] 1. Bestätigung, Versicherung *f;* 2. *jur* Erklärung *f* an Eides Statt; **af·firm·ative** [əˈfɜːmətɪv] *adj* bejahend; ▶ **answer in the** ~ mit „ja" antworten.

af·fix [əˈfɪks] I *tr* anheften, anbringen *(to* an); *(Stempel)* aufdrücken; *(Unterschrift)* beifügen; II *s gram* [ˈæfɪks] Affix *n.*

af·flict [əˈflɪkt] *tr* betrüben, kränken; heimsuchen; ▶ ~ed **with a disease** von einer Krankheit geplagt; ~ed **by doubts** von Zweifeln geplagt; **the** ~ed *pl* die Leidenden *pl;* **af·flic·tion** [əˈflɪkʃn] 1. Leiden *n,* Pein *f;* 2. Kummer *m,* Betrübnis *f;* 3. Gebrechen *n.*

af·flu·ence [ˈæfluəns] Reichtum *m;* Fülle *f;* Überfluß *m;* **af·flu·ent** [ˈæfluənt] I *adj* reich *(in, of, with* an); ▶ ~ **society** Wohlstandsgesellschaft *f.*

af·ford [əˈfɔːd] *tr* 1. sich erlauben, sich leisten; 2. *(Vergnügen)* geben, gewäh-

ren; *(Gewinn)* einbringen; ▶ **I can't** ~ **it** ich kann es mir nicht leisten; **you can** ~ **to laugh** Sie haben gut lachen.

af·for·est [əˈfɒrɪst] *tr* aufforsten; **af·for·est·ation** [əˌfɒrɪˈsteɪʃn] Aufforstung *f.*

af·front [əˈfrʌnt] I *tr* beleidigen; II *s* Beleidigung *f.*

Af·ghan [ˈæfɡæn] I *s* 1. Afghane *m,* Afghanin *f;* 2. *(Hund)* Afghane *m;* II *adj* afghanisch; **Af·ghani·stan** [æfˈɡænɪstæn] Afghanistan *n.*

afield [əˈfiːld] *adv* in die Ferne; fort, weg; ▶ **far** ~ weit weg.

aflame [əˈfleɪm] *adv, pred adj* in Flammen.

afloat [əˈfləut] *adv, pred adj* 1. schwimmend; 2. überflutet; 3. *fig* in Umlauf; ▶ **set rumours** ~ Gerüchte ausstreuen.

afoot [əˈfut] *adv, pred adj* im Gange.

afore·men·tioned,   **afore·said** [əˌfɔːˈmenʃnd, əˌfɔːˈsed] *adj* vorher erwähnt.

afraid [əˈfreɪd] *pred adj* ▶ **be** ~ (sich) fürchten, Angst haben *(of* vor); **I am** ~ **I have to go** ich muß leider gehen; **don't be** ~ **to** ... scheuen Sie sich nicht zu ...

afresh [əˈfreʃ] *adv* wieder, erneut.

Af·ri·ca [ˈæfrɪkə] Afrika *n;* **Af·ri·can** [ˈæfrɪkən] I *s* Afrikaner(in) *m (f);* II *adj* afrikanisch.

after [ˈɑːftə(r)] I *adv* hinterher, darauf, danach, nachher; II *prep* 1. *(räumlich)* hinter, nach, hinter ... her; 2. *(zeitlich)* nach; 3. *(Reihenfolge)* hinter; 4. *(Verhältnis)* entsprechend; 5. *(Grund)* auf Grund von, infolge; bei; 6. *(Gegensatz)* trotz; ▶ **day** ~ **day** Tag für Tag; **the day** ~ **tomorrow** übermorgen; **one** ~ **another** einer nach dem andern; **time** ~ **time** immer wieder; ~ **all** schließlich, eben, doch; letzten Endes; ~ **hours** nach Geschäftsschluß; ~ **that** danach, nachher, daraufhin; III *conj* nachdem; **after·care** [ˈɑːftəkeə(r)] *med* Nachbehandlung *f;* **after·din·ner** [ˌɑːftəˈdɪnə(r)] *adj* nach Tisch; ▶ ~ **speech** Tischrede *f;* **after-ef·fect** [ˈɑːftərɪˌfekt] Nachwirkung *f;* **after-life** [ˈɑːftəlaɪf] Leben *n* nach dem Tod; **after·math** [ˈɑːftəmæθ] *fig* Nachwirkungen *f pl;* **after·noon** [ˌɑːftəˈnuːn] Nachmittag *m;* ▶ **in the** ~ nachmittags, am Nachmittag *(at* um); **this** ~ heute nachmittag; **after-sales service** [ˌɑːftəˈseɪlz] Kundendienst *m;* **after·thought** [ˈɑːftəθɔːt] nachträgliche Überlegung; **after·wards** [ˈɑːftəwədz] *adv* danach, später.

again [əˈɡen] *adv* wieder; noch einmal, nochmals; ▶ **as much** ~ noch einmal soviel; **never** ~ nie wieder, nie mehr; **now and** ~ dann und wann; **over and over** ~, **time and time** ~, ~ **and** ~ immer wieder.

against [əˈɡenst] *prep* gegen, wider;

entgegen(gesetzt zu); ▶ be for or ~ s.th. für oder gegen etw sein; I'm not ~ it ich habe nichts dagegen.
ag·ate ['ægət] Achat *m.*
age [eɪdʒ] I *s* 1. Alter *n;* 2. Zeitalter *n;* Epoche *f;* ▶ at the ~ of im Alter von; for ~s *fam* ewig lang; in ~s to come in künftigen Zeiten; over ~ über der Altersgrenze; under ~ unter 21; minderjährig; be, take ~s ewig brauchen; come of ~ mündig, volljährig werden; the Ice A~ die Eiszeit; the Stone A~ die Steinzeit; the Middle A~s *pl* das Mittelalter; II *itr* alt, reif werden; altern; III *tr* alt werden lassen, altern; *(Kleidung)* alt machen; *(Käse, Wein)* lagern, reifen; **age-bracket, age-group** Jahrgang *m;* **aged** [eɪdʒd] I *adj* 1. im Alter von; 2. ['eɪdʒɪd] bejahrt, betagt; *(Gebäude, Auto)* sehr alt; II *s* ['eɪdʒɪd] the ~ *pl* die alten Leute; **age·ism** ['eɪdʒɪzm] Diskriminierung *f* aufgrund des Alters; **age·less** ['eɪdʒlɪs] *adj* zeitlos; nicht alternd; **age limit** Altersgrenze *f;* **age-long** ['eɪdʒlɒŋ] *adj* ewig dauernd.
agency ['eɪdʒənsɪ] 1. Geschäftsstelle *f;* Vertretung *f,* Büro *n;* Agentur *f; (government ~)* Behörde, Dienststelle *f;* 2. Tätigkeit, Wirkung *f;* ▶ by, through the ~ of durch Vermittlung von; **tourist, travel ~** Reisebüro *n.*
agenda [ə'dʒendə] Tagesordnung *f;* ▶ be on the ~ auf der Tagesordnung stehen; place, put on the ~ auf die Tagesordnung setzen; item on the ~ Tagesordnungspunkt *m.*
agent ['eɪdʒənt] 1. Mittel, Agens *n; chem* Wirkstoff *m;* 2. Vertreter(in), Repräsentant(in) *m (f),* Beauftragte(r) *f m;* Agent (-in) *m (f);* ▶ **estate ~** Grundstücks-, Immobilienmakler(in) *m (f);* **forwarding ~** Spediteur *m;* **insurance ~** Versicherungsagent(in), -vertreter(in) *m (f);* **sole ~** Alleinvertreter *m;* **travel ~** Reisebüro *n.*
ag·glom·er·ate [ə'glɒməreɪt] I *tr, itr* zusammenballen, (sich) anhäufen; II *adj* [ə'glɒmərət] an-, aufgehäuft; zusammengeballt; III *s geol* [ə'glɒmərət] Agglomerat *n;* **ag·glom·er·ation** [ə,glɒmə'reɪʃn] Zusammenballung, Anhäufung *f.*
ag·gra·vate ['ægrəveɪt] *tr* 1. verschlimmern; 2. ärgern; reizen; **ag·gra·vat·ing** [—ɪŋ] *adj* ärgerlich, lästig; **ag·gra·va·tion** [,ægrə'veɪʃn] 1. Verschlimmerung *f;* Erschwerung *f;* Ärger *m.*
ag·gre·gate ['ægrɪgɪt] I *adj* gesamt, ganz; ~ **amount** Gesamtbetrag *m;* ~ **weight** Gesamtgewicht *n;* II *s* 1. Aggregat *n a. geol;* 2. Menge, Summe, Masse *f;* Gesamtheit *f;* Gesamtsumme *f;* III *tr* ['ægrɪgeɪt] 1. anhäufen, vereinigen, verbinden *(to* mit); 2. sich belaufen *(10* auf

10).
ag·gres·sion [ə'greʃn] Aggression *f;* Angriff *m;* **ag·gres·sive** [ə'gresɪv] *adj* aggressiv; **ag·gres·sive·ness** [—nəs] Aggressivität *f;* **ag·gres·sor** [ə'gresə(r)] Angreifer(in) *m (f).*
ag·grieved [ə'griːvd] *adj* 1. betrübt *(at, by* über); 2. verletzt *(at, by* durch); *(Blick, Stimme)* gekränkt; ▶ **the ~ (party)** *jur* der/die Beschwerte.
aghast [ə'gɑːst] *pred adj* entsetzt, bestürzt *(at* über).
agile ['ædʒaɪl, *Am* 'ædʒl] *adj* flink, gewandt; beweglich *a. fig;* **agil·ity** [ə'dʒɪlətɪ] Beweglichkeit, Gewandtheit *f.*
agi·tate ['ædʒɪteɪt] I *tr* 1. auf-, erregen, beunruhigen *(about* wegen); 2. schütteln, rütteln; II *itr* agitieren *(against* gegen; *for* für); **agi·ta·tion** [,ædʒɪ'teɪʃn] 1. Auf-, Erregung *f;* 2. Beunruhigung *f;* Agitation *f;* **agi·ta·tor** ['ædʒɪteɪtə(r)] Aufrührer, Agitator *m.*
aglow [ə'gləʊ] *pred adj* 1. glühend; 2. *fig* erregt *(with* von, vor).
ag·nos·tic [æg'nɒstɪk] Agnostiker(in) *m (f).*
ago [ə'gəʊ] *adv* vor; ▶ **three months ~** vor drei Monaten; **a long time ~** schon lange her; **(just) a moment ~** eben noch; **not long ~** vor kurzem, unlängst; **a while ~** vor e-r Weile; **how long ~?** wie lange ist es her?
agog [ə'gɒg] *pred adj* gespannt; ▶ **be ~ with curiosity** vor Neugier fast platzen; **set s.o. ~** jdn auf die Folter spannen.
ag·on·ize ['ægənaɪz] *itr* sich quälen; **ag·onized** ['ægənaɪzd] *adj* gequält; **ag·on·iz·ing** ['ægənaɪzɪŋ] *adj* quälend; **ag·ony** ['ægənɪ] 1. Qual *f;* 2. Todeskampf *m.*
agree [ə'griː] *itr* 1. einverstanden sein *(to* mit), einwilligen *(to* in); übereinstimmen *(with* mit); 2. sich einigen, einig sein *(on* über); 3. verabreden, vereinbaren *(on s.th.* etw); 4. *(Speisen)* gut bekommen *(with s.o.* jdm); ▶ **I don't ~ with children staying up late** ich bin dagegen, daß Kinder lange aufbleiben; **agreeable** [—əbl] *adj* 1. angenehm; 2. liebenswürdig; ▶ **be ~** einverstanden sein *(to* mit); **agree·ment** [—mənt] 1. Vereinbarung *f,* Übereinkommen *n,* Übereinkunft *f,* Abkommen *n,* Abmachung *f;* Vertrag *m;* 2. Zustimmung, Verständigung, Einigung *f,* Einverständnis, Einvernehmen *n;* ▶ **by mutual ~** in gegenseitigem Einverständnis; **come to an ~** zu e-m Übereinkommen gelangen, sich verständigen *(with* mit).
ag·ri·cul·tural [,ægrɪ'kʌltʃərəl] *adj* landwirtschaftlich; **ag·ri·cul·ture** ['ægrɪkʌltʃə(r)] Landwirtschaft *f.*
aground [ə'graʊnd] *adv, pred adj* gestrandet.
ah [ɑː] *interj* ach! ah!; **aha** [ɑː'hɑː] *interj*

aha!

ahead [ə'hed] *adv* vor, voran, voraus; ▶ ~ **of** vor; **full speed** ~ volle Kraft voraus; ~ **of time** vorzeitig; **be** ~ **of** s.o. jdm voraus sein; **get** ~ vorwärtskommen; **go** ~ voran-, vorausgehen; weitermachen, fortfahren; **go** ~ **and tell her** sag's ihr doch! **straight** ~ geradeaus; **way** ~ weit voraus.

ahem [ə'həm] *interj* hm!

ahoy [ə'hɔɪ] *interj mar* ahoi!

aid [eɪd] I *tr* helfen (*s.o.* jdm; *in* bei); II *s* Hilfe, Unterstützung *f;* ▶ **in** ~ **of** zugunsten, zur Unterstützung von; **give first** ~ Erste Hilfe leisten; **grant in** ~ staatliche Subvention.

Aids, AIDS [eidz] *Abk:* **Acquired Immune Deficiency Syndrome** *med* Aids *n,* Immunschwächekrankheit *f.*

ail [eɪl] I *tr* schmerzen; ▶ **what's** ~**ing him?** was fehlt ihm? II *itr* kränkeln.

aileron ['eɪlərɒn] *aero* Querruder *n.*

ail·ing ['eɪlɪŋ] *adj* leidend; *fig (Wirtschaft, Industrie)* krank, krankend; **ail·ment** ['eɪlmənt] Gebrechen, Leiden *n;* ▶ **all his little** ~**s** all seine kleinen Wehwehchen.

aim [eɪm] I *itr, tr* 1. zielen (*at* auf, nach); 2. *(Anstrengungen)* richten (*at* auf; *to do* zu tun); 3. beabsichtigen, bezwecken (*at doing, to do* zu tun); II *s* Ziel *n;* Zweck *m,* Absicht *f;* ▶ **take** ~ **at** zielen auf, aufs Korn nehmen; **aim·less** ['eɪmlɪs] *adj* ziellos.

air [eə(r)] I *s* 1. Luft *f;* Atmosphäre *f a. fig;* 2. *radio* Äther *m;* 3. Miene *f,* Aussehen *n;* ▶ **a breath of fresh** ~ *a. fig* frische Luft; **by** ~ auf dem Luftweg; mit dem Flugzeug; **in the** ~ in der Schwebe, unentschieden; allgemein bekannt; in der Luft liegend; **in the open** ~ unter freiem Himmel; **on the** ~ über den Rundfunk; **be on the** ~ im Rundfunk gesendet werden; **put on** ~**s, give o.s.** ~**s** sich wichtig machen; **take some** ~ frische Luft schnappen; **walk on** ~ *fam* überglücklich sein; **open-**~**(theatre)** Freilichtbühne *f;* **prevention of** ~ **pollution** Reinhaltung *f* der Luft; II *tr* 1. (aus-, durch)lüften; 2. *fig* bekanntmachen; **air bag** *mot* Luftsack, Airbag *m;* **air·borne** ['eəbɔːn] *adj* in der Luft; Luftlande-; **air·brake** ['eəbreɪk] Luftdruckbremse *f;* **air bubble** Luftblase *f;* **air-con·di·tioned** ['eəkən'dɪʃnd] *adj* klimatisiert; **air-con·di·tion·ing** ['eəkən'dɪʃnɪŋ] Klimatisierung *f;* (~ *plant*) Klimaanlage *f;* **air-cooled** ['eəkuːld] *adj* luftgekühlt; **air corridor** Luftkorridor *m;* **air·craft** ['eəkrɑːft] Flugzeug *n;* **air·craft car·rier** Flugzeugträger *m;* **air·craft industry** Flugzeugindustrie *f;* **air·crew** ['eəkruː] (Flugzeug)Besatzung *f;* **air cushion** Luftkissen *n;* **air·drome** ['eədrəum]

Am Flughafen *m;* **air·field** ['eəfiːld] Flugplatz *m;* **air filter** Luftfilter *m;* **air force** Luftwaffe *f;* **air freight** Luftfracht *f;* **air gun** Luftgewehr *n;* **air hole** Luftloch *n;* **air host·ess** Stewardeß *f;* **air lift** Luftbrücke *f;* **air·line** ['eəlaɪn] Fluglinie, -gesellschaft *f;* **air·liner** ['eəlaɪnə(r)] Verkehrsflugzeug *n;* **air·mail** ['eəmeɪl] I *tr* mit Luftpost senden; II *s* Luftpost *f;* **air·man** ['eəmən] ⟨*pl* -men⟩ Flieger, Flugzeugführer *m;* **air·plane** ['eəpleɪn] *Am* Flugzeug *n;* **air·port** ['eəpɔːt] Flughafen *m;* **air·raid** Luft-, Fliegerangriff *m;* **air·sick** ['eəsɪk] *adj* luftkrank; **air·sick·ness** ['eəsɪknɪs] Luftkrankheit *f;* **air space** Luftraum *m;* **air·strip** ['eəstrɪp] Start- und Landebahn *f;* **air terminal** Flughafen(abfertigungsgebäude *n*) *m;* **air ticket** Flugschein *m;* **air·tight** ['eətaɪt] *adj* luftdicht; **air traffic** Flugverkehr *m;* **air-traffic controller** Fluglotse *m;* **air·ways** ['eəweɪ] *pl* Fluglinie *f;* **air·worthi·ness** ['eəwɜːðɪnɪs] Flugtüchtigkeit *f;* **airworthy** ['eəwɜːðɪ] *adj* flugtüchtig.

airy ['eərɪ] *adj* 1. luftig; 2. *fig* lässig, blasiert; *(Versprechen, Theorie)* vage.

airy-fairy ['eərɪ'feərɪ] *adj* versponnen; unausgegoren.

aisle [aɪl] Gang *m;* ▶ **lead a woman down the** ~ eine Frau zum Altar führen.

ajar [ə'dʒɑː(r)] *adv* halboffen; angelehnt.

akim·bo [ə'kɪmbəu] *adv* ▶ **with arms** ~ mit in die Seite gestemmten Armen.

akin [ə'kɪn] *pred adj* verwandt (*to* mit); ähnlich, gleich.

alac·rity [ə'lækrətɪ] Bereitwilligkeit *f.*

alarm [ə'lɑːm] I *s* 1. Alarm *m;* Warnung *f;* (~ *signal*) Alarmsignal *n;* 2. Beunruhigung *f,* Schreck *m;* 3. (~ *clock*) Wecker *m;* ▶ **give the** ~ Alarm schlagen; II *tr* alarmieren; beunruhigen, erschrecken (*at* über); **alarm·ing** [—ɪŋ] *adj* beunruhigend, alarmierend; **alarm·ist** [—ɪst] I *s* Schwarzseher(in) *m (f);* II *adj* (unnötig) Unheil prophezeiend.

alas [ə'læs] *interj* ach! leider!

Al·ba·nia [æl'beɪnɪə] Albanien; **Al·ba·ni·an** [—n] I *s* 1. (das) Albanisch(e); 2. Alban(i)er(in) *m (f);* II *adj* albanisch.

al·ba·tross ['ælbətrɒs] *zoo* Albatros *m.*

al·bino [æl'biːnəu] ⟨*pl* -binos⟩ Albino *m.*

al·bum ['ælbəm] Album *n.*

al·bu·men ['ælbjumɪn] Eiweiß *n; chem* Albumin *n.*

al·co·hol ['ælkəhɒl] Alkohol *m;* ▶ ~ **blood** ~ **level** Blutalkoholkonzentration *f;* **al·co·holic** [,ælkə'hɒlɪk] I *adj* alkoholisch; II *s* Alkoholiker(in) *m (f);* **al·co·hol·ism** [—ɪzəm] Alkoholismus *m.*

al·cove ['ælkəuv] Alkoven *m;* Nische *f.*

al·der ['ɔːldə(r)] *bot* Erle *f.*

al·der·man ['ɔːldəmən] ⟨*pl* -men⟩ Rats-

herr *m.*
ale [eɪl] Ale, Bier *n;* ▶ **real ~** biologisch gebrautes Bier.
alert [əˈlɜːt] I *adj* lebhaft; aufgeweckt; II *s* Alarm *m,* -signal *n;* ▶ **be on the ~** auf der Hut sein; III *tr* alarmieren; warnen.
alga [ˈælɡə] ⟨*pl* algae⟩ [ˈældʒiː] *bot* Alge *f.*
al·ge·bra [ˈældʒɪbrə] Algebra *f;* **al·gebra·ic** [ˌældʒɪˈbreɪk] *adj* algebraisch.
Al·ge·ria [ælˈdʒɪərɪə] Algerien; **Al·geri·an** [— n] I *s* Algerier(in) *m (f);* II *adj* algerisch.
alias [ˈeɪlɪəs] I *adv* sonst … genannt, alias; II *s* Deckname *m.*
alibi [ˈælɪbaɪ] *jur* Alibi *n.*
alien [ˈeɪlɪən] I *s* Ausländer(in) *m (f);* außerirdisches Wesen; II *adj* 1. ausländisch; außerirdisch; 2. fremd, unbekannt (*to* dat); **alien·ate** [ˈeɪlɪəneɪt] *tr* 1. befremden; *(Gefühle)* zerstören; 2. *jur* veräußern; ▶ **~ o.s. from s.th.** sich e-r S entfremden; **alien·ation** [ˌeɪlɪəˈneɪʃn] 1. Entfremdung *f (from* von); 2. *(Eigentum)* Veräußerung *f.*
alight¹ [əˈlaɪt] *pred adj* 1. brennend; 2. *(Gesicht)* glühend, strahlend; ▶ **be ~** brennen; in Flammen stehen; **set ~** in Brand stehen; **keep ~** nicht ausgehen lassen.
alight² [əˈlaɪt] *itr* 1. ab-, aussteigen *(from* von); 2. *(Vogel, Flugzeug)* landen; 3. zufällig stoßen, treffen *(upon* auf).
align [əˈlaɪn] I *tr* in e-e Linie bringen, (aus)richten *a. fig (with* nach); II *refl* **~ o.s.** sich anschließen *(with* an); **ali(g)n·ment** [—mənt] 1. Ausrichtung *f a. fig;* 2. *fig* Orientierung, Gruppierung *f;* ▶ **out of ~** nicht richtig ausgerichtet *(with* nach).
alike [əˈlaɪk] I *pred adj* ähnlich, gleich; II *adv* in gleicher Weise; ohne Unterschied; ▶ **treat ~** gleich behandeln.
ali·mony [ˈælɪmənɪ] Unterhalt *m;* Alimente *pl.*
aline (*s.* align).
alive [əˈlaɪv] *adj meist pred* 1. lebend(ig); 2. tätig, unternehmend; ▶ **be ~ to s.th.** sich e-r S bewußt sein; **be ~ with s.th.** von etw wimmeln; **keep ~** am Leben erhalten.
al·kali [ˈælkəlaɪ] *chem* Alkali *n,* Lauge *f;* **al·kal·ine** [ˈælkəlaɪn] *adj* alkalisch.
all [ɔːl] I *adj (mit Plural)* alle *(ohne Artikel); (mit Singular)* ganze(r, s); *(mit Possessivpronomen)* all; **~ the children** alle Kinder; **~ the butter** die ganze Butter, all die Butter, alle Butter; **~ my friends** alle meine Freunde; **~ my life** mein ganzes Leben (lang); **~ London** ganz London; **with ~ possible speed** so schnell wie möglich; **for ~ her beauty** trotz (all) ihrer Schönheit; II *prn* alles, alle *pl;* ▶ **~ of them** sie alle; **~ of it**

alles; **~ of Germany** ganz Deutschland; **~ of five minutes** ganze fünf Minuten; **richest of ~** am reichsten; **I like that best of ~** das mag ich am meisten; III *adv* ganz; ▶ **~ dirty** ganz schmutzig; **~ round** rundum; **~ the same** trotzdem; **~ not as stupid as ~ that** gar nicht so dumm; **I'm ~ for it** ich bin ganz dafür; **~ the hotter** um so heißer; noch heißer; IV *s* alles; ▶ **give one's ~** alles geben; V *(Wendungen)* ▶ **above ~** vor allem, vor allen Dingen; **after ~** trotzdem; schließlich (und endlich); **at ~** überhaupt; **for ~ that** trotzdem; **from ~ over** von überall her; **in ~** insgesamt; **not at ~** keineswegs; überhaupt nicht; nicht im geringsten; keine Ursache! **once and for ~** ein für allemal; **~ in ~** alles in allem; im ganzen genommen; **~ alone** ganz allein; **~ but** beinahe, nahezu; alle, alles außer; **~ day, night long** den ganzen Tag, die ganze Nacht hindurch; **~ at once** plötzlich; **~ right** in Ordnung; schön; einverstanden; **~ the same** ganz gleich, ganz einerlei; trotzdem; **~ of a sudden** auf einmal; **~ the time** die ganze Zeit; **~ told** alles zusammengenommen; alles in allem; **~ over (the place)** überall; **~ over the world** in der ganzen Welt; **be ~ ears** ganz Ohr sein; **be ~ there** auf Draht, schlau, gewitzt sein; **tremble ~ over** an allen Gliedern zittern; **you of ~ people** vor allem du; **in June, of ~ times** ausgerechnet im Juni; **he isn't ~ there** er ist nicht richtig im Oberstübchen; **is that ~ right with you?** ist Ihnen das recht? **don't worry, it'll be ~ right** mach dir keine Sorgen, es kommt schon alles in Ordnung; **it's ~ over with him** er ist erledigt, fertig, ruiniert; **~ hands on deck!** alle Mann an Deck! **if that's ~ there is to it** wenn's weiter nichts ist; **that's ~ I needed** das hat mir gerade noch gefehlt; **our plans are ~ set** unsere Pläne stehen fest.
all clear [ˌɔːlˈklɪə(r)] *mil* Entwarnung *f.*
al·le·ga·tion [ˌælɪˈɡeɪʃn] Behauptung *f;* **al·lege** [əˈledʒ] *tr* behaupten; **al·leged** [əˈledʒd] *adj,* **al·leged·ly** [əˈledʒɪdlɪ] *adv* angeblich.
al·le·giance [əˈliːdʒəns] Treue *f;* ▶ **oath of ~** Treueeid *m.*
al·le·goric(al) [ˌælɪˈɡɒrɪk(l)] *adj* allegorisch; **al·le·gory** [ˈælɪɡərɪ] Allegorie *f.*
al·le·luia [ˌælɪˈluːjə] Hallelujah *n.*
al·ler·gen [ˈælədʒən] *med* Allergen *n;* **al·ler·genic** [æləˈdʒenɪk] *adj med* allergen; **al·ler·gic** [əˈlɜːdʒɪk] *adj med fig* allergisch (*to* gegen); **al·lergy** [ˈælədʒɪ] *med* Allergie *f;* ▶ **he suffers from an ~** er ist Allergiker.
al·levi·ate [əˈliːvɪeɪt] *tr (Schmerz)* lindern, mildern.
al·ley [ˈælɪ] 1. Gasse *f;* 2. *(bowling ~)* Kegelbahn *f;* ▶ **blind ~** Sackgasse *f;*

fig ausweglose Lage.
All Fools' Day [ˌɔːlˈfuːlzdeɪ] der erste April; **All Hallows'** [ˌɔːlˈhæləʊz] Allerheiligen *n.*
al·liance [əˈlaɪəns] 1. Bündnis *n;* 2. *(Familien)* Verbindung, Verschwägerung *f;* 3. Zusammenschluß *m.*
al·lied [ˈælaɪd] *adj* 1. verbündet, alliiert; 2. verwandt *(to* mit); ▶ **the A~ forces** die Alliierten.
al·li·ga·tor [ˈælɪgeɪtə(r)] *zoo* Alligator *m.*
all-in [ɔːlˈɪn] *adj* einschließlich, gesamt, global; ▶ **I'm all in** *fam* ich bin völlig erledigt.
al·lo·cate [ˈæləkeɪt] *tr* an-, zuweisen; **al·lo·ca·tion** [ˌæləˈkeɪʃn] 1. Zuteilung *f;* An-, Zuweisung *f;* 2. Quote *f;* zugeteilter Betrag.
al·lot [əˈlɒt] *tr* 1. zu-, anweisen; verteilen; 2. zubilligen; **al·lot·ment** [—mənt] 1. Zu-, Verteilung *f;* 2. An-, Zuweisung *f;* Anteil *m;* 3. *Br* Parzelle *f;* Schrebergarten *m.*
all-out [ɔːlˈaʊt] *adj fam* umfassend, total.
allow [əˈlaʊ] I *tr* 1. erlauben, gestatten *(s.o. to do, doing s.th.* jdm etw); zulassen; 2. bewilligen; anerkennen; 3. *(Betrag)* einkalkulieren, vorsehen, ansetzen *(for* für); ▶ **will you ~ me?** darf ich? II *itr* 1. erlauben, gestatten, zulassen *(of s.th.* etw); 2. berücksichtigen, in Betracht ziehen *(for s.th.* etw); III *refl* **~ o.s. s.th** sich etw gönnen; sich etw erlauben; **allow·able** [—əbl] *adj* statthaft, zulässig; **allow·ance** [əˈlaʊəns] 1. Bewilligung, Genehmigung *f;* 2. Zuteilung *f;* Zuschuß *m;* Taschengeld *n;* Beihilfe, Unterstützung *f;* 3. Nachlaß, Abzug, Rabatt *m;* 4. *tech* Toleranz *f;* ▶ **make ~(s) for s.th.** etw berücksichtigen; **children's ~** Kindergeld *n;* **daily ~** Tagessatz *m;* **family ~** Familienzulage *f;* **tax ~** Steuerfreibetrag *m.*
alloy [ˈælɔɪ] Legierung *f.*
all-pur·pose [ɔːlˈpɜːpəs] *pref* Allzweck-; **all right** I *adj* 1. anständig, zuverlässig; 2. in Ordnung, okay; II *adv* schon; ganz gut; ▶ **are you feeling ~?** fehlt Ihnen etwas? **all-round** [ˌɔːlˈraʊnd] *adj* vielseitig; **all-roun·der** [ɔːlˈraʊndə(r)] Multitalent *n;* **All Saints' Day** Allerheiligen *n;* **All Souls' Day** Allerseelen *n;* **all-time high** [ˌɔːlˌtaɪmˈhaɪ] Höchstleistung *f,* -stand *m;* **all-time low** [ˌɔːlˌtaɪmˈləʊ] absoluter Tiefstand.
allude [əˈluːd] *itr* anspielen *(to* auf).
allure [əˈlʊə(r)] *s* Reiz, Zauber *m;* **allur·ing** [əˈlʊərɪŋ] *adj* verlockend, verführerisch.
al·lu·sion [əˈluːʒn] Anspielung *f (to* auf).
all-weather [ˌɔːlˈweðə(r)] *pref* Allwetter-.
ally [ˈælaɪ] I *s* Bundesgenosse, Verbünde-

te(r) *m;* *hist* Alliierte(r) *m;* II *tr* [əˈlaɪ] verbünden; vereinigen *(to, with* mit).
al·ma·nac [ˈɔːlmənæk] Kalender *m.*
al·mighty [ɔːlˈmaɪtɪ] I *adj* allmächtig; II *s* ▶ **the A~** der Allmächtige.
almond [ˈɑːmənd] *bot* Mandel(baum *m)* *f.*
al·most [ˈɔːlməʊst] *adv* fast, beinahe.
alone [əˈləʊn] *adv, adj* allein; nur, bloß; ▶ **leave it ~!** lassen Sie es bleiben! **leave me ~!** laß mich in Ruhe! **let ~ ...** ganz abgesehen von ...
along [əˈlɒŋ] I *prep* entlang, längs; an ... entlang; II *adv* geradeaus, weiter; vorwärts; längs; ▶ **all ~** schon immer; **~ here** in dieser Richtung; **~ with** zusammen mit; **come ~** mitkommen; **get ~** Fortschritte machen *(with* mit); auskommen, fertig werden *(with* mit); durchkommen, leben; **take ~** mitnehmen; **how are you getting ~?** wie geht es Ihnen denn?; **along·side** [əˌlɒŋˈsaɪd] I *prp* neben; II *adv* Seite an Seite; daneben; *mar* längsseits.
aloof [əˈluːf] I *adv* abseits, entfernt, von weitem, fern; II *adj* unnahbar, zurückhaltend; ▶ **stand, hold o.s. ~ from s.th.** sich von etw zurückhalten.
aloud [əˈlaʊd] *adv* laut; ▶ **read ~** vorlesen.
Alps [ælps] *pl* die Alpen *pl.*
al·pha [ˈælfə] Alpha *n;* **al·pha·bet** [ˈælfəbet] Alphabet, Abc *n;* **al·pha·beti·cal** [ˌælfəˈbetɪkl] *adj* alphabetisch; **al·pha·nu·mer·ic** [ˌælfənjuˈmerɪk] *adj* alphanumerisch; **alpha ray** Alphastrahl *m.*
al·pine [ˈælpaɪn] *adj* alpin.
al·ready [ɔːlˈredɪ] *adv* schon, bereits.
al·sa·tian [ælˈseɪʃn] *Br* Schäferhund *m;* **Al·sa·tian** *adj* elsässisch.
also [ˈɔːlsəʊ] *adv* auch, ebenfalls.
al·tar [ˈɔːltə(r)] Altar *m.*
al·ter [ˈɔːltə(r)] I *tr* (ab-, um-, ver)ändern; II *itr* sich wandeln, sich (ver)ändern; **al·ter·able** [ˈɔːltərəbl] *adj* veränderlich; **al·ter·ation** [ˌɔːltəˈreɪʃn] Änderung *f; (an Gebäude)* Umbau *m;* ▶ **subject to ~** Änderungen vorbehalten.
al·ter·ca·tion [ˌɔːltəˈkeɪʃn] Auseinandersetzung *f.*
al·ter·nate [ɔːlˈtɜːnət] I *adj* abwechselnd; ▶ **on ~ days** jeden zweiten Tag; II *tr* [ˈɔːltəneɪt] abwechseln lassen; III *itr* [ˈɔːltəneɪt] abwechseln *(with* mit); **al·ter·nat·ing** [ˈɔːltəneɪtɪŋ] *adj* abwechselnd; ▶ **~ current** Wechselstrom *m;* **al·ter·na·tive** [ɔːlˈtɜːnətɪv] I *adj* alternativ; sich gegenseitig ausschließend; II *s* Alternative *f;* ▶ **there is no ~** es gibt keine andere Möglichkeit; **al·ter·na·tive·ly** [—lɪ] *adv* im anderen Falle; **alter·nator** [ˈɔːltəneɪtə(r)] *el* Wechselstromgenerator *m;* *mot* Lichtmaschine

f.

al·though [ɔːl'ðəʊ] *conj* obgleich, wenn auch, obschon.

al·tim·eter ['æltɪmiːtə(r)] Höhenmesser *m.*

al·ti·tude ['æltɪtjuːd] Höhe *f;* ▶ **fly at an** ~ **of ...** in e-r Höhe von ... fliegen.

alto ['æltəʊ] ⟨*pl* altos⟩ *mus* Alt *m.*

al·to·gether [ˌɔːltə'geðə(r)] *adv* **1.** gänzlich, ganz und gar, völlig; **2.** alles in allem, insgesamt, im ganzen.

al·tru·ism ['æltruːɪzəm] Selbstlosigkeit *f,* Altruismus *m;* **al·tru·ist** ['æltruːɪst] Altruist *m;* **al·tru·is·tic** [ˌæltruː'ɪstɪk] *adj* altruistisch, selbstlos.

alu·min·ium, *Am* **alu·mi·num** [ˌæljʊ'mɪnɪəm, ə'luːmɪnəm] Aluminium *n.*

al·ways ['ɔːlweɪz] *adv* **1.** immer, stets, (be)ständig; **2.** von jeher, schon immer.

am [*am, betont:* æm] *1. Person Singular Präsens von* be.

amal·gam [ə'mælgəm] **1.** *chem* Amalgam *n;* **2.** *fig* Mischung *f;* **amal·ga·mate** [ə'mælgəmeɪt] **I** *tr* vermischen; vereinigen, verschmelzen; **II** *itr* **1.** sich vereinigen, verschmelzen; **2.** *com* fusionieren; **amal·ga·ma·tion** [ə,mælgə'meɪ∫n] **1.** Amalgamierung *f;* **2.** Vereinigung, Verschmelzung, Fusion *f,* Fusionieren *n.*

amass [ə'mæs] *tr* an-, aufhäufen; zusammentragen, -bringen.

ama·teur ['æmətə(r)] Amateur *m;* **ama·teur·ish** ['æmətərɪ∫] *adj* dilettantisch.

amaze [ə'meɪz] *tr* verblüffen, sehr überraschen; ▶ **be** ~**d at** erstaunt sein über; **amaze·ment** [—mənt] Erstaunen *n,* Verblüffung *f;* **amaz·ing** [—ɪŋ] *adj* erstaunlich.

Am·azon ['æməzən] *geog* Amazonas *m.*

am·bas·sa·dor [æm'bæsədə(r)] Botschafter *m;* **am·bas·sa·dress** [æm'bæsədrɪs] Botschafterin *f.*

am·ber ['æmbə(r)] **I** *s* **1.** Bernstein *m;* **2.** *(Verkehrsampel)* Gelb *n;* **II** *adj* bernsteinfarben.

am·bi·dex·trous [ˌæmbɪ'dekstrəs] *adj* beidhändig.

am·bi·guity [ˌæmbɪ'gjuːətɪ] Mehr-, Doppeldeutigkeit *f;* Zweideutigkeit *f;* **am·bigu·ous** [æm'bɪgjʊəs] *adj* mehr-, doppel-, zweideutig.

am·bi·tion [æm'bɪ∫n] Ehrgeiz *m;* ▶ **be filled with** ~ ehrgeizig sein; **am·bi·tious** [æm'bɪ∫əs] *adj* ehrgeizig.

amble ['æmbl] *itr* schlendern.

am·bu·lance ['æmbjʊləns] Kranken-, Sanitätswagen *m.*

am·bush ['æmbʊ∫] **I** *s* Hinterhalt *m;* ▶ **lie in** ~ im Hinterhalt liegen; **II** *tr* aus dem Hinterhalt überfallen.

ameli·or·ate [ə'miːlɪəreɪt] *tr* verbessern;

ameli·or·ation [ə,miːlɪə'reɪ∫n]·Verbesserung *f.*

amen [ɑː'men, *Am* eɪ'men] Amen *n.*

amen·able [ə'miːnəbl] *adj* zugänglich (*to* für).

amend [ə'mend] *tr* **1.** verbessern; **2.** *(Gesetze)* (ab)ändern; **amend·ment** [—mənt] **1.** Verbesserung, Richtigstellung *f;* **2.** Änderung *f.*

amen·ity [ə'miːnətɪ] **1.** öffentliche Einrichtung; **2.** angenehme Lage; ▶ **close to all amenities** in günstiger (Einkaufs- und Verkehrs)Lage; **a house with every** ~ ein Haus mit allem Komfort; **high** ~ **district** gute Wohngegend.

Ameri·ca [ə'merɪkə] Amerika; **Ameri·can** [ə'merɪkən] **I** *s* Amerikaner(in) *m (f);* **II** *adj* amerikanisch; **ameri·can·ism** [—ɪzəm] amerikanischer Ausdruck, Amerikanismus; **ameri·can·ize** [—aɪz] *tr* amerikanisieren.

am·ethyst ['æmɪθɪst] *min* Amethyst *m.*

amia·bil·ity [ˌeɪmɪə'bɪlətɪ] Freundlichkeit, Liebenswürdigkeit *f;* **ami·able** ['eɪmɪəbl] *adj* liebenswürdig.

amic·able ['æmɪkəbl] *adj* freundschaft-. lich, friedlich.

amid(st) [ə'mɪd(st)] *prep* mitten unter, inmitten.

amiss [ə'mɪs] **I** *pred adj* in Unordnung, schlecht; mangelhaft; ▶ **there's something** ~ da stimmt irgend etwas nicht; **II** *adv* **take s.th.** ~ etw übelnehmen.

am·me·ter ['æmɪtə(r)] *el* Amperemeter *n.*

am·mo·nia [ə'məʊnɪə] *chem* Ammoniak *n.*

am·mu·ni·tion [ˌæmjʊ'nɪ∫n] Munition *f;* **ammunition dump** Munitionslager *n.*

am·nesia [æm'niːzɪə] *med* Amnesie *f,* Gedächtnisschwund *m.*

am·nesty ['æmnəstɪ] Amnestie *f.*

amoeba, *Am* **ameba** [ə'miːbə] *zoo* Amöbe *f;* **amoebic,** *Am* **amebic** [ə'miːbɪk] *adj* ▶ ~ **dysentery** Amöbenruhr *f.*

amok [ə'mɒk] *s. amuck.*

among(st) [ə'mʌŋ(st)] *prep* **1.** unter, zwischen; in; bei; **2.** zusammen mit; ▶ ~ **other things** unter anderem; **be popular** ~ **them** bei ihnen populär sein; **they agreed** ~ **themselves** sie kamen untereinander überein; **settle that** ~ **yourselves!** machen Sie das unter sich aus!

amoral [ˌeɪ'mɒrəl] *adj* amoralisch.

am·or·ous ['æmərəs] *adj* amourös.

amor·phous [ə'mɔːfəs] *adj* **1.** *chem min* amorph; **2.** gestaltlos.

amor·ti·za·tion [ə,mɔːtɪ'zeɪ∫n] Amortisation, Tilgung *f;* **amor·tize** [ə'mɔːtaɪz] *tr* amortisieren, tilgen.

amount [ə'maʊnt] **I** *s* **1.** Betrag *m,* Summe *f;* **2.** Menge *f;* ▶ **any** ~ **of** beliebig viel; **up to the** ~ **of** bis zum Betrag von; **large** ~**s** Unmengen; Unsummen *pl* *(of);* **II** *itr* **1.** sich belaufen (*to* auf), (den Betrag) erreichen (*to* von), betragen, ausmachen (*to s.th.* etw); **2.** hinauslaufen (*to* auf); bedeuten (*to s.th.* etw); ▶ ~ **to nothing** belanglos sein; **amount carried forward** *com* Übertrag *m.*

am·pere ['æmpeə(r)] Ampere *n.*

am·phib·ian [æm'fɪbɪən] *zoo* Amphibie *f;* Amphibienfahrzeug *n;* **am·phibious** [æm'fɪbɪəs] *adj* amphibisch.

amphi·theatre ['æmfɪˌθɪətə(r)] Amphitheater *n.*

ample ['æmpl] *adj* **1.** geräumig, ausgedehnt; **2.** reichlich; ausreichend, genügend; ▶ **we've ample time** wir haben reichlich Zeit.

am·pli·fi·ca·tion [ˌæmplɪfɪ'keɪʃn] **1.** Erweiterung, Ausdehnung *f;* **2.** zusätzliche Einzelheiten, weitere Ausführungen *f pl* (*upon* über); **3.** *el* Verstärkung *f;* **ampli·fier** ['æmplɪfaɪə(r)] *el* Verstärker *m;* **am·plify** ['æmplɪfaɪ] *tr* **1.** verstärken *a. el;* **2.** erweitern, ausdehnen, vergrößern; **3.** *(Thema)* näher ausführen, ausführlich darstellen.

am·pli·tude ['æmplɪtjuːd] **1.** Weite, Größe *f,* Umfang *m;* Fülle *f;* **2.** *phys* Amplitude *f.*

am·poule ['æmpuːl] *med* Ampulle *f.*

am·pu·tate ['æmpjʊteɪt] *tr* amputieren; **am·pu·ta·tion** [ˌæmpjʊ'teɪʃn] *med* Amputation *f.*

amuck [ə'mʌk] *adv* ▶ **run** ~ Amok laufen.

amu·let ['æmjʊlɪt] Amulett *n.*

amuse [ə'mjuːz] **I** *tr* belustigen, amüsieren; ▶ **be ~d at, by s.th.** sich freuen über etw; **II** *refl* sich die Zeit vertreiben (*by doing s.th.* mit etw); **amu·se·ment** [—mənt] Belustigung, Unterhaltung *f;* Zeitvertreib *m;* Vergnügen *n* (*at* über); **amu·se·ment ar·cade** Spielhalle *f;* **amus·ing** [—ɪŋ] *adj* unterhaltend, belustigend, amüsant (*to* für).

an [ən, *betont:* æn] *unbest.* Artikel *s. a.*

ana·bol·ic ster·oid [ˌænə'bɒlɪk 'stɪərɔɪd] Anabolikum *n.*

anach·ron·ism [ə'nækrənɪzəm] Anachronismus *m;* **anach·ron·is·tic** [əˌnækrə'nɪstɪk] *adj* anachronistisch.

ana·conda [ˌænə'kɒndə] *zoo* Anakonda *f.*

anae·mia, *Am* **ane·mia** [ə'niːmɪə] *med* Anämie, Blutarmut *f;* **anaemic,** *Am* **anemic** [ə'niːmɪk] *adj* blutarm.

an·aes·thesia, *Am* **an·es·thesia** [ˌænɪs'θiːzɪə, *Am* ˌænɪs'θiːʒə] *med* Narkose, Anästhesie *f;* **an·aes·thetic,** *Am* **an·esthetic** [ˌænɪs'θetɪk] **I** *adj* betäubend; **II** *s* Betäubungsmittel *n;* **anaes·the·tize,** *Am* **an·es·the·tize** [ə'niːsθətaɪz] *tr* betäuben, narkotisieren.

ana·gram ['ænəgræm] Anagramm *n.*

anal ['eɪnəl] *adj* anal, Anal-.

an·al·gesic [ˌænæl'dʒiːsɪk] **I** *s* schmerz-

stillendes Mittel, Analgetikum *n;* **II** *adj* schmerzstillend.

an·a·log ['ænəlɒg] *adj* *EDV* analog; **anal·og·ic(al)** [ˌænə'lɒdʒɪk(l)] *adj* analog; **anal·og·ous** [ə'næləgəs] *adj* analog, entsprechend; **anal·ogy** [ə'nælədʒɪ] Analogie, Ähnlichkeit *f;* ▶ **on the** ~ **of** analog zu.

ana·lyse, *Am* **ana·lyze** ['ænəlaɪz] *tr* **1.** analysieren, zergliedern, zerlegen; **2.** *fig* untersuchen; *(Bericht)* auswerten; **analy·sis** [ə'næləsɪs] ⟨*pl* -ses⟩ [—siːz] **1.** Analyse *f;* **2.** Untersuchung, Auswertung *f;* **ana·lyst** ['ænəlɪst] Analytiker(in) *m (f);* Psychotherapeut(in) *m (f);* ▶ **food** ~ Lebensmittelchemiker(in) *m (f);* **ana·lyti·c(al)** [ˌænə'lɪtɪkl] *adj* analytisch.

an·archic, an·archi·cal [ə'nɑːkɪk(l)] *adj* anarchisch; **an·arch·ism** ['ænəkɪzəm] Anarchismus *m;* **an·archist** ['ænəkɪst] Anarchist(in) *m (f);* **anarch·istic** [ˌænə'kɪstɪk] *adj* anarchistisch; **an·archy** ['ænəkɪ] Anarchie *f.*

ana·tomi·cal [ˌænə'tɒmɪkl] *adj* anatomisch; **ana·to·mize** [ə'nætəmaɪz] *tr* **1.** sezieren; **2.** *fig* in allen Einzelheiten prüfen; **anat·omy** [ə'nætəmɪ] **1.** Anatomie *f;* **2.** *fig* Aufbau *m.*

an·ces·tor ['ænsestə(r)] Vorfahr *m;* **ances·tral** [æn'sestrəl] *adj* angestammt, seiner/ihrer Vorfahren; ▶ ~ **home** Stammsitz *m;* **an·ces·try** ['ænsestrɪ] Vorfahren *m pl;* Abstammung *f.*

an·chor ['æŋkə(r)] **I** *s* Anker *m;* ▶ **at** ~ vor Anker; **cast, drop** ~ Anker werfen; **ride at** ~ vor Anker liegen; **weigh** ~ den Anker lichten; **II** *tr* verankern; **III** *itr* ankern; **an·chor·age** ['æŋkərɪdʒ] Liege-, Ankerplatz *m;* Anker-, Liegegebühren *f pl;* **an·chor·man, -woman** ['æŋkəmæn, -wʊmən] ⟨*pl* -men, -women⟩ *TV* Koordinator(in) *m (f).*

an·chovy ['æntʃəvɪ] Anschovis, Sardelle *f.*

ancient ['eɪnʃənt] **I** *adj* **1.** alt, aus alter Zeit; antik; **2.** *(Person)* uralt; **II** *s* ▶ **the** ~**s** *pl* die Menschen des Altertums.

an·cil·lary [æn'sɪlərɪ, *Am* 'ænsələrɪ] *adj* zusätzlich, ergänzend (*to* für); Neben-, Hilfs-.

and [ən, ənd, *betont:* ænd] *conj* und; und auch; und dazu; ▶ **for days** ~ **days** tagelang; **years** ~ **years** jahrelang; **nice** ~ **warm** schön warm; ~ **so forth, on** und so weiter (usw.); **try** ~ **do it** versuch's doch mal! **wait** ~ **see** abwarten.

an·ec·do·tal [ˌænɪk'dəʊtl] *adj* anekdotisch; **an·ec·dote** ['ænɪkdəʊt] Anekdote *f.*

anem·one [ə'nemənɪ] *bot* Anemone *f.*

anew [ə'njuː] *adv* wieder, von neuem.

angel ['eɪndʒl] Engel *m a. fig;* **angelic** [æn'dʒelɪk] *adj* engelhaft.

anger ['æŋgə(r)] **I** *s* Ärger, Zorn *m,* Wut

f (*at* über); ▶ **in** (**a moment of**) ~ im Zorn; II *tr* wütend machen, ärgern.

angle[1] ['æŋgl] I *s* 1. Winkel *m;* 2. Ecke *f;* 3. Seite *f;* 4. Standpunkt *m*, Position *f;* ▶ **at an** ~ **of** in e-m Winkel von; **at an** ~ schräg; **consider s.th. from all** ~**s** etw von allen Seiten betrachten; II *tr* 1. ausrichten, einstellen; 2. (*Information*) färben.

angle[2] ['æŋgl] *itr* angeln; ▶ ~ **for** *fig* fischen nach, aus sein auf.

ang·ler ['æŋglə(r)] Angler(in) *m (f).*

Ang·li·can ['æŋglɪkən] I *s* Anglikaner(in) *m (f);* II *adj* anglikanisch.

ang·li·cism ['æŋglɪsɪzəm] Anglizismus *m;* **ang·li·cist** ['æŋglɪsɪst] Anglist(in) *m (f);* **ang·li·cize** ['æŋglɪsaɪz] *tr* anglisieren.

Anglo [ˌæŋgləʊ] *pref* Anglo-; englisch-; **anglo·phile** I *s* Anglophile(r) *f m*, Englandfreund *m;* II *adj* anglophil, englandfreundlich; **anglo·pho·bia** [ˌæŋgləʊ'fəʊbɪə] Englandhaß *m;* **Anglo-Saxon** [ˌæŋgləʊ'sæksən] I *s* Angelsachse *m*, Angelsächsin *f;* II *adj* angelsächsisch.

an·gora [æŋ'gɔːrə] Angorawolle *f;* **angora cat** Angorakatze *f.*

angry ['æŋgrɪ] *adj* 1. ärgerlich, zornig (*at s.th.* über etw; *with s.o.* auf jdn); 2. *med* entzündet; 3. (*See*) aufgewühlt; ▶ **be** ~ sich ärgern, ärgerlich sein; böse sein (*at, with* auf, mit); **what are you** ~ **about?** worüber ärgern Sie sich?

an·guish ['æŋgwɪʃ] Schmerz *m*, Qual *f;* ▶ **be in** ~ Qualen ausstehen *a. fig.*

angu·lar ['æŋgjʊlə(r)] *adj* 1. wink(e)lig; eckig; 2. (*Mensch*) knochig.

ani·mal ['ænɪml] I *s* Tier *n;* II *adj* tierisch, animalisch; **animal kingdom** Tierreich *n;* **animal husbandry** Viehwirtschaft *f.*

ani·mate ['ænɪmeɪt] I *tr* 1. beleben, mit Leben erfüllen; 2. aufmuntern, ermutigen, begeistern; 3. *film* animieren; II *adj* ['ænɪmət] belebt, lebendig; **ani·ma·ted** ['ænɪmeɪtɪd] *adj* 1. lebhaft, rege; angeregt; 2. beseelt (*by,with* von); ▶ ~ **cartoon** Trickfilm *m;* **ani·ma·tion** [ˌænɪ'meɪʃn] 1. Aufmunterung *f;* Lebhaftigkeit *f;* 2. *film* Animation *f;* **ani·ma·tor** ['ænɪmeɪtə(r)] Animator(in) *m (f).*

ani·mos·ity [ˌænɪ'mɒsətɪ] Feindseligkeit *f;* starke Abneigung (*against* gegen; *between* zwischen).

an·ise ['ænɪs] *bot* Anis *m;* **ani·seed** ['ænɪsiːd] Anis(samen) *m.*

ankle ['æŋkl] Fußknöchel *m;* ▶ **sprain one's** ~ sich den Fuß verstauchen; **ankle·bone** ['æŋklbəʊn] Sprungbein *n;* **ankle-deep** *adj, adv* knöcheltief, bis zum Knöchel.

an·nal·ist ['ænəlɪst] Chronist(in) *m (f);* **an·nals** ['ænlz] *pl* Annalen *pl;* (*von Verein*) Bericht *m.*

an·neal [ə'niːl] *tr* kühlen; (aus)glühen, tempern; *fig* stählen.

an·nex ['æneks] I *s* 1. *arch* Anbau *m*, Nebengebäude *n;* 2. Anhang *m;* Nachtrag *m* (*to* zu); II *tr* [ə'neks] 1. *pol* annektieren; 2. anhängen, beifügen; **an·nex·ation** [ˌænek'seɪʃn] *pol* Annexion *f.*

an·ni·hi·late [ə'naɪəleɪt] *tr* vernichten; auslöschen; **an·ni·hi·la·tion** [əˌnaɪə'leɪʃn] Vernichtung, Zerstörung, Zerschlagung *f.*

an·ni·ver·sary [ˌænɪ'vɜːsərɪ] Jahrestag *m;* ▶ **wedding** ~ Hochzeitstag *m.*

an·no·tate ['ænəteɪt] *tr* mit Anmerkungen versehen, kommentieren; **an·no·ta·tion** [ˌænə'teɪʃn] Anmerkung *f*, Kommentar *m;* **an·no·ta·tor** ['ænəteɪtə(r)] Kommentator(in) *m (f).*

an·nounce [ə'naʊns] *tr* 1. ankündigen, melden; ansagen, durchgeben; 2. bekanntgeben, -machen, anzeigen; **an·nounce·ment** [—mənt] 1. Ankündigung, Anzeige, Bekanntmachung *f;* 2. *radio* Durchsage, Ansage *f;* **an·noun·cer** [ə'naʊnsə(r)] *radio* Ansager(in) *m (f).*

an·noy [ə'nɔɪ] *tr* ärgern; aufregen; belästigen; ▶ **be** ~**ed** sich ärgern (*at s.th.* über etw; *with s.o.* über jdn); **get** ~**ed** sich aufregen; **an·noy·ance** [—əns] 1. Ärger *m;* 2. Belästigung, Plage *f;* **an·noy·ing** [—ɪŋ] *adj* lästig, störend; ärgerlich.

an·nual ['ænjʊəl] I *adj* jährlich; ▶ ~ **general meeting** Jahreshauptversammlung *f;* ~ **salary** Jahresgehalt *n;* II *s* 1. Jahrbuch *n;* 2. einjährige Pflanze; **an·nual·ly** ['ænjʊəlɪ] *adv* jährlich; ▶ **twice** ~ zweimal im Jahr, zweimal jährlich.

an·nu·ity [ə'njuːətɪ] Jahresrente, Annuität *f;* ▶ **life** ~ Lebens-, Leibrente *f.*

an·nul [ə'nʌl] *tr* annullieren, aufheben, für ungültig erklären; **an·nul·ment** [—mənt] Annullierung, Aufhebung, Nichtigkeitserklärung *f;* Abschaffung *f.*

An·nun·ci·ation [əˌnʌnsɪ'eɪʃn] Mariä Verkündigung *f* (25. *März*).

an·ode ['ænəʊd] *el* Anode *f.*

ano·dyne ['ænədaɪn] I *s* schmerzstillendes Mittel; II *adj* schmerzstillend, beruhigend; *fig* harmlos.

anoint [ə'nɔɪnt] *tr* salben *a. rel.*

anom·al·ous [ə'nɒmələs] *adj* unregelmäßig; anomal; **anom·aly** [ə'nɒməlɪ] Anomalie *f.*

ano·nym·ity [ˌænə'nɪmətɪ] Anonymität *f;* **anony·mous** [ə'nɒnɪməs] *adj* anonym.

an·or·ak ['ænəræk] Anorak *m.*

an·or·exia [ˌænə'reksɪə] Magersucht, Anorexie *f.*

an·other [ə'nʌðə(r)] I *adj* 1. noch eine(r, s); **2.** ein zweiter; **3.** ein anderer; ▶ **at** ~ **time** zu e-r anderen Zeit; **in** ~ **place** an e-m anderen Ort; **II** *prn* ein anderer; ▶ **one** ~ einander, sich.

answer ['a:nsə(r)] **I** *s* **1.** Antwort *f;* Entgegnung, Erwiderung *f;* **2.** *(Problem)* Lösung *f;* ▶ **in** ~ **to** als Antwort auf; **II** *itr* **1.** antworten, erwidern, entgegnen; **2.** geeignet sein, taugen; ▶ ~ **to the name of** ... auf den Namen ... hören; **III** *tr* **1.** beantworten, antworten auf; antworten *(s.o.* jdm); **2.** *(e-r Beschreibung, e-m Zweck)* entsprechen; *(Verpflichtungen)* nachkommen; *(den Anforderungen)* genügen; *(Hoffnung)* erfüllen; *(Gebet)* erhören; *(Bedürfnis)* befriedigen; **3.** *jur* sich verantworten wegen; ▶ ~ **the bell, door** die Tür öffnen; ~ **the telephone** ans Telefon gehen; ~ **a description** e-r Beschreibung entsprechen; **IV** *(mit Präposition)* **answer back** widersprechen; frech sein; ▶ **don't** ~ **back!** keine Widerrede! ~ *s.o.* **back** jdm widersprechen; jdm eine freche Antwort geben; **answer for 1.** verantwortlich sein für, verantworten; **2.** sich verbürgen für; sprechen für; ▶ **he has a lot to** ~ **for** er hat einiges auf dem Gewissen; **answer to s.o. for s.th.** jdm für etw Rechenschaft schuldig sein; ~ **to the controls** auf die Steuerung ansprechen; ~ **to a description** e-r Beschreibung entsprechen; **answer·able** ['a:nsərəbl] *adj* **1.** beantwortbar; **2.** *jur* verantwortlich; ▶ **be (held)** ~ **to s.o. for s.th.** für etw gegenüber jdm verantwortlich sein; **answer·ing ma·chine** ['a:nsərɪŋ məˈʃi:n] Anrufbeantworter *m.*

ant [ænt] Ameise *f.*

an·tag·on·ism [ænˈtægənɪzəm] Gegensatz *m;* Feindseligkeit *f;* ▶ **be in** ~ **with** im Gegensatz stehen zu; **an·tag·on·is·tic** [æn,tægəˈnɪstɪk] *adj* feindselig; *(Macht)* gegnerisch, feindlich; *(Interessen)* widerstreitend; **an·tag·on·ize** [ænˈtægənaɪz] *tr* zu seinem Gegner machen.

ant·arc·tic [ænˈtɑːktɪk] **I** *s* ▶ **the A~** die Antarktis; **II** *adj* antarktisch; **Antarctic Circle** Südpolarkreis *m.*

ant·eater ['ænt,i:tə(r)] Ameisenfresser *m.*

ante·ced·ent [,ænt'si:dnt] **I** *adj* früher *(to* als); vorangehend; **II** *s pl* Vorleben *n;* Abstammung *f.*

ante·cham·ber ['æntɪˌʃeɪmbə(r)] Vorzimmer *n.*

ante·di·luvian [,æntɪdɪˈluːvɪən] *adj* **1.** vorsintflutlich *a. fig;* **2.** altmodisch.

ante·lope ['æntɪləʊp] *zoo* Antilope *f.*

ante·na·tal [,æntɪˈneɪtl] *adj* vor der Geburt; ▶ ~ **clinic** Klinik *f* für schwangere Frauen.

an·tenna [ænˈtenə] ⟨*pl* -tennae⟩ [æn'teni:] **1.** *zoo* Fühler *m;* **2.** *tech* ⟨*pl*

-tennas⟩ Antenne *f.*

an·ter·ior [ænˈtɪərɪə(r)] *adj* **1.** *(Ort)* vordere(r, s); **2.** *(Zeit)* vorhergehend, früher *(to* als).

ante·room ['æntɪrʊm] Vor-, Wartezimmer *n.*

an·them ['ænθəm] Hymne *f.*

ant·hill ['ænthɪl] Ameisenhaufen *m.*

an·thol·ogy [ænˈθɒlədʒɪ] Anthologie *f.*

an·thra·cite ['ænθrəsaɪt] *min* Anthrazit *m.*

an·thro·poid ['ænθrəpɔɪd] **I** *adj* menschenähnlich; **II** *s* Menschenaffe *m;* **an·thro·po·logi·cal** [,ænθrəpəˈlɒdʒɪkl] *adj* anthropologisch; **an·thro·pol·ogy** [,ænθrəˈpɒlədʒɪ] Anthropologie *f.*

anti ['æntɪ, *Am* 'æntaɪ] *pref* gegen; **anti·air·craft** [,æntɪˈeəkrɑːft] *pref* Flugabwehr-; ▶ ~ **artillery** Flak *f;* ~ **defence** Luftverteidigung *f;* ~ **fire** Flakfeuer *n;* ~ **gun** Flak *f;* **anti·biotic** [,æntɪbaɪˈɒtɪk] Antibiotikum *n;* **anti·body** ['æntɪbɒdɪ] Antikörper *m.*

an·tic ['æntɪk] *meist pl* dummer Streich, Posse *f.*

Anti·christ ['æntɪkraɪst] Antichrist *m.*

an·tici·pate [ænˈtɪsɪpeɪt] *tr* **1.** erwarten; **2.** *(zeitlich)* vorwegnehmen, zuvorkommen *(s.th.* e-r S); **3.** vorausberechnen, vorhersehen; voraussehen; ahnen; **4.** im voraus bezahlen; im voraus verbrauchen; **an·tici·pa·tion** [æn,tɪsɪˈpeɪʃn] **1.** Erwartung, Voraussicht, Ahnung *f;* Erwartungshaltung *f;* **2.** Vorwegnahme *f;* Zuvorkommen *n;* **3.** Vorausberechnung *f;* ▶ **in** ~ im voraus; in Erwartung *(of* gen); **an·tici·pa·tory** [æn,tɪsɪˈpeɪtərɪ] *adj* vorwegnehmend.

anti·cleri·cal [,æntɪˈklerɪkl] *adj* antiklerikal; **anti·cli·max** [,æntɪˈklaɪmæks] Enttäuschung *f; lit* Antiklimax *m;* **anti·clock·wise** [,æntɪˈklɒkwaɪz] *adj, adv* entgegen dem Uhrzeigersinn; **anti·coagu·lant** [,æntɪkəʊˈægjʊlənt] **I** *s* Antikoagulans *n;* **II** *adj* blutgerinnungshemmend; **anti·cor·ros·ive** [,æntɪkəˈrəʊsɪv] *adj* Korrosionsschutz-; **anti·cyc·lone** [,æntɪˈsaɪkləʊn] Hoch (-druckgebiet) *n;* **anti·dazzle** [,æntɪˈdæzl] *adj* blendfrei; ▶ ~ **mirror** blendfreier Spiegel; **anti·dote** ['æntɪdəʊt] Gegenmittel, Gegengift *n* *(against, for,* to gegen); **anti·freeze** ['æntɪfriːz] Frostschutzmittel *n;* **anti·gen** ['æntɪdʒən] *biol* Abwehrstoff *m;* **anti·his·ta·mine** [,æntɪˈhɪstəˌmiːn] Antihistamin *n;* **anti·knock** [,æntɪˈnɒk] *adj (Benzin)* klopffest; **anti·lock braking sys·tem** [æntɪˈlɒk ˈbreɪkɪŋ ˈsɪstəm] *mot* Antiblockiersystem *n.*

anti·mat·ter ['æntɪmætə(r)] Antimaterie *f;* **anti·mis·sile** [,æntɪˈmɪsaɪl] *adj* Raketenabwehr-.

an·tipa·thy [ænˈtɪpəθɪ] Antipathie, Abneigung *f;* Widerwillen *m (to, towards,* *against* gegen).

an·tipo·des [æn'tɪpədi:z] *pl* entgegengesetzte Teile der Erde *m pl.*

anti·quar·ian [ˌæntɪ'kweərɪən] **I** *adj* antiquarisch; **II** *s* Antiquitätenhändler(in) *m (f);* **anti·quary** ['æntɪkwərɪ] 1. Antiquar(in) *m (f);* 2. Altertumsforscher(in) *m (f);* **anti·quated** ['æntɪkweɪtɪd] *adj* antiquiert; altmodisch; rückständig; **an·tique** [æn'ti:k] **I** *s* Antiquität *f;* **II** *adj* antik; ▶ ~ **dealer** Antiquitätenhändler(in) *m (f);* **antiquity** [æn'tɪkwətɪ] 1. Altertum *n,* 2. *pl* Altertümer *pl.*

anti·rust [ˌæntɪ'rʌst] *adj* Rostschutz-; ▶ ~ **agent** Rostschutzmittel *n;* ~ **protection** Rostschutz *m;* ~ **paint** Rostschutzfarbe *f;* **anti·Sem·ite** [ˌæntɪ'si:maɪt] Antisemit *m;* **anti·Sem·itic** [ˌæntɪsɪ'mɪtɪk] *adj* antisemitisch; **anti·Sem·it·ism** [æntɪ'semɪtɪzm] Antisemitismus *m;* **anti·sep·tic** [ˌæntɪ'septɪk] **I** *adj med* antiseptisch, keimtötend; **II** *s* keimtötendes Mittel, Antiseptikum *n;* **anti·so·cial** [ˌæntɪ'səʊʃl] *adj* unsozial; ungesellig; asozial; **anti·static** [ˌæntɪ'stætɪk] *adj* antistatisch; **anti·tank** [ˌæntɪ'tæŋk] *adj* Panzerabwehr-.

an·tith·esis [æn'tɪθəsɪs] ⟨*pl* -eses⟩ [æn'tɪθəsi:z] Antithese *f,* Gegensatz *m;* **anti·theti·cal** [ˌæntɪ'θetɪkl] *adj* gegensätzlich.

anti·toxin [ˌæntɪ'tɒksɪn] Gegengift *n.*

ant·ler ['æntlə(r)] Geweihsprosse *f;* ▶ ~s *pl* Geweih *n.*

an·to·nym ['æntənɪm] Antonym, Gegenwort *n.*

anus ['eɪnəs] *anat* After *m.*

an·vil ['ænvɪl] Amboß *m a. anat.*

anxiety [æŋ'zaɪətɪ] 1. Besorgnis, Angst (-gefühl *n) f (for, about* um); 2. (dringender) Wunsch *m,* Verlangen *n (for* nach); ▶ **with** ~ angstvoll, besorgt; **anxious** ['æŋkʃəs] *adj* 1. besorgt, beunruhigt (*about* wegen); 2. begierig (*for* nach); gespannt (*for* auf); ▶ **be** ~ bestrebt sein (*to do s.th.* etw zu tun); besorgt sein, sich Sorgen machen (*about* um).

any ['enɪ] **I** *adj* 1. *(in Frage- und verneinenden Sätzen sowie in Bedingungssätzen)* irgendein(e); irgendwelche; etwas; ▶ **not** ~ kein(e); **have you** ~ **other questions?** haben Sie noch e-e Frage? **do you have** ~ **money with you?** haben Sie Geld bei sich? **if it's** ~ **help (at all)** wenn das irgendwie hilft; 2. jede(r, s) beliebige; alle; ▶ **come at** ~ **time** kommen Sie zu jeder (beliebigen) Zeit; **in** ~ **case** jederzeit; auf jeden Fall; **at** ~ **rate** auf jeden Fall; **do it** ~ **way you like** mach es wie du willst; **II** *prn* ein(e); welche(r, s); **III** *adv* 1. noch; ▶ **not** ~ **colder** nicht kälter; ~ **more?** noch mehr? 2. überhaupt.

any·body ['enɪbɒdɪ] *s, prn* 1. irgend jemand; ▶ **is** ~ **ill?** ist jemand krank? 2. jeder (beliebige), jedermann; ▶ ~ **can do that** jeder kann das; ~ **else** (irgend-) ein anderer; **if** ~ wenn überhaupt jemand; **not** ~ niemand; keine(r, s).

any·how ['enɪhaʊ] *adv* 1. jedenfalls, trotzdem; ▶ ~**, you can try** du kannst es trotzdem versuchen; **he did it** ~ er tat es doch; 2. irgendwie; ▶ **he does his work** ~ er erledigt seine Arbeit schlecht und recht.

any·one ['enɪwʌn] *s. anybody.*

any·thing ['enɪθɪŋ] **I** *prn* (irgend) etwas, jedes beliebige; alles; ▶ **is there** ~ **new?** gibt es etwas Neues? **is** ~ **left over?** ist noch was übrig? **if** ~ womöglich, noch; eher, sogar; **not** ~ nichts; **not for** ~ um keinen Preis; **scarcely** ~ fast nichts; kaum etwas; ~ **but** alles andere als; nichts weniger als; ~ **else** noch etwas, sonst etwas; **II** *adv* irgendwie, in irgendeiner Art, überhaupt; ▶ **it isn't** ~ **like him** das sieht ihm überhaupt nicht ähnlich; **it's not worth** ~ **like that** es ist bei weitem nicht so viel wert.

any·way ['enɪweɪ] *adv* irgendwie; ohnehin, sowieso; trotzdem; *fam (Satzanfang)* auf jeden Fall; ▶ **I didn't want to go** ~ ich wollte sowieso nicht gehen; **I did it** ~ ich tat es trotzdem.

any·where ['enɪweə(r)] *adv* irgendwo(hin); wo ... auch (immer); überall (hin); ▶ **are you going** ~ **tomorrow?** gehen Sie morgen irgendwohin? ~ **you go** wohin Sie auch gehen; **he'll never get** ~ er kommt nie auf e-n grünen Zweig; **that won't get you** ~ damit erreichen Sie gar nichts; **it isn't** ~ **near the truth** es kommt der Wahrheit auch nicht einmal annähernd nahe; **it isn't** ~ **near as nice** es ist bei weitem nicht so schön; **if** ~ wenn überhaupt (irgendwo); **not** ~ nirgendwo(hin); nirgends.

aorta [eɪ'ɔ:tə] *anat* Aorta *f.*

apart [ə'pɑ:t] *adv* 1. auseinander, getrennt; 2. zur Seite; abseits (*from* von); 3. abgesehen von; ▶ ~ **from** abgesehen von; **know** ~ auseinanderhalten können; **live** ~ getrennt leben; **set** ~ beiseite legen; **stand** ~ beiseite, abseits stehen (*from* von); **take** ~ auseinandernehmen, zerlegen; beiseite nehmen; **joking** ~! Scherz beiseite!

apart·heid [ə'pɑ:theɪt] Apartheid *f.*

apart·ment [ə'pɑ:tmənt] 1. *Am* (Miet)Wohnung, Etagenwohnung *f;* 2. *Br* Zimmer *n;* Appartement *n;* **apartment house** *Am* Mietshaus *n.*

apa·thetic [ˌæpə'θetɪk] *adj* apathisch, teilnahmslos; **apa·thy** ['æpəθɪ] Apathie, Teilnahmslosigkeit *f (to* gegen).

ape [eɪp] **I** *s* Affe *m;* **II** *tr* nachäffen.

ap·er·ture ['æpətʃə(r)] 1. Öffnung *f;* 2. *phot* Blende *f.*

apex ['eɪpeks] ⟨pl **apexes, apices**⟩ ['eɪpɪsiːz] Spitze f a. fig; Höhepunkt m.

aph·or·ism ['æfərɪzəm] Aphorismus m.

api·ar·ist ['eɪpɪərɪst] Bienenzüchter(in), Imker(in) m (f); **api·ary** ['eɪpɪərɪ] Bienenhaus n; **api·cul·ture** ['eɪpɪkʌltʃə(r)] Bienenzucht f.

apiece [ə'piːs] adv je Stück; pro Kopf.

apoca·lypse [ə'pɒkəlɪps] Apokalypse f; **apoca·lyp·tic** [ə͵pɒkə'lɪptɪk] adj apokalyptisch; ▶ ~ **mood** Weltuntergangsstimmung f.

apo·gee ['æpədʒiː] 1. astr Apogäum n; 2. fig Höhepunkt m.

apolo·getic [ə͵pɒlə'dʒetɪk] adj, **apologeti·cal·ly** [-əlɪ] adv entschuldigend; **apolo·gize** [ə'pɒlədʒaɪz] itr sich entschuldigen (to s.o. for s.th. bei jdm wegen etw); **apol·ogy** [ə'pɒlədʒɪ] 1. Entschuldigung f; 2. Rechtfertigung f; ▶ **offer s.o. an** ~ jdn um Verzeihung bitten; **make apologies** sich entschuldigen; **an** ~ **for a ...** ein armseliges Exemplar.

apo·plec·tic [͵æpə'plektɪk] adj med apoplektisch.

apostle [ə'pɒsl] Apostel m.

apos·trophe [ə'pɒstrəfɪ] Apostroph m.

ap·pal, Am ap·pall [ə'pɔːl] tr erschrecken; entsetzen; **ap·pal·ling** [-ɪŋ] adj, **ap·pal·ling·ly** [-ɪŋlɪ] adv schrecklich, furchtbar, entsetzlich.

ap·par·atus [͵æpə'reɪtəs] Apparat m, Gerät n, Vorrichtung f.

ap·parel [ə'pærəl] Am Kleidung f.

ap·par·ent [ə'pærənt] adj 1. offenbar, offensichtlich; 2. scheinbar; vermeintlich; **ap·par·ent·ly** [-lɪ] adv anscheinend.

ap·par·ition [͵æpə'rɪʃn] Erscheinung f; Gespenst n; Geist m.

ap·peal [ə'piːl] I s 1. dringende Bitte (for um), Aufruf, Appell m; 2. fig Anziehungskraft f; 3. jur Einspruch m; Berufung, Revision f (from gegen); 4. Flehen n; ▶ **without further** ~ in letzter Instanz; **lodge an** ~ Berufung einlegen (with bei); II tr jur ▶ ~ **the case** Berufung einlegen; III itr 1. sich wenden, appellieren (to an); anrufen (to s.o. jdn); 2. fig zusagen, gefallen (to s.o. jdm); Anklang finden (to bei); 3. jur Berufung einlegen (against gegen); **ap·peal·ing** [-ɪŋ] adj 1. flehentlich; 2. reizvoll, ansprechend; **ap·peal·ing·ly** [-ɪŋlɪ] adv bittend.

ap·pear [ə'pɪə(r)] itr 1. erscheinen a. jur, zum Vorschein kommen, sichtbar werden, auftauchen; 2. scheinen, den Anschein haben; 3. (Zeitung) erscheinen, veröffentlicht werden; (Buch) herauskommen, stehen (in the list auf der Liste); 4. theat auftreten; ▶ ~ **for s.o.** jdn als Anwalt vor Gericht vertreten; **ap·pear·ance** [ə'pɪərəns] 1. Erschei-

nen, Auftauchen n; 2. (Schauspieler) Auftritt m; 3. Aussehen n; Äußere(s) n; 4. pl Anschein, Schein m; ▶ ~**s can deceive** der Schein trügt; **by his** ~ seinem Aussehen, seinem Äußeren nach; **to, by, from all** ~**s** allem Anschein nach; **judge by** ~**s** nach dem Äußeren urteilen; **keep up** ~**s** den äußeren Schein wahren; **make an** ~ sich zeigen.

ap·pease [ə'piːz] tr 1. beruhigen, beschwichtigen; 2. (Neugier) befriedigen; **ap·pease·ment** [—mənt] Beruhigung f; Befriedigung f; **appeasement policy** Beschwichtigungspolitik f.

ap·pel·lant [ə'pelənt] jur Berufungskläger(in) m (f).

ap·pend [ə'pend] tr anhängen; beifügen; **ap·pend·age** [ə'pendɪdʒ] Beifügung f; Anhang m; **ap·pen·di·ci·tis** [ə͵pendɪ'saɪtɪs] Blinddarmentzündung f; **ap·pen·dix** [ə'pendɪks] ⟨pl -dices⟩ [ə'pendɪsiːz] 1. Anhang m; Zusatz m (to zu); 2. anat Blinddarm m.

ap·per·tain [͵æpə'teɪn] itr 1. gehören (to zu); 2. betreffen; sich beziehen (to auf).

ap·pe·tite ['æpɪtaɪt] Appetit m; Lust f (for auf); Verlangen n (for nach); ▶ **lose one's** ~ keinen Appetit haben; **appetite suppressant** Appetitzügler m; **ap·pe·tizer** ['æpɪtaɪzə(r)] Appetithappen m; **ap·pe·tiz·ing** ['æpɪtaɪzɪŋ] adj appetitanregend.

ap·plaud [ə'plɔːd] itr, tr Beifall klatschen; applaudieren (s.o. jdm); **ap·plause** [ə'plɔːz] Beifall, Applaus m.

apple ['æpl] Apfel m; ▶ **the** ~ **of s.o.'s eye** fig jds Liebling m; **apple-cart:** ▶ **upset the** ~ alles über den Haufen werfen; **apple-juice** Apfelsaft m; **apple-pie** gedeckter Apfelkuchen; **apple-sauce** Apfelmus n; **apple-tree** Apfelbaum m.

ap·pli·ance [ə'plaɪəns] Gerät n (for doing s.th. um etw zu tun); Apparat m, Vorrichtung f; ▶ **domestic** ~**s** pl Haushaltsgeräte n pl.

ap·pli·cable ['æplɪkəbl] adj zutreffend, anwendbar (to auf); **ap·pli·cant** ['æplɪkənt] Bewerber(in) m (f) (for um); Antragsteller(in) m (f); Kandidat(in) m (f); **ap·pli·ca·tion** [͵æplɪ'keɪʃn] 1. An-, Verwendung f, Gebrauch m (to für, auf); 2. Antrag m (for auf); Gesuch n; Bewerbung f (for um); Bewerbungsschreiben n; 3. (Verband) Anlegung f; (Salbe) Auftragen n; Umschlag m; 4. Fleiß, Eifer m (in bei); ▶ **on** ~ **to** auf Antrag, auf Ansuchen an; **file an** ~ e-e Bewerbung, e-n Antrag, e-e Anmeldung einreichen (with bei); **for external** ~ med äußerlich; **this has no** ~ **to** dies findet keine Anwendung auf; **field of** ~ Anwendungsgebiet n, -bereich m; **letter of** ~ Bewerbungsschreiben n; ~ **form** Bewerbungs-, Antragsformular n.

ap·plied [ə'plaɪd] *adj* angewandt.
ap·ply [ə'plaɪ] I *tr* 1. anwenden (*to* auf); (*Mittel*) benutzen, verwenden; 2. (*Farbe*) auftragen; (*Pflaster*) auflegen; 3. (*Bremse*) betätigen; ▶ ~ one's mind seinen Kopf anstrengen; II *itr* 1. sich beziehen, zutreffen (*to* auf), gelten (*to* für); 2. sich wenden (*to* an); sich bewerben (*for* um); 3. beantragen (*for s.th.* etw); bitten, nachsuchen (*for* um); ▶ ~ to Näheres bei; III *refl* sich anstrengen.
ap·point [ə'pɔɪnt] *tr* 1. ernennen, bestellen, berufen (*s.o. judge* jdn zum Richter); anstellen; 2. (*Arbeit*) zuteilen; 3. (*Termin*) verabreden; vereinbaren; **appointed** [—ɪd] *adj* ▶ well, badly ~ gut, dürftig ausgestattet; **ap·point·ment** [—mənt] 1. Ernennung *f;* Bestellung *f;* 2. Stelle, Anstellung *f* (*in a firm* bei e-r Firma); 3. Termin *m;* Verabredung, Vereinbarung *f;* 4. *meist pl* Ausstattung *f;* Mobiliar *n;* ▶ break an ~ e-e Verabredung nicht einhalten; have an ~ e-e Verabredung haben (*with* mit); bestellt sein (*at the dentist's* zum Zahnarzt); keep an ~ e-e Verabredung einhalten; make an ~ e-e Verabredung treffen; sich anmelden (*with* bei).
ap·por·tion [ə'pɔːʃn] *tr* gleichmäßig, anteilmäßig zu-, verteilen.
ap·po·site ['æpəzɪt] *adj* passend; (*Bemerkung*) treffend; **ap·po·si·tion** [ˌæpə'zɪʃn] *gram* Apposition, Beifügung *f.*
ap·prai·sal [ə'preɪzl] Schätzung, Bewertung *f;* **ap·praise** [ə'preɪz] *tr* abschätzen, taxieren (*to* auf).
ap·preci·able [ə'priːʃəbl] *adj* merkbar, merklich; ▶ it makes an ~ difference es macht e-n fühlbaren Unterschied; **ap·preci·ate** [ə'priːʃɪeɪt] I *tr* 1. schätzen, (zu) würdigen (wissen); 2. gut verstehen, gut begreifen; 3. anerkennen; dankbar sein (*s.th.* für etw); ▶ I would ~ it, if es wäre mir lieb, wenn; I quite ~ that ich verstehe ganz gut, daß; II *itr* im Wert steigen; **ap·preci·ation** [əˌpriːʃɪ'eɪʃn] 1. Ab-, Einschätzung *f;* 2. Würdigung *f;* Verständnis *n* (*of* für); 3. Dank *m,* Anerkennung *f;* 4. *com* Wertzuwachs *m;* **ap·preci·ative** [ə'priːʃɪətɪv] *adj* 1. verständnisvoll (*of* für); 2. dankbar.
ap·pre·hend [ˌæprɪ'hend] *tr* 1. festnehmen, verhaften; 2. begreifen, erfassen; 3. (be)fürchten; **ap·pre·hen·sion** [ˌæprɪ'henʃn] 1. Verständnis *n;* 2. *oft pl* Furcht, Besorgnis *f;* 3. Festnahme *f;* **ap·pre·hen·sive** [ˌæprɪ'hensɪv] *adj* besorgt (*for* um; *of* wegen).
ap·pren·tice [ə'prentɪs] I *s* Lehrling *m,* Auszubildende(r) *f m;* II *tr* in die Lehre geben (*to* bei); **ap·pren·tice·ship** [ə'prentɪʃɪp] Lehrzeit *f;* Lehre, Ausbildung *f.*

ap·proach [ə'prəʊtʃ] I *itr* sich nähern; II *tr* 1. sich wenden, herantreten (*s.o. about s.th.* an jdn wegen etw); 2. herangehen (*a problem* an ein Problem); 3. zugehen auf; III *s* 1. Herannahen, Heranrücken *n;* Annäherung *f;* 2. Zugang *m a. fig;* (~ *road*) Zufahrt(sstraße) *f;* 3. *fig* Weg *m,* Methode *f* (*to* zu); Einstellung *f* (*to* zu); 4. *aero* Landeanflug *m;* ▶ easy, difficult of ~ leicht, schwer zugänglich; *fig* leicht, schwer ansprechbar; make ~es to s.o. an jdn herantreten; Annäherungsversuche machen; **ap·proach·able** [—əbl] *adj* 1. zugänglich, erreichbar; 2. umgänglich.
ap·pro·ba·tion [ˌæprə'beɪʃn] Billigung *f.*
ap·pro·pri·ate [ə'prəʊprɪət] I *adj* passend, geeignet, zweckdienlich (*to, for* für); (*Bemerkung*) angebracht; II *tr* [ə'prəʊprɪeɪt] 1. sich aneignen; 2. (*Geld*) bestimmen, anweisen, zuteilen (*for* für); **ap·pro·pri·ation** [əˌprəʊprɪ'eɪʃn] 1. Aneignung *f;* 2. Verwendung *f;* (~ *of funds*) (Geld)Zuteilung, Zuweisung, Bereitstellung *f.*
ap·pro·val [ə'pruːvl] Zustimmung, Einwilligung, Billigung, Genehmigung *f* (*of s.th.* für, zu etw); ▶ on ~ zur Ansicht, auf Probe; does it meet with your ~? sind Sie damit einverstanden? **approve** [ə'pruːv] I *tr* billigen, genehmigen; II *itr* zustimmen (*of* dat), einverstanden sein (*of* mit), billigen (*of s.th.* etw); **approved** [ə'pruːvd] *adj* ▶ read and ~ gelesen u. genehmigt; ~ school *Br* Erziehungsheim *n;* **ap·prov·ing·ly** [ə'pruːvɪŋlɪ] *adv* zustimmend, billigend.
ap·proxi·mate [ə'prɒksɪmət] I *adj* annähernd, ungefähr; II *tr, itr* [ə'prɒksɪmeɪt] nahekommen, sich nähern (*to* dat); (*Summe*) ungefähr betragen; **ap·proxi·mate·ly** [ə'prɒksɪmətlɪ] *adv* ungefähr, etwa; **ap·proxi·ma·tion** [əˌprɒksɪ'meɪʃn] Annäherung *f* (*to* an).
apri·cot ['eɪprɪkɒt] Aprikose *f.*
April ['eɪprəl] April *m.*
apron ['eɪprən] 1. Schürze *f;* 2. *aero* Hallenvorfeld *n;* 3. *theat* (~ *stage*) Vorbühne *f;* **apron-strings** *pl* Schürzenbänder *n pl.*
apse [æps] *arch* Apsis *f.*
apt [æpt] *adj* 1. fähig (*to do* zu tun); 2. geeignet, geschickt (*at* in); 3. (*Bemerkung*) treffend, passend; ▶ be ~ to do s.th. dazu neigen, etw zu tun; I'm ~ to be out *Am* es kann sein, daß ich nicht da bin; **ap·ti·tude** ['æptɪtjuːd] 1. Fähigkeit, Tauglichkeit, Eignung *f;* 2. Begabung *f,* Talent *n* (*for* für); **aptitude test** Eignungsprüfung *f.*
aqua·cul·ture ['ækwəˌkʌltʃə(r)] Aquakultur *f;* **aqua·lung** ['ækwəlʌŋ] Tauchgerät *n;* **aqua·mar·ine** [ˌækwəmə'riːn] I *s min* Aquamarin *m;* II *adj* aquamarin-

blau; **aqua·plan·ing** [ˌækwə'pleɪnɪŋ]
Aquaplaning *n;* **aquarium**
[ə'kweərɪəm] Aquarium *n;* **Aquar·ius**
[ə'kweərɪəs] *astr* Wassermann *m;*
aqua·tic [ə'kwætɪk] *adj* im Wasser le-
bend; Wasser-; ► ~ **sports** *pl* Wasser-
sport(arten *f pl) m.*
aque·duct ['ækwɪdʌkt] Aquädukt *m.*
aqui·line ['ækwɪlaɪn] *adj* Adler-; ► ~
nose Adlernase *f.*
Arab ['ærəb] **I** *s* Araber(in) *m (f);* **II** *adj*
arabisch; **ara·besque** [ˌærə'besk] Ara-
beske *f;* **Ara·bian** [ə'reɪbɪən] *adj* ara-
bisch; ► **the ~ Nights** Tausendundeine
Nacht; **Ara·bic** ['ærəbɪk] **I** *s* (das) Ara-
bisch(e), arabische Sprache; **II** *adj* ara-
bisch.
ar·able ['ærəbl] *adj* bebaubar, Acker-.
ar·bi·ter ['ɑːbɪtə(r)] Schiedsrichter(in) *m*
(f) (of über); **ar·bit·rary** ['ɑːbɪtrərɪ] *adj*
1. willkürlich; 2. tyrannisch; **ar·bi·trate**
['ɑːbɪtreɪt] **I** *tr* schlichten, schiedsrichter-
lich entscheiden; **II** *itr* Schiedsrichter
sein; **ar·bi·tra·tion** [ˌɑːbɪ'treɪʃn]
Schiedsspruch *m;* Schlichtung *f;* **ar·bi-
tra·tor** ['ɑːbɪtreɪtə(r)] Schiedsrich-
ter(in), Schlichter(in) *m (f).*
ar·bour, *Am* **ar·bor** ['ɑːbə(r)] Laube *f.*
arc [ɑːk] Bogen *m;* **arc-lamp** Bogenlam-
pe *f;* **arc-weld·ing** (Licht)Bogen-
schweißung *f.*
ar·cade [ɑː'keɪd] Arkade *f;* Bogengang
m.
arch¹ [ɑːtʃ] **I** *s* 1. *arch* Bogen *m;* Gewöl-
be(bogen *m) n;* 2. (~ *of the foot)* Fuß-
rücken *m;* 3. *(triumphal ~)* Triumphbo-
gen *m;* **II** *tr* wölben; **III** *itr* sich wölben.
arch² [ɑːtʃ] *adj* schelmisch, schalkhaft.
arch³ [ɑːtʃ] *attr adj* Erz-; ► ~ **enemy**
Erzfeind *m.*
ar·chae·ologi·cal [ˌɑːkɪə'lɒdʒɪkl] *adj*
archäologisch; **ar·chae·ol·ogist**
[ˌɑːkɪ'ɒlədʒɪst] Archäologe *m,* Archäolo-
gin *f;* **ar·chae·ol·ogy** [ˌɑːkɪ'ɒlədʒɪ] Ar-
chäologie *f.*
ar·chaic [ɑː'keɪɪk] *adj* altertümlich; ver-
altet, archaisch.
arch·angel ['ɑːkeɪndʒl] Erzengel *m.*
arch·bishop [ˌɑːtʃ'bɪʃəp] Erzbischof *m;*
arch·bishop·ric [—rɪk] Erzbistum *n;*
arch·deacon [ˌɑːtʃ'diːkən] Archidiakon
m; **arch·dio·cese** [ˌɑːtʃ'daɪəsɪs] Erz-
diözese *f.*
archer ['ɑːtʃə(r)] Bogenschütze *m;* **arch-
ery** ['ɑːtʃərɪ] Bogenschießen *n.*
arche·type ['ɑːkɪtaɪp] *psych* Archetyp
m; Urbild *n.*
archi·pel·ago [ˌɑːkɪ'peləɡəʊ] ⟨*pl*
-ago(e)s⟩ Archipel *m,* Inselgruppe *f.*
archi·tect ['ɑːkɪtekt] Architekt(in) *m (f);*
Baumeister(in) *m (f);* **archi·tec·ture**
['ɑːkɪtektʃə(r)] Baukunst, Architektur *f.*
ar·chives ['ɑːkaɪvz] *pl* Archiv *n;* **archi-
vist** ['ɑːkɪvɪst] Archivar(in) *m (f).*
arch·way ['ɑːtʃweɪ] *arch* Bogengang *m;*

gewölbter Eingang.
arc·tic ['ɑːktɪk] **I** *adj* arktisch; Polar-; **II** *s*
Arktis *f;* **Arctic Circle** Polarkreis *m.*
ar·dent ['ɑːdnt] *adj* leidenschaftlich; en-
thusiastisch, begeistert; brennend, hef-
tig.
ar·dour, *Am* **ar·dor** ['ɑːdə(r)] 1. Eifer *m,*
Leidenschaft *f;* große Begeisterung *(for*
für); 2. *fig* Wärme, Glut, Inbrunst *f.*
ar·du·ous ['ɑːdjʊəs] *adj* anstrengend;
mühsam.
are [ə(r), *betont:* ɑː(r)] 2. *Person Singular,*
1., 2., 3. Person Plural Präsens von be.
area ['eərɪə] 1. Gebiet *n,* Bereich *m a.*
fig; 2. Teil *m;* Raum *m;* 3. (Grund-,
Boden)Fläche *f;* Flächenraum, -inhalt
m; 4. *(Haus)* Vorplatz *m;* ► **city ~**
Stadtgebiet *n;* **depressed ~** Notstands-
gebiet *n;* **goal, penalty ~** *(Fußball)*
Tor-, Strafraum *m;* **postal ~** Postbezirk
m; ~ **of responsibility** Verantwortungs-
bereich *m;* **area code** *tele* Vorwahl *f.*
arena [ə'riːnə] Arena *f a. fig;*
► **boxing-~** Boxkampfarena *f.*
Ar·gen·ti·na [ˌɑːdʒən'tiːnə] Argentinien
n; **Ar·gen·tine** ['ɑːdʒəntaɪn] ► **the ~**
Argentinien *n;* **Ar·gen·tin·ian**
[ˌɑːdʒən'tɪnɪən] **I** *s* Argentinier(in) *m (f);*
II *adj* argentinisch.
ar·gu·a·bly ['ɑːɡjuːəblɪ] *adv* wohl; **ar-
gue** ['ɑːɡjuː] **I** *itr* 1. diskutieren, sich
auseinandersetzen *(with* mit; *about*
über; *against* gegen); 2. sich streiten
(about über); **II** *tr* 1. überreden *(s.o. into*
doing s.th. jdn, etw zu tun); 2. bestreiten;
3. *(Gesichtspunkt)* ausführen, darlegen;
4. behaupten *(that* daß); ► ~ **s.o. out of**
s.th. jdm etw ausreden; **ar·gu·ment**
['ɑːɡjʊmənt] 1. Argument *n (in his fa-
vour* zu seinen Gunsten; *against* gegen);
2. Beweisführung, Erörterung, Debatte *f*
(about über); 3. Auseinandersetzung *f;*
Wortwechsel *m;* 4. Thema *n;* Inhaltsan-
gabe *f;* ► **he doesn't want an ~ with**
you er will nicht mit Ihnen streiten;
have an ~ sich streiten; **ar·gu·men-
ta·tive** [ˌɑːɡjʊ'mentətɪv] *adj (Person)*
streitsüchtig.
aria ['ɑːrɪə] *mus* Arie *f.*
arid ['ærɪd] *adj* 1. trocken, dürr; wasser-
arm; 2. *fig* langweilig; reizlos.
Aries ['eərɪːz] *astr* Widder *m.*
arise [ə'raɪz] ⟨*irr* arose, arisen⟩ [ə'rɪzn]
itr 1. hervorkommen, -gehen; entstehen
(from, out of aus); 2. *(Schwierigkeiten)*
sich zeigen, sich ergeben; *(Problem)*
aufkommen, auftauchen; herrühren
(from von).
ar·is·toc·racy [ˌærɪ'stɒkrəsɪ] Aristokra-
tie *f;* **ar·is·to·crat** ['ærɪstəkræt] Ari-
stokrat(in) *m (f);* **ar·is·to·cratic**
[ˌærɪstə'krætɪk] *adj* aristokratisch.
arith·me·tic [ə'rɪθmətɪk] Arithmetik
f, Rechnen *n;* **ar·ith·meti·cal**
[ˌærɪθ'metɪkl] *adj* arithmetisch.

ark [ɑ:k] *rel* Arche *f;* ▶ **Noah's** ~ die Arche Noah; ~ **of the Covenant** Bundeslade *f.*

arm¹ [ɑ:m] **1.** Arm *m;* **2.** Ärmel *m;* **3.** (~ *of the sea*) (Meeres)Arm *m;* **4.** (*Baum*) dicker Ast; ▶ ~ **in** ~ Arm in Arm; **hold, keep s.o. at** ~'s **length** sich jdn vom Leibe halten; **welcome s.o. with open** ~s jdn mit offenen Armen empfangen.

arm² [ɑ:m] **I** *tr* bewaffnen (*with* mit); ▶ ~**ed with patience** mit Geduld gewappnet; **II** *itr* aufrüsten; **III** *s s.* **arms.**

ar·ma·ment ['ɑ:məmənt] **1.** Bewaffnung *f;* Ausrüstung *f;* **2.** Aufrüstung *f;* ▶ ~s **industry** Rüstungsindustrie *f.*

ar·ma·ture ['ɑ:mətʃuə(r)] *el* Anker *m,* Armatur *f.*

arm·chair ['ɑ:m,tʃeə(r)] Lehnstuhl *m;* **armchair politician** Stammtischpolitiker(in) *m (f).*

armed [ɑ:md] *adj* bewaffnet; ▶ ~ **forces** *pl* Streitkräfte *f pl.*

arm·ful ['ɑ:mful] Armvoll *m;* **arm-hole** Armloch *n.*

arm·ing ['ɑ:mɪŋ] Bewaffnung, Ausrüstung *f.*

ar·mis·tice ['ɑ:mɪstɪs] Waffenstillstand *m.*

ar·mour, *Am* **ar·mor** ['ɑ:mə(r)] **1.** Panzer *m;* **2.** *hist* Rüstung *f;* **3.** *mil* Panzertruppe *f;* **ar·mour-clad** ['ɑ:mə'klæd], **armour-plated, ar·moured** ['ɑ:məd] *adj* Panzer-, gepanzert.

arm·pit ['ɑ:mpɪt] Achselhöhle *f;* **armrest** ['ɑ:mrest] Armlehne *f.*

arms [ɑ:mz] *pl* **1.** Waffen *f pl;* **2.** Wappen *n;* ▶ **take up** ~ zu den Waffen greifen; *fig* zum Angriff übergehen; **be up in** ~ **about s.th.** über etw empört sein; **be under** ~ unter Waffen stehen; **arms control** Rüstungskontrolle *f;* **arms control talks** Rüstungskontrollverhandlungen *f pl;* **arms limitation** Rüstungsbegrenzung *f;* **arms race** Wettrüsten *n,* Rüstungswettlauf *m.*

army ['ɑ:mɪ] **1.** Armee *f;* Heer *n;* Militär *n;* **2.** *fig* Menge, große Zahl *f,* Heer *n;* ▶ **Salvation A~** Heilsarmee *f;* ~ **headquarters** Armeeoberkommando *n;* **be in the** ~ beim Militär sein; **join the** ~ zum Militär gehen.

aroma [ə'rəumə] Aroma *n;* **aro·matic** [,ærə'mætɪk] *adj* aromatisch, würzig.

arose [ə'rəuz] *v s.* **arise.**

around [ə'raund] **I** *adv* ringsherum, rundherum; nach, auf allen Seiten; überall; *fam* in der Nähe; ▶ **is he** ~? ist er da? **he's been** ~! der kennt sich aus! **II** *prep* **1.** um ... herum, ringsum; am Rande; **2.** ungefähr, etwa um; ▶ **somewhere** ~ **here** irgendwo hierherum.

arouse [ə'rauz] *tr* **1.** (auf)wecken; **2.** erregen.

ar·range [ə'reɪndʒ] *tr* **1.** (an)ordnen; auf-

stellen; **2.** verabreden, planen, arrangieren (*to do s.th., for doing s.th.* daß etw getan wird); **3.** *mus* umsetzen, bearbeiten; **4.** (*Streit*) schlichten; ▶ **as** ~**d** wie abgesprochen; ~ **it so that** richtenSie es so ein, daß; **ar·range·ment** [—mənt] **1.** Ordnung *f;* Anordnung, Gruppierung *f;* **2.** *pl* Vorkehrungen *f pl;* **3.** Abmachung, Abrede, Vereinbarung, Übereinkunft *f;* **4.** *mus* Bearbeitung *f;* ▶ **come to an** ~ zu e-r Einigung kommen; **make** ~s Vorbereitungen treffen.

ar·ray [ə'reɪ] **I** *s* **1.** (An)Ordnung, Aufstellung *f;* **2.** (*Kleider*) Staat *m;* **3.** Ansammlung *f;* **II** *tr* (an)ordnen; bereitstellen; (*Truppen*) aufstellen.

ar·rears [ə'rɪəz] *pl* **1.** Rückstände *m pl;* **2.** unerledigte Sachen *f pl;* ▶ **be in** ~ im Rückstand sein.

ar·rest [ə'rest] **I** *tr* **1.** auf-, anhalten; verhindern, hemmen; **2.** (*Aufmerksamkeit*) fesseln; **3.** *jur* festnehmen, verhaften; **II** *s* Verhaftung, Festnahme *f;* ▶ **under** ~ in Haft; **grant a warrant of** ~ e-n Haftbefehl erlassen; **ar·rest·ing** [—ɪŋ] *adj* fesselnd, auffallend, interessant.

ar·ri·val [ə'raɪvl] **1.** Ankunft *f;* Eintreffen *n;* (*Waren*) Eingang *m;* **2.** Ankömmling *m;* (*Hotel*) neuer Gast; ▶ **on** ~ bei Ankunft; ~s **and departures** *rail* Ankunfts- u. Abfahrtszeiten *f pl;* **ar·rive** [ə'raɪv] *itr* **1.** ankommen (*at, in* in); eintreffen; **2.** *fig* gelangen, kommen (*at a decision* zu e-r Entscheidung); **3.** Erfolg haben; ▶ ~ **home** nach Hause kommen.

ar·ro·gance ['ærəgəns] Arroganz *f,* Hochmut *m;* **ar·ro·gant** ['ærəgənt] *adj* arrogant, überheblich.

ar·row ['ærəu] Pfeil *m;* **ar·row·head** [—hed] Pfeilspitze *f.*

arse [ɑ:s] *vulg* Hinterteil *n,* Arsch *m.*

ar·senal ['ɑ:sənl] **1.** Arsenal *n;* **2.** Waffen-, Munitionsfabrik *f.*

ar·senic ['ɑ:snɪk] *chem* Arsen(ik) *n.*

ar·son ['ɑ:sn] Brandstiftung *f.*

art [ɑ:t] **1.** Kunst *f;* **2.** Kunstfertigkeit *f;* Geschicklichkeit *f;* **3.** Verschlagenheit, List *f;* **4.** *pl* Geisteswissenschaften *f pl;* **5.** *pl* Kniffe, Schliche *m pl;* ▶ ~s **and crafts** Kunstgewerbe *n;* **work of** ~ Kunstwerk *n;* ~ **of printing** Druckkunst *f;* **art collection** Kunstsammlung *f;* **art critic** Kunstkritiker(in) *m (f);* **art dealer** Kunsthändler(in) *m (f).*

ar·ter·ial [ɑ:'tɪərɪəl] *adj med* Arterien-, Schlagader-; ▶ ~ **road** Hauptverkehrsstraße *f;* **ar·terio·scler·osis** [ɑ:,tɪərəusklə'rəusɪs] Arterienverkalkung *f;* **ar·tery** ['ɑ:tərɪ] **1.** *med* Arterie, Schlagader *f;* **2.** Verkehrsader *f.*

ar·tesian well [ɑ:'ti:zɪən'wel] artesischer Brunnen.

art·ful ['ɑ:tfl] *adj* verschlagen, listig.

ar·thri·tic [ɑ:'θrɪtɪk] *adj* arthritisch; **ar-**

thri·tis [ɑːˈθraɪtɪs] Gelenkentzündung, Arthritis *f.*

ar·ti·choke [ˈɑːtɪtʃəʊk] *bot* Artischocke *f.*

ar·ticle [ˈɑːtɪkl] **I** *s* **1.** Artikel *m a. gram jur com;* Gegenstand *m,* Objekt *n;* **2.** Aufsatz *m; (newspaper ~)* Zeitungsartikel *m;* **3.** *gram* Geschlechtswort *n;* **4.** *jur* Klausel, Bestimmung *f,* Abschnitt, Paragraph *m;* **II** *tr* in die Lehre geben (*to* bei).

ar·ticu·late [ɑːˈtɪkjʊlət] **I** *adj* klar, gegliedert; unterteilt; deutlich, artikuliert; **II** *tr* [ɑːˈtɪkjʊleɪt] **1.** durch ein Gelenk verbinden; **2.** gliedern; **3.** artikulieren; deutlich aussprechen; ▶ **~d lorry** Sattelschlepper *m;* **~d bus** Gelenkbus *m;* **ar·ticu·la·tion** [ɑːˌtɪkjʊˈleɪʃn] **1.** Gelenkverbindung *f;* **2.** *(Sprache)* Aussprache, Artikulation *f.*

ar·ti·fice [ˈɑːtɪfɪs] **1.** List *f;* **2.** Gewandtheit, Geschicklichkeit *f;* **ar·ti·ficial** [ˌɑːtɪˈfɪʃl] *adj* **1.** künstlich; **2.** unnatürlich; geziert, gekünstelt, unecht; ▶ **~ ice** Kunsteis *n;* **~ insemination** künstliche Befruchtung; **~ leather** Kunstleder *n; ~* **leg** Beinprothese *f; ~* **manure** Kunstdünger *m; ~* **respiration** künstliche Atmung; **ar·ti·fici·al·ity** [ˌɑːtɪfɪʃɪˈælɪtɪ] künstlicher Charakter; Unnatürlichkeit *f.*

ar·til·lery [ɑːˈtɪlərɪ] Artillerie *f;* **ar·tillery·man** [ɑːˈtɪlərɪmən] ⟨*pl* -men⟩ Artillerist *m.*

ar·ti·san [ˌɑːtɪˈzæn] Handwerker(in) *m (f).*

art·ist [ˈɑːtɪst] **1.** Künstler(in *f*) *m;* **2.** Könner *m.*

art·iste [ɑːˈtiːst] Artist(in) *m (f);* Sänger(in) *m (f);* Tänzer(in) *m (f).*

ar·tis·tic [ɑːˈtɪstɪk] *adj* **1.** künstlerisch; geschmackvoll; **2.** kunstverständig; **art·istry** [ˈɑːtɪstrɪ] Kunstsinn *m;* Kunstfertigkeit *f;* künstlerische Fähigkeiten *f pl.*

art·less [ˈɑːtlɪs] *adj* einfach, natürlich, harmlos.

art·work [ˈɑːtwɜːk] *(book)* Bildmaterial *n.*

arty [ˈɑːtɪ] *adj fam* gewollt künstlerisch.

Aryan [ˈɛərɪən] **I** *adj* arisch; **II** *s* Arier(in) *m (f).*

as [əz, *betont:* æz] **I** *adv* wie, als; wie zum Beispiel; ~ ... ~ (eben)so ... wie; ▶ **not so** ... ~ nicht so ... wie; ~ **long** ~ so lang(e) wie; ~ **much, many** ... ~ ebensoviel(e) ... wie; bis zu ..; ~ **yet** bis jetzt; bisher; **not** ~ **yet** noch nicht; **~well** auch; ~ **well** ~ sowie, dazu, (und) außerdem; ~ **far** ~ bis (zu); soviel; soweit; **I thought** ~ **much** das dachte ich mir doch; **II** *conj* da, weil; als, während; (in der Art) wie, genauso wie; wie, als; obgleich; als (ob); ▶ ~ **it were** sozusagen, gleichsam; ~ **if, though** als ob; ~ ... **so** wie ..., so; ~ **soon** ~ sobald (als),

sowie; **everything stands ~ it was** alles bleibt beim alten; **III** *prep* als; in der Eigenschaft als; ▶ ~ **for,** ~ **to** was ... anbetrifft; hinsichtlich; ~ **to whether** ob; **so** ~ **to** um zu; **so** ~ **to be sure** um sicher zu sein; **IV** *prn* welche(r, s); was; wie; ▶ **in proportion** ~ in dem Maße, wie.

as·bes·tos [æzˈbestɒs] Asbest *m.*

as·cend [əˈsend] **I** *itr* **1.** auf-, ansteigen, sich erheben (*from* von); **2.** *(Ton)* steigen; **II** *tr* **1.** be-, ersteigen; erklettern; **2.** *(Thron)* besteigen; **as·cend·ancy, as·cend·ency** [—ənsɪ] *fig* Vormachtstellung, Vorherrschaft *f;* **as·cend·ant, as·cend·ent** [—ənt] *adj* aufsteigend; ▶ **in the** ~ im Aufgehen; **as·cen·sion** [əˈsenʃn] Aufsteigen *n;* ▶ **A~ Day** Himmelfahrtstag *m;* **as·cent** [əˈsent] Aufsteigen *n;* Aufstieg *m.*

as·cer·tain [ˌæsəˈteɪn] *tr* feststellen, ermitteln, herausfinden.

as·cetic [əˈsetɪk] **I** *adj* asketisch; **II** *s* Asket *m;* **as·ceti·cism** [əˈsetɪsɪzəm] Askese *f.*

As·cot heater [ˈæskət] *Wz* el Durchlauferhitzer *m.*

as·crib·able [əˈskraɪbəbl] *adj* zuzuschreiben; **as·cribe** [əˈskraɪb] *tr* zuschreiben, beimessen (*to s.o.* jdm); **as·crip·tion** [əˈskrɪpʃn] Zuschreiben *n* (*to s.o.* jdm).

asex·ual [ˌeɪˈseksjʊəl] *adj* geschlechtslos.

ash[1] [æʃ] *bot* (~ *tree*) Esche *f.*

ash[2] [æʃ] **1.** Asche *f;* **2.** *pl* Asche *f (a. d. Menschen);* sterbliche Überreste *m pl.*

ashamed [əˈʃeɪmd] *pred adj* beschämt; ▶ **be** ~ sich schämen (*of s.th.* e-r S; *to do s.th.* etw zu tun); **you ought to be** ~ **of yourself** du solltest dich schämen.

ash-bin, *Am* **ash-can** [ˈæʃbɪn, ˈæʃkæn] Ascheneimer *m.*

ashore [əˈʃɔː(r)] *adv* am Ufer, an Land; ▶ **go** ~ an Land gehen.

ash-pan [ˈæʃpæn] Aschenkasten *m;* **ash-tray** Aschenbecher *m;* **Ash Wednesday** Aschermittwoch *m.*

Asia [ˈeɪʃə] Asien *n;* **Asia Minor** Kleinasien *n;* **Asian, Asi·atic** [ˈeɪʃn, ˌeɪʃɪˈætɪk] **I** *adj* asiatisch; **II** *s* Asiat(in) *m (f).*

aside [əˈsaɪd] *adv* beiseite; abseits; auf die Seite; weg, fort; ▶ ~ **from** *Am* abgesehen von; außer; **(all) joking ~!** Spaß beiseite! **lay** ~ beiseite legen; *(Gewohnheit)* ablegen, aufgeben; **put** ~ auf die Seite legen, beiseite legen; *(Waren, Geld)* zurücklegen; **set** ~ weg-, beiseite legen; *(Geld)* beiseite legen, zurücklegen; *(Anspruch)* abweisen; *(Einwand)* verwerfen; *(Urteil)* aufheben; **stand, step** ~ zur, auf die Seite gehen.

ask [ɑːsk] **I** *tr* **1.** fragen (*s.o. for s.th., s.o. s.th.* jdn nach etw); *(Frage)* stellen; **2.** einladen; **3.** bitten (*s.th. of s.o.* jdn um etw; *s.o. to do s.th.* jdn, etw zu tun);

erbitten; erwarten, fordern, verlangen; 4. *(Preis)* verlangen; ▶ ~ **s.o.'s advice** jdn um Rat fragen; ~ **me another!** frag mich bloß das nicht! II *itr* fragen *(for* nach); sich erkundigen *(about, after, for* nach); sich informieren *(about* über); ▶ ~ **after** sich erkundigen nach; ~ **for permission** um Erlaubnis bitten; ~ **for trouble** Schwierigkeiten heraufbeschwören.

askance [ə'skæns] *adv* ▶ **look** ~ **at s.th.** etw mißtrauisch, mißbilligend betrachten.

askew [ə'skju:] *adv* schief, quer, schräg.

ask·ing ['ɑ:skɪŋ] ▶ **it's yours for the** ~ Sie brauchen nur darum zu bitten; ~ **price** Verkaufspreis *m.*

aslant [ə'slɑ:nt] I *adv* schief, schräg; II *prep* quer über, quer durch.

asleep [ə'sli:p] *pred adj* 1. schlafend; 2. *(Glieder)* eingeschlafen; ▶ **be** ~ schlafen; **fall** ~ einschlafen.

as·para·gus [ə'spærəgəs] Spargel *m.*

as·pect ['æspekt] 1. Aussehen *n,* Erscheinung *f;* Anblick *m;* 2. *(e-s Problems)* Seite *f,* Aspekt, Stand-, Gesichtspunkt *m;* 3. *astr gram* Aspekt *m;* 4. *(Haus)* Seite, Lage, Fläche *f.*

as·per·ity [æ'sperəti] 1. Rauheit, Unebenheit *f;* 2. *fig* Schroffheit, Strenge, Härte *f.*

as·per·sion [ə'spɜ:ʃn] ▶ **cast** ~**s on s.o.** jdn verleumden.

as·phalt ['æsfælt] I *s* Asphalt *m;* II *tr* asphaltieren.

as·phyxia [æs'fɪksɪə] *med* Erstickung, Asphyxie *f;* **as·phyxi·ate** [əs'fɪksɪeɪt] *tr* ersticken; **as·phyxi·ation** [əs͵fɪksɪ'eɪʃn] Erstickung *f.*

as·pir·ant [ə'spaɪərənt] Bewerber(in) *m (f) (to, after* um); Anwärter(in) *m (f) (to, after* auf); **as·pir·ation** [͵æspə'reɪʃn] Verlangen, Streben *n,* Sehnsucht *f (after, for* nach); **as·pire** [ə'spaɪə(r)] *itr* streben, trachten *(after, at, to* nach).

as·pirin ['æsprɪn] *med* Aspirin *n.*

as·pir·ing [ə'spaɪərɪŋ] *adj* ehrgeizig; strebend *(after, to* nach).

ass [æs] 1. Esel *m a. fig;* 2. *fig* Dummkopf *m;* ▶ **make an** ~ **of o.s.** sich lächerlich machen.

as·sail [ə'seɪl] *tr* angreifen, überfallen; ▶ ~ **s.o. with questions** jdn mit Fragen bestürmen; **be** ~**ed by doubts** von Zweifeln geplagt sein; **as·sail·able** [—əbl] *adj* angreifbar; anfechtbar.

as·sas·sin [ə'sæsɪn] (Meuchel)Mörder(in) *m (f);* **as·sas·sin·ate** [ə'sæsɪneɪt]*tr* ermorden; **as·sas·sin·ation** [ə͵sæsɪ'neɪʃn] Ermordung *f,* Attentat *n.*

as·sault [ə'sɔ:lt] I *s* 1. (Sturm)Angriff, Überfall *m (upon* auf); 2. *jur* tätliche Beleidigung; II *tr* 1. angreifen, überfallen; 2. *jur* angreifen; sich vergehen an;

assault and battery *jur* Körperverletzung *f.*

as·semble [ə'sembl] I *tr* 1. versammeln; 2. *tech* montieren; zusammensetzen; 3. *(Parlament)* einberufen; II *itr* sich versammeln; **as·sem·bly** [ə'semblɪ] 1. Versammlung *f;* Zusammenkunft, Veranstaltung *f;* 2. *pol* gesetzgebende Körperschaft; 3. *tech* Montage *f;* Zusammensetzen *n;* ▶ ~ **line** Fließ-, Montageband *n;* ~ **hall** Aula *f.*

as·sent [ə'sent] I *itr* einwilligen *(to* in), zustimmen *(to* dat); billigen *(to s.th.* etw); beipflichten *(to an opinion* e-r Meinung); II *s* Zustimmung, Einwilligung, Billigung *f;* ▶ **by common** ~ mit Zustimmung aller; **with one** ~ einmütig.

as·sert [ə'sɜ:t] I *tr* 1. feststellen; bestehen auf, behaupten; 2. *(Recht)* geltend machen; beanspruchen; *(Forderung)* durchsetzen; II *refl* sich durchsetzen; auf seinem Recht bestehen; **as·ser·tion** [ə'sɜ:ʃn] 1. Erklärung *f;* Behauptung, Feststellung *f;* 2. *(Rechte)* Geltendmachung *f;* ▶ **make an** ~ e-e Behauptung aufstellen; **as·sert·ive** [ə'sɜ:tɪv] *adj* bestimmt.

as·sess [ə'ses] *tr* 1. bewerten, den Wert feststellen *(s.th.* e-r S); 2. festsetzen, feststellen *(at* auf); (ab)schätzen, veranschlagen; 3. *fig* einschätzen; **as·sess·ment** [—mənt] 1. Feststellung, Festsetzung *f;* 2. Ab-, Einschätzung *f;* 3. Bemessung, Veranlagung *f;* **as·sessor** [ə'sesə(r)] 1. *(~ of taxes)* Steuerbeamte(r) *m,* -beamtin *f;* 2. *jur* Beisitzer(in) *m (f).*

as·set ['æset] 1. *fig* Vorteil *m,* Plus *n;* 2. *pl* Aktivposten *m pl,* Aktiva *pl,* Vermögensstand *m,* Aktivvermögen *n;* ▶ **capital** ~**s** *pl* Anlagevermögen *n;* ~**s and liabilities** *pl* Aktiva u. Passiva *pl.*

as·si·du·ity [͵æsɪ'dju:ətɪ] Fleiß, Eifer *m;* **as·sidu·ous** [ə'sɪdjuəs] *adj* fleißig, eifrig; gewissenhaft.

as·sign [ə'saɪn] *tr* 1. festlegen, festsetzen, bestimmen; 2. an-, zuweisen; zuteilen; *(Aufgabe)* beauftragen mit; 3. *(Ursache)* zuschreiben, bezeichnen *(as* als); *(Bedeutung)* beilegen; 4. *jur* übertragen, abtreten; 5. ernennen *(to a post* auf e-n Posten); **as·sign·ment** [—mənt] 1. Zuteilung *f;* An-, Zuweisung *f;* 2. zugewiesene Aufgabe, Auftrag *m;* 3. Ernennung *f;* Posten *m;* 4. *jur* Übertragung *f.*

as·simi·late [ə'sɪmɪleɪt] *tr* 1. aufnehmen, einverleiben, integrieren; 2. assimilieren; 3. (geistig) verdauen; **as·simi·la·tion** [ə͵sɪmə'leɪʃn] 1. Angleichung, Assimilation *f;* 2. Übereinstimmung *f.*

as·sist [ə'sɪst] I *tr* 1. helfen *(s.o.* jdm); unterstützen, behilflich sein *(s.o.* jdm); 2. mitwirken *(in doing s.th.* etw zu tun; *in* bei); II *itr* 1. Hilfe leisten; 2. beiwohnen; teilnehmen *(at* an); **as·sist·ance**

[ə'sɪstəns] Hilfe, Unterstützung *f;* **as-sist·ant** [ə'sɪstənt] I *s* Assistent(in), Helfer(in), Mitarbeiter(in) *m (f);* II *adj* stellvertretend; ▶ **~ director** stellvertretende(r) Direktor(in); **~ physician** Assistenzarzt *m,* -ärztin *f;* **~ professor** außerplanmäßige(r) Professor(in).

as·sizes [ə'saɪzɪz] *pl* Schwurgerichtssitzungen *f pl* des High Court of Judges.

as·so·ci·ate [ə'səʊʃɪət] I *s* 1. Mitarbeiter(in) *m (f);* 2. *com* Partner(in), Teilhaber(in) *m (f);* II *adj* verbündet, beigeordnet; ▶ **~ professor** *Am* außerordentliche(r) Professor(in); III *tr* [ə'səʊʃɪeɪt] 1. vereinigen, verbinden; 2. hinzufügen; zuordnen; in Zusammenhang bringen (*with* mit); IV *itr* [ə'səʊʃɪeɪt] verkehren (*with s.o.* mit jdm); ▶ **he never did ~ with us very much** er war nie mit uns besonders befreundet; **as·so·ci·ation** [ə,səʊsɪ'eɪʃn] 1. Vereinigung *f,* Bund *m;* Gesellschaft *f;* Genossenschaft *f;* 2. Umgang, Verkehr *m* (*with* mit); Beziehung *f* (*with* zu); 3. Gedankenverbindung, Assoziation *f;* 4. (**~ football**) (europäisches) Fußballspiel *n;* ▶ **call up ~s** Erinnerungen wachrufen; **join an ~** e-m Verein beitreten.

as·sorted [ə'sɔːtɪd] *adj* 1. sortiert; geordnet; 2. verschiedenartig; gemischt; ▶ **ill-~** schlecht zusammenpassend; **well-~** gut zusammenpassend; **as·sort·ment** [ə'sɔːtmənt] 1. Sortieren, Klassifizieren *n;* 2. Auswahl *f,* Sortiment *n.*

as·sume [ə'sjuːm] *tr* 1. voraussetzen; annehmen, vermuten; 2. vorgeben, unterstellen; 3. (*Macht*) sich anmaßen; (*Amt*) antreten; (*Verantwortung*) übernehmen; (*Namen*) annehmen; ▶ **assuming that it is true** angenommen, es stimmt; **as·sumed** [ə'sjuːmd] *adj* (*Name*) angenommen.

as·sump·tion [ə'sʌmpʃn] 1. An-, Übernahme *f;* 2. Aneignung *f;* 3. Vermutung, Annahme, Voraussetzung *f;* 4. Anmaßung *f;* Überheblichkeit *f;* ▶ **the A~** (Mariä) Himmelfahrt *f;* **on the ~ that** unter der Annahme, Voraussetzung, daß.

as·sur·ance [ə'ʃʊərəns] 1. Versicherung, Beteuerung, Zusicherung *f;* 2. Sicherheit, Gewißheit *f,* Vertrauen *n;* Selbstsicherheit *f;* 3. Überheblichkeit *f;* 4. *com* Versicherung *f;* ▶ **life ~** Lebensversicherung *f;* **as·sure** [ə'ʃʊə(r)] *tr* 1. versichern (*s.o. of s.th.* jdm etw), beteuern; 2. garantieren; bürgen für; zusichern; 3. beruhigen; 4. *com* versichern; **as·sur·ed·ly** [ə'ʃʊərɪdlɪ] *adv* sicherlich.

as·ter·isk ['æstərɪsk] *typ* Sternchen *n.*
astern [ə'stɜːn] *adv mar* achtern.
as·ter·oid ['æstərɔɪd] *astr* Asteroid *m.*
asthma ['æsmə] *med* Asthma *n;* **asth-**

matic [æs'mætɪk] *adj* asthmatisch.
as·ton·ish [ə'stɒnɪʃ] *tr* in Erstaunen setzen, überraschen; ▶ **be ~ed** erstaunt, überrascht sein; sich wundern (*at* über); **as·ton·ish·ing** [—ɪŋ] *adj* erstaunlich, verwunderlich; ▶ **it's ~ to me** das überrascht mich; **as·ton·ish·ment** [—mənt] Erstaunen *n,* Verwunderung *f* (*at* über).

astound [ə'staʊnd] *tr* erstaunen.
astray [ə'streɪ] *adj* ▶ **go, lead ~** in die Irre gehen, vom rechten Weg abführen.
astride [ə'straɪd] *adv, prep, pred adj* rittlings (*of* auf).
as·trin·gent [ə'strɪndʒənt] *adj* 1. adstringierend; 2. *fig (Humor)* ätzend.
as·trol·oger [ə'strɒlədʒə(r)] Astrologe *m,* -login *f;* **as·tro·logi·cal** [,æstrə'lɒdʒɪkl] *adj* astrologisch; **as·trol·ogy** [ə'strɒlədʒɪ] Astrologie *f;* **as·tro·naut** ['æstrənɔːt] Astronaut(in) *m (f);* **as·tro·naut·ics** [,æstrə'nɔːtɪks] *pl mit sing* Astronautik, Raumfahrt *f;* **as·tron·omer** [ə'strɒnəmə(r)] Astronom(in) *m (f);* **as·tro·nomi·cal** [,æstrə'nɒmɪkl] *adj a. fig* astronomisch; **as·tron·omy** [ə'strɒnəmɪ] Astronomie *f.*

as·tute [ə'stjuːt] *adj* schlau; scharfsinnig; **as·tute·ness** [—nɪs] 1. Schlauheit, List *f;* 2. Scharfsinn *m.*

asy·lum [ə'saɪləm] Asyl *n;* (Irren)Anstalt *f;* ▶ **ask, apply for ~** um Asyl bitten, Asyl beantragen.

at [ət] *prep* 1. (*Ort*) in, bei, an, auf, zu; ▶ **~ Oxford** in Oxford; **~ a distance** in e-r Entfernung; **~ school** in der Schule; **~ the office** im Büro; **~ the dentist's** beim Zahnarzt; **~ work** bei der Arbeit; **~ the sight** beim Anblick (*of* gen); **~ the next corner** an der nächsten Ecke; **~ the station** auf dem Bahnhof; **~ home** zu Hause; 2. (*Art u. Weise*) in, zu; **be ~ a loss** in Verlegenheit sein; **~ his request** um seine Bitte (hin); 3. (*zeitlich*) um; in; zu; **~ midnight** um Mitternacht; **~ night** in der Nacht; **~ noon** mittags; **~ the age of** im Alter von; **~ Christmas** zu Weihnachten; 4. (*Zustand*) in; **~ peace** im Frieden; **~ rest** in Ruhe; **I feel ~ ease** mir ist wohl zumute; 5. (*Richtung*) nach, gegen, zu, an, auf; **aim ~** zielen nach; **arrive ~ a decision** zu e-r Entscheidung kommen; **be astonished ~** erstaunt sein über; **he is mad ~ me** er ist wütend auf mich; 6. (*bei Zahlangabe*) zu; **buy ~ a pound** zu e-m Pfund kaufen; 7. (*Wendungen*) **~ all** überhaupt; **not ~ all** gar nicht, durchaus nicht; **~ best** bestenfalls; **~ first** zuerst; **~ last** endlich; **~ least** mindestens, wenigstens; **~ most** höchstens; **(all) ~ once** sofort; auf einmal.

ata·vism ['ætəvɪzəm] Atavismus *m;* **ata·vis·tic** [,ætə'vɪstɪk] *adj* atavistisch.

ate [et, *Am* eɪt] *v s.* eat.

athe·ism ['eɪθɪɪzəm] Atheismus *m;* **athe·ist** ['eɪθɪɪst] Atheist *m;* **athe·is·tic** [ˌeɪθɪ'ɪstɪk] *adj* atheistisch.

ath·lete ['æθliːt] Athlet(in) *m (f);* Leichtathlet(in) *m (f);* Sportler(in) *m (f);* **ath·letic** [æθ'letɪk] **I** *adj* sportlich; athletisch; **II** *s pl a.* mit *sing* (Leicht)Athletik *f.*

At·lan·tic [ət'læntɪk] **I** *s* Atlantischer Ozean, Atlantik *m;* **II** *adj* atlantisch.

at·las ['ætləs] *geog* Atlas *m.*

at·mos·phere ['ætməsfɪə(r)] Atmosphäre *f a. fig;* **at·mos·pheric** [ˌætməs'ferɪk] *adj* atmosphärisch; ▶ ~ **conditions** *pl* Witterung(sbedingungen *f pl) f;* ~ **pollution** Luftverschmutzung, Luftbelastung *f;* ~ **pressure** Luftdruck *m;* ~ **resistance** Luftwiderstand *m;* **at·mos·pher·ics** [ˌætməs'ferɪks] *pl tech* atmosphärische Störungen *f pl.*

atoll ['ætɒl] *geog* Atoll *n.*

atom ['ætəm] **1.** *chem* Atom *n;* **2.** *fig* winzige Kleinigkeit; **atom bomb** Atombombe *f;* **atomic** [ə'tɒmɪk] *adj* atomar; Atom-; ▶ ~ **energy** Atomenergie *f;* ~ **fission** Atomspaltung *f;* ~ **nucleus** Atomkern *m;* ~ **power** Atomkraft *f;* ~ **reactor** Atomreaktor *m;* ~ **weight** Atomgewicht *n;* **at·om·ize** ['ætəmaɪz] *tr* atomisieren; zerstäuben; **at·om·izer** ['ætəmaɪzə(r)] Zerstäuber *m.*

atone [ə'təʊn] *itr* sühnen (*for* für); **atone·ment** [—mənt] Sühne, Buße *f.*

atro·cious [ə'trəʊʃəs] *adj* **1.** grausam; **2.** *fam* abscheulich, scheußlich; **atro·city** [ə'trɒsɪtɪ] **1.** Grausamkeit *f;* **2.** Greueltat *f.*

atro·phy ['ætrəfɪ] **I** *s med* Atrophie *f;* **II** *itr* verkümmern; **III** *tr* verkümmern lassen.

at·tach [ə'tætʃ] *tr* **1.** anheften, befestigen (*to* an); (*e-m Schriftstück*) beifügen; **2.** (*Bedeutung*) beilegen, beimessen; **3.** *mil* abkommandieren; ▶ ~ **o.s. to** sich anschließen an; (*Partei*) beitreten *dat;* **be ~ed** eng verbunden sein (*to* mit); hängen (*to* an); ~ **value to** Wert legen auf.

at·taché [ə'tæʃeɪ] *pol* Attaché *m;* **attaché case** Aktentasche *f.*

at·tach·ment [ə'tætʃmənt] **1.** Befestigung, An-, Beifügung *f;* **2.** Bei-, Anlage *f;* **3.** *fig* Zuneigung *f;* **4.** *tech* Zusatzvorrichtung *f,* -gerät *n.*

at·tack [ə'tæk] **I** *tr* **1.** angreifen *a. chem;* sich stürzen (*s.th.* auf etw); **2.** (*Aufgabe*) anpacken, in Angriff nehmen; **3.** (*Krankheit*) befallen; **II** *s* **1.** Angriff *m* (*on* auf, gegen); **2.** (*Arbeit*) Inangriffnahme *f;* **3.** (*Krankheit*) Anfall *m;* ▶ **heart** ~ Herzanfall *m;* Herzinfarkt *m.*

at·tain [ə'teɪn] **I** *tr* erreichen, erlangen; vollenden; ▶ ~ **power** an die Macht gelangen; **II** *itr* gelangen (*to* bis zu); ▶ ~ **a very great age** sehr alt werden;

at·tain·able [—əbl] *adj* erreichbar; **at·tain·ment** [—mənt] **1.** (*Ziel*) Erreichen *n;* Erlangung *f;* **2.** *pl* Kenntnisse, Fähigkeiten, Fertigkeiten *f pl.*

at·tempt [ə'tempt] **I** *tr* versuchen; wagen; sich bemühen (*to do, at doing s.th.* etw zu tun); **II** *s* **1.** Versuch *m* (*at* mit); **2.** Anschlag *m;* ▶ **make an ~ on s.o.'s life** auf jdn e-n Anschlag verüben.

at·tend [ə'tend] **I** *tr* **1.** (*Schule*) besuchen; beiwohnen (*a meeting* e-r Versammlung); (*Vorlesung*) hören; **2.** betreuen, bedienen, pflegen; (*Arzt*) behandeln; **3.** *fig* begleiten; **II** *itr* **1.** anwesend, zugegen sein (*at* bei); **2.** aufpassen, sich konzentrieren, hören, achtgeben (*to* auf); **3.** beachten, einhalten (*to s.th.* etw); **4.** sich befassen (*to* mit); sorgen (*to* für), sich kümmern (*to* um); besorgen, erledigen (*to s.th.* etw); **5.** erfüllen (*to one's duties* seine Pflicht); ausführen (*to an order* e-n Auftrag); **6.** bedienen (*to a customer* e-n Kunden); **at·tend·ance** [ə'tendəns] **1.** Anwesenheit *f;* Besuch *m;* **2.** (Zu)Hörerschaft *f* (*at* bei); Beteiligung *f* (*at* bei, an); **3.** Dienerschaft, Begleitung *f;* **4.** *tech* Wartung *f;* **5.** *med* Behandlung *f;* ▶ **be in ~** Dienst haben (*at* bei); **the ~ at the meeting was poor** die Versammlung war schwach besucht; **medical ~** ärztliche Behandlung; ~ **at school** Schulbesuch *m;* ~ **list, book** Anwesenheitsliste *f;* **at·tend·ant** [ə'tendənt] **I** *adj* **1.** begleitend, dazugehörig; **2.** anwesend; ▶ ~ **circumstances** *pl* Begleitumstände *m pl;* **II** *s* **1.** Diener(in) *m (f);* Wärter(in) *m (f);* Aufseher(in) *m (f);* **2.** Begleiter(in) *m (f);* **3.** Anwesende(r) *f m.*

at·ten·tion [ə'tenʃn] **1.** Aufmerksamkeit *f;* **2.** Berücksichtigung, Beachtung *f;* **3.** *mil* Habachtstellung *f;* ▶ ~! *mil* stillgestanden! **without attracting ~** unauffällig; **attract ~** Aufmerksamkeit erregen; **call, draw s.o.'s ~ to s.th.** jdn auf etw hinweisen; ▶ **(for the) ~ of** (*Brief*) zu Händen von; **pay ~** achtgeben, aufpassen; **pay ~ to s.o.** jdm aufmerksam zuhören; **pay ~ to s.th.** etw beachten, auf etw achten; **at·tent·ive** [ə'tentɪv] *adj* **1.** aufmerksam (*to* auf); **2.** zuvorkommend, gefällig (*to* gegenüber).

at·ten·u·ate [ə'tenjʊeɪt] *tr* **1.** verdünnen; schwächen; **2.** verkleinern, verringern; **3.** *fig* abschwächen.

at·test [ə'test] **I** *tr* **1.** bestätigen; beweisen; klarlegen; **2.** beglaubigen, bescheinigen, beurkunden; **II** *itr* bezeugen (*to s.th.* etw); **at·tes·ta·tion** [ˌæte'steɪʃn] **1.** Bescheinigung, Bestätigung *f;* Beurkundung, Beglaubigung *f;* **2.** Beweis *m.*

at·tic ['ætɪk] Dachboden, Speicher *m.*

at·ti·tude ['ætɪtjuːd] Haltung *f;* Verhalten *n,* Einstellung *f* (*towards* gegenüber); ▶ **adopt an ~** e-e Haltung ein-

nehmen; **strike an** ~ sich affektiert be-
nehmen.
at·tor·ney [ə'tɜ:nɪ] *jur* 1. Bevollmächtig-
te(r) *f m;* 2. *Am* Rechtsanwalt *m,* -an-
wältin *f;* ▶ **letter, power of** ~ Voll-
macht *f.*
at·tract [ə'trækt] *tr* 1. anziehen *a. fig;* 2.
(Aufmerksamkeit) erregen, auf sich
lenken; 3. *fig* fesseln, reizen, anlocken;
▶ **without** ~**ing attention** unauffällig;
at·trac·tion [ə'trækʃn] 1. Anziehung *f
a. phys; (power of* ~*)* Anziehungskraft
f; 2. Reiz, Zauber *m;* 3. *theat* Attraktion,
Zugnummer *f;* **at·tract·ive** [ə'træktɪv]
adj 1. fesselnd, anziehend; 2. *fig* verlok-
kend, attraktiv.
at·tri·bute [ə'trɪbjuːt] I *tr* zuschreiben,
beimessen (*to s.th.* e-r S); II *s* ['ætrɪbjuːt]
1. Eigenschaft *f,* Merkmal, Attribut *n a.
gram;* 2. Kennzeichen *n;* **at·tribu·tive**
[ə'trɪbjʊtɪv] I *adj gram* attributiv; II *s
gram* Attribut *n.*
at·tri·tion [ə'trɪʃn] Abnutzung *f,* Ver-
schleiß *m; fig* Zermürbung *f;* ▶ **war of**
~ Zermürbungskrieg *m.*
au·burn ['ɔ:bən] *adj* kastanienbraun.
auc·tion ['ɔ:kʃn] I *s* Auktion, (öffentli-
che) Versteigerung *f;* ▶ **buy by** ~ er-
steigern; **sell by** ~ versteigern; II *tr*
(~ *off)* versteigern; **auc·tion·eer**
[,ɔ:kʃə'nɪə(r)] Auktionator(in) *m (f).*
aud·acious [ɔ:'deɪʃəs] *adj* 1. kühn, wa-
gemutig; 2. frech, dreist; **aud·ac·ity**
[ɔ:'dæsətɪ] 1. Kühnheit *f,* Wagemut *m;*
2. Dreistigkeit *f.*
aud·ible ['ɔ:dəbl] *adj* hörbar; vernehm-
lich.
audi·ence ['ɔ:dɪəns] 1. Publikum *n;* Zu-
hörer(schaft *f) m pl; TV* Zuschauer *m
pl; radio* Hörer *m pl;* 2. Audienz *f (with*
bei).
audio [,ɔ:dɪəʊ] *pref* Ton-, Radio-, Hör-;
▶ ~**visual aids** *pl* Anschauungsmateri-
al *n;* audiovisuelle Hilfsmittel *n pl.*
au·dit ['ɔ:dɪt] I *s* Buchprüfung *f;* (~ *of
accounts)* Rechnungsprüfung *f;* II *tr*
prüfen.
aud·ition [ɔ:'dɪʃn] I *s* 1. (Zu-, An)Hören
n; 2. *theat* Sprech-, Hörprobe *f;* II *tr*
vorsprechen, vorsingen lassen.
au·di·tor ['ɔ:dɪtə(r)] 1. Wirtschafts-,
Buchprüfer(in) *m (f);* 2. *Am (Universi-
tät)* Gasthörer(in) *m (f).*
au·di·tor·ium [,ɔ:dɪ'tɔ:rɪəm] 1. Hörsaal
m, Auditorium *n;* 2. Vortrags-, Konzert-
saal *m.*
aug·ment [ɔ:g'ment] I *tr* vermehren,
vergrößern; II *itr* zunehmen, sich
vergrößern; **aug·men·ta·tion**
[,ɔ:gmen'teɪʃn] Vermehrung, Steige-
rung, Vergrößerung *f;* Zunahme *f.*
au·gur ['ɔ:gə(r)] I *tr* weissagen, vorher-
sagen; II *itr* ein Vorzeichen sein; ▶ ~
ill, well ein schlechtes, ein gutes Vorzei-
chen sein (*for* für); **au·gury** ['ɔ:gjʊrɪ]

Vorzeichen *n.*
au·gust [ɔ:'gʌst] *adj* erhaben.
Au·gust ['ɔ:gəst] August *m;* ▶ **in** ~ im
August.
aunt [ɑ:nt, *Am* ænt] Tante *f.*
aura ['ɔ:rə] Aura *f.*
au·ral ['ɔ:rəl] *adj* Ohr-; ▶ ~ **surgeon**
Ohrenarzt *m.*
aur·icle ['ɔ:rɪkl] 1. *(Herz)* Vorhof *m;* 2.
Ohrmuschel *f;* **aur·icu·lar** [ɔ:'rɪkjʊlə(r)]
adj Ohr-.
aur·ora [ɔ:'rɔ:rə] ▶ ~ **borealis, australis**
Nordlicht, Südlicht *n.*
aus·pices ['ɔ:spɪsɪz] *pl* ▶ **under the** ~
of s.o. unter jds Schirmherrschaft; **aus-
pi·cious** [ɔ:'spɪʃəs] *adj* erfolgverspre-
chend.
aus·tere [ɔ:'stɪə(r)] *adj* 1. streng; 2.
schmucklos, einfach; **aus·ter·ity**
[ɔ:'sterətɪ] 1. Strenge *f;* Ernst *m;* 2.
Schmucklosigkeit, strenge Einfachheit *f;*
3. *com* Sparmaßnahmen *f pl.*
Aus·tralia [ɒ'streɪlɪə] Australien *n;*
Aus·tral·ian [ɒ'streɪlɪən] I *s* Austra-
lier(in) *m (f);* II *adj* australisch.
Aus·tria ['ɒstrɪə] Österreich *n;* **Aus-
trian** ['ɒstrɪən] I *s* Österreicher(in) *m
(f);* II *adj* österreichisch.
auth·en·tic [ɔ:'θentɪk] *adj* authentisch;
echt; verbürgt; **auth·en·ti·cate**
[ɔ:'θentɪkeɪt] *tr* 1. beglaubigen; 2. die
Echtheit nachweisen (*s.th.* gen); **auth-
en·ti·ca·tion** [ɔ:,θentɪ'keɪʃn] Beglaubi-
gung *f;* **auth·en·tic·ity** [,ɔ:θən'tɪsətɪ]
Echtheit *f.*
author ['ɔ:θə(r)] 1. Autor(in), Verfas-
ser(in) *m (f);* Schriftsteller(in) *m (f);* 2.
Urheber(in) *m (f);* **author·ess**
['ɔ:θərɪs] Schriftstellerin *f.*
auth·ori·tar·ian [ɔ:,θɒrɪ'teərɪən] *adj*
autoritär; **auth·ori·tat·ive**
[ɔ:'θɒrɪtətɪv] *adj* 1. maßgebend; zuver-
lässig; 2. gebieterisch; entschieden;
auth·or·ity [ɔ:'θɒrətɪ] 1. (Amts-, Be-
fehls)Gewalt *f;* 2. Befugnis, Vollmacht *f;*
3. Ansehen *n,* Autorität *f,* 4. Kapazität,
Autorität *f,* Experte *m,* Expertin *f (on*
auf dem Gebiet *gen);* 5. zuverlässige
Quelle, Nachweis *m;* 6. *meist pl* Behör-
de(n) *f (pl);* ▶ **from competent** ~ von
maßgebender Seite; **on one's own** ~ auf
eigene Verantwortung; **under the** ~ **of**
im Auftrag von; **without** ~ unbefugt,
unberechtigt; **apply to the proper** ~
sich an die zuständige Stelle wenden;
have ~ befugt, ermächtigt sein (*to do* zu
tun); **parental** ~ elterliche Gewalt.
auth·or·iz·ation [,ɔ:θəraɪ'zeɪʃn] Er-
mächtigung *f;* ▶ **give s.o.** ~ jdn er-
mächtigen (*to do* zu tun; *for* zu); **auth-
or·ize** ['ɔ:θəraɪz] *tr* 1. bevollmächtigen,
ermächtigen; die Befugnis erteilen
(*s.o.* jdm); 2. genehmigen, bewilligen;
▶ **through** ~**d channels** auf dem
Dienstweg; **be** ~**d** befugt, ermächtigt,

autorisiert sein (*to* zu); **~d to sign** zeichnungsberechtigt.
author·ship ['ɔ:θəʃɪp] **1.** Verfasserschaft *f;* **2.** Schriftstellerberuf *m.*
auto ['ɔ:təʊ] ⟨*pl* autos⟩ **I** *s Am fam* Auto *n;* **II** *pref* selbst(tätig); Auto-, auto-.
auto·bio·graphi·cal [ˌɔ:təbaɪə'græfɪkl] *adj* autobiographisch; **au·to·bi·ogra·phy** [ˌɔ:təbaɪ'ɒgrəfɪ] Autobiographie *f.*
au·toc·racy [ɔ:'tɒkrəsɪ] Autokratie, Selbstherrschaft *f;* **au·to·crat** ['ɔ:təkræt] Autokrat(in) *m (f);* **au·to·cratic** [ˌɔ:tə'krætɪk] *adj* autokratisch.
au·to·cue ['ɔ:təˌkju:] *TV* Teleprompter *m.*
au·to·graph ['ɔ:təgrɑ:f] **I** *s* Autogramm *n;* **II** *tr* signieren.
au·to·mate ['ɔ:təmeɪt] *tr* automatisieren; **au·to·matic** [ˌɔ:tə'mætɪk] **I** *adj* **1.** automatisch, selbsttätig; **2.** *fig* mechanisch; **▶ ~ choke** Startautomatik *f;* **~ pilot** Autopilot *m;* **~ dialling** *tele* Wählautomatik *f;* **~ exposure** *phot* Belichtungsautomatik *f;* **~ gear change** *mot* Automatikschaltung *f;* **~ rewind** *(Kamera, Video etc)* Rückspulautomatik *f;* **II** *s* Maschinenwaffe *f;* Automatikwagen *m;* Waschautomat *m;* **au·to·ma·tion** [ˌɔ:tə'meɪʃn] Automatisierung *f;* **au·toma·ton** [ɔ:'tɒmətən] Automat, Roboter *m.*
au·to·mo·bile ['ɔ:təməbi:l] Auto(mobil) *n;* **auto·mo·tive** [ˌɔ:tə'məʊtɪv] *adj* selbstbeweglich; mit Selbstantrieb; Kfz-.
au·ton·omous [ɔ:'tɒnəməs] *adj* autonom; **au·ton·omy** [ɔ:'tɒnəmɪ] Autonomie *f.*
au·topsy ['ɔ:tɒpsɪ] *med* Autopsie *f.*
au·tumn ['ɔ:təm] Herbst *m a. fig;* **▶ in ~** im Herbst; **au·tum·nal** [ɔ:'tʌmnəl] *adj* herbstlich.
aux·ili·ary [ɔ:g'zɪlɪərɪ] **I** *adj* Hilfs-; zusätzlich; **II** *s* **1.** *(~ verb)* Hilfszeitwort *n;* **2.** *pl mil* Hilfstruppen *f pl.*
avail [ə'veɪl] **I** *refl (of* von) Gebrauch machen; **II** *itr* helfen; **III** *s* **▶ of no ~** nutzlos; erfolglos; **to no ~, without ~** vergeblich; **be of little ~** von geringem Nutzen sein *(to* für); **avail·able** [ə'veɪləbl] *adj* **1.** verfügbar; **2.** *com* lieferbar, erhältlich; **▶ by all ~ means** mit allen verfügbaren Mitteln; **no longer ~** *(Buch)* vergriffen; *(Ware)* nicht mehr lieferbar; **be ~** erhältlich sein.
ava·lanche ['ævəlɑ:nʃ] Lawine *f a. fig.*
avant-garde [ˌævɒŋ'gɑ:d] *adj* avantgardistisch.
av·ar·ice ['ævərɪs] Habsucht *f;* Geiz *m;* **av·ar·icious** [ˌævə'rɪʃəs] *adj* habsüchtig; geizig.
avenge [ə'vendʒ] **I** *tr* rächen; strafen; **II** *refl* sich rächen *(on* an).
av·enue ['ævənju:] **1.** Allee *f;* **2.** *fig* Weg, Zugang *m (to* zu).
av·er·age ['ævərɪdʒ] **I** *s* Durchschnitt *m;*

▶ on (an) ~ durchschnittlich, im Durchschnitt; **be above (below) (the) ~** über (unter) dem Durchschnitt liegen; **II** *adj* durchschnittlich, Durchschnitts-; **III** *tr* **1.** im Durchschnitt betragen; **2.** den Durchschnitt nehmen von; im Durchschnitt ausmachen, im Mittel ergeben; **3.** durchschnittlich verdienen *od* leisten.
averse [ə'vɜ:s] *adj* abgeneigt *(to* dat); zuwider; **aver·sion** [ə'vɜ:ʃn] **1.** Widerwille *m,* Abneigung *f (to* gegen); Widerstreben *n;* **2.** Greuel *m.*
avert [ə'vɜ:t] *tr* **1.** abwenden *(from* von); **2.** verhindern, verhüten.
avi·ary ['eɪvɪərɪ] Vogelhaus *n.*
avi·ation [ˌeɪvɪ'eɪʃn] Luftfahrt *f,* Fliegen, Flugwesen *n;* **▶ civil, commercial ~** Zivil-, Verkehrsluftfahrt *f;* **~ fuel** Flugbenzin *n.*
avid ['ævɪd] *adj* gierig *(for, of* nach); begierig *(for* auf; *of* nach); **avid·ity** [ə'vɪdətɪ] Begierde *f;* Gier *f (of, for* nach).
avoid [ə'vɔɪd] *tr* **1.** meiden, aus dem Wege gehen *(s.o.* jdm); ausweichen *(s.o.* jdm); **2.** vermeiden *(doing s.th.* etw zu tun); *(Schaden)* verhüten; **avoid·able** [—əbl] *adj* vermeidbar; **avoid·ance** [—əns] (Ver)Meiden *n;* Verhütung *f;* **▶ tax ~** die Umgehung von Steuern.
avow [ə'vaʊ] *tr* anerkennen, zugeben, eingestehen; **avowal** [ə'vaʊəl] Eingeständnis *n;* **avow·ed·ly** [ə'vaʊɪdlɪ] *adv* zugegebener-, eingestandenermaßen.
AWACS ['eɪwæks] *Abk:* **Airborne Warning and Control System** Frühwarnsystem, AWACS *n.*
await [ə'weɪt] *tr* **1.** erwarten, warten auf; **2.** abwarten.
awake [ə'weɪk] ⟨*irr* awoke, awoken *od* awaked⟩ **I** *tr* aufwecken; **II** *itr* aufwachen; **III** *pred adj* wach, munter; **▶ be ~ wach sein; be ~ to s.th.** sich e-r S bewußt sein; **wide ~** hellwach; **awaken** [ə'weɪkən] **I** *tr* aufwecken; **II** *itr* aufwachen; **awaken·ing** [ə'weɪknɪŋ] Erwachen *n a. fig.*
award [ə'wɔ:d] **I** *s* **1.** Preis *m;* Auszeichnung *f;* **2.** *jur* Urteilsspruch *m;* (Sachverständigen)Gutachten *n;* **3.** Stipendium *n;* **II** *tr* **1.** zuerkennen, zusprechen; **2.** *(Preis)* verleihen *(s.o.* jdm).
aware [ə'weə(r)] *pred adj* bewußt; **▶ I'm ~ of that** ich bin mir dessen bewußt; **aware·ness** [ə'weənɪs] Bewußtsein *n.*
away [ə'weɪ] *adv* **1.** weg, fort; **2.** entfernt, abseits; **3.** abwesend; **▶ far ~** weit weg; **far and ~** bei weitem; **right, straight ~** auf der Stelle; sofort; **do ~ with** abschaffen; beseitigen; **give ~** verschenken *(s.th.* etw); **give o.s. ~** sich verraten; **go ~** weg-, fortgehen; **take ~** weg-, fortnehmen; **work ~** unablässig arbeiten; **away match** *sport* Auswärts-

spiel.

awe [ɔ:] **I** *s* Ehrfurcht *f;* Scheu *f;* ► keep s.o. in ~ jdm imponieren; **stand, be in ~ of s.o.** jdn fürchten; **strike s.o. with ~** jdm Furcht einflößen; **II** *tr* Ehrfurcht einflößen *(s.o.* jdm); ► **be ~d** eingeschüchtert sein; **awe·in·spir·ing** ['ɔ:ɪn,spaɪərɪŋ], **awe·some** ['ɔ:səm] *adj* ehrfurchtgebietend; **awe·struck** ['ɔ:strʌk] *adj* tief beeindruckt.

aw·ful ['ɔ:fl] *adj* **1.** furchtbar; **2.** *fam* scheußlich; **aw·fully** ['ɔ:flɪ] *adv* **1.** schrecklich; **2.** *fam* furchtbar, schrecklich; äußerst, sehr.

awk·ward ['ɔ:kwəd] *adj* **1.** linkisch, unpraktisch, ungeschickt; **2.** *(Situation)* peinlich, unangenehm; *(Frage)* schwierig; peinlich; ► **~ age** schwieriges Alter.

awn·ing ['ɔ:nɪŋ] **1.** Plane *f;* **2.** *mar* Sonnensegel *n;* **3.** Markise *f.*

awoke, awoken [ə'wəuk, ə'wəukən] *v*

s. awake.

awry [ə'raɪ] *pred adj, adv* schief, krumm; ► **go ~** schiefgehen.

axe, *Am* **ax** [æks] **I** *s* Axt *f;* Beil *n;* Hacke *f;* ► **get the ~** *fam* entlassen, hinausgeworfen werden; **have an ~ to grind** persönliche Interessen verfolgen; **II** *tr fig* stark beschneiden, kürzen, abbauen, streichen.

ax·iom ['æksɪəm] Axiom *n,* Grundsatz *m.*

axis ['æksɪs] ⟨*pl* axes⟩ ['æksi:z] **1.** *phys pol* Achse *f;* **2.** *math* Mittellinie *f.*

axle ['æksl] (Rad)Achse, Welle *f.*

ay·a·tol·lah [,aɪjə'tɔlə] Ajatollah *m.*

ay(e) [aɪ] **I** *interj* jawohl! **II** *s parl* Jastimme *f;* ► **the ~s have it** die Mehrzahl ist dafür.

aza·lea [ə'zeɪlɪə] *bot* Azalee *f.*

az·ure ['æʒə(r)] **I** *s* Himmelblau *n;* **II** *adj* himmelblau.

B

B, b [bi:] ⟨pl -'s⟩ **1.** B, b n; **2.** mus H, h n; **3.** (Schule) gut.

baa [bɑ:] itr (Schaf) blöken.

babble ['bæbl] **I** tr, itr **1.** stammeln, lallen, plappern; schwatzen; **2.** (Wasser) murmeln, plätschern; **II** s Geplapper n; Geschwätz n.

babe [beɪb] **1.** poet Kind n; **2.** fam netter Käfer, Puppe f; ▶ ~ **in arms** Säugling m.

babel ['beɪbl] Wirrwarr m, Durcheinander n.

ba·boon [bə'bu:n] zoo Pavian m.

baby ['beɪbɪ] **I** s **1.** Säugling m, Kind n; **2.** fam Schätzchen n; **3.** sl Sache f; ▶ **carry, hold the** ~ fam die Sache am Hals haben; **II** tr verzärteln, verhätscheln; **baby carriage** Am Kinderwagen m; **baby·hood** ['beɪbɪhʊd] Säuglingsalter n; **baby-sit·ter** ['beɪbɪˌsɪtə(r)] Babysitter(in) m (f).

bach·elor ['bætʃələ(r)] **1.** Bakkalaureus m (unterster akad. Grad); **2.** Junggeselle m.

ba·cil·lus [bə'sɪləs] ⟨pl -li⟩ [bə'sɪlaɪ] Bazillus m.

back [bæk] **I** s **1.** Rücken m a. fig; **2.** Rückgrat n; **3.** Rücklehne f; **4.** mot Rücksitz m; **5.** Rückseite f; Hintergrund m; **6.** fig Kehrseite f; **7.** (Fußball) Verteidiger m; ▶ **get s.o.'s** ~ **up** jdn auf die Palme bringen; **put one's** ~ **into s.th.** fam sich in e-e S hineinknien; ~ **of a book, hill** Buch-, Bergrücken m; ~ **of the hand** Handrücken m; ~ **to** ~ Rükken an Rücken; **at the** ~ **of** hinter; fig hinter dem Rücken von; **behind s.o.'s** ~ fig hinter jds Rücken; **with one's** ~ **to the wall** fig in der Klemme; **II** adj **1.** rückwärtig; hinter; **2.** (Betrag) rückständig; **3.** abgelegen, fern; **III** adv rückwärts; zurück (from von); hinten; wieder; **5 years** ~ vor fünf Jahren; ~ **and forth** hin u. her; **answer** ~ frech antworten; **stand, keep** ~! zurück(bleiben)! **go** ~ **on one's word** sein Versprechen nicht halten; **IV** tr **1.** (unter)stützen; **2.** (~ up) den Rücken decken, beistehen (s.o. jdm); **3.** zurückschieben; mot zurückstoßen; **4.** wetten (s.th. auf etw); **V** (mit Präposition) **back away** itr zurückweichen; **back down** itr klein beigeben; **back on to** hinten angrenzen an; **back out of** fig aussteigen aus; mot rückwärts herausfahren aus; **back up** itr mot zurückstoßen; tr **1.** unterstützen; (Geschichte) bestätigen; (Theorie) untermauern; **2.** mot zurückfahren; **3.** EDV sichern.

back-bencher [ˌbæk'bentʃə(r)] parl Hinterbänkler(in) m (f); **back·bit·ing** ['bækˌbaɪtɪŋ] Verleumdung f; **back·bone** ['bækbəʊn] Rückgrat n a. fig; **back·cloth** ['bækˌklɒθ] theat Hintergrund(vorhang) m; **back·door** [ˌbæk'dɔ:(r)] **I** adj fig heimlich, verstohlen; **II** s Hintertür f a. fig.

backer ['bækə(r)] **1.** Helfer(in), Förderer(in) m (f); **2.** com Geldgeber(in) m (f); **3.** Wettende(r) f m.

back·fire [ˌbæk'faɪə(r)] **I** s mot Fehlzündung f; **II** itr **1.** fehlzünden; **2.** schiefgehen; fam ins Auge gehen; **back·gammon** [bæk'gæmən] Backgammon n (Spiel).

back·ground ['bækgraʊnd] **1.** Hintergrund m a. fig; Umwelt f, Milieu n; **2.** fig berufliche Erfahrung, Aus-, Vorbildung f; **3.** Vorgeschichte f; **4.** Zusammenhänge m pl; ▶ **keep in the** ~ im Hintergrund bleiben.

back·hand ['bækhænd] **I** s (Tennis) Rückhand f; **II** adj Rückhand-.

back·ing ['bækɪŋ] **1.** Stütze, Unterstützung, Hilfe f; Rückhalt m; **2.** mus Begleitung f; **3.** Rücken(verstärkung f) m.

back·lash ['bæklæʃ] **1.** tech Gegenschlag m; **2.** Gegenreaktion f; **back·log** ['bæklɒg] com Rückstände m pl; **back-number 1.** (Zeitung) alte Nummer; **2.** fam fig altmodischer Mensch; **back·pack** ['bækpæk] Am Rucksack m; **back·packer** Am Rucksacktourist(in) m (f); **back·packing** Rucksacktourismus m; **back pay** Nachzahlung f; **back·seat** [bæk'si:t] Rücksitz m; ▶ **take a** ~ sich zurückhalten; **back-seat driver** fig Besserwisser(in) m (f); **back·side** ['bæksaɪd] fam Hintern m; **back·space** ['bækspeɪs] itr EDV zurücksetzen; **back·stage** [bæk'steɪdʒ] adj, adv hinter der Bühne; **back·stairs** [ˌbæk'steəz] pl Hintertreppe f; **back·stroke** ['bækstrəʊk] Rückenschwimmen n; **back·talk** ['bæktɔ:k] Am unverschämte Antwort; **back·track** ['bæktræk] itr umkehren; sich zurückziehen; **back-up** ['bækʌp] **1.** Unterstützung f; **2.** EDV Sicherung f; **back-up copy** EDV Sicherungskopie f.

back·ward ['bækwəd] adj **1.** rückwärtig; rückwärts gerichtet; **2.** zurückgeblieben, rückständig, spät entwickelt; **back·wards** ['bækwədz] adv rückwärts, zurück; ▶ ~ **and forwards** hin u.

her.
back·wash ['bækwɒʃ] **1.** Rückstau *m;* zurücklaufende Strömung; **2.** *fig* Nach-, Rückwirkung *f;* **back·water** ['bækˌwɔ:tə(r)] **1.** Rückstau *m;* Stauwasser *n;* **2.** *fig* Stillstand *m;* Stagnation *f;* **3.** rückständiges Nest; **back·woods** ['bækwʊdz] *pl* abgelegene Gegend; **back·woods·man** ['bækwʊdzmən] Hinterwäldler *m;* **back·yard** [ˌbæk'jɑ:d] Hinterhof *m.*
ba·con ['beɪkən] Speck *m;* ▶ **save one's ~** *fam* mit heiler Haut davonkommen.
bac·teri·ol·ogist [bækˌtɪərɪ'ɒlədʒɪst] Bakteriologe *m*, -login *f;* **bac·ter·ium** [bæk'tɪərɪəm] ⟨*pl* -ia *a. sing*⟩ [—rɪə] Bakterie *f.*
bad [bæd] ⟨*Komparativ* worse, *Superlativ* worst⟩ **I** *adj* **1.** schlecht; **2.** übel; **3.** böse, schlimm; **4.** *(Fehler)* schwer; **5.** widerlich, -wärtig, ärgerlich; **6.** unanständig; ungezogen; **7.** verdorben; *(Ei)* faul; **8.** unpäßlich; krank; ▶ **~ debt** uneinbringliche Forderung; **from ~ to worse** immer schlimmer; **in ~ faith** wider Treu u. Glauben; **in a ~ temper** wütend; verärgert; **not (half) ~** *fam* nicht übel; **go ~** schlecht werden, verderben; **I feel ~** mir ist nicht wohl; **he feels very ~ about it** es tut ihm sehr leid; **that is too ~!** das ist zu dumm! **~ luck** Pech *n;* **II** *s* (das) Böse, Schlechte.
bad(e) [bæd] *v s.* bid².
badge [bædʒ] Abzeichen *n;* Kennzeichen, Merkmal *n.*
badger ['bædʒə(r)] **I** *s* Dachs *m;* **II** *tr* plagen.
bad·ly ['bædlɪ] ⟨*Komparativ* worse, *Superlativ* worst⟩ *adv* **1.** schlecht, schlimm; **2.** arg, dringend; ▶ **come off ~** schlecht wegkommen; **be ~ off** finanziell schlecht dran sein; **want ~** dringend brauchen *od* benötigen; **~ beaten** vernichtend geschlagen.
bad·min·ton ['bædmɪntən] Federball, Badminton *n.*
baffle ['bæfl] **I** *tr* **1.** vor den Kopf stoßen; aus dem Konzept bringen; **2.** verblüffen, verwirren; **3.** *(Pläne)* durchkreuzen, vereiteln; ▶ **I am completely ~d** ich stehe vor einem Rätsel; **II** *s mot* Umlenkblech *n;* **baf·fling** [—ɪŋ] *adj* **1.** verwirrend; unverständlich; **2.** rätselhaft.
bag [bæg] **I** *s* **1.** Beutel, Sack *m;* Tasche *f; pl* Handgepäck *n; (paper ~)* Tüte *f; (money ~)* Geldbeutel *m; (hand ~)* Handtasche *f;* **2.** *(game~)* Jagdbeute *f;* **3.** *pl* Hose *f;* ▶ **~s of** jede Menge; **the whole ~ of tricks** die ganze Trickkiste; **let the cat out of the ~** *fig* die Katze aus dem Sack lassen; **a ~ of bones** Haut u. Knochen; **II** *tr* **1.** in den Sack stecken; *fig* einstecken; **2.** *sl* sich unter den Nagel reißen; **3.** *(Jäger)* erbeuten, erlegen;

III *itr* sich ausbeulen.
bag·gage ['bægɪdʒ] (Reise)Gepäck *n;* **baggage car** *Am* Gepäckwagen *m;* **baggage-check** *Am* Gepäckkontrolle *f;* **baggage claim** Gepäckrückgabe *f;* **bag·gage rack** Gepäcknetz *n;* **baggage room** Gepäckaufbewahrung *f.*
baggy ['bægɪ] *adj* bauschig; ausgebeult; sackartig.
bag·lady ['bæqleɪdɪ] *Am* Wohnsitzlose *f.*
bag·piper ['bægpaɪpə(r)] Dudelsackpfeifer(in) *m* *(f);* **bag·pipes** ['bægpaɪps] *pl* Dudelsack *m.*
bail¹ [beɪl] **I** *s jur* Bürgschaft, Kaution *f;* ▶ **out on ~** auf freiem Fuß gegen Sicherheitsleistung; **go ~ for** für Bürgschaft leisten für; **II** *tr* **~ out** gegen Bürgschaft freibekommen; *fig* retten.
bail² [beɪl] *(Kricket)* Querholz *n.*
bail³ [beɪl] *itr* **1.** *(Wasser)* schöpfen; **2.** *s.* bale².
bail·iff ['beɪlɪf] **1.** Gerichtsvollzieher(in) *m (f);* Gerichtsdiener(in) *m (f);* **2.** (Guts-) Verwalter(in) *m (f).*
bait [beɪt] **I** *tr* **1.** mit e-m Köder versehen; *(Pferd)* füttern (u. tränken); **2.** (mit Hunden) hetzen; **3.** *(Menschen)* quälen; **II** *itr (Tier)* fressen; **III** *s* Köder *m; fig* (Ver)Lockung, Versuchung *f;* ▶ **rise to the ~** anbeißen, sich ködern lassen.
bake [beɪk] **I** *tr* **1.** backen; **2.** *(durch Hitze)* härten; dörren; *(Ziegel)* brennen; **II** *itr* backen; braten *a. fig;* **baker** ['beɪkə(r)] Bäcker(in) *m (f);* **bak·ery** ['beɪkərɪ] Bäckerei *f;* **bak·ing** ['beɪkɪŋ] **I** *s* Backen *n;* Brennen *n;* **II** *adj* glühendheiß; **baking powder** Backpulver *n.*
bal·ance ['bæləns] **I** *s* **1.** Waage *f a. fig;* **2.** Gleichgewicht *n;* **3.** (innere) Ausgeglichenheit *f;* Gleichmut *m;* **4.** *com* Überschuß *m;* Saldo *m;* Guthaben *n;* Bilanz *f;* Rechnungs-, Kontenabschluß *m;* **5.** Rest, Überschuß *m;* ▶ **in the ~** in der Schwebe; **on ~** alles in allem; **be (thrown) off ~** das Gleichgewicht verloren haben; **draw, make up, strike the ~** die Bilanz ziehen; **hold the ~** das Zünglein an der Waage bilden; **lose one's ~** das Gleichgewicht, den Kopf verlieren; **credit ~** Habensaldo *m;* **cash ~** Kassenbestand *m;* **~ of payments** Zahlungsbilanz *f;* **II** *tr* **1.** ins Gleichgewicht bringen; **2.** *com* ausgleichen; *(Rechnung)* abschließen; **3.** *tech* auswuchten; **III** *itr* **1.** sich im Gleichgewicht halten *a. fig;* **2.** *com* sich ausgleichen; **bal·anced** ['bælənst] *adj* ausgeglichen, ausgewogen; **bal·ance sheet** *com* Bilanz *f.*
bal·cony ['bælkənɪ] Balkon *m.*
bald [bɔ:ld] *adj* **1.** *(Kopf)* kahl *a. fig; (Stil)* knapp.
bald-head ['bɔ:ldhed] Kahlkopf *m;* **bald-headed** [ˌbɔ:ld'hedɪd] *adj* kahlköpfig; **bald·ly** [bɔ:ldlɪ] *adv* frei her-

aus, unverblümt; **bald·ness** ['bɔ:ldnɪs]
1. Kahlköpfigkeit *f;* 2. *fig* Dürftigkeit,
Knappheit *f.*
bale[1] [beɪl] **I** *s com* Ballen *m;* Bündel *n;*
II *tr* bündeln.
bale[2] [beɪl] *tr s. bail*[3]*;* ▶ ~ **out** *aero*
abspringen.
bale·ful [beɪlfʊl] *adj* unheilvoll; übel,
böse.
balk, baulk [bɔ:k] **I** *s* 1. Balken *m;*
2. Hindernis *n;* Hemmschuh *m;* **II** *tr*
vereiteln, hemmen; **III** *itr* zurückschrek-
ken (*at* vor); *(Pferd)* scheuen (*at* vor
dat).
Balkan States ['bɔlkən steɪts] *pl* Bal-
kanländer *n pl.*
ball[1] [bɔ:l] 1. Kugel *f;* Knäuel *m od n;*
2. *sport* (Spiel)Ball *m;* 3. (~ *of the
thumb, of the foot)* Hand-, Fußballen *m;*
▶ **on the** ~ *fam* auf Draht; **keep the** ~
rolling das Gespräch in Gang halten;
play ~ *fam* mitmachen, zusammenar-
beiten; **set the** ~ **rolling** den Stein ins
Rollen bringen; **the** ~ **is with him, the** ~
is in his court er ist am Ball.
ball[2] [bɔ:l] (Tanz)Ball *m.*
bal·lad ['bæləd] Ballade *f.*
bal·last ['bæləst] **I** *s* 1. Ballast *m;*
2. Schotter *m;* **II** *tr* mit Ballast beladen.
ball-bear·ing [,bɔ:l'beərɪŋ] *tech* Kugel-
lager *n.*
bal·let ['bæleɪ] Ballett *n.*
ball field ['bɔ:lfi:ld] *Am* Baseballplatz *m;*
ball game Ballspiel *n; Am* Baseball-
spiel *n.*
bal·lis·tic [bə'lɪstɪk] **I** *adj* ballistisch;
▶ ~ **missile** Flugkörper *m;* **II** *s pl meist
mit sing* Ballistik *f.*
bal·loon [bə'lu:n] 1. Ballon *m;* 2. Sprech-
blase *f;* **bal·loon·ist** [— ɪst] Ballonfah-
rer(in) *m (f).*
bal·lot ['bælət] **I** *s* 1. Stimmzettel *m;*
2. (Geheim)Abstimmung *f;* Stimmen
(-zahl *f) f pl;* ▶ **take a** ~ (geheim)
abstimmen; ~**-box** Wahlurne *f;* **II** *itr*
(geheim) abstimmen (*for* über).
ball player ['bɔ:l,pleɪə(r)] Ballspieler(in)
m (f); Am Baseballspieler(in) *m (f);*
ball·point-pen [,bɔ:lpɔɪnt'pen] Kugel-
schreiber *m.*
ball·room ['bɔ:lrʊm] Ballsaal *m.*
balls-up ['bɔ:lzʌp] *Br sl* Durcheinander
n.
balm [bɑ:m] Balsam *m;* **balmy** ['bɑ:mɪ]
adj 1. balsamisch; 2. mild; lindernd, hei-
lend; 3. *sl* bekloppt.
bal·us·trade [,bælə'streɪd] Balustrade *f.*
bam·boo [bæm'bu:] Bambus(rohr *n) m.*
bam·boozle [bæm'bu:zl] *tr fam* be-
schwindeln (*out of s.th.* um etw); ver-
blüffen; hereinlegen.
ban [bæn] **I** *s* Verbot *n;* Bann *m;*
▶ **place, put under a** ~ verbieten; **II** *tr*
1. verbieten; 2. *sport* sperren.
ba·nal [bə'nɑ:l] *adj* banal, abgedroschen;

ba·nal·ity [bə'nælətɪ] Banalität *f;* Ge-
meinplatz *m.*
ba·nana [bə'nɑ:nə] Banane *f;* **banana
republic** Bananenrepublik *f.*
band [bænd] **I** *s* 1. Band *n;* 2. Ring,
Streifen *m;* Leiste *f;* Binde *f;* Gurt *m;*
3. *radio anat* Band *n;* 4. Bande, Schar *f;*
5. (Musik)Kapelle *f;* **II** *tr, itr* zusammen-
binden *a. fig;* ▶ ~ **together** sich zusam-
menschließen.
ban·dage ['bændɪdʒ] **I** *s* Bandage, Binde
f; Verband *m;* **II** *tr* verbinden.
ban·dit ['bændɪt] Bandit, Räuber *m.*
band·master ['bændmɑ:stə(r)] Ka-
pellmeister *m;* **bands·man**
['bændzmən] ⟨*pl* -men⟩ Musiker *m;*
band·stand ['bændstænd] Musikpa-
villon *m.*
band·wagon ['bændwægən] *Am* Fest-
wagen *m* mit Musikkapelle; ▶ **climb** *od*
jump on the ~ sich dranhängen, zur
siegreichen Partei übergehen.
bandy ['bændɪ] **I** *tr (Worte, Blicke,
Schläge)* tauschen, wechseln; ▶ ~
about *(Nachricht)* verbreiten, herum-
zählen; *(Gerüchte)* unter die Leute brin-
gen; **II** *adj* krumm; ~**-legged** O-beinig.
bang [bæŋ] **I** *s* 1. (heftiger) Schlag *m;*
2. (lauter) Knall *m;* ▶ **go off with a** ~
ein Bombenerfolg sein; **II** *tr* 1. heftig
schlagen (*on s.th.* an etw); 2. *(Tür)* zu-
schlagen; ▶ **he** ~**ed his fist on the
table** er schlug mit der Faust auf den
Tisch; **III** *itr* 1. (laut) knallen; 2. heftig
stoßen (*against* gegen); **IV** *adv* heftig,
mit lautem Knall; ▶ **go** ~ knallen; **V**
interj peng! bums!
banger ['bæŋə(r)] 1. (Brat)Wurst *f;*
2. *fam* Klapperkiste *f.*
bangle ['bæŋgl] Arm-, Fußring *m.*
ban·ish ['bænɪʃ] *tr* 1. ausweisen *a. fig*
(*from* aus); verbannen; 2. *(Gedanken)*
vertreiben; **ban·ish·ment** [—mənt]
Verbannung, Ausweisung *f.*
ban·is·ter ['bænɪstə(r)] *a. pl* Treppen-
geländer *n.*
banjo ['bændʒəʊ] ⟨*pl* banjo(e)s⟩ *mus*
Banjo *n.*
bank[1] [bæŋk] **I** *s* 1. (Fluß-, See)Ufer *n;*
Böschung *f;* 2. Damm, Deich *m;*
3. *(sand~)* (Sand)Bank *f;* (~ *of snow)*
(Schnee)Verwehung *f; (cloud* ~) (Wol-
ken)Bank *f;* **II** *tr* aufschütten, anhäufen;
III *itr aero* in die Kurve gehen; **IV** *(mit
Präposition)* ~ **up** *tr* aufhäufeln; *itr
(Schnee)* sich anhäufen; *(Wolken)* sich
auftürmen.
bank[2] [bæŋk] **I** *s* 1. Bank(haus, -geschäft
n) f; 2. *(Spiel)* Bank *f;* 3. *med (blood* ~)
(Blut)Bank *f;* 4. Reserven *f pl;* **II** *tr
(Geld)* auf die Bank bringen, einzahlen;
III *itr* 1. ein Bankkonto haben; 2. *(Spiel)*
die Bank halten; ▶ ~ **with s.o.** bei jdm
ein Konto haben; ~ **(up)on** sich verlas-
sen auf, rechnen mit, zählen auf.

bank³ [bæŋk] **1.** Ruderbank *f;* **2.** Reihe *f.*
bank ac·count ['bæŋkəkaunt] Bank-
konto *n;* **bank-book** Sparbuch *n;* **bank
balance** Kontostand *m;* **bank char-
ges** *pl* Bankgebühren *pl;* **bank code
(number)** Bankleitzahl *f;* **bank clerk**
Bankangestellte(r) *f m;* **banker**
['bæŋkə(r)] Bankier *m;* ▶ ~'s **order**
Zahlungsauftrag *m;* **bank holiday** *Br*
Feiertag *m; Am* Bankfeiertag *m;* **bank-
ing** ['bæŋkıŋ] **1.** Bankwesen *n;* **2.** *aero*
Schräglage; **banking hall** Schalterhalle
f; **banking hours** *pl.* Schalterstunden
pl; **bank manager** Bankdirektor(in) *m*
(f); **bank·note** ['bæŋknəut] Banknote
f; **bank-rate** Diskontsatz *m;* **bank
robber** Bankräuber(in) *m (f);* **bank
robbery** Banküberfall *m.*
bank·rupt ['bæŋkrʌpt] **I** *s* Bankrotteur
m a. fig; Gemein-, Konkursschuldner(in)
m (f); **II** *adj* bankrott *a. fig;* zahlungsun-
fähig; ▶ **go, become** ~ in Konkurs ge-
hen; **III** *tr* zugrunde richten; **bank-
ruptcy** ['bæŋkrəpsı] **1.** Bankrott, Kon-
kurs *m;* **2.** *fig* Schiffbruch, Ruin *m;*
bankruptcy proceedings *pl* Kon-
kursverfahren *n.*
bank statement [bæŋksteıtmənt]
Kontoauszug *m;* **bank transfer** Bank-
überweisung *f.*
ban·ner ['bænə(r)] **1.** Banner *n;* Fahne *f*
a. fig; **2.** Spruch-, Reklametafel *f;*
Spruchband *n;* **banner headlines** *pl*
(Zeitung) Schlagzeilen *f pl.*
banns [bænz] *pl* (kirchliches) Aufgebot
n.
ban·quet ['bæŋkwıt] Bankett, Festessen
n; **banquet-hall** Speise-, Festsaal *m.*
ban·tam ['bæntəm] Zwerghuhn *n;*
▶ ~ **weight** *(Boxen)* Bantamgewicht *n.*
ban·ter ['bæntə(r)] **I** *s* Geplänkel *n;* **II** *itr*
Spaß, Ulk machen, scherzen *(with* mit).
bap·tism ['bæptızəm] Taufe *f a. fig;*
bap·tize [bæp'taız] taufen *a. fig.*
bar [ba:(r)] **I** *s* **1.** Stange *f;* **2.** *(Schoko-
lade)* Tafel *f;* **3.** Querriegel *m;* Schlag-
baum *m;* Schranke, Barriere *f;* (Stra-
ßen)Sperre *f;* **4.** Sandbank *f;* **5.** *fig* Hin-
dernis *n (to* für); Schranke *f;* **6.** Quer-
strich *m;* Querstreifen *m;* **7.** *mus* Takt-
strich *m;* **8.** Gerichtsschranke *f;* Gericht
n; **9.** Ausschank, Schanktisch *m;* Büfett
n; Bar, Theke *f;* Tresen *m;* ▶ **the B~**
der Anwaltsberuf, der Stand der Barri-
ster; **at the B~** vor Gericht; **prisoner at
the B~** Angeklagte(r) *f m;* **be called to
the B~** als Anwalt vor Gericht zugelas-
sen werden; **read for the B~** Jura stu-
dieren; **parallel ~s** *pl sport* Barren *m;*
toll ~ Zollschranke *f;* **II** *tr* **1.** *(Tür,
Fenster)* verriegeln, ab-, ver-, zusperren;
zumachen, schließen; **2.** *(Weg)*
(ver)sperren; **3.** *fig* verbieten, untersa-
gen; *(Person)* hindern *(from* an); **III**
prep fam s. *barring* abgesehen von,

außer; ▶ ~ **none** ohne Ausnahme; ~
one außer einem.
barb [ba:b] **1.** *(Angel, Pfeil)* Widerhaken
m; **2.** *fig* Schärfe, Spitze *f.*
bar·bar·ian [ba:'beərıən] **I** *s* Barbar(in)
m (f); **II** *adj* barbarisch; roh, ungesittet;
bar·baric [ba:'bærık] *adj* barbarisch,
roh; **bar·bar·ity** [ba:'bærətı] Barbarei
f; Unmenschlichkeit, Roheit *f;* **bar·bar-
ous** ['ba:bərəs] *adj* barbarisch, un-
menschlich, grausam.
bar·be·cue ['ba:bıkju:] **I** *s* **1.** Grill *m;*
2. Grillfleisch *n;* Grillparty *f;* **II** *tr* auf
dem Rost braten, grillen.
barbed [ba:bd] *adj* mit Widerhaken;
▶ ~ **wire** Stacheldraht *m.*
bar·ber ['ba:bə(r)] (Herren)Friseur *m;*
barber('s) shop Frisiersalon *m.*
bar·bitu·rate [ba:'bıtjurıt] Barbiturat *n.*
bar code ['ba:kəud] Strichcode *m;* **bar
code scanner** Strichcodeleser *m.*
bare [beə(r)] **I** *adj* **1.** nackt, bloß; **2.** kahl;
ohne, entblößt *(of* von); **3.** *(Raum)* un-
möbliert, leer; **4.** schmucklos; **5.** *fig* un-
verhüllt, offen; *(Tatsachen)* nackt;
6. *(Mehrheit)* knapp; **7.** bloß, nur ..., ...
allein; ▶ **lay ~** entblößen; aufdecken,
offen darlegen; **a ~ ten people** nur zehn
Leute, gerade zehn Leute; **II** *tr* **1.** ent-
blößen; aufdecken; **2.** *fig* enthüllen,
bloßlegen; ▶ ~ **one's heart** sein Herz
ausschütten; **bare·back** ['beəbæk] *adj,
adv (Pferd)* ohne Sattel; **bare·faced**
['beəfeıst] *adj* unverfroren, unver-
schämt; **bare·foot** ['beəfut] *adv* bar-
fuß; **bare·footed** [‚beə'futıd] *adj* bar-
fuß; **bare·headed** [‚beə'hedıd] *adj*
barhäuptig; **bare·ly** ['beəlı] *adv*
1. kaum, knapp; **2.** dürftig, spärlich;
bare·ness ['beənıs] **1.** Nacktheit, Blö-
ße *f;* **2.** Ärmlichkeit, Dürftigkeit *f.*
bar·gain ['ba:gın] **I** *s* **1.** Handel *m;* Ge-
schäft(sabschluß *m) n;* **2.** günstiges An-
gebot, Gelegenheitskauf *m;* ▶ **into the**
~ obendrein, noch dazu; **drive a hard** ~
hart handeln; **make the best of a bad** ~
fig sich so gut wie möglich aus der
Affäre ziehen; **make a good** ~ ein gutes
Geschäft machen; **it's a ~!** abgemacht!
it's a ~ at that price! das ist geschenkt
zu dem Preis! **a ~'s a ~!** abgemacht ist
abgemacht! **II** *itr* **1.** handeln, feilschen
(with s.o. for s.th. mit jdm um etw);
2. verhandeln; abmachen *(with s.o. for
s.th., to do* mit jdm, etw zu tun); ▶ ~
away mit Verlust verkaufen; verspielen;
veräußern; ~ **for** handeln, feilschen um;
rechnen mit, zählen auf, erwarten; **bar-
gain-counter** *(Warenhaus)* Sonderan-
gebotstisch *m;* **bargain price** Sonder-
preis *m;* **bargain sale** Ausverkauf *m.*
barge [ba:dʒ] **I** *s* **1.** Last-, Schleppkahn
m; Barke *f;* **2.** Hausboot *n;* **II** *itr fam*
▶ ~ **about** herumtrampeln; ~ **in** dazwi-
schenplatzen, sich einmischen; ~ **into**

hineinrennen in, hineinplatzen.

bari·tone ['bærɪtəʊn] Bariton *m.*

bark¹ [bɑːk] **I** *s (Baum)* Rinde, Borke *f;* **II** *tr* 1. ab-, entrinden; 2. wund reiben, wund scheuern.

bark² [bɑːk] **I** *s* Bellen *n;* ► **his ~ is worse than his bite** *prov* Hunde, die bellen, beißen nicht; **II** *itr* 1. bellen, kläffen; 2. anfahren *(at s.o.* jdn); ► **~ up the wrong tree** auf dem Holzweg sein.

bar·keeper ['bɑːkiːpə(r)] Barmann *m;* Gastwirt *m.*

bar·ley ['bɑːlɪ] Gerste *f.*

bar·maid ['bɑːmeɪd] Bardame *f;* Bedienung *f;* **bar·man** ['bɑːmən] ⟨*pl* -men⟩ Barmann *m;* Kellner *m.*

barn [bɑːn] Scheune, Scheuer *f; Am* Stall *m;* **barn-yard** (Bauern)Hof *m.*

ba·rom·eter [bə'rɒmɪtə(r)] Barometer *n a. fig;* **baro·met·ric(al)** [ˌbærə'metrɪk(l)] *adj* barometrisch; ► **~ pressure** Luftdruck *m.*

bar·on ['bærən] 1. Baron *m a. fig;* 2. *fig* Magnat *m;* **bar·on·ess** ['bærənɪs] Baronin *f;* **bar·onet** ['bærənɪt] Baronet *m;* **bar·o·nial** [bə'rəʊnɪəl] *adj* freiherrlich; großartig, prächtig.

ba·roque [bə'rɒk] **I** *adj (Kunst)* barock; **II** *s* Barock(stil *m*) *n* od *m.*

bar·rack ['bærək] **I** *s meist pl* 1. *mil* Kaserne *f;* 2. (Miets)Kaserne *f;* **II** *tr* 1. kasernieren; 2. *sport* auspfeifen.

bar·rage ['bærɑːʒ] 1. Damm *m;* Talsperre *f;* 2. *(~ fire)* Sperrfeuer *n;* 3. *fig* Flut *f (of questions* von Fragen); ► **tidal ~** Gezeitensperrmauer *f.*

bar·rel ['bærəl] 1. Faß *n;* 2. *tech* Tank *m;* 3. (Kanonen)Rohr *n;* (Gewehr)Lauf *m;* 4. *(Maßeinheit für Öl)* Barrel *n;* **barrel-organ** Drehorgel *f.*

bar·ren ['bærən] *adj* 1. *(Land)* unfruchtbar; 2. dürr, karg; steril *a. fig;* 3. *fig* unergiebig, unproduktiv, unrentabel; **bar·ren·ness** [−nɪs] 1. Unfruchtbarkeit *f;* 2. *fig* Dürftigkeit *f;* Unergiebigkeit *f;* Unproduktivität *f.*

bar·ri·cade [ˌbærɪ'keɪd] **I** *s* Barrikade *f;* **II** *tr (Straße)* verbarrikadieren.

bar·rier ['bærɪə(r)] 1. Schranke, Sperre *f;* Barriere *f;* 2. *fig* Schranke *f;* Hindernis *n (to* für); **barrier cream** (Haut)Schutzcreme *f.*

bar·ring ['bɑːrɪŋ] *prep* außer *dat,* ausgenommen *acc,* abgesehen von.

bar·ris·ter ['bærɪstə(r)] *(~-at-law)* (vor Gericht auftretende(r)) Anwalt *m,* Anwältin *f.*

bar·row ['bærəʊ] *(hand-~)* (Trag)Bahre *f; (wheel-~)* Schubkarren *m.*

bar·ten·der ['bɑːtendə(r)] Barkeeper *m.*

bar·ter ['bɑːtə(r)] **I** *tr* (aus-, ein)tauschen *(against, for* gegen); ► **~ away** verspielen; **II** *itr* Tauschhandel treiben; **III** *s* Tausch(handel) *m.*

ba·salt ['bæsɔːlt] *geol* Basalt *m.*

base [beɪs] **I** *s* 1. Basis *f a. math;* Grundlinie, Grundfläche *f;* Grundzahl *f;* 2. Fundament *n; arch* Fuß, Sockel *m;* 3. *(~ plate)* Grundplatte *f;* 4. Grund (-lage *f) m,* Basis *f;* Ausgangspunkt *m;* 5. *mil* Basis *f;* Stützpunkt *m;* 6. *sport* Mal *n;* Standlinie *f;* 7. *tech* Grundstoff *m;* 8. *chem* Base *f;* **II** *adj* 1. niedrig; gewöhnlich, gemein; 2. gering-, minderwertig; *(Münze)* falsch, unecht; *(Metall)* unedel; **III** *tr* basieren, gründen, stützen *(on* auf); ► **~ o.s. on** sich stützen auf.

base·ball ['beɪsbɔːl] Baseball *m;* **base-camp** ['beɪskæmp] Basis-, Versorgungslager *n.*

base·less ['beɪslɪs] *adj* grundlos, unbegründet.

base·ment ['beɪsmənt] 1. *arch* Fundament *n;* 2. Kellergeschoß *n.*

base·ness ['beɪsnɪs] 1. Niedrigkeit *f;* Gemeinheit, Niedertracht *f;* 2. Minderwertigkeit *f;* 3. Unechtheit *f.*

base rate ['beɪsreɪt] *fin* Leitzins *m.*

bash [bæʃ] **I** *tr fam* heftig schlagen; **II** *s* heftiger Schlag.

bash·ful ['bæʃfl] *adj* 1. scheu, schüchtern; 2. verlegen, befangen; **bash·ful·ness** ['bæʃfʊlnɪs] Schüchternheit *f;* Befangenheit *f.*

basic ['beɪsɪk] *adj* 1. grundsätzlich (wichtig), prinzipiell; fundamental, elementar; 2. *chem* basisch; **ba·si·cally** [−lɪ] *adv* im Grunde; **basic idea** Grund-, Leitgedanke *m;* **basic pay** Grundgehalt *n;* Grundlohn *m;* **basic research** Grundlagenforschung *f;* **basic vocabulary** Grundwortschatz *m;* **basic wage(s)** *(a. pl)* Grundlohn *m.*

ba·sil·ica [bə'zɪlɪkə] *arch* Basilika *f.*

basin ['beɪsn] 1. Schale, Schüssel *f;* Waschbecken *n;* 2. *geog* Becken *n;* 3. Bucht *f;* Hafenbecken *n.*

basis ['beɪsɪs] ⟨*pl* bases⟩ ['beɪsiːz] 1. Basis, Grundlage *f;* Fundament *n;* 2. Grund *m;* ► **on the ~ of** auf Grund *gen;* auf der Grundlage *gen;* **serve as a ~** als Grundlage dienen.

bask [bɑːsk] *itr* sich sonnen *a. fig;* ► **~ in the sun** ein Sonnenbad nehmen.

bas·ket ['bɑːskɪt] Korb *m;* ► **clothes-~** Wäschekorb *m;* **basket-ball** *sport* Basketball *m.*

bass¹ [bæs] *zoo* Flußbarsch *m.*

bass² [beɪs] *mus* Baß *m.*

bas·soon [bə'suːn] *mus* Fagott *n.*

bas·tard ['bɑːstəd] **I** *s* 1. Bastard *m a. bot zoo;* 2. *sl* Schweinehund *m;* **II** *adj* unehelich.

baste [beɪst] *tr* 1. heften; 2. *(bratendes Fleisch)* mit Fett begießen; 3. verprügeln; beschimpfen.

bas·tion ['bæstɪən] Bastion *f.*

bat¹ [bæt] Fledermaus *f;* ► **blind as a ~** stockblind.

bat² [bæt] *sport* **I** *s* Schlagholz *n;* ► **off**

one's own ~ auf eigene Faust; **II** *tr* (mit dem Schlagholz) schlagen.

bat³ [bæt] *tr* ▶ **not to ~ an eyelid** nicht mal mit der Wimper zucken.

batch [bætʃ] **1.** *(Bäckerei)* Schub *m;* **2.** Haufen, Stoß, Stapel *m;* **batch processing** *EDV* Stapelverarbeitung *f.*

bated ['beɪtɪd] *adj* ▶ **with ~ breath** mit angehaltenem Atem, voller Spannung.

bath [bɑːθ] **I** *s* **1.** Bad *n a. chem phot;* **2.** Badewanne *f;* Badezimmer *n;* **3.** *pl* (Stadt)Bad *n;* Badeanstalt *f;* **4.** Kurort *m;* ▶ **have, take a ~** ein Bad nehmen; **II** *tr* baden.

bathe [beɪð] **I** *tr* baden *a. itr;* befeuchten, benetzen; ▶ **go bathing** schwimmen, baden gehen; **II** *s* Baden *n;* Schwimmen *n;* **bather** ['beɪðə(r)] Badende(r) *f m;* **bath·ing** ['beɪðɪŋ] Baden *n;* **bathing-cap** Badehaube *f;* **bathing-costume** Badeanzug *m;* **bathing-trunks** *pl* Badehose *f.*

bath·robe ['bɑːθrəʊb] Bademantel *m;* **bath·room** ['bɑːθruːm] Badezimmer *n;* **bath towel** Badetuch *n;* **bath·tub** ['bɑːθtʌb] Badewanne *f.*

ba·tik [bə'tiːk] *(Textil)* Batik(druck) *m.*

baton ['bætən] **1.** Kommando-, Marschallstab *m;* **2.** Taktstock *m.*

bats·man ['bætsmən] ⟨*pl* -men⟩ *sport* Schlagmann *m.*

bat·tal·ion [bə'tæliən] *mil* Bataillon *n.*

bat·ten ['bætn] **I** *s* Leiste, Latte *f;* **II** *tr* (~ *down*) mit Brettern verstärken; **III** *itr* ~ **on** schmarotzen bei.

bat·ter ['bætə(r)] **I** *tr, itr* **1.** heftig, wiederholt schlagen, verprügeln; **2.** (~ *down, in*) nieder-, einschlagen; **3.** trommeln (*at the door* gegen die Tür); **4.** böse zurichten; **II** *s* **1.** *(Spiel)* Schlagmann *m;* **2.** Teig *m (aus Eiern, Milch u. Mehl);* **bat·tered** ['bætəd] *adj* **1.** stark mitgenommen, abgenutzt; **2.** *fig* ausgemergelt, abgezehrt; mißhandelt; ▶ ~ **babies** *pl* mißhandelte Kinder *n pl;* ~ **wives** *pl* verprügelte Frauen *f pl;* **bat·ter·ing** ['bætərɪŋ] Schläge *m pl;* ▶ **child ~** Kindesmißhandlung *f;* **battering ram** ['bætərɪŋræm] *hist* Sturmbock *m.*

bat·tery ['bætərɪ] **1.** *mil el* Batterie *f;* **2.** Reihe, Serie *f;* **3.** *jur* tätlicher Angriff; Tätlichkeiten *f pl;* **battery charger** *el* Ladegerät *n;* **battery powered** *adj* batteriebetrieben.

bat·ting ['bætɪŋ] (Baumwoll)Watte *f.*

battle ['bætl] **I** *s* **1.** Schlacht *f (of* bei); Gefecht *n a. fig (for* um); **2.** *fig* Kampf *m (for* um); ▶ **give, offer ~** sich zum Kampf stellen; **II** *itr* sich schlagen, kämpfen, streiten (*for* um; *with* mit); **battle-axe 1.** Streitaxt *f;* **2.** Hausdrachen *m;* **battle-cry** Schlachtruf *m;* **battle·dress** ['bætldres] Kampfanzug *m;* **battle·field, battle·ground**

['bætlfiːld, 'bætlgraʊnd] Schlachtfeld *n;* **battle·ments** [—mənts] *pl arch mil hist* Zinnen *f pl;* **battle·ship** ['bætlʃɪp] Schlachtschiff *n.*

baulk [bɔːk] *s. balk.*

baux·ite ['bɔːksaɪt] *min* Bauxit *m.*

bawdy ['bɔːdɪ] *adj* derb, obszön.

bawl [bɔːl] **I** *tr* (~ *out*) herausschreien, brüllen; **II** *itr* brüllen, grölen; anschreien (*at s.o.* jdn).

bay¹ [beɪ] Lorbeer(baum) *m.*

bay² [beɪ] Bucht, Bai *f.*

bay³ [beɪ] **1.** Erker *m;* **2.** *rail* Abstellgleis *n;* **3.** *aero* Schacht *m.*

bay⁴ [beɪ] **I** *s* Bellen *n;* ▶ **at ~** *(Wild)* gestellt; *fig* ohne Ausweg; **hold, keep at ~** in Schach halten; **II** *itr* bellen.

bay⁵ [beɪ] *adj (Pferd)* rotbraun.

bay·onet ['beɪənɪt] Bajonett, Seitengewehr *n.*

bay win·dow [ˌbeɪ'wɪndəʊ] Erkerfenster *n.*

ba·zaar [bə'zɑː(r)] **1.** Basar *m;* **2.** Kaufhaus *n;* **3.** (Wohltätigkeits)Basar *m.*

be [biː] ⟨*irr* am, are, is, are, being, was, were, been⟩ *aux itr* **1.** sein, existieren, leben, vorhanden sein; sich befinden; **2.** *(Zustand)* herrschen; sein *a. (bes. beruflich)* sein; *(in Zukunft)* werden; **4.** stattfinden, geschehen, sich ereignen; **5.** gehören; **6.** betragen, ausmachen; kosten; **7.** bedeuten; gelten (*to s.o.* jdm); **8.** müssen, sollen (*to do* tun); *(verneint)* nicht dürfen; **9.** *(Passiv)* werden; ▶ ~ **about** in der Nähe sein; ~ **about to do** *s.th.* im Begriff sein, etw zu tun; ~ **after** *s.th.* hinter etw her sein; ~ **at** *s.th.* bei, an etw sein; ~ **at** *s.o.* an jdm herumnörgeln; ~ **behind** im Rückstand, zu spät dran sein; ~ **by** *s.o.* jdm zur Seite stehen; ~ **doing** gerade tun; ~ **down** schlecht dran sein; niedergeschlagen sein; ~ **for** eintreten für; *mar* bestimmt sein nach; ~ **in** zu Hause sein; *parl* e-n Sitz im Parlament haben; *fig* am Ruder sein; ~ **in for** sich beteiligen an; zu erwarten haben; ~ **long** viel Zeit brauchen; ~ **off** weggehen; ~ **on to** *s.o.* jdm auf die Schliche gekommen sein; ~ **out** nicht zu Hause sein; *parl* seinen Sitz im Parlament verlieren; Unrecht haben, auf dem Holzweg sein; ~ **out for** *s.th.* auf der Suche nach etw sein; ~ **up** aufgestanden sein, aufsein; ~ **up to** *s.o.* jds Aufgabe sein; ~ **up to** *s.th.* etw im Schilde führen; etw bewältigen können; **it is me** das bin ich; **as it is** wie die Dinge liegen; **here you are!** siehst du! sehen Sie! **how is he?** wie geht es ihm? **how is it that ...?** wie kommt es, daß ...? **how much will that ~?** wieviel macht das? **let it ~!** laß sein! **that is his** das gehört ihm; **that is to say** das heißt; **there is, are** es gibt; **there you are!** da haben Sie's! da sind Sie ja! **when is that**

to ~? wann soll das sein? ~ **that as it may!** wie dem auch sei! ~ **off with you!** fort mit euch *od* dir! raus! **his wife to ~** seine Zukünftige.

beach [biːtʃ] **I** *s* Strand *m;* **II** *tr (Schiff)* auf den Strand setzen; **beach·comber** [ˈbiːtʃkəʊmə(r)] 1. Strandwelle *f;* 2. *fam* Strandguträuber(in) *m (f);* **beach·head** [ˈbiːtʃhed] *mil* Landekopf *m;* **beach·wear** [ˈbiːtʃweə(r)] Strandkleidung *f.*

bea·con [ˈbiːkən] 1. Leuchtfeuer, Lichtsignal *n;* 2. *aero mar* Bake *f;* 3. Verkehrs-, Warnsignal *n.*

bead [biːd] 1. Perle *f;* 2. (Tau-, Schweiß)Tropfen *m;* ▶ **tell one's ~s** den Rosenkranz beten; **bead·ing** [ˈbiːdɪŋ] Perlschnur *f;* Perlstab *m;* **beady** [ˈbiːdɪ] *adj* ▶ **~ eyes** Kulleraugen *n pl;* **cast one's ~ eyes on s.th.** sich etw (gut) ansehen.

beak [biːk] 1. Schnabel *m;* 2. *sl* Kadi *m.*

beaker [ˈbiːkə(r)] Becherglas *n.*

beam [biːm] **I** *s* 1. Balken *m;* 2. *(~ of balance)* Waagebalken *m;* 3. *(Schiff)* Deck-, Querbalken *m;* 4. *mar aero* (größte) Breite *f;* 5. *(~ of light)* (Licht-)Strahl *m;* 6. *radio* Leit-, Richtstrahl *m;* 7. *fig* strahlender Blick; ▶ **off** ~ vom Kurs abgekommen; **on** ~ auf Kurs; **be on one's ~-ends** *fig* aus dem letzten Loch pfeifen; **broad in the** ~ breit gebaut *(Mensch);* **II** *tr TV* ausstrahlen, senden; **III** *itr* (übers ganze Gesicht) strahlen *(with joy* vor Freude); **beam·ing** [ˈ—ɪŋ] *adj (Mensch)* strahlend *(with* vor).

bean [biːn] 1. Bohne *f;* 2. *sl* Birne *f;* ▶ **spill the ~s** *fam* nicht dichthalten; **I haven't a** ~ *fam* ich bin (völlig) abgebrannt; **full of ~s** in guter Laune, übermütig; **bean-feast** Festessen *n.*

bear¹ [beə(r)] **I** *s* 1. Bär *m;* 2. *fig* (grober) Klotz *m;* 3. *com* Baissespekulant *m;* **II** *itr* auf Baisse spekulieren.

bear² [beə(r)] ⟨*irr* bore, borne⟩ **I** *tr* 1. tragen; *(Namen, Waffe)* führen, tragen; *(Zeichen)* tragen; 2. *(Amt)* ausüben, innehaben; 3. *(Gefühl)* hegen *(against* gegen); 4. *(Frucht)* tragen, (hervor)bringen; *(Zinsen, Geld)* (ein)bringen, eintragen; 5. *fig* (v)ertragen, aushalten, erdulden, leiden; 6. ertragen, dulden, zulassen, gestatten; 7. *(Menschen)* ausstehen, leiden (können); ▶ ~ **comparison** e-m Vergleich standhalten *(with* mit); ~ **s.o. a grudge** jdm grollen, jdm böse sein; ~ **s.o. in mind** an jdn denken; ~ **s.th. in mind** etw berücksichtigen; ~ **s.o. out** jds Aussagen bestätigen; ~ **(a) resemblance to** gleichen *dat;* ähneln, ähnlich sein *dat;* ~ **witness** Zeugnis ablegen *(to* für); **II** *itr* 1. sich wenden, sich halten *(to the right* rechts, nach rechts); eine Richtung einschlagen *(to* nach); 2. sich stützen, sich drücken;

3. *fig* lasten *(on* auf); 4. e-n Einfluß haben *(on* auf); sich beziehen *(on* auf); ▶ **bring pressure to** ~ Druck ausüben *(on* auf); **III** *(mit Präposition)* **bear down** *itr* sich stürzen, losgehen *(on* auf); *fig* belasten *(on s.o.* jdn); **bear off, bear away** *tr* davontragen; entfernen; *fig* gewinnen; **bear up** *itr* sich tapfer zeigen; standhaft bleiben; **bear upon** Bezug haben auf; Bedeutung haben für; **bear with** Geduld haben mit.

bear·able [ˈbeərəbl] *adj* erträglich.

beard [bɪəd] *s* Bart *m;* **bearded** [ˈ—ɪd] *adj* bärtig; **beard·less** [ˈ—lɪs] *adj* bartlos.

bearer [ˈbeərə(r)] 1. Träger(in) *m (f);* 2. *com* Überbringer(in) *m (f).*

bear·ing [ˈbeərɪŋ] 1. Ertragen, Dulden, Aushalten *n;* 2. Verhalten, Auftreten, Benehmen *n;* 3. Bezeichnung *f;* Bezug *m (on* auf); 4. Tragweite *f;* Wirkung *f;* Einfluß *m (on* auf); 5. *pl* Lage *f;* Kompaßkurs *m;* 6. *tech* Lager(ung *f) n;* ▶ **beyond, past all** ~ unerträglich; **have a** ~ **upon** von Bedeutung sein für, Einfluß haben auf; **have lost one's ~s** sich verlaufen haben; *fig* nicht mehr aus noch ein wissen; **take one's ~s** sich orientieren.

bear·skin [ˈbeəskɪn] Bärenfellmütze *f.*

beast [biːst] 1. (wildes) Tier *n;* 2. *fig* Biest *n;* **beast·ly** [ˈ—lɪ] *adj* 1. *fig* viehisch; 2. *fam* gräßlich, abscheulich.

beat [biːt] ⟨*irr* beat, beat(en)⟩ **I** *tr* 1. schlagen; *(Pfad)* trampeln; *(Weg)* bahnen; *(Teppich)* klopfen; *(Regen)* peitschen; *(the trees* gegen die Bäume); schlagen *(the windows* an die Fenster); *(Eier, Feind)* schlagen; 2. *(Wild)* aufstöbern; 3. *(den Takt)* schlagen; 4. hauen, verhauen, prügeln; *fam* verdreschen; 5. *(Gegend)* absuchen; 6. *mil sport* schlagen, besiegen; ▶ ~ **s.th. into s.o.** jdm etw einbleuen; ~ **s.o. to s.th.** jdm bei etw zuvorkommen; ~ **a retreat** das Weite suchen; ~ **time** den Takt schlagen; ~ **it!** hau ab! **II** *itr* 1. schlagen *(on* an, gegen); klopfen *(a. Herz);* pochen *(at* an); 2. stürmen, tosen; 3. *(Regen)* prasseln, klatschen *(on* an, auf); 4. *mar* lavieren, kreuzen; **III** *s* 1. Schlag(en *n) m;* Klopfen, Pochen *n;* 2. (Herz)Schlag *m;* 3. Takt *m;* 4. *(~ music)* Beat *m;* 5. Rundgang *m;* Runde *f;* (Jagd)Revier *n;* **IV** *adj sl* ausgepumpt, geschafft, fertig; ▶ **dead** ~ *fam (Mensch)* völlig erledigt, total kaputt; **V** *(mit Präposition)* **beat about, beat around** *itr* um sich schlagen; ▶ ~ **about the bush** wie die Katze um den heißen Brei herumgehen; **beat back** *tr* zurückschlagen; **beat down** *tr* ein-, niederschlagen; *(Preis)* drücken; **beat in** *tr (Tür, Wand)* einschlagen, -stoßen; **beat off** *tr* abwehren; **beat up** *tr (Küche)* kräftig verrühren;

(Menschen) verdreschen.
beaten ['biːtn] I *v s.* beat; II *adj* 1. geschlagen; 2. *(Weg)* ausgetreten; 3. *fig* geschlagen; ▶ **off the ~ track** *fig* weit abgelegen; **beater** ['biːtə(r)] 1. Schläger, Klopfer *m;* 2. *(Jagd)* Treiber(in) *m (f).*
bea·tif·ic [bɪə'tɪfɪk] *adj* (glück)selig; **beati·fi·ca·tion** [bɪˌætɪfɪ'keɪʃn] *rel* Seligsprechung *f;* **be·atify** [bɪ'ætɪfaɪ] *tr rel* seligsprechen.
beat·ing ['biːtɪŋ] Schlagen *n;* Prügel *pl;* ▶ **give s.o. a good ~** jdm e-e tüchtige Tracht Prügel geben.
beat·nik ['biːtnɪk] Beatnik *m.*
beau·tician [bjuː'tɪʃn] Kosmetiker(in) *m (f);* **beau·ti·ful** ['bjuːtɪfl] *adj* schön; herrlich, wundervoll; **beau·tify** ['bjuːtɪfaɪ] *tr* verschönern; **beauty** ['bjuːtɪ] 1. Schönheit *f;* 2. Prachtexemplar *n;* ▶ **a ~** etw Schönes; **~ is only skin-deep** der äußere Schein kann trügen; **the Sleeping B~** Dornröschen *n;* **beauty contest** Schönheitswettbewerb *m;* **beauty parlo(u)r, beauty salon** Schönheitssalon *m;* **beautyspot** Schönheitspflästerchen *n;* schöne Gegend.
bea·ver ['biːvə(r)] *zoo* Biber *m;* ▶ **eager ~** Streber(in); Enthusiast(in) *m (f).*
be·calmed [bɪ'kɑːmd] *adj* ▶ **be ~** *(Schiff)* in e-e Flaute geraten sein.
be·came [bɪ'keɪm] *v s.* become.
be·cause [bɪ'kɒz] I *conj* weil, da; II *prep* ▶ **~ of** wegen, infolge *gen;* **~ of her, him** ihret-, seinetwegen.
beck [bek] ▶ **be at s.o.'s ~ and call** nach jds Pfeife tanzen.
beckon ['bekən] *tr* (zu)winken *(s.o.* jdm).
be·come [bɪ'kʌm] ⟨*irr* became, become⟩ I *itr* werden; II *tr* 1. (gut) stehen *(s.o.* jdm), kleiden, passen *(s.o.* jdm); 2. sich schicken für; **be·com·ing** [−ɪŋ] *adj* kleidsam; ▶ **be ~ to s.o.** jdm sehr gut stehen; sich für jdn schicken.
bec·querel ['bekərel] Becquerel *n.*
bed [bed] I *s* 1. Bett *n;* 2. (Blumen)Beet *n;* 3. *(river ~)* Flußbett *n;* Meeresboden *m;* 4. *tech* Unterbau *m,* -lage *f;* ▶ **get out of ~** aufstehen; **go to ~** zu Bett, schlafen gehen; **put to ~** zu Bett bringen; **take to one's ~** sich ins Bett legen (müssen); **double ~** Doppelbett *n;* II *tr* setzen, pflanzen; III *(mit Präposition)* **bed down** *tr* das Bett machen für; **bed in** *tr* einbetten; **bed and breakfast** Zimmer *n* mit Frühstück.
be·daubed [bɪ'dɔːbd] *adj* beschmiert *(with* mit).
bed-clothes ['bedkləʊðz] *pl* Bettwäsche *f,* -zeug *n;* **bed·ding** ['bedɪŋ] 1. Bettzeug *n,* -wäsche *n;* 2. Streu *f.*
be·deck [bɪ'dek] *tr* schmücken, zieren.
be·dev·il [bɪ'devl] *tr* ▶ **be ~(l)ed** durcheinandergebracht, gestört sein.

bed-fellow ['bedˌfeləʊ] Schlafkamerad(in) *m (f); fig* Freund(in) *m (f).*
bed·lam ['bedləm] *fig* Tollhaus, Chaos *n.*
bed·linen ['bedˌlɪnɪn] Bettwäsche *f.*
Bed·ouin ['beduɪn] I *s* Beduine *m,* Beduinin *f;* II *adj* beduinisch.
be·drag·gled [bɪ'dræɡld] *adj* beschmutzt.
bed·ridden ['bedˌrɪdn] *adj* bettlägerig; **bed-rock** ['bedrɒk] 1. *geol* gewachsener Fels; 2. *fig* Grundlage *f;* **bed·room** ['bedrʊm] Schlafzimmer *n;* **bed·side** ['bedsaɪd] ▶ **have a good ~ manner** *(Arzt)* gut mit Kranken umzugehen verstehen; **sit at s.o.'s ~** an jds Bett sitzen; **bedside lamp** Nacht(tisch)lampe *f;* **bedside rug** Bettvorleger *m;* **bedside table** Nachttisch *m;* **bed·sit·ting-room, bed·sit·ter** [ˌbed'sɪtɪŋrʊm, ˌbed'sɪtə(r)] Wohn-Schlaf-Zimmer *n;* möbliertes Zimmer; **bed·sore** ['bedsɔː(r)] wundgelegene Stelle; **bed·spread** ['bedspred] Tagesdecke *f;* **bed·stead** ['bedsted] Bettgestell *n;* **bed·time** ['bedtaɪm] Schlafenszeit *f.*
bee [biː] 1. Biene *f;* 2. *Am* Zirkel *m,* Kränzchen *n;* ▶ **busy as a ~** fleißig wie e-e Biene; **have a ~ in one's bonnet** e-n Tick haben; **queen ~** Bienenkönigin *f.*
Beeb [biːb] *fam* BBC *f.*
beech [biːtʃ] Buche(nholz *n) f;* **beech-nut** ['biːtʃnʌt] Buchecker *f.*
beef [biːf] ⟨*pl* beeves⟩ [biːvz] I *s* 1. Rindfleisch *n;* 2. *fam (Mensch)* (Muskel-) Kraft *f;* II *itr sl* meckern *(about* über); **beef·eater** ['biːfˌiːtə(r)] Tower-Wärter *m;* **beef·steak** [ˌbiːf'steɪk] Beefsteak *n;* **beefy** ['biːfɪ] *adj* fleischig.
bee·hive ['biːhaɪv] Bienenstock *m;* **bee·keeper** ['biːˌkiːpə(r)] Imker(in), Bienenzüchter(in) *m (f);* **bee-line** ▶ **make a ~ for** gerade(wegs) zugehen auf.
been [biːn] *v s.* be.
beer [bɪə(r)] Bier *n;* **beery** ['bɪərɪ] *adj* in Bierlaune, bierselig.
bees·wax ['biːzwæks] Bienenwachs *n.*
beet [biːt] Rübe *f;* ▶ **red ~** rote Rübe, Beete; **sugar ~** Zuckerrübe *f.*
beetle[1] ['biːtl] Ramme *f;* Stampfer *m.*
beetle[2] ['biːtl] I *s* Käfer *m;* II *itr* überhängen, hervorragen, überstehen; ▶ **~ off** abschwirren, abziehen.
beet·root ['biːtruːt] rote Bete; **beet sugar** Rübenzucker *m.*
be·fall [bɪ'fɔːl] ⟨*irr* befell, befallen⟩ [bɪ'fel, bɪ'fɔːlən] *tr* widerfahren *(s.o.* jdm); ▶ **what has befallen him?** was ist ihm zugestoßen?
be·fit [bɪ'fɪt] *tr* angebracht, passend sein *(the occasion* für die Gelegenheit); **be·fit·ting** [−ɪŋ] *adj* angemessen, schicklich.
be·fore [bɪ'fɔː(r)] I *prep (zeitlich, räumlich, fig)* vor; ▶ **the day ~ yesterday**

vorgestern; ~ **long** bald, in Bälde; **business** ~ **pleasure** *prov* erst die Arbeit, dann das Vergnügen; **II** *adv* vorn; voran; voraus; *(zeitlich)* (schon) früher, vorher, zuvor; ehemals; ▶ **the day** ~ am Tag vorher; **long** ~ lange vorher, viel früher; **III** *conj* bevor, eher; ehe; **be·fore·hand** [bɪˈfɔːhænd] *adv* im voraus, (schon) vorher.

be·friend [bɪˈfrend] *tr* als Freund behandeln; helfen, unterstützen.

beg [beg] **I** *tr* erbitten; bitten um; ▶ ~ **a favour of s.o.** jdn um etw bItten; ~ **leave to** um Erlaubnis bitten zu; **I** ~ **your pardon** Verzeihung! wie bitte? **we** ~ **to inform you** *(com, obs)* wir gestatten uns, Ihnen mitzuteilen; **II** *itr* **1.** bitten *(for* um); **2.** betteln (gehen) *(for* um); ▶ **it is going** ~**ging** es ist noch zu haben.

be·gan [bɪˈgæn] *v s. begin.*

be·get [bɪˈget] ⟨*irr* begot, begot(ten)⟩ *tr*(er)zeugen, hervorbringen.

beg·gar [ˈbegə(r)] **I** *s* **1.** Bettler(in) *m (f)*; **2.** *fam* Bürschchen *n*, Kerl(chen *n*) *m*; **II** *tr* an den Bettelstab bringen, ruinieren; **beg·gar·ly** [ˈbegəlɪ] *adj* ärmlich, arm(selig), dürftig *a. fig.*

be·gin [bɪˈgɪn] ⟨*irr* began, begun⟩ **I** *tr* beginnen, anfangen; starten; **II** *itr* **1.** seinen Anfang nehmen; entstehen; beginnen; **2.** ausgehen *(at* von); ▶ ~ **again** (wieder) von vorn anfangen; **to** ~ **with** erstens; zunächst; **he began by saying** zuerst sagte er; **be·gin·ner** [bɪˈgɪnə(r)] Anfänger(in) *m (f)*; **be·gin·ning** [—ɪŋ] **1.** Beginn *m*; Anfang *m*; **2.** Ausgangspunkt, Ursprung *m*; ▶ **at the very** ~ ganz am Anfang; **from the** ~ von Anfang an; **from** ~ **to end** von Anfang bis Ende; **in the** ~ anfangs, am Anfang.

be·gonia [bɪˈgəʊnɪə] *bot* Begonie *f.*

be·got, be·got·ten [bɪˈgɒt, bɪˈgɒtn] *v s. beget.*

be·grudge [bɪˈgrʌdʒ] *tr* beneiden *(s.o. s.th.* jdn um etw), nicht gönnen *(s.o. s.th.* jdm etw); ▶ ~ **doing s.th.** etw widerwillig tun.

be·guile [bɪˈgaɪl] *tr* **1.** täuschen, betrügen; **2.** verführen, verleiten *(into doing s.th.* etw zu tun); **3.** *(Zeit)* vertreiben.

be·gun [bɪˈgʌn] *v s. begin.*

be·half [bɪˈhɑːf] ▶ **on** ~ **of** im Interesse, zugunsten, im Sinne von; für; im Namen von.

be·have [bɪˈheɪv] **I** *itr* **1.** sich betragen, sich (gut) benehmen; **2.** *(Sache)* gehen, laufen, funktionieren; ▶ **he doesn't know how to** ~ er weiß sich nicht zu benehmen; **II** *refl* sich benehmen; ~ **yourself!** benimm dich!; **be·hav·iour,** *Am* **be·hav·ior** [bɪˈheɪvɪə(r)] Verhalten, Betragen, Benehmen *n (to, towards* gegen); ▶ **be on one's best** ~ sich von

seiner besten Seite zeigen; **behaviour pattern** Verhaltensweise *f;* **be·hav·iour·ism** [—ɪzəm] Behaviorismus *m (psychol. Richtung).*

be·head [bɪˈhed] *tr* enthaupten.

be·hind [bɪˈhaɪnd] **I** *prep* hinter *(a. zeitlich, Reihenfolge); (Rangfolge)* unter; ▶ **he has s.o.** ~ **him** hinter ihm steht jem; **who's** ~ **that scheme?** wer steckt hinter dem Plan? ~ **time** zu spät; **be** ~ **the times** hinter seiner Zeit zurück sein; **II** *adv* hinten; nach hinten, zurück; dahinter *u. fig;* hinterher; rückständig *(with, in* mit); ▶ **be** ~ **in, with s.th.** mit e-r S zurück, im Rückstand sein; **fall** ~ zurückbleiben; **my watch is ten minutes** ~ meine Uhr geht zehn Minuten nach; **III** *s fam* Hintern *m;* **be·hind·hand** [bɪˈhaɪndhænd] *adv* zurück, im Rückstand *(with* mit).

beige [beɪʒ] *adj* beige.

be·ing [ˈbiːɪŋ] **I** *ppr von be;* **II** *s* **1.** Dasein *n;* **2.** Wesen *n,* Natur *f;* Existenz *f;* **3.** (Lebe)Wesen, Geschöpf *n;* ▶ **in** ~ existierend, vorhanden; **this** ~ **so** da dies (nun einmal) so ist; **the time** ~ zum gegenwärtigen Zeitpunkt; zur Zeit; **for the time** ~ einstweilen; **come into** ~ entstehen.

be·lated [bɪˈleɪtɪd] *adj* verspätet.

belch [beltʃ] **I** *itr* rülpsen, aufstoßen; **II** *tr* von sich geben, ausstoßen, auswerfen; **III** *s* **1.** Aufstoßen *n;* **2.** *(Vulkan)* Ausbruch *m.*

be·leaguer [bɪˈliːgə(r)] *tr* belagern.

bel·fry [ˈbelfrɪ] Glockenturm *m.*

Bel·gian [ˈbeldʒən] **I** *s* Belgier(in) *m (f);* **II** *adj* belgisch; **Bel·gium** [ˈbeldʒəm] Belgien *n.*

be·lie [bɪˈlaɪ] *tr* **1.** belügen, hintergehen; **2.** Lügen strafen.

be·lief [bɪˈliːf] **1.** Glaube(n) *m (in* an) *a. rel;* Vertrauen *n (in* zu), Zuversicht *f;* **2.** Meinung, Überzeugung *f;* ▶ **beyond, past all** ~ unglaublich; **to the best of one's** ~ nach bestem Wissen u. Gewissen; **be·liev·able** [bɪˈliːvəbl] *adj* glaubhaft, glaubwürdig; **be·lieve** [bɪˈliːv] **I** *itr* **1.** glauben *(in* an); vertrauen *(in* auf); überzeugt sein *(in* von); **2.** der Meinung sein *(that* daß); ▶ ~ **in** Vertrauen haben zu; **I** ~ **so** ich glaube ja; **I** ~ **not** ich glaube nein; **II** *tr* **1.** glauben; **2.** denken, meinen; **3.** halten für; ▶ **would you** ~ **it!** hätten Sie das für möglich gehalten! **be·liever** [bɪˈliːvə(r)] *rel* Gläubige(r) *f m;* ▶ **he is a great** ~ er glaubt fest *(in* an).

be·little [bɪˈlɪtl] *tr* herabsetzen, -würdigen, schmälern.

bell [bel] **1.** Glocke *f;* Schelle, Klingel *f;* **2.** Läuten *n;* **3.** (Blüten)Kelch *m;* **4.** *mar* Schiffsglocke *f;* ▶ **answer the** ~ die (Haus)Tür öffnen; **this rings a** ~ das kommt mir bekannt vor; **sound as a** ~

gesund u. munter.

bel·la·donna [ˌbelədɒnə] *bot* Tollkirsche *f.*

bell·boy ['belbɔɪ] Page *m;* **bell-flower** Glockenblume *f.*

bel·li·cose ['belɪkəʊs] *adj* kriegerisch.

bel·liger·ent [bɪ'lɪdʒərənt] *adj* kriegführend; *(Mensch)* aggressiv.

bel·low ['beləʊ] **I** *itr* brüllen; *(vor Schmerz)* heulen; **II** *s* Gebrüll *n.*

bel·lows ['beləʊz] *pl* Blasebalg *m.*

bell-push ['belpʊʃ] Klingelknopf *m.*

belly ['belɪ] **1.** Bauch *m;* **2.** Magen *m;* Unterleib *m;* **3.** Ausbauchung *f.;* **belly-ache I** *s* Leibschmerzen *m pl; fam* Bauchweh *n;* **II** *itr* mächtig jammern, klagen; **belly button** *fam* Bauchnabel *m;* **belly dancer** Bauchtänzerin *f;* **belly landing** Bauchlandung *f.*

be·long [bɪ'lɒŋ] *itr* **1.** gehören (*to s.o.* jdm); **2.** *(e-r Gemeinschaft)* angehören (*to* dat); dazugehören; **3.** zukommen, gebühren (*to s.o.* jdm); ▶ ~ **here** hergehören, am rechten Platz sein; **I ~ here** ich bin von hier; **where does that ~?** wohin gehört das?; **be·long·ings** [—ɪŋz] *pl* Eigentum *n,* Habe *f,* Sachen *f pl;* ▶ **my** ~ meine Habseligkeiten *f pl.*

be·loved [bɪ'lʌvɪd] **I** *adj* (innig) geliebt, (heiß)geliebt (*of, by* von); **II** *s* Geliebte(r) *f m;* Liebling *m.*

be·low [bɪ'ləʊ] **I** *prep* (Ort, Rang, Wert) unter; unterhalb *gen;* niedriger; geringer; ▶ ~ **him** unter seiner Würde; ~ **the mark** von geringer Qualität; **II** *adv* unten; nach unten, abwärts; hinunter, hinab; niedriger im Rang; ▶ **see** ~ siehe unten; **go** ~ unter Deck gehen.

belt [belt] **I** *s* **1.** Gürtel *m;* Riemen *m;* Gurt *m;* **2.** *sport* Gürtellinie *f;* **3.** Zone *f,* (Anbau)Gebiet *n;* **4.** *tech* Treibriemen *m;* ▶ **below the** ~ unter der Gürtellinie; *fig* unfair; **hit s.o. below the** ~ jdm e-n Tiefschlag versetzen; **tighten one's** ~ den Gürtel enger schnallen *a. fig;* **fasten your seat** ~**s!** anschnallen! **green** ~ Grüngürtel *m (e-r Stadt);* **safety** ~ Sicherheitsgurt *m;* **II** *tr* **1.** um-, anschnallen; **2.** verdreschen, verprügeln; **III** *(mit Präposition)* **belt out** *tr fam* schmettern; **belt up** *itr sl* die Klappe halten.

be·moan [bɪ'məʊn] *tr* beklagen, bedauern.

be·mused [bɪ'mju:zd] *adj* verwirrt.

bench [bentʃ] **1.** (Sitz)Bank *f;* **2.** Richteramt *n;* Richter *m pl;* Gericht *n;* **3.** Werkbank *f;* ▶ **be on the** ~ Richter sein; **be raised to the** ~ zum Richter bestellt werden; **carpenter's** ~ Hobelbank *f.*

bend [bend] ⟨*irr* bent, bent⟩ **I** *tr* **1.** biegen, beugen, knicken, krümmen; abbiegen (*from* von); *(Bogen)* spannen; *(Kopf)* wenden (*towards us* uns zu); **2.** unterwerfen (*s.o. to one's will* jdn sei-

nem Willen); ▶ ~ **s.th. out of shape** etwas verbiegen; ~ **the law** das Gesetz beugen; **II** *itr* **1.** sich biegen, sich beugen, sich neigen; sich krümmen; **2.** *fig* sich unterwerfen; **3.** *(Fluß, Straße, Bahn)* e-e Biegung machen; **III** *s* Biegung, Krümmung *f;* Kurve *f;* ▶ **round the** ~ *fam* verrückt; **IV** *(mit Präposition)* **bend back** *itr* sich zurückbiegen; **bend down** *itr* sich bücken; **bended** ['bendɪd] *adj* gebeugt; ▶ **on one's** ~ **knees** kniefällig.

be·neath [bɪ'ni:θ] **I** *prep* (Ort u. Rang) unter, unterhalb; ▶ **that's** ~ **him** das ist unter seiner Würde; **II** *adv* (weiter) unten, tiefer.

bene·dic·tion [ˌbenɪ'dɪkʃn] Segen(sspruch) *m;* Segnung *f.*

bene·fac·tion [ˌbenɪ'fækʃn] **1.** Wohltat *f;* **2.** (Geld)Spende *f;* **bene·fac·tor, bene·fac·tress** ['benɪfæktə(r), —trɪs] Wohltäter(in) *m (f);* Förderer *m,* Förderin *f.*

be·nefi·cence [bɪ'nefɪsns] Mildtätigkeit, Wohltätigkeit *f;* **be·nefi·cent** [bɪ'nefɪsnt] *adj* wohltätig.

bene·fi·cial [ˌbenɪ'fɪʃl] *adj* **1.** nützlich; wohltuend, gesund; **2.** *jur* nutznießend; **bene·fi·ci·ary** [ˌbenɪ'fɪʃərɪ] *jur* Begünstigte(r) *f m,* Nutznießer(in) *m (f).*

bene·fit ['benɪfɪt] **I** *s* **1.** Wohltat *f;* Gunst *f;* Hilfe *f;* **2.** Nutzen, Vorteil, Gewinn *m;* **3.** *(finanziell)* Unterstützung, Beihilfe *f;* **4.** *theat* Benefizvorstellung *f;* ▶ **for the** ~ **of** zum Nutzen von; **for the public** ~ im öffentlichen Interesse; **sickness** ~ Krankengeld *n;* **unemployment** ~ Arbeitslosenunterstützung *f;* **II** *tr* guttun, nützen (*s.o.* jdm); **III** *itr* Nutzen ziehen (*by* aus), begünstigt sein (*by* durch).

ben·ev·ol·ence [bɪ'nevələns] Güte *f;* Wohltätigkeit *f;* **ben·ev·ol·ent** [bɪ'nevələnt] *adj* wohlwollend; wohltätig, hilfsbereit; ▶ ~ **fund** Unterstützungsfonds *m.*

be·nign [bɪ'naɪn] *adj* **1.** gütig, hilfsbereit, gefällig; **2.** *(Klima)* mild, gesund; **3.** *med* gutartig.

bent [bent] **I** *v s.* bend; **II** *s fig* Neigung *f,* Hang *m;* Begabung *f (for* zu, für); ▶ **follow one's** ~ seinen Neigungen nachgehen; **III** *adj* versessen (*on* auf); ▶ **be** ~ **on doing s.th.** entschlossen sein, etw zu tun.

be·numbed [bɪ'nʌmd] *adj* **1.** steif(gefroren), starr, erstarrt (*with cold* vor Kälte); **2.** *fig* benommen, wie gelähmt.

ben·zene ['benzi:n] *chem* Benzol *n;* **ben·zine** ['benzi:n] Benzin *n (bes. Reinigungsmittel).*

be·queath [bɪ'kwi:ð] *tr* vererben; **be·quest** [bɪ'kwest] Hinterlassenschaft *f.*

be·rate [bɪ'reɪt] *tr* ausschimpfen.

be·reave [bɪ'ri:v] ⟨*irr* bereft, bereft⟩ [bɪ'reft] *tr* **1.** berauben (*of* gen); **2.** rauben, nehmen (*s.o. of s.o.* jdm jdn); ▶ **the**

~d *pl* die Hinterbliebenen *pl;* **be-reave·ment** [—mənt] Trauerfall *m;* schmerzlicher Verlust.

berry ['berɪ] *bot* Beere *f.*

ber·serk [bə's3:k] *adj* ▶ **go** ~ rabiat werden.

berth [b3:θ] **I** *s* 1. *mar* Koje *f;* rail Schlafwagenplatz *m;* 2. Liege-, Ankerplatz *m;* ▶ **give s.th. a wide** ~ e-n weiten Bogen um etw machen; **II** *itr (Schiff)* anlegen.

be·seech [bɪ'si:tʃ] ⟨*irr* beseeched *od* besought, beseeched *od* besought⟩ *tr (Person)* ersuchen, anflehen *(for* um); **be·seech·ing** [—ɪŋ] *adj* flehentlich.

be·set [bɪ'set] ⟨*irr* beset, beset⟩ *tr* bedrängen, heimsuchen; ▶ ~ **with difficulties** mit Schwierigkeiten überhäuft; **be·set·ting** [—ɪŋ] *adj* ▶ ~ **sin** Gewohnheitslaster *n.*

be·side [bɪ'saɪd] *prep* 1. *(örtlich)* neben, (nahe) an, bei, dicht bei; 2. *fig* neben, verglichen mit; ▶ **be** ~ **oneself** außer sich sein; **that is** ~ **the point, question** das hat nichts mit der Sache zu tun.

be·sides [bɪ'saɪdz] **I** *prep* außer, neben; abgesehen von; **II** *adv* außerdem, ferner, (noch) dazu, überdies, sonst.

be·siege [bɪ'si:dʒ] *tr* 1. *mil* belagern *a. fig;* 2. *fig* bestürmen (*with questions* mit Fragen).

be·smirch [bɪ'sm3:tʃ] *tr* beschmutzen, besudeln *(meist fig).*

be·sot·ted [bɪ'sɒtɪd] *adj* 1. betrunken, betäubt *(with* von); 2. vernarrt *(with* in).

be·sought [bɪ'sɔ:t] *v s. beseech.*

best [best] ⟨*Superlativ von* good, well⟩ **I** *adj* beste(r, s); **II** *s* ▶ **the** ~ der, die, das beste; **III** *adv* am besten; am meisten; **IV** *tr fam* übertreffen, übertrumpfen; **V** *(Wendungen)* ▶ **at** ~ bestenfalls, höchstens; ~ **before date** Haltbarkeitsdatum *n;* **in one's (Sunday)** ~ im Sonntagsstaat; **to the** ~ **of one's belief, of one's knowledge** nach bestem Wissen; **to the** ~ **of one's power, ability** so gut man kann; **with the** ~ **of them** so gut wie nur einer; **be at one's** ~ ganz auf der Höhe sein; **do one's** ~ sein Bestes, möglichstes tun; **make the** ~ **of it** das Beste aus der Sache machen; **put one's** ~ **foot forward** *fig* sein Bestes tun; **the** ~ **part of s.th.** das meiste von e-r S; **like** ~ am liebsten mögen; **you had** ~ ... du würdest am besten, du solltest ...

bes·tial ['bestɪəl] *adj* tierisch; unmenschlich; bestialisch; **bes·ti·al·ity** [ˌbestɪ'ælətɪ] 1. Bestialität, Brutalität *f;* 2. Perversität *f.*

be·stir [bɪ'st3:(r)] *refl* sich rühren, sich regen.

be·stow [bɪ'stəʊ] *tr* verleihen (*s.th. on s.o.* jdm etw); **be·stowal** [bɪ'stəʊəl] Verleihung, Übertragung *f.*

best-seller ['bestselə(r)] Bestseller *m.*

bet [bet] ⟨*irr* bet *od* betted, bet *od* betted⟩ **I** *itr,* *tr* wetten; ▶ **I** ~ **five pounds on that horse** ich setze fünf Pfund auf das Pferd; **he** ~ **me five pounds** er wettete mit mir um fünf Pfund; **you** ~! *fam* aber sicher! **you can** ~ **your bottom dollar** *fam* darauf können Sie Gift nehmen! **I** ~ **you (ten to one) that** ich wette mit Ihnen (zehn gegen eins), daß; **II** *s* Wette *f;* Wetteinsatz *m;* ▶ **that's your best** ~! das ist Ihre beste Chance!

beta-blocker ['bi:tɜ'blʊkə(r)] *med* Betablocker *m.*

be·tray [bɪ'treɪ] *tr* 1. verraten *(to* an); 2. *(Geheimnis)* preisgeben; *(Vertrauen)* mißbrauchen; *(Versprechen)* nicht halten; 3. untreu werden *(s.o.* jdm); ▶ ~ **o.s.** sich verraten; **be·trayal** [bɪ'treɪəl] Verrat *m (of* an).

bet·ter ['betə(r)] ⟨*Komparativ von* good, well⟩ **I** *adj* besser; mehr *(than* als); **II** *s* ▶ **the** ~ der, die, das Bessere; **one's** ~s Höhergestellte *pl;* **III** *adv* besser; *tr* (ver)bessern; übertreffen; ~ **o.s.** sich (beruflich) verbessern; vorwärtskommen; **V** *(Wendungen)* ▶ **for** ~ **for worse** in Freud u. Leid; **change for the** ~ sich zum Besseren wenden; **get the** ~ **of s.o.** jdn übertreffen; **I am getting** ~ **now** es geht mir (gesundheitlich) (wieder) besser; **I know** ~ da lasse ich mir nichts vormachen; **he thought** ~ **of it** er überlegte es sich noch einmal; **all the** ~, **so much the** ~ um so, desto besser; ~ **off** besser dran; wohlhabender, reicher; **the sooner the** ~ je eher, desto besser; **the** ~ **part, half of** der größere Teil *gen,* mehr als die Hälfte; ~ **and** ~ immer besser; **like** ~ lieber haben, vorziehen; **you had** ~ **go, you** ~ **go now** du tätest besser daran, jetzt zu gehen; **you had** ~ **not!** das will ich dir nicht geraten haben!

bet·ter, bet·tor ['betə(r)] Wettende(r) *f m.*

bet·ter·ment ['betəmənt] 1. Verbesserung *f;* 2. (Wert)Steigerung *f,* Zuwachs *m.*

bet·ting ['betɪŋ] Wetten *n;* **betting office** Wettbüro *n.*

be·tween [bɪ'twi:n] **I** *prep (zeitlich, der Menge, dem Grad nach)* zwischen, unter; dazwischen, darunter; ▶ **far** ~ in großen Abständen; **few and far** ~ *fig* dünn gesät; **in** ~ dazwischen; inmitten; ~ **you and me** unter uns (gesagt); **II** *adv* dazwischen, darunter; mittendrin.

bevel ['bevl] **I** *s tech* Abschrägung *f;* **II** *tr (Kante)* abschrägen.

bev·er·age ['bevərɪdʒ] Getränk *n.*

be·wail [bɪ'weɪl] *tr* beklagen.

be·ware [bɪ'weə(r)] *itr (nur im Imperativ u. inf)* sich in acht nehmen; ▶ ~ **what you say!** gib acht auf das, was du sagst! ~ **of the dog!** Achtung, bissiger Hund! ~ **of pickpockets!** vor Taschendieben wird gewarnt! **be·wil·der** [bɪ'wɪldə(r)] *tr* verwirren; verblüffen; **be·wil·dered** [bɪ'wɪldəd] *adj* verwirrt; verblüfft; **be·wil·der·ing** [—ɪŋ] *adj* verwirrend; verblüffend; **be·wil·der·ment** [—mənt] Verwirrung *f;* Verblüffung *f;* **be·witch** [bɪ'wɪtʃ] *tr* bezaubern, verhexen; **be·witch·ing** [—ɪŋ] *adj* bezaubernd, hinreißend.

be·yond [bɪ'jɒnd] I *prep* 1. jenseits *gen,* über ... hinaus *a. fig;* außerhalb *gen;* weiter als; 2. *(örtlich)* nach; 3. *(zeitlich)* länger als (bis), später als; 4. mehr als; außer, neben; ▶ ~ **belief** unglaublich; ~ **control** unkontrollierbar; ~ **hope** hoffnungslos; ~ **imagination** unvorstellbar; **be ~ s.o.** jdn übertreffen; **live ~ one's income** über seine Verhältnisse leben; **he is ~ help** ihm ist nicht (mehr) zu helfen; **that is ~ me** das ist mir zu hoch; II *adv* jenseits; darüber hinaus; III *s* ▶ **the ~** das Jenseits.

bi- [ˌbaɪ] *pref* Zwei-, Doppel-; **bi-an·nual** [ˌbaɪ'ænjuəl] *adj* halbjährlich. **bias** ['baɪəs] I *s fig* 1. Neigung *f,* Hang *m* *(towards* zu), Vorliebe *f (towards* für); 2. Voreingenommenheit *f;* II *adj* schräg; quer verlaufend; III *tr* 1. beeinflussen, in e-e bestimmte Richtung lenken; 2. einnehmen *(towards the plan* für den Plan); **bias(s)ed** ['baɪəst] *adj* 1. *fig* voreingenommen *(against* gegen); 2. *jur* befangen.

bib [bɪb] 1. Lätzchen *n;* 2. (Schürzen-) Latz *m.*
Bible ['baɪbl] Bibel *f;* **bib·li·cal** ['bɪblɪkl] *adj* biblisch.
bib·li·ogra·pher [ˌbɪblɪ'ɒgrəfə(r)] Bibliograph(in) *m (f);* **bib·li·ogra·phic(al)** [ˌbɪblɪ'ɒgræfɪk(l)] *adj* bibliographisch; **bib·li·ogra·phy** [ˌbɪblɪ'ɒgrəfɪ] Bibliographie *f;* **bib·lio·phile** ['bɪblɪəfaɪl] Bibliophile(r) *f m,* Bücherfreund(in) *m (f).*
bi·car·bon·ate [ˌbaɪ'kɑ:bənət] *chem* ▶ ~ **of soda** Natron *n.*
bi·cen·ten·ary [ˌbaɪsen'ti:nərɪ] Zweihundertjahrfeier *f.*
bi·ceps ['baɪseps] *anat* Bizeps *m.*
bicker ['bɪkə(r)] *itr* (sich herum)zanken; **bicker·ing** [—ɪŋ] Gezänk *n.*
bi·cycle ['baɪsɪkl] Fahrrad *n;* ▶ **ride a ~** radfahren.
bid[1] [bɪd] ⟨*irr* bid, bid⟩ I *tr* 1. bieten *(for* auf); 2. *(Kartenspiel)* reizen; II *itr* bieten; III *s* 1. *(Auktion)* Gebot *n;* 2. Preisangebot *n;* 3. *(Karten)* Reizen *n;* 4. Versuch *m,* Bewerbung, Bemühung *f (for* um); ▶ **make a ~ for power** nach der Macht greifen.
bid[2] [bɪd] ⟨*irr* bad(e), bidden⟩ ['bɪdn] *tr* *(Gruß)* entbieten *(s.o.* jdm); ▶ ~ **s.o. farewell** jdm Lebewohl sagen.

bid·der ['bɪdə(r)] *(Auktion)* Bieter *m;* **bid·ding** ['bɪdɪŋ] 1. *(Auktion)* Gebot *n;* 2. Geheiß *n,* Befehl *m.*
bide [baɪd] *tr* ▶ ~ **one's time** seine Zeit, Gelegenheit abwarten.
bi·en·nial [baɪ'enɪəl] *adj* zweijährig.
bier [bɪə(r)] (Toten)Bahre *f.*
bi·focals [baɪ'fəuklz] *pl* Bifokalbrille *f.*
big [bɪg] I *adj* 1. groß, dick; 2. groß, erwachsen; 3. groß, bedeutend, wichtig; 4. großzügig, -mütig; 5. hochmütig, anmaßend; ▶ **have ~ ideas** große Pläne haben; ~ **with** voller, voll von; II *adv* aufgeblasen, großspurig; ▶ **talk ~** *fam* große Töne reden, spucken.
big·am·ist ['bɪgəmɪst] Bigamist *m;* **big·amy** ['bɪgəmɪ] Bigamie *f.*
big busi·ness [ˌbɪg'bɪznɪs] Großkapital *n;* **big game** Hochwild *n.*
bigot ['bɪgət] 1. engstirniger Mensch; 2. *rel* Frömmler(in) *m (f);* **bigoted** [—ɪd] *adj* engstirnig; bigott; **bigotry** [—rɪ] 1. Engstirnigkeit *f;* Fanatismus *m;* 2. Bigotterie *f.*
big shot ['bɪgʃɒt] *fam* Bonze *m;* **big top** *(Zirkus)* Hauptzelt *n;* **big·wig** ['bɪgwɪg] *sl* großes Tier.
bike [baɪk] *fam* (Fahr)Rad *n.*
bi·kini [bɪ'ki:nɪ] Bikini *m.*
bi·lat·eral [ˌbaɪ'lætərəl] *adj* bilateral, zweiseitig.
bil·berry ['bɪlbərɪ] Heidel-, Blaubeere *f.*
bile [baɪl] 1. *med* Galle *f;* 2. *fig* schlechte Laune.
bi·lin·gual [baɪ'lɪŋgwəl] *adj* zweisprachig.
bil·ious ['bɪlɪəs] *adj* 1. Gallen-; 2. *fig (Mensch)* gallig, reizbar; ▶ ~ **attack** Gallenkolik *f.*
bill[1] [bɪl] Schnabel *m.*
bill[2] [bɪl] I *s* 1. Rechnung *f;* 2. Anschlag(zettel) *m,* Plakat *n;* 3. (Theater-, Konzert)Programm *n;* 4. *parl* Gesetzesvorlage *f,* -entwurf *m;* 5. *com* (~ *of exchange)* Wechsel *m;* 6. *Am* Banknote *f,* Geldschein *m;* ▶ **cash, honour a ~** e-n Wechsel einlösen; **draw a ~ on s.o.** e-n Wechsel auf jdn ziehen; **fit, fill the ~** *fig* passen; **foot the ~** *fam* dafür aufkommen; **pass a ~** ein Gesetz verabschieden; **stick a ~** e-n Zettel, ein Plakat ankleben; **post, stick no ~s!** Plakate ankleben verboten! **the ~, please!** bitte zahlen! ~ **of lading** Seefrachtbrief *m;* ~ **of entry** Zolleinfuhrerklärung, -deklaration *f;* ~ **of fare** Speisekarte *f;* ~ **of health** *G*esundheitsbescheinigung *f,* -paß *m;* ~ **of sale** Kaufurkunde *f;* II *tr* 1. *(durch Anschlag)* bekanntmachen, -geben; anschlagen; 2. (~ *for)* in Rechnung stellen.
bill·board ['bɪlbɔ:d] Anschlag-, Plakattafel *f.*
bil·let[1] ['bɪlɪt] I *s* 1. *mil* Quartierschein *m;* (Privat)Quartier *n;* 2. *fam* Stellung,

Arbeit *f;* **II** *tr* einquartieren, unterbringen (*on s.o.* bei jdm; *in, at* in).
bil·let[2] ['bɪlɪt] (Holz)Scheit *n.*
bill·fold ['bɪlfəʊld] *Am* Brieftasche *f.*
bil·liards ['bɪliədz] *pl mit sing* Billard(spiel) *n;* ▶ **a game of** ~ e-e Partie Billard.
bil·lion ['bɪliən] Billion *f; Am* Milliarde *f.*
bil·low ['bɪləʊ] **I** *s lit* Woge *f;* **II** *itr* 1. wogen; 2. sich (auf)türmen; **bil·lowy** ['bɪləʊɪ] *adj* wogend.
bill-poster, bill-sticker ['bɪl,pəʊstə(r), 'bɪl,stɪkə(r)] Plakat-, Zettelankleber *m;* **bill·post·ing** ['bɪl,pəʊstɪŋ] Plakatankleben *n.*
billy ['bɪlɪ] (~-*can*) Kochgeschirr *n;* **billy-goat** Ziegenbock *m.*
bi-month·ly [,baɪ'mʌnθlɪ] *adj* zweimonatlich.
bin [bɪn] Behälter *m;* ▶ **dust** ~ Abfalleimer *m.*
bi·nary ['baɪnərɪ] *adj* binär; **binary code** *EDV* Binärcode *f.*
bind [baɪnd] ⟨*irr* bound, bound⟩ **I** *tr* 1. binden (*a. Buch);* 2. befestigen (*to, on* an); 3. (*Küche*) binden; 4. verbinden; 5. einfassen (*with* mit); 6. *fig* binden, verpflichten; ▶ ~ **o.s. to s.th.** sich zu etw verpflichten; ~ **over** rechtlich verpflichten; ~ **together** zusammenbinden; *fig* verbinden; ~ **up** an-, hoch-, zu-, zusammenbinden; **II** *itr* fest, hart werden; **binder** ['baɪndə(r)] 1. (Buch)Binder(in) *m (f);* 2. Band *n;* Binde *f;* 3. Aktendeckel *m;* 4. *agr* Mähbinder *m;* 5. *tech* Bindemittel *n;* **bind·ery** ['baɪndərɪ] Buchbinderei *f;* **bind·ing** ['baɪndɪŋ] **I** *adj* bindend, verbindlich, verpflichtend (*on* für); ▶ **be** ~ **for s.o.** für jdn rechtsverbindlich sein; **legally** ~ rechtsverbindlich; **not** ~ unverbindlich; **II** *s* 1. (*Buch*) Einband *m;* 2. Besatz *m;* Saum *m;* 3. (*Ski*) Bindung *f.*
bind·weed ['baɪndwi:d] *bot* Winde *f.*
binge [bɪndʒ] *sl* Sauferei *f.*
bingo ['bɪŋgəʊ] Bingo *n (Spiel).*
bin·ocu·lars [bɪ'nɒkjʊləz] ▶ **pair of** ~ Fernglas *n.*
bi·nomial [baɪ'nəʊmɪəl] *adj math* binomisch.
bio [,baɪəʊ] *pref* Bio-, Lebens-; **bio-chemi·cal** [,baɪəʊ'kemɪkl] *adj* biochemisch; **bio·chem·ist** [,baɪəʊ'kemɪst] Biochemiker(in) *m (f);* **bio·chem·is·try** [,baɪəʊ'kemɪstrɪ] Biochemie *f;* **bio-degrade** [,baɪəʊdɪ'greɪd] *itr* sich (biologisch) abbauen; **bio·degrad·able** [-əbl] *adj* biologisch abbaubar; **bio-dy·nam·ic** [,baɪəʊdaɪnæmɪk] *adv* biodynamisch; **bio·graphi·cal** [,baɪə'græfɪkl] *adj* biographisch; **bi·ogra·phy** [baɪ'ogrəfɪ] Biographie, Lebensbeschreibung *f.*
bio·logi·cal [,baɪə'lɒdʒɪkl] *adj* biologisch; **bi·ol·ogist** [baɪ'ɒlədʒɪst] Biolo-

ge *m,* Biologin *f;* **bi·ol·ogy** [baɪ'ɒlədʒɪ] Biologie *f.*
bio·mass [,baɪəmæs] Biomasse *f;* **bio·physics** [,baɪəʊ'fɪzɪks] *pl mit sing* Biophysik *f;* **bio·rhythm** ['baɪərɪðəm] *meist pl* Biorhythmus *m;* **bio·sphere** ['baɪəsfɪə(r)] Biosphäre *f;* **bio·tech·no·lo·gy** [,baɪəʊtek'nɒlədʒɪ] Biotechnik *f;* **bio·tope** ['baɪətəʊp] Biotop *n.*
bi·par·ti·san [,baɪpɑ:tɪ'zæn] *adj pol* Zweiparteien-.
bi·ped ['baɪped] *zoo* Zweifüßler *m.*
bi·plane ['baɪpleɪn] *aero* Doppeldecker *m.*
birch [bɜ:tʃ] **I** *s* 1. Birke(nholz *n) f;* 2. (~-*rod*) (Birken)Rute *f;* **II** *tr* mit der Rute schlagen.
bird [bɜ:d] 1. Vogel *m;* 2. *sl* Puppe, Biene *f;* 3. *fam* Kauz *m;* ▶ **kill two** ~**s with one stone** *fig* zwei Fliegen mit einer Klappe schlagen; ~**s of a feather flock together** *prov* gleich und gleich gesellt sich gern; **a** ~ **in the hand is worth two in the bush** *prov* der Spatz in der Hand ist besser als die Taube auf dem Dach; **early** ~ Frühaufsteher(in) *m (f);* ~ **of passage** Zugvogel *m a. fig;* ~ **of prey** Raub-, Greifvogel *m;* **bird-cage** Vogelkäfig *m,* -bauer *n;* **birdie** ['bɜ:dɪ] Vögelchen *n;* **bird-seed** ['bɜ:dsi:d] Vogelfutter *n;* **bird's-eye view** [,bɜ:dzaɪ'vju:] Vogelperspektive *f;* **bird's-nest** Vogelnest *n.*
birth [bɜ:θ] 1. Geburt *f a. fig;* 2. Abstammung, Herkunft *f,* Ursprung *m;* 3. Entstehung *f,* Aufkommen *n;* Ausgangspunkt, Anbruch *m;* ▶ **at** ~ bei der Geburt; **by** ~ von Geburt; **from his** ~ von Geburt an; **give** ~ **to** zur Welt bringen; *fig* ins Leben rufen; **date, place of** ~ Geburtsdatum *n,* -ort *m;* **premature** ~ Frühgeburt *f;* **birth certificate** Geburtsurkunde *f;* **birth-control** Geburtenregelung, -kontrolle *f;* **birth·day** ['bɜ:θdeɪ] Geburtstag *m;* **birthday party** Geburtstagsfeier, -party *f;* **birthday present** Geburtstagsgeschenk *n;* **birthday suit** *hum* Adamskostüm *n;* **birth-mark** Muttermal *n;* **birth-place** Geburtsort *m,* -haus *n;* **birth-rate** Geburtenziffer *f;* ▶ **falling** ~ Geburtenrückgang *m.*
bis·cuit ['bɪskɪt] Keks *m; Am* Brötchen *n.*
bi·sect [baɪ'sekt] *tr* in zwei Teile teilen, halbieren; **bi·sec·tion** [baɪ'sekʃn] Halbierung *f.*
bi·sex·ual [,baɪ'sekʃʊəl] **I** *adj* bisexuell; **II** *s* Bisexuelle(r) *f m.*
bishop ['bɪʃəp] 1. *rel* Bischof *m;* 2. (*Schach*) Läufer *m;* **bishop·ric** [-rɪk] Bistum *n.*
bi·son ['baɪsn] Wisent *m; Am* Bison *m.*
bit[1] [bɪt] 1. (*Pferd*) Gebiß *n;* 2. Bohrer *m;* ▶ **take the** ~ **between one's teeth**

fig sich ins Zeug legen.
bit² [bɪt] Bissen *m;* Stückchen *n;* ▶ a ~ ein bißchen; ein Weilchen; **a ~ at a time,** ~ **by** ~ Stück für Stück, schrittweise; **not a** ~ kein bißchen, nicht im geringsten; **do one's** ~ seine Pflicht tun; **smash to** ~s kurz u. klein schlagen; **he's a** ~ **better** es geht ihm etwas besser; **I'm going to sleep for a** ~ ich gehe e-e Weile schlafen.
bit³ [bɪt] *EDV* Bit *n.*
bit⁴ [bɪt] *v s. bite.*
bitch [bɪtʃ] 1. Hündin *f;* 2. *sl pej* Weibsstück *n.*
bite [baɪt] ⟨*irr* bit, bitten⟩ I *tr* 1. beißen; 2. *(Insekt)* stechen; 3. *tech* ätzen, zerfressen; ▶ ~ **the dust, ground** *fam* ins Gras beißen; ~ **one's lips** sich auf die Lippen beißen; ~ **one's nails** an den Nägeln kauen; ~ **off** abbeißen; **once bitten twice shy** *prov* ein gebranntes Kind scheut das Feuer; II *itr* 1. (hinein-, zu)beißen *(into, at* in); schnappen *(at s.th.* nach etw); 2. brennen, stechen; 3. *tech* eingreifen *(in* in); 4. *(Fisch)* anbeißen *a. fig;* III *s* 1. Biß(wunde *f) m;* Stich *m;* 2. *(Angel)* Anbiß *m;* 3. Happen, Imbiß *m;* 4. *tech* Eingreifen *n;* Ätzen *n;* Fassen *f;* 5. *fig* Schärfe, Bitterkeit *f;* **bit·ing** ['—ɪŋ] *adj* 1. *(Wind, Kälte)* schneidend; 2. *fig (Worte)* scharf, beißend.
bit·ten ['bɪtn] *v s. bite.*
bit·ter ['bɪtə(r)] I *adj* 1. bitter *a. fig;* 2. *fig* schmerzlich, hart, schwer; 3. sarkastisch, scharf, heftig; 4. *(Wind)* scharf, rauh; *(Kälte)* streng; ▶ **to the** ~ **end** bis zum bitteren Ende; **a** ~ **pill to swallow** e-e bittere Pille; II *s* dunkles Bier; **bit·ter·ly** [—lɪ] *adv* bitterlich; **bit·ter·ness** [—nɪs] 1. Bitterkeit, Herbheit *f;* 2. *fig* Verbitterung *f.*
bitu·men ['bɪtjumən] Bitumen *n;* **bit·umi·nous** [bɪ'tju:mɪnəs] *adj geol* bituminös; ▶ ~ **coal** Fettkohle *f.*
bi·valve ['baɪvælv] zweischalige Muschel.
biv·ouac ['bɪvuæk] *mil* Biwak *n.*
bi·week·ly [ˌbaɪ'wi:klɪ] *adj* vierzehntägig.
bi·zarre [bɪ'zɑ:(r)] *adj* bizarr.
blab [blæb] I *itr* schwatzen, plappern; II *tr* ausplaudern.
black [blæk] I *adj* 1. schwarz *a. fig;* 2. dunkel, düster, finster; 3. schmutzig, dreckig; 4. dunkel(häutig); 5. *fig* unheimlich, unheilvoll, drohend; 6. ärgerlich, mürrisch, böse, abscheulich; ▶ ~ **ice** Glatteis *n;* **give s.o. a** ~ **look** jdn finster anblicken; **have s.th. down in** ~ **and white** etw schwarz auf weiß haben; **he is not so** ~ **as he is painted** er ist nicht so schlecht wie sein Ruf; II *s* 1. Schwarz *n,* schwarze Farbe, Schwärze *f;* 2. *(Neger)* Schwarze(r) *f m;* ▶ **in the** ~

fin in den schwarzen Zahlen; III *tr* schwarz machen, schwärzen; *(Schuhe)* wichsen; IV *(mit Präposition)* **black out** *tr* verdunkeln; *itr* ohnmächtig werden; **black·ball** ['blækbɔ:l] *tr* stimmen gegen; **black·berry** ['blækbərɪ] *bot* Brombeere *f;* **black·bird** ['blækbɜ:d] Amsel *f;* **black·board** ['blækbɔ:d] Wandtafel *f;* ▶ **write on the** ~ an die Tafel schreiben; **black book** ▶ **be in s.o.'s** ~s bei jdm auf der schwarzen Liste stehen; **black·cur·rant** [ˌblæk'kʌrənt] schwarze Johannisbeere; **blacken** ['blækən] I *tr* 1. schwarz machen, schwärzen; 2. *fig* anschwärzen, schlecht sprechen von; II *itr* schwarz, dunkel werden; **black·eye** blaues Auge.
black·guard ['blægɑ:d] I *s* Schuft, Schurke, Lump *m;* II *tr* schlecht-, heruntermachen *(s.o.* jdn).
black·head ['blækhed] Mitesser *m;* **black·ing** ['blækɪŋ] schwarze Schuhcreme, -wichse *f;* **black·ish** ['blækɪʃ] *adj* schwärzlich; **black·jack** ['blæk,dʒæk] *Am* Totschläger *m (Waffe);* **black-lead** [ˌblæk'led] Graphit *m;* **black·leg** ['blækleg] *Br* I *s* Streikbrecher *m;* II *itr* Streikbrecher sein; **black·list** ['blæklɪst] I *s* schwarze Liste; II *tr* auf die schwarze Liste setzen; **black·mail** ['blækmeɪl] I *s* Erpressung *f;* II *tr* erpressen; **black·mailer** ['blækmeɪlə(r)] Erpresser(in) *m (f);* **black mark** *fig* Minuspunkt *m,* schlechte Note; **black market** schwarzer Markt; **black mar·ke·teer** [ˌblæk,mɑ:kɪ'tɪə(r)] Schwarzhändler(in) *m (f).*
black·ness ['blæknɪs] Schwärze *f.*
black·out ['blækaut] 1. Stromausfall *m;* Blackout *m;* Verdunkelung *f;* 2. Bewußtlosigkeit *f;* 3. *(Zensur)* Streichung, Nachrichtensperre *f;* **black pudding** Blutwurst *f;* **black sheep** *fig* schwarzes Schaf; **black·smith** ['blæksmɪθ] (Grob)Schmied *m;* **black·thorn** ['blækθɔ:n] *bot* Schwarzdorn *m.*
blad·der ['blædə(r)] *anat* Blase *f.*
blade [bleɪd] 1. Klinge *f;* 2. (Ruder-, Säge)Blatt *n;* (Turbinen)Schaufel *f;* (Propeller)Flügel *m;* 3. *(shoulder-~)* (Schulter)Blatt *n;* 4. *bot* Halm *m.*
blah [blɑ:] *fam* Quatsch *m,* Geschwafel *n.*
blame [bleɪm] I *tr* 1. tadeln *(for* wegen); 2. die Schuld geben *(s.o. for s.th.* jdm an e-r S); 3. Vorwürfe machen *(s.th. on s.o.* jdm wegen etw); vorwerfen *(s.th. on s.o.* jdm etw); ▶ **be to** ~ **(for)** schuld sein (an); **I'm not blaming you for anything** ich werfe Ihnen nichts vor; II *s* 1. Tadel *m,* Rüge *f,* Verweis *m;* 2. Schuld *f (on, for* an); ▶ **bear the** ~ Schuld haben; **lay the** ~ **for s.th. on s.o.** jdm die Schuld an etw geben; **take the** ~ **for s.th.** die Schuld für etw auf sich nehmen; **blame-**

less ['bleɪmlɪs] *adj* untadelig; schuldlos; **blame·worthy** ['bleɪmwɜːðɪ] *adj* tadelnswert.

blanch [blɑːntʃ] I *tr* 1. weiß machen, bleichen; 2. *(durch Brühen)* schälen, enthülsen; *(Küche)* blanchieren; II *itr* erbleichen, erblassen.

blanc·mange [bləˈmɒnʒ] Pudding *m*.

bland [blænd] *adj* 1. freundlich, umgänglich, angenehm, nett; 2. *(Klima)* mild; 3. nichtssagend; **bland·ish·ment** ['blændɪʃmənt] Schmeichelei *f*.

blank [blæŋk] I *adj* 1. weiß, leer, unbeschrieben, unausgefüllt; 2. ausdruckslos; inhaltleer; 3. verblüfft; ▶ ~ **cheque** Blankoscheck *m*; ~ **form** unausgefülltes Formular, Vordruck *m*; ~ **space** freier Raum, freigelassene Stelle; ~ **verse** Blankvers *m*; II *s* 1. *(Buch, Blatt, Papier)* leere Stelle, freier Raum; 2. *(Lotterie)* Formblatt, Formular *n* zum Ausfüllen, Vordruck *m*; 3. *(~ cartridge)* Platzpatrone *f*; ▶ **draw a ~** e-e Niete ziehen.

blan·ket ['blæŋkɪt] I *s* (Woll)Decke *f*; ▶ **wet ~** Spiel-, Spaßverderber(in) *m* *(f)*; ~ **of snow** Schneedecke *f*; II *attr adj* allgemein, umfassend, pauschal; III *tr* be-, über-, zudecken; einhüllen.

blare [bleə(r)] I *tr, itr* 1. *(Trompete)* schmettern; 2. grölen; II *s* Schmettern *n*; Lärm *m*.

blas·pheme [blæsˈfiːm] I *tr (Gott)* lästern; II *itr* fluchen; lästern *(against* gegen); **blas·phemer** [blæsˈfiːmə(r)] Gotteslästerer *m*, -lästerin *f*; **blasphem·ous** ['blæsfəməs] *adj (Mensch)* lästernd; **blas·phemy** ['blæsfəmɪ] Gotteslästerung *f*.

blast [blɑːst] I *s* 1. Windstoß *m*; 2. Knall *m*, Druckwelle, Explosion *f*; 3. Trompetenstoß *m*; Hornsignal *n*; ▶ **in, at full ~** in vollem Betrieb, auf vollen Touren; II *tr* 1. sprengen; 2. verdorren; erfrieren lassen; vernichten; III *itr (~ off)* starten *(Rakete)*; IV *interj sl* ~ **it!** verflucht! **blasted** ['blɑːstɪd] *adj sl* verflixt, verdammt; **blast-furnace** Hochofen *m*; **blast-off** ['blɑːstɒf] *(Rakete)* Abschuß *m*; **blast wave** Druckwelle *f*.

bla·tant ['bleɪtnt] *adj* 1. geräuschvoll, laut; aufdringlich; 2. *(Unrecht)* kraß, schreiend, offensichtlich.

blaze[1] [bleɪz] I *s* 1. (lodernde) Flamme, Glut *f*; 2. Feuer *n*, Brand *m*; 3. heller Schein; II *itr (Sonne)* brennen; III *(mit Präposition)* **blaze away** *itr* drauflos feuern *(at* auf); **blaze up** *itr* aufflammen.

blaze[2] [bleɪz] I *s (Pferd, Rind)* Blesse *f*; II *tr (Baum)* markieren; ▶ ~ **a trail** e-n Weg bezeichnen.

blazer ['bleɪzə(r)] Blazer *m*, leichte Sportjacke.

blaz·ing ['bleɪzɪŋ] *adj* 1. brennend, lodernd; auffallend; 2. *(Lüge)* offenkundig; ▶ **in the ~ sun** in der prallen

Sonne; ~ **hot** glühend heiß.

bleach [bliːtʃ] I *s* Bleichmittel *n*; II *tr* bleichen; **bleach·ers** ['bliːtʃəz] *pl Am sport* Zuschauersitze *m pl (im Freien)*; **bleach·ing** [—ɪŋ] Bleichen *n*.

bleak [bliːk] *adj* 1. kahl, öde; 2. kalt, rauh; 3. *fig* unfreundlich, trostlos, trübe.

bleary ['blɪərɪ] *adj* unscharf, undeutlich, verschwommen; *(Auge)* trüb; **bleary-eyed** [ˌblɪərɪˈaɪd] *adj* trübäugig.

bleat [bliːt] I *itr* 1. *(Schaf)* blöken; *(Ziege)* meckern; 2. weinerlich reden; II *s* Blöken, Meckern *n*.

bleed [bliːd] ⟨*irr* bled, bled⟩ [bled] I *itr* 1. bluten *(from* von); 2. *bot* Saft verlieren; 3. *fig (~ for)* leiden (mit); ▶ ~ **to death** verbluten; II *tr* 1. zur Ader lassen; 2. *fig* schröpfen; 3. *tech* entlüften; ▶ ~ **s.o. white** *fam* jdn total ausnehmen; **bleeder** ['bliːdə(r)] *med* Bluter(in) *m* *(f)*; ▶ **a cheeky little ~** *fam* ein frecher Lümmel; **bleed·ing** ['—ɪŋ] I *adj sl* verdammt; II *s* 1. Blutung *f*; Aderlaß *m*; 2. *tech* Entlüften *n*.

bleeper ['bliːpə(r)] *tele* Piepser *m*.

blem·ish ['blemɪʃ] I *s* Fehler, Mangel, Makel *m*; II *tr* entstellen, verunstalten, beflecken.

blench [blentʃ] *itr* bleich werden.

blend [blend] I *tr* 1. *(Tee, Kaffee, Tabak)* mischen; *(Wein)* verschneiden; 2. übergehen lassen *(into* in); II *itr* 1. sich (ver)mischen *(with* mit); 2. *(bes. Farben)* harmonieren *(with* mit); III *s* Mischung *f*; **blender** [blendə(r)] Mixer *m*.

bless [bles] ⟨*poet a. irr* blest, blest⟩ [blest] *tr* 1. segnen; 2. preisen; beglückwünschen; ▶ **be ~ed with** gesegnet sein mit; **blessed** ['blesɪd] *adj* 1. gesegnet, (glück)selig, glücklich; 2. *rel* selig; 3. glückbringend; 4. *sl* verdammt, verflixt; **bless·ing** ['—ɪŋ] Segen *m*; Gnade *f a. fig (to* für); Wohltat *f*; ▶ **a ~ in disguise** Glück *n* im Unglück.

blew [bluː] *v s.* blow.

blight [blaɪt] I *s* 1. *bot* Mehltau *m*; 2. schädlicher Einfluß; II *tr fig* vereiteln, zunichte machen; **blighter** ['blaɪtə(r)] *sl* Ekel *n*; Kerl *m*.

bli·mey ['blaɪmɪ] *interj sl* verdammt!

blind [blaɪnd] I *adj* 1. blind *a. fig (to* für); 2. *fig* uneinsichtig, verständnislos *(to* genüber); 3. planlos; sinnlos; 4. *(Kurve)* unübersichtlich; ▶ **be ~ in one eye** auf e-m Auge blind sein; II *s* Blende *f*; Markise *f*; Rollo *n*; **the ~** *pl* die Blinden *m pl*; III *tr* 1. blind machen *(to* für); blenden; 2. *fig* verblenden; **blind alley** Sackgasse *f a. fig*; ▶ **that's leading up a ~** das führt in e-e Sackgasse; **blind·er** ['blaɪndə(r)] *Am* Scheuklappe *f*; **blind flying** *aero* Blindflug *m*; **blind·fold** ['blaɪndfəʊld] I *tr* die Augen verbinden *(s.o.* jdm); II *adj* mit verbundenen Augen; **III** *s* Augenbinde *f;* **blind landing** *aero* Blindlandung *f;* **blind-man's buff** [ˌblaɪndmænz'bʌf] Blindekuh(spiel *n) f;* **blind·ness** ['−nɪs] Blindheit *f a. fig (to* gegen); **blind spot** *anat* blinder Fleck; **blind·worm** ['blaɪndwɜːm] *zoo* Blindschleiche *f.*

blink [blɪŋk] **I** *tr, itr* 1. blinzeln, zwinkern *(one's eyes* mit den Augen); 2. *(Licht, Stern)* flimmern; *(Licht)* blinken; 3. *fig* nicht sehen wollen, übergehen *(at s.th.* etw); **II** *s* Blinzeln *n;* **blink·ers** ['blɪŋkəz] *pl* Scheuklappen *f pl;* **blinking** ['−ɪŋ] *adj sl* verflixt.

bliss [blɪs] (Glück)Seligkeit *f;* **bliss·ful** ['blɪsfl] *adj* (glück)selig, überglücklich.

blis·ter ['blɪstə(r)] **I** *s med* Blase *f;* Bläschen *n;* **II** *tr* Blasen bilden auf; **III** *itr* Blasen bekommen, *tech* werfen.

blith·er·ing ['blɪðərɪŋ] *adj fam* blöde, dämlich; ▶ a ~ **idiot** ein Vollidiot.

blitz [blɪts] **I** *s* Blitzkrieg *m;* Luftangriff *m;* **II** *tr* heftig bombardieren; ▶ ~ed **town** zerbombte Stadt.

bliz·zard ['blɪzəd] Schneesturm *m.*

bloated ['bləʊtɪd] *adj* aufgedunsen *(with* von).

bloater ['bləʊtə(r)] *zoo* Bückling *m.*

blob [blɒb] Tropfen, Klecks *m.*

bloc [blɒk] *pol* Block *m.*

block [blɒk] **I** *s* 1. (Holz)Klotz *m;* (Fels)Block *m;* Hack-, Hauklotz *m;* 2. Richtblock *m;* 3. Wohnblock *m; Am* Häuserblock *m;* 4. *(writing* ~) Schreibblock *m;* 5. (Verkehrs)Hindernis *n,* Sperre *f;* 6. *tech* Flaschenzug *m;* 7. *typ* (Druck)Stock *m,* Klischee *n;* 8. *(Spielzeug)* Bauklotz *m;* 9. *fig* Block *m,* geschlossene Gruppe, Satz *m;* ▶ ~ **of flats** Mietskaserne *f;* **II** *tr* 1. blockieren, verstopfen, aufhalten, (ver)sperren *a. fig;* 2. *(Ball)* abfangen; **III** *(mit Präposition)* **block off** *tr* abschirmen, absperren; **block up** *tr* einsperren; zumauern; versperren.

block·ade [blɒ'keɪd] **I** *s* Blockade *f;* **II** *tr* blockieren; (ver)sperren.

block·house ['blɒkhaʊs] Blockhaus *n;* **block letters** *pl* Blockschrift *f.*

bloke [bləʊk] *sl* Kerl, Bursche *m.*

blond [blɒnd] *adj (Mann)* blond; **blonde** [blɒnd] **I** *adj (Frau)* blond; **II** *s* Blondine *f.*

blood [blʌd] 1. Blut *n a. fig;* 2. Abstammung, Herkunft *f;* Rasse *f;* ▶ **in cold** ~ kaltblütig; **make bad** ~ **between** Unfrieden stiften zwischen; **my** ~ **ran cold, froze** ich war starr vor Schrecken; **his** ~ **was up** er war sehr erregt; **it made my** ~ **boil** ich kochte vor Wut; **circulation of the** ~ Blutkreislauf *m;* **my own flesh and** ~ mein eigenes Fleisch u. Blut; **blood alcohol** Blutalkohol *m;* **blood bank** *med* Blutbank *f;* **blood clot** Blutgerinnsel *n;* **blood-curd·ling**

['blʌdˌkɜːdlɪŋ] *adj* haarsträubend; **blood-donor** Blutspender(in) *m (f);* **blood-group** Blutgruppe *f;* **blood-hound** ['blʌdhaʊnd] Bluthund *m.*

blood·less ['blʌdlɪs] *adj* 1. blutleer; bleich; 2. unblutig.

blood-poison·ing ['blʌdˌpɔɪznɪŋ] Blutvergiftung *f;* **blood pressure** Blutdruck *m;* **blood-relation** Blutsverwandte(r) *f m;* **blood·shed** ['blʌdʃed] Blutvergießen *n;* **blood·shot** ['blʌdʃɒt] *adj* blutunterlaufen; **blood·stained** ['blʌdsteɪnd] *adj* blutbefleckt *a. fig;* **blood-stock** Vollblutpferde *n pl;* **blood stream** *med* Blutstrom *m;* **blood-sucker** 1. *zoo* Blutegel *m;* 2. *fig* Blutsauger *m;* **blood sugar** Blutzucker *m;* **blood test** Blutprobe; Blutuntersuchung *f;* **blood-thirsty** ['blʌdˌθɜːstɪ] *adj* blutdurstig; **blood-transfusion** Blutübertragung *f;* **blood-vessel** *anat* Blutgefäß *n.*

bloody ['blʌdɪ] **I** *adj* 1. blutig, blutend; 2. *vulg* verdammt, verflucht; **II** *adv vulg* sehr; **bloody-minded** [ˌblʌdɪ'maɪndɪd] *adj fam* stur.

bloom [bluːm] **I** *s* 1. Blüte *a. fig,* Blume *f;* 2. Schimmer *m;* ▶ **in (full)** ~ **in (voller)** Blüte; **II** *itr* blühen *a. fig.*

bloomer ['bluːmə(r)] *sl* Bock, Schnitzer *m.*

bloom·ing ['bluːmɪŋ] *adj* 1. blühend *a. fig;* 2. *sl* verflixt, verteufelt.

blos·som ['blɒsəm] **I** *s (bes.* Baum)Blüte *f;* ▶ **in** ~ in (voller) Blüte; **II** *itr* 1. (auf)blühen; 2. *(~ out) fig* erblühen, sich entwickeln, sich entfalten *(into* zu).

blot [blɒt] **I** *s* 1. Fleck, Klecks *m;* 2. *fig* Makel, Schandfleck *m;* **II** *tr* 1. e-n Klecks machen *(s.th.* auf etw); 2. ablöschen; ▶ ~ **out** unleserlich machen, verdecken *a. fig.*

blotch [blɒtʃ] Klecks, Fleck *m;* **blotchy** ['blɒtʃɪ] *adj* fleckig.

blot·ter ['blɒtə(r)] 1. Löscher *m;* 2. *Am* Kladde *f;* **blot·ting** ['blɒtɪŋ] *adj* ▶ ~-**pad** Schreibunterlage *f;* ~-**paper** Löschpapier *n.*

blotto ['blɒtəʊ] *adj sl* sternhagelvoll.

blouse [blaʊz] Bluse *f.*

blow[1] [bləʊ] ⟨irr **blew, blown**⟩ **I** *itr* 1. *(Wind)* wehen, blasen, pfeifen; stürmen; 2. *(im Wind)* wegfliegen; 3. *(Blasinstrument)* ertönen; 4. heftig atmen, keuchen, blasen, pusten; 5. *el (Sicherung)* durchbrennen; **II** *tr* 1. blasen, wehen; 2. *(Feuer)* anblasen, anfachen; 3. *mus (Instrument)* blasen; 4. *sl (Geld)* verpulvern; ▶ ~ **dry** fönen; ~ **the horn** *mot* hupen; ~ **hot and cold** nicht wissen, was man will; ~ **one's nose** sich die Nase putzen; ~ **it!** verdammt noch mal! ~ **the expense!** egal, was es kostet! **III** *s* Blasen *n;* ▶ **go for a** ~ an die (frische) Luft gehen; **IV** *(mit Präposition)* **blow**

down *tr (Sturm)* umwerfen; **blow off, away** *itr (im Wind)* wegfliegen; *tr* wegwehen, -blasen, -fegen; **blow out** *itr (Reifen)* platzen; *tr (Streichholz)* ausblasen; ▶ ~ **one's brains out** sich e-e Kugel durch den Kopf jagen; **blow over** *itr* vorbei-, vorübergehen; **blow up** *tr* 1. aufblasen, -pumpen; 2. sprengen, in die Luft jagen; 3. *phot* vergrößern; *itr* 1. explodieren *a. fig;* 2. *fam* anpfeifen.

blow² [bləʊ] Schlag, Stoß *m a. fig;* ▶ **at a, one** ~ auf einen Schlag; **without striking a** ~ ohne jede Gewalt; **come to** ~**s** sich in die Haare geraten; **strike a** ~ **for s.th.** e-r Sache einen großen Dienst erweisen.

blower ['bləʊə(r)] 1. Bläser *m;* 2. Gebläse *n.*

blow·fly ['bləʊflaɪ] Schmeißfliege *f;* **blow·hole** ['bləʊhəʊl] 1. *(Wal)* Nasenloch *n;* 2. Luftloch *n;* **blow·lamp** ['bləʊlæmp] Schweißbrenner *m;* **blown** [bləʊn] *v s. blow¹;* **blow·out** ['bləʊaʊt] 1. *el* Durchschmelzen *n;* 2. *mot* Reifenpanne *f;* 3. *sl* Schlemmerei *f;* **blow·pipe** ['bləʊpaɪp] 1. Lötrohr *n;* 2. Blasrohr *n;* **blow·torch** ['bləʊtɔːtʃ] Schweißbrenner *m;* **blow-up** ['bləʊʌp] 1. Explosion *f;* 2. *fam* Zornesausbruch *m;* 3. *phot* Vergrößerung *f.*

blub·ber ['blʌbə(r)] I *s* Walfischspeck *m;* II *itr* weinen, heulen.

bludgeon ['blʌdʒən] I *s* Knüppel *m;* II *tr* 1. niederknüppeln; 2. zwingen *(into doing s.th.* etw zu tun).

blue [bluː] I *adj* 1. blau; 2. *fig* trübsinnig, schwermütig, niedergeschlagen; 3. unanständig, zweideutig; ▶ **dark, light** ~ dunkel-, hellblau; **once in a** ~ **moon** alle Jubeljahre (einmal); II *s* 1. Blau *n,* blaue Farbe; 2. *pol* Konservative(r) *f m;* 3. *pl* Trübsinn *m,* Schwermut *f;* ▶ **out of the** ~ aus heiterem Himmel, unerwartet; **have the** ~**s** *Am* Trübsal blasen; **a bolt from the** ~ *fig* ein Blitz aus heiterem Himmel; **blue·berry** ['bluːbərɪ] Blau-, Heidelbeere *f;* **blue·bottle** ['bluːˌbɒtl] *zoo* Schmeißfliege *f;* **blue-pencil** *tr* ausstreichen, korrigieren; zensieren; **blue·print** ['bluːprɪnt] 1. Blaupause *f;* 2. Plan, Entwurf *m;* **blues** [bluːz] *mus* Blues *m.*

bluff¹ [blʌf] I *s* Steilufer *n;* Klippe *f;* II *adj* 1. *(Klippe)* schroff, abschüssig; 2. *fig* rauh, aber herzlich.

bluff² [blʌf] I *itr* bluffen; II *s* Bluff *m;* ▶ **I'd call his** ~ ich würde ihn auf die Probe stellen.

bluffer ['blʌfə(r)] Angeber(in) *m (f).*

blu·ish ['bluːɪʃ] *adj* bläulich.

blun·der ['blʌndə(r)] I *itr* 1. stolpern *(on, against* gegen; *into* in); 2. *(~ in)* hineingeraten; 3. e-n Bock schießen; II *s (dummer)* Fehler, Schnitzer *m;* **blun·derer** ['blʌndərə(r)] Tölpel, Stümper(in) *m (f).*

blunt [blʌnt] I *adj* 1. stumpf; 2. geradeheraus, unverblümt; II *tr* 1. stumpf machen; 2. *fig* abstumpfen; **blunt·ly** [—lɪ] *adv* ganz offen, freiheraus, unverblümt; **blunt·ness** [—nɪs] 1. Stumpfheit *f a. fig;* 2. *fig* Unverblümtheit *f.*

blur [blɜː(r)] I *tr* 1. trüben; 2. trübe, undeutlich, unscharf, verschwommen machen; 3. verwischen, verschmieren; II *s* 1. undeutliches, verschwommenes Bild; 2. Trübung, Verschwommenheit *f;* 3. Fleck *m.*

blurb [blɜːb] Waschzettel, Klappentext *m.*

blurred [blɜːd] *adj* verschwommen, unscharf.

blurt [blɜːt] *tr* ▶ ~ **out** herausplatzen *(s.th.* mit e-r S).

blush [blʌʃ] I *itr* 1. erröten; (scham)rot werden *(with, for* vor); 2. sich schämen; II *s* Schamröte *f;* Erröten *n;* ▶ **at (the) first** ~ auf den ersten Blick; **blush·ing** [—ɪŋ] *adj* errötend.

blus·ter ['blʌstə(r)] I *itr* 1. brausen, toben; 2. schimpfen, poltern; II *s* 1. Toben, Heulen *n;* 2. Wutgeheul, -geschrei *n.*

boa ['bəʊə] *zoo* Boa *f.*

boar [bɔː(r)] Eber *m;* Keiler *m.*

board [bɔːd] I *s* 1. Brett *n;* Diele, Planke *f;* 2. Karton *m,* Pappe *f;* 3. (Anschlag-, Wand)Tafel *f;* 4. Spielbrett *n;* 5. Platte *f;* 6. Kost, Verpflegung *f;* 7. Ausschuß *m;* Kommission *f;* Behörde *f;* Ministerium *n;* Vorstand *m;* 8. *mar* Bord *n;* Deck *n;* ▶ **the** ~**s** *pl theat* die Bretter *n pl;* **above** ~ offen, ehrlich; **on** ~ **(a) ship** an Bord e-s Schiffes; **be a member of the** ~ Mitglied des Vorstandes sein; **go by the** ~ *fig* fallengelassen werden; **go on** ~ **ship** sich einschiffen; **sweep the** ~ *fig* alle Preise gewinnen; **advisory, arbitration** ~ Beratungs-, Schlichtungsausschuß *m;* **bulletin** ~ *Am* Schwarzes Brett; **chess-**~ Schachbrett *n;* **examination** ~ Prüfungskommission *f;* **school** ~ Schulbehörde *f;* **B**~ **of Admiralty, of Trade** Marine-, Wirtschaftsministerium *n;* ~ **of directors** Vorstand *m;* Aufsichtsrat *m;* II *tr* 1. verschalen, dielen; 2. **an Bord gehen** *(a ship* e-s Schiffes); besteigen, einsteigen *(the train* in den Zug); III *itr* 1. in Pension sein *(with* bei); 2. Internatsschüler(in) sein; 3. *aero* die Maschine besteigen; ▶ **flight LH 283 now** ~**ing** Aufruf für Passagiere des Fluges LH 283; ~ **out** in Pension wohnen; **boarder** ['bɔːdə(r)] 1. Kostgänger(in) *m (f);* 2. Internatsschüler(in) *m (f);* **board·ing** ['—ɪŋ] 1. Täfelung *f,* Dielen *f pl;* 2. Verpflegung, Kost *f;* **boarding-card** *aero* Bordkarte *f;* **boarding house** 1. Pension *f;* 2. Wohngebäude *n* eines Internats; **boarding-school** Internat *n;* **board meeting** Vorstandssitzung *f;* **board·room** ['bɔːdrʊm] Sit-

zungssaal *m;* **board·walk** ['bɔ:dwɔ:k]
Am Holzsteg *m.*
boast [bəʊst] **I** *s* 1. Prahlerei *f;* 2. Stolz
m; **II** *itr* prahlen (*of* mit); **III** *tr* 1. sich
rühmen (*s.th.* e-r S); 2. prahlen; **boaster**
['bəʊstə(r)] Aufschneider, Prahlhans *m;*
boast·ful ['bəʊstfl] *adj* prahlerisch.
boat [bəʊt] 1. Boot *n;* Kahn *m;* 2. Schiff
n; Dampfer *m;* 3. (*gravy* ~) Soßenschüs-
sel *f;* ► **in the same** ~ *fig* in der glei-
chen Lage; **cargo** ~ Frachtdampfer *m;*
motor-~ Motorboot *n;* **rowing** ~ Ru-
derboot *n;* **sailing** ~ Segelboot *n;* **~s
for hire** Bootsverleih *m;* **boat-hook**
Bootshaken *m;* **boat-house** Boots-
haus *n;* **boat·ing** ['bəʊtɪŋ] Bootfahren
n; **boat·man** ['bəʊtmən] ⟨*pl* -men⟩
1. Bootsverleiher *m;* 2. Ruderer *m;*
boat-people ['bəʊtpɪːpl] *pl* Boots-
flüchtlinge *m pl;* **boat-race** (Ruder)Re-
gatta; **boat·swain** ['bəʊsn] *mar*
Bootsmann *m.*
boat-train ['bəʊtˌtreɪn] Zug *m* mit
Schiffsanschluß; **boat trip** Schiffsreise
f.
bob¹ [bɒb] **I** *itr* 1. sich auf u. ab bewe-
gen; 2. knicksen; ► ~ **up** auftauchen;
II *tr* nicken mit; **III** *s* 1. Knicks *m;*
2. Nicken *n.*
bob² [bɒb] Bubikopf(frisur *f*) *m.*
bob³ [bɒb] *sport* Bob *m;* Kufe *f;*
► **two-man** ~ Zweierbob *m.*
bob⁴ [bɒb] *Br fam* Shilling *m.*
bob·bin ['bɒbɪn] (Garn)Spule *f;* Rolle *f.*
bobby ['bɒbɪ] *Br fam* Polizist *m;* **bobby
pin** Haarklemme *f;* **bobby-socks** *pl*
Am fam Söckchen *n pl;* **bobby-soxer**
['bɒbɪˌsɒksə(r)] *Am* Teenager *m.*
bob·sled, bob·sleigh ['bɒbsled, 'bɒb-
sleɪ] *sport* Bob *m.*
bob·tail ['bɒbteɪl] Stutzschwanz *m.*
bode [bəʊd] *tr* ► ~ **ill** ein schlechtes
(Vor)Zeichen sein (*for* für).
bod·ice ['bɒdɪs] Mieder, Leibchen *n;*
Oberteil *n.*
-bodied ['bɒdɪd] *adj Suffix* gebaut.
bodi·less ['bɒdɪlɪs] *adj* körperlos.
bod·ily ['bɒdəlɪ] **I** *adj* körperlich, leib-
lich; ► **grievous** ~ **harm** *jur* schwere
Körperverletzung; **II** *adv* 1. in Person,
persönlich; leibhaftig; 2. geschlossen; im
ganzen, als Ganzes; 3. gewaltsam.
body ['bɒdɪ] 1. Körper, Leib *m;* 2. Rumpf
m; 3. (*dead* ~) Leiche *f;* Leichnam *m;*
4. *fam* Person *f,* Mensch *m;* 5. *jur* Kör-
perschaft *f;* Gremium *n;* Organ *n;* 6. *mil*
(Truppen)Verband *m;* 7. (Men-
schen)Gruppe, Ansammlung, Masse *f;*
8. Komplex *m;* Material *n;* Masse *f;*
9. *mot* Karosserie *f;* 10. *fig* Gehalt *m;*
Stärke, Güte *f;* 11. *phys* Körper *m;*
► **in a** ~ im ganzen, zusammen, insge-
samt; **governing** ~ Direktion, Leitung *f;*
heavenly ~ Himmelskörper *m;* **legislat-
ive** ~ gesetzgebende Körperschaft;

body-bag Leichensack *m;* **body-
building** Bodybuilding *n;* **body·guard**
['bɒdɪgɑːd] Leibwache *f;* **body lan-
guage** Körpersprache *f;* **body lotion**
Körperlotion *f;* **body politic**
Staat(swesen *n*) *m;* **body·work**
['bɒdɪwɜːk] *mot* Karosserie *f.*
bog [bɒg] **I** *s* 1. Sumpf, Morast *m;* Moor
n; 2. *Br fam* Klo *n;* ► **peat** ~ Torfmoor
n; **II** (*mit Präposition*) **bog down** *tr* **be
~ged down** feststecken; *fig* sich festge-
fahren haben; **get ~ged down** stecken-
bleiben; *fig* sich festfahren.
boggle ['bɒgl] *itr* sprachlos sein; ► **the
mind ~s** das ist ja Wahnsinn.
boggy ['bɒgɪ] *adj* sumpfig.
bo·gie ['bəʊgɪ] *rail* Drehgestell *n.*
bo·gus ['bəʊgəs] *adj* falsch; unecht.
bogy, bo·gey ['bəʊgɪ] Kobold *m; fig*
Schreckgespenst *n.*
Bo·he·mi·an [bəʊ'hiːmɪən] 1. *geog* Böh-
me *m,* Böhmin *f;* 2. ► **b~** Bohemien,
Künstlertyp *m.*
boil [bɔɪl] **I** *itr, tr* 1. kochen, sieden; 2. *fig*
(*vor Wut*) kochen, schäumen (*with* vor);
3. (*Fluten*) wogen, toben; ► **make s.o.'s
blood** ~ jdn rasend machen; **II** *s* Siede-
punkt *m;* ► **be on the** ~ kochen; **come
to the** ~ zu kochen anfangen; **bring s.th.
to the** ~ etw aufkochen lassen; **III** (*mit
Präposition*) **boil away** *itr* verkochen,
verdampfen; weiterkochen; **boil down**
tr einkochen; *itr* dickflüssig werden;
► ~ **down to s.th.** *fig* auf etw hinauslau-
fen; **boil over** *itr* überkochen; *fig* sich
zuspitzen; (*Mensch*) explodieren; **boil
up** *itr* aufkochen; *fig* (*Wut*) sich stei-
gern; **boiler** ['bɔɪlə(r)] 1. Warmwasser-
bereiter, Boiler *m;* 2. *mar* Kessel *m;*
3. (*Küche*) Suppenhuhn *n;* **boiler-
house** *mar* Kesselhaus *n;* **boiler·man**
['bɔɪləmən] ⟨*pl* -men⟩ Heizer *m;* **boiler-
room** Kesselraum *m;* Heizungskeller
m; **boiler-suit** Overall *m,* blauer An-
ton; **boil·ing** [-ɪŋ] *adj* kochend, sie-
dend; ► ~ **hot** *fam* kochend, siedend;
glühend heiß; **~-point** Siedepunkt *m a.
fig.*
bois·ter·ous ['bɔɪstərəs] *adj* 1. heftig,
stürmisch; 2. lärmend, laut, ausgelassen.
bold [bəʊld] *adj* 1. kühn, tapfer, mutig;
2. forsch; keck; gewagt; dreist; 3. (*Far-
be, Muster*) kräftig; fest umrissen; (*Stil*)
ausdrucksvoll; 4. *typ* fett; halbfett;
► **make (so)** ~ es wagen (*as to* zu); sich
erkühnen; **as** ~ **as brass** frech wie Os-
kar; **bold·ness** [-nɪs] 1. Kühnheit,
Tapferkeit *f;* 2. Unverfrorenheit *f;* 3. *fig*
Kräftigkeit *f;* Ausdruckskraft *f.*
bole [bəʊl] (Baum)Stamm *m.*
bol·ster ['bəʊlstə(r)] **I** *s* Nackenrolle *f;*
II *tr* (~ *up*) unterstützen, Mut machen
(*s.o.* jdm); (*Währung*) stützen; (*Stellung,
Ansehen*) aufbessern.
bolt [bəʊlt] **I** *s* 1. (Tür)Riegel *m;* 2. Bol-

zen *m;* 3. Blitz(strahl) *m a. fig;* 4. *(Stoff)* Ballen *m;* 5. *fam* Satz *m,* plötzlicher Sprung; ► **make a ~ for it** Fersengeld geben; **a ~ from the blue** ein Blitz aus heiterem Himmel; **II** *itr* 1. davonstürzen, abhauen; **2.** *(Pferd)* durchgehen; **III** *tr* 1. *(~ down) (Speise)* hinunterschlingen; 2. verriegeln; 3. ver-, festschrauben; **bolt-hole** Schlupfloch *n;* **bolt upright** *adv* kerzengerade.

bomb [bɒm] **I** *s* Bombe *f;* ► **go like a ~** *sl* ein Renner sein; **II** *tr* bombardieren; ► **~ out** ausbomben.

bom·bard [bɒm'bɑːd] *tr* 1. bombardieren *a. fig;* 2. *fig* bestürmen, überschütten; **bom·bard·ment** [bɒm'bɑːdmənt] Bombardierung *f.*

bom·bast ['bɒmbæst] Schwulst, Bombast *m;* **bom·bas·tic** [bɒm'bæstɪk] *adj* bombastisch, schwülstig.

bomb cra·ter ['bɒm,kreɪtə(r)] Bombenkrater *m;* **bombed** [bɒmd] *adj sl* besoffen, high; **bomber** ['bɒmə(r)] 1. Bomber *m,* Bombenflugzeug *n;* 2. Bombenattentäter(in) *m (f);* **bombing** [—ɪŋ] Bombenabwurf *m;* **bombproof** *adj* bombensicher; **bomb·shell** ['bɒmʃel] *fig* Überraschung *f;* ► **the news came like a ~** die Nachricht schlug ein wie e-e Bombe.

bona fide [,bəʊnə'faɪdɪ] *adj jur* bona fide, ehrlich, aufrichtig, gutgläubig.

bon·anza [bə'nænzə] **I** *s Am* Goldgrube *f;* ► **oil ~** Ölboom *m;* **II** *attr adj* ergiebig, ertragreich, Boom-.

bond [bɒnd] **I** *s* 1. Übereinkommen *n;* 2. (Ver)Bindung *f,* Band *n;* 3. *com* Verbindlichkeit, Verpflichtung *f;* 4. Pfandbrief *m,* Obligation *f;* festverzinsliches Wertpapier; 5. Zollverschluß *m;* 6. Haftfestigkeit *f;* 7. *pl* Fesseln *f pl;* ► **in ~** unter Zollverschluß; **II** *tr* 1. verpfänden; 2. unter Zollverschluß nehmen *od* legen.

bond·age ['bɒndɪdʒ] Knechtschaft *f.*

bonded ['bɒndɪd] *adj* ► **~ warehouse** Zollspeicher *m;* **bond-holder** ['bɒnd,həʊldə(r)] Inhaber(in) *m (f)* von Wertpapieren.

bone [bəʊn] **I** *s* 1. Knochen *m;* 2. *(Fisch)* Gräte *f;* 3. *(Substanz)* Bein *n;* 4. *pl* Gebeine *n pl;* ► **to the ~** bis auf die Knochen, völlig; **be nothing but skin and ~s** nur noch Haut u. Knochen sein; **have a ~ to pick with s.o.** mit jdm ein Hühnchen zu rupfen haben; **as dry as a ~** knochentrocken; 1. entbeinen; *(Fisch)* entgräten; 2. *sl* klauen, mopsen; **III** *itr sl* ► **~ up on** büffeln; **bone fracture** Knochenbruch *m;* **bonehead** *sl* Dummkopf *m;* **bone-lazy** *adj sl* stinkfaul; **bone·less** ['—lɪs] *adj* ohne Knochen *od* Gräten; **bone-shaker** ['bəʊn,ʃeɪkə(r)] *fam* Klapperkasten *m.*

bon·fire ['bɒnfaɪə(r)] Freudenfeuer *n;*

Feuer *n* im Freien.

bon·net ['bɒnɪt] 1. Haube *f;* 2. *mot* Motorhaube *f.*

bonny ['bɒnɪ] *adj* schön, gut aussehend.

bo·nus ['bəʊnəs] 1. Bonus *m,* Gratifikation, Prämie *f;* 2. *com* Sonderdividende *f;* ► **Christmas ~** Weihnachtsgratifikation *f;* **cost-of-living ~** Teuerungszulage *f.*

bony ['bəʊnɪ] *adj* 1. voller Knochen *od* Gräten; 2. knochig; 3. knochendürr.

boo [buː] **I** *interj* bah! pah! buh! **II** *tr* auspfeifen, -buhen; **III** *itr* buhen.

boob [buːb] **I** *s* 1. *fam* Schnitzer *m;* 2. *fam pl* Brüste *pl;* **II** *itr* e-n Schnitzer machen; **booby** ['buːbɪ] Tölpel, Trottel *m;* **booby prize** Trostpreis *m.*

book [bʊk] **I** *s* 1. Buch *n;* 2. Heft *n;* Block *m;* 3. *pl com* Bücher *n pl;* 4. Wettliste *f;* 5. *(~ of matches)* (Streichholz)Heftchen *n;* 6. *mus* Textbuch *n;* ► **balance the ~s** die Bücher abschließen; **be in s.o.'s black, good ~s** bei jdm schlecht, gut angeschrieben sein; **keep ~s** Bücher führen; **~ of stamps** Briefmarkenheft *n;* **~ of tickets** Fahrscheinheft *n;* **the (good) B~** das Buch der Bücher; **II** *tr* 1. buchen; 2. auf-, niederschreiben, notieren; vormerken; 3. *(Platz)* (vor)bestellen, buchen, belegen; *(Karte)* bestellen; *(Gepäck)* aufgeben; *(Fahrkarte)* lösen; **III** *(mit Präposition)* **book in** *tr* sich eintragen; absteigen *(at* in); *tr* 1. eintragen; 2. reservieren lassen *(s.o.* jdm); **book through** *itr* direkt lösen *(to* bis); **book up** *itr* buchen; *tr* reservieren lassen; ► **be ~ed up** ausgebucht sein; ausverkauft sein; **book·able** [—əbl] *adj* im Vorverkauf erhältlich; **book·binder** ['bʊk,baɪndə(r)] Buchbinder(in) *m (f);* **book-bind·ing** ['bʊk,baɪndɪŋ] Buchbinderei *f;* **book·case** ['bʊkkeɪs] Bücherschrank *m;* **book-club** Buchklub *m;* Lesering *m;* **book-end** Bücherstütze *f.*

bookie ['bʊkɪ] *sl* Buchmacher *m.*

book·ing ['bʊkɪŋ] Buchung, Bestellung *f;* Reservierung *f;* **booking clerk** Fahrkartenverkäufer(in) *m (f);* **booking office** Fahrkartenschalter *m;* Vorverkaufsstelle *f.*

book·ish ['bʊkɪʃ] *adj* 1. lesefreudig; 2. gelehrt; 3. *(Stil)* papieren.

book·keeper ['bʊk,kiːpə(r)] Buchhalter(in) *m (f);* **book·keep·ing** ['bʊk,kiːpɪŋ] Buchhaltung, -führung *f.*

book·let ['bʊklɪt] Broschüre *f.*

book·maker ['bʊk,meɪkə(r)] Buchmacher(in) *m (f);* **book·mark** ['bʊkmɑːk] Lesezeichen *n;* **book·plate** ['bʊkpleɪt] Exlibris *n;* **book review** Buchbesprechung *f;* **book reviewer** Kritiker(in) *m (f);* **book·seller** ['bʊk,selə(r)] Buchhändler(in) *m (f);* **book-shelf** ⟨*pl* -shelves⟩ Bücherregal, -bord *n;* **book-**

shop Buchhandlung *f*; **book-stall** ['buksto:l] Buchverkaufsstand *m*; Zeitungskiosk *m*; **book-store** ['buksto:(r)] *Am* Buchhandlung *f*; **book token** Büchergutschein *m*; **book trade** Buchhandel *m*; **book-worm** ['bukwɜ:m] Bücherwurm *m a. fig.*

boom[1] [bu:m] *tech* 1. *(derrik ~)* Ladebaum *m*; Ausleger *m*; 2. Sperre *f*; 3. Galgen *m* für Mikrophon.

boom[2] [bu:m] **I** *s* Brausen, Donnern *n*; ▶ ~ **boom** *aero* Schallknall *m*; **II** *itr* brausen, hallen, dröhnen; **III** *tr* ▶ ~ **out** dröhnen.

boom[3] [bu:m] **I** *s com* Boom, Aufschwung *m*; Hochkonjunktur *f*; **II** *itr* e-n Aufschwung nehmen; in die Höhe schnellen; ▶ be ~ing florieren, im Aufschwung begriffen sein, boomen *fam*.

boom-er-ang ['bu:məræŋ] Bumerang *m a. fig.*

boon [bu:n] *s* Wohltat *f*, Segen *m*.

boor [buə(r)] Rüpel *m*; **boor-ish** [−ɪʃ] *adj* rüpel-, lümmelhaft.

boost [bu:st] **I** *tr* 1. *(Preise)* in die Höhe treiben; 2. ankurbeln; 3. *el (Strom, Leistung)* verstärken; **II** *s* 1. Auftrieb *m*; 2. *el* Verstärkung *f*; ▶ **that was a ~ to my ego** das hat mir Auftrieb gegeben; **booster** [bu:stə(r)] 1. *med* Wiederholungsimpfung *f*; 2. *el* Puffersatz *m*; *radio* Zusatzverstärker *m*; *mot* Kompressor *m*; Gebläse *n*; 3. *aero* Zusatztriebwerk *n*; **booster rocket** Start-, Trägerrakete *f*.

boot [bu:t] **I** *s* 1. Stiefel *m*; 2. *mot Br* Kofferraum *m*; ▶ **die with one's ~s on** in den Sielen sterben; **get the ~** *sl* rausgeschmissen werden; **give s.o. the ~** *sl* jdn rausschmeißen; **the ~ is on the other foot** *fig* es ist gerade andersherum; **II** *tr* 1. einen Fußtritt geben *(s.th.* e-r S); *(Ball)* kicken; 2. *EDV* urladen, hochladen; **III** *(mit Präposition)* **boot out** *tr fam* rausschmeißen; **boot-black** ['bu:tblæk] Schuhputzer *m*.

bootee ['bu:ti:] 1. Halbstiefel *m*; 2. gestrickter Babyschuh.

booth [bu:ð] (Markt)Bude *f*; Messestand *m*; ▶ **interpreter's** ~ Dolmetscherkabine *f*; **polling, voting** ~ Wahlzelle *f*; **telephone** ~ Fernsprech-, Telefonzelle *f*.

boot-jack ['bu:tdʒæk] Stiefelknecht *m*; **boot-lace** ['bu:tleɪs] Schnürsenkel *m*; **boot-leg** ['bu:tleg] *tr* schwarz brennen; **boot-licker** ['bu:tlɪkə(r)] Speichellecker(in) *m (f)*; **boot-maker** Schuhmacher(in) *m (f)*.

booty ['bu:tɪ] Beute *f. a. fig.*

booze [bu:z] *fam* **I** *itr* saufen; **II** *s* 1. Alkohol *m*; 2. *(~-up)* Sauferei *f*; **boozer** ['bu:zə(r)] *fam* 1. Säufer(in) *m (f)*; 2. *sl* Kneipe *f*; **boozy** ['bu:zɪ] *adj fam* besoffen.

bor-der ['bɔ:də(r)] **I** *s* 1. Kante *f*; Rand(streifen) *m*; 2. (Landes)Grenze *f*; 3. Saum *m*; Einfassung *f*; 4. *(Garten)* Rabatte *f*; **II** *tr* begrenzen; einfassen; **III** *itr* ▶ ~ **on, upon** grenzen an *a. fig*; **bor-der-er** ['bɔ:dərə(r)] Grenzbewohner *m*; **bor-der-ing** [−ɪŋ] *adj* angrenzend *(on* an); **bor-der-land** ['bɔ:dəlænd] Grenzgebiet *n*; **bor-der-line** ['bɔ:dəlaɪn] Grenzlinie *f*; **borderline case** Grenzfall *m*.

bore[1] [bɔ:(r)] **I** *tr* 1. ausbohren, -höhlen; 2. *(~ through)* durchbohren; 3. *(Loch)* bohren; **II** *itr* bohren *(for* nach); **III** *s* 1. Kaliber *n*; lichte Weite; Durchmesser *m*; 2. *(~-hole)* Bohrloch *n*.

bore[2] [bɔ:(r)] **I** *tr* langweilen; ▶ ~ **s.o. to death** jdn zu Tode langweilen; **be ~d** sich langweilen; **II** *s* langweiliger Mensch.

bore[3] [bɔ:(r)] *v s. bear*[2].

bore-dom ['bɔ:dəm] Langeweile *f*.

borer ['bɔ:rə(r)] *tech* Bohrer *m*.

boric ['bɔ:rɪk] *adj* Bor-; ▶ ~ **acid** Borsäure *f*.

bor-ing ['bɔ:rɪŋ] *adj* langweilig.

born [bɔ:n] *adj* geboren; ▶ **be** ~ geboren werden; *fig* entstehen; **where were you** ~? wo sind Sie geboren? **he was** ~ **in the year 1940** er wurde im Jahre 1940 geboren; **he was** ~ **blind** er ist von Geburt blind.

borne [bɔ:n] *v s. bear*[2].

boron ['bɔ:rɒn] *chem* Bor *n*.

bor-ough ['bʌrə] Bezirk *m*; Stadt(gemeinde) *f*.

bor-row ['bɒrəu] *tr* borgen, (aus-, ent)leihen, entlehnen *a. fig (of, from* von); **bor-rower** ['bɒrəuə(r)] 1. Borger(in), (Ent)Leiher(in) *m (f)*; 2. *com* Kreditnehmer *m*; **bor-row-ing** [−ɪŋ] Ausborgen *n*; Anleihe *f*.

bosom ['buzəm] 1. Busen *m a. fig*; 2. *(Kleid)* Brustteil *m*; 3. *fig* (das) Innere; ▶ **in the** ~ **of one's family** im Schoße der Familie; ~ **friend** Busenfreund(in) *m (f)*.

boss[1] [bɒs] **I** *s fam* Boß, Chef *m*; **II** *tr* arrangieren, leiten; ▶ ~ **around** herumkommandieren.

boss[2] [bɒs] Knauf, Buckel *m*.

bossy ['bɒsɪ] *adj fam* herrschsüchtig; rechthaberisch.

bo'sun ['bəusn] *s. boatswain*.

bot-an-ical [bə'tænɪkl] *adj* botanisch; **bot-an-ist** ['bɒtənɪst] Botaniker(in) *m (f)*; **bot-any** ['bɒtənɪ] Botanik, Pflanzenkunde *f*.

botch [bɒtʃ] **I** *s* Flickwerk *n*, Pfuscherei *f*; **II** *tr* *(~ up)* verpfuschen; **botcher** ['bɒtʃə(r)] Stümper(in), Pfuscher(in) *m (f)*.

both [bəuθ] **I** *adj u. prn* beide; beides; ▶ **we** ~ **can go, we can** ~ **go** wir beide können gehen; ~ **(the) brothers** beide

Brüder; **on ~ sides** auf beiden Seiten;
II *adv* ► **~ ... and** sowohl ... als auch.
bother ['bɒðə(r)] **I** *s* **1.** Mühe, ScHererei,
Schwierigkeit *f;* **2.** Plage *f;* **II** *tr* **1.** lästig
sein *od* fallen (*s.o.* jdm), belästigen;
plagen, quälen; **2.** aufregen, aus der Ru-
he bringen; **III** *itr* sich Sorgen machen
(*about* um); sich kümmern (*about* um);
► **~** (it)! zum Kuckuck! **don't ~**! bemü-
hen Sie sich nicht! **bother·ation**
[,bɒðə'reɪʃn] *interj* verflixt! **bother-
some** ['bɒðəsəm] *adj* ärgerlich, lästig.
bottle ['bɒtl] **I** *s* Flasche *f;* **II** *tr* in Fla-
schen füllen; ► **~ up** *fig* in sich hinein-
fressen; **bottle bank** Altglascontainer
m; **bottled** ['bɒtld] *adj* in Flaschen;
bottle-green *adj* flaschengrün;
bottle-neck ['bɒtlnek] Engpaß *m a.
fig.*
bot·tom ['bɒtəm] **I** *s* **1.** Boden, Grund *m*
(*a. e-s Gewässers*); **2.** Basis *f;* unteres
Ende, Fuß *m* (*bes. e-s Berges*); **3.** Schiffs-
boden *m;* **4.** Sitz *m;* Sitzfläche *f;* **5.** *fig*
Grundlage *f;* Kern *m;* Ursache *f;* ► **at
~** *fig* im Grunde; **from top to ~** von
oben bis unten; **from the ~ of my heart**
aus tiefstem Herzen; **be at the ~ of s.th.**
hinter etw stecken; **get to, search the ~
of s.th.** e-r S auf den Grund gehen;
knock the ~ out of s.th. etw widerle-
gen; **II** *attr adj* letzte(r, s), unterste(r, s),
niedrigste(r, s); **III** *itr* **~ out** den tiefsten
Stand erreichen; **bot·tom·less** [—lɪs]
adj **1.** grundlos; ohne Boden; **2.** *fig*
unergründlich; ► **a ~ pit** ein Faß ohne
Boden.
botu·lism ['bɒtjulɪzəm] Lebensmittel-
vergiftung *f.*
bough [baʊ] Ast, Zweig *m.*
bought [bɔːt] *v s.* buy.
boul·der ['bəʊldə(r)] Felsblock *m.*
bounce [baʊns] **I** *itr* **1.** auf-, zurückpral-
len; **2.** springen; stürzen; **3.** hochschnel-
len; **4.** *fam (Scheck)* platzen; ► **~ back**
fig sich nicht unterkriegen lassen; **II** *tr*
1. aufprallen lassen; **2.** *sl* an die Luft
setzen; **III** *s* **1.** Rückprall, -stoß *m;* **2.**
Elastizität *f;* **3.** Aufprall *m;* **bouncer**
['baʊnsə(r)] *fam* Rausschmeißer *m;*
bounc·ing ['—ɪŋ] *adj fam* stramm,
drall.
bound[1] [baʊnd] **I** *s* Grenze *f a. fig;*
► **in, out of ~s** Betreten erlaubt, verbo-
ten (*im Lokal*); **within the ~s** innerhalb
der Grenzen; **II** *tr* begrenzen.
bound[2] [baʊnd] **I** *s* Sprung, Satz *m;*
II *itr* springen, e-n Satz machen.
bound[3] [baʊnd] *pred adj* ► **be ~ for**
auf dem Weg sein nach; reisen nach;
homeward ~ auf der Heimreise, -fahrt;
outward ~ auf der Ausreise.
bound[4] [baʊnd] **I** *v s.* bind; **II** *adj* ver-
pflichtet, gebunden; ► **be ~ to do s.th.**
etw bestimmt tun; **it's ~ to happen** das
muß so kommen; **~ up in** sehr interes-

siert an; **be ~ up with** ganz in Anspruch
genommen sein von.
bound·ary ['baʊndrɪ] Grenze, Tren-
nungslinie *f.*
bound·less ['baʊndlɪs] *adj* grenzen-,
maßlos; unbeschränkt.
boun·te·ous ['baʊntɪəs] *s. bountiful;*
boun·ti·ful ['baʊntɪfl] *adj* freigebig,
großzügig; **bounty** ['baʊntɪ] **1.** Freige-
bigkeit, Großzügigkeit *f;* **2.** großzügige
Gabe; **3.** Zulage *f.*
bou·quet [bʊ'keɪ] **1.** Bukett *n,* (Blu-
men)Strauß *m;* **2.** Bukett *n;* Blume *f
(des Weines).*
bout [baʊt] **1.** *med* Anfall *m;* **2.** Runde *f
(Boxen).*
bov·ine ['bəʊvaɪn] *adj* **1.** Rind(er)-, Och-
sen-; **2.** *fig* blöd(e), doof, dumm; ► **~
spongiform encephalopathy (BSE)** *vet
(Rinderkrankheit)* Bovine-Spongiform-
Enzephalopathie *f.*
bow[1] [baʊ] *mar* Bug *m.*
bow[2] [bəʊ] **I** *s* **1.** (*Waffe*) Bogen *m;*
2. *mus* Geigenbogen *m;* **3.** (*rain~*) Re-
genbogen *m;* **4.** Knoten *m;* Schleife *f;*
► **have two strings to one's ~** *fig* zwei
Eisen im Feuer haben; **II** *itr* den Bogen
führen.
bow[3] [baʊ] **I** *s* Verbeugung *f;* **II** *itr*
1. sich verbeugen, sich verneigen; **2.** sich
biegen; **3.** *fig* sich beugen; ► **have a
~ing acquaintance** sich nur flüchtig
kennen; **~ out** sich verabschieden; **III** *tr*
~ one's head den Kopf senken.
bowd·ler·ize ['baʊdləraɪz] *tr (Buch)*
von anstößigen Stellen säubern.
bowel ['baʊəl] *meist pl* Eingeweide *pl;*
bowel movement Stuhl(gang) *m;*
► **the ~s of the earth** das Erdinnere.
bower ['baʊə(r)] Gartenhaus *n.*
bowl[1] [bəʊl] **1.** Schüssel *f;* Napf *m;*
Schale *f;* **2.** Schöpfteil *m;* **3.** *Am* Sport-
platz *m,* Stadion *n.*
bowl[2] [bəʊl] **I** *s* (schwere) Holzkugel *f;*
II *tr sport (Ball)* werfen; (*Kugel*) schie-
ben, rollen; ► **~ over** umwerfen, -sto-
ßen; *fig* aus dem Konzept bringen; **be
~ed over** sprachlos sein; **III** *itr* Bowling
spielen; ► **~ along** (dahin)rollen.
bow-legged [,bəʊ'legd] *adj* O-beinig.
bowler ['bəʊlə(r)] **1.** (*Kricket*) Ballmann,
Werfer *m;* **2.** (**~ hat**) Melone *f* (*Hut*).
bowl·ing ['bəʊlɪŋ] **1.** Bowlingspiel *n;*
2. (*Kricket*) Werfen *n* des Balles; **bow-
ling alley** Kegelbahn *f;* **bowling-
green** Rasenplatz *m* für Bowling.
bowman ['bəʊmən] 〈*pl* -men〉 Bogen-
schütze *m;* **bow·string** ['bəʊstrɪŋ] Bo-
gensehne *f;* **bow tie** Fliege *f;* **bow
window** Erkerfenster *n.*
bow-wow [,baʊ'waʊ] **I** *interj* wauwau!
II *s (Kindersprache)* ['baʊwaʊ] Wau-
wau *m.*
box[1] [bɒks] *bot* Buchsbaum *m.*
box[2] [bɒks] **I** *s* **1.** Schachtel *f;* **2.** Kiste *f;*

box 50 **brass hat**

Kasten, Behälter m; Karton m; 3. Etui, Futteral n; 4. Koffer m; 5. (Wahl)Urne f; 6. Fach n; Feld n; Rubrik f; 7. *(letter-~)* Briefkasten m; 8. *(money-~)* Kasse, Geldkassette f; 9. *tech* Gehäuse n; 10. *theat* Loge f; 11. *jur* Zeugenstand m; 12. *(Stall, Garage)* Box f; 13. Am Postfach n; II *tr* in e-e Schachtel packen; III *(mit Präposition)* box off *tr* unterteilen; box in *tr* einklemmen, einengen a. *fig;* box up *tr* einschließen.

box³ [bɒks] I *tr, itr* boxen; ▶ ~ s.o.'s ears jdn ohrfeigen; II *s* Stoß, Schlag m; ▶ ~ on the ear Ohrfeige f.

box calf ['bɒkskɑːf] Boxkalf n *(Leder).*

boxer ['bɒksə(r)] Boxer m; **box·ing** ['bɒksɪŋ] Boxen n, Boxsport m; **Boxing Day** zweiter Weihnachtsfeiertag; **boxing-gloves** *pl* Boxhandschuhe m *pl;* **boxing-match** Boxkampf m.

box-num·ber ['bɒksnʌmbə(r)] Chiffre (-nummer) f; **box-office** 1. (Theater)Kasse f; 2. Kassen-, Publikumserfolg m.

boy [bɔɪ] 1. Knabe, Junge m; 2. Bursche m; ▶ my ~! *fam* mein Lieber! old ~! *fam* alter Junge! oh, ~! Junge! Junge!

boy·cott ['bɔɪkɒt] I *s com pol* Boykott m; II *tr* boykottieren.

boy·friend ['bɔɪfrend] Freund m; **boyhood** ['bɔɪhud] Knabenalter n; **boyish** ['bɔɪʃ] *adj* knaben-, jungenhaft; **boy scout** Pfadfinder m.

bra [brɑː] Büstenhalter m.

brace [breɪs] I *s* 1. Klammer f; 2. *tech* Strebe, Stütze f, Stützbalken m, Versteifung f; 3. *(~ and bit)* Bohrer m; 4. Klammer, Spange f *(für Zähne);* 5. *pl Br (pair of ~s)* Hosenträger m *pl;* 6. geschweifte Klammer; II *tr* 1. verklammern; befestigen; (ver)spannen; (ab)stützen, verstreben; 2. festigen, stärken a. *fig;* III *(mit Präposition)* brace up *itr* sich zusammenreißen, -nehmen.

brace·let ['breɪslɪt] Armband n.

bracket ['brækɪt] I *s* 1. Träger, Arm m; Konsole f; 2. *typ* Klammer f; 3. *fig* (Einkommens)Klasse, Gruppe, Schicht f; ▶ in ~s in Klammern; income ~ Einkommensgruppe f; round, square ~ runde, eckige Klammer; II *tr* 1. einklammern; 2. (zu e-r Gruppe *od* Klasse) zusammenstellen.

brack·ish ['brækɪʃ] *adj* brackig.

brag [bræg] I *itr* prahlen *(of, about s.th.* mit e-r S); angeben; II *s* Prahlerei f; **brag·gart** ['brægət] Prahler(in), Aufschneider(in) m *(f).*

braid [breɪd] I *s* 1. Litze, Kordel, Tresse, Borte f; 2. (Band, Haar)Flechte f; II *tr* 1. mit Litze besetzen; 2. *(Litze, Haar)* flechten.

braille [breɪl] Blinden-, Brailleschrift f.

brain [breɪn] 1. Gehirn n; 2. *fig (meist pl)* Geist, Verstand m; Intelligenz f;

Fähigkeiten f pl; Grips *fam* m; ▶ **rack one's ~(s)** sich den Kopf zerbrechen; **blow one's ~s out** sich e-e Kugel durch den Kopf jagen; **have ~s** Köpfchen haben, intelligent sein; **have s.th. on the ~** auf etw versessen, erpicht sein; **pick s.o.'s ~** jds Ideen stehlen; **brain-child** Geistesprodukt n; Idee f; **brain dead** *adj med* hirntot; **brain death** *med* Hirntod m; **brain drain** Abwanderung f von Wissenschaftlern; **brain fever** Hirnhautentzündung f; **brain·less** ['~lɪs] *adj* gedankenlos; dumm; **brain scan** *med* Brain-, Gehirnscan n; **brainstorm** 1. verrückte Idee; geistige Verwirrung; 2. *Am fam* Geistesblitz m; **brain·storm·ing** ['breɪnstɔːmɪŋ] Brainstorming n; **brains trust** Podiumsdiskussion f; **brain tumo(u)r** *med* Gehirntumor m; **brain·wash·ing** ['breɪnwɒʃɪŋ] Gehirnwäsche f; **brainwave** ['breɪnweɪv] Geistesblitz m; **brain-worker** Kopf-, Geistesarbeiter(in) m *(f);* **brainy** ['breɪnɪ] *adj* klug.

braise [breɪz] *tr (Küche)* schmoren.

brake¹ [breɪk] Unterholz n.

brake² [breɪk] I *s tech* Bremse f; ▶ **put on the ~s** die Bremsen betätigen, bremsen; **brake block, shoe** Bremsklotz, -schuh m; II *tr, itr* bremsen; **brake fluid** *mot* Bremsflüssigkeit f.

brak·ing ['breɪkɪŋ] Bremsen n; **braking distance** Bremsweg m.

bramble ['bræmbl] Brombeerstrauch m; Brombeere f.

bran [bræn] Kleie f.

branch [brɑːntʃ] I *s* 1. Zweig, Ast m; 2. Nebenfluß m; (Fluß)Arm m; 3. *(Straße, rail)* Abzweigung, Nebenstrecke f; 4. *fig* Zweig m; Abschnitt m; 5. *com* Branche f, Zweig m; II *itr* sich gabeln; III *(mit Präposition)* branch off *itr* abzweigen, auseinandergehen; branch out *itr* sein Geschäft erweitern, vergrößern; **branch line** *rail* Zweiglinie, Nebenstrecke f; **branch office** Zweigstelle f, -geschäft n, Filiale f.

brand [brænd] I *s* 1. Marke f; Warenzeichen n; 2. Brandmal n; II *tr* 1. brandmarken a. *fig;* ein Zeichen einbrennen *(the cattle* dem Vieh); 2. mit dem Waren-, Gütezeichen versehen.

bran·dish ['brændɪʃ] *tr* schwingen.

brand name ['brændneɪm] *com* Markenname m; Marke f.

brand-new [,brænd'njuː] *adj* (funkel)nagelneu.

brandy ['brændɪ] Weinbrand m; **brandy snap** Ingwerwaffel f.

brash [bræʃ] *adj* naßforsch, frech; unverschämt.

brass [brɑːs] I *s* 1. Messing n; 2. *(the ~) mus* Blasinstrumente n pl; 3. *sl* Geld n, Zaster m; II *adj* Messing-, aus Messing; **brass band** Blaskapelle f; **brass hat** *sl*

mil hohes Tier.
brass·iere ['bræsɪə(r)] Büstenhalter *m*.
brass plate [,brɑːs'pleɪt] Messing-, Tür-
schild *n;* **brass-ware** Messingwaren *f*
pl; **brassy** ['brɑːsɪ] *adj* **1.** messingartig;
2. *(Ton)* blechern; **3.** *fam* frech.
brat [bræt] *pej* ungezogenes Kind.
bra·vado [brə'vɑːdəʊ] forsches Auftre-
ten, Draufgängertum *n*.
brave [breɪv] **I** *adj* tapfer, mutig, uner-
schrocken, furchtlos; **II** *tr* etwas entge-
gentreten, trotzen *(s.th.* e-r S); ▶ ~ **it**
out mutig die Stirn bieten; **brav·ory**
['breɪvərɪ] Tapferkeit *f;* (Wage)Mut *m*.
bravo [,brɑː'vəʊ] ⟨*pl* bravo(e)s⟩ **I** *interj*
bravo! **II** *s* Bravo *n*.
brawl [brɔːl] **I** *s* Schlägerei *f;* **II** *itr* **1.** sich
zanken, streiten; **2.** *(Fluß)* rauschen, to-
sen.
brawn [brɔːn] **1.** Muskeln *m pl;* **2.** *fig*
(Muskel)Kraft *f;* **3.** Sülze *f;* **brawny**
['brɔːnɪ] *adj* muskulös; kräftig.
bray [breɪ] **I** *s* Iahen *n;* **II** *itr (Esel)* iahen.
brazen ['breɪzn] **I** *adj* **1.** ehern; metallen;
2. *(~-faced)* schamlos, unverschämt;
II *tr* ▶ ~ **it out** frech leugnen.
braz·ier ['breɪzɪə(r)] Kohlenbecken *n*.
Bra·zil [brə'zɪl] Brasilien *n;* **Bra·zil·ian**
[brə'zɪljən] **I** *s* Brasilianer(in) *m (f);*
II *adj* brasilianisch.
breach [briːtʃ] **I** *s* **1.** *fig* Bruch *m;* **2.** *fig*
Verstoß *m,* Verletzung *f;* **3.** Lücke *f; mil*
Bresche *f;* ▶ **commit** ~ **of contract**
vertragsbrüchig werden; **stand in the** ~,
step into the ~ in die Bresche springen;
~ **of promise** Bruch *m* des Eheverspre-
chens; ~ **of the peace** öffentliche Ruhe-
störung, Friedensbruch *m;* **II** *tr* e-e Bre-
sche schlagen in, durchbrechen.
bread [bred] **I** *s* **1.** Brot *n;* **2.** Lebensun-
terhalt *m;* ▶ **earn one's** ~ seinen Le-
bensunterhalt verdienen; **know which**
side one's ~ **is buttered** wissen, wo man
seinen Vorteil hat; **the daily** ~ das tägli-
che Brot; **a loaf, a slice, a piece of** ~
ein Laib, e-e Scheibe, ein Stück Brot;
II *tr* panieren; **bread and butter**
1. Butterbrot *n;* **2.** *fam* Lebensunterhalt
m; **bread-basket 1.** Brotkorb *m;* **2.** *sl*
Magen *m;* **bread·bin** ['bredbɪn] Brot-
kapsel *f;* **bread·crumb** ['bredkrʌm]
1. Brotkrume *f;* **2.** *pl* Paniermehl *n;*
breadth ['bretθ] **1.** Breite *f;* Weite *f;*
2. *fig* Großzügigkeit *f;* ▶ **in** ~ breit, in
der Breite; ~ **of mind** Weitherzigkeit *f*.
bread·win·ner ['bredwɪnə(r)] Ernäh-
rer(in) *m (f)*.
break [breɪk] ⟨*irr* broke, broken⟩ **I** *tr*
1. (zer)brechen, zerreißen, zerstoßen,
aufschlagen; **2.** ruinieren, zugrunde rich-
ten; kaputtmachen; **3.** *(Fensterscheibe)*
einschlagen; **4.** *fig (Gesetz)* übertreten;
(sein Wort, Versprechen) nicht halten;
(Verabredung) nicht einhalten; *(Ver-
trag)* verletzen; **5.** *(Verlobung)* auflö-

sen; **6.** unter-, abbrechen; **7.** *(Rekord)*
brechen; **8.** *el* abschalten; **9.** *(Tier)* zäh-
men, abrichten; **10.** abgewöhnen *(s.o. of
s.th.* jdm etw); **11.** *(Weg)* bahnen;
12. mitteilen, eröffnen; *fam* beibringen;
13. *(Banknote)* kleinmachen; ▶ **be**
broken kaputt, ruiniert sein; ~ **camp**
das Lager abbrechen; ~ **one's neck** sich
den Hals brechen; ~ **the news** die Nach-
richt eröffnen; **II** *itr* **1.** (zer)brechen, zu
Bruch gehen; zerreißen; **2.** *(Tag)* anbre-
chen, beginnen; **3.** *(Unwetter)* aus-, los-,
hereinbrechen; **4.** *(Wetter)* sich ändern,
wechseln; **5.** aufhören, zu Ende gehen;
▶ **my heart** ~**s** es tut mir in der Seele
weh; **III** *s* **1.** Bruch(stelle *f) m;* Sprung,
Riß, Knick *m;* **2.** Lücke *f;* Nische *f;*
Lichtung *f;* **3.** Unterbrechung *f;* Pause *f;*
Urlaub *m;* **4.** Absatz *m (in Schrift u.
Druck);* **5.** Anbruch, Beginn *m;*
6. Wechsel *m,* Umschwung *m,* Wende *f;*
(Wetter)Umbruch *m;* ▶ **without a** ~
ununterbrochen; **at** ~ **of day** bei Tages-
anbruch; **bad** ~ Pech *n;* **IV** *(mit Präposi-
tion)* **break away** *itr* **1.** ab-, ausbrechen;
abreißen; **2.** sich losreißen, sich trennen,
sich lossagen *(from* von);
3. *(Gewohnheiten)* aufgeben *(from s.th.*
etw); **break down** *tr* **1.** abbrechen, zu-
sammenschlagen; auseinandernehmen,
abmontieren; **2.** *fig (Widerstand)* bre-
chen; **3.** *(Kosten, Rechnung)* aufglie-
dern; *itr* **1.** aufhören zu funktionieren;
betriebsunfähig werden, kaputtgehen; **2.**
mot e-e Panne haben; **3.** *fig* versagen,
ausfallen; *(Mensch)* zusammenbrechen;
break even *com* die Ertragsschwelle
erreichen; **break forth** *itr* **1.** ausbrechen
(in cheers in Hochrufe); **2.** hervorbre-
chen; **break in** *tr* **1.** aufbrechen; **2.** ab-
richten, dressieren; **3.** *(Person)* einarbei-
ten; **4.** *(Schuhe)* einlaufen; *itr* **1.** einbre-
chen; **2.** unterbrechen; **break into** *itr* **1.**
einbrechen in; **2.** plötzlich beginnen mit;
3. *(Geld)* anbrechen; **break loose** *tr* los-,
abbrechen; *itr* ausbrechen; **break off** *tr*
1. abbrechen; **2.** *fig (Verlobung)* aufhe-
ben, lösen; *itr (in der Rede)* aufhören,
abbrechen; **break out** *itr* **1.** *(Gefange-
ner, Feuer, Krieg)* ausbrechen; **2.** *med*
(~ **out in a rash)** e-n Ausschlag bekom-
men; **3.** *fig* losplatzen; **break through** *tr*
durchstoßen, -brechen; **break up** *tr* **1.**
auf-, er-, zerbrechen, zerstören; **2.** *tech*
auseinandernehmen; **3.** *fig (Veranstal-
tung)* abbrechen, aufheben; *(Versamm-
lung)* auflösen; **4.** unterteilen *(into* in),
aufschlüsseln, aufgliedern; *itr* **1.** in Stük-
ke gehen, zerschellen; **2.** *fig* nachlassen,
abnehmen, zusammenfallen; **3.** in die
Ferien gehen.
break·able ['breɪkəbl] *adj* zerbrechlich;
break·age ['breɪkɪdʒ] **1.** Bruch(stelle *f)
m;* **2.** Bruch(schaden) *m;* **break-away**
['breɪkəweɪ] *pol* Absplitterung *f;*

break·down ['breɪkdaʊn] 1. Versagen n; Ausfall m; (Betriebs)Störung f; mot Panne f; 2. fig Versagen, Scheitern n; 3. med Zusammenbruch m; 4. listenmäßige Aufstellung; Aufgliederung, Aufschlüsselung f; **breakdown lorry** Abschleppwagen m; **breakdown service** Pannendienst m.
breaker ['breɪkə(r)] (Welle) Brecher m.
break·fast ['brekfəst] I s Frühstück n; ▶ **have** ~ frühstücken; II itr frühstükken.
break·ing ['breɪkɪŋ] Bruch m; **breaking-off** Abbruch m; **breaking-test** Bruch-, Zerreißprobe f; **break·neck** ['breɪknek] adj halsbrecherisch; **breakthrough** ['breɪkθru:] Durchbruch m; **break·up** ['breɪkʌp] 1. Auf-, Zerbrechen, Zerreißen n; 2. Zerfall m, Auflösung f a. fig; 3. Zusammenbruch m; 4. (Ehe) Zerrüttung f; (zwischen Freunden) Bruch m; **break·water** ['breɪkwɔ:tə(r)] Wellenbrecher m.
breast [brest] I s Brust f a. fig; Busen m; ▶ **make a clean** ~ **of s.th.** sich etw vom Herzen reden; II tr 1. die Stirn bieten, trotzen (s.th. e-r S); **breast·bone** ['brestbəʊn] anat Brustbein n; **breast cancer** med Brustkrebs m; **breastfeed** ['brestfi:d] irr tr s. feed (Säugling) stillen; ▶ **breast-fed child** Brustkind n; **breast pocket** Brusttasche f; **breast screening** med Vorsorge-, Reihenuntersuchung f auf Brustkrebs; **breaststroke** ['breststrəʊk] Brustschwimmen n.
breath [breθ] 1. Atem(zug m, -luft f) m; 2. (Luft)Hauch m; 3. fig Spur f, Anflug m; ▶ **bad** ~ Mundgeruch m; **below, under one's** ~ leise, flüsternd; **out of** ~ außer Atem, atemlos; **catch one's** ~ verschnaufen; **gasp for** ~ nach Luft schnappen; **save one's** ~ sich seine Worte sparen; **waste one's** ~ seine Worte verschwenden; **take** ~ Atem holen; **take a deep** ~ tief Luft holen; **it took my** ~ **away** fig es verschlug mir den Atem.
breath·alyzer ['breθəlaɪzə(r)] mot Alkoholtest m; Promillemesser m; **breathalyze** ['breθəlaɪz] tr med jdm eine Atemprobe abnehmen.
breathe [bri:ð] I itr 1. atmen; 2. Luft holen; ▶ ~ **again, freely** tief aufatmen; von e-r Last befreit sein; II tr 1. einatmen; 2. atmen; 3. flüstern; ▶ ~ **one's last** den letzten Atemzug tun; **don't** ~ **a word on ...** verrate kein Wort über ...; **breather** ['bri:ðə(r)] Atem-, Verschnaufpause f; ▶ **take a** ~ verschnaufen; **breath·ing** ['—ɪŋ] Atmung f; **breathing apparatus** Sauerstoffgerät n; **breathing-space** Atem-, Ruhepause f; **breath·less** ['breθlɪs] adj 1. außer Atem, atemlos; 2. fig atemberaubend;

breath·tak·ing ['breθteɪkɪŋ] adj atemberaubend; **breath test** s breathalyzer.
bred [bred] v s. breed.
breech [bri:tʃ] I s (Gewehr) Verschluß m; II attr adj med Steiß-.
breeches ['brɪtʃɪz] pl Kniehose f.
breed [bri:d] ⟨irr bred, bred⟩ I itr 1. sich fortpflanzen, sich vermehren; 2. Junge bekommen od werfen; II tr 1. agr züchten; 2. fig hervorbringen, erzeugen, die Ursache sein gen; III s Zucht f; Rasse f; Art f; **breeder** ['bri:də(r)] 1. Züchter(in) m (f); 2. phys Brüter m; **breed·ing** ['—ɪŋ] 1. Fortpflanzung f; Brüten n a. phys; 2. agr Zucht f a. fig; 3. fig Erziehung f; 4. Benehmen n; Bildung f.
breeze [bri:z] I s Brise f; ▶ **there's not a** ~ **stirring** es weht kein Lüftchen; II (mit Präposition) **breeze in** itr fröhlich hereinschneien; **breeze block** [brɪ:z blɒk] Ytong Wz m; **breezy** ['bri:zɪ] adj 1. (leicht) windig; (Platz) luftig; 2. fig lebhaft, flott; keß.
breth·ren ['breðrən] pl rel Brüder m pl.
brevi·ary ['bri:vɪərɪ] rel Brevier n.
brev·ity ['brevətɪ] Kürze f.
brew [bru:] I tr 1. (Bier) brauen; 2. (Getränk) zubereiten; 3. fig zustande bringen; ausbrüten, -hecken; II tr 1. brauen; 2. fig sich zusammenbrauen, im Anzug sein, in der Luft liegen; III s Gebräu n; **brewer** ['bru:ə(r)] Brauer(in) m (f); **brew·ery** ['bruərɪ] Brauerei f.
briar ['braɪə(r)] s. brier.
bribe [braɪb] I s Schmier-, Bestechungsgeld n; II tr 1. bestechen; 2. fig verleiten, verführen; **bri·bery** ['braɪbərɪ] Bestechung f; ▶ **attempt at** ~ Bestechungsversuch m; **(not) open to** ~ (un)bestechlich.
bric-a-brac ['brɪkəbræk] Nippes, Nippsachen pl.
brick [brɪk] I s 1. Ziegel, Backstein m; 2. Block, Riegel m; 3. Bauklotz m (Spielzeug); ▶ **drop a** ~ fam ins Fettnäpfchen treten; II (mit Präposition) **brick in, up** tr zu-, vermauern; **brick·layer** ['brɪkˌleɪə(r)] Maurer(in) m (f); **brickwork** ['brɪkwɜ:k] Maurerarbeit f; Mauern f pl; **brick·works, brick·yard** ['brɪkwɜ:ks, 'brɪkjɑ:d] Ziegelei f.
bri·dal ['braɪdl] adj Braut-; hochzeitlich; **bride** [braɪd] Braut f; **bride·groom** ['braɪdgrʊm] Bräutigam m; **bridesmaid** ['braɪdzmeɪd] Brautjungfer f.
bridge [brɪdʒ] I s 1. Brücke f a. el sport; 2. mar Kommandobrücke f; 3. (Geige, Brille) Steg m; 4. Nasenrücken m; 5. (Zahnprothese) Brücke f; 6. (Kartenspiel) Bridge n; II tr 1. e-e Brücke schlagen od bauen über acc; 2. fig überbrücken; **bridg·ing loan** ['brɪdʒɪŋˌləʊn] Überbrückungskredit m.
bridle ['braɪdl] I s Zaum(zeug n) m; II tr

1. (auf)zäumen; **2.** *fig* im Zaum halten, zügeln; **III** *itr* **1.** den Kopf hoch tragen; **2.** sich entrüstet wehren (*at* gegen); **bridle-path** Reitweg *m.*

brief [bri:f] **I** *s* **1.** *jur* Auftrag *m;* Unterlagen *f pl* zu e-m Fall; **2.** *com* Auftrag *m;* **3.** *mil aero* Flugbesprechung *f;* **II** *tr* **1.** e-n Auftrag geben (*s.o.* jdm); **2.** einweisen, instruieren, unterrichten; **III** *adj* **1.** kurz; **2.** kurzgefaßt, knapp, gedrängt; ▶ **in** ~ in Kürze, kurz *adv;* **be** ~ sich kurz fassen; **brief·case** ['bri:fkeɪs] Aktentasche, -mappe *f,* **brief·ing** ['—ɪŋ] **1.** Einsatzbesprechung *f;* **2.** Einweisung, Instruktion *f;* **brief·ly** ['—lɪ] *adv* kurz; in Kürze, mit wenigen Worten; **brief·ness** ['—nɪs] Kürze *f;* Gedrängtheit *f.*

briefs [bri:fs] *pl* Damenschlüpfer, Slip *m.*

brier, briar ['braɪə(r)] Dornstrauch *m;* Heckenrose *f.*

brig·ade [brɪ'geɪd] **1.** *mil* Brigade *f;* **2.** Kolonne *f;* Trupp *m;* ▶ **fire** ~ Feuerwehr *f.*

bright [braɪt] *adj* **1.** leuchtend, strahlend, hell; **2.** (*Wetter*) heiter; klar; **3.** glücklich, freudig; **4.** aufgeweckt, gescheit, klug; **brighten (up)** ['braɪtn (ʌp)] **I** *tr* **1.** hell, glänzend machen, aufhellen, (auf)polieren; **2.** aufheitern, glücklich machen; **II** *itr* **1.** (*Himmel*) sich aufhellen; **2.** (*Gesicht*) aufleuchten; **bright·ness** ['—nɪs] **1.** Glanz *m;* Klarheit, Helligkeit *f;* **2.** *fig* Aufgewecktheit *f.*

bril·liance, bril·liancy ['brɪlɪəns, 'brɪlɪənsɪ] **1.** heller Glanz, Leuchtkraft *f;* **2.** *fig* geistige Wendigkeit; Brillanz *f;* **bril·liant** ['brɪlɪənt] *adj* **1.** hell leuchtend; **2.** *fig* glänzend, brillant; (*Mensch*) geistreich.

brim [brɪm] **I** *s* **1.** Rand *m* (*e-s Gefäßes*); **2.** (*Hut*) Krempe *f;* ▶ **full to the** ~ randvoll; **II** *itr* voll sein; ▶ ~ **over** überfließen (*with* mit) *a. fig;* **brim·ful** [,brɪm'fʊl] *adj* randvoll; ▶ **he is** ~ **of new ideas** er steckt voller Ideen.

brine [braɪn] Lake, Sole *f.*

bring [brɪŋ] ⟨*irr* brought, brought⟩ **I** *tr* **1.** (mit-, her)bringen; **2.** mitführen, bei sich haben; **3.** im Gefolge haben; **4.** verschaffen, schenken, geben; **5.** (*Gründe*) vorbringen; (*Gewinn*) einbringen; (*Preis*) erzielen; **6.** (*Person*) dazu bringen, veranlassen, bewegen; ▶ ~ **upon o.s.** sich zuziehen; sich zuzuschreiben haben; sich aufladen; ~ **an action against s.o.** gegen jdn e-e Klage einreichen; ~ **to bear** anwenden (*on* auf); anbringen (*on* bei); geltend machen; ~ **to an end** beenden; ~ **home to s.o.** jdm verständlich machen; jdn überzeugen; ~ **to light** ans Licht bringen; ~ **into the open** an die Öffentlichkeit bringen; ~ **into play** ins Spiel bringen; ins Feld führen; ~ **s.o. to his senses** jdn zur Vernunft bringen; **II** (*mit Präposition*)

bring about *tr* verursachen; zustande, zuwege bringen; **bring along** *tr* mitbringen; **bring back** *tr* **1.** ins Gedächtnis (zurück)rufen; **2.** (*Gegenstand*) zurückbringen; ▶ ~ **s.o. back to health** jdn wieder gesund machen; **bring down** *tr* **1.** herunterbringen, -holen; **2.** (*Preis*) herabsetzen; **3.** (*Tier*) zur Strecke bringen; ▶ ~ **down the house,** ~ **the house down** *theat* die Zuschauer mitreißen; **bring forth** *tr* **1.** zur Welt, hervorbringen; **2.** verursachen; **bring forward** *tr* **1.** vorbringen; **2.** vorverlegen; **3.** zur Sprache bringen; **4.** *com* über-, vortragen; **bring in** *tr* **1.** (*finanziell*) einbringen, abwerfen; **2.** hereinbringen; **3.** einführen; **4.** (*Gesetzesvorlage*) einbringen; **bring off** *tr* **1.** retten, wegbringen; **2.** zustande, zuwege bringen; **bring on** *tr* **1.** verursachen, bewirken; **2.** zur Sprache bringen; **3.** fördern, weiterbringen; **bring out** *tr* **1.** klar, deutlich machen; **2.** (*Standpunkt*) vorbringen; **3.** (*Buch*) herausbringen; **4.** (*Ware*) auf den Markt bringen; ▶ ~ **s.o. out of himself** jdm die Hemmungen nehmen; **bring over** *tr* umstimmen, überzeugen; **bring round** *tr* **1.** wieder zu Bewußtsein bringen; **2.** umstimmen; **3.** bringen (*to* auf); **bring through** *tr* (*Kranken*) durchbringen; **bring to** *tr* **1.** (*Ohnmächtigen*) wieder zu sich bringen; **2.** *mar* beidrehen; **bring under** *tr* **1.** unterwerfen; **2.** bringen unter; **bring up** *tr* **1.** auf-, erziehen; **2.** zum Stillstand bringen; **3.** zur Sprache bringen; **4.** erbrechen; **5.** (*Truppen*) einsetzen; ▶ ~ **up the rear** als letzter kommen.

brink [brɪŋk] Rand *m a. fig;* ▶ **on the** ~ **of disaster** am Rande des Abgrunds.

briny ['braɪnɪ] *adj* salz(halt)ig.

bri·quet(te) [brɪ'ket] Brikett *m.*

brisk [brɪsk] *adj* **1.** lebhaft, munter; **2.** schnell, rasch, flott; **3.** belebend, anregend, feurig; **brisk·ness** [—nɪs] Lebhaftigkeit *f.*

bristle ['brɪsl] **I** *s* Borste *f;* **II** *itr* **1.** (*Haar*) (sich) sträuben; **2.** strotzen *a. fig* (*with* von); **3.** (~ **with anger**) zornig werden; **brist·ly** ['brɪslɪ] *adj* stachelig; struppig.

Brit·ain ['brɪtn] Großbritannien *n;* **Britan·nic** [brɪ'tænɪk] *adj* ▶ **Her, His** ~ **Majesty** Ihre, Seine Britannische Majestät; **Brit·ish** ['brɪtɪʃ] *adj* britisch; **Briton** ['brɪtn] Brite *m,* Britin *f.*

brittle ['brɪtl] *adj* **1.** zerbrechlich, spröde; **2.** *fig* reizbar.

broach [brəʊtʃ] *tr* **1.** anzapfen, -stechen; **2.** (*Thema*) anschneiden.

broad [brɔ:d] **I** *s Am sl* Frau *f;* **II** *adj* **1.** breit; weit; **2.** allgemein, umfassend; **3.** grob, vage; **4.** großzügig, tolerant; **5.** klar, deutlich, unmißverständlich **6.** (*Sprache*) breit; ▶ **in** ~ **outline** in groben Zügen; ~ **hint** deutlicher Wink;

~ **daylight** helles Tageslicht; **III** *s* ▶ **the**
~ **of the back** die Schultergegend.
broad·cast ['brɔːdkɑːst] ⟨*irr* broadcast,
broadcast⟩ **I** *s* Rundfunk-, Fernsehüber-
tragung *f;* **II** *tr* **1.** senden, übertragen, im
Rundfunk, Fernsehen übertragen; **2.** an
die große Glocke hängen, ausposaunen;
III *itr* **1.** senden; **2.** im Rundfunk, Fern-
sehen auftreten; **broad·caster**
['brɔːdkɑːstə(r)] Fernseh-, Rund-
funksprecher(in) *m (f);* ▶ **news** ~ Nach-
richtensprecher(in) *m (f);* **broad·cast·**
ing [—ɪŋ] Rundfunk-, Fernsehübertra-
gung *f;* **broadcasting station** Sender
m.
broaden ['brɔːdn] **I** *itr* sich verbreitern,
sich erweitern; **II** *tr* verbreitern, erwei-
tern.
broad·ly ['brɔːdlɪ] *adv* **1.** allgemein;
2. beträchtlich; ▶ ~ **speaking** ganz all-
gemein gesprochen.
broad-minded [ˌbrɔːdˈmaɪndɪd] *adj* to-
lerant; **broad·sheet** ['brɔːdʃiːt] Flug-
blatt; **broad·side** ['brɔːdsaɪd] **1.** *mar*
Breitseite *f;* **2.** *fam* Schimpfkanonade *f.*
bro·cade [brəˈkeɪd] Brokat *m.*
broc·coli ['brɒkəlɪ] *bot* Spargelkohl *m,*
Brokkoli *pl.*
bro·chure ['brəʊʃə(r)] Broschüre *f.*
brogue [brəʊg] derber (Arbeits)Schuh.
broil [brɔɪl] *tr* auf dem Rost braten, gril-
len; **broiler** ['brɔɪlə(r)] **1.** Brathuhn *n;*
2. Grill *m.*
broke [brəʊk] **I** *v s. break;* **II** *adj sl*
abgebrannt, pleite; ▶ **go** ~ pleite ge-
hen; **bro·ken** ['brəʊkn] **I** *v s. break;*
II *adj* **1.** kaputt, gebrochen, zerbrochen;
2. *(Stimmung)* gedrückt; *(Gesundheit)*
zerrüttet; **3.** *(Gelände)* uneben;
▶ **-down** *adj (Maschine)* nicht be-
triebs-, gebrauchsfähig; ~ **English** ge-
brochenes Englisch; ~**-hearted** *adj* mit
gebrochenem Herzen; ~ **sleep** unter-
brochener Schlaf.
bro·ker ['brəʊkə(r)] **1.** Makler(in),
Agent(in), Vermittler(in) *m (f);* **2.** Ge-
richtsvollzieher(in) *m (f);* ▶ **real estate**
~ Grundstücksmakler(in) *m (f);* **bro·**
ker·age ['brəʊkərɪdʒ] **1.** Maklerge-
schäft *n;* **2.** Maklergebühr, Courtage *f.*
brolly ['brɒlɪ] *Br fam* Schirm *m.*
bro·mide ['brəʊmaɪd] **1.** *chem* Bromid
n; **2.** Beruhigungsmittel *n;* **3.** *fam* Bana-
lität *f.*
bron·chi ['brɒŋkaɪ] ⟨*sing* bronchus⟩
[—kəs] *pl anat* Bronchien *f pl;* **bron·**
chial ['brɒŋkɪəl] *adj* Bronchial-; **bron·**
chi·tis [brɒŋˈkaɪtɪs] Bronchitis *f,* Bron-
chialkatarrh *m.*
bronze [brɒnz] **I** *s* Bronze *f;* **II** *adj*
bronzen; bronzefarben; **Bronze Age**
Bronzezeit *f.*
brooch [brəʊtʃ] Brosche *f.*
brood [bruːd] **I** *s* Brut *f a. pej;* **II** *itr*
brüten *a. fig (on, over* über); **broody**

['bruːdɪ] *adj* brütend *a. fig.*
brook[1] [brʊk] Bach *m.*
brook[2] [brʊk] *tr (meist verneint)* ertra-
gen, dulden.
broom [bruːm] **1.** *bot* Ginster *m;* **2.** Be-
sen *m;* ▶ **a new** ~ **sweeps clean** neue
Besen kehren gut; **broom·stick**
['bruːmstɪk] Besenstiel *m.*
broth [brɒθ] (Fleisch)Brühe *f.*
brothel ['brɒθl] Bordell *n.*
brother ['brʌðə(r)] **1.** Bruder *m a. fig rel;*
2. *pl com* Gebrüder *m pl;* ▶ ~**(s) and**
sister(s) Geschwister *pl;* **brother-**
hood [—hʊd] **1.** Brüderschaft *f;*
2. Brüderlichkeit *f;* **brother-in-law**
['brʌðərɪnlɔː] ⟨*pl* brothers-in-law⟩
Schwager *m;* **brother·ly** ['—lɪ] *adj* brü-
derlich; ▶ ~ **love** Nächstenliebe *f.*
brought [brɔːt] *v s.* bring.
brow [braʊ] **1.** Augenbraue *f;* **2.** Stirn *f*
a. fig; **3.** Vorsprung *m;* (Berg)Kuppe *f;*
▶ **knit one's** ~**s** die Stirn runzeln;
brow·beat ['braʊbiːt] ⟨*irr* browbeat,
browbeaten⟩ *tr* unter Druck setzen
(into doing s.th. etw zu tun).
brown [braʊn] **I** *adj* braun; **II** *s* Braun *n;*
III *tr* bräunen; braun braten *od* backen;
▶ **I'm** ~**ed off** *sl* das hängt mir zum
Halse raus; **IV** *itr* braun werden; **brown**
bread Graubrot *n.*
brownie ['braʊnɪ] Wichtel *m.*
brown paper ['braʊnˈpeɪpə(r)] Packpa-
pier *n;* **brown·stone** ['braʊnstəʊn]
Am brauner Sandstein.
browse [braʊz] *itr* **1.** weiden; **2.** *fig (in*
Büchern) (herum)schmökern.
bruise [bruːz] **I** *s med* Quetschung *f;*
blauer Fleck; **II** *tr* **1.** quetschen; stoßen;
2. grün u. blau schlagen; **III** *itr* blaue
Flecke bekommen; **bruiser** ['bruːzə(r)]
Schläger *m.*
brunch [brʌntʃ] *fam* Frühstück u. Mit-
tagessen *n* zugleich.
bru·nette [bruːˈnet] **I** *adj* brünett; **II** *s*
Brünette *f.*
brunt [brʌnt] ▶ **bear the** ~ **of s.th.** die
Hauptlast e-r S tragen.
brush [brʌʃ] **I** *s* **1.** Bürste *f;* **2.** Pinsel *m;*
3. Abbürsten *n;* **4.** (Fuchs)Schwanz *m;*
5. Gestrüpp, Unterholz *n;* **6.** Zusam-
menstoß *m;* **II** *tr* **1.** bürsten; **2.** fegen,
kehren; **3.** streifen; ▶ ~ **one's teeth** sich
die Zähne putzen; **III** *(mit Präposition)*
brush aside *tr* zur Seite schieben, abtun;
brush away *tr* abbürsten; **brush off** *tr*
1. abbürsten; **2.** *fam* abblitzen lassen;
brush up *tr* **1.** aufkehren; **2.** *fig* auffri-
schen; **brush-off** ['brʌʃɒf] Abfuhr *f;*
▶ **give sb the** ~ *fam* jdm eine Abfuhr
erteilen; **brush·wood** ['brʌʃwʊd] Un-
terholz, Dickicht *n.*
brusque [bruːsk] *adj* brüsk, barsch;
brusque·ness [—nɪs] Schroffheit *f.*
Brus·sels ['brʌslz] Brüssel *n;* **Brussels**
sprouts *pl* Rosenkohl *m.*

brutal ['bru:tl] *adj* roh, brutal; **bru·tal·ity** [bru:'tælətɪ] Roheit, Brutalität *f;* **brutal·ize** ['bru:tələɪz] *tr* brutal behandeln.
brute [bru:t] **I** *s* **1.** Tier, Vieh *n;* **2.** Rohling *m;* **II** *adj* viehisch, grausam, brutal; roh; stumpf, gefühllos; ► **by ~ force** mit roher Gewalt; **brut·ish** ['bru:tɪʃ] *adj* tierisch, viehisch; roh.
bubble ['bʌbl] **I** *s* **1.** (Luft, Seifen)Blase *f;* **2.** *fig* Schwindel *m;* **bubble bath** Schaumbad *n;* **bubble gum** Bubblegum *m;* **II** *itr* sprudeln, blubbern, schäumen; **III** *(mit Präposition)* **bubble over** *itr* überfließen, -sprudeln; **bub·bly** ['bʌblɪ] **I** *adj* sprudelnd; **II** *s fam* Schampus *m.*
bu·bonic [bju:'bɒnɪk] *adj* ► **~ plague** Beulenpest *f.*
buc·ca·neer [ˌbʌkə'nɪə(r)] Seeräuber *m.*
buck [bʌk] **I** *s* **1.** Bock *m* (Reh- u. Steinwild); *(Hase)* Rammler *m;* **2.** *(old ~)* Geck, Stutzer *m;* **3.** *Am sl* Dollar *m;* ► **earn a fast ~** schnelles Geld machen; **pass the ~** die Verantwortung abschieben *(to* auf*);* **II** *itr* **1.** *(Pferd)* bocken; **2.** *(Mensch)* bocken, sich sträuben; **III** *(mit Präposition)* **buck up** *itr fam* sich beeilen; *tr* Dampf machen *(s.o.* jdm*).*
bucket ['bʌkɪt] **I** *s* **1.** Eimer, Kübel *m;* **2.** *tech* Schaufel *f;* ► **kick the ~** *sl* ins Gras beißen **II** *tr* *(Pferd)* zuschanden reiten; **bucket·ful** [—fʊl] Eimer *m.*
buckle ['bʌkl] **I** *s* Schnalle, Spange *f;* **II** *tr* **1.** an-, um-, zuschnallen; **2.** *tech* (ver-)biegen, krümmen; **III** *itr tech* sich werfen; sich verziehen; ► **~ down to s.th.** etw ernsthaft in Angriff nehmen.
buck·shot ['bʌkʃɒt] Rehposten *m;* **buck·skin** ['bʌkskɪn] Wildleder *n.*
buck·wheat ['bʌkwi:t] Buchweizen *m.*
bud [bʌd] **I** *s* Knospe *f;* ► **in (the) ~** voller Knospen; **nip in the ~** *fig* im Keim ersticken; **II** *itr* knospen, keimen *a. fig;* **bud·ding** [—ɪŋ] *adj fig* angehend.
buddy ['bʌdɪ] *sl* Kumpel *m.*
budge [bʌdʒ] *tr* ► **I can't ~ it** ich kann es nicht von der Stelle bringen; **it won't ~** es läßt sich nicht bewegen.
bud·geri·gar ['bʌdʒərɪga:(r)] Wellensittich *m.*
budget ['bʌdʒɪt] **I** *s* Etat, Finanzplan *m,* Budget *n;* **II** *itr* haushalten; ► **~ for s.th.** etw im Haushaltsplan vorsehen; **budget·ary** ['bʌdʒɪtərɪ] *adj* Haushalts-, Budget-.
buff [bʌf] **I** *s* **1.** dickes, weiches Leder; **2.** *fam* bloße Haut; **3.** stumpfes Gelbbraun; ► **in the ~** im Adamskostüm; **II** *adj* lederfarben.
buf·falo ['bʌfələʊ] ⟨*pl* -falo(e)s⟩ Büffel *m;* Bison *m.*
buf·fer ['bʌfə(r)] **1.** *tech* Puffer, Prellbock *m;* **2.** *EDV* Puffer, Zwischenspeicher *m.*

buf·fet[1] ['bʌfɪt] **I** *s* Schlag *m a. fig;* **II** *tr* hin u. her werfen.
buf·fet[2] ['bʊfeɪ] **1.** Büfett *n;* Theke, Bar *f;* **2.** kaltes Büfett.
buf·foon [bə'fu:n] Possenreißer, Clown *m.*
bug [bʌg] **I** *s* **1.** Wanze *f;* **2.** *Am* Insekt *n;* Käfer *m;* **3.** *fam* Bazillus *m;* **4.** *sl* Bock, Fehler, Defekt *m;* **5.** *(big ~)* hohes Tier; **6.** *(Abhörgerät)* Wanze *f;* **II** *tr* **1.** e-e Wanze einbauen in; **2.** *fam* ärgern.
bug·bear ['bʌgbeə(r)] Schreckgespenst *n.*
bug·ger ['bʌgə(r)] *sl* **I** *s* (Sau)Kerl, Strolch *m;* **II** *itr* Unzucht treiben; **III** *(mit Präposition)* **bugger off** *itr sl* abhauen; **bugger up** *tr sl* vermasseln; **bug·gery** ['bʌgərɪ] Sodomie *f.*
bugging ['bʌgɪŋ] *(~operation)* Abhöraktion *f;* **bugging system** Abhörsystem *n.*
buggy ['bʌgɪ] **1.** Buggy *m;* **2.** *Am* Kinderwagen *m.*
bugle ['bju:gl] *mus* Waldhorn *n;* **bugler** ['bju:glə(r)] Hornist(in) *m (f).*
build [bɪld] ⟨*irr* built, built⟩ **I** *tr* **1.** bauen *(of* aus*) a. fig;* **2.** auf-, erbauen, errichten; **II** *itr* (ein Haus) bauen; **III** *s* Körperbau *m;* Figur *f;* **IV** *(mit Präposition)* **build in** *tr* einbauen, einplanen; **build on** *tr* anbauen; **build up** *tr* **1.** aufbauen, aufbessern; **2.** steigern, erhöhen, kräftigen; **3.** bebauen; *itr* **1.** entstehen, zunehmen; **2.** sich verdichten.
builder ['bɪldə(r)] **1.** Erbauer(in) *m (f);* **2.** Baumeister(in) *m (f);* **3.** Bauunternehmer(in) *m (f);* **4.** *fig* (Be)Gründer(in) *m (f).*
build·ing ['bɪldɪŋ] **1.** Bau *m,* Bauen *n;* Baukunst *f;* **2.** Bau(werk *n*) *m,* Gebäude *n;* **building-contractor** Bauunternehmer(in) *m (f);* **building site** Baustelle *f;* **building-society** Bausparkasse *f.*
build-up ['bɪldʌp] **1.** Reklame; Propaganda *f;* **2.** Steigerung *f;* ► **give s.o. a ~** jdn aufbauen.
built [bɪlt] *v s. build;* **built-in** ['bɪlt'ɪn] *adj* eingebaut; **built-up** ['bɪltʌp] *adj* ► **~ area** bebautes Gelände; geschlossene Ortschaft.
bulb [bʌlb] **1.** (Blumen)Zwiebel, Knolle *f;* **2.** (Glas)Kolben *m;* **3.** (Glüh)Birne *f;* **bul·bous** ['bʌlbəs] *adj bot* zwiebelförmig; knollig *a. fig.*
Bul·garia [bʌl'geərɪə] Bulgarien *n;* **Bulgar·ian** [bʌl'geərɪən] **I** *s* Bulgare *m,* Bulgarin *f;* **II** *adj* bulgarisch.
bulge [bʌldʒ] **I** *s* **1.** Ausbuchtung *f;* Rundung *f;* Beule *f;* **2.** Zunahme *f;* **II** *itr* anschwellen, sich wölben; e-n Wulst bilden; **bulg·ing** [—ɪŋ] *adj* prall gefüllt.
bul·imia [buːˈiːmɪə] *med* Bulimie *f.*
bulk [bʌlk] **I** *s* **1.** Masse *f;* Umfang *m;* Volumen *n;* Größe *f;* **2.** Hauptteil *m;* Mehrzahl *f (of* gen*);* ► **in ~** unverpackt,

lose; im ganzen, in großer Menge; **the ~ of** der größte Teil *gen;* **II** *itr* ► **~ large** bedeutend erscheinen; **bulk buying** Großeinkauf *m.*
bulk·head [ˈbʌlkhed] *mar* Schott *n.*
bulky [ˈbʌlkɪ] *adj* **1.** umfangreich, massig; **2.** unhandlich; sperrig.
bull[1] [bʊl] **I** *s* **1.** Stier, Bulle *m a. fig;* **2.** *com* Haussespekulant *m;* ► **like a ~ in a china shop** wie ein Elefant im Porzellanladen *m;* **take the ~ by the horns** *fig* den Stier bei den Hörnern packen; **II** *itr com* auf Hausse spekulieren; **III** *tr* die Kurse in die Höhe treiben.
bull[2] [bʊl] *rel* Bulle *f.*
bull·dog [ˈbʊldɒg] Bulldogge *f.*
bull·doze [ˈbʊldəuz] *tr* planieren; ► **~ s.o. into doing s.th.** jdn zwingen, etw zu tun; **bull·dozer** [ˈbʊldəuzə(r)] Planierraupe *f.*
bul·let [ˈbʊlɪt] Gewehrkugel *f;* Geschoß *n;* **bullet-proof** *adj* kugelsicher.
bull·etin [ˈbʊlətɪn] **1.** amtlicher Bericht, Bulletin *n;* **2.** Tages-, Krankenbericht *m;* **bulletin board** *Am* Schwarzes Brett.
bull-fight [ˈbʊlfaɪt] Stierkampf *m;* **bull-fighter** [ˈbʊlfaɪtə(r)] Stierkämpfer *m;* **bull·finch** [ˈbʊlfɪntʃ] Dompfaff *m;* **bull-headed** [ˌbʊlˈhedɪd] *adj* starrsinnig, starrköpfig.
bul·lion [ˈbʊlɪən] Gold-, Silberbarren *m.*
bull·neck [ˈbʊlnek] Stiernacken *m.*
bul·lock [ˈbʊlək] *zoo* Ochse *m.*
bull·ring [ˈbʊlrɪŋ] Stierkampfarena *f;* **bull's-eye** [ˈbʊlzaɪ] Scheibenmittelpunkt *m.*
bull·shit I *s vulg* Unsinn *m;* Angeberei *f;* **II** *itr vulg* Unsinn reden; angeben.
bully[1] [ˈbʊlɪ] **I** *s* Angeber(in) *m (f);* Tyrann(in) *m (f);* **II** *tr* einschüchtern; schikanieren; fertigmachen.
bully[2] [ˈbʊlɪ] *(~ beef)* Corned beef *n.*
bully[3] [ˈbʊlɪ] *interj fam* prima! ► **~ for you!** gratuliere!
bul·rush [ˈbʊlrʌʃ] *bot* Binse *f.*
bul·wark [ˈbʊlwək] **1.** Bollwerk *n;* **2.** *mar* Schanzkleid *n.*
bum[1] [bʌm] *fam* Gesäß *n,* Hintern *m.*
bum[2] [bʌm] *sl* **I** *s* Landstreicher, Stromer *m;* **II** *adj* mies, erbärmlich, schlecht; **III** *itr* **1.** (herum)bummeln, vagabundieren; **2.** schnorren.
bumble-bee [ˈbʌmblbiː] *zoo* Hummel *f.*
bumf [bʌmf] *sl* Papierkram *m.*
bump [bʌmp] **I** *tr* **1.** stoßen *(s.th.* gegen etw); rammen; **2.** auffahren; **II** *itr* **1.** stoßen, bumsen *(against, into* gegen, an); **2.** *(Wagen)* rumpeln, holpern; **III** *s* **1.** Stoß, Puff, Bums *m;* **2.** Beule *f (on the head* am Kopf); **3.** *aero* Bö *f;* **4.** *(Straße)* Unebenheit *f;* **IV** *adv* mit e-m Ruck.
bum·per [ˈbʌmpə(r)] **I** *s* Stoßstange *f;* **II** *adj* ► **~ crop** Rekordernte *f.*
bump·kin [ˈbʌmpkɪn] Tölpel *m.*
bump·tious [ˈbʌmpʃəs] *adj* überheblich,

anmaßend.
bumpy [ˈbʌmpɪ] *adj* holp(e)rig.
bun [bʌn] **1.** *(England)* süßes Brötchen; **2.** (Haar)Knoten *m.*
bunch [bʌntʃ] **I** *s* **1.** Büschel, Bündel *n;* **2.** *(Blumen)* Strauß *m;* **3.** *fam* Haufen *m,* Gruppe *f;* Trupp, Schwarm *m;* ► **the best of the ~** das Beste an der ganzen Sache; **a ~ of people** eine Menschengruppe; **~ of grapes** Weintraube *f;* **~ of keys** Schlüsselbund *m;* **II** *tr* **~ together** zusammenfassen; **III** *itr* sich bauschen.
bundle [ˈbʌndl] **I** *s* Bündel *n a. fig;* Paket *n;* **II** *tr* **1.** (zusammen)bündeln, zusammenbinden; **2.** (unordentlich) (hinein-)stopfen *(into* in); **3.** *(Menschen)* verfrachten; ► **~ away, off, out** (schnell) weg-, fort-, hinausbefördern; **~ s.o. off to bed** jdn ins Bett packen.
bung [bʌŋ] **I** *s* Spund *m;* **II** *tr* verspunden; ► **~ up** verstopfen; **~ed-up** geschwollen; verstopft.
bun·ga·low [ˈbʌŋgələu] Bungalow *m.*
bung-hole [ˈbʌŋhəul] Spundloch *n.*
bungle [ˈbʌŋgl] **I** *itr* pfuschen, stümpern; **II** *tr* verpfuschen; **III** *s* Pfuscherei, Pfuscharbeit *f;* **bung·ler** [ˈbʌŋglə(r)] Pfuscher(in), Stümper(in) *m (f);* **bungling** [ˈ—ɪŋ] *adj* stümperhaft.
bunk[1] [bʌŋk] Koje *f;* **bunk bed** Stockbett *n.*
bunk[2] [bʌŋk] ► **do a ~** *sl* türmen.
bunker [ˈbʌŋkə(r)] **I** *s* **1.** *mar* Kohlenbunker *m;* **2.** *mil* Bunker *m;* **3.** *(Golf)* Bunker *m,* Hindernis *n;* **II** *tr* ► **be ~ed** in der Klemme sein, sitzen.
bun·kum [ˈbʌŋkəm] Blödsinn *m.*
bunny [ˈbʌnɪ] *(Kindersprache)* Kaninchen *n.*
bunt·ing [ˈbʌntɪŋ] Fahnentuch *n.*
buoy [bɔɪ] **I** *s* **1.** *mar* Boje, Bake *f;* **2.** *(life-~)* Rettungsring *m;* **II** *tr* *(~ out)* durch Bojen bezeichnen; ► **~ up** über Wasser halten; *fig* Auftrieb geben, Mut zusprechen *(s.o.* jdm); **buoy·ancy** [ˈbɔɪənsɪ] **1.** *(Wasser)* Tragfähigkeit *f;* *(Gegenstand)* Schwimmfähigkeit *f;* **2.** *fig* Spannkraft *f,* Schwung, Lebensmut *m;* **buoy·ant** [ˈbɔɪənt] *adj* **1.** *(Wasser)* tragend; *(Gegenstand)* schwimmend; **2.** *fig* schwungvoll; **3.** *com* steigend; lebhaft.
bur, burr [bɜː(r)] **1.** *bot* Klette *f a. fig;* **2.** *tech* Grat *m.*
burble [ˈbɜːbl] **I** *itr* **1.** murmeln, plätschern, gurgeln; **2.** *fam* daherquasseln; **II** *s* Plätschern *n.*
bur·den [ˈbɜːdn] **I** *s* **1.** Last *f a. fig;* **2.** *(Schiff)* Tragkraft *f,* Tonnengehalt *m;* **3.** Kehrreim, Refrain *m;* **4.** Leitgedanke *m;* ► **be a ~ on s.o.** jdm zur Last fallen; **~ of proof** Beweislast *f;* **II** *tr* belasten *a. fig;* **bur·den·some** [—səm] *adj* lästig, beschwerlich.
bureau [ˈbjuərəu] **1.** Schreibtisch *m;*

2. Büro n; 3. Am Kommode f;
▶ **information** ~ Auskunft f; **tourist** ~
Reisebüro n.
bureau·cracy [bjʊə'rɒkrəsɪ] Bürokratie f; **bureau·crat** ['bjʊərəkræt] Bürokrat(in) m (f); **bureau·cratic**
[ˌbjʊərə'krætɪk] adj bürokratisch.
bur·geon ['bɜːdʒən] itr lit knospen, keimen, sprießen.
bur·glar ['bɜːglə(r)] Einbrecher(in) m (f);
bur·glar·ize ['bɜːgləraɪz] tr einbrechen
(a house in ein Haus); **bur·glary**
['bɜːglərɪ] Einbruch(sdiebstahl) m;
burgle ['bɜːgl] tr einbrechen in.
burial ['berɪəl] Begräbnis n, Bestattung,
Beerdigung f; **burial-ground** Friedhof
m; **burial place** Grabstätte f; **burial
service** Trauerfeier f.
bur·lesque [bɜː'lesk] I s 1. Burleske,
Posse f; 2. Am Varieté n; II adj possenhaft.
burly ['bɜːlɪ] adj stämmig, kräftig.
burn [bɜːn] ⟨irr burnt od burned, burnt
od burned⟩ I tr 1. verbrennen; 2. anbrennen, anzünden, in Brand stecken;
(ein Loch in e-e S) brennen; 3. (Kohle)
verfeuern; (Ziegel) brennen; 4. sich
(den Mund, die Finger) verbrennen a.
fig; 5. (Speise) anbrennen lassen;
6. (Hitze) versengen, verdorren lassen,
ausdörren; ▶ ~ one's fingers sich die
Finger verbrennen; II itr 1. brennen, in
Flammen stehen; 2. (Licht) brennen,
eingeschaltet sein; 3. (Speise) anbrennen; 4. fig darauf brennen (to zu); 5. (vor
Wut) kochen, schäumen; III s Brandwunde, Verbrennung f; IV (mit Präposition) **burn away** itr ab-, aus-, verbrennen; **burn down** tr, itr ab-, niederbrennen; **burn out** tr, itr 1. völlig aus-, verbrennen, ausgehen; 2. el durchbrennen;
▶ ~ o.s. out sich kaputtmachen; **burn
up** tr 1. verbrennen; 2. fig verzehren;
itr 1. in Flammen aufgehen; wieder
aufflammen; 2. verglühen; **burner**
['bɜːnə(r)] Brenner m; **burn·ing**
['bɜːnɪŋ] adj 1. brennend a. fig, glühend; 2. fig leidenschaftlich, feurig;
3. (Schmach) empörend; ▶ ~ hot glühend heiß; ~ issue, question brennende
Frage.
bur·nish ['bɜːnɪʃ] tr polieren.
burnt [bɜːnt] I v s. burn; II adj verbrannt; ▶ have a ~ taste angebrannt
schmecken.
burp [bɜːp] itr fam rülpsen.
burr [bɜː(r)] s. bur.
bur·row ['bʌrəʊ] I s (Fuchs)Bau m; II tr
(Bau) graben; III itr 1. sich einwühlen,
-graben; 2. fig sich vergraben (into in).
bur·sar ['bɜːsə(r)] Schatzmeister(in),
Quästor(in) m (f); **bur·sary** ['bɜːsərɪ]
1. Quästur f; 2. Stipendium n.
burst [bɜːst] ⟨irr burst, burst⟩ I itr
1. bersten, (zer)platzen, reißen, zersprin

gen; explodieren; 2. (Knospe) aufbrechen; (Sturm) ausbrechen; (Gewitter)
sich entladen; 3. bersten, platzen (with
vor) a. fig; ▶ ~ open aufbrechen; be
~ing with health vor Gesundheit strotzen; be ~ing to darauf brennen zu; ~
into tears in Tränen ausbrechen; II tr
sprengen; bersten, platzen lassen; ▶ ~
one's side(s) with laughter vor Lachen
platzen; III s 1. Bersten, Zerspringen n;
2. mil (~ of fire) Feuerstoß m; 3. fig
Ausbruch, Anfall m; ▶ ~ of applause
Beifallssturm m; IV (mit Präposition)
burst forth itr ausbrechen (into in);
burst in itr 1. hereinstürzen; 2. dazwischenplatzen; **burst out** itr ausbrechen
in, ausrufen, (plötzlich) schreien; ▶ ~
out crying in Tränen ausbrechen; ~ out
laughing sich vor Lachen nicht halten
können.
bury ['berɪ] tr 1. begraben, beerdigen;
2. ein-, vergraben; 3. verbergen; 4. fig
vergessen, auf sich beruhen lassen; ▶ ~
o.s. in one's books sich in seinen Büchern vergraben; **buried in thought** gedankenversunken.
bus [bʌs] ⟨pl buses, Am busses⟩ I s
1. Bus, Omnibus, Autobus m; 2. fam mot
Kiste f; ▶ go by ~ mit dem Bus fahren;
miss the ~ fam den Anschluß verpassen; II tr mit dem Bus befördern; **bus
driver** Busfahrer(in) m (f).
bush [bʊʃ] 1. Busch, Strauch m; Gebüsch
n; 2. Busch m (in Afrika); 3. Haarschopf m; ▶ beat about the ~ fig wie
die Katze um den heißen Brei herumgehen.
bushel ['bʊʃl] Scheffel m (36,37 l);
▶ hide one's light under a ~ prov sein
Licht unter den Scheffel stellen.
bush·man ['bʊʃmən] ⟨pl -men⟩ Buschmann m; **bushy** ['bʊʃɪ] adj buschig.
busi·ly ['bɪzɪlɪ] adv geschäftig, eifrig.
busi·ness ['bɪznɪs] 1. Geschäftsleben n,
Handel m, Gewerbe n; 2. geschäftliches
Unternehmen, Geschäftsbetrieb m,
gewerblicher Betrieb; 3. Aufgabe f; Angelegenheit, Sache f; 4. Problem n;
▶ in ~ im Geschäftsleben; on ~ geschäftlich; be in ~ Geschäftsmann sein;
do ~ Geschäfte machen; have no ~ to
kein Recht haben zu; get down to ~ zur
Sache kommen; mean ~ es ernst meinen; retire from ~ sich aus dem Geschäftsleben zurückziehen; set up in ~
ein Geschäft anfangen; mind your own
~! kümmern Sie sich um Ihre eigenen
Angelegenheiten! send s.o. about his ~
jdn in seine Schranken weisen; that's
none of your ~! das geht Sie nichts an!
what's his ~? was macht, wovon lebt
er? what's your ~ (with me)? was führt
Sie zu mir? what ~ is he in? in welcher
Branche arbeitet er? **business address** Geschäftsadresse f; **business**

card Visitenkarte *f;* **business end** scharfes Ende; **business hours** *pl* Geschäftszeit(en) *f (pl);* **business letter** Geschäftsbrief *m;* **busi·ness·like** [—laɪk] *adj* **1.** geschäftstüchtig; **2.** praktisch (veranlagt), gewandt; **busi·ness·man** [—mæn] ⟨*pl* -men⟩ Geschäftsmann *m;* **business transaction** Geschäftsvorfall *m;* **business trip** Geschäftsreise *f;* **busi·ness·woman** [—wʊmən] ⟨*pl* -women⟩ [—wɪmɪn] Geschäftsfrau *f.*

busker [ˈbʌskə(r)] Straßensänger(in), -spieler(in) *m (f).*

bus·load [ˈbʌsləʊd] Busladung *f;* ► **by the ~, in ~s** busweise; **busman's holiday** Fortsetzung *f* der Berufsarbeit in den Ferien; **bus service** Busverbindung *f;* **bus station** Busbahnhof *m;* **bus stop** Bushaltestelle *f.*

bust¹ [bʌst] **1.** Busen *m;* **2.** *(Kunst)* Büste *f.*

bust² [bʌst] *Am* Razzia *f.*

bust³ [bʌst] I *tr* **1.** kaputtmachen; **2.** *Am* e-e Razzia durchführen (in); ► II *itr* kaputtgehen; ► **go ~** pleite gehen.

bustle [ˈbʌsl] I *itr* sich geschäftig bewegen, sich tummeln; ► **~ about** sehr geschäftig tun; II *s* Geschäftigkeit, Eile, Hetze *f.*

bust-up [ˈbʌstʌp] *sl* Krach, Streit *m.*

busy [ˈbɪzɪ] I *adj* **1.** beschäftigt; **2.** bewegt, belebt; **3.** *(Straße)* verkehrsreich, belebt; *(Tag)* voll ausgefüllt; *(Mensch)* ausgelastet; **4.** *tele* besetzt; ► **be ~ doing s.th.** gerade etw tun; II *refl* sich beschäftigen (*with* mit); **busy·body** [ˈbɪzɪˌbɒdɪ] Geschaftlhuber(in), Wichtigtuer(in) *m (f).*

but [bʌt] I *conj* **1.** aber, dennoch, (je)doch, indessen, nichtsdestoweniger, andererseits; **2.** sondern; außer daß; ohne daß, ohne zu; wenn nicht; **3.** *(nach Verneinung)* daß; ► **~ that** außer daß, ohne daß; **not only ... ~ also** nicht nur ..., sondern auch; II *prep* außer; ► **anything ~** nichts weniger als; **nothing ~** nichts als; **the last ~ one** der vorletzte; **all ~ one** alle bis auf einen; **~ for** ohne; III *adv* nur, bloß; ► **all ~** beinahe, fast, nahezu; **~ then** dafür aber; IV *prn (nach verneintem Hauptsatz)* ► **there was not one ~ was wounded** es war nicht einer da, der nicht verwundet war; V *s* Aber *n.*

bu·tane [ˈbjuːteɪn] Butan(gas) *n.*

butcher [ˈbʊtʃə(r)] I *s* **1.** Metzger(in), Fleischer(in), Schlachter(in) *m (f);* **2.** *fig* Schlächter *m;* ► **~'s shop** Fleischerei, Metzgerei *f;* **at the ~'s** beim Fleischer; II *tr (Menschen)* (hin)schlachten, niedermetzeln; **butchery** [ˈbʊtʃərɪ] **1.** Metzgerhandwerk *n;* **2.** *fig* Gemetzel *n.*

but·ler [ˈbʌtlə(r)] Butler *m.*

butt¹ [bʌt] **1.** großes Faß; **2.** Tonne *f;*

3. (~-end) stumpfes Ende.

butt² [bʌt] **1.** (Gewehr)Kolben *m;* **2.** Zigarettenstummel *m.*

butt³ [bʌt] **1.** Schießscheibe *f;* **2.** *pl* Kugelfang *m;* **3.** *fig* Zielscheibe *f.*

butt⁴ [bʌt] I *tr* **1.** mit dem Kopf stoßen; II *itr fam* ► **~ in** sich einmischen; **~ into** dazwischenplatzen.

but·ter [ˈbʌtə(r)] I *s* Butter *f;* ► **peanut-~** Erdnußbutter *f;* II *tr* mit Butter bestreichen; ► **~ up** schmeicheln (*s.o.* jdm); **but·ter·cup** [ˈbʌtəkʌp] *bot* Butterblume *f,* Hahnenfuß *m;* **butter-dish** Butterdose *f;* **but·ter·fin·gers** [ˈbʌtəˌfɪŋgəz] *sing* Schussel *m.*

but·ter·fly [ˈbʌtəflaɪ] *zoo* **1.** Schmetterling *m a. fig;* **2.** Delphinschwimmen *n.*

but·ter·milk [ˈbʌtəmɪlk] Buttermilch *f;* **butter mountain** *(EG)* Butterberg *m.*

but·tery [ˈbʌtərɪ] **1.** Speisekammer *f;* **2.** Cafeteria *f.*

but·tock [ˈbʌtək] **1.** Hinterbacke *f;* **2.** *meist pl* Hinterteil, Gesäß *n.*

but·ton [ˈbʌtn] I *s* **1.** Knopf *m;* **2.** junger Champignon; **3.** *el* Klingel-, Schaltknopf *m;* **4.** *pl mit sing fam* Page *m;* ► **press the ~** auf den Knopf drücken *a. fig;* II *tr* zuknöpfen; III *itr* sich knöpfen lassen; **~ up** (zu)knöpfen; *fam (Aufgabe)* erledigen, fertigbringen; **but·ton·hole** [—həʊl] I *s* **1.** Knopfloch *n;* **2.** Sträußchen *n* im Knopfloch; II *tr fig* sich schnappen.

but·tress [ˈbʌtrɪs] I *s* **1.** *arch* Strebepfeiler *m;* **2.** *fig* Stütze *f;* II *tr fig (~ up)* stützen.

buxom [ˈbʌksəm] *adj* drall, von Gesundheit strotzend.

buy [baɪ] ⟨*irr* bought, bought⟩ I *tr* **1.** kaufen, erwerben, erstehen; **2.** *(Fahrkarte)* lösen; **3.** *fig* erkaufen (*with* mit); ► **~ at an auction** ersteigern; **~ at a loss, profit** mit Verlust, Gewinn kaufen; **~ s.th.** *fig* etw akzeptieren; etw glauben; II *s fam* (guter) Kauf; III *(mit Präposition)* **buy back** *tr* zurückkaufen; **buy in** *tr* einkaufen; **buy off** *tr fam* bestechen; **buy out** *tr* auszahlen; aufkaufen; *(Gefangene)* freikaufen; **buy up** *tr* aufkaufen; **buyer** [ˈbaɪə(r)] **1.** Käufer(in), Abnehmer(in) *m (f);* **2.** Einkäufer(in) *m (f);* ► **~'s market** Käufermarkt *m.*

buzz [bʌz] I *itr* summen, surren, schwirren, brausen, brummen; II *tr* **1.** durch Summer herbeirufen; **2.** *aero* niedrig fliegen (*a field* über ein Feld); III *s* **1.** Summen, Brausen, Brummen *n;* **2.** Gemurmel, Stimmengewirr *n;* **3.** *tele fam* Anruf *m;* IV *(mit Präposition)* **buzz about** *itr* herumschwirren; **buzz off** *itr sl* abhauen; **buzz word** Schlagwort *n.*

buz·zard [ˈbʌzəd] Bussard *m.*

buzzer [ˈbʌzə(r)] *tech* Summer *m.*

by [baɪ] I *prep* **1.** *(örtlich)* bei, an, neben; ▶ ~ **the sea** an der See; **close** ~ **the river** dicht am Fluß; **sit** ~ **me** setz dich zu mir, neben mich; **2.** *(örtlich)* durch, über; ▶ **Paris** ich bin über Paris gefahren; **3.** *(örtlich)* an ... vorbei; ▶ **I walked** ~ **the post-office** ich bin an der Post vorbeigegangen; **4.** *(zeitlich)* während, in, an; ▶ ~ **day** bei, am Tage, tagsüber; **5.** *(zeitlich)* vor, bis (zu), spätestens an, um; ▶ ~ **tomorrow** bis morgen; ~ **now** bisher, bis jetzt; ~ **then** bis dahin; **6.** *(pro)* ▶ ~ **the day** am Tag, täglich, pro Tag; ~ **the pound** pfundweise **7.** *(Ausdehnung)* ▶ **four feet** ~ **six** vier zu sechs Fuß; **8.** von, durch, mit, (ver)mittels, an; ▶ **a tragedy** ~ **Shakespeare** e-e Tragödie von Shakespeare; ~ **car, rail, train, tram, bus, boat, plane** mit dem Wagen, der Bahn, dem Zug, der Straßenbahn, dem Bus, dem Schiff, im Flugzeug; ~ **land, sea, air** zu Lande, zu Wasser, auf dem Luftwege; **live** ~ **bread** von Brot leben; **9.** nach *(e-r S urteilen)*; ▶ **swear** ~ **s.th.** *fig* auf etw schwören; **what do you mean** ~ **that?** was meinen Sie damit? was wollen Sie damit sagen? **judge** ~ **appearances** nach dem Äußeren urteilen; **II** *(Wendungen)* ▶ **(all)** ~ **o.s.** (ganz) allein; ohne Hilfe; **day** ~ **day** Tag für Tag, täglich; **little** ~ **little** nach u. nach, langsam, allmählich, stufen-, schrittweise; **one** ~ **one** einer nach dem andern; **step** ~ **step** Schritt für Schritt, schrittweise; ~ **chance** zufällig; ~ **degrees** stufenweise; ~ **the dozen** dutzendweise, im Dutzend; ~ **far** bei weitem, (sehr) viel; ~ **all,**

no means auf jeden, keinen Fall; ~ **name** dem Namen nach; ~ **the name of** unter dem Namen *gen;* ~ **nature** von Natur (aus); ~ **right** von Rechts wegen; ~ **the way** beiläufig, nebenbei (gesagt); **III** *adv* vorbei; ▶ **I can't get** ~ ich kann, komme nicht vorbei; **in days gone** ~ in vergangener, früherer Zeit; **stand** ~ in der Nähe, bereit sein; **put, lay** ~ auf die Seite legen, sparen; ~ **and** ~ nach und nach; ~ **and large** im großen und ganzen.

bye [baɪ] **1.** etw Nebensächliches; **2.** *(Kricket)* angerechneter Lauf für e-n vorbeigelassenen Ball.

bye-bye ['baɪ'baɪ] **I** *s (Kindersprache)* Heia *f,* Bettchen *n;* **II** *interj* auf Wiedersehen!

by(e)-law ['baɪlɔ:] Statut *n,* Satzung *f;* **by-elec·tion** ['baɪɪlekʃn] *parl* Nachwahl *f;* **by·gone** ['baɪgɒn] **I** *adj* vergangen; **II** *s* ▶ **let** ~**s be** ~**s** laßt die Vergangenheit begraben sein; **by-pass** ['baɪpɑ:s] **I** *s* Umgehung(sstraße) *f;* **II** *tr* **1.** umfahren, herumfahren um, umleiten; **2.** *fig* umgehen; **by-pass operation** *med* Bypaß-Operation *f;* **by·path** ['baɪpɑ:θ] Neben-, Seitenweg *m a. fig;* **by·play** ['baɪpleɪ] Nebenhandlung *f;* **by-prod·uct** ['baɪprɒdʌkt] Nebenprodukt *n;* **by-road** ['baɪrəud] Neben-, Seitenstraße *f;* **by·stander** ['baɪstændə(r)] Zuschauer(in) *m (f);* **byte** [baɪt] *EDV* Byte *n;* **by-way** ['baɪweɪ] Seitenweg *m;* **by·word** ['baɪwɜ:d] Inbegriff *m;* ▶ **become a** ~ **for** gleichbedeutend werden mit.

C

C, c [si:] ⟨pl -'s⟩ **1.** a. mus C, c n; **2.** (Schule) Befriedigend n.
cab [kæb] **1.** (taxi-~) Taxe f, Taxi n; **2.** rail Führerstand m (a. Kran, Bagger); **3.** (Lastkraftwagen) Führerhaus n; ▶ **go by** ~ mit der Taxe fahren.
cab·aret ['kæbəreɪ] Kabarett n.
cab·bage ['kæbɪdʒ] **1.** Kohl m; **2.** fam geistiger Krüppel.
cabby ['kæbɪ] fam Taxifahrer(in) m (f).
cabin ['kæbɪn] **1.** Hütte f; Am Wochenendhaus n; **2.** mar Kabine, Kajüte f; **3.** Führerhaus n; aero Kanzel f; **cabin-class** mar zweite Klasse; **cabin cruiser** Motorboot n mit Kabine.
cabi·net ['kæbɪnɪt] **1.** Glasschrank m, Vitrine f; **2.** Schrank m; Kasten m; **3.** (bes. radio) Gehäuse n; **4.** pol (meist C~) Kabinett n; ▶ **filing** ~ Aktenschrank m; **shadow** ~ Schattenkabinett n; **cabi·net-maker** [—ˌmeɪkə(r)] Möbeltischler(in), -schreiner(in) m (f).
cable ['keɪbl] **I** s **1.** Tau n; (Draht)Seil n; **2.** Ankertau n, -kette f; Trosse f; **3.** tele Kabel n; Kabelnachricht f; **4.** el Kabel n; Leitung f; ▶ **by** ~ durch Kabel, telegraphisch; **II** tr, itr tele kabeln; **cable-car** Wagen m e-r (Draht)Seilbahn, Straßenbahn; **cable·gram** ['keɪblgræm] Kabel n; **cable network** Kabelnetz n; **cable-railway** Drahtseilbahn f; **cable television** Kabelfernsehen n.
ca·boodle [kə'bu:dl] ▶ **the whole** ~ fam der ganze Kram; der ganze Haufen.
cab-rank, cab-stand ['kæbræŋk, 'kæbstænd] Taxenstand m.
cab·rio·let [ˌkæbrɪəʊ'leɪ] mot Kabriolett n.
ca·cao [kə'kɑ:əʊ] **1.** (~ bean) Kakaobohne f; **2.** (~-tree) Kakaobaum m.
cache [kæʃ] **I** s Versteck n; versteckter Vorrat; **II** tr verstecken, verbergen.
ca·chet ['kæʃeɪ] **1.** (Qualitäts-, Herkunfts)Stempel m; **2.** med Kapsel f.
cackle ['kækl] **I** s Gegacker n; fig Gekicher n; **II** itr gackern; fig plappern; kichern.
ca·coph·ony [kæ'kɒfənɪ] Mißklang m.
cac·tus ['kæktəs] ⟨pl -tuses, -ti⟩ ['kæktaɪ] Kaktus m.
CAD Abk: **computer aided design** CAD n.
ca·daver [kə'deɪvə(r)] Kadaver m; **cadaver bag** Am Leichensack m.
caddie ['kædɪ] Golfjunge m.
caddy ['kædɪ] Teebüchse f.

ca·dence ['keɪdns] **1.** Kadenz f; **2.** Rhythmus m; **3.** Tonfall m.
ca·det [kə'det] mil Kadett m.
cadge [kædʒ] itr, tr schnorren; **cad·ger** ['kædʒə(r)] Bettler(in), Schnorrer(in) m (f).
cad·mium ['kædmjəm] Cadmium n.
cadre ['kɑ:də(r)] Kader m.
Caesar·ian [sɪ'zeərɪən] s, adj ▶ ~ **section** med Kaiserschnitt m.
cae·sium ['si:zjəm] Cäsium n.
café ['kæfeɪ] **1.** (England) Café n; Restaurant n; **2.** Am Bar f; **cafe·teria** [ˌkæfɪ'tɪərɪə] Selbstbedienungsrestaurant n, Cafeteria f; **caf·fein(e)** ['kæfi:n] Koffein n.
cage [keɪdʒ] **I** s **1.** Käfig m; **2.** (Aufzug) Kabine f; **3.** min Förderkorb m; **4.** (Hockey) Tor n; **II** tr in e-n Käfig sperren; **cagey** ['keɪdʒɪ] adj **1.** fam zurückhaltend; **2.** berechnend; **3.** Am gerissen.
ca·hoots [kə'hu:ts] fam ▶ **be in** ~ **with** s.o. mit jdm unter einer Decke stecken.
cairn [keən] Steinpyramide f.
ca·jole [kə'dʒəʊl] tr schmeicheln (s.o. jdm); ▶ ~ **s.o. into, out of doing s.th.** jdn dazu bringen, etw zu tun, zu (unter-)lassen; ~ **s.th. out of s.o.** jdm etw abbetteln.
cake [keɪk] **I** s **1.** Kuchen m; **2.** Stück n (of soap Seife); Riegel m; Tafel f (of chocolate Schokolade); **3.** tech Masse f, Klumpen m; ▶ **be a piece of** ~ fam kinderleicht sein; **II** itr zusammenbakken, e-n Klumpen bilden.
ca·lam·ity [kə'læmətɪ] **1.** Unglück n; Schicksalsschlag m; **2.** Not f, Elend n.
cal·ci·fer·ous [kæl'sɪfərəs] adj kalkhaltig; **cal·cify** ['kælsɪfaɪ] tr, itr verkalken; **cal·cium** ['kælsɪəm] chem Kalzium n; ▶ ~ **carbide** Kalziumkarbid n.
cal·cu·lable ['kælkjʊləbl] adj berechenbar; kalkulierbar; **cal·cu·late** ['kælkjʊleɪt] **I** itr rechnen (on mit) a. fig; fig sich verlassen (on auf); **II** tr **1.** aus-, be-, errechnen; veranschlagen, kalkulieren; **2.** Am fam meinen, annehmen; ▶ **be** ~d **to** (mit inf) darauf berechnet, zugeschnitten sein, zu, daß; **cal·cu·lated** [—ɪd] adj berechnet, vorbedacht, absichtlich; ▶ **take a** ~ **risk** ein kalkulierbares Risiko eingehen; **cal·cu·lating** [—ɪŋ] adj berechnend; überlegt; ▶ ~ **error** Rechenfehler m; ~-**machine** Rechenmaschine f; **cal·cu·la·tion** [ˌkælkjʊ'leɪʃn] **1.** Kalkulation, (Be)Rech-

nung *f;* **2.** Überschlag, Voranschlag *m;* **3.** Überlegung *f;* ▶ ~ **of cost** Kostenberechnung *f;* **cal·cu·la·tor** ['kælkjuleɪtə(r)] **1.** Kalkulator *m;* **2.** Rechner *m;* Rechentabelle *f;* **3.** Taschenrechner *m;* **cal·cu·lus** ['kælkjuləs] ⟨*pl* -li⟩ [—li:] **1.** *med* Stein *m;* **2.** *math* Rechnungsart *f;* Differentialrechnung *f.*
cal·en·dar ['kælɪndə(r)] **1.** Kalender *m;* **2.** Verzeichnis, Register *n,* Liste *f;* **3.** *jur* Terminkalender *m;* ▶ ~ **of events** Veranstaltungskalender *m,* **calendar month** Kalendermonat *m.*
calf[1] [kɑːf] ⟨*pl* calves⟩ [kɑːvz] **1.** Kalb *n;* **2.** *(Mensch)* Ochse, Esel *m;* **3.** *(~-skin)* Kalbleder *n;* **4.** Eisscholle *f;* ▶ **in, with** ~ *(Kuh)* trächtig.
calf[2] [kɑːf] ⟨*pl* calves⟩ [kɑːvz] Wade *f.*
calf-love ['kɑːflʌv] Jugendliebe *f.*
cali·brate ['kælɪbreɪt] *tr* kalibrieren; *(Meßgerät)* eichen; **cal·ibre,** *Am* **caliber** ['kælɪbə(r)] **1.** Kaliber *n;* **2.** *fig* Format *n,* Bedeutung *f,* Kaliber *n (e-s Menschen).*
cal·ico ['kælɪkəʊ] ⟨*pl* -ico(e)s⟩ Kaliko *m; Am* Kattun *m.*
call [kɔːl] **I** *tr* **1.** rufen *a. radio;* anrufen *a. tele; (Namen)* aufrufen; *(Schauspieler vor den Vorhang)* herausrufen; **2.** *(Arzt, Taxe)* holen, rufen; **3.** wecken; **4.** nennen; bezeichnen; **5.** betrachten, ansehen als, halten für; **6.** *(in ein Amt)* berufen; **7.** *(Versammlung)* einberufen; **8.** *(Pause)* einlegen; ▶ **be ~ed** heißen, genannt werden *(after s.o.* nach jdm); ~ **to account** zur Rechenschaft ziehen; ~ **attention to** aufmerksam machen auf; ~ **into being** ins Leben rufen; ~ **it a day** Feierabend machen; ~ **to mind** sich erinnern an; ~ **s.o. names** jdn be-, ausschimpfen; ~ **to order** zur Ordnung rufen; ~ **in question** in Frage stellen; **II** *itr* **1.** rufen; **2.** kurz besuchen, vorsprechen; **3.** *tele* anrufen; **III** *s* **1.** Ruf *m;* **2.** *tele* Anruf *m,* (Telefon)Gespräch *n;* **3.** (dringende) Bitte, Aufforderung *f;* **4.** Abruf *m;* Aufruf *m;* **5.** An-, Nachfrage *f (for* nach); **6.** Anspruch *m (for, on* auf); **7.** *theat fig* Vorhang *m;* **8.** *jur* Aufruf *m (of a case* e-r Sache); **9.** (kurzer) Besuch *m;* **10.** *(Fahrzeug, a. rail)* Aufenthalt, Halt *m;* **11.** *mar aero* Zwischenlandung *f;* **12.** Signal *n;* **13.** *(meist verneint)* Notwendigkeit, Gelegenheit *f,* Grund *m,* Ursache *f (for, to* zu); ▶ **at** ~ bereit; verfügbar, greifbar; **at, on** ~ *fin* auf tägliche Kündigung; **on** ~ auf Abruf, auf Anforderung; **in** Bereitschaft; **within** ~ in Ruf-, Hörweite; **give s.o. a** ~ *tele* jdn anrufen; **local** ~ *tele* Ortsgespräch *n;* **roll** ~ namentlicher Aufruf; **trunk** ~, **long-distance** ~ Ferngespräch *n;* ~ **for help** Hilferuf *m;* ~ **to order** Ordnungsruf *m;* **IV** *(mit Präposition)* **call at** *itr*

1. vorsprechen bei, in *(e-m Haus);* halten in *(e-m Ort) a. rail;* **2.** mar *(e-n Hafen)* anlaufen; **3.** *aero* anfliegen; **call away** *tr* ab-, wegrufen; **call back** *tr, itr* zurückrufen; **call down** *tr* **1.** herunterrufen; **2.** *(Zorn)* auf sich ziehen; **3.** *Am fam* ausschimpfen, herunterputzen; **call for** *tr* **1.** fragen nach, (dringend) verlangen; **2.** benötigen, erfordern; **3.** *(Konferenz)* einberufen, ansetzen; **4.** *(Menschen)* abholen; **5.** *Am (Wetterbericht)* voraussagen; ▶ **to be ~ed for** postlagernd; **call forth** *tr* **1.** einsetzen, anwenden; **2.** hervorbringen; **3.** erfordern; ▶ ~ **forth all one's energy** seine ganze Kraft zusammennehmen; **call in** *tr* **1.** hereinrufen; herbeirufen, -holen; **2.** *(e-n Arzt)* holen, zuziehen; **3.** *(Geld)* zurückfordern; einziehen; *itr* vorsprechen *(on* bei); **call off** *tr* **1.** ab-, wegrufen; **2.** *(Veranstaltung)* absagen, abblasen, abbrechen; **call on** *itr* **1.** auf-, besuchen *(at s.o.'s home, office* in jds Heim, Büro); vorsprechen bei; **2.** sich wenden an; **3.** auffordern *(s.o.* jdn); **call out** *tr* **1.** herausrufen; **2.** in Aktion bringen; **3.** *(Namen)* (auf)rufen; **4.** *(Haltestelle)* ausrufen; **5.** *(Truppen)* einsetzen; **6.** *Am (Schauspieler)* herausrufen; **7.** *(Feuerwehr)* herbeirufen; **8.** zum Streiken auffordern; *itr* (laut) aufschreien; **call up** *tr* **1.** aufrufen; **2.** *tele* anrufen; **3.** ins Gedächtnis rufen; **4.** *fig* hervorrufen, wachrufen; aufwecken; **5.** *mil* einberufen.
call-box ['kɔːlbɒks] Telefonzelle *f;* **called** [kɔːld] *adj* genannt; ▶ **many are** ~ *rel* viele sind berufen; **caller** ['kɔːlə(r)] **1.** Besucher(in) *m (f);* **2.** *tele* Anrufer(in) *m (f);* **call-girl** ['kɔːlɡɜːl] Callgirl *n.*
cal·ligra·phy [kə'lɪɡrəfɪ] Kalligraphie *f.*
call·ing ['kɔːlɪŋ] *rel* Berufung *f;* **calling card** Visitenkarte *f.*
cal·lous ['kæləs] *adj* **1.** schwielig; **2.** *fig* gefühllos, abgestumpft *(to* gegen).
call-sign ['kɔːlsaɪn] *radio* Sendezeichen *n;* **call-up** ['kɔːlʌp] Einberufung *f.*
cal·lus ['kæləs] Schwiele *f.*
calm [kɑːm] **I** *s* **1.** Ruhe, Stille *f;* **2.** Windstille, Flaute *f;* **3.** *fig* (innere) Ruhe *f;* **II** *adj* **1.** ruhig; **2.** (wind)still; **3.** *fig* ruhig, friedlich; **III** *tr* beruhigen; ▶ ~ **down** sich beruhigen; *(Wind)* abflauen; **calm·ness** [—nɪs] (innere) Ruhe *f;* Stille *f.*
cal·oric ['kælərɪk] *adj* kalorisch; Wärme-; **cal·orie** ['kælərɪ] Kalorie *f;* **cal·or·if·ic** [kælər'ɪfək] *adj* wärmeerzeugend; ▶ ~ **value** Heizwert *m.*
cal·umny ['kæləmnɪ] Verleumdung *f.*
Cal·vary ['kælvərɪ] *rel* Golgatha *n;* Kalvarienberg *m.*
calve [kɑːv] *itr* kalben *(a. Eisberg, Gletscher).*

Cal·vin·ism ['kælvınızəm] Kalvinismus m; **Cal·vin·ist** ['kælvınıst] Kalvinist(in) m (f).

cam [kæm] tech Nocken, Mitnehmer, Daumen m.

cam·ber ['kæmbə(r)] I s 1. Wölbung, Schweifung f; 2. mot Radsturz m; II tr wölben.

Cam·bo·dia [kæm'bəʊdıə] Kambodscha n; **Cam·bo·dian** [kæm'bəʊdıən] I adj kambodschanisch; II s Kambodschaner(in) m (f).

cam·cor·der ['kæmkɔdə(r)] Camcorder m.

came [keım] v s. come.

camel ['kæml] Kamel n a. mar; **camel-hair** Kamelhaar n.

cameo ['kæmıəʊ] Kamee f.

cam·era ['kæmərə] Kamera f; Fotoapparat m; ▶ **in** ~ jur unter Ausschluß der Öffentlichkeit; **camera angle** Blickwinkel m; **cam·era·man** ⟨pl -men⟩, **cam·era·wo·man** 1. film Kameramann m, Kamerafrau f; 2. Pressefotograf(in), Bildberichter(in) m (f); **camera shot** Einstellung f; **camera -shy** adj kamerascheu.

camo·mile ['kæməmaıl] bot Kamille f.

cam·ou·flage ['kæməfla:ʒ] I s mil Tarnung f; II tr mil tarnen.

camp¹ [kæmp] I s 1. (Zelt)Lager n; Lagerplatz m; 2. fig (Partei)Lager n; ▶ **break up, strike** ~ das Lager abbrechen; **training** ~ Ausbildungslager n; II itr lagern; kampieren; (~ out) zelten.

camp² [kæmp] I adj 1. schwul; 2. tuntenhaft; 3. übertrieben; maniert; II tr ▶ ~ **up** übertrieben darstellen; fam aufmotzen; ~ **it up** übertreiben; sich weibisch benehmen.

cam·paign [kæm'peın] I s 1. Feldzug m a. fig; 2. (electoral ~) Wahlkampf m; 3. tech Kampagne f; ▶ **advertising** ~ Werbefeldzug m; II itr 1. an e-m Feldzug teilnehmen; 2. fig agitieren, sich einsetzen (for für); **cam·paigner** [kæm'peınə(r)] 1. Feldzugsteilnehmer(in); Kämpfer(in) m (f); 2. Befürworter(in) m (f); Gegner(in) m (f); Wahlhelfer(in) m (f).

camp-bed ['kæmp,bed] Feldbett n; Campingliege f; **camp-chair** Campingstuhl m; **camper** ['kæmpə(r)] 1. Camper(in) m (f); 2. Campingbus m, Wohnmobil n; **camp-fever** med Typhus m; **camp-fire** Lagerfeuer n; **camp-fol-lower** ['kæmp,fɒləʊə(r)] 1. Schlachtenbummler(in) m (f); 2. mil Marketender(in) m (f); 3. pol Mitläufer(in) m (f); **camp·ground** ['kæmpgraʊnd] Am **camp·site** ['kæmpsait] Camping-, Lager-, Zeltplatz m.

cam·phor ['kæmfə(r)] med Kampfer m.

camp·ing ['kæmpıŋ] Zelten, Camping n; ▶ **go** ~ zelten; ~**-ground** Camping-,

Zeltplatz m; **camp-stool** Campingstuhl m.

cam·pus ['kæmpəs] Universitätsgelände n, Campus m.

cam·shaft ['kæmʃɑ:ft] Nocken-, Steuerwelle f.

can¹ [kæn] I s 1. Kanne f; Behälter m; 2. (Konserven)Dose, Büchse f; 3. Kanister m; 4. Mülleimer m; 5. Am sl Kittchen n; 6. Am sl Klosett n; ▶ **carry the** ~ fam den Kopf hinhalten; II tr 1. eindosen; 2. Am sl aufhören mit.

can² [kən, betont: kæn] ⟨irr could⟩ aux können; ▶ **you can't go** du darfst nicht gehen; **could I look at it?** darf ich es mir ansehen? **I could have kissed her** ich hätte sie küssen können.

Cana·da ['kænədə] Kanada n; **Ca·na·dian** [kə'neıdıən] I adj kanadisch; II s Kanadier(in) m (f).

ca·nal [kə'næl] 1. Kanal m; 2. anat Röhre f, Gang m; **ca·nal·iz·ation** [,kænəlaı'zeıʃn] Kanalisierung f; **ca·nal·ize** ['kænəlaız] tr 1. kanalisieren; 2. fig lenken (into in); dirigieren.

ca·nary [kə'neərı] I s Kanarienvogel m; II adj hellgelb; **canary seed** (Kanarien)Vogelfutter n.

ca·nasta [kə'næstə] Kanasta n (Kartenspiel).

can·cel ['kænsl] I tr 1. (aus-, durch)streichen; ungültig machen; 2. (Briefmarke) entwerten; 3. rückgängig machen, abbestellen; widerrufen, annullieren; com stornieren; 4. (Veranstaltung) absagen; 5. (Vertrag) lösen; 6. (Anordnung) zurückziehen; 7. math (in e-m Bruch, e-r Gleichung) streichen, kürzen; 8. EDV abbrechen, löschen; II itr absagen; stornieren; sich (gegenseitig) aufheben; **can·cel·la·tion** [,kænsə'leıʃn] 1. Streichung f; 2. Entwertung f; 3. Absage f; 4. Kündigung f; 5. Annullierung f; Abbestellung f; com Stornierung f; ▶ ~ **clause** Rücktrittsklausel f.

can·cer ['kænsə(r)] 1. med Krebs m; 2. fig Krebsgeschwür, Übel n; 3. astr Krebs m; **cancer check-up** Krebsvorsorge(untersuchung) f; **cancer clinic** Krebsklinik f; **can·cer·ous** ['kænsərəs] adj krebsartig; **cancer research** Krebsforschung f.

can·de·la·brum [,kændı'lɑ:brəm] ⟨pl -bra⟩ [,kændı'lɑ:brə] Kandelaber m.

can·did ['kændıd] adj 1. aufrichtig, ehrlich; 2. unvoreingenommen; 3. freimütig; 4. phot unbemerkt aufgenommen.

can·di·dacy ['kændıdəsı] Kandidatur f; **can·di·date** ['kændıdət] Kandidat(in), Bewerber(in), Anwärter(in) m (f); Prüfling m; **can·di·da·ture** ['kændıdətʃə(r)] Brit Bewerbung, Kandidatur f.

can·died ['kændıd] adj (Früchte) kandiert, überzuckert.

candle ['kændl] Kerze f; ▶ light a ~ e-e Kerze anzünden; burn the ~ at both ends fig sich keine Ruhe gönnen; it is not worth the ~ es lohnt sich nicht;' candle-light Kerzenlicht n; Candlemas ['kændlməs] rel Lichtmeß f; candle-power Licht-, Kerzenstärke f (Lichteinheit); candle-stick Leuchter m; candle·wick ['kændl‚wık] Kerzendocht m.

can·dour, Am can·dor ['kændə(r)] Aufrichtigkeit, Offenheit, Ehrlichkeit f.

candy ['kœndı] I s 1. (sugar ~) Kan dis(zucker) m; 2. Am Bonbon m od n; pl Süßigkeiten, Süßwaren f pl; II tr 1. (Früchte) kandieren, überzuckern; 2. (Zucker) kristallisieren; candy floss ['kændı‚flɔs] Br Zuckerwatte f; candy store Am Süßwarenhandlung f.

cane [keın] I s 1. bot (Schilf-, Zucker-) Rohr n; 2. (Spazier-, Rohr)Stock m; II tr 1. (ver)prügeln; 2. das Rohr einziehen in (e-n Stuhlrahmen); ▶ ~ s.th. into s.o. jdm etw einbleuen; cane chair Rohrstuhl m; cane sugar Rohrzucker m.

can·is·ter ['kænıstə(r)] Kanister m, Blechbüchse, -dose f.

can·na·bis ['kænəbıs] 1. bot Hanf m; 2. Cannabis m.

can·ned [kænd] adj 1. eingemacht, eingedost; Büchsen-; 2. mechanisch konserviert, Konserven-; 3. serienmäßig hergestellt; 4. sl besoffen; ▶ ~ meat Büchsenfleisch n; ~ milk Büchsenmilch f; ~ music fam Musikberieselung f; canner ['kænə(r)] Konservenfabrikant, -arbeiter m; can·nery ['kænərı] Konservenfabrik f.

can·ni·bal ['kænıbl] I s Kannibale m; II adj kannibalisch; can·ni·bal·ism ['kænıbəlızəm] Kannibalismus m; can·ni·bal·ize ['kænıbəlaız] tr mot ausschlachten.

can·ning ['kænıŋ] adj ▶ ~ factory Konservenfabrik f; ~ industry Konservenindustrie f.

can·non ['kænən] I s kollektiv meist sing 1. Kanone f, Geschütz n; 2. tech Zylinder m; 3. Br (Billard) Karambolage f; II itr 1. karambolieren; 2. fig zusammenstoßen (into s.th. mit etw); cannon-ball Kanonenkugel f; can·non·fod·der ['kænənfodə(r)] Kanonenfutter n.

can·not ['kænɒt] verneinte Form von can.

canny ['kænı] adj 1. schlau, pfiffig; 2. vorsichtig; 3. sparsam.

ca·noe [kə'nu:] I s Kanu, Paddelboot n; II itr Kanu fahren; paddeln; ca·noeing [—ıŋ] Kanufahren n; ca·noe·ist [—ıst] Kanufahrer(in) m (f).

canon·iz·ation [‚kænənaı'zeıʃn] Heiligsprechung f; canon·ize ['kænənaız] tr heiligsprechen.

can opener ['kæn‚əupənə(r)] Büchsenöffner m.

can·opy ['kænəpı] 1. Baldachin m; Betthimmel m; 2. arch Vordach n; 3. Überdachung f; 4. aero Kabinendach n.

can't [kɑ:nt] = cannot.

cant¹ [kænt] I s 1. geneigte Fläche; Schräglage f; 2. (Straße) Kurvenüberhöhung f; II tr 1. abschrägen; 2. verkanten; III itr sich verkanten, umkippen.

cant² [kænt] 1. Zunftsprache f; Jargon m; 2. Gaunersprache f; 3. Geschwätz n; 4. Heuchelei, Scheinheiligkeit f; 5. Redensart f.

can·tank·er·ous [kæn'tæŋkərəs] adj zänkisch, streitsüchtig; rechthaberisch.

can·tata [kæn'tɑ:tə] mus Kantate f.

can·teen [kæn'ti:n] 1. Kantine f; 2. mil Feldflasche f; Kochgeschirr n; 3. Besteckkasten m.

can·ter ['kæntə(r)] I s Handgalopp m; II itr Handgalopp reiten.

can·ti·lever ['kæntıli:və(r)] I s arch Frei-, Konsol-, Kragträger m; (Brückenbau) Ausleger m; II adj freitragend.

can·vas ['kænvəs] 1. Kanevas m; 2. Segeltuch n; 3. Zeltbahn f, -tuch n; 4. Packleinwand f; 5. (Malerei) Leinwand f.

can·vass ['kænvəs] I tr 1. (Kunden, Wähler) werben, besuchen; 2. (Wahlstimmen) werben; 3. Wahlwerbung machen in (e-m Gebiet); II itr 1. com pol werben (for für); sich um Aufträge bemühen; 2. e-n Wahlfeldzug führen; 3. sich bewerben (for um); III s 1. (Stimmen-, Kunden)Werbung f; 2. Werbe-, Wahlfeldzug m; 3. Am Wahlprüfung f; can·vasser ['kænvəsə(r)] 1. (Kunden-, Abonnenten)Werber(in) m (f); 2. pol Propagandist(in) m (f); 3. Am Wahlprüfer(in) m (f); can·vass·ing [—ıŋ] 1. (Stimmen-, Kunden)Werbung f; (Wahl)Propaganda f; 2. com Werbefeldzug m; ▶ ~ for votes Stimmenfang m.

can·yon ['kænjən] Cañon m; Schlucht f.

cap [kæp] I s 1. Mütze, Kappe, Haube f; Barett n; (Sport-, Klub)Mütze f; 2. tech Aufsatz, Deckel m; Kappe, Haube f; 3. Kapsel f (a. e-r Flasche), Verschluß m; 4. Spreng-, Zündkapsel f; 5. Gipfel m, Spitze f; 6. (Empfängnisverhütung) Pessar n; ▶ set one's ~ at s.o. fam jdn angeln; II tr 1. e-e Mütze aufsetzen (s.o. jdm); 2. mit e-m Deckel, e-r Kappe versehen; 3. fig übertreffen; 4. e-n akademischen Grad verleihen (s.o. jdm); ▶ ~ everything alles übertreffen.

ca·pa·bil·ity [‚keıpə'bılətı] 1. Fähigkeit f (of zu); 2. pl Begabung f; ca·pable ['keıpəbl] adj 1. fähig, tüchtig; 2. befähigt; geeignet; 3. pej fähig (of zu); ▶ be ~ of imstande sein zu; können (singing singen); ~ of earning erwerbsfähig; ~

of **work** arbeitsfähig; **he is** ~ **of any-thing** er ist zu allem fähig.

ca·pac·ity [kə'pæsətɪ] **1.** Inhalt *m*, Volumen *n;* **2.** Fassungskraft *f,* -vermögen *n a. fig;* **3.** *fig* Umfang *m;* **4.** Fähigkeit *f;* geistige Fähigkeiten *f pl;* **5.** *tech* Leistung(sfähigkeit) *f;* Tragkraft *f;* Produktionsvermögen *n;* **6.** *mot* Hubraum *m;* **7.** *el* Kapazität *f;* **8.** *jur* Befugnis *f;* **9.** Funktion, Aufgabe, Stellung *f;* ▶ **in my ~ as** in meiner Eigenschaft als; **buying** ~ Kaufkraft *f;* **filled to** ~ *theat* voll (besetzt); **have a seating** ~ **of 600** 600 Sitzplätze haben.

cape[1] [keɪp] Umhang *m,* Cape *n.*

cape[2] [keɪp] Kap, Vorgebirge *n.*

ca·per[1] ['keɪpə(r)] Kapernstrauch *m; pl (Gewürz)* Kapern *f pl.*

ca·per[2] ['keɪpə(r)] **I** *s* Luftsprung *m; fig meist pl* Kapriolen *f pl;* Streiche *m pl;* **II** *itr (cut ~s, a ~)* Luftsprünge machen, herumtollen; *fig* Kapriolen machen; *fam* ein Ding drehen.

cap·il·lary [kə'pɪlərɪ] **I** *adj* haarfein; Kapillar-; **II** *s anat* Kapillargefäß *n.*

capi·tal ['kæpɪtl] **I** *s* **1.** Kapital, Vermögen *n;* **2.** Hauptstadt *f;* **3.** großer Anfangs-, Blockbuchstabe *m;* **4.** *arch* Kapitell *n;* ▶ **federal** ~ Bundeshauptstadt *f;* **fixed** ~ Anlagekapital *n;* **II** *adj* **1.** *(Strafe, Urteil)* Todes-; *(Verbrechen)* todeswürdig, schwer; **2.** verhängnisvoll; **3.** hauptsächlich; Haupt-; **4.** *fam* glänzend, prächtig, tadellos, famos; **5.** *(Buchstabe)* groß; **6.** Kapital-; **capital assets** *pl* Anlagevermögen *n;* **capital crime** Kapitalverbrechen *n;* **capital gains tax** Kapitalertragssteuer *f;* **capital investment** Kapitalanlage *f;* **capital investment company** Kapitalbeteiligungsgesellschaft *f.*

capi·tal·ism ['kæpɪtəlɪzəm] Kapitalismus *m;* **capi·tal·ist** ['kæpɪtəlɪst] **I** *s* Kapitalist(in) *m (f);* **II** *adj* kapitalistisch; **capi·tal·is·tic** [,kæpɪtə'lɪstɪk] *adj* kapitalistisch.

capi·tal·iz·ation [,kæpɪtəlaɪ'zeɪʃn] **1.** Kapitalisierung *f;* **2.** Großschreibung *f;* **capi·tal·ize** ['kæpɪtəlaɪz] **I** *itr* Nutzen ziehen (*on* aus); **II** *tr* **1.** kapitalisieren; **2.** groß schreiben.

capi·tal let·ter ['kæpɪtl 'letə(r)] großer Anfangsbuchstabe; **capital punishment** Todesstrafe *f.*

ca·pitu·late [kə'pɪtʃuleɪt] *itr* kapitulieren (*to* vor); **ca·pitu·la·tion** [kə,pɪtʃu'leɪʃn] Kapitulation, Übergabe *f.*

ca·price [kə'priːs] Laune *f;* (lustiger, launiger) Einfall *m;* **ca·pri·cious** [kə'prɪʃəs] *adj* launisch, launenhaft.

Cap·ri·corn ['kæprɪkɔːn] *astr* Steinbock *m.*

cap·size [kæp'saɪz] **I** *itr (Schiff)* kentern; **II** *tr* kentern lassen.

cap·stan ['kæpstən] *mar* Gangspill *n,* Ankerwinde *f.*

cap·sule ['kæpsjuːl] **1.** *anat bot med* Kapsel *f;* **2.** *bot* Hülse *f;* **3.** (Flaschen-) Kapsel *f.*

cap·tain ['kæptɪn] **I** *s* **1.** *mil* Hauptmann *m (a. Am Feuerwehr, Polizei);* **2.** *mar* Kapitän *m;* **3.** *aero* Flugzeugführer, -kapitän *m;* **4.** Führer(in), Leiter(in) *m (f);* **5.** *Am* Oberkellner *m;* **6.** *sport* Spiel-, Mannschaftsführer(in) *m (f);* **7.** *(Schule)* Sprecher(in) *m (f);* **II** *tr* **1.** *sport (die Mannschaft)* führen; **2.** *mar* befehligen.

cap·tion ['kæpʃn] **I** *s* **1.** *(Buch)* Kapitel-, *(Zeitung)* Beitrags-, Artikelüberschrift *f;* **2.** Titel, Kopf *m,* Schlagzeile *f;* **3.** (Bild)Erklärung *f;* Bildunterschrift *f;* **4.** *film* Untertitel, (erläuternder) Zwischentext *m;* **II** *tr* mit e-r Überschrift versehen.

cap·ti·vate ['kæptɪveɪt] *tr fig* fesseln, faszinieren, bezaubern; **cap·tive** ['kæptɪv] **I** *adj* gefangen; **II** *s* Gefangene(r) *f m;* ▶ **hold** ~ gefangenhalten; **take** ~ gefangennehmen; **cap·tiv·ity** [kæp'tɪvətɪ] Gefangenschaft, Haft *f;* **cap·ture** ['kæptʃə(r)] **I** *s* **1.** Gefangennahme *f;* **2.** *mar* Prise *f;* **3.** Eroberung *f;* Beute *f,* Raub *m;* **4.** Fang *m;* **II** *tr* **1.** gefangennehmen; **2.** *(Tier, Augenblick, Atmosphäre)* einfangen; **3.** *(Stadt)* einnehmen; *(Schatz)* erobern; *(Schiff)* kapern; **4.** *(Preis, Stimmen)* erbeuten; *(Aufmerksamkeit)* an sich reißen; **5.** *EDV* erfassen.

car [kɑː(r)] **1.** (Kraft)Wagen *m,* Auto(mobil) *n;* **2.** (Straßenbahn)Wagen *m; Am* (Eisenbahn)Wagen, Waggon *m;* **3.** *(Ballon)* Gondel *f;* **4.** *(Aufzug)* Fahrstuhl *m;* ▶ **by** ~ mit dem Wagen, Auto; **drive a** ~ e-n Wagen fahren, Auto fahren; **put a** ~ **into the garage** ein Auto in die Garage fahren; **car accessories** *pl* Ersatzteile *pl;* **car aerial** Autoantenne *f.*

cara·mel ['kærəmel] **1.** Karamel(zucker) *m;* **2.** Karamelbonbon *m od n.*

carat ['kærət] Karat *n.*

cara·van ['kærəvæn] **1.** Karawane *f;* **2.** *Br mot* Wohnwagen *m;* **3.** Zigeuner-, Zirkus-, Wanderschauwagen *m;* **cara·van·sary, cara·van·serai** [,kærər'vænsərɪ] Karawanserei *f.*

cara·way ['kærəweɪ] *bot* Kümmel *m;* **caraway seeds** *pl (Gewürz)* Kümmel *m.*

car·bide ['kɑːbaɪd] *chem* Karbid *n.*

car·bine ['kɑːbaɪn] Karabiner *m.*

car body ['kɑːbɒdɪ] Karosserie *f.*

carbo·hy·drate [,kɑːbəu'haɪdreɪt] Kohlehydrat *n;* **car·bolic** [kɑː'bɒlɪk] *adj chem* Karbol-; ▶ ~ **acid** Karbolsäure *f,* Phenol *n.*

car bomb ['kɑːbɒm] Autobombe *f.*

car·bon ['kɑːbən] **1.** *chem* Kohlenstoff *m;* **2.** *el* Kohlestift *m (für Bogenlicht);*

3. (~ *paper*) Kohlepapier *n;* 4. (~ *copy*) Durchschlag *m,* -schrift *f;* **car·bon·ated** ['kɑːbəneɪtɪd] *adj* mit Kohlensäure; **carbon copy** Durchschlag *m; fig* Ebenbild *n;* **carbon-copy crime** Nachahmungstat *f;* **carbon dating** Kohlenstoffdatierung *f;* **carbon dioxide** *chem* Kohlendioxyd *n;* **car·bonic** [kɑːˈbɒnɪk] *adj chem* Kohlen-; ▶ ~ **acid** Kohlensäure *f;* ~ **oxide** Kohlenoxyd *n;* **car·bon·ize** ['kɑːbənaɪz] *tr* 1. verkohlen; 2. (*Kohle*) verkoken; **carbon monoxide** Kohlenmonoxyd *n;* **carbon paper** Kohle-, Durchschreibepapier *n.*

car·buncle ['kɑːbʌŋkl] 1. *min* Karfunkel *m;* 2. *med* Karbunkel *m.*

car·bu·ret ['kɑːbjuˌret] *tr* 1. *chem* karburieren; 2. *mot* vergasen; **car·bu·ret·(t)or** [ˌkɑːbjuˈretə(r)] Vergaser *m.*

car·cass, car·case ['kɑːkəs] 1. Leiche *f;* Tierleiche *f,* Kadaver *m;* 2. (*Metzgerei*) Rumpf *m;* 3. (*Haus, Schiff*) Gerippe *a. pej,* Skelett *n;* Rohbau *m;* 4. (*Reifen*) Karkasse *f;* 5. *fig* Trümmer *pl.*

car·ci·no·gen ['kɑːsinəˌdʒen] Karzinogen *n;* **car·ci·no·gen·ic** [—ɪk] *adj* karzinogen, krebserzeugend.

car·ci·noma [ˌkɑːsɪˈnəumə] *med* Karzinom *n,* Krebs(geschwulst) *m (f).*

card¹ [kɑːd] **I** *s* Krempel *m;* **II** *tr* krempeln, streichen.

card² [kɑːd] 1. (Spiel-, Post-, Besuchs-) Karte *f;* 2. *sport* Programm(nummer *f*) *n;* 3. Pappe *f;* 4. *pl* (Arbeits)Papiere *n pl;* 5. *fam* (komischer) Kerl *m;* ▶ **in, on the ~s** wahrscheinlich, möglich, zu erwarten; **have a ~ up one's sleeve** etw in petto haben; **play (at) ~s** Karten spielen; **put, lay one's ~s on the table** seine Karten aufdecken; **game of ~s** Kartenspiel *n;* **picture post-~** Ansichtskarte *f;* **reply ~** Antwortkarte *f;* **visiting-~, calling-~** Visitenkarte *f;* **card·board** ['kɑːdbɔːd] Pappe *f;* ▶ ~ **box** Pappschachtel *f,* -karton *m.*

car·diac ['kɑːdɪæk] *adj med* Herz-; ▶ ~ **arrest** Herzstillstand *m.*

car·di·gan ['kɑːdɪgən] Wolljacke, -weste *f.*

car·di·nal ['kɑːdɪnl] **I** *adj* 1. hauptsächlich; Haupt-; 2. hochrot; **II** *s rel* Kardinal *m a. zoo;* **cardinal number** Kardinalzahl *f;* **cardinal points** *pl* Himmelsrichtungen *f pl.*

card in·dex ['kɑːdˌɪndeks] Kartei, Kartothek *f.*

car·dio·gram ['kɑːdɪəugræm] Kardiogramm *n.*

car door ['kɑːdɔː(r)] Wagentür *f.*

card·phone ['kɑːdfəun] Kartentelefon *n;* **card punch** ['kɑːdˌpʌntʃ] Lochkartenmaschine *f;* **card reader** Lesemaschine *f;* **card table** Kartenspieltisch *m.*

care [keə(r)] **I** *s* 1. Sorgfalt, Achtsamkeit

f; 2. Pflege *f;* Wartung *f;* 3. Fürsorge *f;* 4. Obhut *f;* 5. Anteilnahme *f,* Interesse *n;* 6. Sorge, Besorgnis *f; meist pl* Sorgen *f pl,* Not *f,* Kummer *m;* ▶ **free from ~s** ohne Sorgen, sorgenfrei, sorglos; **in, under s.o.'s ~** in jds Obhut; **(in) ~ of** (= *c/o*) bei, per Adresse; **take ~** vorsichtig sein, sich hüten, aufpassen; sorgen (*of* für), sich kümmern (*of* um); schonen, achtgeben (*of* auf; *to inf; that* daß); erledigen (*of s.th.* etw); aufbewahren (*of s.th.* etw); **take ~ of o.s.** sich pflegen; **that takes ~ of that** damit wäre das erledigt; **II** *itr, tr* sich Sorgen, sich Gedanken machen (*about* über); ▶ ~ **about** Interesse haben an, Lust haben zu; sich kümmern um; ~ **for** sorgen für, aufpassen auf, sich kümmern um; pflegen; (*fragend u. verneint*) gern haben, mögen, Interesse haben an; wünschen, haben wollen; **be ~d for** versorgt, aufgehoben sein; ~ **to** (*fragend u. verneint*) Lust haben zu; **not to ~ a rap** sich keinen Deut kümmern (*whether* ob; *for* um); **I don't ~** das ist mir gleich; **what do I ~!** was geht's mich an! **who ~s?** wen interessiert das schon? **would you ~ to ...?** macht es Ihnen etwas aus zu *od* wenn Sie ...? würden Sie vielleicht gerne ...?

ca·reer [kəˈrɪə(r)] **I** *s* 1. Laufbahn, Karriere *f;* Beruf *m;* 2. voller Galopp; ▶ **in full ~** in vollem Galopp; **enter upon a ~** e-e Laufbahn einschlagen; **II** *itr* laufen, eilen, rennen, rasen; ▶ ~ **about, along, over, through** umher-, entlang-, hinüber-, hindurchrasen; **ca·reer·ist** [kəˈrɪərɪst] Karrieremacher(in); Streber(in) *m (f);* **career woman** Karrierefrau *f.*

care·free ['keəfriː] *adj* ohne Sorgen, sorglos; **care·ful** ['keəfl] *adj* sorgfältig; achtsam; sorgsam; ▶ **be ~** vorsichtig sein, aufpassen; **I was ~ not to go** ich habe mich gehütet zu gehen; **care·ful·ness** [—nɪs] Sorgfalt *f;* Achtsamkeit, Um-, Vorsicht *f;* **care·less** ['keəlɪs] *adj* 1. sorglos; gleichgültig, gedankenlos; achtlos; 2. unachtsam (*of* gegen); unvorsichtig; nachlässig; 3. sorgenfrei; **care·less·ness** [—nɪs] Sorglosigkeit *f;* Unachtsamkeit *f;* Nachlässigkeit *f.*

ca·ress [kəˈres] **I** *s* Liebkosung *f;* **II** *tr* liebkosen, streicheln.

care·taker ['keəˌteɪkə(r)] 1. Verwalter, Aufseher *m;* 2. Hausmeister *m;* **care·worn** ['keəwɔːn] *adj* erschöpft, ausgemergelt.

car ferry Autofähre *f.*

cargo ['kɑːgəu] ⟨*pl* **-go(e)s**⟩ *aero mar* Fracht, (Schiffs)Ladung *f;* **cargo aircraft, cargo plane** Transportflugzeug *n;* **cargo boat** Frachtschiff *n.*

Car·ib·bean [ˌkærɪˈbiːən, *Am* ˌkæˈrɪbiːən] **I** *adj* karibisch; **II** *s* Karibik *f.*

cari·ca·ture ['kærɪkətjʊə(r)] **I** s Karikatur f; **II** tr karikieren; **cari·ca·tur·ist** [—ɪst] Karikaturist(in), Karikaturenzeichner(in) m (f).

car·ies ['keəriːz] med Karies f; ▶ **dental** ~ Zahnfäule f.

car insurance ['kɑːɪnˌʃʊərəns] Kraftfahrzeug-, Autoversicherung f.

car·nal ['kɑːnl] adj fleischlich; sinnlich, geschlechtlich.

car·na·tion [kɑːˈneɪʃn] bot Nelke f.

car·ni·val ['kɑːnɪvl] 1. Karneval, Fasching m; 2. Lustbarkeit f, (Fest)Rummel m; Volksfest n.

car·ni·vore ['kɑːnɪvɔː(r)] zoo Fleischfresser m; **car·ni·vor·ous** [kɑːˈnɪvərəs] adj zoo bot fleischfressend.

carol ['kærəl] **I** s 1. frohes Lied; 2. (Christmas ~) Weihnachtslied n; **II** itr jubilieren; **carol singers** pl Sternsinger pl.

car owner ['kɑːrəʊnə(r)] Autobesitzer(in) m (f).

carp¹ [kɑːp] Karpfen m.

carp² [kɑːp] itr nörgeln, etwas auszusetzen haben (at an).

car-park ['kɑːpɑːk] Parkplatz m; ▶ **multistorey, underground** ~ Parkhaus n, Tiefgarage f.

car·pen·ter ['kɑːpəntə(r)] **I** s Zimmermann m, Tischler(in) m (f); **II** tr, itr zimmern; **car·pen·try** ['kɑːpəntrɪ] Zimmerhandwerk n, -arbeit f.

car·pet ['kɑːpɪt] **I** s m a. fig, Läufer m; ▶ **be on the** ~ zur Debatte, zur Diskussion stehen; **have s.o. on the** ~ fam sich jdn vorknöpfen, -nehmen; **sweep s.th. under the** ~ fig etw unter den Teppich kehren; **II** tr 1. mit e-m Teppich, e-m Läufer belegen; 2. fam herunterputzen; **car·pet-bag** ['kɑːpɪtbæg] Reisetasche f; **car·pet-bag·ger** ['kɑːpɪtˌbægə(r)] Am politischer Abenteurer; Schwindler m; **car·pet·ing** ['kɑːpɪtɪŋ] Teppich, Teppichboden m; Teppiche m pl; **car·pet-sweeper** ['kɑːpɪtˌswiːpə(r)] Teppichkehrmaschine f.

car pool ['kɑːpuːl] 1. Am Fahrgemeinschaft f; 2. Fuhrpark m.

car·riage ['kærɪdʒ] 1. (Personen-, bes. Güter) Transport m; Beförderung f; 2. Fracht f; 3. Transportgebühr f, Frachtkosten pl, Fuhrlohn m, Rollgeld n; 4. Wagen m; Waggon m; (Eisenbahn-, Personen)Wagen m; Kutsche f; 5. Wagengestell, Laufwerk n; Laufkatze f; 6. mil (gun-~) Lafette f; 7. tech Wagen (a. d. Schreibmaschine), Schlitten m; aero (under~) Fahrgestell n; 8. (Körper)Haltung f; Auftreten n; Verhalten, Betragen n; ▶ ~ **free**, ~ **paid** adv frachtfrei; ~ **by air**, **by rail**, **by sea** Luft-, Bahn-, Seetransport m; **carriage-return** (Schreibmaschine) Wagenrück-

lauf m; **carriage-way** ['kærɪdʒˌweɪ] Fahrbahn f; ▶ **dual** ~ Schnellstraße f.

car·rier ['kærɪə(r)] 1. (Last-, Gepäck-, Aus)Träger a. el, Bote m; 2. Fuhrmann m; Fuhrunternehmer, Spediteur m; 3. med Bazillenträger(in) m (f); 4. tech Mitnehmer, Schlitten m; 5. Tragnetz, -gestell n; 6. (Fahrrad) Gepäckständer, -träger m; 7. (aircraft ~) Flugzeugträger m; 8. (~-pigeon) Brieftaube f; **carrier-bag** Tragetasche f.

car·rion ['kærɪən] Aas n; **carrion crow** Aaskrähe f.

car·rot ['kærət] 1. bot Mohrrübe, Karotte f; 2. pl fam rote Haare n pl; Rotkopf m; ▶ **the stick and the** ~ fig Zuckerbrot u. Peitsche; **car·roty** ['kærətɪ] adj rötlich, rot(haarig).

carry ['kærɪ] **I** tr 1. tragen a. fig; fahren, befördern, transportieren; (über)bringen; 2. (Wasser, Strom, Öl) leiten, führen; 3. (bei sich) haben, (about one mit sich) führen, tragen; 4. (Kopf, Körper) halten; 5. arch tech halten, stützen, tragen; (Gewicht, Last) aushalten; 6. (Buchung) über-, vortragen; 7. (den Sieg) davontragen; (Preis) gewinnen; (Argument) (erfolgreich) behaupten; 8. (Menschen) für sich einnehmen, gewinnen, überzeugen, mitreißen; 9. parl (Antrag) durchbringen; 10. Am (Ware) führen, auf Lager haben; 11. (Nachrichten in Zeitungen) drucken, bringen; ▶ ~ **the baby** fig es ausbaden müssen; ~ **coals to Newcastle** fig Eulen nach Athen tragen; ~ **consequences** Folgen haben; ~ **conviction** überzeugend wirken; ~ **current** Strom führen; ~ **interest** Zins(en) tragen; ~ **one's point** seine Ansicht durchdrücken; ~ **weight** Gewicht haben, von (ausschlaggebender) Bedeutung sein; **be carried** (Antrag) durchgehen, angenommen werden; **II** itr (bis zu e-r bestimmten Entfernung) reichen, gehen, tragen, dringen; **III** s 1. Trag-, Reichweite f; 2. (Golf) Flug(strecke f) m (des Balles); 3. Am Tragen n e-s Bootes; **IV** (mit Präposition) **carry along, carry away** tr 1. wegtragen, -bringen, -schaffen; 2. fig mitreißen, begeistern; **carry forward** tr 1. fortsetzen; 2. (Buchung) vor-, übertragen; ▶ **(amount) carried forward** Übertrag m; **carry off** tr 1. wegschleppen, weg-, mitnehmen, entführen; 2. (Preis) gewinnen; ▶ ~ **it off well** e-e Schwierigkeit glänzend meistern; **carry on** tr 1. fortsetzen, weiterführen; 2. (Gespräch, Krieg) führen; 3. (Geschäft) betreiben; 4. (Beruf) ausüben; itr 1. weitermachen; 2. fam sich aufregen; die Nerven verlieren; verrückt spielen, den wilden Mann markieren; 3. unaufhörlich reden; 4. es haben (with mit); **carry out** tr aus-, durchführen; (Versprechen) halten; (Drohung) wahrmachen; **carry over** *tr* 1. *(Buchung)* vor-, übertragen; 2. vertagen; **carry through** *tr* 1. durchführen, zu Ende bringen; 2. durchhelfen *(s.o.* jdm).

carry-cot ['kærɪˌkɒt] Tragbettchen *n;* **carry-forward** [ˌkærɪ'fɔːwəd] *com* Saldovortrag *m;* **carry·ing** ['kærɪŋ] 1. Beförderung *f,* Transport *m,* Fracht *f;* Spedition *f;* 2. *(~ fees)* Transportkosten *pl,* Fracht *f;* 3. *(Gesetzesvorlage)* Annahme *f;* ▶ ~s-on *pl fam* Getue *n;* Lärm *m;* Treiben *n;* **carrying agent** Spediteur *m;* **carrying capacity** Tragfähigkeit *f;* Nutzlast *f;* Platzzahl *f;* **carrying trade** Fuhrunternehmen *n;* **carry-over** [ˌkærɪ'əuvə(r)] *com* 1. Übertrag *m;* 2. Rest *m;* 3. Prolongation(sgeschäft *n) f.*

cart [kɑːt] **I** *s* Karren *m;* (zweirädriger) Wagen *m;* ▶ **put the ~ before the horse** *fig* das Pferd am Schwanz aufzäumen; **II** *tr* befördern, transportieren.

car·tel [kɑː'tel] 1. *fin* Kartell *n,* Ring *m;* 2. *(~ agreement)* Kartellvertrag *m.*

car·ter ['kɑːtə(r)] Fuhrmann *m;* **cart-horse** ['kɑːtˌhɔːs] Zugpferd *n.*

car·ti·lage ['kɑːtɪlɪdʒ] *anat* Knorpel *m.*

cart-load ['kɑːtˌləud] Fuhre *f.*

car·togra·pher [kɑː'tɒɡrəfə(r)] Kartograph(in) *m (f);* **car·togra·phy** [kɑː'tɒɡrəfɪ] Kartographie *f.*

car·ton ['kɑːtn] Karton *m,* Pappschachtel *f; (Milch)* Tüte *f; (Zigaretten)* Stange *f.*

car·toon [kɑː'tuːn] 1. *(Kunst)* Karton, Entwurf *m;* 2. (politische) Karikatur *f,* Cartoon *m;* 3. (Zeichen)Trickfilm *m;* Trickzeichnung *f,* -bild *n;* **car·toon·ist** [—ɪst] (Karikaturen-, Trickfilm)Zeichner(in) *m (f).*

car·tridge ['kɑːtrɪdʒ] 1. *mil* Patrone *f;* 2. *phot* Kassette *f; (Füllfederhalter)* Patrone *f;* 3. *(Plattenspieler)* Tonabnehmer *m;* **cartridge-case** Patronenhülse *f;* **cartridge-paper** (starkes) Zeichenpapier *n.*

cart-wheel ['kɑːtˌwiːl] Wagenrad *n;* ▶ **turn a ~** *sport* radschlagen.

carve [kɑːv] *tr* 1. *(on* in(to), *out of wood* in, aus Holz) schnitzen; *(on, in(to) stone* in Stein) meißeln; *(out of stone* aus Stein) hauen; 2. *(one's name on a tree* seinen Namen in e-n Baum) (ein-) ritzen, (ein)schneiden; 3. *(zubereitetes Fleisch)* (zer)schneiden, tranchieren, zerlegen; 4. *(~ up)* einteilen; in Stücke schneiden; ▶ **~ out** *fig* erkämpfen, erarbeiten; **carver** ['kɑːvə(r)] 1. Bildschnitzer(in) *m (f);* 2. Tranchiermesser *n; pl* Tranchierbesteck *n;* **carv·ing** [—ɪŋ] Schnitzerei *f;* **carving-knife** Tranchiermesser *n.*

car·wash ['kɑːwɒʃ] Autowäsche *f;* Autowaschanlage *f.*

cas·cade [kæ'skeɪd] **I** *s* 1. Kaskade *f,* Wasserfall *m;* 2. *tech (~ connection)* Stufen-, Kaskadenschaltung *f;* **II** *itr* in Kaskaden herunterfallen.

case[1] [keɪs] 1. Fall *m;* 2. *gram* Fall, Kasus *m;* 3. (Rechts)Fall *m,* Sache *f;* Prozeß *m;* 4. (Krankheits)Fall *m;* Kranke(r) *f m,* Patient(in) *m (f);* Betroffene(r) *f m;* 5. *fam* sonderbarer Mensch; ▶ **(just) in** ~ im Falle, für den Fall daß; **in** ~ **of** im Fall *gen;* **in** ~ **of doubt** im Zweifelsfall; **in** ~ **of emergency** im Notfall; **in any** ~ auf jeden Fall; **close the** ~ die Beweisaufnahme schließen; **make out one's** ~ **for** seine Gründe darlegen für; **put the** ~ **that** den Fall annehmen, daß; **that's not the** ~ das ist nicht der Fall; **as the** ~ **stands** so wie die Dinge liegen.

case[2] [keɪs] **I** *s* 1. Behälter *m;* 2. Hülle, Hülse, Kapsel *f;* 3. Etui, Futteral *n,* Scheide *f;* 4. Gehäuse *n;* Fach *n;* Tasche *f,* Beutel, Sack *m;* Mappe *f;* 5. Schachtel *f,* Kästchen *n,* Kasten *m,* Kiste *f;* 6. *(glass* ~) Glas-, Schaukasten *m;* 7. *tech* Be-, Umkleidung *f,* Mantel *m;* **II** *tr* 1. in e-n Behälter stecken; 2. *(~ up, over) tech* überziehen, be-, umkleiden.

case-book ['keɪsˌbuk] Patientenbuch *n;* Buch *n,* in dem die Fälle aufgezeichnet werden; **case law** ['keɪsˌlɔː] Fallrecht *n;* **case study** ['keɪsˌstʌdɪ] Fallstudie *f.*

cash [kæʃ] **I** *s* Bargeld *n;* Kasse *f;* Barzahlung *f;* Sofortzahlung *f;* ▶ **against, for, in** ~, **in ready** ~, ~ **down** (gegen, in) bar; **in** ~ bei Kasse; **out of** ~ nicht bei Kasse, ohne Geld; ~ **on delivery** per Nachnahme; **buy for** ~ (gegen) bar kaufen; **pay (in)** ~ bar (be)zahlen; **I have no** ~ **with me** ich habe kein Geld bei mir; ~ **in, on hand** Bar-, Kassenbestand *m;* **discount for** ~ Diskont *m* bei Barzahlung; **II** *tr* 1. einwechseln; *(Scheck)* einlösen; 2. (ein)kassieren, einziehen; **III** *(mit Präposition)* **cash down, over** *tr Am fam* das Geld auf den Tisch legen für; **cash in** *tr* einlösen; *itr sl* abkratzen, ins Gras beißen (müssen); **cash in on** profitieren von; nach Kräften ausnutzen.

cash-and-carry [ˌkæʃn'kærɪ] Cash-and-Carry, Abhol-, Mitnahme-, Verbrauchermarkt *m;* **cash balance** Kassenbestand *m;* ▶ **adverse** ~ Kassendefizit *n;* **cash box** (Geld)Kassette *f;* **cash dispenser** [dɪ'spensə] Geldautomat *m.*

ca·shew ['kæʃuː] Nierenbaum *m;* Cashewnuß *f.*

cash flow ['kæʃˌfləu] Summe *f* aus Gewinn und Abschreibungen.

cash·ier[1] [kæ'ʃɪə(r)] Kassierer(in) *m (f).*

cash·ier[2] [kæ'ʃɪə(r)] *tr* entlassen.

cash·mere ['kæʃmɪə] Kaschmir(schal, -stoff) *m.*

cash pay·ment ['kæʃˌpeɪmənt] Barzahlung *f;* **cash register** Registrierkasse *f;* **cash sale** Barverkauf *m.*

cas·ing ['keɪsɪŋ] **1.** *tech* Be-, Umkleidung, Umhüllung, Hülle *f,* Futteral *n,* Mantel *m;* **2.** Überzug *m;* Gehäuse *n;* **3.** *arch* (Ver)Schalung *f;* Auskleidung *f;* **4.** Tür-, Fensterrahmen *m;* **5.** *mot* (Reifen)Mantel *m;* **6.** *pl* Därme *m pl (als Wursthüllen).*

ca·sino [kə'si:nəʊ] ⟨*pl* -sinos⟩ Kasino *n.*

cask [kɑːsk] Faß *n;* Tonne *f;* **cas·ket** ['kɑːskɪt] **1.** (Schmuck)Kästchen *n;* **2.** Urne *f;* **3.** *Am* Sarg *m.*

cas·ser·ole ['kæsərəʊl] Kasserolle *f,* Schmortopf *m.*

cas·sette [kə'set] (Film-, Tonband-, Video)Kassette *f;* **cassette deck** Kassettendeck *n;* **cassette recorder** Kassettenrecorder *m.*

cast [kɑːst] ⟨*irr* cast, cast⟩ **I** *tr* **1.** (ab-, weg)werfen; *(Netze, Angel)* auswerfen; **2.** *(Zahn, Huf)* verlieren; **3.** *(Junge)* werfen; **4.** *tech* gießen; **5.** formen, gestalten; **6.** *(Schauspieler)* einteilen *(for* für*); (Rolle)* besetzen *(to* mit*);* ► **~ anchor** Anker werfen; **~ dice** würfeln; **~ an eye, a glance, a look at, on, over s.th.** e-n Blick auf etw werfen; **~ a horoscope, a nativity** ein Horoskop stellen; **~ light, a shadow on** Licht, seinen Schatten werfen auf; **~ lots** Lose ziehen; das Los entscheiden lassen; **~ one's skin** *zoo* sich häuten; **~ a spell on s.o.** jdn verhexen; **~ a vote, a ballot** seine (Wahl)Stimme abgeben **II** *itr* **1.** *(Holz)* sich werfen, sich verziehen; **2.** würfeln; **3.** die Angel auswerfen; **4.** die Rollen besetzen; **III** *s* **1.** Wurf(weite *f) m;* Auswerfen *n (Angel, Netz);* **2.** Wurf *m (beim Würfeln);* **3.** *zoo* (das) Abgeworfene; *(Raubvogel)* Gewölle *n;* **4.** *tech* Gußform *f;* Abguß *m;* **5.** *(plaster ~)* Gipsverband *m;* **6.** *theat* (Rollen-) Besetzung *f;* Ensemble *n;* **7.** *fig* Neigung, Anlage, Eigenart *f;* **8.** (Farb)Nuance, Schattierung *f,* Schimmer, Anstrich *m;* **9.** Eigenschaft *f,* Charakter, Wesenszug *m; (~ of features)* Gesichtszüge *m pl; (~ of mind)* Geistes-, Wesensart *f;* **IV** *(mit Präposition)* **cast about** *itr* (herum)suchen *(for* nach*);* (hin u. her) überlegen *(to inf;* how wie*);* **cast aside** *tr* wegwerfen; *fig* ablegen; *(Person)* fallenlassen; **cast away** wegwerfen; ► **be ~ away** gestrandet sein *a. fig;* **cast down** *tr* **1.** niederwerfen; **2.** *(Augen)* senken; **3.** *fig* niederschmettern, deprimieren; ► **be ~ down** niedergeschlagen, traurig sein; **cast in** *tr fig* teilen *(one's lot with s.o.* sein Los mit jdm*);* **cast off** *tr* **1.** *(alte Kleider)* ablegen; **2.** *(Masche beim Stricken)* abketten; **3.** *typ (Manuskript)* be-, ausrechnen *(in Druckseiten);* **4.** *fig* verstoßen; *itr* in See stechen; **cast on** *tr (Maschen)* anschlagen; **cast out** *tr* hinauswerfen; vertreiben; **cast up** *tr* **1.** hochwerfen; **2.** *(die Augen)* nach oben richten; *(den Kopf)* hochwerfen; **3.** *(an den Strand)* anspülen; **4.** vorhalten *(to s.o.* jdm*).*

cast·an·ets [kæstə'nets] *pl* Kastagnetten *pl.*

cast·away ['kɑːstəweɪ] **I** *s* **1.** Verworfene(r), Ausgestoßene(r) *f m;* **2.** Schiffbrüchige(r) *f m a.fig;* **II** *adj* **1.** verstoßen; unnütz; **2.** schiffbrüchig, gestrandet *a.fig.*

caste [kɑːst] **1.** *rel* Kaste *f;* **2.** Kaste, Gesellschaftsschicht *f;* **3.** soziale Stellung, Rang *m.*

cas·ter ['kɑːstə(r)] **1.** *tech* Gießer *m;* **2.** Streuer *m;* **3.** Rolle *f.*

cas·ti·gate ['kæstɪgeɪt] *tr* **1.** züchtigen; **2.** *fig* heruntermachen; **cas·ti·ga·tion** [ˌkæstɪ'geɪʃn] **1.** Züchtigung *f;* **2.** heftiger Tadel.

cast·ing ['kɑːstɪŋ] **1.** Guß *m;* **2.** *a. pl* Gußeisen *n;* Abguß *m;* **3.** *theat* Rollenverteilung *f;* **4.** roher Bewurf; **5.** Auswerfen *n* der Angel; **6.** (**~ of votes**) Stimmabgabe *f;* **casting vote** *parl* entscheidende Stimme; ► **the chairman has the ~** die Stimme des Vorsitzenden entscheidet.

cast iron [ˌkɑːst'aɪən] **I** *s* Gußeisen *n;* **II** *adj* (**cast-iron**) gußeisern; *fig* hart, unbeugsam; *(Wille)* eisern.

castle ['kɑːsl] **I** *s* **1.** Burg *f;* (festes) Schloß *n;* **2.** *(Schach)* Turm *m;* ► **~s in the air, in Spain** Luftschlösser *pl;* **II** *itr (Schach)* rochieren.

cast-off [ˌkɑːst'ɒf] **I** *s* **1.** Verstoßene(r) *f m;* **2.** (das) Weggeworfene; **3.** *pl* abgelegte Kleider *n pl;* **4.** Umfangsberechnung *f;* **II** *adj* abgelegt.

castor ['kɑːstə(r)] **1.** Laufrolle *f;* **2.** (Salz-) Streuer *m;* **castor oil** *med* Rizinusöl *n;* **castor stand** *Am* Menage *f;* **castor sugar** Sandzucker *m;* Raffinade *f.*

cas·trate [kæ'streɪt] *tr* kastrieren.

cas·ual ['kæʒʊəl] **I** *s* **1.** Gelegenheitsarbeiter(in) *m (f);* **2.** *pl* Freizeitkleidung *f;* Slipper *m pl;* **II** *adj* **1.** zufällig, unerwartet; **2.** gelegentlich; **3.** *(Bekanntschaft)* flüchtig; **4.** zwanglos; **5.** lässig; **casual labour(er), casual work(er)** Gelegenheitsarbeit(er *m) f.*

casu·alty ['kæʒʊəltɪ] **1.** Un(glücks)fall *m;* **2.** Verunglückte(r), Verletzte(r) *f m; (Krieg)* Gefallene(r) *f m;* Opfer *n;* **3.** *pl mil* Ausfälle, Verluste *m pl;* Opfer *n pl;* **4.** (**~ list**) Verlustliste *f;* ► **~ insurance** Schadensversicherung *f;* **~ report** Verlustmeldung *f;* **~ ward** Unfallstation *f (Krankenhaus).*

cat [kæt] **1.** *zoo* Katze *f;* **2.** *mot fam (catalytic converter)* Katalysator *m;* **3.** Raupenschlepper *m;* ► **let the ~ out of the bag** *fig* die Katze aus dem Sack lassen; **there is not room to swing a ~** man kann sich dort nicht umdrehen; **it's raining ~s and dogs** es regnet in Strö-

men; **cat litter** Katzenstreu *f.*
cata·combs ['kætəku:mz] *pl* Katakomben *f pl.*
cata·log(ue) ['kætəlɒg] I *s* 1. Katalog *m*, Verzeichnis *n; (price ~)* Preisliste *f;* Prospekt *m;* 2. *Am* Vorlesungsverzeichnis *n;* II *tr* katalogisieren.
ca·ta·ly·sis [kə'tæləsɪs] *chem* Katalyse *f;* **cata·lyst** ['kætəlɪst] 1. *chem* Katalysator *m;* 2. *fig* beschleunigender Faktor; **ca·ta·ly·tic** *adj* katalytisch; ▶ ~ **converter** Katalysator *m.*
cata·maran [ˌkætəmə'ræn] 1. Floß *n;* 2. Auslegerboot *f.*
cat·a·pult ['kætəpʌlt] I *s aero* Katapult *n;* II *tr (~ off) aero* katapultieren; (heraus)schleudern.
cata·ract ['kætərækt] 1. Katarakt *m;* Wasserfall *m;* 2. *med* grauer Star.
ca·tarrh [kə'tɑ:(r)] *med* Katarrh *m.*
ca·tas·trophe [kə'tæstrəfɪ] Katastrophe *f a. theat;* Schicksalsschlag *m*, großes Unglück; **cata·strophic** [ˌkætə'strɒfɪk] *adj* katastrophal.
cat·call ['kætkɔ:l] I *s theat* Pfeifen, Zischen *n;* II *tr* auspfeifen, -zischen.
catch [kætʃ] ⟨*irr* caught, caught⟩ I *tr* 1. (auf-, ein)fangen; 2. ergreifen, packen, schnappen; 3. (fest)halten; *(Finger)* einklemmen; 4. treffen *(on auf)*; einholen, erreichen; 5. *(Ball)* abfangen; 6. *(Menschen, Zug, Bahn, Bus)* (noch) erreichen, *fam* kriegen, erwischen; 7. ertappen, erwischen *(at bei)*; 8. hängenbleiben *(a coat* mit e-m Mantel); 9. erlangen, erhalten, bekommen, *fam* kriegen; 10. *(Krankheit)* sich holen, sich zuziehen; *(Gewohnheit)* annehmen; 11. mitkriegen, hören, verstehen, begreifen; 12. auf sich ziehen *od* lenken; 13. für sich gewinnen, bezaubern; ▶ ~ **in the act, red-handed** auf frischer Tat ertappen; ~ **(a) cold** sich e-n Schnupfen holen; ~ **s.o.'s eye** jds Blick, Aufmerksamkeit auf sich ziehen; ~ **fire** Feuer fangen; ~ **hold of** ergreifen, packen, anfassen; ~ **it** *fam* eins abkriegen; ausgeschimpft, bestraft werden; ~ **the Speaker's eye** *parl* das Wort erhalten; I **caught my breath** mir stockte der Atem; ~ **me!** denkste! das fällt mir nicht im Traum ein! II *itr* 1. sich verfangen *(on a nail* an e-m Nagel), sich einklemmen, eingeklemmt werden); 2. *(Schloß, Riegel)* einschnappen, einrasten; 3. *(Schlag)* treffen *(on the nose* auf die Nase); 4. in Brand geraten, Feuer fangen; 5. *med* anstecken(d sein); III *s* 1. Fang *m a. fig;* 2. *(Ball)* Fangen *n;* 3. Beute *f,* Fang *m;* 4. *sport* Fangball *m;* 5. *phot* Verschluß *m;* 6. *tech* Anschlag *m,* Arretierung, Sperre *f;* 7. (Tür)Klinke *f;* (Fenster)Griff *m;* 8. *fig* Haken, Nachteil *m; (~ question)* Fangfrage *f;* 9. *(Frau)* Partie *f;* ▶ **there is a ~ in it** die

Sache hat e-n Haken; ~**-22 situation** Zwickmühle *f;* IV *(mit Präposition)* **catch at** *itr* greifen, fassen, haschen nach; **catch away** *tr* wegschnappen; **catch on** *itr* 1. begreifen, verstehen; 2. Anklang finden, Mode werden; **catch out** *tr* 1. *(beim Kricket den Schläger)* aus dem Spiel bringen; 2. *fig* ertappen; erwischen; **catch up** *tr* 1. *(Gewohnheit)* annehmen; 2. *(Redenden)* unterbrechen; 3. aufholen *(s.o., with s.o.* jdn), ein-, *sport* überholen.
catch·all ['kætʃɔ:l] 1. *Am* Rumpelkammer *f;* 2. *(~ phrase)* allgemeine Bezeichnung; **catcher** ['kætʃə(r)] Fänger *m a. sport;* **catch·ing** ['kætʃɪŋ] *adj* 1. *fig* anziehend, einnehmend; 2. *med* ansteckend; 3. verfänglich; täuschend; **catchment** ['kætʃmənt] (Wasser)Stauung *f;* Reservoir *n; (~ area)* Einzugsgebiet *n;* ▶ ~**-basin** Staubecken *n;* **catch phrase** Schlagwort *n;* **catch question** Fangfrage *f;* **catch·up** ['kætʃəp] *Am s.* ketchup **catch·word** ['kætʃˌwɜ:d] 1. Schlagwort *n;* 2. Stichwort *n;* **catchy** ['kætʃɪ] *adj* 1. eingängig; anziehend, einnehmend, gefällig; 2. verfänglich; 3. schwierig.
cat·echism ['kætɪkɪzəm] *rel* Katechismus *m;* ▶ **put s.o. through his ~** *fig* jdn genau ausfragen.
cat·egori·cal [ˌkætɪ'gɒrɪkl] *adj* kategorisch; **cat·egory** ['kætɪgərɪ] Kategorie *f;* Klasse *f.*
cater ['keɪtə(r)] *itr* 1. be-, heranschaffen, liefern *(for* für); für Verpflegung sorgen; 2. *etw* bringen, beschaffen, geben *(to* dat); ▶ ~ **for** beliefern; sorgen für; *(Bedürfnisse)* befriedigen; **caterer** ['keɪtərə(r)] Lieferfirma *f* für Speisen und Getränke; **cater·ing** ['keɪtərɪŋ] Versorgung *f* mit Speisen und Getränken; Party-Service *m.*
cat·er·pil·lar ['kætəpɪlə(r)] *zoo tech* Raupe *f;* **caterpillar tractor** Raupenschlepper *m.*
cat·er·waul ['kætəwɔ:l] I *itr* miauen; II *s* Miauen *m.*
cat·gut ['kætgʌt] Darmsaite *f.*
ca·the·dral [kə'θi:drəl] Kathedrale *f.*
cath·erine-wheel ['kæθərɪnˌwi:l] 1. *arch* Rosette *f;* 2. *(Feuerwerk)* Feuerrad *n.*
cath·eter ['kæθɪtə(r)] *med* Katheter *m.*
cath·ode ['kæθəʊd] *el* Kathode *f;* **cathode ray** Kathodenstrahl *m.*
cath·olic ['kæθəlɪk] *adj* 1. universal, allgemein; 2. verständnisvoll, tolerant; **Cath·olic** ['kæθəlɪk] I *adj* katholisch; II *s* Katholik(in) *m (f);* **Ca·tholi·cism** [kə'θɒləsɪzəm] Katholizismus *m.*
cat·kin ['kætkɪn] *bot* Kätzchen *n;* **cat·nap** ['kætˌnæp] kurzes Schläfchen; **cat's-eye** ['kætsaɪ] *mot* Katzenauge *n.*
cattle ['kætl] Rind(vieh) *n;* ▶ **raise ~** Vieh züchten; **10 (head of)** ~ 10 Stück

Rindvieh; **cattle-breeder** Viehzüchter(in) *m (f);* **cattle-breeding** Rinderzucht *f;* **cattle-car** *rail* Viehwagen *m;* **cattle-thief** Viehdieb *m;* **cattle range** Weidegründe *m pl.*

cat·ty ['kætɪ] *adj* 1. katzenhaft; 2. *fig* giftig, boshaft, gehässig; **cat-walk** ['kæt,wɔːk] Laufsteg *m.*

cau·cus ['kɔːkəs] *Am* 1. Parteiführerversammlung *f;* 2. Partei-, Wahlausschuß *m;* 3. Clique *f.*

caught [kɔːt] *v s. catch.*

caul·dron ['kɔːldrən] großer Kessel.

cauli·flower ['kɒlɪflauə(r)] Blumenkohl *m.*

caulk [kɔːk] *tr* abdichten; *mar* kalfatern.

causal ['kɔːzl] *adj* ursächlich; kausal; **causal·ity** [kɔːˈzælətɪ] Kausalzusammenhang *m;* **cau·sa·tive** ['kɔːzətɪv] *adj* 1. verursachend; 2. *gram* kausativ.

cause [kɔːz] **I** *s* 1. Ursache *f;* 2. Veranlassung *f;* Grund, Anlaß *m (for* zu); 3. Sache, Angelegenheit *f;* 4. *jur* Prozeß, Streitfall *m;* ► **be the ~ of** s.th. Anlaß zu etw sein; **make common ~ with** s.o. mit jdm gemeinsame Sache machen; **plead a ~** e-e Sache *(vor Gericht)* vertreten; **~ of divorce** Scheidungsgrund *m;* **II** *tr* 1. verursachen; *(Schaden)* zufügen, anrichten; 2. veranlassen; 3. *(Überraschung)* hervorrufen, erregen.

cause·way ['kɔːz,weɪ] (Straßen)Damm *m.*

caus·tic ['kɔːstɪk] **I** *adj* 1. ätzend; 2. *fig* beißend, scharf, sarkastisch; ► **~ lime, potash, soda** Ätzkalk *m,* -kali, -natron *n;* **II** *s* Ätzmittel *n.*

cau·ter·ize ['kɔːtəraɪz] *tr* 1. *med* ausbrennen, ätzen; 2. *fig* abstumpfen.

cau·tion ['kɔːʃn] **I** *s* 1. Vorsicht, Bedachtsamkeit, Umsicht *f;* 2. *jur* Verwarnung *f;* **II** *tr* 1. warnen *(against* vor); 2. verwarnen; **cau·tious** ['kɔːʃəs] *adj* vorsichtig, umsichtig.

cav·al·cade [,kævlˈkeɪd] Kavalkade *f;* **cav·alry** ['kævlrɪ] Reiterei, Kavallerie *f;* **cav·alry·man** [—mən] ⟨*pl* -men⟩ Kavallerist *m.*

cave [keɪv] **I** *s* 1. Höhle *f;* 2. *Br pol* Parteispaltung *f;* **II** *tr* aushöhlen; **III** *itr* 1. *pol* sich abspalten; 2. zusammensakken; 3. *(~ in)* einsinken, -stürzen; **cave-dweller** Höhlenbewohner(in) *m (f);* **cave·man** [—mæn] ⟨*pl* -men⟩ Höhlenmensch *m; fig* primitiver Mensch; **cave painting** Höhlenmalerei *f;* **caver** ['keɪvə(r)] Höhlenforscher(in) *m (f).*

cav·ern ['kævən] (große) Höhle *f;* **cav·ern·ous** [—əs] *adj* 1. höhlenreich; 2. porös; 3. *(Augen)* hohl, tief(liegend); *(Wangen)* eingefallen; 4. *(Dunkelheit)* tief.

caviar(e) ['kævɪɑː(r)] Kaviar *m.*

cav·ity ['kævɪtɪ] 1. Hohlraum *m,* Höhlung *f;* 2. *(Zahn)* Loch *n;* ► **abdominal**

~ Bauchhöhle *f.*

ca·vort [kəˈvɔːt] *itr fam* herumtollen.

caw [kɔː] **I** *itr (Rabe, Krähe)* krächzen; **II** *s* Krächzen *n.*

cay·enne [keɪˈen] *(~ pepper)* Cayennepfeffer *m.*

CB *Abk: citizens' band radio* CB-Funk.

CD *Abk: compact disc* CD *f;* **CD-player** CD-Gerät *n,* CD-Spieler *m;* **CD-ROM** *Abk: compact disc read-only memory* CD-ROM *f.*

cease [siːs] **I** *tr* 1. aufhören; 2. ablassen *(from* von); **II** *tr* einstellen, aufhören mit; ► **~ payment** *fin* die Zahlungen einstellen; **~ work** die Arbeit(en) einstellen; **cease-fire** [,siːsˈfaɪə(r)] *mil* Feuereinstellung *f;* Waffenruhe *f;* **ceaseless** ['siːslɪs] *adj* unaufhörlich, pausenlos.

cedar ['siːdə(r)] *bot* Zeder *f; (~-wood)* Zedernholz *n.*

cede [siːd] *tr* abtreten, überlassen *(to* an).

ceil·ing ['siːlɪŋ] 1. (Zimmer)Decke *f;* 2. *(Schiffbau)* Innenbeplankung *f;* 3. *aero* untere Wolkengrenze; 4. *aero* Gipfelhöhe *f;* 5. *fin* oberste Grenze; Höchstpreis *m;* Plafond *m.*

cel·ebrate ['selɪbreɪt] *itr, tr* 1. *rel* zelebrieren; 2. feiern; **cel·ebrated** [—ɪd] *adj* gefeiert; berühmt *(for* für, wegen); **cel·ebra·tion** [,selɪˈbreɪʃn] Feier *f;* **celeb·rity** [sɪˈlebrətɪ] Berühmtheit *f (a. Person).*

ce·leriac [səˈlerɪæk] (Knollen)Sellerie *f;* **ce·le·ry** ['selərɪ] Stangensellerie *m* od *f.*

ce·les·tial [sɪˈlestɪəl] *adj* 1. *astr* Himmels-; 2. himmlisch; **celestial body** Himmelskörper *m.*

celi·bacy ['selɪbəsɪ] Ehelosigkeit *f,* Zölibat *n* od *m;* **celi·bate** ['selɪbət] **I** *adj bes. rel* ehelos; **II** *s* Ehelose(r) *f m.*

cell [sel] 1. Zelle *f a. biol pol;* 2. *el* Element *n.*

cel·lar ['selə(r)] **I** *s* Keller *m;* ► **keep a good ~** e-n guten Tropfen (im Keller) haben; **II** *tr* einkellern.

cell nu·cleus ['sel,njuːklɪəs] Zellkern *m.*

cello ['tʃeləu] ⟨*pl* cellos⟩ *mus* Cello *n.*

cel·lo·phane ['seləfeɪn] Zellophan *n.*

cel·lu·lar ['seljələ(r)] *adj* 1. *biol* zellular; 2. netzförmig; ► **~ telephone** Funktelefon *n;* **~ therapy** Frischzellentherapie *f.*

cel·lu·loid ['seljulɔɪd] Zelluloid *n.*

cel·lu·lose ['seljuləus] Zellulose *f,* Zellstoff *m.*

Celt [kelt, selt] Kelte *m,* Keltin *f;* **Celtic** ['keltɪk, 'seltɪk] **I** *s* (das) Keltisch(e); **II** *adj* keltisch.

ce·ment [sɪˈment] **I** *s* 1. Zement *m;* 2. Kitt *m;* Bindemittel *n;* 3. *fig* Band *n;* **II** *tr* 1. (aus)zementieren; (ver)kitten, kleben; 2. *fig* festigen, zusammenhalten; **cement mixer** Betonmischmaschine *f.*

cem·etery ['semətrɪ] Friedhof *m.*

cen·ser ['sensə(r)] *rel* Weihrauchfaß *n.*
cen·sor ['sensə(r)] **I** *s* Zensor *m;*
II *tr* zensieren; prüfen; **cen·sori·ous**
[sen'sɔːrɪəs] *adj* kritisch; **cen·sor·ship**
[—ʃɪp] Zensur *f;* **cen·sus** ['sensəs]
(Volks)Zählung *f,* Zensus *m.*
cent [sent] *Am* Cent *m;* ▸ **I don't
care a ~** das ist mir völlig egal;
per ~ von Hundert; **cen·ten·ar·ian**
[ˌsentɪ'neərɪən] **I** *adj (Mensch)* hundert-
jährig; **II** *s* Hundertjährige(r) *f m;* **cen-
ten·ary** [sen'tiːnərɪ], **cen·ten·nial**
[sen'tenɪəl] **I** *adj* hundertjährig; **II** *s*
Jahrhundert *n;* Hundertjahrfeier *f.*
cen·ter *Am s. centre.*
cen·ti·grade ['sentɪgreɪd] *adj (Ther-
mometer)* Celsius-; ▸ **degree ~**
Grad *m* Celsius; **cen·ti·gram(me)**
['sentɪgræm] Zentigramm *n;* **cen-
ti·metre,** *Am* **cen·ti·meter**
['sentɪˌmiːtə(r)] Zentimeter *n* od *m;*
cen·ti·pede ['sentɪpiːd] *zoo* Tausend-
füß(l)er *m.*
cen·tral ['sentrəl] **I** *adj* in der Mitte
gelegen, zentral *a. fig;* Haupt-; ▸ **~
corridor, gangway** *rail* Mittelgang *m; ~*
heating Zentralheizung *f; ~* **locking**
mot Zentralverriegelung *f; ~* **processor**
EDV Zentraleinheit *f; ~* **reserve** Mittel-,
Grünstreifen *m (auf Autobahn); ~* **sta-
tion** Hauptbahnhof *m; el* Kraftwerk *n;*
II *s Am tele* Zentrale, Vermittlung *f;*
Am Vermittler(in) *m (f);* **cen·tral·iz-
ation** [ˌsentrəlaɪ'zeɪʃn] Zentralisierung
f; **cen·tral·ize** ['sentrəlaɪz] *tr* zentrali-
sieren.
centre, *Am* **cent·er** ['sentə(r)] **I** *s*
1. Mittelpunkt *m,* Zentrum *n;* Mitte *f;*
2. Zentrale, Zentralstelle *f;* **3.** Sitz, Herd
m; **4.** *(~ forward) sport* Mittelstürmer
m; ▸ **business ~** Geschäftszentrum *n;*
shopping ~ Einkaufszentrum *n; ~* **of
gravity, of mass** Schwerpunkt *m; ~* **half**
sport Mittelläufer *m; ~-***line** Mittellinie
f; **II** *itr* **1.** seinen Mittelpunkt haben *(in*
in), beruhen *(on* auf); **2.** sich drehen
(round um); **3.** sich konzentrieren *(on*
auf); **III** *tr* **1.** in den Mittelpunkt stellen;
2. konzentrieren; **3.** *sport* zur Mitte ab-
spielen; **4.** *EDV* zentrieren; ▸ **be ~ed
on** sich drehen, kreisen um.
cen·tri·fu·gal [sen'trɪfjʊgl] *adj* zentri-
fugal; ▸ **~ force** Fliehkraft *f;* **cen·tri-
fuge** ['sentrɪfjuːdʒ] Zentrifuge *f;* **cen-
tri·pe·tal** [sen'trɪpɪtl] *adj* zentripetal.
cen·tury ['sentʃərɪ] **1.** Jahrhundert *n;*
2. *(Kricket)* 100 Läufe *m pl.*
ce·ramic [sɪ'ræmɪk] **I** *adj* keramisch; **II** *s*
1. *pl mit sing* Keramik *f;* **2.** *pl* Töpfer-
waren *f pl;* ▸ **~ hob** Kochfeld *n.*
cer·eal ['sɪərɪəl] **I** *adj* Getreide-; **II** *s a. pl*
Getreide *n;* Getreideflocken *f pl.*
cer·ebel·lum [ˌserɪ'beləm] Kleinhirn *n;*
cer·ebral ['serɪbrəl] *adj* Gehirn-; **cer-
ebrum** ['serɪbrəm] Großhirn *n.*

cer·emo·nial [ˌserɪ'məʊnɪəl] **I** *adj* **1.** ze-
remoniell, feierlich; **2.** förmlich; **II** *s*
Zeremoniell *n;* **cer·emo·ni·ous**
[ˌserɪ'məʊnɪəs] *adj* **1.** feierlich; **2.** rituell;
3. zeremoniös, steif; **cer·e·mo·ny**
['serɪmənɪ] Zeremonie *f;* Feierlichkeit *f;*
Förmlichkeit *f;* ▸ **without ~** zwanglos;
stand (up)on ~ auf Äußerlichkeiten
Wert legen; **no ~, please!** bitte keine
Umstände!
cert [sɜːt] *sl* todsichere Sache.
cer·tain ['sɜːtn] *adj* **1.** bestimmt; gewiß;
sicher; **2.** verläßlich, zuverlässig; **3.** über-
zeugt *(of doing, to do, that* daß man
tut); sicher *(of gen; that* daß); ▸ **a ~**
ein(e) gewisse(r, s); **for ~** bestimmt,
(ganz) sicher *adv;* **to a ~ extent** bis zu
e-m gewissen Grade; **under ~ circum-
stances** unter bestimmten Umständen;
make ~ sich vergewissern; **cer·tain·ly**
[—lɪ] *adv* sicher(lich), gewiß, wirklich,
bestimmt; ▸ **I ~ won't do it** ich tue es
bestimmt nicht; **cer·tain·ty** [—tɪ]
1. Gewißheit, Sicherheit, Bestimmtheit
f; **2.** unbestrittene Tatsache; ▸ **to, for a ~**
ohne jeden Zweifel.
cer·ti·fi·able [ˌsɜːtɪ'faɪəbl] *adj* **1.** fest-
stellbar; **2.** *fam* unzurechnungsfähig.
cer·ti·fi·cate [sə'tɪfɪkət] **I** *s* Zeugnis *n,*
Bescheinigung *f,* Attest *n;* Urkunde *f;*
▸ **birth, marriage ~** Geburts-, Heirats-
urkunde *f;* **school ~** Schulzeugnis *n; ~
of origin** Ursprungszeugnis *n;* **II** *tr*
[sə'tɪfɪˌkeɪt] bescheinigen, beurkunden;
e-e Bescheinigung ausstellen *(s.o.* jdm);
cer·ti·fi·ca·tion [ˌsɜːtɪfɪ'keɪʃn] **1.** Be-
scheinigung *f;* **2.** Beglaubigung, Beur-
kundung *f.*
cer·tify ['sɜːtɪfaɪ] *tr* **1.** bestätigen; be-
scheinigen; **2.** beurkunden; ▸ **this is to
~** hiermit wird bescheinigt; **certified
copy** beglaubigte Abschrift; **certified
public accountant** *Am* Wirtschaftsprü-
fer(in) *m (f).*
cer·ti·tude ['sɜːtɪtjuːd] Gewißheit *f.*
cer·vical ['sɜːvɪkl, sɜː'vaɪkl] *adj* zervikal,
Gebärmutterhals-; ▸ **~ smear** Abstrich
m; **cer·vix** ['sɜːvɪks] *‹pl* -vixes, -vices›
['sɜːvɪsiːz] Gebärmutterhals *m.*
cesium *s. caesium.*
ces·sa·tion [se'seɪʃn] Aufhören *n;* Still-
stand *m.*
cess·pit, cess·pool ['sespɪt, 'sespuːl]
1. Senkgrube *f;* **2.** *fig* (Sünden)Pfuhl *m.*
Cey·lon [sɪ'lɒn] Ceylon *n;* **Cey·lo·nese**
[sɪlɒ'niːz] **I** *adj* ceylonesisch; **II** *s* Ceylo-
nese *m,* Ceylonesin *f.*
Chad [tʃæd] Tschad *m.*
chafe [tʃeɪf] **I** *tr* **1.** wundreiben, wund-
scheuern; **2.** reizen, ärgern; **II** *itr* **1.** sich
reiben *(on, against* an); sich wundscheu-
ern; **2.** sich auf-, erregen, sich ärgern;
3. aufgeregt, -gebracht sein, toben; **III** *s*
wundgeriebene Stelle.
chafer ['tʃeɪfə(r)] *zoo* **1.** (Mai)Käfer *m;*

2. *(rose-~)* Rosenkäfer *m.*
chaff[1] [tʃɑːf] *agr* **1.** Spreu *f;* **2.** Häcksel *n* od *m;* **3.** Abfall, Plunder *m.*
chaff[2] [tʃɑːf] **I** *s* Neckerei *f;* **II** *tr* necken.
chaf·finch ['tʃæfɪntʃ] Buchfink *m.*
chain [tʃeɪn] **I** *s* **1.** Kette *f;* **2.** Schmuck-, Halskette *f;* **3.** *fig* (Gedanken)Kette, Folge, Reihe *f;* **4.** *pl* Ketten, Fesseln *f pl a. fig;* **5.** *com* Ladenkette *f;* ► **in ~s** in Ketten; **~ of mountains** Bergkette *f;* **II** *tr* (an)ketten, fesseln *a. fig;* *(~ up)* anketten, an die Kette legen; **chain·mail** [ˌtʃeɪn'meɪl] *hist* Panzerhemd *n;* **chain reaction** Kettenreaktion *f;* **chain·smoker** Kettenraucher(in) *m (f).*
chair [tʃeə(r)] **I** *s* **1.** Stuhl *m;* Sessel *m;* **2.** *fig* Lehrstuhl *m;* **3.** Vorsitzende(r) *f m;* Vorsitz *m;* **4.** *Am (electric ~)* elektrischer Stuhl; ► **with Mr. X in the ~** unter dem Vorsitz von Herrn X; **leave the ~** die Sitzung beenden; **take a ~** Platz nehmen; **take the ~** den Vorsitz übernehmen; die Sitzung eröffnen; **II** *tr* **1.** den Vorsitz führen bei; **2.** im Triumph umhertragen; **chair lift** Sessellift *m;* **chair·man** ['tʃeəmən] ⟨*pl* -men⟩ Vorsitzende(r) *m;* ► **act as ~** den Vorsitz führen; **chair·man·ship** ['tʃeəmənʃɪp] Vorsitz *m;* **chair·per·son** Vorsitzende(r) *f m;* **chair·woman** ['tʃeəwʊmən] ⟨*pl* -women⟩ [−wɪmɪn] Vorsitzende *f.*
chalet ['ʃæleɪ] **1.** Sennhütte *f;* **2.** Schweizerhaus *n;* **3.** Ferienhaus *n.*
chalk [tʃɔːk] **I** *s* **1.** Kreide *f;* **2.** *(Spiel)* Punkt *m;* ► **as like as ~ and cheese** grundverschieden, sehr ungleich; **by a long ~** bei weitem; **II** *tr* mit Kreide zeichnen, markieren; **III** *(mit Präposition)* **chalk out** *tr* skizzieren, entwerfen; **chalk up** *tr* ankreiden *(against s.o.* jdm); **chalky** ['tʃɔːkɪ] *adj* kreidehaltig; voll Kreide, Kalk.
chal·lenge ['tʃælɪndʒ] **I** *s* **1.** Aufforderung *f;* Anruf *m (durch e-n Posten);* **2.** *(Jagd)* Anschlagen *n (der Hunde);* **3.** Herausforderung *f;* **4.** Anzweifeln, Infragestellen *n;* **5.** Wettstreit *m;* Probe *f;* **6.** lockende Aufgabe; Problem *n,* Schwierigkeit *f;* **7.** Ablehnung *f (of a juror* e-s Geschworenen); Anfechtung *f;* **II** *tr* **1.** auffordern; **2.** *(Posten)* anrufen; **3.** herausfordern; **4.** beanspruchen, verlangen; **5.** in Frage stellen, bezweifeln, bestreiten, anfechten; **6.** *(Aufgabe)* reizen; **7.** Einwendungen machen gegen, e-n Einwand erheben gegen; *jur* (als befangen) ablehnen; ► **I ~ anybody else to do that!** das soll mir jemand nachmachen! **chal·len·ger** ['tʃælɪndʒə(r)] Herausforderer(in) *m (f);* Konkurrent(in) *m (f);* Gegner(in) *m (f);* **chal·leng·ing** [−ɪŋ] *adj* **1.** herausfordernd; **2.** *fig* lockend; faszinierend;

3. schwierig.
cham·ber ['tʃeɪmbə(r)] **1.** *pol* Kammer *f;* gesetzgebende Körperschaft; (Handels-) Kammer *f;* **2.** *pl jur* Richterzimmer *n;* **3.** *tech (Schußwaffe)* Kammer *f;* **4.** Zimmer *n;* **5.** *pl jur* Rechtsanwaltskanzlei *f;* **cham·ber·lain** ['tʃeɪmbəlɪn] Kammerherr *m;* **cham·ber·maid** ['tʃeɪmbəmeɪd] Zimmermädchen *n;* **chamber music** Kammermusik *f;* **chamber-pot** Nachttopf *m.*
cha·mel·eon [kə'miːlɪən] *zoo* Chamäleon *n a. fig.*
cham·ois ['ʃæmwɑː, *Am* 'ʃæmɪ] ⟨*pl* -⟩ **1.** *zoo* Gemse *f;* **2.** *(~-leather)* Sämisch-, Fensterleder *n.*
champ [tʃæmp] **I** *tr, itr* geräuschvoll kauen; **II** *itr* **1.** mit den Zähnen knirschen; **2.** sich ungeduldig gebärden; **III** *s sl* Meister *m;* Sportkanone *f.*
cham·pagne [ʃæm'peɪn] Champagner *m.*
cham·pion ['tʃæmpɪən] **I** *s* **1.** Verfechter(in) *m (f);* **2.** *sport* Meister(in) *m (f);* **II** *adj* Meister-; Preis-; beste(r, s), erste(r, s); **III** *tr* sich einsetzen für, verfechten; verteidigen; **cham·pion·ship** [−ʃɪp] **1.** Eintreten *(of* für), Verfechten *n;* **2.** *sport* Meisterschaft *f;* *pl* Meisterschaftskämpfe *m pl.*
chance [tʃɑːns] **I** *s* **1.** Zufall *m;* **2.** Möglichkeit, Aussicht, Chance *f;* Gelegenheit *f;* Glück(sfall *m) n;* **3.** Wagnis, Risiko *n;* **4.** Los *n;* ► **by ~** zufällig, durch Zufall; **on the ~ of** im Falle *gen;* in der Hoffnung auf, zu; **give s.o. a ~** jdm e-e Chance geben; **give s.o. a fair ~** jdm jede Möglichkeit geben; **stand a (good, fair) ~** Aussichten, Chancen haben; **take a ~** es darauf ankommen lassen; **take one's ~** sein Glück versuchen; **the ~s are against it** da ist nichts zu machen; **not a ~!** keine Spur! **~ of winning** Gewinnaussichten, -chancen *f pl;* **II** *adj* zufällig; **III** *itr* zufällig geschehen; ► **~ (up)on** stoßen auf, zufällig finden; **I ~d to be** zufällig war ich; **IV** *tr* ► **~ it** es riskieren, wagen; es darauf ankommen lassen; **chance acquaintance** Zufallsbekanntschaft *f;* **chance hit** Zufallstreffer *m.*
chan·cel·lor ['tʃɑːnsələ(r)] Kanzler(in) *m (f);* ► **C~ of the Exchequer** Schatzkanzler *m;* **chan·cel·lory** ['tʃɑːnsəlrɪ] Kanzlei *f (e-s Konsulats, e-r Botschaft);* Kanzleramt *n.*
chancy ['tʃɑːnsɪ] *adj fam* riskant.
chan·de·lier [ˌʃændə'lɪə(r)] Kronleuchter *m.*
change ['tʃeɪndʒ] **I** *s* **1.** (Ver)Änderung *f;* (Ver)Wandlung *f;* **2.** Wandel, Wechsel, Umschwung *m;* **3.** Abwechs(e)lung *f;* Unterschied *m;* **4.** frische Wäsche, Kleidung *f;* **5.** Kleingeld, Wechselgeld *n;* Wechselkurs *m;* **6.** Börse *f;* ► **for a ~**

zur Abwechs(e)lung; **bring about a ~** Wandel schaffen; **give ~ for** herausgeben auf; **ring the ~s** *fig* dasselbe immer wieder in anderer Form tun *od* sagen; **many ~s have taken place** es hat sich viel verändert; **can you give me ~ (for a pound note)?** können Sie (e-e Pfundnote) wechseln? **~ for the better** Besserung *f;* **~ of direction** Richtungsänderung *f; fig* Kurswechsel *m;* **~ of leadership** *pol* Führungswechsel *m;* **~ of life** Wechseljahre *n pl;* **~ in values** Wertewandel *m;* **~ in the weather** Wetterwechsel, -umschwung *m;* **II** *tr* **1.** (ab-, um-, ver)ändern; um-, verwandeln (*into* in); **2.** (aus-, um)tauschen; *(Geld)* (um)wechseln; **3.** *(Bett)* frisch überziehen; *(andere Kleider)* anziehen; **4.** *tech* umschalten; ► **~ hands** den Besitzer wechseln; **~ one's mind** sich e-s anderen besinnen, seine Meinung ändern; **I've ~d my mind** ich hab's mir anders überlegt; **III** *itr* **1.** sich (ver)ändern, anders werden, sich (ver)wandeln; **2.** *(trains, buses)* umsteigen; **3.** sich umziehen; ► **~ over** die Stellung wechseln; **~ up, down** *mot* in e-n höheren, niederen Gang schalten; **~ for the better** sich verbessern; **~ for the worse** sich verschlechtern; **all ~!** *rail* alles aussteigen! **change·able** ['tʃeɪndʒəbl] *adj* **1.** veränderlich; **2.** wankelmütig; **change machine** ['tʃeɪndʒmaˌʃɪn] (Geld)Wechselautomat *m;* **change-over** ['tʃeɪndʒəʊvə(r)] Umstellung, -schaltung *f;* Übergang, Wechsel *m;* **chang·ing** ['tʃeɪndʒɪŋ] ► **~ cubicle** Umkleidekabine *f;* **~ of the guard** Wachablösung *f;* **~ room** Umkleideraum *m.*

chan·nel ['tʃænl] **I** *s* **1.** *mar* Kanal *m;* **2.** Fluß-, Kanalbett *n;* Fahrrinne *f;* **3.** Rinne *f,* Graben *m;* **4.** *arch* Hohlkehle *f;* **5.** *radio* Kanal *m;* **6.** *fig* Weg *m,* Verbindung, Vermittlung, Übertragung *f;* ► **through official ~s** auf dem Dienstweg; **~ of communication** Nachrichtenverbindung *f;* **~ of distribution** Absatzweg *m;* **the (English) C~** der (Ärmel)Kanal; **II** *tr* **1.** *(Rinne)* graben; **2.** *arch* auskehlen; **3.** hinleiten (*to* zu); **Channel Tunnel** (Ärmel)Kanaltunnel *m.*

chant [tʃɑ:nt] **I** *s* **1.** Gesang *m;* **2.** Singsang *m;* **II** *tr, itr* **1.** singen; **2.** *pej* (herunter-, her)leiern.

chan·te·relle [ˌtʃæntə'rel] *bot* Pfifferling *m.*

chaos ['keɪɒs] Chaos *n,* völliges Durcheinander, Wirrwarr *m;* **Chaos Theory** *phys* Chaostheorie *f;* **cha·otic** [keɪ'ɒtɪk] *adj* chaotisch, wirr.

chap¹ [tʃæp] **1.** Riß, Sprung *m;* **2.** *meist pl* Kinnbacken *m (bes. d. Tiere).*

chap² [tʃæp] *fam* Kerl, Bursche, Junge *m.*

chapel ['tʃæpl] **1.** *rel* Kapelle *f;* (nichthochkirchliches) Gotteshaus *n (in Großbritannien);* **2.** betriebliche Druckergewerkschaft.

chap·er·on ['ʃæpərəʊn] Anstandsdame *f.*

chap·lain ['tʃæplɪn] (Haus)Kaplan *m.*

chap·ter ['tʃæptə(r)] **1.** Kapitel *n;* **2.** *fig* Stück *(e-r Erzählung),* (ausgewähltes) Kapitel, Thema *n;* **3.** *rel* Domkapitel *n;* **4.** *Am* Ortsgruppe *f;* ► **give ~ and verse for s.th.** etw genau belegen; **chapter·house 1.** Domstift *n;* **2.** *Am* Klubhaus *n.*

char [tʃɑ:(r)] **I** *tr* verkohlen; schwärzen; **II** *itr* reinemachen, putzen; **III** *s* (~*woman*) Reinemache-, Putzfrau *f.*

char·ac·ter ['kærəktə(r)] **1.** Kennzeichen *n;* **2.** Anlage, Natur *f,* Wesen(sart *f) n;* Charakter *m; psych* Verhaltensweise *f;* **3.** Persönlichkeit, Person *f;* **4.** *theat* (handelnde) Person, Rolle *f;* **5.** Stellung *f,* Rang, Stand *m;* **6.** Zeugnis *n,* Empfehlung *f (e-s Arbeitgebers);* **7.** Name, Ruf (*of, for* gen), guter Ruf *m;* **8.** Schriftzeichen *n,* Buchstabe *m;* Ziffer *f;* ► **in the ~ of** in der Eigenschaft als; **it is out of ~** es paßt nicht; **char·ac·ter·is·tic** [ˌkærəktə'rɪstɪk] **I** *adj* charakteristisch, be-, kennzeichnend, typisch (*of* für); **II** *s* Kennzeichen, Merkmal *n,* Besonderheit *f;* **char·ac·ter·is·ti·cally** [ˌkærəktə'rɪstɪklɪ] *adv* bezeichnenderweise; **char·ac·ter·iz·ation** [ˌkærəktəraɪ'zeɪʃən] Charakterisierung, Beschreibung *f;* **char·ac·ter·ize** ['kærəktəraɪz] *tr* **1.** charakterisieren, beschreiben (als); **2.** kennzeichnen.

char·coal ['tʃɑ:kəʊl] **1.** Holzkohle *f;* **2.** Kohlestift *m;* **charcoal-burner** Köhler *m.*

charge [tʃɑ:dʒ] **I** *s* **1.** Ladung *f; tech* Beschickung, Füllung *f;* Einsatz *m;* **2.** *(oft pl)* Lasten *f pl,* Kosten *pl,* Preis *m;* **3.** *(Konto)* Belastung *f;* Lastschrift *f;* Gebühr, Taxe *f;* **4.** Amt *n,* Pflicht, Verpflichtung, Verantwortung *f;* **5.** Auftrag, Befehl *m;* **6.** *(a. Polizei)*Aufsicht *f,* Gewahrsam *m;* Überwachung, Obhut, Fürsorge *f;* **7.** anvertraute Person *od* Sache; Schützling *m,* Mündel *n;* **8.** *rel* Schafe *n pl,* Herde *f;* **9.** anvertrautes Gut; **10.** Ermahnung, Anweisung *f;* Vorwurf *m,* Beschuldigung, Anklage(punkt *m) f;* **11.** *jur* Rechtsbelehrung *f (der Geschworenen);* **12.** *mil* Angriff(ssignal *n),* Sturm *m;* ► **at s.o.'s ~** zu jds Lasten; auf jds Kosten; **under s.o.'s ~** unter jds Aufsicht; **be in ~ of s.th.** die Aufsicht über, die Verantwortung für etw haben; **bring a ~ against s.o.** jdn anklagen; **have ~ of s.th.** für etw verantwortlich sein; **take ~ of s.th.** für etw die Verantwortung übernehmen; **there's no ~** es kostet nichts; Eintritt frei; **free of ~**

gebührenfrei; gratis; **overhead** ~s *pl* allgemeine Unkosten *pl;* **travelling** ~s *pl* Reisekosten *pl;* **II** *tr* **1.** (be)laden; belasten (*with* mit); **2.** *(Schußwaffe, el)* laden; *(Batterie)* aufladen; **3.** *chem* sättigen; **4.** *tech* beschicken; **5.** *com (Preis)* fordern, verlangen; rechnen für *(e-e Ware, Arbeit);* berechnen (*too much* zuviel); (~ *upon, against s.o.)* jdm aufrechnen; **6.** *(Abnehmer)* belasten mit; **7.** (~ *off)* abschreiben, abbuchen; **8.** anvertrauen (*s.o. with s.th.* jdm etw); beauftragen; **9.** anweisen, befehlen (*s.o.* jdm); **10.** ermahnen; **11.** zur Last legen, vorwerfen (*s.o. with s.th., s.th. on s.o.* jdm etw), beschuldigen, anklagen; **12.** angreifen (*s.o., at s.o.* jdn); *sport* (an)rempeln; ▶ ~ **to s.o.'s account** auf jds Rechnung setzen; **III** *itr* **1.** (e-n Preis) fordern; berechnen (*for s.th.* etw); **2.** sich stürzen (*at* auf *acc);* angreifen (*at s.o.* jdn); **charge·able** ['tʃɑ:dʒəbl] *adj* **1.** zu Lasten (*to* von); **2.** gebührenpflichtig; **3.** strafbar; ▶ **to whom is this** ~? wer soll das bezahlen? **charge account** Kunden(kredit)konto *n;* **charge card** Kunden(kredit)karte *f.*

chargé d'affaires [,ʃɑ:ʒeɪdæ'feə(r)] *pol* Geschäftsträger *m.*

chari·table ['tʃærɪtəbl] *adj* **1.** wohl-, mildtätig; **2.** nachsichtig; **char·ity** ['tʃærətɪ] **1.** Nächstenliebe *f;* **2.** Wohltätigkeit *f;* **3.** Almosen *n pl.*

charm [tʃɑ:m] **I** *s* **1.** Zauber *m;* **2.** Amulett *n;* **3.** Anmut *f,* Reiz, Zauber, Charme *m;* **II** *tr* **1.** verzaubern; **2.** bezaubern, entzücken; ▶ ~ **s.th. out of s.o.** jdm etw entlocken; **III** *itr* reizend sein; **charmer** ['tʃɑ:mə(r)] **1.** *fig* Zauberer *m;* Charmeur *m;* **2.** bezaubernde Frau; ▶ **snake** ~ Schlangenbeschwörer *m;* **charm·ing** [—ɪŋ] *adj* berückend, betörend; bezaubernd, entzückend, reizend, charmant.

chart [tʃɑ:t] **I** *s* **1.** *mar* Seekarte *f;* **2.** Schaubild *n,* graphische Darstellung, Diagramm *n;* **3.** Tabelle *f;* **4.** *pl* Hitliste *f;* **II** *tr* **1.** in e-r Karte darstellen; **2.** entwerfen, skizzieren.

char·ter ['tʃɑ:tə(r)] **I** *s* **1.** Grundgesetz *n,* Verfassungsurkunde *f;* **2.** bewilligtes Recht, Vorrecht, Privileg *n;* **3.** *mar aero* Charter(vertrag) *m;* **II** *tr* **1.** ein (Vor-) Recht verleihen (*s.o.* jdm); **2.** *(Schiff, Flugzeug)* chartern; **charter company** *aero* Chartergesellschaft *f;* **char·ter·ed** ['tʃɑ:təd] *adj* ▶ ~ **accountant** (vereidigte(r)) Wirtschaftsprüfer(in) *m (f);* **char·terer** ['tʃɑ:tərə(r)] Befrachter *m;* **charter flight** *aero* Charterflug *m.*

chary ['tʃeərɪ] *adj* **1.** vorsichtig; **2.** zurückhaltend (*of* gegenüber).

chase [tʃeɪs] **I** *s* **1.** Verfolgung *f;* **2.** Jagd *f;* **3.** verfolgtes Schiff; **II** *tr* **1.** verfolgen; (nach)jagen (*s.o.* jdm; *s.th.* e-r S); **2.** hetzen; **3.** (~ *away)* weg-, verjagen, ver-

treiben; **III** *itr* herrennen (*after s.o.* hinter jdm), nachlaufen (*after s.o.* jdm); (~ *about)* herumrennen.

chasm ['kæzəm] **1.** (Erd)Spalt, Abgrund *m;* **2.** *fig* Lücke *f.*

chas·sis ['ʃæsɪ] ⟨*pl -*⟩ Fahrgestell, Chassis *n.*

chaste [tʃeɪst] *adj* **1.** keusch; **2.** *fig* streng, einfach.

chas·ten ['tʃeɪsn] *tr* **1.** züchtigen *fig;* **2.** mäßigen; **3.** reinigen; vereinfachen.

chas·tise [tʃæ'staɪz] *tr* züchtigen, strafen.

chas·tity ['tʃæstətɪ] **1.** Keuschheit *f;* **2.** Reinheit, Unberührtheit *f.*

chat [tʃæt] **I** *s* Geplauder *n;* **II** *itr* plaudern, sich unterhalten; ▶ ~ **s.o. up** *fam* anquatschen.

chat·tel ['tʃætl] *meist pl* ▶ **goods and** ~s *pl* Hab u. Gut *n.*

chat·ter ['tʃætə(r)] **I** *itr* **1.** *(Menschen)* schnattern, plappern, quasseln; **2.** *(Zähne)* klappern *a. tech;* **II** *s* Geschnatter, Geplapper *n;* ▶ ~-**box** Plappermaul *n;* **chatty** ['tʃætɪ] *adj* **1.** redselig, geschwätzig; **2.** familiär, formlos.

chauf·feur ['ʃəʊfə(r)] Chauffeur(in), Fahrer(in) *m (f).*

chau·vin·ism ['ʃəʊvɪnɪzəm] Chauvinismus *m;* **chau·vin·ist** ['ʃəʊvɪnɪst] Chauvinist *m;* ▶ **male** ~ **(pig)** *fam* Chauvi *m.*

cheap [tʃi:p] *adj, adv* **1.** billig; preiswert; **2.** verbilligt; **3.** minderwertig, schlecht; **4.** kitschig; **5.** schäbig, gemein; ▶ **on the** ~ sehr billig; **feel** ~ sich schäbig vorkommen; **get off** ~ billig davonkommen; **hold** ~ geringschätzen; **dirt** ~ *fam* spottbillig; **cheapen** ['tʃi:pən] **I** *tr* verbilligen, herabsetzen; **II** *itr* billiger werden; **cheap-jack** ['tʃi:pdʒæk] *adj* Ramsch-; **cheap·ness** ['tʃi:pnɪs] Billigkeit *f;* Minderwertigkeit *f;* Schäbigkeit *f;* **cheap·skate** ['tʃi:p,skeɪt] *Am sl* Knicker, Knauser *m.*

cheat [tʃi:t] **I** *tr* betrügen (*of, out of* um); ▶ ~ **s.o. out of s.th.** jdn um etw bringen, betrügen, prellen; **II** *itr* mogeln, betrügen; **III** *s* **1.** Betrug, Schwindel *m;* **2.** Betrüger(in), Schwindler(in) *m (f).*

check [tʃek] **I** *tr* **1.** zum Stillstand bringen, Einhalt gebieten (*s.th.* e-r S); hindern, zurückhalten, unterbinden; **2.** eindämmen, hemmen; *tech* drosseln; **3.** tadeln, e-n Verweis erteilen (*s.o.* jdm); **4.** (nach-, über)prüfen, kontrollieren, nachrechnen; (prüfend) vergleichen (*by* mit); **5.** anstreichen, markieren, abhaken; **6.** *(Gepäck)* ab-, aufgeben; *(Hut)* an der Garderobe abgeben; **7.** Schach bieten *a. fig* (*s.o.* jdm); **II** *itr* **1.** übereinstimmen; **2.** *Am* e-n Scheck ausstellen (*for, against an amount* über e-n Betrag; *upon s.o.* auf jdn); **III** *s* **1.** Schach *n;* **2.** Stillstand, Aufschub, Rückschlag *m;* **3.** Mißerfolg *m, fam* Schlappe *f;* **4.** Hindernis *n,* Widerstand *m;* **5.** (Nach-, Über)Prüfung *f;* Kontrolle *f (on* über); Probe *f;* (prüfender) Vergleich *m;* **6.** Prüf-, Kontrollzeichen *n,*-marke *f,* Haken *m;* **7.** *Am* Gepäckschein *m;* Garderobenmarke *f;* **8.** *(Textil)* Karo *n (Muster);* karierter Stoff; **9.** *Am* Rechnung *f (in e-m Restaurant);* **10.** *Am s. cheque;* ▶ **act as a ~ on** hemmend, nachteilig wirken auf; **keep, hold in ~** *fig* in Schach halten; **spot ~** Stichprobe *f;* **IV** *(mit Präposition)* **check in** *itr (Hotel)* sich eintragen, ankommen; *aero* einchecken; **check off** *tr* abhaken, ankreuzen; (nach)zählen; **check out** *itr (Hotel)* die Rechnung bezahlen und abreisen; *(Gepäck)* abholen; weggehen; **check through** *tr (Gepäck)* **1.** durchsehen, durchgehen; **2.** *(Gepäck)* durchchecken; **check up** *itr* im einzelnen nachprüfen, genau vergleichen *(on s.th.* etw).

check·book ['tʃek,bʊk] *Am s. chequebook.*

checker·board ['tʃekə(r),bɔ:d] *Am* Schach-, Damebrett *n;* **check·ered** ['tʃekə(r)d] *Am s. chequered;* **checkers** ['tʃekəz] *pl mit sing Am* Dame(spiel *n) f.*

check-in desk ['tʃekin,desk] *aero* Abfertigungsschalter *m;* **check-in time** ['tʃekin,taim] *aero* Eincheckzeit *f.*

check·ing ['tʃekiŋ] Kontrolle *f;* **checking account** *Am* Girokonto *n;* **checking form, slip** Kontrollzettel, -abschnitt *m.*

check-list ['tʃek,list] **1.** Kontrolliste *f;* **2.** *pol* Wahlliste *f.*

check·mate ['tʃekmeit] **I** *s* (Schach) Matt *n; fig* hoffnungslose Lage; **II** *tr* matt setzen.

check·out *(Supermarkt)* Kasse *f.*

check·point ['tʃekpɔint] Überwachungs-, Kontrollstelle *f;* **check room** *Am* **1.** Garderobe *f;* **2.** *rail* Gepäckaufbewahrung *f,* -schalter *m;* **3.** *(Hotel)* Gepäckraum *m;* **check·up** ['tʃekʌp] **1.** genaue Prüfung, Kontrolle *f;* **2.** *med* gründliche Untersuchung; **3.** *tech* Nachuntersuchung *f.*

cheek [tʃi:k] **I** *s* **1.** Backe, Wange *f a. tech;* **2.** *fig fam* Unverschämtheit, Frechheit *f;* ▶ **he said that tongue in ~** das hat er nicht ernst gemeint; **II** *tr* frech sein gegen; **cheek·bone** ['tʃi:kbəʊn] Backenknochen *m;* **cheeky** ['tʃi:ki] *adj fam* frech, unverschämt.

cheep [tʃi:p] *itr* piepen.

cheer [tʃiə(r)] **I** *s* **1.** (gute) Stimmung *f;* Frohsinn *m,* Freude *f;* **2.** Hoch, Hurra(ruf *m) n;* **3.** Jubel, Beifall(sruf) *m;* **4.** Ermutigung *f;* ▶ **be of good ~** guten Mutes, voller Hoffnung sein; **give three ~s for s.o.** ein dreifaches Hoch auf jdn ausbringen; **give s.o. a ~** jdn hochleben lassen; **three ~s** ein dreifaches Hoch

(for für); **cheers!** prosit! tschüs! danke! **II** *tr* **1.** in gute Stimmung versetzen; **2.** *(a. ~ up)* auf-, ermuntern, ermutigen; **3.** zujubeln *(s.o.* jdm); laut Beifall zollen *(s.o.* jdm); **4.** *(Nachricht)* freudig begrüßen; **III** *itr* hurra schreien, jubeln *(at the news* bei der Nachricht); ▶ **~ up** froh werden; Mut fassen, Hoffnung schöpfen; **~ up!** Kopf hoch! **cheer·ful** ['tʃiəfʊl] *adj* **1.** froh, freudig; **2.** gut aufgelegt; aufgeräumt; **3.** erfreulich, angenehm; **4.** gefällig, entgegenkommend; **cheer·ful·ness, cheeri·ness** [–nis, 'tʃiərinis] Heiterkeit *f;* **cheer·io** [,tʃiəri'əʊ] *interj fam* mach's gut! prost! **cheer leader** *Am* Leiter(in) *m (f)* des organisierten Beifalls bei College-Sportwettkämpfen; **cheery** ['tʃiəri] *adj* heiter.

cheese [tʃi:z] Käse *m;* ▶ **hard ~!** Pech! **cheese·cake** **1.** Käsekuchen *m;* **2.** *sl* leichtbekleidetes Mädchen *(bes. in Zeitschrift);* **cheese·cloth** ['tʃi:zklɒθ] indische Baumwolle; **cheesed-off** [,tʃi:zd'ɒf] *adj fam* angeödet; **cheese-paring** ['tʃi:z,peəriŋ] Knauserei *f.*

chee·tah ['tʃi:tə] Gepard *m.*

chef [ʃef] Küchenchef *m;* Koch *m.*

chemi·cal ['kemikl] **I** *adj* chemisch; ▶ **~ warfare** chemische Kriegführung; **~ weapons** *pl* Chemiewaffen *pl;* **II** *s pl* Chemikalien *f pl;* **chem·ist** ['kemist] **1.** Chemiker(in) *m (f);* **2.** *Br* Drogist(in) *m (f); (dispensing ~)* Apotheker(in) *m (f);* ▶ **~'s shop** Drogerie *f;* Apotheke *f;* **chem·is·try** ['kemistri] Chemie *f.*

chemo·thera·py *med* Chemotherapie *f.*

cheque, *Am* **check** [tʃek] Scheck *m (for* auf); ▶ **cash a ~** e-n Scheck einlösen; **give a blank ~ to s.o.** jdm einen Blankoscheck geben; *fig* jdm Blankovollmacht geben, (völlig) freie Hand lassen; **make out a ~** e-n Scheck ausstellen; **crossed ~** Verrechnungsscheck *m;* **traveller's ~** Reisescheck *m;* **chequeaccount** Girokonto *n;* **cheque-book** Scheckbuch *n;* **cheque card** Scheckkarte *f.*

chequ·ered, *Am* **check·ered** ['tʃekəd] *adj* **1.** kariert; **2.** abwechslungsreich; ▶ **a ~ career** e-e bewegte Karriere.

cher·ish ['tʃeriʃ] *tr* **1.** hegen (u. pflegen); **2.** hängen an, (großen) Wert legen auf.

che·root [ʃə'ru:t] Stumpen *m (Zigarre).*

cherry ['tʃeri] **I** *s bot* Kirsche *f; (~-tree)* Kirschbaum *m;* **II** *adj* kirschrot; **cherry-blossom** Kirschblüte *f;* **cherry brandy** Kirschlikör *m;* **cherrystone** Kirschkern *m.*

cherub ['tʃerəb] **1.** ⟨pl **cherubim**⟩ ['tʃerəbim] Cherub *m (Engel);* **2.** *(Kunst)* ⟨pl **-s**⟩ Putte *f;* Engelskopf *m.*

chess [tʃes] Schach(spiel) *n;* ▶ **play (at) ~** Schach spielen; **chess-board** Schachbrett *n;* **chess·man** ['tʃesmæn]

⟨*pl* -men⟩ Schachfigur *f.*
chest [tʃest] **1.** Kiste *f,* Kasten, Behälter *m; 2.* Brust(kasten *m*) *f;* ▶ **that's a load off my** ~ da fällt mir ein Stein vom Herzen; ~ **of drawers** Kommode *f.*
chest·nut ['tʃesnʌt] **I** *s* **1.** Kastanie *f;* **2.** (*~-tree, -wood*) Kastanie(nbaum *m,* -nholz *n*) *f;* **3.** Braune(r) *m (Pferd);* **4.** *fam* alte Geschichte; **II** *adj* kastanienbraun.
chesty ['tʃestɪ] *adj* **1.** *fam* erkältet; *(Husten)* rauh, tief; **2.** *(Frau)* mit großen Brüsten.
chew [tʃuː] **I** *tr, itr* **1.** kauen; **2.** nachdenken, -sinnen (*upon, over* über); **II** *s* Kauen *n;* Priem *m;* **chew·ing-gum** ['tʃuːɪŋgʌm] Kaugummi *m.*
chic [ʃiːk] *adj* schick, elegant.
chi·cane [ʃɪ'keɪn] *sport* Schikane; **chi·can·ery** [ʃɪ'keɪnərɪ] Schikane *f.*
chick [tʃɪk] **1.** Küken *n;* junger Vogel; **2.** *fam* Kind(chen) *n;* **3.** *Am (girl)* Mädchen *n;* **chicken** ['tʃɪkɪn] **I** *s* **1.** Huhn *n;* Küken *n;* Hähnchen, Hühnchen *n;* **2.** *fig* Gänschen *n;* **3.** *sl* Feigling *m;* ▶ **I'm no** ~ ich bin (doch) kein Kind mehr; **she is no** ~ sie ist nicht mehr die Jüngste; **II** *(mit Präposition)* **chicken out** *itr fam* kneifen; **chicken-broth** Hühnersuppe *f;* **chicken-farm** Hühnerfarm *f;* **chicken-feed** lächerliche Summe, Lappalie *f;* **chicken-hearted, chicken-livered** [,tʃɪkɪn'hɑːtɪd, ,tʃɪkɪn'lɪvəd] *adj* bange, feige; **chicken-pox** Windpocken *pl;* **chicken-run** *Br,* **chicken-yard** *Am* Hühnerhof *m.*
chick-pea ['tʃɪkpiː] *bot* Kichererbse *f.*
chic·ory ['tʃɪkərɪ] *bot* Chicorée *m* od *f;* Zichorie *f.*
chief [tʃiːf] ⟨*pl* -s⟩ **I** *s* **1.** Chef *m,* (Ober-) Haupt *n;* (An)Führer(in), Leiter(in) *m (f);* Vorgesetzte(r) *f m;* **2.** Häuptling *m (e-s Stammes);* **II** *adj* erste(r, s), oberste(r, s), führend, leitend; **chief clerk** Büro-, Kanzleivorsteher(in) *m (f);* **chief editor** Hauptschriftleiter(in) *m (f);* **chief justice** Gerichtspräsident(in) *m (f);* **chief·ly** [—lɪ] *adv* hauptsächlich, besonders.
chil·blain ['tʃɪlbleɪn] Frostbeule *f.*
child [tʃaɪld] ⟨*pl* children⟩ Kind *n a. fig;* ▶ **give birth to a** ~ ein Kind zur Welt bringen; **children's allowance, clothing** Kinderzulage *f,* -kleidung *f;* **child abuse** ['tʃaɪldəbjuːs] Kindesmißhandlung *f;* **child-bear·ing** ['tʃaɪldbeərɪŋ] **I** *s* Mutterschaft *f;* **II** *adj (Alter)* gebärfähig; *(Becken)* gebärfreudig; **childbirth** ['tʃaɪldbɜːθ] Entbindung, Niederkunft *f,* Kindbett *n;* **child-hood** ['tʃaɪldhʊd] Kindheit *f;* **childish** ['tʃaɪldɪʃ] *adj* kindlich; kindisch; **childless** ['tʃaɪldlɪs] *adj* kinderlos; **childlike** ['tʃaɪlaɪk] *adj* kindlich; einfach; **child minder** Tagesmutter *f;* **child-**

proof *adj* kindersicher; **child·ren** ['tʃɪldrən] *pl von child;* **child-resistant** *adj* kindersicher; **child's play** Kinderspiel *n.*
chill [tʃɪl] **I** *s* **1.** Frost *m,* Kälte *f;* **2.** Kältegefühl, Frösteln *n;* **3.** Erkältung *f;* **4.** *fig* abgekühlte Atmosphäre; **5.** *tech* Gußform, Kokille *f;* **II** *adj* **1.** kühl; **2.** *fig* (gefühls)kalt, frostig; **III** *tr* **1.** kühlen; **2.** *(Blut)* erstarren lassen; **3.** *fig (Atmosphäre, Begeisterung)* abkühlen; **4.** *tech* abschrecken.
chilli ['tʃɪlɪ] *bot* Peperoni *f;* (*Gewürz*) Chili *m.*
chill(i)·ness ['tʃɪl(ɪ)nɪs] Kälte *f a. fig.*
chilly ['tʃɪlɪ] *adj* **1.** frostig, fröstelnd; **2.** *fig* kühl; ▶ **feel** ~ frösteln.
chime [tʃaɪm] **I** *s* Geläut, Glockenspiel *n;* **II** *tr* **1.** *(die Glocken)* läuten; **2.** *(Stunde)* schlagen; **III** *itr* **1.** *(Glocke)* schlagen, läuten; **2.** ertönen; **3.** (~ *in, together*) in Einklang sein, übereinstimmen (*with* mit); ▶ ~ **in** sich einschalten.
chim·ney ['tʃɪmnɪ] Rauchfang, Kamin *m (a. im Hochgebirge);* Schornstein *m;* **chimney pot** Schornsteinaufsatz *m;* **chimney stack** Fabrikschornstein *m;* **chimney-sweep(er)** [—,swiːpə(r)] Schornsteinfeger(in) *m (f).*
chim·pan·zee [,tʃɪmpæn'ziː] *zoo* Schimpanse *m.*
chin [tʃɪn] *s* Kinn *n;* ~ **up!** Kopf hoch!
china ['tʃaɪnə] **I** *s* (~-*ware*) Porzellan *n;* **II** *adj* Porzellan-.
China ['tʃaɪnə] China *n.*
chin·chil·la [tʃɪn'tʃɪlə] Chinchilla *f.*
Chi·nese [tʃaɪ'niːz] **I** *adj* chinesisch; **II** *s* **1.** Chinese *m,* Chinesin *f;* **2.** (das) Chinesisch(e); **Chinese lantern** Lampion *m;* **Chinese mushroom** Austernpilz *m;* **Chinese restaurant** Chinarestaurant *n.*
chink [tʃɪŋk] **I** *s* **1.** Ritze *f,* Spalt, Schlitz *m;* **2.** Klang *m;* **II** *tr, itr* klingen lassen, *fam* klimpern mit; *(Gläser)* anstoßen.
Chink [tʃɪŋk] *sl pej* Chinese *m.*
chintz [tʃɪnts] Chintz *m.*
chin·wag ['tʃɪn,wæg] *sl* Schwatz *m.*
chip [tʃɪp] **I** *s* **1.** Splitter *m;* Span *m;* Scherbe *f;* **2.** *(Porzellan, Glas)* lädierte Stelle; **3.** Pommes frites *pl; Am* Kartoffelchip *m;* **4.** Spielmarke *f;* **5.** *EDV* Chip *n;* ▶ **carry a** ~ **on one's shoulder** einen Komplex haben; **he is a** ~ **off the old block** *prov* der Apfel fällt nicht weit vom Stamm; **II** *tr* **1.** *(Holz)* zerhacken, spalten; **2.** *(Geschirr)* anschlagen, lädieren, ausbrechen *(off, from* aus); **III** *itr (Porzellan, Glas)* (leicht) angestoßen, beschädigt werden; ▶ ~ **in** *fam* ins Wort fallen; *fam* Geld (her)geben *(für e-e Sache);* beitragen (zu etw); **chip-basket** Fritiersieb *n;* **chip·munk** ['tʃɪpmʌŋk] *zoo* Chipmunk *m (nordamerik. Erdhörnchen);* **chip-pan** Friteuse

f; **chipped** ['tʃɪpt] *adj (Porzellan, Glas)* angestoßen, angeschlagen; **chip·ping** ['tʃɪpɪŋ] 1. *Am* Einschnitt *m;* 2. *pl* Splitter *m pl;* Späne *m pl;* (Straßen)Schotter *m;* **chippy** ['tʃɪpɪ] I *adj* 1. trocken, langweilig; 2. reizbar; II *s fam* Fisch- u. Pommes frites-Bude *f.*

chi·rop·odist [kɪ'rɒpədɪst] Fußpfleger(in) *m (f);* **chi·rop·ody** [kɪ'rɒpədɪ] Fußpflege *f.*

chirp [tʃɜ:p] I *itr, tr* zirpen, zwitschern; *(Lied)* trällern; II *s* Gezirp, Gezwitscher *n;* **chirpy** ['tʃɜ:pɪ] *adj* lebhaft, munter.

chir·rup ['tʃɪrəp] *itr* zwitschern, zirpen.

chisel ['tʃɪzl] I *s* Meißel *m;* II *tr* 1. (aus)meißeln; 2. *sl* begaunern, betrügen *(out of* um).

chit [tʃɪt] 1. *fam* Kindchen *n;* 2. *pej* junges, freches Ding; 3. Notiz *f,* Zettel *m;* abgezeichnete Rechnung *(bes. des Kellners);* **chit-chat** ['tʃɪt,tʃæt] Geplauder *n.*

chiv·al·rous ['ʃɪvlrəs] *adj* ritterlich; **chiv·al·ry** ['ʃɪvlrɪ] 1. Rittertum *n;* 2. Ritterlichkeit *f.*

chives [tʃaɪvz] *pl bot* Schnittlauch *m.*

chlor·ide ['klɔ:raɪd] Chlorid *n;* **chlor·in·ate** ['klɔ:rɪneɪt] *tr* chlorieren, chloren; **chlor·ine** ['klɔ:ri:n] Chlor *n;* **chloro·fluoro·carbon** ['klɔrə,flu:ərə,ka:bən] *chem* Fluorchlorkohlenwasserstoff *m;* **chloro·form** ['klɔrəfɔ:m] I *s* Chloroform *n;* II *tr* chloroformieren; **chloro·phyll** ['klɔrəfɪl] *bot* Chlorophyll, Blattgrün *n;* **chlo·rous** ['klɔ:rəs] *adj* chlorig.

choc-ice ['tʃɒk,aɪs] Schokoladeneis *n.*

chock [tʃɒk] I *s (~-block)* Bremsklotz, -schuh *m;* II *tr (~ up)* verkeilen; **chock-a-block**, **chock-full** [,tʃɒkə'blɒk, tʃɒk'ful] *adj fam* gerammelt, gedrängt voll *(with* von).

choc·olate ['tʃɒklət] I *s* 1. Schokolade *f;* 2. Praline *f;* ▶ **bar of** ~ Tafel *f* Schokolade, Schoko(laden)riegel *m;* II *adj* schokoladenbraun.

choice ['tʃɔɪs] I *s* 1. (Aus)Wahl *f;* 2. (das) Beste, (die) Auslese; ▶ **at** ~ nach Belieben, nach Wunsch; **by, for** ~ vorzugsweise; **have no** ~ keine andere Wahl haben; **make a** ~ e-e (Aus)Wahl treffen; **I have no** ~ es bleibt mir nichts anderes übrig; **he is my** ~ ich habe ihn gewählt *(for* als); **a large** ~ e-e große Auswahl; **ladies'** ~ Damenwahl *f;* II *adj* vorzüglich, ausgezeichnet; (aus)gewählt, ausgesucht.

choir ['kwaɪə(r)] 1. *mus* (Kirchen)Chor *m;* 2. *arch* Chor *m;* **choir·mas·ter** ['kwaɪə,ma:stə(r)] Chordirigent *m;* **choir stalls** *pl* Chorgestühl *n.*

choke [tʃəuk] I *tr* 1. (er)würgen, ersticken *a. fig;* 2. *(~ up)* verstopfen, versperren, vollpfropfen *(with* mit); 3. *(Gefühl)* unterdrücken, ersticken; 4. *tech* (ab-) drosseln; II *itr* (zu) ersticken (drohen),

keine Luft bekommen; würgen; III *s* 1. Würgen *n;* 2. *mot* Choke, Starterzug *m;* IV *(mit Präposition)* **choke back** *tr* unterdrücken, herunterschlucken *(the tears* die Tränen); **choke down** *tr* hinunterwürgen *a. fig; (Gefühl)* unterdrükken; **choke off** *tr fig* anschnauzen; abschrecken; **choke up** *tr* verstopfen, ersticken; **choker** ['tʃəukə(r)] Halsreif *m.*

chol·era ['kɒlərə] *med* Cholera *f.*

chol·eric ['kɒlərɪk] *adj* cholerisch, jähzornig.

cho·les·terol [kə'lestərɒl] Cholesterin *n.*

choose [tʃu:z] ⟨*irr* chose, chosen⟩ I *tr* 1. (aus)wählen, aussuchen; 2. vorziehen, lieber wollen, sich entscheiden für; II *itr* wählen; ▶ **have to** ~ **between** die Wahl haben zwischen; **I cannot** ~ **but** mir bleibt nichts anderes übrig als zu; **choos(e)y** ['tʃu:zɪ] *adj fam* wählerisch.

chop [tʃɒp] I *tr* 1. (zer)hacken; *(Holz)* spalten; 2. *(~ up)* zerkleinern; *fig (Wort, Satz)* zerhacken; II *itr* hacken, hauen; schlagen *(at* nach); ▶ ~ **and change** wechseln, schwanken, unbeständig sein; III *s* 1. Hieb, Schnitt *m;* Schlag *m;* 2. Kotelett *n;* 3. *pl* Kiefer *m pl; fig* Rachen *m;* 4. *(Indien, China)* Siegel *n,* Stempel *m;* ▶ **first-, second-**~ erster, zweiter Güte *od* Qualität; **get the** ~ *sl* rausgeschmissen werden; IV *(mit Präposition)* **chop away** *tr* wegschneiden, -hacken; **chop down** *tr* umhacken, -legen; *(Baum)* fällen; **chop off** *tr* abhakken, -schneiden, -hauen; *und itr (Wind)* umschlagen; **chop-chop** *interj fam* dalli, dalli! **chop·per** ['tʃɒpə(r)] Hackmesser *n; fam* Helikopter *m;* **chopping** [-ɪŋ] ▶ ~ **block** Hackklotz *m;* Block *m;* ~ **board** Hackbrett *n;* **choppy** ['tʃɒpɪ] *adj* 1. unbeständig; 2. *(See)* kabbelig; 3. *(Worte, Sätze)* abgehackt.

chop-sticks ['tʃɒpstɪks] *pl* Eßstäbchen *n pl.*

chop·suey [,tʃɒp 'su:ɪ] *chinesisches Gericht.*

choral ['kɔ:rəl] I *adj* Chor-; II *s* Choral *m.*

chord ['kɔ:d] 1. *anat* Band *n;* 2. *math* Sehne *f;* 3. *mus poet fig* Saite *f;* 4. *mus* Akkord *m;* 5. *tech* Gurt(ung *f) m;* ▶ **strike the right** ~ *fig* die richtige Saite anklingen lassen; **does that strike a** ~? erinnert dich das an etwas? **spinal** ~ Rückenmark *n;* **vocal** ~ Stimmband *n.*

chore [tʃɔ:(r)] *meist pl* 1. unangenehme Arbeit; 2. Hausarbeit *f.*

chor·eogra·pher [,kɒrɪ'ɒgrəfə(r)] Choreograph(in) *m (f);* **chor·eogra·phy** [,kɒrɪ'ɒgrəfɪ] Choreographie *f;* Tanz-, Ballettkunst *f.*

chor·is·ter ['kɒrɪstə(r)] Chorsänger(in) *m (f);* Chorknabe *m;* **chorus** ['kɔ:rəs] I *s* 1. Chor *m a. theat;* 2. Chorgesang *m;* 3. Refrain *m;* 4. *(Revue)* Tanzgruppe *f;*

▶ **in** ~ im Chor, alle zusammen; ~ **girl** Revuetänzerin *f;* **II** *tr, itr* im Chor singen, (auf)sagen, sprechen.
chose, chosen [tʃəʊz, 'tʃəʊzn] *v s.* choose.
chow [tʃaʊ] **1.** (~-~) Chow-Chow *m* (Hunderasse); **2.** *sl* Futter *n;* Fraß *m.*
chow·der ['tʃaʊdə(r)] *Am* Fischgericht *n.*
Christ [kraɪst] **I** *s* Christus *m;* **II** *interj* Herrgott! **christen** ['krɪsn] *tr* taufen; **Christen·dom** ['krɪsndəm] die Christenheit; **christen·ing** ['krɪsnɪŋ] Taufe *f.*
Chris·tian ['krɪstʃən] **I** *adj* christlich; **II** *s* Christ(in) *m (f);* **Christian burial** kirchliches Begräbnis; **Christian era** christliche Zeitrechnung; **Chris·ti·an·ity** [ˌkrɪstɪ'ænətɪ] das Christentum; **Chris·tian·ize** ['krɪstʃənaɪz] *tr* christianisieren; **Christian name** Vorname *m;* **Christian Science** *rel* Christliche Wissenschaft.
Christ·mas, Xmas ['krɪsməs] Weihnacht(en *n od f pl) f;* ▶ **at** ~ an Weihnachten; **merry** ~! frohe Weihnachten! **Father** ~ der Weihnachtsmann; **Christmas carol** Weihnachtslied *n;* **Christmas Day** der 1. Weihnachtstag *(25. Dez.);* **Christmas Eve** der Heilige Abend *(24. Dez.);* **Christmas pudding** Plumpudding *m;* **Christmas tree** Weihnachts-, Christbaum *m.*
chro·matic [krəʊ'mætɪk] *adj phys mus* chromatisch; **chrome** [krəʊm] *chem* Chrom *n;* **chro·mium** ['krəʊmɪəm] *chem* Chrom *n.*
chro·mo·some ['krəʊməsəʊm] *biol* Chromosom *n.*
chronic ['krɒnɪk] *adj* **1.** *med* chronisch; **2.** dauernd, (be)ständig; **3.** *sl* widerlich.
chron·icle ['krɒnɪkl] Chronik *f;* **chron·icler** ['krɒnɪklə(r)] Chronist(in) *m (f);* **chro·no·logi·cal** [ˌkrɒnə'lɒdʒɪkl] *adj* chronologisch; ▶ **in** ~ **order** in zeitlicher Folge; ~ **chart** Zeittafel *f;* **chro·no·logy** [krə'nɒlədʒɪ] Chronologie *f;* chronologische Übersicht.
chry·sa·lis ['krɪsəlɪs] *zoo* Puppe *f.*
chry·san·the·mum [krɪ'sænθəməm] *bot* Chrysantheme *f.*
chubby ['tʃʌbɪ] *adj* pausbäckig.
chuck [tʃʌk] **I** *tr* **1.** wegwerfen; **2.** loswerden; ▶ ~ **s.o. under the chin** jdn ans Kinn schlagen; ~ **it!** *fam* laß das! **II** *s* **1.** Schlag *m* ans Kinn; **2.** Wurf *m;* **3.** *sl* Entlassung *f,* Hinauswurf *m;* **III** *(mit Präposition)* **chuck away** *tr (Gelegenheit)* verpassen, versäumen; **chuck out** *tr (Menschen)* hinauswerfen; **chuck up** *tr* wegwerfen; *(Arbeitsplatz)* aufgeben; **chucker-out** [ˌtʃʌkər'aʊt] *sl* Rausschmeißer *m.*
chuckle ['tʃʌkl] **I** *itr* **1.** kichern; (~ **to o.s.**) in sich hineinlachen; **2.** *(Henne)* gluck-

sen; **II** *s* Gekicher, Glucksen *n.*
chug [tʃʌg] **I** *s* Blubbern, Tuckern *n;* **II** *itr (Motor)* blubbern, tuckern; *(Maschine)* stampfen; ▶ ~ **along** entlangzockeln; *(Schiff)* entlangtuckern; *fig fam* (gut) vorankommen.
chum [tʃʌm] **I** *s* (Schul)Kamerad *m; fam* Kumpel *m;* **II** *(mit Präposition)* **chum up** *(Am* **around***)* **with** *fam* sich (eng) anschließen an; **chummy** ['tʃʌmɪ] *adj fam* eng befreundet.
chump [tʃʌmp] **1.** (Holz)Klotz *m;* **2.** Keule *f (bes. Küche).*
chunk [tʃʌŋk] **1.** Brocken *m;* Klumpen *m;* (Holz)Klotz *m;* **2.** ziemlich hoher Betrag; **chunky** ['tʃʌŋkɪ] *adj fam* untersetzt; dick.
church [tʃɜːtʃ] **1.** Kirche *f;* **2.** Gottesdienst *m;* **3.** (die) Christen *m pl;* **4.** Geistlichkeit *f;* ▶ **at, in** ~ in der Kirche, beim Gottesdienst; **in the** ~ in der Kirche; **go to** ~ in die Kirche gehen, den Gottesdienst besuchen; **church·goer** ['tʃɜːtʃˌgəʊə(r)] Kirchgänger(in) *m (f);* **church·war·den** [ˌtʃɜːtʃ'wɔːdn] Kirchenvorsteher, -älteste(r) *m;* **church·yard** [ˌtʃɜːtʃ'jɑːd] Kirchhof *m.*
churl·ish ['tʃɜːlɪʃ] *adj* **1.** flegelhaft; **2.** filzig, knauserig; **3.** mürrisch.
churn [tʃɜːn] **I** *s* **1.** Butterfaß *n;* **2.** *Br* große Milchkanne; **II** *tr* **1.** zu Butter verarbeiten; **2.** (~ **up**) auf-, umwühlen; **III** *itr* **1.** buttern; **2.** schäumen; **3.** sich heftig bewegen.
chute [ʃuːt] **1.** Stromschnelle *f;* **2.** Rutsche *f;* **3.** *sport* Rutschbahn *f;* **4.** *fam* Fallschirm *m.*
chut·ney ['tʃʌtnɪ] Chutney *m.*
cider ['saɪdə(r)] Apfelwein, Most *m.*
cigar [sɪ'gɑː(r)] Zigarre *f;* **cigar·box** [sɪ'gɑːbɒks] Zigarrenkiste *f;* **cigar·case** Zigarrenetui *n;* **cigar·cutter** Zigarrenabschneider *m.*
ciga·rette [ˌsɪgə'ret, *Am* 'sɪgəret] Zigarette *f;* **cigarette·case** Zigarettenetui *n;* **cigarette·end** Zigarettenstummel *m, fam* Kippe *f;* **cigarette·holder** Zigarettenspitze *f;* **cigarette paper** Zigarettenpapier *n.*
ciga·rillo [sɪgə'rɪləʊ] Zigarillo *m od n.*
cin·der ['sɪndə(r)] **1.** Schlacke *f;* **2.** verkohltes Stück Holz; **3.** *pl* Asche *f;* ▶ ~-**track** *sport* Aschenbahn *f.*
Cin·de·rella [ˌsɪndə'relə] Aschenbrödel, -puttel *n.*
cine ['sɪnɪ] *pref* Film-, Kino-; **cine·camera** Filmkamera *f;* **cine·film** Schmalfilm *m;* **cin·ema** ['sɪnəmə] Kino, Film-, Lichtspieltheater *n;* **cinema goer** Kinobesucher(in) *m (f);* **Cin·ema·scope** ['sɪnɪməˌskəʊp] *Wz* Breit(lein)wand *f;* **cin·ema·tic** [ˌsɪnə'mætɪk] *adj* Film-; **cine·pro·jec·tor** ['sɪnɪprəˌdʒektə(r)] Filmvorführapparat *m.*

cin·na·mon ['sɪnəmən] Zimt *m.*

cipher, cypher ['saɪfə(r)] I *s* 1. *math* Ziffer, Zahl *f;* Null(zeichen *n) f;* 2. *fig* Null *f,* völlig unbedeutender Mensch; 3. Chiffre *f;* Chiffrierverfahren *n;* 4. (~*-key)* Schlüssel *m (e-r Geheimschrift);* II *tr* verschlüsseln, chiffrieren; **cipher code** Chiffrierschlüssel *m.*

circle ['sɜːkl] I *s* 1. *math* Kreis *m;* 2. *astr* Kreisbahn *f;* 3. Ring *m;* Reif *m;* 4. *sport* Rundlauf *m;* 5. *theat* Rang *m;* 6. Kreis *m,* Gebiet *n;* 7. (~ *of friends)* Freundes-, Bekanntenkreis *m;* 8. Wirkungskreis *m,* (Einfluß)Sphäre *f;* Spielraum, Bereich *m;* ▶ **full** ~ rundherum, im Kreise; **square the** ~ *fig* das Unmögliche versuchen; **dress** ~ *theat* 1. Rang *m;* II *tr* umkreisen; sich bewegen um; umfahren, umgeben; III *itr* fahren, segeln, fliegen (*round, about s.th.* um etw); sich im Kreis bewegen; (*Vogel, aero)* kreisen.

cir·cuit ['sɜːkɪt] I *s* 1. Umkreis, Umfang *m;* 2. Gebiet *n,* Bezirk *m;* 3. Runde *f,* Rundgang *m,* -fahrt *f,* -flug *m (of* um); Rundreise *f;* 4. *jur* Rundreise *f* (e-s Richters); Gerichtsbezirk *m;* 5. Am (*methodistischer)* (Kirchen)Sprengel *m;* 6. Ring *m;* Kreislauf *m;* Periode *f;* 7. Theater-, Kinoring *m;* 8. *sport* Rennbahn *f;* Turnierrunde *f;* 9. *el* Stromkreis *m;* Schaltung *f;* ▶ **short** ~ *el* Kurzschluß *m;* II *tr* umfahren, -schiffen, -segeln, -fliegen; III *itr* e-e Runde, Rundfahrt, -reise machen; sich im Kreis bewegen; **circuit board** *el* Schaltplatte *f;* **circuit breaker** *el* Stromkreisunterbrecher *m;* **circuit diagram** *el* Schaltplan *m;* **cir·cu·itous** [sɜːˈkjuːɪtəs] *adj* weitschweifig; weitläufig; umständlich.

cir·cu·lar ['sɜːkjʊlə(r)] I *adj* kreisförmig, rund; II *s* Rundschreiben *n;* **circular letter** Rundschreiben *n;* **circular saw** Kreissäge *f;* **circular ticket** Rundreisekarte *f;* **circular tour, trip** Rundreise, -fahrt *f;* **cir·cu·late** ['sɜːkjʊleɪt] I *itr* 1. zirkulieren *(a. Blut),* umlaufen; 2. die Runde machen; 3. herumreisen; II *tr* in Umlauf setzen; **cir·cu·lat·ing** [—ɪŋ] *adj fin* umlaufend; ▶ ~ **capital** Umlaufkapital *n;* **cir·cu·la·tion** [ˌsɜːkjʊˈleɪʃn] 1. (*bes.* Blut)Zirkulation *f,* Kreislauf *m;* 2. (Zeitung) Verbreitung *f;* Auflage(nhöhe, -ziffer) *f;* 3. (Geld)Umlauf *m;* ▶ **out of** ~ außer Kurs; **with a wide** ~ mit hoher Auflage; **be in** ~ in Umlauf sein; **put into** ~ in Umlauf setzen, in Verkehr bringen; **withdraw from** ~ außer Kurs setzen; **cir·cu·la·tory** [ˌsɜːkjʊˈleɪtərɪ] *adj* Kreislauf-; ▶ ~ **system** Blutkreislauf *m.*

cir·cum ['sɜːkəm] *pref* (her)um-; Um-; **cir·cum·cise** ['sɜːkəmsaɪz] *tr rel med* beschneiden; **cir·cum·ci·sion** [ˌsɜːkəmˈsɪʒn] Beschneidung *f;* **cir·cum·fer·ence** [səˈkʌmfərəns] *math*

Umfang *m,* Peripherie *f;* **cir·cum·lo·cu·tion** [ˌsɜːkəmləˈkjuːʃn] Umschreibung *f;* Weitschweifigkeit *f;* **cir·cum·navi·gate** [ˌsɜːkəmˈnævɪɡeɪt] *tr* umschiffen, -segeln; **cir·cum·navi·ga·tion** [ˌsɜːkəmˌnævɪˈɡeɪʃn] Umschiffung *f,* Umsegelung *f;* **cir·cum·scribe** ['sɜːkəmskraɪb] *tr* 1. *math (Figur)* einen Kreis beschreiben um; 2. begrenzen, einschränken; 3. definieren; **cir·cum·scrip·tion** [ˌsɜːkəmˈskrɪpʃn] 1. *math* Umschreibung *f;* 2. Ab-, Begrenzung, Beschränkung *f;* 3. (*Münze)* Umschrift *f;* **cir·cum·spect** ['sɜːkəmspekt] *adj* umsichtig; bedachtsam, vorsichtig.

cir·cum·stance ['sɜːkəmstəns] 1. Umstand *m,* Tatsache *f;* Sachverhalt *m;* 2. *pl* Einzelheiten, Gegebenheiten *f pl,* Verhältnisse *n pl;* Fall *m;* ▶ **in, under the** ~s unter diesen Umständen; **in, under no** ~s auf keinen Fall; **in all** ~s unter allen Umständen; **in easy, good** od **flourishing** ~s in angenehmen, guten Verhältnissen; **in bad, reduced** od **straitened** ~s in schlechten, beschränkten Verhältnissen; **the** ~ **that** der Umstand, daß; **that depends on** ~s das kommt darauf an; **aggravating, extenuating** ~s *jur* erschwerende, mildernde Umstände *m pl;* **cir·cum·stan·tial** [ˌsɜːkəmˈstænʃl] *adj* 1. genau, eingehend, ausführlich; 2. zufällig, nebensächlich; ▶ ~ **evidence** *jur* Indizienbeweis *m.*

cir·cum·vent [ˌsɜːkəmˈvent] *tr* umgehen.

cir·cus ['sɜːkəs] 1. Zirkus *m;* 2. *Br* runder Platz.

cir·rho·sis [sɪˈrəʊsɪs] *med* Leberzirrhose *f.*

cir·rus ['sɪrəs] ⟨*pl* -ri⟩ ['sɪraɪ] 1. *bot* Ranke *f;* 2. (~ *cloud)* Zirrus(wolke *f) m,* Federwolke *f.*

cissy ['sɪsɪ] *s.* **sissy.**

cis·tern ['sɪstən] Zisterne *f; (Toilette)* Spülkasten *m.*

cita·del ['sɪtədəl] Zitadelle *f.*

ci·ta·tion [saɪˈteɪʃn] 1. *jur* (Vor)Ladung *f;* 2. Anführung *f;* Zitat *n;* 3. *mil* ehrenvolle Erwähnung; **cite** [saɪt] *tr* 1. *jur* vorladen *(before* vor); 2. zitieren, anführen; sich berufen (*s.th.* auf etw).

citi·zen ['sɪtɪzn] 1. Bürger(in) *m (f);* 2. Städter(in) *m (f);* 3. Staatsangehörige(r) *f m;* **citi·zens' band** CB-Funk *m;* **citi·zen·ship** [—ʃɪp] Bürgerrecht *n;* Staatsangehörigkeit *f.*

cit·ric ['sɪtrɪk] *adj* ▶ ~ **acid** Zitronensäure *f;* **cit·rus** ['sɪtrəs] (~ *fruit)* Zitrusfrucht *f.*

city ['sɪtɪ] 1. (große, bedeutende) Stadt *f;* 2. Stadtgemeinde *f;* 3. Zentrum *n,* Altstadt *f,* Geschäftsviertel *n,* City *f;* **city-father** Stadtrat *m; pl* Stadtväter *m pl;* **city hall** Rathaus *m;* **city planner** *Am*

Stadtplaner(in) m (f).
civic ['sıvık] **I** adj (staats)bürgerlich; städtisch; **II** s pl mit sing Staatsbürgerkunde f.
civies s. civvies.
civil ['sıvl] adj **1.** (staats)bürgerlich; **2.** zivil(rechtlich); **3.** zivil, bürgerlich; **4.** höflich, gesittet; **civil defence** Zivilschutz m; **civil disobedience** passiver Widerstand, ziviler Ungehorsam; **civil engineer** Bauingenieur(in) m (f).
ci·vil·ian [sı'vılıən] **I** s Zivilist(in) m (f); **II** adj bürgerlich.
ci·vil·ity [sı'vılətı] Höflichkeit f.
civi·li·za·tion [ˌsıvəlaı'zeıʃn] Zivilisation, Kultur f; **civi·lize** ['sıvəlaız] tr zivilisieren.
civil law ['sıvl'lɔ:] bürgerliches Recht; **civil marriage** standesamtliche Trauung; **civil population** Zivilbevölkerung f; **civil rights** pl Bürgerrechte, bürgerliche Ehrenrechte n pl; **civil servant** (Staats)Beamte(r) f m; **civil service** Staatsdienst m; **civil war** Bürgerkrieg m.
civ·vies ['sıvız] pl sl Zivilkleidung f.
clack [klæk] **I** s **1.** Klappern n; **2.** Plappern n; **3.** Ventil(klappe f) n; **II** itr **1.** klappern; **2.** fam schwatzen.
claim [kleım] **I** s **1.** Anspruch m (to auf); **2.** Forderung f (on s.o. gegen jdn); **3.** Behauptung f; **4.** Anrecht n; **5.** min (beanspruchte) Parzelle f; Mutung f; Kux m; **6.** jur Schadenssumme f; Klage, Mängelrüge, Reklamation f; ▶ **baggage** ~ aero Gepäckrückgabe f; **lay** ~ **to, make a** ~ **to** Anspruch erheben auf; ~ **for damages** Schadensanspruch m; **II** tr **1.** (Person) Anspruch erheben auf; **2.** (Unterstützung) beantragen; beanspruchen; **3.** verlangen, fordern, geltend machen; **4.** behaupten, versichern; ▶ ~ **attention** Aufmerksamkeit erfordern; **where do I** ~ **my baggage?** wo bekomme ich mein Gepäck? **III** itr Schadensersatz verlangen; ▶ ~ **for s.th.** sich etw erstatten lassen; **claim·ant** ['kleımənt] Antragsteller(in) m (f); Anspruchsberechtigte(r) f m; Kläger(in) m (f).
clair·voy·ance [kleə'vɔıəns] Hellsehen n; **clair·voy·ant** [kleə'vɔıənt] Hellseher(in) m (f).
clam [klæm] **I** s **1.** zoo Venusmuschel f; **2.** Am sl maulfauler Mensch; **II** (mit Präposition) **clam up** itr das Maul halten.
clam·ber ['klæmbə(r)] itr (mühsam) klettern.
clam chow·der ['klæmˌtʃaudə(r)] Am Suppe f mit Muscheln.
clammy ['klæmı] adj feucht(kalt).
clam·or·ous ['klæmərəs] adj lärmend, schreiend; **clam·our,** Am **clam·or** ['klæmə(r)] **I** s Geschrei n, Lärm m;

II itr schreien, lärmen; **III** itr, tr laut fordern; rufen (s.th., for s.th. nach etw); laut protestieren (s.th., against s.th. gegen etw).
clamp [klæmp] **I** s **1.** (Eisen)Klammer f; Klemme, (Schraub)Zwinge f; (Kabel) Schelle f; **2.** (Ski) Strammer m; **II** tr (ver)klammern; festklemmen; (ein)spannen; **III** (mit Präposition) **clamp down** itr fam strenger vorgehen (on s.o. gegen jdn).
clan [klæn] **1.** (Schottland) Clan m; **2.** Sippschaft f; Clique f.
clan·des·tine [klæn'destın] adj heimlich, geheim.
clang [klæŋ] **I** s Klang m, Klirren, Rasseln n; **II** itr klingen, klirren, rasseln; **III** tr klappern lassen; (Glocke) läuten; **clanger** ['klæŋə(r)] Br fam Fauxpas, Schnitzer m ▶ **drop a** ~ ins Fettnäpfchen treten; **clang·our,** Am **clan·gor** ['klæŋə(r)] Klirren n, Schall m; (Trompete) Geschmetter n.
clank [klæŋk] **I** s Geklirr, Gerassel n; **II** itr klirren, rasseln; **III** tr klirren lassen.
clap [klæp] **I** tr **1.** (zusammen)schlagen; **2.** e-n Klaps geben (s.o. jdm); **3.** beklatschen, Beifall spenden (s.o. jdm); ▶ ~ **eyes on s.o.** jdn erblicken; ~ **s.o. on the shoulder** jdm (freundschaftlich) auf die Schulter klopfen; **he** ~**ped his hat on** er setzte rasch seinen Hut auf; **II** itr (Beifall) klatschen; **III** s **1.** (lauter) Schlag m; **2.** (Hände)Klatschen n; Beifall, Applaus m; **3.** Klaps, leichter Schlag m; **4.** vulg Tripper m; ▶ ~ **of thunder** Donnerschlag m; **clapped-out** [ˌklæpt'aut] adj fam **1.** erschöpft; **2.** (Auto) klapprig; **clap·per** ['klæpə(r)] **1.** (Glocke) Klöppel m; **2.** (Vogel)Klapper f; ▶ **run like the** ~**s** mit einer Affengeschwindigkeit rennen; **clap·trap** ['klæptræp] Geschwätz n; Unsinn m.
claret ['klærət] roter Bordeauxwein.
clari·fi·ca·tion [ˌklærıfı'keıʃn] **1.** Klärung f a. fig; **2.** Klarstellung, Verdeutlichung f; **clar·ify** ['klærıfaı] **I** tr **1.** abklären, läutern a. fig; reinigen; **2.** aufklären; **II** itr **1.** sich klären a. fig; **2.** fig sich aufklären.
clari·net [ˌklærı'net] mus Klarinette f.
clar·ity ['klærətı] Klarheit, Deutlichkeit f.
clash [klæʃ] **I** itr **1.** klirren, rasseln; **2.** (zusammen-, aufeinander)prasseln, -prallen (with mit); **3.** aneinander-, zusammenstoßen, kollidieren a. fig; **4.** fig (zeitlich) zusammenfallen; **5.** sich widersprechen; **6.** nicht zusammen-, zueinanderpassen (with mit); **7.** (Farben) sich beißen; **8.** sich streiten; **II** s **1.** Klirren n; **2.** Zusammenprall, -stoß m a. fig; **3.** fig Widerstreit m; Disharmonie, Diskre-

panz *f;* **4.** Kollision *f;* **5.** (zeitliches) Zusammentreffen *n.*
clasp [klɑːsp] **I** *tr* **1.** fest-, an-, einhaken; **2.** umklammern, umfassen; fassen, (er)greifen; fest drücken (*to* an); ▶ ~ **s.o. in one's arms** jdn in die Arme schließen; ~ **s.o.'s hand** jdm die Hand drücken; ~ **one's hands** die Hände falten; **II** *s* **1.** Haken *m* (u. Öse *f*); Klammer *f;* Schnalle *f;* Spange *f;* **2.** Umklammerung *f;* Umarmung *f;* Händedruck *m;* **clasp knife** ⟨*pl* -knives⟩ Klappmesser *n.*
class [klɑːs] **I** *s* **1.** Klasse *f;* **2.** (Gesellschafts)Klasse, Schicht *f;* **3.** *rail,* (*Schule*) Klasse *f;* Unterrichts-, Schulstunde *f;* Vorlesung *f,* Kolleg *n,* Kurs *m;* **4.** *Br* (*Universität*) Klassifizierung *f* im Examen; **5.** *Am* Jahrgang *m;* **6.** Qualität, Klasse, Güte, Sorte *f;* ▶ **in a ~ by itself** von besonderer Qualität; einzigartig; **not to be in the same ~ with** sich nicht messen können mit; **II** *tr* **1.** einstufen, in Gruppen einteilen; einordnen; **2.** betrachten (*as* als); **class-conscious** *adj* klassenbewußt; **class distinctions** *pl* Klassenunterschiede *m pl.*
classic [ˈklæsɪk] **I** *adj* klassisch; **II** *s* Klassiker *m;* **clas·si·cal** [ˈklæsɪkl] *adj* **1.** klassisch; **2.** (*Bildung*) humanistisch; **3.** *arch* klassizistisch; **clas·si·cism** [ˈklæsɪsɪzəm] Klassik *f;* Klassizismus *m;* **clas·si·cist** [ˈklæsɪsɪst] Altphilologe *m;* **clas·sics** [ˈklæsɪks] *pl mit sing* Altphilologie *f.*
clas·si·fi·ca·tion [ˌklæsɪfɪˈkeɪʃn] Klassifizierung, Einteilung *f;* **clas·si·fied** [ˈklæsɪfaɪd] *adj* **1.** *mil* geheim; **2.** in Klassen eingeteilt; ▶ ~ **ad(vertisement)** Kleinanzeige *f;* ~ **directory** Branchenverzeichnis *n;* **clas·si·fy** [ˈklæsɪfaɪ] *tr* klassifizieren, einteilen.
class·less [ˈklɑːʃlɪs] *adj* klassenlos; **class·mate** [ˈklɑːsmeɪt] Klassen-, Schulkamerad, Schulfreund *m;* **class·room** [ˈklɑːsrʊm] Klassenzimmer *n;* **class-struggle** Klassenkampf *m.*
classy [ˈklɑːsɪ] *adj fam* Klasse, prima, in Ordnung.
clat·ter [ˈklætə(r)] **I** *s* **1.** Klappern, Rasseln, Rattern *n;* **2.** Lärm, Tumult *m;* **II** *itr* klappern, rasseln, rattern; ▶ ~ **along** dahinrattern, -rasseln; **III** *tr* klappern, rattern, rasseln mit.
clause [klɔːz] **1.** Satz *m;* **2.** *jur* Vertragsbestimmung, Klausel *f;* Absatz, Paragraph *m;* ▶ **jurisdiction** ~ Gerichtsstandklausel *f;* **main, subordinate** ~ Haupt-, Nebensatz *m.*
claus·tro·pho·bia [ˌklɔːstrəˈfəʊbɪə] Platzangst *f.*
clav·icle [ˈklævɪkl] *anat* Schlüsselbein *n.*
claw [klɔː] **I** *s* **1.** Kralle, Klaue *a. tech f;* Tatze, Pfote *f a. pej;* (Krebs)Schere *f;* **2.** *tech* Haken *m;* **II** *tr* **1.** packen; **2.**

zerkratzen; **3.** reißen (*a hole* ein Loch); **III** *itr* greifen (*at* nach); zerren (*at* an).
clay [kleɪ] Lehm *m;* Ton *m;* **clay pigeon** Tontaube *f.*
clean [kliːn] **I** *adj* **1.** rein, sauber *a. fig;* reinlich; **2.** frisch, neu, unbenutzt; **3.** (*Papier*) weiß, unbeschrieben; **4.** *fig* einwand-, fehlerfrei, tadellos, anständig; fair; **5.** unschuldig; **6.** vorbehaltlos, uneingeschränkt; (*Wechsel*) einwandfrei; **7.** (*Bruch, Schnitt*) sauber; (*Linien*) klar; **8.** umweltschonend; **9.** geschickt, gewandt, *fam* gekonnt; ▶ **have ~ hands, a ~ slate** *fig* e-e reine Weste haben; **have a ~ record** e-e tadellose Vergangenheit haben; **keep ~** sauberhalten; **make a ~ breast of s.th.** sich etw vom Herzen reden; **make a ~ copy of s.th.** etw ins reine schreiben; **make a ~ sweep of s.th.** mit e-r S vollständig aufräumen; **II** *adv* **1.** vollkommen, -ständig, völlig, ganz; **2.** sauber, rein; **III** *tr* **1.** reinigen, säubern, putzen; **2.** (*Fisch, Geflügel*) ausnehmen; **IV** (*mit Präposition*) **clean down** *tr* abwischen, -bürsten; gründlich abwaschen; **clean out** *tr* beseitigen, aus-, aufräumen; (*Geld*) aufbrauchen; ▶ ~ **s.o. out** *fam* jdn ausnehmen; **be ~ed out** *fam* blank sein, kein Geld mehr haben; **clean up** *tr* **1.** rein machen, saubermachen, aufräumen, aufwischen; **2.** *fam* fertigmachen; **3.** *sl* (*als Gewinn*) einstecken-, in die Tasche stecken; *itr* seine Arbeit zu Ende bringen; sich zurechtmachen, sich waschen.
clean-cut [ˌkliːnˈkʌt] *adj* **1.** wohlgeformt; gut aussehend; **2.** scharf umrissen; **3.** *fig* klar; **cleaner** [ˈkliːnə(r)] **1.** Reiniger *m;* **2.** Putzfrau *f;* ▶ **dry-~'s** chemische Reinigung *f* (*Geschäft*); **take s.o. to the ~'s** *fam* jdn übers Ohr hauen, reinlegen; **clean·ing** [kliːnɪŋ] Reinigung, Säuberung *f;* **cleaning lady, woman** Putzfrau *f;* **clean·li·ness** [ˈklenlɪnɪs] Reinlichkeit, Sauberkeit *f;* **clean·ly** [ˈklenlɪ] **I** *adv* sauber; **II** *adj* reinlich, sauber; **cleanse** [klenz] *tr* reinigen, säubern; (*Bibel*) (vom Aussatz) heilen, rein machen; *fig* läutern; (*von Sünde*) frei machen; **cleanser** [ˈklenzə(r)] Reinigungsmittel *n;* **clean-shaven** [ˈkliːnˈʃeɪvn] *adj* glattrasiert; **clean-up** [ˈkliːnʌp] **1.** Reine-, Saubermachen *n;* **2.** *fam* Säuberungsaktion *f;* **3.** *sl* Profit, Gewinn *m.*
clear [klɪə(r)] **I** *adj* **1.** klar; hell, rein; **2.** deutlich, scharf, fest umrissen; **3.** verständlich; eindeutig; **4.** (*Straße*) frei; (*Weg*) offen; frei (*of* von); **5.** sicher, zuversichtlich, entschlossen (*of, on* in, hinsichtlich); **6.** frei von Schuld, unschuldig; **7.** (*Zeit, Summe*) voll; schuldenfrei; **8.** (*Gewinn*) Rein-; Netto-; **9.** (*Himmel*) wolkenlos; **II** *adv* **1.** (voll u.) ganz, völlig, vollständig; **2.** *fam* geradeswegs, mitten durch; **III** *s* **1.** Klartext *m;* **2.** *Am* Lich-

tung *f;* 3. lichte Weite; **IV** *tr* 1. klar, hell, deutlich machen; auf-, erhellen; 2. *(Straße)* frei machen; räumen; 3. *(Wald)* roden; 4. *(Weg)* bahnen; 5. *(Konto)* ausgleichen; *(Schuld)* bereinigen, begleichen; 6. säubern; *(Tisch)* abräumen; aufräumen; 7. *EDV* löschen; 8. *com (Lager)* räumen; 9. überholen, springen über, vorbeikommen an; 10. *fig* frei machen, befreien *(of, from* von); 11. *jur* entlasten, freisprechen *(of* von); 12. für unbedenklich erklären; genehmigen; freigeben; 13. *fin* bezahlen, begleichen; einlösen; *(Grundstück)* von Belastungen frei machen; 14. (rein) gewinnen, einnehmen; 15. *radio (Sendezeit)* kaufen; 16. *(Ware)* verzollen; zollamtlich abfertigen; 17. *tech* entstören; *(Störung)* beseitigen; *(Aufnahme)* löschen; **V** *itr* 1. klar, hell, deutlich werden; 2. *(Himmel)* *(~ up)* aufklaren; 3. *(Schiff)* absegeln, -fahren; klarkommen; *(~ in, out)* Hafengebühren bezahlen; **VI** *(Wendungen)* ► **in the** ~ aus allem heraus; **come out of a ~ sky** aus heiterem Himmel kommen; **get ~ of s.th.** etw loswerden; **keep ~ of s.th.** etw meiden; **make o.s. ~** sich verständlich machen; **~ the hurdle** die Schwierigkeiten überwinden; **~ one's throat** sich räuspern; **all ~!** Gefahr vorbei! **~ the decks!** *mar* klar Deck! **a ~ conscience** ein reines Gewissen; **three ~ days** drei volle Tage. **~ profit, gain** Reingewinn *m;* **VII** *(mit Präposition)* **clear away** *tr* 1. ab-, wegräumen; 2. *fig (Zweifel)* beseitigen; 3. *(Schwierigkeiten)* überwinden; **clear off** *tr* wegbringen, beseitigen, weg-, fortschaffen; *itr fam* abhauen, türmen; **clear out** *tr* säubern, reinigen; ausräumen; *itr* sich aus dem Staub machen; **clear up** *tr* aufräumen; ins reine, in Ordnung bringen; (auf)klären.

clear·ance ['klɪərəns] 1. (Auf)Räumung(sarbeiten *f pl)*, Beseitigung *f;* 2. *com* Räumung *f* des Lagers; 3. *fin* Tilgung *f;* Deckungsbestätigung *f (von Scheck);* 4. Rodung *f;* 5. *(Brücke)* lichte Höhe; 6. *tech* Spiel(raum *m) n*, Abstand, Zwischenraum, freier Raum *m;* 7. Genehmigung, Erlaubnis *f;* 8. Verzollung, Zollabfertigung, Freigabe, Abfertigung *f a. aero;* 9. *(bill of ~)* Zoll(abfertigungs)schein *m;* 10. *aero* Starterlaubnis, -freigabe *f;* **clearance-sale** Räumungs-, Ausverkauf *m*.

clear-cut ['klɪə'kʌt] *adj* 1. scharf geschnitten; 2. *fig* klar, eindeutig; **clear film** Klarsichtfolie *f;* **clear-headed** [‚klɪə'hedɪd] *adj* einsichtig, verständig.

clear·ing ['klɪərɪŋ] 1. Ab-, Verrechnung *f*, Clearing *n;* 2. Rodung *f;* Lichtung *f;* **clearing-house** Verrechnungsstelle *f;* **clearing office** Ausgleichs-, Ab-, Verrechnungsstelle *f*.

clear·ly ['klɪəlɪ] *adv* 1. klar (und deutlich); 2. eindeutig, offensichtlich; **clearness** ['klɪənɪs] *s. clarity;* **clear-sighted** [‚klɪə'saɪtɪd] *adj* 1. klar sehend; 2. scharfsichtig.

cleav·age ['kliːvɪdʒ] 1. (Auf)Spaltung *f a. fig;* Spalte *f;* 2. Dekolleté *n;* **cleave** [kliːv] ⟨*irr* clove *od* cleft *od* cleaved, cleft *od* cloven⟩ **I** *tr* 1. (auf)spalten, zerhacken, auseinander-, zerbrechen; 2. *(Weg)* bahnen; 3. *(Menschen)* trennen; **II** *itr* sich spalten.

clef [klef] *mus* (Noten)Schlüssel *m*.

cleft [kleft] **I** *v s. cleave;* **II** *s* Spalte *f*, Riß *m;* Kluft *f a. fig.*

cle·ma·tis ['klemətɪs] *bot* Klematis *f;* Waldrebe *f*.

clem·ency ['klemənsɪ] Milde *f;* Nachsicht *f;* **clem·ent** ['klemənt] *adj* milde; nachsichtig.

clench [klentʃ] *tr* 1. (fest) zusammendrücken, -pressen; 2. ergreifen, packen.

clergy ['klɜːdʒɪ] *sing mit pl* Klerus *m*, Geistlichkeit *f;* **clergy·man** [—mən] ⟨*pl* -men⟩ Geistliche(r) *m*.

cleri·cal ['klerɪkl] *adj* 1. geistlich; 2. *pol* klerikal; 3. Büro-, Schreib-; **clerical error** Schreibfehler *m;* **clerical staff** Büropersonal *n;* **clerical work** Büroarbeit *f*.

clerk [klɑːk, *Am* klɜːrk] 1. Büroangestellte(r) *f m;* Sekretär(in) *m (f);* 2. Buchhalter(in) *m (f);* Kontorist(in) *m (f);* 3. *Am* Verkäufer(in) *f) m;* 4. Leiter(in), Vorsteher(in) *m (f)*.

clever ['klevə(r)] *adj* 1. klug, gescheit *(a. Rede, Schrift);* 2. begabt, talentvoll; 3. geschickt, gewandt *(at* in); 4. tüchtig; 5. gewieft, raffiniert; **clever dick** *fam* Besserwisser *m;* **clever·ness** [—nɪs] 1. Klugheit *f;* 2. Geschicklichkeit, Gewandtheit *f;* 3. Raffinesse *f*.

cliché ['kliːʃeɪ] 1. Klischee *n;* 2. *fig* (abgedroschene) Redensart *f*, Gemeinplatz *m*.

click [klɪk] **I** *s* 1. Klicken *n;* Knacken *n;* Schnalzen *n;* 2. Sperrhaken *m*, -klinke *f;* **II** *itr* 1. klicken; knacken; zuschnappen; 2. *sl* zusammenpassen; erfolgreich ankommen *(for* bei); 3. *fam* sich verknallen; **III** *tr* schnalzen *(one's tongue* mit der Zunge); ► **~ one's heels** die Hacken zusammenschlagen.

cli·ent ['klaɪənt] 1. Klient(in), Mandant(in) *m (f) (e-s Rechtsanwalts);* 2. Patient(in) *m (f);* 3. Kunde *m*, Kundin *f;* **cli·en·tele** [‚kliːɒn'tel] 1. Kundschaft *f;* 2. *jur* Klientel *f;* 3. *med* Patienten *pl*.

cliff [klɪf] Klippe *f;* **cliff-hanger** ['klɪfhæŋə(r)] *spannender Schluß ohne Lösung des Rätsels.*

cli·mac·ter·ic [klaɪ'mæktərɪk] **I** *adj* 1. kritisch, entscheidend; 2. *physiol* klimakterisch; **II** *s* 1. Wechseljahre *n pl;* 2. *fig* kritische Zeit; **cli·mac·tic**

[ˌklaɪ'mæktɪk] *adj* ▶ **a ~ scene** ein Höhepunkt *m.*

cli·mate ['klaɪmɪt] 1. Klima *n a. fig;* 2. *fig* Stimmung, Atmosphäre *f;* **clim·mat·ic** [klaɪ'mætɪk] *adj* klimatisch; **cli·ma·tol·ogist** [ˌklaɪmə'tɒlədʒɪst] Klimatologe *m,* Klimatologin *f,* Klimaforscher(in) *m (f);* **cli·ma·tol·ogy** [ˌklaɪmə'tɒlədʒɪ] Klimatologie *f.*

cli·max ['klaɪmæks] I *s* 1. Höhepunkt *m;* 2. Orgasmus *m;* II *itr* seinen Höhepunkt erreichen.

climb [klaɪm] I *tr* 1. ersteigen, erklimmen *a. fig,* erklettern; 2. steigen, klettern (*the tree* auf den Baum); II *itr* 1. klettern; 2. *(Straße)* steigen; (empor-, auf)steigen; 3. rasch hineinschlüpfen (*into* in); III *s* 1. Klettern *n;* Steigung *f;* Steigen *n;* 2. Aufstieg *m;* 3. Kletterpartie *f;* IV *(mit Präposition)* **climb down** *itr* hinab-, hinunterklettern, -steigen; *fig* nachgeben; zurücktreten; **climber** ['klaɪmə(r)] 1. Kletterer *m;* Bergsteiger *m;* 2. *(social ~)* Aufsteiger *m;* 3. Kletterpflanze *f;* **climb·ing** ['klaɪmɪŋ] 1. Klettern *n;* Bergsteigen *n;* 2. *aero* Steigflug *m.*

clinch [klɪntʃ] I *tr* 1. *(Boxkampf)* umklammern; festhalten; 2. *(Nagel)* krumm schlagen; 3. *mar (Tau)* festmachen; 4. *fig* fest abmachen; *(Geschäft)* abschließen; II *s* 1. *(Boxen), fig* Clinch *m;* 2. *sl* Umarmung *f;* ▶ **have s.th. in a ~** etw fest in der Hand haben; **clincher** ['klɪntʃə(r)] entscheidendes Argument; **that's a ~** damit ist der Fall erledigt.

cling [klɪŋ] ⟨*irr* clung, clung⟩ *itr* 1. haften, sich klammern (*to* an); 2. *fig* hängen, festhalten (*to* an); ▶ **~ together** (fest) zusammenhalten; **cling-film** ['klɪŋfɪlm] *Wz* Frischhaltefolie *f;* **cling·ing** [—ɪŋ] *adj* 1. *(Kleidung)* enganliegend; 2. *fig* (sehr) anhänglich.

cli·nic ['klɪnɪk] 1. *med* klinisches Praktikum; 2. Klinik *f;* Poliklinik *f;* ▶ **speech ~** Beratungsstelle *f* für Sprachgestörte; **cli·ni·cal** ['klɪnɪkl] *adj* 1. klinisch; 2. *fig* kühl, unpersönlich; steril; ▶ **~ thermometer** Fieberthermometer *n.*

clink [klɪŋk] I *itr* klirren, klinge(l)n; II *tr* klirren lassen; klimpern mit; ▶ **~ glasses** anstoßen; III *s* 1. Klirren *n;* 2. *sl* Kittchen *n.*

clinker ['klɪŋkə(r)] 1. Klinker *m;* 2. Schlacke *f;* 3. *Am sl* Fehler *m.*

clip¹ [klɪp] I *s* 1. Halter *m;* Klammer *f;* Spange *f;* 2. *(paper ~)* Büroklammer *f;* *(laundry ~)* Wäscheklammer *f;* 3. *(Rohr)* Schelle *f;* 4. *rail* Lasche *f;* 5. *mil* Ladestreifen *m;* 6. *(Ohr)*Klips *m;* II *tr* festklammern, -klemmen, -halten; **clip·board** ['klɪpbɔːd] Klemmbrett *n.*

clip² [klɪp] I *tr* 1. *(Haar)* schneiden; *(Hund)* scheren; 2. stutzen; kappen; *(Hecke)* beschneiden; 3. *(Fahrschein)* knipsen; 4. *(aus e-r Zeitung)* ausschnei-

den; 5. *fig (Laut, Silbe)* verschlucken; II *s* 1. (Schaf)Schur *f;* Schneiden *n;* Stutzen *n;* 2. Klaps, Schlag *m;* 3. (Film-)Ausschnitt *m;* 4. *fam* hohes Tempo.

clip·per ['klɪpə(r)] 1. Klipper, Schnellsegler *m;* 2. *aero* Verkehrsflugzeug *n;* 3. *pl* Schere *f;* ▶ **nail-~s** *pl* Nagelzwicker *m.*

clip·ping ['klɪpɪŋ] 1. (Zeitungs)Ausschnitt *m;* 2. *pl* Abfälle *m pl.*

clique [kliːk] Clique *f,* Klüngel *m;* **cliquish, cliquy** ['kliːkɪʃ, 'kliːkɪ] *adj* cliquenhaft.

clit·oris ['klɪtərɪs] *anat* Klitoris *f*

cloak [kləʊk] I *s* 1. Umhang, (weiter) Mantel *m;* 2. *fig* Deckmantel, Vorwand *m (for* für); ▶ **under the ~ of** unter dem Vorwand, im Schutz von; **~ and dagger operation** Nacht-und-Nebel-Aktion *f;* II *tr fig* verbergen, bemänteln; **cloak·room** ['kləʊkrʊm] 1. Garderobe *f;* 2. *Br* Toilette *f.*

clob·ber ['klɒbə(r)] I *s sl* 1. Kram *m;* 2. Kleider *n pl;* II *tr fam* 1. (vollkommen) erledigen, fertigmachen; 2. verprügeln.

clock [klɒk] I *s* 1. *(Wand-, Turm-)* Uhr *f;* 2. *fam* Tacho(meter) *m;* ▶ **it is ten o'~** es ist 10 Uhr; **round the ~** rund um die Uhr; **put the ~ back** die Uhr zurückstellen, *fig* -drehen; **alarm-~** Wecker *m;* **cuckoo ~** Kuckucksuhr *f;* II *tr* mit der Stoppuhr messen, abstoppen; *(Zeit)* registrieren III *(mit Präposition)* **clock in, out** *itr* (ein-, aus)stempeln; **clock up** *tr* 1. *(Entfernung)* zurücklegen; 2. *(Geschwindigkeit)* erreichen; 3. *(Schulden)* machen; 4. *(Erfolg)* verbuchen; **clock-face** Zifferblatt *n;* **clock·wise** ['klɒkwaɪz] *adj, adv* im Uhrzeigersinn; **clock·work** ['klɒkwɜːk] Uhrwerk *n;* ▶ **like ~** *fig* wie am Schnürchen; **~ toy** mechanisches Spielzeug.

clod [klɒd] 1. (Erd)Klumpen *m;* 2. *(Mensch)* Trottel *m;* Trampel *m od f.*

clog [klɒg] I *s* 1. (Holz)Klotz *m;* 2. *fig* Klotz *m* am Bein, Hindernis *n;* 3. Holzschuh *m;* II *tr* 1. *fig* hemmen; 2. *tech* verstopfen, verschmieren; blockieren; ▶ **be ~ged up** verstopft sein; III *itr* 1. sich (zusammen)ballen; 2. verstopfen; blockiert werden; **clog-dance** ['klɒgdɑːns] Holzschuhtanz *m.*

clois·ter ['klɔɪstə(r)] I *s* 1. Kloster *n;* 2. Kreuzgang *m;* II *tr* ins Kloster stecken; III *refl* ▶ **~ o.s. (away)** sich von der Welt verschließen.

clone [kləʊn] I *s* Klon *m;* II *tr* klonen; **clon·ing** ['kləʊnɪŋ] Klonen *n.*

close¹ [kləʊs] I *adj* 1. *(örtlich, zeitlich)* nahe; 2. *(ab-, ein)geschlossen;* eingeengt, beengt, eng(anliegend); 3. knapp; 4. *(Deckel)* dicht schließend; 5. *(Gelände)* bedeckt, bewachsen; 6. *fig* beschränkt, begrenzt; 7. dicht(gedrängt), eng(stehend), eng aneinandergerückt;

8. *fig* scharf, streng (bewacht); **9.** vertraut, eng befreundet; (eng) zusammenhängend; **10.** voll(ständig), völlig, vollkommen; **11.** genau, sorgfältig; **12.** sparsam, geizig; **13.** verborgen, geheim; **14.** zurückhaltend, verschlossen; **15.** *pol* in scharfem Wettbewerb befindlich; **16.** *(Luft)* verbraucht, schlecht, stickig, drückend, schwül; **17.** *(Übersetzung)* getreu, genau; **18.** *(Aufmerksamkeit)* gespannt; **19.** *Am fam* tüchtig; **II** *adv* dicht, nahe (*by* dabei); dicht, eng zusammen; **III** *(Wendungen)* ► ~ **by** in der Nähe; ~ **on** nahezu; beinahe; ~ **to** dicht, nahe bei; ~ **up to** dicht heran an; **from** ~ **up** aus der Nähe; ~ **together** dicht zu-, beisammen; ~ **to the ground** dicht am Boden; **after** ~ **consideration** nach reiflicher Überlegung; **at** ~ **quarters** in nächster Nähe; **in** ~ **confinement** unter strenger Bewachung; **in** ~ **contact** in enger Berührung; **come** ~**r together** zusammenrücken; **cut** ~ glatt abschneiden; **drive up** ~ dicht heranfahren; **have a** ~ **shave** *fig* mit knapper Not davonkommen; **press s.o.** ~ jdn streng halten *od* behandeln; **sit** ~ eng beieinandersitzen; **stick** ~ **to s.o.** sich eng an jdn halten; **that was a** ~ **call, thing!** das war knapp! **he is a** ~ **friend of mine** er und ich, wir sind eng miteinander befreundet.

close² [kləuz] **I** *tr* **1.** (zu-, ver)schließen, zumachen; *(Straße)* sperren; **2.** in Verbindung, Berührung bringen; *el (Stromkreis)* schließen; **3.** beenden, ab-, beschließen; *(Versammlung, Sitzung)* schließen; **4.** *(Fabrik)* stillegen; **5.** *com* abschließen, saldieren, liquidieren; **6.** *(Hypothek)* löschen; ► ~ **a deal** ein Geschäft abschließen; ~ **one's eyes** *fig* die Augen verschließen (*to* vor); **II** *itr* **1.** schließen; sich schließen; **2.** aufhören, zu Ende gehen; **3.** zumachen; *(Betrieb)* stillgelegt werden; **4.** sich nähern; **III** *s* **1.** (Ab)Schluß *m,* Ende *n;* **2.** Handgemenge *n;* ► **bring to a** ~ zu Ende bringen; **draw to** ~ zu Ende gehen; **IV** *(mit Präposition)* **close down** *tr* **1.** *(Betrieb)* stillegen; **2.** *(Geschäft)* schließen; **close in** *itr* **1.** näherkommen; **2.** *(Winter)* anbrechen; *(Nacht)* hereinbrechen; **3.** *(Tage)* kürzer werden; *tr* umgeben; ► ~ **in on s.o.** jdm zu Leibe rücken; **close off** *tr* abriegeln, absperren; **close up** *tr* (ver)sperren, blockieren; *itr* **1.** näherrücken; **2.** *mil* aufschließen; **close with** schließen mit; ► ~ **with s.o.** mit jdm zu e-m Kompromiß kommen; ~ **with an offer** ein Angebot annehmen.

closed [kləuzd] *adj* **1.** geschlossen; gesperrt; **2.** *el* eingeschaltet, geschlossen; ► **declare (a debate, a meeting)** ~ (e-e Aussprache, e-e Sitzung) für beendet

erklären; **road** ~! Straße gesperrt! ~-**circuit television** interne Fernsehanlage *f;* Fernsehüberwachungsanlage *f;* ~-**shop system** Gewerkschaftszwang *m;* **close-down** ['kləuzdaun] **1.** Betriebsstillegung *f;* **2.** *radio* Ende *n (der Sendung);* **close-knit** [ˌkləus'nɪt] *adj fig* eng zusammengehörig; **close·ly** [ˌkləuslɪ] *adv* **1.** dicht, eng; **2.** streng; **3.** genau; **close·ness** ['kləusnɪs] **1.** Enge, Knappheit *f;* **2.** Nähe *f;* **3.** Schärfe, Strenge *f;* **4.** Lückenlosigkeit *f;* Vollständigkeit, Genauigkeit, Sorgfalt *f;* **5.** Schwüle *f;* **close season** *(Jagd)* Schonzeit *f.*

closet ['klɒzɪt] **I** *s* **1.** eingebauter (Wand)Schrank; **2.** *(water-~)* WC *n,* Abort *m;* **II** *tr, refl* ~ **o.s.** sich zurückziehen (*with* mit); **III** *adj* ► **a** ~ **liberal** ein heimlicher Liberaler; **be** ~**ed** e-e vertrauliche Besprechung haben.

close-up ['kləusʌp] *film* Nah-, Großaufnahme *f.*

clos·ing ['kləuzɪŋ] Schließung, Beendigung *f;* (Ab)Schluß *m;* ► **early** ~ **day** Tag *m* mit frühem Ladenschluß; ~ **of an account** Abschluß *m* e-s Kontos; **closing date** Schlußtermin *m;* **clos·ing down** *(Firma)* Schließung *f;* **clos·ing-down sale** Räumungsverkauf *m;* **closing price** *(Börse)* Schlußkurs *m;* **closing time, hour** Geschäfts-, Ladenschluß *m;* Polizeistunde *f.*

clo·sure ['kləuʒə(r)] **1.** (Ver)Schließen *n;* Schließung *f;* **2.** *tech* (Ver)Schluß *m;* **3.** *parl* Schluß *m* der Debatte; ► **apply (the)** ~ **to a debate** e-e Debatte schließen; **move the** ~ Antrag auf Schluß der Debatte stellen.

clot [klɒt] **I** *s* **1.** Klümpchen *n; Blutge-rinnsel *n;* **2.** *sl* Depp *m;* **II** *itr* gerinnen; **III** *tr* gerinnen lassen.

cloth [klɒθ] **1.** Tuch *n,* Stoff *m;* **2.** Tuch *n,* Lappen *m;* **3.** Geistlichkeit *f.*

clothe [kləuð] *tr* **1.** kleiden, mit Kleidung versorgen; **2.** ankleiden, anziehen; **3.** *fig* (ein)hüllen; **4.** *fig (Gedanken)* einkleiden.

clothes [kləuðz] *pl* **1.** Kleider *n pl,* Kleidung *f;* **2.** Wäsche *f;* ► **put on, take off one's** ~ sich an-, ausziehen; **bed-~** Bettwäsche *f;* **clothes hanger** Kleiderbügel *m;* **clothes-horse** Wäscheständer *m;* **clothes-line** Wäscheleine *f;* **clothes-moth** *zoo* Kleidermotte *f;* **clothes·peg, clothes-pin** Wäscheklammer *f.*

cloth·ing ['kləuðɪŋ] Kleidung *f;* **clothing industry** Bekleidungsindustrie *f.*

cloud [klaud] **I** *s* **1.** Wolke *f a. fig;* **2.** trüber Fleck, Schleier *m;* **3.** *(Vögel)* Schwarm *m;* **4.** *(Pfeile)* Hagel *m;* **5.** *fig* Schatten *m,* Drohung *f;* ► **on a** ~ *fam* im sieb(en)ten Himmel; **be on** ~ **nine, have one's head in the** ~**s** überglücklich sein; *fig* in den Wolken schweben, (mit den Gedanken) ganz woanders sein; **there's more ~ today than yesterday** es ist heute wolkiger als gestern; **~ of dust** Staubwolke *f;* **~ of flies**Fliegenschwarm *m;* **II** *tr, itr* **1.** *(~ over, up)* (sich) bewölken; **2.** *tech* trüben; **3.** *fig* (sich) umwölken, (sich) umschatten, (sich) verdüstern; **cloud-burst** Wolkenbruch *m;* **cloud-capped** ['klaʊdkæpt] *adj (Berggipfel)* in Wolken gehüllt; **cloud-cuckoo·land** [klaʊd'kuku:lænd] Wolkenkuckucksheim *n;* **clouded** ['klaʊdɪd] *adj* **1.** bewölkt, bedeckt, wolkig; **2.** *fig* trübe; **cloud·less** ['klaʊdlɪs] *adj* wolkenlos; ungetrübt; **cloudy** ['klaʊdɪ] *adj* **1.** wolkig, bewölkt; **2.** trübe; **3.** verschwommen, unklar; **4.** düster.

clout [klaʊt] **I** *s* **1.** Lappen *m;* **2.** *fam* Schlag *m;* **3.** *sl* Kleidungsstück *n;* **4.** *Am pol* Einfluß *m;* **II** *tr fam* schlagen.

clove[1] [kləʊv] **1.** (Gewürz)Nelke *f;* **2.** *bot* Brutzwiebel *f;* ▶ **~ of garlic** Knoblauchzehe *f.*

clove[2] [kləʊv] *v s. cleave;* **clo·ven** ['kləʊvn] **I** *v s. cleave;* **II** *adj* gespalten; ▶ **~ hoof** gespaltener Huf.

clo·ver ['kləʊvə(r)] *bot* Klee *m;* ▶ **be, live in ~** wie die Made im Speck, wie Gott in Frankreich leben; **clover-leaf** ⟨*pl* -**leaves**⟩ Kleeblatt *n.*

clown [klaʊn] **I** *s* **1.** Clown *m,* dummer August; **2.** Tölpel *m;* **II** *itr* **1.** *(Clown)* seine Späße machen; **2.** *fig* sich dumm benehmen; **clown·ish** ['klaʊnɪʃ] *adj* **1.** tölpelhaft, ungeschliffen; **2.** töricht, dumm.

club [klʌb] **I** *s* **1.** Keule *f;* **2.** (Golf)Schläger *m;* **3.** (Gummi)Knüppel *m;* **4.** Klub, Verein *m,* Gesellschaft *f; (~-house, -rooms)* Klub-, Vereinshaus *n,* Klubräume *m pl;* **5.** *pl* (Spielkarten) Kreuz, Treff *n,* Eichel(n *pl*) *f;* ▶**Indian ~s** *pl sport* Keulen *f pl;* **join the ~!** ach, du auch! **II** *tr* **1.** mit der Keule, mit dem Gewehrkolben schlagen; **2.** beisteuern, -tragen; **3.** *(Geld)* zusammenlegen; **III** *itr (~ together)* sich zusammentun; **club-foot** ⟨*pl* -**feet**⟩ Klumpfuß *m.*

clue [klu:] **I** *s* **1.** Anhaltspunkt, Schlüssel *m (to zu);* **2.** (roter) Faden *m (der Ereignisse);* ▶ **he hasn't a ~** er hat keine Ahnung; **II** *(mit Präposition)* **clue up** *tr* informieren; ▶ **all ~d up** bestens informiert; **clue·less** ['klu:lɪs] *adj fam* ahnungslos.

clump [klʌmp] **I** *s* **1.** (Erd)Klumpen *m;* (Holz)Klotz *m;* **2.** (Baum)Gruppe *f;* **3.** *(~-sole)* Doppelsohle *f;* **4.** schwerer Tritt; **5.** Bakterien *f pl;* **II** *itr* schwer auftreten; **III** *tr* **1.** zusammenballen; anhäufen; **2.** *(Bäume, Büsche)* massieren; **3.** *(Schuhe)* doppelt sohlen.

clum·si·ness ['klʌmzɪnɪs] **1.** Schwerfäl-

ligkeit *f;* Ungeschicktheit *f;* **2.** Taktlosigkeit *f;* **clumsy** ['klʌmzɪ] *adj* **1.** plump, schwerfällig; **2.** unelegant; ungeschickt; **3.** taktlos.

clung [klʌŋ] *v s. cling.*

clus·ter ['klʌstə(r)] **I** *s* **1.** *bot* Traube *f,* Büschel, Bündel *n;* **2.** Gruppe *f,* Schwarm *m; itr* **1.** in Trauben wachsen; **2.** *(~ together)* sich scharen um.

clutch [klʌtʃ] **I** *s* **1.** fester Griff; **2.** *tech* Klaue *f;* **3.** *mot* Kupplung *f;* **4.** Gelege *n (Eier),* Brut *f;* **5.** *pl fig* Hände, Klauen *f pl,* Gewalt *f;* ▶ **fall into s.o.'s ~es** jdm in die Hände fallen; **let in, disengage the ~** *mot* ein-, auskuppeln; **slip the ~** *mot* die Kupplung schleifen lassen; **II** *tr* (er)greifen, packen, festhalten, umklammern; **III** *itr* greifen, schnappen *(at* nach); ▶ **~ at a straw** sich an e-n Strohhalm klammern.

clut·ter ['klʌtə(r)] **I** *s* Wirrwarr *m,* Unordnung *f;* ▶ **be in a ~** in Unordnung sein; **II** *tr* **1.** anhäufen; **2.** *(~ up)* in Unordnung bringen.

coach [kəʊtʃ] **I** *s* **1.** Kutsche *f; (stage-~)* Postkutsche *f;* **2.** (Eisenbahn)Wagen *m;* **3.** Reise(omni)bus *m;* **4.** Einpauker, Repetitor *m;* **5.** *sport* Trainer *m;* **II** *tr* **1.** aufs Examen vorbereiten; **2.** trainieren; **coach·builder** ['kəʊtʃbɪldə(r)] Karosseriebauer *m;* **coach·ing** [—ŋ] Trainieren *n;* **coach·man** ['kəʊtʃmən] ⟨*pl* -men⟩ Kutscher *m;* **coach-work** *mot* Karosserie *f.*

co·agu·late [kəʊ'ægjuleɪt] **I** *itr* gerinnen; **II** *tr* gerinnen lassen; **co·agulation** [kəʊˌægju'leɪʃn] Gerinnen *n;* Verdichtung *f.*

coal [kəʊl] **I** *s* (Stein)Kohle(n *pl*) *f;* ▶ **haul s.o. over the ~s** jdm die Leviten lesen; **carry ~s to Newcastle** *fig* Eulen nach Athen tragen; **heap ~s of fire on s.o.'s head** *fig* feurige Kohlen auf jds Haupt sammeln; **II** *tr mar* mit Kohlen versorgen; **III** *itr mar* Kohlen einnehmen; **coal-bed, -seam** Kohlenflöz *n;* **coal-box** Kohlenkasten *m;* **coalbunker** Kohlenbunker *m;* **coal-face** Streb *m* ▶ **at the ~** im Streb; *fig* vor Ort; **coal-fired power station** Kohlekraftwerk *n.*

co·ali·tion [ˌkəʊə'lɪʃn] **1.** Vereinigung *f;* **2.** *pol* Koalition *f.*

coal-mine, -pit ['kəʊlmaɪn, -pɪt] Kohlenbergwerk *n,* -grube, Zeche *f;* **coalminer** Bergmann *m;* **coal-mining** Kohlenbergbau *m;* **coal-tar** ['kəʊltɑː(r)] Steinkohlenteer *m;* ▶ **~ soap** Teerseife *f.*

coarse [kɔːs] *adj* **1.** rauh, grob; **2.** (ganz) gewöhnlich, sehr einfach; **3.** grob(körnig); **4.** *fig* roh, ungebildet, unfein, unanständig; **coarsen** ['kɔːsn] *tr, itr* grob machen *od* werden; **coarse·ness** ['kɔːsnɪs] Grobheit, Roheit *f.*

coast [kəʊst] **I** s **1.** Küste f; Meeresufer n; Küstenlandstrich m; **2.** Am Rodelbahn f; (Ski)Abfahrt f; ► **on the** ~ an der Küste; **the** ~ **is clear** fig die Luft ist rein; **II** itr **1.** mar an der Küste entlang fahren; **2.** (hinunter)rodeln; **3.** mot im Leerlauf fahren; ausrollen; **4.** sich ziellos bewegen; **coastal** ['kəʊstl] adj Küsten-; ► ~ **navigation, trade** Küstenschiffahrt f, -handel m; ~ **waters** pl Küstengewässer n pl; **coaster** ['kəʊstə(r)] **1.** mar Küstenfahrzeug n; **2.** Am Rodelschlitten m; **3.** (Glas) Untersetzer m; **4.** Am Berg-und Tal-Bahn f; **coast-guard** Küstenwache f; **coast-line** Küstenlinie f.

coat [kəʊt] **I** s **1.** Jacke f; **2.** Mantel m; **3.** zoo Fell n, Pelz m; **4.** Hülle f, Überzug m, Decke f; Anstrich m; ► **cut one's** ~ **according to one's cloth** sich nach der Decke strecken; ~ **of arms** Wappen n; ~ **of paint** Anstrich m; **II** tr **1.** bestreichen (with mit); **2.** mit e-m Überzug versehen; (ein)hüllen (with in); umkleiden; **coated** ['kəʊtɪd] adj **1.** überzogen; **2.** bedeckt (with mit); **3.** beschichtet; **4.** med belegt; **coat-hanger** Kleiderbügel m; **coat·ing** ['kəʊtɪŋ] **1.** Jacken-, Mantelstoff m; **2.** Überzug m, Hülle f; (äußere) Schicht f; **3.** Belag m; Anstrich m; (Ver)Putz m.

coax [kəʊks] tr **1.** überreden, im guten dahin bringen (s.o. to do, into doing s.th. daß jem etw tut); beschwatzen; **2.** schmeicheln (s.o. jdm); ► ~ **s.th. out of** od **from s.o.** jdm etw abschmeicheln, entlocken.

cob [kɒb] **1.** (männlicher) Schwan m; **2.** zoo kurzbeiniges Pferd; **3.** (~-nut) (große) Haselnuß f; **4.** Stück, Klümpchen n; **5.** (corn on the ~) Maiskolben m.

co·balt ['kəʊbɔːlt] **1.** chem Kobalt n; **2.** (~-blue) Kobaltblau n.

cobble ['kɒbl] **I** s **1.** Kopfstein m; **2.** pl Eier-, Nußkohlen f pl; **II** tr ► ~ **together** fam zusammenschustern.

cob·bler ['kɒblə(r)] **1.** Flickschuster m; **2.** fig Stümper m; **3.** (Getränk) Cobbler m; ► **a load of old** ~**s** sl Unsinn m.

cobble·stone ['kɒblstəʊn] Pflaster-, Kopfstein m; ► ~ **pavement** Kopfsteinpflaster n.

co·bra ['kəʊbrə] zoo Kobra f.

cob·web ['kɒbweb] **1.** Spinn(en)gewebe n, -faden m; **2.** fig Hirngespinst n; ► **blow the** ~**s away** sich e-n klaren Kopf schaffen.

coca ['kəʊkə] bot Koka(strauch m) f; **Coca-Cola** [,kəʊkə'kəʊlə] Wz Coca-Cola n; **co·caine** [kəʊ'keɪn] Kokain n.

cock [kɒk] **I** s **1.** zoo Hahn m; **2.** (Vogel)Männchen n; **3.** (An)Führer m; **4.** (Wasser)Hahn m; **5.** (Gewehr) Abzug m; **6.** (weather ~) Wetterfahne f; **7.** Aufrichten n; **8.** (Augen) Zwinkern n; **9.** Neigung, Schräglage f; **10.** sl Mensch, Kamerad m; **11.** sl Penis m; **12.** Heuhaufen m; ► **go off at half** ~ ohne genügende Vorbereitung handeln; **II** tr **1.** (~ up) aufrichten; **2.** (Gewehr) spannen; ► ~ **one's ears** die Ohren spitzen; ~ **one's eye at s.o.** jdm zublinzeln; ~ **one's hat** den Hut schief aufsetzen; ~ **one's nose** die Nase rümpfen; **he knocked all my plans into a** ~**ed hat** sl er machte alle meine Pläne zur Sau.

cock·ade [kɒ'keɪd] Kokarde f.

cock-a-doodle-doo [,kɒkə,duː'dl'duː] Kikeriki n; Hahn m; **cock-a-hoop** [,kɒkə'huːp] adj, adv außer sich vor Freude; frohlockend; Am in Unordnung.

cock-and-bull story [,kɒkən'bʊl,stɔːrɪ] Lügengeschichte f.

cocka·too [,kɒkə'tuː] zoo Kakadu m.

cock·chafer ['kɒktʃeɪfə(r)] Maikäfer m.

cock-crow ['kɒkkrəʊ] **1.** Hahnenschrei m; **2.** (Morgen)Dämmerung f.

cocker ['kɒkə(r)] (~ spaniel) Cockerspaniel m.

cock·erel ['kɒkərəl] Hähnchen n; **cock-eyed** ['kɒkaɪd] adj **1.** schieläugig; **2.** schief; **3.** doof; **cock·fight(ing)** Hahnenkampf m; **cocki·ness** ['kɒkɪnɪs] Keckheit, Frechheit, Arroganz f.

cockle ['kɒkl] **1.** (corn-~) bot Kornrade f; **2.** (~-shell) zoo Herzmuschel f; **3.** (~boat) Nußschale f; Jolle f; ► **warm, delight the** ~**s of s.o.'s heart** jdm e-e Freude machen.

cock·ney ['kɒknɪ] Cockney m, (gebürtige(r)) Londoner(in) m (f).

cock·pit ['kɒkpɪt] **1.** (Hahnen)Kampfplatz m; **2.** aero Cockpit n, Kanzel f; **3.** (Rennwagen) Fahrersitz m; **4.** (Jacht) Kabinenvorraum m.

cock·roach ['kɒkrəʊtʃ] zoo Küchenschabe f.

cocks·comb ['kɒkskəʊm] **1.** Kamm m (des Hahnes); **2.** bot Hahnenkamm m; **cock·sure** [,kɒk'ʃʊə(r)] adj **1.** todsicher; **2.** felsenfest überzeugt (of, about von); **3.** von sich überzeugt; **cock·tail** ['kɒkteɪl] Cocktail m; **cock-up** ['kɒkʌp] sl völliges Durcheinander; **cocky** ['kɒkɪ] adj keck, dreist, frech.

coco ['kəʊkəʊ] ⟨pl cocos⟩ (~(nut) tree) Kokospalme f.

co·coa ['kəʊkəʊ] Kakao(pulver n) m; Kakaobohne f.

coco·nut ['kəʊkənʌt] Kokosnuß f; **coco(-nut) butter** Kokosbutter f; **coco-nut matting** Kokosmatte f; **coco-nut milk** Kokosmilch f.

cod [kɒd] ⟨pl -⟩ (~fish) Kabeljau, Dorsch m; ► **dried** ~ Stockfisch m; ~**-liver oil** Lebertran m.

COD ['siː'əʊ'diː] Abk: **cash** od **collect on**

delivery per Nachnahme.
coddle ['kɒdl] *tr* 1. verweichlichen; verhätscheln, verwöhnen; 2. *(Ei)* pochieren.
code [kəud] **I** *s* 1. Kodex *m*, Gesetzbuch *n;* 2. Chiffre *f,* Code, Kode *m;* 3. Telegraphenschlüssel *m;* 4. *EDV* Code *m;* ► ~ **of honour** Ehrenkodex *m;* **II** *tr* (ver)schlüsseln, chiffrieren; **code name** Deckname *m;* **code number, word** Kennummer *f,* -wort *m.*
codi·fy ['kəudıfaı] *tr* kodifizieren.
co-ed ['kəued] 1. *Am* Studentin, Schülerin *f;* 2. *Br* gemischte Schule; **co-edu·ca·tion** [ˌkəuˌedʒu'keıʃn] Koedukation *f.*
co-ef·fi·cient [ˌkəuı'fıʃnt] *math phys* Koeffizient *m,* Kennzahl *f.*
co·erce [kəu'ɜ:s] *tr* 1. *(Person)* zwingen, nötigen *(into doing* zu tun); 2. *(Verhalten)* erzwingen; unterdrücken; **co-ercion** [kəu'ɜ:ʃn] Zwang *m,* Gewalt *f;* ► **under** ~ unter Zwang, gezwungenermaßen.
co·exist [ˌkəuıg'zıst] *itr* gleichzeitig, zusammen (vorhanden) sein, bestehen *(with* mit); **co-exist·ence** [ˌkəuıg'zıstəns] *pol* Koexistenz *f;* **co-exist·ent** [ˌkəuıg'zıstənt] *adj* gleichzeitig (bestehend, vorhanden).
cof·fee ['kɒfı] Kaffee *m;* **coffee bar** (kleines) Café *n;* **coffee-bean** Kaffeebohne *f;* **coffee break** Kaffeepause *f;* **coffee-cup** Kaffeetasse *f;* **coffeegrinder, -mill** Kaffeemühle *f;* **coffeegrounds** *pl* Kaffeesatz *m;* **coffeemachine** Kaffeemaschine *f;* **coffeepot** Kaffeekanne *f;* **coffee-set** Kaffeeservice *n;* **coffee table** Kaffeetisch *m.*
cof·fer ['kɒfə(r)] 1. Koffer *m,* Kiste *f,* Kasten *m (für Wertsachen);* 2. Kasse *f,* Geldschrank *m;* 3. *tech* Caisson *m;* 4. *pl* Tresor(raum) *m.*
cof·fin ['kɒfın] Sarg *m;* ► **drive a nail into s.o.'s** ~ jds Untergang sein.
cog [kɒg] 1. *tech* (Rad)Zahn *m;* 2. *fig* (~ *in the machine)* Rädchen *n (Mensch).*
co·gency ['kəudʒənsı] Stichhaltigkeit *f;* **co·gent** ['kəudʒənt] *adj* 1. *(Beweis)* zwingend; 2. *(Grund)* triftig.
cogi·tate ['kɒdʒıteıt] *itr* (tief) nachdenken, nachsinnen *(upon* über); **cogitation** [ˌkɒdʒı'teıʃn] 1. (Nach)Denken, Nachsinnen *n;* 2. *pl* Überlegungen *f pl.*
cog·nac ['kɒnjæk] Kognak *m.*
cog·nate ['kɒgneıt] **I** *adj* verwandt *a. fig;* **II** *s* 1. Verwandte(r) *m;* 2. verwandtes Wort.
cog·ni·tion [kɒg'nıʃn] Erkenntnis(vermögen *n) f;* **cog·ni·tive** ['kɒgnıtıv] *adj* kognitiv.
cog·no·men [kɒg'nəumən] Zu-, Bei-, Spitzname *m.*
cog-wheel ['kɒgwi:l] Zahnrad *n.*
co·habit [kəu'hæbıt] *itr* ehelich zu-

sammenwohnen; **co·habi·ta·tion** [ˌkəuhæbı'teıʃn] 1. eheliches Zusammenwohnen; 2. Beischlaf *m.*
co·here [kəu'hıə(r)] *itr* 1. (miteinander) verbunden sein; 2. zusammenhängen; **co·her·ence** [kəu'hıərəns] Stimmigkeit; Kohärenz *f;* **co·her·ent** ['kəu'hıərənt] *adj* 1. zusammenhängend; 2. klar gegliedert, innerlich verbunden; 2. klar gegliedert u. verständlich; 3. *(Argument)* stimmig;
cohe·sion [kəu'hi:ʒn] 1. *phys* Kohäsion *f;* 2. *fig* Zusammenhalt *m;* **co·he·sive** [kəu'hi:sıv] *adj* 1. *phys* Kohäsions-; 2. *fig* geschlossen.
coil [kɔıl] **I** *s* 1. Spirale *f;* Spule *f;* 2. *med* Spirale; 3. Windung *f;* **II** *tr* (~ *up)* (auf)wickeln, -rollen; **III** *itr* sich winden, sich zusammenrollen.
coin [kɔın] **I** *s* 1. Münze *f;* 2. Metall-, Hartgeld *n;* ► **pay s.o. back in his own** ~ *fig* jdm mit gleicher Münze heimzahlen; **II** *tr* 1. *(Geld, Wort)* prägen; 2. *fig* ausdenken, ersinnen; ► **be ~ing money** *fig fam* das Geld scheffeln; **coin·age** ['kɔınıdʒ] 1. Prägen *(des Geldes),* Ausmünzen *n;* 2. *fig* Erfindung, Prägung *f (neuer Wörter);* **coin-box telephone** Münzfernsprecher *m.*
co·incide [ˌkəuın'saıd] *itr* 1. *(räumlich)* sich decken; 2. *(zeitlich)* zusammenfallen; 3. *fig* übereinstimmen; **co·incidence** [kəu'ınsıdəns] 1. Zusammentreffen *n;* 2. Übereinstimmung *f;* 3. Zufall *m;* ► **what a** ~ welch ein Zufall; **co·inci·dent** [kəu'ınsıdənt] *adj* 1. gleichzeitig; zusammentreffend; 2. übereinstimmend; **co·inci·den·tal** [kəuˌınsı'dentl] *adj* 1. zufällig; 2. übereinstimmend.
co·itus ['kəuıtəs] Beischlaf, Koitus *m.*
coke [kəuk] 1. Koks *m;* 2. *sl* Kokain *n.*
Coke [kəuk] *Wz fam* Coca-Cola *n.*
col·an·der ['kɒləndə(r)] (Küchen)Sieb *n.*
cold [kəuld] **I** *adj* 1. kalt; 2. *fig* kühl, leidenschaftslos; zurückhaltend; 3. *(Empfang)* eisig, frostig; 4. *sl* besinnungslos; 5. frigid; ► **be, feel** ~ frieren; **I am** ~ ich friere, mir ist kalt; **be** ~ **to s.o.** kühl zu jdm sein; **in** ~ **blood** kaltblütig; **get** ~ **feet** *fig* es mit der Angst (zu tun) kriegen; **give s.o. the** ~ **shoulder** jdm die kalte Schulter zeigen; ~ **sweat** Angstschweiß *m;* **II** *adv* ► **refuse** ~ rundweg ablehnen; **make s.o.'s blood run** ~ jdn erschaudern lassen; **come** ~ **to s.th.** unvorbereitet an etw herangehen; **stop** ~ plötzlich stehenbleiben, anhalten; **III** *s* 1. Kälte *f;* 2. Erkältung *f,* Schnupfen *m;* ► **(shivering) with** ~ (zitternd) vor Kälte; **be left out in the** ~ links liegengelassen werden; **catch (a)** ~ sich erkälten, sich e-n Schnupfen holen; **suffer from the** ~ unter der Kälte leiden; **cold-blooded** [ˌkəuld'blʌdıd] *adj* 1. *zoo fig* kaltblütig; 2. *fig* gefühl-, herzlos; **cold**

cream Cold Cream *f;* **cold cuts** *pl* kalter Aufschnitt, kalte Platte; **cold front** *mete* Kaltfront *f;* **cold-hearted** [ˌkəʊld'hɑːtɪd] *adj* gefühl-, herzlos; kaltherzig; **cold·ish** [ˈkəʊldɪʃ] *adj* etwas kalt, kühl; **cold·ness** [ˈkəʊldnɪs] Kälte *f;* **cold start** *EDV mot* Kaltstart *m;* **cold storage** Lagerung *f* im Kühlraum; ▶ **put in** ~ *fig* auf Eis legen; **cold store** Kühlhaus *n;* **cold turkey** *adj sl* ▶ ~ **(cure)** *sl (Drogen)* totale Entziehung; **cold war** kalter Krieg; **cold wave** *mete* Kältewelle *f.*
cole-slaw [ˈkəʊlslɔː] Krautsalat *m.*
colic [ˈkɒlɪk] Kolik *f.*
col·lab·or·ate [kəˈlæbəreɪt] *itr* zusammenarbeiten (*with* mit); **col·lab·or·ation** [kəˌlæbəˈreɪʃn] Zusammenarbeit *f; mil* Kollaboration *f;* ▶ **in** ~ **with** in Zusammenarbeit mit; **col·lab·or·ator** [kəˈlæbəreɪtə(r)] Mitarbeiter *m; mil* Kollaborateur *m.*
col·lapse [kəˈlæps] **I** *s* 1. Einsturz *m;* 2. *fig* Zusammenbruch *m a. med;* 3. *med* Kollaps, Nervenzusammenbruch *m;* 4. *(Börse)* Krach, Sturz *m;* **II** *itr* 1. zusammen-, einstürzen, zusammenbrechen *a. fig;* 2. *fam* (Nerven)Zusammenbruch haben; **col·laps·ible** [—əbl] *adj* zusammenlegbar, zusammenklappbar; ▶ ~ **boat** Faltboot *n;* ~ **chair** Klappstuhl *m.*
col·lar [ˈkɒlə(r)] **I** *s* 1. Kragen *m;* 2. *(Hund)* Halsband *n;* 3. *(Pferd)* Kum(me)t *n;* 4. *tech* Ring, Reif(en) *m,* Manschette, Muffe *f;* ▶ **hot under the** ~ *fam* aufgeregt; **white-~ worker** Büroangestellte(r) *f m;* **II** *tr* 1. beim Kragen nehmen; 2. festhalten; 3. *sl* sich unter den Nagel reißen; **collar-bone** *anat* Schlüsselbein *n.*
col·lat·eral [kəˈlætərəl] **I** *adj* 1. seitlich; 2. parallel; 3. zusätzlich; 4. entsprechend; **II** *s* 1. (Seiten)Verwandte(r) *f m;* 2. Sicherheit, Deckung *f;* **col·lat·eral loan** *fin* Lombardkredit *m;* **col·laterally** [kəˈlætərəlɪ] *adv* in der Seitenlinie; zusätzlich.
col·league [ˈkɒliːg] Kollege *m,* Kollegin *f.*
col·lect [kəˈlekt] **I** *tr* 1. (ein)sammeln; zusammentragen, zusammenfassen; 2. beschaffen; abholen, mitnehmen; *(Geld)* einkassieren; 3. *(Briefmarken, Gedanken)* sammeln; ▶ ~ **information** sich orientieren; ~ **the mail** den Briefkasten, die Briefkästen leeren; **II** *itr* 1. sich (an-) sammeln; zusammenkommen; 2. Geld einziehen; **III** *s rel* [ˈkɒlekt] Kollekte *f;* **IV** *adj, adv Am* ▶ **telephone** ~ ein R-Gespräch führen; ~ **on delivery (COD)** gegen Nachnahme; **collect call** *Am* R-Gespräch *n;* **col·lected** [kəˈlektɪd] *adj fig* gefaßt; **col·lec·tion** [kəˈlekʃn] 1. Sammlung *f;* Sammeln *n;*

Ansammlung *f;* 2. Abholung *f;* (Briefkasten)Leerung *f;* 3. Einziehung *f,* Einkassieren *n; (Steuer)* Erhebung *f;* 4. *(Nachrichten)* Beschaffung *f;* 5. *com* Kollektion *f;* 6. (Geld-, Spenden)Sammlung *f; rel* Kollekte *f;* ▶ **stamp** ~ Briefmarkensammlung *f;* ~ **agent** Inkassobevollmächtigte(r) *f m;* **col·lec·tive** [kəˈlektɪv] **I** *adj* gemeinsam, gemeinschaftlich; vereint, kollektiv; ▶ ~ **agreement** Kollektivvertrag *m;* ~ **bargaining** Tarifverhandlungen *f pl;* ~ **consignment** Sammelladung *f;* ~ **farm** Kolchos(e *f) m;* ~ **ownership** Gemeineigentum *n;* ~ **responsibility** gemeinsame Verantwortung; **II** *s* 1. Sammelbegriff *m;* 2. *pol* Kollektiv *n;* 3. Gruppe, Gemeinschaft *f;* **col·lec·tor** [kəˈlektə(r)] 1. Kassierer, Einnehmer *m;* 2. *el* Stromabnehmer *m;* ▶ ~'s **item** Liebhaberstück *n.*
col·lege [ˈkɒlɪdʒ] 1. College *n;* 2. (kleinere) Universität, Akademie *f;* (Fach-) Hochschule *f;* 3. Universitäts-, Schulgebäude *n;* 4. Kolleg(ium) *n;* **col·le·giate** [kəˈliːdʒɪət] *adj* College-, Universitäts-.
col·lide [kəˈlaɪd] *itr* 1. kollidieren, zusammenstoßen, -prallen *a. fig (with* mit); 2. *fig* in Widerspruch stehen *(with* zu).
col·lie [ˈkɒlɪ] Collie, schottischer Schäferhund *m.*
col·lier [ˈkɒlɪə(r)] 1. Bergmann *m;* 2. Kohlenschiff *n;* **col·liery** [ˈkɒlɪərɪ] (Kohlen)Grube, Zeche *f.*
col·li·sion [kəˈlɪʒn] 1. Zusammenstoß, -prall *m a. fig;* 2. *fig* Widerspruch, Konflikt *m.*
col·lo·quial [kəˈləʊkwɪəl] *adj* umgangssprachlich, familiär; **col·lo·quial·ism** [—ɪzəm] umgangssprachlicher Ausdruck; **col·lo·quy** [ˈkɒləkwɪ] Gespräch *n,* Konferenz *f;* Kolloquium *n.*
col·lu·sion [kəˈluːʒn] geheimes Einverständnis.
co·lon [ˈkəʊlən] 1. *anat* Dickdarm *m;* 2. *typ* Doppelpunkt *m.*
co·lo·nel [ˈkɜːnl] Oberst *m.*
co·lo·nial [kəˈləʊnɪəl] *adj* kolonial; **co·lo·nial·ism** [—ɪzəm] Kolonialismus *m;* **col·on·ist** [ˈkɒlənɪst] Kolonist(in), Siedler(in) *m (f);* **col·on·iz·ation** [ˌkɒlənaɪˈzeɪʃn] Kolonisation, Besiedlung *f;* **col·on·ize** [ˈkɒlənaɪz] **I** *tr* kolonisieren; **II** *itr* e-e Kolonie gründen; (sich an)siedeln; **col·on·izer** [ˈkɒlənaɪzə(r)] Kolonisator *m;* **col·ony** [ˈkɒlənɪ] 1. Kolonie, (An)Siedlung *f;* 2. Kolonie *f (e-r Landsmannschaft);* 3. *zoo* Kolonie *f a. bot,* Volk *n;* ▶ ~ **of ants** Ameisenvolk *n;* ~ **of artists** Künstlerkolonie *f.*
color [ˈkʌlə(r)] *Am s. colour.*
Colo·rado beetle [ˌkɒləˈrɑːdəʊ'biːtl] *zoo* Kartoffelkäfer *m.*

col·ora·tion [ˌkʌləˈreɪʃn] Färbung *f.*
co·los·sal [kəˈlɒsl] *adj* kolossal, gewaltig, gigantisch; **co·los·sus** [kəˈlɒsəs] ⟨*pl* -suses, -si⟩ [-ˈlɒsaɪ] Koloß *m.*
col·our, *Am* **color** [ˈkʌlə(r)] I *s* 1. Farbe *f;* 2. *meist pl* Farbe *f,* Farbstoff *m;* 3. Haut-, Gesichtsfarbe *f;* 4. (Farb)Ton *m,* Färbung *f;* 5. *fig* Anstrich, (An)Schein *m,* Ausrede, -flucht *f;* 6. *fig* Wesen *n,* Charakter *m;* Eigenart *f;* 7. Schattierung *f,* Kolorit *n;* 8. *pl* Farben *f pl (als Kennzeichen);* 9. *pl* Fahne, Flagge *f;* ▶ **he off** ~ *fam* sich nicht wohl fühlen; **change** ~ die Farbe *(im Gesicht)* wechseln; rot werden; **give, lend** ~ **to** *fig* unterstreichen; wahrscheinlich, glaubhaft machen; **lose** ~ blaß werden; **paint in bright, dark** ~s *fig* in glänzenden, trüben Farben malen; **see s.th. in its true** ~s *fig* etw im rechten Licht sehen; **what** ~ **is it?** was für e-e Farbe hat es? II *tr* 1. färben, (an-, be)malen, (an)streichen, tönen, schattieren; 2. *fig* e-n Anstrich geben *(s.th* e-r S), färben; 3. *fig* entstellen; ▶ ~ **in** anmalen; III *itr* sich (ver)färben; erröten; **colo(u)r-bar** Rassenschranke *f;* **colo(u)r-blind** *adj* farbenblind; **colo(u)r-blindness** Farbenblindheit *f;* **col·o(u)red** [ˈkʌləd] *adj* farbig; ▶ ~ **pencil** Farbstift *m;* ~ **people** *pl* (die) Farbigen *m pl;* **col·o(u)r·fast** [ˈkʌlə(r)fɑːst] *adj* farbecht; **col·o(u)rful** [ˈkʌləfl] *adj* 1. farbenreich, -prächtig *a. fig;* 2. *fig* farbig, bunt, lebendig; **col·o(u)r·ing** [ˈkʌlərɪŋ] 1. Färbung *f,* Farbton *m,* Schattierung *f;* 2. (Gesichts-, Augen-, Haar)Farbe *f;* 3. *fig* Färbung, Darstellungsweise *f;* Schein *m;* **col·o(u)r·less** [ˈkʌləlɪs] *adj* farblos *a. fig;* **colo(u)r line** *Am* Rassentrennung *f;* **colo(u)r scheme** Farbgebung, Farbzusammenstellung *f;* **colo(u)r slide** Farbdia *n;* **colo(u)r television** Farbfernsehen *n; (*~ **set)** Farbfernseher *m.*
colt [kəʊlt] Fohlen *n.*
col·umn [ˈkɒləm] 1. Säule *f a. fig;* 2. *typ* Spalte *f;* 3. regelmäßig erscheinender Zeitungsartikel; 4. *mil* Kolonne *f a. math;* ▶ ~ **of figures** Zahlenreihe *f;* ~ **of mercury** Quecksilbersäule *f;* ~ **of smoke** Rauchsäule *f;* **col·um·nist** [ˈkɒləmnɪst] Kolumnist(in) *m (f).*
coma [ˈkəʊmə] *med* Koma *n,* tiefe Bewußtlosigkeit; **coma·tose** [ˈkəʊmətəʊs] *adj* im Koma befindlich.
comb [kəʊm] I *s* 1. Kamm *m;* 2. *tech (Textil)* (Hechel)Kamm *m;* 3. *zoo* (Hahnen)Kamm *m;* 4. *fig* (Berg-, Wellen-)Kamm *m;* 5. *(honey~)* Honigwabe *f;* ▶ **your hair needs a good** ~ du solltest dich kämmen; II *tr* 1. kämmen; *(Pferd)* striegeln; 2. *(Textil)* hecheln, (aus)kämmen; 3. *fig* durchkämmen, -suchen; ▶ ~ **out** auskämmen.

com·bat [ˈkɒmbæt] I *s* Kampf *m;* Gefecht *n;* Einsatz *m;* ▶ **close** ~ Nahkampf *m;* II *itr* kämpfen; III *tr* bekämpfen, kämpfen gegen; **com·bat·ant** [ˈkɒmbətənt] I *adj* kämpfend; II *s* Kämpfer(in) *m (f).*
com·bi·na·tion [ˌkɒmbɪˈneɪʃn] 1. Zusammensetzung, Verbindung *a. chem,* Vereinigung, Kombination *f a. math;* 2. gemeinsames Handeln, gemeinsame Aktion, Zusammenwirken *n;* 3. *pol com* (Interessen)Verband *m;* Kartell *n;* 4. *(~ lock)* Kombinationsschloß *n;* 5. Motorrad *n* mit Beiwagen; 6. *pl* Hemdhose *f;* **com·bine** [kəmˈbaɪn] I *tr* 1. zusammenstellen; (miteinander) verbinden, vereinigen, zusammenschließen; verknüpfen; vermischen; 2. *chem* verbinden; 3. kombinieren; II *itr* 1. sich verbinden *a. chem,* sich vereinigen, sich zusammenschließen *(with* mit); 2. zusammenarbeiten, zusammenwirken; III *s* [ˈkɒmbaɪn] 1. Verband, Ring *m,* Kartell *n,* Trust *m;* 2. Finanzgruppe *f;* 3. *Am* Mähdrescher *m;* **com·bined** [kəmˈbaɪnd] *adj* zusammengefaßt, gemeinsam; kombiniert; ▶ ~ **board** vermischter Ausschuß.
com·bust·ible [kəmˈbʌstəbl] I *adj* 1. brennbar; entzündlich; 2. *fig* erregbar; II *s meist pl* Brennmaterial *n;* **com·bus·tion** [kəmˈbʌstʃən] Verbrennung *f;* **combustion chamber** Brennkammer *f.*
come [kʌm] ⟨*irr* came, come⟩ I *itr* 1. (an-, her-, herbei)kommen; 2. erreichen *(to s.th.* etw); 3. sich belaufen *(to* auf), hinauslaufen *(to* auf); 4. *(der Ordnung nach)* kommen, folgen; 5. geschehen, sich ereignen, stattfinden; 6. die Folge sein *(of doing* davon daß, wenn man tut); 7. sich zeigen, sich erweisen als; ▶ ~ **of age** mündig werden; ~ **to an agreement** zu e-r Vereinbarung kommen *od* gelangen; ~ **to blows** handgemein werden; ~ **to a decision** sich entscheiden; ~ **to s.o.'s ear(s)** jdm zu Ohren kommen; ~ **into effect, force** in Kraft treten; ~ **to an end** zu Ende kommen, aufhören; ~ **into fashion, style** Mode, modern werden; ~ **to grief, harm** zu Schaden kommen, Schaden (er)leiden; ~ **to grips with** klarkommen mit; ~ **into s.o.'s head** jdm in den Kopf kommen, einfallen; ~ **home** heimkommen, nach Hause kommen; ~ **home to s.o.** jdm einleuchten; ~ **to s.o.'s knowledge, notice** jdm zur Kenntnis gelangen; ~ **to light** ans Licht kommen; ~ **to nothing** ins Wasser fallen *fig,* fehlschlagen; ~ **to pass** sich ereignen, geschehen; ~ **and see,** ~ **to see** besuchen; ~ **short of** nicht erreichen, nicht befriedigen, hinter den Ansprüchen zurückbleiben; ~ **into sight** in Sicht kommen, auftau-

chen; ~ **to a standstill** od **stop** zum Stillstand kommen; ~ **to terms with s.o.** mit jdm einig werden; ~ **true** wahr, Wirklichkeit werden, sich verwirklichen; in Erfüllung gehen; **how ~s it that ...?** wie kommt es, daß ...? ~ **what may!** komme, was (da) wolle! **I don't know whether I'm coming or going** *fig* ich weiß nicht, wo mir der Kopf steht; ~**!** hör mal! hör zu! ~**, ~!** komm, mach keinen Unsinn! **II** *(mit Präposition)* **come about** *itr* sich ereignen, geschehen, passieren; **come across** *itr* 1. (zufällig) treffen, begegnen *(s.o.* jdm); stoßen auf; 2. *(Rede)* gut ankommen; 3. den Eindruck machen *(as ...* daß ...); ▶ ~ **across with** *fam* blechen für, bezahlen; **come again** *itr* wieder-, zurück-, noch (ein)mal kommen; ▶ ~ **again!** sag es noch mal! **come along** *itr* 1. mitkommen, -gehen *(with s.o.* mit jdm); 2. *(Gelegenheit)* sich zufällig ergeben; 3. gesünder werden; 4. *(Arbeit)* vorangehen, gedeihen; ▶ ~ **along!** los! mach zu! vorwärts! **everything's coming along fine** alles geht gut; **come apart** *itr* auseinandergehen, in Stücke gehen; **come around** *itr* 1. (zufällig) vorbeikommen, hereinschauen; gelegentlich wiederkommen; 2. *(e-r Auffassung)* sich anschließen *(to* dat); 3. nachgeben, einlenken; 4. sich wieder erholen, wieder auf die Beine kommen; **come at** *itr* 1. kommen, gelangen zu, erreichen; 2. herfallen über, anfallen, -greifen; **come away** *itr* 1. weggehen; 2. abgehen, sich loslösen; **come back** *itr* 1. zurückkehren, wiederkommen; 2. wieder einfallen; 3. es heimzahlen; die passende Antwort geben; **come by** *itr* 1. kommen zu; 2. vorbei-, vorübergehen; **come down** *itr* 1. herunterkommen; heruntergehen, -reichen *(to* bis); 2. mit dem Preis heruntergehen; 3. *(durch Überlieferung)* kommen *(to* auf); 4. (ein)stürzen, fallen; 5. *fig (sozial)* (ab)sinken; ▶ ~ **down (up)on s.o.** jdn tadeln, bestrafen, zur Rechenschaft ziehen; sich auf jdn stürzen; ~ **down with influenza** sich die Grippe geholt haben; ~ **down in favour of s.o.** jdn unterstützen; **come forward** *itr* 1. vortreten; 2. sich freiwillig melden; **come from** *itr* (her)kommen von; abstammen von; **come in** *itr* 1. hereinkommen, nähertreten; 2. *(Geld)* hereinkommen; 3. aufkommen, Mode, modern werden; ▶ ~ **in for** erhalten *(Erbschaft);* ~ **in handy, useful** nützlich sein; ~ **in second** *sport* Zweiter werden, den zweiten Platz belegen; **he came in on the plan** er machte bei dem Projekt mit; **where do I ~ in?** und was ist mit mir? ~ **in!** herein! **come into** *tr* erben; ~ **into one's own** zu seinem Recht kommen; **come of** *itr* 1. die Folge sein *gen;* 2. stammen aus;

come off *itr* 1. *(Knopf)* ab-, *(Haare)* ausgehen; 2. sich ereignen, stattfinden; 3. eintreten, in Erfüllung gehen; 4. Erfolg haben, ins Schwarze treffen; ▶ ~ **off (it)!** das ist doch nicht dein Ernst! **come on** *itr* 1. an die Reihe kommen; 2. nachkommen; 3. anfangen, beginnen; *(Dunkelheit)* hereinbrechen; 4. vorankommen, fortschreiten; 5. *(Frage)* sich erheben, sich ergeben; 6. *theat* auftreten; ▶ ~ **on!** los! vorwärts! sachte! Unsinn! **come out** *itr* 1. herauskommen; 2. *(Fleck)* herausgehen; 3. hervorgehen *(aus e-m Examen);* an den Tag treten, sich zeigen, bekanntwerden, offenkundig werden; 4. *(Zeitung, Druckschrift)* erscheinen, herauskommen; 5. *(als junge Dame)* in die Gesellschaft eingeführt werden; 6. in (den) Streik treten; ▶ ~ **out against** sich erklären gegen; ~ **out with** gestehen; herausrücken mit; veröffentlichen; auf den Markt bringen; **he came out third** er wurde Dritter; **come over** *itr* 1. herüberkommen; 2. übergehen *(to* zu); 3. *(Gefühle)* überkommen; ▶ **what's ~ over you?** was ist in dich gefahren? **come round** *itr* 1. außen herum kommen; 2. zu Besuch vorbeikommen; 3. wieder zu sich kommen; 4. sich eines anderen belehren lassen; ▶ ~ **round to doing s.th.** dazu kommen, etw zu tun; **come through** *itr* 1. durchkommen, das Ziel erreichen; 2. überstehen; 3. den Erwartungen entsprechen; **come to** *itr* 1. dazu kommen *(to do* zu tun); führen zu; 2. (wieder) zu sich kommen; 3. sich belaufen auf; **come under** *itr* 1. fallen unter; 2. unter Aufsicht kommen *gen;* **come up** *itr* 1. heraufkommen; 2. *(Gewitter)* im Anzug sein; 3. in die Stadt kommen; 4. die Universität beziehen; 5. *fig (Mode)* aufkommen; 6. *(Gedanke)* zur Sprache kommen; ▶ ~ **up against** stoßen auf; ~ **up to** sich belaufen auf; *(den Erwartungen)* entsprechen; *(seinen Platz)* ausfüllen; ~ **up with** erreichen, einholen; vorschlagen, zur Sprache bringen; **something has ~ up** es ist etwas dazwischengekommen; **come upon** *tr* 1. überfallen, überraschen; 2. in Anspruch nehmen; 3. zufällig treffen, stoßen auf; **come·back** ['kʌmbæk] 1. Wieder-, Rückkehr *f;* 2. *theat film* Comeback *n;* 3. Antwort *f.*

com·edian [kə'mi:diən] Komiker *m,* **com·edienne** [kə,mi:di'ən] Komikerin *f.*

come-down ['kʌmdaʊn] 1. *fig* Abstieg *m;* 2. Reinfall *m.*

com·edy ['kɒmədɪ] 1. Lustspiel *n,* Komödie *f;* 2. komische Geschichte od Sache.

come·li·ness ['kʌmlɪnɪs] Anmut *f;* **come·ly** ['kʌmlɪ] *adj (Mensch)* gutaussehend, hübsch.

come-on ['kʌmɒn] **1.** Lockmittel *n;* **2.** Einladung, Aufforderung *f.*
comet ['kɒmɪt] *astr* Komet *m.*
com·fort ['kʌmfət] **I** *s* **1.** Trost *m,* Beruhigung *f* (*to* für); **2.** Stütze, Hilfe *f;* **3.** Zufriedenheit, Ausgeglichenheit *f;* **4.** Bequemlichkeit *f,* Komfort *m;* ▶ **live in** ~ in angenehmen Verhältnissen leben; **II** *tr* trösten, beruhigen; **com·fort·able** ['kʌmftəbl] *adj* **1.** bequem, behaglich, gemütlich; **2.** komfortabel, gut eingerichtet; **3.** auskömmlich; **4.** sorgenfrei; **5.** *(Patient)* ohne Beschwerden; ▶ **make yourself** ~ machen Sie sich's bequem! **com·fort·ably** ['kʌmftəblɪ] *adv* ▶ **be** ~ **off** wohlhabend sein; ~ **warm** angenehm warm; **com·forter** ['kʌmfətə(r)] **1.** Tröster *m;* **2.** Schnuller *m;* **3.** wollenes Halstuch; **4.** *Am* Steppdecke *f;* Deckbett *n;* **com·fort·ing** ['kʌmfətɪŋ] *adj* tröstlich; **com·fort·less** ['kʌmfətlɪs] *adj* ohne Komfort; unbehaglich, ungemütlich; **comfort station** *Am fam* öffentliche Bedürfnisanstalt; **comfy** ['kʌmfɪ] *adj fam* behaglich.
comic ['kɒmɪk] **I** *adj* **1.** komisch; **2.** spaßig, lustig; **II** *s* **1.** Komiker *m;* **2.** *pl* Comics *m pl;* *(Zeitung)* Witzecke *f;* **comi·cal** ['kɒmɪkl] *adj* **1.** amüsant, lustig; **2.** drollig, komisch; **comic book** Heft *n* mit Comic strips.
coming ['kʌmɪŋ] **I** *adj* kommend, (zu)künftig; **II** *s* Kommen *n;* Ankunft *f;* ▶ ~**s and goings** *pl* Kommen *n* und Gehen *n;* ~ **of age** Mündigwerden *n;* **III** *interj* ja! (ich) komme gleich! sofort!
comma ['kɒmə] Komma *n.*
com·mand [kə'mɑːnd] **I** *s* **1.** Befehl *m;* **2.** Befehlsgewalt *f,* Oberbefehl *m;* **3.** Führung, Leitung *f;* **4.** Beherrschung *f;* Überblick *m,* Übersicht *f;* **5.** Herrschaft *f* (*of* über); **6.** *mil* Befehlsbereich *m;* ▶ **at my** ~ zu meiner Verfügung; **by** ~ auf Befehl (*of* gen); **under s.o.'s** ~ unter jds Befehl; **be in** ~ die Befehlsgewalt, das Kommando haben (*of* über); **have a good** ~ **of s.th.** etw beherrschen; **take** ~ **of** die Befehlsgewalt, das Kommando übernehmen über; **II** *tr* **1.** befehlen (*s.o. to do s.th.* jdm etw zu tun); **2.** kommandieren; **3.** verfügen über; beherrschen, herrschen über; **4.** *fig (Gefühl)* beherrschen, in der Gewalt haben; **5.** *(Achtung)* fordern, gebieten; *(Mitgefühl)* verdienen; **6.** *(Preis)* erzielen; **III** *itr* **1.** befehlen; herrschen; **2.** *mil* kommandieren; **com·man·dant** [ˌkɒmən'dænt] *mil* Kommandant *m;* Befehlshaber *m;* **com·mander** [kə'mɑːndə(r)] *mil* **1.** *(Einheit)* Kommandeur *m;* (Truppen)Führer, Führer *m* e-r Einheit; **2.** *mar* Fregattenkapitän *m;* **3.** *(Panzer, aero)* Kommandant *m;* ▶ ~**-in-chief** Oberbefehlshaber *m;*

com·mand·ing [kə'mɑːndɪŋ] *adj* **1.** kommandierend; befehlshabend; **2.** *(Anhöhe, Stellung)* beherrschend; **3.** *fig* gebieterisch; **com·mand·ment** [kə'mɑːndmənt] Gebot *n;* Vorschrift *f;* ▶ **the Ten C~s** *pl* die Zehn Gebote *n pl;* **command module** *(Raumschiff)* Kommandokapsel *f;* **com·mando** [kə'mɑːndəʊ] ⟨*pl* -mandos⟩ Kommando-, Sabotagetrupp *m;* **command post** Gefechtsstand *m.*
com·mem·or·ate [kə'meməreɪt] *tr* **1.** gedenken (*s.o., s.th.* jds, e r S); feiern; **2.** *(Sache)* erinnern an; **com·mem·or·ation** [kəˌmemə'reɪʃn] Gedenk-, Gedächtnisfeier *f a. rel;* ▶ **in** ~ **of s.o.** zur Erinnerung an jdn; **com·mem·or·ative** [kə'memərətɪv] *adj* erinnernd (*of* an); ▶ ~ **plaque** Gedenktafel *f.*
com·mence [kə'mens] *tr, itr* beginnen, anfangen (*to do* od *doing s.th.* etw zu tun); **com·mence·ment** [—mənt] **1.** Anfang, Beginn *m;* **2.** Promotion(stag *m,* -feier) *f.*
com·mend [kə'mend] *tr* **1.** anvertrauen; (an)empfehlen; **2.** empfehlen, loben; **com·mend·able** [—əbl] *adj* empfehlens-, lobenswert; **com·men·da·tion** [ˌkɒmen'deɪʃn] **1.** Empfehlung *f;* **2.** Lob *n,* Preis *m;* **com·men·da·tory** [kə'mendətrɪ] *adj* empfehlend; ▶ ~ **letter** Empfehlungsschreiben *n.*
com·men·sur·able [kə'menʃərəbl] *adj* vergleichbar (*with, to* mit, *dat*); **com·men·sur·ate** [kə'menʃərət] *adj* **1.** angemessen, entsprechend (*with, to* dat); **2.** im richtigen, rechten Verhältnis (*with,* to zu).
com·ment ['kɒment] **I** *s* **1.** Bemerkung *f;* **2.** Kommentar *m,* Stellungnahme *f;* **3.** Erklärung, Erläuterung *f;* ▶ **no** ~! ich habe nichts dazu zu sagen! kein Kommentar! **II** *itr* **1.** kommentieren (*on s.th.* etw); **2.** seine Meinung äußern (*on* über); **com·men·tary** ['kɒmɛntrɪ] Kommentar *m* (*on* zu); **com·men·tate** ['kɒmenteɪt] *tr* kommentieren; **com·men·ta·tor** ['kɒmənteɪtə(r)] Kommentator(in) *m (f).*
com·merce ['kɒmɜːs] Handel *m;* (Geschäfts)Verkehr *m;* **com·mer·cial** [kə'mɜːʃl] **I** *adj* **1.** geschäftlich, kaufmännisch, kommerziell, Handels-; **2.** gewerbsmäßig; **3.** auf Gewinn aus; gewinnbringend; ▶ ~ **building** Geschäftsgebäude *n;* ~ **company** Handelsgesellschaft *f;* ~ **correspondence** Handelskorrespondenz *f;* ~ **firm, house** Handelshaus *n;* ~ **interests** *pl* Geschäftsinteressen *n pl;* ~ **television** Privatfernsehen *n;* ~ **vehicle** Nutzfahrzeug *n;* **II** *s* Funk-, Fernsehwerbung *f;* **com·mer·ciali·zation** [kəˌmɜːʃəlaɪ'zeɪʃn] Vermarktung, Kommerzialisierung *f;* **com·mer·cial·ize** [kə'mɜːʃəlaɪz] *tr* kommer-

zialisieren.
com·miser·ate [kə'mɪzəreɪt] *itr* Mitleid
haben (*with* mit); **com·miser·ation**
[kə,mɪzə'reɪʃn] Mitleid *n.*
com·mis·sion [kə'mɪʃn] **I** *s* **1.** Auftrag
m, Instruktion *f;* **2.** Amt *n,* Funktion *f;*
3. Indienststellung *f (e-s Schiffes);*
4. (Offiziers)Patent *n;* **5.** Kommission *f,*
Ausschuß *m;* **6.** *com* Bestellung *f,* Auf-
trag *m,* Order *f;* **7.** Kommission *f;* Provi-
sion *f;* **8.** *jur* Begehung, Verübung *f;*
► **by** ~ im Auftrag; **in** ~ in Betrieb; **in,**
on ~ *com* gegen Provision; **on** ~, **by**
way of ~ *com* in Kommission, im Auf-
trag; **out of** ~ außer Betrieb; **appoint a**
~ e-e Kommission einsetzen; **carry out**
a ~ e-n Auftrag ausführen; **give, take in**
~ *com* in Kommission geben, nehmen;
II *tr* **1.** beauftragen, den Auftrag erteilen
(*s.o.* jdm); **2.** ermächtigen, bevollmäch-
tigen; **3.** *(Schiff)* in Dienst stellen; **4.** *mil*
(zum Offizier) befördern; **5.** *com* bestel-
len; **com·mis·sion·aire**
[kə,mɪʃə'neə(r)] (uniformierter) Portier
m; **com·mis·sioned** [kə'mɪʃnd] *adj*
► ~ **officer** (durch Patent bestallter)
Offizier *m;* **com·mis·sioner**
[kə'mɪʃənə(r)] **1.** Beauftragte(r), Bevoll-
mächtigte(r) *f m;* **2.** Kommissions-, Aus-
schußmitglied *n;* **3.** Regierungsvertre-
ter(in) *m (f);* ► ~ **for oaths** *Br* No-
tar(in) *m (f).*
com·mit [kə'mɪt] **I** *tr* **1.** übergeben, an-
vertrauen; **2.** e-m Ausschuß überweisen;
3. *(Verbrechen)* begehen, verüben; ► ~
to earth, to the flames der Erde, den
Flammen übergeben; ~ **to memory** dem
Gedächtnis einprägen; ~ **to paper, to**
print, to writing niederschreiben; ~ **to**
prison ins Gefängnis einliefern, festneh-
men; **II** *refl* sich festlegen (*on* auf); ► ~
o.s. to do s.th., to doing s.th. sich ver-
pflichten, etw zu tun; **com·mit·ment**
[—mənt] **1.** Verpflichtung, Bindung *f;* **2.**
fin Verbindlichkeit *f;* **3.** Überweisung *f*
(*parl* an e-n Ausschuß); **4.** Einlieferung *f*
(*ins Gefängnis);* **5.** Einweisung *f* (*to* in);
6. Inhaftierung *f;* ► **without** ~ unver-
bindlich.
com·mit·tee [kə'mɪtɪ] Ausschuß *m,*
Kommission *f;* ► **appoint, set up a** ~
e-n Ausschuß, e-e Kommission einset-
zen; **be, sit on a** ~ e-m Ausschuß, e-r
Kommission angehören; **arbitration** ~
Schlichtungsausschuß *m;* ~ **of experts**
Fach-, Sachverständigenausschuß *m.*
com·mode [kə'məud] **1.** Kommode *f;*
2. *Am* Waschtisch *m;* **3.** *(night-~)*
Nachtstuhl *m;* **4.** *Am* Toilette *f;* **com-**
modi·ous [kə'məudɪəs] *adj* geräumig;
com·mod·ity [kə'mɒdɪtɪ] **1.** (Ge-
brauchs)Artikel *m;* **2.** *pl* Waren *f pl,*
Produkte, Verbrauchsgüter *n pl;* ► ~
exchange Warenbörse *f;* ~ **market** Wa-
ren-, Rohstoffmarkt *m;* Rohstoffbörse *f.*

com·mo·dore ['kɒmədɔ:(r)] **1.** *mar*
Flottillenadmiral *m;* **2.** *(dienstältester)*
Kapitän *m (a. e-r Schiffahrtslinie);*
3. Präsident *m* e-s Jachtklubs.
com·mon ['kɒmən] **I** *adj* **1.** gemein(sam,
-schaftlich); **2.** öffentlich; allgemein,
(weit)verbreitet; **3.** häufig, alltäglich, ab-
gedroschen; **4.** ordinär, vulgär, niedrig;
► **by** ~ **consent** mit Zustimmung aller;
for the ~ **good** im allgemeinen Inter-
esse; für das allgemeine Wohl; **be** ~
practice allgemein üblich sein; **make** ~
cause with gemeinsame Sache machen
mit; **it is** ~ **knowledge that** es ist allge-
mein bekannt, daß; **II** *s* **1.** Gemeinde-
land *n,* -weide *f;* **2.** *pl* (das) gemeine
Volk, (die) Bürgerschichten *f pl;* **3.** Ge-
meinschaftsverpflegung *f;* ► **the**
(House of) C~s das Unterhaus; **have**
s.th. in ~ etw gemein haben; **have**
interests in ~ gemeinsame Interessen
haben; **common denominator** *math*
gemeinsamer Nenner; **com·moner**
['kɒmənə(r)] Bürgerliche(r) *f m;*
common ground gemeinsame Diskus-
sions-, Verhandlungsgrundlage;
common land Gemeindeland *n;*
common law Gewohnheitsrecht *n;*
common-law wife in eheähnlicher
Gemeinschaft lebende Frau; **com-**
mon·ly ['kɒmənlɪ] *adv* gewöhnlich;
(im) allgemein(en); **Common Market**
Gemeinsamer Markt, EG *f;* **com·mon-**
or-gar·den [,kɒmənə'gɑ:dn] *adj* ganz
gewöhnlich; **com·mon·place**
['kɒmənpleɪs] **I** *s* Gemeinplatz *m,* Bana-
lität *f;* alltägliche Sache; **II** *adj* alltäg-
lich; uninteressant; **common-room**
Gemeinschaftsraum *m;* **common**
sense gesunder Menschenverstand;
common stock *fin* Stammaktien *f pl;*
com·mon·wealth ['kɒmənwelθ] Ge-
meinwesen *n;* ► **the C~ of Nations** das
Commonwealth.
com·mo·tion [kə'məuʃn] **1.** (heftige) Er-
regung, Erschütterung *f;* **2.** Tumult, Auf-
ruhr *m.*
com·mu·nal ['kɒmjunl] *adj* **1.** Gemein-
de-, Kommunal-; kommunal; gemeinde-
eigen; **2.** Gemeinschafts-; öffentlich.
com·mune[1] [kə'mju:n] *itr* **1.** sich ver-
traulich unterhalten (*with* mit; *together*
miteinander); **2.** *Am rel* kommunizieren.
com·mune[2] ['kɒmju:n] Kommune *f.*
com·muni·cable [kə'mju:nikəbl] *adj*
(Idee, Gefühle) vermittelbar; *(Krank-*
heit) übertragbar; **com·muni·cate**
[kə'mju:nɪkeɪt] **I** *tr* **1.** mitteilen; **2.** über-
tragen *a. phys med* (*to* auf); **3.** *(Gefühl,*
Botschaft) rüberbringen *fam;* **II** *itr*
1. *rel* das Abendmahl empfangen; **2.** in
Verbindung stehen (*with* mit); sich be-
sprechen (*with* mit); **3.** *(Zimmer)* durch
e-e Tür miteinander verbunden sein;
com·muni·ca·tion [kə,mju:nɪ'keɪʃn]

1. Mitteilung f (to an); **2.** phys med Übertragung f; **3.** Verbindung f, Verkehr m; **4.** Unterredung, Besprechung f; Mitteilung, Nachricht f; **5.** Verbindung (-sweg m) f, Verkehr(sweg m, -mittel n) m; **6.** Fernmeldewesen n; Fernmeldeeinrichtungen f pl; ► ~(s) **centre** mil Nachrichtensammelstelle f; Fernmeldezentrale f; ~ **cord** rail Notbremse f; ~ **line** Verbindungslinie f; ~ **satellite** Kommunikations-, Nachrichtensatellit m; **com·muni·cat·ive** [kə'mju:nıkətıv] adj mitteilsam, gesprächig.

com·mu·nion [kə'mju:nıən] **1.** Gemeinschaft f; **2.** enge Beziehungen f pl; Gedankenaustausch m; **3.** Glaubensgemeinschaft f; **4.** (Holy ~) (heilige) Kommunion f; Abendmahl n; ► **go to** ~ zur Kommunion, zum Abendmahl gehen.

com·mu·niqué [kə'mju:nıkeı] Kommuniqué n, amtliche Mitteilung.

com·mu·nism ['kɒmjunızəm] Kommunismus m; **com·mu·nist** ['kɒmjunıst] **I** s Kommunist(in) m (f); **II** adj kommunistisch.

com·mu·nity [kə'mju:nətı] **1.** Gemeinschaft f; **2.** Gemeinwesen n; **3.** Gemeinsamkeit f; (Interessen)Gemeinschaft f; **4.** rel Gemeinde f; **5.** biol Lebensgemeinschaft f; ► **the** ~ die Allgemeinheit, die Öffentlichkeit, der Staat; **community centre** Gemeindehaus, -zentrum n; **community charge** Br Gemeinde-, Kopfsteuer f; **community singing** gemeinschaftliches Liedersingen; **community worker** Sozialarbeiter(in) m (f).

com·mut·able [kə'mju:təbl] adj umwandelbar; **com·mu·ta·tion** [ˌkɒmju:'teıʃn] **1.** (Aus-, Um)Tausch m; **2.** Ablösung(ssumme) f; **3.** (Straf)Umwandlung, Herabsetzung f; Benutzung f e-r Zeitkarte; ► ~ **ticket** Am Zeitkarte f; **com·mute** [kə'mju:t] **I** tr **1.** (aus-, ein-, um)tauschen (for gegen); **2.** fin ablösen; **3.** jur (Strafe) umwandeln, herabsetzen (to, into in); **II** itr pendeln; **com·muter** [kɒ'mju:tə(r)] Pendler(in) m (f); **commuter belt** städtischer Einzugsbereich; **commuter train** Pendler-, Vorort(s)zug m.

com·pact[1] ['kɒmpækt] **1.** (powder ~) Puderdose f; **2.** Am Kompaktwagen m.

com·pact[2] ['kɒmpækt] Vertrag m, Abkommen n.

com·pact[3] [kəm'pækt] **I** adj **1.** kompakt; **2.** (Stil) gedrängt; **3.** (Schnee, Masse) fest; **II** tr fest zusammenpressen, -drängen; ► be ~ed of sich zusammensetzen aus; ~ **camera** Kompaktkamera f; ~ **disk** Compact-Disk, CD f; ~ **disk player** CD-Spieler m; **com·pact·ness** [kəm'pæktnıs] **1.** fig Knappheit f; Gedrängtheit f; **2.** Festigkeit, Dichte f.

com·pan·ion [kəm'pænıən] **1.** Beglei-

ter(in) m (f); Genosse m, Genossin f; Gefährte m, Gefährtin f; **2.** Gesellschafterin f; **3.** Gegenstück, Pendant n; **4.** Ratgeber, Leitfaden m (Buch); ► **travelling** ~ Reisebegleiter(in), -gefährte m, -gefährtin f, Mitreisende(r) f m; **com·pan·ion·able** [—əbl] adj gesellig, umgänglich; **com·pan·ion·ship** [—ʃıp] Gesellschaft f; **com·pan·ion·way** [—weı] Kajütentreppe f.

com·pany ['kʌmpənı] **1.** Gesellschaft, Begleitung f; Umgang, Verkehr m; **2.** Gäste m pl, Besuch m; **3.** (bes. Handels)Gesellschaft, Firma f; **4.** (Schauspieler)Truppe f; **5.** (ship's ~) Besatzung f; **6.** mil Kompanie f; ► **for** ~ zur Gesellschaft; **in** ~ zusammen, gemeinsam; **be good, bad** od **poor** ~ ein guter, schlechter Gesellschafter sein; **keep** ~ **with** verkehren mit; **part** ~ sich trennen (with von).

com·par·able ['kɒmpərəbl] adj vergleichbar; ähnlich; entsprechend; **com·para·tive** [kəm'pærətıv] **I** adj **1.** vergleichend; **2.** verhältnismäßig, relativ; **II** s (~ degree) gram Komparativ m; **com·para·tive·ly** [—lı] adv vergleichsweise; verhältnismäßig; **com·pare** [kəm'peə(r)] **I** tr **1.** (prüfend) vergleichen (with, to mit); **2.** gleichstellen, auf eine Stufe stellen (to mit); **3.** gram steigern; **II** itr sich vergleichen (lassen) (with mit); ► ~ **favo(u)rably with** bei e-m Vergleich günstig abschneiden mit; **III** s beyond, past, without ~ unvergleichlich adv; **com·pari·son** [kəm'pærısn] **1.** Vergleich m (to, with mit); **2.** Gegenüberstellung f; **3.** gram Steigerung f; **4.** EDV Abgleich m; ► **by** ~ vergleichsweise, verhältnismäßig adv; **in** ~ **with** im Vergleich zu; **bear, stand** ~ **with** sich vergleichen lassen, den Vergleich aushalten mit; **there is no** ~ **between them** sie lassen sich nicht vergleichen.

com·part·ment [kəm'pɑ:tmənt] **1.** Abteilung f; **2.** Fach, Feld n; **3.** rail Abteil n; **4.** mar Schott n.

com·pass ['kʌmpəs] **1.** Umfang, -kreis m; **2.** Um-, Einfassung, Begrenzung f; **3.** Bezirk m, Gebiet n, Bereich m; **4.** mus Stimmumfang m; **5.** (mariner's ~) (Schiffs)Kompaß m; **6.** pl (pair of ~es) Zirkel m (Gerät).

com·pas·sion [kəm'pæʃn] Mitleid, -gefühl n (for mit); ► **have, take** ~ **on** Mitleid haben mit; **com·pas·sion·ate** [kəm'pæʃənət] adj mitleid(s)voll, mitfühlend; ► ~ **leave** mil Br Sonderurlaub m aus familiären Gründen.

com·pati·bil·ity [kəmˌpætə'bılətı] **1.** Vereinbarkeit f; **2.** Verträglichkeit f; **3.** Kompatibilität f; **com·pat·ible** [kəm'pætəbl] adj **1.** vereinbar, verträglich (with mit); in Übereinstimmung (*with* mit); **2.** angemessen (*with s.th.* e-r S); **3.** kompatibel.

com·patriot [kəm'pætrɪət] Landsmann *m*, -männin *f.*

com·pel [kəm'pel] *tr* **1.** zwingen (*to do* zu tun); **2.** erzwingen (*from* von); **com·pel·ling** [—ɪŋ] *adj* **1.** zwingend; **2.** *fig* verlockend; unwiderstehlich.

com·pen·dium [kəm'pendɪəm] 〈*pl* -diums, -dia〉 [kəm'pendɪə] **1.** Zusammenfassung, Übersicht *f;* **2.** Grundriß, Leitfaden *m.*

com·pen·sate ['kɒmpənseɪt] I *tr* **1.** ausgleichen, ersetzen; aufwiegen; **2.** *psych tech* kompensieren; **3.** *fin* entschädigen; **4.** (*Schaden*) ersetzen; vergüten; II *itr* **1.** ausgleichen (*for s.th.* etw); **2.** wiedergutmachen (*for s.th.* etw); Ersatz leisten; **com·pen·sa·tion** [ˌkɒmpən'seɪʃn] **1.** Ausgleich, Ersatz *m;* **2.** *psych tech biol* Kompensation *f;* **3.** *fin* Entschädigung *f,* Schadenersatz *m;* Vergütung *f;* **4.** *Am* (Be)Zahlung, Entlohnung *f;* Lohn *m,* Gehalt *n;* ▶ **as ~, by way of ~ for** als Ersatz, als Entschädigung für.

com·pere ['kɒmpeə(r)] I *s* Ansager(in) *m (f);* II *tr* ansagen.

com·pete [kəm'piːt] *itr* **1.** sich mitbewerben (*for* um); **2.** teilnehmen (*in a contest* an e-m Wettbewerb); **3.** wetteifern (*with s.o. for s.th.* mit jdm um etw); konkurrieren, sich messen (*against s.o. in a race* mit jdm bei e-m Rennen).

com·pet·ence ['kɒmpɪtəns] **1.** Kompetenz *f;* Können, Geschick *n;* Befähigung, Qualifikation *f (for s.th.* zu etw); **2.** *jur* Zuständigkeit *f;* **com·pet·ent** ['kɒmpɪtənt] *adj* **1.** kompetent; geschickt, fähig; befähigt, qualifiziert (*for s.th.* zu etw; *to do* zu tun); **2.** genügend, ausreichend, entsprechend; **3.** *jur* zuständig; (*Zeuge, Beweise*) zulässig.

com·pe·ti·tion [ˌkɒmpə'tɪʃn] **1.** Wettbewerb, -streit, -kampf *m (for* um); **2.** *com* Konkurrenz(kampf *m) f;* **3.** Preisausschreiben *n;* ▶ **be in ~ with** im Wettbewerb stehen mit; **enter into ~ with** in Wettbewerb treten mit; **keen ~** scharfer Wettbewerb; **com·peti·tive** [kəm'petətɪv] *adj* **1.** konkurrierend; **2.** konkurrenzfähig; ▶ **~ spirit** Wettbewerbs-, Konkurrenzgeist *m;* Kampfgeist *m;* **com·peti·tive·ness** [kəm'petətɪvnəs] Wettbewerbsfähigkeit *f;* **com·peti·tor** [kəm'petɪtə(r)] **1.** Mitbewerber(in) *m (f);* **2.** *com* Konkurrent(in) *m (f);* **3.** *sport* Wettkämpfer(in), Teilnehmer(in) *m (f) (for* um).

com·pi·la·tion [ˌkɒmpɪ'leɪʃn] Auf-, Zusammenstellung *f;* Kompilation *f;* **com·pile** [kəm'paɪl] *tr* **1.** (*Material*) zusammentragen; **2.** (*Liste*) zusammenstellen; **com·pil·er** [ˌkɒm'paɪlə(r)] *EDV* Compiler *m.*

com·pla·cence, **com·pla·cency**

[kəm'pleɪsns(ɪ)] Selbstzufriedenheit, -gefälligkeit *f;* **com·pla·cent** [kəm'pleɪsnt] *adj* selbstzufrieden, -gefällig.

com·plain [kəm'pleɪn] *itr* **1.** klagen, sich beklagen (*of* über); **2.** sich beschweren (*of, about* über; *to* bei); **3.** jammern; **4.** *com* reklamieren; **com·plain·ant** *jur* Kläger(in) *m (f);* **com·plaint** [kəm'pleɪnt] **1.** Klage, Beschwerde, Beanstandung *f;* **2.** *com* Reklamation, Mängelrüge *f;* **3.** *jur* Klage, Strafanzeige *f (against* gegen); **4.** *med* Beschwerden *f pl,* Leiden *n;* ▶ **make, lodge a ~ against s.o.** sich über jdn beschweren; **~ book** Beschwerdebuch *n.*

com·plais·ance [kəm'pleɪzəns] Gefälligkeit *f;* **com·plais·ant** [kəm'pleɪzənt] *adj* gefällig, entgegenkommend, willfährig.

com·ple·ment ['kɒmplɪmənt] I *s* **1.** Ergänzung *f a. math gram;* **2.** *mar* Bemannung *f;* **3.** *mil* Sollstärke *f;* **4.** *aero* volle Besatzung; II *tr* ['kɒmplɪment] ergänzen, vervollständigen; **com·ple·ment·ary** [ˌkɒmplɪ'mentrɪ] *adj* Ergänzungs-; sich ergänzend; ▶ **~ colours** *pl* Komplementärfarben *f pl.*

com·plete [kəm'pliːt] I *adj* **1.** vollständig, -kommen, völlig, ganz; **2.** vollendet, fertig(gestellt), zu Ende (gebracht), abgeschlossen; ▶ **~ with** mitsamt, komplett mit; II *tr* **1.** vervollständigen, vollständig machen, abschließen; **2.** (*Formular*) ausfüllen; **3.** beenden, fertigstellen, -machen; **com·plete·ly** [—lɪ] *adv* völlig, ganz (u. gar), vollständig, vollkommen; **com·plete·ness** [—nɪs] Vollständigkeit *f;* Vollkommenheit *f;* **com·ple·tion** [kəm'pliːʃn] **1.** Vervollständigung *f;* **2.** Abschluß *m,* Erledigung, Fertigstellung, Vollendung *f a. jur;* **3.** Ergänzung, Vervollständigung *f;* **4.** Ausfüllung *f (e-s Formulars);* **5.** (*Vertrag*) Erfüllung *f;* ▶ **on ~ of** bei Beendigung *gen;* **be nearing ~** vor dem Abschluß stehen.

com·plex ['kɒmpleks] I *adj* **1.** komplex; vielschichtig, vielseitig; **2.** kompliziert, verwickelt; II *s* (das) Ganze; Komplex *m a. psych.*

com·plexion [kəm'plekʃn] **1.** (Haut-, Gesichts)Farbe *f,* Aussehen *n;* **2.** *fig* Aspekt, Anstrich *m.*

com·plex·ity [kəm'pleksətɪ] Komplexität *f;* Kompliziertheit *f.*

com·pli·ance [kəm'plaɪəns] **1.** (*Gesetz*) Befolgung *f;* **2.** Einverständnis *n,* Willfährigkeit *f;* ▶ **in ~ with** in Übereinstimmung mit; entsprechend, gemäß *dat;* **com·pliant** [kəm'plaɪənt] *adj* nachgiebig; willfährig.

com·pli·cate ['kɒmplɪkeɪt] *tr* komplizieren, (noch) verwickelter, schwieriger machen; ▶ **that ~s matters** das macht die Sache noch schwieriger; **com·pli·cated** [—ɪd] *adj* kompliziert; verwikkelt; **com·pli·ca·tion** [ˌkɒmplɪ'keɪʃn] Komplikation *f*.

com·plic·ity [kəm'plɪsətɪ] Mitschuld (*in* an), Mittäterschaft *f* (*in* bei).

com·pli·ment ['kɒmplɪmənt] **I** *s* **1.** Kompliment *n;* **2.** Anerkennung *f,* Lob *n;* **3.** Ehrenerweisung *f;* **4.** *pl (in Briefen)* Grüße *m pl,* Gruß *m;* Empfehlung *f;* ► **angle, fish for** ~**s** Komplimente hören wollen; **pay a** ~ **to s.o.** jdm ein Kompliment machen; **with the** ~**s of the season** mit den besten Wünschen zum Fest; **II** *tr* ['kɒmplɪment] **1.** ein Kompliment machen (*s.o.* jdm); **2.** beglückwünschen (*on* zu); **com·pli·men·tary** [ˌkɒmplɪ'mentrɪ] *adj* **1.** höflich, artig; **2.** Ehren-; Gratis-; ► ~ **copy** Widmungs-, Freiexemplar *n;* ~ **ticket** Frei-, Ehrenkarte *f;* **compliment slip** (Firmen)Begleitkarte *f*.

com·ply [kəm'plaɪ] *itr* **1.** Folge leisten (*with* dat); **2.** einwilligen (*with* in); zustimmen (*with* dat); **3.** *(Wunsch, Bedingung, Bitte)* erfüllen (*with s.th.* etw).

com·po·nent [kəm'pəʊnənt] **I** *adj* einzeln; Einzel-, Teil-; **II** *s* Bestandteil *m;* ► **additional** ~ *mot* Nachrüstsatz *m;* **component parts** *pl* Zubehör-, Einzelteile *n pl*.

com·pose [kəm'pəʊz] **I** *tr* **1.** zusammensetzen; **2.** (an)ordnen, bilden; **3.** ab-, verfassen, aufsetzen, dichten; **4.** *mus* komponieren; **5.** *typ* setzen; **6.** *(Streit)* (gütlich) beilegen, schlichten, (glücklich) beenden; **7.** *(Gedanken)* sammeln; ► **be** ~**d of** bestehen aus; **II** *itr* **1.** schriftstellern; dichten; **2.** *mus* komponieren; **III** *refl* sich beruhigen, sich fassen; **com·posed** [kəm'pəʊzd] *adj* gefaßt, ruhig, gelassen; **com·poser** [kəm'pəʊzə(r)] **1.** *mus* Komponist(in) *m (f);* **2.** Verfasser(in) *m (f);* **com·pos·ite** ['kɒmpəzɪt] *adj* zusammengesetzt; vielfältig; ► ~ **photograph** Fotomontage *f;* **com·po·si·tion** [ˌkɒmpə'zɪʃn] **1.** Zusammensetzung, (An)Ordnung, Anlage, Bildung *f;* **2.** Abfassung *f;* **3.** *mus* Komposition *f;* **4.** *typ* (Schrift)Satz *m;* **5.** (Schul)Aufsatz *m;* **6.** Übersetzung *f;* **7.** Zusammensetzung *f,* (Auf)Bau *m;* **8.** *psych* Anlage, Art *f,* Wesen *n;* **9.** *jur* Verständigung *f,* Vergleich *m;* **com·po·si·tor** [kəm'pɒzɪtə(r)] *typ* (Schrift)Setzer(in) *m (f)*.

com·post ['kɒmpɒst] Kompost *m*.

com·po·sure [kəm'pəʊʒə(r)] Fassung, Gelassenheit, (Gemüts)Ruhe *f*.

com·pound ['kɒmpaʊnd] **I** *adj* **1.** zusammengesetzt; aus einzelnen Teilen bestehend; **2.** gemischt; **3.** *tech* Verbund-; **II** *s* **1.** Zusammensetzung *f;* Mischung *f;* **2.** *(chemische)* Verbindung *f;* **3.** *gram* (~ *word)* zusammengesetztes

Wort; **4.** eingefriedeter Platz; **III** *tr* [kəm'paʊnd] **1.** zusammensetzen; verbinden; mischen; **2.** *(Streit)* beilegen; **3.** *(Schuld)* tilgen; in Raten abzahlen; **4.** *(Zinsen)* kapitalisieren; **5.** verschlimmern; ► **this only** ~**s our difficulties** das erschwert unsere Lage noch zusätzlich; **IV** *itr* **1.** sich vergleichen, sich einigen, sich verständigen (*with* mit); **2.** pauschalieren (*for s.th.* etw); **compound fracture** *med* komplizierter Bruch; **compound interest** *fin* Zinseszins *m*.

com·pre·hend [ˌkɒmprɪ'hend] *tr* **1.** verstehen, einsehen; **2.** umfassen, einschließen.

com·pre·hen·sible [ˌkɒmprɪ'hensəbl] *adj* verständlich, begreiflich; **com·pre·hen·sion** [ˌkɒmprɪ'henʃn] **1.** Verstehen, Begreifen *n;* **2.** Verständnis *n (of* für), Einsicht *f;* Fassungs-, Begriffsvermögen *n;* **3.** (Bedeutungs-, Begriffs)Umfang *m;* ► **beyond** ~ unbegreiflich.

com·pre·hen·sive [ˌkɒmprɪ'hensɪv] *adj* umfassend; ► ~ **school** Gesamtschule *f*.

com·press[1] [kəm'pres] *tr* zusammendrücken, (zusammen)pressen, komprimieren.

compress[2] ['kɒmpres] *med* Kompresse *f*.

com·pressed [kəm'prest] *adj* zusammengedrückt; zusammengepreßt; ► ~ **air** Preßluft *f;* **com·pres·sor** [kəm'presə(r)] *tech* Kompressor *m*.

com·prise [kəm'praɪz] *tr* **1.** umfassen; bestehen aus; **2.** einschließen (*within* in).

com·pro·mise ['kɒmprəmaɪz] **I** *s* Kompromiß *m;* Übereinkunft *f,* Vergleich *m;* **II** *itr* e-n Kompromiß, e-n Vergleich schließen (*on* über); **III** *tr* **1.** kompromittieren; *(Ruf)* schaden (*s.th.* e-r S); **2.** gefährden.

comp·trol·ler [kən'trəʊlə(r)] Rechnungsprüfer(in) *m (f)*.

com·pul·sion [kəm'pʌlʃn] Zwang *m;* ► **under** ~ unter Zwang; **com·pul·sive** [kəm'pʌlsɪv] *adj* Zwangs-; zwingend; **com·pul·sory** [kəm'pʌlsərɪ] *adj* obligatorisch; zwingend; bindend; ► ~ **auction** Zwangsversteigerung *f;* ~ **education** Schulpflicht *f;* ~ **insurance** Pflichtversicherung *f;* ~ **subject** *(Schule)* Pflichtfach *n*.

com·punc·tion [kəm'pʌŋkʃn] Schuldgefühl *n;* Gewissensbisse *m pl,* Reue *f;* ► **with no** ~ ohne sich schuldig zu fühlen.

com·pu·ta·tion [ˌkɒmpjuː'teɪʃn] (Be-, Er)Rechnung *f;* Überschlag *m,* Schätzung *f;* **com·pute** [kəm'pjuːt] *tr, itr* **1.** (aus-, be-, er)rechnen; **2.** überschlagen, schätzen, veranschlagen (*at* auf); **com·puter** [kəm'pjuːtə(r)] Computer *m;* Rechner *m;* Datenverarbeitungsanlage *f;* ► **digital** ~ digitale Rechenanlage; **personal** ~ PC *m;* ~ **aided** rech- nergestützt; **computer centre** Re- chenzentrum *n;* **computer crime** Computerkriminalität *f;* **computer freak** [friːk] Computerfreak *m;* **com- puter game** Computerspiel *n;* **com- puter graphics** *pl* Computergraphik *f;* **com·puter·ize** [kəm'pjuːtəraɪz] *tr* 1. auf Computer umstellen; 2. in e-n Com- puter eingeben; **computer network** Rechnerverbund *m;* **computer science** Informatik *f;* **computer scientist** Informatiker(in) *m (f);* **com- puter search** Rasterfahndung *f;* **com- puter tomography** Computertomo- graphie *f;* **computer virus** Computer- virus *m;* **computer work-station** Computerarbeitsplatz *m.*

com·rade ['kɒmreɪd] 1. Kamerad(in) *m (f);* 2. *pol* Genosse *m,* Genossin *f;* **com- rade·ship** ['kɒmreɪdʃɪp] Kamerad- schaft *f.*

con[1] [kɒn] I *tr* betrügen (*out of* um); II *s* Schwindel, Betrug *m.*

con[2] [kɒn] ▶ **pros and** ~ Für *n* und Wider *n.*

con·cat·ena·tion [kɒnˌkætɪ'neɪʃn] Ver- kettung *f;* Kette, Folge *f.*

con·cave ['kɒnkeɪv] *adj* konkav; **con- cav·ity** [kən'kævɪtɪ] Konkavität *f.*

con·ceal [kən'siːl] *tr* verstecken, verber- gen; verheimlichen (*from* vor); **con- ceal·ment** [—mənt] 1. Verbergen *n;* Verheimlichung *f;* 2. Geheimhaltung *f;* 3. Versteck *n.*

con·cede [kən'siːd] I *tr* 1. einräumen, zugeben, anerkennen (*that* daß); 2. zu- gestehen; 3. nachgeben (*a point* in e-m Punkt); 4. *sport (Punkte)* vorgeben; 5. *sport sl* verlieren; ▶ ~ **defeat** die Niederlage eingestehen; II *itr* sich ge- schlagen geben.

con·ceit [kən'siːt] Selbstgefälligkeit, Einbildung *f;* **con·ceited** [—ɪd] *adj* eingebildet.

con·ceiv·able [kən'siːvəbl] *adj* denk- bar, vorstellbar; **con·ceive** [kən'siːv] I *tr* 1. aus-, erdenken, ersinnen; 2. *(Ge- danken)* fassen; in Worte fassen; 3. sich denken, sich vorstellen, meinen; 4. be- greifen, verstehen; 5. *(Kind)* empfan- gen; II *itr* 1. schwanger werden, emp- fangen *(with acc);* 2. sich e-e Vorstel- lung bilden *(of* von).

con·cen·trate ['kɒnsəntreɪt] I *tr* 1. kon- zentrieren; 2. *chem* verdichten, eindik- ken, kondensieren; 3. *(Strahlen)* bün- deln; II *itr* sich sammeln; sich konzen- trieren (*upon, on* auf); seine Gedanken zusammennehmen; III *s* Konzentrat *n;* **con·cen·trated** [—ɪd] *adj* 1. kon- zentriert; 2. *fig* stark; **con·cen·tra- tion** [ˌkɒnsn'treɪʃn] 1. Ansammlung *f;* 2. Konzentration *f;* ▶ **lacking in** ~ un- konzentriert; **concentration camp**

Konzentrationslager *n.*

con·cen·tric [kən'sentrɪk] *adj* konzen- trisch.

con·cept ['kɒnsept] Begriff *m;* Vorstel- lung, Idee *f;* **con·cep·tion** [kən'sepʃn] 1. (geistige) Gestaltungskraft *f;* Vorstel- lungsvermögen *n,* Fassungskraft *f;* 2. Begriff *m;* Auffassung, Vorstellung, Idee *f;* Gedanke *m;* 3. Plan, Entwurf *m;* 4. *physiol* Empfängnis *f;* **con·cep·tual** [kən'septjʊəl] *adj* Begriffs-; **con·cep- tua·lize** [kən'septjʊəlaɪz] *tr* sich e-e Vorstellung machen von; e-n Plan fas- sen von.

con·cern [kən'sɜːn] I *tr* 1. betreffen, an- gehen, interessieren; wichtig sein für; 2. beunruhigen; ▶ **be ~ed about** sich Gedanken, Sorgen machen um; ~ **o.s. about** sich bemühen, sich Mühe machen um; ~ **o.s. with** sich befassen, zu tun haben, sich abgeben mit; **as ~s** was ... betrifft, betreffend, betreffs; **as far as I am ~ed** was mich angeht, von mir aus; **to whom it may** ~ an die zuständige Stelle; II *s* 1. Beziehung *f,* Bezug *m;* 2. Interesse *n,* Anteil *m;* 3. Sorge, Be- sorgnis, Beunruhigung *f (over* wegen); 4. Angelegenheit, Sache *f;* 5. Geschäft, Unternehmen *n,* Betrieb *m;* 6. *fam* Kram, Plunder, Dreck *m;* ▶ **with deep** ~ sehr besorgt *adv;* **have a** ~ **in** interes- siert sein, Anteil haben an; **that is no** ~ **of yours** das geht Sie nichts an; **busi- ness ~s** *pl* Geschäftsinteressen *n pl;* **going** ~ gutgehendes Geschäft, Unter- nehmen; **con·cerned** [kən'sɜːnd] *adj* 1. betroffen (*in* von), beteiligt (*in* an); 2. besorgt, in Unruhe (*at, for s.o.* um jdn; *about s.th.* wegen e-r S); ▶ **all** ~ *pl* alle Beteiligten *m pl;* **the persons** ~ *pl* die Interessenten *m pl;* die Betroffenen *m pl;* **con·cern·ing** [—ɪŋ] *prep* betref- fend, betreffs; bezüglich, in bezug auf.

con·cert[1] ['kɒnsət] Konzert *n;* ▶ **in** ~ im Chor; gemeinsam; live; **work in** ~ **with** zusammenarbeiten mit.

con·cert[2] [kən'sɜːt] *tr (Kräfte)* vereini- gen; **con·certed** [kən'sɜːtɪd] *adj* ge- meinsam; *pol* konzertiert.

con·cert grand ['kɒnsət grænd] Konzertflügel *m;* **con·cer·tina** [ˌkɒnsə'tiːnə] Ziehharmonika *f;* **con- cert·mas·ter** [ˌkɒnsət'mæstə(r)] Kon- zertmeister *m;* **con·certo** [kən'tʃeətəʊ] ⟨*pl* -certos⟩ Konzert *n;* **concert pitch** *mus* Kammerton *m.*

con·ces·sion [kən'seʃn] 1. (behördli- che) Bewilligung, Genehmigung, Kon- zession *f;* 2. Einräumung *f,* Zugeständ- nis, Entgegenkommen *n;* ▶ **grant a** ~ e-e Konzession erteilen; **make ~s** Zuge- ständnisse machen.

con·cili·ate [kən'sɪlɪeɪt] *tr* 1. beschwich- tigen, besänftigen; 2. in Übereinstim- mung, in Einklang bringen; ▶ ~ **s.o.** jds

Wohlwollen gewinnen; **con·cili·ation** [kən,sılı'eıʃn] Ausgleich *m;* Einigung *f;* Schlichtung *f;* **conciliation board** Schlichtungskommission *f;* **con·cili·atory** [kən'sılıətərı] *adj* versöhnlich, vermittelnd, ausgleichend.

con·cise [kən'saıs] *adj* kurz (u. bündig), knapp, gedrängt, prägnant; **con·cise·ness, con·cision** [kən'saısnıs, kən'sıʒən] Kürze, Knappheit, Prägnanz *f.*

con·clave ['kɒnkleıv] *rel* Konklave *n;* ▶ sit in ~ e-e Geheimsitzung abhalten.

con·clude [kən'klu:d] **I** *tr* **1.** beenden, (be-, ab)schließen, zu Ende führen; **2.** *(Vertrag)* (ab)schließen; **3.** *Am* beschließen, entscheiden; **II** *itr* **1.** schließen, den Schluß ziehen, folgern *(that* daß; *from* aus); **2.** enden, aufhören; **3.** zu e-m Entschluß, zu e-m Ergebnis kommen; **con·clud·ing** [—ıŋ] *adj* abschließend, Schluß-.

con·clusion [kən'klu:ʒn] **1.** Beendigung *f;* (Ab)Schluß *m;* **2.** Abschluß *m (e-s Vertrages);* **3.** Beschluß, Entscheid(ung *f) m;* **4.** Schluß(folgerung *f) m,* Folgerung *f;* **5.** Ende, Ergebnis *n;* ▶ **in** ~ zuletzt, schließlich; zum Schluß; **bring to a** ~ zum Abschluß bringen; **come to a** ~ zu e-r Ansicht, Überzeugung kommen; **draw the** ~ **from** den Schluß, die Folgerung ziehen aus; **jump to** ~s voreilige Schlüsse ziehen; **con·clus·ive** [kən'klu:sıv] *adj* **1.** abschließend, endgültig; entscheidend; **2.** *(Beweis)* schlüssig.

con·coct [kən'kɒkt] *tr* **1.** zusammenbrauen; **2.** *fig* austüfteln, aushecken; **con·coc·tion** [kən'kɒkʃn] **1.** Zusammenbrauen *n;* **2.** Gebräu *n;* **3.** *fig* Aushecken *n;* Erfindung, Idee *f.*

con·course ['kɒŋkɔ:s] **1.** Zusammentreffen *n;* **2.** (Menschen)Auflauf *m,* Gewühl, Gedränge *n;* Menge, Masse *f;* **3.** *Am* Aufmarschgelände *n;* (großer) freier Platz, breite Straße, Durchfahrt *f; rail* Bahnhofshalle *f.*

con·crete[1] ['kɒnkri:t] *adj* **1.** fest (geworden), (ver)dicht(et), kompakt; **2.** real, wirklich; konkret, gegenständlich; **3.** *(Zahl)* benannt.

con·crete[2] ['kɒnkri:t] **I** *s* Beton *m;* **II** *adj* Beton-; **III** *tr* betonieren; **concrete mixer** Betonmischmaschine *f.*

con·cu·bine ['kɒŋkjʊbaın] Konkubine *f;* Nebenfrau *f.*

con·cur [kən'kɜ:(r)] *itr* **1.** zusammenkommen, -treffen, -fallen; **2.** zusammen-, mitwirken, (mit) dazu beitragen *(to do s.th.* etw zu tun); **3.** beipflichten, -stimmen *(with s.o.* jdm); **4.** übereinstimmen *(with* mit); **con·cur·rence** [kən'kʌrəns] **1.** Zusammentreffen, -fallen *n;* **2.** Zusammenwirken *n,* Mitwirkung *f;* **3.** Einverständnis *n;* **con·cur-**

rent [kən'kʌrənt] **I** *adj* **1.** gleichzeitig; zusammentreffend, -fallend; **2.** mitwirkend; **3.** übereinstimmend; **II** *s* Begleitumstand *m.*

con·cuss [kən'kʌs] *tr* erschüttern; **con·cus·sion** [kən'kʌʃn] Gehirnerschütterung *f;* Erschütterung *f.*

con·demn [kən'dem] *tr* **1.** verurteilen, mißbilligen, ablehnen; **2.** *jur* für schuldig erklären, verurteilen *(to* zu); **3.** für abbruchreif erklären; für nicht mehr seetüchtig erklären; **4.** *(Kranken)* aufgeben; **5.** *Am* beschlagnahmen; enteignen; **con·dem·na·tion** [,kɒndem'neıʃn] **1.** Mißbilligung, Ablehnung *f;* **2.** *jur* Verurteilung *f;* **3.** *Am* Beschlagnahme *f;* Enteignung *f.*

con·den·sa·tion [,kɒnden'seıʃn] **1.** Verdichtung, Kondensation *f;* **2.** Kondensat *n;* Schwitzwasser *n;* **3.** *fig* Zusammenfassung, Straffung *f;* **con·dense** [kɒn'dens] **I** *itr* kondensieren, sich niederschlagen; **II** *tr* **1.** kondensieren; **2.** *fig* zusammenfassen; ▶ ~**d milk** Kondens-, Büchsenmilch *f;* **con·denser** [kɒn'densə(r)] **1.** *chem* Kühler *m;* **2.** *opt el radio* Kondensator *m.*

con·de·scend [,kɒndı'send] *itr* sich herablassen *(to do* zu tun); **con·de·scend·ing** [—ıŋ] *adj* herablassend.

con·di·ment ['kɒndımənt] Gewürz *n,* Würze *f;* Zutat *f.*

con·di·tion [kən'dıʃn] **I** *s* **1.** Bedingung, Voraussetzung *f (of* für); **2.** Zustand *m,* Beschaffenheit *f;* **3.** Stand *m,* Stellung *f,* Rang *m;* Personenstand *m;* **4.** *sport* gute Form; **5.** *jur* Vorbehalt *m,* Klausel *f;* **6.** *pl* Umstände *m pl,* Gegebenheiten *f pl,* Lage *f;* ▶ **in good** ~ in gutem Zustand, gut erhalten; *sport* in Form; **on** ~ **(that)** unter der Voraussetzung *od* Bedingung(, daß); **on, under no** ~ unter keinen Umständen, auf keinen Fall; unter keiner Bedingung; **out of** ~ in schlechter Verfassung, *sport* Form; **under favo(u)rable** ~s unter günstigen Umständen; **answer, comply with, fulfil a** ~ e-e Bedingung erfüllen; **be in no** ~ **to** nicht in der Lage sein zu; **keep in good** ~ gut im Stande halten; **make s.th. a** ~ etw zur Voraussetzung machen; **II** *tr* **1.** zur Bedingung machen *(to do* zu tun); an e-e Bedingung knüpfen; **2.** in e-n guten Zustand versetzen, *fam* in Form bringen; **3.** regeln, bestimmen; **4.** gewöhnen *(to* an); **5.** *tech* konditionieren; **6.** *fig* programmieren *(to, for* auf); **7.** *com (Waren)* prüfen; **con·di·tional** [kən'dıʃənl] *adj* **1.** an e-e Bedingung geknüpft; **2.** bedingt *(on* durch), abhängig *(on* von); **con·di·tional·ly** [kən'dıʃənlı] *adv* bedingt, unter gewissen Bedingungen; **con·di·tioned** [kən'dıʃənd] *adj* **1.** bedingt; abhängig *(upon* von); **2.** beschaffen, geartet;

3. *tech* klimatisiert; **4.** *psych* gewöhnt (*to* an), konditioniert; **con·di·tion·er** [kən'dɪʃənə(r)] **1.** *(für Wäsche)* Weichspüler *m;* **2.** *(für Haare)* Spülung *f.*

con·dol·ence [kən'dəʊləns] *meist pl* Beileid *n.*

con·dom ['kɒndəm] Kondom *n.*

con·do·min·ium [ˌkɒndə'mɪnɪəm] **1.** *Am* Eigentumswohnung *f;* **2.** *pol* Kondominium *n;* Kondominat *n.*

con·done [kən'dəʊn] *tr* **1.** verzeihen; **2.** (mit Absicht) nicht beachten; **3.** *(Fehler)* stillschweigend dulden.

con·duc·ive [kən'djuːsɪv] *adj* dienlich, zuträglich *(to* für).

con·duct [kən'dʌkt] **I** *tr* **1.** führen; leiten; **2.** *(Unternehmen)* (durch)führen, leiten; **3.** *(Geschäft)* führen; **4.** *(Orchester, Chor)* leiten; dirigieren; **II** *refl* sich betragen, sich benehmen; **III** *s* ['kɒndʌkt] **1.** Führung, Leitung, Verwaltung *f;* **2.** Handhabung *f;* **3.** Verhalten, Betragen, Benehmen *n;* Führung *f;* **con·duc·tive** [kən'dʌktɪv] *adj phys el* leitend; **con·duc·tor** [kən'dʌktə(r)] **1.** Führer(in), Leiter(in) *m (f);* Direktor(in) *m (f);* **2.** *mus* Dirigent(in) *m (f);* **3.** Schaffner(in) *m (f); Am* Zugführer(in) *m (f);* **4.** *phys el* (Wärme)Leiter *m;* Blitzableiter *m;* **5.** *(Kabel)* Ader *f;* **con·duc·tress** [kən'dʌktrɪs] Schaffnerin *f.*

cone [kəʊn] **1.** *math* Kegel *m;* Konus *m;* **2.** (Berg)Kegel *m;* **3.** Eistüte *f;* **4.** *bot* Zapfen *m;* **5.** *(Verkehr)* Pylon *m;* ▶ ~ **of light** Lichtkegel *m.*

con·fec·tion [kən'fekʃn] Konfekt *n;* **con·fec·tioner** [kən'fekʃnə(r)] Konditor(in) *m (f);* **con·fec·tion·ery** [kən'fekʃənərɪ] **1.** Süßwaren *f pl;* **2.** Süßwarenhandlung, Konditorei *f.*

con·fed·er·acy [kən'fedərəsɪ] **1.** Bund *m,* Bündnis *n;* **2.** Verschwörung *f;* **con·fed·er·ate** [kən'fedərət] **I** *adj* konföderiert; verbündet; **II** *s* **1.** Bundesgenosse, Alliierte(r) *m;* **2.** Komplice, Verschwörer *m;* ▶ **the C~s** *pl Am hist* die Konföderierten *m pl;* **con·fed·er·ation** [kənˌfedə'reɪʃn] Bund *m,* Bündnis *n;* Staatenbund *m.*

con·fer [kən'fɜː(r)] **I** *tr* verleihen, übertragen *(on, upon s.o.* jdm); **II** *itr* sich beraten, verhandeln *(with* mit); **con·fer·ence** ['kɒnfərəns] **1.** Tagung, Konferenz *f;* **2.** Besprechung, Unterredung, Verhandlung *f;* ▶ **be in** ~ bei e-r Besprechung sein.

con·fess [kən'fes] **I** *tr* **1.** bekennen, (ein-, zu)gestehen *(to have, to having* zu haben); **2.** *rel* beichten; **3.** die Beichte abnehmen *(s.o.* jdm); ▶ **I must** ~ ich muß zugeben; **II** *itr* **1.** seine Schuld, seinen Fehler eingestehen; **2.** ein Geständnis ablegen; **con·fess·ed·ly** [—ɪdlɪ] *adv* zugestandenermaßen; **con·fes·sion** [kən'feʃn] **1.** Bekenntnis, Ge-

ständnis *n;* **2.** *rel* Beichte *f;* **3.** Bekenntnis *n,* Konfession *f;* ▶ **make a full** ~ ein volles Geständnis ablegen; **con·fes·sional** [kən'feʃənl] Beichtstuhl *m;* **con·fes·sor** [kən'fesə(r)] Beichtvater *m.*

con·fetti [kən'fetɪ] *pl mit sing* Konfetti *n.*

con·fi·dant [ˌkɒnfɪ'dænt] Vertraute(r) *m;* **con·fi·dante** [ˌkɒnfɪ'dænt] Vertraute *f;* **con·fide** [kən'faɪd] **I** *tr* anvertrauen *(to s.o.* jdm); **II** *itr* **1.** vertrauen *(in s.o.* jdm); **2.** sich verlassen *(in s.o.* auf jdn); **con·fi·dence** ['kɒnfɪdəns] **1.** Vertrauen *(in* auf), Zutrauen *n (in* zu); **2.** Zuversicht, Überzeugung *f;* Selbstsicherheit *f;* **3.** vertrauliche Mitteilung, Geheimnis *n;* ▶ **in strict** ~ streng vertraulich; **place** ~ **in s.o.** in jdn Vertrauen setzen; **take s.o. into** ~ jdn ins Vertrauen ziehen; **question of** ~ *pol* Vertrauensfrage *f;* ~ **trick** Schwindel *m;* ~ **trickster, man** Schwindler *m;* **con·fi·dent** ['kɒnfɪdənt] *adj* **1.** sicher, überzeugt *(of* von); **2.** zuversichtlich; **3.** selbstsicher; **4.** überheblich.

con·fi·den·tial [ˌkɒnfɪ'denʃl] *adj* **1.** *(Mitteilung)* vertraulich, geheim; **2.** vertraut, eingeweiht; **con·fid·en·tial·ly** [ˌkɒnfɪ'denʃəlɪ] *adv* im Vertrauen; **con·fid·ing** [kən'faɪdɪŋ] *adj* vertrauensvoll.

con·fine ['kɒnfaɪn] **I** *s meist pl* Grenze, Grenzlinie *f,* -streifen *m,* -gebiet *n fig;* **II** *tr* [kən'faɪn] **1.** begrenzen, beschränken *(to auf);* **2.** einsperren, gefangenhalten *(in, to* in); ▶ **be ~d** niederkommen, entbunden werden; **be ~d to one's bed** ans Bett gefesselt sein; **be ~d to one's room** das Zimmer nicht verlassen können; ~ **o.s. to** sich beschränken auf; **con·fine·ment** [kən'faɪnmənt] **1.** Einschränkung, Beschränkung *f;* **2.** Haft *f;* Einsperren *n;* Einweisung *f;* Gefangenschaft *f;* **3.** Niederkunft *f,* Wochenbett *n.*

con·firm [kən'fɜːm] *tr* **1.** bestätigen; **2.** *(Entschluß)* bekräftigen *(in* in); (be-)stärken, festigen; **3.** *rel* konfirmieren; firmen; **con·fir·ma·tion** [ˌkɒnfə'meɪʃn] **1.** Bestätigung, Bekräftigung *f;* **2.** Festigung *f;* **3.** *rel* Konfirmation *f;* Firmung *f;* **con·firmed** [kən'fɜːmd] *adj* **1.** eingefleischt; **2.** *med* chronisch; **3.** unverbesserlich.

con·fis·cate ['kɒnfɪskeɪt] *tr* beschlagnahmen.

con·flict ['kɒnflɪkt] **I** *s* **1.** Zusammenstoß, Kampf *m;* **2.** Streit, Konflikt *m;* Meinungsverschiedenheit *f;* Widerstreit *m (der Gefühle);* ▶ **in** ~ **with** im Gegensatz zu; ~ **of interests** Interessenkonflikt *m;* **II** *itr* [kən'flɪkt] **1.** im Widerspruch stehen *(with* zu); kollidieren *(with* mit); **2.** sich widersprechen; **con·flict·ing** [kən'flɪktɪŋ] *adj (Gefühle)* widerstreitend; widersprechend.

con·form [kən'fɔːm] I *tr* in Übereinstimmung bringen (*to* mit), anpassen (*to* an); II *itr* 1. übereinstimmen (*to* mit); entsprechen (*to* dat); 2. sich anpassen (*to* an); **con·form·ist** [kən'fɔːmɪst] Anpasser(in), Konfirmist(in) *m (f)*; **con·formity** [kən'fɔːmɪtɪ] 1. Übereinstimmung *f* (*with* mit); 2. Anpassung *f* (*to* an); ▶ **in ~ with** gemäß, übereinstimmend mit.

con·found [kən'faʊnd] *tr* 1. verwechseln (*with* mit); 2. durcheinanderbringen, -werfen; 3. verwirren, aus der Fassung bringen; 4. zunichte machen; ▶ ~ **it!** verdammt (noch mal)!; **confounded** [—ɪd] *adj fam* verdammt, verflixt; abscheulich.

con·front [kən'frʌnt] *tr* 1. gegenüberstellen (*with* dat), konfrontieren (*with* mit); 2. gegenüber-, entgegentreten (*s.th.* e-r S); ins Auge sehen (*danger* der Gefahr); **con·fron·ta·tion** [ˌkɒnfrʌn'teɪʃn] Konfrontation *f.*

con·fuse [kən'fjuːz] *tr* 1. durcheinanderbringen, -werfen; 2. verwechseln (*with* mit); ▶ **be, become, get ~d** in Verwirrung, aus der Fassung geraten; **confused** [kən'fjuːzd] *adj* 1. verwirrt; 2. in Verlegenheit; 3. verworren, unklar; **con·fusion** [kən'fjuːʒn] 1. Verwirrung *f,* Durcheinander *n;* 2. Aufruhr, Tumult *m;* 3. Verworrenheit *f;* 4. Verwirrtheit, Bestürzung *f;* 5. Verwechs(e)lung *f.*

con·geal [kən'dʒiːl] I *tr (Kälte)* erstarren lassen; II *itr* 1. (vor Kälte) erstarren, steif werden; 2. *(Flüssigkeit)* fest werden, (ge)frieren; 3. gerinnen.

con·gen·ial [kən'dʒiːnɪəl] *adj* 1. geistesverwandt (*with, to s.o.* jdm); 2. freundlich, sympathisch; 3. *(Sache)* angenehm, zusagend; 4. passend, angemessen (*to* dat).

con·gested [kən'dʒestɪd] *adj* 1. überfüllt; übervölkert; 2. sehr dicht besiedelt; 3. *(Straßen)* verstopft; 4. *med* mit Blutandrang; **con·ges·tion** [kən'dʒestʃən] 1. *med* Blutandrang *m;* 2. Überfüllung *f;* 3. (~ *of traffic)* (Verkehrs)Stauung, Stockung, Verstopfung *f;* 4. (~ *of population)* Übervölkerung *f.*

con·glom·er·ate [kən'glɒmərət] I *adj* zusammengewürfelt; *(Sprache)* Misch-; II *s* Konglomerat *n; fig* zusammengewürfelte Masse; *com* (Misch)Konzern *m;* III *itr* [kən'glɒməreɪt] sich zusammenballen, verschmelzen; **con·glomer·ation** [kənˌglɒmə'reɪʃn] Zusammenballung, Anhäufung *f;* Konglomerat *n.*

con·gratu·late [kən'grætʃʊleɪt] *tr* Glück wünschen (*s.o.* jdm), gratulieren (*s.o.* jdm; *on* zu); ▶ ~ **o.s. on s.th.** sich über etw freuen, über etw froh sein; **con·gratu·lation** [kənˌgrætʃʊ'leɪʃn] *meist pl* Glückwunsch *m,* Gratulation *f;* ▶ ~**s on passing the exam!** ich gratuliere zum bestandenen Examen!

con·gre·gate ['kɒngrɪgeɪt] *itr* zusammenkommen, sich versammeln (*round* um *acc*); **con·gre·ga·tion** [ˌkɒngrɪ'geɪʃn] 1. Ansammlung *f;* Zusammenkunft, Versammlung *f;* 2. *rel* Gemeinde *f;* **con·gre·ga·tional** [ˌkɒngrɪ'geɪʃənl] *adj rel* Gemeinde-.

con·gress ['kɒngres] Zusammenkunft, Tagung *f;* Kongreß *m;* Parteitag *m;* C~ *Am* der Kongreß; **Con·gress·man** [—mən] ⟨*pl* -men⟩ Kongreßabgeordnete(r) *m;* **Con·gress·woman** [—wumən] ⟨*pl* -women⟩ [wɪmɪn] Kongreßabgeordnete *f.*

con·gru·ence ['kɒngruəns] 1. Übereinstimmung *f a. gram;* 2. *math* Kongruenz *f;* **con·gru·ent** ['kɒngruənt] *adj* 1. übereinstimmend *a. gram* (*with* mit); 2. entsprechend, gemäß (*with* dat), passend (*with* zu); 3. *math* kongruent.

conical ['kɒnɪkl] *adj* konisch, kegelförmig.

coni·fer ['kɒnɪfə(r)] *bot* Nadelbaum *m;* **co·nif·erous** [kə'nɪfərəs] *adj bot* zapfentragend; ▶ ~ **tree** Nadelbaum *m.*

con·jec·tural [kən'dʒektʃərəl] *adj* mutmaßlich; **con·jec·ture** [kən'dʒektʃə(r)] I *s* Vermutung, Mutmaßung *f;* II *tr* mutmaßen, vermuten; III *itr* Vermutungen anstellen.

con·ju·gal ['kɒndʒʊgl] *adj* ehelich.

con·ju·gate ['kɒndʒʊgeɪt] I *tr gram* konjugieren; II *itr biol* sich paaren; **con·ju·ga·tion** [ˌkɒndʒʊ'geɪʃn] 1. *biol* Paarung *f;* 2. *gram* Konjugation *f.*

con·junc·tion [kən'dʒʌŋkʃn] 1. Verbindung *f;* 2. Zusammentreffen, -fallen *n;* 3. *gram astr* Konjunktion *f;* ▶ **in ~ with** in Verbindung mit.

con·junc·ti·vitis [kənˌdʒʌŋktɪ'vaɪtɪs] *med* Bindehautentzündung *f.*

con·jure ['kʌndʒə(r)] I *tr, itr* zaubern; II *(mit Präposition)* **conjure away** *tr* wegzaubern; **conjure up** *tr* hervorzaubern; *fig* heraufbeschwören; *(Geist)* beschwören; **con·jurer** *s. conjuror;* **con·jur·ing** [—ɪŋ] Zaubern *n;* Zauberei *f;* **conjuring trick** Zauberkunststück *n;* **con·juror** ['kʌndʒərə(r)] 1. Zauberkünstler(in), Taschenspieler(in) *m (f);* 2. Zauberer *m,* Zauberin *f.*

conk [kɒŋk] *itr* 1. *fam* (~ *out)* versagen; *mot* stehenbleiben; 2. *(Mensch)* umkippen; sterben.

conker ['kɒŋkə(r)] Roßkastanie *f.*

con·man ['kɒnmæn] ⟨*pl* -men⟩ Schwindler, Hochstapler *m.*

con·nect [kə'nekt] I *tr* 1. verbinden (*with* mit) *a. fig tele;* anschließen (*with* an) *a. tele;* 2. *tech* koppeln, kuppeln (*with* mit); an-, einschalten; 3. *fig* miteinander in Verbindung, in Zusammenhang bringen; ▶ ~ **through** *tele* durchschalten; **be ~ed with** in Verbindung stehen mit; **be well ~ed** gute Beziehun-

gen haben; **II** *itr* **1.** in Verbindung stehen (*with* mit); **2.** *(Zug)* Anschluß haben (*with* an); **3.** landen (*with a blow* e-n Schlag); **con·nec·ted** [—ɪd] *adj* **1.** verbunden; **2.** verwickelt (*with* in); **3.** verwandt; **4.** *fig* zusammenhängend, logisch aufgebaut; **con·nect·ing** [—ɪŋ] *adj* ▶ ~ **flight** Anschlußflug *m;* ~ **link** Zwischen-, Bindeglied *n;* ~ **train** Anschlußzug *m;* ~ **rod** Pleuelstange *f.*
con·nec·tion, con·nex·ion [kə'nekʃn] **1.** Verbindung *f a. tele;* Anschluß *m a. tele rail;* **2.** Zusammenhang *m;* **3.** *(a. pl)* Beziehungen *f* (*with* zu), Verbindungen *f pl;* **4.** Kundenkreis *m*, Kundschaft *f;* **5.** Bekanntschaft *f;* Bekanntenkreis *m;* Verwandtschaft *f;* ▶ **in this** ~ in diesem Zusammenhang; **in** ~ **with** im Zusammenhang mit; in bezug auf; **with good** ~**s** mit guten Beziehungen; **establish a** ~ sich e-n Kundenkreis schaffen; **what is the** ~ **between** ...? welcher Zusammenhang besteht zwischen, wie hängen ... zusammen? **parallel** ~ *el* Parallelschaltung *f;* **rail, train** ~ Bahn-, Zugverbindung *f;* **telephone** ~ Fernsprechverbindung *f;* ~ **by air, by sea** Flug-, Schiffsverbindung *f;* **con·nect·or** [kə'nektə(r)] *el* Lüsterklemme *f.*
con·niv·ance [kə'naɪvəns] (sträfliche) Nachsicht (*at, in* mit), Begünstigung *f;* **con·nive** [kə'naɪv] *itr (Unrecht)* mit Absicht übersehen (*at s.th.* etw); stillschweigend dulden (*at s.th.* etw); Vorschub leisten (*at s.th.* e-r S).
con·nois·seur [ˌkɒnə'sɜː(r)] Kenner *m.*
con·no·ta·tion [ˌkɒnə'teɪʃn] **1.** Nebenbedeutung, Assoziation *f;* ling Konnotation *f.*
con·quer ['kɒŋkə(r)] **I** *tr* **1.** erobern; **2.** besiegen, überwältigen, überwinden *a. fig (Schwierigkeit);* **3.** *fig* Herr werden über; **II** *itr* siegen, siegreich sein; **con·queror** ['kɒŋkərə(r)] Eroberer *m*, Eroberin *f;* Sieger(in) *m (f).*
con·quest ['kɒŋkwəst] **1.** Eroberung *f a. fig;* **2.** *jur* Errungenschaft *f.*
con·science ['kɒnʃəns] Gewissen *n;* ▶ **in all** ~ *fam* alles, was recht ist; **in, upon my** ~ *fam* sicher, bestimmt; **have on one's** ~ auf dem Gewissen haben; **have no** ~ gewissenlos sein; **con·scientious** [ˌkɒnʃɪ'enʃəs] *adj* gewissenhaft; **con·scien·tious·ness** [—nɪs] Gewissenhaftigkeit *f;* **conscientious objector** Kriegs-, Wehrdienstverweigerer *m.*
con·scious ['kɒnʃəs] *adj* **1.** bewußt; **2.** absichtlich, wissentlich; vorsätzlich; **3.** *med* bei Bewußtsein; ▶ **be** ~ **of s.th.** sich über etw im klaren sein; **con·scious·ness** ['kɒnʃəsnɪs] **1.** Bewußtsein *n* (*of* gen; *that* daß); **2.** Wissen *n* (*of* um), Kenntnis *f* (*of* von).
con·script [kən'skrɪpt] **I** *tr mil* einziehen, einberufen; **II** *s* ['kɒnskrɪpt] Wehr-

dienstpflichtige(r) *m;* **con·scrip·tion** [kən'skrɪpʃn] **1.** Einberufung *f;* **2.** Wehrpflicht *f.*
con·se·crate ['kɒnsɪkreɪt] *tr* **1.** *rel* weihen, konsekrieren; **2.** widmen; **3.** heiligen; **con·se·cra·tion** [ˌkɒnsɪ'kreɪʃn] **1.** *rel* Weihe, Konsekration *f;* **2.** Hingabe *f* (*to* an).
con·secu·tive [kən'sekjʊtɪv] *adj* aufeinander folgend, fortlaufend; ▶ ~ **clause** *gram* Konsekutivsatz *m;* ~ **interpreting** Konsekutivdolmetschen *n;* **con·secu·tive·ly** [—lɪ] *adv* nacheinander; fortlaufend.
con·sen·sus [kən'sensəs] **1.** Übereinstimmung *f;* **2.** (~ *of opinion*) übereinstimmende Meinung, allgemeine Ansicht.
con·sent [kən'sent] **I** *itr* einwilligen (*to* in), einverstanden sein (*to* mit); **II** *s* Einwilligung *f* (*to* in); Einverständnis *n* (*to* mit); Zustimmung *f* (*to* zu); ▶ **by mutual** ~ in gegenseitigem Einvernehmen; **give one's** ~ **to** seine Zustimmung erteilen zu.
con·se·quence ['kɒnsɪkwəns] **1.** Folge, Konsequenz *f;* Ergebnis *n;* **2.** Folgerung *f*, Schluß *m;* **3.** Bedeutung, Wichtigkeit *f*, Einfluß *m;* ▶ **in** ~ folglich; **in** ~ **of** infolge *gen;* **of** ~ bedeutend, wichtig (*to* für); **of no** ~ unwichtig, unbedeutend; **be the** ~ **of s.th.** die Folge e-r S sein; **have serious** ~**s** ernste Folgen haben; **take, bear the** ~**s** die Folgen tragen; **that's of no further** ~ das fällt nicht weiter ins Gewicht; **con·se·quent** ['kɒnsɪkwənt] *adj* folgend (*upon* auf), sich ergebend (*upon* aus); **conse·quen·tial** [ˌkɒnsɪ'kwenʃl] *adj* **1.** sich ergebend (*on* aus); **2.** dünkelhaft; **3.** folgerichtig; **con·se·quent·ly** ['kɒnsɪkwəntlɪ] *adv* folglich.
con·ser·va·tion [ˌkɒnsə'veɪʃn] **1.** Erhaltung, Bewahrung *f;* Schutz *m;* **2.** Umweltschutz *m;* **3.** Konservierung *f;* ▶ **soil** ~ Bodenmelioration *f;* ~ **area** Naturschutzgebiet *n;* Gebiet *n* unter Denkmalschutz; **con·ser·va·tion·ist** [ˌkɒnsə'veɪʃənɪst] Umweltschützer(in) *m (f);* Denkmalpfleger(in) *m (f);* **conservation technology** Umweltschutztechnik *f.*
con·ser·va·tism [kən'sɜːvətɪzəm] *bes. pol* Konservat(iv)ismus *m;* **con·ser·va·tive** [kən'sɜːvətɪv] **I** *adj* **1.** konservativ *a. pol;* **2.** vorsichtig, zurückhaltend; **II** *s pol* Konservative(r) *f m.*
con·ser·va·toire [kən'sɜːvətwɑː(r)] *Br* Musikhochschule *f.*
con·ser·va·tory [kən'sɜːvətrɪ] **1.** Treibhaus *n;* Wintergarten *m;* **2.** *mus* Konservatorium *n*, Musik(hoch)schule *f.*
con·serve [kən'sɜːv] **I** *tr* **1.** erhalten, bewahren; **2.** sparsam umgehen mit; **3.** konservieren, einmachen, -kochen;

II *s meist pl* (das) Eingemachte.
con·sider [kən'sɪdə(r)] I *tr* 1. betrachten, erwägen, bedenken; 2. reiflich überlegen, prüfen; 3. berücksichtigen, Rücksicht nehmen auf; 4. ansehen, betrachten als, halten für; ▶ **all things ~ed** wenn man alles in Betracht zieht; I ~ ich bin der Auffassung (*that* daß); II *itr* nachdenken, überlegen; **con·sider·able** [kən'sɪdərəbl] *adj* 1. bedeutend; 2. beachtlich, beträchtlich; **con·sider·ate** [kən'sɪdərət] *adj* rücksichtsvoll, aufmerksam, zuvorkommend (*of* gegen); ▶ **be ~ of** Rücksicht nehmen auf; **con·sider·ation** [kən,sɪdə'reɪʃn] 1. Überlegung, Erwägung *f*; 2. Gesichtspunkt *m*; 3. Beweggrund, Anlaß *m*; Umstand *m*; 4. Rücksicht(nahme), Aufmerksamkeit, Zuvorkommenheit *f* (*of* gegenüber); 5. Vergütung *f*, Entgelt *n*; Gegenleistung *f*; ▶ **after long ~** nach reiflicher Überlegung; **in ~ of** in Anbetracht *gen*, im Hinblick, mit Rücksicht auf; **for a ~** entgeltlich; **of no ~ (at all)** (völlig) belanglos, unerheblich; **on, under no ~** auf keinen Fall, unter keinen Umständen; **on further ~** bei näherer Überlegung; **out of ~ for** mit Rücksicht auf; **in** Anbetracht *gen*; **be (still) under ~** noch nicht entschieden sein; **come into ~** in Frage, in Betracht kommen; **give careful ~ to s.th.** etw sorgfältig erwägen, überdenken; **take into ~** in Betracht, in Erwägung ziehen; berücksichtigen; **con·sidered** [kən'sɪdəd] *adj* überlegt; ▶ **your ~ opinion** Ihre geschätzte Meinung; **con·sider·ing** [kən'sɪdərɪŋ] I *prep* in Anbetracht *gen*; in Hinblick auf; II *adv fam* den Umständen nach; III *conj* da.
con·sign·ment [kən'saɪnmənt] 1. Versand *m*, Zustellung, Aushändigung *f*; 2. (Waren)Sendung *f*; 3. Kommission *f*; Konsignation *f*.
con·sist [kən'sɪst] *itr* bestehen, sich zusammensetzen (*of* aus); ▶ **~ in** bestehen in; **con·sist·ency** [kən'sɪstənsɪ] 1. Dichte, Festigkeit, Konsistenz *f*; 2. Übereinstimmung *f*; 3. logische Folge, Zusammenhang *m*, Folgerichtigkeit *f*; 4. Beständigkeit, Einheitlichkeit *f*; **con·sist·ent** [kən'sɪstənt] *adj* 1. in Übereinstimmung, in Einklang, vereinbar (*with* mit); 2. beständig, gleichbleibend; 3. konsequent (*about s.th.* in etw).
con·so·la·tion [,kɒnsə'leɪʃn] Trost *m*; **consolation prize** Trostpreis *m*; **con·sola·tory** [kən'sɒlətərɪ] *adj* tröstend.
con·sole¹ ['kɒnsəʊl] 1. Konsole *f*; 2. Wandgestell *n*; 3. Musiktruhe *f*; 4. *radio* Gehäuse *n*; 5. *tech* Steuerpult *n*.
con·sole² [kən'səʊl] *tr* trösten (*for* über).
con·soli·date [kən'sɒlɪdeɪt] *tr* 1. stär-

ken, festigen; 2. miteinander verbinden, vereinigen, zusammenschließen; zusammenlegen *a. fin*; 3. *fin* fundieren, konsolidieren; **con·soli·dated** [—ɪd] *adj* 1. *fin* fundiert, konsolidiert; 2. *com Am* gemeinsam, für mehrere Betriebe arbeitend; **con·soli·da·tion** [kən,sɒlɪ'deɪʃn] 1. Stärkung, Festigung *f*; 2. Verbindung, Vereinigung *f*, Zusammenschluß *m*, Fusion *f*; Zusammenlegung *f a. fin*; 3. *fin* Konsolidierung *f*.
con·sommé [kən'sɒmeɪ] (klare) Fleischbrühe *f*.
con·son·ant ['kɒnsənənt] I *adj* 1. übereinstimmend (*with* mit); 2. harmonisch; 3. *gram* konsonantisch; II *s gram* Konsonant *m*.
con·sort [kən'sɔːt] I *itr* 1. Umgang haben, verkehren (*with* mit); 2. in Einklang stehen, harmonieren (*with* mit); II *s* ['kɒnsɔːt] 1. Gemahl(in *f*) *m*; 2. *mar* Begleitschiff *n*; ▶ **prince ~** Prinzgemahl *m*; **con·sor·tium** [kən'sɔːtɪəm] Konsortium *n*.
con·spicu·ous [kən'spɪkjʊəs] *adj* 1. deutlich sichtbar; 2. auffällig, auffallend; 3. bemerkenswert (*by, for* durch, wegen); ▶ **be ~ by one's absence** durch Abwesenheit glänzen; **make o.s. ~** sich auffällig benehmen.
con·spir·acy [kən'spɪrəsɪ] Verschwörung *f*; **con·spira·tor** [kən'spɪrətə(r)] Verschwörer(in) *m* (*f*); **con·spire** [kən'spaɪə(r)] *itr* 1. sich verschwören (*against* gegen) *a. fig*; 2. *fig* zusammenwirken.
con·stable ['kʌnstəbl] Polizist(in) *m* (*f*); **con·sta·bu·lary** [kən'stæbjʊlərɪ] Polizei *f*.
con·stancy ['kɒnstənsɪ] 1. Standhaftigkeit, Beständigkeit *f*; 2. Treue *f*; 3. Stabilität *f*; Dauerhaftigkeit *f*.
con·stant ['kɒnstənt] I *adj* 1. standhaft, beständig; 2. ununterbrochen, fortwährend, dauernd; 3. gleichbleibend, konstant; II *s math phys* Konstante *f*; **con·stant·ly** [—lɪ] *adv* (be)ständig, immer(zu), unaufhörlich.
con·stel·la·tion [,kɒnstə'leɪʃn] Sternbild *n*, Konstellation *f a. fig*.
con·ster·na·tion [,kɒnstə'neɪʃn] Bestürzung, Fassungslosigkeit *f*.
con·sti·pate ['kɒnstɪpeɪt] *tr med* verstopfen; ▶ **be ~d** Verstopfung haben; **con·sti·pa·tion** [,kɒnstɪ'peɪʃn] Verstopfung *f*.
con·sti·tu·ency [kən'stɪtjʊənsɪ] 1. Wähler(schaft *f*) *m pl* (*e-s Wahlbezirks*); 2. Wahlbezirk, -kreis *m*; **con·sti·tu·ent** [kən'stɪtjʊənt] I *adj* 1. wählend; 2. verfassunggebend; 3. (*Teil*) einzeln; II *s* 1. Wähler(in) *m* (*f*); 2. Auftrag-, Vollmachtgeber(in), Mandant(in) *m* (*f*); 3. (*~ part*) Grundbestandteil *m*; Bauteil *m*; Komponente *f*; Satzteil *m*.

con·sti·tute ['kɒnstɪtjuːt] *tr* **1.** *(Person)* einsetzen, ernennen; **2.** *(Körperschaft)* konstituieren, begründen; *(Ausschuß)* bilden; *(Einrichtung)* schaffen; **3.** *(Gesetz)* in Kraft setzen; **4.** *(ein Ganzes)* ausmachen, bilden, darstellen; **5.** *(Summe)* betragen.

con·sti·tu·tion [ˌkɒnstɪ'tjuːʃn] **1.** Errichtung, Begründung, Konstituierung *f*; Einsetzung *f*; Schaffung, Bildung *f*; **2.** (Auf)Bau *m*, Struktur *f*; **3.** *(Mensch)* Konstitution *f*; **4.** Wesensart *f*, Charakter *m*; **5.** Gesellschafts-, Staats-, Regierungsform *f*; **6.** Verfassung *f*, (Staats) Grundgesetz *n*; Satzung *f*; **con·sti·tu·tional** [ˌkɒnstɪ'tjuːʃənl] I *adj* **1.** Verfassungs-; *(Monarchie)* konstitutionell; *(Regierung, Vorgang)* verfassungsmäßig; **2.** *med* konstitutionell, der Veranlagung entsprechend; *(Abneigung)* naturgegeben; **it's not** ~ das ist verfassungswidrig; II *s* Spaziergang *m*.

constrain [kən'streɪn] *tr* (er)zwingen; nötigen; ▶ **be** ~**ed by circumstances** Sachzwängen unterliegen; **find o.s.** ~**ed** sich gezwungen, genötigt sehen; **con·straint** [kən'streɪnt] **1.** Zwang *m*; **2.** Verlegenheit, Befangenheit *f*; Zurückhaltung *f*; **3.** Einschränkung *f*; ▶ **under** ~ unter Zwang, zwangsweise; **be under** ~ sich in e-r Zwangslage befinden.

con·struct [kən'strʌkt] I *tr* **1.** (auf-, er)bauen, errichten, konstruieren; **2.** *fig* aus-, erdenken, ersinnen; *(Theorie)* entwickeln; **3.** *gram (Satz)* konstruieren; II ['kɒnstrʌkt] *s* Gedankengebäude *n*; **con·struc·tion** [kən'strʌkʃn] **1.** Bau *m*, Erbauung, Errichtung *f*; Konstruktion *f*; **2.** Gestaltung, Konstruktion *f*; Bauart, -weise, Ausführung *f*; Aufbau *m*; **3.** Gebäude *n*, Bau(werk *n*) *m*, Anlage *f*; **4.** Deutung, Erklärung, Auslegung *f*; **5.** *gram* Konstruktion *f*; Satzbau *m*; ▶ **under** ~, **in the course of** ~ im Bau; **put a (good, wrong)** ~ **on** (günstig, falsch) auslegen; ~ **material** Baumaterial *n*; ~ **supervision** Bauaufsicht *f*; **con·struc·tional** [kən'strʌkʃnl] *adj* baulich; ▶ ~ **drawing** Konstruktionszeichnung *f*; ~ **element** Bauelement *n*; **con·struc·tive** [kən'strʌktɪv] *adj* **1.** *fig* aufbauend, konstruktiv, positiv; **2.** *(Mensch)* schöpferisch, erfinderisch; **3.** *jur* hypothetisch; **con·structor** [kən'strʌktə(r)] Erbauer *m*; Konstrukteur *m*.

con·strue [kən'struː] I *tr* **1.** *(Satz)* konstruieren; **2.** wörtlich übersetzen; **3.** erklären, deuten, auslegen; II *itr (Satz)* sich konstruieren lassen.

con·sul ['kɒnsl] Konsul *m*; **con·su·lar** ['kɒnsjʊlə(r)] *adj* konsularisch; **con·su·late** ['kɒnsjʊlət] Konsulat *n*; **consul general** ⟨*pl* -s-⟩ Generalkonsul *m*; **con-** sulate general Generalkonsulat *n*.

con·sult [kən'sʌlt] I *tr* **1.** um Rat fragen, zu Rate ziehen, konsultieren; **2.** *(Buch)* nachschlagen in; **3.** beachten, berücksichtigen, bedenken; II *itr* sich beraten (*with s.o. about s.th.* mit jdm über etw); **con·sul·tan·cy** [kən'sʌltənsɪ] Beratung *f*; Beratungsbüro *n*; **con·sul·tant** [kən'sʌltənt] I *adj* beratend; II *s* **1.** Berater(in) *m (f)*; (Rechts)Konsulent(in) *m (f)*; **2.** *med* Spezialist(in); Facharzt *m*, -ärztin *f*; **con·sul·ta·tion** [ˌkɒnsʌl'teɪʃn] **1.** Befragung, Konsultation, Beratung *f* (*with* mit); **2.** Konferenz (*on* über), Sitzung *f*; ▶ **on** ~ **with** nach Rücksprache mit; ~ **hour** Sprechstunde *f*; **con·sult·ing** [kən'sʌltɪŋ] *adj* beratend; ▶ ~**-room** *med* Sprechzimmer *n*.

con·sume [kən'sjuːm] *tr* **1.** verzehren, konsumieren; **2.** ver-, aufbrauchen; **3.** *(Geld, Zeit, Kraft)* verbrauchen; **4.** *(Zeit)* in Anspruch nehmen; **5.** zerstören, vernichten; *(Feuer)* verzehren; **con·sumer** [kən'sjuːmə(r)] Verbraucher(in), Konsument(in), Abnehmer(in) *m (f)*; ▶ ~**-friendly** verbraucherfreundlich; ~ **resistance** Kaufunlust *f*; ~ **society** Konsumgesellschaft *f*; ~ **durables** *pl* Gebrauchsgüter *n pl*; ~**-goods** *pl* Konsum-, Verbrauchsgüter *pl*; ~ **protection** Verbraucherschutz *m*; ~ **advice centre** Verbraucherzentrale *f*; **con·sumer·ism** [—ɪzəm] Konsumsteigerung *f*; Konsumverhalten *n*.

con·sum·mate ['kɒnsəmeɪt] I *tr* **1.** vollenden; **2.** *jur (Ehe)* vollziehen; II *adj* [kən'sʌmət] vollständig, vollkommen, vollendet; **con·sum·ma·tion** [ˌkɒnsə'meɪʃn] **1.** Vollendung *f*; Abschluß *m a. com*, Ende *n*; **2.** *jur* Vollziehung *f (d. Ehe)*; **3.** *fig* Höhepunkt *m*; Erfüllung *f*.

con·sump·tion [kən'sʌmpʃn] **1.** Verbrauch, Konsum *m* (*of* an); Absatz *m*; **2.** *med* Schwindsucht *f*; ▶ ~ **of energy, fuel, materials, water** Energie-, Brennstoff-, Material-, Wasserverbrauch *m*; **con·sump·tive** [kən'sʌmptɪv] *adj* schwindsüchtig, tuberkulös.

con·tact ['kɒntækt] I *s* **1.** Kontakt *m*; Berührung *f a. el*; *el* Kontakt *m*; **2.** *fig* Verbindung (*with* mit), Beziehung *f* (*with* zu); Kontaktperson *f*; Verbindungsmann *m*; **3.** *med* Kontaktperson *f*; **4.** Ansprechpartner(in) *m (f)*; ▶ **be in** ~ **with** in Verbindung stehen mit; **make** ~ Verbindung anknüpfen (*with* mit); *el* Kontakt herstellen; II *tr* Fühlung nehmen, in Verbindung treten mit; sich wenden an; ▶ ~ **by telephone** sich telefonisch in Verbindung setzen mit, anrufen; **try to** ~ **s.o.** versuchen, jdn zu erreichen; **contact-breaker** *el* Unterbrecher *m*; **contact lens** Kontaktlinse *f;* **contact man** ⟨*pl* -men⟩ Verbindungsmann *f;* **contact print** *phot* Kontaktabzug *m.*

con·tagion [kən'teɪdʒən] 1. *med* Ansteckung, Übertragung *f;* ansteckende Krankheit, Seuche *f;* 2. *fig* verderblicher Einfluß; **con·tagious** [kən'teɪdʒəs] *adj* ansteckend *a. fig.;* übertragbar.

con·tain [kən'teɪn] I *tr* 1. enthalten; 2. (um)fassen, einschließen, in sich begreifen; 3. *(Gefühl)* beherrschen, zügeln; 4. begrenzen, einschließen; II *refl* sich beherrschen, sich in der Gewalt haben, sich zurückhalten; **con·tainer** [kən'teɪnə(r)] 1. Behälter *m;* Gefäß *n;* (Benzin)Kanister *m;* 2. *com* Container *m;* **con·tainer·ize** [kən'teɪnəraɪz] *tr* 1. auf Containerbetrieb umstellen; 2. in Containern transportieren; **container ship** Containerschiff *n;* **con·tainment** [kən'teɪnmənt] 1. *mil* Abwehr *f;* In-Schach-Halten *n;* 2. *(in Kernkraftwerk)* Sicherheitsbehälter *m.*

con·tami·nate [kən'tæmɪneɪt] *tr* 1. verschmutzen, verunreinigen; 2. *med* verseuchen *a. mil (Gelände);* (radioaktiv) verseuchen; 3. *fig* verderben; ▶ ~ed by radiation strahlenverseucht; **con·tami·na·tion** [kən,tæmɪ'neɪʃn] 1. Verschmutzung, Verunreinigung *f;* 2. (radioaktive) Verseuchung *f;* 3. Ansteckung *f;* verderblicher Einfluß; 4. *gram* Kontamination *f.*

con·tem·plate ['kɒntempleɪt] I *tr* 1. betrachten, beschauen; 2. nachdenken, (nach)sinnen über; 3. ins Auge fassen, vorhaben, beabsichtigen; 4. erwarten, rechnen mit; II *itr* (nach)sinnen, meditieren *(on* über); **con·tem·pla·tion** [,kɒntem'pleɪʃn] 1. Betrachtung *f;* 2. Nachdenken, (Nach)Sinnen *n;* 3. Beschaulichkeit *f;* 4. Absicht *f;* 5. Erwartung *f;* **con·tem·pla·tive** [kən'templətɪv] *adj* nachdenklich, besinnlich, beschaulich.

con·tem·por·ary [kən'temprərɪ] I *adj* 1. gleichzeitig *(with* mit); 2. zeitgenössisch; 3. gleichaltrig; II *s* Zeit-, Altersgenosse *m,* -genossin *f.*

con·tempt [kən'tempt] 1. Verachtung, Geringschätzung *f;* 2. Schande *f;* 3. *(~ of court)* Mißachtung *f* des Gerichts; Beeinflussung *f* der Rechtspflege; **con·tempt·ible** [kən'temptəbl] *adj* verächtlich, verachtenswert; **con·temptu·ous** [kən'temptʃʊəs] *adj* verächtlich, geringschätzig.

con·tend [kən'tend] I *itr* 1. kämpfen, ringen; 2. sich bewerben *(for* um); 3. streiten, disputieren *(with s.o. about s.th.* mit jdm über etw); ▶ ~ with s.o., s.th. mit jdm, etw fertigwerden; II *tr* verfechten; behaupten *(that* daß).

con·tent[1] ['kɒntent] *meist pl* 1. Rauminhalt *m,* Volumen, Fassungsvermögen *n;*

2. Inhalt *m;* 3. Inneneinrichtung *f;* 4. *fig* Gehalt *m;* ▶ **table of** ~s *(Buch)* Inhaltsverzeichnis *n.*

con·tent[2] [kən'tent] I *adj* 1. zufrieden *(with* mit); 2. geneigt, bereit, gewillt *(to do* zu tun); II *s* Zufriedenheit *f;* ▶ **to one's heart's** ~ nach Herzenslust; III *tr* zufriedenstellen, befriedigen; ▶ ~ o.s. with zufrieden sein, sich begnügen mit; **con·tented** [kən'tentɪd] *adj* zufrieden *(with* mit).

con·ten·tion [kən'tenʃn] 1. Streit, Zank *m;* 2. Disput *m,* Wortgefecht *n,* Kontroverse *f;* 3. Streitpunkt *m;* 4. *jur* Behauptung *f;* **con·ten·tious** [kən'tenʃəs] *adj* 1. streitsüchtig; 2. *jur* streitig; *(Sache)* strittig, umstritten.

con·tent·ment [kən'tentmənt] Zufriedenheit *f.*

con·test [kən'test] I *tr* 1. umkämpfen, kämpfen um; 2. sich bemühen, sich bewerben, wetteifern um; 3. bestreiten, in Frage stellen; *(Wahl)* anfechten; ▶ ~ a seat in Parliament für e-n Sitz im Unterhaus kandidieren; II *itr* streiten, kämpfen *(with, against s.o.* mit jdm); III *s* ['kɒntest] 1. Kampf, Streit *m;* 2. Wettkampf, -streit, -bewerb *m (for* um); **con·testant** [kən'testənt] 1. Wettkämpfer(in) *m (f);* 2. Kandidat(in) *m (f);* 3. Bewerber(in) *m (f).*

con·text ['kɒntekst] 1. (Satz-, Sinn)Zusammenhang *m;* 2. Milieu *n;* Umgebung *f;* Rahmen *m;* ▶ **in this** ~ in diesem Zusammenhang; **con·tex·tual** [kən'tekstʃʊəl] *adj* Kontext-; **con·tex·tual·ize** [—aɪz] *tr* in einen Zusammenhang setzen.

con·ti·nent[1] ['kɒntɪnənt] *adj* 1. zurückhaltend; enthaltsam; keusch; 2. *med* fähig, Stuhl u. Harn zurückzuhalten.

con·ti·nent[2] ['kɒntɪnənt] Festland *n;* Kontinent *m;* ▶ **the C~** (Kontinental)Europa *n;* **con·ti·nen·tal** [,kɒntɪ'nentl] I *adj* kontinental, europäisch; ▶ ~ **climate** Landklima *n;* ~ **quilt** Steppdecke; II *s* Bewohner(in) *m (f)* des Kontinents; (Festlands)Europäer(in) *m (f).*

con·tin·gency [kən'tɪndʒənsɪ] 1. Möglichkeit *f;* 2. Zufälligkeit *f;* Zufall *m;* Eventualität *f;* 3. *pl* unvorhergesehene Ausgaben *f pl;* ▶ **be prepared for all contingencies** für alle Eventualitäten vorbereitet sein; ~ **plan** Ausweichplan *m;* **con·tin·gent** [kən'tɪndʒənt] I *adj* 1. möglich, eventuell; unsicher, ungewiß; zufällig; 2. abhängig *(on, upon* von); bedingt; II *s* Kontingent *n,* Quote *f,* Anteil *m.*

con·tin·ual [kən'tɪnjʊəl] *adj* 1. wiederholt, ständig wiederkehrend; 2. fortwährend, beständig, dauernd; **con·tin·ual·ly** [—lɪ] *adv* immer wieder; ohne Unterbrechung; **con·tinu·ation**

[kən‚tınju'eıʃn] **1.** Fortsetzung, Weiter-
führung *f;* **2.** Fortdauer *f,* -bestehen *n,*-
bestand *m;* **3.** Beibehaltung *f;* **4.** Erwei-
terung *f,* Zusatz *m;* Verlängerung *f;*
5. *com* Prolongation *f;* **con·tinue**
[kən'tınju:] **I** *tr* **1.** fortsetzen, fortfahren,
weitermachen mit; **2.** verlängern, aus-
dehnen; **3.** wiederaufnehmen; **4.** (bei)be-
halten; **5.** *jur* vertagen; ▶ ~ **to do s.th.**
etw weiterhin tun; ~ **to read, sing** wei-
terlesen, -singen; **to be ~d** Fortsetzung
folgt; **II** *itr* **1.** fortfahren, weitermachen;
fortdauern, anhalten; **2.** (ver)bleiben;
weiterhin sein, sich weiterhin befinden;
3. weitergehen, fortgeführt werden; **4.**
sich fortsetzen, sich (weiter) erstrecken;
5. wieder anfangen, fortfahren; ▶ ~ **on**
(one's way) weiterfahren, -reisen; **con·**
ti·nu·ity [‚kɒntı'nju:ətı] **1.** (Fort)Dauer,
Beständigkeit, Stetigkeit *f;* **2.** natürliche
Folge, Zusammenhang *m;* **3.** *film* An-
schluß *m;* **4.** *radio* Ansagen *f pl;* **5.** *fig*
roter Faden; ▶ **in** ~ im Zusammen-
hang, in der richtigen Reihenfolge; **out**
of ~ nicht im Zusammenhang; ~ **of**
programme Sendefolge *f;* ~ **girl** Script-
girl *n;* **con·tinu·ous** [kən'tınjuəs] *adj*
1. zusammenhängend, durchgehend,
-laufend; **2.** stetig, beständig; fortlau-
fend; ununterbrochen, dauernd; **3.** kon-
tinuierlich; ▶ ~ **current** *el* Gleichstrom
m; ~ **paper,** ~ **stationery** *EDV* Endlos-
papier *n;* ~ **performance** *film* durch-
gehende Vorstellung; **present, past** ~
Verlaufsform *f* Präsens, Vergangenheit.
con·tort [kən'tɔ:t] *tr* **1.** verdrehen, ver-
zerren *a. fig;* **2.** *tech* verformen; **con·**
tor·tion [kən'tɔ:ʃn] **1.** Verzerrung *f;*
Krümmung *f;* **2.** *tech* Verformung *f;*
3. Verrenkung *f;* **con·tor·tion·ist**
[kən'tɔ:ʃənıst] Schlangenmensch *m.*
con·tour ['kɒntuə(r)] **I** *tr* **1.** umreißen;
2. *tech* formen, profilieren; **3.** *geog* e-r
Höhenlinie folgen lassen; **II** *s* Umriß(li-
nie *f*) *m;* **contour line** *geog* Höhenlinie
f; **contour map** Höhenschichtkarte *f.*
contra·band ['kɒntrəbænd] **1.** Schmug-
gel *m;* **2.** Schmuggelware *f.*
contra·cep·tion [‚kɒntrə'sepʃn] Emp-
fängnisverhütung *f;* **contra·cep·tive**
[‚kɒntrə'septıv] **I** *adj* empfängnisverhü-
tend; **II** *s* Verhütungsmittel *n.*
con·tract¹ [kən'trækt] **I** *tr* **1.** zusammen-
ziehen, verkürzen; **2.** enger machen, ein-
engen; **3.** *(Pupille)* verengen; **4.** *(Schul-*
den) ansammeln; **5.** *(Krankheit)* erkran-
ken (an); entwickeln; **II** *itr* **1.** sich zu-
sammenziehen; zusammenschrumpfen;
einlaufen; **2.** enger werden, sich veren-
ge(r)n.
contract² ['kɒntrækt] **I** *s* **1.** Vertrag *m,*
Abkommen *n,* Kontrakt *m;* **2.** Überein-
kunft, Vereinbarung *f;* **3.** (Liefer-,
Werk)Vertrag *m;* **4.** *(Bridge)* Kontrakt
m; ▶ **by** ~ vertraglich; **enter into,**

make a ~ e-n Vertrag abschließen;
breach of ~ Vertragsbruch *m;* **mar-**
riage ~ Ehevertrag *m;* ~ **of carriage**
Frachtvertrag *m;* ~ **of employment** Ar-
beits-, Anstellungsvertrag *m;* **II** *adj* ver-
traglich festgelegt, vereinbart; **III** *tr*
[kən'trækt] **1.** *(Schulden)* machen; **2.**
(Krankheit) sich zuziehen, bekommen;
3. *(Angewohnheit, Laster)* annehmen;
(Vorliebe) entwickeln; **4.** *(Freund-*
schaft) schließen; *(Ehe)* eingehen; *(Be-*
kanntschaft) machen; **5.** *(Verpflich-*
tung) übernehmen; **IV** *itr* [kən'trækt] **1.**
sich vertraglich verpflichten; **2.** sich ver-
bünden; **V** *(mit Präposition)* **contract in**
itr sich anschließen; *(e-r Versicherung)*
beitreten; **contract out** *itr* austreten *(of*
aus); *tr (Arbeit)* (außer Haus) vergeben.

con·trac·tion [kən'trækʃn] **1.** Zusam-
menziehung *f;* *(Pupille)* Verengung *f;*
2. *gram* Verkürzung *f;* **3.** *med* Wehe *f;*
(von Krankheit) Erkrankung *f (of* an).
con·tractor [kən'træktə(r)] **1.** Vertrag-
schließende(r) *f (m);* Lieferant(in) *m (f);*
2. (Bau)Unternehmer(in) *m (f);* **con·**
trac·tual [kən'træktʃuəl] *adj* vertrag-
lich.
con·tra·dict [‚kɒntrə'dıkt] *tr* **1.** wider-
sprechen *(s.o.* jdm); **2.** für unrichtig er-
klären; **3.** im Widerspruch stehen *(s.o.,*
s.th. zu jdm, zu e-r S), unvereinbar sein
(s.th. mit e-r S); **con·tra·dic·tion**
[‚kɒntrə'dıkʃn] **1.** Widerspruch *m,* Wi-
derrede *f;* **2.** Unvereinbarkeit *f;* **con·**
tra·dic·tory [‚kɒntrə'dıktərı] *adj* (sich)
widersprechend, widerspruchsvoll.
con·tralto [kən'træltəu] ⟨*pl* -traltos⟩
Alt(stimme *f*) *m;* Altistin *f.*
con·trap·tion [kən'træpʃn] *fam pej* Ap-
parat *m;* komisches Ding(s).
con·trary¹ ['kɒntrərı] **I** *adj* **1.** entgegen-
gesetzt, gegenteilig; gegensätzlich;
2. ungünstig; **3.** entgegen, gegen; ▶ ~
to entgegen *dat,* gegen; ▶ ~ **to expec-**
tations wider Erwarten; ~ **to order, to**
rule befehls-, regelwidrig; **II** *s* Gegenteil
n (to von); ▶ **on the** ~ im Gegenteil; **to**
the ~ im entgegengesetzten Sinn; **proof**
to the ~ Gegenbeweis *m.*
con·trary² [kən'treərı] *adj* widerspen-
stig, bockig.
con·trast [kən'trɑ:st] **I** *tr* vergleichen
(with mit); gegenüberstellen *(with* dat),
in Gegensatz stellen *(with* zu); **II** *itr* sich
(stark) abheben *(with* von), abstechen
(with von, gegen), kontrastieren; im Wi-
derspruch stehen *(with* zu); **III** *s*
['kɒntrɑ:st] Gegensatz *m (to* zu); Kon-
trast *m;* ▶ **by** ~ **with** im Vergleich zu;
in ~ **to** im Gegensatz zu; **contrast**
control *TV EDV* Kontrastregelung *f;*
Kontrastregler *m.*
con·tra·vene [‚kɒntrə'vi:n] *tr* **1.** zuwi-
derhandeln *(s.th.* e-r S); verstoßen *(a*

law gegen ein Gesetz); *(Bestimmung, Vorschrift)* nicht beachten; **2.** widersprechen (*s.th.* e-r S); in Abrede stellen, Stellung nehmen (*s.th.* gegen etw); **3.** im Widerspruch stehen (*s.th.* zu e-r S); **con·tra·ven·tion** [ˌkɒntrə'venʃn] Zuwiderhandlung *f,* Verstoß *m;* ▶ **in ~ of the rules** entgegen den Vorschriften.

con·trib·ute [kən'trıbjuːt] **I** *tr* **1.** geben (*to* für); beitragen, beisteuern *a. fig;* **2.** *(e-n Beitrag)* liefern; **II** *itr* **1.** mitwirken, helfen (*to* bei); **2.** beitragen (*to* zu); ▶ **~ to a newspaper** für e-e Zeitung schreiben; **con·tri·bu·tion** [ˌkɒntrı'bjuːʃn] **1.** Mitwirkung *f;* **2.** Beitrag *m* (*to* zu); **3.** Spende *f;* Beitragsleistung, Beisteuer *f;* **4.** *com* Einlage *f;* **con·tribu·tor** [kən'trıbjuːtə(r)] *(Zeitschrift)* Mitarbeiter(in) *m (f); (Geld)* Spender(in) *m (f);* **con·tribu·tory** [kən'trıbjutrı] *adj* **1.** beitragend (*to* zu); **2.** mitwirkend (*to* an); mitverursachend.

con·trite ['kɒntraıt] *adj* zerknirscht; reumütig; **con·trition** [kən'trıʃn] **1.** Zerknirschung *f,* Schuldbewußtsein *n;* **2.** Reue *f.*

con·triv·ance [kən'traıvəns] **1.** Erfindung(sgabe) *f;* **2.** Plan, Entwurf, Gedanke *m,* Idee *f;* **3.** Kunstgriff, Kniff, Dreh *m;* **4.** Erfindung, Vorrichtung *f,* Apparat *m;* **con·trive** [kən'traıv] **I** *tr* **1.** ausdenken, ersinnen; **2.** erfinden; planen, entwerfen; **3.** zustande, zuwege bringen, bewerkstelligen; **II** *itr* ▶ **he ~d to escape** es gelang ihm zu fliehen; **she ~d to shock me** sie brachte es fertig, mich zu schockieren.

con·trol [kən'trəʊl] **I** *tr* **1.** beherrschen, in seiner Gewalt haben; **2.** e-n beherrschenden, entscheidenden Einfluß haben auf; **3.** leiten, lenken, dirigieren, steuern; **4.** in Schranken halten; zügeln, mäßigen, einschränken; **5.** beaufsichtigen, überwachen; prüfen, kontrollieren; **6.** *tech* regulieren, regeln, steuern; **II** *s* **1.** Herrschaft, Gewalt, Macht *f* (*of* über); **2.** Beherrschung *f,* beherrschender, entscheidender Einfluß (*of* auf); **3.** Leitung, Lenkung, Führung, Steuerung *f;* **4.** Bewirtschaftung *f;* **5.** Zurückhaltung, Zügelung, Mäßigung, Einschränkung *f;* **6.** Aufsicht (*of, over* über), Beaufsichtigung, Überwachung *f;* Kontrolle *f;* **7.** *tech* Regulierung, Steuerung, Betätigung, Bedienung *f;* Schaltung *f;* Regler *m; aero meist pl* Steuerung *f;* **8.** (*~ room*) Zentrale *f;* (*~ tower*) Kontrollturm *m;* ▶ **out of ~** herren-, führerlos; **under ~** unter Aufsicht *od* Kontrolle; **gain, get ~ of, over** die Herrschaft gewinnen über; **get, bring under ~** unter Kontrolle bringen; **lose ~ of, over** die Gewalt, die Herrschaft verlieren über; **remote ~** Fernlenkung, -steuerung *f;* **volume ~** *radio* Lautstärkereg-

ler *m;* **control board** Schalttafel *f;* **control centre** Schaltzentrale *f;* Kontrollzentrum *n;* **control character** *EDV* Steuerzeichen *n;* **control column** Steuersäule *f;* **control desk** Schaltpult *n; TV* Regiepult *n;* **con·trol·lable** [—əbl] *adj* **1.** lenkbar; regulierbar; **2.** kontrollierbar; **con·trol·led** [kən'trəʊld] *adj* beherrscht; kontrolliert; *(Preise)* gebunden; **con·trol·ler** [kən'trəʊlə(r)] **1.** Leiter(in) *m (f);* Aufseher(in) *m (f),* Aufsichtführende(r) *f m;* **2.** Rechnungsprüfer(in) *m (f);* **3.** Kontrolleur(in) *m (f);* **4.** *el* Steuer-, Fahrschalter, Regler *m;* **control lever** Schalthebel *m;* **control light** Kontrollampe *f;* **control panel** Schalttafel *f; aero TV* Bedienungsfeld *n; mot* Armaturenbrett *n; EDV* Betriebs-, Steuerpult *n;* **control point** Kontrollpunkt *m,* -stelle *f;* **control switch** Kontrollschalter *m;* **control tower** *aero* Kontrollturm *m;* **control unit** *EDV* Steuer-, Leitwerk *n.*

con·tro·ver·sial [ˌkɒntrə'vɜːʃl] *adj* **1.** strittig, umstritten; **2.** polemisch, streitlustig; ▶ **~ issue** Reizthema, umstrittenes Thema *n;* **be highly ~** stark umstritten sein; **con·tro·versy** ['kɒntrəvɜːsı, kən'trɒvəsı] **1.** Streitfrage *f;* Kontroverse *f;* **2.** (Wort)Streit, Disput *m,* (erregte) Debatte *f;* Polemik *f;* ▶ **beyond ~** unumstritten.

con·tusion [kən'tjuːʒn] Quetschung, Prellung *f.*

co·nun·drum [kə'nʌndrəm] Scherzfrage *f;* knifflige Frage *f.*

con·ur·ba·tion [ˌkɒnɜː'beıʃn] Ballungsraum *m.*

con·va·lesce [ˌkɒnvə'les] *itr* genesen, (wieder) gesund werden; ▶ **he is convalescing** es geht ihm (wieder) besser; **con·va·les·cence** [ˌkɒnvə'lesns] Genesung, Rekonvaleszenz *f;* **con·va·les·cent** [ˌkɒnvə'lesnt] **I** *adj* genesend; **II** *s* Rekonvaleszent(in) *m (f).*

con·vec·tion *phys* Konvektion *f;* **con·vection oven** Heißluftherd *n.*

con·vec·tor (heater) [kən'vektə(r) 'hiːtə(r)] Heizstrahler *m.*

con·vene [kən'viːn] **I** *itr* zusammenkommen, sich versammeln; **II** *tr* **1.** zusammenkommen lassen; *(e-e Versammlung)* einberufen; **2.** *jur* (vor)laden; **con·vener** [kən'viːnə(r)] Einberufende(r) *f m.*

con·veni·ence [kən'viːnıəns] **1.** Bequemlichkeit, Annehmlichkeit *f;* Vorteil *m;* **2.** *meist pl* Bequemlichkeiten *f pl,* Komfort *m;* **3.** Waschgelegenheit *f;* Klosett *n;* ▶ **at your earliest ~** möglichst bald; **at your (own) ~** wenn es Ihnen recht ist *od* paßt; **make a ~ of s.o.** jdn ausnutzen; **(public) ~** öffentliche Toilette; **with all modern ~s** mit allem modernen Komfort; **con·veni·ent** [kən'viːniənt] *adj* **1.** passend, geeignet; *(Zeit)* gelegen; **2.** *(Werkzeug, Gerät)* praktisch, leicht zu handhaben(d); ► **if it is ~ for you** wenn es Ihnen recht ist.

con·vent ['kɒnvənt] (Nonnen)Kloster *n.*

con·ven·tion [kən'venʃn] **1.** Versammlung *f;* Tagung *f,* Kongreß *m; Am pol* Parteitag *m;* **2.** Übereinkommen, Abkommen *n;* Vereinbarung, Konvention *f;* Vertrag *m;* **3.** Sitte *f,* Brauch *m,* Gewohnheit *f;* **con·ven·tional** [kən'venʃənl] *adj* **1.** konventionell, förmlich; **2.** üblich, herkömmlich, traditionell.

con·verge [kən'vɜːdʒ] *itr* konvergieren, zusammenlaufen; **con·ver·gence** [kən'vɜːdʒəns] **1.** *math* Konvergenz (-punkt *m) f;* **2.** Annäherung *f;* **con·ver·gent** [kən'vɜːdʒent] *adj* zusammenlaufend; konvergent.

con·ver·sant [kən'vɜːsnt] *adj* **1.** vertraut, bekannt *(with* mit); **2.** erfahren *(with* in).

con·ver·sa·tion [ˌkɒnvə'seɪʃn] Gespräch *n,* Unterhaltung *f;* ► **make ~** sich unterhalten; **in ~ with** im Gespräch mit; **enter into a ~** ein Gespräch anknüpfen; **con·ver·sa·tional** [ˌkɒnvə'seɪʃənl] *adj* **1.** gesprächig; im Plauderton; **2.** *(Sprache)* Umgangs-, gesprochen; **con·ver·sa·tional·ly** [—lɪ] *adv* im Plauderton.

con·verse¹ [kən'vɜːs] *itr* sprechen, sich unterhalten *(with s.o. on, about s.th.* mit jdm über etw).

con·verse² ['kɒnvɜːs] **I** *adj* entgegengesetzt, umgekehrt; **II** *s* Gegenteil *n.*

con·ver·sion [kən'vɜːʃn] **1.** Umwandlung *f (from* von; *into* in); Umbau *m;* Umstellung *f;* Umrüstung *f;* **2.** *tech* Umformung *f;* **3.** *math fin* Umrechnung *f;* **4.** *rel* Bekehrung *f,* Übertritt *m;* ► **~ table** Umrechnungstabelle *f.*

con·vert [kən'vɜːt] **I** *tr* **1.** ver-, umwandeln *(into* in); **2.** umbauen, umrüsten; umstellen; **3.** *math fin* umrechnen; **4.** *rel* bekehren *(to* zu); **5.** *tech* umformen, umsetzen *(into* in); **II** *s rel* ['kɒnvɜːt] Konvertit *m;* Bekehrte(r) *m;* **con·verter** [kən'vɜːtə(r)] **1.** Konverter *m,* Bessemerbirne *f;* **2.** *el* Umformer *m;* Gleichrichter *m;* **3.** *mot (catalytic ~)* Katalysator *m;* **con·vert·ible** [kən'vɜːtəbl] **I** *adj* **1.** umwandelbar; **2.** *fin* konvertierbar; einlösbar *(into* in); **II** *s mot* Kabrio(lett) *n.*

con·vex ['kɒnveks] *adj* konvex.

con·vey [kən'veɪ] *tr* **1.** befördern, transportieren, verfrachten; **2.** (über-, weg)bringen, hinschaffen; **3.** mitteilen; **4.** *(Nachricht)* übermitteln; **5.** *(Sinn, Gedanken)* vermitteln; **6.** *(Trost)* spenden; **7.** *(Eigentum, Vermögen)* übertragen,

abtreten, übereignen *(to* an); **con·vey·ance** [kən'veɪəns] **1.** Beförderung *f,* Transport *m,* Spedition *f;* **2.** *tech* Zuführung, Leitung *f;* **3.** Übermitt(e)lung, Mitteilung *f;* **4.** *jur* Übertragung, Abtretung *f;* ► **~ of passengers** Personenbeförderung *f;* **conveyancing** [—ɪŋ] *jur* (Eigentums)Übertragung *f;* **con·veyor** [kən'veɪə(r)] **1.** Übermittler, Beförderer *m;* **2.** Fuhrunternehmer, Spediteur *m;* **3.** *tech* Förderband *n,* -anlage *f;* ► **~ belt** Fließ-, Förderband *n.*

con·vict ['kɒnvɪkt] **I** *s* Sträfling *m,* Strafgefangene(r) *f m;* **II** *tr* [kən'vɪkt] **1.** überführen *(of a crime* e-s Verbrechens); **2.** für schuldig befinden *od* erklären; verurteilen *(on a criminal charge* wegen e-r strafbaren Handlung; *of murder* wegen Mords); **con·vic·tion** [kən'vɪkʃn] **1.** *jur* Überführung *f;* Verurteilung *f;* **2.** (feste) Überzeugung *f;* ► **by ~** aus Überzeugung; **carry ~** überzeugend wirken; **have a previous ~** vorbestraft sein *(for* wegen).

con·vince [kən'vɪns] *tr* überzeugen *(of* von); ► **be ~d (of)** überzeugt sein (von); **~ o.s. (of)** sich überzeugen (von); **con·vinc·ing** [—ɪŋ] *adj* überzeugend; *(Beweis)* schlagend.

con·voy ['kɒnvɔɪ] **I** *tr bes. mar* geleiten, eskortieren; **II** *s* Konvoi *m;* Geleit *n.*

con·vulse [kən'vʌls] *tr* **1.** erschüttern *a. fig;* **2.** *(Gesicht)* verzerren; **con·vulsion** [kən'vʌlʃn] **1.** Erschütterung *f a. fig;* **2.** (Nerven)Zuckung *f;* Verkrampfung *f;* ► **~s of laughter** Lachanfall, -krampf *m;* **con·vul·sive** [kən'vʌlsɪv] *adj* krampfhaft, konvulsivisch; ► **~ laughter** Lachkrämpfe *m pl.*

cony, coney ['kəʊnɪ] *Am zoo* Kaninchen *n.*

coo [kuː] **I** *itr (Taube)* gurren; **II** *s* Gurren *n.*

cook [kʊk] **I** *tr, itr* kochen; sich kochen lassen; ► **what's ~ing?** *fam Am* was gibt's Neues? **II** *tr* **1.** *(Essen)* zubereiten; braten, backen; **2.** *(~ up) fam* zusammenbrauen, aushecken, -brüten; **3.** verfälschen, (auf)frisieren; *(Konten)* frisieren; **III** *s* Koch *m,* Köchin *f;* **cookbook** ['kʊkbʊk] *Am* Kochbuch *n;* **cooker** ['kʊkə(r)] **1.** Kocher, Kochapparat *m;* Herd *m;* **2.** *pl* Kochobst *n;* **cook·ery** ['kʊkərɪ] Kochen *n,* Kochkunst, Küche *f;* **cookery book** Kochbuch *n;* **cookie, cooky** ['kʊkɪ] *Am* **1.** Plätzchen *n;* **2.** *(Mensch)* Typ, Kerl *m;* ► **that's the way the ~ crumbles** so ist das nun mal; **cook·ing** ['kʊkɪŋ] **1.** Kochen *n;* **2.** Küche *f,* Essen *n.*

cool [kuːl] **I** *adj* **1.** kühl, frisch; **2.** *fig* kühl; zurückhaltend; ablehnend; **3.** kaltblütig; **4.** *sl* prima, klasse; ► **a ~ ... fam** *(vor e-r Zahlenangabe)* lausige, lumpige, bloß(e), nur; rund ... **keep ~** Ruhe be-

wahren; **play it** ~ die Nerven nicht
verlieren; **II** s Kühle f; **blow, lose one's**
~ die Nerven verlieren; **III** tr (~ off)
abkühlen (lassen); ~ **it!** sl nun mach mal
halb lang! **IV** itr kühl werden, abkühlen;
~ **down, off** fig ruhiger werden; **cooler**
['ku:lə(r)] 1. Kühler m; 2. sl Gefängnis n,
Bau m; **cool-headed** [ˌku:l'hedɪd] adj
besonnen; **cool·ing** ['ku:lɪŋ] (Ab)Küh-
lung f; ▶ ~-off **period** Zeitraum für
Schlichtungsverhandlungen f; **cooling
tower** Kühlturm m; **cool·ness**
['ku:lnɪs] 1. Kühle f; 2. fig Kaltblütigkeit
f.
coop [ku:p] **I** s Hühnerstall m; **II** tr (~ in,
up) einsperren, einschließen.
cooper ['ku:pə(r)] Küfer, Böttcher m.
co-op·er·ate [kəu'ɒpəreɪt] itr 1. zusam-
menarbeiten (with mit); 2. mitarbeiten,
-wirken, -helfen (in an); **co-op·er·
ation** [kəuˌɒpə'reɪʃn] 1. Zusammenar-
beit, Mitwirkung f; 2. Zusammenschluß
m; com Genossenschaft f; ▶ **in** ~ **with**
in Zusammenarbeit mit; **co-op·er·
ative** [kəu'ɒpərətɪv] **I** adj 1. zusammen-
arbeitend, mitwirkend; 2. hilfsbereit, ko-
operativ; 3. genossenschaftlich; **II** s Ge-
nossenschaft f; ▶ **building** ~ Bauge-
nossenschaft f; **distributive, marketing**
~ Absatzgenossenschaft f; ~ **shop,
store** Konsum(vereinsladen) m.
co-opt [kəu'ɒpt] tr hinzuwählen, koop-
tieren.
co-or·di·nate [ˌkəu'ɔ:dɪnət] **I** adj
1. gleichrangig, -gestellt, -geordnet;
2. bei-, zugeordnet; **II** s 1. (das) Zuge-
ordnete; 2. math Koordinate f; **III** tr
[ˌkəu'ɔ:dɪneɪt] 1. gleichstellen; bei-, zu-
ordnen, koordinieren; 2. (aufeinander)
abstimmen, einander angleichen; **co-
or·di·na·tion** [ˌkəuˌɔ:dɪ'neɪʃn] Gleich-
stellung f; Zuordnung f; Koordinierung
f.
coot [ku:t] zoo Wasserhuhn n; ▶ **as bald
as a** ~ fam ratzekahl.
cop [kɒp] **I** s 1. sl Polizist m; 2. sl
Verhaftung f; ▶ **no great** ~ wertlos; **it's
a fair** ~ man hat mich erwischt; **II** tr sl
erwischen, schnappen (at bei); ▶ ~ **it**
Prügel bekommen; bestraft werden.
co-part·ner ['kəu'pɑ:tnə(r)] Teilhaber
m; **co·part·ner·ship** ['kəu'pɑ:tnəʃɪp]
1. Teilhaberschaft f; 2. Beteiligung f;
3. Mitbestimmung f.
cope [kəup] itr sich messen (können)
(with mit); gewachsen sein (with dat); es
aufnehmen (with mit).
Copenhagen [ˌkəupən'heɪgən] Kopen-
hagen n.
copier ['kɒpɪə(r)] Kopierer m; Kopierge-
rät n.
co-pilot ['kəu'paɪlət] aero Kopilot(in) m
(f).
copi·ous ['kəupɪəs] adj 1. reich(lich),
massenhaft, in Mengen; 2. weitschwei-

fig; 3. fig viel produzierend.
cop·per ['kɒpə(r)] **I** s 1. Kupfer n;
2. Kupfermünze f; 3. Kupferkessel m;
4. Kupferfarbe f; 5. sl Polizist(in) m (f);
II adj kupfern; **copper beech** bot Blut-
buche f; **copper-ore** Kupfererz n;
copperplate ['kɒpəpleɪt] typ Kupfer-
stichplatte f; Kupferstich m; **copper-
smith** Kupferschmied(in) m (f).
cop·pice ['kɒpɪs] Dickicht n; (~ **wood**)
Unterholz n.
copu·late ['kɒpjuleɪt] itr sich paaren;
copu·la·tion [ˌkɒpju'leɪʃn] Paarung,
Begattung f.
copy ['kɒpɪ] **I** s 1. Nachbildung, -ahmung
f; 2. Kopie, Abschrift f; 3. Durchschrift
f, -schlag m; Ausfertigung f; 4. phot
Abzug m; 5. (Druck)Manuskript n;
(Werbe)Text m; 6. (Buch, Druck) Ex-
emplar n; (Zeitung, Zeitschrift) Num-
mer f; 7. (Presse) Stoff m; Artikel m;
8. Muster, Modell n; ▶ **clean, fair** ~
Reinschrift f; **rough** ~ Konzept n;
specimen ~ Probenummer f; **II** tr, itr 1.
nachahmen, -machen; imitieren; nach-
bilden; 2. (~ **down**) kopieren, abschrei-
ben; 3. vervielfältigen; durchpausen;
ab-, nachzeichnen; (EDV) kopieren; 4.
phot e-n Abzug machen von; ▶ ~ **out**
ab-, ins reine schreiben; **copy-book I** s
Schreibheft n; ▶ **blot one's** ~ sich et-
was zuschulden kommen lassen; **II** adj
mustergültig; **copy-cat** fam Nachah-
mer(in) m (f); **copy desk** Redaktions-
tisch m; **copy editor** Redakteur(in) m
(f); **copy·ing** [—ɪŋ] adj **copying ink**
Kopiertinte f; **copying paper** Durch-
schlagpapier n; **copying pencil** Ko-
pierstift m; **copy-protection** EDV Ko-
pierschutz m; **copy·right** ['kɒpɪraɪt] **I** s
Urheber-, Verlagsrecht n (in an); ▶ ~
reserved Nachdruck verboten; **II** tr ur-
heberrechtlich schützen; **copy·writer**
['kɒpɪraɪtə(r)] Texter(in) m (f).
coral ['kɒrəl] **I** s Koralle f; **II** adj (~-red)
korallenrot; **coral island** Koralleninsel
f; **coral-reef** Korallenriff n.
cord [kɔ:d] 1. Seil n, Strick m; 2. Bindfa-
den m; (österreichisch) Spagat m;
3. Leine, Kordel f; Litze f; 4. el Schnur f,
Kabel n; 5. anat Band n, Strang m;
(umbilical ~) Nabelschnur f; 6. Klafter
m od n; 7. Kordsamt m.
cor·dial ['kɔ:dɪəl] **I** adj 1. fig freundlich;
2. med (herz)stärkend; **II** s 1. herzstär-
kendes Mittel; 2. Fruchtlikör m; Frucht-
saftkonzentrat n; **cor·dial·ity**
[ˌkɔ:dɪ'ælətɪ] Freundlichkeit f.
cord·less adj drahtlos, schnurlos; ▶ ~
telephone drahtloses Telefon n.
cor·don ['kɔ:dn] **I** s 1. Polizei-, Absperr-
kette f, Kordon m; 2. Ordensband n;
3. Spalierbaum m; **II** tr (~ off) absper-
ren, -riegeln.
cor·du·roy ['kɔ:dərɔɪ] **I** s 1. Kordsamt

m; **2.** *pl* Kordsamthose *f;* **II** *adj* Kord(samt)-.

core [kɔ:(r)] **I** *s* **1.** *bot* Kerngehäuse, -haus *n;* **2.** *el* Eisenkern *m;* (Kabel)Ader, Seele *f;* **3.** *fig* Kern(stück *n*) *m,* Herz, Mark, (das) Inner(st)e; **4.** *(Atomanlage)* Reaktorkern *n;* ► **to the ~** durch u. durch, voll u. ganz; **II** *tr (Apfel)* entkernen; **core memory** *EDV* Kernspeicher *m;* **core time** Kern(arbeits)zeit *f.*

cork [kɔ:k] **I** *s* **1.** Kork *m;* (~ *oak)* Korkeiche *f;* **2.** Pfropfen, Stöpsel *m;* **3.** Angelkork, Schwimmer *m;* **II** *tr (~ up)* ver-, zukorken; **cork·age** ['kɔkədʒ] Korkengeld *n;* **cork·screw** ['kɔ:kskru:] **I** *s* Korkenzieher *m;* **II** *adj* spiralig; *(Locken)* Korkenzieher-.

corn¹ [kɔ:n] **1.** Korn, Getreide *n; (England meist)* Weizen *m; (Schottland, Irland meist)* Hafer *m; (Am meist)* Mais *m (Indian ~);* **2.** Korn(schnaps) *m.*

corn² [kɔ:n] *med* Hühnerauge *n;* ► **tread on s.o.'s ~s** *fig* jdm auf die Füße treten.

corn³ [kɔ:n] *fam* Schmalz, Kitsch *m.*

corn-cob Maiskolben *m.*

cor·nea ['kɔ:nɪə] *anat* Hornhaut *f.*

cor·ner ['kɔ:nə(r)] **I** *s* **1.** Ecke *f;* Winkel *m; (street-~)* (Straßen)Ecke *f;* **2.** *mot* Kurve *f;* **3.** (finsterer, heimlicher) Winkel *m,* (abgelegene) Gegend *f;* **4.** *(tight ~)* Klemme, schwierige Lage *f;* **5.** *com* (spekulative) Aufkäufe *m pl;* **6.** *(~ kick) sport* Eckball *m;* ► **in every nook and ~** in allen Ecken u. Winkeln; **just round the ~** gleich um die Ecke; **cut ~s** Kurven schneiden; *fig* das Verfahren abkürzen; **turn the ~** *fig* es überstehen, über den Berg kommen; **he's in a ~** er sitzt in der Patsche; **II** *tr* **1.** in die Enge treiben *a. fig;* **2.** *com* aufkaufen; **III** *itr* **1.** e-e Ecke bilden; **2.** *mot* um e-e Kurve biegen; **cor·nered** ['kɔ:nəd] *adj fig* in der Klemme; **corner house** Eckhaus *n;* **corner seat** Eckplatz *m;* **corner shop** Tante-Emma-Laden *m;* **cor·ner·stone** ['kɔ:nəstəʊn] **1.** Eck-, Grundstein *m;* **2.** *fig* Grundlage *f,* Fundament *n.*

cor·net ['kɔ:nɪt] *mus* Kornett *n.*

corn-flakes ['kɔ:nfleɪks] *pl* Cornflakes *pl Wz;* **corn-flower** *bot* Kornblume *f.*

cornice ['kɔ:nɪs] Gesims *n.*

corn-poppy *bot* Klatschmohn *m;* **corny** ['kɔ:nɪ] *adj* **1.** kornreich; **2.** *fam* altmodisch, abgedroschen; rührselig; kitschig; *(Witz)* doof.

cor·oll·ary [kər'ɒlərɪ] *math* Korollar *n;* logische Folgerung *f.*

cor·on·ary ['kɒrənrɪ] **I** *adj med* koronar; ► **~ thrombosis** Herzinfarkt *m;* **II** *s* Herzinfarkt *m.*

cor·on·ation [,kɒrə'neɪʃn] Krönung(sfeierlichkeiten *f pl*) *f.*

cor·oner ['kɒrənə(r)] (amtlicher) Leichenbeschauer *m;* ► **~'s inquest** *(bei*

Todesfall) amtliche Untersuchung.

cor·poral ['kɔ:pərəl] **I** *adj* körperlich, leiblich; ► **~ punishment** körperliche Züchtigung; **II** *s* Ober-, Hauptgefreite(r) *f m.*

cor·por·ate ['kɔ:pərət] *adj* **1.** vereinigt, zusammengeschlossen; **2.** körperschaftlich, gesellschaftlich, korporativ; **3.** gemeinsam, gemeinschaftlich; ► **~ body** Körperschaft *f;* **cor·por·ation** [,kɔ:pə'reɪʃn] **1.** Körperschaft *f;* juristische Person; **2.** Innung, Gilde *f;* **3.** Gemeindevertretung *f,* -rat *m;* **4.** *Am* Aktiengesellschaft *f;* **corporation bus** städtischer Bus; **corporation tax** Körperschaftsteuer *f.*

corps [kɔ:(r)] **1.** *mil* (Armee)Korps *n;* Truppe *f;* **2.** Körperschaft *f;* Korps *n;* ► **medical ~** Sanitätstruppe *f;* **~ de ballet** [,kɔ:də'bæleɪ] Ballettgruppe *f.*

corpse [kɔ:ps] Leiche *f,* Leichnam *m.*

cor·pus ['kɔ:pəs] ⟨*pl* -pora⟩ ['kɔ:pərə] **1.** *med* Körper *m;* **2.** *fin* Kapitalbetrag *m;* **3.** geschlossenes Ganze(s); **4.** Korpus *n,* (Gesetzes)Sammlung *f;* **Corpus Christi** *rel* Fronleichnam(sfest) *n.*

cor·puscle ['kɔ:pʌsl] **1.** *phys* Korpuskel, Masseteilchen *n;* **2.** *physiol* Blutkörperchen *n.*

cor·ral [kə'rɑ:l] **I** *s* **1.** Umzäunung *f,* Pferch *m;* **2.** Wagenburg *f;* **II** *tr (Vieh)* in e-n Pferch einsperren, einpferchen.

cor·rect [kə'rekt] **I** *adj* **1.** richtig, korrekt, genau; **2.** *(Antwort)* zutreffend; **3.** *(Verhalten)* einwandfrei; *(Kleidung)* vorschriftsmäßig, korrekt; **II** *tr* **1.** (ver-)bessern, korrigieren, richtigstellen; **2.** *(Uhr)* stellen; *(Fehler)* ausschalten, abstellen; **3.** zurechtweisen, tadeln, (be)strafen; **4.** ausgleichen; **cor·rection** [kə'rekʃn] **1.** Verbesserung, Korrektur, Berichtigung, Richtigstellung *f;* **2.** Zurechtweisung *f,* Tadel *m;* **3.** Strafe, Züchtigung *f;* **correction fluid** Korrekturflüssigkeit *f;* **cor·rect·ly** [kə'rektlɪ] *adv* mit Recht; richtig; **cor·rect·ness** [kə'rektnɪs] Richtigkeit, Korrektheit *f.*

cor·re·late ['kɒrəleɪt] **I** *tr* (miteinander) in Beziehung, in Zusammenhang bringen; aufeinander abstimmen; **II** *itr* in Wechselbeziehung stehen (*to, with* zu), sich gegenseitig bedingen; **cor·re·la·tion** [,kɒrə'leɪʃn] Wechselbeziehung *f.*

cor·re·spond [,kɒrɪ'spɒnd] *itr* **1.** entsprechen (*to* dat); übereinstimmen, in Einklang stehen (*with, to* mit); **2.** den Anforderungen genügen (*to* gen); **3.** in Briefwechsel stehen, korrespondieren (*with* mit); **cor·re·spon·dence** [,kɒrɪ'spɒndəns] **1.** Übereinstimmung *f,* Einklang *m (with* mit; *between* zwischen); **2.** Entsprechung *f;* Verbindung *f;* Zusammenhang *m;* **3.** Schriftverkehr, Briefwechsel *m,* Korrespondenz *f;*

Post(sachen *f pl*) *f;* **4.** *(Zeitung)* Briefkasten *m,* Leserbriefe *m pl;* (~ *column)* Eingesandt *n;* ▶ **take care of the** ~ die Post erledigen; **be in** ~ **with** in Briefwechsel stehen, korrespondieren mit; ~ **clerk** Korrespondent(in) *m (f);* ~ **course** Fernunterricht *m;* ~ **school** Fernlehrinstitut *n;* **cor·re·spon·dent** [ˌkɒrɪˈspɒndənt] **I** *adj* entsprechend; **II** *s* **1.** Briefpartner(in) *m (f);* **2.** *(com, Zeitung)* Korrespondent(in) *m (f);* Berichterstatter(in) *m (f);* Einsender(in) *m (f);* **3.** Geschäftsfreund(in) *m (f);* ▶ **foreign** ~ Auslandskorrespondent(in) *m (f);* **cor·re·spond·ing** [ˌkɒrɪˈspɒndɪŋ] *adj* **1.** entsprechend *(to* dat); in Einklang (*with* mit); **2.** korrespondierend.

cor·ri·dor [ˈkɒrɪdɔː(r)] **1.** Gang, Korridor *a. pol,* Flur *m;* **2.** *(air* ~*)* Luftkorridor *m,* Flugschneise *f.*

corrie [ˈkɒrɪ] *geol* Kar *n.*

cor·rob·or·ate [kəˈrɒbəreɪt] *tr* bestätigen, bekräftigen, erhärten; **cor·rob·oration** [kəˌrɒbəˈreɪʃn] Bestätigung, Bekräftigung *f;* **cor·rob·or·at·ive** [kəˈrɒbərətɪv] *adj* bestätigend, bekräftigend.

cor·rode [kəˈrəʊd] **I** *tr* **1.** zerfressen, -nagen, -setzen; angreifen, ätzen *a. fig;* **2.** *fig* verderben, schädigen, beeinträchtigen; **II** *itr* sich zersetzen; korrodieren, rosten; **cor·rosion** [kəˈrəʊʒn] **1.** Zerfressen *n,* Korrosion *f,* Rosten *n;* **2.** Zerstörung *f;* **cor·ros·ive** [kəˈrəʊsɪv] *adj* **1.** zerfressend, -setzend; **2.** *fig* nagend, bohrend, quälend.

cor·ru·gated [ˈkɒrəgeɪtɪd] *adj* gerillt, geriefelt, gewellt; ▶ ~ **cardboard, paper** Wellpappe *f;* ~ **iron** Wellblech *n.*

cor·rupt [kəˈrʌpt] **I** *adj* **1.** verdorben, verrottet, faul; **2.** *fig* (sittlich) verkommen; schlecht, böse; **3.** unredlich, unehrenhaft; **4.** bestechlich, käuflich; korrupt; **5.** *(Text)* entstellt, verfälscht; **II** *tr* **1.** verderben; **2.** anstecken, ungünstig beeinflussen, untergraben; **3.** bestechen; **4.** *(Text)* entstellen, verfälschen; **III** *itr* **1.** verderben, (ver)faulen; **2.** *fig* verkommen; **cor·rup·tion** [kəˈrʌpʃn] **1.** Fäulnis, Verwesung *f;* **2.** (Sitten)Verderbnis *f;* Verkommenheit, Verdorbenheit *f;* Verführung *f;* **3.** Bestechung *f;* Käuflichkeit *f;* Korruption *f;* **4.** *(Text)* Entstellung, Verfälschung *f.*

cor·set [ˈkɔːsɪt] *a. pl (pair of* ~*s)* Korsett *n.*

co-sig·na·tory [ˌkəʊˈsɪgnətərɪ] Mitunterzeichner(in) *m (f).*

cosi·ness [ˈkəʊzɪnɪs] Gemütlichkeit *f.*

cos·metic [kɒzˈmetɪk] **I** *adj* kosmetisch; **II** *s* **1.** Schönheitsmittel *n;* **2.** *pl* Kosmetik *f;* **cos·me·tician** [ˌkɒzməˈtɪʃn] Kosmetiker(in) *m (f).*

cos·mic [ˈkɒzmɪk] *adj* **1.** kosmisch; **2.** riesig, gewaltig, ungeheuer; **3.** (wohl-)

geordnet, harmonisch; **cos·mo·logy** [kɒzˈmɒlədʒɪ] Kosmologie *f;* **cos·monaut** [ˈkɒzmənɔːt] Kosmonaut(in) *m (f);* **cos·mo·poli·tan** [ˌkɒzməˈpɒlɪtən] **I** *adj* weltbürgerlich, kosmopolitisch; **II** *s* Weltbürger *m;* **cos·mos** [ˈkɒzmɒs] Kosmos *m,* Weltall *n.*

cost [kɒst] ⟨*irr* cost, cost⟩ **I** *tr* **1.** kosten *a. fig;* zu stehen kommen; **2.** *fig (Zeit, Mühe)* (er)fordern; **3.** *(Schaden, Ärger)* einbringen, machen; **4.** *com* kalkulieren, den Kostenpreis festsetzen; ▶ **that will** ~ **him dearly** das wird ihn teuer zu stehen kommen; **II** *s* **1.** Preis *m,* Kosten *pl;* Selbstkostenpreis *m;* **2.** Ausgaben, -lagen *f pl;* **3.** *fig* Einsatz *m;* Schaden, Nachteil, Verlust *m,* Opfer *n;* **4.** *pl* Kosten *pl;* Gerichtskosten *pl;* ▶ **at** ~ zum Selbstkostenpreis; **at the** ~ **of** auf Kosten *gen;* **at all** ~**s, at any** ~ um jeden Preis; **without** ~ kostenlos, gratis; **bear, pay the** ~ die Kosten tragen; **carry** ~**s** Kosten nach sich ziehen; **spare no** ~ keine Kosten scheuen; **overhead, operating, running, working** ~**s** *pl* Betriebs(un)kosten *pl;* ~**-benefit analysis** Kosten-Nutzen-Analyse *f;* ~**-effective** kostendeckend; ~**-effectiveness** Preis-Leistungsverhältnis *n;* ~ **of living** Lebenshaltungskosten *pl;* ~**-of-living bonus** Teuerungszulage *f;* ~**-of-living index** Lebenshaltungsindex *m.*

co-star [ˌkəʊˈstɑː(r)] **I** *itr* e-e zweite Hauptrolle spielen; **II** *s* zweite(r) Hauptdarsteller(in).

costly [ˈkɒstlɪ] *adj* **1.** kostspielig, teuer; **2.** wertvoll, kostbar.

cost price [ˈkɒstˌpraɪs] Einkaufs-, Selbstkostenpreis *m.*

cos·tume [ˈkɒstjuːm] **1.** Tracht *f;* **2.** Kostüm *n;* ▶ ~ **jewel(le)ry** Modeschmuck *m.*

cosy [ˈkəʊzɪ] **I** *adj* gemütlich, behaglich, mollig; **II** *s (tea-*~*)* Tee-, Kaffeewärmer *m;* ~**egg-**~ Eierwärmer *m.*

cot [kɒt] **1.** *Br* Kinderbett *n;* **2.** *Am* Klapp-, Feldbett *n;* **cot death** Krippentod *m.*

cot·tage [ˈkɒtɪdʒ] **1.** Bauernhaus *n;* **2.** kleines Landhaus; Ferien-, Sommerhaus *n;* **cottage-cheese** Hüttenkäse *m;* **cottage industry** Heimindustrie *f.*

cot·ton [ˈkɒtn] **I** *s* **1.** Baumwolle *f;* **2.** (~ *yarn)* Baumwollgarn *n;* **3.** *(absorbent* ~*)* Watte *f;* **II** *adj* baumwollen; **III** *(mit Präposition)* **cotton on** *fam itr* es kapieren; **cotton-grower** Baumwollpflanzer *m;* **cotton mill** Baumwollspinnerei *f;* **cotton-seed** Baumwollsamen *m;* **cotton-wool** **1.** *Br* Watte *f;* **2.** *Am* Rohbaumwolle *f.*

couch [kaʊtʃ] **I** *s* **1.** Couch *f,* Liegesofa *n;* **2.** Bett *n;* **II** *tr (Gedanken)* ausdrücken; abfassen *(in* in); **III** *itr (Tiere)* (nieder)kauern; **couch·ette** [kuːˈʃet] *rail*

Liegewagen *m;* Liegeplatz *m.*
cough [kɒf] **I** *s* Husten *m;* ▶ **have a bad** ~ einen schlimmen Husten haben; **II** *itr* husten; **III** *(mit Präposition)* **cough out** *tr* aushusten; **cough up** *tr sl (Geld)* herausrücken; **cough-drop** Hustenpastille *f;* **cough mixture** Hustensaft *m.*
could [kʊd] *v s. can².*
coun·cil ['kaʊnsl] **1.** Rat(sversammlung *f) m;* beratende Versammlung; Beratung *f;* **2.** *(church ~)* Kirchenrat *m;* **3.** Vorstand, Ausschuß *m;* ▶ **be in** ~ beraten; **meet in** ~ e-e Sitzung abhalten; **cabinet** ~ Kabinetts-, Ministerrat *m;* **municipal** ~ Stadtrat *m;* **council flat, council house** Sozialwohnung *f;* **council housing** sozialer Wohnungsbau; **Council of Europe** Europarat *m;* **Council of Ministers** Ministerrat *m;* **coun·cil·lor,** *Am* **coun·cil·or** ['kaʊnslə(r)] Rat(smitglied *n) m;* Stadtrat *m,* -rätin *f.*
coun·sel ['kaʊnsl] **I** *s* **1.** Beratung *f;* Entschließung, Empfehlung *f;* **2.** Plan *m,* Absicht, Meinung *f;* **3.** Rat(schlag) *m;* **4.** (Rechts)Anwalt, Rechtsbeistand *m; pl (ohne s)* Anwaltschaft *f;* ▶ ~ **for the defence** Verteidiger *m;* ~ **for the prosecution** Staatsanwalt *m;* **II** *tr (Sache)* raten, empfehlen; *(Person)* beraten; **coun·sel·lor,** *Am* **coun·sel·or** ['kaʊnsələ(r)] **1.** Berater(in), Ratgeber(in) *m (f);* **2.** *(Irland, Amerika)* (Rechts)Anwalt *m,* Anwältin *f.*
count¹ [kaʊnt] Graf *m.*
count² [kaʊnt] **I** *tr* **1.** zählen; *(~ up)* zusammenzählen, -rechnen; *(Geld)* (nach)zählen; **2.** *(~ in)* (mit)rechnen, einschließen; **3.** halten für, ansehen als; in Rechnung stellen; **II** *itr* **1.** (mit)zählen; rechnen; **2.** ins Gewicht fallen, wichtig sein; ▶ **that doesn't** ~ das macht nichts; das gilt nicht; **III** *s* **1.** (Zusammen)Zählung *f;* (Be)Rechnung *f;* **2.** Gesamtzahl *f;* Summe *f,* Ergebnis *n;* **3.** *jur* (An)Klagepunkt *m;* ▶ **on all** ~s in jeder Beziehung; **take no** ~ **of s.th.** etw nicht berücksichtigen; **take the** ~ *(Boxen)* ausgezählt werden; **IV** *(mit Präposition)* **count against s.o.** sich gegen jdn auswirken; **count me in** ich mache mit; **count off** *tr* abzählen; **count out** *tr* **1.** nicht rechnen mit; **2.** *(Geldstücke)* zusammenzählen; **3.** *(Boxen)*auszählen.
count-down ['kaʊntdaʊn] Countdown *m* od *n.*
coun·ten·ance ['kaʊntɪnəns] **I** *s* **1.** Gesicht(sausdruck *m) n,* Miene *f;* **2.** innere Haltung, Fassung *f;* **3.** Unterstützung, Ermunterung *f;* ▶ **change (one's)** ~ den Gesichtsausdruck wechseln; **give** ~ **to** billigen, unterstützen; **keep (one's)** ~ Haltung, die Fassung bewahren; **lose** ~ die Fassung verlieren; **II** *tr* **1.** billigen, gutheißen; **2.** unterstützen, ermutigen.

counter ['kaʊntə(r)] **I** *s* **1.** Zähler *m;* Zählapparat *m,* -werk *n;* **2.** Spielmarke *f;* **3.** Laden-, Zahltisch *m;* Theke *f,* Büfett *n;* (Bank)Schalter *m;* **4.** *(Fechten)* Parade *f;* *(Boxen)* Konter *m;* **5.** Erwiderung *f;* ▶ **at the** ~ an der Theke; **under the** ~ unter dem Ladentisch, heimlich; **II** *adv* entgegen, zuwider; ▶ ~ **to s.th.** gegen etw, entgegen e-r S; ~ **measure** Gegenmaßnahme *f;* **III** *adj* entgegengesetzt; **IV** *tr* **1.** entgegenarbeiten; **2.** entgegnen *(s.o.* jdm); **3.** *(s.th.* e-r S) entgegen-, zuwiderhandeln; durchkreuzen; **V** *itr* kontern.
counter·act [ˌkaʊntər'ækt] *tr* **1.** entgegen-, zuwiderhandeln, entgegenarbeiten *(s.o.* jdm; *s.th* e-r S); **2.** neutralisieren; unwirksam machen; **counter·ac·tive** [ˌkaʊntər'æktɪv] *adj* entgegenwirkend; ▶ ~ **measure** Gegenmaßnahme *f;*
counter-at·tack ['kaʊntərətæk] **I** *s* Gegenangriff *m;* **II** *itr* e-n Gegenangriff machen; **III** *tr* e-n Gegenangriff machen auf; kontern; **counter·bal·ance** ['kaʊntəbæləns] **I** *s* Gegengewicht *n a. fig (to* gegen); **II** *tr* ein Gegengewicht bilden *(s.th.* zu etw); aufwiegen, ausgleichen, kompensieren; **counter·charge** ['kaʊntətʃɑːdʒ] **1.** *jur* Gegenklage *f;* **2.** Gegenangriff *m;* **counter·check** ['kaʊntətʃek] Gegenkontrolle *f;* **counter-clock·wise** [ˌkaʊntə-'klɒkwaɪz] *adj, adv* gegen den Uhrzeigersinn; **counter·espion·age** [ˌkaʊntər'espɪənɑːʒ] (Spionage)Abwehr *f;* **counter-espionage service** militärischer Abschirmdienst *m.*
counter·feit ['kaʊntəfɪt] **I** *adj* **1.** gefälscht; **2.** falsch; ▶ ~ **money** Falschgeld *n;* **II** *s* Fälschung *f;* **III** *tr* **1.** fälschen; **2.** vortäuschen, heucheln.
counter·foil ['kaʊntəfɔɪl] (Kontroll)Abschnitt *m.*
counter-in·tel·li·gence [ˌkaʊntər-ɪn'telɪdʒəns] (Spionage)Abwehr *f.*
counter·mand [ˌkaʊntə'mɑːnd] *tr* **1.** *(Befehl)* widerrufen; *(Anordnung)* aufheben; *(Bestellung)* zurückziehen; **2.** abbestellen; absagen.
counter·part ['kaʊntəpɑːt] **1.** Gegenstück *n (of* zu); **2.** Gegenüber *n;* **3.** Ergänzung *f (of* gen); **4.** Ebenbild *n;* **counter·point** ['kaʊntəpɔɪnt] *mus* Kontrapunkt *m;* **counter·poise** ['kaʊntəpɔɪz] Gegengewicht *n (to* zu) *a. fig;* Gleichgewicht(szustand *m,* -lage *f) n;* **counter-pro·duc·tive** [ˌkaʊntəprə'dʌktɪv] *adj* unsinnig, das Gegenteil bewirkend, destruktiv; **counter-rev·ol·ution** [ˌkaʊntə-ˌrevə'luːʃn] Gegenrevolution *f;* **counter·sign** ['kaʊntəsaɪn] **I** *s* **1.** Gegenzeichnung *f;* **2.** *mil* Losung, Parole *f;* **II** *tr* **1.** gegenzeichnen; **2.** *fig* bestätigen;

counter·sink [ˈkaʊntəsɪŋk] **I** s tech Versenker m; **II** tr irr s. sink (Schraube) versenken; (Loch) senken.

counter-terrorism Terrorismusbekämpfung f.

count·ess [ˈkaʊntɪs] Gräfin f.

count·less [ˈkaʊntlɪs] adj zahllos, unzählig.

coun·try [ˈkʌntrɪ] **1.** Land n; **2.** Heimat(land n) f, Vaterland n; Staat m; Volk n; **3.** ohne pl Land(strich m) n, Gegend(en pl) f, Gebiet n a. fig; ▶ the ~ das Land (im Gegensatz zur Stadt); die Nation; **from all over the** ~ aus allen Teilen des Landes; **in the** ~ auf dem Land; **go to the** ~ Br parl Neuwahlen ausschreiben; **industrial** ~ Industriestaat m; **member** ~ Mitgliedstaat m; **of destination** (Post) Bestimmungsland n; ~ **of origin** Herkunfts-, Ursprungsland n; **country bumpkin** Bauerntrampel m, Bauerntölpel m, Hinterwäldler(in) m (f), Landpomeranze f; **country club** Klub m auf dem Lande (für Städter); **country-dance** Volkstanz m; **country-folk** Landvolk n; **country-house** Landhaus n; **coun·try·man** [ˈkʌntrɪmən] ⟨pl -men⟩ **1.** Landsmann m; **2.** Landmann m; **country road** Landstraße f; **coun·try·side** [ˈkʌntrɪsaɪd] Landschaft, Gegend f; Land n; ▶ **in the** ~ auf dem Lande; **country-wide** adj über das ganze Land; landesweit; **coun·try·woman** [ˈkʌntrɪwʊmən] ⟨pl -women⟩ [—wɪmɪn] **1.** Landfrau f; **2.** Landsmännin f.

county [ˈkaʊntɪ] Br Grafschaft f, (Land)Kreis m; Am (Verwaltungs-, Regierungs)Bezirk m (e-s Staates); **county borough** etwa kreisfreie Stadt, Stadtkreis m; **county council** etwa Kreis-, Bezirkstag m; **county court** etwa Amtsgericht n; **county seat** Am Kreisstadt f; **county town** Br Bezirkshauptstadt f.

coup [kuː] Coup, Putsch m; **coup de grace** [ˌkuːdəˈgrɑːs] Gnadenstoß m; Gnadenschuß m; **coup d'état** [ˌkuːdeɪˈtɑː] pol Staatsstreich m.

coupé [ˈkuːpeɪ] mot Schrägheck, Coupé n.

couple [ˈkʌpl] **I** s **1.** Paar n; **2.** (married ~) Ehepaar n; ▶ **a** ~ **of** fam zwei; ein paar; **II** tr **1.** (ver)koppeln; **2.** verheiraten; **3.** fig verbinden, in Verbindung bringen (with mit); **4.** tech kuppeln, koppeln; **III** itr sich paaren; heiraten.

coup·let [ˈkʌplɪt] Reimpaar n.

coup·ling [ˈkʌplɪŋ] **1.** Verbindung f; **2.** tech rail mot Kupp(e)lung f; **3.** radio chem Kopp(e)lung f; **4.** Paarung f.

cou·pon [ˈkuːpɒn] **1.** Abschnitt, Coupon m; **2.** Zinsschein m; **3.** Gutschein m; **4.** Wettschein m; ▶ **reply** ~ Antwortschein m.

cour·age [ˈkʌrɪdʒ] Mut m; Unerschrockenheit f; Tapferkeit f; ▶ **lose** ~ den Mut verlieren; **pluck up, muster up, take** ~ Mut, sich ein Herz fassen; **courageous** [kəˈreɪdʒəs] adj mutig, tapfer, furchtlos, unerschrocken.

cour·gettes [kʊəˈʒet] pl Zucchini pl.

cour·ier [ˈkʊrɪə(r)] **1.** Kurier, (Eil)Bote m; **2.** Reiseleiter(in) m (f); ▶ **by** ~ durch Boten.

course[1] [kɔːs] **1.** Gang, Lauf m a. fig, Fahrt f; **2.** fig Ablauf m; Fortschritt m; **3.** Verlauf m (e-r Linie, e-r Straße); (Fluß) Lauf m; **4.** Kurs m, Richtung, Strecke f; **5.** fig Weg m, Möglichkeit f; (Verhaltens-, Lebens)Weise f; **6.** (Mahlzeit) Gang m; **7.** Reihe, Folge f; **8.** (~ of instruction) Kurs(us), Lehrgang m; **9.** sport Bahn f, Sportplatz m; **10.** arch (Stein)Lage f; ▶ **in the** ~ **of** im Verlauf gen, während gen; **in due** ~ zu seiner, zu gegebener Zeit; **in** ~ **of construction** im Bau (befindlich); **in the** ~ **of time** im Laufe der Zeit; **of** ~ natürlich, selbstverständlich; gewiß, sicher adv; **run its** ~ seinen Gang gehen, seinen Verlauf nehmen; **set the** ~ fig nicht aufgeben; **take its** ~ seinen Verlauf nehmen; **a matter of** ~ e-e Selbstverständlichkeit; **as a matter of** ~ selbstverständlich adv; ~ **of a disease** Krankheitsverlauf m; **the** ~ **of events** der Gang der Ereignisse; **the** ~ **of life** der Lauf des Lebens.

course[2] [kɔːs] **I** tr (Wild) hetzen, jagen; **II** itr **1.** strömen, fließen; **2.** jagen.

court [kɔːt] **I** s **1.** Hof m; Lichthof m; **2.** sport (Tennis)Platz m; Spielfeld n; **3.** (Fürsten)Hof m; Hofstaat m; Empfang m bei Hof; **4.** Aufwartung, Aufmerksamkeit f; **5.** Werben n, Werbung f; **6.** Gericht(shof m) n; Gerichts-, Justizgebäude n; Gerichtssitzung f; ▶ **at** ~ bei Hof; **in** ~ vor, bei Gericht; **bring to** ~ vor Gericht bringen; **represent s.o. in** ~ jdn vor Gericht vertreten; **the** ~ **is sitting** das Gericht tagt; **juvenile** ~ Jugendgericht n; ~ **of arbitration** Schiedsgericht n; **II** tr **1.** den Hof machen (s.o. jdm), werben um; **2.** fig sich bemühen um; **3.** (Gelegenheit) erspähen; (Gefahr, Unheil) herausfordern; **III** itr jung verliebt sein; auf Freiersfüßen gehen; ▶ **when we were** ~ing als wir jung verliebt waren.

cour·teous [ˈkɜːtɪəs] adj höflich, gesittet; aufmerksam, gefällig, freundlich, nett; **cour·tesy** [ˈkɜːtəsɪ] **1.** Höflichkeit, Freundlichkeit f; **2.** Gefälligkeit f; ▶ **by** ~ **of** mit freundlicher Genehmigung von; **courtesy bus** gebührenfreier Bus; **courtesy light** mot Innenleuchte f; **courtesy title** Höflichkeitstitel m.

court hear·ing [ˌkɔːtˈhɪərɪŋ] Gerichtstermin m; **court house** Gerichtsgebäude

n.
court·ier [ˈkɔːtɪə(r)] Höfling *m.*
court-mar·tial [ˌkɔːtˈmɑːʃl] I *tr* vor ein Kriegsgericht stellen; II *s* Kriegsgericht *n;* **court room** Gerichtssaal *m;* **court-yard** [ˈkɔːtjɑːd] Hof(raum) *m;* ▶ **in the ~** auf dem Hof.
cousin [ˈkʌzn] Vetter *m,* Cousin(e) *m (f).*
cove [kəʊv] 1. kleine Bucht; 2. Schlupfwinkel, Unterschlupf *m;* 3. *arch* Wölbung *f.*
cov·en·ant [ˈkʌvənənt] I *s* 1. (feierlicher) Vertrag, Pakt *m;* Ab-, Übereinkommen *n;* 2. Vertragsklausel *f;* 3. *rel* Bund *m;* II *tr, itr* 1. e-n Vertrag schließen; übereinkommen, vereinbaren (*with* mit); 2. sich (vertraglich) verpflichten (*with s.o.* jdm gegenüber).
Cov·en·try [ˈkɒvntrɪ] ▶ send s.o. to ~ jdn schneiden.
cover [ˈkʌvə(r)] I *tr* 1. be-, zudecken; be-, überziehen (*with* mit), ausbreiten über; 2. sich verbreiten, sich erstrecken über; 3. einschlagen, einwickeln, umhüllen (*with* mit), einhüllen (*with* in); 4. abschirmen, schützen, decken; verdecken, verbergen; 5. *(finanziell)* sichern, decken, ausreichen für; 6. *(Strecke)* zurücklegen; 7. *mil, sport, (Schach)* decken; 8. *(Radar)* erfassen; *(mit Feuer)* belegen; *(Waffe)* richten auf (*with s.th.* etw), in Schach halten (*with* mit); *(Person)* decken, Feuerschutz geben (*s.o.* jdm); 9. *(Tier)* decken, bespringen; 10. *fig* umfassen, einbeziehen, einschließen, decken; vorhersehen; 11. e-n Bericht zusammenstellen, berichten über; II *s* 1. Decke *f;* Deckel *m;* Überzug *m;* (Schutz)Hülle *f,* Futteral *n;* 2. *(Buch)* Einband(decke *f,* -deckel) *m;* 3. (Brief)Umschlag *m;* Verpackung *f;* 4. Deckung *f,* Schutz *m;* Zuflucht *f,* Unterschlupf *m,* Obdach *n;* 5. Gebüsch, Dickicht, Unterholz *n;* 6. *g* Schutz-, Deckmantel, Vorwand *m;* Tarnung *f;* 7. *fin* Deckung, Sicherheit *f;* 8. Gedeck *n;* ▶ **from ~ to ~** *(Buch)* von Anfang bis Ende; **under the ~ of** im Schutz (von) *gen;* **under the same ~** beiliegend, als Anlage; **under separate ~** mit gleicher Post; **without ~** *fin* ungedeckt; **break ~** die Deckung verlassen; **take ~** in Deckung gehen, Schutz suchen; III *(mit Präposition)* **cover for** *tr* einspringen für; **cover in** *tr (mit Erde)* auffüllen; überdachen; **cover over** *tr* abdecken, -dichten; zudecken; **cover up** *tr* 1. zudecken, verhüllen; 2. *fig* verbergen, vertuschen; *itr* 1. sich warm einwickeln, anziehen; 2. alles vertuschen; ▶ **~ up for s.o.** jdn decken.
cover·age [ˈkʌvərɪdʒ] 1. Geltungs-, Anwendungsbereich *m;* 2. Umfang *m* des Versicherungsschutzes; 3. *(Zeitung)* Berichterstattung *f (of* über); 4. Erfassung

f; 5. *tele radio* Empfangs-, Sendebereich *m;* Reichweite *f.*
cover charge [ˈkʌvətʃɑːdʒ] Preis *m* e-s Gedecks, Gedeck *n.*
covered [ˈkʌvəd] *adj* 1. bedeckt; überdacht; 2. *tech* umsponnen; isoliert; ▶ **period ~** Berichtszeit *f;* **~ wagon** Planwagen *m.*
cover girl [ˈkʌvəgɜːl] Titelblattmädchen *n (auf Illustrierten).*
cover·ing [ˈkʌvərɪŋ] 1. Decke, Hülle *f;* Verkleidung *f;* Überdachung *f;* 2. *tech* Verschalung *f;* Überzug *m;* 3. *(Fußboden)* Belag *m;* **covering letter** Begleitbrief *m,* -schreiben *n.*
cover note [ˈkʌvənəʊt] vorläufiger Versicherungsschein; Versicherungsdoppelkarte *f;* **cover story** Titelgeschichte *f.*
cov·ert [ˈkʌvət] I *adj fig* versteckt, verborgen, verschleiert, heimlich; II *s* Versteck *n.*
cover-up [ˈkʌvərʌp] Verschleierung, Vertuschung *f.*
covet [ˈkʌvɪt] *tr* (heftig) begehren; versessen sein auf.
cow¹ [kaʊ] *zoo* 1. Kuh *f;* 2. Weibchen *n (Elefant, Wal);* 3. *pej (Frau)* blöde Kuh; gemeine Ziege; ▶ **wait till the ~s come home** warten bis man schwarz wird.
cow² [kaʊ] *tr* einschüchtern, verängstigen.
cow·ard [ˈkaʊəd] Feigling *m;* **cow·ard·ice** [ˈkaʊədɪs] Feigheit, Angst *f;* **cow·ard·ly** [ˈkaʊədlɪ] *adj* feige.
cow·boy [ˈkaʊbɔɪ] 1. Cowboy *m;* 2. *fig fam* Gauner, Schwindler *m;* **cow·dung** Kuhmist *m.*
cower [ˈkaʊə(r)] *itr* (nieder-, zusammen)kauern, sich ducken.
cow·herd [ˈkaʊhɜːd] Kuhhirt *m;* **cow·hide** [ˈkaʊhaɪd] 1. Kuhhaut *f,* -leder *n;* 2. *Am* Ochsenziemer *m.*
cowl [kaʊl] 1. (Mönchs)Kutte *f;* 2. Kapuze *f;* 3. Kaminkappe *f;* **cowl·ing** [—ɪŋ] *aero* Getriebe-, Motorhaube *f.*
cow·man [ˈkaʊmən] ⟨*pl* -men⟩ 1. *Am* Rinder-, Viehzüchter *m;* 2. Stallknecht *m;* **cow·shed** [ˈkaʊʃed] Kuhstall *m;* **cow·slip** [ˈkaʊslɪp] *bot* 1. *Br* Schlüsselblume, Primel *f;* 2. *Am* Sumpfdotterblume *f.*
cox, cox·swain [ˈkɒksn] 1. Boots-, Steuermann *m;* 2. Bootsführer *m.*
coy [kɔɪ] *adj* 1. schüchtern; zurückhaltend; 2. *(Frau)* verschämt; spröde.
coy·ote [ˈkɔɪəʊt, *Am* kaɪˈəʊtɪ] *zoo* Steppenwolf, Kojote *m.*
CPU *Abk:* **central processing unit** *EDV* Zentraleinheit, CPU *f.*
crab¹ [kræb] 1. Krabbe *f;* Taschenkrebs *m;* 2. *tech* Hebezeug *n;* Winde *f;* 3. *(~ louse)* Filzlaus *f;* 4. *sport* Brücke *f.*
crab² [kræb] I *s* Miesmacher *m;* Nörgler *m;* II *itr fam* meckern, nörgeln, schimpfen; III *tr Am* verderben.

crab (apple) ['kræb‚æpl] Holzapfel *m;* **crab·bed** ['kræbɪd] *adj* **1.** mürrisch, griesgrämig; **2.** kompliziert, schwierig; **3.** schwerverständlich, schlecht lesbar; **crabby** ['kræbɪ] *adj* mürrisch, sauertöpfisch; querköpfig; **crab louse** ⟨*pl* -lice⟩ *zoo* Filzlaus *f.*

crack [kræk] **I** *itr* **1.** rissig werden; *(Glas)* springen; **2.** (auf)platzen, bersten, brechen; **3.** knallen, krachen; **4.** *(Stimme)* brechen; umschlagen, überschnappen; **5.** zusammenklappen, -brechen; **6.** rasen; ▶ **~ing!** *fam* los! voran! **II** *tr* **1.** (zer)brechen; beschädigen, zerstören; **2.** *(Nuß, sl: Geldschrank)* knakken; *(Ei)* aufschlagen; *(Öl)* kracken; **3.** knallen lassen; **4.** herausschreien; *(die Stimme)* überschnappen lassen; **5.** *fam* eine knallen *(s.o.* jdm); **6.** *fam* rauskriegen, klären, lösen; **7.** *fam (Stellung)* bekommen, erringen; **8.** *Am fam* ohne Eintrittskarte, uneingeladen besuchen; **9.** *(Geld)* wechseln; ▶ **~ a bottle** e-r Flasche den Hals brechen; **~ a joke** *fam* e-n Witz reißen; **he didn't ~ a smile** er verzog keine Miene; **III** *s* **1.** Sprung, Riß, Spalt *m;* Ritze *f;* **2.** Knall, Krach, (Donner)Schlag *m;* Schlag, Stoß *m;* **3.** *(Stimme)* Überschnappen *n; (Peitsche)* Knallen *n;* **4.** *sl* Versuch *m;* **5.** *fam* Moment, Augenblick *m,* Sekunde *f;* **6.** *sl* Pfunds-, Prachtkerl *m;* hervorragender Spieler, Schütze; **7.** *sl* Witz, Spaß *m;* bissige Bemerkung; **8.** *(Droge)* Crack; ▶ **at the ~ of dawn** bei Tagesanbruch; beim Morgengrauen; **in a ~** im Nu; **have a ~ at s.th.** etw versuchen; **IV** *adj* *fam* großartig; prachtvoll, phantastisch; prima; **V** *interj* krach! **VI** *(mit Präposition)* **crack down** *itr fam* fest anpacken, scharf anfassen *(on s.o.* jdn), vorgehen *(on* gegen); **crack up** *itr fam* durchdrehen; zusammenbrechen; *tr fam* herausstreichen, hochjubeln.

crack-down ['krækdaʊn] scharfes Vorgehen *(on* bei); **cracked** [krækt] *adj* **1.** gesprungen; gebrochen; rissig; **2.** *fam* verrückt.

cracker ['krækə(r)] **1.** Knall-, Feuerwerkskörper *m;* **2.** *(dünner, harter)* Keks *m;* **3.** Knallbonbon *n;* **4.** *pl* Nußknacker *m;* **5.** *fam* tolle Frau *n;* **crackers** ['krækəz] *adj fam* übergeschnappt.

crackle ['krækl] *itr* knistern, prasseln, knattern; **crack·ling** ['kræklɪŋ] **1.** Geknister, Geprassel *n;* **2.** knusprige Kruste *(des Schweinebratens).*

crack·pot ['krækpɒt] **1.** Spinner(in) *m (f);* **2.** *adj* verrückt, irre; **crack-up** ['krækʌp] Zusammenbruch, Kollaps *m.*

cradle ['kreɪdl] **I** *s* **1.** Wiege *f a. fig;* **2.** *fig* Kindheit *f;* Ursprung *m;* **3.** *tech* Gestell *n;* Schlitten *m;* Telefongabel *f;* ▶ **from the ~** von klein auf; **in the ~** in frühe-

ster Jugend; **II** *tr* **1.** an sich drücken, halten; **2.** *(auf den Armen)* wiegen.

craft [krɑːft] **1.** Geschick(lichkeit *f) n,* (Hand-, Kunst)Fertigkeit *f;* **2.** Handwerk, Gewerbe, Kunstgewerbe *n;* (~ **guild)** Zunft, Innung *f;* **3.** Schiff(e *pl)n;* **4.** *fig* Verschlagenheit, List *f;* **crafti·ness** ['—ɪnɪs] Schlauheit, List *f;* **craft·shop** ['krɑːftʃɒp] Kunstgewerbeladen *m;* **crafts·man** ['krɑːftsmən] ⟨*pl* -men⟩ Handwerker *m;* **crafty** ['krɑːftɪ] *adj* listig, schlau, gerissen.

crag [kræg] Felsspitze *f;* Klippe *f;* **craggy** ['krægɪ] *adj* zerklüftet; steil, schroff; *(Gesicht)* kantig.

cram [kræm] **I** *tr* **1.** hineinstopfen; (voll)stopfen, vollpfropfen *(s.th. into s.th* etw mit e-r S); **2.** stopfen, nudeln, mästen; **3.** *fam* einpauken; **II** *itr* **1.** pauken, ochsen, büffeln; **2.** verschlingen; **cram·full** [‚kræm'fʊl] *adj* vollgepfropft; **cram·mer** ['kræmə(r)] **1.** Büffler *m;* **2.** Einpauker *m;* **3.** Paukbuch *m;* **4.** Paukschule *f.*

cramp¹ [kræmp] **I** *s med* Krampf *m;* **II** *tr* **1.** zusammenpferchen; **2.** *med* Krämpfe verursachen in; **3.** *fig* hindern, hemmen, be-, einengen; ▶ **~ s.o.'s style** jdm hinderlich sein.

cramp² [kræmp] **I** *s* Krampe, Klammer *f;* **II** *tr* klammern; **cram·pons** ['kræmpɒnz] *pl* Steigeisen *n pl.*

cran·berry ['krænbərɪ] Preiselbeere *f.*

crane [kreɪn] **I** *s* **1.** *zoo* Kranich *m;* **2.** *tech* Kran *m;* **II** *tr, itr* (den Hals) recken *(for* nach); **crane·fly** ['kreɪnflaɪ] Schnake *f.*

cran·ium ['kreɪnɪəm] ⟨*pl* -ia⟩ ['kreɪnɪə] *anat* Schädel *m.*

crank¹ ['kræŋk] **1.** Verrückte(r) *f m;* **2.** Griesgram *m.*

crank² [kræŋk] **I** *s tech* Kurbel *f;* **II** *tr (~ up) (Motor)* ankurbeln; **crank·case** ['kræŋkkeɪs] Kurbelgehäuse *n,* -wanne *f;* **crank·shaft** ['kræŋkʃɑːft] Kurbelwelle *f.*

cranky ['kræŋkɪ] *adj* **1.** *tech* nicht in Ordnung; **2.** *fam* komisch; **3.** *Am* schlecht-, übelgelaunt.

cranny ['krænɪ] Riß *m,* Ritze *f,* Spalt(e *f) m.*

crap [kræp] **I** *s* **1.** *sl* Unsinn, Schwindel *m;* Käse, Mist *m;* **2.** *vulg* Kacke *f;* **II** *tr sl* (~ **up)** *(Arbeit)* versauen; **III** *itr vulg* scheißen.

crape [kreɪp] **1.** Krepp, Flor *m;* **2.** (~ **of** *mourning)* Trauerflor *m.*

crappy ['kræpɪ] *adj sl* beschissen.

crash [kræʃ] **I** *itr* **1.** zusammenbrechen, (zusammen)krachen; **2.** *aero EDV* abstürzen; **3.** krachen, stürzen *(against* gegen); **4.** *mot* einen Unfall haben; **5.** brechen *(through* durch); einbrechen *(into* in); **6.** (wirtschaftlich, finanziell) zusammenbrechen; **II** *tr* **1.** zerschmettern; **2.** *aero* zum Absturz bringen; *mot* einen Unfall haben mit; **3.** *sl* eindringen, sich einschleichen in *(e-e Veranstaltung);* **4.** *sl* pennen; **III** *s* **1.** Krachen *n;* Krach *m;* **2.** Zusammenbrechen *n,* (Ein)Sturz *m;* **3.** Zusammenstoß *m;* **4.** *aero* Absturz *m; mot* Unfall *m; EDV* Programm-, Systemabsturz *m;* **5.** *fin* Zusammenbruch, Krach *m;* ▶ ~ **of thunder** Donnerschlag *m;* **IV.** *adj* gewaltsam; unter Einsatz aller Kräfte; **V** *adv* mit e-m Krach; **crash barrier** Leitplanke *f;* **crash course** Intensivkurs *m;* **crash diet** Radikalkur *f;* **crash-helmet** *mot* Sturzhelm *m;* **crash·ing** [—ɪŋ] *adj fam* fürchterlich; **crash-land** [ˌkræʃˈlænd] *itr aero* bruchlanden; **crash-land·ing** [ˌkræʃˈlændɪŋ] *aero* Bruchlandung *f;* **crash programme** Intensivprogramm *n.*

crass [kræs] *adj* grob; kraß; absolut.
crate [kreɪt] **1.** Lattenkiste *f;* **2.** Packkorb *m;* **3.** *fam (Auto, Flugzeug)* Kiste *f.*
cra·ter [ˈkreɪtə(r)] **1.** *geol* Krater *m;* **2.** Granat-, Bombentrichter *m.*
cra·vat [krəˈvæt] Halstuch *n.*
crave [kreɪv] **I** *tr* erbitten, erflehen; **II** *itr* sich sehnen *(for* nach); sehnlichst wünschen *(for s.th.* etw); **crav·ing** [ˈkreɪvɪŋ] Verlangen *n,* Sehnsucht *f (for* nach).
crawl [krɔːl] **I** *itr* **1.** kriechen *a. fig (to* vor); krabbeln; schleichen; **2.** *(Ort)* wimmeln *(with* von); **3.** *(Haut)* kribbeln; **4.** *sport* kraulen; **II** *s* **1.** Kriechen *n;* **2.** *sport* Kraul *n;* **3.** *sl* Sauftour *f;* ▶ **go at a** ~ im Schneckentempo gehen; **crawler** [ˈkrɔːlə(r)] **1.** *sport* Kraulstilschwimmer *m;* **2.** *fig* Kriecher(in), Speichellecker(in), Schleimer(in) *m (f);* **3.** Spielanzug *m;* **crawler lane** *mot* Kriechspur *f.*
cray·fish [ˈkreɪfɪʃ] **1.** (Fluß)Krebs *m;* **2.** Languste *f.*
crayon [ˈkreɪən] **I** *s* Zeichen-, Pastellstift *m;* **II** *tr* **1.** mit Kreide zeichnen; **2.** *fig* skizzieren.
craze [kreɪz] **I** *tr* **1.** den Verstand rauben *(s.o.* jdm); **2.** *(Glasur)* krakelieren; **II** *s* Manie, fixe Idee *f;* Hobby *n;* Fimmel *m;* **be the** ~ sehr beliebt sein; **the latest** ~ der letzte Schrei; **crazed** [kreɪzd] *adj* wahnsinnig, verrückt *(with* vor); **crazi·ness** [ˈkreɪzɪnɪs] Wahnsinn *m,* Verrücktheit *f;* **crazy** [ˈkreɪzɪ] *adj* **1.** wahnsinnig; verrückt *(with* vor; *about* nach); **2.** versessen *(about* auf), wild *(about* nach); **3.** fetzig *fam;* ▶ ~ **paving** mit unregelmäßigen Platten belegter Weg; **drive, send s.o.** ~ jdn wahnsinnig machen; **go** ~ verrückt werden; **at a** ~ **angle** völlig schief.
creak [kriːk] **I** *itr* knarren; quietschen; **II** *s* Knarren *n;* Quietschen *n;* **creaky** [ˈkriːkɪ] *adj* knarrend; quietschend.

cream [kriːm] **I** *s* **1.** Sahne *f,* Rahm *m;* **2.** Krem, Schaum-, Süßspeise *f;* **3.** (Haut)Creme *f;* ▶ **the** ~ das Beste, die Spitze, die Auslese; **II** *adj* cremefarben; **III** *itr* sahnig *od* schaumig werden; **IV** *tr* **1.** entrahmen; **2.** eincremen; **3.** *fig (off)* das Beste abschöpfen von; **4.** Sahne tun an, in; **5.** schaumig schlagen; **cream cheese** Frisch-, Rahmkäse *m;* **cream-colo(u)red** *adj* cremefarben; **cream·ery** [ˈkriːmərɪ] **1.** Molkerei *f;* **2.** Milchgeschäft *n;* Butter- u. Käsehandlung *f;* **creamy** [ˈkriːmɪ] *adj* sahnig.
crease [kriːs] **I** *s* **1.** Falte *f;* Kniff *m;* **2.** Bügelfalte *f;* **3.** Eselsohr *n;* **4.** *sport* (Tor)Linie *f;* **II** *tr* **1.** falten; **2.** *(Hose)* bügeln; **3.** zerknittern; **III** *itr* knittern.
cre·ate [kriːˈeɪt] **I** *tr* **1.** (er)schaffen; **2.** hervorbringen, herstellen, machen; **3.** ins Leben rufen; hervorrufen, verursachen, bewirken; **4.** machen, ernennen *(s.o. s.th.* jdn zu etw); **5.** gründen, errichten; **6.** *theat (Rolle)* zum erstenmal spielen; **II** *itr sl* Theater, Tamtam machen *(about* um); **cre·ation** [kriːˈeɪʃn] **1.** Erschaffung *f;* **2.** Werk *n;* Kreation, Modeschöpfung *f;* **3.** Erzeugung, Hervorbringung, Herstellung *f;* **4.** Verursachung, Bewirkung *f;* Schaffung, Bildung, Gestaltung *f;* **5.** (Be)Gründung, Errichtung *f;* **6.** Ernennung *f;* **7.** *theat* Kreieren *n (e-r Rolle);* ▶ **the C~** die Schöpfung; **cre·ative** [kriːˈeɪtɪv] *adj* kreativ, schöpferisch; produktiv *(of* in); ▶ ~ **writing** dichterisches Schreiben; **creator** [kriːˈeɪtə(r)] Schöpfer, Erzeuger, Hersteller *m;* Modeschöpfer *m;* ▶ **the C~** der Schöpfer, Gott *m.*
crea·ture [ˈkriːtʃə(r)] **1.** Geschöpf *n,* Krea- tur *f;* **2.** *meist pej (Mensch)* Geschöpf *n,* Kreatur *f;* ▶ **living** ~ Lebewesen *n;* **lovely** ~ herrliches Geschöpf; **creature comfort(s** *pl)* leibliches Wohl.
crèche [kreɪʃ] Kinderhort *m.*
cre·dence [ˈkriːdns] ▶ **give** ~ **to** Glauben schenken *dat;* **cre·den·tials** [krɪˈdenʃlz] *pl* **1.** Empfehlungs-, Beglaubigungsschreiben *n;* **2.** Zeugnisse *n pl;* (Ausweis)Papiere *n pl.*
credi·bil·ity [ˌkredɪˈbɪlətɪ] Glaubwürdigkeit *f;* **cred·ible** [ˈkredəbl] *adj* glaubwürdig, zuverlässig.
credit [ˈkredɪt] **I** *s* **1.** Glaube(n) *m,* Vertrauen *n;* **2.** Glaubens-, Vertrauenswürdigkeit *f;* **3.** Ansehen *n,* Geltung *f,* (guter) Name, (guter) Ruf *m;* **4.** Verdienst *n,* Ehre *f,* Ruhm *m;* Einfluß *m;* **5.** Namensnennung, Quellenangabe *f;* **6.** *Am (~ point)* Gutpunkt *m;* **7.** *fin* Kredit *m;* Guthaben *n,* -schrift *f;* **8.** *com* Haben *n;* ▶ **on** ~ auf Kredit; **to s.o.'s** ~ zu jds Gunsten; **allow, give, grant, open** ~ **to s.o.** jdm Kredit gewähren, einräumen, eröffnen; **do** ~ Ehre machen; **give s.o.** ~

for s.th. jdm etw zutrauen, -schreiben; jdm etw zugute halten; **give s.th. on ~** etw auf Kredit geben, kreditieren; **II** *tr* 1. glauben, Glauben schenken, (ver)trauen (*s.o., s.th.* jdm, e-r S); 2. Anerkennung bringen (*s.o.* jdm); (ehrenvoll) erwähnen; 3. *Am (Universität)* anrechnen; 4. *fin* Kredit geben (*s.o.* jdm); *com* gutschreiben, kreditieren; ► ~ **s.th. to s.o., ~ s.o. with s.th.** jdm etw zutrauen, -schreiben; **credi·table** ['kredɪtəbl] *adj* rühmlich, anerkennenswert (*to* für); **credit agency** Kreditschutzverein *m;* **credit card** Kreditkarte *f;* **credit department** Kreditabteilung *f;* **credit facilities** *pl* Kreditmöglichkeiten *f pl;* **credit limit** Kredit-, Verfügungsrahmen *m;* **credit note** Gutschrift(sanzeige) *f;* **credi·tor** ['kredɪtə(r)] Gläubiger(in) *m (f);* **creditor bank** Gläubigerbank *f;* **credit page** Herausgeber-, Mitarbeiterseite *f;* **credit rating** Kreditwürdigkeit *f;* **credit-side** Habenseite *f;* ► **on his ~** zu seinen Gunsten; **credit terms** *pl* Kreditbedingungen *f pl;* **creditworthy** ['kredɪtwɜ:ðɪ] *adj* kreditwürdig.

cre·du·lity [krɪ'dju:lətɪ] Leichtgläubigkeit *f;* **credu·lous** ['kredjʊləs] *adj* leichtgläubig.

creed [kri:d] 1. (Glaubens)Bekenntnis *n;* 2. Überzeugung *f.*

creek [kri:k] 1. *Br* kleine Bucht; 2. *Am* Flüßchen *n;* ► **be up the ~** aufgeschmissen sein; sich völlig vertan haben.

creep [kri:p] ⟨*irr* crept, crept⟩ **I** *itr* 1. kriechen *a. fig (Zeit);* 2. schleichen; 3. *(Pflanze)* sich ranken; 4. *(Haut)* kribbeln; ► **it makes my flesh ~** da bekomme ich eine Gänsehaut; **II** *(mit Präposition)* **creep into** *fig* sich einschleichen in; **creep up** *itr* heranschleichen, sich heranarbeiten (*to* an); **III** *s* 1. Kriechen *n;* 2. *fam* widerlicher Mensch; 3. *pl* Kribbeln *n,* Schauder *m;* ► **it gave me the ~s** es überlief mich (eis)kalt, ich bekam e-e Gänsehaut; **creeper** ['kri:pə(r)] 1. Kriechtier *n;* 2. Kletterpflanze *f;* 3. *pl* Steigeisen *n pl;* 4. *pl* Schuhe *m pl* mit Kreppsohlen; 5. *Am* Strampelhöschen *n;* **creep·ing** [—ɪŋ] *adj (Krankheit)* schleichend; **creepy** ['kri:pɪ] *adj* schaurig; gruselig.

cre·mate [krɪ'meɪt] *tr (Leiche)* einäschern; **cre·ma·tion** [krɪ'meɪʃn] Einäscherung, Feuerbestattung *f;* **cre·mator·ium** [ˌkremə'tɔ:rɪəm] Krematorium *n;* **cre·ma·tory** ['kremətərɪ] *Am* Krematorium *n.*

crept [krept] *v s. creep.*

cres·cent ['kresnt] 1. Mondsichel *f;* Halbmond *m;* 2. *Br* bogenförmig geschwungene Häuserreihe.

cress [kres] *bot* Kresse *f.*

crest [krest] 1. *(Hühner)* Kamm *m;* 2. *orn* Feder-, *zoo* Haarbüschel *n (auf dem Kopf); orn* Haube *f; zoo* Schopf *m; (Pferd, Löwe)* Mähne *f;* 3. Helmbusch *m;* Federbusch *m;* 4. *(mountain ~)* Bergkamm, -rücken *m;* 5. *(~ of a wave)* Wellenkamm *m;* 6. *arch* Bekrönung *f;* 7. *fig* Höchst-, Scheitelpunkt, Gipfel *m;* ► **on the ~ of the wave** *fig* auf dem Gipfel des Glücks; **crest-fallen** ['krestˌfɔ:lən] *adj fig* tief enttäuscht.

Crete [kri:t] Kreta *n.*

cre·tin ['kretɪn] 1. Kretin, Schwachsinnige(r) *m;* 2. *sl* Idiot *m.*

cre·vasse [krɪ'væs] tiefer Riß, Spalt(e *f) m,* bes. Gletscherspalte *f;* **crev·ice** ['krevɪs] enge Spalte, Ritze *f.*

crew [kru:] **I** *s* 1. *mar aero* Besatzung *f;* Mannschaft *f;* Belegschaft *f;* 2. Gruppe *f;* **II** *itr* der Vorschotmann sein; **III** *die Mannschaft sein von;* **crew-cut** Bürstenschnitt *m;* **crew-member** Besatzungsmitglied *n.*

crib [krɪb] **I** *s* 1. Krippe *f;* 2. *Am* Kinderbett *n;* 3. Lachsreuse *f;* 4. *Am* Behälter *m (für Mais);* 5. *fam* Plagiat *n;* 6. *(Schule)* Spickzettel *m;* **II** *tr, itr* 1. *fam* plagiieren; 2. *(Schule)* abschreiben.

crib·bage ['krɪbɪdʒ] *(Kartenspiel)* Cribbage *n.*

crick [krɪk] ► **have a ~ in the neck** e-n steifen Hals haben.

cricket¹ ['krɪkɪt] *zoo* Grille *f.*

cricket² ['krɪkɪt] *sport* Kricket *n;* ► **not ~** *fam* unfair; **cricket-bat** (Krikket)Schläger *m;* **cricketer** ['krɪkɪtə(r)] Kricketspieler(in) *m (f);* **cricket-field, -ground, -pitch** Kricketplatz *m.*

crier ['kraɪə(r)] 1. Schreihals *m;* 2. Ausrufer *m;* Gerichtsdiener *m.*

crime [kraɪm] 1. Verbrechen *n a. fig;* 2. Sünde, Schande *f;* Frevel *m;* ► **commit a ~** ein Verbrechen begehen; **crime prevention** präventive Verbrechensbekämpfung; **crime wave** Welle *f* von Verbrechen.

crimi·nal ['krɪmɪnl] **I** *adj* 1. verbrecherisch, kriminell; strafbar; 2. *fam* schändlich; ► **~ assault** Körperverletzung *f;* **C~ Investigation Department (CID)** Kriminalpolizei *f;* **~ code** Strafgesetzbuch *n;* **~ law** Strafrecht *n;* **have a ~ record** vorbestraft sein; **II** *s* Verbrecher(in) *m (f);* **crimi·nali·ty** [ˌkrɪmɪ'nælətɪ] Kriminalität *f;* **crimi·nolog·ist** [krɪmɪ'nɒlədʒɪst] Kriminologe *m;* Kriminologin *f;* **crimi·nol·ogy** [ˌkrɪmɪ'nɒlədʒɪ] Kriminologie *f.*

crimp [krɪmp] *tr* 1. fälteln; 2. *(Haar)* wellen.

crim·son ['krɪmzn] **I** *adj* purpurrot; blutrot; **II** *tr* rot färben; **III** *itr* rot werden; erröten.

cringe [krɪndʒ] *itr* 1. zurückschrecken (*at*

vor); **2.** *fig* schaudern, sich schütteln; **3.** kriechen, katzbuckeln; ▶ **make s.o.** ~ jdn schaudern lassen, jdm weh tun.

crinkle ['krɪŋkl] **I** *itr* faltig werden; knittern; **II** *tr* zerknittern; **crin·kly** ['krɪŋklɪ] *adj* wellig, faltig; zerknittert.

cripple ['krɪpl] **I** *s* Krüppel *m;* **II** *tr* **1.** zum Krüppel machen; **2.** *fig* lähmen; schwächen, behindern.

cri·sis ['kraɪsɪs] ⟨*pl* -ses⟩ ['kraɪsi:z] Krise, Krisis *f;* Wendepunkt, entscheidender Augenblick *m;* ▶ **bring to a** ~ zu e-r Entscheidung bringen; **pass through a** ~ e-e Krise durchmachen; **financial** ~ Finanzkrise *f;* **crisis management** Krisenmanagement *n.*

crisp [krɪsp] **I** *adj* **1.** knusp(e)rig; **2.** *(Luft)* frisch; **3.** *(Stil)* lebendig; **4.** *(Benehmen)* entschieden, klar; **5.** kraus; wellig, faltig; **II** *s pl Br* Kartoffelchips *m pl;* **III** *tr* **1.** knusp(e)rig machen; **2.** kräuseln; **crispy** ['krɪspɪ] *adj* **1.** knusp(e)rig; **2.** kraus.

criss-cross ['krɪskrɒs] **I** *adj* sich kreuzend, gekreuzt; **II** *adv* kreuzweise; durcheinander; **III** *tr* kreuzweise durchziehen.

cri·terion [kraɪ'tɪərɪən] ⟨*pl* -teria⟩ [—'tɪərɪə] **1.** Kriterium *n;* **2.** Merkmal, Kennzeichen *n.*

critic ['krɪtɪk] **1.** Kunstkenner(in) *m (f),* -sachverständige(r) *f m;* **2.** Kritiker(in) *m (f);* **criti·cal** ['krɪtɪkl] *adj* **1.** kritisch; *(Augenblick)* entscheidend; ernst, bedenklich; **2.** tadelsüchtig *(of s.o.* jdm gegenüber); ▶ **at the** ~ **moment** im entscheidenden Augenblick; **in a** ~ **situation** in e-r schwierigen Lage; **criticism** ['krɪtɪsɪzəm] **1.** Kritik *f (of an,* über); **2.** Besprechung *f;* **3.** negative Beurteilung *f;* **criti·cize** ['krɪtɪsaɪz] *tr* **1.** kritisieren; **2.** sich kritisch äußern über; tadeln; **cri·tique** [krɪ'ti:k] Kritik, Besprechung, Rezension *f.*

croak [krəuk] **I** *s* Quaken *n;* Krächzen *n;* **II** *itr* **1.** *(Frosch)* quaken; **2.** *(Rabe)* krächzen; **3.** *sl* abkratzen.

cro·chet ['krəuʃeɪ] **I** *tr, itr* häkeln; **II** *s (~work)* Häkelarbeit *f;* **crochet-hook** Häkelnadel *f.*

crock [krɒk] **1.** Topf *m,* -scherbe *f;* **2.** *fam* mot alte Kiste; **3.** *(Mensch)* Klappergestell *n;* **crock·ery** ['krɒkərɪ] Töpferware *f;* Geschirr *n.*

croco·dile ['krɒkədaɪl] *zoo* Krokodil *n;* ▶ **walk in a** ~ *Br* zwei und zwei hintereinandergehen; **crocodile tears** *pl* Krokodilstränen *f pl.*

cro·cus ['krəukəs] *bot* Krokus *m.*

croft [krɒft] **1.** eingefriedetes Feld; **2.** kleiner Bauernhof; **crofter** ['krɒftə(r)] Kleinpächter(in) *m (f).*

crois·sant ['krwɑːsɒŋ] Hörnchen, Croissant *n.*

crook [kruk] **I** *s* **1.** Haken *m;* **2.** Hirten-,

rel Krummstab *m;* **3.** *(Fluß)* Krümmung, Biegung *f; (Arm)* Beuge *f;* **4.** *fam* Schwindler, Gauner *m;* **II** *tr* krümmen, biegen; **III** *adj* **1.** *fam* unehrlich; **2.** *(Australien)* krank; kaputt; schlecht; wütend; **crooked** ['krukɪd] *adj* **1.** gekrümmt, gebeugt; **2.** krumm, schief; **3.** buck(e)lig; **4.** *fig (Wege)* krumm; **5.** unehrlich.

croon [kru:n] *tr, itr* schmalzig singen; **crooner** ['kru:nə(r)] Schlager-, Schnulzensänger(in) *m (f).*

crop [krɒp] **I** *s* **1.** *(Vogel)* Kropf *m;* **2.** Feldfrüchte *f pl;* Getreide *n;* **3.** Ertrag *m,* Ernte *f;* Ausbeute *f;* **4.** Haufen *m,* Menge *f;* **5.** Peitschenstiel *m;* Reitpeitsche *f;* **6.** kurzer Haarschnitt; ▶ ~ **rotation** Fruchtwechsel *m;* **II** *tr* **1.** kurz abschneiden, stutzen, scheren; **2.** ab-, kahlfressen, abgrasen; **III** *(mit Präposition)* **crop out** *itr* auftauchen; *geol* zutage treten; **crop up** *itr* auftauchen; *fam* aufkreuzen; dazwischenkommen.

crop·per ['krɒpə(r)] **1.** Kropftaube *f;* **2.** *(Mensch)* Anbauer *m;* **3.** *fam* furchtbarer Sturz; **4.** *fam* Mißerfolg, Reinfall *m;* ▶ **be a good, bad** ~ *agr* gut, schlecht tragen; **come a** ~ *fam* furchtbar (hin)fallen; *(im Examen)* versagen, durchsausen, -rasseln.

cro·quet ['krəukeɪ] *sport* Krocket *n.*

cross [krɒs] **I** *s* **1.** Kreuz *n a. fig;* **2.** Querstrich *m (z. B. beim t);* **3.** *fig* Kreuz, Leiden *n;* **4.** Ordenskreuz *n;* **5.** *biol* (Rassen)Kreuzung *f;* **6.** *el* Überbrückung *f;* ▶ **the C~** *rel* das Kreuz (Christi); **the sign of the C~** das Kreuzzeichen; **bear one's** ~ *fig* sein Kreuz auf sich nehmen; **II** *adj* **1.** quer verlaufend, schräg; sich überschneidend; **2.** entgegengesetzt, im Widerspruch *(to* zu); **III** *tr* **1.** kreuzen, durch-, überqueren, überschreiten; **2.** das Kreuz machen *(s.th.* über etw); **3.** *(die Beine)* kreuzen, übereinanderschlagen; **4.** *(Brücke)* überspannen, hinüberführen *(s.th.* über etw); **5.** mit e-m Querstrich versehen; **6.** übersetzen *(s.th.* über); überfliegen; **7.** *(~ off,* ~ *out)* (durch)streichen; **8.** *(Scheck)* zur Verrechnung ausstellen; **9.** *(Plan)* durchkreuzen, vereiteln; **10.** *(Person)* in den Weg, entgegentreten *(s.o.* jdm); **11.** *biol (Rassen)* kreuzen; ▶ ~ **s.o.'s mind** jdm in den Sinn kommen, einfallen; ~ **s.o.'s path** jds Weg kreuzen, jdm begegnen; ~ **one's t's and dot one's i's** *fig* es (ganz) genau nehmen, (sehr) genau sein; ~ **your heart!** Hand aufs Herz! **I'll keep my fingers ~ed** *fig* ich halte den Daumen! **IV** *itr* **1.** hinüberfahren *(from ... to* von ... nach); (die Straße) überqueren; **2.** sich treffen, sich begegnen, sich kreuzen; **3.** sich überschneiden; **4.** *(Briefe)* sich kreuzen; **V** *refl rel* sich bekreuzi-

gen; **VI** *(mit Präposition)* **cross off, out**
tr (aus-, durch)streichen; **cross over** *itr*
hinübergehen; überwechseln *(to* zu).
cross² [krɒs] *adj* ärgerlich, wütend, bö-
se; ► **be ~ with** s.o. mit jdm, auf jdn
böse sein.
cross·bar ['krɒsbɑ:(r)] 1. Querholz *n*,
-balken *m*, -stange *f*; 2. *sport* Torlatte *f*;
cross·beam ['krɒsbi:m] Querbalken
m; *sport* Schwebebalken *m*; **cross-
bow** ['krɒsbəʊ] *hist* Armbrust *f*;
cross·breed ['krɒsbri:d] **I** *s biol* Kreu-
zung *f*; Mischrasse *f*; Mischling *m*; **II** *tr*
irr s. breed kreuzen; **cross-check I** *tr*
doppelt kontrollieren; **II** *s* Gegenprobe
f; **cross-coun·try** [ˌkrɒs'kʌntrɪ] **I** *adj*
1. querfeldein; 2. *mot* geländegängig;
► ~ **ski** Langlauf-, Tourenski *m*; ~ **ski-
ing** Skilanglauf *m*; ~ **skier** Skilangläu-
fer(in) *m (f)*; ~ **ski run** (Langlauf)Loipe
f; ~ **flight** *aero* Überlandflug *m*; ~ **race**
Querfeldeinrennen *n*; **II** *adv* querfeld-
ein; **III** *s* Querfeldeinrennen *n*; **cross-
current** Gegenströmung *f*; **cross-
examination** Kreuzverhör *n*; **cross-
examine** *tr* ins Kreuzverhör nehmen;
cross-eyed ['krɒsaɪd] *adj* schielend;
► **be** ~ schielen; **cross-fertilization**
Fremdbestäubung *f*; *fig* gegenseitige
Befruchtung; **cross·fire** ['krɒsfaɪə(r)]
Kreuzfeuer *n a. fig*; **cross-grained**
[ˌkrɒs'greɪnd] *adj* 1. quer gemasert;
2. *fig* eigensinnig; widerborstig, mür-
risch; **cross·ing** ['krɒsɪŋ] 1. Kreuzung
f; 2. Kreuz-, Schnittpunkt *m*; 3. Über-
querung *f*, -gang *m*, -fahrt *f*; **II** *rail* Über-
führung *f*; (Fußgänger)Überweg *m*;
5. *arch* Vierung *f*; ► **level** ~ schienen-
gleicher Bahnübergang; **cross-legged**
[ˌkrɒs'legd] *adj* mit übergeschlagenen
Beinen; **cross·over** ['krɒsəʊvə(r)]
1. Kreuzungsstelle *f*; 2. Überführung *f*;
cross-pur·poses [ˌkrɒs'pɜ:pəsɪz] *pl*
► **be at ~ with** s.o. mit jdm e-e Mei-
nungsverschiedenheit haben; **talk at ~**
aneinander vorbeireden; **cross-refer-
ence** *(Buch)* Verweis *m*; **cross-roads**
['krɒsrəʊdz] *sing od pl* Wege-, Straßen-
kreuzung *f*; ► **at the** ~ *fig* am Scheide-
weg; **cross-section** Querschnitt *m a.
fig*; **cross·talk** ['krɒstɔ:k] Wortgefecht
n; *tele* Nebensprechen *n*; **cross-walk**
Überweg *m* für Fußgänger; **cross-
ways** ['krɒsweɪz] *adv* quer; **cross-
wind** ['krɒswɪnd] *aero* Seitenwind *m*;
cross-wise ['krɒswaɪz] *adv* quer hin-
über; kreuzweise; **cross·word
(puzzle)** ['krɒswɜ:d(pʌzl)] Kreuzwort-
rätsel *n*.
crotch [krɒtʃ] 1. Gabel(ung) *f*; 2. *(Hose)*
Schritt *m*.
crotchet ['krɒtʃɪt] 1. *mus* Viertelnote *f*;
2. *fig* Marotte, Schrulle *f*; ► ~ **rest** *mus*
Viertelpause *f*.
crotchety ['krɒtʃɪtɪ] *adj* schrullenhaft;

schlecht gelaunt; quengelig.
crouch [kraʊtʃ] **I** *itr* sich ducken, sich
(nieder)kauern; **II** *s* geduckte Stellung.
croup [kru:p] 1. *med* Krupp *m*, Hals-
bräune *f*; 2. *(Pferd)* Kruppe *f*.
crou·pier ['kru:pɪeɪ] Croupier *m*.
crow¹ [krəʊ] 1. Krähe *f*; 2. *(~-bar)*
Brecheisen *n*; ► **as the** ~ **flies** in der
Luftlinie; **eat** ~ *Am fam* klein beigeben.
crow² [krəʊ] **I** *s* Krähen, Krächzen *n*;
(Säugling) Krähen, Juchzen *n*; **II** *itr*
1. krächzen, krähen; 2. jubeln, frohlok-
ken, triumphieren *(over* über); 3. *(Kind)*
krähen, juchzen.
crow·bar ['krəʊbɑ:(r)] Brecheisen *n*.
crowd [kraʊd] **I** *s* 1. (Menschen)Menge
f, Menschenmassen *f pl*; 2. Gedränge,
Gewühl, Gewimmel *n*; 3. (die) große
Masse, (das) gemeine Volk; 4. *fam*
Gruppe *f*, Haufen, Verein *m*, Gesell-
schaft *f*; 5. Haufen, Berg, Stoß, Stapel *m*
(Sachen); ► **follow the** ~ *fig* dem Hau-
fen folgen, mitlaufen; **II** *itr* *(~ round)*
sich ansammeln, zusammenströmen;
(sich) drängen *(round* um; *into* in); *(~
forward)* vorwärtsdrängen, -stürmen;
III *tr* 1. drängen, stoßen, schieben;
2. vollstopfen, -pfropfen; 3. *fam (Men-
schen)* unter Druck setzen, auf den Leib
rücken *(s.o.* jdm); ► **be ~ed with** wim-
meln von; **IV** *(mit Präposition)* **crowd
out** *tr* ausschließen, wegdrängen, ver-
drängen; **crowd up** *tr Am (Preise)* in die
Höhe treiben; **crowded** [—ɪd] *adj* ge-
drängt, zum Brechen voll *(with* von);
zusammengepfercht; ~ **to capacity** bis
auf den letzten Platz gefüllt; **crowd-
puller** *fam* Publikumsmagnet *m*.
crown [kraʊn] **I** *s* 1. Krone *f a. fig pol*;
2. (Sieger)Kranz *m*; 3. Krone *f*, Fünf-
shillingstück *n*; 4. oberer Teil, Krone *f*,
Gipfel *m*; 5. Scheitel, Schädel *m*; 6.
Scheitelpunkt *m*; (Dach)First *m*; (Stra-
ßen)Kuppe *f*; 7. (Zahn)Krone *f*; 8.
(Baum)Krone *f*; 9. *fig* Höhepunkt *m*,
Krone *f*, Gipfel *m*, Krönung *f*; **II** *tr* 1.
krönen *a. fig*; 2. *fig* die Krone aufsetzen
(s.th. e-r S); vollenden; 3. *(Zahn)* mit e-r
Krone versehen; 4. *sl* eins aufs Dach
geben *(s.o.* jdm); ► **to** ~ **it all** um der
Sache die Krone aufzusetzen; ► ~ s.o.
king jdn zum König krönen; **crown
colony** Kronkolonie *f*; **crown cork,
crown cap** Kronkorken *m*; **crown-
ing** [—ɪŋ] *adj* krönend; **crown jewels**
pl Kronjuwelen *pl*; **crown prince**
Kronprinz *m*; **crown witness** Kron-
zeuge *m*, Zeuge *m* der Anklage.
crow's feet ['krəʊzfi:t] *pl* Krähenfüße
m pl (im Gesicht); **crow's nest** *mar*
Mastkorb *m*.
cru·cial ['kru:ʃl] *adj* entscheidend, kri-
tisch, ernst; ► **at the** ~ **moment** im
entscheidenden Augenblick; **put to a** ~
test e-r entscheidenden Prüfung unter-

ziehen.
cru·cible ['kru:sɪbl] 1. Schmelztiegel *m;* 2. *fig* Feuer-, Bewährungsprobe *f.*
cru·ci·fix ['kru:sɪfɪks] Kruzifix *n;* **cru·ci·fixion** [ˌkru:sɪ'fɪkʃn] Kreuzigung *f (a. Kunst);* **cru·cify** ['kru:sɪfaɪ] *tr* 1. kreuzigen *a. fig;* 2. *fig* fertigmachen, keinen guten Faden lassen an.
crude [kru:d] *adj* 1. roh *a. fig;* 2. *fig* ungeformt, unfertig; primitiv, unreif, nicht durchdacht; 3. *(Mensch)* grob, ungeschliffen, ungebildet; 4. geschmacklos; ▶ ~ **iron, oil** Roheisen, -öl *n;* **crudity** ['kru:dətɪ] 1. Roheit *f;* 2. grobe Bemerkung, rohes Benehmen.
cruel [kruəl] *adj* 1. grausam; unmenschlich, erbarmungs-, mitleid(s)los, herzlos (*to* gegen); 2. *fig (Wind, Schicksal)* heftig; schrecklich; furchtbar; **cruelty** ['kruəltɪ] Grausamkeit *f;* Unmenschlichkeit, Herzlosigkeit *f;* ▶ ~ **to animals** Tierquälerei *f.*
cruise [kru:z] *I itr* 1. *mar* kreuzen; 2. umherfahren; 3. mit Reisegeschwindigkeit fahren, fliegen; *II s* Kreuz-, Vergnügungsfahrt, Schiffsreise *f;* ▶ **go on, for a ~** e-e Vergnügungsfahrt machen; **cruise missile** *mil* Marschflugkörper *m;* **cruiser** ['kru:zə(r)] 1. *mar* Kreuzer *m;* 2. Jacht *f;* Motorboot *n;* 3. *Am* Funkstreifenwagen *m;* **cruis·ing** [—ɪŋ] *adj* ▶ ~ **speed** Reisegeschwindigkeit *f.*
crumb [krʌm] 1. Stück(chen) *n,* Krume *f,* Krümel *m;* 2. *fig* Fetzen *m,* Stück *n,* Brocken *m;* 3. *sl* Blödmann *m;* Lump *m;* 4. kleine Geldsumme; ▶ **a ~ of** ein bißchen . . ., ein wenig . . .
crumble ['krʌmbl] *I tr, itr* zerkrümeln, zerbröckeln; *II itr* 1. zer-, verfallen; 2. *fig* einstürzen, zusammenbrechen; 3. *(Preise)* abbröckeln; **crum·bly** ['krʌmblɪ] *adj* krüm(e)lig, bröckelig.
crummy ['krʌmɪ] *adj sl* 1. schäbig, dürftig, elend; 2. krank, angeschlagen.
crum·pet ['krʌmpɪt] 1. runder Teekuchen; 2. *sl* Birne *f,* Kopf *m.*
crumple ['krʌmpl] *I tr* zerknittern, faltig machen; zusammenknüllen; eindrücken; *II itr* 1. knittern; 2. *(~ up) fam* zusammenbrechen, zusammensacken; 3. zusammengedrückt werden; **crumple zone** *mot* Knautschzone *f.*
crunch [krʌntʃ] *I tr* knacken, zerbeißen; mampfen; knackend zertreten; *II itr* knirschen; krachen; *III s* 1. Knacken, Knirschen *n;* 2. *fam* Zusammenstoß *m;* 3. *sl* Krise *f;* 4. Knackpunkt *m;* ▶ **when it comes to the ~** wenn es darauf ankommt.
cru·sade [kru:'seɪd] *I s hist* Kreuzzug *m a. fig (against* gegen; *for* für); *II itr* sich an e-m Kreuzzug beteiligen; **cru·sader** [kru:'seɪdə(r)] Kreuzfahrer *m.*
crush [krʌʃ] *I tr* 1. (zer-, zusammen)drükken, pressen, (zer)quetschen, zermal-

men, zerschmettern; 2. zerkleinern; 3. (zer)knüllen, zerknittern; 4. *fig* zerstören, vernichten, überwältigen, niederschmettern; unterdrücken; 5. vernichten; *II itr* 1. sich drängen, sich stürzen; 2. zerquetscht werden; *III s* 1. (starker) Druck, Stoß *m;* 2. Gedränge *n,* (Menschen)Menge *f,* Massen *f pl;* 3. *fam* große Gesellschaft, Haufen *m;* 4. *sl* große Liebe; Verknalltheit *f;* ▶ **get, have a ~ on** *sl* sich verlieben in, für jdn schwärmen; *IV (mit Präposition)* **crush down** *tr* niederdrücken; zerkleinern; *fig* unterdrücken; **crush out** *tr (Frucht)* auspressen, -drücken; *fig* auslöschen, völlig vernichten; **crush up** *tr* zermahlen, zerstampfen; **crush barrier** Absperrung *f;* **crush·ing** [—ɪŋ] *adj* überwältigend, erdrückend; niederschmetternd.
crust [krʌst] *I s* 1. (Brot)Kruste, Rinde *f;* 2. Stück *n* trockenes Brot; 3. Kruste *f a. med geol;* 4. *med* Schorf *m;* 5. *bot zoo* Schale *f;* 6. Ablagerung *f;* Weinstein *m;* 7. *sl* Unverschämtheit *f;* *II itr* verkrusten; *(Schnee)* verharschen; ▶ ~ **over** zufrieren; verkrusten; **crus·ta·cean** [krʌ'steɪʃn] Krebs-, Schalentier *n;* **crusty** ['krʌstɪ] *adj* 1. verkrustet; 2. knusprig; 3. *fig* mürrisch.
crutch [krʌtʃ] 1. Krücke *f a. fig;* 2. *fig* Stütze *f;* ▶ **go on ~es** an Krücken gehen.
crux [krʌks] 1. Crux *f,* Haken *m;* 2. schwieriges Problem.
cry [kraɪ] *I itr* 1. schreien (*with* vor; *for* nach); 2. verlangen (*for* nach); 3. weinen (*for* um), heulen, jammern (*over* über); 4. *(Hund)* anschlagen; ▶ ~ **for the moon** Unmögliches verlangen; ~ **o.s. to sleep** sich in den Schlaf weinen; ~ **over spilt milk** Vergangenem nachweinen; ~ **(for) vengeance** nach Rache schreien; *II tr* 1. (aus)rufen, schreien; 2. verkünden; ▶ ~ **one's eyes, heart out** sich die Augen aus dem Kopf weinen; *III s* 1. Schrei, Ruf *m;* 2. Geschrei *n (for* nach); 3. Ausrufen, Verkünden *n;* 4. Parole *f,* Schlachtruf *m;* 5. Weinen, Heulen, Geheul *n;* 6. *(Tier)* Gebell *n; (Jagdhunde)* Anschlag *m;* 7. Koppel, Meute *f;* ▶ **a far, long ~** ein weiter Weg (*from* von); **in full** ~ in vollem Eifer; **within** ~ in Rufweite (*of* gen); **follow in the ~** mit der großen Masse mitlaufen; **have a good ~** sich ausweinen; *IV (mit Präposition)* **cry down** *tr* herabsetzen, schlechtmachen; niederschreien; **cry for** *tr* dringend gebrauchen, benötigen; verlangen nach; **cry off** *tr* widerrufen; es sich anders überlegen; sich zurückziehen; **cry out against** *tr* scharf protestieren gegen; **cry out for** *tr* schreien nach; dringend verlangen; **cry·ing** ['kraɪɪŋ] *I adj* (himmel)schreiend; dringend; ▶ **a ~ shame** jammerschade; *II s* Weinen *n;*

Schreien *n.*
crypt [krɪpt] *arch* Krypta *f.*
cryp·tic [ˈkrɪptɪk] *adj* geheim, verborgen; hintergründig, rätselhaft.
crys·tal [ˈkrɪstl] **1.** Kristall *m;* **2.** *(~ glass)* Kristall(glas) *n;* **3.** *Am* Uhrglas *n;* **crystal ball** Glaskugel *f (des Hellsehers);* **crystal-clear** *adj* glasklar; **crys·tal·line** [ˈkrɪstəlaɪn] *adj* kristallinisch; **crys·tal·li·za·tion** [ˌkrɪstəlaɪˈzeɪʃn] Kristallbildung *f;* Kristallisierung *f;* **crys·tal·lize** [ˈkrɪstəlaɪz] **I** *tr* **1.** kristallisieren, auskristallisieren; **2.** *fig* e-e endgültige Gestalt geben *(s.th.* e-r S); **II** *itr* **1.** Kristalle bilden; **2.** *fig* sich herauskristallisieren; feste Form annehmen.
cub [kʌb] **1.** Junge(s) *n (e-s Raubtieres);* **2.** *(Pfadfinder)* Wölfling *m;* **3.** Neuling, Anfänger *m.*
Cuba [ˈkjuːbə] Kuba *n.*
cubby-hole [ˈkʌbɪhəʊl] Kämmerchen *n;* Fach *n.*
cube [kjuːb] **I** *s* **1.** Würfel *m;* **2.** *math* Kubikzahl *f;* dritte Potenz; ▶ **~ root** *math* Kubikwurzel *f;* **II** *tr* **1.** *math* in die dritte Potenz erheben; **2.** in Würfel schneiden; **cu·bic** [ˈkjuːbɪk] *adj* würfelförmig; kubisch; Raum-, Kubik-; ▶ **~ metre** Kubikmeter *m;* **~ capacity** Fassungsvermögen *n; mot* Hubraum *m.*
cu·bicle [ˈkjuːbɪkl] Kabine *f.*
cuckoo [ˈkʊkuː] **I** *s* Kuckuck(sruf) *m;* **II** *adj sl* verrückt, blöd; **cuckoo-clock** Kuckucksuhr *f.*
cu·cum·ber [ˈkjuːkʌmbə(r)] Gurke *f;* ▶ **as cool as a ~** kalt wie e-e Hundeschnauze.
cud [kʌd] ▶ **chew the ~** wiederkäuen; *fig* gründlich überlegen.
cuddle [ˈkʌdl] **I** *tr* hätscheln, liebkosen; **II** *itr (~ up)* sich (zusammen)kuscheln; **III** *s* Umarmung *f;* ▶ **give s.o. a ~** jdn umarmen, mit jdm schmusen.
cud·gel [ˈkʌdʒəl] **I** *s* Keule *f,* Knüppel *m;* ▶ **take up the ~s for s.o.** für jdn Partei ergreifen; **II** *tr* (ver)prügeln.
cue [kjuː] **1.** *theat* Stichwort *n;* **2.** Fingerzeig, Hinweis *m;* **3.** Billardstock *m,* Queue *n;* ▶ **give s.o. his ~** jdm nahelegen, was er zu tun hat; **take one's ~ from s.o.** sich nach jdm richten.
cuff [kʌf] **I** *s* **1.** Manschette *f;* **2.** Ärmel-, *Am* Hosenaufschlag *m;* **3.** *meist pl* Handschellen *f pl;* **4.** Schlag *m,* Ohrfeige *f;* ▶ **off the ~** *sl* aus dem Stegreif; **II** *tr* schlagen, ohrfeigen; **cuff-link** [ˈkʌflɪŋk] Manschettenknopf *m.*
cui·sine [kwɪˈziːn] Küche, Kochkunst *f.*
cul-de-sac [ˈkʌldəsæk] Sackgasse *f a. fig.*
cu·li·nary [ˈkʌlɪnərɪ] *adj* kulinarisch.
cull [kʌl] **I** *tr* **1.** *(Blumen)* pflücken; **2.** *fig* auslesen, -suchen, -wählen; aussortieren; ▶ **~ seals** Robbenschlag betreiben; **II** *s* **1.** Ausmerzen *n;* Robbenschlag *m;*

2. Auslese *f;* Ausschuß *m.*
cul·mi·nate [ˈkʌlmɪneɪt] *itr* **1.** *astr fig* kulminieren; **2.** *fig* seinen Höhepunkt erreichen, gipfeln *(in* in); **cul·mi·na·tion** [ˌkʌlmɪˈneɪʃn] **1.** *astr* Kulmination *f;* **2.** *fig* Höhepunkt, Gipfel *m.*
cu·lottes [kjuːˈlɒts] *pl* Hosenrock *m.*
culp·able [ˈkʌlpəbl] *adj* strafbar, schuldhaft; ▶ **~ negligence** *jur* grobe Fahrlässigkeit; **~ homicide** fahrlässige Tötung; **cul·prit** [ˈkʌlprɪt] **1.** Angeklagte(r) *f (m);* **2.** Missetäter(in), Übeltäter(in) *m (f).*
cult [kʌlt] **1.** *rel* Kult(us) *m a. allg;* **2.** Verehrung *f;* ▶ **make a ~ out of s.th.** einen Kult mit etw treiben; **cult figure** Kultfigur *f.*
cul·ti·vate [ˈkʌltɪveɪt] *tr* **1.** *agr* kultivieren, an-, bebauen; **2.** *fig* kultivieren, pflegen; **cul·ti·vated** [—ɪd] *adj* **1.** *agr* bebaut; gezüchtet; **2.** *fig* gebildet, kultiviert; **cul·ti·va·tion** [ˌkʌltɪˈveɪʃn] **1.** *agr* Kultur *f,* Anbau *m;* **2.** Pflege, Förderung *f;* **3.** Kultiviertheit *f;* **cul·ti·va·tor** [ˈkʌltɪveɪtə(r)] **1.** Landwirt(in) *m (f);* **2.** *agr* Kultivator(in) *m (f);* ▶ **a ~ of the fine arts** jem, der die schönen Künste pflegt.
cul·tural [ˈkʌltʃərəl] *adj* kulturell; **cul·ture** [ˈkʌltʃə(r)] **1.** *agr* Bebauung *f,* Anbau *m;* Zucht *f;* **2.** *fig* Pflege, Förderung *f;* Bildung, Kultur *f;* Zivilisation *f;* **3.** *biol* (Bakterien)Kultur *f;* ▶ **physical ~** Körperkultur *f;* **~ medium** Nährboden *m;* **cul·tured** [ˈkʌltʃəd] *adj* **1.** gebildet, kultiviert; **2.** gezüchtet; ▶ **~ pearl** Zuchtperle *f;* **culture vulture** *pej* Kulturfanatiker(in); Kulturkonsument(in) *m (f).*
cum·ber·some, **cum·brous** [ˈkʌmbəsəm, ˈkʌmbrəs] *adj* **1.** lästig, beschwerlich, mühsam; **2.** sperrig, schwerfällig.
cumin [ˈkʌmɪn] Kümmel *m.*
cumu·lat·ive [ˈkjuːmjʊlətɪv] *adj* **1.** sich (an)häufend, zunehmend; **2.** kumulativ; **cumu·lus** [ˈkjuːmjʊləs] ⟨*pl* -li⟩ [ˈkjuːmjʊlaɪ] Haufenwolke *f.*
cun·ning [ˈkʌnɪŋ] **I** *adj* schlau, listig, *fam* gerissen; **II** *s* Schläue, Gerissenheit *f.*
cup [kʌp] **1.** (Ober)Tasse *f;* **2.** Becher *m;* Behälter *m;* **3.** Pokal *m a. sport;* **4.** *rel fig* Kelch *m (des Leidens);* **5.** *bot (~ of a flower)* Blumenkelch *m;* **6.** *(egg-~)* Eierbecher *m;* ▶ **that's not my ~ of tea** *fam* das ist nicht nach meinem Geschmack; **in one's ~s** angezecht; **cupboard** [ˈkʌbəd] Schrank *m;* Büfett *n;* **cup final** Pokalendspiel *n;* **cup·ful** [ˈkʌpfʊl] Tasse(voll) *f.*
cu·pola [ˈkjuːpələ] *arch* Kuppel *f.*
cuppa [ˈkʌpə] *fam* Tasse *f* Tee.
cup-tie [ˈkʌptaɪ] *sport* Pokalspiel *n.*
cur [kɜː(r)] **1.** Köter *m;* **2.** *fig* gemeiner Kerl.
cura·bil·ity [ˌkjʊərəˈbɪlətɪ] Heilbarkeit *f;*

cur·able [ˈkjʊərəbl] *adj* heilbar.
curb [kɜːb] **I** *s* **1.** *(Pferd)* Kandare *f;* **2.** *fig* Zügel *m pl;* **3.** *Am* Bordstein *m;* **II** *tr* **1.** an die Kandare nehmen; **2.** *fig (put, keep a ~ on)* zügeln, im Zaum halten; bändigen; ▶ ~ **one's temper** sich im Zaum halten; **curb·stone** [ˈkɜːbstəʊn] Bordstein *m.*
curd [kɜːd] *oft pl* dicke Milch, Quark *m;* **curdle** [ˈkɜːdl] **I** *tr* gerinnen (lassen); **II** *itr* gerinnen, sauer werden; ▶ **my blood ~d** es durchlief mich eiskalt.
cure [ˈkjʊə(r)] **I** *s* **1.** *med* Heilung(sprozeß *m) f;* Heilmittel, -verfahren *n,* -methode *f;* **2.** Kur *f (for* gegen); **3.** *fig* Mittel *n (for* gegen), Abhilfe *f (for* für); **4.** Pfarrstelle *f;* Seelsorge *f;* ▶ **past ~** unheilbar; ~ **of souls** Seelsorge *f;* **there is no ~ for** es gibt kein Mittel gegen; **II** *tr* **1.** heilen; **2.** *fig* abhelfen *(s.th.* e-r S), beheben; **3.** pökeln, einsalzen; räuchern; konservieren, haltbar machen; **4.** *tech* vulkanisieren; **cure-all** [ˈkjʊərɔːl] Allheilmittel *n.*
cur·few [ˈkɜːfjuː] Sperrstunde *f;* Ausgehverbot *n,* -sperre *f.*
curi·os·ity [ˌkjʊərɪˈɒsətɪ] **1.** Neugier(de) *f;* Wissensdurst *m;* **2.** Seltenheit, Rarität *f;* ▶ ~ **shop** Kuriositätengeschäft *n;* ~ **killed the cat** *prov* man soll nicht so neugierig sein; **curi·ous** [ˈkjʊərɪəs] *adj* **1.** neugierig; wißbegierig; **2.** seltsam, eigenartig, ungewöhnlich; **3.** *fam* komisch; ▶ **be ~ about s.th.** auf etw gespannt sein.
curl [kɜːl] **I** *s* **1.** Locke *f;* **2.** Kräuselung *f;* ▶ **in ~s** gekräuselt; gelockt; **~s of smoke** Rauchwölkchen *n pl;* **II** *tr* kräuseln; **III** *itr* sich kräuseln *a. fig;* ▶ ~ **up** (sich) zusammenrollen; **curlers** [ˈkɜːləz] *pl* Lockenwickler *m pl.*
cur·lew [ˈkɜːljuː] *zoo* Brachvogel *m.*
curl·ing [ˈkɜːlɪŋ] **1.** Kräuselung *f;* **2.** *sport* Curling *n;* **curly** [ˈkɜːlɪ] *adj* gewellt, gekräuselt, gelockt.
cur·rant [ˈkʌrənt] **1.** Korinthe *f;* **2.** Johannisbeere *f.*
cur·rency [ˈkʌrənsɪ] **1.** *fin* Währung *f,* Zahlungsmittel *n,* Geldsorte, Valuta *f;* **2.** Laufzeit, Gültigkeit *f;* **3.** (Geld-, Noten)Umlauf *m;* ▶ **gain ~** in Umlauf, in Gebrauch kommen; ~ **control** Devisenkontrolle *f;* ~ **depreciation, devaluation** Geldentwertung, Geldabwertung *f;* ~ **reform** Währungsreform *f;* **current** [ˈkʌrənt] **I** *adj* **1.** laufend; im Umlauf befindlich; **2.** gebräuchlich, üblich, gangbar; **3.** (allgemein)gültig, landläufig; **II** *s* **1.** Strom *m,* Strömung *f;* Luftzug *m;* **2.** *el* Strom *m;* **3.** Ab-, Verlauf *m; fig* Tendenz, Richtung *f;* **current account** Girokonto *n;* **current events** *pl* Tagesgeschehen *n;* **current expenses** *pl* laufende Ausgaben *f pl;* **cur·rent·ly** [—lɪ] *adv* gegenwärtig, jetzt; **current**

opinion öffentliche Meinung; **current rate** (Tages-, laufender) Kurs *m.*
cur·ricu·lum [kəˈrɪkjʊləm] ⟨*pl* -la⟩ [kəˈrɪkjʊlə] Studien-, Lehrplan *m;* **curricu·lum vitae** [ˈkəˈrɪkjʊləm ˈviːtaɪ] Lebenslauf *m.*
curry [ˈkʌrɪ] **I** *s (~ powder)* Curry *m* od *n;* **II** *tr* **1.** *(Pferd)* striegeln; **2.** *(Leder)* zurichten; **3.** prügeln; ▶ ~ **favour with s.o.** sich bei jdm einzuschmeicheln suchen.
curse [kɜːs] **I** *s* **1.** Verwünschung *f;* **2.** Fluch, Unsegen *m,* Unglück *n (to* für); **3.** Fluch(wort *n) m;* **II** *tr* verfluchen, verdammen, fluchen *(s.o.* jdm, auf jdn); **III** *itr* fluchen; **cursed** [ˈkɜːsɪd] *adj* **1.** verflucht; **2.** *fam* verflixt.
cursor [ˈkɜːsə(r)] *EDV* Cursor *m.*
cur·sory [ˈkɜːsərɪ] *adj* flüchtig, oberflächlich.
curt [kɜːt] *adj* **1.** kurz, knapp; **2.** barsch *(to* gegen).
cur·tail [kɜːˈteɪl] *tr* **1.** kürzen; **2.** *(Rechte)* schmälern; **3.** *(Lohn)* herabsetzen; **curtail·ment** [—mənt] **1.** (Ab)Kürzung, Verkleinerung *f;* **2.** Einschränkung, Schmälerung *f.*
cur·tain [ˈkɜːtn] **I** *s* **1.** Gardine *f,* Vorhang *m a. theat;* **2.** *fig* Schleier *m;* ▶ **behind the ~** *fig* hinter den Kulissen; **draw a ~ over s.th.** *fig* über etw nicht mehr sprechen; **lift the ~** *fig* den Schleier lüften; **the ~ rises, falls** *theat* der Vorhang geht auf, fällt; **it will be ~s** *sl* dann ist es endgültig aus; **II** *tr* mit e-m Vorhang versehen; ▶ ~ **off** mit e-m Vorhang abteilen; **curtain-call** *theat fig* Vorhang *m;* **curtain-raiser** **1.** *theat* Eröffnungseinakter *m;* **2.** *film* Vorspann *m.*
curt·s(e)y [ˈkɜːtsɪ] **I** *s* Knicks *m;* **II** *itr u.* ▶ **drop a ~** e-n Knicks machen *(to* vor).
cur·va·ture [ˈkɜːvətʃə(r)] Krümmung *f a. math;* ▶ ~ **of the spine** Rückgrat(ver)krümmung *f;* **curve** [kɜːv] **I** *s* Kurve *a. math,* Biegung, Krümmung *f;* **II** *tr (itr)* (sich) biegen; (sich) wölben; (sich) krümmen.
cushion [ˈkʊʃn] **I** *s* **1.** Kissen *a. tech,* Polster *n a. fig;* **2.** *tech* Puffer *m;* **3.** *(Billard)* Bande *f;* **II** *tr* **1.** polstern; **2.** abschirmen, -decken; **3.** *tech* (ab)federn; *(Stoß)* abfangen; **4.** *(Billard)* auf Bande spielen.
cushy [ˈkʊʃɪ] *adj sl* bequem, leicht.
cuss [kʌs] Fluch *m;* ▶ **not worth a tinker's ~** keinen Heller wert.
cus·tard [ˈkʌstəd] Vanillesoße *f.*
cus·tod·ian [kʌˈstəʊdɪən] **1.** Kustos *m;* **2.** Verwalter(in), Treuhänder(in), Pfleger(in) *m (f);* Hüter(in) *m (f);* **3.** Aufseher(in) *m (f);* **cus·tody** [ˈkʌstədɪ] **1.** Obhut, Verwahrung *f;* **2.** Aufsicht(spflicht) *f (of* über *acc);* **3.** *jur* Sorgerecht *n;* **4.** *jur* Gewahrsam *m;*

Haft *f;* ▶ **release from** ~ aus der Haft entlassen; **take into** ~ verhaften.
cus·tom ['kʌstəm] **I** *s* **1.** Sitte *f,* Brauch *m,* Gewohnheit *f;* **2.** *jur* Gewohnheitsrecht *n;* **3.** *(commercial, trade* ~*)* Handelsbrauch *m,* Usance *f;* **4.** *com* Kundschaft *f;* Kundenkreis *m;* Klientel *f;* **5.** *pl* Zoll(verwaltung *f,* -gebühren *f pl) m;* ▶ **pass through** ~**s** den Zoll passieren; **it is his** ~ **to do** er pflegt zu tun; **II** *adj Am (Kleidung)* Maß-; **cus·tom·ary** ['kʌstəmərɪ] *adj* üblich, gebräuchlich, gewöhnlich, **custom clothes** *pl Am* Maßkleidung *f.*
cus·tomer ['kʌstəmə(r)] **1.** Kunde, Käufer, Abnehmer *m;* **2.** *fam* Kauz, Kunde, Kerl *m;* ▶ **a queer** ~ *fam* ein komischer Kauz; **regular** ~ Stammkunde *m;* **stray** ~ Laufkunde *m;* **customer number** Kundennummer *f;* **customer service** Kundendienst *m.*
cus·tom·ize ['kʌstəmaɪz] *tr mot* individuell aufmachen; **customized** [−d] **1.** *mot* individuell aufgemacht, getunt; **2.** *EDV* kundenspezifisch.
cus·tom-made ['kʌstəm'meɪd] *adj* nach Maß angefertigt, spezialangefertigt.
cus·toms bar·rier ['kʌstəmz'bærɪə(r)] Zollschranke *f;* **customs clearance** Zollabfertigung *f;* **customs declaration** Zollerklärung *f;* **customs documents** *pl* Zollbegleitpapiere *pl;* **customs dues, duties** *pl* Zollgebühren *f pl;* **customs examination** Zollkontrolle *f;* **custom(s)house** Zollamt *n;* **customs investigation** Zollfahndung *f;* **customs investigator** Zollfahnder(in) *m (f);* **customs officer** Zollbeamter *m,* -beamtin *f.*
cut [kʌt] ⟨*irr* cut, cut⟩ **I** *tr* **1.** (ab-, durch-, zer)schneiden; **2.** *(Hecke)* stutzen; **3.** *(Gras)* (ab)mähen; **4.** *(Holz)*hacken, spalten; **5.** trennen, (zer)teilen; (auf)schlitzen; abhauen; **6.** *(Tier)* verschneiden, kastrieren; **7.** *(Stoff)* zuschneiden; *(Film)* schneiden; **8.** schnitzen, (ein)gravieren; **9.** *(Karten)* abheben; **10.** *sport (Ball)* schneiden; **11.** *(Getränk)* verschneiden, verdünnen; **12.** *fig* beschneiden, verringern, verkleinern; *(Gehalt)* kürzen; *(Preise)* herabsetzen, ermäßigen, reduzieren; **13.** *fam (Menschen)* schneiden, nicht sehen wollen; **14.** *fam (Schule)* schwänzen; sich drücken vor; **15.** *sl* stoppen, Schluß machen, aufhören mit; ▶ ~ **corners** *Am* einsparen *(on* bei); ~ **a figure** Eindruck schinden *od* machen; ~ **a tooth** zahnen; ~ **one's teeth on s.th.** sich mit etw versuchen; ~ **it fine** *fam* es gerade (so) schaffen; ~ **the ground from under s.o., s.o.'s feet** *fig* jdm den Boden unter den Füßen wegziehen; ~ **no ice, not much ice** *fam* nicht viel ausrichten; ~ **the record**

den Rekord brechen; ~ **a record, a disc** e-e Schallplattenaufnahme machen *(of* von); ~ **both ways** *fig* ein zweischneidiges Schwert sein; für beide gelten; **II** *itr* **1.** scharf sein, schneiden; **2.** *(Wind)* schneiden; *(*~ *through)* pfeifen durch; **3.** *fam* abhauen; *(Schule)* schwänzen; **4.** *(Karten)* abheben; ▶ ~ **and run** *fam* abhauen; ~ **loose** *mar* losmachen; *fig* sich freimachen; *Am* loslegen; **III** *adj* **1.** (ab-, aus-, ein)geschnitten; be-, zerschnitten; behauen; **2.** beschnitten, kastriert; **3.** *fig* verkleinert, verringert, reduziert, gekürzt; **IV** *s* **1.** Schnitt, Hieb, Schlag, Stoß, Stich *m;* **2.** (Ein)Schnitt *m;* (Schnitt)Wunde *f;* Schnittfuge *f;* **3.** *(Fleisch)* abgeschnittenes Stück, Scheibe *f;* **4.** *(Schafe)* Schur *f;* **5.** Durchstich, Graben *m;* **6.** (Druck)Platte *f;* (Kupfer-, Stahl)Stich, Holzschnitt *m;* **7.** *(Kleidung)* (Zu)Schnitt *m,* Fasson *f;* **8.** *(Karten)* Abheben *n;* **9.** *(short* ~*)* (Weg)Abkürzung *f;* **10.** *fig* Verringerung, Verkleinerung, Verminderung, Kürzung *f;* ▶ **a** ~ **above** *fam* ein bißchen, etwas besser als; **salary** ~ Gehaltskürzung *f,* -abbau *m;* **wage** ~ Lohnkürzung *f;* ~ **in prices** Preissenkung *f,* -nachlaß *m;* **V** *(mit Präposition)* **cut across** *tr* quer gehen, laufen über, überqueren; widersprechen *(s.th.* e-r S); **cut away** *tr* weg-, abschneiden; **cut back** *tr* **1.** zurück-, beschneiden; **2.** einschränken; ab-, unterbrechen; *film* zurückblenden; **2.** *(Ausgaben, Essen)* sich einschränken; **cut down** *tr* **1.** ab-, umhauen; *(Baum)* fällen; **2.** niederhauen, -schlagen; **3.** *fig (*~ *down on)* kleiner machen, verkleinern, (ver)kürzen, verringern; herabsetzen, einschränken; **4.** herunterhandeln; *itr* sich einschränken; **cut in** *itr* **1.** unterbrechen, in die Rede fallen; **2.** *mot* nach dem Überholen zu rasch einbiegen; **3.** *(beim Tanzen)* abklatschen; ▶ ~ **in on s.o.'s market** jdm Konkurrenz machen; ~ **s.o. in on s.th.** jdn bei etw beteiligen; **cut into** *tr* **1.** anschneiden; **2.** *(Gespräch)* sich einschalten in; **3.** *(Verkehr)* sich hineindrängeln in; **4.** *fig (Reserven)* angreifen; **cut off** *tr* **1.** abschneiden, -hauen, -trennen; **2.** plötzlich unterbrechen; *tele* unterbrechen; **3.** *(Gas, el Strom)* abstellen; **4.** enterben; **cut out** *tr* **1.** ausschneiden; wegschneiden, entfernen; **2.** streichen, weg-, auslassen; **3.** *(Weg)* bahnen; **4.** *(Stoff)* zuschneiden; **5.** *(Rivalen)* ausstechen; übertrumpfen, verdrängen; **6.** *(das Rauchen)* aufgeben; *itr tech* aussetzen; ▶ **be** ~ **out for** geschaffen sein für; ~ **it out!** hör auf damit! **have one's work** ~ **out** alle Hände voll zu tun haben; **cut short** *tr* **1.** abkürzen, unterbrechen; **2.** plötzlich beenden; **cut under** *tr* unterbieten; **cut up** *tr* **1.** zerschneiden, -legen; **2.** vernichten; **3.** *(seelisch)* mitnehmen, aufwühlen, *fam* fertigmachen; **4.** heftig kritisieren, herunterreißen; **5.** *Am sl* dumme Witze machen, schwätzen, diskutieren; ▶ ~ **up rough** massiv werden; ~ **up well** reich sterben.

cut-and-dried [ˌkʌtnˈdraɪd] *adj* eindeutig, fix und fertig; *(Meinung)* vorgefaßt; **cut·away** [ˈkʌtəweɪ] **I** *adj tech* aufgeschnitten; ▶ ~ **drawing** Schnittzeichnung *f;* ~ **model** Schnittmodell *n;* **cut-back** [ˈkʌtbæk] **1.** Kürzung, Verminderung *f;* Einschränkung *f;* **2.** *film* Rückblende *f.*

cute [kjuːt] *adj* **1.** gewitzt, helle; **2.** *fam* nett, hübsch, reizend, entzückend, süß; **cut(e)y** [ˈkjuːtɪ] *Am sl* fesches Mädel.

cut flowers [ˌkʌtˈflauəz] *pl* Schnittblumen *f pl.*

cu·ticle [ˈkjuːtɪkl] *anat bot* Oberhaut *f;* Nagelhaut *f.*

cut·lass [ˈkʌtləs] Entermesser *n.*

cut·lery [ˈkʌtlərɪ] Besteck *n.*

cut·let [ˈkʌtlɪt] Schnitzel *n;* Hacksteak *n.*

cut-off [ˈkʌtɒf] **1.** *Am* (Weg)Abkürzung *f;* **2.** *tech* Ausschaltung *f;* **cut-out** [ˈkʌtaut] **1.** Ausschnitt *m;* **2.** Ausschneidemodell *n;* Ausschneidepuppe *f;* **3.** *el* Schalter *m; (~ switch)* Unterbrecher *m;* **4.** *tech* Aussetzen *n;* **cut-price** *adj* zu Schleuderpreisen, billig; **cut-rate** *adj* verbilligt; **cut-sheet feed** *EDV* Einzelblatteinzug *m.*

cut·ter [ˈkʌtə(r)] **1.** Schneidende(r), Schneider(in) *m (f);* Zuschneider(in) *m (f);* **2.** *film* Schnittmeister(in), Cutter(in) *m (f);* **3.** *tech* Schneidwerkzeug *n;* **4.** *mar* Kutter *m;* Beiboot *n; Am* Küstenschutzboot *n.*

cut-throat [ˈkʌtθrəut] **I** *s* Mörder(in) *m (f);* **II** *adj* mörderisch.

cut·ting [ˈkʌtɪŋ] **I** *s* **1.** Schneiden *n,* Schnitt *m;* **2.** Einschnitt *m;* Durchstich *m (für e-e Straße);* **3.** *film* Schnitt *m;* **4.** *Br (bes.* Zeitungs)Ausschnitt *m;* **5.** *agr* Ableger *m;* **6.** *pl* Abfälle *m pl;* **II** *adj* **1.** *(Kälte, Wind)* schneidend; **2.** *(Messer,*

Kante) scharf; **3.** *fig* beißend, verletzend.

cuttle·fish [ˈkʌtlfɪʃ] *zoo* Tintenfisch *m.*

CV *Abk:* **curriculum vitae** Lebenslauf *m.*

cy·an·ide [ˈsaɪənaɪd] *chem* Zyanid *n;* ▶ **potassium ~** Zyankali *n.*

cy·ber·net·ics [ˌsaɪbəˈnetɪks] *pl mit sing* Kybernetik *f.*

cyc·la·men [ˈsɪkləmən] *bot* Alpenveilchen *n.*

cycle [ˈsaɪkl] **I** *s* **1.** Kreis(lauf), Zyklus *m;* **2.** Periode *f;* **3.** Arbeitsgang *m;* **4.** *astr* (Kreis)Bahn *f;* **5.** *lit* Sagen-, Legendenkreis *m;* **6.** *fam* (Fahr)Rad *n;* **II** *itr* radfahren, radeln.

cyc·lic(al) [ˈsaɪklɪk(l)] *adj* **1.** zyklisch, periodisch; **2.** *com* konjunkturbedingt.

cyc·ling [ˈsaɪklɪŋ] Radfahren *n;* **cyc·list** [ˈsaɪklɪst] Radfahrer(in) *m (f).*

cyc·lone [ˈsaɪkləun] Wirbelsturm, Zyklon *m.*

cyg·net [ˈsɪgnɪt] junger Schwan.

cyl·in·der [ˈsɪlɪndə(r)] **1.** *math tech mot* Zylinder *m;* **2.** *tech* Walze, Trommel, Rolle *f;* **cylinder block** *mot* Zylinderblock *m;* **cylinder capacity** *mot* Hubraum *m;* **cylinder head** *mot* Zylinderkopf *m;* **cy·lin·dri·cal** [sɪˈlɪndrɪkl] *adj* zylindrisch, walzenförmig.

cym·bals [ˈsɪmblz] *pl mus* Becken *n.*

cynic [ˈsɪnɪk] **I** *s* Zyniker(in) *m (f);* **II** *adj* zynisch; **cyni·cal** [ˈsɪnɪkl] *adj* zynisch; **cyni·cism** [ˈsɪnɪsɪzəm] Zynismus *m;* zynische Bemerkung.

cypher [ˈsaɪfə(r)] *s.* **cipher.**

cy·press [ˈsaɪprəs] *bot* Zypresse *f.*

Cyp·ri·ot [ˈsɪprɪət] **I** *adj* zypriotisch, zyprisch; **II** *s* Zypriot(in), Zyprer(in) *m (f);* **Cy·prus** [ˈsaɪprəs] Zypern *n.*

cyst [sɪst] *med* Zyste *f;* **cys·ti·tis** [sɪsˈtaɪtɪs] *med* Blasenentzündung *f.*

czar [zɑː(r)] *s.* **tsar; czar·ina** [zɑːˈriːnə] *s.* **tsarina.**

Czech [tʃek] **I** *adj* **1.** tschechisch; **II** *s* **1.** Tscheche *m,* Tschechin *f;* **2.** (das) Tschechisch(e); **Czecho·slo·va·kia** [ˌtʃekəusləˈvækɪə] Tschechoslowakei *f.*

D

D, d [di:] ⟨pl -'s⟩ D, d n a. mus.

dab[1] [dæb] I tr 1. leicht berühren; 2. ab-, betupfen (with s.th. mit etw); II s 1. Klecks m; 2. Tupfer m.

dab[2] [dæb] adj fam ► be a ~ hand at doing s.th. sich darauf verstehen, etw zu tun.

dabble ['dæbl] I tr plantschen; II itr ► ~ in s.th. sich nebenbei mit etw beschäftigen.

daddy ['dædɪ] fam Papi, Vati m.

daddy-long·legs [ˌdædɪ'loŋlegz] sing Schnake f; Am Weberknecht m.

dae·mon ['di:mən] s. demon.

daf·fo·dil ['dæfədɪl] bot Narzisse f.

daft [dɑ:ft] adj fam dumm, blöd.

dag·ger ['dægə(r)] 1. Dolch m; 2. typ Kreuz n; ► be at ~s drawn with s.o. mit jdm auf Kriegsfuß stehen; look ~s at feindselige Blicke werfen auf.

dah·lia ['deɪlɪə] bot Dahlie f.

daily ['deɪlɪ] I adj, adv täglich; Tages-; ► ~ dozen Morgengymnastik f; one's ~ bread das tägliche Brot; II s 1. (~ paper) Tageszeitung f; 2. fam Zugehfrau f.

dainti·ness ['deɪntɪnɪs] 1. Zierlichkeit, Zartheit f; 2. Anmutigkeit f; **dainty** ['deɪntɪ] I adj 1. (Person) zierlich; anmutig; 2. wählerisch (about in); 3. appetitlich; 4. zerbrechlich; II s pl Leckerbissen m pl.

dairy ['deərɪ] 1. Molkerei f; 2. Milchgeschäft n; **dairy cattle** pl Milchvieh n; **dairy-man** [—mən] ⟨pl -men⟩ Melker m, Molkereiangestellte(r) f m; **dairy produce** Molkereiprodukte n pl.

dais ['deɪɪs] Podium n.

daisy ['deɪzɪ] bot Gänseblümchen n; ► push up the daisies sl die Radieschen von unten begucken; **daisy wheel** Typenrad n; **daisy-wheel typewriter** Typenradschreibmaschine f.

dally ['dælɪ] itr 1. tändeln, flirten (with mit); 2. die Zeit vertrödeln (over one's work bei der Arbeit).

dam [dæm] I s 1. Damm m; Talsperre f; 2. Stausee m; II tr 1. (~ in, up) stauen, eindämmen; 2. fig (~ back) unterdrücken; (~ up) aufstauen.

dam·age ['dæmɪdʒ] I s 1. Schaden m; 2. pl Schadensersatz m; ► what's the ~? fam was kostet der Spaß? II tr 1. beschädigen; 2. schaden (s.th. e-r S).

dam·ask ['dæməsk] Damast m.

dame [deɪm] 1. (Titel m e-r) Ordensinhaberin f; 2. obs Dame f; 3. Am sl Weib(sbild) n.

damn [dæm] I tr 1. verdammen a. rel; 2. verurteilen; verreißen; ► ~ it! verdammt! ~ it all! zum Donnerwetter! I'll be ~ed if I go ich denk' nicht dran zu gehen; II s ► not to care, not to give a ~ sich e-n Dreck daraus machen; III adj, adv fam verdammt; **dam·nable** ['dæmnəbl] adj abscheulich; **dam·nation** [dæm'neɪʃn] I s Verdammung f a. rel; II interj verdammt! **damned** [dæmd] I adj verdammt; II adv äußerst, sehr; III s ► the ~ pl die Verdammten m pl.

damp [dæmp] I adj feucht; II s 1. Feuchtigkeit f; 2. (fire ~) schlagende Wetter n pl; III tr 1. an-, befeuchten; 2. (~ down) phys tech drosseln; 3. el dämpfen a. fig; **damp-course** arch Isolierschicht f; **dampen** ['dæmpən] tr drosseln, dämpfen; **damper** ['dæmpə(r)] Dämpfer m (to für); ► cast a ~ over entmutigen; **damp·ness** ['dæmpnɪs] Feuchtigkeit f.

dance [dɑ:ns] I itr, tr 1. tanzen (with mit); 2. hüpfen (for, with vor); ► ~ attendance on s.o. sich um jdn unablässig bemühen; II s 1. Tanz m; 2. Tanzparty f; ► lead s.o. a pretty ~ jdm Scherereien machen; **dance band** Tanzkapelle f; **dance music** Tanzmusik f; **dancer** ['dɑ:nsə(r)] Tänzer(in) m (f); **danc·ing** [—ɪŋ] I s Tanzen n; II adj attr Tanz-; **dancing master** Tanzlehrer m; **dancing partner** Tanzpartner(in) m (f); **dancing shoes** pl Ballschuhe m pl.

dan·de·lion ['dændɪlaɪən] bot Löwenzahn m.

dan·druff ['dændrʌf] Kopfschuppen f pl.

dandy ['dændɪ] I s Dandy m; II adj fam prima.

Dane [deɪn] Däne m, Dänin f.

dan·ger ['deɪndʒə(r)] Gefahr f (to für); ► in ~ in Gefahr; out of ~ außer Gefahr; be a ~ to e-e Gefahr bilden für; be in ~ of losing Gefahr laufen zu verlieren; caution! ~ Achtung, Lebensgefahr! **danger area** Gefahrenzone f; **danger money** Gefahrenzulage f; **dan·ger·ous** ['deɪndʒərəs] adj gefährlich (to für).

dangle ['dæŋgl] I tr 1. baumeln lassen; 2. fig in Aussicht stellen (before s.o. jdm); II itr baumeln.

Dan·ish ['deɪnɪʃ] I *adj* dänisch; II *s* (das) Dänisch(e).

dank [dæŋk] *adj* naßkalt.

Danube ['dænju:b] Donau *f.*

dap·per ['dæpə(r)] *adj* elegant; gepflegt.

dapple ['dæpl] *tr* sprenkeln.

dare [deə(r)] I *itr* es wagen, sich trauen; ▶ **don't you ~ !** unterstehen Sie sich! II *tr* 1. wagen, riskieren (*to do s.th.* etw zu tun); 2. trotzen, herausfordern; ▶ **I ~ say** ich könnte mir denken; vermutlich; III *s* Herausforderung *f;* ▶ **do s.th. for a ~** etw als Mutprobe tun; **dare-devil** ['deə̩devl] Draufgänger(in) *m (f).*

dar·ing ['deərɪŋ] I *adj* (toll)kühn, waghalsig, gewagt; II *s* Wagemut *m.*

dark [da:k] I *adj* 1. dunkel, finster; 2. *(Farbe, Haut, Haare)* dunkel; 3. *fig* verborgen, versteckt; 4. mutlos, niedergeschlagen, traurig; 5. düster; ▶ **~ horse** unbekannte Größe; II *s* 1. Dunkelheit, Finsternis *f;* 2. *fig* Dunkel *n;* ▶ **before, after ~** vor, nach Einbruch der Dunkelheit; **be in the ~ about s.th.** keine Ahnung haben von etw; **the Dark Ages** *pl* das Mittelalter; **the Dark Continent** der Schwarze Kontinent; **darken** ['da:kən] I *tr* dunkel machen; ver-, abdunkeln; ▶ **~ s.o.'s door** zu jdm auf Besuch kommen; II *itr* dunkel werden; **darkly** ['da:klɪ] *adv* dunkel; finster; **dark·ness** ['da:knɪs] 1. Dunkelheit, Finsternis *f;* 2. *fig* Düsterkeit *f;* **darkroom** *phot* Dunkelkammer *f;* **darkskinned** [̩da:k'skɪnd] *adj* dunkelhäutig.

dar·ling ['da:lɪŋ] I *s* Liebling *m;* Schatz *m;* II *adj* lieb, reizend.

darn[1] [da:n] I *tr (Strümpfe)* stopfen; II *s* gestopfte Stelle.

darn[2] [da:n] *tr* ▶ **~ it!** zum Kuckuck noch mal! **well I'll be ~ed!** zum Donnerwetter!

darn·ing ['da:nɪŋ] Stopfen *n;* **darningneedle** ['da:nɪŋni:dl] Stopfnadel *f.*

dart [da:t] I *tr* 1. *(Blick)* werfen; 2. mit e-m Pfeil schießen; II *itr* sausen, flitzen; schnellen; III *s* 1. Sprung, Satz *m;* 2. Pfeil *m;* 3. *pl mit sing sport* Darts, Pfeilwurfspiel *n;* 4. *(Textil)* Abnäher *m;* **dart board** Dartscheibe *f.*

dash [dæʃ] I *tr* 1. schleudern; (zer)schlagen; 2. *fig* zunichte machen; 3. *(~ off) (Brief)* rasch hinwerfen; ▶ **~ it!** *fam* verdammt! II *itr* schlagen, prallen *(against* gegen); III *s* 1. Jagd *f;* 2. Schuß *m;* Spritzer *m;* etwas, ein bißchen; 3. *fig* Schwung, Elan *m;* 4. Gedankenstrich *m;* 5. *(Morsealphabet)* Strich *m;* ▶ **at a ~** wie der Wind; **make a ~** losstürzen; **the ~** der Kurzstreckenlauf; **at one ~** in e-m Zug; **cut a ~** e-e schneidige Figur machen; **dash·board** ['dæʃbɔ:d] *mot* Armaturenbrett *n;* **dash·ing** ['dæʃɪŋ] *adj* 1. schwungvoll; 2. lebhaft; schneidig.

das·tard·ly ['dæstədlɪ] *adj* hinterhältig, gemein.

data ['deɪtə] *pl oft sing* 1. Einzelheiten, Tatsachen, Gegebenheiten *f pl;* 2. Daten *pl;* Angaben *f pl;* **data bank** *EDV* Datenbank *f;* **data base** *EDV* Datenbasis *f,* Datenbestand *m;* **data carrier** *EDV* Datenträger *m;* **data network** *EDV* Datennetz *n,* Datenverbund *m;* **data processing** *EDV* Datenverarbeitung *f;* **data protection** Datenschutz *m;* Datensicherheit *f;* **data retrieval** *EDV* Datenabruf *m;* **data transfer** *EDV* Datentransfer *m,* Datenübertragung *f.*

date[1] [deɪt] I *s* 1. Datum *n,* Zeitangabe *f;* Jahreszahl *f;* 2. Termin, Zeitpunkt *m;* 3. *fam* Verabredung *f;* ▶ **at that ~** zu jener Zeit; damals; **of recent ~** neueren Datums; **out-of-~** überholt, veraltet, altmodisch; **up-to-~** auf dem neuesten Stand, aktuell; **up to ~** modisch, aktuell; **out of ~** aus der Mode **fix, set a ~** e-e Frist festlegen; e-n Zeitpunkt bestimmen; **have, make a ~** sich verabreden; **what is the ~ of ... ?** wann war ... ? **what is the ~ today?** welches Datum, den Wievielten haben wir heute? **to ~** bis heute; **~ of birth** Geburtsdatum *n;* II *tr* 1. datieren; zeitlich festlegen; 2. ausgehen *(s.o.* mit jdm); III *itr* ▶ **~ from, ~ back to** stammen aus, zurückgehen auf.

date[2] [deɪt] *bot* Dattel *f.*

dated ['deɪtɪd] *adj* altmodisch; **dateline** *geog* Datumsgrenze *f;* **datestamp** Datumsstempel *m.*

daub [dɔ:b] I *tr* (be)schmieren; (be)sudeln; II *s* 1. Schmiererei *f;* 2. *arch* Bewurf *m.*

daugh·ter ['dɔ:tə(r)] Tochter *f a. fig;* **daughter-in-law** ['dɔ:tərɪnlɔ:] ⟨*pl* -sin-law⟩ Schwiegertochter *f.*

daunt [dɔ:nt] *tr* entmutigen; ▶ **nothing ~ed** unverzagt; **daunt·less** ['dɔ:ntlɪs] *adj* unerschrocken.

dawdle ['dɔ:dl] I *itr* (herum)trödeln, -bummeln; II *tr* ▶ **~ away** *(Zeit)* vertrödeln, -bummeln; **daw·dler** ['dɔ:dlə(r)] Trödler(in) *m (f).*

dawn [dɔ:n] I *s* 1. (Morgen)Dämmerung *f,* Tagesanbruch *m;* 2. *fig* Beginn *m;* ▶ **at ~** bei Tagesanbruch; II *itr* 1. dämmern; 2. *fig* heraufkommen, beginnen, anbrechen; 3. *(Sinn)* dämmern (*on, upon s.o.* jdm).

day [deɪ] 1. Tag *m;* 2. Termin *m;* 3. Epoche, (Blüte)Zeit *f;* 4. *pl* Zeiten *f pl;* ▶ **(three times) a ~** (dreimal) täglich; **all ~** den ganzen Tag; **by ~** am Tag(e), bei Tage; **at the present ~** gegenwärtig; **at this time of ~** zu dieser Stunde; **every ~** jeden Tag, täglich; **from ~ to ~** von Tag zu Tag; **these ~s** heute, heutzutage; **in those ~s** damals; **in my young ~s** in meiner Jugendzeit; **in ~s to come** in Zukunft; **one ~** eines Tages; einmal;

one of these ~s in den nächsten Tagen;
einmal; **the other** ~ kürzlich, neulich;
the present ~ die Gegenwart; **the** ~
after tomorrow übermorgen; **this** ~
week, month, year heute in acht Tagen,
vier Wochen, einem Jahr; **up to this** ~
bis heute; ~ **after** ~, ~ **by** ~ Tag für Tag;
the ~ **before** der, am Vortag; ~ **in,** ~
out tagein, tagaus; **call it a** ~ Feier-
abend, Schluß machen; **have a nice** ~!
(ich wünsche Ihnen) einen schönen Tag!
that'll be the ~ das möcht' ich sehen;
those were the ~s das waren noch
Zeiten; **what** ~ **of the week is it?** wel-
chen Wochentag haben wir? **business** ~
Werk-, Arbeitstag *m;* Markt-, Börsen-
tag *m;* **present-**~ heutig, von heute;
rainy ~ Regentag *m;* ~ **of arrival** An-
kunftstag *m;* ~ **of birth, of death** Ge-
burts-, Sterbetag *m;* **day·break**
['deɪbreɪk] Tagesanbruch *m;* ▶ **at** ~ **bei**
Tagesanbruch; **day·dream** ['deɪdriːm]
I *s* Tagtraum *m;* II *itr irr s. dream* mit
offenen Augen träumen; **day·light**
['deɪlaɪt] Tageslicht *n a. fig;* ▶ **by** ~ bei
Tageslicht; **in broad** ~ am hellichten
Tage; **see** ~ *fam* kapieren; ~**saving
time** *Am* Sommerzeit *f;* **day nursery**
Tagesheim *n* für Kleinkinder; Kinderta-
gesstätte *f;* **day release** *tageweise
Freistellung von Angestellten zur Wei-
terbildung;* **day return** (Tages)Rück-
fahrkarte *f;* **day-school** Tagesschule *f;*
day shift Tagschicht *f;* **day-time**
▶ **during, in the** ~ bei Tage; **day trip**
Kaffeefahrt *f;* Tagesausflug *m.*
daze [deɪz] I *tr* benommen machen; II *s*
Benommenheit *f;* ▶ **in a** ~ ganz be-
nommen.
dazzle ['dæzl] I *tr* blenden *a. fig;* II *s*
Blenden *n.*
DC *s. direct current.*
dea·con ['diːkən] *rel* Diakon *m;* **dea-
con·ess** ['diːkənɪs] Diakonissin *f.*
dead [ded] I *adj* 1. tot, verstorben; 2.
(Materie) unbelebt; 3. *(Glieder)* taub,
abgestorben; 4. *(Sprache)* tot; 5. *(Ma-
schine)* nicht in Betrieb; 6. reg(ungs)los;
7. öde, langweilig, leblos; 8. *(Schlaf)*
tief; 9. *(Wasser)* stehend; 10. *(Feuer)*
erloschen; 11. *(Zigarre)* ausgegangen;
12. *el* spannungslos; 13. unproduktiv,
unergiebig; ▶ **shoot s.o.** ~ jdn erschie-
ßen; **strike s.o.** ~ jdn erschlagen; **he is** ~
to pity er kennt kein Mitleid; ~ **to the
world** *fig* vollkommen weggetreten; **be
in a** ~ **faint** völlig bewußtlos sein; **come
to a** ~ **stop** völlig zum Stillstand kom-
men; II *adv* 1. genau; 2. total, völlig;
▶ ~ **tired** todmüde; ~**drunk** *fam* stock-
voll; ~ **against** völlig dagegen; ~ **on
target** genau ins Ziel; ~ **slow!** Schritt
fahren! III *s* ▶ **the** ~ *pl* die Toten *m pl;*
in the ~ **of night** mitten in der Nacht; **in
the** ~ **of winter** mitten im Winter;

dead-beat [‚ded'biːt] *adj* völlig kaputt,
erschöpft; **dead centre** Mittelpunkt *m.*
deaden ['dedn] *tr* mildern, abschwächen;
abstumpfen *(to gegen).*
dead end [‚ded'end] Sackgasse *f;*
▶ **come to a** ~ *fig* in eine Sackgasse
geraten; **dead-end** ['dedend] *adj* ▶ ~
street Sackgasse *f;* ~ **job** Arbeitsplatz
m ohne Aufstiegsmöglichkeit; **dead
heat** *sport* totes Rennen; **dead·line**
['dedlaɪn] letzter Termin; Einsende-
schluß *m;* ▶ **fix, set a** ~ eine Frist
setzen; **meet the** ~ den Termin einhal-
ten; **dead·lock** ['dedlɒk] völliger Still-
stand; ▶ **come to a** ~, **reach** ~ auf den
toten Punkt gelangen, sich festfahren.
deadly ['dedlɪ] I *adj* 1. tödlich; 2. Tod-;
3. *fam* todlangweilig; II *adv* ▶ ~ **pale**
totenbleich.
dead·pan [‚ded'pæn] I *s* ausdrucksloses
Gesicht; II *adj* unbewegt; **Dead Sea**
das Tote Meer; **dead·wood**
['ded‚wʊd] 1. morsches Holz; 2. *fig* Bal-
last *m.*
deaf [def] *adj* taub *a. fig (to* für, gegen);
▶ **be** ~ **in one ear** auf e-m Ohr taub
sein; **turn a** ~ **ear to** nichts hören wol-
len von; ~ **and dumb** taubstumm; **deaf-
aid** Hörapparat *m;* **deafen** ['defn] *tr*
taub machen; **deafen·ing** ['defnɪŋ]
adj ohrenbetäubend; **deaf-mute**
[‚def'mjuːt] Taubstumme(r) *f m;* **deaf-
ness** ['defnɪs] Taubheit *f a. fig (to* für,
gegen).
deal¹ [diːl] ⟨*irr* dealt, dealt⟩ I *tr* (~ *out)*
aus-, verteilen; ausgeben; ▶ ~ **s.o. a
blow** jdm einen Schlag versetzen; II *itr*
1. *(Karten)* geben; 2. *(Drogen)* dealen;
▶ ~ **well, badly by s.o.** jdn gut, schlecht
behandeln; III *s* 1. Handel *m,* Geschäft
n; Abmachung *f;* 2. (Karten)Geben *n;*
▶ **make a good** ~ ein gutes Geschäft
machen; **give s.o. a square** ~ jdn fair
behandeln; **who's** ~ **is it?** wer ist am
Geben? IV *(mit Präposition)* **deal in** *tr*
handeln mit; **deal out** *tr* verteilen; **deal
with** *tr* 1. verhandeln mit; 2. sich küm-
mern um; sich befassen mit; fertigwer-
den mit; 3. handeln von.
deal² [diːl] I *s* Menge *f;* ▶ **a good, great**
~ eine Menge, viel; II *adj* ▶ **a good** ~
ziemlich viel.
dealer ['diːlə(r)] 1. Händler(in) *m (f) (in*
mit); 2. *(mit Drogen)* Dealer(in) *m (f);* 3.
Am (Börse) Makler(in) *m (f);* 4. Karten-
geber(in) *m (f);* ▶ **wholesale** ~ Groß-
händler(in), Grossist(in) *m (f);* **deal·ing**
['diːlɪŋ] 1. Handel *m, (Drogen a.)* Dealen
n (in mit); 2. *Am* Effektenhandel *m;* 3.
pl Geschäfte *n pl;* Umgang *m;* ▶ **have
~s with s.o.** mit jdm in (Geschäfts)Ver-
bindung stehen; **dealt** [delt] *v s. deal¹.*
dean [diːn] 1. *(rel, Universität, College)*
Dekan *m;* 2. *pol* Doyen *m.*
dear [dɪə(r)] I *adj* 1. lieb, teuer *a. fig;* 2.

kostspielig, teuer; **3.** *(in der Briefanrede)* liebe(r); sehr geehrte(r); ▶ **D ~ Sir** sehr geehrter Herr X! **II** *s* Liebling, Schatz *m;* ▶ **give it to me, there's a ~** gib es mir, sei so lieb; **III** *adv* teuer; **IV** *interj* ▶ **oh, ~! ~ me! ~, ~!** ach du liebe Zeit! **dear·ly** [—lɪ] *adv* **1.** teuer; **2.** von ganzem Herzen; **dear·ness** [—nɪs] hoher Preis.

dearth [dɜ:θ] Mangel *m (of* an).

deary, dearie ['dɪərɪ] *fam* Liebling *m.*

death [deθ] **1.** Tod *m;* Todesfall *m;* **2.** *fig* Ende *n,* Vernichtung *f;* ▶ **at ~'s door** an der Schwelle des Todes; **on pain of ~** bei Todesstrafe; **be burnt, frozen, starved to ~** verbrennen, erfrieren, verhungern; **die a natural, a violent ~** e-s natürlichen, e-s gewaltsamen Todes sterben; **he'll be the ~ of me yet** er bringt mich noch ins Grab; **put s.o. to ~** jdn hinrichten; **death-bed** Totenbett *n a. fig;* **death-blow** Todesstoß *m (to* für); **death-certificate** Totenschein *m;* **death-duties** *pl* Erbschaftssteuer *f;* **deathly** *adj, adv* tödlich; **death penalty** Todesstrafe *f;* **death-rate** Sterblichkeit(sziffer), Sterberate *f;* **death sentence** Todesurteil *n;* **death squad** Todesschwadron *f,* Todeskommando *n;* **death-trap** Todesfalle *f.*

de·bacle [deɪ'bɑ:kl] *fig* Untergang *m,* Debakel *n.*

de·bar [dɪ'bɑ:(r)] *tr* ausschließen *(from doing s.th.* etw zu tun).

de·base [dɪ'beɪs] *tr* **1.** entwürdigen, erniedrigen; **2.** *(Münze)* den Wert mindern.

de·bat·able [dɪ'beɪtəbl] *adj* **1.** umstritten; **2.** strittig; **de·bate** [dɪ'beɪt] **I** *s* Debatte, Diskussion *f;* ▶ **open** the ~ *parl* die Debatte eröffnen; **II** *itr* diskutieren, debattieren *(with s.o. on s.th.* mit jdm über etw); **III** *tr* debattieren, diskutieren; **de·bater** [dɪ'beɪtə(r)] Debattierer(in) *m (f).*

de·bauch [dɪ'bɔ:tʃ] **I** *s* Ausschweifung, Orgie *f;* **II** *tr* verderben; **de·bauch·ery** [dɪ'bɔ:tʃərɪ] Ausschweifung *f.*

de·ben·ture [dɪ'bentʃə(r)] **1.** (kurzfristiger) Schuldschein *m;* **2.** *com* Rückzollschein *m;* **debenture stock** Schuldverschreibung *f; Am* Vorzugsaktie *f.*

de·bili·tate [dɪ'bɪlɪteɪt] *tr* schwächen, entkräften; entnerven; **de·bil·ity** [dɪ'bɪlətɪ] Schwäche *f a. fig.*

debit ['debɪt] **I** *s* Debet, Soll *n,* Lastschrift *f;* ▶ **~ and credit** Soll und Haben *n;* **II** *tr* belasten; ▶ **~ s.o.'s account with s.th.** jds Konto mit etw belasten; **debit-side** Passivseite *f.*

deb·on·air [,debə'neə(r)] *adj* umgänglich, freundlich.

de·bris ['deɪbri:] **1.** Schutt *m;* **2.** *geol* Geröll *n.*

debt [det] *com* Schuld *f;* ▶ **out of ~** schuldenfrei; **be in ~** verschuldet sein; **run, get into ~** Schulden machen; **pay off a ~** e-e Schuld abzahlen; **debt-collecting agency** Inkassobüro *n;* **debt-collector** Inkassobeauftragte(r) *f m;* **debtor** ['detə(r)] Schuldner(in) *m (f);* **debtor nation** Schuldnerstaat *m;* **debt servicing** *fin* Schuldendienst *m.*

de·bug [,di:'bʌg] *tr* **1.** *tech* den Defekt beheben *(s.th.* bei etw); **2.** *fig* entwanzen.

de·bunk [di:'bʌŋk] *tr* den Nimbus nehmen *(s.o.* jdm).

debut ['deɪbju:] Debüt *n;* **debu·tante** ['debjuta:nt] Debütantin *f.*

dec·ade ['dekeɪd] Dekade *f,* Jahrzehnt *n.*

deca·dence ['dekədəns] Dekadenz *f;* **deca·dent** ['dekədənt] *adj* dekadent.

de·caf·fein·ated [,di:'kæfɪneɪtɪd] *adj* koffeinfrei, entkoffeiniert.

de·camp [dɪ'kæmp] *itr* sich (auf und) davon-, sich aus dem Staub(e) machen.

de·cant [dɪ'kænt] *tr* umfüllen; **de·canter** [dɪ'kæntə(r)] Karaffe *f.*

de·capi·tate [dɪ'kæpɪteɪt] *tr* enthaupten; **de·capi·ta·tion** [dɪ,kæpɪ'teɪʃn] Enthauptung *f.*

de·cath·lete [dɪ'kæθli:t] *sport* Zehnkämpfer(in) *m (f);* **de·cath·lon** [dɪ'kæθlən] *sport* Zehnkampf *m.*

de·cay [dɪ'keɪ] **I** *itr* **1.** sich zersetzen, verfaulen; schlecht werden; **2.** verwittern; verblühen, vergehen; **3.** verfallen *a. fig;* **4.** *fig* untergehen, auseinandergehen; verkümmern; **II** *s* **1.** Zersetzung *f;* Verfall, Zerfall *m;* **2.** Niedergang, Verfall *m;* ▶ **tooth-~** Zahnfäule, Karies *f.*

de·cease [dɪ'si:s] Ableben *n,* Tod *m;* **de·ceased** [dɪ'si:st] **I** *adj* verstorben; **II** *s* ▶ **the ~** der, die Verstorbene.

de·ceit [dɪ'si:t] Täuschung *f,* Betrug *m;* **de·ceit·ful** [dɪ'si:tfl] *adj* **1.** unaufrichtig, betrügerisch; **2.** irreführend.

de·ceive [dɪ'si:v] **I** *tr* täuschen, irreführen, hintergehen; **II** *itr* trügen; **de·ceiver** [dɪ'si:və(r)] Betrüger(in) *m (f).*

de·cel·er·ate [di:'seləreɪt] *tr, itr* langsamer werden; verlangsamen.

De·cem·ber [dɪ'sembə(r)] Dezember *m;* ▶ **in ~** im Dezember.

de·cency ['di:snsɪ] Anstand *m,* Anständigkeit, Schicklichkeit *f;* **de·cent** ['di:snt] *adj* **1.** anständig; **2.** *fam* ganz nett, (ganz) ordentlich; annehmbar.

de·cen·tral·iz·ation [,di:,sentrəlaɪ'zeɪʃn] Dezentralisation, Dezentralisierung *f;* **de·cen·tral·ize** [,di:'sentrəlaɪz] *tr* dezentralisieren; **de·cen·tral·ized** *adj* [—d] dezentral.

de·cep·tion [dɪ'sepʃn] Irreführung, Täuschung *f;* Betrug *m;* ▶ **practise ~ on s.o.** jdn irreführen; **de·cep·tive** [dɪ'septɪv] *adj* täuschend, trügerisch, irreführend.

deci·bel ['desɪbel] *tech* Dezibel *n.*

de·cide [dɪ'saɪd] **I** *tr* (sich) entscheiden (*between* zwischen; *for, in favour of* zugunsten; *against* gegen); ▶ ~ s.o.'s fate jds Schicksal bestimmen; ~ s.o. to do s.th. jdn veranlassen, etw zu tun; **II** *itr* sich entscheiden, sich entschließen; ▶ ~ on sich entscheiden für; **de·cided** [dɪ'saɪdɪd] *adj* **1.** entschieden; deutlich; **2.** entschlossen, bestimmt.

de·cidu·ous [dɪ'sɪdjuəs] *adj* jährlich die Blätter abwerfend; ▶ ~ **tree** Laubbaum *m.*

deci·mal ['desɪml] *adj* Dezimal-; ▶ ~ **fraction** Dezimalbruch *m;* ~ **point** Komma *n;* ~ **system** Dezimalsystem *n;* **deci·mal·ize** ['desɪməlaɪz] *tr* auf das Dezimalsystem umstellen.

deci·mate ['desɪmeɪt] *tr* dezimieren.

de·cipher [dɪ'saɪfə(r)] *tr* entziffern.

de·ci·sion [dɪ'sɪʒn] **1.** Entscheidung *f* (*over* über); **2.** Entschluß *m;* Beschluß *m;* **3.** Entschlußkraft, Entschlossenheit *f;* ▶ **make a** ~ e-e Entscheidung treffen; **arrive at, come to a** ~ e-e Entscheidung treffen; **de·ci·sive** [dɪ'saɪsɪv] *adj* **1.** entscheidend, ausschlaggebend (*for* für); **2.** entschieden, entschlossen.

deck [dek] **I** *s* **1.** *mar* Deck *n;* **2.** Verdeck *n;* **3.** Spiel *n* Karten; ▶ **on** ~ auf Deck; **clear the** ~**s** *fig* sich bereit machen; **II** *tr* schmücken, verzieren; ▶ ~ **o.s. out** sich herausputzen (*with* mit); **deck chair** Liegestuhl *m.*

de·claim [dɪ'kleɪm] **I** *tr* vortragen; **II** *itr* deklamieren; ▶ ~ **against** s.th. gegen etw wettern; **dec·la·ma·tion** [,deklə'meɪʃn] Deklamation, Tirade *f;* **de·clama·tory** [dɪ'klæmətərɪ] *adj* deklamatorisch, pathetisch.

dec·lar·ation [,deklə'reɪʃn] **1.** Erklärung, Aussage *f;* **2.** (*Zoll*) Deklaration *f;* ▶ **give, make a** ~ e-e Erklärung abgeben; ~ **of intent** Absichtserklärung *f;* ~ **of love** Liebeserklärung *f;* **de·clare** [dɪ'kleə(r)] **I** *tr* **1.** erklären; bekanntgeben; **2.** (*Zoll*) angeben, deklarieren; **3.** beteuern, erklären; ▶ **have you anything to** ~? haben Sie etwas zu verzollen? ~ **war (on** s.o.) (jdm) den Krieg erklären; **I** ~ **this meeting closed** ich erkläre die Sitzung für geschlossen; **II** *itr* sich erklären, sich entscheiden (*against, for* gegen, für).

de·cline [dɪ'klaɪn] **I** *itr* **1.** verfallen; verblassen; **2.** nachlassen, abnehmen; geringer werden; **3.** (*Preise*) zurückgehen, sinken, fallen; **4.** ablehnen; **5.** *gram* deklinieren; ▶ **in declining health** bei schlechter werdender Gesundheit; **II** *tr* ablehnen, ausschlagen (*doing, to do* zu tun); **III** *s* **1.** Rückgang *m;* Abnahme *f;* Niedergang, Verfall *m;* **2.** Schwächung *f* (*der Gesundheit*); ▶ **be on the** ~ abnehmen; (*Preise*) fallen; ~ **of the birthrate** Geburtenrückgang *m.*

de·clutch [,di:'klʌtʃ] *itr tech* auskuppeln.

de·code [,di:'kəud] *tr* entschlüsseln; **de·coder** [di:'kəudə(r)] *EDV* Decoder *m.*

de·coke [,di:'kəuk] *tr tech fam* entkohlen.

de·com·pose [,di:kəm'pəuz] **I** *tr* zerlegen, aufspalten; **II** *itr* sich zersetzen; **de·com·po·si·tion** [,di:kɒmpə'zɪʃn] **1.** Aufspaltung, Zerlegung *f;* **2.** Zersetzung, Fäulnis *f.*

de·com·press [,di:kəm'pres] *tr* den Druck *gen* vermindern; **de·com·pres·sion** [,di:kəm'preʃn] Druckminderung *f;* **decompression chamber** Unterdruckkammer *f.*

de·con·tami·nate [,di:kən'tæmɪneɪt] *tr* entgiften, entseuchen; **de·con·tami·na·tion** [,di:kən,tæmɪ'neɪʃn] Entseuchung, Entgiftung *f.*

de·con·trol [,di:kən'trəul] *tr* die Preisüberwachung aufheben; freigeben.

dec·or·ate ['dekəreɪt] *tr* **1.** dekorieren, schmücken, verzieren; **2.** (*Wände*) bemalen; tapezieren; **3.** (*mit e-m Orden*) auszeichnen (*with* mit); **dec·or·ation** [,dekə'reɪʃn] **1.** Verzierung, Dekoration *f;* **2.** Auszeichnung *f,* Orden *m;* **dec·or·ative** ['dekərətɪv] *adj* dekorativ; **dec·or·ator** ['dekəreɪtə(r)] Maler(in); Tapezierer(in), Dekorateur(in) *m (f).*

dec·or·ous ['dekərəs] *adj* anständig, schicklich; **de·corum** [dɪ'kɔ:rəm] Anstand *m,* Schicklichkeit *f.*

de·coy ['di:kɔɪ] **I** *s* **1.** Lockvogel *m a. fig;* **2.** *fig* Köder *m;* **II** *tr* (ver)locken (*into doing* s.th. etw zu tun).

de·crease [dɪ'kri:s] **I** *itr* **1.** abnehmen, nachlassen; zurückgehen; ▶ **in decreasing order of importance** in der Reihenfolge ihrer Bedeutung; **II** *tr* verringern, reduzieren, herabsetzen; **III** *s* ['di:kri:s] Abnahme, Verringerung *f,* Rückgang *m* (*in* an); ▶ **on the** ~ im Abnehmen; ~ **in population** Bevölkerungsrückgang *m.*

de·cree [dɪ'kri:] **I** *s* **1.** Erlaß *m,* Verordnung, Verfügung *f;* **2.** Gerichtsbeschluß, -entscheid *m;* Urteil *n;* ▶ **issue a** ~ e-e Verordnung erlassen; ~ **nisi** [—'naɪsaɪ] *jur* vorläufiges Scheidungsurteil; **II** *tr* anordnen, verfügen.

de·crepit [dɪ'krepɪt] *adj* altersschwach; *fig (Strukturen)* verkrustet; **de·crepi·tude** [dɪ'krepɪtju:d] Altersschwäche, Verkrustung *f.*

de·cry [dɪ'kraɪ] *tr* anprangern; schlechtmachen.

dedi·cate ['dedɪkeɪt] *tr* **1.** *rel* weihen *a. fig;* **2.** (*Buch*) widmen *a. fig;* ▶ ~ **one's life to** s.th. sein Leben e-r Sache widmen; **dedi·ca·tion** [,dedɪ'keɪʃn] **1.** Einweihung *f* (*to* an); **2.** (*Buch*) Widmung *f;* **3.** Hingabe *f.*

de·duce [dɪ'dju:s] *tr* **1.** ab-, herleiten (*from* von); **2.** folgern, schließen (*from* aus); **de·duc·ible** [dɪ'dju:səbl] *adj* ableitbar.

de·duct [dɪ'dʌkt] *tr* 1. abziehen (*from* von); 2. (*Betrag*) einbehalten; **de·duct·ible** [dɪ'dʌktəbl] *adj* absetzbar; abziehbar; **de·duc·tion** [dɪ'dʌkʃn] 1. Abzug *m;* 2. *com* Rabatt, Nachlaß *m;* 3. Schlußfolgerung *f;* ► **after ~ of** nach Abzug von; **de·duct·ive** [dɪ'dʌktɪv] *adj* deduktiv, zu folgern(d), sich ergebend.

deed [di:d] I *s* 1. Tat, Handlung *f;* 2. Leistung *f;* 3. *jur* Übertragungsurkunde *f;* ► **in word and ~** in Wort und Tat; **~ of convenant** Vertragsurkunde *f;* II *tr Am* notariell übertragen; **deed poll** *jur* einseitige Erklärung.

deem [di:m] *tr* ► **~ s.o. s.th.** jdn für etw erachten.

deep [di:p] I *adj* 1. tief *a. fig;* 2. (*Schlaf*) tief; 3. (tief)sinnig, tiefgründig; 4. schwerverständlich; ► **take a ~ breath** tief atmen; **a two-metre ~ trench** ein zwei Meter tiefer Graben; **go off the ~ end** *fig* aufbrausen; II *adv* tief; ► **still waters run ~** *prov* stille Wasser sind tief; **~ into the night** bis tief in die Nacht hinein; **~ in debt** tief verschuldet; **~ in love** sehr verliebt; III *s* ► **the ~** das Meer; **in the ~ of winter** mitten im tiefsten Winter.

deepen ['di:pən] I *tr* 1. vertiefen; 2. (*Farben*) verdunkeln; II *itr* sich vergrößern.

deep-freeze [ˌdi:p'fri:z] I *s* Tiefkühlschrank *m;* Tiefkühltruhe *f;* II *tr irr s. freeze* einfrieren; **deep-frozen** [ˌdi:p'freuzn] *adj* tiefgefroren; **deep-frozen foods** *pl* Tiefkühlkost *f;* **deep-fry** *tr* im Fett schwimmend braten; **deep·ly** ['di:plɪ] *adv* (zu)tief(st); gründlich; ► **~ hurt** schwer gekränkt; **deepness** ['di:pnɪs] 1. Tiefe *f;* 2. *fig* Scharfsinn *m*, Tiefsinnigkeit *f;* **deep-rooted** [ˌdi:p'ru:tɪd] *adj* tief verwurzelt; **deepsea** *adj* Tiefsee-, Hochsee-; ► **~ fishing** Hochseefischerei *f;* **deep-seated** [ˌdi:p'si:tɪd] *adj* tiefsitzend.

deer [dɪə(r)] ⟨*pl* deer⟩ Hirsch *m;* Reh *n;* ► **red ~** Rotwild *n;* **deer-stalker** ['dɪəˌstɔ:kə(r)] 1. (*Person*) Jäger auf der Pirsch; 2. (*Hut*) Sherlock-Holmes-Mütze *f.*

de·face [dɪ'feɪs] *tr* verunstalten.

defa·ma·tion [ˌdefə'meɪʃn] Verleumdung, Diffamierung *f;* **de·fama·tory** [dɪ'fæmətrɪ] *adj* verleumderisch, beleidigend; **de·fame** [dɪ'feɪm] *tr* verleumden.

de·fault [dɪ'fɔ:lt] I *s* 1. Nichteinhaltung, Nichterfüllung *f;* Versäumnis *n;* 2. Nichterscheinen, Ausbleiben *n;* ► **in ~ of** in Ermangelung *gen;* **judgement by ~** Versäumnisurteil *n;* II *itr* 1. säumig sein; 2. vor Gericht nicht erscheinen; 3. *sport* nicht antreten; ► **~ in one's payments** seinen Zahlungsverpflichtungen

nicht nachkommen.

de·feat [dɪ'fi:t] I *tr* 1. besiegen, schlagen; 2. (*Plan*) vereiteln, zunichte machen; II *s* 1. Sieg *m;* 2. Ablehnung *f;* 3. Vereitelung *f;* 4. Niederlage *f;* ► **suffer a ~** e-e Niederlage erleiden; **de·feat·ist** [—ɪst] I *adj* defätistisch; II *s* Defätist, Miesmacher *m.*

de·fe·cate ['defəkeɪt] *itr* den Darm entleeren; **def·eca·tion** [ˌdefə'keɪʃn] *med* Darmentleerung *f.*

de·fect[1] ['di:fekt] Fehler, Defekt *m* (*in* an); ► **physical ~** körperlicher Schaden.

de·fect[2] [dɪ'fekt] *itr* sich absetzen, abfallen; ► **~ to the enemy** zum Feind übergehen, überlaufen; **de·fec·tion** [dɪ'fekʃn] Abfall *m*, Überlaufen *n* (*from* von).

de·fec·tive [dɪ'fektɪv] I *adj* 1. fehlerhaft, schadhaft, defekt; 2. geistesgestört; II *s* Geistesgestörte(r) *f m.*

de·fence, *Am* **de·fense** [dɪ'fens] 1. Verteidigung *f a. sport;* 2. Befestigung, Schutzmaßnahme *f;* 3. *jur* Verteidigung *f;* ► **body's ~s** Abwehrkräfte (des Körpers); **in s.o.'s ~** zu jds Rechtfertigung; **come to s.o.'s ~** jdn verteidigen; **speak, say in s.o.'s ~** für jdn sprechen; jdn verteidigen; **de·fence·less** [—lɪs] *adj* schutzlos; **defence minister** Verteidigungsminister(in) *m (f).*

de·fend [dɪ'fend] *tr* 1. verteidigen *a. jur* (*against* gegen); 2. rechtfertigen; **defend·ant** [dɪ'fendənt] Angeklagte(r), Beklagte(r) *f m.*

de·fense [dɪ'fens] *Am s. defence;* **de·fens·ible** [dɪ'fensəbl] *adj* zu verteidigen; vertretbar; **de·fens·ive** [dɪ'fensɪv] I *adj* defensiv; ► **~ measures** *pl* Schutzmaßnahmen *f pl;* **~ weapon** Verteidigungswaffe *f;* II *s* Defensive *f;* ► **on the ~** in der Defensive.

de·fer[1] [dɪ'fɜ:(r)] *tr* auf-, hinaus-, verschieben (*doing s.th.* etw zu tun); verlegen.

de·fer[2] [dɪ'fɜ:(r)] *itr* sich fügen (*to s.o.* jdm; *to s.th.* in etw).

de·fer·ence ['defərəns] Achtung *f*, Respekt *m;* ► **in, out of ~ to** aus Achtung vor; **pay ~ to s.o.** jdm Achtung erweisen; **de·fer·en·tial** [ˌdefə'renʃl] *adj* ehrerbietig (*to* gegenüber).

de·ferred [dɪ'fɜ:d] *adj* ► **~ terms** *pl* Teilzahlung *f;* **~ payment** Ratenzahlung *f.*

de·fiance [dɪ'faɪəns] Trotz *m* (*of* gegenüber); Mißachtung *f;* ► **in ~ of** trotz, ungeachtet *gen;* **de·fiant** [dɪ'faɪənt] *adj* 1. herausfordernd; 2. aufsässig, trotzig.

de·fi·ciency [dɪ'fɪʃnsɪ] 1. Mangel *m;* 2. *com* Defizit *n*, Fehlbetrag *m;* 3. Fehlbestand *m;* **de·fi·cient** [dɪ'fɪʃnt] *adj* unzulänglich; fehlerhaft; ► **be ~ in** Mangel haben an; **mentally ~** schwachsin-

nig.
defi·cit ['defɪsɪt] Defizit *n;* ▶ **show a ~** ein Defizit aufweisen.
de·file[1] [dɪ'faɪl] *tr* be-, verschmutzen; schänden.
de·file[2] ['diːfaɪl] **I** *s* Hohlweg *m;* **II** *itr* hintereinander marschieren.
de·fine [dɪ'faɪn] *tr* **1.** scharf abgrenzen; näher bestimmen, festlegen; **2.** klarlegen, -stellen; definieren; ▶ **be ~d against** sich abheben von, gegen; **~ one's position** seinen Standpunkt darlegen.
defi·nite ['defɪnət] *adj* **1.** definitiv; fest; **2.** klar, deutlich, unmißverständlich; **3.** bestimmt, sicher; ▶ **it's ~ that** es ist sicher, daß; **for a ~ period** für e-e bestimmte Zeit; **defi·nite·ly** [—lɪ] *adv* **1.** fest, definitiv; **2.** sicherlich, zweifellos.
defi·ni·tion [ˌdefɪ'nɪʃn] **1.** Definition *f;* **2.** scharfe Abgrenzung; Festlegung *f;* **3.** (Bild-, Ton)Schärfe *f.*
de·fini·tive [dɪ'fɪnətɪv] *adj* **1.** entscheidend; maßgeblich; **2.** endgültig, definitiv.
de·flate [dɪ'fleɪt] **I** *tr* **1.** (die) Luft lassen aus; **2.** *(bes. Notenumlauf)* verringern, vermindern; **II** *itr fin* eine Deflation herbeiführen; **de·fla·tion** [dɪ'fleɪʃn] *fin* Deflation *f;* **de·fla·tion·ary** [ˌdɪ'fleɪʃnərɪ] *adj* deflationistisch.
de·flect [dɪ'flekt] *tr* um-, ablenken *(from* von); **de·flec·tion** [dɪ'flekʃn] Ablenkung *f.*
de·foli·ant [ˌdiː'fəʊlɪənt] Entlaubungsmittel *n;* **de·foli·ate** [ˌdiː'fəʊlɪeɪt] *tr* entlauben.
de·for·est [ˌdiː'fɒrɪst] *tr* abholzen; **de·for·est·ation** [diːˌfɒrɪ'steɪʃn] Abholzung *f.*
de·form [dɪ'fɔːm] *tr* **1.** deformieren, verformen; **2.** entstellen, verunstalten; **de·form·ation** [ˌdiːfɔː'meɪʃn] **1.** Deformation *f;* **2.** *tech* Verformung *f;* **de·form·ity** [dɪ'fɔːmətɪ] **1.** Mißbildung, Entstellung *f;* **2.** Abartigkeit *f.*
de·fraud [dɪ'frɔːd] *tr* betrügen, hintergehen *(s.o. of s.th* jdn um etw).
de·fray [dɪ'freɪ] *tr (Kosten)* bestreiten, tragen.
de·frost [ˌdiː'frɒst] *tr* **1.** enteisen; **2.** auftauen.
deft [deft] *adj* gewandt, geschickt.
de·funct [dɪ'fʌŋkt] *adj* verstorben.
defy [dɪ'faɪ] *tr* **1.** sich widersetzen, trotzen *(s.o.* jdm); **2.** widerstehen, trotzen, spotten *(s.th.* e-r S); **3.** herausfordern.
de·gen·er·ate [dɪ'dʒenərət] **I** *adj* degeneriert, entartet; **II** *s* degenerierter Mensch; **III** *itr* [dɪ'dʒenəreɪt] degenerieren, entarten *(into* in, zu); **de·gen·er·ation** [dɪˌdʒenə'reɪʃn] Entartung, Degeneration *f.*
de·grade [dɪ'greɪd] *tr* **1.** degradieren; **2.** *fig* erniedrigen; **3.** *geol* abtragen; **4.** *chem* abbauen.

de·gree [dɪ'griː] **1.** *math phys* Grad *m a. allg;* **2.** Maß *n;* **3.** akademischer Grad; **4.** Rang, Stand *m;* ▶ **by ~s** nach und nach, allmählich; **to a certain ~** bis zu e-m gewissen Grade; **to some ~** einigermaßen; **to such a ~** in solchem Maße, dermaßen; **drop five ~s** um fünf Grad fallen; **study for a ~** studieren; **get one's ~** seinen akademischen Grad erhalten; **first, second ~ murder** Mord *m,* Totschlag *m;* **~ of development** Entwicklungsstufe *f;* **~ of latitude, longitude** Breiten , Längengrad *m,* **degree course** Studiengang *m, der zu einem akademischen Grad führt.*
de·hu·man·ize [ˌdiː'hjuːmənaɪz] *tr* entmenschlichen.
de·hy·drate [ˌdiː'haɪdreɪt] *tr* Wasser entziehen *(s.th.* e-r S); **de·hy·drated** [diːhaɪ'dreɪtɪd] *adj* Trocken-; pulverisiert; ausgetrocknet; ▶ **be ~** Nachdurst haben; **de·hy·dra·tion** [ˌdiːhaɪ'dreɪʃn] Austrocknung; Dehydration *f.*
de·ice [ˌdiː'aɪs] *tr mot aero* enteisen.
deign [deɪn] *tr* ▶ **~ to do s.th.** geruhen, sich herablassen, etw zu tun.
de·ism ['diːɪzəm] Deismus *m.*
de·ity ['diːɪtɪ] Gottheit *f.*
de·ject [dɪ'dʒekt] *tr* deprimieren; **de·ject·ed** [—ɪd] *adj* bedrückt, niedergeschlagen; **de·jec·tion** [dɪ'dʒekʃn] Niedergeschlagenheit *f.*
de·lay [dɪ'leɪ] **I** *tr* **1.** ver-, aufschieben *(doing s.th.* etw zu tun); **2.** aufhalten; ▶ **he ~ed writing the letter** er schob den Brief auf; **II** *itr* **~ in doing s.th.** es verschieben, etw zu tun; **don't ~!** verlieren Sie keine Zeit! **III** *s* **1.** Aufenthalt *m;* **2.** *(Verkehr)* Stockung *f;* **3.** *(Zug)* Verspätung *f;* ▶ **without ~** sofort, unverzüglich; **admit of no ~** keinen Aufschub dulden; **have a ~** aufgehalten werden; **a two-hour ~** e-e zweistündige Verspätung; **delayed-action** *adj (Bombe)* mit Zeitzünder; ▶ **~ shutter release** *phot* Selbstauslöser *m;* **de·lay·ing** [—ɪŋ] *adj* hinhaltend; ▶ **~ tactics** *pl* Verzögerungstaktik *f.*
de·lec·table [dɪ'lektəbl] *adj* köstlich; **de·lec·ta·tion** [ˌdiːlek'teɪʃn] Vergnügen *n;* ▶ **for your ~** um Ihnen e-e Freude zu machen.
del·egate **I** *tr* ['delɪgeɪt] **1.** delegieren; **2.** *(Vollmacht)* erteilen; *(Befugnisse)* übertragen *(to s.o.* jdm); **II** *s* ['delɪgət] Delegierte(r) *f m,* bevollmächtigte(r) Vertreter(in) *m f;* **del·ega·tion** [ˌdelɪ'geɪʃn] Abordnung, Delegation *f.*
de·lete [dɪ'liːt] *tr* **1.** streichen *(from* aus); **2.** *EDV* löschen; **de·le·tion** [dɪ'liːʃn] Streichung *f.*
de·lib·er·ate [dɪ'lɪbəreɪt] **I** *itr* nachdenken *(on, upon* über); sich beraten; **II** *tr* bedenken, erwägen; **III** *adj* [dɪ'lɪbərət] **1.** bewußt, absichtlich; **2.** (wohl)über-

legt; bedächtig; **de·lib·er·ation** [dɪˌlɪbəˈreɪʃn] 1. Überlegung *f;* 2. Beratungen *f pl (on* über); 3. Bedächtigkeit *f;* ▶ **after due** ~ nach reiflicher Überlegung.

deli·cacy [ˈdelɪkəsɪ] 1. Feinheit, Zartheit *f;* 2. Anfälligkeit *f;* 3. Zart-, Feingefühl *n;* 4. Delikatesse *f;* ▶ **of great** ~ heikel, schwierig; **deli·cate** [ˈdelɪkət] *adj* 1. fein, zart; empfindlich; 2. *med* empfindlich, anfällig; 3. *(Situation)* heikel, schwierig; 4. *(Instrument)* empfindlich; 5. *fig* feinfühlig, zartfühlend; 6. *(Essen)* delikat; **deli·ca·tessen** [ˌdelɪkəˈtesn] Delikatessengeschäft *n.*

de·li·cious [dɪˈlɪʃəs] *adj* 1. herrlich, wunderbar; 2. *(Essen)* schmackhaft, delikat.

de·light [dɪˈlaɪt] I *tr* erfreuen; II *itr* seine Freude, seinen Spaß haben *(in doing s.th.* etw zu tun); III *s* Freude *f,* Vergnügen *n;* ▶ **to my** ~ zu meiner Freude; **take** ~ Freude, Spaß haben *(in doing s.th.* etw zu tun); **give s.o.** ~ jdn erfreuen; **de·light·ful** [dɪˈlaɪtfl] *adj* entzückkend, reizend, bezaubernd.

de·limit [diːˈlɪmɪt] *tr* abgrenzen.

de·lin·eate [dɪˈlɪnɪeɪt] *tr* 1. skizzieren, entwerfen; 2. beschreiben, schildern.

de·lin·quency [dɪˈlɪŋkwənsɪ] 1. Pflichtvergessenheit *f,* Versäumnis *n;* 2. Kriminalität *f;* ▶ **juvenile** ~ Jugendkriminalität *f;* **de·lin·quent** [dɪˈlɪŋkwənt] I *adj* 1. straffällig; 2. *(Steuern)* rückständig; II *s* Delinquent *m.*

de·liri·ous [dɪˈlɪrɪəs] *adj* 1. im Delirium, phantasierend; 2. *fig* außer sich *(with* vor); **de·liri·ous·ly** [−lɪ] *adv* ▶ ~ **happy** überglücklich; **de·lirium** [dɪˈlɪrɪəm] 1. Delirium *n;* 2. *fig* Taumel *m.*

de·liver [dɪˈlɪvə(r)] *tr* 1. (ab-, aus)liefern, übergeben, zustellen; 2. *(Post)* austragen, zustellen; 3. befreien *(from* von); 4. *(Rede, Vortrag)* halten; 5. *med* zur Welt bringen; 6. aushändigen, übergeben; 7. *(Schlag)* versetzen; ▶ **be** ~**ed of** entbunden werden von; ~**ed free** frei Haus; ~ **the goods** *fig* es bringen, schaffen; **de·liver·ance** [dɪˈlɪvərəns] Befreiung, Erlösung *f (from* von); **de·liverer** [dɪˈlɪvərə(r)] 1. *com* Lieferant(in) *m (f);* 2. Erlöser(in) *m (f);* **de·liv·ery** [dɪˈlɪvərɪ] 1. (Aus)Lieferung *f;* Zustellung *f;* 2. *med* Entbindung *f;* 3. Vortrag *m,* Vortragsweise *f;* 4. Wurf *m (e-s Balles);* ▶ **on** ~ bei Lieferung; **take** ~ **of** in Empfang nehmen; **cash on** ~ gegen Nachnahme; **delivery note** Lieferschein *m;* **delivery room** Kreißsaal *m;* **delivery service** Zustelldienst *m;* **delivery van** *Br* Lieferwagen *m.*

delta [ˈdeltə] (Fluß)Delta *n.*

de·lude [dɪˈluːd] *tr* täuschen, irreführen; ▶ ~ **s.o. into thinking s.th.** jdn dazu verleiten, etw zu glauben; ~ **o.s.** sich etwas vormachen.

del·uge [ˈdeljuːdʒ] I *s* 1. Überschwemmung *f;* 2. *fig* Flut *f,* Schwall *m;* ▶ **the D**~ die Sintflut; II *tr* überfluten, überschwemmen *(with* mit) *a. fig.*

de·lusion [dɪˈluːʒn] 1. Täuschung, Irreführung *f;* 2. Wahn *m;* ▶ **be under a** ~ in einem Wahn leben; ~**s of grandeur** Größenwahn *m.*

de luxe [dɪˈlʌks] *adj* Luxus-.

delve [delv] *itr* sich vertiefen *(into,* among in); durchforschen *(into s.th.* etw).

dema·gogic [ˌdeməˈgɒgɪk] *adj* demagogisch; **dema·gogue,** *Am* **dema·gog** [ˈdeməgɒg] Demagoge *m;* **dema·gogy** [ˈdeməgɒgɪ] Demagogie *f.*

de·mand [dɪˈmɑːnd] I *tr* 1. *(Person)* fordern, verlangen, beanspruchen; 2. *(Sache)* erfordern, verlangen, beanspruchen; II *s* 1. Forderung *f;* Verlangen *n (for* nach); 2. *com* Bedarf *m,* Nachfrage *f (for* nach); ▶ **on** ~ auf Verlangen; bei Sicht; **be in great** ~ sehr gefragt sein; **create a** ~ **for s.th.** e-e Nachfrage für etw schaffen; **demand note** Zahlungsaufforderung *f.*

de·mar·cate [ˈdiːmɑːkeɪt] *tr* abgrenzen *(from* von, gegen); **de·mar·ca·tion** [ˌdiːmɑːˈkeɪʃn] Abgrenzung *f;* **demarcation line** Demarkationslinie *f.*

de·mean [dɪˈmiːn] *refl* sich erniedrigen.

de·mean·our, *Am* **de·mean·or** [dɪˈmiːnə(r)] Benehmen, Betragen *n.*

de·mented [dɪˈmentɪd] *adj* wahnsinnig, verrückt.

de·merit [diːˈmerɪt] Fehler, Mangel *m.*

de·mesne [dɪˈmeɪn] Grundbesitz *m.*

demi [ˈdemɪ] *pref* halb-; ▶ ~ **god** Halbgott *m.*

de·mili·tar·ize [ˌdiːˈmɪlɪtəraɪz] *tr* entmilitarisieren.

de·mise [dɪˈmaɪz] Tod *m,* Ableben *n.*

de·mist [ˌdiːˈmɪst] *tr mot (Windschutzscheibe)* freimachen; **de·mist·er** [−ə(r)] *mot* Gebläse *n.*

de·mo·bil·ize [diːˈməʊbəlaɪz] *tr* demobilisieren.

democ·racy [dɪˈmɒkrəsɪ] Demokratie *f;* **demo·crat** [ˈdeməkræt] Demokrat(in) *m (f);* **demo·cratic** [ˌdeməˈkrætɪk] *adj* demokratisch; **de·moc·ra·tize** [dɪˈmɒkrətaɪz] *tr* demokratisieren; **de·moc·ra·ti·za·tion** [−eɪʃn] Demokratisierung *f.*

de·mol·ish [dɪˈmɒlɪʃ] *tr* 1. *(Gebäude)* abbrechen, niederreißen; 2. *fig* zunichte machen; **demo·li·tion** [ˌdeməˈlɪʃn] Abbruch *m.*

de·mon [ˈdiːmən] 1. Dämon *m;* 2. *fam* Besessene(r) *f m;* ▶ ~ **for work** Arbeitstier *n;* **de·mon·iac** [dɪˈməʊnɪæk], **de·monic** [diːˈmɒnɪk] *adj* dämonisch.

de·mon·strable [ˈdemənstrəbl] *adj*

nachweisbar, offensichtlich; **dem·on·strate** ['demənstreɪt] **I** *tr* **1.** be-, nachweisen; zeigen; **2.** vorführen, demonstrieren; **II** *itr pol* demonstrieren; **dem·on·stra·tion** [ˌdemən'streɪʃn] **1.** Beweis(führung *f*) *m;* Vorführung *f;* **2.** *pol* Kundgebung, Demonstration *f;* ► **give a ~** etw demonstrieren; **hold a ~** e-e Demonstration veranstalten; **demonstration model** Vorführmodell *n;* **de·mon·stra·tive** [dɪ'mɒnstrətɪv] *adj* **1.** demonstrativ; **2.** *(Mensch)* offen; **dem·on·stra·tor** ['demənstreɪtə(r)] **1.** *com* Vorführer(in) *m (f);* **2.** *pol* Demonstrant(in) *m (f).*

de·moral·ize [dɪ'mɒrəlaɪz] *tr* demoralisieren, entmutigen.

de·mote [ˌdi:'məʊt] *tr* degradieren *(to* zu).

de·mure [dɪ'mjʊə(r)] *adj* **1.** ernst, gesetzt; **2.** spröde.

den [den] **1.** Höhle *f;* **2.** (Räuber)Höhle *f;* **3.** *fam* Bude *f.*

de·nation·al·ize [ˌdi:'næʃənəlaɪz] *tr (Industrie)* entnationalisieren, reprivatisieren.

de·nial [dɪ'naɪəl] **1.** Leugnen *n;* Dementi *n;* **2.** Ablehnung *f,* abschlägige Antwort; **3.** Verleugnung *f;* ► **give an official ~** offiziell dementieren *(to s.th.* etw).

deni·grate ['denɪgreɪt] *tr* verunglimpfen.

denim ['denɪm] **1.** Zwil(li)ch, Köper *m;* **2.** *pl* Jeans *pl.*

deni·zen ['denɪzn] Bewohner *m a. zoo bot.*

Den·mark ['denmɑ:k] Dänemark *n.*

de·nomi·na·tion [dɪˌnɒmɪ'neɪʃn] **1.** *rel* Konfession *f;* **2.** Benennung, Bezeichnung *f;* **3.** *com* Nennbetrag *m;* **4.** Klasse, Gruppe *f;* **de·nomi·na·tional** [dɪˌnɒmɪ'neɪʃənl] *adj* konfessionell.

de·nomi·na·tor [dɪ'nɒmɪneɪtə(r)] *math* Nenner *m;* ► **(lowest) common ~** gemeinsamer Nenner.

de·nota·tion [ˌdi:nəʊ'teɪʃn] Begriffsumfang *m,* Denotation *f;* **de·note** [dɪ'nəʊt] *tr* **1.** be-, kennzeichnen; benennen; **2.** bedeuten.

de·nounce [dɪ'naʊns] *tr* **1.** heftig kritisieren, anprangern; **2.** *jur* anzeigen, denunzieren; **3.** *(Abkommen)* kündigen.

dense [dens] *adj* **1.** dicht, eng; **2.** *fig* schwer von Begriff, beschränkt; **dense·ly** [—lɪ] *adv* dicht; ► **~ populated** dicht bevölkert, dicht besiedelt; **den·sity** ['densətɪ] Dichte *f;* ► **~ of population** Bevölkerungs-, Besiedlungsdichte *f;* **~ of traffic** Verkehrsdichte *f;* **single/ double ~ disk** *EDV* Diskette *f* mit einfacher/doppelter Schreibdichte.

dent [dent] **I** *s* Beule, Delle *f;* ► **a ~ in one's pride** *fig* verletzter Stolz; **II** *tr* eindrücken, -beulen.

den·tal ['dentl] **I** *adj* **1.** Zahn-; **2.** *gram* dental; ► **~ floss** Zahnseide; **~ plate**

Zahnprothese *f;* **II** *s* Zahnlaut *m;* **dentist** ['dentɪst] Zahnarzt *m,* -ärztin *f;* ► **at the ~('s)** beim Zahnarzt; **dentistry** ['dentɪstrɪ] Zahnmedizin *f;* **den·ti·tion** [den'tɪʃn] Zahnen *n;* **den·tures** ['dentʃəz] *pl* Gebiß *n.*

de·nude [dɪ'nju:d] *tr* **1.** entblößen, bloßlegen *(of* von), freilegen; **2.** *fig* berauben *(of* gen).

de·nunci·ation [dɪˌnʌnsɪ'eɪʃn] **1.** *jur* Anzeige, Denunziation *f;* **2.** Kündigung *f (e-s Vertrages);* **3.** Verurteilung *f.*

dony [dɪ'naɪ] *tr* **1.** (ver)leugnen, bestreiten; **2.** ablehnen, -schlagen, verweigern *(to* zu); ► **~ o.s.** sich selbst verleugnen; **~ all responsibility** jede Verantwortung ablehnen; **~ a request** e-e Bitte abschlagen.

de·odor·ant [di:'əʊdərənt] **I** *adj* desodorierend; ► **~ spray** Deospray *n;* **II** *s* Deodorant *n;* ► **roll-on ~** Deoroller *m;* **de·odor·ize** [di:'əʊdəraɪz] *tr* desodorieren.

de·part [dɪ'pɑ:t] *itr* **1.** abreisen, -fahren; wegfahren; **2.** *fig* abgehen, abweichen *(from* von); ► **~ from the truth** von der Wahrheit abweichen; **be ready to ~** startbereit sein; **de·parted** [—ɪd] **I** *adj* verstorben; **II** *s* ► **the ~** der, die Verstorbene.

de·part·ment [dɪ'pɑ:tmənt] **1.** Abteilung *f;* Ressort *n;* **2.** Fach, Gebiet *n;* ► **men's clothing ~** Abteilung *f* für Herrenkleidung; **department store** Waren-, Kaufhaus *n;* **de·part·mental** [ˌdi:pɑ:t'mentl] *adj* Abteilungs-.

de·par·ture [dɪ'pɑ:tʃə(r)] **1.** Aufbruch *m a. fig;* Weg-, Abgang *m;* **2.** Abreise, -fahrt *f,* -flug *m;* **3.** Abweichen *n (from* von); **4.** *fig* Richtung *f;* Ansatz *m;* **departure gate** *aero* Flugsteig *m;* **departure lounge** *aero* Abflughalle; **departure time** Abfahrts-, Abflugzeit *f.*

de·pend [dɪ'pend] *itr* **1.** abhängen, abhängig sein *(on* von); **2.** sich verlassen *(on, upon* auf); ► **~ upon it!** verlassen Sie sich darauf! **that ~s, it all ~s** das kommt drauf an, je nachdem; **de·pend·abil·ity** [dɪˌpendə'bɪlətɪ] Zuverlässigkeit *f;* **de·pend·able** [dɪ'pendəbl] *adj* zuverlässig; **de·pend·ant, de·pend·ent** [dɪ'pendənt] Abhängige(r) *f m;* *pl* Familienangehörige *pl;* **de·pend·ence** [dɪ'pendəns] **1.** Abhängigkeit *f (on, upon* von); **2.** Vertrauen *n (on* auf); **de·pend·ent** [dɪ'pendənt] **I** *adj* abhängig *(on* von); ► **be ~ on** abhängen von; abhängig sein von; **II** *s s.* **dependant.**

de·pict [dɪ'pɪkt] *tr* **1.** abbilden; **2.** schildern, beschreiben; **de·pic·tion** [dɪ'pɪkʃn] Schilderung, Beschreibung *f.*

de·pila·tory [dɪ'pɪlətrɪ] Enthaarungsmittel *n;* **depilatory cream** Enthaarungscreme *f.*

de·plete [dɪ'pliːt] *tr* (aus-, ent)leeren; erschöpfen, vermindern; **de·ple·ted** [—d] *adj* 1. entleert; erschöpft; 2. *(Uran)* abgereichert; **de·ple·tion** [dɪ'pliːʃn] Erschöpfung; Verminderung *f.*

de·plor·able [dɪ'plɔːrəbl] *adj* bedauerns-, beklagens-, bejammernswert; **deplore** [dɪ'plɔː(r)] *tr* bedauern, beklagen.

de·ploy [dɪ'plɔɪ] I *tr mil* einsetzen *a. fig;* aufmarschieren lassen, stationieren; II *itr* sich aufstellen; **de·ploy·ment** [—mənt] *mil a. fig* Einsatz *m;* Stationierung *f.*

de·popu·late [ˌdiː'pɒpjʊleɪt] *tr* entvölkern.

de·port [dɪ'pɔːt] I *tr* ausweisen, abschieben, deportieren; II *refl* sich benehmen; **de·port·ation** [ˌdiːpɔː'teɪʃn] Deportation, Abschiebung *f;* **de·portee** [ˌdiːpɔː'tiː] Ausgewiesene(r), Deportierte(r) *f m;* **de·port·ment** [dɪ'pɔːtmənt] 1. Betragen, Benehmen *n;* 2. Haltung *f.*

de·pose [dɪ'pəʊz] I *tr* aus dem Amt entfernen, absetzen *(from* von); II *itr jur* unter Eid aussagen.

de·posit [dɪ'pɒzɪt] I *tr* 1. hinlegen; hinstellen; 2. *(Geld)* deponieren *(with* bei); 3. *com* einzahlen, hinterlegen *(at the bank* bei der Bank); 4. *geol* ablagern *(on* auf); II *s* 1. Einlage *f,* Guthaben *n;* 2. *com* Anzahlung *f;* Sicherheit, Kaution *f;* 3. *geol* Ablagerung *f;* ▶ **have money on ~** ein Guthaben haben; **put down a ~** e-e Anzahlung leisten; **leave, pay a ~** e-e Anzahlung machen; **deposit account** Spar-, Depositenkonto *n;* **de·posi·tion** [ˌdepə'zɪʃn] 1. Entthronung *f;* Absetzung *f;* 2. *jur* Aussage *f* unter Eid; 3. *geol* Ablagerung *f;* 4. *rel (Kunst)* ▶ **~ from the cross** Kreuzabnahme *f;* **de·posi·tor** [dɪ'pɒzɪtə(r)] Einleger(in), Einzahler(in) *m (f).*

depot ['depəʊ] 1. (Waren)Lager, Depot, Magazin *n;* 2. *Am* Bahnhof *m.*

de·prave [dɪ'preɪv] *tr* verderben; **depraved** [—d] *adj* verworfen; verderbt; **de·prav·ity** [dɪ'prævətɪ] Verderbtheit, Sittenlosigkeit *f.*

dep·re·cate ['deprəkeɪt] *tr* mißbilligen, ablehnen; **dep·re·cat·ing** [—ɪŋ] *adj* 1. mißbilligend; 2. abwehrend; **dep·reca·tion** [ˌdeprə'keɪʃn] Mißbilligung *f;* **depre·ca·tory** [ˌdeprə'keɪtərɪ] *s. deprecating.*

de·pre·ci·ate [dɪ'priːʃɪeɪt] I *tr* 1. im Wert mindern, ent-, abwerten; 2. herabsetzen; II *itr* an Wert verlieren; **de·preci·ation** [dɪˌpriːʃɪ'eɪʃn] 1. Entwertung, Wertminderung *m;* 2. Herabsetzung *f;* ▶ **~ of money** Geldentwertung *f.*

dep·re·da·tion [ˌdeprə'deɪʃn] *oft pl* Verheerung, Verwüstung *f.*

de·press [dɪ'pres] *tr* 1. nieder-, herun-

terdrücken; 2. deprimieren, entmutigen; 3. *(im Preis)* herabsetzen; **de·pres·sant** [dɪ'presnt] I *s* Beruhigungsmittel *n;* II *adj* beruhigend; **de·pressed** [dɪ'prest] *adj* 1. *fig* deprimiert, niedergeschlagen; 2. *com* flau; notleidend; ▶ **~ area** Notstandsgebiet *n;* **de·press·ing** [—ɪŋ] *adj* bedrückend, deprimierend; **de·press·ion** [dɪ'preʃn] 1. Depression *f a. med;* 2. Vertiefung, Senke, Mulde *f;* 3. *com* Flaute, Krise *f;* 4. *mete* Tief(druckgebiet) *n;* **de·press·ive** [dɪ'presɪv] *adj* depressiv.

depri·va·tion [ˌdeprɪ'veɪʃn] 1. Beraubung *f;* Verlust *m;* Entzug *m;* 2. Entbehrung *f,* Mangel *m;* **de·prive** [dɪ'praɪv] *tr* ▶ **~ s.o. of s.th.** jdm etw entziehen; jdn um etw bringen; **~ o.s. of s.th.** sich etw nicht gönnen; **de·prived** [dɪ'praɪv] *adj* benachteiligt.

depth [depθ] 1. Tiefe *f;* 2. *fig* Kraft, Tiefe *f;* ▶ **~s** *pl fig* Tiefen *f pl;* **at a ~ of** in e-r Tiefe von; **get out of one's ~** *fig* den Boden unter den Füßen verlieren; **with great ~ of feeling** sehr gefühlvoll; **~ of field** *phot* Tiefenschärfe, Schärfentiefe *f;* **in ~** eingehend, intensiv; **in the ~s of winter** mitten im Winter; **depth charge** Wasserbombe *f.*

depu·ta·tion [ˌdepjʊ'teɪʃn] Abordnung *f;* **de·pute** [dɪ'pjuːt] *tr* 1. abordnen, delegieren; 2. *(Befugnisse)* übertragen *(to s.o.* jdm); **depu·tize** ['depjʊtaɪz] I *tr* ernennen; II *itr* vertreten *(for s.o.* jdn); **dep·uty** ['depjʊtɪ] 1. Stellvertreter(in) *m (f);* 2. *pol* Delegierte(r) *f m.*

de·rail [dɪ'reɪl] I *tr* entgleisen lassen; II *itr* entgleisen; **de·rail·ment** [dɪ'reɪlmənt] Entgleisung *f.*

de·range [dɪ'reɪndʒ] *tr* 1. verrückt machen; 2. *(Plan)* durcheinanderbringen; **de·ranged** [dɪ'reɪndʒd] *adj* gestört, verwirrt; ▶ **be mentally ~** geistesgestört sein; **de·range·ment** [—mənt] 1. Geistesgestörtheit *f;* 2. Unordnung *f.*

Derby ['dɑːbɪ, *Am* 'dɜːrbɪ] 1. Derbyrennen in Epsom, England; 2. Pferderennen *n;* ▶ **local ~** Lokalderby *n.*

der·el·ict ['derəlɪkt] I *adj* 1. baufällig, verfallen; 2. verlassen; II *s* Wrack *n a. fig;* **der·el·ic·tion** [ˌderə'lɪkʃn] Verfall *m;* ▶ **~ of duty** Pflichtversäumnis *n.*

de·ride [dɪ'raɪd] *tr* sich lustig machen über, verhöhnen; **de·rision** [dɪ'rɪʒn] Spott, Hohn *m;* ▶ **object of ~** Zielscheibe *f* des Spottes; **de·ris·ive** [dɪ'raɪsɪv] *adj* spöttisch; **de·ris·ory** [dɪ'raɪsərɪ] *adj (Angebot)* lächerlich.

deri·va·tion [ˌderɪ'veɪʃn] 1. *(Wort, Sprache)* Ableitung *f;* 2. Herkunft *f,* Ursprung *m;* **de·riva·tive** [dɪ'rɪvətɪv] I *adj* abgeleitet; nachgeahmt; II *s* Ableitung *f;* Derivat *n;* **de·rive** [dɪ'raɪv] I *tr* 1. ab-, herleiten *(from* von); 2. *(Gefallen)* gewinnen, erhalten *(from* von);

▶ ~ **benefit, profit from** Nutzen, Vorteile ziehen aus; **II** *itr* ▶ ~ **from** sich ableiten von; herkommen von.
der·ma·ti·tis [ˌdɜːməˈtaɪtɪs] Hautentzündung *f;* **der·ma·tol·ogist** [ˌdɜːməˈtɒlədʒɪst] Dermatologe *m,* Dermatologin *f,* Hautarzt *m,* -ärztin *f;* **der·ma·tol·ogy** [ˌdɜːməˈtɒlədʒɪ] Dermatologie *f.*
dero·gate [ˈderəgeɪt] *itr* beeinträchtigen (*from s.th.* etw), schaden (*from s.o.* jdm); **dero·ga·tion** [ˌderəˈgeɪʃn] Beeinträchtigung *f,* Abbruch *m,* **de·roga·tory** [dɪˈrɒgətrɪ] *adj* nachteilig, abträglich (*to* für); abfällig.
der·rick [ˈderɪk] **1.** (Lade)Kran *m;* **2.** Bohrturm *m.*
de·scale [ˌdiːˈskeɪl] *tr* entkalken.
des·cant [ˈdeskænt] **I** *s mus* Diskant *m;* **II** *itr* [dɪˈskænt] sich (lobend) auslassen (*on, upon* über).
de·scend [dɪˈsend] **I** *itr* **1.** herab-, hinabsteigen, herabkommen; hinunterfahren; heruntergehen; **2.** abstammen (*from* von); **3.** (*Eigentum*) übergehen (*from* von; *to* auf); vererbt werden; **4.** herfallen (*on, upon* über); überfallen (*on s.o.* jdn); hereinbrechen (*on* über); **5.** sich erniedrigen, herablassen (*to* zu); ▶ ~ **to details** in die Einzelheiten gehen; **II** *tr* (*Treppe*) hinuntergehen, -steigen; **de·scend·ant** [—ənt] Nachkomme, Abkömmling *m;* **de·scent** [dɪˈsent] **1.** Abstieg *m;* Hinuntergehen, Absteigen *n;* Abfall *m;* **2.** Abstammung, Herkunft *f;* **3.** Vererbung, Übertragung *f* (*to* auf); **4.** Überfall *m* (*on, upon* auf) *a. fig;* **5.** *fig* Niedergang, Verfall *m.*
de·scribe [dɪˈskraɪb] *tr* **1.** beschreiben; schildern, darstellen; **2.** bezeichnen (*as* als); **3.** (*Kreis*) beschreiben; **de·scrip·tion** [dɪˈskrɪpʃn] **1.** Beschreibung *f;* Schilderung *f;* **2.** Bezeichnung *f;* **3.** *fam* Art, Sorte *f;* ▶ **beyond** ~ unbeschreiblich; **of every** ~ jeder Art; **answer to a** ~ e-r Beschreibung entsprechen; **de·scrip·tive** [dɪˈskrɪptɪv] *adj* **1.** beschreibend; **2.** anschaulich; ▶ ~ **writing** Beschreibung *f.*
des·ecrate [ˈdesɪkreɪt] *tr rel* entweihen; **des·ecra·tion** [ˌdesɪˈkreɪʃn] Entweihung *f.*
de·seg·re·gate [ˌdiːˈsegrɪgeɪt] *tr* die Rassentrennung aufheben in; **de·seg·re·ga·tion** [ˌdiːˈsegrɪgeɪʃn] Aufhebung *f* der Rassentrennung, Desegregation *f.*
de·sen·si·tize [ˌdiːˈsensɪtaɪz] *tr* **1.** *phot* lichtunempfindlich machen; **2.** *med* desensibilisieren.
de·sert[1] [dɪˈzɜːt] **I** *tr* verlassen, im Stich lassen; ▶ ~**ed street** verlassene Straße; **II** *itr* desertieren.
des·ert[2] [ˈdezət] **I** *s* Wüste *f;* **II** *adj* **1.** unfruchtbar; Wüsten-; **2.** unbewohnt.
de·serter [dɪˈzɜːtə(r)] Deserteur *m;* **de-**

ser·ti·fi·ca·tion [dɪˌzɜːtɪfɪkeɪʃn] *geog* Versteppung *f.*
de·ser·tion [dɪˈzɜːʃn] **1.** (böswilliges) Verlassen *n;* **2.** Desertion, Fahnenflucht *f.*
de·serts [dɪˈzɜːts] *pl* Verdienste *n pl;* verdiente Belohnung; ▶ **according to one's** ~ nach seinen Verdiensten; **get one's (just)** ~ das bekommen, was man verdient hat.
de·serve [dɪˈzɜːv] *tr* verdienen; ▶ **he** ~**s to be punished** er verdient es, bestraft zu werden; **de·serv·ed·ly** [dɪˈzɜːvɪdlɪ] *adv* verdientermaßen, gebührend; **de·serv·ing** [dɪˈzɜːvɪŋ] *adj* verdienstvoll.
de·sign [dɪˈzaɪn] **I** *s* **1.** Zeichnung, Skizze *f;* **2.** Entwurf, Plan *m;* **3.** Konstruktion *f;* **4.** Design *n;* Muster *n;* **5.** *fig* Absicht *f,* Vorhaben *n;* ▶ **by** ~ mit Absicht, absichtlich; **at the** ~ **stage** im Stadium der Konstruktion; **have** ~**s on, against** etw im Schilde führen gegen; **II** *tr* skizzieren; entwerfen; konstruieren; ▶ ~ **for s.th.** für etw vorsehen; **III** *itr* planen.
des·ig·nate [ˈdezɪgneɪt] **I** *tr* **1.** be-, kennzeichnen; **2.** bestimmen, ernennen (*s.o. as s.th.* jdn zu etw); **II** [ˈdezɪgnɪt] *adj* (*nach Substantiven*) designiert; **des·ig·na·tion** [ˌdezɪgˈneɪʃn] **1.** Bezeichnung *f;* Name *m;* Kennzeichnung *f;* **2.** Bestimmung, Ernennung *f.*
de·sign·ed·ly [dɪˈzaɪnɪdlɪ] *adv* absichtlich; vorsätzlich.
de·signer [dɪˈzaɪnə(r)] **1.** Designer(in) *m (f);* **2.** Konstrukteur(in) *m (f);* **3.** *theat* Dekorateur(in) *m (f);* **de·sign·ing** [dɪˈzaɪnɪŋ] **I** *adj* intrigant; verschlagen; **II** *s* Entwerfen *n;* Planen, Konstruieren *n.*
de·sir·able [dɪˈzaɪərəbl] *adj* **1.** wünschens-, begehrens-, erstrebenswert; **2.** (*Haus*) reizvoll, attraktiv; **de·sire** [dɪˈzaɪə(r)] **I** *tr* **1.** wünschen; **2.** begehren, verlangen nach; ▶ **it leaves much to be** ~**d** das läßt viel zu wünschen übrig; **II** *s* **1.** Wunsch *m;* Sehnsucht *f;* **2.** Verlangen, Begehren *n* (*for* nach); **de·sir·ous** [dɪˈzaɪərəs] *adj* ▶ **be** ~ **of** den Wunsch haben zu.
de·sist [dɪˈzɪst] *itr* Abstand nehmen (*from* von).
desk [desk] **1.** Schreibtisch *m;* **2.** (*Geschäft*) Kasse *f;* **3.** (*Presse*) Ressort *n;* **4.** (*Hotel*) Empfang *m;* ▶ **ask at the information** ~ sich bei der Auskunft erkundigen; **desk·top pub·lish·ing** [ˈdesktɒp ˈpʌblɪʃɪŋ] *EDV* Desktop-Publishing *n;* **desk work** Büroarbeit *f.*
deso·late [ˈdesəleɪt] **I** *tr* untröstlich machen, sehr betrüben; **II** *adj* [ˈdesələt] **1.** verwüstet, verlassen, trostlos; **2.** (*Mensch*) tieftraurig, zu Tode betrübt; **deso·la·tion** [ˌdesəˈleɪʃn] **1.** Verwüstung *f;* **2.** Öde, Trostlosigkeit *f;* **3.** Verlassenheit, Einsamkeit *f.*

des·pair [dɪ'speə(r)] I *itr* verzweifeln (*of* an); ▶ ~ **of s.th.** alle Hoffnung auf etw aufgeben; II *s* Verzweiflung, Hoffnungslosigkeit *f* (*at* über); ▶ **in** ~ verzweifelt; **give up in** ~ verzweifeln, aufgeben; **be the** ~ **of s.o.** jdn zur Verzweiflung bringen; **des·pair·ing** [—ɪŋ] *adj* verzweifelt.

des·per·ado [ˌdespə'rɑ:dəʊ] ⟨*pl* -ado(e)s⟩ Bandit, Desperado *m*.

des·per·ate ['despərət] *adj* 1. verzweifelt; 2. zum Äußersten entschlossen; 3. (*Lage*) hoffnungslos, ausweglos; 4. *fig* extrem; ▶ **get** ~ verzweifeln; **des·per·ation** [ˌdespə'reɪʃn] Verzweiflung *f*; ▶ **in** ~ aus Verzweiflung; **drive to** ~ zur Verzweiflung bringen.

des·pic·able [dɪ'spɪkəbl] *adj* verabscheuungswürdig, widerwärtig.

des·pise [dɪ'spaɪz] *tr* verachten, verschmähen.

des·pite [dɪ'spaɪt] *prep* trotz.

de·spoil [dɪ'spɔɪl] *tr* berauben (*of s.th. e-r* S); plündern.

de·spon·dent [dɪ'spɒndənt] *adj* mut-, hoffnungslos, niedergeschlagen.

des·pot ['despɒt] Despot *m a. fig*; **des·potic** [dɪ'spɒtɪk] *adj* despotisch, tyrannisch; **des·pot·ism** ['despətɪzəm] Despotismus *m*, Tyrannei *f*.

des·sert [dɪ'zɜ:t] Nachtisch *m*, Dessert *n*; **des·sert·spoon** [dɪ'zɜ:tˌspu:n] Dessertlöffel *m*.

de·sta·bil·iz·ation [ˌdi:'steɪbəlaɪz'eɪʃn] Destabilisierung *f*; **de·sta·bil·ize** [ˌdi:'steɪbəlaɪz] *tr* destabilisieren.

des·ti·na·tion [ˌdestɪ'neɪʃn] Bestimmung(sort *m*) *f*; Reiseziel *n*; ▶ **port of** ~ Bestimmungshafen *m*.

des·tine ['destɪn] *tr* ausersehen (*for* für, zu); bestimmen; ▶ **be ~d to do s.th.** dazu bestimmt sein, etw zu tun; **it was ~d to happen** es sollte so kommen.

des·tiny ['destɪnɪ] Schicksal, Geschick, Los *n*; ▶ **it was his** ~ es war sein Schicksal.

des·ti·tute ['destɪtju:t] *adj* 1. notleidend; mittellos; 2. bar (*of* gen); **des·ti·tu·tion** [ˌdestɪ'tju:ʃn] Not *f*; Mittellosigkeit *f*.

de·stroy [dɪ'strɔɪ] *tr* 1. zerstören, vernichten; ruinieren; kaputtmachen; 2. (*Tier*) einschläfern; **de·stroyer** [dɪ'strɔɪə(r)] Zerstörer *m a. mar*.

de·struc·tible [dɪ'strʌktəbl] *adj* zerstörbar; **de·struc·tion** [dɪ'strʌkʃn] 1. Zerstörung, Vernichtung *f*; 2. *fig* Verwüstung *f*; **de·struc·tive** [dɪ'strʌktɪv] *adj* zerstörerisch; destruktiv; **de·struc·tive·ness** [—nɪs] zerstörende Wirkung, Destruktivität *f*.

de·sul·phur·iz·ation [di:ˌsʌlfəraɪ'zeɪʃn] *chem* Entschwefelung *f*.

des·ul·tory ['desəltrɪ] *adj* flüchtig; halbherzig; vereinzelt.

de·tach [dɪ'tætʃ] *tr* 1. losmachen; abtrennen; herausnehmen (*from* aus); 2. *mil* (ab)kommandieren; ▶ ~ **o.s. from a group** sich von e-r Gruppe lösen; **de·tach·able** [—əbl] *adj* ablösbar, abtrennbar, abnehmbar (*from* von); **de·tached** [dɪ'tætʃt] *adj* 1. distanziert, unvoreingenommen, kühl; 2. (*Haus*) freistehend; **de·tach·ment** [dɪ'tætʃmənt] 1. Ablösung, Abtrennung *f*; Herausnehmen *n*; 2. *fig* Distanz *f*, Abstand *m*; 3. *mil* Abordnung *f*.

de·tail ['di:teɪl] I *s* 1. Detail *n*; Einzelheit *f*; Ausschnitt *m*; 2. unwichtige Einzelheit; 3. *mil* Sondertrupp *m*; ▶ **in** ~ im einzelnen, im Detail; **in every** ~ Punkt für Punkt; **go into ~s** auf Einzelheiten eingehen; II *tr* 1. genau erzählen, berichten; 2. *mil* abkommandieren (*for* zu); **de·tailed** ['di:teɪld] *adj* ausführlich, detailliert.

de·tain [dɪ'teɪn] *tr* 1. (*Person*) zurückhalten, aufhalten; 2. *jur* inhaftieren; festnehmen; **de·tainee** [ˌdi:teɪ'ni:] Häftling *m*.

de·tect [dɪ'tekt] *tr* 1. entdecken; feststellen; 2. ausfindig machen; wahrnehmen; **de·tect·able** [—əbl] *adj* feststellbar; **de·tec·tion** [dɪ'tekʃn] 1. Auf-, Entdekkung *f*; Feststellung *f*; 2. Ermittlung *f*; ▶ **escape** ~ nicht gefaßt werden; **de·tec·tive** [dɪ'tektɪv] Kriminalbeamte(r) *m*, -beamtin *f*; Detektiv(in) *m* (*f*); **detective story** Kriminalroman *m*; **de·tector** [dɪ'tektə(r)] *radio* Detektor *m*.

de·ten·tion [dɪ'tenʃn] 1. *jur* Haft *f*, Gewahrsam *m*; 2. (*Schule*) Nachsitzen *n*; 3. *fig* Verzögerung *f*; **detention centre** *Br* Jugendstrafanstalt *f*.

de·ter [dɪ'tɜ:(r)] *tr* 1. abhalten, hindern (*from* an); 2. abschrecken.

de·ter·gent [dɪ'tɜ:dʒənt] Reinigungsmittel *n*; Waschmittel *n*; Waschpulver *n*.

de·terio·rate [dɪ'tɪərɪəreɪt] *itr* 1. sich verschlechtern, sich verschlimmern; 2. verfallen; **de·terio·ra·tion** [dɪˌtɪərɪə'reɪʃn] 1. Verschlechterung, Verschlimmerung *f*; 2. Verfall *m*.

de·ter·min·able [dɪ'tɜ:mɪnəbl] *adj* bestimmbar; **de·ter·mi·nant** [dɪ'tɜ:mɪnənt] I *adj* determinierend; II *s* entscheidender Faktor, Determinante *f*; **de·ter·mi·nate** [dɪ'tɜ:mɪnət] *adj* bestimmt, begrenzt, festgelegt; **de·ter·mi·na·tion** [dɪˌtɜ:mɪ'neɪʃn] 1. Entschlossenheit *f*; Entschlußkraft *f*; 2. Bestimmung *f* (*of* von); Festlegung *f*; **de·ter·mine** [dɪ'tɜ:mɪn] I *tr* 1. bestimmen, entscheiden; 2. (*Preis*) festlegen, -setzen; 3. ermitteln; 4. (*Person*) veranlassen; 5. beschließen; 6. (*Vertrag*) (auf)lösen; II *itr* ~ **on** sich entschließen zu; **de·ter·mined** [dɪ'tɜ:mɪnd] *adj* entschlossen (*to do* zu tun).

de·ter·rence [dɪ'terəns] *mil* Abschrekkung *f;* **de·ter·rent** [dɪ'terənt] **I** *adj* abschreckend; **II** *s* Abschreckungsmittel *n.*

de·test [dɪ'test] *tr* verabscheuen, hassen; **de·test·able** [—əbl] *adj* abscheulich, scheußlich; **de·tes·ta·tion** [ˌdiːte'steɪʃn] Abscheu *m.*

de·throne [ˌdiː'θrəʊn] *tr* entthronen.

det·on·ate ['detəneɪt] **I** *itr* zünden, detonieren; **II** *tr* explodieren lassen; **det·on·ation** [ˌdetə'neɪʃn] Zündung, Detonation *f;* **det·on·ator** ['detəneɪtə(r)] Zündkapsel *f.*

de·tour ['diːtʊə(r)] **I** *s* Abstecher, Umweg *m;* Umleitung *f;* **II** *tr* umleiten.

de·tract [dɪ'trækt] *itr* ▶ ~ **from** s.th. etw beeinträchtigen, e-r S Abbruch tun; **de·tract·or** [dɪ'træktə(r)] Kritiker(in) *m (f);* Gegner(in) *m (f).*

det·ri·ment ['detrɪmənt] Nachteil, Schaden *m (to* für); ▶ **to** s.o.'s ~ zu jds Nachteil, Schaden; **without** ~ **to** ohne Schaden für; **det·ri·men·tal** [ˌdetrɪ'mentl] *adj* nachteilig, ungünstig, schädlich *(to* für).

de·tri·tus [dɪ'traɪtəs] Geröll *n;* Schutt *m.*

deuce [djuːs] **1.** *(Spielkarten, Würfel)* Zwei *f;* **2.** *(Tennis)* Einstand *m.*

de·val·u·ate [ˌdiː'væljʊeɪt] *s. devalue;* **de·valu·ation** [ˌdiː'væljʊ'eɪʃn] *com* Abwertung *f;* **de·value** [ˌdiː'væljuː] *tr* abwerten.

dev·as·tate ['devəsteɪt] *tr* verwüsten, verheeren; **dev·as·tat·ing** [—ɪŋ] *adj* **1.** *fig* verheerend, vernichtend; **2.** *fam* umwerfend; **dev·as·ta·tion** [ˌdevə'steɪʃn] Verwüstung *f.*

de·vel·op [dɪ'veləp] **I** *tr* **1.** entwickeln *a. phot u. fig;* **2.** *(Idee)* entfalten, ausweiten, ausbauen; **3.** *(Boden)* erschließen; **4.** *(Haus)* erweitern, ausbauen; sanieren; **5.** *fig* ausarbeiten, auswerten; **6.** *(Krankheit)* sich zuziehen; **II** *itr* **1.** sich entwickeln *(from* aus; *into* zu); **2.** *(Talent)* sich entfalten; **3.** entstehen; **4.** sich herausstellen, sich zeigen, bekanntwerden; **de·vel·oper** [dɪ'veləpə(r)] Entwickler *m a. phot;* **de·vel·op·ing** [dɪ'veləpɪŋ] *adj* aufkommend, entstehend; ▶ ~ **country** Entwicklungsland *n;* **de·vel·op·ment** [dɪ'veləpmənt] **1.** Entwicklung *f;* Wachstum *n;* **2.** Ausführung *f;* Entfaltung *f;* **3.** Nutzbarmachung, Erschließung *f,* Ausbau *m;* ▶ ~ **area** Erschließungs-, Fördergebiet *n.*

de·vi·ate ['diːvɪeɪt] *itr* abweichen, abkommen *(from* von); **de·vi·ation** [ˌdiːvɪ'eɪʃn] **1.** *fig phys* Abweichung *f;* **2.** *(vom Kurs)* Abkommen *n;* **de·vi·ation·ist** [—ɪst] *pol* Abweichler *m.*

de·vice [dɪ'vaɪs] **1.** Gerät *n,* Vorrichtung *f;* **2.** Kunstgriff, Trick *m;* ▶ **leave** s.o. **to his own** ~s jdn sich selbst überlassen.

devil ['devl] **I** *s* **1.** Teufel *m a. fig;* **2.** Teufelskerl *m;* ▶ **between the** ~ **and**

the deep (blue) sea in der Klemme; **like the** ~ wie ein Verrückter; **play the** ~ **with** ruinieren; **go to the** ~ ! geh zum Teufel! **run like the** ~ wie ein geölter Blitz sausen; **work like the** ~ wie ein Pferd schuften; **what the** ~? was zum Teufel? **there'll be the** ~ **to pay** das dicke Ende kommt noch; **II** *tr* scharf gewürzt grillen; **III** *itr* Handlangerdienste tun *(for* für); **devil·ish** ['devəlɪʃ] **I** *adj* teuflisch, niederträchtig, gemein; **II** *adv fam* verdammt, mächtig, sehr; **devil-may-care** [ˌdevlmeɪ'keə(r)] *adj* leichtsinnig; **devil·ment** ['devlmənt] grober Unfug; ▶ **full of** ~ voller Übermut; **dev·ilry** ['devlrɪ] grober Unfug; Teufelei *f.*

de·vi·ous ['diːvɪəs] *adj* **1.** indirekt, gewunden; **2.** *fig* krumm; **3.** *(Mensch)* unaufrichtig, verschlagen; ▶ **by** ~ **ways** auf krummen Wegen; **take a** ~ **route** e-n Umweg machen.

de·vise [dɪ'vaɪz] *tr* **1.** sich ausdenken; **2.** *jur* vermachen, hinterlassen.

de·void [dɪ'vɔɪd] *adj* ohne; ▶ ~ **of fear** furchtlos.

de·vol·ution [ˌdiːvə'luːʃn] **1.** Übertragung *f (from ... to* von ... auf); **2.** *pol* Dezentralisierung *f;* **de·volve** [dɪ'vɒlv] **I** *tr* übertragen *(on* auf); **II** *itr* übergehen *(to, (up)on* auf).

de·vote [dɪ'vəʊt] *tr* **1.** widmen *(to* dat); **2.** verwenden *(to* für); **de·voted** [dɪ'vəʊtɪd] *adj* **1.** voller Hingabe *(to* an); **2.** ergeben, treu; ▶ **be** ~ **to** s.o. sehr an jdm hängen; **devo·tee** [ˌdevə'tiː] Verehrer(in), Anhänger(in), Liebhaber(in) *m (f);* **de·vo·tion** [dɪ'vəʊʃn] **1.** Hingabe *f (to* an); Ergebenheit *f (to* gegenüber); **2.** Verwendung *f;* **3.** *pl* Andacht *f;* ▶ ~ **to duty** Pflichteifer *m;* **de·vo·tional** [dɪ'vəʊʃənl] *adj* religiös.

de·vour [dɪ'vaʊə(r)] *tr* **1.** ver-, hinunterschlingen; **2.** *fig* verschlingen; ▶ **be** ~**ed** erfüllt sein, verzehrt sein *(by hate* von Haß); **de·vour·ing** [—ɪŋ] *adj fig* verzehrend.

de·vout [dɪ'vaʊt] *adj* **1.** fromm, religiös; **2.** aufrichtig, echt.

dew [djuː] Tau *m a. fig;* **dew drop** Tautropfen *m;* **dewy** ['djuːɪ] *adj* taufeucht; ▶ ~-**eyed** schmachtend; naiv.

dex·ter·ity [ˌdek'sterətɪ] Geschicklichkeit, Gewandtheit *f a. fig;* **dex·ter·ous, dex·trous** ['dekstrəs] *adj* geschickt, gewandt.

dex·trose ['dekstrəʊz] Traubenzucker *m.*

dia·betes [ˌdaɪə'biːtɪz] *med* Diabetes *m;* **dia·betic** [ˌdaɪə'betɪk] **I** *s* Diabetiker(in) *m (f);* **II** *adj* zuckerkrank.

dia·bolic(al) [ˌdaɪə'bɒlɪk(l)] *adj* **1.** teuflisch; **2.** *fam* widerlich, abscheulich.

dia·dem ['daɪədem] Diadem *n.*

di·ag·nose ['daɪəgnəʊz] *tr med* diagnostizieren; **di·ag·nosis** [ˌdaɪəg'nəʊsɪs] ⟨pl -noses⟩ [daɪəg'nəʊsi:z] Diagnose f; **di·ag·nos·tic** [ˌdaɪəg'nɒstɪk] adj diagnostisch.

di·ag·onal [daɪ'ægənl] I adj diagonal; II s math Diagonale f.

dia·gram ['daɪəgræm] graphische Darstellung; Schaubild, Diagramm n.

dial ['daɪəl] I s 1. Zifferblatt n; 2. Skala f; 3. tele Wählscheibe f; 4. radio Einstellskala f; 5. sl Fresse f; Gesicht n; II tr tele wählen; ▶ ~ direct direkt wählen.

dia·lect ['daɪəlekt] Dialekt m, Mundart f; **dia·lectal** [ˌdaɪə'lektl] adj mundartlich, dialektal.

dia·lec·ti·cal [ˌdaɪə'lektɪkl] adj dialektisch.

dial·ling ['daɪəlɪŋ] ▶ ~ code Vorwahlnummer f; ~ tone Amtszeichen n.

dia·logue, Am dia·log ['daɪəlɒg] Dialog m a. fig.

di·al·ys·is [daɪ'æləsɪs] med Dialyse f.

di·am·eter [daɪ'æmɪtə(r)] Durchmesser m; ▶ be one metre in ~ e-n Durchmesser von einem Meter haben; **dia·metri·cal·ly** [ˌdaɪə'metrɪklɪ] adv diametral; ▶ ~ opposed genau entgegengesetzt.

dia·mond ['daɪəmənd] 1. Diamant m; 2. math Rhombus m; 3. (Spielkarten) Karo n; 4. (Baseball) Innenfeld n; ▶ rough ~ Rohdiamant m; fig Mensch m mit gutem Kern in rauher Schale; **diamond cutter** Diamantschleifer m; **diamond wedding** diamantene Hochzeit.

dia·per ['daɪəpə(r)] Am Windel f.

di·apha·nous [daɪ'æfənəs] adj durchscheinend, durchsichtig.

dia·phragm ['daɪəfræm] 1. anat phys chem Diaphragma n; 2. anat Zwerchfell n; 3. phys Membran f; 4. phot Blende f; 5. Pessar n.

dia·rist ['daɪərɪst] Tagebuchschreiber(in) m (f).

di·ar·rhoea, Am di·ar·rhea [ˌdaɪə'rɪə] med Durchfall m.

diary ['daɪərɪ] 1. Tagebuch n a. com; 2. Terminkalender m.

dia·tonic [ˌdaɪə'tɒnɪk] adj mus diatonisch.

dia·tribe ['daɪətraɪb] Schmährede f.

dice [daɪs] ⟨sing die⟩ I s pl od fam a. sing Würfel m; ▶ play ~ Würfel spielen; II itr würfeln; ▶ ~ with death mit dem Tod(e) spielen; III tr in Würfel schneiden.

dicey ['daɪsɪ] adj fam riskant.

di·chot·omy [daɪ'kɒtəmɪ] Trennung f.

dick [dɪk] vulg Penis, Schwanz m; ▶ clever ~ fam Schlaumeier m.

dick·ens ['dɪkɪnz] ▶ what the ~! was zum Teufel!

dicky ['dɪkɪ] adj fam angeknackst.

dic·ta·phone ['dɪktəfəʊn] Diktaphon n.

dic·tate [dɪk'teɪt] I tr diktieren a. fig; II

itr ▶ ~ to s.o. jdm diktieren, Vorschriften machen; III s ['dɪkteɪt] meist pl Diktat; Gebot n; **dic·ta·tion** [dɪk'teɪʃn] Diktat n; ▶ take a ~ ein Diktat aufnehmen.

dic·ta·tor [dɪk'teɪtə(r)] Diktator(in) m (f); **dic·ta·torial** [ˌdɪktə'tɔ:rɪəl] adj diktatorisch; **dic·ta·tor·ship** [—ʃɪp] Diktatur f.

dic·tion ['dɪkʃn] Ausdruck(sweise f) m, Diktion f.

dic·tion·ary ['dɪkʃənrɪ] Wörterbuch n.

did [dɪd] v s. do.

di·dac·tic [dɪ'dæktɪk] adj didaktisch.

diddle ['dɪdl] tr fam beschwindeln, übers Ohr hauen.

didn't [dɪdnt] = did not.

die¹ [daɪ] I itr 1. sterben (of an); (im Krieg) fallen; 2. (Liebe) vergehen, erlöschen; 3. (Sitte) aussterben; untergehen; ▶ ~ of hunger vor Hunger sterben; be dying im Sterben liegen; be dying to do s.th. darauf brennen, etw zu tun; ~ hard nicht totzukriegen sein; ~ in one's bed e-s natürlichen Todes sterben; II (mit Präposition) die away itr nachlassen; schwächer werden; die back itr absterben; die down itr 1. nachlassen; herunterbrennen; 2. (Lärm) schwächer werden; 3. (Aufregung) sich legen; die off itr wegsterben; die out itr aussterben.

die² [daɪ] 1. ⟨pl dice⟩ Würfel m; ▶ the ~ is cast die Würfel sind gefallen; 2. ⟨pl dies⟩ [daɪz] Gußform f; Prägestempel m.

die·hard ['daɪhɑ:d] zäher Kämpfer.

die·sel ['di:zl] Dieselöl n; **diesel engine** Dieselmotor m; **diesel oil** Dieselkraftstoff m.

diet¹ ['daɪət] I s 1. Nahrung f; 2. Diät f; Abmagerungskur f; ▶ keep to a strict ~ strenge Diät einhalten; put s.o. on a ~ jdm e-e Diät verordnen; he is on a ~ er lebt diät; er macht eine Abmagerungskur; II itr diät leben; eine Abmagerungskur machen.

diet² ['daɪət] Abgeordnetenversammlung f.

die·tary ['daɪətərɪ] adj diätetisch; **die·tet·ic** [ˌdaɪə'tetɪk] adj diätetisch; **die·tet·ics** [ˌdaɪə'tetɪks] pl mit sing Diätetik f; **die·tician** [ˌdaɪə'tɪʃn] Diätist(in) m (f).

dif·fer ['dɪfə(r)] itr 1. verschieden sein (in, as to in); 2. sich unterscheiden, abweichen (from von); 3. verschiedener, entgegengesetzter Meinung sein (on, about, over über); ▶ agree to ~ verschiedene Meinungen zugestehen; I beg to ~ Verzeihung, da bin ich anderer Ansicht.

dif·fer·ence ['dɪfrəns] 1. Unterschied m (between zwischen); Differenz f a. math; Verschiedenheit f; 2. pl Meinungsverschiedenheiten f pl; ▶ with the ~ **that** mit dem Unterschied, daß; **settle one's** ~**s** die Meinungsverschiedenheiten beilegen; **split the** ~ *fig* sich auf halbem Wege einigen; **I can't see much** ~ ich sehe keinen großen Unterschied; **make a** ~ **to s.th.** e-n Unterschied bei etw machen; **does it make any** ~ **if ...?** macht es was aus, wenn ...? **what's the** ~? was macht das schon? **pay the** ~ den Rest bezahlen; ~ **in age** Altersunterschied *m.*

dif·fer·ent ['dɪfrənt] *adj* 1. andere(r, s); anders *(from, to* als); 2. verschieden, unterschiedlich; ▶ **that's a** ~ **matter** das ist etwas anderes; **in what way are they** ~? wie unterscheiden sie sich?

dif·fer·en·tial [ˌdɪfə'renʃl] I *adj* unterschiedlich, verschieden; ▶ ~ **calculus** Differentialrechnung *f;* II *s* 1. Unterschied *m;* 2. *math* Differential *n;* 3. *mot* Differential-, Ausgleichsgetriebe *n;* ▶ **wage, salary** ~ Lohn-, Gehaltsunterschiede *m pl.*

dif·fer·en·ti·ate [ˌdɪfə'renʃɪeɪt] I *tr* 1. unterscheiden, trennen; 2. differenzieren *a. math;* II *itr* sich unterscheiden *(from* von); **dif·fer·en·ti·ation** [ˌdɪfərenʃɪ'eɪʃn] Differenzierung, Unterscheidung *f.*

dif·fi·cult ['dɪfɪkəlt] *adj* 1. schwer, schwierig; 2. *(Mensch)* schwierig; anspruchsvoll; 3. *(Lage)* schwierig, heikel; ▶ **it's** ~ **to know whether** es ist schwer zu sagen, ob; **dif·fi·culty** ['dɪfɪkəltɪ] 1. Schwierigkeit *f (in walking* beim Gehen); 2. schwierige Angelegenheit; ▶ **with** ~ mit Mühe; **be in difficulties** Schwierigkeiten haben; **get into difficulties** in Schwierigkeiten geraten; **work under difficulties** unter schwierigen Umständen arbeiten.

dif·fi·dent ['dɪfɪdənt] *adj* zaghaft, schüchtern; ▶ **be** ~ kein Selbstvertrauen haben *(about doing s.th.* etw zu tun).

dif·fract [dɪ'frækt] *tr (Licht)* brechen, beugen.

dif·fuse [dɪ'fju:z] I *tr* 1. ausstrahlen, verbreiten; 2. *(Flüssigkeit)* ausgießen; 3. *(Parfüm)* verbreiten *a. fig;* II *itr* 1. ausstrahlen, sich ausbreiten; 2. *phys* diffundieren; 3. *fig* sich verbreiten; III *adj* [dɪ'fju:s] 1. diffus; 2. *fig* weitschweifig, langatmig, wortreich; **dif·fu·sion** [dɪ'fju:ʒn] *opt* Diffusion *f;* Streuung *f.*

dig [dɪg] ⟨*irr* dug, dug⟩ I *tr* 1. (aus-, um)graben; 2. *(Graben)* ausheben; 3. stoßen, schubsen; 4. *sl* stehen auf; ▶ ~ **s.o. in the ribs** jdn in die Rippen stoßen; II *itr* 1. graben *(for* nach); 2. stöbern, suchen *(for* nach); 3. *tech* schürfen; 4. *fam* wohnen, hausen; III *s* 1. Puff, Stoß *m;* 2. *fig* Seitenhieb *m (at* auf); 3. Ausgrabung *f;* IV *(mit Präposition)* **dig at** *itr* anmeckern; **dig in** *itr* 1. *(beim Essen)* zugreifen; 2. *mil* sich eingraben; *tr* ein-

graben; ▶ ~ **one's heels in** *fig* sich sperren gegen; **dig into** *tr* 1. wühlen in; 2. *fam* herfallen über; **dig out** *tr* ausgraben; **dig up** *tr* 1. *(Erde)* aufwühlen, umgraben; 2. *fig* ausgraben, ausfindig machen.

di·gest [dɪ'dʒest, daɪ'dʒest] I *tr* 1. verdauen; 2. *fig* geistig verarbeiten; II *itr* verdauen; III *s* ['daɪdʒest] Zusammenfassung *f,* Abriß *m;* **di·gest·ible** [dɪ'dʒestəbl] *adj* verdaulich; **di·ges·tion** [dɪ'dʒestʃən] Verdauung *f;* **di·ges·tive** [dɪ'dʒestɪv] *adj* verdauungsfördernd; ▶ ~ **trouble** Verdauungsstörungen *f pl.*

dig·ger ['dɪgə(r)] 1. Goldgräber(in) *m (f);* 2. Bagger *m.*

digit ['dɪdʒɪt] 1. Finger *m;* Zehe *f;* 2. *math* Ziffer *f;* **digi·tal** ['dɪdʒɪtl] *adj* digital; ▶ ~ **computer** Digitalrechner *m;* ~ **technology** Digitaltechnik *f;* ~ **watch, clock** Digitaluhr *f;* **digi·tal·ize** ['dɪdʒɪtəlaɪz] *tr* digitalisieren.

dig·ni·fied ['dɪgnɪfaɪd] *adj* würdig; würdevoll; **dig·nify** ['dɪgnɪfaɪ] *tr* ehren, herausstreichen.

dig·ni·tary ['dɪgnɪtərɪ] Würdenträger(in) *m (f);* **dig·nity** ['dɪgnətɪ] 1. Würde *f;* 2. Rang *m;* Stellung *f;* ▶ **beneath s.o.'s** ~ unter jds Würde; **stand (up)on one's** ~ förmlich sein.

di·gress [daɪ'gres] *itr* abschweifen *(from* von); **di·gress·ive** *adj* abschweifend, abweichend.

dike, dyke [daɪk] I *s* 1. (Wasser)Graben *m;* 2. Deich, Damm *m a. fig;* II *tr* eindeichen.

dil·api·dated [dɪ'læpɪdeɪtɪd] *adj* verfallen, baufällig.

di·late [daɪ'leɪt] I *tr* weiten, erweitern; dehnen; II *itr* sich weiten, sich erweitern; **di·la·tion** [daɪ'leɪʃn] 1. Ausdehnung *f;* 2. *med* Erweiterung *f.*

dila·tory ['dɪlətərɪ] *adj* 1. hinhaltend; 2. *(Person)* langsam.

di·lemma [dɪ'lemə, daɪ'lemə] Dilemma *n,* Verlegenheit *f;* ▶ **place s.o. in a** ~ jdn in e-e Klemme bringen.

dil·et·tante [ˌdɪlɪ'tæntɪ] ⟨*pl* -tanti⟩ [ˌdɪlɪ'tæntɪ] Dilettant(in) *m (f).*

dili·gence ['dɪlɪdʒəns] 1. Fleiß *m;* 2. Sorgfalt *f;* **dili·gent** ['dɪlɪdʒənt] *adj* 1. fleißig; 2. sorgfältig, gewissenhaft.

dill [dɪl] *bot* Dill *m.*

dilly-dally ['dɪlɪdælɪ] *itr fam* (herum)trödeln, bummeln.

di·lute [daɪ'lju:t] I *tr* 1. verdünnen *(to* auf); 2. verwässern *a. fig;* 3. *fig* abschwächen, mildern; II *adj* verdünnt; **di·lu·tion** [daɪ'lju:ʃn] 1. Verdünnung *f;* Verwässerung *f a. fig;* 2. *fig* Abschwächung *f.*

dim [dɪm] I *adj* 1. trübe, matt; 2. *(Lampe)* schwach, dunkel; 3. undeutlich, verschwommen; 4. *(Erinnerung)* blaß, ver-

schwommen; **5.** *fam fig* schwer von Begriff; ▶ **take a ~ view of s.th.** nicht viel von etw halten; **II** *itr (Licht)* schwächer werden; **III** *tr* **1.** verdunkeln; **2.** *(Licht)* abblenden; **3.** *(Sinn)* trüben.
dime [daɪm] *Am* Zehncentstück *n.*
di·men·sion [dɪ'menʃn, daɪ'menʃn] **1.** Dimension *f a. math;* **2.** Abmessung *f,* Maß *n;* Ausdehnung *f,* Umfang *m,* Größe *f;* **3.** *pl* Ausmaße *n pl;* ▶ **of great ~s** sehr groß; **-di·men·sional** [dɪ'menʃənl, daɪ'menʃənl] *adj Suffix* -dimensional.
dim·in·ish [dɪ'mɪnɪʃ] **I** *itr* **1.** sich vermindern, sich verringern; **2.** abnehmen *(in* an); **3.** nachlassen; **II** *tr* **1.** vermindern, verringern; **2.** herabsetzen; **3.** *fig* dämpfen; **dim·in·ution** [ˌdɪmɪ'njuːʃn] **1.** Verminderung, Verringerung *f;* **2.** Abnahme *f (in* an); **3.** *fig* Nachlassen *n;* **dim·inutive** [dɪ'mɪnjutɪv] **I** *adj* sehr klein, winzig; **II** *s gram* Verkleinerungsform *f.*
dim·mer ['dɪmə(r)] Abblendschalter *m,* -vorrichtung *f;* Dimmer *m;* **dim·ness** ['dɪmnɪs] **1.** Mattheit *f;* Schwäche *f;* Trübheit *f;* **2.** *fig* Undeutlichkeit, Verschwommenheit *f.*
dimple ['dɪmpl] Grübchen *n.*
din [dɪn] **I** *s* Lärm *m,* Getöse *n,* Tumult *m;* **II** *tr* ~ **s.th. into s.o.** jdm etw einbleuen; **III** *itr* lärmen, toben, dröhnen *(in the ears* in den Ohren).
dine [daɪn] **I** *itr* (zu) Mittag essen; speisen; ▶ ~ **out** auswärts (zu Mittag) essen; **II** *tr* bewirten; **diner** ['daɪnə(r)] **1.** Speisende(r) *f m;* **2.** *rail* Speisewagen *m;* **3.** *Am* Speiselokal *n.*
din·ghy ['dɪŋgɪ] Ding(h)i* *n;* ▶ **collapsible ~** Schlauchboot *n.*
din·go ['dɪŋgəʊ] ⟨*pl* -goes⟩ australischer Wildhund, Dingo *m.*
dingy ['dɪndʒɪ] *adj* schmuddelig.
dining ['daɪnɪŋ] ▶ ~ **car** Speisewagen *m,* Zugrestaurant *n;* ~ **room** Eß-, Speisezimmer *n;* ~ **table** Eßtisch *m.*
dinkies *pl fam Abk:* **double income no kids** Doppelverdiener *pl* ohne Kinder; *fam* Dinks *pl.*
dinky ['dɪŋkɪ] *adj fam* hübsch, nett, reizend.
din·ner ['dɪnə(r)] Hauptmahlzeit *f;* (Mittag-, Abend)Essen *n;* ▶ **after ~** nach Tisch; **at ~** beim Essen; **be having one's ~** zu Abend, Mittag essen; **for ~** zum (Mittag-, Abend)Essen; **ask to ~** zum (Mittag-, Abend)Essen einladen; ~ **is served** bitte zu Tisch! **dinner-jacket** Smoking *m;* **dinner-party** Abendgesellschaft *f;* **dinner-service** Eßservice, Tafelgeschirr *n;* **dinner-table** Tafel *f;* **dinner time** Essenszeit *f.*
dino·saur ['daɪnəsɔː(r)] *zoo* Dinosaurier *m.*
dint [dɪnt] ▶ **by ~ of** (ver)mittels, mit Hilfe *gen,* durch.

dio·cese ['daɪəsɪs] Diözese *f.*
di·ox·ide [daɪ'ɒksaɪd] *chem* Dioxyd *n;* ▶ **carbon ~** Kohlendioxyd *n.*
di·oxin [daɪ'ɒksɪn] *chem* Dioxin *n.*
dip [dɪp] **I** *tr* **1.** (ein)tauchen, (ein)tunken *(in* in); **2.** *(Hand)* stecken; **3.** *mar (Fahne)* dippen; **4.** *mot (Licht)* abblenden; **5.** *(Kerzen)* ziehen; **II** *itr* **1.** *(Preise)* fallen; **2.** (~ **down**) sich neigen, sich senken; ▶ **the sun ~ped below the horizon** die Sonne verschwand hinter dem Horizont; **III** *s* **1.** (Ein-, Unter)Tauchen *n;* **2.** (Wasser-, Farb)Bad *n;* Desinfektionslösung *f;* **3.** Senke, Mulde *f;* **4.** *mar* Dippen *n;* **have, take, go for a ~** baden gehen; **IV** *(mit Präposition)* **dip into** *itr* **1.** greifen in; **2.** e-n kurzen Blick werfen in; ▶ ~ **into one's pocket** tief in die Tasche greifen; ~ **into one's savings** seine Ersparnisse angreifen.
diph·teria [dɪf'θɪərɪə] *med* Diphterie *f.*
diph·thong ['dɪfθɒŋ] Diphthong *m.*
di·ploma [dɪ'pləʊmə] Diplom *n (in* in).
di·plo·macy [dɪ'pləʊməsɪ] *pol* Diplomatie *f a. allg;* **diplo·mat** ['dɪpləmæt] Diplomat(in) *m (f);* **diplo·matic** [ˌdɪplə'mætɪk] *adj (adv: ~ally)* diplomatisch; ▶ **the ~ corps** das Diplomatische Korps; ~ **answer** diplomatische Antwort; **di·ploma·tist** [dɪ'pləʊmətɪst] *s. diplomat.*
dip·per ['dɪpə(r)] **1.** Schöpflöffel *m,* Kelle *f;* **2.** *mot* Abblendschalter *m;* **3.** *orn* Wasseramsel *f;* ▶ **the Big, Little D~** *Am astr* der Große, Kleine Bär; **big ~** Achterbahn *f.*
dip·so·mania [ˌdɪpsə'meɪnɪə] Trunksucht *f;* **dip·so·maniac** [ˌdɪpsə'meɪnɪæk] Trunksüchtige(r) *f m.*
dip-stick ['dɪpstɪk] *mot* Ölmeßstab *m;* **dip-switch** *mot* Abblendschalter *m.*
dire ['daɪə(r)] *adj* **1.** schrecklich, furchtbar; **2.** äußerste(r, s); ▶ **be in ~ need** in großer Verlegenheit sein.
di·rect [dɪ'rekt, daɪ'rekt] **I** *adj* **1.** direkt; **2.** unmittelbar; **3.** *(Zug)* durchgehend; **4.** *(Bemerkung)* gerade, offen, deutlich; ▶ **be a ~ descendant of s.o.** ein direkter Nachkomme von jdm sein; ~-**mail advertising** Postwurfsendung *f;* **II** *adv* direkt, gerade, unmittelbar; **the flight goes ~ to Paris** es ist ein Direktflug nach Paris; **III** *tr* **1.** richten *(towards* auf); **2.** lenken, leiten; **3.** *(Verkehr)* regeln; **4.** anweisen, anordnen *(s.o. to do s.th* jdn etw zu tun); befehlen; **5.** *(Worte)* richten *(to* an); **6.** *(Brief)* adressieren, schicken *(to* an); **7.** *(Orchester)* dirigieren, leiten; **8.** *(Film)* Regie führen bei; ▶ ~ **one's remark(s) to s.o.** jdn anreden; ~ **one's steps to s.th.** auf etw zugehen; ~ **s.o.'s attention to s.th.** jds Aufmerksamkeit auf etw lenken; **as ~ed** *med* wie verordnet; ~ **a play** Regie führen; **direct action** direkte Aktion;

direct current *el* Gleichstrom *m;* **direct hit** Volltreffer *m.*
di·rec·tion [dɪ'rekʃn] **1.** Richtung *f;* **2.** Leitung, Führung *f;* **3.** *theat film* Regie *f;* **4.** *pl* Anweisungen *f pl;* Angaben *f pl;* Gebrauchsanweisung *f;* ▶ **by ~ of** auf Anweisung, Anordnung *gen;* **in the opposite ~** in entgegengesetzter Richtung; **under the ~ of** unter Leitung von; **sense of ~** Orientierungssinn *m;* **di·rec·tional** [dɪ'rekʃənl] *adj* gerichtet; ▶ **~ microphone** Richtmikrofon *n.*
di·roo·tivo [dɪ'roktɪv] Weisung, Direktive, Richtlinie *f.*
di·rect·ly [dɪ'rektlɪ] **I** *adv* **1.** direkt, unmittelbar *a. fig;* **2.** sofort, gleich; **II** *conj* sobald wie.
di·rec·tor [dɪ'rektə(r)] **1.** Direktor(in), Leiter(in) *m (f);* **2.** *theat film* Regisseur(in) *m (f);* ▶ **board of ~s** Verwaltungsrat *m;* Vorstand *m; ~* **general** Generaldirektor(in) *m (f);* **di·rec·tor·ate** [dɪ'rektərət] **1.** Direktorenstelle *f;* **2.** Aufsichtsrat *m;* **di·rec·tor·ship** [—ʃɪp] Direktorstelle *f.*
di·rec·tory [dɪ'rektərɪ] **1.** Adreßbuch, Verzeichnis *n;* **2.** *(telephone ~)* Telefonbuch *n;* ▶ **trade ~** Branchenverzeichnis *n;* **directory enquiries** *pl* Telefonauskunft *f.*
dirt [dɜːt] **1.** Schmutz, Dreck *m;* **2.** Unrat, Kehricht *m;* **3.** *fig* Schmutz *m;* schmutzige Wäsche; ▶ **treat s.o. like ~** jdn wie Dreck behandeln; **eat ~** sich widerspruchslos demütigen lassen; **fling, throw ~ at s.o.** jdn in den Schmutz ziehen; **dirt-cheap** [ˌdɜːt'tʃiːp] *adj* spottbillig; **dirt road** unbefestigte Straße; **dirt track** Feldweg *m; sport* Aschenbahn *f;* **dirty** ['dɜːtɪ] I *adj* **1.** schmutzig, verschmutzt; **2.** *fig* unflätig, zotig; **3.** *fig* niederträchtig, gemein; **4.** *(Wetter)* stürmisch, windig; ▶ **give s.o. a ~ look** jdm e-n bösen Blick zuwerfen; **play a ~ trick on s.o.** jdm e-n üblen Streich spielen; **~ weather** Dreckwetter *n; ~* **work** Schmutzarbeit *f;* **II** *tr* schmutzig machen, verschmutzen; **III** *s* ▶ **do the ~ on s.o.** jdn reinlegen.
dis·abil·ity [ˌdɪsə'bɪlətɪ] **1.** Unfähigkeit *f,* Unvermögen *n;* **2.** Behinderung *f;* Invalidität *f;* ▶ **~ for work** Arbeitsunfähigkeit *f;* **dis·able** [dɪs'eɪbl] *tr* **1.** unfähig, untauglich, unbrauchbar machen; **2.** *jur* für unfähig erklären *(from doing s.th.* etw zu tun); **dis·abled** [dɪs'eɪbld] **I** *adj* **1.** behindert; **2.** unbrauchbar; **3.** *jur* nicht rechtsfähig; ▶ **~ person** Behinderte(r) *f m; seriously ~* schwerbeschädigt; **II** *s* **the ~** *pl* die Behinderten *pl;* **dis·able·ment** [—mənt] Behinderung *f.*
dis·abuse [ˌdɪsə'bjuːz] *tr* ▶ **~ s.o. of s.th.** jdn von etw befreien.
dis·ad·van·tage [ˌdɪsəd'vɑːntɪdʒ] **I** *tr* benachteiligen; **II** *s* **1.** Nachteil *m;* **2.**

Schaden *m;* ▶ **at a ~** im Nachteil; **to s.o.'s ~** zu jds Nachteil; **put at a ~** benachteiligen; **sell at a ~** mit Verlust verkaufen; **dis·ad·van·tage·ous** [ˌdɪsˌædvən'teɪdʒəs] *adj* nachteilig, ungünstig, unvorteilhaft *(to* für).
dis·af·fected [ˌdɪsə'fektɪd] *adj* unzufrieden; entfremdet; **dis·af·fec·tion** [ˌdɪsə'fekʃn] Unzufriedenheit *f;* Entfremdung *f.*
dis·agree [ˌdɪsə'griː] *itr* **1.** nicht übereinstimmen *(with* mit); nicht einverstanden sein; **2.** e-e Meinungsverschiedenheit haben; **3.** schlecht bekommen, unzuträglich sein *(with s.o.* jdm); **dis·agree·able** [ˌdɪsə'griːəbl] *adj* **1.** unangenehm, widerwärtig; **2.** *(Wetter)* häßlich; **3.** *(Mensch)* unsympathisch; **dis·agreement** [ˌdɪsə'griːmənt] **1.** Unstimmigkeit *f;* Uneinigkeit *f;* **2.** Meinungsverschiedenheit *f,* Streit *m.*
dis·al·low [ˌdɪsə'laʊ] *tr* nicht gelten lassen, nicht anerkennen.
dis·ap·pear [ˌdɪsə'pɪə(r)] *itr* ent-, verschwinden *(from* von, aus); **dis·ap·pear·ance** [ˌdɪsə'pɪərəns] Verschwinden *n.*
dis·ap·point [ˌdɪsə'pɔɪnt] *tr* **1.** enttäuschen; **2.** *(Absicht, Plan)* durchkreuzen, zunichte machen; **dis·ap·pointed** [ˌdɪsə'pɔɪntɪd] *adj* **1.** enttäuscht *(in s.o.* von jdm); **2.** *(Hoffnung)* getäuscht; **dis·ap·point·ing** [—ɪŋ] *adj* enttäuschend; **dis·ap·point·ment** [ˌdɪsə'pɔɪntmənt] Enttäuschung *f.*
dis·ap·pro·ba·tion [ˌdɪsˌæprə'beɪʃn] Mißbilligung *f.*
dis·ap·prove [ˌdɪsə'pruːv] **I** *tr* mißbilligen; **II** *itr* dagegen sein; ▶ **~ of s.th.** etw mißbilligen.
dis·arm [dɪs'ɑːm] **I** *tr* entwaffnen *a. fig;* **II** *itr* abrüsten; **dis·arma·ment** [dɪs'ɑːməmənt] Abrüstung *f;* **disarmament talks** *pl* Abrüstungsverhandlungen *f pl;* **dis·arm·ing** [dɪs'ɑːmɪŋ] *adj fig* entwaffnend.
dis·ar·range [ˌdɪsə'reɪndʒ] *tr* durcheinanderbringen.
dis·ar·ray [ˌdɪsə'reɪ] **I** *s* Unordnung *f;* **II** *tr* in Unordnung bringen.
dis·as·ter [dɪ'zɑːstə(r)] **1.** Katastrophe *f;* **2.** Unglück *n;* Fiasko *n;* ▶ **~ area** Katastrophengebiet *n;* **dis·as·trous** [dɪ'zɑːstrəs] *adj* katastrophal, verheerend.
dis·be·lief [ˌdɪsbɪ'liːf] Zweifel *m;* Ungläubigkeit *f;* **dis·be·lieve** [ˌdɪsbɪ'liːv] *tr* an-, bezweifeln; nicht glauben; **dis·be·liever** [ˌdɪsbɪ'liːvə(r)] Ungläubige(r) *f m.*
dis·burse [dɪs'bɜːs] *tr* aus(be)zahlen; **dis·burse·ment** [—mənt] Auszahlung *f.*
disc, disk [dɪsk] **1.** Scheibe *f;* **2.** *anat* Bandscheibe *f;* **3.** (Schall)Platte *f;* **4.**

EDV Platte *f.*

dis·card [dɪ'skɑ:d] **I** *tr* **1.** *(Karte, Kleider)* ablegen, abwerfen; **2.** *fam* ausrangieren; **II** *s* ['dɪskɑ:d] **1.** abgelegte Karten *f pl;* **2.** Ausschußware *f.*

disc brake ['dɪskbreɪk] *mot* Scheibenbremse *f.*

dis·cern [dɪ'sɜ:n] *tr* **1.** deutlich sehen, wahrnehmen; **2.** klar erkennen; **dis·cern·ible** [−əbl] *adj* wahrnehmbar; klar erkennbar; **dis·cern·ing** [−ɪŋ] *adj* **1.** anspruchsvoll; **2.** *(Auge)* fein; **dis·cern·ment** [−mənt] **1.** Urteilskraft, -fähigkeit *f;* **2.** Wahrnehmung *f;* Erkennen *n.*

dis·charge [dɪs'tʃɑ:dʒ] **I** *tr* **1.** entladen; *(Ladung, Last)* ab-, ausladen; *mar* löschen; **2.** *el* entladen; **3.** *(Schuß)* abfeuern; **4.** *(Gas)* ausströmen lassen; **5.** *(Eiter)* ausscheiden; **6.** *(Patienten)* entlassen; **7.** *(Angeklagten)* freisprechen; **8.** *(Schuld)* begleichen; **9.** *(Pflicht)* erfüllen; **II** *itr (Wunde)* eitern; **III** *s* ['dɪstʃɑ:dʒ] **1.** Ab-, Entladen *n; mar* Löschen *n;* **2.** *el* Entladung *f;* **3.** *(Gas)* Aus-, Entströmen *n;* **4.** *med* Ausfluß *m;* Absonderung *f;* **5.** *(Patient)* Entlassung *f;* **6.** *jur* Freispruch *m;* **7.** *(Schuld)* Begleichung *f;* **8.** *(Pflicht)* Erfüllung *f.*

dis·ciple [dɪ'saɪpl] **1.** Anhänger(in) *m (f);* **2.** *rel lit* Jünger *m.*

dis·ci·plin·ary ['dɪsɪplɪnərɪ] *adj* disziplinarisch; ▶ **~ measures** *pl* disziplinarische Maßnahmen *f pl;* **dis·ci·pline** ['dɪsɪplɪn] **I** *s* **1.** Disziplin *f,* Lehrfach *n;* **2.** Zucht, Disziplin *f;* **3.** disziplinarische Maßnahmen *f pl;* ▶ **keep, maintain ~** die Disziplin aufrechterhalten; **II** *tr* **1.** disziplinieren; unter Kontrolle halten; **2.** bestrafen.

disc jockey ['dɪskdʒɒkɪ] Diskjockey *m.*

dis·claim [dɪs'kleɪm] *tr* **1.** abstreiten; von sich weisen; **2.** *jur* verzichten auf; ▶ **~ all responsibility** jede Verantwortung von sich weisen; **dis·claimer** [dɪs'kleɪmə(r)] Dementi *n;* ▶ **issue a ~** e-e Gegenerklärung abgeben.

dis·close [dɪs'kləʊz] *tr* **1.** enthüllen; **2.** bekanntmachen, mitteilen; **dis·closure** [dɪs'kləʊʒə(r)] Enthüllung *f;* Mitteilung *f.*

disco ['dɪskəʊ] ⟨*pl* discos⟩ Disko *f.*

dis·col·our, *Am* **dis·color** [dɪs'kʌlə(r)] **I** *tr* verfärben; **II** *itr* sich verfärben.

dis·com·fit [dɪs'kʌmfɪt] *tr* Unbehagen verursachen *(s.o.* jdm); **dis·com·fiture** [dɪs'kʌmfɪtʃə(r)] Unbehagen *n.*

dis·com·fort [dɪs'kʌmfət] **1.** Un-, Mißbehagen *n;* **2.** Beschwerden *f pl.*

dis·con·cert [ˌdɪskən'sɜ:t] *tr* aus der Fassung bringen.

dis·con·nect [ˌdɪskə'nekt] *tr* **1.** trennen *(from, with* von); **2.** *tech* auskuppeln; **3.** *el* aus-, abschalten; **4.** *(Wasser)* abstellen; **dis·con·nected** [−ɪd] *adj* **1.** un-

zusammenhängend; **2.** abgeschaltet, abgestellt.

dis·con·so·late [dɪs'kɒnsələt] *adj* untröstlich; niedergeschlagen.

dis·con·tent [ˌdɪskən'tent] Unzufriedenheit *f (at, with* mit); **dis·con·tented** [−ɪd] *adj* unzufrieden *(with, about* mit); **dis·con·tent·ment** [−mənt] Unzufriedenheit *f.*

dis·con·tinue [ˌdɪskən'tɪnjuː] *tr* **1.** unterbrechen, aussetzen mit, aufhören *(doing* zu tun); **2.** *(Geschäft)* aufgeben; **3.** *jur (Klage)* einstellen; ▶ **~d line** *com* ausgelaufene Serie; **dis·con·ti·nuity** [ˌdɪskəntɪ'njuːɪtɪ] Diskontinuität *f;* **dis·con·tinu·ous** [ˌdɪskən'tɪnjʊəs] *adj* nicht kontinuierlich.

dis·cord ['dɪskɔ:d] **1.** Uneinigkeit *f;* **2.** *mus* Mißklang *m,* Dissonanz *f;* **dis·cor·dant** [dɪ'skɔ:dənt] *adj* **1.** nicht übereinstimmend, widersprechend; **2.** *mus* disharmonisch.

dis·co·theque ['dɪskətek] Diskothek *f.*

dis·count ['dɪskaʊnt] **I** *s* **1.** Nachlaß, Skonto, Rabatt *m (on* auf); **2.** *(~ rate, rate of ~)* Diskontsatz *m;* ▶ **at a ~** auf Rabatt; **give a ~ on s.th.** Rabatt auf etw geben; **~ for cash** Skonto bei Barzahlung; **bank ~** Bankdiskont *m;* **trade ~** Händlerrabatt *m;* **II** *tr* [dɪs'kaʊnt] **1.** e-n Rabatt gewähren *(s.th.* für etw); **2.** *(Rechnung)* diskontieren; **3.** *fig* unberücksichtigt lassen; **discount store** Discountladen *m.*

dis·cour·age [dɪs'kʌrɪdʒ] *tr* **1.** entmutigen, mutlos machen; **2.** abraten *(s.o. from s.th.* jdm von etw); **3.** abhalten, abschrecken *(from* von); zu verhindern suchen; ▶ **become ~d** den Mut verlieren; **dis·cour·age·ment** [−mənt] **1.** Mutlosigkeit *f;* **2.** Abraten *n;* **3.** Verhinderung *f;* **dis·cour·ag·ing** [−ɪŋ] *adj* entmutigend.

dis·course ['dɪskɔ:s] **I** *s* **1.** Diskurs *m,* Rede *f;* **2.** Vorlesung *f;* **3.** Abhandlung *f;* **II** *itr* **1.** e-n Vortrag, e-e Vorlesung halten; **2.** abhandeln *(upon s.th.* etw).

dis·cour·teous [dɪs'kɜ:tɪəs] *adj* unhöflich; **dis·cour·tesy** [dɪs'kɜ:təsɪ] Unhöflichkeit *f.*

dis·cover [dɪ'skʌvə(r)] *tr* **1.** entdecken; finden; **2.** *fig* ausfindig machen; **dis·coverer** [dɪ'skʌvərə(r)] Entdecker(in) *m (f);* **dis·covery** [dɪ'skʌvərɪ] Entdeckung *f.*

dis·credit [dɪs'kredɪt] **I** *tr* **1.** an-, bezweifeln; keinen Glauben schenken *(s.o.* jdm); **2.** in Mißkredit bringen *(with* bei); **II** *s* **1.** Zweifel *m;* Mißtrauen *n;* **2.** Mißkredit *m;* ▶ **bring ~ on s.o.** jdn in Mißkredit bringen; **be a ~ to s.o.** e-e Schande für jdn sein; **dis·credit·able** [−əbl] *adj* schändlich, diskreditierend.

dis·creet [dɪ'skri:t] *adj* diskret, rücksichtsvoll.

dis·crep·ancy [dɪ'skrepənsɪ] Diskrepanz *f* (*between* zwischen).

dis·cre·tion [dɪ'skreʃn] 1. Diskretion *f;* 2. Ermessen *n;* ▶ be at s.o.'s ~ in jds Ermessen stehen; **leave to s.o.'s** ~ jdm anheimstellen; **it is within your own** ~ es liegt bei Ihnen.

dis·crimi·nate [dɪ'skrɪmɪneɪt] I *tr* unterscheiden (*from* von); II *itr* 1. kritisch sein; 2. Unterschiede machen; ▶ ~ between unterscheiden zwischen; ~ in favour of s.o. jdn bevorzugen; ~ against s.o. jdn benachteiligen; **dis·crimi·nat·ing** [—ɪŋ] *adj* urteilsfähig, kritisch; **dis·crimi·na·tion** [dɪˌskrɪmɪ'neɪʃn] 1. Unterscheidungsvermögen *n;* 2. unterschiedliche Behandlung; Diskriminierung; Ungleichbehandlung *f;* ▶ **racial** ~ Rassendiskriminierung *f;* **dis·crimi·na·tory** [dɪ'skrɪmɪnətərɪ] *adj* diskriminierend.

dis·cur·sive [dɪ'skɜːsɪv] *adj* weitschweifig.

dis·cus ['dɪskəs] *sport* Diskus *m;* **discus thrower** Diskuswerfer(in) *m (f).*

dis·cuss [dɪ'skʌs] *tr* diskutieren, erörtern, besprechen; ▶ ~ a question with s.o. mit jdm e-e Frage erörtern; **dis·cussion** [dɪ'skʌʃn] 1. Diskussion *f;* 2. Besprechung, Beratung *f;* ▶ **open, close a** ~ e-e Diskussion eröffnen, schließen; **be under** ~ zur Diskussion stehen; **after much** ~ nach langen Diskussionen.

dis·dain [dɪs'deɪn] I *tr* 1. verachten; 2. verschmähen (*to do* zu tun); II *s* Geringschätzung *f;* **dis·dain·ful** [—fʊl] *adj* verächtlich.

dis·ease [dɪ'ziːz] Krankheit *f;* **diseased** [dɪ'ziːzd] *adj* krank.

dis·em·bark [ˌdɪsɪm'bɑːk] I *tr* ausschiffen; II *itr* von Bord gehen; **dis·em·bar·ka·tion** [ˌdɪsˌembɑː'keɪʃn] Landung *f.*

dis·en·chant [ˌdɪsɪn'tʃɑːnt] *tr* ernüchtern, enttäuschen.

dis·en·fran·chise [ˌdɪsən'fræntʃaɪz] *s.* disfranchise.

dis·en·gage [ˌdɪsɪn'geɪdʒ] I *tr* 1. losmachen, lösen; 2. auskuppeln, -rücken, -klinken; 3. *mil* abziehen; II *itr mil* auseinanderrücken; **dis·en·gage·ment** [—mənt] 1. (Los)Lösung *f;* 2. *pol* Disengagement *n;* Abrücken *n.*

dis·en·tangle [ˌdɪsɪn'tæŋgl] *tr* 1. los-, freimachen, befreien (*from* von); 2. entwirren, ordnen.

dis·favour, *Am* **dis·favor** [ˌdɪs'feɪvə(r)] 1. Mißfallen *n;* 2. Ungnade *f;* ▶ **fall into** ~ **with** in Ungnade fallen bei; **look with** ~ **on s.th.** etw mißbilligend betrachten.

dis·figure [dɪs'fɪgə(r)] *tr* entstellen, verunstalten; **dis·fig·ure·ment** [dɪs'fɪgə(r)mənt] Entstellung, Verunstaltung *f.*

dis·fran·chise [dɪs'fræntʃaɪz] *tr* die bürgerlichen Ehrenrechte aberkennen (*s.o.* jdm).

dis·gorge [dɪs'gɔːdʒ] I *tr* 1. ausspeien; 2. *fig* herausrücken; II *itr (Fluß)* sich ergießen (*into* in).

dis·grace [dɪs'greɪs] I *s* 1. Ungnade *f;* 2. Schande *f* (*to* für); ▶ **bring** ~ **on s.o.** jdm Schande machen; **be in** ~ in Ungnade sein; II *tr* Schande bringen über; III *refl* sich blamieren; ▶ **be** ~d blamiert sein; **dis·grace·ful** [dɪs'greɪsfl] *adj* schändlich; skandalös.

dis·gruntled [dɪs'grʌntld] *adj* verstimmt (*at* über; *with s.o.* mit jdm).

dis·guise [dɪs'gaɪz] I *tr* verstellen, tarnen; II *refl* sich verkleiden (*as* als); III *s* Verkleidung *f;* Verstellung *f;* ▶ **in** ~ verkleidet, maskiert.

dis·gust [dɪs'gʌst] I *s* Ekel *m* (*at* vor); Widerwille *m;* ▶ **go away in** ~ sich voller Empörung abwenden; II *tr* anekeln, anwidern; ▶ **be** ~ **ed with s.o.** über jdn empört sein; **dis·gust·ing** [—ɪŋ] *adj* ekelhaft, widerlich.

dish [dɪʃ] I *s* 1. Schüssel, Schale *f;* 2. Gericht *n,* Speise *f;* 3. *pl* Geschirr *n;* 4. *sl* duftes Mädchen; ▶ **do the** ~es das Geschirr spülen; II *tr* 1. anrichten; 2. *(Plan)* verpatzen; III *(mit Präposition)* **dish out** *tr* austeilen; **dish up** *tr* 1. auftragen; 2. *fig* auftischen.

dis·har·moni·ous [ˌdɪshɑː'məʊnɪəs] *adj* disharmonisch; **dis·har·mony** [dɪs'hɑːmənɪ] Disharmonie *f.*

dish·cloth ['dɪʃklɒθ] Geschirrtuch *n.*

dis·hearten [dɪs'hɑːtn] *tr* entmutigen.

di·shev·elled, *Am* **di·shev·eled** [dɪ'ʃevld] *adj* 1. *(Kleidung)* in Unordnung; 2. *(Haare)* zerzaust.

dis·hon·est [dɪs'ɒnɪst] *adj* 1. unredlich, unehrlich; 2. *fig* unsauber; **dis·honesty** [dɪs'ɒnɪstɪ] 1. Unredlichkeit, Unehrlichkeit *f;* 2. Unlauterkeit *f.*

dis·hon·our, *Am* **dis·honor** [dɪs'ɒnə(r)] I *s* Schande, Unehre *f;* ▶ **bring** ~ **upon s.o.** Schande über jdn bringen; II *tr* 1. Schande bringen über; 2. *(Wechsel)* nicht einlösen; **dis·hon·our·able,** *Am* **dis·honor·able** [—əbl] *adj* unehrenhaft.

dish-pan ['dɪʃpæn] Spül-, Abwaschschüssel *f;* **dish·proof** [dɪʃpruːf] *adj* spülmaschinenfest; **dish-towel** *Am* Geschirrtuch *n;* **dish·washer** 1. Tellerwäscher(in) *m (f);* 2. Geschirrspülmaschine *f;* **dish-water** Spül-, Abwaschwasser *n.*

dis·il·lusion [ˌdɪsɪ'luːʒn] I *tr* desillusionieren; II *s* Desillusion *f;* **dis·il·lusion·ment** [—mənt] Desillusionierung *f.*

dis·in·cli·na·tion [ˌdɪsɪnklɪ'neɪʃn] Abneigung *f (for* gegen); **dis·in·clined** ['dɪsɪn'klaɪnd] *adj* abgeneigt.

dis·in·fect [ˌdɪsɪn'fekt] *tr med* desinfizieren; **dis·in·fec·tant** [ˌdɪsɪn'fektənt] Desinfektionsmittel *n;* **dis·in·fec·tion** [ˌdɪsɪn'fekʃn] Desinfektion *f.*

dis·in·genu·ous [ˌdɪsɪn'dʒenjʊəs] *adj* unaufrichtig.

dis·in·herit [ˌdɪsɪn'herɪt] *tr* enterben.

dis·in·te·grate [dɪs'ɪntɪgreɪt] I *tr* auflösen, zersetzen *a. fig;* II *itr* 1. zerfallen; 2. *geol* verwittern; **dis·in·te·gra·tion** [dɪsˌɪntɪ'greɪʃn] Auflösung, Zersetzung *f,* Zerfall *m.*

dis·in·ter·ested [dɪs'ɪntrəstɪd] *adj* 1. uneigennützig, selbstlos; 2. unparteiisch, unvoreingenommen.

dis·jointed [dɪs'dʒɔɪntɪd] *adj* zusammenhanglos.

disk [dɪsk] 1. *s. disc;* 2. *EDV* Diskette *f;* ▶ **hard** ~ Festplatte; **single/double-si·ded** ~ einseitig/beidseitig beschreibbare Diskette; **disk drive** Diskettenlaufwerk *n;* **diskette** [dɪs'kæt] Diskette *f.*

dis·like [dɪs'laɪk] I *tr* nicht leiden können, nicht gern haben; ▶ ~ **doing s.th.** etw ungern tun; II *s* Abneigung *f,* Widerwille *m,* Antipathie *f (of, for* gegen); ▶ **take a** ~ **to** e-e Abneigung fassen, e-n Widerwillen bekommen gegen.

dis·lo·cate ['dɪsləkeɪt] *tr* 1. *med* aus-, verrenken; 2. *fig* durcheinanderbringen; **dis·lo·ca·tion** [ˌdɪslə'keɪʃn] 1. *med* Verrenkung *f;* 2. *fig* Durcheinanderbringen *n.*

dis·lodge [dɪs'lɒdʒ] *tr* 1. *(Stein)* entfernen, lösen; 2. herausstochern.

dis·loyal [dɪs'lɔɪəl] *adj* nicht loyal *(to* gegen).

dis·mal ['dɪzməl] *adj* 1. düster, trübe; 2. *fig* pessimistisch.

dis·mantle [dɪs'mæntl] *tr* 1. leer machen, ausräumen; 2. auseinandernehmen, zerlegen; demontieren.

dis·may [dɪs'meɪ] I *s* Bestürzung *f;* ▶ **in** ~ bestürzt; II *tr* bestürzen.

dis·mem·ber [dɪs'membə(r)] *tr* 1. zerstückeln; 2. *(Gebiet)* aufteilen.

dis·miss [dɪs'mɪs] *tr* 1. *(aus e-r Stellung)* entlassen; 2. *(Thema)* fallenlassen; abtun; 3. *jur* abweisen; **dis·missal** [dɪs'mɪsl] 1. Entlassung *f;* Kündigung *f;* Abschied *m;* 2. Abtun *n;* 3. *jur* Abweisung *f.*

dis·mount [ˌdɪs'maʊnt] I *tr (Reiter)* abwerfen; II *itr* absteigen.

dis·obedi·ence [ˌdɪsə'biːdjəns] Ungehorsam *m;* ▶ **civil** ~ ziviler Ungehorsam; **dis·obedi·ent** [ˌdɪsə'biːdjənt] *adj* ungehorsam *(to* gegen).

dis·obey [ˌdɪsə'beɪ] *tr* 1. nicht gehorchen *(s.o.* jdm); 2. sich widersetzen *(an order* e-m Befehl).

dis·oblige [ˌdɪsə'blaɪdʒ] *tr* keinen Gefallen tun *(s.o.* jdm); **dis·oblig·ing** [—ɪŋ] *adj* ungefällig, unhöflich.

dis·order [dɪs'ɔːdə(r)] I *s* 1. Unordnung *f,* Durcheinander *n;* 2. *med* Funktions-störung *f;* 3. *pl pol* Unruhen *f pl;* ▶ **mental** ~ Geistesgestörtheit *f;* **in** ~ durcheinander; II *tr* 1. in Unordnung bringen; 2. *med* angreifen; **dis·order·ly** [dɪs'ɔːdəlɪ] *adj* 1. unordentlich, unaufgeräumt; 2. *(Menge)* aufrührerisch; 3. *(Benehmen)* ungehörig; ▶ ~ **house** Bordell *n.*

dis·or·gan·ize [ˌdɪs'ɔːgənaɪz] *tr* desorganisieren, durcheinanderbringen.

dis·orient, dis·orien·tate [dɪs'ɔːrɪənt, dɪs'ɔːrɪənteɪt] *tr* verwirren.

dis·own [dɪs'əʊn] *tr* ab-, verleugnen; nichts zu tun haben wollen mit.

dis·par·age [dɪ'spærɪdʒ] *tr* herabsetzen, -würdigen; **dis·par·age·ment** [—mənt] Herabsetzung *f;* **dis·par·ag·ing** [—ɪŋ] *adj* geringschätzig.

dis·par·ate ['dɪspərət] *adj* verschiedenartig, ungleich; **dis·par·ity** [dɪ'spærətɪ] Ungleichheit *f;* ▶ ~ **in age, rank** Alters-, Rangunterschied *m.*

dis·pas·sion·ate [dɪ'spæʃənət] *adj* unparteiisch.

dis·patch [dɪ'spætʃ] I *tr* 1. abschicken, -senden; aufgeben; 2. *(Zug)* abfertigen; 3. schnell erledigen; 4. töten; II *s* 1. Abschicken, Absenden, Aufgeben *n;* 2. Abfertigung, Erledigung *f;* 3. Telegramm *n,* Depesche *f;* ▶ **with** ~ prompt; **dispatch note** Versandanzeige *f,* -auftrag *m.*

dis·pel [dɪ'spel] *tr* vertreiben, zerstreuen, auflösen.

dis·pens·able [dɪ'spensəbl] *adj* entbehrlich.

dis·pens·ary [dɪ'spensərɪ] 1. Apotheke *f;* 2. Arzneiausgabe(stelle) *f.*

dis·pen·sa·tion [ˌdɪspen'seɪʃn] 1. Aus-, Verteilung *f;* 2. *rel* Befreiung *f (from* von); 3. Fügung *f (des Schicksals);* 4. Glaubenssystem *n.*

dis·pense [dɪ'spens] I *tr* 1. ausgeben, aus-, verteilen; 2. *(Arznei)* zubereiten, ausgeben; 3. *rel* spenden; 4. befreien, dispensieren *(from* von); II *itr* ~ **with** verzichten auf; **dis·penser** [dɪ'spensə(r)] 1. Apotheker(in) *m (f);* 2. *(Automat)* Spender *m;* ▶ **cash** ~ Geldautomat *m.*

dis·per·sal [dɪ'spɜːsl] Zerstreuung, Auflösung *f;* **dis·perse** [dɪ'spɜːs] I *tr* 1. ver-, zerstreuen *a. fig;* 2. *(Nebel)* auflösen; 3. *(Licht)* streuen; 4. *fig* verbreiten; II *itr* sich zerstreuen, auseinandergehen; **dis·per·sion** [dɪ'spɜːʃn] 1. Zerstreuung, Auflösung *f;* 2. *opt* Dispersion, Streuung *f.*

dis·pirit·ed [dɪ'spɪrɪtɪd] *adj* mutlos, niedergedrückt.

dis·place [dɪs'pleɪs] *tr* 1. versetzen, -legen, -lagern, -schieben; 2. ablösen, ersetzen; ▶ ~**d person** Verschleppte(r) *f m;* **dis·place·ment** [dɪs'pleɪsmənt] 1. Verschiebung *f;* Verlagerung *f;* 2. *(Ar-*

beitskräfte) Freisetzung *f;* 3. Ablösung *f,* Ersatz *m;* 4. *psych* Verdrängung *f;* 5. *mar* Wasserverdrängung *f;* ► ~ **of labour** Freisetzung *f* von Arbeitskräften.

dis·play [dɪ'spleɪ] I *tr* 1. (offen) zeigen, zur Schau stellen; ausstellen; 2. *(Macht)* demonstrieren; 3. *(Kleider)* vorführen; 4. *EDV* anzeigen; II *s* 1. Zeigen *n;* Zurschaustellung *f;* 2. *fig* Demonstration *f;* 3. Ausstellung *f;* 4. *com* Auslage *f;* 5. *typ* Hervorhebung *f;* 6. *EDV* Display *n;* Anzeige *f;* ► **be on** ~ ausgestellt sein; **display case** Vitrine *f;* **display window** Schaufenster *n.*

dis·please [dɪs'pliːz] *tr* 1. mißfallen *(s.o.* jdm); 2. verstimmen, verärgern; ► **be ~d with s.o.** über jdn verärgert sein; **dis·pleas·ing** [—ɪŋ] *adj* unangenehm, lästig; **dis·pleasure** [dɪs'pleʒə(r)] Mißfallen *n (at* über).

dis·pos·able [dɪ'spəʊzəbl] *adj* 1. wegwerfbar; Papier-; Einweg-; Wegwerf-; 2. verfügbar; ► ~ **income** verfügbares Einkommen; ~ **nappy** Wegwerfwindel *f;* **dis·posal** [dɪ'spəʊzl] 1. Loswerden *n;* Beseitigung *f;* Veräußerung *f;* 2. Verfügung(sgewalt) *f (of* über); 3. Anordnung *f,* Arrangement *n;* ► **be at s.o.'s ~** zu jds Verfügung stehen; **waste-~ unit** Müllschlucker *m;* **dis·pose** [dɪ'spəʊz] I *tr* (an)ordnen; aufstellen; ► ~ **s.o. to do s.th.** jdn geneigt machen, etw zu tun; II *itr* ► ~ **of** loswerden; beseitigen; veräußern; erledigen; *(Zeit)* verfügen über; **dis·posed** [dɪ'spəʊzd] *adj* bereit; ► **be well, ill ~ towards s.o.** jdm wohlwollen, übelwollen; **dis·po·si·tion** [ˌdɪspə'zɪʃn] 1. (An)Ordnung *f;* Aufstellung *f;* 2. Veranlagung *f,* Neigung *f,* Hang *m;* 3. Verfügungsgewalt *f;* ► **her cheerful ~** ihre freundliche Art.

dis·pos·sess [ˌdɪspə'zes] *tr* enteignen.

dis·pro·por·tion·ate [ˌdɪsprə'pɔːʃənət] *adj* ► **be ~ in** keinem (richtigen) Verhältnis stehen *(to* zu).

dis·prove [ˌdɪs'pruːv] *tr* widerlegen.

dis·put·able [dɪ'spjuːtəbl] *adj* anfechtbar; zweifelhaft; **dis·pu·ta·tion** [ˌdɪspjuː'teɪʃn] Disput, Streit *m;* **dis·pu·ta·tious** [ˌdɪspjuː'teɪʃəs] *adj* streitsüchtig; **dis·pute** [dɪ'spjuːt] I *itr* disputieren, streiten *(with, against* mit; *on, about* über); II *tr* 1. bestreiten, anfechten; 2. *(Frage)* sich streiten über; 3. streitig machen *(s.th. to s.o.* jdm etw); III [a. 'dɪspjuːt] *s* Kontroverse, Meinungsverschiedenheit *f;* Streit *m;* ► **beyond, past ~** unbestritten; **without ~** zweifellos; **in ~** strittig; fraglich; **settle a ~** e-n Streit beilegen; **wages ~** Tarifauseinandersetzungen *f pl.*

dis·quali·fi·ca·tion [dɪsˌkwɒlɪfɪ'keɪʃn] 1. Disqualifizierung *f;* 2. Untauglichkeit, Unfähigkeit *f;* 3. *sport* Ausschluß *m;*

dis·qual·ify [dɪs'kwɒlɪfaɪ] *tr* 1. untauglich machen *(from* für); 2. *sport* disqualifizieren; ► ~ **s.o. from driving** jdm den Führerschein entziehen.

dis·quiet [dɪs'kwaɪət] I *tr* beunruhigen; II *s* Unruhe, Besorgnis *f;* **dis·quiet·ing** [—ɪŋ] *adj* beunruhigend.

dis·re·gard [ˌdɪsrɪ'gɑːd] I *tr* 1. nicht beachten, ignorieren; 2. *(Gefahr)* mißachten; II *s* 1. Nichtbeachtung *f;* 2. Mißachtung *f;* 3. Geringschätzung *f.*

dis·re·pair [ˌdɪsrɪ'peə(r)] Baufälligkeit *f;* ► **fall into** ~ verfallen; **in a state of** ~ baufällig.

dis·repu·table [dɪs'repjʊtəbl] *adj* verrufen; anrüchig; **dis·re·pute** [ˌdɪsrɪ'pjuːt] schlechter Ruf; ► **fall into** ~ in Verruf kommen.

dis·re·spect [ˌdɪsrɪ'spekt] Respektlosigkeit *f (to* gegenüber); **dis·re·spect·ful** [—fʊl] *adj* respektlos.

dis·rupt [dɪs'rʌpt] *tr* stören; unterbrechen; **dis·rup·tion** [dɪs'rʌpʃn] Störung *f;* Unterbrechung *f;* **dis·rup·tive** [dɪs'rʌptɪv] *adj* störend.

dis·sat·is·fac·tion [ˌdɪsˌsætɪs'fækʃn] Unzufriedenheit *f (with* mit); **dis·sat·is·fied** [dɪs'sætɪsfaɪd] *adj* unzufrieden *(with* mit).

dis·sect [dɪ'sekt] *tr* 1. *anat* sezieren; 2. *fig* zergliedern; **dis·sec·tion** [dɪ'sekʃn] 1. *anat* Sektion *f;* 2. *fig* Zergliederung *f.*

dis·semble [dɪ'sembl] *tr (Gedanken, Gefühle, Absichten)* verbergen, verhehlen.

dis·semi·nate [dɪ'semɪneɪt] *tr fig* verbreiten; **dis·semi·na·tion** [dɪˌsemɪ'neɪʃn] Verbreitung *f.*

dis·sen·sion [dɪ'senʃn] Meinungsverschiedenheit, Differenz *f;* **dis·sent** [dɪ'sent] I *itr* 1. anderer Ansicht sein *(from* als); 2. *rel* sich weigern, die Staatskirche anzuerkennen; II *s* andere Ansicht; ► **express one's** ~ erklären, daß man (mit etw) nicht übereinstimmt; **dis·senter** [dɪ'sentə(r)] 1. Dissident(in) *m (f);* 2. *rel* Dissenter(in) *m (f).*

dis·ser·ta·tion [ˌdɪsə'teɪʃn] Dissertation *f (on* über).

dis·ser·vice [dɪs'sɜːvɪs] ► **do s.o. a** ~ jdm e-n schlechten Dienst erweisen.

dis·si·dent ['dɪsɪdənt] I *adj* dissident, regimekritisch; II *s* Dissident(in) *m (f).*

dis·simi·lar [dɪ'sɪmɪlə(r)] *adj* unterschiedlich, verschieden *(to* von); **dis·simi·lar·ity** [ˌdɪsɪmɪ'lærətɪ] Unterschiedlichkeit, Verschiedenheit *f.*

dis·simu·la·tion [dɪˌsɪmjʊ'leɪʃn] Verstellung, Heuchelei *f.*

dis·si·pate ['dɪsɪpeɪt] I *tr* 1. zerstreuen; auflösen; 2. *(Energie)* verschwenden, vergeuden; II *itr* 1. sich auflösen; 2. *fig* sich zerstreuen; **dis·si·pated** ['dɪsɪpeɪtɪd] *adj* zügellos, ausschweifend; leichtlebig; **dis·si·pa·tion**

[ˌdɪsɪ'peɪʃn] 1. Zerstreuung, Auflösung *f;* 2. *(Energie)* Verschwendung *f;* 3. Ausschweifung *f.*

dis·so·ci·ate [dɪ'səʊʃɪeɪt] *tr* 1. trennen *(from* von); 2. *chem* dissoziieren; ▶ ~ o.s. from s.o. sich von jdm distanzieren; **dis·so·cia·tion** [dɪˌsəʊsɪ'eɪʃn] 1. Trennung *f;* 2. *chem* Spaltung *f.*

dis·so·lute ['dɪsəlju:t] *adj* ausschweifend, zügellos; **dis·so·lu·tion** [dɪsəl'ju:ʃn] Auflösung *f.*

dis·solve [dɪ'zɒlv] I *tr* 1. verflüssigen; auflösen *a. fig;* 2. *(Ehe)* scheiden; 3. *(Versammlung)* aufheben; 4. *film* überblenden; II *itr* 1. sich (auf)lösen; 2. *fig* sich in nichts auflösen; ▶ ~ into tears in Tränen zerfließen.

dis·son·ance ['dɪsənəns] Mißklang *m,* Dissonanz *f;* **dis·son·ant** ['dɪsənənt] *adj* 1. unharmonisch; 2. *(Meinung)* unvereinbar.

dis·suade [dɪ'sweɪd] *tr* ausreden *(s.o. from s.th.* jdm etw), abbringen *(from doing s.th.* etw zu tun).

dis·tance ['dɪstəns] I *s* 1. Abstand *m,* Entfernung *f;* Distanz *f;* 2. Zeitraum *m;* 3. *fig* Unterschied *m;* ▶ at, from a ~ von fern, von weitem; at some ~ in einiger Entfernung; in the ~ in der Ferne; it's no ~ es ist nur ein Katzensprung; it's within walking ~ es ist zu Fuß erreichbar; cover a ~ e-e Strecke zurücklegen; keep one's ~ Abstand halten; what is the ~ to ...? wie weit ist es nach ...? keep s.o. at a ~ jdn auf Distanz halten; ~ runner Langstreckenläufer(in) *m (f);* II *tr sport* hinter sich lassen; *(beim Rennen)* abhängen; **dis·tant** ['dɪstənt] *adj* 1. weit entfernt, fern; 2. *fig* weit zurückliegend; 3. *(Verwandter)* weitläufig, entfernt; 4. *fig* zurückhaltend; ▶ have a ~ view of s.th. etw in der Ferne sehen; in the ~ future in ferner Zukunft; **dis·tant·ly** [—lɪ] *adv* 1. entfernt, fern; 2. *fig* kühl, zurückhaltend; ▶ ~ related entfernt, weitläufig verwandt.

dis·taste [dɪs'teɪst] Abneigung *f,* Widerwille *m (for* gegen); **dis·taste·ful** [dɪs'teɪstfl] *adj* widerwärtig; zuwider, unangenehm.

dis·temper[1] [dɪ'stempə(r)] *vet* Staupe *f.*
dis·temper[2] [dɪ'stempə(r)] Temperafarbe *f.*

dis·tend [dɪ'stend] *itr* sich blähen; **dis·ten·sion** [dɪ'stenʃn] *(Magen)* Blähung *f.*

dis·til, *Am* **dis·till** [dɪ'stɪl] I *itr* 1. sich herausdestillieren; 2. langsam heraustropfen; II *tr* 1. destillieren; brennen; 2. tropfenweise absondern; **dis·til·la·tion** [ˌdɪstɪ'leɪʃn] Destillation *f;* Brennen *n;* Destillat *n;* **dis·til·ler** [dɪ'stɪlə(r)] Destillateur *m;* Whisky-, Branntweinbrenner *m;* **dis·til·lery** [dɪ'stɪlərɪ] Whisky-,

Branntweinbrennerei *f.*

dis·tinct [dɪ'stɪŋkt] *adj* 1. deutlich, klar; ausgeprägt; merklich; 2. verschieden; 3. *fig* eigen, individuell; ▶ as ~ from im Unterschied zu; **dis·tinc·tion** [dɪ'stɪŋkʃn] 1. Unterscheidung *f;* Unterschied *m;* 2. Rang *m;* Vornehmheit *f;* 3. Auszeichnung *f;* ▶ of ~ ausgezeichnet, von Rang; without ~ ohne Unterschied; award s.o. academic ~s jdm akademische Auszeichnungen verleihen; draw a ~ between e-n Unterschied machen zwischen; make ~s Unterschiede machen, unterscheiden; **dis·tinc·tive** [dɪ'stɪŋktɪv] *adj* kennzeichnend, charakteristisch; unverwechselbar.

dis·tin·guish [dɪ'stɪŋgwɪʃ] I *tr* 1. unterscheiden; 2. erkennen, wahrnehmen, bemerken; 3. auseinanderhalten, unterscheiden *(from* von); II *itr* unterscheiden *(between, among* zwischen); III *refl* sich auszeichnen, sich hervortun; **dis·tin·guish·able** [—əbl] *adj* 1. unterscheidbar; 2. zu erkennen, erkennbar; **dis·tin·guished** [dɪ'stɪŋgwɪʃt] *adj* 1. von hohem Rang; hervorragend; 2. vornehm.

dis·tort [dɪ'stɔ:t] *tr* 1. verdrehen *a. fig;* 2. verzerren *a. fig;* 3. entstellen; **dis·tor·tion** [dɪ'stɔ:ʃn] Verzerrung, Entstellung *f a. fig.*

dis·tract [dɪ'strækt] *tr* ablenken *(from* von); **dis·tracted** [dɪ'stræktɪd] *adj* besorgt, beunruhigt; außer sich *(with* vor); **dis·trac·tion** [dɪ'strækʃn] 1. Unaufmerksamkeit *f;* 2. Ablenkung *f;* Zerstreuung, Unterhaltung *f;* 3. *fig* Zerstreutheit, Verwirrung *f;* ▶ to ~ bis zur Raserei, aufs äußerste.

dis·traught [dɪ'strɔ:t] *adj* verzweifelt, außer sich.

dis·tress [dɪ'stres] I *s* 1. Kummer *m;* Verzweiflung *f;* 2. Not *f,* Elend *n;* 3. Notlage *f;* ▶ in ~ *(Schiff)* in Seenot; be in great ~ sehr leiden; II *tr* Kummer machen, Sorge bereiten *(s.o.* jdm); **dis·tressed** [dɪ'strest] *adj* bekümmert; ▶ ~ area Notstandsgebiet *n;* **dis·tress·ing** [—ɪŋ] *adj* besorgniserregend; betrüblich.

dis·trib·ute [dɪ'strɪbju:t] *tr* 1. ver-, auszuteilen; 2. *(Film)* verleihen; 3. *(Dividende)* ausschütten; 4. *com* vertreiben, absetzen; **dis·tribu·tion** [ˌdɪstrɪ'bju:ʃn] 1. Ver-, Zuteilung *f;* 2. *(Film)* Verleih *m;* 3. *(Dividende)* Ausschüttung *f;* 4. *com* Vertrieb, Absatz *m;* ▶ **distribution area** Absatzgebiet *n;* **distribution channel** Absatzweg *m;* **distribution rights** *pl com* Vertriebsrechte *n pl;* **dis·tribu·tive** [dɪ'strɪbjʊtɪv] *adj* verteilend; **dis·tribu·tor** [dɪ'strɪbjʊtə(r)] 1. Verteiler *m a. mot;* 2. *com* Großhändler *m;* 3. Filmverleiher *m.*

dis·trict ['dɪstrɪkt] 1. Gebiet, Land(strich

m) *n;* **2.** (Stadt)Viertel *n;* **3.** (Verwaltungs)Bezirk *m;* ► **electoral, polling** ~ Wahlbezirk *m;* **postal** ~ Post-, Zustellbezirk *m;* **rural** ~ Landbezirk *m;* **district council** *Br* Bezirksregierung *f;* **district court** *Am* Bezirksgericht *n.*

dis·trust [dɪsˈtrʌst] **I** *s* Mißtrauen *n* (*of, towards* gegen); **II** *tr* mißtrauen (*s.o.* jdm); **dis·trust·ful** [—fʊl] *adj* mißtrauisch (*of* gegenüber).

dis·turb [dɪsˈtɜːb] *tr* **1.** stören; unterbrechen; **2.** beunruhigen, verwirren; **3.** *fig* aufwirbeln; durcheinanderbringen; **dis·turb·ance** [dɪsˈtɜːbəns] **1.** Störung *f;* **2.** *pl pol* Unruhen *f pl;* ► **cause a** ~ e-e Ruhestörung verursachen; **dis·turbed** [dɪsˈtɜːbd] *adj* **1.** geistig gestört; **2.** beunruhigt.

dis·unite [ˌdɪsjuːˈnaɪt] *tr* spalten, entzweien; **dis·unity** [dɪsˈjuːnətɪ] Uneinigkeit *f.*

dis·use [dɪsˈjuːs] ► **fall into** ~ außer Gebrauch kommen; **dis·used** [dɪsˈjuːzd] *adj* **1.** außer Gebrauch; **2.** *(Bergwerk)* stillgelegt.

ditch [dɪtʃ] **I** *s* Graben *m;* **II** *tr sl* abservieren; wegschmeißen.

dither [ˈdɪðə(r)] **I** *itr fam* zaudern, schwanken; **II** *s fam* ► **be all of a** ~ ganz aufgeregt sein; ganz verdattert sein.

ditto [ˈdɪtəʊ] ► **I'd like tea** — ~ ich möchte Tee — ich auch.

ditty [ˈdɪtɪ] Liedchen *n.*

di·ur·nal [daɪˈɜːnl] *adj* Tages-.

di·van [dɪˈvæn] Diwan *m;* **divan bed** Liege *f.*

dive [daɪv] ⟨*Am irr* dove, dove⟩ **I** *itr* **1.** springen; e-n Kopfsprung machen; **2.** tauchen; **3.** *(U-Boot)* untertauchen; **4.** *fig* plötzlich verschwinden (*into* in); ► ~ **in** hineinspringen; **he** ~**d into his pocket** er fischte in seiner Tasche; **II** *s* **1.** Sprung *m;* Kopfsprung *m;* **2.** Tauchen *n;* **3.** *fam* Spelunke *f;* ► **make a** ~ **for s.th.** sich auf etw stürzen; **diver** [ˈdaɪvə(r)] Taucher(in) *m (f).*

di·verge [daɪˈvɜːdʒ] *itr* auseinandergehen; divergieren; abweichen (*from* von); **di·ver·gence** [daɪˈvɜːdʒəns] Abweichung *f;* Divergenz *f;* **di·ver·gent** [daɪˈvɜːdʒənt] *adj* divergierend; abweichend.

di·verse [daɪˈvɜːs] *adj* verschieden(artig); **di·ver·si·fi·ca·tion** [daɪˌvɜːsɪfɪˈkeɪʃn] **1.** *com* Diversifikation *f;* Streuung *f;* **2.** Abwechslung *f;* **di·ver·sify** [daɪˈvɜːsɪfaɪ] *tr* **1.** com diversifizieren, auffächern; **2.** verschieden(artig), abwechslungsreich gestalten.

di·ver·sion [daɪˈvɜːʃn] **1.** Umleitung *f;* **2.** *fig* Unterhaltung *f;* Ablenkung, Zerstreuung *f.*

di·ver·sity [daɪˈvɜːsətɪ] Mannigfaltigkeit, Vielfalt *f.*

di·vert [daɪˈvɜːt] *tr* **1.** *(Verkehr)* umleiten; **2.** ablenken (*from* von); **3.** *fig* ablenken; zerstreuen; **di·vert·ing** [—ɪŋ] *adj* unterhaltsam, amüsant.

di·vest [daɪˈvest] **I** *tr* **1.** entkleiden; **2.** berauben (*s.o. of s.th.* jdn e-r S); **II** *refl* sich trennen (*of* von).

di·vide [dɪˈvaɪd] **I** *tr* **1.** trennen; **2.** teilen (*into* in); **3.** *(Geld)* auf-, verteilen; **4.** *math* dividieren; **5.** *fig* entzweien; ► ~ **the House** *Br parl* durch Hammelsprung abstimmen lassen; **II** *itr* **1.** sich teilen, sich gliedern (*into* in); **2.** *math* sich dividieren lassen; **III** *s* Wasserscheide *f;* **IV** *(mit Präposition)* **divide off** *itr* sich abtrennen; **divide out** *tr* aufteilen (*among* unter); **divide up** *itr* sich teilen; **di·vid·ed** [dɪˈvaɪdɪd] *adj* **1.** getrennt; **2.** *fig* gespalten; geteilt; ► **be** ~ **on a question** in e-r Frage geteilter Meinung sein.

divi·dend [ˈdɪvɪdend] **1.** *fin* Dividende *f;* **2.** *math* Dividend *m;* ► **pay a** ~ e-e Dividende ausschütten.

di·vid·ing [dɪˈvaɪdɪŋ] *adj* ► ~ **line** Trenn(ungs)linie *f;* ~ **wall** Trennwand *f.*

div·i·na·tion [ˌdɪvɪˈneɪʃn] Weissagung, Prophezeiung *f;* **di·vine** [dɪˈvaɪn] *tr* **1.** weissagen, prophezeien; **2.** vermuten, erraten; **II** *s* Geistliche(r) *f m;* **III** *adj* göttlich; ► ~ **service** Gottesdienst *m;* **di·viner** [dɪˈvaɪnə(r)] Wahrsager(in) *m (f).*

div·ing [ˈdaɪvɪŋ] Tauchen *n;* **div·ing-bell** [ˈdaɪvɪŋbel] Taucherglocke *f;* **div·ing-board** [ˈdaɪvɪŋbɔːd] Sprungbrett *n;* **div·ing-suit** [ˈdaɪvɪŋsjuːt] Taucheranzug *m.*

di·vin·ing-rod [dɪˈvaɪnɪŋrɔd] Wünschelrute *f.*

di·vin·ity [dɪˈvɪnətɪ] **1.** Göttlichkeit *f;* **2.** Gottheit *f;* **3.** Theologie *f.*

di·vis·ible [dɪˈvɪzəbl] *adj* teilbar *a. math* (*by* durch).

di·vi·sion [dɪˈvɪʒn] **1.** (Ein-, Ver)Teilung *f;* **2.** *math* Division *f;* **3.** Abteilung *f;* Sparte *f;* Fach *n;* Kategorie *f;* **4.** *mil* Division *f;* **5.** Trennungsstrich *m;* Trennlinie, Grenze *f;* **6.** *parl* Abstimmung *f* durch Hammelsprung; **7.** *fig* Uneinigkeit, Spaltung *f.*

di·vorce [dɪˈvɔːs] **I** *s* **1.** (Ehe)Scheidung *f;* **2.** *fig* Trennung *f;* ► **apply, sue, petition for a** ~ die Scheidungsklage einreichen; ~ **proceedings** *pl* Scheidungsprozeß *m;* **II** *tr* **1.** sich scheiden lassen von; **2.** *fig* trennen (*from* von); ► **get** ~**d** sich scheiden lassen; **he** ~**d his wife** er ließ sich von seiner Frau scheiden; **they have been** ~**d** sie haben sich scheiden lassen; **di·vor·cee** [dɪˌvɔːˈsiː] Geschiedene(r) *f m.*

di·vulge [daɪˈvʌldʒ] *tr* bekanntmachen, veröffentlichen.

DIY *Abk: s. do-it-yourself.*

diz·zi·ness ['dɪzɪnɪs] Schwindel(anfall) *m;* **dizzy** ['dɪzɪ] *adj* 1. schwind(e)lig; 2. *(Höhe)* schwindelerregend; 3. verrückt; ▶ ~ **spell** Schwindelanfall *m;* **feel** ~ schwindlig sein.
DNA *Abk:* **desoxyribonucleic acid** DNS *f.*
do [du:] ⟨*irr* does, did, done⟩ I *tr* 1. tun, machen; ▶ **what are you** ~**ing now?** was machst du nun? **I will** ~ **what I can** ich werde tun, was ich kann; **I have nothing to** ~ ich habe nichts zu tun; 2. *(ausführen)* machen; ▶ ~ **a play** ein Stück aufführen; ~ **the housework** die Hausarbeit tun; ~ **the shopping** einkaufen gehen, die Einkäufe erledigen; **what can I** ~ **for you?** was kann ich für Sie tun? **what do you want me to** ~? und was soll ich da tun? 3. *(Schule)* durchnehmen, behandeln; 4. lösen; 5. *(richten)* ▶ ~ **one's hair** sich frisieren; ~ **one's nails** sich die Nägel schneiden; ~ **the shoes** die Schuhe putzen; 6. *(beim Friseur)* ▶ **I will** ~ **you next, sir** Sie kommen als Nächster an die Reihe; 7. *(vollenden)* ▶ **the work's done now** die Arbeit ist gemacht; 8. *(Museum)* besuchen; 9. *(Geschwindigkeit)* fahren, machen; 10. passen *(s.o.* jdm); 11. *theat* spielen; 12. übers Ohr hauen; ▶ **you've been done!** du bist reingelegt worden; 13. *(bearbeiten)* ▶ **we don't** ~ **letters** wir können keine Briefe annehmen; 14. *(Essen)* machen, kochen; 15. *(ermüden)* ▶ **he's absolutely done!** er ist völlig geschafft! II *aux* 1. *(zur Bildung von Frage- und verneinten Sätzen)* ▶ ~ **you understand?** verstehen Sie? **I** ~ **not, don't understand** ich verstehe nicht; 2. *(zur Betonung)* ▶ ~ **stop the noise!** hör' mit dem Lärm auf! **but I** ~ **like it** aber es gefällt mir wirklich; 3. *(um die Wiederholung des Verbs zu vermeiden)* ▶ **you speak better than I** ~ Sie sprechen besser als ich; 4. *(zur Bestätigung)* ▶ **he lives in London, doesn't he?** er lebt doch in London? **so you know him,** ~ **you?** Sie kennen ihn also, oder? 5. *(um bei Antworten das Verb zu ersetzen)* ▶ **they speak English —** ~ **they really?** sie sprechen Englisch — wirklich? **may I come in?** — ~! darf ich hereinkommen? — ja, bitte; III *itr* 1. handeln; ▶ **he did right** er hat richtig gehandelt; 2. *(Mensch, Lage, Geschäfte)* ▶ **how are you** ~**ing?** wie geht es Ihnen? **the business is** ~**ing well** das Geschäft geht gut; 3. *(Essen)* fertig sein; 4. gehen; ▶ **that will never** ~! das geht nicht! **nothing** ~**ing** nichts zu machen; 5. reichen; ▶ **that'll** ~! jetzt reicht's aber! IV *s* 1. *sl* Schwindel *m;* 2. *fam* Veranstaltung, Fete *f;* 3. Sitte *f;* ▶ **the** ~**s and don'ts** was man tun und nicht tun sollte; **fair** ~**s** *sl* gleiches Recht; V

(mit Präposition) **do away with** *tr* 1. abschaffen; vernichten; 2. *(Menschen)* aus dem Wege räumen, erledigen; **do by** *itr* ▶ ~ **well, badly by s.o.** jdn gut, schlecht behandeln; **do down** *tr fam* schlechtmachen; **do for** *itr* 1. *(Person)* fertigmachen; 2. putzen für; ▶ **be done for** erledigt sein; **do in** *tr sl* umlegen, killen; ▶ **be done in** fertig, geschafft sein; **do out** *tr* aufräumen, reinigen, putzen; ▶ ~ **s.o. out of his job** jdn um e-e Stelle bringen; **do over** *tr* 1. neu be-, überziehen; 2. *sl* zusammenschlagen; **do up** *tr* 1. zumachen; 2. *(Waren)* zusammenpacken; einwickeln; 3. neu herrichten; ▶ ~ **o.s. up** sich zurechtmachen; **do with** *tr* 1. brauchen; 2. vertragen; ▶ **he can't be** ~**ing with this noise** er kann den Lärm nicht ausstehen; **what has that got to** ~ **with it?** was hat das damit zu tun? **I could** ~ **with a cup of tea** ich könnte e-e Tasse Tee vertragen; **she didn't know what to** ~ **with herself** sie wußte nichts mit sich anzufangen; **do without** *tr* nicht brauchen, nicht nötig haben, auskommen ohne.
doc·ile ['dəʊsaɪl, *Am* 'dɒsl] *adj* 1. sanftmütig; 2. gelehrig; **do·cil·ity** [dəʊ'sɪlətɪ] 1. Sanftmut *f;* 2. Gelehrigkeit *f.*
dock[1] [dɒk] I *s* 1. *mar* Dock *n;* Kai *m;* 2. *pl* Hafen *m;* II *tr* docken; III *itr mar* anlegen.
dock[2] [dɒk] *jur* Anklagebank *f;* ▶ **stand in the** ~ auf der Anklagebank sitzen.
dock[3] [dɒk] I *tr* 1. *(Schwanz)* stutzen; 2. *(Lohn)* kürzen; II *s* gestutzter Schweif.
dock[4] [dɒk] *bot* Ampfer *m.*
docker ['dɒkə(r)] Hafenarbeiter *m.*
docket ['dɒkɪt] I *s* 1. *jur* Urteilsregister *n;* 2. *com* Bestell-, Lieferschein *m;* Laufzettel *m;* 3. Zollquittung *f;* II *tr* 1. *jur* zusammenfassen; 2. *com* etikettieren.
dock·ing ['dɒkɪŋ] *(Raumfahrt)* Ankoppelung *f.*
dock yard ['dɒkjɑːd] Werft *f.*
doc·tor ['dɒktə(r)] I *s* 1. *(akad Grad)* Doktor *m;* 2. Doktor(in) *m (f),* Arzt *m,* Ärztin *f;* ▶ **take one's** ~**'s degree** promovieren; **lady, woman** ~ Ärztin *f;* II *tr* 1. *(Erkältung)* behandeln; 2. *fig* manipulieren, zurechtbiegen; *(Dokumente)* frisieren, fälschen; **doc·tor·ate** ['dɒktərət] Doktorgrad *m.*
doc·tri·naire [ˌdɒktrɪ'neə(r)] *adj* doktrinär; **doc·trine** ['dɒktrɪn] Doktrin *f,* Grundsatz *m.*
docu·ment ['dɒkjʊmənt] I *s* Urkunde *f,* Dokument *n;* II *tr* 1. beurkunden; 2. mit Papieren versehen; **docu·men·tary** [ˌdɒkjʊ'mentərɪ] I *adj* urkundlich, dokumentarisch; II *s* Dokumentarfilm *m;*
docu·men·ta·tion [ˌdɒkjʊmen'teɪʃn]

Dokumentation *f*.
dod·dery ['dɒdərɪ] *adj* vertrottelt.
dodge [dɒdʒ] **I** *tr* **1.** schnell ausweichen
(*s.th.* e-r S); **2.** *fig* sich drücken vor; **II** *itr*
ausweichen; **III** *s* **1.** Sprung *m* zur Seite,
rasches Ausweichen; **2.** Trick *m;* ▶ **be
up to all the ~s** mit allen Wassern
gewaschen sein; **dodger** ['dɒdʒə(r)]
Schlaumeier, Schlawiner *m*.
dodgy ['dɒdʒɪ] *adj fam* **1.** *(Situation)*
vertrackt; **2.** *(Maschine)* nicht einwand-
frei.
doe [dəʊ] **1.** Reh *n*, Hirschkuh *f;* **2.** Häsin
f.
doer ['duːə(r)] *fam* Macher *m;* aktiver
Mensch.
does [dʌz] *3. Person Singular Präsens
von do*.
doe·skin ['dəʊskɪn] Rehleder *n*.
doesn't ['dʌznt] = *does not*.
dog [dɒg] **I** *s* **1.** Hund, Rüde *m;* **2.** *fam*
Kerl *m;* **3.** *pl* Hunderennen *n;* **4.** *tech*
Klammer *f;* ▶ **a ~'s dinner, ~'s break-
fast** *fam* Schlamassel *m;* **die like a ~** im
Elend sterben; **lead a ~'s life** ein Hun-
deleben führen; **go to the ~s** vor die
Hunde gehen; **give a ~ a bad name** wer
einmal in Verruf kommt; **~ in the
manger** Spielverderber(in) *m (f)*; **
~ has his day** jeder hat einmal Glück;
let sleeping ~s lie *prov* man soll schla-
fende Hunde nicht wecken; **hot ~** Hot
dog *n* od *m;* **lucky ~** Glückspilz *m;* **dirty
~** gemeiner Hund; **II** *tr* ▶ **~ s.o.** jdm
hart auf den Fersen sein; **dog-biscuit**
Hundekuchen *m;* **dog-collar 1.** Hunde-
halsband *n;* **2.** weißer Stehkragen *(e-s
Geistlichen);* **dog-days** *pl* Hundstage
m pl; **dog-eared** ['dɒg,ɪərd] *adj (Buch)*
mit Eselsohren.
dog·ged ['dɒgɪd] *adj* verbissen, hartnäk-
kig.
dog·gerel ['dɒgərəl] Knittelvers *m*.
dogma ['dɒgmə] Dogma *n*, Glaubens-,
Lehrsatz *m;* **dog·matic** [dɒg'mætɪk]
adj dogmatisch; **dog·ma·tism**
['dɒgmətɪzəm] Dogmatismus *m*.
dogs·body ['dɒgz,bɒdɪ] Mädchen *n* für
alles; **dog-tired** [,dɒg'taɪəd] *adj* hunde-
müde.
do·ing ['duːɪŋ] Tun *n;* ▶ **this is your ~**
das ist dein Werk; **it was none of my ~**
ich hatte nichts damit zu tun; **do·ings**
['duːɪŋz] *pl fam* Handlungen, Taten *f pl*.
do-it-your·self ['duːɪtjɔːˈself] **I** *s* Heim-
werken *n;* **II** *adj* Bastler-, Hobby-.
dol·drums ['dɒldrəmz] *pl* ▶ **be in the ~**
Trübsal blasen; *com* in einer Flaute
stecken.
dole [dəʊl] **I** *s* Stempelgeld *n;* ▶ **go, be
on the ~** stempeln gehen; **II** *tr* ▶ **~ out**
austeilen.
dole·ful ['dəʊlfl] *adj* traurig, trübselig.
doll [dɒl] **I** *s* **1.** Puppe *f (a. Mädchen);* **2.**
Am lieber Kerl; ▶ **~'s house** Puppen-

haus *n;* **II** *tr* **~ up** *fam* herausputzen.
dol·lar ['dɒlə(r)] Dollar *m*.
dol·lop ['dɒləp] *fam* Schlag *m*.
dolly ['dɒlɪ] **1.** *(Kindersprache)* Püpp-
chen *n;* **2.** *film* Kamerawagen *m;* **dolly-
bird** *fig fam* Puppe *f*.
dol·phin ['dɒlfɪn] *zoo* Delphin *m*.
dolt [dəʊlt] Tölpel *m*.
do·main [dəʊ'meɪn] **1.** Domäne *f;* **2.** *fig*
Gebiet *n*, Bereich *m*.
dome [dəʊm] *arch* Kuppel *f a. fig*.
do·mes·tic [də'mestɪk] **I** *adj* **1.** häus-
lich; **2.** *pol com* Innen-; Inland-; Bin-
nen-; einheimisch; **3.** *zoo* Haus-; ▶ **~
animal** Haustier *n;* **~ refuse, ~ rubbish**
Hausmüll *m;* **~ science** Hauswirt-
schaftslehre; **~ servant** Hausange-
stellte(r) *f m;* **do·mes·ti·cate**
[də'mestɪkeɪt] *tr* **1.** ans Haus gewöhnen;
2. *(Tiere)* zähmen.
domi·cile ['dɒmɪsaɪl] **I** *s* **1.** Wohnsitz *m;*
2. *fin* Zahlungsort *m;* **II** *tr* **1.** unterbrin-
gen *(with* bei); **2.** *fin* domizilieren.
domi·nance ['dɒmɪnəns] Vorherrschaft,
Dominanz *f;* **domi·nant** ['dɒmɪnənt]
adj **1.** (be)herrschend, bestimmend; do-
minierend; **2.** *(Gesichtszug)* hervorste-
chend; **3.** *mus* dominant; **domi·nate**
['dɒmɪneɪt] **I** *tr* beherrschen *a. fig;*
II *itr* dominieren; **domi·na·tion**
[,dɒmɪ'neɪʃn] (Vor)Herrschaft *f*.
domi·neer [,dɒmɪ'nɪə(r)] *itr* den Ton an-
geben; ▶ **~ over** beherrschen, tyranni-
sieren; **domi·neer·ing** [—ɪŋ] *adj* **1.**
tonangebend, herrisch; **2.** tyrannisch.
do·min·ion [də'mɪnɪən] **1.** Herrschaft,
Souveränität *f (over* über); **2.** Herr-
schaftsgebiet *n*, -bereich *m*.
dom·ino ['dɒmɪnəʊ] *⟨pl* -inoes⟩ **1.** Domi-
no(stein) *m;* **2.** *(Kostüm)* Domino *m;*
▶ **play ~es** Domino spielen.
do·nate [dəʊ'neɪt] *tr* spenden; stiften;
do·na·tion [dəʊ'neɪʃn] **1.** Spenden *n;*
Stiften *n;* **2.** Spende *f*.
done [dʌn] **I** *v s. do;* **II** *adj* **1.** getan;
erledigt; abgemacht; **2.** fertig; gar; **3.**
fam erschöpft, kaputt.
do·ner ke·bab ['dəʊnə(r)kə'bæb] Dö-
nerkebab *m*.
don·key ['dɒŋkɪ] Esel *m a. fig;* ▶ **~'s
years** e-e Ewigkeit; **don·key-jacket**
['dɒŋkɪ,dʒækət] dicke (gefütterte)
Jacke; **donkey-work** Routinearbeit *f;*
pej Dreckarbeit *f*.
do·nor ['dəʊnə(r)] **1.** *jur* Stifter(in) *m (f);*
2. *med* Spender(in) *m (f)*.
don't [dəʊnt] = *do not*.
doodle ['duːdl] **I** *itr* Männchen malen;
II *s* Gekritzel *n*.
doom [duːm] **I** *s* Verhängnis, Schicksal *n;*
▶ **go to one's ~** seinem Verhängnis
entgegengehen; **II** *tr* verurteilen, ver-
dammen; ▶ **be ~ed** verloren sein; **~ed
to die** dem Tode geweiht; **dooms·day**
['duːmzdeɪ] der Jüngste Tag.

door [dɔ:(r)] 1. Tür *f;* Eingang *m;* 2. *fig* Weg *m* (*to* zu); ► go from ~ to ~ von Tür zu Tür gehen; live two ~s away zwei Häuser weiter wohnen; next ~ nebenan; next ~ to *fig* beinahe, fast; open the ~ to s.th. e-r S Tür und Tor öffnen; lay s.th. at s.o.'s ~ *fig* jdm etw zum Vorwurf machen; show s.o. the ~ jdn vor die Tür setzen; back ~ Hintertür *f;* front ~ Haustür *f;* **door·bell** ['dɔ:bel] Türklingel *f;* **door-frame** Türrahmen *m;* **door-keeper** Portier *m;* **door-knob** Türknopf *m;* **door·man** ['dɔ:mən] ⟨*pl* -men⟩ Pförtner, Portier *m;* **door-mat** Türvorleger *m;* **door-nail** ► ~ dead as a ~ mausetot; **door-plate** Türschild *n;* **door·step** ['dɔ:step] Türstufe *f;* **door-to-door** [ˌdɔ:tə'dɔ:(r)] *adj* ► ~ sales *pl* Haustürgeschäft *n;* ~ salesman Vertreter *m;* **door·way** ['dɔ:weɪ] 1. Eingang *m;* 2. *fig* Weg *m.*

dope [dəup] I *s* 1. Rauschgift *n,* Stoff *m;* 2. *sl* Information *f,* Tip *m;* 3. *sl* Trottel *m;* 4. Lack *m;* II *tr* 1. (*Pferde, Sportler*) dopen; 2. Aufputschmittel, Dopingmittel geben (*s.o.* jdm); **dope peddler, pusher** Drogenhändler(in), Dealer(in) *m (f);* **dopey, dopy** ['dəupɪ] *adj fam* 1. bekloppt, blöd; 2. benommen, benebelt.

dor·mant ['dɔ:mənt] *adj* 1. *bot* ruhend; 2. (*Vulkan*) untätig; 3. (*Energie*) verborgen, latent; ► lie ~ *fig* schlummern.

dor·mer(-win·dow) ['dɔ:mə(r)(wɪndəu)] Mansardenfenster *n.*

dor·mi·tory ['dɔ:mɪtrɪ] 1. Schlafsaal *m;* 2. *Am* (Studenten)Wohnheim *n;* ► ~ town Schlafstadt *f;* **dor·mo·bile** ['dɔ:məubi:l] *Wz* Wohnmobil *n.*

dor·mouse ['dɔ:maus] ⟨*pl* -mice⟩ Haselmaus *f.*

dor·sal ['dɔ:sl] *adj anat* Rücken-; ► ~ fin Rückenflosse *f.*

DOS [dɒs] *Abk:* Disk Operating System *EDV* Diskettenbetriebssystem, DOS *n.*

dos·age ['dəusɪdʒ] Dosis *f;* Dosierung *f;* **dose** [dəus] I *s* Dosis *f a. fig;* II *tr* Arznei geben (*s.o.* jdm); ► ~ o.s. Medikamente schlucken.

doss [dɒs] *itr sl* pennen; **dos·ser** ['dɒsə(r)] *Br sl* Penner(in) *m (f);* **doss-house** *Br sl* billige Unterkunft.

dos·sier ['dɒsɪeɪ] Dossier *n.*

dot [dɒt] I *s* 1. Punkt *m;* 2. Pünktchen *n;* ► on the ~ auf die Minute; II *tr* 1. punktieren; 2. *fig* übersäen (*with* mit); ► ~ an i einen i-Punkt setzen; ~ one's i's and cross one's t's *fig* peinlich genau sein; sign on the ~ted line *fig* formell zustimmen.

dote [dəut] *itr* ► ~ on vernarrt sein in; **dot·ing** ['dəutɪŋ] *adj* vernarrt, heftig verliebt (*on* in).

dot-matrix print·er ['dɒt'meɪtrɪks 'prɪntə(r)] *EDV* Matrixdrucker *m.*

dotty ['dɒtɪ] *adj fam* schrullig.

double ['dʌbl] I *adj* 1. doppelt, zweifach; 2. Doppel-; 3. (*Blume*) gefüllt; 4. *fig* zweideutig; scheinheilig; ► have a ~ meaning doppeldeutig sein; lead a ~ life ein Doppelleben führen; II *adv* doppelt, noch einmal so(viel); ► see ~ doppelt sehen; he's ~ your age er ist doppelt so alt wie du; III *s* 1. (das) Doppelte, (das) Zweifache; 2. Ebenbild *n;* Doppelgänger(in *f*) *m;* 3. *theat film* Double *n;* 4. *mil* Laufschritt *m;* 5. (*Tennis*) Doppel(spiel) *n;* ► ~ or quits doppelt oder nichts; at the ~ im Laufschritt; IV *tr* 1. verdoppeln; 2. (*Papier*) (einmal) falten; 3. *theat film* das Double sein (*s.o.* jds); 4. *mar* umschiffen; 5. (*Kartenspiel*) verdoppeln; V *itr* 1. sich verdoppeln; 2. *mus* zwei Instrumente spielen; ► ~ for s.o. *theat film* jds Double sein; VI (*mit Präposition*) double back *itr* kehrtmachen, zurückgehen; double up *itr* 1. sich krümmen, sich biegen (*with laughter* vor Lachen); 2. (*Zimmer*) sich teilen, gemeinsam benutzen; *tr* (*Papier*) falten, knicken.

double-bar·rel·led [ˌdʌbl'bærəld] *adj* 1. (*Gewehr*) doppelläufig; 2. (*Nachname*) Doppel-; **double-bass** Kontrabaß *m;* **double-bed** Doppelbett *n;* **double-breasted** [—'brestɪd] *adj* (*Jacke*) zweireihig; **double-check** *tr* doppelt prüfen; **double chin** Doppelkinn *n;* **double-cross** *fam* I *tr* ein Doppelspiel treiben mit; II *s* Doppelspiel *n;* **double-crosser** *fam* falscher Hund; **double-dealer** Betrüger(in) *m (f);* **double-dealing** I *s* Betrügerei *f;* II *adj* betrügerisch; **double-decker** Doppeldecker *m* (*a. Brötchen*); **double-dutch** *fam* Kauderwelsch *n;* **double-edged** [—'edʒd] *adj* zweischneidig *a. fig;* **double-entry book-keeping** doppelte Buchführung; **double feature** Programm *n* mit zwei Hauptfilmen; **double-glaze** *tr* doppelt verglasen; **double-glazing** Doppelverglasung *f,* Doppelfenster *n pl;* **double-jointed** [—'dʒɔɪntɪd] *adj* sehr gelenkig; **double-park** *itr* in der zweiten Reihe parken; **double-quick** I *adv* sehr schnell; II *adj* ► in ~ time im Nu; **double-sided** *adj* doppelseitig.

doubles ['dʌblz] *sing od pl sport* Doppel *n.*

double-take [ˌdʌbl'teɪk] *fig fam* Spätzündung *f;* ► do a ~ zweimal hingucken (müssen); **double-talk** doppeldeutiges Gerede; **double-think** widersprüchliches Denken; **double time** doppelter Lohn.

doubly ['dʌblɪ] *adv* doppelt.

doubt [daut] I *s* Zweifel *m* (*of, about* an); ► be in great ~ as to s.th. schwere Bedenken hinsichtlich e-r S haben; I am in ~ as to whether ... ich habe so meine Zweifel, ob ... **in** ~ zweifelhaft; **cast** ~ **on s.th.** etw in Zweifel ziehen; **no** ~ **he will come tomorrow** höchstwahrscheinlich kommt er morgen; **without (a)** ~ ohne Zweifel; **beyond (all)** ~ ohne (jeden) Zweifel; II *tr* bezweifeln; anzweifeln, Zweifel haben an; **I** ~ **whether he will come** ich bezweifle, daß er kommen wird; III *itr* Zweifel haben; **doubtful** ['daʊtfl] *adj* 1. unsicher, zweifelhaft; ungewiß; 2. *(Charakter)* zweifelhaft; zwielichtig; ▶ **be** ~ **about s.th.** e-r S gegenüber Zweifel hegen; **look** ~ skeptisch aussehen; **doubt·less** ['daʊtlɪs] *adv* ohne Zweifel, zweifellos.

dough [dəʊ] 1. Teig *m;* 2. *sl* Moneten *pl;* **dough·nut** ['dəʊnʌt] Berliner (Pfannkuchen) *m;* **doughy** ['dəʊɪ] *adj* 1. teigig; 2. *fam* käsig, bleich.

dour [dʊə(r)] *adj* 1. mürrisch; 2. *(Kampf)* hart.

douse [daʊs] *tr* 1. eintauchen; Wasser gießen über; 2. *fam (Licht)* auslöschen.

dove[1] [dəʊv] *Am v s.* dive.

dove[2] [dʌv] Taube *f a. fig;* **dove-cot(e)** ['dʌvkəʊt] Taubenschlag *m.*

dove·tail ['dʌvteɪl] I *s tech* Schwalbenschwanz *m;* II *tr* 1. *tech* (ver)zinken, verschwalben; 2. *fig* koordinieren *(with* mit); III *itr (Pläne)* übereinstimmen.

dowa·ger ['daʊədʒə(r)] adlige Witwe.

dowdy ['daʊdɪ] *adj* schlampig; schlecht gekleidet.

dowel ['daʊəl] Dübel *m.*

down[1] [daʊn] Daunen *f pl;* Flaum *m.*

down[2] [daʊn] *meist pl* Hügelland *n.*

down[3] [daʊn] I *adv* 1. her-, hinunter; nach unten; 2. *(statische Position)* unten; 3. *(an e-n anderen Punkt)* ▶ **on the way** ~ **from London** auf dem Weg von London hierher; ~ **South** im Süden; **go** ~ **to the sea** an die See fahren; 4. *(im Volumen, in der Menge)* ▶ **be worn** ~ abgetragen sein; **the wind died** ~ der Wind nahm ab; **the fire is burning** ~ das Feuer erlischt; **the tyres are** ~ die Reifen sind platt; **the price of fruit is** ~ der Obstpreis ist gefallen; 5. *(Schreiben)* ▶ **write s.th.** ~ etw aufschreiben; **get s.th.** ~ etw notieren; **be** ~ **for the next race** für das nächste Rennen gemeldet sein; 6. *(zeitlich)* ▶ **from 1900** ~ **to the present** seit 1900 bis zur Gegenwart; ~ **through the ages** von jeher; 7. *(Wendungen)* **fall** ~ herunterfallen; ~ **there** da unten; **he's** ~ **with flu** er liegt mit Grippe im Bett; **the sun is** ~ die Sonne ist untergegangen; **head** ~ mit dem Kopf nach unten; **pay s.th.** ~ etw anzahlen; **up and** ~ hin und her; auf und ab; **be** ~ **on s.o.** auf jdn sauer sein; **be** ~ **in the mouth** niedergeschlagen sein; II *prep* 1. her-, hinunter; 2. nach unten; ▶ **go** ~ **the hill** den Berg hinuntergehen; **he lives** ~ **the street** er wohnt ein

Stückchen weiter die Straße entlang; **he was walking** ~ **the street** er ging die Straße entlang; **she's** ~ **the shops** sie ist einkaufen gegangen; ~ **the ages** durch die Jahrhunderte (hindurch); **ups and** ~**s** gute und schlechte Zeiten; III *tr* niederschlagen; ▶ ~ **tools** die Arbeit niederlegen; ~ **a glass of beer** ein Glas Bier runterkippen.

down-and-out ['daʊnənaʊt] I *s* Penner(in) *m (f);* II *adj* heruntergekommen; **down·cast** ['daʊnkɑːst] *adj* 1. niedergedrückt; 2. *(Augen)* niedergeschlagen; **down·fall** ['daʊnfɔːl] 1. Sturz *a. fig,* Fall *m;* 2. *fig* Ruin *m;* Untergang *m;* 3. *(Regen)* Regenschauer, Platzregen *m;* **down·grade** [,daʊn'greɪd] *tr (Arbeit)* herunterstufen; degradieren; **down-hearted** [,daʊn'hɑːtɪd] *adj* niedergeschlagen, gedrückt; **down·hill** [,daʊn'hɪl] *adv* bergab, abwärts; ▶ **go** ~ bergab gehen; *fig* auf dem absteigenden Ast sein; **down payment** Anzahlung *f;* **down·pour** ['daʊnpɔː(r)] Platzregen *m;* **down·right** ['daʊnraɪt] I *adj* 1. *(Lüge)* glatt; 2. *(Lügner)* ausgesprochen; II *adv (unhöflich)* ausgesprochen.

Down's Syn·drome ['daʊnz'sɪndrəʊm] *med* (Morbus-)Down-Syndrom *n.*

down·stairs [,daʊn'steəz] I *adv* die Treppe hinunter; nach unten; II *adj* Parterre-; ▶ **the** ~ **rooms** die unteren Zimmer; III *s* Parterre *m;* **downstream** [,daʊn'striːm] *adv* stromabwärts *a. fig;* **down-to-earth** [,daʊntə'з:θ] *adj* praktisch veranlagt; wirklichkeitsnah; nüchtern; **down·town** ['daʊntaʊn] I *adv* ▶ **go** ~ in die Innenstadt gehen; **live** ~ im Zentrum wohnen; II *adj* ▶ ~ **district** *n; Am* Geschäftsviertel *n;* III *s* (~ *town)* Geschäftsviertel *n;* **down·trod·den** ['daʊntrɒdn] *adj (Volk)* unterdrückt; **down·turn** ['daʊntз:n] *com* Abflauen *n;* **down·ward** ['daʊnwəd] I *adj* 1. abwärtsführend, geneigt; 2. *fig* absteigend; II *adv (a. downwards)* abwärts, bergab; ▶ **from the 10th century** ~ seit dem 10. Jahrhundert.

downy ['daʊnɪ] *adj* flaumig.

dowry ['daʊərɪ] Aussteuer, Mitgift *f.*

dowse[1] ['daʊəl] *s.* douse.

dowse[2] [daʊs] *itr* mit der Wünschelrute suchen; **dows·er** ['daʊsə(r)] Rutengänger(in) *m (f);* **dows·ing** ['daʊsɪŋ] Rutengehen *n.*

doyen ['dɔɪən] Doyen *m.*

doze [dəʊz] I *itr* (vor sich hin) dösen; ▶ ~ **off** einnicken; II *s* Nickerchen *n.*

dozen ['dʌzn] Dutzend *n;* ▶ ~**s of times** x-mal, tausendmal; **talk nineteen to the** ~ unaufhörlich reden.

dozy ['dəʊzɪ] *adj* schläfrig.

drab [dræb] *adj* 1. graubraun; 2. *fig* trüb(e), düster.

dra·co·nian [drə'kəʊniən] *adj* drakonisch.
draft [drɑːft] **I** *s* **1.** Skizze *f*, Entwurf *m;* **2.** *fin* Wechsel *m;* **3.** *mil* Sonderkommando *n;* **4.** *Am mil* Rekruten *m pl;* Einberufung zum Wehrdienst; **5.** *Am s. draught;* **II** *tr* **1.** skizzieren, entwerfen; **2.** *Am mil* rekrutieren, einberufen; ▶ ~ **s.o. to do s.th.** *fig* jdn beauftragen, etw zu tun; **draft·ee** [ˌdrɑːˈftiː] *Am mil* Einberufene(r), Wehrpflichtige(r) *f m.*
drag [dræg] **I** *s* **1.** Schlepp-, Baggernetz *n;* **2.** Hemmklotz *m;* **3.** *fig* Hemmschuh *m,* Hindernis *n (on s.o.* für jdn); **4.** *aero* Luftwiderstand *m;* **5.** *sl (Zigarette)* Zug *m;* **6.** *sl* Frauenkleidung *f* (von Männern getragen); ▶ **what a ~!** *fam* Mann, ist das langweilig; so'n Mist; **II** *tr* **1.** (hinter sich her)ziehen, schleppen; **2.** *(Gewässer)* absuchen *(for* nach); ▶ ~ **one's feet** schlurfen; ~ **anchor** vor Anker treiben; **III** *itr* **1.** schleifen, schlurfen; **2.** hinterherhinken; **3.** *(Zeit)* sich hinziehen; sich in die Länge ziehen; **IV** *(mit Präposition)* **drag along** *tr* mitschleppen; **drag away** *tr* wegschleppen, -ziehen; **drag behind** *itr* zurück sein, hinterherhinken; **drag down** *tr* herunterziehen *a. fig;* **drag in** *tr* hineinziehen; **drag off** *tr* wegzerren; **drag on** *itr* sich in die Länge ziehen; sich hinschleppen; **drag out** *tr* in die Länge ziehen; **drag up** *tr* **1.** *(Skandal)* ausgraben; **2.** *fam (Kind)* mehr schlecht als recht aufziehen.
dragon ['drægən] Drache *m a. fig.*
drag·on·fly ['drægənflaɪ] Libelle *f.*
dra·goon [drə'guːn] **I** *s* Dragoner *m;* **II** *tr* zwingen *(into doing* zu tun).
drain [dreɪn] **I** *s* **1.** Rohr *n;* Abflußrohr *n;* **2.** *pl* Kanalisation *f;* **3.** *fig* Belastung *f;* ▶ **go down the ~** vor die Hunde gehen; **brain ~** Abwanderung *f* von Wissenschaftlern, Brain-Drain *m;* **II** *tr* **1.** drainieren *a. med,* entwässern, trockenlegen; **2.** *(Gemüse)* abgießen; **3.** *(Boiler)* das Wasser ablassen von; **4.** *(Glas)* leeren; ▶ ~ **s.o. of strength** an jds Kräften zehren; ~ **s.o. dry** jdn ausnehmen; **III** *itr* **1.** *(Gemüse)* abtropfen; **2.** *(Land)* entwässert werden; **IV** *(mit Präposition)* **drain away** *itr* ablaufen; *fig* dahinschwinden; **drain off** *tr* abgießen; abtropfen lassen; **drain·age** ['dreɪnɪdʒ] **1.** Entwässerung, Dränage *f;* **2.** Entwässerungssystem *n;* Kanalisation *f;* **3.** Abwasser *n;* **drainage basin** *geog* Einzugsgebiet *n;* **drain·ing board** ['dreɪnɪŋbɔːd] Ablauf *m;* **drain-pipe** Abflußrohr *n;* **drain-pipe trousers** *pl* Röhrenhose *f.*
drake [dreɪk] Enterich, Erpel *m.*
dram [dræm] Schluck *m (Schnaps).*
drama ['drɑːmə] Drama *n a. fig;* **drama school** Schauspielschule *f;* **dra·matic** [drə'mætɪk] *adj* dramatisch *a. allg;*

schauspielerisch; **dra·mat·ics** [drə'mætɪks] *pl mit sing* theatralisches Getue; **drama·tis per·sonae** [ˌdræmətɪspɜːˈsəʊnaɪ] *pl* Personen *f pl* der Handlung; **drama·tist** ['dræmətɪst] Dramatiker(in) *m (f);* **drama·tiz·ation** [ˌdræmətaɪˈzeɪʃn] Dramatisierung *f;* **drama·tize** ['dræmətaɪz] *tr* dramatisieren.
drank [dræŋk] *v s. drink.*
drape [dreɪp] *tr* **1.** drapieren; mit Vorhängen versehen; **2.** hüllen; ▶ ~ **s.th. over s.th.** etw über etw drapieren; **draper** ['dreɪpə(r)] *Br* Textilkaufmann *m,* -kauffrau *f;* **dra·pery** ['dreɪpərɪ] **1.** Tuch *n,* Stoff *m;* **2.** *(Geschäft)* Stoffladen *m.*
dras·tic ['dræstɪk] *adj* **1.** drastisch, durchgreifend; **2.** bedrohlich.
drat [dræt] *interj fam* zum Teufel mit . . .!
draught, *Am* **draft** [drɑːft] **1.** (Luft)Zug *m,* Zugluft *f;* **2.** Schluck, Zug *m;* **3.** *(von Fischen)* Fischzug *m;* **4.** *mar* Tiefgang *m;* **5.** Faßbier *n;* **6.** *pl Br* Damespiel *n;* ▶ **drink at a, one ~** in einem Zug, auf einmal austrinken; **beer on ~** Bier vom Faß, Faßbier *n;* **draught board** *Br* Damebrett *n;* **draughts·man,** *Am* **drafts·man** ['drɑːftsmən] ⟨*pl* -men⟩ **1.** Zeichner *m;* Verfasser *m;* **2.** *Br* Damestein *m;* **draughty,** *Am* **drafty** ['drɑːftɪ] *adj* zugig.
draw¹ [drɔː] ⟨*irr* drew, drawn⟩ *tr* zeichnen; *(Linie)* ziehen.
draw² ⟨*irr* drew, drawn⟩ **I** *tr* **1.** (an-, herab-, heran-, zu)ziehen *(from* aus); zurückschieben; **2.** *(Zahn)* ziehen; **3.** holen; **4.** *(Interesse)* erregen; **5.** *(Menge)* anlocken; **6.** einatmen; **7.** *fig* herausbringen; **8.** *(Schluß)* ziehen; **9.** *mar* Tiefgang haben; **10.** *(Tier)* ausnehmen; **11.** *(Fuchs)* aufstöbern; ▶ ~ **one's belt tighter** den Gürtel enger schnallen; ~ **a bath** Badewasser einlassen; ~ **money from the bank** Geld abheben; ~ **first prize** den ersten Preis gewinnen; ~ **comfort from s.th.** sich mit etw trösten; **feel ~n towards s.o.** sich zu jdm hingezogen fühlen; ~ **s.o. into s.th.** jdn in etw hineinziehen; ~ **a deep breath** tief Luft holen; ~ **conclusions** Schlüsse ziehen; ~ **a match** unentschieden spielen; ~ **s.th. to a close** etw beenden; **II** *itr* **1.** *(Zeit, Person)* kommen; **2.** *(Pfeife, Tee)* ziehen; **3.** *sport* unentschieden spielen; ▶ ~ **round the table** sich um den Tisch versammeln; ~ **to a close** dem Ende zugehen; ~ **nearer** näher kommen; **III** *s* **1.** *(Lotterie)* Ziehung *f;* **2.** *sport* Unentschieden *n;* **3.** *(Film)* Schlager *m;* ▶ **be quick on the ~** *fig* schlagfertig sein; **IV** *(mit Präposition)* **draw apart** *itr* sich lösen; sich auseinanderleben; **draw aside** *tr* beiseite nehmen; **draw away** *itr*

1. losfahren; 2. *(Läufer)* davonziehen; 3. *(Person)* sich entfernen; *tr* weglocken; **draw down** *tr (Vorhang)* herunterlassen; **draw in** *itr* 1. *(Zug)* einfahren; 2. *(Tage)* kürzer werden; *tr* 1. *(Luft)* einziehen; 2. *fig* anziehen; **draw off** *tr* ausziehen; *itr* losfahren; **draw on** *tr* sich stützen auf; *tr (Schuhe)* anziehen; ▶ **as the night drew on** mit fortschreitender Nacht; **draw out** *tr* 1. herausziehen; 2. ziehen; in die Länge ziehen; *itr* 1. *(Tag)* länger werden; 2. *rail* ausfahren; ▶ ~ **s.o. out** jdn aus der Reserve locken, **draw together** *tr* miteinander verknüpfen; **draw up** *itr* anhalten; *tr* 1. *(Plan)* entwerfen, ausarbeiten; 2. *(Stuhl)* heranziehen; 3. *(Truppen)* aufstellen; 4. *(Dokumente)* ausstellen; ▶ ~ **o.s. up** sich aufrichten.
draw·back ['drɔ:bæk] Nachteil *m;* **draw·bridge** ['drɔ:brɪdʒ] Zugbrücke *f.*
drawer ['drɔ:(r)] 1. Schublade *f;* 2. Zeichner(in) *m (f);* 3. *fin* Aussteller(in) *m (f);* 4. *pl obs* Unterhosen *f pl.*
draw·ing ['drɔ:ɪŋ] Zeichnung *f;* **drawing-board** Reißbrett *n;* ▶ **go back to the** ~ *fam* wieder von vorne anfangen; **drawing-pin** *Br* Reißzwecke *f;* **drawing-room** Wohnzimmer *n;* Salon *m.*
drawl [drɔ:l] I *s* schleppende Sprache; II *itr* schleppend sprechen.
drawn [drɔ:n] I *v s.* draw; II *adj* 1. abgespannt; 2. *(Spiel)* unentschieden.
dread [dred] I *tr* (be)fürchten, Angst haben vor; ▶ **he** ~**s going to the dentist** er hat Angst, zum Zahnarzt zu gehen; II *s* Furcht *f;* Grauen *n (of* vor); ▶ **live in** ~ **of** in ständiger Angst leben vor; **dread·ful** ['dredfl] *adj* furchtbar, schrecklich; **dread·fully** ['dredfəlɪ] *adv fam* sehr, schrecklich.
dream [dri:m] ⟨*irr* dreamed *od* dreamt, dreamed *od* dreamt⟩ I *s* 1. Traum *m;* 2. Wunsch(bild *n) m;* 3. *fig* Traum *m,* Gedicht, Wunder *n;* ▶ **have a bad** ~ schlecht träumen; **have a** ~ **about s.th.** von etw träumen; **lost in** ~**s** traumverloren; **go into a** ~ zu träumen anfangen; II *itr* träumen *(of* von); III *tr* erträumen, träumen von; IV *(mit Präposition)* **dream away** *tr* verträumen; **dream up** *tr* sich einfallen lassen, ausdenken; **dreamer** ['dri:mə(r)] Träumer(in) *m (f);* **dream·land** ['dri:mlænd] Traumland *n;* **dream·less** ['dri:mlɪs] *adj* traumlos; **dream·like** ['dri:mlaɪk] *adj* traumähnlich; traumhaft; **dreamt** [dremt] *v s.* dream; **dreamy** ['dri:mɪ] *adj* 1. verträumt; 2. *(Musik)* zum Träumen; traumhaft.
dreary ['drɪərɪ] *adj* eintönig; trüb.
dredge¹ [dredʒ] I *s* 1. Schleppnetz *n;* 2. Bagger *m;* II *tr (~ for)* 1. mit dem Schleppnetz fischen; 2. ausbaggern; ▶ ~ **up** ausbaggern; *fig* ausgraben.

dredge² [dredʒ] *tr (Küche)* bestreuen *(over* über); panieren *(with* mit).
dredger¹ ['dredʒə(r)] 1. Schleppnetzfischer *m;* 2. Baggerschiff *n;* Bagger *m.*
dredger² ['dredʒə(r)] Streubüchse *f.*
dregs [dregz] *pl* 1. Bodensatz *m;* 2. *fig* Abschaum *m.*
drench [drentʃ] *tr* ▶ **be** ~**ed to the skin** bis auf die Haut durchnäßt sein.
dress [dres] I *tr* 1. (an-, be)kleiden, anziehen; 2. mit Kleidung versorgen; 3. schmücken; (heraus)putzen, dekorieren *(a. Schaufenster);* 4. *(Wunde)* verbinden; 5. her-, zurichten, vorbereiten; 6. *(Salat)* anmachen; 7. *(Geflügel)* putzen, rupfen u. ausnehmen; 8. *mil (Front)* ausrichten; 9. *mar* beflaggen; ▶ ~**ed to kill** in Schale, herausgeputzt; ~ **in one's (Sunday) best** seinen Sonntagsstaat anziehen; II *itr* 1. sich anziehen, -kleiden; 2. Abendkleidung anziehen; III *s* 1. Kleidung *f,* Kleider *n pl;* 2. *(Damen)Kleid *n;* ▶ **in full** ~ in Gala; IV *(mit Präposition)* **dress down** *fam tr* abkanzeln; *(Pferd)* striegeln; *itr* sich unauffällig anziehen; **dress up** *itr* 1. Gesellschaftskleidung anziehen; sich fein machen; 2. sich verkleiden; *tr fig (Tatsachen)* ausschmücken; interessant machen; frisieren; **dress circle** *theat* erster Rang; **dress coat** Frack *m;* **dresser** ['dresə(r)] 1. *theat* Ankleidefrau *f;* 2. *med* Assistent(in) *m (f);* 3. *(Schaufenster)Dekorateur(in) *m (f);* 4. Anrichte *f,* *(Küchen)Büfett *n;* Am Frisierkommode *f;* ▶ **be an elegant** ~ sich elegant kleiden.
dress·ing ['dresɪŋ] 1. Ankleiden *n;* 2. Verbinden *n;* Verband *m;* Verbandszeug *n;* 3. Putzen *n;* Zurichten *n;* 4. *agr* Düngung *f;* 5. *(Textil)* Appretur *f;* 6. *(Salat)Soße *f;* 7. *(Geflügel)* Füllung *f;* 8. *fam* Prügel *pl;* **dressing-down** [ˌdresɪŋ'daun] 1. *fam* Rüffel *m;* 2. *fam* Tracht *f* Prügel; **dressing-gown** Morgenrock *m;* **dressing-room** Ankleidezimmer *n;* *theat* Garderobe *f;* *sport* Umkleidekabine *f;* **dressing-table** Frisierkommode *f.*
dress·maker ['dresˌmeɪkə(r)] (Damen)Schneider(in) *m (f);* **dress·making** ['dresˌmeɪkɪŋ] Damenschneiderei *f;* **dress rehearsal** *theat* Generalprobe *f;* **dress-shirt** Frackhemd *n;* **dress-suit** Gesellschaftsanzug *m;* **dress uniform** Galauniform *f;* **dressy** ['dresɪ] *adj* 1. geschniegelt; 2. *(Kleidung)* fein, elegant, fesch.
drew [dru:] *v s.* draw.
dribble ['drɪbl] I *tr* tröpfeln, rinnen lassen; II *itr* 1. sabbern; geifern; 2. tröpfeln, rinnen; 3. *sport* dribbeln; III *s* 1. Tröpfchen *n;* 2. Rinnsal *n;* 3. *sport* Dribbeln *n.*
drib·let ['drɪblɪt] ▶ **a** ~ ein bißchen, ein wenig, etwas; **in** ~**s** nach und nach.

dribs [drɪbz] *pl* ▶ **pay in ~ and drabs** abstottern; in kleinen Beträgen zahlen; **in ~ and drabs** kleckerweise.

dried [draɪd] *adj* getrocknet; ▶ **~ fruit** Dörr-, Backobst *n;* **~ milk** Milchpulver *n;* **dried-up** [ˌdraɪd'ʌp] *adj fig* eingetrocknet.

drier, dryer ['draɪə(r)] 1. Trockenapparat *m;* 2. Trockenmittel *n;* ▶ **hair-~** Fön *m.*

drift [drɪft] **I** *s* 1. Strömung *f;* 2. Fahrtrichtung *f;* Abtrift *f;* 3. Tendenz *f; (Ereignisse)* Gang *m;* Absicht *f;* Einfluß *m;* 4. (Schnee)Verwehung *f;* 5. *geol* Geschiebe *n;* 6. Treibsand *m;* 7. *fig* Ziellosigkeit *f;* ▶ **~ from the land** Landflucht *f;* **II** *itr* 1. getrieben werden; verweht werden; 2. *aero* vom Kurs abweichen; 3. *fig* sich treiben lassen; *(~ along)* plan-, ziellos umherwandern; ▶ **let things ~** die Dinge laufenlassen; **III** *tr* (zusammen)treiben; aufhäufen; **IV** *(mit Präposition)* **drift apart** *itr fig* sich auseinanderleben; **drift in** *itr* im Vorbeigehen besuchen, *fam* hereinschneien; **drift off** *itr fam* sich verkrümeln; **drifter** ['drɪftə(r)] 1. Logger *m;* Treibnetzfischer *m;* 2. Gammler, Tunichtgut *m;* **drift-ice** Treibeis *n;* **drift-sand** Treibsand *m;* **drift-wood** Treibholz *n.*

drill¹ [drɪl] **I** *s* 1. Bohrer *m;* 2. *mil* Drill *m;* **II** *tr, itr* 1. bohren; 2. drillen; 3. einpauken; ▶ **~ for oil** nach Öl bohren.

drill² [drɪl] 1. *agr* Furche, Rille *f;* 2. *(Textil)* Drillich *m.*

drink [drɪŋk] *⟨irr* drank, drunk⟩ **I** *tr* 1. trinken; 2. *(Tier)* saufen; 3. *(~ off)* austrinken, leeren; 4. auf-, einsaugen, absorbieren; ▶ **~ s.o.'s health** auf jds Gesundheit trinken; **II** *itr* trinken; saufen; **III** *s* 1. Trunk *m (Wasser);* Schluck *m;* 2. Getränk *n;* Drink *m;* ▶ **the ~** *sl* der große Teich *(Ozean);* **have a ~** ein Gläschen trinken; **take to ~** sich dem Trunk, *fam* Suff ergeben; **IV** *(mit Präposition)* **drink in** *tr fig* begierig aufnehmen; **drink to s.o.** jdm zutrinken; **drink to s.th.** auf etw trinken; **drinkable** [—əbl] *adj* trinkbar; **drinker** ['drɪŋkə(r)] Trinker(in) *m (f).*

drink·ing ['drɪŋkɪŋ] Trinken *n;* **drinking-fountain** Trinkwasserspender *m;* **drinking-song** Trinklied *n;* **drinking-straw** Trinkhalm *m;* **drinking-water** Trinkwasser *n;* **drinking-water supply** Trinkwasserversorgung *f.*

drip [drɪp] **I** *itr* 1. tropfen, tröpfeln *(from* von); 2. *fig* triefen *(with* von); **II** *tr* ▶ **~ sweat** von Schweiß triefen; **III** *s* 1. Tropfen, Tröpfeln *n;* 2. Tropfgeräusch *n;* 3. *sl* doofer Kerl; **drip-dry** [ˌdrɪp'draɪ] **I** *adj* bügelfrei; **II** *tr* tropfnaß aufhängen; **drip·ping** ['drɪpɪŋ] **I** *adj* 1. *(~ wet)* patschnaß; 2. *(Hahn, Baum)* tropfend; **II** *s* 1. *a. pl* Bratenfett *n;* 2.

Tröpfeln, Tropfen *n.*

drive [draɪv] *⟨irr* drove, driven⟩ **I** *tr* 1. (an-, be)treiben *a. fig;* 2. stoßen, jagen, hetzen; 3. *(Auto, Passagier)* fahren; 4. *(Regen)* peitschen; 5. *(Wolken)* jagen; 6. *(Pfahl)* einrammen; 7. *fig* drängen, an-, aufstacheln, aufhetzen; 8. zwingen, veranlassen *(to do* zu tun); 9. hineinschlagen *(into* in); 10. *(Sache)* energisch betreiben, durchsetzen, -führen, zum Abschluß bringen; ▶ **~ a hard bargain** hart verhandeln; **~ into a corner** *fig* in die Enge treiben; **~ home** nach Hause, heimfahren; *fig* nahelegen; *(Nagel)* einschlagen; **~ one's point home** seinen Standpunkt überzeugend darlegen; **~ crazy, mad** verrückt machen; **II** *itr* 1. eilen, stürmen, jagen; 2. *(im Wind)* treiben; 3. *(Fahrzeug, Fahrer)* fahren; 4. schwer arbeiten *(at* an); ▶ **can you ~?** können Sie Auto fahren? **III** *s* 1. Fahren *n;* 2. (Spazier)Fahrt *f;* 3. Fahrstraße *f,* -weg *m;* 4. Auf-, Ausfahrt *f;* 5. *mot tech* Antrieb *m,* Triebwerk *n;* 6. *sport* heftiger Schlag, Stoß; 7. *psych* Trieb *m;* Schwung, Unternehmungsgeist *m,* Energie, Tatkraft *f;* 8. Kampagne *f,* (Werbe-, Propaganda)Feldzug *m (against* gegen); 9. *EDV* Laufwerk; ▶ **go for a ~** spazierenfahren; **IV** *(mit Präposition)* **drive at** *tr* hinauswollen auf; ▶ **what are you driving at?** worauf wollen Sie denn hinaus? **drive in** *tr* einbleuen *(s.o. s.th.* jdm etw); **drive off** *itr* wegfahren; wegjagen; **drive out** *itr* hinausfahren *(into the country* aufs Land); **drive up** *tr* hinauf-, in die Höhe treiben; hinauffahren (auf); *itr* vorfahren *(to* bei, vor); hinauffahren.

drive-in ['draɪvɪn] Restaurant *n* mit Bedienung am Auto; **drive-in bank** Bank *f* mit Autoschalter; **drive-in cinema** Autokino *n.*

drivel ['drɪvl] **I** *itr* faseln; **II** *s* Unsinn *m.*

driven ['drɪvn] *v s.* drive.

driver ['draɪvə(r)] 1. (Auto)Fahrer(in) *m (f);* Chauffeur(in) *m (f);* 2. *(Golf)* Schläger *m;* ▶ **~'s cab** Führerstand *m,* -haus *n;* **~'s license, permit** Führerschein *m;* **~'s seat** Fahrersitz *m.*

driving ['draɪvɪŋ] **I** *adj* 1. *tech* treibend; 2. heftig, stark; ▶ **~ rain** peitschender Regen; **II** *s* Fahren *n;* **driving ban** Führerscheinentzug *m;* **driving force** Trieb-, treibende Kraft *f;* **driving instructor** Fahrlehrer(in) *m (f);* **driving lessons** *pl* Fahrstunden *f pl;* **driving licence** Führerschein *m;* **driving pool** Fahrgemeinschaft *f;* **driving school** Fahrschule *f;* **driving test** Fahrprüfung *f.*

drizzle ['drɪzl] **I** *itr* nieseln; **II** *s* Sprühregen *m;* **driz·zly** ['drɪzlɪ] *adj* feucht u. neblig.

droll [drəul] *adj* drollig, ulkig; komisch.

drom·edary ['drɒmədərɪ] Dromedar n.
drone [drəʊn] **I** s **1.** zoo Drohne f a. fig;
2. Summen, Brummen n; **II** itr **1.** summen, brummen; **2.** monoton reden; **3.** faulenzen.
drool [druːl] s. drivel.
droop [druːp] **I** itr **1.** herabsinken; herunterhängen (over über); **2.** kraftlos, welk werden; **3.** (Preise) fallen; (Kurse) nachgeben; **4.** fig den Kopf hängen lassen; **II** tr hängen lassen.
drop [drɒp] **I** s **1.** Tropfen m; **2.** ein bißchen, ein wenig, etwas; **3.** Sinken, Fallen n; Fall, (Ab)Sturz m; **4.** com Rückgang m; (Börse) Baisse f; **5.** Vorhang m; ▶ ~ of blood Blutstropfen m; a ~ in the bucket, in the ocean ein Tropfen auf den heißen Stein; ~ in prices Preissturz m; ~ in production Produktionsrückgang m; ~ in performance Leistungsabfall m; ~ of rain Regentropfen m; ~ in the temperature Temperatursturz m; **II** itr **1.** (herab)tropfen, tröpfeln; **2.** (herab-, herunter)fallen (out of the window aus dem Fenster); **3.** hineingeraten (into in); stoßen (into auf); **4.** hin-, umfallen; zusammenbrechen, tot umfallen (from exhaustion vor Erschöpfung); **5.** schwächer werden, nachlassen; (Wind) abflauen; **6.** (Temperatur) fallen, sinken; **III** tr **1.** tropfen, tröpfeln; besprengen; **2.** fallen lassen; fig fallenlassen; (hin-)werfen; **3.** (Arbeit) niederlegen; **4.** (Bomben) abwerfen; **5.** (Geld) verlieren; **6.** (Fahrgäste) absetzen; **7.** zu Boden strecken; abschießen; **8.** (Äußerung) fallenlassen; **9.** (Thema) auf sich beruhen lassen; **10.** (Gewohnheit) aufgeben; **11.** (Buchstaben, Wort) auslassen; **12.** (Brief) einwerfen (in the letterbox in den Briefkasten); **13.** (Junge) werfen; ▶ let ~ fallenlassen, aufgeben; ~ anchor den Anker werfen; ~ a brick, clanger fam e-e Dummheit machen; ~ a hint e-e Andeutung fallenlassen; ~ a line ein paar Zeilen schreiben; not to be ~ped! nicht stürzen! ~ it! laß das! **IV** (mit Präposition) **drop across** tr fam treffen; in die Arme laufen (s.o. jdm); **drop behind** itr zurückbleiben (hinter); **drop down** itr niedersinken; herunterfallen; **drop in** itr besuchen; **drop in at, on, upon s.o.** bei jdm unerwartet vorsprechen; fam bei jdm auf e-n Sprung vorbeikommen; (Aufträge) bei jdm eingehen; **drop off** itr **1.** sich zurückziehen; **2.** nachlassen, zurückgehen; ▶ ~ s.th. off etw abgeben (at bei); ~ s.o. off jdn aussteigen lassen; **drop out** itr **1.** nicht mehr teilnehmen (of an); **2.** (aus der Gesellschaft) aussteigen; **3.** ausfallen; **4.** ausscheiden.
drop-kick ['drɒpkɪk] sport Prellstoß m;
drop·let ['drɒlɪt] Tröpfchen n; **drop-**

out ['drɒpaʊt] Aussteiger(in) m (f); pej Asoziale(r) f m; Studienabbrecher(in) m (f); **drop·per** ['drɒpə(r)] Pipette f; Tropfer m; **drop·pings** ['drɒpɪŋz] pl Dung, Dünger, Mist m.
dross [drɒs] **1.** (Metall)Schlacken f pl; **2.** fig Tand m.
drought [draʊt] Trockenheit f; Dürre(periode, -zeit) f.
drove[1] [drəʊv] v s. drive.
drove[2] [drəʊv] **1.** Herde f (Vieh); **2.** Menschenmenge, Masse f; ▶ they came in ~s sie kamen in Scharen; **drover** ['drəʊvə(r)] Viehtreiber m.
drown [draʊn] **I** tr **1.** ertränken; **2.** überfluten; **3.** einweichen; **4.** fig übertönen; ersticken (a. in Tränen); (Kummer) betäuben; ▶ be ~ed ertrinken; **II** itr ertrinken.
drowse [draʊz] **I** s Schläfrigkeit f; Halbschlaf m; **II** itr schläfrig sein; dösen; ▶ ~ off eindösen; **drowsy** ['draʊzɪ] adj **1.** schläfrig; **2.** einschläfernd; **3.** fig schlafmützig.
drudge [drʌdʒ] **I** s fig **1.** (Mensch) Arbeitstier n; **2.** (Arbeit) Schufterei f; **II** itr sich placken, sich (ab)schinden; **drudgery** ['drʌdʒərɪ] Plackerei f.
drug [drʌg] **I** s Medikament n; Droge f, Rauschgift n; ▶ be on ~s Medikamente einnehmen; drogensüchtig sein; ~ on the market Ladenhüter m; **II** tr **1.** (Speise, Getränk) etwas zusetzen (s.th. e-r S); **2.** betäuben, narkotisieren; **3.** (Patienten) Medikamente geben (s.o. jdm); **drug abuse** Medikamenten-, Drogenmißbrauch m; **drug addict** Rauschgiftsüchtige(r) f m; **drug addiction** Rauschgiftsucht, Drogenabhängigkeit f; **drug consumption** Drogenkonsum m; **drug culture** Drogenkultur f; **drug dependency** Medikamenten-, Drogensucht, Medikamenten-, Drogenabhängigkeit f; **drug·gist** ['drʌgɪst] Am Drogist(in) m (f); **drug manufacturer** Pharmahersteller m; **drug pusher** Pusher, Dealer m; **drug squad** Rauschgiftdezernat n; Drogenfahndungsbehörde f; **drug·store** ['drʌgstɔː(r)] Am Drugstore m; **drug taking** Einnehmen n von Drogen, Rauschgift; **drug traffic, drug trafficking** Drogen-, Rauschgifthandel m.
druid ['druːɪd] rel hist Druide m.
drum [drʌm] **I** s **1.** Trommel f a. tech; **2.** anat (ear-~) Trommelfell n; **II** itr, tr **1.** trommeln (s.th., on s.th. auf etw); **2.** (~ up) ausfindig machen; zusammentrommeln; **3.** einhämmern (s.th. into s.o. jdm etw); **4.** erfinden; ▶ ~ up business die Werbetrommel rühren; **drum·beat** ['drʌmbiːt] Trommeln n; **drum brake** Trommelbremse f; **drum·head** ['drʌmhed] Trommelfell n; **drum-major** Tambourmajor m; **drum·mer**

['drʌmə(r)] **1.** Trommler(in) *m* *(f);* Schlagzeuger(in) *m* *(f);* **drum·stick** ['drʌmstɪk] **1.** Trommelstock *m;* **2.** *(Geflügel)* Schlegel *m.*

drunk [drʌŋk] **I** *v s. drink;* **II** *adj* **1.** betrunken; **2.** *fig* trunken (*with* vor); ► **get** ~ sich betrinken; ~ **as a lord** sternhagelvoll; **III** *s* Betrunkene(r) *f m;* Säufer(in) *m (f);* **drunk·ard** ['drʌŋkəd] Trinker(in) *m (f);* **drunken** ['drʌŋkən] *adj* betrunken; trunksüchtig; feuchtfröhlich; **drunken·ness** ['drʌŋkənɪs] Trunkenheit *f,* Rausch *m a. fig.*

dry [draɪ] **I** *adj* **1.** trocken; **2.** *(Holz)* dürr; **3.** ausgetrocknet; **4.** *fig* trocken, langweilig; **5.** *(Wein)* herb, trocken; **6.** durstig(machend); ► **(as)** ~ **as dust** todlangweilig; **keep** ~! vor Feuchtigkeit zu schützen; **II** *tr* (ab)trocknen; **III** *itr* trocknen, trocken werden; **IV** *(mit Präposition)* **dry up** *itr* austrocknen, -dörren *a. fig; theat* steckenbleiben; ► ~ **up!** *sl* halt's Maul! **dryad** ['draɪəd] Dryade *f.*

dry cell ['draɪˌsel] *el* Trockenelement *n;* **dry cell battery** Trockenbatterie *f;* **dry-clean** *tr* reinigen; **dry cleaner's** chemische Reinigung *(Geschäft);* **dry cleaning** chemische Reinigung *(Vorgang);* **dry dock** *mar* Trockendock *n.*

dryer ['draɪə(r)] *s. drier.*

dry goods ['draɪ'gʊdz] *pl Am* Manufakturwaren *f pl,* Textilien *pl,* Kurzwaren *f pl;* **dry ice** Trockeneis *n;* **dry land** fester Boden; **dry measure** Trockenmaß *n;* **dry·ness** ['draɪnɪs] Trockenheit *f;* **dry rot 1.** *bot* Trockenfäule *f;* **2.** *fig* Verfall *m,* Entartung *f;* **dry-shod** ['draɪʃɒd] *adj* trockenen Fußes.

dual ['djuːəl] *adj* zweifach, doppelt; **dual carriageway** *Br* vierspurige Straße, Schnellstraße *f;* **dual·ism** ['djʊəlɪzəm] Dualismus *m.*

dub [dʌb] *tr* **1.** zum Ritter schlagen; **2.** e-n Spitznamen geben (*s.o.* jdm); **3.** *film* synchronisieren; **dub·bing** ['dʌbɪŋ] *film* Synchronisation *f.*

du·bious ['djuːbɪəs] *adj* **1.** zweifelhaft, fraglich; **2.** verdächtig; **3.** *(Zukunft, Ergebnis)* ungewiß; **4.** unsicher, im Zweifel (*of, about* über).

duch·ess ['dʌtʃɪs] Herzogin *f;* **duchy** ['dʌtʃɪ] Herzogtum *n.*

duck [dʌk] **I** *s* **1.** Ente *f;* **2.** *fam* Liebling *m;* ► **like a** ~ **takes to water** *fig* mit der größten Selbstverständlichkeit; **like water off a** ~'s **back** wirkungs-, eindruckslos; **II** *itr* **1.** sich ducken; **2.** (kurz) untertauchen; **III** *tr* **1.** *(den Kopf)* schnell einziehen; **2.** ins Wasser tauchen; **3.** *sl* aus dem Wege gehen (*s.o.* jdm; *s.th.* e-r S); **duck·boards** ['dʌkbɔːdz] *pl* Lattenrost *m;* **duck·ling** ['dʌklɪŋ] Entchen *n;* ► **roast** ~ Entenbraten *m;* **ducky** ['dʌkɪ] *fam* Liebling

m.

duct [dʌkt] **1.** Rohr(leitung *f*) *n;* **2.** *anat* Gang *m;* Kanal *m.*

dud [dʌd] **1.** *sl* Versager(in) *m (f);* **2.** *(Bombe)* Blindgänger *m;* **3.** *sl* ungedeckter Scheck.

dude [djuːd] *Am* **1.** Städter *m;* **2.** feiner Pinkel; **3.** *fam* Kerl *m.*

due [djuː] **I** *adj* **1.** *(Gelder, Arbeit)* fällig; **2.** zahlbar; **3.** *(Verkehrsmittel)* planmäßig ankommend, fällig (*at noon* um 12 Uhr mittags); **4.** gebührend, gehörig; **5.** zu verdanken(d), zuzuschreiben(d) (*to* dat); zurückzuführend (*to* auf); ► **after** ~ **consideration** nach reiflicher Überlegung; **in** ~ **course** im rechten Augenblick; **in** ~ **form** ordnungsgemäß; **in** ~ **time** zu gegebener Zeit; **when** ~ *fin* bei Fälligkeit; **when is the baby** ~? wann kommt das Kind? **when is the train** ~? wann soll der Zug ankommen? ~ **east** *mar* genau Ost; **be** ~ **to** sollen, müssen; *Am* im Begriff sein zu; **be** ~ **to s.o.** jdm zustehen, gebühren; **be** ~ **to s.th.** auf etw beruhen; **become, fall** ~ fällig werden; **the train is** ~ **at ...** die planmäßige Ankunft(szeit) des Zuges ist ... **the plane is already** ~ das Flugzeug müßte schon dasein; **II** *s* **1.** ohne *pl* (das) Geschuldete; (das) Zustehende; **2.** *pl* Abgaben, Gebühren *f pl;* Zoll(gebühren *f pl*) *m;* (Mitglieds)Beitrag *m.*

duel ['djuːəl] **1.** Duell *n;* **2.** *fig* Kampf, Streit *m.*

duet [djuː'et] *mus* Duett *n;* Duo *n.*

duf·fel bag ['dʌflbæg] Matchsack *m;* **duffel coat** Dufflecoat *m.*

duf·fer ['dʌfə(r)] Dummkopf *m.*

dug[1] [dʌg] Zitze *f.*

dug[2] [dʌg] *v s. dig;* **dug-out** ['dʌgaʊt] **1.** *mil* Schützengraben *m;* **2.** *(Boot)* Einbaum *m.*

duke [djuːk] Herzog *m.*

dull [dʌl] **I** *adj* **1.** schwerfällig, langsam; **2.** langweilig; **3.** *(Person)* lustlos; **4.** *(Licht)* trüb; matt; **5.** *(Wetter)* grau; **6.** *(Schmerz)* dumpf; **7.** *com* flau, lustlos; ► **as** ~ **as ditch water** sterbenslangweilig; **II** *tr* **1.** *(Sinne)* abstumpfen; **2.** *(Schmerz)* lindern; **3.** *(Lärm)* dämpfen; **dull·ard** ['dʌləd] Dummkopf *m;* **dullness** ['dʌlnɪs] **1.** Schwerfälligkeit, Langsamkeit *f;* **2.** Langweiligkeit *f;* **3.** Lustlosigkeit *f;* **4.** Trübheit, Mattheit *f;* **5.** Grauheit *f;* **6.** Dumpfheit *f;* **7.** Flauheit *f.*

duly ['djuːlɪ] *adv* **1.** entsprechend; gebührend, ordnungsgemäß; **2.** zur rechten Zeit, rechtzeitig.

dumb [dʌm] *adj* **1.** stumm; **2.** schweigend, sprachlos (*with* vor); **3.** *Am fam* doof, dumm; ► **be struck** ~ sprachlos sein.

dumb-bell ['dʌmbel] *sport* Hantel *f.*

dumb·found, *Am* **dum·found**

[dʌm'faʊnd] *tr* verblüffen; ▶ **be** ~**ed sprachlos sein.**
dumb-show ['dʌmʃəʊ] Pantomime *f.*
dumb-waiter [ˌdʌm'weɪtə(r)] **1.** Serviertisch *m;* **2.** *Am* Speisenaufzug *m.*
dummy ['dʌmɪ] **I** *s* **1.** Attrappe *f;* Schaufensterpuppe *f;* Blindband *m;* **2.** *(für Babys)* Schnuller *m;* **3.** *(Kartenspiel)* Strohmann *m;* **4.** *Am fam* Dummkopf *m;* **II** *attr adj* unecht; ▶ ~ **run** Probe *f.*
dump [dʌmp] **I** *tr* **1.** *(Abfall)* (hin)werfen, abladen; **2.** *(Last)* ausladen, auskippen; **3.** *com* zu Dumpingpreisen verkaufen; **II** *s* **1.** Schutthaufen *m;* Müllkippe *f;* **2.** *mil* Depot *n;* **3.** *sl* Dreckloch *n;* Bruchbude *f;* ▶ **be down in the** ~**s** deprimiert sein; **dumper** ['dʌmpə(r)] Kipper *m;* **dump·ing** [—ɪŋ] **1.** *com* Dumping *n;* **2.** *tech (Abfallstoffe)* Verklappung *f* ▶ "**no** ~" „Schuttabladen verboten".
dump·ling ['dʌmplɪŋ] **1.** Knödel, Kloß *m;* **2.** *(apple* ~*)* Apfel *m* im Schlafrock; **3.** *fam* Dickerchen *n.*
dumpy ['dʌmpɪ] *adj* pummelig.
dun[1] [dʌn] *adj* graubraun.
dun[2] *tr* mahnen.
dunce [dʌns] langsame(r) Schüler(in) *m f;* Dummkopf *m.*
dune [dju:n] Düne *f.*
dung [dʌŋ] Dung, Mist *m.*
dunga·rees [ˌdʌŋgə'ri:z] *pl* Latzhosen *f pl.*
dun·geon ['dʌndʒən] Verlies *n.*
dung-hill ['dʌŋhɪl] Misthaufen *m.*
dunk [dʌŋk] *tr* (ein)tunken.
duo ['dju:əʊ] *⟨pl duos⟩* Duo *n.*
duo·denum [ˌdju:ə'di:nəm] Zwölffingerdarm *m.*
dupe [dju:p] **I** *s* Betrogene(r) *(m)f;* **II** *tr* betrügen.
du·plex ['dju:pleks] *adj* doppelt; ▶ ~ **apartment** *Am* zweistöckige Wohnung.
du·pli·cate ['dju:plɪkət] **I** *adj* doppelt, zweifach; ▶ ~ **key** Zweitschlüssel *m;* **II** *s* Duplikat *n*, Kopie *f;* ▶ **in** ~ in doppelter Ausfertigung; **III** *tr* ['dju:plɪkeɪt] **1.** kopieren; vervielfältigen; **2.** e-e Zweitschrift anfertigen von; **du·pli·ca·tor** ['dju:plɪkeɪtə(r)] Vervielfältigungsapparat *m;* **du·plic·ity** [dju:'plɪsətɪ] Doppelspiel *n.*
dura·bil·ity [ˌdjʊərə'bɪlətɪ] Dauer *f;* Haltbarkeit *f;* Widerstandsfähigkeit *f;* **dur·able** ['djʊərəbl] *adj* dauerhaft, haltbar; widerstandsfähig.
dur·ation [djʊ'reɪʃn] Dauer, Laufzeit *f;* ▶ **for the** ~ für die Dauer.
dur·ess [djʊ'res] Zwang *m*, Nötigung *f.*
dur·ing ['djʊərɪŋ] *prep* während.
dusk [dʌsk] (Abend)Dämmerung *f;* ▶ **at** ~ bei Einbruch der Dunkelheit; **dusky** ['dʌskɪ] *adj* dunkel, schwärzlich.
dust [dʌst] **I** *s* Staub *m;* ▶ **throw** ~ **in s.o.'s eyes** jdm Sand in die Augen streu-

en; **give s.th. a** ~ etw abstauben; **II** *tr* **1.** abstauben; **2.** *(Kuchen)* pudern; **III** *itr* Staub wischen; **dust·bin** ['dʌstbɪn] *Br* Mülleimer *m;* **dust-cart** *Br* Müllwagen *m;* **dust-coat** Kittel *m;* **dust-cover** Schutzumschlag *m.*
duster ['dʌstə(r)] Staubtuch *n.*
dust·man ['dʌstmən] *⟨pl -men⟩* Müllmann *m;* **dust-pan** Kehrschaufel *f;* **dust storm** Sandsturm *m;* **dust-up** ['dʌstʌp] *fam* Streit *m.*
dusty ['dʌstɪ] *adj* staubig; verstaubt.
Dutch [dʌtʃ] **I** *adj* holländisch, niederländisch; ▶ **go** ~ getrennte Kasse machen; ~ **courage** angetrunkener Mut; **II** *s* **1.** (das)Holländisch(e), Niederländisch(e); **2.** *(Menschen)* ▶ **the** ~ *pl* die Holländer, Niederländer *m pl;* **Dutchman** [dʌtʃmən] *⟨pl -men⟩* Holländer, Niederländer *m;* ▶ **the Flying** ~ der Fliegende Holländer; **Dutch·woman** ['dʌtʃˌwʊmən] *⟨pl -women⟩* [—ˌwɪmɪn] Holländerin, Niederländerin *f.*
duti·able ['dju:tɪəbl] *adj* zollpflichtig.
duti·ful ['dju:tɪfl] *adj* pflichtgetreu, -bewußt; gehorsam.
duty ['dju:tɪ] **1.** Pflicht *f;* **2.** Aufgabe, Obliegenheit *f;* **3.** *fin* Zoll *m;* ▶ **do one's** ~ seine Pflicht tun; **as in** ~ **bound** pflichtgemäß; **free from** ~ zollfrei; **off** ~ außer Dienst; dienstfrei; **on** ~ im Dienst; **duty call** Höflichkeitsbesuch *m;* **duty·free** *adj* zollfrei; ▶ ~ **shop** Duty-free-shop *m;* **duty roster** Dienstplan *m.*
dwarf [dwɔ:f] *⟨pl dwarves⟩* [dwɔ:vz] **I** *s* Zwerg *m;* **II** *tr* klein erscheinen lassen; **III** *adj* zwergenhaft.
dwell [dwel] *⟨irr dwelt, dwelt⟩ itr* wohnen, leben; ▶ ~ **on** verweilen, sich länger aufhalten bei; **dweller** ['dwelə(r)] Bewohner(in) *m (f);* **dwell·ing** [—ɪŋ] Wohnsitz *m;* **dwelling house** Wohnhaus *n;* **dwelt** [dwelt] *v s. dwell.*
dwindle ['dwɪndl] *itr* abnehmen; schwinden; zurückgehen.
dye [daɪ] **I** *s* Farbstoff *m;* ▶ **hair** ~ Haarfärbemittel *n;* **II** *tr* färben; **dyed-in-the-wool** *adj fig* durch-und-durch; **dye-works** *pl* Färberei *f.*
dy·ing ['daɪɪŋ] *adj* **1.** sterbend; **2.** *(Rasse)* aussterbend; **3.** *(Zivilisation)* untergehend.
dy·namic [daɪ'næmɪk] *adj* dynamisch *a. fig;* **dy·namics** [daɪ'næmɪks] *pl mit sing* Dynamik *f a. fig.*
dyna·mite ['daɪnəmaɪt] **I** *s* Dynamit *n;* **II** *tr* sprengen.
dy·namo ['daɪnəməʊ] *⟨pl -namos⟩* Dynamo(maschine *f) m.*
dyn·asty ['dɪnəstɪ] Dynastie *f.*
dys·en·tery ['dɪsəntrɪ] *med* Ruhr *f.*
dys·pep·sia [dɪs'pepsɪə] Verdauungsstörung *f.*

E

E, e [i:] ⟨pl -'s⟩ 1. a. mus E, e n; 2. (Schule) mangelhaft.

each [i:tʃ] I adj, prn jede(r, s) (einzelne); ▶ ~ and every one jede(r, s) einzelne; II adv je; **each other** einander, sich (gegenseitig); ▶ with ~ miteinander.

eager ['i:gə(r)] adj 1. eifrig; 2. begierig (about, after, for auf, nach); ▶ be ~ begierig sein; darauf brennen (to do zu tun); **eager beaver** fam Streber(in) m (f); **eager·ness** [—nɪs] Eifer m; Ungeduld f.

eagle ['i:gl] Adler m; **eagle-eyed** ['i:glaɪd] adj 1. scharfsichtig; 2. fig sehr aufmerksam.

ear¹ [ɪə(r)] 1. Ohr n; 2. Gehör n (for für); ▶ be all ~s ganz Ohr sein; **be out on one's** ~ fam plötzlich seinen Job los sein; **have one's** ~ **to the ground** Augen u. Ohren offenhalten; **play it by** ~ fig improvisieren; **his** ~s **must be burning** fig seine Ohren müssen ihm klingen; I **pricked up my** ~s ich spitzte die Ohren.

ear² [ɪə(r)] (Getreide) Ähre f.

ear·ache ['ɪəreɪk] Ohrenschmerzen m pl; **ear-drum** Trommelfell n; **ear infection** Ohrenentzündung f.

earl [ɜ:l] (englischer) Graf m.

ear·lobe ['ɪələʊb] Ohrläppchen n.

early ['ɜ:lɪ] I adv früh(zeitig); bald; ▶ as ~ as May schon im Mai; very ~ on zu sehr früher Zeit; ~ in life in jungen Jahren; II adj früh(zeitig); baldig; ▶ at **your earliest convenience** sobald wie möglich; **at the earliest possible date** zum frühest möglichen Zeitpunkt; in ~ **summer** im Frühsommer; ~ **closing (day)** halber Geschäftstag; ~ **retirement** vorzeitige Pensionierung; vorgezogener Ruhestand; ~ **retirement scheme** Vorruhestandsregelung f; ~ **warning system** mil Frühwarnsystem n.

ear·mark ['ɪəmɑ:k] I s 1. Eigentumszeichen n am Ohr (e-s Haustieres); 2. fig Kennzeichen n; II tr reservieren, zurücklegen, bereitstellen; ▶ ~ed funds pl zweckgebundene Mittel n pl; **earmuffs** pl Ohrenschützer m pl.

earn [ɜ:n] tr 1. (sich) verdienen; (sich) erwerben a. fig; 2. (Zinsen) bringen; **earned income** ['ɜ:nd'ɪnkʌm] Einkünfte pl aus Erwerbstätigkeit.

ear·nest ['ɜ:nɪst] I adj 1. ernsthaft; ernst; 2. aufrichtig, ehrlich; II s ▶ in ~ im Ernst; in dead ~ in vollem Ernst; are you in ~? ist das Ihr Ernst? **ear·nest·ly** [—lɪ] adv ernstlich; inständig.

earn·ing ['ɜ:nɪŋ] adj ▶ ~ **capacity, power** Erwerbs-, Ertragsfähigkeit f; **earn·ings** [—ɪŋz] pl Einkommen n; Einkünfte pl, Einnahme(n pl) f; Arbeitslohn m; **earnings-related** adj gehalts-, lohnbezogen.

ear·phones ['ɪəfəʊnz] pl tele radio Kopfhörer m pl; **ear·piece** ['ɪəpi:s] tele Hörer m; **ear·plug** Ohrenstöpsel m; Oropax n Wz.; **ear·ring** ['ɪərɪŋ] Ohrring m; **ear·shot** ['ɪəʃɒt] ▶ out of/within ~ außer/in Hörweite.

earth [ɜ:θ] I s 1. Erde f; 2. (festes) Land n; (Erd)Boden m; Erde f; 3. (Fuchs-, Dachs)Bau m; ▶ on ~ auf der Erde; auf Erden; **to (the)** ~ auf die Erde, zu Boden; **be down to** ~ mit beiden Beinen in der Welt stehen; **come back, come down to** ~ fig auf den Boden der Wirklichkeit zurückkehren; **move heaven and** ~ Himmel u. Hölle, alle Hebel in Bewegung setzen; **it cost the** ~ es kostete e-n Haufen Geld; **down to** ~ praktisch; nüchtern; sachlich; **why on** ~ warum auch; II tr 1. el radio erden; 2. (~ up) (Kartoffeln) häufeln; **earth-bound** ['ɜ:θbaʊnd] adj erdgebunden; ▶ ~ **journey** Flug m zur Erde; **earthenware** ['ɜ:θnweə(r)] Tongeschirr n; **earthi·ness** ['ɜ:θɪnɪs] Derbheit f; **earth·ling** ['ɜ:θlɪŋ] pej Erdenwurm m; **earthly** ['ɜ:θlɪ] I adj irdisch, weltlich; ▶ of no ~ use völlig unnütz; II s fam ▶ he hasn't an ~ er hat nicht die geringste Chance; **earth-orbit** ['ɜ:θɔ:bɪt] Erdumlaufbahn f; **earth·quake** ['ɜ:θkweɪk] Erdbeben n; **earthquake zone** Erdbebengürtel m; **earth·work** ['ɜ:θwɜ:k] Erdarbeiten f pl; mil Schanze f; **earth·worm** ['ɜ:θwɜ:m] Regenwurm m; **earthy** ['ɜ:θɪ] adj erdig; fig (Mensch, Humor) derb.

ear·wax ['ɪəwæks] Ohrenschmalz n; **ear·wig** ['ɪəwɪg] Ohrwurm m.

ease [i:z] I s 1. Bequemlichkeit f; Behagen n; 2. Leichtigkeit, Mühelosigkeit f; ▶ at ~ frei, ungezwungen; behaglich; **(stand) at** ~! mil rührt euch! **with** ~ mit Leichtigkeit; mühelos; **be (ill) at** ~ sich (nicht) wohl fühlen; **live at** ~ in angenehmen Verhältnissen leben; **take one's** ~ es sich bequem machen; II tr 1. entlasten, befreien (of von); 2. (Schmerz) lindern; 3. erleichtern; 4. ermäßigen, herabsetzen; 5. (~ down) verlangsamen; 6. vorsichtig, behutsam bewegen; lockern; III itr 1. (Börsenkurse) nachge-

ben; **2.** *(Lage)* sich entspannen; **IV** *(mit Präposition)* **ease off, up** *itr* **1.** langsamer werden; sich verlangsamen; **2.** *(Lage)* sich entspannen; **3.** *(Geschäfte)* ruhiger werden; **4.** *(Schmerz, Regen)* nachlassen.
easel ['i:zl] Staffelei *f.*
eas·ily ['i:zəlɪ] *adv* **1.** leicht, mühelos; **2.** zweifellos; bestimmt, bei weitem; **easiness** ['i:zɪnɪs] Leichtigkeit *f.*
east ['i:st] **I** *s* **1.** Ost(en) *m;* **2.** Ostwind *m;* ▶ **the E~** der Osten, der Orient; **to the ~** im Osten, östlich *(of* von); **II** *adj* östlich; Ost-; **III** *adv* ostwärts, nach Osten; **east-bound** ['i:stbaund] *adj* in Richtung Osten.
Easter ['i:stə(r)] Ostern *n;* ▶ **at ~** an, zu Ostern; **Easter Day, Sunday** Ostersonntag *m;* **Easter egg** Osterei *n;* **Easter holidays** *pl* Osterferien *pl;* **Easter Islands** *pl* Osterinseln *f pl.*
east·er·ly ['i:stəlɪ] **I** *adj* östlich; **II** *adv* nach, von Osten; **east·ern** ['i:stən] *adj* östlich; ▶ **(the) ~ (states of) Germany** die neuen, östlichen Bundesländer; **east·erner** ['i:stənə(r)] *bes. Am* Bewohner(in) *m (f)* der Oststaaten; **east·ern·most** ['i:stənməust] *adj* östlichste(r, s).
East Ger·ma·ny [ˌi:st'dʒɜ:mənɪ] Ostdeutschland *n, pol hist* DDR.
east·ward ['i:stwəd] *adj* östlich; **eastward(s)** ['i:stwəd(z)] *adv* ostwärts, nach Osten.
easy ['i:zɪ] **I** *adj* **1.** leicht *(zu tun),* nicht schwer, nicht schwierig; **2.** frei von Schmerzen; **3.** sorglos, unbekümmert; **4.** angenehm, behaglich; **5.** *(Kleidung)* bequem; **6.** zwanglos; **7.** *(Geld)* leicht verdient; **8.** *(Börse)* freundlich; **9.** *(Zahlungsbedingungen)* günstig; ▶ **in ~ circumstances**, *Am* **on ~ street** in angenehmen Verhältnissen; **on ~ terms** *com* zu günstigen Bedingungen; **~ on the eye, ear** angenehm zu sehen, zu hören; **I'm ~** *fam* mir ist es eigentlich egal; **it's ~ for you to talk** Sie haben gut reden; **II** *adv* ▶ **~!** **~ does it!** (immer) sachte! **take things ~** sich schonen; **take it ~!** immer mit der Ruhe! nimm's nicht so tragisch! **go ~ on s.th, with s.th.** mit etw sparsam umgehen; **go ~ on s.o.** jdn nicht zu streng behandeln; **easy-care** *adj (Textilien)* pflegeleicht; **easy-chair** Lehnstuhl *m;* **easy-go·ing** ['i:zɪˌgəuɪŋ] *adj fig* gelassen, lässig; großzügig.
eat [i:t] ⟨*irr* ate, eaten⟩ **I** *tr* **1.** essen; *(~ up)* aufessen, verzehren; **2.** *(~ into)* zerfressen; sich hineinfressen in; **3.** *(~ away, up)* aufessen; verbrauchen; vernichten; **4.** *(Feuer)* verzehren; **5.** *(Wasser)* fortspülen; **6.** *(Kilometer)* verschlingen, fressen; ▶ **~ dirt** *fam* e-e Beleidigung hinunterschlucken; **~ humble pie**, klein beigeben müssen; **~ one's**

heart out sich in Kummer verzehren; **~ one's words** das Gesagte zurücknehmen; **what's ~ing you?** *fam* was hast du denn? **II** *itr* essen; speisen; ▶ **~ out** zum Essen ausgehen; **III** *s pl fam* Essen *n;* Eßwaren *f pl;* **eat·able** [—əbl] **I** *adj* eß-, genießbar; **II** *s meist pl* Essen *n;* Nahrung(smittel *n pl) f;* **eat-by date** ['i:tbaɪˌdeɪt] Haltbarkeitsdatum *n;* **eaten** ['i:tn] *v s. eat;* **eater** ['i:tə(r)] **1.** Esser(in) *m (f);* **2.** Tafelobst *n;* ▶ **a big, poor ~** ein starker, schwacher Esser; **eat·ing** ['i:tɪŋ] Essen *n*
eaves [i:vz] *pl* Dachvorsprung *m*
eaves·drop ['i:vzdrɒp] *itr* horchen, lauschen; ▶ **~ on s.th.** etw belauschen; **eaves·drop·per** ['i:vzdrɒpə(r)] Horcher(in) *m (f).*
ebb [eb] **I** *s* **1.** *(~-tide)* Ebbe *f;* **2.** *fig* Tiefstand *m;* ▶ **at a low ~** auf e-m Tiefstand; **II** *itr* **1.** zurückfluten *(from* von); verebben *a. fig;* **2.** *fig (~ away)* nachlassen.
eb·ony ['ebənɪ] Ebenholz *n.*
ebul·lient [ɪ'bʌlɪənt] *adj fig* übersprudelnd *(with* von); enthusiastisch, überschwenglich.
EC [i:'si:] *Abk:* **European Community** EG *f.*
ec·cen·tric [ɪk'sentrɪk] **I** *adj* exzentrisch *a. fig;* **II** *s* **1.** Exzentriker(in) *m (f);* **2.** *tech* Exzenter *m;* **ec·cen·tric·i·ty** [ˌeksen'trɪsətɪ] *fig* Überspanntheit *f.*
ec·clesi·as·tic [ɪˌkli:zɪ'æstɪk] Geistliche(r) *f m;* **ec·clesi·as·ti·cal** [ɪˌkli:zɪ'æstɪkl] *adj* kirchlich; geistlich.
eche·lon ['eʃəlɒn] **1.** Gliederung, Staffelung *f;* **2.** *fig* Ebene *f;* ▶ **the higher ~s** die höheren Ränge.
echo ['ekəu] ⟨*pl* echoes⟩ **I** *s* Echo *n a. fig; fig* Anklang *m;* **II** *itr* widerhallen *(with* von); **III** *tr* **1.** *(Schall)* zurückwerfen; **2.** *fig* wiederholen; **echo chamber** Hallraum *m;* **echo-sounder** ['ekəuˌsaundə(r)] Echolot *n.*
eclipse [ɪ'klɪps] **I** *s* **1.** *astr* Verfinsterung *f;* Finsternis *f;* **2.** *fig* Verdunkelung *f;* (Ver)Schwinden *n;* ▶ **~ of the sun, moon** Sonnen-, Mondfinsternis *f;* **II** *tr* **1.** verfinstern; **2.** *fig* in den Schatten stellen.
eco·logi·cal [ˌi:kə'lɒdʒɪkl] *adj* ökologisch, Öko-; ▶ **~ disaster** Umweltkatastrophe *f;* **eco·logi·cally** [ˌi:kə'lɒdʒɪklɪ] *adv* ▶ **~ harmless** *(Produkte, Stoffe)* umweltverträglich; **ecol·ogist** [i:'kɒlədʒɪst] Ökologe *m,* Ökologin *f;* **ecol·ogy** [i:'kɒlədʒɪ] Ökologie *f;* **ecol·ogy movement** Ökologiebewegung *f;* **ecology party** Öko-Partei *f;* **ecology tax** Umweltsteuer *f.*
econ·omic [ˌi:kə'nɒmɪk] *adj* ökonomisch, (volks)wirtschaftlich; Wirtschafts-; ▶ **~ adviser** Wirtschaftsberater(in) *m (f);* **~ agreement** Handels-,

Wirtschaftsabkommen *n;* ~ **aid** Wirtschaftshilfe *f;* ~ **boom** Konjunkturaufschwung *m;* ~ **commission** Wirtschaftskommission *f;* ~ **conditions** *pl,* **situation** Wirtschaftslage *f;* ~ **control** Wirtschaftslenkung *f;* **(world)** ~ **crisis** (Welt)Wirtschaftskrise *f;* ~ **cycle** Konjunkturzyklus *m;* ~ **downswing, downturn** Konjunkturabschwung *m;* ~ **feasibility study** Wirtschaftlichkeitsanalyse *f;* ~ **fluctuations** *pl* Konjunkturschwankungen *f pl;* ~ **growth** Wirtschaftswachstum *n;* ~ **planning** gesamtwirtschaftliche Planung; ~ **policy** Wirtschaftspolitik *f;* ~ **profit** Grenzkostenergebnis *n;* ~ **recovery** Wirtschaftsbelebung *f;* ~ **refugee** Wirtschaftsflüchtling *m;* ~ **structure** Wirtschaftsstruktur *f;* ~ **union** Wirtschaftsunion *f;* ~ **upswing** Konjunkturaufschwung *m;* **econ·omi·cal** [ˌiːkəˈnɒmɪkl] *adj* wirtschaftlich, sparsam (*with* mit); **econ·omics** [ˌiːkəˈnɒmɪks] 1. *pl mit sing* Wirtschaftswissenschaften *f pl;* 2. *mit pl* Wirtschaftlichkeit *f;* **econ·om·ist** [ɪˈkɒnəmɪst] Wirtschaftswissenschaftler(in); Volkswirt(in) *m (f);* **econ·om·ize** [ɪˈkɒnəmaɪz] *itr* sparsam sein (*in, on* mit); **econ·omy** [ɪˈkɒnəmɪ] 1. Wirtschaft *f;* 2. Wirtschaftlichkeit; Sparsamkeit *f;* 3. Sparmaßnahme, Einsparung *f;* ▶ **make economies** sparen; **the state of the** ~ die Wirtschafts-, Konjunkturlage *f;* **controlled, planned** ~ Planwirtschaft *f;* **market** ~ Marktwirtschaft *f;* **national** ~ Volkswirtschaft *f;* **world** ~ Weltwirtschaft *f;* ~ **class** *aero* Touristenklasse *f;* ~ **drive** Sparaktion *f;* ~ **price** Sparpreis *m;* ~ **size** Sparpackung *f;* ~ **study** Wirtschaftlichkeitsberechnung *f.*
eco·sys·tem [ˈiːkəʊsɪstəm] Ökosystem *n.*
ec·stasy [ˈekstəsɪ] 1. Verzückung, Ekstase *f a. rel;* 2. Begeisterung(staumel *m*) *f;* **ec·static** [ɪkˈstætɪk] *adj* ekstatisch; begeistert, verzückt, hingerissen.
ecu·meni·cal [ˌiːkjuːˈmenɪkl] *s. oecumenical.*
ECU [ˈeɪkjuː, ˈiːkjuː] *Abk:* **European Currency Unit** ECU *m.*
ec·zema [ˈeksɪmə] *med* Ausschlag *m.*
eddy [ˈedɪ] I *s* Wirbel, Strudel *m;* II *itr* wirbeln, strudeln.
Eden [ˈiːdn] *rel* ▶ **the Garden of** ~ das Paradies *a. fig.*
edge [edʒ] I *s* 1. *(Klinge)* Schneide *f;* 2. Kante *f;* 3. *(Buch)* Schnitt *m;* 4. Rand *m;* 5. Ufer *n;* 6. *fam* Vorteil *m (on* vor); ▶ **at the** ~ **of** am Rande *gen;* **on** ~ hochkant; *fig* nervös, ungeduldig; **have the** ~ **on s.o.** *fam* jdm gegenüber im Vorteil, besser sein; **set s.o.'s teeth on** ~ jdm unangenehm sein; **take the** ~ **off** abschwächen; II *tr* 1. (um)säumen, ein-

fassen; 2. *(Messer)* schleifen; 3. schieben, rücken; ▶ ~ **one's way through** sich zwängen durch; III *itr* sich e-n Weg bahnen; sich schieben, vorrücken; IV *(mit Präposition)* **edge away** *itr* sich davonmachen; ▶ ~ **away from s.o.** von jdm abrücken; **edge forward** *itr* sich vorschieben, vorrücken; **edge off** *itr* ab-, wegrücken; **edge·ways, edge·wise** [ˈedʒweɪz, ˈedʒwaɪz] *adv* 1. seitwärts, von der Seite; 2. hochkant; ▶ **get a word in** ~ zu Worte kommen.
edg·ing [ˈedʒɪŋ] Rand, Saum *m;* Borte *f.*
edgy [ˈedʒɪ] *adj fig* nervös, gereizt.
ed·ible [ˈedɪbl] I *adj* eß-, genießbar; II *s pl* Lebensmittel *n pl.*
edict [ˈiːdɪkt] Erlaß *m;* Edikt *n.*
edi·fi·ca·tion [ˌedɪfɪˈkeɪʃn] *fig* Erbauung *f.*
edi·fice [ˈedɪfɪs] Bauwerk *n a. fig.*
edify [ˈedɪfaɪ] *tr* (geistig) erbauen; **edifying** [−ɪŋ] *adj* erbaulich.
edit [ˈedɪt] *tr* 1. *(Buch)* herausgeben; 2. *(Zeitung)* redigieren; 3. *film* zusammenstellen; 4. *EDV (Daten)* edi(ti)eren, aufbereiten; **edi·tion** [ɪˈdɪʃn] 1. *(Buch)* Ausgabe *f;* 2. Auflage *f;* ▶ **morning, evening** ~ Morgen-, Abendausgabe *f;* **pocket** ~ Taschenausgabe *f;* **edi·tor** [ˈedɪtə(r)] 1. Herausgeber(in) *m (f);* 2. Redakteur(in), Schriftleiter(in) *m (f);* 3. *EDV* Editor *m;* 4. *(Film)* Cutter(in) *m (f);* ▶ **chief** ~, ~ **in chief** Chefredakteur(in) *m (f);* **letter to the** ~ Leserbrief *m;* **edi·tor·ial** [ˌedɪˈtɔːrɪəl] I *adj* redaktionell; ▶ ~ **assistent** Redaktionsassistent(in) *m (f);* ~ **staff** Redaktionsstab *m;* II *s (Zeitung)* Leitartikel *m.*
edu·cate [ˈedʒʊkeɪt] *tr* erziehen, (aus-, heran)bilden; **edu·ca·ted** [ˈedʒʊkeɪtɪd] *adj* gebildet; ▶ ~ **guess** auf Tatsachen beruhende Vermutung; **edu·ca·tion** [ˌedʒʊˈkeɪʃn] 1. *(Prozeß)* Erziehung, (Aus-, Heran)Bildung *f;* 2. *(Fachgebiet)* Erziehungswissenschaft, Pädagogik *f;* ▶ **adult** ~ Erwachsenenbildung *f;* **compulsory** ~ Schulpflicht *f;* **general** ~ Allgemeinbildung *f;* **ministry of** ~ Kultusministerium *n;* **edu·ca·tional** [ˌedʒʊˈkeɪʃənl] *adj* 1. erzieherisch; 2. pädagogisch; 3. *(Film, Spiel)* Lehr-; 4. Lehrbuch-; ▶ ~ **experience** lehrreiche Erfahrung; ~ **background** Bildungsgang *m;* Vorbildung *f;* ~ **establishment** Bildungsanstalt *f;* ~ **leave** Bildungsurlaub *m;* **edu·ca·tion(·al)·ist** [ˌedʒʊˈkeɪʃən(ə)lɪst] Pädagoge *m,* Pädagogin *f;* Erziehungswissenschaftler(in) *m (f);* **edu·ca·tor** [ˈedʒʊkeɪtə(r)] Erzieher(in) *m (f).*
EEC [iːiːˈsiː] *Abk:* **European Economic Community** *hist* EWG *f.*
eel [iːl] Aal *m.*
eerie, eery [ˈɪərɪ] *adj* schaurig, gespenstisch.

ef·face [ɪˈfeɪs] I *tr* 1. ausradieren; 2. auslöschen, streichen, tilgen *a. fig;* II *refl* sich zurückhalten.

ef·fect [ɪˈfekt] I *s* 1. Wirkung *f (on* auf); 2. Folge *f,* Ergebnis *n (of* gen); 3. Eindruck, Effekt *m;* 4. *jur* Gültigkeit *f;* 5. *tech* (Nutz)Effekt *m;* Leistung *f;* 6. *pl* Gegenstände *n pl;* Sachen *f pl;* Besitz *m,* (bewegliches) Eigentum *n,* Habe *f;* Effekten *pl;* ▶ **in** ~ in Wirklichkeit; *(Gesetz)* gültig, in Kraft; **of no** ~ wirkungslos; **to this** ~ zu dem Zweck; **a letter to the** ~ ein Brief des Inhalts; **words to that** ~ etwas in diesem Sinne; **with** ~ **from** ... mit Wirkung vom ... **come, go into, take** ~ in Kraft treten; **put into** ~ in Kraft setzen; II *tr* 1. bewirken; zustande bringen; 2. aus-, durchführen; **ef·fec·tive** [ɪˈfektɪv] *adj* 1. wirksam; 2. wirkungs-, eindrucksvoll; 3. tatsächlich, effektiv; ▶ **cost** ~ kostenwirksam; ~ **immediately** mit sofortiger Wirkung; **be** ~ gelten; **become** ~ in Kraft treten; **ef·fec·tive·ness** [−nɪs] Wirksamkeit *f;* ▶ **cost** ~ Kostenwirksamkeit *f;* **ef·fec·tual** [ɪˈfektʃʊəl] wirksam; gültig, in Kraft; ▶ **be** ~ die gewünschte Wirkung haben; **ef·fec·tuate** [ɪˈfektʃʊeɪt] *tr* bewirken, zustande bringen.

ef·femi·nacy [ɪˈfemɪnəsɪ] *pej* Unmännlichkeit *f;* **ef·femi·nate** [ɪˈfemɪnət] *adj pej* unmännlich, weibisch.

ef·fer·vesce [ˌefəˈves] *itr* 1. perlen, sprudeln, moussieren; aufbrausen, -wallen; 2. *fig* überschäumen; **ef·fer·vescent** [ˌefəˈvesnt] *adj* 1. sprudelnd, aufbrausend; 2. *fig* überschäumend; **ef·fer·ves·cence** [ˌefəˈvesns] 1. Sprudeln, Aufwallen *n;* 2. *fig* Munterkeit, Lebhaftigkeit *f.*

ef·fete [ɪˈfiːt] *adj* schwach; saft- und kraftlos.

ef·fi·ca·cious [ˌefɪˈkeɪʃəs] *adj* wirksam; **ef·fi·cacy** [ˈefɪkəsɪ] Wirksamkeit, Wirkungskraft *f.*

ef·fi·ciency [ɪˈfɪʃnsɪ] 1. Leistungsfähigkeit, Effizienz *f;* 2. Tüchtigkeit *f;* 3. *tech* Wirkungsgrad *m;* 4. Produktivität *f;* 5. Wirtschaftlichkeit *f;* Rentabilität *f;* ▶ ~ **bonus** Leistungszulage *f;* ~**-minded** leistungsorientiert; **ef·fi·cient** [ɪˈfɪʃnt] *adj* 1. wirksam, effizient; 2. rationell, wirtschaftlich; 3. leistungsfähig, ergiebig; 4. *(Mensch)* tüchtig, fähig.

ef·fort [ˈefət] 1. Anstrengung, Mühe *f;* 2. Kraftaufwand *m;* 3. *tech* Leistung *f;* 4. Bemühung *f;* 5. Werk *n,* Tat, Leistung *f;* ▶ **without** ~ mühelos; **be worth the** ~ der Mühe wert sein; **make every** ~ sich alle Mühe geben; **spare no** ~ keine Mühe scheuen; **ef·fort·less** [−lɪs] *adj* mühelos.

ef·front·ery [ɪˈfrʌntərɪ] Unverschämtheit, Frechheit *f.*

ef·fu·sion [ɪˈfjuːʒn] Erguß *m a. fig;* **ef·fu·sive** [ɪˈfjuːsɪv] *adj fig* überschwenglich.

EFTA [ˈeftə] *Abk:* **European Free Trade Association** EFTA *f.*

egg [eg] I *s* 1. (Hühner)Ei *n;* 2. *biol* Ei(zelle *f*) *n;* ▶ **have** ~ **on one's face** *fam* sich blamieren; **put all one's** ~**s in one basket** *fig* alles auf eine Karte setzen; **teach one's grandmother to suck** ~**s** das Ei als klüger sein als die Henne; **a bad** ~ *sl* ein Strolch, ein Taugenichts; **scrambled, boiled, fried** ~**s** *pl* Rührei *n,* gekochte Eier, Spiegeleier *n pl;* II *(mit Präposition)* **egg on** *tr* aufstacheln, -hetzen; aufmuntern; **egg cell** *biol* Eizelle *f;* **egg-cup** Eierbecher *m;* **egg-head** [ˈeghed] *fam* Intellektuelle(r) *f m;* **egg·plant** *bot* Aubergine *f;* **egg-shell** Eierschale *f;* **egg spoon** Eierlöffel *m;* **egg yolk** Eidotter *m,* Eigelb *n.*

ego [ˈegəʊ, *Am* ˈiːgəʊ] ⟨*pl* egos⟩ Ich *n;* Selbstbewußtsein *n;* **ego·cen·tric** [ˌegəʊˈsentrɪk] *adj* egozentrisch; **egoism** [ˈegəʊɪzəm] Egoismus *m;* **ego·ist** [ˈegəʊɪst] Egoist(in) *m (f);* **ego·istic(al)** [ˌegəʊˈɪstɪk(l)] *adj* egoistisch; **ego·tism** [ˈegəʊtɪzəm] Ichbezogenheit *f;* **ego·tist** [ˈegəʊtɪst] ichbezogener Mensch, Egozentriker(in) *m (f);* **ego·tis·tic(al)** [ˌegəˈtɪstɪk(l)] *adj* geltungsbedürftig; überheblich; **ego·trip** [ˈegəʊtrɪp] *fam* Egotrip *m;* ▶ **be on an** ~ sich selbst beweihräuchern.

Egypt [ˈiːdʒɪpt] Ägypten *n;* **Egyp·tian** [ɪˈdʒɪpʃn] I *adj* ägyptisch; II *s* Ägypter(in) *m (f).*

eh [eɪ] *interj* 1. nanu? hm! 2. *(unhöflich)* was?

eider [ˈaɪdə(r)] *(~ duck)* Eiderente *f;* **eider·down** [ˈaɪdədaʊn] Daunendecke *f;* Federbett *n.*

eight [eɪt] I *adj* acht; II *s* Acht *f;* ▶ **have had one over the** ~ *sl* einen sitzen haben; **eight·een** [eɪˈtiːn] *adj* achtzehn; **eighth** [eɪtθ] I *adj* achte(r, s); **eight-hour day** Achtstundentag *m;* **eight·ieth** [ˈeɪtɪəθ] I *adj* achtzigste(r, s); II *s* Achtzigstel *n;* Achtzigste(r, s); **eighty** [ˈeɪtɪ] I *adj* achtzig; II *s* Achtzig *f;* ▶ **the eighties** *pl* die achtziger Jahre.

either [ˈaɪðə(r)] I *prn, adj u.* ▶ ~ **one** eine(r, s), jede(r, s) von beiden, beide(s); **not** ... keine(r, s) von beiden; II *adv (mit Verneinung)* auch nicht; ▶ **I shall not go** ~ ich gehe auch nicht; III *conj* ▶ ~ ... **or** entweder ... oder; **it's an** ~**-or decision** hier gibt es nur ein Entweder-Oder.

ejacu·late [ɪˈdʒækjʊleɪt] *tr* 1. *(Wort)* ausstoßen; 2. *physiol* ejakulieren; **ejacu·la·tion** [ɪˌdʒækjʊˈleɪʃn] 1. *physiol* Samenerguß *m;* 2. (Auf)Schrei *m.*

eject [ɪˈdʒekt] I *tr* 1. *(Menschen)* hinaus-

werfen (*from* aus); **2.** *jur* exmittieren; **3.** *(Flammen, Rauch)* ausstoßen; *(Patrone)* auswerfen; **4.** *tech* auswerfen; *(Piloten)* herausschleudern; **II** *itr (Pilot)* den Schleudersitz betätigen; **ejec·tor** [ɪˈdʒektə(r)] *tech* Auswerfer *m;* **ejector seat** *aero* Schleudersitz *m.*
eke out [iːk aʊt] *tr* **1.** verlängern, abrunden *(with, by* durch); **2.** *(Vorrat)* strecken; ▶ ~ **a living** sich mühsam durchschlagen.
elab·or·ate [ɪˈlæbərət] **I** *adj* **1.** sorgfältig, genau ausgearbeitet; **2.** ausführlich; **3.** kunstvoll; **4.** vielgestaltig; **II** *tr* [ɪˈlæbəreɪt] sorgfältig ausarbeiten; **III** *itr* [ɪˈlæbəreɪt] genauere Einzelheiten (an)geben *(on, upon* über); näher ausführen *(on, upon s.th.* etw); **elab·oration** [ɪˌlæbəˈreɪʃn] genauere Angaben *f pl;* Einzelheiten *f pl.*
elapse [ɪˈlæps] *itr (Zeit)* vergehen, verfließen, verstreichen.
elas·tic [ɪˈlæstɪk] **I** *adj* **1.** biegsam, dehnbar; **2.** elastisch *a. fig;* ▶ ~ **band** Gummiband *n;* ~ **stockings** *pl* Gummistrümpfe *m pl;* **II** *s* Gummiband *n;* **elas·tic·ity** [ˌelæˈstɪsəti] **1.** Elastizität *f;* **2.** *fig* Spannkraft *f;* **3.** Anpassungsfähigkeit *f.*
elate [ɪˈleɪt] *tr* ▶ **be** ~**d** stolz, froh, begeistert sein; **ela·tion** [ɪˈleɪʃn] Begeisterung, Freude *f;* Stolz *m.*
el·bow [ˈelbəʊ] **I** *s* **1.** Ellbogen *m;* **2.** *tech* Knie(stück) *n;* ▶ **at one's** ~ bei der Hand, dicht dabei; **rub** ~**s with s.o.** mit jdm in nähere Berührung kommen; **II** *tr* sich bahnen *(one's way through* e-n Weg durch); ▶ ~ **s.o. out of the way** jdn zur Seite drängen; **elbow grease** *hum* **1.** (körperliche) Kraft *f;* **2.** Schufterei *f;* **elbow room** Bewegungsfreiheit *f;* Spielraum *m.*
el·der[1] [ˈeldə(r)] **I** *attr adj (unter Verwandten)* älter; **II** *s* ▶ **my** ~**s** *pl* ältere Leute als ich.
el·der[2] [ˈeldə(r)] *bot* Holunder *m.*
el·der·ly [ˈeldəli] *adj* ältlich, ältere(r).
el·der·berry [ˈeldəberi] Holunderbeere *f;* **elderberry wine** Holunderbeerwein *m.*
el·dest [ˈeldɪst] *attr adj (unter Verwandten)* älteste(r, s).
elect [ɪˈlekt] **I** *adj (nachgestellt)* designiert, zukünftig; **II** *s rel* Auserwählte(r) *f m;* **III** *tr* wählen *(president* zum Präsidenten); **elec·tion** [ɪˈlekʃn] Wahl *f;* ▶ **hold an** ~ e-e Wahl durchführen; **stand for** ~ kandidieren; **election address, speech** Wahlrede *f;* **election booth** Wahlzelle *f;* **election campaign** Wahlkampf *m;* **election commission, committee** Wahlausschuß *m;* Wahlkomitee *n;* **election defeat** Wahlniederlage *f;* **election day** Wahltag *m;* **elec·tion·eer** [ɪˌlekʃəˈnɪə(r)] *itr*

Wahlpropaganda treiben; **elec·tion·eer·ing** [ɪˌlekʃəˈnɪərɪŋ] Wahlpropaganda *f;* Wahlkampf *m;* **election manifesto** Wahlprogramm *n;* **election meeting** Wahlversammlung *f;* **election platform, program(me)** Wahlprogramm *n;* **election poster** Wahlplakat *n;* **election results, returns** *pl* Wahlergebnis *n.*
elec·tive [ɪˈlektɪv] **I** *adj* **1.** Wahl-; **2.** *(Schule) Am* wahlfrei; **II** *s (Schule) Am* Wahlfach *n.*
elec·tor [ɪˈlektə(r)] **1.** *Br* Wähler(in) *m (f);* **2.** *Am* Wahlmann *m;* ▶ **E**~ *hist* Kurfürst *m;* **elec·toral** [ɪˈlektərəl] *adj* Wahl-; ▶ ~ **ballot** Wahl-, Abstimmungsergebnis *n;* ~ **campaign** Wahlkampf *m;* ~ **college** Wahlkollegium *n; Am* Wahlmänner *m pl;* ~ **commission, committee** Wahlausschuß *m;* Wahlkomitee *n;* ~ **defeat** Wahlniederlage *f;* ~ **district** Wahlbezirk *m;* ~ **list, register, roll** Wählerliste *f;* ~ **rally** Wahlversammlung *f;* ~ **register, roll** Wählerliste *f;* ~ **system** Wahlsystem *n;* **elec·tor·ate** [ɪˈlektərət] Wähler(schaft *f*) *m pl.*
elec·tric [ɪˈlektrɪk] *adj* **1.** elektrisch; **2.** *fig* elektrisierend; ▶ ~ **arc** Lichtbogen *m;* ~ **blanket** Heizdecke *f;* ~ **light bulb** Glühbirne *f;* ~ **chair** elektrischer Stuhl; ~ **cooker** Elektroherd *m;* ~ **current** elektrischer Strom; ~ **motor** Elektromotor *m;* ~ **razor** elektrischer Rasierapparat; ~ **shock** elektrischer Schlag; *med* Elektroschock *m;* ~ **shock treatment** *med* Elektroschockbehandlung *f;* **elec·tri·cal** [ɪˈlektrɪkl] *adj* elektrisch; ▶ ~ **appliances** *pl* Elektrogeräte *n pl;* ~ **engineer** Elektroingenieur(in) *m (f);* ~ **engineering** Elektrotechnik *f;* ~ **shop** Elektrowerkstatt *f;* **elec·tri·cian** [ɪˌlekˈtrɪʃn] Elektriker(in) *m (f);* **elec·tric·ity** [ɪˌlekˈtrɪsəti] Elektrizität *f;* Strom *m;* ▶ ~ **cut** Stromsperre *f;* Stromausfall *m;* ~ **meter** Stromzähler *m;* ~ **supply** Stromversorgung *f;* ~ **works** *pl* Elektrizitätswerk *n.*
elec·tri·fi·ca·tion [ɪˌlektrɪfɪˈkeɪʃn] Elektrifizierung *f;* **elec·tri·fy** [ɪˈlektrɪfaɪ] *tr* **1.** elektrisieren *a. fig;* **2.** elektrifizieren; **3.** unter Strom setzen.
elec·tro·analy·sis [ɪˌlektrəʊəˈnælɪsɪs] Elektrolyse *f;* **elec·tro·cardio·gram** [ɪˌlektrəʊˈkɑːdɪəʊɡræm] Elektrokardiogramm, EKG *n;* **elec·tro·cute** [ɪˈlektrəkjuːt] *tr* auf dem elektrischen Stuhl hinrichten; durch elektrischen Strom töten; **elec·tro·cu·tion** [ɪˌlektrəˈkjuːʃn] Tod *m* durch Stromschlag; Hinrichtung *f* durch den elektrischen Stuhl; **elec·trode** [ɪˈlektrəʊd] Elektrode *f;* **elec·tro·en·cepha·lo·gram** [ɪˌlektrəʊenˈsefələɡræm] Elektroenzephalogramm, EEG *n;* **elec·tro·ly·sis** [ɪˌlekˈtrɒləsɪs] Elektrolyse *f;*

elec·tro·mag·net [ɪˈlektrəuˈmægnɪt] Elektromagnet *m;* elec·tro·mag·netic [ɪˌlektrəumægˈnetɪk] *adj* elektromagnetisch; elec·tron [ɪˈlektrɒn] Elektron *n;* elec·tronic [ˌɪlekˈtrɒnɪk] I *adj* elektronisch; ▶ ~ brain Elektronen(ge)hirn *n;* ~ data processing, EDP elektronische Datenverarbeitung; ~ mail *EDV* elektronische Post; ~ mailbox *EDV* elektronischer Briefkasten; ~ music elektronische Musik; II *s pl mit sing* Elektronik *f;* elec·tronics [ˌɪlekˈtrɒnɪks] Elektronik *f;* electron microscope Elektronenmikroskop *n;* elec·tro·plate [ɪˈlektrəupleɪt] *tr* galvanisieren; elec·tro·scope [ɪˈlektrəuˌskəup] Elektroskop *n;* elec·tro·ther·apy [ˌɪˌlektrəuˈθerəpɪ] Elektrotherapie *f.*
el·egance [ˈelɪgəns] Eleganz *f;* el·egant [ˈelɪgənt] *adj* elegant.
el·egiac [ˌelɪˈdʒaɪək] I *adj* elegisch; II *s pl* elegische Verse *m pl;* el·egy [ˈelədʒɪ] Elegie *f.*
el·ement [ˈelɪmənt] 1. Element *n a. math chem el;* Grundstoff *m;* 2. Bestandteil *m;* 3. Faktor, Umstand *m;* 4. *jur* Tatbestandsmerkmal *n;* 5. *tech* Bauelement, -teil *n;* ▶ the ~s *pl* die Elemente *n pl;* Anfangsgründe *m pl;* Grundlagen *f pl (e-r Wissenschaft);* die Natur(gewalten *pl*) *f;* in, out of one's ~ in seinem, nicht in seinem Element; ~ of surprise Überraschungsmoment *n;* el·emen·tal [ˌelɪˈmentl] *adj* 1. elementar; 2. urgewaltig; 3. einfach; ele·men·tary [ˌelɪˈmentərɪ] *adj* 1. elementar; einführend; 2. einfach; ▶ ~ particle Elementarteilchen *n;* ~ school Volks-, Grundschule *f;* ~ training Grundausbildung *f.*
el·eph·ant [ˈelɪfənt] Elefant *m;* ▶ white ~ nutzloser Gegenstand; Fehlinvestition *f;* el·ephan·ti·asis [ˌelɪfənˈtaɪəsɪs] *med* Elefantiasis *f;* ele·phan·tine [ˌelɪˈfæntaɪn] *adj fig* schwerfällig; el·ephant's ear *bot* Begonie *f.*
el·ev·ate [ˈelɪveɪt] *tr* 1. (hoch)heben; 2. *(Person)* befördern (*to* zu); 3. *fig* erbauen; 4. auf e-e höhere Stufe heben; el·ev·ated [ˈelɪveɪtɪd] *adj* erhaben, würdevoll, würdig; gehoben; ▶ ~ railway Hochbahn *f;* ~ motorway *Br* Hochstraße *f;* el·ev·ation [ˌelɪˈveɪʃn] 1. Erhebung *f;* 2. Anhöhe *f;* 3. Hoheit, Würde *f;* Erhabenheit *f;* 4. *geog* Höhe *f* über dem Meeresspiegel; 5. *arch* Aufriß *m;* ▶ front ~ Vorderansicht *f;* el·ev·ator [ˈelɪveɪtə(r)] 1. *aero* Höhenruder *n;* 2. *tech* Winde *f;* 3. *Am* Aufzug, Fahrstuhl *m;* 4. *Am* (Getreide)Silo *n.*
eleven [ɪˈlevn] I *adj* elf; II *s a. sport* Elf *f;* elev·enses [ɪˈlevnzɪz] *pl Br fam* zweites Frühstück; elev·enth [ɪˈlevnθ] I *adj* elfte(r, s); ▶ at the ~ hour in letzter Minute; II *s* Elftel *f;* Elfte(r, s).

elf [elf] ⟨*pl* elves⟩ [elvz] Elfe *f;* Kobold *m;* elf·ish [ˈelfɪʃ] *adj* 1. elfenhaft; 2. koboldhaft, schelmisch.
eli·cit [ɪˈlɪsɪt] *tr* ent-, hervorlocken, herausholen (*from* aus); entlocken.
el·igi·bil·ity [ˌelɪdʒəˈbɪlətɪ] 1. Wählbarkeit *f;* 2. Berechtigung *f;* eli·gible [ˈelɪdʒəbl] *adj* 1. wählbar; 2. (teilnahme)berechtigt (*for* für); geeignet; ▶ be ~ in Frage kommen; ~ bachelor gute Partie *fam.*
elim·in·ate [ɪˈlɪmɪneɪt] *tr* 1. entfernen; 2. ausscheiden, -schalten, -lassen, beseitigen (*from* aus); 3. ausschließen; 4. *math* eliminieren; 5. *(Feind, Gegner)* ausschalten, eliminieren; elim·in·ation [ɪˌlɪmɪˈneɪʃn] 1. Ausschaltung *f;* 2. Ausmerzung, Beseitigung *f;* Streichung *f;* Nichtberücksichtigung *f;* 3. *med sport* Ausscheidung *f;* elimination contest Ausscheidungswettbewerb *m.*
elite [eɪˈliːt] Elite *f;* elit·ism [eɪˈliːtɪsm] Elitedenken *n;* elit·ist [eɪˈliːtɪst] *adj* elitär.
elixir [ɪˈlɪksə(r)] Elixier *n.*
elk [elk] 1. Elch *m;* 2. *Am* Wapiti *m.*
el·lipse [ɪˈlɪps] *math* Ellipse *f;* el·lip·tic(al) [ɪˈlɪptɪk(l)] *adj* elliptisch.
elm [elm] (~ tree) Ulme *f.*
elo·cu·tion [ˌeləˈkjuːʃn] Vortragskunst, -weise *f;* Sprecherziehung *f.*
elon·gate [ˈiːlɒŋgeɪt] I *tr* verlängern; II *itr* länger werden; sich strecken.
elope [ɪˈləup] *itr* auf u. davon gehen.
elo·quent [ˈeləkwənt] *adj* 1. beredsam, redegewandt; 2. vielsagend, ausdrucksvoll (*of* für).
else [els] *adv* 1. sonst, weiter, außerdem, noch; 2. andere(r, s); ▶ anybody ~? sonst noch jemand? anything ~? sonst noch etwas? everybody ~ alle anderen; everything ~ alles andere; nobody ~ sonst niemand; nothing ~ nichts weiter; or ~ sonst, andernfalls; somebody ~ jemand anders; somewhere ~ woanders; woandershin; what ~? was noch? was sonst? was weiter? else·where [ˌelsˈweə(r)] *adv* 1. anders-, sonstwo, woanders; 2. anderswohin.
elu·ci·date [ɪˈluːsɪdeɪt] *tr* erklären, erläutern.
elu·sive [ɪˈluːsɪv] *adj* 1. ausweichend; 2. schwer zu begreifen(d), zu (er)fassen(d).
elv·ish [ˈelvɪʃ] *s.* elfish.
em·aci·ated [ɪˈmeɪʃɪeɪtɪd] *adj* abgemagert.
ema·nate [ˈeməneɪt] *itr* 1. ausfließen, -strömen; 2. ausstrahlen, ausgehen (*from* von); 3. *fig* herrühren, herstammen (*from* von).
eman·ci·pate [ɪˈmænsɪpeɪt] *tr* 1. emanzipieren; 2. befreien; eman·ci·pated [—ɪd] *adj* 1. emanzipiert; 2. *(Sklave)* frei(gelassen); eman·ci·pa·tion [ɪˌmænsɪˈpeɪʃn] Emanzipation *f.*

em·balm [ɪmˈbɑːm] *tr* (ein)balsamieren.
em·bank·ment [ɪmˈbæŋkmənt] 1. Ufermauer *f*, Damm *m;* 2. Uferstraße *f.*
em·bargo [ɪmˈbɑːgəʊ] ⟨*pl* -bargoes⟩ 1. Embargo *n;* 2. *fig* Sperre *f;* ▶ **under an** ~ mit einem Embargo belegt; **lay, put an** ~ **on** ein Embargo verhängen über; **export, import** ~ Aus-, Einfuhrsperre *f.*
em·bark [ɪmˈbɑːk] I *tr* einschiffen; verladen *(for* nach); an Bord nehmen; II *itr* 1. sich einschiffen *(for* nach); 2. abreisen, -fahren *(for* nach); 3. *fig* anfangen *(upon* mit); **em·bar·ka·tion** [ˌembɑːˈkeɪʃn] Einschiffung *f;* Verladung *f.*
em·bar·rass [ɪmˈbærəs] *tr* 1. in Verlegenheit, aus der Fassung bringen; 2. (be)hindern; lästig sein *(s.o.* jdm); 3. in finanzielle Schwierigkeiten bringen; **em·bar·rassed** [ɪmˈbærəst] *adj* 1. in Verlegenheit; verlegen; 2. in Geldverlegenheit; **em·bar·rass·ing** [—ɪŋ] *adj* peinlich, unangenehm; **em·bar·rass·ment** [—mənt] 1. Verlegenheit *f;* 2. Geldverlegenheit *f;* ▶ **be an** ~ **to s.o.** jdn blamieren.
em·bassy [ˈembəsɪ] *pol* Botschaft *f.*
em·bed [ɪmˈbed] *tr* einbetten, einlagern; ▶ **be** ~**ded** eingebettet, *fig* fest verankert sein *(in* in); ~ **in concrete** einbetonieren.
em·bel·lish [ɪmˈbelɪʃ] *tr* verschönern, ausschmücken *a. fig.*
em·ber [ˈembə(r)] verglühendes Stück Holz *od* Kohle; *pl* Glut *f.*
em·bezzle [ɪmˈbezl] *tr* unterschlagen; **em·bezzle·ment** [—mənt] Unterschlagung *f;* **em·bezzler** [ɪmˈbezlə(r)] Veruntreuer(in) *m (f).*
em·bit·ter [ɪmˈbɪtə(r)] *tr* verbittern; *(Verhältnis)* vergiften.
em·blem [ˈembləm] Sinnbild, Symbol, Emblem *n.*
em·bodi·ment [ɪmˈbɒdɪmənt] Verkörperung *f;* **em·body** [ɪmˈbɒdɪ] *tr* 1. verkörpern; Gestalt geben *(s.th.* e-r S); 2. ausdrücken; 3. enthalten, einschließen.
em·bo·lism [ˈembəlɪzm] *med* Embolie *f.*
em·boss [ɪmˈbɒs] *tr* 1. erhaben arbeiten; 2. *(dünnes Metall, Leder)* bossieren, prägen.
em·brace [ɪmˈbreɪs] I *tr* 1. umarmen; 2. *(Gelegenheit, Beruf)* ergreifen; 3. *(Glauben, Angebot)* annehmen; 4. *(Hoffnung)* hegen; 5. umgeben, einschließen *a. fig;* 6. *fig* enthalten, umfassen; II *s* Umarmung *f.*
em·bro·ca·tion [ˌembrəˈkeɪʃn] Einreibemittel *n.*
em·broider [ɪmˈbrɔɪdə(r)] *tr* 1. besticken; 2. *fig* ausschmücken; **em·broidery** [ɪmˈbrɔɪdərɪ] 1. Stickerei *f;* 2. *fig* Ausschmückung *f.*
em·bryo [ˈembrɪəʊ] ⟨*pl* -bryos⟩ Embryo *m;* ▶ **in** ~ *fig* in den Anfängen; **em·bry·onic** [ˌembrɪˈɒnɪk] *adj* 1. *physiol* embryonal; 2. *fig* (noch) unentwickelt.
emend [ɪˈmend] *tr* verbessern, berichtigen.
em·er·ald [ˈemərəld] I *s* Smaragd *m;* II *adj* smaragdgrün.
emerge [ɪˈmɜːdʒ] *itr* 1. auftauchen; 2. entstehen *(from, out of* aus); 3. *fig* in Erscheinung treten, sichtbar werden; bekannt werden.
emerg·ency [ɪˈmɜːdʒənsɪ] Dringlichkeits-, Notfall *m;* Notlage *f;* ▶ **in an** ~, **in case of** ~ im Not-, im Ernstfall; **provide for emergencies** für Notfälle Vorsorge treffen; **state of** ~ Notstand *m;* ~ **aid** Soforthilfe *f;* ~ **brake** Notbremse *f;* ~ **call** Notruf *m;* ~ **door, exit** Notausgang *m;* ~ **dressing** Notverband *m;* ~ **landing** *aero* Notlandung *f;* ~ **measure** Notmaßnahme *f;* ~ **power** *el* Notstrom *m;* ~ **power generator** *el* Notstromaggregat *n;* ~ **ration** eiserne Ration; ~ **sale** Notverkauf *m;* ~ **seat** Notsitz *m;* ~ **service** Not-, Hilfsdienst *m;* ~ **stop** Vollbremsung *f;* ~ **tank** Reservetank *m;* ~ **telephone** Notrufsäule *f.*
emerg·ent [ɪˈmɜːdʒənt] *adj (Land)* aufstrebend.
em·ery [ˈemərɪ] *min* Schmirgel *m;* **emery board** Papiernagelfeile *f;* **emery paper** Schmirgelpapier *n.*
em·etic [ɪˈmetɪk] Brechmittel *n.*
emi·grant [ˈemɪgrənt] Auswanderer *m,* -wand(r)erin *f,* Emigrant(in) *m (f);* **emi·grate** [ˈemɪgreɪt] *itr* auswandern, emigrieren *(from* aus; *to* nach); **emi·gra·tion** [ˌemɪˈgreɪʃn] Auswanderung, Emigration *f.*
emi·nence [ˈemɪnəns] 1. (An)Höhe *f;* 2. Ansehen *n,* Berühmtheit *f;* ▶ **E**~ *rel* Eminenz *f;* **emi·nent** [ˈemɪnənt] *adj* hervorragend, bedeutend, ausgezeichnet *(in* in; *for* durch); *(Person)* angesehen, berühmt; **emi·nent·ly** [—lɪ] *adv* in hohem Maße.
em·iss·ary [ˈemɪsərɪ] Bote *m,* Botin *f,* Abgesandte(r) *f m.*
emission [ɪˈmɪʃn] 1. *fin* Ausgabe, Emission *f;* 2. *phys* Emission, Ausstrahlung *f; (Wärme, Schall)* Abgabe *f;* 3. Ausströmen *n;* Ausfluß, Austritt *m;* 4. (Samen)Erguß *m.*
emit [ɪˈmɪt] *tr* 1. ausströmen, ausfließen lassen; ausstrahlen; abgeben; 2. *(Gebrüll)* ausstoßen; 3. *fin* in Umlauf setzen.
emo·tion [ɪˈməʊʃn] 1. Erregung, (innere) Bewegung, Erregtheit *f;* 2. (starkes) Gefühl *n;* **emo·tional** [ɪˈməʊʃənl] *adj* 1. gefühlsbetont; 2. (leicht) erregbar; 3. gefühlvoll; **emo·tion·less** [—lɪs] *adj* gefühllos.
emot·ive [ɪˈməʊtɪv] *adj* gefühlserre-

gend.
em·pa·thy ['empəθɪ] Einfühlung(svermögen n) f.
em·peror ['empərə(r)] Kaiser m.
em·pha·sis ['emfəsɪs] Nachdruck m, Betonung f (on auf); ▶ **put, lay ~ on s.th.** großes Gewicht auf etw legen; **em·pha·size** ['emfəsaɪz] tr Nachdruck legen auf; hervorheben, unterstreichen; **em·phatic** [ɪm'fætɪk] adj 1. emphatisch; nachdrücklich, betont; 2. eindeutig; 3. entscheidend, auffallend; ▶ **be ~ about s.th.** etw nachdrücklich betonen.
em·pire ['empaɪə(r)] 1. Reich n; 2. Macht f; 3. fig Imperium n.
em·piri·cal [ɪm'pɪrɪkl] adj empirisch; erprobt.
em·ploy [ɪm'plɔɪ] tr 1. gebrauchen, benutzen; an-, verwenden; 2. beschäftigen (in mit); 3. (Arbeitskraft) an-, einstellen; einsetzen; ▶ **be ~ed in doing s.th.** damit beschäftigt sein, etw zu tun; **be ~ed part-time** teilzeitbeschäftigt sein; **em·ployee** [‚ɪmplɔi'i:] Arbeitnehmer(in) m (f); Angestellte(r) f m; **em·ployer** [ɪm'plɔɪə(r)] Unternehmer(in); Arbeitgeber(in) m (f); ▶ **~'s contribution** Arbeitgeberanteil m; **em·ploy·ment** [ɪm'plɔɪmənt] 1. Beschäftigung f; 2. Verwendung f; 3. Arbeit(sverhältnis n), Stellung f; ▶ **out of ~** arbeits-, stellungslos; **full ~** Vollbeschäftigung f; **full-time ~** Ganztagsbeschäftigung f; **permanent ~** Dauerbeschäftigung f, feste(s) Anstellung(sverhältnis n) f; **~ agency, bureau** Arbeitsvermittlung f; **~ contract** Arbeitsvertrag m; **~ exchange** Arbeitsamt n; **~ freeze** Einstellungssperre f, Einstellungsstopp m.
em·por·ium [ɪm'pɔːrɪəm] 1. Handelsplatz m; Markt m; 2. Warenhaus n.
em·power [ɪm'paʊə(r)] tr berechtigen, ermächtigen (to do zu tun).
em·press ['emprɪs] Kaiserin f.
emp·ti·ness ['emptɪnɪs] Leere f; **empty** ['emptɪ] I adj 1. leer; leerstehend; 2. fig inhaltslos, leer; ▶ **on an ~ stomach** auf nüchternen Magen; **feel ~** Hunger haben; sich innerlich leer fühlen; **~ of** ohne; II s pl Leergut n; III tr (**~ out**) (aus-, ent)leeren; IV itr 1. sich leeren; 2. (Fluß) sich ergießen, münden (into in); **empty-handed** [‚emptɪ'hændɪd] adj mit leeren Händen; **empty-headed** [‚emptɪ'hedɪd] adj hohlköpfig; **empty phrase** Leerformel f; **empty weight** Eigen-, Leergewicht n.
emu·late ['emjʊleɪt] tr nacheifern (s.o. jdm); wetteifern (s.o. mit jdm); **emu·la·tion** [‚emjʊ'leɪʃn] Nacheiferung f; Wetteifer m.
emul·si·fier [ɪ'mʌlsɪfaɪə(r)] Emulgator m; **emul·sify** [ɪ'mʌlsɪfaɪ] tr emulgieren; **emul·sion** [ɪ'mʌlʃn] 1. Emulsion f; 2. (~

paint) Emulsionsfarbe f.
en·able [ɪ'neɪbl] tr 1. in den Stand setzen, befähigen (to do zu tun); 2. ermöglichen, möglich machen (s.o. to jdm zu); 3. berechtigen, ermächtigen (to zu); ▶ **be ~d to** in der Lage sein zu; **en·abling act** jur Ermächtigungsgesetz n.
en·act [ɪ'nækt] tr 1. verfügen, verordnen; (Gesetz) erlassen; 2. theat aufführen; (Rolle) spielen; **en·act·ment** [—mənt] Erlaß m (e-s Gesetzes).
en·amel [ɪ'næml] I s 1. Emaille f; Glasur f; Nagellack m; 2. (Zahn)Schmelz m; II tr emaillieren.
en·amour [ɪ'næmə(r)] tr ▶ **be, become ~ed of** verliebt sein, sich verlieben in; versessen sein, werden auf.
en·camp [ɪn'kæmp] I tr (in e-m Lager) unterbringen; II itr ein Lager aufschlagen; **en·camp·ment** [—mənt] (Zelt)Lager n; Lagern n.
en·case [ɪn'keɪs] tr ▶ **be ~d in** eingehüllt sein in.
en·cepha·li·tis [‚ensefə'laɪtɪs] Gehirnentzündung, Enzephalitis f.
en·chant [ɪn'tʃɑːnt] tr verzaubern; ▶ **be ~ed** entzückt sein (by, with über); **en·chanter** [ɪn'tʃɑːntə(r)] Zauberer m; **en·chant·ing** [—ɪŋ] adj faszinierend; bezaubernd, entzückend; **en·chant·ment** [—mənt] 1. Zauber m; 2. Entzücken n; **en·chant·ress** [ɪn'tʃɑːntrɪs] 1. Zauberin f; 2. bezaubernde Frau.
en·cipher [ɪn'saɪfə(r)] tr verschlüsseln.
en·circle [ɪn'sɜːkl] tr 1. ein-, umschließen; 2. umgeben (with mit); 3. umzingeln, umfassen; **en·circle·ment** [—mənt] Einkesselung f; Einkreisung f.
en·close [ɪn'kləʊz] tr 1. umgeben, einschließen (in in); 2. (e-m Brief) beilegen; **en·closed** [ɪn'kləʊzd] adj ▶ **please find ~** in der Anlage erhalten Sie; **~ area** umbauter Raum; **en·clos·ure** [ɪn'kləʊʒə(r)] 1. Einzäunung f; 2. Gehege; 3. (Brief) Anlage f.
en·code [ɪn'kəʊd] tr verschlüsseln.
en·compass [ɪn'kʌmpəs] tr 1. ein-, umschließen; 2. umfassen.
en·core ['ɒŋkɔː(r)] Dakapo n; Zugabe f.
en·coun·ter [ɪn'kaʊntə(r)] I tr 1. (unerwartet) treffen; 2. (Schwierigkeiten) stoßen auf; II s 1. Begegnung f; 2. Gefecht n; ▶ **~ group** Selbsterfahrungsgruppe f.
en·cour·age [ɪn'kʌrɪdʒ] tr 1. ermutigen; 2. bestärken (in in); unterstützen, helfen (s.o. jdm); 3. begünstigen, fördern; **en·cour·age·ment** [—mənt] 1. Ermutigung f; 2. Unterstützung f, Förderung f; 3. Ansporn m (to für); **en·cour·ag·ing** [ɪn'kʌrɪdʒɪŋ] adj ermutigend; vielversprechend.
en·croach [ɪn'krəʊtʃ] itr 1. (unberechtigt) übergreifen (on, upon auf); eingreifen (on, upon in); 2. beeinträchtigen,

verletzen (*on, upon s.th.* etw); **en‧croach‧ment** [—mənt] **1.** Über-, Eingriff *m;* **2.** Beeinträchtigung *f.*
en‧cum‧ber [ɪn'kʌmbə(r)] *tr* **1.** (be)hindern, belasten; **2.** *fig (Grundstück mit e-r Hypothek)* belasten; ▶ **be ~ed** überfüllt sein (*with* mit); belastet sein (*with debts* mit Schulden).
en‧cy‧clo‧p(a)edia [ɪn,saɪklə'piːdɪə] Enzyklopädie *f;* **en‧cy‧clo‧p(a)edic** [ɪn,saɪklə'piːdɪk] *adj* enzyklopädisch.
end [end] **I** *s* **1.** Ende *n;* Schluß *m;* **2.** Ende *n,* Rest *m;* Stummel *m;* **3.** Zweck *m,* Ziel *n,* Absicht *f;* **4.** Ergebnis *n,* Folge, Konsequenz *f;* ▶ **at the ~** am Ende; **at an ~** beendet; **a few loose ~s** einige Kleinigkeiten; **for, to this ~** zu diesem Zweck; **in the ~** schließlich, am Ende; **no ~ of** unendlich viel(e) ...; sehr groß; endlos; **on ~** aufrecht, aufgerichtet; *(Kiste)* hochkant; ohne Unterbrechung; **~ on** mit dem Ende voran; **to the ~ that** zu dem Zweck, daß; damit; **without ~** endlos; **be at an ~** zu Ende sein; **be at a loose ~** *fam* gerade nichts (Besonderes) vorhaben; **come to an ~** zu Ende gehen; **keep one's ~ up** seinen Mann stehen; **put an ~ to** ein Ende, Schluß machen mit; **make ~s meet** gerade (mit seinem Geld) auskommen; **stand on ~** *(Haare)* zu Berge stehen, sich sträuben; **there is no ~ to it** es nimmt kein Ende; **the ~ justifies the means** *prov* der Zweck heiligt die Mittel; **~ of the month** Monatsende *n;* **~-of-season sale** Saisonschlußverkauf *m;* **~-of-year adjustment** Rechnungsabgrenzung *f;* **II** *tr* beenden; beschließen; **III** *itr* **1.** enden; zu Ende sein, gehen; Schluß machen; **2.** sein Leben beschließen; ▶ **~ in s.th.** mit etw enden; **IV** *(mit Präposition)* **end off** *tr* zum Abschluß bringen; **end up** *itr* landen; schließlich werden zu; enden; ▶ **~ up doing s.th.** schließlich etw tun; **~ up with the wrong thing** schließlich das Falsche haben.
en‧dan‧ger [ɪn'deɪndʒə(r)] *tr* gefährden.
en‧dear‧ing [ɪn'dɪərɪŋ] *adj* gewinnend, einnehmend; **en‧dear‧ment** [ɪn'dɪəmənt] **1.** Zärtlichkeit *f;* **2.** *(term of ~)* Kosewort *n.*
en‧deav‧our, *Am* **en‧dea‧vor** [ɪn'devə(r)] **I** *itr* sich bemühen, sich anstrengen; **II** *s* Anstrengung *f (to do, at doing* etw zu tun).
en‧demic [en'demɪk] *adj* endemisch.
end‧ing ['endɪŋ] **1.** Ende *n;* Ausgang *m;* **2.** *gram* Endung *f.*
en‧dive ['endɪv, *Am* 'endaɪv] *bot* Endivie *f,* Endiviensalat *m.*
end‧less ['endlɪs] *adj* **1.** endlos, ohne Ende *a. pej tech;* **2.** unendlich; ▶ **~ belt** Transport-, Förderband *n.*
en‧dorse [ɪn'dɔːs] *tr* **1.** indossieren; **2.**

(auf dem Führerschein) einen Strafvermerk eintragen; **3.** billigen, zustimmen, beipflichten (*s.th.* e-r S); **4.** unterstützen, sich anschließen (*s.th.* an etw); **en‧dorsee** [ɪn,dɔː'siː] *fin* Indossat(ar) *m;* **en‧dorse‧ment** [—mənt] **1.** *fin* Indossament *n;* **2.** *(im Führerschein)* Strafvermerk *m;* **3.** Bestätigung, Billigung, Zustimmung *f;* **4.** *(Versicherung)* Nachtrag *m;* **en‧dorser** [ɪn'dɔːsə(r)] Indossant *m.*
en‧dow [ɪn'daʊ] *tr* **1.** ausstatten; **2.** stiften; ▶ **be ~ed with** begabt sein mit; **en‧dow‧ment** [—mənt] **1.** Ausstattung, Dotierung *f;* **2.** Stiftung *f;* **3.** Begabung *f,* Talent *n,* Anlage *f;* ▶ **~ fund** Stiftungsvermögen *n;* **~ insurance** Erlebensversicherung *f;* **~ mortgage** Versicherungsdarlehen *n.*
end-paper ['endpeɪpə(r)] Vorsatzpapier, -blatt *n;* **end product** Endprodukt *n;* **end result** Endergebnis *n.*
en‧dur‧able [ɪn'djʊərəbl] *adj* erträglich; **en‧dur‧ance** [ɪn'djʊərəns] Ausdauer, Geduld *f;* (Stand)Festigkeit *f;* ▶ **past, beyond ~** nicht auszuhalten(d), unerträglich; **~ test** Belastungsprobe *f;* **en‧dure** [ɪn'djʊə(r)] **I** *tr* **1.** ertragen, aushalten; **2.** durchmachen; *(verneint)* ausstehen; **II** *itr* Bestand haben; durchhalten.
en‧ema ['enɪmə] *med* **1.** Einlauf *m,* Klistier *n;* **2.** Klistierspritze *f.*
en‧emy ['enəmɪ] Feind *m;* ▶ **make enemies** sich Feinde machen; **he is his own worst ~** er schadet sich selbst am meisten.
en‧er‧getic [,enə'dʒetɪk] *adj* energisch, tatkräftig, energiegeladen; **en‧er‧gize** ['enədʒaɪz] *tr* **1.** Energie verleihen (*s.o.* jdm); **2.** *el* Energie liefern an; **en‧ergy** ['enədʒɪ] **1.** Arbeitskraft, Tatkraft, Energie *f;* **2.** *phys* Kraft, Energie *f;* **3.** *pl* (persönliche) Kraft *f,* Kräfte *f pl;* ▶ **~ conscious** energiebewußt; **~ consumption** Energieverbrauch *m;* **~ crisis** Energiekrise *f;* **~ demand** Energiebedarf *m;* **~ gap** Energielücke *f;* **~ policy** Energiepolitik *f;* **~ saving** energiesparend; **~ shortage** Energieknappheit *f;* **~ supplies** *pl* Energievorräte *m pl;* **~ supply company** Energieversorgungsunternehmen *n.*
en‧er‧vate ['enəveɪt] *tr* schwächen; entnerven; **en‧er‧va‧ting** [—ɪŋ] *adj* nervenaufreibend.
en‧feeble [ɪn'fiːbl] *tr* ▶ **be ~d by** geschwächt sein durch.
en‧force [ɪn'fɔːs] *tr* **1.** erzwingen (*upon s.o.* von jdm); Geltung verschaffen (*s.th.* e-r S); **2.** durchsetzen, durchführen; **3.** *jur* vollstrecken; **en‧force‧able** [—əbl] *adj* vollstreckbar, erzwingbar, einklagbar; **en‧force‧ment** [—mənt] **1.** Erzwingung *f;* (gewaltsame) Durchsetzung *f;* **2.** *(Urteil)* Vollstreckung *f;* **3.**

(Forderung) Geltendmachung *f;* ► ~ **order** Vollstreckungsbescheid *m.*

en·fran·chise [ɪnˈfræntʃaɪz] *tr* 1. befreien *a. fig;* 2. das Bürgerrecht, Wahlrecht zuerkennen *(s.o.* jdm).

en·gage [ɪnˈgeɪdʒ] I *tr* 1. verpflichten; 2. *(sein Wort)* verpfänden; 3. an-, einstellen, engagieren; 4. *(Zimmer)* sich nehmen; 5. *(in e-e S)* verwickeln, dazu bringen; 6. in Anspruch nehmen; *(die Aufmerksamkeit)* fesseln; 7. *(Truppen)* einsetzen; 8. *tech* einrücken, kuppeln; ► ~ **a gear** einen Gang einlegen; ~ **the clutch** kuppeln; ~ **o.s. to do s.th.** sich verpflichten, etw zu tun; II *itr* 1. sich verpflichten *(to do* zu tun); 2. sich einlassen *(in* auf), sich abgeben *(with* mit); sich beschäftigen, sich befassen *(with* mit); 3. *tech* ineinandergreifen; **engaged** [ɪnˈgeɪdʒd] *adj* 1. verlobt; 2. beschäftigt, nicht zu sprechen; 3. *(Platz)* belegt; 4. *tele* besetzt; 5. *tech* gekuppelt; ► **be** ~ 1. damit beschäftigt sein *(in doing s.th.* etw zu tun); 2. verlobt sein; **become** ~ **to s.o.** sich mit jdm verloben; ~ **couple** Verlobte *pl;* ~ **signal, tone** *tele* Besetztzeichen *n;* **en·gage·ment** [ɪnˈgeɪdʒmənt] 1. Verpflichtung *f;* 2. Verlobung *f (to* mit); 3. Abmachung, Vereinbarung *f;* 4. Verabredung *f;* Termin *m;* 5. Beschäftigung, (An)Stellung, Stelle *f,* Engagement *n;* 6. *tech* Einkuppeln *n;* 7. *mil* Gefecht *n;* 8. *meist pl fin com* (finanzielle) Verpflichtungen, Verbindlichkeiten *f pl;* ► **meet, carry out one's** ~**s** seinen Verpflichtungen nachkommen; **I have a previous** ~ ich bin schon verabredet; **engagement book, diary** Terminkalender *m;* **engagement ring** Verlobungsring *m;* **en·gag·ing** [ɪnˈgeɪdʒɪŋ] *adj* gewinnend, gefällig; reizend, reizvoll.

en·gen·der [ɪnˈdʒendə(r)] *tr* hervorrufen, verursachen, erzeugen.

en·gine [ˈendʒɪn] 1. Maschine *f;* Motor *m;* Triebwerk *n;* 2. *rail* Lokomotive *f;* ► **start, shut off the** ~ den Motor anlassen, abstellen; ~ **block** Motorblock *m;* ~ **bonnet,** *Am* **hood** Motorhaube *f;* ~ **driver** Lok(omotiv)führer(in) *m (f);* ~ **failure** *tech* Maschinenschaden *m; mot* Motorschaden *m;* ~ **room** *mar* Maschinenraum *m;* ~ **trouble** Motorstörung *f;* **en·gin·eer** [ˌendʒɪˈnɪə(r)] I *s* 1. Ingenieur(in), Techniker(in) *m (f);* Maschinist(in) *m (f);* 2. *mil* Pionier *m;* 3. *Am* Lok(omotiv)führer(in) *m (f);* II *tr* 1. planen, konstruieren, bauen; 2. *fig fam* geschickt einfädeln, organisieren; **en·gin·eer·ing** [ˌendʒɪˈnɪərɪŋ] 1. Ingenieurwesen *n;* Technik *f;* 2. *(mechanical* ~*)* Maschinenbau *m;* 3. *fam* Manipulation *f;* Organisation *f;* ► **civil** ~ Hoch- und Tiefbau *m;* **electrical** ~ Elektrotechnik *f;* ~ **and design department** technische

Abteilung und Konstruktionsbüro; **human** ~ *Anwendung f psychologischer Erkenntnisse auf betriebliche menschliche Probleme;* **industrial** ~ Fertigungstechnik *f;* ~ **manager** technische(r) Direktor(in) *m f;* **engineering works** *mit sing od pl* Maschinenfabrik *f.*

Eng·land [ˈɪŋglənd] England *n;* **English** [ˈɪŋglɪʃ] I *adj* englisch; ► **the** ~ **Channel** der Ärmelkanal; **he's** ~ er ist Engländer; II *s* (das) Englisch(e), die englische Sprache; ► **the** ~ *pl* die Engländer *m pl;* **in plain** ~ schlicht u. einfach (ausgedrückt); *fig* unverblümt; **Eng·lish·man** [—mən] ⟨*pl* -men⟩ Engländer *m;* **Eng·lish·woman** [—wumən] ⟨*pl* -women⟩ [—wɪmɪn] Engländerin *f.*

en·grave [ɪnˈgreɪv] *tr* 1. (ein)gravieren *(on* in); 2. *fig* fest einprägen *(on, upon* in); **en·graver** [ɪnˈgreɪvə(r)] Graveur(in), Stecher(in), Radierer(in), (Holz)Schneider(in) *m (f);* **en·grav·ing** [ɪnˈgreɪvɪŋ] 1. Gravieren, Radieren *n;* 2. (Kupfer-, Stahl)Stich *m,* Radierung *f;* 3. *(wood* ~*)* Holzschnitt *m.*

en·gross [ɪnˈgrəʊs] *tr* ganz in Anspruch nehmen; ausschließlich beschäftigen; ► **be** ~**ed** ganz vertieft sein *(in* in); ausschließlich beschäftigt sein *(in* mit).

en·gulf [ɪnˈgʌlf] *tr* verschlingen.

en·hance [ɪnˈhɑːns] *tr* 1. steigern; erhöhen, vergrößern; 2. verschönern.

enigma [ɪˈnɪgmə] Rätsel *n fig;* **enigmatic(al)** [ˌenɪgˈmætɪk(l)] *adj* rätselhaft, unerklärlich, mysteriös.

en·joy [ɪnˈdʒɔɪ] I *tr* genießen; sich erfreuen *(s.th.* an etw, e-r S); sich freuen *(seeing* zu sehen); ► **how are you** ~**ing London?** wie gefällt es Ihnen in London? II *refl* sich gut unterhalten, sich amüsieren; ► ~ **yourself!** viel Vergnügen! **en·joy·able** [—əbl] *adj* angenehm; unterhaltsam; **en·joy·ment** [ɪnˈdʒɔɪmənt] 1. Freude *f,* Spaß *m;* 2. *jur* Genuß *m.*

en·large [ɪnˈlɑːdʒ] I *tr* vergrößern; verbreitern; ausweiten, ausdehnen; erweitern; II *itr* sich vergrößern; sich ausdehnen; sich erweitern; ► ~ **(up)on** näher eingehen auf; **en·large·ment** [—mənt] Vergrößerung *f bes. phot;* Erweiterung, Ausdehnung *f.*

en·lighten [ɪnˈlaɪtn] *tr fig* aufklären, belehren *(on, as to* über); **en·lightened** [ɪnˈlaɪtnd] *adj* aufgeklärt; **en·lightenment** [—mənt] Aufklärung *f;* ► **the E**~ *hist* die Aufklärung.

en·list [ɪnˈlɪst] I *tr* 1. *mil* anwerben; *mar* anmustern; 2. *(Hilfe)* in Anspruch nehmen; 3. interessieren *(for* an); II *itr* 1. sich freiwillig melden *(in the navy* zur Marine); 2. eintreten *(in* für).

en·liven [ɪnˈlaɪvn] *tr* 1. beleben, aufmuntern; **2.** *fig* er-, aufheitern.

en·mesh [ɪn'meʃ] *tr fig* ▶ be ~ed in verstrickt sein in.

en·mity ['enmətɪ] Feindschaft *f.*

en·noble [ɪ'nəʊbl] *tr* adeln *a. fig,* in den Adelsstand erheben.

enor·mity [ɪ'nɔːmətɪ] **1.** Ungeheuerlichkeit *f;* **2.** Greuel *m;* **3.** *fig* großer Umfang; **enor·mous** [ɪ'nɔːməs] *adj* riesig, enorm, gewaltig, ungeheuer.

enough [ɪ'nʌf] **I** *adv* genug, genügend; ▶ **good** ~! sehr gut! **likely** ~ sehr wahrscheinlich, höchstwahrscheinlich; **true** ~ nur zu wahr; **sure** ~ freilich, gewiß, allerdings; **surprisingly** ~ überraschenderweise; **well** ~ ziemlich *od* ganz gut; nicht schlecht; **be kind** ~ **to come** sei so gut und komm! **he's good** ~ **in his way** er ist nicht übel; **II** *adj* aus-, hinreichend, hinlänglich, genügend; ▶ **more than** ~ mehr als genug; **be** ~ genug sein, genügen, langen; **I had** ~ **to do** ich hatte genug, alle Hände voll zu tun; **that's quite** ~ mir langt's jetzt.

en·quire, **en·quiry** [ɪn'kwaɪə(r), ɪn'kwaɪərɪ] *s.* inquire, inquiry.

en·rage [ɪn'reɪdʒ] *tr* wütend, rasend machen; **en·raged** [ɪn'reɪdʒd] *adj* wütend, aufgebracht, entrüstet *(at, by, with über).*

en·rap·ture [ɪn'ræptʃə(r)] *tr* hinreißen, bezaubern.

en·rich [ɪn'rɪtʃ] *tr* **1.** reicher machen *a. fig;* **2.** *fig* bereichern, befruchten; **3.** anreichern.

en·rol, *Am* **en·roll** [ɪn'rəʊl] **I** *tr* **1.** eintragen, registrieren; **2.** anwerben; **II** *itr* **1.** sich einschreiben, sich immatrikulieren lassen; **2.** Mitglied werden; **en·rol·ment,** *Am* **en·roll·ment** [—mənt] **1.** Beitrittserklärung *f;* **2.** Hörer-, Schülerzahl *f.*

en route [ˌɒn'ruːt] *adj* auf dem Weg *(to, for* nach).

en·semble [ɒn'sɒmbl] Ensemble *n.*

en·sign ['ensən] **1.** Fahne, Flagge *f;* **2.** *Am* Leutnant *m* zur See.

en·slave [ɪn'sleɪv] *tr* **1.** versklaven, knechten; **2.** unterdrücken.

en·snare [ɪn'sneə(r)] *tr* **1.** *(in e-r Schlinge)* fangen; **2.** *fig* verstricken, umgarnen.

en·sue [ɪn'sjuː] *itr* **1.** (unmittelbar) folgen; **2.** sich ergeben *(from* aus); **en·suing** [—ɪŋ] *adj* (darauf) folgend; nächste(r, s).

en·sure [ɪn'ʃʊə(r)] *tr* **1.** (ver)sichern, sicherstellen *(against, from* gegen); **2.** garantieren *(s.th.* etw); **3.** schützen *(against* gegen).

en·tail [ɪn'teɪl] *tr* **1.** zur Folge haben, mit sich bringen *(on* für); **2.** *jur* als Erbgut vererben *(on s.o.* jdm).

en·tangle [ɪn'tæŋgl] *tr* **1.** verwickeln; **2.** hineinziehen *(in* in); verstricken *(in* in); ▶ ~ **o.s., get** ~d sich verwickeln, sich

verfangen *(in* in); **en·tangle·ment** [—mənt] *fig* Verwick(e)lung *f.*

en·ter ['entə(r)] **I** *tr* **1.** betreten; **2.** eindringen in, durchbohren; **3.** einschreiben, -tragen, auf die Liste setzen; **4.** zu Protokoll geben; **5.** *com* buchen; **6.** *EDV (Daten)* eingeben; **7.** Mitglied werden *gen od* in, aufgenommen werden in; ▶ ~ **one's name** sich eintragen, -schreiben (lassen); ~ **a protest** Einspruch, Protest erheben; **it never** ~ed **my head** das ist mir nie in den Sinn gekommen; **II** *itr* **1.** eintreten, hereinkommen; einsteigen; **2.** eindringen; **3.** *(Schiff)* einlaufen; ▶ ~ **into details** auf Einzelheiten eingehen; ~ **for an examination** sich e-r Prüfung unterziehen; ~ **for** sich melden für; **III** *(mit Präposition)* **enter into 1.** sich einlassen auf; eingehen auf; teilnehmen an; **2.** e-n Teil bilden *gen;* e-e Rolle spielen bei; **3.** *(Vereinbarung)* treffen; **4.** *(Geschäft)* (ab)schließen; **5.** *(Vergleich)* eingehen; ▶ ~ **into correspondence with** in Briefwechsel treten mit; ~ **into an engagement** e-e Verpflichtung übernehmen; ~ **into relations with** in Beziehung treten zu; **enter up** *tr* eintragen; **enter (up)on** *tr* **1.** anfangen, beginnen, in Angriff nehmen; **2.** *(Laufbahn)* einschlagen; **3.** *(Besitz, Erbe)* antreten; **4.** *(Sache)* eingehen auf; *(Thema a.)* anschneiden.

en·ter key *EDV* Enter-Taste, Eingabetaste *f.*

en·ter·prise ['entəpraɪz] **1.** Unternehmen, Vorhaben *n,* Pläne *m pl;* **2.** Unternehmen *n,* Unternehmung *f,* Geschäft *n,* Betrieb *m;* **3.** *(spirit of* ~*)* Unternehmungsgeist *m;* ▶ **free, private** ~ Privatunternehmen *n;* Privatwirtschaft *f;* freies Unternehmertum; **en·ter·prising** [—ɪŋ] *adj* unternehmungslustig, einfallsreich.

en·ter·tain [ˌentə'teɪn] *tr* **1.** unterhalten, belustigen; **2.** bewirten; einladen; **3.** *(Verdacht)* hegen; **4.** *(Ansicht)* haben, vertreten; **5.** *(Vorschlag)* in Erwägung ziehen; ▶ **they** ~ **a great deal** sie haben sehr oft Gäste; **en·ter·tainer** [ˌentə'teɪnə(r)] Unterhaltungskünstler(in) *m (f);* **en·ter·tain·ing** [—ɪŋ] *adj* unterhaltend, unterhaltsam; **en·ter·tain·ment** [—mənt] **1.** Unterhaltung *f;* Vergnügen *n;* **2.** Darbietung *f;* **3.** Bewirtung *f;* ▶ ~ **allowance** Aufwandspauschale *f;* ~ **expenses** *pl* Bewirtungsspesen *pl.*

en·thral(l) [ɪn'θrɔːl] *tr fig* fesseln.

en·throne [ɪn'θrəʊn] *tr* auf den Thron setzen.

en·thuse [ɪn'θjuːz] *itr* begeistert sein; schwärmen *(about* für, von); **en·thusiasm** [ɪn'θjuːzɪæzəm] Begeisterung *f,* Enthusiasmus *m;* **en·thusi·ast** [ɪn'θjuːzɪæst] Enthusiast(in) *m (f);*

begeisterte(r) Anhänger(in) *m f;* **en·thusi·astic** [ɪn‚θjuːzɪ'æstɪk] *adj* begeistert (*at, about* von).

en·tice [ɪn'taɪs] *tr* (an-, ver)locken, verführen, verleiten (*into s.th.* zu etw; *to do, into doing* zu tun); ▶ ~ **away** abspenstig machen (*from* von); **en·tice·ment** [—mənt] 1. Verführung *f;* (Ver)Lockung *f;* 2. Abwerbung *f;* **tic·ing** [—ɪŋ] *adj* verlockend, verführerisch.

en·tire [ɪn'taɪə(r)] *adj* 1. ganz; vollständig; 2. völlig, gesamt, total; 3. *(Zustimmung)* uneingeschränkt; **entire·ly** [—lɪ] *adv* gänzlich; ▶ ~ **different** grundverschieden; **en·tirety** [ɪn'taɪə(r)ətɪ] Gesamtheit *f;* ▶ **in its** ~ in seiner Gesamtheit, in vollem Umfang.

en·title [ɪn'taɪtl] *tr* 1. betiteln; 2. berechtigen (*to* zu); **en·titled** [ɪn'taɪtld] *adj* ▶ **be** ~ **to** Anspruch haben auf, berechtigt sein zu; ~ **to inherit, to a pension, to vote** erb-, pensions-, stimmberechtigt; **en·title·ment** [—mənt] Berechtigung *f;* Anspruch *m.*

en·tity ['entətɪ] Wesen *n;* ▶ **legal** ~ juristische Person.

ento·mol·ogy [‚entə'mɒlədʒɪ] Insektenkunde *f.*

en·trails ['entreɪlz] *pl* Eingeweide *n pl.*

en·train [en'treɪn] *tr (Truppen)* verladen.

en·trance[1] ['entrəns] 1. Eingang *m;* 2. *theat* Auftritt *m;* 3. Zugang *m* (*into* zu); Eingang(stür *f*) *m;* 4. Einfahrt *f,* Tor *n;* 5. Eintritt(sgeld *n*) *m;* ▶ **make one's** ~ eintreten; **no** ~! Eintritt verboten! **no** ~ **except on business** Unbefugten ist der Eintritt verboten.

en·trance[2] [ɪn'trɑːns] *tr* hin-, mitreißen (*with* vor); ▶ **be** ~**d by** entzückt sein von.

en·trance exam·in·ation ['entrəns ɪg‚zæmɪ'neɪʃn] Aufnahmeprüfung *f;* **entrance fee** Eintrittsgeld *n;* Aufnahme-, Einschreib(e)gebühr *f;* **entrance form** Anmeldeformular *n;* **entrance hall** Vorhalle *f;* Hausflur *m;* **entrance visa** Einreisevisum *n.*

en·trant ['entrənt] 1. Berufsanfänger(in) *m (f);* 2. *(Wettkampf)* Teilnehmer(in) *m (f).*

en·treat [ɪn'triːt] *tr* dringend bitten, ersuchen (*for* um); **en·treaty** [ɪn'triːtɪ] dringende Bitte.

en·trench [ɪn'trentʃ] *tr* verschanzen (*behind* hinter) *a. fig;* ▶ **be** ~ed sich eingebürgert haben.

entre·pre·neur [‚ɒntrəprə'nɜː(r)] Unternehmer(in) *m (f).*

en·trust [ɪn'trʌst] *tr* 1. betrauen (*s.o. with s.th.* jdn mit e-r S); 2. anvertrauen (*s.th. to s.o.* jdm etw).

en·try ['entrɪ] 1. Eintritt *m;* Einfahrt *f;* Einreise *f;* 2. *Am* Einfahrt *f;* Ein-

gang(stür *f*) *m;* 3. Eingangshalle *f,* Flur *m;* 4. *theat* Auftritt *m;* 5. Eintrag(ung *f*) *m;* (*Lexikon*) Stichwort *n;* 6. Anmeldung *f;* 7. Aufnahme *f;* 8. Antritt *m;* 9. Namensliste *f;* 10. *(bei e-m Wettkampf)* Bewerber(in) *m (f);* ▶ **as per** ~ laut Eintrag; **make an** ~ **of** s.th. etw buchen; **make an** ~ **in** eintragen in; **no** ~ kein Zugang! **credit, debit** ~ Gut-, Lastschrift *f;* **entry fee** Eintritts-, *sport* Nenngeld *n;* **entry form** Anmelde-, *sport* Nennungs-, Antragsformular *n;* **entry permit** Einreiseerlaubnis *f;* **entry·phone** ['entrɪfəʊn] Türsprech-, Wechselsprechanlage *f;* **entry regulations** *pl* Einreisebestimmungen *f pl;* **entry test** Zulassungsprüfung *f.*

en·twine [ɪn'twaɪn] *tr* 1. umschlingen, umwinden (*with* mit); 2. winden (*about, around* um).

enu·mer·ate [ɪ'njuːməreɪt] *tr* (auf)zählen; einzeln aufführen; **enu·mer·ation** [ɪ‚njuːmə'reɪʃn] (Auf)Zählung *f.*

enun·ci·ate [ɪ'nʌnsɪeɪt] I *tr* 1. klar formulieren; 2. aussprechen; 3. *(Behauptung)* aufstellen; II *itr* deutlich sprechen.

en·velop [ɪn'veləp] *tr* 1. einwickeln, -hüllen; verhüllen; 2. einschließen.

en·vel·ope ['envələʊp] 1. Decke, Hülle *f;* 2. (Brief)Umschlag *m.*

en·vi·able ['envɪəbl] *adj* beneidens-, begehrenswert; **en·vi·ous** ['envɪəs] *adj* mißgünstig, neidisch (*of* auf).

en·vi·ron·ment [ɪn'vaɪərənmənt] 1. Umgebung *f;* 2. *biol* Umwelt *f;* 3. *psych* Milieu *n;* **en·vi·ron·mental** [ɪn‚vaɪərən'mentl] *adj* ▶ ~ **awareness, consciousness** Umweltbewußtsein *n;* ~ **conditions, factors** *pl* Umweltbedingungen *f pl,* -faktoren *m pl;* ~ **influences** *pl* Umwelteinflüsse *m pl;* ~ **pollutant** Umweltgift *n;* ~ **pollution** Umweltverschmutzung *f;* **en·vi·ron·ment·alist** [ɪn‚vaɪərən'mentəlɪst] Umweltschützer(in) *m (f);* **en·virons** [ɪn'vaɪərənz] *pl* Umgebung, Umgegend *f.*

en·vis·age [ɪn'vɪzɪdʒ] *tr fig* im Geiste sehen, sich vorstellen.

en·voy ['envɔɪ] *pol* Gesandte(r) *f m.*

envy ['envɪ] I *s* Neid *m* (*at, of s.o., s.th.* auf jdn, über etw); Mißgunst *f;* ▶ **out of** ~ aus Neid; **be the** ~ **of** s.o. jds Neid erregen; II *tr* beneiden (*s.o. s.th.* jdn um etw); mißgönnen (*s.o. s.th.* jdm etw).

en·zyme ['enzaɪm] *chem* Enzym *n.*

ephem·er·al [ɪ'femərəl] *adj* kurzlebig.

epic ['epɪk] I *s* Epos *n;* II *adj* 1. episch; 2. heldenhaft.

epi·centre, *Am* **epi·cen·ter** ['epɪsentə(r)] Epizentrum *n.*

epi·cycle ['epɪsaɪkl] Epizykel *m.*

epi·demic [‚epɪ'demɪk] I *adj* epidemisch; II *s* Epidemie, Seuche *f.*

epi·der·mis [‚epɪ'dɜːmɪs] *anat* Epider-

mis, Oberhaut *f.*
epi·gram ['epɪgræm] Epigramm *n.*
epi·lepsy ['epɪlepsɪ] Epilepsie *f;* **epi-lep·tic** [,epɪ'leptɪk] **I** *adj* epileptisch; **II** *s* Epileptiker(in) *m (f).*
epi·log(ue) ['epɪlog] Epilog *m.*
Epiph·any [ɪ'pɪfənɪ] *rel* Dreikönigsfest *n.*
epis·co·pacy [ɪ'pɪskəpəsɪ] Episkopat *n* od *m;* **epis·co·pal** [ɪ'pɪskəpl] *adj* bischöflich; **Epis·co·pa·lian** [ɪ,pɪskə'peɪlɪən] Anhänger(in) *m (f)* der Episkopalkirche.
epi·sode ['epɪsəud] Episode *f;* Fortsetzung *f;* **epi·sodic** [,epɪ'sodɪk] *adj* episodisch.
epistle [ɪ'pɪsl] *rel* Epistel *f;* **epis·tol·ary** [ɪ'pɪstələrɪ] *adj* Brief-.
epi·taph ['epɪtɑːf] Grabschrift *f.*
epi·thet ['epɪθet] Beiwort, Epitheton *n.*
epit·ome [ɪ'pɪtəmɪ] ► be the ~ of s.th. die Verkörperung von etw sein; **epit-om·ize** [ɪ'pɪtəmaɪz] *tr fig* verkörpern.
ep·och ['iːpok] Epoche *f,* Zeitabschnitt *m;* **ep·och-mak·ing** ['iːpok,meɪkɪŋ] *adj* aufsehenerregend, umwälzend, bahnbrechend.
equabil·ity [ekwə'bɪlɪtɪ] *fig* (innere) Ausgeglichenheit *f,* Gleichmut *m;* **equable** ['ekwəbl] *adj* 1. gleichmäßig, gleichförmig; 2. *fig* (innerlich) ausgeglichen.
equal ['iːkwəl] **I** *adj* 1. gleich; 2. gleichgestellt; ebenbürtig (*to* dat); 3. *pol* gleichberechtigt (*to, with* s.o. jdm); 4. gewachsen (*to s.th.* e-r S); in der Lage, fähig, imstande (*to doing* zu tun); ► **in ~ parts** zu gleichen Teilen; **on ~ terms** zu gleichen Bedingungen; **be ~ to the occasion** der Lage gewachsen sein; **II** *s* Gleichgestellte(r) *(m)f;* **be the ~ of s.th., s.o.'s ~** e-r S, jdm gleich sein; **my ~s** meinesgleichen; **he has no ~** er hat nicht seinesgleichen; **III** *tr* 1. gleichen, gleich sein (*s.o., s.th.* jdm, e-r S); 2. *(Leistung)* erreichen; gleichkommen (*s.o.* jdm); *sport* gleichziehen (*s.th.* mit etw); **equal·ity** [ɪ'kwolɪtɪ] 1. Gleichheit *f;* Gleichsetzung *f;* 2. *pol* Gleichberechtigung *f;* ► ~ **of opportunity** Chancengleichheit *f;* **equal·iz·ation** [,iːkwəlaɪ'zeɪʃn] Ausgleich *m;* **equal·ize** ['iːkwəlaɪz] *tr* ausgleichen; angleichen; ► **the equalizing goal** das Ausgleichstor; **equal·izer** ['iːkwəlaɪzə(r)] 1. *sport* Ausgleich *m;* Ausgleichstor *n;* 2. *el* Equalizer *m;* **equally** ['iːkwəlɪ] *adv* 1. gleich; 2. ebenso, genauso; **equal(s) sign** *math* Gleichheitszeichen *n.*
equa·nim·ity [,ekwə'nɪmətɪ] Gleichmut *m;* Ausgeglichenheit *f.*
equate [ɪ'kweɪt] *tr* gleichsetzen *a. math,* -stellen (*to, with* mit); **equa·tion** [ɪ'kweɪʒn] 1. *math chem* Gleichung *f;* 2. Gleichsetzung, -stellung *f.*
equa·tor [ɪ'kweɪtə(r)] Äquator *m;* **equa-**

tor·ial [,ekwə'tɔːrɪəl] *adj* äquatorial.
eques·trian [ɪ'kwestrɪən] *adj* Reiter-; Reit-; ► ~ **statue** Reiterstandbild *n.*
equi·dis·tant [,iːkwɪ'dɪstənt] *adj* gleich weit entfernt; **equi·lat·eral** [,iːkwɪ'lætərəl] *adj math* gleichseitig.
equi·lib·rium [,iːkwɪ'lɪbrɪəm] ⟨*pl* -riums, -ria⟩ [-rɪə] Gleichgewicht *n a. fig;* ► **in ~** im Gleichgewicht.
equi·noc·tial [,iːkwɪ'nokʃl] *adj* Äquinoktial-; **equi·nox** ['iːkwɪnoks] Tagundnachtgleiche *f.*
equip [ɪ'kwɪp] *tr* 1. ausrüsten, -statten; 2. vorbereiten (*to* zu); ► **be well ~ped for a job** das nötige Rüstzeug für einen Beruf haben; **equip·ment** [-mənt] 1. Ausstattung, Ausrüstung *f;* 2. Einrichtung *f;* 3. Ausrüstung(sgegenstände *m pl)* *f;* Gerät(schaften *pl) n;* 4. Anlage *f,* Rüstzeug *n;* 5. *com* Investitionsgüter *n pl;* ► **camping ~** Campingausrüstung *f;* **office ~** Büroeinrichtung *f.*
equi·table ['ekwɪtəbl] *adj* gerecht; **equity** ['ekwətɪ] 1. Billigkeit, Gerechtigkeit *f;* 2. *com* Eigenkapital *n;* 3. *jur* Billigkeitsrecht *n.*
equiv·al·ence [ɪ'kwɪvələns] Gleichwertigkeit *f a. chem;* Entsprechung *f;* **equiv·al·ent** [ɪ'kwɪvələnt] **I** *adj* 1. gleich(wertig); 2. gleichbedeutend (*to* mit); 3. entsprechend; ► **be ~ to s.th.** e-r S gleichkommen; e-r S entsprechen; **II** *s* 1. Gegenwert *m;* Äquivalent *n a. chem el;* 2. Gegenstück *n (of, to* zu).
equivo·cal [ɪ'kwɪvəkl] *adj* 1. mehrdeutig; 2. fragwürdig; unsicher; zweifelhaft *a. pej;* **equivo·cate** [ɪ'kwɪvəkeɪt] *itr* zweideutig reden; **equivo·ca·tion** [ɪ,kwɪvə'keɪʃn] Zwei-, Mehrdeutigkeit *f.*
era ['ɪərə] Ära *f,* Zeitalter *n a. geol.*
eradi·cate [ɪ'rædɪkeɪt] *tr* ausrotten, völlig vernichten.
erase [ɪ'reɪz] *tr* 1. ausradieren; 2. vertilgen, entfernen; 3. *fig* auslöschen (*from* aus); 4. *(Tonband) (EDV)* löschen; ► ~ **key** *EDV* Löschtaste *f;* **eraser** [ɪ'reɪzə(r)] 1. Radiergummi *m;* 2. Tafelwischer *m;* **eras·ure** [ɪ'reɪʒə(r)] 1. Radieren *n;* 2. radierte Stelle.
erect [ɪ'rekt] **I** *adj* 1. aufrecht, senkrecht; 2. aufgerichtet; 3. *physiol* erigiert; **II** *tr* 1. *(Gebäude)* errichten; aufrichten; 2. senkrecht stellen; 3. *(Maschine)* montieren; **erec·tile** [ɪ'rektaɪl] *adj physiol* erektil, erigibel; **erec·tion** [ɪ'rekʃn] 1. Errichtung *f,* Bau *m;* 2. Montage *f;* 3. Bau(werk *n) m,* Gebäude *n;* 4. *physiol* Erektion *f.*
erg [ɜːg] *phys (Arbeitseinheit)* Erg *n.*
ergo·nom·ic [,ɜːgə'nomɪk] *adj* ergonomisch; **ergo·nom·ics** [,ɜːgə'nomɪks] *pl mit sing* Ergonomie *f.*
er·mine ['ɜːmɪn] *zoo* Hermelin *n.*
erode [ɪ'rəud] *tr* 1. zerfressen, -nagen; 2. *geol* (~ **away**) auswaschen.

erogen·ous [ɪ'rɒdʒənəs] *adj physiol* erogen.

ero·sion [ɪ'rəʊʒn] 1. *geol* Erosion *f;* 2. *fig* langsamer Verlust (*of* an).

erotic [ɪ'rɒtɪk] *adj* erotisch; **eroti·cism** [ɪ'rɒtɪsɪzəm] Erotik *f.*

err [ɜ:(r)] *itr* 1. (sich) irren (*in* in); 2. *rel* fehlen.

er·rand ['erənd] Botengang *m,* Besorgung *f;* ▶ **run ~s** Botengänge, (kleine) Besorgungen machen; **errand-boy** Laufbursche *m.*

er·rant ['erənt] *adj* 1. umherstreifend; 2. sündig; fehlgeleitet; ▶ **knight ~** fahrender Ritter.

er·ratic [ɪ'rætɪk] *adj* 1. unberechenbar; 2. *(Denken)* sprunghaft; 3. *(Arbeit)* ungleichmäßig; 4. *geol* erratisch.

er·ratum [e'rɑ:təm] ⟨*pl* -rata⟩ [e'rɑ:tə] Schreib-, Druckfehler *m; pl* Druckfehler(verzeichnis *n*) *m pl.*

er·ron·eous [ɪ'rəʊnɪəs] *adj* irrig, falsch; ▶ **~ judg(e)ment** Fehlurteil *n.*

er·ror ['erə(r)] Irrtum *m,* Fehler *m,* Versehen *n;* ▶ **by trial and ~** durch Ausprobieren; **in ~, through an ~** versehentlich, irrtümlich; **be in ~** im Irrtum sein; **free from ~** fehlerfrei, -los; **error message** *EDV* Fehleranzeige, Fehlermeldung *f;* **error-prone** ['erə(r)prəʊn] *adj* fehleranfällig; **error rate** Fehlerquote *f.*

eru·dite ['eru:daɪt] *adj* gelehrt; **eru·dition** [ˌeru:'dɪʃn] Gelehrsamkeit *f.*

erupt [ɪ'rʌpt] *itr* 1. hervorbrechen; 2. *(Vulkan, Streit, Krieg)* ausbrechen; 3. *(Haut)* e-n Ausschlag bekommen; 4. *(Person)* explodieren; **erup·tion** [ɪ'rʌpʃn] 1. Ausbruch *m;* 2. (Haut)Ausschlag *m.*

es·ca·late ['eskəleɪt] **I** *itr* 1. *(Preise)* ansteigen; 2. *pol* sich ausweiten; **II** *tr* 1. ausweiten, eskalieren; 2. *(Preise)* sprunghaft steigen lassen; **es·ca·lation** [ˌeskə'leɪʃn] Eskalation *f;* **es·ca·la·tor** ['eskəleɪtə(r)] Rolltreppe *f.*

es·ca·lope ['eskələp] Schnitzel *n.*

es·ca·pade [ˌeskə'peɪd] toller, dummer Streich.

es·cape [ɪ'skeɪp] **I** *itr* 1. entfliehen, flüchten, entweichen, entkommen (*from* aus); 2. entgehen (*from s.th.* e-r S), davonkommen (*with* mit); 3. *(Flüssigkeit, Gas)* ausströmen, auslaufen (*from* aus); 4. entschlüpfen, entschwinden (*from* dat); **II** *tr* 1. entfliehen (*s.th.* e-r S); ausweichen (*s.th.* e-r S), vermeiden; 2. *(Name)* entfallen (*s.o.* jdm); **III** *s* 1. Flucht *f;* Entkommen *n;* 2. Rettung *f (from* von); 3. Fluchtweg *m;* 4. *tech* undichte Stelle; ▶ **have a narrow ~** mit knapper Not davonkommen; **~ attempt** Fluchtversuch *m;* **~ chute** *aero* Notrutsche *f;* **~ notice** unbemerkt bleiben; **~ -valve** Sicherheitsventil *n;* **~ velocity**

Fluchtgeschwindigkeit *f (aus dem Schwerefeld);* **es·capee** [ˌɪskeɪ'pi:] entwichene(r) Gefangene(r) *f m;* **es·capism** [ɪ'skeɪpɪzəm] Flucht *f* aus der Wirklichkeit, Eskapismus *m;* **es·capist** [— ɪst] Aussteiger(in) *m (f).*

es·carp·ment [ɪ'skɑ:pmənt] Steilabhang *m;* Böschung *f.*

es·chew [ɪ'stʃu:] *tr* 1. (ver)meiden, ausweichen (*s.th.* e-r S); 2. unterlassen; sich enthalten (*s.th.* e-r S).

es·cort ['eskɔ:t] **I** *s* 1. Begleiter *m;* 2. Begleitschutz *m;* **II** *tr* [ɪ'skɔ:t] 1. begleiten; 2. decken, eskortieren.

es·cutcheon [ɪ'skʌtʃən] Wappen(schild) *n;* ▶ **have a blot on one's ~** *fig* keine reine Weste haben.

Es·kimo ['eskɪməʊ] ⟨*pl* -kimo(e)s⟩ Eskimo *m,* Eskimofrau *f.*

esopha·gus [i:'sɒfəgəs] *s. oesophagus.*

eso·teric [ˌesəʊ'terɪk] *adj* esoterisch.

es·pecial [ɪ'speʃl] *adj* 1. besondere(r, s); 2. un-, außergewöhnlich; **es·pecial·ly** [ɪ'speʃəlɪ] *adv* (ganz) besonders, vor allem.

espion·age ['espɪənɑ:ʒ] Spionage *f;* ▶ **industrial ~** Werkspionage *f.*

es·pla·nade [ˌesplə'neɪd] Esplanade, (Ufer)Promenade *f.*

es·pousal [ɪ'spaʊzl] Parteiergreifung, -nahme *f (of* für); **es·pouse** [ɪ'spaʊz] *tr* Partei ergreifen, eintreten für.

es·presso [e'spresəʊ] ⟨*pl* -pressos⟩ Espresso *m.*

Esq., Es·quire [ɪ'skwaɪə(r), *Am* 'eskwaɪər] *(Höflichkeitsfloskel nach dem Namen auf Briefen),* Herrn.

es·say[1] [e'seɪ] **I** *tr* versuchen; erproben; **II** *s* Versuch *m (at s.th.* an e-r S; *at doing s.th.* etw zu tun).

es·say[2] ['eseɪ] Essay *m od n;* Aufsatz *m;* **es·say·ist** [— ɪst] Essayist(in) *m (f).*

es·sence ['esns] 1. Wesen *n (e-r Sache);* 2. (das) Wesentliche; 3. Essenz *f;* ▶ **in ~** (im) wesentlich(en); **be of the ~** sehr wesentlich, wichtig sein; **es·sen·tial** [ɪ'senʃl] **I** *adj* 1. wesentlich (*to* für); 2. unentbehrlich; (lebens)notwendig, unerläßlich; ▶ **~ goods** *pl* Güter *n pl* des täglichen Bedarfs; **not ~** nicht unbedingt erforderlich; **II** *s* (das) Wesentliche, Wichtigste, Notwendigste; Hauptsache *f;* wesentliche Umstände *m pl;* ▶ **~s of life** *pl* das Lebensnotwendige; **es·sen·tial·ly** [ɪ'senʃəlɪ] *adv* (im) wesentlich(en), in der Hauptsache.

es·tab·lish [ɪ'stæblɪʃ] **I** *tr* 1. er-, einrichten, gründen; 2. *(Geschäft)* eröffnen; 3. *(Regelung)* einführen; *(Verbindung)* herstellen, aufnehmen; 4. *(Theorie)* aufstellen; 5. *(Ordnung)* herstellen; 6. *(Frieden)* stiften; 7. *(Autorität)* sich verschaffen; 8. *(Regierung)* bilden; 9. *(Rekord)* aufstellen; 10. *(Ausschuß)* einsetzen; 11. be-, nachweisen, begründen; 12.

(Fakten) ermitteln; **13.** Geltung verschaffen *(s.th. e-r S)*; **II** *refl* sich niederlassen, sich selbständig machen *(as a grocer* als Lebensmittelhändler); ein Geschäft gründen; **es·tab·lished** [ɪ'stæblɪʃt] *adj* **1.** feststehend; **2.** *(Ruf)* gesichert; **3.** *(Brauch)* althergebracht; **4.** *(Gesetze)* geltend; *(Ordnung)* bestehend; ▶ E~church Staatskirche *f;* **es·tab·lish·ment** [ɪ'stæb[i]ʃmənt] **1.** Er-, Einrichtung, Gründung *f;* Eröffnung *f;* **2.** *(Regierung)* Bildung *f;* **3.** Fest-, Klarstellung *f;* Begründung *f;* Beweis *m;* **4.** Haus(halt *m) n,* Wohnung *f;* **5.** Geschäft(shaus) *n,* Firma *f,* Unternehmen *n,* Betrieb *m;* **6.** Anstalt, Institution *f;* **7.** (Verwaltungs-, Beamten)Apparat, Personalbestand *m;* Truppenstärke *f;* **8.** Br (das) Establishment; ▶ **educational** ~ Lehranstalt *f;* **industrial** ~ Industrieunternehmen *n.*

es·tate [ɪ'steɪt] **1.** Besitz *m,* Eigentum, Vermögen *n;* **2.** Grund-, Landbesitz *m,* (Land)Gut *n,* Besitzung *f;* **3.** Besitzrecht *n;* **4.** Nachlaß *m,* Hinterlassenschaft, Erbmasse *f;* **5.** *(bankrupt's ~)* Konkursmasse *f;* **6.** Stand, Rang *m;* ▶ **family** ~ Familienbesitz *m;* **housing** ~ Wohnsiedlung *f;* **leasehold** ~ Pachtgrundstück *n;* **real** ~ Grundbesitz *m;* Immobilien *pl;* **estate agent** Grundstücksmakler(in) *m (f);* **estate car** Kombi(wagen) *m;* **estate duty,** Am **tax** Erbschaftssteuer *f.*

es·teem [ɪ'sti:m] **I** *tr* **1.** hochschätzen, sehr schätzen; **2.** ansehen als, erachten für; **II** *s* (Hoch)Achtung *f (for, of* vor); Wertschätzung *f (for, of* gen); Ansehen *n.*

es·ti·mable ['estɪmǝbl] *adj* schätzens-, achtenswert; abschätzbar.

es·ti·mate ['estɪmeɪt] **I** *tr* **1.** (ab-, ein)schätzen; taxieren; **2.** veranschlagen *(at* auf); **3.** beurteilen; **II** *itr* schätzen; **III** *s* ['estɪmǝt] **1.** (Ab)Schätzung, Bewertung *f;* **2.** Kostenvoranschlag *m;* **3.** *(Lage)* Beurteilung *f;* **4.** statistische Meßzahl; ▶ **at, on a rough** ~ grob überschlagen; **rough** ~ Überschlag *m;* ~ **of damages** Schadensberechnung *f;* **es·ti·ma·ted** ['estɪmeɪtɪd] *adj* **1.** geschätzt; **2.** voraussichtlich; ▶ ~ **cost** Sollkosten *pl;* ~ **time of arrival, ETA** *aero* voraussichtliche Ankunftszeit; ~ **useful life** geschätzte Nutzungsdauer; ~ **value** Taxwert *m;* **es·ti·ma·tion** [ˌestɪ'meɪʃn] **1.** Beurteilung *f;* **2.** Ansicht, Meinung *f;* **3.** Hochschätzung, Achtung *f,* Respekt *m;* ▶ **in my** ~ meines Erachtens.

es·trange [ɪ'streɪndʒ] *tr* entfremden *(from s.o.* jdm); ▶ **become ~d from s.o.** sich jdm entfremden; **es·trange·ment** [—mǝnt] Entfremdung *f.*

es·tro·gen ['i:strǝʊdʒǝn] *Am* Östrogen *n.*

es·tu·ary ['estʃʊǝrɪ] Mündung *f.*

et cet·era [ɪt'setǝrǝ] *(etc.)* und so weiter, und so fort *(usw.).*

etch [etʃ] *tr, itr* **1.** *(Kunst)* radieren; **2.** ätzen *(on* auf); **3.** *fig* einprägen *(in* in); **etcher** ['etʃǝ(r)] Radierer(in) *m (f);* **etch·ing** [—ɪŋ] Radierung *f;* Kupferstich *m.*

eter·nal [ɪ'tɜ:nl] *adj* ewig; immerwährend; **eter·nal·ly** [ɪ'tɜ:nǝlɪ] *adv* **1.** für immer; **2.** *fam* ununterbrochen; **eter·nity** [ɪ'tɜ:nǝtɪ] Ewigkeit *f a. fam fig.*

ether ['i:θǝ(r)] Äther *m;* **eth·ereal** [ɪ'θɪǝrɪǝl] *adj fig* ätherisch.

ethi·cal ['eθɪkl] *adj* moralisch, ethisch; **eth·ics** ['eθɪks] *pl a. mit sing* Ethik, Moral *f.*

Ethio·pia [ˌi:θɪ'ǝʊpɪǝ] Äthiopien *n;* **Ethio·pian** [ˌi:θɪ'ǝʊpɪǝn] **I** *adj* äthiopisch; **II** *s* **1.** Äthiopier(in) *m (f);* **2.** (das) Äthiopisch(e).

ethnic ['eθnɪk] *adj* **1.** ethnisch; **2.** *(Atmosphäre)* urtümlich; **3.** *(Restaurant)* folkloristisch; **eth·nol·ogy** [eθ'nɒlǝdʒɪ] Ethnologie *f.*

ethos ['i:θɒs] Ethos *n.*

ethyl ['eθɪl] *chem* Äthyl *n.*

eti·quette ['etɪket] Etikette *f;* ▶ **breach of professional** ~ standeswidriges Verhalten.

ety·mo·logi·cal [ˌetɪmǝ'lɒdʒɪkl] *adj* etymologisch; **ety·mol·ogy** [ˌetɪ'mɒlǝdʒɪ] Etymologie *f.*

euca·lyptus [ˌju:kǝ'lɪptǝs] Eukalyptus *m;* **eucalyptus oil** Eukalyptusöl *n.*

Eu·char·ist ['ju:kǝrɪst] (das) heilige Abendmahl.

eu·logize ['ju:lǝdʒaɪz] *tr* übermäßig loben; **eu·logy** ['ju:lǝdʒɪ] Lobrede *f,* hohes Lob.

eu·nuch ['ju:nǝk] Eunuch *m.*

eu·phem·ism ['ju:fǝmɪzǝm] Euphemismus *m;* **eu·phem·is·tic** [ˌju:fǝ'mɪstɪk] *adj* euphemistisch, beschönigend.

eu·phony ['ju:fǝnɪ] Wohlklang *m.*

eu·phoria [ju:'fɔ:rɪǝ] Euphorie *f;* **eu·phoric** [ju:'fɒrɪk] *adj* euphorisch.

Eur·asia [jʊǝ'reɪʒǝ] Eurasien *n;* **Eur·asian** [jʊǝ'reɪʒn] **I** *adj* eurasisch; **II** *s* Eurasier(in) *m (f).*

Eur·at·om [jʊǝ'rætǝm] *Abk:* **European Atomic Energy Community** Euratom *f.*

eu·rhyth·mics [ju:'rɪθmɪks] *pl mit sing* Eurhythmie *f.*

Euro·cheque ['jʊǝrǝtʃek] Euroscheck *m;* **Euro·crat** ['jʊǝrǝʊkræt] Eurokrat(in) *m f;* **Euro·dol·lar** ['jʊǝrǝʊdɒlǝ(r)] Eurodollar *m.*

Europe ['jʊǝrǝp] Europa *n;* ▶ **the Council of** ~ der Europarat; **Euro·pean** [ˌjʊǝrǝ'pɪǝn] **I** *adj* europäisch; ▶ ~ **Communities** *pl* Europäische Gemeinschaften *f pl;* ~ **Coal and Steel Community** Montanunion *f;* ~ **Council** Europäischer Rat, ~ **(Economic)**

Community Europäische (Wirtschafts)Gemeinschaft, E(W)G *f;* ~ **elections** *pl* Europawahlen *f pl;* ~ **Intercity Train** EuroCity(-Zug), EC *m;* ~ **Monetary Agreement** Europäisches Währungsabkommen; ~ **Monetary System, EMS** Europäisches Währungssystem, EWS *f;* ~ **Parliament** Europaparlament *n;* **II** *s* Europäer(in) *m (f).*

eu·tha·nasia [ˌjuːθəˈneɪzɪə] Euthanasie *f.*

evacu·ate [ɪˈvækjʊeɪt] *tr* **1.** räumen; *(Bevölkerung)* evakuieren; **2.** *(Darm)* entleeren; **evacu·ation** [ɪˌvækjʊˈeɪʃn] **1.** Räumung *f a. mil;* Evakuierung *f;* **2.** (Darm)Entleerung *f;* **evacuee** [ɪˌvækjuːˈiː] Evakuierte(r) *f m.*

evade [ɪˈveɪd] *tr* **1.** aus dem Wege gehen, ausweichen *(s.th.* e-r S); **2.** sich entziehen *(s.th.* e-r S); **3.** umgehen, vermeiden *(doing s.th.* etw zu tun); **4.** *(Steuern)* hinterziehen.

evalu·ate [ɪˈvæljʊeɪt] *tr* **1.** (ab)schätzen, bewerten, taxieren; **2.** auswerten; **3.** beurteilen; **evalu·ation** [ɪˌvæljuˈeɪʃn] **1.** Abschätzung, Taxierung *f;* **2.** Wertberechnung, -bestimmung, Bewertung *f.*

evan·geli·cal [ˌiːvænˈdʒelɪkl] *adj* evangelisch; **evan·gel·ist** [ɪˈvændʒəlɪst] **1.** Evangelist(in) *m (f);* **2.** (Wander)Prediger(in) *m (f);* **evan·gelize** [ɪˈvændʒəlaɪz] **I** *tr* bekehren; **II** *itr* das Evangelium predigen.

evap·or·ate [ɪˈvæpəreɪt] **I** *tr* **1.** verdampfen lassen; **2.** *(Milch)* kondensieren; ► ~d **milk** Dosen-, Kondensmilch *f;* **II** *itr* **1.** verdampfen, verdunsten; sich verflüchtigen; **2.** *fig* (dahin)schwinden, vergehen.

evas·ion [ɪˈveɪʒn] **1.** Ausweichen *n;* Umgehen, Vermeiden *n (of* gen); **2.** Ausflucht, Ausrede *f;* **3.** *(Steuer)* Hinterziehung *f;* **evas·ive** [ɪˈveɪsɪv] *adj* **1.** ausweichend; **2.** *(Bedeutung)* schwer zu fassen(d); ► **he is so** ~ er weicht dauernd aus.

eve [iːv] Vorabend *m;* ► **on the** ~ **of** am Vorabend *gen;* (unmittelbar) vor; am Tage vor.

even [ˈiːvn] **I** *adj* **1.** eben, flach, glatt; **2.** gleichmäßig; gleichförmig; regelmäßig; **3.** *(Mensch)* ausgeglichen, ruhig; **4.** gleich (groß); **5.** *(Zahl)* gerade; **6.** *(Maßangabe)* genau; ► **be** ~ **with s.o.** mit jdm quitt sein; **break** ~ sein Geld wieder herausbekommen; **get** ~ abrechnen *(with s.o.* mit jdm); **make s.th.** ~ etw ebnen; etw glätten; ~ **score** unentschieden; **I'm** ~ **with you** wir beide sind quitt; **odd or** ~ gerade oder ungerade; **II** *tr* **1.** einebnen, gleichmachen; **2.** gleichstellen; **III** *itr* **1.** eben, auf gleicher Ebene sein; **2.** gleich sein; **IV** *(mit Präposition)* **even out** *itr* **1.** eben werden; **2.** *(Preise)* sich einpendeln; *tr* **1.** ausgleichen; **2.**

glätten; eben machen; **3.** gleichmäßig verteilen; **even up** *tr* ausgleichen; aufrunden; *(Schulden)* bezahlen; **V** *adv* **1.** sogar, selbst; **2.** gerade, genau; **3.** noch, sogar *(mit Komparativ);* **4.** nämlich; gleich; ► **never** ~ ... nie auch nur ... **not** ~ nicht einmal; selbst ... nicht; ~ **if, though** selbst wenn; wenn ... auch; ~ **now** sogar jetzt; gerade jetzt; ~ **so** trotzdem.

even·ing [ˈiːvnɪŋ] **1.** Abend *m;* **2.** Abend(veranstaltung, -gesellschaft *f) m;* ► **in the** ~ am Abend; **on Sunday** ~ Sonntag abend; **one** ~ eines Abends; **this, yesterday, tomorrow** ~ heute, gestern, morgen abend; **evening class** Abendschule *f;* Abendkurs *m;* **evening dress** Abendkleid *n;* Abendanzug *m;* **evening paper** Abendzeitung *f;* **evening star** Abendstern *m.*

even·ly [ˈiːvənlɪ] *adv* **1.** gleichmäßig; **2.** ruhig, gelassen; **even·ness** [ˈiːvnnɪs] **1.** Ausgeglichenheit *f,* Gleichmut *m;* **2.** Ebenheit *f;* **3.** Gleichmäßigkeit *f;* Regelmäßigkeit *f;* **evens** *pl* ► **it's** ~ **that** es steht 50:50, daß.

event [ɪˈvent] **1.** Ereignis, Geschehnis *n,* Begebenheit *f;* **2.** *sport* Veranstaltung *f;* Wettkampf *m;* Disziplin *f;* ► **at all** ~**s, in any** ~ auf alle Fälle, jedenfalls, sowieso; **in the** ~ **of** im Falle *gen;* bei; **in either** ~ in dem einen oder anderen Falle; **athletic** ~**s** *pl* Leichtathletikkämpfe *m pl.*

even-tem·pered [ˈiːvənˈtempəd] *adj* ausgeglichen.

event·ful [ɪˈventfl] *adj* ereignisreich.

event·ual [ɪˈventʃʊəl] *adj* schließlich; **event·ual·ity** [ɪˌventʃʊˈælɪtɪ] Möglichkeit, Eventualität *f,* Fall *m;* **event·ual·ly** [ɪˈventʃʊəlɪ] *adv* schließlich.

ever [ˈevə(r)] *adv* **1.** je(mals); **2.** immer; **3.** *fam* zum Kuckuck; unheimlich; ► **as** ~ wie immer; **for** ~ **(and** ~**)** für alle Zeiten; für immer; **hardly, scarcely** ~ kaum je, fast nie; **not** ... ~ noch nie; ~ **after, since** seitdem (immer); ~ **and again** immer wieder; ~ **so kind** unheimlich nett; **what**~**, wherever, who**~ ... ? was, wo, wer ... bloß?

ever·glade [ˈevəgleɪd] *Am* Sumpf *m;* **ever·green** [ˈevəgriːn] **1.** *bot* immergrüne Pflanze; **2.** *mus* Evergreen *m;* **ever·last·ing** [ˌevəˈlɑːstɪŋ] *adj* **1.** beständig, dauernd; **2.** unverwüstlich; **ever·more** [ˌevəˈmɔː(r)] *adv* immer; ► **for** ~ für immer.

every [ˈevrɪ] *adj* **1.** jede(r, s) (mögliche); **2.** alle; ► **each and** ~ **one** jede(r, s) einzelne; ~ **bit** genauso; ~ **now and then, now and again** ab und zu, von Zeit zu Zeit; ~ **one of them** sie alle ohne Ausnahme; ~ **other day** jeden zweiten Tag; ~ **other week** alle vierzehn Tage; **he has** ~ **reason** er hat allen

Grund; ~ **time** jedesmal; **in** ~ **way** in jeder Hinsicht; **every·body, every·one** ['evrɪbɒdɪ, 'evrɪwʌn] *prn* jeder, alle; jedermann; **everybody else** alle anderen, alle übrigen; **every·day** ['evrɪdeɪ] *attr adj* alltäglich, gewöhnlich; **every·one** ['evrɪwʌn] *s. everybody;* **every·thing** ['evrɪθɪŋ] *prn* alles; ▶ **she is** ~ **to him** sie ist sein ein und alles; ~ **new** alles Neue; **money is** ~ das Geld ist das Wichtigste; **every·where** ['evrɪweə(r)] *adv* überall; wo(hin) auch immer; ▶ ~ **I tried** wo ich es auch versucht habe.

evi·dence ['evɪdəns] 1. Beweis *m;* 2. Anhaltspunkt, Nachweis *m;* 3. *jur* Beweismaterial *n;* Beweisstück *n;* Zeugenaussage *f;* ▶ **for lack of** ~ aus Mangel an Beweisen; **in** ~ deutlich sichtbar, offenkundig; *fig* im Vordergrund; *jur* als Beweis; **be in** ~ auffallen; **call s.o. in** ~ jdn als Zeugen aufrufen; **furnish** ~ den Beweis erbringen (*of* für); **give** ~ e-e Aussage machen (*for* für; *against* gegen); **give, bear** ~ **of** Zeugnis ablegen für; deutliche Anzeichen zeigen von; **offer, tender** ~ den Beweis antreten; **produce** ~ Beweise erbringen; **King's, Queen's,** *Am* **State's** ~ Belastungsmaterial *n;* ~ **to the contrary** Gegenbeweis *m.*

evi·dent ['evɪdənt] *adj* offenkundig, augenscheinlich.

evil ['iːvl] I *adj* 1. schlecht, böse; 2. übel, schlimm; II *adv* schlecht, übel; III *s* 1. (das) Böse; Übel *n;* 2. Schlechtigkeit *f;* 3. Unheil *n;* ▶ **wish s.o.** ~ jdm Böses wünschen; **deliver us from** ~ erlöse uns von dem Bösen; **the lesser** ~ das kleinere Übel; **evil-doer** [ˌiːvl'duːə(r)] Übeltäter(in) *m (f);* **evil-minded** [ˌiːvl'maɪndɪd] *adj* 1. boshaft; 2. (*Bemerkung*) hämisch; **evil-tem·pered** [ˌiːvl'tempəd] *adj* schlechtgelaunt.

evince [ɪ'vɪns] *tr* an den Tag legen; zur Schau tragen.

evoca·tive [ɪ'vɒkətɪv] *adj* ▶ **be** ~ **of s.th.** an etw erinnern; **evoke** [ɪ'vəuk] *tr* hervorrufen, wachrufen, erinnern an.

evol·ution [ˌiːvə'luːʃn] 1. Entwicklung *f;* 2. Entfaltung, Evolution *f.*

evolve [ɪ'vɒlv] I *tr* 1. entwickeln, entfalten (*into* zu); 2. (*Plan*) ausarbeiten; II *itr* 1. sich entwickeln; 2. entstehen (*from* aus).

ewe [juː] (Mutter)Schaf *n.*

ewer ['juːə(r)] Wasserkrug *m,* -kanne *f.*

ex [eks] I *prep fin com* 1. ohne, ausschließlich; frei von; 2. ab; ▶ **price** ~ **works** Preis ab Werk; II *pref* ehemalige(r, s), frühere(r, s); III *s fam* Verflossene(r) *f m.*

ex·acer·bate [ɪg'zæsəbeɪt] *tr* 1. verschärfen, verschlimmern; 2. verbittern, verärgern.

exact [ɪg'zækt] I *adj* 1. genau, exakt; 2.

pünktlich; 3. gewissenhaft; II *tr* 1. (*Forderung*) eintreiben; 2. (*Geld*) erpressen (*from, of* von); 3. fordern, verlangen; **exact·ing** [—ɪŋ] *adj* anspruchsvoll; ▶ **be** ~ es sehr genau nehmen; viel verlangen; **exacti·tude** [ɪg'zæktɪtjuːd] Genauigkeit *f;* **exact·ly** [ɪg'zæktlɪ] *adv* 1. so ist es, allerdings; 2. genau, ganz; ▶ **not** ~ **friendly** nicht gerade freundlich; **not** ~ **sure** nicht ganz sicher; **exact·ness** [ɪg'zæktnɪs] 1. Genauigkeit *f;* 2. Pünktlichkeit *f.*

exag·ger·ate [ɪg'zædʒəreɪt] *tr, itr* übertreiben; **exag·ger·ated** [ɪg'zædʒəreɪtɪd] *adj* übertrieben; **exag·ger·ation** [ɪgˌzædʒə'reɪʃn] Übertreibung *f.*

ex·alt [ɪg'zɔːlt] *tr* 1. *fig* erhöhen; (*in e-n Stand*) erheben (*to* in); 2. preisen; **exalta·tion** [ˌegzɔː'leɪʃn] Begeisterung *f;* **ex·alted** [ɪg'zɔːltɪd] *adj* 1. hoch; 2. überschwenglich, exaltiert.

exam [ɪg'zæm] Prüfung *f;* **exam·in·ation** [ɪgˌzæmɪ'neɪʃn] 1. Prüfung *f,* Examen *n* (*in* in); 2. Untersuchung, Überprüfung *f;* Kontrolle *f;* 3. *jur* Vernehmung *f;* ▶ **(up)on** ~ bei näherer, eingehender Prüfung; **be under** ~ geprüft, vernommen, untersucht werden; **fail (in) an** ~ bei e-r Prüfung durchfallen; **pass an** ~ e-e Prüfung bestehen; **undergo an** ~ *med* sich e-r Untersuchung unterziehen; ~ **of accounts** Rechnungsprüfung *f;* ~ **of the books** Bücherrevision *f;* ~ **paper** (schriftliche) Prüfungsarbeit *f;* ~ **question** Prüfungsfrage *f;* ~ **of witnesses** Zeugenverhör *n;* **exam·ine** [ɪg'zæmɪn] *tr* 1. prüfen; 2. untersuchen; 3. besichtigen; 4. verhören, vernehmen; **exam·inee** [ɪgˌzæmɪ'niː] Prüfling *m;* (Examens)Kandidat(in) *m (f);* **exam·iner** [ɪg'zæmɪnə(r)] 1. Prüfer(in) *m (f);* 2. Revisor(in) *m (f);* 3. *jur* vernehmende(r) Richter(in) *m f;* **exam·in·ing** [ɪg'zæmɪnɪŋ] *adj* ▶ ~ **body** Prüfungsausschuß *m,* -kommission *f;* ~ **magis·trate** Untersuchungsrichter *m.*

example [ɪg'zɑːmpl] 1. Beispiel *n;* 2. Muster *n* (*of* für); 3. Vorbild *n;* 4. warnendes Beispiel; ▶ **beyond, without** ~ beispiellos; **for** ~ zum Beispiel; **be an** ~ **to s.o.** für jdn ein Beispiel sein; **give, set an** ~, **a good** ~ ein Beispiel geben, mit gutem Beispiel vorangehen; **make an** ~ **of** ein Exempel statuieren an.

exas·per·ate [ɪg'zɑːspəreɪt] *tr* verzweifeln lassen, zur Verzweiflung bringen; **exas·per·ating** [ɪg'zɑːspəreɪtɪŋ] *adj* ärgerlich; ▶ **he can be** ~ er kann einen zur Verzweiflung bringen; **exas·per·ation** [ɪgˌzɑːspə'reɪʃn] 1. Erbitterung *f;* 2. Ärger *m;* ▶ **in** ~ verzweifelt.

ex·ca·vate ['ekskəveɪt] *tr* ausbaggern, -graben; **ex·ca·va·tion** [ˌekskə'veɪʃn] 1. Ausschachtung, Ausbaggerung *f;* 2. Höhlung, Höhle *f;* 3. Ausgrabung *f;* **ex-**

ca·vator ['ekskəveɪtə(r)] Trockenbagger *m.*

ex·ceed [ɪk'siːd] *tr* 1. überschreiten; übersteigen; 2. übertreffen *(s.o.'s expectations* jds Erwartungen); **ex·ceed·ing·ly** [—ɪŋlɪ] *adv* äußerst, (ganz) besonders, außerordentlich.

ex·cel [ɪk'sel] I *tr* übertreffen, überragen *(in* in); ▶ ~ o.s. sich selbst übertreffen; II *itr* sich auszeichnen, sich hervortun *(at* bei; *in* in; *as* als); **ex·cel·lence** ['eksələns] 1. Vorzüglichkeit *f;* 2. Fähigkeit *f;* hervorragende Leistung *(at, in* in); **Ex·cel·lency** ['eksələnsɪ] *(Titel)* Exzellenz *f;* **ex·cel·lent** ['eksələnt] *adj* ausgezeichnet, hervorragend.

ex·cept [ɪk'sept] I *tr* 1. ausnehmen, ausschließen *(from* aus); 2. e-e Ausnahme machen mit; II *prep* außer, ausgenommen; ▶ ~ **for** bis auf; mit Ausnahme *gen;* III *conj fam* (je)doch; **ex·cept·ing** [—ɪŋ] *prep* außer, ausgenommen; **ex·cep·tion** [ɪk'sepʃn] 1. Ausnahme *f (to* von); 2. Einwand *m;* Einwendung *f;* Beanstandung *f;* 3. *jur* Einrede *f;* 4. Anstoß *m;* ▶ **as an ~, by way of an ~** als Ausnahme; ausnahmsweise; **with the ~ of, that** mit Ausnahme *gen;* mit der Ausnahme, daß; **with certain ~s** mit bestimmten Ausnahmen; **without ~** ausnahmslos; **be an ~ to s.th.** e-e Ausnahme von etw bilden; **make an ~ to s.th.** von etw e-e Ausnahme machen; **take ~** Anstoß nehmen *(to* an); beanstanden *(to s.th.* etw); Einwendungen erheben *(to* gegen); **the ~ proves the rule** *prov* Ausnahmen bestätigen die Regel; **ex·cep·tion·able** [ɪk'sepʃnəbl] *adj* anfechtbar; **ex·cep·tional** [ɪk'sepʃnl] *adj* außergewöhnlich; ▶ ~ **case** Ausnahmefall *m;* **ex·cep·tion·ally** [ɪk'sepʃnəlɪ] *adv* außergewöhnlich, ungewöhnlich.

ex·cerpt ['eksɜːpt] Auszug *m,* Exzerpt *n.*

ex·cess [ɪk'ses] I *s* 1. Übermaß *n (of* an); 2. Überschuß *m;* 3. *pl* Exzesse *m pl;* Ausschweifungen *f pl; pol* Ausschreitungen *f pl;* ▶ **in ~ of** mehr als, über ... hinaus; **be in ~ of** hinausgehen über, überschreiten; **carry to ~** übertreiben; über das Ziel hinausschießen *(s.th.* mit etw); ~ **of exports** Exportüberschuß *m;* ~ **of population** Bevölkerungsüberschuß *m;* ~ **of purchasing power** Kaufkraftüberhang *m;* II *adj* überschüssig; **excess amount** Mehrbetrag, Überschuß *m;* **excess baggage** Übergewicht *n (Gepäck);* **excess charge** zusätzliche Gebühr; *(Post)* Nachporto *n;* **excess expenditure** Mehrausgaben *f pl;* **ex·cess·ive** [ɪk'sesɪv] *adj* übermäßig, übertrieben; **excess production** Produktionsüberschuß *m;* **excess supply** Überangebot *n.*

ex·change [ɪk'stʃeɪndʒ] I *tr* 1. (aus-, ein-,

um)tauschen *(with* mit); 2. (aus-, einum)wechseln *(for* gegen); ▶ ~ **blows** sich schlagen; ~ **words** einen Wortwechsel haben; II *s* 1. (Aus-, Um)Tausch *m;* Tauschgeschäft *n;* 2. (Geld)Wechseln *n;* Wechselstube *f;* 3. *(foreign ~)* Valuta *f,* Devisen *pl,* ausländische Zahlungsmittel *n pl;* 4. Börse *f;* 5. *tele* Vermittlung *f;* Zentrale *f;* Fernamt *n;* 6. Wortwechsel *m;* ▶ **in ~ for** im Tausch gegen, für; als Entschädigung für; **give in ~** in Tausch geben, einwechseln; **obtain, receive in ~ for s.th.** im Tausch gegen etw erhalten; **bill of ~** Wechsel *m;* Tratte *f;* **corn, cotton ~** Getreide-, Baumwollmarkt *m,* -börse *f;* **labo(u)r ~** Arbeitsamt *n;* **rate of ~, ~ rate** Wechselkurs *m;* **stock ~** Börse *f;* ~ **of goods** Güter-, Warenaustausch *m;* ~ **of letters** Briefwechsel *m;* ~ **of views** Meinungsaustausch *m;* III *attr adj* 1. Austausch-; 2. Börsen-; Wechsel-; Devisen-; **ex·change·able** [ɪk'stʃeɪndʒəbl] *adj* austauschbar; umtauschbar; **exchange broker, dealer** Devisenmakler(in) *m (f);* **exchange control** Devisenkontrolle *f;* **exchange market** Devisenmarkt *m;* **exchange rate** Wechselkurs *f;* **exchange regulations** *pl* Devisenbestimmungen *f pl;* Börsenordnung *f;* **exchange restrictions** *pl* Devisenbeschränkungen *f pl;* **exchange student, teacher** Austauschstudent(in), -lehrer(in) *m (f);* **exchange value** Tausch-, Gegenwert *m.*

ex·chequer [ɪks'tʃekə(r)] 1. Staatskasse *f,* Fiskus *m;* 2. *fam* Geldmittel *n pl;* ▶ **the E~** *(Großbritannien)* das Schatzamt, das Finanzministerium; **the Chancellor of the E~** der Schatzkanzler, der Finanzminister.

ex·cise[1] ['eksaɪz] 1. *(~ tax)* Verbrauchssteuer *f;* 2. *Br* Abteilung *f* für indirekte Steuern; ▶ ~**-man, officer** Steuereinnehmer *m.*

ex·cise[2] [ek'saɪz] *tr* (her)ausschneiden.

ex·cit·able [ɪk'saɪtəbl] *adj* erregbar; reizbar; **ex·cite** [ɪk'saɪt] *tr* 1. hervorrufen, erregen; 2. aufregen, nervös machen; 3. begeistern; 4. *physiol* reizen, erregen; **ex·cit·ed** [ɪk'saɪtɪd] *adj* aufgeregt; erregt; ▶ **get ~** sich aufregen *(over* über); **be ~ about prospects, ideas** Aussichten aufregend finden, von Ideen begeistert sein; **ex·cite·ment** [ɪk'saɪtmənt] Aufregung *f;* Erregung *f;* Reizung *f;* **ex·cit·ing** [ɪk'saɪtɪŋ] *adj* aufregend; spannend; erregend.

ex·claim [ɪk'skleɪm] *tr, itr* 1. (aus)rufen; 2. (auf)schreien *(in pain* vor Schmerz); **ex·cla·mation** [‚eksklə'meɪʃn] Ausruf *m;* ▶ ~ **mark,** *Am* **point** Ausrufungszeichen *n.*

ex·clude [ɪk'skluːd] *tr* ausschließen; ausgrenzen *(from* aus); ▶ ~ **all possibility of doubt** jeden Zweifel ausschließen; **be**

~d nicht zugelassen, ausgeschlossen sein (*from* von); **ex·clud·ing** [ɪk'sklu:dɪŋ] *adj* nicht inbegriffen; ausgenommen; **ex·clu·sion** [ɪk'sklu:ʒn] Ausschluß *m*; Ausgrenzung *f*; ▶ **to the ~ of** unter Ausschluß *gen*; **~s** *pl* **from gross income** steuerfreie Einkünfte *f pl*; **ex·clus·ive** [ɪk'sklu:sɪv] *adj* 1. ausschließend, ausschließlich; 2. exklusiv; 3. vornehm, elegant; 4. *fam (Laden)* teuer; ▶ **~ of** ausschließlich *gen*; **be mutually ~** sich gegenseitig ausschließen; **~ agent** Alleinvertreter(in) *m (f)*; **~ report** Exklusivbericht *m*; **~ right** Exklusivrecht *n* (*to* auf).

ex·com·muni·cate [ˌekskə'mju:nɪkeɪt] *tr* exkommunizieren; **ex·com·muni·ca·tion** [ˌekskəˌmju:nɪ'keɪʃn] Exkommunikation *f*.

excre·ment ['ekskrəmənt] Kot *m*, Ausscheidung *f*; *pl* Fäkalien *pl*.

ex·cres·cence [ɪk'skresns] Auswuchs *m a. fig*; Wucherung *f*.

ex·creta [ɪk'skri:tə] *pl* Exkremente *n pl*; **ex·crete** [ɪk'skri:t] *tr physiol* ausscheiden, absondern; **ex·cre·tion** [ɪk'skri:ʃn] Ausscheidung *f*; Exkret *n*.

ex·cru·ciat·ing [ɪk'skru:ʃıeıtıŋ] *adj* qualvoll, schmerzhaft.

ex·cur·sion [ɪk'skɜ:ʃn] 1. Ausflug *m*; 2. Rundfahrt, -reise *f*; 3. (~ *trip*) Gesellschaftsfahrt *f*; ▶ **go on, make an ~** e-n Ausflug machen; **excursion ticket** verbilligte Karte; verbilligtes Ticket; **excursion train** Sonderzug *m*.

ex·cus·able [ɪk'skju:zəbl] *adj* verzeihlich; **ex·cuse** [ɪk'skju:z] I *tr* 1. entschuldigen (*for* wegen; *for being late* für das Zuspätkommen); 2. verzeihen (*s.o.* jdm); 3. Nachsicht üben gegen, in Schutz nehmen; 4. rechtfertigen, verteidigen; 5. erlassen (*s.o. from s.th.* jdm etw); befreien (*from* von); ▶ **~ me!** entschuldigen Sie! **you may be ~d** now Sie können jetzt gehen; II *refl* sich entschuldigen; III *s* [ɪk'skju:s] Entschuldigung *f*; Rechtfertigung *f*; Ausrede *f*; ▶ **in ~ of** als, zur Entschuldigung *gen*; **without ~** unentschuldigt; **make, offer an ~** sich entschuldigen (*to* bei); **make ~s for s.o.** jdn entschuldigen; **make s.th. one's ~** etw zur Entschuldigung vorbringen.

ex-di·rec·tory [ˌeksdɪ'rektərı] *adj* nicht im Telefonbuch eingetragen.

ex·ecrable ['eksɪkrəbl] *adj* abscheulich, gräßlich; **ex·ecrate** ['eksɪkreıt] *tr* 1. verfluchen, verwünschen; 2. verabscheuen.

ex·ecute ['eksɪkju:t] *tr* 1. (*Arbeit*) ausführen; (*Auftrag*) durchführen, erledigen; (*Verkauf*) tätigen; 2. (*Gesetz*) anwenden; (*Amt*) ausüben; 3. (*Urteil*) vollstrecken; (*Verbrecher*) hinrichten; 4. (*Dokumente*) unterzeichnen; (*Vertrag*) ausfertigen; (*Testament*) vollstrecken;

5. *mus* vortragen; *theat* darstellen, aufführen; **ex·ecu·tion** [ˌeksɪ'kju:ʃn] 1. Aus-, Durchführung, Erledigung *f*; 2. *jur* Vollstreckung *f*; Pfändung *f*; 3. Hinrichtung *f*; 4. Unterzeichnung, Ausfertigung *f*; 5. (*Kunst*) Ausführung, Technik *f*, Vortrag *m*, Darstellung *f*, Spiel *n*; ▶ **carry into ~, put in(to) ~** vollenden, aus-, durchführen, bewerkstelligen; **~ of contract** Vertragserfüllung *f*; **ex·ecu·tioner** [ˌeksɪ'kju:ʃnə(r)] Scharfrichter *m*.

execu·tive [ɪg'zekjutɪv] I *adj* 1. *pol* ausführend, exekutiv; 2. *com* geschäftsführend; (*Stellung*) leitend; ▶ **~ ability** Führungsqualität *f*; **~ (brief)case** Aktentasche *f*, -koffer *m*; **~ committee** Vorstand *m*; **~ suite** Vorstandsetage *f*; **~ functions** *pl* Führungsaufgaben *f pl*; **~ staff** leitende Angestellte *m pl*; II *s* 1. *pol* vollziehende Gewalt; (~ *branch*) Exekutive *f*; 2. leitende(r) Angestellte(r) *f m*; Geschäftsführer(in) *m (f)*; ▶ **top ~** Spitzenkraft *f*.

execu·tor [ɪg'zekjutə(r)] Testamentsvollstrecker(in) *m (f)*.

exemp·lary [ɪg'zemplərı] *adj* 1. musterhaft, -gültig; 2. abschreckend, exemplarisch.

exemp·lifi·ca·tion [ɪgˌzemplɪfɪ'keɪʃn] (Erläuterung *f* durch ein) Beispiel *n*; **exemp·lify** [ɪg'zemplɪfaɪ] *tr* 1. durch ein Beispiel erläutern; 2. *Am* e-e beglaubigte Abschrift anfertigen von.

exempt [ɪg'zempt] I *tr* befreien, freistellen (*from* von); II *adj* befreit, ausgenommen (*from* von); ▶ **~ from charges** spesen-, kostenfrei; **~ from duty** gebühren-, abgaben-, zollfrei; **~ from postage** portofrei; **~ from taxation** steuerfrei; von den Steuern befreit; **exemp·tion** [ɪg'zempʃn] 1. Befreiung, Freistellung *f* (*from* von); 2. *com* Steuerfreibetrag *m*; ▶ **~ from duty** Gebühren-, Abgabenfreiheit *f*; **~ from liability** Haftungsausschluß *m*; **~ from taxation** Steuerfreiheit *f*.

ex·er·cise ['eksəsaɪz] I *s* 1. Übung *f*; *mus* Etüde *f*; (*Schule*) (Schul)Aufgabe *f*; 2. Bewegung *f*; *pl* (Leibes)Übungen *f pl*; 3. *mil* Übung *f*; 4. Anwendung *f*, Gebrauch *m*; Ausübung *f*; 5. *pl Am* Feierlichkeiten *f pl*; II *tr* 1. üben; *mil* exerzieren; (*Hund*) spazierenführen; 2. praktizieren; ausüben; gebrauchen; 3. (*Geduld*) aufbringen; 4. (*Pflichten*) erfüllen; 5. ausbilden, einexerzieren; III *itr* sich üben (*in* in); sich Bewegung verschaffen; **exercise book** Heft *n*; **exer·ciser** ['eksəsaɪzə(r)] Trainingsgerät *n*, Heimtrainer *m*.

exert [ɪg'zɜ:t] I *tr* 1. anwenden; 2. (*Druck*) ausüben; 3. (*Einfluß*) aufbieten; zur Geltung bringen; II *refl* sich anstrengen; **exer·tion** [ɪg'zɜ:ʃn] 1. Anstrengung *f*; 2. Anwendung *f*; Ausübung

f; Aufbietung *f.*
ex·ha·la·tion [ˌekshəˈleɪʃn] 1. Ausatmung *f,* -atmen *n;* 2. Ausdünstung *f;* Dunst *m;* **ex·hale** [eksˈheɪl] *itr, tr* ausatmen.
ex·haust [ɪgˈzɔːst] I *tr* 1. erschöpfen; 2. aufbrauchen; 3. *(Thema)* erschöpfen(d behandeln); II *s tech mot* 1. Auspuff(rohr *n*) *m;* 2. Abgas *n;* 3. Abdampf *m;* **ex·hausted** [—ɪd] *adj* 1. aufgebraucht; 2. erschöpft; ▶ **be** ~ erschöpft sein; **exhaust fumes** *pl* Abgase *n pl;* **ex·haust·ing** [—ɪŋ] *adj* mühsam, anstrengend, ermüdend; **ex·haus·tion** [ɪgˈzɔːstʃn] 1. Verbrauchen *n;* 2. Erschöpfung, Ermattung *f;* **ex·haus·tive** [ɪgˈzɔːstɪv] *adj* erschöpfend; vollständig; **exhaust pipe** Auspuffrohr *n;* **exhaust system** Auspuff *m.*
ex·hibit [ɪgˈzɪbɪt] I *tr* 1. zeigen, sehen lassen, zur Schau stellen; 2. ausstellen; *(Ware)* auslegen; 3. *(Papiere)* vorzeigen, -legen; einreichen; 4. *jur (Klage)* ein-, vorbringen; II *itr* ausstellen; III *s* 1. Ausstellungsstück *n,* -gegenstand *m;* 2. *jur* Beweisstück *n;* **ex·hi·bi·tion** [ˌeksɪˈbɪʃn] 1. Ausstellung *f; com (Waren)* Auslage *f;* 2. Vorlage, Einreichung *f;* 3. Vorführung *f;* 4. *Br* Stipendium *n;* ▶ **make an** ~ **of o.s.** sich lächerlich machen; **put on an** ~ e-e Ausstellung veranstalten; **art** ~ Kunstausstellung *f;* **universal** ~ Weltausstellung *f;* ~ **hall** Ausstellungshalle *f;* ~ **of paintings** Gemäldeausstellung *f;* ~ **room** Ausstellungsraum *m.*
ex·hi·bi·tion·ism [ˌeksɪˈbɪʃnɪzəm] 1. Angeberei *f;* 2. *med* Exhibitionismus *m;* **ex·hi·bi·tion·ist** [ˌeksɪˈbɪʃnɪst] 1. Angeber(in) *m (f);* 2. *med* Exhibitionist(in) *m (f).*
ex·hibi·tor [ɪgˈzɪbɪtə(r)] Aussteller(in) *m (f).*
ex·hil·ar·at·ing [ɪgˈzɪləreɪtɪŋ] *adj* erhebend; **ex·hil·aration** [ɪgˈzɪləreɪʃn] erhebendes Gefühl.
ex·hort [ɪgˈzɔːt] *tr* ermahnen, mahnen; **ex·hor·ta·tion** [ˌeksɔːˈteɪʃn] (Er)Mahnung *f.*
ex·hu·ma·tion [ˌekshjuːˈmeɪʃn] Exhumierung *f;* **ex·hume** [eksˈhjuːm] *tr* exhumieren.
exi·gence, exi·gency [ˈeksɪdʒəns, ˈekzɪdʒənsɪ] 1. Dringlichkeit *f;* 2. Notwendigkeit, Notlage *f;* dringendes Bedürfnis, Erfordernis *n;* **exi·gent** [ˈeksɪdʒənt] *adj* dringend; streng.
exig·u·ous [egˈzɪgjʊəs] *adj* 1. klein, winzig; 2. dürftig.
exile [ˈeksaɪl] I *s* 1. Verbannung *f,* Exil *n;* 2. Verbannte(r) *(m)f;* ▶ **live in** ~ im Exil leben; II *tr* verbannen *(from* aus).
exist [ɪgˈzɪst] *itr* 1. bestehen, existieren; 2. leben *(on* von); auskommen *(on* mit); 3. vorkommen, vorhanden sein; ▶ **does**

that ~**?** gibt es das?; **exist·ence** [ɪgˈzɪstəns] 1. Dasein *n,* Existenz *f;* 2. Leben(sweise *f*) *n;* Vorhandensein *n;* ▶ **be in** ~ bestehen; **bring, call into** ~ ins Leben rufen; **come, spring into** ~ (plötzlich) auftreten; **exist·ent** *adj* bestehend, vorhanden; **exis·ten·tial** [ˌegzɪˈstenʃl] *adj* existentiell; **exis·ten·tial·ism** [ˌegzɪˈstenʃəlɪzəm] Existentialismus *m;* **exist·ing** [ɪgˈzɪstɪŋ] *adj* bestehend, vorhanden; ▶ **under** ~ **circumstances** unter den gegebenen Umständen
exit [ˈeksɪt] I *s* 1. *theat* Abgang *m;* 2. Ausreise *f;* 3. Ausgang *m (aus e-m Gebäude);* II *itr* 1. hinausgehen; ~ (er, sie geht) ab *(Bühnenanweisung);* 2. *EDV* Programm beenden; **exit documents** *pl* Ausreisepapiere *n pl;* **exit permit** Ausreisegenehmigung *f;* **exit visa** Ausreisevisum *n.*
ex·odus [ˈeksədəs] Auszug *m;* Abwanderung *f (of, from* aus); *bibl, fig* Exodus *m;* ▶ **mass** ~ Massenabwanderung *f;* ~ **of capital** Kapitalflucht *f.*
ex of·fi·cio [ˌeks əˈfɪʃɪəʊ] *adj, adv* von Amts wegen, dienstlich.
exon·er·ate [ɪgˈzɒnəreɪt] *tr* 1. *jur* entlasten; 2. *(von e-r Verbindlichkeit)* befreien, entbinden *(from* von); **exon·er·ation** [ɪgˌzɒnəˈreɪʃn] 1. Entlastung *f;* 2. Befreiung *f (from* von).
exor·bi·tance [ɪgˈzɔːbɪtəns] Übermaß *n;* Maßlosigkeit *f;* **exor·bi·tant** [ɪgˈzɔːbɪtənt] *adj* übertrieben, maßlos; ▶ ~ **price** Wucherpreis *m.*
ex·or·cism [ˈeksɔːsɪzəm] Exorzismus *m;* **ex·or·cist** [ˈeksɔːsɪst] Exorzist *m;* **ex·or·cize** [ˈeksɔːsaɪz] *tr* exorzieren; *(e-n bösen Geist)* austreiben *(from, out of* aus).
exotic [ɪgˈzɒtɪk] *adj* fremdartig, exotisch.
ex·pand [ɪkˈspænd] I *tr* 1. ausbreiten; (aus)dehnen; 2. vergrößern; 3. erweitern *(into* zu); II *itr* 1. sich ausdehnen *(with heat* durch Hitze); 2. sich (aus)weiten, sich erweitern, sich verbreiten; zunehmen; 3. gesprächig werden; 4. sich näher auslassen *(on* über); **ex·pand·able** [ɪkˈspændəbl] *adj* erweiterbar; ausdehnbar; **ex·pander** [ɪkˈspændə(r)] Expander *m;* **ex·panse** [ɪkˈspæns] (große) Ausdehnung *f;* weiter Raum; **ex·pan·sion** [ɪkˈspænʃn] 1. Ausdehnung *f;* Erweiterung *f a. math;* Ausweitung *f;* 2. *pol* Expansion *f;* **ex·pan·sion·ism** [ɪkˈspænʃənɪzəm] Expansionspolitik *f;* **ex·pan·sive** [ɪkˈspænsɪv] *adj* 1. dehnbar, expansiv; 2. mitteilsam.
ex·patri·ate [eksˈpætrɪeɪt] I *tr* ausbürgern; II *adj* [eksˈpætrɪət] im Ausland lebend; III *s* [eksˈpætrɪət] im Ausland Lebende(r) *m/f.*
ex·pect [ɪkˈspekt] *tr* 1. erwarten; rechnen mit; 2. zumuten *(from s.o.* jdm); 3.

annehmen, meinen, vermuten; ► **be**
~**ing** in andern Umständen sein; ~ **s.o.**
to do s.th. von jdm erwarten, daß er
etw tut; **I** ~**ed as much** das habe ich
erwartet; **I can't be** ~**ed** man kann nicht
von mir erwarten; **ex·pect·ancy**
[—ənsɪ] Erwartung *f;* ► **life** ~ Lebens-
erwartung *f;* **ex·pect·ant** [—ənt] *adj*
(er)wartend; ► ~ **mother** werdende
Mutter; **ex·pec·ta·tion** [‚ekspek'teɪʃn]
1. *oft pl* Erwartung, Aussicht(en *pl*) *f;* 2.
Anwartschaft *f* (*of* auf); ► **against,
contrary to** ~(**s**) wider Erwarten; **be-
yond** ~(**s**) über Erwarten; **in** ~ **of** in
Erwartung *gen;* **answer, come up to,
meet s.o.'s** ~**s** jds Erwartungen entspre-
chen; **fall short of s.o.'s** ~**s** jds Erwar-
tungen nicht entsprechen; ~ **of life** Le-
benserwartung *f.*
ex·pec·tor·ate [ɪk'spektəreɪt] *tr, itr* aus-
speien.
ex·pedi·ence, ex·pedi·ency [ɪk'spiːdɪ-
əns, ɪk'spiːdɪənsɪ] 1. Zweckmäßigkeit *f;*
2. eigenes Interesse; **ex·pedi·ent**
[ɪk'spiːdɪənt] I *adj* angebracht, zweck-
mäßig (*to* für); II *s* Ausweg *m;* (Not)Be-
helf *m.*
ex·pedite ['ekspɪdaɪt] *tr* 1. beschleuni-
gen; 2. absenden; **ex·pedit·ing** [—ɪŋ]
Terminüberwachung *f.*
ex·pedi·tion [‚ekspɪ'dɪʃn] Expedition *f;*
Forschungsreise *f;* Feldzug *m;* ► **go on
an** ~ auf (eine) Expedition gehen.
ex·pedi·tious [‚ekspɪ'dɪʃəs] *adj* eilig,
prompt; flink.
ex·pel [ɪk'spel] *tr* 1. ausweisen; 2. aus-
schließen (*from* aus); 3. (*Gas, Flüssig-
keit)* ausstoßen.
ex·pen·di·ture [ɪk'spendɪtʃə(r)] 1. Aus-
gabe(n *pl*) *f;* Aufwendung *f;* 2. Aufwand
m (*of* an); ► **administrative** ~ Verwal-
tungskosten *pl;* **capital** ~ Investitions-
aufwendungen *f pl;* **cash** ~ Geld-, Bar-
ausgabe *f;* **social** ~ Soziallasten *f pl.*
ex·pense [ɪk'spens] 1. Kosten *pl;* Aus-
lagen, Aufwendungen *f pl;* 2. *pl* (Un)Ko-
sten *pl,* Lasten *f pl;* 3. *pl* Auslagen *f pl,*
Spesen *pl;* ► **at s.o.'s** ~ auf jds Kosten
a. fig; **free of** ~ kosten-, spesenfrei;
bear, meet, pay the ~(**s**) die Kosten
tragen; **go to great** ~ sich in Unkosten
stürzen; **spare no** ~ keine Kosten
scheuen; **travelling** ~**s** *pl* Reisekosten
pl; **expense account** Spesenkonto *n;*
expense allowance Aufwandsent-
schädigung *f;* **ex·pens·ive** [ɪk'spensɪv]
adj kostspielig, teuer.
ex·peri·ence [ɪk'spɪərɪəns] I *s* 1. Erfah-
rung *f* (*in, of* in); 2. Praxis, Sachkenntnis
f; 3. Erlebnis *n;* 4. *com* Kenntnisse,
praktische Fertigkeiten *f pl;* ► **from** ~
aus Erfahrung; **gain** ~ Erfahrungen
sammeln; **have (a) wide** ~ über umfang-
reiche Erfahrungen verfügen; **learn by**
~ aus der Erfahrung lernen; **business** ~

Geschäftserfahrung *f;* **driving** ~ Fahr-
praxis *f;* **professional** ~ Berufserfah-
rung *f;* II *tr* 1. erfahren; erleben; 2. mit-,
durchmachen; 3. (*Verluste)* erleiden; 4.
(*Schwierigkeiten)* stoßen (auf); **ex-
peri·enced** [ɪk'spɪərɪənst] *adj* erfah-
ren, sachkundig; *com* versiert.
ex·peri·ment [ɪk'sperɪmənt] I *s* Versuch
m, Experiment *n;* II *itr* Versuche anstel-
len; experimentieren (*on* an; *with* mit);
► **animal** ~ Tierversuch *m;* **conduct an**
~ einen Versuch durchführen; **ex·peri-
men·tal** [ɪk‚sperɪ'mentl] *adj* experi-
mentell; ► **for** ~ **purposes** zu Versuchs-
zwecken; ~ **farm** Versuchsfarm *f;* ~
stage Versuchsstadium *n;* **ex·peri-
men·ta·tion** [ɪk‚sperɪmen'teɪʃn] Expe-
rimentieren *n.*
ex·pert ['eksprɜ:t] I *adj* 1. sachkundig,
-verständig; 2. geübt, geschickt (*in, at* in;
with an); ► **be** ~ **at driving** ein ausge-
zeichneter Fahrer sein; II *s* 1. Sachver-
ständige(r) *f m;* Experte *m,* Expertin *f,*
Fachmann *m,* Fachfrau *f* (*in a field* auf
e-m Gebiet); 2. Gutachter(in) *m (f);*
expert advice fachmännischer Rat;
ex·pert·ise [‚eksprɜ:'tiːz] Expertise *f;*
expert knowledge Sachkenntnis *f,*
Fachwissen *n;* **expert opinion** Sach-
verständigengutachten *n;* **experts** *pl*
Fachwelt *sing f;* **expert system** *EDV*
Expertensystem *n;* **expert witness** *jur*
sachverständiger Zeuge.
ex·pi·ate ['ekspɪeɪt] *tr* sühnen, büßen
(für); **ex·pi·ation** [‚ekspɪ'eɪʃn] Sühne *f.*
ex·pir·ation [‚ekspɪ'reɪʃn] 1. Ende *n,* Ab-
lauf *m;* 2. *fin* Verfall *m;* ► **at the** ~ **of**
nach Ablauf *gen;* **upon** ~ bei Verfall;
ex·pire [ɪk'spaɪə(r)] *itr* enden; ablaufen;
ungültig werden; **ex·piry** [ɪk'spaɪərɪ]
Ablauf *m;* **expiry date** Ablauftermin
m; Verfallsdatum *n.*
ex·plain [ɪk'spleɪn] I *tr* 1. erklären, erläu-
tern; 2. begründen, rechtfertigen; ► ~
away rechtfertigen; II *refl* seine Gründe
angeben, sich rechtfertigen; **ex·pla·na-
tion** [‚eksplə'neɪʃn] 1. Erklärung, Erläu-
terung *f;* 2. Begründung *f* (*of* für); ► **in**
~ **of** zur Erklärung *gen;* **ex·plana·tory**
[ɪk'splænətrɪ] *adj* erklärend, erläuternd.
ex·ple·tive [ɪk'spliːtɪv] Füllwort *n;* Aus-
ruf *m;* Kraftausdruck *m.*
ex·plic·able [ek'splɪkəbl] *adj* erklärbar;
ex·pli·cate ['eksplɪkeɪt] *tr* erklären.
ex·plicit [ɪk'splɪsɪt] *adj* 1. eindeutig, klar;
2. ausdrücklich; 3. (*Sprache, Filmszene)*
unverhüllt; ► **be** ~ **about s.th.** detail-
lierte Angaben über etw machen.
ex·plode [ɪk'spləʊd] I *itr* 1. explodieren
a. fig, (zer)platzen; 2. ausbrechen (*with
laughter* in Gelächter); 3. (*Mensch)* ber-
sten (*with* vor); II *tr* 1. in die Luft jagen,
sprengen; 2. *fig* zerstören; **ex·plod·ed**
[ɪk'spləʊdɪd] *adj* ► ~ **view** Ansicht *f*
der Einzelteile.

ex·ploit ['eksplɔɪt] **I** *s* Heldentat *f;* **II** *tr* [ɪks'plɔɪt] **1.** aus-, benutzen; verwerten; **2.** *min* abbauen; **3.** *pej* ausbeuten; **ex·ploi·ta·tion** [ˌeksplɔɪ'teɪʃn] **1.** Nutzung *f;* Verwertung *f;* **2.** *min* Abbau *m;* **3.** Ausnutzung *f;* Ausbeutung *f.*
ex·plo·ra·tion [ˌeksplə'reɪʃn] **1.** Erforschung *f;* **2.** Untersuchung *f a. med;* **ex·plora·tory** [ɪk'splɔrətrɪ] *adj* Forschungs-, Untersuchungs-; ▶ ~ **talks** Sondierungsgespräche *pl;* **ex·plore** [ɪk'splɔ:(r)] *tr* **1.** erforschen; **2.** untersuchen *a. med;* ▶ ~ **every possibility** jede Möglichkeit genau prüfen; **ex·plorer** [ɪk'splɔ:rə(r)] Forschungsreisende(r) *f m.*
ex·plosion [ɪk'spləʊʒn] **1.** Explosion *f;* **2.** *fig* Ausbruch *m;* ▶ ~ **of laughter** Lachanfall *m;* ~ **of wrath** Zornesausbruch *m;* **ex·plos·ive** [ɪk'spləʊsɪv] **I** *adj* **1.** explosiv *a. fig;* **2.** *fig* jähzornig; aufbrausend; **II** *s* **1.** Sprengstoff *m;* **2.** *gram* Verschlußlaut *m.*
ex·po·nent [ɪk'spəʊnənt] **1.** Vertreter(in) *m (f);* **2.** *math* Exponent *m;* **ex·po·nen·tial curve** [ˌekspəʊ'nenʃəl 'kɜ:v] Exponentialkurve *f.*
ex·port [ɪk'spɔ:t] **I** *tr* ausführen, exportieren; **II** *s* ['ekspɔ:t] Ausfuhr *f,* Export *m; pl* Ausfuhrgüter *n pl;* (Gesamt)Ausfuhr *f;* ▶ **invisible** ~s *pl* unsichtbare Ausfuhren *f pl;* **ex·port·able** [ɪk'spɔ:təbl] *adj* exportfähig; **ex·por·ta·tion** [ˌekspɔ:'teɪʃn] Ausfuhr *f,* Export *m (from* aus; *of* von); **export business** Exportgeschäft *f;* **ex·porter** [ɪk'spɔ:tə(r)] Exporteur(in) *m (f);* **export goods** *pl* Exportwaren *f pl;* **export marketing** Auslandsmarketing *n;* **export regulations** *pl* Ausfuhrbestimmungen *f pl;* **export surplus** Exportüberschuß *m;* **export trade** Exporthandel *m.*
ex·pose [ɪk'spəʊz] *tr* **1.** *(Kind)* aussetzen *a. fig (to a danger* e-r Gefahr*);* **2.** entblößen; freilegen; **3.** *fig* enthüllen, aufdecken; **4.** *(Person)* bloßstellen, entlarven *(as* als*);* **5.** *phot* belichten; **6.** *com* ausstellen, -legen, feilbieten; ▶ **be ~d for sale** zum Verkauf ausliegen; ~ **to ridicule** der Lächerlichkeit preisgeben; **ex·posed** [ɪk'spəʊzd] *adj* **1.** exponiert, gefährdet; ungeschützt; **2.** *(Waren)* ausgestellt; *(Teile)* sichtbar; **3.** *phot* belichtet; ▶ ~ **to the weather** dem Wetter ausgesetzt; **ex·po·si·tion** [ˌekspə'zɪʃn] **1.** Darlegung, -stellung *f;* Erklärung *f;* **2.** *com* Ausstellung, Schau *f.*
ex·postu·late [ɪk'spɒstjʊleɪt] *itr* protestieren; disputieren *(with s.o.* mit jdm*).*
ex·po·sure [ɪk'spəʊʒə(r)] **1.** Ausgesetztsein *n (to the rain* dem Regen*);* **2.** *fig* Enthüllung, Bloßstellung *f;* **3.** Lage *f (e-s Gebäudes);* **4.** *phot* Belichtung(szeit) *f;* **5.** Publicity *f;* ▶ **die of** ~ erfrieren;

indecent ~ Exhibitionismus *m;* Erregung *f* öffentlichen Ärgernisses; **southern** ~ Südlage *f;* **time** ~ *phot* Zeitaufnahme *f;* **exposure meter** *phot* Belichtungsmesser *m.*
ex·pound [ɪk'spaʊnd] *tr* ausführlich erörtern; erläutern.
ex·press [ɪk'spres] **I** *tr* **1.** ausdrücken, zum Ausdruck bringen, äußern; **2.** *(Zeichen)* bedeuten; **3.** durch Eilboten, als Eilgut schicken; **4.** *(Orange)* auspressen; **II** *refl* sich ausdrücken, sich verständlich machen; **III** *adj* **1.** ausdrücklich; bestimmt, unmißverständlich; **2.** Eil-, Schnell-, Expreß-; **IV** *adv (by* ~*)* durch Eilboten; als Eilgut; **V** *s* **1.** Eilbote *m;* **2.** *(*~ *train)* Schnell-, D-Zug *m;* **3.** *(*~ *bus)* durchfahrender Bus; **4.** *(*~ *delivery) Br* Eilgutzustellung, -beförderung *f;* **5.** *(*~ *company) Am* Speditionsgesellschaft *f;* **express highway** *Am* Autobahn *f.*
ex·press·ion [ɪk'spreʃn] **1.** Ausdruck *m;* Redewendung *f;* **2.** Äußerung *f;* **3.** *math* Formel *f;* ▶ **beyond, past** ~ unaussprechlich, unbeschreiblich; **facial** ~ Gesichtsausdruck *m;* **find** ~ **in** zum Ausdruck kommen in; **give** ~ **to** zum Ausdruck bringen.
ex·press·ion·ism [ɪk'spreʃənɪzəm] Expressionismus *m;* **ex·press·ion·ist** [ɪk'spreʃənɪst] Expressionist(in) *m (f).*
ex·press·ion·less [ɪk'spreʃənlɪs] *adj* ausdruckslos; **ex·press·ive** [ɪk'spresɪv] *adj* **1.** ausdrucksvoll; **2.** ausdrückend *(of s.th.* etw*).*
ex·press·ly [ɪk'spreslɪ] *adv* ausdrücklich *(for* für*).*
ex·press·way [ɪk'spresweɪ] *Am* Schnellstraße *f.*
ex·pro·pri·ate [eks'prəʊprɪeɪt] *tr* enteignen; **ex·pro·pri·ation** [eks'prəʊprɪeɪʃn] Enteignung *f.*
ex·pul·sion [ɪk'spʌlʃn] **1.** Vertreibung *f;* Ausweisung *f;* **2.** Ausschluß *m (from* aus*).*
ex·quis·ite ['ekskwɪzɪt] *adj* **1.** fein (gearbeitet); **2.** ausgezeichnet, herrlich; **3.** feinfühlig, empfindlich; **4.** *(Schmerz)* stechend.
ex·ser·vice·man [ˌeks'sɜ:vɪsmən] *⟨pl* -men*⟩* Veteran, ehemaliger Soldat *m.*
ex·tant [ek'stænt] *adj* noch vorhanden.
ex·tem·por·aneous [ekˌstempə'reɪnɪəs] *adj* unvorbereitet, aus dem Stegreif; **ex·tem·pore** [ek'stempərɪ] *adj, adv* aus dem Stegreif; improvisiert; **ex·tem·po·rize** [ɪk'stempəraɪz] **I** *itr* aus dem Stegreif sprechen; **II** *tr* improvisieren.
ex·tend [ɪk'stend] **I** *tr* **1.** (aus)dehnen, -strecken, verlängern; **2.** erweitern, verbreitern, ausbreiten; **3.** *(Geschäft, Gebäude)* ausbauen; *(Haus)* anbauen (an); **4.** *(Hand)* ausstrecken, hinhalten; **5.** *(Sympathie)* zeigen; **6.** *(Freundlichkeit)*

erweisen; **7.** *(Glückwünsche, Einladung)* aussprechen; **8.** *com* prolongieren; Frist verlängern *gen;* **9.** *(Kredit)* gewähren; **10.** *(Saldo)* vor-, übertragen; **11.** *(Urkunde)* ausfertigen; **12.** *(Küche)* verlängern, strecken; **13.** zur Höchstleistung anspornen; **II** *itr* sich erstrecken, (hinaus)reichen *(beyond* über; *to* bis); **ex·tend·ed** [—ıd] *adj* verlängert; *com* prolongiert; ▶ ~ **coverage** erweiterter Versicherungsschutz.

ex·ten·sion [ık'stenʃn] **1.** Ausdehnung, Verlängerung *f (a. zeitlich);* **2.** Erweiterung, Vergrößerung *f;* An-, Ausbau *m;* **3.** Bedeutungsumfang *m (e-s Wortes);* **4.** *(Wechsel)* Prolongation *f;* Fristverlängerung *f;* **5.** *tele* (Neben)Anschluß, Apparat *m, (österreichisch)* Klappe *f;* **6.** An-, Erweiterungsbau *m;* ▶ ~ **of business** Geschäftserweiterung, -ausweitung *f;* ~ **of credit** Kreditgewährung *f;* ~ **of leave** Nachurlaub *m;* ~ **of time** Nachfrist *f;* ~ **for payment** Stundung *f;* ~ **3295** Apparat 3295; **extension cable, cord, flex** *Br el* Verlängerungskabel *n,* -schnur *f;* **extension course 1.** *Br* weiterführender Kurs; **2.** *Am* Fernlehrgang *m;* **extension ladder** Ausziehleiter *f.*

ex·ten·sive [ık'stensıv] *adj* **1.** ausgedehnt; **2.** *fig* umfassend; **3.** *agr* extensiv.

ex·tent [ık'stent] **1.** Ausdehnung, Größe *f,* Umfang *m a. fig;* **2.** Grad *m;* Ausmaß *n;* ▶ **to a certain** ~ bis zu e-m gewissen Grad; **to such an** ~ **that** in solchem Maße, daß; **to the full** ~ in vollem Umfang; **to a great** ~ in hohem Maße; **to some** ~ bis zu e-m gewissen Grad; **to what** ~? inwieweit? **to the** ~ **of** bis zu.

ex·tenu·ate [ık'stenjʋeıt] *tr* abschwächen, mildern; **ex·tenu·ating** [—ıŋ] *adj* ▶ ~ **circumstances** *jur* mildernde Umstände *m pl;* **ex·tenu·ation** [ık,stenjʋ'eıʃn] ▶ **in** ~ **of** zur Entschuldigung *gen.*

ex·terior [ık'stıərıə(r)] **I** *adj* **1.** äußere(r, s); **2.** außerhalb gelegen *(to s.th.* e-r S); **3.** auswärtig, fremd; **II** *s* **1.** (das) Äußere; Außenseite *f;* Außenansicht *f;* **2.** (äußerer) Schein *m;* **3.** *film* Außenaufnahme *f.*

ex·ter·mi·nate [ık'stɜ:mıneıt] *tr* vertilgen, ausrotten; **ex·ter·mi·na·tion** [ık,stɜ:mı'neıʃn] Vertilgung, Ausrottung *f.*

ex·ter·nal [ık'stɜ:nl] **I** *adj* **1.** äußere(r, s); **2.** *med* äußerlich; **3.** *com* außerbetrieblich; **4.** auswärtig; **5.** *(Prüfung, Kandidat)* extern; **II** *s pl* Äußerlichkeiten *f pl;* **ex·ter·nal·ize** [ık'stɜ:nəlaız] *tr* Ausdruck geben *(s.th.* e-r S); **external world** *psych* Außenwelt *f.*

ex·ter·ri·tor·ial [,eks,terı'tɔ:rıəl] *adj pol* exterritorial.

ex·tinct [ık'stıŋkt] *adj* **1.** *(Vulkan)* erlo-

schen *a. fig;* **2.** *(Tier)* ausgestorben; **3.** *fig* abgeschafft; erloschen; ▶ **become** ~ erlöschen; aussterben; **ex·tinc·tion** [ık'stıŋkʃn] **1.** *(Feuer)* Löschen *n;* **2.** Aussterben *n;* **3.** Vernichtung *f;* ▶ ~ **of species** Artenschwund *m.*

ex·tin·guish [ık'stıŋgwıʃ] *tr* **1.** *(Feuer)* (aus)löschen; **2.** *el* abschalten; **3.** auslöschen, vernichten; **4.** *(Schuld)* tilgen; **ex·tin·guisher** [ık'stıŋgwıʃə(r)] Feuerlöscher *m.*

ex·tir·pate ['ekstəpeıt] *tr* ausrotten, ausmerzen; beseitigen.

ex·tol [ık'stəʋl] *tr* preisen, rühmen.

ex·tort [ık'stɔ:t] *tr* erpressen *(from* von); **ex·tor·tion** [ık'stɔ:ʃn] Erpressung *f;* **ex·tor·tion·ate** [ık'stɔ:ʃənət] *adj* erpresserisch, wucherisch.

extra ['ekstrə] **I** *adj* zusätzlich; übrig, Reserve-; Außer-; ▶ **a few** ~ **books** ein paar Bücher mehr; **~-parliamentary** außerparlamentarisch; **II** *adv* besonders; extra; ▶ **be charged** ~ **for** gesondert berechnet werden; **III** *s* **1.** Zuschlag *m;* Sonderleistung *f;* Extra *n;* **2.** zusätzliche Arbeitskraft; *film, theat* Statist *m;* **3.** Extrablatt *n,* Sondernummer *f;* **4.** *pl* Nebenausgaben, -einnahmen *f pl;* **5.** *pl (Küche)* Beilagen *f pl;* **extra allowance** Sondervergütung *f;* **extra charge** Aufschlag *m;* **rail** Zuschlag *m.*

ex·tract [ık'strækt] **I** *tr* **1.** (her)ausziehen, herauslösen; **2.** *(Zahn), math (Wurzel)* ziehen; **3.** *(Saft)* auspressen; **4.** herausnehmen *(from* aus); **5.** herausbekommen *(from s.o.* aus jdm); **6.** *(Geständnis)* erpressen *(from* von); **7.** *(Zitat)* entnehmen *(from a book* e-m Buch); e-n Auszug machen *(from* aus); **II** *s* ['ekstrækt] **1.** *(Küche)* Extrakt *m;* **2.** *(Buch)* Auszug *m;* **ex·trac·tion** [ık'strækʃn] **1.** Ausziehen *n;* **2.** (Zahn)Ziehen *n;* **3.** Auszug, Extrakt *m;* **4.** Herkunft, Abstammung *f;* **5.** *tech* Gewinnung *f;* **6.** *fig* Herauslocken *n.*

extra·cur·ricu·lar [,ekstrəkə'rıkjʊlə(r)] *adj* außerhalb des Lehrplans; ▶ ~ **activity** Arbeitsgemeinschaft *f.*

ex·tra·dite ['ekstrədaıt] *tr (Person)* ausliefern; **ex·tra·dition** [ekstrə'dıʃn] Auslieferung *f.*

extra·mari·tal [,ekstrə'mærıtl] *adj* außerehelich.

extra·mural [,ekstrə'mjʋərəl] *adj;* ▶ ~ **course** Universitätskurs *m* für Nicht-Studenten; Volkshochschulkurs *m.*

ex·traneous [ık'streınıəs] *adj* **1.** fremd; **2.** nicht gehörig *(to* zu).

extra·ordi·nary [ık'strɔ:dnrı] *adj* **1.** außerordentlich; **2.** außer-, ungewöhnlich; **3.** merkwürdig, seltsam; **4.** außerplanmäßig.

extra pay ['ekstrəˌpeı] *(Lohn)* Zulage *f.*
ex·trapo·late [ek'stræpəleıt] *tr* extrapolieren.

extra·sen·sory [ˌekstrə'sensərɪ] *adj*
► ~ **perception** außersinnliche Wahrnehmung.

extra·ter·res·trial ['ekstrətɪ'restrɪəl] *adj* außerirdisch.

extra time ['ekstrətaɪm] *sport* Verlängerung *f.*

extra·terri·tor·ial [ˌekstrəˌterɪ'tɔːrɪəl] *adj pol* exterritorial.

ex·trava·gance [ɪk'strævəgəns] 1. Luxus *m;* 2. Verschwendung *f;* 3. Ausgefallenheit *f;* Übertriebenheit *f;* 4. Extravaganz *f;* **ex·trava·gant** [ɪk'strævəgənt] *adj* 1. übertrieben, übermäßig; 2. überspannt, extravagant; 3. verschwenderisch; **ex·trava·gan·za** [ɪkˌstrævə'gænzə] *theat* Ausstattungsstück *n.*

ex·treme [ɪk'striːm] **I** *adj* 1. äußerste(r, s); 2. höchste(r, s), größte(r, s); 3. extrem, radikal; ► **at the ~ end** am äußersten Ende (*of* gen); **resort to ~ measures** zu den äußersten Maßnahmen greifen; **the ~ left** *pol* die äußerste Linke; **the E~ Unction** *rel* die Letzte Ölung; **II** *s* 1. Extrem *n;* 2. höchster Grad; 3. (das) Äußerste; ► **in the ~** im höchsten Grade; **go to ~s** bis zum Äußersten gehen; **ex·treme·ly** [—lɪ] *adv* äußerst, höchst; **ex·trem·ism** [ɪk'striːmɪzəm] Extremismus *m;* **ex·trem·ist** [ɪk'striːmɪst] Extremist(in) *m (f);* **ex·trem·ity** [ɪk'stremətɪ] 1. äußerstes Ende; 2. höchster Grad; 3. höchste Not; 4. *pl* äußerste Maßnahmen *f pl;* 5. *pl* Extremitäten *f pl;* ► **be in ~** in höchster Not sein; **drive to extremities** auf die Spitze, bis zum Äußersten treiben; **go to, proceed to extremities** aufs Äußerste, aufs Ganze gehen.

ex·tri·cate ['ekstrɪkeɪt] *tr* 1. befreien *(from* aus, von); 2. losmachen, freimachen.

ex·tro·vert ['ekstrəvɜːt] *adj* extrovertiert.

ex·trude [eks'truːd] **I** *tr* ausstoßen; herauspressen; **II** *itr* herausragen, -stehen.

ex·uber·ance [ɪg'zjuːbərəns] 1. Lebendigkeit *f;* 2. Überschwang *m;* 3. Überfluß *m;* **ex·uber·ant** [ɪg'zjuːbərənt] *adj* 1. übersprudelnd; lebendig; 2. überschwenglich.

ex·ude [ɪg'zjuːd] *tr* 1. absondern; 2. *fig* ausstrahlen, -strömen.

ex·ult [ɪg'zʌlt] *itr* jubeln *(at, over, in* über); **ex·ult·ant** [—ənt] *adj* jubelnd, triumphierend; **ex·ul·ta·tion** [ˌegzʌl'teɪʃn] Jubel, Triumph *m.*

eye [aɪ] **I** *s* 1. Auge *n;* 2. Gesicht(ssinn *m)*

n; 3. Auge *n (an e-r Kartoffel);* 4. Knospe *f;* 5. Pfauenauge *n (auf der Feder);* 6. Öhr *n,* Öse, Schlinge *f;* 7. (Sturm)Kern *m;* ► **in s.o.'s ~s** nach jds Ansicht; **under the very ~s of s.o.** direkt unter jds Augen; **up to the ~s** bis über die Ohren; **with an ~ to** mit Rücksicht auf; in der Hoffnung auf; in der Absicht zu; **with the naked ~** mit bloßem Auge; **be all ~s** aufpassen wie ein Luchs; große Augen machen; **be in the public ~** im Brennpunkt des öffentlichen Interesses stehen; **catch s.o.'s ~** jds Blick auf sich ziehen; jds Aufmerksamkeit auf sich lenken; **catch the Speaker's ~** *parl* das Wort erhalten; **clap, lay, set ~s on s.o.** jdn anblicken, anschauen; **close, shut one's ~s to** nicht sehen wollen; **have an ~ to** ein Auge haben für; **have an ~ on s.th.** auf etw ein (wachsames) Auge haben; **keep an ~ on** *fig* im Auge behalten; **make ~s at s.o.** jdm verliebte Blicke zuwerfen; **open s.o.'s ~s** *fig* jdm die Augen öffnen; **run an ~ over s.th.** etw überfliegen; **see ~ to ~ with s.o.** mit jdm einer Meinung sein; **see s.th. in one's mind's ~** sich etw vorstellen können; **black ~** blaues Auge; **II** *tr* mustern; anstarren; ► **~ up** begutachten; **~ up and down** von oben bis unten mustern; **eye·ball** Augapfel *m;* ► **~ to ~** Auge in Auge *(with* mit); **eye·brow** ['aɪbraʊ] Augenbraue *f;* ► **raise one's ~s** *fig* die Stirne runzeln; **~ pencil** Augenbrauenstift *m;* **eye·catcher** ['aɪkætʃə(r)] Blickfang *m;* **eye contact** Blick-, Sichtkontakt *m;* **eye·ful** ['aɪful] *sl* ► **get an ~** etwas Hübsches sehen; **I had an ~** ich hatte genug gesehen; **eye·glass** ['aɪglɑːs] 1. *opt* Linse *f;* 2. *pl* Augengläser *n pl;* Brille *f;* **eye·lash** ['aɪlæʃ] Wimper *f;* **eye·let** ['aɪlɪt] Öhr *n,* Öse *f;* **eye·lid** ['aɪlɪd] Augenlid *n;* **eye liner** ['aɪlaɪnə(r)] Eyeliner, Lidstrich *m;* **eye-opener** ['aɪˌəʊpnə(r)] *fam* Überraschung *f (to* für); **eye·piece** ['aɪpiːs] Okular *n;* **eye·shadow** ['aɪˌʃædəʊ] Lidschatten *m;* **eye·sight** ['aɪsaɪt] Sehkraft, -schärfe *f;* ► **bad ~** schlechte Augen *n pl;* **eye·sore** ['aɪsɔː(r)] Schandfleck *m;* ► **it's an ~** das tut den Augen weh; **eye-strain** Ermüdung *f* der Augen; **eye-tooth** ⟨*pl* -teeth⟩ Eckzahn *m;* **eye·wash** ['aɪwɒʃ] 1. *med* Augenwasser *n;* 2. *fam* fauler Zauber; Augenwischerei *f;* **eye·witness** Augenzeuge *m.*

eyrie, eyry ['eərɪ] Horst *m.*

F

F, f [ef] ⟨pl -'s⟩ **1.** F, f n a. mus; **2.** Am (Schule) ungenügend.

fable ['feɪbl] **1.** Fabel f; **2.** Märchen n; Sage f; **fabled** ['feɪbld] adj sagenhaft.

fab·ric ['fæbrɪk] **1.** Gewebe n, Stoff m; **2.** Struktur f, Gefüge n.

fab·ri·cate ['fæbrɪkeɪt] tr **1.** herstellen, fabrizieren; **2.** fig erdichten, erfinden.

fabu·lous ['fæbjʊləs] adj **1.** sagenhaft, legendär; **2.** fig phantastisch; unglaublich.

fa·cade [fə'sɑːd] arch Fassade f a. fig.

face [feɪs] **I** s **1.** Gesicht n; **2.** Gesichtsausdruck m; **3.** Zifferblatt n; **4.** Vorderseite f; ▶ ~ to ~ Auge in Auge; **come ~ to ~ with s.o.** jdn treffen; **look s.o. in the ~** jdn ansehen; **in the ~ of** angesichts; **make, pull a ~** das Gesicht verziehen; **set one's ~ against s.o.** sich gegen jdn stemmen; **save one's ~** das Gesicht wahren; **have the ~ to do s.th.** die Stirn haben, etw zu tun; **II** tr **1.** gegenüberstehen, -liegen; **2.** (Fenster) gehen nach; **3.** (Raum) liegen nach; **4.** fig rechnen müssen mit; **5.** (Gefahr) sich stellen (s.th. e-r S); **6.** (Karten) aufdecken; ▶ **be ~d with s.th.** sich e-r S gegenübersehen; **~ the facts** den Tatsachen ins Auge blicken; **~ doing s.th.** es fertigbringen, etw zu tun; **III** itr sehen, blicken (to, towards nach); **IV** (mit Präposition) **face up to** tr ins Gesicht sehen; sich abfinden mit; **face-cloth** Waschlappen m; **face-cream** Gesichtscreme f; **face-lift** Gesichtsstraffung f; **face-pack** Gesichtspackung f; **face-powder** (Gesichts)Puder m.

facet ['fæsɪt] **1.** Facette f; **2.** fig Seite f, Aspekt m.

fa·cetious [fə'siːʃəs] adj scherzend, scherz-, spaßhaft, spaßig.

face-to-face ['feɪstə'feɪs] adj ▶ ~ **discussion, talk** Vier-Augen-Gespräch n.

face value ['feɪsvælju:] fin Nennwert m; ▶ **take at ~** wörtlich, für bare Münze nehmen.

facile ['fæsaɪl] adj **1.** leicht, mühelos; **2.** (Stil) gewandt; **3.** oberflächlich.

fa·cili·tate [fə'sɪlɪteɪt] tr erleichtern; **fa·cil·ity** [fə'sɪlətɪ] **1.** Leichtigkeit, Mühelosigkeit f; **2.** Einrichtung f; ▶ **cooking facilities** pl Kochgelegenheit f; **offer facilities** Möglichkeiten bieten; **~ in learning** leichte Auffassungsgabe.

facing ['feɪsɪŋ] **1.** Besatz(stoff) m; **2.** arch Verputz m.

fac·sim·ile [fæk'sɪməlɪ] Faksimile n;

Telefax n, Fern-, Telekopie f; **facsimile machine terminal** Telefaxgerät n.

fact [fækt] **1.** Tatsache f; Umstand m; **2.** Wirklichkeit, Realität f; **3.** pl jur Tatbestand m; ▶ **as a matter of ~** in Wirklichkeit, tatsächlich; **in ~** eigentlich; **stick to the ~s** sachlich bleiben; **founded on ~** auf Tatsachen beruhend; **hard ~s** pl nackte Tatsachen f pl; **matter-of-~** sachlich; **~s of the case** Sachverhalt m; **~ of life** Tatsache f; **the ~s of life** sexuelle Aufklärung; **teach s.o. the ~s of life** jdn aufklären; **fact-finding** ['fæktfaɪndɪŋ] adj Untersuchungs-; Erkundungs-.

fac·tion ['fækʃn] **1.** Gruppe f; Splittergruppe f; **2.** interne Unstimmigkeiten f pl.

fac·tor ['fæktə(r)] **1.** Faktor m; **2.** biol Erbfaktor m; **3.** com Makler(in) m (f).

fac·tory ['fæktərɪ] Fabrik(anlage) f; Werk n; ▶ **F~ Act** Arbeitsschutzgesetz n; **~ building** Fabrikgebäude n; **~ hand, worker** Fabrikarbeiter(in) m (f); **~ inspector** Gewerbeaufsichtsbeamte(r) m.

fac·to·tum [fæk'təʊtəm] Mädchen n für alles, Faktotum n.

fac·tual ['fæktʃʊəl] adj sachlich; tatsächlich.

fac·ulty ['fækltɪ] **1.** Fähigkeit f, Vermögen n; Begabung f, Talent n; **2.** (Universität) Fakultät f; **3.** Am (Schule) Lehrkörper m; ▶ **have a ~ for doing s.th.** ein Talent dafür haben, etw zu tun.

fad [fæd] Laune f, Tick m; ▶ **latest ~** letzter Schrei; **faddish** ['fædɪʃ] **faddy** ['fædɪ] adj wählerisch.

fade [feɪd] **I** itr **1.** verblassen; verbleichen; **2.** (Blume) (ver)welken; **3.** fig schwächer werden; verblassen; **4.** TV aus-, überblenden; **5.** (Bremsen) nachlassen; **II** tr ausbleichen; **III** (mit Präposition) **fade away** itr schwinden, verblassen; verklingen; **fade in, out, up** film radio TV ein-, ab-, aufblenden.

faeces, Am **feces** ['fiːsiːz] pl Kot m.

fag [fæg] **I** itr **1.** schuften, sich abrackern; **2.** (Schüler) Burschendienste tun; **II** tr (~ out) erschöpfen, schlauchen; **III** s **1.** Schufterei f; **2.** Br sl Kippe f; **fag-end** **1.** fig letztes Ende; **2.** sl Kippe f.

fag·got, Am **fagot** ['fægət] **1.** Reisigbündel n; **2.** (Küche) Frikadelle f; **3.** Am sl Schwule(r) m.

fail [feɪl] **I** itr **1.** versagen (of in); keinen Erfolg haben; **2.** (Plan) fehlschlagen, scheitern, mißlingen; **3.** (Ernte) schlecht ausfallen; **4.** *(im Examen)* durchfallen; **5.** *(Gesundheit)* sich verschlechtern; schwächer werden; **6.** *tech* ausfallen; versagen; ▸ **I ~ed** es gelang mir nicht; **~ in one's duty** seine Pflicht nicht tun; **if all else ~s** wenn alle Stricke reißen; **II** *tr* **1.** *(Prüfung)* durchfallen lassen; **2.** *fig* im Stich lassen; ▸ **~ to do s.th.** etw nicht tun; **III** *s* ▸ **without ~** ganz bestimmt; **fail·ing** ['feɪlɪŋ] **I** *s* Fehler *m;* Schwäche *f;* **II** *prep* in Ermangelung *gen,* ohne, mangels; ▸ **~ this** sonst; **fail-safe** ['feɪlseɪf] *adj* (ab)gesichert; **fail·ure** ['feɪljə(r)] **1.** Mißerfolg *m;* Fehlschlag *m;* Scheitern *n;* **2.** *(Mensch)* Versager(in) *m (f),* Niete *f;* **3.** *tech* Ausfall *m,* Versagen *n;* **4.** *com* Bankrott *m;* ▸ **end in ~** mit e-m Mißerfolg enden; **he is a ~** er taugt nicht viel; **~ of crops** Mißernte *f;* **~ to answer** nicht erfolgte Antwort.

faint [feɪnt] **I** *adj* **1.** schwach; kraftlos; **2.** *(Hoffnung)* gering; **3.** *(Farbe)* matt; **4.** *(Ton)* schwach; leise; ▸ **he looked ~** er schien einer Ohnmacht nahe; **I haven't the ~est idea** ich habe keine Ahnung; **II** *s* Ohnmacht *f;* **III** *itr* ohnmächtig werden *(from, with hunger* vor Hunger); **faint-hearted** [,feɪnt'hɑːtɪd] *adj* zaghaft.

fair¹ [feə(r)] **I** *adj* **1.** gerecht, fair; **2.** ganz ordentlich; ziemlich; **3.** *(Wetter)* schön, heiter, sonnig; **4.** *(Haare)* blond; hell; ▸ **a ~ amount** ziemlich viel; **be ~ to, on s.o.** jdm gegenüber gerecht sein; **~ enough!** na schön! **that's only ~** das ist nur recht und billig **II** *adv* den Regeln entsprechend, fair; ▸ **play ~** fair spielen; **~ and square** offen und ehrlich.

fair² [feə(r)] **1.** (Jahr)Markt *m;* **2.** *com* Messe *f.*

fair copy [,feə'kɒpɪ] Reinschrift *f;* **fair game 1.** jagdbares Wild; **2.** *fig* Freiwild *n.*

fair-ground ['feəgraund] Rummelplatz *m.*

fair·ly ['feəlɪ] *adv* **1.** gerecht; **2.** ziemlich. **fair·minded** [,feə'maɪndɪd] *adj* gerecht; **fair·ness** ['feənɪs] **1.** Gerechtigkeit, Fairneß *f;* **2.** *(Haar)* Blondheit *f;* **fair play** faires Verhalten, Fair play *n.*

fair·way ['feəweɪ] **1.** *mar* Fahrrinne *f;* **2.** *(Golf)* Spielfläche *f.*

fairy ['feərɪ] **1.** Fee *f;* **2.** *sl* Homosexuelle(r) *m;* **fairy-lamps** *pl* bunte Lichter *n pl;* **fairy·land** ['feərɪlænd] Wunderland, Zauberreich *n;* **fairy-tale** Märchen *n.fig.*

faith [feɪθ] **1.** *rel* Glaube(n) *m (in* an); **2.** Vertrauen *n (in* zu); **3.** Treue *f;* ▸ **have ~ in s.o.** auf jdn vertrauen; **faith cure** Gesundbeten *n;* **faith·ful** ['feɪθfl] **I** *adj* **1.** treu, ergeben *(to s.o.* jdm); **2.** *(Abschrift)* genau; **II** *s* ▸ **the ~** *pl* die Gläubigen *pl;* **faith·fully** ['feɪθfəlɪ] *adv*

treu; ▸ **yours ~** hochachtungsvoll; **faith healer** Gesundbeter(in) *m (f);* **faith·less** ['feɪθlɪs] *adj* treulos *(to* gegenüber).

fake [feɪk] **I** *tr* fälschen; erfinden; vortäuschen; **II** *s* Fälschung *f.*

fakir ['feɪkɪə(r)] Fakir *m.*

fal·con ['fɔːlkən] Falke *m.*

Falk·land Is·lands *pl* Falkland-Inseln, Malvinas *pl.*

fall [fɔːl] ⟨*itr* fell, fallen⟩ **I** *itr* **1.** (herab-, hinunter)fallen; stürzen; **2.** *(im Kampf)* fallen; **3.** sich senken *(a Stimme);* **4.** *(Wind)* sich legen; **5.** *(Temperatur, Preise)* sinken, fallen; **6.** *(Land)* eingenommen werden; **7.** *(Nacht)* hereinbrechen; **8.** *(auf e-n Tag)* fallen *(on* auf); **9.** *(Preis, Gewinn)* fallen *(to s.o.* auf jdn); **10.** zerfallen, eingeteilt sein *(into* in); ▸ **his face fell** er machte ein langes Gesicht; **~ in battle** fallen; **the blame for that ~s on him** ihn trifft die Schuld daran; **~ asleep** einschlafen; **~ ill** krank werden; **~ in love with** sich verlieben in; **~ silent** still werden; **~ into despair** verzweifeln; **~ to pieces** verfallen; aus den Fugen geraten; **II** *s* **1.** Fall, Sturz *m;* **2.** Einnahme, Eroberung *f;* **3.** *(der Nacht)* Einbruch *m;* **4.** *(der Preise)* Sinken, Fallen *n;* **5.** *(Sitte)* Verfall *m;* **6.** *(Hang)* Gefälle *n;* **7.** *Am* Herbst *m;* **8.** *meist pl* Wasserfall *m;* ▸ **~ in the birthrate** Geburtenrückgang *m;* **~ in price** Preisrückgang *m;* **~ in prices** *fin (Börse)* Kursrückgang *m;* **~ of rain** Regen-, **of snow** Schneefall *m;* **III** *(mit Präposition)* **fall about** *itr* sich krank lachen; **fall away** *itr* abbröckeln; abfallen *a. fig;* **fall back** *itr* zurückweichen; **fall back on** *tr* zurückgreifen auf; **fall behind** *itr* **1.** zurückbleiben; **2.** *(mit Zahlungen)* im Rückstand bleiben *(with* mit); **fall down** *itr* **1.** hinfallen; herunterfallen; **2.** *(Treppe)* hinunterfallen; **3.** *fig* versagen; **fall for** *tr fam* **1.** sich vergaffen in; **2.** hereinfallen auf; **fall in** *itr* **1.** hineinfallen; **2.** einstürzen; **3.** *mil* antreten; **fall in with** *tr* **1.** sich anschließen *(s.o.* jdm); **2.** mitmachen bei; **fall off** *itr* zurückgehen, schwächer werden, nachlassen, abnehmen; **fall on** *tr* **1.** herfallen über; **2.** *(Verantwortung)* zufallen *(s.o.* jdm); **fall out** *itr* **1.** herausfallen; **2.** sich streiten *(with* mit); **3.** sich ergeben; ▸ **it fell out that** es geschah, daß; **fall over** *itr* **1.** *(Person)* hinfallen; **2.** fallen über; ▸ **~ over backwards, ~ over o.s. to do s.th.** sich die größte Mühe geben, etw zu tun; **fall through** *itr fig* fehlschlagen, ins Wasser fallen; **fall to** *itr* **1.** beginnen, anfangen; reinhauen; **2.** zufallen, obliegen *(s.o.* jdm).

fal·lacious [fə'leɪʃəs] *adj* trügerisch; irreführend; **fal·lacy** ['fæləsɪ] Irrtum *m;* Trugschluß *m.*

fallen ['fɔ:lən] **I** v s. *fall;* **II** adj gefallen; **III** s ▶ **the F~** pl die Gefallenen pl; **fall guy** Am armes Opfer; Sündenbock m.

fal·lible ['fæləbl] adj fehlbar.

fall·ing star ['fɔ:lɪŋ'stɑ:(r)] Sternschnuppe f.

fall·out ['fɔ:laut] radioaktiver Niederschlag, Fallout m; **fallout shelter** Atombunker m.

fal·low ['fæləu] adj agr brach a. fig; ▶ **lie ~** brachliegen.

fal·low-deer ['fæləudɪə(r)] Damwild n.

false [fɔ:ls] adj **1.** falsch; treulos; **2.** unrichtig, unwahr; ▶ **put s.o. in a ~ position** jdn in e-e Position drängen, die er sonst nicht vertritt; **sail under ~ colours** unter falscher Flagge segeln; **a ~ bottom** ein doppelter Boden; **II** adv ▶ **play s.o. ~** mit jdm ein falsches Spiel treiben; **false alarm** blinder Alarm; **false·hood** ['fɔ:lshud] **1.** Unwahrheit f; **2.** Lügen n; **false·ness** ['fɔ:lsnɪs] **1.** Falschheit f; **2.** Treulosigkeit f; **false start** Fehlstart m; **false teeth** pl (künstliches) Gebiß n.

fal·setto [fɔ:l'setəu] ⟨pl -settos⟩ Fistelstimme f; Falsett n.

falsi·fi·ca·tion [ˌfɔ:lsɪfɪ'keɪʃn] (Ver)Fälschung f; **fals·ify** ['fɔ:lsɪfaɪ] tr **1.** (ver)fälschen; **2.** widerlegen.

fals·ity ['fɔ:lsətɪ] **1.** Falschheit f; **2.** Unrichtigkeit f.

fal·ter ['fɔ:ltə(r)] itr **1.** (sch)wanken; stolpern; **2.** (Stimme) stocken; **fal·ter·ing** ['fɔ:ltərɪŋ] adj stockend.

fame [feɪm] Ruhm m; **famed** ['feɪmd] adj berühmt (for wegen, durch).

fam·il·iar [fə'mɪlɪə(r)] **I** adj **1.** vertraut; gewohnt, bekannt; **2.** vertraulich, familiär; **3.** (Freunde) eng; ▶ **be ~ with s.th.** sich in etw auskennen; **make o.s. ~ with s.th.** sich mit etw vertraut machen; **II** s Vertraute(r) f m; **fam·ili·ar·ity** [fəˌmɪlɪ'ærətɪ] **1.** Vertrautheit f; **2.** Vertraulichkeit, Intimität f; **3.** meist pl Aufdringlichkeit f; **fam·il·iar·ize** [fə'mɪlɪəraɪz] refl ▶ **~ o.s. with s.th.** sich mit etw vertraut, bekannt machen.

fam·ily ['fæməlɪ] **1.** Familie f; **2.** Verwandtschaft f; **3.** Abstammung f; ▶ **of good ~** aus gutem Hause; **it runs in the ~** das liegt in der Familie; **family allowance** Kindergeld n; **family doctor** Hausarzt m, Hausärztin f; **family man** häuslicher Mensch; **family name** Familienname m; **family planning** Familienplanung f; **family tree** Stammbaum m.

fam·ine ['fæmɪn] Hungersnot f; **fam·ish** ['fæmɪʃ] itr verhungern; **fam·ished** ['fæmɪʃt] adj fam ver-, ausgehungert.

fa·mous ['feɪməs] adj berühmt (for durch, wegen); **fa·mous·ly** [—lɪ] adv fam prima, erstklassig.

fan[1] [fæn] **I** s **1.** Fächer m; **2.** Ventilator m; **3.** mot Gebläse n; **II** tr **1.** (an)fächeln; **2.** (Feuer, Leidenschaft) an-, entfachen (into zu); ▶ **~ out** fächerförmig ausbreiten; **III** itr (~ out) mil ausschwärmen.

fan[2] [fæn] fam Fan, Verehrer(in) m (f).

fa·natic [fə'nætɪk] **I** adj fanatisch; **II** s Fanatiker(in) m (f); **fa·nati·cism** [fə'nætɪsɪzəm] Fanatismus m.

fan belt ['fænbelt] Keilriemen m.

fan·cied ['fænsɪd] adj eingebildet.

fan·cier ['fænsɪə(r)] Liebhaber(in) m (f).

fan·ci·ful ['fænsɪfl] adj **1.** phantasiebegabt, einfallsreich; **2.** (Idee) phantastisch.

fan club ['fænklʌb] Fanclub m; **fan·zine** ['fænzi:n] fam Zeitschrift f für Anhänger eines Fußballteams.

fancy ['fænsɪ] **I** s **1.** Einbildungskraft, Phantasie f; **2.** Vorliebe, Neigung f; **3.** Laune f, Einfall m; ▶ **a passing ~** nur so eine Laune; **take a ~ to** Gefallen, Geschmack finden an; **take, catch s.o.'s ~** jdm gefallen; **II** adj **1.** kunstvoll; gefallen; **2.** (Idee) überspannt; seltsam; **3.** Am Delikateß-; ▶ **~ prices** gepfefferte Preise; **a ~ big car** ein toller Schlitten; **III** tr **1.** sich vorstellen; **2.** meinen, sich einbilden; ▶ **~ doing that!** so was zu tun! **~ him doing that** nicht zu fassen, daß er das getan hat; **~ that!** denk mal an! **he fancies that car, woman** das Auto, die Frau gefällt ihm; **he fancies doing that** er möchte das gern tun; **IV** refl von sich eingenommen sein; sich halten für; **fancy dress** Maskenkostüm n; **fancy-free** adj ungebunden, frei; **fancy goods** pl Geschenkartikel m pl; **fancy man** ⟨pl -men⟩ Liebhaber m.

fan·fare ['fænfeə(r)] Fanfare f.

fang [fæŋ] **1.** Fangzahn m; **2.** (Schlange) Giftzahn m.

fan light ['fænlaɪt] Oberlicht n.

fan mail ['fænmeɪl] Verehrerpost f.

fan·tasia [fæn'teɪzɪə] Fantasie f; **fan·tas·tic** [fæn'tæstɪk] adj **1.** phantastisch; **2.** unwahrscheinlich; **3.** fam toll; **fan·tasy** ['fæntəsɪ] **1.** Phantasie, Einbildung f; **2.** Hirngespinst n.

far [fɑ:(r)] ⟨Komparativ farther, further, Superlativ farthest, furthest⟩ **I** adj **1.** weiter entfernt; hintere(r,s); **2.** weit entfernt; ▶ **the ~ end of the room** das andere Ende des Zimmers; **in the ~ distance** in weiter Ferne; **it's a ~ cry from ...** das ist etwas ganz anderes als ...; **in the ~ future** in der fernen Zukunft; **II** adv **1.** weit (weg, entfernt), in weiter Ferne; weit her; weit weg; **2.** lange hin, lange her; **3.** bei weitem, beträchtlich, (sehr) viel; ▶ **~ and wide** weit und breit; **~ away** weit entfernt; **as ~ back as 1900** schon 1900; **~ better** weit besser; **as ~ as I am concerned** was mich betrifft; **by ~** bei weitem;

from ~ von weitem; von weit her; **in so**
~ **as** insofern; **so ~, thus** ~ so weit, bis
dahin, bis hierher; bis jetzt; **so ~ so**
good so weit, so gut; ~ **afield** weit weg;
get ~ from a **subject** von e-m Gegen-
stand weit abschweifen; ~ **and away** bei
weitem; ~ **and near** überall; nah u. fern;
~ **from** alles andere als; ~ **from it** weit
davon entfernt; ~ **into the night** bis
spät in die Nacht hinein; **go** ~ lange
reichen; *fig* es weit bringen; **that's go-**
ing too ~ das geht zu weit; **I am** ~ **from**
doing it ich denke nicht daran, es zu
tun; **I wouldn't carry things too** ~ ich
würde die Sache nicht auf die Spitze
treiben.
far-away ['fɑːrəweɪ] *adj* **1.** weit ent-
fernt, abgelegen; **2.** verträumt, (gei-
stes)abwesend.
farce [fɑːs] Farce *f;* **far·ci·cal** ['fɑːsɪkl]
adj possenhaft; *fig* absurd.
fare [feə(r)] I *itr* ▶ **he** ~**d well** es ging
ihm gut; II *s* **1.** Fahrgeld *n,* -preis *m;* **2.**
Fahrgast *m;* ▶ ~**, please!** noch jemand
zugestiegen? **have your** ~**s ready** Fahr-
geld bereithalten! **what's the** ~**?** was
kostet die Fahrt? **bill of** ~ Speisekarte *f.*
Far East [ˌfɑː(r)'iːst] Ferner Osten.
fare·well [ˌfeə'wel] I *s* Abschied *m;*
▶ **make one's** ~**s** sich verabschieden;
II *interj* lebe(n Sie) wohl!
fare zone ['feə(r)zəʊn] Tarifzone *f.*
far-fetched [ˌfɑː'fetʃt] *adj* weit herge-
holt *fig;* **far-flung** [ˌfɑː'flʌŋ] *adj* **1.** weit
ausgedehnt; **2.** abgelegen.
farm [fɑːm] I *s* Bauern-, Gutshof *m;*
Farm *f;* II *tr* *(Land)* bestellen; bewirt-
schaften; III *itr* Landwirtschaft betrei-
ben; IV *(mit Präposition)* **farm out** *tr*
(Arbeit) vergeben; **farmer** ['fɑːmə(r)] **1.**
Bauer *m,* Bäuerin *f,* Landwirt(in) *m (f);*
2. Pächter(in) *m (f);* ▶ ~**'s wife** Bäuerin
f; ~**s' cooperative** landwirtschaftliche
Genossenschaft; **farm-hand** Landar-
beiter(in) *m (f);* **farm-house** Bauern-
haus *n;* **farm·ing** ['fɑːmɪŋ] Landwirt-
schaft *f;* Ackerbau *m;* **farm·stead**
['fɑːmsted] Bauernhof *m;* **farm·yard**
['fɑːmjɑːd] Hof *m.*
far-off ['fɑːrɒf] *adj* (weit) entfernt.
far-reach·ing [ˌfɑː'riːtʃɪŋ] *adj* weitrei-
chend; **far-see·ing** [ˌfɑː'siːɪŋ] *adj* weit-
blickend; **far-sighted** [ˌfɑː'saɪtɪd] *adj* **1.**
weitsichtig; **2.** *fig* weitblickend, voraus-
schauend.
fart [fɑːt] *vulg* I *s* Furz *m;* II *itr* furzen.
far·ther ['fɑːðə(r)] ⟨*Komparativ von* far⟩
I *adj* weiter entfernt; II *adv* weiter
(weg); **far·thest** ['fɑːðɪst] ⟨*Superlativ*
von far⟩ I *adj* entfernteste(r, s), weite-
ste(r, s); am weitesten weg; II *adv* am
weitesten entfernt, weg.
far·thing ['fɑːðɪŋ] *obs* Viertelpenny *m.*
fas·cia ['feɪʃə] Armaturenbrett *n.*
fas·ci·nate ['fæsɪneɪt] *tr* fesseln, faszi-

nieren, begeistern; **fas·ci·nat·ing**
[—ɪŋ] *adj* faszinierend, spannend, fes-
selnd; **fas·ci·na·tion** [ˌfæsɪ'neɪʃn] Fas-
zination *f;* Zauber *m.*
fas·cism ['fæʃɪzəm] Faschismus *m;* **fas-**
cist ['fæʃɪst] I *s* Faschist(in) *m (f);* II
adj faschistisch.
fashion ['fæʃn] I *s* **1.** Art und Weise *f;* **2.**
Mode *f;* **3.** Sitte *f,* Brauch *m;* ▶ **after, in**
a ~ in gewisser Weise; **in the usual** ~
wie üblich; **in** ~ in Mode, modern; **out**
of ~ aus der Mode, unmodern; **come**
into ~ Mode werden; **go out of** ~ un-
modern werden; **set the** ~ den Ton
angeben; **a man of** ~ ein modischer
Herr; II *tr* formen, gestalten; **fashion-**
able ['fæʃnəbl] *adj* modern, modisch;
elegant, schick; **fashion-designer**
Modezeichner(in), —designer(in) *m (f);*
fashion-parade, -show Mode(n)schau *f.*
fast[1] [fɑːst] I *adj* **1.** fest; **2.** *(Material)*
farbecht; **3.** *(Freundschaft)* gut; II *adv*
fest; ▶ **stick** ~ festsitzen; **stand** ~
standhaft bleiben; **play** ~ **and loose**
with s.o. mit jdm ein doppeltes Spiel
treiben; **be** ~ **asleep** tief schlafen.
fast[2] [fɑːst] I *adj* **1.** schnell; **2.** *phot*
hochempfindlich; lichtstark; **3.** *(Mensch,*
Lebenswandel) locker; ▶ ~ **breeder**
(reactor) schneller Brüter; ~ **develop-**
ing nation Schwellenland *n;* ~ **food**
Schnellimbiß *m;* Fast Food *n;* ~ **food**
restaurant Schnellgaststätte *f;* ~ **for-**
ward *(Tonband)* Schnellvorlauf *m;* ~
lane Überholspur *f;* ~ **rewind** *(Ton-*
band) Schnellrücklauf *m;* **be** ~ *(Uhr)*
vorgehen; II *adv* schnell; ▶ **live** ~ lok-
ker leben.
fast[3] [fɑːst] I *itr* fasten; II *s* Fasten *n;*
Fastenzeit *f;* ▶ **break one's** ~ das Fa-
sten brechen; ~ **day** Fasttag *m.*
fas·ten ['fɑːsn] I *tr* **1.** befestigen; anbin-
den *(to* an); **2.** *(Knopf)* zumachen; **3.** *fig*
zuwenden *(on s.o.* jdm); ▶ ~ **the blame**
on s.o. jdm die Schuld zuschieben; ~
one's seat-belt sich anschnallen; II *itr*
sich schließen lassen; III *(mit Präposi-*
tion) **fasten down** *tr* festmachen; **fasten**
in *tr* festschnallen; **fasten on** *tr* befesti-
gen, festmachen; *fig* herumhacken auf;
fasten up *tr* zumachen.
fas·tener ['fɑːsnə(r)] Verschluß *m;*
▶ **zip** ~ Reißverschluß *m.*
fas·tid·ious [fə'stɪdɪəs] *adj* heikel, wäh-
lerisch, anspruchsvoll.
fast·ness ['fɑːstnɪs] **1.** Feste *f;* **2.** Farb-
echtheit *f.*
fat [fæt] I *adj* **1.** dick, fett; **2.** dick,
umfangreich; **3.** *(Gewinn)* üppig, *fam*
fett; **4.** *(Land)* fett; ▶ **get** ~ dick wer-
den; **a** ~ **lot of good you are!** Sie sind ja
'ne schöne Hilfe! *iro;* II *s* Fett *n a. chem;*
▶ **live off the** ~ **of the land** wie Gott in
Frankreich leben; **the** ~ **is in the fire**
jetzt ist der Teufel los; **vegetable** ~

Pflanzenfett *n.*

fatal ['feɪtl] *adj* 1. verhängnisvoll, fatal (*to* für); 2. tödlich, vernichtend (*to* für).

fatal·ism ['feɪtəlɪzəm] Fatalismus *m;* **fatal·ist** ['feɪtəlɪst] Fatalist(in) *m (f).*

fatal·ity [fə'tælətɪ] 1. Unglück(sfall *m*) *n,* Tod(esfall) *m;* 2. Unabwendbarkeit *f;* **fatal·ly** ['feɪtəlɪ] *adv* tödlich.

fate [feɪt] 1. Schicksal, Los *n;* 2. Untergang, Tod *m;* ▶ **as sure as ~** todsicher; **fated** ['feɪtɪd] *adj* unglückselig; vom Schicksal bestimmt; **be ~ to fail** zum Scheitern verurteilt sein; **fate·ful** ['feɪtfl] *adj* verhängnisvoll; entscheidend.

fat head ['fæthed] Dummkopf *m.*

fa·ther ['fɑːðə(r)] I *s* 1. Vater *m a. fig;* 2. *pl* Väter *pl,* Vorfahren *pl;* 3. (Be)Gründer *m;* 4. *rel* Pfarrer *m;* Pater *m;* ▶ **F~** *rel* Vater, Gott *m;* II *tr* zeugen; Urheber sein von; **Father Christmas** Weihnachtsmann *m;* **father figure** *psych* Vaterfigur *f;* **fa·ther·hood** ['fɑːðəhʊd] Vaterschaft *f;* **fa·ther-in-law** ['fɑːðərɪnlɔː] ⟨*pl* -s-in-law⟩ Schwiegervater *m;* **father·land** ['fɑːðəlænd] Vaterland *n;* **fa·ther·less** ['fɑːðəlɪs] *adj* vaterlos; **fa·ther·ly** ['fɑːðəlɪ] *adj* väterlich.

fathom ['fæðəm] I *s (Längenmaß)* Faden *m;* II *tr* 1. *(die Wassertiefe)* loten; 2. *fig* ergründen, erfassen; ▶ **I can't ~ him** ich verstehe ihn überhaupt nicht; **fathom·less** [—lɪs] *adj* unergründlich *a fig.*

fa·tigue [fə'tiːg] I *s* 1. Ermüdung, Erschöpfung *f;* 2. *mil* Arbeitsdienst *m;* 3. *(Metall)* Ermüdung *f;* II *tr* ermüden, strapazieren; **fatigue dress, fatigues** *pl* Arbeitsanzug *m.*

fat·less ['fætlɪs] *adj* fettlos; **fat stock** Mastvieh *n;* **fatted** ['fætɪd] *adj* ▶ **kill the ~ calf** e-n Willkommensschmaus veranstalten; **fatten** ['fætn] I *tr* mästen; II *itr* fett, dick werden; **fat·ten·ing** ['fætnɪŋ] *adj* dick machend; **fatty** ['fætɪ] I *adj* fett(ig); fetthaltig; ▶ **~ degeneration** *med* Verfettung *f;* II *s fam* Dickerchen *n.*

fa·tu·ity [fə'tjuːətɪ] Albernheit *f;* **fatu·ous** ['fætʃʊəs] *adj* albern.

fau·cet ['fɔːsɪt] *Am* (Wasser)Hahn *m.*

fault [fɔːlt] I *s* 1. Fehler *m;* Mangel *m;* Defekt *m;* 2. Schuld *f;* Verschulden *n;* 3. *geol* Verwerfung *f;* ▶ **at ~** im Irrtum; **to a ~** im Übermaß, **without one's ~** ohne Verschulden; **find ~ with** etw auszusetzen haben; **the ~ lies with** die Schuld liegt bei; **it's not my ~** es ist nicht meine Schuld; II *tr* Fehler finden an, etw aussetzen haben an; III *itr geol* sich verwerfen; **fault-finder** Krittler(in) *m (f);* **fault-finding** Nörgelei, Meckerei *f;* **fault-indicator** ['fɔːltɪndɪkeɪtə(r)] *tech* Störungsanzeige *f;* **fault·less** ['fɔːltlɪs]

adj fehlerfrei, untadelig, tadellos; **faulty** ['fɔːltɪ] *adj* fehler-, mangelhaft; defekt; ▶ **~ circuit** *el* Fehlschaltung *f.*

faun [fɔːn] Faun *m.*

fauna ['fɔːnə] Fauna *f.*

fa·vour, *Am* **fa·vor** ['feɪvə(r)] I *s* 1. Gunst *f,* Wohlwollen *n;* 2. Vergünstigung *f;* 3. Gefallen *m,* Gefälligkeit *f;* 4. Schleife *f;* ▶ **win s.o.'s ~** jds Gunst erlangen; **find ~ with s.o.** bei jdm Anklang finden; **be in ~ with s.o.** bei jdm gut angeschrieben sein; **be out of ~** in Ungnade fallen; nicht mehr beliebt sein; **be in ~ of s.th.** für etw sein; **ask a ~ of s.o.** jdn um e-n Gefallen bitten; **do s.o. a ~** jdm e-n Gefallen tun; **as a ~ to him** ihm zuliebe; II *tr* 1. für gut halten; bevorzugen; 2. begünstigen; 3. beehren; 4. ähnlich sehen *(s.o. jdm);* ▶ **I don't ~ the idea** ich halte nichts von der Idee.

fa·vour·able, *Am* **fa·vorable** ['feɪvərəbl] *adj* 1. günstig, vorteilhaft *(to* für); 2. *(Antwort)* positiv.

fa·voured, *Am* **fa·vored** ['feɪvəd] *adj* ▶ **a ~ few** einige Auserwählte; **a ~ friend** ein besonderer Freund.

fa·vour·ite, *Am* **fa·vor·ite** ['feɪvərɪt] I *s* 1. Liebling *m;* Günstling *m;* 2. *sport* Favorit(in) *m (f);* ▶ **this one is my ~** das habe ich am liebsten; II *attr adj* Lieblings-; **fa·vour·it·ism,** *Am* **fa·vor·it·ism** [—ɪzəm] Vetternwirtschaft *f.*

fawn[1] [fɔːn] I *s* 1. Rehkitz, Hirschkalb *n;* 2. Beige *n;* II *adj* beige.

fawn[2] [fɔːn] *itr* 1. mit dem Schwanz wedeln; 2. *(Mensch)* schmeicheln *(on, upon s.o.* jdm); **fawn·ing** ['fɔːnɪŋ] *adj* kriecherisch.

fax [fæx] I *tr* fernkopieren, (tele)faxen; II *s* 1. *(Gerät)* Telefax *n;* 2. Telekopie, Fernkopie *f;* **fax machine** Telefax(gerät) *n;* **fax subscriber** Telefax-Teilnehmer(in) *m (f).*

fear [fɪə(r)] I *s* 1. Angst, Furcht *f;* Schreck *m;* 2. Scheu, Ehrfurcht *f;* ▶ **for ~ that** aus Angst, daß; **go in ~ of s.o.** Angst vor jdm haben; **no ~!** (nur) keine Angst! **in ~ and trembling** mit schlotternden Knien; **without ~ or favour** ganz gerecht; II *tr* 1. (be)fürchten; 2. Ehrfurcht haben vor; III *itr* ▶ **~ for** fürchten um; **fear·ful** ['fɪəfl] *adj* 1. furchtbar, schrecklich; 2. ängstlich *(of* vor); ▶ **be ~ for one's life** um sein Leben fürchten; **fear·less** ['fɪəlɪs] *adj* furchtlos *(of* vor); **fear·some** ['fɪəsəm] *adj* furchterregend.

feasi·bil·ity [ˌfiːzə'bɪlətɪ] 1. Aus-, Durchführbarkeit *f;* 2. Wahrscheinlichkeit *f;* **feasibility study** Machbarkeitsstudie *f;* **feas·ible** ['fiːzəbl] *adj* 1. machbar, durchführbar; realisierbar; 2. *(Entschuldigung)* glaubhaft, plausibel.

feast [fiːst] I *s* 1. *rel* Fest *n;* 2. Festmahl,

-essen, Bankett *n;* II *tr* festlich bewirten; ► ~ **one's eyes on** seine Augen weiden an; III *itr* **1.** (ein Fest) feiern; **2.** sich ergötzen (*on* an).

feat [fi:t] Leistung *f;* Kunststück *n.*

feather ['feðə(r)] I *s* Feder *f;* Gefieder *n;* ► **as light as a** ~ federleicht; **they are birds of a** ~ sie sind vom gleichen Schlag; **show the white** ~ Angst verraten; **a** ~ **in one's cap** Leistung *f,* auf die man stolz sein kann; II *tr* **1.** mit Federn versehen *od* schmücken; **2.** (*Ruder*) flach werfen; ► ~ **one's nest** sein Schäfchen ins trockene bringen; **feather-bed** I *s* mit Federn gefüllte Matratze; II *tr* verhätscheln; unnötig subventionieren; **feather-brained** ['feðəbreind] *adj* dumm; leichtsinnig; **feather·weight** ['feðəweit] **1.** (*Boxen*) Federgewicht *n;* **2.** *fig* Leichtgewicht *n;* **feathery** ['feðəri] *adj* federleicht.

fea·ture ['fi:tʃə(r)] I *s* **1.** (Gesichts)Zug *m;* **2.** Charakterzug *m,* Kennzeichen, Merkmal *n;* **3.** Charakteristikum *n;* **4.** *TV* Dokumentarbericht *m,* Feature *n;* **5.** (*Zeitung*) Sonderbericht *m;* ► **a** ~ **of his style is …** sein Stil ist durch … gekennzeichnet; **make a** ~ **of s.th.** etw besonders hervorheben; II *tr* **1.** (*Geschichte*) bringen; **2.** (*Rolle*) spielen, darstellen; **feature film** Spielfilm; **fea·ture·less** ['fi:tʃəlis] *adj* ohne besondere Merkmale; **feature story** Sonderbericht *m.*

feb·rile ['fi:brail] *adj* fieberhaft, fiebernd. **Feb·ru·ary** ['februəri] Februar *m.* **feces** ['fi:si:z] *Am s. faeces.* **feck·less** ['feklis] *adj* nutzlos. **fed** [fed] *v s. feed.* **fed·eral** ['fedərəl] *adj* bundesstaatlich; förderativ; ► **F~ Bureau of Investigation (FBI)** *Am* Bundeskriminalamt *n;* **the F~ Republic of Germany** die Bundesrepublik Deutschland; ~ **state 1.** *Am* (Einzel)Staat *m;* (*BRD*) (Bundes)Land *n;* **2.** Bundesstaat *m;* **fed·eral·ism** ['fedərəlizəm] Föderalismus *m;* **fed·eral·ist** ['fedərəlist] Föderalist(in) *m* (*f*); **fed·er·ate** ['fedəreit] I *tr* sich zu e-m Bund zusammenschließen; II *itr* sich zu e-m Bund zusammenschließen; **fed·er·ation** [,fedə'reiʃn] **1.** Zusammenschluß *m;* **2.** Föderation *f,* Bund *m.*

fed up [,fed'ʌp] *adj* ► **I'm** ~ ich habe die Nase voll; **I'm** ~ **with it** es hängt mir zum Hals heraus.

fee [fi:] **1.** Gebühr *f;* **2.** Honorar *n;* **3.** (*Schauspieler*) Gage *f,* Bezüge *pl;* ► **on payment of a small** ~ gegen e-e geringe Gebühr; **school** ~**s** *pl* Schulgeld *n.*

feeble ['fi:bl] *adj* **1.** schwach; **2.** (*Stimme*) matt; **feeble-minded** [—'maindid] *adj* dümmlich; **feeble·ness** ['fi:blnis] Schwäche *f.*

feed [fi:d] ⟨*irr* fed, fed⟩ I *s* **1.** Füttern *n,*

Fütterung *f;* **2.** (*e-s Babys*) Mahlzeit *f,* Essen *n;* **3.** (*e-s Tieres*) Futter *n;* **4.** *tech* Beschickung *f;* Versorgung *f;* Eingabe *f;* II *tr* **1.** verpflegen; ernähren; **2.** (*Person, Tier*) füttern; (*Baby a.*) stillen; **3.** *tech* versorgen; beschicken; füttern; **4.** Geld einwerfen in; **5.** *fig* Nahrung geben *dat,* nähren; ► ~ **o.s.** sich selbst verpflegen; ~ **an animal** e-m Tier zu fressen geben; ~ **s.o. with information** jdn mit Informationen versorgen; III *itr* (*Tier*) fressen; IV (*mit Präposition*) **feed back** *tr* zurückleiten; rückkoppeln; **feed in** *tr* einführen, -geben, -speisen; **feed on** *itr* sich (er)nähren von; *tr* füttern mit; **feed up** *tr* mästen.

feed·back ['fi:dbæk] Rückkopp(e)lung *f;* Feedback *n,* Rückmeldung *f;* ► ~ **of information** Rückinformation *f;* **feeder** ['fi:də(r)] **1.** Versorger *m;* **2.** (Saug)Flasche *f;* **3.** *tech* Zuführung(svorrichtung), Speiseleitung *f;* **4.** (*Verkehr*) Zubringer *m;* ► ~ **road** Zubringerstraße *f.*

feel [fi:l] ⟨*irr* felt, felt⟩ I *tr* **1.** (be)fühlen, betasten; **2.** spüren, empfinden *a. fig;* **3.** leiden unter; empfinden; **4.** glauben; ► ~ **one's way** sich vortasten; **what do you** ~ **about it?** was halten Sie davon? II *itr* **1.** sich fühlen; sich anfühlen; **2.** meinen; ► ~ **well** sich wohl fühlen; ~ **hungry** hungrig sein; **I** ~ **hot** mir ist heiß; ~ **hard** sich hart anfühlen; **how do you** ~ **about him?** was halten Sie von ihm? ~ **like** Lust haben auf; ~ **like doing s.th.** Lust haben, etw zu tun; **I** ~ **as if** mir ist, als ob; **I'm** ~**ing much better** es geht mir viel besser; III *s* Gefühl *n;* Gefühlseindruck *m;* ► **have a** ~ **for s.th.** ein Gefühl für etw haben; IV (*mit Präposition*) **feel about** *itr* umhertasten; **feel for** *itr* fühlen mit.

feeler ['fi:lə(r)] *zoo* Fühler *m a. fig;* ► **put out** ~**s** seine Fühler ausstrecken.

feel·ing ['fi:liŋ] **1.** Gefühl *n;* **2.** Empfindung *f;* **3.** Mitgefühl *n;* **4.** Meinung, Ansicht *f;* ► **bad, ill** ~ Ablehnung, Bitterkeit *f;* **I have a** ~ **that …** ich habe das Gefühl, daß … **I hope you haven't any hard** ~**s** ich hoffe, Sie sind (mir) nicht böse; **hurt s.o.'s** ~**s** jdn verletzen.

feet [fi:t] *pl von* foot.

feign [fein] *tr* **1.** heucheln, simulieren; **2.** (*Krankheit*) vortäuschen; **feigned** ['feind] *adj* vorgetäuscht, simuliert, geheuchelt.

feint [feint] Finte *f;* ► **make a** ~ **of doing** so tun, als ob man tut.

fel·ici·ta·tion [fə,lisi'teiʃn] *meist pl* Glückwunsch *m* (*on, upon* zu).

fel·ici·tous [fə'lisitəs] *adj* (*Ausdruck*) treffend; **fel·ic·ity** [fə'lisəti] Glück *n,* Glückseligkeit *f.*

fe·line ['fi:lain] *adj* Katzen-; katzenartig.

fell[1] [fel] *v s. fall.*

fell[2] [fel] Fell *n.*

fell³ [fel] *adj lit* fürchterlich.
fell⁴ [fel] *tr* 1. *(Baum)* fällen; 2. *(Mensch)* niederschlagen.
fell⁵ [fel] Berg *m;* Moorland *n.*
fel·low ['feləu] 1. Bursche, Kerl *m;* 2. Gefährte, Kamerad, Kollege *m;* 3. *F~* Mitglied *n* e-s College; 4. Gegenstück *n;* ▶ **my dear, my good ~!** mein lieber Mann! **old ~!** alter Junge! **poor ~!** armer Junge! **school-~** Schulkamerad *m;* **fellow being** Mitmensch *m;* **fellow-citizen** Mitbürger(in) *m (f);* **fellow-countryman** Landsmann *m,* -männin *f;* **fellow-countrymen** *pl* Landsleute *pl;* **fellow-feeling** Mitgefühl *n,* Sympathie *f;* **fellow-member** Klubkamerad(in) *m (f);* **fellow-passenger** Mitreisende(r) *f m;* **fel·low·ship** ['feləuʃip] 1. Kameradschaft *f;* Gemeinschaft *f;* 2. Gesellschaft *f;* 3. Forschungsstipendium *n;* **fellow-traveller** 1. Mitreisende(r) *f m;* 2. *pol* Mitläufer *m;* **fellow-worker** Kollege *m,* Kollegin *f.*
felon ['felən] (Schwer)Verbrecher(in) *m (f);* **fel·oni·ous** [fi'ləuniəs] *adj* verbrecherisch; **fel·ony** ['feləni] Verbrechen *n.*
felt¹ [felt] *v s. feel.*
felt² [felt] Filz *m;* **felt-tip (pen)** Filzschreiber, Filzstift *m.*
fe·male ['fi:meil] I *adj* weiblich; ▶ **~ screw** Schraubenmutter *f;* II *s* 1. *zoo* Weibchen *n;* 2. *pej* Weib *n;* **female suffrage** Frauenstimmrecht *n.*
femi·nine ['femənin] *adj* feminin, weiblich; **fem·i·nin·ity** [,femə'ninəti] Weiblichkeit *f;* **fem·in·ism** ['feminizəm] Feminismus *m;* **fem·in·ist** ['feminist] I *adj* feministisch, Frauen-; II *s* Feminist(in), Frauenrechtler(in) *m (f).*
fe·mur ['fi:mə(r)] *anat* Oberschenkelknochen *m.*
fen [fen] Moorland *n.*
fence [fens] I *s* 1. Zaun *m;* Hindernis *n;* 2. *sl* Hehler *m;* ▶ **sit on the ~** neutral bleiben; II *tr* 1. *(~ in)* ein-, umzäunen; 2. *sl* hehlen; ▶ **~ off** absperren; III *itr* 1. *sport* fechten; 2. *fig* ausweichen (*with a question* e-r Frage); 3. *sl* Hehlerei treiben; **fencer** ['fensə(r)] Fechter(in) *m (f);* **fenc·ing** ['fensiŋ] 1. *sport* Fechten *n;* 2. Zaun *m,* Umzäunung *f.*
fend [fend] I *itr* ▶ **~ for o.s.** für sich sorgen; II *(mit Präposition)* **fend off** *tr* abwehren.
fend·er ['fendə(r)] 1. Kamingitter *n;* 2. *mar* Fender *m;* 3. *Am mot* Kotflügel *m.*
fen·nel ['fenl] *bot* Fenchel *m.*
feoff [fi:f] *s. fief.*
fer·ment [fə'ment] I *tr* 1. gären lassen, vergären; 2. *fig* anwachsen lassen; II *itr* gären *a. fig;* III *s* ['fɜ:ment] 1. Ferment *n;* 2. Gärung *f a. fig;* 3. *fig* Unruhe, Erregung *f;* **fer·men·ta·tion** [,fɜ:men'teiʃn] 1. Gärung *f a. fig;* 2. *fig*

Erregung, Unruhe *f.*
fern [fɜ:n] Farn(kraut *n) m.*
fer·ocious [fə'rəuʃəs] *adj* wild, grimmig, heftig; **fer·oc·ity** [fə'rɒsəti] Wildheit, Grimmigkeit *f.*
fer·ret ['ferit] I *s zoo* Frettchen *n;* II *itr* 1. mit dem Frettchen jagen; 2. *(~ about)* herumstöbern, -schnüffeln; ▶ **~ out** aufstöbern.
fer·ro·con·crete [,ferəu'kɒŋkri:t] Eisenbeton *m.*
fer·rous ['ferəs] *adj* eisenhaltig.
fer·rule ['feru:l] Metallring *m.*
ferry ['feri] I *s* Fähre *f;* II *tr* 1. (mit der Fähre) übersetzen; 2. transportieren; **ferry-boat** Fähre *f;* **ferry-man** ⟨*pl* -men⟩ Fährmann *m.*
fer·tile ['fɜ:tail] *adj* 1. fruchtbar, ertragreich; 2. reich (*of, in* an); **fer·til·ity** [fə'tiləti] Fruchtbarkeit *f;* Ergiebigkeit *f;* **fer·ti·liz·ation** [,fɜ:təlai'zeiʃn] 1. Düngung *f;* 2. *biol.* Befruchtung *f;* **fer·til·ize** ['fɜ:təlaiz] *tr* 1. düngen; 2. *biol* befruchten; **fer·ti·lizer** ['fɜ:təlaizə(r)] Dünger *m.*
fer·vent ['fɜ:vənt] *adj* 1. heiß, glühend; 2. *(Wunsch)* inbrünstig; leidenschaftlich; **fer·vid** ['fɜ:vid] *adj* leidenschaftlich; **fer·vour,** *Am* **fer·vor** ['fɜ:və(r)] 1. Glut, Hitze *f;* 2. Inbrunst, Leidenschaft *f.*
fes·ter ['festə(r)] *itr* 1. eitern; 2. *fig (Ärger)* fressen, nagen (*in* in).
fes·ti·val ['festivl] 1. Fest *n;* Feier *f;* 2. *mus theat* Festspiele *n pl;* ▶ **music ~** Musikfestspiele *n pl;* **Church ~s** *pl* Feiertage *m pl;* **fes·tive** ['festiv] *adj* festlich; **fes·tiv·ity** [fe'stivəti] 1. Fest *n,* Feier *f;* 2. *pl* Festlichkeiten, Feierlichkeiten *f pl.*
fes·toon [fe'stu:n] I *s* Girlande *f;* II *tr* mit Girlanden verzieren.
fetal ['fi:tl] *Am s. foetal.*
fetch [fetʃ] I *tr* 1. holen, bringen; 2. *(Schrei)* ausstoßen; 3. *(Geld)* einbringen; ▶ **~ s.o. a blow** jdm eine langen; II *itr* ▶ **~ and carry for s.o.** bei jdm Mädchen für alles sein; **fetch·ing** ['fetʃiŋ] *adj fam* bezaubernd.
fête [feit] I *s* (Garten)Fest *n;* II *tr* feiern.
fetid ['fetid] *adj* übelriechend.
fet·ish ['fetiʃ] *rel psych* Fetisch *m;* **fet·ish·ism** ['fetiʃizəm] Fetischismus *m;* **fet·ish·ist** ['fetiʃist] Fetischist(in) *m (f).*
fet·ter ['fetə(r)] I *s* 1. *pl* (Fuß)Fesseln *f pl;* 2. *fig* Fesseln *f pl;* II *tr* 1. fesseln; 2. *fig* in Fesseln legen.
fettle ['fetl] ▶ **in fine, in good ~** in guter Verfassung.
fe·tus ['fi:təs] *Am s. foetus.*
feud [fju:d] I *s* Fehde *f;* II *itr* sich befehden.
feu·dal ['fju:dl] *adj* feudal; Feudal-, Lehns-; **feu·dal·ism** [—izəm] Lehnswesen *n.*

fe·ver ['fi:və(r)] 1. Fieber *n;* 2. *fig* Erregung *f;* ► **be at ~ pitch** in höchster Erregung sein; **be in a ~ of excitement** in fieberhafter Aufregung sein; **fe·ver·ish** ['fi:vərɪʃ] *adj* 1. fiebernd; 2. *fig* fieberhaft.

few [fju:] I *adj* wenige; ► **~ and far between** dünn gesät; **as ~ as** genauso wenig wie; **a ~** ein paar; **a ~ times** ein paar Male; **quite a ~** ziemlich viele; **every ~ days** alle paar Tage; II *prn* wenige; **a ~** ein paar; **quite a ~** e-e ganze Menge; **a ~ more** ein paar mehr; **fewer** ['fju:ə(r)] ⟨*Komparativ von* few⟩ *adj, prn* weniger; ► **no ~ than** nicht weniger als; **fewest** ['fju:ɪst] ⟨*Superlativ von* few⟩ *adj, prn* die wenigsten.

fi·ancé [fɪ'ɒnseɪ] Verlobte(r) *m;* **fiancée** [fɪ'ɒnseɪ] Verlobte *f.*

fi·asco [fɪ'æskəu] ⟨*pl* fiascos, *Am* fiascoes⟩ Fiasko *n.*

fib [fɪb] I *s fam* Schwindelei *f;* II *itr* flunkern, schwindeln; **fib·ber** ['fɪbə(r)] Flunkerer *m.*

fibre, *Am* **fiber** ['faɪbə(r)] 1. Faser *f;* 2. *fig* Charakter *m,* Wesen *n;* ► **cotton ~** Baumwollfaser *f;* **glass ~** Glasfiber, -faser *n;* **moral ~** Charakterstärke *f.*

fibre·glass ['faɪbəɡlɑ:s] Fiberglas *n.*

fibre op·tic cable ['faɪbə(r)'ɒptɪk'keɪbl] Glasfaserkabel *n;* **fibre optics** ['faɪbə(r)ɒptɪks] *pl* Glasfaseroptik *f.*

fib·ula ['fɪbjʊlə] *anat* Wadenbein *n.*

fickle ['fɪkl] *adj* wankelmütig, unbeständig.

fic·tion ['fɪkʃn] 1. Fiktion *f a. jur;* 2. Erzähl-, Prosaliteratur *f;* **fic·tion·al** ['fɪkʃənl] *adj* erfunden, erdichtet.

fic·ti·tious [fɪk'tɪʃəs] *adj* 1. fiktiv, frei erfunden; 2. falsch.

fiddle ['fɪdl] I *s* 1. Fiedel, Geige *f;* 2. *sl* Schiebung *f;* ► **be fit as a ~** gesund und munter sein; **play first, second ~** *fig* die erste, die zweite Geige spielen; II *itr* 1. *mus* fiedeln; 2. herumspielen; ► **~ about** herumspielen, -fummeln; III *tr* (*Bilanz*) frisieren; manipulieren; **fid·dler** ['fɪdlə(r)] 1. Geiger(in) *m (f);* 2. *sl* Gauner(in) *m (f);* **fid·dling** ['fɪdlɪŋ] *adj fam* läppisch; **fid·dly** ['fɪdlɪ] *adj fam* knifflig.

fi·del·ity [fɪ'delətɪ] 1. Treue *f;* 2. Genauigkeit *f;* ► **high ~** Klangtreue *f.*

fidget ['fɪdʒɪt] I *s fam* Zappelphilipp *m;* II *itr* nervös sein; zappeln; **fidgety** ['fɪdʒɪtɪ] *adj* zappelig; nervös.

fief, feoff [fi:f] Lehen *n.*

field [fi:ld] I *s* 1. Feld *n,* Acker *m;* Wiese *f;* Weide *f;* 2. Platz *m;* 3. *mil* Feld *n;* 4. *fig* (Fach)Gebiet *n,* Bereich, Sektor *m;* 5. *com* Außendienst *m;* 6. *sport* Feld *n;* (*Baseball*) Fängerpartei *f;* ► **in this ~** *fig* auf diesem Gebiet, in diesem Bereich; **working in the ~** auf dem Feld

arbeiten; **wheat ~** Weizenfeld *n;* **~ of battle** Schlachtfeld *n;* **~ of vision** Blick-, Gesichtsfeld *n;* **magnetic ~** Magnetfeld *n;* **take the ~** *sport* das Spiel eröffnen; **~ of activity** Tätigkeits-, Wirkungsbereich *m;* Arbeitsgebiet *n;* II *tr* 1. (*Kricket, Baseball*) (*den Ball*) auffangen und zurückwerfen; 2. (*Spieler*) als Fänger im Ausfeld einsetzen; III *itr* als Fänger spielen; **field day** 1. *mil* Manöver *n;* 2. *fig* großer Tag; **field-events** *pl sport* Hoch- u. Weitsprung *m,* Stoßen u. Werfen *n;* **field glasses** *pl* Feldstecher *m;* **field mouse** ⟨*pl* -mice⟩ Feldmaus *f;* **fields·man** ['fi:ldzmən] ⟨*pl* -men⟩ (*Baseball, Kricket*) Fänger, Spieler *m* im Ausfeld; **field sports** *pl* Jagd *f,* Schießen *n,* Fischfang *m;* **field·work** ['fi:ldwɜ:k] 1. Arbeit *f* im Gelände; 2. (*von Soziologen*) Feldforschung *f;* **field·worker** ['fi:ldwɜ:kə(r)] Praktiker(in) *m (f).*

fiend [fi:nd] 1. Unhold, Satan *m;* 2. *fam* Fanatiker(in) *m (f);* ► **fresh-air, jazz ~** Frischluft-, Jazzfanatiker(in) *m (f);* **fiend·ish** ['fi:ndɪʃ] *adj* teuflisch.

fierce [fɪəs] *adj* 1. (*Erscheinung*) wild; 2. (*Blick*) böse; 3. (*Hund*) scharf; 4. (*Kampf*) heftig; 5. (*Konkurrenz*) erbittert; **fierce·ness** ['fɪəsnɪs] Wildheit *f;* Heftigkeit *f;* Grimmigkeit *f;* Schärfe *f.*

fiery ['faɪərɪ] *adj* 1. feurig, glühend, heiß *a. fig;* 2. *fig* erregt, aufwühlend.

fife [faɪf] *mus* Querpfeife *f.*

fif·teen [ˌfɪf'ti:n] *adj* fünfzehn; **fif·teenth** [ˌfɪf'ti:nθ] *adj* fünfzehnte(r,s).

fifth [fɪfθ] I *adj* fünfte(r, s); II *s* Fünftel *n;* Fünfte(r, s).

fif·ti·eth ['fɪftɪəθ] *adj* fünfzigste(r, s); **fifty** ['fɪftɪ] *adj* fünfzig; ► **go ~-~ with s.o.** mit jdm halbe-halbe machen.

fig [fɪɡ] Feige *f;* ► **I don't care a ~** *fam* ich kümmere mich e-n Dreck darum.

fight [faɪt] ⟨*irr* fought, fought⟩ I *s* 1. Kampf *m a.fig;* Gefecht *n;* 2. Kampfkraft *f,* -geist *m;* ► **have a ~ with s.o.** sich mit jdm schlagen; **put up a ~** sich zur Wehr setzen; II *itr* kämpfen; sich streiten; **~ for one's life** um sein Leben kämpfen; **~ shy of s.th.** e-r S aus dem Weg gehen; III *tr* 1. kämpfen mit; 2. bekämpfen; ankämpfen gegen; IV (*mit Präposition*) **fight back** *itr* zurückschlagen; sich wehren; **fight off** *tr* abwehren; ankämpfen gegen; **fight on** *itr* weiterkämpfen.

fighter ['faɪtə(r)] 1. Kämpfer(in) *m (f);* 2. *aero* Jagdflugzeug *n;* **fight·ing** ['faɪtɪŋ] Kampf *m,* Gefecht *n.*

fig·ment ['fɪɡmənt] Einbildung, Erfindung *f;* ► **a ~ of the imagination** pure Einbildung.

figu·rat·ive ['fɪɡjərətɪv] *adj* bildlich, übertragen; **figu·rat·ive·ly** [—lɪ] *adv* in übertragener Bedeutung.

figure 188 **find**

fig·ure ['fıgə(r)] I s 1. Zahl, Ziffer f; 2. Figur, Form, Gestalt f; 3. Persönlichkeit f; 4. (Modell) Figur f; 5. (Tanz) Figur f; 6. pl Rechnen n; ▶ be good at ~s ein guter Rechner sein; she has a good ~ sie hat e-e gute Figur; ~-hugging figurbetont; ~ of fun Witzfigur f; ~ of speech Redensart f; II tr 1. formen, gestalten; (figürlich) darstellen; 2. sich vorstellen; 3. Am meinen, glauben; III itr in Erscheinung treten; ▶ he ~d in a play er trat in einem Stück auf; IV (mit Präposition) figure on tr Am rechnen mit; figure out tr begreifen, verstehen; ausrechnen.

fig·ure·head ['fıgəhed] a. fig Galionsfigur f.

fig·ure-skat·ing ['fıgə,skeıtıŋ] Eiskunstlauf m.

fila·ment ['fıləmənt] 1. bot Staubfaden m; 2. el Glüh-, Heizfaden m.

filch [fıltʃ] tr fam mausen, stibitzen.

file¹ [faıl] I s Feile f; II tr feilen a. fig; ▶ ~ smooth glattfeilen.

file² [faıl] I s 1. Aktenhefter, Aktenordner m; 2. Akte f (on s.o. über jdn); 3. EDV Datei f; ▶ on ~ aktenkundig; keep a ~ on s.o. e-e Akte über jdn führen; II tr 1. ablegen, abheften; 2. jur einreichen; ▶ ~ away zu den Akten legen.

file³ [faıl] I s Reihe f; ▶ in Indian, single ~ im Gänsemarsch; II (mit Präposition) file in itr hereinmarschieren; file out itr hinausgehen.

file name EDV Dateiname m.

fil·ial ['fılıəl] adj Kindes-; ▶ ~ duty Kindespflicht f.

fili·bus·ter ['fılıbʌstə(r)] I s parl Obstruktionspolitiker m; II itr parl Obstruktion treiben.

fili·gree ['fılıgri:] Filigran(arbeit f) n.

fil·ing ['faılıŋ] 1. Ablegen, Abheften n; 2. jur Einreichung f; filing cabinet Aktenschrank m.

fil·ings ['faılıŋz] pl Späne m pl.

fill [fıl] I tr 1. füllen, stopfen; 2. (Zahn) füllen, plombieren; 3. (Loch) zustopfen; 4. erfüllen; 5. (Stelle) besetzen, einnehmen, innehaben; ▶ ~ed with anger von Zorn erfüllt; II tr voll werden, sich füllen; III s ▶ drink one's ~ seinen Durst löschen; have had one's ~ gut satt sein; I've had my ~ of it ich habe davon die Nase voll; IV (mit Präposition) fill in tr 1. (Loch) auffüllen; 2. (Formular) ausfüllen; 3. (Namen) einsetzen; ▶ ~ in for s.o. für jdn einspringen; ~ s.o. in on s.th. jdn über etw ins Bild setzen; fill out itr sich blähen; dicker werden; tr Am (Formular) ausfüllen; fill up tr 1. vollfüllen; volltanken; 2. (Formular) ausfüllen; itr sich (an)füllen, voll werden.

fill·er ['fılə(r)] 1. Trichter m; 2. Spachtel-

masse f; 3. chem Füllstoff m; **filler cap** Tankdeckel m.

fil·let ['fılıt] I s 1. Stirnband n; 2. (Küche) Filet, Lendenstück n; II tr (Fleisch, Fisch) in Filets schneiden.

fill·ing ['fılıŋ] I s Plombe, Füllung f; II adj sättigend; **filling station** Tankstelle f.

fil·lip ['fılıp] Ansporn m, Aufmunterung f.

film [fılm] I s 1. Film m, Schicht f; Schleier m; Belag m; 2. phot film Film m; ▶ make, shoot a ~ e-n Film drehen; II tr (ver)filmen; III itr sich verfilmen lassen; **film camera** Filmkamera f; **film-star** Filmstar m; **film studio** Filmatelier n, -studio n.

fil·ter ['fıltə(r)] I s Filter m; II tr filtern; III itr 1. durch-, einsickern; 2. Br sich einordnen; IV (mit Präposition) **filter in** itr langsam eindringen; einsickern; **filter out** tr herausfiltern; itr langsam herausgehen; **filter through** itr durchsickern a. fig.

fil·ter lane Abbiegespur f; **filter pad** Filtereinsatz m; **filter paper** Filterpapier n; **filter tip** Filtermundstück n, Filter m.

filth [fılθ] 1. Schmutz, Dreck m; 2. fig Schweinerei f; **filthy** ['fılθı] adj 1. schmutzig, dreckig; 2. fig unanständig, schweinisch; ▶ ~ rich fam stinkreich.

fin [fın] 1. Flosse f a. aero, mar; 2. (Heizkörper) Rippe f.

fi·nal ['faınl] I adj 1. letzte(r, s); Schluß-; 2. letztendlich; 3. endgültig; ▶ ~ word letztes Wort; II s pl 1. (Ab)Schlußprüfung f; 2. sport Endspiel n; 3. (Zeitung) Spätausgabe f.

fi·nale [fı'nɑːlı] mus Finale n; Schlußszene f.

fi·nal·ist ['faınəlıst] sport Teilnehmer(in) m (f) an der Schlußrunde.

fi·nal·ity [faı'nælətı] 1. Endgültigkeit f; 2. Entschiedenheit f.

fi·nal·ize ['faınəlaız] tr abschließen; fertigmachen, beenden.

fi·nal·ly ['faınəlı] adv 1. endlich, schließlich; 2. endgültig, unwiderruflich.

fi·nance ['faınæns] I s 1. Finanzwesen n; 2. pl Finanzen f pl; ▶ ~ company Finanzierungsgesellschaft f; II tr finanzieren; **fi·nan·cial** [faı'nænʃl] adj finanziell; Finanz-; ▶ the ~ year das Rechnungsjahr; **fin·an·cier** [faı'nænsıə(r)] Finanzier m.

finch [fıntʃ] zoo Fink m.

find [faınd] ⟨irr found, found⟩ I tr 1. finden; 2. besorgen; 3. (heraus)finden, ausfindig machen; 4. bemerken, gewahr werden; 5. halten für, ansehen als; 6. jur befinden (guilty für schuldig); ▶ it is not to be found es läßt sich nicht finden; ~ one's feet sich zurechtfinden; ~ fault with etw auszusetzen haben an; ~

one's voice, tongue die Sprache wiederfinden; ~ **one's way** seinen Weg finden; **this tree is found everywhere** diesen Baum findet man überall; ~ **o.s. unable** sich außerstande sehen; **he found himself in hospital** er fand sich im Krankenhaus wieder; **II** *itr* ▶ ~ **for the accused** den Angeklagten freisprechen; **III** s' Fund *m;* **IV** *(mit Präposition)* **find out** *tr* 1. herausfinden; 2. *(Person)* erwischen; *itr* dahinterkommen.

finder ['faɪndə(r)] Finder(in) *m (f);* **finding** ['faɪndɪŋ] 1. *pl* Ergebnis *n,* Befund *m;* Feststellung *f;* 2. *jur* Urteil *n.*

fine¹ [faɪn] **I** *adj* 1. fein, schön *(a. Wetter);* 2. ausgezeichnet, hervorragend, prächtig; 3. *(Material)* fein, zart; 4. gesund; 5. in Ordnung, gut; 6. fein, scharf, spitz; ▶ **one** ~ **day** eines schönen Tages; **that's a** ~ **excuse** das ist ja e-e schöne Ausrede; ~ **clothes** feine Kleider; ~ **dust** feiner Staub; **that's** ~! das ist prima! ~ **feelings** *pl* Feingefühl *n;* **II** *adv fam* sehr gut, prima; ▶ **chop s.th. up** ~ etw fein zerhacken; **that will suit me** ~ das paßt mir gut; **I'm feeling** ~ mir geht's bestens; **you're looking very** ~ **today** du siehst heute gut aus; **III** *(mit Präposition)* **fine down** *tr* abfeilen; straffen; reduzieren.

fine² [faɪn] **I** s *jur* Bußgeld *n,* Geldstrafe *f;* **II** *tr* mit e-r Geldstrafe belegen.

fine art [,faɪn'ɑːt] *meist pl* schöne Künste *f pl.*

fine·ness ['faɪnɪs] 1. Schönheit *f;* 2. Güte *f;* Feinheit *f;* 3. *(Material)* Zartheit *f;* 4. *(Sand)* Feinheit *f;* 5. Dünnheit *f.*

fin·ery ['faɪnərɪ] 1. Putz, Staat *m;* 2. *tech* Frischofen *m.*

fi·nesse [fɪ'nes] 1. Geschicklichkeit *f;* 2. *(Karten)* Schneiden *n.*

fine-tooth comb [,faɪn'tuːθkəʊm] ▶ **go through s.th. with a** ~ etw genau unter die Lupe nehmen.

fin·ger ['fɪŋgə(r)] **I** s Finger *m;* ▶ **cut one's** ~ sich in den Finger schneiden; **burn one's** ~**s** *fig* sich die Finger verbrennen; **have a** ~ **in the pie** die Hand im Spiel haben; **lay a** ~ **on s.o.** jdn berühren; **let s.th. slip through one's** ~**s** sich etw entgehen lassen; **twist s.o. around one's (little)** ~ jdn um den kleinen Finger wickeln; **put the** ~ **on s.o.** *sl* jdn verpfeifen; **II** *tr* 1. befühlen, betasten; 2. *mus* mit dem Fingersatz bezeichnen; **finger-mark** Fingerabdruck *m;* **finger-nail** Fingernagel *m;* **finger-print** ['fɪŋgəprɪnt] **I** s Fingerabdruck *m;* **II** *tr* e-n Fingerabdruck nehmen (*s.o.* von jdm); **fin·ger·tip** ['fɪŋgətɪp] Fingerspitze *f;* ▶ **have s.th. at one's** ~**s** etw aus dem Effeff kennen.

fin·icky ['fɪnɪkɪ] *adj* wählerisch, verwöhnt (*about* in).

fin·ish ['fɪnɪʃ] **I** s 1. Ende *n,* Schluß *m;* 2. *sport* Endkampf *m;* 3. Schliff *m;* Verarbeitung *f;* Vollendung *f;* 4. *tech* Oberflächenbehandlung *f;* ▶ **be in at the** ~ *fig* beim Ende dabei sein; **fight to the** ~ bis zum letzten Augenblick kämpfen; **his manners lack** ~ seinen Manieren fehlt der Schliff; **II** *tr* 1. beenden, aufhören (*doing s.th.* etw zu tun); 2. *(Arbeit)* erledigen, vollenden; 3. fertigstellen, den letzten Schliff geben (*s.th.* e-r S); ▶ **have** ~**ed doing s.th.** mit etw fertig sein; ~ **writing** fertigschreiben; **III** *itr* 1. zu Ende sein; fertig sein; aufhören; 2. *sport* das Ziel erreichen (*with* mit); **IV** *(mit Präposition)* **finish off** *itr* aufhören, Schluß machen; *tr* 1. fertigmachen; 2. *(Essen)* aufessen; 3. *(Tier)* den Gnadenschuß geben *dat;* 4. *fig* den Rest geben (*s.o.* jdm); **finish up** *tr* aufessen; ▶ ~ **up with a brandy** zum Abschluß e-n Brandy trinken; **finish with** *tr* 1. nicht mehr brauchen; *fig* fertig sein mit, nichts mehr zu tun haben wollen.

fin·ished ['fɪnɪʃt] *adj* 1. fertig; bearbeitet; 2. *(Erscheinung)* vollendet; ▶ **be** ~ fertig, erledigt sein; ~ **goods** *pl* Fertigerzeugnisse *n pl;* **a** ~ **performance** e-e makellose Aufführung.

fi·nite ['faɪnaɪt] *adj* 1. begrenzt; endlich *a. math;* 2. *gram* finit.

Fin·land ['fɪnlənd] Finnland *n.*

Finn [fɪn] Finne *m,* Finnin *f;* **Finn·ish** ['fɪnɪʃ] **I** *adj* finnisch; **II** s (das) Finnisch(e).

fiord [fɪ'ɔːd] Fjord *m.*

fir [fɜː(r)] 1. Tanne *f;* 2. Tanne(nholz *n),* Fichte(nholz *n) f;* **fir-cone** Tannenzapfen *m.*

fire ['faɪə(r)] **I** s 1. Feuer *n;* Brand *m;* 2. Kaminfeuer *n;* 3. *mil* Feuer *n;* 4. Erregung, Leidenschaft *f;* ▶ **between two** ~**s** zwischen zwei Feuern; **on** ~ in Brand; **be on** ~ in Flammen stehen; **come under** ~ unter Beschuß geraten; **catch** ~ Feuer fangen; **go through and water for s.o.** für jdn durchs Feuer gehen; **play with** ~ *fig* mit dem Feuer spielen; **set** ~ **to, set on** ~ in Brand stecken; anzünden; **danger of** ~ Brandgefahr *f;* **liable to catch** ~ feuergefährlich; **II** *tr* 1. anzünden, in Brand stecken; 2. *(Ofen)* befeuern; 3. *(Ziegel)* brennen; 4. *fig* beflügeln; entzünden; 5. *(Feuerwaffe, Geschoß)* abfeuern; 6. *fam* feuern, entlassen; **III** *itr* 1. *(Schuß)* feuern, schießen; 2. *(Maschine)* zünden; **IV** *(mit Präposition)* **fire away** *itr fam* losschießen; **fire off** *tr* abschießen.

fire-alarm ['faɪərə,lɑːm] 1. Feueralarm *m;* 2. Feuermelder *m;* **fire-arm** Feuer-, Schußwaffe *f;* **fire·ball** ['faɪəbɔːl] *(Atom)* Feuerball *m;* **fire·brand** ['faɪəbrænd] 1. Feuerbrand *m;* 2. *fig* Unruhestifter(in) *m (f);* **fire·break**

['faɪəbreɪk] Feuerschneise *f;* **fire-brig-ade** Feuerwehr *f;* **fire-cracker** Knall-körper *m;* **fire-damp** *min* Grubengas *n;* schlagende Wetter *n pl;* **fire depart-ment** *Am* Feuerwehr *f;* **fire-eater** Feuerfresser(in) *m (f);* **fire-engine** Feuerwehrauto *n;* **fire-escape** Feuer-treppe, Feuerleiter *f;* **fire-extin-guisher** Feuerlöscher *m;* **fire-fighter** Feuerwehrmann *m;* **fire-fly** ['faɪəflaɪ] Leuchtkäfer *m;* **fire-guard** Ofenschirm *m;* **fire hazard** Feuersgefahr *f;* **fire house** *Am* Feuerwache *f;* **fire-insur-ance** Feuerversicherung *f;* **fire-irons** *pl* Kaminbesteck *n;* **fire·man** ['faɪəmən] ⟨*pl* -men⟩ 1. Feuerwehrmann *m;* 2. Heizer *m;* **fire·place** ['faɪəpleɪs] Kamin *m;* **fire plug** *Am* Hydrant *m;* **fire-proof** *adj* feuerfest, -sicher; **fire-raiser** ['faɪəreɪsə(r)] Brandstifter(in) *m (f);* **fire-raising** ['faɪəreɪsɪŋ] Brandstif-tung *f;* **fire·side** ['faɪəsaɪd] Platz *m* um den Kamin; ▶ **by the ~** am Kamin; **fire-water** *fam* Feuerwasser *n;* **fire-woman** ['faɪəwʊmən] ⟨*pl* women⟩ [—wɪmɪn] Feuerwehrfrau *f;* **fire·wood** ['faɪəwʊd] Brennholz *n;* **fire-work** 1. Feuerwerkskörper *m;* 2. *meist pl* Feuer-werk *n a. fig.*

firing ['faɪrɪŋ] *mil* Feuern *n;* **firing-line** Feuer-, Schußlinie *f;* **firing-squad** Exe-kutionskommando *n.*

firm[1] [fɜːm] I *adj* 1. fest; hart; stabil; 2. *(Freundschaft)* beständig, unaufhörlich; 3. *(Basis)* standhaft, unerschütterlich; 4. *com* fest, stabil; II *itr* fest werden; III *adv* ▶ **stand ~ on s.th.** fest bei etw bleiben.

firm[2] [fɜːm] Firma *f,* Unternehmen *n.*
fir·ma·ment ['fɜːməmənt] Firmament *n.*
firm·ness ['fɜːmnɪs] Festigkeit *f;* Be-ständigkeit *f.*

first [fɜːst] I *adj* erste(r, s); ▶ **at ~ hand** aus erster Hand; **at ~ sight** auf den ersten Blick; **for the ~ time** zum ersten-mal; **~ things ~** eins nach dem anderen; **not to know the ~ thing about s.th.** keinen blassen Schimmer von etw ha-ben; **in the ~ place** an erster Stelle; zunächst; II *adv* 1. zuerst, als erste(r, s); 2. als erstes, zunächst; 3. zum erstenmal; 4. (zu)erst; 5. eher, lieber; ▶ **~ of all, ~ and foremost** zuallererst; **~ come, ~ served** *prov* wer zuerst kommt, mahlt zuerst; **come in ~** das Rennen gewin-nen; **I must finish this ~** ich muß das erst fertigmachen; III *s* 1. *(the ~)* der, die, das Erste; 2. *(Schule)* Eins *f;* 3. *mot* erster Gang; ▶ **at ~** zuerst, zunächst; **from ~ to last** von Anfang bis Ende; **first aid** *med* Erste Hilfe; ▶ **~ box** Verbandskasten *m;* **~ station** Sanitäts-wache *f;* **first-born** ['fɜːstbɔːn] *adj* erstgeboren; **first-class** [ˌfɜːst'klɑːs] I *adj* erstklassig; ▶ **~ compartment** Ab-

teil *n* erster Klasse; II *adv* erster Klas-se; **first-hand** [ˌfɜːst'hænd] *adj, adv* aus erster Hand; **First Lady** *Am* Ge-mahlin *f* des Präsidenten der USA.
first·ly ['fɜːstlɪ] *adv* erstens.
first name ['fɜːst neɪm] Vorname *m;* ▶ **be on ~ terms** sich mit dem Vorna-men anreden, sich duzen; **first night** *theat* Erstaufführung *f;* **first offender** *jur* Ersttäter(in) *m (f),* Nichtvorbestraf-te(r) *f m;* **first-rate** [ˌfɜːst'reɪt] *adj* 1. erstrangig, -klassig; 2. *fam* prima, groß-artig; **first strike** *mil (Atomwaffen)* Ersteinsatz, Erstschlag *m.*
firth [fɜːθ] Meeresarm *m,* Förde *f.*
fis·cal ['fɪskl] *adj* fiskalisch; Finanz-.
fish [fɪʃ] ⟨*pl* fish *od* fishes⟩ I *s* Fisch *m;* ▶ **the F~es** *astr* die Fische *pl;* **feel like a ~ out of water** sich fehl am Platze vorkommen; **have other ~ to fry** wichtigere Dinge zu tun haben; **neither ~ nor fowl** weder Fisch noch Fleisch; **a pretty kettle of ~** *iro* eine schöne Be-scherung; **~ and chips** *pl* Fisch und Pommesfrites; II *itr* 1. fischen; 2. angeln *a. fig (for* nach); ▶ **~ in troubled wa-ters** im trüben fischen; III *tr* fischen, angeln in; **~ out** herausfischen *a. fig;* **~ up** herausziehen; hervorkramen; **fish-bone** ['fɪʃbəʊn] Fischgräte *f;* **fish-cake** ['fɪʃkeɪk] Fischfrikadelle *f.*
fisher·man ['fɪʃəmən] ⟨*pl* -men⟩ Fischer, Angler *m.*
fish·ery ['fɪʃərɪ] 1. Fischerei *f,* Fischfang *m;* 2. Fischereizone *f;* ▶ **inshore, deep-sea ~** Küsten-, Hochseefischerei *f.*
fish fin·ger [ˌfɪʃ'fɪŋgə(r)] Fischstäbchen *n;* **fish-hook** Angelhaken *m.*
fish·ing ['fɪʃɪŋ] Fischen *n;* Angeln *n;* **fishing-grounds** *pl* Fischgründe *m pl;* **fishing-line** Angelschnur *f;* **fishing-rod** Angelrute *f;* **fishing-tackle** An-gelgerät *n.*
fish·mon·ger ['fɪʃmʌŋgə(r)] *Br* Fisch-händler(in) *m (f);* **fish-pond** Fischteich *m.*
fishy ['fɪʃɪ] *adj* 1. fischartig; 2. *fam* ver-dächtig, faul.
fis·sile ['fɪsaɪl] *adj* spaltbar; **fis·sion** ['fɪʃn] 1. *biol* (Zell)Teilung *f;* 2. *phys* (Kern)Spaltung *f;* **fis·sion·able** [—əbl] *adj* spaltbar; **fission material** Spalt-material *n.*
fis·sure ['fɪʃə(r)] Spalt(e *f) m,* Kluft *f.*
fist [fɪst] Faust *f;* ▶ **shake one's ~ at s.o.** jdm mit der Faust drohen.
fit[1] [fɪt] *med* Anfall *m a. fig;* ▶ **by, in ~s and starts** ruck-, stoßweise; **give s.o. a ~** *fam* jdm ein-en Schrecken einjagen; **~ of anger** Wutanfall *m;* **~ of coughing** Hustenanfall *m;* **~ of laughter** Lach-krampf *m.*
fit[2] [fɪt] I *adj* 1. geeignet; günstig; 2. passend, ratsam, angebracht; 3. gesund; in Form; ▶ **be ~** geeignet, tauglich sein;

be ~ **to be seen** sich sehen lassen können; **keep** ~ in Form bleiben; ~ **to drink** trinkbar; ~ **for a position** für e-e Stelle geeignet; ~ **for work** arbeitsfähig; **II** *tr* **1.** passen auf; passen in; **2.** *(Kleid)* passen *(s.o.* jdm); **3.** anbringen; montieren; einbauen; **4.** *(Tatsachen)* entsprechen *(s.th.* e-r S); ▶ ~ **a dress on s.o.** jdm ein Kleid anprobieren; ~ **a key in a lock** e-n Schlüssel ins Schloß stecken; **III** *itr* **1.** passen; **2.** zusammenpassen; **IV** *s* Paßform *f;* **V** *(mit Präposition)* **fit in** *tr* **1.** unterbringen; **2.** *tech* einbauen; *itr* **1.** passen *(with* zu); **2.** in Einklang, in Übereinstimmung sein *(with* mit); **3.** harmonieren; **fit out** *tr* ausrüsten, ausstatten; **fit together** *itr* zusammenpassen; **fit up** *tr* **1.** *(Haus)* einrichten, möblieren; **2.** ausrüsten *(with* mit); **3.** *(Maschine)* montieren.

fit·ful ['fɪtfl] *adj* **1.** unregelmäßig; unbeständig; **2.** *(Schlaf)* unruhig.

fit·ment ['fɪtmənt] Einrichtungsgegenstand *m;* Möbel(stück) *n.*

fit·ness ['fɪtnɪs] **1.** Tauglichkeit, Geeignetheit *f;* **2.** Gesundheit *f;* Fitneß, Kondition *f.*

fit·ted ['fɪtɪd] *adj* **1.** eingerichtet, ausgestattet *(with* mit); **2.** *(Person)* geeignet; **3.** *(Hemd)* tailliert; ▶ ~ **carpet** Teppichboden *m;* ~ **kitchen** Einbauküche *f;* ~ **sheet** Spannbettuch *n.*

fit·ter ['fɪtə(r)] **1.** Schneider(in) *m (f);* **2.** *tech* Monteur(in), Schlosser(in) *m (f);* **3.** Installateur(in) *m (f).*

fit·ting ['fɪtɪŋ] **I** *adj* angebracht, angemessen, geeignet; **II** *s* **1.** *(Kleider)* Anprobe *f;* **2.** Zubehörteil *n;* ▶ ~**s** *pl* Ausstattung *f;* Einrichtung *f;* **go in for a** ~ zur Anprobe gehen.

five [faɪv] *adj* fünf; ▶ ~**-day week** Fünftagewoche *f;* ~**fold** fünffach; ~**-speed gearbox** *mot* Fünfganggetriebe *n;* **fiver** ['faɪvə(r)] *fam* Fünfpfundnote *f.*

fix [fɪks] **I** *tr* **1.** festmachen, befestigen *(to* an); anbringen; **2.** *(Bild)* aufhängen; **3.** heften, richten *(one's eyes* den Blick; *on, upon* auf); **4.** *(Preis)* festsetzen, festlegen *(at* auf); **5.** *(Aufmerksamkeit)* fesseln; **6.** vereinbaren, abmachen; **7.** *(Besprechung)* ansetzen, anberaumen; **8.** *chem phot* fixieren; **9.** in Ordnung bringen; **10.** *fam* drehen, schieben, manipulieren; ▶ ~ **the blame on s.o.** die Schuld auf jdn schieben; ~ **s.th. in one's mind** sich etw fest einprägen; ~ **a date** ein Treffen vereinbaren; ~ **(up) one's face** *sl* sich schminken; ~ **one's hair** sich frisieren; ~ **the meal** das Essen fertigmachen; **I'll** ~ **him!** ich werde es ihm schon geben! **II** *s* **1.** *fam* Klemme *f;* **2.** *sl (Drogen)* Fix *m;* **3.** *mar aero* Standortbestimmung *f;* ▶ **in a** ~ in e-r Klemme; **III** *(mit Präposition)* **fix down** *tr* befestigen; **fix on** *tr* festmachen; anstecken;

itr sich entscheiden für; **fix up** *tr* **1.** anbringen; **2.** arrangieren, festmachen; ▶ ~ **s.o. up for the night** jdn für die Nacht unterbringen; ~ **s.o. up with s.th.** jdm etw besorgen.

fix·ation [fɪk'seɪʃn] Fixierung *f.*

fixed [fɪkst] *adj* **1.** fest; **2.** *(Idee)* fix; **3.** *(Lächeln)* starr; ▶ ~ **interest securities** *pl fin* Rentenwerte *pl;* ~ **term deposit** *fin* Termingeld *n;* ~ **rate of interest** *fin* Festzins(satz) *m;* **fix·ed·ly** ['fɪksɪdlɪ] *adv* starr, unbeweglich.

fixer ['fɪksə(r)] **1.** *phot* Fixiermittel *n;* **2.** *(Drogen)* Fixer(in) *m (f);* **fix·ing bath** ['fɪksɪŋˌbɑːθ] Fixierbad *n.*

fix·ity ['fɪksətɪ] ▶ ~ **of purpose** Zielstrebigkeit *f.*

fix·ture ['fɪkstʃə(r)] **1.** Ausstattung *f,* unbewegliches Inventar; **2.** *sport* Spiel *n;* ▶ **lighting** ~ elektrische Anschlüsse *m pl;* **be a** ~ *hum* zum Inventar gehören.

fizz [fɪz] **I** *itr* zischen; sprudeln, moussieren; **II** *s* **1.** Zischen *n;* **2.** Sprudel *m.*

fizzle ['fɪzl] *itr* zischen, spucken; ▶ ~ **out** verpuffen; im Sand verlaufen.

fizzy ['fɪzɪ] *adj* zischend; sprudelnd.

fjord [fɪ'ɔːd] *s. fiord.*

flab·ber·gast ['flæbəgɑːst] *tr fam* verblüffen, umhauen.

flabby ['flæbɪ] *adj* **1.** schlaff, schlapp; **2.** *fig* saft- und kraftlos.

flac·cid ['flæksɪd] *adj* lose hängend; schlaff.

flag[1] [flæg] **I** *s* Flagge *f;* Fahne *f;* ▶ ~ **of convenience** *com mar* Billigflagge *f;* **keep the** ~ **flying** die Stellung halten; **show the** ~ seine Anwesenheit dokumentieren; **II** *tr* beflaggen; ▶ ~ **down** anhalten; ~ **up** markieren.

flag[2] [flæg] *(~stone)* Steinplatte *f.*

flag[3] [flæg] *bot* Schwertlilie *f.*

flag[4] [flæg] *itr* **1.** *(Pflanze)* welken; **2.** *fig* ermatten, nachlassen.

flag day ['flægdeɪ] *Br* Tag *m,* an dem e-e Sammlung für karitative Zwecke durchgeführt wird; ▶ **F~ D~** *Am* 14. Juni, *Gedenktag der Einführung der amerikanischen Nationalflagge.*

flagel·late ['flædʒəleɪt] *tr* geißeln.

flagon ['flægən] bauchige Kanne.

flag·pole ['flægpəʊl] Fahnenstange *f.*

fla·gran·cy ['fleɪgrənsɪ] eklatante Offensichtlichkeit; Unverhohlenheit *f;* **flagrant** ['fleɪgrənt] *adj* **1.** *(Verbrechen)* himmelschreiend, empörend; **2.** skandalös, eklatant.

flag·staff ['flægstɑːf] Fahnenstange *f;* mast *m.*

flail [fleɪl] **I** *s* Dreschflegel *m;* **II** *tr* dreschen.

flair [fleə(r)] Gespür *n;* Fingerspitzengefühl *n;* ▶ **have a** ~ **for s.th.** e-e Nase für etw haben.

flake [fleɪk] **I** *s* **1.** Flocke *f;* **2.** *(Metall)* Span *m;* **3.** *(Rost)* Splitter *m;* **II** *tr (Scho-*

kolade) raspeln; **III** *itr* abbröckeln; abblättern; **IV** *(mit Präposition)* **flake out** *itr fam* abschlaffen; **flaky** ['fleɪkɪ] *adj* flockig; schuppig; ▶ ~ **pastry** Blätterteig *m.*

flam·boy·ant [flæm'bɔɪənt] *adj* prunkvoll, (farben)prächtig; üppig.

flame [fleɪm] **I** *s* 1. Flamme *f;* 2. *fig* Leidenschaft *f;* 3. *fam* Geliebte, Flamme *f;* ▶ **be in** ~s in Flammen stehen; **burst into** ~s in Flammen aufgehen; **II** *itr* flammen, lodern; ▶ ~ **up** auflodern; *fig* in Wut geraten; **flam·ing** ['fleɪmɪŋ] *adj* 1. flammend, lodernd; glühend; 2. *sl* verdammt.

fla·mingo [flə'mɪŋgəʊ] ⟨*pl* -mingo(e)s⟩ Flamingo *m.*

flam·mable ['flæməbl] *adj* leicht brennbar.

flan [flæn] Obstkuchen *m.*

flange [flændʒ] 1. *tech* Flansch *m;* 2. *(am Rad)* Spurkranz *m.*

flank [flæŋk] **I** *s* 1. *anat* Flanke *f;* 2. *mil* Seite, Flanke *f;* **II** *tr* 1. flankieren; 2. *mil* umgehen.

flan·nel ['flænl] **I** *s* 1. Flanell *m;* 2. Waschlappen *m;* 3. *pl* Flanellhose *f;* 4. *sl* Geschwafel *n;* **II** *itr fig* schwafeln; **flannel·ette** [ˌflænə'let] Baumwollflanell *m.*

flap [flæp] **I** *s* 1. Klappe *f;* 2. (~ *of skin)* Hautlappen *m;* 3. Klaps *m,* Schlagen *n;* 4. *aero* Landeklappe *f;* 5. *sl* Aufregung , Nervosität *f;* ▶ **get into a** ~ in helle Aufregung geraten; **II** *itr* 1. schlagen; flattern; 2. in heller Aufregung sein; ▶ **his ears were** ~ping er spitzte die Ohren; ~ **away** davonfliegen; **III** *tr* ▶ ~ **its wings** mit den Flügeln schlagen; **flap·jack** ['flæpdʒæk] *Am* Pfannkuchen *m.*

flare [fleə(r)] **I** *itr* 1. aufflackern, auflodern; 2. *(Hose)* ausgestellt sein; ▶ ~ **up** aufflackern; *fig* aufbrausen; **II** *s* 1. Aufleuchten *n;* Aufflackern *n;* 2. Leuchtkugel, Leuchtrakete *f;* Leuchtsignal *n;* 3. *(Mode)* ausgestellter Schnitt; **flare-up** ['fleərʌp] 1. Aufflackern *n;* 2. *fig* Wutausbruch *m.*

flash [flæʃ] **I** *itr* 1. (auf)blitzen, blinken, funkeln *a. fig (with anger* vor Zorn); 2. *fig* sausen, flitzen; ▶ ~ **in and out** rein und raus sausen; **a smile** ~ed **across his face** ein Lächeln huschte über sein Gesicht; ~ **by** vorbeisausen; **the time** ~ed **past** die Zeit verflog im Nu; **the idea** ~ed **through my mind** es fuhr mir durch den Sinn; ~ **back** zurückblenden; **II** *tr* 1. aufblitzen, aufleuchten lassen 2. *(Ring)* blitzen lassen; **III** *s* 1. Aufblinken *n;* Blitzen *n;* 2. *phot* Blitz(licht *n) m;* 3. *mot* Lichthupe *f;* 4. *(news* ~*)* Kurzmeldung *f;* 5. *mil* Abzeichen *n;* 6. *Am* Taschenlampe *f;* 7. *pl* Szenen *f pl* aus e-m Film; ▶ ~ **of lightning** Blitz *m;* **a** ~

in the pan ein Strohfeuer *n;* **a** ~ **of wit** ein Geistesblitz *m;* **in a** ~ im Nu; **as quick as a** ~ blitzschnell; **flash·back** ['flæʃbæk] *film* Rückblende *f;* **flashbulb** ['flæʃbʌlb] *phot* Blitzbirne *f;* **flash cube** *phot* Blitz(licht)würfel *m;* **flasher** ['flæʃə(r)] 1. *mot* Lichthupe *f;* 2. Exhibitionist *m;* **flash·gun** ['flæʃgʌn] Blitzlichtgerät *n;* **flash·light** ['flæʃlaɪt] 1. Blinklicht *n;* 2. *Am* Taschenlampe *f;* 3. *phot* Blitzlicht *n;* **flash·point** ['flæʃpɔɪnt] Flammpunkt *m;* **flashy** ['flæʃɪ] *adj* auffallend, auffällig.

flask [flɑːsk] 1. Flachmann *m;* 2. *chem* Glaskolben *m.*

flat[1] [flæt] **I** *adj* 1. flach, platt, eben; 2. *fig* fade, matt, stumpf; 3. *(Absage)* glatt, deutlich; 4. *com* pauschal; 5. *mus* zu tief; ▶ ~ **fish** Plattfisch *m;* ~ **screen** *TV* Flachbildschirm *m;* **II** *adv (Ablehnung)* rundweg, kategorisch; ▶ **sing** ~ zu tief singen; **he told me** ~ **that ...** er sagte mir klipp und klar, daß ... ~ **broke** *fam* total pleite; ~ **out** total erledigt; **work** ~ **out** auf Hochtouren arbeiten; **III** *s* 1. Fläche *f;* flache Seite; 2. *geog* Ebene *f;* 3. *mus* Erniedrigungzeichen *n;* 4. platter Reifen; 5. *theat* Kulisse *f.*

flat[2] [flæt] *Br* Wohnung *f.*

flat-bot·tomed [ˌflæt'bɒtəmd] *adj (Kahn)* flach; **flat feet** *pl* Plattfüße *m pl;* **flat-footed** [—'fʊtɪd] *adj* plattfüßig.

flat·let ['flætlɪt] *Br* Kleinwohnung *f.*

flat·ness ['flætnɪs] 1. Flachheit, Plattheit *f;* 2. Fadheit, Abgedroschenheit *f.*

flat·ten ['flætn] **I** *tr* 1. planieren; zu Boden drücken; umwerfen; 2. *(Stadt)* dem Erdboden gleichmachen; **II** *itr* flach(er) werden.

flat·ter ['flætə(r)] *tr* schmeicheln *(s.o.* jdm); ▶ **feel** ~ed sich geschmeichelt fühlen; ~ **o.s. that ...** sich einbilden, daß ..; **flat·terer** ['flætərə(r)] Schmeichler(in) *m (f);* **flat·ter·ing** [—ɪŋ] *adj* schmeichelhaft; **flat·tery** ['flætərɪ] Schmeichelei *f.*

flatu·lence ['flætjʊləns] *physiol* Blähung *f.*

flaunt [flɔːnt] *tr* zur Schau stellen; prahlen, großtun mit.

flaut·ist ['flɔːtɪst] Flötist(in) *m (f).*

fla·vour, *Am* **fla·vor** ['fleɪvə(r)] **I** *s* 1. Geschmack *m;* Aroma *n;* 2. *fig* Beigeschmack *m;* **II** *tr* würzen *a. fig;* **flavour·ing,** *Am* **fla·vor·ing** [—ɪŋ] Aroma *n;* Aromastoff *m;* ▶ **artificial** ~ künstlicher Aromastoff *m.*

flaw [flɔː] 1. Sprung, Riß *m;* 2. (Material)Fehler, Defekt, Mangel *m;* **flaw·less** ['flɔːlɪs] *adj* fehlerlos, makellos.

flax [flæks] Flachs *m;* **flaxen** ['flæksn] *adj* flachsfarben; ▶ ~ **hair** Flachshaar *n.*

flay [fleɪ] *tr* 1. die Haut abziehen *(s.o.*

jdm); **2.** *fig* keinen guten Faden lassen an.

flea [fli:] Floh *m;* ▶ send s.o. off with a ~ in his ear jdn wie e-n begossenen Pudel abziehen lassen; **flea-bite 1.** Flohbiß *m;* **2.** *fig* Bagatelle *f;* **flea-bitten** ['fli:bɪtn] *adj fig* vergammelt; **flea market** Flohmarkt *m.*

fleck [flek] **I** *s* **1.** Fleck(en), Tupfen *m;* **2.** Teilchen *n;* **II** *tr* sprenkeln.

fled [fled] *v s. flee.*

fledged [fledʒd] *adj* flügge; ▶ fully ~ *fig* vollentwickelt; **fledg(o)·ling** ['fledʒlɪŋ] **1.** Jungvogel *m;* **2.** *fig* Grünschnabel *m.*

flee [fli:] ⟨*irr* fled, fled⟩ **I** *itr* entfliehen, flüchten (*from* vor); **II** *tr* fliehen vor, aus; entfliehen.

fleece [fli:s] **I** *s* Vlies, Schaffell *n;* **II** *tr* **1.** scheren; **2.** *fig* übers Ohr hauen; schröpfen (*of* um).

fleet[1] [fli:t] **1.** Flotte *f;* Geschwader *n;* **2.** Wagenpark *m.*

fleet[2] [fli:t] *adj* schnell, flink.

fleet·ing ['fli:tɪŋ] *adj* flüchtig, vergänglich.

flesh [fleʃ] **1.** Fleisch *n;* **2.** (*von Obst*) (Frucht)Fleisch *n;* ▶ in the ~ leibhaftig; in Person; **go the way of all ~** den Weg allen Fleisches gehen; **one's own ~ and blood** sein eigenes Fleisch und Blut; **have one's pound of** ~ alles auf Heller und Pfennig bekommen; **flesh-colo(u)red** *adj* fleischfarben; **fleshpots** *pl fig* Fleischtöpfe *m pl;* **fleshwound** Fleischwunde *f;* **fleshy** ['fleʃɪ] *adj* fleischig; fett.

flew [flu:] *v s. fly*[2]*, fly*[3]*.*

flex [fleks] **I** *tr* biegen, beugen; **II** *s* el Kabel *n.*

flexi·bil·ity [ˌfleksə'bɪlətɪ] **1.** Elastizität, Biegsamkeit *f;* **2.** *fig* Anpassungsfähigkeit, Flexibilität *f;* **flex·ible** ['fleksəbl] *adj* **1.** biegsam, elastisch; **2.** *fig* anpassungsfähig, flexibel; **flexi·time** ['fleksɪtaɪm] gleitende Arbeitszeit, Gleitzeit *f.*

flick [flɪk] **I** *s* **1.** (Peitschen)Knall *m;* **2.** (*mit Fingern*) Schnipsen *n;* **II** *tr* **1.** schnalzen, knallen mit; **2.** wegschnippen.

flicker ['flɪkə(r)] **I** *itr* **1.** flattern; **2.** (*Flamme*) flackern; flimmern; zucken; **II** *s* Flackern, Flimmern, Zucken *n;* ▶ ~ of hope Hoffnungsschimmer *m.*

flick knife ['flɪknaɪf] ⟨*pl* -knives⟩ Klappmesser *n.*

flier ['flaɪə(r)] *s. flyer.*

flight[1] [flaɪt] **1.** Flug *m,* Fliegen *n;* **2.** Flugstrecke *f;* **3.** (*Vögel*) Schar *f,* Schwarm *m;* **4.** *fig* Höhenflug *m;* **5.** (~ *of stairs*) Treppenflucht *f;* ▶ in ~ im Flug; **in the first** ~ *fig* an der Spitze.

flight[2] [flaɪt] Flucht *f;* ▶ put to ~ in die Flucht schlagen; **take (to)** ~ die Flucht ergreifen; ~ **of capital** Kapitalflucht *f.*

flight attendant Flugbegleiter(in) *m (f);* **flight controller** Fluglotse *m,* -lotsin *f;* **flight deck** ['flaɪtdek] Flugdeck *n;* **flight engineer** Bordmechaniker(in) *m (f);* **flight·less** [—lɪs] *adj (Vogel)* flugunfähig; **flight number** Flugnummer *f.*

flighty ['flaɪtɪ] *adj* flatterhaft.

flim·si·ness ['flɪmzɪnɪs] **1.** Dünne *f;* Leichtigkeit *f;* Dürftigkeit *f;* **2.** *fig* Fadenscheinigkeit *f;* **flimsy** ['flɪmzɪ] **I** *adj* **1.** dünn; leicht; düftig; nicht stabil; **2.** *(Ausrede)* fadenscheinig; **II** *s* Durchschlagpapier *n.*

flinch [flɪntʃ] *itr* **1.** zurückzucken; **2.** *fig* zurückschrecken (*from* vor); ▶ without ~ing ohne e-e Miene zu verziehen.

fling [flɪŋ] ⟨*irr* flung, flung⟩ **I** *s* **1.** Wurf *m,* Schleudern *n;* **2.** *fig* Versuch, Anlauf *m;* ▶ have a ~ at sich versuchen an; **have one's** ~ sich austoben; **II** *tr* schleudern; ▶ ~ **the window open** das Fenster aufstoßen; ~ **s.th. at s.o.** jdm etw an den Kopf werfen; ~ **into prison** ins Gefängnis werfen; ~ **o.s. into a chair** sich in e-n Sessel werfen; **III** *(mit Präposition)* **fling away** *tr* wegwerfen; **fling off** *tr* abwerfen; abschütteln; **fling on** *tr (Kleider)* schnell überwerfen; **fling open** *tr (Tür)* aufreißen; **fling out** *tr* hinauswerfen.

flint [flɪnt] Feuerstein *m.*

flip [flɪp] **I** *tr* **1.** (~ *off*) wegschnippen; **2.** (~ *over*) *(Pfanne)* wenden; **II** *itr* **1.** schnipsen; **2.** *sl* den Verstand verlieren, *sl* ausflippen; **flip·chart** Flip-Chart *n;* **III** *adj fam* schnippisch; **IV** *s* **1.** Schnipser *m;* **2.** Rundflug *m;* **3.** *(Getränk)* Flip *m.*

flip-flop ['flɪpflɒp] **1.** *el* Flipflop *m;* **2.** *fam* Latsche, Sandale *f.*

flip·pancy ['flɪpənsɪ] Keckheit *f;* **flippant** ['flɪpənt] *adj* leichtfertig, schnoddrig.

flip·per ['flɪpə(r)] *zoo* Flosse *f;* *pl* (Schwimm)Flossen *pl.*

flip side ['flɪpsaɪd] *(Schallplatte)* Rückseite *f.*

flirt [flɜ:t] **I** *itr* flirten; ▶ ~ with an idea mit e-m Gedanken spielen; **II** *s* ▶ he is just a ~ er will nur flirten; **flir·ta·tion** [flɜ:'teɪʃn] Flirt *m;* **flir·ta·tious** [flɜ:'teɪʃəs] *adj* kokett.

flit [flɪt] *itr* **1.** *(Vögel)* flattern, huschen; **2.** *fig* bei Nacht und Nebel ausziehen.

float [fləʊt] **I** *s* **1.** *tech* Schwimmer *m;* Schwimmkork *m;* **2.** *(Fisch)* Schwimmblase *f;* **3.** *aero* Schwimmwerk *n;* **4.** Festzugswagen *m;* **II** *itr* **1.** schwimmen; treiben; schweben; so floaten; **III** *tr* **1.** flottmachen; **2.** *com* in Umlauf bringen; *(Anleihe)* auflegen; *(Handelsgesellschaft)* gründen; *(Wechselkurs)* freigeben; **IV** *(mit Präposition)* **float around** *itr* im Umlauf sein; herumschweben; **float off** *itr* abtreiben; davonschweben; **float·ing** ['fləʊtɪŋ] *adj* 1. schwimmend, schwebend; 2. *(Bevölkerung)* fluktuierend; 3. *com* freigegeben; ► ~ **capital** Umlaufvermögen *n;* ~ **dock** Schwimmdock *n;* ~ **kidney** *med* Wanderniere *f;* ~ **voter** Wechselwähler(in) *m (f).*

flock¹ [flɒk] I *s* 1. Herde *f;* 2. *(Vögel)* Schwarm *m;* 3. *(von Personen)* Schar *f,* Haufen *m;* 4. *rel* Herde *f;* II *itr* in Scharen kommen; ► ~ **in** hineinströmen; ~ **together** zusammenströmen; ~ **around** s.o. sich um jdn scharen.

flock² [flɒk] Flocke *f.*

floe [fləʊ] Treibeis *n,* Eisscholle *f.*

flog [flɒg] *tr* 1. (aus)peitschen, verprügeln; 2. *sl* verschachern; ► **you're ~ing a dead horse** Sie verschwenden Ihre Zeit; **flog·ging** [—ɪŋ] Tracht *f* Prügel.

flood [flʌd] I *s* 1. Hochwasser *n,* Überschwemmung *f;* 2. *mar* Flut *f;* 3. *fig* Flut, Schwall *m;* ► **the F~** die Sintflut; II *tr* 1. überschwemmen, überfluten *a. fig;* 2. *fig* überschütten *(with* mit); ~ **out** überfluten, unter Wasser setzen; ~ **the market** den Markt überschwemmen; **be ~ed out** durch das Hochwasser vertrieben werden; III *itr (Fluß)* über die Ufer treten; ► ~ **in** hereinstürmen; hineinströmen; **flood·light** ['flʌdlaɪt] I *s* Scheinwerfer(licht *n*) *m,* Flutlicht *n;* II *tr* anstrahlen, beleuchten.

floor [flɔː(r)] I *s* 1. Fußboden *m;* Tanzboden *m;* 2. Stockwerk *n;* 3. *(von Preisen)* Minimum *n;* 4. *parl* Sitzungssaal *m;* ► **give** s.o. **the ~** jdm das Wort erteilen; **take the ~** auf den Tanzboden gehen; *parl* das Wort ergreifen; **wipe the ~ with** s.o. *fam* jdn am Boden zerstören; **may I have the ~?** *parl* ich bitte ums Wort; II *tr* 1. *(Haus)* mit e-m Fußboden versehen; 2. zu Boden strecken, niederschlagen; 3. *fig* die Sprache verschlagen (s.o. jdm), verblüffen; **floorboard** ['flɔːbɔːd] Diele *f;* **floor·ing** [—ɪŋ] Fußbodenbelag *m;* **floor lamp** Stehlampe *f;* **floor polish** Bohnerwachs *n;* **floor show** Nachtklubvorstellung *f;* **floor-walker** Abteilungsleiter(in) *m (f) (in Warenhaus).*

flop [flɒp] I *itr* 1. fallen; sich fallenlassen; 2. *theat* durchfallen; nicht ankommen; ► ~ **down on the bed** sich auf das Bett fallenlassen; II *s* 1. Plumps *m;* 2. *fam* Reinfall, Mißerfolg *m;* **floppy** ['flɒpɪ] *adj* schlaff; schlapp *a. fig;* ► ~ **disk** *EDV* Floppy Disk, Diskette *f.*

flora ['flɔːrə] Flora *f;* **floral** ['flɔːrəl] *adj* Blumen-; geblümt.

florid ['florɪd] *adj* 1. *(Aussehen)* blühend, rosig; 2. *(Kunst)* überladen, blumig, schwülstig.

flor·ist ['florɪst] Blumenhändler(in) *m (f);* ► ~'s **shop** Blumenladen *m.*

flo·tilla [fləˈtɪlə] Flottille *f.*

flot·sam ['flɒtsəm] Treibgut *n;* ► ~ **and jetsam** Strandgut *n a. fig.*

flounce¹ [flaʊns] I *itr* stolzieren; ► ~ **in** hereinstolzieren; II *s* ► **leave the room with a** ~ aus dem Zimmer stolzieren.

flounce² [flaʊns] I *s* Volant *m;* II *tr* mit e-m Volant besetzen.

floun·der¹ ['flaʊndə(r)] Flunder *f.*

floun·der² ['flaʊndə(r)] *itr* sich abstrampeln, sich abzappeln *a. fig; fig* ins Schwimmen kommen.

flour ['flaʊə(r)] I *s* Mehl *n;* II *tr (Küche)* mit Mehl bestreuen.

flour·ish ['flʌrɪʃ] I *itr* 1. sich gut entwickeln, gedeihen; 2. *fig* e-e Blütezeit haben; erfolgreich sein; II *tr (Fahne)* schwenken; III *s* 1. Schnörkel *m,* Floskel *f a. fig;* 2. *mus* Fanfare *f;* 3. schwungvolle Bewegung; **flour·ish·ing** ['flʌrɪʃɪŋ] *adj* blühend, florierend.

flour-mill ['flaʊəmɪl] Getreidemühle *f;* **floury** ['flaʊərɪ] *adj* mehlig.

flout [flaʊt] *tr* sich hinwegsetzen über, mißachten.

flow [fləʊ] I *itr* 1. fließen, strömen *a. fig;* 2. münden *(into the lake* in den See); 3. *(Tränen)* rinnen; 4. *(Flut)* steigen; 5. *(Haar)* fließen, wallen; ► ~ **down** *(Haar)* herunterhängen; ~ **in** hereinströmen; II *s* 1. Fließen, Strömen *n;* 2. Fluß, Strom *m;* 3. *fig* Redefluß *m;* ► ~ **of business** Geschäftsgang *m;* ~ **of traffic** Verkehrsstrom *m;* **flow chart** Flußdiagramm *n.*

flower ['flaʊə(r)] I *s* 1. Blume, Blüte *f;* 2. *fig* Blüte *f;* ► **in** ~ in Blüte; **say it with ~s** laßt Blumen sprechen; **in the ~ of youth** in der Blüte der Jugend; II *itr* blühen *a. fig;* **flower arrangement** Blumengesteck *n;* **flower·bed** ['flaʊəbed] Blumenbeet *n;* **flow·ered** ['flaʊəd] *adj* geblümt; **flower garden** Blumengarten *m;* **flower-pot** ['flaʊəpɒt] Blumentopf *m;* **flower show** Blumenschau *f;* **flower tub** Blumenkübel *m;* **flowery** ['flaʊərɪ] *adj* 1. blumenreich, blumig; 2. *(Stil)* bilderreich.

flown [fləʊn] *v s. fly²,* *fly³.*

flu [fluː] *fam* Grippe *f.*

fluc·tu·ate ['flʌktʃʊeɪt] *itr* schwanken *a. fig;* fluktuieren; **fluc·tu·ation** [ˌflʌktʃʊˈeɪʃn] Schwanken *n,* Schwankung *f;* Fluktuation *f;* ► ~ **of prices, of temperature** Preis-, Temperaturschwankungen *f pl.*

flue [fluː] Rauchfang, -abzug *m;* **flue gas** Rauchgas *n;* ► ~ **desulphurization** Rauchgasentschwefelung *f.*

flu·ency ['fluːənsɪ] (Rede)Gewandtheit *f;* **flu·ent** ['fluːənt] *adj* 1. *(Stil)* flüssig; 2. *(Redner)* gewandt; ► **speak ~ English** fließend Englisch sprechen.

fluff [flʌf] I *s* 1. (Staub)Flocke *f;* 2. Flaum *m;* II *tr* 1. *(~ out)* aufplustern; 2. *(Auf-*

tritt) verpfuschen; **fluffy** ['flʌfɪ] *adj* flaumig.

fluid ['fluːɪd] I *adj* 1. flüssig; 2. *fig* veränderlich, ungewiß; II *s chem* Flüssigkeit *f.*

flung [flʌŋ] *v s. fling.*

flunk [flʌŋk] *fam* I *tr* durchfallen lassen; II *itr* durchfallen.

flu·or·escence [fluə'resns] Fluoreszenz *f;* **flu·or·escent** [fluə'resnt] *adj* fluoreszierend; ▶ ~ **tube** Neonröhre *f.*

flu·ori·da·tion [ˌfluərɪ'deɪʃn] *(Trinkwasser)* Fluoridbehandlung *f;* **flu·or·ide** ['fluəraɪd] *chem* Fluorid *n;* **flu·or·ine** ['fluəriːn] *chem* Fluor *n;* **flu·oro·car·bon** [ˌfluərə'kɑːbən] *chem* Fluorkohlenwasserstoff *m.*

flurry ['flʌrɪ] I *s* 1. (~ *of wind)* Windstoß *m;* 2. Schneegestöber *n;* 3. *fig* plötzliches Durcheinander, Aufregung *f;* ▶ **in a ~ (of alarm, of excitement)** in (großer) Aufregung; II *tr* verwirrt machen, aufregen.

flush¹ [flʌʃ] I *itr* rot werden, rot anlaufen II *tr* 1. (aus-, durch)spülen; 2. *(Gesicht)* röten; ▶ ~ **out** *(Dieb)* aufstöbern, aufspüren; III *s* 1. (Wasser)Guß *m,* Spülung *f;* 2. Auf-, Erblühen *n;* Blüte *f;* 3. Erregung *f,* Aufwallen *n;* 4. Röte *f;* ▶ **in the first ~ of victory** im ersten Siegestaumel.

flush² [flʌʃ] *pred adj* in gleicher Ebene; bündig; ▶ **be ~** gut bei Kasse sein.

flush³ [flʌʃ] *tr (Vögel)* aufscheuchen.

flush⁴ [flʌʃ] *(Poker)* Flush *m.*

flushed ['flʌʃt] *adj* rot; gerötet.

flus·ter ['flʌstə(r)] I *tr* nervös machen; II *s* Verwirrung, Nervosität *f;* ▶ **all in a ~** ganz verwirrt.

flute [fluːt] I *s* Querflöte *f;* II *tr (Pfeiler)* kannelieren; **flut·ing** [— ɪŋ] *arch* Kannelierung *f;* **flut·ist** ['fluːtɪst] *Am s. flautist.*

flut·ter ['flʌtə(r)] I *itr* 1. flattern *a med;* 2. *(Person)* tänzeln; II *tr* flattern mit; wedeln mit; III *s* 1. Flattern *n a. med;* 2. Erregung, Unruhe, Aufregung *f;* ▶ **have a ~** *fam* sein Glück beim Wetten versuchen; **in a ~** in heller Aufregung.

flu·vial ['fluːvɪəl] *adj* Fluß-.

flux [flʌks] 1. Fluß *m,* Fließen *n;* 2. *med* Ausfluß *m;* 3. *tech* Flußmittel *n;* ▶ **be in a state of ~** sich ständig ändern.

fly¹ [flaɪ] *s* Fliege *f;* ▶ **a ~ in the ointment** ein Haar in der Suppe; **there are no flies on him** *fig* ihn legt man nicht so leicht rein.

fly² [flaɪ] ⟨*irr* flew, flown⟩ I *itr* 1. fliegen; 2. *(Zeit)* verfliegen; sausen; 3. *(Fahne)* wehen; ▶ ~ **past** vorbeisausen; ~ **into rage** e-n Wutanfall bekommen; ~ **at s.o.** auf jdn losgehen; **the door flew open** die Tür flog auf; ~ **in the face of reason** sich über jede Vernunft hinwegsetzen;

jeder Vernunft entbehren; II *tr* 1. fliegen lassen; 2. *(Drachen)* steigen lassen; 3. *(Flugzeug)* fliegen; überfliegen; 4. *(Flagge)* wehen lassen; III *s* ▶ **go for a ~** fliegen; IV *(mit Präposition)* **fly away** *itr* wegfliegen; abfliegen; **fly in** *tr* einfliegen; **fly off** *itr* abfliegen; wegfliegen; **fly out** *itr* ausfliegen; *tr* hinfliegen.

fly³ [flaɪ] ⟨*irr* flew, flown⟩ I *itr* fliehen, flüchten; II *tr* ▶ ~ **the country** aus dem Land flüchten.

fly⁴ [flaɪ] 1. (Hosen)Schlitz *m;* 2. *(Zelt)* Überdach *n.*

fly⁵ [flaɪ] *adj sl* clever, gerissen.

fly·away ['flaɪəweɪ] *adj* flatternd, wehend; **fly-by-night** ['flaɪbaɪnaɪt] I *s* flüchtiger Schuldner; Windhund *m;* II *adj* 1. unzuverlässig; 2. *com* windig, zweifelhaft; **fly·catcher** ['flaɪˌkætʃə(r)] 1. *(Vogel)* Fliegenschnäpper *m;* 2. Fliegenfänger *m.*

flyer ['flaɪə(r)] 1. Flieger(in) *m (f);* 2. Schnellzug *m;* 3. fliegender Start; ▶ **high~** *fam* Senkrechtstarter *m.*

fly·ing ['flaɪɪŋ] Fliegen *n;* **flying-fish** fliegender Fisch; **flying saucer** fliegende Untertasse; **flying start** fliegender Start; ▶ **he's got off to a ~** er hat e-n hervorragenden Start; **flying time** Flugzeit *f.*

fly·leaf ['flaɪliːf] ⟨*pl* -leaves⟩ *(Buch)* Vorsatzblatt *n;* **fly·over** ['flaɪəuvə(r)] *(Straße)* Überführung *f;* **fly·paper** Fliegenfänger *m;* **fly·past** ['flaɪpɑːst] Flugparade *f;* **fly-sheet** *(Zelt)* Überdach *n;* **fly-trap** Fliegenfalle *f;* **fly·weight** ['flaɪweɪt] *(Boxen)* Fliegengewicht *n;* **fly·wheel** ['flaɪwiːl] *tech* Schwungrad *n.*

foal [fəul] Fohlen, Füllen *n;* ▶ **in ~** *(Stute)* trächtig.

foam [fəum] I *s* Schaum *m;* Gischt *f;* II *itr* schäumen (*with rage* vor Wut); **foam rubber** Schaumgummi *m;* **foamy** ['fəumɪ] *adj* schäumend.

fob [fɒb] I *s* Uhrtasche *f;* II *tr* ▶ ~ **s.o. off** jdn abspeisen; ~ **s.th. off on s.o.** jdm etw andrehen.

fo·cal ['fəukl] *adj* im Brennpunkt; ▶ ~ **length** Brennweite *f;* ~ **point** Brennpunkt *m a. fig;* **fo·cus** ['fəukəs] ⟨*pl* -cuses, -ci⟩ ['fəusaɪ] I *s* 1. *math opt* Brennpunkt *m;* 2. *fig* Brennpunkt, Herd *m,* Zentrum *n;* ▶ **in (out of) ~** (un)scharf eingestellt; **bring into ~** scharf einstellen; II *tr* 1. *opt phot* einstellen (*on* auf); 2. *fig* konzentrieren (*on* auf).

fod·der ['fɒdə(r)] Futter *n a. fig.*

foe·tal, *Am* **fe·tal** ['fiːtl] *adj* fötal; **foe·tus**, *Am* **fe·tus** ['fiːtəs] Fötus *m.*

fog [fɒg] I *s* 1. Nebel *m;* 2. *phot film* (Grau)Schleier *m;* II *tr* 1. (~ *up)* *(Glas)* beschlagen; 2. *fig* trüben, verdunkeln; 3. *phot* verschleiern; III *itr* 1. sich beschlagen; 2. *phot* e-n Grauschleier bekommen; **fog·bank** ['fɒgbæŋk] Nebelbank *f;* **fog·bound** ['fɒgbaund] *adj mar aero* durch Nebel behindert.

fogey, *Am* **fogy** ['fəugɪ] ▶ **old** ~ alter Kauz.

foggy ['fɒgɪ] *adj* 1. neb(e)lig; 2. *fig* undeutlich, verwirrt; ▶ **I haven't the foggiest (idea)** ich habe nicht die mindeste Ahnung; **fog·horn** ['fɒghɔ:n] *mar* Nebelhorn *n;* **fog·lamp** ['fɒglæmp] *mot* Nebellampe *f;* ▶ **rear** ~ Nebelschlußleuchte *f.*

fogy *Am s.* fogey.

foible ['fɔɪbl] *fig* Eigenheit *f.*

foil[1] [fɔɪl] *tr* 1. e-n Strich durch die Rechnung machen (*s.o. in s.th.* jdm bei e-r S); 2. *(Plan)* durchkreuzen.

foil[2] [fɔɪl] Florett *n.*

foil[3] [fɔɪl] 1. Folie *f;* 2. *fig* Hintergrund *m* (*to* für); ▶ **aluminium, cooking** ~ Alufolie *f.*

foist [fɔɪst] *tr* ▶ ~ **s.th. off on s.o.** jdm etw andrehen; ~ **o.s. on s.o.** sich jdm aufdrängen.

fold[1] [fəuld] **I** *s* 1. Falte *f,* Falz, Kniff *m;* 2. *geol* Bodenfalte *f;* **II** *tr* 1. zusammenfalten, -legen, -klappen; 2. *(die Arme)* kreuzen, verschränken; 3. *(die Hände)* falten; 4. (~ *in one's arms)* in die Arme schließen; 5. einhüllen, -wickeln, -schlagen; **III** *itr* 1. sich zusammenlegen, zusammengelegt werden; 2. *(Geschäft)* eingehen; **IV** *(mit Präposition)* **fold up** *itr (Geschäft)* eingehen; abgesetzt werden.

fold[2] [fəuld] 1. Pferch *m;* 2. *rel* Herde, Gemeinde *f;* ▶ **return to the** ~ *fig* in den Schoß der Gemeinde zurückkehren.

folder ['fəuldə(r)] 1. Schnellhefter, Aktendeckel *m;* 2. Merkblatt *n.*

fold·ing ['fəuldɪŋ] *adj* zusammenklappbar; ▶ ~ **boat** Faltboot *n;* ~ **chair** Klappstuhl *m;* ~ **doors** *pl* Falttür *f;* ~ **table** Klapptisch *m.*

fo·li·age ['fəulɪɪdʒ] Blätter *n pl,* Laubwerk *n.*

fo·lio ['fəulɪəu] ⟨*pl* folios⟩ 1. Folio *n;* 2. Foliant *m.*

folk [fəuk] *pl* Leute *pl;* ▶ **my** ~s *fam* meine Leute ..; **a lot of** ~ **think** ... viele denken ..; **folk-dance** Volkstanz *m;* **folk·lore** ['fəuklɔ:(r)] Folklore *f;* **folk music** Volksmusik *f;* **folk song** Volkslied *n;* **folksy** ['fəuksɪ] *adj fam* volkstümlich.

fol·low ['fɒləu] **I** *tr* 1. folgen, nachkommen (*s.o.* jdm); 2. sich anschließen (*s.o.* jdm); 3. verfolgen; 4. *(e-m Weg)* folgen; 5. *(Beruf)* ausüben, nachgehen; 6. *(Mode)* mitmachen, folgen; 7. *(Serie)* verfolgen; sich interessieren für; ▶ **have s.o.** ~ed jdn verfolgen lassen; ~ **one's nose** der Nase nach gehen; **do you** ~ **me?**

können Sie mir folgen? **II** *itr* 1. (er)folgen, sich ergeben (*from* aus); 2. folgen (*on s.th.* auf etw); ▶ **as** ~s wie folgt; folgendermaßen; **it** ~s **that** daraus folgt, es ergibt sich, daß; **III** *(mit Präposition)* **follow on** *itr* später folgen, nachkommen; sich ergeben; **follow out** *tr* zu Ende verfolgen, durchziehen; **follow through** *tr* zu Ende führen; **follow up** *tr* 1. nachgehen; 2. sich näher beschäftigen mit; weiterverfolgen; 3. *(Erfolg)* fortsetzen, ausbauen; 4. *(Vorteil)* (aus)nutzen.

fol·lower ['fɒləuə(r)] 1. Anhänger(in) *m (f);* 2. *pej* Mitläufer(in) *m (f);* **fol·low·ing** ['fɒləuɪŋ] **I** *adj* folgend, weiter, im Anschluß an; ▶ ~ **wind** Rückenwind *m;* **II** *s* Anhängerschaft *f;* Anhang *m;* ▶ **he said the** ~ er sagte folgendes; **fol·low-up** ['fɒləuʌp] 1. Weiterverfolgen *n;* 2. *(Brief)* Nachfaßschreiben *n;* 3. *med* Nachuntersuchung *f;* 4. Nachfolge-.

folly ['fɒlɪ] Torheit, Narrheit *f.*

fond [fɒnd] *adj* 1. zärtlich, liebevoll; 2. vernarrt (*of in);* 3. zu nachsichtig; ▶ **be** ~ **of** gern haben, mögen; lieben; **be** ~ **of doing s.th.** etw gern tun; ~**est regards** mit lieben Grüßen.

fondle ['fɒndl] *tr* (zärtlich, liebevoll) streicheln; hätscheln.

fond·ness ['fɒndnɪs] 1. Begeisterung *f;* 2. Vorliebe *f (for* für); 3. Zuneigung *f.*

font [fɒnt] 1. Taufstein *m;* 2. *s.* fount.

food [fu:d] 1. Essen *n;* Futter *n;* Nahrung *f;* 2. Nahrungsmittel *n pl;* 3. *fig* Nahrung *f;* **food chain** Nahrungskette *f;* **food poisoning** Lebensmittelvergiftung *f;* **food processor** Küchenmaschine *f;* **food-stuff** Nahrungs-, Lebensmittel *n pl.*

fool [fu:l] **I** *s* Dummkopf, Narr *m;* ▶ **be a** ~ **for one's pains** sich umsonst geplagt haben; **live in a** ~'s **paradise** in e-m Traumland leben; **make a** ~ **of o.s.** sich lächerlich machen; **make a** ~ **of s.o.** jdn zum besten haben; **go on a** ~'s **errand** e-n nutzlosen Gang tun; **All F**~s' **Day** der 1. April; **April F**~! April April! **II** *adj Am fam* dumm, doof; **III** *itr* herumalbern; Blödsinn machen; ▶ **stop** ~**ing!** laß den Blödsinn! ~ **about,** ~ **around** herumtrödeln, die Zeit totschlagen; herumalbern; **IV** *tr* 1. zum Narren haben, halten; seinen Spaß haben mit; 2. hereinlegen, betrügen; **fool·hardy** ['fu:lhɑ:dɪ] *adj* tollkühn; **fool·ish** ['fu:lɪʃ] *adj* dumm, töricht, unklug; **fool·proof** ['fu:lpru:f] *adj* narrensicher, idiotensicher.

fools·cap ['fu:lskæp] Akten-, Kanzleipapier *n.*

foot [fut] ⟨*pl* feet⟩ **I** *s* 1. Fuß *m;* 2. unterer Teil, Ende *n;* 3. Fußende *n;* 4. Versfuß *m;* ▶ **at the** ~ **of the page** unten auf der Seite; **on** ~ zu Fuß; **under** ~ unter den Füßen; auf dem Boden; **be on one's**

feet *(nach e-r Krankheit)* wieder auf den Beinen sein; *(finanziell)* auf eigenen Füßen stehen; **put one's ~ down** ein Machtwort sprechen; es strikt verbieten; **put one's best ~ forward** die Beine unter den Arm nehmen; *fig* sich anstrengen; **put one's ~ in it** ins Fettnäpfchen treten; **have one ~ in the grave** mit e-m Bein im Grab(e) stehen; **find one's feet** sich eingewöhnen; II *tr (~ it)* (zu Fuß) gehen; **▶ ~ the bill** *fam* für die Rechnung aufkommen.

foot and mouth dis·ease ['fʊtænd 'maʊðɪ'zi:z] Maul- und Klauenseuche *f*.

foot·ball ['fʊtbɔ:l] **1.** Fußball *m*; **2.** amerikanischer Fußball, Football *m*; **football hooligan** Fußballrowdy *m*; **football pools** *pl* Fußballtoto *n*; **footbridge** ['fʊtbrɪdʒ] Fußgängerbrücke *f*; **foothills** *pl* Gebirgsausläufer *m pl*; **foot·hold** ['fʊthəʊld] **1.** Halt *m a. fig*; **2.** *fig* fester Stand.

foot·ing ['fʊtɪŋ] **1.** Stand, Halt *m*; **2.** *fig* Grundlage, Basis *f*; **3.** Beziehungen *f pl*; **▶ be on a friendly ~ with s.o.** mit jdm auf freundschaftlichem Fuß(e) stehen; **be on the same ~ with s.o.** mit jdm auf gleichem Fuß stehen; **lose one's ~** den Halt verlieren.

foot·lights ['fʊtlaɪts] *pl* **1.** *theat* Rampenlicht *n*; **2.** *fig* die Bretter *pl*, Bühne *f*. **foot·ling** ['fu:tlɪŋ] *adj* läppisch; albern.

foot-loose ['fʊtlu:s] *adj* **▶ ~ and fancy-free** frei und ungebunden; **foot·man** [—mən] ⟨*pl* -men⟩ Lakai, Diener *m*; **foot·note** ['fʊtnəʊt] Fußnote, Anmerkung *f*; **foot·path** ['fʊtpɑ:θ] Fuß-, Gehweg *m*; **foot·print** ['fʊtprɪnt] Fußabdruck *m*.

footsie ['fʊtsɪ] **▶ play ~ with s.o.** mit jdm füßeln.

foot-slog ['fʊtslɒg] *itr fam* latschen; **foot·sore** ['fʊtsɔ:(r)] *adj* **▶ be ~** wunde Füße haben; **foot·step** ['fʊtstep] Schritt, Tritt *m*; **▶ follow in s.o.'s ~s** in jds Fußstapfen treten; **foot·stool** ['fʊtstu:l] Fußschemel *m*; **foot·wear** ['fʊtweə(r)] Schuhwerk *n*; **foot·work** ['fʊtwɜ:k] *sport* Beinarbeit *f*.

for [fɔ:(r)] I *prep* **1.** für; zu; nach; **▶ go ~ a walk** spazierengehen; **make ~ home** sich auf den Heimweg machen; **the train ~ Glasgow** der Zug nach Glasgow; **the struggle ~ existence** der Kampf ums Dasein; **what ~?** zu welchem Zweck? **2.** für; **▶ it's not ~ me to say** es steht mir nicht zu, mich dazu zu äußern; **a letter ~ you** ein Brief für dich; **are you ~ or against it?** sind Sie dafür oder dagegen; **3.** *(betreffend)* **▶ anxious ~ s.o.** um jdn besorgt; **as ~ him** was ihn betrifft; **4.** *(Grund)* aus; **▶ ~ this reason** aus diesem Grund; **shout ~ joy** vor Freude jauchzen; **5.** trotz; **▶ ~ all her money** trotz all ihres

Geldes; **~ all that** trotzdem; **6.** *(im Austausch)* für; **7.** *(zeitlich)* seit; für; **▶ I haven't been there ~ three years** ich bin seit drei Jahren nicht dort gewesen; **I'm going to be here ~ three weeks** ich bin für drei Wochen hier; **8.** *(Entfernung)* **▶ we walked ~ two miles** wir sind zwei Meilen weit gelaufen; **9.** *(in Verbverbindung)* **▶ hope ~ news** auf Nachrichten hoffen; **wait ~ s.o.** auf jdn warten; **10.** *(Wunsch)* **▶ a weakness ~** eine Schwäche für; **11.** *(mit Infinitivkonstruktion)* **▶ ~ this to be possible** damit dies möglich wird; **the best would be ~ you to go** das beste wäre, wenn Sie weggingen; **12.** **▶ ~ example** zum Beispiel; **he is in ~ it** er ist dran, fällig; II *conj* denn.

for·age ['fɒrɪdʒ] I *s* Futter *n*; II *itr* nach Futter suchen.

foray ['fɒreɪ] (Raub)Überfall *m*.

for·bad(e) [fə'bæd] *v s.* forbid.

for·bear [fɔ:'beə(r)] ⟨*irr* forbore, forborne⟩ *itr* **▶ we begged him to ~** wir baten ihn, darauf zu verzichten; **for·bear·ance** [fɔ:'beərəns] Nachsicht *f*.

for·bears, *Am* **fore·bears** ['fɔ:beəz] *pl* Vorfahren, Ahnen *m pl*.

for·bid [fə'bɪd] ⟨*irr* forbad(e), forbidden⟩ *tr* **1.** verbieten *(s.o. s.th.* jdm etw); **2.** verhindern; **▶ God ~!** Gott bewahre! **it is ~den to ...** es ist verboten, zu ..; **for·bidden** [fə'bɪdn] I *v s.* forbid; II *adj* verboten; **▶ ~ fruit** verbotene Früchte *pl*; **for·bid·ding** [fə'bɪdɪŋ] *adj* bedrohlich; unfreundlich; grauenhaft.

for·bore, for·borne [fɔ:'bɔ:(r), fɔ:'bɔ:n] *v s.* forbear.

force [fɔ:s] I *s* **1.** Stärke, Kraft *f*; **2.** Gewalt *f*; Zwang, Druck *m*; **3.** Überzeugungskraft *f*; Eindringlichkeit *f*; **4.** Macht *f*; **5.** *jur* Gültigkeit *f*; **▶ the ~s** die Streitkräfte *pl*; **by ~** mit Gewalt; **in ~** in voller Stärke; **in full ~** in voller Stärke; vollzählig; **come into ~, be in ~** rechtskräftig werden, sein; **join ~s** sich zusammentun; **resort to, use ~** Gewalt anwenden; **~ of character** Charakterstärke *f*; **~ of gravity** Schwerkraft *f*; **the ~ of habit** die Macht der Gewohnheit; II *tr* **1.** zwingen; Zwang antun *(s.o.* jdm); **2.** erzwingen, mit Gewalt verschaffen; **3.** *(~ open)* aufbrechen; **4.** aufzwingen, -drängen, -nötigen *(on s.o.* jdm); **5.** überfordern, -anstrengen; **6.** *(Pflanzen)* zu beschleunigtem Wachstum anregen; **7.** *(Preise)* in die Höhe treiben; **▶ ~ the issue** die Entscheidung erzwingen; **~ the pace** den Schritt beschleunigen; **~ one's way through** sich gewaltsam e-n Weg bahnen; **~ an entry** sich gewaltsam Zutritt verschaffen; **~ s.th. upon s.o.** jdm etw aufdrängen, aufzwingen; **he was ~d to resign** er wurde gezwungen zurückzutreten; **you can't ~ things**

das läßt sich nicht übers Knie brechen;
III *(mit Präposition)* **force into** *tr* hineindrücken, -pressen; **force off** *tr* mit
Gewalt abmachen; **force on, upon** *tr*
aufdrängen (*s.th.* on *s.o.* jdm etw); **force
out** *tr* hinausdrängen.

forced [fɔːst] *adj* 1. erzwungen; 2. *(Lächeln)* gezwungen; ► ~ **landing** Notlandung *f;* ~ **march** Gewaltmarsch *m;*
force-feed ['fɔːsfiːd] *tr irr s.* feed
zwangsernähren; **force·ful** ['fɔːsfl] *adj*
kraftvoll, energisch; stark; eindringlich.

for·ceps ['fɔːseps] *pl u. sing med* Zange
f; **forceps delivery** Zangengeburt *f.*

forc·ible ['fɔːsəbl] *adj* 1. gewaltsam, erzwungen; 2. *(Stil)* eindringlich, überzeugend; **forc·ib·ly** ['fɔːsəblɪ] *adv*
zwangsweise, gewaltsam.

ford [fɔːd] **I** *s* Furt *f;* **II** *tr* durchwaten.

fore [fɔː(r)] **I** *adv mar* vorn; ► ~ **and aft**
mar längsschiffs; **II** *adj* vordere(r, s); **III**
s Vorderteil *n;* ► **to the** ~ *fig* im Vordergrund, an der Spitze; **come to the** ~
ins Blickfeld geraten.

fore·arm¹ ['fɔːrɑːm] Unterarm *m.*

fore·arm² [ˌfɔːrˈɑːm] *tr* vorbereiten; ► ~
o.s. sich wappnen.

fore·bear [fɔːˈbeə(r)] *Am s. forbear.*

fore·bears ['fɔːbeəz] *Am s. forbears.*

fore·bode [fɔːˈbəud] *tr* ein Zeichen sein
für, deuten auf; **fore·bod·ing** [—ɪŋ]
Vorahnung *f,* Vorgefühl *n.*

fore·cast ['fɔːkɑːst] ⟨*irr* forecast *od*
forecasted, forecast *od* forecasted⟩ **I**
tr vorausplanen; vorhersehen; vorhersagen; **II** *s* 1. Vorhersage, Prognose *f;* 2.
mete (Wetter)Voraus-, Vorhersage *f;*
fore·cast·er [—ə(r)] *mete* Meteorologe *m,* Meteorologin *f.*

fore·castle ['fəuksl] *mar* Vorschiff *n.*

fore·close [fɔːˈkləuz] *tr (Darlehen)* kündigen.

fore·court ['fɔːkɔːt] Vorhof *m.*

fore·father ['fɔːfɑːðə(r)] Ahnherr, Vorfahr *m.*

fore·fin·ger ['fɔːfɪŋgə(r)] Zeigefinger *m.*

fore·foot ['fɔːfut] ⟨*pl* -feet⟩ Vorderfuß *m.*

fore·front ['fɔːfrʌnt] ► **in the** ~ im Vorfeld.

fore·go [fɔːˈgəu] ⟨*irr* forewent, foregone⟩ verzichten auf; **fore·go·ing**
['fɔːgəuɪŋ] *adj* vorausgehend, vorangehend; **fore·gone** [fɔːˈgɒn] **I** *v s. forego;*
II *adj* ['fɔːgɒn] ► **be a** ~ **conclusion**
von vornherein feststehen.

fore·ground ['fɔːgraund] Vordergrund
m; ► **in the** ~ im Vordergrund.

fore·hand ['fɔːhænd] *(Pferd, Tennis)*
Vorhand *f.*

fore·head ['fɒrɪd] Stirn *f a. fig.*

foreign ['fɒrən] *adj* 1. fremd, nicht
(da)zugehörig; 2. auswärtig, ausländisch;
► ~ **person** Ausländer(in) *m (f);*
foreign affairs *pl pol* Außenpolitik *f;*
foreign correspondent Auslandskor-

respondent(in) *m (f);* **foreign currency** Devisen *f pl;* Fremdwährung *f;*
foreigner ['fɒrənə(r)] Ausländer(in) *m
(f);* **foreign language** Fremdsprache *f;*
Foreign Office *Br* Außenministerium
n; **Foreign Secretary** *Br* Außenminister(in) *m (f).*

fore·knowl·edge [ˌfɔːˈnɒlɪdʒ] vorherige
Kenntnis *f.*

fore·man ['fɔːmən] ⟨*pl* -men⟩ Vorarbeiter, Meister, Polier *m.*

fore·most ['fɔːməust] **I** *adj* 1. vorderste(r, s); 2. *fig* führend; **II** *adv* zuerst;
► **first and** ~ in erster Linie.

fore·name ['fɔːneɪm] Vorname *m.*

for·en·sic [fəˈrensɪk] *adj* gerichtsmedizinisch; forensisch; ► ~ **medicine** Gerichtsmedizin *f.*

fore·or·dain [ˌfɔːrɔːˈdeɪn] *tr* vorherbestimmen (*to* zu).

fore·play ['fɔːpleɪ] Vorspiel *n.*

fore·run·ner ['fɔːrʌnə(r)] 1. Vorläufer,
-reiter *m;* 2. Vorbote *m,* -zeichen *n.*

fore·sail ['fɔːseɪl] Focksegel *n.*

fore·see [fɔːˈsiː] ⟨*irr* foresaw, foreseen⟩
[fɔːˈsɔː, fɔːˈsiːn] *tr* vorhersehen; **fore·see·able** [—əbl] *adj* vorhersehbar, absehbar; ► **in the** ~ **future** in absehbarer
Zeit.

fore·shadow [fɔːˈʃædəu] *tr* ahnen lassen, andeuten.

fore·sight ['fɔːsaɪt] Voraussicht *f;* Weitsicht *f.*

fore·skin ['fɔːskɪn] *anat* Vorhaut *f.*

for·est ['fɒrɪst] Wald, Forst *m;* **forest
ranger** *Am* Förster(in) *m (f).*

fore·stall [fɔːˈstɔːl] *tr* zuvorkommen
(*s.o., s.th.* jdm, e-r S); vorbeugen; vorwegnehmen.

for·ester ['fɒrɪstə(r)] Förster(in) *m (f);*
for·estry ['fɒrɪstrɪ] Forstwirtschaft *f.*

fore·taste ['fɔːteɪst] Vorgeschmack *m.*

fore·tell [fɔːˈtel] *tr irr s. tell* vorhersagen.

for·ever [fəˈrevə(r)] *adv* 1. immer, ewig,
ständig; 2. *Am = Br for ever* (für)
immer.

fore·warn [fɔːˈwɔːn] *tr* vorher warnen
(*of* vor).

fore·went [fɔːˈwent] *v s. forego.*

fore·woman ['fɔːwumən] ⟨*pl* -women⟩
['fɔːwɪmɪn] Meisterin, Vorarbeiterin *f.*

fore·word ['fɔːwɜːd] Vorwort *n.*

for·feit ['fɔːfɪt] **I** *s* 1. Strafe, Buße *f;* 2.
fig Einbuße *f;* 3. *pl* Pfänderspiel *n;*
II *adj jur* ► **be** ~ verfallen sein; **III**
tr 1. *jur* verwirken; verlustig gehen (*s.th.*
e-r S); 2. *fig* einbüßen; **for·feit·ure**
['fɔːfɪtʃə(r)] Verwirkung *f;* Verlust *m a.
fig.*

for·gather [fɔːˈgæðə(r)] *itr* sich begegnen, zusammentreffen.

for·gave [fəˈgeɪv] *v s. forgive.*

forge [fɔːdʒ] **I** *s* Schmiede *f;* **II** *tr* 1.
schmieden *a. fig;* 2. *(Banknote)* nachmachen, fälschen; **III** *itr* ► ~ **ahead**

Fortschritte machen; vorwärtskommen; *sport* vorstoßen; **forger** ['fɔːdʒə(r)] Fälscher(in) *m (f);* **forg·ery** ['fɔːdʒərɪ] Fälschung *f;* Fälschen *n;* ► ~ of documents Urkundenfälschung *f.*

for·get [fə'get] ⟨*irr* forgot, forgotten⟩ I *tr* vergessen (*to do, about doing s.th.* etw zu tun); verlernen; II *itr* es vergessen; III *refl* sich vergessen, aus der Rolle fallen; **for·get·ful** [fə'getfl] *adj* vergeßlich; **forget-me-not** [fə'getmɪnɒt] *bot* Vergißmeinnicht *n.*

for·give [fə'gɪv] ⟨*irr* forgave, forgiven⟩ *tr* **1.** vergeben, verzeihen (*s.o. s.th.* jdm etw); **2.** *(Schuld)* erlassen; ► ~ and forget vergeben und vergessen; **forgiven** [fə'gɪvn] *v s.* forgive; **for·giv·ing** [—ɪŋ] *adj* nachsichtig; versöhnlich.

forgo [fɔː'gəʊ] ⟨*irr* forwent, forgone⟩ *v s.* forego.

for·got [fə'gɒt] *v s.* forget; **for·got·ten** [fə'gɒtn] *v s.* forget.

fork [fɔːk] I *s* **1.** Gabel *f;* **2.** Gabelung, Abzweigung *f;* II *itr* **1.** sich gabeln; **2.** abbiegen (*left* nach links); III *tr* mit e-r Gabel aufladen; ► ~ out, up *fam* (aus)zahlen, blechen; **forked** [fɔːkt] *adj* **1.** gegabelt; **2.** *(Zunge)* gespalten; **3.** *(Blitz)* zickzackförmig; **fork-lift truck** Gabelstapler *m.*

for·lorn [fə'lɔːn] *adj* **1.** verlassen; **2.** *(Versuch)* verzweifelt; ► ~ hope aussichtsloses Unternehmen.

form [fɔːm] I *s* **1.** Form, Gestalt, Figur *f;* **2.** (An)Ordnung *f,* Schema *n;* **3.** *gram* Form *f;* **4.** Umgangsform *f;* **5.** Formblatt, Formular *n,* Vordruck *m;* **6.** *sport* Form, (körperliche) Verfassung *f;* **7.** *Br* Bank (ohne Lehne) *f;* **8.** *Br* (Schul)Klasse *f;* ► **in due** ~ vorschriftsmäßig; **without** ~ formlos; **be in good** ~ in guter Verfassung sein; **be out of** ~ nicht in Form sein; **fill in, out a** ~ ein Formular ausfüllen; **application** ~ Antragsformular *n;* **that is good (bad)** ~ das gehört sich (nicht); **a (mere) matter of** ~ e-e (bloße) Formsache; II *tr* **1.** formen, bilden, gestalten; **2.** *(Idee)* entwickeln; annehmen; **3.** *(Freundschaft)* schließen; **4.** *(Eindruck)* gewinnen; **5.** bilden, konstituieren, organisieren; *(Gesellschaft)* gründen; *(Regierung)* bilden; ► ~ **an idea, a plan** e-n Gedanken, e-n Plan fassen; ~ **a judg(e)ment, an opinion** sich ein Urteil, e-e Meinung bilden; III *itr* sich bilden, sich entwickeln; (feste) Gestalt annehmen; ► ~ **up** (sich) aufstellen.

for·mal ['fɔːml] *adj* **1.** formell, förmlich; **2.** offiziell; **3.** *(Unterschied)* formal; ► **make a** ~ **apology** sich in aller Form entschuldigen; ~ **dress** Gesellschaftskleidung *f;* **for·mal·ity** [fɔː'mælətɪ] **1.** Förmlichkeit *f;* **2.** Formalität, Formsache *f;* ► **as a** ~ der (bloßen) Form

wegen; **it's a mere** ~ es ist e-e reine Formsache; **for·mal·ize** ['fɔːməlaɪz] *tr* formalisieren; zur Formsache machen.

for·mat ['fɔːmæt] I *s (Buch)* Format *n;* Aufmachung *f;* II *tr EDV* formatieren.

for·ma·tion [fɔː'meɪʃn] **1.** Bildung *f;* Gestalt(ung) *f;* **2.** Struktur, (An)Ordnung, Gliederung *f,* Aufbau *m;* **3.** *(Gesellschaft)* Gründung *f;* **4.** *geol* Formation *f;* ► **battle** ~ Gefechtsaufstellung *f;* **formation dancing** Formationstanzen *n.*

for·ma·tive ['fɔːmətɪv] I *adj* bildend, gestaltend, plastisch; Bildungs-; ► ~ **years** *pl* entscheidende Jahre *n pl;* II *s* Wortbildungselement *n.*

for·mer ['fɔːmə(r)] I *adj* **1.** früher, ehemalig; **2.** erstere(r, s), erstgenannte(r, s); ► **in** ~ **times** früher; II *s* ► **the** ~ der, die das erstere.

for·mer·ly ['fɔːməlɪ] *adv* früher, ehemals.

form feed *EDV* Formularvorschub *m.*

for·mic acid ['fɔːmɪk'æsɪd] Ameisensäure *f.*

for·mi·da·ble ['fɔːmɪdəbl] *adj* **1.** furchtbar; **2.** *(Gegner)* fürchterlich, schrecklich, entsetzlich; **3.** *fam* gewaltig, riesig.

form·less ['fɔːmlɪs] *adj* formlos.

for·mal·de·hyde [fɔː'mældɪhaɪd] *chem* Formaldehyd *n.*

for·mula ['fɔːmjʊlə] ⟨*pl* -mulas, -mulae⟩ ['fɔːmjuːliː] **1.** Formel *f;* **2.** *(Medikament)* Rezept *n.*

for·mu·late ['fɔːmjʊleɪt] *tr* formulieren; **for·mu·la·tion** [ˌfɔːmjʊ'leɪʃn] Formulierung *f.*

for·ni·cate ['fɔːnɪkeɪt] *itr* Unzucht treiben.

for·sake [fə'seɪk] ⟨*irr* forsook, forsaken⟩ [fə'sʊk, fə'seɪkən] *tr* sich trennen von; verlassen; aufgeben.

for·swear [fɔː'sweə(r)] ⟨*irr* forswore, forsworn⟩ [fə'swɔː(r), fə'swɔːn] *tr* **1.** abschwören (*s.th.* e-r S); **2.** unter Eid verneinen.

for·sythia [fɔː'saɪθɪə] *bot* Forsythie *f.*

fort [fɔːt] Fort *n;* ► **hold the** ~ *fig* die Stellung halten.

forte ['fɔːteɪ] starke Seite.

forth [fɔːθ] *adv* ► **and so** ~ und so weiter; **back and** ~ vor und zurück, hin und her; **from this day** ~ von heute an.

forth·com·ing [ˌfɔːθ'kʌmɪŋ] *adj* **1.** (unmittelbar) bevorstehend; **2.** *(Buch)* in Kürze erscheinend; **3.** *fig* mitteilsam; ► ~ **books** *pl* Neuerscheinungen *f pl;* **the money, help is** ~ das Geld, Hilfe kommt.

forth·right ['fɔːθraɪt] *adj* **1.** offen, aufrichtig; **2.** *(Antwort)* unverblümt.

forth·with [ˌfɔːθ'wɪθ] *adv* sofort, umgehend.

for·ti·eth ['fɔːtɪɪθ] *adj* vierzigste(r, s).

for·ti·fi·ca·tion [ˌfɔːtɪfɪ'keɪʃn] Befestigung *f;* Festungsanlagen *f pl;* **for·tify** ['fɔ:tɪfaɪ] *tr* 1. *fig* bestärken, bekräftigen; 2. *mil* befestigen; 3. *(Nahrungsmittel)* anreichern.

for·ti·tude ['fɔ:tɪtju:d] innere Kraft, Stärke.

fort·night ['fɔ:tnaɪt] vierzehn Tage, zwei Wochen; ▶ **for a ~** für, auf 14 Tage; **today, tomorrow, next Monday ~** heute, morgen, Montag in 14 Tagen; **fortnight·ly** [—lɪ] **I** *adj* vierzehntägig; halbmonatlich; **II** *adv* alle 14 Tage (stattfindend, erscheinend).

for·tress ['fɔ:trɪs] Festung *f.*

for·tu·itous [fɔ:'tju:ɪtəs] *adj* zufällig.

for·tu·nate ['fɔ:tʃənət] *adj* glücklich; ▶ **be ~ in s.th.** bei etw Glück haben; **it was ~ that . . .** es war ein Glück, daß . . .; **for·tu·nate·ly** [—lɪ] *adv* glücklicherweise.

for·tune ['fɔ:tʃu:n] 1. Geschick, Schicksal *n;* Zufall *m;* 2. *(Geld)* Wohlstand, Reichtum *m,* Vermögen *n;* ▶ **by good ~** glücklicherweise; **have good (bad) ~** (kein) Glück haben; **the ~s of war** das Auf und Ab des Krieges; **have one's ~ told** sich die Zukunft sagen lassen; **make a ~** ein Vermögen verdienen; **marry a ~** e-e gute Partie machen; **come into a ~** ein Vermögen erben; **fortune hunter** Mitgiftjäger *m;* **fortune teller** Wahrsager(in) *m (f).*

forty ['fɔ:tɪ] *adj* vierzig; ▶ **have ~ winks** *fam* ein Nickerchen machen.

fo·rum ['fɔ:rəm] Forum *n a. fig.*

for·ward ['fɔ:wəd] **I** *adj* 1. vordere(r, s); 2. *(zeitlich)* früh-, vorzeitig; Voraus-; fortgeschritten; 3. dreist; 4. *com* auf Ziel; Termin-; ▶ **~ gear** Vorwärtsgang *m;* **II** *adv (a. ~s)* 1. vorwärts, nach vorn; 2. in die Zukunft; ▶ **from that, this time ~** seitdem; **bring ~** vorbringen; **step ~** vortreten; **come ~** sich melden; **III** *s sport* Stürmer(in) *m (f);* **IV** *tr* 1. *(Plan)* voran-, weiterbringen; fördern, unterstützen; 2. *(Waren)* befördern, schicken; 3. *(Brief)* nachschicken; ▶ **please ~!** bitte nachsenden!

for·ward·ing ['fɔ:wədɪŋ] Beförderung *f;* Versand *m,* Spedition *f;* ▶ **~ address** Nachsendeanschrift *f;* **~ agent** Spediteur *m;* **~ instructions** *pl* Lieferanweisungen *f pl.*

for·ward-look·ing ['fɔ:wəd‚lukɪŋ] *adj* fortschrittlich; vorausblickend; **forward·ness** ['fɔ:wədnɪs] Dreistigkeit *f;* **for·wards** ['fɔ:wədz] *adv s. forward.*

for·went [fɔ:'went] *v s. forgo.*

fos·sil ['fɒsl] **I** *s* Fossil *n;* **II** *adj* versteinert; **fos·sil·ized** ['fɒsəlaɪzd] *adj* versteinert; *fig* verknöchert.

fos·ter ['fɒstə(r)] *tr* 1. *(Kind)* in Pflege nehmen; 2. *fig* fördern, begünstigen; 3. *(Idee)* hegen; **foster-brother** Pflegebruder *m;* **foster-child** ⟨*pl* -children⟩

Pflegekind *n;* **foster-father** Pflegevater *m;* **foster-mother** Pflegemutter *f;* **foster-sister** Pflegeschwester *f.*

fought [fɔ:t] *v s. fight.*

foul [faul] **I** *adj* 1. übel, schlecht; 2. *(Essen)* übelriechend; verdorben; 3. *(Luft)* verbraucht; 4. *(Person)* gemein, fies; 5. *(Wetter)* schlecht; 6. *(Wind)* ungünstig, widrig; 7. *(Sprache)* anstößig, gemein; 8. *sport* unfair; ungültig; 9. verwickelt; ▶ **fall, run ~ of s.o.** mit jdm in Konflikt geraten; **~ play** *sport* Foul *n;* **II** *s sport* Foul *n;* **III** *tr* 1. *(Luft)* verpesten; 2. *(Kamin)* verstopfen; 3. *(Ruf)* lädieren; 4. rammen; 5. *sport* verstoßen gegen; ▶ **~ up a chance** e-e Chance vermasseln; **IV** *itr* 1. *(Seil)* sich verwickeln; 2. *sport* foulen; **foul-mouthed** ['faulmauðd] *adj* unflätig, vulgär; **foulness** ['faulnɪs] 1. Verdorbenheit *f;* Fauligkeit *f;* 2. Unflätigkeit *f.*

found[1] [faund] *tr* gründen; errichten; ▶ **~ s.th. on s.th.** etw auf etw gründen, stützen.

found[2] [faund] *tr (Metall)* schmelzen und gießen.

found[3] [faund] *v s. find.*

foun·da·tion [faun'deɪʃn] 1. Gründung *f;* Errichtung *f;* 2. Schenkung, Stiftung *f;* 3. *pl* Grundmauer *f,* Fundament *n;* 4. *fig* Grundlage, Basis *f;* **foundation cream** Grundierungscreme *f;* **foundation stone** Grundstein *m.*

foun·der[1] ['faundə(r)] Gründer(in), Stifter(in) *m (f).*

foun·der[2] ['faundə(r)] *itr* 1. sinken, untergehen; 2. *(Pferd)* straucheln; 3. *(Plan)* scheitern.

foun·der[3] ['faundə(r)] *(Metall)* Gießer(in) *m (f).*

foun·dry ['faundrɪ] Gießerei *f.*

fount [faunt] 1. *lit* Born *m;* Quelle *f;* 2. *(a. font)* Schriftsatz *m.*

foun·tain ['fauntɪn] 1. Springbrunnen *m;* Fontäne *f;* 2. *(drinking ~)* (Trinkwasser)Brunnen *m;* **fountain-pen** Füller, Füllfederhalter *m.*

four [fɔ:(r)] *adj* vier; ▶ **on all ~s** auf allen vieren; **four-door car, model** ['fɔ:(r)dɔ:(r) ka:] **four·fold** ['fɔ:fəuld] *adj, adv* vierfach, -fältig; **four-footed** [fɔ:'futɪd] *adj* vierfüßig; **four-handed** [fɔ:'hændɪd] *adj* vierhändig *a. mus;* **four-leaf clover** vierblättriges Kleeblatt; **four-letter word** unanständiges Wort; **four·some** ['fɔ:səm] Quartett *n;* Viererspiel *n;* **four·square** ['fɔ:skweə(r)] *adj* 1. viereckig; 2. *(Entscheidung)* entschlossen, unnachgiebig; **four·teen** [‚fɔ:'ti:n] *adj* vierzehn; **four·teenth** [‚fɔ:'ti:nθ] *adj* vierzehnte(r, s); **fourth** [fɔ:θ] **I** *adj* vierte(r, s); **II** *s* Viertel *n;* Vierte(r, s).

fowl [faul] Geflügel *n;* **fowl·pest** ['faulpest] Hühnerpest *f.*

fox [fɒks] I s 1. Fuchs m a. fig; 2. Fuchspelz m; II tr täuschen, hereinlegen; verblüffen; **fox·glove** ['fɒksglʌv] bot Fingerhut m; **fox·hunt** ['fɒkshʌnt] I s Fuchsjagd f; II itr auf die Fuchsjagd gehen; **fox-terrier** Foxterrier m; **fox-trot** ['fɒkstrɒt] Foxtrott m; **foxy** ['fɒksɪ] adj schlau, listig.

foyer ['fɔɪeɪ] theat Foyer n; Empfangshalle f.

fra·cas ['fræka:] ⟨pl fracas⟩ ['fræka:z] Aufruhr, Tumult m.

frac·tion ['frækʃn] 1. fig Bruchteil m; 2. math Bruch m; **frac·tional** ['frækʃənl] adj 1. fig geringfügig; 2. math Bruch-.

frac·tious ['frækʃəs] adj mürrisch, verdrießlich.

frac·ture ['fræktʃə(r)] I s 1. Bruch m; 2. med Bruch m, Fraktur f; ▶ ~ of the skull Schädelbruch m; II tr, itr brechen.

frag·ile ['frædʒaɪl] adj 1. zerbrechlich, empfindlich; 2. tech brüchig; 3. med anfällig, schwach; **fra·gil·ity** [frə'dʒɪlətɪ] Zerbrechlichkeit f.

frag·ment ['frægmənt] I s Bruchstück n, -teil m; Scherbe f; II itr [fræg'ment] zersplittern, zerbrechen, in Stücke brechen; III tr [fræg'ment] in Teile zerlegen; in Stücke schlagen; **frag·mentary** ['frægməntrɪ] adj bruchstückhaft, fragmentarisch.

fra·grance ['freɪgrəns] Duft m; **fragrant** ['freɪgrənt] adj wohlriechend.

frail [freɪl] adj 1. zart; zerbrechlich; 2. fig gering; schwach; **frailty** ['freɪltɪ] Zartheit f; Zerbrechlichkeit f; Schwäche f.

frame [freɪm] I tr 1. (Bild) rahmen; 2. entwerfen, ausarbeiten, formulieren; 3. (Gesicht) ein-, umrahmen; 4. (Wort) bilden, formen; 5. sl fälschlich bezichtigen; II itr sich entwickeln; III s 1. Gerüst n; Gestell n; Rahmen m; 2. Fassung f; 3. Körperbau m, Figur, Gestalt f; 4. (Auf)Bau m, Konstruktion f; Anordnung, Gestaltung f; 5. (~ of mind) Veranlagung f; Temperament n; 6. (Gärtnerei) Frühbeet n; 7. phot film (Einzel)Aufnahme f; 8. mot Rahmen m; 9. (Statistik) Erhebungsgrundlage f; **frame-up** ['freɪmʌp] fam Komplott n, Machenschaften f pl; **frame·work** ['freɪmwɜ:k] 1. Gerüst, Gerippe n; 2. fig Gefüge n, Struktur f, Rahmen m; ▶ within the ~ of im Rahmen von.

France [frɑ:ns] Frankreich n.

fran·chise ['fræntʃaɪz] 1. Wahlrecht n; 2. com Konzession f.

Fran·cis·can [fræn'sɪskən] rel Franziskaner(in) m (f).

Franco ['fræŋkəʊ] pref Französisch-; ▶ ~-German deutsch-französisch.

frank¹ [fræŋk] adj 1. frei(mütig), offen; 2. (Meinung) ehrlich, aufrichtig; ▶ to be ~ aufrichtig gesagt, offen gestanden.

frank² [fræŋk] tr frankieren.

frank·furter ['fræŋkfɜ:tə(r)] Frankfurter (Würstchen n) f.

frank·in·cense ['fræŋkɪnsens] Weihrauch m.

frank·ing-ma·chine ['fræŋkɪŋmə'ʃi:n] Frankiermaschine f.

fran·tic ['fræntɪk] adj 1. verzweifelt; rasend; 2. (Person) außer Fassung; ▶ go ~ außer sich geraten; be ~ with pain vor Schmerz fast wahnsinnig sein; drive s.o. ~ jdn zur Verzweiflung treiben.

fra·ter·nal [frə'tɜ:nl] adj brüderlich; **fra·ter·nity** [frə'tɜ:nətɪ] 1. Brüderlichkeit f; 2. rel Bruderschaft f; 3. Am (studentische) Verbindung f; **frat·er·niz·ation** [,frætənaɪ'zeɪʃn] Verbrüderung f; **frat·er·nize** ['frætənaɪz] itr sich verbrüdern; **frat·ri·cide** ['frætrɪsaɪd] 1. Brudermord m; 2. Brudermörder(in) m (f).

fraud [frɔ:d] 1. Betrug m; Schwindel m; 2. Betrüger(in) m (f); **fraudu·lence** ['frɔ:djʊləns] Betrügerei f; **fraudu·lent** ['frɔ:djʊlənt] adj betrügerisch.

fraught [frɔ:t] adj geladen (with mit); ▶ ~ with danger gefahrvoll.

fray¹ [freɪ] Schlägerei f; Kampf m; ▶ eager for the ~ kampflustig.

fray² [freɪ] I tr ausfransen; II itr 1. ausfransen; sich durchscheuern; 2. fig sich erregen.

freak [fri:k] I s 1. Laune f, Einfall m; 2. Mißbildung f, Monstrum n; 3. fam verrückter Kerl; II adj ungewöhnlich; abnorm; verrückt; III itr ▶ ~ out sl ausflippen.

freckle ['frekl] Sommersprosse f; **freckled** ['frekld] adj sommersprossig.

free [fri:] I adj 1. frei (from, of von); 2. unabhängig; 3. frei beweglich, lose, locker; 4. ungehindert, zwanglos, ungebunden; 5. (Platz, Zimmer) frei, nicht besetzt; 6. (Bewegung) ungezwungen, leicht, anmutig; 7. freigebig, großzügig (with mit); 8. gratis, kostenlos, umsonst; ▶ ~ from pain schmerzfrei; ~ of s.th. frei von etw; ~ of chemical weapons chemiewaffenfrei; get s.th. ~ etw umsonst bekommen; give s.o. a ~ hand jdm freie Hand lassen; you're ~ to choose die Wahl steht Ihnen frei; make, set ~ freilassen; admission ~ Eintritt frei; ~ delivery freier Versand; (nuclear) weapon-~ zone (atom)waffenfreie Zone; ~ sample Gratisprobe f; ~ and easy ungezwungen; ~ on board frei an Bord; have one's hands ~ fig freie Hand haben; be ~ with one's money großzügig mit seinem Geld umgehen; II tr 1. freilassen, befreien; 2. (Straße) (wieder) frei machen; 3. (Knoten) lösen; **free·bie** ['fri:bɪ:] Am fam kostenloser Gegenstand; **free·booter** ['fri:bu:tə(r)] Freibeuter m; **free collective bargaining** Tarifautonomie f.

free·dom ['fri:dəm] 1. Freiheit f; 2. Unabhängigkeit, Ungebundenheit *f;* 3. Offenheit, Aufrichtigkeit *f;* ▶ **give s.o. the ~ of one's house** jdm sein Haus zur freien Verfügung stellen; **~ of action** Handlungsfreiheit *f;* **~ of assembly** Versammlungsfreiheit; **~ of opinion** Meinungsfreiheit *f;* **~ of the press** Pressefreiheit *f;* **~ of religion** Religionsfreiheit *f;* **the ~ of the city** die Ehrenbürgerrechte *n pl.*

free en·ter·prise [ˌfrɪːˈentəpraɪz] freie Marktwirtschaft; **free fall** freier Fall; **free-for-all** [ˈfriːfərˌɔːl] Gerangel *n;* **free·hold** [ˈfriːhəʊld] (freier) Grundbesitz; **free·holder** [ˈfriːhəʊldə(r)] Grundeigentümer(in) *m (f);* **free kick** *sport* Freistoß *m;* **free labour** nicht organisierte Arbeiter *m pl.*

free·lance [ˈfriːlɑːns] I *s* 1. Freiberufler(in) *m (f),* Freischaffende(r) *f m;* II *itr* freiberuflich tätig sein; III *adv, adj* freiberuflich.

free·load [ˈfriːləʊd] *itr Am fam* schmarotzen; **free·loader** *Am* Schmarotzer(in) *m (f).*

free·ly [ˈfriːlɪ] *adv* 1. reichlich, großzügig; 2. frei; ungehindert.

free·man [ˈfriːmən] ⟨*pl* -men⟩ (Ehren)Bürger *m;* **free market economy** freie Marktwirtschaft; **Free·ma·son** [ˈfriːmeɪsn] Freimaurer *m;* **free port** Freihafen *m;* **free-range** *adj* 1. *(Huhn)* freilaufend; 2. *(Ei)* aus Bodenhaltung *f;* **free speech** Redefreiheit *f;* **free-spoken** [ˌfriːˈspəʊkən] *adj* freimütig; **free-stand·ing** [ˌfriːˈstændɪŋ] *adj* frei stehend; **free·style** [ˈfriːstaɪl] *sport* Freistil *m;* **free·thinker** Freidenker, -geist *m;* **free-thinking** *adj* freidenkerisch; **free trade** Freihandel *m;* **free-way** [ˈfriːweɪ] *Am* (gebührenfreie) Autobahn *f;* **free-wheel** *(Fahrrad)* I *itr* im Freilauf fahren; II *s* Freilauf *m;* **free will** freier Wille; ▶ **of one's own ~** aus freien Stücken.

freeze [friːz] ⟨*irr* froze, frozen⟩ I *itr* 1. (ge)frieren; 2. anfrieren (*to* an); 3. *(Wasserleitung)* einfrieren; 4. *(Blut)* erstarren; 5. *fig* starr werden (*with* vor); 6. *(Flüssigkeit)* dick, steif werden; ▶ **it is freezing hard** es herrscht starker Frost; **~ onto** *fam* sich anklammern an; **~ over** überfrieren; **~ up** zufrieren; **make s.o.'s blood ~** jdm das Blut in den Adern erstarren lassen; **I'm freezing** ich friere, mich friert; II *tr* 1. gefrieren lassen; einfrieren; 2. *(Lohn)* einfrieren, stoppen; 3. *(Wunde)* vereisen; ▶ **~ s.o. with a look** jdm e-n eisigen Blick zuwerfen; **~ out** *Am* herausekeln; III *s* 1. *mete* Frost(periode *f) m;* 2. Lohn-, Preisstopp *m;* **freezer** [ˈfriːzə(r)] Tiefkühltruhe *f;* Gefrierschrank *m;* **freeze-up** [ˈfriːzʌp] Dauerfrost *m;* **freez·ing** [ˈfriːzɪŋ] I *adj* eisig, eiskalt; II *s* Einfrieren *n;* ▶ **below**

~ unter dem Gefrierpunkt; ~-point Gefrierpunkt *m.*

freight [freɪt] I *s* 1. *mar aero* Frachtgut *n;* 2. Frachtkosten *pl;* ▶ **~ charges** *pl* Frachtkosten *pl;* II *tr* 1. *(Waren)* verfrachten; 2. *(Boot)* beladen; **freight car** *Am* Güterwagen *m;* **freighter** [ˈfreɪtə(r)] 1. Frachtschiff *n,* Frachter *m;* 2. Transportflugzeug *n;* **freight train** *Am* Güterzug *m.*

French [frentʃ] I *adj* französisch; II *s* (das) Französisch(e); ▶ **the ~** *pl* die Franzosen *m pl;* **French bean** grüne Bohne; **French chalk** Schneiderkreide *f;* **French dressing** Salatdressing *n;* **French fried potatoes, French fries** *pl* Pommes frites *pl;* **French horn** *mus* Waldhorn *n;* **French leave** ▶ **take ~** sich auf französisch empfehlen; **French letter** Kondom *n od m;* **French·man** [ˈfrentʃmən] ⟨*pl* -men⟩ Franzose *m;* **French window** Balkontür *f;* **French·woman** [ˈfrentʃwʊmən] ⟨*pl* -women⟩ [—wɪmɪn] Französin *f.*

fren·etic [frəˈnetɪk] *adj* frenetisch, rasend.

fren·zied [ˈfrenzɪd] *adj* wahnsinnig; rasend; **frenzy** [ˈfrenzɪ] Raserei *f;* Wahnsinn *m;* ▶ **in a ~ of despair** in wilder Verzweiflung; **rouse to ~** in Raserei versetzen.

fre·quency [ˈfriːkwənsɪ] 1. Häufigkeit *f;* 2. *el* Frequenz *f;* **frequency band** Frequenzband *n;* **fre·quent** [ˈfriːkwənt] I *adj* häufig; landläufig; II *tr* [frɪˈkwent] häufig besuchen.

fresco [ˈfreskəʊ] ⟨*pl* fresco(e)s⟩ Freskomalerei *f,* -gemälde *n.*

fresh [freʃ] I *adj* 1. frisch; 2. neu; 3. *Am fam* frech; 4. kühl, erfrischend; ▶ **~ water** Süßwasser *n;* **in the ~ air** an der frischen Luft; **make a ~ start** neu anfangen; **a ~ arrival** ein Neuankömmling; II *adv* frisch; **~ from the oven** ofenfrisch; **freshen** [ˈfreʃn] *itr (Wind)* auffrischen; ▶ **~ up** sich auffrischen; **fresh·man** [ˈfreʃmən] ⟨*pl* -men⟩ Student *m* im ersten Studienjahr; **fresh·ness** [ˈfreʃnɪs] Frische *f.*

fret[1] [fret] I *tr* nagen an; II *itr* sich Sorgen machen; unruhig sein; III *s* ▶ **be in a ~** beunruhigt, besorgt sein.

fret[2] [fret] *tr* laubsägen.

fret[3] [fret] *mus* Griffleiste *f.*

fret·ful [ˈfretfl] *adj* in Sorge; unruhig.

fret·saw [ˈfretsɔː] Laubsäge *f;* **fret·work** [ˈfretwɜːk] Laubsägearbeit *f.*

friar [ˈfraɪə(r)] Mönch *m.*

frica·tive [ˈfrɪkətɪv] Reibelaut *m.*

fric·tion [ˈfrɪkʃn] 1. Reibung *f a. tech;* 2. *fig* Reibungen, Spannungen *f pl.*

Fri·day [ˈfraɪdɪ] Freitag *m;* ▶ **on ~s** freitags; **Good ~** Karfreitag *m.*

fridge [frɪdʒ] *Br fam* Kühlschrank *m.*

fried [fraɪd] *adj* gebraten; **fried**

chicken gebratenes Hühnchen; **fried egg** Spiegelei *n.*

friend [frend] **1.** Freund(in) *m (f);* **2.** Bekannte(r) *f m;* ▶ **F~** *rel* Quäker(in) *m (f);* **be ~s with** befreundet sein mit; **be great ~s** eng miteinander befreundet sein; **make ~s with** sich anfreunden mit; **make ~s again** sich wieder vertragen, sich (wieder) versöhnen; **friend·less** [—lɪs] *adj* ohne Freunde; **friend·ly** [ˈfrendlɪ] *adj* **1.** freundschaftlich; **2.** freundlich; angenehm; ▶ **be on ~ terms with s.o.** mit jdm auf freundschaftlichem Fuß stehen; **friend·ship** [ˈfrendʃɪp] Freundschaft *f.*

frieze [friːz] **1.** Zierstreifen *m;* **2.** *arch* Fries *m;* **3.** *(schwerer Wollstoff)* Fries *m.*

frig·ate [ˈfrɪgət] *mar* Fregatte *f.*

fright [fraɪt] **1.** Schreck(en) *m;* **2.** *(Person)* Vogelscheuche *f;* ▶ **get off with a bad ~** mit dem Schrecken davonkommen; **give s.o. a ~** jdn erschrecken; **take ~** erschrecken; **frighten** [ˈfraɪtn] **I** *tr* erschrecken; Angst machen *(s.o.* jdm); ängstigen; ▶ **~ away** abschrecken; **~ s.o. into doing s.th.** jdn dazu treiben, daß er etw tut; **be ~ed of s.th.** vor etw Angst haben; **be ~ed by s.th.** vor etw erschrecken; **in a ~ed voice** mit angsterfüllter Stimme; **II** *itr* ▶ **she doesn't ~ easily** so leicht fürchtet sie sich nicht; **fright·ful** [ˈfraɪtfl] *adj* schrecklich, fürchterlich.

frigid [ˈfrɪdʒɪd] *adj* **1.** (eis)kalt; frostig; **2.** *fig* frostig, kühl; **3.** *physiol* frigid(e); **frigid·ity** [frɪˈdʒɪdətɪ] **1.** Kühle *f;* **2.** *physiol* Frigidität *f.*

frill [frɪl] **1.** Manschette *f;* Rüsche *f;* **2.** *zoo* Kragen *m;* ▶ **with all the ~s** mit allem Drum und Dran.

fringe [frɪndʒ] **I** *s* **1.** Franse *f;* **2.** *fig* Rand *m;* **3.** *pl* Pony(frisur *f) m;* **II** *tr* mit Fransen besetzen; **fringe benefits** *pl* zusätzliche Nebenleistungen *f pl;* **fringe group** Randgruppe *f.*

frip·pery [ˈfrɪpərɪ] Tand *m,* Kinkerlitzchen *pl.*

frisk [frɪsk] **I** *itr* herumtollen; **II** *tr fam* abtasten, durchsuchen; **frisky** [ˈfrɪskɪ] *adj* verspielt.

frit·ter[1] [ˈfrɪtə(r)] Beignet *m.*

frit·ter[2] [ˈfrɪtə(r)] *tr (~ away)* vergeuden; verschwenden.

friv·ol·ity [frɪˈvɒlətɪ] Frivolität *f;* **friv·ol·ous** [ˈfrɪvələs] *adj* **1.** frivol; **2.** *(Mensch)* leichtfertig, -sinnig.

frizzy [ˈfrɪzɪ] *adj* kraus, gekräuselt.

fro [frəʊ] *adv* ▶ **to and ~** hin und her, auf und ab.

frock [frɒk] **1.** (Mönchs)Kutte *f;* **2.** Kleid *n.*

frog [frɒg] **1.** Frosch *m;* **2.** Schnürverschluß *m;* ▶ **have a ~ in one's throat** e-n Frosch im Hals haben; **frog·man**

[ˈfrɒgmən] *⟨pl* -men⟩ Froschmann *m;* **frog·march** [ˈfrɒgmɑːtʃ] *tr* abschleppen; wegschleifen; **frog-spawn** Froschlaich *m.*

frolic [ˈfrɒlɪk] *⟨ppr* frolicking, *pp* frolicked⟩ **I** *s* Herumtollen *n;* Ausgelassenheit *f;* **II** *itr* umhertoben; **frolic·some** [ˈfrɒlɪksəm] *adj* lustig, ausgelassen.

from [frɒm] *prep* **1.** *(Ausgangspunkt)* von; aus; **2.** *(zeitlich)* seit; ab, von ... an; **3.** *(Entfernung)* von ... weg; von ... entfernt; **4.** *(wegnehmen)* von; aus; **5.** *(Quellenangabe)* von; aus; **6.** *(Modell)* nach; **7.** *(unterste Grenze angebend)* ab; **8.** *(Grund)* wegen; infolge; ▶ **~ house to house** von Haus zu Haus; **where are you ~?** wo sind Sie her? **~ his childhood** von Kindheit an; **~ time to time** von Zeit zu Zeit; **go away ~ home** von zu Hause weggehen; **steal s.th. ~ s.o.** jdm etw stehlen; **quotations ~ Shakespeare** Zitate nach Shakespeare; **judge ~ appearances** nach dem Äußeren urteilen; **drink ~ a glass** aus e-m Glas trinken; **translated ~ the English** aus dem Englischen übersetzt; **painted ~ life** nach dem Leben gemalt; **~ the age of 18 upwards** von 18 Jahren aufwärts; **escape ~ prison** aus dem Gefängnis entkommen; **go ~ bad to worse** immer schlimmer werden; **weak ~ hunger** schwach vor Hunger; **~ experience** aus Erfahrung; **~ what I heard** nach dem, was ich gehört habe; **prevent s.o. ~ doing s.th.** jdn daran hindern, etw zu tun; **~ inside** von innen; **~ beneath s.th.** unter etw hervor; **~ among the trees** zwischen den Bäumen hervor.

front [frʌnt] **I** *s* **1.** Stirn-, Vorderseite, Vorderfront *f a. arch;* **2.** *mil pol mete* Front *f;* **3.** Uferpromenade *f;* **4.** Fassade *f a. fig;* **5.** Hemdbrust *f;* **6.** *theat* Zuschauerraum *m;* **7.** Strohmann *m;* **8.** *lit* Stirn *f;* ▶ **in ~ of s.o.** vor jdm; **in ~** vorne; **at the ~ of** vorn; an der Spitze von; **be in ~** vorne sein; **be sent to the ~** an die Front geschickt werden; **cold ~mete** Kaltluftfront *f;* **come to the ~** *fig* hervortreten, bekannt werden; **put on a bold ~** e-e tapfer Miene zur Schau stellen; **II** *itr* ▶ **the windows ~ onto the street** die Fenster gehen auf die Straße hinaus; **III** *adj* vorderste(r, s); erste(r, s); ▶ **~ garden** Vorgarten *m;* **IV** *adv* ▶ **up ~** vorne *(upon, towards* nach).

front·age [ˈfrʌntɪdʒ] *arch* Vorderfront, Frontseite *f.*

frontal [ˈfrʌntl] *adj* Frontal-; Stirn-.

front bench [ˌfrʌntˈbentʃ] *parl* Regierungsbank *f;* **front door** Haustür *f.*

fron·tier [ˈfrʌntɪə(r)] Grenze, Landesgrenze *f;* Grenzgebiet *n;* **frontier district** Grenzgebiet *n,* -bezirk *m;* **frontier police** Grenzpolizei *f;* **frontier station** Grenzbahnhof *m;* **fron·tiers-**

man ['frʌntɪəzmən] ⟨pl -men⟩ Grenzbewohner m.

front·is·piece ['frʌntɪspi:s] (Buch) Titelbild n.

front line [,frʌnt'laɪn] mil Front f a. fig; **front page** I s (Zeitung) Titel-, Vorderseite f; II adj ▶ **front-page** auf der ersten Seite; III tr Am (in der Zeitung) groß herausstellen; **front rank:** ▶ be in the ~ fig zur Spitze zählen; **front runner** Läufer(in) m (f) an der Spitze; fig Spitzenreiter(in) m (f); **front spoiler** [,frʌnt'spɔɪlə(r)] mot Frontspoiler m; **front-wheel drive** Vorderradantrieb m.

frost [frɒst] I s 1. Frost, Rauhreif m; 2. fig Kühle, Kälte f; 3. fam Reinfall m; Versager m; II tr 1. (Glas) mattieren; 2. mit Reif überziehen; 3. (Kuchen) glasieren; **frost-bite** Frostbeulen f pl; **frostbitten** ['frɒstbɪtn] adj erfroren; **frostbound** ['frɒstbaʊnd] adj festgefroren; **frosted** ['frɒstɪd] adj 1. mit Zuckerguß überzogen; 2. (Essen) tiefgekühlt; 3. (Pflanzen) erfroren; ▶ ~ **glass** Milchglas n; **frost·ing** ['frɒstɪŋ] Zuckerguß m; Glasur f; **frosty** ['frɒstɪ] adj kalt; frostig, eisig a. fig.

froth [frɒθ] I s 1. Schaum m; 2. fig leeres Gerede; ▶ **the dog has ~ at the mouth** der Hund hat Schaum vor dem Maul; II itr schäumen; **frothy** ['frɒθɪ] adj 1. schaumig, schäumend; 2. (Gerede) hohl, albern.

frown [fraʊn] I itr die Stirn runzeln (at über); ▶ ~ **on** mißbilligen; II s Stirnrunzeln n.

frowzy ['fraʊzɪ] adj schmutzig, schlampig.

froze [frəʊz] v s. freeze; **frozen** ['frəʊzn] I v s. freeze; II adj 1. (zu)gefroren, vereist; 2. (Körper) erfroren; 3. eisig, sehr kalt; 4. fig eiskalt; 5. (Löhne) eingefroren, blockiert, gesperrt; ▶ **I'm ~** mir ist eiskalt; ~ **foods** pl Tiefkühlkost f; ~ **meat** Gefrierfleisch n; ~ **assets** pl fin festliegendes Kapital.

fru·gal ['fru:gl] adj 1. sparsam, genügsam; 2. (Essen) einfach, schlicht, frugal; **fru·gal·ity** [fru:'gælətɪ] Sparsamkeit f; Einfachheit f.

fruit [fru:t] I s 1. Frucht f; 2. fig Ergebnis n, Folge f; ▶ **the ~s** pl **of the earth** die Früchte pl des Feldes; **bear ~** Früchte tragen; II itr Früchte tragen; **fruitcake** englischer Kuchen; **fruit·erer** ['fru:tərə(r)] Obsthändler(in) m (f); **fruit·ful** ['fru:tfl] adj a. fig fruchtbar, ertragreich.

fru·ition [fru:'ɪʃn] Verwirklichung, Erfüllung f; ▶ **bring to ~** verwirklichen; **his hopes came to ~** seine Hoffnungen erfüllten sich.

fruit knife ['fru:tnaɪf] ⟨pl -knives⟩ Obstmesser n; **fruit·less** ['fru:tlɪs] adj 1.

unfruchtbar; 2. fig fruchtlos, ergebnislos; **fruit salad** Obstsalat m.

fruity ['fru:tɪ] adj 1. fruchtartig; fruchtig; 2. fam (Geschichte) gesalzen; 3. (Stimme) rauchig.

frump [frʌmp] fig Vogelscheuche f.

frus·trate [frʌ'streɪt] tr 1. (Hoffnung) zunichte machen; 2. (Plan) durchkreuzen; 3. psych frustieren; **frus·trated** [frʌ'streɪtɪd] adj frustriert; **frus·tration** [frʌ'streɪʃn] 1. Zerschlagung f; 2. psych Frustration f.

fry[1] [fraɪ] I tr in der Pfanne braten, backen; ▶ **fried eggs** pl Spiegeleier n pl; **fried potatoes** pl Bratkartoffeln f pl; II itr braten.

fry[2] [fraɪ] kleine Fische m pl.

fry·ing-pan ['fraɪŋpæn] Bratpfanne f; ▶ **out of the ~ into the fire** vom Regen in die Traufe.

fuchsia ['fju:ʃə] bot Fuchsie f.

fuck [fʌk] vulg I tr, itr ficken; ▶ ~ **about** verarschen; ~ **off** sich verpissen; II s ▶ **not to care a ~** sich e-n Dreck kümmern um; III interj verdammte Scheiße! **fucker** ['fʌkə(r)] Arschloch n.

fuddled ['fʌdld] adj verwirrt; beschwipst.

fuddy-duddy ['fʌdɪdʌdɪ] fam altmodischer Kauz.

fudge [fʌdʒ] I s 1. Fondant m; 2. (Zeitung) Spalte f für letzte Meldungen; II tr sich aus den Fingern saugen.

fuel ['fju:əl] I s 1. Heiz-, Brennmaterial n; Brennstoff m; 2. Kraftstoff m; Benzin n; 3. fig Nahrung f; ▶ **add ~ to the flames** fig Öl ins Feuer gießen; II tr mit Brenn-, Kraftstoff versorgen; III itr tanken; **fuel element** Brennelement n; **fuel gauge** Benzinuhr f; **fuel-injection engine** mot Einspritzmotor, Einspritzer fam m; **fuel oil** Heizöl n; **fuel pump** Benzinpumpe f; **fuel rod** Brennstab m.

fug [fʌg] Mief m; **fuggy** ['fʌgɪ] adj muffig.

fu·git·ive ['fju:dʒətɪv] I adj 1. flüchtig, entflohen; 2. fig vergänglich; II s Flüchtling m.

fugue [fju:g] mus Fuge f.

ful·fil, Am **ful·fill** [fʊl'fɪl] tr 1. (Wunsch) erfüllen; 2. (Aufgabe) ausführen; 3. (Versprechen) einlösen; 4. (Verpflichtung) einhalten; ▶ ~ **o.s.** sich selbst verwirklichen; **ful·fil·ment,** Am **fulfill·ment** [—mənt] Erfüllung f.

full [fʊl] I adj 1. voll, (voll)gefüllt; 2. (Bericht) vollständig; 3. (Sympathie) vollste(r, s); 4. wimmelnd (of von); 5. (Figur) füllig; 6. (Segel) gebläht; ▶ be ~ of ... voller, voll von ... sein; ~ **house** theat ausverkauft; ~ **up** vollbesetzt; **I'm ~ up** ich bin satt; **at ~ speed** in voller Fahrt; **fall ~ length** der Länge nach hinfallen; **in ~ bloom** in voller Blüte; ~

sail mit vollen Segeln *a. fig;* ~ **steam ahead** Volldampf voraus; ~ **to overflowing** bis zum Überlaufen voll; **be in ~ swing** in vollem Gange sein; **come to a ~ stop** plötzlich stehenbleiben; **pay in ~** voll bezahlen; II *adv* ► **I know it ~ well** ich weiß es sehr wohl; **look s.o. ~ in the face** jdm voll in die Augen sehen; III *s* ► **in ~** ganz, vollständig; **write one's name in ~** seinen Namen ausschreiben; **to the ~** vollständig; **full-back** ['fʊlbæk] *sport* Verteidiger(in) *m (f);* **full-blooded** [ˌfʊl'blʌdɪd] *adj* 1. kräftig; 2. Vollblut-; **full-blown** [ˌfʊl'bləʊn] *adj* 1. *bot* voll aufgeblüht; 2. *fig* ausgewachsen; **full-bodied** [ˌfʊl'bɒdɪd] *adj (Wein)* würzig, schwer; **full-cream milk** [ˌfʊl'kriːm] Vollmilch *f;* **full-dress** *adj* 1. Gala-; 2. *fig* wichtig; **full-faced** [ˌfʊl'feɪst] *adj* rundgesichtig; **full(y)-fledged** [ˌfʊl'fledʒd] *adj* 1. flügge; 2. *fig* voll entwickelt; **full-frontal** [ˌfʊl'frʌntl] *adj* oben und unten ohne; **full-grown** [ˌfʊl'grəʊn] *adj* voll ausgewachsen; **full-length** *adj* 1. *(Portrait)* lebensgroß; 2. *(Film)* abendfüllend; **full moon** Vollmond *m.*

full·ness ['fʊlnɪs] Vollständigkeit *f;* Sattheit *f;* ► **in the ~ of time** zu gegebener Zeit.

full-page [ˌfʊl'peɪdʒ] *adj* ganzseitig; **full-scale** *adj* in Lebensgröße; **full stop** Punkt *m;* **full-time** *adj* ganztägig; vollberuflich.

fully ['fʊlɪ] *adv* 1. völlig, ganz; 2. *(bei Zahlangabe)* mindestens, mehr als; ► **~ fashioned** mit Paßform; ~ **qualified** voll qualifiziert.

ful·mi·nate ['fʌlmɪneɪt] *itr fig* donnern, wettern *(against gegen).*

ful·some ['fʊlsəm] *adj (Lob, Schmeichelei)* übertrieben.

fumble ['fʌmbl] I *itr (~ about)* umhertasten, -tappen; II *tr* vermasseln; **fumbler** ['fʌmblə(r)] Stümper(in) *m (f).*

fume [fjuːm] I *s meist pl* Rauch, Dampf *m;* Abgase *n pl;* II *itr* 1. rauchen, dampfen; 2. *fig* aufgebracht, wütend sein *(about, over* über).

fu·mi·gate ['fjuːmɪgeɪt] *tr* ausräuchern.

fun [fʌn] Spaß *m;* Vergnügen *n,* Belustigung *f;* ► **for, in ~** im Scherz; spaßeshalber; **he is great ~** man hat mit ihm viel zu lachen; **make ~ of s.o., poke ~ at s.o.** sich über jdn lustig machen; **he's ~** er ist ein lustiger Kerl.

func·tion ['fʌŋkʃn] I *s* 1. Funktion, Tätigkeit *f;* 2. Aufgaben, Pflichten *f pl;* 3. Veranstaltung *f;* Feier *f;* 4. *math* Funktion *f;* II *itr* funktionieren, laufen; arbeiten; ► **~ as** fungieren als; **func·tional** ['fʌŋkʃənl] *adj* 1. *physiol* funktionsfähig; 2. funktionell; zweckmäßig; **func·tionary** ['fʌŋkʃənərɪ] Funktionär(in) *m (f);* **function key** *EDV* Funktionstaste *f.*

fund [fʌnd] I *s* 1. Vorrat, Schatz *m;* 2. *fin* Fonds *m;* 3. *pl* Gelder, Geldmittel *n pl;* 4. *pl* Staatspapiere *n pl;* ► **the public ~s** *pl* die öffentlichen Mittel *n pl;* **no ~s** ohne Deckung; **be in ~s** zahlungsfähig sein; **raise ~s** Mittel aufbringen; II *tr* 1. *(Geld)* anlegen, investieren; 2. *(Schuld)* ausgleichen, bezahlen.

fun·da·men·tal [ˌfʌndə'mentl] I *adj* 1. grundlegend, fundamental; 2. wesentlich *(to* für); 3. hauptsächlich; elementar; ► **~ tone** *mus* Grundton *m;* ~ **research** Grundlagenforschung *f;* II *s meist pl* Grundlage, Basis *f,* **fun·da·men·ta·list** [ˌfʌndə'mentəlɪst] I *adj* fundamentalistisch II *s* 1. Fundamentalist(in) *m (f);* 2. *pol fam* Fundi; **fun·da·men·tal·ly** [ˌfʌndə'mentəlɪ] *adv* grundlegend; im Grunde genommen, im wesentlichen.

fu·ner·al ['fjuːnərəl] Beerdigung *f,* Begräbnis *n,* Beisetzung *f;* ► **that's his ~** *fig* das ist sein Problem; **funeral director** Beerdigungsunternehmer(in) *m (f);* **funeral march** Trauermarsch *m;* **funeral parlour** Leichenhalle *f;* **funeral pyre** Scheiterhaufen *m.*

fu·ner·eal [fjuː'nɪərɪəl] *adj* traurig, trübselig.

fun·fair ['fʌnfeə(r)] Rummelplatz *m.*

fun·gi·cide ['fʌŋgɪsaɪd] Pilzvernichtungsmittel *n;* **fun·gus** ['fʌŋgəs] ⟨pl -gi⟩ ['fʌŋgaɪ] Pilz *m.*

fu·nicu·lar [fjuː'nɪkjʊlə(r)] *(~ railway)* Seilbahn *f.*

funk [fʌŋk] I *s fam* Schiß *m,* Mordsangst *f (of* vor); ► **he is in a ~** ihm schlottern die Knie; II *tr fam* sich drücken vor; **funky** ['fʌŋkɪ] *adj* 1. *fam* feige; 2. *sl (Musik)* irre.

funnel ['fʌnl] I *s* 1. Trichter *m;* 2. *mar rail* Schornstein *m;* II *tr (Flüssigkeit)* leiten; schleusen.

funnies ['fʌnɪz] *pl fam* Witze *m pl;* Witzseite *f;* **funny** ['fʌnɪ] *adj* 1. lustig, komisch; 2. seltsam, komisch; 3. unwohl; **funny-bone** *anat* Musikantenknochen *m.*

fur [fɜː(r)] I *s* 1. Fell *n;* Pelz *m;* 2. *med* Belag *m;* 3. Kesselstein *m;* 4. *pl* Pelzwaren *f pl;* ► **make the ~ fly** *fig* e-n Streit vom Zaun brechen; II *itr* ► ~ **up** Kesselstein ansetzen; pelzig werden.

fur·bish ['fɜːbɪʃ] *tr* 1. blank putzen, polieren; 2. aufpolieren *a. fig.*

furi·ous ['fjʊərɪəs] *adj* 1. wütend; 2. *(See)* stürmisch, wild; 3. *(Geschwindigkeit)* rasant; ► **fast and ~** wild, toll, ausgelassen.

furl [fɜːl] *tr* 1. *(Flagge)* aufrollen; 2. *(Schirm)* zusammenrollen.

fur·long ['fɜːlɒŋ] Achtelmeile *f (201 m).*

fur·lough ['fɜːləʊ] *mil* Urlaub *m;* ► **on ~** auf Urlaub.

fur·nace ['fɜːnɪs] Hochofen *m;* Schmelzofen *m.*

fur·nish ['fɜːnɪʃ] *tr* **1.** *(Haus)* einrichten **2.** *(Informationen)* liefern, geben; ► ~ **s.o. with s.th.** jdn mit etw versorgen, jdm etw liefern; ~ed **room** möbliertes Zimmer; **fur·nish·ings** ['fɜːnɪʃɪŋz] *pl* Einrichtung *f;* Mobiliar *n.*

fur·ni·ture ['fɜːnɪtʃə(r)] Möbel *pl;* ► **a piece of** ~ ein Möbelstück *n;* **furniture van** *Br* Möbelwagen *m.*

fur·rier ['fʌrɪə(r)] Kürschner(in) *m (f).*

fur·row ['fʌrəʊ] I *s* **1.** (Acker)Furche *f;* **2.** Furche, Runzel *f;* II *tr* **1.** (zer)furchen; pflügen; **2.** runzeln.

furry ['fɜːrɪ] *adj* Pelz-; belegt, pelzig.

fur·ther ['fɜːðə(r)] ⟨Komparativ von far⟩ I *adj* weiter (entfernt), hintere(r, s); ► **till** ~ **notice** bis auf weiteres; ~ **particulars** weitere Einzelheiten; ~ **education** Weiter-, Fortbildung *f;* II *adv* **1.** weiter, ferner; **2.** darüber hinaus; überdies; ► ~ **on** weiter; ~ **back** weiter zurück; früher; **get** ~ **and** ~ **away** sich immer weiter entfernen; **and** ~ ... und darüber hinaus; **until you hear** ~ bis auf weiteres; III *tr* fördern, unterstützen; **fur·ther·ance** ['fɜːðərəns] Förderung, Unterstützung *f;* **fur·ther·more** [ˌfɜːðəˈmɔː(r)] *adv* überdies; ferner; **fur·ther·most** ['fɜːðəməʊst] *adj* äußerste(r, s).

fur·thest ['fɜːðɪst] ⟨Superlativ von far⟩ I *adj* ► **the** ~ **way round** den längsten Weg; II *adv* am weitesten weg; ► **he went the** ~ er ging am weitesten.

fur·tive ['fɜːtɪv] *adj* verstohlen, heimlich; **fur·tive·ness** [—nɪs] Heimlichkeit *f.*

fury ['fjʊərɪ] **1.** Wut, Raserei *f;* Heftigkeit *f;* **2.** Wutanfall, -ausbruch *m;* ► **be in a** ~ wütend sein; **fly into a** ~ in Wut geraten; **like** ~ wie verrückt.

fuse, *Am* **fuze** [fjuːz] I *tr* **1.** verschmelzen; **2.** *fig* vereinigen, verbinden; ► ~ **the lights** die Sicherung durchbrennen lassen; II *itr* **1.** sich verbinden; **2.** *el* durchbrennen; III *s* **1.** *el* Sicherung *f;* **2.** Zündschnur *f;* ► **blow the** ~ die Sicherung durchbrennen lassen.

fu·sel·age ['fjuːzəlɑːʒ] *aero* Rumpf *m.*

fusion ['fjuːʒn] **1.** Verschmelzung *f a. fig;* Fusion *f;* **2.** *phys* Kernfusion *f;* **fusion bomb** Wasserstoffbombe *f;* **fusion reactor** *tech* Fusionsreaktor *m.*

fuss [fʌs] I *s* Theater *n;* Umstände *pl;* Wirbel *m;* Getue *n;* ► **make a** ~, **kick up a** ~ Krach schlagen; **make a** ~ **about s.th.** viel Aufhebens um etw machen; **don't make so much** ~ mach kein Theater! **be in a** ~ Zustände haben; II *itr* **1.** sich aufregen *(about, over* über); **2.** Umstände machen; ► ~ **over s.o.** jdn bemuttern; ~ **around** herumfuhrwerken; ~ **with s.th.** nervös an etw herummachen; III *tr fam* nervös, verrückt machen; **fuss·pot** ['fʌspɒt] Umstandskrämer *m;* **fussy** ['fʌsɪ] *adj* **1.** kleinlich, pingelig; **2.** *(Kleid)* verspielt; ► **be** ~ **about s.th.** mit etw heikel, wählerisch sein.

fusty ['fʌstɪ] *adj* muffig *a. fig.*

fu·tile ['fjuːtaɪl] *adj* **1.** sinnlos, nutzlos, vergeblich; **2.** unerheblich, nebensächlich; **fu·til·ity** [fjuːˈtɪlətɪ] **1.** Sinnlosigkeit, Nutzlosigkeit *f;* **2.** Vergeblichkeit *f.*

fu·ture ['fjuːtʃə(r)] I *adj* (zu)künftig, kommend, bevorstehend; II *s* **1.** Zukunft *f;* Aussichten *f pl;* **2.** *gram* Zukunft *f,* Futur *n;* ► **for the** ~, **in the** ~ in Zukunft; **in the near** ~ in naher Zukunft; ~ **prospects** *pl* Zukunftsperspektive *f sing;* **futures market** *fin* Terminbörse *f;* **fu·tur·ism** ['fjuːtʃərɪzəm] Futurismus *m;* **fu·tur·istic** [ˌfjuːtʃəˈrɪstɪk] *adj* futuristisch.

fuze [fjuːz] *Am s. fuse.*

fuzz [fʌz] **1.** Flaum *m;* **2.** Wuschelkopf *m;* **3.** *sl (Polizei)* Bulle *m;* **fuzzy** ['fʌzɪ] *adj* **1.** *(Bild)* unklar; **2.** *(Haar)* kraus.

G

G, g [dʒiː] ⟨pl -'s⟩ G, g *n a. mus.*
gab [gæb] Gequassel *n;* ► **have the gift of the ~** *fam* ein gutes Mundwerk haben.
gab·ar·dine [ˌgæbə'diːn] Gabardine *m.*
gabble ['gæbl] *itr* 1. plappern; 2. *(Gänse)* schnattern.
gable ['geɪbl] Giebel *m.*
gad·about ['gædəbaut] *fam* Herumtreiber(in) *m (f);* **gad about, around** [gæd ə'baut, ə'raund] *itr* umherschweifen.
gad·fly ['gædflaɪ] Viehbremse *f.*
gadget ['gædʒɪt] *fam* 1. Gerät *n,* Apparatur *f;* Vorrichtung *f;* 2. Dingsda *n;* **gadgetry** ['gædʒɪtrɪ] Apparate *m pl;* technische Spielereien *f pl.*
Gaelic ['geɪlɪk] I *adj* gälisch; ► **~ coffee** Irish coffee *m;* II *s* (das) Gälisch(e).
gaff [gæf] Fischhaken *m;* ► **blow the ~** *sl* nicht dichthalten.
gaffe [gæf] Fauxpas *m;* Taktlosigkeit *f.*
gaffer ['gæfə(r)] 1. *fam* Chef *m;* Vorarbeiter *m;* 2. alter Mann.
gag [gæg] I *s* 1. Knebel *m;* 2. *fig* Maulkorb *m;* 3. witziger Einfall; Gag *m;* II *tr* 1. knebeln; 2. *fig* mundtot machen; III *itr* 1. e-n Witz, Spaß machen; 2. würgen *(on s.th.* an etw).
gaga ['gɑːgɑː] *adj fam* plemplem, meschugge; ► **go ~** senil werden; **go ~ over s.o.** in jdn vernarrt sein.
gage [geɪdʒ] *Am s. gauge.*
gaggle ['gægl] I *s* Gänseschar *f a. fig;* II *itr (Gans)* schnattern.
gai·ety ['geɪətɪ] 1. Heiterkeit *f;* 2. *meist pl* Festlichkeiten *f pl;* **gaily** ['geɪlɪ] *adv s. gay.*
gain [geɪn] I *s* 1. Gewinn *m;* Vorteil *m;* 2. Steigerung, Zunahme *f;* 3. *pl* Gewinn(e *pl) m;* Verdienst *m;* ► **for ~** aus Berechnung; des Geldes wegen; **~ in weight** (Gewichts)Zunahme *f;* II *tr* gewinnen; (sich) erwerben; erlangen; erreichen; ► **~ a footing** festen Fuß fassen; **~ ground** *fig* Fortschritte machen; sich durchsetzen; **~ the upper hand** die Oberhand gewinnen; **~ speed** schneller werden; III *itr* 1. *(an Gewicht)* zunehmen; 2. vorankommen, Fortschritte machen; 3. näherkommen *(on, upon* an); 4. e-n Vorteil erlangen *(on* über); 5. Vorsprung gewinnen *(on, upon* vor); 6. *(Uhr)* vorgehen; 7. *mot* aufholen; **gainful** ['geɪnfl] *adj* einträglich, gewinnbringend; ► **~ employment** Erwerbstätigkeit *f;* **gain·ings** ['geɪnɪŋz] *pl* Gewinn

(e pl) m.
gait [geɪt] Gang *m;* Haltung *f.*
gai·ter ['geɪtə(r)] Gamasche *f.*
gala ['gɑːlə] Fest(lichkeit *f) n,* Feier *f;* Galaveranstaltung *f.*
ga·lac·tic [gə'læktɪk] *adj astr* galaktisch.
gal·axy ['gæləksɪ] 1. *astr* Sternsystem *n;* 2. *fig* Schar *f.*
gale [geɪl] Sturm *m;* ► **it is blowing a ~** es stürmt; **~-force wind** stürmischer Wind; **~s of laughter** schallendes Gelächter; **gale warning** Sturmwarnung *f.*
gall [gɔːl] I *s* 1. Galle *f;* 2. *fig* Bitterkeit *f,* Groll *m;* 3. Wunde, wundgeriebene Stelle *f;* 4. Gallapfel *m;* 5. *fam* Frechheit *f;* II *tr* 1. wund reiben; 2. *fig* ärgern.
gal·lant ['gælənt] *adj* 1. prächtig; stattlich; tapfer; 2. galant; **gal·lantry** ['gæləntrɪ] 1. Tapferkeit *f;* 2. Ritterlichkeit *f.*
gall blad·der ['gɔːlblædə(r)] Gallenblase *f.*
gal·leon ['gælɪən] *mar hist* Galeone *f.*
gal·lery ['gælərɪ] 1. *(Kunst)* Galerie *f;* 2. *theat* oberster Rang, Galerie *f;* 3. Tribüne *f;* Empore *f;* Galerie *f;* 4. Säulenhalle *f;* Korridor, Gang *m;* 5. *mil* Schießstand *m;* 6. Stollen *m;* ► **play to the ~** *theat a. fig* Effekthascherei treiben.
gal·ley ['gælɪ] 1. *hist* Galeere *f;* 2. Kombüse *f;* 3. *typ* Setzschiff *n;* **gal·ley-proof** ['gælɪpruːf] *typ* Fahnenabzug *m,* Fahne *f.*
gal·li·vant [ˌgælɪ'vænt] *itr* sich herumtreiben.
gal·lon ['gælən] Gallone *f (4,54 l, Am 3,78 l).*
gal·lop ['gæləp] I *s (Pferd)* Galopp *m a. fam allg;* ► **at a ~** im Galopp; II *itr* ► **ride at a ~** galoppieren; **~ing inflation** galoppierende Inflation.
gal·lows ['gæləuz] *pl meist mit sing* Galgen *m.*
gall·stone ['gɔːlstəun] Gallenstein *m.*
Gal·lup poll ['gæləp pəul] Meinungsumfrage *f.*
ga·lore [gə'lɔː(r)] *adv* in Hülle und Fülle.
ga·loshes [gə'lɒʃɪz] *pl* Gummi-, Überschuhe *m pl.*
ga·lumph [gə'lʌmf] *itr fam* trapsen.
gal·van·ize ['gælvənaɪz] *tr* 1. galvanisieren; 2. *fig* aufschrecken.
Gambia ['gæmbɪə] Gambia *n.*
gam·bit ['gæmbɪt] 1. *(Schach)* Gambit *n;* 2. *fig* Schachzug *m.*

gamble ['gæmbl] I itr 1. (um Geld) spielen; zocken fam; 2. fig etw riskieren, wagen; spekulieren (on auf); ▶ ~ with s.th etw aufs Spiel setzen; II tr (~ away) verspielen; III s gewagtes Spiel, Risiko n; **gam·bler** ['gæmblə(r)] Spieler(in) m (f); Spekulant(in) m (f); Spielernatur f; Zocker(in) m (f) fam; **gamb·ling** [—ɪŋ] 1. Spielen n; 2. gewagtes Spiel; 3. Spekulieren n; **gambling debts** pl Spielschulden pl; **gambling den** Spielhölle f.

gam·bol ['gæmbl] I s Luftsprung m; II itr umherspringen, -tollen.

game¹ [geɪm] I s 1. Spiel n; 2. sport Sportart f; Spiel n; Runde, Partie f; pl (Schule) Sport m; 3. fig Vorhaben n, Plan m; 4. Wild(bret) n; ▶ be on (off) one's ~ (nicht) in Form sein; give the ~ away fam alles verraten; play the ~ fair spielen; the ~ is up fig das Spiel ist aus; two can play at that ~ wie du mir, so ich dir; big ~ Großwild n; the Olympic G~s pl die Olympischen Spiele n pl; ~ of chance, of skill Glücks-, Geschicklichkeitsspiel n; a ~ of chess e-e Partie Schach.

game² [geɪm] adj mutig; ▶ be ~ mitmachen; be ~ for anything für alles zu haben sein; be ~ to do s.th. bereit sein, etw zu tun.

game³ [geɪm] adj lahm.

game-cock ['geɪmkɒk] Kampfhahn m; **game·keeper** ['geɪm,kiːpə(r)] Wildhüter(in) m (f).

gaming ['geɪmɪŋ] (Glücks)Spiel n (um Geld); **gaming-table** Spieltisch m.

gamma rays ['gæmə'reɪz] pl Gammastrahlen m pl.

gam·mon ['gæmən] gesalzener, geräucherter Schinken; Speckseite f.

gammy ['gæmɪ] adj fam lahm.

gamut ['gæmət] 1. Tonleiter f; 2. fig Skala f.

gan·der ['gændə(r)] 1. Gänserich m; 2. sl Blick m.

gang [gæŋ] I s 1. (Menschen) Gruppe f; 2. (Arbeiter) Rotte, Kolonne f; 3. (Gefangene) Trupp m; 4. (Verbrecher) Bande f; II itr (~ up) sich zusammentun; ▶ ~ up on s.o. auf jdn losgehen; sich gegen jdn verschwören; **ganger** ['gæŋə(r)] Vorarbeiter m.

gan·gling ['gæŋglɪŋ] adj schlacksig.

gan·glion ['gæŋglɪən] ⟨pl -glia⟩ [—lɪə] 1. med Ganglion n; 2. fig Kräftezentrum n.

gang·plank ['gæŋplæŋk] Laufplanke f.

gan·grene ['gæŋgriːn] med Brand m; **gan·gren·ous** ['gæŋgrɪnəs] adj med brandig.

gang·ster ['gæŋstə(r)] Gangster m, Verbrecher(in) m (f).

gang·way ['gæŋweɪ] 1. Gang m (zwischen Sitzreihen); Korridor m; 2. Landungsbrücke f; 3. aero mar Gangway f;

▶ clear the ~ Platz machen.

gan·try ['gæntrɪ] tech Gerüst n, Bock m; Abschußrampe f; Schilderbrücke f.

gaol [dʒeɪl] s. jail.

gap [gæp] 1. Lücke f, Spalt(e f) m, Loch n; 2. Abstand m; 3. (Gebirgs)Schlucht f; 4. Lücke, Unterbrechung f; 5. (Ansichten) Auseinandergehen, -klaffen n; ▶ bridge, fill, stop a ~ e-e Lücke schließen.

gape [geɪp] I itr anstarren (at s.o. jdn); ▶ ~ open aufklaffen; auseinandergehen; II s 1. Loch n; geplatzte Stelle; 2. Starren n; **gap·ing** adj (Wunde) klaffend; (Loch) gähnend.

gar·age ['gærɑːʒ, Am gəˈrɑːʒ] I s 1. Garage f; 2. Autoreparaturwerkstatt f; Tankstelle f; II tr in die Garage stellen.

garb [gɑːb] I s Tracht, Kleidung f; II tr kleiden (in in).

gar·bage ['gɑːbɪdʒ] 1. Abfälle m pl, Müll m; 2. fig Schund m; Unsinn m; **garbage-can** Am Mülleimer m, -tonne f; **garbage chute, disposer** Müllschlucker m; **garbage collector** Am Müllkutscher m; **garbage truck** Am Müllauto n.

garble ['gɑːbl] tr (Bericht) durcheinanderbringen, entstellen.

gar·den ['gɑːdn] I s 1. Garten m a. fig; 2. pl Anlagen f pl, Park m; ▶ lead s.o. up the ~ path fam jdn an der Nase herumführen; **market** ~ Handelsgärtnerei f; **vegetable** ~ Gemüsegarten m; II itr im Garten arbeiten; **garden city** Gartenstadt f; **gar·dener** ['gɑːdnə(r)] Gärtner(in) m (f).

gar·denia [gɑːˈdiːnɪə] bot Gardenie f.

gar·den·ing ['gɑːdnɪŋ] Gartenarbeit f; **garden party** Gartenfest n, -party f.

gar·gan·tuan [gɑːˈgæntjuən] adj riesig, gewaltig.

gargle ['gɑːgl] I itr gurgeln (with mit); II s Mundwasser n.

gar·goyle ['gɑːgɔɪl] arch Wasserspeier m.

gar·ish ['geərɪʃ] adj (Farbe) grell, schreiend.

gar·land ['gɑːlənd] I s Kranz m; Girlande f; II tr bekränzen.

gar·lic ['gɑːlɪk] bot Knoblauch m; **garlic press** Knoblauchpresse f.

gar·ment ['gɑːmənt] Kleidungsstück n.

gar·net ['gɑːnɪt] min Granat m.

gar·nish ['gɑːnɪʃ] I tr (Küche) garnieren; II s (Küche) Garnierung f.

gar·ret ['gærət] Dachkammer f.

gar·ri·son ['gærɪsn] I s mil 1. Garnison f, Standort m; 2. (~ town) Garnison(sstadt) f; II tr mit e-r Garnison belegen; (Soldaten) in Garnison legen.

gar·ru·lous ['gærələs] adj schwatzhaft.

gar·ter ['gɑːtə(r)] 1. Strumpfband n; 2. Am Strumpf-, Sockenhalter m; ▶ (the Order of) the G~ der Hosenbandorden.

gas [gæs] **I** s **1.** Gas n; **2.** Am Benzin n; **3.** fig sl leeres Gerede; tolle Geschichte; ▶ **cook by** ~ auf Gas kochen; **step on the** ~ Am fam mot Gas geben a. fig; **turn on, off the** ~ den Gashahn auf-, zudrehen; **II** tr vergasen; **III** itr sl faseln; **gas-bag** fig pej Schwätzer m; **gas chamber** Gaskammer f; **gas-cooker** Gaskocher m; **gas·eous** ['gæsɪəs] adj gasförmig; **gas field** Erdgasfeld n; **gas fire** Gasofen m; **gas-fitter** Installateur(in), Rohrleger(in) m (f).

gash [gæʃ] **I** s klaffende Wunde; tiefe Kerbe; Schlitz m; **II** tr aufschlitzen; e-e tiefe Wunde beibringen (s.o. jdm).

gas heat·ing ['gæshi:tɪŋ] Gasheizung f; **gas-holder** Gasometer m; **gas lighter** Gasfeuerzeug n.

gas·ket ['gæskɪt] **1.** tech Dichtung f; **2.** mar Zeising n.

gas lamp ['gæslæmp] Gaslampe f; Gaslaterne f; **gas·man** ['gæsmən] ⟨pl -men⟩ Gasmann m; **gas·mask** Gasmaske f.

gaso·line, gaso·lene ['gæsəli:n] Am Benzin n; **gasoline gauge** Benzinuhr f; **gasoline tank** Benzintank m.

gas·ometer [gə'sɒmɪtə(r)] Br Gasometer m.

gasp [ga:sp] **I** itr keuchen; nach Luft schnappen; ▶ ~ **for breath** nach Luft schnappen; **I ~ed in surprise** mir stockte der Atem vor Überraschung (at über); **II** tr (~ **out**) (Worte) mühsam hervorbringen; **III** s Keuchen, schweres Atmen n; ▶ **at one's last** ~ in den letzten Zügen.

gas pipe ['gæspaɪp] Gasrohr n, -leitung f; **gas pump** ['gæspʌmp] Am Zapfsäule f; **gas ring** ['gæsrɪŋ] Gasbrenner m; **gas station** ['gæssteɪʃn] Am Tankstelle f; **gas station operator** Tankwart m; **gas-stove** Gasherd m; **gassy** ['gæsɪ] adj fam geschwätzig.

gas·tric ['gæstrɪk] adj ▶ ~ **acid** Magensäure f; ~ **juice** physiol Magensaft m; ~ **ulcer** Magengeschwür n; **gas·tri·tis** [gæ'straɪtɪs] Gastritis f. **gas·tro·en·ter·itis** [ˌgæstrəʊˌentə'raɪtɪs] Magen-Darm-Katarrh m.

gas·tron·omic [ˌgæstrə'nɒmɪk] adj gastronomisch; **gas·tron·omy** [gæ'strɒnəmɪ] Gastronomie f.

gas-works ['gæswɜ:ks] pl mit sing Gaswerk n.

gate [geɪt] **I** s **1.** fig Tor n, Zugang m (to zu); **2.** (enge) Durchfahrt f, Durchlaß m; **3.** Sperre f; (Bahn)Schranke f; **4.** aero Flugsteig m; **5.** Schleusentor n; **6.** (Fußball) Besucherzahl f; Gesamteinnahme f; **II** tr ▶ **be** ~**d** Ausgangsverbot erhalten; **gate·crash** ['geɪtkræʃ] itr, tr ungebeten erscheinen (in bei); **gate crasher** ['geɪtkræʃə(r)] ungebetener Gast; **gate-house** Tor-, Pförtnerhaus

n; **gate-keeper 1.** Torwärter(in), Pförtner(in) m (f); **2.** Am Bahnwärter(in) m (f); **gate-legged table** [ˌgeɪtlegd 'teɪbl] Klapptisch m; **gate money** Eintrittsgeld n; **gate·post** Torpfosten m; ▶ **between you, me and the** ~ in strengstem Vertrauen, unter uns gesagt; **gate·way** ['geɪtweɪ] **1.** Torweg m, Einfahrt f; **2.** fig Weg m (to zu).

gather ['gæðə(r)] **I** tr **1.** versammeln; **2.** zusammenbringen, anhäufen; **3.** (Ernte) einbringen; **4.** (Geld) einziehen, kassieren; **5.** (Eindruck) gewinnen; **6.** schließen (from aus), den Schluß ziehen (that daß); **7.** zunehmen an (Kraft, Umfang); **8.** fälteln, kräuseln; ▶ ~ **information** Erkundigungen einziehen; ~ **speed** an Geschwindigkeit zunehmen; **II** itr **1.** sich versammeln, zusammenkommen; **2.** (Wolken) sich zusammenziehen; **3.** (Wunde) eitern; **4.** (Stirn) sich in Falten legen; **III** s Falte f; **gather·ing** [—ɪŋ] Versammlung f.

GATT Abk: General Agreement on Tariffs and Trade GATT n.

gauche [gəʊʃ] adj unbeholfen, ungeschickt; linkisch.

gaudy ['gɔ:dɪ] adj geschmacklos, protzig.

gauge, Am gage [geɪdʒ] **I** s **1.** Meßgerät n; Eichmaß n; **2.** tech Lehre f; (für Ring) Ringmaß n; (für Wasser) Pegel m; **3.** (Draht, Blech) Dicke, Stärke f; **4.** rail Spurweite f; **5.** fig Maß(stab m) n; ▶ **narrow** ~ Schmalspur f; **standard** ~ Normalspur f; **pressure** ~ Druckmesser m; **petrol** ~ Benzinuhr f; **temperature** ~ Temperaturanzeiger m; **II** tr **1.** messen; **2.** beurteilen, (ab)schätzen.

gaunt [gɔ:nt] adj **1.** hager; hohlwangig; **2.** finster, trostlos.

gaunt·let ['gɔ:ntlɪt] **1.** hist Fehdehandschuh m; **2.** Stulpenhandschuh m; ▶ **throw down the** ~ herausfordern (to s.o. jdn); **pick, take up the** ~ die Herausforderung annehmen; **run the** ~ Spießruten laufen a. fig.

gauze [gɔ:z] **1.** Gaze f, (Verbands)Mull m; **2.** feines Drahtgeflecht; **gauzy** ['gɔ:zɪ] adj hauchdünn, -zart, durchscheinend.

gave [geɪv] v s. give.

gavel ['gævl] (kleiner) Hammer m.

gawk [gɔ:k] itr blöde starren; **gawky** ['gɔ:kɪ] adj ungeschickt, linkisch.

gay [geɪ] **I** adj **1.** lustig, vergnügt, fröhlich; **2.** lebenslustig; **3.** farbenfroh, bunt; **4.** schwul; **II** s Schwule(r) m.

gaze [geɪz] **I** itr starren, glotzen (at, on, upon auf); **II** s starrer Blick m.

ga·zelle [gə'zel] zoo Gazelle f.

ga·zette [gə'zet] **I** s Amtsblatt n; Zeitung f; **II** tr amtlich bekanntgeben; **gazet·teer** [ˌgæzə'tɪə(r)] geographisches Namensverzeichnis n.

ga·zump [gə'zʌmp] *(Hauskauf)* den Preis nachträglich heraufsetzen.

GB [dʒiː'biː] *Abk:* **Great Britain** GB.

GDR [ˌdʒiːdiː'ɑː(r)] *Abk:* **German Democratic Republic** *hist* DDR *f.*

gear [gɪə(r)] **I** *s* **1.** Gerät *n;* Ausrüstung *f; fam* Sachen *f pl,* Zeug *n;* **2.** *tech* Getriebe *n;* **3.** *mot* Gang *m;* **4.** *(Fahrrad)* Übersetzung *f;* ► **landing ~** Fahrgestell *n;* **go, shift into low ~** *mot* den ersten Gang einlegen; **shift, change ~** *mot* schalten; **low, second, top, reverse ~** *mot* erster, zweiter, vierter Gang, Rückwärtsgang *m;* **II** *tr* **1.** *tech* mit e-m Getriebe versehen; einkuppeln; **2.** *fig* ausrichten *(to* auf); **III** *itr tech* ineinandergreifen; eingreifen *(into* in); **gearbox, gear·case** ['gɪəbɒks, 'gɪəkeɪs] *mot* Getriebe *n;* **geared** ['gɪəd] *adj* **1.** eingestellt *(to* auf); **2.** gerüstet *(to* für); ► **I was all ~ up** ich war ganz gespannt; **gearing** ['gɪərɪŋ] *(Gänge)* Auslegung *f;* **gear lever,** *Am* **gear shift, gear stick** Schaltknüppel *m;* Schalthebel *m;* **gear-wheel** Zahnrad *n.*

gee ['dʒiː] *interj* **1.** *fam* Mensch, Mann! **2.** *(zu Pferd)* hü! ► **~ whizz!** Mensch Meier!

geezer ['giːzə(r)] *sl* Typ, Kerl *m;* ► **old ~** Mummelgreis *m.*

geisha ['geɪʃə] Geisha *f.*

gela·tine [ˌdʒelə'tiːn] Gelatine *f;* **gel·ati·nous** [dʒɪ'lætɪnəs] *adj* gallert(art)ig.

geld [geld] *tr* kastrieren; **geld·ing** [—ɪŋ] Wallach *m.*

gem [dʒem] **1.** (geschliffener) Edelstein *m;* **2.** *fig* Perle *f,* Prachtstück *n.*

Gem·ini ['dʒemɪnɪ] *astr* Zwillinge *m pl.*

gen [dʒen] **I** *s Br fam* Information *f;* **II** *(mit Präposition)* **gen up** informieren.

gen·der ['dʒendə(r)] *gram* Geschlecht *n.*

gene [dʒiːn] *biol* Gen *n;* **gene bank** Genbank *f.*

ge·nea·logi·cal [ˌdʒiːnɪə'lɒdʒɪkl] *adj* genealogisch; ► **~ tree** Stammbaum *m;* **ge·nealo·gist** [ˌdʒiːnɪ'ælədʒɪst] Genealoge *m,* Genealogin *f,* Stammbaumforscher(in) *m (f);* **ge·neal·ogy** [ˌdʒiːnɪ'ælədʒɪ] Genealogie *f.*

gen·eral ['dʒenrəl] **I** *adj* **1.** allgemein; **2.** üblich, gewöhnlich, normal; **3.** unbestimmt, allgemein gehalten; ► **as a ~ rule, in ~** im allgemeinen; **consul(ate) ~** Generalkonsul(at *n) m;* **secretary ~** Generalsekretär(in) *m (f);* **II** *s mil* General *m;* **general agency** Generalvertretung *f;* **general agent 1.** Generalagent *m;* **2.** Generalbevollmächtigte(r) *f m;* **general anaesthetic** Vollnarkose *f;* **general assembly** Voll-, Generalversammlung *f;* **general director, manager** Generaldirektor(in) *m (f);* **general editor** Hauptschriftleiter(in) *m (f);* **general election** Parlamentswahlen *f*

pl; **general endorsement** Blankoindossament *n;* **general headquarters** *pl oft mit sing mil* großes Hauptquartier.

gen·er·al·ity [ˌdʒenə'rælətɪ] Allgemeingültigkeit *f;* ► **the ~ of** die Masse, Mehrheit, Mehrzahl *gen.*

gen·er·al·iz·ation [ˌdʒenərəlaiz'eɪʃn] Verallgemeinerung *f;* **gen·er·al·ize** ['dʒenərəlaiz] *tr* verallgemeinern; allgemein verbreiten.

gen·eral·ly ['dʒenrəlɪ] *adv* (im) allgemein(en), gemeinhin, gewöhnlich; ganz allgemein.

gen·eral man·age·ment ['dʒenrəl 'mænɪdʒmənt] Geschäftsleitung *f;* **general partnership** offene Handelsgesellschaft; **General Post Office** Hauptpost *f;* **general practitioner** praktischer Arzt, praktische Ärztin, Arzt *m,* Ärztin *f* für Allgemeinmedizin; **general staff** *mil* Generalstab *m;* **general store** Gemischtwarengeschäft *n;* **general strike** Generalstreik *m;* **general view** Gesamtbild *n,* -ansicht *f,* Überblick *m.*

gen·er·ate ['dʒenəreɪt] *tr* **1.** *biol* (er-)zeugen; **2.** hervorbringen, -rufen; **3.** *tech* erzeugen; **4.** *fig* verursachen; **generating station** ['dʒenəreɪtɪŋ ˌsteɪʃn] Kraftwerk *n;* **gen·er·ation** [ˌdʒenə'reɪʃn] **1.** Generation *f;* **2.** *biol* Zeugung *f;* **3.** *tech* Erzeugung *f;* **gen·er·at·ive** ['dʒenərətɪv] *adj* **1.** *gram* generativ; **2.** *biol* Zeugungs-; **3.** *el* Erzeugungs-; **gen·er·ator** ['dʒenəreɪtə(r)] Generator *m.*

gen·eric [dʒɪ'nerɪk] **I** *adj* ► **~ term** Gattungsbegriff *m;* **II** *s (~ drug) med* Generikum *n.*

gen·er·os·ity [ˌdʒenə'rɒsətɪ] **1.** Großmut *f;* **2.** Großzügigkeit *f;* **gen·er·ous** ['dʒenərəs] *adj* **1.** großmütig *(to* gegenüber); **2.** großzügig, freigebig *(of, with* mit); **3.** *(Boden)* fruchtbar; **4.** reichlich.

gen·esis ['dʒenəsɪs] ⟨*pl* -eses⟩ ['dʒenɪsiːz] Entstehung *f.*

gen·etic [dʒɪ'netɪk] **I** *adj* genetisch; ► **~ engineering** Gentechnologie *f;* **~ heritage** Erbanlage *f;* **~ information** Erbinformation *f;* **~ research** Genforschung *f;* **~ transfer** Gentransfer *m;* **II** *s pl mit sing* Genetik *f;* **gen·eti·cist** [dʒɪ'netɪsɪst] Genetiker(in) *m (f).*

ge·nial ['dʒiːnɪəl] *adj* **1.** angenehm, heiter, froh; **2.** *(Mensch)* freundlich, leutselig; **3.** *(Klima)* mild, warm; **ge·nial·ity** [ˌdʒiːnɪ'ælətɪ] **1.** Heiterkeit *f,* Frohsinn *m;* **2.** Freundlichkeit, Herzlichkeit *f;* **3.** *(Wetter)* Milde *f.*

genie ['dʒiːnɪ] dienstbarer Geist.

geni·tals ['dʒenɪtlz] *pl* Genitalien *pl.*

geni·tive ['dʒenətɪv] *(a. ~ case) gram* Genitiv *m.*

gen·ius ['dʒiːnɪəs] ⟨*pl* -iuses, -ii⟩ ['dʒiːnɪaɪ] **1.** Schutzgeist *m;* **2.** Genius *m,*

Anlage *f;* Fähigkeit *f* (*for, to* zu); **3.** Genie *n,* genialer Mensch.

genned-up [,dʒend'ʌp] *adj fam* gut informiert (*about* über).

geno·cide ['dʒenəsaɪd] Völkermord *m.*

genre ['ʒɑ:nrə] *lit (Kunst)* Gattung *f;* **genre-painting** Genremalerei *f.*

gent [dʒent] *fam* Gentleman *m;* ▶ **the Gents** die Herrentoilette.

gen·teel [dʒen'ti:l] *adj* vornehm; affektiert.

gen·tian ['dʒenʃn] *bot* Enzian *m.*

Gen·tile ['dʒentaɪl] **I** *adj* nicht jüdisch; **II** *s* Nichtjude *m,* -jüdin *f.*

gentle ['dʒentl] *adj (adv: gently)* **1.** sanft;mild; **2.** wohlerzogen; gebildet; **gentle·folk** ['dʒentlfəʊk] *pl* feine Leute *pl;* **gentle·man** ['dʒentlmən] ⟨*pl* -men⟩ Herr *m;* Ehrenmann *m;* ▶ **(Ladies and) Gentlemen!** meine (Damen und) · Herren! **gentlemen's agreement** stillschweigendes Abkommen; **~-farmer** Gutsbesitzer *m;* **gentle·man·ly** ['dʒentlmənlɪ] *adj* höflich, zuvorkommend; **gentle·ness** ['dʒentlnɪs] Sanftheit *f;* Zartheit *f;* Freundlichkeit *f;* **gentle·woman** ['dʒentlwʊmən] ⟨*pl* -women⟩ [—wɪmɪn] Dame *f;* Hofdame *f;* Zofe *f.*

gen·try ['dʒentrɪ] niederer Adel.

genu·ine ['dʒenjʊɪn] *adj* **1.** echt; unverfälscht; **2.** aufrichtig, ehrlich.

ge·nus ['dʒi:nəs] ⟨*pl* -nera⟩ ['dʒenərə] *zoo bot* Gattung *f.*

geo·cen·tric [,dʒi:əʊ'sentrɪk] *adj* geozentrisch.

geo·des·ic [,dʒi:əʊ'desɪk] *adj* geodätisch; ▶ **~ dome** Traglufthalle *f.*

ge·ogra·pher [dʒɪ'ɒɡrəfə(r)] Geograph(in) *m (f);* **geo·graphic(al)** [,dʒɪə'ɡræfɪk(l)] *adj* geographisch; **ge·ogra·phy** [dʒɪ'ɒɡrəfɪ] Erdkunde, Geographie *f;* ▶ **economic ~** Wirtschaftsgeographie *f.*

geo·logi·cal [,dʒɪə'lɒdʒɪkl] *adj* geologisch; **ge·ol·ogist** [dʒɪ'ɒlədʒɪst] Geologe *m,* Geologin *f;* **ge·ol·ogy** [dʒɪ'ɒlədʒɪ] Geologie *f.*

geo·met·ric(al) [,dʒɪə'metrɪk(l)] *adj* geometrisch; **ge·ometry** [dʒɪ'ɒmətrɪ] Geometrie *f.*

geo·physi·cal [,dʒɪə'fɪzɪkl] *adj* geophysikalisch; **geo·phys·ics** [,dʒi:əʊ'fɪzɪks] *pl mit sing* Geophysik *f.*

ger·anium [dʒə'reɪnɪəm] *bot* Geranie *f.*

geria·tri·cian [,dʒerɪə'trɪʃn] Facharzt *m,* -ärztin *f* für Geriatrie; **geri·atrics** [,dʒerɪ'ætrɪks] *pl mit sing* Geriatrie *f.*

germ [dʒɜ:m] **I** *s* **1.** *biol med fig* Keim *m;* **2.** Bakterie *f;* ▶ **in ~** *fig* im Keim; **free from ~s** keimfrei; **II** *itr fig* keimen.

Ger·man ['dʒɜ:mən] **I** *adj* deutsch; **II** *s* **1.** (das) Deutsch(e); **2.** Deutsche(r) *f m* ▶ **do you speak ~?** sprechen Sie Deutsch? **translated into ~** ins Deut-

sche übersetzt; **~ Democratic Republic** *hist* Deutsche Demokratische Republik.

ger·mane [dʒə'meɪn] *adj* von Belang (*to* für).

Ger·manic [dʒə'mænɪk] *adj* germanisch; **German measles** *pl med* Röteln *pl;* **German shepherd** *Am* deutscher Schäferhund; **Ger·ma·ny** ['dʒɜ:mənɪ] Deutschland *n;* ▶ **Federal Republic of ~** Bundesrepublik Deutschland; **the two Germanies** *hist* die zwei, beiden deutschen Staaten.

germ·free ['dʒɜ:mfri:] *adj* keimfrei; **germ·i·cid·al** [,dʒɜ:mɪ'saɪdəl] *adj* keimtötend; **ger·mi·cide** ['dʒɜ:mɪsaɪd] Desinfektionsmittel *n;* **ger·mi·nal** ['dʒɜ:mɪnl] *adj fig* im Anfangsstadium (befindlich); **ger·mi·nate** ['dʒɜ:mɪneɪt] **I** *itr* keimen; **II** *tr* keimen lassen; **ger·mi·na·tion** [,dʒɜ:mɪ'neɪʃn] Keimen *n;* **germ warfare** bakteriologische Kriegsführung.

ger·on·tol·ogist [,dʒerɒn'tɒlədʒɪst] Gerontologe *m,* Gerontologin *f;* **ger·on·tol·ogy** [,dʒerɒn'tɒlədʒɪ] Gerontologie *f.*

gerry·man·der ['dʒerɪmændə(r)] **I** *tr pol (Wahlkreis)* willkürlich neu einteilen; **II** *itr* Wahlkreisschiebungen vornehmen.

ger·und ['dʒerənd] *gram* Gerundium *n.*

ges·ta·tion [dʒe'steɪʃn] **1.** Trächtigkeit *f;* **2.** Schwangerschaft *f.*

ges·ticu·late [dʒe'stɪkjʊleɪt] *itr* gestikulieren; **ges·ticu·la·tion** [dʒe,stɪkjʊ-'leɪʃn] Gestikulieren *n.*

ges·ture ['dʒestʃə(r)] Gebärde *f;* Geste *f.*

get [get] ⟨*irr* got, got *od Am* gotten⟩ **I** *tr* **1.** bekommen, erhalten, empfangen; **2.** verdienen, gewinnen, erwerben; **3.** besorgen, beschaffen; **4.** (zu) fassen (kriegen), schnappen; **5.** verstehen, begreifen; **6.** veranlassen, überreden, (dazu) bewegen; bringen (*to* zu); **7.** (*Essen*) (fertig)machen; **8.** *fam* drankriegen; fertigmachen; totschlagen; **9.** *fam* nicht aus dem Sinn gehen (*s.o.* jdm); **10.** (*Junge*) werfen; ▶ **have got** *fam* haben, besitzen; *fam* müssen (*to do* tun); **II** *itr* **1.** kommen (*from* von; *at* zu; *to* nach); **2.** gelangen (*to* nach); **3.** erreichen (*to* acc); **4.** herankönnen (*at* an); **5.** (*in e-e Lage*) kommen, versetzt werden, gelangen, geraten; **III** (*Wendungen*) ▶ **~ s.o.'s back up** jdn auf die Palme bringen; **~ the better of s.o.** jdn kleinkriegen; **~ the boot** *fam* entlassen werden; **~ to the bottom** auf den Grund gehen; **~ done with** fertig werden mit; **~ even with s.o.** mit jdm abrechnen; **~ going** in Gang setzen; **~ one's hair cut** sich die Haare schneiden lassen; **~ hold of** zu fassen kriegen; **~ home** heimkommen, nach Hause kommen; *fig* zum springenden Punkt kommen; ~ **to know** in Erfahrung bringen; ~ **married** sich verheiraten; ~ **there** *fam* sein Ziel erreichen; ~ **one's own way** seinen Kopf durchsetzen; ~ **the worst of it** am schlechtesten wegkommen; **it's ~ting warmer** es wird wärmer; **I ~ it** ich begreife schon; **I've got it!** ich hab's! **I'll ~ him for that!** dem werde ich es besorgen! **IV** *(mit Präposition)* **get about** *itr* **1.** (viel) herumkommen; **2.** *(Nachricht)* sich verbreiten; **get across** *tr* **1.** hinüberbringen; hinüberkommen über; **2.** *fig* verständlich machen; *(Witz)* ankommen mit; *itr* **1.** hinüberkommen; **2.** *fig* sich verständlich machen; *(Witz)* ankommen; **get ahead** *itr* vorwärts-, vorankommen; überholen, -treffen, -runden *(of s.o.* jdn); **get along** *itr* **1.** weiter-, voran-, vorwärtskommen *(with* mit); **2.** auskommen, fertig werden, sich vertragen *(with s.o.* mit jdm); ▶ **how are you ~ting along?** wie kommen Sie zurecht? ~ **along with you!** das mach anderen weis! **get around 1.** *tr* herumkriegen, gewinnen; **2.** *itr s.* **get** *about* ▶ ~ **around s.o.** um jdn herumkommen; ~ **around to doing s.th.** dazu kommen, etw zu tun; **get at s.o.** *sl* jdn erreichen; jdn beeinflussen, auf seine Seite ziehen; auf jdm herumhacken; **get at s.th. 1.** an etw herankommen; etw herausfinden; **2.** *fig* hinauswollen *(auf)* ▶ **stop ~ting at me!** laß mich endlich in Ruhe! **what are you ~ting at?** worauf willst du hinaus? **get away** *tr* entfernen; wegbringen; *itr* sich aus dem Staube machen; ▶ ~ **away from s.o.** von jdm loskommen; ~ **away with s.th.** sich etw erlauben können; **get back** *tr* zurückbekommen; *itr* zurückkehren, -kommen; ▶ ~ **back at s.o.** *fam* es jdm heimzahlen; **get behind 1.** *Am* unterstützen; **2.** *(in der Arbeit)* zurückfallen; **get by** *itr* **1.** vorbeigehen; **2.** *fam* durchkommen; **3.** *(mit Geld)* auskommen; **4.** noch den Anforderungen entsprechen; **get down** *tr* **1.** hinunterbringen; schlucken; **2.** *fig* entmutigen; *itr* hinuntersteigen *(from* von); ▶ ~ **down to** sich konzentrieren auf; ~ **s.o. down** jdn deprimieren; **get in** *tr* hinein-, *(Ernte)* einbringen; hereinbekommen; *itr* **1.** hineinkommen, -gelangen; **2.** *(Zug, Flug)* ankommen; *(Zug)* einfahren; **3.** sich einlassen *(with* mit); **4.** *parl* gewählt werden *(for* in); ▶ ~ **in on s.th.** *fig* bei etw einsteigen; **he doesn't let you ~ a word in edgeways** er läßt einen überhaupt nicht zu Wort kommen; **get into 1.** *(Gewohnheit)* annehmen; **2.** *(Schule)* zugelassen werden zu; **3.** *(Auto)* einsteigen in; ▶ ~ **into a temper** wütend werden; **I'll ~ into the way of things** ich werde mich schon daran gewöhnen; **what's got into him?** was ist mit ihm los? **get off** *tr (Brief)* abschik-

ken; *itr* **1.** herunter-, ab-, aussteigen; **2.** weggehen; **3.** davonkommen; **4.** *(~ off work)* mit der Arbeit aufhören; ▶ **tell s.o. where to ~ off** jdm die Meinung sagen; ~ **off with s.o.** mit jdm anbandeln; **get on** *tr (Kleidung)* anziehen; *itr* **1.** aufsitzen; **2.** auf-, einsteigen; **3.** weiterführen *(with s.th.* etw); **4.** weiterkommen, Erfolg haben; **5.** es gut verstehen *(with* mit); auskommen *(with* mit); ▶ ~ **on for eighty** auf die Achtzig zugehen; **they don't ~ on** sie verstehen sich nicht; **get out** *tr* **1.** herausbringen, -bekommen; **2.** vorbereiten, ausarbeiten; **3.** veröffentlichen; **4.** herausbekommen *(out of s.th.* aus etw); *itr* **1.** aussteigen; **2.** weggehen; **3.** entkommen *(of s.th.* e-r S); **4.** *(Geheimnis)* herauskommen; ▶ ~ **that out of your head!** schlagen Sie sich das aus dem Kopf! **get over** *tr* hinwegkommen über; fertig werden mit; *itr* durchkommen; **get round** *tr (Sache)* umgehen; *(Person)* umstimmen; **get straight** *tr* in Ordnung bringen; sich im klaren sein über; **get through** *tr* **1.** durchkriegen, -bringen; **2.** *(Geld)* ausgeben; *itr* **1.** durchkommen; **2.** *tele* Anschluß bekommen; **get together** *tr* zusammenbringen; *itr* **1.** zusammenkommen, sich treffen; **2.** einig werden *(on* über); **get up** *tr* **1.** zuwege bringen; **2.** zurechtmachen, aufputzen; inszenieren; **3.** verstärken, erhöhen *(speed* die Geschwindigkeit); **4.** durcharbeiten; *itr* **1.** aufstehen; **2.** Fortschritte machen; **3.** *(Wind)* auffrischen; **4.** *(bei der Lektüre)* kommen *(to* bis); ▶ ~ **o.s. up** sich kostümieren; ~ **up to 1.** gelangen bis; **2.** anstellen ▶ **what have you been ~ting up to?** was hast du getrieben?

get-at-able [ˌget'ætəbl] *adj fam* (leicht) erreichbar, zugänglich; **get-away** ['getəweɪ] Entkommen *n;* **get-away car** Fluchtwagen *m;* **get-to·gether** ['gettə'geðə(r)] (zwangloses) Treffen *n,* Zusammenkunft *f;* **get-up** ['getʌp] **1.** Aufmachung, Ausstattung *f;* **2.** *(Kleidung)* Aufzug *m.*

gey·ser ['giːzə(r)] **1.** Geysir *m;* **2.** *Br* Durchlauferhitzer, Boiler *m.*

ghast·ly ['gɑːstlɪ] *adj* **1.** gespenstisch; **2.** entsetzlich, schrecklich; gräßlich.

gher·kin ['gɜːkɪn] Essig-, Gewürzgurke *f.*

ghetto ['getəʊ] ⟨*pl* ghettos⟩ G(h)etto *n a. fig;* **ghetto blaster** ['getəʊblɑːstə(r)] tragbares Stereogerät *n,* Ghettoblaster *m.*

ghost [gəʊst] **I** *s* **1.** Geist *m (e-s Verstorbenen),* Gespenst *n a. fig;* **2.** Schatten *m,* Spur *f;* ▶ **give up the ~** den Geist aufgeben; **not a ~ of a chance** nicht die geringsten Aussichten *f pl (with s.o.* bei jdm); **II** *itr fam* für e-n anderen Reden aufsetzen, Artikel schreiben; **III** *tr (Buch, Rede)* für e-n anderen schreiben;

ghost·ly ['gəʊstlɪ] *adj* geisterhaft;
ghost·writer Ghostwriter *m.*
ghoul [guːl] 1. Ghul *m;* 2. *fig* Mensch mit
schaurigen Gelüsten.
G.I. [ˌdʒiːˈaɪ] *fam* amerikanischer Soldat.
gi·ant ['dʒaɪənt] I *s* Riese *m;* II *adj* riesig
► **a ~ packet** ein Riesenpaket; **gi·ant·**
ess ['dʒaɪəntes] Riesin *f.*
gib·ber ['dʒɪbə(r)] *itr* schnattern; brab-
beln; **gib·ber·ish** ['dʒɪbərɪʃ] Quatsch
m; Kauderwelsch *n.*
gib·bet ['dʒɪbɪt] Galgen *m.*
gib·bon ['gɪbən] Gibbon *m (Affe).*
gibe [dʒaɪb] I *itr* verspotten (*at s.o.* jdn);
II *s* Spott *m;* Stichelei *f.*
gib·lets ['dʒɪblɪts] *pl* Geflügelinnereien *f*
pl.
giddy ['gɪdɪ] *adj* 1. schwind(e)lig (*with*
von, vor); 2. *(Höhe)* schwindelerregend;
3. leichtfertig, leichtsinnig.
gift [gɪft] 1. Geschenk *n;* Gabe *f;* Spende
f; 2. *fig* Gabe, Veranlagung, Anlage *f,*
Talent *n (for* zu); 3. *jur* Schenkung *f;* 4.
com (free ~) Werbegeschenk *n;* ► **I**
wouldn't take that as a ~ das möchte
ich nicht geschenkt haben; **it's a ~!** es
ist geschenkt! **the ~ of the gab** ein gutes
Mundwerk; **gifted** ['gɪftɪd] *adj* begabt,
talentiert; **gift-horse** ['gɪfthɔːs]
► **don't look a ~ in the mouth** *prov*
einem geschenkten Gaul schaut man
nicht ins Maul; **gift shop** Geschenkar-
tikelladen *m;* **gift token, voucher** Ge-
schenkgutschein *m.*
gi·gan·tic [dʒaɪˈgæntɪk] *adj* riesig; un-
geheuer, gewaltig.
giggle ['gɪgl] I *itr* kichern; II *s* Kichern,
Gekicher *n;* ► **do s.th. for a ~** etw zum
Spaß tun.
gild [gɪld] ⟨irr gilded *od* gilt, gilded *od*
gilt⟩ *tr* vergolden *a. fig.*
gill[1] [dʒɪl] Viertelpint *n (0.14 l, Am*
0.12 l).
gill[2] [gɪl] 1. *zoo* Kieme *f;* 2. *pl (Pilz)*
Lamellen *f pl;* ► **go green about the ~s**
sehr schlecht aussehen.
gilt [gɪlt] I *v s. gild;* II *s* Vergoldung *f;*
► **take the ~ off the gingerbread** der
Sache den Reiz nehmen; **gilt-edged**
[ˌgɪltˈedʒd] *adj* ► **~ securities** *pl* mün-
delsichere Wertpapiere *n pl.*
gim·crack ['dʒɪmkræk] *adj fam* billig,
minderwertig.
gim·let ['gɪmlɪt] (Hand)Bohrer *m;* **gim-**
let-eyed [ˌgɪmlɪtˈaɪd] *adj* mit stechen-
den Augen.
gim·mick ['gɪmɪk] Trick, Knüller *m;*
Spielerei *f;* effekthaschender Gag; **gim-**
micky ['gɪmɪkɪ] *adj* werbewirksam.
gin[1] [dʒɪn] Wacholderschnaps, Gin *m;*
► **~ and tonic** Gin Tonic *m.*
gin[2] [dʒɪn] 1. Schlinge *f,* Netz *n,* Falle *f;*
2. *(cotton ~)* Entkörnmaschine *f.*
gin·ger ['dʒɪndʒə(r)] I *s* 1. Ingwer *m;* 2.
Schwung, Schneid *m;* II *tr (~ up)* auf-

möbeln, in Schwung bringen; III *adj*
rötlich; **ginger-ale** Ginger Ale *n;*
ginger beer Ingwerlimonade *f;* **gin-**
ger·bread ['dʒɪndʒəbred] Pfeffer-
kuchen *m;* **ginger group** *pol*
Aktionsgruppe *f;* **ginger-haired**
['dʒɪndʒə(r)heə(r)d] *adj* rothaarig; **gin-**
ger·ly ['dʒɪndʒəlɪ] *adj adv* vorsichtig,
behutsam; **ginger-nut, ginger-snap**
Ingwerkeks *m.*
gin·gi·vi·tis [ˌdʒɪndʒɪˈvaɪtɪs] Zahn-
fleischentzündung *f.*
gin·seng ['dʒɪnseŋ] Ginseng *m.*
gipsy, gypsy ['dʒɪpsɪ] Zigeuner(in) *m*
(f).
gi·raffe [dʒɪˈrɑːf] *zoo* Giraffe *f.*
girder ['gɜːdə(r)] Träger, Binder *m.*
girdle ['gɜːdl] I *s* 1. Gurt, Gürtel *m a. fig;*
2. Hüftgürtel *m;* II *tr (~ about, in,*
round) umgürten; umgeben, einfassen.
girl [gɜːl] 1. Mädchen *n;* 2. Tochter *f;* 3.
(junge) Frau *f;* 4. Angestellte, Arbeite-
rin, Verkäuferin *f;* 5. Hausgehilfin *f;* **girl**
Friday Allround-Sekretärin *f;* **girl-**
friend ['gɜːlfrend] Freundin *f;* **Girl**
Guide *Br* Pfadfinderin *f;* **girl·hood**
['gɜːlhʊd] Mädchenzeit *f,* -jahre *n pl;*
girlie ['gɜːlɪ] Mädchen; **girlie maga-**
zine *fam* Zeitschrift *f* mit Fotos von
nackten Mädchen; **girl·ish** ['gɜːlɪʃ] *adj*
mädchenhaft; **Girl Scout** *Am* Pfadfin-
derin *f.*
giro ['dʒaɪrəʊ] Giro-, Postgiroverkehr *m;*
giro account Giro-, Postgirokonto *n;*
giro system Giro-, Postgiroverkehr
m; **giro transfer** Giro-, Postüberwei-
sung *f.*
girth [gɜːθ] 1. Sattelgurt *m;* 2. Umfang
m.
gist [dʒɪst] *jur* Haupt-, Kernpunkt *m;*
(das) Wesentliche; ► **the ~ of the mat-**
ter der Kern der Sache.
give [gɪv] ⟨irr gave, given⟩ I *tr* 1. (ab-,
über)geben; übermitteln; 2. schenken;
übertragen; 3. bewilligen; 4. spenden; 5.
hervorbringen, liefern; 6. veranlassen,
verursachen; 7. einräumen, ein-, zuge-
stehen; 8. vorbringen; 9. *(Grund)* ange-
ben; 10. *theat mus* aufführen; ► **~ o.s.**
airs sich aufspielen; **~ birth to** das Le-
ben schenken *dat;* **~ credit** Glauben
schenken (*to* dat); zugute halten (*for*
s.th. etw); **~ an example to s.o.** jdm ein
Beispiel geben; **~ ground** sich zurück-
ziehen *a. mil;* **~ s.o. a hand** jdm helfen;
~ it to s.o. jdm gehörig die Meinung
sagen; **~ s.o. a lift** *mot* jdn mitnehmen;
~ notice ankündigen; **~ place** Platz ma-
chen (*to* für); das Feld überlassen (*to*
an); Ursache sein (*to* für); **~ a report** e-n
Bericht erstatten; **~ rise to** veranlassen;
erzeugen, hervorbringen; **~ s.o. trouble**
jdm Unannehmlichkeiten bereiten; **~ to**
understand zu verstehen geben; **~**
voice Ausdruck verleihen (*to* dat); **~**

way weichen; nachgeben; *(Preis)* fallen; **~ her my regards** bestellen Sie ihr Grüße von mir; **I don't ~ a damn** ich scher' mich den Teufel darum; **nobody's going to ~ a hoot about that** kein Hahn wird danach krähen; **II** *itr* **1.** (gern) geben; **2.** elastisch sein; sich dehnen; **3.** nachgeben; *(Schnur)* reißen; *(Kraft, Stimme)* versagen; **4.** *fam* ▶ **what ~s?** was gibt's?; **III** *s* Elastizität *f;* **IV** *(mit Präposition)* **give away** *tr* **1.** weggeben, verschenken; **2.** *(Gelegenheit)* verpassen; **3.** preisgeben, verraten; ▶ **~ o.s. away** sich verraten; **~ away one's daughter** die Hand seiner Tochter geben *(to s.o.* jdm); **give back** *tr* **1.** zurückgeben; **2.** widerhallen; **give in** *tr* **1.** einreichen; **2.** *(Name)* eintragen; *itr* nachgeben; **give off** *tr* **1.** von sich geben; **2.** *(Licht)* ausstrahlen; **3.** *(Geruch)* ausströmen; **give out** *tr* **1.** ausgeben, verteilen; **2.** veröffentlichen; **3.** ausströmen; *itr* **1.** zu Ende gehen; **2.** sich erschöpfen, nachlassen, ermatten; **3.** müde, erschöpft sein; ▶ **~ o.s. out for, as, to be** sich ausgeben für, als; **give over** *tr* **1.** übergeben, aushändigen, abliefern; **2.** aufgeben; *itr* aufhören; es aufgeben *(doing s.th.* etw zu tun); ▶ **do ~ over!** hör endlich auf! **be given over** gänzlich verfallen sein *(to s.th.* e-r S); **give up** *tr* aufgeben; *itr* **1.** aufgeben; aufhören **2.** sich abgewöhnen *(doing s.th.* etw zu tun); **3.** verzichten (auf); ▶ **~ o.s. up** sich stellen; **I don't ~ up that easily** so leicht werfe ich die Flinte nicht ins Korn; **I ~ up on you** Sie sind ein hoffnungsloser Fall.
give-and-take [ˌgɪvənˈteɪk] gegenseitiges Entgegenkommen; Kompromiß(bereitschaft *f) m.*
give-away [ˈgɪvəweɪ] **1.** unbeabsichtigte Preisgabe, Verplappern *n;* **2.** *com* Gratisprobe *f;* ▶ **~ articles** *pl* Werbegeschenke *n pl;* **~ price** Schleuderpreis *m;* **~ show** *Am radio TV Am* Preisrätselsendung *f;* **be a real ~** sich verraten.
given [ˈgɪvn] **I** *v s.* **give;** **II** *adj* **1.** gegeben, ausgefertigt *(at* zu); **2.** festgesetzt, bestimmt; ▶ **be ~ to doing s.th.** die Gewohnheit haben, etw zu tun; **~ that** vorausgesetzt, angenommen, daß; **(if) ~ the chance** sofern sich die Möglichkeit ergibt; **~ name** *Am* Vorname *m.*
giver [ˈgɪvə(r)] Geber(in) *m (f).*
glacé [ˈglæseɪ] *adj* **1.** glasiert; kandiert; **2.** *(Leder)* Glacé-.
gla·cial [ˈgleɪsɪəl] *adj* **1.** eiszeitlich; **2.** eisig *a. fig;* ▶ **~ epoch, era** Eiszeit *f;* **gla·cier** [ˈglæsɪə(r)] Gletscher *m.*
glad [glæd] *adj* **1.** froh; glücklich *(about, at, of* über; *that* daß); **2.** erfreulich, angenehm; **3.** gern bereit *(to do* zu tun); ▶ **be ~** sich freuen; dankbar sein *(of* für); **give s.o. the ~ eye** jdm verliebte Blicke zuwerfen; **I am so ~** das freut

mich; **~ to meet you!** sehr angenehm! **glad·den** [ˈglædn] *tr* erfreuen.
glade [gleɪd] **1.** Lichtung *f;* **2.** *Am* Sumpfland *n,* -niederung *f.*
gladi·ator [ˈglædɪeɪtə(r)] *hist* Gladiator *m.*
gladi·olus [ˌglædɪˈəʊləs] ⟨*pl* -oluses, -oli⟩ [ˌglædɪˈəʊlaɪ] Gladiole *f.*
glad·ly [ˈglædlɪ] *adv* gern(e); **glad·ness** [ˈglædnɪs] Freude *f;* frohe, freudige Stimmung, Fröhlichkeit *f;* **glad rags** *pl fam* Sonntagsstaat *m.*
glamor·ize [ˈglæməraɪz] *tr* idealisieren; besonders reizvoll erscheinen lassen; **glamor·ous** [ˈglæmərəs] *adj* zauberhaft, blendend; **glam·our,** *Am* **glamor** [ˈglæmə(r)] Glamour, Zauber, Reiz *m;* **glamour boy** Schönling; **glamour girl** Glamourgirl *n.*
glance [glɑːns] **I** *s* (flüchtiger) Blick *m;* ▶ **at a ~** auf e-n Blick; **give s.o. an angry ~** jdm e-n wütenden Blick zuwerfen; **II** *itr* sehen, blicken; ▶ **~ at s.o., s.th.** jdn, etw kurz ansehen; **~ over s.th.** etw überfliegen; **~ round** sich umsehen; **~ at a problem** ein Problem (nur) streifen; **III** *(mit Präposition)* **glance off** *itr* abprallen; abgleiten; *(Licht)* reflektiert werden.
gland [glænd] *anat* Drüse *f;* **glandu·lar** [ˈglændjʊlə(r)] *adj* Drüsen-; ▶ **~ fever** Drüsenfieber *n;* **~ secretion** Drüsensekretion *f.*
glare [gleə(r)] **I** *itr* **1.** hell glänzen; **2.** (an)starren *(at s.o.* jdn); **3.** wütend, böse anblicken *(at s.o.* jdn); **4.** *fig* ins Auge springen *(at s.o.* jdm); **II** *s* **1.** blendender Glanz; grelles Licht; **2.** wütender, starrer Blick; **glar·ing** [—ɪŋ] *adj* **1.** blendend hell, grell; **2.** glänzend, strahlend; **3.** auffällig, auffallend; eklatant; ▶ **a ~ error** ein grober Fehler.
glass [glɑːs] **1.** Glas *n;* **2.** Glaswaren *f pl;* **3.** (Trink)Glas *n;* **4.** *(pane of ~)* (Fenster)Scheibe *f;* **5.** *(looking-~)* Spiegel *m;* **6.** (Vergrößerungs-, Fern)Glas *n;* **7.** Wetterglas *n;* **8.** *pl (eye-~es)* Brille *f;* **glass-blower** Glasbläser(in) *m (f);* **glass-cutter** Glasschneider(in) *m (f);* Glasschleifer(in) *m (f);* **glass fibre** Glasfaser *f;* **glass·ful** [ˈglɑːsfʊl] Glasvoll *n;* **glass·house** [ˈglɑːshaʊs] Treib-, Gewächshaus *n;* ▶ **sit in a ~** *fig* im Glashaus sitzen; **glass·ware** [ˈglɑːsweə(r)] Glaswaren *f pl;* **glass·works** [ˈglɑːswɜːks] *pl* Glashütte *f;* **glassy** [ˈglɑːsɪ] *adj* **1.** gläsern; **2.** *(Augen)* glasig; **3.** *(Wasser)* klar.
glau·coma [glɔːˈkəʊmə] *med* grüner Star, Glaukom *n;* **glau·cous** [ˈglɔːkəs] *adj* **1.** blaugrün; **2.** *bot* bereift.
glaze [gleɪz] **I** *tr* **1.** verglasen; **2.** glasieren; **3.** mit Zuckerguß bestreichen; ▶ **~d paper** Glanzpapier *n;* **~d tile** Kachel, Fliese *f;* **II** *itr* glasig, trübe werden;

III *s* 1. Glasur *f;* 2. Politur *f;* 3. Satinie-
rung *f;* **glazer** ['gleɪzə(r)] Glaser(in) *m*
(f); ► ~'s putty Glaserkitt *m.*
gleam [gli:m] **I** *s* 1. Lichtschein, Schim-
mer *m a. fig;* 2. *fig* (~ *of hope*) Hoff-
nungsschimmer *m;* **II** *itr* 1. strahlen,
leuchten, schimmern; 2. blinken, auf-
leuchten.
glean [gli:n] **I** *itr* Ähren lesen; **II** *tr* 1.
(Ähren) lesen; 2. sammeln; 3. *fig* erfah-
ren *(from* von); **glean·ings** [−ɪŋz] *pl*
Nachlese *f;* (das) Gesammelte, Aus-
beute *f.*
glee [gli:] 1. Freude *f;* 2. *pej* Schaden-
freude *f;* 3. *mus* mehrstimmiges Lied;
glee club *Am* Chor *m;* **glee·ful**
['gli:fəl] *adj* 1. fröhlich; 2. *pej* schaden-
froh, hämisch.
glen [glen] enges Tal.
glib [glɪb] *adj* 1. glatt; (rede)gewandt;
2. oberflächlich, wenig überzeugend.
glide [glaɪd] **I** *itr* 1. gleiten; schweben; 2.
aero im Gleitflug niedergehen; segeln;
II *s* Gleiten *n;* Schweben *n;* Gleitflug *m;*
glider ['glaɪdə(r)] Segelflugzeug *n;*
glider pilot Segelflieger(in) *m (f);* **glid-
ing** ['glaɪdɪŋ] Segelfliegen *n;* **gliding
club** Segelflugverein *m.*
glim·mer ['glɪmə(r)] **I** *itr* flimmern;
schimmern; **II** *s* Flimmern *n;* Schimmer
m a. fig; ► **a ~ of interest** e-e Spur von
Interesse.
glimpse [glɪmps] **I** *s* 1. flüchtiger Ein-
blick; 2. kurzer Blick; ► **catch a ~ of
s.th.** etw flüchtig zu sehen bekommen;
II *tr* im Vorübergehen sehen; **III** *itr* ► ~
at s.o., s.th. e-n Blick auf jdn, etw wer-
fen.
glint [glɪnt] **I** *itr* glitzern, funkeln; **II** *s*
Schimmer *m;* Glanz *m.*
glis·ten ['glɪsn] *itr* glänzen, schimmern,
funkeln.
glit·ter ['glɪtə(r)] **I** *itr* glitzern, funkeln; **II**
s 1. Schimmer, Glanz *m,* Funkeln *n;* 2.
fig Pracht *f;* **glit·ter·ing** [−ɪŋ] *adj* 1.
glitzernd; 2. *fig* glänzend.
glitz [glɪts] Pomp *m,* Glitzerwelt *f;*
glitzy ['glɪtsɪ] *adj* glamourös.
gloat [gləʊt] *itr* 1. sich hämisch freuen,
sich weiden *(on, upon, over* an); 2. sich
großtun; sich brüsten *(over* mit).
glo·bal ['gləʊbl] *adj* 1. weltweit; 2. um-
fassend, global; ► ~ **sum** Gesamtsum-
me *f;* ~ **warming** globaler Temperatur-
anstieg; **globe** [gləʊb] 1. Kugel *f;* 2.
Erdball *m;* Globus *m;* 3. Kugelglas *n;*
Glaskugel *f;* 4. (runder) Lampenschirm
m; **globe-trotter** Weltenbummler(in)
m (f).
glob·ule ['glɒbju:l] Kügelchen *n;* Tröpf-
chen *n.*
gloom [glu:m] 1. Dunkel(heit *f) n;* 2. *fig*
Traurigkeit, Schwermut *f;* ► **an atmos-
phere of ~** eine düstere, gedrückte
Stimmung; **cast a ~ over** e-n Schatten

werfen auf; **gloomi·ness** ['glu:mɪnəs]
Düsterkeit *f;* **gloomy** ['glu:mɪ] *adj* 1.
dunkel, düster, trüb(e); 2. verdrießlich,
trübselig; melancholisch; 3. hoffnungs-
los.
glori·fi·ca·tion [ˌglɔːrɪfɪ'keɪʃn] 1. Ver-
herrlichung *f;* 2. *rel* Lobpreisung *f;*
glor·ify ['glɔːrɪfaɪ] *tr* 1. rühmen, prei-
sen; 2. verherrlichen; 3. herausstreichen;
► **a glorified hut** e-e bessere Hütte;
glori·ous ['glɔːrɪəs] *adj* 1. ruhmreich;
2. prächtig, majestätisch; 3. *fam* großar-
tig, pfundig; **glory** ['glɔːrɪ] **I** *s* 1. Ruhm
m; 2. *a. rel* Ehre *f;* 3. Herrlichkeit *f,*
Glanz *m;* 4. *fig* Stolz *m;* **II** *itr* 1. sehr
stolz sein; 2. frohlocken *(in* über); ► ~
in one's ability auf sein Können stolz
sein; ~ **in s.o.'s success** sich in jds
Erfolg sonnen; **glory-hole** *fam* Rumpel-
kammer *f.*
gloss[1] [glɒs] **I** *s* 1. Glanz *m;* 2. *fig*
äußerer Schein; **II** *tr fig* (~ *over*) be-
schönigen, bemänteln.
gloss[2] [glɒs] Glosse, Fußnote *f;* **gloss-
ary** ['glɒsərɪ] Glossar *n.*
gloss paint Glanzlack *m.*
glossy ['glɒsɪ] *adj* 1. glänzend; 2. *(Pa-
pier)* Glanz-; ► **be ~** glänzen; ~ **(maga-
zine)** (Hochglanz)Magazin *n.*
glot·tal ['glɒtl'stɒp] Knacklaut *m;*
glot·tis ['glɒtɪs] *anat* Stimmritze *f.*
glove [glʌv] Handschuh *m;* ► **fit like a
~** wie angegossen sitzen; **with the ~s
off** schonungslos; **handle with (kid) ~s**
fig mit Glacéhandschuhen, seidenen
Handschuhen anfassen; **throw down the
~ to s.o.** jdm den Fehdehandschuh hin-
werfen; **he is hand in ~ with her** er und
sie sind ein Herz und eine Seele; **boxing
~** Boxhandschuh *m;* **rubber ~** Gummi-
handschuh *m;* **glove-compartment**
Handschuhfach *n;* **glover** ['glʌvə(r)]
Handschuhmacher(in) *m (f).*
glow [gləʊ] **I** *itr* 1. glühen; 2. leuchten
(with vor) *a. fig;* 3. rot werden, erröten;
II *s* 1. Glut *f;* helles Licht; 2. *(Farben)*
Lebhaftigkeit, Frische *f;* 3. *fig* Glut,
Heftigkeit *f (des Gefühls).*
glower ['glaʊə(r)] *itr* böse anstarren, wü-
tend anblicken *(at s.o.* jdn).
glow-worm ['gləʊwɜːm] Glühwürm-
chen *n.*
glu·cose ['glu:kəʊs] Traubenzucker *m.*
glue [glu:] **I** *s* Klebstoff *m;* Leim *m;* **II** *tr*
1. leimen; kleben *(on* auf; *to* an); 2. *fig*
heften *(to* auf); ► **be ~d to s.o.** jdm
nicht von der Seite weichen; **his eyes
were ~d to the screen** er war wie ge-
bannt auf die Leinwand; **as if ~d to the
spot** wie angewurzelt; **glue-sniffing**
fam Schnüffeln, Sniefen *n.*
glum [glʌm] *adj* 1. verdrießlich, mür-
risch; 2. niedergedrückt.
glut [glʌt] **I** *tr fig (den Markt)* über-
schwemmen; ► ~ **o.s. with, on** sich

vollstopfen mit; **II** *s com* Schwemme *f,* Überangebot *n.*

glu·ten ['glu:tən] Gluten *n,* Kleber *m;* **glu·ti·nous** ['glu:tɪnəs] *adj* klebrig.

glut·ton [glʌtn] **1.** Vielfraß *m;* **2.** unersättlicher Mensch; **3.** *zoo* Vielfraß *m;* ▶ be a ~ for work von der Arbeit nicht genug kriegen können; a ~ for punishment ein Masochist; **glut·ton·ous** ['glʌtənəs] *adj* **1.** gefräßig; **2.** gierig (*of* nach); **glut·tony** ['glʌtənɪ] Gefräßigkeit *f.*

gly·cer·in(e) ['glɪsəri:n] Glyzerin *n.*

gly·col ['glaɪkɒl] *chem* Glykol *n.*

gnarled [nɑ:ld] *adj* knorrig, knotig.

gnash [næʃ] *tr* knirschen (*one's teeth* mit den Zähnen).

gnat [næt] *Br* (Stech)Mücke *f;* ▶ **strain at a** ~ über Kleinigkeiten nicht hinwegkommen.

gnaw [nɔ:] **I** *tr* (zer)nagen; (zer)fressen; **II** *itr* nagen, fressen (*at, on* an); **gnawing** [—ɪŋ] *adj* (*Schmerz*) nagend; *fig* quälend.

gneiss [naɪs] *min* Gneis *m.*

gnome [nəʊm] Gnom, Zwerg *m.*

gnu [nu:] *zoo* Gnu *n.*

go [gəʊ] ⟨*irr* goes, went, gone⟩ **I** *itr* **1.** gehen; **2.** (~ on horseback) reiten; **3.** fahren (*by train* mit dem Zug); **4.** (~ by air) fliegen; reisen; **5.** (*Maschine*) in Betrieb sein; funktionieren; **6.** sich erstrecken, reichen (*to* bis zu); **7.** (*Weg*) führen (*to* nach); **8.** darauf hinausgehen, -laufen (*to* zu); **9.** übergehen (*to* auf); **10.** zuteil werden (*to s.o.* jdm); (*Preis*) zufallen, gehen (*to* an); **11.** verlaufen; **12.** (*Zeit*) verstreichen; **13.** (um)laufen, kursieren; **14.** (*örtlich*) kommen, gehören (*into* in); **15.** sich befinden; leben (*in fear* in dauernder Furcht); **16.** sich richten (*by, upon* nach); **17.** weggehen, aufbrechen, abreisen; **18.** verschwinden; **19.** (*Ware*) weggehen, verkauft werden; **20.** (*Material, Maschine*) kaputtgehen; (*Augen, Gesundheit*) schlechter werden; (*Bremsen*) versagen; **21.** (*blind, verrückt*) werden; **22.** (*Bewegung, Geräusch*) machen; **II** *aux* (*zur Futurbildung*) werden, wollen; ▶ **I am ~ing to write soon** ich werde bald schreiben; **he was ~ing to do it** er wollte es machen; **III** *tr* (*Weg, Strecke*) gehen; fahren; ▶ ~ **it alone** selbständig vorgehen; ~ **it strong** energisch auftreten; **IV** *s* ⟨*pl* goes⟩ **1.** Schwung, Schneid *m,* Tatkraft, Energie *f;* **2.** Versuch *m;* ▶ **all systems** ~ **aero** wir sind startklar; **on the** ~ immer auf Trab; **from the word** ~ *fam* von Anfang an; **have a** ~ **at s.th.** *fam* etw versuchen; **it's all** ~ *fam* es ist immer was los; **it's no** ~ *fam* da ist nichts zu machen; **is it a** ~? *fam* abgemacht? **let me have a** ~ *fam* laß mich mal! **V** (*Wendungen*) **let** ~ laufenlassen;

aufgeben; **let o.s.** ~ sich gehenlassen; **let s.o.** ~ jdn laufenlassen; ~ **on the air** *radio* senden *itr;* ~ **bad** schlecht werden, verderben; ~ **from bad to worse** immer schlechter werden; ~ **for a drive** ausfahren; ~ **into effect** in Kraft treten; ~ **halves, shares** ehrlich teilen; ~ **off one's head** den Verstand verlieren; ~ **to law** den Rechtsweg beschreiten; ~ **mad** verrückt werden; ~ **to pieces** in Stücke gehen, zerbrechen; ~ **to see** besuchen; ~ **shopping** einkaufen gehen; ~ **to sleep** einschlafen; ~ **for a song** für ein Butterbrot weggehen; ~ **for a swim** schwimmen gehen; ~ **with the time, tide** mit der Zeit gehen; ~ **unnoticed** unbemerkt bleiben; ~ **on a visit** e-n Besuch machen; ~ **for a walk** spazierengehen; ausgehen; ~ **to waste** in den Abfall kommen; ~ **wrong** schiefgehen; sich irren; **as things** ~ wie die Dinge nun einmal liegen; **we'll let it** ~ **at that** wir wollen es dabei belassen; **just** ~ **and try!** versuchen Sie es nur! **let** ~! *fam* los! ~ **easy!** übernimm dich nicht! **where do you want it to** ~? wo soll es hin(gestellt werden)? **here** ~**es!** nun los! **who** ~**es there?** wer da? **one, two, three** ~! *sport* Achtung — fertig — los! **VI** (*mit Präposition*) **go about 1.** (umher)gehen; **2.** sich umwenden; **3.** (*Gerücht*) im Umlauf sein; **4.** sich befassen mit; **5.** anfassen, behandeln; **6.** herangehen an; **go abroad** *itr* **1.** (*Gerücht*) sich verbreiten; **2.** ins Ausland gehen; **go after** *fam* nachsteigen (*s.o.* jdm); **go against 1.** widerstreben; ungünstig sein für; ▶ **the case went against him** es wurde gegen ihn entschieden; **go ahead** *itr* **1.** anfangen; **2.** vorangehen; **3.** Fortschritte machen; **4.** weitermachen; ▶ ~ **ahead!** vorwärts! los! **go along** *itr* **1.** weitermachen; **2.** Fortschritte machen; **3.** begleiten (*with s.o.* jdn); unterstützen (*with s.o.* jdn); **go around** *itr* **1.** herumgehen; **2.** (aus)reichen; ▶ **there's enough bread to** ~ **around** es ist genug Brot für alle da; **go at 1.** losgehen (*s.o.* auf jdn); **2.** anpacken (*s.th.* etw); **3.** verkauft werden zu; **go away** *itr* weggehen; abreisen; **go back** *itr* **1.** zurückkehren; zurückgehen; **2.** nachlassen, schwächer werden; **3.** (*zeitlich*) sich zurückführen lassen (*to* auf); ▶ ~ **back on one's word** sein Wort brechen; ~ **back on s.o.** jdn im Stich lassen; **go between** *itr* vermitteln; **go beyond** *itr* hinausgehen über; **go by** *itr* **1.** vorüber-, vorbeigehen (*a. Zeit;*) **2.** (*Zeit*) vergehen; **3.** sich richten nach; **4.** (*Namen*) führen; **go down** *itr* **1.** hinab-, hinuntergehen; **2.** *med* sich hinlegen (*with flu* mit Grippe); **3.** (*Schiff, Sonne*) untergehen; **4.** unterliegen (*before s.o.* jdm); **5.** an Qualität verlieren; **6.** (*Wind, Preise*) nachlassen; **7.** (*Universität*) abgehen; **8.** Beifall finden (*with* bei); **9.** zurückgehen (*to* bis auf); ► ~ **down in history** in die Geschichte eingehen; **that won't ~ down with me** das lasse ich mir nicht gefallen; **that didn't ~ down too well** das kam nicht so gut an; **go far** *itr* **1.** es zu etwas bringen; **2.** viel beitragen (*towards s.th.* zu etw); ► **not to ~ far** nicht weit reichen; **go for** *itr* **1.** holen (*s.th.* etw); **2.** *sl* sich interessieren für; **3.** gelten als; **4.** hinauslaufen auf; **5.** *sl* losgehen (*s.o.* auf jdn); ► ~ **for a drive** ausfahren; ~ **for nothing** umsonst sein, **how much did it ~ for?** für wieviel wurde es verkauft? **go in** *itr* **1.** hineingehen; **2.** sich interessieren (*for* für); Spaß haben (*for* an); **3.** studieren (*for s.th.* etw); **4.** teilnehmen (*in an exam* an e-r Prüfung); **go into** *itr* **1.** untersuchen (*s.th.* etw); **2.** eingehen auf; **3.** einsteigen in; **4.** gehen, fahren zu; **go off** *itr* **1.** weg-, hinausgehen; **2.** stattfinden, sich ereignen, verlaufen; **3.** einschlafen; das Bewußtsein verlieren; **4.** (*Veranstaltung*) zu Ende gehen; **5.** (*Licht, Heizung*) ausgehen; **6.** (*Ware*) weg-, abgehen, Absatz finden; **7.** (*Zug*) (ab)gehen; **8.** losgehen, sich entladen; explodieren; **9.** nachlassen, schlechter werden; **10.** (*Lebensmittel*) schlecht werden; ► ~ **off well (badly)** (keinen) Beifall, Anklang finden, (nicht) gefallen; ~ **off into a fit of laughter** laut loslachen; ~**es off** *theat* ab; **go on** *itr* **1.** weitermachen, fortfahren (*with* mit); **2.** (*Zeit*) vorrücken, weitergehen; fortfahren (*talking* zu reden); **3.** vor sich gehen, geschehen, stattfinden, sich ereignen; **4.** *fam* meckern; **5.** sich aufführen, sich benehmen; **6.** sich stützen auf; ► ~ **on to do** als nächstes tun; ~ **on the road** *com* auf die Reise, *theat* auf Tournee gehen; **be** ~**ing on (for) fifty** auf die Fünfzig zugehen; **this can't ~ on any longer** das kann nicht mehr so weitergehen; ~ **on, do it** tu's doch; **what's** ~**ing on?** was ist los? **he went on and on about it** er hat unentwegt davon geredet; **go out** *itr* **1.** hinausgehen; **2.** auswandern (*to* nach); **3.** (*zum Vergnügen*) ausgehen; **4.** *pol* (~ *out of office*) zurücktreten; **5.** (*on strike*) streiken; **6.** (*Feuer, Licht*) ausgehen; **7.** (~ *out of fashion*) aus der Mode kommen; **8.** (*Jahr*) zu Ende gehen, ausgehen; **9.** *Am* zusammenbrechen; **10.** (*Herz*) sich hängen (*to* an); **11.** sich bemühen (*for* um), wollen (*for s.th.* etw); ► ~ **out of one's way** sich besonders anstrengen; ~ **out to work** arbeiten gehen; **my heart went out to him** ich habe mit ihm mitgefühlt; **go over** *itr* **1.** durchgehen, -sehen, (über)prüfen, untersuchen; **2.** wiederholen; **3.** übergehen (*to the other party* zur anderen Partei) hinübergehen (*to* zu); **4.** *fam* Erfolg haben;

(*Rede*) gut ankommen; (*Theaterstück*) einschlagen; ► ~ **over the figures** nachrechnen; **go through 1.** durchgehen, -sehen; **2.** durchführen; **3.** (*Gesuch, Gesetz*) durchgehen, angenommen werden; **4.** durchmachen, erleiden; **5.** zu Ende führen, vollenden (*with s.th.* etw); ► ~ **through ten editions** (*Buch*) zehn Auflagen erleben; **go to** zufallen (*s.o.* jdm); ► ~ **to the country** Neuwahlen ausschreiben; ~ **to court** vor Gericht gehen; ~ **to expense** sich in Unkosten stürzen; **go together** *itr* **1.** zusammenpassen; sich (gut) vertragen; **2.** *fam* (*Verliebte*) zusammen gehen; **go under** *itr* **1.** untergehen, sinken; **2.** zugrunde gehen, eingehen; *tr* (*Namen*) führen; **go up** *itr* **1.** hinaufgehen; hinaufsteigen; **2.** (*im Preis*) steigen; **3.** in die Luft fliegen; **4.** die Universität beziehen; ► ~ **up in the air** *fig* wütend werden; ~ **up in flames, in smoke** in Flammen, in Rauch aufgehen; **go with** *itr* **1.** gehen mit; Hand in Hand gehen mit; **2.** gehören zu; **3.** passen zu; **go without** *itr* **1.** nicht haben; **2.** sich behelfen müssen ohne, entbehren müssen; ► **that goes without saying** das versteht sich von selbst; ~ **without food** nichts essen; **I'll have to ~ without it** darauf werde ich verzichten müssen.

goad [gəʊd] **I** *s* **1.** *fig* Stachel, Ansporn, Antrieb *m*; **2.** (*für Tiere*) Stachelstock *m*; **II** *tr fig* aufreizen; ► ~ **on** *fig* antreiben, anstacheln.

go-ahead ['gəʊəhed] **I** *s* freie Bahn; ► **give s.o. the** ~ jdm grünes Licht geben; **II** *adj* **1.** unternehmungslustig; **2.** fortschrittlich.

goal [gəʊl] **1.** *sport* Tor *n*; **2.** *fig* Ziel *n*; ► **score a** ~ ein Tor schießen; **win by three** ~**s to one** 3 : 1 gewinnen; **keep** ~, **play in** ~ Torwart sein; ~ **area** Torraum *m*; **goalie** ['gəʊlɪ] *fam* Torwart(in) *m (f)*; **goal-keeper** Torwart(in), -hüter(in) *m (f)*; **goal-line** Torlinie *f*; **goal-post** Torpfosten *m*.

goat [gəʊt] **1.** Ziege *f*; **2.** (*he-*~) (Ziegen)Bock *m*; **3.** *fig* geiler Bock; ► **the G**~ *astr* der Steinbock; **get s.o.'s** ~ *sl* jdn auf die Palme bringen; **play the giddy** ~ *fam* sich albern benehmen; **goat·ee** [gəʊ'tiː] Spitzbart *m*.

gobble ['gɒbl] **I** *itr* (*Puter*) kollern; **II** *tr* (~ *down*) hinunter-, verschlingen; **gobble·dy·gook** ['gɒbldɪguːk] *fam* Kauderwelsch *n*.

go-be·tween ['gəʊbɪtwiːn] Vermittler(in) *m (f)*.

gob·let ['gɒblɪt] Pokal *m*; Kelch(glas *n*) *m*.

gob·lin ['gɒblɪn] Kobold *m*.

go-cart 1. Seifenkiste *f*; Go-kart *m*; **2.** *Am* Laufstuhl *m*; (Kinder)Sportwagen *m*.

god [gɒd] **1.** (heidnischer) Gott *m*, Gottheit *f*; **2.** *fig* Abgott, Götze *m*; ▶ **G~** Gott *m*; **make a ~ of s.o., s.th.** jdn, etw zu seinem (Ab)Gott machen, vergötzen; **G~ willing** so Gott will; **G~ forbid** Gott bewahre; **G~ knows who** weiß der Himmel, wer; **for G~'s sake!** um Gottes, Himmels willen! **shut up, for G~'s sake!** sei doch endlich mal still!; **god·aw·ful** ['gɒd'ɔ:fl] *adj Am sl* fürchterlich, beschissen; **god·child** ['gɒdtʃaɪld] ⟨*pl* -children⟩ Patenkind *n*; **god·dam(ned)** ['gɒd'dæm(d)] *adj Am sl* Scheiß-, beschissen; **god·daughter** ['gɒd,dɔ:tə(r)] Patentochter *f*; **god·dess** ['gɒdɪs] Göttin *f*; **god·father** ['gɒd,fɑ:ðə(r)] Pate *m*; **god-fear·ing** ['gɒdfɪərɪŋ] *adj* gottesfürchtig; **god·for·saken** ['gɒdfə,seɪkən] *adj fam* gottverlassen; **god·head** ['gɒdhed] Gottheit *f*; **god·less** ['gɒdlɪs] *adj* gottlos; **god·like** ['gɒdlaɪk] *adj* göttlich; erhaben; **god·ly** ['gɒdlɪ] *adj* fromm; **god·mother** ['gɒd,mʌðə(r)] Patin *f*; **god·parent** ['gɒd,peərənt] Pate *m*, Patin *f*; **god·send** ['gɒdsend] **1.** Retter *m* in der Not; **2.** unerwartetes Glück; **godson** ['gɒdsʌn] Patensohn *m*.

goer ['gəʊə(r)] **1.** Geher *m*; **2.** unternehmender Mensch; ▶ **my car is a nice ~** mein Wagen läuft gut; **goes** [gəʊz] *3. Person Singular Präsens von* go.

go-get·ter [,gəʊ'getə(r)] Tatmensch *m*; Ellbogentyp *pej m*.

goggle ['gɒgl] *itr* glotzen, starren (*at* auf); **goggle-box** *sl* Glotze *f*; **goggle-eyed** ['gɒglaɪd] *adj* glotzäugig; **goggles** ['gɒglz] *pl* Schutzbrille *f*.

go-go dancer ['gəʊgəʊ'dɑ:nsə(r)] Go-go-Girl *n*, Go-go-Tänzerin *f*; **go-go dancing** Go-Go *n*.

go·ing ['gəʊɪŋ] **I** *adj* **1.** in Gang; funktionierend; **2.** in Tätigkeit, in Betrieb; **3.** vorhanden, erhältlich; **4.** gängig; **5.** (*Unternehmen*) florierend; **6.** (*Leben*) üblich; ▶ **get ~** *fam* in Gang kommen; **set (a-)~** in Gang bringen; **~! ~! gone!** (*Versteigerung*) zum ersten! zum zweiten! zum dritten! **II** *s* **1.** Ab-, Weggang *m*; Aufbruch *m*; **2.** Abreise, -fahrt *f*; **3.** Gang(art *f*) *m*, Geschwindigkeit *f*; **4.** Fortbewegung *f*, Weiterkommen *n*; **go·ing price 1.** Marktpreis *m*; **2.** Tageskurs *m*; **go·ings-on** [,gəʊɪŋz'ɒn] *pl* ▶ **such ~** derartige Betätigungen, Zustände.

goitre, *Am* **goi·ter** ['gɔɪtə(r)] *med* Kropf *m*.

go-kart ['gəʊkɑ:t] Go-Kart *m*.

gold [gəʊld] **I** *s* Gold *n a. fig*; ▶ **be as good as ~** sehr brav sein; **II** *adj* **1.** golden; **2.** gold(farb)en; **gold-brick** *Am fam* Schwindel *m*; **gold bullion** Goldbarren *m*; **gold coin** Goldmünze *f*; **gold content** Goldgehalt *m*; **gold-**

digger 1. Goldsucher(in) *m (f)*; **2.** *fig pej (Frau)* eine, die aufs Geld aus ist; **gold-dust** Goldstaub *m*; **golden** ['gəʊldən] *adj* **1.** golden; **2.** gold(farb)en; **3.** (*Gelegenheit*) günstig; ▶ **the ~ age** das Goldene Zeitalter; **the ~ calf** das Goldene Kalb; **~ handshake** großzügige Abfindung bei Entlassung; **the ~ mean** die goldene Mitte; **~ wedding** goldene Hochzeit; **gold·finch** ['gəʊldfɪntʃ] Distelfink *m*; **gold·fish** ['gəʊldfɪʃ] Goldfisch *m*; **gold foil** Goldfolie *f*; **gold leaf** Blattgold *n*; **gold medal** Goldmedaille *f*; **gold-mine** ['gəʊldmaɪn] Goldgrube *f a. fam fig*; **gold-nugget** Goldklumpen *m*; **gold plating** Vergoldung *f*; **gold reserves** *pl* Goldreserven *f pl*; **gold-smith** ['gəʊldsmɪθ] Goldschmied *m*; **gold standard** Goldwährung *f*.

golf [gɒlf] **I** *s* Golf(spiel) *n*; **II** *itr* (go ~ing) Golf spielen; **golf ball** *sport* Golfball *m*; (*Schreibmaschine*) Kugelkopf *m*; **golf-ball typewriter** Kugelkopfschreibmaschine *f*; **golf-club 1.** Golfschläger *m*; **2.** Golfklub *m*; **golf-course, golf-links** *pl* Golfplatz *m*; **golfer** ['gɒlfə(r)] Golfspieler(in), Golfer(in) *m (f)*.

Gol·iath [gə'laɪəθ] *fig* Riese, Goliath *m*.

gol·li·wog ['gɒlɪwɒg] Negerpuppe *f*.

golly ['gɒlɪ] *interj* Donnerwetter!

go·loshes [gə'lɒʃɪz] *s.* galoshes.

gon·dola ['gɒndələ] **1.** Gondel *f a. aero*; **2.** *Am* flaches Flußboot; **3.** *Am rail* Niederbordwagen *m*; **gon·do·lier** [,gɒndə'lɪə(r)] Gondoliere *m*.

gone [gɒn] **I** *v s.* go; **II** *adj* **1.** vergangen; vorbei; **2.** tot; ▶ **be ~ on s.o.** *sl* in jdn verknallt sein; **it's ~ six o'clock** es ist sechs Uhr vorbei; **he is ~** er ist fort; **goner** ['gɒnə(r)] *sl* hoffnungsloser Fall.

gong [gɒŋ] **1.** Gong *m*; **2.** *sl* Blech *n*, Orden *m*.

gon·or·rh(o)ea [,gɒnə'rɪə] *med* Tripper *m*, Gonorrhö(e) *f*.

goo [gu:] *fam* **1.** Papp *m*; **2.** *fig* Schmalz *m*.

good [gʊd] ⟨*Komparativ* better, *Superlativ* best⟩ **I** *adj* **1.** gut; **2.** ausgezeichnet, vorteilhaft; günstig; **3.** geeignet, passend (*for* für); **4.** ausreichend, genügend; **5.** (*Nahrungsmittel*) frisch; bekömmlich; **6.** kräftig, stark; **7.** tüchtig, geschickt, gewandt; **8.** brauchbar, zuverlässig; pflichtbewußt; **9.** artig, wohlerzogen; **10.** wohlwollend, freundlich; **11.** erfreulich, angenehm, glücklich; **12.** (*Kaufmann*) kredit-, zahlungsfähig; ▶ **a ~ deal** ziemlich viel, *fam* eine Menge; **a ~ many** ziemlich viele, *fam* eine Menge; **all in ~ time** alles zu seiner Zeit; **as ~ as** so gut wie; **for ~** für immer; endgültig; **for ~ and all** ein für allemal; **in ~ faith** in gutem Glauben, gutgläubig *adv*; **no ~**

nichts wert, unbrauchbar; ~ **and** ... *fam* mächtig, sehr; recht, (voll und) ganz; **be** ~ gelten, gültig sein; **be** ~ **enough to** so gut sein und; **be** ~ **at figures** gut im Rechnen sein; **have** ~ **looks** gut aussehen; **have a** ~ **time** sich gut unterhalten; **make** ~ es schaffen; bewerkstelligen; wiedergutmachen; bestätigen; *(Versprechen)* erfüllen; Erfolg haben; sich durchsetzen; aufkommen für, gutmachen; ~ **for you!** gut so! bravo! ~ **gracious!** ach du meine Güte! is it any ~ trying? hat es Sinn, Zweck? **a** ~ **half** die gute Hälfte; **a** ~ **hour** e-e gute Stunde; **too much of a** ~ **thing** zuviel des Guten; **that's a** ~ **one** das ist ein guter Witz; wer's glaubt, wird selig; ~ **fortune, nature** Glück *n,* Gutmütigkeit *f;* **feel** ~ sich wohl fühlen; **that's not** ~ **enough** so geht das nicht; **be a** ~ **boy!** sei brav, artig! ~ **morning, evening!** guten Morgen, Abend! ~ **to see you** schön, dich zu sehen; **II** *s* **1.** (das) Gute; **2.** Wohl *n;* ▶ **the** ~ *pl* die Guten *pl;* **the common** ~ das allgemeine Wohl; **that's all to the** ~ um so besser.
good·bye, *Am* **good·by** [‚gʊd'baɪ] **I** *s* Lebewohl *n;* ▶ **bid, say** ~ **to s.o.** jdm Lebewohl sagen; **II** *interj* auf Wiedersehen! **good-for-no·thing** ['gʊd-fəˌnʌθɪŋ] Taugenichts *m;* **Good Friday** Karfreitag *m;* **good-hu·moured,** *Am* **good-hu·mored** [‚gʊd'hju:məd] *adj* gutgelaunt, gutmütig; **good-look·ing** [‚gʊd'lʊkɪŋ] *adj* gutaussehend; **good looks** *pl* gutes Aussehen; **good·ly** ['gʊdlɪ] *adj* ziemlich, beträchtlich; ▶ **a** ~ **number** viele; **good-na·tured** [‚gʊd'neɪtʃəd] *adj* gutmütig; freundlich, entgegenkommend; **good·ness** ['gʊdnɪs] **1.** Güte *f;* Gütigkeit *f;* **2.** *(von Nahrungsmitteln)* Nährgehalt *m;* ▶ **would you have the** ~ **to do that** hätten Sie die Güte, das zu tun; ~ **gracious,** ~ **me!** (ach) du meine Güte! **for** ~ **sake** um Gottes, um Himmels willen!
goods [gʊdz] *pl* **1.** Güter *pl;* Waren *f pl; rail* Fracht *f;* **2.** *pol com* Sachen *f pl,* (bewegliche) Habe *f;* ▶ ~ **and chattels** *pl* bewegliche Habe; **leather, knitted** ~ Leder-, Strickwaren *f pl;* **goods traffic** Güter-, Frachtverkehr *m;* **goods station** *Br* Güterbahnhof *m;* **goods train** *Br* Güterzug *m.*
good-sized [‚gʊd'saɪzd] *adj* ziemlich groß; **good-tem·pered** [‚gʊd'tempəd] *adj* umgänglich; freundlich; **good·will** [‚gʊd'wɪl] **1.** guter Wille, Verständigungsbereitschaft *f;* **2.** *pol com* Goodwill *m;* **goody** ['gʊdɪ] **I** *s* **1.** (~-~) Tugendbold *m;* **2.** *pl* Süßigkeiten, Leckereien *f pl;* **II** *interj* prima!
gooey ['gu:ɪ] *adj* **1.** klebrig; pappig; **2.** *fig* sentimental, schmalzig.

goof [gu:f] **I** *s fam* **1.** Depp *m;* **2.** Dummheit *f,* Schnitzer *m;* **II** *itr fam* Mist machen; **III** *(mit Präposition)* **goof up** *tr fam* vermurksen.
goofy ['gu:fɪ] *adj* **1.** doof, dämlich; **2.** *(Zähne)* vorstehend.
goon [gu:n] *fam* **1.** komischer Kauz; **2.** *Am sl* Schläger *m.*
goose [gu:s] ⟨*pl* **geese**⟩ [gi:s] **1.** Gans *f;* **2.** dumme Person; ▶ **be unable to say boo to a** ~ ein Angsthase sein; **cook s.o.'s** ~ *fam* jds Pläne durchkreuzen; **all his geese are swans** bei ihm ist alles so viel besser; **goose·berry** ['gʊzbərɪ] Stachelbeere *f;* ▶ **play** ~ den Anstandswauwau spielen; **goose-flesh, goose-pimples** *pl* Gänsehaut *f;* **goose-step** Stechschritt *m;* **goos·ey, goosy** ['gu:sɪ] *adj* dumm, blöd(e).
gore[1] [gɔ:(r)] Blut *n.*
gore[2] [gɔ:(r)] Zwickel *m.*
gore[3] [gɔ:(r)] *tr (mit den Hörnern)* durchbohren, aufspießen.
gorge [gɔ:dʒ] **I** *s* Schlucht, Klamm *f;* ▶ **my** ~ **rises** mir wird übel *(at* bei); **II** *refl* schlingen, gierig essen; schlemmen; **III** *tr* vollstopfen; hinunter-, verschlingen; ▶ **be** ~**d** satt sein; vollgefressen sein.
gorg·eous ['gɔ:dʒəs] *adj* **1.** prächtig, prachtvoll; **2.** *fam* fabelhaft, großartig.
gor·illa [gə'rɪlə] *zoo* Gorilla *m.*
gorm·less ['gɔ:mlɪs] *adj fam* stupid.
gorse [gɔ:s] *bot* (Stech)Ginster *m.*
gory ['gɔ:rɪ] *adj* blutig; blutrünstig.
gosh [gɒʃ] *interj* Donnerwetter!
gos·ling ['gɒzlɪŋ] Gänschen *n a. fig.*
go-slow ['gəʊsləʊ] Bummelstreik *m.*
gos·pel ['gɒspl] Evangelium *n a. fig;* ▶ **it's the** ~ **truth** das ist die reine Wahrheit.
gos·sa·mer ['gɒsəmə(r)] **1.** feine Gaze; **2.** Altweibersommer *m,* Marienfäden *m pl.*
gos·sip ['gɒsɪp] **I** *s* **1.** Klatschbase *f;* **2.** Klatsch *m;* **II** *itr* klatschen; **gossip column** Klatschspalte *f;* **gos·sipy** ['gɒsɪpɪ] *adj* geschwätzig, klatschhaft.
got [gɒt] *v s.* get.
Gothic ['gɒθɪk] **I** *adj* gotisch; ▶ ~ **arch** Spitzbogen *m;* ~ **novel** Schauerroman *m;* **II** *s* **1.** Gotik *f;* **2.** *typ* Fraktur *f.*
gotten ['gɒtən] *Am v s.* get.
gouge [gaʊdʒ] **I** *tr* bohren; ▶ ~ **s.o.'s eyes out** jdm die Augen ausstechen; **II** *s* Hohlmeißel *m.*
gou·lash ['gu:læʃ] Gulasch *n.*
gourd [gʊəd] Kürbis *m;* Kürbisflasche *f.*
gour·mand ['gʊəmənd] Schlemmer(in) *m (f);* **gour·met** ['gʊəmeɪ] Feinschmecker(in) *m (f).*
gout [gaʊt] Gicht *f.*
gov·ern ['gʌvn] *tr* **1.** regieren *a. gram;* **2.** leiten, lenken; **3.** bestimmen; **4.** *fig* beherrschen, zügeln; ▶ **be** ~**ed by** sich

leiten lassen von; geregelt werden durch; **gov·er·ness** ['gʌvənıs] Gouvernante f; **gov·ern·ing** [−ıŋ] adj regierend; führend, leitend; ▶ ~ **body** Direktion f, Vorstand m; Führungsgremium n; ~ **idea** Leitgedanke m; **gov·ern·ment** ['gʌvənmənt] 1. Regierung f; 2. Regierungsform f; 3. Staat m; 4. Führung, Leitung f; ▶ **form a** ~ e-e Regierung bilden; **overthrow a** ~ e-e Regierung stürzen; **the ~ has resigned** die Regierung ist zurückgetreten; **coalition** ~ Koalitionsregierung f; ~ **local** ~ Gemeindeverwaltung f; ~ **bond** Staatsanleihe f; Bürgschaft f der Regierung; ~ **borrowing** Kreditaufnahme f der öffentlichen Hand; ~ **expenditure** Staatsausgabe f pl; ~ **monopoly** Staatsmonopol n; ~ **revenue** Staatseinnahmen f pl; ~ **securities** pl Br Wertpapiere n pl der öffentlichen Hand; ~ **spending** öffentliche Ausgaben f pl; ~ **spokesman** Regierungssprecher(in) m (f); **gov·ern·mental** [ˌgʌvn'mentl] adj Regierungs-, behördlich; ▶ ~ **budget** öffentlicher Haushalt; **gov·ernor** ['gʌvənə(r)] 1. Gouverneur m; 2. Leiter, Direktor m; 3. fam Chef m; 4. tech Regler m.

gown [gaun] 1. Kleid n; Robe f; Talar m; 2. (dressing-~) Morgenrock m; 3. (night-~) Nachthemd n.

GP [dʒi:'pi:] Abk: **General Practitioner** praktischer Arzt, praktische Ärztin.

GPO [ˌdʒi:pi:'əu] Abk: **General Post Office** Br Hauptpostamt n.

grab [græb] I tr 1. packen, schnappen; 2. an sich reißen; ▶ **how does that music ~ you?** wie gefällt Ihnen diese Musik? II itr die Hand legen (at auf); greifen (at nach); ▶ **the brakes are grabbing** die Bremsen greifen; III s tech Greifer m; ▶ **be up for** ~ zu haben sein; **make a ~ at s.th.** nach etw greifen.

grace [greıs] I s 1. Anmut, Grazie f, Charme m; 2. Anstand m; 3. Gefälligkeit f, Entgegenkommen n; 4. rel Gnade f; Tischgebet n; 5. fin Aufschub m, Nachfrist f; ▶ **give s.o. a day's** ~ jdm e-n Tag Aufschub gewähren; **say** ~ das Tischgebet sprechen; **do s.th. with good/bad** ~ etw anstandslos/widerwillig tun; **Your G~** Euer Gnaden; II tr be ~d **with** geehrt sein durch; **grace·ful** ['greısfl] adj anmutig; reizend; **grace·less** ['greıslıs] adj 1. schwerfällig, ungeschickt; 2. unpassend, unangebracht.

gra·cious ['greıʃəs] adj 1. gütig; gefällig; 2. gnädig; ▶ **(good)** ~, ~ **me!** ach du liebe Güte!

gra·da·tion [grə'deıʃn] 1. Stufenfolge f; Abstufung f; 2. Übergang m; Schattierung, Tönung f; **grade** [greıd] I s 1. Stufe f, Schritt m; 2. Grad m; Rang m; 3. (Güte)Klasse, Sorte, Qualität f; 4. Am (Schul)Klasse f; Zensur f; 5. Am (Stra-

ße) Steigung, Neigung f, Gefälle n; ▶ **at** ~ auf gleicher Höhe; **on the upgrade, downgrade** steigend, fallend; **up to** ~ fig dem Standard entsprechend; **make the** ~ fig die Schwierigkeiten überwinden; es schaffen; ~ **crossing** Am schienengleicher Bahnübergang; ~ **school** Am Grundschule f; II tr 1. abeinstufen, sortieren; 2. bewerten; 3. staffeln; einteilen, klassifizieren; 4. Am (Schule) zensieren; 5. Am abflachen, (ein)ebnen; ▶ ~ **up** verbessern; in e-e höhere Gruppe einstufen; **gradi·ent** ['greıdıənt] Steigung, Neigung f, Gefälle n; **grad·ing** ['greıdıŋ] 1. Einstufung, Eingruppierung, Staffelung, Klassi(fizi)erung f; 2. com Güteklasseneinteilung f.

grad·ual ['grædʒuəl] adj 1. graduell, stufen-, schrittweise; 2. allmählich; **gradu·al·ly** ['grædʒulı] adv stufen-, schrittweise; allmählich.

grad·uate ['grædʒuət] I s 1. (Universität, Am a. Schule) Absolvent(in) m (f); 2. Graduierte(r) f m; II itr ['grædʒueıt] 1. e-n Grad erlangen; promovieren; 2. absolvieren (from high school die höhere Schule); III tr ['grædʒueıt] 1. graduieren, promovieren, e-n Grad verleihen (s.o. jdm); 2. (Meßgerät) einteilen; **gradu·ated** ['grædʒueıtıd] adj Meß-; mit Meßeinteilung; abgestuft; ▶ ~ **price** Staffelpreis m; ~ **tariff** Staffeltarif m; **gradu·ation** [ˌgrædʒu'eıʃn] 1. Erlangung f eines akademischen Grades; 2. Universitäts-, Am Schul-, Lehrgangsabschluß m; 3. (Grad)Einteilung f.

graf·fiti [grə'fi:tı] pl Kritzeleien f pl an den Wänden, Graffiti n.

graft [grɑ:ft] I s 1. Pfropfreis n; 2. med Transplantat n; 3. Am Bestechung f; Schmiergelder n pl; 4. fam Schufterei f; ▶ **hard** ~ Knochenarbeit f; II tr 1. (auf)pfropfen (in in; on auf), okulieren; 2. med verpflanzen; 3. (Bestechungsgelder) erhalten, annehmen; III itr fam schuften; **grafter** ['grɑ:ftə(r)] 1. Am bestechlicher Beamte(r) m; 2. fam Arbeitstier n, Malocher m.

grail [greıl] ▶ **the Holy G~** der Heilige Gral.

grain [greın] 1. (Samen-, Getreide)Korn n; 2. Getreide, Korn n; 3. (Sand-, Salz)Korn n; 4. Gran n (0,065 g); 5. (Holz) Struktur, Maserung f; 6. (Fleisch) Faser f; 7. (Leder) Narbe f; ▶ **a** ~ **of** ein (kleines) bißchen; **against the** ~ gegen den Strich; **be without a** ~ **of sense** nicht ein Fünkchen Vernunft haben; **it is, goes against my** ~ das geht mir gegen den Strich; **a** ~ **of truth** ein Körnchen Wahrheit; **grain elevator** Am Getreidesilo m; **grain export** Getreideausfuhr f; **grain market** Getreidemarkt m.

gram·mar ['græmə(r)] Grammatik *f;*
► **his ~ is awful** er drückt sich gram-
mat(ikal)isch völlig falsch aus; **gram-
mar book** Grammatik *f,* Sprachlehr-
buch *n;* **gram·mar·ian** [grə'meəriən]
Grammatiker(in) *m (f);* **grammar
school** Gymnasium *n;* **gram·mati·cal**
[grə'mætikl] *adj* grammat(ikal)isch.
gram(me) [græm] **1.** *(Masse)* Gramm *n;*
2. *(Kraft)* Pond *n.*
gramo·phone ['græməfəun] Platten-
spieler *m.*
gram·pus ['græmpəs] *zoo* Schwertwal
m; ► **wheeze like a ~** *fam* wie ein
Walroß schnauben.
gran [græn] *fam* Oma *f.*
gran·ary ['grænəri] **1.** Getreide-, Korn-
speicher *m;* **2.** *fig* Kornkammer *f;* **gran-
ary loaf** Mehrkornbrot *n.*
grand [grænd] **I** *adj* **1.** groß; bedeutend;
berühmt; **2.** prächtig, prachtvoll; **3.** *fam*
großartig, phantastisch; **4.** vollständig,
endgültig; **II** *s* **1.** *(~ piano)* Flügel *m;* **2.**
sl tausend Dollar *m pl,* tausend Pfund *n
pl.*
grand·child ['græntʃaild] ⟨*pl* -children⟩
Enkelkind *n;* **grand·(d)ad** ['grændæd]
Opa, Opi *m;* **grand·daughter**
['græn,dɔ:tə(r)] Enkelin *f.*
gran·dee [græn'di:] Grande *m.*
gran·deur ['grændʒə(r)] **1.** Größe, Erha-
benheit *f;* **2.** Würde *f;* ► **delusions of ~**
Größenwahn *m.*
grand·father ['grænd,fa:ðə(r)] Großva-
ter *m;* ► **~('s) clock** Standuhr *f.*
gran·dilo·quent [græn'diləkwənt] *adj*
hochtrabend, prahlerisch.
gran·di·ose ['grændiəus] *adj* bomba-
stisch, hochtrabend.
grand jury [,grænd 'dʒuəri] *Am* Großes
Geschworenengericht; **grand larceny**
jur schwerer Diebstahl; **grand·ma**
['grænma:] Oma *f;* **grand master**
Großmeister *m;* **grand·mother**
['græn,mʌðə(r)] Großmutter *f;* **grand-
pa** ['grænpa:] Opa *m;* **grand·parents**
['græn,peərənts] *pl* Großeltern *pl;*
grand piano *mus* Flügel *m;* **grand-
son** ['grænsʌn] Enkel *m;* **grand·stand**
Haupttribüne *f;* **grand total** Gesamt-,
Endsumme *f.*
grange [greindʒ] Bauernhof *m,* -haus *n.*
gran·ite ['grænit] *min* Granit *m.*
granny, gran·nie ['græni] *fam* Oma *f.*
grant [gra:nt] **I** *tr* **1.** bewilligen, gewäh-
ren; **2.** *(Bescheinigung)* ausstellen; **3.**
(Eigentum) übertragen; **4.** *(e-m Ge-
such)* entsprechen; **5.** zugeben, einräu-
men; ► **take for ~ed** (fest) annehmen;
als selbstverständlich voraussetzen; **~ed
(that)** angenommen, zugegeben (daß); **II**
s **1.** Bewilligung, Gewährung, Erteilung
f; **2.** Verleihung *f;* Übertragung *f;* **3.**
Konzession *f;* **4.** bewilligte Gelder *n pl;*
Stipendium *n;* ► **~-aided** gefördert,

subventioniert; **~-in-aid** staatliche Bei-
hilfe, Zuschuß *m.*
granu·lar ['grænjulə(r)] *adj* körnig, gra-
nulös; **granu·lated** ['grænjuleitid] *adj*
gekörnt, granuliert; ► **~ sugar** Kristall-
zucker *m;* **gran·ule** ['grænju:l] Körn-
chen *n.*
grape [greip] **1.** Weinbeere *f;* **2.** *pl*
Weintrauben *f pl;* **grape-fruit**
['greipfru:t] Grapefruit, Pampelmuse *f;*
grape juice Traubensaft *m;* **grape-
vine** Weinstock *m;* ► **hear s.th. on the
~** etw gerüchteweise hören.
graph [gra:f] **I** *s* graphische Darstellung,
Schaubild *n;* Graph *m;* **graph paper**
Millimeterpapier *n;* **II** *tr* graphisch dar-
stellen; **graphic** ['græfik] *adj* **1.** gra-
phisch; **2.** anschaulich; ► **~ art(s)** *sing*
od *pl* Graphik *f;* **~ artist** Graphiker(in)
m (f); **graphics** ['græfiks] *pl* Graphik
f; **graphics card** *EDV* Graphikkarte *f;*
graphics screen *EDV* Graphikbild-
schirm *m;* ► **~orient(at)ed** graphikori-
entiert.
graph·ite ['græfait] *min* Graphit *m.*
graph·ol·ogist [græ'fɔlədʒist] Grapho-
loge *m;* Graphologin *f;* **graph·ol·ogy**
[græ'fɔlədʒi] Graphologie *f.*
grapple ['græpl] *itr* **1.** raufen, ringen; **2.**
fig sich herumschlagen *(with* mit); **grap-
pling** [—iŋ] ► **~-iron, -hook** En-
terhaken *m.*
grasp [gra:sp] **I** *tr* **1.** (er)greifen, fassen,
packen; **2.** *fig* begreifen, verstehen; **II** *itr*
1. greifen, trachten; **2.** streben *(at* nach);
3. schnappen *(at* nach); **III** *s* **1.** (Zu)Griff
m; **2.** *fig* Reichweite, Gewalt *f;* **3.** Ver-
ständnis *n;* ► **within s.o.'s ~** in jds Ge-
walt; greifbar nahe; **have a good ~ of**
s.th. etw sehr gut beherrschen; **lose
one's ~** loslassen; **grasp·ing** [—iŋ] *adj*
habgierig.
grass [gra:s] **I** *s* **1.** Gras *n;* **2.** Rasen *m;*
Weide(land *n) f;* **3.** *sl* Spitzel *m;* **4.** *sl*
(Marihuana) Gras *n;* ► **out at ~** auf
der Weide; **go to ~** weiden (gehen); *fig*
sich ausruhen; **put out to ~** auf die
Weide treiben; *(altem Pferd)* das Gna-
denbrot geben; *fig (Menschen)* aufs Ab-
stellgleis schieben; **the ~ is always
greener on the other side** *prov* man
will immer das haben, was man nicht
hat; **let the ~ grow under one's feet**
sich Zeit lassen; **keep off the ~** Betre-
ten des Rasens verboten! **II** *tr* mit Gras
einsäen; **III** *itr sl* singen; ► **~ on**
s.o. jdn verpfeifen; **grass·hop·per**
['gra:shɔpə(r)] Heuschrecke *f;* **grass-
roots** [,gra:s'ru:ts] **I** *s pl* gewöhnliches
Volk *n; pol* Basis *f;* ► **get down to ~**
zum Kern der Sache kommen; **II** *adj*
volksnah; ► **at ~ level** an der Basis; **~
democracy** Basisdemokratie *f;* **grass-
snake** Ringelnatter *f;* **grass widow**
Strohwitwe *f;* **grass widower** Stroh-

witwer *m;* **grassy** ['grɑːsɪ] *adj* grasbewachsen.

grate[1] [greɪt] **I** *tr* 1. kratzen, reiben, schaben; 2. *(Küche)* reiben; raspeln; 3. knirschen *(one's teeth* mit den Zähnen); 4. reizen, ärgern; **II** *itr* 1. kratzen; knirschen; quietschen; streifen; 2. reizen, aufregen *(on s.o.* jdn); ▶ ~ **on s.o.'s nerves** an jds Nerven zerren.

grate[2] [greɪt] 1. (Fenster-, Tür)Gitter *n;* 2. (Feuer)Rost *m.*

grate·ful ['greɪtfl] *adj* dankbar *(to s.o.* jdm).

grater ['greɪtə(r)] Reibeisen *n;* Raspel *f.*

grati·fi·ca·tion [ˌgrætɪfɪ'keɪʃn] Genugtuung, Befriedigung *f (at* über); **grat·ify** ['grætɪfaɪ] *tr* 1. erfreuen, befriedigen; 2. *(Wunsch)* erfüllen; ▶ **be gratified** sich freuen; **grat·ify·ing** [─ɪŋ] *adj* erfreulich, angenehm *(to* für).

grat·ing ['greɪtɪŋ] Gitter *n.*

gra·tis ['greɪtɪs] *adv, adj* gratis, umsonst; kostenlos, unentgeltlich.

grati·tude ['grætɪtjuːd] Dankbarkeit *f (to* gegenüber; *for* für); ▶ **in ~ for** aus Dankbarkeit für.

gra·tu·itous [grə'tjuːɪtəs] *adj* 1. überflüssig, unnötig; 2. unerwünscht.

gra·tu·ity [grə'tjuːətɪ] 1. Trinkgeld *n;* 2. Gratifikation *f;* ▶ **no gratuities!** kein Trinkgeld!

grave[1] [greɪv] *adj* 1. ernst(haft); besorgniserregend; 2. wichtig, schwerwiegend.

grave[2] [greɪv] Grab *n a. fig;* ▶ **from the cradle to the ~** von der Wiege bis zur Bahre; **dig one's own ~** sein eigenes Grab schaufeln; **have one foot in the ~** *fig* mit e-m Fuß im Grabe stehen; **silent as the ~** totenstill; **turn in one's ~** sich im Grabe umdrehen; **s.o. is walking over my ~** mich *od* mir schaudert; **grave-digger** Totengräber *m.*

gravel ['grævl] **I** *s* 1. Kies *m;* 2. *med* Harngrieß *m;* **II** *tr* mit Kies bestreuen; **gravel-pit** Kiesgrube *f;* **gravel-stone** Kieselstein *m.*

grave mound ['greɪvmaʊnd] Grabhügel *m;* **grave robber** Grabschänder *m;* **grave·stone** ['greɪvstəʊn] Grabstein *m;* **grave·yard** ['greɪvjɑːd] Friedhof *m.*

grav·ing dock ['greɪvɪŋdɒk] Trockendock *n.*

gravi·tate ['grævɪteɪt] *itr* 1. angezogen werden *(to(wards)* von); 2. *fig* tendieren, streben *(to, towards* zu); 3. *chem* sich setzen; **gravi·ta·tion** [ˌgrævɪ'teɪʃn] Schwerkraft, Gravitation *f;* **gravi·tational** [ˌgrævɪ'teɪʃənl] *adj* Gravitations-; ▶ ~ **field** Schwerefeld *n;* ~ **force** Schwerkraft *f;* ~ **pull** Anziehungskraft *f;* **grav·ity** ['grævətɪ] 1. Ernst *m;* 2. *phys* Anziehungs-, Schwerkraft *f;* ▶ **specific ~** spezifisches Gewicht.

gra·vure [grə'vjʊə(r)] Gravüre *f.*

gravy ['greɪvɪ] 1. Fleischsaft *m;* 2. (Braten)Soße *f;* 3. *Am sl* Spesen *pl;* Schmiergelder *n pl;* ▶ **get on the ~ train** auch ein Stück vom Kuchen abbekommen; **gravy·boat** Soßenschüssel *f.*

gray [greɪ] *Am s.* grey.

graze[1] [greɪz] **I** *tr* 1. *(Vieh)* weiden lassen; 2. *(Gras, Weide)* abweiden lassen; **II** *itr* grasen, weiden.

graze[2] [greɪz] **I** *tr* 1. streifen; 2. *med* (ab)schürfen; **II** *s* Schramme, Schürfwunde *f.*

grease [griːs] **I** *s* 1. Fett *n;* 2. Schmierfett *n;* **II** *tr* 1. (ein)fetten; 2. *tech* schmieren; ▶ **like ~d lightning** wie ein geölter Blitz; ~ **s.o.'s palm** jdm Schmiergelder zahlen; **grease-gun** Fettpresse *f;* **grease mark** Fettfleck *m;* **grease-paint** *theat* Schminke *f;* **grease-proof paper** Butterbrotpapier *n;* **grease spot** Fettfleck *m;* **greasy** ['griːsɪ] *adj* 1. fettig, ölig; schmierig; 2. glitschig, schlüpfrig; 3. *fig* aalglatt.

great [greɪt] **I** *adj* 1. groß; 2. beträchtlich, ausgedehnt; 3. *(Zeit)* lange, lange dauernd; 4. mächtig, gewaltig; 5. hervorragend, bedeutend; 6. eindrucksvoll; 7. *(Freund)* eng, intim; 8. *fam* (ganz) groß *(in* in); geschickt *(at* bei, in); beschlagen *(at* in); interessiert *(on* an); 9. *fam* großartig, prima; gewaltig, herrlich, mächtig; ▶ **a ~ deal** e-e (ganze) Menge, viel; **a ~ many** sehr viele; **no ~ matter** nichts von Bedeutung; **that's ~!** das ist (ja) prima! **II** *s fam* **the ~** *pl* die Großen *m pl;* **great-aunt** Großtante *f;* **the Great Bear** *astr* der Große Bär; **Great Britain** Großbritannien *n;* **great·coat** ['greɪtkəʊt] (Winter)Mantel *m;* **Greater Lon·don** ['greɪtə 'lʌndən] Groß-London *n;* **greatgrandchild** ⟨*pl* -children⟩ Urenkel(in) *m (f);* **great-grandparents** *pl* Urgroßeltern *pl;* **great-great-grandchild** ⟨*pl* -children⟩ Ururenkel(kind *n) m;* **great-great-grandparents** *pl* Ururgroßeltern *pl;* **great·ly** ['greɪtlɪ] *adv* sehr; in hohem Grade; **great-nephew** Großneffe *m;* **great·ness** ['greɪtnɪs] Größe, Bedeutung *f;* **great-niece** Großnichte *f;* **great-uncle** Großonkel *m.*

Gre·cian ['griːʃn] *s.* Greek; **Greece** [griːs] Griechenland *n.*

greed, greedi·ness [griːd, 'griːdɪnɪs] 1. Gier *f (for* nach); 2. Habgier *f;* 3. Gefräßigkeit *f;* **greedy** ['griːdɪ] *adj* 1. gierig *(for* nach); 2. gefräßig; ▶ **be ~ for s.th.** auf etw begierig sein, nach etw gieren.

Greek [griːk] **I** *adj* griechisch; **II** *s* 1. Grieche *m,* Griechin *f;* 2. (das) Griechisch(e); ▶ **it's all ~ to me** das sind für mich böhmische Dörfer.

green [griːn] **I** *adj* 1. grün *(with* vor); 2. unreif; 3. unerfahren *(at* in); ▶ **give s.o. the ~ light** jdm freie Fahrt geben *a. fig;*

he was ~ **with envy** er platzte vor Neid;
II s 1. Grün n, grüne Farbe; **2.** Grünfläche f, Rasen m; **3.** pl grünes Gemüse;
green·back ['gri:nbæk] Am sl Geldschein m; **green belt** Grüngürtel m;
green card mot grüne Versicherungskarte f; **greenery** ['gri:nəri] (das) Grün
(in der Natur); **green-eyed** [ˌgri:n'aid]
adj fig eifersüchtig; ▶ **the** ~ **monster**
der Neid; **green fingers** pl gärtnerisches Geschick; **green·fly** ['gri:nflai]
grüne Blattlaus; **green·gage**
['gri:ngoidʒ] Reineclaude f; **green·grocer** ['gri:nˌgrəusə(r)] (Obst- u.) Gemüsehändler(in) m (f); **green·horn**
['gri:nhɔ:n] Grünschnabel m; Anfänger(in) m (f); **green·house** ['gri:nhaus]
Gewächs-, Treibhaus n; **greenhouse
effect** mete Treibhauseffekt m; **green·ish** ['gri:niʃ] adj grünlich.
Green·land ['gri:nlənd] Grönland n;
Green·lander ['gri:nləndə(r)] Grönländer(in) m (f).
green pep·per [ˌgri:n'pepə(r)] (grüne)
Paprikaschote; **green thumb** Am s.
green fingers.
Green·wich ['grɪnɪtʃ] (Vorort von London); **Greenwich mean time, G.M.T**
westeuropäische Zeit.
green·wood ['gri:nwud] Laubwald m.
greet [gri:t] tr 1. (be)grüßen (on behalf
of im Namen von); **2.** empfangen, entgegenkommen (s.o. jdm); **3.** sich darbieten (her eyes ihren Augen); **greet·ing**
[—ɪŋ] Begrüßung f; Gruß m; Am
(Brief) Anrede f; ▶ **~s-card** Glückwunschkarte f.
greg·ari·ous [grɪ'gεəriəs] adj 1. zoo in
Herden lebend; **2.** (Mensch) gesellig.
gre·nade [grɪ'neid] (Hand)Granate f;
grena·dier [ˌgrenə'diə(r)] Grenadier m.
grew [gru:] v s. grow.
grey, Am **gray** [grei] I adj 1. grau; **2.**
trüb(e), düster a. fig; **3.** grauhaarig;
▶ **turn** ~ grau werden; II s Grau n;
(Pferd) Grauschimmel m; **grey·beard**
['greiˌbiəd] Graubart m; **grey·hound**
['greihaund] Windhund m; **grey·ish**
['greiiʃ] adj gräulich; **grey matter.**1.
anat graue Hirnsubstanz; **2.** fam graue
Zellen f pl.
grid [grid] **1.** Gitter n a. radio; **2.** el
Stromnetz n; Leitungsnetz n; **3.** (Karte)
Gitter n; **4.** mot Start(platz) m; **5.** theat
Schnürboden m; **6.** tech Netz n.
griddle ['gridl] (rundes) Kuchenblech n;
griddle-cake Pfannkuchen m.
grid·iron ['gridaiən] **1.** (Brat)Rost, Grill
m; **2.** Am (Fußball) Spielfeld n; **grid
square** Planquadrat n.
grief [gri:f] Kummer, Gram m, Leid n;
▶ **come to** ~ zu Schaden kommen;
(Plan) scheitern.
griev·ance ['gri:vns] **1.** Beschwerde(grund m) f; **2.** Mißstand m; ▶ **nurse**

a ~ **against s.o.** gegen jdn e-n Groll
haben; **grieve** [gri:v] I tr 1. bekümmern,
betrüben; **2.** traurig stimmen; ▶ **it** ~**s
me** es stimmt mich traurig; II itr 1.
bekümmert sein; **2.** trauern (at, for, over
um); **griev·ous** ['gri:vəs] adj 1.
schmerzlich; **2.** bedauerlich; **3.** (Fehler)
schwer; ▶ ~ **bodily harm** jur schwere
Körperverletzung.
grif·fin, grif·fon, gry·phon ['grifin,
'grifən] Greif m (Fabeltier); **grif·fon**
['grifən] **1.** Gänsegeier m; **2.** Affenpinscher m.
grill [gril] I s 1. Grill m; **2.** gegrilltes
Fleisch; **3.** (~room) Grillroom m; II tr 1.
grillen; **2.** fam fig streng verhören; III
itr 1. (Fleisch) grillen; **2.** (von der Sonne) sich braun brennen lassen.
grille [gril] Gitter n.
grilling ['grilɪŋ] strenges Verhör; ▶ **give
s.o. a** ~ jdn in die Zange nehmen.
grim [grim] adj 1. grimmig, erbarmungslos; **2.** hart, streng; **3.** abschreckend,
abstoßend; ▶ **hold on like** ~ **death**
nicht lockerlassen.
gri·mace [gri'meis] I s Grimasse f; II itr
Grimassen schneiden.
grime [graim] I s Ruß m; Schmutz m; II
tr verschmutzen; **grimy** ['graimi] adj
schmutzig, verschmutzt.
grin [grin] I itr grinsen (with pleasure
vor Vergnügen); ▶ ~ **from ear to ear**
über das ganze Gesicht grinsen; I **had
to** ~ **and bear it** ich mußte gute Miene
zum bösen Spiel machen; II s 1. Grinsen
n; **2.** gezwungenes Lächeln; ▶ **wipe
that** ~ **off your face!** lach mich nicht
aus!
grind [graind] ⟨irr ground, ground⟩ I tr
1. (zer)mahlen, zerstoßen, zerreiben; **2.**
schleifen, wetzen; **3.** (Absatz) bohren
(into the earth in die Erde); **4.** (Kaffeemühle, Leierkasten) drehen; **5.** fig quälen, bedrücken, plagen; ▶ ~ **one's teeth**
mit den Zähnen knirschen (in anger vor
Wut); II itr 1. sich mahlen lassen; **2.** fam
pauken, büffeln, ochsen; sich abplagen;
III s 1. fam Schinderei, Plackerei f; **2.**
Paukerei, Büffelei f; **3.** Am fam Büffler
m; IV (mit Präposition) **grind down** tr
unterdrücken; **grind out** tr mühsam
hervorbringen; fabrizieren; **grinder**
['graində(r)] **1.** Schleifer m; Schleifmaschine f; Schleifstein m; **2.** Mühle f;
Fleischwolf m; **3.** Backenzahn m; **grind·stone** ['graindstəun] Schleifstein m;
▶ **keep, put one's nose to the** ~ schuften; büffeln.
grin·go ['griŋgəu] ⟨pl -gos⟩ (Nord)Amerikaner, Gringo m.
grip [grip] I s 1. (fester, Zu)Griff m; **2.**
Greifen, Packen n; **3.** fig Fassungskraft
f; Verständnis n; **4.** Herrschaft f (of, on
über); **5.** tech Greifer m; **6.** Handgriff m;
7. Haarklemmchen n; **8.** mot Griffigkeit

f; **9.** Reisetasche *f;* ▶ **come to ~s** handgemein werden; aneinandergeraten; **come to ~s with** *fig* in den Griff bekommen; **get a ~ on o.s.** sich wieder beherrschen; **lose one's ~** den Halt verlieren; *fig* nachlassen; **lose one's ~ on the situation** die Situation nicht mehr unter Kontrolle haben; **II** *tr* **1.** (er)greifen, packen, fassen, festhalten; **2.** *(die Aufmerksamkeit)* fesseln.

gripe [graip] **I** *tr Am fam* ärgern; **II** *itr* **1.** Magenschmerzen haben; **2.** *fam* mekkern; **III** *s* **1.** *fam* Beschwerde *f;* **2.** *pl fam* Magenschmerzen *m pl;* Kolik *f.*

grip·ping ['grɪpɪŋ] *adj (Buch)* spannend, fesselnd.

gris·ly ['grɪzlɪ] *adj* gräßlich, schrecklich.

grist [grɪst] ▶ **it's all ~ to his mill** er kann alles brauchen; das ist Wasser auf seine Mühle.

gristle ['grɪsl] Knorpel *m.*

grit [grɪt] **I** *s* **1.** Staub *m;* (feiner) Kies *m;* Streusand *m;* **2.** *fam* Mut, Schneid *m,* Entschlossenheit *f;* **3.** *pl Am* Hafergrütze *f;* **II** *tr* mit Sand, Kies bestreuen; ▶ **~ one's teeth** die Zähne zusammenbeißen.

grizzle ['grɪzl] **I** *s* graues Haar; Grau *n;* **II** *itr fam (Kind)* flennen, quengeln; **grizzled** ['grɪzld] *adj* grau(meliert); **grizzly** ['grɪzlɪ] **I** *adj* grau, gräulich; **II** *s* **(~ bear)** Grisly-, Graubär *m.*

seufzen, stöhnen, ächzen *(with* vor); **2.** brummen, murren; **3.** (zu) leiden (haben), seufzen *(under* unter); **II** *tr (~ out)* stöhnend hervorbringen, erzählen; **III** *s* **1.** Seufzen *n;* **2.** Ächzen *n.*

groats [grəʊts] *pl* (Hafer)Grütze *f;* Schrot *m.*

grocer ['grəʊsə(r)] Lebensmittelhändler(in) *m (f);* **grocery** ['grəʊsərɪ] **1.** Lebensmittelgeschäft *n;* **2.** *pl* Lebensmittel *n pl.*

grog [grɒg] Grog *m.*

groggy ['grɒgɪ] *adj* **1.** benommen, schwindlig; **2.** wack(e)lig; **3.** *sport fam* groggy.

groin¹ [grɔɪn] **1.** *anat* Leiste(ngegend) *f;* **2.** *arch* Grat *m;* Gewölberippe *f.*

groin², **groyne** [grɔɪn] *mar* Buhne *f.*

groom [gru:m] **I** *s* **1.** Stallbursche *m;* **2.** Bräutigam *m;* **II** *tr* **1.** *(Pferd)* pflegen; **2.** *(Menschen, Frisur, Kleidung)* pflegen; **3.** vorbereiten *(for* für); ▶ **well ~ed** gepflegt.

groove [gru:v] **I** *s* **1.** Furche, Rille, Nut, Rinne *f;* **2.** Tonspur *f;* **3.** *fig* Routine, Gewohnheit *f;* **II** *tr* auskehlen, riefeln, nuten.

groovy ['gru:vɪ] *adj sl* toll, klasse; modisch.

grope [grəʊp] **I** *tr fam* befummeln; **II** *itr* **1.** *(~ about)* (herum)tappen; **2.** suchen *a. fig (for* nach); ▶ **~ in the dark** im dunkeln tappen; **~ one's way** tastend den Weg suchen; **grop·ing·ly**

['grəʊpɪŋlɪ] *adj* **1.** tastend; **2.** *fig* unsicher.

gross¹ [grəʊs] Gros *n,* 12 Dutzend *pl.*

gross² [grəʊs] **I** *adj* **1.** dick, fett, korpulent; **2.** schwer(fällig), plump; **3.** grob, rauh, roh, unfein; **4.** vulgär, unanständig; **5.** *(Fehler)* schwer, grob; *(Ungerechtigkeit)* kraß, ungeheuer(lich); *(Fehler, Nachlässigkeit)* grob; **6.** *(Vegetation)* üppig; **7.** *(Essen)* unappetitlich; **8.** *com* brutto; **II** *tr* e-n Bruttogewinn haben von; **gross amount** Bruttobetrag *m;* **gross cash flow** Brutto-Cashflow *m (einschließlich Abschreibung);* **gross domestic product** Bruttoinlandsprodukt *n;* **gross income, receipts** *pl* Bruttoverdienst *m,* -einkommen *n,* -gewinn *m;* **gross·ly** ['grəʊslɪ] *adv* **1.** sehr stark, stark, schwer; **2.** *(sich benehmen)* derb; ▶ **eat ~** *sl* essen wie ein Schwein; **gross national product** Bruttosozialprodukt *n;* **gross negligence** grobe Fahrlässigkeit; **gross pay** Bruttolohn *m;* **gross profit** Bruttogewinn, Rohgewinn *m;* **gross ton** Bruttoregistertonne *f (= 2240 pounds).*

gro·tesque [grəʊ'tesk] **I** *adj* **1.** grotesk, bizarr, phantastisch; **2.** komisch, lächerlich; **II** *s* **1.** (das) Groteske; **2.** Groteske *f a. typ.*

grotto ['grɒtəʊ] ⟨*pl* grotto(e)s⟩ Grotte *f.*

grouch [graʊtʃ] **I** *itr fam* meckern; nörgeln; **II** *s* **1.** Meckerer *m,* Nörgler(in) *m (f);* **2.** Grund *m* zur Klage; **grouchy** ['graʊtʃɪ] *adj fam* meckerig, brummig, mürrisch.

ground¹ [graʊnd] *v s.* grind.

ground² [graʊnd] **I** *s* **1.** Grund *m;* Boden *m;* **2.** Meeresboden *m;* **3.** (Erd)Boden *m,* Erde *f;* Land *n;* **4.** Grund und Boden *m;* **5.** Gebiet *n a. fig;* **6.** *(Kunst)* Untergrund *m,* Grundierung *f;* **7.** *fig* Grundlage, Basis *f;* **8.** (Beweg)Grund *m (for* für, zu); Motiv *n,* Ursache *f,* Anlaß *m;* **9.** *pl* Grundstück *n;* Gelände *n;* **10.** *pl* Anlagen *f pl,* Gärten *m pl;* **11.** *pl* (Boden)Satz *m;* (Kaffee)Satz *m;* **12.** (Rechts)Grund *m;* Begründung *f;* ▶ **above ~** über der Erde; über Tage; am Leben; **below ~** unter der Erde; unter Tage; tot; **down to the ~** *fam* voll und ganz; **on the ~s of** auf Grund *gen,* wegen; **on one's own ~** zu Hause *a. fig;* **on firm ~** *fig* auf festem Boden; **be on common ~** *fig* auf gleichem Boden stehen; **be forbidden ~** *fig* tabu sein; **break fresh ~** *fig* in Neuland vorstoßen; **cover (much) ~** e-e (große) Strecke zurücklegen; (gute) Fortschritte machen; viel umfassen; **cut the ~ from under s.o.'s feet** *fig* jdm den Boden unter den Füßen wegziehen; **fall to the ~** *fig (Plan)* scheitern; **gain ~** *fig* um sich greifen; an Boden gewinnen; **get off the ~** *fig* e-n guten Anfang machen;

give ~ nachgeben, weichen; **hold, keep, stand one's** ~ seinen Platz behaupten; seinen Mann stehen; **keep one's feet on the** ~ mit den Füßen auf festem Boden bleiben; **lose** ~ an Boden verlieren; **that suits me down to the** ~ genau das wollte ich; das paßt mir ausgezeichnet; **coffee-~s** *pl* Kaffeesatz *m;* **fishing-~s** *pl* Fischgründe *m pl;* ~ **for divorce** Scheidungsgrund *m;* ~ **for suspicion** Verdachtsmoment *n;* II *tr* 1. *(Schiff)* auf Grund auflaufen lassen; 2. *aero* nicht starten lassen; 3. *el* erden; 4. *fig* begründen; basieren *(on* auf); 5. die Grundlagen beibringen *(s.o.* jdm; *in* in); ▶ **be well ~ed in** gute Vorkenntnisse haben in; III *itr (Schiff)* auflaufen; **ground control** *f;* **ground crew** Bodenpersonal *n;* **ground-floor** Erdgeschoß *n;* ▶ **get in on the** ~ *fig fam* gleich zu Beginn einsteigen; **ground fog** Bodennebel *m;* **ground frost** Bodenfrost *m;* **ground·ing** ['graʊndɪŋ] 1. Grundkenntnisse *f pl;* 2. *aero* Startverbot *n;* Hinderung *f* am Start; *(Pilot)* Sperren *n;* ▶ **give s.o. a** ~ **in German** jdm die Grundlagen des Deutschen beibringen; **ground keeper** *sport* Platzwart *m;* **ground·less** ['graʊndlɪs] *adj* grundlos, unbegründet, ungerechtfertigt; **ground-nut** Erdnuß *f;* **ground·sheet** ['graʊndʃiːt] Zeltboden *m;* **grounds·man** ['graʊndzmən] ⟨*pl* -men⟩ Platzwart *m;* **ground staff** *aero* Bodenpersonal *n;* **ground-station** *aero* Bodenstation *f;* **ground-swell** ['graʊndswel] Dünung *f; fig* Anschwellen *n,* Zunahme *f;* **ground-to--air missile** Boden-Luft-Rakete *f;* **ground-to-ground missile** Boden-Boden-Flugkörper *m;* **ground·work** ['graʊndwɜːk] *fig* Grundlage, Basis *f.*

group [gruːp] I *s* 1. Gruppe *f;* 2. *aero Br* Geschwader *n; Am* Gruppe *f;* 3. *com* Konsortium *n;* Unternehmensgruppe *f;* Konzern *m;* 4. *theat* Ensemble *n;* II *tr* gruppieren; anordnen; **group captain** *mil (Luftwaffe)* Oberst *m;* **group dynamics** *pl* Gruppendynamik *f.*

groupie ['gruːpɪ] (weiblicher) Fan *m;* Groupie *n.*

group·ing ['gruːpɪŋ] (Ein)Gruppierung, (An)Ordnung *f.*

group prac·tice ['gruːpˌpræktɪs] *med* Gemeinschaftspraxis *f;* **group therapy** *med* Gruppentherapie *f;* **group ticket** Sammelfahrschein *m.*

grouse[1] [graʊs] ⟨*pl*-⟩ Moorhuhn *n.*

grouse[2] [graʊs] I *s* Klage *f;* ▶ **have a** ~ sich beklagen; II *itr* meckern, nörgeln, murren *(about* über).

grove [grəʊv] Wäldchen *n;* ▶ **olive** ~ Olivenhain *m.*

grovel ['grɒvl] *itr* 1. liegen *(at s.o.'s feet* jdm zu Füßen; *before s.o.* vor jdm); 2.

kriechen *a. fig (in the dirt, dust* im Staube).

grow [grəʊ] ⟨*irr* grew, grown⟩ I *itr* 1. wachsen *a. fig;* 2. *fig* zunehmen, sich entwickeln; 3. sich ausdehnen; sich vergrößern; sich vermehren; 4. werden *(into* zu); erwachsen *(from* aus); ▶ **~into fashion** Mode werden; ~ **into a habit** zur Gewohnheit werden; ~ **on** s.o. jdm ans Herz wachsen; ~ **out of fashion, use** aus der Mode, aus dem Gebrauch kommen; II *tr* 1. züchten; 2. (an)bauen; 3. *(Bart)* sich wachsen lassen; III *(mit Präposition)* **grow away from** *itr* sich entfremden von; **grow down** *itr* zurückgehen, abnehmen; **grow into** *itr* 1. heranwachsen zu; 2. hineinwachsen in; **grow out of** *itr* 1. herauswachsen aus *a. fig;* 2. *(e-e Gewohnheit)* verlieren; 3. *fig* entstehen aus; herrühren von; **grow up** *itr* 1. auf-, heranwachsen; 2. *fig* sich entwickeln; ▶ ~ **up!** sei nicht kindisch; **grow worse** *itr* sich verschlimmern.

grower ['grəʊə(r)] Züchter(in) *m (f);* Erzeuger(in) *m (f);* **grow·ing** ['grəʊɪŋ] *adj* wachsend; steigend; **growing pains** *pl* Wachstumsschwierigkeiten *f pl; fig* Kinderkrankheiten *f pl.*

growl [graʊl] I *s* 1. Brummen *n;* 2. *(Hund)* Knurren *n;* 3. *(Donner)* Rollen *n;* II *itr* 1. knurren; brummen, murren; 2. *(Donner)* grollen; ▶ ~ **at s.o.** *(Hund)* jdn anknurren; III *tr (~ out)* hervorstoßen.

grown [grəʊn] I *v s.* grow; II *adj* 1. herangewachsen; 2. bewachsen *(with* mit); **grown-up** ['grəʊnʌp] I *adj* erwachsen; II *s* Erwachsene(r) *f m.*

growth [grəʊθ] 1. Wachstum *n;* 2. Heranwachsen *n;* Entwicklung *f a. fig;* 3. Züchtung, Erzeugung *f;* Ernte *f;* 4. *fig* Zunahme *f,* Zuwachs *m (in* an); 5. *med* Tumor *m,* Gewächs *n;* **growth industries** *pl* Wachstumsindustrien, -branchen *f pl;* **growth rate** Wachstumsrate *f;* **growth stock** *fin* Wachstumsaktie *f.*

groyne [grɔɪn] *s.* groin[2].

grub [grʌb] I *itr* 1. graben; 2. (herum)wühlen, stöbern; II *tr* ausgraben, -roden; ▶ ~ **out, up** ausgraben; III *s* 1. Larve, Made *f;* 2. *sl* Fraß *m,* Futter *n;* **grubby** ['grʌbɪ] *adj* schmutzig, unsauber.

grudge [grʌdʒ] I *tr* nicht gönnen *(s.o. s.th* jdm etw); ▶ **not** ~ **s.o. s.th.** jdm etw gönnen; ~ **doing s.th.** etw ungern, widerwillig tun; I ~ **the time** es ist mir leid um die Zeit; II *s* 1. Groll *m;* 2. Neid *m;* ▶ **bear, owe s.o. a** ~ jdm etw nachtragen; **grudg·ing·ly** ['grʌdʒɪŋlɪ] *adv* (nur) ungern, widerwillig.

gruel ['gruːəl] Haferschleim *m.*

gruel·ling ['gruːəlɪŋ] *adj* zermürbend, aufreibend.

grue·some ['gru:səm] *adj* grausig, schauerlich, schaurig.

gruff [grʌf] *adj* **1.** bärbeißig, schroff; **2.** grob, barsch; **3.** *(Stimme)* rauh.

grumble ['grʌmbl] **I** *itr* **1.** brummen; nörgeln, murren *(at, about, over* über); **2.** *(Donner)* (g)rollen; **II** *tr* murrend sagen; **III** *s* **1.** Murren *n;* Nörgeln *n;* **2.** Grollen *n.*

grumpy ['grʌmpɪ] *adj* verdrießlich, mürrisch, reizbar.

grunt [grʌnt] **I** *itr* **1.** grunzen; **2.** *(Mensch)* stöhnen; **II** *tr (~ out)* brummend sagen; **III** *s* **1.** Grunzen *n;* **2.** Stöhnen *n.*

gry·phon ['grɪfən] *s. griffin.*

G-string ['dʒi:strɪŋ] **1.** *mus* G-Saite *f;* **2.** Minislip *m.*

guar·an·tee [ˌgærən'ti:] **I** *s* **1.** Garantie *f;* Bürgschaft *f;* Gewähr(leistung) *f;* Kaution *f;* **2.** Beweis *m,* Sicherheit, *fam* Garantie *f;* **3.** Garant(in) *m (f);* Bürge *m,* Bürgin *f;* Gewährsmann *m;* ▶ **conditional ~** Ausfallbürgschaft *f;* **joint ~** Mitgarant, -bürge *m; ~* **of a bill of exchange** Wechselbürgschaft *f,* -bürge *m; ~* **deposit** Kaution *f;* **II** *tr* garantieren, gewährleisten, bürgen für; Garantie leisten für; ▶ **he can't ~ that** dafür kann er nicht garantieren; **guar·an·teed** [ˌgærən'ti:d] *adj* garantiert; gesichert; ▶ **~ annual wages** garantierter Jahreslohn; **~ mortgage** Hypothekenpfandbrief *m;* **guar·an·tor** [ˌgærən'tɔ:(r)] Garant(in) *m (f);* Bürge *m,* Bürgin *f;* ▶ **stand as ~ for s.o.** für jdn Bürgschaft leisten; **guar·an·ty** ['gærəntɪ] *jur* Garantie *f;* Kaution, Bürgschaft *f;* ▶ **~ of collection** Ausfallbürgschaft *f.*

guard [gɑ:d] **I** *tr* **1.** wachen über; bewachen; **2.** behüten, beschützen *(from, against* vor); **3.** *(Gefangene)* bewachen; **4.** beaufsichtigen; **II** *s* **1.** Wache *f;* **2.** Wachsamkeit, Vorsicht *f;* **3.** Wache, Wachmannschaft *f;* Wachmann, Posten *m;* **4.** *(Gefangenen)*Wärter(in) *m (f);* **5.** *rail* Schaffner(in), Zugführer(in) *m (f); Am* Bahnwärter(in) *m (f);* ▶ **be on (off) one's ~** (nicht) auf der Hut sein; **mount, go on ~** auf Wache ziehen; **stand ~** Posten stehen; **his ~ was up (down)** er war (nicht) auf der Hut; **III** *(mit Präposition)* **guard against 1.** sich in acht nehmen vor; sich hüten vor; **2.** *(Krankheit, Mißverständnis)* vorbeugen *(s.th.* e-r S); **3.** *(Unfall)* verhüten; **guard dog** Wachhund *m;* **guard duty** Wachdienst *m;* ▶ **be on ~** Wache haben, auf Wache sein; **guarded** ['gɑ:dɪd] *adj* **1.** zurückhaltend; **2.** *(Antwort)* vorsichtig; **guard·house** Wache *f.*

guard·ian ['gɑ:dɪən] **1.** Wächter(in), Wärter(in) *m (f);* **2.** Vormund *m;* Pfleger(in) *m (f);* **guardian angel** Schutz-

engel *m;* **guard·ian·ship** [—ʃɪp] Vormundschaft *f;* Pflegschaft *f;* ▶ **place under ~** unter Vormundschaft stellen.

guard-rail ['gɑ:dreɪl] Geländer *n;* **guard-room** Wachraum *m,* -stube *f;* **guards·man** ['gɑ:dsmən] ⟨*pl* -men⟩ Gardist *m.*

guer·(r)illa [gə'rɪlə] Guerilla *m* od *f;* Guerillakämpfer(in) *m (f);* Freischärler(in) *m (f);* **guerilla warfare** Guerillakrieg *m.*

guess [ges] **I** *tr* **1.** (er)raten; schätzen; vermuten, ahnen; **2.** *Am fam* annehmen, glauben, meinen; **II** *itr* **1.** raten; **2.** schätzen *(at s.th.* etw); ▶ **I ~** *Am fam* ich glaube; **I ~ so** vermutlich! **III** *s* Vermutung, Annahme *f;* Schätzung *f;* ▶ **at a ~, by ~** aufs Geratewohl; schätzungsweise; **make a ~ at s.th.** etw raten; über etw Vermutungen äußern; **have a ~!** rate mal! **I'll give you three ~es** dreimal darfst du raten; **it's anybody's ~** niemand weiß etwas Genaues; **your ~ is as good as mine** ich weiß so wenig wie Sie; **gues·sing game** ['gesɪŋˌgeɪm] Ratespiel *n; fig* Raterei *f;* **guess·ti·mate** ['gestɪmɪt] grobe Schätzung; **guess-work** Vermutung, Mutmaßung *f.*

guest [gest] **I** *s* Gast *m;* ▶ **paying ~** Pensionsgast *m;* **be my ~!** bitte sehr! **II** *itr* als Gast mitwirken; **guest-house** (Privat)Pension *f,* Gästehaus *n;* **guest-room** Gäste-, Fremdenzimmer *n.*

guf·faw [gʌ'fɔ:] **I** *s* schallendes Gelächter *n;* **II** *itr* schallend lachen.

guid·ance ['gaɪdns] **1.** Anleitung *f;* Beratung *f;* **2.** Studienberatung *f;* ▶ **for s.o.'s ~** zu jds Orientierung; **under s.o.'s ~** unter jds Leitung; **spiritual ~** geistiger Rat; **pray for ~** um Erleuchtung beten; **~ system** Steuerungssystem *n (an Rakete);* **vocational ~** Berufsberatung *f.*

guide [gaɪd] **I** *s* **1.** (Fremden)Führer(in) *m (f);* **2.** Ratgeber(in) *m (f);* Vorbild *n;* **3.** *(~-book)* Reiseführer *m (Buch);* **4.** Leitfaden *m (Buch);* **5.** Anhaltspunkt, Hinweis *m;* **6.** *G~ Br* Pfadfinderin *f;* **II** *tr* **1.** führen, leiten, lenken; **2.** beraten; **3.** Anweisungen geben *(s.o.* jdm); **4.** *tech* (fern)steuern; **guided** ['gaɪdɪd] *adj tech* (fern)gelenkt, gesteuert; ▶ **be ~ by** sich leiten lassen von; **~ missile** ferngelenktes Geschoß; **~ tour** Führung *f;* **guide-dog** Blindenhund *m;* **guide-line** Richtlinie *f;* Richtwert *m;* **guide-posts** *pl* Wegweiser *m pl;* **guide-rope** Schlepptau *n;* **guid·ing hand** ['gaɪdɪŋ 'hænd] leitende Hand; **guid·ing prin·ciple** ['gaɪdɪŋ 'prɪnsəpl] Leitmotiv *n.*

guild [gɪld] **1.** Gilde, Zunft, Innung *f;* **2.** Vereinigung *f.*

guilder ['gɪldə(r)] (holländischer) Gulden *m.*

guile [gaɪl] Hinterlist *f;* **guile·ful** ['gaɪlfl] *adj* arg-, hinterlistig; **guile·less** ['gaɪllɪs] *adj* arglos, (frei und) offen.
guillo·tine ['gɪləti:n] **I** *s* **1.** Fallbeil *n,* Guillotine *f;* **2.** Papierschneidemaschine *f;* **3.** *parl* Befristung *f* der Debatten; **II** *tr* **1.** mit dem Fallbeil hinrichten; **2.** *parl (Debatten)* abkürzen.
guilt [gɪlt] Schuld *f;* ▶ **admit one's ~** sich schuldig bekennen; **guilt·less** [—lɪs] *adj* schuldlos, unschuldig *(of* an); **guilty** ['gɪltɪ] *adj* schuldig; *(Blick)* schuldbewußt; ▶ **plead ~** sich schuldig bekennen.
Guinea ['gɪnɪ] Guinea *n.*
guinea ['gɪnɪ] Guinee *f (21 Shilling);* **guinea-fowl** Perlhuhn *n;* **guinea-pig** **1.** Meerschweinchen *n;* **2.** *fig* Versuchskaninchen *n.*
guise [gaɪz] ▶ **in a new ~** *fig* in neuem Gewand(e); **in the ~ of** in der Maske *gen;* in Gestalt von.
guitar [gɪˈtɑ:(r)] Gitarre *f;* **guitar·ist** [gɪˈtɑ:rɪst] Gitarrist(in), Gitarrenspieler(in) *m (f).*
gulch [gʌltʃ] *Am* Schlucht, Klamm *f.*
gulf [gʌlf] **1.** Meerbusen, Golf *m;* **2.** Kluft *f,* Abgrund *m a. fig;* ▶ **the G~ Stream** der Golfstrom; **the Persian G~** der Persische Golf; **the G~ War** der Golfkrieg.
gull [gʌl] **I** *s* **1.** *(sea~)* Möwe *f;* **2.** *fig* Gimpel *m;* **II** *tr* **1.** hereinlegen, betrügen; **2.** verleiten *(into* zu).
gul·let ['gʌlɪt] Speiseröhre *f.*
gull·ible ['gʌləbl] *adj* leichtgläubig.
gully ['gʌlɪ] **1.** (tiefe) (Wasser)Rinne *f;* **2.** Schlucht *f;* **3.** Abzugsgraben *m;* (Abzugs)Kanal *m.*
gulp [gʌlp] **I** *tr* **1.** *(~ down)* hinunter-, verschlingen; **2.** *(~ back) (Seufzer)* unterdrücken; **3.** *(Getränk)* hinunterstürzen; **II** *itr* würgen; **III** *s* (großer) Schluck *m;* ▶ **empty at one ~** in einem Zug leeren.
gum[1] [gʌm] **I** *s* **1.** Kautschuk *m;* **2.** Gummi(lösung *f),* Klebstoff *m;* **3.** *Am* Radiergummi *m;* **4.** *Am* Kaugummi *m;* **5.** *pl Am* Gummi-, Überschuhe *m pl;* **II** *tr* **1.** gummieren; **2.** ankleben *(to* an); **III** *(mit Präposition)* **gum up** verkleben; ▶ **~ up the works** alles verkleben; *fig* alles durcheinanderbringen; **be ~med up** *(Pläne)* undurchführbar sein.
gum[2] [gʌm] Zahnfleisch *n;* **gum·boil** ['gʌmbɔɪl] Zahngeschwür *n.*
gum·drop ['gʌmdrɒp] Geleebonbon *m* od *n;* **gummy** ['gʌmɪ] *adj* klebrig.
gump·tion ['gʌmpʃn] *fam* **1.** Pfiffigkeit *f,* Grips *m;* **2.** Unternehmungsgeist *m.*
gum-shield ['gʌmʃi:ld] Zahnschutz *m.*
gum·shoe ['gʌmʃu:] **1.** Gummi-, Überschuh *m;* **2.** Turnschuh *m;* **3.** *fam* Detektiv(in), Schnüffler(in) *m (f);* **gum-tree** ['gʌmtri:] Gummibaum *m;* ▶ **be up a ~** *sl* in der Patsche sitzen, in der Klemme

sein.
gun [gʌn] **I** *s* **1.** Kanone *f,* Geschütz *n;* Gewehr *n;* **2.** *fam* Pistole *f,* Revolver *m;* **3.** *tech* Spritzpistole *f;* Fettpresse *f;* **4.** Schütze *m;* Pistolenheld *m;* ▶ **jump the ~** voreilig sein; **spike s.o.'s ~s** *fig* jdn matt setzen; **stick to one's ~s** *fig* durchhalten; bei der Stange bleiben; **carry a ~** bewaffnet sein; **draw a ~ on s.o.** jdn mit der Waffe bedrohen; **big ~** *fig* hohes Tier; **be going great ~s** gut in Schuß sein; **II** *tr (~ down)* erschießen; abschießen; **III** *itr sl* sausen, schießen; ▶ **he's ~ning for you** *fig* er hat dich auf dem Korn; **gun barrel** Kanonenrohr *n;* Gewehrlauf *m;* Pistolenlauf *m;* **gunfight** Schießerei *f;* Schußwechsel *m;* **gun-fire** Schüsse *m pl;* Geschützfeuer *n;* **gun-licence** Waffenschein *m;* **gunman** ['gʌnmən] ⟨*pl* -men⟩ Bewaffnete(r) *m;* **gun·ner** ['gʌnə(r)] **1.** Kanonier *m;* **2.** *aero* Bordschütze *m;* **gun-powder** ['gʌn͵paʊdə(r)] Schießpulver *n;* **gun-runner** Waffenschmuggler *m;* **gun-running** Waffenschmuggel *m;* **gunshot** ['gʌnʃɒt] **1.** Schuß *m;* **2.** *(Entfernung)* Schußweite *f;* **gunshot wound** Schußwunde *f;* **gun-slinger** ['gʌn͵slɪŋə(r)] Revolverheld *m.*
gurgle ['gɜ:gl] **I** *itr* glucksen; gurgeln; **II** *s* Gluckern *n;* Gurgeln *n.*
guru ['gʊru] Guru *m.*
gush [gʌʃ] **I** *itr* **1.** herausspritzen, -sprudeln; **2.** sich ergießen *(from* aus); **3.** überfließen *(with* von); **4.** *fig* schwärmen *(over* von); **II** *s* **1.** Guß *m;* **2.** *fig* Erguß *m,* Schwärmerei *f;* **gusher** ['gʌʃə(r)] **1.** (sprudelnde) Ölquelle *f;* **2.** *fig* Schwärmer(in) *m (f);* **gush·ing** [—ɪŋ] *adj* **1.** sprudelnd; **2.** *fig* schwärmerisch; überspannt, überschwenglich; **gushy** ['gʌʃɪ] *adj* schwärmerisch.
gus·set ['gʌsɪt] **1.** Zwickel *m;* **2.** Eckblech *n.*
gust [gʌst] **1.** Windstoß *m,* Bö *f;* **2.** Ausbruch *m.*
gusto ['gʌstəʊ] **1.** Genuß *m;* Vorliebe *f (for* für); **2.** Vergnügen *n;* ▶ **do s.th. with ~** etw mit Begeisterung tun.
gusty ['gʌstɪ] *adj* stürmisch.
gut [gʌt] **I** *s* **1.** Darm *m;* **2.** Darmsaite *f;* **3.** *pl fam* Eingeweide *n pl;* **4.** *pl* Mut *m;* **5.** *pl mot* Bestandteile *m pl* e-s Motors; ▶ **hate s.o.'s ~s** *fam* jdn nicht ausstehen können; **have the ~s to do something** den Mut haben, etw zu tun; **work one's ~s out** *fam* wie verrückt schuften; **~ reaction** gefühlsmäßige Reaktion; **II** *tr* **1.** ausweiden, -nehmen; **2.** im Innern völlig zerstören; ▶ **be ~ted by fire** ausgebrannt sein; **gut·less** [—lɪs] *adj* feige; **gutsy** ['gʌtsɪ] *adj* **1.** *fam* mutig; **2.** *fam* verfressen.
gut·ter ['gʌtə(r)] **I** *s* **1.** Dachrinne *f;* **2.** Rinnstein *m,* Gosse *f a. fig;* **II** *itr (Kerze)*

tropfen; **gutter journalism** Kloaken-
journalismus *m;* **gutter press** Skandal-
presse *f.*
gut·tural ['gʌtərəl] *adj* guttural.
guy[1] [gaɪ] **1.** *mar* Backstag *m;* Geitau *n;*
2. (*~rope*) Haltetau *n;* Halterung *f;*
Zeltleine *f.*
guy[2] [gaɪ] **I** *s* **1.** *fam* Kerl, Typ, Bursche
m; **2.** Guy-Fawkes-Puppe *f; fig* Schieß-
budenfigur *f;* **II** *tr* lächerlich machen.
guzzle ['gʌzl] *itr, tr* saufen; fressen.
gym [dʒɪm] **1.** *fam* Turnhalle *f;* **2.** Tur-
nen *n,* Turnstunde *f.*
gym·khana [dʒɪm'kɑːnə] Reiterfest *n.*
gym·nasium [dʒɪm'neɪzɪəm] Turnhalle
f; **gym·nast** ['dʒɪmnæst] Turner(in),
(Leicht)Athlet(in) *m (f);* **gym·nas·tic**
[dʒɪm'næstɪk] *adj* turnerisch,
(leicht)athletisch, gymnastisch; **gym-
nas·tics** [dʒɪm'næstɪks] *pl meist mit
sing* Turnen *n;* Leibesübungen *f pl;*

gym shoes *pl* Turnschuhe *m pl;* **gym
shorts** *pl* Turnhose *f.*
gyn(a)e·co·logi·cal [ˌgaɪnɪkə'lɒdʒɪkl]
adj gynäkologisch; **gyn(a)e·colo·gist**
[ˌgaɪnɪ'kɒlədʒɪst] Frauenarzt *m,* -ärztin
f, Gynäkologe *m,* Gynäkologin *f;*
gyn(a)e·col·ogy [ˌgaɪnɪ'kɒlədʒɪ] Gy-
näkologie *f.*
gyp [dʒɪp] **I** *s sl* Schwindel *m,* Gaunerei
f; ▶ **give s.o.** ~ *fam* jdn fertigmachen;
II *tr sl* beschwindeln, begaunern.
gyp·sum ['dʒɪpsəm] Gips *m.*
gypsy ['dʒɪpsɪ] *s. gipsy.*
gy·rate [ˌdʒaɪ'reɪt] *itr* **1.** rotieren; **2.** sich
drehen, wirbeln (*round* um); **gy·ra·tion**
[ˌdʒaɪ'reɪʃn] **1.** Rotation, Kreisbewegung
f; **2.** Wirbel *m;* **gy·ro·com·pass**
['dʒaɪrəʊ'kɒmpəs] Kreiselkompaß *m;*
gyro·scope ['dʒaɪrəskəʊp] Gyroskop
n.

H

H, h [eɪtʃ] ⟨pl -'s⟩ H, h n.
ha [hɑ:] interj ha! ah!
ha·beas cor·pus [ˌheɪbɪəs'kɔ:pəs] (writ of ~) jur Vorführungsbefehl m.
hab·er·dasher ['hæbədæʃə(r)] 1. Br Kurzwarenhändler(in) m (f); 2. Am Inhaber(in) m (f) e-s Herrenartikelgeschäfts; **hab·er·dashery** [ˌhæbə'dæʃərɪ] 1. Br Kurzwaren(handlung f) f pl; 2. Am Herrenartikel(geschäft n) m pl.
habit ['hæbɪt] 1. Angewohnheit, Gewohnheit(ssache) f; 2. Gewand n; (kirchliche) Tracht f; ► **from, out of ~** aus Gewohnheit; **be in the ~** die Gewohnheit haben, pflegen (of doing s.th. etw zu tun); **~s pl of consumption** Verbraucher-, Konsumgewohnheiten f pl; **get into the ~ of doing s.th.** sich etw angewöhnen; **get out of the ~ of doing s.th.** sich etw abgewöhnen.
hab·it·able ['hæbɪtəbl] adj (Haus) bewohnbar.
habi·tat ['hæbɪtæt] biol Standort m; Verbreitungsgebiet n.
habi·ta·tion [ˌhæbɪ'teɪʃn] (Be)Wohnen n; ► **fit for ~** bewohnbar.
ha·bit·ual [hə'bɪtʃʊəl] adj 1. gewohnt, üblich; 2. gewohnheitsmäßig; ► **~ criminal, drunkard** Gewohnheitsverbrecher(in), -trinker(in) m (f); **ha·bituate** [hə'bɪtʃʊeɪt] tr gewöhnen (to an; to do, doing daran, zu tun).
hack¹ [hæk] I tr 1. (zer)hacken (to pieces in Stücke); 2. (Fußball) vors Schienbein treten (s.o. jdm); II itr trokken husten; ► **~ing cough** trockener Husten; III s 1. Hieb m; 2. Tritt m vors Schienbein.
hack² [hæk] I s 1. Schindmähre f; 2. pej Schreiberling m; 3. Am Taxi n; II itr 1. über Land reiten; 2. Am ein Taxi fahren.
hack³ [hæk] tr EDV hacken; ► **~ into a programme, system** ein Programm knacken; in ein System eindringen; **hacker** [−ə(r)] EDV Hacker(in) m (f); (Enthusiast) Computer-Freak m.
hackie ['hækɪ] Am fam Taxifahrer m.
hackles ['hæklz] pl Nackenfedern f pl; ► **with his ~ up** mit gesträubten Federn; fig kampfbereit; **get s.o.'s ~ up** jdn verärgern.
hack·ney ['hæknɪ] Reit-, Kutschpferd n; **hackney carriage** (Pferde)Droschke f; Taxi n; **hack·neyed** ['hæknɪd] adj abgedroschen.
had [həd, betont: hæd] v s. have.

had·dock ['hædək] ⟨pl -⟩ Schellfisch m.
hadn't ['hædnt] = had not.
hae·ma·tite, Am **he·ma·tite** ['hemətaɪt] min Roteisenstein m; Roteisenerz n; **hae·mo·glo·bin,** Am **he·mo·glo·bin** [ˌhi:mə'gləʊbɪn] Hämoglobin n, roter Blutfarbstoff; **hae·mo·philia,** Am **he·mo·philia** [ˌhi:mə'fɪlɪə] Bluterkrankheit f; **hae·mo·phil·iac,** Am **he·mo·phil·iac** [ˌhi:məʊ'fɪlɪæk] Bluter m; **hae·mor·rhage,** Am **he·mor·rhage** ['heməridʒ] I s (schwere) Blutung f; Blutsturz m; II itr stark bluten; **hae·mor·rhoids,** Am **he·mor·rhoids** ['hemərɔɪdz] pl med Hämorrhoiden f pl.
haft [hɑ:ft] Griff m, Heft n, Stiel m.
hag [hæg] Hexe f.
hag·gard ['hægəd] adj hohläugig, -wangig; abgespannt; verhärmt.
haggle ['hægl] itr 1. sich auseinandersetzen, streiten; 2. feilschen (about, over, with über, um).
haha ['hɑ:hɑ:] I interj ha-ha! II s versenkter Grenzzaun.
hail¹ [heɪl] I s Hagel m a. fig (of von); II itr hageln; III tr fig (~ down) hageln, niederprasseln, -gehen lassen (on, upon auf).
hail² [heɪl] I tr 1. zujubeln (s.o. jdm); 2. begrüßen (as winner als Sieger); 3. zurufen (s.o. jdm); ► **~ a taxi** ein Taxi rufen; II itr 1. mar ein Signal geben; 2. (Schiff, fam a. Mensch) (her)stammen (from aus, von); **hail-fellow-well-met** adj sich anbiedernd, plumpvertraulich; ► **be ~** mit allen gut Freund sein.
hair [heə(r)] 1. Haar n a. bot; 2. (die) Haare pl; 3. Behaarung f; ► **by a ~'s breadth** um Haaresbreite; **do one's ~** sich frisieren; **get s.o. by the short ~s** fam jdn kleinkriegen; **get in s.o.'s ~** jdn ärgern; **have one's ~ cut** sich die Haare schneiden lassen; **let one's ~ down** fig aus sich herausgehen; **split ~s** Haarspalterei treiben; **his ~ stood on end** die Haare standen ihm zu Berge; **it turned on a ~** es hing an e-m Faden; **hairbrush** ['heəbrʌʃ] Haarbürste f; **haircut** ['heəkʌt] Haarschnitt m; ► **have a ~** sich die Haare schneiden lassen; **hairdo** ['heədu:] ⟨pl -dos⟩ Frisur f; **hairdresser** ['heəˌdresə(r)] Friseur m; Friseurin, Friseuse f; **hair·dress·ing** ['heədresɪŋ] Frisieren n; **hairdressing saloon** Am Frisiersalon m; **hair-dryer** ['heədraɪə(r)] Fön m; **hair grip** Haar-

klammer *f;* **hair·less** ['heəlıs] *adj* kahl; **hair-line** 1. Haaransatz *m;* 2. haarfeine Linie; senkrechter Strich; *pl* Fadenkreuz *n;* **hair·net** ['heənet] Haarnetz *n;* **hair·piece** ['heəpi:s] Haarteil *n;* Toupet *n;* **hair·pin** ['heəpın] Haarnadel *f;* **hairpin bend** Haarnadelkurve *f;* **hair·rais·ing** ['heəreızıŋ] *adj* haarsträubend; **hair re·mover** ['heərı‚mu:və(r)] Haarentfernungsmittel *n;* **hair re·storer** ['heərı‚stɔ:rə(r)] Haarwuchsmittel *n;* **hair-split·ting** ['heəsplıtıŋ] Haarspalterei, Wortklauberei *f;* **hair·spray** ['heəspreı] Haarspray *m* od *n;* **hair·style** ['heəstaıl] Frisur *f;* **hairy** ['heərı] *adj* 1. behaart; haarig; 2. *fig* haarsträubend; 3. riskant.
Hai·ti ['heıtı] Haiti *n;* **Hai·tian** ['heıʃən] I *adj* hait(ian)isch; II *s* 1. Haitianer(in) *m (f);* 2. (das) Haitisch(e).
hake [heık] ⟨*pl* →⟩ Hechtdorsch *m.*
hale [heıl] *adj* ▶ ~ **and hearty** gesund und munter.
half [hɑ:f] ⟨*pl* halves⟩ ['hɑ:vz] I *s* 1. Hälfte *f;* 2. *sport* Halbzeit *f;* 3. (*~back*) Läufer *m;* 4. *rail* Abschnitt *m* der Fahrkarte; Fahrkarte *f* zum halben Preis; II *adj* halb; die Hälfte *gen; (in Zusammensetzungen)* Halb-; III *adv* halb; zur Hälfte; IV *(Wendungen)* ~ **an hour** e-e halbe Stunde; **at** ~ **the price, for** ~ **price** zum halben Preis; **too good by** ~ viel zu gut; **in** ~, **into halves** in zwei gleiche Teile; **not** ~ sehr; **not** ~ **bad** *fam* gar nicht (mal) so schlecht; ~ **as much again** noch mal soviel; ~ **asleep** halb im Schlaf; ~ **past three** halb vier; **cut in** ~, **in(to) halves** halbieren; **go halves** halbe halbe machen (*with s.o.* *s.th.* mit jdm in e-r S); **not do things by halves** keine halben Sachen machen; **half-back** *(Fußball)* Läufer *m;* **half-baked** [‚hɑ:f'beıkt] *adj* unfertig; unreif, unerfahren; **half-breed, half-caste** Halbblut *n,* Mischling *m;* **half-brother** Halbbruder *m;* **half cock:** ▶ **go off at** ~ eine Pleite sein; **half-crown** [‚hɑ:f'kraʊn] *(silbernes)* Zweieinhalbschillingstück *n;* **half-dozen** halbes Dutzend; **half-empty** *adj* halb leer; **half fare** halber Fahrpreis; **half-full** *adj* halb voll; **half-hearted** [‚hɑ:f'hɑ:tıd] *adj* wenig interessiert; ohne Schwung; **half-mast:** ▶ **at** ~ (auf) halbmast; **half moon** Halbmond *m;* **half note** Am *mus* halbe Note; **half-pence** ['hɑ:f‚pens, *auch* 'heıpəns] halber Penny; Halbpennymünze *f;* **half-penny** ['heıpnı] ⟨*pl (Münze)* -pennies, *(Summe)* -pence⟩ 1. Halbpennystück *n;* 2. halber Penny; **half-price** halber Preis; ▶ **at** ~ zum halben Preis; **half rest** Am *mus* halbe Pause; **half-sister** Halbschwester *f;* **half-tim·bered** [‚hɑ:f'tımbəd] *adj* Fachwerk-; **half-**

time [‚hɑ:f'taım] 1. *sport* Halbzeit *f;* 2. *(Industrie)* Kurzarbeit *f;* ▶ **at** ~ *sport* bei Halbzeit; **half-tone** Halbton *m;* **half-way** I *adj* 1. auf halbem Wege liegend; 2. *fig* unvollständig, halb; II *adv* 1. halbwegs *a. fig;* 2. *fig* (nur) halb, *fam* (auch nur) einigermaßen; ▶ **meet s.o.** ~ *fig* jdm entgegenkommen; **half-wit** *pej* Einfaltspinsel *m;* **half-yearly** *adj, adv* halbjährlich.
hali·but ['hælıbət] ⟨*pl* →⟩ Heilbutt *m.*
hali·tosis [‚hælı'təʊsıs] übler Mundgeruch.
hall [hɔ:l] 1. Halle *f,* Saal *m;* 2. *(in e-m College)* Speisesaal *m;* 3. (Eingangs)Halle *f,* Flur, Korridor *m;* 4. Herrensitz *m;* 5. Gutshaus *n;* 6. Versammlungs-, Sitzungssaal *m;* ▶ **booking** ~ Schalterhalle *f;* **city** ~ Rathaus *n;* **music** ~ Varieté *n; Am* Konzertsaal *m;* ~ **of residence** Wohnheim *n.*
hal·le·lu·jah [‚hælı'lu:jə] I *interj* halleluja! II *s* Halleluja *n.*
hall·mark ['hɔ:lmɑ:k] I *s* 1. *(Edelmetall)* (Feingehalts)Stempel *m;* 2. *fig* (untrüglices) Kennzeichen *n;* II *tr* stempeln; kennzeichnen.
hallo [hə'ləʊ] *interj* hallo!
hal·low ['hæləʊ] *tr* heiligen; weihen; **Hal·low·e'en** [‚hæləʊ'i:n] Abend *m* vor Allerheiligen *(31. Okt.).*
hal·luci·nate [hə'lu:sıneıt] *itr* halluzinieren; **hal·luci·na·tion** [hə‚lu:sı'neıʃn] Halluzination, Wahnvorstellung *f;* **halluci·no·genic** [hə‚lu:sınə'dʒenık] *adj* Halluzinationen hervorrufend, halluzinogen.
halo ['heıləʊ] ⟨*pl* halo(e)s⟩ 1. *astr* Hof *m;* 2. Heiligenschein *m a. fig.*
halo·gen ['heıləʊdʒın] Halogen *n;* **halo·gen bulb** *el* Halogenbirne *f;* **halogen lamp** *el* Halogenlampe *f; mot* Halogenscheinwerfer *m.*
halt [hɔ:lt] I *s* 1. kurze Rast; 2. (Bus)Haltestelle *f; rail* Haltepunkt *m;* ▶ **come to a** ~ (an)halten, stehenbleiben, zum Stillstand kommen; II *itr* (an)halten; III *tr* halten lassen, stoppen; ▶ ~ **sign** Stoppschild *n.*
hal·ter ['hɔ:ltə(r)] 1. Halfter *m* od *n;* 2. Schlinge *f;* **halter-neck** *adj* rückenfrei und zum Binden im Nacken.
halt·ing ['hɔ:ltıŋ] *adj fig* unsicher; zögernd.
halve [hɑ:v] *tr* 1. halbieren; 2. *(Zeit)* um die Hälfte verkürzen; 3. teilen (*with* mit).
ham [hæm] I *s* 1. Schinken *m;* 2. *sl* übertreibend spielender Schauspieler; 3. *sl* Funkamateur(in) *m (f);* ▶ ~ **and eggs** Schinken *m* mit Ei; II *tr sl (Rolle)* übertreibend spielen; ▶ ~ **up** *fig* übertreiben; dick auftragen.
ham·burger ['hæmbɜ:gə(r)] Hamburger *m;* Frikadelle *f.*

ham-fisted, ham-handed [ˌhæm-ˈfɪstɪd, ˌhæmˈhændɪd] *adj* täppisch, ungeschickt.

ham·let [ˈhæmlɪt] Weiler *m.*

ham·mer [ˈhæmə(r)] **I** *s* Hammer *m;* ▶ ~ **and tongs** *adv* mit aller Kraft; **bring under the** ~ unter den Hammer bringen; **throwing the** ~ *sport* Hammerwerfen *n;* ~ **and sickle** *pol hist* Hammer u. Sichel; **II** *tr* **1.** hämmern (auf), schlagen; **2.** *fig (s.th. into s.o.* jdm etw) einhämmern, einbleuen; **3.** *fig* besiegen, schlagen; **III** *itr* **1.** hämmern (*at the door* gegen die Tür); **2.** (~ *away*) angestrengt, unermüdlich arbeiten (*at* an); **3.** ununterbrochen reden (*at* über); **IV** *(mit Präposition)* **hammer in** *tr (Nagel)* einschlagen; *fig* einhämmern; **hammer out** *tr* herausschlagen; *fig* (her)ausarbeiten, klarstellen.

ham·mock [ˈhæmək] Hängematte *f.*

ham·per[1] [ˈhæmpə(r)] (großer) Deckelkorb *m;* Geschenkkorb *m.*

ham·per[2] [ˈhæmpə(r)] *tr* **1.** hindern; **2.** *fig* behindern; hinderlich sein (*s.o.* jdm).

ham·ster [ˈhæmstə(r)] *zoo* Hamster *m.*

ham·string [ˈhæmstrɪŋ] ⟨*irr* hamstrung, hamstrung⟩ [ˈhæmstrʌŋ] **I** *s anat* Kniesehne *f; (Tier)* Achillessehne *f;* **II** *tr* **1.** verkrüppeln; **2.** *fig* lähmen, hemmen.

hand [hænd] **I** *s* **1.** Hand *f;* **2.** Seite *f;* Richtung *f;* **3.** Hilfeleistung *f;* **4.** Handfertigkeit *f,* Geschick *n;* **5.** Einfluß *m;* Macht *f;* **6.** Arbeiter *m;* Mann *m; (Schiff)* Besatzungsmitglied *n;* **7.** Experte, Kenner *m, fam* Kapazität *f;* **8.** Handschrift *f;* **9.** *fam theat* Beifall, Applaus *m;* **10.** *(Kartenspiel)* Hand *f,* Karten *f pl (e-s Spielers);* Spieler *m;* **11.** (Uhr)Zeiger *m;* ▶ **at** ~ zur Hand, greifbar, in Reichweite; *(zeitlich)* in greifbarer Nähe; **at one's right, left** ~ rechter Hand, rechts; linker Hand, links; **at first, second** ~ aus erster, zweiter Hand; **in** ~ zur Verfügung; in Arbeit; unter Kontrolle; **off** ~ **1.** *adj (Benehmen)* lässig, wurstig; **2.** *adv* aus dem Stegreif; **on** ~ in Reichweite; *com* auf Lager, vorrätig; **on either** ~ auf beiden Seiten; **on all** ~s auf allen Seiten; **out of** ~ außer Kontrolle; **lend s.o. a** ~ jdm helfen (*in, with* bei); **change** ~s in andere Hände übergehen; **force s.o.'s** ~ *fig* jdn zwingen, mit offenen Karten zu spielen; **get the upper** ~ **of** die Oberhand gewinnen über; **give s.o. a** ~ jdm Beifall spenden; jdm behilflich sein (*with* bei); **have s.th. on one's** ~s *fig* etw am Hals haben; **lay** ~s **on s.o. 1.** jdn schlagen; jdn zu fassen kriegen; **2.** *rel* jdm die Hand auflegen; jdn segnen; **play a good** ~ ein guter Spieler sein; **play into s.o.'s** ~s *fig* jdm in die Hände spielen; **second** ~ **1.** *adj* gebraucht, aus zweiter Hand; Gebraucht-; **2.** *adv* gebraucht, aus zweiter

Hand; indirekt; **shake s.o.'s** ~, **shake** ~s **with s.o.** jdm die Hand drücken; jdm die Hand geben; **show one's** ~ *fig* seine Karten aufdecken; **take a** ~ **in** mitarbeiten, -wirken an, bei; **take in** ~ in die Hand, in Angriff nehmen; **win** ~s **down** leichtes Spiel haben; **he can turn his** ~ **to anything** er ist in allen Sätteln gerecht; er kennt sich in allen Gebieten aus; **the matter is out of his** ~s er kann in der Sache nichts mehr tun; **keep your** ~s **off that!** laß die Finger davon! ~s **off!** Hände weg! ~s **up!** Hände hoch! **all** ~s die ganze Mannschaft; **minute** ~ Minutenzeiger *m;* **II** *tr* **1.** aus-, einhändigen, übergeben; **2.** ausliefern; ▶ ~ **it to s.o.** jdm etw zugestehen, *sl* zutrauen; **III** *(mit Präposition)* **hand around** *tr* herumreichen; **hand back** *tr* zurückgeben; **hand down** *tr* **1.** hinunterreichen, -geben; **2.** *fig* überliefern; vererben; **3.** *Am* öffentlich bekanntgeben; **hand in** *tr* abliefern, abgeben; *(Gesuch)* einreichen; **hand on** *tr* weitergeben; übergeben; **hand out** *tr* **1.** ausgeben, verteilen; **2.** *(Rat)* geben; **3.** *(Strafe)* verhängen; **hand over** *tr* weitergeben; abgeben; aushändigen; übergeben; *itr* die Regierung, das Amt übergeben; *TV* übergeben; **hand round** *tr* herumreichen; austeilen.

hand·bag [ˈhændbæg] Handtasche *f;* **hand·ball** [ˈhændbɔːl] Handball(spiel *n*) *m;* **hand·bar·row** [ˈhændˌbærəʊ] Schubkarre, Handkarre *f;* **hand·bill** [ˈhændbɪl] Reklamezettel *m;* Handzettel *m;* Flugblatt *n;* **hand·book** [ˈhændbʊk] Handbuch *n;* Reiseführer *m (to* für); **hand·brake** [ˈhændbreɪk] Handbremse *f;* **hand·cart** [ˈhændkɑːt] Handwagen *m;* **hand·cuff** [ˈhændkʌf] **I** *s meist pl* Handschellen *f pl;* **II** *tr* Handschellen anlegen (*s.o.* jdm); **handful** [ˈhændfʊl] Handvoll *f; (Leute)* ein paar; ▶ **they're a real** ~ sie halten einen ganz schön in Trab; **hand-grenade** Handgranate *f.*

handi·cap [ˈhændɪkæp] **I** *s* **1.** *sport* Handikap *n;* Vorgabe *f;* Vorgaberennen *n;* **2.** Behinderung *f; fig* Benachteiligung *f,* Handikap *n (to* für); **II** *tr* **1.** behindern; **2.** *fig* benachteiligen; ▶ ~**ped people** *pl* Behinderte *pl;* **mentally, physically** ~**ped** geistig, körperlich behindert.

handi·craft [ˈhændɪkrɑːft] **1.** Handfertigkeit *f;* **2.** (Kunst)Handwerk *n.*

handi·work [ˈhændɪwɜːk] **1.** Handarbeit *f;* eigene Arbeit; **2.** *fig* Werk *n.*

hand·ker·chief [ˈhæŋkətʃɪf] Taschentuch *n.*

handle [ˈhændl] **I** *s* **1.** Griff *m;* (Tür)Klinke *f;* **2.** *(Besen, Kamm, Topf)* Stiel *m;* **3.** *(Korb, Tasse)* Henkel *m;* **4.** (Pumpen)Schwengel *m;* **5.** *mot* Kurbel *f;* **6.** *fig* Handhabe *f (against* gegen); **7.** (gute) Gelegenheit *f;* 8. Vorwand *m;* 9. *fam* (~ *to one's name)* Titel *m;* ▶ **fly off the ~** *fam* aufbrausen, wütend werden; II *tr* 1. anfassen; handhaben *a. fig;* 2. manipulieren; 3. *fig* in die Hand nehmen, erledigen; 4. *(Sache)* behandeln, sich befassen mit; 5. *(Geschäft)* erledigen; 6. *(Thema)* abhandeln; handeln von; 7. *(Verkehr)* abwickeln; 8. *com* handeln mit; *(Waren)* führen; 9. *(Menschen)* behandeln, umgehen mit; ▶ **glass! ~ with care!** Vorsicht, Glas!; **handle·bar(s)** ['hændlbɑː(z)] *(pl) (Fahrrad)* Lenkstange *f;* **han·dling** ['hændlɪŋ] 1. Handhabung, Manipulation *f;* Behandlung *f;* 2. Bearbeitung *f;* 3. (Waren)Umschlag *m;* **handling charge, fee** Bearbeitungsgebühr *f.*

hand-made [ˌhænd'meɪd] *adj* handgearbeitet; **hand-me-down** ['hændmɪdaʊn] *fam* abgelegtes Kleidungsstück; **hand-operated** *adj* handbedient; **hand·out** ['hændaʊt] 1. Almosen *n;* Geldzuwendung *f;* 2. Handzettel *m;* Flugblatt *n;* Zusammenfassung *f;* **hand-picked** [ˌhænd'pɪkt] *adj* erlesen, ausgesucht; **hand·rail** ['hændreɪl] Geländer *n;* **hand saw** Fuchsschwanz *m;* **hand·shake** ['hændʃeɪk] Händedruck *m.*

hand·some ['hænsəm] *adj* 1. stattlich, gutaussehend; 2. großzügig; 3. ansehnlich, beträchtlich, bedeutend.

hand·stand ['hændstænd] Handstand *m;* **hand-to-mouth** *adj* von der Hand in den Mund (lebend); **hand·work** ['hændwɜːk] Handarbeit *f;* **handwriting** ['hændˌraɪtɪŋ] Handschrift *f.*

handy ['hændɪ] *adj* 1. geschickt, praktisch; 2. günstig gelegen; in nächster Nähe; 3. praktisch; handlich; ▶ **come in ~** sich als nützlich erweisen; **handyman** ['hændɪmæn] ⟨*pl* -men⟩ Faktotum *n,* Mädchen *n* für alles; Bastler *m.*

hang [hæŋ] ⟨*irr* hung, hung⟩ I *tr* 1. (auf)hängen *(by* an); 2. *(Tür)* einhängen *(on* in); 3. *(frisch geschlachtetes Tier)* abhängen lassen; 4. *(Wand)* behängen *(with* mit); 5. *(~ with paper)* tapezieren; 6. *(Tapete)* ankleben; 7. ⟨hanged, hanged⟩ hängen, henken, aufhängen; ▶ **~ o.s.** sich erhängen; **~ s.th. from s.th.** etw an etw aufhängen; **~ one's head** den Kopf hängen lassen; **~ fire** das Feuer einstellen; *fig* zögern, abwarten **~ it!** verdammt noch mal! II *itr* 1. hängen; aufgehängt sein; 2. *(Kleidungsstück)* fallen; 3. *(Verbrecher)* gehenkt, gehängt werden; ▶ **~ by a thread** *fig* an e-m (seidenen) Faden hängen; III *s* Sitz *m (e-s Kleidungsstückes);* ▶ **get the ~ of s.th.** *fam* etw herauskriegen; **I don't give a ~** das ist mir ganz egal; IV *(mit Präposition)* **hang about, hang around** *itr* 1. sich herumtreiben; sich

herumdrücken; 2. warten; ▶ **he doesn't ~ about** er ist ganz schön schnell; **hang back** *itr* zögern; sich zurückhalten; **hang behind** *itr* zurückbleiben, bummeln; **hang on** *itr* 1. sich (fest)halten *(to* an); 2. warten; durchhalten; 3. *tele* am Apparat bleiben; ▶ **~ on s.o.'s lips** *fig* an jds Lippen hängen; **~ on to s.th.** etw halten; etw behalten; **hang out** *itr* 1. heraushängen; 2. hinauslehnen; 3. *fam* wohnen; zu finden sein; 4. nicht aufgeben; ▶ **let it all ~ out** *sl* die Sau rauslassen; **hang over** 1. übriggeblieben sein *(from the old days* aus früheren Zeiten); 2. drohen, bevorstehen *(s.o.* jdm); **hang together** *itr* 1. zusammenhängen, ein Ganzes bilden, zusammenpassen; 2. *(Menschen)* zusammenhalten; **hang up** *tr, itr* 1. aufhängen; 2. *tele* (den Hörer) auflegen; ▶ **be hung up on, about** *sl* e-n Komplex haben wegen; **he hung up on me** er legte einfach auf.

hang·ar ['hæŋə(r)] (Flugzeug)Halle *f,* Hangar *m.*

hang·dog ['hæŋdɒg] *adj* trübsinnig; beschämt.

hang·er ['hæŋə(r)] 1. Aufhänger *m;* 2. Kleiderbügel *m;* **hanger-on** [ˌhæŋər'ɒn] ⟨*pl* hangers-on⟩ *pl* Gefolge *n.*

hang-glider ['hæŋglaɪdə(r)] *sport* Drachen *m;* Drachenflieger(in) *m (f);* **hang-glid·ing** ['hæŋglaɪdɪŋ] *sport* Drachenfliegen *n.*

hang·ing ['hæŋɪŋ] 1. Erhängen *n,* Hinrichtung *f;* 2. *pl* Vorhänge *m pl* und Tapeten *f pl.*

hang·man ['hæŋmən] ⟨*pl* -men⟩ Henker *m;* **hang·out** ['hæŋaʊt] *sl* 1. Stammkneipe *f,* -lokal *n;* 2. Wohnung *f;* **hangover** ['hæŋˌəʊvə(r)] 1. Überbleibsel *n,* Rest *m;* 2. *sl* Katzenjammer, Kater *m;* **hang·up** ['hæŋʌp] *fam* Komplex *m;* Fimmel *m.*

hank [hæŋk] *(Garn)* Strähne *f.*

han·ker ['hæŋkə(r)] *itr* sich sehnen *(after, for* nach); **han·ker·ing** [-ɪŋ] Sehnsucht *f,* Verlangen *n (after, for* nach).

hankie, hanky ['hæŋkɪ] *fam* Taschentuch *n.*

hanky-panky [ˌhæŋkɪ'pæŋkɪ] *fam* 1. Hokuspokus *m;* 2. Schwindel *m;* 3. Techtelmechtel *n;* 4. Fummelei *f,* Geknutsche *n.*

hap·haz·ard [hæp'hæzəd] *adj* ganz zufällig; planlos, aufs Geratewohl.

ha'p'orth ['heɪpəθ] *Abk:* **halfpenny**worth für einen halben Penny.

hap·pen ['hæpən] *itr* sich ereignen, geschehen; ▶ **~ to s.o.** jdm zustoßen; **~ to do** zufällig tun; **~ (up)on s.o., s.th.** zufällig auf jdn, etw stoßen; **how does it ~ that...?** wie kommt es, daß ...? **he ~ed to be there** er war zufällig(erweise) dort; **it never ~ed** es geschah nie;

(Spiel, Party) es fand nie statt; **hap·pen·ing** ['hæpənɪŋ] 1. Ereignis *n*, Vorfall *m;* 2. Happening *n.*
hap·pily ['hæpɪlɪ] *adv* 1. glücklicherweise; 2. glücklich; **hap·pi·ness** ['hæpɪnɪs] Glück *n;* **happy** ['hæpɪ] *adj* 1. glücklich; 2. zufrieden *(about* mit); 3. gelungen, glücklich (gewählt), passend, treffend, geschickt; ▶ **feel ~ about s.th.** über etw erfreut sein; **~ medium** goldener Mittelweg; **~ birthday!** herzlichen Glückwunsch zum Geburtstag! **~ Christmas!** frohe Weihnachten! **happy-go-lucky** *adj* sorglos, unbekümmert.
har·ass ['hærəs] *tr* beunruhigen, aufreiben, quälen; nicht zur Ruhe kommen lassen; **har·assed** ['hærəst] *adj* abgespannt; von Sorgen gequält; geplagt; **har·ass·ment** ['hærəsmənt] 1. Belästigung *f;* 2. Schikane *f;* 3. Kleinkrieg *m.*
har·bin·ger ['hɑːbɪndʒə(r)] 1. Herold *m;* 2. *fig* Vorbote *m.*
har·bour, *Am* **har·bor** ['hɑːbə(r)] **I** *s* 1. Hafen *m;* 2. *fig* Unterschlupf *m;* **II** *tr* 1. Unterschlupf gewähren *(s.o.* jdm); 2. *fig (Groll)* hegen.
hard [hɑːd] **I** *adj* 1. hart; 2. fest, starr, widerstandsfähig, unnachgiebig; 3. kräftig, stark, robust; 4. *(Schlag, Stoß)* stark, heftig, kraftvoll; 5. anstrengend, mühsam; 6. schwierig, verzwickt; 7. hart, schwer (zu ertragen); *(Winter)* streng; *(Zeiten)* schlecht; 8. hart(herzig), gefühllos, streng, unerbittlich; 9. energisch, tüchtig, fleißig; 10. *(Wasser)* hart; 11. *(alkoholisches Getränk)* stark, berauschend; 12. *com* fest, beständig; ▶ **be ~ to sell** schwer verkäuflich sein; **be ~ (up)on s.o.** mit jdm streng sein; **be ~ on s.th.** etw strapazieren; **do s.th. the ~ way** nicht den einfachen Weg wählen; **drive a ~ bargain** viel verlangen; **he is ~ to deal with** mit ihm ist schlecht Kirschen essen; **~ to believe** kaum zu glauben; **a ~ drinker** ein Säufer *m;* **the ~ facts** *pl* die harten Tatsachen *f pl;* **~ and fast** *(Brauch)* streng; *(Regel)* starr, unumstößlich; **a ~ fight** ein schwerer Kampf; **~ luck, lines** kein Glück; Pech *n;* **a ~ nut to crack** *fig* e-e harte Nuß, ein schweres Problem; **~ to please** schwer zu befriedigen, zufriedenzustellen; **II** *adv* 1. heftig, kräftig; 2. unverdrossen, unermüdlich, zäh; ▶ **~ by** dicht dabei; **~ up** in arger Bedrängnis, in großer Not; **~ upon** dicht auf den Fersen; **be ~ put to s.th.** mit etw seine Schwierigkeiten haben; **be ~ up** sehr knapp sein *(for* an); **die ~** ein zähes Leben haben; **run s.o. ~** jdm dicht auf den Fersen sein; **try ~** sich große Mühe geben; **work ~** schwer, tüchtig arbeiten; **it will go ~** es wird Schwierigkeiten geben; **it comes ~ to ...** es ist

schwierig zu ... **it goes ~ with him** es fällt ihm schwer zu; **she's taking it ~** sie trägt es schwer; **~ of hearing** schwerhörig; **~ hit** schwer be-, getroffen.
hard-back ['hɑːdbæk] *typ* gebundene Ausgabe; **hard-bit·ten** [,hɑːd'bɪtn] *adj* abgebrüht; **hard·board** ['hɑːdbɔːd] Preßspanplatte *f;* **hard-boiled** [,hɑːd'bɔɪld] *adj* 1. *(Ei)* hartgekocht; 2. *fig fam* hartgesotten, kalt berechnend; nüchtern; **hard core** 1. Schotter *m;* 2. *fig* harter Kern; 3. harter Porno; **hard currency** harte Währung; **hard disk** *EDV* Festplatte *f;* **hard drink, liquor** scharfes Getränk; **hard drinker** starke(r) Trinker(in); **hard drug** harte Droge; **hard-earned** [,hɑːd'ɜːnd] *adj (Lohn)* sauer verdient; *(Sieg)* hart erkämpft.
harden ['hɑːdn] **I** *tr* 1. härten; 2. *(Zement)* abbinden; 3. abhärten, stählen; 4. *fig* stärken, festigen; 5. hart, streng, unerbittlich machen; ▶ **become ~ed** abgehärtet werden *(to* gegen); **~ed criminal** Gewohnheitsverbrecher(in) *m (f);* **II** *itr* 1. hart werden *a. fig;* 2. *fig* streng, unerbittlich werden; 3. *(Preise)* anziehen.
hard feel·ings [,hɑːd'fiːlɪŋz] *pl* ▶ **no ~** nichts für ungut; **hard-fought** [,hɑːd'fɔːt] *adj* erbittert; hart; **hard-hearted** [,hɑːd'hɑːtɪd] *adj* hartherzig; **hard labour** Zwangsarbeit *f;* **hard line** unnachgiebige, harte Haltung; ▶ **take a ~** e-n harten Kurs einschlagen; **hard-liner** [,hɑːd'laɪnə(r)] Hardliner *m.*
hard·ly ['hɑːdlɪ] *adv* 1. (nur) mit Mühe; 2. kaum, fast nicht; ▶ **~ any** fast kein; **~ ever** kaum je(mals), fast nie.
hard·ness ['hɑːdnɪs] 1. Härte *f;* 2. Strenge *f;* 3. Schwierigkeit *f.*
hard sell ['hɑːd,sel] aggressive Verkaufstaktik; Hardsell *m.*
hard·ship ['hɑːdʃɪp] 1. Mühsal, Plage, Härte *f;* 2. Not(lage), Bedrängnis, schwierige Lage *f;* 3. *pl* schwierige Umstände *m pl.*
hard shoul·der [,hɑːd'ʃəʊldə(r)] *Br (Autobahn)* Rand-, Seitenstreifen *m;* **hard·top** ['hɑːdtɒp] *mot* Hardtop *n* od *m;* **hard·ware** ['hɑːdweə(r)] 1. Eisen-, Stahlwaren *f pl;* 2. *EDV* Hardware *f;* **hard-wear·ing** [,hɑːd'weərɪŋ] *adj* strapazierfähig; **hard·wood** ['hɑːdwʊd] Hartholz *n;* **hard-work·ing** [,hɑːd'wɜːkɪŋ] *adj* arbeitsam, emsig, fleißig.
hardy ['hɑːdɪ] *adj* 1. ausdauernd, zäh, unempfindlich, abgehärtet; mutig; 2. *bot* winterfest.
hare [heə(r)] Hase *m;* ▶ **be mad as a (March) ~** *fam* total verrückt sein; **run with the ~ and hunt with the hounds** *prov* auf beiden Schultern Wasser tragen; **hare-brained** ['heəbreɪnd] *adj*

verrückt; **hare·lip** ['heəlɪp] *med* Hasenscharte *f.*

harem ['hɑːriːm] Harem *m.*

hark [hɑːk] *itr* lauschen; ▶ ~! horch! ~ **at s.o.** jdn anhören; ~ **back to** *fig* zurückdenken, -gehen auf.

harm [hɑːm] I *s* 1. Schaden *m;* Verletzung *f;* 2. Nachteil *m;* ▶ **do** ~ Schaden anrichten; **do** ~ **to s.o.** jdn verletzen; jdm schaden; **mean no** ~ es nicht böse meinen; **there's no** ~ **in trying** es kann nichts schaden, wenn man's mal versucht; II *tr* 1. verletzen; 2. Schaden zufügen (*s.o.* jdm); **harm·ful** ['hɑːmfl] *adj* schädlich, nachteilig; **harm·less** [—lɪs] *adj* harmlos, unschädlich.

har·monic [hɑːˈmɒnɪk] I *adj* harmonisch *a. mus;* II *s mus* Oberton *m;* **har·mon·ica** [hɑːˈmɒnɪkə] Mundharmonika *f;* **har·moni·ous** [hɑːˈməʊnɪəs] *adj* harmonisch; **har·mo·nium** [hɑːˈməʊnɪəm] Harmonium *n;* **har·mon·ize** ['hɑːmənaɪz] I *tr* 1. harmonisieren; 2. in Einklang, *fig* auf einen Nenner bringen; II *itr* in Einklang sein; harmonisieren; übereinstimmen; **har·mony** ['hɑːmənɪ] Harmonie *f a. mus,* Einklang *m;* ▶ **be in** ~ in Einklang stehen; auskommen (*with* mit).

har·ness ['hɑːnɪs] I *s* 1. (Pferde)Geschirr *n;* 2. Gurtwerk *n;* Laufgurt *m;* ▶ **be back in** ~ wieder bei der Arbeit sein; II *tr* 1. (*Pferd*) anschirren; 2. (*Naturkraft*) nutzbar machen.

harp [hɑːp] I *s* Harfe *f;* II *itr fig* herumreiten (*on, upon* auf); jammern, lamentieren.

har·poon [hɑːˈpuːn] I *s* Harpune *f;* II *tr* harpunieren.

har·row ['hærəʊ] Egge *f;* **har·row·ing** [—ɪŋ] *adj* erschütternd, grauenhaft.

harsh [hɑːʃ] *adj* 1. rauh; 2. grell; 3. schrill; 4. roh; hart.

hart [hɑːt] Hirsch *m.*

harum-scarum [ˌheərəmˈskeərəm] *adj, adv* eilig; Hals über Kopf.

har·vest ['hɑːvɪst] I *s* 1. Ernte(zeit) *f;* 2. Ernte *f,* (Ernte)Ertrag *m;* ▶ **bad** ~ Mißernte *f;* II *tr* ernten, einbringen; III *itr* ernten *a. fig;* **har·vester** ['hɑːvɪstə(r)] 1. Mähmaschine *f; (combine* ~*)* Mähdrescher *m;* 2. Erntearbeiter(in) *m (f);* **harvest festival** Erntedankfest *n;* **harvest moon** Vollmond *m (im September).*

has [həz, *betont:* hæz] 3. *Person Singular Präsens von* have; **has-been** ['hæzbiːn] *fam* Größe *f* von gestern.

hash [hæʃ] I *tr (Fleisch)* hacken; ▶ ~ **up** durcheinanderbringen; II *s* 1. Haschee *n;* 2. *fam fig* aufgewärmte Geschichte; 3. Durcheinander *n;* ▶ **make (a)** ~ **of** vermasseln.

hash·ish ['hæʃiːʃ] Haschisch *n.*

hasn't ['hæznt] = has not.

has·sle ['hæsl] I *tr* ärgern, belästigen; II *s* 1. Auseinandersetzung *f;* 2. *fam* Mühe *f;* ▶ **it's such a** ~ das ist so mühsam.

haste [heɪst] Hast, Eile *f;* ▶ **make** ~ sich beeilen; **more** ~ **less speed** eile mit Weile; **hasten** ['heɪsn] I *tr* beschleunigen; ▶ **he** ~**ed to say** er sagte schnell; II *itr* (sich be)eilen; **hasty** ['heɪstɪ] *adj* 1. eilig, schnell; 2. hastig, überhastet, voreilig; 3. hitzig.

hat [hæt] Hut *m;* ▶ **keep s.th. under one's** ~ etw für sich behalten; **pass round the** ~ Geld (ein)sammeln (*for* für); **take one's** ~ **off** den Hut abnehmen (*to* vor); **talk through one's** ~ *fam* Unsinn reden; **I'll eat my** ~ **if ...** ich fresse einen Besen, wenn ... **my** ~! glaubste!

hatch[1] [hætʃ] I *tr* 1. ausbrüten *a. fig;* 2. *fig* ausdenken, *pej* aushecken; II *itr* 1. brüten; 2. *(aus dem Ei)* ausschlüpfen; III *s* 1. Brüten *n;* 2. Brut *f.*

hatch[2] [hætʃ] 1. Klapp-, Falltür *f a. mar;* 2. *(Flugzeug)* Einstieg *m;* Luke *f;* 3. Durchreiche *f;* ▶ **down the** ~! *fam* hoch die Tassen!

hatch[3] [hætʃ] *tr* schraffieren.

hatch·back ['hætʃbæk] *mot* Fließheck-, Schrägheckmodell *n;* Hecktür *f.*

hatchet ['hætʃɪt] Beil *n;* ▶ **bury the** ~ *fig* das Kriegsbeil begraben; **hatchetface** scharfgeschnittenes Gesicht; **hatchet man** ⟨*pl* -men⟩ gedungener Mörder; *fig* Vollstreckungsbeamte(r) *m.*

hatch·ing ['hætʃɪŋ] Schraffur, Schraffierung *f.*

hate [heɪt] I *tr* 1. hassen, verabscheuen; 2. nicht mögen; ▶ ~ **to do, doing s.th.** etw nicht gern, ungern tun; etw mit Bedauern tun; einem sehr peinlich sein, etw zu tun; II *s* Haß *m;* ▶ **he is my pet** ~ ich kann ihn auf den Tod nicht ausstehen; **hate·ful** ['heɪtfl] *adj* ekelhaft; **hatred** ['heɪtrɪd] 1. Haß *m;* 2. Abscheu, Ekel *m (of* vor).

hat·ter ['hætə(r)] Hutmacher(in) *m (f);* ▶ **as mad as a** ~ total verrückt.

hat-trick ['hættrɪk] *sport* Hattrick, Hat-Trick *m.*

haughty ['hɔːtɪ] *adj* stolz, hochmütig, anmaßend.

haul [hɔːl] I *tr* 1. ziehen, zerren (*at, upon* an); 2. (be)fördern, transportieren; 3. *min* fördern; 4. *mar* den Kurs ändern (*a ship* e-s Schiffes); ▶ ~ **s.o. over the coals** jdn abkanzeln; II *s* 1. Ziehen, Zerren *n;* 2. Fisch-, Beutezug *m;* 3. Fang *m,* Beute *f;* 4. Transportweg *m;* ▶ **make a good** ~ reiche Beute machen; **short, long** ~ kurzer, weiter Weg (*to* nach); **short, long, medium** ~ **aircraft** Kurz-, Lang-, Mittelstreckenflugzeug *n;* III *(mit Präposition)* **haul away** *itr* kräftig ziehen (*at* an); ▶ ~ **away!** hau ruck! **haul down** *tr* 1. *(Flagge)* einziehen, niederholen; **2.** herunterziehen; **haul off** *itr mar* abdrehen; **haul up** *tr* **1.** hochziehen; *(Segel)* hissen; **2.** *fig* schleppen *(before* vor).

haul·age ['hɔːlɪdʒ] **1.** Beförderung *f;* Transport *m;* **2.** *min* Förderung *f;* **3.** Beförderungs-, Transportkosten *pl;* Rollgeld *n;* **haulage business, firm** Transportunternehmen *n,* Speditionsfirma *f;* **haulage contractor** Transportunternehmer *m.*

hauler, haul·ier ['hɔːlə(r), 'hɔːlɪə(r)] Spediteur *m.*

haunch [hɔːntʃ] **1.** Huftpartie *f;* Gesäß *n;* **2.** Lendenstück *n,* Keule *f.*

haunt [hɔːnt] **I** *tr* **1.** häufig besuchen; **2.** (dauernd) verfolgen; **3.** *(Erinnerung)* haften an; **4.** *(Gespenst)* umgehen in; **II** *s* häufig besuchter Ort; gewöhnlicher Aufenthalt(sort); **haunt·ed** [—əd] *adj* ▶ **a ~ house** ein Spukhaus *n,* in dem es spukt; **a ~ look** ein gequälter Blick; **haunt·ing** [—ɪŋ] *adj* quälend; *(Melodie, Dichtung)* eindrucksvoll.

have [həv, *betont:* hæv] ⟨*irr* has, had, had⟩ **I** *tr* **1.** haben *(about one* bei sich; *on one* bei, an sich); **2.** haben, wissen *(from* von); **3.** haben, besitzen; **4.** wissen, können, verstehen; **5.** versichern, behaupten; **6.** bekommen, erhalten, *fam* kriegen; **7.** lassen, zulassen, erlauben, gestatten; **8.** betrügen, reinlegen; ▶ **~ a bath** ein Bad nehmen; **~ a cold** erkältet sein; **~ to do with s.o., s.th.** mit jdm, e-r S zu tun haben; **~ no doubt** nicht (be)zweifeln; **~ a game** ein Spiel machen; **~ it** (beim Spiel) gewonnen haben; sich erinnern; **~ it in for s.o.** jdn auf dem Kieker haben; **~ a look** mal sehen, schauen, gucken; **~ a swim** schwimmen, baden; **~ tea** Tee trinken; **~ a walk** spazierengehen; **you ~ it so** ist's; **you've been had!** *fam* da hat man dich über's Ohr gehauen! **let him ~ it!** *fam* gib's ihm! **he's had it** er ist erledigt; **thank you for having me** vielen Dank für Ihre Gastfreundschaft; **II** *aux* **1.** *(zur Bildung der Vergangenheit)* haben; *(bei Verben der Bewegung)* sein; **2.** *(modal, mit Infinitiv)* müssen; ▶ **he has seen,** **gone** er hat gesehen, er ist gegangen; **~ been** gewesen sein; **he has been living there** er hat da gewohnt; **~ done** fertig sein; **~ got** haben; **you ~ taken it,** **haven't you?** du hast das doch genommen, oder? **you haven't taken it, ~** **you?** du hast es doch nicht genommen, oder? **you ~ to do it** du mußt das machen; **I don't ~ to if I don't want to** wenn ich nicht will, muß ich es nicht machen; **you had better go** du gehst jetzt besser; **what would you ~ me do?** was soll(te) ich denn machen? **III** *(mit Präposition)* **have around** *tr* zu Besuch haben; einladen; ▶ **you are a good per-**

son to **~ around** es ist praktisch, wenn du da bist; **have back** *tr* zurückbekommen; **have in** *tr* **1.** hereinholen; **2.** hineintun; **3.** im Haus haben; ▶ **~ it in for** s.o. jdn auf dem Kieker haben; **have off** *tr* **1.** wegbringen, -schaffen; **2.** auswendig gelernt haben; ▶ **~ it off with s.o.** *sl* mit jdm schlafen; **have on 1.** *(Kleidung)* anhaben; **2.** *(Radio)* anhaben; **3.** vorhaben; **4.** *sl* beschummeln; auf den Arm nehmen; ▶ **~ s.th. on s.o.** gegen jdn eine Handhabe haben; **have out** *tr* herausnehmen lassen; hinausschaffen; ▶ **~** **it out with s.o.** sich mit jdm aussprechen; **have over** *itr* zu Besuch haben; einladen; **have up** *itr* be had up vor den Richter kommen *(for* wegen).

ha·ven ['heɪvn] *fig* Zufluchtsort *m,* Oase *f.*

have-not ['hævnɒt] *fam* Habenichts *m.*

haven't ['hævnt] = *have not.*

haves [hævz] *pl fam* Betuchte, reiche Leute *pl.*

havoc ['hævək] Chaos *n;* ▶ **wreak ~ on,** **make ~ of, play ~ with** verheerend wirken auf; durcheinanderbringen.

haw [hɔː] *s. hum.*

Ha·waii [hə'waɪiː] Hawaii *n;* **Ha·wai·** **ian** [hə'waɪjən] **I** *adj* hawaiisch, Hawaii-; **II** *s* **1.** Hawaiianer(in) *m (f);* **2.** (das) Hawaiisch(e).

hawk[1] [hɔːk] **1.** Habicht *m;* Sperber *m;* Falke *m;* **2.** *fig pol* Falke *m.*

hawk[2] [hɔːk] *tr* hausieren mit; feilbieten; ausschreien; ▶ **~ about** verbreiten, ausposaunen.

hawker ['hɔːkə(r)] Straßenhändler(in); Hausierer(in); Marktschreier(in) *m (f).*

hawk-eyed [,hɔːk'aɪd] *adj* mit scharfen Augen; scharfsichtig.

haw·ser ['hɔːzə(r)] *mar* Tau, Kabel *n,* Trosse *f.*

haw·thorn ['hɔːθɔːn] *bot* Weiß-, Hagedorn *m.*

hay [heɪ] Heu *n;* ▶ **make ~** Heu machen; **hit the ~** *fam* schlafen gehen; **make ~ while the sun shines** *prov* das Eisen schmieden, solange es heiß ist; **hay·cock, hay·rick, hay·stack** ['heɪkɒk, 'heɪrɪk, 'heɪstæk] Heuhaufen *m;* **hay fever** Heuschnupfen *m;* **hay·** **wire** ['heɪwaɪə(r)] *adj* ▶ **be ~** durcheinander sein; **go ~** durcheinandergeraten; *(Mensch)* durchdrehen, wahnsinnig werden; *(Maschine)* verrückt spielen.

haz·ard ['hæzəd] **I** *s* **1.** Risiko *n,* Gefahr *f;* **2.** *sport* Hindernis *n;* ▶ **at all ~s** unter allen Umständen; **by ~** durch Zufall; **occupational ~** Berufsrisiko *n;* **II** *tr* aufs Spiel setzen *(s.th. on* etw für); wagen, riskieren; ▶ **~ a guess** wagen, eine Vermutung anstellen; **haz·ard·ous** ['hæzədəs] *adj* gewagt, gefährlich, riskant; **hazard (warning) lights** *pl mot* Warnlichtanlage *f.*

haze [heɪz] 1. Dunst, leichter Nebel *m;* 2. *fig* Verwirrtheit *f;* Unklarheit *f.*
hazel ['heɪzl] I *s* Haselnuß(strauch *m*) *f;* II *adj* nußbraun; **hazel·nut** ['heɪzlnʌt] Haselnuß *f.*
hazy ['heɪzɪ] *adj* 1. dunstig, diesig; 2. verschwommen, vage, unklar (*about* über).
he [hiː] I *prn* er; ▶ ~ **who** derjenige, welcher; II *s* Männchen *n;* ▶ **the baby is a** ~ das Baby ist ein Junge; **he'll** [hiːl] = *he shall; he will;* **he's** [hiːz] = *he is; he has.*
head [hed] I *s* 1. Kopf *m;* 2. *fig* Vernunft *f,* Verstand, Kopf *m;* 3. (*pl* ~) (*Vieh*) Stück *n;* 4. Haupt *n,* (An)Führer(in), Chef(in), Direktor(in) *m (f);* 5. Führung, Leitung, führende Stellung, Spitze *f (e-r Organisation);* 6. ober(st)er Teil, oberes Ende, Spitze *f;* 7. (Baum)Wipfel *m,* Krone *f;* 8. Schaum(krone *f*) *m (auf dem Bier);* 9. (Kohl-, Salat)Kopf *m;* 10. (Stecknadel)Kopf *m; (Nagel)* Kopf *m;* 11. vorderes Ende, Spitze *f; (Schiff)* Bug *m; (Bett)* Kopfende *n;* 12. Landspitze *f,* Kap, Vorgebirge *n;* 13. Quelle *f;* Mühlteich *m;* Wasserstand *m;* 14. Schlagzeile *f;* (Kapitel)Überschrift *f;* 15. Rubrik, Kategorie *f;* 16. Abschnitt *m,* Kapitel *n,* Hauptteil *m;* 17. Thema *n,* (Haupt)Punkt *m;* 18. *fig* Höhe-, Wendepunkt *m,* Krisis *f;* 19. *sl* Junkie *m sl;* ▶ **a, per** ~ pro Kopf; **at the** ~ **of** an der Spitze *gen;* oben, am oberen Ende *gen;* **by a short** ~ (*Pferderennen a. fig*) um e-e Kopflänge; ~ **first, foremost** kopfüber; ~ **over heels** kopfüber; *fig* bis über die Ohren (*verliebt*); *fig* Hals über Kopf; **be off, out of one's** ~ aus dem Häuschen sein; den Verstand verloren haben; **be** ~ **and shoulders above s.o.** *fig* weit über jdm stehen; **bring to a** ~ zur Entscheidung bringen; **come to a** ~ (*Geschwür*) reif werden; *fig* sich zuspitzen; zum Krach kommen; **go to the** ~ (*Getränk*) zu Kopf steigen *a. fig;* **go over s.o.'s** ~ über jds Kopf hinweg handeln; **have a** ~ **for business** einen guten Geschäftssinn haben; **have a** ~ **for figures** mathematisch begabt sein; **have a** ~ **for heights** schwindelfrei sein; **have a poor** ~ **for** keine Begabung haben für; **keep one's** ~ **above water** sich über Wasser halten; **put one's** ~s **together** *fig* die Köpfe zusammenstecken; **lose one's** ~ *fig* den Kopf verlieren; **be unable to make** ~ **or tail of** nicht schlau werden aus; **put s.th. into s.o.'s** ~ jdm etw in den Kopf setzen; **put s.th. out of one's, s.o.'s** ~ sich etw aus dem Kopf schlagen; jdn von etw abbringen; **shake one's** ~ den Kopf schütteln (*at* zu); **take the** ~ die Führung übernehmen; **take it into one's** ~ sich etw in den Kopf setzen; **laugh one's** ~

off sich fast totlachen; **talk one's** ~ **off** sich dumm u. dämlich reden; **turn s.o.'s** ~ *fig* jdm den Kopf verdrehen; **my** ~ **is spinning** mir dreht sich alles; ~(**s) or tail(s)?** Kopf oder Wappen (*e-r Münze*); **top of the** ~ Scheitel *m;* ~ **of the department** Abteilungsleiter(in) *m (f);* ~ **of the government** Regierungschef(in) *m (f);* ~ **of hair** (Haar)Schopf *m;* ~ **of a letter** Briefkopf *m;* II *adj* hauptsächlich; Haupt-, Ober-; Spitzen-; III *tr* 1. (an)führen, an der Spitze stehen *od* gehen (*s.th.* e-r S); vorstehen (*s.th.* e-r S); 2. als erster stehen (*a list* auf e-r Liste); der Erste sein (*a class* in e-r Klasse); 3. steuern, lenken; 4. mit e-r Überschrift versehen; 5. *sport (Ball)* köpfen; IV *itr* sich bewegen, fahren (*for* in Richtung auf); ▶ **where are you** ~**ed?** wo wollen Sie hin? V (*mit Präposition*) **head back** *itr* zurückgehen, -fahren; **head for** *itr* 1. (*Schiff*) Kurs halten auf; 2. *a. fig* auf dem Weg sein zu, zusteuern auf; **head off** *tr* abfangen; *fig* abwenden; ablenken; **head up** *tr* leiten, führen.
head·ache ['hedeɪk] 1. Kopfweh *n,* Kopfschmerzen *m pl a. fam fig;* 2. *fam* Sorgen *f pl;* Schwierigkeit *f;* ▶ **have a bad** ~ schlimme Kopfschmerzen haben; **head·band** ['hedbænd] Stirnband *n;* **head·dress** ['heddres] Kopfputz *m;* **header** ['hedə(r)] 1. (*Fußball*) Kopfball *m;* 2. Kopfsprung *m;* 3. *EDV* Kopfzeile *f;* **head·first** ['hed'fɜːst] *adv* 1. mit dem Kopf voraus; 2. *fig* geradewegs; **head·hunter** Kopfjäger *m.*
head·ing ['hedɪŋ] 1. *typ* Titel *m,* Überschrift *f,* Kopf *m;* 2. *com* Posten *m,* Position *f;* 3. *sport* Köpfen *n.*
head·land ['hedlənd] Landzunge *f;* **head·less** ['hedlɪs] *adj* kopflos; **head·light, head·lamp** ['hedlaɪt, 'hedlæmp] Scheinwerfer *m;* **head·land** [ˌhedlænd] Landspitze *f;* **head·line** ['hedlaɪn] 1. *typ* Schlagzeile *f;* 2. *pl* (das) Wichtigste in Schlagzeilen; ▶ **hit, make the** ~s Schlagzeilen machen; **head·long** ['hedlɒŋ] *adj, adv* 1. kopfüber; 2. überstürzt, übereilt; **head·mas·ter** [ˌhed'mɑːstə(r)] (*Schule*) (Di)Rektor, Schulleiter *m;* **head·mistress** [ˌhed'mɪstrɪs] (*Schule*) (Di)Rektorin, Schulleiterin *f;* **head-of-state** [ˌhedəf'steɪt] Staatsoberhaupt *n;* **head·office** Hauptbüro *n,* Zentrale *f;* **head·on** [ˌhed'ɒn] *adj, adv* 1. (*Zusammenstoß*) frontal, Frontal-; 2. (*Konfrontation*) direkt; ▶ ~ **collision** Frontalzusammenstoß *m;* **head·phones** ['hedfəʊnz] *pl* Kopfhörer *m pl;* **head·quar·ters** [ˌhed'kwɔːtəz] *pl oft mit sing* 1. Hauptquartier *n;* 2. Zentrale *f,* Stammhaus *n;* Hauptgeschäftsstelle *f;* 3. Parteizentrale *f;* ▶ **police** ~ Polizeidi-

rektion *f;* **head·rest** ['hedrest], **head·re·straint** ['hedrɪˌstreɪnt] Kopfstütze *f;* **head·room** ['hedrʊm] lichte Höhe; *mot* Kopfraum *f;* **head·scarf** [ˌhedskɑ:f] ⟨*pl* —scarves⟩ [—skɑ:vz] Kopftuch *n;* **head·set** ['hedset] Kopfhörer *m pl;* **head·ship** [ˌhedʃɪp] Schulleiterstelle *f;* **head·shrinker** ['hedˌʃrɪŋkə(r)] *sl* Psychiater *m;* **head start** *fig* Vorsprung *m;* **head·stone** ['hedstəʊn] Grabstein *m;* **head·strong** ['hedstrɒŋ] *adj* eigenwillig; **head waiter** Oberkellner *m;* **head·way** ['hedweɪ] ▶ **make** ~ vorwarts-, voràn-kommen *a. fig; fig* Fortschritte machen; **head·wind** ['hedwɪnd] Gegenwind *m;* **head·word** ['hedwɜ:d] *(Wörterbuch)* Stichwort *n.*

heady ['hedɪ] *adj* **1.** eigenwillig, impulsiv; **2.** *(Getränk)* berauschend *a. fig.*

heal [hi:l] **I** *tr* **1.** heilen; befreien *(von Kummer, Ärger);* **2.** *(Streit)* beilegen; **II** *itr* (~ *over)* (zu)heilen.

health [helθ] Gesundheit(szustand *m) f;* ▶ ~ **and safety regulations** *pl* Arbeitsschutzvorschriften *pl;* ~ **and safety standards** *pl* Arbeitsschutz *m;* **be in poor** ~ kränklich sein; **drink (to) s.o.'s** ~ auf jds Wohl trinken; **your** ~ˌ **good** ~! zum Wohl! **health centre** Ärztezentrum *n;* **health certificate** ärztliches Attest; **health club** Fitness-Center *n;* **health food** Natur-, Reformkost *f;* **health food shop** Naturkostladen *m;* **health hazard** Gefahr *f* für die Gesundheit; **health insurance** Krankenversicherung *f;* **health resort** Kurort *m;* **Health Service** *Br* (das) Gesundheitswesen; **healthy** ['helθɪ] *adj* **1.** gesund; **2.** zuträglich; **3.** natürlich.

heap [hi:p] **I** *s* Haufen *m;* ▶ **a** ~ **of**, ~**s** *fam* ein Haufen, e-e Menge, viel *(of money* Geld); **in** ~**s** in Haufen, haufenweise; ~**s of times** *fam* mächtig oft; **be struck, be knocked all of a** ~ *fam* (völlig) platt, ganz verblüfft sein; **II** *tr* **1.** (~ *up, together)* an-, aufhäufen; **2.** *fig* überhäufen *(with praise* mit Lob).

hear [hɪə(r)] ⟨*irr* heard, heard⟩ [hɜ:d] **I** *tr* **1.** hören *(of* von; *doing, do* tun); **2.** anhören; **3.** zuhören *(s.th.* e-r S); **4.** achtgeben auf; zur Notiz, zur Kenntnis nehmen; **5.** erfahren; **6.** *jur* verhandeln; *(Zeugen)* vernehmen; verhören; ▶ ~ **out** bis zu Ende anhören; **II** *itr* **1.** (zu)hören; **2.** erfahren *(of, about* von); **3.** Bescheid bekommen *(from* von); ▶ ~! ~! *parl* hört! hört! ausgezeichnet! bravo! **he won't** ~ **of it** er will davon nichts wissen; **let me** ~ **from you** lassen Sie von sich hören; **hear·ing** ['hɪərɪŋ] **1.** Gehör(sinn *m) n;* **2.** (An)Hören *n;* Anhörung *f;* **3.** *jur* Verhör *n,* Vernehmung *f;* Verhandlung *f;* **4.** Hörweite *f;* ▶ **within, out of** ~ in, außer Hörweite;

hard of ~ schwerhörig; **gain, get a** ~ sich Gehör verschaffen; **his** ~ **is poor** er hört schlecht; **hearing-aid** Hörgerät *n;* **hear·say** ['hɪəseɪ] Gerede, Gerücht *n;* ▶ **by, from** ~ vom Hörensagen.

hearse [hɜ:s] Leichenwagen *m.*

heart [hɑ:t] **1.** Herz *n a. fig;* **2.** *fig* Brust *f,* Busen *m;* **3.** (das) Innere, tiefste Gefühle *n pl,* Gedanken *m pl;* **4.** Mut *m,* Energie, Kraft *f;* **5.** Liebling, Schatz *m;* **6.** Mittelpunkt *m;* Hauptsache *f;* (das) Wesentliche, (der) Kern; **7.** *pl (Kartenspiel)* Herz *n;* ▶ **after one's own** ~ nach Herzenslust; **at** ~ im Innersten; im Grunde genommen; **by** ~ auswendig; **to one's** ~**'s content** nach Herzenslust; **with all one's** ~ von ganzem Herzen; **be near to s.o.'s** ~ jdm am Herzen liegen; **eat one's** ~ **out** vor Kummer vergehen; **get to the** ~ **of s.th.** e-r S auf den Grund kommen; **have a** ~ *fig* ein Herz haben; Verständnis haben; **not to have the** ~ **to** es nicht übers Herz bringen zu; **set one's** ~ **on** sein Herz hängen an; **take to** ~ sich zu Herzen nehmen; **wear one's** ~ **on one's sleeve** das Herz auf der Zunge haben; **he had his** ~ **in his mouth, boots** das Herz fiel ihm in die Hose; **don't lose** ~! verlier den Mut nicht! **heart·ache** ['hɑ:teɪk] Kummer *m;* **heart attack** *med* Herzanfall *m;* Herzinfarkt *m;* **heart·beat** ['hɑ:tbi:t] *physiol a. fig* Puls-, Herzschlag *m;* **heart·break** ['hɑ:tbreɪk] großer Kummer, Leid *n;* **heart·break·ing** ['hɑ:tbreɪkɪŋ] *adj* herzzerreißend; **heart·broken** ['hɑ:tˌbrəʊkən] *adj* untröstlich; **heart·burn** ['hɑ:tbɜ:n] Sodbrennen *n;* **heart disease** Herzleiden *n,* -krankheit *f;* **heart-failure** *med* Herzversagen *n;* **heart·felt** ['hɑ:tfelt] *adj* aufrichtig; tief empfunden.

hearth [hɑ:θ] **1.** Feuerstelle *f;* Kamin *m;* **2.** *fig* (häuslicher) Herd *m;* ▶ ~ **and home** Haus und Herd; **hearth-rug** Kaminvorleger *m.*

heart·ily ['hɑ:tɪlɪ] *adv* herzhaft, tüchtig; sehr; **heart·less** ['hɑ:tlɪs] *adj* herzlos; **heart-rend·ing** ['hɑ:tˌrendɪŋ] *adj* herzzerreißend; **heart·strings** ['hɑ:tstrɪŋz] *pl* ▶ **tug at s.o.'s** ~ jdn zutiefst bewegen, jdn rühren; **heart-throb** *fam* Schwarm *m;* **heart-to-heart** **I** *adj* offenherzig; **II** *s* freimütiges Gespräch; **heart transplant** *med* Herztransplantation *f;* **heart-warm·ing** ['hɑ:tˌwɔ:mɪŋ] *adj* tröstlich; erfreulich; **hearty** ['hɑ:tɪ] *adj* **1.** herzlich; **2.** tüchtig, gesund; **3.** *(Essen)* reichlich; **4.** *fam* lärmend, lustig.

heat [hi:t] **I** *s* **1.** Hitze *f; phys* Wärme *f; (von Speise)* Schärfe *f;* **2.** *fig* Erregung *f,* Eifer *m,* Leidenschaft *f;* **3.** *fam* Druck *m;* Gefahr *f;* **4.** Brunst, Brunft *f;* **5.** (Vor)Runde, Vorentscheidung *f;* ▶ **in,**

on ~ brünstig, läufig; **in the ~ of the debate** in der Hitze, im Eifer des Gefechts; **dead** ~ unentschiedenes Rennen; **final** ~ *sport* Ausscheidungskampf *m;* **II** *tr* erhitzen *a. fig;* heiß, warm machen; heizen; beheizen; **III** *(mit Präposition)* **heat up** *tr* erwärmen; warm machen; *fig* anheizen; *itr* warm werden; *(Motor)* heißlaufen; **heat·ed** ['hiːtɪd] *adj* 1. geheizt; beheizt; 2. *fig* hitzig, erregt; ▶ **get** ~ sich erhitzen; **heat·ed·ly** ['hiːtɪdlɪ] *adv* in Erregung, hitzig; **heater** ['hiːtə(r)] Ofen *m;* Heizkörper *m; (Auto)* Heizung *f;* **heat exchanger** ['hiːtəks͵tʃeɪndʒə(r)] *tech* Wärmetauscher *m;* **heat pump** *tech* Wärmepumpe *f;* **heat shield** *tech* Hitzeschutzschild *m.*

heath [hiːθ] Heide *f.*

hea·then ['hiːðn] 1. Heide *m;* 2. *fam* Barbar *m;* **hea·then·ish** ['hiːðənɪʃ] *adj* heidnisch.

heather ['heðə(r)] Heide(kraut *n)*, Erika *f.*

heat·ing ['hiːtɪŋ] 1. Heizung *f;* 2. (Be)Heizen *n; (Materien)* Erwärmung *f;* **heating engineer** Heizungsinstallateur(in) *m (f);* **heating system** 1. Heizungssystem *n;* 2. Heizungsanlage *f.*

heat·re·sis·tant, **heat·re·sisting** ['hiːtrɪ͵zɪstənt] *adj* hitzebeständig; **heat shield** Hitzeschild *m;* **heat·stroke** ['hiːtstrəʊk] Hitzschlag *m;* **heat treatment** *tech med* Wärmebehandlung *f;* **heat·wave** ['hiːtweɪv] Hitzewelle *f.*

heave [hiːv] ⟨*mar irr* hove, hove⟩ **I** *tr* 1. (an-, hoch)heben; schleppen; 2. *mar* hieven; 3. *(den Anker)* lichten; 4. *(Brust)* dehnen, weiten; 5. *(Seufzer)* ausstoßen; 6. *(Stein)* werfen; **II** *itr* 1. ziehen; 2. sich heben und senken, wogen; 3. hieven *(at* an); 4. *(Magen)* sich umdrehen; 5. *(Körper)* sich krümmen; 6. *mar (~ alongside)* längsseit gehen; **III** *s* 1. Heben *n;* 2. Wogen, Anschwellen *n;* 3. *geol* Verschiebung *f;* **IV** *(mit Präposition)* **heave to** *mar* beidrehen; abstoppen; **heave up** *itr* sich übergeben; *tr* 1. hochhieven; hochstemmen; 2. *physiol* von sich geben.

heaven ['hevn] 1. *rel* Himmel *m;* 2. *pl* Firmament *n;* ▶ **H~** der Himmel, Gott *m;* **in** ~ im Himmel; **in (one's seventh)** ~ im siebten Himmel; **move** ~ **and earth** Himmel und Hölle in Bewegung setzen; **for ~'s sake!** um Himmels od Gottes willen! **good ~s!** du meine Güte! **thank ~!** Gott sei Dank! **heav·en·ly** ['hevnlɪ] *adj* 1. *rel* himmlisch *a. fig;* 2. *fig* wunderbar; ▶ **~ bodies** *pl* Himmelskörper *m pl;* **heav·en·sent** ['hevn͵sent] *adj* ideal, wie gerufen, ein Geschenk des Himmels.

heavy ['hevɪ] **I** *adj* 1. schwer; 2. gewichtig, stark, fest; 3. heftig; stark; 4. grob,

dick, massiv; 5. schwer (zu ertragen), drückend, lästig, unangenehm, unerfreulich; 6. schwer (zu tun), anstrengend; 7. niedergedrückt, (tief) bekümmert; 8. *(Schlaf)* tief; 9. *(Speise)* schwer; 10. *(Geruch)* durchdringend; 11. *(Himmel)* bedeckt; 12. *(Regen)* heftig; 13. *(Boden)* schwer; 14. *(Straße)* schlammig, schwer passierbar; 15. *(Verkehr)* stark; 16. schwerfällig; 17. *com (Absatz)* lebhaft; 18. *(Geldstrafe, Verluste, Steuern)* hoch; 19. *Am sl* prima; ▶ **with a ~ heart** schweren Herzens; **be ~ on oil** *mot tech* viel Öl verbrauchen; **make ~ weather of s.th.** etw unnötig erschweren; **a ~ sea** e-e schwere See; **II** *adv* schwer; **lie ~** *fig* schwer liegen, lasten *(on* auf); **time hangs ~ on his hands** die Zeit schleicht für ihn dahin; **III** *s* 1. *theat* Bösewicht *m;* 2. *fam* Schläger *m;* **heavy-duty** *adj* strapazierfähig; Hochleistungs-; **heavy-going** *adj* 1. mühsam; 2. nicht gesprächig; **heavy goods vehicle** Lastkraftwagen *m;* **heavy-handed** [͵hevɪ'hændɪd] *adj* unbeholfen, ungeschickt; **heavy-hearted** [͵hevɪ'hɑːtɪd] *adj* traurig, (nieder)gedrückt; **heavy water** schweres Wasser; **heavy-weight** ['hevɪweɪt] **I** *s* 1. *sport* Schwergewichtler *m;* 2. *fig fam* hohes Tier; **II** *adj* 1. *sport* Schwergewichts-; 2. *fig* einflußreich.

He·brew [hiːbruː] **I** *adj* hebräisch; **II** *s* 1. Hebräer(in) *m (f);* 2. (das) Hebräisch(e).

Heb·ri·des ['hebrɪdiːz] *pl* Hebriden *pl.*

heck [hek] *interj fam* verflixt!

heckle ['hekl] *tr* durch Zwischenrufe stören; **heck·ler** ['heklə(r)] Zwischenrufer(in) *m (f).*

hec·tic ['hektɪk] *adj* hektisch; ▶ **have a ~ time** keinen Augenblick Ruhe haben.

hecto·litre, *Am* **hecto·liter** ['hektəʊ͵liːtə(r)] Hektoliter *m.*

he'd [hiːd] = *he had; he would.*

hedge [hedʒ] **I** *s* 1. Hecke *f;* 2. *fig* Schutz *m;* **II** *tr* 1. mit e-r Hecke umgeben; 2. *fig* absichern; **III** *itr* ausweichen; **IV** *(mit Präposition)* **hedge about, around** *tr* 1. mit einer Hecke umgeben; 2. *fig* erschweren; einengen; **hedge in** *tr* 1. mit e-r Hecke umgeben; 2. *fig* behindern, in seiner Freiheit einengen; **hedge·hog** ['hedʒhɒg] Igel *m;* **hedge·row** ['hedʒrəʊ] Hecke *f.*

heebie-jeebies ['hiːbɪ'dʒiːbɪz] *pl fam* Angst *f;* ▶ **give s.o. the ~** jdm angst und bange machen.

heed [hiːd] **I** *tr (give, pay ~ to, take ~ of)* beachten; hören auf; **II** *s* Beachtung *f;* **heed·ful** ['hiːdfl] *adj* aufmerksam, behutsam; ▶ **be ~ of s.th.** auf etw achten, hören; **heed·less** [—lɪs] *adj* sorglos, leichtsinnig.

hee·haw ['hiːhɔː] **I** *s* Iah *n (des Esels);* **II** *itr* iahen.

heel [hi:l] **I** s **1.** Ferse f; **2.** (Schuh) Absatz m; unterster Teil; **3.** sl Schuft m; ▶ **at, (up)on** s.o.'s ~s jdm auf den Fersen; **down at** ~ schäbig, heruntergekommen; **bring to** ~ zum Gehorsam zwingen, fam kleinkriegen; **come to** ~ klein beigeben; **cool, kick one's** ~s fam sich die Beine in den Leib, Bauch stehen; warten müssen; Däumchen drehen; **kick up one's** ~s vor Freude tanzen; **show a clean pair of** ~s Fersengeld geben; **turn on one's** ~(s) sich plötzlich umdrehen; **II** tr **1.** mit Absätzen versehen; **2.** auf den Fersen folgen (s.o. jdm); **heel bar** Absatzbar f.

hef·ty ['heftɪ] adj **1.** schwer; **2.** stämmig.

heifer ['hefə(r)] Färse f.

height [haɪt] **1.** Höhe f a. geog astr fig; **2.** (Körper)Größe f; **3.** fig Höhepunkt m; **4.** (An)Höhe, Erhebung f; ▶ **at its** ~ auf seinem, ihrem Höhepunkt; **he is six feet in** ~ er ist 6 Fuß groß; ~ **of fashion** neueste Mode; **the** ~ **of folly** der Gipfel der Torheit; **heighten** ['haɪtn] tr meist fig erhöhen; verstärken.

hei·nous ['heɪnəs] adj abscheulich; schändlich.

heir [eə(r)] Erbe m (to, of s.o. jds) a. fig; ▶ **appoint s.o. one's** ~ jdn als Erben einsetzen; **become s.o.'s** ~ jdn beerben; **sole, universal** ~ Alleinerbe m; **heir-ess** ['eərɪs] Erbin f; **heir·loom** ['eəlu:m] Erbstück n.

heist [haɪst] Am sl Raubüberfall m.

held [held] v s. hold.

heli·cop·ter ['helɪkɒptə(r)] Hubschrauber, Helikopter m.

Heli·go·land ['helɪgəʊlænd] Helgoland n.

heli·port ['helɪpɔ:t] Hubschrauber-Landeplatz m.

he·lium ['hi:lɪəm] chem Helium n.

hell [hel] **I** s Hölle f a. fig; ▶ **go to** ~! scher dich zum Teufel! **what the** ~ **are you doing here?** was zum Teufel machen Sie denn hier? **a** ~ **of a noise** ein Höllenlärm; **for the** ~ **of it** fam nur zum Spaß; **like** ~ verdammt, sehr; nicht im mindesten; ~ **for leather** wie ein Wilder; **give s.o.** ~ jdm die Hölle heiß machen; **play** ~ **with s.o.** sl jdm übel mitspielen; auf jdn wütend sein; **he suffers** ~ **on earth** ihm ist das Leben zur Hölle geworden; **II** interj verdammt (noch mal)! ▶ **oh,** ~! verdammte Schweinerei!

he'll [hi:l] = he will; he shall.

hell-bent [,hel'bent] adj sl **1.** versessen, erpicht (on, for auf); **2.** verrückt (on, for nach); **hell-fire** Höllenfeuer n; (Strafe) Höllenqualen f pl; **hell·ish** ['helɪʃ] adj **1.** höllisch, teuflisch; **2.** fam entsetzlich; **hell·ish·ly** [—lɪ] adv fam verteufelt, verdammt.

hello [hə'ləʊ] interj hallo! ▶ **say** ~ **to**

your mother grüße deine Mutter von mir.

helm [helm] **1.** Steuer(rad, -ruder) n a. fig; **2.** fig Ruder n.

hel·met ['helmɪt] **1.** Helm m a. fig; **2.** (beim Fechten) Maske f; ▶ **crash** ~ Sturzhelm m.

helms·man ['helmzmən] ⟨pl -men⟩ Steuermann m.

help [help] **I** tr **1.** helfen, behilflich sein (s.o. jdm); **2.** förderlich sein (s.th. e-r S); fördern; ▶ ~ **s.o. to food** (bei Tisch) jdn bedienen; **I can't** ~ **it** ich kann nichts dafür; ich kann nichts daran ändern; **can I** ~ **you?** womit kann ich Ihnen dienen? kann ich Ihnen behilflich sein? **I can't** ~ **smiling** ich muß lächeln; **that can't be** ~ed das läßt sich nicht ändern; **so** ~ **me God!** so wahr mir Gott helfe! **II** refl sich selbst helfen; sich bedienen; wegnehmen; ▶ ~ **yourself!** bedienen Sie sich! **III** itr helfen; behilflich sein; nützlich sein; **IV** s **1.** Hilfe, Unterstützung f; **2.** Bedienung f; **3.** Hilfe f im Haushalt; **4.** Personal n; **V** (mit Präposition) **help out** itr aushelfen (with bei); tr helfen (s.o. jdm; with mit); **helper** ['helpə(r)] Helfer(in) m (f); **help·ful** ['helpfl] adj **1.** behilflich; **2.** nützlich; **help·ing** ['helpɪŋ] **I** s Portion f; ▶ **take a second** ~ sich noch einmal nehmen; **II** adj helfend, hilfreich; ▶ **give s.o. a** ~ **hand** jdm helfen; **help·less** ['helplɪs] adj hilflos.

hel·ter-skel·ter [,heltə'skeltə(r)] **I** adv Hals über Kopf; **II** s **1.** Durcheinander n; **2.** Br Rutschbahn f.

hem [hem] **I** s Saum m; ▶ **take the** ~ **up** (Kleid) kürzer machen; **II** tr säumen; **III** (mit Präposition) **hem about, hem in** tr einschließen, einkesseln; fig einengen.

he-man ['hi:mæn] ⟨pl -men⟩ echter Mann, männlicher Typ.

hemi·sphere ['hemɪsfɪə(r)] Hemisphäre f.

hem·line ['hemlaɪn] Rocklänge f.

hem·lock ['hemlɒk] bot Schierling m.

hemo . . . Am s. haemo . . .

hemp [hemp] **1.** Hanf m; **2.** Cannabis m.

hen [hen] **1.** Henne f, Huhn n; **2.** (Vogel)Weibchen n; **hen battery** Legebatterie f.

hence [hens] adv also; folglich, deshalb; ▶ **two years** ~ in zwei Jahren; **hence-forth, hence·for·ward** [,hens'fɔ:θ, ,hens'fɔ:wəd] adv nunmehr, in Zukunft.

hench·man ['hentʃmən] ⟨pl -men⟩ pej Kumpan m.

henna ['henə] **I** s **1.** bot Hennastrauch m; **2.** (Haarfärbemittel) Henna f; **II** tr mit Henna färben.

hen-party ['henpɑ:tɪ] fam Damenkränzchen n; pej Kaffeeklatsch m; **hen·peck** ['henpek] tr unter dem Pantoffel haben; ▶ **be** ~ed unter dem Pantoffel stehen;

a ~ed husband ein Pantoffelheld *m.*
hepa·ti·tis [ˌhepə'taɪtɪs] Hepatitis *f.*
her [hɜː(r)] *prn* 1. sie *acc;* ihr *dat;* 2.
(adjektivisch) ihr; ► **with ~ children
around** ~ mit ihren Kindern um sich;
it's ~ sie ist es.
her·ald ['herəld] I *s* 1. Herold *m;* 2. *fig*
(Vor)Bote *m;* II *tr* ankündigen.
her·al·dic [he'rældɪk] *adj* heraldisch;
her·aldry ['herəldrɪ] Wappenkunde *f.*
herb [hɜːb] (Heil)Kraut *n;* **her·ba·
ceous** [hɜː'beɪʃəs] *adj* krautig; ► ~
border Staudenrabatte *f;* **herb·al·ist**
['hɜːbəlɪst] Kräuterhändler(in) *m (f);*
Naturheilkundige(r) *f m;* **herbi·cide**
['hɜːbɪsaɪd] Herbizid *n.*
her·cu·lean [ˌhɜːkjʊ'liːən] *adj* herku-
lisch; ► a ~ **task** eine Herkulesarbeit.
herd [hɜːd] I *s* 1. Herde *f,* Rudel *n;* 2. *fig*
pej breite Masse, Menge *f;* II *tr* 1.
(Vieh) hüten, weiden; 2. (hinein)treiben
(into in); III *(mit Präposition)* **herd to-
gether** *itr* sich zusammendrängen; *tr* zu-
sammentreiben; **herd instinct** Her-
dentrieb *m;* **herds·man** ['hɜːdzmən]
〈*pl* -men〉 Hirt *m.*
here [hɪə(r)] I *adv* 1. hier(her); her; 2.
(zeitl.) an dieser Stelle, jetzt, nun; ► ~
and there hier(hin) und dort(hin); hier u.
da; ~, **there and everywhere** vielerorts;
neither ~ **nor there** unwichtig, unbe-
deutend; **come** ~! komm her! **look** ~!
sieh, schau mal (her)! hör zu! ~ **he
comes!** da kommt er (ja)! ~ **you are!**
bitteschön! da sind Sie ja! da haben Sie
es! ~ **goes!** auf! ~'s **to Peter!** auf Peters
Wohl! II *interj* hier! **here·abouts**
[ˌhɪərə'baʊts] *adv* hier herum; **here-
after** [hɪər'ɑːftə(r)] *adv* von jetzt an;
später; in Zukunft; ► **the** ~ das Jen-
seits; **here·by** [hɪə'baɪ] *adv* hiermit.
her·ed·itary [hɪ'redɪtrɪ] *adj* 1. (ver)erb-
lich; 2. *fig* überkommen; ► ~ **disease**
Erbkrankheit *f;* **her·ed·ity** [hɪ'redətɪ]
Erblichkeit *f a. biol;* Vererbung *f.*
here·in [ˌhɪər'ɪn] *adv* hierin; **here·of**
[hɪər'ɒv] *adv* hiervon.
her·esy ['herəsɪ] *rel* Ketzerei *f;* **her-
etic** ['herətɪk] Ketzer(in) *m (f);* **her-
eti·cal** [hɪ'retɪkl] *adj* ketzerisch.
here·upon [ˌhɪərə'pɒn] *adv* hierauf;
here·with [ˌhɪə'wɪð] *adv* hiermit.
heri·tage ['herɪtɪdʒ] Erbschaft *f;* Erbgut,
Erbe *n;* Erbrecht *n.*
her·maph·ro·dite [hɜː'mæfrədaɪt] I *s*
Zwitter *m a. bot* II *adj* zwittrig.
her·metic [hɜː'metɪk] *adj* hermetisch
(abgeschlossen); luftdicht; ► ~**ally
sealed** hermetisch abgeschlossen.
her·mit ['hɜːmɪt] Einsiedler, Eremit *m;*
her·mit·age [—ɪdʒ] Einsiedelei *f;*
hermit crab Einsiedlerkrebs *m.*
her·nia ['hɜːnɪə] *med* Bruch *m.*
hero ['hɪərəʊ] 〈*pl* heroes〉 Held *m;* **her-
oic** [hɪ'rəʊɪk] *adj* 1. heroisch; helden-

haft; heldenmütig; 2. hochtrabend.
her·oin ['herəʊɪn] Heroin *n;* **heroin ad-
dict** Heroinsüchtige(r) *f m.*
hero·ism ['herəʊɪzəm] Heldenhaftigkeit
f, -mut *m.*
heron ['herən] Reiher *m.*
her·pes ['hɜːpiːz] *med* Herpes *m.*
her·ring ['herɪŋ] 〈*pl* -ring(s)〉 Hering *m;*
► **red** ~ *fig* Ablenkungsmanöver *n;*
that's a red ~ das führt vom Thema ab;
her·ring·bone ['herɪŋbəʊn] 1. Fisch-
grätenmuster *n;* 2. *arch* Zickzackband
n; **herring gull** Silbermöwe *f.*
hers [hɜːz] *prn* ihre(r, s); der, die, das
ihre, ihrige; ► **a friend of** ~ e-r ihrer
Freunde, ein Freund von ihr; **the book
is** ~ das Buch gehört ihr.
her·self [hɜː'self] *prn* 1. sich *acc* u. *dat;*
2. *(betont)* (sie) selbst; ► **(all) by** ~
(ganz) allein; ohne Hilfe; **she's not** ~
today sie ist heute nicht wie sonst; **she'll
do it** ~ sie macht das selbst; **she** ~ **said**
it sie hat es selbst gesagt.
he's [hiːz] = *he is; he has.*
hesi·tant ['hezɪtənt] *adj* zögerlich;
hesi·tant·ly *adv* [—lɪ] zögerlich;
hesi·tate ['hezɪteɪt] *itr* 1. stocken; zau-
dern, zögern *(about doing, to do* zu
tun); 2. unsicher, unentschlossen, un-
schlüssig sein *(about, over* wegen);
hesi·ta·tion [ˌhezɪ'teɪʃn] 1. Unschlüs-
sigkeit, Unentschlossenheit *f;* 2. Zögern
n; ► **without a moment's** ~ ohne e-n
Augenblick zu zögern; **have no** ~ keine
Bedenken tragen *(in doing s.th.* etw zu
tun).
hes·sian ['hesɪən, *Am* 'heʃn] Rupfen *m,*
Sackleinwand *f.*
het·ero·gen·eous [ˌhetərə'dʒiːnɪəs] *adj*
verschiedenartig; heterogen.
het·ero·sex·ual [ˌhetərə'sekʃʊəl] I *adj*
heterosexuell; II *s* Heterosexuelle(r) *f
m.*
het-up [ˌhet'ʌp] *adj fam* aufgeregt, er-
regt.
hew [hjuː] 〈*irr* hewed, hewed *od* hewn〉
tr 1. hauen, schlagen; 2. (~ **down)**
(Baum) fällen; ► ~ **to pieces** in Stücke
schlagen; ~ **one's way** sich e-n Weg
bahnen; **hewer** ['hjuːə(r)] 1. (Holz-)
Hauer *m;* 2. *min* Häuer *m;* **hewn**
['hjuːn] *v s.* hew.
hex [heks] I *s Am sl* Zauber, Fluch *m;*
► **put a** ~ **on s.th.** etw verhexen; II *tr*
verhexen.
hexa·gon ['heksəgən] Sechseck *n;* **hex-
ag·onal** [heks'ægənl] *adj* sechseckig;
hex·am·eter [heks'æmɪtə(r)] Hexa-
meter *m.*
hey [heɪ] *interj* he! hei! hallo!
hey-day ['heɪdeɪ] Höhepunkt *m,* Glanz
zeit *f;* ► **in his** ~ in der Blüte seines
Lebens.
hey presto ['heɪ'prestəʊ] *adv* plötzlich;
sofort.

hi [haɪ] *interj fam* hallo!

hi·ber·nate ['haɪbəneɪt] *itr* Winterschlaf halten; **hi·ber·na·tion** [,haɪbə'neɪʃn] Winterschlaf *m.*

hi·bis·cus [hɪ'bɪskəs] *bot* Hibiskus, Eibisch *m.*

hic·cup, hic·cough ['hɪkʌp] I *itr* den Schluckauf haben; II *s* Schluckauf *m.*

hick [hɪk] *Am sl pej* Tölpel, Simpel *m.*

hidden ['hɪdn] I *v s.* hide¹; II *adj* verborgen; versteckt; verdeckt; ▶ ~ **assets** *pl* stille Rücklagen *f pl.*

hide¹ [haɪd] ⟨*irr* hid, hidden⟩ [hɪd, 'hɪdn] I *tr* 1. verstecken, verbergen (*from* vor); 2. verheimlichen (*from* vor); II *itr* sich verbergen, sich verstecken; III *s* Versteck *n (des Jägers);* IV *(mit Präposition)* **hide away** *itr* sich verstecken; *tr* verstecken; **hide out, up** *itr* sich verstecken; sich verborgen, versteckt halten.

hide² [haɪd] Haut *f,* Fell *n;* ▶ **save one's own** ~ die eigene Haut retten.

hide-and-seek [,haɪdn'siːk] Versteckspiel *n;* ▶ **play (at)** ~ Versteck spielen; **hide-away** ['haɪdəweɪ] Unterschlupf *m.*

hid·eous ['hɪdɪəs] *adj* scheußlich, gräßlich; abscheulich, widerlich.

hide-out ['haɪdaʊt] Versteck *n,* Schlupfwinkel, Unterschlupf *m.*

hid·ing¹ ['haɪdɪŋ] ▶ **go into, be in** ~ sich versteckt halten.

hid·ing² ['haɪdɪŋ] *fam* Tracht *f* Prügel.

hi·er·archic(al) [,haɪə'raːkɪk(l)] *adj* hierarchisch; **hi·er·archy** ['haɪəraːkɪ] Hierarchie *f.*

hi·ero·glyph ['haɪərəglɪf] Hieroglyphe *f.*

hi-fi [,haɪ'faɪ] I *adj* Hi-Fi-; II *s* Hi-Fi-Gerät *n;* Hi-Fi-Anlage *f.*

hig·gledy-pig·gledy [,hɪgldɪ'pɪgldɪ] *adv, adj* drunter und drüber, durcheinander.

high [haɪ] I *adj* 1. hoch; 2. *fig* hoch, erhaben (*above* über); 3. *(Ton)* hoch, schrill, scharf; 4. *fig* hochgestellt; überragend; 5. vornehm; 6. mächtig, gewaltig; 7. intensiv; 8. *(Fleisch)* leicht angegangen; 9. kostspielig, teuer; 10. *sl* angeheitert, im Drogenrausch, high; ▶ **in** ~ **favo(u)r** in hoher Gunst; **in** ~ **spirits** in guter Laune; ~ **and dry** *mar* gestrandet; *fig* hilflos, sich selbst überlassen; **be on one's** ~ **horse** *fig* auf dem hohen Roß sitzen; **it is** ~ **time** es ist höchste Zeit; ~ **and mighty** *fam* hochnäsig, übermütig; II *adv* 1. hoch, stark, sehr; 2. in hohem Maße; ▶ ~ **and low** überall; **feelings ran** ~ es herrschte eine gereizte Stimmung; III *s* 1. Höchststand *m;* Rekord(höhe *f) m;* ▶ **on** ~ im Himmel; 2. *mete* Hoch(druckgebiet) *n;* 3. *sl (Drogen)* ▶ **have, be on a** ~ high sein.

high·ball ['haɪbɔːl] Whisky *m* (mit) Soda; **high beam** *mot* Fernlicht *n;* **high·boy** ['haɪbɔɪ] *Am* Kommode *f;* **high·brow**

['haɪbraʊ] 1. *adj* intellektuell, hochgestochen; II *s* Intellektuelle(r) *f m;* **high-chair** ['haɪtʃeə(r)] Hochstuhl *m (für Kinder);* **High Church** (anglikanische) Hochkirche *f;* **high court** oberster Gerichtshof; **higher-up** ['haɪərʌp] *fam* Höhergestellte(r) *f m;* **high-falu·tin** [,haɪfə'luːtn] *adj fam* geschwollen, hochtrabend; **high-fidelity** High-Fidelity, Tontreue *f;* **high-flier** [,haɪ'flaɪə(r)] *fig* Senkrechtstarter *m,* Hochbegabte(r) *f m;* **high-flown** ['haɪfləʊn] *adj* hochfliegend; hochgesteckt; hochtrabend; **high frequency** I *s el* Hochfrequenz *f;* II *adj* Hochfrequenz-; **High German** (das) Hochdeutsch(e); **high-handed** [,haɪ'hændɪd] *adj* anmaßend; willkürlich; **high·jack** ['haɪdʒæk] *s. hijack;* **high jump** *sport* Hochsprung *m;* **highlands** ['haɪləndz] *pl* Hochland *n;* **high-level** *adj (Gespräche)* auf höchster Ebene; *(Straße, Bahn)* Hoch-; **high life** Leben *n* in großem Stil; Highlife *n;* **high·light** ['haɪlaɪt] I *s* 1. Glanzlicht *n;* 2. *(im Haar)* Strähne *f;* 3. *fig* Glanz-, Höhepunkt *m;* II *tr* (stark) hervorheben, herausstellen; **high·light·er** [—ə(r)] Leucht-, Markierstift *m.*

high·ly ['haɪlɪ] *adv* in hohem Maße, stark, sehr, äußerst; ▶ **speak** ~ **of** s.o. von jdm in den höchsten Tönen reden; **think** ~ **of** s.o. große Stücke auf jdn halten; ~ **strung** überreizt, nervös.

high·ness ['haɪnɪs] 1. Höhe *f;* 2. *(a. Anrede)* Hoheit *f;* **high performance** *adj* Hochleistungs-; **high-pitched** [haɪ'pɪtʃt] *(Stimme)* hoch, schrill, hell; **high-powered** [,haɪ'paʊəd] *adj* 1. *(Auto)* mit starkem Motor; 2. *fig* Spitzen-; sehr anspruchsvoll, hochintellektuell; **high-pressure** *adj* Hochdruck-; ▶ ~ **area** Hochdruckgebiet *n;* ~ **sales talk** aggressives Verkaufsgespräch; **high priest** Hohepriester *m a. fig;* **high-rank·ing** ['haɪ,ræŋkɪŋ] *adj* von hohem Rang; **high-res·ol·ution** [,haɪrezə'luːʃən] *adj (Bildschirm)* hochauflösend; **high-rise building, flats** *pl* Hochhaus *n;* **high school** *Am* weiterführende Schule; **high seas** *pl* hohe See; **high season** Hochsaison *f;* **high-security wing** *(in Gefängnis)* Hochsicherheitstrakt *m;* **high society** bessere Gesellschaft, High-Society *f;* **high-sound·ing** ['haɪ,saʊndɪŋ] *adj* klangvoll; **high-speed train** Hochgeschwindigkeitszug *m;* **high-spirited** [,haɪ'spɪrɪtɪd] *adj* 1. temperamentvoll; 2. *(Pferd)* feurig; **high spirits** *pl* gehobene Stimmung; **high spot** Höhepunkt *m;* ▶ **hit the** ~s sich gründlich amüsieren; **high street** Hauptstraße *f;* **high-strung** [,haɪ'strʌŋ] *adj Am* nervös; **high summer** Hochsommer *m;* **high-tail** ['haɪteɪl] *itr Am sl* abhauen; **high**

tea (Fünfuhr)Tee *m* mit Imbiß; **high-tech** [ˌhaɪˈtek] **I** *adj* High-Tech-; **II** *s* High Tech *n;* **high technology** Hoch-, Spitzentechnologie *f;* **high-tension** *el* Hochspannung *f;* **high tide** Flut *f;* **high time** höchste Zeit; schöne, herrliche Zeit; **high treason** Hochverrat *m;* **high-up** [ˈhaɪʌp] **I** *s* hochgestellte Persönlichkeit; **II** *adj* hochgestellt; **high water** Hochwasser *n;* ▶ **come hell or ~ komme,** was da wolle; **high-water mark** Hochwasserstand *m; fig* Höchststand *m;* **high·way** [ˈhaɪweɪ] Landstraße *f;* Haupt(durchgangs)straße *f;* **high·way code** Straßenverkehrsordnung *f;* **high·way·man** [ˈhaɪweɪmən] ⟨*pl* -men⟩ Straßenräuber, Wegelagerer *m;* **highway robbery** Straßenraub *m; fig* Wucher, Nepp *m.*
hi·jack [ˈhaɪdʒæk] **I** *tr* 1. *aero* entführen; 2. überfallen; berauben; **II** *s* 1. (Flugzeug) Entführung *f;* 2. Überfall *m;* **hi·jacker** [ˈhaɪdʒækə(r)] 1. Luftpirat(in), Flugzeugentführer(in) *m (f);* 2. Räuber(in) *m (f);* **hi·jack·ing** [—ɪŋ] Flugzeugentführung *f.*
hike [haɪk] **I** *s* Wanderung *f;* **II** *itr* 1. wandern; 2. *Am (Preise)* steigen; **hiker** [ˈhaɪkə(r)] Wanderer *m,* Wanderin *f;* **hik·ing** [ˈhaɪkɪŋ] Wandern *n.*
hil·ar·i·ous [hɪˈleərɪəs] *adj* fröhlich, lustig, vergnügt, heiter; **hil·ar·ity** [hɪˈlærətɪ] Lustigkeit, Fröhlichkeit *f.*
hill [hɪl] Hügel, Berg *m;* (An)Höhe *f;* ▶ **as old as the ~s** steinalt; **be over the ~** seine beste Zeit hinter sich haben.
hill·billy [ˈhɪlbɪlɪ] *Am fam* Hinterwäldler(in) *m (f).*
hill·ock [ˈhɪlək] (kleiner) Hügel *m.*
hill·side [ˈhɪlsaɪd] (Berg-, Ab)Hang *m;* **hill·top** [ˈhɪltɒp] Berggipfel *m;* **hilly** [ˈhɪlɪ] *adj* hüg(e)lig, bergig.
hilt [hɪlt] Griff *m,* Heft *n;* ▶ **(up) to the ~** bis an den Hals; völlig, gänzlich.
him [hɪm] *prn* ihn *acc;* ihm *dat;* ▶ **it's ~** er ist es; **with his pupils around ~** mit seinen Schülern um sich.
him·self [hɪmˈself] *prn* 1. sich *acc* u. *dat;* 2. *(betont)* (er) selbst; ▶ **(all) by ~** (ganz) allein; ohne (fremde) Hilfe; **he is quite beside ~** er ist ganz außer sich; **he's not ~ today** er ist heute nicht wie sonst; **he'll do it ~** er macht es selbst; **he ~ said it** er hat es selbst gesagt.
hind[1] [haɪnd] Hindin, Hirschkuh *f.*
hind[2] [haɪnd] *adj* hinter, Hinter-.
hin·der [ˈhɪndə(r)] *tr* 1. verhindern; verhüten; 2. hindern *(from* an).
Hindi [ˈhɪndiː] Hindi *n (Sprache).*
hind legs [ˌhaɪndˈlegz] *pl* Hinterbeine *n pl;* ▶ **get up on one's ~** den Mund aufmachen; **talk the ~ off a donkey** reden wie ein Buch; **hind·most** [ˈhaɪndməʊst] *adj* hinterste(r, s); **hind·quar·ters** [ˌhaɪndˈkwɔːtəz] *pl (Pferd)*

Hinterhand *f.*
hin·drance [ˈhɪndrəns] 1. Behinderung *f;* 2. Hemmnis, Hindernis *n (to* für).
Hin·du [ˈhɪnduː] **I** *adj* hinduistisch; **II** *s* Hindu *m;* **Hin·duism** [ˈhɪnduːɪzəm] *rel* Hinduismus *m.*
hinge [hɪndʒ] **I** *s* 1. (Tür)Angel *f;* Scharnier *n;* Gelenk *n;* 2. *fig* Angelpunkt *m;* **II** *tr* 1. drehbar aufhängen; 2. *fig* abhängig machen *(upon* von); **III** *itr* 1. *fig* abhängen *(on, upon* von); 2. sich drehen *(on, upon* um).
hint [hɪnt] **I** *s* 1. Hinweis, Wink, Fingerzeig *m;* 2. Andeutung, Anspielung *f (at* auf); ▶ **drop a ~** e-e Bemerkung fallenlassen; **take a ~** es sich gesagt sein lassen; **a broad ~** ein Wink mit dem Zaunpfahl; **II** *tr* andeuten, anspielen auf; **III** *itr* Andeutungen, Anspielungen machen *(at* auf).
hip[1] [hɪp] *anat* Hüfte *f.*
hip[2] [hɪp] Hagebutte *f.*
hip[3] [hɪp] *interj* ▶ **~, ~, hooray!** hipp, hipp, hurra!
hip[4] [hɪp] *adj fam* auf dem laufenden; modern.
hip·bone [ˈhɪpˌbəʊn] Hüftbein *n,* Hüftknochen *m;* **hip-flask** Taschenflasche *f, fam* Flachmann *m.*
hip·pie [ˈhɪpɪ] *s. hippy.*
hip·po [ˈhɪpəʊ] ⟨*pl* -pos⟩ *fam* Nilpferd *n.*
hip·po·pota·mus [ˌhɪpəˈpɒtəməs] ⟨*pl* -muses, -mi⟩ [—ˈpɒtəmaɪ] Fluß-, Nilpferd *n.*
hip·py, hip·pie [ˈhɪpɪ] Hippie *m.*
hire [ˈhaɪə(r)] **I** *s* 1. Miete *f;* Leihen *n;* 2. Mietpreis *m;* 3. Einstellen *n;* 4. (Arbeits)Lohn *m; mar* Heuer *f;* ▶ **for ~** zu vermieten; *(Taxi)* frei; **let (out) on ~** vermieten; **take (out) on ~** mieten; **II** *tr* 1. mieten; *(Auto, Anzug)* leihen; 2. engagieren, ein-, anstellen; ▶ **~d car** Mietwagen *n;* **~d assassin** gedungener Mörder; **~d hand** Lohnarbeiter *m;* **III** *(mit Präposition)* **hire out** *tr* vermieten; verleihen; *itr Am* sich verdingen; **hire purchase** Ratenkauf, Teilzahlungskauf *m;* ▶ **on ~** auf Raten, auf Abzahlung; **hire purchase agreement** Teilzahlungs(kauf)vertrag *m.*
his [hɪz] *prn* 1. sein(e, r); der, die, das seine, seinige; 2. *(adjektivisch)* sein; ▶ **a friend of ~** e-r seiner Freunde, ein Freund von ihm; **the book is ~** das Buch gehört ihm.
hiss [hɪs] **I** *itr* zischen; *(Katze)* fauchen; **II** *tr (~ at, off)* auszischen, -pfeifen; **III** *s* Zischen *n;* Fauchen *n.*
his·ta·mine [ˈhɪstəmiːn] *med* Histamin *n.*
his·tor·ian [hɪˈstɔːrɪən] Historiker(in); Geschichtsschreiber(in) *m (f);* **his·toric** [hɪˈstɒrɪk] *adj a. gram* historisch; **histori·cal** [hɪˈstɒrɪkl] *adj* historisch, geschichtlich; ▶ **~ novel** historischer Ro-

man; **his·tory** ['hɪstrɪ] 1. Geschichte *f;* 2. *(life ~)* Lebensgeschichte *f,* Werdegang *m;* 3. *med psych* Vorgeschichte *f;* ▶ ancient, medi(a)eval, modern ~ Alte, Mittlere, Neuere Geschichte; ~ of art Kunstgeschichte *f;* ~ of literature Literaturgeschichte *f;* make ~ Geschichte machen.

hit [hɪt] ⟨*irr* hit, hit⟩ I *tr* 1. schlagen; 2. aufschlagen auf; 3. treffen; 4. *fig (Ziel)* erreichen; 5. *(in e-r Stadt)* ankommen; 6. *(Schicksalsschlag)* treffen; in Mitleidenschaft ziehen; 7. *(jds Geschmack)* treffen; *(e-m Wunsch)* genau entsprechen; 8. *(s.o.)* (jdm) auffallen; (jdm) aufgehen; 9. *sl* töten, umlegen; 10. *Am fam* anpumpen *(for* um); ▶ be hard ~ schwer in Mitleidenschaft gezogen werden; ~ s.o. where it hurts jdn an der schwachen Stelle angreifen; ~ s.o. below the belt *(Boxen)* jdm e-n Tiefschlag versetzen *a. fig;* ~ the bottle *fam* zur Flasche greifen; ~ one's head against s.th. mit dem Kopf gegen etw schlagen, stoßen; mit dem Kopf auf etw aufschlagen; ~ the ceiling *fig* aus der Haut fahren; it ~s you in the eye das springt einem ins Auge; ~ the road sich auf den Weg machen; auf die Reise gehen; you've ~ it! du hast es getroffen; he ~ the nail on the head er hat den Nagel auf den Kopf getroffen; ~ the papers Schlagzeilen machen; II *itr* 1. schlagen; 2. zusammenstoßen; 3. *fig* losschlagen; III *s* 1. Schlag *m;* 2. Treffer *m;* 3. *fig* Erfolg *m; mus* Schlager, Hit *m;* 4. *sl* Mord *m;* ▶ that's a ~ at me das galt mir, das war auf mich gemünzt; make, be a ~ with s.o. bei jdm gut ankommen; IV *(mit Präposition)* hit back *itr* zurückschlagen; hit off *tr* ▶ ~ it off sich gut verstehen *(with* mit); hit out *itr* losschlagen *(at s.o.* auf jdn); *fig* angreifen *(at s.o.* jdn); hit (up)on stoßen auf.

hit-and-run [,hɪtən'rʌn] *adj (Fahrer)* unfallflüchtig, fahrerflüchtig; ▶ ~ accident Unfall *m* mit Fahrerflucht; ~ raid Blitzüberfall *m.*

hitch [hɪtʃ] I *itr* 1. hängenbleiben, sich (ver)fangen *(to* an); 2. per Anhalter fahren *(across Europe* durch Europa); II *tr* an-, festhaken, befestigen *(to* an; *round* um); ▶ get ~ed *fam* heiraten; ~ a lift, ride per Anhalter fahren; III *s* 1. Ruck, Stoß *m,* Ziehen *n;* 2. Hindernis *n;* 3. Schwierigkeit *f;* Haken *m;* 4. Knoten *m;* ▶ without a ~ ohne Störung, reibungslos, glatt; technical ~ technisches Versagen; IV *(mit Präposition)* hitch up *tr* 1. *(Pferde)* anspannen; *(Hose)* hochziehen; hitcher ['hɪtʃər] *fam* Anhalter(in), Tramper(in) *m (f);* hitch·hike ['hɪtʃhaɪk] *itr* per Anhalter fahren; Autostopp machen; trampen; hitchhiker ['hɪtʃhaɪkə(r)] Anhalter(in), Tram-

per(in) *m (f);* hitch-hik·ing [—ɪŋ] Autostopp *m,* Trampen *n.*

hither ['hɪðə(r)] *adv* hierher, -hin; ▶ ~ and thither hierhin und dorthin; hitherto [,hɪðə'tu:] *adv* bisher, bis jetzt.

hit·man ['hɪtmæn] ⟨*pl* -men⟩ *sl* Killer *m;* hit-or-miss *adj* aufs Geratewohl; *pej (Planung)* schlampig; hit parade Schlagerparade, Hitparade *f.*

hive [haɪv] I *s* 1. *(bee~)* Bienenstock, -korb *m;* Bienenvolk *n,* -schwarm *m;* 2. *fig* (Menschen)Menge *f;* belebte Gegend; II *(mit Präposition)* hive off *itr* weggehen, verschwinden; *tr com* absondern; verselbständigen.

hives [haɪvz] *pl* Nesselsucht *f,* -fieber *n.*

ho [həʊ] *interj* oh! oha! he! holla! heda! ▶ westward ~! auf nach Westen!

hoar [hɔ:(r)] Reif *m.*

hoard [hɔ:d] I *s* (stille) Reserve *f,* Vorrat *m;* Schatz *m;* II *tr, itr* hamstern, horten.

hoard·ing[1] ['hɔ:dɪŋ] Hamstern, Horten *n.*

hoard·ing[2] ['hɔ:dɪŋ] *Br* 1. Bau, Bretterzaun *m;* 2. Reklametafel, -fläche *f.*

hoar·frost [,hɔ:'frɒst] (Rauh)Reif *m.*

hoarse [hɔ:s] *adj* rauh; heiser; hoarseness [—nɪs] Rauheit *f;* Heiserkeit *f.*

hoary ['hɔ:rɪ] *adj* 1. grau-, weißhaarig; altersgrau; 2. *fig* uralt.

hoax [həʊks] I *s* Scherz, Ulk *m;* Streich *m;* blinder Alarm; II *tr* e-n Possen spielen *(s.o.* jdm); hoaxer [—ə(r)] *jem, der* einen blinden Alarm auslöst.

hobble ['hɒbl] I *itr* humpeln; II *tr* e-e Fußfessel anlegen *(a horse* e-m Pferd).

hobby ['hɒbɪ] Hobby, Steckenpferd *n;* hobby-horse ['hɒbɪhɔ:s] 1. Steckenpferd *n a. fig;* Schaukelpferd *n;* 2. *fig* Lieblingsthema *n.*

hob·gob·lin [,hɒb'gɒblɪn] Kobold *m.*

hob·nob ['hɒbnɒb] *itr* 1. zusammen sitzen *(with* mit); 2. auf du und du stehen *(with* mit).

hobo ['həʊbəʊ] ⟨*pl* hobo(e)s⟩ *Am* 1. Wanderarbeiter *m;* 2. *pej* Landstreicher, Penner *m.*

Hob·son's choice [,hɒbsnz'tʃɔɪs] ▶ take ~ keine Wahl haben.

hock[1] [hɒk] *(Pferd)* Sprunggelenk *n.*

hock[2] [hɒk] (weißer) Rheinwein *m.*

hock[3] [hɒk] I *s sl* Pfand *n;* ▶ in ~ verpfändet; II *tr* verpfänden, versetzen.

hockey ['hɒkɪ] *sport* Hockey *n;* ▶ ice ~ Eishockey *n;* hockey stick Hockeyschläger *m.*

ho·cus-po·cus [,həʊkəs'pəʊkəs] Hokuspokus, Schwindel *m,* Gaunerei *f;* fauler Zauber.

hodge·podge ['hɒdʒpɒdʒ] *s. hotchpotch.*

hoe [həʊ] I *s agr* Hacke *f;* II *tr, itr* hacken.

hog [hɒg] I *s* 1. (Mast)Schwein *n;* 2. *fig pej fam* Schwein *n;* schmutziger, gefräßiger Kerl; Saukerl *m;* ▶ **go the whole** ~ *sl* aufs Ganze gehen; **road** ~ rücksichtslose(r) Fahrer(in); **II** *tr fam* an sich reißen; ▶ ~ **the road** in der Mitte der Straße fahren.

Hog·ma·nay [ˈhɒgmənei] *(schottisch)* Silvester(abend *m*) *n.*

hogs·head [ˈhɒgzhed] großes Faß *(238 od 245 l);* **hog·wash** [ˈhɒgwɒʃ] **1.** Schweinefutter *n;* **2.** *fam* Gewäsch, (dummes) Gerede *n.*

hoi pol·loi [ˌhɔipəˈlɔi] Pöbel, Plebs *m.*

hoist [hɔist] **I** *tr* **1.** auf-, hochziehen, -winden; **2.** *mar* hissen; **II** *s* **1.** Auf-, Hochziehen *n;* **2.** Aufzug *m,* Winde *f,* Flaschenzug *m;* (Lade)Kran *m.*

hoity-toity [ˌhɔitiˈtɔiti] *adj* anmaßend, arrogant.

ho·kum [ˈhəukəm] *Am fam* **1.** Quatsch *m;* **2.** Kitsch *m.*

hold [həuld] ⟨*irr* held, held⟩ **I** *tr* **1.** (fest)halten; nicht fallen lassen, tragen *a. arch;* **2.** besitzen, innehaben, einnehmen, bekleiden; **3.** *(Funktion, Amt)* ausüben, innehaben; **4.** *(Versammlung)* abhalten; **5.** *(Gespräch)* führen; **6.** *(Stellung)* halten, behaupten; **7.** enthalten; *(Raum, Gefäß)* fassen; **8.** *fig* im Sinne haben; betrachten als, halten für; **9.** der Ansicht sein; meinen, glauben (*that* daß); **10.** *(Ansicht, Meinung)* vertreten; **11.** *jur* entscheiden; vertraglich verpflichten; **12.** *com (Waren)* zurücklegen; ▶ ~ **s.o.'s attention** jds Aufmerksamkeit fesseln; **be left** ~**ing the baby,** *Am* **the bag** *fig* für den Schaden einstehen müssen; ~ **one's breath** den Atem anhalten; ~ **cheap** geringachten; keinen Wert legen auf; ~ **dear** wertschätzen; ~ **one's ground,** ~ **one's own** sich behaupten; ~ **hands** sich an der Hand halten; Händchen halten; ~ **the line** *tele* am Apparat bleiben; ~ **office** *(Partei)* an der Macht, im Amt sein; ~ **the record** den Rekord halten *(for the high jump* im Hochsprung); ~ **the road well** *mot* e-e gute Straßenlage haben; ~ **water** wasserdicht sein; *fig* stichhaltig sein; **there's no** ~**ing him** er ist nicht zu halten; ~ **it!** halt! **he can't** ~ **his liquor** er verträgt nichts; **II** *itr* **1.** festhalten, sich halten (*by, to* an); **2.** halten, nicht reißen, nicht brechen; **3.** *(Preise, Wetter)* sich halten; **4.** *(Recht)* Geltung haben, in Kraft sein; **5.** übereinstimmen (*with* mit); **6.** billigen (*with s.th.* etw); ▶ ~ **good, true** zutreffen, gelten, sich bewähren; **III** *s* **1.** Griff *m;* **2.** Halt *m;* **3.** *fig* Gewalt, Macht *f,* starker Einfluß (*on* auf); **4.** *mar* Laderaum *m;* ▶ **catch, get, lay, take** ~ **of s.th.** etw fassen, packen, ergreifen; etw in seine Gewalt bringen; **get a** ~ **of o.s.** sich in den Griff bekommen; **keep** ~ **of s.th.** etw festhalten; **let go one's** ~, **lose** ~ **of s.th.** etw los-, fahrenlassen; **miss**

one's ~ fehlgreifen; **IV** *(mit Präposition)* **hold against** *tr* verübeln (*s.o.* jdm); **hold back** *tr* **1.** zurückhalten; unter Kontrolle halten; **2.** geheimhalten; **3.** hindern (*from* an); *itr* **1.** sich zurückhalten (*from* von); **2.** zögern; **hold down** *tr* **1.** nieder-, unter Kontrolle, zurückhalten; unterdrücken; **2.** *(Preise)* niedrig halten; **3.** *(Stelle)* halten; behalten; **hold forth** *itr* reden (*on* über); **hold in** *tr (Bauch)* einziehen; *(Gefühle)* unterdrücken, beherrschen; **hold off** *tr* **1.** ab-, fernhalten; abwehren; **2.** *(Entscheidung)* verschieben; *itr* **1.** sich abseits halten, sich fernhalten; **2.** warten; nicht angreifen; **3.** *(Regen)* nicht anfangen, ausbleiben; **hold on** *itr* **1.** (sich) festhalten (*to* an); **2.** durchhalten, ausdauern; **3.** warten; **4.** *tele* am Apparat bleiben; **hold out** *itr* **1.** Bestand haben, sich halten, ausdauern, bleiben; **2.** standhalten, aushalten; sich behaupten (*against* gegen); **3.** *(Vorräte)* reichen; **4.** abwarten (*for s.th.* etw); *tr* **1.** *(Hand)* ausstrecken; **2.** (dar-, an)bieten; **3.** *(Angebot, Hoffnung)* machen; ▶ ~ **out on s.o.** *fam* jdm etw verschweigen; **hold over** *tr* **1.** auf-, verschieben; **2.** reservieren; **3.** *(Film)* verlängern; **4.** *(Waren)* zurücklegen; **5.** *(Wechsel)* prolongieren; **hold to** *itr* festhalten an; **hold together** *tr, itr* zusammenhalten; **hold under** *tr (Volk)* unterdrücken; **hold up** *tr* **1.** hoch, aufrecht halten, stützen; **2.** hochhalten, hochheben; **3.** zeigen, preisgeben (*to ridicule* der Lächerlichkeit); **4.** *Am* als Kandidaten aufstellen; **5.** anhalten; aufhalten; verzögern; **6.** überfallen (und ausrauben); *itr* **1.** stehen bleiben; halten; **2.** *fig* standhalten; sich halten lassen; ▶ **be held up** aufgehalten werden; **hold with** *itr* übereinstimmen mit, billigen.

hold-all [ˈhəuldɔːl] Reisetasche *f.*

holder [ˈhəuldə(r)] **1.** Inhaber(in), Besitzer(in), Pächter(in) *m (f);* **2.** *(Gegenstand)* Halter *m;* (Zigaretten)Spitze *f;* Übertopf *m;* ▶ ~ **of shares** Aktionär(in) *m (f).*

hold·ing [ˈhəuldɪŋ] **1.** Pachtgut *n;* **2.** *meist pl* (Grund)Besitz *m,* Grundstück *n;* **3.** Guthaben *n,* (Kapital)Einlage, (Aktien)Beteiligung *f;* **4.** *(Boxen)* Festhalten *n;* ▶ ~ **capacity** Fassungsvermögen *n;* ~ **company** Holdinggesellschaft *f;* ~ **of stocks** Lagerhaltung *f;* Wertpapierbesitz *m.*

hold·over [ˈhəuldəuvə(r)] *Am* **1.** *fam* Überbleibsel *n;* **2.** *(Schule)* Wiederholer *m;* **hold-up** [ˈhəuldʌp] **1.** Verzögerung *f;* **2.** *(traffic* ~) Verkehrsstörung, -stockung *f;* **3.** (bewaffneter) Raubüberfall *m.*

hole [həul] **I** *s* **1.** Loch *n a. Golf;* Lücke *f;* Öffnung *f;* **2.** Höhle *f;* Bau *m;* **3.** Elendsquartier *n; fam* Loch *n;* **4.** *(Ort)* Kaff *n;* **5.** *fam* Patsche, Klemme, schwierige Situation *f;* ▶ **make a ~ in s.th.** *fig* ein (großes) Loch in etw reißen; **pick ~s in s.th.** *fig* an etw herumkritisieren; **II** *tr* **1.** durchlöchern; **2.** (aus)höhlen; **3.** durchbohren; **4.** *(Ball)* in ein Loch spielen; **III** *(mit Präposition)* **hole up** *itr* sich verkriechen; sich verstecken; sich verschanzen.

holi·day ['hɒlədeɪ] **I** *s* **1.** Feiertag *m;* **2.** arbeitsfreier Tag, Ruhetag *m;* **3.** *pl* Ferien *pl;* Urlaub *m;* ▶ **on ~** in Urlaub; in den Ferien; **be on ~** in Urlaub sein; Ferien haben, machen; **take a ~** Urlaub nehmen; in Urlaub gehen; **bank ~** Bankfeiertag *m;* **public ~** gesetzlicher Feiertag; **~s with pay** bezahlter Urlaub; **II** *itr* die Ferien verbringen; **holiday address** Ferienanschrift *f;* **holiday camp** Ferienlager, -dorf *n;* **holiday course** Ferienkurs *m;* **holiday destination** Reiseziel *n;* **holiday entitlement** Urlaubsanspruch *m;* **holiday flat** Ferienwohnung *f;* **holiday house** Ferienhaus *n;* **holiday-maker** Feriengast *m,* Urlauber(in) *m (f);* **holiday mood** Ferienstimmung *f;* **holiday resort** Ferienort *m.*

holi·ness ['həʊlɪnɪs] Heiligkeit *f.*

Holland ['hɒlənd] Holland *n.*

hol·ler ['hɒlə(r)] *fam* **I** *s* Schrei *m;* **II** *itr, tr* schreien, brüllen.

hol·low ['hɒləʊ] **I** *adj* **1.** hohl; **2.** *(Wangen)* eingefallen; **3.** *fig* leer, hohl, falsch, unaufrichtig; ▶ **beat ~** *fam* völlig besiegen *n;* **II** *s* Höhlung, Vertiefung *f;* Loch *n,* Grube *f;* **III** *tr (~ out)* aushöhlen; vertiefen.

holly ['hɒlɪ] *bot* Stechpalme *f.*

holly·hock ['hɒlɪhɒk] *bot* Rosenmalve *f.*

holm oak ['həʊm,əʊk] Steineiche *f.*

holo·caust ['hɒləkɔːst] **1.** Brandkatastrophe *f,* Inferno *n;* **2.** Massenvernichtung *f,* -mord *m;* **3.** *hist* Holocaust *m.*

holo·gram ['hɒləgræm] Hologramm *n.*

hol·ster ['həʊlstə(r)] (Pistolen)Halfter *n* od *f.*

holy ['həʊlɪ] *adj* **1.** heilig; geweiht; **2.** gottgefällig; ▶ **a ~ terror** ein entsetzlicher Mensch; **Holy See** (der) Heilige Stuhl; **Holy Week** (die) Karwoche.

hom·age ['hɒmɪdʒ] Huldigung *f;* Ehrerbietung *f;* ▶ **do, pay ~** huldigen *(to s.o.* jdm).

home [həʊm] **I** *s* **1.** Heim *n,* Wohnung *f;* **2.** Heimat *f;* **3.** Haus *n;* Familie *f;* Haushalt *m;* **4.** Anstalt *f;* Heim *n;* **5.** *zoo bot* Standort *m;* ▶ **at ~** daheim, zu Hause; **not at ~** nicht zu Hause *(to* für); **at ~ and abroad** im In- u. Ausland; **be, feel at ~** *fig* zu Hause sein, sich zu Hause fühlen; **make o.s. at ~** es sich bequem machen; **his ~ is in Vienna** er ist in Wien zu Hause; **away from ~** von zu Hause weg; **II** *adj* **1.** einheimisch, inländisch; **2.** häuslich; **III** *adv* heim, nach

Hause; zu Hause, daheim; ▶ **bring** *od* **get s.th. ~ to s.o.** jdm etw klarmachen; **drive ~** *(Nagel)* einschlagen; **drive s.o. home** jdn (mit dem Auto) nach Hause bringen; **drive s.th. ~ to s.o.** jdm etw beibringen; **go ~** nach Hause, heimgehen; **see s.o. ~** jdn nach Hause begleiten; **it has come ~ to me** ich bin mir darüber im klaren; **nothing to write ~ about** nichts Besonderes; **IV** *itr* heimfinden; **V** *tr (Rakete)* automatisch ins Ziel steuern; **VI** *(mit Präposition)* **home in** *itr mil* sich ausrichten *(on* auf); ▶ **~ in on a target** ein Ziel ansteuern; **~ in on a point** *fig* einen Punkt herausgreifen; **home-address** Heimatanschrift *f;* Privatanschrift *f;* **home-affairs** *pl Br pol* innere Angelegenheiten *f pl;* **home-baked** [,həʊm'beɪkt] *adj* selbstgebakken; **home-brew** [,həʊm'bruː] selbstgebrautes Bier; **home·com·ing** ['həʊm,kʌmɪŋ] Heimkehr *f;* **home computer** Heimcomputer *m;* **home exercise machine** Heimtrainer *m;* **home-grown** [,həʊm'grəʊn] *adj* selbstgezogen; ▶ **~ produce** einheimisches Erzeugnis; **home help** Haushalthilfe *f;* **home·land** ['həʊmlænd] Heimat(land *n) f;* **home·less** ['həʊmlɪs] *adj* obdachlos; heimatlos; **home·like** ['həʊmlaɪk] *adj* heimelig, behaglich; **home·ly** ['həʊmlɪ] *adj* **1.** häuslich, heimisch; **2.** einfach, schlicht; **3.** *Am* unansehnlich; ▶ **~ fare** bürgerliche Küche; **home-made** [,həʊm'meɪd] *adj* selbstgemacht, -gebacken; **home-maker** ['həʊm,meɪkə(r)] *Am* Hausfrau *f;* **home market** *Br* Inlandsmarkt *m.*

ho·meo . . . ['həʊmɪə] *Am s.* homoeo . . .

Home Of·fice ['həʊm'ɒfɪs] *Br* Innenministerium *n;* **home plate** *(Baseball)* Schlagmal *n;* **Home Rule** *pol* Selbstverwaltung *f;* **home run** *(Baseball)* Vier-Mal-Lauf *m;* **Home Secretary** *Br* Innenminister *m;* **home·sick** ['həʊmsɪk] *adj* ▶ **be ~** Heimweh haben; **home·sick·ness** ['həʊmsɪknɪs] Heimweh *n;* **home·spun** ['həʊmspʌn] *adj* **1.** selbst-, handgesponnen; **2.** *fig* einfach; *pej* hausbacken; **home·stead** ['həʊmsted] **1.** Heimstätte *f;* **2.** *Am* zugewiesenes Freiland *(160 acres);* **home straight; stretch** *sport* Zielgerade *f;* ▶ **we are on the ~** *fig* wir haben's bald geschafft; **home town** Geburts-, Heimatstadt *f;* **home truth** bittere Wahrheit; **home·ward** ['həʊmwəd] *adj* Heim-, Nachhause-, Rück-; **home·wards** ['həʊmwədz] *adv* heim, nach Hause, zurück; **home·work** ['həʊmwɜːk] **1.** Heimarbeit *f;* **2.** *(Schule)* Hausaufgaben *f pl;* ▶ **do one's ~** seine Hausaufgaben machen; *fig* sich mit der Materie vertraut machen.

homey ['həʊmɪ] *adj Am fam* behaglich,

heimelig.

homi·cidal [‚hɒmɪ'saɪdl] *adj* gemeinge-
fährlich; ► **in a ~ mood** in Mordstim-
mung; **a ~ maniac** ein gemeinge-
fährlicher Verbrecher; **homi·cide**
['hɒmɪsaɪd] 1. Totschlag *m;* Mord *m;* 2.
Mörder *m.*

hom·ing ['həʊmɪŋ] *adj* 1. heimkehrend;
2. *mil* zielsuchend; **homing pigeon**
Brieftaube *f.*

ho·moeo·path, *Am* **ho·meo·path**
['həʊmɪəpæθ] Homöopath(in) *m (f);*
ho·moeo·pathic, *Am* **ho·meo·**
pathic [‚həʊmɪə'pæθɪk] *adj* homöopa-
thisch; **ho·moe·opathy,** *Am* **ho·me·**
opathy [‚həʊmɪ'ɒpəθɪ] Homöopathie *f.*

ho·mo·gene·ous [‚hɒmə'dʒi:nɪəs] *adj*
gleichartig, homogen; **hom·ogen·ize**
[hə'mɒdʒɪnaɪz] *(Milch)* homogenisie-
ren.

homo·graph ['hɒməgra:f] Homograph
n; **homo·nym** ['hɒmənɪm] Homonym
n; **homo·phone** ['hɒməfəʊn] Homo-
phon *n.*

homo·sex·ual [‚hɒmə'sekʃʊəl] I *adj* ho-
mosexuell; II *s* Homosexuelle(r) *f m;*
homo·sex·ual·ity [‚hɒməsekʃʊ'ælətɪ]
Homosexualität *f.*

hone [həʊn] I *tr (Messerklinge)*
(fein)schleifen; *fig* schärfen; II *s* Schleif-
stein *m.*

hon·est ['ɒnɪst] *adj* 1. ehrlich, aufrichtig;
2. zuverlässig, vertrauenswürdig; 3. an-
ständig; ehrenhaft; **hon·est·ly** [—lɪ]
adv 1. auf ehrliche Weise; 2. wirklich,
tatsächlich; ► **to tell you ~** offen
gestanden; **hon·est-to-good·ness**
['ɒnɪsttə'gʊdnɪs] *adj fam* echt, natür-
lich; unvermischt; **hon·esty** ['ɒnɪstɪ] 1.
Ehrlichkeit, Aufrichtigkeit *f;* 2. Zuver-
lässigkeit *f.*

honey ['hʌnɪ] 1. Honig *m;* 2. *fig* Schätz-
chen *n;* 3. *Am* Pfundssache *f;* **honey-**
bee ['hʌnɪbi:] Honigbiene *f;* **honey-**
comb ['hʌnɪkəʊm] Honigwabe *f;*
honey·dew melon ['hʌnɪdju:'melən]
Honigmelone *f;* **honey·moon**
['hʌnɪmu:n] I *s* Flitterwochen *f pl;* II *itr*
die Flitterwochen verbringen; **honey-**
suckle ['hʌnɪsʌkl] *bot* Geißblatt *n.*

honk [hɒŋk] I *s* 1. Schrei *m* der Wild-
gans; 2. *mot* Hupen *n;* II *itr* 1. *(Wild-*
gans) schreien; 2. *mot* hupen.

hon·or·ary ['ɒnərərɪ] *adj* ehrenamtlich;
Ehren-; ► **~ member** Ehrenmitglied *n.*

hon·our, *Am* **honor** ['ɒnə(r)] I *s* 1. Ehre
f; Auszeichnung *f;* 2. Unbescholtenheit
f; 3. *pl* öffentliche Ehrungen *f pl;* 4. *pl*
(Schule) Auszeichnung *f; (Universität)*
dem Staatsexamen vergleichbarer Ab-
schluß; ► **Your H~** Euer Gnaden *(An-*
rede für e-n Richter); **do s.o. the ~ of**
coming jdm die Ehre erweisen zu kom-
men; **do the ~s** die Honneurs machen;
take ~s in *(Universität)* sich spezialisie-

ren in; **in ~ bound** moralisch verpflich-
tet; **guest of ~** Ehrengast *m;* **man of ~**
Ehrenmann *m;* **word of ~** Ehrenwort *n;*
~ where ~ is due *prov* Ehre, wem Ehre
gebührt; II *tr* 1. ehren; (hoch)achten,
hochschätzen; 2. e-e Ehrung zuteil wer-
den lassen *(s.o.* jdm); 3. *fin* honorieren,
einlösen; **hon·o(u)r·able** ['ɒnərəbl]
adj ehrenhaft, -voll, -wert; ► **my H~**
friend the member for . . . *Br parl* der
Abgeordnete für .. ; **honours degree**
etwa Staatsexamen *n;* **honours list** 1.
Br pol Liste *f* der verliehenen Titel; 2.
(Universität) Liste der Kandidaten, die
den „honours degree" erworben haben.

hood [hʊd] 1. Kapuze *f;* 2. *tech* Haube,
Kappe *f,* Aufsatz *m;* 3. *mot* Verdeck *n;*
4. *Am mot* Motorhaube *f;* 5. *orn* Kamm
m, Haube *f;* 6. *sl* Gangster *m.*

hood·lum ['hu:dləm] *sl* Rowdy *m.*

hood·wink ['hʊdwɪŋk] *tr fig* Sand in die
Augen streuen *(s.o.* jdm); täuschen; be-
trügen.

hooey ['hu:ɪ] *Am sl* Quatsch *m.*

hoof [hu:f] ⟨*pl* hoofs, hooves⟩ I *s* Huf *m;*
► **on the ~** *(Vieh)* lebend; II *tr, itr (~ it)*
fam latschen.

hoo-ha ['hu:ha:] *Br fam* Krach *m.*

hook [hʊk] I *s* 1. Haken *m;* Kleider-,
(fish~) Angelhaken *m;* 2. Sichel *f;* 3.
gekrümmte Landspitze, -zunge; 4. *(Bo-*
xen) Haken *m;* ► **by ~ or by crook**
ganz gleich, gleichgültig, wie; mit allen
Mitteln; **off the ~** *sl* aus den Schwierig-
keiten heraus; **leave the phone off the**
~ nicht auflegen; **~, line, and sinker**
fam vollkommen, -ständig *adv;* **~ and**
eye Haken *m* u. Öse *f;* II *tr* 1. an-, fest-,
zuhaken; 2. fangen; angeln *a. fig;* 3.
(Wagen) anhängen *(on to* an); 4. haken-
förmig biegen; 5. *sport (Ball)* e-n Haken
schlagen lassen; 6. *(Boxen)* e-n Haken
versetzen *(s.o.* jdm); ► **get, be ~ed** *sl*
abhängig werden, sein; toll finden *(on*
s.th. etw); **be ~ed on an idea** von e-r
Idee besessen sein; **~ it** *sl* abhauen; III
itr 1. (hakenförmig) gekrümmt sein; 2.
mit (e-m) Haken befestigt sein; IV *(mit*
Präposition) **hook on** *itr* angehängt, an-
gehakt werden; sich festhaken; *tr* anha-
ken; anhängen; mit e-m Haken befesti-
gen; **hook up** *itr* 1. mit e-m Haken
zugemacht werden; 2. *radio TV* ge-
meinsam ausstrahlen; *tr* 1. zuhaken; 2.
(Anhänger) ankoppeln, anhängen; 3.
radio TV anschließen *(with* an).

hooked [hʊkt] *adj* 1. hakenförmig,
krumm; 2. mit Haken versehen; 3. süch-
tig; **hooker** ['hʊkə(r)] *Am sl* Prostitu-
ierte *f;* **hook-up** ['hʊkʌp] *radio* Sen-
dergruppe, Ringsendung *f;* **hooky**
['hʊkɪ] ► **play ~** *Am fam* die Schule
schwänzen.

hoo·li·gan ['hu:lɪgən] Rowdy *m;* **hoo·li·**
gan·ism [—ɪzm] Rowdytum *n.*

hoop [hu:p] I s 1. Reif(en) m; Bügel, Ring m; 2. sport (Krocket)Tor n; ► go through the ~s fam e-e schwere Zeit durchmachen; II tr die Reifen auftreiben (a barrel auf ein Faß).

hoot [hu:t] I itr 1. schreien; 2. hupen; 3. johlen; sich kaputtlachen; II tr ausbuhen; III s 1. Ruf, Schrei m; 2. pl Gejohle n; 3. tech Hupen n; ► I don't care a ~ das ist mir völlig egal; he's a ~ er ist zum Schreien komisch; IV (mit Präposition) hoot down tr niederschreien; **hooter** ['hu:tə(r)] 1. tech Sirene f; 2. mot Hupe f; 3. sl Nase f.

hoov·er ['hu:və(r)] Wz I tr staubsaugen; II s Staubsauger m.

hop[1] [hɒp] I itr 1. hüpfen; 2. e-e kurze Reise machen; II tr springen über; ► ~ it! hau ab! III s 1. Sprung m; 2. fam Tänzchen n; 3. aero fam kurzer Flug; ► catch s.o. on the ~ fam jdn unvorbereitet erwischen, treffen; on the ~ fleißig; in Bewegung; ~, step, and jump sport Dreisprung m; IV (mit Präposition) hop about, around itr umherhüpfen; hop in, out itr hinein-, heraushüpfen; fam einsteigen, aussteigen.

hop[2] [hɒp] 1. Hopfen m (Pflanze); 2. pl Hopfen m (Bierzusatz).

hope [həʊp] I s 1. Hoffnung f (of auf); 2. Vertrauen n (in zu); Zuversicht f; ► past, beyond ~ hoffnungslos; hold out a ~ Hoffnung haben; live in ~ of s.th. auf etw hoffen; there's no ~ of that da braucht man sich keine Hoffnungen zu machen; what a ~! schön wär's! II tr hoffen auf; erhoffen; ersehnen; III itr 1. hoffen (for auf), erhoffen (for s.th. etw); 2. vertrauen (in auf); ► I ~ so hoffentlich! I ~ not hoffentlich nicht! ~ against ~ trotz allem die Hoffnung nicht aufgeben; **hope·ful** ['həʊpfl] I adj hoffnungsvoll; vielversprechend; ► be ~ sich Hoffnungen machen, hoffen; II s ► a young ~ ein hoffnungsvoller junger Mensch; ein vielversprechendes Talent; **hope·ful·ly** ['həʊpfəlɪ] adv 1. hoffnungsvoll; 2. hoffentlich; **hope·less** ['həʊplɪs] adj 1. hoffnungslos; 2. aussichtslos; 3. nutzlos; 4. unverbesserlich; **hope·less·ly** [—lɪ] adv hoffnungslos.

hop-picker ['hɒp,pɪkə(r)] Hopfenpflükker(in) m (f).

hopper ['hɒpə(r)] tech Einfüll-, Speisetrichter m.

hop·ping mad ['hɒpɪŋ 'mæd] adj fam wütend.

hop·pole ['hɒp,pəʊl] Hopfenstange f.

hop·scotch ['hɒpskɒtʃ] Himmel u. Hölle-Spiel n.

horde [hɔ:d] Horde f; Menge f.

hor·izon [hə'raɪzn] Horizont m a. fig; **hori·zon·tal** [,hɒrɪ'zɒntl] adj horizontal, waagerecht; ► ~ bar sport Reck n;

~ hold TV Zeilenfang m.

hor·mone ['hɔ:məʊn] Hormon n.

horn [hɔ:n] I s 1. Horn n; 2. (Schnecke) Fühler m; 3. (Trink)Horn n; 4. Füllhorn n; 5. mus Horn n; 6. mot Hupe f; mar Signalhorn n; 7. (Mondsichel) Spitze f; ► ~s pl Hörner n pl a. fig, Geweih n; be caught on the ~s of a dilemma in e-r Zwickmühle sitzen; blow, honk the ~ mot hupen; ~ of plenty Füllhorn n; II (mit Präposition) horn in itr mitmachen; sich einmischen; ► ~ in on a conversation sich in e-e Unterhaltung einmischen.

hor·net ['hɔ:nɪt] Hornisse f; ► stir up a ~'s nest fig in ein Wespennest stechen.

horn·less ['hɔ:nlɪs] adj hornlos; **horn-rimmed** ['hɔ:nrɪmt] adj ► ~ spectacles pl Hornbrille f; **horny** ['hɔ:nɪ] adj 1. horn(art)ig; 2. schwielig; 3. sl scharf, spitz, geil.

horo·scope ['hɒrəskəʊp] Horoskop n; ► cast a ~ ein Horoskop stellen.

hor·ren·dous [hɒ'rendəs] adj 1. (Verbrechen) entsetzlich; 2. (Preise, Lüge) horrend.

hor·rible ['hɒrəbl] adj 1. schrecklich, furchtbar, entsetzlich; 2. ekelhaft, unfreundlich; **hor·rid** ['hɒrɪd] adj abscheulich, ekelhaft; abstoßend; **hor·rific** [hə'rɪfɪk] adj schrecklich; **hor·rify** ['hɒrɪfaɪ] tr 1. entsetzen; Schrecken einjagen (s.o. jdm); 2. fam schockieren (at, by von); **hor·ror** ['hɒrə(r)] 1. Schrecken m, Entsetzen, Grauen n; 2. Abscheu, Ekel m (of vor); 3. (Person) Ekel n; 4. pl Grausen n; ► ~ film Horrorfilm m; it gives me the ~s es läuft mir kalt über den Rücken; **hor·ror-stricken, hor·ror-struck** ['hɒrəstrɪkn, 'hɒrəstrʌk] adj von Entsetzen gepackt.

hors d'œuvre [ɔ:'dɜ:v(r)] Hors d'œuvre n, Vorspeise f.

horse [hɔ:s] 1. Pferd n a. sport; 2. Ständer m, Gestell n; ► straight from the ~'s mouth fig direkt von der Quelle; wild ~s would not drag me there dahin würden mich keine zehn Pferde bringen; back the wrong ~ fig aufs falsche Pferd setzen; eat like a ~ fressen wie ein Scheunendrescher; flog a dead ~ fig seine Zeit verlieren; put the cart before the ~ fig das Pferd beim Schwanz aufzäumen; work like a ~ arbeiten wie ein Tier; a dark ~ fig ein unbeschriebenes Blatt; sport ein Außenseiter m; **horse-back** ['hɔ:sbæk] ► on ~ zu Pferde; be, go on ~ reiten; get on ~ aufsitzen; **horse·box** ['hɔ:sbɒks] rail Pferdetransportwagen m; **horse-chestnut** Roßkastanie f; **horse-drawn** ['hɔ:sdrɔ:n] adj von Pferden gezogen; **horse·fly** ['hɔ:sflaɪ] Pferdebremse f; **horse·hair** ['hɔ:sheə(r)] Roßhaar n; **horse-laugh** ['hɔ:slɑ:f] wieherndes

Gelächter; **horse·man** ['hɔːsmən] ⟨pl -men⟩ Reiter m; **horse·man·ship** ['hɔːsmənʃɪp] Reitkunst f; **horseplay** grober Unfug; **horsepower** ['hɔːspauə(r)] Pferdestärke f; **horserace** Pferderennen n; **horse-radish** Meerrettich m; **horse-sense** fam gesunder Menschenverstand; **horseshoe** ['hɔːsʃuː] Hufeisen n; **horse trading** fig Kuhhandel m; **horsewhip** ['hɔːswɪp] Reitpeitsche f; **horsewoman** ['hɔːswumən] ⟨pl -women⟩ [—wɪmɪn] Reiterin f.

hors(e)y ['hɔːsɪ] adj 1. pferdeartig; 2. pferdeliebend.

hor·ti·cul·tural [ˌhɔːtɪˈkʌltʃərəl] adj ▶ ~ exhibition Gartenschau f; **hor·ti·cul·ture** ['hɔːtɪkʌltʃə(r)] Gartenbau m.

ho·sanna [həuˈzænə] I s Hosianna n; II interj hosianna!

hose[1] [həuz] I tr abspritzen; II s (Gummi)Schlauch m.

hose[2] [həuz] 1. (Sammelbegriff) Strumpfwaren f pl; 2. (historisch) Kniehose f; **ho·sier** ['həuzɪə(r)] Strumpfwarenhändler(in) m (f); **ho·siery** ['həuzɪərɪ] Strumpf-, Wirkwaren f pl.

hos·pit·able [hɒˈspɪtəbl] adj gastlich, gastfreundlich.

hos·pi·tal ['hɒspɪtl] Klinik f, Krankenhaus n; ▶ be in ~ im Krankenhaus sein; **hospital train, ship** Lazarettzug m, -schiff n.

hos·pi·tal·ity [ˌhɒspɪˈtælɪtɪ] Gastlichkeit f; Gastfreundschaft f.

hos·pi·tal·iz·ation [ˌhɒspɪtəlaɪzˈeɪʃn] 1. Einlieferung f in ein Krankenhaus; 2. Krankenhausaufenthalt m; **hos·pi·tal·ize** ['hɒspɪtlaɪz] tr in ein Krankenhaus einliefern.

host[1] [həust] I s 1. Gastgeber m (to für); 2. biol Wirt(stier n) m; II tr Gastgeber sein bei.

host[2] [həust] ▶ a ~ of, ~s of ... e-e Unzahl ...; sehr viel ...

Host [həust] rel Hostie f.

hos·tage ['hɒstɪdʒ] Geisel f; ▶ take s.o. ~ jdn als Geisel nehmen.

host country ['həustˌkʌntrɪ] Gastland n.

hos·tel ['hɒstl] Wohnheim n; ▶ youth ~ Jugendherberge f; **hos·tel·ler** ['hɒstələ(r)] Heimbewohner(in) m (f); (Jugend)Herbergsgast m.

host·ess ['həustɪs] 1. Gastgeberin f; Dame f des Hauses; 2. Empfangsdame f; Hosteß f; 3. aero Stewardeß f.

hos·tile ['hɒstaɪl] adj 1. feindlich; 2. feindselig (to gegen); **hos·til·ity** [hɒˈstɪlətɪ] 1. Feindschaft f (to, towards, against gegen); 2. pl Feindseligkeiten f pl.

hot [hɒt] I adj 1. heiß; (Wasserhahn, Mahlzeit) warm; 2. brennend, beißend; 3. stark gewürzt, scharf; 4. fig heiß(blütig), feurig, leicht erregbar; 5. (hell) begeistert; leidenschaftlich; 6. fam erpicht, scharf (on, auf); 7. sl lüstern; sexuell erregend; 8. (Kampf) heiß, heftig; 9. (Motor) heißgelaufen; 10. radioaktiv; 11. mus heiß; 12. sport geschickt, gewandt; 13. (Spur) heiß; 14. fam (Mensch) fähig, gut; (Sache) toll; 15. sl gestohlen, heiß; ▶ not so ~ fam ergebnislos; wirkungslos; nicht gerade umwerfend; ~ and bothered beunruhigt; blow ~ and cold nicht wissen, was man will; get ~ under the collar verärgert, erregt werden; get into ~ water fig in Teufels Küche kommen; make a place, things ~ for s.o. jdm die Hölle heiß machen; I'm ~ on his trail ich bin ihm dicht auf den Fersen; it's too ~ to handle das ist ein heißes Eisen; II (mit Präposition) hot up itr an Intensität zunehmen; gefährlich werden.

hot air [ˌhɒtˈeə(r)] 1. Heißluft f; 2. fam leeres Gerede, Angeberei f; **hot·bed** ['hɒtbed] 1. Mistbeet n; 2. fig Brutstätte f; **hot-blooded** [ˌhɒtˈblʌdɪd] adj heißblütig, feurig.

hotch·potch ['hɒtʃpɒtʃ] 1. Eintopf m; 2. fig Mischmasch m.

hot dog [ˌhɒtˈdɒg] heißes Würstchen, Hot dog n od m.

ho·tel [həuˈtel] Hotel n; **hotel accommodation** Unterbringung f im Hotel; **hotel bill** Hotelrechnung f; **ho·tel·ier** [hɒˈteljeɪ] Hotelier m; **hotel industry** Hotelgewerbe n; **hotel keeper** Hotelbesitzer(in) m (f); **hotel register** Hotelverzeichnis n; **hotel staff** Hotelpersonal n.

hot·foot ['hɒtfut] I adv in aller Eile; II tr, itr (~ it) schnell gehen, sich beeilen; **hot·head** ['hɒthed] Hitzkopf m; **hot-headed** [ˌhɒtˈhedɪd] adj hitzköpfig; **hot·house** ['hɒthaus] Treibhaus n; **hot jazz** Hot Jazz m; **hot line** pol heißer Draht; **hot·ly** ['hɒtlɪ] adv ▶ ~ contested, disputed heißumkämpft; ~debated heißumstritten; ~ denied heftig bestritten; **hot metal** typ Blei n; Bleisatz m; **hot pants** pl Hot Pants pl; **hot·plate** ['hɒtpleɪt] Heiz-, Kochplatte f; Warmhalteplatte f; **hot potato** fig fam heißes Eisen; **hot·rod** ['hɒtrɒd] mot Auto n mit frisiertem Motor; **hot seat** 1. fig Schleudersitz m; schwierige Position; 2. Am sl elektrischer Stuhl; **hot·shot** ['hɒtʃɒt] sl Kanone f, As n; **hot spot** sl 1. Nachtlokal n; 2. pol Krisenherd m; **hot stuff** sl 1. tolles Ding; tolle Frau; 2. Zündstoff m; **hot-tempered** [ˌhɒtˈtempə(r)d] adj jähzornig; **hot-water bottle** Wärm-, Bettflasche f.

hound [haund] I s 1. Jagdhund m; 2. fig Schurke, Hund m; ▶ ride to ~s mit der Meute jagen; II tr (beständig) hetzen; III (mit Präposition) hound down tr

Jagd machen auf; erjagen; erwischen.
hour ['aʊə(r)] **1.** Stunde *f*; **2.** Zeit *f*; Zeitpunkt *m*; **3.** Uhr(zeit) *f*; ► **after** ~s nach Geschäftsschluß; *(Kneipe)* nach der Polizeistunde; *(Arzt)* außerhalb der Sprechstunde; **at all** ~s zu jeder Stunde; **at the eleventh** ~ in letzter Minute; **by the** ~ stundenweise; **for** ~s stundenlang; **every** ~ **on the** ~ jeweils zur vollen Stunde; **keep late** ~s spät zu Bett gehen; **the rush** ~ die Hauptgeschäfts-, Hauptverkehrs-, Stoßzeit *f*; **opening** ~s *pl* Geschäftszeiten *f pl*; Öffnungszeiten *f pl*; Schalterstunden *f pl*; Sprechstunde *f*; **the small** ~s die frühen Morgenstunden *f pl*; **working** ~s *pl* Arbeitszeit *f*; Dienststunden *f pl*; **his** ~ **has come** seine Stunde ist gekommen; sein letztes Stündchen hat geschlagen; **hour hand** Stundenzeiger *m*; **hour·ly** ['aʊəlɪ] *adj*, *adv* stündlich; ► ~ **wage** Stundenlohn *m*.

house [haʊs] ⟨*pl* houses⟩ ['haʊzɪz] **I** *s* **1.** Haus *n*; **2.** Dynastie *f*; **3.** Geschäft(shaus) *n*, Firma *f*; **4.** *theat* Vorstellung *f*, Publikum, Theater *n*; **5.** *(Univ.)* College *n*; Wohngebäude *n (e-s Internats)*; **6.** (Abgeordneten)Haus, Parlament *n*; ► **on the** ~ auf Kosten der Firma, des Hauses; **like a** ~ **on fire** *fam* bestens; **bring the** ~ **down** *theat* großen Beifall ernten; **keep** ~ haushalten *(for s.o.* jdm); **set one's** ~ **in order** reinen Tisch machen; **apartment-**~ Mietshaus *n*; **boarding-**~ Pension *f*; ~ **of cards** *fig* Kartenhaus *n*; **the H**~ **of Commons** *Br parl* das Unterhaus; **the H**~ **of Lords** *Br parl* das Oberhaus; **the H**~s **of Parliament** *Br* das Parlamentsgebäude; **Lower, Upper H**~ Unter-, Oberhaus *n*; **the H**~ **of Representatives** *Am* das Repräsentantenhaus; **II** *tr* unterbringen; verstauen; **house·boat** ['haʊsbəʊt] Hausboot *n*; **house·breaker** ['haʊsˌbreɪkə(r)] Einbrecher(in) *m (f)*; **house·break·ing** ['haʊsˌbreɪkɪŋ] Einbruch *m*; **house·coat** ['haʊskəʊt] Morgenrock *m*; Hauskleid *n*; **house·fly** ['haʊsflaɪ] Stubenfliege *f*.
house·hold ['haʊshəʊld] Haushalt *m*; ► ~ **articles** *pl* Haushaltsgegenstände *m pl*; **it's a** ~ **name, word** das ist ein Begriff; **house·holder** ['haʊshəʊldə(r)] Haus-, Wohnungsinhaber(in) *m (f)*.
house-hunt ['haʊshʌnt] *itr* auf Wohnungssuche sein, gehen; **house-husband** ['haʊshʌzbənd] Hausmann *m*; **house·keeper** ['haʊsˌkiːpə(r)] Haushälterin *f*; *(Institution)* Wirtschaftsleiterin *f*; **house·keep·ing** ['haʊsˌkiːpɪŋ] Führung *f* e-s Haushalts, Haushalten *n*; ► ~ **money** Haushaltsgeld *n*; **house·maid** ['haʊsmeɪd] Hausgehilfin *f*; ► ~'s **knee** *med* Schleimbeutelentzün-

dung *f*; **houseman** ['haʊsmən] *Br* Medizinalassistent *m*; **house physician** Anstaltsarzt *m*, -ärztin *f*; **house·proud** ['haʊspraʊd] *adj* auf (die) Ordnung im Haus bedacht; **house·room** ['haʊsrʊm] *Br* ► **I would not give it** ~ das möchte ich nicht geschenkt haben; **house rules** *pl* Hausordnung *f*; **house surgeon** Krankenhauschirurg(in) *m (f)*; **house-to-house** *adj* ► ~ **collection** Haussammlung *f*; ~ **search** Suche *f* von Haus zu Haus; ~ **selling** Direktverkauf *m* an der Haustür, Haustürgeschäft *n*; **house·top** ['haʊstɒp] (Haus)Dach *n*; ► **shout s.th. from the** ~s etw ausposaunen; **house·trained** ['haʊstreɪnd] *adj (Tier)* stubenrein; **house-warming** ['haʊsˌwɔːmɪŋ] Einzugsfest *n*.
house·wife[1] ['haʊswaɪf] ⟨*pl* -wives⟩ Hausfrau *f*; Haushälterin, Wirtschafterin *f*.
house·wife[2] ['hʌsɪf] ⟨*pl* -wives⟩ ['hʌsɪvz] Nähzeug *n*.
house·work ['haʊswɜːk] Hausarbeit *f*.
hous·ing ['haʊzɪŋ] **1.** Unterbringung, Unterkunft, Wohnung *f*; **2.** Wohnungsbeschaffung *f*; **3.** *(Waren)* (Ein)Lagerung *f*; **4.** *tech* Gehäuse *n*; **housing benefit** Wohnbeihilfe *f*, Wohngeld *n*; **housing conditions** *pl* Wohnverhältnisse *n pl*; **housing development** *Am*, **housing estate** *Br* (Wohn)Siedlung *f*; **housing problem** Wohnungsproblem *n*; **housing programme** Wohnungsbeschaffungsprogramm *n*; **housing scheme 1.** (Wohn)Siedlung *f*; **2.** Siedlungsbauvorhaben *n*; **housing shortage** Wohnraummangel *m*.
hove [həʊv] *mar v s.* heave.
hovel ['hɒvl] *pej* Bruchbude *f*, Loch *n*.
hover ['hɒvə(r)] *itr* **1.** schweben *(about, over* über); **2.** herumlungern, sich herumtreiben *(about, near* in der Nähe *gen)*; **3.** *fig* schwanken *(between* zwischen); **4.** *fig* schweben *(between life and death* zwischen Leben u. Tod); **hover·craft** ['hɒvəkrɑːft] Luftkissenfahrzeug, Hovercraft *n*; **hover·port** ['hɒvəpɔːt] Hafen *m* für Luftkissenfahrzeuge; **hover·train** ['hɒvətreɪn] Schwebebahn *f*.
how [haʊ] *adv* **1.** wie; wieso; **2.** *fam* was? warum? ► **and** ~! *sl* und wie! ~ **about** ...? wie steht, wäre es mit ...? ~ **come** ...? *sl*, ~ **is it** ...? wie kommt es ...? ~ **many?** wie viele? ~ **much?** wieviel? ~ **are you?** ~ **do you do?** wie geht's? guten Tag! *(bei e-r Vorstellung)* sehr erfreut! **how-d'ye-do** ['haʊdjəduː] *fam* Theater *n*, Krach *m*.
how·ever [haʊˈevə(r)] **I** *adv* wie auch immer; ► ~ **big, intelligent** wie groß, intelligent auch immer; **II** *conj* indessen; jedoch, aber; trotzdem.
howl [haʊl] **I** *itr* **1.** heulen; **2.** brüllen,

schreien; II s Geheul n; III (mit Präposition) **howl down** tr niederbrüllen, -schreien; **howler** ['haʊlə(r)] fam Schnitzer, dummer Fehler m; **howl·ing** [—ɪŋ] I s Gebrüll, Geschrei n; Heulen n; II adj 1. heulend; 2. fam gewaltig; (Ungerechtigkeit) schreiend; (Erfolg) toll.

HP, hp [ˌeɪtʃˈpiː] 1. Abk: s. hire purchase; 2. Abk: s. horse power.

hub [hʌb] 1. (Rad) Nabe f; 2. fig Mittelpunkt m.

hub·bub ['hʌbʌb] Stimmengewirr n; Tumult m.

hub·cap ['hʌbkæp] mot Radkappe m.

huckle·berry ['hʌklbərɪ] amerikanische Heidelbeere.

huck·ster ['hʌkstə(r)] 1. (Straßen)Händler(in) m (f); 2. Am fam pej Reklamefritze m.

huddle ['hʌdl] I itr 1. sich drängen, sich drücken; 2. sich schmiegen (to an); II s Durcheinander n; III (mit Präposition) **huddle down** itr sich hinkuscheln; **huddle together** itr sich aneinanderschmiegen; **huddle up** itr sich zusammenkauern; ▶ ~ **up against** sich kauern an.

hue [hjuː] 1. Farbe f; Färbung f; 2. Farbton m; Schattierung f; ▶ ~ **and cry** lautes Geschrei; **raise a ~ and cry against s.o.** gegen jdn heftig protestieren.

huff [hʌf] I itr blasen, pusten; II s Groll m; ▶ **go into a ~** schmollen, beleidigt sein; **huffy** ['hʌfɪ] adj leicht beleidigt, empfindlich, fam eingeschnappt.

hug [hʌg] I tr 1. umarmen; 2. sich dicht halten (the shore am Ufer); 3. fig hängen an, festhalten an; II refl stolz sein (over auf); III s 1. Umarmung f; 2. sport Griff m.

huge [hjuːdʒ] adj riesig, gewaltig; ungeheuer; **huge·ly** [—lɪ] adv ungeheuer; **huge·ness** [—nɪs] gewaltige Größe.

hulk [hʌlk] 1. (Schiffs)Rumpf m; 2. schwerfälliger Mensch, Klotz, Trampel m; **hulk·ing** [—ɪŋ] adj unförmig; plump.

hull[1] [hʌl] I s bot Hülse, Schale f; Schote f; II tr enthülsen, schälen.

hull[2] [hʌl] Schiffskörper m; Flugzeugrumpf m.

hul·la·ba·loo [ˌhʌləbəˈluː] Lärm, Tumult m.

hullo [həˈləʊ] interj hallo! nanu!

hum [hʌm] I itr 1. summen; 2. (er)dröhnen (with von); 3. fam geschäftig, betriebsam sein; 4. sl stinken; ▶ **make things ~** fam den Laden in Schwung bringen; ~ **and haw** herumdrucksen; **things are always ~ming** es ist immer Betrieb; II tr (Melodie) summen (to o.s. vor sich hin); III s Summen, Brummen n.

hu·man ['hjuːmən] I adj menschlich; ▶ **to err is ~** prov Irren ist menschlich;

I'm only ~ ich bin auch nur ein Mensch; ~ **chain** Menschenkette f; ~ **rights** pl Menschenrechte n pl; II s (~ being) Mensch m; **hu·mane** [hjuːˈmeɪn] adj menschlich, human; **hu·man·ism** ['hjuːmənɪzəm] Humanismus m; **hu·man·istic** [ˌhjuːməˈnɪstɪk] adj humanistisch; **hu·mani·tar·ian** [hjuːˌmænɪˈteərɪən] adj menschenfreundlich; humanitär; **hu·man·ity** [hjuːˈmænətɪ] 1. die Menschheit; 2. Menschlichkeit f; ▶ **the humanities** pl die Geisteswissenschaften pl; **hu·man·ize** ['hjuːmənaɪz] tr humanisieren; **hu·man·ly** ['hjuːmənlɪ] adv ▶ ~ **possible** menschenmöglich.

humble ['hʌmbl] I adj 1. demütig; 2. bescheiden; 3. unbedeutend; ▶ **eat ~ pie** zurückstecken, klein beigeben; II tr demütigen; **humble·ness** [—nɪs] Bescheidenheit f; Einfachheit f; Demut f.

hum·bug ['hʌmbʌg] 1. Schwindel, Humbug m; 2. Quatsch m; 3. Schwindler(in), Hochstapler(in) m (f); 4. Br Pfefferminzbonbon m od n.

hum·drum ['hʌmdrʌm] adj eintönig, monoton, langweilig.

hu·mid ['hjuːmɪd] adj feucht; **hu·mid·ifier** [hjuːˈmɪdɪfaɪə(r)] Verdunster m; Luftbefeuchtungsanlage f; **hu·mid·ify** [hjuːˈmɪdɪfaɪ] tr an-, befeuchten; **hu·mid·ity** [hjuːˈmɪdətɪ] Feuchtigkeit f.

hu·mili·ate [hjuːˈmɪlɪeɪt] tr demütigen; **hu·mili·ation** [hjuːˌmɪlɪˈeɪʃn] Demütigung f; **hu·mil·ity** [hjuːˈmɪlətɪ] Demut f; Bescheidenheit f.

hum·ming·bird ['hʌmɪŋbɜːd] zoo Kolibri m.

hum·mock ['hʌmək] (kleiner) Hügel m.

hu·mor·ist ['hjuːmərɪst] Humorist(in) m (f); **hu·mor·ous** ['hjuːmərəs] adj humorvoll, amüsant, komisch; **hu·mour,** Am **hu·mor** ['hjuːmə(r)] I s 1. (sense of ~) Humor m; 2. Stimmung, Laune f; ▶ **be out of ~** nicht in Stimmung, schlecht aufgelegt sein; II tr nachgeben (s.o. jdm gegenüber), den Willen lassen (s.o. jdm); **hu·mour·less** [—lɪs] adj humorlos, trocken.

hump [hʌmp] I s 1. (Kamel) Höcker m; 2. (Mensch) Buckel m; 3. Hügel m; 4. schlechte Laune, Ärger, Verdruß m; ▶ **be over the ~** fig über den Berg sein; II tr 1. krümmen; 2. schleppen; auf die Schulter nehmen; **hump·back** ['hʌmpbæk] 1. Buckel m; 2. Bucklige(r) f m; **hump·backed** ['hʌmpbækt] adj bucklig; ▶ ~ **bridge** gewölbte Brücke.

humph [hʌmpf, mm] interj hm!

Hun [hʌn] 1. hist Hunne m, Hunnin f; 2. pej Deutsche(r) f m.

hunch [hʌntʃ] I tr wölben, krümmen; ▶ ~ **one's back** e-n Buckel machen; II s fam (Vor)Ahnung f; ▶ **have a ~** e-e Ahnung haben; **play one's ~** einer Intui-

tion folgen; **hunch·back** ['hʌntʃbæk]
1. Buckel *m;* **2.** Bucklige(r) *f m;* ► **be a**
~ bucklig sein, e-n Buckel haben.
hun·dred ['hʌndrəd] **I** *adj* hundert; **II** *s*
(das) Hundert; ► **a** ~ hundert; **one** ~
einhundert; ~**s of** . . . Hunderte von . . ;
hun·dred·fold ['hʌndrədfəʊld] *adj,*
adv hundertfach; hundertfältig; **hun-**
dredth ['hʌndrədθ] **I** *adj* hundertste(r,
s); **II** *s* Hundertstel *n;* Hundertste(r, s);
hun·dred·weight ['hʌndrədweɪt]
Zentner *m = 112 Pfund bzw. 50,8 kg,*
Am = 100 Pfund bzw. 45,36 kg).
hung [hʌŋ] *v s. hang.*
Hung·ari·an [hʌŋ'geərɪən] **I** *adj* unga-
risch; **II** *s* **1.** *(Mensch)* Ungar(in) *m (f);*
2. *(Sprache)* (das) Ungarisch(e); **Hung-**
ary ['hʌŋgərɪ] Ungarn *n.*
hun·ger ['hʌŋgə(r)] **I** *s* **1.** Hunger *m;* **2.**
fig Verlangen *n (for, after* nach); ► **die**
of ~ verhungern; **feel** ~ hungrig sein; ~
strike Hungerstreik *m;* **II** *itr* sich seh-
nen, (heftig) verlangen *(for, after* nach);
hun·gry ['hʌŋgrɪ] *adj* **1.** hungrig; **2.**
verlangend, (be)gierig *(for* nach); **3.** *(Bo-*
den) mager; ► **be** ~ Hunger haben,
hungrig sein.
hunk [hʌŋk] *fam* dickes Stück, Ranken
m (bes. Brot).
hunt [hʌnt] **I** *tr* **1.** jagen; hetzen; **2.**
verfolgen; **3.** eifrig suchen; **4.** durchja-
gen, -streifen; **II** *itr* **1.** auf die Jagd
gehen, jagen; **2.** suchen, forschen *(for*
nach); ► **go** ~**ing** auf die Jagd gehen;
III *s* **1.** Jagd *f;* Fuchsjagd *f;* **2.** *fig* Jagd,
Suche *f (for* nach); **IV** *(mit Präposition)*
hunt down *tr* zur Strecke bringen; **hunt**
out *tr* ausfindig machen; **hunt up** *tr*
aufstöbern; **hunter** ['hʌntə(r)] **1.** Jäger
m; **2.** Jagdpferd *n;* **hunt·ing** [— ɪŋ] **1.**
Jagen *n,* Jagd *f;* **2.** Suche *f;* **hunt·ing-**
ground Jagdgründe *m pl;* **hunt·ing-**
licence Jagdschein *m;* **hunt·ing-**
season Jagdzeit *f;* **hunt·ress**
['hʌntrɪs] Jägerin *f;* **hunts·man**
['hʌntsmən] ⟨*pl* -men⟩ **1.** Jäger *m;* **2.**
Aufseher *m* der Jagdhunde.
hurdle ['hɜːdl] **1.** *agr sport* Hürde *f;* **2.** *fig*
Hindernis *n,* Hürde *f;* ► ~**s** *pl sport*
Hürdenlauf *m;* **hundred meters**
~**s** 100-m-Hürden(lauf); **hur·dler**
['hɜːdlə(r)] Hürdenläufer(in) *m (f);*
hurdle-race Hürdenlauf *m,* Hindernis-
rennen *n.*
hurdy-gurdy ['hɜːdɪgɜːdɪ] Leierkasten
m; Drehorgel *f.*
hurl [hɜːl] **I** *tr* **1.** schleudern; **2.** hinaus-
brüllen, -schreien; **3.** *(Worte)* ausstoßen
(at gegen); **II** *s* Schleudern, Stoßen *n.*
hurly-burly ['hɜːlɪbɜːlɪ] Lärm, Tumult *m.*
hur·rah, hur·ray [hʊ'rɑː, hʊ'reɪ] **I** *interj*
hurra! **II** *s* Hurra(ruf *m) n.*
hur·ri·cane ['hʌrɪkən] Wirbelsturm, Or-
kan *m a. fig;* **hurricane lamp** Sturmla-
terne *f;* **hurricane warning** Sturmwar-

nung *f.*
hur·ried ['hʌrɪd] *adj* **1.** hastig; eilig; **2.**
übereilt.
hurry ['hʌrɪ] **I** *s* **1.** Eile, Hast *f;* **2.** Überei-
lung, Überstürzung *f;* **3.** Drängen *n,* Un-
geduld *f;* ► **in a** ~ in (großer) Eile;
überstürzt; **in no** ~ *fam* nicht von sich
aus, nicht ohne Not, nicht freiwillig; **be**
in a ~ es sehr eilig haben *(to do s.th.* etw
zu tun); **there is no** ~ damit hat's keine
Eile; **why (all) this** ~? warum diese
Eile? **II** *itr* sich beeilen; **don't** ~ immer
mit der Ruhe! **III** *tr* **1.** (~ *up)* beschleuni-
gen; antreiben; **2.** *(Person)* rasch schik-
ken *(to* zu); **IV** *(mit Präposition)* **hurry**
along *itr* sich beeilen; *tr* drängen; zur
Eile antreiben; vorantreiben; **hurry**
away, hurry off *itr* forteilen; *tr* schnell
wegbringen; **hurry on** *itr* schnell weiter-
gehen, weiterreden, weiterlesen; *tr* an-
treiben; **hurry up** *itr* sich beeilen; *tr* zur
Eile antreiben; vorantreiben.
hurt [hɜːt] ⟨*irr* hurt, hurt⟩ **I** *tr* **1.** weh tun
(s.o. jdm); **2.** verletzen, verwunden; **3.**
schaden, Schaden zufügen *(s.o.* jdm); **4.**
fig verletzen, kränken, weh tun *(s.o.*
jdm); ► **be, feel** ~ sich verletzt, belei-
digt, gekränkt fühlen; ~ **s.o.'s feelings**
jdn kränken, verletzen; **II** *itr* weh tun;
that won't ~ das schadet nichts; **III** *s* **1.**
Schmerz *m;* **2.** Verletzung, Verwundung
f; **3.** *fig* Kummer *m,* Leid *n;* **4.** Schaden,
Nachteil *m (to* für); **hurt·ful** ['hɜːtfl] *adj*
1. verletzend; **2.** schädlich, nachteilig *(to*
für).
hus·band ['hʌzbənd] **I** *s* (Ehe)Mann,
Gatte *m;* ► ~ **and wife** Eheleute *pl;* **II**
tr sparsam umgehen mit.
hus·bandry ['hʌzbəndrɪ] Landwirtschaft
f; ► **animal** ~ Viehzucht *f.*
hush [hʌʃ] **I** *tr* zum Schweigen bringen;
II *itr* verstummen; **III** *s* Stille *f;* **IV** *interj*
still! Ruhe (da)! **V** *(mit Präposition)*
hush up *tr* vertuschen, verheimlichen;
hush-hush [ˌhʌʃ'hʌʃ] *adj* streng (ver-
traulich und) geheim; **hush-money**
['hʌʃmʌnɪ] Schweigegeld *n.*
husk [hʌsk] **1.** *bot* Hülse, Schote *f;* **2.**
fig Schale *f;* **II** *tr* enthülsen, schälen.
husky[1] ['hʌskɪ] *adj* **1.** *(Stimme)* belegt;
2. *fam* kräftig, stämmig.
husky[2] ['hʌskɪ] Eskimohund *m.*
hussy ['hʌsɪ] **1.** *pej* Flittchen *n;* **2.**
(brazen ~) freches Ding.
hustle ['hʌsl] **I** *tr* **1.** drängen *(into* zu); **2.**
Am (Kunden) fangen; **II** *itr* **1.** sich beei-
len, eilen; **2.** sich e-n Weg bahnen
(through durch); **3.** *Am fam* wie toll
schuften; **4.** *Am sl* betteln, stehlen; **III** *s*
Gedränge *n;* Hetze *f;* ► ~ **and bustle**
reges Treiben, Betriebsamkeit *f;* **hus-**
tler ['hʌslə(r)] **1.** Strichmädchen *n;*
Strichjunge *m;* **2.** *Am fam* Arbeitstier *n;*
hustling ['hʌslɪŋ] Prostitution *f,* Strich
m fam.

hut [hʌt] Hütte *f;* Baracke *f.*
hutch [hʌtʃ] Käfig *m;* (Kaninchen)Stall *m.*
hya·cinth ['haɪəsɪnθ] *bot* Hyazinthe *f.*
hy·aena [haɪ'iːnə] *s. hyena.*
hy·brid ['haɪbrɪd] **1.** *bot* Hybride, Kreuzung *f;* **2.** *zoo* Kreuzung *f;* **3.** *fig* Mischung *f.*
hy·drangea [haɪ'dreɪndʒə] *bot* Hortensie *f.*
hy·drant ['haɪdrənt] Hydrant *m.*
hy·drate ['haɪdreɪt] *chem* Hydrat *n.*
hy·drau·lic [haɪ'drɒlɪk] *adj* hydraulisch; **hy·drau·lics** [—] *pl a. mit sing* Hydraulik *f.*
hy·dro·car·bon [ˌhaɪdrə'kɑːbən] Kohlenwasserstoff *m;* **hy·dro·chloric** [ˌhaɪdrə'klɒrɪk] *adj* ▶ ~ **acid** Salzsäure *f;* **hy·dro·elec·tric** [ˌhaɪdrəʊɪ'lektrɪk] *adj* hydroelektrisch ▶ ~ **power-station** Wasserkraftwerk *n;* **hy·dro·foil** ['haɪdrəfɔɪl] Tragflächen-, Tragflügelboot *n.*
hy·dro·gen ['haɪdrədʒən] Wasserstoff *m;* **hydrogen bomb** Wasserstoffbombe *f;* **hydrogen peroxide** Wasserstoffsuperoxyd *n;* **hydrogen sulphide** Schwefelwasserstoff *m.*
hy·dro·pho·bia [ˌhaɪdrə'fəʊbɪə] **1.** Wasserscheu *f;* **2.** *med* Tollwut *f.*
hy·ena [haɪ'iːnə] Hyäne *f.*
hy·giene ['haɪdʒiːn] Gesundheitspflege, Hygiene *f;* ▶ **personal** ~ Körperpflege *f;* **hy·gienic** [haɪ'dʒiːnɪk] *adj* hygienisch.
hy·gro·meter [haɪ'grɒmɪtə(r)] Feuchtigkeitsmesser *m;* **hy·gro·scope** ['haɪgrəskəʊp] Hygroskop *n.*
hymn [hɪm] Hymne *f;* Loblied *n;* **hymnal, hymn·book** ['hɪmnəl, 'hɪmbʊk] Gesangbuch *n.*
hy·per·ac·tive [ˌhaɪpə'æktɪv] sehr aktiv; hyperaktiv.
hy·per·bola [haɪ'pɜːbələ] *math* Hyperbel *f;* **hy·per·bole** [haɪ'pɜːbəlɪ] *(stilistische)* Übertreibung, Hyperbel *f;* **hy·per·bolic** [haɪpə'bɒlɪk] *adj* **1.** *(Stil)*

übertreibend; **2.** *math* Hyperbel-.
hy·per·criti·cal [ˌhaɪpə'krɪtɪkl] *adj* überstreng urteilend; schwer zu befriedigen(d).
hy·per·market ['haɪpəmɑːkɪt] *Br* Groß-, Verbrauchermarkt *m.*
hy·per·sen·si·tive [ˌhaɪpə'sensətɪv] *adj* überempfindlich.
hy·phen ['haɪfn] **1.** Bindestrich *m;* **2.** Trennstrich *m; typ* Divis *n;* **hy·phen·ate** ['haɪfəneɪt] *tr* mit e-m Bindestrich schreiben.
hyp·no·sis [hɪp'nəʊsɪs] ⟨*pl* -ses⟩ [—'nəʊsiːz] Hypnose *f;* **hyp·notic** [hɪp'nɒtɪk] *adj* hypnotisch; **hyp·notist** ['hɪpnətɪst] Hypnotiseur(in) *m (f);* **hyp·not·ize** ['hɪpnətaɪz] *tr* hypnotisieren.
hy·po·chon·dria [ˌhaɪpə'kɒndrɪə] Hypochondrie *f,* Einbildung *f,* krank zu sein; **hy·po·chon·driac** [ˌhaɪpə'kɒndrɪæk] **I** *adj* hypochondrisch; **II** *s* Hypochonder *m.*
hy·poc·risy [hɪ'pɒkrəsɪ] Heuchelei *f;* **hyp·ocrite** ['hɪpəkrɪt] Heuchler(in) *m (f);* Scheinheilige(r) *f m;* **hy·po·critical** [ˌhɪpə'krɪtɪkl] *adj* heuchlerisch.
hy·po·der·mic [ˌhaɪpə'dɜːmɪk] *adj* subkutan; ▶ ~ **syringe** (Subkutan)Spritze *f.*
hy·pot·en·use [ˌhaɪ'pɒtənjuːz] *math* Hypotenuse *f.*
hy·po·ther·mia [ˌhaɪpə'θɜːmɪə] Unterkühlung *f;* Kältetod *m.*
hy·poth·esis [haɪ'pɒθəsɪs] ⟨*pl* -eses⟩ [—əsiːz] Hypothese *f;* **hy·po·theti·cal** [ˌhaɪpə'θetɪkl] *adj* hypothetisch.
hys·ter·ec·to·my [ˌhɪstə'rektəmɪ] Totaloperation, Hysterektomie *f.*
hys·teria [hɪ'stɪərɪə] Hysterie *f;* **hyster·ic** [hɪ'sterɪk] **I** *adj* hysterisch; **II** *s* Hysteriker(in) *m (f);* ▶ **go into** ~**s, have a fit of** ~**s** e-n hysterischen Anfall, hysterische Zustände bekommen, haben; *fig fam* sich totlachen; **hys·teri·cal** [hɪ'sterɪkl] *adj* **1.** hysterisch; **2.** *fam* irrsinnig komisch.

I

I, i [aɪ] ⟨pl -'s⟩ I, i n.
I [aɪ] prn ich; **it is** ~ ich bin es.
ibex ['aɪbeks] zoo Steinbock m.
ice [aɪs] I s 1. Eis n; 2. Speiseeis n; ► **be skating on thin** ~ fig sich aufs Glatteis begeben; **break the** ~ fig das Eis brechen; **cut no** ~ keine Wirkung haben; **put on** ~ fig auf Eis legen, aufschieben; II tr 1. tiefkühlen; 2. mit Eis kühlen; 3. (Kuchen) glasieren; III itr (~ up, ~ over) zufrieren, vereisen a. aero; **Ice Age** Eiszeit f; **ice-axe** Eispickel m; **ice·berg** ['aɪsbɜːg] Eisberg m a. fig; **ice·bound** ['aɪsbaʊnd] adj (ein-, zu)gefroren; **ice·box** ['aɪsbɒks] 1. Am Kühlschrank m; 2. Br Eisfach n; **ice-breaker** ['aɪsˌbreɪkə(r)] Eisbrecher m; **ice·cap** ['aɪskæp] geog Eiskappe f; **ice-cold** adj eiskalt; **ice-cream** Eis n, Eiscreme f; **ice-cream parlour** Eisdiele f, Eiscafé n; **ice-cube** ['aɪskjuːb] Eiswürfel m; **iced** [aɪst] adj 1. eisgekühlt; 2. glasiert; ► ~ **coffee** Eiskaffee m; **ice-floe** ['aɪsfləʊ] Treibeisscholle f; **ice hockey** Eishockey n.
Ice·land ['aɪslənd] Island n; **Ice·land·er** ['aɪsləndə(r)] Isländer(in) m (f); **Ice-landic** [aɪs'lændɪk] I adj isländisch; II s (das) Isländisch(e).
ice-lolly [ˌaɪs'lɒlɪ] Br Eis n am Stil; **ice-pack** ['aɪspæk] 1. geog Packeis n; 2. med Eisbeutel m; **ice·rink** ['aɪsrɪŋk] Eis-, Schlittschuhbahn f; **ice-skate** I itr Schlittschuh laufen; II s Schlittschuh m; **ice-skat·ing** ['aɪskeɪtɪŋ] Eislauf m, Schlittschuhlaufen n.
icicle ['aɪsɪkl] Eiszapfen m.
icing ['aɪsɪŋ] 1. Zuckerguß m, Glasur f; 2. aero rail Eisbildung, Vereisung f.
icon ['aɪkɒn] rel Ikone f.
icono·clast [aɪ'kɒnəklæst] Bilderstürmer m a. fig; **icono·clast·ic** [aɪˌkɒnə'klæstɪk] adj fig bilderstürmerisch.
icy ['aɪsɪ] adj 1. (Straße) vereist; gefroren; 2. fig eisig.
I'd [aɪd] = I had; I would.
idea [aɪ'dɪə] 1. Gedanke m, Idee f; 2. Begriff m; 3. Auffassung, Meinung f; Vorstellung f; 4. Ahnung f; ► **form an** ~ sich e-e Vorstellung machen (of von); **get** ~**s into one's head** sich trügerischen Hoffnungen hingeben; **I have an** ~ **that** mir ist (so), als ob; **I have no** ~ ich habe keine Ahnung; **I haven't the faintest, slightest** ~ ich habe nicht die leiseste, geringste Ahnung; **that's the** ~

darum dreht es sich; **what an** ~! was für e-e Idee! **according to his** ~ seiner Meinung nach; **a man of** ~s ein Denker m.
ideal [aɪ'dɪəl] I adj ideal, vorbildlich; II s Ideal n; **ideal·ism** [aɪ'dɪəlɪzəm] Idealismus m; **ideal·ist** [aɪ'dɪəlɪst] Idealist(in) m (f); **ideal·ist·ic** [ˌaɪdɪə'lɪstɪk] adj idealistisch; **ideal·ize** [aɪ'dɪəlaɪz] tr idealisieren.
ident·ical [aɪ'dentɪkl] adj identisch, völlig gleich; ► ~ **twins** pl eineiige Zwillinge m pl.
identi·fi·able [aɪ'dentɪˌfaɪəbl] adj erkennbar; identifizierbar; **identi·fi·ca·tion** [aɪˌdentɪfɪ'keɪʃn] 1. Identifizierung f; 2. Ausweispapiere n pl, Legitimation f; 3. Identifikation f; **identification papers** pl Ausweispapiere n pl.
ident·ify [aɪ'dentɪfaɪ] tr 1. identifizieren; 2. (Gegenstand) wiedererkennen; 3. (Pflanzen) kennzeichnen; 4. gleichsetzen (with mit); ► ~ **o.s.** sich ausweisen; ~ **o.s. with s.o.** sich mit jdm identifizieren; **iden·ti·kit** [aɪ'dentɪkɪt] (~ picture) Phantombild n; **ident·ity** [aɪ'dentətɪ] 1. Identität f; 2. Gleichheit, Übereinstimmung f; ► **prove one's** ~ sich ausweisen; **identity card** (Personal)Ausweis m.
ideo·logi·cal [ˌaɪdɪə'lɒdʒɪkl] adj ideologisch; **ideolo·gist** [ˌaɪdɪ'ɒlədʒɪst] Ideologe m, Ideologin f; **ideol·ogy** [ˌaɪdɪ'ɒlədʒɪ] Ideologie, Weltanschauung f.
idi·ocy ['ɪdɪəsɪ] 1. med Schwachsinn m; 2. Dummheit f, Unsinn m.
id·iom ['ɪdɪəm] 1. idiomatische Redewendung; 2. Sprache f; Sprech-, Ausdrucksweise f; **idio·matic** [ˌɪdɪə'mætɪk] adj idiomatisch.
idio·syn·crasy [ˌɪdɪəʊ'sɪŋkrəsɪ] Eigenart, Eigenheit f; **idio·syn·crat·ic** [ˌɪdɪəʊsɪŋ'krætɪk] adj eigenartig.
id·iot ['ɪdɪət] 1. med Schwachsinnige(r) f m; 2. Dummkopf m; **idi·otic** [ˌɪdɪ'ɒtɪk] adj blöd(sinnig), idiotisch.
idle ['aɪdl] I adj 1. müßig, untätig; 2. faul, träge; 3. unbeschäftigt; stillstehend; 4. tech nicht in Betrieb; 5. (Worte) leer; nutzlos, vergeblich; ► **lie** ~ (Geld) nicht arbeiten; **stand** ~ stillstehen, außer Betrieb sein; ~ **fear** unbegründete Angst; ~ **wish** Wunschtraum m; II itr 1. (~ about) müßiggehen, faulenzen; untätig sein; 2. tech leerlaufen; III tr (~ away) (Zeit) vertun, vertrödeln; **idler**

['aɪdlə(r)] Müßiggänger(in) *m (f)*.
idol ['aɪdl] **1.** Götter-, Götzenbild *n;* **2.** Idol *n a. fig;* **idol·atrous** [aɪ'dɒlətrəs] *adj* **1.** Götzen verehrend; **2.** *fig* leidenschaftlich ergeben; **idolatry** [aɪ'dɒlətrɪ] **1.** Götzendienst *m;* **2.** *fig* Vergötterung *f;* **idol·ize** ['aɪdəlaɪz] *tr fig* vergöttern.
idyll ['ɪdɪl] **1.** *lit* Idylle *f;* **2.** *fig* Idyll *n;* **idyl·lic** [ɪ'dɪlɪk] *adj* idyllisch.
if [ɪf] **I** *conj* wenn, falls; für den Fall, daß ...; ob; ► **I wonder ~ he'll come** ich bin gespannt, ob er kommt; **as ~** als ob, als wenn; **as ~ by chance** wie zufällig; **~ so** wenn ja; **~ not** falls nicht; **and ~ ...!** und ob ...! **even ~** auch wenn; **~ only** wenn doch nur; **II** *s* Wenn *n;* ► **~s and buts** Wenn und Aber; **iffy** ['ɪfɪ] *adj fam* **1.** (Sache) fraglich, zweifelhaft; **2.** *(Person)* skeptisch *(about* gegenüber).
ig·loo ['ɪglu:] Iglu *m* od *n*.
ig·neous ['ɪgnɪəs] *adj geol* vulkanisch; ► **~ rocks** *pl* Eruptivgestein *n*.
ig·nite [ɪg'naɪt] **I** *tr* entzünden; **II** *itr* sich entzünden; **ig·ni·tion** [ɪg'nɪʃn] **1.** Entzünden *v;* **2.** *mot* Zündung *f;* **ignition coil** *mot* Zündspule *f;* **ignition key** Zündschlüssel *m*.
ig·noble [ɪg'nəʊbl] *adj* gemein, schändlich.
ig·nom·ini·ous [ˌɪgnə'mɪnɪəs] *adj* schändlich, schmachvoll; **ig·nom·iny** ['ɪgnəmɪnɪ] Schmach, Schande *f*.
ig·nor·amus [ˌɪgnə'reɪməs] Ignorant(in) *m (f);* **ig·nor·ance** ['ɪgnərəns] Unwissenheit *f;* Mangel *m* an Bildung, Ignoranz *f;* Unkenntnis *f;* ► **~ (of the law) is no excuse** Unkenntnis schützt vor Strafe nicht; **ig·nor·ant** ['ɪgnərənt] *adj* **1.** unwissend, ungebildet; **2.** nicht informiert *(in* über); ► **be ~ of** nicht wissen, nicht kennen; **ig·nore** [ɪg'nɔ:(r)] *tr* ignorieren; hinwegsehen über; nicht beachten.
iguana [ɪ'gwɑ:nə] *zoo* Leguan *m*.
ilk [ɪlk] *s;* ► **of that ~** von der Art; solche(r, s).
ill [ɪl] **I** *adj* **1.** krank; **2.** schlecht, schlimm, übel; ► **fall, be taken ~** erkranken *(with s.th.* an etw), krank werden; **feel ~** sich unwohl fühlen; **~ feeling** böses Blut; **~ humo(u)r** schlechte Laune; **~ nature** Übellaunigkeit *f;* **II** *adv* schlecht; **III** *s* **1.** Übel *n,* (das) Böse; **2.** *pl* Mißstände, Übel *pl;* ► **speak, think ~ of s.o.** Schlechtes über jdn sagen, denken.
I'll [aɪl] = *I will; I shall*.
ill-ad·vised [ˌɪləd'vaɪzd] *adj* unklug, unvernünftig; **ill-as·sorted** [ˌɪlə'sɔ:tɪd] *adj* nicht zusammenpassend; **ill-at-ease** [ˌɪlət'i:z] *adj* unbehaglich; **ill-bred** [ˌɪl'bred] *adj* ungezogen, schlecht erzogen; **ill-breed·ing** [ˌɪl'bri:dɪŋ] schlechte Erziehung *f*.
il·legal [ɪ'li:gl] *adj* unerlaubt; ungesetzlich, illegal; **il·legal·ity** [ˌɪlɪ'gælətɪ] Ge-

setzwidrigkeit *f;* Illegalität *f*.
il·leg·ible [ɪ'ledʒəbl] *adj* unleserlich.
il·legit·imate [ˌɪlɪ'dʒɪtɪmət] *adj* **1.** *(Kind)* unehelich; **2.** *jur* unrechtmäßig, ungesetzlich; **3.** *(Argument)* unzulässig.
ill-fated [ˌɪl'feɪtɪd] *adj* unglücklich; unglückselig; **ill-fa·voured,** *Am* **ill-favored** [ˌɪl'feɪvəd] *adj* unschön; **ill-gotten gains** *pl* unrechtmäßiger Gewinn.
il·lib·eral [ɪ'lɪbərəl] *adj* **1.** unduldsam, intolerant; **2.** geizig, knauserig.
il·licit [ɪ'lɪsɪt] *adj* unerlaubt, verboten; ► **~ trade** Schwarzhandel *m*.
il·limit·able [ɪ'lɪmɪtəbl] *adj* grenzenlos, unbeschränkt; unermeßlich.
ill-in·formed ['ɪlɪnˌfɔ:md] *adj* schlecht informiert; wenig sachkundig.
il·lit·er·acy [ɪ'lɪtərəsɪ] Analphabetentum *n;* **illiteracy rate** Analphabetismus *m;* **il·lit·er·ate** [ɪ'lɪtərət] **I** *adj* des Schreibens und Lesens unkundig; **II** *s* Analphabet(in) *m (f)*.
ill-man·nered [ˌɪl'mænəd] *adj* schlecht erzogen; **ill-na·tured** [ˌɪl'neɪtʃəd] *adj (Mensch)* launisch.
ill·ness ['ɪlnɪs] Krankheit *f*.
il·logi·cal [ɪ'lɒdʒɪkl] *adj* unlogisch; **il·logi·cal·ity** [ɪˌlɒdʒɪ'kælɪtɪ] mangelnde Logik, Unlogik *f*.
ill-omened [ˌɪl'əʊmend] *adj* von schlechten Vorzeichen begleitet; **ill-starred** [ˌɪl'stɑ:d] *adj* unter e-m ungünstigen Stern geboren; **ill-tem·pered** [ˌɪl'tempəd] *adj* launisch, launenhaft; **ill-timed** [ˌɪl'taɪmd] *adj* ungelegen, unpassend, unangebracht; **ill-treat** [ˌɪl'tri:t] *tr* mißhandeln; **ill-treat·ment** [ˌɪl'tri:tmənt] Mißhandlung *f*.
il·lumi·nate [ɪ'lu:mɪneɪt] *tr* **1.** be-, erleuchten, erhellen; **2.** *fig* erklären, erläutern; **3.** illuminieren, festlich beleuchten; ► **~d display** Leuchtanzeige *f;* **il·lumi·nat·ing** [ɪ'lu:mɪneɪtɪŋ] *adj fig* aufschlußreich; **il·lumi·na·tion** [ɪˌlu:mɪ'neɪʃn] **1.** Aus-, Beleuchtung *f;* **2.** *fig* Erläuterung, Erklärung *f;* **3.** Festbeleuchtung *f*.
il·lu·sion [ɪ'lu:ʒn] **1.** Illusion *f;* trügerische Hoffnung; **2.** (Sinnes)Täuschung *f;* ► **have no ~s about** keine falschen Vorstellungen haben von; **be under the ~ that ...** sich einbilden, daß ...; **il·lu·sion·ist** [ɪ'lu:ʒənɪst] Illusionist(in) *m (f);* **il·lu·sive, il·lu·sory** [ɪ'lu:sɪv, ɪ'lu:sərɪ] *adj* illusorisch, trügerisch.
il·lus·trate ['ɪləstreɪt] *tr* **1.** *fig* erklären, erläutern, veranschaulichen; **2.** *(Buch)* illustrieren, bebildern; **il·lus·tra·tion** [ˌɪlə'streɪʃn] **1.** Erklärung *f;* **2.** Abbildung, Illustration *f;* ► **by way of ~** als Beispiel; **il·lus·tra·tive** ['ɪləstrətɪv] *adj* erklärend, erläuternd; anschaulich; **il·lus·tra·tor** ['ɪləstreɪtə(r)] Illustrator(in) *m (f)*.

il·lus·tri·ous [ɪˈlʌstrɪəs] *adj* berühmt, gefeiert.

I'm [aɪm] = *I am.*

im·age [ˈɪmɪdʒ] 1. Bild *n;* 2. Bildwerk, Standbild *n;* 3. Ebenbild, Abbild *n;* 4. Vorstellung, Auffassung, Idee *f;* 5. Verkörperung, Versinnbildlichung *f,* Sinnbild *n;* 6. Inbegriff *m;* ▶ **be the spitting ~ of s.o.** jdm aus dem Gesicht geschnitten sein; **speak in ~s** in Bildern sprechen; **im·agery** [ˈɪmɪdʒərɪ] Metaphorik *f.*

im·agin·able [ɪˈmædʒɪnəbl] *adj* vorstellbar; ▶ **everything ~** alles Erdenkliche.

im·agin·ary [ɪˈmædʒɪnərɪ] *adj* unwirklich, imaginär *a. math.*

im·agin·ation [ɪˌmædʒɪˈneɪʃn] Einbildung, Phantasie *f;* **im·agin·ative** [ɪˈmædʒɪnətɪv] *adj* phantasievoll, schöpferisch, einfallsreich.

im·ag·ine [ɪˈmædʒɪn] *tr* 1. sich vorstellen, sich ausdenken; 2. sich denken, annehmen, glauben; ▶ **just ~!** denken Sie nur (mal)! **I ~ so** ich glaube schon.

im·bal·ance [ˌɪmˈbæləns] Ungleichgewicht *n;* Unausgeglichenheit *f.*

im·be·cile [ˈɪmbəsiːl] **I** *adj* schwachsinnig; **II** *s* Schwachsinnige(r) *f m;* **im·be·cil·ity** [ˌɪmbəˈsɪlətɪ] Schwachsinn *m.*

im·bibe [ɪmˈbaɪb] *tr* 1. auf-, einsaugen; 2. *fig* (geistig) aufnehmen.

im·bro·glio [ɪmˈbrəʊlɪəʊ] ⟨*pl* -glios⟩ Verwirrung *f;* verwickelte Lage.

im·bue [ɪmˈbjuː] *tr* durchdringen, erfüllen; ▶ **be ~d with** erfüllt sein mit.

IMF [ˌaɪemˈef] *Abk:* **International Monetary Fund** IWF *m.*

imi·tate [ˈɪmɪteɪt] *tr* 1. nachahmen, -machen; imitieren; 2. kopieren; fälschen; **imi·ta·tion** [ˌɪmɪˈteɪʃn] **I** *s* Nachahmung, Imitation *f;* ▶ **in ~ of** nach dem Vorbild *gen;* **II** *adj* unecht, künstlich, falsch; ▶ **~ leather** Kunstleder *n;* **imi·tat·ive** [ˈɪmɪtətɪv] *adj* nachgeahmt, imitierend; **imi·ta·tor** [ˈɪmɪteɪtə(r)] Imitator(in), Nachahmer(in) *m (f).*

im·macu·late [ɪˈmækjʊlət] *adj* 1. fleckenlos, rein; 2. fehlerlos, untadelig.

im·ma·nence [ˈɪmənəns] *philos* Immanenz *f;* **im·ma·nent** [ˈɪmənənt] *adj* immanent.

im·ma·terial [ˌɪməˈtɪərɪəl] *adj* 1. *philos* immateriell; 2. *(Fragen)* unwesentlich, unerheblich, unwichtig.

im·ma·ture [ˌɪməˈtjʊə(r)] *adj* 1. unreif; unentwickelt; 2. *(Ideen)* unausgegoren; **im·ma·tur·ity** [ˌɪməˈtjʊərətɪ] Unreife *f.*

im·measur·able [ɪˈmeʒərəbl] *adj* unermeßlich, unmeßbar.

im·medi·acy [ɪˈmiːdɪəsɪ] Unmittelbarkeit, Unvermitteltheit *f;* **im·medi·ate** [ɪˈmiːdɪət] *adj* 1. unmittelbar, unvermittelt, direkt; 2. *(Nachbarn)* nächste(r, s); 3. *(Antwort)* umgehend, prompt; **im-**

medi·ate·ly [—lɪ] **I** *adv* direkt, unmittelbar; unverzüglich, sofort; ▶ **~ after** unmittelbar danach; **II** *conj* sobald, sowie.

im·mem·or·ial [ˌɪməˈmɔːrɪəl] *adj* unvordenklich; ▶ **from time ~** seit undenklichen Zeiten.

im·mense [ɪˈmens] *adj* ungeheuer (groß), gewaltig; immens; **im·men·sity** [ɪˈmensətɪ] Unermeßlichkeit *f.*

im·merse [ɪˈmɜːs] *tr* 1. ein-, untertauchen; 2. *fig* sich stürzen (*in* in); ▶ **be ~d in one's work** in seine Arbeit vertieft sein; **be ~d in water** unter Wasser sein; **im·mer·sion** [ɪˈmɜːʃn] 1. Ein-, Untertauchen *n;* 2. *fig* Versunkenheit *f;* **immersion heater** 1. *Br* Boiler, Heißwasserspeicher *m;* 2. Tauchsieder *m.*

im·mi·grant [ˈɪmɪɡrənt] **I** *attrib adj* ▶ **~ worker** ausländische(r) Arbeitnehmer(in) *m f;* Gastarbeiter(in) *m (f);* **II** *s* Einwanderer *m,* Einwanderin *f;* **im·mi·grate** [ˈɪmɪɡreɪt] *itr* einwandern (*into* in, nach); **im·mi·gra·tion** [ˌɪmɪˈɡreɪʃn] Einwanderung *f;* **immigration country** Einwanderungsland *n.*

im·mi·nence [ˈɪmɪnəns] nahes Bevorstehen; **im·mi·nent** [ˈɪmɪnənt] *adj* nahe bevorstehend; ▶ **be ~** nahe bevorstehen.

im·mo·bile [ɪˈməʊbaɪl] *adj* unbeweglich; reglos, immobil; **im·mo·bil·ity** [ˌɪməʊˈbɪlətɪ] Unbeweglichkeit *f;* **im·mo·bi·lize** [ɪˈməʊbəlaɪz] *tr* 1. *(Verkehr)* lahmlegen; 2. *(Geld)* festlegen; 3. *(Armee)* bewegungsunfähig machen; 4. *(Auto, Arm)* stillegen.

im·mod·er·ate [ɪˈmɒdərət] *adj* unmäßig, maßlos, übertrieben, unvernünftig.

im·mod·est [ɪˈmɒdɪst] *adj* 1. unbescheiden; 2. unverschämt; 3. unanständig.

im·mo·late [ˈɪmələɪt] *tr rel* opfern.

im·moral [ɪˈmɒrəl] *adj* 1. unmoralisch; 2. *(Person a.)* sittenlos; 3. *(Benehmen a.)* unsittlich.

im·mor·tal [ɪˈmɔːtl] *adj* 1. unsterblich; 2. *(Ruhm)* unvergänglich; **im·mor·tal·ity** [ˌɪmɔːˈtælətɪ] 1. Unsterblichkeit *f;* 2. Unvergänglichkeit *f;* **im·mor·tal·ize** [ɪˈmɔːtəlaɪz] *tr* unsterblich machen *bes. fig.*

im·mov·able [ɪˈmuːvəbl] *adj* 1. unbeweglich; unüberwindlich; 2. *(Mensch)* fest, beharrlich.

im·mune [ɪˈmjuːn] *adj* 1. *med* immun (*against, to* gegen); 2. *fig* unempfindlich; sicher (*from* vor); ▶ **~ defence** *med* Immunabwehr *f;* **~ system** Immunsystem *n;* **im·mun·ity** [ɪˈmjuːnətɪ] 1. *med* Immunität *f;* 2. *jur* Immunität, Straffreiheit *f;* 3. *fig* Unempfindlichkeit *f;* Sicherheit *f;* **im·mu·nize** [ˈɪmjʊnaɪz] *tr* immunisieren (*against* gegen); **im·mu·no-** [ˈɪmjʊnəʊ] *adj med* Immun-; ▶ **~deficiency** Immunschwäche *f;* **~**

deficiency syndrome Immunschwächekrankheit f; **im·mu·no·logi·cal** [ˌɪmjʊnəʊˈlɒdʒɪkl] adj immunologisch; **im·mu·no·logist** [ˌɪmjuˈnɒlədʒɪst] Immunologe m, Immunologin f.

im·mure [ɪˈmjʊə(r)] tr einkerkern; ► ~ o.s. sich vergraben (in in).

im·mut·able [ɪˈmjuːtəbl] adj unveränderlich, unwandelbar.

imp [ɪmp] Kobold m; kleiner Schelm.

im·pact [ˈɪmpækt] 1. Stoß m; Aufschlag, -prall m; 2. fig (Aus)Wirkung f, Eindruck, Einfluß m; 3. Einschlag m.

im·pair [ɪmˈpeə(r)] tr 1. (Gehör) verschlechtern, verschlimmern; 2. beeinträchtigen.

im·pale [ɪmˈpeɪl] tr durchbohren.

im·pal·pable [ɪmˈpælpəbl] adj 1. unfühlbar; 2. fig unbegreiflich, unfaßbar.

im·part [ɪmˈpɑːt] tr 1. verleihen (s.o. s.th jdm etw); 2. (Information) mitteilen; 3. (Geheimnis) preisgeben.

im·par·tial [ɪmˈpɑːʃl] adj unparteiisch; vorurteilslos; **im·par·tial·ity** [ˌɪm‚pɑːʃɪˈæləti] Unparteilichkeit, Unvoreingenommenheit f.

im·pass·able [ɪmˈpɑːsəbl] adj unpassierbar.

im·passe [ˈæmpɑːs, Am ˈɪmpæs] Sackgasse f bes. fig.

im·pas·sioned [ɪmˈpæʃnd] adj leidenschaftlich.

im·pass·ive [ɪmˈpæsɪv] adj gelassen.

im·pa·tience [ɪmˈpeɪʃns] 1. Ungeduld f; 2. Unduldsamkeit f (of gegen); **im·pa·tient** [ɪmˈpeɪʃnt] adj 1. ungeduldig; 2. unduldsam (of gegen).

im·peach [ɪmˈpiːtʃ] tr 1. jur anklagen; 2. (Motiv) in Zweifel ziehen; **im·peachment** [—mənt] Anklage f (wegen e-s Amtsvergehens).

im·pec·cable [ɪmˈpekəbl] adj untadelig.

im·pe·cuni·ous [ˌɪmpɪˈkjuːnɪəs] adj mittellos, unbemittelt.

im·pede [ɪmˈpiːd] tr 1. verhindern; 2. (Erfolg) behindern, erschweren; **impedi·ment** [ɪmˈpedɪmənt] 1. Hindernis n; 2. med Behinderung f.

im·pel [ɪmˈpel] tr zwingen, veranlassen.

im·pend [ɪmˈpend] itr bevorstehen.

im·pen·etrable [ɪmˈpenɪtrəbl] adj 1. undurchdringlich; undurchlässig; 2. fig unerforschlich, unverständlich.

im·peni·tent [ɪmˈpenɪtənt] adj reuelos, ohne Reue.

im·pera·tive [ɪmˈperətɪv] I adj 1. gebieterisch; 2. (Wunsch) dringend, unerläßlich; II s gram Imperativ m.

im·per·cep·tible [ˌɪmpəˈseptəbl] adj nicht wahrnehmbar, unmerklich.

im·per·fect [ɪmˈpɜːfɪkt] I adj 1. unvollständig, unvollkommen; 2. (Fehler) mangelhaft; 3. (Wettbewerb) ungleich; II s gram Imperfekt n; **im·per·fection** [ˌɪmpəˈfekʃn] Mangel, Fehler m;

Unvollkommenheit f.

im·perial [ɪmˈpɪərɪəl] adj 1. Reichs-; kaiserlich; 2. (des British Empire) Empire-; 3. (Gewichte, Maße) englisch; **im·perial·ism** [ɪmˈpɪərɪəlɪzəm] Imperialismus m; **im·per·ial·is·t(ic)** [ɪmˈpɪərɪəlɪst, ɪm‚pɪərɪəˈlɪstɪk] adj imperialistisch.

im·peril [ɪmˈperəl] tr gefährden.

im·peri·ous [ɪmˈpɪərɪəs] adj gebieterisch.

im·per·ish·able [ɪmˈperɪʃəbl] adj fig unvergänglich.

im·per·ma·nent [ɪmˈpɜːmənənt] adj unbeständig.

im·per·me·able [ɪmˈpɜːmɪəbl] adj undurchlässig (to für).

im·per·sonal [ˌɪmˈpɜːsənl] adj unpersönlich; sachlich.

im·per·son·ate [ɪmˈpɜːsəneɪt] tr 1. theat darstellen; 2. nachahmen, -machen; **im·per·son·ator** [—ə(r)] Imitator(in), Nachahmer(in) m (f).

im·per·ti·nent [ɪmˈpɜːtɪnənt] adj 1. ungehörig, unverschämt; 2. irrelevant.

im·per·turb·able [ˌɪmpəˈtɜːbəbl] adj unerschütterlich.

im·per·vi·ous [ɪmˈpɜːvɪəs] adj 1. undurchdringlich, undurchlässig (to für); 2. fig (Mensch) unzugänglich (to für).

im·petu·ous [ɪmˈpetʃʊəs] adj 1. ungestüm, heftig; 2. (Entscheidung) übereilt, impulsiv.

im·pe·tus [ˈɪmpɪtəs] 1. Wucht f; Schwung m; 2. fig Impuls m; ► **give an ~ to s.th.** e-r S Impulse geben.

im·pi·ety [ɪmˈpaɪətɪ] 1. Gottlosigkeit f; 2. Respektlosigkeit f.

im·pinge [ɪmˈpɪndʒ] itr sich auswirken (on, upon auf).

im·pi·ous [ˈɪmpɪəs] adj 1. gottlos; 2. respektlos.

imp·ish [ˈɪmpɪʃ] adj 1. koboldhaft; 2. (Lächeln) spitzbübisch.

im·plac·able [ɪmˈplækəbl] adj unversöhnlich; **im·plac·ably** [—ɪ] adv ► **he was ~ opposed to the idea** er war ein erbitterter Gegner der Idee.

im·plant [ɪmˈplɑːnt] I tr 1. med einpflanzen, übertragen; 2. fig einprägen; II s [ˈɪmplɑːnt] Implantat n.

im·ple·ment [ˈɪmplɪmənt] I s Gerät, Werkzeug n; II tr [ɪmplɪˈment] 1. aus-, durchführen; 2. (Vertrag) erfüllen; 3. (Gesetz) vollziehen; **im·ple·men·tation** [ˌɪmplɪmenˈteɪʃn] Aus-, Durchführung f; Erfüllung f; Vollzug m.

im·pli·cate [ˈɪmplɪkeɪt] tr ► ~ **s.o. in s.th.** jdn in etw verwickeln; **im·pli·cation** [ˌɪmplɪˈkeɪʃn] 1. Verwicklung f; 2. Bedeutung f; 3. (von Gesetzen) Auswirkung f; ► **by ~** implizit.

im·pli·cit [ɪmˈplɪsɪt] adj 1. stillschweigend, implizit; 2. (Drohung) indirekt, unausgesprochen; 3. (Gehorsam) unbedingt.

im·plied [ɪm'plaɪd] *adj* **1.** stillschweigend; **2.** indirekt.

im·plore [ɪm'plɔː(r)] *tr* anflehen; dringend bitten (*for* um).

im·ply [ɪm'plaɪ] *tr* **1.** andeuten, implizieren; **2.** schließen lassen auf; **3.** bedeuten.

im·po·lite [ˌɪmpə'laɪt] *adj* unhöflich; **im·po·lite·ness** [−nɪs] Unhöflichkeit *f.*

im·poli·tic [ɪm'pɒlətɪk] *adj* unklug.

im·pon·der·able [ɪm'pɒndərəbl] **I** *adj* *fig* unwägbar; **II** *s* unberechenbare Größe; ▶ ~s *pl* Imponderabilien *pl.*

im·port [ɪm'pɔːt] **I** *tr* **1.** *com* einführen, importieren (*into, in* nach); **2.** *fig* bedeuten; **II** *s* ['ɪmpɔːt] **1.** *com* Einfuhr *f,* Import *m;* **2.** *pl* Einfuhr-, Importartikel *m pl;* **3.** *fig* Bedeutung *f,* Sinn *m.*

im·port·ance [ɪm'pɔːtns] **1.** Wichtigkeit *f;* **2.** Grund *m,* Bedeutung *f;* ▶ **of no** ~ bedeutungs-, belanglos; **attach** ~ **to** s.th. e-r S Bedeutung beimessen; **im·port·ant** [ɪm'pɔːtnt] *adj* **1.** wichtig (*to* für); **2.** einflußreich; **im·port·ant·ly** [−lɪ] *adv* **1.** *pej* wichtigtuerisch; **2.** entscheidend.

im·port·ation [ˌɪmpɔː'teɪʃn] *com* Einfuhr *f,* Import *m;* **import duty** Einfuhrzoll *m.*

im·por·tu·nate [ɪm'pɔːtʃʊnət] *adj* auf-, zudringlich; **im·por·tune** [ˌɪmpə'tjuːn] *tr* mit Bitten belästigen; bestürmen.

im·pose [ɪm'pəʊz] **I** *tr* **1.** *(Steuer)* erheben (*on* auf); **2.** *(Bedingungen)* auferlegen, aufzwingen (*on* s.o. jdm); **3.** aufzwingen, aufdrängen (*on, upon* s.o. jdm); **II** *itr* ausnützen; zur Last fallen (*on* s.o. jdm); **im·pos·ing** [−ɪŋ] *adj* eindrucksvoll, imponierend, imposant; **im·po·si·tion** [ˌɪmpə'zɪʃn] **1.** Steuer *f;* **2.** Auferlegung *f;* Aufzwingen *n;* **3.** Zumutung *f.*

im·possi·bil·ity [ɪmˌpɒsə'bɪlətɪ] Unmöglichkeit *f;* **im·poss·ible** [ɪm'pɒsəbl] *adj* **1.** unmöglich; **2.** *fam* unausstehlich, unerträglich.

im·pos·tor [ɪm'pɒstə(r)] Betrüger(in) *m (f);* Hochstapler(in) *m (f);* **im·pos·ture** [ɪm'pɒstʃə(r)] Betrug, Schwindel *m.*

im·po·tence ['ɪmpətəns] **1.** Schwäche, Machtlosigkeit *f;* **2.** *med* Impotenz *f;* **im·po·tent** ['ɪmpətənt] *adj* **1.** schwach, unfähig; **2.** *med* impotent.

im·pound [ɪm'paʊnd] *tr* **1.** *(Vieh)* einsperren, -schließen; **2.** *(Waren)* beschlagnahmen; in Verwahrung nehmen.

im·pov·er·ish [ɪm'pɒvərɪʃ] *tr* **1.** arm machen; **2.** *(Kultur)* verkümmern lassen; **3.** *(Boden)* erschöpfen; ▶ **be** ~**ed** verarmen.

im·prac·ti·cable [ɪm'præktɪkəbl] *adj* **1.** impraktikabel; nicht anwendbar; praxisfern, praxisfremd; **2.** *(Straße)* ungangbar, unwegsam.

im·prac·ti·cal [ɪm'præktɪkl] *adj* unpraktisch.

im·pre·ca·tion [ˌɪmprɪ'keɪʃn] Verwünschung *f,* Fluch *m;* ▶ **hurl** ~**s at** s.o. jdn

verwünschen, verfluchen.

im·pre·cise [ˌɪmprɪ'saɪs] *adj* ungenau.

im·preg·nable [ɪm'pregnəbl] *adj* uneinnehmbar.

im·preg·nate ['ɪmpregneɪt] *tr* **1.** *(Ei)* befruchten; **2.** *fig* durchdringen, erfüllen; **3.** tränken.

im·pre·sario [ˌɪmprɪ'sɑːrɪəʊ] ⟨*pl* -sarios⟩ Impresario *m.*

im·press [ɪm'pres] **I** *tr* **1.** (ein)drücken, (ein)prägen (*on* auf); **2.** imponieren (*s.o.* jdm), beeindrucken; **3.** einschärfen (*on s.o.* jdm), **4.** *(Meinung)* aufzwingen (*on s.o.* jdm); **II** *s* ['ɪmpres] Abdruck *m;* **im·pres·sion** [ɪm'preʃn] **1.** Prägung, Abdruck *m;* **2.** *fig* Eindruck *m;* **3.** Ahnung *f,* unbestimmtes Gefühl; **4.** *(e-s Buches)* Nachdruck *m;* ▶ **give the** ~ den Eindruck erwecken; **be under the** ~ den Eindruck haben; **im·pres·sion·able** [ɪm'preʃənəbl] *adj* leicht zu beeindrucken.

im·pres·sion·ism [ɪm'preʃnɪzəm] Impressionismus *m;* **im·pres·sion·ist** [ɪm'preʃnɪst] Impressionist(in) *m (f);* **im·pres·sion·is·tic** [ɪmˌpreʃə'nɪstɪk] *adj* impressionistisch.

im·pres·sive [ɪm'presɪv] *adj* eindrucksvoll.

im·print [ɪm'prɪnt] **I** *tr* **1.** (auf)drücken auf; prägen; bedrucken; **2.** einprägen (*on s.o.'s memory* in jds Gedächtnis); **II** *s* ['ɪmprɪnt] **1.** Abdruck *m;* Aufdruck *m;* **2.** *typ* Impressum *n,* Druckvermerk *m.*

im·prison [ɪm'prɪzn] *tr* einsperren; gefangenhalten; inhaftieren; **im·prison·ment** [−mənt] Inhaftierung *f;* Gefangenschaft *f;* ▶ **sentence** s.o. **to one year's** ~ jdn zu e-m Jahr Gefängnis verurteilen; **life** ~ lebenslängliche Freiheitsstrafe.

im·prob·abil·ity [ɪmˌprɒbə'bɪlətɪ] Unwahrscheinlichkeit *f;* **im·prob·able** [ɪm'prɒbəbl] *adj* unwahrscheinlich.

im·promptu [ɪm'prɒmptjuː] **I** *adj, adv* aus dem Stegreif; improvisiert; **II** *s mus* Impromptu *n.*

im·proper [ɪm'prɒpə(r)] *adj* **1.** unpassend, unangebracht (*to* für); **2.** unrichtig, unzutreffend; **3.** unanständig; **im·pro·pri·ety** [ˌɪmprə'praɪətɪ] **1.** Unangebrachtheit *f;* **2.** Ungehörigkeit *f;* **3.** Unanständigkeit *f.*

im·prove [ɪm'pruːv] **I** *tr* **1.** (ver)bessern, (an)heben; **2.** *com* veredeln; **3.** *(Beziehungen)* ausbauen; **4.** *(Essen)* verfeinern; **II** *itr* sich bessern; schöner werden; sich erhöhen; ▶ ~ **(up)on** übertreffen, überbieten; besser machen; ~ **on acquaintance** bei näherer Bekanntschaft gewinnen; **im·prove·ment** [−mənt] **1.** Verbesserung *f;* **2.** *com* Vered(e)lung *f;* **3.** Steigerung, Anhebung, Vervollkommnung *f;* **4.** *(Gehalt)*

Aufbesserung *f;* **5.** *(Preise)* Anziehen *n;* **6.** Fortschritt *m* (*on, over* gegenüber); ▶ **an** ~ **in pay** e-e Gehaltsaufbesserung; **make** ~**s** Verbesserungen erzielen; **carry out** ~**s** Ausbesserungsarbeiten vornehmen.

im·provi·dent [ɪm'prɒvɪdənt] *adj* leichtsinnig, sorglos.

im·pro·vis·ation [ˌɪmprəvaɪ'zeɪʃn] Improvisation *f,* Improvisieren *n;* **im·pro·vise** ['ɪmprəvaɪz] *tr, itr* improvisieren.

im·prud·ent [ɪm'pru:dnt] *adj* unklug, unüberlegt.

im·pu·dence ['ɪmpjʊdəns] Unverschämtheit, Frechheit *f;* **im·pu·dent** ['ɪmpjʊdənt] *adj* unverschämt, frech.

im·pugn [ɪm'pju:n] *tr* bestreiten, anfechten; angreifen.

im·pulse ['ɪmpʌls] **1.** Anstoß, Antrieb, Impuls *m;* **2.** *psych* Trieb, Drang *m;* ▶ **act on** ~ impulsiv handeln; ~ **buy(ing)** Impulskauf *m;* **im·pul·sion** [ɪm'pʌlʃn] Antrieb, Drang *m;* Antriebskraft *f;* **im·pul·sive** [ɪm'pʌlsɪv] *adj* impulsiv, spontan.

im·pun·ity [ɪm'pju:nətɪ] Straflosigkeit *f;* ▶ **with** ~ straflos.

im·pure [ɪm'pjʊə(r)] *adj* **1.** unrein *a. rel;* **2.** *(Motiv)* unsauber; **3.** *(Essen)* verunreinigt; **im·pur·ity** [ɪm'pjʊərətɪ] **1.** Unreinheit *f;* **2.** *tech* Verunreinigung *f.*

im·pu·ta·tion [ˌɪmpjʊ'teɪʃn] **1.** Unterstellung *f;* **2.** Be-, Anschuldigung *f* (*on* gegen); **im·pute** [ɪm'pju:t] *tr* zuschreiben, zur Last legen (*to* dat).

in [ɪn] **I** *prep* **1.** *(räumlich)* in; ▶ ~ **the house** im Hause; ~ **the street** auf der Straße; **sitting** ~ **the window** am Fenster sitzend; ~ **bed** im Bett; **2.** *(zeitlich)* in; während; ▶ ~ **1981** 1981; ~ **July** im Juli; ~ **the morning, afternoon, evening** morgens, nachmittags, abends; ~ **the beginning** am Anfang; **3.** *(Zukunft)* in; innerhalb von; ▶ ~ **a week** in e-r Woche; **4.** *(Art, Zustand)* ▶ **speak** ~ **a loud voice** laut, mit lauter Stimme sprechen; **speak** ~ **German** Deutsch reden; ~ **this way** so; ~ **anger** im Zorn; ~ **black** in Schwarz gekleidet; **write** ~ **ink** mit Tinte schreiben; **5.** *(Ausmaß)* ▶ ~ **some measure** in gewisser Weise; ~ **part** teilweise; **6.** *(betreffend)* ▶ **a rise** ~ **prices** ein Preisanstieg; **II** *adv* daheim, zu Hause; ▶ **the train is** ~ der Zug ist angekommen; **strawberries are** ~ **now** es ist Erdbeerzeit; **the Liberal candidate is** ~ der liberale Kandidat ist gewählt; **the fire is still** ~ das Feuer brennt noch; **green is** ~ Grün ist in; **be** ~ **for s.th.** etw zu erwarten, zu befürchten haben; **be** ~ **on s.th.** an einer Sache beteiligt sein; über etw Bescheid wissen; **be** ~ **with s.o.** mit jdm auf gutem Fuße stehen; **now you are** ~ **for it!** jetzt geht's dir aber schlecht! **are you** ~ **on it,**

too? sind Sie auch dabei? **III** *adj* innen befindlich; *(Tür)* nach innen gehend; **IV** *s:* ▶ **know the** ~**s and outs of a matter** in, bei e-r S genau Bescheid wissen.

in·abil·ity [ˌɪnə'bɪlətɪ] Unfähigkeit *f,* Unvermögen *n;* ▶ ~ **to pay** Zahlungsunfähigkeit *f.*

in·ac·cess·ible [ˌɪnæk'sesəbl] *adj* unzugänglich *a. fig* (*to* für).

in·ac·cur·acy [ɪn'ækjʊrəsɪ] Unrichtigkeit, Ungenauigkeit *f;* **in·ac·cur·ate** [ɪn'ækjərət] *adj* unrichtig, ungenau.

in·ac·tion [ɪn'ækʃn] Untätigkeit *f,* Nichtstun *n;* **in·ac·tive** [ɪn'æktɪv] *adj* **1.** untätig; **2.** *(Mensch)* müßig; **3.** *(Kapital)* brachliegend; **4.** *(Vulkan)* erloschen; **in·ac·tiv·ity** [ˌɪnæk'tɪvətɪ] **1.** Untätigkeit *f;* **2.** com Flaute *f.*

in·ad·equacy [ɪn'ædɪkwəsɪ] **1.** Unangemessenheit *f;* **2.** Unzulänglichkeit *f;* **in·ad·equate** [ɪn'ædɪkwət] *adj* **1.** unangemessen; **2.** unzulänglich; **3.** unzureichend, ungenügend; **4.** nicht geeignet; ▶ **feel** ~ sich nicht gewachsen fühlen (*for s.th, to do s.th.* e-r S).

in·ad·miss·ible [ˌɪnəd'mɪsəbl] *adj* unzulässig.

in·ad·ver·tent [ˌɪnəd'vɜ:tənt] *adj* unbeabsichtigt, ungewollt.

in·ad·vis·able [ˌɪnəd'vaɪzəbl] *adj* unratsam, nicht zu empfehlen.

in·alien·able [ɪn'eɪlɪənəbl] *adj* unveräußerlich.

in·ane [ɪ'neɪn] *adj* **1.** dumm; **2.** *fam (Vorschlag)* hirnverbrannt.

in·ani·mate [ɪn'ænɪmət] *adj* **1.** leblos; **2.** *(Natur)* unbelebt.

in·an·ity [ɪ'nænətɪ] **1.** Dummheit *f;* **2.** Hirnverbranntheit *f.*

in·ap·pli·cable [ɪn'æplɪkəbl] *adj* unzutreffend; nicht anwendbar (*to* auf).

in·ap·pro·pri·ate [ˌɪnə'prəʊprɪət] *adj* **1.** unangemessen, unangebracht; **2.** *(Zeit)* unpassend, ungelegen.

in·apt [ɪn'æpt] *adj* **1.** unpassend; **2.** ungeschickt; **in·ap·ti·tude** [ɪn'æptɪtju:d] **1.** Unfähigkeit *f;* **2.** Untauglichkeit *f;* **3.** Ungeschicktheit *f.*

in·ar·ticu·late [ˌɪnɑ:'tɪkjʊlət] *adj* **1.** undeutlich; schlecht ausgedrückt; **2.** *zoo* nicht gegliedert; ▶ **he is very** ~ er kann sich nur schlecht ausdrücken.

in·ar·tis·tic [ˌɪnɑ:'tɪstɪk] *adj* unkünstlerisch.

in·as·much [ˌɪnəz'mʌtʃ] *adv* ▶ ~ **as** da, weil.

in·at·ten·tion [ˌɪnə'tenʃn] Unaufmerksamkeit *f* (*to* gegenüber); **in·at·tentive** [ˌɪnə'tentɪv] *adj* unaufmerksam (*to* gegenüber).

in·aud·ible [ɪn'ɔ:dəbl] *adj* unhörbar.

in·aug·ural [ɪ'nɔ:gjʊrəl] **I** *adj* Antritts-, Eröffnungs-; **II** *s* (~ *address, lecture*) Antrittsrede, -vorlesung *f;* **in·au·gur·ate** [ɪ'nɔ:gjʊreɪt] *tr* **1.** (ins Amt) einsetzen; **2.** *(Gebäude)* eröffnen, einweihen; **3.** *(Ära)* einleiten; **in·aug·ur·ation** [ɪ,nɔːgjʊ'reɪʃn] **1.** Amtseinführung *f;* **2.** Einweihung *f;* Eröffnung *f;* **3.** Beginn, Anfang *m.*

in·aus·pi·cious [,ɪnɔː'spɪʃəs] *adj* unheilverheißend.

in·board ['ɪnbɔːd] **I** *adj* Innenbord-; **II** *s* Innenbordmotor *m.*

in·born [,ɪn'bɔːn] *adj* angeboren.

in·bred [,ɪn'bred] *adj* **1.** angeboren; **2.** aus Inzucht hervorgegangen; **in·breed·ing** [,ɪn'briːdɪŋ] Inzucht *f.*

in·cal·cu·lable [ɪn'kælkjʊləbl] *adj* **1.** *(Charakter)* unberechenbar; **2.** *(Betrag)* unschätzbar; unabsehbar; **3.** *math* nicht berechenbar.

in·can·descent [,ɪnkæn'desnt] *adj* **1.** weißglühend; **2.** *fig* leuchtend; ▶ ~ **bulb** Glühbirne *f.*

in·can·ta·tion [,ɪnkæn'teɪʃn] **1.** Beschwörung *f;* **2.** Zauberspruch *m.*

in·capa·bil·ity [ɪn,keɪpə'bɪlətɪ] Unfähigkeit *f;* Unvermögen *n;* **in·capable** [ɪn'keɪpəbl] *adj* **1.** unfähig, nicht imstande, nicht in der Lage *(of doing* zu tun); **2.** untauglich, ungeeignet *(of* für); ▶ ~ **of working** arbeitsunfähig; **drunk and** ~ volltrunken.

in·ca·paci·tate [,ɪnkə'pæsɪteɪt] *tr* **1.** unfähig machen *(for* für; *from doing* zu tun); **2.** disqualifizieren; ▶ **physically** ~d körperlich behindert; **in·ca·pac·ity** [,ɪnkə'pæsətɪ] **1.** Unfähigkeit *f;* **2.** *jur* mangelnde Berechtigung.

in·car·cer·ate [ɪn'kɑːsəreɪt] *tr* einkerkern.

in·car·nate [ɪn'kɑːneɪt] **I** *adj* verkörpert, personifiziert, leibhaftig; **II** *tr* verkörpern; Gestalt geben; **in·car·na·tion** [,ɪnkɑː'neɪʃn] **1.** *rel* Fleisch-, Menschwerdung *f;* **2.** *fig* Verkörperung *f,* Inbegriff *m;* Inkarnation *f.*

in·cau·tious [ɪn'kɔːʃəs] *adj* unvorsichtig; unbedacht.

in·cen·di·ary [ɪn'sendɪərɪ] **I** *adj* **1.** aufrührerisch; **2.** Brand-; ▶ ~ **bomb** Brandbombe *f;* **II** *s* **1.** Brandstifter(in) *m (f);* **2.** *fig* Aufwiegler(in) *m (f).*

in·cense¹ ['ɪnsens] Weihrauch *m.*

in·cense² [ɪn'sens] *tr* wütend machen, erbosen.

in·cen·tive [ɪn'sentɪv] Anreiz *m (to* zu); **incentive scheme** *(Industrie)* leistungsabhängiges Schema.

in·cer·ti·tude [ɪn'sɜːtɪtjuːd] Unsicherheit *f.*

in·cess·ant [ɪn'sesnt] *adj* unablässig, unaufhörlich.

in·cest ['ɪnsest] Blutschande *f;* **in·ces·tuous** [ɪn'sestjʊəs] *adj* blutschänderisch, inzestuös.

inch [ɪntʃ] **I** *s* **1.** Zoll *m (= 2,54 cm);* **2.** ein bißchen, (ein) wenig; ▶ ~ **by** ~ Zentimeter um Zentimeter; **the car missed**

me by ~es das Auto hat mich um Haaresbreite verfehlt; **he is every** ~ **a soldier** er ist jeder Zoll ein Soldat; **within an** ~ **of** um ein Haar, beinahe; **II** *tr* (langsam) schieben; **III** *itr* sich (langsam) bewegen.

in·ci·dence ['ɪnsɪdəns] **1.** Vorkommen *n,* Verbreitung, Häufigkeit *f;* **2.** *opt* Einfall *m;* **in·ci·dent** ['ɪnsɪdənt] **I** *adj* **1.** verbunden *(to* mit); **2.** *opt* einfallend; **II** *s* **1.** Vorfall *m,* Ereignis, Geschehen *n;* **2.** Zwischenfall *m.*

in·ci·den·tal [,ɪnsɪ'dentl] **I** *adj* **1.** zufällig, beiläufig; **2.** nebensächlich; **3.** verbunden *(to* mit); ▶ ~ **music** Begleitmusik *f;* ~ **expenses** *pl* Nebenkosten *pl;* **II** *s pl* Nebenausgaben *f pl;* **in·ci·den·tally** [,ɪnsɪ'dentlɪ] *adv* übrigens, nebenbei gesagt.

in·cin·er·ate [ɪn'sɪnəreɪt] *tr* einäschern, verbrennen; **in·cin·er·ator** [ɪn'sɪnəreɪtə(r)] Verbrennungsofen *m;* *(Müll)* Verbrennungsanlage *f.*

in·cipi·ent [ɪn'sɪpɪənt] *adj* anfangend, beginnend; *(Probleme)* entstehend.

in·cise [ɪn'saɪz] *tr* **1.** (ein)schneiden in; **2.** einritzen; einschnitzen; **in·ci·sion** [ɪn'sɪʒn] Einschnitt *m a. med.*

in·cis·ive [ɪn'saɪsɪv] *adj* **1.** *(Verstand)* scharf; ausgeprägt; **2.** *(Bemerkung)* beißend; scharfsinnig.

in·cisor [ɪn'saɪzə(r)] *anat* Schneidezahn *m.*

in·cite [ɪn'saɪt] *tr* aufwiegeln, aufhetzen *(to* zu); **in·cite·ment** [—mənt] Aufwiegelung, Aufhetzung *f (to* zu).

in·civ·il·ity [,ɪnsɪ'vɪlətɪ] Unhöflichkeit *f.*

in·clem·ent [ɪn'klemənt] *adj (Wetter)* rauh, streng.

in·cli·na·tion [,ɪnklɪ'neɪʃn] **1.** Neigung *f,* Hang *m a. fig;* **2.** *fig* Vorliebe *f (for* für); **3.** Gefälle *n;* ▶ **she follows her ~s** sie tut das, wozu sie Lust hat; **in·cline** ['ɪnklaɪn] **I** *s* (Ab)Hang *m,* Gefälle *n;* **II** *itr* [ɪn'klaɪn] **1.** *(Fläche)* sich neigen; abfallen; **2.** neigen; ▶ **he ~s to leanness** er neigt zu Magerkeit; **III** *tr* [ɪn'klaɪn] **1.** *(Dach)* neigen; **2.** *fig* veranlassen, bewegen; **in·clined** [ɪn'klaɪnd] *adj* geneigt *a. fig;* ▶ **be** ~ **to do s.th.** Lust haben, etw zu tun; dazu neigen, etw zu tun; **I am** ~ **to think that . . .** ich neige zu der Ansicht, daß . . . **be well** ~ **towards s.o.** jdm gewogen sein.

in·close [ɪn'kləʊz] *s. enclose.*

in·clude [ɪn'kluːd] *tr* einschließen, umfassen, enthalten; einbeziehen *(in* in); ▶ **the children ~d** einschließlich der Kinder; **in·clud·ing** [ɪn'kluːdɪŋ] *prep* einschließlich, inklusive, inbegriffen; **in·clu·sion** [ɪn'kluːʒn] Aufnahme *f;* Einbeziehung *f;* **in·clus·ive** [ɪn'kluːsɪv] *adj* eingerechnet, einschließlich, inklusive; ▶ **be** ~ **of** einschließen; **Monday to Friday** ~ von Montag bis einschließlich

Freitag; ~ **terms** *pl* Pauschalpreis *m*.

in·cog·nito [ˌɪnkɒg'niːtəʊ] **I** *adv* inkognito; **II** *s* Inkognito *n*.

in·co·her·ent [ˌɪnkəʊ'hɪərənt] *adj* 1. zusammenhanglos; unzusammenhängend; 2. *(Rede)* wirr.

in·come ['ɪŋkʌm] Einkommen *n*, Einkünfte *pl (from* aus); ▶ **live within one's** ~ seinen Verhältnissen entsprechend leben; **income group** Einkommensklasse *f*; **income-tax** Lohnsteuer *f*; Einkommensteuer *f*.

in·com·ing ['ɪnˌkʌmɪŋ] *adj* 1. hereinkommend; 2. *(Zug)* einfahrend; *(Schiff)* einlaufend; 3. nachfolgend; ▶ ~ **tide** Flut *f*.

in·com·ings ['ɪnˌkʌmɪŋz] *pl* Einkünfte, Einnahmen *pl*.

in·com·men·sur·ate [ˌɪnkə'menʃərət] *adj* unzureichend; ▶ **be** ~ **with s.th.** in keinem Verhältnis zu etw stehen.

in·com·muni·cado [ˌɪnkəˌmjuːnɪ'kɑːdəʊ] *adj* ohne Verbindung zur Außenwelt; nicht zu sprechen.

in·com·par·able [ɪn'kɒmprəbl] *adj* nicht vergleichbar (*to, with* mit); unvergleichlich.

in·com·pati·bil·ity [ˌɪnkəmˌpætə'bɪlɪtɪ] Unvereinbarkeit *f*; Unverträglichkeit *f*; **in·com·pat·ible** [ˌɪnkəm'pætəbl] *adj* 1. unvereinbar (*with* mit); nicht zueinander passend; 2. *(Farben)* unverträglich.

in·com·pe·tence, in·com·pe·tency [ɪn'kɒmpɪtəns(ɪ)] 1. Unfähigkeit *f*; Untauglichkeit *f*; 2. *jur* Unzuständigkeit *f*; **in·com·pe·tent** [ɪn'kɒmpɪtənt] *adj* 1. unfähig; untauglich; 2. *jur* unzuständig (*to* für).

in·com·plete [ˌɪnkəm'pliːt] *adj* unvollständig, unvollkommen.

in·com·pre·hen·sible [ˌɪnˌkɒmprɪ'hensəbl] *adj* unverständlich, unbegreiflich.

in·con·ceiv·able [ˌɪnkən'siːvəbl] *adj* 1. unvorstellbar, undenkbar; 2. unfaßbar.

in·con·clus·ive [ˌɪnkən'kluːsɪv] *adj* nicht überzeugend, nicht schlüssig; unbestimmt; ergebnislos.

in·con·gru·ity [ˌɪnkɒŋ'gruːɪtɪ] 1. Unvereinbarkeit *f*; 2. Mißverhältnis *n*; 3. Unstimmigkeit *f*; **in·con·gru·ous** [ɪn'kɒŋgruəs] *adj* 1. nicht zusammenpassend, unvereinbar; 2. fehl am Platz.

in·con·sequent [ɪn'kɒnsɪkwənt] *adj* 1. inkonsequent, unlogisch; 2. *(Bemerkung)* nicht zur Sache gehörend; **in·con·sequen·tial** [ɪnˌkɒnsɪ'kwenʃl] *adj* beziehunglos; belanglos, unwichtig.

in·con·sider·able [ˌɪnkən'sɪdrəbl] *adj* unbedeutend, belanglos.

in·con·sider·ate [ˌɪnkən'sɪdərət] *adj* 1. unaufmerksam; 2. rücksichtslos.

in·con·sist·ency [ˌɪnkən'sɪstənsɪ] 1. Widersprüchlichkeit *f*; 2. Unbeständigkeit *f*; **in·con·sist·ent** [ˌɪnkən'sɪstənt] *adj* 1. widersprüchlich; 2. *(Arbeit)* unbe-

ständig, ungleich; ▶ **be** ~ **with s.th.** mit etw nicht übereinstimmen.

in·con·sol·able [ˌɪnkən'səʊləbl] *adj* untröstlich.

in·con·spicu·ous [ˌɪnkən'spɪkjʊəs] *adj* unauffällig; unscheinbar.

in·con·stant [ɪn'kɒnstənt] *adj* 1. unbeständig; 2. schwankend; 3. *(Wetter)* wechselhaft.

in·con·test·able [ˌɪnkən'testəbl] *adj* unbestreitbar, unanfechtbar.

in·con·ti·nent [ɪn'kɒntɪnənt] *adj* 1. *(Wünsche)* zügellos; 2. *med* inkontinent.

in·con·tro·vert·ible [ɪnˌkɒntrə'vɜːtəbl] *adj* unbestreitbar, unleugbar.

in·con·ven·ience [ˌɪnkən'viːnɪəns] **I** *s* Unannehmlichkeit *f*; ▶ **put s.o. to great** ~ jdm große Umstände bereiten; **II** *tr* Umstände bereiten (*s.o.* jdm); **in·con·ven·ient** [ˌɪnkən'viːnɪənt] *adj* 1. ungelegen, ungünstig; 2. unbequem, unpraktisch.

in·cor·por·ate [ɪn'kɔːpəreɪt] *tr* 1. aufnehmen, einbauen, integrieren; 2. vereinigen, enthalten; 3. *jur* gesellschaftlich organisieren; ▶ ~ **a company** *Am* als Aktiengesellschaft eintragen; ~**d company** *Am* Aktiengesellschaft *f*; **in·cor·por·ation** [ɪnˌkɔːpə'reɪʃn] 1. Aufnahme-, Integration *f*; 2. Verbindung, Vereinigung *f*; 3. *jur* Gründung *f*.

in·cor·por·eal [ˌɪnkɔː'pɔːrɪəl] *adj* unkörperlich, immateriell.

in·cor·rect [ˌɪnkə'rekt] *adj* 1. falsch; fehlerhaft; unzutreffend; 2. inkorrekt.

in·cor·rupt·ible [ˌɪnkə'rʌptəbl] *adj* 1. unbestechlich; 2. *(Substanz)* unzerstörbar.

in·crease [ɪn'kriːs] **I** *itr* 1. (an)wachsen, (an)steigen, zunehmen; 2. sich vergrößern, sich vermehren, sich erhöhen (*to* auf); ▶ ~ **in volume** umfangreicher werden; ~ **in height** höher werden; **II** *tr* 1. vergrößern, erhöhen; 2. *(Freude)* vermehren; 3. *(Bemühung)* verstärken; 4. *(Firma)* erweitern; 5. *(Preis)* erhöhen; ▶ ~**d demand** verstärkte Nachfrage; ~**d standard of living** höherer Lebensstandard; **III** *s* ['ɪŋkriːs] 1. Wachstum *n*, Vergrößerung *f*; 2. Erhöhung, Steigerung *f* (*on* gegenüber); 3. Zunahme *f*; Zuwachs *m*; 4. Anwachsen *n*; ▶ **be on the** ~ ständig zunehmen; ~ **in population** Bevölkerungszunahme *f*; ~ **in value** Wertsteigerung *f*, -zuwachs *m*; **in·creas·ing** [—ɪŋ] *adj* zunehmend, steigend.

in·cred·ible [ɪn'kredəbl] *adj* 1. unglaubhaft; 2. unglaublich.

in·cred·ul·ity [ˌɪnkrɪ'djuːlətɪ] Ungläubigkeit *f*; **in·credu·lous** [ɪn'kredjʊləs] *adj* ungläubig, skeptisch.

in·crement ['ɪŋkrəmənt] 1. Zuwachs *m*, Zunahme *f* (*of* an); 2. Gehaltserhöhung *f.*

in·crimi·nate [ın'krımıneıt] *tr* belasten.

in·cu·bate ['ınkjʊbeıt] I *tr* 1. ausbrüten; 2. *fig* ausreifen lassen; II *itr* 1. ausgebrütet werden; 2. *fig* reifen; **in·cu·ba·tion** [‚ınkjʊ'beıʃn] 1. Ausbrüten *n;* 2. *fig* Ausreifen *n;* **incubation period** *med* Inkubationszeit *f;* **in·cu·ba·tor** ['ıŋkjʊbeıtə(r)] Brutapparat, -kasten *m.*

in·cul·cate ['ınkʌlkeıt] *tr* einschärfen (*in s.o.* jdm).

in·cur [ın'kɜ:(r)] *tr* sich zuziehen, auf sich laden; ► ~ **debts** Schulden machen; ~ **heavy expenses** sich in große Unkosten stürzen; ~ **a loss** e-n Verlust erleiden; ~ **a risk** ein Risiko eingehen; **heavy costs can be ~red** hohe Kosten können entstehen.

in·cur·able [ın'kjʊərəbl] I *adj* unheilbar; II *s* unheilbar Kranke(r) *f m.*

in·cur·sion [ın'kɜ:ʃn] plötzlicher Angriff; Einfall *m.*

in·debted [ın'detıd] *adj* 1. *com* verschuldet (*to* bei); 2. *fig* verpflichtet; ► **be ~ to s.o. for s.th.** jdm für etw zu Dank verpflichtet sein; **in·debtedness** [—nıs] 1. Verpflichtung *f;* 2. *com* Verschuldung *f.*

in·de·cen·cy [ın'di:sənsı] Unanständigkeit *f;* **in·de·cent** [ın'di:snt] *adj* 1. *jur* unsittlich; 2. anstößig, unanständig; ► ~ **assault** Notzucht *f;* **with ~ haste** mit ungebührlicher Eile.

in·de·cipher·able [‚ındı'saıfrəbl] *adj* nicht zu entziffern.

in·de·ci·sion [‚ındı'sıʒn] Unentschlossenheit *f;* **in·de·cis·ive** [‚ındı'saısıv] *adj* 1. unentschlossen, unschlüssig; 2. *(Entscheidung)* ergebnislos.

in·dec·or·ous [ın'dekərəs] *adj* unschicklich.

in·deed [ın'di:d] *adv* in der Tat, tatsächlich, wirklich; ► **thank you very much ~** vielen herzlichen Dank; **who is she, ~?** wer mag sie wohl sein? **what ~!** was wohl! **~?** ach so? **if ~ ... falls ...** wirklich; **are you pleased? — yes, ~!** bist du zufrieden? — oh ja, natürlich sehr!

in·de·fati·gable [‚ındı'fætıgəbl] *adj* unermüdlich.

in·de·fens·ible [‚ındı'fensəbl] *adj* 1. unhaltbar *a. fig;* 2. *fig (Benehmen)* unentschuldbar.

in·defin·able [‚ındı'faınəbl] *adj* unbestimmbar, undefinierbar.

in·defi·nite [ın'defınət] *adj* 1. *(Zeit)* unbegrenzt; unbestimmt; 2. *fig* unklar.

in·del·ible [ın'deləbl] *adj* 1. *(Schrift, Farbe)* nicht zu entfernen, dauerhaft; 2. *fig* unauslöschlich; ► ~**ink** Wäschetinte *f;* ~ **pencil** Tintenstift *m.*

in·dem·nify [ın'demnıfaı] *tr* 1. entschädigen, Schaden(s)ersatz leisten (*for* für); *(Kosten)* erstatten; 2. versichern (*against, from* gegen); **in·dem·nity**

[ın'demnətı] 1. Schaden(s)ersatz *m,* Entschädigung *f;* Abfindung *f;* 2. Versicherung *f;* ► **pay full ~ to s.o.** jdm den Schaden in voller Höhe ersetzen.

in·dent [ın'dent] 1. (ein)kerben, auszakken; 2. *(Zeile)* einrücken; **in·den·ta·tion** [‚ınden'teıʃn] 1. Einkerbung, Auszackung *f;* 2. Ausbuchtung *f;* 3. *typ* Einrückung *f;* Absatz *m.*

in·de·pen·dence [‚ındı'pendəns] Unabhängigkeit *f (from* von); ► **I~ Day** *Am* Unabhängigkeitstag *m (4. Juli 1776);* **in·de·pen·dent** [‚ındı'pendənt] I *adj* 1. unabhängig (*of* von); selbständig; autonom; 2. *pol* parteilos; ► ~ **suspension** *mot* Einzelradaufhängung *f;* II *s pol* Parteilose(r) *f m;* Autonome(r) *f m;* Unabhängige(r) *f m.*

in·de·scrib·able [‚ındı'skraıbəbl] *adj* unbeschreiblich.

in·de·struct·ible [‚ındı'strʌktəbl] *adj* unzerstörbar.

in·de·ter·min·able [‚ındı'tɜ:mınəbl] *adj* unbestimmbar; **in·de·ter·mi·nate** [‚ındı'tɜ:mınət] *adj* 1. unbestimmt; 2. *(Konzept)* unklar, vage.

in·dex ['ındeks] I *s* 1. ⟨*pl* indexes⟩ Register *n,* Index *m;* Quellenverzeichnis *n;* Katalog *m;* 2. ⟨*pl* indices⟩ ['ındısi:z] Hinweiszeichen *n;* Anzeiger *m;* 3. ⟨*pl* indexes *od* indices⟩ Index *m,* Meßzahl *f;* 4. *math* ⟨*pl* indices⟩ Exponent *m;* ► **be an ~ of s.th.** ein Gradmesser für etw sein; **cost-of-living ~** Lebenshaltungsindex *m;* II *tr* mit e-m Register versehen; registrieren, katalogisieren; **index card** Karteikarte *f;* **index finger** Zeigefinger *m;* **index-linked** *adj (Rente)* dynamisch; der Inflationsrate angeglichen.

In·dia ['ındıə] Indien *n;* **In·dian** ['ındıən] I *adj* 1. indisch; 2. indianisch; II *s* 1. Inder(in) *m (f);* 2. Indianer(in) *m (f);* **Indian club** *sport* Keule *f;* **Indian corn** *Am* Mais *m;* **Indian file:** ► **in ~** im Gänsemarsch; **Indian ink** Tusche *f;* **Indian Ocean** Indischer Ozean; **Indian summer** Altweiber-, Nachsommer *m;* **India paper** Chinapapier *n;* **India-rubber** 1. Kautschuk *m;* 2. Radiergummi *m.*

in·di·cate ['ındıkeıt] *tr* 1. hinweisen, zeigen, deuten auf; 2. *(Gefühle)* andeuten; zum Ausdruck bringen; 3. *tech* anzeigen; *mot* blinken; 4. angezeigt, ratsam, nützlich erscheinen lassen; 5. *med* indizieren; **in·di·ca·tion** [‚ındı'keıʃn] 1. Hinweis *m,* Andeutung *f,* Anzeichen *n;* 2. Anzeigen, Erkennenlassen *n;* 3. Kennzeichen, Merkmal *n;* 4. *med* Indikation, Anzeige *f (of* für); **in·dica·tive** [ın'dıkətıv] *adj* hinweisend (*of* auf); bezeichnend (*of s.th.* für etw); ► **be ~ of** ein Hinweis sein für; **in·di·cator** ['ındıkeıtə(r)] 1. Anzeiger *m;* 2. *com* Indikator *m a. chem;* 3. *mot* Fahrtrichtungsanzeiger, Blinker *m;* **4.** *fig* Anzeichen *n.*

in·di·ces ['ɪndɪsi:z] *pl von* index.

in·dict [ɪn'daɪt] *tr jur* anklagen (*for* wegen); **in·dict·able** [ɪn'daɪtəbl] *adj* (*Person*) strafrechtlich verfolgbar; (*Vergehen*) strafbar; **in·dict·ment** [—mənt] *jur* Anklageschrift *f.*

in·dif·fer·ence [ɪn'dɪfrəns] Gleichgültigkeit *f* (*to, towards* gegen); Interesselosigkeit *f;* **in·dif·fer·ent** [ɪn'dɪfrənt] *adj* **1.** gleichgültig (*to, towards* gegenüber); **2.** desinteressiert, interesselos; **3.** mittelmäßig, durchschnittlich.

in·digen·ous [ɪn'dɪdʒɪnəs] *adj* **1.** *bot zoo* eingeboren; **2.** einheimisch (*to* in); **3.** Landes-.

in·di·gest·ible [ˌɪndɪ'dʒəstəbl] *adj* unverdaulich *a. fig;* **in·di·ges·tion** [ˌɪndɪ'dʒəstʃən] Magenverstimmung *f.*

indig·nant [ɪn'dɪgnənt] *adj* aufgebracht, entrüstet, empört (*at, over, about* über etw); **in·dig·na·tion** [ˌɪndɪg'neɪʃn] Entrüstung, Empörung *f* (*at, over, about* über).

in·direct [ˌɪndɪ'rekt] *adj* **1.** indirekt; mittelbar; **2.** *gram* indirekt; ▶ **by ~ means** auf Umwegen; **~ speech** *gram* indirekte Rede; **indirect taxes** *pl* indirekte Steuern *f pl.*

in·dis·cern·ible [ˌɪndɪ'sɜ:nəbl] *adj* nicht wahrnehmbar, unmerklich.

in·dis·ci·pline [ɪn'dɪsɪplɪn] Mangel *m* an Disziplin.

in·dis·creet [ˌɪndɪ'skri:t] *adj* indiskret; taktlos; **in·dis·cre·tion** [ˌɪndɪ'skreʃn] Indiskretion *f;* Taktlosigkeit *f.*

in·dis·crimi·nate [ˌɪndɪ'skrɪmɪnət] *adj* unterschiedslos; wahllos; kritiklos; willkürlich.

in·dis·pens·able [ˌɪndɪ'spensəbl] *adj* unbedingt notwendig; unentbehrlich.

in·dis·posed [ˌɪndɪ'spəuzd] *adj* **1.** unpäßlich, unwohl; **2.** abgeneigt (*to* dat); **in·dis·po·sition** [ˌɪndɪspə'zɪʃn] **1.** Unpäßlichkeit *f;* **2.** Abneigung *f* (*to, towards* gegen).

in·dis·put·able [ˌɪndɪ'spju:təbl] *adj* unbestreitbar, unstreitig.

in·dis·tinct [ˌɪndɪ'stɪŋkt] *adj* **1.** undeutlich, unscharf, verschwommen; **2.** (*Geräusch*) schwach.

in·dis·tin·guish·able [ˌɪndɪ'stɪŋgwɪʃəbl] *adj* nicht zu unterscheiden; nicht erkennbar.

in·di·vid·ual [ˌɪndɪ'vɪdʒuəl] **I** *adj* **1.** einzeln, getrennt; **2.** persönlich, individuell, eigen; ▶ **give ~ help** jedem einzeln helfen; **II** *s* Individuum *n;* Einzelne(r) *f m;* Person *f;* **individual case** Einzelfall *m.*

in·di·vid·ual·ism [ˌɪndɪ'vɪdʒuəlɪzəm] Individualismus *m;* **in·di·vid·ual·ist** [ˌɪndɪ'vɪdʒuəlɪst] Individualist(in) *m (f);* **in·di·vid·ual·is·tic** [ˌɪndɪˌvɪdʒuə'lɪstɪk]

adj individualistisch.

in·di·vidu·al·ity [ˌɪndɪˌvɪdʒu'æləti] Individualität *f;* **in·di·vid·ual·ize** [ˌɪndɪ'vɪdʒuəlaɪz] *tr* **1.** individualisieren; **2.** einzeln, gesondert betrachten; **3.** e-e persönliche Note verleihen (*s.th.* e-r S).

in·di·vis·ible [ˌɪndɪ'vɪzəbl] *adj* unteilbar.

Indo- ['ɪndəu-] *pref* Indo-; ▶ **~-China** Indochina *n.*

in·doc·tri·nate [ɪn'dɒktrɪneɪt] *tr* indoktrinieren; **in·doc·tri·nat·ion** [ɪnˌdɒktrɪ'neɪʃn] Indoktrination *f.*

in·do·lent ['ɪndələnt] *adj* träge, arbeitsscheu, faul.

in·domi·table [ɪn'dɒmɪtəbl] *adj* unbezähmbar, unbezwingbar.

Indo·nesia [ˌɪndəu'ni:zɪə] Indonesien *n;* **Indo·nesian** [—n] **I** *adj* indonesisch; **II** *s* **1.** Indonesier(in) *m (f);* **2.** (*Sprache*) (das) Indonesisch(e).

in·door ['ɪndɔ:(r)] *adj* Innen-, Haus-; ▶ **~ aerial** Zimmerantenne *f;* **~ games** *pl sport* Hallenspiele *n pl;* **~ swimming-pool** Hallenbad *n;* **in·doors** [ˌɪn'dɔ:z] *adv* im, zu Hause; drinnen; ▶ **stay ~** zu Hause bleiben.

in·dubi·table [ɪn'dju:bɪtəbl] *adj* unzweifelhaft; **in·dubi·tab·ly** [ɪn'dju:bɪtəblɪ] *adv* zweifellos, zweifelohne.

in·duce [ɪn'dju:s] *tr* **1.** veranlassen, überreden; **2.** (*Reaktion*) herbeiführen, bewirken, hervorrufen, verursachen; **3.** die Folgerung ziehen (*from* von, aus); **4.** *phys el* induzieren; **5.** *med* (*Geburt*) einleiten; ▶ **~ed sleep** künstlicher Schlaf; **in·duce·ment** [—mənt] **1.** Veranlassung *f;* Überredung *f;* **2.** (*Motiv*) Anreiz, Ansporn *m.*

in·duc·tion [ɪn'dʌkʃn] **1.** (Amts)Einsetzung *f;* **2.** *Am mil* Einberufung *f;* **3.** *philos* Induktion *f;* **4.** Veranlassung, Herbeiführung *f;* **induction coil** *el* Induktionsspule *f;* **induction course** Einführungskurs *m;* **in·duc·tive** [ɪn'dʌktɪv] *adj* induktiv.

in·dulge [ɪn'dʌldʒ] **I** *tr* **1.** nachgeben (*a desire* e-m Verlangen); **2.** nachsichtig sein mit; verwöhnen; **3.** *fin* Zahlungsaufschub gewähren; **II** *itr* ▶ **~ in s.th.** sich etw gönnen; sich e-r S hingeben; sich (den Luxus) erlauben (*in* zu); **in·dul·gence** [ɪn'dʌldʒəns] **1.** Nachsicht *f;* Nachgiebigkeit *f;* **2.** Verwöhnung *f;* **3.** Genuß *m;* Luxus *m;* **4.** Einwilligung *f;* **5.** *rel* Ablaß *m;* **in·dul·gent** [ɪn'dʌldʒənt] *adj* **1.** nachsichtig; nachgiebig (*to* gegen); **2.** gutmütig.

in·dus·trial [ɪn'dʌstrɪəl] *adj* gewerblich, industriell; Industrie-; Arbeits-, Betriebs-; ▶ **~ action** Streikmaßnahmen *f pl;* **~ democracy** Demokratie *f* im Betrieb; **~ dispute** Auseinandersetzung *f* zwischen Arbeitgebern und Arbeitnehmern; **~ estate** Industriegelände *n,* -park *m;* **~ fair** Industriemesse *f;* **~**

injury Arbeitsunfall *m;* ~ **insurance** Unfallversicherung *f;* ~ **relations** *pl* Arbeitgeber-Arbeitnehmer-Beziehungen *f pl;* **I~ Revolution** Industrielle Revolution; ~ **robot** Industrieroboter *m;* ~ **tribunal** Arbeitsgericht *n;* ~ **union** Industriegewerkschaft *f;* ~ **waste** Industriemüll *m;* **indus·trial·ism** [ɪn'dʌstrɪəlɪzəm] Industrie *f;* **in·dus·trial·ist** [—ɪst] Industrielle(r) *f m;* **in·dus·triali·zation** [ɪnˌdʌstrɪəlaɪ'zeɪʃn] Industrialisierung *f;* **in·dus·trial·ize** [ɪn'dʌstrɪəlaɪz] *tr* industrialisieren; ▶ ~**d country** Industrieland *n,* -nation *f.*

in·dus·tri·ous [ɪn'dʌstrɪəs] *adj* arbeitsam, betriebsam, fleißig.

in·dus·try ['ɪndəstrɪ] **1.** Industrie *f;* gewerbliche Wirtschaft; **2.** Industrie-, Wirtschaftszweig *m;* Branche *f;* **3.** Fleiß *m;* ▶ **automobile** ~ Auto-, Kraftfahrzeugindustrie *f;* **heavy** ~ Schwerindustrie *f;* **hotel** ~ Hotelgewerbe *n;* **light** ~ Leichtindustrie *f;* **tourist** ~ Tourismusbranche, Touristik *f.*

in·ebri·ate [ɪ'ni:brɪeɪt] **I** *tr* betrunken machen, berauschen *a. fig;* **II** *adj* [ɪ'ni:brɪət] betrunken.

in·ed·ible [ɪn'edəbl] *adj* ungenießbar.

in·ed·uc·able [ɪn'edʒʊkəbl] *adj* bildungsunfähig.

in·ef·fable [ɪn'efəbl] *adj* unaussprechlich.

in·ef·fec·tive [ˌɪnɪ'fektɪv] *adj* **1.** unwirksam, wirkungslos; **2.** *(Person)* untauglich, unfähig.

in·ef·fec·tual [ˌɪnɪ'fektʃʊəl] *adj* ineffektiv.

in·ef·fi·cien·cy [ˌɪnɪ'fɪʃənsɪ] Unfähigkeit, Ineffizienz *f;* **in·ef·fic·ient** [ˌɪnɪ'fɪʃnt] *adj* **1.** *(Person)* unfähig; inkompetent; **2.** *(Maschine)* unrentabel, unwirtschaftlich; **3.** *(Betrieb)* unrationell.

in·el·egant [ˌɪn'elɪgənt] *adj* **1.** unelegant; **2.** *(Stil)* schwerfällig, ungeschliffen.

in·eli·gible [ɪn'elɪdʒəbl] *adj* **1.** nicht wählbar; **2.** *(für ein Amt)* ungeeignet; nicht qualifiziert; **3.** *(für Leistungen)* nicht berechtigt.

in·ept [ɪ'nept] *adj* **1.** untauglich, unfähig *(at s.th.* für etw); **2.** *(Bemerkung)* unangebracht, unpassend.

in·equal·ity [ˌɪnɪ'kwɒlətɪ] Ungleichheit *f a. math;* Unterschied *m.*

in·equi·table [ɪn'ekwɪtəbl] *adj* ungerecht; **in·equity** [ɪn'ekwɪtɪ] Ungerechtigkeit *f.*

in·eradi·cable [ˌɪnɪ'rædɪkəbl] *adj* unausrottbar.

in·ert [ɪ'nɜ:t] *adj* **1.** träge *a. phys;* unbeweglich; **2.** *chem* inaktiv; ▶ ~ **gas** Edelgas *n;* **in·er·tia** [ɪ'nɜ:ʃə] Trägheit *f a. fig;* **inertia (reel) seat belt** *mot* Automatikgurt *m.*

in·es·cap·able [ˌɪnɪ'skeɪpəbl] *adj* unentrinnbar, unvermeidbar.

in·es·sen·tial [ˌɪnɪ'senʃl] *adj* unwesentlich, unwichtig.

in·es·ti·mable [ɪn'estɪməbl] *adj* unschätzbar.

in·evi·table [ɪn'evɪtəbl] *adj* unvermeidbar; zwangsläufig.

in·ex·act [ˌɪnɪg'zækt] *adj* ungenau.

in·ex·cus·able [ˌɪnɪk'skju:zəbl] *adj* unentschuldbar, unverzeihlich.

in·ex·haust·ible [ˌɪnɪg'zɔ:stəbl] *adj* unerschöpflich.

in·exor·able [ɪn'eksərəbl] *adj* unerbittlich.

in·ex·pedi·ency [ˌɪnɪk'spi:dɪənsɪ] Unzweckmäßigkeit *f;* **in·ex·pedi·ent** [ˌɪnɪk'spi:dɪənt] *adj* unzweckmäßig.

in·ex·pen·sive [ˌɪnɪk'spensɪv] *adj* billig, preiswert.

in·ex·pe·ri·enced [ˌɪnɪk'spɪərɪənst] *adj* unerfahren.

in·ex·pert [ɪn'ekspɜ:t] *adj* **1.** *(Behandlung)* unsachgemäß; **2.** unfachmännisch, laienhaft.

in·ex·plic·able [ˌɪnɪk'splɪkəbl] *adj* unerklärlich, unfaßlich.

in·ex·tri·cable [ˌɪnɪk'strɪkəbl] *adj* **1.** unentwirrbar; **2.** *(Schwierigkeiten)* unlösbar.

in·fal·lible [ɪn'fæləbl] *adj* **1.** unfehlbar; **2.** *(Methoden)* zuverlässig.

in·fa·mous ['ɪnfəməs] *adj* **1.** berüchtigt; **2.** schändlich; niederträchtig; **in·famy** ['ɪnfəmɪ] **1.** Verrufenheit *f;* **2.** Niedertracht *f.*

in·fancy ['ɪnfənsɪ] **1.** frühe Kindheit; **2.** *jur* Minderjährigkeit *f;* **3.** *fig* Anfänge *m pl;* ▶ **flying was still in its** ~ die Fliegerei steckte noch in den Kinderschuhen.

in·fant ['ɪnfənt] **1.** Kleinkind *n;* Säugling *m;* **2.** *jur* Minderjährige(r) *f m;* ▶ ~ **mortality** Säuglingssterblichkeit *f.*

in·fan·ti·cide [ɪn'fæntɪsaɪd] **1.** Kindesmord *m;* **2.** Kindesmörder(in) *m (f).*

in·fan·tile ['ɪnfəntaɪl] *adj* **1.** kindisch, infantil; **2.** *med* Kinder-.

in·fan·try ['ɪnfəntrɪ] Infanterie *f;* **in·fan·try·man** [—mən] ⟨*pl* -men⟩ Infant(e)rist *m.*

in·fatu·ated [ɪn'fætʃʊeɪtɪd] *adj* verblendet; vernarrt, verknallt *(with* in); ▶ **become** ~ **with s.o.** sich in jdn unsterblich verlieben.

in·fect [ɪn'fekt] *tr* **1.** *med* infizieren; anstecken *(with* mit); **2.** *(Wasser)* verseuchen, verunreinigen; **3.** *(Essen)* verderben; **4.** *fig* anstecken; ▶ **become, get** ~**ed** angesteckt werden *(by, with* von); **in·fec·tion** [ɪn'fekʃn] **1.** Ansteckung, Infektion *f;* **2.** Verseuchung *f;* Verunreinigung *f;* ▶ **spread of** ~ Durchseuchung *f;* **in·fec·tious** [ɪn'fekʃəs] *adj* ansteckend *a. fig;* infektiös; ▶ ~ **disease** Infektionskrankheit *f.*

in·fe·lici·tous [ˌɪnfɪˈlɪsɪtəs] *adj* unglücklich, unpassend.

in·fer [ɪnˈfɜː(r)] *tr* 1. folgern, ableiten, entnehmen (*from* aus); 2. darauf schließen lassen; andeuten; **in·fer·ence** [ˈɪnfərəns] Folgerung *f*, Schluß *m*.

in·ferior [ɪnˈfɪərɪə(r)] I *adj* 1. (rang)niedriger, untergeordnet (*to* dat); 2. gering(wertig)er, weniger wert (*to* als); 3. (*Qualität*) minderwertig; ► **be ~ to s.o.** jdm unterlegen sein; jdm untergeordnet sein; II *s* Untergebene(r) *f m*; **in·feriority** [ɪnˌfɪərɪˈɒrɪtɪ] Minderwertigkeit *f*; Unterlegenheit *f*; **inferiority complex** Minderwertigkeitskomplex *m*.

in·fer·nal [ɪnˈfɜːnl] *adj* 1. höllisch; Höllen-; 2. *fig* infernalisch; **in·ferno** [ɪnˈfɜːnəʊ] ⟨*pl* -fernos⟩ Hölle *f*, Inferno *n*.

in·fer·tile [ɪnˈfɜːtaɪl] *adj* unfruchtbar; **in·fer·til·ity** [ˌɪnfəˈtɪlɪtɪ] Unfruchtbarkeit *f*.

in·fest [ɪnˈfest] *tr* herfallen über; befallen; heimsuchen; überschwemmen *fig*; ► **be ~ed with rats** mit Ratten verseucht sein; **be ~ed** mit Ungeziefer verseucht sein.

in·fi·del [ˈɪnfɪdəl] Ungläubige(r) *f m*.

in·fi·del·ity [ˌɪnfɪˈdelətɪ] Untreue *f*.

in·fil·trate [ˈɪnfɪltreɪt] *tr* 1. einsickern in, durchdringen; 2. *pol* unterwandern; sich einschleusen (*into* in); **in·fil·tra·tor** [—ə(r)] Eindringling; Unterwanderer *m*.

in·fi·nite [ˈɪnfɪnət] *adj* 1. unendlich *a. math*, unbegrenzt; 2. (*Vergnügen*) grenzenlos.

in·fini·tesi·mal [ˌɪnfɪnɪˈtesɪml] *adj* unendlich klein; ► **~ calculus** Infinitesimalrechnung *f*.

in·fini·tive [ɪnˈfɪnətɪv] *gram* Infinitiv *m*.

in·fin·ity [ɪnˈfɪnətɪ] 1. Unendlichkeit *f*; 2. *math* das Unendliche.

in·firm [ɪnˈfɜːm] *adj* schwach, gebrechlich; **in·firm·ary** [ɪnˈfɜːmərɪ] 1. Krankenhaus *n*; 2. (*in Schulen*) Krankenstube *f*; **in·firm·ity** [ɪnˈfɜːmətɪ] 1. Schwäche, Gebrechlichkeit *f*; 2. Gebrechen *n*.

in·flame [ɪnˈfleɪm] *tr* 1. *med* entzünden; 2. (*Person*) erzürnen, aufbringen; 3. (*Ärger*) erregen ► **~d with passion** von glühender Leidenschaft erfaßt.

in·flam·mable [ɪnˈflæməbl] *adj* 1. leicht entzündbar, feuergefährlich; 2. *fig* leicht erregbar, reizbar.

in·flam·ma·tion [ˌɪnfləˈmeɪʃn] *med* Entzündung *f*.

in·flam·ma·tory [ɪnˈflæmətrɪ] *adj fig* aufreizend, aufrührerisch.

in·flat·able [ɪnˈfleɪtəbl] *adj* aufblasbar; (*Boot*) Schlauch-; **in·flate** [ɪnˈfleɪt] *tr* 1. aufblasen, -blähen; 2. aufpumpen; 3. (*Geldumlauf*) steigern; 4. (*Preise*) überhöhen; **in·flated** [ɪnˈfleɪtɪd] *adj* 1. aufgebläht; 2. inflationär; 3. *fig* geschwollen, bombastisch; **in·fla·tion** [ɪnˈfleɪʃn]

1. Aufblähung *f*; 2. *fin* Inflation *f*; **in·fla·tion·ary** [ɪnˈfleɪʃnrɪ] *adj* inflationär, inflationistisch.

in·flect [ɪnˈflekt] *tr* 1. (*Stimme*) modulieren; 2. *gram* flektieren, beugen.

in·flexi·bil·ity [ɪnˌfleksəˈbɪlətɪ] 1. Steifheit, Starre *f*; 2. *fig* Unbeugsamkeit *f*; **in·flex·ible** [ɪnˈfleksəbl] *adj* 1. steif, starr; 2. *fig* halsstarrig, unnachgiebig, starr.

in·flict [ɪnˈflɪkt] *tr* 1. (*Schmerz*) zufügen; 2. (*Strafe*) auferlegen (*on, upon s.o.* jdm); ► **~ s.th. on s.o.** jdm etw aufdrängen; **in·flic·tion** [ɪnˈflɪkʃn] 1. Zufügen *n*; 2. (*Strafe*) Auferlegung, Verhängung *f*; 3. Plage *f*, Kreuz *n*.

in·flu·ence [ˈɪnfluəns] I *s* Einfluß *m* (*over* auf); ► **be a good ~** einen guten Einfluß haben; **bring one's ~ to bear on s.o.** seinen Einfluß bei jdm geltend machen; **under the ~ (of alcohol)** unter Alkoholeinfluß; II *tr* beeinflussen; **in·flu·ential** [ˌɪnfluˈenʃl] *adj* einflußreich.

in·flu·enza [ˌɪnfluˈenzə] Grippe *f*.

in·flux [ˈɪnflʌks] Einfluß, Zustrom *m*; Zufuhr *f*; ► **~ of visitors** Besucherstrom *m*.

in·form [ɪnˈfɔːm] I *tr* 1. informieren, unterrichten (*about* über); in Kenntnis setzen (*of* von); 2. Nachricht, Bescheid geben, Mitteilung machen (*s.o. of s.th.* jdm von e-r S); ► **be better ~ed** einen Informationsvorsprung haben; **keep s.o. ~ed** jdn auf dem laufenden halten; II *itr* anzeigen, denunzieren (*against s.o., s.th.* jdn, etw).

in·for·mal [ɪnˈfɔːml] *adj* 1. informell; inoffiziell; 2. (*Party*) form-, zwanglos; **in·for·mal·ity** [ˌɪnfɔːˈmælətɪ] Form-, Zwanglosigkeit, Ungezwungenheit *f*; inoffizieller Charakter.

in·form·ant [ɪnˈfɔːmənt] Gewährsmann *m*; Informant(in) *m (f)*.

in·for·ma·tion [ˌɪnfəˈmeɪʃn] Nachricht, Auskunft *f*; Information *f*; ► **a piece of ~** e-e Auskunft; **for s.o.'s ~** zur Kenntnisnahme; **get ~ about s.o.** sich über jdn informieren; **lack of ~** Informationsdefizit *n*; **so far as my ~ goes** soviel ich weiß; **information content** Informationsgehalt *m*; **information retrieval** *EDV* Datenabruf *m*; **information storage** Datenspeicherung *f*; **information science(s)** (*a. pl*) Informatik *f*; **information technology** Informationstechnologie *f*; **in·forma·tive** [ɪnˈfɔːmətɪv] *adj* belehrend, informativ; aufschlußreich; **in·former** [ɪnˈfɔːmə(r)] Denunziant(in) *m (f)*; Spitzel *m*.

infra·dig [ˌɪnfrəˈdɪg] *adj fam* unter meiner/seiner *etc.* Würde.

in·fra-red [ˈɪnfrəˈred] *adj phys* infrarot.

in·fra·struc·ture [ˈɪnfrəˌstrʌktʃə(r)] Infrastruktur *f*.

in·fre·quent [ɪnˈfriːkwənt] *adj* gelegentlich.

in·fringe [ɪn'frɪndʒ] I *tr (Gesetz)* verstoßen gegen; verletzen, übertreten; II *itr* ein-, übergreifen (*upon s.o.'s rights* in jds Rechte); **in·fringe·ment** [—mənt] Übertretung, Verletzung *f;* Verstoß *m* (*of* gegen); ▶ ~ **of a contract** Vertragsbruch *m.*

in·furi·ate [ɪn'fjʊərɪeɪt] *tr* wütend, rasend machen.

in·fuse [ɪn'fjuːz] I *tr* 1. *(Tee)* aufgießen, -brühen; 2. *fig* einflößen (*into s.o.* jdm); II *itr (Tee)* ziehen; **in·fu·sion** [ɪn'fjuːʒn] 1. Aufguß *m;* 2. Einflößung *f;* 3. *med* Infusion *f.*

in·geni·ous [ɪn'dʒiːnɪəs] *adj* 1. scharfsinnig, genial; 2. erfinderisch; 3. *(Sache)* sinnreich, originell; **in·ge·nuity** [ˌɪndʒɪ'njuːətɪ] 1. Scharfsinn *m,* Genialität *f;* 2. Erfindungsgabe *f.*

in·genu·ous [ɪn'dʒenjʊəs] *adj* 1. aufrichtig, gerade; 2. naiv.

ingle-nook ['ɪŋglnʊk] Kaminecke *f.*

in·glori·ous [ɪn'glɔːrɪəs] *adj* schimpflich, unehrenhaft.

in·going ['ɪngəʊɪŋ] *adj (Post)* eingehend, einlaufend.

in·got ['ɪŋgət] Barren *m.*

in·grained [ˌɪn'greɪnd] *adj* 1. *fig* (fest) eingewurzelt; eingefleischt; 2. *(Schmutz)* tiefsitzend.

in·grati·ate [ɪn'greɪʃɪeɪt] *refl* sich einschmeicheln (*with s.o.* bei jdm).

in·grati·tude [ɪn'grætɪtjuːd] Undank(barkeit *f*) *m.*

in·gredi·ent [ɪn'griːdɪənt] 1. Bestandteil *m;* Ingredienz *f;* 2. *(Küche)* Zutat *f.*

in-group ['ɪngruːp] maßgebliche Leute *pl,* Spitze *f.*

in·grow·ing ['ɪngrəʊɪŋ] *adj* ▶ ~ **toenail** eingewachsener Zehennagel.

in·habit [ɪn'hæbɪt] *tr* bewohnen; leben in; **in·hab·it·able** [—əbl] *adj* bewohnbar; **in·habit·ant** [ɪn'hæbɪtənt] Be-, Einwohner(in) *m (f).*

in·hale [ɪn'heɪl] I *tr* e-n einatmen, inhalieren; II *itr* e-n Lungenzug machen; **in·haler** [ɪn'heɪlə(r)] *med* Inhalator *m.*

in·har·moni·ous [ˌɪnhɑː'məʊnɪəs] *adj* unharmonisch.

in·here [ɪn'hɪə(r)] *itr* ▶ ~ **in** s.th. e-r S innewohnen; **in·herent** [ɪn'hɪərənt] *adj* innewohnend, inhärent.

in·herit [ɪn'herɪt] *tr, itr* erben (*s.th. from s.o.* etw von jdm); **in·her·it·able** [—əbl] *adj jur biol* erblich, vererbbar; **in·herit·ance** [ɪn'herɪtəns] Erbschaft *f,* Erbe *n;* ▶ **come into an** ~ e-e Erbschaft machen.

in·hibit [ɪn'hɪbɪt] *tr* 1. unterdrücken, verhindern; 2. *psych* hemmen; ▶ ~ **s.o. from doing s.th.** jdn daran hindern, etw zu tun; **in·hi·bi·tion** [ˌɪnɪ'bɪʃn] *psych* Hemmung *f.*

in·hos·pi·table [ˌɪnhɒ'spɪtəbl] *adj* 1. ungastlich; 2. *(Gegend)* unwirtlich.

in·hu·man [ɪn'hjuːmən] *adj* unmenschlich, gefühllos; menschenverachtend; **in·hu·mane** [ˌɪnhjuː'meɪn] *adj* inhuman; menschenunwürdig; **in·human·ity** [ˌɪnhjuː'mænətɪ] Unmenschlichkeit *f.*

in·imi·cal [ɪ'nɪmɪkl] *adj* 1. feindselig; 2. nachteilig (*to* für).

in·imi·table [ɪ'nɪmɪtəbl] *adj* unnachahmlich.

in·iqui·tous [ɪ'nɪkwɪtəs] *adj* ungeheuerlich; **in·iquity** [ɪ'nɪkwɪtɪ] Ungeheuerlichkeit *f.*

in·itial [ɪ'nɪʃl] I *adj* anfänglich; ▶ ~ **letter** Anfangsbuchstabe *m;* II *s* Initiale *f;* Anfangsbuchstabe *m;* III *tr* abzeichnen, *(pol)* paraphieren; **in·itial·ly** [ɪ'nɪʃəlɪ] *adv* anfangs, am Anfang; **in·iti·ate** [ɪ'nɪʃɪeɪt] I *tr* 1. einweihen, -führen (*into* in); 2. (feierlich) aufnehmen; 3. den Anstoß geben zu, initiieren; II *s* Eingeweihte(r) *f m;* Neuaufgenommene(r) *f m;* **in·iti·ation** [ɪˌnɪʃɪ'eɪʃn] 1. Einführung, Einweihung *f* (*into* in); 2. Aufnahme *f;* 3. Einleitung *f;* **in·iti·at·ive** [ɪ'nɪʃətɪv] Initiative *f;* ▶ **on one's own** ~ aus eigenem Antrieb; **take the** ~ die Initiative ergreifen.

in·ject [ɪn'dʒekt] *tr* 1. *med* einspritzen (*into* in); 2. *(Bemerkung)* ein-, dazwischenwerfen; ▶ ~ **s.o. with s.th.** jdm etw injizieren; **in·jec·tion** [ɪn'dʒekʃn] Einspritzung, Injektion, Spritze *f;* ▶ **fuel** ~ *mot* (Benzin)Einspritzung *f;* **engine with fuel** ~ Einspritzmotor *m;* ~ **of money** Finanzspritze *f;* **injection moulding** *tech* Spritzguß *m.*

in·ju·di·cious [ˌɪndʒuː'dɪʃəs] *adj* unklug.

in·junc·tion [ɪn'dʒʌŋkʃn] Anordnung *f;* gerichtliche Verfügung.

in·jure ['ɪndʒə(r)] *tr* 1. verletzen; 2. *fig* kränken, Unrecht tun (*s.o.* jdm); ▶ **the** ~**d party** *jur* der, die Geschädigte; **in·jury** ['ɪndʒərɪ] 1. Verletzung *f* (*to* an); 2. Kränkung *f,* Unrecht *n;* ▶ **do s.o. an** ~ jdn verletzen.

in·jus·tice [ɪn'dʒʌstɪs] 1. Ungerechtigkeit *f;* 2. Unrecht *n;* ▶ **do s.o. an** ~ jdm Unrecht tun.

ink [ɪŋk] 1. Tinte *f;* 2. Tusche *f;* 3. Stempelfarbe *f;* 4. *(printer's* ~) Druckerschwärze *f;* ▶ **in** ~ mit Tinte; **ink-bottle** Tintenfaß *n;* **ink-jet** ['ɪŋkdʒet] Tintenstrahl *m;* **ink-jet printer** Tintenstrahldrucker *m.*

ink·ling ['ɪŋklɪŋ] Wink *m,* dunkle Ahnung; ▶ **have no** ~ **of s.th.** von etw keine Ahnung haben.

ink-pad ['ɪŋkpæd] Stempelkissen *n;* **ink-stain** ['ɪŋksteɪn] Tintenfleck *m;* **inky** ['ɪŋkɪ] *adj* 1. (tief)schwarz; 2. tintenbeschmiert.

in·laid [ˌɪn'leɪd] I *v s.* inlay; II *adj* eingelegt; ▶ ~ **work** Einlegearbeit *f.*

in·land ['ɪnlənd] I *adj* 1. Binnen-; 2.

inländisch; einheimisch; Inland(s)-; **II**
adv landeinwärts; **Inland Revenue** *Br*
Finanzamt *n;* **inland trade** Binnenhandel *m.*

in·laws ['ɪnlɔ:z] *pl fam* angeheiratete
Verwandte *pl;* Schwiegereltern *pl.*

in·lay [,ɪn'leɪ] ‹*irr* inlaid, inlaid› **I** *tr* einlegen; **II** *s* 1. Einlegearbeit *f;* 2. Plombe *f*
(im Zahn).

in·let ['ɪnlet] 1. Meeres-, Flußarm *m;* 2.
Öffnung *f;* 3. *tech* Zuleitung *f.*

in·mate ['ɪnmeɪt] Insasse *m,* Insassin *f.*

inn [ɪn] Gast-, Wirtshaus *n;* Herberge *f.*

in·nards ['ɪnədz] *pl* Innereien *pl,* Eingeweide *pl.*

in·nate [ɪ'neɪt] *adj* angeboren.

in·ner ['ɪnə(r)] *adj* 1. innere(r, s); Innen-;
2. *fig* innere(r, s); verborgen; Seelen-;
▶ ~ **circle of friends** engster Freundeskreis; **the** ~ **man** das Innere; **in·nermost** ['ɪnəməʊst] *adj* innerste(r, s) geheimste(r, s); **inner tube** *mot* Schlauch
m.

in·nings ['ɪnɪŋz] *sing od pl sport* Am-
Spiel-Sein *n;* ▶ **have one's** ~ *fig* an der
Reihe sein; **have a good** ~ *fig* ein langes, ausgefülltes Leben haben.

in·no·cence ['ɪnəsns] Unschuld *f;* **in·no·cent** ['ɪnəsnt] **I** *adj* 1. unschuldig;
unabsichtlich; 2. naiv, ahnungslos; ▶ **as**
~ **as a new-born babe** unschuldig wie
ein Lamm; **II** *s* Unschuld *f.*

in·nocu·ous [ɪ'nɒkjʊəs] *adj* harmlos.

in·no·vate ['ɪnəveɪt] *itr* Neuerungen
einführen; **in·no·va·tion** [,ɪnə'veɪʃn]
Innovation *f;* Neuerung *f;* **in·no·va·tive** ['ɪnəvətɪv] *adj* innovativ.

in·nu·endo [,ɪnju:'endəʊ] ‹*pl* -endoes›
versteckte Andeutung.

in·numer·able [ɪ'nju:mərəbl] *adj* unzählig; **in·numer·ate** [ɪ'nju:mərət] *adj*
▶ **be** ~ nicht rechnen können.

in·ocu·late [ɪ'nɒkjʊleɪt] *tr med (Menschen)* impfen (*against* gegen); **in·ocu·la·tion** [ɪ,nɒkjʊ'leɪʃn] *med* Impfung *f.*

in·of·fen·sive [,ɪnə'fensɪv] *adj* harmlos.

in·op·er·able [,ɪn'ɒpərəbl] *adj* 1. *med*
nicht operierbar; 2. *(Plan)* nicht durchführbar.

in·op·er·at·ive [,ɪn'ɒpərətɪv] *adj* 1.
außer Kraft, ungültig; 2. *(Maschine)*
außer Betrieb.

in·op·por·tune [,ɪn'ɒpətju:n] *adj* ungelegen; inopportun; unpassend.

in·or·di·nate [ɪ'nɔ:dɪnət] *adj* unmäßig,
maßlos.

in·or·ganic [,ɪnɔ:'gænɪk] *adj chem* anorganisch.

in·pa·tient ['ɪnpeɪʃnt] stationär behandelter Patient.

in·put ['ɪnpʊt] 1. *tech* Energiezufuhr *f;* 2.
EDV Input *m;* 3. *com* Investition *f;* 4.
Arbeitsaufwand *m;* **input data** *pl EDV*
Eingabedaten *pl;* **input device** *EDV*
Eingabegerät *n.*

in·quest ['ɪnkwest] gerichtliche Untersuchung.

in·quire, en·quire [ɪn'kwaɪə(r)] **I** *itr* sich
erkundigen (*about, after* nach); fragen
(*about* nach); ▶ ~ **for** fragen nach; ~
into untersuchen; **II** *tr* sich erkundigen
nach, fragen nach; ▶ ~ **s.th. of s.o.** sich
bei jdm nach etw erkundigen; **in·quiry,**
enquiry [ɪn'kwaɪərɪ] 1. Anfrage *f*
(*about* über); 2. Erkundigung *f* (*about*
über); 3. Untersuchung *f;* ▶ **on** ~ auf
Anfrage; **make inquiries** Erkundigungen einziehen; Nachforschungen anstellen (*about s.o.* über jdn); **court of** ~
Untersuchungskommission *f;* **hold an** ~
into s.th. e-e Untersuchung über etw
durchführen.

in·qui·si·tion [,ɪnkwɪ'zɪʃn] Untersuchung *f a. jur;* Inquisition *f.*

in·quisi·tive [ɪn'kwɪzətɪv] *adj* wißbegierig; neugierig.

in·road ['ɪnrəʊd] 1. Ein-, Überfall *m* (*into*
in); 2. *fig* Eingriff *m* (*on* in); ▶ **make** ~s
on the market in den Markt eindringen;
make ~s **upon s.o.'s savings** ein Loch
in jds Ersparnisse reißen.

in·rush ['ɪnrʌʃ] Zustrom *m.*

in·sa·lubri·ous [,ɪnsə'lu:brɪəs] *adj (Klima)* unzuträglich.

in·sane [ɪn'seɪn] *adj* geisteskrank, wahnsinnig.

in·sani·tary [ɪn'sænɪtrɪ] *adj* unhygienisch.

in·san·ity [ɪn'sænətɪ] 1. Geisteskrankheit *f;* 2. *fig* Wahnsinn *m.*

in·sa·tiable [ɪn'seɪʃəbl] *adj* unersättlich.

in·scrip·tion [ɪn'skrɪpʃn] 1. Aufschrift *f;*
Inschrift *f;* 2. Widmung *f.*

in·scru·table [ɪn'skru:təbl] *adj* unergründlich, unerklärlich.

in·sect ['ɪnsekt] Insekt *n;* **in·sec·ti·cide** [ɪn'sektɪsaɪd] Insektenbekämpfungsmittel, Insektengift *n.*

in·se·cure [,ɪnsɪ'kjʊə(r)] *adj* 1. unsicher;
2. *(Gebäude)* nicht sicher; **in·se·cur·ity** [,ɪnsɪ'kjʊərətɪ] Unsicherheit *f.*

in·semi·nate [ɪn'semɪneɪt] *tr* befruchten; besamen; **in·semi·na·tion**
[ɪn,semɪ'neɪʃn] Befruchtung *f;* Besamung *f.*

in·sen·sible [ɪn'sensəbl] *adj* 1. bewußtlos; unempfindlich; 2. unempfänglich
(*of, to* für); 3. unmerklich.

in·sen·si·tive [ɪn'sensətɪv] *adj* 1. unempfindlich, gefühllos (*to* gegen); 2. unempfänglich.

in·sep·ar·able [ɪn'seprəbl] *adj* unzertrennlich; untrennbar.

in·sert [ɪn'sɜ:t] **I** *tr* 1. einsetzen, -fügen,
-schalten; 2. hineinstecken; 3. *(Münze)*
einwerfen; ▶ ~ **an advertisement in a**
paper e-e Anzeige in e-e Zeitung setzen; **II** *s* ['ɪnsɜ:t] Beilage *f;* Inserat *n;*
Einlage *f;* **in·ser·tion** [ɪn'sɜ:ʃn] 1. Ein-

fügung, -schaltung f; 2. *(in e-m Kleid)* Einsatz m; 3. Inserat n, Anzeige f; 4. *(Münze)* Einwurf m; 5. Hineinstecken n.

in·service ['ɪnsɜvɪs] *adj attr* ▶ ~ **training** innerbetriebliche Fortbildung.

in·shore [,ɪn'ʃɔ:(r)] **I** *adj* Küsten-; **II** *adv* in Küstennähe.

in·side [ɪn'saɪd] **I** *s* 1. (das) Innere; Innenseite f; 2. *fam* Eingeweide *pl;* ▶ **the wind blew her umbrella ~ out** der Wind hat ihren Schirm umgestülpt; **turn s.th. ~ out** *fig* etw auf den Kopf stellen; **know s.th. ~ out** etw in- und auswendig kennen; **II** *adj* ['ɪnsaɪd] innere(r, s); Innen-; ▶ **an ~ job** *fig* ein Werk von Insidern; **~ track** *sport* Innenbahn f; **~ left** *sport* Halblinke(r) m; **III** *adv* innen, im Innern; drin(nen); ▶ **come ~!** kommen Sie herein! **be ~** *sl* (im Gefängnis) sitzen; **IV** *prep* 1. innen in; in; 2. *(zeitlich)* innerhalb *gen;* ▶ **go ~ the house** ins Haus gehen; **in·sider** [ɪn'saɪdə(r)] Insider m, Eingeweihte(r) f m.

in·sidi·ous [ɪn'sɪdɪəs] *adj* hinterhältig, heimtückisch.

in·sight ['ɪnsaɪt] 1. Verständnis n; 2. Einsicht f, Einblick m *(into* in).

in·sig·nia [ɪn'sɪgnɪə] *pl* Insignien *pl.*

in·sig·nifi·cance [,ɪnsɪg'nɪfɪkəns] Bedeutungslosigkeit f; **in·sig·nifi·cant** [,ɪnsɪg'nɪfɪkənt] *adj* 1. bedeutungslos; 2. *(Summe)* unerheblich, geringfügig.

in·sin·cere [,ɪnsɪn'sɪə(r)] *adj* unaufrichtig, falsch.

in·sinu·ate [ɪn'sɪnjʊeɪt] *tr* andeuten, anspielen auf; ▶ **what is he insinuating?** was will er damit sagen? **~ o.s. into s.o.'s favo(u)r** jds Gunst erschleichen; **in·sinu·ation** [ɪn,sɪnjʊ'eɪʃn] Anspielung f.

in·sipid [ɪn'sɪpɪd] *adj* 1. fade; 2. *fig* geistlos.

in·sist [ɪn'sɪst] *tr, itr* bestehen, beharren, großen Wert legen (*on, upon* auf); ▶ **~ on one's innocence** auf seiner Unschuld bestehen; **if you ~** wenn Sie darauf bestehen; **~ on a point** auf e-m Punkt beharren; **~ on doing s.th.** darauf bestehen, etw zu tun; **in·sist·ence** [ɪn'sɪstəns] Bestehen n (*on* auf); ▶ **I did it at her ~** ich tat es auf ihr Drängen; **in·sist·ent** [ɪn'sɪstənt] *adj* 1. beharrlich, hartnäckig; 2. eindringlich, eindrucksvoll; ▶ **be ~** darauf bestehen (*that* daß); **he was most ~** er hat nicht lockergelassen.

in·so·far [,ɪnsə'fɑ:(r)] *adv* ▶ **~ as** soweit.

in·sole ['ɪnsəʊl] Brand-, Einlegesohle f.

in·so·lence ['ɪnsələns] Unverschämtheit, Frechheit f; **in·so·lent** ['ɪnsələnt] *adj* unverschämt, frech.

in·sol·uble [ɪn'sɒljʊbl] *adj* 1. un(auf)löslich; 2. *(Problem)* unlösbar.

in·sol·vency [ɪn'sɒlvənsɪ] Zahlungsun-

fähigkeit, Insolvenz f; **in·sol·vent** [ɪn'sɒlvənt] *adj* zahlungsunfähig, insolvent.

in·som·nia [ɪn'sɒmnɪə] Schlaflosigkeit f; **in·som·niac** [ɪn'sɒmnɪæk] *jem, der an Schlaflosigkeit leidet.*

in·so·much [,ɪnsəʊ'mʌtʃ] *adv* ▶ **~ as** (in)sofern, soweit.

in·spect [ɪn'spekt] *tr* 1. kontrollieren, prüfen; 2. *mil* inspizieren; **in·spec·tion** [ɪn'spekʃn] 1. Prüfung, Kontrolle f; 2. *mil* Inspektion f; ▶ **on ~** bei näherer Betrachtung; **for your ~** zur Einsicht; **customs ~** Zollkontrolle f; **~ copy** Ansichtsexemplar n; **in·spec·tor** [ɪn'spektə(r)] 1. Kontrolleur(in) m (f); Prüfungs-, Aufsichtsbeamte(r) m; 2. Inspektor(in) m (f); ▶ **customs ~** Zollinspektor(in) m (f); **police ~** Polizeikommissar(in) m (f).

in·spi·ra·tion [,ɪnspə'reɪʃn] Eingebung, Inspiration f *a. rel;* ▶ **have a sudden ~** e-e plötzliche Erleuchtung haben; **inspire** [ɪn'spaɪə(r)] *tr* 1. inspirieren *a. rel;* 2. *(Gefühl)* wecken; hervorrufen; einflößen (*into s.o.* jdm); ▶ **~ s.o. with hope** jdn mit Hoffnung erfüllen.

in·sta·bil·ity [,ɪnstə'bɪlətɪ] Instabilität f; Unbeständigkeit f; Labilität f.

in·stall [ɪn'stɔ:l] *tr* 1. *(in ein Amt)* einsetzen; 2. *tech* installieren, einbauen; anschließen; ▶ **~ o.s.** sich einrichten, sich niederlassen; **in·stal·la·tion** [,ɪnstə'leɪʃn] 1. Amtseinsetzung f; 2. Einrichtung, Installation f; 3. Anlage f; 4. Auf-, Einbau m.

in·stal·ment, *Am* **in·stall·ment** [ɪn'stɔ:lmənt] 1. Raten-, Teilzahlung f; 2. *(Veröffentlichung)* Fortsetzung f; Sendefolge f; ▶ **by, in ~s** auf Raten; **appear in ~s** in Fortsetzungen erscheinen; **monthly ~** Monatsrate f; **installment plan** *Am* Teilzahlungsgeschäft n.

in·stance [ɪn'stəns] **I** *s* 1. Beispiel n; Fall m; 2. Ersuchen n; 3. *jur* Instanz f; ▶ **at s.o.'s ~** auf jds Veranlassung; **for ~** zum Beispiel; **in the first ~** in erster Linie, vor allem, zunächst; **II** *tr* (als Beispiel) anführen.

in·stant ['ɪnstənt] **I** *adj* 1. unmittelbar; 2. *(Essen)* Instant-; 3. *com* dieses Monats; ▶ **~ coffee** Pulver-, Instantkaffee m; **~ food** Fertiggerichte n pl; **an ~ success** ein sofortiger Erfolg; **II** *s* Augenblick, Moment m; ▶ **at this ~** in diesem Augenblick; **in an ~** im Augenblick; im Nu.

in·stan·ta·neous [,ɪnstən'teɪnɪəs] *adj* augenblicklich, sofortig, unmittelbar; ▶ **death was ~** der Tod trat sofort ein; **in·stan·ta·neous·ly** [—lɪ] *adv* unverzüglich, sofort.

in·stant·ly ['ɪnstəntlɪ] *adv* sofort, augenblicklich.

in·stead [ɪn'sted] **I** *adv* statt dessen, dafür; **II** *prep* **~ of** statt, anstelle von; **~**

in·step ['ɪnstep] *anat* Spann, Rist *m.*

in·sti·gate ['ɪnstɪgeɪt] *tr* 1. anspornen, aufhetzen (*to* zu); 2. anstiften (*to a crime* zu e-m Verbrechen); 3. veranlassen; **in·sti·ga·tion** [ˌɪnstɪ'geɪʃn] Anstiftung *f;* ▶ **at his ~** auf sein Betreiben.

in·stil, *Am* **in·still** [ɪn'stɪl] *tr fig* nahebringen, beibringen.

in·stinct ['ɪnstɪŋkt] Instinkt *m;* ▶ **by, from ~** instinktiv; **have an ~ for** e-n Instinkt haben für; **in·stinc·tive** [ɪn'stɪŋktɪv] *adj* instinktiv.

in·sti·tute ['ɪnstɪtjuːt] I *tr* 1. aufstellen, einrichten, (be)gründen; 2. *jur* einleiten, in die Wege leiten; ▶ **~ divorce proceedings** die Scheidung einreichen; II *s* Einrichtung *f;* Institut *n.*

in·sti·tu·tion [ˌɪnstɪ'tjuːʃn] 1. Einrichtung, Institution *f;* 2. Errichtung, Gründung *f;* 3. Institut *n,* Anstalt *f;* 4. *fam* altbekannte Person; **in·sti·tu·tional** [ˌɪnstɪ'tjuːʃənl] *adj* institutionell; ▶ **~ advertising** *Am* Prestigewerbung *f;* **in·sti·tu·tional·ize** [ˌɪnstɪ'tjuːʃənəlaɪz] *tr* institutionalisieren.

in·struct [ɪn'strʌkt] *tr* 1. unterrichten, belehren; 2. anleiten, unterweisen; 3. die Anweisung geben (*s.o.* jdm); 4. unterrichten, informieren (*of s.th.* von e-r S); **in·struc·tion** [ɪn'strʌkʃn] 1. Unterricht *m,* Schulung *f;* 2. Belehrung, Instruktion *f;* 3. Anordnung, Anweisung, Vorschrift *f;* ▶ **~s for use** Gebrauchsanweisung, -anleitung *f;* **according to ~s** auftrags-, weisungsgemäß; **instruction book** Bedienungs-, Gebrauchsanweisung *f;* **instruction leaflet** Beipackzettel *n;* **in·struc·tive** [ɪn'strʌktɪv] *adj* instruktiv; **in·struc·tor** [ɪn'strʌktə(r)] 1. Lehrer(in) *m (f);* 2. *Am* Dozent(in) *m (f);* ▶ **driving ~** Fahrlehrer(in) *m (f);* **in·struc·tress** [ɪn'strʌktrɪs] 1. Lehrerin *f;* 2. *Am* Dozentin *f.*

in·stru·ment ['ɪnstrʊmənt] 1. Werkzeug, Instrument *n;* Gerät *n;* 2. (Musik)Instrument *n;* 3. *fig* Mittel, Werkzeug *n;* 4. *jur* Urkunde *f,* Dokument *n.*

in·stru·men·tal [ˌɪnstrʊ'mentl] *adj* 1. brauchbar, förderlich; behilflich; 2. *mus* instrumental; Instrumental-; ▶ **be ~ in s.th.** bei e-r S behilflich sein; zu e-r S beitragen; **~ music** Instrumentalmusik *f.*

in·stru·men·ta·tion [ˌɪnstrʊmen'teɪʃn] *mus* Instrumentation *f.*

in·sub·or·di·nate [ˌɪnsə'bɔːdɪnət] *adj* ungehorsam; widersetzlich.

in·sub·stan·tial [ˌɪnsəb'stænʃl] *adj* 1. unwirklich, imaginär; wenig substantiell; 2. *(Anklage)* gegenstandslos.

in·suf·fer·able [ɪn'sʌfrəbl] *adj* unerträglich.

in·suf·fi·ciency [ˌɪnsə'fɪʃnsɪ] 1. Mangel *m (of* an); 2. Unzulänglichkeit *f;* **in·suf·fi·cient** [ˌɪnsə'fɪʃnt] *adj* 1. ungenü-

gend; 2. unzulänglich.

in·su·lar ['ɪnsjʊlə(r)] *adj* 1. insular; Insel-; 2. *fig* engstirnig; **in·su·lar·ity** [ˌɪnsjʊ'lærətɪ] 1. insulare Lage, Insellage *f;* 2. *fig* Engstirnigkeit *f.*

in·su·late ['ɪnsjʊleɪt] *tr* 1. isolieren, absondern (*from* von); 2. *el* isolieren (*from, against* gegen); **in·su·lat·ing** ['ɪnsjʊleɪtɪŋ] *adj el* isolierend; nichtleitend; ▶ **~ tape** Isolierband *n;* **in·su·la·tion** [ˌɪnsjʊ'leɪʃn] 1. *el* Isolation, Isolierung *f;* Isoliermaterial *n;* 2. *fig* Geschütztheit *f (from* gegen).

in·su·lin ['ɪnsjʊlɪn] Insulin *n.*

in·sult ['ɪnsʌlt] I *s* 1. Beleidigung *f;* 2. Verunglimpfung *f (to s.o.* jds); II *tr* [ɪn'sʌlt] 1. beleidigen; 2. verunglimpfen.

in·sup·er·able [ɪn'sjuːprəbl] *adj* unüberwindlich.

in·sup·port·able [ˌɪnsə'pɔːtəbl] *adj* unerträglich.

in·sur·ance [ɪn'ʃʊərəns] 1. Versicherung *f;* 2. Versicherungssumme *f;* ▶ **take out an ~** e-e Versicherung abschließen; **insurance agent** Versicherungsvertreter(in) *m (f);* **insurance broker** Versicherungsmakler(in) *m (f);* **insurance company** Versicherungsgesellschaft *f;* **insurance policy** Versicherungspolice, -schein *m,* Police *f;* **in·sure** [ɪn'ʃʊə(r)] *tr* versichern (*against fire* gegen Feuer); **in·sured** [ɪn'ʃʊəd] I *adj* versichert; II *s* Versicherte(r) *f m;* Versicherungsnehmer(in) *m (f);* **in·surer** [ɪn'ʃʊərə(r)] Versicherer *m.*

in·sur·mount·able [ˌɪnsə'maʊntəbl] *adj* unüberwindlich.

in·sur·rec·tion [ˌɪnsə'rekʃn] Aufstand *m,* Revolte *f.*

in·tact [ɪn'tækt] *adj* unbeschädigt; unversehrt, intakt.

in·take ['ɪnteɪk] 1. *(von Wasser)* Aufnahme *f;* aufgenommene Menge; 2. Zufluß-rohr *n;* 3. *mil* Rekrutierung *f;* Aufnahme *f;* ▶ **air ~** Luftzufuhr *f;* **food ~** Nahrungsaufnahme *f.*

in·tan·gible [ɪn'tændʒəbl] *adj* 1. nicht greifbar; 2. *(Gefühle)* unbestimmbar; ▶ **~ assets** *pl* immaterielle Werte *m pl.*

in·te·ger ['ɪntɪdʒə(r)] *math* ganze Zahl.

in·te·gral ['ɪntɪɡrəl] *adj* wesentlich; vollständig, ganz; ▶ **~ calculus** Integralrechnung *f.*

in·te·grate ['ɪntɪɡreɪt] I *tr* integrieren, eingliedern; II *itr Am* auch für Schwarze zugänglich werden; **in·te·grated** ['ɪntɪɡreɪtɪd] *adj* 1. einheitlich; ein Ganzes bildend; 2. ohne Rassentrennung; ▶ **~ circuit** integrierter Schaltkreis; **~ system** Verbundsystem *n;* **in·te·gra·tion** [ˌɪntɪ'ɡreɪʃn] 1. Integration *f a. fig math;* Einbindung *f;* Eingliederung *f;* 2. *Am* Aufhebung *f* der Rassenschranken.

in·teg·rity [ɪn'teɡrətɪ] 1. Integrität *f;* 2. Einheit *f.*

in·tel·lect ['ɪntəlekt] 1. Verstand, Intellekt m; 2. (Mensch) großer Geist; **in·tel·lec·tual** [ˌɪntə'lektʃʊəl] I adj intellektuell; II s Intellektuelle(r) f m.
in·tel·li·gence [ɪn'telɪdʒəns] 1. Intelligenz, Auffassungsgabe f; 2. Nachricht, Information, Auskunft f; 3. Nachrichten-, Geheimdienst m; **intelligence quotient, IQ** Intelligenzquotient m; **intelligence service** Nachrichten-, Geheimdienst m; **intelligence test** Intelligenztest m; **in·tel·li·gent** [ɪn'telɪdʒənt] adj intelligent, klug; **in·tel·li·gent·sia** [ɪnˌtelɪ'dʒentsɪə] die Intellektuellen pl, Intelligenz f.
in·tel·li·gible [ɪn'telɪdʒəbl] adj verständlich, klar (to s.o. jdm).
in·tend [ɪn'tend] tr 1. beabsichtigen; wollen; 2. fest vorhaben, beabsichtigen (to do zu tun); ► we ~ him to go with us wir haben vor, ihn mitzunehmen; er soll mit uns mitkommen; **what do you ~ doing today?** was haben Sie heute vor? **he is ~ed for the medical profession** er soll einmal den Arztberuf ergreifen; **this book is ~ed for you** dieses Buch ist für dich bestimmt; **he ~s to win** er hat fest vor zu gewinnen; **in·tend·ed** [ɪn'tendɪd] adj 1. beabsichtigt, geplant; 2. (Ehemann, -frau) zukünftig.
in·tense [ɪn'tens] adj 1. intensiv; (Angst, Freude etc) äußerst groß; 2. ernsthaft; **in·ten·sify** [ɪn'tensɪfaɪ] I tr 1. verstärken, intensivieren; 2. (Beziehungen) vertiefen; II itr sich steigern, zunehmen; **in·ten·sity** [ɪn'tensətɪ] Intensität f; **in·ten·sive** [ɪn'tensɪv] adj intensiv; ► ~ **course** Intensivkurs m; ~ **livestock farming** Massentierhaltung f.
in·tent [ɪn'tent] I adj 1. (Blick) durchdringend; 2. fest entschlossen (on zu); II s Absicht f; Vorsatz, Zweck m; ► **to this** ~ in dieser Absicht; **to the** ~ **that** in der Absicht, daß; **to all** ~**s and purposes** in jeder Hinsicht; **with** ~ absichtlich; mit der Absicht (to zu); **in·ten·tion** [ɪn'tenʃn] Absicht f, Vorhaben n; ► **with the best of** ~**s** in der besten Absicht; **in·ten·tional** [ɪn'tenʃənl] adj absichtlich, vorsätzlich.
in·ter·act [ˌɪntər'ækt] itr aufeinander wirken; **in·ter·ac·tion** [ˌɪntər'ækʃn] gegenseitige Beeinflussung, Wechselwirkung f; psych Interaktion f.
in·ter·breed [ˌɪntə'briːd] irr s. breed I tr kreuzen; II itr sich kreuzen.
in·ter·cede [ˌɪntə'siːd] itr sich einsetzen (with, for für).
in·ter·cept [ˌɪntə'sept] tr abfangen; **in·ter·cep·tion** [ˌɪntə'sepʃn] Abfangen n; **in·ter·cep·tor** [ˌɪntə'septə(r)] aero Abfangjäger m.
in·ter·ces·sion [ˌɪntə'seʃn] Fürsprache f.
in·ter·change [ˌɪntə'tʃeɪndʒ] I tr austauschen; vertauschen; II s ['ɪntətʃeɪndʒ]

1. Austausch m; 2. (von Straßen) Kreuzung f; ► **motorway** ~ Autobahnkreuz n; **in·ter·change·able** [ˌɪntə'tʃeɪndʒəbl] adj austauschbar, auswechselbar.
inter·city [ˌɪntə'sɪtɪ] adj: ► ~ **train** Intercity-Zug, IC m; ~ **supplement** IC-Zuschlag m.
in·ter·com ['ɪntəkɒm] Gegensprechanlage f; **in·ter·com·mu·ni·cate** [ˌɪntəkə'mjuːnɪkeɪt] itr miteinander in Verbindung stehen.
in·ter·con·ti·nen·tal [ˌɪntəˌkɒntɪ'nentl] adj interkontinental; ► ~ **ballistic missile** Interkontinentalrakete f.
in·ter·course ['ɪntəkɔːs] Verkehr, Umgang m (with mit); ► **commercial** ~ Handelsbeziehungen f pl; **sexual** ~ Geschlechtsverkehr m.
in·ter·de·nomi·na·tional [ˌɪntədɪˌnɒmɪ'neɪʃənl] adj interkonfessionell.
in·ter·de·part·mental ['ɪntəˌdiːpɑːt'mentl] adj mehrere Abteilungen betreffend.
in·ter·de·pen·dence [ˌɪntədɪ'pendəns] Interdependenz f, wechselseitige Abhängigkeit f; **in·ter·de·pen·dent** [ˌɪntədɪ'pendənt] adj gegenseitig, voneinander abhängig.
in·ter·dict [ˌɪntə'dɪkt] I tr 1. verbieten, untersagen (from doing zu tun); 2. rel suspendieren; II s ['ɪntədɪkt] 1. Verbot n; 2. rel Interdikt n.
in·ter·est ['ɪntrəst] I s 1. Interesse n (in für); 2. com Anrecht n, Anteil m; 3. Bedeutung, Wichtigkeit f; 4. fin Zinsen m pl; ► **take, feel an** ~ **in s.o.** sich für jdn interessieren; **in the** ~ **of** im Interesse gen; **of public** ~ von öffentlichem Interesse; **rate of** ~ Zinssatz m; **bear, bring, carry** ~ Zinsen tragen; **have an** ~ **in** beteiligt sein, Anteil haben an; **pay** ~ **for s.th.** etw verzinsen; **this is of no** ~ **to me** das interessiert mich nicht; **sphere of** ~ Interessengebiet n, -sphäre f; II tr interessieren (in für, an); **in·ter·ested** ['ɪntrəstɪd] adj 1. interessiert (in an); 2. beteiligt; **in·ter·esting** [—ɪŋ] adj interessant, fesselnd.
inter·face ['ɪntəfeɪs] EDV Schnittstelle f, Interface n.
in·ter·fere [ˌɪntə'fɪə(r)] itr 1. sich einmischen (in in); sich zu schaffen machen; 2. stören, beeinträchtigen (with s.th. etw); **in·ter·fer·ence** [ˌɪntə'fɪərəns] 1. Einmischung, Intervention f; 2. a. radio Störung; Beeinträchtigung f (with gen).
in·ter·im ['ɪntərɪm] I s Zwischenzeit f; II adj vorläufig, einstweilig; Interims-; ► ~ **report** Zwischenbericht m.
in·ter·ior [ɪn'tɪərɪə(r)] I adj Innen-; Binnen-; II s 1. (das) Innere n; 2. (Kunst) Interieur n; 3. phot Innenaufnahme f; ► **the Department of the I~** Am das Innenministerium; **interior decoration**

Raumausstattung *f;* **interior designer** Innenarchitekt(in) *m (f).*

in·ter·ject [ˌɪntə'dʒekt] *tr (Frage)* ein-, dazwischenwerfen; **in·ter·jec·tion** [ˌɪntə'dʒekʃn] *gram* Interjektion *f.*

in·ter·lace [ˌɪntə'leɪs] **I** *tr* verflechten; verbinden; **II** *itr* sich miteinander verflechten.

in·ter·locu·tor [ˌɪntə'lɒkjʊtə(r)] Gesprächspartner(in) *m (f).*

in·ter·lo·per ['ɪntələʊpə(r)] Eindringling *m.*

in·ter·lude ['ɪntəlu:d] 1. *theat mus* Zwischenspiel *n;* Intermezzo *n;* 2. Pause *f;* 3. Unterbrechung *f (of durch).*

in·ter·marry [ˌɪntə'mærɪ] *itr* 1. untereinander heiraten; 2. *(nahe Verwandte)* sich heiraten.

in·ter·medi·ary [ˌɪntə'mi:dɪərɪ] **I** *adj* vermittelnd; **II** *s* Vermittler(in) *m (f);* Mittelsmann *m;* Makler(in) *m (f).*

in·ter·medi·ate [ˌɪntə'mi:dɪət] *adj* dazwischen liegend; zwischen-; ▶ ~ -range missile Mittelstreckenrakete *f;* ~ stage Zwischenstadium *n.*

in·ter·mezzo [ˌɪntə'metsəʊ] ⟨*pl* -mezzos⟩ *mus* Intermezzo *n.*

in·ter·mi·nable [ɪn'tɜ:mɪnəbl] *adj* endlos.

in·ter·mis·sion [ˌɪntə'mɪʃn] Unterbrechung, Pause *f;* ▶ **without** ~ pausenlos, ununterbrochen.

in·ter·mit·tent [ˌɪntə'mɪtnt] *adj* periodisch auftretend; ▶ ~ **fever** Wechselfieber *n.*

in·tern[1] [ɪn'tɜ:n] *tr* internieren.

in·tern[2] ['ɪntɜ:n] *Am* Medizinalassistent(in) *m (f).*

in·ter·nal [ɪn'tɜ:nl] *adj* 1. innere(r, s); innerlich; intern; 2. *(Handel)* inländisch, (ein)heimisch; ▶ ~ **affairs** *pl pol* innere Angelegenheiten *f pl;* ~-**combustion engine** Verbrennungsmotor *m;* ~ **medicine** Innere Medizin; ~ **trade** Binnenhandel *m.*

in·ter·na·tional [ˌɪntə'næʃnəl] **I** *adj* international; **II** *s sport* Länderspiel *n;* Nationalspieler(in) *m (f);* ▶ ~ **law** Völkerrecht *n;* ~ **Monetary Fund** Weltwährungsfonds *m;* ~ **reply coupon** internationaler Postantwortschein; **in·ter·na·tional·ize** [ˌɪntə'næʃnəlaɪz] *tr* internationalisieren.

in·ternee [ˌɪntɜ:'ni:] Internierte(r) *f m.*

in·tern·ist [ɪn'tɜ:nɪst] *Am* Internist(in) *m (f).*

in·tern·ment [ɪn'tɜ:nmənt] Internierung *f;* **internment camp** Internierungslager *n.*

in·ter·pel·la·tion [ɪnˌtɜ:pə'leɪʃn] *parl* Interpellation *f.*

in·ter·phone ['ɪntəfəʊn] *Am s. intercom.*

in·ter·plan·etary [ˌɪntə'plænɪtrɪ] *adj* interplanetarisch.

in·ter·play ['ɪntəpleɪ] Wechselspiel *n.*

In·ter·pol ['ɪntəpɒl] Interpol *f.*

in·ter·po·late [ɪn'tɜ:pəleɪt] *tr (Text)* einschieben, -schalten; **in·ter·po·la·tion** [ɪnˌtɜ:pə'leɪʃn] Einschaltung, -schiebung *f.*

in·ter·pret [ɪn'tɜ:prɪt] *tr* 1. erklären, darlegen, interpretieren; 2. dolmetschen; **in·ter·pre·ta·tion** [ɪnˌtɜ:prɪ'teɪʃn] 1. Interpretation, Deutung, Auslegung *f;* 2. Dolmetschen *n;* ▶ **consecutive, simultaneous** ~ Konsekutiv-, Simultandolmetschen *n;* **in·ter·preter** [ɪn'tɜ:prɪtə(r)] Dolmetscher(in) *m (f);* **in·ter·pret·ing** [ɪn'tɜ:prɪtɪŋ] *s. interpretation 2.*

inter-rail ['ɪntəreɪl] *adj* ▶ ~**ticket** Inter-rail-Karte *f.*

in·ter·re·late [ˌɪntərɪ'leɪt] *tr* zueinander in Beziehung bringen, setzen; ▶ ~**d facts** *pl* zusammenhängende Tatsachen *f pl.*

in·ter·ro·gate [ɪn'terəgeɪt] *tr* verhören, vernehmen; **in·ter·ro·ga·tion** [ɪnˌterə'geɪʃn] Verhör *n,* Vernehmung *f;* **interrogation mark** Fragezeichen *n;* **in·ter·roga·tive** [ˌɪntə'rɒgətɪv] **I** *adj* fragend; **II** *s gram* Frage(für)wort *n;* **in·ter·ro·ga·tor** [ɪn'terəgeɪtə(r)] Vernehmungsbeamte(r) *m;* **in·ter·roga·tory** [ˌɪntə'rɒgətrɪ] *adj* fragend.

in·ter·rupt [ˌɪntə'rʌpt] *tr* 1. unterbrechen; 2. ins Wort fallen *(s.o. jdm);* 3. *(Arbeit)* stören; hindern; **in·ter·rupter** [ˌɪntə'rʌptə(r)] *el* Unterbrecher *m;* **in·ter·rup·tion** [ˌɪntə'rʌpʃn] 1. Unterbrechung *f;* 2. (Betriebs)Störung *f;* ▶ **without** ~ ununterbrochen.

in·ter·sect [ˌɪntə'sekt] **I** *tr* 1. durchschneiden; 2. *math* schneiden; **II** *itr* sich (über)schneiden, sich kreuzen; **in·ter·sec·tion** [ˌɪntə'sekʃn] 1. *math* Schnittpunkt *m;* 2. *(Straße, rail)* Kreuzung *f;* *(Autobahn)* Kreuz *n.*

in·ter·sperse [ˌɪntə'spɜ:s] *tr* einstreuen *(between, among* unter); ▶ ~**d with s.th.** mit etw dazwischen.

in·ter·state [ˌɪntə'steɪt] *adj Am* zwischenstaatlich; ▶ ~ **highway** Autobahn *f, die mehrere Bundesstaaten verbindet.*

in·ter·stel·lar [ˌɪntə'stelə(r)] *adj* interstellar.

in·ter·stice [ɪn'tɜ:stɪs] 1. Zwischenraum *m;* 2. Lücke *f,* Spalt(e *f) m.*

in·ter·twine [ˌɪntə'twaɪn] *tr* verflechten; verknoten *(with* mit).

inter·ur·ban [ˌɪntə'ɜ:bən] *adj* städteverbindend.

in·ter·val ['ɪntəvl] 1. Zwischenraum, Abstand *m;* 2. *theat* Pause *f a. theat;* 3. *mus* Intervall *n;* ▶ **after a week's** ~ eine Woche später; **at** ~**s** in Abständen; **sunny** ~**s** *mete* Aufheiterungen *pl;* **in·ter·val switch** Intervallschalter *m,* -schaltung *f.*

in·ter·vene [ˌɪntə'vi:n] *itr* 1. eingreifen,

einschreiten, intervenieren; **2.** *(Ereignis)* eintreten, sich ereignen; **in·ter·ven·tion** [ˌɪntəˈvenʃn] **1.** Eingreifen *n;* **2.** *pol* Einmischung, Intervention *f;* **in·ter·ven·tion·ist** [—ɪst] **I** *s pol* Interventionist(in) *m (f);* **II** adj interventionistisch.

in·ter·view [ˈɪntəvjuː] **I** *s* **1.** Unterredung *f;* Vorstellungsgespräch *n;* **2.** Interview *n,* Befragung *f;* ▶ **give an** ~ ein Interview geben; **II** *tr* **1.** ein Vorstellungsgespräch führen mit; **2.** interviewen; **in·ter·view·ee** [ˌɪntəvjuːˈiː] *(Bewerbung)* Kandidat(in) *m (f); (TV radio)* Interviewte(r) *f m;* **in·ter·view·er** [ˈɪntəvjuːə(r)] Interviewer(in) *m (f).*

in·ter·weave [ˌɪntəˈwiːv] *tr irr s. weave* **1.** verweben; **2.** ineinanderschlingen.

in·tes·tate [ɪnˈtesteɪt] *adj* ▶ **die** ~ ohne Testament sterben.

in·tes·tine [ɪnˈtestɪn] *meist pl* Darm *m;* ▶ **large, small** ~ Dick-, Dünndarm *m.*

in·ti·macy [ˈɪntɪməsɪ] Vertraulichkeit *f;* Intimität *f.*

in·ti·mate¹ [ˈɪntɪmət] **I** *adj* **1.** vertraut, intim, innig; **2.** persönlich, privat; **3.** *(Wissen)* gründlich; **II** *s* Vertraute(r) *f m.*

in·ti·mate² [ˈɪntɪmeɪt] *tr* ankündigen, andeuten, zu verstehen geben, nahelegen; **in·ti·ma·tion** [ˌɪntɪˈmeɪʃn] Andeutung *f,* Wink *m.*

in·timi·date [ɪnˈtɪmɪdeɪt] *tr* einschüchtern *(into doing s.th* etw zu tun); **in·timi·da·tion** [ɪnˌtɪmɪˈdeɪʃn] Einschüchterung *f.*

into [ˈɪntʊ] *prep* in; gegen; ▶ **he's** ~ **jazz** *sl* er steht auf Jazz; **three** ~ **six goes twice** sechs durch drei gibt zwei; **work late** ~ **the night** bis tief in die Nacht arbeiten.

in·tol·er·able [ɪnˈtɒlərəbl] *adj* unerträglich; **in·tol·er·ance** [ɪnˈtɒlərəns] Unduldsamkeit, Intoleranz *f a. med (of* gegenüber); **in·tol·er·ant** [ɪnˈtɒlərənt] *adj* intolerant *(of* gegenüber).

in·ton·ation [ˌɪntəˈneɪʃn] Intonation *f;* Tonfall *m;* Stimmlage *f;* **in·tone** [ɪnˈtəʊn] *tr* anstimmen.

in·toxi·cant [ɪnˈtɒksɪkənt] Rauschmittel *n;* **in·toxi·cate** [ɪnˈtɒksɪkeɪt] *tr* berauschen *a. fig;* **in·toxi·ca·tion** [ɪnˌtɒksɪˈkeɪʃn] Trunkenheit *f;* Rausch *m a. fig.*

in·trac·table [ˌɪnˈtræktəbl] *adj (Mensch)* eigenwillig, halsstarrig; *(Problem)* hartnäckig.

in·tra·mural [ˌɪntrəˈmjʊərəl] *adj* innerhalb der Universität.

in·tran·si·gence [ɪnˈtrænsɪdʒəns] Unnachgiebigkeit *f;* **in·tran·si·gent** [ɪnˈtrænsɪdʒənt] *adj* unnachgiebig.

in·tran·si·tive [ɪnˈtrænsətɪv] *adj gram* intransitiv.

intra-uter·ine [ˌɪntrəˈjuːtəraɪn] *adj:* ▶ ~ **decive** Intrauterinpessar *n.*

in·tra·venous [ˌɪntrəˈviːnəs] *adj: med* intravenös.

in·trepid [ɪnˈtrepɪd] *adj* unerschrocken.

in·tri·cacy [ˈɪntrɪkəsɪ] Kompliziertheit, Schwierigkeit *f;* **in·tri·cate** [ˈɪntrɪkət] *adj* kompliziert, schwierig.

in·trigue [ɪnˈtriːg] **I** *itr* intrigieren; **II** *tr* neugierig machen; fesseln; **III** *s* [ˈɪntriːg] Intrige *f;* **in·trigu·ing** [ɪnˈtriːgɪŋ] *adj* sehr spannend; höchst interessant.

in·trin·sic [ɪnˈtrɪnsɪk] *adj* wesentlich, eigentlich, wirklich.

in·tro·duce [ˌɪntrəˈdjuːs] *tr* **1.** einführen; **2.** *(Menschen)* vorstellen *(to s.o.* jdm); **3.** vertraut machen mit; **4.** zur Sprache bringen; *(Thema)* anschneiden; **5.** einleiten, beginnen, eröffnen; **6.** *parl (Vorlage)* einbringen *(into* in); **7.** *tech* einführen, hineinstecken; ▶ ~ **into the market** auf den Markt bringen; **in·tro·duc·tion** [ˌɪntrəˈdʌkʃn] **1.** Einführung, Einleitung *f (a. e-s Buches);* **2.** *mus* Introduktion *f;* **3.** Vorstellung *f (e-s Menschen);* **4.** *parl* Einbringung *f;* **in·tro·duc·tory** [ˌɪntrəˈdʌktərɪ] *adj* einführend, -leitend.

in·tro·spec·tion [ˌɪntrəˈspekʃn] Selbstbeobachtung *f;* **in·tro·spec·tive** [ˌɪntrəˈspektɪv] *adj* selbstbeobachtend.

in·tro·vert [ˌɪntrəˈvɜːt] **I** *tr* nach innen richten, einwärts kehren; **II** *s* [ˈɪntrəvɜːt] Introvertierte(r) *f m;* **in·tro·vert·ed** [—əd] *adj* introvertiert.

in·trude [ɪnˈtruːd] **I** *itr* sich eindrängen *(into* in); **II** *tr (Bemerkung)* einwerfen; ▶ ~ **on s.o.** jdn stören; ~ **on a conversation** sich in eine Unterhaltung einmischen; ~ **s.th. upon s.o.** jdm etw aufdrängen; **in·truder** [ɪnˈtruːdə(r)] Eindringling *m;* **in·tru·sion** [ɪnˈtruːʒn] **1.** Aufdrängen *n;* **2.** Störung *f;* Verletzung *f.*

in·tu·ition [ˌɪntjuːˈɪʃn] **1.** Intuition *f;* **2.** Ahnung *f;* **in·tu·itive** [ɪnˈtjuːɪtɪv] *adj* intuitiv.

in·un·date [ˈɪnʌndeɪt] *tr* überschwemmen, -fluten *a. fig;* **in·un·da·tion** [ˌɪnʌnˈdeɪʃn] Überschwemmung, -flutung *f a. fig.*

in·ure [ɪˈnjʊə(r)] *tr* gewöhnen *(to* an).

in·vade [ɪnˈveɪd] *tr* **1.** *mil* einmarschieren in; **2.** *fig* überfallen, heimsuchen; **3.** eindringen in; **in·vader** [ɪnˈveɪdə(r)] Eindringling *m.*

in·valid¹ [ˈɪnvəlɪd] **I** *s* Invalide *m;* Körperbehinderte(r) *f m;* **II** adj krank; invalide; **III** *tr* ▶ ~ **out** dienstuntauglich erklären.

in·valid² [ɪnˈvælɪd] *adj jur* ungültig; nicht zulässig.

in·vali·date [ɪnˈvælɪdeɪt] *tr* für ungültig, nichtig erklären, annullieren; **in·val·id·ity** [ˌɪnvəˈlɪdətɪ] *jur* Ungültigkeit, Nichtigkeit *f.*

in·valu·able [ɪnˈvæljʊəbl] *adj* unschätz-

bar.
in·vari·able [ɪnˈveərɪəbl] *adj* unveränderlich, ständig.
in·vasion [ɪnˈveɪʒn] 1. Invasion *f* (*of* in); Einmarsch *m* (*of* in); 2. *jur* Eingriff *m* (*of* in).
in·vec·tive [ɪnˈvektɪv] Schmähung, Beschimpfung *f*.
in·veigle [ɪnˈveɪgl] *tr* verführen, -leiten, -locken (*into doing s.th* etw zu tun).
in·vent [ɪnˈvent] *tr* 1. erfinden; 2. erdichten; in·ven·tion [ɪnˈvenʃn] Erfindung *f*; in·ven·tive [ɪnˈventɪv] *adj* erfinderisch, einfallsreich; in·ven·tive·ness [ɪnˈventɪvnɪs] Erfindungsgabe *f*, -reichtum *n*; in·ven·tor [ɪnˈventə(r)] Erfinder(in) *m* (*f*).
in·ven·tory [ˈɪnvəntrɪ] I *s* Inventar *n*, Bestandsaufnahme *f*; ▶ **make, take an** ~ Inventar aufnehmen; II *tr com* inventarisieren.
in·verse [ɪnˈvɜːs] I *adj* umgekehrt *a. math;* entgegengesetzt; II *s* [ˈɪnvɜːs] Gegenteil *n*; in·ver·sion [ɪnˈvɜːʃn] Umkehrung, Inversion *f*.
in·vert [ɪnˈvɜːt] *tr* auf den Kopf stellen; umkehren; ▶ ~ed commas *pl* Anführungszeichen *n pl*.
in·vert·ebrate [ɪnˈvɜːtɪbrət] I *adj zoo* wirbellos; II *s* wirbelloses Tier, Invertebrat *m*.
in·vest [ɪnˈvest] I *tr* 1. *(feierlich)* in ein Amt einführen, einsetzen; 2. *(Geld)* anlegen, investieren; II *itr* investieren, Geld anlegen; ▶ ~ s.o. with s.th. jdm etw verleihen.
in·ves·ti·gate [ɪnˈvestɪgeɪt] I *tr* 1. erforschen, untersuchen; 2. *(Forderung)* überprüfen; II *itr* Ermittlungen anstellen; ermitteln; in·ves·ti·ga·tion [ɪnˌvestɪˈgeɪʃn] 1. Erforschung, Untersuchung *f*; 2. *jur* Ermittlung *f*; 3. Forschung *f*; ▶ **make** ~s Nachforschungen, Erhebungen anstellen; **preliminary** ~ Voruntersuchung *f*; **be under** ~ überprüft werden; in·ves·ti·ga·tive [ɪnˈvestɪgətɪv] *adj* ▶ ~ **journalism** Enthüllungsjournalismus *m;* in·ves·ti·ga·tor [ɪnˈvestɪgeɪtə(r)] Ermittlungsbeamte(r) *m;* Ermittler(in) *m* (*f*).
in·vest·ment [ɪnˈvestmənt] 1. (Amts)Einführung *f;* 2. *com* Anlage, Investition *f;* ▶ **make an** ~ investieren; **investment fund** Investmentfonds *m;* **investment trust** Investmentgesellschaft *f.*
in·vet·er·ate [ɪnˈvetərət] *adj* 1. eingewurzelt; 2. *(Feind)* unversöhnlich; 3. *(Raucher)* Gewohnheits-; unverbesserlich.
in·vidi·ous [ɪnˈvɪdɪəs] *adj* 1. *(Bemerkung)* gehässig; 2. *(Benehmen)* gemein; ungerecht.
in·vigi·late [ɪnˈvɪdʒɪleɪt] I *tr* Aufsicht führen (bei); II *itr* Aufsicht führen.

in·vig·or·ate [ɪnˈvɪgəreɪt] *tr* stärken, kräftigen.
in·vin·cible [ɪnˈvɪnsəbl] *adj* unbesiegbar, unüberwindlich.
in·vis·ible [ɪnˈvɪzəbl] *adj* unsichtbar, nicht wahrnehmbar (*to* für); ▶ ~ **ink** Geheimtinte *f;* ~ **exports, imports** *pl com* unsichtbare Aus-, Einfuhren *f pl.*
in·vi·ta·tion [ˌɪnvɪˈteɪʃn] Einladung *f;* in·vite [ɪnˈvaɪt] *tr* 1. einladen; 2. bitten, ersuchen um; 3. auffordern, ermuntern zu; 4. *(Kritik)* herausfordern; ▶ ~ s.o. to do s.th jdn auffordern, etw zu tun; in·vit·ing [ɪnˈvaɪtɪŋ] *adj* (ver)lockend; einladend.
in vitro [ɪnˈviːtrəʊ] *adj med:* ▶ ~ **fertilisation** In-vitro-Fertilisation *f.*
in·vo·ca·tion [ˌɪnvəˈkeɪʃn] Beschwörung *f.*
in·voice [ˈɪnvɔɪs] I *s* (Waren)Rechnung, Faktura *f;* II *tr* fakturieren, in Rechnung stellen.
in·vol·un·tary [ɪnˈvɒləntrɪ] *adj* 1. unbeabsichtigt, ungewollt; 2. *physiol* unwillkürlich.
in·volve [ɪnˈvɒlv] *tr* 1. einbeziehen; verwickeln; 2. mit sich bringen, bedingen, zur Folge haben, nach sich ziehen; 3. bedeuten; ▶ ~ s.o. in a quarrel jdn in e-n Streit verwickeln; ~ **much expense** große Kosten verursachen; **be** ~d in s.th. in etw verwickelt sein; **get** ~d in s.th. in etw verwickelt werden, sich in e-r S engagieren; in·volved [ɪnˈvɒlvd] *adj* 1. verwickelt, engagiert; 2. kompliziert, schwierig.
in·vul·ner·able [ɪnˈvʌlnərəbl] *adj* 1. unverwundbar; 2. *fig* unantastbar, unanfechtbar.
in·ward [ˈɪnwəd] *adj* 1. innere(r, s) innerlich; 2. *(Kurve)* nach innen gehend; in·ward·ly [—lɪ] *adv* innerlich; im Herzen; in·ward·ness [—nɪs] Innerlichkeit *f;* in·wards [ˈɪnwədz] *adv* nach innen.
iod·ine [ˈaɪədiːn] Jod *n.*
ion [ˈaɪən] *phys* Ion *n.*
Ionic [aɪˈɒnɪk] *adj* ionisch.
iota [aɪˈəʊtə] Jota *n;* ▶ **not an** ~ nicht das Geringste.
IOU [ˌaɪəʊˈjuː] *Abk:* **I owe you** Schuldschein *m.*
IRA [ˌaɪərˈeɪ] *Abk:* **Irish Republican Army** IRA *f.*
Iran [ɪˈrɑːn] Iran *m;* **Ira·nian** [ɪˈreɪnjən] I *adj* iranisch; II *s* 1. Iraner(in) *m* (*f*); 2. (das) Iranisch(e).
Iraq [ɪˈrɑːk] Irak *m;* **Ira·qi** [ɪˈrɑːkɪ] I *adj* irakisch; II *s* 1. Iraker(in) *m* (*f*); 2. (das) Irakisch(e).
iras·cible [ɪˈræsəbl] *adj* jähzornig.
irate [aɪˈreɪt] *adj* wütend, erzürnt, zornig.
Ire·land [ˈaɪələnd] Irland *n;* ▶ **Northern** ~ Nordirland *n;* **Republic of** ~ Republik *f* Irland.

iri·des·cent [ˌɪrɪ'desnt] *adj* schillernd, irisierend.

iris ['aɪərɪs] 1. *anat* Regenbogenhaut, Iris *f;* 2. *bot* Schwertlilie *f.*

Irish ['aɪərɪʃ] I *adj* irisch; II *s (Sprache)* (das) Irisch(e); ▶ the ~ *pl* die Iren *m pl;* **Irish·man** ['aɪərɪʃmən] ⟨*pl* -men⟩ Ire *m;* **Irish·woman** ['aɪərɪʃwʊmən] ⟨*pl* -women⟩ [—wɪmɪn] Irin *f.*

irk [ɜ:k] *tr* ärgern, verdrießen; **irk·some** ['ɜ:ksəm] *adj* lästig.

iron ['aɪən] I *s* 1. Eisen *n;* 2. *(flat ~)* Bügeleisen *n;* 3. *pl* Ketten, Fesseln *f pl;* ▶ **have too many ~s in the fire** zu viele Eisen im Feuer haben; **rule with a rod of ~** *fig* mit eiserner Faust regieren; **a man of ~** ein stahlharter Mann; **strike while the ~ is hot** *prov* das Eisen schmieden, solange es heiß ist; **cast ~** Gußeisen *n;* **wrought ~** Schmiedeeisen *n;* II *adj* 1. *chem* eisern; 2. *fig* eisern; unbarmherzig, streng; III *tr* bügeln, plätten; ▶ ~ **out** *fig* ausbügeln; ins reine, in Ordnung bringen; **Iron Age** *hist* Eisenzeit *f;* **Iron Curtain** *hist* Eiserner Vorhang.

ironic(al) [aɪ'rɒnɪk(əl)] *adj* 1. ironisch, spöttisch; 2. *fig* paradox, verrückt.

iron·ing ['aɪənɪŋ] Bügeln, Plätten *n;* **ironing board** Bügelbrett *n.*

iron lung [ˌaɪən'lʌŋ] *med* eiserne Lunge; **iron·monger** ['aɪənmʌŋgə(r)] *Br* Eisenhändler(in) *m (f);* **iron·mongery** ['aɪənmʌŋgərɪ] Eisenhandel *m,* -handlung *f,* -waren *f pl;* **iron ore** Eisenerz *n;* **iron rations** *pl* eiserne Ration; **iron·work** ['aɪənwɜ:k] Eisen *n;* Eisenbeschläge *m pl;* **iron·works** ['aɪənwɜ:ks] *pl mit sing* Eisenhütte *f.*

irony ['aɪərənɪ] Ironie *f.*

ir·ra·di·ate [ɪ'reɪdɪeɪt] *tr* 1. ausstrahlen; 2. bestrahlen.

ir·ra·tional [ɪ'ræʃənl] *adj* 1. unvernünftig, irrational *a. fig;* 2. unsinnig, absurd.

ir·rec·on·cil·able [ɪˌrekən'saɪləbl] *adj* 1. unversöhnlich; 2. *(Glaube)* unvereinbar *(to, with* mit).

ir·re·cover·able [ˌɪrɪ'kʌvərəbl] *adj* 1. nicht wiederzuerlangen; 2. unwiderruflich verloren; 3. *jur* uneinbringlich.

ir·re·deem·able [ˌɪrɪ'di:məbl] *adj* 1. *(Währung)* nicht einlösbar; *(Wertpapiere)* untilgbar; 2. *(Verlust)* uneinbringlich; 3. *(Fehler)* unverbesserlich.

ir·re·fut·able [ˌɪrɪ'fju:təbl] *adj* unwiderlegbar.

ir·regu·lar [ɪ'regjʊlə(r)] *adj* 1. unregelmäßig; ungleichmäßig; 2. unvorschriftsmäßig; 3. *mil* irregulär; 4. *gram* unregelmäßig; **ir·regu·lar·ity** [ɪˌregjʊ'lærətɪ] 1. Unregelmäßigkeit *f;* Ungleichmäßigkeit *f;* Uneinheitlichkeit *f;* 2. Unvorschriftsmäßigkeit *f.*

ir·rel·evance, ir·rel·evancy [ɪ'reləvəns, ɪ'reləvənsɪ] Belanglosigkeit *f;* Neben-

sächlichkeit *f;* Irrelevanz *f;* **irrel·evant** [ɪ'reləvənt] *adj* unerheblich, belanglos; nebensächlich; irrelevant.

ir·re·medi·able [ˌɪrɪ'mi:dɪəbl] *adj (Fehler)* nicht wiedergutzumachen(d).

ir·rep·ar·able [ɪ'repərəbl] *adj* nicht wiedergutzumachen(d); irreparabel.

ir·re·place·able [ˌɪrɪ'pleɪsəbl] *adj* unersetzlich.

ir·re·press·ible [ˌɪrɪ'presəbl] *adj* nicht zurückzuhalten(d); unbezähmbar; unerschütterlich.

ir·re·proach·able [ˌɪrɪ'prəʊtʃəbl] *adj* untadelig, einwandfrei.

ir·re·sist·ible [ˌɪrɪ'zɪstəbl] *adj* unwiderstehlich.

ir·res·ol·ute [ɪ'rezəlu:t] *adj* unentschlossen, unschlüssig.

ir·re·spec·tive [ˌɪrɪ'spektɪv] *adj* ▶ ~ **of** ohne Rücksicht auf; unabhängig von; ungeachtet *(gen).*

ir·re·spon·sible [ˌɪrɪ'spɒnsəbl] *adj* unverantwortlich; verantwortungslos.

ir·re·triev·able [ˌɪrɪ'tri:vəbl] *adj* nicht wiederzuerlangen(d), unwiederbringlich; unersetzlich.

ir·rev·er·ence [ɪ'revərəns] Respektlosigkeit *f;* **ir·rev·er·ent** [ɪ'revərənt] *adj* respektlos.

ir·re·vers·ible [ˌɪrɪ'vɜ:səbl] *adj* 1. *(Entscheidung)* unumstößlich; 2. unabänderlich, unwiderruflich.

ir·revo·cable [ɪ'revəkəbl] *adj* unwiderruflich.

ir·ri·gate ['ɪrɪgeɪt] *tr* 1. bewässern; 2. *med* ausspülen; **ir·ri·ga·tion** [ˌɪrɪ'geɪʃn] 1. Bewässerung *f;* 2. *med* Spülung *f;* **irrigation plant** Bewässerungsanlage *f.*

ir·ri·table ['ɪrɪtəbl] *adj* reizbar; gereizt; **ir·ri·tant** ['ɪrɪtənt] I *adj* Reiz-; II *s* Reizstoff *m;* **ir·ri·tate** ['ɪrɪteɪt] *tr* 1. reizen, ärgern; 2. irritieren, nervös machen; 3. *med* reizen; **ir·ri·ta·tion** [ˌɪrɪ'teɪʃn] 1. Ärger *m;* Verärgerung *f (at, against* über); 2. *med* Reizung *f.*

is [ɪz] 3. *Person Singular Präsens von* be.

Is·lam [ɪz'lɑ:m] Islam *m;* **Is·lamic** [ɪz'læmɪk] *adj* islamisch.

is·land ['aɪlənd] Insel *f a. fig;* **is·lander** ['aɪləndə(r)] Inselbewohner(in) *m (f);* **isle** [aɪl] *poet* Eiland *n;* **is·let** ['aɪlɪt] Inselchen *n.*

isn't ['ɪznt] = *is not.*

iso·bar ['aɪsəbɑ:(r)] *mete* Isobare *f.*

iso·late ['aɪsəleɪt] *tr* 1. aus-, absondern, trennen *(from* von); 2. isolieren *a. tech;* 3. *(Problem)* herauskristallisieren; **isolated** ['aɪsəleɪtɪd] *adj* 1. isoliert; abgesondert; abgeschnitten; 2. einzeln; ▶ ~ **case** Einzelfall *m;* **iso·la·tion** [ˌaɪsə'leɪʃn] 1. Absonderung, Isolierung *f;* 2. Isoliertheit, Abgeschnittenheit *f;* **isolation hospital** Isolierspital *n;* **iso·la·tion·ism** [ˌaɪsə'leɪʃnɪzəm] Isolationismus *m.*

iso·therm ['aɪsəθɜːm] *mete* Isotherme *f.*
iso·tope ['aɪsətəup] *chem* Isotop *n.*
Is·ra·el ['ɪzreɪl] Israel *n;* **Is·rae·li**
[ɪz'reɪlɪ] I *adj* israelisch; II *s* Israeli *m f;*
Is·rael·ite ['ɪzrɪəlaɪt] Israelit(in) *m (f).*
issue ['ɪʃuː] I *s* 1. Frage *f;* Problem *n,*
Angelegenheit *f;* 2. Ergebnis *n;* 3. *(von
Banknoten)* Ausgabe, Emission *f;* 4.
Ausgabe *f;* Lieferung *f;* 5. *(Zeitschrift)*
Ausgabe, Nummer, Auflage *f;* 6. *jur*
Nachkommenschaft *f;* ▶ **at** ~ zur De-
batte stehend; strittig; **be the** ~ sich
handeln um; **die without** ~ kinderlos
sterben; **force an** ~ e-e Entscheidung
erzwingen; **bring s.th. to an** ~ e-e Ent-
scheidung in etw herbeiführen; **take** ~
with s.o. over s.th. jdm in etw wider-
sprechen; **make an** ~ **of s.th.** etw auf-
bauschen; **date of** ~ Ausgabetag *m;*
place of ~ Ausstellungsort *m;* II *itr*
hervorkommen, -dringen; (her)ausflie-
ßen, -strömen *(from* aus); III *tr* 1. *com*
ausgeben; 2. *(Dokument)* ausfertigen;
ausstellen; 3. *(Bücher)* herausgeben, in
Umlauf setzen, veröffentlichen; 4. *(An-
leihe)* auflegen, begeben; emittieren;
▶ **the issuing authorities** *pl* die aus-
stellende Behörde; ~ **s.o. with a visa**
jdm ein Visum ausstellen; ~ **s.th. to s.o.**
etw an jdn ausgeben.
isth·mus ['ɪsməs] Landenge *f,* Isthmus *m.*
it [ɪt] I *prn* 1. er, sie, es; *acc* ihn, sie, es;
dat ihm, ihr, ihm; 2. es; *acc* es; *dat* ihm;
▶ **of** ~ davon; **who is** ~? — ~'**s me** wer
ist da? — ich bin's; **what is** ~? was ist
das? ~'**s raining** es regnet; ~ **was him
who asked her** er hat sie gefragt; **that's
~!** ja, genau! II *s* ▶ **you're** ~! du bist's!
this is really ~! das ist genau das richti-
ge; **the cat's an** ~ die Katze ist kastriert.

Ital·ian [ɪ'tæljən] I *adj* italienisch; II *s* 1.
Italiener(in) *m (f);* 2. (das) Italienisch(e).
ital·ic [ɪ'tælɪk] I *adj* kursiv; II *s pl* Kur-
sivschrift *f;* **itali·cize** [ɪ'tælɪsaɪz] *tr* kur-
siv drucken.
Italy ['ɪtəlɪ] Italien *n.*
itch [ɪtʃ] I *itr* 1. jucken; 2. *fig* darauf
brennen *(to do s.th.* etw zu tun); ▶ **my
back** ~**es** mein Rücken juckt mich; II *s*
1. Jucken *n,* Juckreiz *m;* 2. Lust *f (for*
auf); ▶ **I have an** ~ **to do s.th.** es reizt
mich, etw zu tun; **itchy** ['ɪtʃɪ] *adj* juk-
kend.
item ['aɪtəm] I *s* 1. Gegenstand, Artikel
m; Punkt *m;* 2. *com* Buchung *f,* Posten
m; 3. *(einzelne)* Nachricht, Mitteilung,
Information *f;* ▶ **a short news** ~ e-e
Kurzmeldung; **item·ize** ['aɪtəmaɪz] *tr*
einzeln aufführen, aufgliedern, spezifi-
zieren.
i·tin·er·ant [aɪ'tɪnərənt] *adj* wandernd,
umherziehend; **i·tin·er·ary** [aɪ'tɪnərɪ]
1. Reise-, Wanderweg *m;* 2. Straßen-
karte *f.*
it'll ['ɪtl] = *it will; it shall.*
its [ɪts] *prn* seine(r, s); ihre(r, s); sei-
ne(r, s); der, die, das seine.
it's [ɪts] = *it is.*
it·self [ɪt'self] *prn* 1. *(reflexiv)* sich *acc*
u. *dat;* 2. *(betont)* selbst; ▶ **by** ~ allein;
von selbst; selbsttätig.
IUD [ˌaɪjuːˈdiː] *Abk med:* **intra-uterine
device** Intrauterinpessar *n.*
I've [aɪv] = *I have.*
ivory ['aɪvərɪ] 1. Elfenbein *n;* 2. *pl* Würfel
m pl; Billardkugeln *f pl;* (Klavier)Tasten
f pl; **Ivory Coast** Elfenbeinküste *f;*
ivory tower *fig* Elfenbeinturm *m.*
ivy ['aɪvɪ] Efeu *m.*

J

J, j [dʒeɪ] ⟨pl -'s⟩ J, j n.

jab [dʒæb] **I** tr (hinein)stechen, stecken, stoßen (into in); **II** itr stoßen (with mit); **III** s **1.** Stich, (kurzer) Stoß m; **2.** (Boxen) (kurze) Gerade; **3.** fam Spritze f.

jabber ['dʒæbə(r)] **I** itr, tr **1.** daherreden, faseln; **2.** schwätzen, quasseln; **II** s Gefasel n; Geplapper n; **jabber·ing** [-ɪŋ] s. jabber II.

jack [dʒæk] **I** s **1.** Hebevorrichtung f; mot Wagenheber m; **2.** (Kartenspiel) Bube m; **3.** mar Gösch f; **4.** (Bowling) Zielkugel f; **II** (mit Präposition) **jack in** tr sl aufgeben; Schluß machen mit; **jack up** tr mot aufbocken; fam (Preise, Löhne) in die Höhe treiben.

Jack [dʒæk] fam Hans; ▶ **I'm all right ~** fam das kann mich überhaupt nicht jucken; **the Union ~** die britische Nationalflagge; **~ Frost** der Winter; **every man ~** jeder einzelne; **before you could say ~ Robinson** im Handumdrehen; **~ of all trades** Alleskönner m; Hansdampf m in allen Gassen fam.

jackal ['dʒækɔ:l] zoo Schakal m.

jack·ass ['dʒækæs] **1.** Eselshengst m; **2.** fig blöder Kerl.

jack-boot ['dʒækbu:t] Schaftstiefel m.

jack·daw ['dʒækdɔ:] Dohle f.

jacket ['dʒækɪt] **1.** Jacke f; Jackett n; Schwimmweste f; **2.** (Kartoffel) Pelle, Schale f; **3.** tech Mantel m; **4.** (Buch) Schutzumschlag, Hülle f; **jacket potato** (in der Schale) gebackene Kartoffel; m; ▶ **potatoes in the ~** s. jacket potato.

jack-in-the-box ['dʒækɪnðəbɒks] (Spielzeug) Springteufel m; **jack-knife** ['dʒæknaɪf] ⟨pl -knives⟩ **I** s **1.** (großes) Taschenmesser n; **2.** (~ dive) Hechtsprung m; **II** itr (Lastwagen) sich quer über die Straße stellen; **jack-o'-lantern** ['dʒækəʊˌlæntən] Kürbislaterne f; Irrlicht n a. fig.

jack·pot ['dʒækpɒt] (Spiel) (Haupt-) Treffer m; ▶ **hit the ~** den Hauptgewinn bekommen; fig das große Los ziehen.

jade [dʒeɪd] min Jade m; Nephrit m.

jaded ['dʒeɪdɪd] adj abgehetzt; erschöpft; stumpfsinnig; übersättigt; verlebt.

jag [dʒæg] Zacke f; **jag·ged, jaggy** ['dʒægɪd, 'dʒægɪ] adj **1.** zackig; gezahnt, gekerbt; **2.** eingerissen; **3.** zerklüftet; schartig.

jag·uar ['dʒægjʊə(r)] zoo Jaguar m.

jail, gaol [dʒeɪl] Gefängnis n; ▶ **in ~** im Gefängnis; **jail-bird** fam obs Zuchthäusler m; **jail-break** Ausbruch m aus dem Gefängnis; **jail-breaker** Ausbrecher(in) m (f); **jailer, jailor, gaoler** ['dʒeɪlə(r)] Gefangenenaufseher(in), -wärter(in) m (f); **jail house** Am Gefängnis n.

ja·lopy [dʒə'lɒpɪ] sl mot Kiste f, Klapperkasten m; aero alte Mühle.

jam[1] [dʒæm] **I** tr **1.** ein-, festklemmen, einkeilen; **2.** hinein-, durchzwängen; **3.** quetschen, drücken, pressen (against gegen); **4.** stoßen, schieben, drängen; **5.** (Straße) versperren, verstopfen; **6.** tech (Maschine) blockieren; **7.** radio (durch Störsender) stören; ▶ **be ~med** gestopft voll sein; **~ on the brakes** mit aller Kraft bremsen; **II** itr **1.** klemmen; sich festfressen; **2.** nicht mehr funktionieren; **3.** sl (Jazz) improvisieren; **III** s **1.** Gewühl, Gedränge n; **2.** Verstopfung f; Verkehrsstockung f; **3.** tech Verklemmung f; **4.** fam Klemme, Patsche, schwierige Lage f.

jam[2] [dʒæm] Marmelade, Konfitüre f.

Ja·maica [dʒə'meɪkə] Jamaika n; **Jamaican** [-n] **I** adj jamaikanisch, jamaikisch; **II** s Jamaik(an)er(in) m (f).

jamb [dʒæm] (Tür) Pfosten m.

jam·boree [ˌdʒæmbə'ri:] **1.** Pfadfindertreffen n; **2.** Fest n (im Freien).

jam-jar ['dʒæmdʒɑ:(r)] Marmelade(n)glas n.

jam·my ['dʒæmɪ] adj Br sl (Examen) leicht; ▶ **~ fellow** Glückspilz m.

jam·packed [ˌdʒæm'pækt] adj fam gestopft voll; **jam session** (Jazzimprovisation) Jam Session f.

jangle ['dʒæŋgl] **I** itr **1.** klimpern; klirren; **2.** (Glocken) bimmeln; **II** tr **1.** klimpern mit; klirren mit; **2.** bimmeln lassen.

jani·tor ['dʒænɪtə(r)] Hausmeister(in) m (f); Hauswart(in) m (f).

Jan·uary ['dʒænjʊərɪ] Januar m; ▶ **in ~** im Januar.

Jap [dʒæp] fam Japaner m.

ja·pan [dʒə'pæn] **I** s Japanlack m; **II** tr lackieren.

Ja·pan [dʒə'pæn] Japan n; **Japa·nese** [ˌdʒæpə'ni:z] **I** adj japanisch; **II** s **1.** (das) Japanisch(e); **2.** Japaner(in) m (f); ▶ **the ~** pl die Japaner m pl.

jar[1] [dʒɑ:(r)] **I** itr **1.** knarren, quietschen; **2.** fig unangenehm berühren (on s.o. jdn); auf die Nerven gehen (on s.o. jdm);

3. in Mißklang stehen (*against, with* zu); nicht harmonieren; **II** *tr* **1.** rütteln an, erschüttern; **2.** *fig* aufrütteln, einen Schock versetzen (*s.o.* jdm); **III** *s* **1.** Erschütterung *f;* Ruck *m;* **2.** *fig* Schock *m.*

jar² [dʒɑ:(r)] **1.** Krug *m;* Steintopf *m;* **2.** Einmachglas *n;* **3.** *fam* Glas *n* Bier.

jar·gon ['dʒɑ:gən] Jargon *m;* Fachsprache *f.*

jas·mine ['dʒæsmɪn] *bot* Jasmin *m.*

jas·per ['dʒæspə(r)] *min* Jaspis *m.*

jaun·dice ['dʒɔ:ndɪs] Gelbsucht *f;* **jaundiced** ['dʒɔ:ndɪst] *adj* **1.** gelbsüchtig; **2.** *fig* verbittert, gehässig; neidisch.

jaunt [dʒɔ:nt] Wanderung *f,* Ausflug *m;* Spritztour *f.*

jaunty ['dʒɔ:ntɪ] *adj* **1.** flott; **2.** munter; übermütig; sorgenfrei.

javelin ['dʒævlɪn] *sport* Speer *m;* ▶ **throwing the** ~ Speerwerfen *n.*

jaw [dʒɔ:] **I** *s* **1.** *anat* Kiefer *m;* **2.** *fig fam* Geschwätz *n;* Moralpredigt(en *pl*) *f;* **3.** *tech* (Klemm)Backe, Klaue *f;* ▶ ~**s** *pl* Kiefer *m;* Rachen *m,* Maul *n; fig* Öffnung *f; (des Todes)* Klauen *f pl;* **II** *itr sl* tratschen, schwatzen; **jaw·bone** Kieferknochen *m;* **jaw·breaker** *(Wort)* Zungenbrecher *m.*

jay [dʒeɪ] Eichelhäher *m.*

jay-walk ['dʒeɪwɔ:k] *itr* verkehrswidrig, unachtsam die Straße überqueren; **jaywalker** ['dʒeɪwɔ:kə(r)] unachtsamer Fußgänger *m;* **jay-walk·ing** ['dʒeɪwɔ:kɪŋ] unachtsames Überqueren der Straße.

jazz [dʒæz] **I** *s* **1.** Jazz *m;* **2.** *fig fam* Unsinn *m;* ▶ **all that** ~ *fam* und der ganze Kram *fam;* **II** *itr* Jazz spielen; **III** *(mit Präposition)* **jazz up** *tr* modernisieren, in Schwung bringen; aufpeppen *fam;* **jazzy** ['dʒæzɪ] *adj* **1.** jazzartig; **2.** *fig* toll; **3.** *(Kleid)* in die Augen fallend.

jeal·ous ['dʒeləs] *adj* **1.** eifersüchtig (*of* auf); **2.** neidisch; **3.** eifrig bedacht (*of* auf); **jeal·ousy** ['dʒeləsɪ] **1.** Eifersucht *f* (*of* auf); **2.** Neid *m* (*of* auf).

jeans [dʒi:nz] *pl* Jeans *pl.*

jeep [dʒi:p] Jeep *m.*

jeer [dʒɪə(r)] **I** *tr* verhöhnen; **II** *itr* sich lustig machen (*at* über); **III** *s* **1.** Spott, Hohn *m;* **2.** höhnische Bemerkung.

Je·ho·vah [dʒɪ'həʊvə] Jehova *m;* ▶ ~'s **Witnesses** *pl* die Zeugen *m pl* Jehovas.

jell [dʒel] *itr* **1.** *(Küche)* gelieren; **2.** *fig fam* feste Form annehmen; sich herauskristallisieren; klappen; **jel·lied** ['dʒelɪd] *adj (Küche)* in Gelee; **jelly** ['dʒelɪ] **I** *s* Gallerte, Sülze *f;* Gelee *n;* **II** *tr* gelieren lassen; **III** *itr* gelieren; **jelly-baby** ['dʒelɪbeɪbɪ] *Br* Gummibärchen *n;* **jelly·bean** ['dʒelɪbi:n] Geleebonbon *m* od *n;* **jelly-fish** Qualle *f.*

jemmy ['dʒemɪ] Brech-, Stemmeisen *n.*

jenny ['dʒenɪ] **1.** *(spinning-~)* Spinnma-

schine *f;* **2.** Eselin *f;* ▶ ~ **wren** Zaunkönigweibchen *n.*

jeop·ard·ize ['dʒepədaɪz] *tr* gefährden; aufs Spiel setzen; **jeop·ardy** ['dʒepədɪ] Gefahr *f;* ▶ **put s.th. in** ~ etw gefährden.

jerk [dʒɜ:k] **I** *tr* (heftig) ziehen (an), reißen, stoßen; **II** *itr* ruckweise fahren; **III** *s* **1.** Ruck *m;* **2.** Zusammenfahren, -zucken *n;* **3.** *med* Zuckung *f;* **4.** *sl* Trottel *m;* ▶ **by** ~**s** ruck-, stoßweise; **with a** ~ mit e-m Ruck; **physical** ~**s** *pl fam* Leibesübungen *f pl,* Sport *m;* **IV** *(mit Präposition)* **jerk off** *vulg* sich einen runterholen; **jerk out** *tr (Worte)* hervorstoßen, -sprudeln.

jer·kin ['dʒɜ:kɪn] Wams *n.*

jerk·water town ['dʒɜ:kˌwɔ:tə 'taʊn] *Am sl* Kaff, (Provinz)Nest *n.*

jerky ['dʒɜ:kɪ] *adj* sprunghaft; ruckartig.

jerry-built ['dʒerɪˌbɪlt] *adj* billig gebaut; **jerry·can** ['dʒerɪkæn] großer Kanister.

jer·sey ['dʒɜ:zɪ] **1.** Pullover *m;* **2.** *sport* Trikot *n;* **3.** *(Stoff)* Jersey *m.*

jest [dʒest] **I** *s* Witz, Spaß *m;* ▶ **in** ~ im, zum Spaß; **II** *itr* Witze, Spaß machen (*about* über); ▶ **don't** ~ **with me!** treiben Sie mit mir keinen Spaß! **jest·er** ['dʒestə(r)] Witzbold *m;* Hofnarr *m;* **jest·ing** [—ɪŋ] *adj* scherzhaft.

Jesuit ['dʒezjuɪt] *rel* Jesuit *m;* **Jesuitical** [ˌdʒezjʊ'ɪtɪkl] *adj* jesuitisch, Jesuiten-.

Jesus ['dʒi:zəs] **I** *s* Jesus *m;* ▶ **the Society of** ~ der Jesuitenorden; **II** *interj* Menschenskind!

jet¹ [dʒet] **I** *itr* **1.** hervor-, heraussprudeln, aus-, entströmen (*from, out of* aus); **2.** *aero fam* jetten; **II** *s* **1.** *(Flüssigkeit)* Strahl *m;* **2.** Öffnung *f;* Düse *f;* **3.** *aero* Düsenflugzeug *n.*

jet² [dʒet] **I** *s* Gagat *m,* Pechkohle *f;* **II** *adj* glänzend schwarz.

jet en·gine ['dʒetˌendʒɪn] Düsenmotor *m,* Düsentriebwerk *n;* **jet fighter** Düsenjäger *m;* **jet·lag** ['dʒetlæg] Anpassungsschwierigkeiten *f pl* bei weiten Flugreisen; **jet plane** Düsenflugzeug *n;* **jet-pro·pelled** [ˌdʒetprə'peld] *adj* mit Düsenantrieb; **jet propulsion** Düsenantrieb *m.*

jet·sam ['dʒetsəm] ▶ **flotsam and** ~ Strandgut *n a. fig.*

jet set ['dʒetset] Jet-Set *m,* vornehme Gesellschaft.

jet·ti·son ['dʒetɪsn] *tr mar aero* über Bord werfen *a. fig.*

jetty ['dʒetɪ] **1.** Hafendamm *m,* Mole *f;* **2.** Landungsbrücke *f,* Landesteg *m.*

Jew [dʒu:] Jude *m,* Jüdin *f.*

jewel ['dʒu:əl] **I** *s* Edelstein *m,* Juwel *n a. fig;* Schmuckstück *n; (in Uhr)* Stein *m;* **II** *tr* mit Edelsteinen besetzen; **jeweller,** *Am* **jeweler** ['dʒu:ələ(r)] Juwelier *m;* **jewel·lery,** *Am* **jewelry** ['dʒu:əlrɪ]

Juwelen *n pl.* Schmuck *m.*

Jew·ess ['dʒu:es] Jüdin *f.*

Jew·ish ['dʒu:ɪʃ] *adj* jüdisch; **Jew·ry** ['dʒu:rɪ] die Juden *pl,* das jüdische Volk, Judentum *n;* **Jew's harp** *mus* Brummeisen *n,* Maultrommel *f.*

jib¹ [dʒɪb] **1.** Kranbalken, Ladebaum, Ausleger *m;* **2.** *mar* Klüver *m;* ► **the cut of s.o.'s ~** *fam* die äußere Erscheinung.

jib² [dʒɪb] *itr* **1.** störrisch sein, bocken, scheuen (*at* vor); **2.** *fig* abgeneigt sein (*at* dat).

jibe [dʒaɪb] *s. gibe.*

jiffy ['dʒɪfɪ] *fam* ► **in a ~** im Nu; **just a ~** einen Augenblick bitte.

jig [dʒɪg] **I** *s* **1.** Gigue *f (Tanz);* **2.** *tech* Montagegestell *n;* Spannvorrichtung *f;* **II** *itr* **1.** Gigue tanzen; **2.** hin u. her hüpfen.

jig·ger ['dʒɪgə(r)] **1.** *tech* Schüttelsieb *n;* **2.** *Am* Meßbecher *m;* **3.** *zoo* Sandfloh *m;* **jig·gered** ['dʒɪgəd] *adj fam* todmüde; ► **I'll be ~** mich laust der Affe; **jiggery-po·kery** [,dʒɪgərɪ'pəʊkərɪ] *Br fam* Tricks *m pl,* Schwindel *m.*

jig·gle ['dʒɪgl] *tr* rütteln, schütteln; wakkeln mit.

jig·saw ['dʒɪgsɔ:] **1.** Tischler-Bandsäge *f;* **2.** (**~ puzzle**) Puzzle *n.*

jilt [dʒɪlt] *tr (den Liebhaber)* sitzenlassen.

Jim Crow [,dʒɪm'krəʊ] *Am* **1.** *pej (Schwarze(r))* Nigger *pej;* **2.** *fam* Rassendiskriminierung *f.*

jim-jams ['dʒɪmdʒæmz] *sl* **1.** Säuferwahn *m;* **2.** Angst(zustände *m pl*) *f.*

jimmy ['dʒɪmɪ] *Am s. jemmy.*

jingle ['dʒɪŋgl] **I** *itr* klingeln; klirren; klimpern; bimmeln; **II** *tr* klirren lassen; klimpern mit; **III** *s* **1.** Klirren, Geklirr *n;* **2.** Werbespruch *m;* Merkvers *m.*

jingo·ism ['dʒɪŋgəʊɪzəm] Chauvinismus *m;* **jingo·is·tic** [,dʒɪŋgəʊ'ɪstɪk] *adj* chauvinistisch.

jinks [dʒɪŋks] *fam:* ► **be in high ~** tolle Laune habe, übermütig sein.

jinx [dʒɪŋks]: ► **put a ~ on s.th.** etw verhexen.

jit·ter·bug ['dʒɪtəbʌg] **1.** *(Tanz)* Jitterbug *m;* **2.** *fig* Nervenbündel *n.*

jit·ters ['dʒɪtəz] *pl sl* Nervosität *f;* Angst *f;* ► **give s.o. the ~** jdn nervös machen; **have the ~** *fam* die Hosen voll haben; **jit·tery** ['dʒɪtərɪ] *adj sl* **1.** nervös, durchgedreht; hibbelig *fam;* **2.** verdattert, ängstlich.

jiu·jit·su [,dʒu:'dʒɪtsu:] *s. ju-jitsu.*

jive [dʒaɪv] **I** *s (Tanz)* Swing *m;* **II** *itr* swingen, Swing tanzen.

job [dʒɒb] **I** *s* **1.** Arbeit *f;* Beschäftigung, Tätigkeit *f;* **2.** Arbeitsaufgabe *f;* **3.** Arbeitsplatz *m,* Stellung *f,* Posten *m;* **4.** Arbeitsvorgang *m,* Operation *f;* **5.** Aufgabe, Pflicht *f;* **6.** *fam* schwierige Sache;

7. *sl (Straftat)* Ding *n;* ► **on the ~** *fam* bei der Arbeit; *sl* am Ball; **out of a ~** arbeitslos; **just the ~** genau das richtige; **do a good, bad ~** seine Sache gut, schlecht machen; **do a ~ of work** gute Arbeit leisten; **do odd ~s** Gelegenheitsarbeiten verrichten; **it's quite a ~** das ist ganz schön viel Arbeit; **know one's ~** sein Handwerk verstehen; **that should do the ~** das müßte hinhauen; **I had a ~ doing it** es war nicht leicht; **make the best of a bad ~** das Beste aus e-r schlimmen Sache machen; **pull a ~** *sl* ein Ding drehen; **that's a good, bad ~** das ist gut, dumm; **put-up ~** abgekartete Sache; **II** *itr* **1.** Gelegenheitsarbeiten verrichten; **2.** als Makler tätig sein; **3.** schieben, spekulieren; **III** *tr* vermitteln; *(Arbeit)* vergeben; **job advertisement** Stellenausschreibung *f;* **job analysis** Arbeitsanalyse, Arbeitsplatzbewertung *f;* **job·ber** ['dʒɒbə(r)] **1.** Gelegenheitsarbeiter(in) *m (f);* **2.** Börsenmakler(in) *m (f);* **3.** *fam* Schieber *m;* **job centre** Arbeitsvermittlung(sstelle) *f;* **job counsellor** *Am* Berufsberater(in) *m (f);* **job creation** Arbeitsplatzbeschaffung *f;* **job creation scheme** Arbeitsbeschaffungsmaßnahme *f,* Beschäftigungsprogramm *n;* **job cuts** *pl* Arbeitsplatzabbau *m;* **job description** Arbeitsplatz-, Stellenbeschreibung *f;* **job evaluation** Arbeitsplatzbewertung *f;* **job hunt** Stellensuche *f;* **job interview** Bewerbungs-, Vorstellungsgespräch *n;* **job·less** ['dʒɒblɪs] **I** *adj* arbeitslos; **II** *s pl* Arbeitslose *pl;* **jobless figures** *pl* Arbeitslosenzahlen *pl.* -ziffer *f;* **job market** Arbeitsmarkt *m;* **job-oriented** ['dʒɒb,ɔ:rɪəntɪd] *adj* projektorientiert; **job printer** Akzidenzdrucker *m;* **job production** Einzelfertigung *f;* **job rating** Arbeitsplatzbewertung *f;* **job sharing** Arbeitsplatzteilung *f,* Job-Sharing *n.*

jockey ['dʒɒkɪ] **I** *s* Jockei, Jockey *m,* Rennreiter(in) *m (f);* **II** *tr* **1.** zuwege bringen, fertigbringen, dazu bringen (*into doing* zu tun); **2.** davon abhalten (*out of doing* zu tun); ► **III** *itr:* **~ for position** um eine gute Position, die richtige Stellung rangeln.

jo·cose [dʒəʊ'kəʊs] *adj* scherzhaft, spaßig.

jocu·lar ['dʒɒkjʊlə(r)] *adj* scherzhaft, spaßig, witzig.

joc·und ['dʒɒkənd] *adj* fröhlich, heiter.

jog [dʒɒg] **I** *tr* **1.** anstoßen, antippen; **2.** *(das Gedächtnis)* auffrischen; **II** *itr* dahinschlendern, -trotten; aufbrechen; *sport* Dauerlauf machen, joggen; **III** *s* **1.** leichtes Schütteln, Rütteln; **2.** Stoß *m,* Antippen *n;* **3.** (**~-trot**) Trotten *n; sport* Dauerlauf *m;* **IV** *(mit Präposition)* **jog**

along, jog on *itr* sich fortschleppen; *fig* fort-, weiterwursteln; **jog·ger** ['dʒɒɡə(r)] Dauerläufer(in), Jogger(in) *m (f);* **jogging** ['dʒɒɡɪŋ] Dauerlauf *m,* Joggen, Jogging *n.*

joggle ['dʒɒɡl] **I** *tr, itr* **1.** leicht, etwas schütteln; rütteln; **2.** verschränken, verzahnen; **II** *s* **1.** leichtes Schütteln, Rütteln; **2.** Verschränkung, Verzahnung *f.*

john [dʒɒn] *Am fam* Klo *n.*

John [dʒɒn]: ▶ ~ **the Baptist** Johannes der Täufer; ~ **Bull** England *n;* Engländer *m;* ~ **Doe** *Am* Otto Normalverbraucher, der einfache Mann.

john·ny, john·nie ['dʒɒnɪ] **1.** Kerl, Bursche *m;* **2.** *sl (Kondom)* Pariser *m.*

join [dʒɔɪn] **I** *tr* **1.** verbinden *a. math,* vereinigen *(to, onto* mit); **2.** sich gesellen *(s.o.* zu jdm), sich anschließen *(s.o.* jdm); eintreten in *(e-n Verein);* **3.** sich vereinigen, sich verbinden mit, aufgehen in, verschmelzen mit; **4.** münden in; ▶ ~ **company with s.o.** sich an jdn anschließen; ~ **forces with s.o.** sich mit jdm zusammenschließen; mit jdm zusammenarbeiten; ~ **hands with s.o.** jdm die Hand geben; *fig* mit jdm gemeinsame Sache machen; **II** *itr* **1.** sich begegnen, sich treffen, zusammenkommen; **2.** angrenzen *(to* an); **3.** *(Wege)* zusammenlaufen; **4.** sich verbinden, sich vereinigen *(with, to* mit); **5.** sich beteiligen, teilnehmen *(in* an); **6.** einstimmen *(in* in); ▶ **everybody ~ in the chorus!** alles im Chor! **III** *s* Verbindungsstelle, Fuge, Naht *f.*

joiner ['dʒɔɪnə(r)] (Bau)Tischler(in), Schreiner(in) *m (f);* ▶ ~'**s bench** Hobelbank *f;* **joinery** ['dʒɔɪnərɪ] **1.** Tischlerei, Schreinerei *f;* **2.** Tischler-, Schreinerarbeit *f.*

joint [dʒɔɪnt] **I** *s* **1.** Berührungspunkt *m,* Verbindungsstelle *f;* **2.** Naht, Fuge *f;* **3.** Scharnier *n;* **4.** *anat* Gelenk *n;* **5.** *(Küche)* Stück Fleisch *n,* Keule *f;* **6.** *bot* Gelenkknoten *m;* **7.** *sl* Kneipe *f,* Spielhölle *f;* **8.** *sl (Marihuana)* Joint *m;* ▶ **out of** ~ ver-, ausgerenkt; *fig* aus den Fugen; **put, throw out of** ~ aus-, verrenken; **put s.o.'s nose out of** ~ *fig* jdn ausstechen; **II** *adj* gemeinschaftlich, gemeinsam; Gemeinschafts-; Mit-; ▶ **during their** ~ **lives** zu ihren Lebzeiten; **take** ~ **action** gemeinsam vorgehen; **III** *tr* **1.** durch ein Gelenk miteinander verbinden; **2.** *tech* (ver)fugen; **joint account** gemeinschaftliches (Bank-) Konto *n;* **joint committee** Arbeitgeber-Arbeitnehmer-Ausschuß *m;* **joint debtor** Mitschuldner *m;* **joint effort** Gemeinschaftsarbeit *f;* **joint·ed** ['dʒɔɪntəd] *adj* gegliedert; **joint·ly** ['dʒɔɪntlɪ] *adv* gemeinsam, zusammen; **joint owner, ownership** Miteigentümer(in) *m (f),* Miteigentum *n;* **joint**

property Miteigentum *n;* gemeinsames Vermögen; **joint stock** Aktienkapital *n;* **joint stock company** Aktiengesellschaft *f; Am (etwa)* Kommanditgesellschaft *f* auf Aktien; **joint venture** *com* Joint-venture *n;* Gemeinschaftsunternehmen *n.*

joist [dʒɔɪst] Träger, Querbalken *m.*

joke [dʒəʊk] **I** *s* Spaß, Scherz *m;* ▶ **in** ~ (nur) zum Spaß, im Scherz; **carry the** ~ **too far** den Scherz zu weit treiben; **make a** ~ **of s.th.** etw ins Lächerliche ziehen; **play a** ~ **on s.o.** jdm e-n Streich spielen; **he cannot take a** ~ er versteht keinen Spaß; **I don't see the** ~ was soll daran lustig sein? **the** ~'**s on s.o.** da lacht sich jemand ins Fäustchen; **it is no** ~ das ist kein Spaß; **a practical** ~ ein Streich; **II** *itr* Spaß, Witze machen; ▶ **you must be joking** das kann doch wohl nicht dein Ernst sein; **I was only joking** ich habe das nicht ernst gemeint; **joker** ['dʒəʊkə(r)] **1.** Witzbold *m;* **2.** *sl* Kerl, Bursche *m;* **3.** *(Kartenspiel)* Joker *m;* **jok·ing** ['dʒəʊkɪŋ] **I** *adj* scherzhaft; ▶ **he is not in a** ~ **mood** ihm ist nicht nach Scherzen zumute; **II** *s* Scherze, Witze *m pl;* ▶ ~ **apart!** Scherz beiseite! **jok·ing·ly** [—lɪ] *adv* im Spaß.

jol·li·fi·ca·tion [ˌdʒɒlɪfɪ'keɪʃn] *fam* Festivität *f.*

jol·lity ['dʒɒlətɪ] Ausgelassenheit, fröhliche Stimmung *f;* **jolly** ['dʒɒlɪ] **I** *adj* **1.** fröhlich, lustig, heiter; **2.** angeheitert; **3.** *fam* prächtig, prachtvoll; **II** *adv fam* mächtig, sehr; ▶ **it was a** ~ **good thing** es war e-e prima Sache; **a** ~ **good fellow** ein Pfundskerl; ~ **well** aber todsicher; **III** *tr (~ along) fam* gut zureden *(s.o.* jdm); aufmuntern, aufheitern; ▶ ~ **s.o. into doing s.th.** jdn dazu bringen, etw zu tun.

jolt [dʒəʊlt] **I** *tr* **1.** (auf-, durch)rütteln; **2.** *fig* erschüttern; **II** *itr* holpern; **III** *s* plötzlicher Stoß; Schock *m.*

josh [dʒɒʃ] *tr Am sl* verulken.

joss-stick ['dʒɒsstɪk] Räucherstäbchen *n.*

jostle ['dʒɒsl] **I** *tr* schubsen, anrempeln; **II** *itr* drängeln; **III** *s* Gedränge *n.*

jot [dʒɒt] **I** *s:* ▶ **not a** ~ nicht das geringste, nicht im geringsten; kein Fünkchen; **II** *tr (~ down)* (sich) (kurz) notieren; **jot·ter** ['dʒɒtə(r)] Notizbuch *n;* **jottings** ['dʒɒtɪŋz] *pl* Notizen *f pl.*

joule [dʒuːl] Joule *n.*

jour·nal ['dʒɜːnl] **1.** Tagebuch *n;* **2.** *com* Journal *n;* **3.** *mar* Logbuch *n;* **4.** (Tages)Zeitung *f;* Zeitschrift *f,* Magazin *n;* **5.** *EDV* Bericht *m;* **jour·nal·ese** [ˌdʒɜːnə'liːz] Zeitungsstil, Pressejargon *m;* **jour·nal·ism** ['dʒɜːnlɪzəm] Journalismus *m;* **jour·nal·ist** ['dʒɜːnlɪst] Journalist(in) *m (f);* **jour·nal·is·tic** [ˌdʒɜːnə'lɪstɪk] *adj* journalistisch.

jour·ney ['dʒɜːnɪ] **I** *s* Reise *f;* ▶ **break**

one's ~ die Reise unterbrechen; **go on a
~** verreisen; **a day's ~** e-e Tagesreise; II
itr reisen.

jour·ney·man ['dʒɜ:nɪmən] ⟨*pl* -men⟩
Geselle *m;* **journeyman baker** Bäk-
kergeselle *m.*

joust [dʒaʊst] *hist* Turnier *n.*

jov·ial ['dʒəʊvɪəl] *adj* heiter, fröhlich,
jovial; **jov·ial·ity** [ˌdʒəʊvɪ'æləti] Hei-
terkeit *f;* Fröhlichkeit *f,* Frohsinn *m.*

jowl [dʒaʊl] Kinnbacken *m;* ▶ **cheek by
~** (ganz) dicht beieinander.

joy [dʒɔɪ] Freude *f* (*in, of* an; *at* über),
Vergnügen *n* (*at* an); ▶ **for, with ~** vor
Freude; **to the ~ of** s.o. zu jds Freude,
Vergnügen; **with ~** mit Vergnügen, mit
Freude; **I didn't have any ~** *fam* ich
hatte keinen Erfolg; **joy·ful** ['dʒɔɪfl]
adj 1. voller Freude; 2. freudig, froh,
glücklich; **joy·less** [-lɪs] *adj* freudlos,
traurig, trüb; **joy·ous** ['dʒɔɪəs] *adj*
freudig, froh, glücklich; **joy-ride** *Fahrt f
in einem gestohlenen Auto;* **joy-stick**
1. *aero* Steuerknüppel *m;* 2. *EDV*
Steuerknüppel, Joystick *m.*

ju·bi·lant ['dʒu:bɪlənt] *adj* frohlockend,
triumphierend; überglücklich; **ju·bi·la-
tion** [ˌdʒu:bɪ'leɪʃn] Jubel *m;* **ju·bi·lee**
['dʒu:bɪli:] Jubiläum *n;* ▶ **silver, dia-
mond ~** 25-, 60jähriges Jubiläum.

jud·der ['dʒʌdə(r)] *itr* heftig schütteln;
vibrieren; zucken.

judge [dʒʌdʒ] I *s* 1. Richter(in) *m (f) (of*
über); 2. Schieds-, Preisrichter(in) *m (f);*
3. Kenner(in) *m (f);* Sachverständige(r)
f m (of in); ▶ **be a (no) ~ of** s.th. sich in
etw (nicht) auskennen; **as God is my ~!**
so wahr mir Gott helfe! II *tr* 1. die
Verhandlung führen über; *(Fall)* ver-
handeln; *rel* richten; 2. *(Wettbewerb)*
die Entscheidung treffen in; 3. beurtei-
len, urteilen über; 4. halten für, anse-
hen als; (ab)schätzen; III *itr* 1. Recht spre-
chen, richten; das Urteil fällen; 2. ent-
scheiden; urteilen (*of* über; *by, from*
nach); 3. vermuten, annehmen; ▶ **as far
as I can ~** soweit ich das beurteilen
kann.

judg(e)·ment ['dʒʌdʒmənt] 1. Urteil *n*
(*on* über); 2. Urteils-, Richterspruch *m;*
3. *fig* Meinung, Ansicht *f,* Urteil *n;* 4.
Urteilsvermögen *n,* gesunder Men-
schenverstand; ▶ **according to my ~**
meiner Meinung nach; **against one's
better ~** gegen die eigene Überzeu-
gung; **in my ~** meines Erachtens; mei-
ner Ansicht nach; **to the best of my ~**
soweit ich das beurteilen kann; **pass ~**
ein Urteil fällen (*on* über); **sit in ~** zu
Gericht sitzen (*on* über); **the Day of J~**
das Jüngste Gericht.

ju·di·ca·ture ['dʒu:dɪkətʃə(r)] 1. Rechts-
pflege *f;* 2. Rechtsprechung *f;* 3. Richter
m pl.

ju·di·cial [dʒu:'dɪʃl] *adj* rechtlich, rich-

terlich; gerichtlich; ▶ **take ~ proceed-
ings** gerichtliche Schritte unternehmen;
~ decision Gerichtsentscheid *m;* **~ er-
ror** Justizirrtum *m;* **~ inquiry** gerichtli-
che Untersuchung; **~ power** richterliche
Gewalt; **~ (sale)** *Am* Zwangsverstei-
gerung *f;* **ju·dici·ary** [dʒu:'dɪʃərɪ] 1.
Rechtswesen *n;* 2. Richter *m pl.*

ju·di·cious [dʒu:'dɪʃəs] *adj* urteilsfähig,
verständig, einsichtig.

judo ['dʒu:dəʊ] Judo *n.*

jug [dʒʌg] I *s* 1. Krug *m;* Kanne *f;* 2. *sl*
Knast *m;* II *tr* schmoren, dämpfen.

jug·ger·naut ['dʒʌgənɔ:t] 1. Moloch *m;*
2. *Br* Schwerlaster *m.*

juggle ['dʒʌgl] I *tr* 1. manipulieren; *(Bi-
lanz)* frisieren; *(Tatsachen)* fälschen; 2.
(mit Bällen etc) jonglieren; II *itr* jon-
glieren; **jug·gler** ['dʒʌglə(r)] 1. Jon-
gleur(in) *m (f);* 2. *fig* Schwindler(in) *m
(f).*

Ju·go·slav ['ju:gəʊˌslɑ:v] I *adj* jugosla-
wisch; II *s* Jugoslawe *m,* Jugoslawin *f;*
Ju·go·sla·via [ˌju:gəʊ'slɑ:vɪə] Jugo-
slawien *n.*

jugu·lar ['dʒʌgjʊlə(r)] *adj;* ▶ **~ vein**
anat Hals-, Drosselvene *f.*

juice [dʒu:s] 1. Saft *m;* 2. *fig* Gehalt *m,*
Wesen *n;* 3. *sl* Benzin *n;* 4. *sl el* Strom
m; ▶ **gastric ~** *physiol* Magensaft *m;*
juicy ['dʒu:sɪ] *adj* 1. saftig; 2. interes-
sant, pikant; 3. gewinnbringend.

ju·jit·su [ˌdʒu:'dʒɪtsu:] *sport* Jiu-Jitsu *n.*

juke-box ['dʒu:kbɒks] Musikautomat *m.*

ju·lep ['dʒu:lɪp] *(mint ~)* Pfefferminzli-
kör *m.*

July [dʒu:'laɪ] Juli *m;* ▶ **in ~** im Juli.

jumble ['dʒʌmbl] I *tr* 1. (ver)mischen; 2.
fig durcheinanderbringen; II *s* Misch-
masch *m;* Durcheinander *n;* **jumble-
sale** Flohmarkt *m;* Wohltätigkeitsbasar
m.

jumbo ['dʒʌmbəʊ] I *adj* riesig; II *s aero*
(~ jet) Jumbo (Jet) *m.*

jump [dʒʌmp] I *itr* 1. springen; 2. auf-,
hochfahren; zusammenzucken; 3. *rail*
entgleisen; 4. *fig (Preise)* in die Höhe
schnellen; 5. sich stürzen *(at* auf); 6.
eifrig ergreifen *(at* s.th. etw); 7. anfah-
ren, angreifen (*on, upon* s.o. jdn); ▶ **~
to it** *fam* sich beeilen; **~ to conclusions**
voreilige Schlüsse ziehen; II *tr* 1. (hin-
weg)springen über; 2. *(Buchseite)* über-
springen; 3. *fam* sich stürzen auf; **~
bail** seine Kaution verfallen lassen; **~
the gun** *sport* Frühstart machen; *fig*
vorher anfangen; **~ the queue** sich vor-
drängeln; **~ the rails, the track** entglei-
sen; III *s* 1. Sprung *m a. sport;* 2. Auf-
fahren *n,* Zuckung *f;* 3. *(Preise)* plötzli-
ches Ansteigen; 4. (Gedanken)Sprung
m; ▶ **the ~s** *pl sl* höchste Nervosität,
das große Flattern *fam;* **on the ~** *fam*
eifrig im Gange, sehr beschäftigt; zer-
fahren, nervös; **get, have the ~ on** s.o.

sl jdm gegenüber im Vorteil sein; **broad** *od* **long, high, pole** ~ *sport* Weit-, Hoch-, Stabhochsprung *m;* **IV** *(mit Präposition)* **jump about** *itr* herumhüpfen; **jump at** *tr* sich stürzen auf; *(Gelegenheit)* ergreifen; **jump down** *itr* hinab-, hinunter-, herunterspringen *(from* von); ► ~ **down s.o.'s throat** *fam* jdn anfahren, anschnauzen; **jump in, out** *itr* hinein-, hinausspringen; **jump off** *itr* herabspringen; **jump on** *itr* 1. aufspringen *(to* auf); 2. anschnauzen; **jump up** *itr* auf-, hochspringen.

jumped-up ['dʒʌmptʌp] *adj fam* eingebildet; hochnäsig.

jumper ['dʒʌmpə(r)] 1. Springer *m;* 2. *Br* Pullover *m;* 3. *Am* Trägerkleid *n;* ► **high** ~ Hochspringer(in) *m (f).*

jump·ing jack ['dʒʌmpɪŋ'dʒæk] Hampelmann *m;* **jump·ing-off place** [,dʒʌmpɪŋ'ɒfpleɪs] *fig* Ausgangspunkt *m; (Beruf)* Sprungbrett *n; Am* abgelegener Ort.

jump jet ['dʒʌmpdʒet] *mil* Senkrechtstarter *m;* **jump leads** ['dʒʌmp,li:dz] *pl mot* Starthilfekabel *n;* **jump seat** Notsitz *m;* **jump suit** Overall *m.*

jumpy ['dʒʌmpɪ] *adj fam* nervös; schreckhaft.

junc·tion ['dʒʌŋkʃn] 1. Verbindung, Vereinigung *f;* 2. Schnittpunkt *m;* 3. *(road ~)* (Straßen)Kreuzung *f;* (Verkehrs-) Knotenpunkt *m;* Treffpunkt *m;* 4. *rail* Eisenbahnknoten(punkt) *m;* 5. *el* Anschlußstelle *f;* **junction box** *el* Verteiler-, Kabelkasten *m.*

junc·ture ['dʒʌŋktʃə(r)] : ► **at this** ~ bei dieser Lage der Dinge; in diesem Augenblick.

June [dʒuːn] Juni *m;* ► **in** ~ im Juni.

jungle ['dʒʌŋgl] Dschungel, Urwald *m.*

jun·ior ['dʒuːnɪə(r)] **I** *adj* 1. jünger; 2. von geringerem Dienstalter; von niedrigerem Rang *(to* als); 3. *(nach e-m Namen)* junior; 4. *com (Hypothek)* nachrangig; **II** *s* 1. Jüngere(r) *f m;* 2. Rangniedrigere(r) *f m;* 3. *Am* Schüler(in), Student(in) *m (f)* im 3. Schul- bzw Studienjahr; ► **be s.o.'s** ~ jünger als jem sein *(by two years* zwei Jahre); **junior college** *Am* College für die beiden ersten Studienjahre; **junior high school** *Am* Schule, die das 8. u. 9. Schuljahr umfaßt; **junior school** *Br* Grundschule *f.*

ju·ni·per ['dʒuːnɪpə(r)] *bot* Wacholder *m.*

junk¹ [dʒʌŋk] **I** *s* 1. Abfall *m,* Gerümpel *n;* 2. Ramsch, Schund *m;* 3. *sl* Rauschgift *n,* Stoff *m;* Heroin *n;* **II** *tr fam* ausrangieren, wegwerfen.

junk² [dʒʌŋk] Dschunke *f.*

junket ['dʒʌŋkɪt] 1. Sahnequark *m;* Dickmilch *f;* 2. *(~ing)* Bankett, Fest *n;* 3. Exkursion *f (auf Staatskosten).*

junk fax [,dʒʌŋk'fæks] Müllfax *n;* **junk food** [,dʒʌŋk'fuːd] minderwertige Kost.

junkie ['dʒʌŋkɪ] *sl* Rauschgiftsüchtige(r) *f m,* Junkie *m.*

junk·pile, junk·yard ['dʒʌŋkpaɪl, 'dʒʌŋkjɑːd] 1. Schrottplatz *m;* 2. Autofriedhof *m;* **junk room** Rumpelkammer *f;* **junk-shop** Trödelladen *m.*

junta ['dʒʌntə, *Am* 'huntə] *pol* (Militär)Junta *f.*

ju·ri·cal [dʒuə'rɪdɪkl] *adj* gerichtlich; juristisch.

ju·ris·dic·tion [,dʒuərɪs'dɪkʃn] 1. Gerichtsbarkeit *f,* -bezirk *m;* 2. Zuständigkeit *f;* Gerichtsstand *m;* ► **come under the** ~ unter die Zuständigkeit fallen *(of* von); **have** ~ **over** zuständig sein für.

ju·ris·pru·dence [,dʒuərɪs'pruːdns] Rechtswissenschaft, Jurisprudenz *f;* ► **medical** ~ Gerichtsmedizin *f.*

jur·ist ['dʒuərɪst] 1. Jurist(in), Rechtswissenschaftler(in) *m (f);* 2. *Am* Anwalt *m,* Anwältin *f.*

juror ['dʒuərə(r)] 1. Geschworene(r) *f m;* Schöffe *m,* Schöffin *f;* 2. Preisrichter(in) *m (f),* Jury-Mitglied *n.*

jury ['dʒuərɪ] 1. Schwurgericht *n;* 2. (die) Geschworenen, (die) Schöffen *m pl;* 3. Jury *f;* ► **trial by** ~ Schwurgerichtsverhandlung *f;* **jury·man** [—mən] ⟨*pl* -men⟩ Geschworene(r) *m.*

just¹ [dʒʌst] *adj* 1. gerecht; redlich; 2. angemessen; 3. rechtmäßig; verdient; 4. berechtigt, begründet.

just² [dʒʌst] *adv* 1. genau, gerade; 2. gerade noch, mit knapper Not; gerade (so) eben; 3. nur (so), bloß; 4. mal; 5. *fam* ganz, recht, einfach, wirklich, eigentlich; ► **but** ~, ~ **now** eben erst, im Augenblick; gerade eben; **only** ~ gerade noch; ~ **about** beinahe; ungefähr; ~ **as** ebenso, geradeso; ~ **as well** auch gut; ~ **then** gerade in diesem Augenblick; **that's** ~ **it!** das ist ja das Problem; ganz recht (so)! ~ **the same** *fam* macht nichts! ~ **a moment!** einen Augenblick, bitte! ~ **in case** für alle Fälle; für den Fall, daß; ~ **let me see!** laß doch bitte mal sehen! ~ **so** ganz richtig; genauso; ~ **shut the door!** mach doch bitte die Tür zu! ~ **tell me!** sag doch mal! ~ **for that** nun gerade.

jus·tice ['dʒʌstɪs] 1. Gerechtigkeit *f;* 2. Recht(swesen *n,* -pflege *f) n,* Gerichtsbarkeit *f;* 3. Richter(in) *m (f);* ► **administer, dispense** ~ Recht sprechen; **do s.o.** ~ jdm Gerechtigkeit widerfahren lassen; **court of** ~ Gericht(shof *m) n;* **J~ of the Peace** Friedensrichter(in) *m (f).*

jus·ti·fi·able [,dʒʌstɪ'faɪəbl] *adj* zu rechtfertigen(d); vertretbar; ► ~ **defence** Notwehr *f;* **jus·ti·fi·ca·tion** [,dʒʌstɪfɪ'keɪʃn] Rechtfertigung *f;* ► **in** ~ zur Rechtfertigung *(of* von); **jus·tify**

['dʒʌstɪfaɪ] *tr* 1. begründen; rechtfertigen *a. rel (to* vor); 2. *typ* justieren; ▶ **be justified** recht haben *(in doing s.th.* etw zu tun).

just·ly ['dʒʌstlɪ] *adv* verdientermaßen; gerechterweise.

jut [dʒʌt] *itr (~ out, forth)* vorspringen, hervorstehen, -ragen.

jute [dʒuːt] Jute *f.*

ju·ven·ile ['dʒuːvənaɪl] **I** *adj* 1. jugendlich, jung; 2. unreif; **II** *s* 1. Jugendliche(r) *f (m);* 2. *(~ book)* Jugendbuch *n;* **juvenile court** Jugendgericht *n;* **juvenile delinquency** Jugendkriminalität *f.*

jux·ta·pose [ˌdʒʌkstə'pəuz] *tr* nebeneinanderstellen; **jux·ta·po·si·tion** [ˌdʒʌkstəpə'zɪʃn] Nebeneinanderstellung *f.*

K

K, k [keɪ] ⟨pl 's⟩ K, k n.
kale, kail [keɪl] Grün-, Krauskohl m.
ka·lei·do·scope [kə'laɪdəskəup] Kaleidoskop n a. fig.
ka·mi·ka·ze [ˌkæmɪ'kɑːzɪ] hist Kamikaze(flieger) m; **kamikaze attack** Kamikaze-Angriff m.
Kam·puchea [ˌkæmpu't͡ʃɪə] Kambodscha, Kamputschea n; **Kam·puchean** I adj kambodschanisch; II s 1. (das) Kambodschanisch(e); 2. Kambodschaner(in) m (f).
kan·ga·roo [ˌkæŋgə'ruː] ⟨pl -roos⟩ 1. Känguruh n; 2. parl (~ closure) Schluß m der Debatte (durch Überspringen von Anträgen); **kangaroo court** Femegericht n.
kao·lin ['keɪəlɪn] Porzellanerde f, Kaolin n od m.
Ka·posi's sar·coma [kæ'pəuzɪz sɑː'kəumə] med Kaposi-Sarkom n.
ka·rate [kə'rɑːtɪ] Karate n; **karate chop** Karateschlag m.
kayak ['kaɪæk] Kajak m od n.
ke·bab [kə'bæb] Kebab, Schaschlik m.
keel [kiːl] I s mar Kiel m; ▶ **on an even ~** ohne zu schwanken; fig gleichmäßig, ruhig adv; II (mit Präposition) **keel over** itr kentern; fig umkippen; **keel-haul** ['kiːlˌhɔːl] tr mar kielholen.
keen [kiːn] adj 1. (Messer, Verstand) scharf; 2. (Wind) schneidend; 3. (Kälte) durchdringend, streng; 4. (Ton) schrill; 5. (Schmerz) stechend, heftig; 6. (Appetit) stark, groß; 7. (Interesse) lebhaft, stark; 8. (Wettstreit) heftig; 9. (Mensch) stark interessiert (on an); erpicht, fam scharf (on auf; to do, on doing darauf, zu tun); eifrig (on in); 10. Am sl toll; ▶ **she is ~ on riding** sie ist e-e leidenschaftliche Reiterin.
keep [kiːp] ⟨irr kept, kept⟩ I tr 1. (be)halten; 2. (Gesetz, Regeln) einhalten, befolgen; 3. aufbewahren; für sich behalten; 4. unterhalten, versorgen; 5. (be)hüten; 6. (Vieh) halten; 7. (Personal) beschäftigen; 8. (Waren, Tagebuch) führen; 9. (Fest) feiern; 10. (Hotel) betreiben; 11. (Zeitung) halten; 12. (~ waiting) warten lassen; 13. com vorrätig haben; 14. auf-, zurück-, festhalten; hindern, abhalten (from von); 15. (Versammlung) abhalten, veranstalten; 16. verheimlichen, verschweigen (from s.o. jdm); ▶ **~ one's bed** das Bett hüten; **~ a close check on s.th.** etw scharf überwachen; **~ s.o. company** jdm Gesellschaft lei-

sten; **~ under control** in Schranken halten; **~ cool** kühl aufbewahren; **~ (your) cool!** reg' dich nicht auf! **~ goal** sport Torwart sein; **~ going** fig nicht einschlafen lassen; **~ one's head** die Ruhe bewahren; **~ hold of s.th.** etw festhalten; **~ early hours** früh (zu Bett) gehen; **~ house** haushalten; **~ in mind** im Auge behalten; sich merken; **~ a promise** ein Versprechen halten; **~ in (good) repair** in gutem Zustand (er)halten; **~ one's seat** sitzen bleiben; **~ a shop** e-n Laden führen; **~ silence** Stillschweigen bewahren; **~ in suspense** in der Schwebe, im ungewissen lassen; **~ one's temper** ruhig bleiben; **~ time** (Uhr) richtiggehen; Takt, Schritt halten; pünktlich sein; **~ track of s.th.** sich etw merken; **~ in view** fig im Auge behalten; **~ watch** aufpassen; **~ your hands off!** nehmen Sie Ihre Hände weg! **~ your seat** bleiben Sie doch sitzen; II itr 1. bleiben; fortfahren, weitermachen; 2. (Lebensmittel) sich halten; 3. sich befinden; Am fam sich aufhalten, wohnen; ▶ **~ doing s.th.** immer wieder etw tun; **~ talking!** reden Sie weiter! **~ (to the) left** sich links halten; mot links fahren; **~ calm, cool, quiet** ruhig bleiben, still sein; **how is he ~ing?** wie geht es ihm? **~ fit** fit bleiben; **that can ~** das kann warten; **~ smiling!** Kopf hoch! III s 1. (Lebens)Unterhalt m; Unterhaltskosten pl; 2. hist Bergfried m; Burgverlies n; ▶ **earn one's ~** den Lebensunterhalt verdienen; **for ~s** fam für immer; IV (mit Präposition) **keep ahead** itr vorne bleiben; ▶ **~ ahead of the others** in Führung, an der Spitze bleiben; **keep at** itr festhalten an; weitermachen mit; herumnörgeln an; ▶ **~ at it!** nicht aufgeben! **keep away** itr wegbleiben; tr fernhalten; ▶ **he can't ~ away from it** er kann die Finger nicht davon lassen; **keep back** itr zurückbleiben; tr 1. zurückhalten; 2. (Geld) zurückbehalten; 3. verschweigen; 4. aufhalten; behindern; **keep down** tr 1. unten lassen; (Kopf) einziehen; 2. (Ausgaben) einschränken; (Steuern, Preise) niedrig halten; 3. fig unterdrücken; bezähmen; itr sich nicht aufrichten; **keep from** tr 1. abhalten von; bewahren vor; 2. verschweigen; itr sich fernhalten von; ▶ **~ from doing s.th.** etw unterlassen, etw vermeiden; **keep in** tr 1. zurückhalten, am Ausgehen hindern; 2. (Feuer) nicht ausgehen lassen; **3.** *(Schüler)* nachsitzen lassen; **4.** *(Kunden)* pflegen; **5.** *(Gefühle)* zügeln; **6.** *(Bauch)* einziehen; *itr* **1.** nicht aus-, weggehen; **2.** *(Feuer)* nicht ausgehen; **3.** *fam* auf gutem Fuß stehen *(with* mit); **keep off** *itr* weg-, fernbleiben; *tr* **1.** ab-, fernhalten; **2.** *(Jacke)* auslassen; *(Hut)* abbehalten; ▶ ~ **off (the grass)!** Betreten (des Rasens) verboten! **keep on** *tr* **1.** *(Hut)* aufbehalten; **2.** *(Personen)* weiterbeschäftigen; **3.** behalten; *itr* **1.** fortfahren *(doing* zu tun); **2.** weitergehen, -fahren; ▶ · **on at s.o.** jdn nicht in Ruhe lassen; ~ **on about s.th.** dauernd von etw reden; ~ **on talking** weiterreden *(about* über); **keep out** *tr* **1.** nicht hereinlassen; abhalten; **2.** fernhalten *(of* von); *itr* draußen bleiben; nicht betreten sich fernhalten *(of* von); ▶ ~ **out!** Eintritt verboten! **keep to** *itr* **1.** verbleiben bei; **2.** sich halten an; **3.** bleiben in; *tr* sorgen für; ▶ ~ **o.s. to o.s.** für sich bleiben; **keep together** *tr* zusammenhalten; zusammen lassen; *itr* zusammenbleiben; zusammenhalten; **keep under** *tr* **1.** unter Kontrolle behalten; **2.** unterdrücken; **3.** *med* unter Narkose halten; **keep up** *tr* **1.** aufrecht halten; über Wasser halten; **2.** fortfahren mit, weitermachen; **3.** aufrechterhalten; *(Geschäft)* fortführen; **5.** *(Haus)* unterhalten; *(Straße)* instand halten; **6.** nicht schlafen lassen; **7.** auf dem laufenden halten; *itr* **1.** stehen bleiben; aufbleiben; **2.** andauern; *(Wetter)* schön bleiben; **3.** *(Preise)* sich behaupten; **4.** ausharren; ▶ ~ **up with** Schritt halten mit; ~ **up appearances** den Schein wahren; ~ **up with the Jones's** hinter den Nachbarn nicht zurückbleiben; ~ **it up** so weitermachen; ~ **it up!** nur so weiter! nicht nachgeben!

keeper ['kiːpə(r)] *(park-~)* (Park)Wächter(in) *m (f)*; (Gefangenen-, Tier)Wärter(in) *m (f)*; Pfleger(in) *m (f)*; ▶ **goal-~** Torwart *m*; **shop-~** Ladeninhaber(in) *m (f)*.

keep·ing ['kiːpɪŋ] **1.** Einhalten, Befolgen *n*; **2.** Aufbewahrung *f*; Verwahrung *f*; **3.** *com (Bücher)* Führung *f*; **4.** *(~ of a motor vehicle)* Halten *n* (e-s Kraftfahrzeugs); ▶ **in** ~ **with** in Übereinstimmung, in Einklang mit; **for safe** ~ zur sicheren Aufbewahrung; ~ **house** Haushaltsführung *f*.

keep·sake ['kiːpseɪk] Andenken *n*, Erinnerung *f (an den Geber)*; ▶ **as, for a** ~ als Andenken.

keg [keg] Fäßchen *n*; **keg beer** *Br* Bier vom Faß, Faßbier *n*.

kelp [kelp] (See)Tang *m*.

ken [ken] *:* ▶ **beyond, outside our** ~ außerhalb unserer Kenntnis *f*.

ken·nel ['kenl] **I** *s* **1.** Hundehütte *f*; **2.** *pl* Hundezwinger *m*; Hundezucht *f*; Hundeheim *n*; **II** *tr* in Pflege geben, in ein Hundeheim bringen.

Ken·ya ['kenjə] *s* Kenia *n*; **Ken·yan** ['kenjən] **I** *adj* kenianisch; **II** *s* Kenianer(in) *m (f)*.

kept [kept] **I** *v s.* **keep;** **II** *adj:* ▶ ~ **woman** Mätresse *f*; **she's a** ~ **woman** *fam* sie läßt sich aushalten.

kerb, *Am* **curb** [kɜːb] Bordkante *f*; **kerb drill** *Br* Verkehrserziehung *f*; **kerbstone** ['kɜːbstəʊn] Bordstein *m*.

ker·chief ['kɜːtʃɪf] Hals-, Kopftuch *n*.

ker·fuf·fle [kəˈfʌfl] *Br fam* **1.** Durcheinander *n*, Panik *f*; **2.** Aufruhr, Streit *m*, Unruhe *f*.

ker·nel ['kɜːnl] Kern *m a. fig; fig* Kernpunkt *m*, Hauptsache *f*.

kero·sene ['kerəsiːn] Kerosin *n*.

kes·trel ['kestrəl] Turmfalke *m*.

ketch [ketʃ] *mar* Ketsch *f*.

ketch·up, *Am* **catch·up** ['ketʃəp] Ketchup *m* od. *n*.

kettle ['ketl] Kessel *m*; ▶ **put the** ~ **on** Wasser aufstellen, -setzen; **a pretty** ~ **of fish!** e-e schöne Bescherung! **kettledrum** ['ketldrʌm] *mus* Kesselpauke *f*.

key [kiː] **I** *s* **1.** Schlüssel *m a. fig;* **2.** *fig* Lösung *f (of* für); **3.** *mus (a. Schreibmaschine)* Taste *f;* **4.** *(Blasinstrument)* Klappe *f;* **5.** *mus* Tonart *f;* **6.** Ausdrucksweise *f;* **7.** Zeichenerklärung *f;* ▶ **the** ~ **to the mystery** des Rätsels Lösung; **sing off** ~ falsch singen; **II** *attr adj* Schlüssel-, wichtigste(r, s); ▶ ~ **man** Schlüsselfigur *f;* ~ **industry** Schlüsselindustrie *f;* ~ **point** springender Punkt; ~ **position** Schlüsselposition, -stellung *f;* **III** *tr* **1.** *fig* abstimmen; **2.** *typ* eintasten; **IV** *(mit Präposition)* **key in** *tr typ EDV* eingeben, eintasten; **key up** *tr* aufregen; ▶ **be ~ed up** aufgedreht sein; ~ **s.o. up for s.th.** jdn auf etw einstimmen.

key·board ['kiːbɔːd] **I** *s* Klaviatur *f;* Manual *n;* Tastatur *f;* **II** *tr EDV (Information)* eingeben; *typ* setzen; **keyboard operator** Maschinensetzer(in) *m (f)*; **key·hole** ['kiːhəʊl] Schlüsselloch *n;* **key money** Kaution; Provision *f;* **key-note** ['kiːnəʊt] **I** *s* **1.** *mus* Grundton *m;* **2.** *fig* Grundgedanke *m;* **keynote speech, address** *pol* programmatische Rede; Grundsatzreferat *n;* **II** *tr* das Programm festlegen für; nachdrücklich betonen; in den Mittelpunkt stellen; **key·noter** ['kiːnəʊtə(r)] *pol* Programmatiker *m;* **key punch** Tastenlocher *m;* **key ring** Schlüsselring, -bund *m;* **key signature** *mus* Tonartbezeichnung *f;* **key·stone** ['kiːstəʊn] **1.** *arch* Schlußstein *m;* **2.** *fig* Grundlage *f,* -gedanke *m;* **key stroke** Anschlag *m;* **key word** Schlüsselwort *n.*

khaki ['kɑːkɪ] *adj* khakifarben.

kib·butz [kɪˈbʊts] ⟨*pl* -butzim⟩ [kɪbʊˈtsiːm] Kibbuz *m.*

kick [kɪk] **I** *tr* **1.** treten, mit dem Fuß

stoßen; **2.** *(Fußball)* kicken; *(Tor)* schie-
ßen; ► **I could have ~ed myself** *fam*
ich hätte mich selber in den Hintern
treten können; **~ a habit** *sl* es aufgeben;
~ heroin *sl* vom Heroin runterkommen;
II *itr* **1.** *(mit den Füßen)* strampeln;
treten; **2.** *(Pferd)* ausschlagen; **3.** *(Feuer-
waffe)* zurückschlagen; **4.** *(Ball)* hoch-
fliegen; **III** *s* **1.** (Fuß)Tritt, Stoß *m;* **2.**
(Fußball) Schuß *m;* **3.** *(Feuerwaffe)*
Rückstoß *m;* **4.** *fam* Schwung *m;* **5.** *fam*
Spaß, Jux *m;* ► **get a big ~ out of s.th.**
viel Spaß an etw haben; **do s.th. for ~s**
etw zum Spaß tun; **live for ~s** nur zu
seinem Vergnügen leben; **IV** *(mit Prä-
position)* **kick about, around** *tr fam* **1.**
schlecht behandeln; **2.** *(Ball)* herumkik-
ken; *itr* herumbummeln; herumliegen;
kick against *itr* treten gegen; sich weh-
ren gegen; **kick at** *itr* treten gegen; **kick
away** *tr* wegstoßen; **kick back** *itr fam*
1. zurückschlagen; **2.** zurückprallen; *tr*
wegstrampeln; zurückschießen; **kick
downstairs** *tr* die Treppe hinunterwer-
fen; **kick in** *tr* einstoßen, -treten; ► **~
s.o.'s teeth in** jdm die Zähne einschla-
gen; **kick off** *tr* wegschleudern; *itr* **1.**
(Fußball) anspielen; **2.** *fam* beginnen;
kick out *tr fam* **1.** rauswerfen, -schmei-
ßen; **2.** *(Fußball)* ins Aus schießen; *itr*
ausschlagen; um sich treten; **kick over**
itr ► **~ over the traces** über die
Stränge schlagen; **kick up** *tr* hoch-
schleudern; ► **~ up a fuss, row, shindy,
stink** *fig* Krach schlagen; **kick upstairs**
tr (durch Beförderung) kaltstellen.
kick·back ['kɪkbæk] *fam* Schmiergelder
n pl; Nebeneinnahme *f;* Auswirkung *f;*
kick·down ['kɪkdaʊn] *mot* Kickdown
m; **kick·er** ['kɪkə(r)] **1.** Fußballspieler,
Kicker *m;* **2.** Schläger *m (Pferd);* **kick-
off** ['kɪkɒf] **1.** *(Fußball)* Anstoß *m a. fig,*
Anspiel *n;* **2.** *fig* Anlaß *m;* **3.** *fam* An-
fang *m;* ► **for a ~** zunächst (einmal);
kick-starter *mot* Kickstarter *m;* **kick-
turn** ['kɪktɜːn] *(Skilaufen)* Kehre *f.*
kid [kɪd] **I** *s* **1.** Zicklein, Kitz *n; (~skin)*
Ziegenleder *n;* **2.** *fam* Kind *n;* ► **when
you were a ~** als du klein warst; **that's
~'s stuff** das ist etwas für kleine Kinder;
das ist kinderleicht; **listen ~** hör mal zu,
Kleiner; **you are some ~** du bist toll; **II**
itr fam Spaß machen; **III** *tr fam (~ on)*
verulken; ► **don't ~ yourself** mach dir
doch nichts vor; **IV** *attr adj* jünger,
kleiner; ► **~ sister, brother** jüngere
Schwester, jüngerer Bruder; **kiddy**
['kɪdɪ] *fam* Kind *n;* Kleine(r) *f m.*
kid glove ['kɪdglʌv] Glacéhandschuh *m;*
► **handle with ~s** *fig* mit Glacéhand-
schuhen anfassen.
kid·nap ['kɪdnæp] *tr* entführen; **kid-
nap·per** ['kɪdnæpə(r)] Kidnapper(in),
Entführer(in) *m (f);* **kid·nap·ping**
[-ɪŋ] Entführung *f.*

kid·ney ['kɪdnɪ] **1.** *anat* Niere *f;* **2.** *fig*
Veranlagung *f;* ► **of the right ~** vom
rechten Schlag; **kidney bean** weiße
Bohne; **kidney dish** Nierenschale *f;*
kidney donor Nierenspender(in) *m (f);*
kidney failure Nierenversagen *n;* **kid-
ney machine** künstliche Niere; **kid-
ney-shaped** ['kɪdnɪʃeɪpt] *adj* nieren-
förmig; **kidney stone** *med* Nierenstein
m.
kill [kɪl] **I** *tr* **1.** töten; totschlagen, umbrin-
gen, erschlagen; **2.** schlachten; erlegen;
3. vernichten, zerstören, ruinieren; **4.**
vereiteln; **5.** widerrufen, für ungültig er-
klären; *fam* unter den Tisch fallen las-
sen; **6.** *(Gesetzesvorlage)* zu Fall brin-
gen; **7.** *(Motor)* abwürgen; *(Maschine)*
anhalten, zum Stehen bringen; *el* aus-
schalten; **8.** *(Fußball)* stoppen; **9.** er-
drücken; um seine Wirkung bringen;
► **be ~ed in action** *mil* im Kampf fal-
len; **~ two birds with one stone** *fig* zwei
Fliegen mit einer Klappe schlagen; **~
with kindness** vor Liebe umbringen
(wollen); **~ time** die Zeit totschlagen;
my feet are ~ing me meine Füße tun
mir (wahnsinnig) weh; **II** *itr* **1.** töten;
den Tod herbeiführen; **2.** *fam* e-n tollen
Eindruck machen; ► **be dressed to ~**
toll gekleidet sein; **thou shalt not ~** du
sollst nicht töten; **III** *s* **1.** Tötung *f;* **2.**
(Jagd)Beute *f;* **3.** *mil (Schiff)* Versen-
kung *f; (Flugzeug, Rakete)* Abschuß *m;*
► **be in at the ~** *fig* am Schluß dabei-
sein; **IV** *(mit Präposition)* **kill off** *tr*
vernichten; ausrotten; abschlachten;
killer ['kɪlə(r)] **1.** Mörder(in) *m (f);* **2.** *(~
-whale)* *zoo* Schwertwal *m;* **3.** *sl* Frau-
enheld *m;* **4.** tolle Frau; **killer cell** *phy-
siol* Killerzelle *f;* **killer disease** mörde-
rische Krankheit *f;* **killer fog** lebensge-
fährlicher Nebel; **killer instinct** Tö-
tungsinstinkt *m;* **kill·ing** ['kɪlɪŋ] **I** *adj* **1.**
tödlich; **2.** mörderisch; ermüdend; **3.**
fam wahnsinnig komisch; **II** *s* **1.** Töten
n; Mord *m;* **2.** *(Tiere)* Abschlachten *n;*
Erlegen *n;* ► **make a ~** *fam* auf einmal
viel verdienen; e-n Reibach machen;
kill·joy ['kɪldʒɔɪ] Spielverderber(in) *m
(f).*
kiln [kɪln] *tech* (Brenn)Ofen *m;* Röstofen
m; Trockenofen *m;* Darre *f.*
kilo ['kiːləʊ] ‹*pl* kilos› Kilo(gramm) *n;*
kilo·byte ['kɪləbaɪt] Kilobyte *n;* **kilo-
cycle** ['kɪləsaɪkl] Kilohertz *n;* **kilo-
gramme**, *Am* **kilo·gram** ['kɪləgræm]
Kilogramm *n;* **kilo·joule** ['kɪlədʒuːl]
Kilojoule *n;* **kilo·metre**, *Am* **kilo-
meter** ['kɪləmiːtə(r)] Kilometer *m;* **kilo-
watt** ['kɪləwɒt] Kilowatt *n;* **kilowatt
hour** Kilowattstunde *f.*
kilt [kɪlt] Kilt, Schottenrock *m.*
ki·mo·no [kɪˈməʊnəʊ] Kimono *m.*
kin [kɪn] Verwandtschaft *f;* ► **the next
of ~** die nächsten Angehörigen *pl.*

kind¹ [kaɪnd] **1.** Art, Gattung *f;* **2.** Sorte, Klasse *f;* ► **a ~ of** e-e Art (von); **~ of** *fam* irgendwie; gewissermaßen, sozusagen; **the same ~** von derselben Sorte; **in ~** in gleicher, auf gleiche Weise; *com* in natura; **payment in ~** Natural-, Sachleistung *f;* **what ~ of ...?** was für ein(e) ...? **I am not that ~ of person** so bin ich nicht; **they are two of a ~** sie sind vom gleichen Schlag; **this ~ of thing** so etwas; **something of the ~** so etwas ähnliches; **it was ~ of funny** es war irgendwie witzig.

kind² [kaɪnd] *adj* freundlich, nett, entgegenkommend (*to s.o.* jdm gegenüber); **with ~ regards** mit freundlichen Grüßen; **would you be so ~ as to ...?** wären Sie so freundlich und würden ...?

kin·der·gar·ten ['kɪndəgɑːtn] Kindergarten *m.*

kind-hearted [ˌkaɪnd'hɑːtɪd] *adj* gutmütig, gütig.

kindle ['kɪndl] **I** *tr* **1.** anstecken, anzünden; **2.** *fig* erwecken, erregen; **II** *itr* Feuer fangen, sich entzünden; aufleuchten (*with* vor); **kind·ling** ['kɪndlɪŋ] Anmachholz *n.*

kind·ly ['kaɪndlɪ] **I** *adj* **1.** gütig, freundlich; **2.** gefällig, entgegenkommend, nett, liebenswürdig; **II** *adv* liebenswürdigerweise; gefälligst; ► **~ put it back** bitte seien Sie so freundlich und stellen Sie es zurück; **take ~ to s.o.** sich mit jdm befreunden; jdn liebgewinnen; **kindness** ['kaɪndnɪs] **1.** Güte, Freundlichkeit, Liebenswürdigkeit *f;* **2.** Gefälligkeit *f.*

kin·dred ['kɪndrɪd] **I** *s* (Bluts)Verwandtschaft *f;* Verwandte *pl;* **II** *adj* verwandt, ähnlich; ► **~ spirit** Gleichgesinnte(r) *f m.*

kin·etic [kɪ'netɪk] **I** *adj* kinetisch; **II** *s pl mit sing* Kinetik *f.*

kin·folk ['kɪnfəʊk] *pl* Verwandte *pl.*

king [kɪŋ] **1.** König *m;* **2.** (*Damespiel*) Dame *f;* **king·cup** ['kɪŋkʌp] *bot* **1.** Hahnenfuß *m;* **2.** (Sumpf)Dotterblume *f;* **king·dom** ['kɪŋdəm] (König)Reich *n a. fig;* ► **the animal, vegetable, mineral ~** das Tier-, das Pflanzen-, das Mineralreich; **~ of heaven** Himmelreich *n;* **the United K~** das Vereinigte Königreich; **king·fisher** ['kɪŋˌfɪʃə(r)] Eisvogel *m;* **king·ly** ['kɪŋlɪ] *adj, adv* königlich; **king·pin** ['kɪŋpɪn] **1.** *tech* Drehzapfen *m; mot* Achsschenkelbolzen *m;* **2.** *fig* Hauptperson, -sache *f;* **King's Bench** *jur* Erste Kammer *f* des High Court; **king-size** ['kɪŋsaɪz] *adj fam* besonders groß; (*Zigarette*) King-size-.

kink [kɪŋk] **1.** Knoten *m,* Schleife *f;* **2.** Kräuselung *f;* (*Haar*) Welle *f;* **3.** *fig* Schrulle *f,* Spleen *m;* **kinky** ['kɪŋkɪ] *adj* **1.** (*Haar*) wellig; **2.** *sl* verrückt; **3.** abartig, pervers.

kins·folk ['kɪnzfəʊk] *pl* Verwandte *pl;* **kin·ship** ['kɪnʃɪp] Verwandtschaft *f a. fig;* **kins·man** ['kɪnzmən] ⟨*pl* -men⟩ Verwandte(r) *m;* **kins·woman** ['kɪnzwʊmən] ⟨*pl* -women⟩ [—wɪmɪn] Verwandte *f.*

kiosk ['kiːɒsk] Kiosk *m,* Bude *f;* ► **telephone ~** *Br* Telefonzelle *f.*

kip [kɪp] **I** *s fam* Schläfchen *n;* ► **get some ~** *fam* eine Runde pennen; **II** *itr* (**~ down**) schlafen.

kip·per ['kɪpə(r)] Räucherhering *m.*

kirk [kɜːk] (*schottisch*) Kirche *f.*

kiss [kɪs] **I** *itr* (sich) küssen; **II** *tr* **1.** küssen; **2.** leicht berühren; **III** *s* Kuß *m;* ► **~ of death** Todesstoß *m;* **~ of life** Mund-zu-Mund-Beatmung *f;* **kisser** ['kɪsə(r)] *vulg* Fresse *f;* **kiss-off** ['kɪsɒf] *Am sl* Abfuhr *f;* **kiss-proof** *adj* kußecht.

kit [kɪt] **I** *s* **1.** Ausrüstung *f;* **2.** Handwerkszeug *n;* **3.** *fam* Satz *m,* Kollektion *f;* **4.** Gepäck *n;* **II** *tr* (**~ up, out**) ausrüsten, ausstaffieren; **kit-bag** *mil mar* (See)Sack *m.*

kit·chen ['kɪtʃɪn] Küche *f;* **kit·chen·ette** [ˌkɪtʃɪ'net] Kochnische *f;* **kitchen foil** Haushalts-, Alufolie *f;* **kitchen garden** Gemüsegarten *m;* **kit·chen·maid** ['kɪtʃɪnmeɪd] Küchenmädchen *n;* **kitchen range** Küchen-, Kochherd *m;* **kitchen scissors** *pl* Küchenschere *f;* **kitchen sink** Spüle *f,* Ausguß *m;* ► **he arrived here with everything but the ~** er kam hier mit Sack und Pack an; **kitchen table** Küchentisch *m;* **kitchen towel** Küchentuch *n;* **kitchen unit** Küchenschrank.

kite [kaɪt] **1.** (*Vogel*) Gabelweih *m;* **2.** (Papier)Drachen *m;* **3.** *fin* Kellerwechsel *m;* ► **fly a ~** e-n Drachen, *fig* e-n Versuchsballon steigen lassen; *com* e-n Gefälligkeitswechsel ziehen.

kith [kɪθ]: ► **~ and kin** Blutsverwandte *pl;* **with ~ and kin** mit Kind und Kegel.

kitsch [kɪtʃ] Kitsch *m;* **kitsch(y)** [—ɪ] *adj* kitschig.

kit·ten ['kɪtn] Kätzchen *n a. fig;* ► **have ~s** *fig fam* Junge, Zustände kriegen; **kit·ten·ish** [—ɪʃ] *adj* verspielt.

kitty ['kɪtɪ] **1.** Kätzchen *n;* **2.** gemeinsame Kasse.

kiwi ['kiːwiː] **1.** (*Vogel*) Kiwi *m;* **2.** *bot* Kiwi *f.*

klaxon ['klæksn] Hupe *f.*

Kleen·ex ['kliːneks] *Wz* Tempotaschentuch *Wz n.*

klep·to·mania [ˌkleptə'meɪnɪə] Kleptomanie *f;* **klep·to·maniac** [ˌkleptə'meɪnɪæk] **I** *s* Kleptomane *m,* Kleptomanin *f;* **II** *adj* kleptomanisch.

knack [næk] **1.** Kniff, Trick, Kunstgriff *m;* **2.** Geschicklichkeit, Fertigkeit *f* (*at, of* in); ► **have the ~ of it** *fam* den Bogen raushaben; **there's a ~ in it** man

muß den Dreh kennen.
knacker ['nækə(r)] *Br* 1. Abdecker *m;* 2. Abbruchunternehmen *n.*
knackered ['nækəd] *adj sl* todmüde.
knap·sack ['næpsæk] Rucksack *m; mil* Tornister *m.*
knead [ni:d] *tr* 1. kneten; 2. massieren.
knee [ni:] I *s* 1. Knie *n;* 2. *tech* Kniestück, -rohr *n;* ► **bring s.o. to his ~s** jdn in die Knie zwingen; **go on one's ~s** kniefällig bitten; **on one's ~s** auf den Knien; *fig* kniefällig; ~ **jerk** reflex *med* Kniesehnenreflex *m;* **~-jerk reaction** *fig pej* spontane (Abwehr)Reaktion; II *tr* mit dem Knie stoßen; **knee breeches** *pl* Kniehose *f;* **knee·cap** ['ni:ˌkæp] 1. *anat* Kniescheibe *f;* 2. Knieschützer *m;* **knee·cap·ping** [—ɪŋ] Knieschuß *m;* **knee-deep, knee-high** [ˌni:'di:p, ˌni:'haɪ] *adj* knietief; **knee-joint** Kniegelenk *n.*
kneel [ni:l] ⟨*irr* knelt, knelt⟩ *itr* (~ **down**) (nieder)knien (*to* vor).
knell [nel] Totenglocke *f.*
knelt [nelt] *v s. kneel.*
knew [nju:] *v s. know.*
knicker·bock·ers ['nɪkəbɒkəz] *pl* Knickerbocker *pl.*
knickers ['nɪkəz] I *s pl* (Damen)Schlüpfer *m;* ► **get one's ~ in a twist** verärgert, aufgeregt werden; II *interj sl* verflixt! Quatsch!
knick-knack ['nɪknæk] 1. Kleinigkeit *f;* 2. Nippsache *f.*
knife [naɪf] ⟨*pl* knives⟩ [naɪvz] I *s* Messer *n a. tech;* ► **knives and forks** *pl* Besteck *n;* **get one's ~ into s.o.** *fig* jdn nicht ausstehen können; **go under the ~** unters Messer kommen; II *tr* stechen; erdolchen; **knife-edge** (Messer-)Schneide *f a. tech;* ► **on a ~** *fig* auf Messers Schneide; **knife sharpener** Messerschärfer *m;* **knif·ing** ['naɪfɪŋ] Messerstecherei *f.*
knight [naɪt] I *s* 1. Ritter *m a. fig;* 2. *(Schach)* Springer *m;* II *tr* zum Ritter schlagen; **knight-errant** [ˌnaɪt'erənt] ⟨*pl* knights-errant⟩ fahrender Ritter; **knight·hood** ['naɪthʊd] 1. Ritterwürde *f,* -stand *m;* 2. Rittertum *n;* **knight·ly** ['naɪtlɪ] *adj* ritterlich.
knit [nɪt] ⟨*irr* knit *od* knitted, knit *od* knitted⟩ I *tr* 1. stricken; 2. *fig* (miteinander) verknüpfen, verbinden, zusammenfügen; ► ~ **one, purl one** eins rechts, eins links; ~ **one's brow** die Stirn runzeln; II *itr* 1. stricken; 2. zusammenwachsen; III *(mit Präposition)* **knit together** *tr* zusammenstricken; (miteinander) verbinden; **knit up** *tr* stricken; *fig* eng verbinden; *itr (Knochen)* zusammenwachsen; **knit·ter** ['nɪtə(r)] 1. Stricker(in) *m (f);* 2. Strickmaschine *f;* **knitting** [—ɪŋ] Strickarbeit *f,* -zeug *n;* Stricken *n;* **knitting-needle** Stricknadel *f;*

knitting-yarn Strickgarn *n;* **knitwear** ['nɪtweə(r)] Strickwaren *f pl;* Strickkleidung *f.*
knob [nɒb] 1. Schwellung, Beule *f;* 2. (Griff)Knopf *m;* Knauf *m;* 3. rundes Stück; 4. *sl* Kopf *m;* ► **with ~s on** *sl* allerdings! **knob·bly** ['nɒblɪ] *adj* 1. knorrig; 2. knopfartig, rund; **knob·by** ['nɒbɪ] *adj* knorrig.
knock [nɒk] I *itr* 1. schlagen, stoßen, prallen (*on, against* gegen); 2. klopfen, pochen (*at* an); 3. *mot* klopfen; II *tr* 1. schlagen, stoßen, treffen; 2. umstoßen; 3. überraschen; stark beeindrucken; 4. *fam* meckern über, heruntermachen; ► **that ~s you sideways** *fam* das haut dich um; III *s* 1. Schlag, Stoß *m;* 2. (An)Klopfen, Pochen *n (at the door* an der Tür); 3. *mot* Klopfen *n;* 4. *fam* Tiefschlag *m;* Kritik *f;* ► **take a ~** *fam* einen Tiefschlag erleben; erschüttert werden; e-n schweren finanziellen Verlust erleiden; IV *(mit Präposition)* **knock about, knock around** *itr* sich herumtreiben, -reisen *(with s.o.* mit jdm); herumliegen; *tr* herumstoßen, mißhandeln; verprügeln; ramponieren; **knock back** *tr fam* 1. *(Getränk)* hinunterstürzen; 2. kosten; 3. überraschen, erschüttern; 4. zurückweisen; **knock down** *tr* 1. umstoßen, -werfen; 2. zu Boden werfen; umfahren; 3. *(Gebäude)* abbrechen; 4. *(Auktion)* zuschlagen (*to s.o.* jdm); 5. *(im Preis)* herabsetzen; *(Person)* herunterhandeln; 6. *(Möbel, Maschine)* zerlegen; **knock into** *tr* 1. einbleuen *(s.o.* jdm); 2. unerwartet treffen; ► ~ **into shape** in Form bringen; **knock off** *itr fam* Schluß, Feierabend machen *(with one's work* mit der Arbeit); *tr* 1. weg-, abschlagen; 2. *(Arbeit)* einstellen; 3. *fam* hinhauen, rasch erledigen; 4. *(von e-m Preis)* ablassen; herunterhandeln; abziehen; 5. *sl* stehlen; 6. *sl (Menschen)* erledigen; **knock out** *tr* 1. *(Pfeife)* ausklopfen; 2. *(Boxen)* k.o.-schlagen; 3. *fam* fertigmachen; 4. *fam* verblüffen; schocken; 5. eliminieren; **knock over** *tr* 1. umwerfen; 2. umfahren; überfahren; **knock together** *itr* aneinanderstoßen; *tr* 1. aneinanderschlagen; 2. *fam (Arbeit)* schnell hinhauen; ► ~ **people's heads together** die Leute zur Vernunft bringen; **knock up** *itr* 1. *Br sport* sich einspielen; 2. *Am sl* bumsen; *tr* 1. hochschlagen; 2. rasch bauen; zusammenzimmern; 3. *(Essen)* rasch zubereiten; 4. *Br* wecken; 5. *Br sl* fertigmachen; 6. *sl* ein Kind anhängen (*a woman* e-r Frau).
knock-about ['nɒkəbaʊt] *adj* 1. *(Kleidung)* strapazierfähig; 2. lärmend; derb, rauh; ► ~ **comedy** Klamaukstück *n;* **knock-down** ['nɒkdaʊn] I *adj* 1. *fig* niederschmetternd; 2. *(Preis)* Schleu-

der-, äußerst niedrig; **II** *s (Boxen)* Niederschlag *m;* **knocker** ['nɒkə(r)] **1.** Türklopfer *m;* **2.** *fam* Meckerer, Nörgler, Miesmacher *m;* **knock-kneed** [ˌnɒk'niːd] *adj* X-beinig; **knock-out** ['nɒkaut] **I** *adj (Schlag)* K.o.-; **II** *s* **1.** *(~ blow)* K.o.-Schlag *m;* **2.** *fig* vernichtende Niederlage; **3.** *sl* Pfundskerl *m,* -weib *n;* **4.** Ausscheidung(srunde) *f;* **knock-up** ['nɒkʌp] *Br sport* Trainingsspiel *n.*
knoll [nəʊl] Hügel *m.*
knot [nɒt] **I** *s* **1.** Knoten *m;* Schleife *f;* **2.** Gruppe *f;* **3.** *fig* einigendes Band; **4.** Knorren, Ast *m (im Holz);* **5.** *mar* Knoten *m (1,853 km/h);* ▶ **cut the ~** *fig* den Knoten durchhauen; **stand about in ~s** in Gruppen herumstehen; **tie o.s. (up) in ~s, get into ~s** in Schwierigkeiten geraten; **II** *tr* **1.** (e-n) Knoten machen in; verknoten, verschnüren; **2.** miteinander verknüpfen; ▶ **get ~ted!** laß mich in Ruh(e)! **III** *itr* sich verknoten; sich verwirren; **knotty** ['nɒtɪ] *adj* **1.** knotig, knorrig; **2.** *fig* verwickelt, schwierig.
know [nəʊ] ⟨irr knew, known⟩ **I** *tr* **1.** wissen, kennen; **2.** sich auskennen in, vertraut sein mit; verstehen *(how to do* zu tun); können; **3.** erkennen; erfahren; **4.** kennenlernen; unterscheiden *(from* von); ▶ **be known** bekannt sein *(to s.o.* jdm; *as* als); **come to ~** in Erfahrung bringen; **come to be known** bekannt werden; **let s.o. ~** jdn wissen lassen, jdm Bescheid geben; **make o.s. known** sich bekannt machen; **~ one's own business,** *sl* **~ one's onions,** *fam* **~ the ropes, ~ a thing or two, ~ what's what** Bescheid wissen; **~ how to do s.th.** etw können; **II** *itr* **1.** wissen *(about, of s.th.* über, von etw); **2.** verstehen *(about* von); ▶ **~ better** es besser wissen; **not that I ~ of** nicht, daß ich wüßte; **he wouldn't ~** er ist dafür nicht zuständig; **III** *s:* ▶ **be in the ~** im Bilde sein.
know-all ['nəʊɔːl] Besserwisser(in) *m (f);* **know-how** ['nəʊhaʊ] Erfahrung *f,* (Fach)Wissen, Können, Know-how *n;* **know-ing** ['nəʊɪŋ] *adj* **1.** informiert, unterrichtet; **2.** wissend; klug, einsichtig; **3.** schlau; verständnisvoll; ▶ **there's no ~** man kann nie wissen; **know-ing-ly**

[—lɪ] *adv* **1.** mit Bewußtsein, bewußt; absichtlich; wissentlich; **2.** *(Lächeln)* wissend; **know-it-all** ['nəʊɪtɔːl] *Am* Besserwisser(in) *m (f).*
knowl-edge ['nɒlɪdʒ] **1.** Kenntnis *f (of* von); **2.** Wissen *n;* Kenntnisse *f pl;* **3.** Bekanntschaft, Vertrautheit *f (of* mit); **4.** Verständnis *n;* ▶ **to (the best of) my ~** soviel ich weiß; **to the best of my ~ and belief** nach bestem Wissen und Gewissen; **without my ~** ohne mein Wissen; **working ~** praktisch verwertbare Grundkenntnisse *f pl;* **knowl-edge-able** [—əbl] *adj* kenntnisreich, bewandert *(about* in); intelligent.
known [nəʊn] **I** *v s. know;* **II** *adj* bekannt; anerkannt.
knuckle ['nʌkl] **I** *s* **1.** Knöchel *m;* **2.** *(Schlachtvieh)* Haxe *f;* ▶ **rap s.o.'s ~s, give s.o. a rap on, over the ~s** jdm auf die Finger klopfen; **near the ~** an der Grenze des Anständigen; **II** *(mit Präposition)* **knuckle down** *itr* sich dahinterklemmen; ▶ **~ down to work** sich eifrig an die Arbeit machen; **knuckle under** *itr* sich fügen; **knuckle-duster** Schlagring *m.*
KO [ˌkeɪ'əʊ] **I** *s* K.o.-Schlag *m;* **II** *tr* k.o.-schlagen.
ko-ala [kəʊ'ɑːlə] Koala(bär) *m.*
Ko-ran [kɔ'rɑːn] Koran *m.*
Ko-rea [kə'rɪə] Korea *n;* **Ko-rean** [kə'rɪən] **I** *s* **1.** Koreaner(in) *m (f);* **2.** (das) Koreanisch(e); **II** *adj* koreanisch.
ko-sher ['kəʊʃə(r)] *adj* **1.** *rel* koscher; **2.** *sl* in Ordnung; ▶ **there's something not quite ~ about it** da ist etwas faul dran.
kow-tow [ˌkaʊ'taʊ] *itr fig* kriechen *(to s.o.* vor jdm).
Krem-lin ['kremlɪn] Kreml *m.*
ku-dos ['kjuːdɒs] Ansehen *n.*
Ku Klux Klan ['kuːˌklʌks'klæn] *Am* Ku-Klux-Klan *m.*
Kurd [kɜːd] Kurde *m,* Kurdin *f;* **Kurdish** [—ɪʃ] **I** *adj* kurdisch; **II** *s* (das) Kurdisch(e).
Ku-wait [kʊ'weɪt] Kuwait *n;* **Kuwaiti** [—ɪ] **I** *adj* kuwaitisch; **II** *s* Kuwaiter(in) *m (f).*

L

L, l [el] ⟨pl -'s⟩ L, l n.
lab [læb] fam Labor n.
label ['leɪbl] I s 1. Etikett(e f), Schildchen, Label n; (Anhänge)Zettel m; 2. Beschriftung, Aufschrift f; Kennzeichnung f; 3. fig Bezeichnung, Klassifikation f; II tr 1. etikettieren; 2. beschriften, kennzeichnen; markieren; 3. fig bezeichnen, benennen, klassifizieren; **label·ling,** Am **label·ing** ['leɪblɪŋ] 1. Etikettierung f; 2. Markierung f; 3. (Preis)Auszeichnung f.
lab·ora·tory [lə'bɒrətrɪ, Am 'læbrə,tɔːrɪ] Labor(atorium) n; **laboratory assistant** Laborant(in) m (f); **laboratory findings** pl Laborbefund m; **laboratory results** pl Laborwerte pl; **laboratory stage** Versuchsstadium n; **laboratory test** Laborversuch m.
la·bori·ous [lə'bɔːrɪəs] adj 1. (Arbeit) anstrengend, mühsam; 2. (Mensch) arbeitsam, fleißig; 3. (Stil) schwerfällig.
la·bour, Am **la·bor** ['leɪbə(r)] I s 1. Arbeit f; 2. Anstrengung, Mühe, Mühsal f; 3. Aufgabe f; 4. Arbeiter(schaft f) m pl; Arbeitskräfte f pl; Arbeitnehmer m pl; 5. med Wehen f pl; ▶ **L~** Br pol die Labour Party; **casual ~** Gelegenheitsarbeit f; **hard ~** Zwangsarbeit f; **manual ~** Handarbeit f; **skilled ~** Facharbeit f; Facharbeiter m pl; **unskilled ~** ungelernte Arbeiter m pl; **be in ~** med Wehen haben; II itr 1. arbeiten (at an); 2. sich anstrengen, sich (ab)mühen (for um); 3. (~ along) sich mühsam (vorwärts)bewegen; 4. (Schiff) stampfen, schlingern; ▶ **~ up a hill** sich mühsam den Berg hinaufkämpfen; III tr ausführlich eingehen auf; breitwalzen; **labo(u)r camp** Arbeitslager n; **labo(u)r cost** Arbeitskosten pl; **Labo(u)r Day** Tag m der Arbeit (Br 1. Mai, Am 1. Montag im September); **labo(u)r disputes** pl Arbeitskämpfe m pl; **la·bo(u)rer** ['leɪbərə(r)] Arbeiter(in) m (f); ▶ **casual ~** Gelegenheitsarbeiter(in) m (f); **farm ~, agricultural ~** Landarbeiter(in) m (f); **industrial ~** Industriearbeiter(in) m (f); **(un)skilled ~** (un)gelernte(r) Arbeiter(in) m (f); **Labour Exchange** Br Arbeitsamt n; **labo(u)r force** 1. Belegschaft f; 2. Beschäftigte m pl; **Labour·ite** ['leɪbəraɪt] Br Anhänger(in) m (f) der Labour Party; **labo(u)r market** Arbeitsmarkt m; **labo(u)r movement** Arbeiterbewegung f; **labo(u)r pains** pl med Wehen f

pl; **Labour Party** Br Labour Party f; **labo(u)r relations** pl Arbeitgeber-Arbeitnehmer-Beziehungen f pl; **la·bo(u)r-sav·ing** ['leɪbə,seɪvɪŋ] adj arbeitssparend; **labo(u)r shortage** Arbeitskräftemangel m; **labo(u)r troubles** pl Arbeiterunruhen f pl; **labo(u)r ward** med Kreißsaal m.
lab·ra·dor ['læbrədɔːr] Labradorhund m.
la·bur·num [lə'bɜːnəm] bot Goldregen m.
lab·y·rinth ['læbərɪnθ] Labyrinth n.
lace [leɪs] I s 1. Schnur f; (Schnür-, Schuh)Senkel m; 2. Tresse, Litze, Borte f; 3. (Textil) Spitze f; II tr 1. (~ up) (zu)schnüren; 2. (ver)flechten; 3. e-n Schuß (Alkohol) zugeben (e-m Getränk); III (mit Präposition) **lace into** s.o. über jdn herfallen; jdm eine Zigarre verpassen; **lace up** tr schnüren.
lac·er·ate ['læsəreɪt] tr 1. zerreißen; zerfleischen; 2. fig (Gefühle) verletzen; **lac·er·ation** [,læsə'reɪʃn] 1. Riß m; 2. med Fleischwunde f.
lace-ups ['leɪsʌps] pl Schnürschuhe m pl.
lach·ry·mal ['lækrɪml] adj ▶ **~ duct, gland, sac** Tränengang m, -drüse f, -sack m; **lach·ry·mose** ['lækrɪməʊs] adj weinerlich; tränenreich.
lack [læk] I s Mangel m (of an); ▶ **~ of capital** Kapitalmangel m; **for ~ of** aus Mangel an; II itr 1. fehlen; 2. Mangel haben (of, in an); ▶ **they ~ for nothing** es fehlt ihnen an nichts; III tr nicht genug haben; brauchen, benötigen; ▶ **he ~s talent** ihm fehlt es an Talent; **you ~ confidence** Ihnen fehlt das Selbstvertrauen.
lacka·daisi·cal [,lækə'deɪzɪkl] adj interesselos, lustlos; nachlässig.
lackey ['lækɪ] Lakai m a. fig.
lack·ing ['lækɪŋ] adj 1. fehlend; 2. fam dumm; ▶ **be ~** fehlen; **lack-lustre** ['læk,lʌstə(r)] adj glanzlos, trübe.
la·conic [lə'kɒnɪk] adj 1. (Worte) lakonisch; 2. (Mensch) wortkarg; 3. (Stil) knapp.
lac·quer ['lækə(r)] I s 1. (Farb)Lack, Firnis m; 2. Haarspray m od n; 3. Nagellack m; II tr lackieren.
la·cuna [lə'kjuːnə] ⟨pl -cunae⟩ [lə'kjuːniː] Lücke f, Zwischenraum m.
lad [læd] Junge m; Bursche m; ▶ **a bit of a ~** ein toller Kerl.
lad·der ['lædə(r)] I s 1. Leiter f; 2. Br

Laufmasche *f;* 3. *fig* Stufenleiter *f;* Weg *m;* II *itr Br* Laufmaschen bekommen.
lad·die ['lædɪ] *(schottisch)* Junge, Bub *m.*
laden ['leɪdn] *adj* 1. beladen *(with* mit); 2. *fig* bedrückt *(with sorrows* von Sorgen).
la-di-da [,lɑːdɪ'dɑː] *adj fam* affektiert, geziert.
lad·ing ['leɪdɪŋ] Verladen *n;* Fracht *f;* ▶ **bill of** ~ Seefrachtbrief *m,* Konnossement *n.*
ladle ['leɪdl] I *s* 1. Schöpflöffel *m;* 2. Kelle *f;* 3. Baggerschaufel *f;* II *tr (~ out) fig* großzügig verteilen.
lady ['leɪdɪ] Dame *f;* Frau *f;* ▶ **L~** Lady *f (Adelsprädikat);* **Ladies and Gentlemen** meine Damen und Herren; **Ladies (room)** Damentoilette *f;* **the ~ of the house** die Dame des Hauses; **ladybird,** *Am* **lady·bug** ['leɪdɪbɜːd, 'leɪdɪbʌg] Marienkäfer *m;* **lady-in-waiting** [,leɪdɪɪn'weɪtɪŋ] Hofdame *f;* **lady-killer** ['leɪdɪˌkɪlə(r)] *fam* Schürzenjäger *m;* **lady·like** ['leɪdɪlaɪk] *adj* damenhaft; **lady·ship** ['leɪdɪʃɪp] *Br* ▶ **your, her** ~ Ihre Ladyschaft; **lady's man** Frauenheld *m.*
lag[1] [læg] I *itr* 1. bummeln; 2. *(Zeit)* langsam vergehen; 3. *(~ behind)* zurückbleiben; II *s (time ~)* Verzögerung *f;* Zeitabstand *m.*
lag[2] [læg] *tr tech* isolieren.
la·ger ['lɑːgə(r)] helles (Lager)Bier; **lager lout** jugendlicher (alkoholisierter) Randalierer.
lag·ging ['lægɪŋ] *tech* (Wärme)Isolierung *f.*
la·goon [lə'guːn] Lagune *f.*
laid [leɪd] *v s. lay[1];* **laid-off** [,leɪd'ɒf] *adj* (vorübergehend) arbeitslos.
lain [leɪn] *v. s. lie[1].*
lair [leə(r)] 1. Lager *n (e-s wilden Tieres);* 2. Höhle *f;* Bau *m.*
laird [leəd] *(schottisch)* Gutsbesitzer *m.*
laissez-faire ['leɪseɪ'feə(r)] Laisser-faire *n.*
laity ['leɪətɪ] Laien *m pl.*
lake [leɪk] See *m;* **lake dwellings** *pl* Pfahlbauten *m pl.*
lam[1] [læm] I *tr sl* verdreschen, verprügeln; II *itr sl* ▶ ~ **into s.o.** jdn fertigmachen.
lam[2] [læm] *Am sl* eilige Flucht; ▶ **take it on the** ~ *fam* türmen, stiftengehen; **on the** ~ auf der Flucht.
lama ['lɑːmə] *rel* Lama *m.*
lamb [læm] I *s* 1. Lamm *n;* 2. Lammfleisch *n;* 3. *fig* Unschuldslamm *n;* lieber Mensch; II *tr (Schaf)* lammen.
lam·bast [læm'bæst], **lam·baste** [læm'beɪst] *tr* 1. vermöbeln, verdreschen, verprügeln; 2. den Kopf waschen *(s.o.* jdm), runterputzen.
lamb·like ['læmlaɪk] *adj* 1. (lamm-) fromm; 2. unschuldig, sanft; **lamb·skin**

['læmskɪn] Lammfell *n;* **lambs·wool** ['læmzwʊl] Lammwolle *f.*
lame [leɪm] I *adj* 1. lahm *(of, in* auf) *a. fig;* 2. *fig* schwach, nicht überzeugend; 3. *(Ausrede)* faul; ▶ ~ **duck** Niete *f;* Versager *m; Am* nicht wiedergewähltes Kongreßmitglied; II *tr* lähmen; **lameness** [—nɪs] 1. Lahmheit *f a. fig;* 2. *fig* Schwäche *f.*
la·ment [lə'ment] I *itr* 1. trauern, klagen *(for s.o.* um jdn); 2. beklagen *(over s.o.'s death* jds Tod); II *tr* betrauern, beklagen; III *s* 1. Wehklage *f;* 2. Klagelied *n;* **lam·en·table** ['læməntəbl] *adj* 1. beklagens-, bejammerns-, bedauernswert; 2. erbärmlich; **lam·en·ta·tion** [,læmen'teɪʃn] Klagen *n;* Wehklage *f.*
lami·nate ['læmɪnət] Schichtstoff *m;* **lami·nated** ['læmɪneɪtɪd] *adj* beschichtet; laminiert; ▶ ~ **glass** Verbundglas *n;* ~ **plastic** Resopal *n Wz;* ~ **sheet** Schichtstoffplatte *f.*
lamp [læmp] 1. Lampe *f;* Laterne *f;* 2. *fig (Mensch)* Leuchte *f;* ▶ **rear** ~ **mot** Rücklicht *n;* **sun** ~ Höhensonne *f.*
lam·poon [læm'puːn] I *s* Schmähschrift *f;* II *tr* verunglimpfen, verspotten.
lamp-post ['læmppəʊst] Laternenpfahl *m.*
lam·prey ['læmprɪ] *zoo* Lamprete *f.*
lamp·shade ['læmpʃeɪd] Lampenschirm *m.*
lance [lɑːns, *Am* læns] I *s* Lanze *f;* Speer *m;* II *tr med* aufschneiden.
lan·cet ['lɑːnsɪt, *Am* 'lænsɪt] *med* Lanzette *f;* **lancet arch** *arch* Spitzbogen *m;* **lancet window** Spitzbogenfenster *n.*
land [lænd] I *s* 1. (Fest)Land *n;* 2. Land *n,* Staat *m;* 3. Bereich *m,* Gebiet *n;* 4. Landschaft *f;* Gelände *n;* 5. *(Acker-, Wald-)* Land *n;* Grund u. Boden *m;* 6. Ländereien *f pl;* Land-, Grundbesitz *m;* ▶ **by** ~ zu Land(e); auf dem Landweg(e); **on the** ~ auf dem Land; **over** ~ **and sea** über Land und Meer; **see how the** ~ **lies** sehen, wie die Dinge liegen; **pasture** ~ Weideland *n;* **waste** ~ Brach-, Ödland *n;* II *tr* 1. an(s) Land bringen; ausladen, löschen; 2. *(Fische)* fangen; 3. *(Flugzeug)* landen; 4. *fig* bringen *(in, at* nach, in, zu); absetzen *(in, on* in, auf); 5. *fam* einheimsen, einstecken; *(Preis)* erringen; *(Stelle)* bekommen; 6. *fam* erreichen; 7. *fam (Schlag)* verpassen, versetzen; ▶ ~ **o.s. in** hineingeraten in; III *itr* 1. *(Schiff)* landen, anlegen; an Land gehen; 2. *aero* landen; 3. ankommen, ans Ziel gelangen; **land-based** ['lændbeɪst] *adj mil* landgestützt; **landed** ['lændɪd] *adj* grundbesitzend; ▶ ~ **property** Grundbesitz *m;* ~ **proprietor** Grundbesitzer(in) *m (f);* **land·fall** ['lændfɔːl] Sichten *n* von Land; ▶ **make** ~ Land sichten; **land forces**

pl Landstreitkräfte *pl;* **land-holder** ['lænd͵həuldə(r)] Gutsbesitzer(in) *m (f);* Grundpächter(in) *m (f).*
land-ing ['lændɪŋ] **1.** *mar aero* Landen *n,* Landung *f;* **2.** *(Fracht)* Löschen *n;* **3.** Treppenabsatz *m;* **4.** Flur, Korridor *m;* ▶ **make a safe ~** glücklich landen; **emergency, forced ~** Notlandung *f;* **landing craft** Landungsboot *n;* **landing field** Landeplatz *m;* **landing gear** *aero* Fahrgestell *n;* **landing net** Ke(t)scher *m;* **landing stage** *mar* Landungssteg *m,* -brücke *f;* **landing strip** Landebahn *f.*
land-lady ['læn͵leɪdɪ] (Haus-, Gast)Wirtin *f;* **land-less** ['lændlɪs] *adj* unbegütert; **land-locked** ['lændlɒkt] *adj (Land)* ohne Zugang zum Meer, landumschlossen; **land-lord** ['lænlɔ:d] Grundbesitzer *m;* Hauseigentümer *m;* Gastwirt *m;* **land-lub-ber** ['lænd͵lʌbə(r)] *mar pej* Landratte *f;* **land-mark** ['lændmɑ:k] **1.** Grenzstein *m;* **2.** *mar* Seezeichen *n;* **3.** *fig* Markstein *m,* Wahrzeichen *n;* Wendepunkt *m;* **land office** *Am* Grundbuchamt *n;* **land-owner** ['lænd͵əʊnə(r)] Grund-, Gutsbesitzer(in) *m (f);* **land reform** Bodenreform *f.*
land-scape ['lændskeɪp] **I** *s* Landschaft *f;* **landscape architect** Landschaftsarchitekt(in) *m (f);* **landscape architecture** Landschaftsgestaltung *f;* **landscape gardener** Landschaftsgärtner(in) *m (f);* **landscape gardening** Landschaftsgärtnerei *f;* **landscape painter** Landschaftsmaler(in) *m (f);* **II** *tr* landschaftlich, gärtnerisch gestalten.
land-slide ['lændslaɪd] **1.** Erdrutsch *m a. fig pol;* **2.** überwältigender (Wahl)Sieg, Erdrutschsieg *m;* **3.** Umschwung *m;* **land-slip** ['lændslɪp] Erdrutsch *m;* **land tax** Grundsteuer *f;* **land-ward** ['lændwəd] *adj* land(ein)wärts gerichtet; **land-ward(s)** ['lændwəd(z)] *adv* land(ein)wärts.
lane [leɪn] **1.** Gasse *f;* Pfad *m;* schmale Landstraße; **2.** *sport* (Renn)Bahn *f;* **3.** Schneise *f;* **4.** *mar* Fahrrinne *f;* **5.** *mot* Spur *f;* ▶ **shipping ~s** *pl* Schiffahrtswege *m pl;* **~ of approach** *aero* Einflugschneise *f;* **get in ~!** *mot* bitte einordnen!
lan-guage ['læŋgwɪdʒ] **1.** Sprache *f a. fig;* **2.** Ausdrucks-, Redeweise *f;* ▶ **bad ~** unanständige Ausdrücke *m pl;* **foreign ~** Fremdsprache *f;* **language acquisition** Spracherwerb *m;* **language laboratory** Sprachlabor *n;* **language learning** Erlernen einer Sprache *f.*
lan-guid ['læŋgwɪd] *adj* **1.** kraftlos, matt, schwach; **2.** *fig* lust-, interesselos.
lan-guish ['læŋgwɪʃ] *itr* **1.** ermatten, schwach werden; **2.** dahinsiechen; **3.**

sich sehnen *(for* nach); **lan-guish-ing** [—ɪŋ] *adj* sehnsüchtig.
lan-guor ['læŋgə(r)] **1.** Kraftlosigkeit, Mattigkeit *f;* **2.** Interesselosigkeit, Gleichgültigkeit *f;* **3.** Sehnsucht *f;* **4.** Schwüle *f;* **lan-guor-ous** ['læŋgərəs] *adj* **1.** kraftlos, matt; **2.** gleichgültig, stumpf; **3.** schwül, drückend.
lank [læŋk] *adj* **1.** schlank, mager; **2.** *(Haar)* glatt; **lanky** ['læŋkɪ] *adj* schlacksig.
lano-lin ['lænəlɪn] Lanolin *n.*
lan-tern ['læntən] Laterne *f a. arch.*
lan-yard ['lænjəd] *mar* **1.** Schnur *f;* **2.** kurzes Tau, Taljereep *n.*
Laos [laʊs] Laos *n.*
lap[1] [læp] Schoß *m;* ▶ **in the ~ of luxury** im Luxus; **~ and diagonal seat belt** Dreipunktgurt *m.*
lap[2] [læp] **I** *s* **1.** *tech* Überlappung *f;* **2.** *(Buchbinderei)* Falz *m;* **II** *tr* **1.** falten *(on* auf; *over* über); **2.** übereinanderlegen; überlappen; **III** *itr* sich überlappen.
lap[3] [læp] *s sport* Runde *f; fig* Etappe *f;* Abschnitt *m;* ▶ **~ of honour** Ehrenrunde *f;* **II** *tr* überrunden; **III** *itr* seine Runden drehen.
lap[4] [læp] **I** *tr, itr* **1.** *(Hund)* saufen; schlecken; **2.** plätschern *(at, against* an; *on* gegen, auf); **II** *s* **1.** Saufen *n;* Lecken *n;* **2.** Plätschern *n;* **III** *(mit Präposition)* **lap up** *tr* auflecken, -schlecken; *fig* eifrig zuhören; gedankenlos akzeptieren.
lap-dog ['læp͵dɒg] Schoßhund *m.*
la-pel [lə'pel] *(Jackett)* Aufschlag *m.*
lap-is la-zuli [͵læpɪs'læzjʊlɪ] Lapislazuli *m.*
Lap-land ['læplænd] Lappland *n;* **Laplander, Lapp** ['læplændə(r), læp] Lappländer(in) *m (f),* Lappe *m,* Lappin *f.*
lapse [læps] **I** *s* **1.** Versehen *n,* Irrtum, Fehler *m;* **2.** Entgleisung *f;* Versäumnis *n;* **3.** *(Zeit)* Vergehen, Verstreichen *n;* **4.** **(~ of time)** Zeitspanne *f,* -raum *m;* **5.** *jur* Erlöschen *n;* Verfall *m;* Heimfall *m;* **II** *itr* **1.** *(Zeit)* vergehen, verstreichen; **2.** *jur* verfallen, erlöschen, hinfällig werden; **3.** einen Fehler machen; **4.** verfallen; **lapsed** [læpst] *adj* **1.** *jur* verfallen; **2.** *rel* vom Glauben abgefallen.
lap-wing ['læpwɪŋ] Kiebitz *m.*
lar-ceny ['lɑ:sənɪ] Diebstahl *m;* ▶ **petty ~** Bagatelldiebstahl *m.*
larch [lɑ:tʃ] *bot* Lärche *f.*
lard [lɑ:d] **I** *s* (Schweine)Schmalz *n;* **II** *tr* **1.** einfetten, schmieren; **2.** *fig* ausschmücken *(with* mit).
lar-der ['lɑ:də(r)] Speisekammer *f;* Vorratsschrank *m.*
large [lɑ:dʒ] *adj* **1.** groß; **2.** weit, geräumig, umfangreich; **3.** ausgedehnt, umfassend, weitreichend; ▶ **at ~** auf freiem Fuß; in der Gesamtheit; planlos, ziellos; **as ~ as life** wie er leibt und lebt; in

voller Größe; **by and** ~ im großen und ganzen; **talk** ~ großspurig reden; **large-hearted** [ˌlɑːdʒ'hɑːtɪd] *adj Br* großzügig, gutmütig; **large·ly** ['lɑːdʒlɪ] *adv* allgemein; größtenteils; **large-minded** [ˌlɑːdʒ'maɪndɪd] *adj* tolerant; **large·ness** [—nɪs] **1.** Größe, Weite *f;* **2.** Bedeutung *f;* Umfang *m;* **3.** Großzügigkeit *f;* **large-scale** ['lɑːdʒskeɪl] *adj* in großem Maßstab; groß angelegt; Groß-; ▶ ~ **advertising** Massenwerbung *f;* ~ **order** Großauftrag *m;* ~ **production** Massenproduktion *f.*

lar·gesse, *Am a.* **lar·gess** [lɑː'dʒes] Freigebigkeit *f.*

lar·iat ['lærɪət] Strick *m;* Lasso *n od m.*

lark[1] [lɑːk] *(Vogel)* Lerche *f.*

lark[2] [lɑːk] **I** *s* Spaß, Ulk, Scherz *m;* ▶ **for a** ~ zum Spaß; **what a** ~! zum Schießen! **II** *itr* **1.** sich vergnügen, lustig sein; **2.** *(~ about)* herumalbern.

lark·spur ['lɑːkspɜː(r)] *bot* Rittersporn *m.*

larva ['lɑːvə] ⟨*pl* larvae⟩ ['lɑːviː] Larve *f.*

lar·yn·gi·tis [ˌlærɪn'dʒaɪtɪs] Kehlkopfentzündung *f;* **lar·ynx** ['lærɪŋks] Kehlkopf *m.*

las·civ·ious [lə'sɪvɪəs] *adj* wollüstig.

laser ['leɪzə(r)] Laser *m;* **laser beam** Laserstrahl *m;* **laser printer** *typ* Laserdrucker *m;* **laser show** Lasershow *f;* **laser weapon** Laserwaffe *f.*

lash[1] [læʃ] (Augen)Wimper *f.*

lash[2] [læʃ] **I** *s* **1.** Peitsche(nschnur) *f;* **2.** Peitschenhieb *m;* **3.** Peitschen *n (of the waves* der Wellen); **II** *tr* **1.** (aus)peitschen; **2.** (heftig) schlagen *(the rocks* an die Felsen); **3.** *fig* heftig angreifen; **4.** binden *(on, to* an); *mar* (fest)zurren; **III** *itr* schlagen, peitschen, prasseln *(at* gegen); **IV** *(mit Präposition)* **lash about, lash around** *itr* um sich schlagen; **lash back** *tr* festbinden; **lash down** *tr* festbinden; *itr (Regen)* niederprasseln; **lash into s.o.** jdn abkanzeln; auf jdn einschlagen; **lash out** *itr* **1.** *(Pferd)* ausschlagen; **2.** *fig* ausfallend werden *(at* gegen); **3.** viel Geld ausgeben *(on a new car* für e-n neuen Wagen); **lash·ing** ['læʃɪŋ] **1.** Schlagen, Peitschen *n;* Prügel *pl;* **2.** *mar* Laschung *f;* Verschnürung *f;* Fesseln *f pl;* **3.** *pl fam* e-e Menge.

lass, las·sie [læs, 'læsɪ] **1.** Mädchen *n;* **2.** Freundin *f.*

lassi·tude ['læsɪtjuːd] Abgespanntheit, Mattigkeit, Schlaffheit *f.*

lasso ['læsuː] ⟨*pl* lassos⟩ **I** *s* Lasso *n od m;* **II** *tr* mit dem Lasso (ein)fangen.

last[1] [lɑːst, *Am* læst] **I** *adj* **1.** letzte(r, s); **2.** späteste(r, s); jüngste(r, s); neueste(r, s); **3.** vorig, vergangen; **4.** äußerste(r, s), höchste(r, s); **5.** geringste(r, s), niedrigste(r, s); ▶ **for the** ~ **time** zum letzten Mal; ~ **night** gestern abend; heute nacht; ~ **week** in der letzten, vorigen Woche; ~ **but one** vorletzte(r, s); **the**

week before ~ vorletzte Woche; **I've said my** ~ **word on the matter** ich habe dem nichts mehr hinzuzufügen; **that's the** ~ **thing I should do** das wäre das letzte, was ich täte; **the L~ Judg(e)ment** *rel* das Jüngste Gericht; ~ **quarter** *(Mond)* letztes Viertel; **the L~ Supper** *rel* das Abendmahl; **the** ~ **word** *fam* der letzte Schrei; ~ **but not least** nicht zuletzt, last not least; **II** *adv* zuletzt, zum Schluß, am Ende; zum letzten Mal; ~ **of all** zuallerletzt; **III** *s* **1.** (der, die, das) Letzte, Jüngste, Neueste, Modernste; **2.** Schluß *m;* Ende *n;* ▶ **at** ~ schließlich, endlich, zuletzt; **at long** ~ zu guter Letzt, schließlich; **to the** ~ bis zum letzten *od* äußersten; **breathe one's** ~ den letzten Atemzug tun.

last[2] [lɑːst, *Am* læst] **I** *itr* **1.** andauern, (an)halten; **2.** *(~ out)* ausdauern, aushalten; **3.** sich (gut) halten; **4.** (aus)reichen *(for* für); **II** *tr* reichen *(s.o.* jdm); ▶ **the coat has ~ed me five years** ich habe den Mantel schon fünf Jahre.

last[3] [lɑːst, *Am* læst] (Schuh)Leisten *m.*

last-ditch [ˌlɑːst'dɪtʃ] *adj* allerletzte(r, s); ▶ ~ **effort** letzte Anstrengung.

last·ing ['lɑːstɪŋ] *adj* dauernd, bleibend; beständig.

last·ly ['lɑːstlɪ] *adv* zuletzt, schließlich.

last-minute [ˌlɑːst'mɪnɪt] *adj* allerletzte(r,s); ▶ **we've had a** ~ **change of plan** wir haben unsere Pläne in letzter Minute geändert.

latch [lætʃ] **I** *s* **1.** (Tür)Drücker *m;* Sperrklinke *f;* **2.** Schnappschloß *n;* **3.** (Fenster)Riegel *m;* ▶ **on the** ~ nur angelehnt; **II** *tr* verriegeln; **III** *(mit Präposition)* **latch on 1.** *itr* sich festhalten *(to s.th.* an e-r S); **2.** sich anschließen *(to s.o.* jdm); **3.** *fam* kapieren *(to s.th.* etw); **latch·key** ['lætʃkiː] Hausschlüssel *m;* **latchkey child** Schlüsselkind *n.*

late [leɪt] *adj, adv* **1.** spät; **2.** verspätet, zu spät; **3.** jüngste(r, s), bisherig; **4.** (jüngst) verstorben; ▶ **as** ~ **as** erst, noch; **at a** ~ **hour** zu später Stunde; **of** ~ (erst) kürzlich; **be** ~ **for s.th.** zu etw zu spät kommen; **make s.o.** ~ jdn aufhalten; jdn zu spät kommen lassen; ~ **potatoes, programme, shift** Spätkartoffeln *f pl;* Spätprogramm *n;* Spätschicht *f;* **keep** ~ **hours** lange aufbleiben; ~ **show** Spätvorstellung *f;* ~ **starter** *fig fam* Spätzünder *m;* **late·comer** ['leɪtˌkʌmə(r)] Spätkommende(r) *f m;* Nachzügler(in) *m (f);* **late·ly** ['leɪtlɪ] *adv* neulich, kürzlich; **late·ness** ['leɪtnɪs] Zuspätkommen *n;* Verspätung *f;* ▶ **the** ~ **of the hour** die späte Stunde.

latent ['leɪtnt] *adj* latent; ▶ ~ **defect** versteckter Mangel; ~ **reserves** *pl* stille Reserven *f pl.*

later ['leɪtə(r)] ⟨*Komparativ von* late⟩ *adj, adv* später; ▶ **one day** ~ einen Tag darauf; ~ **on** später *adv;* **sooner or** ~ früher oder später; **see you** ~ bis später! auf Wiedersehen!

lat·eral ['lætərəl] *adj* seitlich; ▶ ~ **thinking** laterales Denken; ~ **view** Seitenansicht *f;* ~ **wind** Seitenwind *m.*

lat·est ['leɪtɪst] ⟨*Superlativ von* late⟩ I *adj* späteste(r, s); neueste(r, s), letzte(r, s); II *adv* zuletzt; III *s* ▶ **the** ~ das Allerneueste; **at the** ~ spätestens.

lath [lɑːθ] 1. Latte *f;* Leiste *f;* 2. *pl* Lattenwerk *n.*

lathe [leɪð] Drehbank *f;* **lathe operator** Dreher(in) *m (f).*

lather ['lɑːðə(r)] I *s* 1. Schaum *m;* 2. (*Pferd*) Schweiß *m;* ▶ **in a** ~ außer Atem; erregt (*about s.th.* über etw); II *tr* einseifen; III *itr* schäumen.

Latin ['lætɪn] I *adj* 1. lateinisch; römisch; 2. romanisch; südländisch; II *s* 1. (das) Latein(ische); 2. Südländer(in) *m (f);* **Latin America** Lateinamerika *n;* **Latin American** I *adj* lateinamerikanisch; II *s* Lateinamerikaner(in) *m (f).*

lat·ish ['leɪtɪʃ] *adj, adv* etwas spät.

lati·tude ['lætɪtjuːd] 1. *fig* Spielraum *m;* 2. *geog* Breite *f;* 3. *pl* Breiten, Gegenden, Regionen *f pl.*

la·trine [lə'triːn] Latrine *f.*

lat·ter ['lætə(r)] *adj* spätere(r, s), neuere(r, s); letztere(r, s); ▶ **in these** ~ **days** in der jüngsten Zeit; **lat·ter·ly** [−lɪ] *adv* in der letzten Zeit.

lat·tice ['lætɪs] Gitter(werk) *n.*

Latvia ['lætvɪə] Lettland *n;* **Latvian** [−n] I *adj* lettisch; II *s* 1. (das) Lettisch(e); 2. Lette *m,* Lettin *f.*

laud·able ['lɔːdəbl] *adj* lobenswert.

lauda·num ['lɔːdənəm] Opiumpräparat *n.*

lauda·tory ['lɔːdətərɪ] *adj* lobend.

laugh [lɑːf, *Am* læf] I *itr* 1. lachen (*at* über; *over* bei); 2. auslachen (*at s.o.* jdn); ▶ ~ **in s.o.'s face** jdm ins Gesicht lachen; ~ **on the wrong side of one's face** enttäuscht sein; ~ **up one's sleeve** sich ins Fäustchen lachen; II *tr* lachend sagen; III *s* 1. Lachen, Gelächter *n;* 2. Spaß *m;* ▶ **have the last** ~ schließlich doch gewinnen; IV (*mit Präposition*) **laugh away, laugh off** *tr* sich lachend hinwegsetzen über; **laugh·able** [−əbl] *adj* lächerlich, lachhaft; **laugh·ing** [−ɪŋ] I *adj* lachend; ▶ **it's no** ~ **matter** das ist nicht zum Lachen; **make a** ~ **stock of s.o.** jdn lächerlich machen; II *s* Lachen *n;* **laugh·ter** ['lɑːftə(r), *Am* 'læftə(r)] Gelächter *n;* ▶ **shake with** ~ sich vor Lachen schütteln.

launch [lɔːntʃ] I *tr* 1. schleudern, werfen (*at, against* gegen); 2. (*Schiff*) vom Stapel lassen; 3. (*Boot*) aussetzen; 4. (*Rakete*) abschießen; 5. gründen; beginnen; starten; in die Wege leiten; 6. (*Menschen, Film*) lancieren; (*Buch*) herausbringen; 7. (*Produkt*) einführen, auf den

Markt bringen; 8. (*Angriff*) unternehmen, starten; II *s* 1. Stapellauf *m;* Abschuß *m;* 2. Gründung *f;* Einführung *f;* Start *m;* 3. Barkasse *f;* III (*mit Präposition*) **launch into** *tr* sich stürzen auf; angreifen; anpacken; **launch out** *itr* 1. sich aufmachen, starten; 2. sich verlegen (*in auf*); 3. sich in Unkosten stürzen; 4. anfangen (*into* mit); **launch·ing** ['lɔːntʃɪŋ] 1. (*Anleihe*) Emission *f;* 2. (*Produkt*) Einführung *f;* 3. *mar* Stapellauf *m;* 4. (*Rakete*) Abschuß *m;* **launching pad** Abschuß-, Abschußrampe *f; fig* Sprungbrett *n;* **launching site** Abschußbasis *f.*

launder ['lɔːndə(r)] I *tr* waschen (u. bügeln); II *itr* sich waschen lassen; ▶ ~ **money** Geld waschen; **laun·der·ette** [lɔːn'dret] Waschsalon *m;* **laun·dry** ['lɔːndrɪ] 1. Waschen *n;* 2. Wäsche *f;* 3. Waschküche *f;* 4. Wäscherei *f;* **laundry basket** Wäschekorb *m.*

laur·eate ['lɒrɪət] (*poet* ~) Hofdichter *m.*

laurel ['lɒrəl, *Am* 'lɔːrəl] 1. Lorbeer *m;* 2. Lorbeerkranz *m;* ▶ **rest on one's** ~**s** auf seinen Lorbeeren ausruhen.

lava ['lɑːvə] *geol* Lava *f.*

lava·tory ['lævətrɪ] Toilette *f;* Klosett *n;* **lavatory seat** Toilettensitz *m,* Brille *f.*

lav·en·der ['lævəndə(r)] *bot* Lavendel *m.*

lav·ish ['lævɪʃ] I *adj* 1. verschwenderisch (*of* mit; *in doing s.th.* bei etw); 2. reich, üppig; großzügig; II *tr* verschwenden (*on* für); ▶ ~ **s.th. on s.o.** jdn mit etw überschütten.

law [lɔː] 1. Gesetz *n;* Recht *n;* 2. Jura, Rechtswissenschaft *f;* 3. Gericht *n;* 4. Juristenberuf *m;* 5. *math gram* (Spiel)Regel *f;* 6. *fam* Polizei *f;* ▶ **according to** ~ nach dem Gesetz, gesetzmäßig; **at** ~ vor Gericht; **by** ~ von Rechts wegen; **contrary to** ~ rechtswidrig; **under the** ~ nach dem Gesetz; **become** ~ Gesetzeskraft erlangen; **go to** ~ den Rechtsweg beschreiten; **lay down the** ~ gebieterisch auftreten; **lay down the** ~ **to s.o.** jdm Vorschriften machen; **practice** ~ e-e Rechtsanwaltspraxis haben; **read, go in for** ~ Rechtswissenschaft studieren; **industrial** ~ Arbeitsrecht *n;* **international** ~ Völkerrecht *n;* **private** ~ Privatrecht *n;* **public** ~ öffentliches Recht; **maintenance of** ~ **and order** Aufrechterhaltung *f* der öffentlichen Sicherheit; ~ **of inheritance, of succession,** *Am* **of descent** Erbrecht *n;* ~ **of nations** Völkerrecht *n;* ~ **of supply and demand** Gesetz *n* von Angebot und Nachfrage.

law-abid·ing ['lɔːəˌbaɪdɪŋ] *adj* gesetzestreu; ordnungsliebend; **law-breaker** Rechtsbrecher(in) *m (f);* **law court** Gerichtshof *m;* **law·ful** ['lɔːfl] *adj* 1. gesetz-, rechtmäßig; 2. legitim; **law·ful-**

ness [—nɪs] Recht-, Gesetzmäßigkeit *f;* **law·giver** [ˈlɔːˌgɪvə(r)] Gesetzgeber *m;* **law·less** [ˈlɔːlɪs] *adj* **1.** gesetzlos, -widrig; **2.** zügellos.
lawn¹ [lɔːn] Rasen *m.*
lawn² [lɔːn] Batist *m.*
lawn·mower [ˈlɔːnˌməʊə(r)] Rasenmäher *m;* **lawn tennis** (Rasen)Tennis *n.*
law school [ˈlɔːˌskuːl] *Am* juristische Fakultät; **law student** Jurastudent(in) *m (f);* **law·suit** [ˈlɔːˌs(j)uːt] **1.** Rechtsstreit, (Zivil)Prozeß *m;* **2.** Klage *f;* ▶ **be involved, entangled in a** ~ in e-n Prozeß verwickelt sein; **law·yer** [ˈlɔːjə(r)] **1.** Jurist(in) *m (f);* **2.** Rechtsanwalt *m,* -anwältin *f.*
lax [læks] *adj* **1.** lose, locker, schlaff; **2.** *fig* (nach)lässig, lax, ungenau; ▶ ~ **bowels** *pl* Durchfall *m;* **laxa·tive** [ˈlæksətɪv] Abführmittel *n;* **lax·ity, lax·ness** [ˈlæksətɪ, ˈlæksnɪs] **1.** Lockerheit, Schlaffheit *f;* **2.** (Nach)Lässigkeit, Ungenauigkeit, Laxheit *f.*
lay¹ [leɪ] ⟨*irr* laid, laid⟩ **I** *s* Lage, Situation *f;* ▶ **the** ~ **of the land** die Beschaffenheit des Geländes; *fig* die Lage; **II** *itr* (Henne) (Eier) legen; **III** *tr* **1.** (hin-, nieder-, um)legen (*on* auf; *in* in); **2.** setzen, stellen; **3.** (*Linoleum, Eier*) legen; **4.** *fig* (*Wert, Nachdruck*) legen (*on* auf); **5.** (*Wette*) abschließen; **6.** (*den Schauplatz*) (ver)legen (*in* nach); **7.** *fig* mäßigen, beruhigen, befriedigen; **8.** (*Furcht*) beseitigen; **9.** beilegen, -messen, zuschreiben (*s.th. to s.o.* jdm etw); **10.** belasten (*s.o. with s.th.* jdn mit e-r S); **11.** festlegen, festsetzen (*at* auf); **12.** (*Feuer*) herrichten; **13.** (*den Tisch*) decken; **14.** *sl* aufs Kreuz legen; ▶ ~ **bare** bloßlegen, enthüllen, zeigen; ~ **the blame on s.o.** jdm die Schuld zuschieben; ~ **claim to** Anspruch erheben auf; ~ **s.th. at s.o.'s door** jdm etw zur Last legen, in die Schuhe schieben; ~ **eyes on** erblicken, sehen; ~ **hands on** in seinen Besitz bringen; *rel* die Hände auflegen (*s.o.* jdm); ~ **hold of** ergreifen; bekommen; ~ **great, little store upon** großen *od* viel, wenig Wert legen auf; ~ **stress, emphasis on** betonen, herausstellen; ~ **the table** den Tisch decken; **IV** (*mit Präposition*) **lay about** *itr* um sich schlagen; **lay aside, lay away** *tr* **1.** auf die Seite legen; sparen; **2.** ab-, weglegen; **lay back** *tr* **1.** zurücklegen; **2.** (*Ohren*) anlegen; **lay before** *tr* **1.** (*Plan*) unterbreiten (*s.o.* jdm); **2.** (*Klage*) vorbringen (*s.o.* bei jdm); **lay by** *tr* beiseite legen; **lay down** *tr* **1.** hin-, niederlegen; **2.** (ein)lagern, einkellern; **3.** (*Bedingung*) festlegen; **4.** (*Preise*) festsetzen; **5.** (*Kaution*) hinterlegen; **lay in** *tr* e-n Vorrat anlegen von, einkellern, stapeln; **lay into** *tr fam* verdreschen; fertigmachen; **lay off** *tr* **1.** (vorübergehend) entlassen, abbauen; **2.**

(*Arbeit*) einstellen; *itr fam* aufhören; **lay on** *tr* **1.** (*Farbe*) auftragen; **2.** *fig* sorgen für; veranstalten; (*Busse*) einsetzen; (*Wasser, Elektrizität*) anschließen; ▶ ~ **it on thick, with a trowel** *fam* übertreiben, aufschneiden; **lay open** *tr* **1.** bloß-, freilegen; **2.** *fig* aufdecken; ▶ ~ **o.s. open** sich bloßstellen; ~ **one's heart open to s.o.** jdm sein Herz ausschütten; ~ **one's head open** sich den Kopf aufschlagen; **lay out** *tr* **1.** zurechtlegen; auslegen, ausbreiten, zur Schau stellen; **2.** aufbahren; **3.** entwerfen, planen; (*Gärten*) anlegen, gestalten; (*Gebäude*) aufteilen; (*Buch*) gestalten; **4.** (*Geld*) ausgeben; **5.** *sl* (*Menschen*) erledigen; ▶ ~ **o.s. out** sich Mühe geben, sich bemühen; **lay over** *itr Am* zwischenlanden; **lay to** *itr* (*Schiff*) beidrehen; **lay up** *tr* **1.** aufheben, aufbewahren; lagern; ansammeln; **2.** (*Schiff*) auflegen; **3.** (*Auto*) einmotten; ▶ **be laid up** das Bett hüten (müssen) (*with* wegen).
lay² [leɪ] *adj* weltlich; Laien-; ▶ ~ **opinion** die öffentliche Meinung; **a** ~ **opinion** die Meinung eines Laien.
lay³ [leɪ] *v s.* lie¹.
lay·about [ˈleɪəˌbaʊt] *Br* Faulenzer(in) *m (f).*
lay·by [ˈleɪbaɪ] *Br mot* Parkbucht *f;* Rastplatz *m.*
layer [ˈleɪə(r)] **1.** Schicht *f;* Lage *f;* **2.** *bot* Ableger *m;* *agr* Setzling *m;* **3.** Legehenne *f;* ▶ **arrange in** ~**s** schichtweise anordnen; **layered** [—d] *adj* ▶ ~ **cut** (*Haare*) Stufenschnitt *m.*
lay·ette [leɪˈet] Babyausstattung *f.*
lay·man [ˈleɪmən] ⟨*pl* -men⟩ Laie *m;* Laien(welt *f*) *m pl.*
lay-off [ˈleɪɒf] **1.** Arbeitsunterbrechung, -pause *f;* **2.** Entlassung *f;* ▶ ~ **notice** Entlassungsschreiben *n;* **lay·out** [ˈleɪaʊt] **1.** Anlage *f;* Plan *m;* Anordnung, Ausgestaltung *f;* **2.** Grundriß *m;* **3.** *typ* Layout *n;* ▶ ~ **of rooms** Raumverteilung *f;* **lay·over** [ˈleɪəʊvə(r)] *Am* Fahrtunterbrechung *f;* **lay·woman** [ˈleɪwʊmən] Laie *m.*
laze [leɪz] **I** *itr* faulenzen, bummeln; **II** *tr* (~ *away*) verbummeln, vertrödeln; **III** *s* erholsame Pause; ▶ **have a** ~ faulenzen; **lazi·ness** [ˈleɪzɪnɪs] Faulheit, Trägheit *f;* **lazy** [ˈleɪzɪ] *adj* **1.** faul, träge; **2.** langsam, schwerfällig.
LCD [ˌelsiːˈdiː] *Abk:* **liquid crystal display** Flüssigkristallanzeige, LCD *f.*
lead¹ [liːd] ⟨*irr* led, led⟩ **I** *tr* **1.** führen, leiten; **2.** vorangehen (*s.o.* jdm); (*den Weg*) zeigen; **3.** veranlassen (*to* zu); **4.** anführen; an der Spitze stehen (*s.th.* gen); **5.** *mus* dirigieren; **6.** (*ein Leben*) führen; **7.** (*Kartenspiel*) ausspielen; ▶ ~ **the way** vorangehen; *fig* führend sein; ~ **a party** Parteivorsitzender sein; ~ **s.o. to do s.th.** jdn dazu bringen, etw zu tun;

~ **s.o. astray** jdn auf Abwege bringen; ~
s.o. up the garden path jdn an der Nase
herumführen, jdn betrügen; **it ~s me to
think** es läßt mich meinen; **II** *itr* **1.**
vorangehen, (an)führen; **2.** (hin)führen
(*to* zu); **3.** herbeiführen (*to s.th.* etw); **4.**
führend sein, an der Spitze stehen; **5.**
sport in Führung sein; **6.** *(Kartenspiel)*
ausspielen; ▶ ~ **nowhere** zu nichts füh-
ren, keinen Sinn, Zweck haben; ~ **to
trouble** zu Schwierigkeiten führen;
what will it ~ **to?** wohin soll das füh-
ren? **III** *s* **1.** Führung, Leitung *f;* **2.**
Beispiel *n;* **3.** Hinweis, Fingerzeig *m;* **4.**
erste Stelle; **5.** leitende Idee, Leitbild *n;*
6. *theat* Hauptrolle *f;* Hauptdarsteller
m; **7.** *sport* Vorsprung *m;* **8.** (Hunde)Lei-
ne *f;* **9.** *el* Leitung(sdraht *m*) *f;* Kabel *n;*
▶ **be in the** ~ führend sein; an der
Spitze sein; e-n Vorsprung haben (*by*
von); **have the** ~ die Führung haben;
den Ton angeben; **the police have a** ~
die Polizei hat eine Spur; **take the** ~ die
Führung übernehmen; **it's my** ~ *(Kar-
tenspiel)* ich spiele aus; **IV** *(mit Präposi-
tion)* **lead along** *tr* führen; **lead aside** *tr*
beiseite nehmen; **lead away** *tr* wegfüh-
ren; abführen; *itr* wegführen; (vom The-
ma) abführen; **lead off** *tr* abführen; *itr* **1.**
den Anfang machen; **2.** *sport* anspielen;
3. *(Straße)* abgehen; **lead on** *tr* **1.** wei-
terführen; **2.** aufziehen, necken; **3.** täu-
schen; **lead to** *itr* zur Folge haben; **lead
up** *itr* **1.** hinführen, lenken (*to* auf); **2.**
hinauswollen (*to* auf).
lead² [led] **1.** Blei *n;* **2.** Lot *n;* **3.** *(Blei-
stift)* Blei(mine *f*) *n;* **4.** *pl* Bleifassung *f;*
leaded ['ledəd] *(Kraftstoff)* verbleit;
leaden ['ledn] *adj* **1.** bleiern; bleifar-
ben; **2.** drückend, schwül; **3.** *fig* schwer-
fällig.
leader ['li:də(r)] **1.** Führer(in), Leiter(in)
m (f); Vorsitzende(r) *f m;* Anführer(in)
m (f); **2.** *(Zeitung)* Leitartikel *m;* **3.** *mus*
Konzertmeister(in) *m (f);* erste(r) Gei-
ger(in) *m (f);* **4.** *com* Schlager, Lockvo-
gel *m;* **5.** *pl (Börse)* Spitzenwerte *m pl;*
▶ **industrial, labo(u)r, party** ~ Wirt-
schafts-, Arbeiterführer(in) *m (f);* Par-
teivorsitzende(r) *f m;* **leader·ship**
[—ʃɪp] Führung, Leitung *f.*
lead-free ['ledfri:] *adj (Kraftstoff)* un-
verbleit, bleifrei.
lead·ing ['li:dɪŋ] *adj* **1.** führend, leitend;
2. erste(r, s), vorderste(r, s); ▶ **in a** ~
position in führender Position; **leading
article** Leitartikel *m;* **leading lady**
theat Hauptdarstellerin *f;* **leading light**
fig einflußreiche Persönlichkeit; **lead-
ing man** *theat* Hauptdarsteller *m;*
leading question Suggestivfrage *f.*
lead pencil ['led‚pensl] Bleistift *m.*
lead singer ['li:d‚sɪŋə(r)] Leadsänger(in)
m (f); **lead story** ['li:d‚stɔ:rɪ] Hauptarti-
kel *m;* **lead time 1.** Vorlauf-, Entwick-

lungszeit *f;* **2.** Beschaffungszeit *f.*
lead-up ['li:dʌp] Vorbereitungsphase *f.*
leaf [li:f] *(pl* leaves) [li:vz] **I** *s* **1.** *bot* Blatt
n; **2.** *(Buch)* Blatt *n;* **3.** (Metall)Blättchen
n; Metallfolie *f;* **4.** Tischklappe *f;* Türflü-
gel *m;* ▶ **come into** ~ *bot* grün werden,
ausschlagen; **take a** ~ **out of s.o.'s book**
jds Beispiel folgen; sich ein Beispiel an
jdm nehmen; **turn over a new** ~ e-n
neuen Anfang machen; **II** *itr (*~
through) durchblättern; **leaf·less**
[—lɪs] *adj* blattlos.
leaf·let ['li:flɪt] **1.** Blättchen *n;* **2.** Pro-
spekt *m;* Flug-, Merk-, Faltblatt *n.*
leafy ['li:fɪ] *adj* belaubt; grün.
league¹ [li:g] **1.** Bund *m*, Bündnis *n;* **2.**
Vereinigung, Union *f;* **3.** *sport* Liga, Ta-
belle *f;* ▶ **in** ~ verbündet *(with* mit);
they are not in the same ~ sie sind
nicht gleichwertig.
league² [li:g] Wegstunde *f (= 4,8 km).*
leak [li:k] **I** *itr* **1.** leck, undicht sein; **2.**
(Wasserhahn) tropfen; **3.** *(*~ *out)*
durchsickern *a. fig;* auslaufen; **4.** *fig (*~
out) bekanntwerden; **II** *tr* **1.** durchlas-
sen; **2.** *fig (Informationen)* weitergeben
(*to* an); ▶ ~ **to the press** an die Presse
durchsickern lassen; **III** *s* Leck *n;* un-
dichte Stelle *a. fig;* ▶ **a** ~ **to the press**
eine Indiskretion der Presse gegenüber;
spring a ~ ein Leck bekommen, undicht
werden; **leak·age** ['li:kɪdʒ] **1.** Leck
(-sein) *n;* Auslaufen *n;* **2.** durchsickernde
Flüssigkeit; **3.** *com* Leckage *f;* **4.** *fig*
Durchsickern *n;* **leaky** ['li:kɪ] *adj* leck,
undicht.
lean¹ [li:n] *(irr* leant *od* leaned, leant *od*
leaned) **I** *itr* **1.** sich neigen; **2.** sich
(an)lehnen (*against* gegen, an; *on* auf);
3. sich stützen (*on,* auf auf); **4.** e-e
Vorliebe haben (*to* für); ▶ ~ **over back-
ward(s)** *fig fam* sich mächtig anstren-
gen; ~ **towards s.th.** *fig* zu etw hinnei-
gen; **II** *tr* **1.** *(*~ *over)* schräg stellen; **2.**
lehnen (*against* an); **3.** (auf)stützen; **III** *s*
Neigung *f (to* nach); Schrägstellung *f;*
IV *(mit Präposition)* **lean back** *itr* sich
zurücklehnen; **lean forward** *itr* sich vor-
beugen; **lean on s.o. 1.** sich auf jdn
verlassen; **2.** *fam* auf jdn Druck aus-
üben; **lean out** *itr* sich hinauslehnen;
lean over *itr* **1.** sich neigen; **2.** sich
vorbeugen.
lean² [li:n] **I** *adj* **1.** mager *(a. Fleisch);*
2. hager, dürr; **II** *s* mageres Fleisch.
lean·ing ['li:nɪŋ] Neigung *f a. fig;* *fig*
Hang *m (towards* zu); **leant** [lent] *v s.*
lean¹; **lean-to** ['li:ntu:] *arch (*~ *roof)*
Pultdach *n;* Anbau *m.*
leap [li:p] *(irr* leapt *od* leaped, leapt *od*
leaped) **I** *itr* **1.** springen, hüpfen; **2.** *fig*
sich stürzen *(at* auf); ▶ ~ **for joy** Freu-
densprünge machen; **II** *tr* springen über;
überspringen; **III** *s* **1.** Sprung(weite *f*) *m;*
2. *fig* Sprung *m;* ▶ **a** ~ **in the dark** *fig*

ein Sprung ins Ungewisse; **by ~s and bounds** sprunghaft *adv;* **IV** *(mit Präposition)* **leap at** sich stürzen auf; ▶ ~ **at an opportunity** eine Gelegenheit (beim Schopf) ergreifen; **leap out** *itr* 1. hinausspringen; 2. *fig* ins Auge springen; **leap up** *itr* 1. hochspringen; 2. *(Preise)* in die Höhe schnellen; **leap-frog I** *s* Bockspringen *n;* **II** *itr* bockspringen; ▶ ~ **one's way to success** eine Blitzkarriere machen; **leapt** [lept] *v s.* *leapi;* **leapyear** Schaltjahr *n.*

learn [lɜːn] ⟨*irr* learnt *od* learned, learnt *od* learned⟩ **I** *tr* 1. (er)lernen; 2. erfahren, hören *(from* von); 3. entnehmen *(from* aus); ▶ ~ **by heart** auswendig lernen; **II** *itr* lernen, erfahren *(of* von); **learned** ['lɜːnɪd] *adj* gelehrt; wissenschaftlich; akademisch; **learner** ['lɜːnə(r)] 1. Anfänger(in) *m (f);* Lernende(r) *f m;* Lerner(in) *m (f);* 2. *mot (~ driver)* Fahrschüler(in) *m (f);* ▶ **be a slow ~** schwer lernen; **learn·ing** ['lɜːnɪŋ] 1. Bildung *f;* 2. Wissen *n;* Gelehrsamkeit *f;* **learning disability** Lernbehinderung *f;* **learning disabled** *adj* lernbehindert; **learnt** [lɜːnt] *v s.* *learn.*

lease [liːs] **I** *s* 1. Pacht *f;* Miete *f;* 2. Verpachtung *f;* Vermietung *f (to* an); 3. Pacht-, Mietvertrag *m;* ▶ **on ~, by way of ~** pacht-, mietweise; **give, let (out) on ~** verpachten, in Pacht geben; vermieten; **take on ~, take a ~ of** in Pacht nehmen, pachten; mieten; **a new ~ of life** neuer Auftrieb, Schwung; **II** *tr* 1. *(~ out)* verpachten; vermieten *(to* an); 2. pachten; mieten; **lease·hold** ['liːshəʊld] 1. gemietete Sache; 2. *(~ property)* Pachtgrundstück *n;* **leaseholder** ['liːshəʊldə(r)] Pächter *m.*

leash [liːʃ] (Hunde)Leine *f;* ▶ **keep on the ~** an der Leine führen.

leasing ['liːsɪŋ] Leasing *n;* **leasing company** Leasing-Gesellschaft *f.*

least [liːst] **I** *adj* kleinste(r, s), geringste(r, s), wenigste(r, s); **II** *adv* am wenigsten; ▶ ~ **of all** am allerwenigsten; **III** *s* 1. (der, die, das) Kleinste, Geringste; 2. (das) wenigste, mindeste; ▶ **at (the) ~** wenigstens, mindestens; **last but not ~** last not least; **not in the ~** nicht im geringsten; **to say the ~** gelinde gesagt.

leather ['leðə(r)] **I** *s* Leder *n;* **II** *adj* Leder-, ledern; **III** *tr* 1. mit Leder polieren; 2. *fam* verdreschen; **leather·ing** [—ɪŋ] Tracht *f* Prügel; **leather·neck** ['leðənek] *Am fam* Marineinfanterist *m;* **leathery** ['leðərɪ] *adj* ledern; zäh.

leave[1] [liːv] ⟨*irr* left, left⟩ **I** *tr* 1. verlassen; abreisen, abfahren, abfliegen von; 2. lassen; hinterlassen; 3. *(in einem Zustand)* lassen; 4. liegenlassen, stehenlassen; 5. *(Erbe)* hinterlassen; 6. übriglassen *(s.o.* jdm); 7. überlassen *(up to s.o.*

jdm); ▶ ~ **home** von zu Hause weggehen; ~ **one's job** seine Stelle aufgeben; **left until called for** wird abgeholt; *(Brief)* postlagernd; ~ **open** offenlassen; ~ **s.o. alone** jdn in Ruhe lassen; ~ **it at that** es dabei bewenden lassen; ~ **s.o. in the lurch** jdn im ungewissen lassen; **it ~s much to be desired** es läßt viel zu wünschen übrig; **how much is left?** wieviel ist übrig? **all he has left** alles, was er noch hat; **nothing was left for him but to go** da konnte er nur noch gehen; **let's ~ this for now** lassen wir das jetzt; **II** *itr* 1. fort-, weggehen, -fahren; 2. abfahren, -reisen *(for* nach); 3. kündigen, (die Stelle) aufgeben; 4. abgehen *(school* von der Schule); **III** *(mit Präposition)* **leave behind** *tr* zurücklassen; hinter sich lassen; **leave off** *itr* aufhören; Schluß, ein Ende machen; *tr* 1. *(Tätigkeit)* aufgeben; 2. *(Kleidungsstück)* nicht anziehen; **leave on** *tr* 1. *(Mantel)* anbehalten; 2. *(Radio, Licht)* anlassen; **leave out** *tr* 1. auslassen; übersehen; 2. (dr)außen lassen; ▶ ~ **s.o. out of the picture** *fig* jdn ausschalten; **leave over** *tr* 1. übriglassen; 2. verschieben.

leave[2] [liːv] 1. Erlaubnis *f;* 2. *mil* Urlaub *m;* 3. Abschied *m;* ▶ **on ~** auf Urlaub; **beg ~** um Erlaubnis bitten; **go on ~** in Urlaub gehen; **take one's ~** Abschied nehmen.

leaven ['levn] **I** *s* 1. Treibmittel *n;* Sauerteig *m;* 2. *fig* Auflockerung *f;* **II** *tr* 1. treiben; 2. *fig* durchsetzen *(with* mit).

leave-tak·ing ['liːvteɪkɪŋ] Abschied *m;* **leav·ing** ['liːvɪŋ] Weggang *m;* **leaving certificate** Abschlußzeugnis *n;* **leaving party** Abschiedsparty *f;* **leav·ings** ['liːvɪŋz] *pl* (Über)Reste *pl.*

lecher ['letʃə(r)] Lüstling, Wüstling *m;* **lech·er·ous** ['letʃərəs] *adj* geil; wollüstig; **lech·ery** ['letʃərɪ] Geilheit *f.*

lec·tern ['lektən] Lesepult *n.*

lec·ture ['lektʃə(r)] **I** *s* 1. Vorlesung *f;* Vortrag *m (on* über; *to* vor); 2. Strafpredigt *f;* ▶ **give a ~** e-n Vortrag halten; **lecture room, theatre** Vortrags-, Hörsaal *m;* **lecture tour** Vortragsreise *f;* **II** *itr* e-e Vorlesung halten; einen Vortrag halten *(on* über; *to s.o.* vor jdm); **III** *tr* 1. einen Vortrag halten *(s.o.* jdm); 2. abkanzeln; **lec·turer** ['lektʃərə(r)] 1. Vortragende(r) *f m,* Redner(in) *m (f);* 2. *(Universität)* Lehrbeauftragte(r) *f m;* Dozent(in) *m (f).*

led [led] *v s.* lead[1].

LED [ˌeliːˈdiː] *Abk:* **light-emitting diode** Leuchtdiode *f;* **LED-display** Leuchtdiodenanzeige *f.*

ledge [ledʒ] 1. Leiste *f;* vorspringende Kante; Sims *m od n;* 2. (Felsen)Riff *n.*

ledger ['ledʒə(r)] *com (general ~)* Hauptbuch *n;* **ledger line** *mus* Hilfslinie *f.*

lee [li:] **1.** (Wind)Schutz *m;* **2.** *mar* Lee(seite) *f.*

leech [li:tʃ] **1.** *zoo* Blutegel *m;* **2.** *fig* Schmarotzer(in) *m (f).*

leek [li:k] Lauch, Porree *m.*

leer [lɪə(r)] **I** *s* anzüglicher Blick; **II** *itr* **1.** lüstern blicken (*at* auf); **2.** schielen (*at* nach).

lee·ward ['li:wəd] Leeseite *f.*

lee·way ['li:weɪ] **1.** *mar aero* Abdrift *f;* **2.** *fig* Zeitverlust, Rückstand *m;* **3.** *fig* Spielraum *m;* ▶ **make up** ~ den Rückstand aufholen.

left[1] [left] **I** *adj* linke(r, s) *a. pol;* **II** *s* **1.** linke Seite; **2.** *(Boxen)* Linke *f;* ▶ **the** ~ *pol* die Linke; **on the** ~ links; **to the** ~ nach links; links (*of* von); **keep to the** ~ links fahren, gehen; **III** *adv* (nach) links; ▶ **turn** ~ links abbiegen.

left[2] [left] *v s. leave*[1].

left-hand ['lefthænd] *adj* linke(r, s); ▶ ~ **drive** Linkssteuerung *f;* **take the** ~ **turn** links abbiegen; **left-handed** [ˌleft'hændɪd] *adj* **1.** linkshändig; **2.** für Linkshänder; **3.** unaufrichtig, zweifelhaft; ▶ **be** ~ Linkshänder(in) sein; **left-hander** Linkshänder(in) *m (f);* **left·ist** ['leftɪst] **I** *s pol* Anhänger(in) *m (f)* der Linken; **II** *adj pol* linksgerichtet.

left-lug·gage [ˌleft'lʌgɪdʒ] *adj* ▶ ~ **office** *rail* Gepäckaufbewahrung *f;* ~ **locker** Gepäckschließfach *n;* ~ **ticket** Gepäckschein *m;* **left·overs** ['left.əuvəz] *pl* Reste, Überbleibsel *pl.*

left wing [ˌleft'wɪŋ] *pol sport* linker Flügel; **left-wing** ['leftwɪŋ] *adj* linksstehend; **left-winger** [—ə(r)] Anhänger(in) *m (f)* der Linken.

leg [leg] **I** *s* **1.** Bein *n;* **2.** *(Küche)* Keule *f;* **3.** Strumpf-, Hosenbein *n;* **4.** (Stiefel)Schaft *m;* **5.** Tisch-, Stuhlbein *n;* **6.** Stütze *f;* **7.** *(Zirkel)* Schenkel *m a. math;* **8.** *aero* Strecke, Etappe *f;* ▶ **on one's** ~s auf den Beinen; stehend; **be all** ~**s** *(Mensch)* hoch aufgeschossen sein; **be on one's last** ~**s** *fam* aus dem letzten Loch pfeifen; **give s.o. a** ~ **up** *fig* jdm unter die Arme greifen; **not to have a** ~ **to stand on** etw nicht belegen können; keine Ausrede haben; **pull s.o.'s** ~ *fam* jdn auf den Arm nehmen; **shake a** ~ *fam* sich sputen; **stand on one's own** ~s auf eigenen Füßen stehen; **stretch one's** ~s sich die Beine vertreten; **II** *tr fam* ~ **it** zu Fuß gehen.

leg·acy ['legəsɪ] Erbe *n a. fig.*

legal ['li:gl] *adj* **1.** gesetz-, rechtmäßig; **2.** rechtlich; juristisch; ▶ **take** ~ **action, measures** den Rechtsweg beschreiten, prozessieren; **take** ~ **steps against s.o.** gerichtlich gegen jdn vorgehen; ~ **advice** Rechtsberatung *f;* ~ **adviser** Rechtsberater(in) *m (f),* -beistand *m;* ~ **aid** Rechtshilfe *f;* ~ **charges** *pl* Anwaltsgebühren *f pl;* Gerichtskosten *pl;* ~

claim Rechtsanspruch *m;* ~ **costs** *pl* Rechtskosten *pl;* ~ **currency** gesetzliches Zahlungsmittel; ~ **department** Rechtsabteilung *f;* ~ **entity, person** juristische Person; ~ **force** Rechts-, Gesetzeskraft *f;* ~ **holiday** gesetzlicher Feiertag; ~ **proceedings** *pl* Gerichtsverfahren *n,* Prozeß *m;* ~ **protection** Rechtsschutz *m;* ~ **representative** gesetzlicher Vertreter; ~ **tender** gesetzliches Zahlungsmittel; ~ **validity** Rechtsgültigkeit *f;* **legal·ity** [li:'gælətɪ] Gesetz-, Rechtmäßigkeit *f;* **legal·iz·ation** [ˌli:gəlaɪ'zeɪʃn] Legalisierung *f;* **legalize** ['li:gəlaɪz] *tr* legalisieren; **legal·ly** ['li:gəlɪ] *adv* **1.** legal; **2.** *(verheiratet)* rechtmäßig; **3.** *(verankert)* gesetzlich; **4.** *(beraten)* juristisch; ▶ ~ **speaking** vom rechtlichen Standpunkt aus; ~ **valid** rechtsgültig.

leg·ate ['legɪt] *rel* Legat *m.*

leg·ation [lɪ'geɪʃn] Gesandtschaft *f.*

leg·end ['ledʒənd] **1.** Legende *f;* **2.** *(Münze)* Aufschrift *f;* **3.** Bilderklärung *f,* Bildtext *m;* Legende *f;* **leg·end·ary** ['ledʒəndrɪ] *adj* legendär.

leger·de·main [ˌledʒədə'meɪn] (Taschenspieler)Kunststück *n;* Trick *m.*

leg·gings ['legɪŋz] *pl* (lange) Gamaschen; Leggings *f pl;* **leggy** ['legɪ] *adj* langbeinig.

leg·ible ['ledʒəbl] *adj* lesbar; leserlich.

legion ['li:dʒən] Legion *f a. fig;* ▶ **the Foreign** L~ die Fremdenlegion; **legion·ary** ['li:dʒənərɪ] Legionär *m.*

legis·late ['ledʒɪsleɪt] *itr* Gesetze erlassen; ▶ ~ **for s.th.** etw berücksichtigen; **legis·la·tion** [ˌledʒɪs'leɪʃn] Gesetzgebung *f;* **legis·lat·ive** ['ledʒɪslətɪv] *adj* gesetzgebend; ▶ ~ **reform** Gesetzesreform *f;* **legis·la·tor** ['ledʒɪsleɪtə(r)] Gesetzgeber *m;* **legis·la·ture** ['ledʒɪsleɪtʃə(r)] Legislative *f.*

le·git·imacy [lɪ'dʒɪtɪməsɪ] **1.** Gesetzmäßigkeit, Legitimität *f;* **2.** Ehelichkeit *f;* **le·git·imate** [lɪ'dʒɪtɪmət] *adj* **1.** recht-, gesetzmäßig; **2.** legitim; **3.** ehelich; **le·git·imize** [lɪ'dʒɪtɪˌmaɪz] *tr* **1.** legitimieren; **2.** für ehelich erklären.

leg·room ['legrʊm] Beinfreiheit *f,* Platz *m* für die Beine.

leg·ume ['legju:m] **1.** Hülse(nfrucht) *f;* **2.** *pl* Gemüse *n;* **leg·umin·ous** [lɪ'gju:mɪnəs] *adj* Hülsen-.

lei·sure ['leʒə(r)] Muße, Freizeit *f (for* zu); ▶ **at** ~ unbeschäftigt, frei; in (aller) Ruhe; **at one's** ~ wenn man Zeit hat; wenn es einem paßt; **gentleman of** ~ Privatier *m;* **lady of** ~ nicht berufstätige Frau; **leisure activities** *pl* Freizeitgestaltung *f;* **lei·sured** ['leʒəd] *adj* ▶ **the** ~ **classes** die feinen Leute; **leisure hours** *pl* Mußestunden *f pl;* **lei·sure·ly** ['leʒəlɪ] **I** *adj* gemächlich, ruhig; **II** *adv* ohne Eile; in (aller) Ruhe; **leisure time**

Freizeit *f;* **leisure wear** Freizeitkleidung *f.*
lem·ming ['lemɪŋ] Lemming *m.*
lemon ['lemən] **I** *s* 1. Zitrone *f;* 2. (~ *tree)* Zitronenbaum *m;* 3. *fig* Niete *f;* **II** *adj* zitronengelb; **lemon·ade** [ˌleməˈneɪd] Limonade *f;* **lemon curd, cheese** *Br* Zitronenmus *n;* **lemon juice** Zitronensaft *m;* **lemon-peel, lemon-rind** Zitronenschale *f;* **lemon squash** *Br* Sodawasser *n* mit Zitrone; Zitronensirup *m;* **lemon squeezer** Zitronenpresse *f.*
lend [lend] ⟨*irr* lent, lent⟩ *tr* 1. (aus-, ver)leihen (*at interest* auf Zinsen); 2. zur Verfügung stellen; 3. *(Eigenschaft)* geben, verleihen; ▶ ~ **o.s. to s.th** sich zu etw hergeben, etw mitmachen; ~ **itself to** sich eignen zu, für; ~ **a (helping) hand** behilflich sein; **lender** ['lendə(r)] Aus-, Verleiher *m;* **lend·ing** ['lendɪŋ] 1. (Aus-, Ver)Leihen *n;* 2. Darlehens-, Kreditgewährung *f;* Darlehen *n;* ▶ ~ **business** Kreditgeschäft *n;* ~**-library** Leihbibliothek, -bücherei *f.*
length [leŋθ] 1. Länge *f;* Strecke *f;* 2. Dauer *f;* 3. *(Stoff)* Stück *n; (Tapete)* Bahn *f;* 4. *sport* (Pferde-, Boots)Länge *f;* ▶ **at** ~ schließlich, endlich; ausführlich; ungekürzt; **by a** ~ *sport* um e-e Länge; **full** ~ der Länge nach; **three feet in** ~ drei Fuß lang; **go to any** ~ vor nichts zurückschrecken; **go to great** ~**s** *fig* sehr weit gehen; alles Erdenkliche tun; **keep s.o. at arm's** ~ Abstand zu jdm wahren, jdn auf Distanz halten; **lengthen** ['leŋθən] **I** *tr* verlängern; **II** *itr* länger werden; **length·ways, length·wise** ['leŋθweɪz, 'leŋθwaɪz] *adv* der Länge nach; **lengthy** ['leŋθɪ] *adj* weitschweifig, langatmig, langweilig; ziemlich lang.
leni·ence, leni·ency ['liːnɪəns(ɪ)] Milde, Nachsicht *f;* **leni·ent** ['liːnɪənt] *adj* mild(e), nachsichtig (*towards* gegen).
lens [lenz] 1. Linse *f;* 2. (Brille) Glas *n;* 3. *phot* Objektiv *n.*
lent [lent] *v s. lend.*
Lent [lent] Fastenzeit *f.*
len·til ['lentl] *bot* Linse *f.*
Leo ['liːəʊ] *astr* Löwe *m;* **leo·nine** ['liːənaɪn] *adj* Löwen-.
leop·ard ['lepəd] *zoo* Leopard *m.*
leo·tard ['liːətɑːd] Trikot *n;* Gymnastikanzug *m.*
leper ['lepə(r)] Leprakranke(r), Aussätzige(r) *f m;* **lep·rosy** ['leprəsɪ] Lepra *f,* Aussatz *m;* **lep·rous** ['leprəs] *adj* leprakrank, aussätzig.
les·bian ['lezbɪən] **I** *adj* lesbisch; **II** *s* Lesbierin *f.*
lese-maj·esty [ˌleɪzˈmædʒɪstɪ] Majestätsbeleidigung *f;* Hochverrat *m.*
lesion ['liːʒn] 1. *med* Verletzung *f;* 2. *jur* Schädigung *f.*

less [les] **I** *adj* kleiner, geringer, weniger; **II** *adv* weniger, in geringerem Maße; **III** *s* (der, die das) Kleinere, Geringere, Wenigere; kleinerer Betrag; **IV** *prep* abzüglich *gen,* weniger; **V** *(Wendungen)* **for** ~ für weniger; **no** ~, **nothing** ~ nicht wenig (*than* als); **no** ~ **than** ebensogut wie; **none the** ~ nichtsdestoweniger.
les·sen ['lesn] **I** *tr* 1. vermindern; 2. herabsetzen, verkleinern; **II** *itr* 1. weniger werden; 2. abnehmen, nachlassen.
les·ser ['lesə(r)] *attr adj* kleiner, geringer; ▶ **to a** ~ **extent** in geringerem Maße; **the** ~ **crime** das weniger schlimme Verbrechen.
les·son ['lesn] 1. *(Schule)* Übung, Aufgabe, Lektion *f;* 2. Schularbeit *f;* 3. Lehr-, Unterrichtsstunde *f;* 4. Lehre *f;* Denkzettel *m;* 5. *pl* Kurs(us) *m;* Unterricht *m;* ▶ **give s.o. a** ~ jdm e-e Lehre erteilen; **give** ~**s** Unterricht geben; **let this be a** ~ **to you!** laß dir das e-e Lehre sein!
lest [lest] *conj* 1. aus Furcht, daß; 2. damit, daß nicht; 3. im Fall, daß; falls; 4. daß.
let[1] [let] ⟨*irr* let, let⟩ **I** *tr* 1. lassen; 2. *mit inf* zulassen, daß; erlauben zu, daß; 3. einweihen (*into a secret* in ein Geheimnis); ▶ ~ **s.o. do s.th.** jdn etw tun lassen; **we cannot** ~ **that happen** wir dürfen nicht zulassen, daß das passiert; ~ **me help you** kann ich Ihnen helfen? ~ **s.o. know** jdm Bescheid sagen; ~ **s.o. alone** jdn in Ruhe lassen; ~ **alone** geschweige denn, gar nicht zu reden von; ~ **in Ruhe lassen**; ~ **blood** einen Aderlaß machen; ~ **drop, fall** fallen lassen; ~ **fly** werfen, feuern; schleudern; *fig* vom Stapel lassen; loswettern; ~ **go** gehen lassen; loslassen; bleibenlassen; vernachlässigen; ~ **o.s. go** sich gehenlassen; ~ **it go at that** es dabei bewenden lassen; ~ **pass** übersehen, nicht beachten; durchlassen; ~ **slip** loslassen; *(Gelegenheit)* sich entgehen lassen, verpassen; *(Tatsache)* ausplaudern; ~**'s go!** gehen wir! ~**'s talk it over** laß uns darüber reden; ~ **us pray** lasset uns beten; ~ **us suppose** ... nehmen wir an ...; ~ **me know** laß es mich wissen! ~ **me think** ... warte mal ...; **II** *(mit Präposition)* **let by** *tr* vorbeilassen; **let down** *tr* 1. herunterlassen; 2. im Stich lassen; enttäuschen; 3. *(Reifen)* die Luft herauslassen (aus); ▶ ~ **one's hair down** *fig* aus sich herausgehen; **let in** *tr* 1. hinein-, hereinlassen; 2. *(Wasser)* durchlassen; 3. einweihen (*on* in); 4. *(Nähen)* einsetzen; ▶ ~ **o.s. into the house** die Haustür aufschließen; ~ **o.s. in for s.th.** sich etw einbrocken; ~ **s.o. in on s.th.** jdn in etw einweihen; **let off** *tr* 1. *(Dampf)* ablassen; 2. *(Gewehr)*

abfeuern; *(Pfeil)* abschießen; *(Bombe)* hochgehen lassen; **3.** aus-, absteigen lassen, absetzen *(s.o.* jdn); **4.** entwischen lassen; ▶ ~ **s.o. off s.th.** jdm etw erlassen; **let on** *tr fam* durchblicken lassen; ▶ **not to ~ on** sich nichts anmerken lassen; **let out** *tr* **1.** heraus-, hinauslassen; **2.** *(Flüssigkeit)* auslaufen lassen; **3.** *(Kleidungsstück, Saum)* auslassen; **4.** aussteigen lassen; absetzen; **5.** *(Gefangenen)* entlassen; **6.** ausplaudern, verraten; **7.** *(Schrei)* ausstoßen; ▶ ~ **the cat out of the bag** die Katze aus dem Sack lassen; **that ~s him out of it** da kommt er schon mal nicht in Frage; **let up** *itr* nachlassen; aufhören; ▶ ~ **up on s.o.** jdm etw nachsehen.

let² [let] **I** *s* Vermietung *f;* ▶ **look for a ~** eine Wohnung suchen; **have a house on a ~** ein Haus gemietet haben; **II** *tr (~ out)* vermieten; ▶ **to ~!** zu vermieten!

let³ [let] **1.** *(Tennis)* Netzball *m;* **2.** ▶ **without ~ or hindrance** *jur* ungehindert.

let-down ['letdaun] *fam* Enttäuschung *f.*
lethal ['li:θl] *adj* tödlich.
leth·ar·gic [lɪ'θɑːdʒɪk] *adj* träge; energielos; interessenlos; lethargisch; **leth·ar·gy** ['leθədʒɪ] Energielosigkeit *f;* Interessenlosigkeit *f;* Lethargie *f.*
let·ter ['letə(r)] **I** *s* **1.** Buchstabe *m;* **2.** *typ* Letter, Type *f;* **3.** Brief *m;* Schreiben *n (to* an); **4.** *pl* Literatur *f;* Schrifttum *n;* ▶ **by ~** brieflich; **to the ~** ganz genau; **capital ~** Großbuchstabe *m;* **man of ~s** Literat, Schriftsteller *m;* **~ of application** Bewerbungsschreiben *n;* **~ of thanks** Dankschreiben *n;* **II** *tr* beschriften; **letter bomb** Briefbombe *f;* **letter-box** *Br* Briefkasten *m;* **letter-card** Briefkarte *f;* **let·ter·head** ['letəhed] Briefkopf *m;* **let·ter·ing** ['letərɪŋ] Beschriftung *f;* **let·ter·press** ['letəpres] Buch-, Hochdruck *m;* **letter quality** *EDV* Briefqualität *f;* **letter quality printer** Schönschreibdrucker *m.*
let·tuce ['letɪs] *bot* Lattich *m;* Kopfsalat *m.*
let-up ['letʌp] **1.** Nachlassen *n;* **2.** Pause *f.*
leu·co·cyte, leu·ko·cyte ['lu:kəsaɪt] weißes Blutkörperchen, Leukozyt *m;* **leu·k(a)e·mia** [luːˈkiːmɪə] *med* Leukämie *f.*
level ['levl] **I** *s* **1.** Ebene *f a. fig;* **2.** gleiche Höhe; **3.** Pegel *m;* (Meeres)Höhe *f;* **4.** Niveau *n a. fig,* Stand *f;* **5.** *(Gebäude)* Geschoß *n;* **6.** Libelle, Wasserwaage *f;* **7.** Anteil *m;* Alkoholspiegel *m;* **8.** *fig* Platz, Stand *m;* Stufe *f;* ▶ **on a ~ with** auf gleicher Höhe, *fig* Stufe mit, wie; **on the ~** *fam* offen und ehrlich, gerade; **on a high, low ~** auf hohem, niedrigem Niveau; **peak ~** Höhepunkt *m;* Preisspitze *f;* **price ~** Preisniveau *n;* **salary ~** Gehaltsstufe *f;* **sea ~** Meeresspiegel *m;*

above/below sea ~ über/unter dem Meeresspiegel; **subsistence ~** Existenzminimum *n;* **wage ~** Lohnniveau *n;* **~ of activity** Beschäftigungsgrad *m;* **~ of employment** Beschäftigungsgrad *m;* **~ of performance** Leistungsniveau *n;* **~ of production** Produktionsniveau *n;* **II** *adj* **1.** eben, flach; waagerecht; **2.** gleich hoch; **3.** *fig* von gleicher Bedeutung; gleich(wertig); gleich gut; **4.** ruhig, vernünftig, ausgeglichen; ▶ **be ~ with s.th.** so hoch sein wie etw; **do one's ~ best** sein möglichstes tun; **have a ~ head** ausgeglichen sein; **he keeps a ~ head** er behält e-n klaren Kopf; **III** *adv* auf gleicher Ebene (*with* wie); **IV** *tr* **1.** planieren, ebnen; **2.** *(~ off)* einebnen, nivellieren; **3.** *(Gebäude)* einreißen; **4.** *(Stadt)* dem Erdboden gleichmachen; **5.** *(Schlag)* versetzen (*at s.o.* jdm); **6.** *(Gewehr)* anlegen, in Anschlag bringen (*at* auf); **7.** *fig (Anklage, Blick)* richten (*at, against* gegen); **V** *(mit Präposition)* **level down** *tr* **1.** einebnen; **2.** *fig* erniedrigen; **3.** *(Preis)* senken; herabsetzen; **4.** nach unten ausgleichen; **level off, level out** *tr* **1.** einebnen, planieren; **2.** *fig* ausgleichen; *itr* **1.** *(Gelände)* eben, flach werden; **2.** *fig* sich einpendeln; **3.** *aero* das Flugzeug abfangen; *(Flugzeug)* sich fangen; horizontal fliegen; **level up** *tr* erhöhen; nach oben ausgleichen; **level with** *sl* offen reden mit.
level cross·ing [ˌlevlˈkrɒsɪŋ] *Br* schienengleicher Bahnübergang; **level-headed** [ˌlevlˈhedɪd] *adj* ausgeglichen; vernünftig, überlegt; **level·ling, Am level·ing** ['levlɪŋ] **1.** Planieren *n;* **2.** *(~ of incomes)* Einkommensnivellierung *f;* **3.** Ausgleich *m;* **level peg·ging** [ˌlevlˈpegɪŋ] *adj* **1.** *sport* punktgleich; **2.** *fig* gleichgestellt.
lever ['liːvə(r), *Am* 'levə(r)] **I** *s* **1.** Hebel *m;* **2.** Brechstange *f;* **3.** *fig* Druckmittel *n;* **II** *tr* mit e-r Brechstange, einem Hebel heben; **III** *(mit Präposition)* **lever out** *tr* **1.** herausstemmen; **2.** *(aus einer Stellung)* verdrängen; **lever·age** [—ɪdʒ] **1.** Hebelansatz *m,* -wirkung *f;* **2.** *fig* Macht *f,* Einfluß *m.*
lev·er·et ['levərɪt] Häschen *n.*
lev·ia·than [lɪˈvaɪəθən] Monstrum *n.*
levi·tate ['levɪteɪt] **I** *itr* (frei) schweben; **II** *tr* zum Schweben bringen.
lev·ity ['levɪtɪ] Leichtfertigkeit *f.*
levy ['levɪ] **I** *s* **1.** Abgabe, Steuer *f;* **2.** Steuereintreibung *f;* **3.** *(~ of execution)* Zwangsvollstreckung *f;* **4.** *fin com* Abschöpfung *f;* **5.** *mil* Aushebung, Rekrutierung *f;* **II** *tr* **1.** *(Steuer)* erheben; **2.** *(Geldstrafe)* auferlegen (*on s.o.* jdm); **3.** *(Pfändung)* betreiben, vornehmen; **4.** *mil* ausheben, rekrutieren; **5.** *(Güter)* einziehen; **6.** *(Krieg)* beginnen (*on* gegen).

lewd [lju:d] *adj* geil; anzüglich; unanständig; **lewd·ness** [—nıs] Lüsternheit *f;* Anzüglichkeit *f;* Unanständigkeit *f.*
lexi·cal ['leksıkl] *adj* lexikalisch; **lexi·cogra·pher** [ˌleksı'kɒgrəfə(r)] Lexikograph(in) *m (f);* **lexi·cogra·phy** [ˌleksı'kɒgrəfı] Lexikographie *f;* **lexi·col·ogy** [ˌleksı'kɒlədʒı] Lexikologie *f;* **lexi·con** ['leksıkən] 1. Wörterbuch, Lexikon *n;* 2. Fachwörterbuch *n;* 3. Morpheme *n pl* e-r Sprache; **lexis** ['leksıs] Gesamtwortschatz *m.*
lia·bil·ity [ˌlaıə'bılətı] 1. Haftung *f;* 2. Belastung *f;* 3. Pflicht *f;* 4. Anfälligkeit *f* (*to* für); 5. *pl* Verbindlichkeiten *f pl;* Passiva *n pl;* ▶ **without** ~ unverbindlich; ~ **for tax** Steuerpflicht *f;* **assets and liabilities** *pl* Aktiva u. Passiva *pl;* ~ **for damages** (Schaden)Ersatzpflicht *f;* ~ **for defects** Mängelhaftung *f;* ~ **insurance** Haftpflichtversicherung *f;* **li·able** ['laıəbl] *adj* 1. verpflichtet (*for* zu); haftbar (*for* für); 2. ausgesetzt, unterworfen (*to s.th.* e-r S); 3. neigend (*to* zu); ▶ **be** ~ **for s.th.** für etw haften; e-r S unterliegen; ~ **for damages, tax** schadenersatzpflichtig, steuerpflichtig; **he is** ~ **to change his mind** es kann durchaus sein, daß er es sich anders überlegt; **the car is** ~ **to break down** man muß mit einer Autopanne rechnen; **it's** ~ **to happen** das ist durchaus möglich.
li·aise [lı'eız] *itr* Verbindung aufnehmen (*with* mit); Verbindungsmann sein (*with* zu); **li·aison** [lı'eızn] 1. Verbindung *f;* 2. Verbindungsmann *m;* 3. (Liebes)Verhältnis *n,* Liaison *f;* 4. *gram* Bindung *f;* **liaison officer** Verbindungsperson *f.*
li·ana, li·ane [lı'ɑ:nə] *bot* Liane *f.*
liar ['laıə(r)] Lügner(in) *m (f).*
lib [lıb] ▶ **women's** ~ *fam* Frauenbewegung *f.*
li·bel ['laıbl] **I** *s* (öffentliche) Verleumdung *f;* Beleidigung *f* (*upon* gen); ▶ **be a** ~ **on s.o.** für jdn beleidigend sein; **action for** ~ Verleumdungsklage *f;* **II** *tr* (öffentlich) verleumden; **li·bel·lous,** *Am* **li·bel·ous** ['laıbələs] *adj* verleumderisch, beleidigend.
lib·eral ['lıbərəl] **I** *adj* 1. freigebig, großzügig (*of* mit); 2. aufgeschlossen, tolerant; 3. *a.* pol liberal; **II** *s* Liberale(r) *f m;* **liberal arts** *pl* Geisteswissenschaften *f pl;* **liberal education** Unterricht *m* in den allgemeinbildenden Fächern; **lib·eral·ism** [—ızəm] Liberalismus *m;* **lib·er·al·ity** [ˌlıbə'rælətı] 1. Freigebigkeit, Großzügigkeit *f;* 2. Aufgeschlossenheit *f;* **lib·eral·iz·ation** [ˌlıbrəlaı'zeıʃn] Liberalisierung *f;* **lib·eral·ize** ['lıbrəlaız] *tr* liberalisieren.
lib·er·ate ['lıbəreıt] *tr* 1. freilassen, befreien (*from* von); 2. emanzipieren; 3. *chem* freimachen; **lib·er·ation** [ˌlıbə'reıʃn] Befreiung, Freilassung *f;*

▶ **women's** ~ **movement** Frauenbewegung *f;* **liberation organization** Befreiungsorganisation *f;* **lib·er·ator** ['lıbəreıtə(r)] Befreier(in) *m (f).*
lib·er·tine ['lıbəti:n] Wüstling *m.*
liberty ['lıbətı] 1. Freiheit *f;* 2. *oft pl* (Vor)Recht(e *pl*) *n;* Freiheiten *f pl;* ▶ **at** ~ frei; unbenützt; **be at** ~ frei sein; **be at** ~ **to do** freie Hand haben zu tun; **set at** ~ freilassen; **take the** ~ **of doing, to do** sich die Freiheit herausnehmen zu tun; **take liberties** sich Freiheiten herausnehmen (*with s.o.* gegen jdn); **I take the** ~ Ich erlaube mir; **you are at** ~ **to leave** Sie können gehen; **civil liberties** *pl* bürgerliche (Ehren)Rechte *n pl;* ~ **of action** Handlungsfreiheit *f;* ~ **of conscience** Gewissensfreiheit *f;* ~ **of trade** Gewerbefreiheit *f.*
li·bid·in·ous [lı'bıdınəs] *adj* wollüstig; unzüchtig, obszön; **li·bido** [lı'bi:dəʊ] Geschlechtstrieb *m,* Libido *f.*
Libra ['li:brə] *astr* Waage *f;* **Lib·ran** ['li:brən] *astr* Waage(mensch *m*) *f.*
li·brar·ian [laı'breərıən] Bibliothekar(in) *m (f);* **li·brary** ['laıbrərı] Bibliothek, Bücherei *f;* Sammlung *f;* ▶ **reference** ~ Präsenzbibliothek *f.*
li·bretto [lı'bretəʊ] ⟨*pl* -brettos⟩ *mus* Text(buch *n*) *m.*
li·cence, *Am* **li·cense** ['laısns] 1. Erlaubnis, Bewilligung, Genehmigung *f;* 2. Lizenz *f;* 3. Konzession *f;* Gewerbeschein *m;* 4. Führerschein *m;* Jagdschein *m;* Waffenschein *m;* 5. Rundfunk-, Fernsehgenehmigung *f;* 6. Hundemarke *f;* 7. Freiheit *f;* 8. Zügellosigkeit *f;* ▶ **under** ~ **from** mit Erlaubnis, Genehmigung gen; **give, grant a** ~ e-e Lizenz, e-e Konzession erteilen; **requiring a** ~, **subject to a** ~ genehmigungs-, konzessionspflichtig; *Am* **driver's,** *Br* **driving** ~ Führerschein *m;* **licence number** *mot* (Kraftfahrzeug)Kennzeichen *n;* Zulassungsnummer *f;* **licence plate** *mot* Nummernschild *n;* **li·cense** ['laısəns] **I** *s Am s. licence;* **II** *tr* 1. erlauben, gestatten, genehmigen; 2. e-e Lizenz, e-e Konzession erteilen (*s.o.* jdm); ▶ ~ **a car** Kraftfahrzeugsteuer bezahlen; **be ~d to do s.th** die Genehmigung haben, etw zu tun; **li·censed** ['laısnst] *adj* konzessioniert; ▶ **fully** ~ mit voller Schankerlaubnis; ~ **victualler** Inhaber *m* e-r Konzession zum Verkauf von Alkohol; **li·cen·see** [ˌlaısən'si:] Lizenznehmer(in) *m (f);* Konzessionsinhaber(in) *m (f);* **li·cens·er** ['laısnsə(r)] Lizenz-, Konzessionsgeber(in) *m (f);* **li·cens·ing** ['laısənsıŋ] *adj* Konzessions-; Lizenz-; **licensing hours** *pl* Ausschankzeiten *f pl;* **licensing laws** *pl* Schankgesetze *n pl.*
li·cen·tiate [laı'senʃıət] Lizentiat *m.*
li·cen·tious [laı'senʃəs] *adj* ausschwei-

fend.

li·chen ['laɪkən] *bot* Flechte *f.*

lick [lɪk] **I** *tr* 1. (auf-, ab-, be)lecken; 2. *fam* verdreschen; 3. *fam (Menschen)* fertigmachen; besiegen; ► ~ **one's lips** *fig* sich die Lippen lecken; ~ **into shape** *fam* auf Hochglanz, in Form bringen; ~ **s.o.'s boots** *fig* vor jdm kriechen; **II** *itr (Flamme)* züngeln; ~ **at s.th.** an etw lecken; **III** *s* 1. Lecken *n;* 2. ein bißchen; Schuß, Spritzer *m;* 3. *(salt-~)* Salzlecke *f;* 4. *fam* tolles Tempo; ► **at full ~** *sl* mit Höchstgeschwindigkeit; **a ~ and a promise** Katzenwäsche *f;* **lick·ing** [—ɪŋ] 1. (Ab)Lecken *n;* 2. *fam* Niederlage *f;* 3. *fam* Dresche *f.*

licor·ice ['lɪkərɪs] *s. liquorice.*

lid [lɪd] 1. Deckel *m;* 2. (Augen)Lid *n;* 3. *sl* Deckel, Hut *m;* ► **take the ~ off** *fig* enthüllen; **with the ~ off** unverhüllt, ohne Beschönigung.

lido ['liːdəʊ] ⟨*pl* lidos⟩ Strand-, Freibad *n.*

lie¹ [laɪ] ⟨*irr* lay, lain⟩ **I** *itr* 1. liegen *a. fig;* 2. *(Straße)* führen, verlaufen; 3. (begraben) liegen, ruhen; 4. obliegen *(on s.o.* jdm); 5. *fig* beruhen *(in* auf); 6. bestehen *(in* in); ► ~ **in ambush** auf der Lauer liegen; ~ **at anchor** vor Anker liegen; ~ **in bed** im Bett liegen; ~ **idle** müßig sein, nichts tun; stilliegen, nicht benützt werden; ~ **low** am Boden liegen; *sl* nichts verlauten lassen; ~ **open to s.th.** e-r S ausgesetzt sein; **take s.th. lying down** *(Beleidigung)* etw wortlos schlucken; **everything that ~s in my power** alles, was in meiner Macht steht; **II** *s* Lage *f;* ► **the ~ of the land** die Beschaffenheit des Geländes; *fig* die Lage; **III** *(mit Präposition)* **lie about** *itr* herumliegen; **lie back** *itr* 1. sich zurücklegen; sich zurücklehnen; 2. *fig* nichts tun; sich ausruhen; **lie behind** *itr fig* dahinterliegen; **lie down** *itr* sich hinlegen; ► ~ **down under s.th.** etw widerspruchslos hinnehmen; ~ **down on the job** *Am fam* e-e ruhige Kugel schieben; **lie in** *itr* bis spät in den Morgen hinein im Bett bleiben; **lie off** *itr mar* in geringer Entfernung liegen; **lie over** *itr* aufgeschoben sein; ► **let ~ over** aufschieben, liegenlassen; **lie to** *itr mar* beiliegen; **lie under** *itr* unterstehen; ► ~ **under an obligation** e-e Verpflichtung haben; **lie up** *itr* sich zurückziehen; verschwinden; das Zimmer hüten (müssen); unbenutzt sein.

lie² [laɪ] **I** *itr* 1. lügen; 2. e-n falschen Eindruck erwecken, täuschen; ► ~ **to s.o.** jdn anlügen; ~ **through one's teeth** lügen wie gedruckt; **II** *tr* ► ~ **o.s., one's way out of** sich herauslügen aus; **III** *s* Lüge, Unwahrheit *f;* ► **act a ~ to s.o.** falsche Vorstellungen in jdm erwecken; **give s.o. the ~** jdn Lügen strafen; **give s.th. the ~** etw widerlegen; **tell a ~** lügen; **lie-detector** Lügendetektor *m.*

lie-down [,laɪ'daʊn] *Br* kurze (Bett)Ruhe *f;* **lie-in** [,laɪ'ɪn] Bettruhe *f* bis tief in den Morgen hinein; ► **have a ~** ausschlafen.

lieu [luː] ► **in ~ of** anstatt, an Stelle *gen.*

lieu·ten·ant [lef'tenənt, *Am* luː'tenənt] 1. Leutnant *m; Br* Oberleutnant; *mar Br* Kapitänleutnant *m;* 2. Statthalter *m;* ► **flight ~** *aero Br* Hauptmann *m.*

life [laɪf] ⟨*pl* lives⟩ [laɪvz] 1. Leben *n;* 2. Lebenszeit *f;* 3. Lebensgeschichte, Biographie *f;* 4. Lebensweise, -führung *f;* 5. Lebensdauer *f a. tech;* 6. Schwung *m,* Lebenskraft *f;* 7. *jur* Geltungsdauer *f;* Laufzeit *f;* ► **as large as ~** in Lebensgröße; *fam* in Person; **for ~** auf Lebenszeit; lebenslänglich; **for dear ~** um sein Leben *(laufen);* **not on your ~!** todsicher nicht! **late in ~** in vorgerücktem Alter; **in the prime of one's ~** im besten Alter, in den besten Jahren; **to the ~** lebenswahr, -echt *adv;* **bring to ~** ins Leben rufen; beleben; *fam* in Schwung bringen; **bring back to ~** wiederbeleben; **come to ~** in Schwung kommen; wieder zu sich kommen; **take s.o.'s, one's own ~** jdm, sich das Leben nehmen; **he had the time of his ~** er amüsierte sich bestens; **danger of ~** Lebensgefahr *f;* **(mean) duration of ~** (mittlere) Lebensdauer *f;* **economic ~** Nutzungsdauer *f;* **expectation of ~** Lebenserwartung *f;* **experience in ~** Lebenserfahrung *f;* **family ~** Familienleben *n;* **this is a matter of ~ and death** hier geht es um Leben und Tod; **life annuity** Leibrente *f;* **life·belt** ['laɪfbelt] Rettungsring *m;* **life·boat** ['laɪfbəʊt] Rettungsboot *n;* **life·buoy** ['laɪfbɔɪ] Rettungsboje *f;* **life expectancy** 1. Lebenserwartung *f;* 2. geschätzte Nutzungsdauer; **life·guard** ['laɪfgɑːd] 1. Leibwache *f;* 2. Rettungsschwimmer *m;* 3. Bademeister *m;* **life history** Lebensgeschichte *f;* **life insurance, assurance** Lebensversicherung *f;* **life jacket** Schwimmweste *f;* **lifeless** ['laɪflɪs] *adj* 1. leblos; unbelebt; 2. *fig* matt, flau, trüb; **life·like** ['laɪflaɪk] *adj* echt; naturgetreu; **life·line** ['laɪflaɪn] *mar* 1. Rettungsleine *f;* 2. Lebenslinie *f (in der Hand);* 3. lebenswichtige Versorgungs-, Verbindungslinie; **life·long** ['laɪflɒŋ] *adj* auf Lebenszeit; **life preserver** 1. *Am* Rettungsring, Schwimmgürtel *m,* -weste *f;* 2. *Br* Totschläger *m;* **lifer** ['laɪfə(r)] *sl* Lebenslängliche(r) *f m;* **life-raft** Rettungsfloß *n;* **life-saver** Lebensretter(in) *m (f);* Rettungsschwimmer(in) *m (f); fig* rettender Engel; **life-sentence** lebenslängliche Freiheitsstrafe; **life-size(d)** ['laɪfsaɪz(d)] *adj* lebensgroß, in Lebensgröße; **life-span** 1. *com* Lebensdauer *f;* 2. *(Mensch)* Lebenserwartung *f;* 3.

Laufzeit *f;* **life support system** *med* Lebenserhaltungssystem *n;* **life·time** ['laɪftaɪm] Lebenszeit *f;* ▶ **the chance of a** ~ eine einmalige Chance; **in, during s.o.'s** ~ zu jds Lebzeiten; **once in a** ~ einmal im Leben; einmalig; **life·work** [‚laɪf'wɜːk] Lebenswerk *n.*

lift [lɪft] **I** *tr* **1.** (auf-, in die Höhe) heben; **2.** *(Augen)* aufschlagen; nach oben erheben; **3.** hochhalten, in die Höhe halten; **4.** *(Hut)* ziehen; **5.** *fig* befördern, erhöhen *(a. Preis);* **6.** *(Stimme)* erheben; **7.** *(Stimmung)* heben; **8.** *(Gesicht, Busen)* liften; **9.** *(Kartoffeln)* ernten, roden; **10.** *(Sperre)* aufheben; **11.** *fam* abschreiben, plagiieren; klauen; **12.** *sl* verhaften; ▶ **not to** ~ **a finger** *fig* keinen Finger rühren, krümmen; ~ **one's hand** die Hand *(zum Schwur)* erheben; ~ **one's hand against s.o.** die Hand gegen jdn erheben; **II** *itr* **1.** sich erheben, steigen; **2.** *(Rakete, Flugzeug)* abheben; **3.** *(Nebel)* sich auflösen, sich heben; **III** *s* **1.** Hochheben *n;* **2.** Auftrieb *m a. fig, aero;* **3.** *tech* Hub *m;* **4.** *Br* Aufzug, Fahrstuhl *m;* **5.** Mitnahme *f (im Auto);* Mitfahrgelegenheit *f;* ▶ **give s.o. a** ~ jdn mitnehmen, mitfahren lassen; **IV** *(mit Präposition)* **lift down** *tr* herunterheben; **lift off** *itr* abheben; **lift up** *tr* hochheben; **lift-off** ['lɪftɒf] **1.** *(Rakete)* Start *m;* **2.** *aero* Abheben *n;* ▶ **have** ~ abheben.

liga·ment ['lɪgəmənt] *anat* Band *n.*

liga·ture ['lɪgətʃə(r)] **1.** Binden *n;* Band *n;* **2.** *med* Binde *f;* **3.** *typ mus* Ligatur *f.*

light¹ [laɪt] ⟨*irr* lit *od* lighted, lit *od* lighted⟩ **I** *s* **1.** Licht *n a. fig;* **2.** Beleuchtung, Helligkeit *f;* **3.** Lichtquelle *f,* -schein *m;* **4.** *(für Zigarette)* Feuer *n;* **5.** Tag(eslicht *n) m;* **6.** *fig* Licht *n,* Beleuchtung *f;* **7.** Aspekt, Gesichtspunkt *m;* **8.** *pl* Geistesgaben, Fähigkeiten *f pl;* **9.** *pl* Erkenntnisse *f pl,* Einsicht *f;* ▶ **according to his** ~**s** seinen Fähigkeiten entsprechend; **in the** ~ **of** im Licht *gen,* angesichts *gen,* im Hinblick auf; **in a favo(u)rable** ~ in günstigem Licht; **in a new** ~ mit anderen Augen; **bring to** ~ an den Tag, ans Licht bringen; **come to** ~ an den Tag kommen; **see the** ~ **(of day)** das Licht (der Welt) erblicken; bekanntwerden; verstehen, begreifen; **shed, throw** ~ **on s.th.** *fig* Licht in etw bringen; **may I trouble you for a** ~? darf ich Sie um Feuer bitten? **that throws a different** ~ **on the matter** die Sache bekommt dadurch ein anderes Gesicht, erscheint dadurch in e-m anderen Licht; **green** ~ grünes Licht *a. fig;* freie Fahrt; *fig* freie Hand; ~ **and shade** *fig* Licht *n* u. Schatten *m;* **II** *adj* **1.** licht, hell, leuchtend; **2.** hell(häutig, -haarig), blond; **III** *tr* **1.** *(Feuer, Licht)* anzünden, -machen; **2.** *(mit Scheinwerfern)* anstrahlen; be-, erleuchten; *(Flug-*

platz) befeuern; **3.** leuchten *(s.o.* jdm); **IV** *(mit Präposition)* **light up** *itr* **1.** aufleuchten; **2.** Pfeife, Zigarette anzünden; *tr* **1.** beleuchten; **2.** *(Lampe)* anmachen; **3.** *(Zigarette)* anzünden; **light (up)on** entdecken.

light² [laɪt] **I** *adj* **1.** leicht; **2.** zu leicht; **3.** leichtfüßig, flink; **4.** leicht(lebig, -sinnig); **5.** leicht(verdaulich); **6.** *(Erde)* locker; **7.** *(Wein, Musik)* leicht; ▶ ~ **opera** Operette *f;* ~ **reading** Unterhaltungslektüre *f;* **make** ~ **of s.th.** etw nicht ernst nehmen; ~ **water reactor** *el* Leichtwasserreaktor *m;* **II** *adv* leicht.

light bulb ['laɪtbʌlb] elektrische Birne.

lighten¹ ['laɪtn] **I** *tr* **1.** erleuchten, erhellen; **2.** *fig* aufhellen; **II** *itr* **1.** sich erhellen, aufleuchten; **2.** blitzen.

lighten² ['laɪtn] **I** *tr* **1.** entlasten, erleichtern; **2.** *fig* erleichtern; **3.** *mar* löschen, leichtern; **II** *itr* leichter werden.

lighter ['laɪtə(r)] **1.** Anzünder *m;* **2.** Feuerzeug *n.*

light-fin·gered [‚laɪt'fɪŋgəd] *adj* **1.** diebisch; **2.** fingerfertig; **light-footed** [‚laɪt'futɪd] *adj* leichtfüßig; **light-headed** [‚laɪt'hedɪd] *adj* **1.** schwindlig, benommen; **2.** gedankenlos; **light-hearted** [‚laɪt'hɑːtɪd] *adj* sorglos, unbeschwert; **light heavyweight** *(Boxen)* Halbschwergewicht(ler *m) n.*

light·house ['laɪthaus] Leuchtturm *m;* **light·ing** ['laɪtɪŋ] Beleuchtung *f;* ▶ **emergency** ~ Notbeleuchtung *f;* ~**-equipment** Beleuchtungsanlage *f;* ~ **up** *mot* Einschalten *n* der Beleuchtung.

light·ly ['laɪtlɪ] *adv* **1.** leicht; **2.** unbesonnen; **3.** geringschätzig.

light meter ['laɪtmiːtə(r)] *phot* Belichtungsmesser *m.*

light·ness¹ ['laɪtnɪs] Helligkeit *f.*

light·ness² ['laɪtnɪs] **1.** Leichtigkeit *f;* **2.** Heiterkeit *f,* Frohsinn *m;* **3.** Leichtsinn *m,* Leichtfertigkeit *f.*

light·ning ['laɪtnɪŋ] Blitz *m;* ▶ **flash of** ~ Blitz, Blitzschlag *m;* **with** ~ **speed** wie der Blitz; **struck by** ~ vom Blitz getroffen; **lightning attack** Überraschungs-, Blitzangriff *m;* **lightning-conductor,** *Am* **rod** Blitzableiter *m;* **lightning strike** spontaner Streik.

light pen ['laɪtpen] *EDV* Lichtgriffel, Lichtstift *m.*

lights [laɪts] *pl* Tierlunge *f.*

light·weight ['laɪtweɪt] **I** *s* **1.** *(Boxen)* Leichtgewicht(ler *m) n;* **2.** *fig* Leichtgewicht *n;* **II** *adj* **1.** *sport* Leichtgewichts-; **2.** leicht; *fig* schwach.

light year ['laɪtjɜː(r), —jɪə(r)] Lichtjahr *n.*

lig·neous ['lɪgnɪəs] *adj* holzig; **lig·nite** ['lɪgnaɪt] Braunkohle *f;* Lignit *m.*

lik·able ['laɪkəbl] *adj* liebenswert, gefällig; anziehend.

like¹ [laɪk] **I** *adj* ähnlich, gleich; **II** *prep* ähnlich *dat;* wie; **III** *adv* dergleichen;

wie; **IV** *conj fam* wie; als ob; **V** *s*
Gleiche(r) *f m;* **VI** *(Wendungen)* be ~
s.o. wie jem sein, jdm ähnlich sein; **what
is he ~?** was ist er für ein Mensch?
what is it ~? wie ist es? wie sieht es
aus? **it was ~ him to do that** das sieht
ihm ähnlich; **that's not ~ her** das ist
nicht ihre Art; **they are very ~ each
other** sie sehen sich sehr ähnlich; **they
are as ~ as two peas** sie gleichen sich
wie ein Ei dem anderen; **something ~
that** so etwas ähnliches; **there is noth-
ing ~ ...** es geht nichts über ... **I don't
feel ~ work(ing) today** ich bin heute
nicht zum Arbeiten aufgelegt; **it looks ~
rain(ing)** es sieht nach Regen aus; **as ~
as not, ~ enough** *fam* wahrscheinlich;
~ mad wie verrückt; **the ~s of him**
seinesgleichen; **the ~s of you** *fam* Leu-
te wie Sie, Ihresgleichen.
like² [laɪk] **I** *tr* 1. mögen, gern haben; 2.
wollen, gerne mögen; ▶ **I ~ it** das ge-
fällt mir, das mag ich; **he ~s classical
music** er mag klassische Musik; **how do
you ~ Stuttgart?** wie gefällt Ihnen
Stuttgart? **would you ~ a cup of tea?**
hätten Sie gerne eine Tasse Tee? **well
how do you ~ that?** wie findest du denn
das? **I should ~ a little bit more time**
ich hätte gerne etwas mehr Zeit; **I
should ~ to know** ich wüßte gern; **II** *itr*
wollen; **III** *s* Geschmack *m;* Vorliebe *f;*
▶ **she knows his ~s and dislikes** sie
weiß, was er mag und was er nicht mag;
like·able [ˈlaɪkəbl] *s. likable.*
like·li·hood [ˈlaɪklɪhʊd] Wahrscheinlich-
keit *f;* ▶ **in all ~** höchstwahrscheinlich.
like·ly [ˈlaɪklɪ] **I** *adj* 1. wahrscheinlich; 2.
aussichtsreich, (viel)versprechend; 3.
passend, geeignet; ▶ **he is ~ to come** es
ist wahrscheinlich, daß er kommt; **it's ~
to cause problems** das wird wahr-
scheinlich Probleme mit sich bringen; **a
~ story!** das soll mal einer glauben! **II**
adv ▶ **as ~ as not** höchstwahrschein-
lich; **not ~** schwerlich, kaum; **very, most
~** höchstwahrscheinlich, sehr wahr-
scheinlich; **that's more ~** das ist eher
möglich.
like-minded [ˌlaɪkˈmaɪndɪd] *adj* gleich-
gesinnt.
liken [ˈlaɪkən] *tr* vergleichen (*to* mit).
like·ness [ˈlaɪknɪs] Ähnlichkeit *f;* Bild *n;*
▶ **in the ~ of** in Gestalt *gen.*
like·wise [ˈlaɪkwaɪz] *adv* ebenso; eben-
falls, auch.
lik·ing [ˈlaɪkɪŋ] Zuneigung *f;* Vorliebe *f;*
▶ **have a ~ for** mögen; **to s.o.'s ~** nach
jds Geschmack.
li·lac [ˈlaɪlək] 1. Flieder *m;* 2. Lila *n.*
Lil·li·pu·tian [ˌlɪlɪˈpjuːʃn] *adj* winzig;
sehr klein.
li·lo [ˈlaɪləʊ] ⟨*pl* lilos⟩ *Br Wz* Luftmatrat-
ze *f.*
lilt [lɪlt] **I** *tr, itr* trällern; **II** *s* beschwingte

Melodie; singender Tonfall.
lily [ˈlɪlɪ] Lilie *f;* ▶ **water ~** Seerose *f; ~
of the valley** Maiglöckchen *n;* **lily-
livered** [ˈlɪlɪˌlɪvəd] *adj* feige.
limb [lɪm] 1. (Körper)Glied *n;* 2. Ast *m;*
3. *pl* Gliedmaßen *pl;* ▶ **out on a ~**
isoliert; in einer prekären Lage.
lim·ber [ˈlɪmbə(r)] **I** *adj* geschmeidig;
beweglich; **II** *(mit Präposition)* **limber
up** *itr* 1. *sport* Lockerungsübungen ma-
chen; 2. *fig* sich vorbereiten.
limbo [ˈlɪmbəʊ] ⟨*pl* limbos⟩ Vorhölle *f;*
fig Übergangsstadium *n;* ▶ **be in ~** in
der Schwebe sein.
lime¹ [laɪm] **I** *s* 1. *(burnt, caustic ~)*
(gebrannter) Kalk *m;* 2. *(bird-~)* Vogel-
leim *m;* **II** *tr* mit Kalk düngen.
lime² [laɪm] *bot* Limonelle, Limone *f.*
lime³ [laɪm] *bot* Linde *f.*
lime·light [ˈlaɪmlaɪt] *theat u. fig* Ram-
pen-, Scheinwerferlicht *n;* ▶ **in the ~**
fig im Mittelpunkt des Interesses; **bring
into the ~** *fig* ans Licht der Öffentlich-
keit bringen.
lim·er·ick [ˈlɪmərɪk] Limerick *m.*
lime·stone [ˈlaɪmstəʊn] Kalkstein *m.*
limit [ˈlɪmɪt] **I** *s* 1. Grenze, Beschränkung
f; 2. Endpunkt *m;* Höchstgrenze, -zahl *f;*
3. *math* Grenzwert *m;* 4. *com* Limit *n;*
Preisgrenze *f;* 5. Frist *f;* Termin *m;*
▶ **with ~s** in Grenzen; **without ~** unbe-
grenzt, unbeschränkt; **speed ~** Ge-
schwindigkeitsbegrenzung *f;* **exceed
the ~** *fig* die Grenze überschreiten;
that's the ~ ! *fam* das ist doch die
Höhe! **you're the ~!** das ist unerhört
(von Ihnen)! **off ~s!** Zutritt verboten! (*to*
für); **II** *tr* 1. begrenzen; be-, einschrän-
ken (*to* für); 2. *(Preis)* limitieren; **limi-
ta·tion** [ˌlɪmɪˈteɪʃn] 1. Begrenzung *f;*
Beschränkung *f;* Einschränkung *f;* 2. *jur*
Verjährung *f;* 3. *com* Kontingentierung
f; ▶ **know one's ~s** seine Grenzen ken-
nen; **~ of liability** Haftungsbeschrän-
kung *f;* **~ period** Verjährungsfrist *f;*
limited [ˈlɪmɪtɪd] *adj* 1. begrenzt; 2.
com beschränkt (*to* auf); limitiert; mit
beschränkter Haftung; ▶ **in a ~ sense**
in gewissem Sinne; **~ (liability) com-
pany (Ltd)** Gesellschaft *f* mit
beschränkter Haftung (GmbH); **~ part-
nership** Kommanditgesellschaft (KG) *f;*
Am Gesellschaft *f* mit beschränkter
Haftung; **limit·less** [ˈlɪmɪtlɪs] *adj* gren-
zenlos.
limou·sine [ˈlɪməziːn] *mot* Limousine *f.*
limp¹ [lɪmp] **I** *itr* hinken; **II** *s* Hinken *n;*
▶ **walk with a ~** hinken, humpeln.
limp² [lɪmp] *adj* 1. schlaff; weich; 2. *fig*
schwach; matt.
lim·pet [ˈlɪmpɪt] Napfschnecke *f;*
▶ **hold on, cling like a ~** *fig* wie e-e
Klette hängen (*to* an).
lim·pid [ˈlɪmpɪd] *adj* hell, klar, durchsich-
tig.

limy ['laɪmɪ] *adj* kalkig.
linch·pin ['lɪntʃpɪn] **1.** Splint *m;* Achsnagel *m;* **2.** *fig* lebenswichtiger Teil, Angelpunkt *m.*
lin·den ['lɪndən] *(~-tree)* Linde *f.*
line¹ [laɪn] **I** *s* **1.** Leine *f;* **2.** (Angel)Schnur *f;* **3.** Telefon-, Telegraphenleitung *f;* **4.** Linie *f a.* *sport;* Strich *m;* **5.** Handlinie *f;* Falte, Runzel *f;* **6.** Grenzlinie *f;* **7.** Verkehrslinie *f;* Bahn-, Flugstrecke *f;* **8.** Fahrbahn *f;* **9.** *Am* (Menschen)Schlange *f;* **10.** Reihe *f;* Häuserzeile *f;* **11.** Zeile *f;* Vers *m;* **12.** kurze Nachricht, Brief *m;* **13.** Ahnenreihe *f;* Familie *f,* Geschlecht *n;* **14.** Richtung *f;* Verlauf *m;* (Gedanken)Gang *m;* **15.** Vorgehen *n;* Handlungsweise *f;* **16.** Beschäftigung *f,* Beruf *m,* Fach *n;* Geschäft(szweig *m*) *n,* Branche *f;* **17.** (Fach-, Interessen)Gebiet *n,* Fachrichtung *f;* **18.** *com* Artikel *m,* Ware *f,* Posten *m;* Kollektion *f;* Marke *f;* **19.** *geog* Meridian, Breitenkreis *m;* **20.** *mil* Linie *f;* Front *f;* **21.** *pl* Zeilen *f pl,* (kurzes) Schreiben *n;* **22.** *theat pl* (Text m e-r) Rolle *f;* **23.** *pl* Richtlinien *f pl,* Grundsätze *m pl;* ▶ **all along the ~** auf der ganzen Linie; **in ~** in Reih und Glied; in Linie; *fig* in Einklang (*with* mit); **a bad ~** *tele* eine schlechte Verbindung; **be in ~ for a job** e-e Stelle wahrscheinlich bekommen; **bring into ~** *(Menschen)* auf Linie bringen; zum Mitmachen bewegen; **come into ~, fall in ~** sich anschließen, sich einfügen (*with* in); *fam* mitmachen (*with* mit); *fam* nicht aus der Reihe tanzen; **draw the ~** *fig* e-e Grenze ziehen (*at* bei); **drop s.o. a ~** jdm ein paar Zeilen schreiben; **get a ~ on s.th.** *fam* etw herausfinden; **hold the ~** *tele* am Apparat bleiben; **keep in ~** in Reih und Glied, *fam* bei der Stange bleiben; **step out of ~** aus der Reihe tanzen; **reach the end of the ~** *fig* das bittere Ende erreicht haben; **read between the ~s** zwischen den Zeilen lesen; **shoot a ~** angeben, sich wichtig tun; **stand in ~** *Am* sich anstellen, Schlange stehen (*for* um); **take a strong ~** entschlossen vorgehen; **toe the ~** sich einfügen, sich nach den anderen richten; **hard ~s!** Pech für Sie! **that's not in my ~** das schlägt nicht in mein Fach; **~ engaged!** *Am* **~ busy!** *tele* besetzt! **bus ~** Buslinie *f;* **catch ~** Schlagzeile *f;* **main ~** Hauptverkehrslinie *f;* *tele* Hauptanschluß *m;* **marriage ~s** *pl* Trauschein *m;* **party ~** *pol* Programm *n;* *tele* gemeinsamer Anschluß; **shipping ~** Schiffahrtslinie *f;* **~ of action** Handlungsweise *f,* Vorgehen *n;* **~ of argument** Beweisführung *f;* **~ of business** Geschäftszweig *m;* **~ of production** Produktionszweig *m;* **~ of vision** Blickrichtung *f;* **II** *tr* **1.** liniieren, linieren; **2.** entlang stehen an,

säumen; ▶ **a face ~d from worries** ein sorgengezeichnetes Gesicht; **~d with trees** baumbestanden; **III** *(mit Präposition)* **line up** *tr* **1.** aufstellen; **2.** planen; sorgen für; vorhaben; *itr* **1.** sich aufstellen; **2.** *Am* Schlange stehen; **3.** Stellung beziehen (*against* gegen); sich zusammentun (*with* mit); ▶ **be ~d up** anstehen (*in front of* vor).
line² [laɪn] *tr* **1.** *(Kleidungsstück)* füttern; **2.** das Futter bilden (*s.th.* e-r S); **3.** *tech* auskleiden; ▶ **~ one's purse, pocket** *fam* Geld scheffeln.
lin·eage ['lɪnɪɪdʒ] Abstammung *f;* Geschlecht *n;* **lin·eal** ['lɪnɪəl] *adj (Nachkomme)* in direkter Linie.
lin·ea·ment ['lɪnɪəmənt] Gesichtszug *m.*
lin·ear ['lɪnɪə(r)] *adj* linear; ▶ **~ B** Linear B *f;* **~ measure** Längenmaß *n.*
linen ['lɪnɪn] **1.** Leinen *n;* **2.** Wäsche *f;* Bett-, Tischwäsche *f;* ▶ **wash one's dirty ~ in public** *fig* seine schmutzige Wäsche in der Öffentlichkeit waschen; **linen basket** Wäschekorb *m.*
liner ['laɪnə(r)] **1.** *mar* Personen-, Passagierdampfer *m;* **2.** *(air-~)* Verkehrsflugzeug *n.*
lines·man ['laɪnzmən] ⟨*pl* -men⟩ **1.** Telefon-, Telegraphenarbeiter *m;* **2.** *rail* Streckenwärter *m;* **3.** *sport* Linienrichter *m;* **line-up** ['laɪnʌp] **1.** Aufstellung *f a.* *sport;* **2.** *theat* Besetzung *f;* **3.** *fig* Gruppierung *f;* **4.** *Am* (Warte)Schlange *f.*
lin·ger ['lɪŋɡə(r)] *itr* **1.** zögern; **2.** sich nicht trennen können; **3.** *(~ about)* bleiben; sich (noch) herumdrücken; **4.** *(~ on)* sich lange halten; sich hinschleppen; verweilen (*on, upon, over* an, bei).
linge·rie ['læ̃nʒərɪ:] Damenunterwäsche *f.*
lin·ger·ing ['lɪŋɡərɪŋ] *adj* **1.** schleppend; langwierig; **2.** *(Krankheit)* schleichend; **3.** *(Ton)* nachklingend.
lingo ['lɪŋɡəu] ⟨*pl* lingoes⟩ *hum pej* Sprache *f.*
lin·guist ['lɪŋɡwɪst] Linguist(in), Sprachwissenschaftler(in) *m (f);* ▶ **be a good ~** sprachbegabt sein; **lin·guis·tic** [lɪŋ'ɡwɪstɪk] **I** *adj* linguistisch; ▶ *s pl mit sing* Sprachwissenschaft, Linguistik *f.*
lin·iment ['lɪnɪmənt] Einreibemittel *n.*
lin·ing ['laɪnɪŋ] **1.** Futter *n;* Futterstoff *m;* **2.** Auskleidung *f;* **3.** (Brems)Belag *m.*
link [lɪŋk] **I** *s* **1.** (Ketten)Glied *n;* Ring *m;* **2.** Lasche *f;* Verbindungsstück *n;* **3.** *fig* (Binde)Glied *n;* Verbindung *f;* **II** *tr (~ together)* verbinden; anschließen (*to* an); *EDV* vernetzen; ▶ **~ hands** einander die Hände geben; **III** *itr* **1.** *(~ up)* verbunden sein; **2.** sich anschließen (*to, with* an).
links [lɪŋks] *pl* **1.** *(Ufer)* sandiges Gelände, Dünen *f pl;* **2.** Golfplatz *m.*
link-up ['lɪŋkʌp] Verbindung *f;* Zusam-

menschluß *m; (Raumschiff)* Koppe-
lung(smanöver *n) f.*
lin·net ['lɪnɪt] *zoo* Hänfling *m.*
lin·oleum [lɪ'nəʊlɪəm] Linoleum *n.*
lino·type ['laɪnəʊtaɪp] *Wz* Linotype *f.*
lin·seed ['lɪnsiːd] Leinsamen *m;* **linseed
oil** Leinöl *n.*
lint [lɪnt] 1. Scharpie *f,* Mull *m;* 2. *Am*
Fluse *f.*
lin·tel ['lɪntl] *arch* 1. Sturz *m;* 2. Ober-
schwelle *f.*
lion ['laɪən] 1. *zoo* Löwe *m;* 2. *fig* Held *m*
des Tages; Prominenz *f;* **lion·ess**
[laɪə'nes] Löwin *f;* **lion-hearted**
['laɪən'hɑːtɪd] *adj* heldenhaft; **lion·ize**
['laɪənaɪz] *tr* (als Helden des Tages) fei-
ern; **lion's share** Löwenanteil *m.*
lip [lɪp] 1. Lippe *f a. bot;* 2. Rand *m,*
Schnauze *f (e-s Gefäßes);* 3. *fam* Un-
verschämtheit *f;* ▶ **hang on s.o.'s ~s** an
jds Lippen hängen; **keep a stiff upper ~**
die Ohren steifhalten; **none of your ~!**
sei nicht unverschämt! **lip·read** ['lɪpriːd]
tr, itr irr s. read vom Mund, von den
Lippen ablesen; **lip-service** Lippenbe-
kenntnis *n;* ▶ **pay ~ (to)** ein Lippenbe-
kenntnis ablegen (zu); **lip·stick**
['lɪpstɪk] Lippenstift *m.*
liquefy ['lɪkwəfaɪ] *tr* ▶ **liquefied petro-
leum gas** Autogas *n.*
li·queur [lɪ'kjʊə(r)] Likör *m.*
liquid ['lɪkwɪd] **I** *adj* 1. flüssig *a. fin;*
2. *(Töne)* perlend; 3. *(Augen)* hell u.
glänzend; 4. *fin* liquid; ▶ **~ crystal dis-
play** Flüssigkristallanzeige *f;* **II** *s* Flüs-
sigkeit *f.*
liqui·date ['lɪkwɪdeɪt] *tr* 1. *fin* liquidie-
ren; 2. *(Geschäft)* auflösen; 3. *(Schuld)*
ablösen, tilgen, begleichen; 4. *(Wertpa-
piere)* flüssigmachen; 5. *pol (Menschen)*
liquidieren, beseitigen; **liqui·da·tion**
[,lɪkwɪ'deɪʃn] 1. Liquidation, Abwicklung
f; 2. Abrechnung *f;* 3. Flüssigmachen *n*
von Vermögenswerten; 4. *(Schulden)*
Tilgung, Begleichung, Bezahlung *f;* 5.
pol Liquidierung *f;* ▶ **go into ~** Kon-
kurs machen, anmelden.
liq·uid·ity [lɪ'kwɪdətɪ] *fin* Liquidität *f;*
flüssige Mittel *n pl.*
liquid·ize ['lɪkwɪdaɪz] *tr* im Mixer pürie-
ren; **liquid·izer** ['lɪkwɪdaɪzə(r)] Mixer *m.*
liquor ['lɪkə(r)] 1. Saft *m;* Flüssigkeit *f;*
2. Spirituosen *pl;* Alkohol *m.*
liquor·ice, licor·ice ['lɪkərɪs, *Am*
'lɪkərɪʃ] Lakritze *f.*
lisp [lɪsp] *itr, tr (speak with a ~)* lispeln.
lis·som(e) ['lɪsəm] *adj* geschmeidig, ge-
lenk(ig); gewandt, flink.
list¹ [lɪst] **I** *s* 1. Liste *f,* Verzeichnis *n;*
Aufstellung *f;* 2. *(Börse)* Kursblatt *n;* 3.
(shopping ~) Einkaufszettel *m;* ▶ **be on
a ~** auf e-r Liste stehen; **draw up, make
out a ~** e-e Liste aufstellen; **enter in a ~**
in e-e Liste eintragen; **put on a ~** auf
e-e Liste setzen; **strike off (from) a ~**

von e-r Liste streichen; **attendance ~**
Anwesenheitsliste *f;* **price ~** Preisliste *f;*
wine ~ Weinkarte *f;* **~ of applicants**
Bewerberliste *f;* **~ of members** Mitglie-
derverzeichnis *n;* **II** *tr* 1. *(in e-e Liste)*
eintragen, -schreiben; verzeichnen; 2.
registrieren; katalogisieren; 3. *(Posten)*
aufführen; 4. *(Börse)* einführen; 5. auf-
führen; aufschreiben; aufzählen; ▶ **~ed
building** *Br* Gebäude *n* unter Denkmal-
schutz.
list² [lɪst] **I** *s mar* Schlagseite *f;* **II** *itr*
Schlagseite haben.
lis·ten ['lɪsn] **I** *itr* 1. horchen, hören *(to
auf);* 2. aufpassen *(for auf);* 3. zuhören
(to s.o. jdm); ▶ **~ to s.o.** jdm zuhören;
don't ~ to him hören Sie nicht auf ihn!
~ to the radio Radio hören; **~ for s.th.**
auf etw horchen; **II** *(mit Präposition)*
listen in *itr tele* mithören *(to a conver-
sation* ein Gespräch; Radio hören; ▶ **~
in to a program(me), to a speech, to
London** ein Programm, e-e Rede, Lon-
don hören; **lis·tener** ['lɪsnə(r)] 1. Zuhö-
rer(in) *m (f);* 2. *radio* Hörer(in) *m (f);*
▶ **not to be a good ~** nicht zuhören
können; **lis·ten·ing** [—ɪŋ] Radiohören
n; ▶ **good ~!** gute Unterhaltung! **~ post**
Horchposten *m.*
list·ing ['lɪstɪŋ] 1. Anfertigung *f* e-r Liste,
Aufstellung *f* e-s Verzeichnisses; 2. Ka-
talogisierung *f;* 3. *(Börse)* Zulassung,
Notierung *f.*
list·less ['lɪstlɪs] *adj* lustlos; teilnahms-
los.
lists [lɪsts] *pl* Turnier-, *fig* Kampfplatz
m; ▶ **enter the ~** in die Schranken
treten *(against* gegen).
lit [lɪt] *v s. light¹.*
lit·any ['lɪtənɪ] Litanei *f.*
liter ['liːtə(r)] *Am* Liter *m* od *n.*
lit·er·acy ['lɪtərəsɪ] Kenntnis *f* des Le-
sens u. Schreibens.
lit·er·al ['lɪtərəl] **I** *adj* 1. wörtlich, wortge-
treu; 2. *(Sinn)* eigentlich; **II** *s* Schreib-,
Druck-, Tippfehler *m;* **lit·erally**
['lɪtərəlɪ] *adv* 1. wörtlich, wortgetreu,
Wort für Wort; 2. buchstäblich.
lit·er·ary ['lɪtərərɪ] *adj* literarisch; ▶ **~
editor** Feuilletonredakteur(in) *m (f);* **~
supplement** Literaturbeilage *f.*
lit·er·ate ['lɪtərət] *adj* 1. des Lesens u.
Schreibens kundig; 2. gebildet.
lit·er·ature ['lɪtrətʃə(r)] 1. Literatur *f;*
2. Schrifttum *n (of* über).
lithe [laɪð] *adj* geschmeidig, gelenkig.
lith·ium ['lɪθɪəm] Lithium *n.*
litho·graph ['lɪθəɡrɑːf] **I** *s* Lithographie
f; Steindruck *m,* -zeichnung *f;* **II** *tr* litho-
graphieren; **lith·ogra·phy** [lɪ'θɒɡrəfɪ]
(Kunst der) Lithographie *f.*
Lithuania [,lɪθjʊ'eɪnɪə] Litauen *n;*
Lithuanian [—n] **I** *adj* litauisch; **II** *s* 1.
(das) Litauisch(e); 2. Litauer(in) *m (f).*
liti·gant ['lɪtɪɡənt] prozeßführende Par-

tei; **liti·gate** ['lɪtɪgeɪt] *itr* prozessieren; **liti·ga·tion** [‚lɪtɪ'geɪʃn] Prozeß, Rechtsstreit *m;* **lit·igious** [lɪ'tɪdʒəs] *adj* prozeßsüchtig.

lit·mus ['lɪtməs] *chem* Lackmus *m* od *n;* **litmus paper** Lackmuspapier *n.*

litre ['liːtə(r)] *Br* Liter *m* od *n.*

lit·ter[1] ['lɪtə(r)] Sänfte *f;* Tragbahre, Trage *f.*

lit·ter[2] ['lɪtə(r)] I *s* 1. Abfall *m;* 2. *(Hunde)* Wurf *m;* 3. Streu *f;* Stroh *n;* II *tr* 1. verstreuen, umherwerfen; in Unordnung bringen, 2. *(Junge)* werfen; ▶ be ~ed with übersät sein von; **litter-lout,** *Am* **litter-bug** Mensch *m,* der Papier auf der Straße wegwirft.

little ['lɪtl] I *adj* 1. klein; 2. niedrig, gering; 3. kurz; 4. wenig; 5. gemein; ▶ in a ~ while in kurzer Zeit; II *adv,* *s* 1. wenig, nicht viel; kaum; 2. schwerlich; ▶ I go there very ~ ich gehe sehr selten dorthin; III *s* ▶ a ~ ein (klein) wenig, ein bißchen; e-e Kleinigkeit; after a ~ nach einer Weile; ~ by ~ nach u. nach, allmählich; for a ~ für ein Weilchen; not a ~ nicht wenig; make ~ of wenig halten von; I think ~ of it davon halte ich nicht viel; **little·ness** [—nɪs] 1. Kleinheit *f;* 2. Geringfügigkeit *f;* ▶ ~ of mind Beschränktheit *f.*

li·turgi·cal [lɪ'tɜːdʒɪkl] *adj rel* liturgisch; **lit·urgy** ['lɪtədʒɪ] Liturgie *f.*

liv·able, live·able ['lɪvəbl] *adj* 1. *(Leben)* lebenswert; 2. auszuhalten(d); zu ertragen(d); 3. *(Raum)* wohnlich.

live[1] [lɪv] I *itr* 1. leben; 2. am Leben bleiben, über-, weiterleben; 3. dauern, bestehen, aushalten; 4. sein Leben führen; 5. sein Auskommen haben, leben *(on* von); 6. auskommen *(on* mit); 7. wohnen *(with* bei; *at* in); ▶ ~ to see erleben; ~ beyond one's means über seine Verhältnisse leben; have barely enough to ~ (on) kaum genug zum Leben haben; II *tr* 1. *(ein Leben)* leben, führen; 2. vorleben, in die Tat umsetzen; III *(mit Präposition)* live apart *itr* getrennt leben; **live down** *tr* wiedergutmachen; vergessen lassen; ▶ I'll never ~ that down das werde ich noch lange zu hören kriegen; **live for s.th.** für etw leben; ~ for the day when ... den Tag nicht erwarten können, wenn ... **live in** *itr* im Hause schlafen; **live off** seinen Lebensunterhalt beziehen von; sich ernähren von; **live on** *itr* weiterleben; leben von; **live out** *itr* außerhalb des Hauses schlafen; *tr* (das Ende *gen)* erleben; **live through** *tr* überleben; **live together** *itr* zusammenleben; **live up to** *tr* in Einklang leben mit; gemäß e-r S leben; *(Erwartungen)* erfüllen.

live[2] [laɪv] I *adj* 1. lebend(ig); 2. lebhaft, lebensprühend; 3. *(Thema)* aktuell; 4. *(Kohlen)* glühend *a. fig;* 5. *(Diskussion)* lebhaft; 6. *(Geschoß)* scharf; 7. *el* stromführend; 8. *radio* live; direkt übertragen; ▶ a real ~ dog ein echter Hund; ~ broadcast Originalübertragung, Live-Sendung *f;* II *adv radio* live, direkt.

live·able ['lɪvəbl] *s. livable.*

live·li·hood ['laɪvlɪhʊd] Lebensunterhalt *m;* ▶ earn, make, gain a ~ seinen Lebensunterhalt verdienen.

live·li·ness ['laɪvlɪnɪs] Lebendigkeit, Lebhaftigkeit *f;* **live·ly** ['laɪvlɪ] *adj* 1. lebendig, lebhaft; 2. *(Beschreibung)* lebendig, lebensecht; 3. energisch, kraftvoll; 4. aufregend; 5. *(Interesse)* stark.

liven up ['laɪvn 'ʌp] I *tr* 1. aufmuntern, beleben; 2. in Stimmung bringen; II *itr* 1. lebhaft, munter werden; 2. in Stimmung kommen.

liver[1] ['lɪvə(r)] ▶ fast ~ Lebemann *m;* loose ~ liederlicher Mensch; plain ~ einfacher Mensch.

liver[2] ['lɪvə(r)] Leber *f;* **liver complaint** Leberleiden *n;* **liver·ish** ['lɪvərɪʃ] *adj fam* leberkrank; **liver-sausage,** *Am* **liver·wurst** ['lɪvəwɜːst] Leberwurst *f.*

liv·ery ['lɪvrɪ] Livree *f.*

live·stock ['laɪvstɒk] Vieh *n;* Viehbestand *m.*

livid ['lɪvɪd] *adj* 1. bleifarben; 2. aschgrau, leichenblaß; 3. *fam* wütend.

liv·ing ['lɪvɪŋ] I *adj* 1. lebend, lebendig *a. fig;* 2. leibhaftig; 3. *(Fels)* gewachsen; ▶ within ~ memory seit Menschengedenken; knock the ~ daylights out of s.o. jdn windelweich schlagen; scare the ~ daylights out of s.o. jdn zu Tode erschrecken; II *s* 1. (Lebens)Unterhalt *m;* Auskommen *n;* Existenz *f;* 2. Leben *n;* ▶ the ~ *pl* die Lebenden *pl;* make a ~ sein Auskommen haben *(as* als; *out of* durch); art of ~ Lebenskunst *f;* standard of ~ Lebensstandard *m;* loose ~ lockerer Lebenswandel; **living conditions** *pl* Lebensbedingungen *f pl;* Wohnverhältnisse *n pl;* **living quarters** *pl* Wohnbereich *m;* **living room** Wohnzimmer *n;* **living-space** 1. Lebensraum *m;* 2. Wohnfläche *f;* **living wage** Existenzminimum *n.*

liz·ard ['lɪzəd] Eidechse *f;* Echse *f.*

llama ['lɑːmə] *zoo* Lama *n.*

load [ləʊd] I *s* 1. (Trag)Last, Ladung, Fuhre *f;* 2. Fracht *f;* 3. Belastung, Last *f a. fig;* 4. *el* Leistung *f;* Spannung *f;* 5. *fig* Bürde *f;* ▶ a ~ of nonsense, rubbish! *fam* Quatsch! Blödsinn! get a ~ of s.th. *fam* etw mitkriegen; etw kapieren; sich anhören; that's a ~ off my mind mir fällt ein Stein vom Herzen ...; ~s of e-e Menge *od* Masse ... peak ~ Spitzenbelastung *f;* safe ~ zulässige Belastung; II *itr* 1. laden; Ladung übernehmen; 2. *(Gewehr)* laden; 3. *(Kamera)* einen Film einlegen; 4. *(Börse)* stark kaufen; III *tr* 1. *(Transportmittel)* (be)laden; *(Ladung)* verladen; **2.** überladen, überlasten *a. fig;* **3.** *fig* überhäufen; **4.** *(Feuerwaffe)* laden; **5.** *(Fotoapparat)* e-n Film einlegen in; **6.** *(Würfel)* fälschen; **7.** *(Ofen)* beschicken; **IV** *(mit Präposition)* **load down** *tr* **1.** schwer beladen; **2.** *fig* überlasten; **load up** *itr* aufladen; *tr* beladen; aufladen; **loaded** ['ləʊdɪd] *adj* **1.** beladen; belastet; **2.** *(Gewehr)* geladen; **3.** *(Würfel)* präpariert; ► **he's ~** er hat Geld wie Heu; er ist besoffen; **~ to capacity** voll beladen; **~ question** Fangfrage *f;* **load line** *mar* Lade-, *tech* Belastungskennlinie *f.*

load·star ['ləʊdstɑː] *s. lodestar;* **load·stone** ['ləʊdstəʊn] *min* Magneteisenstein *m.*

loaf[1] [ləʊf] ⟨*pl* loaves⟩ ['ləʊvz] **1.** Laib *m;* Brot *n;* **2.** *(meat ~)* Hackbraten *m;* **3.** *(sugar-~)* (Zucker)Hut *m;* ► **use your ~!** *sl* streng deinen Grips an!

loaf[2] [ləʊf] *itr* herumbummeln, faulenzen; ► **~ about the house** im Haus herumgammeln; **loafer** ['ləʊfə(r)] **1.** *Br* Faulenzer *m;* **2.** *Am* Halbschuh *m.*

loam [ləʊm] Lehm(boden) *m;* **loamy** ['ləʊmɪ] *adj* lehmig.

loan [ləʊn] **I** *s* **1.** Anleihe *f;* Darlehen *n;* **2.** Leihgabe *f;* ► **as a ~** als Leihgabe; **on ~** leihweise; ausgeliehen; **ask for the ~ of s.th** bitten, etw ausleihen zu dürfen; **give s.o. the ~ of s.th** jdm etw (aus)leihen; **have s.th. on ~** etw geliehen haben; **contract a ~** e-e Anleihe aufnehmen; **grant a ~** ein Darlehen gewähren *(to s.o.* jdm); **II** *tr* (aus-, ver)leihen; als Darlehen geben *(to* an); **loan·word** ['ləʊnwɜːd] Lehnwort *n.*

loath, loth [ləʊθ] *adj* ► **be ~ to do s.th.** etw nur mit Widerwillen tun.

loathe [ləʊð] *tr* verabscheuen, hassen; **loath·ing** [—ɪŋ] Ekel *m (at* vor); Haß *m;* **loath·some** [—səm] *adj* ekelhaft, abscheulich.

lob [lɒb] **I** *itr, tr sport* lobben; **II** *s sport* Hochball, Lob *m.*

lobby ['lɒbɪ] **I** *s* **1.** (Vor)Halle *f;* Wandelhalle *f;* Foyer *n;* **2.** *pol* Lobby, Interessengruppe *f;* **II** *tr pol (Abgeordnete)* beeinflussen; ► **~ through** *(Gesetzesantrag)* mit Hilfe e-r Lobby durchzubringen versuchen; **lobby·ist** [—ɪst] Lobbyist *m.*

lobe [ləʊb] **1.** *anat* Ohrläppchen *n;* **2.** *(Lunge, Gehirn) bot* Lappen *m;* ► **~ of the ear** Ohrläppchen *n.*

lob·ster ['lɒbstə(r)] Hummer *m.*

lo·cal ['ləʊkl] **I** *adj* **1.** örtlich; **2.** ortsansässig; hiesig; ► **~ anaesthetic** örtliche Betäubung, Lokalanästhesie *f;* **~ people** *pl* Ortsansässige *pl;* **~ opinion** die Meinung vor Ort; **II** *s* **1.** Ortsansässige(r) *f m;* **2.** *fam* Lokal *n* in der Nachbarschaft; Stammlokal *n;* **local authorities** *pl* Ortsbehörden *f pl;* **local branch**

Zweigstelle, Filiale *f;* **local call** *tele* Ortsgespräch *n;* **local charge** *tele* Ortstarif *m;* **local colo(u)r** Lokalkolorit *n.*

lo·cale [ləʊˈkɑːl] Örtlichkeit *f;* Schauplatz *m.*

lo·cal elec·tions [ˌləʊkl ɪˈlekʃnz] *pl* Kommunalwahlen *f pl;* **local government** Gemeinde-, Kommunalverwaltung *f.*

lo·cal·ity [ləʊˈkælətɪ] Örtlichkeit, Lokalität *f;* Lage *f.*

lo·cal·iz·ation [ˌləʊkəlaɪˈzeɪʃn] Lokalisierung *f;* **lo·cal·ize** ['ləʊkəlaɪz] *tr* lokalisieren *(to* auf).

lo·cal news [ˌləʊkl ˈnjuːz] *pl mit sing* Lokalnachrichten *f pl;* **local paper** Lokalzeitung *f;* **local traffic** Ortsverkehr *m;* **local train** Zug *m* im Nahverkehr.

lo·cate [ləʊˈkeɪt, *Am* ˈləʊkeɪt] **I** *tr* **1.** (örtlich) festlegen, abstecken, abgrenzen; **2.** ausfindig machen, feststellen; **3.** *(Firma, Gebäude)* errichten; einrichten; ► **be ~d** liegen, sich befinden; **II** *itr Am fam* sich niederlassen, sich ansiedeln; **lo·ca·tion** [ləʊˈkeɪʃn] **1.** Absteckung, Abgrenzung *f;* **2.** Lage *f;* Standort *m;* **3.** Orts-, Lagebestimmung *f;* Ortsangabe *f;* **4.** Platz *m (for* für); **5.** Ansiedlung *f;* **6.** *Am jur* Vermietung *f;* **7.** *film* Drehort *m;* Außenaufnahmen *f pl.*

loch [lɒx] *(schottisch)* See *m;* Meeresarm *m.*

lock[1] [lɒk] *(Haar)* Locke *f.*

lock[2] [lɒk] **I** *s* **1.** (Tür)Schloß *n;* **2.** Verschluß *m (a. e-r Feuerwaffe);* Sperre *f;* **3.** *(Ringen)* Fesselung *f;* **4.** *mar* Schleuse *f;* Staustufe *f;* **5.** *mot* Wendekreis *m;* ► **under ~ and key** hinter Schloß und Riegel; **~, stock, and barrel** *fam* der ganze Kram; **II** *tr* **1.** *(~ up)* ver-, zuschließen, -sperren; **2.** einschließen, ein-, absperren *(in, into* in); **3.** *(die Arme)* verschränken; **4.** fest umschlingen, -fassen, -spannen; **5.** bremsen; versperren, abriegeln, blockieren; **III** *itr* **1.** *(Schloß)* zuschnappen; **2.** verschließbar sein; ineinandergreifen; **IV** *(mit Präposition)* **lock away** *tr* wegschließen; einsperren; **lock in** *tr* einschließen, -sperren; **lock on** *itr* gekoppelt werden; sich einstellen *(to* auf); ► **the missile ~s on to its target** die Rakete richtet sich auf das Ziel; **lock out** *tr* aussperren *(a. bei Streik);* **lock up** *tr* **1.** zu-, verschließen, -sperren; **2.** einschließen, -sperren; **3.** *(Geld)* wegschließen; **4.** *(Kapital)* fest anlegen.

locker ['lɒkə(r)] Schließfach *n;* Spind *m od n;* ► **go to Davy Jones's ~** im Meer ertrinken; **~ room** Raum *m* mit Schließfächern; *sport* Umkleideraum *m.*

locket ['lɒkɪt] Medaillon *n.*

lock·jaw ['lɒkdʒɔː] *med* Wundstarrkrampf *m.*

lock-keeper ['lɒkˌkiːpə(r)] Schleusenwärter(in) m (f).

lock·out ['lɒkaʊt] Aussperrung f (bei Streik); **lock·smith** ['lɒksmɪθ] Schlosser(in) m (f); **lock·up** ['lɒkʌp] 1. Gefängnis n; 2. com Laden m, Geschäft n; 3. mot Einzelgarage f.

loco·mo·tion [ˌləʊkə'məʊʃn] Bewegung f; **loco·mo·tive** [ˌləʊkə'məʊtɪv] I adj Fortbewegungs-; II s Lokomotive f.

locum tenens [ˌləʊkəm'tiːnenz] (Stell-)Vertreter m.

lo·cus ['ləʊkəs] ⟨pl oi⟩ ['ləʊsaɪ] math geometrischer Ort.

lo·cust ['ləʊkəst] 1. (Wander)Heuschrecke f; 2. (~-tree) Robinie f.

loc·ution [lə'kjuːʃn] 1. Rede-, Sprechweise f; 2. Redensart f, Ausdruck m.

lode [ləʊd] min Erzader f; **lode·star** ['ləʊdstɑː(r)] 1. Leit-, Polarstern m; 2. fig Leitstern m, Vorbild n; **lode·stone** ['ləʊdstəʊn] s. loadstone.

lodge [lɒdʒ] I s 1. Häuschen n; 2. (Pförtner-, Jagd)Haus n; 3. Pförtner-, Portiersloge f; 4. (Freimaurer)Loge f; 5. Lager n (e-s wilden Tieres); Biberbau m; 6. Wigwam m; II tr 1. unterbringen, einquartieren; beherbergen; 2. (Wertsachen) hinterlegen, deponieren (with s.o. bei jdm); 3. jur (Forderung) erheben, anmelden; (Anspruch) geltend machen; 4. (Berufung, Beschwerde) einlegen, einreichen; 5. (Einwand, Klage) erheben; 6. (Kugel) jagen (in in); 7. (Schlag) versetzen; III itr 1. wohnen (with bei); 2. (Kugel) steckenbleiben (in in); **lodger** ['lɒdʒə(r)] Untermieter(in) m (f); **lodging** ['lɒdʒɪŋ] 1. Unterbringung, Beherbergung f; 2. Wohnung, Unterkunft f; 3. jur (Berufung) Einlegen n; 4. pl möbliertes Zimmer, möblierte Wohnung; ▶ **board and** ~ Kost und Logis; **live in** ~s möbliert wohnen; **lodging house** Br Pension f.

lo·ess ['ləʊes] geol Löß m.

loft [lɒft] I s 1. (Dach-, Heu)Boden, Speicher m; 2. (Orgel)Chor m; 3. arch Empore, Galerie f; II tr hochschlagen.

lofty ['lɒftɪ] adj 1. hoch(ragend); 2. edel, vornehm; 3. eingebildet, arrogant.

log¹ [lɒg] (Holz)Klotz, Block m; Holzscheit n; ▶ **sleep like a** ~ wie ein Murmeltier schlafen.

log² [lɒg] I s 1. mar Log n; 2. (~-book) Log-, Schiffstagebuch n; 3. mot Fahrtenbuch n; 4. aero Bordbuch n; 5. tech (~ sheet) (Zustands)Bericht m; Betriebsprotokoll n; II tr 1. Buch führen über; 2. mar ins Logbuch eintragen; 3. (Entfernung) zurücklegen.

log³ [lɒg] math Logarithmus m.

lo·gan·berry ['ləʊgənberɪ] Kreuzung f von Himbeere und Brombeere.

log·ar·ithm ['lɒgərɪðəm] math Logarithmus m; **loga·rith·mic**

[ˌlɒgə'rɪðmɪk] adj logarithmisch.

log book ['lɒgbʊk] s. log².

log-cabin [ˌlɒg'kæbɪn] Blockhaus n; **logger** ['lɒgə(r)] Holzfäller m.

log·ger·heads ['lɒgəhedz] ▶ I was at ~s with him wir lagen uns in den Haaren; be at ~ with s.th. mit etw auf dem Kriegsfuß stehen.

logic ['lɒdʒɪk] Logik f; **logi·cal** ['lɒdʒɪkl] adj logisch; **lo·gis·tics** [lə'dʒɪstɪks] pl Logistik f.

log jam ['lɒgdʒæm] fig Am unüberwindliche Schwierigkeit; **log·rol·ling** ['lɒgrəʊlɪŋ] 1. parl gegenseitige Unterstützung (der Parteien); 2. pej politischer Kuhhandel.

logo ['lɒgəʊ] (Firmen)Logo n.

loin [lɔɪn] Lende f; **loin·cloth** ['lɔɪnklɒθ] Lendenschurz m.

loi·ter ['lɔɪtə(r)] I itr (~ about) 1. herumbummeln; 2. herumlungern; II tr (~ away) (Zeit) vertrödeln; **loi·terer** ['lɔɪtərə(r)] fam Herumlungerer m; Bummelant(in) m (f).

loll [lɒl] itr 1. sich (bequem) ausstrecken, sich rekeln; 2. sich zurück-, sich anlehnen; ▶ ~ **out** (Zunge) heraushängen.

lol·li·pop ['lɒlɪpɒp] Lutscher m; Eis n am Stiel; **lollipop man, woman** ⟨pl -men, -women⟩ Br Mann, Frau zur Verkehrsregelung für Schulkinder.

lol·lop ['lɒləp] itr Br fam hin u. her schlenkern, watscheln, torkeln.

lolly ['lɒlɪ] 1. fam Lutscher m; 2. sl Geld n; ▶ **ice(d)** ~ Eis n am Stiel.

lone [ləʊn] adj einsam; ▶ **play a** ~ **hand** etw im Alleingang tun; ~ **wolf** Einzelgänger(in) m (f); **lone·li·ness** ['ləʊnlɪnɪs] Einsamkeit f; **lone·ly** ['ləʊnlɪ] adj 1. einsam; vereinsamt; 2. sich einsam fühlend; **lon·er** ['ləʊnə(r)] Einzelgänger(in) m (f); **lone·some** ['ləʊnsəm] adj 1. einsam; 2. verlassen, öde.

long¹ [lɒŋ] I adj 1. lang; 2. (Weg) weit; 3. fin langfristig; mit langer Laufzeit; ▶ **in the** ~ **run** auf die Dauer; **be** ~ **(in) doing s.th.** viel Zeit zu etw brauchen; **not to be** ~ **for ...** nicht lange dauern, bis ... **take a** ~ **time** viel Zeit brauchen; **take the** ~ **view** auf lange Sicht planen; **don't be** ~! beeil dich! II adv lange; ▶ **as, so** ~ **as** solange; vorausgesetzt, daß; wenn nur; **at (the)** ~**est** höchstens; längstens; **before** ~ in kurzem; **no** ~**er** nicht mehr; ~ **after, before** lange nachher, viel später; lange vorher, viel früher; ~ **ago** vor langer Zeit; **so** ~! fam bis später! III s 1. lange Zeit; 2. (Phonetik, Prosodie) Länge f; ▶ **the** ~ **and the short of it** langer Rede kurzer Sinn; kurz (gesagt).

long² [lɒŋ] itr sich sehnen (for nach).

long·boat ['lɒŋbəʊt] mar großes Beiboot, Pinasse f; Wikingerboot n; **long-**

distance *adj* ▶ ~ **call** Ferngespräch *n;* ~ **express train** Fernexpress *m;* ~ **lorry driver** Fernfahrer(in) *m (f);* ~ **flight** Langstreckenflug *m;* ~ **traffic** Fernverkehr *m;* **long drink** Longdrink *m,* verdünntes alkoholisches Getränk.

lon·gev·ity [lɒnˈdʒevətɪ] Langlebigkeit *f.*

long-haired [ˌlɒŋˈheəd] *adj* langhaarig; **long·hand** [ˈlɒŋhænd] Langschrift *f;* **long haul** *Am* 1. *aero* Langstrecken-, Nonstopflug *m;* 2. *fig* schwieriger Lebensabschnitt.

long·ing [ˈlɒŋɪŋ] **I** *adj* sehnsüchtig; sich sehnend (*for* nach); **II** *s* Sehnsucht *f,* Verlangen *n* (*for* nach).

long·ish [ˈlɒŋgɪʃ] *adj* ziemlich lang.

longi·tude [ˈlɒŋgɪtjuːd] (geographische) Länge *f;* **longi·tudi·nal** [ˌlɒŋgɪˈtjuːdɪnl] *adj* längslaufend, Längs-.

long johns [ˈlɒŋdʒɒnz] *pl* lange Unterhosen *f pl;* **long jump** *sport* Weitsprung *m;* **long-life milk** [ˈlɒŋlaɪf] H-Milch *f;* **long-lived** [ˌlɒŋˈlɪvd] *adj* langlebig; dauerhaft; **long-lost** [ˈlɒŋlɒst] *adj* längst verloren geglaubt; **long odds** *pl* geringe Gewinnchancen *f pl;* **long-playing record** Langspielplatte *f;* **long-range** *adj* 1. weitreichend; 2. *(Rakete, Flugzeug)* Langstrecken-; 3. weit vorausschauend; ▶ ~ **forecast** Langzeitprognose *f;* ~ **planning** langfristige Planung; **long shot** riskantes Unternehmen; ▶ **not by a** ~ nicht im Traum; **long-sighted** [ˌlɒŋˈsaɪtɪd] *adj* weitsichtig; **long-stand·ing** [ˌlɒŋˈstændɪŋ] *adj* langdauernd, anhaltend; **long-suffering** *adj* schwer geprüft; **long-term** *adj* langfristig; ▶ ~ **damage** Spätschaden *m;* ~ **effect** Langzeitwirkung *f;* ~ **planning** langfristige Planung; ~ **test** Dauertest *m;* ~ **unemployed (person)** Langzeit-, Dauerarbeitslose(r) *f m;* **long vac** *fam,* **long vacation** große Ferien *pl;* Sommersemesterferien *pl;* **long wave** *radio* Langwelle *f;* **long-wave** *adj* ▶ ~ **band** Langwellenbereich *m;* **longways, long·wise** [ˈlɒŋweɪz, —waɪz] *adv* der Länge nach; **long-winded** [ˌlɒŋˈwɪndɪd] *adj* langatmig.

loo [luː] *Br fam* Klo *n.*

look [lʊk] **I** *itr* 1. sehen, schauen, blicken (*at, on, upon* auf, nach); 2. ansehen, -schauen (*at, on s.o., s.th.* jdn, etw); 3. achtgeben, aufpassen (*to* auf); 4. seinen Blick richten (*towards* auf); 5. suchen, nachsehen; 6. *(Fenster)* gehen nach; 7. aussehen, scheinen; ▶ **it ~s like rain** es sieht nach Regen aus; ~ **sharp!** dalli, dalli! ~ **here!** sieh her!; hör mal gut zu! ~ **and see** nachsehen; **II** *tr* 1. sehen (*s.o. in the face* jdm ins Gesicht); 2. zum Ausdruck bringen, Ausdruck geben (*s.th.* e-r S); ▶ **he ~s his age** man sieht ihm sein Alter an; **III** *s* 1. Blick *m* (*at* auf,

nach); 2. *pl* Aussehen *n;* Anblick *m;* Erscheinung *f;* ▶ **cast, throw a** ~ e-n Blick werfen (*at* auf); **give s.o. a dirty** ~ jdm einen vernichtenden Blick zuwerfen; **have a** ~ **at s.th.** etwas angucken; **I don't like the** ~ **of it** es gefällt mir nicht; **IV** *(mit Präposition)* **look about** *itr* sich umsehen, sich umschauen (*for* nach); **look after** *tr* 1. sich kümmern um; aufpassen auf; 2. überwachen, aufpassen auf; sehen nach; 3. nachsehen *dat;* **look ahead** *itr* 1. nach vorne sehen; 2. die Zukunft planen, vorausschauen; **look around** *itr* sich umsehen (*for* nach); **look at** *tr* ansehen; sich ansehen, überprüfen; betrachten; überlegen; **look away** *itr* wegsehen; **look back** *itr* 1. zurückschauen, -blicken (*on, upon* auf); 2. unsicher werden; **look down** *itr* hochmütig herabsehen (*on* auf); **look for** *tr* 1. suchen; 2. erwarten; **look forward** *itr* sich freuen (*to* auf); **look in** *itr* e-n kurzen Besuch abstatten (*on s.o.* jdm); **look into** *tr* untersuchen, nachgehen (*s.th.* e-r S); **look on, upon** *itr* 1. ansehen, betrachten (*as* als); 2. zusehen; **look onto** *itr* hinausschauen auf; **look out** *itr* 1. aufpassen, achtgeben (*for* auf); 2. hinaussehen, -gehen (*on* auf); *tr* sich aussuchen; ▶ ~ **out!** aufpassen! Achtung! Vorsicht! **look over** *tr* mustern; prüfen; **look round** *itr* sich umsehen; **look through** *tr* 1. durchsehen; 2. prüfen; 3. *fig* durchschauen; **look to** *itr* 1. sich kümmern um; 2. sich verlassen auf, vertrauen auf; ▶ ~ **to it that** sehen Sie zu, daß; **look up** *itr* 1. aufblicken, -schauen, -sehen (*at* auf); 2. *(Lage)* sich bessern; 3. *(Preise)* steigen; *tr* 1. *(Wort)* nachschlagen; 2. *fam* besuchen; ▶ ~ **up to s.o.** zu jdm aufsehen; **things are ~ing up** es geht besser, bergauf; **look up and down** *tr* genau untersuchen.

looker [ˈlʊkə(r)] ▶ **she's a real** ~ sie sieht phantastisch aus; **looker-on** [ˈlʊkərɒn] ⟨*pl* lookers-on⟩ Zuschauer(in) *m (f)* (*at* bei); **look-in** [ˈlʊkɪn] 1. flüchtiger Blick; 2. kurzer Besuch; ▶ **have a** ~ *fam bes. sport* Aussichten, Chancen haben; **look·ing glass** [ˈlʊkɪŋglɑːs] Spiegel *m;* **look·out** [ˈlʊkˌaʊt] 1. Ausblick *m;* 2. Ausguck, *mar* Mastkorb *m;* ▶ **be on the** ~ Ausschau halten (*for* nach); **that is his** ~ *fam* das ist seine Sache; **that's not my** ~ das geht mich nichts an; **look-over** [ˈlʊkəʊvə(r)] Überprüfung *f;* ▶ **give s.th. a** ~ sich etw ansehen.

loom[1] [luːm] Webstuhl *m.*

loom[2] [luːm] *itr* 1. (~ *up*) allmählich, undeutlich sichtbar werden; 2. drohend aufragen; ▶ ~ **large** sehr wichtig sein.

loony [ˈluːnɪ] *adj sl* verrückt.

loop [luːp] **I** *s* 1. Schlinge, Schleife *f;* 2. Windung *f;* Öse *f;* 3. *med* Spirale *f;* 4. *aero* Looping *m;* 5. *radio* Rahmenantenne *f;* 6. *EDV* Schleife *f;* **II** *tr* 1. in Schleifen legen; 2. winden (*around* um); ► ~ **the** ~ *aero* einen Looping machen; **III** *itr* 1. Schleifen bilden; 2. sich schlingen.

loop·hole ['luːphəʊl] 1. Schießscharte *f;* 2. *fig* Ausweg *m;* ► **a** ~ **in the law** e-e Gesetzeslücke.

loose [luːs] **I** *adj* 1. lose, frei, ungebunden; 2. *com* lose, unverpackt; 3. lose, locker; 4. (*Kleidung*) weit; 5. locker, aufgelockert; 6. (*Bedeutung*) ungenau; 7. (*Übersetzung*) frei; 8. (*Lebenswandel*) locker; ► **at a** ~ **end** ohne Beschäftigung; ~ **change** Kleingeld *n;* **have a** ~ **tongue** ein loses Mundwerk haben; **II** *adv* 1. frei, ungebunden, ungezwungen; 2. lose, locker; ► **break** ~ ausbrechen; **come** ~ (*Band, Knoten*) aufgehen; (*Knopf*) abgehen; **cut** ~ *tr, itr* (sich) losreißen; *itr* loslegen, außer Rand u. Band geraten; **work** ~ (*Schraube*) sich lockern; **III** *tr* 1. los-, freilassen; lockern; 2. befreien; **IV** *s* ► **on the** ~ frei, ungebunden; übermütig; **be on the** ~ sich amüsieren; **loose connection** *el* Wackelkontakt *m;* **loose-leaf book** Ringbuch *n;* **loosely** ['luːslɪ] *adv* locker, lose; ► ~ **speaking** grob gesagt; **loosen** ['luːsn] **I** *tr* 1. befreien; 2. (*Zunge*) lösen; 3. losmachen; 4. lockern; **II** *itr* 1. frei werden, sich lösen; 2. sich lockern; ► ~ **up** *sport* Lockerungsübungen machen; *fig* lockerer werden.

loot [luːt] **I** *s* Beute *f;* **II** *tr* plündern; **looting** [~ɪŋ] Plünderung *f.*

lop [lɒp] *tr* 1. (*Baum*) beschneiden, stutzen; 2. (~ *off*) abhacken.

lope [ləʊp] **I** *itr* 1. galoppieren, traben; 2. (in leichten Sprüngen) rennen; **II** *s* ► **at a** ~ im Galopp.

lop-sided [ˌlɒpˈsaɪdɪd] *adj* 1. einseitig, unsymmetrisch; schief; 2. *mar* mit Schlagseite.

lo·qua·cious [ləˈkweɪʃəs] *adj* redselig.

lord [lɔːd] **I** *s* 1. Herr *m;* Herrscher *m* (*of* über); 2. *Br* Lord *m;* ► **(Our) L~** der Herr (Jesus); **as drunk as a** ~ volltrunken; **the House of L~s** das (brit.) Oberhaus; **the L~'s Prayer** das Vaterunser; **the L~'s Supper** das heilige Abendmahl; **L~ only knows** weiß der Himmel (*where* wo); **II** *tr* ► ~ **it** den Herrn spielen; **lord·ly** ['lɔːdlɪ] *adj* 1. würdig, hoheitsvoll; 2. hochmütig; 3. stolz, gebieterisch; **Lord Mayor** Oberbürgermeister *m;* **lord·ship** ['lɔːdʃɪp] ► **Your, His L~** Eure, Seine Lordschaft; **Lords Spiritual, Lords Temporal** *pl* geistliche, weltliche Herren *m pl* (*im brit. Oberhaus*).

lore [lɔː(r)] Lehre, Kunde *f.*

lorry ['lɒrɪ] *Br* Last(kraft)wagen, Lkw, Laster *m;* **lorry driver** Last(kraft)wagenfahrer(in), Lkw-Fahrer(in) *m (f).*

lose [luːz] ⟨*irr* lost, lost⟩ **I** *tr* 1. verlieren; einbüßen; 2. sich entgehen lassen, nicht mitbekommen; 3. (*Gelegenheit*) versäumen; 4. (*Verfolger*) abschütteln; 5. (*Gelerntes*) vergessen; 6. (*Uhr*) nachgehen; 7. verschwenden, vergeuden; 8. bringen (*s.o. s.th.* jdn um etw), kosten (*s.o. s.th.* jdn etw); ► **be lost** verloren sein; verschwunden sein; **I'm lost** ich verstehe nichts mehr; **the child got lost** das Kind hatte sich verirrt; **get lost!** verschwinde! hau ab! ~ **o.s.** sich verirren; sich verlieren (*in* in); ~ **ground** den Boden unter den Füßen, den Halt verlieren; ~ **one's head** *fig* den Kopf verlieren; ~ **one's life** ums Leben kommen; ~ **one's temper** die Geduld verlieren; heftig werden; ~ **track of** ... jede Spur *gen* aus den Augen verlieren; ~ **one's way** sich verirren, sich verlaufen; **II** *itr* 1. verlieren; 2. (~ *out*) verlieren, unterliegen, *fam* den kürzeren ziehen (*to* gegen); *com* große Verluste erleiden (*on a deal* bei einem Geschäft); 3. (*Uhr*) nachgehen; **loser** ['luːzə(r)] Verlierer(in) *m (f);* ► **come off a, the** ~ den kürzeren ziehen; **los·ing** ['luːzɪŋ] *adj* 1. *com* unrentabel; verlustbringend; 2. (*Mannschaft*) Verlierer-; 3. *fig* aussichtslos; ► ~ **business** Verlustgeschäft *n;* ~ **game** aussichtsloses Spiel.

loss [lɒs] 1. Verlust *m;* 2. Einbuße *f,* Nachteil, Schaden, Ausfall *m* (*in* an); Schadensfall *m;* ► **at a** ~ in Verlegenheit (*for* um); *com* mit Verlust; **be at a** ~ **how to do s.th.** nicht wissen, wie man etw anfangen soll; **be at a** ~ **for s.th.** um etw verlegen sein; **be a dead** ~ nutzlos, unbrauchbar sein; **sell at a** ~ mit Verlust verkaufen; **suffer heavy** ~**es** schwere Verluste erleiden; **he is no great** ~ an ihm ist nicht viel verloren; ~ **of appetite** Appetitlosigkeit *f;* ~ **of blood** Blutverlust *m;* ~ **of confidence** Vertrauensschwund *m;* ~ **of earnings** Ertragsausfall *m;* ~ **on exchange** Wechselkursverlust *m;* ~ **by fire** Brandschaden *m;* ~ **of life** Verluste *m pl* an Menschenleben; ~ **of civil rights** Aberkennung *f* der bürgerlichen Ehrenrechte; ~ **of time** Zeitverlust *m;* ~ **of wages** Lohnausfall *m;* ~ **in weight** Gewichtsverlust *m;* **loss-leader** Lockartikel *m;* **loss-making** ['lɒsmeɪkɪŋ] *adj* (*Transaktion*) verlustbringend; (*Firma*) in den roten Zahlen stehend.

lost [lɒst] **I** *v s.* lose; **II** *adj* 1. verloren; (*Gewinn*) entgangen; 2. vergessen; 3. verirrt; 4. abhanden gekommen; in Verlust geraten; ► **be** ~ **upon s.o.** auf jdn keinen Eindruck machen; **be** ~ **in thought** in Gedanken versunken sein; **a** ~ **cause** e-e aussichtslose Sache; **lost property** Fundsachen *pl;* **lost-property office** Fundbüro *n.*

lot [lɒt] **1.** Los *n a. fig,* Schicksal, Geschick *n;* **2.** (Gewinn)Anteil *m;* **3.** Parzelle *f;* **4.** Gruppe *f;* Leute *pl;* **5.** com Partie *f,* Posten *m;* ▶ **a ~ of, ~s of** viele, eine Menge; **the ~** alles; alle; **you ~** ihr (alle); **by ~** durch das Los; **cast, throw in one's ~ with s.o.** jds Schicksal teilen; **a bad ~** *fam* e-e miese Person; **building ~** Bauplatz *m;* **parking ~** Parkplatz *m.*

loth [ləʊθ] *s. loath.*

lo·tion [ˈləʊʃn] Lotion *f;* ▶ **shaving ~** Rasierwasser *n.*

lot·tery [ˈlɒtərɪ] **1.** Lotterie, Verlosung *f;* **2.** *fig* Glücksspiel *n;* **lottery-number** Losnummer *f.*

lo·tus [ˈləʊtəs] Lotos(blume *f*) *m;* **lotus-eater** [ˈləʊtəsˌiːtə(r)] Lotosesser(in) *m (f); fig* Müßiggänger(in) *m (f);* **lotus position** Lotussitz *m.*

loud [laʊd] **I** *adj* **1.** laut; **2.** geräuschvoll; **3.** *fig* auffallend; auffällig; **II** *adv* laut; **loud·hailer** [ˌlaʊdˈheɪlə(r)] Megaphon *n;* **loud mouth** *fam* Großmaul *n;* **loud·ness** [—nɪs] Lautstärke *f;* Auffälligkeit *f;* Aufdringlichkeit *f;* **loud·speaker** [ˌlaʊdˈspiːkə(r)] Lautsprecher *m.*

lounge [laʊndʒ] **I** *itr* **1.** herumsitzen, -stehen; **2.** faulenzen; **II** *s (Hotel)* Gesellschaftsraum *m; (Flughafen)* Warteraum *m; (Haus)* Wohnzimmer *n;* vornehmer Teil einer Gaststätte; **lounge-bar** (vornehme) Bar *f;* **lounge-chair** Klubsessel *m;* **lounge lizard** Salonlöwe *m;* **lounge-suit** *Br* Straßenanzug *m.*

lour, lower [ˈlaʊə(r)] *itr* **1.** finster, drohend blicken (*on, upon, at* auf); **2.** *(Himmel)* finster, schwarz, drohend aussehen; sich verfinstern; *(Wolken)* sich türmen.

louse [laʊs] ⟨*pl* lice⟩ [laɪs] **I** *s* **1.** Laus *f;* **2.** *sl* gemeiner Kerl; **II** *tr* ▶ **~ up** *sl* versauen; ruinieren; **lousy** [ˈlaʊzɪ] *adj* **1.** verlaust; **2.** *sl* lausig, gemein, ekelhaft; miserabel; ▶ **~ with** *sl* voll von, übersät mit; **~ with money** *fam* stinkreich.

lout [laʊt] Lümmel, Flegel *m;* **lout·ish** [ˈlaʊtɪʃ] *adj* flegelhaft.

louvre, lou·ver [ˈluːvə(r)] **1.** Jalousie *f;* **2.** Belüftungsklappe *f;* ▶ **~ door** Lamellen-, Louvretür *f.*

lov·able [ˈlʌvəbl] *adj* liebenswert.

love [lʌv] **I** *s* **1.** Liebe, Zuneigung *f (of, for, to, towards* s.o. zu jdm); **2.** Vorliebe *f (of, for* s.th. für etw); **3.** Geliebte(r), Liebste(r) *f m;* **4.** *fam* etw Reizendes; **5.** *(Anrede)* meine Liebe, mein Lieber, mein Liebes; Schätzchen *n;* **6.** Grüße *m pl;* **7.** *sport (bes. Tennis)* null; ▶ **for ~** zum Spaß *od* Vergnügen; **for the ~ of** aus Liebe zu, *dat* zuliebe; **not for ~ nor money** nicht für Geld und gute Worte; **be in ~ with s.o.** in jdn verliebt sein; **fall in ~** sich verlieben; **make ~** sich lieben; **make ~ to s.o.** mit jdm schlafen; **send**

one's ~ to s.o. jdn grüßen lassen; **give him my ~** grüßen Sie ihn von mir; **there's no ~ lost between them** sie können sich nicht ausstehen; **II** *tr* **1.** lieben; liebhaben, gern haben; **2.** (gern) mögen *(a. Speisen);* ▶ **~ to do** gern tun; **I'd ~ to go** ich würde (liebend) gern gehen; **III** *itr* lieben; verliebt sein; **love affair** Liebschaft *f,* Verhältnis *n;* **love-bird** [ˈlʌvbɜːd] *zoo* Unzertrennliche(r), Sperlingspapagei *m; fig* Turteltaube *f;* **love game** *(Tennis)* Zu-Null-Spiel *n;* **love-hate relationship** Haßliebe *f;* **love·less** [ˈlʌvlɪs] *adj* ohne Liebe; lieblos; **love letter** Liebesbrief *m;* **love life** Liebesleben *n.*

love·li·ness [ˈlʌvlɪnɪs] Liebreiz *m;* **love·ly** [ˈlʌvlɪ] *adj* **1.** lieblich; schön, hübsch; **2.** *fam* herrlich, großartig.

love-mak·ing [ˈlʌvˌmeɪkɪŋ] **1.** Zärtlichkeiten *f pl;* **2.** Geschlechtsverkehr *m.*

lover [ˈlʌvə(r)] Liebhaber *m (auch allg);* Freund(in) *m (f).* Geliebte(r) *f m;* ▶ **~ of horses** Pferdeliebhaber *m;* **a ~ of good music** ein Freund guter Musik; **be a ~ of good wine** e-n guten Tropfen lieben; **they are ~s** sie sind ein Liebespaar.

love·sick [ˈlʌvsɪk] *adj* liebeskrank; ▶ **be ~** Liebeskummer haben; **love song** Liebeslied *n;* **love story** Liebesgeschichte *f;* **lov·ey** [ˈlʌvɪ] *sl* Schätzchen *n;* **lov·ing** [ˈlʌvɪŋ] *adj* liebend; liebevoll, zärtlich.

low¹ [ləʊ] **I** *itr* muhen; **II** *s* Muhen *n.*

low² [ləʊ] **I** *adj* **1.** niedrig; **2.** tief, tief(er)liegend; **3.** *(Gewässer)* flach, seicht; **4.** *(~-necked) (Kleid, Bluse)* tief ausgeschnitten; **5.** *(Verbeugung)* tief; **6.** *fig* schwach, kraft-, energielos; **7.** *(Stimmung)* gedrückt; niedergedrückt, -geschlagen; **8.** klein, gering(fügig, -wertig); **9.** einfach, niedrig, nieder *(a. Herkunft, Stand, Rang);* **10.** niedrig, niederträchtig, gemein; **11.** *(Meinung)* gering, schlecht; **12.** *(Preis, Kosten, Kurs, Lohn, Gehalt, Temperatur)* niedrig; **13.** *(Puls)* schwach; **14.** *(Vorrat)* erschöpft, zusammengeschmolzen; **15.** *fam* knapp bei Kasse; **16.** *(Verpflegung)* dürftig; **17.** *(Kost)* schmal; **18.** *(Gesundheit)* schwach, schlecht; **19.** *(biol, Kultur)* primitiv, unentwickelt; **20.** *(Stimme, Laut)* schwach, leise; tief; **21.** *mot (Gang)* niedrig; ▶ **as ~ as** so niedrig, so tief wie; hinunter bis zu; **in ~ water** *fam* knapp bei Kasse; **be ~** *(Preise etc)* niedrig stehen; **be, feel ~** sich elend fühlen; **have a ~ opinion of s.o.** nicht viel von jdm halten; **lay ~** umstoßen, -werfen; umlegen, -bringen; **be laid ~** ans Bett gefesselt sein; **lie ~** flach, lang ausgestreckt liegen; *fig* sich nicht sehen lassen; **run ~** *(Vorrat)* zu Ende gehen; **II** *adv* **1.** niedrig, tief; nach unten; **2.** leise (sprechen); **3.** tief (singen); **4.** billig (kaufen, verkaufen); **III** s **1.** (das) Niedrige; **2.** mot niedriger Gang; **3.** fam Tiefstand m; **4.** mete Tief(druckgebiet) n.

low·born [ˌləʊˈbɔːn] adj von niederer Herkunft; **low·bred** [ˌləʊˈbred] adj ungebildet, roh; **low·brow** [ˈləʊbraʊ] kulturell Unbedarfte(r) f m; **low-calorie** adj kalorienarm; **low comedy** Schwank m, Posse f; **low-cut** [ləʊˈkʌt] adj (Kleid) tiefausgeschnitten; **low demand** geringe Nachfrage; **low-down** [ˈləʊdaʊn] **I** s sl Information f; **II** adj Am gemein.

lower[1] [ˈləʊə(r)] ⟨Komparativ von low⟩ adj **1.** tiefer, niedriger; **2.** tiefer gelegen.

lower[2] [ˈləʊə(r)] **I** tr **1.** hinunter-, herunterlassen, senken; **2.** (die Augen) niederschlagen; **3.** (die Stimme) senken; **4.** (Preis) herabsetzen, ermäßigen; **5.** (Stellung, Rang) herabsetzen; erniedrigen, demütigen; **6.** aero (Fahrgestell) ausfahren; **II** itr **1.** sich senken; **2.** (Preise) sinken, fallen; **3.** abnehmen, nachlassen; sich vermindern; **III** refl sich erniedrigen; sich herablassen.

lower[3] [ˈləʊə(r)] s. lour.

low-key [ˌləʊˈkiː] adj **1.** maßvoll; nicht übertrieben; **2.** unwillig; schwach; **lowland** [ˈləʊlənd] meist pl Tief-, Unterland n; **low level** Tiefpunkt m; ▶ **on a ~** auf niedriger Stufe; **low-level radiation** Niedrigstrahlung f.

low·ly [ˈləʊlɪ] adj, adv schlicht; bescheiden.

Low Mass [ˌləʊ ˈmæs] rel einfache Messe; **low-minded** [ˌləʊˈmaɪndɪd] adj niedriggesinnt, gemein; **low-necked** [ˌləʊˈnekt] adj (Kleid) (tief) ausgeschnitten.

low·ness [ˈləʊnɪs] **1.** Niedrigkeit f a. fig; **2.** Tiefe f (a. Stimme); ▶ **~ of spirits** Niedergeschlagenheit f.

low-noise [ˌləʊˈnɔɪz] adj rauschfrei; mot laufruhig; **low-pitched** [ˌləʊˈpɪtʃt] adj **1.** (Stimme) tief; **2.** (Dach) mit geringer Neigung; **low-pollution** [ˌləʊpəˈluːʃn] adj mot schadstoffarm; **low pressure** mete Tiefdruck m; **low-pressure area** Tiefdruckgebiet n; **low profile:** ▶ **keep a ~** fig sich im Hintergrund halten; **low season** Neben-, Zwischensaison f; **low-spirited** [ˌləʊˈspɪrɪtɪd] adj niedergeschlagen, (nieder)gedrückt; **Low Sunday** der Weiße Sonntag; **low tide 1.** Ebbe f; **2.** fig Tiefstand m; **low water** Niedrigwasser n; Ebbe f.

loyal [ˈlɔɪəl] adj treu; loyal; zuverlässig; **loyal·ist** [—ɪst] Regierungstreue(r) f m; **loyalty** [ˈlɔɪəltɪ] **1.** Treue f; Loyalität f (to zu, gegen); **2.** Zuverlässigkeit f.

loz·enge [ˈlɒzɪndʒ] **1.** math Rhombus m, Raute f; **2.** (Arznei) Tablette f.

LP [elˈpiː] Abk: **long playing (record)** LP

f.

LSD [eles'diː] Abk: **lysergic acid diethylamide** LSD n.

lu·bri·cant [ˈluːbrɪkənt] Schmiermittel n; **lu·bri·cate** [ˈluːbrɪkeɪt] tr **1.** (ein-, ab)schmieren, (ein)ölen; **2.** fig schmieren; **lu·bri·ca·tion** [ˌluːbrɪˈkeɪʃn] (Ab-, Ein)Schmieren n; (Ein)Ölen n; **lu·bri·ca·tor** [ˈluːbrɪˌkeɪtə] Schmierbüchse f, -nippel m.

lu·cerne [luːˈsɜːn] bot Luzerne f.

lu·cid [ˈluːsɪd] adj **1.** klar, verständlich; **2.** (geistig) normal; ▶ **· moments** pl lichte Momente m pl.

luck [lʌk] **1.** Glück(sfall m) n; **2.** Zufall m, Schicksal n; ▶ **for ~** als Glückbringer; **in ~** glücklich; **out of ~** unglücklich; **worse ~** unglücklicherweise, leider; **be down on one's ~** fam Pech haben; **try one's ~** sein Glück versuchen; **just my ~!** **tough ~!** fam so ein Pech! **good, bad ~** Glück, Unglück n; **~ of the devil** fam wahnsinniges Glück; **luck·less** [—lɪs] adj glücklos; erfolglos; **lucky** [ˈlʌkɪ] adj **1.** glücklich; **2.** glückbringend, günstig; ▶ **be ~** Glück haben; **that's ~** das ist ein Glück; **~ shot** Glückstreffer m; **~ dip** Glückstopf m; **I should be so ~** das möchte ich mal erleben; **~ you!** du Glückliche(r)!

lu·cra·tive [ˈluːkrətɪv] adj einträglich, gewinnbringend.

lucre [ˈluːkə(r)] hum Mammon m.

lu·di·crous [ˈluːdɪkrəs] adj fürchterlich; grotesk; lächerlich; absurd.

ludo [ˈluːdəʊ] (Spiel) Mensch, ärgere dich nicht n.

lug [lʌg] tr schleppen, (hinter sich her)ziehen, zerren (at an).

lug·gage [ˈlʌgɪdʒ] Br (Reise)Gepäck n; ▶ **have one's ~ registered** sein Gepäck aufgeben; **personal ~** Handgepäck n; **luggage-rack** (Zug) Gepäcknetz n; (Auto) Dachgepäckträger m; **luggage van** Br rail Packwagen m.

lug·ger [ˈlʌgə(r)] mar Logger, Lugger m.

lug(-hole) [ˈlʌghəʊl] Br sl Ohr n.

lu·gu·bri·ous [ləˈguːbrɪəs] adj tieftraurig, schmerzlich.

luke·warm [ˌluːkˈwɔːm] adj **1.** (Flüssigkeit) lauwarm; **2.** fig lau, gleichgültig.

lull [lʌl] **I** tr **1.** einlullen, beruhigen; **2.** beschwichtigen, besänftigen; ▶ **~ to sleep** in den Schlaf wiegen; **II** itr **1.** sich beruhigen (a. die See); **2.** (Sturm) sich legen; **III** s **1.** Windstille f; **2.** (kurze) Ruhe(pause) f; (kurze) Unterbrechung f; Stillstand m; **3.** com Flaute f; **lull·aby** [ˈlʌləbaɪ] Wiegenlied n.

lum·bago [lʌmˈbeɪgəʊ] med Hexenschuß m.

lum·ber[1] [ˈlʌmbə(r)] **I** s **1.** Gerümpel n; **2.** Bau-, Nutzholz n; **II** tr **1.** (mit Gerümpel) vollstopfen, -pfropfen; **2.** (Bäume) fällen, schlagen, zu Nutzholz sägen;

▶ ~ **s.o. with s.th.** jdm etw aufhängen; ~ **o.s. with s.th.** sich etw aufhalsen.

lum·ber[2] ['lʌmbə(r)] *itr* schwerfällig gehen; rumpeln; trampeln; ▶ ~ **along** dahinrumpeln.

lum·ber·jack ['lʌmbədʒæk] **1.** Holzfäller *m;* **2.** *(a. lumberjacket)* Lumberjack *m;* **lum·ber·man** ['lʌmbəmæn] ⟨*pl* -men⟩ Holzfäller *m;* **lum·ber·room** ['lʌmbərʊm] Rumpelkammer *f;* **lumber-trade** Holzhandel *m;* **lumber-yard** ['lʌmbəjɑːd] *Am* Holzlager *n.*

lu·min·ary ['luːmɪnərɪ] *fig* Leuchte *f;* **lu·min·os·ity** [ˌluːmɪ'nɒsətɪ] Helligkeit *f;* **lu·mi·nous** ['luːmɪnəs] *adj* **1.** leuchtend, Leucht-; **2.** *fig* verständlich; ▶ ~ **paint** Leuchtfarbe *f.*

lump [lʌmp] **I** *s* **1.** Klumpen *m;* **2.** Stück *n (Zucker);* **3.** *fig* Haufen *m,* Masse, Menge *f;* **4.** *med* Beule *f;* Knoten *m;* **5.** *fam* Klotz *m;* ▶ **have a ~ in one's throat** e-n Kloß im Hals haben; **II** *tr* **1.** *(~ together)* fassen *(under a title* unter e-r Überschrift);* **2.** *(~ in)* in e-n Topf werfen *(with* mit);* ▶ ~ **it** *fam fig* etw schlucken; sich damit abfinden; ~ **together** zusammenfassen; **if he doesn't like it he can ~ it** wenn's ihm nicht paßt, kann er's ja bleiben lassen; **III** *itr* klumpen; **lump payment** Pauschalbezahlung *f;* **lump sugar** Würfelzucker *m;* **lump sum** **1.** Pauschalbetrag *m;* **2.** Kapitalabfindung *f;* **lumpy** ['lʌmpɪ] *adj* **1.** klumpig; **2.** *(Figur)* pummelig.

lu·nacy ['luːnəsɪ] Wahnsinn *m.*

lu·nar ['luːnə(r)] *adj* ▶ ~ **vehicle** Mondfahrzeug *n;* ~ **module** Mondfähre *f.*

lu·na·tic ['luːnətɪk] **I** *adj* blödsinnig, verrückt; ▶ ~ **fringe** *pol* Extremisten *pl;* **II** *s* Wahnsinnige(r) *(m)f;* **lunatic asylum** *fam pej* Irrenhaus *n.*

lunch [lʌntʃ], **luncheon** ['lʌntʃən] **I** *s* Mittagessen *n;* Mittagspause *f;* **II** *itr* (zu) Mittag essen; ▶ ~ **out** auswärts zu Mittag essen; **lunch break** Mittagspause *f;* **luncheon meat** Dosenfleisch *n;* **luncheon voucher** Essensbon *m,* -marke *f;* **lunch hour** Mittagspause *f;* **lunch·time** ['lʌntʃtaɪm] Mittag(szeit *f) m.*

lung [lʌŋ] *a. pl* Lunge *f;* ▶ **his right ~** sein rechter Lungenflügel *m;* ~ **power** Stimmkraft *f;* **at the top of his ~s** aus vollem Halse; **iron ~** *med* eiserne Lunge; **lung cancer** Lungenkrebs *m.*

lunge [lʌndʒ] **I** *s* **1.** *(Fechten)* Ausfall *m;* **2.** plötzlicher Satz *(nach vorn);* **II** *itr* **1.** sich stürzen *(at* auf);* **2.** *(Fechten)* einen Ausfall machen.

lu·pin, *Am* **lu·pine** ['luːpɪn] *bot* Lupine *f.*

lurch [lɜːtʃ] **I** *s* **1.** Ruck *m;* **2.** *mar* Schlingern *n;* ▶ **leave in the ~** im Stich lassen; **give a ~** rucken; schlingern; torkeln; **II** *itr* **1.** rucken; taumeln; **2.** *mar* schlingern.

lure [lʊə(r)] **I** *s* **1.** Köder *m a. fig;* **2.** *fig* Zauber, Reiz *m;* **II** *tr* **1.** *(~ on)* ködern *a. fig;* **2.** *fig* anlocken, -ziehen; **3.** verlocken *(into* zu).

lu·rid ['lʊərɪd] *adj* **1.** grell; schreiend; **2.** reißerisch; grausig; sensationslüstern.

lurk [lɜːk] *itr* lauern.

luscious ['lʌʃəs] *adj* **1.** wohlschmeckend; **2.** köstlich *a. fig;* **3.** *(Obst)* saftig; **4.** *fig* sinnlich anziehend.

lush [lʌʃ] **I** *adj* **1.** saftig; üppig; **2.** luxuriös; **II** *s Am sl* Säufer(in) *m (f).*

lust [lʌst] **I** *s* **1.** Verlangen *n,* Drang *m,* Gier *f;* **2.** *(geschlechtliche)* Begierde *f (for* nach);* **3.** Wollust *f;* **II** *itr* verlangen, gierig sein *(after, for* nach);* **lust·ful** ['lʌstfl] *adj* begehrlich; lüstern.

lustre, *Am* **lus·ter** ['lʌstə] **1.** Glanz, Schimmer *m;* **2.** Ruhm *m;* ▶ **add ~ to s.th.** *fig* e-r S Glanz verleihen; **lustre-less** [—lɪs] *adj* glanzlos, matt, stumpf.

lusty ['lʌstɪ] *adj* **1.** kraftvoll, kräftig, stark; **2.** jugendfrisch; vital.

lute [luːt] Laute *f.*

Lu·theran ['luːθərən] **I** *adj* lutherisch; **II** *s* Lutheraner(in) *m (f).*

Lux·em·bourg ['lʌksəmbɜːg] Luxemburg *n;* **Lux·em·bourg·ian** [—ɪən] *adj* luxemburgisch.

lux·ur·iant [lʌg'ʒʊərɪənt] *adj* **1.** üppig; wuchernd; **2.** *fig* überschwenglich; **lux·ur·iate** [lʌg'ʒʊərɪeɪt] *itr* schwelgen *(in* in); **lux·ur·ious** [lʌg'ʒʊərɪəs] *adj* luxuriös; feudal; üppig; **lux·ury** ['lʌkʃərɪ] **1.** Luxus *m;* **2.** Luxus(gegenstand) *m;* **3.** Extravaganz *f;* ▶ ~ **flat** Luxuswohnung *f;* ~ **goods** *pl* Luxusgüter *n pl;* **lead a life of** ~ ein Luxusleben führen.

lye [laɪ] *chem* Lauge *f.*

ly·ing[1] ['laɪɪŋ] *ppr von* lie[1].

ly·ing[2] ['laɪɪŋ] **I** *ppr von* lie[2]; **II** *adj* lügnerisch, unaufrichtig; **III** *s* Lügen *n;* ▶ **that would be ~** das wäre gelogen.

lymph [lɪmf] *anat* Lymphe *f;* **lymph gland** Lymphdrüse *f;* **lym·phatic** [lɪm'fætɪk] **I** *adj anat* lymphatisch, Lymph-; **II** *s anat* Lymphgefäß *n;* **lymph node** Lympfknoten *m.*

lynch [lɪntʃ] *tr* lynchen.

lynx [lɪŋks] Luchs *m;* **lynx-eyed** [ˌlɪŋks'aɪd] *adj* ▶ **be ~** Luchsaugen haben.

lyre ['laɪə(r)] Leier, Lyra *f.*

lyric ['lɪrɪk] **I** *adj* lyrisch *a. mus;* **II** *s* **1.** lyrisches Gedicht; **2.** *pl* Lyrik *f;* **3.** Text *m (e-s Liedes);* **lyri·cal** ['lɪrɪkl] *adj* **1.** lyrisch; **2.** *fam* begeistert; ▶ **become over s.th.** in Begeisterung für etw geraten; **lyri·cism** ['lɪrɪsɪzəm] **1.** Lyrik *f;* **2.** Gefühlsüberschwang *m;* **lyri·cist** ['lɪrɪsɪst] Schlagerdichter, -texter *m.*

M

M, m [em] ⟨pl -'s⟩ M, m n.
ma [mɑ:] fam Mama, Mutti f.
ma'am [mæm] gnädige Frau.
mac [mæk] fam s. mackintosh.
ma·cabre [mə'kuːbrə] adj makaber.
ma·cadam [mə'kædəm] Schotter, Makadam m; **macadam road** Schotterstraße f.
maca·roni [ˌmækə'rəʊni] Makkaroni pl.
mace[1] [meɪs] (Amts)Stab m; Keule f.
mace[2] [meɪs] Muskatblüte f.
Mach [mɑːk] phys Mach n; **Mach number** Mach-Zahl f.
ma·chine [mə'ʃiːn] I s 1. Maschine f a. fig; 2. (vending ~) Automat m; 3. Apparat, Automat m; 4. pol Parteiapparat m; ▶ **operate a ~** e-e Maschine bedienen; **calculating ~** Rechenmaschine f; **duplicating ~** Vervielfältigungsmaschine f; II tr maschinell herstellen od bearbeiten; **machine-gun** Maschinengewehr, MG n; **machine language** EDV Maschinensprache f; **machine-made** adj maschinell hergestellt; **machine-readable** [mə'ʃiːn'riːdəbl] adj EDV computerlesbar, maschinenlesbar; **ma·chinery** [mə'ʃiːnəri] 1. Maschinerie f; Maschinen f pl; 2. fig Apparat m; **machine tool** Werkzeugmaschine f; **ma·chinist** [mə'ʃiːnɪst] 1. Maschinist(in) m (f); 2. Maschinenschlosser(in) m (f).
macho ['mætʃəʊ] fam pej I adj Macho-; II s Macho m.
mack·erel ['mækrəl] zoo Makrele f.
mack·in·tosh ['mækɪntoʃ] Regenmantel m.
mac·ro- ['mækrəʊ] pref Makro-, makro-; **mac·ro·bi·otic** [ˌmækrəʊbaɪ'ɒtɪk] adj makrobiotisch.
mac·ro·cosm ['mækrəʊkɒzəm] Makrokosmos m.
mad [mæd] I adj 1. wahnsinnig, verrückt; 2. böse, sauer; 3. sinnlos, unvernünftig; 4. wahnsinnig; 5. tollwütig; ▶ **go ~** verrückt werden; **drive s.o. ~** jdn wahnsinnig machen; **as ~ as a March hare, as a hatter** total meschugge; **be ~ about s.th.** über etw wütend sein; **be ~ on s.th.** auf etw versessen sein; II adv ▶ **like ~** wie verrückt.
madam ['mædəm] gnädige Frau.
mad·den ['mædn] tr verrückt machen; ärgern; **mad·den·ing** [-ɪŋ] adj höchst ärgerlich; unerträglich; ▶ **it is ~** es ist zum Verrücktwerden.
made [meɪd] v s. make; **made-to-measure** [meɪdtə'meʒə(r)] adj maßge-

schneidert; ▶ **~ suit** Maßanzug m;
made-up ['meɪdʌp] adj 1. (Geschichte) erfunden; 2. (Gesicht) geschminkt.
mad·house ['mædhaʊs] fam Irrenhaus n; **mad·ly** ['mædlɪ] adv 1. wie verrückt; wild; 2. fam wahnsinnig; ▶ **it's ~ exciting** es ist unglaublich aufregend; **mad·man** ['mædmən] ⟨pl -men⟩ Irre(r), Verrückte(r) m; **mad·ness** ['mædnɪs] Wahnsinn m; **mad·woman** ['mæd,wʊmən] ⟨pl -women⟩ Irre, Verrückte f.
mael·strom ['meɪlstrəm] 1. Strudel m; 2. fig Wirbel, Sog m.
Mafia ['mæfiə] Mafia f.
mag [mæg] Zeitschrift f; Magazin n; **maga·zine** [ˌmægə'ziːn, Am 'mægəziːn] 1. mil Magazin n; 2. (im Gewehr) Magazin n; 3. Zeitschrift f, Magazin n.
mag·got ['mægət] zoo Made f; **maggoty** ['mægətɪ] adj madig.
Magi ['meɪdʒaɪ] ▶ **the ~** pl die Weisen aus dem Morgenland, die Heiligen Drei Könige m pl.
magic ['mædʒɪk] I s 1. Magie, Zauberei, Zauberkunst f; 2. fig Zauber m; ▶ **as if by ~** wie durch ein Wunder; II adj Zauber-; magisch; ▶ **the ~ word** das Stichwort; das Zauberwort; **magi·cal** ['mædʒɪkl] adj magisch; **magi·cal·ly** ['mædʒɪklɪ] adv wunderbar; **magic carpet** fliegender Teppich; **magic eye** magisches Auge; **ma·gician** [mə'dʒɪʃn] Magier(in) m (f), Zauberer m, Zauberin f.
magis·terial [ˌmædʒɪ'stɪəriəl] adj 1. (Macht) e-s Friedensrichters; 2. gebieterisch; **magis·trate** ['mædʒɪstreɪt] Friedensrichter(in) m (f).
mag·na·nim·ity [ˌmægnə'nɪmətɪ] Großmut f; **mag·nani·mous** [mæg'nænɪməs] adj großmütig.
mag·nate ['mægneɪt] Magnat m.
mag·nesia [mæg'niːʃə] chem Magnesia f; **mag·nesium** [mæg'niːzɪəm] chem Magnesium n.
mag·net ['mægnɪt] Magnet m a. fig; **mag·net·ic** [mæg'netɪk] adj 1. magnetisch; 2. fig faszinierend; ▶ **~ card** Magnetkarte f; **~ disc** EDV Magnetplatte f; **~ field** Magnetfeld n; **~ memory** Magnetspeicher m; **~ needle** Magnetnadel f; **~ pole** Magnetpol m; **~ railway** Magnetbahn f; **~ strip** Magnetstreifen m; **~ tape** Magnetband n; **mag·netism** ['mægnɪtɪzəm] 1. Magnetismus m;

2. *fig* Faszination *f;* **mag·net·ize** ['mægnıtaız] *tr* **1.** magnetisieren; **2.** *fig* faszinieren; **mag·neto** [mæg'ni:təʊ] ⟨*pl* -netos⟩ *mot* Magnetzünder *m.*

mag·ni·fi·ca·tion [ˌmægnıfı'keıʃn] *opt phot* Vergrößerung *f.*

mag·nifi·cence [mæg'nıfısəns] **1.** Pracht *f,* Glanz *m;* **2.** Großartigkeit *f;* **mag·nifi·cent** [mæg'nıfısnt] *adj* **1.** prächtig, prunkvoll; **2.** großartig, glänzend *a. fig.*

mag·nify ['mægnıfaı] *tr opt phot* vergrößern; ► ~ing glass Vergrößerungsglas *n.*

mag·ni·tude ['mægnıtju:d] **1.** Ausmaß *n,* Größe *f;* **2.** Bedeutung, Wichtigkeit *f;* **3.** *astr* Größenklasse *f.*

mag·no·lia [mæg'nəʊlıə] *bot* Magnolie *f.*

mag·pie ['mægpaı] Elster *f.*

Ma·ha·ra·ja(h) [ˌmɑ:hə'rɑ:dʒə] Maharadscha *m;* **Ma·ha·ra·nee** [ˌmɑ:hə'rɑ:ni:] Maharani *f.*

ma·hog·any [mə'hɒgənı] Mahagoni *n.*

maid [meıd] **1.** Dienstmädchen *n,* Hausangestellte *f;* **2.** *obs* Jungfer *f;* ► ~ of **hono(u)r** Brautjungfer *f.*

maiden ['meıdn] **I** *s lit* Mädchen *n;* **II** *adj* Jungfern-; **maiden·hair** ['meıdnheə(r)] *bot* Frauenhaar *n;* **maiden name** Mädchenname *m;* **maiden speech** Jungfernrede *f.*

mail¹ [meıl] **I** *s* Post *f;* ► send by, via **air** ~ mit Luftpost verschicken; **II** *tr* mit der Post (ver)senden; abschicken, aufgeben.

mail² [meıl] *hist* (Ketten)Panzer *m.*

mail·bag ['meılbæg] Postsack *m;* **mailbox** ['meılbɒks] **I** *Am* Briefkasten *m;* **2.** *EDV* Mailbox *f;* **mailing list** Anschriftenliste *f;* **mail·man** ['meılmæn] ⟨*pl* -men⟩ *Am* Briefträger *m;* **mail-order catalogue** Versandhauskatalog *m;* **mail-order house** Versandhaus *n.*

maim [meım] *tr* verstümmeln *a. fig;* zum Krüppel machen.

main [meın] **I** *attr adj* Haupt-; ► ~ **idea** Hauptgedanke *m;* ~ **thing** Hauptsache *f;* **II** *s* **1.** Hauptleitung *f;* Haupthahn *m;* Hauptschalter *m;* **2.** *pl* Versorgungsnetz *n;* Stromnetz *n;* ► **in the** ~ im großen und ganzen; ~s **operated** für Netzbetrieb; **main·frame** ['meınfreım] (~ *computer)* Groß-, Zentralrechner *m;* **main·land** ['meınlænd] Festland *n;* **main·line** ['meınlaın] **I** *s* Hauptstrecke *f;* **II** *itr sl* fixen; **main·lining** [—ıŋ] *sl* Fixen *n;* **main·ly** ['meınlı] *adv* hauptsächlich, in erster Linie; **main road** Haupt(verkehrs)straße *f;* **main·spring** Triebfeder *f a. fig;* **main·stay** ['meınsteı] *fig* Hauptstütze *f;* **main-stream** ['meınstri:m] Hauptrichtung *f.*

main·tain [meın'teın] *tr* **1.** aufrechterhalten; beibehalten; erhalten; **2.** *(Ma-*

schine) in gutem Zustand (er)halten, instand halten, pflegen, warten; **3.** *(Straße, Familie, Beziehungen)* unterhalten; **4.** *(Stellung)* halten, behaupten; **5.** *(mit Worten)* behaupten, stützen, verteidigen.

main·ten·ance ['meıntənəns] **1.** Aufrechterhaltung *f;* Beibehaltung *f;* Erhaltung *f;* **2.** Instandhaltung, Wartung *f;* **3.** Unterhalt *m;* ► ~ **costs** *pl* Unterhaltskosten *pl.*

mai·son·nette [ˌmeızə'net] Appartment *n,* Maisonette(-Wohnung) *f.*

maize [meız] Mais *m.*

ma·jes·tic [mə'dʒestık] *adj* **1.** majestätisch; **2.** *(Proportionen)* stattlich; **majesty** ['mædʒəstı] Majestät *f a. fig;* ► **His, Her M** ~ Seine, Ihre Majestät.

ma·jor ['meıdʒə(r)] **I** *adj* **1.** größer; Haupt-; bedeutend(er); **2.** *mus (nachgestellt)* Dur; ► ~ **road** Hauptverkehrsstraße *f;* **a** ~ **operation** e-e größere Operation; **A flat** ~ As-Dur; **Smith** ~ Smith der Ältere; **II** *s* **1.** *mil* Major *m;* **2.** *mus* Dur *n;* **3.** *Am* Hauptfach *n;* ► **become a** ~ volljährig werden; **III** *itr Am* im Hauptfach studieren (*in s.th.* etw); **ma·jor-gen·eral** [ˌmeıdʒə-'dʒenərəl] Generalmajor *m.*

ma·jor·ity [mə'dʒɒrətı] **1.** Mehrheit *f;* **2.** *jur* Volljährigkeit, Mündigkeit *f;* ► **attain one's** ~, **reach the age of** ~ volljährig, mündig werden; **the** ~ **of cases** die Mehrzahl der Fälle; **be in a** ~ in der Mehrzahl sein; **a two-thirds** ~ eine Zweidrittelmehrheit; **(by)** ~ **of votes** (mit) Stimmenmehrheit *f;* ~ **decision** Mehrheitsbeschluß *m.*

make ⟨*irr* made, made⟩ **I** *tr* **1.** machen *(from, of* aus; *into* zu); herstellen, anfertigen; **2.** (zu)bereiten, fertigmachen, ausführen; **3.** hervorbringen, (er)schaffen, bilden; **4.** konstruieren, zusammenstellen; **5.** ausdenken, formulieren; **6.** *(Urkunde)* ausfertigen; **7.** herbeiführen, bewirken, veranlassen, bewerkstelligen, zustande bringen; **8.** ernennen zu; **9.** machen, erscheinen lassen; **10.** berühmt machen; **11.** sich belaufen auf; **12.** *(Distanz)* schätzen auf; **13.** erwerben, verdienen; **14.** *(Gewinn)* einstreichen, einstecken; **15.** *(Verlust)* erleiden; **16.** *(Zug)* noch erreichen; **17.** *(Arbeit)* erledigen; **18.** *(Entfernung)* zurücklegen; **19.** *(Geschwindigkeit)* fahren; **20.** *(Spiel)* gewinnen; ► ~ **bread** Brot bakken; **made in Germany** in Deutschland hergestellt; ~ s.o. **a present of s.th.** jdm etw schenken; ~ s.o. **happy** jdn glücklich machen; **it** ~s **no difference to me** es ist mir gleich; ~ s.o. **laugh** jdn zum Lachen bringen; ~ s.o. **do s.th.** jdn dazu bringen, etw zu tun; ~ s.o. **understand** jdm etw verständlich machen; ~ **port** in den Hafen einlaufen; ~ **it with s.o.** *fam* mit jdm schlafen; **we've made it!** wir haben es geschafft! **he's a made man** er ist ein gemachter Mann; **1 plus 1 ~s 2** 1 und 1 ist 2; **she made him a good wife** sie war ihm e-e gute Frau; **what time do you ~ it?** wie spät hast du es? II *itr* ▶ ~ **towards a place** auf e-n Ort zuhalten; ~ **as if to do s.th.** Anstalten machen, etw zu tun; ~ **on a deal** bei e-m Geschäft verdienen; III *refl* ▶ ~ **o.s. useful** sich nützlich machen; ~ **o.s. comfortable** es sich bequem machen; ~ **o.s. do s.th.** sich dazu zwingen, etw zu tun; IV *s* Marke *f*, Fabrikat *n*; ▶ **on the** ~ *sl* profitgierig; mit Zukunft; V *(mit Präposition)* **make away** *itr* sich davonmachen; **make for** *itr* 1. zuhalten auf; zuströmen auf; losgehen auf; 2. führen zu; den Grund legen für; **make of** *itr* halten von; **make off** *itr* sich aus dem Staub machen (*with* mit); **make out** *tr* 1. ausfindig machen, herausbekommen, entziffern; 2. *(Liste)* aufstellen; 3. *(Formular)* ausfüllen; 4. *(Rechnung, Scheck)* ausstellen; 5. behaupten; *itr* 1. weiter-, vorwärtskommen *a. fig;* Erfolg haben; 2. auskommen, zurechtkommen (*with* mit); ▶ ~ **out that . . .** es so hinstellen, als ob . . . ~ **s.o. out to be clever** jdn als klug hinstellen; ~ **out a case for s.th.** für etw argumentieren; **make over** *tr* 1. *(Haus)* umbauen; 2. um-, überarbeiten; 3. *(Eigentum)* übertragen, vermachen; **make up** *tr* 1. zusammenstellen, -legen, -setzen, -nähen; 2. erfinden, ausdenken; 3. vollenden, vervollständigen; 4. schminken; 5. *(Streit)* beilegen; 6. *(Schaden)* ersetzen; 7. *(Schulden)* bezahlen; 8. *(Rechnung)* begleichen; 9. *(Liste)* zusammenstellen; *itr* 1. *(Stoff)* sich verarbeiten lassen; 2. sich wieder aus-, versöhnen (*with* mit); 3. wiedergutmachen, ersetzen; 4. *(verlorene Zeit)* wieder aufholen; ▶ ~ **up one's mind** sich entschließen; **it was all made up** alles war nur erfunden; ~ **it up to s.o.** jdn entschädigen; ~ **up for lost time** verlorene Zeit aufholen; ~ **up for s.th.** etw ausgleichen; **make up to** *itr* sich heranmachen an; **make with** *itr* loslegen, anfangen mit.

make-be·lieve ['meɪkbɪˌliːv] I *s* Phantasie *f;* II *attr adj* imaginär; Schein-; III *tr* sich vorstellen; **maker** ['meɪkə(r)] Hersteller(in) *m (f);* ▶ **our M~** unser Schöpfer; **make·shift** ['meɪkʃɪft] I *s* Notbehelf *m*, Übergangslösung *f;* II *adj* behelfsmäßig; improvisiert; **make-up** ['meɪkʌp] 1. Make-up *n;* Schminke *f;* Maske *f;* 2. Zusammenstellung *f;* Veranlagung *f;* 3. *typ* Umbruch *m;* **make-up artist** Visagist(in) *m (f).*

mak·ing ['meɪkɪŋ] 1. Herstellung, Fertigung, Fabrikation, Produktion *f;* 2. *oft pl* Fähigkeiten *f pl*, Talent *n*, Anlage(n *pl*) *f;* ▶ **be in the** ~ in der Entwicklung,

in der Herstellung sein; **have the** ~**s of** das Zeug haben zu.

mal·adjusted [ˌmælə'dʒʌstɪd] *adj psych* milieugestört; verhaltensgestört.

mal·ad·min·is·tra·tion ['mælədˌmɪnɪ'streɪʃn] schlechte Verwaltung.

mal·adroit ['mælədrɔɪt] *adj* ungeschickt, unbeholfen, linkisch.

mal·aise [mæ'leɪz] 1. *fig* Unbehagen *n;* 2. Unwohlsein *n.*

mala·prop·ism ['mæləprɒpɪzəm] (komische) Wortverwechs(e)lung *f*, Malapropismus *m.*

ma·laria [mə'leərɪə] Malaria *f.*

male [meɪl] I *adj* 1. männlich; 2. Mann-; ▶ ~ **chauvinism** Chauvinismus *m;* ~ **chauvinist pig** *fam* Chauvi, Chauvinist *m;* ~ **child** Junge *m;* ~ **screw** Schraube *f;* ~ **plug** Stecker *m;* II *s* 1. Mann *m;* 2. *zoo* Männchen *n.*

mal·edic·tion [ˌmælɪ'dɪkʃn] Verwünschung *f.*

ma·levo·lent [mə'levələnt] *adj* boshaft (*to* gegen).

mal·for·ma·tion [ˌmælfɔː'meɪʃn] Mißbildung *f;* **mal·func·tion** [ˌmæl'fʌŋkʃn] I *s* Funktionsstörung *f;* Defekt *m;* Störfall *m;* II *itr* nicht richtig funktionieren.

mal·ice ['mælɪs] Bosheit *f;* Böswilligkeit *f;* ▶ **with** ~ **afore-thought** in böswilliger Absicht, vorsätzlich; **bear s.o. no** ~ jdm nicht grollen; **ma·licious** [mə'lɪʃəs] *adj* böswillig; arglistig; gehässig.

ma·lign [mə'laɪn] I *tr* verleumden; schlechtmachen; II *adj* 1. *(Worte)* boshaft, böswillig; 2. *(Einfluß)* unheilvoll; **ma·lig·nancy** [mə'lɪgnənsɪ] Bösartigkeit *f a. med;* **ma·lig·nant** [mə'lɪgnənt] *adj* böswillig, bösartig *a. med.*

ma·linger [mə'lɪŋgə(r)] *itr* sich krank stellen, simulieren; **ma·lingerer** [mə'lɪŋgərə(r)] Drückeberger(in) *m (f).*

mal·leable ['mælɪəbl] *adj* 1. *(Metall)* formbar; 2. *fig* nachgiebig, anpassungsfähig, geschmeidig.

mal·let ['mælɪt] 1. Holzhammer *m;* 2. (Krocket-, Polo)Schläger *m.*

mal·nu·tri·tion [ˌmælnjuː'trɪʃn] Fehl-, Unterernährung *f.*

mal·odor·ous [ˌmæl'əudərəs] *adj* übelriechend.

mal·practice [ˌmæl'præktɪs] *jur* Berufsvergehen *n;* Amtsvergehen *n.*

malt [mɔːlt] I *s* Malz *n;* II *tr* mälzen.

mal·treat [ˌmæl'triːt] *tr* mißhandeln; **mal·treat·ment** [—mənt] Mißhandlung *f.*

mam·mog·raphy [mæ'mɒgrəfɪ] *med* Mammographie *f.*

mam·mal ['mæml] Säugetier *n.*

mam·mon ['mæmən] Mammon *m.*

mam·moth ['mæməθ] I *s zoo* Mammut *n;* II *adj fig* gewaltig, kolossal.

man [mæn] ⟨*pl* men⟩ [men] **I** *s* **1.** Mann *m;* **2.** *(ohne Artikel)* der Mensch; **3.** man; **4.** *sl interj* Mensch, Mann; **5.** *mil* Mann *m;* **6.** *(Schach)* Figur *f; (Damespiel)* Stein *m;* ► **a** ~ **of the world** ein Mann von Welt; ~ **and boy** von Kindheit an; **make a** ~ **out of s.o.** e-n Mann aus jdm machen; **no** ~ niemand; **any** ~ jeder; **to a** ~ bis auf den letzten Mann; **he is not a** ~ **to ...** er ist nicht der Typ, der ... **the** ~ **in the street** der Mann auf der Straße; **he's a** ~ **about town** er kennt sich aus; **II** *tr (Schiff)* bemannen; *(Festung)* besetzen; *(Telefon)* bedienen.

man·age ['mænɪdʒ] **I** *tr* **1.** *(Betrieb)* leiten; verwalten; in Ordnung halten; **2.** zurechtkommen mit; **3.** *(Aufgabe)* bewältigen; schaffen; *fam* managen; ► **he** ~**d it very well** er hat das sehr gut gemacht; ~ **to do s.th.** es schaffen, etw zu tun; **can you** ~ **another slice of cake?** kannst du noch ein Stück Kuchen vertragen? **II** *itr* es schaffen, zurechtkommen; ► ~ **without s.th.** ohne etw auskommen; **man·age·able** [—əbl] *adj* **1.** *(Kind)* folgsam; **2.** *(Arbeit)* zu bewältigen; **3.** *(Haar)* leicht frisierbar; **4.** *(Auto)* leicht zu handhaben.

man·age·ment ['mænɪdʒmənt] **1.** Leitung *f;* Führung *f;* Verwaltung *f;* **2.** Management *n;* Unternehmensleitung *f;* Betriebsleitung *f;* ► **crisis** ~ Krisenmanagement *n;* **management consultant** Unternehmensberater(in) *m (f);* **management studies** Betriebswirtschaft *f;* **man·ager** ['mænɪdʒə(r)] **1.** *com* (Unternehmens)Leiter, Geschäftsführer, Manager *m;* **2.** Abteilungsleiter *m;* Betriebsleiter *m;* **3.** *theat* Intendant, Regisseur *m;* ► **business** ~ Verwaltungsdirektor *m;* **department** ~ Abteilungsleiter *m;* **sales** ~ Verkaufsleiter *m;* **man·ager·ess** [ˌmænɪdʒə'res] Leiterin, Geschäftsführerin, Managerin *f;* **mana·gerial** [ˌmænɪ'dʒɪərɪəl] *adj* führend, leitend; *(Probleme etc)* Management-; ► **in a** ~ **capacity** in leitender Stellung; **man·aging di·rec·tor** ['mænɪdʒɪŋdɪ'rektə(r)] leitende(r) Direktor(in) *m f.*

man-at-arms [ˌmænət'ɑːmz] ⟨*pl* men-at-arms⟩ Soldat *m.*

man·da·rin ['mændərɪn] **1.** *(in China)* Mandarin *m;* **2.** *fig* Bonze *m;* **3.** *(Sprache)* (das) Hochchinesisch(e); **4.** *bot* Mandarine *f.*

man·date ['mændeɪt] **I** *s* **1.** Auftrag *m;* **2.** *pol* Mandat *n;* **II** *tr* ► ~ **a territory to s.o.** ein Gebiet als Mandat an jdn vergeben; **man·da·tory** ['mændətrɪ] *adj* zwingend, verbindlich, obligatorisch; *pol* mandatorisch.

man·dible ['mændɪbl] **1.** *anat* Unterkiefer *m;* **2.** *(von Insekten)* Mundwerkzeuge *n pl.*

man·do·lin(e) ['mændəlɪn] Mandoline *f.*

mane [meɪn] Mähne *f.*

man-eater ['mæniːtə(r)] Menschenfresser *m.*

ma·neu·ver *Am s.* manoeuvre.

man·ga·nese ['mæŋgəniːz] *chem* Mangan *n.*

mange [meɪndʒ] Räude *f.*

man·gel(-wur·zel) ['mæŋgl(wɜːzl)] *bot* Futterrübe *f.*

manger ['meɪndʒə(r)] Krippe *f.*

mangle[1] ['mæŋgl] *tr* übel zurichten.

mangle[2] ['mæŋgl] **I** *tr (Wäsche)* mangeln; **II** *s* (Wäsche)Mangel *f.*

mango ['mæŋgəu] ⟨*pl* mango(e)s⟩ **1.** Mangobaum *m;* **2.** *(Frucht)* Mango *f.*

man·grove ['mæŋgrəuv] *bot* Mangrove(n)baum *m.*

mangy ['meɪndʒɪ] *adj* **1.** räudig; **2.** *fig* schmutzig, schäbig.

man-handle ['mænhændl] *tr* rauh, derb anpacken; **man·hole** ['mænhəul] Einsteigloch *n;* Kanalschacht *m;* **man·hood** ['mænhʊd] **1.** Mannesalter *n;* **2.** Männlichkeit *f;* **man-hour** ['mænauə(r)] Arbeitsstunde *f;* **man·hunt** ['mænhʌnt] Fahndung *f.*

mania ['meɪnɪə] **1.** *psych* Manie *f;* **2.** *fig* Manie, Sucht, Besessenheit *f (for* nach); ► **have a** ~ **for** verrückt sein auf; **maniac** ['meɪnɪæk] **I** *s* **1.** Geisteskranke(r) *f m;* **2.** *fig* Verrückte(r) *f m;* **II** *adj* wahnsinnig; **ma·nia·cal** [mə'naɪəkl] *adj* wahnsinnig, verrückt; **manic-de·press·ive** [ˌmænɪkdɪ'presɪv] *adj psych* manisch-depressiv.

mani·cure ['mænɪkjʊə(r)] **I** *s* Maniküre *f;* **II** *tr* maniküren.

mani·fest ['mænɪfest] **I** *adj* (offen-)sichtlich, offenbar, -kundig; **II** *tr* offenbaren, kundtun; **III** *refl* sich zeigen, sich manifestieren; **IV** *s mar* Manifest *n;* **mani·fes·ta·tion** [ˌmænɪfe'steɪʃn] **1.** Ausdruck *m,* Manifestierung *f;* **2.** Anzeichen *n;* **3.** *(Geist)* Erscheinen *n;* **mani·festly** ['mænɪfestlɪ] *adv* offenkundig.

mani·festo [ˌmænɪ'festəu] ⟨*pl* -festo(e)s⟩ Manifest *n.*

mani·fold ['mænɪfəuld] **I** *adj* mannigfaltig, verschiedenartig; **II** *s mot* Auspuffrohr *n;* **III** *tr* vervielfältigen.

ma·nipu·late [mə'nɪpjuleɪt] *tr* **1.** *(Maschine)* handhaben, bedienen; **2.** *fig* beeinflussen, manipulieren; **ma·nipu·la·tion** [məˌnɪpju'leɪʃn] Manipulation, Beeinflussung *f;* **ma·nipu·la·tor** [mə'nɪpjuleɪtə(r)] Manipulator *m.*

man·kind [ˌmæn'kaɪnd] die Menschheit; **man·ly** ['mænlɪ] *adj* männlich; **man-made** ['mænmeɪd] *adj* künstlich (hergestellt), Kunst-.

manned [mænd] *adj (Satellit)* bemannt.

man·ne·quin ['mænɪkɪn] **1.** Mannequin *n;* **2.** Glieder-, Schneiderpuppe *f.*

man·ner ['mænə(r)] **1.** Art, Weise, Art

und Weise *f;* 2. Benehmen *n;* 3. *pl* Manieren *f pl;* Umgangsformen *f pl;* Sitten *f pl;* ▶ **all** ~ **of** jede Art *gen;* **after this** ~ auf diese Art und Weise; **no** ~ **of** nicht der (die, das) geringste ... gar kein ... **a teacher as to the** ~ **born** der geborene Lehrer; **by all** ~ **of means** selbstverständlich, auf jeden Fall; **not by any** ~ **of means** auf keinen Fall; **in a** ~ gewissermaßen; **in a** ~ **of speaking** sozusagen; **he has no** ~**s** er weiß sich nicht zu benehmen; **it's bad** ~**s** es schickt sich nicht.

man·ner·ism ['mænərɪzəm] 1. Angewohnheit, Eigenheit *f;* 2. *(Stil)* Manieriertheit *f.*

ma·noeuvr·able, *Am* **ma·neu·ver·able** [mə'nu:vrəbl] *adj* manövrierfähig; **ma·noeuvre,** *Am* **ma·neu·ver** [mə'nu:və(r)] **I** *s* 1. *pl mil* Manöver *n,* Truppenübung *f;* 2. *fig* Schachzug *m,* List *f;* **II** *tr* manövrieren; ▶ ~ **s.o. into doing s.th.** jdn dazu bringen, etw zu tun; **III** *itr* 1. manövrieren; ein Manöver durchführen; 2. *fig* es geschickt einfädeln.

manor ['mænə(r)] Landgut *n;* ▶ **lord of the** ~ Gutsherr *m;* ~**-house** Herrenhaus *n.*

man·power ['mænpaʊə(r)] Leistungs-, Arbeitspotential *n;* Arbeitskräfte *pl.*

manse [mæns] *(schottisch)* Pfarrhaus *n.*

man·ser·vant ['mænsɜːvənt] ⟨*pl* menservants⟩ Diener *m.*

man·sion ['mænʃn] Villa *f;* Herren-, Landhaus *n.*

man·slaughter ['mænslɔːtə(r)] Totschlag *m.*

man·tel·piece ['mæntlpiːs] Kaminsims *m.*

man·ual ['mænjʊəl] **I** *adj* manuell; körperlich; ~ **labourer** Schwerarbeiter(in) *m (f);* ~ **skill** Handwerk *n;* ~ **transmission** *mot* Schaltgetriebe *n;* ~ **worker** (Hand)Arbeiter(in) *m (f);* **II** *s* Handbuch *n.*

manu·fac·ture [mænjʊ'fæktʃə(r)] **I** *s* 1. Herstellung, Fabrikation, Fertigung, Produktion *f;* 2. Erzeugnis, Produkt, Fabrikat *n;* **II** *tr* 1. herstellen, fabrizieren, produzieren; 2. *fig* erfinden; **manu·fac·turer** [mænjʊ'fækʃərə(r)] Hersteller, Produzent, Fabrikant *m;* **manu·fac·tur·ing** [mænjʊ'fæktʃərɪŋ] **I** *adj* Herstellungs-; ▶ ~ **capacity** Produktionskapazität *f;* ~ **industry** verarbeitende Industrie; **II** *s* Fertigung, Fabrikation *f.*

ma·nure [mə'njʊə(r)] **I** *s* Dünger *m;* **II** *tr* düngen.

manu·script ['mænjʊskrɪpt] 1. *(alte)* Handschrift *f;* 2. *typ* Manuskript *n;* ▶ **in** ~ handschriftlich.

many ['menɪ] ⟨*Komparativ* more, *Superlativ* most⟩ **I** *adj* viele; ▶ ~ **a** manche(r,

s), manch ein(e, r); ~ **a man** manch einer; ~ **a time** manchesmal; **as** ~ eben· so viele; **as** ~ **again** noch mal so viele; **as** ~ **as** 100 sage und schreibe 100; **a good** ~**, a great** ~ sehr viele; **there's one too** ~ einer ist zuviel; **II** *s* e-e ganze Menge; ▶ **the** ~ die große Masse; **many-sided** [menɪ'saɪdɪd] *adj* vielseitig.

map [mæp] **I** *s* 1. (Land)Karte *f;* 2. Stadtplan *m;* ▶ **be off the** ~ *fam* hinter dem Mond liegen; **put on the** ~ Bedeutung verleihen, herausstreichen; **road** ~ Straßenkarte *f;* **II** *tr* 1. vermessen; e-e Karte anfertigen von; 2. (~ **out**) entwerfen, kartieren; *fig* ausarbeiten.

maple ['meɪpl] *bot* Ahorn *m;* **maple-leaf** ⟨*pl* -leaves⟩ Ahornblatt *n;* **maple sugar** Ahornzucker *m.*

mar [maː(r)] *tr* 1. trüben; mindern; 2. verderben.

mara·thon ['mærəθən] 1. *sport* Marathonlauf *m;* 2. *fig* Marathon *n.*

ma·raud [mə'rɔːd] *itr, tr* marodieren, plündern; **ma·rauder** [—ə(r)] Plünderer *m,* Plünderin *f.*

marble ['maːbl] **I** *s* 1. Marmor *m;* 2. Murmel *f;* **II** *adj* marmorartig.

March [maːtʃ] März *m.*

march [maːtʃ] **I** *itr* marschieren; ▶ ~ **in** einmarschieren; **time** ~**es on** die Zeit bleibt nicht stehen; ~ **out** abmarschieren; ~ **past s.o.** an jdm vorbeimarschieren; **II** *tr* marschieren lassen; ▶ ~ **s.o. off** jdn abführen; **III** *s* 1. *mil mus* Marsch *m;* 2. Weg *m;* 3. (Ver)Lauf, Gang *m (der Ereignisse);* ▶ **on the** ~ auf dem Marsch; **steal a** ~ **on s.o.** jdm zuvorkommen; **forced** ~ Gewaltmarsch *m;* **march·ing or·ders** ['maːtʃɪŋɔːdəz] *pl* 1. *mil* Marschbefehl *m;* 2. Entlassung *f.*

mare ['meə(r)] *zoo* Stute *f;* **mare's nest** Schwindel *m;* (Zeitungs)Ente *f;* Reinfall *m.*

mar·gar·ine, *fam* **marge** [maːdʒə'riːn, maːdʒ] Margarine *f.*

mar·gin [maːdʒɪn] 1. Rand *m;* 2. *fig* Spielraum *m,* Spanne *f;* 3. *com* Gewinnspanne *f;* Verdienstspanne *f;* ▶ **in the** ~ am Rande; **allow, reserve a** ~ Spielraum lassen; **by a narrow** ~ knapp; ~ **of error** Fehlerspielraum *m;* **it's within the safety** ~ das ist noch sicher; **mar·ginal** [maːdʒɪnl] *adj fig* 1. Rand-; 2. geringfügig, unwesentlich; **mar·gin·al·ize** [—aɪz] *tr fig (meist Passiv)* 1. *(Person)* an den Rand drängen; 2. *(Sachverhalt)* eine niedrigere Priorität verleihen.

mar·guer·ite [maːgə'riːt] *bot* Margerite *f.*

mari·gold ['mærɪgəʊld] Tagetes *f.*

mari·juana, mari·huana [mærɪ'waːnə] Marihuana *n.*

ma·rina [mə'riːnə] Jachthafen *m.*

mari·nade [͵mærɪ'neɪd] Marinade *f;*
mari·nate ['mærɪneɪt] *tr* marinieren.
mar·ine [mə'riːn] I *adj* See-, Meer(es)-;
II *s* 1. Marine *f;* 2. Marineinfanterist *m;*
► ~ **biologist** Meeresbiologe *m,* -biolo-
gin *f;* ~ **biology** Meeresbiologie *f;* **tell**
that to the ~s das mach anderen weis!
mari·ner ['mærɪnə(r)] Seemann, Ma-
trose *m.*
mari·on·ette [͵mærɪə'net] Marionette *f*
a. fig.
mari·tal ['mærɪtl] *adj* ehelich; **marital**
status Familienstand *m.*
mari·time ['mærɪtaɪm] *adj* seemän-
nisch; See-.
mar·joram ['mɑːdʒərəm] Majoran *m.*
mark¹ [mɑːk] *fin* Mark *f.*
mark² [mɑːk] I *s* 1. Spur *f,* Mal *n;* Fleck
m; 2. (Kenn)Zeichen *n;* 3. Stempel *m,*
Siegel *n;* Etikett *n,* Auszeichnung *f;* 4.
Schutz-, Handelsmarke *f;* 5. *fig* Merk-
mal *n;* 6. Note, Zensur *f;* 7. Abzeichen *n;*
8. Auszeichnung *f;* 9. Eindruck, Einfluß
m; 10. Markierung *f;* ► **make a** ~ **on**
s.th. e-n Fleck auf etw machen; **good** ~s
pl gute Noten *f pl;* **he gets full** ~s **for**
geography in Geographie verdient er
e-e Eins; **be quick off the** ~ *sport* e-n
guten Start haben; *fig* blitzschnell han-
deln; **be up to the** ~ den Erwartungen
entsprechen; **hit the** ~ ins Schwarze
treffen; **leave one's** ~ e-r S seinen
Stempel aufdrücken; **make one's** ~ sich
e-n Namen machen; es zu etwas brin-
gen; **be wide of the** ~ danebentreffen;
sich verhauen; **birth-**~ Muttermal *n;*
punctuation ~ Satzzeichen *n;* II *tr* 1.
bezeichnen, kennzeichnen, (aus)zeich-
nen, markieren; 2. notieren, anstreichen;
3. (auf)zeigen, herausstellen; 4. charak-
terisieren; heraus-, hervorheben, aus-
zeichnen; 5. bewerten, zensieren; 6.
(Ware mit Preis) auszeichnen; 7. auf-,
verzeichnen; 8. beachten; achten, acht-
geben, aufpassen auf; ► **his death** ~ed
the end of an era mit seinem Tod ging
e-e Ära zu Ende; ~ed **with grief** von
Schmerz gezeichnet; ~ **a candidate** e-m
Kandidaten e-e Note geben; ~ **my**
words eins kann ich dir sagen; ~ **time**
auf der Stelle treten; III *itr* schmutzig
werden; IV *(mit Präposition)* **mark**
down *tr* 1. notieren; 2. *(Preise)* herab-
setzer.; **mark off** *tr* kennzeichnen, mar-
kieren; abgrenzen; **mark out** *tr* 1. ab-
stecken; 2. *(Note)* bestimmen; vorsehen
(for für); **mark up** *tr (Preise)* heraufset-
zen.
marked [mɑːkt] *adj (Unterschied)*
merklich, auffällig; spürbar; deutlich;
marked·ly ['mɑːkədlɪ] *adv* merklich.
marker ['mɑːkə(r)] 1. Marke *f;* Wende-
punkt *m;* 2. Schild *n,* Wegweiser *m;* 3.
Lesezeichen *n;* 4. (Prüfung) Korrek-
tor(in) *m (f).*

mar·ket ['mɑːkɪt] I *s* 1. Markt *m;* 2.
Marktplatz *m,* -halle *f;* 3. Absatzgebiet
n; Absatzmarkt *m;* 4. Börse *f;* ► **at the**
~ auf dem Markt; **go to** ~ zum Markt
gehen; **be on the** ~ auf dem Markt sein;
find a ready ~ guten Absatz finden;
play the ~ spekulieren; **put on the** ~ auf
den Markt bringen; II *tr* vertreiben; III
itr sich verkaufen, Absatz finden; **mar-**
ket·able ['mɑːkɪtəbl] *adj* marktfähig,
gängig, absatzfähig; **market-garden**
Gärtnerei *f;* **mar·ket·ing** ['mɑːkɪtɪŋ]
Marketing *n;* Vertrieb, Absatz *m;*
market leader Markt-, Branchenfüh-
rer *m;* **market niche** Marktnische *f;*
market-place Markt(platz) *m;*
market research Marktforschung *f;*
market-town Markt(flecken) *m.*
mark·ing ['mɑːkɪŋ] 1. Be-, Kennzeich-
nung, Markierung *f;* 2. *zoo* Zeichnung,
Färbung *f;* 3. Korrektur *f.*
marks·man ['mɑːksmən] ⟨*pl* -men⟩
Scharfschütze *m;* **marks·man·ship**
['mɑːksmə͵ʃɪp] Treffsicherheit *f.*
mark-up ['mɑːkʌp] Preiserhöhung *f;*
mark-up price Verkaufspreis *m.*
mar·ma·lade ['mɑːməleɪd] Marmelade
f aus Zitrusfrüchten.
mar·mot ['mɑːmət] *zoo* Murmeltier *n.*
ma·roon¹ [mə'ruːn] *tr* aussetzen.
ma·roon² [mə'ruːn] I *adj* kastanien-
braun; II *s* 1. Kastanienbraun *n;* 2.
Leuchtkugel *f.*
mar·quee [mɑː'kiː] Festzelt *n.*
mar·riage ['mærɪdʒ] 1. Ehe *f;* 2. Heirat,
Hochzeit, Eheschließung *f (to* mit);
► **give s.o. in** ~ **to s.o.** jdn jdm zur Frau
geben; **civil** ~ standesamtliche Trauung;
mar·riage·able [—əbl] *adj* heiratsfä-
hig; ► **of** ~ **age** im heiratsfähigen Alter;
marriage bureau Eheanbahnungsinsti-
tut *n;* **marriage ceremony** Trauung *f;*
marriage guidance Eheberatung *f;*
marriage lines *pl* Heiratsurkunde *f.*
mar·ried ['mærɪd] *adj* verheiratet *(to*
mit); ► **get** ~ (sich ver)heiraten; ~
couple Ehepaar *n.*
mar·row ['mærəʊ] 1. (Knochen)Mark *n;*
2. *fig* (das) Innerste, Kern *m;* ► **chilled**
to the ~ völlig durchgefroren; **mar-**
row·bone ['mærəʊbəʊn] Markkno-
chen *m.*
marry ['mærɪ] I *tr* 1. trauen, vermählen
(to s.o. mit jdm); 2. heiraten *(s.o.* jdn); 3.
(~ off) verheiraten *(to* an, mit); II *itr*
heiraten, sich verheiraten; ► ~ **into**
money reich heiraten.
marsh [mɑːʃ] Marsch(land *n) f,* Sumpf *m.*
mar·shal ['mɑːʃl] I *s* 1. *mil* Marschall *m;*
2. *Am* Bezirkspolizeichef *m;* II *tr* 1.
(Feier) leiten; 2. *fig* (an)ordnen, arran-
gieren, disponieren; **mar·shal·ling-**
yard ['mɑːʃlɪŋɑːd] Verschiebebahnhof
m.
marsh·land ['mɑːʃlænd] Feuchtgebiet *n;*

marshy ['mɑːʃɪ] *adj* sumpfig, morastig.
mar·su·pial [mɑːˈsuːpɪəl] Beuteltier *n.*
mar·ten ['mɑːtɪn] Marder(fell *n*) *m.*
mar·tial ['mɑːʃl] *adj* kriegerisch; tapfer; ▶ ~ **arts** *pl* Kampfsportarten *pl;* **court** ~ Kriegs-, Militärgericht *n;* **martial law** Kriegsrecht *n;* ▶ **be under** ~ unter dem Kriegsrecht stehen.
Mar·tian ['mɑːʃn] Marsbewohner(in) *m (f).*
mar·tin ['mɑːtɪn] Mauerschwalbe *f.*
mar·ti·net [ˌmɑːtɪˈnet] Zuchtmeister *m.*
mar·tyr ['mɑːtə(r)] I *s* Märtyrer(in) *m (f) a. fig;* ▶ **make a** ~ **of o.s.** sich opfern; II *tr* martern; foltern; **mar·tyr·dom** [—dəm] Martyrium *n a. fig.*
mar·vel ['mɑːvl] I *s* Wunder *n;* ▶ **she's a** ~ **of patience** sie ist ein Wunder an Geduld; II *itr* staunen (*at* über); **mar·vel·lous,** *Am* **mar·vel·ous** ['mɑːvələs] *adj* wunderbar; phantastisch.
Marx·ism ['mɑːksɪzm] Marxismus *m;* **Marx·ist** ['mɑːksɪst]: I *adj* marxistisch; II *s* Marxist(in) *m (f).*
mar·zi·pan ['mɑːzɪpæn] Marzipan *n.*
mas·cara [mæˈskɑːrə] Wimperntusche *f.*
mas·cot ['mæskət] Maskottchen *n,* Talisman *m.*
mas·cu·line ['mæskjʊlɪn] I *adj* männlich *a. gram;* II *s gram* Maskulinum *n.*
mash [mæʃ] I *s* 1. (*Brauerei*) Maische *f;* 2. *agr* Futterbrei *m;* 3. Püree *n;* II *tr* zerstampfen; ▶ ~**ed potatoes** *pl* Kartoffelbrei *m.*
mask [mɑːsk] I *s* Maske *f a. fig;* ▶ **throw off one's** ~ *fig* sein wahres Gesicht zeigen; **death-, gas-, oxygen** ~ Toten-, Gas-, Sauerstoffmaske *f;* II *tr* 1. maskieren; verdecken; 2. *fig* verhüllen, verschleiern.
maso·chism ['mæsəkɪzəm] Masochismus *m;* **maso·chist** ['mæsəkɪst] Masochist(in) *m (f).*
ma·son ['meɪsn] 1. Steinmetz *m;* 2. (*free~*) Freimaurer *m;* **ma·sonic** [məˈsɒnɪk] *adj* freimaurerisch; **ma·sonry** ['meɪsnrɪ] 1. Mauerwerk *n;* 2. Freimaurerei *f.*
mas·quer·ade [ˌmɑːskəˈreɪd] I *s* Maskerade *f;* II *itr* sich ausgeben (*as* als).
mass[1] [mæs] *rel* Messe *f;* ▶ **go to** ~ zur Messe gehen; **hear** ~ die Messe feiern; **say** ~ die Messe lesen; **high** ~ Hochamt *n.*
mass[2] [mæs] I *s* 1. Masse *f a. phys;* 2. (*von Menschen*) Menge *f;* ▶ **in the** ~ im ganzen; **the** ~**es** *pl* die Masse; **we have** ~**es of time** *fam* wir haben je jede Menge Zeit; II *tr* massieren, anhäufen, konzentrieren; III *itr* 1. sich ansammeln, sich anhäufen; 2. (*Wolken*) sich zusammenballen.
mass·acre ['mæsəkə(r)] I *s* Blutbad *n;* II

tr niedermetzeln, massakrieren.
mass·age ['mæsɑːʒ] I *s* Massage *f;* II *tr* massieren; **massage parlour** Massagesalon *m; euph* Bordell *n;* **mass·eur** [mæˈsɜː(r)] Masseur *m;* **mass·euse** [mæˈsɜːz] 1. Masseurin *f;* 2. *euph* (*Prostituierte*) Masseuse *f.*
mass·ive ['mæsɪv] *adj* 1. massiv, massig, solide, fest; 2. (*Stirn*) wuchtig, breit; 3. (*Aufgabe*) gewichtig.
mass me·dia [ˌmæsˈmiːdɪə] *pl* Massenmedien *pl;* **mass meeting** Massenversammlung *f;* **mass murderer** Massenmörder(in) *m (f);* **mass-produce** ['mæsprədjuːs] *tr* serienmäßig herstellen; **mass production** Massenproduktion, -fertigung *f;* **mass psychology** Massenpsychologie *f;* **mass unemployment** Massenarbeitslosigkeit *f.*
mast[1] [mɑːst] 1. *mar* Mast *m;* 2. Sendeturm *m.*
mast[2] [mɑːst] *agr* Mast *f.*
mas·ter ['mɑːstə(r)] I *s* 1. Herr *m;* Meister *m;* 2. Hausherr *m;* 3. Kapitän *m;* 4. (Handwerks)Meister *m;* 5. Lehrer *m;* 6. Leiter, Rektor *m;* ▶ **be one's own** ~ sein eigener Herr sein; **be** ~ **in one's own house** Herr im Hause sein; ~**'s certificate** Kapitänspatent *n;* **be** ~ **of s.th.** etw beherrschen; **be** ~ **of the situation** Herr der Lage sein, die Situation im Griff haben; **dancing** ~ Tanzlehrer *m;* II *tr* 1. unter Kontrolle bringen; 2. (*Aufgabe*) bewältigen; 3. (*Fähigkeit*) beherrschen; **mas·ter-at-arms** [ˌmɑːstərætˈɑːmz] *mar* Bootsmann *m* mit Polizeibefugnis; **master builder** Baumeister *m;* **master copy** Original *n;* **master data** *pl* Stammdaten *pl;* **mas·ter·ful** ['mɑːstəfl] *adj* meisterhaft; gebieterisch; **master-key** Hauptschlüssel *m;* **mas·ter·ly** ['mɑːstəlɪ] *adj* meisterhaft; ausgezeichnet; **mastermind** ['mɑːstəmaɪnd] I *s* führender Kopf, Kapazität *f;* II *tr* geschickt lenken; **Master of Arts, Science** Magister *m* der philosophischen, naturwissenschaftlichen Fakultät; **master of ceremonies** Zeremonienmeister *m;* Conférencier *m;* **master·piece** ['mɑːstəpiːs] Meisterstück, -werk *n;* **mas·ter·stroke** ['mɑːstəstrəʊk] Glanzstück *n.*
mas·tery ['mɑːstərɪ] 1. (Vor)Herrschaft, Vormacht(stellung) *f* (*of, over* über); 2. (*e-s Instruments*) Beherrschung *f* (*of* gen); ▶ **gain the** ~ die Oberhand gewinnen.
mas·ti·cate ['mæstɪkeɪt] *tr* (zer)kauen; **mas·ti·ca·tion** [ˌmæstɪˈkeɪʃn] Kauen *n.*
mas·tiff ['mæstɪf] Bulldogge *f.*
ma·sti·tis [mæˈstaɪtɪs] *med* Brust(drüsen)entzündung *f.*
mas·tur·bate ['mæstəbeɪt] *itr* mastur-

bieren, onanieren; **mas·tur·ba·tion**
[͵mæstəˈbeɪʃn] Masturbation, Onanie,
Selbstbefriedigung *f.*
mat[1] [mæt] **I** *s* **1.** Matte *f a. sport;* **2.**
(door ~) Türvorleger *m;* **3.** Untersetzer
m, Unterlage *f;* **4.** *(von Haaren)* Gewirr
n; **II** *itr* verfilzen.
mat[2] [mæt] *s. matt.*
match[1] [mætʃ] **I** *s* **1.** dazu Passendes; **2.**
Gegenstück, Pendant *n;* **3.** Heirat *f;* **4.**
Wettkampf *m;* Match *n;* ▶ **be a good ~**
gut zusammenpassen; **be a ~ for s.o.**
sich mit jdm messen können; jdm ge-
wachsen sein; **meet one's ~** seinen Mei-
ster finden; **he's a good ~** er ist e-e gute
Partie; **a boxing ~** ein Boxkampf *m;* **II**
tr **1.** gleichkommen, gleich(wertig),
ebenbürtig sein (*s.th.* e-r S); **2.** passen zu,
entsprechen (*s.o.* jdm); **3.** vergleichen;
(im Wettstreit) messen (*with, against*
mit); ▶ **the two boxers were well ~ed**
die beiden Boxer waren einander eben-
bürtig; **no one can ~ him in geography**
niemand kann ihm in Geographie das
Wasser reichen; **be ~ed against s.o.**
gegen jdn antreten; **~ one's strength
against s.o.** seine Kräfte mit jdm mes-
sen; **the carpets should ~ the curtains**
die Teppiche sollten zu den Vorhängen
passen; **III** *itr* zusammenpassen (*with*
zu); ▶ **it doesn't ~** das paßt nicht zu-
sammen.
match[2] [mætʃ] Streich-, Zündholz *n;*
match-box Streich-, Zündholzschach-
tel *f.*
match·ing [ˈmætʃɪŋ] *adj* passend;
match·less [ˈmætʃlɪs] *adj* unerreicht,
unübertroffen; **match·maker**
[ˈmætʃmeɪkə(r)] Ehestifter(in) *m (f); pej*
Kuppler(in) *m (f);* ▶ **she tried to play
the ~ between the two** sie versuchte,
die beiden zu verkuppeln; **match point**
Matchball *m.*
mate[1] [meɪt] **I** *s* **1.** Arbeitskollege, Kum-
pel *m;* **2.** Freund(in), Kamerad(in) *m (f);*
3. *(Tiere)* Männchen, Weibchen *n;* **4.**
mar Maat *m;* **II** *tr* paaren; **III** *itr* sich
paaren.
mate[2] [meɪt] **I** *s (Schach)* Matt *n;* **II** *tr*
matt setzen.
ma·terial [məˈtɪərɪəl] **I** *adj* **1.** materiell;
2. wesentlich, grundlegend; **3.** *jur* erheb-
lich; **II** *s* **1.** Material *n,* Stoff *m (for* für);
2. Baustoff *m;* **3.** Stoff *m,* Gewebe *n;*
▶ **raw ~s** *pl* Rohstoffe *m pl;* **building
~s** *pl* Baustoffe *m pl;* **writing ~s** *pl*
Schreibzeug *n.*
ma·teri·al·ism [məˈtɪərɪəlɪzəm] Mate-
rialismus *m;* **ma·teri·al·ist**
[məˈtɪərɪəlɪst] Materialist(in) *m (f);* **ma-
teri·al·is·tic** [mə͵tɪərɪəˈlɪstɪk] *adj* ma-
terialistisch.
ma·teri·al·ize [məˈtɪərɪəlaɪz] *itr* **1.**
(Idee) sich verwirklichen; wahr werden;
2. *(Geist)* erscheinen; auftauchen.

ma·ternal [məˈtɜːnl] *adj* mütterlich;
▶ **~ grandfather** Großvater mütterli-
cherseits; **~ instincts** *pl* Mutterinstinkte
m pl; **ma·tern·ity** [məˈtɜːnətɪ] Mutter-
schaft *f;* **maternity clinic** Entbin-
dungsklinik *f;* **maternity dress** Um-
standskleid *n;* **maternity hospital,
home** Entbindungsheim *n;* **maternity
leave** Mutterschaftsurlaub *m;* **matern-
ity ward** Entbindungsstation *f.*
matey [ˈmeɪtɪ] *adj* freundlich; kamerad-
schaftlich (*with* mit).
math·emat·ical [͵mæθəˈmætɪkl] *adj*
mathematisch; **math·ema·tician**
[͵mæθəməˈtɪʃn] Mathematiker(in) *m (f);*
mathe·mat·ics [͵mæθəˈmætɪks] *pl*
mit sing Mathematik *f;* **maths** [mæθs]
pl mit sing Br fam Mathe *f.*
mati·née [ˈmætɪneɪ] Matinee; *(nachmit-
tags a.)* Frühvorstellung *f.*
mat·ing [ˈmeɪtɪŋ] *zoo* Paarung *f.*
ma·tri·archy [ˈmeɪtrɪɑːkɪ] Matriarchat
n.
ma·tricu·late [məˈtrɪkjuleɪt] **I** *itr* sich
immatrikulieren; **II** *tr* immatrikulieren;
ma·tricu·la·tion [mə͵trɪkjuˈleɪʃn] Im-
matrikulation *f.*
mat·ri·mo·nial [͵mætrɪˈməʊnɪəl] *adj*
ehelich; **mat·ri·mony** [ˈmætrɪmənɪ]
Ehe *f,* Ehestand *m.*
ma·trix [ˈmeɪtrɪks] ⟨*pl* -trices, -trixes⟩
[ˈmeɪtrɪsiːz] **1.** Matrize *f;* Mater *f;* **2.** *geol*
Matrix *f;* **3.** *biol* Gebärmutter *f.*
ma·tron [ˈmeɪtrən] **1.** Matrone *f;* **2.** *(im
Krankenhaus)* Oberin *f;* **ma·tronly**
[ˈmeɪtrənlɪ] *adj* matronenhaft.
matt [mæt] *adj* matt, mattiert.
mat·ted [ˈmætɪd] *adj (Haar)* verfilzt.
mat·ter [ˈmætə(r)] **I** *s* **1.** *phys* Materie,
Substanz *f,* Stoff *m;* **2.** Stoff *m;* **3.** *med*
Eiter *m;* **4.** *typ* Manuskript *n;* **5.** Inhalt
m; **6.** Sache, Angelegenheit *f;* Thema *n,*
Stoff *m;* **7.** *pl* Angelegenheiten *f pl;*
▶ **for that ~** eigentlich; **in the ~ of ...**
was ... anbelangt; **that's quite another
~** das ist etwas ganz anderes; **no ~ what**
he does ganz gleich, einerlei, was er tut;
the ~ in hand die vorliegende Angele-
genheit; **as ~s stand** wie die Dinge
liegen; **to make ~s worse** zu allem Un-
glück; **no ~!** macht nichts! **what's the
~?** was ist (denn) los? **it's no laughing
~** das ist nicht zum Lachen; **it's a ~ of**
life and death es geht um Leben und
Tod; **business ~s** *pl* geschäftliche Ange-
legenheiten *f pl;* **printed ~** Drucksache
f; **s.th. is the ~ with s.o.** etw ist mit jdm
los; **II** *itr* von Belang, von Bedeutung,
von Wichtigkeit sein (*to* für); ▶ **it
doesn't ~** es macht nichts; **it doesn't ~
to me what you do** es ist mir egal, was
du machst; **what does it ~?** was
macht das (schon)? **matter-of-fact**
[͵mætərəvˈfækt] *adj* sachlich, nüchtern.
mat·ting [ˈmætɪŋ] Mattenbelag *m;* Mat-

ten *f pl.*
mat·tock ['mætək] Hacke, Haue *f.*
mat·tress ['mætrıs] Matratze *f.*
ma·ture [mə'tjuə(r)] I *adj* 1. reif *a. fig;* 2. *fig* ausgereift; durchdacht; 3. *fin* fällig; II *itr* 1. reifen; reif werden; 2. *fin* fällig werden; III *tr* reifen lassen; **ma·tur·ity** [mə'tjuərətı] 1. Reife *f a. fig;* 2. *fin* Fälligkeit(stermin *m) f;* ▶ **reach** ~ erwachsen werden.
maud·lin ['mɔːdlın] *adj* rührselig, weinerlich.
mau·so·leum [ˌmɔːsə'liːəm] Mausoleum *n.*
mauve [məuv] *adj* malvenfarben.
mav·er·ick ['mævərık] 1. *fig* Einzelgänger(in) *m (f);* 2. Abtrünnige(r) *f m.*
mawk·ish ['mɔːkıʃ] *adj* 1. kitschig, rührselig; 2. *(Geschmack)* süßlich.
maxi ['mæksı] *pref* Maxi-.
maxim ['mæksım] Grundsatz *m,* Maxime *f.*
maxim·al ['mæksıml] *adj* maximal; **maxi·mize** ['mæksımaız] *tr* maximieren; **maxi·mum** ['mæksıməm] ⟨*pl* -mums, -ma⟩ ['mæksımə] I *s* Maximum *n;* II *adj* Höchst-; maximal; ▶ ~ **load** Höchstbelastung *f;* ~ **speed** Höchstgeschwindigkeit *f.*
may [meı] ⟨*irr* might⟩ *itr* 1. können; 2. dürfen; ▶ **it** ~, **might rain** es könnte regnen; **it** ~ **be that** ... vielleicht ... **you** ~ **be right** Sie könnten recht haben; ~ **I go now?** darf ich jetzt gehen? ~ **I have the pleasure of the next dance?** darf ich Sie zum nächsten Tanz auffordern? **I hope he** ~ **succeed** ich hoffe, daß es ihm gelingt; **we** ~, **might as well go** ich glaube, wir können gehen; ~ **you both be happy!** ich wünsche euch beiden viel Glück.
May [meı] Mai *m;* ▶ **in** ~ im Mai; ~ **Day** der 1. Mai, Maifeiertag *m.*
may·be ['meıbiː] *adv* vielleicht.
may·day ['meıdeı] *mar aero* internationaler Notruf.
may·hem ['meıhem] *Am jur* schwere Körperverletzung.
may·on·naise [ˌmeıə'neız] Mayonnaise *f.*
mayor [meə(r)] Bürgermeister(in) *m (f);* **mayor·ess** [meə'res] 1. Bürgermeistersfrau *f;* 2. Bürgermeisterin *f.*
may·pole ['meıpəul] Maibaum *m.*
maze [meız] 1. Irrgarten *m,* Labyrinth *n;* 2. *fig* Wirrwarr *m,* Gewirr *n;* ▶ **be in a** ~ bestürzt, ratlos, verlegen sein.
MCP [ˌemsiː'piː] *Abk:* **male chauvinist pig** *pej* Chauvi *m.*
me [miː] *prn* 1. mich *acc;* mir *dat;* 2. *fam* ich; ▶ **its** ~ ich bin's.
meadow ['medəu] Wiese *f.*
meagre, *Am* **mea·ger** ['miːgə(r)] *adj* 1. mager, dünn, dürr; 2. *fig* spärlich, dürftig.
meal¹ [miːl] Mahl(zeit *f) n;* Essen *n;*

▶ **go for a** ~ essen gehen.
meal² [miːl] Schrot(mehl *n) m.*
meal·time ['miːltaım] Essenszeit *f.*
mealy ['miːlı] *adj* mehlig; **mealy-mouthed** ['miːlımauðd] *adj* 1. unaufrichtig; 2. schönfärberisch; ▶ **be** ~ drum herumreden *fam.*
mean¹ [miːn] ⟨*irr* meant, meant⟩ *tr* 1. meinen, denken; 2. vorhaben, beabsichtigen *(to do* zu tun); 3. ernst meinen; 4. sagen wollen *(by* mit); 5. *(Wort)* bedeuten; ▶ **what do you** ~ **by that?** was willst du damit sagen? ~ **to do s.th.** etw tun wollen; **be meant for s.o.** für jdn bestimmt sein; **I meant it as a joke** das sollte ein Witz sein; **this picture is meant for me** dieses Bild ist für mich bestimmt; **he** ~**s no harm** er meint es nicht böse; ~ **well by s.o.** es gut mit jdm meinen.
mean² [miːn] *adj* 1. geizig, knauserig; 2. gemein; 3. *(Motive)* niedrig; 4. schäbig, armselig; 5. bösartig; gehässig; ▶ **feel** ~ *fam* sich genieren, sich schämen; *Am* sich nicht wohl fühlen.
mean³ [miːn] I *adj* mittlere(r, s); II *s* Durchschnitt *m a. math;* Mittelwert *m,* -maß *n.*
me·ander [mı'ændə(r)] *itr* 1. *(Fluß)* sich dahinwinden; 2. *fig* wirr sein; vom Thema abschweifen; **me·ander·ings** [mı'ændərıŋz] *pl* Windungen *f pl;* Abschweifungen *f pl.*
mean·ing ['miːnıŋ] I *s* Sinn *m,* Bedeutung *f;* ▶ **what's the** ~ **of ...?** was ... heißt? **mistake s.o.'s** ~ jdn mißverstehen; **do you get my** ~? haben Sie mich verstanden? II *adj* vielsagend, bedeutsam; **mean·ing·ful** ['miːnıŋfl] *adj* bedeutungs-, sinnvoll; **mean·ing·less** [—lıs] *adj* bedeutungs-, sinnlos.
mean·ness ['miːnnıs] 1. Geiz *m;* 2. Gemeinheit *f;* 3. niedrige Gesinnung; 4. Bösartigkeit *f;* 5. Schäbigkeit *f.*
means [miːnz] 1. *sing* Möglichkeit *f;* Mittel *n;* 2. *pl* Mittel *n pl,* Gelder *n pl;* ▶ **there is no** ~ **of doing it** es ist unmöglich, das zu tun; **by** ~ **of s.th** durch etw, mittels e-r S; **by this** ~ dadurch; **by some** ~ **or other** auf irgendeine Art und Weise; **by no** ~ keineswegs; **a man of** ~ ein vermögender Mann; **live beyond one's** ~ über seine Verhältnisse leben.
meant [ment] *v s.* **mean¹.**
mean·time ['miːntaım] I *adv* inzwischen; II *s* Zwischenzeit *f;* ▶ **in the** ~ in der Zwischenzeit.
mean·while ['miːnwaıl] *adv* inzwischen, unterdessen.
measles ['miːzlz] *pl mit sing med* Masern *pl.*
measly ['miːzlı] *adj fam* lumpig, kümmerlich, schäbig.
measur·able ['meʒərəbl] *adj* meßbar;

erkennbar.
measure ['meʒə(r)] **I** s **1.** Maß n; **2.**
Maßeinheit f, -system n; **3.** fig Maßstab
m (of für); **4.** Menge f; **5.** Ausmaß n,
Grad, Umfang m; **6.** Maßnahme, -regel
f, Schritt(e pl) m; **7.** Versmaß n; **8.** mus
Takt m; ▶ **a ~ of length** ein Längen-
maß; **give s.o. full ~** richtig ausschen-
ken; **in some ~** in gewisser Hinsicht; **to
a large ~** in hohem Maße; **take ~s to
do s.th.** Maßnahmen ergreifen, um etw
zu tun; **II** tr **1.** messen; **2.** (~ off, ~ out)
ab-, aus-, vermessen; **3.** Maß nehmen
(s.o. jdm); **4.** fig abwägen, beurteilen;
▶ **~ one's length** der Länge nach hin-
fallen; **III** itr messen; **measured**
['meʒəd] adj fig gemessen, bedäch-
tig, wohlüberlegt; **measure·ment**
['meʒəmənt] **1.** (Ver)Messung f; **2.** Maß
n; **3.** fig Maßstab m; ▶ **take s.o.'s ~s**
bei jdm Maß nehmen.
meat [mi:t] **1.** Fleisch n; **2.** fig Inhalt m;
Substanz f; ▶ **cold ~** kalter Braten;
meat·ball ['mi:tbɔ:l] Fleischklößchen
n; **meat products** pl Fleisch- und
Wurstwaren f pl.
mech·anic [mɪ'kænɪk] Mechaniker(in)
m (f); **mech·an·ical** [mɪ'kænɪkl] adj **1.**
mechanisch; **2.** fig automatisch; ▶ **~ en-
gineering** Maschinenbau m.
mech·an·ism ['mekənɪzəm] Mecha-
nismus m a. fig; **mech·an·ize**
['mekənaɪz] tr mechanisieren.
medal ['medl] **1.** Medaille f; **2.** Orden m;
me·dal·lion [mɪ'dæljən] Medaillon n;
medal·list, Am **medal·ist** ['medəlɪst]
Medaillengewinner(in) m (f).
meddle ['medl] itr sich einmischen (with,
in in); **meddle·some** [—səm] adj auf-
dringlich; neugierig.
media ['mi:diə] pl Medien pl.
medi·aeval s. medieval.
me·diate ['mi:dɪeɪt] **I** itr vermitteln (be-
tween zwischen); **II** tr aushandeln; **me-
di·ation** [,mi:dɪ'eɪʃn] Vermittlung f;
me·di·ator ['mi:dɪeɪtə(r)] (Ver)Mitt-
ler(in) m (f). Mittelsmann m.
medi·cal ['medɪkl] **I** adj medizinisch;
ärztlich; Medizin-; Gesundheits-; ▶ **~
examination** ärztliche Untersuchung; **~
ward** innere Abteilung (e-r Klinik); **II** s
ärztliche Untersuchung; **medic·ament**
[mɪ'dɪkəmənt] Medikament n; **medi-
cate** ['medɪkeɪt] tr medizinisch behan-
deln; **medi·ca·tion** [,medɪ'keɪʃn] **1.**
medizinische Behandlung; **2.** Arznei f;
med·ici·nal [mɪ'dɪsɪnl] adj heilkräftig,
heilend; ▶ **for ~ purposes** zu Heil-
zwecken; **medi·cine** ['medsn, Am
'medɪsn] **1.** Medizin, Heilkunde f; **2.**
Arznei f; ▶ **practice ~** den Arztberuf
ausüben; **give s.o. a taste of his own ~**
fig es jdm mit gleicher Münze heimzah-
len; **medicine-ball** ['medsn,bɔ:l] Medi-
zinball m; **medicine-chest** ['medsn-

,tʃest] Hausapotheke f; **medicine-man**
['medsn,mæn] Medizinmann m.

medi·eval [,medɪ'i:vl] adj mittelalterlich.
me·di·ocre [,mi:dɪ'əʊkə(r)] adj mittel-
mäßig, durchschnittlich; **me·di·oc·rity**
[,mi:dɪ'ɒkrətɪ] **1.** Mittelmäßigkeit f; **2.**
Durchschnittsmensch m.
medi·tate ['medɪteɪt] **I** itr nachdenken
(on, upon über); meditieren; **II** tr ▶ **~
revenge** auf Rache sinnen; **medi·ta-
tion** [,medɪ'teɪʃn] Nachdenken n; Medi-
tation f.
Medi·ter·ra·nean [,medɪtə'reɪnɪən] **I**
adj mediterran; südländisch; **II** s Mittel-
meer n.
me·dium ['mi:dɪəm] ⟨pl -diums, -dia⟩
['mi:dɪə] **I** s **1.** Mittel, Werkzeug n; **2.**
Ausdrucksmittel n; **3.** (Spiritismus) TV,
radio Medium n; **4.** phys Träger m;
Element n; **5.** Mitte f; ▶ **the happy ~**
der goldene Mittelweg; **advertising ~**
Werbeträger m; **II** adj mittlere(r, s);
durchschnittlich; mittel-; ▶ **of ~ height**
mittelgroß; **me·dium-sized** [,mi:dɪəm-
'saɪzd] adj mittelgroß; **medium wave**
radio Mittelwelle f.
med·ley ['medlɪ] **1.** Gemisch, Durchein-
ander n; **2.** mus Potpourri n.
meek [mi:k] adj **1.** sanft(mütig), lamm-
fromm; **2.** duldsam, geduldig; ▶ **as ~ as
a lamb** sanft wie ein Lamm.
meet [mi:t] ⟨irr met, met⟩ **I** tr **1.** treffen,
begegnen; stoßen auf; **2.** bekannt wer-
den mit, kennenlernen; sich treffen mit;
3. abholen; **4.** treffen auf; sich vereini-
gen mit; **5.** (Fluß) münden in; **6.** (Erwar-
tung) erfüllen; entsprechen (s.th. e-r S);
(e-r Verpflichtung) nachkommen;
(Schuld) bezahlen; (Defizit) decken;
(Wunsch) erfüllen; ▶ **~ the deadline**
den Termin einhalten; **~ demands** An-
sprüche befriedigen; **~ expenses** Aus-
gaben bestreiten; **~ s.o.'s eye** jdm zu
Gesicht kommen; mit jdm e-n Blick
tauschen; **arrange to ~ s.o.** sich mit jdm
verabreden; **pleased to ~ you!** sehr an-
genehm! **I'll ~ your train** ich hole dich
vom Zug ab; **II** itr **1.** sich begegnen, sich
treffen; **2.** sich kennenlernen; bekannt
gemacht werden; **3.** (Gesellschaft) sich
versammeln; sich vereinigen; **4.** sport
aufeinandertreffen; **5.** fig sich vereini-
gen; aufeinanderstoßen; **6.** (Blicke) sich
treffen; ▶ **~ half-way** e-n Kompromiß
schließen; **our eyes met** unsere Blicke
trafen sich; **III** s **1.** Am sport Sportfest
n; **2.** Br Jagdgesellschaft f; **IV** (mit Prä-
position) **meet with** tr **1.** stoßen auf;
(Unfall) erleiden; (Tod) finden; **2.**
(Mensch) zusammenkommen mit.
meet·ing ['mi:tɪŋ] **1.** Zusammentreffen
n; Begegnung f; Besprechung f; **2.** Ver-
sammlung, Sitzung, Tagung f; **3.** sport
Veranstaltung f; **4.** (Fluß) Zusammen-

fluß *m;* ▶ **at a** ~ auf e-r Versammlung; ~**-place** Treffpunkt *m;* ~ **point** Schnittpunkt *m;* Zusammenfluß *m.*

mega·byte ['megəbaɪt] *EDV* Megabyte *n;* **mega·hertz** *el* Megahertz *n.*

mega·lo·ma·nia [ˌmegələ'meɪnɪə] Größenwahn *m;* **mega·lo·ma·niac** [ˌmegələ'meɪnɪæk] *adj* größenwahnsinnig.

mega·phone ['megəfəʊn] Megaphon *n.*

mel·an·cholia [ˌmelən'kəʊlɪə] Melancholie *f;* **mel·an·cholic** [ˌmelən'kɒlɪk] *adj* melancholisch; **mel·an·choly** ['melənkɒlɪ] **I** *s* Melancholie, Schwermut *f,* Trübsinn *m;* **II** *adj* 1. melancholisch, schwermütig; 2. düster, traurig.

mel·low ['meləʊ] **I** *adj* 1. *(Frucht)* reif, weich, saftig, süß; 2. *(Wein)* vollmundig, ausgereift; 3. *(Farbe)* warm; 4. *(Licht)* wohltuend; 5. *(Ton)* voll; 6. *(Mensch)* abgeklärt; 7. *fig* angeheitert; **II** *tr* 1. zur Reife bringen; 2. weich, süß machen; 3. *fig* mildern; **III** *itr* 1. reifen; reif, weich, süß werden; 2. *fig* sich abklären.

mel·odi·ous [mɪ'ləʊdɪəs] *adj* wohlklingend, melodiös.

melo·drama ['melədrɑːmə] Melodrama *n;* **melo·dram·atic** [ˌmelədrə'mætɪk] *adj* melodramatisch.

mel·ody ['melədɪ] Melodie *f.*

melon ['melən] Melone *f.*

melt [melt] **I** *tr* 1. schmelzen, auftauen; zerlassen; 2. *(Zucker)* auflösen; 3. *fig* erweichen; ▶ ~ **down** einschmelzen; **II** *itr* 1. schmelzen, zergehen; 2. sich lösen; 3. *fig* dahinschmelzen; ▶ ~ **away** wegschmelzen; verfliegen; sich auflösen; **meltdown** ['meltdaʊn] *(Atomkraftwerk)* Kernschmelze *f;* **melting pot** ['meltɪŋpɒt] Schmelztiegel *m.*

mem·ber ['membə(r)] 1. Mitglied *n;* Angehörige(r) *f m;* 2. *pol* Abgeordnete(r) *f m;* 3. *tech* Glied *n;* ▶ **M~ of Parliament, M.P.** *Br* Abgeordnete(r) *f m* des Unterhauses; ~ **of the family** Familienmitglied *n;* **the** ~ **countries** *pl* die Mitgliedsstaaten *m pl;* **mem·ber·ship** [—ʃɪp] 1. Mitgliedschaft *f;* 2. Mitgliederzahl *f.*

mem·brane ['membreɪn] *phys anat zoo* Membran(e) *f.*

mem·ento [mɪ'mentəʊ] ⟨*pl* -ento(e)s⟩ Andenken *n (of* an).

memo ['meməʊ] ⟨*pl* memos⟩ Notiz; Mitteilung *f.*

mem·oir ['memwɑː(r)] 1. Kurzbiographie *f;* 2. *pl* Memoiren *pl.*

memo pad Notizblock *m.*

mem·or·able ['memərəbl] *adj* 1. denkwürdig; 2. unvergeßlich.

mem·or·an·dum [ˌmemə'rændəm] ⟨*pl* -da⟩ [ˌmemə'rændə] 1. Notiz *f,* Vermerk *m;* kurze Mitteilung; 2. *pol* Memorandum *n.*

mem·or·ial [mɪ'mɔːrɪəl] **I** *s* 1. Denkmal

n, Gedenkstätte *f;* 2. *pol* Denkschrift *f;* **II** *adj* Gedenk-; **Memorial Day** *Am* Heldengedenktag *m (30. Mai).*

mem·or·ize ['meməraɪz] *tr* sich einprägen.

mem·ory ['memərɪ] 1. Gedächtnis *n;* Erinnerungsvermögen *n;* 2. Andenken *n,* Erinnerung *f (of* an); 3. *EDV* Speicher *m;* ▶ **from, by** ~ auswendig; **in** ~ **of** zur Erinnerung an; **to the best of my** ~ soweit ich mich erinnern kann; **within living** ~ seit Menschengedenken; **call to** ~ sich ins Gedächtnis zurückrufen; **commit to** ~ auswendig lernen; **memory bank** Datenbank *f;* **memory protection** *EDV* Speicherschutz *n.*

men [men] *pl von* man.

men·ace ['menəs] **I** *s* (Be)Drohung *f (to* gen); drohende Gefahr; **II** *tr* bedrohen; **men·acing** [—ɪŋ] *adj,* **men·acing·ly** [—ɪŋlɪ] *adv* bedrohlich; drohend.

mend [mend] **I** *tr* 1. ausbessern, reparieren, flicken; 2. *(Strümpfe)* stopfen; 3. verbessern, berichtigen; ▶ ~ **one's ways** sich bessern; **II** *itr* wieder gesund werden; **III** *s* ausgebesserte Stelle; Flickstelle *f;* ▶ **on the** ~ auf dem Wege der Besserung.

men·da·cious [men'deɪʃəs] *adj* lügnerisch, verlogen; **men·dac·ity** [men'dæsətɪ] Verlogenheit, Falschheit *f.*

mend·ing ['mendɪŋ] Flickarbeit *f.*

me·nial ['miːnɪəl] **I** *adj* untergeordnet, niedrig; **II** *s pej* Dienstbote *m.*

men·in·gi·tis [ˌmenɪn'dʒaɪtɪs] Hirnhautentzündung, Meningitis *f.*

meno·pause ['menəpɔːz] *physiol* Wechseljahre *pl,* Menopause *f.*

men·strual ['menstruəl] *adj* Menstruations-; **men·stru·ate** ['menstrueɪt] *itr* s-e Regel haben; **men·stru·ation** [ˌmenstru'eɪʃn] Menstruation *f.*

men·tal ['mentl] *adj* geistig; seelisch; ▶ ~ **age** geistiger Entwicklungsstand; ~ **arithmetic** Kopfrechnen *n;* ~ **deficiency** Schwachsinn *m;* ~ **health** Geisteszustand *m;* ~ **home** Nervenheilanstalt *f;* ~ **hospital** Nervenklinik *f;* ~ **illness** Geisteskrankheit *f.*

men·tal·ity [men'tælətɪ] Geistesverfassung, Mentalität *f.*

men·tal·ly ['mentəlɪ] *adv* geistig; ▶ ~ **handicapped** geistig behindert.

men·thol ['menθɒl] Menthol *n.*

men·tion ['menʃn] **I** *s* Erwähnung *f;* ▶ **get a** ~ erwähnt werden; **it's not worth a** ~ es ist nicht erwähnenswert; **II** *tr* erwähnen; ▶ **not to** ~, **without** ~**ing** abgesehen von, ganz zu schweigen von; **don't** ~ **it!** keine Ursache! gern geschehen! **that's not worth** ~**ing** das ist nicht der Rede wert.

menu ['menjuː] Speisekarte *f;* Menü *n,* a. *EDV;* **menu-driven** ['menjuːˌdrɪvn] *adj*

EDV menügesteuert.
mer·cen·ary ['mɜːsɪnərɪ] I *adj* gewinnsüchtig; geldgierig; II *s* Söldner *m.*
mer·chan·dise ['mɜːtʃəndaɪz] Ware(n *pl*) *f.*
mer·chant ['mɜːtʃənt] 1. (Groß)Kaufmann *m;* 2. *sl* auf etw versessener Kerl; ▶ wine-~ Weinhändler(in) *m (f);* **merchant bank** Handelsbank *f;* **merchant·man** ['mɜːtʃəntmən] ⟨*pl* -men⟩ Handelsschiff *n;* **merchant navy** Handelsmarine *f;* **merchant ship** Handelsschiff *n.*
mer·ci·ful ['mɜːsɪfl] *adj* gnädig; **mer·ci·less** ['mɜːsɪlɪs] *adj* unbarmherzig, erbarmungs-, mitleidlos (*to* gegen).
mer·cur·ial [mɜːˈkjʊərɪəl] *adj* 1. quecksilberhaltig; 2. *fig* lebhaft, lebendig, sprunghaft; **mer·cury** ['mɜːkjʊrɪ] Quecksilber *n.*
Mer·cury ['mɜːkjʊrɪ] Merkur *m.*
mercy ['mɜːsɪ] 1. Gnade *f*, Erbarmen *n;* Barmherzigkeit *f;* 2. Wohltat *f*, Segen *m*, Glück *n;* ▶ **be at the ~ of** s.o. jdm ausgeliefert sein; **at the ~ of the elements** dem Spiel der Elemente preisgegeben; **beg for ~** um Gnade bitten; **show** s.o. ~ Erbarmen mit jdm haben; **without ~** erbarmungs-, mitleidlos.
mere [mɪə(r)] *adj* bloß, nichts als; rein; ▶ **she's a ~ child** sie ist bloß ein Kind; **a ~ trifle** bloß e-e Lappalie; **mere·ly** ['mɪəlɪ] *adv* bloß, nur, lediglich.
merge [mɜːdʒ] I *itr* 1. ineinander übergehen; verschmelzen (*in* mit); 2. *(Straßen)* ineinander einmünden; 3. *com* fusionieren; ▶ ~ **into** s.th. in etw übergehen; II *tr* 1. miteinander verbinden; ineinander übergehen lassen (*into* mit); 2. *com* zusammenschließen, fusionieren; ▶ **they were ~d with** ... sie haben mit ... fusioniert; **merger** ['mɜːdʒə(r)] *com* Fusion *f.*
mer·id·ian [məˈrɪdɪən] 1. *geog astr* Meridian *m;* 2. *fig* Höhepunkt *m.*
me·ringue [məˈræŋ] Meringe *f*, Baiser *n.*
merit ['merɪt] I *s* 1. Verdienst *n*, Leistung *f;* 2. Vorzug *m;* ▶ **judged on ~** nach Leistung beurteilt; **on the ~s of the case** nach Lage der Dinge; **inquire into the ~s of** s.th. etw auf seine Vorzüge untersuchen; II *tr* verdienen, wert sein; **meri·toc·racy** [ˌmerɪˈtɒkrəsɪ] Leistungsgesellschaft *f.*
mer·maid ['mɜːmeɪd] Nixe, Meerjungfrau *f;* **mer·man** ['mɜːmən] ⟨*pl* -men⟩ Wassermann, Triton *m.*
mer·ri·ment ['merɪmənt] Fröhlichkeit, Ausgelassenheit, Heiterkeit *f;* **merry** ['merɪ] *adj* 1. lustig, ausgelassen, fröhlich; 2. vergnügt, heiter, in Stimmung; 3. *fam* beschwipst; ▶ **make ~** ausgelassen, lustig, vergnügt sein; **M~ England** das gute alte England; **M~ Christmas!**

Fröhliche Weihnachten; **merry-go-round** ['merɪɡəʊˌraʊnd] Karussell *n.*
mesh [meʃ] I *s* 1. Masche *f;* 2. *pl* Netz(werk) *n;* Maschendraht *m;* 3. *pl fig* Schlingen *f pl*, Falle *f;* 4. *tech* Ineinandergreifen *n* der Zahnräder; ▶ **in** ~ *tech* im Eingriff; **entangle** s.o. **in one's** ~es jdn umgarnen; II *itr* 1. *tech* eingreifen; 2. *fig* sich vereinen lassen.
mes·meric [mezˈmerɪk] *adj* hypnotisch; **mes·mer·ism** ['mezmərɪzəm] hypnotische Wirkung; **mes·mer·ize** ['mezməraɪz] *tr* hypnotisieren; faszinieren.
me·son ['miːsən] *phys* Meson *n.*
mess[1] [mes] I *s* 1. Unordnung *f*, Durcheinander *n;* 2. Schmutz, Dreck *m;* 3. schwierige Lage, Schlamassel *m;* ▶ **be in a** ~ unordentlich sein; ein Durcheinander sein; **make a ~ of** verpfuschen; durcheinanderbringen; **that's a fine** ~ das ist e-e schöne Bescherung! II *tr* 1. (~ *about*) herumpfuschen an; durcheinanderbringen; an der Nase herumführen; 2. (~ *up*) durcheinander, in Unordnung bringen; kaputtmachen; verpfuschen; III *itr* (~ *about, around*) herumalbern, -gammeln, -pfuschen, -basteln, -hantieren.
mess[2] [mes] I *s mil* Kasino *n;* II *itr* das Essen einnehmen.
mess·age ['mesɪdʒ] 1. Mitteilung, Nachricht, Benachrichtigung *f;* Funkspruch *m;* 2. (*moralisch*) Botschaft *f;* ▶ **take a** ~ **to** s.o. jdm e-e Nachricht überbringen; **send a** ~ **to** s.o. jdn benachrichtigen; **get the** ~ *sl* kapieren.
mess·en·ger ['mesɪndʒə(r)] 1. Bote *m*, Botin *f;* 2. *mil* Kurier *m;* ▶ ~ **boy** Laufbursche *m.*
Mess·iah [mɪˈsaɪə] (der) Messias.
mess-up ['mesʌp] Durcheinander *n;* **messy** ['mesɪ] *adj* 1. unordentlich; 2. schmutzig, dreckig.
met [met] *v s. meet.*
meta·bolic [ˌmetəˈbɒlɪk] *adj biol* Stoffwechsel-; metabolisch; **me·tab·olism** [mɪˈtæbəlɪzəm] *biol* Stoffwechsel, Metabolismus *m.*
metal ['metl] I *s* 1. Metall *n;* 2. Asphalt *m;* 3. *pl* Schienen *f pl;* II *tr* asphaltieren; **me·tal·lic** [mɪˈtælɪk] *adj* metallisch; **me·tal·lurgy** [mɪˈtælədʒɪ] Metallurgie *f;* **metal-work** Metall *n;* **metal-worker** Metallarbeiter(in) *m (f).*
meta·mor·pho·sis [ˌmetəˈmɔːfəsɪs] ⟨*pl* -ses⟩ [ˌmetəˈmɔːfəsiːz] Metamorphose *f.*
meta·phor ['metəfə(r)] Metapher *f;* **meta·phori·cal** [ˌmetəˈfɒrɪkl] *adj* metaphorisch.
meta·phys·ical [ˌmetəˈfɪzɪkl] *adj* metaphysisch; **meta·phys·ics** [ˌmetəˈfɪzɪks] *pl mit sing* Metaphysik *f.*
me·tas·ta·sis [mɪˈtæstəsɪs] ⟨*pl* -ses⟩ [mɪˈtæstəsiːz] Metastasenbildung *f.*

mete [miːt] *tr* ► ~ **out** zuteil werden lassen (*to s.o.* jdm).

me·teor ['miːtɪə(r)] Meteor *m;* **meteoric** [ˌmiːtɪˈɒrɪk] *adj* **1.** meteorisch; **2.** *fig* kometenhaft; **me·teor·ite** ['miːtɪəraɪt] Meteorit *m.*

me·teoro·logi·cal [ˌmiːtɪərəˈlɒdʒɪkl] *adj* meteorologisch; ► ~ **office** Wetterwarte *f;* **me·teor·ol·ogist** [ˌmiːtɪəˈrɒlədʒɪst] Meteorologe *m,* Meteorologin *f;* **me·teor·ol·ogy** [ˌmiːtɪəˈrɒlədʒɪ] Meteorologie *f.*

me·ter¹ ['miːtə(r)] **I** *s* Zähler *m,* ► **gas-**~ Gasuhr *f;* **parking-**~ Parkuhr *f;* **exposure-**~ Belichtungsmesser *m;* **II** *tr* messen.

me·ter² ['miːtə(r)] *Am s.* metre.

metha·done ['meθədəʊn] *(Arznei)* Methadon *n.*

meth·ane ['miːθeɪn] *chem* Methan *n.*

method ['meθəd] **1.** Methode *f,* Verfahren(sweise *f*) *n,* Prozeß *m;* **2.** *(Essen)* Zubereitung *f;* ► ~ **of calculation** Berechnungsart *f;* **there's** ~ **in his madness** sein Wahnsinn hat Methode; **methodi·cal** [mɪˈθɒdɪkl] *adj* methodisch; **method·ol·ogy** [ˌmeθəˈdɒlədʒɪ] Methodik *f.*

Me·thuse·lah [mɪˈθjuːzələ] Methusalem *m;* ► **as old as** ~ so alt wie Methusalem.

methyl al·co·hol ['meθɪlˈælkəhɒl] *chem* Methylalkohol *m;* **methyl·ated spirits** ['meθɪleɪtɪdˌspɪrɪts] *pl mit sing* Brennspiritus *m.*

me·ticu·lous [mɪˈtɪkjʊləs] *adj* peinlich genau, (äußerst) gewissenhaft.

metre, *Am* **me·ter** ['miːtə(r)] **1.** Meter *n* od *m;* **2.** *poet* Versmaß *n;* **met·ric** ['metrɪk] *adj* metrisch; ► **the** ~ **system** das metrische Maßsystem; das Dezimalsystem; **metri·cal** ['metrɪkl] *adj poet* metrisch.

met·ro·nome ['metrənəʊm] Metronom *n.*

me·trop·olis [məˈtrɒpəlɪs] Metropole *f;* Hauptstadt *f;* **metro·poli·tan** [ˌmetrəˈpɒlɪtən] **I** *adj* **1.** weltstädtisch, weltoffen; **2.** der Hauptstadt; **3.** erzbischöflich; **II** *s* **1.** Weltbürger(in) *m (f);* Großstädter(in) *m (f);* **2.** *(orthodoxe Kirche)* Metropolit *m.*

mettle ['metl] **1.** Courage *f,* Stehvermögen *n;* **2.** *(Temperament)* Feuer *n;* ► **put s.o. on his** ~ jdn fordern; **a man of** ~ ein Mann von echtem Schrot und Korn; **be on one's** ~ auf dem Posten sein; **mettle·some** [−səm] *adj* couragiert; feurig.

mew [mjuː] *itr* miauen.

Mexi·can ['meksɪkən] **I** *adj* mexikanisch; **II** *s* Mexikaner(in) *m (f);* **Mexi·co** ['meksɪkəʊ] Mexiko *n.*

mi·aow [miːˈaʊ] *s.* mew.

mica ['maɪkə] *min* Glimmer *m.*

mice [maɪs] *pl von* mouse.

Michael·mas ['mɪklməs] *(~ Day)* Michaelis(tag *m*) *n (29. Sept.).*

mickey ['mɪkɪ] ► **take the** ~ **out of s.o.** *sl* jdn auf den Arm nehmen.

microbe ['maɪkrəʊb] Mikrobe *f.*

micro·bi·ol·ogy [ˌmaɪkrəʊbaɪˈɒlədʒɪ] Mikrobiologie *f;* **micro·chip** ['maɪkrəʊˌtʃɪp] Mikrochip *m;* **micro climate** *mete* Mikroklima *n;* **micro·computer** ['maɪkrəʊkəmˈpjuːtə(r)] Mikrocomputer; **micro·cosm** ['maɪkrəʊkɒzəm] Mikrokosmos *m a. fig;* **mic·ro·elec·tron·ics** [ˌmaɪkrəʊɪlekˈtrɒnɪks] *pl mit sing* Mikroelektronik *f;* **micro·fiche** ['maɪkrəʊfiːʃ] Mikrofilmblatt *n,* -fiche *m;* **micro·film** ['maɪkrəʊfɪlm] **I** *s* Mikrofilm *m;* **II** *tr* auf Mikrofilm aufnehmen; **mi·crom·eter** [maɪˈkrɒmɪtə(r)] Mikrometer *n.*

mi·cron ['maɪkrɒn] Mikron, My *n.*

micro-or·gan·ism [ˌmaɪkrəʊˈɔːgənɪzəm] Mikroorganismus *m.*

micro·phone ['maɪkrəfəʊn] Mikrofon *n;* **micro·pro·cess·or** [ˌmaɪkrəˈprəʊsesə(r)] Mikroprozessor *m.*

micro·scope ['maɪkrəskəʊp] Mikroskop *n;* **micro·scopic** [ˌmaɪkrəˈskɒpɪk] *adj* mikroskopisch.

micro·wave ['maɪkrəʊweɪv] *el* Mikrowelle *f;* **microwave oven** Mikrowellenherd *m.*

mid [mɪd] *adj* Mittel-; ► **in** ~ **morning** am Vormittag; **from** ~ **May to** ~ **June** von Mitte Mai bis Mitte Juni; **in** ~ **air** in der Luft; **in** ~ **course** mittendrin.

mid·day [ˌmɪdˈdeɪ] **I** *s* Mittag *m;* **II** *attr adj* mittäglich; ► ~ **meal** Mittagsmahlzeit *f.*

middle I *s* **1.** Mitte *f;* mittlerer Teil; (das) Innere; **2.** Taille *f;* ► **in the** ~ **of the night** mitten in der Nacht; **in the** ~ **of reading** gerade beim Lesen; **down the** ~ in der Mitte; **II** *adj* mittlere(r, s); Mittel-; **middle age** mittleres Lebensalter; **middle-aged** [ˌmɪdlˈeɪdʒd] *adj* in den mittleren Jahren, mittleren Alters; **Middle Ages** *pl* Mittelalter *n;* **middlebrow** ['mɪdlbraʊ] **I** *adj* Durchschnitts-; **II** *s* (geistiger) Normalverbraucher; **middle-class** [ˌmɪdlˈklɑːs] *adj* bürgerlich, spießig; **middle class(es** *pl*) Mittelstand *m;* **middle ear** Mittelohr *n;* **Middle East** Naher Osten; **middleman** ['mɪdlmæn] ⟨*pl* -men⟩ **1.** Mittelsmann *m;* **2.** *com* Zwischenhändler *m;* **middle name** zweiter Vorname; **middle-of-the road** *adj* gemäßigt; **middle·weight** ['mɪdlweɪt] *sport* Mittelgewicht *n.*

mid·dling ['mɪdlɪŋ] **I** *adj* **1.** mittlere(r, s); **2.** (mittel)mäßig, leidlich; **II** *adv fam* einigermaßen, leidlich.

midge [mɪdʒ] Mücke *f.*
midget ['mɪdʒɪt] **I** *s* kleiner Mensch, Liliputaner *m;* **II** *adj* winzig.
mid·night ['mɪdnaɪt] Mitternacht *f;* ▶ **at ~** um Mitternacht; **burn the ~ oil** bis tief in die Nacht arbeiten; **~ sun** Mitternachtssonne *f.*
mid·point ['mɪdpɔɪnt] *math* Mittelpunkt *m.*
mid·riff ['mɪdrɪf] *anat* Taille *f.*
mid·ship·man ['mɪdʃɪpmən] ⟨*pl* -men⟩ Fähnrich *m* zur See; **mid·ships** ['mɪdʃɪps] *adv* mittschiffs.
midst [mɪdst] Mitte *f;* ▶ **in the ~ of** mitten in.
mid·sum·mer [ˌmɪd'sʌmə(r)] Hochsommer *m;* ▶ **M~ day** Sommersonnenwende *f;* **~ madness** heller Wahnsinn; *fam* Sommerkoller *m;* **mid·term** *adj* mitten im Trimester *od* Schulhalbjahr; **mid·way** [ˌmɪd'weɪ] *adv* auf halbem Weg(e) (*between* zwischen).
mid·wife ['mɪdwaɪf] ⟨*pl* -wives⟩ [—waɪvz] Hebamme *f;* **mid·wifery** ['mɪdwɪfrɪ] Geburtshilfe *f.*
mid·winter [ˌmɪd'wɪntə(r)] tiefster Winter.
might[1] [maɪt] *v s. may;* ▶ **how old ~ she be?** wie alt sie wohl ist? **~ I open the window?** dürfte ich wohl das Fenster öffnen?
might[2] [maɪt] Macht, Stärke, Kraft *f;* ▶ **with ~ and main** mit aller Macht; **with all one's ~** mit aller Kraft; **mightily** ['maɪtɪlɪ] *adv* gewaltig, kräftig; mit aller Macht; **mighty** ['maɪtɪ] **I** *adj* mächtig, gewaltig; **II** *adv* sehr, riesig, gewaltig.
mi·graine ['miːgreɪn] Migräne *f.*
mi·grant ['maɪgrənt] **1.** *zoo* Zugvogel *m;* **2.** Wanderarbeiter(in) *m (f);* Gastarbeiter(in) *m (f);* Saisonarbeiter(in) *m (f);* **mi·grate** [maɪ'greɪt] *itr* **1.** abwandern; **2.** (*Vögel*) nach Süden ziehen; **mi·gration** [maɪ'greɪʃn] **1.** (Aus-, Ab)Wanderung *f;* **2.** (Vogel)Zug *m;* **mi·gra·tory** ['maɪgrətrɪ] *adj* umherziehend, nomadisch; ▶ **~ bird** Zugvogel *m;* **~ worker** Wanderarbeiter(in) *m (f).*
mike [maɪk] *fam* Mikrophon *n.*
mild [maɪld] *adj* **1.** (*Charakter*) mild, sanft; **2.** (*Geschmack*) leicht, schwach; **3.** (*Klima*) mild; **4.** (*Tadel*) leicht; ▶ **~ ale** leichtes dunkles Bier.
mil·dew ['mɪldjuː] **I** *s* **1.** *bot* Mehltau *m;* **2.** Schimmel *m;* **II** *itr* verschimmeln.
mild·ly ['maɪldlɪ] *adv* leicht; milde; ▶ **to put it ~** gelinde gesagt; **mild·ness** ['maɪldnɪs] Milde *f;* Sanftmut *f.*
mile [maɪl] Meile *f (1,61 km);* ▶ **nautical ~** Seemeile *f (1,852 km);* **~s and ~s** meilenweit; **a 30 ~ journey** e-e Fahrt von 30 Meilen; **feel ~s better** sich erheblich besser fühlen; **walk for ~s** meilenweit gehen; **mile·age** ['maɪlɪdʒ]

1. Entfernung *f,* zurückgelegte Strecke; **2.** (**~ allowance**) Kilometergeld *n;* **mile·om·eter** [maɪ'lɒmɪtə(r)] Meilen-, Kilometerzähler *m;* **mile·post** ['maɪlpəʊst] Wegweiser *m* mit Entfernungsangabe; **mile·stone** ['maɪlstəʊn] Meilenstein *m a. fig.*
mili·tant ['mɪlɪtənt] **I** *adj* militant; **II** *s* militantes Mitglied.
mili·tar·ism ['mɪlɪtərɪzəm] Militarismus *m;* **mili·tar·ist** ['mɪlɪtərɪst] Militarist(in) *m (f);* **mili·tar·istic** [ˌmɪlɪtə'rɪstɪk] *adj* militaristisch; **mili·tar·ize** ['mɪlɪtəraɪz] *tr* militarisieren; **mili·tary** ['mɪlɪtrɪ] **I** *adj* militärisch; ▶ **~ academy** Militärakademie *f;* **~ police** Militärpolizei *f;* **~ service** Militär-, Wehrdienst *m;* **II** *s* ▶ **the ~** das Militär.
mil·itia [mɪ'lɪʃə] Miliz, Bürgerwehr *f.*
milk [mɪlk] **I** *s* Milch *f a. bot;* ▶ **no use crying over spilt ~** man soll Verlorenem nicht nachtrauern; **II** *tr* melken *a. fig;* **III** *itr* Milch geben; **milk·bar** ['mɪlkbɑː(r)] Milchbar *f;* **milk chocolate** Milchschokolade *f;* **milk float** Milchwagen *m;* **milk·ing ma·chine** ['mɪlkɪŋməˌʃiːn] Melkmaschine *f;* **milk·maid** ['mɪlkmeɪd] Milchmädchen *n;* **milk·man** ['mɪlkmən] ⟨*pl* -men⟩ Milchmann *m;* **milk-powder** Milchpulver *n;* **milk-shake** ['mɪlkʃeɪk] Milchshake *m;* **milk·sop** ['mɪlksɒp] Milchgesicht *n;* Muttersöhnchen *n;* **milk-tooth** ['mɪlktuːθ] ⟨*pl* -teeth⟩ Milchzahn *m;* **milky** ['mɪlkɪ] *adj* milchig *a. bot;* ▶ **the M~ Way** *astr* die Milchstraße.
mill [mɪl] **I** *s* **1.** Mühle *f;* **2.** (*Textil*) Fabrik *f;* **3.** (*spinning ~*) Spinnerei *f;* Weberei *f;* **4.** (*rolling ~*) Walzwerk *n;* ▶ **go through the ~** e-e harte Schule durchmachen; **put s.o. through the ~** jdn durch e-e harte Schule schicken; **coffee-~** Kaffeemühle *f;* **paper-~** Papierfabrik *f;* **pepper-~** Pfeffermühle *f;* **saw-~** Sägemühle *f,* -werk *n;* **water-, wind-~** Wasser-, Windmühle *f;* **II** *tr* **1.** (*Korn, Kaffee*) mahlen; **2.** *tech* walzen; fräsen; **III** *itr* (**~ about, around**) ziellos herumlaufen.
mil·len·nium [mɪ'lenɪəm] ⟨*pl* -nia⟩ [mɪ'lenɪə] **1.** Jahrtausend *n;* **2.** Tausendjähriges Reich; **mil·le·pede** ['mɪlɪpiːd] *zoo* Tausendfüßler *m.*
mil·ler ['mɪlə(r)] Müller *m.*
mil·let ['mɪlət] Hirse *f.*
mil·li·ard ['mɪlɪɑːd] *Br* Milliarde *f.*
mil·li·bar ['mɪlɪbɑː(r)] *mete* Millibar *n;* **mil·li·gram(me)** ['mɪlɪgræm] Milligramm *n.*
mil·liner ['mɪlɪnə(r)] Hut-, Putzmacherin, Modistin *f;* **mil·linery** [-n] Modewaren *pl.*
mil·lion ['mɪlɪən] Million *f;* ▶ **two ~ people** zwei Millionen Menschen; **mil·lion·aire** [ˌmɪlɪə'neə(r)] Millionär(in) *m*

(f).

mill-pond ['mɪlpɒnd] Mühlteich *m;* **mill-race** Mühlbach *m;* **mill·stone** ['mɪlstəʊn] Mühlstein *m;* ► be a ~ round s.o.'s neck für jdn ein Klotz am Bein sein; **mill-wheel** ['mɪlwiːl] Mühlrad *n.*

milt [mɪlt] *(Fisch)* Milch *f.*

mime [maɪm] **I** *s* **1.** *theat* Pantomime *f;* **2.** Pantomime *m;* **II** *tr* pantomimisch darstellen.

mimic ['mɪmɪk] **I** *s* Imitator *m;* **II** *tr* nachahmen, machen; kopieren; **mimicry** ['mɪmɪkrɪ] Nachahmung *f; biol* Mimikry *f.*

mim·osa [mɪ'məʊzə] *bot* Mimose *f.*

min·aret [ˌmɪnə'ret] Minarett *n.*

mince [mɪns] **I** *tr (Fleisch)* (zer)hacken, zerkleinern; ► not to ~ matters, one's words kein Blatt vor den Mund nehmen; **II** *itr fig* affektiert sprechen *od* gehen; **III** *s Br* Hackfleisch *n;* ► ~meat Pasteten-, Gebäckfüllung *f;* make ~meat of s.o. jdn zur Schnecke machen; make ~meat of s.th. keinen guten Faden an etw lassen; **mince pie** gefüllte (süße) Pastete; **mincer** ['mɪnsə(r)] Fleischwolf *m;* **minc·ing** ['mɪnsɪŋ] *adj* geziert, affektiert.

mind [maɪnd] **I** *s* **1.** Geist, Verstand *m;* **2.** *(Mensch)* Geist, Kopf *m;* **3.** Denkweise *f;* **4.** Gedanken *m pl;* **5.** Gedächtnis *n;* **6.** Absicht *f,* Wille, Wunsch *m,* Neigung *f;* **7.** Meinung, Ansicht *f;* ► in my ~'s eye vor meinem geistigen Auge; it's all in the ~ das ist alles Einbildung; have a good ~ ein heller Kopf sein; to my ~ nach meiner Meinung; be in two ~s nicht wissen, was man will; be of one ~ ein Herz und e-e Seele sein; be of s.o.'s ~ jds Ansicht sein; be of the same ~ derselben Meinung sein; be out of one's ~ den Verstand verloren haben; von Sinnen sein; bear, keep in ~ nicht vergessen; change one's ~ seine Meinung ändern; give s.o. a piece, a bit of one's ~ jdm (gründlich) die Meinung sagen; go, pass out of s.o.'s ~ bei jdm in Vergessenheit geraten; have in ~ to do s.th. vorhaben, etw zu tun; have half a ~ to do s.th. Lust haben, etw zu tun; keep one's ~ on achten, aufpassen auf; know one's own ~ wissen, was man will; make up one's ~ zu e-m Entschluß kommen; put s.o. in ~ of s.th. jdn an etw erinnern; set one's ~ on s.th. sich etw in den Kopf setzen; speak one's ~ offen seine Meinung sagen; take one's ~ off nicht mehr denken an, sich nicht mehr kümmern um; that'll take your ~ off things das wird Sie auf andere Gedanken bringen; **II** *tr* **1.** achten, aufpassen auf; **2.** sich kümmern um; etw haben gegen; ► ~ what you're doing! paß doch auf! ~ your temper nimm dich

zusammen; ~ the step! Vorsicht Stufe! ~ the dog! Warnung vor dem Hund! ~ your own business! kümmern Sie sich um Ihre (eigenen) Angelegenheiten! ... if you don't ~ my asking ... wenn ich fragen darf; I don't ~ the cold die Kälte macht mir nichts aus; do you ~ my smoking? macht es Ihnen etwas aus, wenn ich rauche? ~ one's P's and Q's *fam* sich anständig benehmen; would you ~ opening the window? würden Sie bitte das Fenster öffnen? I wouldn't ~ a glass of beer now ich hätte jetzt Lust auf ein Glas Bier; **III** *itr* **1.** aufpassen, bei der Sache sein, sich Mühe geben; **2.** sich kümmern um; **3.** etwas dagegen haben; ► ~ you allerdings; ► do you ~? macht es Ihnen etwas aus? never ~ macht nichts, ist doch egal, mach dir nichts draus; never ~ about that now! laß das doch jetzt.

mind-bend·ing ['maɪndbendɪŋ] *adj fam* irre; **mind-blow·ing** ['maɪndbləʊɪŋ] *adj fam* irre; **mind-bogg·ling** ['maɪndbɒglɪŋ] *adj fam* irrsinnig.

minded ['maɪndɪd] *adj* gesonnen, gewillt, geneigt *(to do* zu tun); ► bloody-~ *fam* stur; politically ~ politisch gesinnt.

mind·ful ['maɪndfl] *adj* ► be ~ of s.th. etw berücksichtigen, bedenken; **mindless** ['maɪndlɪs] *adj* **1.** unverständig, hirnlos; **2.** *(Verbrechen)* sinnlos; **3.** geistlos, unbeseelt; **mind-reader** Gedankenleser *m.*

mine[1] [maɪn] *prn* meine(r, s); der, die, das meine, meinige; ► ~ is better meine(r, s) ist besser; this is ~ das gehört mir; a friend of ~ e-r meiner Freunde, ein Freund von mir.

mine[2] [maɪn] **I** *s* **1.** Bergwerk *n,* Grube, Zeche *f;* **2.** *fig* Quelle, Fundgrube *f (of* an); **3.** *mil mar* Mine *f;* ► ~ of information Informationsquelle *f;* **II** *itr* Bergbau treiben; graben *(for* nach); **III** *tr* **1.** *(Bodenschätze)* abbauen, schürfen; *(Kohle)* fördern; **2.** *mil* verminen; e-e Mine befestigen an; **mine-detector** Minensuchgerät *n;* **mine·field** ['maɪnfiːld] *a. fig* Minenfeld *n;* **mine-layer** Minenleger *m;* **mine·sweeper** ['maɪnswiːpə(r)] Minensuchboot *n.*

miner ['maɪnə(r)] Bergmann, Kumpel *m;* ► ~'s lamp Grubenlampe *f.*

min·eral ['mɪnərəl] **I** *s* Mineral *n;* **II** *adj* mineralisch; ► ~ ores *pl* Erze *n pl;* **min·er·alog·ical** [ˌmɪnərə'lɒdʒɪkl] *adj* mineralogisch; **min·er·al·ogist** [ˌmɪnə'rælədʒɪst] Mineraloge *m,* Mineralogin *f;* **min·er·al·ogy** [ˌmɪnə'rælədʒɪ] Mineralogie *f;* **mineral oil** Mineralöl *n;* **mineral water** Mineralwasser *n.*

mingle ['mɪŋgl] **I** *tr* (ver)mischen, mengen; **II** *itr* **1.** sich (ver)mischen; **2.** *fig* sich mischen (*among, with* unter).

mini ['mınɪ] *pref* Mini-.

minia·ture ['mınɪtʃə(r)] 1. Miniatur(bild, -gemälde *n*) *f;* 2. Miniaturausgabe *f;* ► **in** ~ en miniature; im kleinen, in kleinem Maßstab; **miniature camera** Kleinbildkamera *f;* **miniature railway** Modelleisenbahn *f.*

mini bus ['mınɪbʌs] Klein-, Minibus *m;* **mini·cab** ['mınɪkæb] Kleintaxi *n.*

minim ['mınɪm] *mus* halbe Note.

mini·mal ['mınɪml] *adj* minimal, kleinste(r, s); **mini·mize** ['mınɪmaɪz] *tr* 1. auf ein Minimum herabsetzen, reduzieren; 2. *fig* schlechtmachen, herabsetzen; **mini·mum** ['mınɪməm] I *s* Minimum *n;* ► **reduce to a** ~ auf ein Minimum reduzieren; II *attr adj* Mindest-; ► ~ **lending rate** *fin* Eckzins, Mindestzinssatz *m;* ~ **temperature** Tiefsttemperatur *f;* ~ **wage** Mindestlohn *m.*

min·ing ['maınıŋ] Bergbau *m;* ► **open-cast** ~ Tagebau *m;* **mining disaster** Grubenunglück *n;* **mining engineer** Bérgbauingenieur(in) *m (f);* **mining industry** Bergbau *m.*

min·ion ['mınıən] Speichellecker(in) *m (f).*

mini·skirt ['mınıskɜːt] Minirock *m.*

min·ister ['mınıstə(r)] I *s* 1. *pol* Minister *m;* 2. *rel* Pfarrer, Pastor *m;* II *itr* ► ~ **to s.o.** sich um jdn kümmern; ~ **to s.o.'s needs** jds Bedürfnisse befriedigen.

min·is·ter·ial [ˌmını'stıərıəl] *adj* ministeriell; ► ~ **crisis** Regierungskrise *f;* ~ **post** Ministerposten *m.*

min·is·tra·tion [ˌmını'streıʃn] *meist pl* Pflege, Fürsorge *f.*

min·is·try ['mınıstrı] 1. *pol* Ministerium *n;* 2. Sendungsbewußtsein *n;* 3. *rel* geistliches Amt; ► **enter the** ~ Geistlicher werden; **M~ of Commerce** Handelsministerium *n;* **M~ of the Environment** Umweltministerium *n;* **M~ of Finance** Finanzministerium *n;* **M~ of Foreign, of Home Affairs** Außen-, Innenministerium *n.*

mink [mıŋk] *zoo* Nerz *m.*

mi·nor ['maınə(r)] I *adj* 1. kleiner, gering(fügig)er; unbedeutend, unwichtig; 2. *(Zahl, Betrag)* niedriger; 3. *(Verletzung)* leicht; 4. *(Planet)* klein; 5. *(hinter Familiennamen)* der Jüngere; 6. *mus* Moll; ► **a** ~ **role** e-e Nebenrolle; ~ **third** kleine Terz; II *s* 1. *jur* Minderjährige(r) *f m;* 2. *Am* Nebenfach *n;* 3. *mus* Moll *n;* III *itr Am* im Nebenfach studieren *(in s.th.* etw); **mi·nor·ity** [maı'nɒrətı] I *s* 1. Minderheit *f;* 2. *jur* Minderjährigkeit, Unmündigkeit *f;* ► **be in a** ~ in der Minderheit sein; II *attr adj* Minderheits-; ► ~ **group** Minderheit *f.*

min·strel ['mınstrəl] *hist* Spielmann, Minnesänger *m.*

mint[1] [mınt] I *s* Münzanstalt *f;* ► **in** ~ **condition** in tadellosem Zustand; **earn a** ~ **of money** *fam* ein Heidengeld verdienen; II *tr (Geld)* prägen, münzen.

mint[2] [mınt] 1. *bot* Minze *f;* 2. *fam* Pfefferminzbonbon *n* od *m.*

minus ['maınəs] I *prep* 1. weniger, minus; 2. *fam* ohne; II *adj* negativ; Minus-; III *s* (~ *sign*) Minuszeichen *n.*

min·us·cule ['mınəskjuːl] *adj* winzig.

min·ute[1] ['mınıt] I *s* 1. Minute *f;* 2. Augenblick *m;* 3. Note, Denkschrift *f;* 4. *pl* Protokoll *n,* Niederschrift *f;* ► **at this very** ~ gerade jetzt; **in a** ~ sofort; **any** ~ jeden Augenblick; **at the last** ~ in letzter Minute; **to the** ~ genau, pünktlich; **keep the** ~**s, take** ~**s** das Protokoll führen; II *tr* protokollieren.

mi·nute[2] [maı'njuːt] *adj* 1. winzig; 2. minuziös, ganz genau.

min·ute-hand ['mınıthænd] Minutenzeiger *m.*

mi·nute·ly [maı'njuːtlı] *adv* 1. ganz geringfügig; 2. genauestens.

mi·nu·tiae [maı'njuːʃiiː] *pl* genaue Einzelheiten *f pl.*

minx [mıŋks] freches Ding.

mir·acle ['mırəkl] Wunder *n a. fig;* ► **work** ~**s** Wunder wirken; **by a** ~ wie durch ein Wunder; **miracle play** geistliches Drama; **mir·acu·lous** [mı'rækjuləs] *adj* wunderbar, übernatürlich.

mi·rage ['mırɑːʒ] 1. Luftspiegelung, Fata Morgana *f;* 2. *fig* Illusion *f.*

mire ['maıə(r)] Schlamm, Morast *m;* ► **drag s.o. through the** ~ *fig fam* jdn durch den Dreck ziehen.

mir·ror ['mırə(r)] I *s* 1. Spiegel *m a. fig;* 2. *fig* Spiegelbild *n;* II *tr* (wider)spiegeln *a. fig;* **mirror image** Spiegelbild *n.*

mirth [mɜːθ] Freude *f;* Heiterkeit *f;* **mirth·ful** ['mɜːθfl] *adj* fröhlich, heiter; **mirth·less** [−lıs] *adj* freudlos.

mis·ad·ven·ture [ˌmısəd'ventʃə(r)] Mißgeschick *n,* Unfall *m;* ► **death by** ~ Tod *m* durch Unfall.

mis·al·liance [ˌmısə'laıəns] Mißheirat *f.*

mis·an·thrope ['mısnθrəup] Misanthrop, Menschenfeind *m;* **mis·an·thropic** [ˌmısn'θrɒpık] *adj* menschenfeindlich; **mis·an·thropy** [mıs'ænθrəpı] Menschenfeindlichkeit *f.*

mis·apply [ˌmısə'plaı] *tr* 1. falsch anwenden; 2. *(Gelder)* mißbrauchen.

mis·ap·pre·hend [ˌmısæprı'hend] *tr* mißverstehen; **mis·ap·pre·hen·sion** [ˌmısæprı'henʃn] Mißverständnis *n;* ► **be under the** ~ **that** ... irrtümlich annehmen, daß ...

mis·ap·pro·pri·ate [ˌmısə'prəuprıeıt] *tr* 1. entwenden; 2. *(Geld)* veruntreuen, unterschlagen; **mis·ap·pro·pri·ation** [ˌmısəprəuprı'eıʃn] 1. Entwendung *f;* 2. *(Geld)* Veruntreuung, Unterschlagung *f.*

mis·be·have [ˌmɪsbɪ'heɪv] *itr* sich schlecht, ungebührlich benehmen; **mis·be·hav·iour,** *Am* **mis·be·hav·ior** [ˌmɪsbɪ'heɪvɪə(r)] schlechtes Benehmen.

mis·cal·cu·late [ˌmɪs'kælkjʊleɪt] I *tr* falsch (be)rechnen; II *itr* sich verrechnen; **mis·cal·cu·la·tion** [ˌmɪsˌkælkjʊ'leɪʃn] Rechen-, Kalkulationsfehler *m.*

mis·car·riage [ˌmɪs'kærɪdʒ] 1. Irrtum *m;* 2. *(Post)* Fehlleitung *f;* 3. *med* Fehlgeburt *f;* ▶ ~ **of justice** Justizirrtum *m;* **mis·carry** [ˌmɪs'kærɪ] *itr* 1. fehlschlagen, mißlingen; 2. *(Post)* fehlgeleitet werden; 3. *med* e-e Fehlgeburt haben.

mis·cel·lan·eous [ˌmɪsə'leɪnɪəs] *adj* 1. ge-, vermischt; verschiedenerlei; 2. *(Menge)* bunt; ▶ ~ Verschiedenes; **mis·cel·lany** [mɪ'selənɪ] 1. Gemisch *n;* Vielfalt *f;* 2. *oft pl* vermischte Schriften *f pl.*

mis·chance [ˌmɪs'tʃɑːns] unglücklicher Zufall; ▶ **by** ~ unglücklicherweise.

mis·chief ['mɪstʃɪf] 1. Unheil *n,* Schaden, Nachteil *m;* 2. Bosheit, Ungezogenheit *f,* Übermut *m;* 3. Schlawiner *m;* 4. Schalk *m,* Verschmitztheit *f;* ▶ **do s.o. a** ~ jdm schaden; **make** ~ Unfrieden stiften; **make** ~ **for s.o.** jdm Unannehmlichkeiten bereiten; **he's up to some** ~ er führt etwas im Schilde; ~**maker** Unruhestifter(in) *m (f);* ~**making** Unruhestiftung *f;* **mis·chiev·ous** ['mɪstʃɪvəs] *adj* 1. bösartig; boshaft; schädlich; 2. schelmisch, verschmitzt.

mis·con·ceive [ˌmɪskən'siːv] *tr* falsch auffassen, mißverstehen; **mis·con·cep·tion** [ˌmɪskən'sepʃn] falsche Annahme, Mißverständnis *n.*

mis·con·duct [ˌmɪskən'dʌkt] I *tr* schlecht führen; II *refl* sich schlecht benehmen; III *s* [ˌmɪs'kɒndʌkt] 1. schlechtes Benehmen; Berufsvergehen *n;* 2. Fehltritt *m;* 3. schlechte Verwaltung.

mis·con·struc·tion [ˌmɪskən'strʌkʃn] falsche Auslegung; Mißdeutung *f;* **mis·con·strue** [ˌmɪskən'struː] *tr* falsch auslegen; mißdeuten; mißverstehen.

mis·count [ˌmɪs'kaʊnt] I *tr* falsch zählen; II *itr* sich verrechnen, sich verzählen; III *s* Rechenfehler *m.*

mis·deal [ˌmɪs'diːl] *irr s.* **deal** I *tr (Karten)* falsch geben; II *itr* sich vergeben.

mis·deed [ˌmɪs'diːd] Missetat *f.*

mis·de·mean·our, *Am* **mis·de·meanor** [ˌmɪsdɪ'miːnə(r)] Übertretung *f,* Vergehen *n.*

mis·di·rect [ˌmɪsdɪ'rekt] *tr* 1. *(Brief)* falsch adressieren; 2. *(Energie)* falsch einsetzen, vergeuden; 3. *(Person)* irreleiten, -führen.

miser ['maɪzə(r)] Geizhals *m.*

mis·er·able ['mɪzrəbl] *adj* 1. trist; unglücklich; 2. *(Schmerzen)* fürchterlich;

3. *(Existenz)* erbärmlich, schauderhaft, miserabel; 4. jämmerlich; ▶ **make life** ~ **for s.o.** jdm das Leben sauer machen; **mis·er·ably** ['mɪzrəblɪ] *adv* 1. unglücklich; 2. gräßlich, fürchterlich; erbärmlich; 3. miserabel.

miser·ly ['maɪzəlɪ] *adj* geizig, knickerig, filzig.

mis·ery ['mɪzərɪ] 1. Kummer *m,* Trauer *f;* 2. Qualen *f pl;* Elend *n;* 3. *fam* Jammerlappen *m;* ▶ **put an animal out of its** ~ ein Tier von seinen Qualen erlösen; **a life of** ~ ein erbärmliches Leben.

mis·fire [ˌmɪs'faɪə(r)] *itr* 1. *(Feuerwaffe)* versagen; 2. *fig* fehlschlagen; danebengehen; 3. *mot* fehlzünden.

mis·fit ['mɪsfɪt] 1. schlecht sitzendes Kleidungsstück; 2. Außenseiter(in) *m (f);* Nichtangepaßte(r) *f m.*

mis·for·tune [ˌmɪs'fɔːtʃuːn] 1. schweres Schicksal; Mißgeschick *n;* 2. Unglück, Pech *n;* ▶ **companion in** ~ Leidensgenosse *m,* -genossin *f;* **financial** ~**s** *pl* finanzielle Fehlschläge *m pl.*

mis·giv·ing [ˌmɪs'gɪvɪŋ] Befürchtung *f,* Bedenken *pl.*

mis·gov·ern [ˌmɪs'gʌvn] *tr* schlecht regieren *od* verwalten; **mis·gov·ern·ment** [—mənt] Mißwirtschaft *f.*

mis·guided [ˌmɪs'gaɪdɪd] *adj* 1. töricht; 2. *(Meinung)* irrig; 3. *(Freude)* unangebracht.

mis·handle [ˌmɪs'hændl] *tr* falsch handhaben.

mis·hap ['mɪshæp] Mißgeschick *n;* ▶ **a slight** ~ eine (kleine) Panne; **without** ~ ohne Zwischenfälle.

mis·hear [ˌmɪs'hɪə(r)] *irr s.* **hear** I *tr* falsch hören; II *itr* sich verhören.

mish·mash ['mɪʃmæʃ] Mischmasch *m.*

mis·in·form [ˌmɪsɪn'fɔːm] *tr* falsch informieren; falsche Auskunft geben *(s.o.* jdm).

mis·in·ter·pret [ˌmɪsɪn'tɜːprɪt] *tr* falsch auslegen; mißdeuten; **mis·in·ter·pre·ta·tion** [ˌmɪsɪntɜːprɪ'teɪʃn] falsche Auslegung, Mißdeutung *f.*

mis·judge [ˌmɪs'dʒʌdʒ] *tr* falsch beurteilen, falsch einschätzen, sich verschätzen in.

mis·lay [ˌmɪs'leɪ] *tr irr s.* **lay** verlegen.

mis·lead [ˌmɪs'liːd] *tr irr s.* **lead** 1. irreführen; 2. verleiten *(into doing s.th.* etw zu tun); ▶ **don't be misled by appearances** lassen Sie sich nicht durch Äußerlichkeiten täuschen; **mis·lead·ing** [—ɪŋ] *adj* irreführend.

mis·man·age [ˌmɪs'mænɪdʒ] *tr* schlecht verwalten; **mis·man·age·ment** [—mənt] Mißwirtschaft *f.*

mis·name [ˌmɪs'neɪm] *tr* falsch benennen; **mis·nomer** [ˌmɪs'nəʊmə(r)] unzutreffender Name, Fehlbezeichnung *f.*

mis·ogyn·ist [mɪ'sɒdʒɪnɪst] Frauenfeind *m.*

mis·place [‚mɪs'pleɪs] *tr* an e-n falschen Platz legen; verlegen; ► **be ~d** fehlplaziert, fehl am Platz(e) sein.

mis·print [‚mɪs'prɪnt] I *tr* verdrucken; II *s* ['mɪsprɪnt] Druckfehler *m.*

mis·pro·nounce [‚mɪsprə'naʊns] *tr* falsch aussprechen; **mis·pro·nun·ci·ation** [‚mɪsprə‚nʌnsɪ'eɪʃn] falsche Aussprache.

mis·read [‚mɪs'riːd] *tr irr s. read* 1. falsch lesen; 2. mißverstehen, -deuten.

mis·rep·re·sent [‚mɪs‚reprɪ'zent] *tr* 1. falsch darstellen, ein falsches Bild geben von; 2. *(Tatsachen)* verdrehen; verfälschen; **mis·rep·re·sen·ta·tion** [‚mɪs‚reprɪzen'teɪʃn] 1. falsche Darstellung; 2. Verdrehung *f;* Verfälschung *f;* ► ~ **of facts** Vorspiegelung falscher Tatsachen.

miss[1] [mɪs] (junges) Mädchen; ► **M~** *(Anrede)* Fräulein *n; (zur Bedienung)* Fräulein! **M~ England** die Schönheitskönigin von England.

miss[2] [mɪs] I *tr* 1. *(Ziel)* verfehlen; 2. *(Gelegenheit, Zug)* verpassen; versäumen; 3. übersehen, -hören; 4. nicht verstehen; 5. vermeiden, ausweichen, aus dem Wege gehen *(s.th. e-r S)*; 6. vermissen, (sehr) entbehren; 7. *(Hindernis)* noch ausweichen können; 8. *(Preis)* nicht bekommen; ► ~ **the bus** *fig* den Anschluß verpassen; I **~ed that** das ist mir entgangen; I ~ **you** du fehlst mir; ~ **doing s.th.** fast etw tun; **we narrowly ~ed having an accident** wir hätten um ein Haar e-n Unfall gehabt; **we ~ him** wir vermissen ihn; II *itr* 1. das Ziel verfehlen; fehlgehen; 2. keinen Erfolg haben, erfolg-, ergebnislos sein, mißglücken; ► **you can't ~** da kann nichts schiefgehen; III *s* 1. Fehlschuß, -schlag *m;* Mißerfolg *m,* Pleite *f,* Reinfall *m;* 2. Verlust *m;* ► **give s.th. a ~** sich etw schenken; IV *(mit Präposition)* **miss out** *tr* auslassen; übersehen; *itr* zu kurz kommen; ► ~ **out on s.th.** etw verpassen.

mis·shapen [‚mɪs'ʃeɪpən] *adj* mißgebildet; *(Baum, Pflanze a.)* verwachsen; *(Kuchen etc)* mißraten.

mis·sile ['mɪsaɪl, *Am* 'mɪsl] 1. (Wurf)Geschoß *n;* 2. Rakete *f;* ► **guided** ~ ferngesteuerte Rakete; **intercontinental ballistic** ~ Interkontinentalrakete *f;* **missile defence system** Raketenabwehrsystem *n.*

miss·ing ['mɪsɪŋ] *adj* 1. fehlend, vermißt; 2. *(Gegenstand)* verschwunden; fehlend; ► **be** ~ fehlen; vermißt werden; ~ **person** Vermißte(r) *f m;* ~ **link** fehlendes Glied.

mission ['mɪʃn] 1. Sendung, Mission *f;* Beruf *m,* Aufgabe *f;* 2. *rel* Mission *f;* 3. *pol* Mission *f;* Delegation *f;* ► **on a secret** ~ in geheimem Auftrag; **com-**

mercial, trade ~ Handelsmission *f;* **mission·ary** ['mɪʃənrɪ] Missionar(in) *m (f);* **mission control** *(Raumfahrt)* Kontrollzentrum *n.*

mis·spell [‚mɪs'spel] *tr irr s. spell* falsch schreiben; **mis·spell·ing** [−ɪŋ] falsche Schreibung.

mis·spent [‚mɪs'spent] *adj* vergeudet, verschwendet.

mis·state [‚mɪs'steɪt] *tr* falsch angeben.

mis·sus, mis·sis ['mɪsɪz] *fam* bessere Hälfte; ► **how's the** ~? wie geht es Ihrer Frau?

mist [mɪst] I *s* 1. Nebel *m;* Dunst *m;* 2. *fig* Nebel, Schleier *m;* 3. *(Glas)* Beschlag *m;* ► **it is lost in the** ~**s of time** das liegt im Dunkel der Vergangenheit; II *tr* (~ *over*) beschlagen; III *itr* (~ *up, over*) sich trüben; sich beschlagen.

mis·tak·able [mɪ'steɪkəbl] *adj* leicht zu verwechseln; **mis·take** [mɪ'steɪk] ⟨*irr* mistook, mistaken⟩ I *tr* 1. mißverstehen, verkennen; falsch auffassen; 2. verwechseln *(for* mit); ► ~ **s.o.'s meaning** jdn falsch verstehen; **there's no mistaking her writing** ihre Schrift ist unverkennbar; **be** ~**n** sich irren; II *s* 1. Fehler *m;* Versehen *n;* Mißgriff *m;* 2. Irrtum *m,* Mißverständnis *n;* ► **by** ~ irrtümlich, versehentlich, aus Versehen; **make a** ~ e-n Fehler machen; sich irren; **and no** ~! *fam* da kannst du Gift drauf nehmen! **there's no** ~ **about it!** Irrtum ausgeschlossen! **mis·taken** [mɪ'steɪkən] I *v s. mistake;* II *adj* irrig, irrtümlich, versehentlich; falsch; ► **be** ~ **about, in s.th.** sich in e-r S täuschen; ~ **idea** falsche Vorstellung; **a case of** ~ **identity** e-e Verwechslung.

mis·ter ['mɪstə(r)] 1. *(Abk:* Mr) Herr *m;* 2. *(nicht übersetzt)* ► **listen to me,** ~ hören Sie mal zu.

mis·time [‚mɪs'taɪm] *tr* 1. e-n ungünstigen Zeitpunkt wählen für; 2. *(Rennen)* falsch stoppen.

mistle·toe ['mɪsltəʊ] *bot* Mistel *f;* Mistelzweig *m.*

mis·took [mɪ'stʊk] *v s. mistake.*

mis·trans·late [‚mɪstrænz'leɪt] *tr* falsch übersetzen.

mis·treat [‚mɪs'triːt] *tr* schlecht behandeln.

mis·tress ['mɪstrɪs] 1. Herrin *f a. fig;* Hausherrin *f;* 2. Lehrerin *f;* 3. Geliebte *f.*

mis·trial [‚mɪs'traɪəl] *jur* fehlerhaftes (Gerichts)Verfahren.

mis·trust [‚mɪs'trʌst] I *tr* mißtrauen *(s.o., s.th.* jdm, e-r S); II *s* Mißtrauen *n (of* gegen); **mis·trust·ful** [‚mɪs'trʌstfl] *adj* mißtrauisch *(of* gegen).

misty ['mɪstɪ] *adj* 1. neblig; dunstig; 2. *fig* verschwommen; unklar; 3. *(Glas)* beschlagen; trübe.

mis·un·der·stand [‚mɪs‚ʌndə'stænd] *tr*

irr s. understand mißverstehen, falsch verstehen; **mis·un·der·stand·ing** [—ɪŋ] 1. Mißverständnis *n;* 2. Meinungsverschiedenheit *f.*

mis·use [ˌmɪs'juːz] I *tr* 1. falsch anwenden; mißbrauchen; 2. zweckentfremden; II [ˌmɪs'juːs] 1. Mißbrauch *m;* mißbräuchliche Verwendung; 2. Zweckentfremdung *f;* ▶ ~ **of authority** Amtsmißbrauch *m.*

mite[1] [maɪt] 1. Scherflein *n a. fig;* 2. *fig* bißchen *n;* 3. Würmchen *n;* ▶ **contribute one's** ~ **to s.th.** sein Scherflein zu etw beitragen.

mite[2] [maɪt] *zoo* Milbe *f.*

miti·gate ['mɪtɪgeɪt] *tr* 1. mildern; 2. *(Schmerzen)* lindern; ▶ **mitigating circumstances** *pl* mildernde Umstände *m pl;* **miti·ga·tion** [ˌmɪtɪ'geɪʃn] Milderung *f;* Linderung *f.*

mit·ten ['mɪtn] 1. Fausthandschuh *m;* 2. Handschuh *m* ohne Finger; 3. *pl* Boxhandschuhe *m pl.*

mix [mɪks] I *s* Mischung *f;* ▶ **cake** ~ Backmischung *f;* II *tr* 1. (ver)mischen, (ver)mengen (*with* mit); 2. *(Kuchen)* verrühren; *(Teig)* zubereiten; 3. durcheinanderbringen; ▶ ~ **s.o. with s.o.** jdn mit jdm verwechseln; III *itr* 1. sich mischen lassen; sich vermischen; 2. *fig* zusammenpassen; 3. miteinander auskommen; ▶ ~ **with s.o.** mit jdm auskommen; ~ **well** kontaktfreudig sein; IV *(mit Präposition)* **mix in** *tr* unterrühren; **mix up** *tr* 1. vermischen; verrühren; 2. durcheinanderbringen; verwechseln; ▶ ~ **s.o. up in s.th.** jdn in etw hineinziehen; **be** ~**ed up in s.th.** in etw verwickelt sein.

mixed [mɪkst] *adj* 1. gemischt *a. fig;* 2. unterschiedlich; ▶ ~ **biscuits** *pl* Keksmischung *f;* **have** ~ **feelings about s.o.** jdm gegenüber gemischte Gefühle haben; ~ **blessing** *fig* ein zweischneidiges Schwert; ~ **doubles** *pl (Tennis)* gemischtes Doppel; ~ **fibres** *pl* Mischgewebe *n;* ~ **marriage** Mischehe *f;* ~ **pickles** *pl* Mixpickles *pl;* ~ **up** durcheinander.

mixer ['mɪksə(r)] 1. Mixer *m;* 2. (Beton)Mischmaschine *f;* 3. *radio* Toningenieur *m;* Mischpult *n;* ▶ **be a good** ~ kontaktfreudig sein; **mix·ture** ['mɪkstʃə(r)] Mischung *f,* Gemisch *n;* Mixtur *f;* **mix-up** ['mɪksʌp] I *s* Durcheinander *n;* II *adj* durcheinander; konfus.

mne·monic [nɪ'mɒnɪk] I *adj* mnemotechnisch; ▶ ~ **rhyme** Merkvers *m;* II *s* Gedächtnisstütze *f.*

mo [məʊ] *fam* Moment *m.*

moan [məʊn] I *s* 1. Stöhnen, Ächzen *n;* Raunen *n;* 2. Gestöhn *n;* II *itr* 1. stöhnen, ächzen; raunen; 2. *fam* meckern; III *tr* ▶ **she** ~**ed a sigh of relief** sie

stöhnte erleichtert auf.

moat [məʊt] Burg-, Wassergraben *m.*

mob [mɒb] I *s* 1. Pöbel, Mob *m;* Horde *f;* 2. *sl* Bande *f;* Haufen *m;* ▶ **the** ~ **die** Massen *pl;* II *tr* sich stürzen auf; anpöbeln.

mo·bile ['məʊbaɪl] I *s* Mobile *n;* II *adj* 1. beweglich, mobil; 2. *(Gesinnung)* wendig, beweglich; 3. *(Ausdruck)* lebhaft; 4. *tech* fahrbar; ▶ ~ **library** Bücherbus *m,* Fahrbücherei *f;* ~ **home** Wohnwagen *m;* **mo·bil·ity** [məʊ'bɪlətɪ] 1. Beweglichkeit, Mobilität *f;* 2. Wendigkeit *f;* 3. Lebhaftigkeit *f.*

mo·bi·liz·ation [ˌməʊbɪlaɪ'zeɪʃn] Mobilmachung *f;* **mo·bi·lize** ['məʊbɪlaɪz] I *tr* mobilisieren; II *itr mil* mobil machen.

moc·ca·sin ['mɒkəsɪn] Mokassin *m.*

mo·cha ['mɒkə] Mokka *m.*

mock [mɒk] I *tr* 1. verspotten, sich lustig machen über; 2. nachmachen, -äffen; 3. standhalten, trotzen *(s.o.* jdm); II *itr* ▶ ~ **at s.th.** sich über etw lustig machen; III *adj* nachgemacht, imitiert; falsch; gespielt; IV *s* ▶ **make a** ~ **of s.th.** etw vereiteln, zunichte machen; **mock battle** Scheingefecht *n;* **mocker** ['mɒkə(r)] Spötter(in) *m (f);* **mock·ery** ['mɒkərɪ] 1. Spott, Hohn *m;* 2. Gespött *n;* 3. *fig* Farce *f;* ▶ **hold s.o., s.th. up to** ~ jdn lächerlich machen; etw ins Lächerliche ziehen; **make a** ~ **of s.th.** etw zunichte machen; etw als lächerlich erscheinen lassen; **mock·ing** ['mɒkɪŋ] I *adj* spöttisch; II *s* Spott *m;* **mock-up** ['mɒkʌp] Modell *n;* Attrappe *f.*

mo·dal ['məʊdl] *adj gram* modal; **modal·ity** [məʊ'dælətɪ] Modalität *f.*

mod cons [ˌmɒd'kɒnz] *Abk:* **modern conveniences;** ▶ **with all** ~ mit allem Komfort.

mode [məʊd] 1. Art, Methode *f,* Verfahren *n;* 2. Mode *f;* 3. *gram* Modus *m;* 4. *mus* Tonart *f;* ▶ ~ **of life** Lebensweise *f;* ~ **of transport** Transportmittel *n;* **be the** ~ Mode sein.

model ['mɒdl] I *s* 1. Modell, Muster *n* (*for* für); 2. Modell, Mannequin *n;* 3. *mot* Typ *m,* Modell *n;* 4. Vorlage *f,* Vorbild, Beispiel *n;* II *adj* 1. Modell-; Muster-, muster-, beispielhaft, vorbildlich; III *tr* 1. als Vorlage nehmen; 2. modellieren, formen; 3. *(Kleid)* vorführen; ▶ ~ **o.s. on s.o.** sich jdn zum Vorbild nehmen; IV *itr* 1. modellieren; 2. als Modell, Mannequin, Dressman arbeiten; Modell stehen; **model husband** *fam* Mustergatte *m.*

mo·dem ['məʊdem] *tele* Modem *n.*

mod·er·ate ['mɒdərət] I *adj* 1. gemäßigt; mäßig; 2. *(Preis)* vernünftig, angemessen; 3. *(Trinken)* maßvoll; 4. *(Erfolg)* (mittel)mäßig, bescheiden; 5. *(Strafe)* mild; ▶ ~**-sized** mittelgroß; II *s pol* Gemäßigte(r) *f m;* III *tr* ['mɒdəreɪt] mäßigen, mildern, abschwächen; **IV** *itr* ['mɒdəreɪt] nachlassen, schwächer werden, sich legen; **mod·er·ation** [,mɒdə'reɪʃn] Mäßigung *f;* Milderung *f;* Abschwächung *f;* ► **in** ~ in Maßen.

mod·ern ['mɒdn] **I** *adj* modern; neuzeitlich; heutig; ► ~ **languages** *pl* moderne Fremdsprachen *f pl;* **II** *s* Anhänger(in) *m (f)* der Moderne; **mod·ern·ize** ['mɒdənaɪz] *tr* 1. modernisieren; 2. *mil (Waffensysteme)* nachrüsten.

mod·est ['mɒdɪst] *adj* 1. bescheiden, anspruchslos; 2. *(Lebensweise)* genügsam; 3. *(Preis)* mäßig; 4. anständig, sittsam; **mod·esty** ['mɒdɪstɪ] 1. Bescheidenheit *f;* 2. Genügsamkeit *f;* 3. Mäßigkeit *f;* 4. Anstand *m,* Sittsamkeit *f;* ► **in all** ~ bei aller Bescheidenheit.

modi·cum ['mɒdɪkəm] ein bißchen, ein wenig; ► **a** ~ **of hope** ein Funke Hoffnung.

mod·ifi·able ['mɒdɪfaɪəbl] *adj* modifizierbar; **modi·fi·ca·tion** [,mɒdɪfɪ'keɪʃn] Abänderung, Abwandlung *f;* Modifikation *f;* **modi·fier** ['mɒdɪfaɪə(r)] *gram* Bestimmungswort *n;* **mod·ify** ['mɒdɪfaɪ] *tr* 1. abändern, modifizieren; 2. mäßigen; 3. *gram* näher bestimmen.

mod·ish ['məudɪʃ] *adj* modisch, modern.

modu·lar ['mɒdjʊlə(r)] *adj* 1. *tech* aus Elementen zusammengesetzt; 2. *EDV* modular, nach dem Baukastenprinzip.

modu·late ['mɒdjʊleɪt] *tr, itr radio* modulieren; **modu·la·tion** [,mɒdjʊ'leɪʃn] *radio EDV* Modulation *f.*

mod·ule ['mɒdju:l] 1. *arch* Bauelement *n;* 2. *(Raumfahrt)* Raumkapsel *f;* 3. *EDV* Modul *n;* ► **lunar** ~ Mondlandefähre *f;* **command** ~ Kommandokapsel *f.*

mo·hair ['məuheə(r)] Mohair *m.*

Mo·ham·medan [mə'hæmɪdən] **I** *adj* mohammedanisch; **II** *s* Mohammedaner(in) *m (f).*

moist [mɔɪst] *adj* feucht, naß *(from, with* vor); **moisten** ['mɔɪsn] **I** *tr* anfeuchten; **II** *itr* feucht werden; **moist·ure** ['mɔɪstʃə(r)] Feuchtigkeit *f;* **moist·urize** ['mɔɪstʃəraɪz] *tr (Haut)* mit e-r Feuchtigkeitscreme behandeln; **moist·uriz·er** [—ə(r)] Feuchtigkeitscreme *f.*

mo·lar ['məulə(r)] *(~ tooth)* Backenzahn *m.*

mo·las·ses [mə'læsɪz] *pl mit sing* Melasse *f,* Sirup *m.*

mold [məuld] *Am s. mould.*

mole¹ [məul] Muttermal *n,* Leberfleck *m.*

mole² [məul] *zoo* Maulwurf *m;* ► **blind as a** ~ stockblind.

mole³ [məul] *mar* Mole *f,* Hafendamm *m.*

mol·ecu·lar [mə'lekjulə(r)] *adj chem* molekular; ► ~ **biology** Molekularbio-

logie *f;* ~ **weight** Molekulargewicht *n;* **mol·ecule** ['mɒlɪkju:l] Molekül *n.*

mole-hill ['məulhɪl] Maulwurfshügel, -haufen *m;* ► **make a mountain out of a** ~ aus e-r Mücke e-n Elefanten machen; **mole-skin** 1. Maulwurfsfell *n;* 2. *(Stoff)* Moleskin *m* od *n.*

mo·lest [mə'lest] *tr* belästigen; **mol·es·ta·tion** [,məulə'steɪʃn] Belästigung *f.*

moll [mɒl] *sl* Gangsterbraut *f.*

mol·lify ['mɒlɪfaɪ] *tr* besänftigen, beschwichtigen.

mol·lusc, Am mol·lusk ['mɒləsk] Weichtier *n,* Molluske *f.*

molly·coddle ['mɒlɪkɒdl] **I** *s* Weichling *m;* **II** *tr* verhätscheln, verzärteln, verwöhnen.

molt [məult] *Am s. moult.*

mol·ten ['məultən] *adj* geschmolzen.

mo·ment ['məumənt] 1. Augenblick, Moment *m;* 2. *fig* Tragweite, Bedeutung, Wichtigkeit *f (to* für); 3. *phys philos* Moment *n;* ► **at the** ~ im Augenblick, momentan; **at any** ~ jederzeit, jeden Augenblick; **at this** ~ in 'diesem Augenblick; **at the last** ~ im letzten Augenblick; **in a** ~ gleich, sofort, auf der Stelle; **in a few** ~s in wenigen Augenblicken, im Nu; **not for a** ~ keinen Augenblick; nie; **please wait a** ~ warten Sie bitte e-n Augenblick! **(just) a** ~, **please!** e-n Augenblick, bitte! **the man of the** ~ der rechte Mann zur rechten Zeit; ~ **of inertia, of resistance** *phys* Trägheits-, Widerstandsmoment *n;* ~ **of truth** Augenblick *m* der Wahrheit; **of little** ~ bedeutungslos; **mo·men·tar·ily** ['məuməntrəlɪ] *adv* 1. e-n Augenblick; 2. jeden Moment; **mo·men·tary** ['məuməntrɪ] *adj* flüchtig, von kurzer Dauer.

mo·men·tous [mə'mentəs] *adj* sehr wichtig, bedeutsam, folgenschwer; von großer Tragweite.

mo·men·tum [mə'mentəm] 1. *phys* Impuls *m;* 2. *fig* Schwung *m,* Wucht *f;* ► **gain** ~ sich beschleunigen, in Fahrt kommen.

mon·arch ['mɒnək] Monarch(in), Herrscher(in) *m (f);* **mon·ar·chic(al)** [mə'nɑ:kɪk(l)] *adj* monarchisch; **mon·ar·chism** ['mɒnəkɪzəm] Monarchismus *m;* **mon·ar·chist** ['mɒnəkɪst] Monarchist(in) *m (f);* **mon·archy** ['mɒnəkɪ] Monarchie *f.*

mon·as·tery ['mɒnəstrɪ] (Männer)Kloster *n;* **mon·as·tic** [mə'næstɪk] *adj* klösterlich, mönchisch; Ordens-, Kloster-.

Mon·day ['mʌndɪ] Montag *m;* ► **on** ~ am Montag.

mon·et·ary ['mʌnɪtrɪ] *adj* 1. währungspolitisch, monetär; 2. Geld-, geldlich; ► ~ **crisis** Währungskrise *f;* ~ **policy** Währungspolitik *f;* ~ **reform** Wäh-

rungsreform *f;* ~ **stability** Währungs-
stabilität *f;* ~**system** Währungssystem *n.*
money ['mʌnɪ] Geld *n;* Zahlungsmittel *n;*
► **make** ~ Geld verdienen; **lose** ~ Geld
verlieren; Verluste machen; **there's** ~ **in
it** das ist sehr lukrativ; **be in the** ~ *sl*
Geld wie Heu haben; **get one's** ~**'s
worth** etwas für sein Geld bekommen;
keep s.o. in ~ jdn finanziell unterstüt-
zen; **put** ~ **into** Geld stecken in; **foreign**
~ ausländische Zahlungsmittel *n pl;*
ready ~ Bargeld *n;* **money-bags** *pl*
mit sing Geldsack *m a. fig;* **money-
box** Sparbüchse *f;* **money-changer**
['mʌnɪˌtʃeɪndʒə(r)] (Geld)Wechsler *m;*
moneyed ['mʌnɪd] *adj* vermögend;
money-grubber ['mʌnɪˌgrʌbə(r)] geld-
gieriger Mensch; **money-maker**
['mʌnɪˌmeɪkə(r)] einträgliche Sache;
Verkaufserfolg *m;* **money-mak·ing**
['mʌnɪˌmeɪkɪŋ] I *s* Gelderwerb *m,* -ver-
dienen *n;* II *adj* einträglich, gewinnbrin-
gend; **money market** Geld-, Kapital-
markt *m;* **money-order** Postanwei-
sung *f;* **money prize** Geldpreis *m;*
money-spinner ['mʌnɪˌspɪnə(r)] *fam*
Goldgrube *f.*
mon·ger ['mʌŋgə(r)] ► **fish-, iron-**~
Fisch-, Eisenhändler *m.*
Mon·gol ['mɒŋgl] I *adj* 1. mongolisch; 2.
med ► **m**~ mongoloid; II *s* ► **he's a
m**~ er ist mongoloid; **Mon·golia**
[mɒŋˈgəʊlɪə] Mongolei *f;* **Mon·gol·ian**
[mɒŋˈgəʊlɪən] I *adj* mongolisch; II *s* 1.
Mongole *m,* Mongolin *f;* 2. *(Sprache)*
(das) Mongolisch(e); **mon·gol·ism**
['mɒŋgəlɪzəm] *med* Mongolismus *m.*
mon·grel ['mʌŋgrəl] 1. *zoo* Bastard *m;* 2.
zoo bot Kreuzung *f;* 3. *fam* Promena-
denmischung *f.*
moni·tor ['mɒnɪtə(r)] I *s* 1. *(Schule)*
Klassensprecher(in) *m (f);* 2. *zoo* Waran
m; 3. *radio TV* Kontrollempfänger,
-lautsprecher *m;* Abhörgerät *n;* Monitor
m; II *tr* 1. abhören; 2. überwachen,
steuern, kontrollieren.
monk [mʌŋk] Mönch *m.*
mon·key ['mʌŋkɪ] I *s* 1. Affe *m a. fig;* 2.
(Kind) Strolch, Schlingel *m;* ► **make a**
~ **out of s.o.** jdn verulken; II *itr* ~
about herumalbern; **monkey busi-
ness:** ► **be up to** ~ *fam* etw anstellen;
monkey nut Erdnuß *f;* **monkey tri-
cks** *pl* Unfug *m,* dummer Streich;
monkey-wrench Engländer, Univer-
salschraubenschlüssel *m.*
mono ['mɒnəʊ] I *pref* mono-; II *s* (~
record) Mono(schall)platte *f.*
mon·ocle ['mɒnəkl] Monokel *n.*
mono·chrome *adj* monochrom, einfar-
big; *(Bildschirm a.)* schwarz-weiß.
mon·og·amous [məˈnɒgəməs] *adj* mo-
nogam; **mon·og·amy** [məˈnɒgəmɪ]
Einehe, Monogamie *f.*
mono·gram ['mɒnəgræm] Monogramm

n.
mono·lith ['mɒnəlɪθ] Monolith *m;*
mono·lithic [ˌmɒnəˈlɪθɪk] *adj* 1. mono-
lithisch; 2. *fig* allesbeherrschend.
mono·logue ['mɒnəlɒg] Selbstgespräch
n, Monolog *m.*
mon·op·ol·ize [məˈnɒpəlaɪz] *tr* 1. mo-
nopolisieren *a. fig,* beherrschen; 2. *fig*
an sich reißen, in Beschlag nehmen;
mon·op·oly [məˈnɒpəlɪ] Monopol *n a.
fig;* ► **have the** ~ **on s.th.** etw für sich
gepachtet haben; **monopoly position**
Monopolstellung *f.*
mono·rail ['mɒnəʊreɪl] Einschienenbahn
f.
mono·syl·labic [ˌmɒnəsɪˈlæbɪk] *adj*
einsilbig.
mono·tone ['mɒnətəʊn] monotoner
Klang; **mon·ot·onous** [məˈnɒtənəs]
adj eintönig, -förmig, monoton; **mon-
ot·ony** [məˈnɒtənɪ] Eintönigkeit, Ein-
förmigkeit, Monotonie *f.*
mono·type ['mɒnətaɪp] *Wz* Monotype *f*
Wz.
mon·ox·ide [mɒˈnɒksaɪd] *chem* Mon-
oxyd *n.*
mon·soon [mɒnˈsuːn] Monsun *m.*
mon·ster ['mɒnstə(r)] I *s* Ungeheuer,
Monstrum, Scheusal *n;* II *attr* Riesen-;
Monster-; **monster film** Monsterfilm
m.
mon·stros·ity [mɒnˈstrɒsətɪ] 1. Greuel-
tat *f;* 2. Ungeheuerlichkeit, Monstrosität
f; **mon·strous** ['mɒnstrəs] *adj* 1. un-
geheuer (groß), gewaltig, riesenhaft; 2.
scheußlich; schrecklich, furchtbar, ab-
scheulich.
mon·tage [mɒntˈɑːʒ] Montage *f.*
month [mʌnθ] Monat *m;* ► **at the end
of the** ~ am Monatsende; **by the** ~
monatlich; **every two** ~**s** alle zwei Mo-
nate; **every three** ~**s** jedes Vierteljahr;
once, twice a ~ einmal, zweimal im
Monat; **one** ~**'s salary** ein Monatsge-
halt; **month·ly** ['mʌnθlɪ] I *adj* monat-
lich; II *adv* monatlich; einmal im Monat;
jeden Monat; ► **twice** ~ zweimal pro
Monat; III *s* Monats(zeit)schrift *f.*
monu·ment ['mɒnjʊmənt] 1. (Bau-)
Denkmal, Monument *n;* 2. *fig* Denk-
mal *n (to* für); **monu·men·tal**
[ˌmɒnjʊˈmentl] *adj fig* riesig, gewaltig;
enorm; ► ~ **inscription** Grabinschrift *f;*
~ **mason** Steinmetz *m.*
moo [muː] I *s* 1. Muh(en) *n;* 2. *sl pej*
(Frau) Kuh *f;* II *itr* muhen.
mood¹ [muːd] 1. Stimmung *f;* Laune *f;* 2.
(bad ~) schlechte Laune; ► **be in the** ~
aufgelegt sein *(for* zu); **be in no** ~ nicht
aufgelegt sein; **be in a good** ~ gut
gelaunt sein; **he is a man of** ~**s** er ist
sehr starken Gemütsschwankungen un-
terworfen.
mood² [muːd] *gram* Modus *m.*
moodi·ness ['muːdɪnəs] Launenhaftig-

keit *f;* **moody** ['mu:dɪ] *adj* **1.** launisch, launenhaft; **2.** schlechtgelaunt, mürrisch; niedergedrückt.

moon [mu:n] **I** *s* Mond *m;* ▶ **promise s.o. the ~** jdm das Blaue vom Himmel versprechen; **be over the ~** überglücklich sein; **cry for the ~** *fig* nach den Sternen greifen; **full ~, half-~** Voll-, Halbmond *m;* **II** *itr (~ about, around)* herumtrödeln; **III** *tr (~ away) (Zeit)* vertrödeln; **moon-beam** ['mu:nbi:m] Mondstrahl *m;* **moon·boots** ['mu:nbu:ts] *pl* Moonboots *pl;* **moon·calf** ⟨*pl* -calves⟩ Schwachsinnige(r) *f m;* **moon·light** ['mu:nlaɪt] **I** *s* Mondschein *m,* -licht *n;* **II** *itr fam* schwarzarbeiten; **moon·lit** ['mu:nlɪt] *adj* mondbeschienen, -hell; **moon·shine** ['mu:nʃaɪn] **1.** Mondschein *m;* **2.** *fig* Unsinn *m;* **3.** *Am sl* schwarz gebrannter Alkohol; **moon·stone** ['mu:nstəʊn] *min* Mondstein *m;* **moon·struck** ['mu:nstrʌk] *adj* mondsüchtig; **moony** ['mu:nɪ] *adj* träumerisch, verträumt.

moor[1] [mʊə(r)] *(~land)* Heide(land *n) f,* Hochmoor *n.*

moor[2] [mʊə(r)] *tr (Schiff)* vertäuen, festmachen; **moor·ings** ['mʊərɪŋz] *pl* **1.** *mar* Verankerung *f;* **2.** Ankerplatz *m.*

moose [mu:s] *zoo* Elch *m.*

moot [mu:t] **I** *adj* ▶ **a ~ point** ein strittiger Punkt; **II** *tr* erörtern, diskutieren.

mop [mɒp] **I** *s* **1.** Mop *m;* **2.** *fig* Wuschelkopf *m;* **II** *tr* **1.** *(~ up)* (feucht) aufwischen; **2.** *mil* säubern, durchkämmen; ▶ **~ one's face** sich den Schweiß vom Gesicht wischen.

mope [məʊp] *itr* **1.** Trübsal blasen; **2.** *(~ about)* mit e-r Jammermiene herumlaufen.

mo·ped ['məʊped] Moped *n.*

mo·raine [mɒ'reɪn] *geol* Moräne *f.*

moral ['mɒrəl] **I** *adj* **1.** sittlich, moralisch; **2.** integer, moralisch einwandfrei; tugendhaft; **3.** geistig; ▶ **~ values** *pl* sittliche Werte *m pl;* **~ standards** *pl* Moral *f;* **~ sense** moralisches Bewußtsein; **~ courage** Charakter *m;* **have a ~ right to s.th.** jedes Recht auf etw haben; **II** *s* **1.** Moral *f;* **2.** *pl* Moral *f;* ▶ **draw a ~ from s.th.** e-e Lehre aus etw ziehen.

mo·rale [mə'rɑ:l] Moral, Stimmung *f;* ▶ **destroy s.o.'s ~** jdn entmutigen.

mor·al·ist ['mɒrəlɪst] Moralist *m;* **mor·al·ity** [mə'rælɪtɪ] **1.** Moralität *f;* **2.** Moral, Ethik *f;* **mor·al·ize** ['mɒrəlaɪz] *itr* moralisieren *(on* über); ▶ **~ about s.o.** sich über jdn moralisch entrüsten.

mo·rass [mə'ræs] Morast, Sumpf *m a. fig.*

mora·torium [ˌmɒrə'tɔ:rɪəm] Moratorium *n;* Zahlungsaufschub *m.*

mor·bid ['mɔ:bɪd] *adj* **1.** krank(haft); **2.** *(Haltung)* unnatürlich; **3.** *(Humor)* ma-

kaber; **4.** *(Gedanken)* düster; trübsinnig; **5.** *med* morbid; **6.** *fig* greulich, grauenhaft; **mor·bid·ity** [mɔ:'bɪdətɪ] **1.** Krankhaftigkeit *f;* **2.** Unnatürlichkeit *f;* **3.** Düsterkeit *f;* **4.** *med* Morbidität *f.*

more [mɔ:(r)] ⟨*Komparativ von* many⟩ **I** *adj* mehr; noch (mehr); ▶ **one day ~** noch ein Tag; **a few ~ friends** noch ein paar Freunde; **no ~ money** kein Geld mehr; **II** *adv* mehr, in höherem Maße; ▶ **~ and ~** immer mehr; **like s.th.** etw lieber mögen; **~ than** mehr als; **no ~ than** nicht mehr als; **once ~** noch einmal; **never ~** nie mehr; **not any ~** nicht mehr; **~ beautiful** schöner; **~ or less** mehr oder weniger; **III** *s* mehr; noch mehr; ▶ **a little ~** etwas mehr; **no ~** nichts mehr; **some ~** noch etwas; **even ~** noch mehr; **what ~ do you want?** was willst du denn noch? **all the ~ um so** mehr; **all the ~ so because . . .** um so mehr, weil . . .

mo·rello [mə'reləʊ] ⟨*pl* -rellos⟩ Sauerkirsche, Morelle *f.*

more·over [mɔ:'rəʊvə(r)] *adv* überdies, zudem, außerdem.

morgue [mɔ:g] **1.** Leichenschauhaus *n;* **2.** *(e-r Redaktion)* Archiv *n.*

mori·bund ['mɒrɪbʌnd] *adj* **1.** aussterbend, moribund; **2.** *fig* zum Aussterben verurteilt.

Mor·mon ['mɔ:mən] *rel* Mormone *m,* Mormonin *f.*

morn·ing ['mɔ:nɪŋ] **I** *s* **1.** Morgen *m;* Vormittag *m;* **2.** *fig* Anfang *m,* erste Zeit; ▶ **from ~ till night** von früh bis spät; **in the ~** am Morgen, morgens; vormittags; **early in the ~** in der Frühe; **at 8 in the ~** um 8 Uhr morgens; **this ~** heute morgen; **Friday ~** Freitag früh; **the ~ after** am nächsten Tag; **II** *attr* Morgen-; morgendlich; Früh-; **morning-after pill** [ˌmɔ:nɪŋ'ɑ:ftə(r)] die Pille danach; **morning coat** Cut(away) *m;* **morning paper** Morgenzeitung *f;* **Morning Prayer** Morgenandacht *f;* **morning sickness** (Schwangerschafts)Erbrechen *n;* **morning star** Morgenstern *m.*

Mo·roccan [mə'rɒkən] **I** *adj* marokkanisch; **II** *s* Marokkaner(in) *m (f).*

mo·rocco [mə'rɒkəʊ] Maroquin *n.*

Mo·rocco [mə'rɒkəʊ] Marokko *n.*

mo·ron ['mɔ:rɒn] **1.** Schwachsinnige(r) *f m;* **2.** *fam* Trottel *m;* **mo·ronic** [mə'rɒnɪk] *adj* **1.** *med* schwachsinnig; **2.** *fig* idiotisch.

mo·rose [mə'rəʊs] *adj* mürrisch, verdrießlich, griesgrämig.

mor·pheme ['mɔ:fi:m] *ling* Morphem *n.*

mor·phia, mor·phine ['mɔ:fɪə, 'mɔ:fi:n] Morphium *n.*

mor·phol·og·i·cal [ˌmɔ:fə'lɒdʒɪkl] *adj* morphologisch; **mor·phol·ogy** [mɔ:'fɒlədʒɪ] Morphologie *f.*

Morse [mɔ:s] (~ *code*) Morsezeichen *n.*
mor·sel ['mɔ:sl] **1.** Bissen, Happen *m,* Stückchen *n;* **2.** bißchen *n.*
mor·tal ['mɔ:tl] **I** *adj* **1.** sterblich; **2.** *(Angst)* tödlich; **3.** *(Langeweile)* endlos (lang); entsetzlich langweilig; ▶ **no** ~ **use** überhaupt kein Nutzen; ~ **sin** Todsünde *f;* **II** *s* Sterbliche(r) *f m;* **mortal agony** Todeskampf *m;* **mortal enemy** Todfeind *m;* **mor·tal·ity** [mɔ:'tæləti] **1.** Sterblichkeit *f;* **2.** Todesfälle *m pl;* Sterblichkeit(sziffer) *f;* ▶ **rate of** ~ Sterbeziffer *f.*
mor·tar[1] ['mɔ:tə(r)] **1.** Morser *m;* **2.** *mil* Mörser, Granatwerfer *m.*
mor·tar[2] ['mɔ:tə(r)] **I** *s* Mörtel *m;* **II** *tr* mörteln; **mortar-board 1.** Doktorhut *m;* **2.** Mörtelbrett *n.*
mort·gage ['mɔ:gɪdʒ] **I** *s* Hypothek *f* (*on* auf); ▶ **raise a** ~ e-e Hypothek aufnehmen (*on* auf); **II** *tr (mit e-r Hypothek)* belasten.
mor·tice *s. mortise.*
mor·ti·cian [mɔ:'tɪʃn] *Am* Bestattungsunternehmer *m.*
mor·ti·fi·ca·tion [ˌmɔ:tɪfɪ'keɪʃn] **1.** Beschämung *f;* äußerste Verlegenheit; **2.** *rel* Kasteiung *f;* **3.** *med* Brand *m;* **mor·tify** ['mɔ:tɪfaɪ] **I** *tr* **1.** beschämen; äußerst peinlich sein (*s.o.* jdm); **2.** *rel* kasteien; **3.** *med* absterben lassen; **II** *itr med* absterben.
mor·tise, mor·tice ['mɔ:tɪs] **I** *s* Zapfenloch *n;* **II** *tr* verzapfen (*into* mit); **mortice lock** Steckschloß *n.*
mor·tu·ary ['mɔ:tʃərɪ] Leichenhalle *f.*
mo·saic [məʊ'zeɪɪk] Mosaik(arbeit *f*) *n.*
Mos·lem ['mɒzləm] **I** *s* Moslem *m;* **II** *adj* mohammedanisch, muslimisch.
mosque [mɒsk] Moschee *f.*
mos·quito [mə'ski:təʊ] ⟨*pl* -quitoes⟩ Stechmücke *f,* Moskito *m;* **mos·quito-net** Moskitonetz *n.*
moss [mɒs] Moos *n;* **mossy** ['mɒsɪ] *adj* **1.** moosig; **2.** moosbedeckt, bemoost.
most [məʊst] ⟨*Superlativ von* many⟩ **I** *adj* meiste(r, s); größte(r, s); höchste(r, s); ▶ **for the** ~ **part** größtenteils; ~ **people** die meisten Leute; **II** *s* das meiste, die meisten; ▶ ~ **of his friends** die meisten seiner Freunde; ~ **of the time** die meiste Zeit; **make the** ~ **of s.th.** etw nach Kräften genießen; **make the** ~ **of o.s.** das Beste aus sich machen; **III** *adv* **1.** am meisten; **2.** äußerst; ▶ ~ **likely** höchstwahrscheinlich; **the** ~ **beautiful** der, die, das schönste; ~ **of all** am allermeisten; **most·ly** ['məʊstlɪ] *adv* meist(ens); hauptsächlich; zum größten Teil.
MOT [ˌeməʊ'ti:] *Abk:* **Ministry of Transport 1.** Verkehrsministerium; **2.** *(Test)* TÜV *m.*
mo·tel [məʊ'tel] *Am* Motel *n.*
moth [mɒθ] Motte *f;* **moth-ball** Mottenkugel *f;* ▶ **put in** ~**s** einmotten;

moth-eaten ['mɒθˌi:tn] *adj* **1.** mottenzerfressen; **2.** *fig* abgenutzt, veraltet;
moth·proof ['mɒθˌpru:f] *adj* mottenfest.
mother ['mʌðə(r)] **I** *s* **1.** Mutter *f a. fig;* **2.** *rel* (~ *superior*) Oberin, Äbtissin *f;* ▶ **M~'s Day** Muttertag *m;* **II** *tr* **1.** auf-, großziehen; **2.** zur Welt bringen; **3.** bemuttern; **mother country 1.** Vaterland *n,* Heimat *f;* **2.** Mutterland *n;* **mother·hood** ['mʌðəhʊd] Mutterschaft *f;*
mother-in-law ['mʌðərɪnlɔ:] ⟨*pl* mothers-in-law⟩ Schwiegermutter *f;*
mother·ly ['mʌðəlɪ] *adj* mütterlich;
mother-of-pearl [ˌmʌðərəv'pɜ:l] Perlmutter *f;* **mother tongue** Muttersprache *f.*
mo·tif [məʊ'ti:f] **1.** *(Kunst)* Motiv *n;* **2.** *fig* Leitmotiv *n,* -gedanke *m.*
mo·tion ['məʊʃn] **I** *s* **1.** Bewegung *f;* **2.** Wink *m,* Zeichen *n;* **3.** *psych* Antrieb *m;* **4.** *parl* Antrag *m;* **5.** *physiol* Stuhlgang *m;* ▶ **be in** ~ sich bewegen; laufen; **put, set s.th. in** ~ etw in Gang bringen, setzen; **go through the** ~**s** den Anschein erwecken; etw mechanisch tun; **propose a** ~ e-n Antrag stellen; **have a** ~ Stuhlgang haben; **II** *itr, tr* ▶ ~ **to s.o. to do s.th.** jdm bedeuten, etw zu tun; ~ **s.o. in** jdn hereinwinken; **mo·tion·less** [—lɪs] *adj* bewegungs-, reglos; **motion picture** Film *m.*
mo·ti·vate ['məʊtɪveɪt] *tr* motivieren; **mo·tiv·ation** [ˌməʊtɪ'veɪʃn] Motivation *f.*
mo·tive ['məʊtɪv] **I** *s* Motiv *n,* Beweggrund *m* (*for* zu); **II** *adj* Antriebs-; Trieb-; ▶ ~ **power** Triebkraft *f a. fig.*
mot·ley ['mɒtlɪ] **I** *adj* scheckig, bunt; **II** *s* Narrenkostüm *n.*
mo·tor ['məʊtə(r)] **I** *s* Motor *m a. fig;* **II** *adj* **1.** Motor-; **2.** *physiol* motorisch; **III** *itr* Auto fahren; **motor-bike** Motorrad *n;* **motor-boat** Motorboot *n;* **motor-car** Auto(mobil) *n,* Kraftwagen *m;* **motor-cycle** Motor-, Kraftrad *n;* **motor-cycling** Motorradfahren *n;* **motor-cyclist** Motorradfahrer(in) *m (f);* **motor-driven** *adj* mit Motorantrieb; **-mo·tored** [—'məʊtəd] *Suffix* -motorig; **mo·tor·ing** ['məʊtərɪŋ] **I** *attr adj* Verkehrs-; Auto-; ▶ ~ **offence** Verkehrsverstoß *m;* **II** *s* Autofahren *n;* **mo·tor·ist** ['məʊtərɪst] Autofahrer(in) *m (f);* **mo·tor·iza·tion** [ˌməʊtəraɪ'zeɪʃn] Motorisierung *f;* **mo·tor·ize** ['məʊtəraɪz] *tr* motorisieren; **motor racing** Autorennen *n;* **motor-road** Auto-, Fahrstraße *f;* **motor scooter** Motorroller *m;* **motor truck** *Am* Last(kraft)wagen *m;* **motor vehicle** Kraftfahrzeug, Kfz *n;* **motor vehicle licensing centre** Kraftfahrzeug-Zulassungsstelle *f;* **mo·tor·way** ['məʊtəweɪ] *Br* Autobahn *f.*

mottled ['mɒtld] *adj* gesprenkelt; flek-kig.

motto ['mɒtəʊ] ⟨*pl* motto(e)s⟩ Motto *n;* Wahlspruch *m.*

mould¹, *Am* **mold** [məʊld] **I** *s* 1. (Guß)Form *f;* 2. *typ* Matrize, Mater *f;* 3. Pudding *m;* ▶ **be cast in the same ~** vom gleichen Schlag sein, aus dem gleichen Holz geschnitzt sein; **II** *tr* 1. formen (*into* zu); gießen; 2. *fig* formen; ▶ **~ s.o. into s.th.** etw aus jdm machen; **~ o.s. on s.o.** sich jdn zum Vorbild nehmen.

mould², *Am* **mold** [məʊld] Schimmel, Schimmelpilz *m.*

moulder, *Am* **molder** ['məʊldə(r)] *itr* vermodern, verfallen; verwesen; verderben.

mould·ing, *Am* **mold·ing** ['məʊldɪŋ] 1. Formen, Gießen *n;* 2. Abdruck *m;* Abguß *m;* 3. Deckenfries *m.*

mouldy, *Am* **moldy** ['məʊldɪ] *adj* 1. mod(e)rig, schimm(e)lig, verschimmelt; 2. miserabel; 3. (*Mensch*) schäbig; 4. *fam (Summe)* lumpig.

moult, *Am* **molt** [məʊlt] **I** *itr* sich mausern; sich häuten; Haare verlieren; **II** *tr* 1. (*Haare*) verlieren; 2. (*die Haut*) abwerfen; **III** *s* Mauser *f;* Häutung *f.*

mound [maʊnd] 1. Erdhügel, -wall *m;* 2. *fig* Haufen *m*, Masse *f.*

mount¹ [maʊnt] *poet* Berg *m;* ▶ **M~ Etna** der Ätna.

mount² [maʊnt] **I** *s* 1. Reittier *n;* 2. Sockel *m;* Rahmen *m*, Fassung *f*, Gestell *n;* Unterlage *f;* **II** *tr* 1. besteigen, steigen auf; 2. montieren; rahmen; 3. (*Stück*) inszenieren, organisieren; 4. (*Wache*) aufstellen; 5. (*Tiere*) bespringen; **III** *itr* 1. aufsteigen; aufsitzen; 2. (*~ up*) sich häufen.

moun·tain ['maʊntɪn] 1. Berg *m;* 2. *fig* (großer) Haufen, Berg *m;* 3. *pl* Gebirge *n;* ▶ **make a ~ out of a molehill** aus e-r Mücke e-n Elefanten machen; **in the ~s** im Gebirge; **mountain ash** Eberesche *f;* **mountain chain** Bergkette *f;* **moun·tain·eer** [ˌmaʊntɪ'nɪə(r)] Bergsteiger(in) *m (f);* **moun·tain·eer·ing** [—ɪŋ] Bergsteigen *n;* **moun·tain·ous** ['maʊntɪnəs] *adj* 1. bergig, gebirgig; 2. *fig* riesenhaft, ungeheuer; **mountain range** Gebirgszug *m.*

mounted ['maʊntɪd] *adj* beritten.

mourn [mɔːn] **I** *itr* Trauer tragen; ▶ **~ for, over s.o.** um jdn trauern; **II** *tr* trauern um, betrauern; beklagen; nachtrauern; **mourner** ['mɔːnə(r)] Trauernde(r) *f m;* **mourn·ful** ['mɔːnfl] *adj* 1. traurig; 2. (*Stimme*) weinerlich; jammervoll; 3. (*Seufzer*) kläglich; **mourn·ing** ['mɔːnɪŋ] Trauer(kleidung, -zeit) *f;* Trauern *n;* Wehklage *f;* ▶ **be in ~ for s.o.** um jdn trauern.

mouse [maʊs] ⟨*pl* mice⟩ **I** *s* 1. Maus *f a.*

EDV; 2. *fig* Angsthase *m;* **II** *itr* Mäuse fangen; **mouse-hole** Mauseloch *n;* **mouse-trap** Mausefalle *f.*

mousse [muːs] 1. Creme(speise) *f;* 2. (*Kosmetik*) Schaumfestiger *m.*

mous·tache, *Am* **mus·tache** [mə'staːʃ, *Am* 'mʌstæʃ] Schnurrbart *m.*

mousy ['maʊsɪ] *adj* 1. schüchtern; 2. (*Farbe*) mausgrau; 3. *fig* unansehnlich; farblos.

mouth [maʊθ] **I** *s* 1. Mund *m a. fig;* (*Tier*) Maul *n;* 2. Öffnung *f;* 3. (*Fluß*) Mündung *f;* 4. (*Hafen*) Einfahrt *f;* ▶ **by word of ~** mündlich; **down in the ~** niedergeschlagen, betrübt; **keep one's ~ shut** den Mund halten; **put s.th. into s.o.'s ~** *fig* jdm etw in den Mund legen; **take the words out of s.o.'s ~** *fig* jdm das Wort aus dem Mund nehmen; **shut your ~!** halten Sie den Mund! **II** *tr* [maʊð] überdeutlich artikulieren; **mouth·ful** ['maʊθfʊl] 1. Mundvoll, Bissen, Happen *m;* 2. *fam* Zungenbrecher *m;* **mouth-organ** Mundharmonika *f;* **mouth·piece** ['maʊθpiːs] 1. (*Blasinstrument*) Mundstück *n;* 2. *fig* Sprachrohr *n;* **mouth-to-mouth** *adj* Mund-zu-Mund-; **mouth wash** Mundwasser *n;* **mouth-watering** *adj* lecker, appetitlich.

mov·able ['muːvəbl] **I** *adj* beweglich *a. jur;* transportierbar; **II** *s pl* Mobiliar *n*, bewegliche Habe.

move [muːv] **I** *s* 1. Zug *m;* Schritt *m;* Maßnahme *f;* 2. Bewegung *f;* 3. Umzug *m;* Wechsel *m;* ▶ **it's my ~** ich bin am Zug, dran; **be on the ~** in Bewegung sein; auf Achse sein; **make a ~ to do s.th.** Anstalten machen, etw zu tun; **get a ~ on** sich beeilen; **II** *tr* 1. bewegen; antreiben; umstellen; rücken; wegschaffen; aus dem Weg räumen; von der Stelle bewegen; 2. (*Hand*) wegziehen; 3. (*Produktion*) verlegen; 4. transportieren; vertreiben; 5. rühren, bewegen; erschüttern; 6. (*Antrag*) stellen; ▶ **~ s.th. to a different place** etw an e-n anderen Platz stellen; **~ house** umziehen; **~ s.o. from an opinion** jdn von e-r Meinung abbringen; **~ s.o. to do s.th.** jdn veranlassen, etw zu tun; **be ~d** gerührt sein; **~ s.o. to tears** jdn zu Tränen rühren; **III** *itr* 1. sich bewegen; 2. (*Auto*) fahren; vorankommen; 3. umziehen (*to* nach); 4. gehen; fahren; 5. *fam* ein Tempo draufhaben; 6. (*Brettspiel*) e-n Zug machen; 7. *fig* Maßnahmen ergreifen; ▶ **keep moving** nicht stehenbleiben; **~ closer to s.th.** sich e-r S nähern; **IV** (*mit Präposition*) **move about** *tr* umstellen, umräumen; *itr* sich hin und her bewegen; **move along** *tr* vorfahren; *itr* weitergehen; aufrücken; **move away** *tr* wegräumen; wegfahren; *itr* 1. aus dem Weg gehen; 2. wegziehen; 3. abkommen

(*from* von); **move back** *tr* zurückstellen; zurückgehen; *itr* zurückweichen; sich zurückziehen; **move down** *tr* nach unten stellen; *itr* nach hinten aufrücken; **move forward** *tr* vorgehen lassen; vorziehen; *itr* vorrücken; sich vorwärts bewegen; **move in** *tr* einsetzen; hineinstellen; *itr* 1. einziehen; 2. sich nähern; näher herangehen; anrücken; **move off** *tr* wegschikken; *itr* sich in Bewegung setzen; abfahren; **move on** *tr* vorstellen; *itr* weitergehen; **move out** *tr* herausfahren; abziehen; *itr* ausziehen; **move over** *tr* herüberschieben; *itr* zur Seite rücken; **move up** *tr* 1. nach oben stellen; befördern; 2. *mil* aufmarschieren lassen; *itr* aufsteigen; steigen; befördert werden.
move·ment ['mu:vmənt] 1. Bewegung *f*; 2. Trend *m*; Entwicklung *f*; 3. *mil* Truppenbewegung *f*; 4. *pol rel* (Massen)Bewegung *f*; 5. Preis-, Kursbewegung *f*; 6. *tech* Mechanismus *m*, (Uhr)Werk *n*; 7. *mus* Satz *m*; 8. Stuhlgang *m*; 9. *(Waren)* Beförderung *f*; ▶ **downward, upward** ~ Aufwärts-, Abwärtsbewegung *f*; **underground** ~ *pol* Untergrundbewegung *f*.
movie ['mu:vɪ] *Am fam* Film *m*; ▶ **the** ~**s** *pl* der Film; **go to the** ~**s** ins Kino gehen; **movie camera** Filmkamera *f*; **movie·goer** ['mu:vɪgəʊə(r)] *Am fam* Kinogänger(in) *m (f)*; **movie star** Filmstar *m*.
mov·ing ['mu:vɪŋ] *adj* 1. beweglich; 2. *tech* Antriebs-; 3. *fig* rührend; bewegend.
mow [məʊ] ⟨*irr* mowed, mowed *od* mown⟩ *tr, itr* mähen; ▶ ~ **down** *fig* niedermähen; **mower** ['məʊə(r)] 1. Mäher *m*; 2. Mähmaschine *f*; Rasenmäher *m*; **mown** [məʊn] *v s.* mow.
MP [ˌem'pi:] *Abk:* Member of Parliament (Parlaments)Abgeordnete(r) *f m*.
mph [ˌempiː'eɪtʃ] *Abk:* miles per hour Meilen pro Stunde.
Mr ['mɪstə(r)] *Abk:* Mister Herr.
Mrs ['mɪsɪz] *Abk:* Mistress Frau.
Ms [məz] *(Anredeform für alle (erwachsenen) Frauen)* Frau.
much [mʌtʃ] **I** *adj, s* viel; ▶ **how** ~ wieviel; **that** ~ so viel; **too** ~ zuviel; **be too** ~ **for s.o.** zuviel für jdn sein; jdm zu teuer sein; **as** ~ ebensoviel; **three times as** ~ dreimal soviel; **as you want** soviel du willst; **as** ~ **again** noch einmal soviel; **so** ~ soviel; **make** ~ **of s.th.** viel Wind um etw machen; **II** *adv* 1. sehr; viel; oft; 2. weitaus; bei weitem; 3. beinahe; ▶ ~ **to my astonishment** zu meinem großen Erstaunen; ~ **as I should like to** so gern ich möchte; **I don't** ~ **care** es ist mir ziemlich egal; **too** ~ **so** viel; so sehr; **thank you very** ~ vielen Dank; **much·ness** [—nɪs] *fam* ▶ **much of a** ~ so ziemlich dasselbe, ungefähr das gleiche.

muck [mʌk] **I** *s* 1. Dung *m*, Jauche *f*; 2. Dreck, Schmutz, Unrat, Kot *m*; 3. *fig* Schund *m*; **II** *(mit Präposition)* **muck about** *itr sl* herumalbern, -blödeln; *tr (jdn)* hinhalten; *vulg* verarschen; **muck out** *tr* ausmisten; **muck up** *tr* 1. dreckig machen; 2. *fig* vermasseln; **muck·heap** Misthaufen *m*; **muck-raker** ['mʌkreɪkə(r)] Sensationshai *m*; **muck-up** ['mʌkʌp] Durcheinander *n*; Katastrophe *f*; **mucky** ['mʌkɪ] *adj* 1. schmutzig, dreckig; 2. *(Boden)* matschig.
mu·cous ['mju:kəs] *adj physiol* schleimig; ▶ ~ **membrane** Schleimhaut *f*; **mu·cus** ['mju:kəs] *physiol* Schleim *m*.
mud [mʌd] 1. Schlamm *m*; Matsch *m*; 2. *fig* üble Nachrede; ▶ **drag s.o.'s name through the** ~ jds guten Namen in den Schmutz ziehen; **sling, throw** ~ **at** *fig* mit Dreck bewerfen, verleumden; **here's** ~ **in your eye** zum Wohl!
muddle ['mʌdl] **I** *tr* 1. durcheinanderbringen; 2. *fig* verwirrt, konfus machen; ▶ ~ **on, along** vor sich hin wursteln; ~ **through** sich durchwursteln; **II** *s* 1. Durcheinander *n*; 2. *fig* Verwirrung *f*; ▶ **be in a** ~ ganz verwirrt sein; **make a** ~ **of s.th.** etw völlig durcheinanderbringen; **muddle-headed** ['mʌdlˌhedɪd] *adj* zerstreut; konfus.
muddy ['mʌdɪ] **I** *adj* 1. schmutzig, schlammig; 2. *(Flüssigkeit)* trübe; dunkel; 3. *fig* verworren; **II** *tr* schmutzig machen; **mud·guard** ['mʌdgɑ:d] *(Auto)* Kotflügel *m*; *(Fahrrad)* Schutzblech *n*; **mud pack** Schlammpackung *f*; **mud-slinger** ['mʌdslɪŋə(r)] *fam* Verleumder(in) *m (f)*; **mud-sling·ing** ['mʌdslɪŋɪŋ] *fam* Schlechtmacherei *f*.
muff [mʌf] Muff *m*.
muf·fin ['mʌfɪn] *Br meist warm gegessenes, weiches Milchbrötchen*.
muffle ['mʌfl] *tr* 1. (~ **up**) einmumme(l)n; verhüllen; 2. *(Schall)* dämpfen; abschwächen; **muf·fler** ['mʌflə(r)] 1. dicker Schal; 2. *Am* Auspufftopf *m*.
mufti ['mʌftɪ] Zivilkleidung *f*; ▶ **in** ~ in Zivil.
mug [mʌg] **I** *s* 1. Krug *m*, Kanne *f*; 2. Becher *m*; 3. *sl* Trottel *m*; 4. *sl* Visage *f*; ▶ **that's a** ~**'s game** das ist doch schwachsinnig; **II** *tr* von hinten überfallen; ▶ ~ **s.th. up,** ~ **up on s.th.** *fam* etw pauken; **mug·ger** ['mʌgə(r)] Straßenräuber *m*; **mug·ging** ['mʌgɪŋ] Raubüberfall *m*; **mug·gins** ['mʌgɪnz] *pl mit sing fam* Tölpel *m*; ▶ **and** ~ **would have to do it** und ich bin dann der Blöde, der es machen muß.
muggy ['mʌgɪ] *adj* schwül; drückend.
mug·wump ['mʌgwʌmp] *Am pol* Unabhängige(r) *f m*.
mul·atto [mju:'lætəʊ] Mulatte *m*, Mulattin *f*.

mul·berry ['mʌlbrɪ] Maulbeere *f;* Maulbeerbaum *m.*

mule[1] [mju:l] **1.** Maulesel *m,* Maultier *n;* **2.** *(Spinnerei)* Selfaktor *m;* ▶ **as stubborn as a** ~ so störrisch wie ein Maulesel.

mule[2] [mju:l] Pantoffel *m.*

mul·ish ['mju:lɪʃ] *adj fig* starrköpfig, bockig, eigensinnig.

mull [mʌl] *tr* **1.** *(~ over)* sich durch den Kopf gehen lassen; **2.** *(alkohol. Getränk)* erhitzen, süßen u. würzen; ▶ **~ed wine** Glühwein *m.*

mul·lion ['mʌlɪən] Fensterpfosten *m.*

multi·colo(u)red [,mʌltɪ'kʌləd] *adj* mehrfarbig; **multi·cul·tural** [,mʌltɪ'kʌltʃərəl] *adj* multikulturell; ▶ ~ **society** multikulturelle Gesellschaft; **mul·ti·far·ious** [,mʌltɪ'feərɪəs] *adj* vielfältig, mannigfaltig, -fach; **mul·tiform** ['mʌltɪfɔːm] *adj* vielgestaltig; **multi·func·tional** [,mʌltɪ'fʌŋkʃənəl] *adj* multifunktional; **multi·grade oil** ['mʌltɪˌgreɪd'ɔɪl] Mehrbereichsöl *n;* **mul·ti·lat·eral** [,mʌltɪ'lætərəl] *adj pol* multilateral; **multi·lingual** [,mʌltɪ'lɪŋgwəl] *adj* mehrsprachig; **multi·mil·lion·aire** [,mʌltɪmɪljə'neə(r)] Multimillionär(in) *m (f);* **multi·na·tion·al** [,mʌltɪ'næʃnəl] I *adj* multinational; II *s* multinationaler Konzern, *fam* Multi *m.*

multiple ['mʌltɪpl] I *adj* **1.** viel-, mehrfach; **2.** mehrere; ▶ ~ **choice** Multiple Choice *f;* ~ **sclerosis** *med* multiple Sklerose; II *s math* (das) Vielfache; **multi·pli·ca·tion** [,mʌltɪplɪ'keɪʃn] **1.** Vervielfachung, Vermehrung *f;* **2.** *math* Multiplikation *f;* **multi·plic·ity** [,mʌltɪ'plɪsətɪ] Vielfalt, -fältigkeit, Vielzahl *f;* **multi·plier** ['mʌltɪplaɪə(r)] Multiplikator *m;* **multi·ply** ['mʌltɪplaɪ] I *tr* **1.** vervielfältigen, vermehren; **2.** *math* multiplizieren; II *itr* **1.** zunehmen; sich vermehren; **2.** *math* multiplizieren.

multi·pur·pose [,mʌltɪ'pɜːpəs] *attr adj* Mehrzweck-; **multi·racial** [,mʌltɪ'reɪʃl] *adj s. multicultural;* **multi·stage** *adj* mehrstufig; **multi·stor(e)y** *adj* mehrgeschossig; ▶ ~ **flats** *pl* Hochhäuser *n pl.*

multi·tude ['mʌltɪtjuːd] Menge *f;* ▶ **a** ~ **of** e-e Vielzahl von, e-e Menge; **the** ~ die große Masse, der große Haufen; **multi·tud·in·ous** [,mʌltɪ'tjuːdɪnəs] *adj* zahlreich; **multi-user system** [,mʌltɪ'uːzə(r)] *EDV* Mehrplatzrechner *m.*

mum[1] [mʌm] *adj, s* ▶ ~**'s the word!** nichts verraten! **keep** ~ den Mund halten.

mum[2] [mʌm] *fam* Mutti *f.*

mumble ['mʌmbl] I *tr* murmeln; II *itr* vor sich hin murmeln.

mumbo jumbo [,mʌmbəʊ'dʒʌmbəʊ]

Mumpitz *m;* Kauderwelsch *n.*

mum·mi·fi·ca·tion [,mʌmɪfɪ'keɪʃn] Mumifizierung, Einbalsamierung *f;* **mummify** ['mʌmɪfaɪ] *tr* mumifizieren, einbalsamieren.

mummy[1] ['mʌmɪ] Mumie *f.*

mummy[2] ['mʌmɪ] *fam* Mutti *f.*

mumps [mʌmps] *pl mit sing med* Ziegenpeter, Mumps *m.*

munch [mʌntʃ] *itr, tr* mampfen.

mun·dane [mʌn'deɪn] *adj* **1.** irdisch, weltlich; **2.** schlicht und einfach.

Munich ['mjuːnɪk] München *n.*

mu·nici·pal [mjuː'nɪsɪpl] *adj* städtisch, kommunal; ▶ ~ **administration** Stadtverwaltung *f;* **mu·nici·pal·ity** [mjuːˌnɪsɪ'pælətɪ] Stadt, Gemeinde *f.*

mu·ni·tions [mjuː'nɪʃənz] *pl* Munition *f.*

mural ['mjʊərəl] I *adj* Wand-; II *s* Wandgemälde *n,* -malerei *f.*

mur·der ['mɜːdə(r)] I *s* **1.** Mord *m (of* an); **2.** Ermordung *f;* ▶ **commit (a)** ~ e-n Mord begehen; **accused of, charged with** ~ unter Mordanklage; **cry blue** ~ *fam* Zeter und Mordio schreien; **get away with** ~ sich alles erlauben können; II *tr* **1.** (er)morden, umbringen; **2.** *fig* verhunzen, verderben; **mur·derer** ['mɜːdərə(r)] Mörder *m;* **mur·der·ess** ['mɜːdərɪs] Mörderin *f;* **mur·der·ous** ['mɜːdərəs] *adj* **1.** mörderisch *a. fig;* **2.** blutdürstig.

murky ['mɜːkɪ] *adj* **1.** trübe; dunkel; **2.** *(Foto)* unscharf; **3.** *(Charakter)* finster.

mur·mur ['mɜːmə(r)] I *s* **1.** Murmeln *n; 2.* Murren *n;* **3.** *(Wasser)* Rauschen *n;* ▶ **without a** ~ ohne zu murren; II *itr* **1.** murmeln; **2.** murren *(about, against* gegen); III *tr* (vor sich hin) murmeln.

muscle ['mʌsl] I *s* Muskel *m;* ▶ **move a** ~ sich rühren; II *(mit Präposition)* **muscle in** *itr sl* mitmischen *(on* bei); **muscle-bound** ['mʌslbaʊnd] *adj* (über)muskulös; **muscle·man** ['mʌslmæn] ⟨*pl* -men⟩ Muskelprotz *m;* **mus·cu·lar** ['mʌskjʊlə(r)] *adj* muskulös, kräftig, stark.

muse [mjuːz] *itr, tr* (nach)denken, -sinnen, -grübeln *(on, over* über).

mu·seum [mjuː'zɪəm] Museum *n;* **museum piece** Museumsstück *n a. fig.*

mush [mʌʃ] **1.** *Am* (Mais)Mehlbrei *m;* **2.** Brei *m;* Mus *n.*

mush·room ['mʌʃrʊm] I *s* **1.** (eßbarer) Pilz *m;* Champignon *m;* **2.** *(Atom)* Pilz *m;* II *adj* **1.** pilzartig, -förmig; **2.** *fig* wie Pilze aus dem Boden geschossen; schlagartig; III *itr* **1.** Pilze sammeln; **2.** *fig* wie Pilze aus dem Boden schießen; emporschießen; **3.** *(Feuer)* sich ausbreiten.

mushy ['mʌʃɪ] *adj* **1.** breiig; matschig; **2.** *fig* rührselig, schmalzig.

mu·sic ['mjuːzɪk] **1.** Musik *f;* **2.** Musikstück *n;* Noten *f pl;* **3.** *(Stimme)* Musikalität *f;* ▶ **face the** ~ *fam* dafür geradestehen; **set to** ~ vertonen; **background** ~ musikalische Untermalung; **mu·si·cal** ['mju:zɪkl] I *adj* 1. musikalisch; 2. wohlklingend, melodisch; ▶ ~ **box** Spieluhr *f;* **play** ~ **chairs** die Reise nach Jerusalem spielen; ~ **instrument** Musikinstrument *n;* II *s* Musical *n;* **music-box** *Am* Spieldose *f;* **music-cas·sette** Musikkassette *f;* **music-hall** *Br* Varieté(theater) *n.*

mu·si·cian [mju:'zɪʃn] Musiker(in) *m (f).*

mu·sic-stand ['mju:zɪk,stænd] Notenständer *m.*

musk [mʌsk] Moschus *m.*

mus·ket ['mʌskɪt] *hist mil* Muskete *f.*

mus·ket·eer [,mʌskɪ'tɪə(r)] Musketier *m.*

musk-rat ['mʌskræt] Bisamratte *f.*

mus·lin ['mʌzlɪn] Musselin *m.*

mus·quash ['mʌskwɒʃ] Bisamratte *f.*

muss [mʌs] I *s Am* Durcheinander *n,* Unordnung *f;* II *tr Am (~ up)* durcheinanderbringen, in Unordnung bringen.

mus·sel ['mʌsl] Muschel *f.*

must [mʌst] I *aux (nur Präsens)* 1. müssen; 2. *(in verneinten Sätzen)* dürfen; ▶ **you** ~ **go** Sie müssen gehen; ~ **I?** ja, wirklich?; muß das sein? **you** ~**n't do that** Sie dürfen das nicht tun; **I** ~ **have lost it** ich muß es wohl verloren haben; **you** ~ **be hungry** Sie müssen doch wohl hungrig sein; **he** ~ **come just now** natürlich mußte er gerade jetzt kommen; II *s* Notwendigkeit *f,* Muß *n;* ▶ **this book is a** ~ dieses Buch muß man gelesen haben.

mus·tache ['mʌstæʃ] *Am s.* moustache; **mus·tachio** [mə'stɑ:ʃɪəʊ] ⟨*pl* -tachios⟩ Schnauzbart *m.*

mus·tang ['mʌstæŋ] Mustang *m.*

mus·tard ['mʌstəd] I *s* Senf *m;* Senfgelb *n;* ▶ **be as keen as** ~ Feuer und Flamme sein; II *adj* senffarben.

mus·ter ['mʌstə(r)] I *tr* 1. *mil* antreten lassen; zusammentreiben; 2. *(~ up)* zusammenbekommen; aufbringen; aufbieten; ▶ ~ **(up) courage, strength** allen Mut, seine ganze Kraft zusammennehmen; II *itr* sich versammeln; III *s mil* Antreten *n,* Appell *m;* ▶ **pass** ~ *fig* den Anforderungen genügen.

mustn't ['mʌsnt] = *must not.*

musty ['mʌstɪ] *adj* 1. dumpfig, muffig; 2. *(Bücher)* moderig.

mu·table ['mju:təbl] *adj* 1. veränderlich, variabel; 2. *biol* mutationsfähig; **mu·ta·tion** [mju:'teɪʃn] 1. (Ver)Änderung *f;* Wandel *m;* 2. *biol* Mutation *f.*

mute [mju:t] I *adj* 1. stumm *a. ling;* 2. *(Wut)* sprachlos; II *s* 1. Stumme(r) *f m;* 2. *gram* stummer Buchstabe; 3. *mus* (Schall)Dämpfer *m;* III *tr mus* dämpfen.

mu·ti·late ['mju:tɪleɪt] *tr* verstümmeln *a. fig;* **mu·ti·la·tion** [,mju:tɪ'leɪʃn] Ver-

stümmelung *f.*

mu·tin·eer [,mju:tɪ'nɪə(r)] Meuterer *m;* **mu·ti·nous** ['mju:tɪnəs] *adj* 1. meuternd; 2. meuterisch, aufrührerisch; **mutiny** ['mju:tɪnɪ] I *s* Meuterei *f;* II *itr* meutern.

mut·ter ['mʌtə(r)] I *itr* 1. murmeln; 2. murren; II *tr* murmeln, brummen; III *s* Gemurmel *n.*

mut·ton ['mʌtn] Hammelfleisch *n;* ▶ **be as dead as** ~ mausetot sein; **she's** ~ **dressed as lamb** sie macht auf jung; **mutton chops** *pl (Bart)* Koteletten *pl.*

mu·tual ['mju:tʃʊəl] *adj* gegen-, wechselseitig; gemeinsam; beiderseitig; ▶ **by** ~ **agreement, consent** in gegenseitigem Einverständnis; **for** ~ **benefit** zu beiderseitigem Nutzen; **the feeling is** ~ das beruht auf Gegenseitigkeit; **mutual insurance** Versicherung *f* auf Gegenseitigkeit; **mu·tual·ly** ['mju:tʃʊəlɪ] *adv* gegenseitig.

muzak ['mju:zæk] *pej* Berieselungsmusik *f.*

muzzle ['mʌzl] I *s* 1. Maul *n;* 2. Maulkorb *m;* 3. *(Gewehr)* Mündung *f;* ▶ ~**-loader** Vorderlader *m;* II *tr* 1. e-n Maulkorb anlegen *(s.o.* jdm); 2. *fig (Presse)* mundtot machen; ersticken.

muzzy ['mʌzɪ] *adj* 1. benommen, benebelt; 2. *(Erinnerung)* verschwommen.

my [maɪ] I *prn* mein; ▶ **this car is** ~ **own** das ist mein Auto; II *interj* ach du Schreck!

my·opia [maɪ'əʊpɪə] Kurzsichtigkeit *f;* **my·opic** [maɪ'ɒpɪk] *adj* kurzsichtig.

myr·iad ['mɪrɪəd] I *s* Myriade *f;* ▶ **a** ~ **of** Myriaden von; II *adj* unzählige.

myrrh [mɜ:(r)] Myrrhe *f.*

myrtle ['mɜ:tl] Myrte *f.*

my·self [maɪ'self] *prn* 1. mich *acc;* mir *dat;* 2. *(betont)* (ich) selbst; ▶ **I said to** ~ ich sagte mir; **I hurt** ~ ich habe mir weh getan; **I said so** ~ das habe ich auch gesagt; **I'm not** ~ **today** ich bin heute nicht ganz auf der Höhe; **(all) by** ~ (ganz) allein; ohne Hilfe; **I'll do it** ~ das mache ich selbst.

mys·teri·ous [mɪ'stɪərɪəs] *adj* geheimnisvoll, rätselhaft, mysteriös; **mys·tery** ['mɪstərɪ] 1. Geheimnis, Rätsel *n (to* für); 2. Mysterium *n a. rel;* ▶ ~ **play** Mysterienspiel *n;* ~ **story** Kriminalgeschichte *f.*

mys·tic ['mɪstɪk] I *adj* 1. mystisch; 2. *(Worte)* rätselhaft, mysteriös; II *s* Mystiker(in) *m (f);* **mys·ti·cal** ['mɪstɪkl] *adj* mystisch; **mys·ti·cism** ['mɪstɪsɪzəm] Mystizismus *m;* Mystik *f.*

mys·ti·fi·ca·tion [,mɪstɪfɪ'keɪʃn] 1. Verwirrung *f;* 2. Verwunderung, Verblüffung *f;* **mys·tify** ['mɪstɪfaɪ] *tr* vor ein Rätsel stellen; **mys·tique** [mɪs'ti:k] geheimnisvolle Ausstrahlung, Aura *f.*

myth [mɪθ] 1. Mythos, Mythus *m;* 2. *fig*

Fabel, Fiktion *f;* **mythi·cal** ['mɪθɪkl]
adj **1.** mythisch; **2.** *fig* fiktiv, erfunden.
mytho·logi·cal [ˌmɪθə'lɒdʒɪkl] *adj* my-

thologisch; **myth·ol·ogy** [mɪ'θɒlədʒɪ]
Mythologie *f.*

N

N, n [en] ⟨*pl* -'s⟩ N, n *n.*
nab [næb] *tr fam* 1. schnappen; erwi-
schen; 2. klauen.
na·dir ['neɪdɪə(r)] 1. *astr* Nadir *m;* 2. *fig*
Tiefpunkt *m;* ▶ **at the ~** *fig* auf dem
Nullpunkt.
nag¹ [næg] I *tr* (dauernd) herumnörgeln
an; ▶ **~ s.o. to do s.th.** jdm die Hölle
heiß machen, damit er etw tut; II *itr*
schimpfen, meckern, keifen (*at* mit); III *s*
Nörgler(in) *m (f).*
nag² [næg] Klepper *m,* Mähre *f.*
nag·ger ['nægə(r)] Nörgler(in) *m (f);*
nag·ging ['nægɪŋ] *adj* 1. nörgelnd; 2.
(Schmerz) bohrend.
nail [neɪl] I *s anat tech* Nagel *m;* ▶ **as
hard as ~s** *fig* knallhart; zäh wie Leder;
on the ~ *fig* auf der Stelle; **hit the ~ on
the head** *fig* den Nagel auf den Kopf
treffen; II *tr* 1. nageln; 2. *fig* festnageln;
▶ **~ s.th. to the wall** etw an die Wand
nageln; **be ~ed to the ground** wie fest-
genagelt sein; **~ s.o. down** jdn festna-
geln (*to* auf); **~ up** an-, zunageln; **nail-
brush** ['neɪlbrʌʃ] Nagelbürste *f;* **nail-
file** Nagelfeile *f;* **nail-polish** *Am* Na-
gellack *m;* **nail-scissors** *pl* Nagelsche-
re *f;* **nail-varnish** *Br* Nagellack *m.*
naïve, naive [naɪ'iːv] *adj* naiv; **naïveté,
naïvety** [naɪ'iːvteɪ, naɪ'iːveɪtɪ] Naivität *f.*
naked ['neɪkɪd] *adj* 1. nackt, bloß, unver-
hüllt; 2. kahl, dürr; leer; ▶ **go ~** nackt
gehen; **~ as the day he was born** split-
terfasernackt; **the ~ eye** das bloße Au-
ge; **the ~ fact, truth** die nackte Tatsa-
che, die reine Wahrheit; **naked·ness**
[−nɪs] Nacktheit, Blöße *fig f.*
namby-pamby [ˌnæmbɪ'pæmbɪ] *pej* I
adj 1. verweichlicht; 2. unentschlossen;
II *s* Mutterkind *n; (Junge)* Muttersöhn-
chen *n.*
name [neɪm] I *s* 1. Name *m;* 2. Ruf *m;*
▶ **know s.o. by ~** jdn dem Namen nach
kennen; **what's your ~?** wie heißen Sie?
in ~ only nur dem Namen nach; **in the
~ of** im Namen *gen;* **under the ~ of ...**
unter dem Namen ... **not to have a
penny to one's ~** keinen Pfennig besit-
zen; **call s.o. ~s** jdn beschimpfen; **have
a good ~** e-n guten Ruf haben; **have a ~
for** bekannt sein für; **make a ~ for o.s.**
sich e-n Namen machen; **put one's ~
down for** kandidieren für; sich anmel-
den zu; **get a bad ~** in Verruf kommen;
big ~ bedeutende Persönlichkeit; **the ~
of the game** der Zweck, das Wesentli-
che der Sache; II *tr* 1. (be)nennen, e-n

Namen geben (*s.o.* jdm); taufen; 2. be-
zeichnen; 3. nennen; 4. ernennen (*for, to*
für, zu); ▶ **a person ~d X** jem mit
Namen X; **~ a child after s.o.** ein Kind
nach jdm nennen; **~ s.o. director** jdn
zum Direktor ernennen; **~ s.o. as s.th.**
jdn als etw bezeichnen; **~ your price**
nennen Sie Ihren Preis; **name-day** Na-
menstag *m;* **name-drop** ['neɪmdrɒp]
itr bekannte Namen fallen lassen, be-
rühmte Bekannte in die Unterhaltung
einfließen lassen; **name-drop·ping**
['neɪmdrɒpɪŋ]   Name-dropping   *n;*
name·less ['neɪmlɪs] *adj* 1. namenlos;
unbekannt; 2. unbenannt, ungenannt; 3.
(Verbrechen) unaussprechlich; 4. *(Ge-
fühl)* unsagbar, unbeschreiblich; ▶ **in ~
fear** in namenloser Angst; **name·ly**
['neɪmlɪ] *adv* nämlich; **name·sake**
['neɪmseɪk] Namensvetter *m.*
nanny ['nænɪ] *(Kindersprache)* Kinder-
mädchen *n;* **nanny-goat** ['nænɪɡəʊt]
Ziege, Geiß *f.*
nano-second ['nɑːnəʊ'sekənd] Nano-
sekunde *f.*
nap¹ [næp] I *itr* ▶ **catch s.o. ~ping** jdn
überrumpeln; II *s* Schläfchen, Nicker-
chen *n;* ▶ **take a ~** ein Nickerchen
machen.
nap² [næp] *(Textil)* Flor *m.*
na·palm ['neɪpɑːm] I *tr mil* mit Napalm
bombardieren; II *s* Napalm *n;* **napalm
bomb** Napalmbombe *f.*
nape [neɪp] *(~ of the neck)* Nacken *m.*
nap·kin ['næpkɪn] 1. Serviette *f;* 2. Win-
del *f;* 3. *Am (sanitary ~)* Monatsbinde *f.*
nappy ['næpɪ] *Br* Windel *f.*
nar·cissus [nɑː'sɪsəs]   ⟨*pl* -cissi⟩
[nɑː'sɪsaɪ] *bot* Narzisse *f.*
nar·co·sis [nɑː'kəʊsɪs] Narkose *f;* **nar-
cotic** [nɑː'kɒtɪk] I *adj* narkotisch, be-
täubend; II *s* Rauschgift *n;* ▶ **~s squad**
Rauschgiftdezernat *n;* **traffic in ~s**
Rauschgifthandel *m.*
nark [nɑːk] I *s sl* Spitzel *m;* II *tr sl*
ärgern.
nar·rate [nə'reɪt] *tr* erzählen; berichten;
nar·ra·tion [nə'reɪʃn] 1. Erzählung *f;*
Bericht *m;* 2. Schilderung *f;* **nar·ra·tive**
['nærətɪv] I *adj* erzählend; mitteilsam;
II *s* 1. Erzählung *f;* Text *m;* 2. Erzählen
n; Schilderung *f;* **nar·rator** [nə'reɪtə(r)]
Erzähler(in) *m (f).*
nar·row ['nærəʊ] I *adj* 1. eng, schmal; 2.
(Ideen) engstirnig, beschränkt; 3. *(Ver-
hältnisse)* dürftig, eng; 4. *(Sieg)* knapp;
5. genau, gründlich, sorgfältig; ▶ **by a ~**

margin knapp; **have a ~ mind** engstirnig sein; **in the ~est sense** im engsten Sinne (des Wortes); **with a ~ majority** mit knapper Mehrheit; **have a ~ escape** mit knapper Not davonkommen; **that was a ~ squeak** *fam* das war knapp; **II** *itr* sich verengen; enger, schmäler werden; ► **~ down to** hinauslaufen auf; **III** *tr (~ down)* einengen; begrenzen *a. fig;* ► **~ one's eyes** die Augen zusammenkneifen; **IV** *s pl* enge Stelle; **narrowgauge** *adj* Schmalspur-, schmalspurig; **nar·row·ly** [–lɪ] *adv* **1.** beinahe, fast, mit knapper Not; **2.** *(untersuchen)* sehr genau; ► **he ~ escaped drowning** er wäre fast ertrunken; **nar·row-minded** [ˌnærəʊ'maɪndɪd] *adj* engstirnig.

na·sal ['neɪzl] **I** *adj* **1.** ling nasal; **2.** *(Stimme)* näselnd; **II** *s* ling Nasallaut *m.*

nasti·ness ['nɑːstɪnəs] Ekelhaftigkeit, Bösartigkeit, Abscheulichkeit *f.*

nas·tur·tium [nə'stɜːʃəm] *bot* (Brunnen-, Kapuziner)Kresse *f.*

nasty ['nɑːstɪ] *adj* **1.** scheußlich; ekelhaft; **2.** *(Überraschung)* böse, unangenehm; **3.** *(Wetter)* abscheulich; **4.** *(Verbrechen)* abscheulich; **5.** *fig* gemein, garstig; **6.** *(Bemerkung)* gehässig, übel; **7.** *(Krankheit)* schwer; **8.** *(Film)* anstößig; ekelhaft; ► **he turned ~** er wurde unangenehm; **he has a ~ temper** mit ihm ist nicht gut Kirschen essen.

na·tal ['neɪtl] *adj* Geburts-; **na·tal·ity** [nə'tælɪtɪ] *Am* Geburtenziffer *f.*

na·tion ['neɪʃn] Volk *n*, Nation *f;* ► **address the ~** zum Volk sprechen; **member ~** Mitgliedsstaat *m;* **na·tion·al** ['næʃnəl] **I** *adj* national; staatlich; ► **~ anthem** Nationalhymne *f;* **~ assembly** Nationalversammlung *f;* **~ costume** Volkstracht *f;* **~ currency** Landeswährung *f;* **~ debt** Staatsschuld *f;* **~ defence** Landesverteidigung *f;* **N~ Health Service, NHS** *Br* Staatlicher Gesundheitsdienst; **~ income** Volkseinkommen *n;* **~ insurance** Sozialversicherung *f;* **~ park** Nationalpark *m;* **~ product** Sozialprodukt *n;* **~ security** Staatssicherheit *f;* **~ service** Militärdienst *m;* **~ status** Staatsangehörigkeit *f;* **~ wealth** Volksvermögen *n;* **II** *s* **1.** Staatsangehörige(r) *f m;* **2.** überregionale Zeitung; **na·tion·al·ism** ['næʃnəlɪzəm] Nationalismus *m;* **na·tion·al·ist** ['næʃnəlɪst] **I** *s* Nationalist(in) *m (f);* **II** *adj* nationalistisch; **na·tion·al·istic** [ˌnæʃnə'lɪstɪk] *adj* nationalistisch; **na·tion·al·ity** [ˌnæʃə'nælətɪ] Staatsangehörigkeit, Nationalität *f;* **na·tion·al·iz·ation** [ˌnæʃnəlaɪ'zeɪʃn] Verstaatlichung, Nationalisierung *f;* **na·tion·al·ize** ['næʃnəlaɪz] *tr* verstaatlichen, nationalisieren; **na·tion-wide** [ˌneɪʃn'waɪd] *adv, adj* landesweit.

na·tive ['neɪtɪv] **I** *adj* **1.** Heimat-; Mut-

ter-; **2.** geboren, gebürtig *(of* aus); **3.** *(Produkt)* einheimisch, inländisch; **4.** angeboren; ► **~ country** Vaterland *n;* **~ language** Muttersprache *f;* **~ port** Heimathafen *m;* **the ~ inhabitants** *pl* die Einheimischen *pl;* **go ~** wie die Eingeborenen leben; **~ speaker** Muttersprachler(in) *m (f);* **II** *s* Einheimische(r), Eingeborene(r) *f m;* Ureinwohner(in) *m (f);* ► **a ~ of Germany** ein gebürtiger Deutscher, e-e gebürtige Deutsche; **be a ~ of ... in ...** beheimatet sein.

na·tiv·ity [nə'tɪvətɪ] Geburt *f;* ► **the N~** die Geburt Christi; **~ play** Krippenspiel *n.*

NATO ['neɪtəʊ] *Abk:* **North Atlantic Treaty Organization** NATO *f;* **NATO Alliance** Nordatlanisches Verteidigungsbündnis.

nat·ter ['nætə(r)] **I** *itr fam* schwätzen; **II** *s fam* Schwatz *m.*

natty ['nætɪ] *adj* **1.** nett, sauber, adrett; **2.** handlich.

natu·ral ['nætʃrəl] **I** *adj* **1.** natürlich *a. math;* **2.** *(Rechte)* naturgegeben; **3.** *(Fähigkeit)* angeboren; **4.** *(Art)* natürlich; **5.** *(Abbildung)* naturgetreu; **6.** *(Eltern)* leiblich; **7.** *mus* ohne Vorzeichen; ► **die a ~ death** e-s natürlichen Todes sterben; **in it's ~ state** im Naturzustand; **he's a ~ orator** er ist ein geborener Redner; **s.th. comes ~ to s.o.** etw fällt jdm leicht; **II** *s* **1.** *(Mensch)* Naturtalent *n;* **2.** *mus* ganze Note; Auflösungszeichen *n;* **natural gas** Erdgas *n;* **natu·ral·ism** ['nætʃrəlɪzəm] Naturalismus *m;* **natu·ral·ist** ['nætʃrəlɪst] **1.** Naturforscher(in) *m (f);* **2.** *(Kunst, Literatur)* Naturalist(in) *m (f);* **natu·ral·ize** ['nætʃrəlaɪz] *tr* **1.** einbürgern *a. fig;* **2.** *(Tier, Pflanze)* akklimatisieren; heimisch machen; ► **become ~d** eingebürgert werden; heimisch werden; **natu·ral·ly** ['nætʃrəlɪ] *adv* **1.** von Natur aus; **2.** natürlich, instinktiv; **3.** natürlich; **natural resources** *pl* Bodenschätze *m pl;* **natural science** Naturwissenschaft *f;* **natural sign** *mus* Auflösungszeichen *n.*

na·ture ['neɪtʃə(r)] **1.** Natur *f;* **2.** *(e-s Menschen)* Wesen *n*, Natur *f;* **3.** *(Material)* Beschaffenheit *f;* ► **against ~** gegen die Natur; **by ~** von Natur aus; **from ~** nach der Natur; **it's not in my ~** es entspricht nicht meiner Art; **~ of the ground** Bodenbeschaffenheit *f;* **human ~** die menschliche Natur; **things of this ~** derartiges; **it's in the ~ of things** das liegt in der Natur der Sache; **nature reserve** Naturschutzgebiet *n;* **nature study** Naturkunde *f;* **nature trail** Naturlehrpfad *m;* **nature worship** Naturreligion *f;* **na·tur·ist** ['neɪtʃərɪst] Anhänger(in) *m (f)* der Freikörperkultur.

naughty ['nɔːtɪ] *adj* **1.** unartig, ungezogen, frech; **2.** *(Wort)* unanständig.

nausea ['nɔ:sɪə] **1.** *med* Übelkeit *f;* Brechreiz *m;* **2.** *fig* Widerwille *m;* ► **a feeling of** ~ ein Gefühl des Ekels; **naus·eate** ['nɔ:sɪeɪt] *tr* Übelkeit erregen *(s.o.* jdm); **naus·eat·ing** ['nɔ:sɪeɪtɪŋ] *adj* ekelerregend; widerlich; **naus·eous** ['nɔ:sɪəs] *adj* **1.** *med* Übelkeit erregend; **2.** *fig* widerlich.

nauti·cal ['nɔ:tɪkl] seemännisch; nautisch; See-; ► **a** ~ **nation** e-e Seefahrernation; **nautical mile** Seemeile *f (1,852 km)*.

na·val ['neɪvl] *adj* Flotten-, Marine-; **naval academy** Marineakademie *f;* **naval base** Flottenstützpunkt *m;* **naval power** Seemacht *f;* **naval warfare** Seekrieg *m.*

nave [neɪv] *(in der Kirche)* Haupt-, Mittel-, Längsschiff *n.*

na·vel ['neɪvl] **1.** *anat* Nabel *m;* **2.** *(~ orange)* Navelorange *f.*

navi·gable ['nævɪgəbl] *adj* **1.** schiffbar; **2.** *(Ballon)* lenkbar; **navi·gate** ['nævɪgeɪt] **I** *itr* navigieren; **II** *tr* **1.** *(Strecke)* befahren, befliegen; **2.** *(Schiff, Flugzeug)* navigieren; **navi·ga·tion** [,nævɪ'geɪʃn] **1.** Schiffsverkehr *m;* **2.** *aero* Navigation *f;* ► **coastal, high-sea, inland, river** ~ Küsten-, Hochsee-, Binnen-, Flußschiffahrt *f;* ~ **chart** Navigationskarte *f;* ~ **route** Schiffahrtsstraße *f;* **navi·gator** ['nævɪgeɪtə(r)] **1.** *mar* Navigationsoffizier *m;* **2.** *aero* Navigator(in) *m (f);* **3.** *mot* Beifahrer(in) *m (f).*

navvy ['nævɪ] *Br* Bauarbeiter *m;* Straßenarbeiter *m.*

navy ['neɪvɪ] **1.** (Kriegs)Marine *f;* **2.** *(~ blue)* Marineblau *n.*

nay [neɪ] Neinstimme *f.*

Nazi ['nɑ:tsɪ] **I** *s* Nazi *m;* **II** *adj* Nazi-; **Naz·ism** ['nɑ:tsɪzəm] Nazismus *m.*

NB [en'bi:] *Abk:* **nota bene** NB.

neap [ni:p] *adj* ► ~ **tide** Nippflut *f.*

near [nɪə(r)] **I** *adj* **1.** *(räumlich, zeitlich)* nahe; **2.** *(verwandt)* nah; vertraut; **3.** *(Ähnlichkeit)* groß; ► **a** ~ **and dear friend** ein lieber und teurer Freund; **a** ~ **accident** beinahe ein Unfall; **have a** ~ **escape** mit knapper Not davonkommen; **that was a** ~ **miss, thing** das war knapp; **II** *adv* **1.** *(räumlich, zeitlich)* nahe; **2.** genau; exakt; **3.** beinahe, fast; ► **be** ~ in der Nähe sein; *(Ereignis)* bevorstehen; *(Ende, Hilfe)* nahe sein; ~ **at hand** bei der *od* zur Hand; *(Ereignis)* kurz bevorstehend; ~ **to tears** den Tränen nahe; **come** ~**er** näherkommen; **as** ~ **as I can guess** soweit ich es erraten kann; **they're the same height or as** ~ **as makes no difference** sie sind so gut wie gleich groß; **it's nowhere** ~ **enough** das ist bei weitem nicht genug; **III** *prep (adv:* ~ **to)** **1.** nahe an; in der Nähe von; **2.** *(zeitlich)* gegen; **3.** ähnlich; ► **be** ~

the house in der Nähe des Hauses sein; ~ **there** dort in der Nähe; **be** ~**est to s.th.** e-r S am nächsten sein; ~ **to death** dem Tode nahe; **be** ~ **doing s.th.** nahe daran sein, etw zu tun; **IV** *tr* sich nähern, näherkommen *(s.th.* e-r S); ► **it is** ~**ing completion** es ist beinahe fertiggestellt; **near·by** ['nɪəbaɪ] **I** *adv* in der Nähe; **II** *adj* nahe gelegen; **near·ly** ['nɪəlɪ] *adv* fast, beinahe; ► **not** ~ (auch) nicht annähernd; **near·side** ['nɪəsaɪd] *adj* auf der Beifahrerseite, linke(r, s); **near-sighted** [,nɪə'saɪtɪd] *adj* kurzsichtig; **near·sighted·ness** [,nɪə'saɪtɪdnɪs] Kurzsichtigkeit *f.*

neat [ni:t] *adj* **1.** ordentlich, sauber; gepflegt; **2.** gefällig, angenehm, nett; **3.** *(Mensch)* hübsch; **4.** *(Äußerung)* kurz und bündig, treffend; **5.** *(Arbeit)* gelungen; *(Stil)* gewandt; **6.** *(alkohol. Getränk)* pur, unverdünnt; **7.** *Am* prima; tadellos; **neat·ness** ['ni:tnəs] **1.** Ordentlichkeit *f;* Sauberkeit *f;* **2.** nettes Aussehen; **3.** Gewandtheit, Eleganz *f.*

nebu·lous ['nebjʊləs] *adj* **1.** *astr* neblig; **2.** *fig* vag(e), unbestimmt, unklar.

ne·ces·sari·ly ['nesəsərɪlɪ, ,nesə'serɪlɪ] *adv* notwendigerweise, unbedingt; **neces·sary** ['nesəsərɪ] **I** *adj* **1.** notwendig, nötig, erforderlich, unerläßlich *(to, for* für); **2.** *(Ergebnis)* unausweichlich; ► **it's** ~ **to ... man muß ... become** ~ **to s.o.** jdm unentbehrlich werden; **if** ~ wenn nötig; **II** *s* ► **the** ~ das Notwendige; **ne·cessi·tate** [nɪ'sesɪteɪt] *tr* notwendig, erforderlich machen.

necess·ity [nɪ'sesətɪ] **1.** Notwendigkeit, Unerläßlich-, Unumgänglichkeit *f;* **2.** dringendes Bedürfnis; **3.** Not, Armut *f;* ► **in case of** ~ im Notfall; **of, by** ~ notwendigerweise; **bow to** ~ sich der Gewalt beugen; **make a virtue of** ~ aus der Not e-e Tugend machen; **the bare necessities of life** das Notwendigste zum Leben.

neck [nek] **I** *s* **1.** Hals *m;* Genick *n;* **2.** *(Kleidung)* Ausschnitt *m;* **3.** *(e-r Flasche)* Hals *m;* **4.** Landenge *f;* ► **break one's** ~ sich das Genick brechen; **risk one's** ~ Kopf und Kragen riskieren; **save one's** ~ seinen Hals aus der Schlinge ziehen; **win by a** ~ um e-e Kopflänge gewinnen; **be up to one's** ~ **in work** bis über die Ohren in Arbeit stecken; **get it in the** ~ *sl* eins aufs Dach kriegen; **stick one's** ~ **out** Kopf und Kragen riskieren; **it's** ~ **or nothing** alles oder nichts; ~ **and** ~ Kopf an Kopf; **II** *itr sl* knutschen; **neck·lace** ['neklɪs] Halskette *f;* **neck·let** ['neklɪt] Halskettchen *n;* **neck·line** ['neklaɪn] *(Kleid)* Ausschnitt *m;* ► **with a low** ~ tief ausgeschnitten; **neck·tie** ['nektaɪ] Krawatte *f,* Schlips *m.*

nec·tar ['nektə(r)] *bot* Nektar *m a. fig.*

nec·tar·ine ['nektərɪn] *bot* Nektarine *f.*

née [neɪ] *adj (vor dem Mädchennamen)*
geborene.
need [ni:d] **I** *s* **1.** Notwendigkeit *f;* **2.**
Bedürfnis *n;* **3.** Not(lage), Bedürftigkeit,
Armut *f;* **4.** Mangel *m (of* an); ► **if ~ be**
nötigenfalls; **in case of ~** notfalls; **there
is no ~ for s.th.** etw ist nicht nötig;
there is no ~ to do s.th. etw braucht
nicht getan zu werden; **have no ~ of
s.th.** etw nicht brauchen; **in times of ~**
in Zeiten der Not; **be in great ~** große
Not leiden; **my ~s are few** ich stelle nur
geringe Ansprüche; **II** *tr* **1.** nötig haben,
brauchen; **2.** bedürfen, bedürftig sein
(*s.th.* e-r S); **3.** müssen (*do, to do* tun);
► **~ no introduction** keine spezielle
Einführung benötigen; **s.th. ~s doing, to
be done** etw muß gemacht werden; **not
to ~ to do s.th.** etw nicht zu tun brau-
chen; **III** *aux* brauchen, müssen, nötig
sein; ► **~ he go?** muß er gehen? **you
~n't wait** du brauchst nicht zu warten; **it
~ not follow that . . .** daraus folgt nicht
unbedingt, daß . . .
needle ['ni:dl] **I** *s* Nadel *f;* ► **look for a
~ in a haystack** e-e Stecknadel im Heu-
haufen suchen; **give s.o. the ~** *fam* jdn
reizen; **II** *tr fam* ärgern, sticheln.
need·less ['ni:dlɪs] *adj* unnötig; über-
flüssig; ► **~ to say** natürlich.
needle·work ['ni:dlwɜ:k] Handarbeit *f.*
needs [ni:dz] *adv* ► **if you ~ must do it**
wenn du es durchaus tun willst.
needy ['ni:dɪ] *adj* bedürftig, notleidend.
ne′er-do-well ['neədu:wel] Tunichtgut
m.
nef·arious [nɪ'feərɪəs] *adj* ruchlos.
ne·gate [nɪ'geɪt] *tr* **1.** verneinen, (ab-,
ver)leugnen; **2.** zunichte machen; **ne-
ga·tion** [nɪ'geɪʃn] **1.** Verneinung *f;* **2.**
Negation *f.*
nega·tive ['negətɪv] **I** *adj* **1.** negativ; **2.**
(*Antwort*) verneinend; **3.** *gram* ver-
neint; ► **~ sign** Minuszeichen *n;* **II** *s* **1.**
Verneinung *f a. gram;* **2.** *math* negative
Größe; **3.** *phot* Negativ *n;* **4.** *gram* Ne-
gation *f;* ► **in the ~** negativ; **answer in
the ~** e-e verneinende Antwort geben;
mit Nein antworten.
ne·glect [nɪ'glekt] **I** *tr* **1.** vernachlässi-
gen; **2.** (*Gelegenheit*) versäumen, unter-
lassen (*to do, doing* zu tun); **3.** (*Verspre-
chen*) nicht einhalten; **4.** (*Rat*) nicht
befolgen; **II** *s* Vernachlässigung *f;* Nach-
lässigkeit *f;* Versäumnis *n;* ► **~ of one's
duties** Pflichtvergessenheit *f;* **ne·glect-
ful** [nɪ'glektfl] *adj* nachlässig (*of* gegen-
über).
neg·li·gence ['neglɪdʒəns] **1.** Nachläs-
sigkeit, Unachtsamkeit *f;* **2.** *jur* Fahrläs-
sigkeit *f;* ► **gross ~** grobe Fahrlässig-
keit; **neg·li·gent** ['neglɪdʒənt] *adj* **1.**
nachlässig, unachtsam (*of* gegen); **2.** *jur*
fahrlässig; ► **be ~ of s.o.** jdn vernach-
lässigen; **neg·li·gible** ['neglɪdʒəbl] *adj*

1. (*Summe*) geringfügig, unerheblich; **2.**
unwesentlich, nebensächlich.
ne·go·ti·able [nɪ'gəʊʃɪəbl] *adj* **1.** *com*
übertragbar; verkäuflich; **2.** (*Weg*) pas-
sierbar; befahrbar; ► **not ~** nicht über-
tragbar; **ne·go·ti·ate** [nɪ'gəʊʃɪeɪt] **I** *tr*
1. verhandeln (über), aus-, unterhandeln;
2. *com* handeln mit; tätigen; **3.** *fam*
(*Hindernis, Kurve*) nehmen, überwin-
den, bewältigen; **II** *itr* ver-, unterhan-
deln (*for, about* um, wegen); **ne·go·ti-
ation** [nɪˌgəʊʃɪ'eɪʃn] **1.** Verhandlung *f;*
Aushandlung *f;* **2.** *fam* Nehmen, Über-
winden *n;* ► **by way of ~s** auf dem
Verhandlungswege; **it's a matter for ~**
darüber muß verhandelt werden; **be in
~s with** in Verhandlungen stehen mit;
enter into ~s with in Verhandlun-
gen (ein)treten mit; **ne·go·ti·ator**
[nɪ'gəʊʃɪeɪtə(r)] Unterhändler(in) *m (f).*
Ne·gress ['ni:gres] Negerin *f;* **Ne·gro**
['ni:grəʊ] ⟨*pl* -groes⟩ Neger *m.*
neigh [neɪ] **I** *itr* wiehern **II** *s* Wiehern *n.*
neigh·bour, *Am* **neigh·bor** ['neɪbə(r)]
I *s* Nachbar(in) *m (f);* **II** *tr, itr* (*~ on*)
angrenzen an; **neigh·bour·hood,** *Am*
neigh·bor·hood [—hʊd] **1.** Nachbar-
schaft *f;* **2.** Viertel *n,* Gegend *f;* ► **in
the ~ of** in der Nähe von; **neigh·bour-
ing,** *Am* **neigh·bor·ing** [—ɪŋ] *adj* be-
nachbart, angrenzend; umliegend; ► **~
community** Nachbargemeinde *f;*
neigh·bour·ly, *Am* **neigh·bor·ly**
[—lɪ] *adj* (gut)nachbarlich, freund-
schaftlich.
nei·ther ['naɪðə(r), *Am* 'ni:ðə(r)] **I** *prn*
keine(r, s); ► **~ of them** keiner von
beiden; **II** *adv* ► **~ . . . nor** weder . . .
noch; **III** *conj* auch nicht; **IV** *adj* keine(r,
s) der beiden; ► **in ~ case** in keinem
Fall.
nem·esis ['neməsɪs] Nemesis *f a. fig.*
neo ['ni:əʊ] *pref* neo-, Neo.
neo·lithic [ˌni:ə'lɪθɪk] *adj* jungsteinzeit-
lich, neolithisch.
neol·ogism [ni:'ɒlədʒɪzəm] *ling* Neolo-
gismus *m.*
neon ['ni:ɒn] *chem* Neon *n;* **neon lamp,
light** Neonröhre *f,* -licht *n.*
neo-nazi [ˌni:əʊ'nɑ:tsɪ] **I** *adj* neonazi-
stisch; **II** *s* Neonazi *m;* **neo-nazi(i)sm**
Neonazismus *m.*
nephew ['nevju:] Neffe *m.*
neph·ri·tis [nɪ'fraɪtɪs] Nierenentzün-
dung *f.*
nep·ot·ism ['nepətɪzəm] Vetternwirt-
schaft *f,* Nepotismus *m.*
nerve [nɜ:v] **I** *s* **1.** *anat* Nerv *m;* **2.** Mut
m; **3.** Frechheit, Unverschämtheit *f;* **4.**
bot Ader *f,* Nerv *m;* ► **get on s.o.'s ~s**
fam jdm auf die Nerven gehen; **have
the ~ to do s.th.** sich trauen, etw zu tun;
lose one's ~ die Nerven, den Mut ver-
lieren; **strain every ~** alle Kraft anspan-
nen; **be all ~s** ein Nervenbündel sein;

suffer from ~s nervös sein; **fit of** ~s Nervenkrise f; ~-**cell** Nervenzelle f; ~-**centre**, Am ~-**center** Nervenknoten m; II tr stärken, kräftigen; ermutigen; ▶ ~ **o.s. for s.th.** sich darauf vorbereiten, etw zu tun; **nerve·less** ['nɜːvlɪs] adj 1. ohne Nerven; 2. (Mensch) seelenruhig; **nerve-rack·ing** ['nɜːvrækɪŋ] adj nervenaufreibend.

nerv·ous ['nɜːvəs] adj 1. anat Nerven-, nervös; 2. nervös, aufgeregt; ▶ **feel** ~ nervös sein; **I am** ~ **about him** mir ist bange um lhn; ~ **breakdown** Nervenzusammenbruch m; ~ **energy** Vitalität f; ~ **system** Nervensystem n; **be, feel a** ~ **wreck** völlig mit den Nerven fertig sein; **ner·vous·ness** [−nɪs] Nervosität f; Aufgeregtheit f.

nervy ['nɜːvɪ] adj 1. fam nervös, aufgeregt; 2. Am frech, unverschämt.

nest [nest] I s 1. (Vogel)Nest n; 2. fig Schlupfwinkel m; 3. (von Gegenständen) Satz m; ▶ **feather one's** ~ sein Schäfchen ins trockene bringen; ~ **of tables** Satztisch m; II itr nisten; **nest-egg** ['nesteg] fig Notpfennig, -groschen m; **nest·ing-box** ['nestɪŋbɒks] Nistkasten m.

nestle ['nesl] itr ▶ ~ **down in bed** sich ins Bett kuscheln; ~ **up to s.o.** sich an jdn schmiegen.

nest·ling ['nestlɪŋ] Nestling m.

net¹ [net] I s 1. Netz n; 2. (Textil) Netzgewebe n; ▶ **fall into the** ~ ins Garn gehen; **hair-**~ Haarnetz n; **mosquito-**~ Moskitonetz n; II tr 1. mit e-m Netz bedecken; 2. mit dem Netz fangen; 3. (Tennisball) ins Netz schlagen.

net², **nett** [net] I adj netto, rein; ▶ ~ **profit** Reingewinn, Nettoertrag m; II tr netto einnehmen; netto verdienen.

net·ball ['netbɔːl] Korbball m; **net curtain** Tüllgardine f.

Nether·lands ['neðələndz] pl ▶ **the** ~ die Niederlande pl.

net·ting ['netɪŋ] Netzwerk, Geflecht n; ▶ **wire** ~ Maschendraht m.

nettle ['netl] I s bot Nessel f; ▶ **grasp the** ~ fig in den sauren Apfel beißen; **stinging** ~ Brennessel f; II tr fig ärgern, wurmen fam; **nettle·rash** ['netlræʃ] med Nesselausschlag m.

net·work ['netwɜːk] 1. el Netzwerk n; 2. Netz n; 3. TV Sendenetz n; **net·work·ing** [−ɪŋ] EDV Vernetzung f.

neu·ral ['njuərəl] adj Nerven-; **neu·ral·gia** [njuə'rældʒə] Neuralgie f; **neu·ral·gic** [nju:'rældʒɪk] adj neuralgisch.

neur·as·thenia [ˌnjuərəs'θiːnɪə] Neurasthenie, Nervenschwäche f.

neur·itis [njuə'raɪtɪs] Neuritis, Nervenentzündung f.

neur·ol·ogist [njuə'rɒlədʒɪst] Neurologe m, -login f, Nervenarzt m, -ärztin f; **neur·ol·ogy** [njuə'rɒlədʒɪ] Neurologie

f.

neur·osis [njuə'rəusɪs] ⟨pl -oses⟩ [njuə'rəusiːz] Neurose f; **neur·otic** [njuə'rɒtɪk] I adj neurotisch; II s Neurotiker(in f) m.

neu·ter ['njuːtə(r)] I adj 1. biol geschlechtslos; 2. gram sächlich; II s 1. gram Neutrum n; 2. geschlechtsloses Wesen; III tr kastrieren.

neu·tral ['njuːtrəl] I adj neutral; II s 1. Neutrale(r) f m; 2. mot Leerlauf m; ▶ **be in** ~ im Leerlauf sein; **neu·tral·ity** [nju:'trælətɪ] Neutralität f; **neu·tral·iz·ation** [ˌnju:trəlaɪ'zeɪʃn] Neutralisierung f; **neu·tral·ize** ['nju:trəlaɪz] tr 1. neutralisieren a. chem; 2. fig kompensieren, aufheben; unwirksam machen.

neu·tron ['nju:trɒn] phys Neutron n; **neutron bomb** Neutronenbombe f.

never ['nevə(r)] adv 1. nie, niemals; 2. durchaus nicht, ganz und gar nicht; ▶ **I have** ~ **seen him before** ich habe ihn noch nie gesehen; ~ **before** noch nie; ~ **even** nicht einmal; **that will** ~ **do!** das geht ganz und gar nicht; **well I** ~ **(did)!** nein, so was! ~ **mind!** macht nichts! **on the** ~-~ Br fam auf Pump; **never-end·ing** [ˌnevər'endɪŋ] adj endlos, unaufhörlich; **never-fail·ing** [ˌnevə'feɪlɪŋ] adj unfehlbar; **never·more** [ˌnevə'mɔ:(r)] adv nimmermehr.

never·the·less [ˌnevəðə'les] adv nichtsdestoweniger, trotzdem.

new [nju:] adj 1. neu (from aus); 2. (Mode) modern, neu; 3. ungewohnt, fremd(artig); 4. (Brot) frisch; ▶ **that's nothing** ~ das ist nichts Neues; **as** ~ wie neu; ~ **potatoes** pl neue Kartoffeln f pl; **the** ~ **rich** pl die Neureichen pl; ~ **moon** Neumond m; **new-born** adj neugeboren; **new-comer** ['nju:ˌkʌmə(r)] Neuankömmling m; Neuling m.

newel ['nju:əl] (Treppen)Spindel f; Treppen-, Geländerpfosten m.

new-fangled [ˌnju:'fæŋgld] adj neumodisch; **new-fashioned** [ˌnju:'fæʃnd] adj modisch, modern; **new·ish** ['nju:ɪʃ] adj ziemlich neu; **new-laid** adj frisch; **new·ly** ['nju:lɪ] adv frisch; ▶ ~-**made** ganz neu; ganz frisch; ~ **married** frisch verheiratet; **newly-wed** ['nju:lɪwed] Neu-, Frischvermählte(r) f m; pl jungverheiratetes Paar.

news [nju:z] pl mit sing 1. Nachricht f; Neuigkeit(en pl) f; 2. TV radio Nachrichten f pl; ▶ **break the** ~ **to s.o.** jdm die schlimme Nachricht überbringen; **what's the** ~? was gibt's Neues? **that's** ~ **to me** das ist mir neu; **that's no** ~ **to me** das wußte ich schon; **I've had no** ~ **from him for a long time** ich habe lange nichts von ihm gehört; **a piece of** ~ e-e Neuigkeit, Nachricht; ~ **in brief** Kurznachrichten f pl; **news agency**

Nachrichtenagentur *f;* **news·agent** ['nju:z,eidʒənt] *Br* Zeitungshändler(in) *m (f);* **news·boy** *Am* Zeitungsjunge *m;* **news·cast** ['nju:z,kɑ:st] *radio* Nachrichten(sendung *f) pl;* **news·caster** ['nju:z,kɑ:stə(r)] *radio* Nachrichtensprecher(in) *m (f);* **news·dealer** ['nju:zdi:lə(r)] *Am* Zeitungshändler(in) *m (f);* **news·flash** ['nju:zflæʃ] Kurzmeldung *f;* **news item** Nachricht *f;* **news·let·ter** ['nju:z,letə(r)] Rundschreiben *n;* **news·monger** ['nju:z,mʌngə(r)] Klatschmaul *n; (in Zeitung)* Klatschspaltenschreiber(in) *m (f).*

news·paper ['nju:speipə(r)] Zeitung *f;* ▶ **daily** ~ Tageszeitung *f;* ~ **cutting** Zeitungsausschnitt *m;* ~ **man** Zeitungsmann *m;* Journalist *m;* ~**reader** Zeitungsleser(in) *m (f);* ~ **report** Zeitungsbericht *m.*

news·print ['nju:zprint] Zeitungspapier *n;* **news·reader** ['nju:zri:də(r)] Nachrichtensprecher(in) *m (f);* **news·room** ['nju:zrum] **1.** Zeitschriftenzimmer *n (e-r Bibliothek);* **2.** *(Zeitung, Sendeanstalt)* Nachrichtenredaktion *f;* **news·stand** Zeitungsstand, -kiosk *m;* **newsy** ['nju:zi] *adj fam* voller Neuigkeiten.

newt [nju:t] *zoo* Molch *m;* ▶ **as pissed as a** ~ *vulg* sturzbesoffen.

New Year [,nju:'jɜ:(r), —'jiə(r)] neues Jahr; ▶ ~'s **Day** Neujahr(stag *m) n;* a **happy** ~! glückliches neues Jahr! ~'s **Eve** Silvesterabend *m.*

New Zea·land [,nju:'zi:lənd] **I** *s* Neuseeland *n;* **II** *adj* neuseeländisch; **New Zea·lander** [,nju:'zi:ləndə(r)] Neuseeländer(in) *m (f).*

next [nekst] **I** *adj (zeitlich, räumlich)* nächste(r, s); ▶ ~ **time I see him** wenn ich ihn das nächste Mal sehe; **this time** ~ **week** nächste Woche um diese Zeit; **the year after** ~ übernächstes Jahr; **who's** ~? wer ist der nächste? ~ **please!** der nächste bitte! **the** ~ **best** der, die, das nächstbeste; **II** *s* nächste(r); **III** *adv* **1.** dann, darauf, nachher; **2.** das nächste Mal; ▶ **what shall we do** ~? was sollen wir als nächstes machen? ~ **to s.o.** neben jdm; ~ **to the skin** direkt auf der Haut; ~ **to impossible** nahezu unmöglich; **next-door** [,neks'dɔ:(r)] **I** *adv* nebenan; ▶ **they live** ~ **to us** sie wohnen direkt neben uns; **it's** ~ **to madness** das grenzt an Wahnsinn; **II** *adj* ▶ **the** ~ **house** das Nebenhaus; **next of kin** nächste Verwandte *pl.*

nexus ['neksəs] Verknüpfung, Verkettung *f.*

nib [nib] Feder(spitze) *f.*

nibble ['nibl] **I** *tr* knabbern; nur anessen, herumnagen an; **II** *itr* **1.** knabbern (*at* an); herumnagen; **2.** *fig* sich interessiert zeigen; **III** *s* Knabbern *n (at* an).

Ni·ca·ragua [,nikə'rægjuə] Nicaragua *n;*

Ni·ca·raguan [—n] **I** *adj* nicaraguanisch; **II** *s* Nicaraguaner(in) *m (f).*

nice [nais] *adj* **1.** nett; sympathisch; hübsch; **2.** *(Essen)* gut, lecker; **3.** *(Manieren)* fein *(to* gegen); **4.** *iro* nett, schön, sauber; **5.** *(Unterschied)* fein, genau; **6.** *(Mensch)* wählerisch, schwierig, schwer zu befriedigen(d); ▶ **it's** ~ **and warm** es ist angenehm warm; **take it** ~ **and easy** überanstrengen Sie sich nicht; **come** ~ **and early!** komm schön früh! **did you have a** ~ **time?** haben Sie sich gut unterhalten? **how** ~ **to see you!** reizend, schön Sie zu sehen! **this is a** ~ **state of affairs!** das ist e-e schöne Geschichte! ~-**looking** gut aussehend; **nice·ly** ['naisli] *adv* **1.** angenehm, nett, liebenswürdig(erweise); **2.** *(unterscheiden)* genau, fein; ▶ **go** ~ wie geschmiert laufen; **that will do** ~ das reicht vollauf; **nicety** ['naisəti] **1.** Genauigkeit, Sorgfalt *f;* **2.** Feinheit *f;* **3.** *pl* Feinheiten, Details *pl;* ▶ **to a** ~ haargenau; **a point of some** ~ ein feiner Punkt.

niche [nitʃ, ni:ʃ] **1.** *arch* (Wand)Nische *f;* **2.** *fig* Plätzchen *n (for* für).

nick[1] [nik] **I** *s* Kerbe *f;* ▶ **in the** ~ **of time** gerade noch rechtzeitig; **II** *tr* **1.** (ein)kerben; **2.** *(Kugel)* streifen; ▶ ~ **one's chin** sich am Kinn schneiden.

nick[2] [nik] **I** *tr sl* **1.** einsperren, einlochen; **2.** klauen, stehlen; **II** *s sl* Knast *m,* Kittchen *n.*

nickel ['nikl] **1.** *chem* Nickel *n;* **2.** *(Am, Kanada)* Fünfcentstück *n.*

nick·name ['nikneim] **I** *s* Spitzname *m;* **II** *tr* e-n Spitznamen geben (*s.o.* jdm).

nic·otine ['nikəti:n] Nikotin *n.*

niece [ni:s] Nichte *f.*

nifty ['nifti] *adj sl* **1.** schick, fesch, smart; **2.** *(Werkzeug)* geschickt gemacht; raffiniert.

nig·gard·ly ['nigədli] *adj* **1.** knauserig, geizig (*of* mit); **2.** *(Betrag)* armselig, schäbig.

nig·ger ['nigə(r)] *pej* Neger(in) *m (f);* ▶ **that's the** ~ **in the woodpile** das ist der Haken an der Sache.

niggle ['nigl] **I** *itr* herumkritisieren (*about* an); **II** *tr* plagen, quälen; **niggling** ['nigliŋ] *adj* **1.** überkritisch; pingelig; **2.** *(Zweifel)* nagend, bohrend.

night [nait] **1.** Nacht *f a. fig;* **2.** (später) Abend *m;* **3.** Dunkelheit, Finsternis *f;* **4.** *theat* Vorstellung, Aufführung *f;* ▶ **all** ~ **(long)** die ganze Nacht (über); **at** ~ abends; bei Nacht, nachts; **far into the** ~ bis spät in die Nacht; **during the** ~ während der Nacht; **late at** ~ spät am Abend, spät abends; **by** ~ bei Nacht, in der Nacht, nachts; **on the** ~ **of June 3rd** am Abend des 3. Juni; **last** ~ gestern abend; **the** ~ **before last** vorgestern abend; ~ **and day** Tag und Nacht; ununterbrochen; ~ **after** ~ Nacht für Nacht, jede Nacht; **be on ~s** Nachtschicht haben; **have a good, bad ~** gut, schlecht schlafen; **have a ~ out, off** ausgehen; e-n freien Abend haben; **make a ~ of it** durchfeiern, -zechen; **stay the ~** die Nacht verbringen (*at* in; *with* bei); **~ is falling** die Nacht bricht herein; **first ~** Erstaufführung, Premiere, Eröffnungsvorstellung *f;* **the Arabian N~s** *pl* Tausendundeine Nacht; **night-bird 1.** Nachtvogel *m;* **2.** *fig* Nachtschwärmer *m;* **night-blindness** Nachtblindheit *f;* **night cap** ['nɔitkæp] **1.** Nachtmütze *f,* **2.** *fam* Schlummertrunk *m;* **night-clothes** *pl* Nachtzeug *n;* **night·club** ['naɪtklʌb] Nachtlokal *n,* Nachtklub *m;* **night·dress** ['naɪtdres] Nachthemd *n;* **night·fall** ['naɪtfɔ:l] Einbruch *m* der Dunkelheit; ▶ **at ~** beim Dunkelwerden.

night·in·gale ['naɪtɪŋgeɪl] Nachtigall *f.*
night life ['naɪtlaɪf] Nachtleben *n;* **night-long** ['naɪtlɒŋ] *adj* die Nacht hindurch; nächtelang; **night·ly** ['naɪtlɪ] **I** *adj* (all)nächtlich; abendlich; **II** *adv* jeden Abend, jede Nacht; **night·mare** ['naɪtmeə(r)] Alptraum *m a. fig;* **night-marish** ['naɪtmeərɪʃ] *adj* beklemmend, alptraumhaft; **night-nurse** Nachtschwester *f;* **night-porter** Nachtportier *m;* **night school** Abendschule *f;* **night shift** Nachtschicht *f;* ▶ **be on ~** Nachtschicht haben; **night·shirt** ['naɪtʃɜ:t] (Herren)Nachthemd *n;* **night stick** *Am* Schlagstock *m;* **night-time** Nachtzeit *f;* ▶ **in the ~** bei Nacht, nachts; **at ~** nachts; **night-watch** Nachtwache *f;* **night-watchman** ⟨*pl* -men⟩ Nachtwächter *m.*

ni·hil·ism ['naɪɪlɪzəm] Nihilismus *m;* **nihil·ist** ['naɪɪlɪst] Nihilist *m;* **ni·hil·is·tic** [ˌnaɪɪ'lɪstɪk] *adj* nihilistisch.
nil [nɪl] Nichts *n;* Null *f;* ▶ **two (to) ~** *sport* zwei zu null.
nimble ['nɪmbl] *adj* **1.** (geistig) gewandt; **2.** wendig, behende, flink (*at, in* bei); ▶ **~-footed** leichtfüßig; **~-witted** schlagfertig.
nin·com·poop ['nɪŋkəmpu:p] Einfaltspinsel *m.*
nine [naɪn] **I** *adj* neun; ▶ **~ days' wonder** Ereignis *n* des Tages, Eintagsfliege *f;* **~ months** *pl* Dreivierteljahr *n;* **II** *s* Neun *f;* ▶ **dressed up to the ~s** *fam* geschniegelt und gebügelt.
nine·pins ['naɪnpɪnz] *pl mit sing* Kegelspiel, Kegeln *n;* ▶ **play at ~** kegeln.
nine·teen [ˌnaɪn'ti:n] *adj* neunzehn; ▶ **talk ~ to the dozen** wie ein Wasserfall reden; **nine·teenth** [ˌnaɪn'ti:nθ] **I** *adj* neunzehnte(r, s); **II** *s* **1.** Neunzehntel *n;* **2.** Neunzehnte(r, s).
nine·ti·eth ['naɪntɪəθ] **I** *adj* neunzigste(r, s); **II** *s* **1.** Neunzigstel *n;* **2.** Neunzigste(r, s); **ninety** ['naɪntɪ] *adj* neunzig.

ninny ['nɪnɪ] Dummkopf *m.*
ninth [naɪnθ] **I** *adj* neunte(r, s); **II** *s* **1.** Neuntel *n;* **2.** Neunte(r, s); **3.** *mus* None *f.*
nip¹ [nɪp] **I** *tr* **1.** kneifen; zwicken; klemmen; **2.** *(Frost, Kälte)* vernichten; angreifen; schneiden; ▶ **~ o.s.** sich in den Finger klemmen; **~ s.th. in the bud** *fig* etw im Keim ersticken; **II** *itr fam* rasch flitzen; **III** *s* **1.** Kniff *m,* Biß *m;* **2.** schneidende Kälte; ▶ **it was ~ and tuck** *Am* das war e-e knappe Sache; **IV** *(mit Präposition)* **nip along** *itr fam* dahinsausen; sich beeilen; **nip in** *itr fam* auf e-n Sprung vorbeikommen; **nip off** *tr* abkneifen, abzwicken, abschneiden; **nip out** *itr* hinaussausen.
nip² [nɪp] Schlückchen *n.*
nipple ['nɪpl] **1.** *anat* Brustwarze *f;* **2.** Schnuller *m;* **3.** *tech* Nippel *m.*
nippy ['nɪpɪ] *adj* **1.** *(Kälte)* schneidend; **2.** *fam* fix, flink.
Nis·sen hut ['nɪsnhʌt] Wellblechbaracke *f.*
nit [nɪt] **1.** *zoo* Nisse *f;* **2.** *fam* Blödmann *m.*
ni·ter *Am s. nitre.*
nit-pick·ing ['nɪtpɪkɪŋ] *adj* kleinlich, pingelig.
ni·trate ['naɪtreɪt] *chem* Nitrat *n.*
nitre, *Am* **ni·ter** ['naɪtə(r)] Salpeter *m* od *n.*
ni·tric ['naɪtrɪk] *adj* salpetersauer; ▶ **~ acid** Salpetersäure *f;* **~ oxide** Stickoxyd *n;* **ni·trite** ['naɪtraɪt] Nitrit *n.*
ni·tro·gen ['naɪtrədʒən] Stickstoff *m.*
ni·tro·glycer·in(e) [ˌnaɪtrəʊ'glɪsəri:n] Nitroglyzerin *n.*
ni·trous ['naɪtrəs] *adj* ▶ **~ acid** salpet(e)rige Säure; **~ oxide** Lachgas *n.*
nitty-gritty [ˌnɪtɪ'grɪtɪ] ▶ **get down to the ~** zur Sache kommen.
nit·wit ['nɪtwɪt] *fam* Dummkopf *m.*
no [nəʊ] **I** *adv* **1.** nein; **2.** nicht; ▶ **answer ~** mit Nein antworten; **whether he comes or ~** ob er kommt oder nicht; **I have ~ more money** ich habe kein Geld mehr; **~ longer ago than last week** erst letzte Woche; **II** *adj* kein; ▶ **a person of ~ intelligence** ein Mensch ohne jede Intelligenz; **it's ~ use** das hat keinen Zweck; **~ smoking** Rauchen verboten; **there's ~ saying** man kann nie wissen; **there's ~ denying it** es läßt sich nicht leugnen; **in ~ time** im Nu; **there is ~ such thing** so etwas gibt es nicht; **I'll do ~ such thing** ich werde mich hüten; **III** *s* Nein *n;* Neinstimme *f;* ▶ **the ~es have it** die Mehrheit ist dagegen.
Nobel prize [nəʊˌbel'praɪz] Nobelpreis *m;* **Nobel prize winner** Nobelpreisträger(in) *m (f).*
no·bil·ity [nəʊ'bɪlətɪ] **1.** Hochadel *m;* **2.** *(Eigenschaft)* Adel *m,* (das) Edle.

noble ['nəʊbl] I *adj* 1. adlig; 2. *fig* edel, hochherzig; 3. gütig; 4. *(Erscheinung)* vornehm, würdig, würdevoll; 5. *(Monument)* stattlich, prächtig, prachtvoll; 6. *(Metall)* edel; II *s* Adlige(r) *f m;* **noble-man** ['nəʊblmən] ⟨*pl* -men⟩ Adlige(r) *m;* **noble-minded** [ˌnəʊbl'maɪndɪd] *adj* edel, vornehm; **nobly** ['nəʊblɪ] *adv* 1. vornehm; 2. nobel, edelmütig.

no·body ['nəʊbədɪ] I *prn* niemand, keiner; ▶ **we saw ~ we knew** wir sahen niemanden, den wir kannten; **~ else could have done it** es kann niemand anders gewesen sein; II *s fam* Niemand *m,* Null *f.*

no-claims bonus [ˌnəʊ'klaɪmz'bəʊnəs] *mot* Schadenfreiheitsrabatt *m.*

noc·tur·nal [nɒk'tɜ:nl] *adj* nächtlich.

nod [nɒd] I *itr* 1. nicken; wippen; 2. einnicken *(over* über); ▶ **~ in agreement** zustimmend nicken; **even Homer ~s** Irren ist menschlich; II *tr* nicken *(one's head* mit dem Kopf); ▶ **~ one's agreement** zustimmend nicken; III *s* Nicken, Zunicken *n;* ▶ **the land of N~** das Land der Träume; **give s.o. a ~** jdm zunicken; **nod·ding** ['nɒdɪŋ] *adj* ▶ **have a ~ acquaintance with s.o.** jdn flüchtig kennen.

node [nəʊd] Knoten *m.*

nod·ule ['nɒdju:l] 1. *med bot* Knötchen *n;* 2. *geol* Klümpchen *n.*

no-go area [nəʊgəʊ'eərɪə] Sperrgebiet *n.*

no·how ['nəʊhaʊ] *adv fam* nicht im geringsten.

noise [nɔɪz] I *s* 1. Geräusch *n;* 2. Lärm *m,* Geschrei *n;* 3. *tele* Rauschen *n; radio* Nebengeräusch *n,* Störung *f;* ▶ **make a ~ Krach machen; make a ~ in the world** Aufsehen erregen, von sich reden machen; **make a lot of ~ about s.th.** viel Geschrei um etw machen; **a big ~** *sl* ein großes Tier; II *tr (~ abroad, about) (Gerücht)* verbreiten; **noise barrier** Lärmschutzwand *f;* **noise·less** ['nɔɪzlɪs] *adj* 1. geräuschlos; 2. *(Schritt)* lautlos; **noise prevention** Lärmschutz *m.*

noi·some ['nɔɪsəm] *adj* 1. widerlich, eklig; 2. giftig, schädlich.

noisy ['nɔɪzɪ] *adj* 1. geräuschvoll, laut, lärmend; 2. *(Debatte)* turbulent.

no·mad ['nəʊmæd] Nomade *m a. fig;* **no·madic** [nəʊ'mædɪk] *adj* nomadisch; wandernd, unstet.

no-man's-land ['nəʊmænzlænd] Niemandsland *n.*

no·men·cla·ture [nə'menklətʃə(r)] Nomenklatur *f;* Terminologie *f.*

nom·inal ['nɒmɪnl] *adj* 1. nominell; 2. *(Betrag)* nominell, symbolisch; 3. *gram* nominal; ▶ **~ amount** Nennbetrag *m;* **~ income** Nominaleinkommen *n;* **~ interest rate** *fin* Nominalzins *m;* **~ value**

Nennwert *m;* **~ wages** *pl* Nominallohn *m;* **nom·inal·ly** ['nɒmɪnəlɪ] *adv* nominell.

nomi·nate ['nɒmɪneɪt] *tr* 1. ernennen; 2. nominieren, als Kandidaten aufstellen *(for* für); **nomi·na·tion** [ˌnɒmɪ'neɪʃn] 1. Ernennung *f (to* zu); 2. Nominierung *f,* Kandidatenvorschlag *m.*

nomi·na·tive ['nɒmɪnətɪv] I *s gram* Nominativ *m;* II *adj* ▶ **~ case** der Nominativ.

nom·inee [ˌnɒmɪ'ni:] Kandidat(in) *m (f).*

non [ˌnɒn] *pref* nicht-; **non-acceptance** *com* Nichtannahme, Annahmeverweigerung *f.*

nona·gen·ar·ian [ˌnɒnədʒɪ'neərɪən] Neunzigjährige(r) *f m.*

non-ag·gression [ˌnɒnə'greʃn] *pol* Nichtangriff *m;* **non-aggression pact** Nichtangriffspakt *m;* **non-alcoholic** *adj* alkoholfrei; **non-aligned** [ˌnɒnə'laɪnd] *adj pol* blockfrei; **non-alignment** [ˌnɒnə'laɪnmənt] *pol* Blockfreiheit *f;* **non-appearance** Nichterscheinen, Ausbleiben *n;* **non-attendance** Nichtteilnahme *f;* **non-belligerent** *adj* nicht kriegführend.

nonce-word ['nɒnswɜ:d] Ad-hoc-Bildung *f.*

non-cha·lant ['nɒnʃələnt] *adj* lässig, nonchalant.

non-com ['nɒnkɒm] *mil sl* Uffz *m;* **non-combatant** I *s mil* Nichtkämpfer *m;* II *adj* nicht am Kampf beteiligt; **non-combustible** *adj* nicht brennbar; **non-commissioned officer** Unteroffizier *m;* **non-committal** [ˌnɒnkə'mɪtəl] *adj* zurückhaltend, unverbindlich; **non-compliance** Nichtbefolgung, Nichteinhaltung *f (with s.th.* e-r S); **non compos mentis** *adj jur* unzurechnungsfähig.

non·con·form·ist [ˌnɒnkən'fɔ:mɪst] I *s* Nonkonformist(in) *m (f);* II *adj* nonkonformistisch; **non·con·form·ity** [ˌnɒnkən'fɔ:mətɪ] Nichteinhaltung *f,* Nichtkonformgehen *n (with* mit).

non·de·script ['nɒndɪskrɪpt] *adj* 1. *(Geschmack)* unbestimmbar; 2. *(Erscheinung)* unauffällig.

none [nʌn] I *prn* keine(r, s); keine; ▶ **~ at all** kein einziger; **~ but** niemand, nichts außer; nur; **the new arrival was ~ other than ...** der Neuankömmling war kein anderer als ... **~ but the best** nur das Beste; **~ of that!** laß das! Schluß damit! **~ other** kein anderer; **that's ~ of your business** das geht dich nichts an; II *adv* ▶ **be ~ the wiser** auch nicht schlauer sein; **~ the less** nichtsdestoweniger, trotzdem; **~ too soon** gerade noch zur rechten Zeit; **~ too sure** durchaus nicht sicher; **it's ~ too warm** es ist keineswegs zu warm.

non·en·tity [nɒ'nentətɪ] *(Mensch)* Nullität *f*, unbedeutende Figur.

non·es·sen·tial [nɒnɪ'senʃl] I *adj* unwesentlich; unnötig; nicht lebenswichtig; II *s pl* nicht lebensnotwendige Dinge *n pl*; **non-event** *fam* Reinfall *m*, Pleite *f*; **non-existence** Nichtvorhandensein *n*; **non-existent** *adj* nicht existierend; **non-flammable** *adj* nicht brennbar; nicht entflammbar; **non-infectious** *adj* nicht ansteckend; **non-iron** *adj* bügelfrei; **non-negotiable** *adj com* nicht übertragbar.

non-pareil [ˌnɒnpə'reɪl] I *adj* unerreicht; II *s* 1. Non plus ultra *n*; unerreichter Meister; 2. *typ* Nonpareille *f*.

non·plus [ˌnɒn'plʌs] *tr* verblüffen; ▶ be **∼sed** verdutzt sein.

non-pol·lut·ing [ˌnɒnpə'luːtɪŋ] *adj* umweltfreundlich; **non-productive** *adj* unproduktiv; ▶ **∼ industries** *pl* Dienstleistungssektor *m*; **non-profit making** *adj* nicht auf Gewinn gerichtet; gemeinnützig; **non-proliferation** Nichtweitergabe *f* von Atomwaffen; **non-proliferation treaty** Atomsperrvertrag *m*; **non-resident** I *adj* nicht (orts)ansässig; II *s* 1. Nichtortsansässige(r) *f m*; 2. *(im Hotel)* nicht im Haus wohnender Gast; **non-scheduled** *adj* außerplanmäßig.

non·sense ['nɒnsns] Unsinn, Quatsch *m*; dummes Zeug; ▶ **make (a) ∼ of s.th.** etw sinnlos machen; **stand no ∼** keine Dummheiten dulden; **and no ∼!** und keine Dummheiten! **no more of your ∼!** Schluß mit dem Unsinn! **non·sen·si·cal** [nɒn'sensɪkl] *adj* un-, blödsinnig.

non-shrink [ˌnɒn'ʃrɪŋk] *adj* nicht einlaufend; **non-skid** *adj* rutschsicher; **non-smoker** Nichtraucher(in) *m (f)*; **non-starter** 1. *(Rennen)* nicht startendes Pferd; 2. *(Mensch, Idee)* Blindgänger *m*; **non-stop** I *adj* durchgehend; ohne Unterbrechung; Nonstop-; ▶ **∼ flight** Nonstopflug, Direktflug *m*; **∼ train** durchgehender Zug; II *adv (Flug)* nonstop; ohne Unterbrechung; **non-verbal** [ˌnɒn'vɜːbl] *adj* nonverbal.

noodle ['nuːdl] Nudel *f*.

nook [nʊk] 1. (Zimmer)Ecke *f*; 2. *fig* (Schlupf)Winkel *m*; ▶ **in every ∼ and cranny** in jedem Winkel.

noon [nuːn] Mittag *m*; ▶ **at ∼** um zwölf Uhr mittags.

no-one ['nəʊwʌn] *s. nobody*.

noose [nuːs] Schlaufe, Schlinge *f a. fig*; ▶ **put one's head in the ∼** *fig* den Kopf in die Schlinge stecken.

nope [nəʊp] *adv sl* nein.

nor [nɔː(r)] *conj* 1. noch; 2. und ... auch nicht; ▶ **neither ... ∼** weder ... noch; **∼ I** ich auch nicht.

Nor·dic ['nɔːdɪk] *adj* nordisch; ▶ **the ∼ Council** der Nordische Rat.

norm [nɔːm] Richtschnur, Norm *f*.

nor·mal ['nɔːml] I *adj* 1. normal; üblich; 2. *math* senkrecht; 3. *chem* Normal-; ▶ **∼ consumption** Normalverbrauch *m*; **∼ output** Normalleistung *f*; **∼ size** Normalgröße *f*; II *s* 1. Normalwert, Durchschnitt *m*; 2. *math* Senkrechte *f*; **nor·mal·ity** [nɔː'mælətɪ] Normalität *f*; ▶ **return to ∼** sich wieder normalisieren; **nor·mal·ize** ['nɔːməlaɪz] *tr* normalisieren; wiederherstellen; **nor·mally** ['nɔːməlɪ] *adv* normalerweise, gewöhnlich.

north [nɔːθ] I *s* Norden *m*, ▶ **in the ∼** im Norden; **to the ∼ of** im Norden von; **face ∼** nach Norden liegen; II *adj* nördlich; III *adv* in nördlicher Richtung, nach Norden; ▶ **∼ of** nördlich von; **North Africa** Nordafrika *n*; **North African** I *adj* nordafrikanisch; II *s* Nordafrikaner(in) *m (f)*; **North America** Nordamerika *n*; **North American** I *adj* nordamerikanisch; II *s* Nordamerikaner(in) *m (f)*.

north-east [ˌnɔːθ'iːst] I *s* Nordost(en) *m*; II *adj* nordöstlich; **north-eastern** [ˌnɔːθ'iːstən] *adj* nordöstlich.

north·er·ly ['nɔːðəlɪ] I *adj* nördlich; II *adv* nach, von Norden.

north·ern ['nɔːðən] *adj* nördlich; ▶ **N∼ Ireland** Nordirland *n*; **the ∼ lights** *pl* das Nordlicht; **north·erner** ['nɔːðənə(r)] 1. Nordländer(in) *m (f)*; 2. *Am* Nordstaatler(in) *m (f)*; **north·ern·most** ['nɔːðənməʊst] *adj* nördlichste(r, s).

North Pole ['nɔːθpəʊl] Nordpol *m*; **North Sea** Nordsee *f*; **North-South divide** Nord-Süd-Gefälle *n*.

north·west [ˌnɔːθ'west] I *s* Nordwest(en) *m*; II *adj* nordwestlich; **north·west·erly** [ˌnɔːθ'westəlɪ] *adj* nordwestlich.

Nor·way ['nɔːweɪ] Norwegen *n*; **Norwegian** [nɔː'wiːdʒən] I *adj* norwegisch; II *s* 1. Norweger(in) *m (f)*; 2. *(Sprache)* (das) Norwegisch(e).

nose [nəʊz] I *s* 1. Nase *f*; 2. Geruch(ssinn) *m*, Nase *f (for* für*)*; 3. *(Wein)* Blume *f*; 4. *tech* Vorderteil *n*; 5. *mar* Bug *m*; 6. *aero* Nase *f*; 7. *(Rohr)* Mündung *f*; ▶ **hold one's ∼** sich die Nase zuhalten; **the tip of one's ∼** die Nasenspitze; **bleed at the ∼** aus der Nase bluten; **follow your ∼** immer der Nase nach; **do s.th. under s.o.'s very ∼** etw vor jds Augen tun; **by a ∼** *(Pferderennen)* um e-e Nasenlänge; **pay on the ∼** sofort bezahlen; **look down one's ∼ at s.o.** auf jdn herabblicken; **with one's ∼ in the air** hochnäsig; **blow one's ∼** sich die Nase putzen; **cut off one's ∼ to spite one's face** *fig* sich ins eigene Fleisch schneiden; **lead s.o. by the ∼** *fig* jdn an der Nase herumführen; **poke, stick one's ∼ into s.th.** *fig* seine Nase in

etw stecken; **pay through the** ~ e-n zu
hohen Preis bezahlen; **put s.o.'s** ~ **out
of joint** *fig* jdn ausstehen; **turn up one's**
~ **at** die Nase rümpfen über; **II** *tr, itr*
▶ **the ship ~d its way through the ice**
das Schiff pflügte sich durch das Eis; ~
into s.o.'s affairs seine Nase in jds An-
gelegenheiten stecken; **III** *(mit Präposi-
tion)* **nose about** *itr* herumschnüffeln;
nose out *tr* aufspüren; ausschnüffeln; *itr
(Auto)* sich vorschieben; **nose·bleed**
['nəʊzbliːd] Nasenbluten *n;* **nose·cone**
['nəʊzkəʊn] Raketenspitze *f;* **nose-
dive** ['nəʊzdaɪv] **I** *s aero* Sturzflug *m;* **II**
itr e-n Sturzflug machen; ▶ ~ **off s.th.**
vornüber von etw stürzen;
nose·gay ['nəʊzgeɪ] Blumenstrauß *m.*
nose-wheel ['nəʊzwiːl] *aero* Bugrad *n;*
nosey ['nəʊzɪ] *s. nosy.*
nosh [nɒʃ] **I** *itr sl* futtern; **II** *s sl* Futter *n;*
▶ **let's have a quick** ~ laß uns schnell
einen Happen essen; **nosh-up** ['nɒʃʌp]
sl Freßgelage *n.*
nos·tal·gia [nɒ'stældʒə] Nostalgie *f;*
nos·tal·gic [nɒ'stældʒɪk] *adj* nostal-
gisch.
nos·tril ['nɒstrəl] Nasenloch *n,* Nüster *f.*
nosy ['nəʊzɪ] *adj fam* neugierig; **nosy
parker** *fam* Schnüffler(in) *m (f).*
not [nɒt] *adv* nicht; ▶ **he warned me** ~
to be late er warnte mich, nicht zu spät
zu kommen; **you were wrong in** ~ **mak-
ing a protest** es war falsch von dir, nicht
zu protestieren; ~ **a bit** kein bißchen; ~
any more nicht mehr; ~ **yet** noch nicht;
~ **at all** durchaus, überhaupt, gar nicht;
keineswegs; ~ **any more** nicht mehr; ~
a few nicht wenige; ~ **in the least** nicht
im geringsten; ~ **to say** um nicht zu
sagen; ~ **so** nein; ~ **to speak of** ganz zu
schweigen von; **you are coming, are
you** ~? Sie kommen doch, oder? **are
you tired?** — ~ **at all** sind Sie müde? —
überhaupt nicht; **certainly** ~ gewiß
nicht; **as likely as** ~ vielleicht; vielleicht
auch nicht; ~ **that I care, but ...** es ist
mir zwar egal, aber ... **it's** ~ **to be
thought of** das kommt nicht in Frage.
no·table ['nəʊtəbl] **I** *adj* **1.** *(Erfolg)* be-
merkenswert; **2.** *(Mensch)* bedeutend;
3. *(Unterschied)* beträchtlich, beacht-
lich; **II** *s* bekannte Persönlichkeit; **no-
tably** ['nəʊtəblɪ] *adv* **1.** auffallend; be-
trächtlich; **2.** insbesondere, hauptsäch-
lich.
no·tary ['nəʊtərɪ] *(~ public)* Notar(in) *m
(f).*
no·ta·tion [nəʊ'teɪʃn] **1.** Zeichensystem
n, Zeichen *n pl;* **2.** *mus* Notenschrift *f;* **3.**
Vermerk *m,* Aufzeichnung *f.*
notch [nɒtʃ] **I** *s* **1.** Kerbe *f,* Einschnitt *m;*
Scharte *f;* **2.** *Am* Schlucht *f,* Engpaß *m;*
II *tr* (ein)kerben, einschneiden; ▶ ~ **up**
(Punkte) erzielen; erringen; *(Erfolg)*
verzeichnen können.

note [nəʊt] **I** *s* **1.** Notiz, Anmerkung *f;*
Fußnote *f;* Vermerk *m;* **2.** *mus* Note *f;*
Ton *m;* **3.** Brief *m,* kurze Mitteilung; **4.**
(diplomatische) Note *f,* Memorandum *n;*
5. *fin* Banknote *f,* Schein *m;* ▶ **make a**
~ **of s.th.** sich etw aufschreiben; **speak
without ~s** frei sprechen; **send s.o. a** ~
jdm ein paar Zeilen schicken; **strike the
right, wrong** ~ *fig* den richtigen, fal-
schen Ton treffen; **take** ~ **of s.th.** etw
zur Kenntnis nehmen; **take ~s** sich No-
tizen machen *(of* über); **there was a** ~
of self-satisfaction in his speech in
seiner Rede war ein selbstzufriedener
Ton; **bank** ~ Banknote *f;* **II** *tr* **1.** bemer-
ken, beachten; zur Kenntnis nehmen; **2.**
(~ down) notieren, aufschreiben; **note-
book** ['nəʊtbʊk] Notizbuch *n;* **noted**
['nəʊtɪd] *adj* berühmt *(for* wegen);
note·pad ['nəʊtpæd] Notizblock *m;*
note·paper ['nəʊt,peɪpə(r)] Schreib-,
Briefpapier *n;* **note·worthy**
['nəʊt,wɜːðɪ] *adj* bemerkens-, beach-
tenswert.
no·thing ['nʌθɪŋ] **I** *s* **1.** Nichts *n;* **2.** *math
fig* Null *f;* **II** *s, prn, adv* nichts; ▶ **eat** ~
nichts essen; **five feet** ~ genau 5 Fuß;
for ~ umsonst; **say** ~ **of** ganz zu schwei-
gen von; ~ **but** nur; ~ **else** sonst nichts;
~ **more** sonst nichts; ~ **much** nicht viel;
~ **less than** nur; ~ **if not** äußerst, im
höchsten Grade; ~ **new** nichts Neues;
come to ~ zunichte werden, sich zer-
schlagen; **have** ~ **to do with** nichts zu
tun haben mit; **make** ~ **of** sich nichts
machen aus; nichts anfangen können
mit; **that's** ~! das ist gar nichts! **think** ~
of nichts halten von; **there is** ~ **like that**
da kommt nichts mit; ~ **came of it!**
daraus wurde nichts! ~ **doing!** nichts zu
machen! **there is** ~ **for it but** es gibt
keine andere Möglichkeit als; **little or** ~
wenig oder (gar) nichts; **next of, to** ~
fast nichts; **no·thing·ness** ['nʌθɪŋnɪs]
Nichts *n.*
no·tice ['nəʊtɪs] **I** *s* **1.** Bescheid *m,* Be-
nachrichtigung *f;* Mitteilung *f;* **2.** Be-
kanntmachung *f,* Anschlag *m (on the
bulletin board* am Schwarzen Brett);
Plakat *n;* Schild *n;* **3.** Kündigung *f;* **4.**
Kritik, Rezension *f;* ▶ **at a moment's** ~
sofort, jederzeit; **at short** ~ kurzfristig;
at a week's ~ innerhalb e-r Woche;
until further ~ bis auf weiteres; **without**
~ ohne Ankündigung; fristlos; **attract** ~
Aufmerksamkeit erregen; **bring s.th. to
s.o.'s** ~ jdm etw zur Kenntnis bringen;
give s.o. ~ jdm kündigen; **give s.o.** ~ **of
s.th.** jdn von etw benachrichtigen; **hand
in one's** ~ kündigen; **post a** ~ e-n An-
schlag machen; **serve** ~ **on s.o.** *jur* jdn
vorladen; **take** ~ be(ob)achten; aufpas-
sen; **take** ~ **of s.th.** etw beachten, zur
Kenntnis, von etw Notiz nehmen; **take
no** ~ **of s.o.** jdn ignorieren; **make s.o.**

sit up and take ~ jdn aufhorchen lassen; **she gave us** ~ **to move** sie hat uns(ere Wohnung) gekündigt; **that's beneath my** ~ das nehme ich nicht zur Kenntnis; **a month's** ~ monatliche Kündigung; **official** ~ amtliche Bekanntmachung; **public** ~ öffentliche Bekanntmachung; ~ **of receipt** Empfangsbestätigung *f;* ~ **to pay** Zahlungsaufforderung *f;* ~ **to quit** Kündigung *f;* **II** *tr* bemerken; wahrnehmen; zur Kenntnis nehmen; merken; **no·tice·able** ['nəʊtɪsəbl] *adj* **1.** erkennbar, wahrnehmbar; sichtbar; deutlich; **2.** *(Vergnügen)* sichtlich, merklich; **notice-board** Anschlagbrett *n;* Schwarzes Brett.

no·ti·fi·able ['nəʊtɪfaɪəbl] *adj* melde-, anzeigepflichtig; **no·ti·fi·ca·tion** [ˌnəʊtɪfɪ'keɪʃn] **1.** Benachrichtigung, Mitteilung *f;* **2.** *(e-s Verlustes)* Meldung, Anzeige *f;* **no·tify** ['nəʊtɪfaɪ] *tr* **1.** benachrichtigen, unterrichten; **2.** *(Verlust)* melden; ▶ ~ **s.o. of s.th.** jdn von etw benachrichtigen, jdm etw mitteilen; **be notified of s.th.** über etw informiert werden, von etw benachrichtigt werden.

no·tion ['nəʊʃn] **1.** Idee *f;* Vorstellung *f;* Ahnung *f;* **2.** Ansicht, Meinung *f;* **3.** *pl Am* Kurzwaren *f pl;* ▶ **have no** ~ **of s.th.** von etw keine Ahnung haben; **give s.o.** ~**s** jdn auf Ideen bringen; **I have a** ~ **that** ... ich habe den Verdacht, daß ... **get a** ~ **to do s.th.** Lust bekommen, etw zu tun; **no·tional** ['nəʊʃənl] *adj* **1.** fiktiv, angenommen; symbolisch; **2.** *philos* spekulativ.

no·tor·iety [ˌnəʊtə'raɪətɪ] traurige Berühmtheit; **no·tori·ous** [nəʊ'tɔːrɪəs] *adj* **1.** *(Tatsache)* berühmt-berüchtigt; **2.** *(Platz)* verrufen, verschri(e)en; **3.** *(Lügner)* notorisch; ▶ **be** ~ **for s.th.** für etw berüchtigt sein.

not·with·stand·ing [ˌnɒtwɪθ'stændɪŋ] **I** *prep* trotz, ungeachtet *gen;* **II** *adv* trotzdem, dennoch; **III** *conj* ▶ ~ **that** obgleich, obwohl.

nou·gat ['nuːgɑː] Nugat *m* od *n.*

nought [nɔːt] **1.** Null *f;* **2.** *lit* Nichts *n;* ▶ **come to** ~ sich zerschlagen; **bring to** ~ zunichte machen; **she thinks** ~ **of it** sie macht das bedenkenlos.

noun [naʊn] *gram* Hauptwort, Substantiv *n.*

nour·ish ['nʌrɪʃ] **I** *tr* **1.** (er)nähren *(on, with* von); **2.** *fig* nähren, hegen; **II** *itr* nahrhaft sein; **nour·ish·ing** [—ɪŋ] *adj* nahrhaft; **nour·ish·ment** [—mənt] Nahrung *f.*

novel[1] ['nɒvl] *adj* neu(artig).

novel[2] ['nɒvl] Roman *m;* **novel·ette** [ˌnɒvə'let] Kitschroman *m;* **novel·ist** ['nɒvəlɪst] Romanschriftsteller(in) *m (f).*

nov·elty ['nɒvltɪ] **1.** Neuheit *f;* **2.** Novum *n;* **3.** *meist pl com* Neuheiten *f pl.*

No·vem·ber [nəʊ'vembə(r)] November

m; ▶ **in** ~ im November.

nov·ice ['nɒvɪs] **1.** *rel* Novize *m;* **2.** *fig* Anfänger(in) *m (f),* Neuling *m.*

now [naʊ] **I** *adv* **1.** jetzt, nun; gleich, sofort; (so)eben; **2.** heute, heutzutage; ▶ **just** ~ gerade; gleich, sofort; **I'll do it just** ~ ich mache es jetzt gleich; **it's** ~ **or never** jetzt oder nie; **by** ~ inzwischen, mittlerweile; **before** ~ bis jetzt; schon früher; **for** ~ im Moment, vorläufig; **from** ~ **on** von nun an; **from** ~ **until** then bis dahin; **up to** ~, **till** ~, **until** ~ bis jetzt; ~ ... ~ bald ... bald; ~ **and then,** ~ **and again** ab und zu, von Zeit zu Zeit, gelegentlich; **II** *conj* jetzt, wo; nun, da; **III** *interj* also; ▶ **well** ~ also; ~ **then** also jetzt.

now·adays ['naʊədeɪz] *adv* heute, heutzutage.

no·where ['nəʊweə(r)] *adv* nirgends, nirgendwo, -wohin; ▶ **get** ~ zu nichts, auf keinen grünen Zweig kommen; **come** ~ *sport* unter ferner liefen kommen; **come from** ~ **and win** *sport* überraschend siegen; **appear from** ~ ganz plötzlich auftauchen.

nowt [naʊt] *prn, adv fam* nix, nichts.

noxious ['nɒkʃəs] *adj* **1.** schädlich; **2.** *(Einfluß)* übel, verderblich.

nozzle ['nɒzl] *tech* **1.** Düse *f;* **2.** *(e-r Spritze)* Kanüle *f.*

nuance ['njuːɑːns] Nuance, Schattierung *f.*

nub [nʌb] **1.** Stückchen, Klümpchen *n;* **2.** *fam* Pointe *f,* Kern(punkt) *m.*

nu·bile ['njuːbaɪl] *adj (Mädchen)* heiratsfähig; gut entwickelt.

nu·clear ['njuːklɪə(r)] *adj phys* Kern-; Atom-; kerntechnisch; nuklear, atomar; ▶ ~ **deterrent** nukleares Abschreckungsmittel; ~ **energy** Atom-, Kernenergie *f;* ~ **fission** Kernspaltung *f;* ~ **fuel** Kernbrennstoff *m;* ~ **fusion** Kernverschmelzung *f;* ~ **industry** Atomindustrie *f;* ~ **medicine** Nuklearmedizin *f;* ~ **physicist** Kernphysiker(in) *m (f);* ~ **physics** *pl mit sing* Kernphysik *f;* ~ **pile** Atommeiler *m;* ~ **power** Kernkraft *f;* **a** ~ **power** *pol* eine Atommacht; ~ **power station** Kernkraftwerk *n;* ~ **propulsion** Atomantrieb *m;* ~ **reaction** Kernreaktion *f;* ~ **reactor** Kernreaktor *m;* ~ **research** Kernforschung *f;* ~ **submarine** Atom-U-Boot *n;* ~ **technology** Kerntechnik *f;* ~ **test** Atom(waffen)test *m;* ~ **test ban** Atomteststop(p) *m;* ~ **warfare** Atom-, Nuklearkrieg *m;* ~ **warhead** Atomsprengkopf *m;* ~**weapon** Atom-, Nuklearwaffe *f;* ~ **winter** nuklearer Winter.

nu·cleus ['njuːklɪəs] ⟨*pl* -clei⟩ ['njuːklaɪ] **1.** *phys fig* Kern *m;* **2.** *biol* Zellkern *m;* ▶ **atomic** ~ Atomkern *m.*

nude [njuːd] **I** *adj* nackt, unbekleidet; **II** *s* **1.** *(Kunst)* Aktmodell *n;* Akt *m;*

2. *(Mensch)* Nackte(r) *f m;* ▶ **paint from the** ~ e-n Akt malen; **in the** ~ nackt.

nudge [nʌdʒ] **I** *tr* anstoßen; ▶ ~ **s.o.'s memory** jds Gedächtnis nachhelfen; **II** *s* Stups *m,* kleiner Stoß.

nu·dism ['njuːdɪzəm] Nackt-, Freikörperkultur *f;* **nu·dist** ['njuːdɪst] Anhänger(in) *m (f)* der Nackt-, Freikörperkultur; **nudist beach** FKK-Strand *m;* **nudist camp** FKK-Platz *m;* **nu·dity** ['njuːdətɪ] Nacktheit *f.*

nu·ga·tory ['njuːgətərɪ] *adj* belanglos, nichtig.

nug·get ['nʌgɪt] (Gold)Klumpen *m.*

nui·sance ['njuːsns] **1.** Plage *f;* Nervensäge *f;* Quälgeist *m;* **2.** Ärgernis *n;* peinliche Situation; Mißstand *m;* ▶ **make a** ~ **of o.s.** lästig werden; **what a** ~ wie ärgerlich; **public** ~ öffentliches Ärgernis.

nuke [nuːk, njuːk] *tr fam* eine Atombombe (ab)werfen (auf).

null [nʌl] *adj jur* ungültig, nichtig; ▶ ~ **and void** null und nichtig; **nul·li·fi·ca·tion** [ˌnʌlɪfɪ'keɪʃn] Annullierung *f;* **nul·ify** ['nʌlɪfaɪ] *tr* ungültig machen, annullieren; **nul·lity** ['nʌlətɪ] *adj* Nichtigkeit, Ungültigkeit *f.*

numb [nʌm] **I** *adj* **1.** taub, empfindungslos, gefühllos; **2.** *fig* betäubt; ▶ **fingers** ~ **with cold** Finger, die vor Kälte taub sind; **II** *tr* unempfindlich, gefühllos machen; betäuben.

num·ber ['nʌmbə(r)] **I** *s* **1.** *math* Zahl *f;* Ziffer *f;* **2.** Anzahl *f;* **3.** Nummer *f;* Seitenzahl *f;* Autonummer *f,* Autokennzeichen *n;* **4.** *gram* Numerus *m,* Zahl *f;* **5.** *(Lied)* Nummer *f;* Ausgabe *f,* Heft *n;* **6.** *pl* Rechnen *n;* ▶ **a** ~ **of problems** e-e Anzahl von Problemen; **a** ~ **of occasions** des öfteren; **in equal** ~s ebenso viel; **in a small** ~ **of cases** in wenigen Fällen; **ten in** ~ zehn an der Zahl; **they were few in** ~ es waren nur wenige; **many in** ~ zahlreich; **a fair** ~ **of times** ziemlich oft; **win by force of** ~s aufgrund zahlenmäßiger Überlegenheit gewinnen; **dial a** ~ e-e Nummer wählen; **get s.o.'s** ~ *Am* jdn durchschauen; **look after, take care of** ~ **one** *fam* an sich selbst denken; **my** ~**'s up** *fam* ich bin dran; **the May** ~ das Maiheft, die Maiausgabe; **one of our** ~ eine(r) aus unseren Reihen; **II** *tr* **1.** zählen *(among* zu); **2.** numerieren; einordnen, klassifizieren; **3.** zählen, rechnen; ▶ **a** ~d **account** *fin* ein Nummernkonto *n;* **his days are** ~**ed** seine Tage sind gezählt; **be** ~**ed** begrenzt sein; **III** *itr* (~ *off)* *mil* abzählen; **num·ber·ing** [—ɪŋ] Numerierung *f;* **num·ber·less** [—lɪs] *adj* zahllos; **number-plate** *mot* Nummernschild *n.*

numb·ness ['nʌmnɪs] Taubheit, Starre *f;* Benommenheit *f.*

nu·meral ['njuːmərəl] Ziffer *f;* ▶ **Arabic, Roman** ~s *pl* arabische, römische Ziffern *f pl.*

nu·mer·ate ['njuːmərət] *adj* rechenkundig.

nu·mer·ation [ˌnjuːmə'reɪʃn] Numerierung *f.*

nu·meri·cal [njuː'merɪkl] *adj* numerisch, zahlenmäßig; ▶ ~ **order** Reihen-, Zahlenfolge *f;* ~ **value** Zahlenwert *m.*

nu·mer·ous ['njuːmərəs] *adj* zahlreich.

nu·mis·mat·ics [ˌnjuːmɪz'mætɪks] *pl mit sing* Numismatik *f.*

num·skull ['nʌmskʌl] Dummkopf *m.*

nun [nʌn] *rel* Nonne *f.*

nun·cio ['nʌnsɪəʊ] ⟨*pl* -cios⟩ Nuntius *m.*

nun·nery ['nʌnərɪ] Nonnenkloster *n.*

nup·tial ['nʌpʃl] **I** *adj* ehelich; hochzeitlich; **II** *s* ▶ **the** ~s *pl* die Hochzeit.

nurse [nɜːs] **I** *s* **1.** Schwester *f;* Krankenschwester *f;* **2.** Kindermädchen *n,* Kinderfrau *f;* **3.** *(wet-~)* Amme *f;* ▶ **male** ~ Krankenpfleger *m;* **II** *tr* **1.** säugen, stillen, die Brust geben *(s.o.* jdm); **2.** pflegen; **3.** *(Krankheit)* behandeln, kurieren; **4.** *(Gefühl)* hegen; **5.** schonend umgehen mit; ▶ ~ **s.o. back to health** jdn gesundpflegen; ~ **a cold** an e-r Erkältung herumlaborieren; ~ **a business** ein Geschäft sorgsam verwalten; **nurs·ery** ['nɜːsərɪ] **1.** Kinderzimmer *n;* Säuglingssaal *m;* **2.** Kindergarten *m;* Hort *m;* **3.** *agr* Baumschule *f;* Gärtnerei *f;* **4.** *fig* Zuchtstätte *f;* **nursery rhyme** Kindervers *m;* **nursery school** Kindergarten *m;* **nursery slope** *fam (Ski)* Idiotenhügel *m;* **nursing** ['nɜːsɪŋ] **I** *s* **1.** Pflege *f;* Pflegen *n;* **2.** Krankenpflege *f;* **3.** Stillen *n;* **II** *adj* Pflege-; pflegerisch; ▶ ~**-home** Privatklinik *f;* ~ **mother** stillende Mutter; ~ **staff** Pflegepersonal *n.*

nur·ture ['nɜːtʃə(r)] **I** *s* **1.** Nahrung, Ernährung *f;* **2.** Erziehung; Aufzucht *f;* **II** *tr* **1.** aufziehen; **2.** hegen, fördern; ▶ ~ **s.o. on s.th.** jdn mit etw aufziehen.

nut [nʌt] **1.** Nuß *f;* **2.** *fig (hard* ~*)* harte Nuß, schweres Problem; **3.** *tech* (Schrauben)Mutter *f;* **4.** *sl* Birne *f,* Kopf *m;* **5.** *sl* Spinner(in *f) m;* **6.** *pl sl* Hoden *f pl;* ▶ **a hard, tough** ~ **to crack** e-e harte Nuß; **be off one's** ~ *sl* nicht ganz bei Trost sein; **go off one's** ~ *sl* durchdrehen; **nut-cracker** *(a. pl)* Nußknacker *m;* **nut·house** *sl* Klapsmühle *f;* **nut·meg** ['nʌtmeg] Muskatnuß *f.*

nu·tri·ent ['njuːtrɪənt] **I** *adj* nahrhaft; **II** *s* Nährstoff *m;* **nu·tri·tion** [njuː'trɪʃn] Ernährung *f;* **nu·tri·tious** [njuː'trɪʃəs] *adj* nahrhaft.

nuts [nʌts] *adj sl* ▶ **be** ~ spinnen; **go** ~ durchdrehen; **be** ~ **about s.o.** von jdm ganz weg sein.

nut·shell ['nʌtʃel] Nußschale *f;* ▶ **in a** ~ kurz, mit wenigen Worten; **to put it, the matter in a** ~ um es kurz zu sagen.

nutty ['nʌtɪ] *adj* **1.** mit Nüssen; **2.** *sl* bekloppt, plemplem.

nuzzle ['nʌzl] **I** *tr* **1.** *(Hund)* beschnüffeln; **2.** *(Schwein)* aufwühlen; **II** *itr* ► ~ **up against, up to s.o.** sich an jdn schmiegen.

ny·lon ['naɪlɒn] **1.** *(Textil)* Nylon *n;* **2.** *pl* Nylonstrümpfe *m pl.*

nymph [nɪmf] *(Mythologie)* Nymphe *f.*

nym·pho·ma·nia [ˌnɪmfə'meɪnɪə] Nymphomanie, Mannstollheit *f;* **nym·pho·maniac** [ˌnɪmfə'meɪnɪæk] Nymphomanin *f.*

O

O, o [əʊ] ⟨pl -'s⟩ 1. O, o n; 2. tele Null f.
o [əʊ] interj oh! ach! ▶ **~ my God!** ach du lieber Gott! **~ dear!** o je!
oaf [əʊf] ⟨pl oafs, oaves⟩ [əuvz] Flegel, Lümmel m; **oaf·ish** ['əʊfɪʃ] adj flegelhaft; tölpelhaft.
oak [əʊk] Eiche(nholz n) f.
oar [ɔ:(r)] 1. Ruder n, Riemen m; 2. Ruderer m, Ruderin f; ▶ **put one's ~ in** fig sich einmischen; **rest on one's ~s** fig langsamer treten; **oars·man** ['ɔ:zmən] ⟨pl -men⟩ Ruderer m; **oars·woman** ['ɔ:zwʊmən] ⟨pl -women⟩ [—wɪmɪn] Ruderin f.
oasis [əʊ'eɪsɪs] ⟨pl oases⟩ [əʊ'eɪsi:z] Oase f a. fig.
oat [əʊt] meist pl Hafer m; Haferflocken f pl; ▶ **sow one's wild ~s** sich die Hörner abstoßen; **he feels his ~s** fam ihn sticht der Hafer; **oat·cake** ['əʊtkeɪk] salziger Haferkeks.
oath [əʊθ] 1. Schwur, Eid m; 2. Fluch m; ▶ **make, swear, take an ~** (e-n Eid) schwören; **be under ~** unter Eid stehen; **put s.o. on ~** jdn vereidigen.
oat·meal ['əʊtmi:l] Hafermehl n, Haferschrot m.
ob·du·racy ['ɒbdjʊərəsɪ] Hartnäckigkeit f; Verstocktheit, Halsstarrigkeit f; **ob·du·rate** ['ɒbdjʊərət] adj hartnäckig; verstockt, halsstarrig.
obedi·ence [ə'bi:dɪəns] Gehorsam m; ▶ **in ~ to the law** dem Gesetz entsprechend; **obedi·ent** [ə'bi:dɪənt] adj gehorsam, folgsam; ▶ **be ~** gehorchen; folgen.
ob·elisk ['ɒbəlɪsk] Obelisk m.
obese [əʊ'bi:s] adj fettleibig; **obes·ity** [əʊ'bi:sətɪ] Korpulenz, Fettleibigkeit f.
obey [ə'beɪ] I tr 1. gehorchen (s.o. jdm); folgen; 2. (Regeln) sich halten an, befolgen; 3. (Maschine) reagieren auf; II itr gehorchen; folgen.
obitu·ary [ə'bɪtʃʊərɪ] Nachruf m; **obituary notice** Todesanzeige f.
ob·ject¹ ['ɒbdʒɪkt] 1. Gegenstand m; Ding n; 2. Ziel n, Zweck m; 3. gram Objekt n; 4. Hinderungsgrund m; ▶ **with this ~ in view** mit diesem Ziel vor Augen; **what's the ~ of staying here?** wozu bleiben wir hier? **succeed in one's ~** sein Ziel erreichen.
ob·ject² [əb'dʒekt] I itr 1. dagegen sein; protestieren; Einwände haben; 2. Anstoß nehmen (to an); ▶ **to s.th.** etw ablehnen; **do you ~ to my smoking?** stört es Sie, wenn ich rauche? II tr

einwenden; **ob·jec·tion** [əb'dʒekʃn] 1. Einwand m (to gegen); 2. jur Einspruch m; 3. Abneigung f; Einspruch m; ▶ **I have no ~ to his going away** ich habe nichts dagegen, daß er weggeht; **raise, make an ~** e-n Einwand erheben; **if he has no ~** wenn er nichts dagegen hat; **there is no ~ to it** dagegen ist nichts einzuwenden; **are there any ~s?** erhebt jemand Einspruch? **ob·jec·tion·able** [—əbl] adj 1. störend; 2. (Verhalten) anstößig; 3. (Geruch) unangenehm, übel.
ob·jec·tive [əb'dʒektɪv] I adj 1. objektiv, sachlich; 2. wirklich, real; ▶ **~ fact** Tatsache f; II s 1. Ziel n; Zielsetzung, -vorstellung f; 2. opt phot Objektiv n; **ob·jec·tiv·ity** [ˌɒbdʒek'tɪvətɪ] Objektivität f.
ob·ject les·son ['ɒbdʒɪktˌlesn] 1. Anschauungsunterricht m; 2. Paradebeispiel n.
ob·jec·tor [əb'dʒektə(r)] Gegner(in) m (f); ▶ **conscientious ~** Wehrdienstverweigerer m.
ob·li·gate ['ɒblɪgeɪt] tr verpflichten (s.o. to do s.th. jdn, etw zu tun); **ob·li·ga·tion** [ˌɒblɪ'geɪʃn] Verpflichtung, Pflicht f; ▶ **be under an ~ to do s.th.** verpflichtet sein, etw zu tun; **without ~** com unverbindlich; **~ to buy** Kaufzwang m; **ob·li·ga·tory** [ə'blɪgətrɪ] adj verbindlich, verpflichtend, obligatorisch (on, upon für); ▶ **attendance is ~** Anwesenheit ist vorgeschrieben; es besteht Anwesenheitspflicht; **make it ~ to do s.th.** vorschreiben, daß etw getan wird.
ob·lige [ə'blaɪdʒ] I tr 1. zwingen; verpflichten (s.o. to do s.th. jdn, etw zu tun); 2. gefällig sein, entgegenkommen (s.o. jdm); ▶ **feel ~d to do s.th.** sich zu etw verpflichtet fühlen; **you are not ~d to do it** Sie sind nicht dazu verpflichtet; **please ~ me by closing the door** würden Sie mir bitte den Gefallen tun und die Tür schließen? **much ~d!** herzlichen Dank! **I am much ~d to you for this!** ich bin Ihnen dafür sehr verbunden; II itr ▶ **she is always ready to ~** sie ist immer sehr gefällig; **oblig·ing** [ə'blaɪdʒɪŋ] adj entgegenkommend, gefällig; zuvorkommend.
ob·lique [ə'bli:k] I adj 1. schräg, schief; geneigt; 2. fig (Blick) schräg; (Methode) indirekt; 3. (Winkel) schief; II s Schrägstrich m.
ob·lit·er·ate [ə'blɪtəreɪt] tr 1. auslö-

schen; tilgen; **2.** *(Team)* vernichten; **3.** *(Sonne)* verdecken; **ob·lit·er·ation** [ə,blɪtə'reɪʃn] **1.** Auslöschung *f;* **2.** Vernichtung *f;* **3.** Verdeckung *f.*

ob·liv·ion [ə'blɪvɪən] Vergessenheit *f,* Vergessen *n;* ▶ **fall, sink into ~** in Vergessenheit geraten; **ob·livi·ous** [ə'blɪvɪəs] *adj* ▶ **be ~ of, to s.th.** sich e-r S nicht bewußt sein; **~ of, to his surroundings** ohne Notiz von seiner Umgebung zu nehmen; **~ of, to the world** weltvergessen.

ob·long ['ɒblɒŋ] **I** *adj* rechteckig; **II** *s* Rechteck *n.*

ob·nox·ious [əb'nɒkʃəs] *adj* **1.** widerlich, widerwärtig; **2.** *(Benehmen)* unausstehlich.

oboe ['əʊbəʊ] *mus* Oboe *f;* **obo·ist** [—ɪst] Oboist(in) *m (f).*

ob·scene [əb'si:n] *adj* unanständig, obszön, unzüchtig; **ob·scen·ity** [əb'senətɪ] Unanständigkeit, Obszönität *f.*

ob·scure [əb'skjʊə(r)] **I** *adj* **1.** *(Gefühl)* trüb(e), unklar, undeutlich; **2.** *fig* schwerverständlich, dunkel; **3.** unbekannt, obskur; ▶ **is the meaning still ~ to you?** ist Ihnen die Bedeutung immer noch unklar? **II** *tr* **1.** verdecken, verbergen; **2.** *(Geist)* verwirren; **ob·scur·ity** [əb'skjʊərətɪ] **1.** Dunkelheit, Finsternis *f;* **2.** *fig* Unklarheit, Unverständlichkeit *f;* ▶ **live in ~** zurückgezogen leben.

ob·sequi·ous [əb'si:kwɪəs] *adj* servil, unterwürfig *(to* gegen).

ob·serv·able [əb'zɜ:vəbl] *adj* sichtbar, wahrnehmbar; **ob·serv·ance** [əb'zɜ:vəns] **1.** Befolgung, Einhaltung, Beachtung *f;* **2.** *rel* Einhalten *n;* Observanz *f;* **ob·serv·ant** [əb'zɜ:vənt] *adj* aufmerksam, wachsam; ▶ **~ of the rules** die Regeln einhaltend; **ob·ser·va·tion** [,ɒbzə'veɪʃn] **1.** Beobachtung *f;* Beobachten *n;* **2.** *(Regeln)* Einhalten *n;* **3.** Bemerkung, Äußerung *f;* ▶ **keep s.o. under ~** jdn unter Beobachtung halten; **powers of ~** Beobachtungsgabe *f;* **observation car** *rail* Panoramawagen *m;* **observation post** Beobachtungsposten *m;* **observation ward** Beobachtungsstation *f.*

ob·serv·atory [əb'zɜ:vətrɪ] Sternwarte *f,* Observatorium *n;* ▶ **meteorological ~** Wetterwarte *f.*

ob·serve [əb'zɜ:v] **I** *tr* **1.** be(ob)achten, bemerken, wahrnehmen; **2.** *(Feiertag)* halten; feiern; **3.** feststellen, äußern; **4.** *(Geburtstag)* begehen, feiern; ▶ **the thief was ~d to ...** der Dieb wurde dabei beobachtet, wie er ... **II** *itr* **1.** zusehen; beobachten; **2.** bemerken, feststellen; **ob·server** [əb'zɜ:və(r)] **1.** Zuschauer(in) *m (f);* **2.** *mil pol* Beobachter(in) *m (f).*

ob·sess [əb'ses] *tr* ▶ **be ~ed by, with**

s.o. von jdm besessen sein; **s.th. ~es s.o.** jem ist von etw besessen; **ob·sess·ion** [əb'seʃn] **1.** fixe Idee, Manie *f;* **2.** *med* Zwangsvorstellung *f;* **3.** Besessenheit *f* *(with* von); **ob·sess·ive** [əb'sesɪv] *adj* zwanghaft; ▶ **become ~** zum Zwang werden.

ob·sol·escence [,ɒbsə'lesns] Verschleiß *m;* Veralten *n;* **ob·sol·escent** [,ɒbsə'lesnt] *adj* veraltend, außer Gebrauch kommend; **ob·sol·ete** ['ɒbsəli:t] *adj* veraltet, überholt.

ob·stacle ['ɒbstəkl] Hindernis *n a. fig* *(to* für); ▶ **be an ~ to s.th.** e-r S entgegenstehen; **put ~s in s.o.'s way** jdm Hindernisse in den Weg legen; **obstacle race** *sport* Hindernisrennen *n.*

ob·ste·tri·cian [,ɒbstɪ'trɪʃn] *med* Geburtshelfer(in) *m (f);* **ob·stet·rics** [ɒb'stetrɪks] *pl mit sing* Geburtshilfe *f.*

ob·sti·nacy ['ɒbstɪnəsɪ] Hartnäckigkeit *f,* Starrsinn *m,* Widerspenstigkeit *f;* **ob·sti·nate** ['ɒbstɪnət] *adj* **1.** *(Person)* hartnäckig, starrsinnig; **2.** *(Krankheit)* hartnäckig; ▶ **remain ~** stur bleiben.

ob·strep·er·ous [əb'strepərəs] *adj* aufmüpfig; aufsässig.

ob·struct [əb'strʌkt] **I** *tr* **1.** (ver)sperren, blockieren; verstopfen; **2.** (be)hindern, hemmen, sperren; ▶ **trees ~ed the road** Bäume versperrten die Sicht; **II** *itr* obstruieren; **ob·struc·tion** [əb'strʌkʃn] **1.** *(Straße)* Versperren *n,* Blockierung *f;* Verstopfung *f;* **2.** Behinderung *f;* Hemmung *f;* Hindernis *n (to* für); **3.** *parl* Obstruktion *f;* **ob·struc·tion·ism** [—ɪzəm] *parl* Obstruktionspolitik *f;* **ob·struc·tive** [əb'strʌktɪv] *adj* obstruktiv, behindernd.

ob·tain [əb'teɪn] **I** *tr* **1.** erhalten, erlangen, bekommen; **2.** *(Preis)* erzielen; **3.** *(Wissen)* erwerben; ▶ **~ s.th. for s.o.** jdm etw verschaffen; **II** *itr (Regeln)* in Kraft sein; **ob·tain·able** [—əbl] *adj* erhältlich.

ob·trude [əb'tru:d] **I** *tr* hervorstehen; ▶ **~ o.s. (up)on others** sich anderen aufdrängen; **~ one's opinion (up)on s.o.** jdm seine Meinung aufzwingen; **II** *itr* **1.** sich aufdrängen; **2.** hervorstehen; **ob·trus·ive** [əb'tru:sɪv] *adj* aufdringlich; penetrant.

ob·tuse [əb'tju:s] *adj* **1.** *(Winkel)* stumpf; **2.** *(Mensch)* begriffsstutzig.

ob·vi·ate ['ɒbvɪeɪt] *tr* **1.** vermeiden, umgehen; **2.** *(Einwand)* vorbeugen.

ob·vi·ous ['ɒbvɪəs] *adj* **1.** offenbar, -sichtlich; augenfällig; **2.** *(Unterschied)* offenkundig; **3.** *(Lösung)* einleuchtend, naheliegend; ▶ **an ~ truth** e-e offenkundige Tatsache; **it's ~** das liegt auf der Hand; **make s.th. more ~** etw deutlicher machen.

oc·ca·sion [ə'keɪʒn] **I** *s* **1.** Gelegenheit *f,* Anlaß *m;* **2.** Ereignis *n;* **3.** Gelegenheit,

Möglichkeit *f;* **4.** Grund *m,* Veranlassung *f;* ► **on** ~ gelegentlich; wenn nötig; **on the** ~ **of** bei Gelegenheit, aus Anlaß, anläßlich *gen;* **on that** ~ damals; **on several** ~**s** mehrmals; **give** ~ **to** Anlaß geben zu; **have** ~ **to** Gelegenheit haben zu; **rise to the** ~ sich der Lage gewachsen zeigen; **take this** ~ **to ...** diese Gelegenheit ergreifen, um ... **should the** ~ **arise** nötigenfalls; **II** *tr* Anlaß, Veranlassung sein zu; **oc·ca·sional** [ə'keɪʒənl] *adj* gelegentlich, hin und wieder; ► ~ **purchase** Gelegenheitskauf *m;* ~ **table** Beistelltisch *m;* **oc·ca·sional·ly** [ə'keɪʒənəlɪ] *adv* gelegentlich, ab und zu.

Oc·ci·dent ['ɒksɪdənt] ► **the** ~ der Westen, das Abendland; **oc·ci·den·tal** [ˌɒksɪ'dentl] *adj* westlich, abendländisch.

oc·cult [ɒ'kʌlt] *adj* okkult; geheimnisvoll; **oc·cult·ism** ['ɒkʌltɪzəm] Okkultismus *m.*

oc·cu·pant ['ɒkjʊpənt] **1.** Bewohner(in) *m (f);* **2.** *(e-r Stelle)* Inhaber(in) *m (f);* **occu·pa·tion** [ˌɒkjʊ'peɪʃn] **I** *s* **1.** Beruf *m,* Tätigkeit *f;* **2.** Beschäftigung *f;* **3.** *mil* Besetzung *f;* Besatzung *f;* **4.** *(e-s Hauses)* Besetzung *f;* ► **by** ~ von Beruf; **army of** ~ Besatzungsheer *n;* **be in** ~ **of a house** ein Haus bewohnen; **II** *attr adj mil* Besatzungs-; **oc·cu·pa·tional** [ˌɒkjʊ'peɪʃənl] *adj* beruflich; ► ~ **disease** Berufskrankheit *f;* ~ **hazard** Berufsrisiko *n;* ~ **therapy** Beschäftigungstherapie *f;* **oc·cu·pier** ['ɒkjʊpaɪə(r)] **1.** Bewohner(in) *m (f);* **2.** *(e-r Stelle)* Inhaber(in) *m (f);* **3.** Besetzer(in) *m (f);* **oc·cupy** ['ɒkjʊpaɪ] *tr* **1.** bewohnen; belegen; **2.** besetzen; **3.** *(Zeit)* in Anspruch nehmen; **4.** *(Stellung)* innehaben; **5.** *(Raum)* einnehmen; **6.** beschäftigen; ► **be occupied with** beschäftigt sein mit; ~ **o.s.** sich beschäftigen; **keep s.o. occupied** jdn beschäftigen.

oc·cur [ə'kɜː(r)] *itr* **1.** vorkommen; sich ereignen, geschehen; stattfinden; **2.** einfallen, in den Sinn kommen *(to s.o.* jdm); ► **don't let it** ~ **again** lassen Sie das nicht wieder vorkommen; **it** ~**s to me that ...** ich habe den Eindruck, daß ... **the idea just** ~**red to me** es ist mir gerade eingefallen; **did it ever** ~ **to you that ...?** hast du eigentlich je daran gedacht, daß ...? **oc·cur·rence** [ə'kʌrəns] **1.** Ereignis, Vorkommnis *n,* Begebenheit *f;* **2.** Auftreten *n;* Vorkommen *n;* ► **an everyday** ~ ein alltägliches Ereignis; **be of frequent, rare** ~ häufig, selten vorkommen.

ocean ['əʊʃn] Ozean *m,* Meer *n;* ► ~**s of** *fam* jede Menge, massenhaft; **ocean climate** Meeresklima *n;* **ocean-going** ['əʊʃngəʊɪŋ] *adj* hochseetauglich; ► ~ **tug** Hochseeschlepper *m;* **ocean liner**

Ozeandampfer *m;* **ocean·og·raphy** [ˌəʊʃə'nɒgrəfɪ] Meereskunde *f.*

oce·lot ['əʊsɪlɒt] *zoo* Ozelot *m.*

ochre, *Am* **ocher** ['əʊkə(r)] **I** *s* Ocker *m* od *n;* **II** *adj* ockerfarben.

o'clock [ə'klɒk] *adv* ► **it's 2** ~ es ist 2 Uhr.

OCR *Abk:* **optical character recognition, reader** *EDV* optische Zeichenerkennung; *(*~ *reader)* OCR-Lesegerät *n.*

oc·ta·gon ['ɒktəgən] Achteck *n.*

oc·tane ['ɒkteɪn] *chem* Oktan *n;* **octane number, rating** Oktanzahl *f.*

oc·tave ['ɒktɪv] *mus* Oktave *f;* **oc·tet** [ɒk'tet] *mus* Oktett *n.*

Oc·to·ber [ɒk'təʊbə(r)] Oktober *m;* ► **in** ~ im Oktober.

oc·to·gen·arian [ˌɒktədʒɪ'neəriən] **I** *adj* achtzigjährig; **II** *s* Achtziger(in) *m (f).*

oc·to·pus ['ɒktəpəs] Tintenfisch *m,* Krake *f.*

ocu·list ['ɒkjʊlɪst] Augenarzt *m,* -ärztin *f.*

odd [ɒd] *adj* **1.** *(Zahl)* ung(e)rade; **2.** *(Schuh)* einzeln; **3.** überzählig, -schüssig, übrig; **4.** gelegentlich, zeitweilig; **5.** *(Mensch)* merkwürdig, eigenartig, absonderlich; ► **thirty-**~ **years** so um die dreißig (Jahre); **the** ~ **one left over** der, die, das Überzählige; **at** ~ **times** hin und wieder, dann und wann; ~ **job man** Mädchen *n* für alles; ~ **man out** das fünfte Rad am Wagen; Außenseiter *m;* **odd-ball** ['ɒdbɔːl] Sonderling *m;* **oddity** ['ɒdətɪ] **1.** Ungewöhnlichkeit, Absonderlichkeit, Eigenartigkeit *f;* **2.** komischer Kauz; **odd·ly** ['ɒdlɪ] *adv* eigenartig, sonderbar, merkwürdig; ► ~ **enough** seltsamerweise; **odd·ment** ['ɒdmənt] **1.** Rest *m;* Restposten *m;* **2.** *pl* Rest-; Einzelstücke *n pl.*

odds [ɒdz] *pl* **1.** *(beim Wetten)* Gewinnquote *f;* Kurse *m pl;* **2.** Gewinnchancen *f pl;* ► **the** ~ **are against us** alles spricht gegen uns; **what are the** ~ **on ...?** wie stehen die Chancen, daß ...? **pay over the** ~ einiges mehr bezahlen; **what's the** ~**?** was macht das schon? **it makes no** ~ es spielt keine Rolle; **the** ~ **are 2 to 1** die Chancen stehen 2 zu 1; **be at** ~ **with s.o. over s.th.** mit jdm in etw nicht einiggehen; **the** ~ **are in his favour** der Vorteil ist auf seiner Seite; ~ **and ends** *pl* Überbleibsel *n pl;* Reste *m pl;* Krimskrams, Kram *m;* **odds-on** [ˌɒdz'ɒn] *adv* ► **it's** ~ **that** es ist sehr wahrscheinlich, daß.

ode [əʊd] Ode *f.*

odi·ous ['əʊdɪəs] *adj* **1.** *(Tat)* abscheulich; **2.** *(Person)* abstoßend, ekelhaft.

odom·eter [ɒ'dɒmɪtə(r)] Kilometerzähler *m.*

odour, *Am* **odor** ['əʊdə(r)] Geruch *m a. fig;* Wohlgeruch *m;* ► **be in good, bad** ~ **with s.o.** gut, schlecht bei jdm angeschrieben sein; **odour·less,** *Am* **odor-less** [−lɪs] *adj* geruchlos.

od·ys·sey [ˈɒdɪsɪ] Odyssee *f a. fig.*

OECD [ˌəuiːsiːˈdiː] *Abk:* **Organization for Economic Cooperation and Development** OECD *f.*

oecu·meni·cal [ˌiːkjuːˈmenɪkl] *adj* ökumenisch.

oesoph·agus, *Am* **esoph·agus** [iːˈsɒfəgəs] *anat* Speiseröhre *f.*

of [əv, *betont:* ɒv] *prep* **1.** *(Besitzverhältnis)* von; ▶ **a friend ~ mine** ein Freund von mir; **the works ~ Shakespeare** Shakespeares Werke; **2.** *(zeitlich, örtlich)* ▶ **north ~ London** nördlich von London; **a quarter ~ six** *Am* Viertel vor sechs; **3.** *(Angabe des Grundes)* ▶ **die ~ hunger** verhungern; **be proud ~ s.th.** stolz auf etw sein; **4.** *(Angabe e-r Entbehrung)* ▶ **cure s.o. ~ a disease** jdn von e-r Krankheit heilen; **trees bare ~ leaves** Bäume ohne Blätter; **5.** *(Angabe des Materials)* ▶ **table ~ wood** Holztisch *m;* **6.** *(Angabe der Qualität)* ▶ **man ~ courage** mutiger Mensch; **~ no importance** bedeutungslos; **7.** *(Angabe des Genitivs)* ▶ **love ~ money** Liebe zum Geld; **many ~ them came** viele kamen; **one ~ the best** e-r der Besten; **today ~ all days** ausgerechnet heute; **you ~ all people ought to know** gerade Sie sollten das wissen; **what has become ~ him?** was ist aus ihm geworden? **doctor ~ medicine** Doktor *m* der Medizin; **what do you do ~ a Sunday?** was machst du sonntags? **~ late** seit neuestem; **~ old** einst, ehemals.

off [ɒf] **I** *adv* **1.** *(Entfernung)* ▶ **the town is five miles ~** die Stadt ist fünf Meilen entfernt; **the holidays are not far ~** es ist nicht mehr lang bis zu den Ferien; **2.** *(Weggang)* ▶ **go ~** gehen; **~ with him!** fort mit ihm! **it's time I was ~** es ist Zeit, daß ich gehe; **they're ~** *sport* sie sind gestartet; **3.** *(Wegnehmen)* ▶ **there are two buttons ~** es fehlen zwei Knöpfe; **~ with his head!** Kopf ab! **the lid is ~** der Deckel ist nicht drauf; **4.** *(Abzug)* ▶ **1 %178%** 1 % Nachlaß; **5.** ▶ **get a day ~** e-n Tag freibekommen; **~ and on, on and ~** ab und zu; **it rained ~ and on** es regnete mit Unterbrechungen; **II** *prep* **1.** *(Angabe e-r Bewegung)* ▶ **fall ~ a ladder** von e-r Leiter fallen; **jump ~ the roof** vom Dach springen; **she borrowed money ~ her father** sie lieh sich von ihrem Vater Geld; **2.** *(Entfernung)* abgelegen von; ▶ **the narrow lane was ~ the main road** die enge Straße lag von der Hauptstraße ab; **3.** *fam* ▶ **he's ~ drugs now** er ist nicht mehr rauschgiftsüchtig; **III** *adj* **1.** *(Tag)* schlecht; **2.** *(Speisen)* verdorben, schlecht; sauer; ▶ **this milk is ~** diese Milch ist sauer; **3.** *(Spiel)*

abgesagt; *(im Restaurant)* aus; ▶ **I'm afraid veal is ~ now** das Kalbfleisch ist leider aus(-gegangen); **4.** *(Licht)* ausgeschaltet; **IV** *(Wendungen)* **they are badly ~** sie sind nicht gut gestellt; **you're ~ there** da irrst du gewaltig; **that's a bit ~!** das ist ein dicker Hund! **how are we ~ for time?** wieviel Zeit haben wir noch?

of·fal [ˈɒfl] **1.** Innereien *pl;* **2.** *fig* Abfall *m.*

off-beat [ˌɒfˈbiːt] *adj fam* ungewöhnlich, unkonventionell; **off-centre,** *Am* **off-center** [ˌɒfˈsentə(r)] *adj* nicht in der Mitte; asymmetrisch; **off-chance** [ˈɒftʃɑːns] ▶ **do s.th. on the ~** etw auf den Verdacht hin tun; **I came on the ~ of seeing him** ich kam in der Hoffnung, ihn (vielleicht) zu sehen; **off-col·our,** *Am* **off-color** [ˌɒfˈkʌlə(r)] *adj* **1.** unwohl; **2.** *(Witz)* zweideutig; **off-day** [ˈɒfdeɪ] *fam* Tag *m,* an dem man sich nicht wohl fühlt.

of·fence, *Am* **of·fense** [əˈfens] **1.** *jur* Straftat *f;* Vergehen *n (against* gegen); **2.** Kränkung, Beleidigung *f;* Anstoß *m;* **3.** *rel* Sünde *f;* **4.** Angriff *m;* ▶ **commit an ~** sich strafbar machen; **first ~** erste Straftat; **it is an ~ to the eye** das beleidigt das Auge; **cause, give ~ to s.o.** jdn kränken; **take ~ at s.th.** wegen etw gekränkt sein; an etw Anstoß nehmen; **~ is the best defence** *prov* Angriff ist die beste Verteidigung; **of·fend** [əˈfend] **I** *itr* **1.** beleidigend sein; **2.** Unrecht tun; ▶ **~ against** verstoßen gegen; **II** *tr* **1.** beleidigen, verletzen; **2.** Anstoß erregen bei; **of·fender** [əˈfendə(r)] Täter(in) *m (f);* Verkehrssünder(in) *m (f);* ▶ **first ~** Ersttäter(in), noch nicht Vorbestrafte(r) *f m;* **offense** [əˈfens] *Am s. offence;* **of·fensive** [əˈfensɪv] **I** *adj* **1.** angreifend, offensiv; **2.** *(Geruch)* unangenehm, widerlich; **3.** *(Film)* anstößig; **4.** *(Benehmen)* beleidigend, kränkend; **II** *s* Angriff *m,* Offensive *f;* ▶ **take the ~** in die Offensive gehen; **on the ~** in der Offensive; **~ weapon** Offensivwaffe *f.*

of·fer [ˈɒfə(r)] **I** *tr* **1.** anbieten; **2.** *(Preis)* aussetzen; **3.** *(Rat)* (an)bieten; **4.** *(Plan)* vorschlagen; **5.** *(Trost)* spenden; **6.** *(Opfer)* darbringen; **7.** *(Widerstand)* bieten; ▶ **~ to do s.th.** anbieten, etw zu tun; **~ an opinion** sich äußern; **~ an explanation** eine Erklärung geben; **~ a price** ein Preisangebot machen; **~ resistance** Widerstand leisten; **~ a reward** e-e Belohnung aussetzen; **II** *itr* ▶ **whenever the opportunity ~s** immer wenn sich die Gelegenheit bietet; **III** *s* **1.** Angebot *n;* **2.** *(~ of marriage)* (Heirats)Antrag *m;* ▶ **on ~** *com* (zum Verkauf) angeboten; verkäuflich; im Sonderangebot; **make an ~ of s.th. to s.o.** jdm etw anbieten;

of·fer·ing ['ɒfərɪŋ] 1. Gabe *f;* 2. *rel* Opfer *n;* Opfergabe *f.*

off-hand [ˌɒf'hænd] I *adv* so ohne weiteres, auf Anhieb; II *adj (a. off-handed)* 1. lässig; 2. *(Benehmen)* gleichgültig.

of·fice ['ɒfɪs] 1. Büro *n;* Kanzlei *f;* Abteilung *f;* 2. Amt *n;* 3. Aufgabe, Pflicht *f;* 4. *pl* Dienste *m pl;* 5. *rel* Gottesdienst *m;* ► **at the** ~ im Büro; **take** ~ das Amt antreten; die Regierung übernehmen; **through the** ~s of durch Vermittlung von; **hold** ~ im Amt sein; an der Regierung sein; **be out of** ~ nicht im Amt sein; nicht mehr an der Regierung sein; **office automation** *EDV* Büroautomation *f;* **office-block** Bürohaus *n;* Bürokomplex *m;* **office-boy** Laufbursche *m;* **office-hours** *pl* Dienstzeit *f;* Geschäfts-, Öffnungszeiten *f pl.*

of·fi·cer ['ɒfɪsə(r)] 1. *mil aero* Offizier *m;* 2. Beamte(r) *m,* Beamtin *f;* 3. *(Verein)* Vorstandsmitglied *n;* ► **medical** ~ Amtsarzt *m,* -ärztin *f;* **police** ~ Polizeibeamte(r) *m,* -beamtin *f.*

of·fi·cial [ə'fɪʃl] I *adj* amtlich; dienstlich; offiziell; ► **through** ~ **channels** auf dem Dienstweg; ~ **statement** amtliche Verlautbarung; ~ **style** förmlicher Stil; II *s* 1. Beamte(r) *m,* Beamtin *f;* 2. *(Verein)* Funktionär(in) *m (f);* **of·fi·cial·dom** [—dəm] Beamtentum *n,* Bürokratie *f;* **of·fi·cialese** [əˌfɪʃə'li:z] Beamten-, Amtsjargon *m;* **of·fi·cial·ly** [ə'fɪʃəlɪ] *adv* offiziell.

of·fi·cious [ə'fɪʃəs] *adj* übereifrig, dienstbeflissen.

off·ing ['ɒfɪŋ] ► **in the** ~ in Sicht.

off-key [ˌɒf'ki:] *adj mus* falsch; **off-licence** ['ɒflaɪsns] *Br* 1. Konzession *f* für den Verkauf von Alkohol; 2. Wein- und Spirituosenhandlung *f;* **off-line** [ˌɒf'laɪn] I *adj EDV* Off-line-; ► ~ **mode** *EDV* Off-line-Betrieb *m;* II *adv* off-line; **off-peak** ['ɒfpi:k] *adj* ► ~ **charges** *pl* verbilligter Tarif; **during** ~ **hours** außerhalb der Stoßzeiten; ~ **heating** Speicherheizung *f;* **off-putting** [ˌɒf'pʊtɪŋ] *adj fam* entmutigend; wenig einladend; unsympathisch; **off-sea·son** ['ɒfsi:zn] Nebensaison *f.*

off·set ['ɒfset] I *s* 1. *typ* Offsetdruck *m;* 2. *bot* Ableger *m;* 3. *fig* Ausgleich *m;* II *tr irr s. set* 1. ausgleichen; wettmachen, aufwiegen; 2. versetzen.

off-shore [ˌɒf'ʃɔ:(r)] I *adv* von der Küste weg; ► **anchor** ~ vor der Küste ankern; II *adj* küstennah; Küsten-; im Meer; **off·side** [ˌɒf'saɪd] I *adj* 1. *sport* im Abseits; 2. *mot* auf der Fahrerseite; II *s mot* Fahrerseite *f;* **offside rule** *(sport)* Abseitsregel *f.*

off·spring ['ɒfsprɪŋ] 1. *sing* Sprößling, Abkömmling *m;* 2. *pl* Nachwuchs *m;* (die) Jungen *pl.*

off stage [ˌɒf'steɪdʒ] *adv* hinter den Ku-

lissen; **off-the-cuff** [ˌɒfðə'kʌf] *adj adv* aus dem Stegreif; **off-the-peg** [ˌɒfðə'peg] *adj Br* von der Stange, Konfektions-; **off-white** [ˌɒf'waɪt] *adj* gebrochen weiß.

of·ten ['ɒfn] *adv* oft, häufig; ► **we** ~ **go there** wir gehen häufig da hin; **as** ~ **as** sooft wie; **not as** ~ **as twice a month** weniger als zweimal im Monat; **as** ~ **as not, more** ~ **than not** meistens; **every so** ~ öfters, von Zeit zu Zeit; **once too** ~ einmal zu oft; **how** ~? wie oft?

ogle ['əʊgl] *tr* liebäugeln mit; kein Auge lassen von.

ogre ['əʊgə(r)] Menschenfresser *m (im Märchen);* **ogress** ['əʊgres] Menschenfresserin *f.*

oh [əʊ] *interj* oh! ach! ► ~ **well** na ja! ~ **dear!** o je! ~ **yes?** ach ja?

oil [ɔɪl] *s* 1. Öl *n;* 2. Erdöl, Petroleum *n;* 3. Ölfarbe *f,* -gemälde *n;* 4. *sl* Schmeichelei *f;* ► **burn the midnight** ~ bis spät in die Nacht (hinein) arbeiten; **pour** ~ **on troubled waters** die Wogen glätten; **strike** ~ *fig* e-n guten Fund machen; **paint in** ~s in Öl malen; II *tr* (ein)ölen, schmieren; ► ~ **s.o.'s palm** jdn bestechen; ~ **the wheels** *fig* die Dinge erleichtern; **oil-cake** Ölkuchen *m;* **oil-can** Ölkanne *f;* **oil-change** *mot* Ölwechsel *m;* **oil-cloth** ['ɔɪlklɒθ] Wachstuch *n;* **oil company** Ölkonzern *m;* **oil consumption** Ölverbrauch *m;* **oil crisis** Ölkrise *f;* **oil-exporting** [ˌɔɪlk'spɔ:tɪŋ] *adj* erdölexportierend; ► ~ **country** Ölexportland *n;* **oil-field** Ölfeld *n;* **oil-fired** ['ɔɪlˌfaɪrd] *adj* mit Öl befeuert; **oili·ness** ['ɔɪlɪnɪs] 1. ölige Beschaffenheit; 2. *fig* aalglattes Wesen; **oil lamp** Öllampe *f;* **oil level** *tech* Ölstand *m;* **oil-painting** Ölgemälde *n,* -malerei *f;* **oil pipeline** Erdölleitung *f;* **oil-producing** *adj* ölfördernd; ► ~ **country** Ölförderland *n;* **oil-rig** Bohrturm *m;* -insel *f;* **oil sheik** Ölscheich *m;* **oil-skin** 1. Öltuch *n;* 2. *pl* Ölzeug *n;* **oil slick** Ölteppich *m;* Öllache *f;* **oil-tanker** Öltanker *m,* Tankschiff *n;* **oil-well** Ölquelle *f;* **oily** ['ɔɪlɪ] *adj* 1. ölig; ölhaltig; 2. *(Finger)* voller Öl; 3. *fig* aalglatt.

oint·ment ['ɔɪntmənt] Salbe *f.*

OK, okay [ˌəʊ'keɪ] I *interj* okay! einverstanden! in Ordnung! II *adj* in Ordnung, okay; ► **that's** ~ **with me** das ist mir recht; **be** ~ **for money** genug Geld haben; III *adv* gut; einigermaßen; IV *tr (Plan)* gutheißen, billigen; V *s* Zustimmung *f.*

old [əʊld] I *adj* 1. alt; 2. bejahrt, betagt; 3. verbraucht, abgenutzt; 4. früher, ehemalig; 5. erfahren, erprobt; 6. altertümlich; weit zurückliegend, -reichend; ► ~ **people** alte Leute; **he's forty years** ~ er ist 40; **seven-year-**~ Siebenjährige(r) *f m;* **any** ~ **thing** irgendwas; **his** ~ **school**

seine ehemalige Schule; **we had a great ~ time** wir haben uns prächtig amüsiert; **the O~ World** die alte Welt; **II** *s* ► **in days of ~** in alten Zeiten; **the men of ~** die Menschen früherer Zeiten; **old age** das Alter; ► **reach ~** ein hohes Alter erreichen; **old-age pension** Altersrente *f;* **old boy** *Br* ehemaliger Schüler; **old·es·tab·lished** [ˌəʊldɪˈstæblɪʃt] *adj* alteingesessen; **old-fashioned** [ˌəʊldˈfæʃnd] *adj* altmodisch; **old girl** *Br* ehemalige Schülerin; **old·ish** [ˈəʊldɪʃ] *adj* ältlich; **old lady** *fam* ► **my ~** meine Alte; **old-maidish** [ˌəʊldˈmeɪdɪʃ] *adj* altjüngferlich; **old man** *fam* ► **my ~** mein Alter; **old master** alter Meister; **old school** *fig* alte Schule; **old stager** [ˌəʊldˈsteɪdʒə(r)] alter Hase; **old-style** *adj* im alten Stil; **old-timer** [ˈəʊldtaɪmə(r)] *fam* e-(r) von der alten Garde, Veteran(in) *m (f);* **old wives' tale** Ammenmärchen *n.*

ole·an·der [ˌəʊlɪˈændə(r)] *bot* Oleander *m.*

ol·fac·tory [ɒlˈfæktərɪ] *adj* Geruchs-.

ol·ive [ˈɒlɪv] **I** *s* 1. Olive *f;* 2. *(~ tree)* Olivenbaum *m;* 3. *(Farbe)* Olivgrün *n;* **II** *adj* olivgrün; **olive branch** Ölzweig *m;* **olive grove** Olivenhain *m;* **olive-oil** [ˈɒlɪvˌɔɪl] Olivenöl *n.*

Olym·piad [əˈlɪmpɪæd] Olympiade *f;* **Olym·pian** [əˈlɪmpɪən] **I** *s* Olympier *m;* **II** *adj* olympisch; **Olym·pic** [əˈlɪmpɪk] **I** *adj* olympisch; **II** *s* ► **the ~s** *pl* die Olympischen Spiele.

om·buds·man [ˈɒmbʊdzmən] ⟨*pl* -men⟩ *pol* Ombudsmann *m.*

om·elette, *Am* **om·elet** [ˈɒmlɪt] Omelett(e) *n,* Eierkuchen *m.*

omen [ˈəʊmen] Omen, Vorzeichen *n (for* für); **om·in·ous** [ˈɒmɪnəs] *adj* bedrohlich, drohend; unheilverkündend.

omission [əˈmɪʃn] 1. Auslassung *f;* 2. Unterlassung, Nichtbeachtung *f;* ► **sin of ~** Unterlassungssünde *f a. fig.*

omit [əˈmɪt] *tr* 1. auslassen *(from* aus); 2. unterlassen, versäumen *(doing, to do* zu tun).

om·ni·bus [ˈɒmnɪbəs] **I** *s* 1. Omnibus, Autobus, Bus *m;* 2. *(Buch)* Sammelband *m;* **II** *adj* allgemein, umfassend.

om·nip·otence [ɒmˈnɪpətəns] Allmacht, Omnipotenz *f;* **om·nip·otent** [ɒmˈnɪpətənt] *adj* allmächtig.

om·ni·pres·ent [ˌɒmnɪˈpreznt] *adj* allgegenwärtig.

om·nis·cient [ɒmˈnɪʃnt] *adj* allwissend.

on [ɒn] **I** *prep* 1. *(Platz, Lage)* auf; an; ► **~ the table** auf dem Tisch; **pictures ~ the wall** Bilder an der Wand; **flies ~ the ceiling** Fliegen an der Decke; **~ the right** rechts; **~ the radio** im Radio; **he has no money ~ him** er hat kein Geld bei sich; **a house ~ the coast** ein Haus

am Meer; 2. *(Transportmittel)* ► **go ~ the train** mit dem Zug fahren; **~ foot** zu Fuß; **~ a bicycle** mit dem Fahrrad; 3. *(Mittel)* ► **live ~ one's income** von seinem Einkommen leben; **live ~ bread** sich von Brot ernähren; 4. über; ► **a lecture ~ Shakespeare** ein Vortrag über Shakespeare; 5. *(zeitlich)* an; ► **~ Sunday** am Sonntag; **~ the evening of May the first** am Abend des ersten Mai; **~ the minute** auf die Minute genau; 6. bei; ► **~ my arrival** bei meiner Ankunft; **~ request** auf Wunsch; **~ receiving his letter** auf seinen Brief hin; 7. *(Zugehörigkeit)* in; ► **he is ~ the committee** er gehört dem Ausschuß an; 8. *(beschäftigt mit)* ► **work ~ a project** an e-m Projekt arbeiten; 9. im Vergleich zu; 10. *mus* ► **play ~ the violin** auf der Geige spielen; 11. nach; ► **~ his theory** seiner Theorie nach; **this is ~ me** das geht auf meine Kosten; **II** *adv (s. a. Verb mit on)* ► **have nothing ~** nichts anhaben, nackt sein; **I put a hat ~** ich setzte e-n Hut auf; **from that day ~** von diesem Tag an; **well ~ in the morning** später am Morgen; **keep ~ talking** immer weiterreden; **~ and ~** ununterbrochen, andauernd; **be ~ at s.o.** *fam* auf jdm dauernd herumhacken; **what's he ~ about?** wovon redet er nun schon wieder? **III** *adj (Licht)* an; ► **be ~** gegeben werden; gezeigt werden; **who's ~ tonight?** wer spielt heute abend? **I have nothing ~ tonight** ich habe heute abend nichts vor; **it's just not ~** das gibt es einfach nicht.

once [wʌns] **I** *adv* einmal; früher einmal; einst; ► **~ a week** einmal in der Woche; **~ more** noch einmal; **~ and for all** ein für allemal; **~ or twice** ein- oder zweimal; **~ upon a time there was ...** es war einmal ...; **at ~** sofort; auf einmal; **all at ~** ganz plötzlich; **~ in a blue moon** alle Jubeljahre einmal; **~ bitten twice shy** *prov* ein gebranntes Kind scheut das Feuer; **II** *conj* wenn; als; **once-over** [ˈwʌnsˌəʊvə(r)] kurze Untersuchung; ► **give s.o. the ~** *fam* jdn kurz prüfend ansehen.

on·com·ing [ˈɒnkʌmɪŋ] **I** *adj* 1. entgegenkommend; 2. *(Gefahr)* nahend, drohend; ► **the ~ traffic** der Gegenverkehr; **II** *s* Nahen, Kommen *n.*

one [wʌn] **I** *adj* 1. ein, eine, ein; ► **the baby is ~ (year old)** das Kind ist ein Jahr (alt); **it is ~ o'clock** es ist ein Uhr; **~ hundred pounds** hundert Pfund; 2. *(unbestimmt)* ► **~ morning** e-s Morgens; **~ day next week** nächste Woche einmal; **~ Mr Smith** ein gewisser Herr Smith; 3. *(einzig)* ► **my ~ hope** meine einzige Hoffnung; **my ~ thought was ...** mein einziger Gedanke war ... 4. *(ohne Unterschied)* ► **they are ~ and**

the same person das ist ein und dieselbe Person; **it is all ~** das ist einerlei; **we are ~ on the subject** wir sind uns über das Thema einig; **II** *prn* **1.** eine(r, s); ▶ **the ~ who** ... derjenige, der ... **a bigger ~** ein größerer; **no ~ of these people** keiner dieser Leute; **any ~** irgendeine(r, s); **every ~** jede(r, s); **this ~** diese(r, s); **the little ~s** *pl* die Kleinen *pl;* **I'm not ~ to go out often** ich bin nicht der Typ, der oft ausgeht; **I was never ~ to say no** ich sage eigentlich nie nein; **I, for ~,** **think otherwise** ich, zum Beispiel, denke anders; **they came ~ and all** sie kamen alle; **~ by ~** einzeln; **~ after the other** einer nach dem anderen; **she is ~ of us** sie ist e-e von uns; **2.** man; einen *acc;* einem *dat;* ▶ **wash ~'s face** sich das Gesicht waschen; **~ can't always find time for reading** man hat nicht immer Zeit zum Lesen; **III** *s* Eins *f;* ▶ **in ~s and twos** in kleinen Gruppen; **they became ~** sie wurden eins; **be at ~** sich einig sein; **the goods are sold in ~s** die Waren werden einzeln verkauft; **be ~ up on s.o.** jdm etw voraushaben.

one-armed [ˌwʌnˈɑːmd] *adj* einarmig; ▶ **~ bandit** einarmiger Bandit *(Spielautomat);* **one-eyed** [ˌwʌnˈaɪd] *adj* einäugig; **one-handed** [ˌwʌnˈhændɪd] *adj* einhändig; **one-horse** [ˌwʌnˈhɔːs] *adj* einspännig; ▶ **a ~ town** *fam* ein Kuhdorf; **one-legged** [ˌwʌnˈlegd] *adj* einbeinig; **one-man** [ˌwʌnˈmæn] *adj* Einmann-; ▶ **~ band** Einmannband *f;* **~ job** Arbeit *f* für e-n einzelnen; **one-night stand 1.** *theat* einmalige Aufführung; **2.** ▶ **it was only a ~** es war nur ein Abenteuer für eine Nacht; **one-off** [ˈwʌnɒf] **I** *adj Br* einmalig; **II** *s* etwas Einmaliges; **one-piece** [ˌwʌnˈpiːs] *adj* einteilig; ▶ **~ swimsuit** Einteiler *m.*

on·er·ous [ˈɒnərəs] *adj* beschwerlich, drückend; schwer.

one·self [wʌnˈself] *prn* **1.** sich; **2.** *(betont)* (man) selbst; ▶ **wash ~** sich waschen; **for ~** ganz allein; ohne Hilfe; **if one doesn't do everything ~** wenn man nicht alles selbst macht; **be ~** sich so geben, wie man ist; **come to ~** wieder zu sich kommen; sich fassen.

one-sided [ˌwʌnˈsaɪdɪd] *adj* **1.** einseitig *a. fig;* **2.** *fig* parteiisch; **one-time** [ˈwʌntaɪm] *adj* ehemalig, früher; **one-track** [ˈwʌntræk] *adj* ▶ **he's got a ~ mind** der hat immer nur das eine im Kopf; **one-up·man·ship** [ˌwʌnˈʌpmənʃɪp] ▶ **the art of ~** die Kunst, allen anderen um e-e Nasenlänge vorauszusein; **one-way** [ˈwʌnweɪ] *adj* Einbahn-; ▶ **~ street** Einbahnstraße *f;* **~ ticket** einfache Fahrkarte.

on-go·ing [ˈɒŋɡəʊɪŋ] *adj* im Gang befindlich, laufend; andauernd.

onion [ˈʌnɪən] Zwiebel *f;* ▶ **know one's**

~s *sl* sein Geschäft verstehen.

on-line [ˌɒnˈlaɪn] **I** *adj EDV* On-line; ▶ **~ mode** *EDV* On-line-Betrieb *m;* **II** *adv* on-line.

on·looker [ˈɒnlʊkə(r)] Zuschauer(in) *m (f).*

only [ˈəʊnlɪ] **I** *adj* einzige(r, s); ▶ **he's an ~ child** er ist ein Einzelkind; **the ~ thing** das einzige; **her ~ answer was a shrug** ihre Antwort bestand nur aus e-m Achselzucken; **my one and ~ hope** meine einzige Hoffnung; **II** *adv* nur; ▶ **~ last week** erst letzte Woche; **I ~ wanted** ... ich wollte weiter nichts, als ... **~ too true** nur zu wahr; **if ~** wenn doch nur; **not ~** ... **but also** nicht nur ... sondern auch; **if ~ that hadn't happened** wenn das bloß nicht passiert wäre; **~ just** eben erst; **III** *conj* bloß, nur.

on·rush [ˈɒnrʌʃ] Ansturm *m a. fig;* **on·set** [ˈɒnset] **1.** Anfang, Beginn *m;* **2.** *med* Ausbruch *m;* ▶ **at the first ~** bei Beginn; **on·shore** [ˈɒnʃɔː(r)] **I** *adj* Land-; **II** *adv* an Land; **on-site** [ˌɒnˈsaɪt] **I** *adj* Vor-Ort-; ▶ **~ supervision** Vor-Ort-Kontrolle *f;* **II** *adv* vor Ort; **on·side** *adv sport* nicht im Abseits; **on·slaught** [ˈɒnslɔːt] heftiger Angriff *(on* auf).

onto [ˈɒntʊ, *vor Konsonanten:* ˈɒntə] *prep* auf; ▶ **come ~ a subject** auf ein Thema zu sprechen kommen; **be ~ s.o.** jdm auf die Schliche kommen.

on·ward [ˈɒnwəd] **I** *adv (a. ~s)* voran, vorwärts, weiter; ▶ **from today ~** von heute an; **II** *adj* nach vorn (gerichtet); ▶ **the ~ course of events** die fortschreitende Entwicklung der Dinge.

onyx [ˈɒnɪks] *min* Onyx *m.*

oodles [ˈuːdlz] *pl sl* jede Menge; ▶ **~ of money** Geld wie Heu.

oomph [ʊmf] *sl* Schwung *m.*

ooze [uːz] **I** *s* Schlick, Schlamm *m;* **II** *itr* triefen; sickern; herausquellen; ▶ **~ away** versickern; versiegen; **~ out** herausquellen; **III** *tr* **1.** ausschwitzen; **2.** *fig* triefen von; strotzen von.

opac·ity [əʊˈpæsətɪ] Undurchsichtigkeit *f a. fig;* Lichtundurchlässigkeit *f.*

opal [ˈəʊpl] *min* Opal *m;* **opal·escent** [ˌəʊpəˈlesnt] *adj* opalisierend, schillernd.

opaque [əʊˈpeɪk] *adj* **1.** undurchsichtig, milchig, trüb; **2.** *fig* undurchsichtig.

open [ˈəʊpən] **I** *adj* **1.** offen; geöffnet; frei; **2.** *(Geschäft)* geöffnet; **3.** *(Blick)* frei; offen; **4.** *(Gebäude)* eingeweiht; freigegeben; eröffnet; *(Treffen)* öffentlich; **5.** *(Feindschaft)* unverhohlen; **6.** *(Frage)* offen, ungeklärt; **7.** *(Küste)* ungeschützt; **8.** *(Muster)* durchbrochen; **9.** *(Charakter)* offen, aufrichtig; ▶ **keep the door ~** die Tür offenlassen; **a shirt ~ at the neck** ein am Hals offenes Hemd; **~ door policy** Politik *f* der offe-

nen Tür; **in the ~ air** im Freien; **~ note**
mus Grundton *m;* **road ~ to traffic**
Durchfahrt frei; **declare s.th. ~** etw ein-
weihen, eröffnen; **in ~ court** *jur* in öf-
fentlicher Verhandlung; **be ~ to s.o.** jdm
offenstehen; jdm zur Verfügung stehen;
~ to the public der Öffentlichkeit zu-
gänglich; **be ~ to advice** Ratschlägen
zugänglich sein; **be ~ to attack** Angrif-
fen ausgesetzt sein; **leave ~** *fig* offenlas-
sen; **have an ~ mind on s.th.** e-r S
aufgeschlossen gegenüberstehen; **II** *tr* **1.**
(Mund) öffnen, aufmachen; *(Zeitung)*
aufschlagen; **2.** *(Ausstellung)* eröffnen;
einweihen; **3.** *(Gebiet)* erschließen; **4.**
fig öffnen; **5.** *(Diskussion)* eröffnen, be-
ginnen; ► **~ one's heart to s.o.** sich jdm
eröffnen; **~ fire** das Feuer eröffnen; **III**
itr **1.** sich öffnen; aufgehen; **2.** *(Laden)*
öffnen, aufmachen; **3.** *(Tür)* führen *(into*
in); **4.** beginnen *(with* mit); **IV** *s* ► **in the
~** im Freien; **come out into the ~** *fig*
Farbe bekennen; **force s.o. out into the
~** jdn zwingen, sich zu stellen; **force
s.th. out into the ~** etw zur Sprache
bringen; **V** *(mit Präposition)* **open on to**
itr (Tür) führen auf; **open out** *itr* **1.** sich
verbreitern; sich weiten; sich ausfalten
lassen; **2.** *fig* aus sich herausgehen; *tr* **1.**
auseinanderfalten; vergrößern; **2.** *fig*
aus der Reserve locken; **open up** *itr* **1.**
sich öffnen, aufgehen; sich erschließen;
2. *fig* gesprächiger werden; **3.** *(Tür)*
aufgehen; **4.** *mil* das Feuer eröffnen; *tr*
1. *(Gebiet)* erschließen; freimachen; **2.**
bauen; schaffen; **3.** *(Tür)* aufschließen;
4. *(Geschäft)* eröffnen.

open-air [ˌəʊpnˈeə(r)] *adj* im Freien;
► **~ theatre** Freilichttheater *n;* **open-
cast mining** *min* Tagebau *m;* **open-
ended** [ˌəʊpnˈendɪd] *adj fig* offen, zeit-
lich nicht begrenzt; als offen lassend;
opener [ˈəʊpənə(r)] *tech* Öffner *m;*
► **bottle-~** Flaschenöffner *m;* **tin-~,**
Am **can-~** Büchsenöffner *m;* **open-
eyed** [ˌəʊpnˈaɪd] *adj* mit offenen Au-
gen.
open·ing [ˈəʊpənɪŋ] **I** *s* **1.** Öffnung *f;*
Loch *n;* Spalt *m;* **2.** Lücke *f;* **3.** *Am*
Lichtung *f;* **4.** Eröffnung *f;* Beginn, An-
fang *m;* **5.** Öffnen *n;* Aufmachen *n;* **6.**
Möglichkeit, Chance *f;* **7.** freie Stelle *f;*
► **O~ of Parliament** Parlamentseröff-
nung *f;* **hours of ~** Öffnungszeiten *f pl;*
II *adj* erste(r, s); Eröffnungs-; **opening
night** Eröffnungsvorstellung *f;* **open-
ing time** Öffnungszeit *f.*
open·ly [ˈəʊpənlɪ] *adv* offen; freiheraus;
öffentlich.
open-minded [ˌəʊpnˈmaɪndɪd]
adj aufgeschlossen; **open-mouthed**
[ˌəʊpnˈmaʊθd] *adj* mit offenem Mund.
open·ness [ˈəʊpənnɪs] **1.** Offenheit,
Aufrichtigkeit *f;* Öffentlichkeit *f;* **2.** *fig*
Aufgeschlossenheit *f;* **3.** Lockerheit *f.*

open-plan [ˌəʊpnˈplæn] *adj* Großraum-;
offen angelegt.
op·era [ˈɒprə] Oper *f;* ► **go to the ~** in
die Oper gehen.
op·er·able [ˈɒpərəbl] *adj* **1.** *med* ope-
rierbar; **2.** durchführbar, praktikabel.
op·era-glasses [ˈɒprəglɑːsɪz] *pl* Opern-
glas *n;* **opera-house** Opernhaus *n,*
Oper *f.*
op·er·ate [ˈɒpəreɪt] **I** *itr* **1.** in Betrieb, in
Gang sein; funktionieren; laufen; **2.**
(Plan) sich auswirken; **3.** operieren; Ge-
schäfte tätigen; **4.** *mil* operieren; **5.** *med*
operieren *(on s.o.* jdn); ► **~ against s.o.**
gegen jdn wirken; **be ~d on** operiert
werden; **II** *tr* **1.** *(Maschine)* bedienen;
betätigen; auslösen; betreiben; **2.** *(Ge-
schäft)* betreiben, führen; **3.** *(Gesetz)*
anwenden; **4.** *(Route)* bedienen; unter-
halten; **op·er·at·ing** [ˈɒpəreɪtɪŋ] *adj* **1.**
Betriebs-; **2.** *med* Operations-; ► **~ sys-
tem** *EDV* Betriebssystem *n;* **~-table**
med Operationstisch *m;* **~-theatre** *med*
Operationssaal *m.*
op·er·ation [ˌɒpəˈreɪʃn] **1.** *(Maschine)*
Funktionieren *n;* Gang, Lauf *m;* Ar-
beitsweise *f;* Funktionsweise *f;* **2.** Bedie-
nung, Handhabung *f;* Betätigung *f;* **3.**
med Operation *f;* **4.** Unternehmen *n,*
Unternehmung *f;* **5.** *mil* Operation *f;*
► **be in ~** in Betrieb sein; *jur* in Kraft
sein; **be out of ~** außer Betrieb sein;
come into ~ in Gang kommen; *jur* in
Kraft treten; **have an ~** operiert wer-
den *(for* wegen); **business ~s** *pl* Ge-
schäfte *n pl;* **mental ~s** *pl* Denkvor-
gänge *m pl;* **~s room** Hauptquartier *n;*
~s research Unternehmensforschung *f;*
op·er·ation·al [ˌɒpəˈreɪʃənl] *adj* **1.** be-
triebsbereit; einsatzfähig; in Betrieb; **2.**
tech Betriebs-; **3.** *mil* Einsatz-; ► **~
costs** *pl* Betriebskosten *pl.*
op·er·at·ive [ˈɒpərətɪv] **I** *adj* **1.** *(Ge-
setze)* wirksam; maßgeblich; entschei-
dend; **2.** *med* operativ; ► **become ~** in
Kraft treten; **II** *s* Maschinenarbeiter(in)
m (f).
op·er·ator [ˈɒpəreɪtə(r)] **1.** *tele* Vermitt-
lung *f;* **2.** Maschinenarbeiter(in) *m (f);*
Operator(in) *m (f);* ► **a call through
the ~** ein handvermitteltes Gespräch; **a
clever, slick ~** *fam* ein raffinierter Kerl,
Gauner *m;* **private ~** Privatunterneh-
mer(in) *m (f).*
op·er·etta [ˌɒpəˈretə] Operette *f.*
oph·thal·mic [ɒfˈθælmɪk] *adj* Augen-;
oph·thal·mo·scope [ɒfˈθælməskəʊp]
Augenspiegel *m.*
opi·ate [ˈəʊpɪət] **1.** Opiat *n;* **2.** *fig* Beru-
higungsmittel *n.*
opin·ion [əˈpɪnɪən] **1.** Meinung, Ansicht *f*
(about, on zu); Anschauung *f;* **2.** Stel-
lungnahme *f;* Gutachten *n;* Befund *m;*
► **in my ~** meiner Ansicht nach; **in the
~ of most people** nach Ansicht der

meisten Menschen; **be of the ~ that** ...
der Meinung sein, daß ... **it's a matter
of ~** das ist Ansichtssache; **have a good
~ of** e-e gute Meinung haben von; **have
a low ~ of** nichts halten von; **opin·ion·
ated** [ə'pɪnɪəneɪtɪd] *adj* selbstherrlich,
rechthaberisch; **opinion poll** Mei-
nungsumfrage *f.*
opium ['əʊpɪəm] Opium *n;* **opium den**
Opiumhöhle *f.*
opos·sum [ə'pɒsəm] *zoo* Opossum *n.*
op·po·nent [ə'pəʊnənt] Gegner(in) *m
(f);* Gegenspieler(in) *m (f).*
op·por·tune ['ɒpətjuːn] *adj* **1.** *(Zeit)* ge-
legen, günstig; **2.** *(Ereignis)* rechtzeitig;
▶ **an ~ remark** e-e Bemerkung an pas-
sender Stelle.
op·por·tun·ism [ˌɒpə'tjuːnɪzəm] Op-
portunismus *m;* **op·por·tun·ist**
[ˌɒpə'tjuːnɪst] Opportunist(in) *m (f).*
op·por·tun·ity [ˌɒpə'tjuːnətɪ] **1.** Gele-
genheit *f;* **2.** Chance, Möglichkeit *f;*
▶ **at the first ~** bei der erstbesten Ge-
legenheit; **take, seize the ~ to do s.th.,
of doing s.th.** die Gelegenheit nutzen,
ergreifen, etw zu tun; **equality of ~**
Chancengleichheit *f.*
op·pose [ə'pəʊz] *tr* **1.** ablehnen; sich
entgegenstellen *(s.th.* e-r S); sich wider-
setzen *(s.th.* e-r S); **2.** kandidieren gegen;
3. entgegensetzen; gegenüberstellen;
▶ **he ~es our coming** er ist absolut
dagegen, daß wir kommen; **op·posed**
[ə'pəʊzd] *adj* **1.** dagegen; **2.** entgegen-
gesetzt; ▶ **be ~ to s.th.** gegen etw sein;
I'm ~ to your going away ich bin dage-
gen, daß Sie gehen; **as ~ to** im Gegen-
satz zu; **op·pos·ing** [−ɪŋ] *adj* gegne-
risch; entgegengesetzt.
op·po·site ['ɒpəzɪt] **I** *adj* **1.** entgegenge-
setzt; gegenüberliegend; **2.** gegenüber
(to von); ▶ **be ~** gegenüberliegen, -ste-
hen; **~ number** Pendant *n;* **~ poles**
entgegengesetzte Pole; **the ~ sex** das
andere Geschlecht; **II** *s* Gegenteil *n,*
-satz *m;* ▶ **quite the ~!** ganz im Gegen-
teil! **III** *adv* gegenüber; ▶ **they sat ~** sie
saßen uns, sich gegenüber; **IV** *prep* ge-
genüber *dat;* ▶ **~ one another** einan-
der, sich gegenüber.
op·po·si·tion [ˌɒpə'zɪʃn] **1.** Gegensatz
m (to zu); **2.** Widerstand *m,* Opposition
f; **3.** *pol astr* Opposition *f;* ▶ **offer ~ to**
s.o. jdm Widerstand entgegensetzen;
without ~ widerstandslos; **be in ~ to**
s.o. im Gegensatz zu jdm stehen; **Her
Majesty's O~** *Br parl* die Opposition.
op·press [ə'pres] *tr* **1.** bedrücken; lasten
auf; **2.** unterdrücken; ▶ **I feel ~ed by
the heat** die Hitze lastet schwer auf
mir; **op·pres·sion** [ə'preʃn] **1.** Be-
drängnis, Bedrücktheit *f;* **2.** Unterdrük-
kung *f;* ▶ **feeling of ~** Gefühl *n* der
Beklemmung; **op·press·ive** [ə'presɪv]
adj **1.** tyrannisch; erdrückend; **2.** *fig*

bedrückend; **3.** *(Hitze)* drückend; **op-
pressor** [ə'presə(r)] Unterdrücker(in)
m (f).
opt [ɒpt] *itr* ▶ **~ for s.th., to do s.th.** sich
für etw entscheiden, sich entscheiden,
etw zu tun; **~ out** sich anders entschei-
den; abspringen; ablehnen; aussteigen.
op·tic ['ɒptɪk] *adj* Seh-; **op·ti·cal**
['ɒptɪkl] *adj* optisch; ▶ **~ illusion** opti-
sche Täuschung; **op·ti·cian** [ɒp'tɪʃn]
Optiker(in) *m (f);* **op·tics** ['ɒptɪks] *pl
mit sing* Optik *f.*
op·ti·mal ['ɒptɪml] *adj* optimal.
op·ti·mism ['ɒptɪmɪzəm] Optimismus
m; **op·ti·mist** ['ɒptɪmɪst] Optimist(in)
m (f); **op·ti·mis·tic** [ˌɒptɪ'mɪstɪk] *adj*
optimistisch.
op·ti·mize ['ɒptɪmaɪz] *tr* optimieren;
op·ti·mum ['ɒptɪməm] **I** *adj* optimal;
II *s* Optimum *n.*
op·tion ['ɒpʃn] **1.** Wahl *f;* Möglichkeit *f;*
2. *com* Option *f.* Vorkaufsrecht *n;* **3.**
(Schule) Wahlfach *n;* ▶ **I have little,
no ~** mir bleibt kaum e-e, keine andere
Wahl; **she had no ~ but to leave** ihr
blieb nichts anderes übrig, als zu gehen;
leave one's ~s open sich alle Möglich-
keiten offenlassen; **with an ~ to buy** mit
e-r Kaufoption; **op·tional** ['ɒpʃənl]
adj freiwillig; wahlfrei, fakultativ; ▶ **~
extras** *pl* Extras *n pl.*
opu·lence ['ɒpjʊləns] Reichtum *m;*
Wohlhabenheit *f;* Überfluß *m;* **opu·
lent** ['ɒpjʊlənt] *adj* **1.** reich; wohlha-
bend; **2.** *(Kleider)* prunkvoll, stattlich; **3.**
(Vegetation) üppig; **4.** *(Mahl)* opulent.
or [ɔː(r)] *conj* oder; ▶ **he could not read
~ write** er konnte weder lesen noch
schreiben; **either ... ~** entweder ...
oder; **whether ... ~** ob ... oder; **~ else**
sonst, andernfalls; **~ even** oder sogar; **~
rather** oder vielmehr; **a minute ~ two**
ein paar Minuten.
or·acle ['ɒrəkl] **1.** *hist* Orakel *n a. fig;*
2. Seher(in) *m (f);* **oracu·lar**
[ə'rækjʊlə(r)] *adj* orakelhaft; seherisch.
oral ['ɔːrəl] **I** *adj* **1.** mündlich; **2.** *med*
oral; **II** *s fam* mündliche Prüfung.
or·ange ['ɒrɪndʒ] **I** *s* **1.** Apfelsine, Oran-
ge *f;* **2.** *(Farbe)* Orange *n;* **II** *adj* oran-
ge(farben); **or·ange·ade** [ˌɒrɪndʒ'eɪd]
Orangeade *f;* **orange juice** Orangen-
saft *m;* **orange peel** Orangenschale *f.*
orang-outang, **orang-utan**
[ɔː'ræŋuː'tæŋ] *zoo* Orang-Utan *m.*
ora·tion [ɔː'reɪʃn] Ansprache *f;* ▶ **fu-
neral ~** Grabrede *f;* **ora·tor** ['ɒrətə(r)]
Redner(in) *m (f);* **ora·tori·cal**
[ˌɒrə'tɒrɪkl] *adj* rednerisch.
ora·torio [ˌɒrə'tɔːrɪəʊ] ⟨*pl* -torios⟩ *mus*
Oratorium *n.*
orb [ɔːb] **1.** Kugel *f;* Himmelskörper *m;*
2. *hist* Reichsapfel *m.*
or·bit ['ɔːbɪt] **I** *s* **1.** *phys astr* Kreis-,
Umlauf-, Planetenbahn *f;* Orbit *m;* **2.** *fig*

Kreis *m;* Machtbereich *m,* Einfluß-
sphäre *f;* ► **be in** ~ in der Erdumlauf-
bahn sein; **put a satellite into** ~ e-n
Satelliten in die Umlaufbahn schießen;
II *tr* umkreisen; **III** *itr* kreisen; **or·bital**
['ɔːbɪtl] *adj* orbital; ► ~ **velocity** Um-
laufgeschwindigkeit *f.*

or·chard ['ɔːtʃəd] Obstgarten *m;* Obst-
plantage *f.*

or·ches·tra ['ɔːkɪstrə] Orchester *n;* **or-
ches·tral** [ɔː'kestrəl] *adj* Orchester-;
orchestral; **orchestra pit** Orchester-
graben *m;* **orchestra stalls** *pl* Or-
chestersitze *m pl;* **or·ches·trate**
['ɔːkɪstreɪt] *tr mus* orchestrieren; **or-
ches·tra·tion** [,ɔːkɪ'streɪʃn] Orche-
strierung *f.*

or·chid ['ɔːkɪd] Orchidee *f.*

or·dain [ɔː'deɪn] *tr* **1.** *rel* zum Priester
weihen; ordinieren; **2.** *(Schicksal)* wol-
len, bestimmen; **3.** *(Gesetz)* bestimmen.

or·deal [ɔː'diːl] **1.** Tortur *f;* Martyrium *n;*
2. *hist* Gottesurteil *n.*

or·der ['ɔːdə(r)] **I** *s* **1.** (An)Ordnung, (Rei-
hen)Folge *f;* **2.** Ordnung *f;* **3.** Disziplin *f;*
4. Zustand *m;* **5.** *mil* Kommando *n,*
Befehl *m;* **6.** *(im Restaurant)* Bestellung
f; **7.** *com* Auftrag *m,* Bestellung, Order
f; **8.** *jur* Verfügung *f;* Verfahrensregel *f;*
9. *arch* (Säulen)Ordnung *f;* **10.** *zoo bot*
Ordnung *f;* **11.** *rel* Orden *m;* ► **word** ~
Wortstellung *f;* **in** ~ **of preference** in
der bevorzugten Reihenfolge; **put s.th.
in** ~ etw ordnen; **be out of** ~ durchein-
ander sein; nicht funktionieren; außer
Betrieb sein; **the** ~ **of the world** die
Weltordnung; **her passport is in** ~ ihr
Paß ist in Ordnung; **put one's affairs in**
~ Ordnung in seine Angelegenheiten
bringen; **keep** ~ Ordnung wahren; ~, ~!
Ruhe! **be in good** ~ in gutem Zustand
sein; ~**s are** ~**s** Befehl ist Befehl; **by** ~ **of
the minister** auf Anordnung des Mini-
sters; **be under** ~**s to do s.th.** Instruktio-
nen haben, etw zu tun; **until further** ~**s**
bis auf weiteren Befehl; **made to** ~ auf
Bestellung gemacht; **put s.th. on** ~ etw
in Auftrag geben; **cheque to** ~ Namens-
scheck *m;* **in** ~ **to do s.th.** um etw zu
tun; **in** ~ **that** damit; **a point of** ~ e-e
Verfahrensfrage; **call s.o. to** ~ jdn zur
Ordnung rufen; **be the** ~ **of the day** auf
der Tagesordnung stehen; **of the first** ~
erstklassig; **holy** ~**s** *pl* Weihe *f;* **take
(holy)** ~**s** die Weihen empfangen; **II** *tr* **1.**
befehlen, anordnen; verordnen *(for s.o.*
jdm); **2.** *(Leben)* ordnen; **3.** *com* in Auf-
trag geben; bestellen; ordern; ► ~
about herumkommandieren; **the doctor**
~**ed me to stay in bed** der Arzt verord-
nete mir Bettruhe; **he was** ~**ed to be
quiet** man befahl ihm, still zu sein; **III** *itr*
bestellen; **order book** *com* Auftrags-
buch *n;* **order form** Bestellformular *n.*

or·der·ly ['ɔːdəlɪ] **I** *adj* **1.** ordentlich,

geordnet, systematisch; **2.** *(Leben)* gere-
gelt; **3.** *(Gruppe)* gesittet, friedlich; **II** *s*
► **medical** ~ Pfleger(in) *m (f);* Sanitä-
ter(in) *m (f).*

or·di·nal ['ɔːdɪnl] **I** *adj* Ordnungs-; **II** *s*
Ordnungszahl *f.*

or·di·nance ['ɔːdənəns] Bestimmung,
Verordnung, Verfügung *f.*

or·di·nary ['ɔːdɪnrɪ] **I** *adj* **1.** gewöhnlich,
normal; **2.** durchschnittlich; alltäglich;
► **in the** ~ **way** unter gewöhnlichen
Umständen; ~ **use** normaler Gebrauch;
a very ~ **kind of person** ein ganz ge-
wöhnlicher Mensch; **II** *s* ► **out of the** ~
außergewöhnlich; **nothing out of the** ~
nichts Außergewöhnliches; **ordinary
seaman** *(pl* -men) Maat *m;* **ordinary
share** *com* Stammaktie *f.*

ord·nance ['ɔːdnəns] **1.** *mil* Kriegsmate-
rial *n;* Munition *f;* **2.** Material *n;* Nach-
schub *m;* ► ~ **factory** Munitionsfabrik
f.

or·dure ['ɔːdjʊə(r)] Schmutz, Kot *m.*

ore [ɔː(r)] *min* Erz *n.*

or·gan ['ɔːgən] **1.** *biol* Organ *n a. fig;*
2. *fig* Werkzeug, Mittel *n;* Sprachrohr
n; **3.** *mus* Orgel *f;* ► ~ **of speech**
Sprechorgan *n;* **organ donor** Organ-
spender(in) *m (f);* **organ-grinder**
['ɔːgəngraɪndə(r)] Leierkastenmann *m.*

or·ganic [ɔː'gænɪk] *adj* organisch *a. fig;*
► ~ **chemistry** organische Chemie; ~
disease organisches Leiden; **an** ~ **unity**
e-e organische Einheit; ~ **waste** organi-
scher Abfall, Biomüll *m;* **or·gan·ism**
['ɔːgənɪzəm] *biol fig* Organismus *m.*

or·gan·ist ['ɔːgənɪst] *mus* Organist(in)
m (f).

or·gan·iz·ation [,ɔːgənaɪ'zeɪʃn] **1.** Orga-
nisation *f;* Einteilung *f;* **2.** (Auf)Bau *m,*
Struktur *f;* Bildung, Gliederung *f;* Pla-
nung *f;* **3.** Organisation *f;* Unternehmen
n; **or·gan·iz·ational** [—əl] *adj* organi-
satorisch; **or·gan·ize** ['ɔːgənaɪz] **I** *tr* **1.**
organisieren; einrichten; aufbauen; ge-
stalten; einteilen; planen; **2.** *(Treffen)*
organisieren; sorgen für; **3.** *pol* organi-
sieren; **II** *itr pol* sich organisieren; **or-
gan·ized** ['ɔːgənaɪzd] *adj* **1.** organi-
siert, geregelt; **2.** *pol* organisiert; ► **he
isn't very** ~ bei ihm geht alles drunter
und drüber; **or·gan·izer** ['ɔːgənaɪzə(r)]
Organisator(in), Veranstalter(in) *m (f).*

or·gasm ['ɔːgæzəm] *physiol* Höhe-
punkt, Orgasmus *m;* **or·gas·mic**
[ɔː'gæsmɪk] *adj* orgasmisch.

orgy ['ɔːdʒɪ] Orgie *f;* ► **drunken** ~ *sl*
Sauforgie *f.*

oriel ['ɔːrɪəl] *(~ window)* Erker(fenster *n)*
m.

orient ['ɔːrɪənt] **I** *s geog* Orient *m;* **II** *adj*
(Sonne) aufgehend; **III** *tr s.* orientate;
orien·tal [,ɔːrɪ'entl] **I** *adj* orientalisch;
östlich; **II** *s* Orientale *m,* Orientalin *f.*

orien·tate ['ɔːrɪənteɪt] **I** *tr* ausrichten *(to-*

wards auf); einführen; **II** *refl* sich orientieren (*by* an); sich zurechtfinden; **orien·ta·tion** [ˌɔːrɪən'teɪʃn] Orientierung *f a. fig;* Kurs *m;* Ausrichtung *f.*
ori·fice ['ɒrɪfɪs] Öffnung *f.*
ori·gin ['ɒrɪdʒɪn] 1. Ursprung *m,* Herkunft *f;* 2. Herkunft, Abstammung *f;* 3. *(der Welt)* Entstehung *f;* ▶ **have its ~ in s.th.** auf etw zurückgehen; in etw entspringen; **country of ~** Ursprungs-, Herkunftsland *n;* **place of ~** Ursprungsort *m;* **proof of ~** Herkunftsnachweis *m.*
orig·inal [ə'rɪdʒənl] **I** *adj* 1. ursprünglich, anfänglich; 2. *(Gemälde)* original; 3. *(Idee)* originell; ▶ **~ sin** Erbsünde *f;* **~ inhabitants** *pl* Ureinwohner *pl;* **~ edition** Originalausgabe *f;* **~ document** Originaldokument *n;* **~ soundtrack** *film* Originalton *m;* **II** *s* 1. Original *n;* Vorlage *f;* 2. *(Mensch)* Original *n;* **orig·inal·ity** [əˌrɪdʒə'næləti] Originalität *f;* **orig·inal·ly** [ə'rɪdʒənəlɪ] *adv* 1. ursprünglich, anfänglich; 2. originell.
orig·inate [ə'rɪdʒɪneɪt] **I** *tr* hervorbringen, erfinden; ins Leben rufen; **II** *itr* 1. entstehen, entspringen; 2. *(Bus)* ausgehen (*in* von); ▶ **~ from a country** aus e-m Land stammen; **~ from, with s.o.** von jdm stammen.
Ork·neys ['ɔːknɪz], **Ork·ney Is·lands** ['ɔːknɪ'aɪləndz] *pl* Orkneyinseln *f pl.*
or·na·ment ['ɔːnəmənt] **I** *s* 1. Schmuck *m,* Verzierung *f,* Dekor(ation *f) m* od *n;* 2. *fig* Zierde *f;* ▶ **altar ~s** *pl* Altarschmuck *m;* **by way of ~, for ~** zur Verzierung; **II** *tr* [ɔː'nəmənt] ausschmücken, verzieren, dekorieren; **or·na·men·tal** [ˌɔːnə'mentl] *adj* dekorativ; Zier-; schmückend; ▶ **~ object** Ziergegenstand *m;* **or·na·men·ta·tion** [ˌɔːnəmen'teɪʃn] Verzieren *n,* Verzierung *f;* Ausschmückung *f;* Schmuck, Zierrat *m.*
or·nate [ɔː'neɪt] *adj* 1. kunstvoll; ornamentreich; prunkvoll; ausgeschmückt; 2. *(Stil)* gekünstelt; **or·nate·ness** [—nɪs] Verzierungsreichtum *m;* Prunk *m,* Prachtentfaltung *f;* Reichtum *m.*
or·ni·thol·ogist [ˌɔːnɪ'θɒlədʒɪst] Ornithologe *m,* Ornithologin *f;* **or·ni·thol·ogy** [ˌɔːnɪ'θɒlədʒɪ] Vogelkunde, Ornithologie *f.*
or·phan ['ɔːfn] **I** *s* Waise *f,* Waisenkind *n;* **II** *adj* Waisen-; **III** *tr* zur Waise machen; ▶ **be ~ed** zur Waise werden; **or·phan·age** ['ɔːfnɪdʒ] Waisenhaus *n.*
or·tho·dox ['ɔːθədɒks] *adj* 1. *rel* orthodox; 2. *fig* konventionell; orthodox; **or·tho·doxy** ['ɔːθədɒksɪ] 1. Orthodoxie *f;* 2. *fig* Konventionalität *f.*
or·tho·graphic(al) [ˌɔːθə'græfɪk(l)] *adj* orthographisch; **or·tho·gra·phy** [ɔː'θɒɡrəfɪ] Rechtschreibung, Orthographie *f.*
or·tho·paedic, *Am* **or·tho·pedic**

[ˌɔːθə'piːdɪk] *adj* orthopädisch.
or·tho·paed·ics, *Am* **or·tho·ped·ics** [ˌɔːθə'piːdɪks] *pl mit sing* Orthopädie *f;* **or·tho·paed·ist,** *Am* **or·tho·ped·ist** [ˌɔːθə'piːdɪst] Orthopäde *m,* -pädin *f;* **or·tho·paedy,** *Am* **or·tho·pedy** ['ɔːθəpiːdɪ] Orthopädie *f.*
os·cil·late ['ɒsɪleɪt] *itr* 1. *phys* schwingen, oszillieren; 2. *fig* schwanken; **os·cil·la·tion** [ˌɒsɪ'leɪʃn] 1. *phys* Schwingung, Oszillation *f;* 2. *fig* Schwankung *f.*
osier ['əʊzɪə(r)] Korbweide *f.*
os·mo·sis [ɒz'məʊsɪs] *biol* Osmose *f;* **os·mo·tic** [ɒz'mɒtɪk] *adj* osmotisch.
os·prey ['ɒsprɪ] Fischadler *m.*
os·si·fy ['ɒsɪfaɪ] **I** *tr* 1. verknöchern lassen; 2. *fig* erstarren lassen; **II** *itr* verknöchern; erstarren.
os·ten·si·ble [ɒ'stensəbl] *adj* angeblich, scheinbar.
os·ten·ta·tion [ˌɒsten'teɪʃn] 1. Pomp *m;* Großtuerei *f;* 2. aufdringliche Deutlichkeit; ▶ **with ~** demonstrativ; **os·ten·ta·tious** [ˌɒsten'teɪʃəs] *adj* 1. pompös; protzig; 2. ostentativ, betont auffällig.
os·tra·cism ['ɒstrəsɪzəm] Ächtung *f;* **os·tra·cize** ['ɒstrəsaɪz] *tr fig* ächten.
os·trich ['ɒstrɪtʃ] *zoo* Strauß *m.*
other ['ʌðə(r)] **I** *adj* andere(r, s); ▶ **~ people** andere Leute; **do you have any ~ questions?** haben Sie sonst noch Fragen? **the ~ day** neulich; **the ~ world** das Jenseits; **some ~ time** ein andermal, ein anderes Mal; **every ~** jede(r, s) zweite; **~ than** außer; **some time or ~** irgendwann einmal; **II** *prn* andere(r, s); ▶ **are there any ~s there?** sind sonst noch welche da? **someone or ~** irgend jemand; **each ~** einander, sich; **III** *adv* anders; ▶ **somehow or ~** irgendwie; **somewhere or ~** irgendwo; **otherwise** ['ʌðəwaɪz] **I** *adv* 1. anders; 2. sonst, ansonsten; ▶ **he was ~ engaged** er war anderweitig beschäftigt; **II** *conj* sonst, ansonsten, im übrigen.
ot·ter ['ɒtə(r)] *zoo* Otter *m.*
ouch [aʊtʃ] *interj* au! autsch!
ought [ɔːt] *aux* ▶ **I ~ to do it** ich sollte es tun; **he ~ to have come** er hätte kommen sollen; **~ I to go, too?** — yes **you ~ (to)** sollte ich auch hingehen? — ja doch; **I told him he ~ to have done it** ich sagte ihm, er hätte es tun sollen; **you ~ to see that film** den Film sollten Sie sehen; **he ~ to win the race** er müßte (eigentlich) das Rennen gewinnen; **one ~ to think** man sollte meinen; **he ~ to be here soon** er müßte bald hier sein.
ounce [aʊns] *(Gewicht)* Unze *f (= 28,35 g);* ▶ **there's not an ~ of truth in it** daran ist aber auch überhaupt nichts Wahres.
our ['aʊə(r)] *prn (adjektivisch)* unser; ▶ **O~ Father** Vater unser; **ours** ['aʊəz] *prn* unsere(r, s); der, die, das unsere;

▶ **this house is** ~ das ist unser Haus; **that is** ~ das gehört uns; **a friend of** ~ ein Freund von uns, e-r unserer Freunde; **our·selves** [auə'selvz] *prn* **1.** uns *acc* u. *dat;* **2.** *(betont)* (wir) selbst; ▶ **(all) by** ~ (ganz) allein; ohne Hilfe; **we did it** ~ wir haben es selbst gemacht; **we** ~ **said so** wir haben es selbst gesagt.
oust [aust] *tr* **1.** herauskommen; freibekommen; **2.** *(Regierung)* absetzen, ausbooten; ▶ ~ **s.o. from office** jdn aus seinem Amt entfernen; ~ **s.o. from the market** jdn vom Markt verdrängen.
out [aut] **I** *adv* **1.** außen; hinaus, heraus; **2.** draußen; aus dem Hause, nicht zu Hause, nicht daheim; **3.** *(Licht)* aus; **4.** aus der Mode; **5.** *(Ball)* aus; **6.** *(Gerät)* abgestellt; **7.** ausgeschlossen; ▶ **they are** ~ **playing** sie spielen draußen; **he is** ~ **in his car** er ist mit dem Auto unterwegs; ~**!** raus! ~ **with him!** hinaus mit ihm! **he likes to be** ~ **and about** er ist gern unterwegs; **the journey** ~ die Hinreise; **the workers are** ~ die Arbeiter streiken; **he lives** ~ **in the country** er lebt draußen auf dem Land; **be** ~ *(Sonne)* scheinen; **the best car** ~ das beste Auto überhaupt; **the secret is** ~ das Geheimnis ist bekannt geworden; ~ **with it!** heraus mit der Sprache! **before the day is** ~ vor Ende des Tages; **have it** ~ **with s.o.** *fam* etw mit jdm ausdiskutieren; **I am** ~ **in my calculations** ich liege mit meinen Berechnungen daneben; **you're not far** ~ Sie haben es fast getroffen; **my watch is five minutes** ~ meine Uhr geht fünf Minuten falsch; **speak** ~ **loud!** sprechen Sie laut! **be** ~ **for s.th.** auf etw aussein; **be** ~ **for trouble** Streit suchen; ~ **and away** weitaus, mit Abstand; **run** ~ hinauslaufen; **go** ~ hinausgehen; **throw s.o.** ~ jdn hinauswerfen; **II** *s* ▶ **the ins and** ~**s** alle Einzelheiten; **III** *prep* **1.** aus; ▶ **go** ~ **the door** zur Tür hinausgehen; **2.** ~ **of** nicht in; außerhalb *gen;* aus; außer; ▶ **be** ~ **of town this week** die ganze Woche nicht in der Stadt sein; **go** ~ **of the country** außer Landes gehen; **he went** ~ **of the door** er ging zur Tür hinaus; **look** ~ **of the window** aus dem Fenster sehen; ~ **of sight** außer Sicht; **he feels** ~ **of it** er kommt sich ausgeschlossen vor; ~ **of curiosity** aus Neugier; **drink** ~ **of a glass** aus e-m Glas trinken; **made** ~ **of wood** aus Holz gemacht; **in nine cases** ~ **of ten** in neun von zehn Fällen; ~ **of breath** außer Atem; **be** ~ **of money** kein Geld haben; ~ **of date** überholt, veraltet; altmodisch.
out·back ['autbæk] *(in Australien)* **I** *s* ▶ **the** ~ das Hinterland; **II** *adj* ▶ **an** ~ **farm** e-e Farm im Hinterland; **out·bid** [ˌaut'bɪd] *tr irr s. bid* überbieten; **out·board** ['autbɔːd] *adj* ▶ ~ **motor**

Außenbordmotor *m;* **out·break** ['autbreɪk] Ausbruch *m;* ▶ **an** ~ **of anger** ein Zornesausbruch *m;* **out·build·ing** ['autbɪldɪŋ]Nebengebäude *n;* **out·burst** ['autbɜːst] Ausbruch *m;* ▶ ~ **of temper** Gefühlsausbruch *m;* **out·cast** ['autkɑːst] **I** *s* Ausgestoßene(r), Geächtete(r) *f m;* **II** *adj* ausgestoßen, verbannt; **out·class** [ˌaut'klɑːs] *tr* überlegen sein *(s.o.* jdm), in den Schatten stellen; **out·come** ['autkʌm] Ergebnis, Resultat *n;* **out·cry** ['autkraɪ] Aufschrei *m;* Protestwelle *f (against* gegen).
out·dated [aut'deɪtɪd] *adj* veraltet, überholt; **out·dis·tance** [aut'dɪstəns] *tr* (weit) hinter sich lassen, überholen; **out·do** [aut'duː] *tr irr s. do* übertreffen, überragen, überbieten *(s.o. in s.th.* jdn an etw); **out·door** ['autdɔː(r)] *adj* ▶ ~ **games** *pl* Spiele *n pl* im Freien; ~ **clothes** *pl* wärmere Kleidung; **lead an** ~ **life** viel im Freien sein; **out·doors** [ˌaut'dɔːz] *adv* draußen, im Freien; ▶ **go** ~ nach draußen gehen.
outer ['autə(r)] *adj* äußere(r, s); Außen-; ▶ ~ **garments** *pl* Oberbekleidung *f;* ~ **man** äußere Erscheinung; ~ **space** der äußere Weltraum; **outer·most** ['autəməust] *adj* äußerste(r, s).
out·fit ['autfɪt] **1.** Kleidung *f,* Kleider *n pl;* Kostüm *n;* **2.** *tech* Ausrüstung *f;* **3.** *fam* Laden, Verein *m;* ▶ **camping** ~ Campingausrüstung *f;* **out·fitter** ['autfɪtə(r)] Ausrüster *m;* ▶ **gentleman's** ~**s** Herrenausstatter *m,* Herrenbekleidungsgeschäft *n.*
out·flow ['autfləu] **1.** Ausfluß, Abfluß *m;* Abfließen *n;* **2.** *(Gas)* Ausströmen *n;* **3.** *(Geld)* Abfließen *n.*
out·go·ing ['autgəuɪŋ] **I** *adj* **1.** ausziehend; **2.** *(Boot)* hinausfahrend; **3.** *(Beamter)* scheidend; **4.** *rail* abfahrend; **5.** *fig* gesellig, kontaktfreudig; ▶ ~ **tide** Ebbe *f;* **II** *s pl* Ausgaben *f pl.*
out·grow [ˌaut'grəu] *tr irr s. grow* **1.** *(Kleider)* herauswachsen aus; **2.** *(Gewohnheit)* entwachsen *(s.th.* e-r S), hinauswachsen über; **3.** *fig* über den Kopf wachsen *(s.o.* jdm); **out·growth** ['autgrəuθ] **1.** Auswuchs *m;* **2.** *fig* Folge *f.*
out·house ['authaus] Nebengebäude *n.*
out·ing ['autɪŋ] Ausflug *m;* ▶ **go for an** ~ e-n Ausflug machen.
out·land·ish [aut'lændɪʃ] *adj* **1.** sonderbar; **2.** *(Benehmen)* befremdend, befremdlich; **3.** *(Name)* ausgefallen, extravagant; **out·last** [ˌaut'lɑːst] *tr* überdauern, überleben; **out·law** ['autlɔː] **I** *s* Vogelfreie(r) *f m;* **II** *tr* **1.** ächten; für vogelfrei erklären; **2.** *(Zeitung)* für ungesetzlich erklären; **out·lay** ['autleɪ] *com* Ausgaben, Aufwendungen *f pl;* Kosten *pl;* **out·let** ['autlet] **1.** Abfluß *m;* Abzug *m;* Ausfluß *m;* **2.** *com* Absatz-

möglichkeit *f*, -markt *m*; **3.** *fig* Ventil *n*; Betätigungsmöglichkeit *f*.

out·line ['autlaın] **I** *s* **1.** Umriß *m*; Silhouette *f*; **2.** *fig* Grundriß, Abriß *m*; ▶ **in** ~ in groben Zügen; **draw s.th. in** ~ etw im Umriß zeichnen; **II** *tr* **1.** umreißen; **2.** *fig* skizzieren, umreißen.

out·live [,aut'lıv] *tr* **1.** überleben, -dauern; **2.** *(Sturm)* überstehen.

out·look ['autluk] **1.** Ausblick *m*, -sicht *f* *(over, on to* auf); **2.** *fig* Ansicht, Auffassung *f*, Standpunkt *m*; **3.** *fig* Aussicht, Erwartung *f*; ▶ **his** ~ **(up)on life** seine Einstellung zum Leben; **narrow** ~ beschränkter Horizont.

out·man·oeuvre, *Am* **out·ma·neu·ver** [,autmə'nuːvə(r)] *tr mil fig* ausmanövrieren; **out·moded** [,aut'məudıd] *adj* altmodisch, unmodern; überholt; **outmost** ['autməust] *adj* äußerste(r, s); **out·num·ber** [,aut'nʌmbə(r)] *tr* zahlenmäßig überlegen sein *(s.o.* jdm), in der Mehrheit sein *(s.o.* jdm gegenüber).

out-of-date [,autəv'deıt] *adj* veraltet; unmodern, altmodisch; **out-of-the-way** [,autəvðə'weı] *adj* **1.** abgelegen, einsam; **2.** *(Fakten)* ungewöhnlich; wenig bekannt.

out·patient ['autpeıʃnt] Kranke(r) *f m* in ambulanter Behandlung; ▶ ~**s' (de-partment)** Ambulanz *f*; **out·play** [,aut'pleı] *tr sport* besser spielen als, überlegen sein *(s.o.* jdm); **out·post** ['autpəust] *mil fig* Vorposten *m*; **out·pour·ing** ['autpɔːrıŋ] Erguß *m* bes. *fig*.

out·put ['autput] **1.** *(e-r Maschine)* Ausstoß, Ertrag *m*, Leistung *f*; **2.** *(Jahres)*Produktion *f*; Produktionsmenge, -ziffer *f*, Output *m*; **4.** *min* Förderung *f*; Fördermenge *f*; **5.** *EDV (Daten)* Ausgabe *f*, Output *m*; **6.** *radio* Sendeleistung *f*; ▶ **annual** ~ Jahresertrag *m*, -produktion *f*; **daily** ~ Tagesproduktion *f*; **effective** ~ Nutzleistung *f*; **maximum** ~ Produktionsoptimum *n*; **output data** *pl EDV* Ausgabedaten *pl*; **output device** *EDV* Ausgabegerät *n*.

out·rage ['autreıdʒ] **I** *s* **1.** Gewalttat *f*; Ausschreitung *f*; **2.** Skandal *m*; **3.** Empörung, Entrüstung *f*; ▶ **bomb** ~ verbrecherischer Bombenanschlag; **an** ~ **against good taste** e-e unerhörte Geschmacklosigkeit; **II** *tr* [,aut'reıdʒ] beleidigen; empören, entrüsten; ▶ **public opinion was** ~**d by this cruelty** die öffentliche Meinung war über diese Grausamkeit empört; **out·rage·ous** [aut'reıdʒəs] *adj* **1.** abscheulich, verabscheuungswürdig; **2.** empörend, unerhört; unverschämt; ungeheuerlich; **3.** *(Kleider)* ausgefallen, unmöglich.

out·range [,aut'reındʒ] *tr* e-e größere Reichweite haben als.

outré ['uːtreı] *adj* überspannt, extravagant.

out·rig·ger ['autrıgə(r)] *mar* Ausleger *m*.

out·right ['autraıt] **I** *adj* **1.** ausgemacht; **2.** *(Unsinn)* total, absolut, glatt, vollkommen; ▶ **that's** ~ **arrogance** das ist die reine Arroganz; **II** *adv* **1.** ganz, vollständig; **2.** sofort, auf der Stelle; **3.** *fig* geradeheraus, ohne Umschweife.

out·run [,aut'rʌn] *tr irr s. run* **1.** schneller laufen als; **2.** *fig* übersteigen.

out·set ['autset] Beginn, Anfang *m*; ▶ **at the** ~ am Anfang; **from the** ~ von Anfang an.

out·shine [,aut'ʃaın] *tr irr s. shine* übertreffen, in den Schatten stellen *a. fig*.

out·side [,aut'saıd] **I** *s* Außenseite *f*; ▶ **judging from the** ~ *fig* wenn man es als Außenstehender beurteilt; **at the (very)** ~ im äußersten Falle; **II** *adj* ['autsaıd] **1.** Außen-, äußere(r, s); **2.** *(Preis)* äußerste(r, s); ▶ **at an** ~ **esti-mate** allerhöchstens; **an** ~ **chance** e-e kleine Chance; ~ **world** Außenwelt *f*; **III** *adv* außen; draußen; ▶ **go** ~ nach draußen gehen; **IV** *prep* **1.** außerhalb; **2.** außer, abgesehen von; ▶ **the car** ~ **the house** das Auto vor dem Haus; **it is** ~ **our agreement** das geht über unsere Vereinbarung hinaus; **outside broad-cast** *radio* nicht im Studio produzierte Sendung; **outside influences** *pl* äußere Einflüsse *m pl*; **outside left** *(Fußball)* Linksaußen *m*; **out·sider** [,aut'saıdə(r)] Außenseiter(in) *m (f)*; **outside right** *(Fußball)* Rechtsaußen *m*.

out·size ['autsaız] *adj* übergroß; riesig; **out·skirts** ['autskɜːts] *pl* **1.** Stadtrand *m*; Außengebiete *n pl*; **2.** (Wald)Rand *m*; ▶ **on the** ~ am Stadtrand; **out·spoken** [,aut'spəukən] *adj* **1.** freimütig; **2.** *(Antwort)* unverblümt; direkt; ▶ **he is** ~ er nimmt kein Blatt vor den Mund; **out·stand·ing** [,aut'stændıŋ] *adj* **1.** hervorragend; außerordentlich, überragend; **2.** *(Schulden)* (noch) ausstehend, rückständig; **3.** *(Merkmal)* hervorstechend, auffallend; ▶ **of** ~ **ability** außerordentlich begabt; **of** ~ **importance** von höchster Bedeutung; **a lot of work is still** ~ viel Arbeit ist noch unerledigt; ~ **debts** *pl* Außenstände *pl*; **out·stay** [,aut'steı] *tr* länger bleiben als; ▶ ~ **one's welcome** länger bleiben als erwünscht; **out·stretched** [,aut'stretʃt] *adj* ausgestreckt; **out·strip** [,aut'strıp] *tr* **1.** überholen; **2.** *fig* übertreffen *(in an)*.

out·ward ['autwəd] **I** *adj* **1.** äußere(r, s); äußerlich; **2.** nach außen führend; **3.** *(Fracht)* ausgehend; **4.** *(Reise)* Hin-; **II** *adv* nach außen; ▶ ~ **bound** *(Schiff)* auslaufend; **out·ward·ly** ['autwədlı] *adv* nach außen hin; **out·wards** ['autwədz] *adv* nach außen.

out·wit [,aut'wıt] *tr* überlisten.

oval ['əʊvl] **I** *adj* oval; **II** *s* Oval *n.*
ovary ['əʊvərɪ] **1.** *anat* Eierstock *m;* **2.** *bot* Fruchtknoten *m.*
ova·tion [əʊ'veɪʃn] Huldigung *f,* stürmischer Beifall.
oven ['ʌvn] **1.** Backofen *m;* **2.** *tech* Trokken-, Brennofen *m;* ▶ **put s.th. in the ~** etw in den Ofen tun; **in a slow ~** mit kleiner Flamme; **it's like an ~ in here** hier ist e-e Hitze wie im Backofen.
over ['əʊvə(r)] **I** *adv* **1.** hin-, herüber; drüben; **2.** vorüber, vorbei, zu Ende; **3.** übermäßig, allzu; **4.** übrig; ▶ **they swam ~ to us** sie schwammen zu uns herüber; **come ~ tonight** kommen Sie heute abend vorbei; **she is ~ here** sie ist hier; **he has gone ~ to France** er ist nach Frankreich gefahren; **he went ~ to the enemy** er lief zum Feind über; **famous the world ~** in der ganzen Welt berühmt; **I am aching all ~** mir tut alles weh; **that's Smith all ~** das ist typisch Smith; **it happens all ~** das gibt es überall; **turn ~ the page** die Seite umblättern; **the rain is ~** der Regen hat aufgehört; **it's all ~ with him** es ist Schluß mit ihm; **she counts them ~ again** Sie zählt sie noch einmal; **~ and ~ again** immer und immer wieder; **he hasn't done it ~ well** er hat es nicht gerade übermäßig gut gemacht; **there is a lot of meat (left) ~** es ist viel Fleisch übrig; **7 into 30 goes 4 and 2 ~** 30 durch 7 ist 4 Rest 2; **children of 14 and ~** Kinder über 14; **II** *prep* **1.** über; **2.** in; **3.** *(zeitlich)* während, in; ▶ **spread a cloth ~ the table** ein Tischtuch auf den Tisch legen; **hit s.o. ~ the head** jdm auf den Kopf schlagen; **hang the picture ~ the desk** das Bild über dem Schreibtisch aufhängen; **look ~ the wall** über die Mauer schauen; **look ~ a house** sich ein Haus ansehen; **it's ~ the page** es ist auf der nächsten Seite; **the house ~ the way** das Haus gegenüber; **the bridge ~ the river** die Brücke über den Fluß; **he is famous all ~ the world** er ist in der ganzen Welt berühmt; **it was raining ~ England** es regnete in ganz England; **have command ~ s.o.** Befehlsgewalt über jdn haben; **~ and above that** darüber hinaus; **he spoke for ~ an hour** er sprach über e-e Stunde; **stay ~ the weekend** über das Wochenende bleiben; **~ the summer** den Sommer über; **they talked ~ a cup of tea** sie unterhielten sich bei e-r Tasse Tee; **they'll be a long time ~ it** sie werden dazu lange brauchen; **I heard it ~ the radio** ich habe es im Radio gehört.
over·abun·dant [,əʊvərə'bʌndənt] *adj* überreichlich, sehr reichlich.
over·act [,əʊvər'ækt] *tr, itr* übertreiben.
over·all¹ [,əʊvər'ɔːl] **I** *adj* **1.** gesamt; **2.** allgemein; ▶ **~ majority** absolute

Mehrheit; **~ situation** Gesamtlage *f;* **II** *adv* **1.** insgesamt; **2.** im großen und ganzen.
over·all² ['əʊvərɔːl] **1.** *Br* Kittel *m;* **2.** *pl* Overall, Arbeitsanzug *m.*
over·anxious [,əʊvər'æŋkʃəs] *adj* übertrieben besorgt; übermäßig aufgeregt;
over·awe [,əʊvər'ɔː] *tr* einschüchtern;
over·bear·ing [,əʊvə'beərɪŋ] *adj* anmaßend; herrisch; **over·bid** [,əʊvə'bɪd] *irr s.* bid **I** *tr* überbieten; überreizen; **II** *itr* mehr bieten; **over·board** ['əʊvəbɔːd] *adv* über Bord; ▶ **go ~ for s.o.** von jdm ganz hingerissen sein; **throw s.th. ~** etw über Bord werfen *a. fig;* **over·bold** [,əʊvə'bəʊld] *adj* verwegen; **over·bur·den** [,əʊvə'bɜːdn] *tr fig* überlasten; überbeanspruchen; **over·ca·pac·ity** [,əʊvəkə'pæsətɪ] Überkapazität *f;* **over·cast** [,əʊvə'kɑːst] *adj* bedeckt; bewölkt; **over·cau·tious** [,əʊvə'kɔːʃəs] *adj* übervorsichtig; **over·charge** [,əʊvə'tʃɑːdʒ] **I** *tr* **1.** überladen, -lasten; **2.** *fig* zuviel berechnen (*s.o.* jdm); **3.** *el* überlasten; **4.** *fig* überladen; **II** *itr* zuviel verlangen (*for* für).

over·coat ['əʊvəkəʊt] Überzieher, Mantel *m.*
over·come [,əʊvə'kʌm] *irr s. come* **I** *tr* **1.** *(Feind)* überwältigen, bezwingen; **2.** *(Angewohnheit)* sich abgewöhnen; überwinden, meistern; **3.** *(Enttäuschung)* hinwegkommen über; ▶ **he was ~ by grief** der Schmerz übermannte ihn; **II** *itr* siegen, siegreich sein.
over·con·fi·dent [,əʊvə'kɒnfɪdənt] *adj* **1.** übertrieben selbstsicher; **2.** zu optimistisch; **3.** blind vertrauend *(in auf);* ▶ **he was ~ of success** er war sich seines Erfolges zu sicher; **over·crowded** [,əʊvə'kraʊdɪd] *adj* **1.** *(mit Menschen)* überfüllt; übervölkert; **2.** *(mit Sachen)* überladen; **over·de·vel·oped** [,əʊvədɪ'veləpt] *adj* überentwickelt.
over·do [,əʊvə'duː] *tr irr s. do* **1.** übertreiben; **2.** *(Essen)* verbraten; verkochen; ▶ **don't ~ the sympathy** übertreibe es nicht mit dem Mitleid; **over·done** [,əʊvə'dʌn] *adj* **1.** übertrieben; **2.** *(Essen)* verbraten; verkocht.
over·dose ['əʊvədəʊs] Überdosis *f;* **over·draft** ['əʊvədrɑːft] *fin* Kontoüberziehung *f;* ▶ **have an ~ of £ 100** sein Konto um £ 100 überzogen haben; **arrange an ~** einen Kreditrahmen einrichten lassen; **over·draw** [,əʊvə'drɔː] *tr irr s. draw (Konto)* überziehen; **over·dress** [,əʊvə'dres] **I** *tr, itr* (sich) übertrieben kleiden; **II** *s* ['əʊvədres] Überkleid *n;* **over·drive** ['əʊvədraɪv] *mot* Schnell-, Schongang *m;* ▶ **go into ~** *fig* sich in fieberhafte Aktivität stürzen; **over·due** [,əʊvə'djuː] *adj* überfällig *a. com;* **over·eat** [,əʊvər'iːt] *itr irr s. eat*

sich überessen; **over·em·pha·size**
[ˌəuvər'emfəsaɪz] *tr* überbewerten,
überbetonen; **over·es·ti·mate**
[ˌəuvər'estɪmeɪt] *tr* überschätzen; zu
hoch bewerten; **over·ex·pose**
[ˌəuvərɪk'spəuz] *tr phot* überbelichten;
over·ex·po·sure [ˌəuvərɪk'spəuʒə(r)]
phot Überbelichtung *f.*
over·flow [ˌəuvə'fləu] I *tr* überschwem-
men; überlaufen lassen; II *itr* 1. überlau-
fen, überfließen; 2. *fig* überfließen (*with*
vor); ▶ his heart was ~ing with love
sein Herz floß über vor Liebe; full to
~ing zum Überlaufen voll; III *s*
['əuvəfləu] 1. Überlaufen *n;* 2. *tech*
Überlauf *m;* 3. *fig* Überschuß *m* (*of* an);
▶ ~ meeting Parallelversammlung *f;*
over·fly [ˌəuvз'flaɪ] *tr aero* überfliegen.
over·grown [ˌəuvə'grəun] *adj* 1. über-
wachsen (*with* von); 2. (*Kind*) aufge-
schossen; **over·haul** [ˌəuvə'hɔːl] I *tr* 1.
durchsehen, genau überprüfen; 2. *tech*
überholen; instand setzen; 3. *mar* ein-,
überholen; II *s tech* ['əuvəhɔːl] Überho-
lung *f.*
over·head [ˌəuvə'hed] I *adv* oben; am
Himmel, in der Luft; II *adj* ['əuvəhed]
Frei-; ▶ ~ cable Überlandleitung *f;*
Hochspannungsleitung *f;* Oberleitung *f;*
~projektor Overhead-, Tageslichtpro-
jektor *m;* III *s* ['əuvəhed] *com* Gemein-
kosten *pl* allgemeine Unkosten *pl.*
over·hear [ˌəuvə'hɪə(r)] *tr irr s. hear* zu-
fällig (mit)hören, zufällig mitbekommen;
over·heat [ˌəuvə'hiːt] I *tr* überhitzen; II
itr tech heißlaufen; **over·in·dulge**
[ˌəuvərɪn'dʌldʒ] I *tr* 1. zu nachsichtig
sein mit; 2. (*Phantasie*) allzu freien Lauf
lassen (*s.th.* e-r S); II *itr* zuviel genießen;
over·joyed [ˌəuvə'dʒɔɪd] *adj* über-
glücklich; **over·kill** ['əuvəkɪl] Overkill
m, Übermaß *n* an Atomwaffen.
over·land ['əuvəlænd] I *adj* auf dem
Landweg; II *adv* [ˌəuvə'lænd] über
Land.
over·lap [ˌəuvə'læp] I *tr* 1. hinüber-, hin-
ausragen über; überlappen; 2. (*Ferien*)
sich überschneiden mit; II *itr* 1. einander
überdecken, überlappen; 2. *fig* sich
überschneiden; III *s* ['əuvəlæp] Über-
schneidung, Überlappung *f.*
over·leaf [ˌəuvə'liːf] *adv* umseitig; **over·
load** [ˌəuvə'ləud] I *tr* 1. überladen, -be-
lasten; 2. *el* überlasten; II *s* ['əuvələud]
Übergewicht *n;* Überbelastung *f;* **over·
look** [ˌəuvə'luk] *tr* 1. überblicken; 2.
(*Fehler*) übersehen; nicht beachten; 3.
(*absichtlich*) hinwegsehen über, durch-
gehen lassen.
over·ly ['əuvəlɪ] *adv* übermäßig, allzu.
over·much [ˌəuvə'mʌtʃ] I *adv* zuviel,
übermäßig; II *adj* zuviel.
over·night [ˌəuvə'naɪt] I *adv* 1. über
Nacht; 2. *fig* von heute auf morgen,
über Nacht; ▶ stay ~ with s.o. bei jdm

übernachten; II *adj* ['əuvənaɪt] 1.
Nacht-; 2. *fig* ganz plötzlich; ▶ ~ bag
Reisetasche *f.*
over·pass ['əuvəpaːs] Überführung *f;*
over·pay [ˌəuvə'peɪ] *tr irr s. pay* zu-
viel bezahlen (*s.o.* jdm), überbezahlen;
over·popu·lated [ˌəuvəˌpopjuleɪtɪd]
adj übervölkert; **over·power**
[ˌəuvə'pauə(r)] *tr* überwältigen, über-
mannen *a. fig;* **over·power·ing**
[ˌəuvə'pauərɪŋ] *adj* 1. überwältigend; 2.
(*Parfüm*) aufdringlich; **over·produce**
[ˌəuvəprə'djuːs] *tr* überproduzieren;
over·rate [ˌəuvə'reɪt] *tr* 1. überschät-
zen; zu hoch einschätzen; 2. *fig* überbe-
werten; **over·reach** [ˌəuvə'riːtʃ] *refl*
sich übernehmen; **over·re·act**
[ˌəuvərɪ'ækt] *itr* überreagieren; **over·
re·ac·tion** [ˌəuvərɪ'ækʃən] Überreak-
tion *f;* **over·ride** [ˌəuvə'raɪd] *tr irr s.
ride* 1. sich hinwegsetzen über; nicht
berücksichtigen; 2. (*Beschluß*) außer
Kraft setzen; **over·rid·ing**
[ˌəuvə'raɪdɪŋ] *adj* vorrangig; vordring-
lich; dringendste(r, s); ▶ ~ importance
ausschlaggebende Bedeutung; **over·
rule** [ˌəuvə'ruːl] *tr* 1. ablehnen; 2. (*Ur-
teil*) verwerfen; 3. (*Anspruch*) nicht an-
erkennen; 4. (*Einwand*) zurückweisen;
over·run [ˌəuvə'rʌn] *irr s. run* I *tr* 1.
überwuchern, überwachsen; 2. (*Trup-
pen*) herfallen über; einfallen in; 3. *rail*
(*Signal*) überfahren; 4. (*Zeit*) überzie-
hen, überschreiten; 5. (*Ufer*) überfluten;
▶ be ~ with wimmeln von; überwu-
chert sein von; II *itr* (*Zeit*) überziehen.
over·seas [ˌəuvə'siːz] I *adj* überseeisch,
in Übersee; ▶ ~ aid Entwicklungshilfe
f; ~ trade Überseehandel *m;* II *adv*
▶ be ~ in Übersee sein; go ~ nach
Übersee gehen.
over·see [ˌəuvə'siː] *tr irr s. see* über-
wachen, beaufsichtigen; **over·seer**
['əuvəsɪə(r)] 1. Aufseher(in) *m (f);* 2.
Vorarbeiter(in) *m (f).*
over·sell [ˌəuvə'sel] *tr irr s. sell* über den
Bestand verkaufen; **over·shadow**
[ˌəuvə'ʃædəu] *tr* überschatten *a. fig;*
over·shoe ['əuvəʃuː] Überschuh *m;*
over·shoot [ˌəuvə'ʃuːt] *irr s. shoot* I *tr*
hinausgehen über, überschreiten; ▶ ~
the mark übers Ziel (hinaus)schießen,
zu weit gehen; II *itr aero* durchstarten.
over·sight ['əuvəsaɪt] 1. Versehen *n;* 2.
Aufsicht, Beaufsichtigung *f;* ▶ through
an ~ aus Versehen.
over·sim·plify [ˌəuvə'sɪmplɪfaɪ] *tr* zu
sehr vereinfachen; **over·sized**
['əuvəsaɪzd] *adj* übergroß; **over·sleep**
[ˌəuvə'sliːp] *itr irr s. sleep* verschlafen;
over·spend [ˌəuvə'spend] *irr s. spend*
I *itr* zuviel ausgeben; II *tr* überschreiten;
over·spill ['əuvəspɪl] Bevölkerungs-
überschuß *m;* **over·staffed**
[ˌəuvə'staːft] *adj* übersetzt; ▶ be ~

zuviel Personal haben; **over·state** [ˌəʊvəˈsteɪt] *tr* übertreiben, übertrieben darstellen; **over·stay** [ˌəʊvəˈsteɪ] *tr* überschreiten; ▶ ~ one's welcome zu lange auf Besuch bleiben; **oversupply** [ˌəʊvəsəˈplaɪ] I *tr* überbeliefern; II *s* [ˈəʊvəsəˌplaɪ] Überangebot *n*.

overt [ˈəʊvɜːt] *adj* offen, unverhohlen.

over·take [ˌəʊvəˈteɪk] *irr s. take* I *tr* 1. einholen; 2. *fig* überraschen; ▶ ~n by fear von Furcht befallen; II *itr* Br überholen; **over·tax** [ˌəʊvəˈtæks] *tr* 1. zu hoch besteuern; 2. *fig* zu sehr in Anspruch nehmen; ▶ ~ one's strength sich übernehmen; **over·throw** [ˌəʊvəˈθrəʊ] I *tr irr s. throw* 1. besiegen; stürzen, zu Fall bringen; 2. *(Pläne)* umstoßen; II *s* [ˈəʊvəθrəʊ] Niederlage *f*; Sturz *m*; Sieg *m*; **over·time** [ˈəʊvətaɪm] I *s* 1. Überstunden *f pl*; 2. *sport* Verlängerung *f*; ▶ be on, do ~ Überstunden machen; ~ pay Überstundenvergütung *f*; II *adv* ▶ work ~ Überstunden machen; **over·tired** [ˌəʊvəˈtaɪəd] *adj* übermüdet.

over·tone [ˈəʊvətəʊn] 1. *mus* Oberton *m*; 2. *fig* Unterton *m*.

over·ture [ˈəʊvətjʊə(r)] 1. *mus* Ouvertüre *f*; 2. *pl* Annäherungsversuch *m*; ▶ make ~s to s.o. Annäherungsversuche bei jdm machen; **peace** ~s *pl* Friedensannäherungen *f pl*.

over·turn [ˌəʊvəˈtɜːn] I *tr* 1. umwerfen, -stoßen, -stürzen; 2. *(Regierung)* stürzen; II *itr* umkippen; kentern; III *s* [ˈəʊvətɜːn] Sturz, Umsturz *m*; **over·value** [ˌəʊvəˈvæljuː] *tr* zu hoch einschätzen, überbewerten; **over·weight** [ˌəʊvəˈweɪt] I *adj* zu schwer; übergewichtig; ▶ you're ~ Sie haben Übergewicht; II *s* [ˈəʊvəweɪt] Übergewicht *n a. fig*; **over·whelm** [ˌəʊvəˈwelm] *tr* 1. überschütten, überfluten; 2. *(Feind)* überwältigen; besiegen; 3. *fig* überschütten, überhäufen; **over·whelming** [ˌəʊvəˈwelmɪŋ] *adj* erschütternd; überwältigend; ▶ an ~ majority e-e erdrückende Mehrheit; **over·work** [ˌəʊvəˈwɜːk] I *tr* 1. überanstrengen; 2. *(Wort)* zu häufig verwenden; ▶ ~ o.s. sich überarbeiten; II *itr* sich überarbeiten; III *s* Überarbeitung *f*; **over·wrought** [ˌəʊvəˈrɔːt] *adj* überreizt, nervös.

ovi·duct [ˈəʊvɪdʌkt] *anat* Eileiter *m*; **ovip·ar·ous** [əʊˈvɪpərəs] *adj zoo* eierlegend; **ovu·la·tion** [ˌɒvjʊˈleɪʃn] *physiol* Follikelsprung *m*, Ovulation *f*.

owe [əʊ] I *tr* 1. *(Geld)* schulden, schuldig sein *a. fig (s.o. jdm)*; 2. *fig* verpflichtet sein zu; verdanken *(s.o. s.th. jdm etw)*; ▶ how much do I ~ you? was bin ich schuldig? I ~ my life to him ich verdanke ihm mein Leben; we ~ nothing to him wir sind ihm nichts schuldig; II *itr*

▶ ~ s.o. for s.th. jdm Geld für etw schulden; **ow·ing** [ˈəʊɪŋ] I *adj* unbezahlt; ▶ how much is still ~? wieviel steht noch aus? **pay what is** ~ den ausstehenden Betrag zahlen; II *prep* ▶ ~ to wegen, infolge *gen*; ~ to the circumstances umständehalber.

owl [aʊl] Eule *f*; **owl·ish** [ˈaʊlɪʃ] *adj* eulenartig.

own¹ [əʊn] I *tr* 1. besitzen, haben; 2. zugeben, zugestehen; anerkennen; ▶ who ~s that? wem gehört das? he ~ed that the claim was justified er erkannte die Forderung als gerechtfertigt an; he ~ed himself defeated er gab sich geschlagen; II *itr* ▶ ~ to s.th. etw eingestehen; etw anerkennen; ~ up es zugeben; ~ up to s.th. etw zugeben.

own² [əʊn] I *attr adj* eigen; ▶ his ~ car sein eigenes Auto; he's his ~ man er geht seinen eigenen Weg; II *prn* ▶ that's my ~ das ist mein eigenes; my time is my ~ ich kann mit meiner Zeit machen, was ich will; these ideas were his ~ die Ideen stammten von ihm selbst; I have money of my ~ ich habe selbst Geld; get one's ~ back on s.o. es jdm heimzahlen; all on one's ~ ganz allein; selbst; on its ~ von selbst, von allein.

owner [ˈəʊnə(r)] 1. Besitzer(in) *m (f)*; Eigentümer(in) *m (f)*; 2. *(e-r Firma, e-s Kontos)* Inhaber(in) *m (f)*; 3. *(e-s Hauses, Fahrzeugs a.)* Eigner(in) *m (f)*; ▶ at ~'s risk auf eigene Gefahr; ~-occupied vom Besitzer bewohnt; ~-occupier Hauseigentümer *m*, der selbst im Haus wohnt; **owner·less** [—lɪs] *adj* herrenlos; **owner·ship** [—ʃɪp] Besitz *m*; ▶ under new ~ unter neuer Leitung.

ox [ɒks] ⟨*pl* oxen⟩ [ˈɒksn] Ochse *m*; **ox cart** Ochsenkarren *m*.

Ox·ford [ˈɒksfəd] ▶ ~ English Oxford-Englisch *n*.

ox·ida·tion [ˌɒksɪˈdeɪʃn] *chem* Oxydation *f*; **ox·ide** [ˈɒksaɪd] *chem* Oxyd *n*; **oxi·dize** [ˈɒksɪdaɪz] *tr, itr chem* oxydieren.

ox·tail [ˈɒksteɪl] Ochsenschwanz *m*; **oxtail soup** Ochsenschwanzsuppe *f*.

oxy·acety·lene [ˌɒksɪəˈsetəliːn] Azetylensauerstoff *m*; **oxyacetylene welding** autogenes Schweißen.

oxy·gen [ˈɒksɪdʒən] Sauerstoff *m*; **oxygen mask** Sauerstoffmaske *f*; **oxygen tent** *med* Sauerstoffzelt *n*.

oy·ster [ˈɔɪstə(r)] Auster *f*; ▶ the world's my ~ die ganze Welt liegt mir zu Füßen; **oyster-bank, oyster-bed** Austernbank *f*; **oy·ster-catcher** [ˈɔɪstəˌkætʃə(r)] *zoo* Austernfischer *m*.

ozone [ˈəʊzəʊn] *chem* Ozon *n*; **ozone layer** Ozonschicht *f*; ▶ depletion, destruction of the ~ Zerstörung *f* der Ozonschicht; hole in the ~ Ozonloch *n*.

P

P, p [pi:] ⟨*pl* -'s⟩ P, p *n;* ► **mind one's P's and Q's** sich ordentlich benehmen.
pa [pɑ:] *fam* Papa *m.*
pace [peɪs] **I** *s* **1.** Schritt *m;* **2.** Gang(art *f*) *m;* **3.** Tempo *n;* **4.** *(Pferd)* Paßgang *m;* ► **at a quick** ~ raschen Schrittes; **at a slow** ~ langsam; **keep** ~ **with** Schritt halten mit; **put s.o. through his** ~**s** jdn auf Herz u. Nieren prüfen; **set the** ~ das Tempo angeben; *fig* den Ton angeben; **II** *tr* **1.** durchschreiten; **2.** *(~ out)* abschreiten, (ab)messen; **3.** das Tempo angeben für; **III** *itr* im Schritt gehen; ► ~ **up and down** auf und ab gehen; **pace-maker** ['peɪsˌmeɪkə(r)] *sport med* Schrittmacher *m;* **pace-setter** ['peɪsˌsetə(r)] *sport* Schrittmacher *m.*
pachy·derm ['pækɪdɜ:m] *zoo* Dickhäuter *m.*
pa·ci·fic [pə'sɪfɪk] *adj* friedlich, friedfertig, friedliebend; **Pa·ci·fic** [pə'sɪfɪk] (der) Pazifik; ► **a** ~ **island** eine Insel im Pazifik; **paci·fi·ca·tion** [ˌpæsɪfɪ'keɪʃn] Versöhnung *f;* Befriedung *f;* **paci·fier** ['pæsɪfaɪə(r)] **1.** Friedensstifter(in) *m (f);* **2.** *Am* Schnuller *m;* **paci·fism** ['pæsɪfɪzəm] Pazifismus *m;* **paci·fist** ['pæsɪfɪst] **I** *adj* pazifistisch; **II** *s* Pazifist(in) *m (f);* **pac·ify** ['pæsɪfaɪ] *tr* **1.** beruhigen; besänftigen; **2.** *(Völker)* miteinander aussöhnen; *(Gegend)* befrieden.
pack [pæk] **I** *s* **1.** Packen, Ballen *m,* Bündel *n;* **2.** Paket *n; Am (Zigaretten)* Schachtel *f;* **3.** *(Tiere)* Rudel *n;* Meute *f;* **4.** *pej* Bande, Meute *f;* **5.** *(Karten)* Spiel *n;* **6.** *med, (Kosmetik)* Packung *f;* **7.** (Eis)Scholle *f;* **8.** *(Rugby)* Sturm *m;* **9.** *(back~)* Rucksack *m;* ► **a** ~ **of lies** lauter Lügen; **II** *tr* **1.** be-, ver-, einpacken; **2.** *(Koffer)* packen; **3.** *(Menschen)* zusammendrängen, einpferchen; **4.** *(Erde)* festdrücken; **5.** *tech* abdichten; **6.** *Am* tragen, (bei sich) haben; **7.** *jur pol* parteiisch zusammensetzen; **III** *itr* **1.** (seine Sachen) packen; **2.** *(~ easily)* sich (gut) (ver)packen lassen; **3.** *(Menschen)* sich drängen; sich zwängen; **4.** *(Erde, Schnee)* fest werden; ► **that won't** ~ **into one case** das paßt nicht in einen Koffer; **send s.o.** ~**ing** jdn davonjagen; **IV** *(mit Präposition)* **pack away** *tr* wegpacken, wegräumen; **pack in** *tr* **1.** einpacken; **2.** *(Menschen)* hineinpferchen; **3.** *fig* in großen Mengen anlocken; **4.** *Br fam* aufgeben; hinschmeißen; *(Motor)* stehenbleiben; ► ~ **it in!** hör auf! **pack off** *tr* (weg)schicken; **be packed out** gerammelt voll sein; **pack up** *tr (Sachen)* zusammenpacken; *itr* **1.** packen; **2.** *fam* aufhören; *(Motor)* stehenbleiben.
pack·age ['pækɪdʒ] **I** *s* **1.** Paket *n;* Pakkung *f,* Päckchen *n;* **2.** Karton *m,* Schachtel *f;* ► **postal** ~ *Am* Postpaket *n;* **II** *tr* **1.** verpacken; **2.** präsentieren; **package deal** Pauschalangebot *n;* **package holiday** Pauschalreise *f;* **package store** *Am* Spirituosenhandlung *f;* **package tour** Pauschalreise *f;* **packag·ing** [—ɪŋ] **1.** Verpackung *f;* **2.** Präsentation, Aufmachung *f.*
packer ['pækə(r)] Packer(in) *m (f).*
packet ['pækɪt] **1.** (Post)Paket *n;* Päckchen *n;* **2.** *(Zigaretten)* Packung *f;* **3.** *(Briefe)* Stoß *m;* **4.** *(~-boat)* Passagier-, Postdampfer *m;* ► **make a** ~ *Br fam* eine Stange Geld verdienen; **cost a** ~ *fam* ein Heidengeld kosten.
pack·ing ['pækɪŋ] **1.** *(~ and packaging)* Verpackung *f;* **2.** Packmaterial *n;* **3.** *tech* (Ab)Dichtung *f;* ► **do one's** ~ *fam* pakken; **packing case** Kiste *f;* Umzugskarton *m;* **packing costs** *pl* Verpakkungskosten *pl;* **packing list** Versandliste *f.*
pact [pækt] Vertrag *m,* Abkommen *n,* Pakt *m;* ► **make a** ~ e-n Vertrag schließen.
pad¹ [pæd] *itr* trotten; ► ~ **about** herumtapsen.
pad² [pæd] **I** *s* **1.** Kissen, Polster *n;* **2.** Polsterung, Wattierung *f;* **3.** Füllung, Einlage *f;* Unterlage *f;* **4.** *zoo* (Fuß)Ballen *m;* **5.** *(writing-~)* Schreibblock *m;* **6.** *(stamp* ~*)* Stempelkissen *n;* **7.** *sport* Beinschützer *m;* **8.** *(Rakete)* Abschußrampe *f;* **9.** *sl* Wohnung, Bude *f;* **II** *tr* **1.** (aus)polstern, wattieren; **2.** ausstopfen; **3.** *(Rede)* aufblähen; **III** *(mit Präposition)* **pad out** *tr fig* auffüllen; ausdehnen; **padded** ['pædɪd] *adj* wattiert; gepolstert; ► ~ **cell** Gummizelle *f;* **padding** ['pædɪŋ] **1.** Polsterung, Wattierung *f;* **2.** Polstermaterial *n;* **3.** *fig* Füller *m.*
paddle ['pædl] **I** *s* **1.** Paddel *n;* **2.** Rührschaufel *f,* -holz *n;* **3.** Schaufel *f;* Schaufelrad *n;* ► **go for a** ~ im Wasser plantschen gehen; **II** *itr* **1.** paddeln; **2.** waten; im Wasser plantschen; **III** *tr* **1.** *(Boot)* paddeln; **2.** *Am* schlagen, (ver)prügeln; **paddle boat** Raddampfer *m;* Paddelboot *n;* **paddle-steamer** Raddampfer *m;* **pad·dling pool** ['pædlɪŋˌpu:l]

Planschbecken *n.*
pad·dock ['pædək] 1. Pferdekoppel *f;* 2. *(Rennsport)* Sattelplatz *m.*
Paddy ['pædɪ] *fam (Spitzname)* Ire *m.*
paddy¹ ['pædɪ] 1. ungeschälter Reis; 2. *(~-field)* Reisfeld *n.*
paddy² ['pædɪ] Wut *f;* ▶ **be in a ~** e-n Wutanfall haben; **paddy-wagon** *Am fam* grüne Minna.
pad·lock ['pædlɒk] I *s* Vorhängeschloß *n;* II *tr* mit e-m Vorhängeschloß verschließen.
paed . . . *s. ped* . . .
paedia·tric [ˌpiːdɪ'ætrɪk] *adj* pädiatrisch; *attr* Kinder-; **paedia·tric·ian,** *Am* **pedia·tric·ian** [ˌpiːdɪə'trɪʃn] Kinderarzt *m,* -ärztin *f;* **paedi·at·rics,** *Am* **pedi·at·rics** [ˌpiːdɪ'ætrɪks] *pl* mit *sing* Kinderheilkunde, Pädiatrie *f.*
pa·gan ['peɪgən] I *s* Heide *m,* Heidin *f;* II *adj* heidnisch; **pa·gan·ism** [— ɪzəm] Heidentum *n.*
page¹ [peɪdʒ] I *s (Buch)* Seite *f,* Blatt *n;* II *tr* paginieren.
page² [peɪdʒ] I *s* 1. (Hotel)Page, Boy *m;* 2. *hist* Edelknabe, Page *m;* II *tr* durch e-n Pagen holen lassen; über den Lautsprecher rufen lassen.
pag·eant ['pædʒənt] 1. historische Aufführung; 2. Festzug *m;* **pag·eantry** ['pædʒəntrɪ] Prunk *m,* Pracht *f.*
page-boy ['peɪdʒbɔɪ] 1. Page *m;* 2. *(Frisur)* Pagenkopf *m;* **page proof** umbrochene Korrekturfahne.
pagi·na·tion [ˌpædʒɪ'neɪʃn] *(Buch)* Paginierung *f.*
pa·goda [pə'gəʊdə] Pagode *f.*
paid [peɪd] I *s. pay;* II *adj* bezahlt; ▶ **~ holidays** *pl* bezahlter Urlaub; **put ~ to s.th.** etw zunichte machen; e-r S einen Riegel vorschieben; **paid-up** ['peɪd'ʌp] *adj (Aktie)* eingezahlt; *(Mitglieder)* zahlend; ▶ **fully ~ member** Mitglied, das alle Beiträge bezahlt hat.
pail [peɪl] Eimer, Kübel *m;* **pail·ful** [— fʊl] Eimervoll *m.*
pain [peɪn] I *s* 1. Schmerz(en *pl*) *m;* 2. Leid(en) *n,* Qual *f;* 3. Kummer *m,* Angst, Sorge *f;* 4. *pl* Mühe *f;* ▶ **under, (up)on ~ of** bei Strafe *gen;* **be at ~s to do s.th.** sehr darauf bedacht sein, etw zu tun; sich große Mühe geben, etw zu tun; **be in ~** Schmerzen haben; **feel ~** Schmerzen empfinden; **take ~s over s.th.** sich mit etw (große) Mühe geben; **be a ~ (in the neck)** *fam* jdm auf den Geist, Wecker gehen, jdn aufregen; II *tr fig* schmerzen, weh tun *(s.o.* jdm); **pain barrier** *a. fig* Schmerzgrenze *f;* **pained** [peɪnd] *adj (Stimme, Miene)* gequält; schmerzerfüllt; **pain·ful** ['peɪnfl] *adj* 1. schmerzhaft, schmerzend; 2. *fig* peinlich; unangenehm; 3. mühsam; ▶ **be ~** weh tun; **pain-killer** schmerzstillendes Mittel; **pain·less** ['peɪnlɪs] *adj* 1.

schmerzlos; 2. mühelos; **pains·taking** ['peɪnzˌteɪkɪŋ] *adj* gewissenhaft, gründlich, sorgfältig.
paint [peɪnt] I *tr* 1. (be)malen; anstreichen; lackieren; 2. schminken; 3. *fig* schildern, beschreiben; ▶ **~ the town red** *fig* auf den Putz hauen; **he is not as black as he is ~ed** er ist besser als sein Ruf; II *itr* malen; III *s* 1. Farbe *f;* Anstrich *m;* 2. *mot* Lack *m;* 3. Schminke *f;* ▶ **wet ~!** frisch gestrichen; **oil ~s** *pl* Ölfarben *f pl;* **paint-box** Malkasten *m;* **paintbrush** ['pɔɪntbrʌʃ] Pinsel *m;* **painted** ['peɪntɪd] *adj* 1. ge-, bemalt; 2. *Am bot zoo* bunt, scheckig; ▶ **~ woman** Flittchen *n;* **painter** ['peɪntə(r)] 1. Maler(in) *m (f);* 2. *mot* Lackierer(in) *m (f);* 3. *(house ~)* Anstreicher(in) *m (f);* 4. *mar* Vor-, Fangleine *f;* **paint·ing** ['peɪntɪŋ] 1. Malen *n;* Anstreichen *n;* 2. Spritzlackieren *n;* 3. Malerei *f;* 4. Bild, Gemälde *n;* **paint pot** Farbtopf *m;* **paint roller** Rolle *f;* **paint stripper** Abbeizmittel *n;* **paint·work** ['peɪntwɜːk] Lack *m;* Anstrich *m,* Farbe *f.*
pair [peə(r)] I *s* 1. Paar *n;* 2. *(Tiere, Spielkarten)* Pärchen *n;* ▶ **in ~s** paarweise; **a ~ of gloves, shoes** ein Paar *n* Handschuhe, Schuhe; **a ~ of scissors, tongs, trousers** e-e Schere, Zange, Hose; **that's another ~ of shoes** *fig* das ist e-e andere Sache; **they're a fine ~!** sie sind ein sauberes Pärchen! **in ~s** paarweise; II *tr* paarweise anordnen; III *(mit Präposition)* **pair off** *tr* 1. in Zweiergruppen anordnen; 2. *(Menschen)* verkuppeln; *itr* Paare bilden; **pair·ing** [— ɪŋ] Paarung *f;* **pair-skating** Paarlaufen *n,* Paarlauf *m.*
pa·ja·mas [pə'dʒɑːməz] *pl Am s.* pyjamas.
Pa·ki·stan [ˌpɑːkɪ'stɑːn] Pakistan *n;* **Pa·ki·stani** [ˌpɑːkɪ'stɑːnɪ] I *adj* pakistanisch; II *s* Pakistani *m f,* Pakistaner(in) *m (f).*
pal [pæl] I *s sl* Kumpel *m;* ▶ **be a ~!** sei so lieb! II *(mit Präposition)* **pal up** *itr fam* sich anfreunden *(with* mit).
pal·ace ['pælɪs] Palast *m.*
pal(a)eo·gra·phy [ˌpælɪ'ɒgrəfɪ, *Am* ˌpeɪlɪ'ɒgrəfɪ] Paläographie *f;* **pal(a)eo·lithic** [ˌpælɪəʊ'lɪθɪk, *Am* ˌpeɪlɪəʊ'lɪθɪk] *adj* paläolithisch, altsteinzeitlich; **pal(a)e·on·tol·og·ist** [ˌpælɪɒn'tɒlədʒɪst, *Am* ˌpeɪlɪɒn'tɒlədʒɪst] Paläontologe *m;* -login *f;* **pal(a)e·on·tol·ogy** [ˌpælɪɒn'tɒlədʒɪ, *Am* ˌpeɪlɪɒn'tɒlədʒɪ] Paläontologie *f.*
pal·at·able ['pælətəbl] *adj* 1. schmackhaft; 2. *fig* angenehm; **pala·tal** ['pælətl] Gaumenlaut *m;* **pal·ate** ['pælət] Gaumen *m;* ▶ **have no ~ for s.th.** keinen Sinn für etw haben.
pa·la·tial [pə'leɪʃl] *adj* palastartig; stattlich, prächtig.

pal·aver [pə'lɑːvə(r)] *fam* (endloses) Gerede, Geschwätz *n;* Theater *n.*
pale¹ [peɪl] **I** *adj* **1.** bleich; blaß; **2.** *(Licht)* schwach; **3.** *fig* schwach, matt, farblos; ▶ **turn** ~ blaß, bleich werden, erbleichen; ~ **blue** blaßblau; ~ **face** Bleichgesicht *n;* **II** *itr* **1.** erbleichen, erblassen, die Farbe verlieren; **2.** *fig* verblassen *(before, beside* neben).
pale² [peɪl] Pfahl *m;* ▶ **beyond the** ~ indiskutabel; *(Verhalten)* unmöglich.
pale·ness ['peɪlnɪs] Blässe *f.*
paleo . . . *s. pal(a)eo . . .*
Pal·est·ine ['pælɪstaɪn] Palästina *n;* **Pal·es·tin·ian** [,pælə'stɪnɪən] **I** *adj* palästinensisch; ▶ ~ **Liberation Organisation** Palästinensische Befreiungsorganisation *f;* **II** *s* Palästinenser(in) *m (f).*
pal·ette ['pælɪt] **1.** Palette *f a. fig;* **2.** *fig* Farbskala *f.*
pali·sade [,pælɪ'seɪd] **I** *s* **1.** Palisade *f;* **2.** *pl Am* Flußklippen *f pl;* **II** *tr* einzäunen.
pall¹ [pɔːl] *itr* langweilig werden *(on, upon s.o.* jdm); überdrüssig werden *(with s.th.* e-r S); reizlos sein *(on* für); ▶ **his charm is beginning to** ~ seine Fassade bröckelt ab; **it never ~s on you** man bekommt es nie satt.
pall² [pɔːl] **1.** Leichentuch *n;* **2.** *(Rauch)* Schleier *m;* **pall-bearer** ['pɔːl,beərə(r)] Sargträger(in) *m (f).*
pal·let ['pælɪt] **1.** *tech* Palette *f;* **2.** Strohsack *m.*
pal·li·ative ['pælɪətɪv] *adj* **1.** lindernd; **2.** *fig* beschönigend.
pal·lid ['pælɪd] *adj* blaß, bleich; **pal·lor** ['pælə(r)] Blässe *f.*
pally ['pælɪ] *adj fam* eng befreundet.
palm¹ [pɑːm] *bot* Palme *f;* Palmzweig *m;* ▶ **carry off the** ~ den Sieg davontragen.
palm² [pɑːm] **I** *s anat* Handteller *m,* Handfläche *f; (Handschuh)* Innenfläche *f;* **grease s.o.'s** ~ jdn bestechen; **read s.o.'s** ~ jdm aus der Hand lesen; **II** *(mit Präposition)* **palm off** *tr* abspeisen; ▶ ~ **s.th. off on(to) s.o.** jdm etw andrehen; **palm·ist** ['pɑːmɪst] Handleser(in), Handliniendeuter(in) *m (f).*
palm leaf ['pɑːm,liːf] *⟨pl -leaves⟩* Palmwedel *m;* **Palm Sunday** Palmsonntag *m;* **palm tree** Palme *f.*
pal·pable ['pælpəbl] *adj* **1.** greifbar; *med* tastbar; **2.** *fig (Lüge)* offensichtlich.
pal·pi·tate ['pælpɪteɪt] *itr* zittern; *(Herz)* klopfen; **pal·pi·ta·tion** [,pælpɪ'teɪʃn] *oft pl* Herzrhythmusstörung *f.*
palsy ['pɔːlzɪ] Lähmung *f;* ▶ **cerebral** ~ zerebrale Lähmung.
palsy-walsy ['pælzɪ'wælzɪ] *adj sl* scheißfreundlich.
pal·try ['pɔːltrɪ] *adj* schäbig; *(Grund)* unbedeutend.
pam·pas ['pæmpəs] *pl* Pampas *pl.*

pam·per ['pæmpə(r)] *tr* verwöhnen, verhätscheln.
pamph·let ['pæmflɪt] Broschüre *f;* Flugblatt *n.*
pan¹ [pæn] **I** *s* **1.** Pfanne *f;* Kochtopf *m;* **2.** Waagschale *f;* Goldpfanne *f;* **3.** *(Toilette)* Becken *n;* **II** *tr* **1.** *(Gold)* waschen; **2.** *Am fam (Aufführung)* verreißen; **III** *(mit Präposition)* **pan out** *itr* sich entwickeln; ▶ ~ **out well** klappen.
pan² [pæn] **I** *s* Kameraschwenk *m;* **II** *tr* schwenken.
pana·cea [,pænə'sɪə] Allheilmittel *n.*
pa·nache [pə'næʃ] Schwung *m.*
Pana·ma [,pænə'mɑː] Panama *n;* ▶ ~ **Canal** Panamakanal *m;* **Pana·manian** [,pænə'meɪnɪən] **I** *adj* panamaisch; **II** *s* Panamaer(in) *m (f),* Panamese *m,* Panamesin *f.*
Pan-Ameri·can ['pænə'merɪkən] *adj* panamerikanisch.
pana·tel·la [,pænə'telə] dünne Zigarre.
pan·cake ['pænkeɪk] **I** *s* Pfannkuchen *m;* **II** *itr (Flugzeug)* eine Bauchlandung machen.
pan·creas ['pæŋkrɪəs] *anat* Bauchspeicheldrüse *f;* **pan·cre·atic** [,pæŋkrɪ'ætɪk] *adj* Bauchspeicheldrüsen-, pankreatisch.
panda ['pændə] Panda *m;* **panda car** *Br* Streifenwagen *m.*
pan·de·mo·nium [,pændɪ'məʊnɪəm] *fig* Chaos *n;* Tumult, Höllenlärm *m.*
pan·der ['pændə(r)] **I** *s* Kuppler *m;* **II** *itr* nachgeben *(to s.o., s.th.* jdm, e-r S); ▶ ~ **to s.o.'s ego** jdm um den Bart gehen.
pane [peɪn] Fensterscheibe *f.*
panel ['pænl] **I** *s* **1.** *arch* (Holz)Platte, Tafel *f;* **2.** *(Wand, Tür)* Füllung *f;* **3.** *(Kleid)* Bahn *f;* **4.** *(Kunst)* Tafel *f;* Tafelbild *n;* **5.** *(Flugzeug)* Verschalungsteil *n; (Auto)* Karosserieteil *n;* **6.** *(instrument* ~) Schalttafel *f; mot* Armaturenbrett *n;* **7.** Ausschuß *m,* Kommission *f;* **8.** *jur* Geschworenenliste *f;* Geschworene, Schöffen *m pl;* **9.** Liste *f* der Kassenärzte; **10.** Diskussionsgruppe *f,* Forum *n;* **11.** *(Meinungsforschung)* Befragtengruppe *f;* ▶ **on the** ~ krankenversichert; *(Arzt)* zu allen Kassen zugelassen; **advisory** ~ beratender Ausschuß; ~ **of experts** Sachverständigenausschuß *m;* **II** *tr* täfeln *(with* mit); **panel beater** Autoschlosser(in) *m (f);* **panel discussion** Podiumsdiskussion *f;* **panel·ling,** *Am* **panel·ing** [—ɪŋ] Täfeln *n;* Täfelung *f;* Verschalung *f;* **panel·list,** *Am* **panelist** [—ɪst] Diskussionsteilnehmer(in) *m (f).*
pang [pæŋ] **1.** stechender, heftiger Schmerz; **2.** *fig* plötzliche Angst, Beklemmung *f;* ▶ ~**s of conscience** Gewissensbisse *m pl.*
pan·handle ['pænhændl] **I** *s* **1.** Pfannenstiel *m;* **2.** *Am* Landzipfel *m;* **II** *itr Am*

fam schnorren; **pan·handler** ['pænhændlə(r)] Schnorrer(in) *m (f).*

panic ['pænɪk] ⟨*ppr* panicking, *pp* panicked⟩ I *s* Panik *f;* panischer Schreck(en); ▶ **be in, get into a ~ about s.th.** wegen etw in panische Angst geraten; II *tr* 1. e-n Schreck einjagen (*s.o.* jdm); 2. *Am sl* zum Lachen bringen; III *itr* in Panik geraten; **don't ~! keine Panik! pan·icky** ['pænɪkɪ] *adj fam* äußerst ängstlich; *(Reaktion, Maßnahme)* Kurzschluß-; ▶ **get ~** in Panik geraten; **panic-stricken** ['pænɪkˌstrɪkən] *adj* in panischem Schrecken.

pan·nier ['pænɪə(r)] großer Korb; *(an Fahrrad)* Satteltasche *f; (für Maultier)* Tragkorb *m.*

pan·or·ama [ˌpænə'rɑːmə] 1. Panorama *n*, Rundblick *m;* 2. *fig* Panorama *n*, (gute) Übersicht *f (of* über); **pan·or·amic** [ˌpænə'ræmɪk] *adj* panoramaartig; *mot* Rundsicht-; ▶ **~ shot** *phot* Panoramaaufnahme *f.*

pansy ['pænzɪ] 1. *bot* Stiefmütterchen *n;* 2. *sl pej* Schwule(r), Süße(r) *m.*

pant [pænt] I *itr* 1. keuchen; 2. *(~ for breath)* nach Luft schnappen; ▶ **be ~ing to do s.th.** darauf brennen, etw zu tun; II *tr* (keuchend) hervorstoßen; III *s* Keuchen *n.*

pan·tech·ni·con [pæn'teknɪkən] Möbelwagen *m.*

pan·the·ism ['pænθɪɪzəm] Pantheismus *m;* **pan·the·ist** ['pænθɪɪst] Pantheist(in) *m (f);* **pan·the·istic** [ˌpænθɪ'ɪstɪk] *adj* pantheistisch.

pan·ther ['pænθə(r)] Panther *m.*

pan·ties ['pæntɪz] *pl* 1. (Damen)Schlüpfer *m;* 2. Kinderhöschen *n.*

pan·to·mime ['pæntəmaɪm] 1. *Am theat* Pantomime *f;* 2. *(in England)* Weihnachtsmärchen *n.*

pan·try ['pæntrɪ] Vorrats-, Speisekammer *f.*

pants [pænts] *pl* 1. Hose *f;* 2. *Br* Unterhose *f;* ▶ **wear the ~** *Am fig* die Hosen anhaben; **pant·suit** ['pæntsuːt] *Am* Hosenanzug *m.*

panty-girdle ['pæntɪˌgɜːdl] Miederhöschen *n;* **panty-hose** Strumpfhose *f;* **panty liner** Slipeinlage *f;* **panty set** Garnitur *f* Unterwäsche.

pap [pæp] Brei *m.*

pa·pacy ['peɪpəsɪ] Papsttum *n;* **pa·pal** ['peɪpl] *adj* päpstlich.

pa·per ['peɪpə(r)] I *s* 1. Papier *n;* 2. Zeitung *f;* 3. Aufsatz *m*, Abhandlung *f,* Vortrag *m (on* über); 4. *(examination ~)* Prüfungsarbeit *f;* 5. *(wall ~)* Tapete *f;* 6. *pl* (Ausweis-, Legitimations)Papiere *n pl;* 7. *pl* Akten *f pl;* Papiere *n pl;* ▶ **on ~** auf dem Papier; *fig* in der Theorie; **commit to ~, put down on ~** zu Papier bringen, schriftlich niederlegen; **ballot,**

voting ~ Stimm-, Wahlzettel *m;* **blotting-~** Löschblatt *n;* **brown ~** Packpapier *n;* **daily, evening, sports ~** Tages-, Abend-, Sportzeitung *f;* **letter-, note-~** Briefpapier *n;* **sheet of ~** Blatt *n* Papier; **Sunday ~** Sonntagsblatt *n;* **waste ~** Altpapier *n;* **weekly ~** Wochenblatt *n;* **white ~** *pol* Weißbuch *n;* **wrapping ~** Packpapier *n;* **writing-~** Schreibpapier *n;* II *tr* tapezieren; ▶ **~ over** überkleben; **~ over the cracks of s.th.** *fig* etw übertünchen; **pa·per·back** ['peɪpəbæk] Taschenbuch *n;* **paper-bag** Tüte *f;* **paper-boy** Zeitungsjunge *m;* **paper-chase** Schnitzeljagd *f;* **paper-clip** Büroklammer *f;* **paper cup** Pappbecher *m;* **paper feed** *(Drucker)* Papiereinzug *m;* **paper jam** *(Drucker)* Papierstau *m;* **paper-knife** ⟨*pl* -knives⟩ Brieföffner *m;* **paper-mill** Papierfabrik *f;* **paper-money** Papiergeld *n;* **paper tape** Lochstreifen *m;* **paper tiger** Papiertiger *m;* **paper tissue** Kosmetiktuch *n;* **pa·per·weight** ['peɪpəweɪt] Briefbeschwerer *m;* **pa·per·work** ['peɪpəwɜːk] Schreibarbeit *f.*

papier-mâché [ˌpæpɪeɪ'mæʃeɪ, ˌpeɪpəmə'ʃeɪ] Papier-, Pappmaché *n.*

pa·pist ['peɪpɪst] *pej* Papist(in) *m (f).*

pa·poose [pə'puːs] 1. Indianerkind *n;* 2. Rückentrage *f* für ein Kleinkind.

pap·rika ['pæprɪkə, pə'priːkə] Paprika *m.*

pa·py·rus [pə'paɪərəs] ⟨*pl* -ruses,-ri⟩ [—rəsɪz, —raɪ] Papyrus(staude *f*) *m;* Papyrus *m.*

par [pɑː(r)] 1. *fin* Nennwert *m;* 2. *(Golf)* Par *m;* ▶ **above ~** über pari; *fig* überdurchschnittlich, überragend; **at ~** al pari; zum Nennwert; **below ~** unter pari; *fig* unter Niveau; **on a ~ with** auf gleicher Stufe mit; ebenbürtig; **up to ~** *fig* auf der Höhe; **I don't feel up to ~, I feel below ~** ich fühle mich nicht wohl.

par·able ['pærəbl] Gleichnis *n*, Parabel *f.*

par·ab·ola [pə'ræbələ] *math* Parabel *f.*

para·bolic [ˌpærə'bɒlɪk] *adj* gleichnishaft, allegorisch; ▶ **~ mirror** Parabolspiegel *m.*

para·chute ['pærəʃuːt] I *s* Fallschirm *m;* II *tr* (mit dem Fallschirm) abwerfen, absetzen; III *itr* abspringen; **parachute drop** Fallschirmabwurf *m;* **parachute jump** Fallschirmabsprung *m;* **parachute jumper** Fallschirmspringer(in) *m (f);* **para·chut·ist** ['pærəʃuːtɪst] Fallschirmspringer(in) *m (f).*

par·ade [pə'reɪd] I *s* 1. (Truppen)Parade *f;* 2. *(~-ground)* Exerzier-, Paradeplatz *m;* 3. Auf-, Festzug *m;* Demonstration *f;* Prozession *f;* 4. *(fashion ~)* Modenschau *f;* 5. Promenade *f (am Meer);* 6. *fig* Zurschaustellung *f;* II *tr* 1. aufmarschieren lassen; 2. *fig* zur Schau stellen;

III *itr* **1.** eine Demonstration veranstalten; **2.** *mil* aufmarschieren; **3.** herumstolzieren.

para·digm ['pærədaɪm] (Muster-) Beispiel *n;* **para·dig·matic** [ˌpærədɪg'mætɪk] *adj* exemplarisch.

para·dise ['pærədaɪs] (das) Paradies; ► **live in a fool's** ~ sich etw vormachen; **para·disiac(al)** [ˌpærə'dɪsɪæk, ˌpærədɪ'zaɪək] *adj* paradiesisch.

para·dox ['pærədɒks] Paradox(on) *n;* **para·doxi·cal** [ˌpærə'dɒksɪk] *adj* paradox, widersinnig; **para·doxi·cal·ly** [—ɪ] *adv* paradoxerweise.

par·af·fin ['pærəfɪn] **1.** *Am (~ wax)* Paraffin *n;* **2.** *Br (~ oil)* Paraffinöl *n.*

para·gon ['pærəgən, *Am* 'pærəgɒn] Vorbild, Muster *n;* ► ~ **of virtue** Musterknabe *m.*

para·graph ['pærəgrɑ:f, *Am* 'pærəgræf] I *s* **1.** Absatz, Abschnitt *m;* **2.** (kurzer) Zeitungsartikel *m;* II *tr* in Absätze, Paragraphen einteilen.

para·keet ['pærəki:t] Sittich *m.*

par·al·lel ['pærəlel] I *adj* **1.** *math* parallel (*with, to* mit); **2.** *fig* gleichlaufend (*to, with* zu, mit); entsprechend (*to s.th.* e-r S); ► ~ **connection** *el* Parallelschaltung *f;* **a** ~ **case** ein Parallelfall *m;* II *s* **1.** *math* Parallele *f a. fig* (*to* zu); **2.** *fig* Entsprechung *f;* **3.** *geog* (~ *of latitude*) Breitenkreis *m;* ► **without** ~ unvergleichlich; **be without (a)** ~ einzig dastehen, keine Parallele haben; **draw a** ~ **between** e-e Parallele ziehen zwischen; III *tr* gleichen (*s.th.* e-r S); **parallel bars** *pl sport* Barren *m;* **par·al·lel·ism** [—ɪzəm] Parallelität *f; fig* Ähnlichkeit *f;* **par·al·lelo·gram** [ˌpærə'leləgræm] Parallelogramm *n.*

para·lyse, *Am* **para·lyze** ['pærəlaɪz] *tr* **1.** lähmen *a. fig;* **2.** (*Verkehr*) lahmlegen; **3.** *fig* zum Erliegen bringen; unwirksam machen; ► ~**d with fear** starr vor Schrecken; **par·al·ysis** [pə'ræləsɪs] Lähmung *f a. fig;* **para·lyt·ic** [ˌpærə'lɪtɪk] I *adj* **1.** paralytisch; gelähmt; **2.** *fam* volltrunken; II *s* Gelähmte(r) *f m,* Paralytiker(in) *m (f).*

par·ameter [pə'ræmɪtə(r)] **1.** *math* Parameter *m;* **2.** *pl fig* Rahmen *m;* **parametric programming** parametrische Programmierung *f.*

para·mili·tary [ˌpærə'mɪlɪtrɪ] *adj* paramilitärisch.

para·mount ['pærəmaunt] *adj* wichtigste(r, s), höchste(r, s), größte(r, s); ► **of** ~ **importance** von größter Wichtigkeit.

para·noia [ˌpærə'nɔɪə] Verfolgungswahn *m;* **para·noiac** [ˌpærə'nɔɪæk] I *adj* paranoisch; II *s* Paranoiker(in) *m (f).*

para·pet ['pærəpɪt] (Brücken-, Balkon-) Geländer *n.*

para·pher·nalia [ˌpærəfə'neɪlɪə] *pl* Kinkerlitzchen *n pl,* Brimborium, Drum und Dran *n.*

para·phrase ['pærəfreɪz] I *s* Umschreibung *f;* II *tr* umschreiben.

para·plegia [ˌpærə'pli:dʒə] Querschnittslähmung *f;* **para·plegic** [ˌpærə'pli:dʒɪk] I *adj* querschnittsgelähmt; II *s* Querschnittsgelähmte(r) *f m.*

para·psy·chol·ogy [ˌpærəsaɪ'kɒlədʒɪ] Parapsychologie *f.*

paras ['pærəz] *pl fam* Fallschirmtruppen *f pl.*

para·site ['pærəsaɪt] *biol* Schmarotzer, Parasit *m a. fig;* **para·sitic(al)** [ˌpærə'sɪtɪk(l)] *adj* **1.** *biol* parasitisch; **2.** *med tech* parasitär.

para·sol ['pærəsɒl] Sonnenschirm *m.*

para·trooper ['pærətru:pə(r)] Fallschirmjäger *m;* **para·troops** ['pærətru:ps] *pl* Fallschirm-, Luftlandetruppen *f pl.*

para·typhoid [ˌpærə'taɪfɔɪd] (~ *fever*) *med* Paratyphus *m.*

par·boil ['pɑ:bɔɪl] *tr* ankochen.

par·cel ['pɑ:sl] I *s* **1.** Paket, Päckchen *n;* **2.** (*Land*) Parzelle *f;* ► **part and** ~ ein wesentlicher Bestandteil; ~ **of land** Landparzelle *f;* ~ **of shares** Aktienpaket *n;* II (*mit Präposition*) **parcel out** *tr* aufteilen; **parcel up** *tr* als Paket verpacken; **parcel delivery** Paketzustellung *f;* **parcel office** Paketschalter *m;* **parcel post** Paketpost *f;* ► **send by** ~ als Postpaket schicken.

parch [pɑ:tʃ] *tr* austrocknen; ► **be** ~**ed (with thirst)** vor Durst verschmachten.

parch·ment ['pɑ:tʃmənt] Pergament *n.*

pard [pɑ:(r)d] *Am sl* Partner, Kumpel *m.*

par·don ['pɑ:dn] I *tr* **1.** *jur* begnadigen; **2.** vergeben, verzeihen (*s.o.* jdm); ► ~ **me! Entschuldigung!** ~ **me?** *Am* wie bitte? II *s* **1.** Verzeihung, Vergebung *f;* **2.** *jur* Begnadigung *f;* ► **I beg your** ~**! Entschuldigung! I beg your** ~**?** wie bitte? **par·don·able** ['pɑ:dnəbl] *adj* verzeihlich, entschuldbar.

pare [peə(r)] *tr* **1.** (*Obst*) schälen; **2.** (*Nägel*) schneiden; **3.** (~ *down*) *fig* kürzen, reduzieren.

par·ent ['peərənt] **1.** Elternteil *m;* **2.** *fig* Vorläufer *m;* **3.** *pl* Eltern *pl;* ► ~**s-in-law** *pl* Schwiegereltern *pl;* **par·ent·age** ['peərəntɪdʒ] Abstammung, Herkunft *f;* **par·ental** [pə'rentl] *adj* elterlich; *attr* Eltern-; **parent company** Muttergesellschaft *f.*

par·enth·esis [pə'renθəsɪs] ⟨*pl* -eses⟩ [—əsi:z] **1.** Einschaltung (*im Text*), Parenthese *f;* Zwischenbemerkung *f;* **2.** *pl* runde Klammern *f pl.*

par·ent·hood ['peərənthʊd] Elternschaft *f;* **par·ent·less** ['peərəntlɪs] *adj* elternlos; **parent ship** Mutterschiff *n.*

pa·riah [pə'raɪə, 'pærɪə] **1.** *rel* Paria *m a. fig;* **2.** *fig* Ausgestoßene(r) *f m.*

par·ing ['peərɪŋ] 1. Schälen n; 2. pl Abfall m, Schnitzel m pl.

par·ish ['pærɪʃ] 1. (Pfarr-, Kirchen)Gemeinde f; 2. (civil ~) (Land)Gemeinde f; **par·ishioner** [pə'rɪʃənə(r)] Gemeindemitglied n; **parish(-pump) politics** pl Kirchturmpolitik f; **parish register** Kirchenbuch n.

par·ity ['pærətɪ] 1. Gleichheit, Gleichberechtigung f; 2. Gleichwertigkeit f; 3. fin (Währungs)Parität f; ▶ ~ of treatment Gleichstellung f; ~ of pay Lohngleichheit f; **parity change** fin Wechselkursänderung f; **parity realignment** fin Neuordnung f der Wechselkursparitäten.

park [pɑːk] I s 1. Park m; 2. Naturpark m, -schutzgebiet n; 3. Sportplatz m; 4. Am mot Parkplatz m; 5. (Automatikwagen) Parkstellung f; 6. mil Arsenal n; ▶ **national** ~ Nationalpark m; II tr 1. parken; abstellen; (Fahrrad) abstellen; 2. fig fam abstellen; ▶ ~ o.s. fam sich plazieren; **I'm ~ed over there** ich habe da drüben geparkt; III itr parken; ▶ ~ **and ride system** Park-and-ride-System n.

parka ['pɑːkə] Parka m.

parking ['pɑːkɪŋ] 1. Parken n; 2. Parkraum m; ▶ **no** ~ Parken verboten; **parking area, place** Abstell-, Parkplatz m; **parking bay** Parkbucht f; **parking disc** Parkscheibe f; **parking lights** pl mot Standlicht n; **parking lot, space** Park-, Stellplatz m; **parking meter** Parkuhr f; **parking offender** Falschparker m; **parking ticket** Strafzettel m (für falsches Parken); **park·keeper** ['pɑːkiːpə(r)] Parkwächter(in) m (f); **park·way** ['pɑːkweɪ] Am Allee f.

parky ['pɑːkɪ] adj Br fam kühl.

par·lance ['pɑːləns] Rede-, Sprechweise f; ▶ **in legal** ~ in der Rechtssprache.

par·ley ['pɑːlɪ] I itr unter-, verhandeln; II s Verhandlung f; ▶ **peace** ~s pl Friedensverhandlungen f pl.

par·lia·ment ['pɑːləmənt] Parlament n; ▶ **enter, go into P~** ins Parlament gewählt werden; **stand for P~** für das Unterhaus kandidieren; **Member of P~** Parlamentsmitglied n; **par·lia·mentarian** [ˌpɑːləmən'teərɪən] Parlamentarier(in) m (f); **par·lia·men·tary** [ˌpɑːlə'mentrɪ] adj parlamentarisch; ▶ ~ **elections** pl Parlamentswahl f; ~ **party** Fraktion f.

par·lour, Am **par·lor** ['pɑːlə(r)] Salon m, Wohnzimmer n; ▶ **beauty** ~ Am Schönheitssalon m; **ice-cream** ~ Eisdiele f; **parlo(u)r game** Gesellschaftsspiel n; **parlo(u)r-maid** Br Dienstmädchen n.

par·ochial [pə'rəʊkɪəl] adj 1. Gemeinde-, Pfarr-; 2. fig beschränkt, engstirnig;

par·ochial·ism [—ɪzəm] fig Engstirnigkeit f; **parochial school** Am Konfessionsschule f.

par·odist ['pærədɪst] Parodist(in) m (f); **par·ody** ['pærədɪ] I s 1. Parodie f (of auf); 2. schwache Nachahmung, Abklatsch m; II tr parodieren.

pa·role [pə'rəʊl] I s jur bedingte Entlassung (aus der Strafhaft); Bewährung f; ▶ **on** ~ auf Bewährung; II tr jur bedingt entlassen; auf Bewährung entlassen.

par·ox·ysm ['pærəksɪzəm] Anfall m; ▶ ~s **of laughter** ein Lachkrampf m.

par·quet ['pɑːkeɪ, Am pɑː'keɪ] Parkett n a. theat Am.

par·ri·cide ['pærɪsaɪd] 1. Vater-, Muttermörder(in) m (f); 2. Vater-, Muttermord m.

par·rot ['pærət] I s Papagei m; II tr nachplappern; ▶ **repeat s.th.** ~ **fashion** etw wie ein Papagei wiederholen; **parrot fever** Papageienkrankheit f.

parry ['pærɪ] I tr 1. abwehren, parieren; 2. (Frage) ausweichen (s.th. e-r S) a. fig; II s 1. Abwehr f; 2. Parade f.

parse [pɑːz] tr gram (Satz) zerlegen, analysieren, (zer)gliedern; (Wort) grammatisch definieren.

par·si·moni·ous [ˌpɑːsɪ'məʊnɪəs] adj geizig, knauserig (of mit); **par·si·mony** ['pɑːsɪmənɪ, Am 'pɑːsɪməʊnɪ] Geiz m, Knauserigkeit f.

pars·ley ['pɑːslɪ] Petersilie f.

pars·nip ['pɑːsnɪp] Pastinake f.

par·son ['pɑːsn] Pfarrer m; **par·sonage** ['pɑːsnɪdʒ] Pfarrhaus n; **parson's nose** Bürzel m.

part [pɑːt] I s 1. Teil m; 2. Stück n (e-s Ganzen); 3. Anteil m; Abschnitt, Teil m; 4. tech Teil, Bauteil n; 5. (Serie) Folge, Fortsetzung f; 6. (Buch) Lieferung f; 7. theat Rolle f; 8. mus Stimme, Partie f; 9. Seite, Partei f; 10. pl Gegend f, Gebiet n, Bezirk m; 11. Am Scheitel m; 12. pl Geschlechtsteile n pl; ▶ **the greater** ~ der größte Teil, die Mehrheit; **the nice** ~ **of it is** das Nette daran ist; **I lost** ~ **of it** ich habe einen Teil davon verloren; **for the most** ~ meist(ens), größten-, meistenteils; **for my** ~ meinerseits, was mich betrifft; **in** ~ **s** teilweise, teils, zum Teil; teil-; **in equal** ~s zu gleichen Teilen; **in these** ~s in dieser Gegend; **on the** ~ **of** von seiten, seitens; **be** ~ **and parcel of s.th.** von etw ein wesentlicher Bestandteil sein; **play, take a** ~ e-e Rolle spielen; **take** ~ teilnehmen; sich beteiligen (in an); **take s.o.'s** ~ für jdn, jds Partei ergreifen; **take s.th. in good** ~ etw nicht übelnehmen; **take in** ~ **exchange** in Zahlung nehmen; **constituent** ~s pl Bestandteile m pl; **leading** ~ Hauptrolle f; **a man of (many)** ~s ein begabter, vielseitiger Mensch; **spare** ~

Ersatzteil *n;* ~ **of the body** Körperteil *m;* ~ **of the country** Gegend *f;* ~ **of speech** *gram* Wortart *f;* **II** *adv* teils, teilweise; ▶ **she's ~ English ~ German** sie ist teils Engländerin teils Deutsche; ~ **eaten** halb aufgegessen; **III** *tr* 1. teilen; *(Haar)* scheiteln; 2. trennen *(from* von); ▶ ~ **company** sich trennen *(with* von); **till death us do ~** bis daß der Tod uns scheidet; **IV** *itr* 1. sich teilen; *(Lippen, Vorhang)* sich öffnen; 2. *(Menschen)* sich trennen; auseinandergehen; *(Dinge)* sich lösen; ▶ ~ **from** *od* **with** **s.o.** sich von jdm trennen; ~ **with s.th.** sich von etw trennen.

par·tial ['pɑːʃl] *adj* 1. parteiisch, voreingenommen; 2. teilweise, partiell; ▶ **be ~ to s.th.** für etw e-e Vorliebe haben; ~ **payment** Teilzahlung *f;* ~ **success** Teilerfolg *m;* **par·tial·ity** [ˌpɑːʃɪˈælətɪ] 1. Voreingenommenheit, Parteilichkeit *f;* 2. Vorliebe *f (for, to* für); **par·tial·ly** ['pɑːʃəlɪ] *adv* teilweise.

par·tici·pant [pɑːˈtɪsɪpənt] Teilnehmer(in) *m (f);* **par·tici·pate** [pɑːˈtɪsɪpeɪt] *itr* 1. teilnehmen, -haben, sich beteiligen *(in* an); 2. beteiligt sein *(in* an); **par·tici·pa·tion** [pɑːˌtɪsɪˈpeɪʃn] 1. Mitwirkung, Teilnahme *f (in* an); 2. *com* Beteiligung *f;* ▶ **worker** ~ Mitbestimmung *f;* ~ **in profits** Gewinnbeteiligung *f;* **par·tici·pa·tor** [pɑːˈtɪsɪpeɪtə(r)] 1. Teilnehmer(in) *m (f),* -haber(in) *m (f);* 2. Gesellschafter(in), Aktionär(in) *m (f).*

par·ti·ciple ['pɑːtɪsɪpl] *gram* Partizip *n.*

par·ticle ['pɑːtɪkl] 1. Teilchen *n a. phys;* 2. *fig* Spur *f;* 3. *gram* Partikel *f;* ▶ **not a ~ of sense** kein Fünkchen Verstand; **particle accelerator** *phys* Teilchenbeschleuniger *m.*

par·ticu·lar [pəˈtɪkjʊlə(r)] **I** *adj* 1. besondere(r, s); *(Grund)* bestimmt; 2. *(im Gegensatz zu anderen)* bestimmt; 3. *(Mensch)* eigen; wählerisch; (über)genau; ▶ **be ~ about s.th.** in bezug auf etw sehr eigen sein; es mit etw sehr genau nehmen; **in** ~ insbesondere; **nothing (in)** ~ nichts Besonderes; **take ~ pains** sich besonders bemühen; ~ **case** besonderer Fall; Sonder-, Einzelfall *m;* **II** *s* 1. *pl* nähere Angaben *f pl;* Näheres *n;* Details *n pl,* Einzelheiten *f pl (about, of* über); 2. *pl* Personalangaben *f pl,* Personalien *pl;* ▶ **with full ~s** mit allen Einzelheiten; **without giving ~s,** **without entering** *od* **going into** ~s ohne nähere Angaben (zu machen), ohne auf Einzelheiten einzugehen; **enter, go into** ~s auf Einzelheiten eingehen; ins einzelne gehen; **furnish** ~s Einzelheiten angeben; Auskunft erteilen; **for** ~s **apply to** … (nähere) Auskünfte (erhalten Sie) bei ..; **par·ticu·lar·ize** [pəˈtɪkjʊlərɑɪz] *tr* einzeln angeben, aufführen; spezifizie-

ren; **par·ticu·lar·ly** [pəˈtɪkjʊləlɪ] *adv* im besonderen; insbesondere.

part·ing ['pɑːtɪŋ] **I** *adj* scheidend; **II** *s* 1. Abschied *m;* 2. *Br* Scheitel *m;* ▶ **at ~** beim Abschied; ~ **of the ways** 'Weggabelung *f; fig* Scheideweg *m;* **parting shot** 1. letzter Blick; 2. letzte Bemerkung.

par·ti·san [ˌpɑːtɪˈzæn, *Am* 'pɑːtɪzn] **I** *adj* 1. parteiisch, parteilich; 2. Partisanen-; **II** *s* 1. Parteigänger(in), Anhänger(in) *m (f);* 2. *mil* Partisan(in), Widerstandskämpfer(in) *m (f).*

par·ti·tion [pɑːˈtɪʃn] **I** *s* 1. Teilung *f;* 2. Aufteilung *f;* 3. *(Grundstück)* Parzellierung *f;* 4. Trenn-, Zwischen-, Scheide-, Stellwand *f;* **II** *tr* 1. (auf)teilen, verteilen; 2. *(Land)* parzellieren; ▶ ~ **off** abtrennen, -teilen.

part·ly ['pɑːtlɪ] *adv* teilweise, zum Teil, teils.

part·ner ['pɑːtnə(r)] **I** *s* 1. *com* Partner(in), Teilhaber(in) *(in* an), Gesellschafter(in) *m (f);* 2. (Ehe-, Tanz-, Spiel)Partner(in) *m (f);* **II** *tr:* ▶ ~ **s.o.** jds Partner sein; **part·ner·ship** ['pɑːtnəʃɪp] 1. Partnerschaft *f;* 2. *com* Personengesellschaft *f;* 3. Mitbeteiligung *f (in* an); ▶ **enter, go into** ~ **with s.o.** sich mit jdm geschäftlich verbinden; **general** ~ offene Handelsgesellschaft; **limited** ~ Kommanditgesellschaft *f;* **partnership agreement** Gesellschaftsvertrag *m.*

part owner [ˌpɑːtˈəʊnə(r)] Miteigentümer(in) *m (f);* **part ownership** Miteigentum *n;* **part payment** Teilzahlung *f.*

par·tridge ['pɑːtrɪdʒ] Rebhuhn *n.*

part-time [ˌpɑːtˈtaɪm] **I** *s* Teilzeitbeschäftigung *f;* ▶ **be on** ~ Teilzeit arbeiten; **II** *adj* Teilzeit-; ▶ ~ **job** Teilzeitbeschäftigung *f;* ~ **work** Teilzeit-, Kurz-, Halbtagsarbeit *f;* **do** ~ **work** e-r Halbtagsarbeit nachgehen; ~ **worker** Teilzeitkraft *f;* Kurzarbeiter(in) *m (f);* ▶ **he is only** ~ er arbeitet nur Teilzeit.

party ['pɑːtɪ] 1. (politische) Partei *f;* 2. (Arbeits-, Interessen)Gruppe *f;* 3. Einladung, Gesellschaft, Party, Veranstaltung *f;* 4. Teilnehmer(in) *m (f),* Beteiligte(r) *f m (to* an); 5. *jur* Partei *f;* 6. *com* (Vertrags)Partei *f;* Beteiligte(r) *f m;* 7. *fam hum* Person *f;* ▶ **be a ~ to s.th.** an e-r S beteiligt sein; bei etw mitmachen; **become a member of a** ~ Parteimitglied werden; **become a ~ to s.th.** sich in e-e S einlassen; **give a** ~ e-e Einladung geben, Gäste haben; **go to a** ~ e-r Einladung folgen, eingeladen sein; **adverse** ~ Prozeßgegner *m;* **dinner** ~ Einladung *f* zum Essen; **parliamentary** ~ Fraktion *f;* **the surviving** ~ *jur* der überlebende Teil; **third** ~ Dritte(r), Unbeteiligte(r), Unparteiische(r) *m;* **third** ~

insurance *mot* Haftpflichtversicherung *f;* the ~ concerned der Beteiligte, der Betroffene; **party-badge** Parteiabzeichen *n;* **party-conference, -congress, -meeting** Parteiversammlung *f,* -kongreß, -tag *m;* **party donation** Parteispende *f;* **party headquarters** *pl* Parteizentrale *f;* **party insured** Versicherte(r) *m;* **party leader** Parteiführer(in) *m (f);* **party line** 1. *tele* Gemeinschaftsanschluß *m;* 2. *pol* Parteilinie *f;* ▶ follow the ~ linientreu sein; **partyliner** *pol* Linientreue(r) *f m;* **party politics** *pl* Parteipolitik *f;* **party pooper** ['pu:pə(r)] *Am fam* Partymuffel *m.*
par·venu ['pa:vənju:] Emporkömmling *m.*
pass [pɑ:s, *Am* pæs] I *itr* 1. vorbei-, vorüber-, weitergehen, -ziehen, -fahren, -fliegen (*by* an); 2. übergehen, -wechseln (*from* ... *to* von ... zu); 3. (*Worte*) gesprochen, gewechselt werden; 4. übergehen (*into* in; *to* auf); 5. hinausgehen (*beyond* über); 6. überschreiten (*beyond s.th.* etw); 7. vorbei-, vorübergehen, aufhören, ein Ende haben; 8. (*Zeit*) vergehen, verfließen, verstreichen; 9. *parl* angenommen werden; 10. (die Prüfung) bestehen; 11. gelten, gehalten werden (*for* für); 12. (*Kartenspiel*) passen; 13. *sport* den Ball weitergeben; ▶ let s.th. ~ etw durchgehen lassen; ~ for s.th. als etw gelten; ~ to s.o. *sport* jdm zuspielen; ~ unnoticed nicht bemerkt werden; don't worry, it'll ~ keine Angst, das geht vorbei; what has ~ed between them was sich zwischen ihnen abgespielt hat; II *tr* 1. vorbeigehen, -fahren an; hinausgehen über; 2. hindurchgehen durch, passieren; 3. *mot sport* überholen; 4. übergehen, -sehen; auslassen; 5. sich unterziehen (*s.th.* e-r S); (*Lehrgang*) mitmachen, absolvieren; 6. (*Prüfung*) bestehen; 7. genehmigen; 8. (*bei e-r Prüfung*) bestehen lassen; 9. (*Zeit*) vergehen lassen; verbringen; 10. reichen, herumreichen; 11. weiterleiten, befördern; 12. abwälzen (*on* auf); 13. *jur* (*Urteil*) sprechen (*on* über); 14. *parl* (*Entschließung, Antrag*) annehmen; (*Gesetz*) verabschieden; ▶ could you ~ me the sugar, please könnten Sie mir bitte den Zucker geben *od* reichen; it ~es belief es ist kaum zu glauben; ~ one's hand over s.th. mit der Hand über etw fahren; III *s* 1. Ausweis *m; mil* Passierschein *m;* 2. Bestehen *n (e-r Prüfung);* 3. *sport* Paß *m; (Fechten)* Ausfall *m;* 4. *geog* Paß *m;* 5. (*Taschenspieler, Hypnotiseur*) Bewegung *f;* 6. *fam* Annäherungsversuch *m;* 7. üble Lage, Situation, Umstände *m pl,* Verhältnisse *n pl;* ▶ things have come to a pretty ~ es ist schon schlimm; this is a fine, pretty ~ das ist ja eine schöne Bescherung; make a ~ at s.o. bei jdm Annäherungsversuche machen, jdn anmachen; IV *(mit Präposition)* pass away *itr* 1. zu Ende gehen; 2. *euph* entschlafen, hinscheiden; *tr (Zeit)* verbringen; pass by *itr* 1. vorbeigehen, -fahren, -fließen; 2. (*Zeit*) vergehen; *tr* (stillschweigend) übergehen, unbeachtet lassen; übersehen, auslassen; ▶ he ~ed by the shops er ging an den Läden vorbei; pass down *tr* weitergeben; pass for *itr* gelten als; pass off *itr* 1. (*Ereignis*) stattfinden, vonstatten gehen; 2. vorüber-, vorbeigehen; ▶ she could ~ off as an English girl man könnte sie gut für eine Engländerin halten; ~ o.s. off as sich ausgeben als; pass on *itr* 1. weitergehen; 2. übergehen (*to* zu); 3. *euph* entschlafen; *tr* 1. weitergeben, -reichen, -sagen (*to s.o.* jdm); 2. (*Krankheit*) übertragen; pass out *itr* 1. das Bewußtsein verlieren; 2. (*Offizier*) sein Patent bekommen; *tr* aus-, verteilen; pass over *tr* übergehen; *itr* sterben; pass through *tr* 1. durchgehen, -ziehen, -reisen, -stecken; 2. *fig* erleben, durchmachen; *itr* auf der Durchreise sein; ▶ ~ through the regular channel den Dienstweg gehen; you'll ~ through London Sie werden durch London fahren; pass up *tr* sich entgehen lassen.
pass·able ['pɑ:səbl] *adj* 1. passierbar, begehbar, befahrbar; 2. leidlich, passabel.
pas·sage ['pæsɪdʒ] 1. Durchfahrt, Durchreise *f;* 2. (*mit Schiff*) Überfahrt, Seefahrt, Passage *f;* 3. Durchgangs-, Durchfahrtsrecht *n;* 4. (Durch)Gang, Korridor *m;* Gasse *f,* Weg *m;* 5. (Text)Stelle *f; mus* Passage *f,* Stück *n;* 6. Verabschiedung, Annahme *f (e-s Gesetzes);* ▶ book one's ~ e-n Schiffsplatz belegen (*for* nach); secure the ~ of a bill ein Gesetz durchbringen; **passage·way** ['pæsɪdʒweɪ] Durchgang *m;* Passage *f.*
pas·sen·ger ['pæsɪndʒə(r)] 1. Reisende(r) *f m;* (*Bus, Taxi*) Fahrgast *m;* (*Schiff*) Passagier *m;* (*Flugzeug*) Fluggast, Passagier *m;* (*Auto*) Mitfahrer(in), Beifahrer(in) *m (f);* 2. *fam* Drückeberger(in) *m (f);* **passenger accident insurance** Insassenunfallversicherung *f;* **passenger aircraft** Passagierflugzeug *n;* **passenger cabin** *aero* Fluggastraum *m,* -kabine *f;* **passenger-car** *rail* Personenwagen *m;* **passenger coach** *rail* Personenwagen *m;* **passenger-flight** Passagierflug *m;* **passenger list** Passagierliste *f;* **passenger mile** *aero* Flugkilometer *m* je Fluggast; **passenger-service** Personenverkehr *m;* **passenger space** Fahrgastraum *m;* **passenger-train** Personenzug *m.*
passer-by [,pɑ:sə'baɪ] ⟨*pl* passers-by⟩

Passant(in) *m* *(f)*, Vorübergehende(r) *f* *m*.

pas·sing ['pɑ:sɪŋ] **I** *adj* **1.** vorübergehend *a. fig; (Fahrzeug)* vorbeifahrend; *(Wolken)* vorüberziehend; **2.** *fig* flüchtig, kurz, beiläufig; *(Jahre)* vergehend; ▶ ~ **remark** flüchtige Bemerkung; **II** *s* **1.** Vorübergehen *n;* **2.** *mot* Überholen *n;* **3.** *(Prüfung)* Bestehen *n;* **4.** *(Gesetz)* Annahme, Verabschiedung *f;* **5.** *fin* Ausgabe *f; (Dividende)* Ausschüttung *f;* **6.** Hinscheiden, Ableben *n;* ▶ **in** ~ beiläufig; nebenbei.

passion ['pæʃn] **1.** Leidenschaft *f;* Leidenschaftlichkeit *f;* **2.** Erregung *f;* **3.** Begeisterung, Vorliebe *f (for* für); **4.** heftige, starke Liebe, Zuneigung *f;* heftiges Verlangen *(for* nach); **5.** *rel (Kunst)* Passion *f;* ▶ **conceive a** ~ **for** sich verlieben in; **be in a** ~ erregt sein; **fly into a** ~ aufbrausen; e-n Wutanfall bekommen; **fit of** ~ Wutanfall *m;* **passion·ate** ['pæʃənət] *adj* leidenschaftlich; **passion flower** *bot* Passionsblume *f;* **passion fruit** Passionsfrucht, Maracuja *f;* **passion·less** ['pæʃnlɪs] *adj* leidenschaftslos; **passion play** *theat* Passionsspiel *n;* **Passion Week** Karwoche *f.*

pass·ive ['pæsɪv] **I** *adj* passiv; **II** *s (~ voice)* *gram* Passiv *n;* ▶ ~ **smoking** Passivrauchen *n;* **pass·ive·ness, pass·iv·ity** ['pæsɪvnɪs, pæ'sɪvətɪ] Passivität *f.*

pass-key ['pɑ:ski:] Hauptschlüssel *m;* **pass-mark** *(Prüfungsresultat)* Ausreichend *n.*

Pass·over ['pɑ:səʊvə(r)] *rel* Passah(fest) *n.*

pass·port ['pɑ:spɔ:t, *Am* 'pæspɔ:t] **1.** (Reise)Paß *m;* **2.** *fig* Weg, Schlüssel *m (to* zu); **passport control, inspection** Paßkontrolle *f;* **passport holder** Paßinhaber(in) *m (f).*

pass·word ['pɑ:swɜ:d] *mil* Kennwort *n,* Parole, Losung(swort *n) f.*

past [pɑ:st] **I** *adj* **1.** beendet, vorüber, vorbei; **2.** vergangen; **3.** einstig, ehemalig, früher; ▶ ~ **week** letzte, vergangene Woche; **in times** ~, **in** ~ **times** in früheren Zeiten; **that's** ~ **history** das ist längst vorbei; **what's** ~ **is** ~ was vorbei ist, ist vorbei; ~ **tense** Vergangenheit *f;* ~ **participle** Partizip *n* Perfekt; ~ **perfect** Plusquamperfekt *n;* **II** *s* Vergangenheit *f a. gram;* ▶ **in the** ~ früher, in der Vergangenheit; **be a thing of the** ~ der Vergangenheit angehören; **a woman with a** ~ eine Frau mit Vergangenheit; **III** *prep* **1.** *(zeitl.)* nach, später als; **2.** *(räuml. mit Bewegung)* an vorbei; *(ohne Bewegung)* hinter *dat,* nach *dat; (Steigerung, Vergleich)* über *acc;* ▶ ~ **bearing, endurance** unerträglich; ~ **belief** unglaublich; ~ **cure** unheilbar; ~

due *fin* überfällig; ~ **hope** hoffnungslos; **I'm** ~ **caring** das ist mir jetzt egal; ~ **forty** über vierzig; **be** ~ **s.th.** für etw zu alt sein; **I'm** ~ **that** ich bin darüber weg; **he is (getting)** ~ **it** er bringt es nicht mehr; **this machine is getting** ~ **it** die Maschine taugt langsam nichts mehr; **I wouldn't put it** ~ **him** *fam* das würde ich ihm zutrauen; **half** ~ **three** halb vier; **IV** *adv* vorbei, vorüber; ▶ **go, run** ~ vorübergehen, vorbeilaufen.

pas·ta ['pæstə] Teigwaren, Nudeln *pl.*

paste [peɪst] **I** *s* **1.** (Kuchen)Teig *m;* **2.** Paste *f,* Brei *m;* **3.** Brotaufstrich *m; (tomato ~)* Mark *n;* **4.** Kleister *m;* **5.** *tech* (Ton-, Glas)Masse *f;* **6.** *(Schmuck)* Straß *m;* ▶ **anchovy** ~ Sardellenpaste *f;* **tooth~** Zahnpasta *f;* **II** *tr* **1.** zukleben, -kleistern *(with* mit); **2.** kleben *(on* auf); **3.** *sl* verdreschen; ▶ ~ **down** aufkleben; ~ **up, over** zu-, ver-, aufkleben; **pasteboard** ['peɪstbɔ:d] Pappe *f,* Karton *m.*

pas·tel ['pæstl, *Am* pæ'stel] **I** *s* **1.** Pastellkreide *f;* **2.** Pastell(zeichnung *f) n;* **3.** Pastellton *m;* **II** *adj* pastell(farben); ▶ ~ **shades** *pl* Pastelltöne *m pl;* ~ **drawing** Pastell(zeichnung *f) n.*

paste-up ['peɪstʌp] *typ* Klebeumbruch *m.*

pas·teur·iz·ation [ˌpæstʃəraɪ'zeɪʃn] Pasteurisierung *f;* **pas·teur·ize** ['pæstʃəraɪz] *tr* pasteurisieren, keimfrei machen.

pas·time ['pɑ:staɪm] Zeitvertreib *m;* ▶ **as a** ~ zum Zeitvertreib.

pas·tor ['pɑ:stə(r)] Pastor, Pfarrer *m;* **pas·toral** ['pɑ:stərəl] **I** *adj* **1.** *(Kunst, Literatur, Musik)* pastoral; **2.** *rel* seelsorgerisch; ▶ ~ **letter** Hirtenbrief *m;* **II** *s* **1.** Hirtengedicht *n;* Schäferspiel *n;* Schäferpoesie *f;* **2.** *rel* Hirtenbrief *m.*

pas·try ['peɪstrɪ] **1.** Pasteten-, Kuchenteig *m;* **2.** Backwerk, Gebäck *n;* **pastry-cook** Konditor(in) *m (f).*

pas·ture ['pɑ:stʃə(r)] **I** *s* **1.** Weide *f;* **2.** Grünfutter *n;* **pasture land** Weideland *n;* **II** *tr* weiden lassen; **III** *itr* grasen, weiden.

pasty ['peɪstɪ] **I** *adj* **1.** zähflüssig; klebrig; **2.** *fig* bleich, blaß, käsig; **II** *s* ['pæstɪ] (Fleisch)Pastete *f.*

Pat [pæt] *fam* Ire *m.*

pat¹ [pæt] **I** *adj (Antwort, Erklärung)* glatt; **II** *adv* ▶ **know** *od* **have s.th. off** ~ etw in- und auswendig kennen; **have an answer** ~ mit einer Antwort gleich bei der Hand sein; **stand** ~ stur bleiben.

pat² [pæt] **I** *s* leichter Schlag, Klaps *m;* **II** *tr* tätscheln; *(Ball)* leicht schlagen; *(Erde)* festklopfen; *(Gesicht)* abtupfen; ▶ ~ **s.o. on the back** jdm auf die Schulter klopfen; **she ~ted her hair down** sie drückte sich die Haare zurecht.

patch [pætʃ] **I** *s* **1.** Flicken *m;* Flecken *m;* **2.** (Augen)Klappe *f;* **3.** Fleck *m; (Land)*

Stück *n; (Garten)* Beet *n;* **4.** Stelle *f;* **5.** *(zeitlich)* Phase *f;* **6.** *fam (von Polizist, Prostituierter)* Revier *n;* ► **not to be a ~ on** *fam* nicht herankommen an; **hit, strike a bad ~** e-e Pechsträhne haben; **II** *tr* flicken; **III** *(mit Präposition)* **patch up** *tr* zusammenflicken; *(Streit)* beilegen; ► **~ up a relationship** eine Beziehung kitten; **I don't want to ~ things up again** ich möchte das nicht wieder so hinbiegen; **patchi·ness** ['pætʃɪnɪs] unterschiedliche Qualität; *(Wissen)* Lückenhaftigkeit *f;* **patch·work** ['pætʃwɜ:k] **1.** Patchwork *n;* **2.** *fig* Stückwerk *n;* **patchy** ['pætʃɪ] *adj* **1.** *(Qualität, Arbeit)* unregelmäßig, ungleichmäßig; *(Kenntnisse)* lückenhaft; **2.** *(Stoff)* gefleckt.

pa·tel·la [pə'telə] *anat* Kniescheibe *f.*

pat·ent¹ ['peɪtənt] **I** *s* Patent *n;* ► **take out a ~ on s.th.** ein Patent auf etw erhalten; **II** *tr* patentieren lassen.

pat·ent² ['peɪtənt] *adj* offenkundig, offensichtlich.

pat·ented ['peɪtəntɪd] *adj* patentiert, durch Patent geschützt; **pat·entee** [ˌpeɪtn'ti:] Patentinhaber(in) *m (f);* **patent leather** Lackleder *n;* **patent medicine** patentrechtlich geschütztes Arzneimittel; *fig* Patentrezept *n;* **Patent Office** Patentamt *n.*

pa·ter·nal [pə'tɜ:nl] *adj* väterlich; ► **on the ~ side** väterlicherseits; **my ~ aunt** meine Tante väterlicherseits; **pa·ter·nal·ism** [pə'tɜ:nəlɪsm] Bevormundung *f;* **pa·ter·na·li·stic** [pəˌtɜ:nə'lɪstɪk] *adj* patriarchalisch; **pa·ter·nity** [pə'tɜ:nətɪ] Vaterschaft *f;* **paternity suit** *jur* Vaterschaftsklage *f.*

path [pɑ:θ] **1.** Pfad *m;* *(foot~)* (Fuß)Weg *m;* **2.** *astr* Bahn *f;* **3.** *fig* Weg *m;* ► **cross s.o.'s ~** jdn zufällig treffen; **stand in s.o.'s ~** *fig* jdm im Wege sein.

pa·thetic [pə'θetɪk] *adj* **1.** mitleiderweckend, ergreifend, erschütternd; **2.** armselig, jämmerlich; unzureichend; ► **that's really ~!** das ist ja zum Heulen!

path·finder ['pɑ:θfaɪndə(r)] **1.** Führer *m;* **2.** *fig* Pionier *m;* **path·less** ['pɑ:θlɪs] *adj* unwegsam.

path·o·logi·cal [ˌpæθə'lɒdʒɪkl] *adj* pathologisch, krankhaft; **path·ol·ogist** [pə'θɒlədʒɪst] Pathologe *m,* -login *f;* **pa·thol·ogy** [pə'θɒlədʒɪ] Pathologie *f.*

pa·thos ['peɪθɒs] Pathos *n.*

path·way ['pɑ:θweɪ] Pfad, Weg *m.*

pa·tience ['peɪʃns] **1.** Geduld *f;* **2.** Patience(spiel *n) f;* ► **have no ~ with** nicht vertragen (können), nicht (länger) aushalten *(s.o.* jdn); **lose one's ~** die Geduld verlieren; **play ~** eine Patience legen; **pa·tient** ['peɪʃnt] **I** *adj* **1.** geduldig; **2.** beharrlich, ausdauernd; **II** *s* Patient(in) *m (f),* Kranke(r) *f m.*

pat·ina ['pætɪnə] Patina *f.*

patio ['pætɪəʊ] ⟨*pl* patios⟩ **1.** Innenhof *m;* **2.** *(Haus)* Terrasse *f.*

patri·arch ['peɪtrɪɑ:k] Patriarch *m a. fig;* **patri·archal** [ˌpeɪtrɪ'ɑ:kl] *adj* patriarchalisch; **patri·archy** ['peɪtrɪɑ:kɪ] Patriarchat *n.*

pa·tri·cian [pə'trɪʃn] **I** *adj* **1.** patrizisch; **2.** vornehm, aristokratisch; **II** *s* **1.** *hist* Patrizier *m;* **2.** *fig* Aristokrat(in) *m (f).*

pat·ri·cide ['pætrɪsaɪd] **1.** Vatermord *m;* **2.** Vatermörder(in) *m (f).*

pa·triot ['pɒtrɪət, 'peɪtrɪət] Patriot(in) *m (f);* **pa·triotic** [ˌpætrɪ'ɒtɪk, ˌpeɪtrɪ'ɒtɪk] *adj* patriotisch; **pa·triot·ism** ['pætrɪətɪzəm, 'peɪtrɪətɪzəm] Patriotismus *m.*

pa·trol [pə'trəʊl] **I** *s* **1.** (Polizei)Streife *f;* Runde *f;* **2.** *mil* Patrouille *f;* ► **on ~** *mil* auf Patrouille; *(Polizei)* auf Streife; **II** *tr* (ab)patrouillieren; die Runde machen in; **patrol car** Streifenwagen *m;* **patrol duty** Streifendienst *m;* **pa·trol·man** [—mæn] ⟨*pl* -men⟩ **1.** *Am* Streifenpolizist *m;* **2.** *mot* Straßenwacht *f;* Pannenhilfe *f;* **patrol wagon** *Am* Gefangenentransportwagen *m.*

pa·tron ['peɪtrən] **1.** Kunde *m;* Gast *m;* **2.** Schirmherr *m;* Förderer *m,* Förderin *f;* **3.** *(~ saint)* Schutzheilige(r) *f m;* **pa·tron·age** ['pætrənɪdʒ] **1.** Schirmherrschaft, Förderung, Unterstützung *f;* **2.** Kundschaft *f;* **3.** Ämterpatronage *f;* **pa·tron·ess** ['peɪtrənɪs] Schirmherrin *f;* **pa·tron·ize** ['pætrənaɪz] *tr* **1.** unterstützen; **2.** *pej* gönnerhaft behandeln; **3.** Stammgast, Kunde sein *(a shop* e-s Geschäftes); **pat·ron·iz·ing** ['pætrənaɪzɪŋ] *adj* gönnerhaft, herablassend.

pat·ter ['pætə(r)] **I** *itr* **1.** klatschen, prasseln; **2.** *(Füße)* trappeln, trippeln; **II** *s* **1.** Geprassel *n;* Getrappel *n;* **3.** *(Regen)* Plätschern *n;* **4.** Gerede *n,* Sprüche *m pl;* ► **I know his ~** ich kenne seine Sprüche; **patter-merchant** *fam* Sprücheklopfer *m.*

pat·tern ['pætn] **I** *s* **1.** Muster *n;* Modell *n,* Schablone, Vorlage *f;* **2.** *(paper ~)* Schnittmuster *n;* **3.** *fig* Vorbild, Muster *n;* **4.** Schema *n;* **5.** *gram* Struktur *f;* ► **behavio(u)r ~** Verhaltensweise *f;* **on the ~ of America** nach amerikanischem Vorbild *od* Muster; **~ of consumption** Verbrauchsstruktur *f;* **~ of leadership** Führungsstil *m;* **II** *tr* **1.** bilden, formen, gestalten *(on, upon, after* nach); **2.** mustern, mit e-m Muster versehen; ► **~ o.s. on** sich richten nach; **pattern·book** Musterbuch *n;* **pat·terned** ['pætənd] *adj* gemustert; **pattern matching** Mustervergleich *m,* Pattern-matching *n.*

paunch [pɔ:ntʃ] Bauch, (Fett)Wanst *m;* **paunchy** ['pɔ:ntʃɪ] *adj* fettleibig.

pau·per ['pɔːpə(r)] Arme(r) *f m;* Unter-stützungsempfänger(in) *m (f).*
pause [pɔːz] **I** *s* 1. Pause *f;* 2. Schweigen *n;* ▶ **without a** ~ ununterbrochen; **II** *itr* 1. stehenbleiben, anhalten; e-e Pause machen; 2. innehalten, zögern, verweilen (*on, upon* bei); ▶ ~ **for breath** eine Atempause machen; ~ **for thought** eine Denkpause einlegen; **make s.o.** ~ jdn zur Überlegung veranlassen.
pave [peɪv] *tr* pflastern; ▶ ~ **the way for s.o., s.th.** *fig* jdm, e-r S den Weg ebnen; **~d with good intentions** mit guten Vorsätzen gepflastert; **pave-ment** ['peɪvmənt] 1. *Am* Fahrbahn *f;* 2. *Br* Bürgersteig *m,* Gehweg *m,* Trottoir *n;* **pavement artist** Pflastermaler(in) *m (f).*
pa·vil·ion [pə'vɪlɪən] 1. (*Ausstellungs-, Park-)* Pavillon *m;* 2. *sport* Klubhaus *n;* 3. großes Zelt.
pav·ing ['peɪvɪŋ] Belag *m;* (Straßen)Pfla-ster *n;* **paving stone** Platte *f.*
paw [pɔː] **I** *s* 1. Pfote, Tatze *f;* 2. *fam* Pfote, Hand *f;* **II** *tr* 1. berühren; tät-scheln; 2. *fam* betatschen; ▶ ~ **the ground** scharren; *fig* ungeduldig wer-den.
pawn¹ [pɔːn] 1. (*Schach*) Bauer *m;* 2. *fig* Schachfigur *f,* Werkzeug *n.*
pawn² [pɔːn] **I** *s* Pfand(stück) *n;* ▶ **in** ~ verpfändet; **put in** ~ verpfänden; **II** *tr* verpfänden, versetzen; **pawn·broker** ['pɔːn,brəʊkə(r)] Pfandleiher *m;* **pawn-broker's shop, pawn·shop** ['pɔːnʃɒp] Leihhaus *n;* **pawn·brok·ing** ['pɔːnbrəʊkɪŋ] Pfandleihe *f;* **pawn-ticket** Pfandschein *m.*
pay [peɪ] ⟨*irr* paid, paid⟩ [peɪd] **I** *tr* 1. (be)zahlen; 2. (*Rechnung, Schulden*) be-gleichen; 3. (*Kosten*) tragen, erstatten; 4. *fig* sich lohnen für; sich auszahlen für; ▶ ~ **s.o. a visit** *od* **call** jdn besuchen, jdm e-n Besuch abstatten; ~ **attention** aufpassen; **it doesn't** ~ **him to work** es lohnt sich nicht für ihn zu arbeiten; ~ **one's way** alles bezahlen; **II** *itr* 1. (be)zahlen; 2. Gewinn abwerfen; sich lohnen; 3. büßen (*for* für); ▶ ~ **on ac-count** auf Rechnung bezahlen; ~ **as you go** immer gleich bezahlen; ~ **through the nose** Wucherpreise bezahlen; **that doesn't** ~ das lohnt sich nicht; **III** *s* 1. (Be)Zahlung *f;* 2. Lohn *m,* Gehalt *n;* ▶ **without** ~ unbezahlt; ehrenamtlich; **be in s.o.'s** ~ in jds Dienst sein; **get less** ~ sich (gehaltlich, im Lohn) verschlech-tern; **basic** ~ Grundgehalt *n;* **take-home** ~ Nettogehalt *n;* **weekly** ~ Wo-chenlohn *m;* **IV** (*mit Präposition*) **pay back** *tr* 1. zurückzahlen; 2. *fig (Kompli-ment, Besuch)* erwidern; (*Beleidigung*) sich revanchieren für; ▶ ~ **s.o. back** *fig* es jdm heimzahlen; **pay down** *tr* anzah-len; **pay in** *tr* ein(be)zahlen; **pay off** *tr* 1.

(*Schulden*) abbezahlen, tilgen; 2. (*Dar-lehen*) zurückzahlen; 3. (*Gläubiger*) be-friedigen; 4. (*Arbeiter*) auszahlen; *itr* sich rentieren; Erfolg haben; **pay out** *tr* 1. (*Geld*) ausgeben; aus(be)zahlen; 2. abfinden; 3. *mar (Tau)* abrollen (lassen); **pay over** *tr (Gewinn)* abführen; **pay up** *tr* voll bezahlen; (*Schulden*) zurückzah-len; (*Aktie*) vollständig einzahlen; *itr* bezahlen.
pay·able ['peɪəbl] *adj* zahlbar; fällig; ▶ ~ **at sight, on demand** zahlbar bei Sicht; ~ **in advance** im voraus zahlbar; ~ **to bearer** zahlbar an Überbringer; ~ **to order** zahlbar an Order; **make a cheque** ~ **to s.o.** einen Scheck auf jdn ausstellen; **pay-as-you-earn** *Br* Quel-lenbesteuerung *f;* **pay award** Lohn-, Gehaltserhöhung *f;* **pay check, pay cheque** Gehalts-, Lohnzettel *m;* **pay claim** Gehaltsforderung *f;* **pay-day** Zahltag *m;* **pay deal** Tarifabschluß *m;* **pay differential** Lohngefälle *n;* **payee** [peɪ'iː] Zahlungsempfänger(in) *m (f);* **payer** ['peɪə(r)] 1. (Be-, Ein)Zahler(in) *m (f);* 2. Auftraggeber(in) *m (f);* ▶ **tax-**~ Steuerzahler(in) *m (f);* **pay freeze** Lohnstopp *m;* **pay hike** *Am* Gehalts-, Lohnaufbesserung *f.*
pay·ing ['peɪɪŋ] *adj* 1. rentabel; 2. (*Gast*) zahlend; 3. (*Patient*) Privat-; ▶ ~**-back** Rückzahlung *f;* ~**-in** Einzahlung *f;* ~**-in slip** Einzahlungsbeleg *m.*
pay·load ['peɪləʊd] Nutzlast *f;* **payload capacity** Ladefähigkeit *f;* **pay-master** ['peɪmɑːstə(r)] Zahlmeister *m;* ▶ ~**'s office** Zahlmeisterei, Kasse *f.*
pay·ment ['peɪmənt] 1. (Be)Zahlung *f;* 2. (*Wechsel*) Einlösung *f;* 3. (*Schulden*) Rückzahlung *f;* 4. Entlohnung *f,* Lohn *m,* Gehalt *n;* 5. Belohnung *f;* ▶ **in** ~ **of** als Bezahlung für; **on** ~ **of** bei Bezah-lung von; **demand** ~ Zahlung verlan-gen; **effect, make a** ~ e-e Zahlung lei-sten; **keep up one's** ~**s** seine Zahlungs-verpflichtungen einhalten; **stop, sus-pend** ~**s** die Zahlungen einstellen; ~ **received** Betrag erhalten; **advance** ~ Vorauszahlung *f;* **date, day of** ~ Zah-lungstermin *m;* **dividend-**~ Dividenden-ausschüttung *f;* **easy** ~ Zahlungserleich-terungen *f pl;* ~ **by, in** instal(l)ments Ratenzahlung *f;* ~ **in kind** Sach-, Natu-ralleistung *f;* ~ **terms** *pl* Zahlungsbedin-gungen *f pl.*
pay ne·go·ti·ations ['peɪnɪɡəʊʃɪˌeɪʃnz] *pl* Tarifverhandlungen *f pl;* **pay-off** ['peɪɒf] 1. Bestechungsgeld *n;* 2. *fig* Er-gebnis *n,* Erfolg, Mißerfolg *m;* 3. *fig* Abrechnung, Quittung *f;* **pay-office** 1. Zahlstelle *f;* 2. Kasse(nschalter *m*) *f;* 3. Lohnbüro *n,* -stelle *f;* **pay·ola** [peɪ'əʊlə] *Am* Bestechungsgeld *n;* **pay-out** ['peɪaʊt] Dividendenzahlung *f;* **pay packet** Lohntüte *f;* **pay·phone** Münz-

fernsprecher *m;* **pay-roll 1.** Lohn-, Gehaltsliste *f;* **2.** Lohnsumme *f;* ▶ **be on the** ~ angestellt, beschäftigt sein; ~ **clerk** Lohnbuchhalter *m;* ~ **deductions** *pl* Lohn-, Gehaltsabzüge *m pl;* **pay round** Lohn-, Tarifrunde *f;* **pay-slip** Lohnzettel *m;* **pay station** *Am* öffentlicher Fernsprecher; **pay talks** *pl* Tarifverhandlungen *f pl;* **pay TV** Münzfernseher *m.*

PC [pi:'si:] **1.** *Abk:* **personal computer** PC *m;* **2.** *Abk:* **police constable** Polizeibeamte(r) *m,* -beamtin *f.*

pea [pi:] Erbse *f;* ▶ **as like as two** ~**s** gleich wie ein Ei dem anderen.

peace [pi:s] **1.** Friede(n) *m;* **2.** *jur* Ruhe (u. Ordnung) *f;* **3.** *fig* Ruhe, Stille *f;* ▶ **be at** ~ in Frieden leben (*with* mit); **give s.o. no** ~ jdn nicht in Ruhe lassen; **hold, keep one's** ~ sich ruhig verhalten, still sein; **keep the** ~ die öffentliche Sicherheit und Ordnung wahren; **leave s.o. in** ~ jdn in Ruhe lassen; **make** ~ Frieden schließen; **make one's** ~ **with** sich versöhnen, sich vertragen mit; **breach of the** ~ Ruhestörung *f;* **industrial** ~ Arbeitsfrieden *m;* **peace·able** ['pi:səbl] *adj* friedlich; **peace activist** Friedensbewegte(r) *f m;* **peace conference** Friedenskonferenz *f;* **peaceful** ['pi:sfəl] *adj* **1.** friedlich; **2.** friedliebend; **3.** *fig (Zeit, Schlaf)* ruhig; *(Tod)* sanft; **peace initiative** Friedensinitiative *f;* **peace-keeping** ['pi:ski:pɪŋ] *adj attr* Friedens-; ▶ ~ **force** Friedenstruppe *f;* **peace-lov·ing** ['pi:sˌlʌvɪŋ] *adj* friedliebend; **peace-maker** ['pi:sˌmeɪkə(r)] Friedensstifter *m;* **peace march** Friedensmarsch *m;* **peace movement** Friedensbewegung *f;* **peace negotiations** *pl* Friedensverhandlungen *f pl;* **peace offer** Friedensangebot *n;* **peace-offering** *rel* Sühneopfer *n; fig* Geschenk *n* zur Versöhnung; **peace-pipe** Friedenspfeife *f;* **peace·time** Friedenszeit *f;* ▶ **in** ~ im Frieden, in Friedenszeiten; **peace treaty** Friedensvertrag *m.*

peach [pi:tʃ] **1.** Pfirsich *m;* Pfirsichbaum *m;* **2.** *(Farbe)* Pfirsichton *m;* **3.** *fam* Pfundssache *f,* prima Sache; klasse Mensch; ▶ **a** ~ **of a hat** ein todschicker Hut.

pea-chick ['pi:tʃɪk] junger Pfau; **pea-cock** ['pi:kɒk] Pfau *m;* ▶ ~**-blue** pfauenblau; **pea hen** Pfauenhenne *f.*

peak [pi:k] **I** *s* **1.** Spitze *f;* (Berg)Gipfel *m; (Dach)* First *m;* **2.** Mützenschirm *m;* **3.** Scheitelpunkt *m;* **4.** *fig* Gipfel *m,* Spitze *f a. el;* höchster Stand; (konjunktureller) Höhepunkt; *(~ value)* Höchstwert *m;* ▶ **be at the** ~ **of one's power** den Gipfel seiner Macht erreicht haben; **reach the** ~ den höchsten Stand erreichen; ~ **of production** Produktions-

spitze *f;* **II** *itr* e-n Höchststand erreichen; **III** *adj* Spitzen-; Höchst-; **peak capacity** Höchstleistungsgrenze *f;* **peak demand** Spitzenbedarf *m;* **peaked** [pi:kt] *adj* **1.** spitz; **2.** *(Mensch, Gesicht)* verhärmt; **peak hours** *pl* Hauptbelastungszeit *f;* Hauptverkehrszeit *f;* **peak level** Höhepunkt, Höchststand *m;* **peak load** Spitzenbelastung *f;* **peak power** *tech* Leistungsspitze *f;* **peak season** Hochsaison *f;* **peak-traffic hours** *pl* Hauptverkehrszeit *f;* **peaky** ['pi:kɪ] *adj Br* blaß; abgehärmt, kränklich.

peal [pi:l] **I** *s* **1.** (Glocken)Läuten, Geläute *n;* **2.** Glockenspiel *n;* **3.** Dröhnen *n;* Getöse *n;* ▶ ~**s of laughter** *pl* schallendes Gelächter; ~ **of thunder** Donnergrollen *n;* **II** *itr* **1.** läuten; **2.** *(Donner)* dröhnen.

pea·nut ['pi:nʌt] **1.** Erdnuß *f;* **2.** *pl fam* lächerliche Kleinigkeit; ▶ **the pay is** ~**s** die Bezahlung ist miserabel; **peanut butter** Erdnußbutter *f.*

pear [peə(r)] **1.** Birne *f;* **2.** *(~-tree)* Birnbaum *m.*

pearl [pɜ:l] **I** *s* Perle *f a. fig;* ▶ **cast** ~**s before swine** Perlen vor die Säue werfen; **mother-of-**~ Perlmutt *n;* **II** *itr (go* ~*ing)* Perlen fischen; **pearl-barley** Perlgraupen *f pl;* **pearl-button** Perlmuttknopf *m;* **pearl-diver, -fisher** Perlenfischer(in) *m (f);* **pearl-fishing** Perlenfischerei *f;* **pearly** ['pɜ:lɪ] *adj* perlmutterartig.

peas·ant ['peznt] **1.** Bauer *m;* **2.** *fig pej* Banause *m;* Bauer *m;* Prolet *m;* **peasantry** ['pezntrɪ] Landvolk *n.*

pea-souper [pi:'su:pə(r)] *fam* Waschküche *f (Nebel).*

peat [pi:t] Torf *m;* ▶ **cut, make** ~ Torf stechen; **peat-bog** Torfmoor *n.*

pebble ['pebl] **1.** Kiesel(stein) *m;* **2.** (Linse *f* aus) Bergkristall *m;* ▶ **you are not the only** ~ **on the beach** man kann auch ohne dich auskommen; **peb·bly** ['peblɪ] *adj* kiesig.

pe·can [pɪ'kæn, *Am* pɪ'kɑ:n] Pekannuß *f;* Pekanbaum *m.*

pec·ca·dillo [ˌpekə'dɪləʊ] ⟨*pl* -dillo(e)s⟩ kleine Sünde; Jugendsünde *f.*

peck [pek] **I** *tr* **1.** *(Loch)* picken, hacken; **2.** *(Futter)* aufpicken; **3.** *fam* flüchtig küssen; **II** *itr* **1.** picken (*at* nach); **2.** *fam* herumnaschen (*at* an); **III** *s* **1.** (Schnabel)Hieb *m;* **2.** flüchtiger Kuß; **pecker** ['pekə(r)] ▶ **keep one's** ~ **up** *Br fam* den Kopf oben behalten; **peck·ing** ['pekɪŋ] *adj* ▶ ~ **order** Hackordnung *f;* **peck·ish** ['pekɪʃ] *adj Br fam* hungrig.

pec·tin ['pektɪn] *chem* Pektin *n.*

pec·toral ['pektərəl] *(~ muscle)* Brustmuskel *m.*

pe·cu·liar [pɪ'kju:lɪə(r)] *adj* **1.** sonderbar, eigenartig, seltsam; **2.** eigen, eigentümlich (*to* für); 3. einzigartig; charakteristisch (*to* für); **pe·cu·liar·ity** [pɪˌkjuːlɪˈærətɪ] 1. Eigenartigkeit, Seltsamkeit *f;* 2. Eigenart, Eigentümlichkeit, Besonderheit *f;* ▶ **special peculiarities** *pl* besondere Kennzeichen *n pl;* **pe·cu·liar·ly** [pɪˈkjuːlɪəlɪ] *adv* 1. besonders; 2. seltsam.

pe·cuni·ary [pɪˈkjuːnɪərɪ] *adj* pekuniär, finanziell; ▶ ~ **circumstances** *pl* Vermögensverhältnisse *n pl;* ~ **embarrassments** *pl* Geldverlegenheit *f;* Zahlungsschwierigkeiten *f pl;* ~ **resources** *pl* Geldmittel *n pl.*

peda·gogic(al) [ˌpedəˈgɒdʒɪk(l)] *adj* pädagogisch; **peda·gogue** [ˈpedəgɒg] Pädagoge *m,* Pädagogin *f;* **peda·gogy** [ˈpedəgɒdʒɪ] Pädagogik *f.*

pedal [ˈpedl] **I** *s* Pedal *n;* **II** *itr* 1. das Pedal bedienen; 2. radfahren; **III** *tr:* ▶ ~ **a bicycle** radfahren (*up the hill* den Berg hinauf); **pedal-bin** Treteimer *m;* **pedal-boat, peda·lo** [ˈpedələʊ] ⟨*pl* -lo(e)s⟩ Tretboot *n.*

ped·ant [ˈpednt] Pedant(in), Kleinigkeitskrämer(in) *m (f);* **pe·dan·tic** [pɪˈdæntɪk] *adj* pedantisch; **ped·antry** [ˈpedntrɪ] Pedanterie *f.*

peddle [ˈpedl] *tr* hausieren mit *a. fig;* ▶ ~ **drugs** mit Drogen handeln; **ped·dler** [ˈpedlə(r)] *s. pedlar.*

ped·er·ast [ˈpedəræst] Päderast *m;* **ped·er·asty** [ˈpedəræstɪ] Päderastie *f.*

ped·estal [ˈpedɪstl] Sockel *m;* ▶ **knock s.o. off his** ~ *fig* jdn von seinem Podest stürzen; **put s.o. on a** ~ *fig* jdn in den Himmel heben.

pe·des·trian [pɪˈdestrɪən] **I** *adj* 1. Fußgänger-; 2. *fig (Stil)* prosaisch, langweilig; ▶ ~ **crossing** (Fußgänger)Überweg *m;* ~ **lights** *pl* Fußgängerampel *f;* ~ **precinct** Fußgängerzone *f;* **II** *s* Fußgänger(in) *m (f);* **pe·des·tria·nize** [pɪˈdestrɪənaɪz] *tr* in eine Fußgängerzone umwandeln.

pedi·at·rics [ˌpiːdɪˈætrɪks] *s. paediatrics.*

pedi·cure [ˈpedɪkjʊə(r)] Fußpflege, Pediküre *f;* **pedi·cur·ist** [ˈpedɪkjʊərɪst] Fußpfleger(in) *m (f).*

pedi·gree [ˈpedɪgriː] 1. Stammbaum *m a. zoo;* 2. Herkunft, Abstammung *f;* **pedigree dog** Rassehund *m.*

ped·lar [ˈpedlə(r)] Hausierer(in) *m (f)* (*of* mit); (*drug~*) Drogenhändler(in) *m (f).*

ped·ometer [pɪˈdɒmɪtə(r)] Schrittzähler *m.*

pee [piː] *itr fam* (*go for, have a* ~) pinkeln.

peek [piːk] **I** *itr* gucken (*at* nach); spähen; **II** *s* kurzer Blick.

peel [piːl] **I** *tr* 1. schälen; die Haut abziehen (*s.th.* e-r S); 2. (*Kleider*) abstreifen; ▶ **keep one's eyes** ~**ed** *fam* ein wachsames Auge haben; **II** *itr* sich häuten;

sich abschälen; abgehen, abblättern, abbröckeln; **III** *s* Schale *f;* **IV** (*mit Präposition*) **peel away** *tr* (*Tapete*) abziehen; (*Rinde*) abschälen; (*Einband*) abstreifen; *itr* sich lösen; **peel back** *tr* abziehen; **peel off** *tr* abziehen; abschälen; abstreifen; *itr* (*aus Kolonne*) ausscheren; *aero* abdrehen; **peeler** [ˈpiːlə(r)] Schäler *m;* **peel·ings** [ˈpiːlɪŋz] *pl* Schalen *f pl.*

peep[1] [piːp] **I** *itr* 1. (verstohlen) gucken (*at* nach); 2. allmählich sichtbar werden; zum Vorschein kommen; **II** *s* flüchtiger, heimlicher Blick; ▶ **take a** ~ **at s.th.** verstohlen nach etw blicken.

peep[2] [piːp] **I** *itr* piepen; piepsen; **II** *s* 1. Piepen *n;* 2. *sl* Piepser, Ton *m,* Wort *n.*

peep-hole [ˈpiːphəʊl] Guckloch *n;* (*Haustür*) Spion *m;* **peep·ing Tom** [ˌpiːpɪŋˈtɒm] Voyeur *m;* **peep show** Peepshow *f.*

peer[1] [pɪə(r)] *itr* starren; angestrengt schauen, blicken (*at* auf; *into* in; *for* nach); ▶ ~ **through** durchschauen.

peer[2] [pɪə(r)] 1. Peer *m;* 2. *fig* Gleichgestellte(r) *f m;* (*Kind*) Gleichaltrige(r) *f m;* ▶ **his** ~**s** seinesgleichen; **peer group** (*Soziologie*) Peer-group *f.*

peer·age [ˈpɪərɪdʒ] Peerswürde *f,* -stand *m;* **peer·ess** [ˈpɪəres] Frau *f* e-s Peers; weiblicher Peer; **peer·less** [ˈpɪəlɪs] *adj* unvergleichlich.

peeve [piːv] *tr fam* ärgern; **peeved** [piːvd] *adj fam* ärgerlich, verärgert, *fam* eingeschnappt (*about, at* über, wegen); **pee·vish** [ˈpiːvɪʃ] *adj* reizbar, launisch.

pee·wit [ˈpiːwɪt] Kiebitz *m.*

peg [peg] **I** *s* 1. Pflock, Dübel, Bolzen *m;* Keil *m;* (*Zelt*) Hering *m;* (*Bergsteigen*) Haken *m;* (*Holz*) Stift *m;* 2. Wirbel *m* (*e-s Saiteninstruments*); 3. (*clothes-~*) Wäscheklammer *f;* 4. *fig* Vorwand *m,* Gelegenheit *f;* Aufhänger *m;* 5. *fam* Stelze *f,* Bein *n;* 6. *com* Kurs-, Marktstützung *f;* ▶ **off the** ~ (*Kleidung*) von der Stange; **be a square** ~ **in a round hole** am verkehrten Platz sein; **come down a** ~ **or two** *fig* gelindere Saiten aufziehen; **take s.o. down a** ~ **or two** jdn demütigen; **a good** ~ **on which to hang a sermon** ein Grund *m* zum Reden; **II** *tr* 1. festpflocken, -stecken; anklammern; 2. abgrenzen, markieren; 3. *com* festsetzen; **III** (*mit Präposition*) **peg away** *itr* drauflos-, weiterarbeiten (*at* an); sich anstrengen; **peg down** *tr* festpflocken; **peg out** *tr* 1. abgrenzen, abstecken; 2. (*Wäsche*) aufhängen; *itr* 1. *fam* abkratzen; 2. *fam* (*Maschine*) den Geist aufgeben; **peg-leg** Stelzfuß *m.*

pe·jor·at·ive [pɪˈdʒɒrətɪv] *adj* (*Wort*) abschätzig, abwertend, pejorativ.

peke, pe·kin(g)·ese [piːk, ˌpiːkɪˈniːz] *zoo* Pekinese *m.*

peli·can ['pelɪkən] Pelikan *m.*
pel·let ['pelɪt] 1. Kügelchen *n;* 2. Pille *f;* 3. Schrotkorn *n.*
pell-mell [‚pel'mel] *adv* 1. durcheinander; 2. Hals über Kopf.
pelt[1] [pelt] **I** *tr* 1. werfen *(s.o. with s.th.* etw nach jdm);* 2. verprügeln; **II** *itr* 1. (nieder)prasseln, trommeln *(against the roof* auf das Dach); 2. rennen, stürmen; ► ~ **down** nieder-, herunterprasseln; **it was ~ing with rain** es hat geschüttet *fam;* ~**ing rain** Platzregen *m;* **III** *s* Schlag *m;* ► **at full** ~ in voller Geschwindigkeit.
pelt[2] [pelt] Fell *n,* Pelz *m.*
pel·vis ['pelvɪs] *anat* Becken *n.*
pen[1] [pen] **I** *s* (Schreib)Feder *f a. fig;* Füllfederhalter, Füller *m;* Kugelschreiber *m;* ► **ball(-point)** ~ Kugelschreiber *m;* **fountain-~** Füllfederhalter, Füller *m;* **stroke of the** ~ Federstrich *m;* **II** *tr* schreiben; ver-, abfassen.
pen[2] [pen] **I** *s* 1. Pferch *m;* 2. *(play-~)* Laufstall *m;* 3. (U-Boot)Bunker *m;* **II** *tr (~ up, in)* einsperren.
penal ['piːnl] *adj* strafbar; strafrechtlich; ► ~ **act** strafbare Handlung; ~ **code** Strafgesetzbuch *n;* ~ **establishment** Strafanstalt *f;* ~ **legislation** Strafgesetzgebung *f;* ~ **reform** Strafrechtsreform *m;* ~ **servitude** Zwangsarbeit *f;* ~ **system** 1. Strafrecht *n;* 2. Strafvollzug *m;* **pe·nal·iz·ation** [‚piːnəlaɪ'zeɪʃn] 1. Bestrafung *f;* 2. Benachteiligung *f;* **pe·nal·ize** ['piːnəlaɪz] *tr* 1. mit Strafe belegen; bestrafen; 2. benachteiligen; 3. *sport* einen Strafstoß verhängen gegen.
pen·alty ['penltɪ] 1. Strafe *f;* 2. Geldbuße, -strafe *f;* 3. *fig* Nachteil *m;* 4. *sport* Strafpunkt *m;* Strafstoß *m;* Elfmeter *m;* ► **on, under** ~ **of** bei Androhung e-r Strafe von; **pay the** ~ die Folgen tragen *(of s.th.* e-r S); **death** ~ Todesstrafe *f;* **mitigation of** ~ Strafmilderung *f;* **remission of the** ~ Straferlaß *m;* **penalty area** *(Fußball)* Strafraum *m;* **penalty box** *(Eishockey)* Strafbank *f;* **penalty clause** Strafklausel *f;* **penalty kick** *(Fußball)* Strafstoß *m;* Elfmeter *m.*
pen·ance ['penəns] *rel* Buße *f (for* für); ► **do** ~ Buße tun.
pence [pens] 1. *Br* Pence *m;* 2. *pl von* penny.
pen·chant ['pɑːnʃɑːn, *Am* 'pentʃənt] Vorliebe, Neigung *f (for* zu); Geschmack *m (for* an).
pen·cil ['pensl] **I** *s* 1. Bleistift *m;* 2. *(eyebrow ~)* Augenbrauenstift *m;* 3. *(~ of rays)* Strahlenbündel *n;* ► **write in** ~ mit Bleistift schreiben; **colo(u)red** ~ Buntstift *m;* **II** *tr* 1. *(~ in)* mit e-m (Blei)Stift markieren *od* schreiben *od* zeichnen; 2. *(Augenbrauen)* (nach)ziehen; **pencil box** Federkasten *m;* **pencil**

case Federmäppchen *n;* **pencil-sharpener** Bleistiftspitzer *m.*
pen·dant ['pendənt] Anhänger *m.*
pen·dent ['pendənt] *adj* hängend, Hänge-.
pend·ing ['pendɪŋ] **I** *adj* 1. *fig* schwebend, unentschieden, unerledigt; 2. *jur* anhängig; ► **be** ~ anhängig sein; schweben; **still** ~ noch in der Schwebe; **II** *prep* bis zu; ► ~ **further instructions, notice** bis auf weiteres.
pen·du·lum ['pendjʊləm] Pendel *n;* ► **the swing of the** ~ das Schwanken der öffentlichen Meinung.
pen·du·lous ['pendjʊləs] *adj* herabhängend; *attr* Hänge-.
pen·etrate ['penɪtreɪt] **I** *tr* 1. *(~ through, into)* dringen durch; vor-, eindringen in; durchdringen *a. fig (with* mit); 2. durchstoßen; 3. *fig* (geistig) durchdringen, durchschauen, erkennen; **II** *itr* eindringen *(into* in), vordringen *(to* bis); durchdringen *(through* durch); durchstoßen; **pen·etrat·ing** [-ɪŋ] *adj* 1. *(Kälte)* durchdringend; 2. *(Auge)* scharf; 3. *fig* scharfsinnig, verständig, einsichtig; **pen·etra·tion** [‚penɪ'treɪʃn] 1. Ein-, Durchbruch *m;* 2. *fig* Durchdringung *f;* 3. *fig* Scharfsinn, Verstand *m;* 4. *med* Penetration *f.*
pen·friend ['penfrend] Brieffreund(in) *m (f).*
pen·guin ['peŋgwɪn] Pinguin *m.*
pen·holder ['pen‚həʊldə(r)] Federhalter *m.*
peni·cil·lin [‚penɪ'sɪlɪn] Penizillin *n.*
pen·in·sula [pə'nɪnsjʊlə] Halbinsel *f;* **pen·in·su·lar** [pə'nɪnsjʊlə(r)] *adj* halbinselförmig.
pe·nis ['piːnɪs] *anat* Penis *m.*
peni·tence ['penɪtəns] Reue, Bußfertigkeit *f;* **peni·tent** ['penɪtənt] *adj* reu(müt)ig, bußfertig; **peni·ten·tial** [‚penɪ'tenʃl] *adj* bußfertig; **peni·ten·tiary** [‚penɪ'tenʃərɪ] *Am* Staatsgefängnis *n.*
pen·knife ['pennaɪf] ⟨*pl* -knives⟩ [-naɪvz] Taschenmesser *n.*
pen-name ['penneɪm] Schriftstellername *m.*
pen·nant ['penənt] Stander, Wimpel *m.*
pen·ni·less ['penɪlɪs] *adj* völlig mittellos.
pen·non ['penən] Stander, Wimpel *m.*
penny ['penɪ] ⟨*pl (Münzen)* pennies, *(Wert)* pence⟩ ['peniːz, penʃ] Penny *m;* *(US od Kanada)* Cent *m;* ► **earn an honest** ~ sein Geld redlich verdienen; **the** ~ **dropped** der Groschen ist gefallen; **a pretty** ~ e-e schöne Stange Geld; **in for a** ~ **in for a pound** wer A sagt, muß auch B sagen; mitgefangen mitgehangen; **penny-pinch·ing** ['penɪ‚pɪntʃɪŋ] *adj* geizig; **penny-wise** *adj* ► ~ **and pound foolish** sparsam im

Kleinen und verschwenderisch im Gro-
ßen.
pen·pal ['penpæl] *fam* Brieffreund(in)
m (f); **pen-pusher** ['pen,puʃə(r)] *fam*
Schreiberling *m.*
pen·sion ['penʃn] **I** *s* Altersrente *f,* Al-
tersruhegeld *n;* Pension *f;* ▶ **be en-
titled to a** ~ rentenberechtigt, pensions-
berechtigt sein; **draw a** ~ e-e Rente
beziehen; **II** *(mit Präposition)* **pension
off** *tr* vorzeitig pensionieren; **pen-
sion·able** [−əbl] *adj* ruhegehalts-,
pensionsberechtigt; ▶ ~ **age** Rentenal-
ter *n;* **pen·sioner** ['penʃənə(r)] Pensio-
när(in), Rentenempfänger(in), Rent-
ner(in) *m (f);* **pension fund** *fin* Ren-
tenfonds *m;* **pension reserves** *pl* Pen-
sionsrückstellungen *f pl;* **pension
scheme** Rentenversicherung *f.*
pen·sive ['pensɪv] *adj* nachdenklich, ge-
dankenvoll.
pen·ta·gon ['pentəgən, *Am* 'pentəgɒn]
Fünfeck, Pentagon *n;* ▶ **the P**~
das Pentagon; **pen·tam·eter**
[pen'tæmɪtə(r)] Pentameter *m;* **pen-
tath·lete** [pen'tæθliːt] *sport* Fünf-
kämpfer(in) *m (f);* **pen·tath·lon**
[pen'tæθlən] *sport* Fünfkampf *m.*
Pen·te·cost ['pentəkɒst] Pfingsten *n.*
pent·house ['penthaʊs] Penthouse *n,*
Dachterrassenwohnung *f.*
pent-up [,pent'ʌp] *adj* **1.** *(Mensch)* gela-
den; innerlich angespannt; **2.** *(Gefühl)*
unterdrückt, angestaut; *(Atmosphäre)*
geladen.
pen·ul·ti·mate [pen'ʌltɪmət] *adj* vor-
letzte(r, s).
pen·uri·ous [pɪ'njʊərɪəs] *adj* dürftig,
ärmlich; **pen·ury** ['penjʊərɪ] (völlige)
Armut *f.*
peony ['piːənɪ] Pfingstrose *f.*
people ['piːpl] **I** *s* **1.** *pl* die Menschen;
Leute *pl;* **2.** Be-, Einwohner *m pl;* **3.** *(the
common* ~*)* das gemeine Volk; **4.** *(mit
Possessivpronomen)* Familie *f,* Leute *pl,*
Angehörige *m pl;* **5.** *sing (pl* ~*s)* Volk *n;*
Nation *f;* ▶ **go to the** ~ Neuwahlen
abhalten, anberaumen; **English** ~ Eng-
länder *m pl;* ~ **say** man sagt; **many** ~
viele Leute; **II** *tr* bevölkern *(with* mit).
pep [pep] **I** *s fam* Schwung *m,* Kraft,
Energie *f;* **II** *(mit Präposition)* **pep up** *tr*
in Schwung bringen, aufmöbeln; ▶ **be**
~**ped up** mächtig in Fahrt sein.
pep·per ['pepə(r)] **I** *s* **1.** Pfeffer *m;* **2.**
Paprika *m;* **II** *tr* **1.** pfeffern; **2.** *fig* voll-
stopfen, spicken *(with* mit); **pepper-
and-salt** *attr adj* Pfeffer-u.-Salz- *(Mu-
ster);* **pep·per·corn** ['pepəkɔːn] Pfef-
ferkorn *n;* **pepper mill** Pfeffermühle *f;*
pep·per·mint ['pepəmɪnt] **1.** *bot* Pfef-
ferminze *f;* **2.** *(Bonbon)* Pfefferminz *n;*
pepper-shaker Pfefferstreuer *m;* **pep-
pery** ['pepərɪ] *adj* **1.** gepfeffert; **2.** *fig*
hitzig.

pep-pill ['peppɪl] *fam* Aufmunterungs-
pille *f;* **pep talk** *fam* aufmunternde
Rede.
pep·tic ['peptɪk] *adj:* ▶ ~ **ulcer** Magen-
geschwür *n.*
per [pɜː(r)] *prep* pro, je, für; ▶ **(as)** ~
account laut Rechnung; ~ **annum** pro
Jahr; ~ **capita** pro Kopf; ~ **capita in-
come** Pro-Kopf-Einkommen *n;* ~ **hour**
in der Stunde; **50 km** ~ **hour** 50 Stun-
denkilometer; **as** ~ **usual** *fam* wie ge-
wöhnlich.
per·am·bu·lator [pə'ræmbjʊleɪtə(r)] *Br*
Kinderwagen *m.*
per·ceiv·able [pə'siːvəbl] *adj* wahr-
nehmbar; erkennbar; **per·ceive**
[pə'siːv] *tr* **1.** wahrnehmen; **2.** spüren,
(be)merken, verstehen.
per cent, *Am* **per·cent** [pə'sent] Pro-
zent *n;* ▶ **(at) what** ~**?** (zu) wieviel
Prozent? **per·cen·tage** [pə'sentɪdʒ] **1.**
Prozentsatz *m;* **2.** Anteil *m (of* an); **3.** *(~
of profits)* Tantieme *f;* **4.** *com* Provision
f.
per·cep·tible [pə'septəbl] *adj* wahr-
nehmbar; spürbar, deutlich; **per·cep-
tion** [pə'sepʃn] **1.** Wahrnehmung *f;* **2.**
Einsicht *f;* **3.** Auffassung *f;* **per·cep-
tive** [pə'septɪv] *adj* **1.** wahrnehmend;
Wahrnehmungs-; **2.** scharfsichtig.
perch[1] [pɜːtʃ] **I** *s* **1.** Vogel-, Hühner-
stange *f; (Baum)* Ast *m;* **2.** *fam* hochge-
legener Sitzplatz; **3.** Rute *f (Längen-
maß 5,029 m);* **II** *itr* **1.** sich niederlassen,
sich setzen *(on* auf); **2.** (hoch) sitzen,
stehen; **III** *tr* (hoch hinauf)stellen; ▶ ~
s.th. on s.th. etw auf etw stellen; **be** ~**ed
on** sitzen, hocken auf.
perch[2] [pɜːtʃ] *(Fisch)* Barsch *m.*
per·co·late ['pɜːkəleɪt] **I** *tr* **1.** durchsei-
hen, filtern; **2.** *(Kaffee)* in e-m Filter
zubereiten; **II** *itr* ~ *(through)* durch-
sickern *a. fig;* **per·co·la·tor** ['pɜːkə-
leɪtə(r)] Kaffeemaschine *f.*
per·cussion [pə'kʌʃn] **1.** Stoß, Schlag *m;*
2. Erschütterung *f;* **3.** *(~ instruments)*
mus Schlaginstrumente *n pl;* **per-
cussion·ist** [−ɪst] Schlagzeuger(in) *m*
(f).
per·di·tion [pə'dɪʃn] **1.** Ruin *m;* **2.** *rel*
Verdammnis *f.*
per·egrine ['perɪgrɪn] *orn* Wanderfalke
m.
per·emp·tori·ly [pə'remptrəlɪ] *adv* un-
weigerlich; ein für allemal; **per·emp-
tory** [pə'remptərɪ] *adj* **1.** endgültig, de-
finitiv; **2.** zwingend.
per·en·nial [pə'renɪəl] **I** *adj* **1.** bestän-
dig, immerwährend; **2.** *bot* mehrjährig;
II *s* mehrjährige Pflanze.
per·fect ['pɜːfɪkt] **I** *adj* **1.** vollendet, voll-
kommen; **2.** tadellos, fehlerlos; **3.** voll-
ständig, völlig, gänzlich; **4.** genau, exakt;
▶ **he is a** ~ **stranger to me** er ist mir
völlig unbekannt; **II** *tr* [pə'fekt] vervoll-

kommnen; **per·fect·ible** [pə'fektəbl] *adj* vervollkommnungsfähig; **per·fec·tion** [pə'fekʃn] 1. Vervollkommnung *f;* 2. Vollkommenheit *f;* ▶ **bring to** ~ vollenden; vervollkommnen; **per·fec·tion·ist** [—ɪst] Perfektionist(in) *m (f);* **per·fect·ly** ['pɜ:fɪktlɪ] *adv* 1. vollkommen; 2. völlig, durchaus, absolut; 3. tadellos; **perfect pitch** absolutes Gehör.

per·fidi·ous [pə'fɪdɪəs] *adj* verräterisch, treulos.

per·for·ate ['pɜ:fəreɪt] I *tr* 1. durchbohren, -löchern; 2. perforieren, lochen; II *itr med* durchbrechen; **per·for·ation** [,pɜ:fə'reɪʃn] 1. Durchbohrung, -löcherung *f;* 2. Perforieren *n;* Perforation, Lochung *f;* 3. *med* Perforation *f.*

per·form [pə'fɔ:m] I *tr* 1. *(Aufgabe)* ausführen, verrichten; 2. *(Operation)* durchführen; 3. *(Zeremonie)* vollziehen; 4. *(Stück, Konzert)* aufführen, spielen; *(Solo, Duett)* vortragen; *(Rolle)* spielen; *(Kunststück)* vorführen; *(Wunder)* vollbringen; 5. *(Handlung)* vornehmen; 6. *(Pflicht, Versprechen)* erfüllen; 7. *(Verpflichtung)* nachkommen *(s.th. e-r S);* 8. *(Aufgaben)* wahrnehmen; II *itr* 1. *(öffentlich)* auftreten, spielen; 2. *tech* funktionieren; ▶ **this car** ~s **well** dieses Auto leistet viel; **how did he** ~? wie war er? **per·form·ance** [pə'fɔ:məns] 1. Aus-, Durchführung *f;* 2. *(Pflicht)* Erfüllung *f;* 3. *tech* Funktionieren *n;* 4. *tech* Leistung *f;* Effizienz *f;* 5. *theat* Aufführung, Vorstellung *f; (Kino)* Vorstellung *f;* 6. *(Rolle)* Darstellung *f;* 7. *fam* Umstand *m;* Theater *n;* schlechtes Benehmen; ▶ **afternoon, evening** ~ Nachmittags-, Abendvorstellung *f;* **performance level** Leistungsgrad *m;* **performance report** Leistungsbericht *m;* **per·former** [pə'fɔ:mə(r)] Künstler(in) *m (f),* Ausführende(r) *f m.*

per·fume ['pɜ:fju:m] I *s* Duft *m;* Parfüm *n;* II *tr* [pə'fju:m] parfümieren.

per·func·tory [pə'fʌŋktərɪ] *adj* 1. routinemäßig, teilnahmslos; 2. oberflächlich, flüchtig; 3. gleichgültig, (nach)lässig.

per·gola ['pɜ:gələ] Pergola *f.*

per·haps [pə'hæps] *adv* vielleicht, eventuell.

peril ['perəl] Gefahr *f;* ▶ **at s.o.'s** ~ auf jds Gefahr, Risiko, Verantwortung; **in** ~ **of one's life** in Lebensgefahr; **peril·ous** ['perələs] *adj* gefährlich.

per·imeter [pə'rɪmɪtə(r)] 1. *math* Umfang *m;* 2. *(e-s Grundstücks)* Grenze *f;* **perimeter fence** Umzäunung *f.*

period ['pɪərɪəd] I *s* 1. Periode *f a. geol chem,* Zeit(raum, -abschnitt *m) f,* Abschnitt *m;* Epoche *f;* 2. Dauer *f;* Frist *f;* 3. *(menstrual* ~) Periode *f;* 4. *gram* (vollständiger) Satz *m;* Satzgefüge *n;* 5. *(Satzzeichen)* Punkt *m;* 6. (Unterrichts-, Schul)Stunde *f;* ▶ **for a** ~ **of** für die

Dauer von; **I've got my** ~ ich habe meine Tage; **within a** ~ **of** innerhalb e-r Frist von; **bright** ~ Aufklärung *f;* ~ **of office** Amtszeit *f;* ~ **under review** Berichtszeitraum *m;* II *adj (Kunst)* zeitgenössisch; III *interj sl* Schluß! (und damit) basta! **period furniture** Stilmöbel *n pl;* **peri·od·ic(al)** [,pɪərɪ'ɒdɪk(l)] I *adj* periodisch, regelmäßig auftretend *od* wiederkehrend; II *s* Zeitschrift *f,* Magazin *n.*

pe·riph·eral [pə'rɪfərəl] I *adj* peripher(isch) *a. anat;* nebensächlich; ~ **area** Randgebiet *n;* II *s EDV* Peripheriegerät *n;* **pe·riph·ery** [pə'rɪfərɪ] Peripherie *f;* Rand *m;* ▶ ~ **of the town** Stadtrand *m,* Außenbezirke *m pl.*

peri·scope ['perɪskəʊp] *mar* Periskop, Sehrohr *n.*

per·ish ['perɪʃ] I *itr* 1. zugrunde gehen, umkommen *(by* durch; *of, with* an); 2. *(Waren)* verderben; ▶ ~ **with cold** *fam* erfrieren; ~ **from starvation** verhungern; II *tr* zerstören; ▶ ~ **the thought!** daran darf man gar nicht denken; **per·ish·able** [—əbl] I *adj (Ware)* verderblich, nicht haltbar; II *s pl* verderbliche Waren *f pl;* **per·isher** ['perɪʃə(r)] *Br fam* Lümmel *m;* **per·ishing** ['perɪʃɪŋ] *adj* 1. sehr kalt; 2. verflixt, verdammt; ▶ ~ **cold** widerliche Kälte.

peri·style ['perɪstaɪl] *arch* Säulenumgang *m,* -reihe *f.*

per·ito·ni·tis [,perɪtə'naɪtɪs] *med* Bauchfellentzündung *f.*

per·jure ['pɜ:dʒə(r)] *refl* e-n Meineid leisten, meineidig werden; **per·jured** ['pɜ:dʒəd] *adj* meineidig; **per·jurer** ['pɜ:dʒərə(r)] Meineidige(r) *f m;* **per·jury** ['pɜ:dʒərɪ] Meineid *m;* ▶ **commit** ~ e-n Meineid leisten.

perk [pɜ:k] *Br* Vergünstigung *f.*

perk up [pɜ:k ʌp] I *tr* 1. *(den Kopf)* heben; 2. *(Ohren)* spitzen; 3. *(Menschen)* aufmuntern; *(Zimmer)* verschönern; *(Fest)* in Schwung bringen; II *itr* 1. aufleben; lebhaft, munter werden; 2. *(Börse)* fester tendieren.

perky ['pɜ:kɪ] *adj* 1. unternehmungslustig; 2. keck, frech; übermütig; munter.

perm¹ [pɜ:m] I *s (Toto)* Kombination *f;* II *tr, itr* kombinieren.

perm² [pɜ:m] I *s fam* Dauerwelle *f;* II *tr* ▶ **have one's hair** ~ed sich Dauerwellen machen lassen.

per·ma·frost ['pɜ:məfrɒst] Dauerfrostboden *m.*

per·ma·nence, per·ma·nency ['pɜ:mənəns, 'pɜ:mənənsɪ] Dauerhaftigkeit *f;* Beständigkeit *f;* **per·ma·nent** ['pɜ:mənənt] I *adj* 1. (fort)dauernd, bleibend; 2. ständig; beständig, dauerhaft; 3. auf Lebenszeit; 4. *tech* ortsfest; ▶ ~ **abode, residence** fester Wohnsitz; ~ **appointment** feste Anstellung; ~ **com-**

mittee ständiger Ausschuß; ~ **disability** dauernde Erwerbsunfähigkeit; dauerhafte Behinderung; ~ **establishment** ständige Einrichtung; ~ **investment** *fin* Daueranlage *f; pl* langfristige Anlagen *f pl;* ~ **layoff** Entlassung *f;* ~ **position, post, situation** Lebens-, Dauerstellung *f;* ~ **staff** Stammpersonal *m;* ~ **tenure** Anstellung *f* auf Lebenszeit; ~ **wave** Dauerwelle *f;* II *s Am* Dauerwelle *f.*

per·manga·nate [pə'mæŋɡəneɪt] *chem* Permanganat *n.*

per·meable ['pɜ:mɪəbl] *adj* durchlässig (*to* für); **per·meate** ['pɜ:mɪeɪt] I *tr* durchdringen *a. fig;* II *itr* 1. dringen (*through* durch); 2. *fig* sich verbreiten (*throughout* in).

per·mis·sible [pə'mɪsəbl] *adj* zulässig; erlaubt; ▶ ~ **load** Höchstbelastung *f;* **per·mission** [pə'mɪʃn] Zustimmung, Genehmigung, Erlaubnis *f;* ▶ **by special** ~ mit besonderer Genehmigung; **without** ~ unbefugt; **ask s.o.'s** ~, **s.o. for** ~ jdn um Erlaubnis bitten; **give** ~ **e-e** Erlaubnis erteilen; **grant s.o.** ~ **to speak** jdm das Wort erteilen; ~ **by the authorities** behördliche Genehmigung; **per·miss·ive** [pə'mɪsɪv] *adj* nachgiebig; sexuell freizügig; ▶ **the** ~ **society** die permissive Gesellschaft; **per·miss·ive·ness** [—nəs] Permissivität *f;* sexuelle Freizügigkeit.

per·mit [pə'mɪt] I *tr* erlauben, gestatten; zulassen, dulden; ▶ ~ **s.o. to do s.th.** jdm erlauben, etw zu tun; **am I** ~**ted to go?** darf ich gehen? II *itr* erlauben; ▶ **if you (will)** ~ wenn Sie gestatten; **weather** ~**ting** wenn das Wetter mitmacht; **time doesn't** ~ es ist zeitlich nicht möglich; ~ **of s.th.** etw zulassen; III *s* ['pɜ:mɪt] 1. Erlaubnis *f;* 2. Genehmigung, Bewilligung, Konzession *f* (*to* für); 3. Durchlaß-, Passierschein, Ausweis *m;* 4. Freigabe-, Zollabfertigungsschein *m;* ▶ **building** ~ Baugenehmigung *f;* **entry** ~ Einreisebewilligung *f;* **exit** ~ Ausreisebewilligung *f;* **hunting, fishing** ~ Jagdschein, Angelschein *m;* **labo(u)r** ~ Arbeitserlaubnis *f;* **special** ~ Sondergenehmigung *f;* ~ **of residence, residence** ~ Aufenthaltsgenehmigung, -erlaubnis *f;* **per·mit·ted** [pə'mɪtɪd] *adj* 1. erlaubt, gestattet, genehmigt; 2. zulässig.

per·mu·ta·tion [ˌpɜ:mjuː'teɪʃn] 1. Vertauschung *f;* 2. Veränderung *f;* 3. *math* Permutation *f;* **per·mute** [pə'mjuːt] *tr* (ver)ändern; vertauschen.

per·ni·cious [pə'nɪʃəs] *adj* 1. schädlich, verderblich (*to* für); 2. *med* bösartig.

per·nick·ety [pə'nɪkətɪ] *adj fam* kleinlich, genau.

per·ox·ide [pə'rɒksaɪd] (*hydrogen* ~) Wasserstoffsuperoxyd *n;* **peroxide blonde** Wasserstoffblondine *f.*

per·pen·dic·u·lar [ˌpɜ:pən'dɪkjʊlə(r)] I

adj 1. senk-, lotrecht (*to* zu); (*Klippe*) senkrecht abfallend; 2. *arch* perpendikular; II *s math* Senkrechte *f*, Lot *n;* ▶ **out of the** ~ schief, schräg, aus dem Lot.

per·pe·trate ['pɜ:pɪtreɪt] *tr* 1. (*Fehler*) machen, begehen; 2. (*Verbrechen*) verüben; 3. *hum* (*Film, Roman*) verbrechen; **per·pe·tra·tion** [ˌpɜ:pɪ'treɪʃn] Begehung, Verübung *f;* **per·pe·tra·tor** ['pɜ:pɪtreɪtə(r)] Übeltäter(in) *m (f); jur* Täter(in) *m (f).*

per·pet·ual [pə'petʃʊəl] *adj* 1. dauernd, (be)ständig, ewig; 2. fortwährend, unaufhörlich; ▶ ~ **motion (machine)** Perpetuum mobile *n;* ~ **snow** ewiger Schnee; **per·petu·ate** [pə'petʃʊeɪt] *tr* aufrechterhalten; (*Angedenken*) bewahren; **per·petu·ity** [ˌpɜ:pɪ'tjuːətɪ] Ewigkeit *f;* ▶ **in** ~ auf ewig; *jur* lebenslänglich.

per·plex [pə'pleks] *tr* (*Menschen*) verblüffen; **per·plexed** [pə'plekst] *adj* verdutzt, perplex; **per·plex·ity** [pə'pleksətɪ] Verblüffung *f.*

per·qui·sites ['pɜ:kwɪzɪts] *pl* Vergünstigungen *f pl.*

per·se·cute ['pɜ:sɪkjuːt] *tr* 1. verfolgen; 2. belästigen, plagen, quälen (*with* mit); ▶ **be** ~**ed** Verfolgungen ausgesetzt sein; **per·se·cu·tion** [ˌpɜ:sɪ'kjuːʃn] Verfolgung *f;* Belästigung *f;* **persecution complex** Verfolgungswahn *m;* **per·se·cu·tor** ['pɜ:sɪkjuːtə(r)] Verfolger(in) *m (f).*

per·se·ver·ance [ˌpɜ:sɪ'vɪərəns] Ausdauer, Beharrlichkeit *f;* **per·se·vere** [ˌpɜ:sɪ'vɪə(r)] *itr* durchhalten, nicht aufgeben (*in, at, with s.th.* etw); **per·se·ver·ing** [—ɪŋ] *adj* beharrlich, ausdauernd.

Per·sia ['pɜ:ʃə] Persien *n;* **Per·sian** ['pɜ:ʃn, *Am* 'pɜ:rʒn] I *adj* persisch; ▶ ~ **cat** Angorakatze *f;* **the** ~ **Gulf** der Persische Golf; ~ **lamb** (*Pelz*) Persianer *m;* ~ **rug, carpet** Perserteppich *m;* II *s* 1. Perser(in) *m (f);* 2. (das) Persisch(e).

per·sist [pə'sɪst] *itr* 1. beharren (*in* auf, bei), bestehen (*in* auf); 2. nicht nachgeben; nicht aufhören (*in doing* zu tun); 3. fortdauern, sich hartnäckig halten; **per·sist·ence** [pə'sɪstəns] 1. (hartnäckiges) Beharren *n* (*in* auf); 2. Beharrlichkeit *f;* 3. Fortdauer *f;* **per·sist·ent** [pə'sɪstənt] *adj* 1. beharrlich, unnachgiebig; 2. unentwegt, (an)dauernd, beständig.

per·son ['pɜ:sn] 1. (*pl: people,* ~s) Mensch *m;* Person *f;* 2. (*pl:* ~s) *gram jur* Person *f;* 3. (*pl:* ~s) (das) Äußere; 4. *theat* Rolle *f;* ▶ **in** ~ in Person, persönlich; **no** ~ kein Mensch, niemand; **there is no such** ~ so jemanden gibt es nicht; **any** ~ jeder; **on, about one's** ~ bei sich; **per** ~ pro Person; **unauthorized** ~ Unbefugte(r) *f m;* **against** ~ **or** ~**s** un-

known *jur* gegen Unbekannt; **per·son·able** ['pɜːsənəbl] *adj* stattlich, gutaussehend; **per·son·age** ['pɜːsənɪdʒ] Persönlichkeit *f.*
per·sonal ['pɜːs(ə)nl] *adj* persönlich; *(auf Brief)* privat; *(Daten)* personenbezogen; ▶ ~ **affair, business** Privatangelegenheit *f;* ~ **background, history** Lebensgeschichte *f,* Lebenslauf *m;* ~ **call** *tele* Gespräch *n* mit Voranmeldung; Privatgespräch *n;* ~ **column** *(Zeitung)* Familienanzeigen *f pl;* ~ **computer** Personalcomputer, PC *m;* ~ **data** *pl* Personalien *pl;* personenbezogene Daten *pl;* ~ **exemption** *Am (Steuer)* Freibetrag *m;* ~ **files** *pl* Personalakten *f pl;* ~ **hygiene** Körperpflege *f;* ~ **injury** *jur* Personenschaden *m;* ~ **pronoun** Personalpronomen *n,* persönliches Fürwort; ~ **property** Privateigentum *n;* ~ **stereo** Walkman *m Wz;* ~ **stationary** Briefpapier *n* mit persönlichem Briefkopf; ~ **status** Personen-, Familienstand *m;* **articles** *pl* for ~ **use** Gegenstände *m pl* des persönlichen Gebrauchs; **get, become** ~ persönlich werden.
per·son·al·ity [ˌpɜːsə'næləti] 1. Persönlichkeit *f;* 2. *pl* persönliche Angelegenheiten *f pl;* ▶ ~ **cult** Personenkult *m;* **per·son·alty** ['pɜːsənlti] *jur* bewegliches Vermögen; **per·son·if·ic·ation** [pəˌsɒnɪfɪ'keɪʃn] Verkörperung *f;* **per·son·ify** [pə'sɒnɪfaɪ] *tr* verkörpern, personifizieren.
per·son·nel [ˌpɜːsə'nel] Personal *n;* Belegschaft *f; (Flugzeug, Schiff)* Besatzung *f;* **personnel department** Personalabteilung *f;* **personnel director, manager** Personalchef *m;* **personnel management** Personalführung *f;* **personnel turnover** Fluktuation *f.*
per·spec·tive [pə'spektɪv] 1. *(Kunst)* Perspektive *f a. fig;* 2. *fig* Standpunkt, Blick *m;* ▶ **get s.th. out of** ~ etwas verzerrt sehen; **see, look at s.th. in its right** ~ etw vom richtigen Gesichtswinkel aus betrachten; **view in** ~ *fig* mit Abstand betrachten.
per·spi·ca·cious [ˌpɜːspɪ'keɪʃəs] *adj* scharfsinnig, -blickend; **per·spi·cac·ity** [ˌpɜːspɪ'kæsəti] Scharfsinn, -blick *m.*
per·spi·cu·ity [ˌpɜːspɪ'kjuːəti] Klarheit, Verständlichkeit *f;* **per·spicu·ous** [pə'spɪkjuəs] *adj* klar, verständlich.
per·spir·ation [ˌpɜːspə'reɪʃn] 1. Schwitzen *n;* Transpiration *f;* 2. Schweiß *m;* **per·spire** [pə'spaɪə(r)] *itr* schwitzen.
per·suade [pə'sweɪd] *tr* 1. überreden *(of s.th.* zu etw); 2. verleiten, dazu bringen *(to do, into doing* zu tun); 3. überzeugen *(of s.th.* von e-r S); ▶ **be ~d of** überzeugt sein von; **per·sua·sion** [pə'sweɪʒn] 1. Überredung *f;* 2. Überzeugung *f,* Glaube *m;* 3. Überzeugungskraft *f;* ▶ **I am not of that** ~ *(Argu-*

ment) davon bin ich nicht überzeugt; *rel* ich gehöre nicht diesem Glauben an; **be of, have communist** ~**s** kommunistische Ansichten vertreten; **per·sua·sive** [pə'sweɪsɪv] *adj* überzeugend.
pert [pɜːt] *adj* 1. vorlaut, keck; 2. lebhaft, munter, lustig.
per·tain [pə'teɪn] *itr* 1. gehören *(to* zu); 2. in Verbindung stehen *(to* mit); 3. betreffen *(to* acc); 4. sich beziehen *(to* auf).
per·ti·na·cious [ˌpɜːtɪ'neɪʃəs] *adj* 1. beharrlich; 2. hartnäckig, zäh.
per·ti·nent ['pɜːtɪnənt] *adj* sachdienlich, zur Sache (gehörig); einschlägig; relevant; ▶ **be** ~ **to s.th.** auf etw Bezug haben.
pert·ness ['pɜːtnɪs] Keckheit *f;* Keßheit *f.*
per·turb [pə'tɜːb] *tr* 1. verwirren; 2. beunruhigen; **per·tur·ba·tion** [ˌpɜːtə'beɪʃn] 1. Verwirrung, Aufregung, Unruhe *f;* 2. Störung *f.*
Peru [pə'ruː] Peru *n.*
pe·rusal [pə'ruːzl] 1. Durchlesen *n;* 2. (genaue) Durchsicht, Prüfung *f;* ▶ **for** ~ zur Einsichtnahme; **pe·ruse** [pə'ruːz] *tr* (sorgfältig) durchlesen.
Peru·vian [pə'ruːvɪən] I *adj* peruanisch; II *s* Peruaner(in) *m (f).*
per·vade [pə'veɪd] *tr* erfüllen; sich ausbreiten in; **per·va·sive** [pə'veɪsɪv] *adj* 1. durchdringend; 2. *fig (Einfluß)* beherrschend.
per·verse [pə'vɜːs] *adj* 1. pervers, widernatürlich; 2. eigensinnig, störrisch; verstockt; **per·verse·ness** [pə'vɜːsnɪs] 1. Perversität, Widernatürlichkeit *f;* 2. Verstocktheit *f;* **per·ver·sion** [pə'vɜːʃn] 1. Perversion *f;* 2. Abkehr *f (vom Glauben);* 3. *(der Wahrheit)* Verzerrung, Verdrehung *f;* ▶ ~ **of justice** Rechtsbeugung *f;* **per·ver·sity** [pə'vɜːsəti] 1. Widersetzlichkeit *f,* Eigensinn *m;* 2. Perversität, Widernatürlichkeit *f;* **per·vert** [pə'vɜːt] I *tr* 1. *(Tatsachen)* verdrehen; 2. *(Menschen)* verderben, pervertieren; 3. *rel* irreführen; 4. *(Sinn)* entstellen; ▶ ~ **the course of justice** das Recht beugen; II *s* ['pɜːvɜːt] perverser Mensch.
pesky ['peskɪ] *adj Am fam* ärgerlich; vertrackt.
pes·sary ['pesərɪ] *med* Pessar *n;* Zäpfchen *n.*
pessi·mism ['pesɪmɪzəm] Pessimismus *m;* **pes·si·mist** ['pesɪmɪst] Pessimist(in) *m (f);* **pessi·mis·tic** [ˌpesɪ'mɪstɪk] *adj* pessimistisch.
pest [pest] 1. *fam (Mensch)* Nervensäge *f;* Plage *f;* 2. Schädling *m;* **pest control** Schädlingsbekämpfung *f.*
pes·ter ['pestə(r)] *tr* belästigen, plagen *(with* mit).
pes·ti·cide ['pestɪsaɪd] Schädlingsbekämpfungsmittel *n;* **pes·tif·er·ous**

[pe'stɪfərəs] *adj fam* ärgerlich; **pes·ti·lent, pes·ti·len·tial** ['pestɪlənt, ˌpestɪ'lenʃl] *adj* 1. pestartig; 2. *fig* verderblich; 3. *fam* ärgerlich.
pestle ['pesl] Stößel *m*.
pet[1] [pet] I *s* 1. Haustier *n;* 2. Liebling *m;* ▶ **he's a real ~!** er ist ein Schatz! **teacher's ~** Lehrers Liebling *m;* II *tr* streicheln, verwöhnen; III *itr fam* fummeln, Petting machen; IV *attr adj* Lieblings-; ▶ ~ **name** Kosename *m;* **that's my ~ hate** das ist mir ein Greuel; ~ **shop** Tierhandlung *f;* ~ **subject** Lieblingsthema *n*.
pet[2] [pet] schlechte Laune; ▶ **be in a ~** schlechte Laune haben.
petal ['petl] *bot* Blütenblatt *n*.
petard [pe'tɑːd] ▶ **be hoist with one's own ~** sich in der eigenen Schlinge gefangen haben.
peter ['piːtə(r)] *itr:* ▶ ~ **out** nachlassen, allmählich zu Ende gehen.
Peter ['piːtə(r)] ▶ **rob ~ to pay Paul** ein Loch aufreißen, um ein anderes zu stopfen.
petite [pə'tiːt] *adj (Frau)* zierlich.
pe·ti·tion [pɪ'tɪʃn] I *s* 1. Bittschrift, Eingabe *f,* Gesuch *n;* 2. Unterschriftenliste *f;* 3. *jur* Antrag *m (for auf);* ▶ **file a ~** e-n Antrag einreichen; ~ **for divorce** Scheidung(sklage) *f;* ~ **for mercy, for pardon** Gnadengesuch *n;* II *tr* 1. bitten, ersuchen *(s.o.* jdn); 2. e-e Bittschrift richten *(s.o.* an jdn); III *itr* eine Unterschriftenliste einreichen *(for* um); ▶ ~ **for divorce** die Scheidung einreichen; **pe·ti·tioner** [pɪ'tɪʃənə(r)] 1. Bittsteller(in) *m (f);* 2. *jur* Antragsteller(in) *m (f);* 3. *(in Scheidungssachen)* Kläger(in) *m (f)*.
pet·rel ['petrəl] *zoo* Sturmvogel *m*.
pet·ri·fac·tion [ˌpetrɪ'fækʃn] 1. Versteinerung *f;* 2. *fig* lähmender Schreck; **pet·rify** ['petrɪfaɪ] I *tr* 1. versteinern *a. fig;* 2. *fig* erstarren lassen; ▶ **he was petrified (with fear)** er war starr vor Schrecken; **I am petrified of the dark** ich habe panische Angst vor der Dunkelheit; II *itr* versteinern; erstarren.
petro·chemi·cal [ˌpetrəʊ'kemɪkl] *adj* petrochemisch; **petro·dollar** Petrodollar *m;* **pet·rol** ['petrəl] *Br* Benzin *n;* ▶ **fill up with ~** auftanken; **petrol can** Benzinkanister *m;* **petrol consumption** Benzinverbrauch *m;* **petrol dump** Benzinlager *n;* **petrol engine** Benzinmotor *m;* **pe·tro·leum** [pɪ'trəʊlɪəm] Petroleum *n;* ▶ ~**-exporting countries** erdölexportierende Länder; **petrol ga(u)ge** Benzinuhr, -anzeige *f;* **petrol lorry** Tankwagen *m;* **petrol pipe** Benzinleitung *f;* **petrol pump** 1. *(Auto)* Benzinpumpe *f;* 2. *(Tankstelle)* Tank-, Zapfsäule *f;* **petrol station** Tankstelle *f;* **petrol tank** Benzintank *m*.
pet·ti·coat ['petɪkəʊt] Unterrock *m;*

▶ ~ **government** *pej* Weiberregiment *n,* -herrschaft *f*.
pet·ti·fog·ging ['petɪfɒgɪŋ] *adj* kleinlich; *(Einzelheit)* unwesentlich; *(Mensch)* pedantisch.
pet·ti·ness ['petɪnəs] Geringfügigkeit *f;* Kleinlichkeit *f*.
pet·ting ['petɪŋ] Petting *n*.
pet·tish ['petɪʃ] *adj* verdrießlich.
petty ['petɪ] *adj* 1. klein, geringfügig, unbedeutend, nebensächlich; 2. kleinlich, engstirnig; 3. zweitrangig; ▶ ~ **cash** (Porto)Kasse, Handkasse *f;* ~ **jury** Urteilsjury *f;* ~ **larceny** Bagatelldiebstahl *m;* ~ **officer** *mar* Maat *m*.
petu·lant ['petjʊlənt] *adj* empfindlich; launisch, verdrießlich.
pe·tu·nia [pɪ'tjuːnɪə] *bot* Petunie *f*.
pew [pjuː] 1. Kirchenstuhl *m;* 2. *fam* Sitzgelegenheit *f,* Stuhl *m;* ▶ **take a ~!** *fam* pflanz' dich!
pe·wit ['piːwɪt] Kiebitz *m*.
pew·ter ['pjuːtə(r)] Zinn(geschirr, -gerät) *n*.
pahl·anx ['fælæŋks] ⟨*pl* -anxes, -anges⟩ [fə'lændʒiːz] 1. *hist u. fig* Phalanx *f;* 2. *fig* geschlossene Front.
phal·lic ['fælɪk] *adj* phallisch; **phal·lus** ['fæləs] ⟨*pl* -li⟩ ['fælaɪ] Phallus *m*.
phan·tas·ma·goria [ˌfæntæzmə'gɒrɪə, —'gɔːrɪə] Blendwerk *n;* **phan·tas·mal** [fæn'tæzməl] *adj* imaginär.
phan·tom ['fæntəm] 1. Phantom, Gespenst *n,* Geist *m;* 2. Hirngespinst, Trugbild *n;* ▶ ~**s of the mind** *pl* Hirngespinste *n pl;* ~ **limb pains** *pl med* Phantomschmerzen *m pl;* ~ **pregnancy** Scheinschwangerschaft *f*.
phari·saic(al) [ˌfærɪ'seɪɪk(l)] *adj* pharisäisch; scheinheilig; **Phari·see** ['færɪsiː] Pharisäer *m;* Heuchler *m*.
phar·ma·ceutic(al) [ˌfɑːmə'sjuːtɪk(l)] *adj* pharmazeutisch; **phar·ma·ceutics** [ˌfɑːmə'sjuːtɪks] *pl mit sing* Arzneimittelkunde *f;* **pharmaceutics industry** Pharmaindustrie *f;* **phar·ma·cist** ['fɑːməsɪst] Apotheker(in) *m (f);* **phar·ma·col·ogy** [ˌfɑːmə'kɒlədʒɪ] Pharmakologie *f;* **phar·ma·co·poeia** [ˌfɑːməkə'piːə] amtliches Arzneibuch; **phar·macy** ['fɑːməsɪ] 1. Pharmazie *f;* 2. Apotheke *f*.
phar·yn·gi·tis [ˌfærɪn'dʒaɪtɪs] Rachenkatarrh *m;* **phar·ynx** ['færɪŋks] *anat* Rachen *m*.
phase [feɪz] I *s* 1. Phase *f;* Stadium *n;* Abschnitt *m;* 2. *tech el* Phase *f;* ▶ **in ~** phasengleich *(with* mit); **she's just going through a ~** das geht wieder vorbei; II *tr* 1. zeitlich staffeln; 2. stufenweise durchführen; 3. aufeinander abstimmen; ▶ ~**d traffic lights** grüne Welle; III *(mit Präposition)* **phase in** *tr* stufenweise einführen; **phase out** *tr* allmählich abbauen; *(Produktion)* auslaufen lassen.

PhD ['piː'eɪtʃ'diː] *Abk:* **Doktor of Philosophy 1.** *(Titel)* Doktor *m,* Dr. phil; **2.** Doktorarbeit *f;* ▶ **do one's** ~ seinen Doktor machen, promovieren.

pheas·ant ['feznt] Fasan *m.*

phe·nom·enal [fɪ'nɒmɪnl] *adj* außergewöhnlich, außerordentlich, phänomenal; **phe·nom·enon** [fɪ'nɒmɪnən] ⟨*pl* -ena⟩ [—ɪnə] Phänomen *n.*

phew [fjuː] *interj* puh! pfui! ach!

phial ['faɪəl] Ampulle *f;* Fläschchen *n.*

phil·an·der [fɪ'lændə(r)] *itr (Mann)* (herum)poussieren, flirten; **phil·an·derer** [fɪ'lændərə(r)] Schürzenjäger *m.*

phil·an·throp·ic(al) [ˌfɪlən'θrɒpɪk(l)] *adj* philanthropisch; **phil·an·throp·ist** [fɪ'lænθrəpɪst] Philanthrop, Menschenfreund *m;* **phil·an·thropy** [fɪ'lænθrəpɪ] Philanthropie, Menschenliebe *f.*

phil·at·elic [fɪlə'telɪk] *adj* philatelistisch; **phil·at·el·ist** [fɪ'lætəlɪst] Philatelist(in), Briefmarkensammler(in) *m (f);* **phil·ately** [fɪ'lætəlɪ] Philatelie *f,* Briefmarkensammeln *n.*

phil·har·monic [ˌfɪlɑː'mɒnɪk] *adj* philharmonisch; ▶ ~ **society** Philharmonie *f.*

phi·lip·pic [fɪ'lɪpɪk] Standpauke *f.*

Phi·lip·pines ['fɪlɪpiːnz] *pl* Philippinen *pl.*

phi·lis·tine ['fɪlɪstaɪn, *Am* 'fɪlɪstiːn] **I** *s* Philister *m; fig* Banause *m;* **II** *adj fig* kulturlos.

philo·logi·cal [ˌfɪlə'lɒdʒɪkl] *adj* philologisch; **phil·ol·ogist** [fɪ'lɒlədʒɪst] Philologe *m,* -login *f;* **phil·ol·ogy** [fɪ'lɒlədʒɪ] Philologie *f.*

phil·os·opher [fɪ'lɒsəfə(r)] Philosoph(in) *m (f);* ▶ ~'**s stone** Stein *m* der Weisen; **philo·sophic(al)** [ˌfɪlə'sɒfɪk(l)] *adj* philosophisch; **phil·os·ophize** [fɪ'lɒsəfaɪz] *itr* philosophieren; **phil·os·ophy** [fɪ'lɒsəfɪ] **1.** Philosophie *f;* **2.** *(~ of life)* Lebens-, Weltanschauung *f;* ▶ **natural** ~ Naturwissenschaft *f;* ~ **of history** Geschichtsphilosophie *f.*

philtre, *Am* **phil·ter** ['fɪltə(r)] Liebestrank *m.*

phle·bi·tis [flɪ'baɪtɪs] Venenentzündung *f.*

phlegm [flem] **1.** *med* Schleim *m;* **2.** Ruhe *f,* Gleichmut *m;* Phlegma *n;* **phleg·matic** [fleg'mætɪk] *adj* phlegmatisch; gleichmütig, unerschütterlich.

pho·bia ['fəʊbɪə] Phobie *f.*

phoe·nix ['fiːnɪks] Phönix *m.*

phon [fɒn] Phon *n.*

phone [fəʊn] **I** *s* Telefon *n;* **II** *itr* telefonieren; **III** *tr* anrufen; **phone·card** ['fəʊnkɑːd] Telefonkarte *f;* **phone-in** ['fəʊnɪn] *radio* Hörersendung *f.*

pho·neme ['fəʊniːm] Phonem *n;* **pho·netic** [fə'netɪk] **I** *adj* phonetisch; **II** *s pl mit sing* Phonetik *f;* **pho·neti·cian** [ˌfəʊnɪ'tɪʃn] Phonetiker(in) *m (f).*

phon·ey, phony ['fəʊnɪ] *adj fam* unecht; faul; falsch; gefälscht; ▶ ~ **company** Schwindelfirma *f.*

pho·nic ['fɒnɪk] *adj* lautlich; **pho·nograph** ['fəʊnəgrɑːf] *Am* Plattenspieler *m;* **pho·nol·ogy** [fə'nɒlədʒɪ] Phonologie *f,* Lautsystem *n.*

phooey ['fuː] *interj fam* unmöglich!

phos·phate ['fɒsfeɪt] *chem* Phosphat *n;* ▶ ~-**free** phosphatfrei; **containing** ~s phosphathaltig; **phos·pho·res·cence** [ˌfɒsfə'resns] Phosphoreszenz *f;* **phos·pho·res·cent** [ˌfɒsfə'resnt] *adj* phosphoreszierend; **phos·phoric** [fɒs'fɒrɪk] ▶ ~ **acid** Phosphorsäure *f;* **phos·phorus** ['fɒsfərəs] Phosphor *m.*

photo ['fəʊtəʊ] ⟨*pl* photos⟩ Foto *n,* Fotografie *f;* **photo·copier** ['fəʊtəʊˌkɒpɪə(r)] Fotokopierapparat, Fotokopierer *m;* **photo·copy** ['fəʊtəʊˌkɒpɪ] **I** *s* Fotokopie *f;* **II** *tr, itr* fotokopieren; **photo·elec·tric** [ˌfəʊtəʊɪ'lektrɪk] *adj* photoelektrisch; ▶ ~ **cell** Photozelle *f;* **photo finish** *sport* Fotofinish *n;* **photo·flash** ['fəʊtəʊˌflæʃ] Blitzlicht *n;* **photo·genic** [ˌfəʊtəʊ'dʒenɪk] *adj* fotogen; **photo·graph** ['fəʊtəgrɑːf, *Am* 'fəʊtəgræf] **I** *s* Fotografie *f;* ▶ **take a** ~ e-e Aufnahme machen; **II** *tr* fotografieren; **III** *itr* **1.** fotografieren; **2.** sich fotografieren lassen; **photograph album** Fotoalbum *n;* **photo·grapher** [fə'tɒgrəfə(r)] Fotograf(in) *m (f);* **photo·graphic** [ˌfəʊtə'græfɪk] *adj* fotografisch; ▶ ~ **equipment** Fotoausrüstung *f;* **photo·gra·phy** [fə'tɒgrəfɪ] Fotografie *f;* **photo·meter** [fəʊ'tɒmɪtə(r)] Belichtungsmesser *m;* **photo·mon·tage** ['fəʊtəʊmɒn'tɑːʒ] Fotomontage *f.*

photon ['fəʊtɒn] Photon *n.*

photo re·porter ['fəʊtəʊrɪˌpɔːtə(r)] Bildberichterstatter(in) *m (f);* **photo·sen·si·tive** [ˌfəʊtəʊ'sensɪtɪv] *adj* lichtempfindlich; **photo·sen·si·tize** [ˌfəʊtəʊ'sensɪtaɪz] lichtempfindlich machen; **photo·set·ting** ['fəʊtəʊˌsetɪŋ] Filmsatz, Lichtsatz *m;* **photo·stat** ['fəʊtəʊstæt] *s. photocopy.*

phrase [freɪz] **I** *s* **1.** Ausdruck *m;* Redewendung *f;* **2.** *gram* Satzteil *m;* Wortgruppe *f;* **3.** *mus* Phrase *f;* ▶ **coin a** ~ e-n Ausdruck prägen; **turn a** ~ e-n klugen Gedanken geschickt ausdrücken; **II** *tr* **1.** in Worte kleiden; zum Ausdruck bringen; **2.** *mus* phrasieren; **phrase·book** ['freɪzbʊk] Sprachführer *m;* **phras·eol·ogy** [ˌfreɪzɪ'ɒlədʒɪ] Ausdrucksweise *f.*

phren·etic [frə'netɪk] *adj* wild, tobend, rasend; fanatisch.

phut [fʌt] *interj* fft! ▶ **go** ~ *fam* futsch-, draufgehen, dran glauben müssen.

pH-value [piː'eɪtʃ'væljuː] pH-Wert *m.*

physi·cal ['fɪzɪkl] **I** *adj* **1.** physisch; **2.**

körperlich; **3.** *(Untersuchung)* ärztlich; **4.** physikalisch; ▶ ~ **condition** Gesundheitszustand *m;* ~ **education** Leibeserziehung *f;* ~ **fitness** Tauglichkeit *f;* ~ **resources** *pl* Sachmittel *n pl;* ~ **science** Naturwissenschaften *f pl;* ~ **training,** *fam* ~ **jerks** *pl* Leibesübungen *f pl;* **II** *s* ärztliche Untersuchung; **physi·cian** [fɪˈzɪʃn] Arzt *m;* **physi·cist** [ˈfɪzɪsɪst] Physiker(in) *m (f);* **phys·ics** [ˈfɪzɪks] *pl mit sing* Physik *f.*

physi·og·nomy [ˌfɪzɪˈɒnəmɪ, *Am* ˌfɪzɪˈɒgnəʊmɪ] Physiognomie *f;* Gesichtszüge *m pl,* -ausdruck *m;* **physi·ol·ogist** [ˌfɪzɪˈɒlədʒɪst] Physiologe *m,* -login *f;* **physi·ol·ogy** [ˌfɪzɪˈɒlədʒɪ] Physiologie *f;* **physio·ther·apist** [ˌfɪzɪəʊˈθerəpɪst] Krankengymnast(in), Physiotherapeut(in) *m (f);* **physio·ther·apy** [ˌfɪzɪəʊˈθerəpɪ] Krankengymnastik, Physiotherapie *f* **phy·sique** [fɪˈziːk] Körperbau *m,* Konstitution *f.*

pia·nist [ˈpɪənɪst] Pianist(in), Klavierspieler(in) *m (f);* **pi·ano** [ˈpjɑːnəʊ] ⟨*pl* -anos⟩ Klavier *n;* ▶ **play (on) the** ~ Klavier spielen; **grand** ~ Flügel *m;* ~ **lesson, teacher** Klavierstunde *f,* -lehrer *m.*

pi·azza [pɪˈætsə] **1.** (großer, viereckiger) Platz *m;* **2.** *Am* Veranda *f.*

pic·ar·esque [ˌpɪkəˈresk] *adj lit* ▶ ~ **novel** Schelmenroman *m.*

pic·ca·lilli [ˌpɪkəˈlɪlɪ] mit scharfen Gewürzen eingemachtes Mischgemüse.

pic·ca·ninny [ˌpɪkəˈnɪnɪ] (Neger)Kind *n.*

pic·colo [ˈpɪkələʊ] ⟨*pl* -coloes⟩ Pikkoloflöte *f.*

pick [pɪk] **I** *tr* **1.** auswählen; *(Mannschaft)* aufstellen; **2.** zupfen an; kratzen an; *(Loch)* bohren; *(mit Schnabel)* (auf)hacken; **3.** *(Naht)* auftrennen; **4.** *(Obst, Blumen)* pflücken; **5.** *(Vogel)* (auf)picken; **6.** *(Schloß)* knacken, mit e-m Dietrich öffnen; **7.** *(Streit)* vom Zaun brechen; ▶ **have a bone to** ~ **with s.o.** mit jdm ein Hühnchen zu rupfen haben; ~ **s.o.'s brains** jdn um Ideen bitten; ~ **holes in s.th.** an etw herumkritteln; *(Theorie)* widerlegen; ~ **one's nose** sich in der Nase bohren; ~ **s.th. to pieces** an etw keinen guten Faden lassen; ~ **pockets** Taschendieb sein; ~ **s.o.'s pockets** jdn bestehlen; ~ **one's teeth** sich in den Zähnen stochern; ~ **one's way, one's steps** vorsichtig gehen, sich durchschlängeln; ~ **one's words** die Worte mit Bedacht wählen; **you do** ~ **them!** *iro* du gerätst auch immer an den Falschen! **II** *itr* **1.** wählen; **2.** *(Gitarre)* zupfen; ▶ ~ **and choose** wählerisch sein; **III** *s* **1.** Picken, Hacken *n;* **2.** Auswahl, Auslese *f;* **3.** ▶ **the** ~ **(of the bunch)** das Beste (von allem); **4.** Spitzhacke, Haue *f;* **5.** Zahnstocher *m;* **6.** *mus* Plektrum *n;* ▶ **have, take one's** ~ seine

Wahl treffen; **have first** ~ die erste Wahl haben; **he was our** ~ wir haben ihn gewählt; **IV** *(mit Präposition)* **pick at** *itr* herummeckern an; ▶ ~ **at one's food** im Essen herumstochern; **pick off** *tr* **1.** abpflücken; wegzupfen; **2.** wegnehmen; **3.** abschießen; **pick on** *tr* **1.** aussuchen, auswählen; **2.** herumhacken auf; ▶ **why** ~ **on me?** warum gerade ich? **pick out** *tr* **1.** heraussuchen, (aus)wählen; **2.** *(Schlechtes)* auslesen; **3.** ausmachen; entdecken; ausfindig machen; **4.** *(Farbe)* zur Geltung bringen, absetzen (*with* gegen); **5.** *(Ton)* angeben, -schlagen; **pick over** *tr* (genau) überprüfen; durchsehen; **pick up** *tr* **1.** aufpicken, -heben, -lesen; auf-, mitnehmen *(a. Fahrgäste);* **2.** finden, sammeln, zusammenbringen; **3.** *(billig, teuer)* erstehen; **4.** herausfinden, -bringen, in Erfahrung bringen; verstehen, erfassen; **5.** *(Kenntnisse)* sich aneignen; **6.** *fam* zufällig kennenlernen; *s.o.* jds Bekanntschaft machen; **7.** *(Rundfunksendung)* aufnehmen; *itr* **1.** sich erholen, wieder zu Kräften kommen; **2.** *(Börse)* anziehen; sich befestigen; **3.** *(~ efficiency)* aufholen; **4.** *mot* auf Touren kommen; ▶ ~ **up with s.o.** *fam* mit jdm Freundschaft schließen; ~ **up the bill** die Rechnung bezahlen; ~ **up courage** Mut fassen; ~ **up speed** an Geschwindigkeit gewinnen; **where on earth did you** ~ **her up?** wo hast du denn die aufgelesen? **she** ~**ed me up for using the wrong word** sie korrigierte meinen Wortfehler.

picka·back [ˈpɪkəbæk] *adv* huckepack; **pick-ax(e)** Spitzhacke *f;* **picker** [ˈpɪkə(r)] Pflücker(in) *m (f).*

picket [ˈpɪkɪt] **I** *s* **1.** Streikposten *m;* **2.** Pflock, (Zaun)Pfahl, Pfosten *m;* **3.** *mil* (Wacht)Posten *m;* **II** *tr* durch Streikposten absperren; **III** *itr* Streikposten stellen; als Streikposten stehen; **picketing** [—ɪŋ] Streikwache *f;* **picket line** Streikpostenkette *f.*

pick·ings [ˈpɪkɪŋz] *pl* **1.** Abfälle, Reste *m pl,* Überbleibsel *n pl;* **2.** Diebsgut *n;* **3.** Profit, Gewinn *m.*

pickle [ˈpɪkl] **I** *s* **1.** Pökel *m,* (Salz)Lake *f;* Essigsoße *f;* **2.** *fam* unangenehme, peinliche Lage, Verlegenheit *f;* schöne Bescherung; **3.** *pl* eingelegtes Gemüse; Pickles *pl;* ▶ **be in a nice** ~ *fam* ganz schön in der Patsche sitzen; **mixed** ~**s** *pl* Mixed Pickles *pl;* **II** *tr* (ein-)pökeln, einmachen; in Essig einlegen; **pickled** [pɪkld] *adj* **1.** gepökelt, eingemacht; **2.** *sl* besoffen.

pick·lock [ˈpɪklɒk] **1.** Einbrecher *m;* **2.** Dietrich *m;* **pick-me-up** [ˈpɪkmɪʌp] *fam* **1.** Schnäpschen *n;* **2.** Stärkung *f;* **pick-off** [ˈpɪkɒf] **I** *adj Am* abmontierbar; **II** *s tech* Abgriff *m;* Geber *m;* Fühler *m;* **pick·pocket** [ˈpɪkpɒkɪt] Taschendieb *m;* ▶ **beware of** ~s! vor Taschendieben wird gewarnt! **pick-up** ['pɪkʌp] **1.** *(Plattenspieler)* Tonabnehmer *m;* **2.** kleiner Lieferwagen; **3.** Beschleunigung(svermögen *n) f;* **4.** *fam (Vorgang)* Anmache *f; (Person)* Gelegenheitsbekanntschaft *f;* **5.** Verbesserung *f;* **6.** *Am sl* Verhaftung *f;* **7.** Abholen *n;* Treffpunkt *m;* ▶ ~ **point** Treffpunkt *m;* Haltestelle *f;* **picky** ['pɪkɪ] *adj* wählerisch.

pic·nic ['pɪknɪk] ⟨*ppr* -nicking, *pp* -nicked⟩ **I** *s* Picknick *n;* ▶ **it's no ~ to do that** *fig* es ist keine Kleinigkeit, das zu tun; **II** *itr* ein Picknick veranstalten; picknicken; **pic·nicker** ['pɪknɪkə(r)] Teilnehmer(in) *m (f)* an einem Picknick.

picto·gram ['pɪktəgræm] Piktogramm *n.*

pic·tor·ial [pɪk'tɔ:rɪəl] **I** *adj* **1.** bildlich, illustriert; **2.** bildhaft; **II** *s* Illustrierte *f.*

pic·ture ['pɪktʃə(r)] **I** *s* **1.** Bild *n;* Gemälde *n;* **2.** Abbildung *f;* **3.** *phot* Aufnahme *f;* **4.** Film *m;* **5.** *fig* Ab-, Ebenbild *n,* Verkörperung *f;* **6.** Vorstellung *f;* Darstellung, Beschreibung, Schilderung *f;* Wiedergabe *f;* **7.** *fam (a ~)* etw Bildschönes; **8.** *pl Br* Kino *n;* ▶ **as pretty as a ~** bildschön; **be in the ~** im Bilde sein; **be out of the ~** nicht mehr auf dem laufenden sein; **not to come into the ~** außer Betracht bleiben; **go to the ~s** *Br* ins Kino gehen; **look the ~ of health** wie das blühende Leben aussehen; **put s.o. in the ~** jdn ins Bild setzen; **take a ~ of** fotografieren, aufnehmen; **get the ~?** (haben Sie) verstanden? **II** *tr* **1.** abbilden, malen, zeichnen; **2.** *fig* schildern, beschreiben; **3.** sich vorstellen, sich e-n Begriff machen von; **picture-book** Bilderbuch *n;* Bildband *m;* **picture-frame** Bilderrahmen *m;* **picture-gallery** Gemäldegalerie *f;* **pic·ture-goer** ['pɪktʃə,gəʊə(r)] Kinobesucher(in) *m (f);* **picture postcard** Ansichtskarte *f;* **picture puzzle** Bilderrätsel *n;* **picture show** Film(vorführung *f) m;* Kino *n.*

pic·tur·esque [,pɪktʃə'resk] *adj* malerisch.

pic·ture tube ['pɪktʃə,tju:b] *TV* Bildröhre *f;* **picture window** Panoramafenster *n.*

piddle ['pɪdl] *itr fam* pinkeln; ▶ ~ **around** herumhängen, herummachen; **pid·dling** ['pɪdlɪŋ] *adj fam* unbedeutend.

pidgin Eng·lish ['pɪdʒɪn 'ɪŋglɪʃ] Pidgin-Englis(c)h *n.*

pie [paɪ] **1.** Pastete *f;* **2.** Obstkuchen *m;* **3.** *Am* Protektion *f;* ▶ **as easy as ~** *fam* kinderleicht; **as sweet as ~** unheimlich freundlich; **eat humble ~** klein beigeben; **have a finger in the ~** *fig* die Hand im Spiel haben; **apple-~** Apfelkuchen *m;* **meat ~** Fleischpastete *f;* ~ **in**

the sky Luftschlösser *n pl.*

pie·bald ['paɪbɔ:ld] *adj* bunt, (bunt)scheckig, gescheckt.

piece [pi:s] **I** *s* **1.** Stück *n;* **2.** Bruchstück *n;* Abschnitt *m;* Stelle *f (in e-m Buch);* **3.** Einzelteil, -stück *n (e-s Services, Satzes);* **4.** (~ *of money)* Geldstück *n,* Münze *f;* **5.** *(Brettspiel)* Stein *m; (Schach)* Figur *f;* **6.** (Musik-, Theater)Stück *n;* **7.** (~ *in the paper)* Zeitungsartikel *m;* ▶ **a nasty ~ of work** *fam* eine üble Person; **a nice ~** ein tolles Weib, *by the ~* stückweise, im Akkord; ~ **by** Stück für Stück; **in ~s** entzwei, *fam* kaputt; **in one ~** *fam* unbeschädigt; *(Person)* unverletzt; **of 20 ~s** *(Service)* 20teilig; **of a, of one ~** aus e-m Stück, einheitlich; übereinstimmend *(with)* mit; **to ~s** in Stücke; kaputt; **be all of a ~** *fam* vom selben Kaliber sein; **fall to ~s** auseinanderfallen; **give s.o. a ~ of one's mind** *fam* jdm gehörig die Meinung sagen; **go to ~s** zerbrechen; *fig fam* vor die Hunde gehen; durchdrehen; **pull to ~s** *(Argument)* zerpflücken; *(Person)* bekritteln; **say one's ~** seine Meinung sagen; **take to ~s** zerlegen, auseinandernehmen; *(Kleid)* auftrennen; **tear to ~s** zerreißen, zerpflücken *a. fig;* **a ~ of advice** ein Rat *m;* **a ~ of cake** *fam* ein Kinderspiel *n;* **a ~ of evidence** Beweisstück *n;* Beleg *m;* **a ~ of land** ein Grundstück *n;* **a ~ of music** ein Musikstück *n;* **a ~ of news** e-e Neuigkeit; **a fine ~ of work** e-e saubere Arbeit; **II** *(mit Präposition)* **piece together** *tr* zusammenstückeln; *fig* zusammenreimen; *(Beweise)* zusammenfügen; **piece cost** Stückkosten *pl;* **piece·meal** ['pi:smi:l] **I** *adv* **1.** stückweise; Stück für Stück, nach u. nach; **2.** kunterbunt durcheinander; **II** *adj* **1.** nach u. nach erfolgend; **2.** stückweise; **3.** planlos, ohne Methode; **piece number** Stückzahl *f;* **piece-price** Stückpreis *m;* **piece-rate** Akkordsatz *m;* **piece-work** Stück-, Akkordarbeit *f;* ▶ **do ~** im Akkord arbeiten; **piece-worker** Akkordarbeiter(in) *m (f).*

pied [paɪd] *adj* gescheckt, fleckig; ▶ **the P~ Piper (of Hamelin)** der Rattenfänger von Hameln.

pie-eyed ['paɪ'aɪd] *adj sl* besoffen.

pier [pɪə(r)] **1.** Brückenpfeiler *m;* **2.** Landungsbrücke *f,* Landesteg *m;* Pier *m.*

pierce [pɪəs] *tr* **1.** eindringen in; **2.** durchbohren; **3.** *(Schall, Licht)* durchdringen; **4.** brechen durch, dringen durch; **5.** *fig* durchdringen; **pierc·ing** [—ɪŋ] *adj* **1.** durchdringend, schneidend, scharf; **2.** *(Schrei)* gellend.

pietà [,pi:e'ta:] *(Kunst)* Pietà, Schmerzensmutter *f.*

piety ['paɪətɪ] **1.** Frömmigkeit *f;* **2.** Ehrfurcht *f (to* vor).

piffle ['pɪfl] *fam* Quatsch *m;* **pif·fling** ['pɪflɪŋ] *adj fam* lächerlich.
pig [pɪg] 1. Schwein *n;* 2. *fam pej* (Dreck)Schwein *n;* 3. *tech* Massel *f,* Roheisen(barren *m) n;* 4. *sl* Polizist, Bulle *m;* ▶ **buy a ~ in a poke** *fig* die Katze im Sack kaufen; **make a ~ of o.s.** zuviel essen; **~s might fly** es geschehen noch Wunder; **sucking ~** Spanferkel *n.*
pigeon ['pɪdʒɪn] *zoo (Vogel)* Taube *f;* ▶ **that's your ~** *fam* das ist Ihre Angelegenheit; **set, put the cat among the ~s** *fig* Aufregung verursachen; **carrier, homing ~** Brieftaube *f;* **pigeon fancier** Taubenzüchter *m;* **pigeon·hole** ['pɪdʒɪnhəʊl] **I** *s* (Ablege)Fach *n;* **II** *tr* 1. *(Papiere)* ablegen, einordnen; 2. klassifizieren; **pigeon-toed** ['pɪdʒɪntəʊd] *adj* mit einwärtsgekehrten Zehen.
pig·gery ['pɪgərɪ] 1. Schweinezüchterei *f;* 2. *fam* Völlerei *f;* **pig·gish** ['pɪgɪʃ] *adj* 1. schweinisch, säuisch; 2. gierig; **piggy** ['pɪgɪ] **I** *s* Schweinchen *n;* **II** *adj fam* gierig; gefräßig; **piggy-back** ['pɪgɪbæk] *adv* huckepack; **piggy bank** Sparschweinchen *n;* **pig-headed** [ˌpɪgˈhedɪd] *adj* verbohrt, halsstarrig; **pig iron** Roheisen *n;* **pig·let** ['pɪglɪt] Ferkel, Schweinchen *n.*
pig·ment ['pɪgmənt] Pigment *n;* **pig·men·ta·tion** [ˌpɪgmenˈteɪʃn] *biol med* Pigmentierung *f.*
pigmy ['pɪgmɪ] *s.* pygmy.
pig·skin ['pɪgskɪn] Schweinsleder *n;* **pig·sty** ['pɪgstaɪ] 1. Schweinestall *m;* 2. *fig pej* Schweine-, Saustall *m;* **pig·swill** ['pɪgswɪl] 1. Schweinefutter *n;* 2. *(Suppe, Kaffee)* Spülwasser *n; (Essen)* Schweinefraß *m;* **pig·tail** ['pɪgteɪl] Zopf *m.*
pike¹ [paɪk] Spieß *m.*
pike² [paɪk] *zoo* Hecht *m.*
pike³ [paɪk] *(turn~)* Zollschranke *f,* Schlagbaum *m;* Mautstraße *f.*
pike·staff ['paɪkstɑːf] : ▶ **as plain as a ~** sonnenklar.
pi·las·ter [prˈlæstə(r)] *arch* Pilaster *m.*
pil·chard ['pɪltʃəd] *zoo* Sardine *f.*
pile¹ [paɪl] Pfosten, Pfahl *m.*
pile² [paɪl] **I** *s* 1. Haufen, Stoß, Stapel *m;* 2. *(funeral ~)* Scheiterhaufen *m;* 3. *fam* (großer) Haufen *m,* Menge, Masse *f;* 4. *sl (~ of money)* Haufen *m* Geld; Riesenvermögen *n;* 5. *(atomic ~)* Kernreaktor *m;* ▶ **put in a ~** stapeln; auf einen Haufen legen; **~s of food** eine Menge Essen; **make a ~** ein Vermögen machen; **II** *tr* stapeln; **III** *(mit Präposition)* **pile in** *itr (Menschen)* hereinströmen; hineindrängen; **pile off** *itr* hinausdrängen; **pile on** *tr* aufhäufen; ▶ **~ it on** dick auftragen; **pile up** *itr* 1. sich anhäufen; sich stapeln; *(Verkehr)* sich stauen; *(Schnee, Arbeit)* sich türmen; *(Wolken)* sich zusammenballen; 2. *(Autos)* aufein-ander auffahren; *tr* 1. aufhäufen; stapeln; *(Geld)* horten; *(Schulden)* aufhäufen; *(Beweise)* zusammensammeln; 2. *fam (Auto)* kaputtfahren.
pile³ [paɪl] *(Textil)* 1. Noppe(nfläche) *f;* 2. Flor-, Haardecke *f.*
pile-driver ['paɪlˌdraɪvə(r)] Pfahlramme *f.*
piles [paɪlz] *pl med* Hämorrhoiden *f pl.*
pile-up ['paɪlʌp] Massensturz *m,* -karambolage *f.*
pil·fer ['pɪlfə(r)] *tr, itr* stehlen, *fam* stibitzen; **pil·fer·er** ['pɪlfərə(r)] (kleiner) Dieb *m;* **pil·fer·ing** ['pɪlfərɪŋ] Diebstahl *m.*
pil·grim ['pɪlgrɪm] Pilger(in) *m (f);* ▶ **the P~ Fathers** *pl hist* die Pilgerväter *m pl;* **pil·grim·age** ['pɪlgrɪmɪdʒ] Pilger-, Wallfahrt *f (to* nach); ▶ **go on a ~** auf Pilgerfahrt gehen.
pill [pɪl] 1. Pille, Tablette *f;* 2. *sl sport* Ball *m;* ▶ **go, be on the ~** *fam* die Pille nehmen.
pil·lage ['pɪlɪdʒ] **I** *s* Plünderung *f;* **II** *tr, itr* plündern.
pil·lar ['pɪlə(r)] Säule *f a. fig;* ▶ **from ~ to post** *fig* von Pontius zu Pilatus; **pillar-box** *Br* Briefkasten *m.*
pill·box ['pɪlbɒks] Pillenschachtel *f.*
pil·lion ['pɪlɪən] *mot* Soziussitz, *fam* Sozius *m;* ▶ **ride ~** auf dem Sozius mitfahren; **pillion passenger** *(Motorrad)* Beifahrer(in) *m (f).*
pil·lory ['pɪlərɪ] **I** *s* Pranger *m;* **II** *tr* an den Pranger stellen; *fig* anprangern.
pil·low ['pɪləʊ] **I** *s* Kopfkissen *n;* **II** *tr* betten; **pillow-case, pillow-slip** Kopfkissenbezug, -überzug *m.*
pi·lot ['paɪlət] **I** *s* 1. *mar* Lotse *m;* 2. *aero* Pilot(in), Flugzeugführer(in) *m (f);* 3. *tech* Steuergerät *n; (~ light)* Zündflamme *f;* 4. *radio* Probesendung *f;* 5. *Am* Schienenräumer *m;* **II** *tr* 1. *(Schiff)* lotsen; 2. *(Flugzeug)* fliegen; 3. *fig* führen, lenken; durchbringen; **pilot boat** Lotsenboot *n;* **pilot fish** Lotsen-, Pilotfisch *m;* **pilot instructor** Fluglehrer(in) *m (f);* **pilot lamp** Kontroll-, Signal-, Warnlampe *f;* **pi·lot·less** [—lɪs] *adj* führerlos, unbemannt; **pilot light** Zündflamme *f;* Sparflamme *f;* **pilot plant** Versuchsanlage *f;* **pilot scheme** Pilotprojekt *n;* **pilot's licence** Flugschein *m;* **pilot study** Pilotstudie *f;* **pilot survey** Probeerhebung *f.*
pi·mento [prˈmentəʊ] ⟨*pl* -mentos⟩ 1. Piment *n,* Nelkenpfeffer *m;* Pimentbaum *m;* 2. Paprikaschote *f.*
pimp [pɪmp] **I** *s* Zuhälter *m;* **II** *itr* Zuhälter sein.
pimple ['pɪmpl] Pickel *m,* Pustel *f;* **pim·ply** ['pɪmplɪ] *adj (Haut)* unrein.
pin [pɪn] **I** *s* 1. (Steck)Nadel *f;* 2. Anstecknadel, Brosche *f;* 3. *tech* Stift, Dorn, Bolzen *m;* (Reiß)Zwecke *f;* 4. *(Gitarre)* Wirbel *m;* 5. *el* Pol *m;* 6. *pl*

fam Beine *n pl;* ▶ **for two** ~**s** beinahe; es hat wenig gefehlt (und); **I have (got) ~s and needles in my feet** mir sind die Füße eingeschlafen; **I don't care a** ~ das ist mir (ganz) egal; **neat as a new** ~ blitzsauber; **clothes-**~ *Am* Wäscheklammer *f;* **drawing** ~ Reißnagel *m;* **hair-**~ Haarnadel *f;* **hat-**~ Hutnadel *f;* **nine**~**s** Kegelspiel *n;* **safety** ~ Sicherheitsnadel *f;* **scarf-, tie-**~ Krawattennadel *f;* **II** *tr* **1.** *(Kleid)* stecken; **2.** festmachen, anstecken, (an)heften *(to* an); **3.** *fig* drücken; klemmen *(to, against* gegen); **4.** *fam (Schuld, Mord)* anhängen *(on s.o.* jdm); ▶ **get** ~**ned** *Am fam* sich verloben; ~ **one's hopes on** seine Hoffnung setzen auf; ~ **back one's ears** die Ohren spitzen; **III** *(mit Präposition)* **pin down** *tr* **1.** anheften, festheften; **2.** beschweren; **3.** einklemmen, festklemmen; **4.** *fig* festnageln, festlegen *(s.o. to s.th.* jdn auf etw); **pin together** *tr* zusammenheften; **pin up** *tr* anheften; *(Haare)* hochstecken; *(Rock, Kleid)* stecken.

pina·fore ['pɪnəfɔː(r)] Kinder-, Kittelschürze *f;* Schürzenkleid *n.*

pin·ball ma·chine ['pɪnbɔːlməˈʃiːn] Flipper *m.*

pin·cers ['pɪnsəz] *pl* **1.** (Kneif-, Beiß)Zange *f;* **2.** *zoo* (Krebs)Schere *f.*

pinch [pɪntʃ] **I** *tr* **1.** kneifen, zwicken; **2.** *(Schuh, Kleidung)* zu eng sein *(s.o.* jdm), drücken; **3.** *fig* bedrücken, beklemmen; **4.** darben lassen, kurz halten; **5.** *sl* klauen, stibitzen; **6.** *sl* einsperren; **II** *itr* **1.** drücken, kneifen; **2.** sich einschränken; **III** *s* **1.** Kneifen *n;* **2.** Prise *f;* **3.** *fig* Klemme, Schwierigkeit *f;* ▶ **at,** *Am* **in a** ~ zur Not; **feel the** ~ Not leiden; **if it comes to the** ~ notfalls; **a** ~ **of salt** e-e Prise Salz.

pinch·beck ['pɪntʃbek] **I** *adj* unecht; billig, minderwertig; **II** *s* **1.** Tombak *m;* **2.** *fig* Talmi *n;* Plunder *m.*

pinched ['pɪntʃt] *adj* **1.** verhärmt; **2.** verfroren; **3.** erschöpft; ▶ **be** ~ **for money** knapp bei Kasse sein; **we're rather** ~ **for space** wir haben wenig Platz; **pinch-hit** *itr Am* einspringen *(for s.o.* für jdn); **pinch-hitter** *Am* Ersatz(mann) *m.*

pin·cushion ['pɪnˌkuʃn] Nadelkissen *n.*

pine¹ [paɪn] **1.** Kiefer, Föhre *f;* **2.** *(stone* ~*)* Pinie *f.*

pine² [paɪn] *itr (*~ *away)* umkommen *(with hunger* vor Hunger); vergehen *(with grief* vor Kummer); schmachten, vergehen vor Sehnsucht, sich sehnen *(for, after* nach).

pin·eal ['paɪnɪəl] *adj:* ▶ ~ **gland** *anat* Zirbeldrüse *f.*

pine·apple ['paɪnæpl] Ananas *f.*

pine-cone ['paɪnkəun] Kiefern-, Fichtenzapfen *m;* **pine-grove** Pinien-, Fichtenwäldchen *n;* **pine-needle** Kiefern-,

Fichtennadel *f;* **pine-wood** Kiefernwald *m;* Kiefernholz *n.*

ping [pɪŋ] **I** *s* **1.** Schwirren, Pfeifen *n (e-r Kugel);* **2.** *(Glocke)* Klingeln *n;* **II** *itr* **1.** *(Kugel)* pfeifen; sausen, schwirren; **2.** *(Glocke)* klingeln.

ping·pong ['pɪŋpɒŋ] *fam* Tischtennis *n.*

pin·head ['pɪnhed] **1.** Stecknadelkopf *m;* **2.** *fam* Dummkopf *m.*

pin·ion¹ ['pɪnɪən] **I** *s* **1.** *zoo* Flügelspitze *f;* **2.** *(poetisch)* Flügel *m,* Schwinge *f;* **II** *tr* fesseln, drücken *(to* an).

pin·ion² ['pɪnɪən] *tech mot* Ritzel *n.*

pink¹ [pɪŋk] **I** *s* **1.** *bot* Nelke *f;* **2.** *(Farbe)* Rosa *n;* **3.** *fig* (das) Beste, (die) Spitze, (der) Gipfel; ▶ **be in the** ~ *fam* in bester Verfassung, in Form sein; **II** *adj* **1.** rosa; rosig; **2.** *pol* rot angehaucht.

pink² [pɪŋk] *tr* **1.** mit der Zickzackschere schneiden; **2.** streifen.

pink³ *itr mot* klopfen.

pinkie, pinky ['pɪŋkɪ] *(schottisch, Am)* kleiner Finger.

pink·ing shears ['pɪŋkɪŋˌʃɪəz] *pl* Zickzackschere *f.*

pinko ['pɪŋkəu] ⟨*pl* pinkos⟩ *fam* rosarot Angehauchte(r) *f m.*

pin·nace ['pɪnɪs] *mar* Pinasse *f.*

pin·nacle ['pɪnəkl] **1.** *arch* Fiale *f;* **2.** Bergspitze *f;* **3.** *fig* Gipfel, Höhepunkt *m.*

pin-point ['pɪnpɔɪnt] **I** *s* Punkt *m;* ▶ **a** ~ **of light** ein Lichtpunkt *m;* **II** *tr* **1.** *(Ziel)* markieren; genau treffen; **2.** *fig* genau festlegen; **pin-prick** **1.** Nadelstich *m;* **2.** *fig* Kleinigkeit *f;* **pin-stripe** *(Textil)* Nadelstreifen *m;* Nadelstreifenanzug *m.*

pint [paɪnt] Pint *n (Br 0,568 l, Am 0,473 l);* **pinta** ['paɪntə] *fam* (ein) halber Liter Milch; **pint-sized** ['paɪntsaɪzd] *adj* klein, unbedeutend.

pin-up ['pɪnʌp] Pin-up-Foto *n;* Pin-up-Girl *n;* **pin-wheel** **1.** *Am (Spielzeug)* Windrädchen *n;* **2.** Feuerrad *n.*

pion·eer [ˌpaɪəˈnɪə(r)] **I** *s* **1.** *mil* Pionier *m a. fig;* **2.** *fig* Vorkämpfer(in), Bahnbrecher(in) *m (f);* **II** *itr fig* Pionierarbeit leisten; den Weg bahnen; **III** *tr* **1.** *(e-n Weg)* vorbereiten; **2.** *fig* Pionierarbeit leisten für; **pioneer work** Pionierarbeit *f.*

pious ['paɪəs] *adj* fromm, gottesfürchtig; ▶ ~ **hope** frommer Wunsch; ~ **words** fromme Sprüche.

pip¹ [pɪp] **I** *s* **1.** (Obst)Kern *m;* **2.** *(Spielkarten, Würfel, Dominosteine)* Auge *n;* **3.** *mil sl* Stern *m (Rangabzeichen).*

pip² [pɪp] *(Tierkrankheit)* Pips *m;* ▶ **that gives me the** ~ das macht mich verrückt.

pip³ [pɪp] **I** *s* **1.** Piepen *n,* Piepton *m;* **2.** *radio* Kurzton *m;* **3.** *(Radar)* Echoanzeige *f;* ▶ **the** ~**s** *pl* das Zeitzeichen; *(Telefon)* das Tuten; **II** *tr* schlagen, besiegen; ▶ **be** ~**ped at the post** kurz vor

Schluß besiegt werden.
pipe [paɪp] **I** s 1. Pfeife f; 2. Flöte f;
Orgel-, Signalpfeife f; 3. Rohr n; Röhre
f; Leitung f; ▶ ~s pl mus Dudelsack m;
~s pl of **Pan** Panflöte f; **wind**-~ Luft-
röhre f; ~ **of peace** Friedenspfeife f; **put
that in your ~ and smoke it** das kannst
du dir hinter den Spiegel stecken; **II** itr
1. flöten; pfeifen; 2. piepsen; **III** tr 1.
(Lied) flöten; pfeifen; piepsen; 2. mar
pfeifen; 3. mit Röhren versehen; 4.
durch ein Rohr leiten; radio ausstrah-
len; 5. (Nähen) paspelieren; 6. (Torte)
spritzen; **IV** (mit Präposition) **pipe
down** tr mar das Schlußsignal geben
für; itr sl das Maul halten; kleinlaut
werden; **pipe up** itr loslegen, anfangen
zu sprechen; sich bemerkbar machen.
pipe-cleaner ['paɪpkli:nə(r)] Pfeifenrei-
niger m; **pipe dream** fam Wunsch-
traum m; Luftschloß n; **pipe-fitter**
['paɪpfɪtə(r)] Klempner, Rohrleger m;
pipe·line ['paɪplaɪn] Pipeline, Rohrlei-
tung f; ▶ **in the** ~ in Vorbereitung;
piper ['paɪpə(r)] Flötenspieler(in) m (f);
Pfeifer(in) m (f); Dudelsackbläser(in) m
(f); ▶ **pay the** ~ fig bezahlen.
pip·ing ['paɪpɪŋ] **I** adj schrill, piepsend;
▶ ~ **hot** siedend heiß; **II** s 1. Pfeifen n;
Flötenspiel n; Dudelsackpfeifen n; 2.
Rohrnetz n, -leitung f; 3. (Konditorei)
Zuckerguß(verzierung f) m; 4. (Schnei-
derei) Biese, Paspelierung f.
pip·squeak ['pɪpskwi:k] eingebildeter
Lackel; Knirps m.
pi·quant ['pi:kənt] adj pikant a. fig.
pique [pi:k] **I** s (heimlicher) Groll m;
▶ **in a fit of** ~ in e-m Anfall von Ärger;
II tr kränken; ▶ **be** ~**d at s.o.** über jdn
pikiert sein; ~ **o.s. on s.th.** sich viel auf
etw einbilden.
pi·racy ['paɪərəsɪ] 1. Piraterie, Seeräube-
rei f; 2. fig Raubdruck m; Raubpressung
f; **pi·rate** ['paɪərət] **I** s 1. Seeräuber,
Pirat m; 2. Piratenschiff n; 3. (~ cab)
nicht konzessioniertes Taxi; 4. (~ radio)
Piratensender m; **II** tr 1. (unberechtigt)
nachdrucken; 2. (Idee) stehlen; ▶ ~**d
version of a record** Raubpressung f; ~
radio Piratensender m.
pir·ou·ette [ˌpɪruˈet] Pirouette f.
Pis·ces ['paɪsi:z] pl astr Fische m pl.
piss [pɪs] vulg **I** itr, tr 1. pissen; 2. (~
down) sl in Strömen regnen; ▶ ~ **off!**
hau ab! **be** ~**ed off** die Schnauze voll
haben; **II** s Pisse f, Urin m; ▶ **take the**
~ **out of s.o.** jdn verarschen; **pissed**
[pɪst] adj sl besoffen, blau, voll.
pis·ta·chio [pɪˈsta:ʃɪəʊ] ⟨pl -chios⟩ Pista-
zie(nnuß) f.
pis·til ['pɪstɪl] bot Stempel m.
pis·tol ['pɪstl] Pistole f (Waffe); **pistol
shot** Pistolenschuß m.
pis·ton ['pɪstən] tech Kolben m; **pis-
ton-engine** Kolbenmotor m; **piston**

ring Kolbenring m; **piston-stroke**
Kolbenhub m.
pit¹ [pɪt] **I** s 1. Grube f, (Erd)Loch n,
Mulde f; 2. (Kohlen)Grube, Zeche f;
Steinbruch m; 3. Fallgrube f; 4. (wor-
king ~) Arbeitsgrube f; 5. (Autorennen)
Box f; 6. (Leichtathletik) Sprunggrube
f; 7. fig Abgrund m, Tiefe f; 8. (Bä-
ren)Zwinger m; 9. theat Br Parkett n;
Orchesterraum, -graben m; 10. Am
Maklerstand m (Börse); 11. med (~ of
one's stomach) (Magen)Grube f; 12.
(Pocken)Narbe f; **II** tr 1. tech anfressen,
angreifen; 2. ausspielen (against gegen);
3. einander gegenüberstellen; ▶ ~ **o.s.
against** sich messen mit; **be** ~**ted** mit
Vertiefungen, Narben versehen sein.
pit² [pɪt] Am **I** s Stein m (e-r Stein-
frucht); **II** tr (Frucht) entsteinen.
pit-a-pat [ˌpɪtəˈpæt] **I** adv (Schritte)
klippklapp; (Herz) poch, poch; ▶ **go** ~
schnell schlagen; trappeln; **II** s Ticktack,
Klippklapp n.
pitch¹ [pɪtʃ] **I** tr 1. (Lager) errichten,
aufstellen; (Zelt) aufschlagen; 2. werfen,
schleudern; (Heu) aufladen; 3. mus
(Ton) angeben; (Instrument) stimmen;
(Lied) anstimmen; 4. fig (Erwartungen)
hochschrauben; **II** itr 1. der Länge nach
hinfallen, hinschlagen; 2. (Schiff)
stampfen; 3. aero absacken; sich neigen;
III s 1. Wurf, Stoß m; 2. mus Tonhöhe f;
3. fig Höhe f, Grad m; 4. Neigung(swin-
kel m) f; (Dach)Schräge f; 5. tech Stei-
gung, Ganghöhe f; 6. (Schiff) Stampfen
n; 7. Stand(platz) m (e-s Straßenhänd-
lers); 8. (Kricket) (Mittel)Feld n; 9. fam
Gerede n; Verkaufsmasche f; ▶ **be at a
high** ~ **of excitement** sehr erregt sein;
have a clever sales ~ die Ware gut
anpreisen können; **queer s.o.'s** ~ jdm
ins Gehege kommen; **perfect** ~ absolu-
tes Gehör; **at its highest** ~ fig auf dem
Höhepunkt; ~ **of excitement** Grad m
der Erregung; **what's the** ~? Am sl was
läuft? **IV** (mit Präposition) **pitch in** tr
hineinwerfen; itr fam einspringen; ▶ ~
in together zusammenhelfen; **pitch into**
tr herfallen über; **pitch on** tr auswählen;
pitch out tr hinauswerfen; wegwerfen.
pitch² [pɪtʃ] Pech n; ▶ **as black as** ~
pechschwarz; **pitch-black** adj pech-
schwarz; **pitch-blende** ['pɪtʃblend]
Pechblende f; **pitch-dark** adj stockfin-
ster.
pitched [pɪtʃt] adj: ▶ ~ **battle** offener
Kampf.
pitcher¹ ['pɪtʃə(r)] Werfer m.
pitcher² ['pɪtʃə(r)] Kanne f, Krug m.
pitch·fork ['pɪtʃfɔ:k] **I** s Heu-, Mistgabel
f; **II** tr 1. mit der Heugabel wenden; 2.
fig (Menschen) plötzlich versetzen (into
a position in e-e Lage); hineinlancieren
(into a job in e-e Stellung).
pitch pine ['pɪtʃpaɪn] bot Pitchpine,

Pechkiefer *f.*
pit·eous ['pɪtɪəs] *adj* kläglich, jämmerlich.
pit·fall ['pɪtfɔ:l] Falle *f.*
pith [pɪθ] 1. *bot zoo* Mark *n a. fig;* 2. *(Orange)* weiße Haut; 3. *fig* Kern *m,* Substanz, Quintessenz *f;* 4. Bedeutung *f.*
pit-head ['pɪt,hed] *min* 1. Schachteingang *m;* 2. Grubenhalde *f.*
pith hel·met ['pɪθ,helmɪt] Tropenhelm *m.*
pithy ['pɪθɪ] *adj* 1. markig; 2. *fig (Stil)* gedrängt; inhaltsreich, gehaltvoll.
piti·able ['pɪtɪəbl] *adj* 1. bemitleidenswert; 2. erbärmlich, jämmerlich; **pitiful** ['pɪtɪfl] *adj* 1. bemitleidens-, bejammernswert; 2. erbärmlich, jämmerlich; **piti·less** ['pɪtɪlɪs] *adj* 1. mitleids-, erbarmungslos; 2. unbarmherzig.
pit·tance ['pɪtns] kleiner Betrag; Hungerlohn *m.*
pi·tu·itary [pɪ'tju:ɪtərɪ] *adj anat:* ▶ ~ **gland** Hypophyse *f.*
pity ['pɪtɪ] **I** *s* Mitleid *n;* ▶ **in** ~ **of, out of** ~ aus Mitleid; **have, take** ~ **on** Mitleid haben mit; **what a** ~! wie schade! **it's a** ~ **that** es ist schade, daß; **the** ~ **is that** es ist ein Jammer, daß; **for** ~'**s sake!** um Himmels willen! **more's the** ~ *fam* leider; **II** *tr* bemitleiden, bedauern; ▶ **I** ~ **you** Sie tun mir leid; **pity·ing** [—ɪŋ] *adj* mitleidig; verächtlich.
pivot ['pɪvət] **I** *s* 1. Drehpunkt *m;* 2. *tech* Drehzapfen *m;* 3. *mil* Flügelmann *m;* 4. *fig* Angelpunkt *m;* Schlüsselfigur *f;* **II** *tr* drehbar lagern; schwenken; **III** *itr* 1. drehbar gelagert sein *(on* auf); 2. sich drehen *(on, upon* um) *a. fig.*
pixel ['pɪksl] *EDV* Pixel *n,* Bildpunkt *m.*
pixie, pixy ['pɪksɪ] Elf(e *f) m.*
pixi·lated ['pɪksɪleɪtɪd] *adj* 1. *fam* durchgedreht, durcheinander; 2. *sl* besoffen, blau.
pizza ['pi:tsə] Pizza *f.*
plac·ard ['plæka:d] **I** *s* Plakat *n,* Anschlag(zettel) *m;* Transparent *n;* **II** *tr* 1. mit Plakaten bekleben; 2. anschlagen, plakatieren; 3. durch Anschlag bekanntmachen *(on* auf).
pla·cate [plə'keɪt, *Am* 'pleɪkeɪt] *tr* besänftigen, beruhigen, beschwichtigen; **pla·ca·tory** [plə'keɪtərɪ] *adj* besänftigend.
place [pleɪs] **I** *s* 1. Platz, Ort *m,* Stelle *f;* 2. *geog* Ort *m;* 3. Stätte *f,* Ort *m;* 4. (Sitz-, Theater)Platz *m;* 5. (Buch)Stelle *f;* 6. *fig* Stelle *f,* Platz *m (in e-r Ordnung, Reihenfolge);* 7. Stelle, (An)Stellung *f (im Beruf);* 8. Stand, Rang *m;* Amt *n; fig* Aufgabe *f;* Pflicht *f;* 9. Gegend *f;* Land *n;* Gebäude *n;* Ort *m;* 10. Haus *n;* Wohnung *f;* 11. *math* Stelle *f;* 12. *sport* Platz *m;* ▶ **all over the** ~ überall, an allen Orten; **any** ~ *Am fam* irgendwo; **at my** ~ bei mir; **at this** ~

hier; *com* am hiesigen Platz; **every** ~ *Am fam* überall; **from** ~ **to** ~ von Ort zu Ort; **from this** ~ ab hier; **go** ~s *(beruflich)* seinen/ihren Weg machen; **in** ~ an Ort u. Stelle; in Ordnung, angebracht, angemessen; **in** ~ **of s.o.** an jds Stelle; (stellvertretend) für jdn; **in all** ~s überall; **in my** ~ an meiner Stelle, in meiner Lage; **in the first** ~ in erster Linie; **no** ~ *Am fam* nirgendwo; **out of** ~ nicht am (rechten) Platz, fehl am Platz; unangebracht; außer Dienst; stellenlos; **some** ~ *fam* irgendwo; **be s.o.'s** ~ **to do s.th.** jds Sache, Aufgabe sein, etw zu tun; **make** ~ Platz machen *(to* für); **hold a** ~ e-e Stellung bekleiden; **keep one's** ~ seine Stellung behaupten; die Stelle nicht verlieren; **know one's** ~ *fig* wissen, was sich für einen ziemt; **lay, set a** ~ **for s.o.** für jdn decken; **put s.o. in his** ~ jdn in seine Schranken verweisen; **take** ~ stattfinden; **take s.o.'s** ~ jds Stelle einnehmen; an jds Stelle treten; **she felt out of** ~ sie fühlte sich fehl am Platz; **there is no** ~ **for doubt** es besteht kein Anlaß zum Zweifeln; **put yourself in my** ~ versetzen Sie sich in meine Lage; **meeting** ~ Treffpunkt *m;* **permanent** ~ Dauerstellung *f;* ~ **of amusement** Vergnügungsstätte *f;* ~ **of arrival** Ankunftsort *m;* ~ **of origin** Ursprungs-, Herkunfts-, Heimatort *m;* ~ **of work** Arbeitsplatz *m;* **II** *tr* 1. setzen, stellen, legen; *(Wachen)* aufstellen; *(Ball)* plazieren; *(in Zeitung)* inserieren; aufgeben; *(Angelegenheit)* übergeben; *(Vertrauen)* setzen *(in* auf); 2. *(Auftrag)* erteilen *(with s.o.* jdm); *(Vertrag)* abschließen; 3. *(Gespräch)* anmelden; 4. *(Geld)* deponieren; anlegen; 5. *com (Waren)* absetzen; 6. *(in Stelle)* unterbringen; 7. *fig* einordnen; ▶ **be** ~d liegen; **he was** ~ **second** er wurde Zweiter; **how are you** ~d **for money?** wie sieht es mit Geld aus? **we were well** ~d **to see the match** wir hatten einen guten Platz; **we are better** ~d **now** wir stehen uns jetzt besser; ~ **emphasis on s.th.** etw betonen; ~ **a strain on s.o.** jdn belasten; **I can't** ~ **him** ich weiß nicht, woher ich ihn kenne; ich kann ihn nicht einordnen.
pla·cebo [plə'si:bəʊ] ⟨*pl* -cebos⟩ *med* Placebo *n.*
place-card ['pleɪs,ka:d] Tischkarte *f;* **place-kick** *(Fußball)* Abschlag *m (vom Tor);* **place mat** Set *n.*
place·ment ['pleɪsmənt] 1. *(Arbeitskräfte)* Unterbringung *f;* 2. Stellenbesetzung *f;* 3. *(Anleihe)* Plazierung *f;* Anlage, Investition *f;* 4. Praktikantenstelle *f.*
place-name ['pleɪs,neɪm] Ortsname *m.*
pla·centa [plə'sentə] Plazenta *f.*
pla·cid ['plæsɪd] *adj* 1. ruhig; 2. gelas-

sen, gesetzt; 3. sanft.

pla·giar·ism ['pleɪdʒərɪzəm] Plagiat *n;*
pla·giar·ist ['pleɪdʒərɪst] Plagiator *m;*
pla·giar·ize ['pleɪdʒəraɪz] *tr* plagiieren.

plague [pleɪg] **I** *s* **1.** Seuche *f;* Pest *f;* **2.**
fig Quälgeist *m;* fam Plage *f;* **II** *tr*
plagen.

plaice [pleɪs] ⟨*pl* -⟩ *zoo* Scholle *f.*

plaid [plæd] Plaid *n;* ▶ ~ **skirt** karierter
Rock.

plain [pleɪn] **I** *adj* **1.** klar; offensichtlich;
deutlich; **2.** einfach; *(Kleidung)* einfach,
schlicht; **3.** *(Wasser)* klar; **4.** *(Schoko-
lade)* bitter; **5.** *(Farbe)* uni, einfarbig; **6.**
(Frage, Antwort) klar; *(Wahrheit)* rein;
7. *(Freude, Neid, Unsinn)* rein; **8.** *(Frau,
Aussehen)* nicht überwältigend, alltäg-
lich; ▶ **in ~ clothes** in Zivil; **in ~ Eng-
lish** geradeheraus; **be ~, use ~ lan-
guage with s.o.** jdm die Wahrheit, offen
seine Meinung sagen; **make ~** deutlich,
verständlich machen; zu verstehen ge-
ben; **tell the ~ truth** die volle Wahrheit
sagen; **that's as ~ as a pikestaff, as ~
as the nose on your face** das ist son-
nenklar; **II** *s* **1.** Ebene *f;* **2.** rechte Ma-
sche; ▶ **the ~s** *pl Am* die Prärie.

plain·clothes ['pleɪn,kləʊðz] *adj* ▶ ~
policeman Polizist *m* in Zivil, Zivilfahn-
der *m;* **plain country** Flachland *n;*
plain language Klartext *m;* **in ~** un-
mißverständlich; **plain·ly** ['pleɪnlɪ] *adv*
1. einfach, klar; **2.** offensichtlich; ▶ **to
put it ~** um es klar auszudrücken;
plain·ness ['pleɪnnɪs] **1.** Offenheit *f;* **2.**
Einfachheit *f;* **3.** Unansehnlichkeit *f;*
plain sailing I *s* e-e einfache Sache; **II**
adj (ganz) leicht, ganz einfach; **plain-
spoken** [,pleɪn'spəʊkən] *adj* freimütig,
offen.

plain·tiff ['pleɪntɪf] *jur* Kläger(in) *m (f),*
klagende Partei.

plain·tive ['pleɪntɪv] *adj* traurig,
schmerzlich, kläglich.

plait [plæt] **I** *s* Flechte *f,* Zopf *m;* **II** *tr*
flechten.

plan [plæn] **I** *s* **1.** Plan, Entwurf *m;* **2.** (~
view) Grundriß, (Lage)Plan *m;* Stadt-
plan *m;* **3.** *fig* Vorhaben *n;* Projekt *n;* **4.**
bes. pol com Programm *n;* **5.** Verfah-
ren(sweise *f) n,* Methode *f;* ▶ **in ~** im
Grundriß; **go according to ~** planmäßig
verlaufen; **five-year ~** Fünfjahresplan
m; **II** *itr* planen; ▶ ~ **for s.th.** etw
einplanen; ~ **on s.th.** mit etw rechnen;
etw vorhaben; **III** *tr* **1.** entwerfen, skiz-
zieren; **2.** (~ *out)* ausarbeiten, vorpla-
nen; **3.** planen, vorhaben, beabsichtigen;
▶ ~**ned economy** Planwirtschaft *f.*

plane¹ [pleɪn] **I** *adj* flach, eben *a. math;*
II *s* **1.** Ebene *f a. fig math;* **2.** *fig* Niveau
n, Ebene, Stufe *f;* ▶ **on the same ~** auf
der gleichen Ebene *(as* wie); **inclined ~**
phys schiefe Ebene.

plane² [pleɪn] **I** *s* Hobel *m;* **II** *tr* hobeln,

glätten; planieren; ▶ ~ **off, away, down**
ab-, weghobeln.

plane³ [pleɪn] *(~tree) bot* Platane *f.*

plane⁴ [pleɪn] Flugzeug *n;* ▶ **go by ~**
fliegen; **plane crash** Flugzeugabsturz
m.

planet ['plænɪt] *astr* Planet *m;* **plan·et-
ar·ium** [,plænɪ'teərɪəm] Planetarium *n;*
plan·et·ary ['plænɪtərɪ] *adj* planeta-
risch.

plank [plæŋk] **1.** Planke, Bohle *f;* Brett
n; **2.** *pol* (Partei)Programmpunkt *m;*
plank·ing [-ɪŋ] **1.** Dielenlegen *n;* **2.**
Verschalung *f;* **3.** Planken *f pl.*

plank·ton ['plæŋktən] *biol* Plankton *n.*

plan·ner ['plænə(r)] Planer(in) *m (f);*
plan·ning ['plænɪŋ] **1.** Planung *f;* **2.**
Ausarbeitung *f;* ▶ **family ~** Geburten-
kontrolle *f;* **town, city ~** Städteplanung
f; ~ **permission** Baugenehmigung *f.*

plant [plɑːnt] **I** *s* **1.** *bot* Pflanze *f;* **2.** *tech*
Fabrik *f,* Werk(sanlage *f) n;* **3.** Be-
trieb(seinrichtung *f) m;* **4.** Apparatur,
Anlage *f,* Maschinenpark *m;* **5.** (Be-
triebs)Gebäude *n pl;* **6.** *sl* Betrug(sma-
növer *n),* Schwindel *m;* Irreführung *f;* **7.**
sl Spitzel *m;* ▶ **power ~** Kraftwerk *n;* **II**
tr **1.** pflanzen; **2.** *(Gelände)* bepflanzen;
3. (~ *out)* umpflanzen; **4.** fest (auf)stel-
len; *(Fahne)* aufpflanzen; *fig* einprägen,
-pflanzen, -impfen; **5.** *(Anschauungen,
Gewohnheiten)* einbürgern; **6.** *(junge
Fische, Austern)* setzen; **7.** *sl (Schlag)*
verpassen, versetzen; **8.** *sl (Diebesgut)*
verstecken; **9.** unterschieben *(on s.o.*
jdm); ▶ ~ **o.s. in a chair** sich in e-n
Stuhl fallen lassen.

plan·tain ['plæntɪn] **1.** *bot* Wegerich *m;*
2. *bot* Pisang *m;* (Mehl)Banane *f.*

plan·ta·tion [plæn'teɪʃn] **1.** (An)Pflan-
zung, Plantage *f;* **2.** (Wald)Schonung *f.*

planter ['plɑːntə(r)] **1.** Pflanzer(in) *m (f);*
Plantagenbesitzer(in) *m (f);* **2.** Pflanz-,
Setzmaschine *f;* **3.** Übertopf *m.*

plaque [plɑːk, plæk] **1.** (Gedenk)Tafel *f;*
2. *med* Belag *m;* Zahnbelag *m.*

plash [plæʃ] **I** *s* Plätschern, Spritzen *n;* **II**
itr platschen; plätschern; planschen.

plasm, plasma ['plæzm, 'plæzmə] Plas-
ma *n.*

plas·ter ['plɑːstə(r), *Am* 'plæstə(r)] **I** *s* **1.**
arch (Ver)Putz, Bewurf *m;* **2.** (~ *of
Paris)* Gips *m;* **3.** *Br* Pflaster *n;* **II** *tr* **1.**
verputzen; gipsen; **2.** bepflastern, bekle-
ben; **plas·ter·board** ['plɑːstəbɔːd]
Gipsplatte *f;* **plaster cast 1.** *(Kunst)*
Gipsabguß *m;* **2.** *med* Gipsverband *m;*
plas·tered ['plɑːstəd] *adj sl* besoffen;
plas·terer ['plɑːstərə(r)] Gipser, Stuk-
kateur *m.*

plas·tic ['plæstɪk] **I** *adj* **1.** Plastik-, aus
Plastik; **2.** formbar, knetbar, plastisch; **3.**
med plastisch; ▶ ~ **arts** *pl* gestaltende
Künste; **II** *s* Plastik *n,* Kunststoff *m;*
plastic bag Plastikbeutel *m,* Plastik-

tüte *f;* **plastic bomb** Plastikbombe *f;* **plastic explosive** Plastiksprengstoff *m;* **plas·ti·cine** ['plæstɪsi:n] *Wz* Plastilin *n,* Knetmasse *f;* **plas·tic·ity** [plæ'stɪsətɪ] Formbarkeit *f;* **plastics industry** Kunststoffindustrie *f;* **plastic surgery** plastische Chirurgie *f.*

plate [pleɪt] **I** *s* 1. Teller *m;* Platte *f;* 2. *tech phot typ* Platte *f;* 3. Bildseite, -tafel *f;* 4. Tafel-, Silbergeschirr *n;* 5. vergoldetes, versilbertes Metall; 6. *sport* Pokal *m;* (Pokal)Rennen *n;* 7. *med (dental ~)* Zahn-, Gaumenplatte *f;* ▶ **door, name** ~ Türschild *n;* **hot** ~ Heizplatte *f;* **number, licence** ~ *mot* Nummernschild *n;* **soup, dinner** ~ Suppenteller *m;* **II** *tr* 1. vergolden, versilbern; 2. *(Schiff)* beplanken; panzern.

pla·teau ['plætəu, *Am* plæ'təu] ⟨*pl* -teaus, -teaux⟩ Hochebene *f,* Plateau *n;* ▶ **reach a** ~ *(Preise)* sich einpendeln.

plated ['pleɪtɪd] *adj* 1. gepanzert; 2. plattiert; ▶ **chromium-~** verchromt; **gold-~** vergoldet; **plate·ful** ['pleɪtful] 1. Tellervoll *m;* 2. *fam* viel Arbeit *f;* **plate-glass** Tafelglas *n;* **plate·layer** ['pleɪtleɪə(r)] *Br rail* Schienenleger, Streckenarbeiter *m;* **plate-rack** Geschirrständer *m;* **plate-shears** *pl* Blechschere *f;* **plate-warmer** ['pleɪtwɔ:mə(r)] Tellerwärmer *m.*

plat·form ['plætfɔ:m] 1. Podium *n,* (Redner)Tribüne *f;* Plattform *f;* 2. *rail* Bahnsteig *m;* 3. *pol* Plattform *f;* 4. *fig* Ebene *f;* ▶ **arrival, departure** ~ Ankunfts-, Abgangsbahnsteig *m;* **lifting** ~ Hebebühne *f;* ~ **shoe** Plateauschuh *m.*

plat·ing ['pleɪtɪŋ] 1. Panzerung *f;* 2. Plattierung *f.*

plati·num ['plætɪnəm] Platin *n.*

plati·tude ['plætɪtju:d] Gemeinplatz *m,* Platitüde *f;* **plati·tudi·nous** [,plætɪ'tju:dɪnəs] *adj* banal, seicht.

pla·tonic [plə'tɒnɪk] *adj* platonisch.

pla·toon [plə'tu:n] *mil* Zug *m.*

plat·ter ['plætə(r)] 1. Teller *m;* Brett *n;* (Braten)Platte *f;* 2. *sl* (Schall)Platte *f.*

plaus·ib·il·ity [,plɔ:zə'bɪlɪtɪ] Plausibilität *f;* **plaus·ible** ['plɔ:zəbl] *adj* plausibel, überzeugend, glaubhaft.

play [pleɪ] **I** *itr* 1. spielen *a. fig (on* auf; *at a game* ein Spiel; *with s.o.* mit jdm *a. fig);* 2. *theat* spielen; gespielt werden; 3. *fig* mitmachen, mitspielen; 4. *tech* Spielraum haben; ▶ **what are you ~ing at?** was soll das? ~ **for money** um Geld spielen; ~ **for time** Zeit rausschinden wollen; **the pitch ~s badly** das Spielfeld ist schlecht bespielbar; ~ **to s.o.** jdm vorspielen; ~ **with the idea** mit dem Gedanken spielen; **he won't** ~ er spielt nicht mit; **II** *tr* 1. *(ein Spiel)* spielen; spielen gegen; 2. *(e-n Spieler)* einsetzen, verwenden *(as* als); 3. *theat mus* spielen; 4. sich benehmen, auftreten als; 5.

(Karte) ausspielen; 6. *(Licht-, Wasserstrahl)* spielen lassen *(on, over* über); 7. *(Fisch an der Angel)* drillen; 8. leicht, gewandt umgehen mit, handhaben; ▶ ~ **ball with s.o.** *fig* jdm übel mitspielen; ~ **a joke on s.o.** jdm einen Streich spielen; ~ **a (dirty) trick on s.o.** jdn hereinlegen; ~ **the fool** herumalbern; ~ **the piano** Klavier spielen; **III** *s* 1. Spiel *n;* 2. (Theater)Spiel, Stück *n;* 3. Spielen *n (des Lichtes);* 4. Bewegungsfreiheit *f,* Spielraum *m a. tech;* ▶ **abandon** ~ das Spiel abbrechen; **at** ~ beim Spiel; **in** ~ im Spaß, Scherz; *sport* im Spiel; **in full** ~ in vollem Gange; **out of** ~ *(Ball)* im Aus; **allow full** ~ **to s.th.** e-r S freien Lauf lassen; **bring into** ~ ins Spiel bringen; **come into** ~ seine Tätigkeit entfalten; in Tätigkeit treten; **give free** ~ **to s.th.** e-r S freien Spielraum lassen, e-r S freien Lauf geben; **go to the** ~ ins Theater gehen; **make a** ~ **for** *Am sl* allen Charme aufbieten; **IV** *(mit Präposition)* **play about, around** *itr* spielen *(with s.th.* mit etw); **play against** *tr* ausspielen gegen; **play along** *itr* mitspielen; *tr* 1. warten lassen; 2. hinters Licht führen; **play down** *tr* herunterspielen; **play in** *tr* mit Musik hereinbegleiten; ▶ ~ **o.s. in** sich warm spielen; **play off** *tr sport (Spiel)* beenden; ▶ ~ **s.o. off against s.o. else** jdn gegen jdn anderen ausspielen; **play on** *itr* 1. weiterspielen; 2. ausnutzen; hervorheben; **play out** *tr* 1. *theat* darstellen; zu Ende spielen; 2. ausbeuten; 3. mit Musik hinausbegleiten; ▶ ~**ed out** ausgespielt, erledigt; überholt, veraltet; **play through** *itr* durchspielen; **play up** *itr* 1. lauter spielen; 2. loslegen; 3. *fam* Ärger machen; ▶ ~ **up to s.o.** jdm schöntun; ~ **s.th. up** etw hochspielen.

play·able ['pleɪəbl] *adj (Platz)* zum Spielen geeignet, bespielbar; *(Ball)* spielbar; *(Stück)* bühnenreif; **play-act** *itr* schauspielern; **play·back** ['pleɪbæk] 1. Abspielen *n;* 2. Wiedergabe *f,* Playback *n;* **play-bill** Theaterprogramm *n;* **play-boy** Playboy *m;* **player** ['pleɪə(r)] Spieler(in) *m (f);* Schauspieler(in) *m (f);* **chess-, football-, piano-~** Schach-, Fußball-, Klavierspieler(in) *m (f);* **record** ~ Plattenspieler *m;* **play·fellow, play·mate** ['pleɪfeləu, 'pleɪmeɪt] Spielkamerad(in) *m (f);* **play·ful** ['pleɪfl] *adj* 1. spielerisch; 2. verspielt; 3. spaßig, spaßhaft; **play·goer** ['pleɪgəuə(r)] Theaterbesucher(in) *m (f);* **play·ground** ['pleɪgraund] 1. Spielplatz *m;* 2. Schulhof *m;* 3. *fig* Tummelplatz *m;* **play·house** ['pleɪhaus] 1. Theater *n;* 2. Spielhaus *n (für Kinder); Am* Puppenstube *f;* **play·ing card** ['pleɪŋ'kɑ:d] Spielkarte *f;* **play·ing field** ['pleɪŋ'fi:ld] Sportplatz *m;* **play-off**

['pleɪɒf] Entscheidungsspiel *n;* Verlängerung *f;* **play-pen** Laufstall *m;* **playroom** ['pleɪrʊm] Spielzimmer *n;* **plaything** ['pleɪθɪŋ] Spielzeug *n a. fig; pl* Spielsachen *pl;* **play·time** ['pleɪtaɪm] *(Schule)* Pause *f;* **play·wright** ['pleɪraɪt] Bühnenschriftsteller(in), Dramatiker(in) *m (f).*

plc [ˌpiːelˈsiː] *Abk:* **public limited company** *(etwa)* AG *f.*

plea [pliː] **1.** Bitte *f;* Appell *m;* **2.** Entschuldigung, Begründung *f;* **3.** *jur* Plädoyer *n;* **4.** dringende Bitte, Gesuch *n* *(for* um); ▶ **make a ~ for s.th.** zu etw aufrufen; **make a ~ for mercy** um Gnade bitten; **make a ~ of self-defence** Notwehr geltend machen; **enter a ~ of not guilty** seine Unschuld erklären; **enter a ~ of guilty** ein Geständnis ablegen; **on the ~ of illness** aus gesundheitlichen Gründen.

plead [pliːd] **I** *itr* **1.** bitten *(for* um); **2.** *jur* das Plädoyer halten; ▶ **~ with s.o. to do s.th.** jdn (inständig) bitten, etw zu tun; **~ guilty, not guilty** sich schuldig bekennen, seine Schuld bestreiten; **~ for s.th.** *fig* für etw plädieren; **II** *tr* **1.** vertreten; **2.** *(Unwissenheit, Unzurechnungsfähigkeit)* sich berufen auf, geltend machen; ▶ **~ s.o.'s case, ~ the case for s.o.** jdn vertreten; **~ the case for the defence** die Verteidigung vertreten; **~ the case for s.th.** *fig* sich für etw einsetzen; **plead·ing** [—ɪŋ] **I** *s* **1.** Bitten *n;* **2.** *jur* Plädoyer *n;* **II** *adj* flehend.

pleas·ant ['pleznt] *adj* **1.** angenehm; erfreulich; **2.** *(Mensch)* umgänglich, liebenswürdig.

pleas·ant·ry ['plezntrɪ] **1.** Scherz, Spaß *m;* **2.** Höflichkeit *f.*

please [pliːz] **I** *tr* **1.** gefallen, angenehm sein *(s.o.* jdm); **2.** zufriedenstellen; **3.** eine Freude machen *(s.o.* jdm); **4.** *iro* belieben *(s.o.* jdm); ▶ **it ~es me** es gefällt mir; **to ~ you** dir zuliebe; **it ~s the senses** es ist angenehm; **you can't ~ everybody** man kann es nicht allen recht machen; **he is hard to ~** man kann es ihm schwer recht machen; **I'm ~d to help** ich helfe gern; **II** *itr* gefallen; ▶ **if you ~** bitte; **as you ~** wie du willst; **do as one ~s** tun, was man will; **we aim to ~** wir möchten, daß Sie zufrieden sind; **III** *refl* tun, was einem gefällt; ▶ **~ yourself!** wie du willst! **IV** *interj* bitte! ▶ **~ do!** bitte sehr! **V** *s* Bitte *n;* **pleased** ['pliːzd] *adj* **1.** erfreut; **2.** zufrieden; ▶ **be ~ about s.th.** sich über etw freuen; **~ to meet you!** angenehm! freut mich! **be ~ with s.th.** mit etw zufrieden sein; **be ~ with o.s.** *pej* selbstgefällig sein; **pleas·ing** [—ɪŋ] *adj* angenehm.

pleas·ur·able ['pleʒərəbl] *adj* angenehm, erfreulich; **pleas·ure** ['pleʒə(r)] **1.** Vergnügen *n,* Freude *f;* **2.** Vergnügen

n, Vergnügung *f;* **3.** Wunsch *m;* ▶ **at ~** nach Belieben; **for ~** zum Vergnügen; **with ~** mit Vergnügen; **give great ~** großes Vergnügen machen; **have the ~ of doing** das Vergnügen haben zu tun; **take ~ in** Gefallen finden an; **it gives me no ~** es ist für mich kein Vergnügen; **may I have the ~ of the next dance with you?** darf ich Sie um den nächsten Tanz bitten? **pleasure-boat** Vergnügungsdampfer *m;* **pleasure-ground** Fest-, Spiel-, Sportplatz *m;* **pleasure principle** Lustprinzip *n;* **pleasure-trip** Vergnügungsreise *f.*

pleat [pliːt] **I** *s* Falte *f;* **II** *tr* fälteln; ▶ **~ed skirt** Faltenrock *m.*

pleb [pleb] Prolet *m;* **pleb·eian** [plɪˈbiːən] **I** *s* Plebejer(in) *m (f);* **II** *adj* plebejisch.

plebi·scite ['plebɪsɪt, *Am* 'plebɪsaɪt] Volksentscheid *m,* -abstimmung *f.*

pledge [pledʒ] **I** *s* **1.** Pfand *n;* **2.** Versprechen *n;* **3.** Trinkspruch *m;* ▶ **under the ~ of secrecy** unter dem Siegel der Verschwiegenheit; **I give you my ~** ich gebe dir mein Wort; **as a ~ of** zum Zeichen *gen;* **election ~** Wahlversprechen *n;* **take the ~** dem Alkohol abschwören; **II** *tr* **1.** verpfänden *a. fig;* als Pfand geben, versetzen; **2.** versprechen, geloben; **3.** e-n Trinkspruch ausbringen *(s.o.* auf jdn), zutrinken *(s.o.* jdm); ▶ **~ o.s.** sich verbürgen, sich verpflichten *(to do* zu tun); **~ one's word** sein (Ehren)Wort geben.

ple·nary ['pliːnərɪ] *adj* Plenar-, Voll-; ▶ **~ assembly, meeting** Vollversammlung *f;* **~ powers** *pl* (unbeschränkte) Vollmacht *f;* **~ session** Plenarsitzung *f.*

pleni·po·ten·tiary [ˌplenɪpəˈtenʃərɪ] **I** *adj* bevollmächtigt; **II** *s* Bevollmächtigte(r) *f m.*

plen·ti·ful ['plentɪf(ʊ)l] *adj* reichlich, im Überfluß.

plenty ['plentɪ] **I** *s* Reichtum *m,* Fülle *f;* ▶ **~ of** e-e Menge ...; reichlich ...; sehr viel ... **~ more** viel mehr; **in ~** in Hülle u. Fülle, *fam* in rauhen Mengen; **horn of ~** Füllhorn *n;* **land of ~** Schlaraffenland *n;* **II** *Am adj* reichlich, im Überfluß; **III** *adv fam* reichlich; ▶ **it's ~ big enough** es ist wirklich groß genug.

plenum ['pliːnəm] Vollversammlung *f,* Plenum *n.*

pleo·nasm ['plɪənæzəm] Pleonasmus *m;* **pleo·nastic** [plɪəˈnæstɪk] *adj* pleonastisch.

pleur·isy ['plʊərəsɪ] Brustfell-, Rippenfellentzündung *f.*

plexus ['pleksəs] *anat* (Gefäß-, Nerven)Geflecht *n;* ▶ **solar ~** Solarplexus *m,* Magengrube *f.*

pli·able ['plaɪəbl] *adj* **1.** biegsam; **2.** *fig* leicht beeinflußbar; fügsam.

pli·ers ['plaɪəz] *pl* (Flach)Zange *f.*

plight [plaɪt] schwierige Lage, Not *f;* *(Währung)* Verfall *m.*

plim·soll ['plɪmsəl] Turnschuh *m.*

PLO [ˌpiːelˈəu] *Abk:* **Palestine Liberation Organisation** PLO *f.*

plod [plɒd] **I** *s* Trott *m;* **II** *itr* **1.** sta(m)pfen; mühsam vorwärtsschreiten; **2.** *(~ away at the work)* sich (ab)plakken, schuften; ▶ ~ **on** mühsam weitermachen; **plod·der** ['plɒdə(r)] *fam* Arbeitstier *n;* **plod·ding** ['plɒdɪŋ] *adj* schwerfällig.

plonk¹ [plɒŋk] *Br fam* billiger Wein.

plonk² [plɒŋk] **I** *s* Plumps *m;* **II** *adv* plumps; ▶ ~ **in the middle** genau in der Mitte; **III** *tr (~ down)* hinwerfen; ▶ ~ **o.s. (down)** sich hinschmeißen; ~ **o.s. down in a chair** sich in einen Sessel fallen lassen.

plop [plɒp] **I** *itr* plumpsen; platschen; ▶ ~ **into a chair** sich in einen Sessel plumpsen lassen; **II** *itr* fallen lassen; hinwerfen; **III** *s* **1.** Plumps(en *n*) *m;* Platschen *n;* **2.** *(Kork)* Knallen *n;* **IV** *adv* mit e-m Plumps.

plot [plɒt] **I** *s* **1.** Stück *n* Land; Gartenbeet *n; (building ~)* Grundstück *n;* Parzelle *f;* **2.** *Am* Grundriß, Plan *m;* **3.** Verschwörung *f;* **4.** *lit* Handlung *f;* **II** *tr* **1.** planen; **2.** *(Position, Kurs)* feststellen; **3.** *math med (Kurve)* aufzeichnen; *(in Karte)* einzeichnen; **III** *itr* sich verschwören *(against* gegen); **plot·ter** ['plɒtə(r)] **1.** Verschwörer(in) *m (f);* **2.** *EDV* Plotter *m.*

plough, *Am* **plow** [plau] **I** *s* Pflug *m;* ▶ **the P~** *astr* der Wagen; **put one's hand to the ~** sich anstrengen; **II** *tr* **1.** pflügen; *(Furche)* ziehen; **2.** *(Weg)* bahnen; **3.** *Br sl* durchfallen lassen; **III** *itr* **1.** pflügen; **2.** *Br* durchfallen; **IV** *(mit Präposition)* **plough back** *tr* unterpflügen; *(Gewinne)* reinvestieren; **plough in** *tr* unterpflügen; **plough through** *tr, itr (Meer)* durchpflügen; *(Schnee)* kämpfen durch; ▶ ~ *(one's way)* **through a book** sich durch ein Buch durchkämpfen; **plough up** *tr* umpflügen; **plough·share** ['plauʃeə(r)] Pflugschar *f.*

ploy [plɔɪ] List *f,* Dreh *m.*

pluck [plʌk] **I** *tr* **1.** ab-, ausreißen; **2.** *(Geflügel)* rupfen; **3.** *(Augenbrauen)* zupfen; **4.** *(Blume)* pflücken, abreißen; ▶ ~ **up courage** Mut fassen; **II** *itr* zerren, zupfen, ziehen *(at* an); **III** *s* **1.** Mut *m,* Tapferkeit *f;* **2.** *(Tier)* Innereien *pl;* **plucky** ['plʌkɪ] *adj* mutig, kühn.

plug [plʌg] **I** *s* **1.** Stöpsel *m;* Pfropfen *m; (Faß)* Spund *m;* **2.** *(~ of cotton)* Wattebausch *m;* **3.** *el* Stecker *m; fam* Steckdose *f;* **4.** *mot (spark-~)* Zündkerze *f;* **5.** *Am (fire-~)* Hydrant *m;* **6.** *fam* Reklame, Schleichwerbung *f;* ▶ **give s.th. a ~** für etw Schleichwerbung machen; **pull the ~** *(das Klo)* spülen; **II** *tr* **1.** *(~ up)* zustopfen; *(Zahn)* plombieren, füllen; *(Ohren)* zuhalten; zustopfen; **2.** stecken *(into* in); **3.** *sl* e-e verpassen *(s.o.* jdm); mit der Faust bearbeiten; **4.** *fam* Reklame machen für *(on the radio* im Rundfunk); **5.** *(Idee)* allen anbieten; ▶ ~ **s.o. full of lead** jdn voll Blei pumpen; **III** *(mit Präposition)* **plug away at** *fam* schuften an; **plug in** *tr el* einstecken; **plug-ugly** *fam* **I** *s* Rowdy, Schläger *m;* **II** *adj* potthäßlich.

plum [plʌm] **I** *s* **1.** Pflaume *f;* Zwetsch(g)e *f;* **2.** Pflaumenblau *n;* **II** *adj fam* toll, hervorragend; ▶ **he got a ~ job** er hat e-e tolle Stelle.

plum·age ['pluːmɪdʒ] Gefieder *n.*

plumb [plʌm] **I** *s (~-line, -bob)* Lot, Senkblei *n;* ▶ **out of ~,** *Am* **off ~** aus dem Lot, schief; **II** *adv* **1.** lotrecht, senkrecht; **2.** *fam* vollkommen, total; ▶ ~ **in the middle** genau in der Mitte; **III** *tr* **1.** (aus)loten, sondieren *a. fig;* **2.** *fig* erforschen, herausbekommen.

plum·bago [plʌmˈbeɪgəu] *min* Graphit *m.*

plumber ['plʌmə(r)] Klempner(in), Spengler(in) *m (f);* Installateur(in) *m (f);* ▶ ~**'s (workshop)** Installationsgeschäft *n;* **plumb·ing** ['plʌmɪŋ] **1.** Klempner-, Spenglerarbeit *f;* **2.** Leitungen *f pl;* sanitäre Anlagen.

plumb·line ['plʌmlaɪn] Senkblei *n.*

plume [pluːm] **I** *s* **1.** Feder *f;* **2.** Federbusch *m;* **3.** *(~ of smoke)* Rauchfahne *f;* **II** *refl* sich putzen; ▶ ~ **o.s. on s.th.** sich mit etw brüsten.

plum·met ['plʌmɪt] **I** *s* **1.** Senkblei *n;* **2.** *(Preis)* Sturz *m;* **3.** *(Vogel, Flugzeug)* Sturzflug *m;* **II** *itr* senkrecht hinunterfallen, (ab)stürzen *(down to earth* auf die Erde); ▶ **prices have ~ed** die Preise sind gefallen.

plummy ['plʌmɪ] *adj* **1.** *(Stimme)* vornehm, geziert; **2.** *fam* prima, ausgezeichnet.

plump [plʌmp] **I** *adj* **1.** rundlich, mollig; **2.** *(Tier)* gut gefüttert; **3.** *(Antwort)* unverblümt; **II** *adv* **1.** mit einem Plumps; **2.** offen, unverblümt; **III** *itr (~ down)* plumpsen; **IV** *tr* **1.** *(~ down)* plumpsen, fallen lassen; **2.** schmeißen, knallen; ▶ ~ **o.s. down into a chair** sich auf einen Stuhl fallen lassen; **V** *(mit Präposition)* **plump for** *itr* sich entscheiden für; **plump up** *tr* **1.** *(Kissen)* aufschütteln; **2.** *(Hühner)* mästen; **plump·ness** ['plʌmpnəs] Rundlichkeit *f.*

plum-pudding ['plʌmpudɪŋ] Plumpudding *m.*

plun·der ['plʌndə(r)] **I** *tr* (aus)plündern; **II** *itr* plündern; **III** *s* Plünderung *f;* Beute *f;* **plun·derer** ['plʌndərə(r)] Plünderer *m.*

plunge [plʌndʒ] **I** *tr* **1.** tauchen, tunken;

2. stoßen; 3. stürzen (*in, into* in); ► the
room was ~ed into darkness das Zim-
mer lag im Dunkeln; **II** *itr* 1. tauchen; 2.
sich werfen; 3. stürzen (*into* in); 4.
(Hang) steil abfallen; *(Straße)* steil hin-
abführen; 5. *(Preise)* fallen; 6. *(Aus-
schnitt am Kleid)* tiefer gehen; 7. leicht-
sinnig spielen; 8. wild spekulieren; **III** *s*
1. Kopfsprung *m;* 2. Kurssturz *m;*
► take a ~ e-n Kopfsprung machen;
take the ~ sich zu e-m Entschluß durch-
ringen; **plunger** ['plʌndʒə(r)] 1. *fam*
Spekulant(in) *m (f);* 2. *tech* Gummisau-
ger *m;* Tauchkolben *m.*

plunk [plʌŋk] *tr* 1. *Am (Banjo)* zupfen; 2.
s. plonk².

plu·per·fect ['plu:ˌpɜːfɪkt] *gram* Plus-
quamperfekt *n.*

plu·ral ['plʊərəl] **I** *adj gram* pluralisch; **II**
s Plural *m,* Mehrzahl *f;* **plu·ral·ism**
['plʊərəlɪzəm] *philos* Pluralismus *m;*
plu·ral·istic [ˌplʊərə'lɪstɪk] *adj philos*
pluralistisch; **plu·ral·ity** [plʊə'rælətɪ] 1.
Vielfalt *f; (Gesellschaft)* Pluralität *f;* 2.
(~ *of votes)* Stimmenmehrheit *f.*

plus [plʌs] **I** *prep* plus; und; zuzüglich
gen; **II** *adj* extra; plus; **III** *s* 1. Plus, Mehr
n; Pluspunkt *m;* 2. (~*-sign)* Pluszeichen
n; **plus-fours** [ˌplʌs'fɔːz] *pl* Knicker-
bocker *pl.*

plush [plʌʃ] **I** *s* Plüsch *m;* **II** *adj fam*
luxuriös, schick, elegant; plüschig.

plu·toc·racy [pluː'tɒkrəsɪ] Plutokratie,
Geldherrschaft *f;* **plu·to·crat**
['pluːtəkræt] Plutokrat *m;* **plu·to·
cratic** [ˌpluːtə'krætɪk] *adj* plutokratisch.

plu·to·nium [pluː'təʊnɪəm] *chem* Pluto-
nium *n.*

ply¹ [plaɪ] 1. Schicht, Lage *f;* 2.
(Garn)Strähne *f.*

ply² [plaɪ] **I** *tr* 1. *fig* bestürmen (*with
questions* mit Fragen); 2. (regelmäßig)
versorgen (*with* mit); **II** *itr* regelmäßig
verkehren (*between* zwischen).

ply·wood ['plaɪwʊd] Sperrholz *n.*

pm [piː'em] *Abk:* **post meridiem** nach-
mittags, nachm.

PM [piː'em] *Abk:* **Prime Minister** Pre-
mierminister(in) *m (f);* Ministerpräsi-
dent(in) *m (f).*

pneu·matic [njuː'mætɪk] *adj* Luft-; ► ~
brake Druckluftbremse *f;* ~ **drill** Preß-
luftbohrer *m;* ~ **hammer** Preßlufthamm-
mer *m;* ~ **tyre,** *Am* **tire** Luftreifen *m.*

pneu·monia [njuː'məʊnɪə] Lungenent-
zündung *f.*

poach¹ [pəʊtʃ] **I** *tr (Wild)* unberechtigt
jagen; wildern; **II** *itr* wildern; ► ~ **on
s.o.'s** preserves sich gegenüber jdm
Übergriffe leisten.

poach² [pəʊtʃ] *tr (Ei)* pochieren; ► ~ed
eggs *pl* verlorene Eier *n pl.*

poacher ['pəʊtʃə(r)] Wilderer, Wilddieb
m; **poach·ing** ['pəʊtʃɪŋ] Wildern *n,*
Wilderei *f.*

PO Box [ˌpiː'əʊbɒks] *Abk:* **Post Office
Box** Postfach *n.*

pock [pɒk] 1. (Eiter)Pustel *f;* 2. (~*-mark)*
Pocken-, Blatternarbe *f.*

pocket ['pɒkɪt] **I** *s* 1. Tasche *f;* 2. *(Bil-
lard)* Loch *n;* 3. (air-~) Luftloch *n;* 4. *fig*
Geld(mittel *n pl) n;* 5. *fig* Nest *n,* Grup-
pe *f;* kleiner Bereich; ► **have s.th. in
one's** ~ *fig* etw in der Tasche haben; **be
in** ~ Geld haben; **be out of** ~ kein Geld
haben; **II** *tr* 1. in die Tasche stecken;
einstecken; 2. sich aneignen, *fam* stibit-
zen; 3. *(Beleidigung)* einstecken; 4. *Am
(Gesetz)* hinauszögern; **pocket-book**
1. Notizbuch *n;* 2. Brieftasche *f;* 3.
Handtäschchen *n;* **pocket calculator**
Taschenrechner *m;* **pocket camera**
Pocketkamera *f;* **pocket·ful** ['pɒkɪtfʊl]
Taschevoll *f;* **pocket-handkerchief**
Taschentuch *n;* **pocket-knife** ⟨*pl* -kn-
ives⟩ Taschenmesser *n;* **pocket-
money** Taschengeld *n;* **pocket-si-
ze(d)** *adj* im Taschenformat.

pod [pɒd] **I** *s* 1. *bot* Schote, Hülse *f;* 2.
aero Gehäuse *n;* 3. *(Raumfahrt)* Kapsel
f; **II** *tr* enthülsen.

podgy ['pɒdʒɪ] *adj fam* pummelig.

poem ['pəʊɪm] Gedicht *n;* **poet** ['pəʊɪt]
Dichter(in), Poet(in) *m (f);* **po·etic(al)**
[pəʊ'etɪk(l)] *adj* 1. poetisch; dichterisch;
2. phantasie-, stimmungsvoll; **poet
laureate** [ˌpəʊɪt 'lɒrɪət] ⟨*pl* poets laur-
eate⟩ Hofdichter *m;* **po·etry** ['pəʊɪtrɪ]
1. Dichtung, Poesie *f;* 2. Gedichte *n pl;*
3. *fig* Grazie, Schönheit *f,* Gefühl *n.*

po-faced ['pəʊfeɪst] *adj fam* grimmig.

po·grom ['pɒgrəm, *Am* pə'grɒm] Po-
grom *n.*

poign·ant ['pɔɪn(j)ənt] *adj* schmerzlich,
ergreifend; wehmütig.

poin·settia [pɔɪn'setɪə] Weihnachts-
stern *m.*

point [pɔɪnt] **I** *s* 1. Punkt *m;* 2. (genaue)
Stelle *f;* Platz *m;* 3. (Zeit)Punkt, Mo-
ment, Augenblick *m;* 4. (einzelner)
Punkt *m (e-s Programms);* Einzelheit *f,*
Detail *n;* 5. the ~ der Hauptpunkt, das
Wesentliche, der springende Punkt; 6.
(Witz) Pointe *f;* 7. Punkt *m (e-r Eintei-
lung);* 8. *(Kompaß)* Strich, Grad *m;* 9.
besondere Eigenschaft, Vorzug *m;* 10.
fig Sinn *m,* Absicht *f,* Zweck *m;* 11.
Spitze *f,* spitzes Ende; 12. Steckdose *f;*
Anschluß *m;* 13. *pl mot* Unterbrecher-
kontakte *m pl;* 14. *pl rail* Weiche *f;* 15.
pl (Tanz) (Zehen)Spitzen *f pl;* ► **at this
~** an dieser Stelle; **beside the ~** neben-
sächlich, irrelevant, unerheblich, belang-
los; **in ~ of** in Hinsicht, mit Hinblick auf;
in ~ of fact tatsächlich, in Wirklichkeit;
on ~s *sport* nach Punkten; **up to a
certain ~** bis zu e-m gewissen Grade; **to
the ~** zur Sache gehörig, relevant; ~ **by
~** Punkt für Punkt; **be on the ~ of doing
s.th.** im Begriff sein, etw zu tun; **be on**

the ~ of death am Rande des Todes stehen; **carry, gain one's** ~ sein Ziel erreichen; **come, get to the** ~ zur Sache kommen; **get the** ~ *fam* verstehen; **get away from the** ~ vom Thema abschweifen; **give** ~ **to s.th.** e-r S Nachdruck verleihen; **he's got a** ~ er hat nicht so unrecht; **keep to the** ~ bei der Sache bleiben; **make one's** ~ seine Auffassung überzeugend darlegen; **make a** ~ **of s.th.** auf etw bestehen, Wert legen; **make a** ~ **of doing s.th.** darauf achten, etw zu tun; **make, score a** ~ *fig* e-n Punkt für sich buchen; **miss the** ~ nicht verstehen, worum es wirklich geht; die Pointe nicht kapieren; **speak to the** ~ zur Sache sprechen; **stretch, strain a** ~ ein Zugeständnis, e-e Ausnahme machen; *fam* fünf gerade sein lassen; **I don't see your** ~ ich weiß nicht, worauf Sie hinauswollen; **I see no** ~ **in (doing)** ich halte es für sinnlos zu (tun); **it has come to the** ~ **that** ... es ist soweit, daß ... **there is no** ~ **in that** das hat keinen Sinn; **that's the** ~**!** genau! **that's beside the** ~ das gehört nicht zur Sache; **not to put too fine a** ~ **on it** rundheraus gesagt; **a case in** ~ ein treffendes Beispiel; **saturation-**~ Sättigungsgrad *m;* **sore** ~ wunder Punkt; **starting-**~ Ausgangspunkt *m;* **strong** ~ starke Seite, Stärke *f;* **win on** ~**s** nach Punkten gewinnen; ~ **of departure** Ausgangspunkt *m;* ~ **of intersection** Schnittpunkt *m;* ~ **of order** *parl* Frage *f* zur Geschäftsordnung; ~ **of time** Zeitpunkt *m;* ~ **of view** Gesichtswinkel, Standpunkt *m;* II *tr* 1. richten (*at* auf); 2. zeigen; 3. *(Bleistift)* spitzen; 4. *typ* interpunktieren; ▶ ~ **the way** den Weg zeigen, *fig* weisen; III *itr* 1. zeigen (*at* auf); 2. hinweisen (*to* auf); 3. *(Gebäude)* liegen; *(Waffe)* gerichtet sein; IV *(mit Präposition)* **point out** *tr* zeigen auf; *fig* hinweisen auf; **point up** *tr* betonen; verdeutlichen.

point-blank [ˌpɔɪntˈblæŋk] I *adj* 1. direkt; 2. *fig* offen, direkt; II *adv fig* geradeheraus, unverblümt; **point-duty** *(Polizei)* Verkehrsdienst *m;* ▶ **constable on** ~ Verkehrsschutzmann *m;* **pointed** ['pɔɪntɪd] *adj* 1. spitz; 2. *fig* scharf, beißend, treffend; 3. *(Bemerkung)* anzüglich; ▶ ~ **arch** Spitzbogen *m;* **pointer** ['pɔɪntə(r)] 1. Zeiger *m;* Zeigestock *m;* 2. Vorstehhund *m;* 3. *fam* Tip, Wink *m;* **point·less** ['pɔɪntlɪs] *adj* bedeutungs-, sinn-, witz-, zwecklos; **points·man** ['pɔɪntsmən] ⟨*pl* -men⟩ *Br* Weichensteller *m;* **point system** Punktsystem *n;* **point-to-point (race)** Querfeldeinrennen *n.*

poise [pɔɪz] I *s* 1. Ausgeglichenheit, Gelassenheit *f;* 2. (Körper-, Kopf)Haltung *f;* 3. sicheres Auftreten; II *tr* balancieren; ▶ **be** ~**d** im Gleichgewicht sein; in

der Schwebe sein; **poised** [—d] *adj (Mensch)* beherrscht, ausgeglichen.

poi·son ['pɔɪzn] I *s* Gift *n a. fig (to* für); ▶ **what's your** ~? *fam* was trinken Sie gern? II *tr* 1. Gift geben (*s.o.* jdm); vergiften *a. fig;* 2. *med* infizieren; 3. *fig* verderben; ▶ ~ **the air** die Luft verschmutzen; ~ **s.o.'s mind against** jdn aufhetzen gegen; **poison-gas** Giftgas *n;* **poi·son·ing** ['pɔɪzənɪŋ] Vergiftung *f;* **poi·son·ous** ['pɔɪzənəs] *adj* 1. giftig; *attr* Gift-; 2. *fig* zersetzend, verderblich.

poke[1] [pəʊk] *(Am, schottisch)* Beutel *m;* Tüte *f;* ▶ **a pig in a** ~ *fig* die Katze im Sack.

poke[2] [pəʊk] I *tr* 1. (an)stoßen, schubsen, knuffen; 2. *(ein Loch)* bohren; 3. stochern mit (*at* in); 4. (~ *up) (Feuer)* schüren; ▶ ~ **fun at s.o.** sich über jdn lustig machen; ~ **one's nose into** seine Nase stecken in; ~ **s.o. in the ribs** jdm e-n Rippenstoß geben; II *itr* 1. herausstehen; 2. (herum)bohren (*at* in); 3. (~ *about, around)* herumstöbern; III *s* 1. Stoß, Schubs, Knuff *m;* 2. *Am* Faustschlag *m;* ▶ **take a** ~ **at s.o.** jdm e-n Schlag versetzen; **poker** ['pəʊkə(r)] 1. Feuerhaken *m;* 2. *(Spiel)* Poker *n;* ▶ ~ **face** unbewegliche Miene; ~**-work** Brandmalerei *f;* **pok(e)y** ['pəʊkɪ] *adj* eng.

Po·land ['pəʊlənd] Polen *n.*

po·lar ['pəʊlə(r)] *adj* 1. *astr phys* polar; 2. *fig* einander entgegengesetzt, gegensätzlich; **polar air** Polarluft *f;* **polar bear** Eisbär *m;* **polar circle** Polarkreis *m;* **polar front** *mete* Polar-, Kaltluftfront *f;* **polar ice** Polareis *n.*

po·lar·ity [pəˈlærətɪ] 1. *phys el* Polarität *f a. fig;* 2. *fig* Gegensätzlichkeit *f;* **po·lar·iz·ation** [ˌpəʊləraɪˈzeɪʃn] *phys el* Polarisation *f;* **po·lar·ize** ['pəʊləraɪz] *tr* polarisieren.

polar lights [ˌpəʊləˈlaɪts] *pl* Nordlicht *n;* **polar star** Polarstern *m;* **polar zone** Polargebiet *n.*

Pole [pəʊl] Pole *m,* Polin *f.*

pole[1] [pəʊl] I *s* 1. Pfahl, Pfosten, Mast *m;* 2. Deichsel *f;* 3. *sport* Stab *m;* (Ski)Stock *m;* (Balancier)Stange *f;* II *tr (Boot, Floß)* staken.

pole[2] [pəʊl] *geog* Pol *m a. phys el;* ▶ **they are** ~**s apart** zwischen ihnen liegen Welten.

pole-cat ['pəʊlkæt] *zoo* 1. Iltis *m;* 2. *Am* Skunk *m,* Stinktier *n.*

pol·emic [pəˈlemɪk] I *adj* polemisch; II *s* Polemik *f.*

pole-star ['pəʊlˌstɑː(r)] Polarstern *n.*

pole-vault ['pəʊlvɔːlt] Stabhochsprung *m;* **pole-vaulter** ['pəʊlvɔːltə(r)] Stabhochspringer(in) *m (f).*

po·lice [pəˈliːs] I *s* Polizei *f;* II *tr* polizeilich überwachen; **police car** Polizei-,

Streifenwagen *m;* **police court** Polizeigericht *n;* **police dog** Polizeihund *m;* **police escort** Polizeibegleitung *f;* **police force** Polizei *f;* **police intervention** polizeiliches Einschreiten; **police-magistrate** *Am* Polizeirichter *m;* **po·lice·man** [—mən] ⟨*pl* -men⟩ Polizist *m;* **police officer** Polizeibeamte(r) *m,* -beamtin *f;* **police patrol** Polizeistreife *f;* **police presence** Polizeiaufgebot *n;* **police raid** Razzia *f;* **police record** Vorstrafen *f pl;* **police state** Polizeistaat *m;* **police station** Polizeirevier *n,* -wache *f;* **po·lice·woman** ⟨*pl* -women⟩ [—wɪmɪn] Polizistin *f.*

pol·icy¹ ['pɒləsɪ] 1. Politik *f;* politische Richtung, politischer Kurs; 2. umsichtiges Verhalten; 3. *pl* politische Maßnahmen *f pl;* 4. *fig* Grundsatz *m;* Ziel *n,* Plan *m;* ▶ **he makes it a ~ to** er hat es sich zum Grundsatz gemacht, es ist sein Prinzip zu; **economic, financial ~** Wirtschafts-, Finanzpolitik *f;* **population ~** Bevölkerungspolitik *f;* **wage ~** Lohnpolitik *f.*

pol·icy² ['pɒləsɪ] (Versicherungs)Police *f;* ▶ **take out a ~** e-e Versicherung abschließen; **fire (insurance) ~** Feuerversicherungspolice *f;* **life (insurance) ~** Lebensversicherungspolice *f;* **policyholder, policy-owner** Versicherungsnehmer(in) *m (f);* **policy maker** politische(r) Vordenker(in) *m f;* Parteiideologe *m;* -login *f;* **policy number** Policennummer *f;* **policy statement** *pol* Grundsatzerklärung *f.*

polio(·my·eli·tis) [ˌpəʊlɪəʊ(ˌmaɪə'laɪtɪs)] (spinale) Kinderlähmung *f.*
Polish ['pəʊlɪʃ] I *adj* polnisch; II *s* (das) Polnisch(e).
polish ['pɒlɪʃ] I *tr* 1. polieren; blank reiben; 2. verfeinern, *fam* aufpolieren; 3. glätten, (ab)schleifen; 4. bohnern, schmirgeln; 5. *(Schuhe)* putzen, wichsen; 6. vervollkommnen; II *s* 1. Politur *f,* (Hoch)Glanz *m;* 2. Politur *f,* Putzmittel *n;* Schuhcreme, -wichse *f;* Bohnerwachs *n;* 3. Eleganz, Verfeinerung *f, fam* Schliff *m;* III *(mit Präposition)* **polish off** *tr fam* schnell erledigen; *(Essen)* verputzen; *(Getränk)* hinunterschütten; **polish up** *tr fam* aufpolieren, aufmöbeln; *(Kenntnisse)* auffrischen; **polished** ['pɒlɪʃt] *adj* 1. poliert; glatt, glänzend; 2. *fig* fein, elegant; 3. makel-, tadellos, fehlerfrei; **polisher** ['pɒlɪʃə(r)] 1. Polierer(in), Schleifer(in) *m (f);* 2. Schleif-, Polier-, Bohnermaschine *f.*
pol·ite [pə'laɪt] *adj* 1. höflich; 2. *(Gesellschaft)* fein; **pol·ite·ness** [—nɪs] Höflichkeit *f.*
poli·tic ['pɒlɪtɪk] *adj* klug; diplomatisch; ▶ **body ~** Staat *m;* **pol·iti·cal** [pə'lɪtɪkl] *adj* politisch; ▶ **~ asylum** po-

litisches Asyl; **~ economy** Volkswirtschaft *f;* **~ offence** politische Straftat; **party ~** parteipolitisch; **~ party** politische Partei; **~ prisoner** politischer Häftling; **~ science** Politologie *f;* **poli·ti·cian** [ˌpɒlɪ'tɪʃn] Politiker(in) *m (f);* **poli·tics** ['pɒlɪtɪks] 1. *mit sing* Politik *f;* 2. *mit pl* politische Ansichten; Politik *f; Am* Taktik *f;* ▶ **talk ~** politisieren; **engaged in ~** politisch tätig; **party ~** Parteipolitik *f.*
polka ['pɒlkə, *Am* 'pəʊlkə] Polka *f (Tanz).*
poll [pəʊl] I *s* 1. *(politische)* Wahl, Abstimmung *f;* 2. Wahlbeteiligung *f;* 3. Stimmenzahl *f;* 4. Umfrage, Erhebung *f;* ▶ **be defeated at the ~s** e-e Wahlniederlage erleiden; **conduct a public opinion ~** e-e öffentliche Meinungsumfrage durchführen; **go to the ~s** zur Wahl gehen; **heavy, light ~** hohe, niedrige Wahlbeteiligung; II *tr* 1. *(Stimmen)* erhalten, auf sich vereinigen; 2. *(bei Umfrage)* befragen; 3. kurz schneiden, stutzen; III *itr* bei der Wahl abschneiden.
pol·lard ['pɒləd] I *s* gekappter Baum; II *tr (Baum)* kappen.
pol·len ['pɒlən] Blütenstaub, Pollen *m;* **pollen count** Pollenkonzentration, -zahl *f;* **pol·lin·ate** ['pɒlɪneɪt] *bot* bestäuben.
poll·ing ['pəʊlɪŋ] Wahl, Stimmabgabe *f;* **polling-booth** Wahlzelle *f;* **polling card** Wahlausweis *m;* **polling day** Wahltag *m;* **polling-station** Wahllokal *n;* **poll·ster** ['pəʊlstə(r)] Meinungsforscher(in) *m (f).*
pol·lut·ant [pə'luːtənt] Schadstoff *m;* **pol·lute** [pə'luːt] *tr* 1. verunreinigen, verschmutzen; 2. *(sittlich)* verderben; **pol·luter** [pə'luːtə(r)] Umweltverschmutzer *m;* ▶ **~ pays principle** Verursacherprinzip *n;* **pol·lu·tion** [pə'luːʃn] Verschmutzung, Verunreinigung *f;* Schadstoffbelastung *f; (environmental ~)* Umweltverschmutzung *f;* ▶ **~ prevention** Verhinderung *f* der Umweltverschmutzung.
polo ['pəʊləʊ] Polo(spiel) *n;* **polo-neck** Rollkragenpullover *m;* **polo-player** Polospieler(in) *m (f).*
poly ['pɒlɪ] *Abk:* **polytechnic** Polytechnikum *n;* Fachhochschule *f;* **poly·am·ide** ['pɒljəˌmaɪd] Polyamid *n;* **poly·an·dry** ['pɒliændrɪ] Vielmännerei *f;* **poly·chlor·in·ated** [ˌpɒlɪ'klɔːrɪneɪtəd] *adj* polychloriert; **poly·chrome** [ˌpɒlɪ'krəʊm] *adj* bunt, farbig; *(Kunst)* polychrom; **poly·cli·nic** [ˌpɒlɪklɪnɪk] Poliklinik *f;* **poly·ester** [ˌpɒlɪ'estə(r)] *chem* Polyester *m;* **poly·ga·mist** [pə'lɪgəmɪst] Polygamist *m;* **poly·ga·mous** [pə'lɪgəməs] *adj* polygam; **poly·gamy** [pə'lɪgəmɪ] Polygamie, Viel-,

Mehrehe *f;* **poly·glot** ['pɒlɪglɒt] *adj* mehrsprachig, polyglott; **poly·gon** ['pɒlɪgən] *math* Vieleck, Polygon *n;* **poly·gonal** [pə'lɪgənl] *adj* vieleckig; **poly·meric** [ˌpɒlɪ'merɪk] *adj chem* polymer; **poly·mor·phic** [ˌpɒlɪ'mɔːfɪk] *adj* vielgestaltig, polymorph.

Poly·nesia [ˌpɒlɪ'niːzɪə] Polynesien *n.*

polyp ['pɒlɪp] Polyp *m.*

poly·phonic [ˌpɒlɪ'fɒnɪk] *adj mus* polyphon, mehr-, vielstimmig; **poly·ph·ony** [pə'lɪfənɪ] Polyphonie *f.*

poly·pus ['pɒlɪpəs] ⟨*pl* -puses, -pl⟩ [−pəsɪz, −paɪ] Polyp *m.*

poly·styrene [ˌpɒlɪ'staɪriːn] *chem* Styropor *n;* **poly·syl·labic** [ˌpɒlɪsɪ'læbɪk] *adj* mehrsilbig; **poly·tech·nic** [ˌpɒlɪ'teknɪk] Polytechnikum *n;* Fachhochschule *f;* **poly·theism** ['pɒlɪθiːɪzəm] Polytheismus *m,* Vielgötterei *f;* **poly·theis·tic** [ˌpɒlɪθiː'ɪstɪk] *adj* polytheistisch; **poly·thene** ['pɒlɪθiːn] *chem* Polyäthylen *n;* **poly·thene bag** Plastiktüte *f;* **poly·ure·thane** [ˌpɒlɪ'juərɪθeɪn] *chem* Polyurethan *n;* **poly·val·ent** [pə'lɪvələnt] *adj chem* mehrwertig.

po·made [pə'mɑːd, *Am* pəʊ'meɪd] Pomade *f.*

po·man·der [pə'mændə(r)] Duftkugel *f.*

pom·egran·ate ['pɒmɪgrænɪt] Granatapfel *m.*

Pom·era·nia [ˌpɒmə'reɪnɪə] Pommern *n;* **Pom·era·nian** [ˌpɒmə'reɪnɪən] **I** *adj* pommer(i)sch; **II** *s* **1.** Pommer(in) *m (f);* **2.** (~ *dog*) Spitz *m.*

pom·mel ['pʌml] **I** *s* (Degen-, Sattel)Knopf *m;* **II** *tr* puffen, knuffen.

pomp [pɒmp] Pracht *f;* **pom·posity** [pɒm'pɒsətɪ] **1.** Pomp, Prunk *m;* Schwulst *m;* **2.** Prahlerei *f;* **pom·pous** ['pɒmpəs] *adj* wichtigtuerisch, aufgeblasen.

ponce [pɒns] **I** *s sl* **1.** Zuhälter *m;* **2.** Schwule(r) *m;* **II** *itr* Zuhälter sein.

pon·cho ['pɒntʃəʊ] ⟨*pl* -chos⟩ Poncho *m.*

poncy ['pɒnsɪ] *adj sl* schwul; tuntig.

pond [pɒnd] Teich, Weiher *m.*

pon·der ['pɒndə(r)] **I** *tr* erwägen, nachdenken über, sich überlegen; **II** *itr* nachsinnen (*on* über).

pon·der·ous ['pɒndərəs] *adj* **1.** schwer, massig; unhandlich; **2.** *fig* schwerfällig; langweilig; **3.** *fig* unbeholfen, umständlich.

pone [pəʊn] *Am* Maisbrot *n.*

pong [pɒŋ] *Br fam* **I** *s* unangenehmer Geruch; **II** *itr* stinken.

pon·tiff ['pɒntɪf] *rel* Bischof *m;* Papst *m;* **pon·tifi·cal** [pɒn'tɪfɪkl] *adj* **1.** bischöflich; päpstlich *a. fig;* **2.** überheblich, übermäßig von sich eingenommen; **pon·tifi·cate** [pɒn'tɪfɪkət] **I** *s* Pontifikat *n;* **II** *itr* [pɒn'tɪfɪkeɪt] hochtrabend reden.

pon·toon [pɒn'tuːn] Ponton *m;* **pon·toon-bridge** Pontonbrücke *f.*

pony ['pəʊnɪ] **1.** Pony *n;* **2.** *sl* 25 £; **3.** *fam* (*Schule*) Klatsche, Eselsbrücke *f;* **pony-tail** (*Frisur*) Pferdeschwanz *m;* **pony-trek·king** ['pəʊnɪˌtrekɪŋ] *sport* Ponytrekking *m;* Ritt *n* über Land mit dem Pony.

poodle ['puːdl] Pudel *m.*

poof(ter) [puːf(tə)] *fam* Homosexuelle(r) *m.*

pooh [puː] *interj* pah! bah!; **pooh-pooh** [ˌpuː'puː] *tr* (mit e-r Handbewegung) abtun; die Nase rümpfen (über).

pool¹ [puːl] **1.** kleiner Teich; **2.** Pfütze, Lache *f;* **3.** (*swimming-~*) Schwimmbecken *n;* **4.** (*im Fluß*) Wasserloch *n.*

pool² [puːl] **I** *s* **1.** gemeinsame Kasse; **2.** Poolbillard *n;* **3.** *pl* Toto *n od m;* **4.** *com* Kartell *n,* Pool *m;* Interessengemeinschaft *f;* **5.** (Wagen)Park *m;* Fahrgemeinschaft *f;* **6.** Mitarbeiterstab *m;* Schreibzentrale *f;* **II** *tr* **1.** zusammenlegen; vereinen; **2.** (*Gewinn*) teilen; ▶ ~ **expenses** sich an Unkosten anteil(s)mäßig beteiligen; **pool-room** Billardzimmer *n;* **pool selling** Absatz *m* durch ein Kartell.

poop¹ [puːp] **1.** *mar* Heck *n;* **2.** (~ *deck*) Achterdeck *n.*

poop² [puːp] *tr sl* schlauchen; ▶ **be ~ed (out)** geschafft sein.

poor [pʊə(r)] **I** *adj* **1.** arm; **2.** schlecht; **3.** (*Ernte*) mager; **4.** (*Boden*) dürftig; **5.** (*Gestein*) taub; **6.** bedauernswert, arm; ▶ **be ~ in arithmetic** schwach im Rechnen sein; **have a ~ opinion of s.o.** nicht viel von jdm halten; **that is a ~ consolation** das ist ein schwacher Trost; **~ me!** ich Ärmster! **II** *s pl* ▶ **the ~** die Armen *pl;* **poor-box** Opferstock *m;* **poor law** Armenrecht *n,* -gesetzgebung *f;* **poor·ly** ['pʊəlɪ] **I** *adv* **1.** arm; ärmlich; **2.** schlecht mangelhaft, dürftig; ▶ **think ~ of s.o.** nicht viel von jdm halten; **they did ~ in the examination** sie haben im Examen schlecht abgeschnitten; **be ~ off** übel dran sein; **II** *adj fam* kränklich; ▶ **feel ~** sich nicht wohl fühlen; **poor·ness** ['pʊənɪs] **1.** Armut *f;* **2.** Mangel *m,* Dürftigkeit *f;* (*Boden*) Unfruchtbarkeit *f;* **poor-spirited** [ˌpʊər'spɪrɪtɪd] *adj* ängstlich.

pop¹ [pɒp] **I** *s* **1.** Knall (*en n*) *m;* **2.** Schuß *m;* **3.** *fam* Brause *f,* Sprudel *m;* **II** *itr* **1.** knallen; **2.** (*zer*)springen, platzen; **3.** (~ *open, out*) (*Augen*) groß werden; **4.** (mit e-m Gewehr) knallen (*at* auf); ▶ **go ~** losgehen, platzen; **his eyes ~ped out of his head** er riß die Augen weit auf; **III** *tr* **1.** zum Platzen bringen; **2.** *fam* stecken; ▶ **~ one's head round the corner** den Kopf um die Ecke stecken; **~ a hat on** einen Hut aufsetzen; **~ the question** *fam* e-n Heiratsantrag machen; **IV** (*mit*

Präposition) **pop in** *itr* hereinplatzen; *tr (Kopf)* hereinstrecken; **pop off** *itr* abhauen; *sl* abkratzen, sterben; **pop up** *tr* in die Höhe fahren, hoch-, auffahren; plötzlich auftauchen.
pop² [pɒp] *Am sl* **1.** Papa *m;* **2.** *fam hum* Alte(rchen *n*) *m.*
pop³ [pɒp] Popmusik *f;* **pop art** ['pɒpɑːt] Pop-art *f;* **pop concert** ['pɒpˌkɒnsət] Popkonzert *n.*
popcorn ['pɒpkɔːn] Popcorn *n.*
Pope [pəʊp] Papst *m;* **pop·ery** ['pəʊpərɪ] *pej* Pfaffentum *n.*
pop-eyed [ˌpɒp'aɪd] *adj* glotzäugig.
pop group ['pɒpgruːp] Popgruppe *f.*
pop-gun Spielzeugpistole *f.*
pop·in·jay ['pɒpɪndʒeɪ] Fatzke *m.*
pop·lar ['pɒplə(r)] *bot* Pappel *f.*
pop·lin ['pɒplɪn] Popelin(e *f*) *m (Stoff).*
pop music ['pɒp'mjuːzɪk] Popmusik *f.*
pop·per ['pɒpə(r)] *Br fam* Druckknopf *m.*
pop·pet ['pɒpɪt] Schätzchen *n.*
poppy ['pɒpɪ] Mohn(blume *f*) *m;* **poppy·cock** ['pɒpɪkɒk] *fam* Quatsch *m.*
pop singer ['pɒpsɪŋə(r)] Popsänger(in) *m (f);* **pop song** Popsong, Schlager *m;* **pop-star** Popstar *m.*
popu·lace ['pɒpjʊləs] **1.** Volk *n;* **2.** (große) Masse *f.*
popu·lar ['pɒpjʊlə(r)] *adj* **1.** beliebt; populär (*with* bei); **2.** *(Preis)* niedrig, erschwinglich; **3.** *(Wissenschaft)* Populär-; populärwissenschaftlich; **4.** weitverbreitet; **5.** des Volkes; **be very ~** sehr gefragt sein; **make o.s. ~** sich beliebt machen (*with* bei); **~ edition** *(Buch)* Volksausgabe *f;* **~ front** Volksfront *f;* **by ~ consent, request** mit allgemeiner Zustimmung, auf allgemeinen Wunsch; **popu·lar·ity** [ˌpɒpjʊ'lærətɪ] Popularität, Beliebtheit *f* (*with* bei); **popu·lar·ize** ['pɒpjʊləraɪz] *tr* **1.** populär machen; **2.** *(Wissenschaft)* popularisieren; **popu·lar·ly** ['pɒpjʊlə lɪ] *adj* allgemein.
popu·late ['pɒpjʊleɪt] *tr* bevölkern, besiedeln; **popu·la·tion** [ˌpɒpjʊ'leɪʃn] **1.** Bevölkerung *f;* **2.** Einwohnerschaft *f;* Einwohnerzahl *f;* **3.** *biol* Population *f;* Bestand *m,* Zahl *f;* **► civil(ian) ~** Zivilbevölkerung *f;* **fall, increase** od **rise in ~** Bevölkerungsabnahme, -zunahme *f;* **rural, urban ~** Land-, Stadtbevölkerung *f;* **surplus ~** Bevölkerungsüberschuß *m;* **population density** Bevölkerungsdichte *f;* **population policy** Bevölkerungspolitik *f;* **popu·lous** ['pɒpjʊləs] *adj* dichtbesiedelt.
por·ce·lain ['pɔːsəlɪn] Porzellan *n.*
porch [pɔːtʃ] Vorbau *m;* Veranda *f;* Vorhalle *f.*
por·cu·pine ['pɔːkjʊpaɪn] Stachelschwein *n.*

pore¹ [pɔː(r)] Pore *f.*
pore² ['pɔː(r)] **► ~ over** *tr* **1.** (nach)sinnen, grübeln über; **2.** eifrig studieren (*over a book* ein Buch).
pork [pɔːk] Schweinefleisch *n;* **pork chop** Schweinskotelett *n;* **porker** ['pɔːkə(r)] Mastschwein *n;* **pork pie** (Schweine)Fleischpastete *f;* **porky** ['pɔːkɪ] *adj fam* dick, korpulent.
por·no·graph·ic [ˌpɔːnə'græfɪk] pornographisch; **por·n(ogra·phy)** [pɔːn, pɔː'nɒgrəfɪ] Pornographie *f.*
po·rous ['pɔːrəs] *adj* durchlässig, porös.
por·poise ['pɔːpəs] *zoo* Tümmler *m.*
por·ridge ['pɒrɪdʒ] Haferflockenbrei *m;* **porridge oats** *pl* Haferflocken *f pl;* **por·rin·ger** ['pɒrɪndʒə(r)] Suppennapf *m.*
port¹ [pɔːt] Haltung *f;* **► at the ~** *mil (Gewehr)* zum Appell vorgezeigt.
port² [pɔːt] (See)Hafen *m;* Hafenstadt *f,* -platz *m;* **► any ~ in a storm** in der Not frißt der Teufel Fliegen; **come into, reach ~** in den Hafen einlaufen; **leave ~** auslaufen; **port authority** Hafenamt *n;* **port dues** *pl* Hafengebühren *f pl.*
port³ [pɔːt] **1.** *mar (~hole)* Bullauge *n;* **2.** Ladeporte, Pfortluke *f;* **3.** *mar* Backbord *n;* **4.** *tech* Durchlaß *m;* **5.** *EDV* Steckplatz *m.*
port⁴ [pɔːt] Portwein *m.*
port·able ['pɔːtəbl] *adj* tragbar; **► ~ type-writer** Reiseschreibmaschine *f;* **~ radio** Kofferradio *n;* **~ television (set)** tragbares Fernsehgerät; **porta·cab·in, porta·kab·in** ['pɔːtəˌkæbɪn] Wohncontainer *m;* **port·age** ['pɔːtɪdʒ] Transport *m;* Transportkosten *pl.*
por·ten·tous [pɔː'tentəs] *adj* **1.** verhängnis-, unheilvoll; **2.** ungewöhnlich; unglaublich.
por·ter ['pɔːtə(r)] **1.** (Gepäck)Träger, Dienstmann *m;* **2.** *Am* Schlafwagenschaffner *m;* **3.** Pförtner, Portier *m;* **4.** *med* Pfleger *m;* **5.** *Am (~-house steak)* (Rinder)Filet *n;* **► ~'s lodge** Pförtnerloge *f.*
port·folio [pɔːt'fəʊlɪəʊ] 〈*pl* -folios〉 **1.** (Akten)Mappe *f;* **2.** (Effekten)Portefeuille *n,* Bestand *m* an Wertpapieren; **3.** *pol* Geschäftsbereich *m (e-s Ministers).*
port·ico ['pɔːtɪkəʊ] 〈*pl* -icos〉 Säulenhalle *f,* -gang *m.*
por·tion ['pɔːʃn] **I** *s* **1.** Teil *m (of* an); **2.** *(Karte)* Abschnitt *m;* **3.** (Essens)Portion *f;* **4.** Schicksal, Los *n;* **II** *tr (~ out)* ein-, zu-, austeilen.
port·ly ['pɔːtlɪ] *adj* korpulent.
por·trait ['pɔːtrɪt] Porträt *n;* **► have one's ~ painted** sich malen lassen; **por·traitist, portrait painter** ['pɔːtrɪtɪst] Porträtmaler(in) *m (f);* **por·trait·ure** ['pɔːtrɪtʃə(r)] Porträtmalerei *f;* **por·tray** [pɔː'treɪ] *tr* **1.** malen; **2.** *fig* schildern, beschreiben; **3.** *theat* darstellen; **por-**

trayal [pɔ:'treɪəl] 1. *fig* Schilderung, Beschreibung *f;* 2. *theat* Darstellung *f.*
Por·tu·gal ['pɔ:tjugəl] Portugal *n;* **Por·tu·guese** [ˌpɔ:tju'gi:z] I *adj* portugiesisch; II *s* 1. Portugiese *m,* Portugiesin *f;* 2. (das) Portugiesisch(e).
pose [pəuz] I *s* 1. Haltung *f;* 2. *fig pej* Pose *f;* II *tr* 1. aufstellen; 2. *(Problem)* vortragen; 3. *(Schwierigkeiten)* machen; 4. *(Frage)* formulieren; 5. *(Bedrohung)* darstellen; III *itr* 1. Modell stehen *(for a photo* e-m Fotografen); 2. sich in Positur werfen; 3. e-e bestimmte Haltung einnehmen; 4. sich ausgeben *(as* als); angeben; **poser** ['pəuzə(r)] 1. schwierige Frage; schwieriges Problem; 2. affektierter Mensch, Angeber(in) *m (f).*
posh [pɒʃ] *adj fam* piekfein, vornehmen; ▶ **what a ~ car!** (was für) ein toller Wagen!
posit ['pɒzɪt] *tr* voraussetzen; postulieren.
po·si·tion [pə'zɪʃn] I *s* 1. Platz *m;* Stelle *f;* Standort *m;* Lage *f;* 2. Haltung *f;* Stellung *f;* Position *f;* 3. Standpunkt *m;* 4. *sport* Platz *m;* 5. gesellschaftliche Stellung; 6. (feste) Stelle, Stellung *f (with* bei); ▶ **in, out of** ~ am rechten, falschen Platz; **in my** ~ in meiner Lage; **in a difficult, in an awkward** ~ in e-r schwierigen, unbequemen Lage; **be in a** ~ **to do** in der Lage sein zu tun; **hold, occupy a** ~ e-e Stelle haben; **place in a difficult** ~ in e-e schwierige Lage bringen; **take up a** ~ *fig* Stellung beziehen; **firm, permanent** ~ feste Stelle; **legal** ~ Rechtslage *f;* ~ **for life** Lebensstellung *f;* II *tr* aufstellen; ▶ **he ~ed himself where he could see** er stellte sich so, daß er gut sehen konnte.
posi·tive ['pɒzətɪv] I *adj* 1. positiv; 2. *(Einstellung)* positiv, bejahend; *(Kritik)* konstruktiv; 3. *(Mensch, Auftreten, Ton)* bestimmt; streng; *(Antwort)* definitiv; ▶ **be** ~ ganz sicher sein *(that* daß); ~ **thinking** positive Einstellung; **it's a** ~ **miracle** es ist ein wahres Wunder; II *s phot* Positiv *n;* **posi·tive·ly** [—lɪ] *adv* absolut; ohne jeden Zweifel; ganz sicher; ▶ **state** ~ **that** eindeutig erklären, daß.
posse ['pɒsɪ] *Am* Aufgebot *n.*
pos·sess [pə'zes] *tr* 1. besitzen; 2. *(Sprache)* beherrschen; 3. *(e-n Menschen)* beherrschen, Besitz ergriffen haben von; ▶ ~ **o.s. of s.th.** von e-r S Besitz ergreifen; **be ~ed by** ergriffen, (ganz) eingenommen sein von; besessen sein von; **what ~ed you to do that?** was ist in Sie gefahren, so etwas zu tun?; **pos·sessed** [pə'zest] *adj* 1. besessen *(by* von); erfüllt *(with* von); 2. begabt *(of* mit); **pos·session** [pə'zeʃn] 1. Besitz *m;* 2. Eigentum *n;* 3. *pl* Besitz *m,* Habe *f;*

▶ **be in** ~ **of s.th., have s.th. in one's** ~ im Besitz e-r S sein, etw in Besitz haben; **come into** ~ **of s.th.** in den Besitz, Genuß e-r S kommen; **take** ~ **of** Besitz ergreifen von, in Besitz nehmen; **pos·sess·ive** [pə'zesɪv] *adj* ▶ **be** ~ sein Besitzrecht stark betonen; ~ **pronoun** Possessivpronomen *n,* besitzanzeigendes Fürwort; **pos·sessor** [pə'zesə(r)] Besitzer(in), Inhaber(in) *m (f).*
pos·si·bil·ity [ˌpɒsə'bɪlətɪ] 1. Möglichkeit *f (of doing* zu tun; *of* zu, für); 2. *fam* in Frage kommende Person; **possible** ['pɒsəbl] I *adj* 1. möglich *(for* für; *with* bei); 2. denkbar, geeignet; 3. *fam* annehmbar; ▶ **as early, as soon as** ~ so früh, so bald wie möglich; **if (it is)** ~ wenn möglich; II *s* 1. *sport* höchste Punkt-, Ringzahl; 2. in Frage kommende Person *od* Sache; **poss·ib·ly** ['pɒsəblɪ] *adv* 1. möglicherweise, eventuell; 2. vielleicht; ▶ **if I** ~ **can** wenn ich irgend kann; **I cannot** ~ **come** ich kann unmöglich kommen.
pos·sum ['pɒsəm] Opossum *n,* Beutelratte *f;* ▶ **play** ~ *fam* sich schlafend stellen.
post[1] [pəust] I *s* Pfosten, Pfahl, Mast *m;* ▶ **first-past-the-** ~ **system** *pol* Mehrheitswahlrecht *n;* II *tr (~ up)* 1. ankleben, -schlagen; 2. durch Anschlag bekanntmachen; ▶ ~ **no bills** Plakate ankleben verboten!
post[2] [pəust] I *s* 1. (Arbeits)Stelle *f,* Posten *m;* 2. *mil* Posten *m;* 3. *(trading* ~*)* Handelsplatz *m;* ▶ **first** ~ Wecksignal *n;* **last** ~ Zapfenstreich *m;* II *tr* 1. *mil* als Posten aufstellen; (ab)kommandieren; 2. versetzen.
post[3] [pəust] I *s Br* Post *f;* ▶ **by** ~ mit der Post; **by return of** ~ postwendend; **by the same** ~ mit gleicher Post; **by today's** ~ mit der heutigen Post; **by separate** ~ mit getrennter Post; **is there any** ~ **for me?** ist Post für mich da? **evening, letter, morning, parcel** ~ Abend-, Brief-, Morgen-, Paketpost *f;* II *tr* 1. in den Briefkasten werfen; auf die Post geben; 2. aufgeben, abschicken, -senden; 3. *(~ up)* eintragen.
post·age ['pəustɪdʒ] Porto *n,* (Post)Gebühr *f;* ▶ **what is the** ~ **to Italy?** wieviel kostet ein Brief nach Italien? **post·age meter** *Am* Frankiermaschine *f;* **postage paid** I *adj* portofrei; ▶ ~ **envelope** Freiumschlag *m;* II *adv* portofrei; **postage rate** Postgebühr *f;* **postage stamp** Briefmarke *f,* Postwertzeichen *n.*
postal ['pəustl] *adj* Post-, postalisch; ▶ ~ **address** Postanschrift *f;* ~ **card** *Am* Postkarte *f;* ~ **code** Postleitzahl *f;* ~ **district** Postbezirk *m;* ~ **order** *Br* Postanweisung *f;* ~ **vote** Briefwahl *f.*
post·bag ['pəustbæg] *Br* Postsack *m;*

post-box *Br* Briefkasten *m;* **post-card** ['pəustkɑːd] Postkarte *f;* ▶ **picture** ~ Ansichtskarte *f;* **post-code** *Br* Postleitzahl *f.*
post·date [,pəust'deɪt] *tr (Scheck)* vordatieren.
posted ['pəustɪd] *adj* ▶ **keep s.o.** ~ jdn auf dem laufenden halten; **well** ~ gut informiert; ~ **price** *com* Listenpreis *m;* ~ **rate** *(Bank)* Devisenankaufkurs *m.*
poster ['pəustə(r)] Plakat *n;* Poster *n.*
poste restante ['pəust'restɑːnt] **I** *adv* postlagernd; **II** *s* Abteilung *f* für postlagernde Sendungen.
pos·terior [pɒ'stɪərɪə(r)] **I** *adj* 1. später *(to* als); 2. hinter; **II** *s fam* Hintern *m.*
pos·ter·ity [pɒ'sterətɪ] 1. Nachkommen *m pl;* 2. Nachwelt *f.*
pos·tern ['pɒstən] *obs* Hintertür *f.*
post-free [,pəust'friː] *adj* portofrei; frankiert.
post·gradu·ate [,pəust'grædʒuət] **I** *adj (Studium)* nach dem Examen; **II** *s* Doktorand *m;* Graduierte(r) *f m.*
post haste [,pəust'heɪst] *adv* schnellstens.
post·hum·ous ['pɒstjuməs] *adj* 1. nachgeboren; 2. post(h)um; ▶ ~ **fame** Nachruhm *m.*
post·ing ['pəustɪŋ] 1. *(Postsendung)* Aufgabe, Einlieferung *f;* 2. *(Plakat)* Anschlagen *n;* 3. *(beruflich)* Versetzung *f.*
post·man ['pəustmən] ⟨*pl* -men⟩ Briefträger *m;* **post·mark** ['pəustmɑːk] **I** *s* Poststempel *m;* ▶ **date as** ~ Datum *n* des Poststempels; **II** *tr* stempeln; **post-mas·ter** ['pəust,mɑːstə(r)] Postamtsvorsteher *m;* ▶ **P~ General** Postminister *m.*
post meri·diem [,pəust mə'rɪdɪəm], **pm** *adv* nachmittags; **post·mod·ern** [,pəust'mɒdən] *adj arch lit* postmodern; **post·mod·ern·ism** [—ɪzm] *arch lit* Postmoderne *f;* **post-mor-tem** [,pəust'mɔːtəm] 1. *(~ examination)* Autopsie, Leichenöffnung *f;* 2. *fig* Überprüfung *f;* **post-natal** *adj* nach der Geburt (stattfindend); *med* postnatal.
post of·fice, PO ['pəust,ɒfɪs, ,piː'əu] Postamt *n;* ▶ **the P~** die Post; ~ **box, PO Box** Postfach *n;* **post-paid** [,pəust'peɪd] *adj* frankiert; ▶ ~ **reply card** Werbeantwort(karte) *f.*
post·pone [pə'spəun] *tr* 1. auf-, verschieben, zurückstellen; 2. *(Termin)* verlegen, vertagen; **post·pone·ment** [—mənt] Verschiebung *f;* Vertagung *f;* **post·script, PS** ['pəusskrɪp, ,piː'es] Nachschrift *f.*
pos·tu·late ['pɒstjuleɪt] **I** *tr* voraussetzen, postulieren; **II** *s* ['pɒstjulət] (Grund)Voraussetzung *f,* Postulat *n.*
pos·ture ['pɒstʃə(r)] **I** *s* Haltung *f;* **II** *itr* e-e bestimmte Stellung, *fig* Haltung ein-

nehmen.
post-war ['pəustwɔː] *adj attr* Nachkriegs-; ▶ ~ **Germany** Nachkriegsdeutschland *n;* **the** ~ **years** die Nachkriegsjahre.
posy ['pəuzɪ] Blumenstrauß *m.*
pot [pɒt] **I** *s* 1. Topf *m;* Kanne *f;* Krug *m;* 2. *(chimney ~)* Kaminaufsatz *m;* 3. *sport sl* Preis, *bes.* (Silber)Pokal *m;* 4. *fam* Menge *f,* Haufen *m;* 5. *fam (big ~)* hohes Tier; 6. *fam* Dickbauch *m;* 7. *sl (marijuana)* Gras *n;* 8. *(~-shot)* Schuß *m;* ▶ **go to** ~ *sl* in die Brüche gehen; auf den Hund kommen; **keep the** ~ **boiling** sein Auskommen haben; die Sache in Gang halten; **coffee-~** Kaffeekanne *f;* **flower-~** Blumentopf *m;* **tea-~** Teekanne *f;* **II** *tr* 1. *(Fleisch)* einmachen; 2. *(Pflanzen)* eintopfen; 3. *(Wild)* (ab)schießen; 4. *fam (Kind)* auf den Topf setzen; **III** *itr* 1. *(~ away)* herumknallen; 2. *(Billard)* ins Loch spielen.
pot·able ['pəutəbl] *adj* trinkbar.
pot·ash ['pɒtæʃ] *chem* Pottasche *f;* ▶ **caustic** ~ Ätzkali *n.*
po·tass·ium [pə'tæsɪəm] *chem* Kalium *n;* **potassium chloride** Kaliumchlorid *n;* **potassium cyanide** Zyankali *n;* **potassium (per)manganate** Kalium(per)manganat *n.*
po·tato [pə'teɪtəu] ⟨*pl* -tatoes⟩ Kartoffel *f;* ▶ **boiled** ~es *pl* Salzkartoffeln *f pl;* **fried** ~es *pl* Brat-, Röstkartoffeln *f pl;* **mashed** ~ *pl* Kartoffelbrei *m;* **sweet, Spanish** ~ Batate *f;* ~es **in the jacket** (in der Schale) gebackene Kartoffeln *f pl;* **potato beetle, potato bug** Kartoffelkäfer *m;* **potato chips,** *Br* **potato crisps** *pl* Kartoffelchips *pl;* **potato peeler** Kartoffelschäler *m.*
pot-bellied ['pɒt,belɪd] *adj* dickbäuchig; **pot-belly** Dickbauch, Wanst *m;* **pot-boiler** ['pɒt,bɔɪlə(r)] Arbeit *f,* Werk *n,* um Geld zu verdienen.
po·teen [pɒ'tiːn, pɒ'tʃiːn] *(Irland)* heimlich gebrannter Whisky.
po·tency ['pəutənsɪ] 1. Macht, Kraft, Stärke *f;* 2. *physiol* Potenz *f;* **po·tent** ['pəutnt] *adj* 1. mächtig, einflußreich; 2. wirksam; 3. überzeugend, zwingend; 4. *physiol* potent.
po·ten·tate ['pəutnteɪt] Potentat *m.*
po·ten·tial [pə'tenʃl] **I** *adj* potentiell *a. phys,* möglich; **II** *s* Potential *n a. phys;* ▶ **show** ~ gute Anlagen haben *(as* zu); **po·ten·tial·ity** [pə,tenʃɪ'ælətɪ] Möglichkeit *f;* **po·ten·tially** [pə'tenʃəlɪ] *adv* möglicherweise; potentiell.
pother ['pɒðə(r)] Aufregung *f.*
pot-herb ['pɒthɜːb] Küchenkraut *n;* **pot-holder** ['pɒt,həuldə(r)] Topflappen *m;* **pot-hole** Schlagloch *n;* **pot-holer** ['pɒt,həulə(r)] Höhlenforscher(in) *m (f);* **pot-hook** 1. Kesselhaken *m;* 2. *fam* Krakelfuß *m;* **pot-hunter** 1. Jäger *m,*

der jedes Wild abknallt; **2.** *sport* Preisjäger *m.*

po·tion ['pəʊʃn] Trank *m.*

pot-luck [pɒt'lʌk] : ▶ **take** ~ mit dem vorliebnehmen, was es gerade gibt.

pot-pourri [‚pəʊ'pʊəri:] *mus* Potpourri *n.*

pot roast ['pɒtrəʊst] Schmorbraten *m;* **pot-shot** Schuß *m* aufs Geratewohl; **potted** ['pɒtɪd] *adj* **1.** *(Küche)* eingemacht; **2.** *(Pflanze)* Topf-; **3.** *fig* zusammengefaßt; ▶ ~ **meat** Pökelfleisch *n.*

pot·ter[1] ['pɒtə(r)] Töpfer(in) *m (f);* ▶ ~'s **wheel** Töpferscheibe *f.*

pot·ter[2] ['pɒtə(r)] *itr* **1.** (~ *about*) herumtrödeln, -bummeln; **2.** herumpfuschen (*at* an).

pot·tery ['pɒtərɪ] **1.** Töpferei *f;* **2.** Töpferwaren *f pl.*

potty[1] ['pɒtɪ] *adj Br fam* verrückt; ▶ **be** ~ **about** s.th. ganz verrückt sein auf etw; **you're driving me** ~ Sie bringen mich um den Verstand.

potty[2] ['pɒtɪ] *fam (chamber* ~) Töpfchen *n.*

pouch [paʊtʃ] **1.** Beutel *m a. zoo;* Tasche *f a. bot;* **2.** *(tobacco* ~) Tabaksbeutel *m;* **3.** *med* Tränensack *m.*

pouf [pu:f] *s. poof.*

pouffe [pu:f] Sitzkissen *n.*

poul·terer ['pəʊltərə(r)] Geflügelhändler(in) *m (f).*

poul·tice ['pəʊltɪs] *med* Packung *f.*

poul·try ['pəʊltrɪ] Geflügel *n;* **poultry farm** Geflügelfarm *f;* **poultry farming** Hühnerzucht *f.*

pounce [paʊns] **I** *s* **1.** Herabstoßen *n (e-s Raubvogels);* **2.** Sprung *m (e-s Raubtiers)* (*at* auf); **II** *itr* **1.** herabstoßen, sich stürzen (*on, upon, at* auf); **2.** anspringen (*on, upon, at* acc); **3.** herfallen (*on, upon, at* über).

pound[1] [paʊnd] **1.** Pfund *n (16 Unzen = 453,592 g);* **2.** (~ *sterling*) Pfund *n;* ▶ **by the** ~ pfundweise.

pound[2] [paʊnd] **1.** Tierasyl *n;* **2.** *(für abgeschleppte Autos)* Abstellplatz *m.*

pound[3] [paʊnd] **I** *tr* **1.** (zer)stoßen, (zer)stampfen; **2.** schlagen, stoßen, trommeln auf *od* gegen; **II** *itr* **1.** schlagen, stoßen, trommeln, hämmern (*at, on* auf, gegen); **2.** *(Maschine)* stampfen; **3.** *(Herz)* heftig schlagen; ▶ ~ **about** herumstapfen; ~ **along** mühsam gehen; ~ **out** daraufhämmern.

pounder ['paʊndə(r)] *(in Zssgn)* -pfünder *m.*

pound·ing ['paʊndɪŋ] Stoßen *n;* Hämmern *n;* Stampfen *n;* Dröhnen *n;* ▶ **the team took a real** ~ *sport* die Mannschaft bezog e-e schwere Niederlage (*from* von).

pound note ['paʊndnəʊt] Pfundnote *f.*

pour [pɔ:(r)] **I** *tr* **1.** gießen, schütten (*out of, from* aus; *into* in; *on* auf; *over* über);

2. *(Getränk)* eingießen, -schenken; ▶ ~ **oil on troubled waters** die erhitzten Gemüter beruhigen; ~ **cold water on** s.o. *fig* jdn ernüchtern; **II** *itr* **1.** fließen, strömen, sich ergießen; ▶ ~**ing rain** strömender Regen; **2.** *(Menschen)* sich (in Massen) stürzen; ▶ **it's** ~**ing** es gießt in Strömen; **III** *(mit Präposition)* **pour in** *itr* **1.** hereinströmen; **2.** *(Aufträge)* zahlreich eingehen; *tr* eingießen, -schenken; **pour out** *itr* herausströmen; *tr* **1.** ausgießen; **2.** *(sein Herz)* ausschütten; ▶ **he** ~**ed his troubles out to me** er hat mir sein Leid geklagt.

pout [paʊt] **I** *itr* schmollen; **II** *s* Schmollen *n;* Schmollmund *m.*

pov·erty ['pɒvətɪ] **1.** Armut *f;* **2.** Mangel *m (of, in* an); Mangelhaftigkeit *f;* ▶ **be reduced to** ~ verarmt sein; **poverty line** Armutsgrenze *f,* Existenzminimum *n;* **pov·erty-stricken** ['pɒvətɪˌstrɪkən] *adj* verarmt.

pow·der ['paʊdə(r)] **I** *s* **1.** Puder *m;* **2.** Pulver *n;* **II** *tr* **1.** (ein)pudern; **2.** bestreuen (*with* mit); **3.** pulverisieren; ▶ ~ **one's nose** sich die Nase pudern; *fig* zur Toilette gehen; **powder-compact** Puderdose *f;* **pow·dered** ['paʊdəd] *adj* ▶ ~ **egg** Eipulver *n;* ~ **milk** Milchpulver *n;* ~ **sugar** *Am* Puder-, Staubzucker *m;* **powder keg** *fig* Pulverfaß *n;* **powder-magazine** Pulvermagazin *n;* **powder-puff** Puderquaste *f;* **powder-room** Damentoilette *f;* **pow·dery** ['paʊdərɪ] *adj* **1.** pulvrig; **2.** bröckelig, morsch; **3.** gepudert; ▶ ~ **snow** Pulverschnee *m.*

power ['paʊə(r)] **1.** Kraft *f;* Stärke, Wucht *f; fig* Überzeugungskraft *f;* **2.** Macht *f;* **3.** Herrschaft *f (over* über); **4.** Einfluß *m (with* auf); **5.** Vollmacht, Berechtigung, Befugnis *f;* **6.** *pol* Macht *f;* **7.** *phys tech el* Kraft, Energie *f;* Leistung *f;* Strom *m;* **8.** *math* Potenz *f;* **9.** *fam* Menge, Masse *f (of money* Geld); ▶ **be in** ~ an der Macht sein; **be in s.o.'s** ~ in jds Gewalt sein; **be within (beyond)** s.o.'s ~ (nicht) in jds Macht liegen; **come into** ~ an die Macht gelangen; **do all in one's** ~ alles in seiner Macht Stehende tun; **it did me a** ~ **of good** es hat mir sehr gut getan; **give s.o. full** ~**s** jdm Vollmacht erteilen; jdm freie Hand lassen; **have full** ~**s** Vollmacht haben; **he is losing his** ~**s** seine Kräfte lassen nach; **accession, coming to, assumption of** ~ Machtübernahme *f;* **atomic** ~ Atomkraft *f;* **balance of** ~ Gleichgewicht *n* der Kräfte; **the** ~ **of love** die Macht der Liebe; **his** ~**s of hearing** sein Hörvermögen *n;* **buying** ~ Kaufkraft *f;* **display of** ~ Machtentfaltung *f;* **earning** ~ Ertrags-, Erwerbsfähigkeit *f;* **economic** ~ Wirtschaftspotential *n;* **electric** ~ elektrische Energie *f;* **nuclear**

~ Kernkraft *f; pol* Atommacht *f;* **parental** ~ elterliche Gewalt; **source of** ~ Kraft-, Energiequelle *f;* **sphere of** ~ Machtsphäre *f,* Einflußbereich *m;* **water** ~ Wasserkraft *f;* **world** ~ Weltmacht *f;* **the ~s above** die himmlischen Mächte *f pl;* die Obrigkeit; ~ **of attorney** (Handlungs-, Prozeß)Vollmacht *f;* ~ **of life and death** Gewalt über Leben u. Tod; **the ~s that be** die Machthaber *m pl;* die Obrigkeit; **power-assisted steering** *mot* Servolenkung *f;* **power-boat** Rennboot *n;* **power brakes** *pl* Servobremsen *f pl;* **power cable** Starkstromkabel *n;* **power-cut** Stromsperre *f;* Stromausfall *m;* **power-driven** ['pauədrıvn] *adj* mit Motorantrieb.

power·ful ['pauəfl] *adj* **1.** mächtig, stark, einflußreich; **2.** leistungsfähig, -stark; **power·ful·ly** ['pauəfəlı] *adv fam* mächtig, gewaltig; ▶ ~ **built** kräftig gebaut.

power-house ['pauə‚haus] **1.** Kraftwerk *n;* **2.** *fig* treibende Kraft; dynamischer Mensch; **power·less** ['pauəlıs] *adj* kraft-, machtlos; **power line** Starkstrom-, Hochspannungsleitung *f;* **power mower** Motor-Rasenmäher *m;* **power output** Ausgangsleistung *f;* **power pack** *el* Netzteil *n;* **power plant** Kraftwerk *n;* **power-point** *el* Energiequelle *f;* Steckdose *f;* **power politics** *pl* Machtpolitik *f;* **power saw** Motorsäge *f;* **power-station** Kraftwerk *n;* ~ **nuclear** ~ Kernkraftwerk *n;* **power steering** *mot* Servolenkung *f;* **power tool** Elektrowerkzeug *n;* **power transmission** *tech* Kraftübertragung *f;* **power worker** Elektrizitätsarbeiter(in) *m (f).*

pow·wow ['pauwau] *fam* Konferenz *f.*
pox [pɒks] **1.** Syphilis *f;* **2.** *(small~)* Pocken *pl;* ▶ **chicken** ~ Windpocken *pl.*
PR [pi:'ɑ:(r)] *Abk:* **public relations** PR.
prac·ti·cable ['præktıkəbl] *adj* **1.** aus-, durchführbar; **2.** befahr-, begehbar.
prac·ti·cal ['præktıkl] *adj* praktisch; *(Mensch)* praktisch (veranlagt); *(Lösung, Idee)* praxisnah, -orientiert; ▶ ~ **joke** Streich *m;* ~ **knowledge** Erfahrungswissen *n;* **prac·ti·cal·ity** [‚præktı'kælətı] **1.** brauchbare Lösung; **2.** Brauchbarkeit, Sachlichkeit *f;* **prac·ti·cal·ly** ['præktık(ə)lı] *adv* **1.** in der Praxis; **2.** praktisch, so gut wie, nahezu; ▶ **it's** ~ **the same** es ist fast dasselbe.
prac·tice ['præktıs] **1.** Gewohnheit *f;* Brauch *m,* Sitte *f;* **2.** *bes. com* Verfahrensweise, Praxis *f;* **3.** *(Arzt, Anwalt)* Praxis *f;* **4.** *(nicht Theorie)* Praxis *f;* **5.** Übung *f; sport* Training *n;* **6.** Probe *f;* ▶ **in** ~ in der Praxis; **out of** ~ aus der Übung; **be in** ~ *(Arzt, Anwalt)* praktizieren; **make it a** ~ **to do, make a** ~ **of doing** es sich zur Gewohnheit machen

zu tun; **put in(to)** ~ in die Tat umsetzen; **banking** ~ Banküsance *f;* **business ~s** *pl* Geschäftspraktiken *f pl;* **it is** ~ es ist handelsüblich; ~ **makes perfect** Übung macht den Meister; **prac·tise,** *Am* **prac·tice** ['præktıs] **I** *tr* **1.** üben; *(Lied, Stück)* proben; **2.** *(Beruf)* ausüben; ▶ ~ **law** als Anwalt tätig sein; ~ **medicine** e-e ärztliche Praxis haben; ~ **what one teaches** das tun, was man immer predigt; **II** *itr* **1.** üben *(on an, auf);* **2.** praktisch tätig sein, praktizieren; **3.** *sport* trainieren; **prac·tised,** *Am* **prac·ticed** ['præktıst] *adj* erfahren, routiniert; **prac·tis·ing** ['præktısıŋ] *adj (Arzt, Homosexueller)* praktizierend; *(Kommunist, Christ)* aktiv; **prac·ti·tioner** [præk'tıʃənə(r)] **1.** Praktiker(in) *m (f),* Mensch *m* der Praxis; **2.** *(general* ~*)* praktischer Arzt, praktische Ärztin; ▶ **legal** ~ (praktizierende(r)) Rechtsanwalt *m,* -anwältin *f.*

prag·matic [præg'mætık] *adj* pragmatisch.
prairie ['preərı] Prärie *f.*
praise [preız] **I** *tr* loben *(for wegen);* ~ **to the skies** *fam* in den Himmel heben; **II** *s* **1.** Lob *n;* **2.** Anerkennung *f;* ▶ **sing one's own ~s** sich selbst loben; ~ **be Gott sei Dank! praise·worthy** ['preız‚wɜ:ðı] *adj* lobenswert.
pram [præm] *Br* Kinderwagen *m.*
prance [prɑ:ns] *itr* **1.** *(Pferd)* tänzeln; **2.** *fig* einherstolzieren.
prang [præŋ] *Br* **I** *s* Bruchlandung *f;* **II** *tr* eine Bruchlandung machen *(mit).*
prank [præŋk] (übler) Streich *m;* ▶ **play ~s on s.o.** jdm e-n Streich spielen.
prat [præt] *Br sl* dummer Kerl.
prate [preıt] *itr* schwafeln.
prattle ['prætl] **I** *itr (~ on)* (daher)schwatzen; plappern; **II** *s* Geschwätz, Geplapper *n.*
prawn [prɔ:n] *zoo* (Stein)Garnele *f;* ▶ **go ~ing** Garnelen fangen; **prawn cocktail** Krabbencocktail *m.*
pray [preı] **I** *tr* bitten; **(I)** ~ **(you)** (ich) bitte (Sie); **II** *itr* **1.** beten *(to* zu; *for* um); **2.** flehen(tlich bitten) *(for* um); ▶ **past ~ing for** in e-m hoffnungslosen Zustand; **prayer** [preə(r)] **1.** Gebet *n;* **2.** Andacht *f;* ▶ **say one's ~s** sein Gebet verrichten; **the Lord's P~** das Vaterunser; **morning-, evening-~** Morgen-, Abendgebet *n;* **prayer-book** Gebetbuch *n;* **prayer-meeting** Betstunde *f;* **prayer-rug** Gebetsteppich *m;* **prayer wheel** Gebetsmühle *f.*
preach [pri:tʃ] **I** *itr* predigen *a. pej (on, about* über); ▶ ~ **to s.o.** *fig* jdm e-e Predigt halten; **II** *tr* **1.** predigen; **2.** verfechten, sich einsetzen für; **3.** *(Predigt)* halten; ▶ ~ **caution** zur Vorsicht raten; **preacher** ['pri:tʃə(r)] Prediger *m;* **preach·ify** ['pri:tʃıfaı] *itr fam* Moral-

predigten halten.

pre·amble [pri:'æmbl] *jur pol* Präambel *f;* Einleitung, Vorrede *f.*

pre·ar·range [ˌpri:ə'reɪndʒ] *tr* vorher festlegen, bestimmen.

preb·end ['prebənd] *rel* Pfründe *f;* **preb·en·dary** ['prebəndrɪ] Inhaber *m* e-r Pfründe.

pre·cari·ous [prɪ'keərɪəs] *adj* 1. unsicher, ungewiß; 2. prekär, gefährlich; 3. *(Theorie)* anfechtbar.

pre·cast [ˌpri:'kɑ:st] *adj* vorgefertigt.

pre·caution [prɪ'kɔ:ʃn] Vorsicht(smaßnahme, -maßregel) *f;* ▶ **take the ~ of doing s.th** etw vorsichtshalber tun; **take ~s** Vorsichtsmaßnahmen treffen; empfängnisverhütende Mittel nehmen; **pre·caution·ary** [ˌprɪ'kɔ:ʃ(ə)nərɪ] *adj* Vorsichts-, vorbeugend.

pre·cede [prɪ'si:d] *tr* 1. voraus-, vorangehen *(s.o., s.th.* jdm, e-r S); 2. *(im Rang)* stehen über; 3. *(in Bedeutung)* den Vorrang haben vor; **pre·ced·ence** ['presɪdəns] 1. Vorrang, -tritt *m;* 2. höherer Rang, höheres Dienstalter; ▶ **give s.o. ~, yield ~ to s.o.,** jdm den Vortritt lassen; **have, take ~ over** den Vorrang haben vor; rangieren vor; **in order of ~** der Rangordnung nach; **pre·ced·ent** ['presɪdənt] 1. Präzedenzfall *m;* 2. *pl* frühere Fälle *m pl;* **pre·ced·ing** [prɪ'si:dɪŋ] *adj* vorhergehend.

pre·cept ['pri:sept] Grundsatz *m,* Maxime *f.*

pre·cinct ['pri:sɪŋkt] 1. *(shopping ~)* Einkaufsviertel *n;* 2. *(pedestrian ~)* Fußgängerzone *f;* 3. *Am (police ~)* Revier *n;* 4. Bezirk *m;* ▶ **~s** *pl* Gelände *n;* Umgebung *f.*

precious ['preʃəs] *adj* wertvoll *(to* für); kostbar *a. fig* preziös; ▶ **~ few** *fam* ganz wenige; **~ metal** Edelmetall *n;* **~ stone** Edelstein *m.*

preci·pice ['presɪpɪs] Abgrund *m a. fig;* ▶ **stand on the edge of a ~** *fig* vor e-m Abgrund stehen.

pre·cipi·tate [prɪ'sɪpɪteɪt] **I** *tr* 1. hinabstürzen; 2. stürzen *(into ruin* ins Verderben); 3. *fig* überstürzen; beschleunigen; 4. *chem mete* niederschlagen, kondensieren, fällen; **II** *itr* 1. sich stürzen *(into* in); 2. *chem mete* sich niederschlagen; **III** *adj fig* [prə'sɪpɪtɪt] überstürzt; **IV** *s chem mete* Niederschlag *m;* **pre·cipi·ta·tion** [prɪˌsɪpɪ'teɪʃn] 1. Überstürzung *f;* 2. *chem* Fällung *f;* 3. *mete* Niederschlag *m,* Niederschlagsmenge *f;* **pre·cipi·tous** [prɪ'sɪpɪtəs] *adj* 1. abschüssig, steil (abfallend), jäh; 2. überstürzt.

pré·cis ['preɪsi:, *Am* preɪ'si:] ⟨*pl* -cis⟩ ['preɪsi:z] Zusammenfassung *f;* Inhaltsangabe *f.*

pre·cise [prɪ'saɪs] *adj* 1. genau, exakt; 2. gewissenhaft; pünktlich; 3. pedantisch,

umständlich; ▶ **at the ~ moment that** in dem Augenblick als; **pre·cise·ly** [-lɪ] *adv* genau; **~!** stimmt! so ist es!

pre·ci·sion [prɪ'sɪʒn] 1. Genauigkeit, Exaktheit *f;* 2. *tech* Präzision *f;* ▶ **~ balance** Präzisionswaage *f;* **~ bombing** gezielter Bombenabwurf; **~ instrument** Präzisionsinstrument *n;* **~ tools** *pl* Präzisionswerkzeuge *n pl.*

pré·cis-writ·ing ['preɪsɪˌraɪtɪŋ] *(Schule)* Inhaltsangabe *f.*

pre·clude [prɪ'klu:d] *tr* 1. ausschließen; 2. hindern *(from doing* etw zu tun).

pre·co·cious [prɪ'kəʊʃəs] *adj* frühreif; **pre·coc·ious·ness, pre·coc·ity** [prɪ'kəʊʃəsnɪs, prɪ'kɒsətɪ] Frühreife *f.*

pre·con·ceived ['pri:kɒnsɪ:vd] *adj* vorgefaßt; **pre·con·cep·tion** [ˌpri:kən'sepʃn] Vorurteil *n.*

pre·cook ['pri:kʊk] vorkochen.

pre·cur·sor [ˌpri:'kɜ:sə(r)] Vorläufer, Vorgänger *m.*

pre·date [pri:'deɪt] *tr* zeitlich vorangehen.

preda·tor ['predətə(r)] Raubtier *n.*

preda·tory ['predətrɪ] *adj* räuberisch, Raub-.

pre·de·cessor ['pri:dɪsesə(r)] Vorgänger(in) *m (f).*

pre·des·ti·nate [ˌpri:'destɪneɪt] *tr* vorherbestimmen *(to* für); **pre·des·ti·na·tion** [ˌpri:destɪ'neɪʃn] Vorherbestimmung, Prädestination *f;* **pre·des·tine** [ˌpri:'destɪn] *tr* prädestinieren.

pre·de·ter·mine [ˌpri:dɪ'tɜ:mɪn] *tr* vorher festlegen.

pre·dica·ment [prɪ'dɪkəmənt] mißliche Lage; ▶ **be in a ~** in der Klemme sitzen.

predi·cate ['predɪkeɪt] **I** *tr* 1. aussagen *(of* über); 2. (be)gründen *(on, upon* auf); 3. abhängig machen *(on a condition* von e-r Bedingung); 4. stützen; **II** *s gram* ['predɪkət] Prädikat *n.*

pre·dict [prɪ'dɪkt] *tr* vorhersagen, prophezeien; **pre·dict·able** [-əbl] *adj* vorhersehbar; **pre·dic·tion** [prɪ'dɪkʃn] Vorhersage, Prognose, Prophezeiung *f.*

pre·di·lec·tion [ˌpri:dɪ'lekʃn] Vorliebe *f (for* für).

pre·dis·pose [ˌpri:dɪ'spəʊz] *tr* 1. geneigt, empfänglich machen *(to* zu, für); 2. günstig stimmen *(in s.o.'s favo(u)r* für jdn); 3. *med* prädisponieren *(to* für); **pre·dis·posi·tion** [ˌpri:dɪspə'zɪʃn] 1. Empfänglichkeit *f a. med;* 2. *med* Prädisposition *f (to* für).

pre·domi·nance [prɪ'dɒmɪnəns] 1. Überlegenheit *f,* Übergewicht *n (over* über); 2. Vorherrschaft *f (over* über; *in* in); **pre·domi·nant** [prɪ'dɒmɪnənt] *adj* vorherrschend, überwiegend; **pre·domi·nate** [prɪ'dɒmɪneɪt] *itr* überlegen sein; die Oberhand haben *(over* über); vorherrschen *(over* vor).

pre-emi-nence [ˌpriːˈemɪnəns] Vorrang(stellung f) m; Überlegenheit f (over über); **pre-emi-nent** [ˌpriːˈemɪnənt] adj hervor-, überragend.

pre-empt [ˌpriːˈempt] tr zuvorkommen (s.o. jdm); **pre-emp-tion** [ˌpriːˈempʃn] Zuvorkommen n; **pre-emp-tive** [priːˈemptɪv] adj präventiv.

preen [priːn] tr (Gefieder) putzen, glätten; ▶ ~ o.s. sich feinmachen; ~ o.s. on s.th. sich etwas auf etw einbilden.

pre-fab [ˈpriːfæb] Fertighausteil n; **pre-fab-ri-cate** [ˌpriːˈfæbrɪkeɪt] tr vorfabrizieren; ▶ ~d vorgefertigt; in Fertigbauweise erstellt; ~d building Fertighaus n; ~d section Fertigteil n.

pref-ace [ˈprefɪs] I s Vorwort n; II tr 1. mit e-r Einleitung versehen; 2. einleiten (with mit); **prefa-tory** [ˈprefətrɪ] adj einleitend.

pre-fect [ˈpriːfekt] Präfekt m; Br Vertrauensschüler(in) m (f).

pre-fer [prɪˈfɜː(r)] tr 1. vorziehen, bevorzugen; 2. lieber tun od haben (s.th. to s.th. else etw als e-e andere S; rather than als); 3. (im Amt) befördern (to zu); 4. (Klage) erheben (against gegen; to bei); **pre-fer-able** [ˈprefrəbl] adj vorzuziehen (to dat), wünschenswerter (to als); **pre-fer-ably** [ˈprefrəblɪ] adv am liebsten; **pref-er-ence** [ˈprefrəns] 1. Vorzug m; Bevorzugung f (over vor); 2. Vorliebe f (for für); 3. Vorrecht n; Präferenz f; 4. Meistbegünstigung f, Vorzugstarif m; 5. pl Präferenzen f pl; Vorzugsaktien f pl; ▶ by, for, from ~ vorzugsweise; in ~ to lieber als; give ~ to s.o. jdm den Vorzug geben; have a ~ for e-e Vorliebe haben für; what are your ~s? worauf legen Sie Wert?; was ziehen Sie vor? I have no ~ das ist mir einerlei; **pref-er-en-tial** [ˌprefəˈrenʃl] adj bevorzugt, bevorrechtigt; ▶ ~ duty Vorzugszoll m; ~ treatment bevorzugte Behandlung, Bevorzugung f; **preferred** [prɪˈfɜːd] adj 1. bevorzugt; 2. bevorrechtigt; ▶ ~ (capital) stock Vorzugsaktien f pl.

pre-fig-ure [ˌpriːˈfɪgə(r)] tr 1. andeuten; 2. sich vorher ausmalen.

pre-fix [ˈpriːfɪks] I s 1. gram Vorsilbe f, Präfix n; 2. Am tele Vorwahl f; II tr [priːˈfɪks] 1. als Vorsilbe setzen vor; 2. fig voranstellen, voransetzen.

preg-nancy [ˈpregnənsɪ] 1. (Frau) Schwangerschaft f; 2. (Tier) Trächtigkeit f; 3. fig (Ereignis) Tragweite, Bedeutung f; ▶ termination of ~ Schwangerschaftsabbruch m; **pregnancy test** Schwangerschaftstest m; **preg-nant** [ˈpregnənt] adj 1. (Frau) schwanger; 2. (Tier) trächtig; 3. fig bedeutungsvoll, gewichtig.

pre-his-toric [ˌpriːhɪˈstɒrɪk] adj prähistorisch; **pre-his-tory** [ˌpriːˈhɪstrɪ] Vor-,

Urgeschichte f.

pre-judge [ˌpriːˈdʒʌdʒ] tr vorschnell verurteilen.

preju-dice [ˈpredʒʊdɪs] I s 1. Vorurteil n, vorgefaßte Meinung (against gegen); Voreingenommenheit f (in favo(u)r of für); 2. Beeinträchtigung f, Schaden, Nachteil m; II tr 1. ungünstig beeinflussen, einnehmen (s.o. against jdn gegen); 2. sich nachteilig auswirken auf, Abbruch tun (s.th. e-r S); **preju-diced** [ˈpredʒʊdɪst] adj voreingenommen; **preju-di-cial** [ˌpredʒʊˈdɪʃl] adj nachteilig, schädlich (to für); ▶ be ~ to sich nachteilig auswirken auf.

pre-limi-nary [prɪˈlɪmɪnərɪ] I adj 1. einleitend; 2. vorbereitend; 3. vorläufig, einstweilig; ▶ ~ advice, announcement, notice Voranzeige f; ~ agreement, contract Vorvertrag m; ~ discussion Vorbesprechung f; ~ draft Vorentwurf m; ~ examination Aufnahme-, Vorprüfung f; ~ investigation jur Voruntersuchung f; ~ round sport Vorrunde(nspiel n) f; ~ talks pl Vorbesprechungen f pl; ~ works pl Vorarbeiten f pl; II s 1. Einleitung f, Vorbereitung f (to zu); 2. sport Vorrunde f; 3. pl pol Vorverhandlungen f pl; Präliminarien pl; **pre-lims** [ˈpriːlɪmz] 1. (Schule) Vorprüfung f; 2. (in Buch) Vorbemerkungen f pl.

prel-ude [ˈpreljuːd] I s 1. Vorspiel n; Präludium n; 2. fig Auftakt m; II itr einleiten, eröffnen.

pre-mari-tal [ˌpriːˈmærɪtl] adj vorehelich.

pre-ma-ture [preməˈtjʊə(r), Am ˌpriːməˈtʊər] adj 1. vorzeitig, zu früh; 2. fig voreilig; ▶ ~ baby Frühgeburt f.

pre-medi-ta-ted [ˌpriːˈmedɪteɪtɪd] adj vorsätzlich, vorbedacht; ▶ ~ murder vorsätzlicher Mord; **pre-medi-ta-tion** [ˌpriːmedɪˈteɪʃn] Vorsatz m.

pre-mier [ˈpremɪə(r), Am ˈpriːmɪə(r)] I adj führend; (Wichtigkeit) äußerste(r, s); II s Premierminister(in) m (f).

pre-mière [ˈpremɪeə(r), Am prɪˈmɪər] theat film Premiere f.

prem-ise [ˈpremɪs] 1. Prämisse, Voraussetzung f; ▶ ~s pl Gelände n; Gebäude n; Anwesen n; escort s.o. off the ~s jdn hinausbegleiten; bank, factory ~s pl Bank-, Fabrikgebäude n; business ~s pl Geschäftsräume m pl.

pre-mium [ˈpriːmɪəm] 1. com Prämie f; 2. Zuschlag m; Bonus m; 3. fin Aufgeld, Agio n; 4. (Versicherungs)Prämie f; 5. Preis m, Belohnung f (on auf); ▶ be at a ~ fin über pari stehen; fig sehr gesucht, sehr begehrt sein; put a ~ on fig hoch bewerten; sell at a ~ mit Gewinn verkaufen; ~ on exports Ausfuhr-, Exportprämie f; **premium bond** Prämienanleihe f; Agiopapier n.

pre·mon·ition [ˌpriːməˈnɪʃn] Vorahnung f (*about* von).

pre·natal [ˌpriːˈneɪtl] *adj* vor der Geburt; pränatal.

pre·oc·cu·pa·tion [ˌpriːɒkjʊˈpeɪʃn] 1. Inanspruchnahme f; 2. Vertieftsein n (*with* in); ▶ her ~ with the children ihre ständige Sorge um die Kinder; **pre·oc·cu·pied** [prɪˈɒkjʊpaɪd] *adj* gedankenverloren, geistesabwesend; ▶ be ~ with s.th. nur an etw denken, mit etw ganz beschäftigt sein; **pre·oc·cupy** [prɪˈɒkjʊpaɪ] *tr* ausschließlich beschäftigen, ganz beherrschen.

pre·or·dain [ˌpriːɔːˈdeɪn] *tr* vorherbestimmen.

prep [prep] 1. (*preparation*) Hausaufgabe f; 2. (*preparatory school*) Vorschule f.

pre·paid [ˌpriːˈpeɪd] *adj* (voraus)bezahlt; ▶ postage ~ vorfrankiert, freigemacht; **prepaid reply** bezahlte Rückantwort.

prep·ara·tion [ˌprepəˈreɪʃn] 1. Vorbereitung f; 2. *Br* (*Schule*) Schularbeit f; 3. *med* Präparat n; ▶ make ~s Anstalten, Vorbereitungen treffen (*for* für); in ~ for als Vorbereitung für; **pre·para·tory** [prɪˈpærətrɪ] *adj* vorbereitend; einführend; ▶ ~ to vor (zeitlich); ~ course Vorbereitungslehrgang m; ~ period Vorbereitungszeit f; (*Versicherung*) Wartezeit f; ~ work Vorarbeit f.

pre·pare [prɪˈpeə(r)] I *tr* 1. vorbereiten (*for s.th.* auf etw; *to do* zu tun); 2. Vorbereitungen, Vorkehrungen treffen für; 3. (*Essen*) zubereiten; 4. abfassen, ausarbeiten; 5. (*Rechnung*) aufstellen; 6. (*Vertrag*) aufsetzen, entwerfen; 7. (*Daten*) aufbereiten; ▶ ~ yourself for a shock mach dich auf einen Schock gefaßt; II *itr* sich vorbereiten (*for* auf); ▶ ~ to do s.th. Anstalten machen, etw zu tun; **pre·pared** [prɪˈpeəd] *adj* 1. bereit, fertig (*for* für); 2. vorbereitet, gefaßt (*for* auf; *to do* zu tun); ▶ be ~ to acknowledge, to admit, to supply bereit sein anzuerkennen, zuzugeben, zu liefern; be ~ for the worst auf das Schlimmste gefaßt sein; I'm not ~ to lend him money ich denke nicht daran, ihm Geld zu leihen; be~! allzeit bereit! **pre·pared·ness** [prɪˈpeərɪdnɪs] Bereitschaft f (*for* zu).

pre·pay [ˌpriːˈpeɪ] *tr irr s.* **pay** 1. im voraus bezahlen, vorauszahlen; 2. (*Postsendung*) freimachen, frankieren; **pre·pay·ment** [—mənt] 1. An-, Vorauszahlung f; 2. Zahlung f vor Fälligkeit; 3. (*Postsendung*) Freimachung f, Frankieren n.

pre·pon·der·ance [prɪˈpɒndərəns] Übergewicht n a. fig (*over* über); **pre·pon·der·ant** [prɪˈpɒndərənt] *adj* überwiegend; ▶ be ~ überwiegen.

pre·pos·it·ion [prepəˈzɪʃn] *gram* Präposition f.

pre·pos·sess·ing [ˌpriːpəˈzesɪŋ] *adj* einnehmend, anziehend; sympathisch.

pre·pos·ter·ous [prɪˈpɒstərəs] *adj* unsinnig; albern, lächerlich.

preppie [ˈprepɪ] I *adj Am* popperhaft; II *s Am* Popper m.

pre·puce [ˈpriːpjuːs] *anat* Vorhaut f.

pre·requi·site [ˌpriːˈrekwɪzɪt] I *adj* erforderlich, notwendig (*to* für); II *s* Vorbedingung, Voraussetzung f (*to, for* für).

pre·roga·tive [prɪˈrɒɡətɪv] Vorrecht n.

pre·sage [ˈpresɪdʒ] I *s* Vorzeichen n; Vorahnung f; II *tr* 1. ein Vorzeichen sein für; 2. vorhersagen, prophezeien.

Pres·by·terian [ˌprezbɪˈtɪərɪən] I *adj* presbyterianisch; II *s* Presbyterianer(in) m (f); **pres·by·tery** [ˈprezbɪtrɪ] 1. Kirchenrat m; 2. (*röm.-kath.*) Pfarrhaus n.

pre·scribe [prɪˈskraɪb] I *tr* 1. vorschreiben (*to s.o.* jdm); 2. *med* verschreiben, verordnen (*s.th. for s.o.* jdm etw); II *itr* Vorschriften machen; **pre·scribed** [prɪˈskraɪbd] *adj* vorgeschrieben; ▶ as ~, in the ~ form vorschriftsmäßig; in the ~ time fristgerecht; **pre·scrip·tion** [prɪˈskrɪpʃn] 1. Vorschrift, Anordnung f; 2. *med* Verordnung f; Rezept n; ▶ only available on ~ rezeptpflichtig; **pre·scrip·tive** [prɪˈskrɪptɪv] *adj* normativ.

pres·ence [ˈprezns] 1. Gegenwart, Anwesenheit f; 2. Auftreten, Benehmen n; ▶ in the ~ of in Anwesenheit gen; your ~ is requested Sie werden gebeten, sich einzufinden; ~ of mind Geistesgegenwart f; a military ~ Militärpräsenz f.

pres·ent[1] [ˈpreznt] I *adj* 1. (*räuml.*) anwesend, zugegen; vorhanden; 2. (*räuml. u. zeitl.*) gegenwärtig; 3. (*zeitl.*) augenblicklich, momentan; 4. vorliegend; laufend; ▶ at the ~ time gegenwärtig; in the ~ case im vorliegenden Fall; up to the ~ time bis zum heutigen Tage, bis heute; be ~ at s.th. bei e-r S anwesend, zugegen sein, e-r S beiwohnen; all ~ pl alle Anwesenden pl; be ~ at s.th. bei etw (anwesend) sein; ~ company excepted Anwesende ausgenommen; poisonous substances ~ in the atmosphere in der Atmosphäre vorhandene Giftstoffe; in the ~ circumstances unter den gegenwärtigen od gegebenen Umständen; ~ tense Präsens n, Gegenwart f; ~ participle Partizip n Präsens; ~ perfect (tense) Perfekt n, zweite Vergangenheit; II *s* 1. Gegenwart f; 2. *gram* Gegenwart f, Präsens n; ▶ at ~ zur Zeit, im Augenblick; for the ~ vorerst, vorläufig.

pre·sent[2] [prɪˈzent] I *tr* 1. übergeben, überreichen; 2. schenken (*s.o. with s.th.* jdm etw); 3. vorlegen, (vor)zeigen; aufzeigen; (*Vorschlag*) unterbreiten; 4. (*Sicht, Möglichkeit, Angriffsziel*) bieten; 5. (*Menschen*) vorstellen; 6. *radio*

TV präsentieren; moderieren; *theat* zeigen; **7.** *(Gewehr)* zielen *(at* auf); ▶ ~ **one's apologies** sich entschuldigen; ~ **one's compliments to s.o.** jdm Grüße, ein Kompliment ausrichten lassen; **that** ~**s us with a problem** das stellt uns vor ein Problem; ~ **arms!** präsentiert das Gewehr! **II** *refl* erscheinen; *(Gelegenheit, Problem)* sich ergeben; ▶ ~ **o.s. for an exam** zur Prüfung erscheinen; **III** *s* ['preznt] Geschenk *n;* ▶ **make s.o. a** ~ **of s.th.** jdm etw schenken; **birthday, Christmas** ~ Geburtstags-, Weihnachtsgeschenk *n.*

pre·sent·able [prɪ'zentəbl] *adj* gesellschaftsfähig; ansehnlich, respektabel; ▶ **be** ~ sich sehen lassen können.

pres·en·ta·tion [ˌprezn'teɪʃn, *Am* ˌpriːzen'teɪʃn] **1.** *theat* Aufführung *f;* Darstellung *f;* **2.** Überreichung *f;* Schenkung *f;* **3.** Eingabe, Einreichung, Präsentation, Vorlage *f;* **4.** *com* Aufmachung, Ausstattung, Präsentation *f;* ▶ **on** ~ gegen Vorzeigung; ~ **of a claim** Anspruchserhebung *f;* ~ **copy** *(Buch)* Frei-, Widmungsexemplar *n;* ~ **of proof** Beweisantritt *m.*

pre·sent-day [ˌprezənt'deɪ] *adj* gegenwärtig, heutig, zeitgenössisch; zeitgemäß, modern.

pre·sen·ti·ment [prɪ'zentɪmənt] Vorgefühl *n,* (böse) (Vor)Ahnung *f.*

pres·ent·ly ['prezntlɪ] *adv* **1.** bald, in kurzem, in Kürze; **2.** gegenwärtig.

pres·er·va·tion [ˌprezə'veɪʃn] **1.** Erhaltung *f;* **2.** Konservierung *f;* Einmachen, Einkochen *n;* **3.** Beibehaltung, Aufbewahrung *f;* ▶ **in a good state of** ~ gut erhalten; ~ **of evidence** Beweissicherung *f;* **pre·serv·ative** [prɪ'zɜːvətɪv] **I** *adj* konservierend; **II** *s* Konservierungsstoff *m (against, from* gegen); **pre·serve** [prɪ'zɜːv] **I** *tr* **1.** bewahren, schützen *(from* vor); **2.** erhalten; instand halten; **3.** *(Nahrungsmittel)* konservieren; einmachen, einkochen; **4.** beibehalten, aufrechterhalten; **5.** *(Wild)* schützen; **II** *s* **1.** Ressort *n,* Zuständigkeitsbereich *m;* **2.** *Br (game* ~) Jagdrevier *n;* **3.** *pl* (das) Eingemachte; **pre·served** [prɪ'zɜːvd] *adj* konserviert; ▶ **well** ~ noch gut aussehend.

pre·shrunk [ˌpriː'ʃrʌŋk] *adj (Textil)* nicht einlaufend, schrumpffest.

pre·side [prɪ'zaɪd] *itr* vorsitzen *(over s.th.* e-r S); den Vorsitz führen *(over, at* bei); **presi·dency** ['prezɪdənsɪ] **1.** Vorsitz *m;* **2.** Amt *n* e-s Präsidenten; **3.** *Am* Präsidentschaft *f;* Rektorat *n;* ▶ **under the** ~ **of** unter dem Vorsitz von; **president** ['prezɪdənt] **1.** Vorsitzende(r) *f m;* **2.** *pol* Präsident(in) *m (f);* **3.** *Am* Rektor(in) *m (f);* **presi·den·tial** [ˌprezɪ'denʃl] *adj* ▶ ~ **address** Ansprache *f* des Präsidenten; ~ **candidate** Prä-

sidentschaftskandidat *m;* ~ **election** Präsidentenwahl *f;* ~ **year** *Am* Jahr *n* der Präsidentenwahl.

press [pres] **I** *tr* **1.** drücken *(the button* auf den Knopf); **2.** pressen; *(Obst od Saft)* auspressen; **3.** zusammendrücken, -pressen; **4.** plätten, bügeln; **5.** fest drücken *(to* an); **6.** dringend ersuchen, bestürmen, bitten *(to do* zu tun); **7.** nachdrücklich vorbringen; **8.** aufdrängen, -nötigen *(s.th. on s.o.* jdm etw); **9.** *(Auffassung)* durchsetzen; Nachdruck legen auf, hervorheben, betonen; **10.** drängen auf; energisch durchführen; **11.** *(~ hard)* bedrängen; ▶ **be** ~**ed for** nicht genug haben von; sehr knapp sein an; **be hard** ~**ed** in großer Verlegenheit sein; ~ **one's advantage** hinter seinem Vorteil her sein; ~ **home** mit Nachdruck vertreten; energisch durchführen; ~ **one's point** seine Auffassung durchsetzen; **I won't** ~ **the matter** ich möchte in dieser Sache nicht weiter drängen; **II** *itr* **1.** drücken *(on, upon* auf); **2.** drängen *(for s.th.* auf etw); **3.** bestehen *(for* auf); ▶ **time** ~**es** die Zeit drängt, es eilt; **III** *s* **1.** Druck *m;* **2.** Andrang *m,* Gedränge *n;* **3.** (Frucht-, Öl)Presse *f; sport* Spanner *m;* **4.** *(printing-*~*)* Druckpresse *f;* **5.** Presse *f,* Zeitungs- *pl;* Zeitungs-, Pressewesen *n;* **6.** *Am* Schrank *m;* ▶ **in the** ~ im Druck; **have a good (bad)** ~ e-e gute (schlechte) Presse haben, gut (schlecht) aufgenommen, beurteilt werden; **IV** *(mit Präposition)* **press back** *tr* zurückdrängen, -drücken; **press down** *tr* niederdrücken; **press in** *tr* eindrücken; **press on, ahead, forward** *itr* vorwärts-, weiterdrängen; sich beeilen; vorpreschen; **press upon** *itr* lasten auf; aufdrängen; **press-agency** Nachrichtenbüro *n,* Presseagentur *f;* **press-button** el (Druck)Knopf *m;* ▶ ~ **control** Druckknopfsteuerung *f;* **press-campaign** Pressefeldzug *m,* -kampagne *f;* **press card** Presseausweis *m;* **press-clipping, press-cutting** *Br* Zeitungsausschnitt *m;* **press conference** Pressekonferenz *f;* **press-gallery** Pressetribüne *f;* **press-gang** *tr fam* zwingen; drängen.

press·ing ['presɪŋ] **I** *adj* **1.** dringend, dringlich, eilig; **2.** nachdrücklich; **II** *s (Schallplatte)* Auflage *f;* Pressung *f.*

press·man ['presmən] ⟨*pl* -men⟩ Journalist *m;* **press office** Pressestelle *f;* **press officer** Pressereferent(in) *m (f);* **press photographer** Fotoreporter(in), Pressefotograf(in) *m (f);* **press release** Pressemitteilung *f;* **press-report** Presse-, Zeitungsbericht *m;* **press-stud** *Br* Druckknopf *m;* **press-up** ['presˌʌp] *sport* Liegestütz *m.*

press·ure ['preʃə(r)] **1.** Druck *m a. phys tech;* **2.** *fig* Druck, Zwang *m;* **3.** Bedrük-

kung, drückende Lage, Bedrängnis, Not
f; ► **under** ~ unter Druck; **under the** ~
of necessity notgedrungen; **under** ~ **of**
time unter Zeitdruck; **put** ~ **on s.o.** jdn
unter Druck setzen; ~ **to succeed** Er-
folgsdruck *m;* **work at high** ~ mit Hoch-
druck arbeiten; **atmospheric** ~ Luft-
druck *m;* **blood** ~ Blutdruck *m;* **high,**
low ~ *mete* Hoch-, Tiefdruck *m;* **tyre** ~
Reifendruck *m;* **pressure cabin** *aero*
Überdruckkabine *f;* **pressure cooker**
Schnellkochtopf *m;* **pressure-ga(u)ge**
Druckmesser *m,* Manometer *n;* **press-**
ure group Interessengruppe, Pressure-
-group *f;* **pressure vessel** *tech* Druck-
behälter *m;* **pressure wave** Druck-
welle *f;* **press·ur·ize** ['preʃəraɪz] *tr* 1.
unter Druck setzen; zwingen (*s.o.* jdn);
2. *aero* mit Druckausgleich ausstatten;
► ~**d cabin** (Über)Druckkabine *f;* ~**d**
water reactor Druckwasserreaktor *m.*
pres·tige [pre'stiːʒ] Prestige *n;* **pres-**
tig·ious [pre'stɪdʒəs] *adj* vornehm;
► **be** ~ einen großen Prestigewert ha-
ben.
pre·stressed ['priːstrest] *adj* ► ~ **con-**
crete Spannbeton *m.*
pre·sum·able [prɪ'zjuːməbl] *adj* ver-
mutlich; **pre·sume** [prɪ'zjuːm] I *tr* 1.
annehmen, vermuten; 2. schließen (*from*
aus); 3. sich herausnehmen, sich anma-
ßen; II *itr* 1. vermuten; 2. sich zuviel
herausnehmen; ► ~ **on s.th.** etw aus-
nutzen; **pre·sum·ed·ly** [prɪ'zjuːmədlɪ]
adv vermutlich; **pre·sum·ing**
[prɪ'zjuːmɪŋ] *adj* anmaßend; **pre-**
sump·tion [prɪ'zʌmpʃn] 1. Vermutung
f a. jur; 2. Anmaßung *f;* Unverschämt-
heit *f;* ► **on the** ~ **that** in der Annah-
me, daß; **pre·sump·tive** [prɪ'zʌmptɪv]
adj mußmaßlich; ► ~ **evidence** Indi-
zienbeweis *m;* **pre·sump·tu·ous**
[prɪ'zʌmptjuəs] *adj* überheblich, anma-
ßend, unverschämt.
pre·sup·pose [ˌpriːsə'pəuz] *tr* vor-
aussetzen; **pre·sup·po·si·tion**
[ˌpriːsʌpə'zɪʃn] Voraussetzung *f.*
pre-tax [ˌpriː'tæks] *adj* ► ~ **income,**
profit Gewinn *m* vor Steuern.
pre·tence, *Am* **pre·tense** [prɪ'tens] 1.
Anspruch *m* (*to* auf); 2. Anschein *m,*
Vorspiegelung *f,* Vorwand *m;* Ausrede,
-flucht *f;* 3. Geziertheit *f;* ► **on, under**
the ~ **of** unter dem Vorwand *gen;*
under false ~**s** unter Vorspiegelung fal-
scher Tatsachen; **it's just a** ~ es ist nur
gespielt; **make a** ~ **of s.th.** etw vor-
schützen, -täuschen; **devoid of all** ~
offen, aufrichtig; **pre·tend** [prɪ'tend] *tr*
1. vorgeben, -schützen; vortäuschen; 2.
sich ausgeben als; 3. sich verstellen; 4.
(nur) so tun (*that* als ob); ► **he's just**
~**ing** er tut nur so; **pre·tended**
[prɪ'tendɪd] *adj* gespielt, geheuchelt;
pre·tender [prɪ'tendə(r)] (~ *to the*

throne) (Kron)Prätendent *m;* **pre·ten-**
sion [prɪ'tenʃn] 1. Anspruch *m* (*to* auf);
2. Prahlerei *f;* Anmaßung, Überheblich-
keit *f;* **pre·ten·tious** [prɪ'tenʃəs] *adj* 1.
anmaßend, überheblich; 2. prahlerisch,
prunkend; 3. bombastisch; **pre·ten-**
tious·ness [—nɪs] 1. Anmaßung *f;* 2.
Protzigkeit *f;* 3. Bombast *m.*
pret·er·ite ['pretərɪt] (~ *tense) gram*
Präteritum *n,* erste Vergangenheit.
pre·ter·natu·ral [ˌpriːtə'nætʃrəl] *adj* 1.
ungewöhnlich, abnorm; 2. übernatürlich.
pro·toxt ['priːtokət] Vorwand *m,* Aus-
rede *f;* ► **under, on the** ~ **of** unter dem
Vorwand *gen.*
pret·ti·fy ['prɪtɪfaɪ] *tr* verschönern.
pretty ['prɪtɪ] I *adj* nett, hübsch; ► **be**
sitting ~ sein Schäfchen im trockenen
haben; **a** ~ **penny** e-e schöne Stange
Geld; ~–~ ganz entzückend, süß; II *adv*
ziemlich, (ganz) ordentlich; ganz schön,
beachtlich; ► ~ **bad** recht mies; ~ **good**
(gar) nicht (so) übel; ganz gut; ~ **much**
so ziemlich; ~ **near finished** beinah(e),
fast fertig; **I'm** ~ **well** es geht mir ganz
gut; **I've** ~ **well finished** ich bin beinahe
fertig; **that's** ~ **much the same (thing)**
das läuft auf eins hinaus.
pre·vail [prɪ'veɪl] *itr* 1. die Oberhand
gewinnen, siegen (*over, against* über); 2.
sich durchsetzen, sich behaupten
(*against* gegen); 3. Erfolg haben, erfolg-
reich sein; 4. maßgebend sein; vorherr-
schen, überwiegen (*in* bei); 5. dazu be-
wegen, überreden (*on, upon, with s.o.*
jdn); **pre·vail·ing** [—ɪŋ] *adj* 1.
(vor)herrschend, maßgebend, überwie-
gend; 2. *com* geltend; ► **under the** ~
circumstances unter den obwaltenden
Umständen; ~ **wind** vorherrschender
Wind.
preva·lence ['prevələns] weite Verbrei-
tung; Geltung *f;* Beliebtheit *f;* **preva-**
lent ['prevələnt] *adj* 1. weit verbreitet;
2. vorherrschend; 3. *(Mode)* beliebt.
pre·vari·cate [prɪ'værɪkeɪt] *itr* Aus-
flüchte machen; **pre·vari·ca·tion**
[prɪˌværɪ'keɪʃn] Ausflucht *f;* Ausflüchte *f*
pl.
pre·vent [prɪ'vent] *tr* 1. verhindern; 2.
verhüten, vermeiden; 3. ab-, zurückhal-
ten (*from doing s.th.* etw zu tun); **pre-**
ven·tion [prɪ'venʃn] Verhinderung,
Vermeidung *f;* Vorbeugung, Verhütung
f; ► **in case of** ~ im Fall der Verhinde-
rung; ~ **is better than cure** Vorbeugen
ist besser als Heilen; **crime** ~ Verbre-
chensverhütung, -bekämpfung *f;* ~ **of**
accidents Unfallverhütung *f;* **(society**
for the) ~ **of cruelty to animals** Tier-
schutz(verein) *m;* **pre·ven·tive**
[prɪ'ventɪv] *adj* 1. verhütend; 2. *med*
vorbeugend, prophylaktisch; ► ~ **de-**
tention Schutzhaft, Sicherungsverwah-
rung *f;* ~ **medicine** Gesundheitspflege

f; vorbeugende Medizin, Präventivmedizin *f;* ~ **war** Präventivkrieg *m.*

pre·view ['pri:vju:] *(Theaterstück)* Probeaufführung *f; (Ausstellung)* Vorbesichtigung *f; (Film)* Vorschau *f.*

pre·vi·ous ['pri:vɪəs] *adj* **1.** *(zeitl.)* voraus-, vorhergehend, früher; **2.** *(too ~)* voreilig, -schnell; ▶ ~ **to** vor; **without** ~ **notice** ohne Vorankündigung; **previous conviction** Vorstrafe *f;* ▶ **have (no)** ~s (nicht) vorbestraft sein; **previous experience** Vorkenntnisse *f pl,* Vorbildung *f;* **previous holder** Vorbesitzer(in) *m (f);* **pre·vi·ous·ly** [−lɪ] *adv* früher; vorher; **previous month** Vormonat *m;* **previous notice** Vorankündigung *f;* **previous speaker** Vorredner(in) *m (f);* **previous year** Vorjahr *n.*

pre-war ['pri:wɔ:] *adj attr* Vorkriegs-; ▶ ~ **England** Vorkriegsengland *n;* **the** ~ **years** die Vorkriegsjahre.

prey [preɪ] **I** *s* Beute(tier *n) f;* ▶ **fall an easy** ~ **to** e-e leichte Beute sein für; **beast of** ~ Raubtier *n;* **bird of** ~ Raubvogel *m;* **II** *itr* **1.** herfallen (*on* über); **2.** nachstellen (*on, upon other animals* anderen Tieren); fangen (*on, upon* acc); **3.** *fig* lasten (*on, upon* auf); **4.** beeinträchtigen (*on, upon s.th.* etw) nagen, zehren (*on* an); ▶ **it is** ~**ing on my mind** es lastet mir auf der Seele.

price [praɪs] **I** *s* **1.** Preis *m;* **2.** *(Börse)* Kurs *m,* Notierung *f;* **3.** Wert *m;* **4.** *(Wetten)* Quote *f;* ▶ **at all** ~s in jeder Preislage; **at any** ~ *fig* um jeden Preis; **at half-**~ zum halben Preis; **at a low** ~ billig; **at the** ~ **of** zum Preis von; **beyond, without** ~ unbezahlbar; **under** ~ unter Preis; **fetch a** ~ e-n Preis erzielen; **II** *tr* **1.** e-n Preis festsetzen für; bewerten; **2.** mit e-m Preis versehen, auszeichnen; **3.** nach dem Preis fragen, sich nach dem Preis erkundigen (*s.th.* e-r S); **4.** *fig* schätzen; **price bracket** *s. price range;* **price-calculation** Preisgestaltung, Kalkulation *f;* **price ceiling** Preisobergrenze *f;* Höchstpreis *m;* **price control** Preiskontrolle *f;* **price-con·trolled** ['praɪskən'trəʊld] *adj* preisgebunden; **price-cut(ting)** Preissenkung *f;* **price decline** Preis-, Kursrückgang *m;* **price differential** Preisgefälle *n;* **price fixing** Preisfestlegung *f;* **price fluctuations** *pl* Preis-, Kursschwankungen *f pl;* **price freeze** Preisstopp *m;* **price-index** Preisindex *m;* **price-index number** Preisindexzahl *f.*

price·less ['praɪslɪs] *adj* **1.** unbezahlbar, unschätzbar, unvergleichlich; **2.** *Br fam* amüsant.

price-level ['praɪslevl] Kurs-, Preisniveau *n;* **price-limit** Kurs-, Preisgrenze *f;* **price-list 1.** Preisliste *f;* **2.** *(Börse)* Kurszettel *m;* **price range** Preisspanne,

Preisklasse *f; (Börse)* Kursbildung *f;* **price ring** Preiskartell *m;* **price rise** Preiserhöhung *f;* **price tag, price ticket** Preisschild *n;* **price war** Preiskrieg *m;* **pricey** ['praɪsɪ] *adj fam* teuer.

prick [prɪk] **I** *s* **1.** (Nadel)Stich *m;* **2.** stechender Schmerz; **3.** *vulg* Penis, Schwanz *m;* **4.** *vulg (Mensch)* Arschloch *n;* ▶ ~s **of conscience** Gewissensbisse *m pl;* **II** *tr* **1.** stechen; **2.** *(Loch)* bohren; **3.** sich stechen (*one's hand* in die Hand); **4.** *(Blase)* aufstechen; **III** *itr* **1.** stechen; **2.** *(Augen)* brennen; **IV** *(mit Präposition)* **prick out** *tr (Pflanzen)* versetzen; *(Muster)* punktieren; ausrädeln; ▶ **prick up one's ears** die Ohren spitzen.

prickle ['prɪkl] **I** *s* **1.** Stachel, Dorn *m;* **2.** Prickeln *n;* **II** *itr* **1.** stechen; **2.** prickeln; **prick·ly** ['prɪklɪ] *adj* stach(e)lig; prick(e)lig; ▶ ~ **heat** Hitzebläschen; ~ **pear** Feigenkaktus *m.*

pride [praɪd] **I** *s* **1.** Stolz *m;* **2.** Hochmut *m,* Überheblichkeit *f;* **3.** *zoo* Rudel *n;* ▶ ~ **of place** der erste Platz; **II** *refl* ▶ ~ **o.s. (up)on, take (a)** ~ **in** stolz sein auf, sich viel einbilden auf.

priest [pri:st] Priester, Geistliche(r) *m;* **priest·ess** ['pri:stes] Priesterin *f;* **priest·hood** ['pri:sthʊd] **1.** Priesteramt *n;* **2.** Geistlichkeit *f;* **priest·ly** ['pri:stlɪ] *adj* priesterlich.

prig [prɪg] Tugendbold *m; pej* Schnösel *m;* **prig·gish** ['prɪgɪʃ] *adj* tugendhaft; dünkelhaft.

prim [prɪm] *adj* **1.** steif, (über)korrekt, förmlich; **2.** sittsam; prüde.

pri·macy ['praɪməsɪ] **1.** Vorrang(stellung *f) m;* **2.** Primat *m* od *n.*

prima donna [prɪ'mə'dɒnə] Primadonna *f.*

pri·mae·val [praɪ'mi:vl] *s. primeval.*

pri·mal ['praɪml] *adj* ursprünglich.

pri·mary ['praɪmərɪ] **I** *adj* **1.** Haupt-, hauptsächlich, wesentlich; **2.** Primär-, primär; **3.** *(Bedarf)* vordringlich; ▶ **of** ~ **importance** von größter Wichtigkeit; ~ **accent** *gram* Haupton *m;* ~ **commodities** *pl* Grundstoffe *m pl;* ~ **concern** Hauptsorge *f;* ~ **education** Grundschulunterricht *m;* ~ **energy** Primärenergie *f;* ~ **industry** Grundstoffindustrie *f;* ~ **meaning** Grundbedeutung *f (e-s Wortes);* ~ **products** *pl* Grundstoffe *m pl;* ~ **rock** Urgestein *n;* ~ **school** Grund-, Elementarschule *f;* ~ **target** Hauptziel *n;* **II** *s* **1.** Grundfarbe *f;* **2.** *Am pol* Vorwahl *f.*

pri·mate ['praɪmeɪt] **1.** Primas, Erzbischof *m;* **2.** *pl zoo* Primaten *m pl.*

prime [praɪm] **I** *adj* **1.** wesentlich, Haupt-; **2.** erstklassig; erster, bester Qualität; **3.** *math* Prim-; ▶ **the matter is of** ~ **importance** die Sache ist von höchster Wichtigkeit; ~ **costs** *pl* Gestehungs-, Anschaffungs-, Selbstkosten *pl;* Fertigungseinzelkosten *pl;* ~ **mourner** Hauptleidtragende(r) *m;* ~ **mover** Antriebskraft *f; tech* Energie *f;* Motor *m;* Zugmaschine *f,* Schlepper *m; fig* treibende Kraft; **II** *s* **1.** Blüte(zeit) *f;* **2.** (das) Beste, (die) Auslese, Spitze; **3.** *math* Primzahl *f;* **4.** *rel* Prim *f;* ▶ **in one's** ~ in der Blüte des Lebens; **be in one's** ~ in voller Blüte stehen; **III** *tr* **1.** vorbereiten; betriebsfertig machen; *(Malfläche)* grundieren; **2.** *(Geschütz)* schußbereit machen; *(Bombe)* scharf machen; *(Pumpe)* vorpumpen; *(Vergaser)* Anlaßmittel einspritzen in; **3.** (vorher) informieren; **prime mer·idian** Nullmeridian *m;* **prime minister** Premierminister(in) *m (f);* Ministerpräsident(in) *m (f);* **prime number** Primzahl *f;* **primer** ['praɪmə(r)] **1.** Fibel *f;* Elementarbuch *n;* **2.** Zünddrahthütchen *n;* Sprengkapsel *f;* **3.** *tech* Grundanstrich *m;* Grundierfarbe *f.*

pri·meval [praɪ'miːvl] *adj* urzeitlich; ▶ ~ **forest** Urwald *m;* ~ **slime, soup** Urschlamm *m.*

primi·tive ['prɪmɪtɪv] **I** *adj* primitiv; *(Kunst)* naiv; **II** *s (Kunst)* Naive(r) *f m; (Werk)* naives Kunstwerk.

pri·mo·geni·ture [ˌpraɪməʊ'dʒenɪtʃə(r)] Erstgeburt(srecht *n),* Primogenitur *f.*

pri·mor·dial [praɪ'mɔːdɪəl] *adj* ursprünglich; fundamental.

prim·rose ['prɪmrəʊz] **I** *s* **1.** Primel, Schlüsselblume *f;* **2.** Blaßgelb *n;* **II** *adj* blaßgelb; **prim·ula** ['prɪmjʊlə] Primel *f.*

pri·mus ['praɪməs] Campingkocher *m (mit Paraffin betrieben).*

prince [prɪns] **1.** Fürst *m;* **2.** Monarch, Herrscher *m;* **3.** Prinz *m;* ▶ P~ **of Wales** *(Titel des englischen Thronfolgers);* P~ **Charming** *fig* Märchenprinz *m;* P~ **of Darkness** Fürst der Finsternis; **prince consort** Prinzgemahl *m;* **prince·ly** ['prɪnslɪ] *adj* fürstlich; **princess** [prɪn'ses] **1.** Fürstin *f;* **2.** Prinzessin *f.*

prin·ci·pal ['prɪnsəpl] **I** *adj* **1.** erste(r, s), oberste(r, s); **2.** wichtigste(r, s), bedeutendste(r, s); **3.** hauptsächlich, größte(r, s); **II** *s* **1.** Rektor *m;* **2.** *theat* Hauptdarsteller *m;* **3.** Kapital *n;* Kreditsumme *f;* **4.** *jur* Klient *m;* **5.** *(Orgel)* Prinzipal *n.*

prin·ci·pal·ity [ˌprɪnsɪ'pælətɪ] Fürstentum *n;* **prin·ci·pal·ly** ['prɪnsəplɪ] *adv* hauptsächlich, besonders, vor allem.

prin·ciple ['prɪnsəpl] **1.** Grundsatz *m,* Prinzip *n; pl* (Grund-, Lebens)Regeln *f pl;* Prinzipien *n pl;* **2.** *chem* Element *n;* ▶ **in** ~ im Prinzip; grundsätzlich; **on** ~ aus Prinzip, grundsätzlich; **make it a** ~ es sich zum Grundsatz machen *(to* zu); **as a matter of** ~ grundsätzlich, prinzipiell.

print [prɪnt] **I** *s* **1.** Druck *m;* **2.** *typ* Schrift

f; (das) Gedruckte; **3.** *(Foto)* Abzug *m;* **4.** *(Textil)* bedruckter Stoff; Muster *n;* Kattun *m;* **5.** *(von Hand, Fuß)* Abdruck *m;* Fingerabdruck *m;* ▶ **out of** ~ vergriffen; **in** ~ gedruckt; **in big** ~ groß gedruckt; **II** *tr* **1.** drucken; *(Stoff, Papier)* bedrucken; **2.** *(Roman, Artikel)* veröffentlichen; **3.** in Druckschrift schreiben; **4.** *(Foto)* abziehen; **III** *itr* **1.** drucken; **2.** in Druckschrift schreiben; ▶ **ready to** ~ druckfertig; druckbereit; **print·able** [−əbl] *adj* druckfähig; **printed** ['prɪntɪd] *adj* gedruckt; ▶ ~ **matter** Drucksache *f;* **printer** ['prɪntə(r)] Drucker *m;* ▶ ~'s **error** Druckfehler *m;* ~'s **flower** Vignette *f;* ~'s **ink** Druckerschwärze *f;* ~'s **pie** *typ* Zwiebelfische *m pl.*

print·ing ['prɪntɪŋ] **1.** Drucken *n;* **2.** Auflage *f;* **3.** Druckschrift *f;* Schrift *f;* **4.** *(Fotos)* Abziehen *n;* **printing-block** Klischee *n;* **printing-ink** Druckerschwärze *f;* **printing-press** Druckpresse *f;* **printing-works** *pl* Druckerei *f.*

print-out ['prɪntˌaʊt] *EDV* Ausdruck *m;* **print run** Auflage *f;* **print shop** **1.** Graphikhandlung *f;* **2.** Druckmaschinensaal *m.*

prior[1] ['praɪə(r)] *rel* Prior *m.*

prior[2] ['praɪə(r)] *adj* voraus-, voraufgehend, früher, älter *(to* als); ▶ ~ **claim** früherer Anspruch; ~ **to** *prep* vor *(Zeit);* ~ **to my arrival** vor meiner Ankunft; ~ **to my buying the car** ehe, bevor ich den Wagen kaufte.

pri·or·ity [praɪ'ɒrətɪ] Priorität *f,* Vorrang *m,* Vorrecht *n (over, to* vor); ▶ **a top** ~ eine äußerst wichtige *od* dringliche Angelegenheit; **that's my top~** das ist mir am wichtigsten; **of first** ~ von größter Dringlichkeit; **give** ~ **to s.th.** e-r S den Vorrang geben; e-e S dringlich behandeln; **have, take** ~ den Vorrang haben; **priority list** Dringlichkeitsliste *f.*

priory ['praɪərɪ] Priorat *n;* Münster *n.*

prise, *Am* **prize** [praɪz] *tr (~ open)* aufbrechen; ▶ ~ **a secret out of s.o.** jdm ein Geheimnis entlocken.

prism [prɪzəm] *math phys opt* Prisma *n;* **pris·matic** [prɪz'mætɪk] *adj* **1.** prismatisch; **2.** *fig* glänzend; ▶ ~ **colo(u)rs** *pl* Regenbogenfarben *f pl.*

prison ['prɪzn] Gefängnis *n;* ▶ **be in** ~ e-e Freiheitsstrafe verbüßen; **be sentenced to go to** ~ zu Gefängnis verurteilt werden; **go, be sent to** ~ eingesperrt, mit Gefängnis bestraft werden; **prison-camp** Gefangenenlager *n;* **prisoner** ['prɪznə(r)] **1.** Gefangene(r) *f m,* Häftling *m;* **2.** *(~ at the bar, awaiting, before trial, on remand, on suspicion)* Angeklagte(r) *f m;* Untersu-

chungsgefangene(r) *f m;* ▶ **hold, keep**
~ gefangenhalten; **take** ~ gefangenneh-
men; ~-**of-war** Kriegsgefangene(r) *f m;*
~-**of-war-camp** Kriegsgefangenenlager
n; **prison inmate** Gefängnisinsasse *m;*
prison riot Gefangenenaufstand *m;*
prison-yard Gefängnishof *m.*
pris·tine ['prɪstiːn] *adj* ursprünglich;
vormalig, früher; *(Schönheit)* makellos,
unberührt.
priv·acy ['prɪvəsɪ, *Am* 'praɪvəsɪ] **1.** Indi-
vidual-, Intimsphäre *f;* Privatleben *n;* **2.**
Stille, Zurückgezogenheit *f;* ▶ **there is
no** ~ **here** man kann hier nichts unbeob-
achtet tun; **invade s.o.'s** ~ in jds Intim-
sphäre eindringen; **live in the** ~ **of
one's own home** ein ungestörtes Privat-
leben führen; **infringement, invasion of**
~ **Eingriff** *m* in die Intimsphäre; **in the
strictest** ~ unter äußerster Geheimhal-
tung; **tell s.o. in the strictest** ~ jdm
unter dem Siegel der Verschwiegenheit
sagen.
pri·vate ['praɪvɪt] **I** *adj* **1.** privat; **2.** per-
sönlich, individuell; **3.** privat, nicht öf-
fentlich; **4.** *attr* Privat-; ▶ **for s.o.'s
ear** (ganz) im Vertrauen; vertraulich;
for ~ **use** für den eigenen Gebrauch; **in
one's** ~ **capacity** als Privatmann; **in** ~
hands in Privathand; **keep** ~ geheim-
halten; ~ **affair, business, concern,
matter** Privatsache, -angelegenheit *f;* ~
arrangement, settlement private Ver-
einbarung; gütliche Einigung; Privatver-
gleich *m;* ~ **capital** Privatvermögen *n;*
~ **citizen** Privatperson *f;* ~ **company**
offene Handelsgesellschaft *(OHG);* Ge-
sellschaft *f* mit beschränkter Haftung
(GmbH); ~ **conversation** Privatge-
spräch *n;* ~ **detective, eye** Privatdetek-
tiv(in) *m (f);* ~ **enterprise** freie Markt-
wirtschaft, freies Unternehmertum; ~
house Privathaus *n;* ~ **information** ver-
trauliche Mitteilung; ~ **lessons** *pl* Pri-
vatstunden *f pl,* -unterricht *m;* ~ **letter**
Privatbrief *m;* ~ **life** Privatleben *n;* ~
means *pl* eigene Mittel *n pl;* ~ **practice**
Privatpraxis *f;* ~ **property** Privateigen-
tum *n;* ~ **road** Privatweg *m;* ~ **school**
Privatschule *f;* ~ **secretary** Privatsekre-
tär(in) *m (f);* ~ **sector** Privatbereich *m,*
privater Sektor; ~ **transport** *mot* Indivi-
dualverkehr *m;* ~ **view** Vorabbesichti-
gung *f;* **II** *s* **1.** (einfacher) Soldat *m;* **2.** *pl*
(~ parts) Geschlechtsteile *n pl;* ▶ **in** ~
privat(im); unter vier Augen; ~ **first
class** *Am* Gefreite(r) *m.*
pri·va·teer [ˌpraɪvə'tɪə(r)] Freibeuter *m;*
Kaperschiff *n.*
pri·vate·ly ['praɪvɪtlɪ] *adv* **1.** privat; ver-
traulich; **2.** persönlich; ▶ ~ **owned** in
Privathand; ~, **I think** meine persönli-
che Meinung ist; **speak to s.o.** ~ mit
jdm unter vier Augen sprechen.
pri·va·tion [praɪ'veɪʃn] **1.** Not *f,* Mangel

m (of an); **2.** *pl* Entbehrungen *f pl.*
privet ['prɪvɪt] *bot* Liguster *m.*
pri·vi·lege ['prɪvəlɪdʒ] **I** *s* **1.** Privileg,
Vorrecht *n,* Vorrang *m;* **2.** *parl* Immuni-
tät *f;* **3.** Ehre *f;* **II** *tr* privilegieren, bevor-
zugen, bevorrechten; **pri·vi·leged**
['prɪvəlɪdʒd] *adj* privilegiert, bevorrech-
tet; ▶ **be** ~ das Vorrecht genießen *(to
do s.th.* etw zu tun).
privy ['prɪvɪ] **I** *adj* **1.** *jur* vertraut *(to* mit);
2. beteiligt *(to* an); ▶ **be** ~ **to s.th.** in e-e
S eingeweiht sein; ~ **council** Geheimer
Staatsrat; **II** *s* **1.** *jur* Beteiligte(r) *f m (to*
an); **2.** Abort *m.*
prize[1] [praɪz] **I** *s* **1.** Preis *m;* **2.** (Lotte-
rie)Gewinn *m;* **3.** *fig* Preis, Lohn *m;*
▶ **carry off, take the** ~ den Preis da-
vontragen; **consolation** ~ Trostpreis *m;*
distribution of ~s Preisverteilung *f;* **II**
adj **1.** preisgekrönt; **2.** *fam* ausgemacht;
3. *fam* hervorragend, erstklassig; **III** *tr*
(hoch)schätzen.
prize[2] [praɪz] **I** *s mar* Prise *f;* **II** *tr*
(Schiff) aufbringen.
prize[3] [praɪz] *Am s. prise.*
prize-fight ['praɪzfaɪt] (Berufs)Box-
kampf *m;* **prize-fighter** Berufsboxer
m; **prize-fighting** Berufsboxen *n;*
prize-giving ['praɪzˌgɪvɪŋ] Preisvertei-
lung *f;* **prize-list** *(Lotterie)* Gewinnliste
f; **prize-money** Geldpreis *m; sport*
Siegesprämie *f;* **prize-ring** (Box)Ring
m; **prize-winner** Preisträger(in), Ge-
winner(in) *m (f);* **prize-winning** *adj*
preisgekrönt; ~ **ticket** Gewinnlos *n.*
pro[1] [prəu] ⟨*pl* pros⟩ *sport fam* Profi *m.*
pro[2] [prəu] ⟨*pl* pros⟩ **I** *prep* für; **II** *s*
(Da)Für *n;* ▶ **the** ~s **and cons** das Für
u. Wider.
prob·abil·ity [ˌprobə'bɪlətɪ] Wahr-
scheinlichkeit *f;* ▶ **in all** ~ aller Wahr-
scheinlichkeit nach; **what are the pro-
babilities?** welche Aussichten bestehen
da? **the** ~ **is that he will come** er wird
wahrscheinlich kommen; **theory of** ~
Wahrscheinlichkeitsrechnung *f;* **prob-
able** ['probəbl] **I** *adj* wahrscheinlich;
mutmaßlich; **II** *s* aussichtsreichste(r)
Kandidat(in).
pro·bate ['prəubeɪt] **1.** *(gerichtliche)*
Testamentseröffnung (u. -bestätigung) *f;*
Erblegitimation *f;* **2.** *(~ court, depart-
ment, division)* Nachlaßgericht *n.*
pro·ba·tion [prə'beɪʃn] **1.** Probe(zeit) *f;*
2. *jur* Bewährung *f;* ▶ **on** ~ auf Probe;
jur mit Bewährung; ~ **officer** Bewäh-
rungshelfer(in) *m (f);* **pro·ba·tion·ary**
[prə'beɪʃnrɪ] *adj* **1.** Probe-; **2.** *jur* Bewäh-
rungs-; ▶ ~ **period** Probezeit *f;* **pro-
ba·tioner** [prə'beɪʃnə(r)] **1.** (Pro-
be)Kandidat(in), auf Probe Angestell-
te(r) *f m;* Lernschwester *f;* **2.** *jur* Straf-
entlassene(r) *f m* mit Bewährungsfrist.
probe [prəub] **I** *s* **1.** *tech med* Sonde *f;* **2.**
jur Untersuchung *f;* **II** *tr* sondieren; *(All,*

Gewissen, Geheimnis) erforschen; **III** *itr* **1.** suchen (*for* nach); **2.** *med* untersuchen; **3.** *fig* forschen (*for* nach).

prob·ity ['prəubəti] Rechtschaffenheit, Redlichkeit *f.*

prob·lem ['probləm] **1.** Problem *n;* **2.** Problematik *f;* **3.** *math* Aufgabe *f;* ► **set a ~ to s.o.** jdn vor e-e schwierige Aufgabe stellen; **that's your ~** das ist Ihre Sorge, Ihr Problem; **prob·lem-atic(al)** [,problə'mætik(l)] *adj* problematisch; **problem child** schwieriges Kind.

pro·bos·cis [prə'bɒsɪs] ⟨*pl* -ces⟩ [—si:z] Rüssel *m.*

pro·cedur·al [prə'si:dʒərəl] *adj* verfahrensmäßig; *attr* Verfahrens-; **procedure** [prə'si:dʒə(r)] Verfahren, Verhalten, Vorgehen *n;* ► **(code of) civil ~** Zivilprozeß(ordnung *f*) *m;* **(code of) criminal ~** Strafprozeß(ordnung *f*) *m;* **electoral ~** Wahlmodus *m;* **question of ~** Verfahrensfrage *f.*

pro·ceed [prə'si:d] *itr* **1.** vorwärtsgehen, vorschreiten, vorrücken; **2.** fortsetzen (*on a journey* e-e Reise); **3.** weitergehen, -fahren, -reisen; **4.** weitergehen, seinen Fortgang nehmen; **5.** weitermachen, fortfahren (*with, in* mit); **6.** schreiten (*to* zu); **7.** anfangen, beginnen (*to s.th.* mit etw); **8.** übergehen (*to* zu); **9.** vorgehen, verfahren, handeln (*on a principle* nach e-m Grundsatz); **10.** hervorgehen (*from* aus); **11.** gerichtlich vorgehen, e-n Prozeß anstrengen (*against s.o.* gegen jdn); **12.** verklagen, gerichtlich belangen (*against s.o.* jdn); ► **~ to the order of the day** zur Tagesordnung übergehen; **~ with a case** einen Prozeß anstrengen; **please ~** bitte reden, machen Sie weiter.

pro·ceed·ing [prə'si:dɪŋ] **1.** Vorgehen, Verfahren *n,* Maßnahme(n *pl*) *f;* **2.** *pl* (Gerichts)Verfahren *n;* Prozeß *m;* **3.** *pl* Sitzungs-, Verhandlungsberichte *m pl,* Prozeßakten *f pl;* **4.** *pl* Veranstaltung *f;* ► **take legal ~s** den Rechtsweg beschreiten; Klage erheben (*against s.o.* gegen jdn); **stay, stop ~s** das Verfahren einstellen; **there were some peculiar ~s** es ereigneten sich merkwürdige Dinge.

pro·ceeds ['prəusi:dz] *pl* Ertrag, Erlös *m,* Einnahmen *f pl* (*from* aus); ► **annual ~** Jahresertrag *m;* **cash ~** Barerlös, -ertrag *m.*

pro·cess ['prəuses] **I** *s* **1.** Prozeß *m;* **2.** (Arbeits)Verfahren *n;* **3.** *jur* Verfahren *n;* gerichtliche Verfügung; ► **in ~** im Gange; **in (the) ~ of** im Verlauf *gen;* **in ~ of completion** in Arbeit; **in ~ of construction** im Bau; **in ~ of time** im Lauf der Zeit; **serve a ~ on s.o.** jdn gerichtlich vorladen; **finishing ~** Veredelungsverfahren *n;* **manufacturing ~** Produktionsprozeß *m;* **II** *tr* **1.** verarbei-

ten; (*Nahrungsmittel*) konservieren; (*Milch*) sterilisieren; (*Film*) entwickeln; **2.** (*Akte, Antrag*) bearbeiten; (*Menschen*) abfertigen; *itr* [prə'ses] ziehen, schreiten; ► **~ed cheese,** *Am* **~ cheese** Schmelzkäse *m;* **process chart** Arbeitsablaufdiagramm *n;* **process computer** Prozeßrechner *m;* **process costing** Kostenrechnung *f* für Massenfertigung; **process engineering** Verfahrenstechnik *f;* **pro·ces·sing** ['prəusesɪŋ] **1.** *agr tech* Vered(e)lung *f;* **2.** Verarbeitung, Behandlung *f;* **3.** *tech* Aufbereitung *f;* **4.** *fig* Bearbeitung *f;* ► **~ cost** Fertigungskosten *pl;* **~ industry** Veredelungsindustrie *f;* **word-~** *EDV* Textverarbeitung *f.*

pro·cession [prə'seʃn] **1.** Prozession *f;* **2.** (feierlicher) Umzug *m;* (Fest)Zug *m;* ► **funeral ~** Leichenzug *m.*

pro·claim [prə'kleɪm] *tr* **1.** erklären; ausrufen (*s.o. king* jdn zum König); **2.** zeigen, erweisen (*o.s. master* sich als Meister); **proc·la·ma·tion** [,proklə'meɪʃn] **1.** Proklamation, Ausrufung *f;* **2.** Bekanntmachung *f* (*to* an).

pro·cliv·ity [prə'klɪvəti] Neigung *f,* Hang, Trieb *m* (*to, towards* zu).

pro·cras·ti·nate [prəu'kræstɪneɪt] *itr* zögern, zaudern; **pro·cras·ti·na·tion** [prəu,kræstɪ'neɪʃn] Aufschub *m;* Verzögerung *f.*

pro·create ['prəukrɪeɪt] **I** *tr* (er)zeugen; hervorbringen; ins Leben rufen; **II** *itr* sich fortpflanzen; **pro·cre·ation** [,prəukrɪ'eɪʃn] Fortpflanzung, Zeugung *f.*

proc·tor ['proktə(r)] **1.** Prokurator *m;* **2.** (*Universität*) Proktor *m;* *Am* (Prüfungs)Aufsicht *f.*

pro·cur·able [prə'kjurəbl] *adj* **1.** erhältlich; **2.** beschaffbar.

procu·ra·tor ['prokjureɪtə(r)] *jur* (in Vertretung) Bevollmächtigte(r) *m;* **procurator fiscal** (*Schottland*) Oberstaatsanwalt *m.*

pro·cure [prə'kjuə(r)] **I** *tr* **1.** ver-, beschaffen, besorgen; **2.** bewirken; **3.** verkuppeln (*for s.o.* mit jdm); **II** *itr* Kuppelei betreiben; **pro·cure·ment** [—mənt] Beschaffung, Besorgung *f;* Vermittlung *f;* ► **~ cost** Beschaffungskosten *pl;* **~ division** *Am* Beschaffungsamt *n;* **pro·curer** [prə'kjuərə(r)] Kuppler *m;* **pro·cur·ess** [prə'kjuərɪs] Kupplerin *f.*

prod [prod] **I** *tr* **1.** stoßen, knuffen; **2.** *fig* antreiben, anspornen (*s.o. into doing s.th.* jdn zu etw); ► **~ s.th. with s.th.** etw in etw stechen; **~ s.o. into action** jdm einen Stoß geben, versetzen; **II** *itr* stoßen; **III** *s* **1.** Stoß *m;* **2.** *fig* Anstoß *m;* Stoß *m.*

prodi·gal ['prodɪgl] **I** *adj* verschwenderisch (*of* mit); ► **be ~ of od with** verschwenden; nicht sparen mit; **the ~ son** der verlorene Sohn; **II** s Verschwender m.

pro·di·gious [prə'dɪdʒəs] adj **1.** wunderbar, -voll; **2.** gewaltig; ungeheuer; **prod·igy** ['prɒdɪdʒɪ] Wunder(ding, -werk) n (of an); ► **child** ~ Wunderkind n.

pro·duce [prə'djuːs] **I** tr **1.** produzieren; herstellen; erzeugen; (Kohle, Öl) fördern; (Buch, Artikel) schreiben; (Kunstwerk) schaffen; (Zinsen, Kapital, Ertrag) abwerfen; **2.** (Papiere) hervorholen, vorzeigen, -weisen, -legen; (Zeugen) beibringen; (Nachweis) erbringen, führen; (Gründe) anführen; **3.** agr tragen, liefern, hervorbringen; **4.** fig bewirken, zur Folge haben; hervorrufen; **5.** theat inszenieren; film drehen, produzieren; (Aufnahme) leiten; **6.** math (Strecke) verlängern (to bis); (Fläche) erweitern; **II** s ['prɒdjuːs] nur sing bes. agr Erzeugnis, Produkt n; **pro·ducer** [prə'djuːsə(r)] **1.** Erzeuger, Hersteller, Produzent, Fabrikant m; **2.** theat Regisseur m; film Produzent m; radio Sendeleiter(in) m (f); ► ~ **goods** pl Produktionsgüter n pl; ~ **price** Erzeugerpreis m. **prod·uct** ['prɒdʌkt] **1.** Erzeugnis, Produkt n; **2.** fig Ergebnis, Resultat n; **3.** com Fabrikat n, Ware f; **4.** chem math Produkt n; ► **food** ~s Nahrungsmittel pl; **manufactured** ~s pl Industrieerzeugnisse n pl; **(gross) national** ~ (Brutto)Sozialprodukt n; ~ **costing** Stückkalkulation f; ~ **engineering** Fertigungstechnik f; **liability** Produkthaftung f; ~ **line** Produktgruppe f; ~ **manager** Produktmanager(in) m (f).

pro·duc·tion [prə'dʌkʃn] **1.** Erzeugung, Herstellung, Produktion, Fabrikation, Fertigung f; **2.** min Förderung f; **3.** (geistige) Produktion f, Werk n; **4.** theat Aufführung, Inszenierung f; **5.** film Produktion f; **6.** (Dokument) Vorlage, Beibringung f; ► **go into** ~ die Produktion aufnehmen; **annual** ~ Jahresproduktion f; **production capacity** Produktionskapazität f; **production costs** pl Fertigungs-, Herstellungskosten pl; **production director** radio Sendeleiter(in) m (f); **production engineering** technische Produktionsplanung und -steuerung; **production line** Fließband n, Fertigungsstraße f; **production manager** Betriebs-, Produktionsleiter(in) m (f); **production model** mot Serienmodell n; **production platform** Förderplattform f; **production target** Produktionsziel n; **production time** Produktionszeit f; **production volume** Produktionsvolumen n.

pro·duc·tive [prə'dʌktɪv] adj **1.** produktiv; agr min ergiebig; **2.** fig produktiv, schöpferisch; **3.** com gewinnbringend,

rentabel; ► **be** ~ **of** hervorrufen, zur Folge haben, die Ursache sein gen; erzeugen; ~ **capacity, power** Produktionskapazität, Leistungsfähigkeit f; **it wouldn't be** ~ **to do that** es würde sich nicht lohnen, das zu tun; **pro·duc·tiv·ity** [ˌprɒdʌk'tɪvətɪ] **1.** Produktivität f; Ertragfähigkeit, Ergiebigkeit f; Rentabilität f; **2.** fig Produktivität f; **productivity agreement** Produktivitätsvereinbarung f; **productivity bonus** Leistungszulage f.

profa·na·tion [ˌprɒfə'neɪʃn] Entweihung, Schändung, Profanation f; **profane** [prə'feɪn] **I** adj **1.** profan, weltlich; **2.** ruchlos, gottlos; **II** tr (Heiligtum) entweihen, schänden, profanieren; **profan·ity** [prə'fænətɪ] **1.** Weltlichkeit f; **2.** Lästerung f; **3.** pl Flüche m pl.

pro·fess [prə'fes] tr **1.** gestehen, bekennen; **2.** versichern, erklären; **professed** [prə'fest] adj **1.** erklärt, ausgesprochen, offen; **2.** angeblich; **pro·fess·ed·ly** [prə'fesɪdlɪ] adv **1.** zugegebenermaßen; **2.** angeblich.

pro·fes·sion [prə'feʃn] **1.** Beruf m; Berufsstand m; **2.** Bekenntnis n; (~ of faith) Glaubensbekenntnis n; ► **by** ~ von Beruf; **carry on, exercise a** ~ e-n Beruf ausüben; **take up a** ~ e-n Beruf ergreifen; **the learned** ~s pl die akademischen Berufe m pl; **the oldest** ~ das älteste Gewerbe.

pro·fes·sional [prə'feʃnəl] **I** adj **1.** beruflich; berufsmäßig; (Sportler, Soldat) Berufs-; **2.** fachlich; fachmännisch; professionell; **3.** fam notorisch; ► **take** ~ **advice on s.th.** e-en Fachmann um etw befragen; **the** ~ **classes** die gehobenen Berufe; **he does it on a** ~ **basis** er macht das (haupt)beruflich; **turn** ~ Profi werden; ~ **disease** Berufskrankheit f; ~ **experience** Berufserfahrung f; ~ **journal, magazine** Fachzeitschrift f; ~ **organization** Berufsorganisation f; ~ **player** Berufsspieler m; ~ **secret** Berufsgeheimnis n; ~ **training** Berufsausbildung f; **II** s **1.** Profi m; **2.** Berufssportler(in) m (f); **pro·fes·sional·ism** [prə'feʃnəlɪzəm] **1.** fachliche Qualifikation; Professionalismus m; **2.** (von Arbeit) Professionalität f; **3.** sport Berufssportlertum, Profitum n.

pro·fes·sor [prə'fesə(r)] Professor(in), (Hochschul)Lehrer(in) m (f) (in the university an der Universität); ► **assistant** ~ Dozent(in) m (f); **full** ~ Am ordentlicher Professor, Ordinarius m; **pro·fes·sorial** [ˌprɒfɪ'sɔːrɪəl] adj ► ~ **chair** Lehrstuhl m, -kanzel f; **pro·fes·sor·ship** [prə'fesəʃɪp] Professur f, Lehrstuhl m; ► **be appointed to a** ~ e-e Professur erhalten, einen Lehrstuhl bekommen.

prof·fer ['prɒfə(r)] tr anbieten; (Dank)

aussprechen; *(Bemerkung)* machen.
pro·fi·ciency [prə'fɪʃnsɪ] Tüchtigkeit, Leistung *f;* ▶ **certificate of** ~ Befähigungsnachweis *m;* **pro·fi·cient** [prə'fɪʃnt] *adj* 1. geübt, erfahren, fähig, tüchtig; 2. *fam* bewandert (*in* in).
pro·file ['prəʊfaɪl] I *s* 1. Profil *n;* Seitenansicht *f;* 2. Kurzbiographie *f;* 3. *tech* Längsschnitt *m;* Querschnitt *m;* ▶ **in** ~ im Profil; **keep a low** ~ sich zurückhalten; II *tr* im Profil darstellen; ▶ ~ **s.o.** jds Lebensbild entwerfen.
prof·it ['prɒfɪt] I *s* 1. Gewinn, Ertrag *m;* 2. *pl* Erträge *m pl;* Nutzung *f;* Einkünfte *pl;* 3. *fig* Nutzen, Gewinn *m;* ▶ **at a** ~ mit Gewinn; vorteilhaft *adv;* **bring, show, yield a** ~ e-n Gewinn abwerfen; **realize large** ~**s** große Gewinne erzielen; **sell at a** ~ mit Gewinn verkaufen; **make a** ~ **on s.th.** bei etw e-n Gewinn erzielen; **turn to one's** ~ sich zunutze machen; **calculation of** ~**s** Rentabilitätsberechnung *f;* **clear, net** ~ Reingewinn *m;* **margin of** ~ Gewinnspanne *f;* **participation in** ~**s** Gewinnbeteiligung *f;* **share in the** ~**s** Gewinnanteil *m;* ~ **and loss** Gewinne u. Verluste *pl;* II *itr* profitieren (*by, from* von), Nutzen ziehen (*from, by* aus); **prof·it·abil·ity** [ˌprɒfɪtə'bɪlətɪ] Rentabilität *f;* **prof·it·able** ['prɒfɪtəbl] *adj* 1. gewinn-, nutzbringend, vorteilhaft; 2. günstig, einträglich, lohnend, rentabel (*to* für); ▶ **be** ~ sich rentieren; **profit carried forward** Gewinnvortrag *m;* **profit·earn·ing** ['prɒfɪtˌɜːnɪŋ] *adj* rentabel; **profi·teer** [ˌprɒfɪ'tɪə(r)] Profitmacher(in) *m (f);* ▶ **war** ~ Kriegsgewinnler *n;* **profiteer·ing** [—ɪŋ] Wucher *m,* Preistreiberei *f;* **profit margin** Gewinnspanne *f;* **profit maximation** Gewinnmaximierung *f;* **prof·it·re·lat·ed** ['prɒfɪtˌrɪ'leɪtəd] *adj* erfolgsabhängig; **profit-seek·ing, profit-mak·ing, profit-oriented** ['prɒfɪtˌsiːkɪŋ, —ˌmeɪkɪŋ, —'ɔːrɪəntəd] *adj* auf Gewinn ausgerichtet, gewinnorientiert; **profit-shar·ing** ['prɒfɪtˌʃeərɪŋ] Gewinnbeteiligung *f (der Arbeitnehmer).*
prof·li·gate ['prɒflɪgət] *adj* 1. verkommen, lasterhaft; 2. verschwenderisch; ausschweifend, liederlich.
pro·found [prə'faʊnd] *adj* 1. *(Schmerz, Schlaf, Schweigen)* tief; 2. *(Bemerkung, Gedanken)* tiefgründig, -schürfend; 3. *(Veränderung)* tiefgreifend; **pro·fun·dity** [prə'fʌndətɪ] *fig* Tiefgründigkeit *f.*
pro·fuse [prə'fjuːs] *adj* 1. überreichlich, verschwenderisch (*of* an); 2. sehr großzügig (*in, of* mit); **pro·fu·sion** [prə'fjuːʒn] Überfluß *m,* -fülle *f,* verschwenderische Fülle (*of* an); ▶ **in** ~ im Überfluß.
pro·geni·tor [prəʊ'dʒenɪtə(r)] 1. Vorfahr, Ahn(herr) *m;* 2. *fig* Vorläufer *m.*

prog·no·sis [prɒg'nəʊsɪs] ⟨*pl* -ses⟩ [prɒg'nəʊsiːz] Prognose *f;* **prog·nos·ti·cate** [prɒg'nɒstɪkeɪt] *tr* 1. voraus-, vorhersagen, prophezeien; 2. *med* prognostizieren.
pro·gram ['prəʊgræm] I *s* 1. *EDV* Programm *n;* 2. *Am s.* programme; II *tr EDV* programmieren; **pro·grammable** [—əbl] *adj EDV* programmierbar; **pro·gramme, Am pro·gram** ['prəʊgræm] I *s* 1. Programm *n;* 2. *radio TV a.* Sendung *f;* ▶ **what's on your** ~? was haben Sie vor? **change of** ~ Programmänderung *f;* **party** ~ Parteiprogramm *n;* II *tr* 1. programmieren; 2. *fig* vorprogrammieren; ▶ ~**d course** programmierter Unterricht; **what's** ~**d for today?** was steht für heute auf dem Programm? **pro·gram·mer** ['prəʊgræmə(r)] Programmierer(in) *m (f);* **pro·gram·ming** ['prəʊgræmɪŋ] Programmierung *f;* **programming language** Programmiersprache *f.*
prog·ress ['prəʊgres, *Am* 'prɒgres] I *s* nur sing 1. Fortschritt *m;* 2. *(eines Menschen, von Arbeit)* Fortschritte *m pl;* 3. Fortschreiten *n; mil* Vorrücken *n;* ▶ **in** ~ im Gange; **make** ~ Fortschritte machen; vorankommen; ~ **control** Terminüberwachung *f;* ~ **report** Lagebericht *m;* II *itr* [prə'gres] 1. vorrücken (*towards* gegen); 2. Fortschritte machen; 3. *(Zeit, Arbeit)* voranschreiten; **pro·gression** [prə'greʃn] 1. Folge *f;* 2. *math, (Steuern)* Progression *f;* 3. *mus* Sequenz *f;* 4. Entwicklung *f;* 5. Steigerung, Progression *f;* **pro·gress·ive** [prə'gresɪv] *adj* 1. fortschreitend, zunehmend; 2. fortschrittlich, progressiv; 3. *med, (Steuer)* progressiv; ▶ **by** ~ **stages** stufenweise; ~ **form** *gram* Verlaufsform *f.*
pro·hibit [prə'hɪbɪt] *tr* 1. verbieten (*s.o. from doing s.th.* jdm etw zu tun); 2. verhindern, unterbinden; **pro·hib·ition** [ˌprəʊɪ'bɪʃn] 1. Verbot *n;* 2. *hist* Prohibition *f;* **pro·hibi·tive** [prə'hɪbətɪv] *adj* 1. verhindernd, ausschließend; 2. *fam (Preis)* unerschwinglich; ▶ ~ **duty** Prohibitivzoll *m;* ~ **laws** *pl* Verbotsgesetze *n pl;* ~ **signs** *pl* Verbotsschilder *n pl.*
pro·ject ['prɒdʒekt] I *s* 1. Projekt, Vorhaben, Unternehmen *n;* 2. *(Schule)* Referat *n;* ▶ **engage in a** ~ ein Vorhaben in Angriff nehmen; ~ **manager** Projektmanager(in) *m (f);* ~ **scheduling** Projektplanung *f;* II *tr* [prə'dʒekt] 1. *(auf Leinwand)* projizieren; 2. *(voraus)*planen; *(Kosten)* überschlagen; 3. *math (Linie)* verlängern; *(Körper)* projizieren; 4. *(Flugkörper)* abschießen; 5. *arch* vorspringen lassen; ▶ ~ **o.s.** seine Persönlichkeit herausstellen; ~ **one's problems onto s.o.** seine Probleme in jdn hineinprojizieren; ~ **one's voice** seine

Stimme zum Tragen bringen; **III** *itr*
[prə'dʒekt] **1.** vorstehen; **2.** planen; **3.**
psych von sich auf andere schließen; **4.**
vernehmlich sprechen.
pro·jec·tile [prə'dʒektaɪl] Geschoß,
Projektil *n.*
pro·jec·tion [prə'dʒekʃn] **1.** Vorsprung,
vorspringender Teil *m;* **2.** *arch* Auskra-
gung *f;* **3.** Entwurf, Plan *m;* **4.** *opt film*
Projektion *f;* **5.** *film* Vorführung *f;* ▶ **~
room,** *Am* **booth** Vorführraum *m;* **pro-
jec·tion·ist** [prə'dʒekʃnɪst] *film* Vor-
führer(in) *m (f);* **pro·jec·tor**
[prə'dʒektə(r)] Projektor *m,* Vorführge-
rät *n.*
pro·lapse ['prəʊlæps] *med* Vorfall *m.*
prole [prəʊl] Prolet *m;* **pro·let·arian**
[ˌprəʊlɪ'teərɪən] **I** *adj* proletarisch; **II** *s*
Proletarier(in) *m (f);* **pro·let·ariat**
[ˌprəʊlɪ'teərɪət] Proletariat *n.*
pro·lif·er·ate [prə'lɪfəreɪt] *itr* **1.** *biol*
sich vermehren; **2.** *(Unkraut, Zellen)*
wuchern; **3.** sich zahlenmäßig stark er-
höhen; **4.** *(Ideen)* um sich greifen; **pro-
lif·er·ation** [prəˌlɪfə'reɪʃn] **1.** starke
Vermehrung; **2.** Wucherung *f;* **3.** starke
Erhöhung; **4.** *(von Ideen)* Ausbreitung *f;*
5. *(von Atomwaffen)* Weitergabe *f;*
▶ **nuclear non-~ treaty** Atomsperrver-
trag *m;* **pro·lific** [prə'lɪfɪk] *adj* **1.** *biol*
fruchtbar *a. fig;* **2.** *fig* produktiv.
pro·lix ['prəʊlɪks] *adj* weitschweifig,
langatmig, wortreich.
pro·logue, *Am* **pro·log** ['prəʊlɒg, *Am,*
'prəʊlɔːg] **1.** Prolog *m (to* zu); **2.** *fig*
Auftakt *m;* ▶ **be the ~ to s.th.** zu etw
den Auftakt bilden.
pro·long [prə'lɒŋ] *tr* **1.** verlängern; **2.**
aufschieben, hinauszögern; **3.** *(Wechsel)*
prolongieren; **pro·lon·ga·tion**
[ˌprəʊlɒŋ'geɪʃn] **1.** Verlängerung *f;* **2.**
Hinauszögern *n;* **3.** *(Wechsel)* Prolon-
gierung *f;* **pro·longed** [prə'lɒŋd] *adj*
lang.
prom [prɒm] **1.** Konzert *n* in lockerem
Rahmen; **2.** *Br* Promenade *f;* **3.** *Am*
Schüler-, Klassenball *m.*
prom·en·ade [ˌprɒmə'nɑːd, *Am*
ˌprɒmə'neɪd] **I** *s* **1.** Spaziergang *m;* **2.**
Am Schülerball *m;* **3.** *Br* (Ufer)Prome-
nade *f;* **II** *itr* spazieren(gehen), prome-
nieren; **promenade concert** Konzert
n in lockerem Rahmen; **promenade
deck** *mar* Promenadendeck *n.*
promi·nence ['prɒmɪnəns] **1.** Vor-
sprung *m;* Anhöhe *f;* **2.** *fig* Beliebtheit *f;*
Bekanntheit *f;* Bedeutung *f;* ▶ **achieve
~** Bedeutung erlangen *(as* als); **bring
s.th. into ~** etw herausstellen; **come
into ~** *fig* in den Vordergrund treten;
promi·nent ['prɒmɪnənt] *adj* **1.** vorste-
hend, -springend; **2.** *fig* hervorragend,
bedeutend; **3.** auffällig; **4.** (wohl)be-
kannt, prominent.
prom·is·cu·ity [ˌprɒmɪ'skjuːətɪ] sexuelle

Freizügigkeit, Promiskuität *f,* häufiger
Partnerwechsel; **pro·mis·cu·ous**
[prə'mɪskjʊəs] *adj* sexuell freizügig;
▶ **be ~** häufig den Partner wechseln.
prom·ise ['prɒmɪs] **I** *s* **1.** Versprechen *n;*
(feste) Zusage, Zusicherung *f;* **2.** (feste)
Aussicht, Hoffnung *f (of* auf); ▶ **break
one's ~** sein Wort brechen; **give, make
a ~** ein Versprechen geben; **keep one's
~** sein Versprechen, sein Wort halten;
show great ~ zu großen Hoffnungen
berechtigen, vielversprechend sein;
breach of ~ Wortbruch *m;* **empty ~s** *pl*
leere Versprechungen *f pl;* **II** *tr* **1.** ver-
sprechen; **2.** andeuten, hindeuten auf;
▶ **~ s.o. s.th., ~ s.th. to s.o** jdm etw
versprechen; **the sky ~s rain** es sieht
nach Regen aus; **the P~d Land** das
Gelobte Land; **III** *itr* versprechen; ▶ **~
well** vielversprechend sein; **IV** *refl:* ▶ **~
o.s. s.th** sich etw versprechen; sich etw
geloben; **prom·is·ing** [—ɪŋ] *adj* **1.**
vielversprechend, verheißungs-, hoff-
nungsvoll; **2.** erfolgversprechend;
prom·iss·ory ['prɒmɪsərɪ] *adj:* ▶ **~
note** Schuldschein *m.*
prom·on·tory ['prɒməntrɪ] Vorgebirge
n.
pro·mote [prə'məʊt] *tr* **1.** fördern, vor-
antreiben, unterstützen; **2.** sich einset-
zen für; befürworten; **3.** *(Geschäft)*
gründen; **4.** *(Gesetzentwurf)* einbringen;
5. *(im Rang)* befördern; **6.** *com* werben
für *(e-n Artikel);* **7.** *(Verkauf)* steigern;
pro·mo·ter [prə'məʊtə(r)] **1.** Förderer
m, Förderin *f,* Befürworter(in) *m (f);* **2.**
(Geschäfts)Gründer(in) *m (f) (e-r AG);*
3. *sport* Veranstalter(in) *m (f);* **pro·mo-
tion** [prə'məʊʃn] **1.** Förderung, Unter-
stützung, Befürwortung *f;* *com* Grün-
dung *f;* **3.** *(beruflich)* Beförderung *f;* **4.**
Verkaufsförderung *f;* **5.** Werbung, Re-
klame *f;* ▶ **get one's ~** befördert wer-
den; **sales ~** Verkaufsförderung, Ab-
satzsteigerung *f;* **~ manager** Werbelei-
ter(in) *m (f).*
prompt [prɒmpt] **I** *adj* **1.** umgehend,
sofortig, unverzüglich; **2.** *(Mensch)* (so-
fort) bereit; pünktlich; **II** *s* **1.** *theat* Souf-
flieren *n;* **2.** *EDV* Befehlszeile *f;* ▶ **give
s.o. a ~** jdm soufflieren; *fig* jdn erin-
nern; **III** *tr* **1.** anspornen; auffordern; **2.**
veranlassen *(to* zu); **3.** auf die Sprünge
helfen *(s.o.* jdm); **4.** *theat* soufflieren *(s.o.*
jdm); **IV** *adv* pünktlich; **prompt-
box** Souffleurkasten *m;* **prompter**
['prɒmptə(r)] Souffleur *m,* Souffleuse
f; **promp·ti·tude, prompt·ness**
['prɒmptɪtjuːd, 'prɒmptnɪs] **1.** Bereitwil-
ligkeit, Schnelligkeit *f;* **2.** Promptheit *f;*
Pünktlichkeit *f;* **prompt·ly** ['prɒmptlɪ]
adv pünktlich; ▶ **attend to s.th. ~** etw
umgehend erledigen; **start ~ at eight**
Punkt 8 Uhr anfangen; **prompt note**
Mahnschreiben *n.*

prom·ul·gate ['promlgeɪt] *tr* verbreiten; *(Gesetz)* verkünden; **prom·ul·ga·tion** [ˌproml'geɪʃn] Verbreitung *f;* Verkündung *f.*

prone [prəʊn] *adj* 1. liegend; 2. *fig* geneigt *(to* zu); ▶ **be ~ to do s.th.** zu etw neigen; **prone·ness** [—nɪs] Neigung *f (to* zu).

prong [proŋ] 1. *(Gabel)* Zinke *f;* 2. Spitze, Zacke *f;* 3. *(Geweih)* Sprosse *f.*

pro·nomi·nal [prəʊ'nomɪnl] *adj* pronominal; **pro·noun** ['prəʊnaʊn] *gram* Pronomen, Fürwort *n.*

pro·nounce [prə'naʊns] I *tr* 1. verkünden; *(feierlich)* erklären; 2. *(Urteil)* abgeben, *jur* fällen; 3. erklären (für); 4. *(Wort)* aussprechen; ▶ **~ o.s. for s.th.** sich für etw aussprechen; II *itr* Stellung nehmen; sich aussprechen *(on* über; *for, in favo(u)r of* für; *against* gegen); ▶ **she ~s badly** sie hat eine schlechte Aussprache; **pro·nounce·able** [—əbl] *adj* aussprechbar; **pro·nounced** [prə'naʊnst] *adj* 1. ausgesprochen; 2. *(Becken, Knochen)* ausgeprägt; 3. *(Verbesserung)* deutlich; ▶ **have a ~ limp** stark hinken; **pro·nounce·ment** [prə'naʊnsmənt] Erklärung *f; jur* Verkündigung *f.*

pronto ['prontəʊ] *adv fam* fix, schnell, dalli.

pro·nun·ci·ation [prəˌnʌnsɪ'eɪʃn] Aussprache *f.*

proof [pruːf] I *s* 1. *jur* Beweis *m (of* für); 2. Nachweis, Beleg *m;* 3. Probe, Erprobung *f;* 4. *(Getränk)* Normalstärke *f;* 5. *(Graphik, phot)* Probeabzug *m;* (Korrektur)Fahne *f;* ▶ **by way of ~** als Beweis; **furnish, produce ~** den Beweis erbringen; **give ~ of s.th.** etw unter Beweis stellen; **put to (the) ~** auf die Probe stellen; **read (the) ~s** Korrektur lesen; **burden, onus of ~** Beweislast *f;* II *adj* 1. fest, sicher *(against* gegen); 2. wasserdicht, undurchlässig *(to, against* für); 3. *fig* unempfindlich *(against* für); 4. *(Alkohol)* probehaltig; ▶ **burglar-~** einbruchsicher; **crisis-~** krisenfest; **fire-~** feuerfest; **fool-~** narrensicher; **water-~** wasserdicht; **weather-~** wetterfest; **~ against corruption** unbestechlich; III *tr* imprägnieren, wasserdicht machen; **proof-read** ['pruːfˌriːd] *itr irr s. read* Korrektur lesen; **proof-reader** ['pruːfˌriːdə(r)] *typ* Korrektor(in) *m (f);* ▶ **~'s marks** *pl* Korrekturzeichen *n pl;* **proof-read·ing** [—ɪŋ] Korrekturlesen *n;* ▶ **at the ~ stage** im Korrekturstadium.

prop¹ [prop] I *s* 1. Pfosten *m,* Stütze *f;* 2. *fig* Stütze, Säule *f;* 3. *pl theat* Requisiten *n pl;* II *tr* 1. *(~ up)* (mit e-m Pfosten) stützen; verstreben; 2. (an)lehnen *(against* an); 3. *mot* aufbocken; 4. *fig* (unter)stützen; ▶ **~ o.s. against** sich

lehnen gegen.

prop² [prop] *Abk:* **propeller.**

propa·ganda [ˌpropə'gændə] Propaganda *f;* **propa·gan·dist** [ˌpropə'gændɪst] Propagandist(in) *m (f);* Verfechter(in) *m (f).*

propa·gate ['propəgeɪt] I *tr* 1. fortpflanzen; 2. *phys opt* ausbreiten; 3. *(Sitten, Ideen)* verbreiten; II *itr* sich fortpflanzen, sich vermehren; *(Ideen)* sich verbreiten; **propa·ga·tion** [ˌpropə'geɪʃn] Fortpflanzung, *f;* Vermehrung *f;* Aus-, Verbreitung *f.*

pro·pane ['prəʊpeɪn] Propan(gas) *n.*

pro·pel [prə'pel] *tr* antreiben; **pro·pel·lant** [prə'pelənt] Treibstoff *m,* -mittel *n;* Treibgas *n;* **pro·pel·ler** [prə'pelə(r)] Propeller *m;* **propeller shaft** Antriebswelle *f; mot* Kardanwelle *f; mar* Schraubenwelle *f;* **pro·pel·ling** [prə'pelɪŋ] *adj* treibend; ▶ **~ force** Triebkraft *f;* **~ pencil** Drehbleistift *m.*

pro·pen·si·ty [prə'pensətɪ] Neigung *f,* Hang *m (to, toward s.th.* zu etw; *for doing* zu tun); ▶ **~ to invest** Investitionsneigung *f.*

proper ['propə(r)] *adj* 1. passend, geeignet *(for* für); 2. richtig, ordnungsgemäß; 3. ordentlich, bescheiden, höflich; 4. eigentümlich, charakteristisch *(to* für); 5. *(oft nachgestellt)* eigentlich, im engeren Sinn; 6. *fam* recht, richtig, wahr, gehörig; ▶ **in ~ condition** in gutem Zustand; **at the ~ time** zur rechten Zeit; **through the ~ channels** auf dem Dienstweg; **in the ~ form** in ordnungsmäßiger Form; **~ fraction** echter Bruch; **deem ~ to** es für richtig halten zu; **that's not ~** das gehört sich nicht; **everything at the ~ time** alles zu seiner Zeit; **proper·ly** [—lɪ] *adv* 1. korrekt, richtig; 2. anständig, ordentlich; 3. durch u. durch; gründlich; ▶ **~ speaking** genaugenommen, eigentlich, in Wirklichkeit; **proper meaning** eigentliche Bedeutung; **proper name, noun** Eigenname *m.*

prop·er·tied ['propətɪd] *adj* ▶ **the ~ classes** das Besitzbürgertum; **property** ['propətɪ] 1. Eigentum *n;* Besitz *m;* 2. *(landed ~)* Landbesitz *m,* Ländereien *f pl;* Immobilien *pl,* Liegenschaften *f pl;* Haus, Gebäude *n;* Grundstück *n,* Landbesitz *m;* 3. Eigenschaft, Eigentümlichkeit, Besonderheit *f;* Merkmal *n;* 4. *pl theat* Requisiten *n pl;* ▶ **public ~** Eigentum *n* der öffentlichen Hand; **property developer** Häusermakler(in) *m (f);* **property development** Grundstückserschließung *f;* **property increment tax** Wertzuwachssteuer *f;* **property insurance** Sachversicherung *f;* **property-man, property manager** *theat* Requisiteur *m;* **property market** Immobilienmarkt *m;* **property owner** Grundstücks-, Hauseigentümer(in) *m* *(f);* **property-room** Requisitenkammer *f;* **property speculation** Immobilienspekulation *f;* **property tax** Vermögenssteuer *f.*

proph·ecy ['prɒfəsɪ] Prophezeiung *f;* **proph·esy** ['prɒfɪsaɪ] *tr* prophezeien *(s.th. for s.o.* jdm etw) vorhersagen; **prophet** ['prɒfɪt] Prophet *m;* **prophetess** ['prɒfɪtes] Prophetin *f;* **pro·phetic** [prə'fetɪk] *adj* prophetisch.

pro·phy·lac·tic [ˌprɒfɪ'læktɪk] **I** *adj med* vorbeugend, prophylaktisch; **II** *s* vorbeugendes Mittel; **pro·phy·lax·is** [prɒfɪ'læksɪs] *med* Prophylaxe *f.*

pro·pin·quity [prə'pɪŋkwətɪ] **1.** Nähe *f;* **2.** (nahe) Verwandtschaft *f.*

pro·pi·tious [prə'pɪʃəs] *adj* günstig *(to, towards* für).

pro·pon·ent [prə'pəʊnənt] Befürworter(in) *m (f).*

pro·por·tion [prə'pɔːʃn] **I** *s* **1.** (An)Teil *m,* Quote *f;* **2.** Verhältnis *n,* Proportion *f a. math;* **3.** Ausgeglichenheit, Ausgewogenheit *f;* **4.** *pl* Dimensionen, Proportionen *f pl;* ▶ **in** ~ verhältnismäßig, anteilig; im Verhältnis *(to* zu); in dem Maße *(as* wie); **out of** ~ unverhältnismäßig; **out of all** ~ in gar keinem Verhältnis *(to* zu); ~ **of costs, of profit** Kosten-, Gewinnanteil *m;* **II** *tr* **1.** in das richtige Verhältnis bringen *(to* zu); abstimmen *(to* auf); anpassen *(to* an); **2.** verhältnismäßig verteilen; **pro·por·tional** [prə'pɔːʃnl] *adj* proportional *a. math,* im (richtigen) Verhältnis *(to* zu); entsprechend; verhältnismäßig, relativ; ▶ ~ **representation** Verhältniswahlrecht *n;* ~ **share** Quote *f;* ~ **voting** Verhältniswahl *f;* **pro·por·tion·al·ity** [prəˌpɔːʃənælɪtɪ] *jur* Verhältnismäßigkeit *f;* **pro·por·tion·ate** [prə'pɔːʃənət] *adj* proportional; ▶ **be** ~ **to s.th.** im Verhältnis zu etw stehen; **pro·portioned** [prə'pɔːʃnd] *adj* ▶ **well** ~ wohlproportioniert.

pro·po·sal [prə'pəʊzl] **1.** Vorschlag *m,* Anregung *f;* **2.** (Heirats)Antrag *m;* ▶ **upon the** ~ **of** auf Vorschlag *gen;* **place** ~**s before s.o.** jdm Vorschläge unterbreiten; **pro·pose** [prə'pəʊz] **I** *tr* **1.** vorschlagen *(s.th. to s.o.* jdm etw; *doing s.th.* etw zu tun); **2.** anregen; **3.** *(e-n Antrag)* einbringen, stellen; **4.** *(~ s.o.'s health)* e-n Toast ausbringen auf; ▶ ~ **marriage to s.o.** jdm einen Heiratsantrag machen; **II** *itr* e-n Heiratsantrag machen *(to s.o.* jdm); ~ **to do s.th.** etw vorhaben; **man** ~**s, God disposes** der Mensch denkt, Gott lenkt; **pro·poser** [prə'pəʊzə(r)] Antragsteller(in) *m (f);* **prop·osi·tion** [ˌprɒpə'zɪʃn] **1.** Vorschlag *m,* Anregung *f;* **2.** Antrag *m;* **3.** Unternehmen, Vorhaben *n;* **4.** Aussage *f; math* Lehrsatz *m; philos* Satz *m;* **5.** Aussicht *n;* ▶ **that's an expensive** ~

das ist ein teures Vergnügen; **a paying** ~ ein lohnendes Geschäft.

pro·pound [prə'paʊnd] *tr* darlegen.

pro·pri·etary [prə'praɪətrɪ] *adj (Klasse)* besitzend; *(Rechte)* Besitz-; *(Gebahren)* besitzergreifend; *com* gesetzlich geschützt, Marken-; ▶ ~ **article** Markenartikel *m;* ~ **capital** *Am* Eigenkapital *n;* ~ **goods** *pl* Markenartikel *m pl;* **pro·pri·etor** [prə'praɪətə(r)] **1.** Eigentümer(in), Besitzer(in) *m (f);* (Geschäfts)Inhaber(in) *m (f);* **2.** Einzelunternehmer(in) *m (f);* ▶ **sole** ~ Alleininhaber(in) *m (f);* **pro·pri·etor·ship** [—ʃɪp] Eigentum *n,* Besitz *m;* ▶ **during his** ~ während er Inhaber, Besitzer war; **pro·pri·e·tress** [prə'praɪətrɪs] Eigentümerin, Besitzerin, Inhaberin *f.*

pro·pri·ety [prə'praɪətɪ] **1.** Richtigkeit *f;* **2.** Schicklichkeit *f,* Anstand *m;* ▶ **the proprieties** *pl* die Anstandsformen *f pl,* das gute Benehmen.

props [prɒps] *pl sl theat* Requisiten *n pl.*

pro·pul·sion [prə'pʌlʃn] *tech* Antrieb *m;* ▶ **jet** ~ Strahl-, Düsenantrieb *m.*

pro rata [ˌprəʊ'rɑːtə] *adj, adv* anteilmäßig; **pro·rate** [prəʊ'reɪt] *tr Am* anteilmäßig auf-, verteilen.

pro·ro·ga·tion [ˌprəʊrə'geɪʃn] *parl* Vertagung *f;* **pro·rogue** [prəʊ'rəʊg] *tr* vertagen.

pro·saic [prə'zeɪɪk] *adj fig* prosaisch, nüchtern, trocken.

pro·scenium [prə'siːnɪəm] *theat* (~ *arch)* Proszenium *n.*

pro·scribe [prə'skraɪb] *tr* **1.** verbieten; **2.** ächten; verbannen; **pro·scrip·tion** [prə'skrɪpʃn] Verbot *n;* Achtung *f;* Verbannung *f.*

prose [prəʊz] Prosa *f.*

pros·ecut·able [ˌprɒsɪ'kjuːtəbl] *adj (Handlung, Delikt)* strafbar; **pros·ecute** ['prɒsɪkjuːt] **I** *tr* **1.** *jur* strafrechtlich verfolgen; **2.** *(Untersuchung)* durchführen; ▶ **trespassers will be** ~**d** unbefugtes Betreten bei Strafe verboten; **II** *itr* Klage erheben; **pros·ecuting** [—ɪŋ] *adj:* ▶ ~ **counsel,** *Am* **attorney** Anklagevertreter(in), Staatsanwalt *m,* -anwältin *f;* **pros·ecu·tion** [ˌprɒsɪ'kjuːʃn] **1.** Strafverfolgung *f;* **2.** Durchführung *f;* ▶ **the** ~ die Anklage(behörde); die Staatsanwaltschaft; **li·able to** ~ strafbar; ~ **witness, witness for the** ~ Belastungszeuge *m,* -zeugin *f;* **pros·ecu·tor** ['prɒsɪkjuːtə(r)] **1.** (An)Kläger(in) *m (f);* **2.** *(public* ~*)* Anklagevertreter(in) *m (f),* Staatsanwalt *m,* -anwältin *f.*

pros·elyte ['prɒsəlaɪt] Neubekehrte(r) *f m,* Proselyt(in) *m (f);* **pros·elyt·ize** ['prɒsəlɪtaɪz] **I** *itr* Proselyten machen; **II** *tr* bekehren.

pros·ody ['prɒsədɪ] Prosodie *f.*

pros·pect ['prɒspekt] **I** *s* **1.** Aussicht *f a.*

fig, Ausblick *m;* **2.** *Am* möglicher Käufer, Interessent, Kunde *m;* **3.** Anwärter, Kandidat *m;* **4.** *min* Schürfstelle *f;* **5.** *pl* Aussichten *f pl;* ▶ **in** ~ in Aussicht; **have no** ~**s** keine Zukunft haben; **he is not much of a** ~ **for her** er hat ihr nicht viel zu bieten; **that would be a good** ~ das wäre aussichtsreich; **hold out the** ~ **of s.th.** etw in Aussicht stellen; **what are your** ~**s?** welche Aussichten haben Sie? **II** *itr, tr* [prə'spekt, *Am* 'prɒspekt] *min* schürfen *(for* nach); *(Öl)* bohren; **prospec·tive** [prə'spektɪv] *adj* voraussichtlich; in Aussicht stehend; zukünftig; ▶ ~ **buyer, customer** Interessent, potentieller Käufer *m;* **pros·pec·tor** [prɒ'spektə(r)] *min* Schürfer *m;* **pro·spec·tus** [prə'spektəs] Verzeichnis *n;* Prospekt *m.*

pros·per ['prɒspə(r)] *itr* **1.** gedeihen, blühen; **2.** Erfolg, Glück haben; **3.** *(Geschäft)* gut gehen; ▶ **he is** ~**ing** es geht ihm gut; **pros·per·ity** [prɒ'sperətɪ] Wohlstand *m; (Geschäft)* Erfolg *m;* **pros·per·ous** ['prɒspərəs] *adj* **1.** erfolgreich; *(Geschäft, Wirtschaft)* florierend; **2.** wohlhabend.

pros·tate (gland) ['prɒsteɪt (ˌglænd)] *anat* Vorsteherdrüse, Prostata *f.*

pros·ti·tute ['prɒstɪtjuːt] **I** *tr* prostituieren; **II** *refl* sich prostituieren; **III** *s* Prostituierte, Dirne *f;* ▶ **male** ~ Strichjunge *m fam;* **pros·ti·tu·tion** [ˌprɒstɪ'tjuːʃn] Prostitution *f.*

pros·trate ['prɒstreɪt] **I** *adj* **1.** hingestreckt; **2.** *fig* machtlos; **3.** *fig* kraftlos *(with* vor); **II** *tr* [prɒ'streɪt] **1.** niederwerfen; **2.** *fig* entkräften, niederschmettern; ▶ ~ **o.s.** sich niederwerfen *(at a shrine* an e-m Altar; *before s.o.* vor jdm); **pros·tra·tion** [prɒ'streɪʃn] **1.** Fußfall *m;* **2.** Entkräftung, (völlige) Erschöpfung *f.*

prosy ['prəʊzɪ] *adj* prosaisch, trocken, langweilig.

pro·tag·on·ist [prə'tægənɪst] **1.** *lit theat* Held(in) *m (f),* Protagonist(in) *m (f);* **2.** Hauptperson *f,* führender Kopf; **3.** *fig* Vorkämpfer *m.*

pro·tect [prə'tekt] *tr* **1.** schützen, bewahren *(from* vor); **2.** beschützen, verteidigen *(against* gegen); **3.** *(Interessen, Rechte)* wahren; ▶ ~ **o.s.** sich sichern *(against* gegen); ~ **s.o.'s interests** jds Interessen wahren; **pro·tec·tion** [prə'tekʃn] **1.** Schutz *m (from* vor); **2.** *(von Interessen, Rechten)* Wahrung *f;* **3.** Versicherungsschutz *m;* **4.** *(*~ *money)* Schutzgeld *n;* ▶ ~ **of consumers** Verbraucherschutz *m;* ~ **of the environment** Umweltschutz *m;* ~ **of interests** Wahrung *f* der Interessen; **protection factor** *(Sonnenöl)* Licht-, Sonnenschutzfaktor *m;* **protection racket** organisierte Erpressung von Geschäftsin-

habern; **pro·tec·tion·ism** [—ɪzəm] Protektionismus *m;* **pro·tec·tion·ist** [—ɪst] **I** *adj* protektionistisch; **II** *s* Protektionist(in) *m (f);* **pro·tec·tive** [prə'tektɪv] *adj* schützend; Schutz-; *(Eltern)* fürsorglich, besorgt; ▶ ~ **clause** Schutzklausel *f;* ~ **clothing** Schutzkleidung *f;* ~ **coating** Schutzanstrich *m;* ~ **colo(u)ring, coloration** *biol* Tarnfarbe; *f;* ~ **custody** Schutzhaft *f;* ~ **instinct** Beschützerinstinkt *m;* ~ **measure** Schutzmaßnahme *f;* **over-**~ übermäßig besorgt; **pro·tec·tor** [prə'tektə(r)] **1.** Beschützer(in) *m (f);* **2.** *(Gegenstand)* Schutz *m;* **pro·tec·tor·ate** [prə'tektərət] Protektorat *n.*

pro·tégé, pro·tégée ['prɒtɪʒeɪ, *Am* prəʊtɪ'ʒeɪ] Schützling *m.*

pro·tein [prə'utiːn] *chem* **1.** Protein *n;* **2.** *pl* Eiweißstoffe *m pl.*

pro·test [prə'test] **I** *tr* **1.** beteuern; **2.** protestieren gegen; **3.** *fin (Wechsel)* protestieren, zu Protest gehen lassen; **II** *itr* protestieren; Einspruch, Protest erheben *(to s.o.* bei jdm); sich verwahren *(against* gegen); **III** *s* ['prəʊtest] **1.** Einspruch, Protest *m (against* gegen); **2.** *com* (Wechsel)Protest *m;* ▶ **as a** ~, **in** ~ **against** als Protest gegen; **under** ~ unter Protest; **without** ~ widerspruchs-, vorbehaltlos.

Prot·es·tant ['prɒtɪstənt] **I** *s* Protestant(in) *m (f);* **II** *adj* protestantisch; **Prot·es·tant·ism** [—ɪzəm] Protestantismus *m.*

prot·es·ta·tion [ˌprɒte'steɪʃn] **1.** Beteuerung *f;* **2.** Einspruch, Protest *m;* **protester** [prə'testə(r)] Protestierende(r) *f m;* Demonstrant(in) *m (f).*

pro·test march Protestmarsch *m;* **protest vote** Proteststimme *f.*

pro·to·col ['prəʊtəkɒl] Protokoll *n.*

pro·ton ['prəʊtɒn] *phys* Proton *n.*

pro·to·plasm ['prəʊtəplæzəm] *biol* Protoplasma *n.*

pro·to·type ['prəʊtətaɪp] Prototyp *m.*

pro·to·zoan [ˌprəʊtə'zəʊən] ⟨*pl* -zoa⟩ [—'zəʊə] Protozoon, Urtierchen *n.*

pro·tract [prə'trækt] *tr* **1.** *(zeitl.)* in die Länge ziehen, verlängern, ausdehnen; **2.** hinauszögern, aufschieben, verschleppen; **pro·tracted** [prə'træktɪd] *adj* langwierig, langatmig, weitschweifig; **pro·trac·tion** [prə'trækʃn] Ausdehnung, Verzögerung *a. jur,* Verschleppung *f;* **pro·trac·tor** [prə'træktə(r)] Winkelmesser *m.*

pro·trude [prə'truːd] **I** *tr* heraus-, hervorstoßen, -strecken; **II** *itr* vorstehen; herausragen, -treten; **pro·trud·ing, pro·tru·sive** [prə'truːdɪŋ, prə'truːsɪv] *adj* herausragend, vorspringend, vorstehend; **pro·tru·sion** [prə'truːʒn] **1.** Vorsprung *m;* **2.** Vorstehen *n;* Herausragen *n.*

pro·tu·ber·ance [prə'tju:bərəns] 1. Ausbauchung, (An)Schwellung *f;* Beule *f;* 2. *astr* Protuberanz *f;* **pro·tu·ber·ant** [prə'tju:bərənt] *adj* vorstehend; ▶ ~ **eyes** *pl* Glotzaugen *n pl.*

proud [praud] *adj* 1. stolz (*of* auf); 2. hochmütig, eingebildet; 3. stolz, stattlich; prächtig; ▶ **do s.o.** ~ jdn verwöhnen; **proud flesh** wildes Fleisch.

prov·able ['pru:vəbl] *adj* beweisbar, nachweisbar; **prove** [pru:v] ⟨*irr* proved, proved *od* proven⟩ ['pru:vn] I *tr* 1. beweisen, nachweisen; unter Beweis stellen; 2. bestätigen; 3. beglaubigen, beurkunden; 4. *(Flugzeug etc)* erproben; 5. *(Teig)* gehen lassen; ▶ ~ **one's identity** sich ausweisen; ~ **(to be) false (true)** sich (nicht) bestätigen, sich als falsch (richtig) herausstellen; II *itr* 1. sich erweisen, sich herausstellen als; *(gut, schlecht)* ausfallen; 2. *(Teig)* gehen; III *refl* sich erweisen (*innocent* als unschuldig).

prov·enance ['prɒvənəns] Herkunft *f,* Ursprung *m.*

prov·en·der ['prɒvɪndə(r)] Futter *n.*

prov·erb ['prɒvɜ:b] Sprichwort *n;* **prov·erb·ial** [prə'vɜ:bɪəl] *adj* sprichwörtlich *a. fig.*

pro·vide [prə'vaɪd] I *tr* 1. beschaffen, besorgen; heranschaffen, liefern; 2. zur Verfügung stellen, bereitstellen; 3. versorgen, ausstatten, beliefern (*with* mit); ▶ ~ **o.s.** sich versorgen; II *itr* 1. sorgen; Vorsorge, Vorbereitungen treffen (*for* für; *against* gegen); 2. *jur* bestimmen, festsetzen, vorsehen; ▶ ~ **for s.o.** jdn versorgen; ~ **for s.th.** *jur* etw vorsehen; **the Lord will** ~ der Herr wird schon für uns sorgen; **pro·vided** [prə'vaɪdɪd] *conj* ▶ ~ **(that)** vorausgesetzt (daß).

provi·dence ['prɒvɪdəns] *rel* Vorsehung *f;* **provi·den·tial** [,prɒvɪ'denʃl] *adj* schicksalhaft; glücklich.

pro·vider [prə'vaɪdə(r)] 1. Lieferant(in) *m (f);* 2. *(Familie)* Ernährer(in) *m (f);* **pro·vid·ing** [prə'vaɪdɪŋ] *adj* ▶ ~ **(that)** vorausgesetzt (daß).

prov·ince ['prɒvɪns] 1. Provinz *f;* 2. *fig* Aufgabenkreis *m,* (Tätigkeits)Gebiet *n;* Fach *n;* ▶ **that question is outside my** ~ dafür bin ich nicht zuständig; **prov·in·cial** [prə'vɪnʃl] I *adj* 1. provinziell; 2. engstirnig; ▶ ~ **town** Provinzstadt *f;* II *s* Provinzbewohner(in) *m (f);* *pej* Provinzler(in) *m (f).*

prov·ing ['pru:vɪŋ] Erprobung *f;* ▶ **be under the obligation of** ~ beweispflichtig sein; **proving flight** Testflug *m;* **proving ground** Versuchsgelände *n;* Versuchsfeld *n; fig* Bewährungsprobe *f.*

pro·vi·sion [prə'vɪʒn] I *s* 1. Vorkehrung, Vorsorge *f;* 2. Beschaffung, Bereitstellung *f;* 3. Versorgung *f* (*of* mit); 4. Vorrat *m;* 5. *pl* Lebensmittel *pl;* Verpflegung *f;* 6. Vorschrift, Bestimmung *f;* 7. *(Bilanz)* Rückstellung *f;* ▶ **make** ~ **for** Vorsorge treffen für; ~ **of capital** Bereitstellung *f* von Kapital; ~ **of electricity** Versorgung *f* mit Elektrizität; ~ **for the future** Vorsorge *f* für die Zukunft; ~ **for retirement** Altersversorgung *f;* ~ **store** Lebensmittelgeschäft *n;* II *tr (mit Lebensmitteln)* versorgen.

pro·vi·sional [prə'vɪʒənl] *adj* 1. vorläufig, einstweilig; 2. provisorisch; ▶ ~ **cover** vorläufige Deckung(szusage); ~ **driving licence** vorläufiger Führerschein für Fahrschüler; ~ **government** provisorische Regierung; **the** ~ **IRA** die provisorische irisch-republikanische Armee.

pro·viso [prə'vaɪzəu] ⟨*pl* -visos, *Am* -visoes⟩ Klausel *f;* ▶ **with the** ~ **that** unter der Bedingung, daß; **with the usual** ~ unter dem üblichen Vorbehalt; **make it a** ~ zur Bedingung machen; sich vorbehalten.

provo·ca·tion [,prɒvə'keɪʃn] Herausforderung, Provokation *f;* ▶ **he did it under** ~ man hat ihn dazu provoziert; **pro·voca·tive** [prə'vɒkətɪv] *adj* herausfordernd; provokativ; ▶ **look** ~ aufreizend aussehen.

pro·voke [prə'vəuk] 1. provozieren, reizen, herausfordern; 2. aufstacheln, aufreizen; 3. *(Ärger, Kritik, Lächeln)* hervorrufen; 4. *(Diskussion etc)* bewirken; ▶ ~ **s.o. to do s.th., into doing s.th.** jdn veranlassen, etw zu tun; **pro·vok·ing** [-ɪŋ] *adj* provozierend; ärgerlich.

pro·vost ['prɒvəst] 1. *(Oxford)* Leiter *m* e-s College; 2. *(Schottland)* Bürgermeister *m.*

prow [prau] *mar* Bug *m.*

prow·ess ['prauɪs] 1. Tapferkeit, Kühnheit *f;* 2. große Geschicklichkeit; überragendes Können; ▶ **sexual** ~ Potenz *f.*

prowl [praul] I *itr* herumschleichen, -streichen; II *tr* durchstreifen; III *s* ▶ **be on the** ~ herumstreichen; ~ **car** *Am* Streifenwagen *m;* **prowler** ['praulə(r)] Herumstreicher *m;* **prowl·ing** [-ɪŋ] Herumlungern *n.*

prox·im·ity [prɒk'sɪmətɪ] Nähe *f;* ▶ **in close** ~ in unmittelbarer Nähe (*to, with s.o.* jds); **prox·imo** ['prɒksɪməu] *adv* nächsten Monats.

proxy ['prɒksɪ] 1. *(schriftliche)* Vollmacht *f;* 2. Vertreter(in) *m (f),* Bevollmächtigte(r) *f m;* ▶ **by** ~ in Vertretung; **stand** ~ **for s.o.** für jdn als Vertreter fungieren; **vote by** ~ sich bei e-r Wahl vertreten lassen; **voting by** ~ Wahl *f* durch Stellvertreter.

prude [pru:d] prüde Frau, prüder Mann.

pru·dence ['pru:dns] 1. Umsicht, Vorsicht *f;* 2. Klugheit *f;* **pru·dent** ['pru:dnt] *adj* 1. umsichtig; vorsichtig; 2.

vernünftig, einsichtig.
pru·dery ['pru:dərı] Prüderie *f;* **prud·ish** ['pru:dıʃ] *adj* prüde, zimperlich.
prune[1] [pru:n] *tr* 1. *(Baum, Strauch)* beschneiden, ausputzen; 2. *fig* kürzen; reduzieren; *(Buch)* zusammenstreichen.
prune[2] [pru:n] 1. Backpflaume *f;* 2. *fig* Muffel *m.*
prun·ing ['pru:nıŋ] 1. Beschneiden, Stutzen *n;* 2. *fig* Kürzung *f;* Zusammenstreichen *n;* **pruning hook** Rebmesser *n;* **pruning knife** ⟨*pl* -knives⟩ Gartenmesser *n;* **pruning shears** *pl* Gartenschere, Rebschere *f.*
pru·ri·ence ['prʊərıəns] Lüsternheit *f;* **pru·ri·ent** ['prʊərıənt] *adj* lüstern.
Prussia ['prʌʃə] Preußen *n;* **Prus·sian** ['prʌʃn] I *s* Preuße *m,* Preußin *f;* II *adj* preußisch.
prus·sic ['prʌsık] *adj* ► ~ **acid** Blausäure *f.*
pry[1] [praı] *itr* 1. (~ *about)* herumspionieren, -schnüffeln, -horchen; 2. neugierig sein.
pry[2] [praı] *tr Am* 1. (~ *open)* aufbrechen; 2. *fig (Geheimnis)* herauspressen *(out of s.o.* aus jdm).
pry·ing ['praııŋ] *adj* neugierig.
psalm [sɑ:m] Psalm *m;* **psalm·ist** ['sɑ:mıst] Psalmist *m;* **psalm·ody** ['sɑ:mədı] Psalmodie *f,* Psalmengesang *m.*
pse·phol·ogy [se'fɒlədʒı] Wahlforschung *f.*
pseud [sju:d] I *s fam* Angeber(in) *m (f);* II *adj* hochtrabend, hochgestochen; *(Buch, Film, Mensch)* pseudointellektuell; **pseu·do** ['sju:dəʊ] *adj* unecht; affektiert; ► a ~ **intellectual** ein(e) Pseudointellektuelle(r).
pseu·do·nym ['sju:dənım] Pseudonym *n;* **pseud·ony·mous** [sju:'dɒnıməs] *adj* pseudonym.
psit·ta·co·sis [ˌsıtə'kəʊsıs] Papageienkrankheit *f.*
psych(e) [saık] *sl* I *tr* 1. analysieren; 2. (~ *out)* durchschauen; ► ~ **o.s.** **up, get** ~ed **up** sich hochschaukeln; II *itr* ► ~ **out** ausflippen.
psyche ['saıkı] Psyche *f.*
psyche·delic [ˌsaıkı'delık] I *adj* psychedelisch; II *s* psychedelische, bewußtseinserweiternde Droge.
psy·chi·atric [ˌsaıkı'ætrık] *adj* psychiatrisch; **psy·chia·trist** [saı'kaıətrıst] Psychiater(in) *m (f);* **psy·chia·try** [saı'kaıətrı] Psychiatrie *f;* **psy·chic(al)** ['saıkık(l)] I *adj* 1. psychisch, seelisch; 2. telepathisch; II *s* 1. *(Spiritismus)* (gutes) Medium *n;* 2. *pl mit sing* Parapsychologie *f.*
psy·cho·ana·lyse [ˌsaıkəʊ'ænəlaız] *tr* psychoanalytisch behandeln; **psy·cho·an·aly·sis** [ˌsaıkəʊə'næləsıs] Psychoanalyse *f;* **psy·cho·ana·lyst**

[ˌsaıkəʊ'ænəlıst] Psychoanalytiker(in) *m (f);* **psy·cho·ana·lytic(al)** [ˌsaıkəʊˌænə'lıtık(l)] *adj* psychoanalytisch.
psy·cho·logi·cal [ˌsaıkə'lɒdʒıkl] *adj* psychologisch; ► ~ **make-up** Psyche *f;* ~ **moment** psychologisch günstiger Zeitpunkt; ~ **terror** Psychoterror *m;* ~ **warfare** psychologische Kriegführung; **it's all** ~ das ist alles Einbildung; **psy·chol·ogist** [saı'kɒlədʒıst] Psychologe *f,* Psychologin *f;* **psy·chol·ogy** [saı'kɒlədʒı] Psychologie *f;* ► **child** ~ Kinderpsychologie *f;* **experimental, individual, social** ~ Experimental-, Individual-, Sozialpsychologie *f;* ~ **of the adolescent** Jugendpsychologie *f.*
psy·cho·path ['saıkəʊpæθ] Psychopath(in) *m (f);* **psy·cho·pathic** [ˌsaıkəʊ'pæθık] *adj* psychopathisch; **psy·cho·pathy** [saı'kɒpəθı] Geisteskrankheit *f;* **psy·cho·sis** [saı'kəʊsıs] ⟨*pl* -ses⟩ [—si:z] Psychose *f;* **psy·cho·so·matic** [ˌsaıkəʊsə'mætık] *adj* psychosomatisch; **psy·cho·ther·apy** [ˌsaıkəʊ'θerəpı] Psychotherapie *f;* **psy·chotic** [saı'kɒtık] I *adj* psychotisch; II *s* Geisteskranke(r) *f m,* Psychotiker(in) *m (f).*
pto [ˌpi:ti:'əʊ] *Abk:* **please turn over** bitte wenden.
pto·main poi·son·ing ['təʊmeın 'pɔıznıŋ] Fleischvergiftung *f.*
pub [pʌb] *fam* Kneipe *f,* Wirtshaus *n;* **pub-crawl** Kneipenbummel *m.*
pu·berty ['pju:bətı] Pubertät *f;* **pu·bic** ['pju:bık] *adj* ► ~ **hair** Schamhaare *n pl;* **pu·bis** ['pju:bıs] ⟨*pl* -bes⟩ [—bi:z] *anat* Schambein *n.*
pub·lic ['pʌblık] I *adj* 1. öffentlich; 2. staatlich; städtisch; 3. allgemein bekannt; ► **be in the** ~ **eye** im Brennpunkt des öffentlichen Lebens stehen; **become** ~ bekanntwerden; II *s mit sing od pl* Öffentlichkeit *f;* ► **in** ~ öffentlich *adv,* in der Öffentlichkeit; **the cinemagoing, the theatre-going** ~ das Film-, das Theaterpublikum; **the reading** ~ die Leserschaft; **public accountant** *Am* Wirtschaftsprüfer(in) *m (f);* **public address system** Lautsprecheranlage *f;* **public affairs** *pl* öffentliche Angelegenheiten *f pl.*
pub·li·can ['pʌblıkən] Gastwirt(in) *m (f).*
pub·lic ap·pear·ance [ˌpʌblık ə'pıərəns] Auftreten *n* in der Öffentlichkeit; **public appointment** Staatsstellung *f;* **public assistance** *Am* Sozialhilfe *f.*
pub·li·ca·tion [ˌpʌblı'keıʃn] Publikation, Veröffentlichung *f;* Druckschrift *f;* ► **in course of** ~ im Erscheinen begriffen, im Druck; **list of** ~s Verlagskatalog *m;* **monthly, weekly** ~ Monats-, Wochenschrift *f;* **new** ~ Neuerscheinung *f;*

(Werbung) soeben erschienen; ~ date Erscheinungsdatum *n.*
pub·lic auth·or·ity [ˌpʌblɪk ɔːˈθɒrətɪ] **1.** Staatsgewalt *f;* **2.** Behörde *f;* **public bar** Stehausschank *m;* **public comfort-station,** *Br* **public convenience** öffentliche Bedürfnisanstalt; **public company** Aktiengesellschaft *f;* **public conveyance** öffentliches Verkehrsmittel; **public debt** Staatsverschuldung *f;* **public domain** *Am* Staatseigentum *n,* staatlicher Grund u. Boden; ▶ **in the** ~ *(geistiges Eigentum)* frei (geworden); **public enemy** Staatsfeind *m;* **public expenditure, public expense** Staatsausgaben *f pl;* **public funds** *pl* Staatsgelder, öffentliche Gelder *n pl;* **public health** Volksgesundheit *f;* **public health service** staatlicher Gesundheitsdienst; **public holiday** gesetzlicher Feiertag; **public house** *Br* Wirts-, Gasthaus *n,* Gaststätte *f;* **public information officer** Presseoffizier *m;* **public interest** öffentliches Interesse, Staatsinteresse *n.*
pub·li·cist [ˈpʌblɪsɪst] Publizist *m.*
pub·lic·ity [pʌbˈlɪsətɪ] **1.** Publizität, Publicity *f;* **2.** Werbung, Reklame *f;* ▶ **give** ~ **to s.th.** etw groß herausbringen; **give s.o.** ~ für jdn Reklame machen; **broadcast** ~ Rundfunkwerbung *f;* **publicity-agent** Werbeagent(in) *m (f);* **publicity-campaign** Werbefeldzug *m,* -aktion *f;* **publicity-department** Werbeabteilung *f;* **publicity-expenses, publicity-costs** *pl* Werbekosten *pl;* **publicity material** Werbematerial *n.*
pub·lic·ize [ˈpʌblɪsaɪz] *tr* **1.** bekanntmachen; **2.** werben für, Reklame machen für.
pub·lic law [ˌpʌblɪk ˈlɔː] öffentliches Recht; ▶ **under** ~ öffentlich-rechtlich; **public library** Volksbücherei *f;* **public limited company** *(etwa)* Aktiengesellschaft *f;* **public loan** Staatsanleihe *f;* **pub·lic·ly** [ˈpʌblɪklɪ] *adv* öffentlich; ▶ ~ **owned** Gemeineigentum *n;* **public nuisance** öffentliches Ärgernis; **public opinion** die öffentliche Meinung; **public opinion poll** Meinungsumfrage *f;* **public property** Staatseigentum *n;* **public prosecutor** Staatsanwalt *m,* -anwältin *f;* **public records** *pl* Staatsarchiv *n;* **public relations** *pl* Öffentlichkeitsarbeit *f;* Public Relations *pl;* **public-relations officer** Pressesprecher(in), PR-Referent(in) *m (f);* **public school 1.** *Br* (exklusives) Internat *n;* **2.** *Am* öffentliche, staatliche Schule; **public servant** Angestellte(r) *f m* im öffentlichen Dienst; **public service** öffentlicher Dienst; öffentlicher Dienstleistungsbetrieb; **pub·lic-spirited, pub·lic-minded** [ˌpʌblɪkˈspɪrɪtɪd, ˌpʌblɪkˈmaɪndɪd] *adj* sozial gesinnt; **public**

telephone Münzfernsprecher *m;* **public transport** öffentliche Verkehrsmittel *n pl;* **public trial** *jur* öffentliche Verhandlung; **public utility** (öffentlicher) Versorgungsbetrieb *m,* Stadtwerke *n pl,* Wasser-, Gas-, Elektrizitätswerk *n;* **public wants** *pl* öffentliche Bedürfnisse *n pl;* **public weal** Allgemeinwohl *n;* **public works** *pl* öffentliche Bauvorhaben *n pl od* Einrichtungen *f pl.*
pub·lish [ˈpʌblɪʃ] *tr* **1.** (öffentlich) bekanntgeben, -machen; **2.** *(Buch)* veröffentlichen; publizieren; herausgeben, -bringen, erscheinen lassen, verlegen; ▶ **be** ~**ed in instal(l)ments** in Lieferungen herauskommen; **about to be** ~**ed** im Erscheinen begriffen, im Druck; **just** ~**ed** soeben erschienen; **to be** ~**ed shortly** erscheint in Kürze; **pub·lisher** [ˈpʌblɪʃə(r)] **1.** Verleger(in) *m (f);* **2.** *a. pl* Verlag(sanstalt *f) m;* **pub·lish·ing** [ˈpʌblɪʃɪŋ] Verlagswesen *n;* ▶ ~ **business, trade** Verlagsgeschäft *n;* ~ **company, house** Verlag(shaus *n) m.*
puck [pʌk] Eishockeyscheibe *f,* Puck *m.*
pucker [ˈpʌkə(r)] **I** *tr* **1.** *(Mund)* verziehen; (zum Küssen) spitzen; *(Stirn)* runzeln; **2.** *(Stoff)* in Falten legen; **II** *itr* **1.** sich verziehen; sich spitzen; sich runzeln; **2.** Falten werfen; **III** *s* Falte *f.*
pudding, *fam* **pud** [ˈpʊdɪŋ, pʊd] **1.** Süßspeise *f,* Pudding *m;* **2.** Fleischpastete *f;* **3.** *fig fam* Dummkopf *m;* Dickerchen *n;* ▶ **black** ~ Blutwurst *f;* **pudding-head** *fam* Dummkopf *m.*
puddle [ˈpʌdl] Pfütze *f.*
pu·denda [pjuːˈdendə] *pl* äußere Schamteile *pl.*
pudgy [ˈpʌdʒɪ] *adj* untersetzt, plump.
puer·ile [ˈpjʊəraɪl] *adj* kindisch; **puer·il·ity** [ˌpjʊəˈrɪlətɪ] **1.** kindisches Wesen; **2.** Kinderei, Albernheit *f.*
puff [pʌf] **I** *s* **1.** Atem-, Windstoß *m;* **2.** Zug *m (an e-r Zigarette);* **3.** Atem *m;* **4.** *(powder-~)* Puderquaste *f;* **5.** Windbeutel *m (Gebäck);* ▶ **be out of** ~ außer Puste sein; **II** *itr* **1.** *(Wind)* blasen; **2.** Rauch, Dampf ausstoßen; **3.** schnaufen, keuchen; *(Pferd)* schnauben; **4.** *(Raucher)* paffen *(at* an); **III** *tr* **1.** ausstoßen, -puffen; außer Atem bringen; **2.** *(Zigarette)* paffen; **3.** (über Gebühr) herausstreichen; **4.** *(Haar, Kleid)* bauschen; **IV** *(mit Präposition)* **puff out** *tr* **1.** *(Flamme)* ausblasen; **2.** *(Luft)* ausstoßen; *(Worte)* hervorstoßen; **3.** außer Atem bringen; *(Backen)* aufblasen; **4.** *(Brust)* herausstrecken; **puff up** *itr (Augen, Gesicht)* anschwellen; *tr (Federn)* aufplustern; ▶ ~**ed up** *fig* aufgeblasen, hochmütig; **puff-adder** *zoo* Puffotter *f;* **puff-ball** *bot* Bovist *m.*
puffin [ˈpʌfɪn] *orn* Papageientaucher *m.*
puff-pastry Blätterteiggebäck *n;* **puffy** [ˈpʌfɪ] *adj* **1.** *fig* aufgeblasen, geschwol-

len; **2.** *(Gesicht)* aufgedunsen; **3.** *(Ärmel)* bauschig.

pug [pʌg] *(~-dog)* Mops *m.*

pu·gil·ism ['pju:dʒɪlɪzəm] Boxen *n;* **pugil·ist** ['pju:dʒɪlɪst] Boxer *m.*

pug·na·cious [pʌg'neɪʃəs] *adj* kampflustig; **pug·nac·ity** [pʌg'næsətɪ] Kampf(es)lust *f.*

pug-nose ['pʌgnəʊz] Stumpfnase *f.*

puke [pju:k] *itr sl* kotzen.

pukka ['pʌkə] *adj* **1.** vornehm; bester Qualität; **2.** zuverlässig; **3.** wahr; echt; ursprünglich

pull [pʊl] **I** *tr* **1.** ziehen, zerren, reißen *(by the hair* an den Haaren); *(Glocke, Seil)* ziehen an; **2.** *(Zahn)* (aus)ziehen; *(Korken, Unkraut)* herausziehen; **3.** *(Bier)* zapfen; **4.** *(Geflügel)* ausnehmen; **5.** *(Muskel)* verzerren; **6.** *(Ruder)* anziehen; **7.** *(Boot)* rudern; **8.** *(Menschen)* anziehen; **9.** *fam* abhalten, durchführen, veranstalten; *sl (Ding)* drehen; ▶ ~ **a face** das Gesicht verziehen; ~ **a fast one on s.o.** *sl* jdn hereinlegen; ~ **s.o.'s leg** jdn auf den Arm nehmen; ~ **to pieces** in Stücke reißen, zerreißen; *fig* kein gutes Haar lassen an; ~ **a pistol on s.o.** jdn mit der Pistole bedrohen; ~ **one's punches** *fig* sich zurückhalten; ~ **rank on s.o.** jdm gegenüber den Vorgesetzten herauskehren; ~ **the strings, wires** *fig* die Fäden in der Hand haben; ~ **strings** *fig* Beziehungen spielen lassen; ~ **a dirty trick on s.o.** jdm e-n bösen Streich spielen; ~ **one's weight** sich ins Ruder legen; *fig* sich Mühe geben, sich anstrengen; ~ **the wool over s.o.'s eyes** *fig* jdn hereinlegen; **don't** ~ **any funny stuff!** machen Sie keine Geschichten! **II** *itr* **1.** ziehen, zerren, reißen *(at* an); **2.** *(Trinken, Rauchen)* e-n Zug machen; **3.** sich bewegen, fahren; ▶ **the car is ~ing to the left** das Auto zieht nach links; ~ **for s.o.** *Am* jdn unterstützen; **the train ~ed into the station** der Zug fuhr in den Bahnhof ein; **III** *s* **1.** Zug, Ruck *m;* **2.** (Zug)Kraft, Stärke, Gewalt *f;* **3.** *(Trinken, Rauchen)* Zug *m;* **4.** *fig* Anziehungskraft *f;* **5.** *(Wasser, Luft)* Sog *m;* **6.** (Klingel)Zug *m;* Handgriff *m;* **7.** *typ* (Probe)Abzug *m*, Fahne *f;* **8.** Werbe-, Zugkraft *f;* **9.** Einfluß *m* (*with* auf); Beziehungen *f pl;* **10.** Anstieg *m;* ▶ **give a** ~ ziehen; rudern; **have the** ~ e-n Vorteil haben (*of, on, over* vor); **IV** *(mit Präposition)* **pull about** *tr* hin u. her zerren, reißen, stoßen; **pull ahead of** *tr* überholen; **pull apart** *tr* auseinanderziehen; trennen; auseinandernehmen; *fig* kein gutes Haar lassen an; **pull away** *itr* sich losreißen; abfahren; hinter sich lassen; **pull back** *tr* zurückziehen, -stoßen; *itr* einen Rückzieher machen; **pull down** *tr* **1.** nieder-, einreißen, demolieren; **2.** *(Jalousie)* herunterlassen; **3.** *(Person)* mit-

nehmen; **4.** *(Gewinn)* drücken; **5.** *Am (Geld)* verdienen; **pull in** *tr* **1.** *(Pferd u. fig)* zügeln; **2.** *(Krallen)* einziehen; **3.** *fig* anziehen; **4.** *fam* kassieren; **5.** *fam* verhaften; *itr* **1.** einfahren, ankommen; **2.** *mot* anhalten; **pull off** *tr* **1.** wegziehen, -reißen, -zerren; **2.** *(Hut)* abnehmen; **3.** *(Handel)* abschließen; **4.** *fam* Glück haben mit; **5.** *sl (Sache)* schmeißen; **pull out** *tr* **1.** (her)ausziehen, -reißen; **2.** *(Tisch)* ausziehen; **3.** *fig* zurückziehen; *itr* **1.** *(Zug)* abfahren; **2.** *(Mensch)* weggehen, *fam* abhauen; **pull over** *itr mot fam (Wagen)* heranfahren (*to the side* auf die Seite); **pull round** *tr* **1.** *(Kranken)* durchbringen; **2.** herumdrehen; *itr* durchkommen, die Krankheit überstehen; **pull through** *tr* **1.** (hin)durchziehen; **2.** *(Sache)* durchbringen; durchhelfen (*s.o.* jdm); *itr* **1.** sich durchschlagen; **2.** *(Kranker)* durchkommen; **pull together** *itr fig* am gleichen Strang ziehen, (gut) zusammenarbeiten; *tr fig* zusammenbringen; ▶ ~ **o.s. together** sich zusammennehmen, sich zusammenreißen; **pull up** *tr* **1.** hochziehen; nach oben ziehen; **2.** anhalten, zum Stehen bringen, stoppen; **3.** *fig* zurechtweisen; korrigieren; **4.** *(Pflanze)* herausreißen; **5.** verbessern; *itr* **1.** anhalten, stehenbleiben (*at* an, bei, vor); **2.** einholen (*with s.o.* jdn); *sport* aufholen; **3.** *mot* vorfahren; ▶ ~ **up short** plötzlich bremsen; *fig* plötzlich unterbrechen; ~ **up stakes** *Am* alles hinter sich lassen.

pul·let ['pʊlɪt] Hühnchen *n.*

pul·ley ['pʊlɪ] **1.** *tech* Flaschenzug *m;* **2.** *mar* Talje *f;* **3.** *med* Streckapparat *m.*

pull-in ['pʊlɪn] *Br* Rastplatz *m.*

Pull·man ['pʊlmən] *(~ car) Wz* Pullmanwagen *m.*

pull-out ['pʊlaʊt] **1.** (Zeitschriften)Beilage *f;* **2.** Abzug *m;* **pull·over** ['pʊləʊvə(r)] Pullover *m;* **pull-up** ['pʊlʌp] Klimmzug *m.*

pul·mon·ary ['pʌlmənərɪ] *adj* ▶ ~ **disease** Lungenkrankheit *f.*

pulp [pʌlp] **I** *s* **1.** breiige Masse, Brei *m;* **2.** *bot* Fruchtfleisch, Mark *n;* **3.** *anat* Zahnmark *n*, Pulpa *f;* **4.** *(paper-~)* Papierbrei *m*, Pulpe *f;* **5.** *fam (~ magazine)* Groschenheft *n;* ▶ **beat s.o. to a** ~ jdn windelweich prügeln; **reduce s.o. to a** ~ jdn bewegungsunfähig machen; **II** *tr* zu Brei machen.

pul·pit ['pʊlpɪt] Kanzel *f;* ▶ **in the** ~ auf der Kanzel.

pul·sate [pʌl'seɪt] *itr* vibrieren; pulsieren (*with* von); **pul·sa·tion** [pʌl'seɪʃn] Klopfen, Schlagen *n;* Vibrieren *n.*

pulse[1] [pʌls] **I** *s* **1.** Puls *m;* **2.** *(~ beat)* Pulsschlag *m a. fig;* **3.** *phys el* Impuls *m;* **4.** *(Musik)* Rhythmus *m;* ▶ **feel, take s.o.'s** ~ jdm den Puls fühlen; **II** *itr* pulsieren *a. fig.*

pulse² [pʌls] Hülsenfrucht *f.*
pul·ver·ize ['pʌlvəraɪz] *tr* 1. pulverisieren, zermahlen; 2. *fig* zermalmen.
puma ['pjuːmə] *zoo* Puma *m.*
pum·ice ['pʌmɪs] (~-*stone*) Bimsstein *m.*
pum·mel ['pʌml] *tr* verprügeln.
pump¹ [pʌmp] **I** *s* Pumpe *f;* **II** *tr* 1. pumpen; 2. (~ *out*) aus-, leer pumpen *a. fig; fig* erschöpfen; 3. ausfragen; ▶ ~ **up** aufpumpen; hochpumpen, heraufpumpen; ~ **dry** leer pumpen.
pump² [pʌmp] 1. leichter Schuh; 2. *pl* Pumps *m pl;* ▶ **a pair of dancing ~s** ein Paar Tanzschuhe.
pum·per·nickel ['pʌmpənɪkl] Pumpernickel *m.*
pump·ing ['pʌmpɪŋ] 1. Pumpen *n;* 2. *fig* Kunst *f* des Ausfragens; ▶ ~ **plant, station** Wasserwerk *n,* Pumpstation *f.*
pump·kin ['pʌmpkɪn] *bot* Kürbis *m.*
pump-room ['pʌmprʊm] (*Kurort*) Trinkhalle *f.*
pun [pʌn] **I** *s* Wortspiel *n;* **II** *itr* ein Wortspiel machen (*on, upon* auf).
Punch [pʌntʃ] Hanswurst, dummer August *m;* Kasperle *n;* ▶ **pleased as ~** hocherfreut.
punch¹ [pʌntʃ] **I** *s* Locheisen *n;* Locher *m;* Lochzange *f;* Prägestempel *m;* Punze *f;* **II** *tr* lochen; stempeln; stanzen; prägen.
punch² [pʌntʃ] **I** *tr* mit der Faust stoßen, schlagen, knuffen; **II** *s* 1. Faustschlag, Stoß, Knuff, Puff *m;* 2. *fig* Durchschlagskraft *f;* 3. *fam* Schmiß, Schwung *m,* Energie, Tatkraft *f;* ▶ **pull one's ~es** *fig* sich zurückhalten.
punch³ [pʌntʃ] Punsch *m.*
Punch-and-Judy show [ˌpʌntʃənd-'dʒuːdɪˌʃəʊ] Kasperle-, Puppentheater *n.*
punch bag ['pʌntʃbæg] Sandsack *m.*
punch·bowl ['pʌntʃbəʊl] Punschbowle *f* (*Gefäß*).
punch-card ['pʌntʃkɑːd] Lochkarte *f;* Stempelkarte *f;* **punch-clock** Stechuhr *f.*
punch-drunk ['pʌntʃdrʌŋk] *adj* (*Boxen*) angeschlagen, (wie) benommen (*von Schlägen*); *fig* durcheinander; **punching-bag** ['pʌntʃɪŋbæg] *Am* (*Boxen*) Punchingball, Sandsack *m;* **punch-line** Pointe *f;* **punch-tape** Lochstreifen *m;* **punch-up** ['pʌntʃʌp] *fam* Schlägerei *f.*
punc·tili·ous [pʌŋk'tɪlɪəs] *adj* peinlich genau; pedantisch.
punc·tual ['pʌŋktʃʊəl] *adj* pünktlich (*in* bei); **punc·tual·ity** [ˌpʌŋktʃʊ'æləti] Pünktlichkeit *f.*
punc·tu·ate ['pʌŋktʃʊeɪt] *tr* 1. mit Satzzeichen versehen; 2. *fig* zeitweise unterbrechen; 3. *fig* betonen; **punc·tu·ation** [ˌpʌŋktʃʊ'eɪʃn] 1. Interpunktion, Zeichensetzung *f;* 2. Satzzeichen *n pl;* ▶ ~ **mark** Satzzeichen *n.*
punc·ture ['pʌŋktʃə(r)] **I** *s* 1. Stich *m;*

Loch *n;* 2. *mot* (Reifen)Panne *f;* **II** *tr* 1. auf-, durchstechen; 2. perforieren, durchlöchern; 3. *fig* zum Platzen bringen; (*Hoffnungen*) vernichten.
pun·dit ['pʌndɪt] Pandit *m; fig* Experte *m,* Expertin *f.*
pun·gent ['pʌndʒənt] *adj* 1. (*Geruch*) scharf, beißend *a. fig* (*Worte*); 2. stechend, schmerzhaft; 3. (*Sorgen*) quälend.
pun·ish ['pʌnɪʃ] *tr* (be)strafen (*for* für; *with* mit); **pun·ish·able** [—əbl] *adj* strafbar; ▶ **make ~** unter Strafe stellen; ~ **act** strafbare Handlung; **pun·ish·ing** [—ɪŋ] **I** *adj* 1. mühsam; 2. *sport* hart schlagend; **II** *s* Schaden *m; sport* schwere Niederlage; ▶ **give a team a ~** e-r Mannschaft e-e schwere Niederlage zufügen; **take a ~** schwer mitgenommen werden; *sport* eine Niederlage erleben; **pun·ish·ment** [—mənt] 1. Bestrafung, Strafe *f;* 2. *fam* schlechte Behandlung; ▶ **as a ~** zur Strafe; **impose, inflict a ~ (up)on** s.o. gegen jdn e-e Strafe verhängen; **take a lot of ~** viel aushalten; stark beschädigt werden; **capital ~** Todesstrafe *f;* **corporal ~** körperliche Züchtigung; **disciplinary ~** Disziplinarstrafe *f;* **exemption from ~** Straffreiheit *f;* **maximum ~** Höchststrafe *f.*
pu·ni·tive ['pjuːnɪtɪv] *adj* strafend; ▶ ~ **damages** *pl* Strafe *f* einschließlich Schadenersatz; ~ **measures** *pl* Strafmaßnahmen *f pl;* ~ **power** Strafgewalt *f.*
punk [pʌŋk] **I** *s* 1. Punker(in), Punkrocker(in) *m (f);* (*Musik*) Punk-Rock *m;* 2. *Am sl* Ganove *m;* 3. *fam* Quatsch *m;* **II** *adj mus* Punk-.
pun·net ['pʌnɪt] (Früchte)Korb *m.*
pun·ster ['pʌnstə(r)] Witzbold *m.*
punt¹ [pʌnt] **I** *s* (*Fußball*) Fallstoß *m;* **II** *tr* e-n Fallstoß geben (*the ball* dem Ball), im Flug zurückschlagen; **III** *itr* e-n Fallstoß machen.
punt² [pʌnt] **I** *s* Flachboot *n,* Stechkahn *m;* **II** *tr* (*Boot*) staken; **III** *itr* stochern; Stechkahn fahren.
punt³ [pʌnt] **I** *itr* (*auf ein Pferd*) wetten; **II** *s* Wette *f;* **punter** ['pʌntə(r)] 1. Wetter *m;* Spieler *m;* 2. *sl* Typ *m;* (*von Prostituierter*) Freier *m;* ▶ **average ~** Otto Normalverbraucher.
puny ['pjuːnɪ] *adj* klein, schwach, kümmerlich.
pup [pʌp] **I** *s* junger Hund *od* Otter *od* Seehund; ▶ **in ~** trächtig; **sell s.o. a ~** *fam* jdm etw andrehen; **II** *itr* (*Hündin*) (Junge) werfen.
pupa ['pjuːpə] ⟨*pl* pupae⟩ ['pjuːpiː] *zoo* Puppe *f;* **pu·pate** ['pjuːpeɪt] *itr* sich verpuppen.
pu·pil¹ ['pjuːpl] Schüler(in) *m (f).*
pu·pil² ['pjuːpl] *anat* Pupille *f.*
pup·pet ['pʌpɪt] Puppe *f;* Handpuppe *f;*

Marionette *f a. fig;* **pup·pet·eer**
[ˌpʌpɪˈtɪə(r)] Puppenspieler(in) *m (f);*
puppet government Marionettenre-
gierung *f;* **puppet player** Puppenspie-
ler(in) *m (f);* **puppet-show** Puppen-
spiel *n.*

puppy [ˈpʌpɪ] junger Hund; ▶ ~ **fat**
Babyspeck *m;* ~ **love** erste Liebe.

pur·chas·able [ˈpɜːtʃəsəbl] *adj* käuflich;
pur·chase [ˈpɜːtʃəs] I *tr* 1. (an-, auf-,
ein)kaufen; (käuflich) erwerben; 2. *fig*
erkaufen; II *s* 1. Kauf *m;* Anschaffung *f;*
2. Halt *m;* ▶ **by (way of)** ~ durch Kauf,
käuflich; **conclude, effect, make a** ~
e-n Kauf tätigen; ~ **money** Kaufgeld *n;*
~ **price** Kaufpreis *m;* **pur·chaser**
[ˈpɜːtʃəsə(r)] 1. (Ein)Käufer(in), Abneh-
mer(in) *m (f);* 2. *(Auktion)* Ersteigerer
m; **pur·chas·ing** [—ɪŋ] 1. Kauf, Er-
werb *m,* Anschaffung *f;* 2. Beschaffung
f; **purchasing agent** Leiter(in) *m (f)*
der Einkaufsabteilung; Einkäufer(in) *m*
(f); **purchasing department** Ein-
kaufsabteilung *f;* **purchasing man-**
ager Einkaufsleiter(in) *m (f);* **purchas-**
ing order Kaufauftrag *m;* Bestellschein
m; **purchasing power** Kaufkraft *f;*
purchasing value Anschaffungswert
m.

pure [pjʊə(r)] *adj* 1. rein; *(Motiv)* ehr-
lich; 2. *fig (Unsinn, Wahnsinn)* hell,
reinste(r, s); **pure blood** Vollblut *n;*
pure·bred [ˈpjʊəbred] I *adj* reinrassig,
rasserein; II *s* reinrassiges Tier.

purée [ˈpjʊəreɪ] I *s* Püree *n;* ▶ **tomato** ~
Tomatenmark *n;* II *tr* pürieren.

pure·ly [ˈpjʊəlɪ] *adv* rein; ausschließlich.

pur·ga·tion [pɜːˈɡeɪʃn] 1. Reinigung *f a.*
fig rel; 2. *med* Abführen *n;* **pur·ga·tive**
[ˈpɜːɡətɪv] I *adj med* abführend; II *s*
Abführmittel *n;* **pur·ga·tory** [ˈpɜːɡətrɪ]
Fegefeuer *n a. fig;* **purge** [ˈpɜːdʒ] I *tr* 1.
reinigen, säubern *a. fig;* 2. *fig* befreien,
frei machen *(of, from* von); 3. *pol* säu-
bern; 4. *(Verbrechen)* sühnen; 5. *med*
abführen; *(Körper)* entschlacken; II *s* 1.
pol Säuberung(saktion) *f;* 2. *med* Ab-
führmittel *n.*

pu·ri·fi·ca·tion [ˌpjʊərɪfɪˈkeɪʃn] Reini-
gung *f (from* von) *a. fig rel;* **pu·rify**
[ˈpjʊərɪfaɪ] *tr* reinigen *(of, from* von) *a.*
fig rel.

pur·ism [ˈpjʊərɪzəm] Purismus *m;* **pu-**
rist [ˈpjʊərɪst] Purist(in) *m (f).*

Puri·tan [ˈpjʊərɪtən] I *s* Puritaner(in) *m*
(f); II *adj* puritanisch; **puri·tani·cal**
[ˌpjʊərɪˈtænɪkl] *adj fig* puritanisch, sit-
tenstreng; **Puri·tan·ism**
[ˈpjʊərɪtənɪzəm] Puritanismus *m.*

pu·rity [ˈpjʊərətɪ] Reinheit *f a. fig;* ▶ ~
of motives ehrliche, lautere Motive.

purl [pɜːl] I *tr, itr* links stricken; II *s* linke
Masche; ▶ ~ **two** zwei links.

pur·loin [pɜːˈlɔɪn] *tr* stehlen, entwenden.

purple [ˈpɜːpl] I *adj* violett, lila; *(Gesicht)*

hochrot; *pej (Prosa)* hochgestochen;
▶ ~ **heart** 1. *Br* Amphetamintablette *f;*
2. *Am* P~ H~ Verwundetenabzeichen *n;*
II *s* Violett, Lila *n;* ▶ **the** ~ der Adel;
der Kardinalstand.

pur·port [ˈpɜːpət] I *s* 1. Bedeutung *f,*
Sinn, Inhalt *m;* 2. Zweck *m,* Absicht *f;* II
tr [pɜːˈpɔːt] den Eindruck machen, den
Anschein erwecken; vorgeben.

pur·pose [ˈpɜːpəs] 1. Absicht *f,* Ziel *n;*
Zweck *m;* 2. Entschlossenheit *f;* ▶ **for**
that ~ zu diesem Zweck; deswegen,
deshalb; **for the** ~ **of** zum Zweck *gen;*
jur im Sinne *gen;* **for what** ~? weshalb?
on ~ absichtlich, mit Absicht, *jur* vor-
sätzlich; **for advertising** ~s zu Werbe-
zwecken; **to** ~ nach Wunsch; **to all**
intents and ~s in jeder Hinsicht *od*
Beziehung; **to good** ~ mit guter Wir-
kung, wirkungsvoll; **to little** ~ mit gerin-
ger Wirkung; mit wenig Erfolg; **to no** ~
ohne Erfolg, wirkungslos; vergeblich; **to**
some ~ mit einigem Erfolg; zweckent-
sprechend; **to the** ~ im beabsichtigten
Sinne; zweckdienlich; zur Sache;
answer, serve the ~ dem Zweck ent-
sprechen; **serve no** ~ zwecklos sein;
turn to good ~ gut ausnützen; **business**
~ Geschäftszweck *m;* **pur·pose-built**
[ˈpɜːpəsˌbɪlt] *adj* speziell angefertigt,
speziell gebaut; **pur·pose·ful**
[ˈpɜːpəsfl] *adj* entschlossen; **pur·pose-**
less [ˈpɜːpəslɪs] *adj* ziel-, zweck-, plan-
los; **pur·pose·ly** [—lɪ] *adv* absichtlich,
(wohl)überlegt.

purr [pɜː(r)] I *itr* 1. *(Katze)* schnurren *a.*
fig; 2. *tech* surren; II *s* 1. Schnurren *n;* 2.
Surren *n.*

purse [pɜːs] I *s* 1. Geldbeutel *m,* Börse *f*
a. sport; 2. Geldmittel *n pl,* Finanzen *f*
pl; 3. Betrag *m,* Summe *f;* 4. *Am* Hand-
tasche *f;* ▶ **hold the** ~ **strings** die Fi-
nanzen in der Hand haben; **tighten the**
~ **strings** *fam* den Geldhahn zudrehen;
II *tr* 1. (~ *up)* in Falten legen; 2. *(Lip-*
pen) schürzen; ▶ ~ **up one's mouth**
den Mund verziehen; **purser** [ˈpɜːsə(r)]
mar Zahlmeister *m.*

pur·su·ance [pəˈsjuːəns] ▶ **in** ~ **of** ge-
mäß *dat;* auf Grund *gen;* **pur·su·ant**
[pəˈsjuːənt] *adj* ~ **to** zufolge, entspre-
chend, gemäß *dat;* in Übereinstimmung
mit; **pur·sue** [pəˈsjuː] *tr* 1. verfolgen,
jagen; 2. *(Weg)* einschlagen; 3. *(Plan)*
verfolgen; 4. *(Tätigkeit, Beruf)* ausüben,
nachgehen; 5. betreiben *(one's studies*
ein Studium); 6. fortsetzen, -führen;
▶ ~ **the subject** beim Thema bleiben;
pur·suer [pəˈsjuːə(r)] Verfolger(in) *m*
(f); **pur·suit** [pəˈsjuːt] 1. Verfolgung,
Jagd *f (of* auf); 2. Streben *n (of* nach); 3.
pl Beschäftigung, Tätigkeit, Arbeit *f,*
Geschäfte *n pl;* Studien *f pl;* ▶ **in** ~ **of**
auf der Jagd nach.

puru·lent [ˈpjʊərələnt] *adj* eit(e)rig.

pur·vey [pə'veɪ] *tr* verkaufen; ▶ ~ s.th. to s.o. jdm etw liefern; **pur·vey·ance** [—əns] Lieferung *f;* Verkauf *m;* **pur-veyor** [pə'veɪə(r)] Händler(in) *m (f);* Lieferant(in) *m (f).*

pus [pʌs] Eiter *m.*

push [pʊʃ] **I** *tr* **1.** stoßen; drücken (auf); schieben; **2.** drängen, (an)treiben; **3.** eifrig, energisch betreiben; **4.** sich verwenden für; sich einsetzen für; **5.** intensiv werben für; propagieren; ▶ be ~ed for **(time, money)** in (Zeit)Schwierigkeiten, in (Geld)Verlegenheit sein; **don't ~ your luck!** treib's nicht zu weit! **he's ~ing forty** er geht auf die vierzig zu; ~ **one's advantage** seinen Vorteil wahrnehmen; **they ~ed themselves to their limit** sie taten ein Äußerstes; **II** *itr* **1.** drücken; schieben; stoßen (*at* an); **2.** sich (sehr) anstrengen; kämpfen; **3.** sich vorwärtsschieben, sich vordrängen; ▶ **stop ~ing!** hören Sie auf zu drängeln! **III** *s* **1.** Stoß, Druck, Schub *m;* **2.** Vorstoß *m* (*for* auf) *a. mil;* Schubs *m;* **3.** *tech* Drükker *m;* **4.** *(Werbung)* Aktion *f;* **5.** Tatkraft *f;* Anstrengung *f;* **6.** *fam* Unternehmungsgeist *m,* Angriffslust *f;* **7.** Protektion *f;* ▶ **at a ~** im Notfall; **at one ~** mit e-m Ruck; auf einmal; **get the ~** *sl* entlassen werden; den Laufpaß bekommen; **give s.o. the ~** jdn auf die Straße setzen; jdm den Laufpaß geben; **when it comes to the ~** im entscheidenden Augenblick; **IV** *(mit Präposition)* **push along** *itr* **1.** weiter-, vorwärtskommen; **2.** *fam* (nach Hause) gehen; **push around** *tr* herumkommandieren; schlecht behandeln; **push away** *tr* wegstoßen, -schieben; **push back** *tr* zurückstoßen, -schlagen, -drängen; **push down** *tr* hinab-, hinunter-, niederstoßen; herunterdrücken; **push for s.th.** auf etw drängen; **push forward** *tr* weiterschieben; vorantreiben, beschleunigen; ▶ ~ **o.s. forward** sich vordrängen; sich emporarbeiten; **push in** *tr* hineinstoßen, -drücken, -schieben; unterbrechen; *itr* sich hineindrängeln; **push off** *tr* **1.** hinunterschieben, -stoßen; **2.** *(Deckel)* wegdrücken; **3.** *(Boot)* abstoßen; *itr fam* abhauen; ▶ ~ **off!** hau ab! **push on** *tr* **1.** darauf drücken; **2.** *fig* antreiben; anstacheln; *itr* weitergehen; weiterfahren; weitermachen; **push out** *tr* **1.** hinausschieben, -stoßen; **2.** *fig* verdrängen; **3.** *bot* treiben; ▶ **let's ~ out the boat and order champagne!** laß uns richtig zuschlagen und Champagner bestellen! **push over** *tr* umstoßen; **push through** *tr* **1.** durchschieben, -stoßen; **2.** durchsetzen; **3.** *(Gesetz)* durchbringen; **4.** *fig zu* e-m guten Ende bringen; **push up** *tr* **1.** hinaufschieben; **2.** drücken (*against* gegen); **3.** *(Preise)* hochtreiben, hinaufschrauben.

push·bar ['pʊʃbɑː(r)] Riegel *m;* **push-bike** *Br* Fahrrad *n;* **push-button 1.** *el* Drücker, Knopf *m;* **2.** (Druck)Taste *f;* **push-button switch** Druckknopfschalter *m;* **push-button telephone** Tastentelefon *n;* **push-cart** Schubkarren *m;* **push·chair** ['pʊʃtʃeə(r)] (Kinder)Sportwagen *m;* **pusher** ['pʊʃə(r)] **1.** *fig* Streber(in) *m (f);* **2.** *sl* Drogenhändler(in) *m (f);* **push·ing** ['pʊʃɪŋ] *adj* unternehmend; ▶ **be ~ forty** *fam* um die vierzig sein; **push-over** ['pʊʃəʊvə(r)] *fam* Kinderspiel *n,* Kleinigkeit *f;* ▶ **be a ~** hereinfallen *(for s.o.* auf jdn); **push-pin** ['pʊʃpɪn] *Am* Reißzwecke *f;* **push-start** *mot* Start *m* durch Anschieben; **push-up** ['pʊʃʌp] *sport* Liegestütz *m;* **pushy** ['pʊʃɪ] *adj* aufdringlich, penetrant.

puss [pʊs] (Mieze)Katze *f;* ▶ **P~ in Boots** der Gestiefelte Kater; **pussy** ['pʊsɪ] *(~-cat)* Mieze(katze) *f;* Muschi *f a. sl;* **pussy·foot** ['pʊsɪfʊt] *fam itr* **1.** sich (herum)drücken; **2.** *pol* keine klare Stellung beziehen; **pussy-willow** *bot* Salweide *f.*

pus·tule ['pʌstjuːl] Pustel *f,* Eiterbläschen *n,* -pickel *m.*

put [pʊt] ⟨*irr* put, put⟩ **I** *tr* **1.** setzen, stellen, legen; **2.** stecken (*into* in; *at* an); **3.** anbringen (*to* an); **4.** *fig* (in e-e Lage) bringen, versetzen; **5.** einfügen, hineinlegen *a. fig (into* in); **6.** tun, geben; **7.** ausdrücken, sagen; kleiden (*into words* in Worte); **8.** übersetzen (*into French* ins Französische); **9.** *(Frage)* stellen; vorlegen, unterbreiten; **10.** *(Steuer)* legen (*on* auf), auferlegen (*on s.o.* jdm); festsetzen (*on* für); **11.** ansetzen, berechnen (*at* mit, zu); **12.** zur Last legen (*on s.o.* jdm); **13.** tun, hinzufügen (*to* zu); **14.** *(Unterschrift)* setzen (*to* unter; *on* auf); **15.** niederschreiben; *(Komma)* machen; **16.** bestimmen (*into* für); **17.** schätzen (*at* auf); ▶ ~ **out of action** außer Betrieb setzen; ~ **on airs** sich aufs hohe Roß setzen; ~ **to bed** zu Bett bringen; ~ **the blame on s.o.** jdm die Schuld zuschieben; ~ **money into a business** Geld in ein Geschäft stecken; ~ **in two cents** *Am fig fam* seinen Senf dazu beisteuern; ~ **the date on s.th.** etw datieren; ~ **to death** umbringen; hinrichten; ~ **an end to s.th.** e-r S ein Ende machen; ~ **an end to o.s., to one's life** sich das Leben nehmen; ~ **s.o. to expense** jdm Unkosten verursachen; ~ **to flight** in die Flucht schlagen; ~ **one's foot down** *fig* energisch auftreten; ~ **s.th. in(to) s.o's hands** jdm etw überlassen; ~ **s.th. out of one's head** sich etw aus dem Kopf schlagen; ~ **it differently** es anders formulieren; ~ **it to s.o.** jdm vorschlagen; ~ **s.o. to it** jdm schwer zusetzen; ~ **s.th. on a list** etw auf e-e Liste setzen; ~ **on the market** auf den Markt bringen; ~ **s.o. in mind of** jdn erinnern an; ~ **in motion** in Bewegung setzen; ~ **in order** in Ordnung bringen; ~ **into practice** in die Praxis umsetzen; ~ **pressure on s.o.** auf jdn Druck ausüben; ~ **the question** die Frage stellen; ~ **in writing** schriftlich machen; ~ **right** verbessern; in Ordnung bringen; ~ **a stop to** Schluß, ein Ende machen mit; ~ **to trial** vor Gericht bringen; ~ **to a good use** gut verwenden; ~ **to the vote** zur Abstimmung stellen; ~ **the weight, the shot** *sport* die Kugel stoßen; ~ **wise** enttäuschen; aufklären; informieren; **she** ~ **her head round the door** sie streckte den Kopf zur Tür herein; ~ **time into s.th.** Zeit in etw stecken; ~ **s.o. in a bad mood** jdm schlechte Laune verursachen; **to** ~ **it mildly** gelinde gesagt; **II** *itr* ▶ ~ **to sea** in See stechen; **III** *adj* ~ **stay** ~ sich nicht von der Stelle rühren; **be (hard)** ~ **to it** in e-r schwierigen Lage sein; **feel** ~ **upon, out** sich ausgenutzt fühlen; **IV** *(mit Präposition)* **put about** *tr (Nachricht)* verbreiten; ▶ ~ **a ship about,** ~ **about** den Kurs ändern; **put across** *tr* verständlich machen *(to s.o.* jdm); *(Ware)* an den Mann bringen; ▶ ~ **it** od **one across s.o.** jdm einen Streich spielen, jdn anführen; **put aside** *tr* 1. zurücklegen, aufheben; 2. *(Geld)* auf die Seite legen; **put away** *tr* 1. weglegen, an seinen Platz legen; 2. zurücklegen, sparen; 3. *(Auto)* einstellen; 4. *fam* einsperren; 5. *fam (Essen)* verdrücken; 6. *(Tier)* einschläfern; **put back** *tr* 1. *(an seinen Platz)* zurücklegen; 2. *(Uhr)* zurückstellen; 3. verzögern, verschieben; *itr (Schiff)* zurückkehren; **put by** *tr (Geld)* zurücklegen; beiseitelegen; **put down** *tr* 1. niedersetzen, -stellen, -legen; 2. *(Antenne)* einschieben; 3. *(Lider)* zumachen; 4. *(Aufstand)* niederschlagen; unterdrücken; 5. zum Schweigen bringen; 6. tadeln; demütigen; 7. *(Ungeziefer)* vernichten; *(Haustier)* einschläfern; 8. *(in writing)* nieder-, aufschreiben; 9. vormerken *(s.o. for s.th.* jdn für etw); 10. in Rechnung stellen *(to s.o., to s.o.'s account* jdm); 11. zuschreiben *(s.th. to s.o.* jdm etw); 12. halten *(as, for* für); ansehen, betrachten *(as, for* als); 13. *(Lager, Vorrat)* anlegen; 14. *(Fahrgäste)* absetzen; **put forward** *tr* 1. vorschlagen; unterbreiten, vorlegen; 2. *(Bitte)* vorbringen; 3. *(Uhr)* vorstellen; *refl* ▶ ~ **o.s. forward** sich bemerkbar machen; **put in** *tr* 1. hineinbringen, einführen; 2. installieren; 3. *(Glasscheibe)* einsetzen; 4. *(Antrag)* vorlegen, unterbreiten, einreichen; 5. *(Zeit)* verwenden; 6. *(Extrastunde)* einlegen; 7. *(Bemerkung)* einwerfen; 8. *(Anzeige in die Zeitung; Geld)* setzen; 9. *fam (Zeit)*

verbringen; 10. *(Schlag)* anbringen, versetzen; *itr* 1. *mar* anlaufen *(at* acc); 2. sich bewerben *(for* um); ▶ ~ **in an appearance** in Erscheinung treten; ~ **in at** kurz anhalten in, bei; ~ **in a word** ein (gutes) Wort einlegen *(for* für); ~ **in a claim** Anspruch erheben; ~ **in for a job** sich um e-e Stelle bewerben; **put into** *tr* 1. *(Anstrengung)* hineinstecken; 2. *(Geld)* stecken *(into a business* in ein Geschäft); 3. übersetzen; ▶ ~ **one's heart into s.th.** mit aller Kraft an etw arbeiten; ~ **words into s.o.'s mouth** jdm e-e Äußerung in den Mund legen; ~ **money into a bank** Geld auf e-e Bank legen; **put off** *tr* 1. *(Licht)* abschalten; 2. auf-, hinaus-, verschieben; zurückstellen; 3. *(jdn)* vertrösten *(with fine words* mit schönen Worten); 4. *(jdn)* abhalten, -bringen, davon zurückhalten; 5. ablegen, beiseite lassen; 6. *(Kleidungsstück)* ausziehen; *itr mar* auslaufen, abfahren; ▶ ~ **s.o. off** jdm den Appetit verderben; jdn abschrecken; jdm die Lust verderben; **put on** *tr* 1. *(Licht)* anmachen; 2. *(Kleidung)* anziehen; *(Hut)* aufsetzen; 3. *(Summe)* aufschlagen *(to the price* auf den Preis); 4. *(Zug)* zusätzlich fahren lassen; 5. *theat* heraus-, auf die Bühne bringen; 6. *(Darbietung)* bringen; 7. heucheln, vorgeben; 8. *(an Geschwindigkeit)* zunehmen; ▶ ~ **on weight** zunehmen; **put out** *tr* 1. *(Hand)* ausstrecken; 2. *(Schulter)* ausrenken; 3. *(Licht, Feuer)* ausmachen, löschen; 4. *(Hilferuf)* aussenden; 5. herstellen, produzieren; 6. *(Geld)* verleihen; 7. verärgern, verstimmen; in Verlegenheit bringen; *itr mar* auslaufen, in See stechen; *refl* ▶ ~ **o.s. out** sich Umstände machen; **put over** *tr* 1. *Am* verschieben; 2. *s. put across;* **put past** ▶ **I wouldn't put it past him** ich traue es ihm zu *(to* zu); **put through** *tr* 1. (glücklich) durchführen, vollenden; 2. durchmachen lassen; 3. durchgeben, mitteilen; 4. *tele* verbinden *(with* mit); **put together** *tr* 1. zusammensetzen; zusammenlegen; 2. aufbauen, montieren; ▶ **better than all the others** ~ **together** besser als alle anderen zusammen; **put up** *tr* 1. hochheben, -halten; 2. *(Flagge)* hissen; 3. *(Vorhang)* hochziehen; 4. errichten, (auf)bauen; 5. aufstellen, montieren, einrichten, installieren; 6. *(Preis)* erhöhen; 7. *(Waren)* anbieten *(for sale* zum Verkauf); 8. *(Geld)* aufbringen; 9. *(Person)* unterbringen, beherbergen; 10. *(als Kandidaten)* vorschlagen; aufstellen; 11. *theat* zur Aufführung, auf die Bühne bringen; 12. vortäuschen; *itr* 1. einkehren, absteigen *(at* in); wohnen *(with* bei); 2. sich bewerben *(for* um); 3. sich abfinden *(with s.th.* mit e-r S); ▶ ~ **s.o. up to s.th.** jdn zu etw

anstiften; ~ **upon** s.o. jdn ausnützen.
pu·ta·tive ['pju:tətɪv] *adj* mutmaßlich.
put-off ['putɒf] Ausrede, -flucht *f*, Vorwand *m;* **put-on** ['putɒn] I *adj* angeblich, vorgetäuscht; II *s* 1. Kniff *m*, Täuschungsmanöver *n;* 2. *Am* Spaß *m.*
pu·tre·fac·tion [ˌpju:trɪ'fækʃn] Verwesung *f;* **pu·trefy** ['pju:trɪfaɪ] *itr* verwesen; **pu·trid** ['pju:trɪd] *adj* 1. faul(ig); verwest; 2. *fig (sittlich)* verdorben, verkommen; 3. *fam* scheußlich, miserabel.
putsch [putʃ] Putsch *m.*
putt [pʌt] *tr, itr (Golfball)* putten.
put-tee ['pʌtɪ] (Reit-, Leder-, Wickel)Gamasche *f.*
put·ter[1] ['pʌtə(r)] *(Golf)* Putter, Schläger *m.*
put·ter[2] ['pʌtə(r)] *Am itr* 1. (~ *around*) geschäftig tun; 2. (herum)trödeln (*over* mit).
put·ting ['putɪŋ] Stoß, Wurf *m;* ▶ ~ **the weight, the shot** Kugelstoßen *n.*
put·ting-hole ['pʌtɪŋhəʊl] (Golf)Loch *n.*
putty ['pʌtɪ] I *s* Kitt *m;* be ~ **in s.o.'s hands** *fig* Wachs in jds Händen sein; II *tr* (~ *up*) (ver)kitten; **putty-knife** ⟨*pl* -knives⟩ Spa(ch)tel *m.*
put-up ['putʌp] *adj fam* abgemacht, abgekartet; ▶ ~ **job** abgekartete Sache; **put-upon** ['putəpɒn] *adj* ▶ **feel** ~ sich ausgenützt fühlen.
puzzle ['pʌzl] I *tr* 1. verblüffen; 2. (~ *out*)

austüfteln; ▶ **be** ~**d about** nicht verstehen; II *itr* sich den Kopf zerbrechen (*about, over* über); knobeln (*over* an); III *s* Rätsel *n;* Geduldspiel *n;* Puzzle *n;* **puzzled** ['pʌzld] *adj* verdutzt, verblüfft; ▶ **be** ~ vor einem Rätsel stehen; **puzzler** ['pʌzlə(r)] schwieriges Problem; **puzz·ling** ['pʌzlɪŋ] *adj* rätselhaft, verwirrend.
pygmy ['pɪgmɪ] Pygmäe *m;* Zwerg *m a. fig.*
py·ja·mas [pə'dʒɑ:məz] *pl* Schlafanzug, Pyjama *m.*
py·lon ['paɪlɒn] 1. (Licht-, Leitungs)Mast *m;* 2. *aero* Turm *m.*
py·or·rh(o)ea [ˌpaɪə'rɪə] 1. Eiterfluß *m;* 2. Parodontose *f.*
pyra·mid ['pɪrəmɪd] Pyramide *f;* **pyramid selling** Vertrieb *m* nach dem Schneeballsystem.
pyre ['paɪə(r)] Scheiterhaufen *m.*
Pyr·enees [pɪrə'ni:z] *pl* Pyrenäen *pl.*
Pyrex ['paɪreks] *Wz* Jenaer Glas *n Wz.*
py·rites [ˌpaɪə'raɪti:z] *min* Pyrit, Schwefel-, Eisenkies *m.*
pyro·mania [ˌpaɪrəʊ'meɪnɪə] Pyromanie *f;* **py·ro·tech·nic** [ˌpaɪrəʊ'teknɪk] I *adj* pyrotechnisch; II *s pl mit sing* 1. Feuerwerkerei *f;* 2. (~ *display*) Feuerwerk *n a. fig.*
py·thon ['paɪθn] Pythonschlange *f.*

Q

Q, q [kju:] ⟨pl -'s⟩ Q, q n.
qua [kwɑ:] adv jur als.
quack¹ [kwæk] I itr (Ente) schnattern,
quaken a. fig; II s Gequake n a. fig.
quack² [kwæk] Quacksalber, Kurpfu
scher m.
quad [kwɒd] 1. Abk: **quadrangle** Hof m;
2. Abk: **quadruplet** Vierling m; 3. Abk:
quadrat Quadrat n.
quad·rangle ['kwɒdræŋgl] 1. math
Viereck n; 2. arch viereckiger Innenhof;
quad·ran·gu·lar [kwɒ'dræŋgjʊlə(r)]
adj viereckig.
quad·rant ['kwɒdrənt] Quadrant m.
quad·ra·phonic [ˌkwɒdrə'fɒnɪk] I adj
quadrophon; II s pl mit sing Quadro-
phonie f.
quad·ratic [kwɒ'drætɪk] adj math qua-
dratisch.
quad·ri·lat·eral [ˌkwɒdrɪ'lætərəl] I adj
math vierseitig; II s Viereck n.
quad·ri·par·tite ['kwɒdrɪ'pɑ:taɪt] adj
pol Vierer-; ▶ ~ **agreement** hist Vier-
mächteabkommen n.
quad·ru·ped ['kwɒdruped] zoo Vier-
füß(l)er m.
quad·ru·ple ['kwɒdru:pl] I adj vierfach;
II s (das) Vierfache; III itr, tr
[kwɒ'dru:pl] (sich) vervierfachen.
quad·ru·plet ['kwɒdru:plət] Vierling m.
quaff [kwɒf] I tr obs trinken, schlürfen;
II itr obs zechen.
quag·mire ['kwægmaɪə(r)] Sumpf, Mo-
rast m a.fig.
quail¹ [kweɪl] itr (vor Angst) zittern (be-
fore vor).
quail² [kweɪl] (Vogel) Wachtel f.
quaint [kweɪnt] adj 1. (Dorf) malerisch,
idyllisch; reizend; 2. (Idee) kurios; origi-
nell; drollig; **quaint·ness** ['kweɪntnɪs]
1. idyllischer Anblick; 2. Kuriosität f;
Originalität f; Drolligkeit f.
quake [kweɪk] I itr 1. (Erde) beben,
schwanken; 2. zittern (with vor); II s 1.
Zittern, Beben n; 2. (earth~) Erdbeben
n.
Quaker ['kweɪkə(r)] rel Quäker(in) m (f).
quali·fi·ca·tion [ˌkwɒlɪfɪ'keɪʃn] 1. Quali-
fikation f; Zeugnis n; Voraussetzung f;
2. Abschluß m; 3. sport Qualifikation f;
4. Voraussetzung f; 5. Einschränkung f,
Vorbehalt m; ▶ **without** ~ vorbehalt-
los; **prior to his** ~ vor Abschluß seines
Studiums; **quali·fied** ['kwɒlɪfaɪd] adj 1.
ausgebildet; graduiert; qualifiziert; Di-
plom-; 2. berechtigt; 3. bedingt; nicht
uneingeschränkt; ▶ **be** ~ **to do** s.th.

qualifiziert sein, etw zu tun; ~ **to prac-
tice** (Arzt) zugelassen; **be** ~ **to vote**
wahlberechtigt sein; **in a** ~ **sense** in
Einschränkungen; **a** ~ **success** kein vol-
ler Erfolg; **qual·ify** ['kwɒlɪfaɪ] I tr 1,
qualifizieren; berechtigen; 2. (Kritik)
modifizieren, be-, einschränken; 3. be-
zeichnen, klassifizieren; 4. gram näher
bestimmen; ▶ ~ s.o. **to do** s.th. jdn
berechtigen, etw zu tun; II itr 1. seine
Ausbildung abschließen; sich qualifizie-
ren; 2. sport sich qualifizieren; 3. in
Frage kommen (for für); ▶ ~ **as a
teacher** die Lehrbefähigung erhalten;
qual·ify·ing ['kwɒlɪfaɪɪŋ] adj erläu-
ternd; ▶ ~ **examination** Auswahlprü-
fung f.
qual·it·at·ive ['kwɒlɪtətɪv] adj qualita-
tiv; **qual·ity** ['kwɒlətɪ] I s 1. Qualität f;
Gütcklasse f; 2. (von Personen) Charak-
ter m, Wesen n, Natur f; 3. Art f; 4. (der
Stimme) Klangfarbe f; ▶ **of the best** ~
von bester Qualität; **of bad** ~ von
schlechter Qualität; **they vary in** ~ sie
sind qualitativ verschieden; **the** ~ **of
patience** Geduld f; II adj attr Quali-
täts-.
qualm [kwɑ:m] Skrupel m, Bedenken n;
▶ **without the slightest** ~ ohne die
geringsten Skrupel; ~s pl **of conscience**
Gewissensbisse m pl.
quan·dary ['kwɒndərɪ] Dilemma n, Ver-
legenheit f; ▶ **I was in a** ~ **about what
to do** ich wußte nicht, was ich tun sollte.
quango ['kwæŋgəʊ] Br Abk: quasi au-
tonomous non-governmental organ-
ization halböffentliches Gremium.
quan·ti·fi·ca·tion [ˌkwɒntɪfɪ'keɪʃn]
Quantifizierung f; **quan·ti·tat·ive**
['kwɒntɪtətɪv] adj quantitativ; **quan-
tity** ['kwɒntətɪ] 1. Quantität, Menge f;
Anteil m; 2. math fig Größe f; 3. meist
pl Unmenge f; ▶ **prefer** ~ **to quality**
Quantität der Qualität vorziehen; **in** ~,
in large quantities in großen Mengen;
quantities of books Unmengen von Bü-
chern; **quantity surveyor** Baukosten-
kalkulator m.
quan·tum ['kwɒntəm] ⟨pl -ta⟩ ['kwɒntə]
phys Quant(um) n; ▶ **the** ~ **of satisfac-
tion** das Ausmaß an Befriedigung; **a** ~
leap ein Quantensprung m; ~ **mechan-
ics** pl mit sing Quantenmechanik f; ~
number Quantenzahl f; ~ **theory** Quan-
tentheorie f.
quar·an·tine ['kwɒrənti:n] I s med Qua-
rantäne f; ▶ **put** s.o. **in** ~ jdn unter

Quarantäne stellen; **II** *tr* unter Quarantäne stellen.

quark [kwɑːk] *(Atom)* Quark *m.*

quar·rel ['kwɒrəl] **I** *s* 1. Streit *m;* Auseinandersetzung *f;* 2. Einwand *m* (*with* gegen); ▶ **they have had a** ~ sie haben sich gestritten; **start, pick up a** ~ e-n Streit anfangen; **I have no** ~ **with him** ich habe nichts gegen ihn; **II** *itr* 1. sich streiten (*with* mit; *about, over* über); 2. etwas auszusetzen haben (*with* an); ▶ **I wouldn't** ~ **with that** das würde ich nicht bestreiten; **quar·rel·some** ['kwɒrəlsəm] *adj* streitsüchtig.

quarry[1] ['kwɒrɪ] **I** *s* 1. Steinbruch *m;* 2. *fig* Fundgrube *f;* **II** *tr* brechen, hauen; **III** *itr* Steine brechen; ▶ ~ **for s.th.** *fig* nach etw suchen.

quarry[2] ['kwɒrɪ] 1. Beute *f;* 2. *fig* Ziel *n.*

quart [kwɔːt] *(Maßeinheit)* Quart *n* (*Br 1,14 l, Am 0,95 l*); ▶ **(try to) put a** ~ **into a pint pot** Unmögliches versuchen.

quar·ter ['kwɔːtə(r)] **I** *s* 1. Viertel *n;* 2. Vierteljahr, Quartal *n;* 3. *(Uhr)* Viertel *n;* 4. *Am* (~ *dollar*) Vierteldollar *m,* 25 Centstück *n;* 5. Himmelsrichtung *f;* 6. Seite *f;* Stelle *f;* 7. *pl* Quartier *n,* Unterkunft *f;* 8. Gnade, Schonung *f;* 9. *(Mond)* Viertel *n;* ▶ **divide s.th. into ~s** etw in vier Teile teilen; **a** ~ **of a mile** e-e Viertelmeile; **a** ~ **of an hour** e-e Viertelstunde; **a** ~ **to seven** *Br,* **a** ~ **of seven** *Am* Viertel vor sieben; **a** ~ **past seven** *Br,* **a** ~ **after seven** *Am* Viertel nach sieben; **paid by the** ~ vierteljährlich bezahlt; **the Arab** ~ das arabische Viertel; **they came from all ~s** sie kamen aus allen Richtungen; **in these ~s** in dieser Gegend; **in various ~s** an verschiedenen Stellen; **take up one's** ~ *mil* sein Quartier beziehen; **give no** ~ keine Schonung gewähren; **ask for** ~ um Schonung bitten; **II** *tr* 1. vierteln; in vier Teile teilen; 2. unterbringen, einquartieren; **quarter-day** Quartalstag *m;* **quarter-deck** *mar* Achterdeck *n;* **quarter-final** ['kwɔːtə(r)ˌfaɪnəl] *sport* Viertelfinale *n;* **quar·ter·ing** ['kwɔːtərɪŋ] 1. Vierteln *n;* Teilung *f* in vier Teile; 2. *mil* Einquartierung *f;* **quar·ter·ly** ['kwɔːtəlɪ] **I** *adj, adv* vierteljährlich; **II** *s* Vierteljahresschrift *f;* **quar·ter·mas·ter** ['kwɔːtəˌmɑːstər] 1. *mil* Quartiermeister *m;* 2. *mar* Steuermannsmaat *m;* **quarter-tone** *mus* Viertelnote *f.*

quar·tet(te) [kwɔːˈtet] *mus* Quartett *n.*

quartz [kwɔːts] *min* Quarz *m;* **quartz clock** Quarzuhr *f;* **quartz (iodine) lamp** Quarzlampe *f.*

quasar ['kweɪzɑː(r)] *astr* Quasar *m.*

quash [kwɒʃ] *tr* 1. *jur* aufheben, annullieren; 2. *(Aufstand)* niederwerfen.

quasi ['kwɑːsɪ] *pref* quasi.

quat·rain ['kwɒtreɪn] Vierzeiler *m.*

qua·ver ['kweɪvə(r)] **I** *itr* 1. *(Stimme)* zittern; 2. *mus* trillern; **II** *tr* mit bebender Stimme sagen; **III** *s* 1. *mus* Achtelnote *f;* 2. *(Stimme)* Beben, Zittern *n.*

quay [kiː] Kai *m.*

queasy ['kwiːzɪ] *adj* ▶ **I feel** ~ mir ist übel; **a** ~ **feeling** ein Gefühl der Übelkeit.

queen [kwiːn] **I** *s* 1. Königin *f;* 2. *(Bienen)* Königin *f;* 3. *(Schach, Kartenspiel)* Dame *f;* 4. *sl* Schwule(r) *m;* ▶ ~ **of the May** Maikönigin *f;* ~ **of spades** Pik-Dame *f;* **II** *tr* ▶ ~ **it** die große Dame spielen; ~ **it over s.o.** jdn herumkommandieren; **queen bee** Bienenkönigin *f;* **queen dowager** Königinwitwe *f;* **queen·ly** ['kwiːnlɪ] *adj* königlich; **queen mother** Königinmutter *f.*

queer [kwɪə(r)] **I** *adj* 1. ungewöhnlich, sonderbar, eigenartig; 2. verdächtig; 3. *fam* unwohl; 4. *sl pej* schwul; ▶ **a ~-sounding name** ein komischer Name; **I feel** ~ mir ist nicht gut; **II** *s sl pej* Schwule(r) *m;* **III** *tr sl* versauen, vermasseln; vermiesen; ▶ ~ **s.o.'s pitch** jdm e-n Strich durch die Rechnung machen.

quell [kwel] *tr* bezwingen; bändigen; unterdrücken.

quench [kwentʃ] *tr* 1. *(Feuer)* löschen; 2. *(Durst)* stillen; 3. *(Enthusiasmus)* dämpfen.

queru·lous ['kwerʊləs] *adj* nörglerisch, mißmutig.

query ['kwɪərɪ] **I** *s* 1. Frage *f;* 2. Fragezeichen *n;* ▶ **raise a** ~ e-e Frage aufwerfen; **II** *tr* 1. in Frage stellen; bezweifeln; 2. mit e-m Fragezeichen versehen; ▶ **I** ~ **whether . . .** ich bezweifle, ob . . . **I'd** ~ **that** das würde ich bezweifeln; ~ **s.th. with s.o.** etw mit jdm abklären.

quest [kwest] **I** *s* Suche *f* (*for* nach); Streben *n;* **II** *itr* suchen (*for* nach).

ques·tion ['kwestʃən] **I** *s* 1. Frage *f;* 2. Zweifel *m;* 3. (Streit)Frage *f,* Problem *n,* Streitpunkt *m;* 4. *parl* Anfrage *f;* ▶ **ask s.o. a** ~ jdm e-e Frage stellen; **what a ~!** was für e-e Frage! **beyond (all), without** ~ ohne Frage, ohne (jeden) Zweifel; **call s.th. into** ~ etw in Frage stellen; **that's another** ~ **altogether** das ist etw völlig anderes; **that's not the** ~ darum geht es nicht; **there's no** ~ **of a strike** von e-m Streik kann keine Rede sein; **that's out of the** ~ das kommt nicht in Frage; **the matter in** ~ die fragliche Angelegenheit; **II** *tr* 1. fragen (*about* nach); 2. vernehmen, verhören; prüfen; 3. bezweifeln, zweifeln an; in Frage stellen; ▶ **I** ~ **whether it's worth it** ich bezweifle, daß es der Mühe wert ist; **I don't** ~ **your good intentions** ich zweifle nicht an Ihrer guten Absicht; **ques·tion·able** [—əbl] *adj* 1. fragwürdig; 2. fraglich, zweifelhaft; ▶ **of** ~ **honesty** von zweifelhaftem Ruf; **in** ~ **taste** geschmacklos; **ques·tioner** ['kwestʃənə(r)] Fragesteller(in) *m (f);* **ques·tion·ing** [—ɪŋ] I *adj* fragend; II *s* Verhör *n;* Vernehmung *f;* **question mark** Fragezeichen *n;* **question master** Moderator *m;* **ques·tion·naire** [,k(w)estʃə'neə(r)] Fragebogen *m;* **question time** *parl* Fragestunde *f.*

queue [kju:] I *s (von Menschen)* Schlange *f;* ▶ **form a ~** e-e Schlange bilden; **stand in a ~** Schlange stehen, anstehen; **join the ~** sich hinten anstellen; **jump the ~** sich vordrängeln; II *ltr (~ up)* sich anstellen; e-e Schlange bilden; ▶ **we ~d for an hour** wir haben e-e Stunde angestanden.

quibble ['kwɪbl] I *s* Spitzfindigkeit, Haarspalterei *f;* II *itr* kleinlich sein (*over, about* wegen); ▶ **~ with s.o. about, over s.th.** mit jdm über etw herumstreiten; **quib·bler** ['kwɪblə(r)] Wortklauber, Haarspalter *m;* **quib·bling** ['kwɪblɪŋ] I *adj* spitzfindig; kleinlich; II *s* Haarspalterei *f.*

quiche [ki:ʃ] Quiche *f.*

quick [kwɪk] I *adj* **1.** schnell, prompt; **2.** *(Kuß)* flüchtig; **3.** *(Rede)* kurz; **4.** gewandt, geschickt; **5.** *(Kind)* aufgeweckt, schlagfertig; **6.** *(Verstand)* wach; **7.** *(Auge)* scharf; **8.** *(Ohr)* fein; ▶ **be ~!** schnell! **be ~ about it** aber ein bißchen dalli; **be ~ to do s.th.** etw ganz schnell tun; **he is ~ to anger** er wird leicht zornig; **what's the ~est way to the station?** wie komme ich am schnellstens zum Bahnhof? **we had a ~ meal** wir haben schnell etwas gegessen; **he is ~ at figures** er kann schnell rechnen; **she's very ~** sie kapiert schnell; II *adv* schnell; III *s* **1.** empfindliches Fleisch; **2.** *pl lit* ▶ **the ~ and the dead** die Lebenden und die Toten; ▶ **be cut to the ~** tief getroffen sein; ▶ **bite one's nails to the ~** die Nägel bis zum Fleisch abkauen; **quick-acting** [,kwɪk'æktɪŋ] *(Medikament)* schnell wirkend; **quick-change artist** Verwandlungskünstler(in) *m (f);* **quicken** ['kwɪkən] I *tr* **1.** beschleunigen; **2.** *fig* erhöhen; anregen; II *itr* **1.** *(~ up)* schneller werden, beschleunigen; **2.** *(Interesse)* wachsen; **quick-freeze** ['kwɪkfri:z] *tr irr s. freeze* einfrieren; **quick-frozen** ['kwɪkfrəuzn] *adj* tiefgekühlt; **quick·ie** ['kwɪkɪ] *fam* eine(r, s) auf die Schnelle; **quick·ly** ['kwɪklɪ] *adv* schnell, rasch; **quick·ness** ['kwɪknɪs] **1.** Schnelligkeit *f;* **2.** *fig* schnelle Auffassungsgabe; **quick·sand** ['kwɪksænd] Treibsand *m;* **quick·sil·ver** ['kwɪksɪlvə(r)] Quecksilber *n;* **quick·step** ['kwɪkstep] Quickstep *m;* **quick-tem·pered** [,kwɪk'tempəd] *adj* leicht erregbar, reizbar; **quick-witted** [,kwɪk'wɪtɪd] *adj* geistesgegenwärtig; schlagfertig.

quid¹ [kwɪd] *(Tabak)* Priem *m.*
quid² [kwɪd] *Br sl* Pfund *n.*
quid pro quo ['kwɪdprəu'kwəu] Gegenleistung *f.*
qui·esc·ent [kwɪ'esnt] *adj* ruhig, still.
quiet ['kwaɪət] I *adj* **1.** ruhig, still; leise; **2.** *(Abend)* geruhsam; **3.** *(Charakter)* sanft; **4.** *(Kleidung)* unauffällig; *(Mensch)* zurückhaltend; **5.** *com* lustlos, flau; ▶ **be ~** Ruhe! **keep ~ still** sein; leise sein; **keep ~ about s.th.** nichts über etw sagen; **go ~** still werden; **business is ~** das Geschäft ist ruhig; **have a ~ mind** beruhigt sein; **he kept the matter ~** er behielt die Sache für sich; II *s* Ruhe, Stille *f;* ▶ **in the ~ of the night** in der Stille der Nacht; **on the ~** heimlich; **quieten** ['kwaɪətn] *tr* **1.** zum Schweigen bringen; zur Ruhe bringen; **2.** *(Gewissen)* beruhigen; *(Verdacht)* zerstreuen; ▶ **~ down** *itr* leiser werden; sich beruhigen; **quiet·ly** ['kwaɪətlɪ] *adv* leise; ruhig.; **quiet·ness** ['kwaɪətnɪs] **1.** Stille *f;* Geräuschlosigkeit *f;* **2.** Ruhe *f;* **quiet·ude** ['kwaɪɪtju:d] *lit* Seelenruhe, Ausgeglichenheit *f.*

quiff [kwɪf] *Br* Stirnlocke *f.*
quill [kwɪl] **1.** Feder *f,* Federkiel *m;* **2.** *(e-s Stachelschweins)* Stachel *m.*
quilt [kwɪlt] I *s* Steppdecke *f;* Federbett *n;* II *tr* wattieren; absteppen.
quin [kwɪn] *s. quintuplet.*
quince [kwɪns] *bot* Quitte *f.*
quin·ine [kwɪ'ni:n, *Am* 'kwaɪnaɪn] Chinin *n.*
quint·es·sence [kwɪn'tesns] Quintessenz *f a. fig;* Inbegriff *m;* **quint·es·sen·tial** [,kwɪntə'senʃəl] *adj* fundamental; ▶ **he is the ~ artist** er ist der Inbegriff eines Künstlers.
quin·tet(te) [kwɪn'tet] *mus* Quintett *n.*
quin·tuple ['kwɪntjupl] I *adj* fünffach; II *tr, itr* (sich) verfünffachen; **quin·tu·plet** ['kwɪntju:plet] Fünfling *m.*
quip [kwɪp] I *s* geistreiche Bemerkung; II *itr* witzeln.
quirk [kwɜ:k] Schrulle, Marotte *f;* Laune *f;* ▶ **a ~ of fate** eine Laune des Schicksals.
quit [kwɪt] ⟨*irr* quit *od* quitted, quit *od* quitted⟩ I *tr* **1.** *(Stadt, Menschen)* verlassen; **2.** *(Stelle)* kündigen; aufgeben; **3.** aufhören mit; ▶ **~ doing s.th.** aufhören, etw zu tun; II *itr* **1.** aufhören; **2.** *(bei Stelle)* kündigen; **3.** fortgehen; ▶ **notice to ~** Kündigung *f;* **I've given her notice to ~** ich habe ihr gekündigt; III *adj* ▶ **be ~ of s.th.** frei von etw sein; etw los sein.
quite [kwaɪt] *adv* **1.** ganz, völlig, vollständig; **2.** ziemlich; **3.** wirklich; ▶ **~ wrong** völlig falsch; **you're being ~ impossible** du bist völlig unmöglich; **I ~ agree with you** ich stimme völlig mit Ihnen überein; **that's ~ another matter**

das ist doch etwas ganz anderes; **not** ~
nicht ganz; ~ **so!** genau! ~ **the thing**
ganz große Mode; ~ **likely** sehr wahr-
scheinlich; **she's** ~ **a beauty** sie ist wirk-
lich e-e Schönheit; **it was** ~ **a shock** es
war ein ziemlicher Schock; ~ **a few
people** ziemlich viele Leute.
quits [kwɪts] *adj* quitt; ► be ~ **with s.o.**
mit jdm quitt sein; **cry** ~ aufgeben.
quit·tance ['kwɪtns] *com* Schuldenerlaß
m.
quiver[1] ['kwɪvə(r)] **I** *itr* **1.** zittern, beben
(*with* vor); **2.** *(Augenlider)* flattern; **II** *s*
Zittern *n;* Flattern *n.*
quiver[2] ['kwɪvə(r)] Köcher *m.*
quix·otic [kwɪk'sɒtɪk] *adj* edelmütig;
schwärmerisch.
quiz [kwɪz] ⟨*pl* quizzes⟩ **I** *s* **1.** Quiz *n;* **2.**
Am (Schule) Prüfung *f;* **II** *tr* **1.** ausfra-
gen (*about* über); prüfen; **2.** *Am (Schu-
le)* abfragen, prüfen; **quiz·mas·ter**
['kwɪzmɑːstə(r)] Quizmaster *m;* **quiz·zi-
cal** ['kwɪzɪkl] *adj* **1.** *(Blick)* fragend;
zweifelnd; **2.** eigenartig.
quoit, [kɔɪt, *Am* kwɔɪt] **1.** *sport* Wurf-
ring *m;* **2.** *pl mit sing* Wurfringspiel *n.*
quo·rate ['kwɔːrət] *adj* beschlußfähig;

quo·rum ['kwɔːrəm] Quorum *n.*
quota ['kwəʊtə] **1.** Pensum *n;* **2.** Quan-
tum *n;* Anteil *m;* Kontingent *n;*
► **immigration** ~ Einwanderungsquote
f; **import** ~ Einfuhrkontingent *n.*
quot·able ['kwəʊtəbl] *adj* zitierbar;
quo·ta·tion [kwəʊ'teɪʃn] **1.** Zitat *n;* **2.**
fin Kurs-, Preisnotierung *f;* **3.** *com* Ko-
stenanschlag *m;* ► **a** ~ **from Sha-
kespeare** ein Shakespeare-Zitat; **quo-
tation marks** *pl* Anführungszeichen *n
pl;* **quote** [kwəʊt] **I** *tr* **1.** anführen, zitie-
ren (*from* aus); **2.** *com* notieren (*at* mit);
3. *(Preis)* nennen, veranschlagen;
► **don't** ~ **me on that** bitte wiederho-
len Sie das nicht; **you can** ~ **me on that**
Sie können das ruhig wörtlich wieder-
geben; **he was** ~**d as saying that . . .** er
soll gesagt haben, daß . . . ~ **s.o. as an
example** jdn als Beispiel anführen; **the
shares are** ~**d at . . .** die Aktien werden
mit . . . notiert; **II** *itr* zitieren; ► ~ **from
an author** e-n Schriftsteller zitieren; **III**
s **1.** Zitat *n;* **2.** *pl fam* Anführungszei-
chen *n pl.*
quo·tid·ian [kwəʊ'tɪdɪən] *adj* täglich.
quo·tient ['kwəʊʃnt] *math* Quotient *m.*

R

R, r [ɑː(r)] ⟨pl -'s⟩ R, r *n;* ▶ **the three R's** Lesen, Schreiben und Rechnen.
rabbi ['ræbaɪ] Rabbi(ner) *m.*
rab·bit ['ræbɪt] I *s* Kaninchen *n;* II *itr* ▶ **go ~ing** Kaninchen jagen; **~ on** quasseln, schwätzen; **rabbit burrow, hole** Kaninchenbau *m;* **rabbit-hutch** Kaninchenstall *m;* **rabbit skin** Kaninchenfell *n.*
rabble ['ræbl] lärmender Haufen; ▶ **the ~** der Mob; **rabble-rouser** Aufwiegler, Agitator *m;* **rabble-rousing** *adj* aufhetzerisch; ▶ **~ speech** Hetzrede *f.*
rabid ['ræbɪd] *adj* **1.** *(Hund)* tollwütig; **2.** fanatisch; **3.** *(Haß)* rasend, wild; **ra·bies** ['reɪbiːz] Tollwut *f.*
rac·coon *s.* racoon.
race¹ [reɪs] I *s* **1.** (Wett)Rennen *n,* Wettlauf *m a. fig;* **2.** *(Wasser)* Strömung *f;* **3.** *lit* Lauf *m;* ▶ **horse-~** Pferderennen *n;* **run a ~ with s.o.** mit jdm um die Wette laufen; **a ~ against time** ein Wettlauf mit der Zeit; **his ~ is run** *fig* er ist erledigt; II *tr* **1.** um die Wette laufen mit; **2.** *(Maschine)* hochjagen; **3.** *(Auto)* ins Rennen schicken; ▶ **he ~d me off to the station** er raste mit mir zum Bahnhof; III *itr* **1.** laufen; **2.** rasen, jagen, rennen; **3.** *(Maschine)* durchdrehen; ▶ **~ with, against s.o.** gegen jdn laufen; **~ against time** gegen die Uhr laufen; **~ about** herumrasen; **~ after s.o.** hinter jdm herjagen.
race² [reɪs] **1.** Rasse *f;* **2.** *fig* Kaste *f;* ▶ **the human ~** das Menschengeschlecht; **of mixed ~** gemischtrassig.
race-card Rennprogramm *n;* **race conflict** Rassenkonflikt *m;* **race-course** Rennbahn *f;* **race hatred** Rassenhaß *m;* **race-horse** Rennpferd *n;* **race-meeting** Rennveranstaltung *f.*
racer ['reɪsə(r)] Rennfahrer(in) *m (f);* Rennwagen *m;* Rennpferd *n.*
race relations ['reɪs rə'leɪʃns] *pl* Beziehungen *pl* zwischen den Rassen; **race riot** Rassenkrawall *m.*
racial ['reɪʃl] *adj* rassisch; ▶ **~ conflict** Rassenkonflikt *m;* **~ discrimination** Rassendiskriminierung *f;* **~ disturbances** Rassenunruhen *pl;* **racial·ism** ['reɪʃəlɪzəm] Rassismus *m;* **racial·ist** ['reɪʃəlɪst] I *s* Rassist(in) *m (f);* II *adj* rassistisch.
raci·ness ['reɪsɪnɪs] **1.** Schwung *m,* Feuer *n;* Gewagtheit *f;* **2.** Rassigkeit, Feurigkeit *f.*
rac·ing ['reɪsɪŋ] (Pferde-, Motor)Rennen *n;* **racing bicycle** Rennrad *n;* **racing car** Rennwagen *m;* **racing stable** Rennstall *m.*
rac·ism ['reɪsɪzəm] *s. racialism;* **rac·ist** ['reɪsɪst] *s. racialist.*
rack¹ [ræk] I *s* **1.** Ständer *m;* Gestell *n;* Regal *n;* **2.** *(luggage ~)* Gepäcknetz *n;* **3.** *(auf Fahrrädern)* Gepäckträger *m;* **4.** *(für Futter)* Raufe *f;* **5.** *tech* Zahnstange *f;* **6.** *hist* Folterbank *f;* ▶ **put s.o. on the ~** *fig* jdn auf die Folter spannen; **be on the ~** auf der Folterbank sein; *fig* Folterqualen leiden; II *tr* **1.** quälen, plagen; **2.** *hist* auf die Folter spannen; ▶ **~ed with pain** von Schmerz gequält; **~ one's brains** sich den Kopf zerbrechen.
rack² [ræk] ▶ **go to ~ and ruin** verkommen, vor die Hunde gehen; abwirtschaften; verfallen.
rack³ [ræk] *tr (Bier)* abfüllen.
racket¹ ['rækɪt] **1.** Lärm, Spektakel, Radau *m;* **2.** *fam* Schiebung, Gaunerei *f;* Wucher *m;* **3.** *sl* Geschäft *n,* Job *m;* ▶ **be in on a ~** bei e-r Gaunerei mitmischen; **make a ~** Krach schlagen; **what's his ~?** was macht er?
racket² ['rækɪt] *sport* Schläger *m.*
rack·ing ['rækɪŋ] *adj (Schmerz)* rasend, quälend.
rac·oon, rac·coon [rə'kuːn] Waschbär *m.*
racy ['reɪsɪ] *adj* **1.** *(Rede)* lebhaft, lebendig; schwungvoll; **2.** *fig* gewagt; **3.** *(Wein)* feurig.
radar ['reɪdɑː(r)] Radar *m od n;* **radar scanner** Rundsuchradargerät *n;* **radar station** Radarstation *f;* **radar trap** Radarfalle *f.*
radial ['reɪdɪəl] I *adj* radial; strahlenförmig; ▶ **~ tyre** Gürtelreifen *m;* II *s* Gürtelreifen *m.*
radi·ant ['reɪdɪənt] I *adj* **1.** *(Sonne)* strahlend; **2.** *(Farben)* (hell)scheinend, leuchtend, glühend; **3.** *(Lachen)* strahlend *(with* vor); **4.** *phys* Strahlungs-; ▶ **be ~ with joy** vor Freude strahlen; **~ heat** Strahlungswärme *f;* II *s* Heizfläche *f.*
radi·ate ['reɪdɪeɪt] I *itr* **1.** Strahlen aussenden; ausgestrahlt werden; **2.** *(Linien)* strahlenförmig ausgehen; II *tr (Licht, Wärme)* ausstrahlen *a. fig;* **radi·ation** [ˌreɪdɪ'eɪʃn] **1.** Ausstrahlung *f;* **2.** radioaktive Strahlung; **3.** Strahlenbelastung, Verstrahlung *f;* ▶ **dose of ~** Strahlendosis *f;* **expose to ~** verstrahlen; ▶ **contaminated with ~** strahlenver-

seucht; **radiation sickness** Strahlenkrankheit *f;* **radiation therapy** Strahlenbehandlung *f;* **radi·ator** ['reɪdɪeɪtə(r)] 1. Heizkörper *m;* 2. *mot* Kühler *m;* **radiator cap** Kühlerverschluß *m.*

rad·ical ['rædɪkl] I *adj* 1. wesentlich, grundlegend; fundamental; 2. *pol* radikal; 3. *math* Wurzel-; ▶ **effect a ~ cure** e-e Radikalkur machen; ~ **sign** *math* Wurzelzeichen *n;* II *s* 1. *pol* Radikale(r) *f m;* 2. *math* Wurzel *f;* 3. *chem* Radikal *n;* **rad·ical·ism** ['rædɪkəlɪzəm] *pol* Radikalismus *m.*

radio ['reɪdɪəʊ] ⟨*pl* radios⟩ I *s* 1. Rundfunk *m;* Radio(apparat *m*) *n;* 2. Funkspruch *m;* ▶ **listen to the ~** Radio hören; **hear s.th. on the ~** etw im Radio hören; **over the, by ~** über Funk; **talk over the ~** über Funk sprechen; II *tr* funken; über Funk verständigen; III *itr* ~ **for help** per Funk e-n Hilferuf durchgeben.

radio·ac·tive [ˌreɪdɪəʊ'æktɪv] *adj* radioaktiv; ▶ ~ **contamination** radioaktive Verseuchung; ~ **material** Strahlenmaterial *n;* ~ **waste** radioaktiver Müll; **make ~** verstrahlen; **radio·ac·tiv·ity** [ˌreɪdɪəʊæk'tɪvəti] Radioaktivität *f.*

radio alarm ['reɪdɪəʊ ə'lɑːm] Radiowecker *m;* **radio announcer** ['reɪdɪəʊ ə'naʊnsə(r)] Rundfunkansager(in) *m (f);* **radio beacon** *aero mar* Funkbake *f,* -feuer *n;* **radio broadcast** Rundfunksendung *f;* **radio communication** Funkverbindung *f;* **radio contact** Funkkontakt *m;* **radio·gram** ['reɪdɪəʊgræm] 1. Funkspruch *m;* 2. Musiktruhe *f;* **radio·graph** ['reɪdɪəʊɡrɑːf] Radiogramm *n;* Röntgenaufnahme *f;* **radi·ogra·pher** [ˌreɪdɪ'ɒɡrəfə(r)] Röntgenassistent(in) *m (f);* **radi·ogra·phy** [ˌreɪdɪ'ɒɡrəfɪ] Röntgenaufnahme *f;* **radio ham** *fam* Amateurfunker(in) *m (f);* **radi·olo·gist** [ˌreɪdɪ'ɒlədʒɪst] Röntgenologe *m,* -login *f;* **radi·olo·gy** [ˌreɪdɪ'ɒlədʒɪ] Radiologie *f;* Röntgenologie *f;* **radio operator** Funker(in) *m (f); aero* Bordfunker(in) *m (f);* **radio programme** Radioprogramm *n;* **radio·sco·py** [ˌreɪdɪ'ɒskəpɪ] Röntgenuntersuchung *f;* **radio set** Rundfunkgerät *n;* **radio station** Rundfunkstation *f;* **radio·tele·phone** [ˌreɪdɪəʊ'telɪfəʊn] Funksprechgerät *n;* **radio·tel·eph·ony** [ˌreɪdɪəʊtɪ'lefənɪ] Sprechfunk *m;* **radio·ther·apy** [ˌreɪdɪəʊ'θerəpɪ] Röntgentherapie *f;* **radio wave** Radiowelle *f.*

rad·ish ['rædɪʃ] Rettich *m.*

radium ['reɪdɪəm] *chem* Radium *n;* **radium treatment** *med* Radiumtherapie *f.*

radius ['reɪdɪəs] ⟨*pl* radii⟩ [−dɪaɪ] 1. *math* Halbmesser, Radius *m;* 2. Ak-

tionsradius, Wirkungsbereich *m;* 3. *anat* Speiche *f;* ▶ **within a ...** ~ **in e-m** Umkreis von ...

RAF¹ ['aː(r)eɪ'ef] *Abk:* **Royal Air Force** britische Luftwaffe.

RAF² [ˌaː(r)eɪ'ef] *Abk:* **Red Army Faction** RAF *f.*

raf·fia ['ræfɪə] Raphiabast *m.*

raff·ish ['ræfɪʃ] *adj* flott, verwegen.

raffle ['ræfl] I *s* Lotterie, Tombola *f;* II *tr* (~ *off)* verlosen.

raft [rɑːft] Floß *n.*

rafter ['rɑːftə(r)] *arch* (Dach)Sparren *m.*

rag¹ [ræɡ] 1. Lumpen, Lappen, Fetzen *m;* 2. (*Zeitung*) Schundblatt *n;* ▶ **in ~s and tatters** zerlumpt und abgerissen; **put one's glad ~s on** sich in Schale werfen; **like a red ~ to a bull** *fig* wie ein rotes Tuch; **feel like a wet ~** *fam* total ausgelaugt sein.

rag² [ræɡ] I *tr fam* aufziehen, foppen; ▶ ~ **s.o.** jdm e-n Streich spielen; II *s* Jux *m;* (Studenten)Ulk *m.*

raga·muf·fin ['ræɡəmʌfɪn] Lausejunge *m.*

rag-bag ['ræɡbæɡ] 1. Lumpensack *m;* 2. *fig* Sammelsurium *n;* 3. *pej (Frau)* Schlampe *f.*

rage [reɪdʒ] I *s* 1. Wut *f,* Zorn *m;* 2. *(Sturm)* Toben, Rasen *n;* ▶ **fly into a ~** e-n Wutanfall bekommen; **be in a ~** wütend sein; **be (all) the ~** der letzte Schrei sein; II *itr* wüten, toben, rasen; ▶ ~ **against s.o.** gegen jdn wettern.

ragged ['ræɡɪd] *adj* 1. abgerissen; zerlumpt; 2. *(Haare)* zottig, strähnig; 3. *(Ränder)* ausgefranst; 4. *(Felsen)* zerklüftet; 5. *(Arbeit)* stümperhaft.

rag·ing ['reɪdʒɪŋ] *adj* 1. wütend; 2. *(Fieber)* heftig; 3. *(Schmerzen)* rasend; 4. *(Sturm)* tobend.

ra·gout ['ræɡuː] *(Küche)* Ragout *n.*

rag·tag ['ræɡtæɡ] ▶ ~ **and bobtail** Hinz und Kunz; **rag·time** ['ræɡtaɪm] *mus* Ragtime *m;* **rag trade** *sl* Kleiderbranche *f.*

raid [reɪd] I *s* 1. Überfall *m;* 2. *mil* Angriff *m; (air ~)* Luftangriff *m;* 3. Razzia *f;* 4. Einbruch *m;* ▶ **dawn ~** Überraschungsangriff *m; fin* plötzlicher Aufkauf von Aktien; II *tr* 1. überfallen; 2. e-e Razzia durchführen in; 3. einbrechen in; 4. *fig* plündern.

rail¹ [reɪl] I *s* 1. Geländer *n;* 2. *mar* Reling *f;* 3. Umzäunung *f;* 4. *rail* Gleis *n,* Schiene *f;* 5. *(curtain ~)* Schiene *f;* 6. *(towel ~)* Handtuchhalter *m;* 7. Bahn *f;* ▶ **travel by ~** mit der Bahn fahren; **go off the ~s** entgleisen; *fig* auf die schiefe Bahn geraten; zu spinnen anfangen; II *tr* mit der Bahn verschicken; III *(mit Präposition)* **rail in** *tr* einzäunen; **rail off** *tr* abzäunen.

rail² [reɪl] *itr* ▶ ~ **at, against s.o.** jdn beschimpfen; ~ **at fate** mit dem Schick-

sal hadern.
rail·ing ['reɪlɪŋ] *meist pl* 1. Geländer *n;* 2.
mar Reling *f;* 3. Zaun *m.*
rail·road ['reɪlrəʊd] I *s Am* Eisenbahn *f;*
II *tr Am* ▶ ~ **a bill** e-e Gesetzesvorlage
durchpeitschen; **rail·way** ['reɪlweɪ] 1.
Br Eisenbahn *f;* 2. Gleis *n;* **railway
bridge** Eisenbahnbrücke *f;* **railway
carriage** Eisenbahnwagen *m;* **railway
engine** Lokomotive *f;* **railway guide**
Kursbuch *n;* **railway line** 1. Eisenbahn-
linie *f;* 2. (Eisenbahn)Gleise *pl;* **rail-
way·man** ['reɪlweɪmæn] ⟨*pl* -men⟩ Ei-
senbahner *m;* **railway station** Bahn-
hof *m;* **railway timetable** Zugfahrplan
m.
rain [reɪn] I *s* 1. Regen *m a. fig;* 2.
(Pfeile) Hagel *m;* ▶ **it looks like** ~ es
sieht nach Regen aus; ~ **or shine** ob es
regnet oder schneit; **the** ~**s** *pl* die Re-
genzeit; **she's as right as** ~ sie ist kern-
gesund; ~ **of ashes** Aschenregen *m;* II
itr, tr regnen *a. fig;* **it is** ~**ing** es regnet;
it never ~**s but it pours** *prov* ein Un-
glück kommt selten allein; **it's** ~**ing cats
and dogs** es gießt wie aus Kübeln; III *tr*
▶ ~ **blows on s.o.** e-n Hagel von Schlä-
gen auf jdn niedergehen lassen; **rain-
bow** ['reɪnbəʊ] Regenbogen *m;* **rain
cloud** Regenwolke *f;* **rain·coat**
['reɪnkəʊt] Regenmantel *m;* **rain·drop**
['reɪndrɒp] Regentropfen *m;* **rain·fall**
['reɪnfɔːl] Niederschlag *m;* **rain forest**
Regenwald *m;* **rain-gauge** Regenmes-
ser *m;* **raini·ness** ['reɪnɪnɪs] Regenwet-
ter *n;* **rain-proof** ['reɪnpruːf] I *adj* was-
serdicht; II *tr* imprägnieren; **rain-
water** ['reɪnwɔːtə(r)] Regenwasser *n;*
rainy ['reɪnɪ] *adj* regnerisch; verregnet;
regenreich; ▶ **keep s.th. for a** ~ **day**
etw für Notzeiten zurücklegen; ~
season Regenzeit *f.*
raise [reɪz] I *tr* 1. (auf-, hoch)heben;
hochziehen; 2. *(Anker)* lichten; 3.
(Mauer) errichten; erhöhen; 4. *(Gehalt)*
erhöhen, anheben; heraufsetzen; 5. *(Ge-
bäude)* errichten; 6. *(Problem)* schaffen,
aufwerfen; erheben; 7. *(Kinder)* aufzie-
hen, großziehen; 8. *(Steuern)* erheben;
9. *(Geld)* aufbringen, auftreiben; 10.
(Darlehen) aufnehmen; 11. *(Embargo)*
aufheben, beenden; 12. *(Karten)* erhö-
hen; 13. *tele* Funkverbindung aufneh-
men mit; ▶ ~ **one's glass to s.o.** jdm
zutrinken; ~ **one's hand against s.o.** die
Hand gegen jdn erheben; ~ **s.o. from
the dead** jdn von den Toten erwecken;
~ **one's voice** lauter sprechen; ~ **s.o.'s
hopes** jdm Hoffnung(en) machen; ~ **the
roof** das Haus zum Beben bringen; ~ **a
laugh** ein Lächeln hervorrufen; ~ **a pro-
test** protestieren; ~ **crops** Getreide an-
bauen; II *s* (~ *in salary) Am* Gehaltser-
höhung *f;* Lohnerhöhung *f.*
raisin ['reɪzn] Rosine *f.*

rake¹ [reɪk] I *s* Rechen *m,* Harke *f;* II *tr*
harken, rechen; III *itr* ▶ ~ **around,
about** herumwühlen, herumstöbern; IV
(mit Präposition) **rake in** *tr (Geld)* kas-
sieren; **rake out** *tr* auskundschaften,
herausfinden; **rake up** *tr* 1. zusammen-
harken; 2. *fig* auftreiben; zusammen-
kratzen; 3. *(Feuer)* schüren; ▶ ~ **up the
past** in der Vergangenheit wühlen.
rake² [reɪk] Lebemann *m.*
rake-off ['reɪkɒf] *sl* Gewinnanteil *m.*
rak·ish¹ ['reɪkɪʃ] *adj (Erscheinung)* flott,
verwegen
rak·ish² *adj (Schiff)* schnittig.
rally ['rælɪ] I *tr (Truppen)* versammeln,
zusammenrufen; ▶ ~ **one's strength**
seine Kräfte sammeln; II *itr* 1. sich wie-
der sammeln, sich versammeln; 2.
(Kranker) Fortschritte machen; ▶ **go**
~**ing** e-e Rallye fahren; ~ **round** sich
scharen um; III *s* 1. Versammlung *f,*
Treffen *n;* 2. *(Gesundheit)* Erholung *f;*
3. *(Tennis)* Ballwechsel *m;* 4. *mot* Rallye
f; **rally driver** Rallyefahrer(in) *m (f).*
RAM [ræm] *Abk:* **random access mem-
ory** *EDV* RAM *n.*
ram [ræm] I *s* 1. *zoo* Widder *m;* 2. *tech*
Ramme *f;* Rammbock *m;* ▶ **the R~** *astr*
der Widder; II *tr* 1. rammen; 2. *(Auto)*
rammen; ▶ ~ **a charge home** *mil* laden; ~ **home**
an argument ein Argument durchset-
zen; ~ **s.th. down s.o.'s throat** jdm etw
eintrichtern.
ramble ['ræmbl] I *itr* 1. umherschweifen,
(umher)streifen; 2. *fig* (~ *on)* schwafeln;
vom Hundertsten ins Tausendste kom-
men; 3. *(Pflanze)* ranken; II *s* Streifzug
m; Wanderung *f;* ▶ **go for a** ~ e-n
Streifzug machen; **ram·bler**
['ræmblə(r)] 1. Wanderer(in) *m (f);* 2.
bot Kletterrose *f;* **ram·bling**
['ræmblɪŋ] I *adj* 1. *(Rede)* weitschwei-
fig, umständlich; schwafelnd; 2.
(Pflanze) rankend; 3. *(Gebäude)* weit-
läufig; ▶ ~ **club** Wanderverein *m;* II *s*
fig Geschwafel *n.*
rami·fi·ca·tion [ˌræmɪfɪ'keɪʃn] Verzwei-
gung, Verästelung *f a. fig;* **ram·ify**
['ræmɪfaɪ] *itr* sich verzweigen *a. fig.*
ramp [ræmp] 1. Rampe *f;* 2. *aero* Gang-
way *f.*
ram·page [ræm'peɪdʒ] I *itr* herumwü-
ten; II *s* ▶ **be, go on the** ~ e-n Tob-
suchtsanfall bekommen.
ram·pant ['ræmpənt] *adj* 1. *(Pflanze)*
üppig, wuchernd; 2. *(Ungerechtigkeit)*
wild wuchernd; ▶ **be** ~ wuchern.
ram·part ['ræmpɑːt] Wall *m a. fig.*
ram·rod ['ræmrɒd] Ladestock *m;* ▶ **as
stiff as a** ~ steif wie ein Besenstiel.
ram·shackle ['ræmʃækl] *adj* wack(e)lig,
altersschwach, baufällig.
ran [ræn] *v s.* run.
ranch [rɑːntʃ] I *s* Ranch *f;* ▶ ~ **house**

Farmhaus *n;* **II** *itr* Viehwirtschaft betreiben; **rancher** ['rɑːntʃə(r)] Farmer *m.*

ran·cid ['rænsɪd] *adj* ranzig.

ran·cor·ous ['ræŋkərəs] *adj* bitter; bösartig; **ran·cour,** *Am* **ran·cor** ['ræŋkə(r)] Bitterkeit *f;* Boshaftigkeit *f.*

ran·dom ['rændəm] **I** *adj* willkürlich, Zufalls-; ► ~ **access memory** RAM *n;* **make a ~ guess** auf gut Glück raten; ~ **sample** Stichprobe *f;* ~ **sampling** Stichproben *f pl;* **II** *s* ► **at** ~ aufs Geratewohl; ziellos; planlos; **hit out at** ~ ziellos um sich schlagen; **talk at** ~ ins Blaue hineinreden.

randy ['rændɪ] *adj fam* scharf, geil.

rang [ræŋ] *v s. ring¹.*

range [reɪndʒ] **I** *tr* 1. aufstellen; anordnen; 2. *(Person)* zählen *(among, with* zu); 3. durchstreifen, durchziehen; 4. *(Gewehr)* ausrichten *(on auf);* ► ~ **o.s. with s.o.** sich auf jds Seite stellen; ~ **the seas** die Meere befahren; **II** *itr* 1. gehen *(from ... to* von ... bis); 2. streifen; ► **the conversation** ~**d over ...** die Unterhaltung kreiste um ... **the search** ~**d over the whole area** die Suche erstreckte sich auf das ganze Gebiet; ~ **over the country** im Land umherstreifen; ~ **over** verbreitet sein in; *(Gewehr)* e-e Reichweite haben von; **III** *s* 1. Aktionsradius *m;* Reichweite *f a. fig;* 2. Reihe *f;* Skala *f;* Angebot *n;* Spektrum *n;* 3. *mus* Ton-, Stimmumfang *m;* 4. *fig* Kompetenz *f;* Einflußbereich *m;* 5. *(rifle ~)* Schießstand *m;* 6. Koch-, Küchenherd *m;* 7. *(mountain ~)* Kette *f;* 8. *Am* Weideland *n;* ► **at a ~ of** in e-r Entfernung von; **at close, wide** ~ auf kurze, weite Entfernung; **out of** ~ außer Hör-, Reich-, Schußweite; **within shouting** ~ in Hörweite; ~ **of vision** Gesichtsfeld *n;* **a wide** ~ e-e große Auswahl; ein breites Spektrum; **in this price** ~ in dieser Preislage; **a** ~ **of temperatures** unterschiedliche Temperaturen *f pl;* **temperature** ~ Temperaturbereich *m;* **a whole** ~ **of sizes** e-e ganze Reihe verschiedener Größen; **this is outside the** ~ **of ...** das liegt außerhalb der Kompetenz von ...; **short-, medium-, long-~** Kurz-, Mittel-, Langstrecken-; **range-finder** ['reɪndʒˌfaɪndə(r)] Entfernungsmesser *m.*

ranger ['reɪndʒə(r)] 1. *Am* Förster(in) *m (f);* 2. *Am* Ranger *m;* Überfallkommando *n;* ► ~ **scout** *Br* Ranger *m.*

rangy ['reɪndʒɪ] *adj* langgliedrig.

rank¹ [ræŋk] **I** *s* 1. *mil* Rang *m;* 2. Stand *m,* Schicht *f;* 3. Reihe *f;* 4. *mil* Glied *n;* 5. *mus* Register *n;* ► **officer of high** ~ hoher Offizier; **people of all** ~**s** Leute *pl* aller Stände; **a person of** ~ e-e hochgestellte Persönlichkeit; **a second-~ painter** ein zweitklassiger Maler; **keep**

~ **in Reih und Glied stehen; the ~ and file** *mil* die Mannschaft; *(Partei)* die Basis; **reduce s.o. to the** ~**s** jdn degradieren; **taxi** ~ Taxistand *m;* **II** *tr* einreihen, -ordnen, klassifizieren; ► ~ **s.o. among the great** jdn zu den Großen zählen; **III** *itr* ► ~ **among** zählen zu; ~ **above s.o.** bedeutender als jem sein; rangmäßig über jdm liegen.

rank² [ræŋk] *adj* 1. *(Pflanzenwuchs)* wuchernd, üppig; *(Boden)* überwuchert *(with* von); 2. *(Geruch)* übel; 3. *(Fett)* stinkend, übelriechend, ranzig; 4. *(Gift)* rein; ausgesprochen; 5. *(Verräter)* übel.

rank·ing of·fi·cer ['ræŋkɪŋ ˌɒfɪsə(r)] *mil* ranghöchster Offizier.

rankle ['ræŋkl] *itr fig fam* ► ~ **with s.o.** jdn wurmen.

rank·ness ['ræŋknɪs] 1. Üppigkeit *f;* 2. *fig* Übelkeit *f;* Gestank *m;* Derbheit *f.*

ran·sack ['rænsæk] *tr* 1. durchsuchen, -wühlen *(for* nach); 2. *(Haus)* plündern; 3. *(Stadt)* herfallen über.

ran·som ['rænsəm] **I** *s* 1. Lösegeld *n;* 2. Freilassung *f;* 3. *rel* Erlösung *f;* ► **hold s.o. to** ~ jdn als Geisel (fest)halten; jdn erpressen; **II** *tr* 1. auslösen, Lösegeld bezahlen für; 2. gegen ein Lösegeld freilassen; 3. *rel* erlösen.

rant [rænt] *itr* Tiraden loslassen; irres Zeug reden; ► ~ **and rave at s.o.** mit jdm schimpfen.

rap¹ [ræp] **I** *tr* klopfen auf; klopfen an; ► ~ **s.o.'s knuckles** jdm auf die Finger klopfen; ~ **out** hervor-, ausstoßen; **II** *itr* klopfen; ► ~ **at the door** kurz an die Tür klopfen; **III** *s* Klopfen *n;* ► **give s.o. a** ~ **on the knuckles** jdm auf die Finger klopfen; **take the** ~ die Schuld zugeschoben kriegen; **there was a** ~ **at the door** es hat (an der Tür) geklopft; **I don't care a** ~ das ist mir völlig egal.

rap² [ræp] *mus* Rap *m.*

ra·pa·cious [rə'peɪʃəs] *adj* habgierig; **ra·pac·ity** [rə'pæsətɪ] Habgier *f.*

rape¹ [reɪp] **I** *s* Vergewaltigung, Notzucht *f;* **II** *tr* vergewaltigen.

rape² [reɪp] *bot* Raps *m.*

rapid ['ræpɪd] **I** *adj* 1. rasch; rapide; flink; 2. *(Abhang)* steil; ► ~ **fire of questions** Feuerwerk *n* von Fragen; ~ **fire weapon** Schnellfeuerwaffe *f;* **II** *s pl* Stromschnellen *f pl;* **rap·id·ity** [rə'pɪdətɪ] Schnelligkeit *f;* Raschheit *f;* Steilheit *f.*

rapier ['reɪpɪə(r)] Rapier *n.*

rap·ist ['reɪpɪst] Vergewaltiger *m.*

rap·port [ræ'pɔː(r)] enge Beziehung, enges Verhältnis; ► **in** ~ **with** in Harmonie mit.

rap·proche·ment [ræ'prɒʃmɒŋ] *pol* Annäherung *f.*

rapt [ræpt] *adj* 1. gespannt; atemlos; 2. *(Lächeln)* verzückt; **rap·ture** ['ræptʃə(r)] Entzücken *n;* Verzückung *f;*

▶ **be in** ~s entzückt sein (*over* über); **go into** ~s in Entzücken geraten; **rap·tur·ous** ['ræptʃərəs] *adj* 1. ver-, entzückt, hingerissen; 2. *(Beifall)* stürmisch.

rare [reə(r)] *adj* 1. selten, rar; 2. *(Luft)* dünn; 3. *(Fleisch)* nicht durchgebraten; roh; 4. *fig* irrsinnig.

rare·bit ['reəbıt] ▶ **Welsh** ~ überbakkene Käseschnitte.

rarefy ['reərıfaı] **I** *tr* 1. *(Luft)* verdünnen; 2. *fig* exklusiv machen; **II** *itr (Luft)* dünn werden; **rare·ly** ['reəlı] *adv* selten; **rar·lty** ['reərətı] Seltenheit, Rarität *f.*

ras·cal ['rɑːskl] *fam hum* Schelm, Schlingel *m.*

rash¹ [ræʃ] *adj* unbesonnen; voreilig, überstürzt.

rash² [ræʃ] *med* Ausschlag *m.*

rasher ['ræʃə(r)] ▶ ~ **of bacon** Speckstreifen *m.*

rash·ness ['ræʃnıs] Unbesonnenheit *f;* Voreiligkeit, Überstürztheit *f.*

rasp [rɑːsp] **I** *tr* 1. *tech* raspeln; 2. (~ *out)* krächzen; **II** *itr* kratzen; **III** *s* 1. *tech* Raspel *f,* Reibeisen *n;* 2. Kratzen *n.*

rasp·berry ['rɑːzbrı] **I** *s* 1. Himbeere *f;* 2. (~ *bush)* Himbeerstrauch *m;* ▶ **blow a** ~ verächtlich schnauben; **get a** ~ *sl* nur ein verächtliches Schnauben ernten; **II** *adj* himbeerrot.

rasp·ing ['rɑːspıŋ] *adj* 1. kratzend, rauh; 2. *(Atem)* keuchend, röchelnd.

ras·ter ['ræstə(r)] Raster *m* od *n.*

rat [ræt] **I** *s* 1. *zoo* Ratte *f;* 2. *fig* Verräter *m;* ▶ **smell a** ~ Lunte riechen; **II** *itr* Ratten fangen; ▶ ~ **on s.o.** jdn sitzenlassen.

rat·able, rate·able ['reıtəbl] *adj* steuerpflichtig; ▶ ~ **value** steuerbarer Wert.

ratch·et ['rætʃıt] (~ *wheel)* Sperrad *n.*

rate [reıt] **I** *s* 1. Rate *f;* Tempo *n;* 2. *com* Satz *m;* Kurs *m;* 3. *pl Br* Gemeindesteuern *f pl;* ▶ **failure** ~ Durchfallquote *f;* **at a** ~ **of** ... in e-m Tempo von ... ▶ **of consumption** Verbrauch *m;* **pulse** ~ Puls *m;* **at this** ~ **of working** bei diesem Arbeitstempo; **at any** ~ auf jeden Fall; ~ **of exchange** Wechselkurs *m;* ~ **of inflation** Inflationsrate *f;* ~ **of interest** Zinssatz *m;* **insurance** ~s *pl* Versicherungsgebühren *f pl;* ~s **and taxes** *pl* Kommunal -und Staatssteuern *f pl;* ~(s) **office** Gemeindesteueramt *n;* **unemployment** ~ Arbeitslosenquote *f;* **II** *tr* 1. einschätzen; 2. *Br (Steuer)* veranlagen; 3. verdienen; ▶ ~ **s.o. among** ... jdn zu ... zählen; ~ **s.o. as s.th.** jdn für etw halten; ~ **s.o. highly** jdn hoch einschätzen; **III** *itr* ▶ ~ **as, among** ... gelten als ..., zählen zu ...

rather ['rɑːðə(r)] *adv* 1. lieber; eher; 2. im Gegenteil, vielmehr; 3. ziemlich, nicht wenig; ▶ ~ **than wait, he went away** er ging lieber, als daß er wartete; **I'd** ~ **not** lieber nicht; **I would** ~ **you came your-**

self mir wäre es lieber, Sie kämen selbst; **it's** ~ **too difficult for me** es ist etwas zu schwierig für mich; **I** ~ **think he's wrong** ich glaube fast, er hat Unrecht.

rati·fi·ca·tion [,rætıfı'keıʃn] *pol* Ratifizierung *f;* **rat·ify** ['rætıfaı] *tr* ratifizieren.

rat·ing ['reıtıŋ] 1. Einschätzung *f;* Veranlagung *f;* 2. Klasse *f;* 3. *fin* Kreditfähigkeit *f;* 4. *el* Leistung *f;* 5. *mar* Rang *m;* 6. Matrose *m;* ▶ **octane** ~ Oktanzahl *f;* **the popularity** ~ **of a TV programme** die Zuschauerzahlen e-s Fernsehprogramms.

ra·tio ['reıʃıəu] ⟨*pl* -tios⟩ Verhältnis *n;* ▶ **in the** ~ **of 2 to 3** im Verhältnis 2 zu 3; **in inverse** ~ umgekehrt proportional; **inverse, indirect** ~ umgekehrtes Verhältnis.

ration ['ræʃn] **I** *s* 1. Ration *f;* Quantum *n;* 2. *pl mil* Verpflegung *f;* ▶ **put s.o. on short** ~s jdn auf halbe Ration setzen; ~ **card** Bezugschein *m;* **II** *tr (Lebensmittel)* rationieren; bewirtschaften; ▶ ~ **out** zuteilen.

ra·tional ['ræʃnəl] *adj* 1. *(Person)* vernunftbegabt, rational; 2. *(Denken)* vernünftig, rational; 3. *math* rational.

ra·tion·ale [,ræʃə'nɑːl] Gründe *m pl;* Gedankengänge *m pl.*

ration·al·ism ['ræʃnəlızəm] Rationalismus *m;* **ration·al·ist** ['ræʃnəlıst] Rationalist(in) *m (f);* **ration·al·is·tic** [,ræʃnə'lıstık] *adj* rationalistisch; **ra·tional·ity** [,ræʃə'nælətı] 1. Vernünftigkeit, Rationalität *f;* 2. *med* klarer Verstand; **ration·al·iz·ation** [,ræʃnəlaı'zeıʃn] Rationalisierung *f;* **ration·al·ize** ['ræʃnəlaız] *tr* 1. vernünftig betrachten; 2. *com* rationalisieren; **ration·ing** ['ræʃnıŋ] Rationierung *f;* Bewirtschaftung *f.*

rat poi·son ['rætpɔızn] Rattengift *n;* **rat-race** ständiger Konkurrenzkampf.

rattle ['rætl] **I** *itr* 1. klappern; 2. *(Ketten)* rasseln, klirren; ▶ ~ **at the door** an der Tür rütteln; ~ **along** entlangrattern; ~ **down** herunterprasseln; ~ **on** quasseln; **II** *tr* 1. klappern, rasseln mit; schütteln; 2. *(Mensch)* durcheinanderbringen; ▶ **the news** ~d **her** die Nachricht hat ihr e-n Schock versetzt; ~ **off** herunterrasseln; **III** *s* 1. Geklapper, Gerassel, Gepolter *n;* 2. (Kinder)Klapper *f;* **rattle·brain** ['rætlbreın] Spatzenhirn *n;* **rattle·snake** ['rætlsneık] Klapperschlange *f;* **rattle·trap** ['rætltræp] Klapperkiste *f;* **rat·tling** ['rætlıŋ] **I** *adj* 1. klappernd, ratternd; klirrend; 2. *fam (Tempo)* flott, rasend, toll; **II** *adv sl* ▶ ~ **good** verdammt gut.

rat·ty ['rætı] *adj fam* gereizt.

rau·cous ['rɔːkəs] *adj* rauh, heiser.

rav·age ['rævıdʒ] **I** *s* Verwüstung, Verheerung, Zerstörung *f a. fig;* ▶ **the ~s of time** die Spuren *f pl* der Zeit; **II** *tr* **1.** verwüsten, verheeren, zerstören; **2.** plündern.

rave [reɪv] **I** *itr* **1.** *med* im Fieberwahn reden, phantasieren; **2.** *fig* schwärmen *(about, over* von); **3.** wüten, toben; **4.** *(Meer)* tosen; ▶ **~ against s.o.** gegen jdn wettern; **II** *s* **1.** *sl* Fete *f,* tolle Party; **2.** *sl* Schwärmerei *f;* ▶ **have a ~ about s.th.** von etw schwärmen; **~ review** phantastische Kritik.

ravel ['rævl] **I** *tr (~ out)* ausfransen; *(Faden)* entwirren; **II** *itr* sich verwirren.

raven ['reɪvn] Rabe *m;* ▶ **~-black** rabenschwarz; **~-haired** schwarzhaarig.

rav·en·ous ['rævənəs] *adj* **1.** ausgehungert; **2.** heißhungrig.

ra·vine [rə'viːn] Schlucht, Klamm *f.*

rav·ing ['reɪvɪŋ] **I** *adj* phantasierend; wahnsinnig; ▶ **a ~ lunatic** ein kompletter Idiot; **II** *adv* ▶ **~ mad** vollkommen übergeschnappt; **III** *s oft pl* Gefasel *n.*

rav·ish ['rævɪʃ] *tr* **1.** *fig* hinreißen, entzücken; **2.** *obs* vergewaltigen; rauben. **ravish·ing** [—ɪŋ] *adj* hinreißend, bezaubernd, entzückend.

raw [rɔː] **I** *adj* **1.** *(Nahrung)* roh; **2.** *(Alkohol)* rein, unvermischt; **3.** *(Material)* roh, unver-, unbearbeitet; **4.** *fig* unausgebildet, unerfahren, ungeschult; **5.** *(Haut)* wund, entzündet; **6.** *(Wetter)* rauh, unwirtlich, naßkalt; ▶ **it's a ~ deal** das ist e-e Gemeinheit; **give s.o. a ~ deal** jdn benachteiligen; **~ material** Rohstoff *m;* **II** *s* ▶ **touch s.o. on the ~** bei jdm e-n wunden Punkt berühren; **in the ~** im Naturzustand; **raw-boned** [,rɔː'bəʊnd] *adj* mager, knochig; **raw-hide** ['rɔːhaɪd] ungegerbtes Leder; **raw·ness** ['rɔːnɪs] **1.** Roheit *f;* **2.** Unerfahrenheit *f;* **3.** Wundheit *f;* **4.** *(Wetter)* Rauheit *f.*

ray[1] [reɪ] **1.** (Licht)Strahl *m a. fig;* **2.** *fig* Spur *f,* Schimmer *m;* ▶ **X-~s** *pl* Röntgenstrahlen *m pl;* **a ~ of hope** ein Hoffnungsschimmer *m.*

ray[2] [reɪ] *zoo* Rochen *m.*

rayon ['reɪɒn] Kunstseide *f.*

raze [reɪz] *tr* völlig zerstören, dem Erdboden gleichmachen.

razor ['reɪzə(r)] Rasiermesser *n;* Rasierapparat *m;* **razor-blade** Rasierklinge *f;* **razor-edge** *(Berg)* Grat *m;* ▶ **be on a ~** *fig* auf Messers Schneide stehen; **razor-sharp** *adj* messerscharf *a. fig.*

razzle ['ræzl] ▶ **go on the ~** auf die Pauke hauen.

re[1] [reɪ] *mus* re *n.*

re[2] [riː] *prep* **1.** mit Bezug auf, betreffend; **2.** *jur* in Sachen gegen.

reach [riːtʃ] **I** *tr* **1.** erreichen; ankommen an; **2.** *(Perfektion)* erlangen; **3.** *(Einigung)* erzielen, gelangen zu; **4.** herankommen an; **5.** reichen, gehen bis zu;

▶ **~ page 100** bis Seite 100 kommen; **be able to ~ s.th.** an etw heranreichen können; **~ me (over) that book** reiche mir das Buch (herüber); **II** *itr (Gebiet)* sich erstrecken, gehen, reichen; ▶ **~ for s.th.** nach etw greifen; **III** *s* **1.** *fig* Reichweite *f;* **2.** *(Fluß)* Strecke *f;* ▶ **make a ~ for s.th.** nach etw greifen; **within s.o.'s ~** in jds Reichweite; **within arm's ~** in greifbarer Nähe; **within easy ~ of the sea** in unmittelbarer Nähe des Meers; **beyond the ~ of the law** außerhalb des Gesetzes; **IV** *(mit Präposition)* **reach down** *tr* hinunterreichen; **reach out** *itr* die Hände ausstrecken; **reach over** *itr* hinübergreifen; **reach up** *tr* hinaufgreifen.

re·act [rɪ'ækt] *itr* **1.** reagieren *(to* auf); **2.** wirken *(on, upon* auf); ▶ **~ against** negativ reagieren; **re·ac·tion** [rɪ'ækʃn] **1.** Reaktion *f (to* auf; *against* gegen); **2.** *pol* Reaktion *f;* **3.** *mil* Gegenschlag *m;* **4.** *com* Umschwung, Rückgang *m;* ▶ **action and ~** Wirkung und Gegenwirkung; **forces of ~** reaktionäre Kräfte *f pl;* **re·ac·tion·ary** [rɪ'ækʃənrɪ] *adj* reaktionär.

re·ac·ti·vate [riː'æktɪveɪt] *tr* reaktivieren.

re·ac·tor [rɪ'æktə(r)] Reaktor *m;* ▶ **nuclear ~** Kernreaktor *m;* **reactor core** Reaktorkern *m;* **reactor safety** Reaktorsicherheit *f.*

read [riːd] ⟨*irr* read, read⟩ [red] **I** *tr* **1.** lesen; **2.** vorlesen *(to s.o.* jdm); **3.** *(Buch)* aus-, durchlesen; **4.** *(Traum)* deuten; **5.** *(Universität)* studieren; **6.** *(Thermometer)* ablesen; **7.** *(Meßgerät)* anzeigen; ▶ **~ s.o. a lesson** jdm e-e Strafpredigt halten; **take s.th. as ~** etw als selbstverständlich voraussetzen; **~ s.o.'s thoughts** jds Gedanken lesen; **~ s.o.'s hand** jdm aus der Hand lesen; **~ s.th. into a text** etw in e-n Text hineinlesen, hineininterpretieren; **II** *itr* **1.** lesen; vorlesen; **2.** *(Buch)* sich lesen (lassen); **3.** *(Text)* lauten; ▶ **he ~s well** er liest gut; **~ aloud** laut lesen; **~ to o.s.** für sich lesen; **this book ~s well** das Buch liest sich gut; **~ for an examination** sich auf e-e Prüfung vorbereiten; **III** *s* ▶ **have a quiet ~** ungestört lesen; **IV** *(mit Präposition)* **read off** *tr* ablesen; **read on** *itr* weiterlesen; **read out** *tr* vorlesen; **read over** *tr* durchlesen; **read through** *tr* durchlesen; **read up** *itr* sich informieren *(on* über).

read·able ['riːdəbl] *adj* lesbar; lesenswert; **reader** ['riːdə(r)] **1.** Leser(in) *m (f);* **2.** *Br* Dozent(in) *m (f);* **3.** Lesebuch *n;* Fibel *f;* Text *m,* Lektüre *f;* **4.** *EDV* Lesegerät *n;* ▶ **publisher's ~** Lektor(in) *m (f);* **reader·ship** [—ʃɪp] **1.** Leserkreis *m,* Leserschaft *f;* **2.** *Br* Dozentur *f.*

read·ily ['redılı] *adv* **1.** bereitwillig; **2.** gleich, sofort; ▶ ~ **to hand** griffbereit; **readi·ness** ['redınıs] **1.** Bereitschaft *f;* **2.** Leichtigkeit *f;* ▶ **be (kept) in** ~ bereitgehalten werden; **her** ~ **to help** ihre Hilfsbereitschaft; ~ **of speech** Redegewandtheit *f.*
read·ing ['ri:dıŋ] **1.** Lesen *n;* **2.** Lektüre *f;* **3.** Lesung *f;* **4.** Interpretation *f,* Verständnis *n;* **5.** Version *f;* **6.** *tech* Ablesen *n;* **7.** *(Meßgerät, Zähler)* Stand *m;* **8.** *parl* Lesung *f;* **9.** Belesenheit *f;* ▶ **the** ~ **is ...** das Thermometer steht auf ... **a man of wide** ~ ein sehr belesener Mann; **reading book** Lesebuch *n;* **reading-glasses** *pl* Lesebrille *f;* **reading-lamp** Leselampe *f;* **reading-room** Lesesaal *m.*
re·ad·just [,ri:ə'dʒʌst] **I** *tr* **1.** neu einstellen; nachstellen; **2.** *(Preise)* anpassen, neu regeln; **3.** *(Meinung)* korrigieren; **II** *itr* sich neu anpassen *(to* an); ▶ **I have to** ~ **to it** ich muß mich erst wieder daran gewöhnen; **re·ad·just·ment** [—mənt] **1.** Neuordnung *f;* Neueinstellung *f;* **2.** Anpassung *f;* **3.** Korrektur *f.*
ready ['redı] **I** *adj* **1.** bereit, fertig; **2.** prompt; schlagfertig; **3.** *(Geld)* verfügbar, flüssig; **4.** bereit, willens, geneigt *(to* zu); **5.** *(Sprecher)* gewandt; ▶ ~ **to leave** abfahrtbereit; ~ **for anything** zu allem bereit; **are you** ~ **to go?** sind Sie soweit? **be** ~ **with an excuse** e-e Entschuldigung parat haben; **get** ~ **to do s.th.** sich bereitmachen, etw zu tun; **get** ~ **for s.th.** sich auf etw vorbereiten; ~ **to do s.th.** bereit, etw zu tun; **he was** ~ **to cry** er war den Tränen nahe; **she's** ~ **with an answer** sie ist mit e-r Antwort schnell bei der Hand; **have a** ~ **tongue** schlagfertig sein; ~ **money** jederzeit verfügbares Geld; **II** *s* ▶ **at the** ~ **1.** *mil* mit dem Gewehr im Anschlag; **2.** *fig* marsch-, fahrbereit; **ready-made** [,redı'meıd] *adj* **1.** *(Kleider)* Konfektions-; **2.** *(Antwort)* fertig; **3.** *(Lösung)* Patent-; **ready-to-wear** [,redıtə-'weə(r)] *adj* Konfektions-, von der Stange.
re·af·firm [,ri:ə'fɜ:m] *tr* erneut bestätigen.
re·af·forest [,ri:ə'forıst] *tr* wieder aufforsten.
real [rıəl] **I** *adj* **1.** echt; wirklich; richtig; eigentlich; **2.** echt, authentisch; ▶ **in** ~ **life** im wirklichen Leben; **her grief is very** ~ ihr Schmerz ist echt; **it's not the** ~ **thing** das ist nicht das Wahre; ~ **time** *EDV* Echtzeit *f;* **it's a** ~ **miracle** das ist ein wahres Wunder; ~ **estate** Immobilien *pl;* ~ **property** Grundbesitz *m;* **II** *adv Am* echt, wirklich; **III** *s* ▶ **for** ~ wirklich, echt.
real·ism ['rıəlızəm] Realismus *m;* **real·ist** ['rıəlıst] Realist *m;* **real·istic**

[,rıə'lıstık] *adj* **1.** realistisch; **2.** *(Gemälde)* naturgetreu.
re·al·ity [rı'ælətı] **1.** Wirklichkeit, Realität *f;* **2.** Naturtreue *f;* ▶ **in** ~ in Wirklichkeit; **bring s.o. back to** ~ jdn auf den Boden der Tatsachen zurückbringen; **become** ~ sich verwirklichen.
real·iz·able ['rıəlaızəbl] *adj* **1.** *(Pläne)* aus-, durchführbar, realisierbar; **2.** *fin* zu verflüssigen; **real·iz·ation** [,rıəlaı'zeıʃn] **1.** Erkenntnis *f;* **2.** *fin* Verflüssigung *f;* **3.** *(Pläne)* Realisierung *f;* **real·ize** ['rıəlaız] **I** *tr* **1.** erkennen, sich klarwerden *gen,* sich bewußt werden *gen;* begreifen; bemerken; **2.** *(Plan)* verwirklichen, realisieren; **3.** *fin* flüssigmachen, zu Geld machen, veräußern; **4.** *(Gewinn)* erzielen; ▶ **I** ~d **what he meant** mir ist klargeworden, was er meinte; **I hadn't** ~d **how late it was** ich habe gar nicht gemerkt, wie spät es war; **II** *itr* ▶ **I've just** ~d das ist mir eben klargeworden; **he'll never** ~ das wird er nie merken.
really ['rıəlı] **I** *adv* **1.** wirklich, tatsächlich; **2.** richtig; ▶ **I** ~ **don't know what to think** ich weiß wirklich nicht, was ich davon halten soll; **I don't** ~ **think so** das glaube ich eigentlich nicht; ~ **and truly** wirklich; **I** ~ **must say ...** ich muß schon sagen ... **II** *interj* wirklich, tatsächlich; ▶ **not** ~**!** ach wirklich? ~**, Peter!** also wirklich, Peter!
realm [relm] **1.** Königreich *n;* **2.** *fig* Bereich *m,* Gebiet *n.*
re·al·tor ['rıəltə(r)] *Am* Grundstücksmakler(in) *m (f);* **re·alty** ['rıəltı] *jur* Immobilien *pl.*
re·ani·mate [ri:'ænımeıt] *tr* **1.** wiederbeleben; **2.** *fig* in Gang bringen.
reap [ri:p] **I** *tr* **1.** *(Getreide)* schneiden, mähen; ernten; **2.** *fig* ernten; bekommen; ▶ ~ **what one has sown** ernten, was man gesät hat; **II** *itr* schneiden, mähen; **reaper** ['ri:pə(r)] **1.** Mähmaschine *f;* **2.** Schnitter *m;* **reap·ing-hook** ['ri:pıŋhuk] Sichel *f.*
re·ap·pear [,ri:ə'pıə(r)] *itr* wiedererscheinen, wiederauftauchen.
re·ap·prais·al [,ri:ə'preızl] Neueinschätzung, -beurteilung *f; (Lage)* Neubewertung *f.*
rear¹ [rıə(r)] **I** *s* **1.** hinterer Teil; **2.** *fam* Hinterteil *n;* **3.** *mil* Ende *n* der Truppe; ▶ **in, at the** ~ hinten; **at, to the** ~ **of the house** hinter dem Haus; **from the** ~ von hinten; **bring up the** ~ die Nachhut bilden; **II** *adj* hintere(r, s); Heck-; ▶ ~ **door** hintere Tür; ~ **engine** *mot* Heckmotor *m;* ~ **lights** *pl* Rücklichter *n pl;* ~ **spoiler** *mot* Heckspoiler *m;* ~ **wheel** Hinterrad *n;* ~ **window** *mot* Heckscheibe *f.*
rear² [rıə(r)] **I** *tr (Tier)* groß-, aufziehen; ▶ ~ **its head** den Kopf zurückwerfen;

II *itr (Pferd)* (~ *up*) sich aufbäumen.

rear-en·gined [ˌrɪərˈendʒɪnd] *adj mot* mit Heckmotor, mit Heckantrieb; **rear-guard** [ˈrɪɡɑːd] *mil* Nachhut *f.*

re·arm [ˌriːˈɑːm] **I** *tr* wiederbewaffnen; **II** *itr* (wieder)aufrüsten; **re·arma·ment** [riːˈɑːməmənt] **1.** Wiederbewaffnung *f;* **2.** (Wieder)Aufrüstung *f;* ▶ **Moral R~** Moralische Aufrüstung.

rear·most [ˈrɪəməʊst] *adj* hinterste(r, s), letzte(r, s).

re·ar·range [ˌriːəˈreɪndʒ] *tr* **1.** neu ordnen; umgruppieren; **2.** *(Treffen)* erneut vereinbaren.

rear-view mir·ror [ˈrɪəˌvjuːˈmɪrə(r)] *mot* Rückspiegel *m;* **rear·ward** [ˈrɪəwəd] **I** *adj* hintere(r, s); rückwärtig; **II** *adv (a. ~s)* rückwärts; **rear-wheel drive** Heckantrieb *m.*

rea·son [ˈriːzn] **I** *s* **1.** Grund *m (for* für); **2.** Verstand *m;* **3.** Vernunft *f;* ▶ **the ~ for my going** weshalb ich gehe; **the ~ why** weswegen; **there is ~ to believe that** ... es gibt Grund zu der Annahme, daß ... **for that very ~** eben deswegen; **with good ~** mit gutem Grund; **without rhyme or ~** ohne Sinn und Verstand; **without any ~** grundlos; **for no ~ at all** ohne ersichtlichen Grund; **for no particular ~** ohne e-n bestimmten Grund; **by ~ of** wegen; **listen to ~** Vernunft annehmen; **lose one's ~** den Verstand verlieren; **that stands to ~** das ist logisch; **for what ~?** aus welchem Grund? **II** *itr* **1.** logisch denken; **2.** vernünftig reden *(with s.o.* mit jdm); **III** *tr* **1.** durchdenken, überlegen; **2.** folgern, schließen; ▶ **~ s.o. out of s.th.** jdm etw ausreden; **~ why** ... sich klarmachen, warum ...

rea·son·able [ˈriːznəbl] *adj* **1.** vernünftig; **2.** *(Preis)* reell; angemessen; **3.** *(Zweifel)* berechtigt; **4.** ordentlich, ganz gut; ▶ **with a ~ amount of luck** mit einigem, einer Portion Glück; **rea·son·ably** [ˈriːznəblɪ] *adv* **1.** vernünftig; **2.** einigermaßen; ziemlich.

rea·son·ing [ˈriːznɪŋ] **1.** Schlußfolgerungen *f pl;* **2.** Argumentation, Beweisführung *f;* ▶ **this ~ is faulty** das Argument ist falsch.

re·as·semble [ˌriːəˈsembl] **I** *tr* **1.** wieder versammeln; **2.** *tech* wieder zusammensetzen; **II** *itr* sich wieder versammeln.

re·as·sess [ˌriːəˈses] *tr* neu überdenken; neu abwägen.

re·as·sur·ance [ˌriːəˈʃʊərəns] **1.** Beruhigung *f;* **2.** Bestätigung *f;* **re·as·sure** [ˌriːəˈʃʊə(r)] *tr* **1.** beruhigen; das Gefühl der Sicherheit geben *(s.o.* jdm); **2.** versichern, beteuern; ▶ **~ s.o. of s.th.** jdm etw versichern; **re·as·sur·ing** [ˌriːəˈʃʊərɪŋ] *adj* beruhigend.

re·bate [ˈriːbeɪt] **1.** (Preis)Nachlaß, Rabatt *m;* **2.** Rückerstattung, -vergütung, -zahlung *f.*

rebel [ˈrebl] **I** *s* Rebell(in), Aufrührer(in) *m (f);* **II** *adj* aufrührerisch, aufständisch; **III** *itr* [rɪˈbel] rebellieren, sich erheben; **re·bel·lion** [rɪˈbeliən] Rebellion *f,* Aufstand *m;* ▶ **rise in ~** e-n Aufstand machen; **re·bel·li·ous** [rɪˈbeliəs] *adj* **1.** aufrührerisch, rebellisch; **2.** *(Kind)* rebellisch, widerspenstig.

re·birth [ˌriːˈbɜːθ] Wiedergeburt *f a. fig; fig* Wiederaufleben *n.*

re·bound [rɪˈbaʊnd] **I** *itr* **1.** *(Ball)* ab-, zurückprallen; **2.** *fig* zurückfallen *(on, upon s.o.* auf jdn); **II** *s* [ˈriːbaʊnd] **1.** Rückprall *m;* **2.** *fig* Rückschlag, Umschwung *m;* ▶ **be on the ~** sich über e-e Enttäuschung hinwegtrösten.

re·buff [rɪˈbʌf] **I** *s* Zurückweisung *f;* Abfuhr *f;* ▶ **meet with a ~** e-e Zurückweisung erfahren, zurückgewiesen werden *(from* von); **II** *tr* abweisen, zurückweisen.

re·build [ˌriːˈbɪld] *tr irr s. build* wieder aufbauen; wiederherstellen.

re·buke [rɪˈbjuːk] **I** *tr* zurechtweisen, tadeln *(s.o. for s.th.* jdn wegen etw); **II** *s* Zurechtweisung *f,* Tadel *m.*

re·cal·ci·trant [rɪˈkælsɪtrənt] *adj* aufsässig.

re·call [rɪˈkɔːl] **I** *tr* **1.** zurückrufen; **2.** *(Buch)* zurückfordern; **3.** sich erinnern an; **4.** *com* einziehen; ▶ **~ s.o. to life** jdn ins Leben zurückrufen; **II** *s* **1.** Rückruf *m;* **2.** Rückforderung *f;* **3.** Erinnerung *f;* **4.** *com* Einzug *m;* ▶ **beyond, past ~** für immer vorbei.

re·cant [rɪˈkænt] *itr, tr* widerrufen; zurücknehmen.

re·cap[1] [ˈriːkæp] **I** *s* kurze Zusammenfassung; **II** *tr, itr* kurz zusammenfassen.

re·cap[2] [ˌriːˈkæp] **I** *s Am* laufflächenerneuerter Reifen; **II** *tr* die Laufflächen erneuern von.

re·cap·itu·late [ˌriːkəˈpɪtʃʊleɪt] *tr, itr* rekapitulieren, kurz zusammenfassen; **re·cap·itu·la·tion** [ˌriːkəˌpɪtʃʊˈleɪʃn] Wiederholung *f,* kurze Zusammenfassung.

re·cap·ture [ˌriːˈkæptʃə(r)] *tr* **1.** wieder einfangen; wiedererobern; **2.** *fig* wieder wachwerden lassen; **II** *s* **1.** Wiedereinfangen *n;* Wiedereroberung *f;* **2.** *fig* Heraufbeschwörung *f.*

re·cast [ˌriːˈkɑːst] *tr* **1.** umschmelzen, -gießen; **2.** *fig* umformen, neu formulieren; **3.** *theat* neu besetzen.

re·cede [rɪˈsiːd] *itr* **1.** zurückweichen, -treten; **2.** *fig* sich entfernen; **3.** *(Preis)* zurückgehen; **4.** *(Meinung)* abgehen; **re·ced·ing** [—ɪŋ] *adj (Stirn)* fliehend; ▶ **~ hairline** Stirnglatze *f.*

re·ceipt [rɪˈsiːt] **1.** Empfang *m;* Annahme *f,* Erhalt *m;* **2.** Quittung, Empfangsbestätigung *f;* Beleg *m;* **3.** *pl* Einnahme(n *pl) f,* Eingänge *m pl;* ▶ **on ~ of the goods** nach Empfang der Waren; **receipt book** Quittungsbuch *n;* **receipt stamp**

Empfangsstempel *m.*
re·ceive [rɪ'siːv] **I** *tr* **1.** erhalten, bekommen; empfangen; **2.** *(Besucher)* empfangen; aufnehmen; **3.** *tele* empfangen; **4.** *(Ablehnung)* erfahren; **5.** *(Eindruck)* gewinnen, bekommen; **6.** *(Schock)* erleiden; **7.** *jur* hehlen; **II** *itr* **1.** Besuch empfangen; **2.** *jur* Hehlerei treiben; **3.** *tele* empfangen; **re·ceived** [rɪ'siːvd] *adj* ▶ ~ **opinion, wisdom** die allgemeine Meinung; ~ **pronunciation** hochsprachliche Aussprache *(nach Daniel Jones);* **re·ceiver** [rɪ'siːvə(r)] **1.** Empfänger(in) *m (f);* **2.** *jur* Hehler(in) *m (f);* **3.** *tele* Hörer *m;* **4.** *radio* Empfänger *m;* ▶ **official** ~ *fin* Konkursverwalter(in) *m (f);* **re·ceiv·ing** [rɪ'siːvɪŋ] *jur* Hehlerei *f;* **receiving set** Empfangsgerät *n.*
re·cent ['riːsnt] *adj* **1.** kürzlich; **2.** *(Nachrichten)* neueste(r,s), letzte(r,s); **3.** *(Erfindung)* neu; ▶ **most** ~ neueste(r, s); **ours is a** ~ **acquaintance** wir kennen uns erst seit kurzem; **in the** ~ **past** in jüngerer Zeit; **in** ~ **years** in den letzten Jahren; **re·cent·ly** [−lɪ] *adv* neulich, kürzlich, vor kurzem, unlängst; ▶ **until quite** ~ bis vor kurzem; **as** ~ **as** erst.
re·cep·tacle [rɪ'septəkl] Behälter *m.*
re·cep·tion [rɪ'sepʃn] **1.** Aufnahme *f;* Empfang *m;* **2.** *(offizieller)* Empfang *m;* **3.** *radio* Empfang *m;* ▶ **give s.o. a warm** ~ jdm e-n warmen Empfang bereiten; **meet with a favourable** ~ günstig aufgenommen werden; **reception area** Empfangsbereich *m;* **reception camp** Aufnahmelager *n;* **reception centre** Durchgangslager *n;* **reception desk** Empfang *m,* Rezeption *f;* **re·cep·tion·ist** [−ɪst] **1.** Empfangschef *m,* -dame *f;* **2.** *(Büro)* Empfangssekretär(in) *m (f);* **3.** *med* Sprechstundenhilfe *f.*
re·cep·tive [rɪ'septɪv] *adj* **1.** aufnahmefähig; **2.** empfänglich *(to* für); **re·cep·tiv·ity** [ˌriːsep'tɪvətɪ] **1.** Aufnahmefähigkeit *f;* **2.** Empfänglichkeit *f.*
re·cess [rɪ'ses] **I** *s* **1.** *parl* Sitzungspause *f;* Ferien *pl;* **2.** *arch* Nische *f;* **3.** *fig* Winkel *m;* ▶ **in the ~es of my heart** in den Tiefen meines Herzens; **II** *tr* **1.** in die Nische stellen; **2.** *(Schrank)* einbauen; vertiefen.
re·ces·sion [rɪ'seʃn] **1.** Zurückweichen *n,* Rückgang *m;* **2.** *com* Rezession *f,* Rückgang *m.*
re·ces·sive [rɪ'sesɪv] *adj biol* rezessiv.
re·cidi·vism [rɪ'sɪdɪvɪzəm] *jur* Rückfälligkeit *f;* **re·cidi·vist** [rɪ'sɪdɪvɪst] rückfälliger Täter; **I** *s* Rückfällige(r) *f m;* **II** *adj* rückfällig.
recipe ['resəpɪ] **1.** Rezept *n a. fig;* **2.** *fig* Geheimnis *n;* ▶ ~ **for success** Erfolgsrezept *n;* **that's a** ~ **for disaster** das Unglück ist vorprogrammiert.
re·cipi·ent [rɪ'sɪpɪənt] Empfänger(in) *m*

(f).
re·cip·ro·cal [rɪ'sɪprəkl] *adj* **1.** gegenseitig **2.** *math* reziprok; ▶ ~ **trade** Handel untereinander; **re·cip·ro·cate** [rɪ'sɪprəkeɪt] **I** *tr* **1.** erwidern; sich revanchieren für; **2.** *tech* hin- und herbewegen; **II** *itr* **1.** sich revanchieren; **2.** *tech* hin- und hergehen; **reci·proc·ity** [ˌresɪ'prɒsətɪ] Gegenseitigkeit *f a. fig;* Austausch *m.*
re·cital [rɪ'saɪtl] **1.** Vortrag *m;* Konzert *n;* **2.** Aufzählung, Schilderung *f;* ▶ **song** ~ Liederabend *m;* **reci·ta·tion** [ˌresɪ'teɪʃn] Deklamation *f,* Vortrag *m;* **reci·ta·tive** [ˌresɪtə'tiːv] *mus* Rezitativ *n;* **re·cite** [rɪ'saɪt] **I** *tr* **1.** vortragen, rezitieren; **2.** *fig* hersagen; aufzählen; **II** *itr* vortragen.
reck·less ['reklɪs] *adj* **1.** leichtsinnig; **2.** *(Fahrer)* rücksichtslos, unverantwortlich; **3.** *(Versuch)* gewagt; ▶ ~ **of** ohne Rücksicht auf; **reck·less·ness** [−nɪs] **1.** Leichtsinn *m;* **2.** Leichtfertigkeit, Rücksichtslosigkeit *f;* **3.** Gewagtheit *f.*
reckon ['rekən] **I** *tr* **1.** aus-, berechnen; **2.** rechnen, zählen *(among* zu); **3.** glauben; schätzen; ▶ **be ~ed** gelten; **what do you** ~? was meinen Sie? **II** *itr* rechnen; ▶ **~ing from tomorrow** ab morgen gerechnet; **III** *(mit Präposition)* **reckon on** *tr* einbeziehen, mitrechnen; **reckon on** *tr* rechnen, zählen auf; **reckon up** *tr* zusammenrechnen; *itr* abrechnen *(with* mit); **reckon with** *tr* rechnen mit; **reckon without** *tr* nicht rechnen mit; **reckoner** ['rekənə(r)] Rechner *m;* **reckon·ing** ['rekənɪŋ] (Be)Rechnung *f;* ▶ **by my** ~ nach meiner Rechnung; **to the best of my** ~ nach meiner Schätzung; **be out in one's** ~ sich verrechnet haben *a. fig;* **the day of** ~ der Tag der Abrechnung.
re·claim [rɪ'kleɪm] *tr* **1.** *(Land)* kultivieren; gewinnen; **2.** *(Mensch)* abbringen *(from* von); **3.** wiedergewinnen; **4.** *(Rechte)* zurückfordern, zurückverlangen; **rec·la·ma·tion** [ˌreklə'meɪʃn] **1.** *(Land)* Kultivierung *f;* Gewinnung *f;* **2.** Abbringung *f;* **3.** Wiedergewinnung *f;* **4.** Rückgewinnung *f.*
re·cline [rɪ'klaɪn] **I** *tr* zurücklegen; zurücklehnen *(on* an); **II** *itr* zurückliegen; sich zurücklegen, -lehnen; ▶ ~ **on a sofa** auf e-m Sofa ruhen; **reclining seat** Ruhe-, Schlafsessel *m.*
re·cluse [rɪ'kluːs] Einsiedler(in) *m (f).*
rec·og·ni·tion [ˌrekəg'nɪʃn] **1.** Anerkennung *f;* **2.** Erkennen *n;* ▶ **in** ~ **of** in Anerkennung *gen;* **change beyond, out of all** ~ nicht wiederzuerkennen sein.
rec·og·niz·able ['rekəgnaɪzəbl] *adj* erkennbar.
re·cog·ni·zance [rɪ'kɒgnɪzns] **1.** *jur* Verpflichtung *f;* Anerkenntnis *f;* **2.** *(Summe)* Sicherheitsleistung *f;* ▶ **enter**

into ~ Kaution stellen.

rec·og·nize ['rekəgnaɪz] *tr* **1.** wiedererkennen; erkennen (*by* an); **2.** *pol* anerkennen (*as, to be* als); zugeben, eingestehen; **3.** *Am* das Wort erteilen (*s.o.* jdm); **rec·og·nized** ['rekəgnaɪzd] *adj* anerkannt.

re·coil [rɪ'kɔɪl] **I** *itr* **1.** zurückweichen; zurückschrecken (*from* von); **2.** (*Gewehr*) zurückstoßen; **3.** *fig* zurückfallen (*on, upon* auf); **II** *s* ['riːkɔɪl] **1.** (*Gewehr*) Rückstoß *m;* **2.** *fig* Zurückschnellen *n.*

rec·ol·lect [,rekə'lekt] **I** *tr* sich erinnern an; **II** *itr* sich erinnern; **rec·ol·lec·tion** [,rekə'lekʃn] Erinnerung *f* (*of* an); ▶ **to the best of my** ~ soweit ich mich erinnern kann.

rec·om·mend [,rekə'mend] *tr* **1.** empfehlen (*as* als); **2.** sprechen für; ▶ ~ **s.o. s.th.** jdm etw empfehlen; **it is not to be** ~**ed** es ist nicht zu empfehlen; ~**ed price** empfohlener Richtpreis; **he has much to** ~ **him** es spricht sehr viel für ihn; **re·com·mend·able** [—əbl] *adj* empfehlenswert; **rec·om·men·da·tion** [,rekəmen'deɪʃn] Empfehlung *f;* ▶ **on the** ~ **of** auf Empfehlung von; **letter of** ~ Empfehlungsschreiben *n.*

rec·om·pense ['rekəmpens] **I** *tr* **1.** belohnen; **2.** *jur* entschädigen; wiedergutmachen; **II** *s* **1.** Belohnung *f;* **2.** *jur* Entschädigung, Wiedergutmachung *f;* ▶ **as a** ~ als Belohnung; **in** ~ **for** als Belohnung für.

rec·on·cile ['rekənsaɪl] *tr* **1.** versöhnen, aussöhnen (*to s.th., with s.o.* mit etw, mit jdm); **2.** (*Streit*) beilegen, schlichten; **3.** (*Ideen*) in Einklang, in Übereinstimmung bringen; ▶ ~ **s.th. with s.th.** etw mit etw in Einklang bringen; ~ **s.o. to s.th.** jdn mit etw versöhnen; ~ **o.s. to s.th.** sich mit etw abfinden; **rec·on·cili·ation** [,rekən,sɪlɪ'eɪʃn] **1.** Ver-, Aussöhnung *f* (*between, with* mit); **2.** (*Streit*) Beilegung *f;* **3.** *fig* Vereinbarung *f.*

re·con·di·tion [,riːkən'dɪʃn] *tr* (*Motor*) generalüberholen; ▶ ~**ed engine** Austauschmotor *m.*

re·con·nais·sance [rɪ'kɒnɪsns] *mil mar aero* Aufklärung, Erkundung *f;* **reconnaissance flight** Aufklärungsflug *m;* **reconnaissance plane** Aufklärungsflugzeug *n;* **reconnaissance patrol** Spähtrupp *m.*

re·con·noitre, *Am* **re·con·noiter** [,rekə'nɔɪtə(r)] **I** *tr mil* erkunden, auskundschaften; **II** *itr* das Gelände erkunden.

re·con·sider [,riːkən'sɪdə(r)] *tr* **1.** wieder in Betracht ziehen, nochmals erwägen; nachprüfen; **2.** (*erledigte Sache*) wiederaufnehmen.

re·con·struct [,riːkən'strʌkt] *tr* rekonstruieren; wiederaufbauen; **re·con·struc·tion** [,riːkən'strʌkʃn] Rekon-struktion *f;* Wiederaufbau *m a. fig.*

re·cord[1] [rɪ'kɔːd] **I** *tr* **1.** auf-, verzeichnen; dokumentieren; eintragen; **2.** protokollieren; niederschreiben; **3.** (*Protest*) zum Ausdruck bringen; **4.** (*Thermometer*) verzeichnen, registrieren; **5.** (*auf Tonband*) aufnehmen; aufzeichnen; ▶ **it's not** ~**ed anywhere** das ist nirgends dokumentiert; **a** ~**ed programme** e-e Aufzeichnung; **II** *itr* Tonbandaufnahmen machen.

rec·ord[2] ['rekɔːd] **1.** Aufzeichnung *f;* Liste *f;* Protokoll *n;* Unterlage *f;* **2.** (*police* ~) Vorstrafen *f pl;* **3.** Vorgeschichte *f;* Leistungen *f pl;* **4.** *mus* Schallplatte *f;* Aufnahme *f;* Aufzeichnung *f;* **5.** *EDV* Datensatz *m;* **6.** *sport* Rekord *m;* ▶ **photographic** ~ Bilddokumentation *f;* **keep a** ~ **of s.th.** über etw Buch führen; **it is on** ~ **that** ... es gibt Belege dafür, daß ... **he's on** ~ **as having said** ... es ist belegt, daß er gesagt hat ... **put s.th. on** ~ etw schriftlich festhalten; **for the** ~ der Ordnung halber; **off the** ~ ganz im Vertrauen; **he's got a** ~ er ist vorbestraft; **have an excellent** ~ ausgezeichnete Leistungen vorweisen; **have a good** ~ **at school** ein guter Schüler sein; **make a** ~ e-e Schallplatte machen; **beat, break the** ~ den Rekord brechen; **hold the** ~ den Rekord halten; **record breaker** ['rekɔːd,breɪkə(r)] *sport* Rekordbrecher(in) *m (f);* **record-breaking** ['rekɔːd,breɪkɪŋ] *adj* rekordbrechend; **record changer** Plattenwechsler *m.*

re·corded [rɪ'kɔːdɪd] *adj* **1.** aufgezeichnet; **2.** (*Geschehen*) schriftlich belegt; ▶ ~ **delivery** Einschreiben *n;* **by** ~ **delivery** per Einschreiben.

re·corder [rɪ'kɔːdə(r)] **1.** Registriergerät *n;* **2.** *jur* Berichterstatter(in) *m (f);* **3.** *mus* Blockflöte *f;* ▶ **cassette** ~ Kassettenrekorder *m;* **tape** ~ Tonbandgerät *n.*

rec·ord holder ['rekɔːd,həʊldə(r)] *sport* Rekordhalter(in *f*) *m.*

re·cord·ing [rɪ'kɔːdɪŋ] **1.** (*Film*) Aufzeichnung *f;* **2.** (*Ton*)Aufnahme *f;* **recording session** Aufnahme *f;* **recording studio** Aufnahme-, Tonstudio *n.*

rec·ord la·bel ['rekɔːd,leɪbl] Plattenlabel *n;* **record library** ['rekɔːd,laɪbrərɪ] Schallplattenarchiv *n;* Plattenverleih *m;* **record player** Plattenspieler *m;* **record token** Plattengutschein *m.*

re·count [rɪ'kaʊnt] *tr* erzählen, wiedergeben.

re-count [,riː'kaʊnt] **I** *tr* nachzählen; **II** *s* ['riːkaʊnt] Nachzählung *f.*

re·coup [rɪ'kuːp] *tr* **1.** (*Verlust*) wieder einbringen, decken; **2.** entschädigen; ▶ ~ **o.s.** sich entschädigen.

re·course [rɪ'kɔːs] Zuflucht *f;* ▶ **have** ~ **to s.o.** sich an jdn wenden; **without** ~ *jur* ohne Regreß.

re·cover [rɪ'kʌvə(r)] I *tr* 1. wiederfinden; wiedergewinnen; 2. *(Gesundheit)* wiedererlangen; 3. *(das Bewußtsein)* wiedererlangen; 4. *(Vermögen)* wiederbekommen; 5. *(Verlust)* wiedergutmachen; 6. *(Wrack)* bergen; 7. *(Ausgaben)* decken, wieder einholen; 8. *(verlorene Zeit)* wieder aufholen; ► ~ one's breath wieder zu Atem kommen; ~ consciousness wieder zu Bewußtsein gelangen; ~ one's sight wieder sehen können; ~ one's composure sich wieder fassen; ~ lost ground *fig* aufholen; II *itr* 1. sich erholen; wieder zu sich kommen; 2. com *(Markt)* sich wiederbeleben; 3. *jur* den Prozeß gewinnen.

re·cover [ˌriː'kʌvə(r)] *tr (Stuhl)* neu beziehen.

re·cover·able [rɪ'kʌvərəbl] *adj* 1. *(Schulden)* eintreibbar; 2. *(Verluste)* ersetzbar; **re·cov·ery** [rɪ'kʌvərɪ] 1. Wiederfinden *n;* Wiedergewinnung *f;* 2. Wiedererlangung *f;* 3. Zurückbekommen *n;* 4. Genesung, Erholung *f;* 5. com konjunktureller Aufschwung; ► past ~ nicht mehr zu retten; be on the road to ~ auf dem Wege der Besserung sein; make a good ~ sich gut erholen; **recovery service** *mot* Abschleppdienst *m;* **recovery vehicle** Abschleppwagen *m.*

rec·re·ation [ˌrekrɪ'eɪʃn] 1. Erholung, Entspannung *f;* Hobby *n;* 2. *(Schule)* Pause *f;* **rec·re·ational** [ˌrekrɪ'eɪʃnl] *adj* Freizeit-; ► ~ value Erholungswert *m;* **recreation centre** Freizeitzentrum *n;* **recreation ground** Spielplatz *m;* **recreation room** Freizeitraum *m;* **rec·re·ative** ['rekrɪˌeɪtɪv] *adj* erholsam, entspannend.

re·crimi·nate [rɪ'krɪmɪneɪt] *itr* Gegenbeschuldigungen vorbringen; **re·crimi·na·tion** [rɪˌkrɪmɪ'neɪʃn] Gegenbeschuldigung *f.*

re·cruit [rɪ'kruːt] I *tr* 1. rekrutieren; 2. *(Mitglieder)* werben; 3. *(Arbeitskräfte)* einstellen; II *s* 1. *mil* Rekrut *m;* 2. *fig* neues Mitglied; **rec·ruit·ing** [—ɪŋ] 1. *mil* Rekrutierung *f;* 2. Einstellung *f;* **re·cruit·ment** [—mənt] 1. *mil* Rekrutierung *f;* 2. *(Arbeitskräfte)* Einstellung *f.*

rec·tangle ['rektæŋgl] Rechteck *n;* **rec·tangu·lar** [rek'tæŋgjulə(r)] *adj* rechtwinklig.

rec·tifi·ca·tion [ˌrektɪfɪ'keɪʃn] 1. Korrektur, Verbesserung *f;* Richtigstellung *f;* Berichtigung *f;* **rec·tify** ['rektɪfaɪ] *tr* 1. berichtigen; richtigstellen; korrigieren, verbessern; 2. *el* gleichrichten.

rec·ti·lin·ear [ˌrektɪ'lɪnɪə(r)] *adj* geradlinig.

rec·ti·tude ['rektɪtjuːd] Rechtschaffenheit *f.*

rec·tor ['rektə(r)] 1. *rel* Pfarrer, Pastor *m;* 2. *(Schule, College)* Direktor *m;* 3. *(Universität)* Rektor *m;* **rec·tory** ['rektərɪ] Pfarrhaus *n.*

rec·tum ['rektəm] *anat* Mastdarm *m.*

re·cum·bent [rɪ'kʌmbənt] *adj* liegend, ruhend.

re·cu·per·ate [rɪ'kuːpəreɪt] I *tr (Verluste)* wettmachen, wiedergutmachen; II *itr* sich (wieder) erholen, wieder zu Kräften kommen; **re·cu·per·ation** [rɪˌkuːpə'reɪʃn] 1. *med* Erholung, Genesung *f;* 2. Wiedergutmachung *f.*

re·cur [rɪ'kɜː(r)] *itr* 1. wiederkehren; sich wiederholen (to zu); 2. *(Problem)* wieder auftreten; 3. *(Frage)* sich wieder stellen; 4. *(Idee)* wieder auftauchen; 5. wieder einfallen (to s.o. jdm); **re·cur·rence** [rɪ'kʌrəns] Wiederkehr *f;* Wiederholung *f;* Wiederauftauchen *n;* **re·cur·rent** [rɪ'kʌrənt] *adj* periodisch wiederkehrend; sich wiederholend; **re·cur·ring** [rɪ'kɜːrɪŋ] *adj* regelmäßig wiederkehrend; ► ~ decimal periodische Dezimalzahl.

re·cycle [rɪ'saɪkl] *tr* wiederverwerten, recyceln; ► ~d paper Umwelt-, Recyclingpapier *n;* **re·cy·cling** [—ɪŋ] Wiederverwertung *f,* Recycling *n.*

red [red] I *adj* rot *a. fig pol;* ► ~ with anger rot vor Zorn; see ~ rot sehen; II *s* 1. Rot *n;* 2. *pol* Rote(r) *f m;* ► be in the ~ in den roten Zahlen sein; get out of the ~ aus den roten Zahlen herauskommen; **Red Army Faction** Rote-Armee-Fraktion *f;* **red-blooded** [red'blʌdɪd] *adj* heißblütig; **red·cap** ['redkæp] 1. *Br fam* Militärpolizist *m;* 2. *Am* Gepäckträger *m;* **red carpet** *fig* roter Teppich; ► a ~ reception ein großer Bahnhof; **roll out the ~** den roten Teppich ausrollen; **red cent** *Am fam* roter Heller; **Red China** Rotchina *n;* **Red Cross** Rotes Kreuz; **red currant** (rote) Johannisbeere *f;* **red deer** Rothirsch *m;* *pl* Rotwild *n;* **red·den** ['redn] I *tr* röten, rot färben; II *itr* rot werden, sich röten; **red·dish** ['redɪʃ] *adj* rötlich.

re·dec·or·ate [ˌriː'dekəreɪt] *tr* neu tapezieren; neu streichen; **re·dec·or·ation** [ˌriːdekə'reɪʃn] 1. Neutapezieren *n;* Neustreichen *n;* 2. neue Tapeten *pl;* neuer Anstrich.

re·deem [rɪ'diːm] *tr* 1. *(Marken)* einlösen *(for* gegen); 2. *(Versprechen)* einhalten, erfüllen; 3. *(Schulden)* tilgen, abtragen; 4. *(Aktien)* verkaufen; 5. *(Situation)* retten; 6. *rel* erlösen; 7. *(Fehler)* wettmachen; **re·deem·able** [—əbl] *adj* 1. *(Schulden)* tilgbar, kündbar; 2. *(Rechnung)* einlösbar; 3. *rel* erlösbar; **Re·deemer** [rɪ'diːmə(r)] *rel* Erlöser, Heiland *m;* **re·demp·tion** [rɪ'dempʃn] 1. Einlösung *f;* 2. *(Versprechen)* Einhaltung *f;* 3. *(Schulden)* Tilgung *f;* 4.

(Aktien) Verkauf *m;* 5. *fig* Rettung *f;* 6. *rel* Erlösung *f;* ▶ **beyond, past** ~ nicht mehr zu retten; rettungslos.

re·de·ploy [ˌriːdɪˈplɔɪ] *tr mil* verlegen, umgruppieren; **re·de·ploy·ment** [—mənt] *mil* Umverlegung *f.*

red-haired [ˌredˈheə(r)d] *adj* rothaarig; **red-handed** [ˌredˈhændɪd] *adv* ▶ **catch s.o.** ~ jdn auf frischer Tat ertappen; **red·head** [ˈredhed] Rothaarige(r) *f m;* **red-headed** [ˈredhedɪd] *adj* rothaarig; **red herring** 1. Räucherhering *m;* 2. *fig* Ablenkungsmanöver *n;* ▶ **that's a** ~ das führt vom Thema ab; **red-hot** [ˌredˈhɒt] *adj* 1. rotglühend; glühend heiß; 2. *fig* Feuer und Flamme; 3. *(Nachrichten)* brandaktuell; **Red Indian** Indianer(in) *m (f).*

re·di·rect [ˌriːdɪˈrekt] *tr (Brief etc)* umadressieren, nachsenden; *(Verkehr)* umleiten.

re·dis·trib·ute [ˌriːdɪˈstrɪbjuːt] *tr* neu verteilen; **re·dis·tribu·tion** [ˌriːdɪstrɪˈbjuːʃn] Um-, Neuverteilung *f.*

red-let·ter day [ˌredˈletədeɪ] *fig* Glückstag *m,* besonderer Tag; **red light** 1. *(Verkehr)* Rotlicht *n;* 2. *fig* rotes Licht; ▶ **see the** ~ *fig* die Gefahr erkennen; **red light district** Bordell-, Rotlichtviertel *n;* **red meat** Rind-, Hammelfleisch *n.*

re·do [ˌriːˈduː] *tr irr s. do* neu machen.

redo·lent [ˈredələnt] *adj* duftend *(of, with* nach); ▶ **be** ~ **of s.th.** *fig* an etw erinnern.

re·double [rɪˈdʌbl] *tr, itr* (sich) verdoppeln.

re·doubt·able [rɪˈdaʊtəbl] *adj* 1. *(Aufgabe)* furchtbar, schrecklich; 2. *(Person)* respektgebietend.

re·dound [rɪˈdaʊnd] *itr* ▶ ~ **to s.o.'s honour** jdm zur Ehre gereichen; ~ **to s.o.'s credit** jdm hoch angerechnet werden.

red pep·per [ˌredˈpepə(r)] roter Paprika. **re·draft** [ˌriːˈdrɑːft] **I** *s* Neuentwurf *m;* **II** *tr* neu entwerfen.

red rag [ˌredˈræg] rotes Tuch; ▶ **it's like a** ~ **to a bull** das ist wie ein rotes Tuch für ihn, sie.

re·dress [rɪˈdres] **I** *tr* 1. wiedergutmachen, Abhilfe schaffen für; 2. *(Situation)* bereinigen; 3. *(Gleichgewicht)* wiederherstellen; **II** *s* Wiedergutmachung, Abhilfe *f;* ▶ **seek** ~ **for** Wiedergutmachung verlangen für; **gain** ~ zu seinem Recht kommen; **legal** ~ Rechtsschutz *m.*

Red Sea [redˈsiː] Rotes Meer.

red·skin [ˈredskɪn] Rothaut *f;* **red tape** *fam* Papierkrieg *m;* Behördenkram *m.*

re·duce [rɪˈdjuːs] **I** *tr* 1. verringern, vermindern, abbauen, herunter-, herabsetzen; 2. *(Geschwindigkeit)* verlangsamen; 3. *(Preis)* senken, ermäßigen; 4.

(Produktion) drosseln, reduzieren; 5. *mil* degradieren; 6. *(Lohn)* kürzen; 7. *chem* reduzieren; 8. *math* zerlegen; 9. *(Sauce)* einkochen lassen; ▶ ~ **one's weight** abnehmen; ~ **speed** langsamer fahren; ~ **an argument to its simplest form** ein Argument auf die einfachste Form bringen; ~ **s.o. to poverty** jdn an den Bettelstab bringen; ~ **to silence** zum Schweigen bringen; ~ **to tears** zum Weinen bringen; **II** *itr* abnehmen; **re·duced** [rɪˈdjuːst] *adj* ermäßigt; herabgesetzt.

re·duc·tion [rɪˈdʌkʃn] 1. Verringerung, Verminderung, Kürzung *f;* Reduzierung *f;* 2. *(Personal)* Abbau *m;* 3. *(Preise)* Herabsetzung, (Preis)Ermäßigung, Senkung *f,* Nachlaß, Abbau, Rabatt *m;* 4. (Lohn-, Gehalts)Kürzung *f;* 5. *(Produktion)* Drosselung *f;* 6. *chem* Reduktion *f;* 7. *math* Zerlegung *f;* 8. *(Geschwindigkeit)* Verlangsamung *f;* 9. *(Kopie)* Verkleinerung *f;* ▶ **make a** ~ e-e Ermäßigung einräumen; ~ **of taxes** Steuersenkung *f;* ~ **in rank** Degradierung *f;* ~ **of fare** Fahrpreisermäßigung *f;* ~ **in, of numbers** zahlenmäßige Verringerung; ~ **in prices** Preisabbau *m;* ~ **of strength** Nachlassen *n* der Kräfte.

re·dun·dancy [rɪˈdʌndənsɪ] 1. Überflüssigkeit *f;* 2. *(des Stiles)* Weitschweifigkeit *f;* 3. Arbeitslosigkeit *f;* **re·dun·dancies** *pl* Entlassungen *f pl;* **redundancy payment** Abfindung *f;* **re·dun·dant** [rɪˈdʌndənt] *adj* 1. überflüssig, unnötig; 2. *(Stil)* weitschweifig; 3. *com* arbeitslos; ▶ **become** ~ den Arbeitsplatz verlieren.

re·dupli·cate [rɪˈdjuːplɪkeɪt] *tr* wiederholen; **re·dupli·ca·tion** [rɪˌdjuːplɪˈkeɪʃn] Wiederholung *f.*

reed [riːd] 1. Schilf, Riedgras *n;* 2. *mus* Zungenpfeife *f;* ▶ **a broken** ~ *fig* ein schwankendes Rohr.

re·edu·cate [ˌriːˈedʒukeɪt] *tr* umerziehen, umschulen.

reedy [ˈriːdɪ] *adj* 1. schilfig; 2. *(Ton)* näselnd.

reef [riːf] (Felsen)Riff *n.*

reefer [ˈriːfə(r)] 1. *(~-jacket)* Seemannsjacke *f;* 2. *sl* Marihuanazigarette *f,* Reefer *m.*

reek [riːk] **I** *s* Gestank *m;* **II** *itr* stinken *(of* nach).

reel [riːl] **I** *s* Rolle, Spule *f;* **II** *tr tech* aufspulen; ▶ ~ **in** einrollen; ~ **off** *fig* herunterleiern; **III** *itr* (sch)wanken; taumeln; ▶ **my head is** ~ing mir dreht sich der Kopf; **my brain was** ~ing **with all the information** mein Kopf schwirrte von den vielen Informationen.

re-elect [ˌriːɪˈlekt] *tr* wiederwählen; **re-elec·tion** [ˌriːɪˈlekʃn] Wiederwahl *f.*

re-en·ter [ˌriːˈentə(r)] **I** *itr* wieder hereinkommen; wieder eintreten; wieder einreisen; **II** *tr* wieder hereinkommen in, hineingehen in; wieder eintreten in; **re·en·try** [ˌriːˈentrɪ] Wiedereintritt *m*.

ref [ref] *Abk:* reference; ▶ **your, our** ~ Ihr, unser Zeichen *n*.

re·fec·tory [rɪˈfektərɪ] Mensa *f;* Refektorium *n*.

re·fer [rɪˈfɜː(r)] **I** *tr* **1.** weiterleiten (*to* an); übergeben (*to s.th.* e-r S); **2.** verweisen (*to s.o.* an jdn); ▶ **the reader is** ~**red to** ... der Leser wird auf ... verwiesen; ~ **back to** zurückgehen zu; zurückgeben an; **II** *itr* **1.** sich berufen, sich beziehen, Bezug nehmen (*to* auf); **2.** (*Regeln*) gelten; **3.** (*Buch*) nachschauen, konsultieren; ▶ **the letter** ~**s to you all** der Brief gilt euch allen; **he** ~ **red to his notes** er hielt sich an seine Notizen; ~ **back to** sich beziehen auf.

ref·eree [ˌrefəˈriː] **I** *s* **1.** *jur* Schiedsrichter(in) *m (f);* **2.** *sport* Schieds-, Ringrichter(in) *m (f);* **3.** (*Bewerbung*) Referenz *f;* **II** *tr, itr* Schiedsrichter sein (bei).

ref·er·ence [ˈrefrəns] **1.** Erwähnung *f;* Bemerkung *f;* Anspielung *f* (*to* auf); **2.** Weiterleitung *f;* Übergabe *f;* **3.** Referenz *f*, Zeugnis *n;* **4.** (*im Buch*) Verweis *m;* **5.** Zuständigkeitsbereich *m;* ▶ **in, with** ~ **to** in bezug, mit Bezug auf, was ... anbetrifft; **without** ~ **to** ohne Bezug auf, unabhängig von; **give s.o. as a** ~ jdn als Referenz angeben; **have** ~ **to** in Beziehung stehen mit; **make** ~ **to** erwähnen; anspielen auf; **cross-**~ Querverweis *m;* **reference book** Nachschlagewerk *n;* **reference library** Präsenzbibliothek *f;* **reference mark** Verweiszeichen *n;* **reference number** Aktenzeichen *n*.

ref·er·en·dum [ˌrefəˈrendəm] Volksentscheid *m*, Referendum *n*.

re·fill [ˌriːˈfɪl] **I** *tr* wieder füllen, nachfüllen; **II** *s* [ˈriːfɪl] Nachfüllpatrone *f*.

re·fine [rɪˈfaɪn] **I** *tr* **1.** (*Zucker, Öl*) raffinieren; **2.** *fig* verfeinern, kultivieren; **II** *itr* ▶ ~ **upon** verfeinern, verbessern; **re·fined** [rɪˈfaɪnd] *adj* **1.** *tech* raffiniert; **2.** *fig* kultiviert, fein; ▶ ~ **sugar** Raffinade *f;* **re·fine·ment** [rɪˈfaɪnmənt] **1.** *tech* Raffinierung *f;* **2.** (*Stil*) Vornehmheit *f;* **3.** Verfeinerung, Verbesserung *f;* **re·finery** [rɪˈfaɪnərɪ] Raffinerie *f*.

re·fit [ˌriːˈfɪt] **I** *tr* neu ausrüsten; neu ausstatten; **II** *itr* neu ausgerüstet werden; **III** *s* [ˈriːfɪt] Neuausrüstung *f*.

re·flate [riːˈfleɪt] *tr* (*Wirtschaft*) ankurbeln.

re·flect [rɪˈflekt] **I** *tr* **1.** zurückwerfen, -strahlen, widerspiegeln *a. fig*, reflektieren; **2.** *fig* zeigen, ausdrücken; ▶ **the moon was** ~**ed in the lake** der Mond spiegelte sich im See; ~ **credit (up)on s.o.** ein gutes Licht auf jdn werfen; **do you ever** ~ **that** ...? denken Sie je darüber nach, daß ...? **II** *itr* nachdenken

(*on, upon* über); ▶ ~ **(up)on** etw aussagen über; ein gutes Licht werfen auf; sich auswirken auf; schaden (*s.th.* e-r S); **re·flect·ing** [—ɪŋ] *adj* reflektierend, widerspiegelnd; **re·flec·tion, re·flexion** [rɪˈflekʃn] **1.** Reflexion *f;* (Wider)Spiegelung *f;* **2.** *fig* Nachdenken *n;* Betrachtung, Überlegung *f* (*on* über); **3.** Spiegelbild *n;* **4.** Vorwurf, Tadel *m;* ▶ **see one's** ~ **in a mirror** sich im Spiegel sehen; **on** ~ wenn man sich das recht überlegt; **a** ~ **on her honour** ein Schatten auf ihrer Ehre; **cast** ~**s on s.o.** jdn in ein schlechtes Licht setzen.

re·flec·tive [rɪˈflektɪv] *adj* **1.** reflektierend; **2.** *fig* nachdenklich, gedankenvoll.

re·flec·tor [rɪˈflektə(r)] *mot* Rückstrahler *m*.

re·flex [ˈriːfleks] *physiol* Reflex *m;* **reflex action** Reflexbewegung *f;* **reflex camera** Spiegelreflexkamera *f*.

re·flex·ion [rɪˈflekʃn] *s. reflection*.

re·flex·ive [rɪˈfleksɪv] *adj gram* rückbezüglich, reflexiv.

re·float [ˌriːˈfləʊt] *tr* wieder flottmachen.

re·flux [ˌriːˈflʌks] Rückfluß *m*.

re·form [rɪˈfɔːm] **I** *tr* **1.** reformieren; verbessern; **2.** (*Menschen*) bessern; **II** *itr* sich bessern; **III** *s* Reform *f;* **reform measures** *pl* Reformmaßnahmen *f pl;* **reform school** Besserungsanstalt *f*.

re-form [ˌriːˈfɔːm] *tr, itr mil* neu formieren.

ref·or·ma·tion [ˌrefəˈmeɪʃn] Reformierung, Besserung *f;* ▶ **the R** ~ *hist* die Reformation.

re·forma·tory [rɪˈfɔːmətrɪ] Besserungsanstalt *f*.

re·former [rɪˈfɔːmə(r)] Reformer(in) *m (f)*.

re·fract [rɪˈfrækt] *tr* (*Strahlen*) brechen; **re·frac·tion** [rɪˈfrækʃn] Lichtbrechung *f*.

re·frac·tory [rɪˈfræktərɪ] *adj* **1.** eigensinnig, störrisch; **2.** *med* hartnäckig; **3.** *chem* hitzebeständig.

re·frain[1] [rɪˈfreɪn] *itr* ▶ **she** ~**ed from comment** sie enthielt sich e-s Kommentars; **please** ~ **from smoking** bitte unterlassen Sie das Rauchen.

refrain[2] [rɪˈfreɪn] *mus* Kehrreim, Refrain *m*.

re·fresh [rɪˈfreʃ] *tr* erfrischen, stärken; ▶ ~ **o.s** e-e Erfrischung zu sich nehmen; ~ **one's memory** sein Gedächtnis auffrischen; **re·fresher** [rɪˈfreʃə(r)] **1.** *jur* zusätzliches Anwaltshonorar; **2.** (~ **course**) Auffrischungskurs *m;* **3.** Erfrischung *f;* **re·fresh·ing** [rɪˈfreʃɪŋ] *adj* erfrischend *a. fig;* **re·fresh·ment** [—mənt] **1.** Erfrischung *f;* Stärkung *f;* **2.** *pl* Erfrischungen *f pl*.

re·frig·er·ate [rɪˈfrɪdʒəreɪt] *tr* kühlen; tiefkühlen; ▶ "~ **after opening**" „nach dem Öffnen kühl aufbewahren"; **re-**

frig·er·ation [rɪˌfrɪdʒə'reɪʃn] Kühlung f; Tiefkühlung f; **re·frig·er·ator** [rɪ'frɪdʒəreɪtə(r)] Kühlschrank m; Eisschrank m.

re·fuel [ˌri:'fju:əl] tr, itr auftanken.

ref·uge ['refju:dʒ] 1. Zuflucht f (from vor); 2. Unterstand m; ► seek ~ Zuflucht suchen; take ~ Zuflucht nehmen (in in); place of ~ Zufluchtsort m; **refugee** [ˌrefju'dʒi:] Flüchtling m; **refugee camp** Flüchtlingslager m.

re·fund [rɪ'fʌnd] I tr zurückzahlen, -erstatten; rückvergüten; II s ['ri:fʌnd] Rückvergütung, (Rück)Erstattung f.

re·fur·bish [ˌri:'fɜ:bɪʃ] tr (wieder)aufpolieren a. fig; (Wohnung) renovieren.

re·fusal [rɪ'fju:zl] 1. Ablehnung f; Zurückweisung f; 2. Verweigerung f; ► give s.o. first ~ of s.th. jdm etw als erstem anbieten; meet with ~ e-e Absage erhalten; give s.o. a flat ~ jdm e-e glatte Absage erteilen.

re·fuse[1] [re'fju:z] I tr 1. ablehnen; abweisen; abschlagen; 2. (Antrag) verweigern; 3. (Angebot) ausschlagen; ► be ~d s.th. etw nicht bekommen; ~ food die Nahrung verweigern; ~ to do s.th. sich weigern, etw zu tun; II itr ablehnen.

ref·use[2] ['refju:s] Müll m; Abfall m; ► garden ~ Gartenabfälle pl; household ~ Hausmüll m; **refuse bin** Mülleimer m; **refuse collection** Müllabfuhr f; **refuse collector** Müllwerker m; fam Müllmann m; **refuse disposal** Müllbeseitigung f; **refuse dump** Müllabladeplatz m; **refuse incineration** Müllverbrennung f; **refuse incineration plant** Müllverbrennungsanlage f.

ref·use·nik [re'fju:znɪk] Verweigerer m.

re·fut·able [rɪ'fju:təbl] adj widerlegbar; **refu·ta·tion** [ˌrefju'teɪʃn] Widerlegung f; **re·fute** [rɪ'fju:t] tr widerlegen.

re·gain [rɪ'geɪn] tr 1. zurück-, wiederbekommen, -erhalten, -erlangen; 2. (Zeit) aufholen; 3. (Ort) wieder gelangen zu; ► ~ one's health wieder gesund werden; ~ one's footing wieder auf die Beine kommen.

re·gal ['ri:gl] adj königlich.

re·gale [rɪ'geɪl] tr 1. verwöhnen (with, on mit); 2. unterhalten, erfreuen (with mit).

re·galia [rɪ'geɪlɪə] pl Insignien pl.

re·gard [rɪ'gɑ:d] I tr 1. betrachten; 2. angehen, betreffen; 3. berücksichtigen; ► ~ s.o. as s.th. jdn für etw halten; ~ s.o. with favour jdn wohlwollend betrachten; be ~ed as ... als ... angesehen werden; ~ s.o. highly jdn hochschätzen; II s 1. Rücksicht f (for auf); 2. (Hoch)Achtung, Wertschätzung f; 3. Bezug m, Beziehung f (to auf); 4. pl Gruß m; ► have some ~ for s.o. auf jdn Rücksicht nehmen; show little ~ for s.o. wenig Rücksichtnahme für jdn zeigen; in this ~ in diesem Zusammenhang;

with, in ~ to in bezug auf; hold s.o. in high ~ jdn achten; send s.o. one's ~s jdn grüßen lassen; give him my ~s grüßen Sie ihn von mir; **re·gard·ful** [rɪ'gɑ:dfl] adj ► be ~ of s.o.'s feelings jds Gefühle achten; **re·gard·ing** [—ɪŋ] prep in bezug auf, bezüglich gen; **re·gard·less** [—lɪs] I adj ► ~ of ohne Rücksicht auf, ungeachtet; II adv trotzdem.

re·gatta [rɪ'gætə] Regatta f.

re·gency ['ri:dʒənsɪ] Regentschaft f.

re·gen·er·ate [rɪ'dʒenəreɪt] I tr 1. erneuern; neu bilden, regenerieren; 2. el rückkoppeln; II itr sich regenerieren; sich neu bilden; **re·gen·er·ation** [rɪˌdʒenə'reɪʃn] 1. Erneuerung f; Neubildung f; 2. biol Regeneration f.

re·gent ['ri:dʒənt] Regent m; ► prince ~ Prinzregent m.

regi·cide ['redʒɪsaɪd] 1. Königsmord m; 2. Königsmörder(in) m (f).

régime, re·gime [reɪ'ʒi:m] pol Regime n.

regi·men ['redʒɪmen] med Kur f.

regi·ment ['redʒɪmənt] I s 1. mil Regiment n; 2. fig Kompanie f; II tr reglementieren; **regi·men·ta·tion** [ˌredʒɪmen'teɪʃn] Reglementierung f.

re·gion ['ri:dʒən] 1. Gebiet n a. fig, Region f; 2. fig Bereich m; ► the lower ~s die Unterwelt; in the ~ of um, etwa; **re·gional** ['ri:dʒənl] adj regional; Regional-; **re·gion·al·ism** ['ri:dʒənəˌlɪzəm] 1. (Politik) Regionalismus m; 2. (Sprache) regional verwendeter Ausdruck.

reg·is·ter ['redʒɪstə(r)] I s 1. Register n; Gästebuch n; Mitgliedsbuch n; 2. tech Registriergerät n; 3. mus Register n; 4. ling Sprachebene f; ► take the ~ die Namen aufrufen; electoral ~ Wählerverzeichnis n; ~ of births, deaths and marriages Personenstandsbuch n; II tr 1. eintragen; registrieren; 2. (Heirat) anmelden; eintragen lassen; 3. (Menge) registrieren; 4. (Glück) zum Ausdruck bringen; 5. (Brief) einschreiben; 6. fig registrieren; III itr 1. sich eintragen; sich einschreiben; (Hotel) einchecken; 2. tech passen (with zu); ► ~ with the police sich polizeilich melden; ~ for a course e-n Kurs belegen; **reg·is·tered** ['redʒɪstəd] adj 1. (amtlich) eingetragen; amtlich zugelassen; 2. (Brief) eingeschrieben; ► ~ trade-mark eingetragenes Warenzeichen.

reg·is·trar [ˌredʒɪ'strɑ:(r)] 1. Standesbeamte(r) m, -beamtin f; 2. (Universität) Kanzler(in) m (f); 3. med Krankenhausarzt m, -ärztin f; ► ~'s office Br Standesamt n.

reg·is·tra·tion [ˌredʒɪ'streɪʃn] 1. Einschreibung, Registrierung f; 2. Anmeldung f; Eintrag(ung f) m; 3. Registrierung *f;* **4.** *(Gepäck)* Aufgeben *n;* **5.** *(Brief)* Einschreiben *n;* **registration fee** Anmeldegebühr *f;* **registration number** *mot* polizeiliches Kennzeichen; **registration document** *mot* Kraftfahrzeugbrief *m.*

reg·is·try ['redʒɪstrɪ] **1.** Sekretariat *n;* **2.** *rel* Sakristei *f;* **3.** *(~ office)* Br Standesamt *n;* ▶ **port of** ~ Heimathafen *m.*

re·gress [rɪ'gres] *itr* sich zurückentwickeln; **re·gres·sion** [rɪ'greʃn] rückläufige Entwicklung; **re·gres·sive** [rɪ'gresɪv] *adj* regressiv *a. biol.*

re·gret [rɪ'gret] **I** *tr* bedauern; nachtrauern *(s.th.* e-r *S);* ▶ **I ~ to say that** ... ich muß Ihnen leider mitteilen, daß ... **it is to be ~ted that** ... es ist bedauerlich, daß ... **II** *s* Bedauern *n (at* über); ▶ **much to my ~** sehr zu meinem Bedauern; **have no ~s** nichts bereuen; **re·gret·ful** [rɪ'gretfl] *adj* bedauernd; **re·gret·ful·ly** [—fəlɪ] *adv* bedauerlicherweise; mit Bedauern; **re·gret·table** [—əbl] *adj* bedauerlich.

re·group [ˌriː'gruːp] *tr* umgruppieren.

regu·lar ['regjʊlə(r)] **I** *adj* **1.** regelmäßig; gleichmäßig; **2.** *(Anstellung)* fest, regulär; geregelt; **3.** *(Preis)* normal; **4.** *(Kunde)* Stamm-; **5.** *rail* fahrplanmäßig; **6.** *(Bewegung)* gleichförmig, -mäßig; **7.** *mil* Berufs-; **8.** *gram* regelmäßig; **9.** *fam* regelrecht; **10.** *Am fam* pfundig, patent; ▶ **keep ~ hours** feste Zeiten haben; ~ **procedure demands that** ... der Ordnung halber muß man ... **II** *s* **1.** *mil* Berufssoldat *m;* **2.** Stammkunde *m,* -kundin *f;* **regu·lar·ity** [ˌregjʊ'lærətɪ] **1.** Regelmäßigkeit *f;* Gleichmäßigkeit *f;* **2.** Geregeltheit *f;* **regu·lar·ize** ['regjʊləraɪz] *tr* **1.** regulieren; **2.** *(Situation)* normalisieren.

regu·late ['regjʊleɪt] *tr* **1.** steuern, regeln; regulieren *a. tech;* **2.** *(Uhr)* nachstellen; **regu·la·tion** [ˌregjʊ'leɪʃn] **I** *s* **1.** Regelung, Regulierung *f;* **2.** Vorschrift *f;* ▶ **according to ~s** laut Vorschrift; **be contrary to ~s** gegen die Vorschrift verstoßen; **safety ~s** *pl* Sicherheitsvorschriften *f pl;* **II** *attr* vorgeschrieben; **regu·la·tor** ['regjʊleɪtə(r)] *tech* Regler *m.*

re·gur·gi·tate [rɪ'gɜːdʒɪteɪt] *tr* **1.** wieder von sich geben; **2.** *fig* wiederkäuen.

re·ha·bili·tate [ˌriːə'bɪlɪteɪt] *tr* **1.** rehabilitieren; **2.** *(Flüchtling)* eingliedern; **re·ha·bili·ta·tion** [ˌriːəˌbɪlɪ'teɪʃn] **1.** Rehabilitation *f;* **2.** Eingliederung *f* in die Gesellschaft; **rehabilitation centre** Rehabilitationszentrum *n.*

re·hash [ˌriː'hæʃ] **I** *tr fig* aufbereiten; **II** *s* ['riːhæʃ] Aufbereitung *f.*

re·hearsal [rɪ'hɜːsl] **1.** *theat mus* Probe *f;* **2.** *fig* Aufzählung *f;* **re·hearse** [rɪ'hɜːs] *tr* **1.** *theat* proben; **2.** *fig* aufzählen.

reign [reɪn] **I** *s* Regentschaft *f;* Herrschaft *f a. fig;* ▶ **in the ~ of** während der Regierungszeit *gen;* **II** *itr* regieren, herrschen *(over* über).

re·im·burse [ˌriːɪm'bɜːs] *tr* **1.** entschädigen; **2.** *(Verlust)* ersetzen; **3.** *(Kosten)* zurückerstatten, ersetzen; ▶ ~ **s.o. for his expenses** jdm s-e Auslagen zurückerstatten; **re·im·burse·ment** [—mənt] **1.** Entschädigung *f;* **2.** Ersatz *m;* **3.** Rückerstattung *f.*

rein [reɪn] *s* Zügel *m a. fig;* ▶ **hold the ~s** *fig* die Zügel in der Hand haben; **keep a tight ~ on s.o.** bei jdm die Zügel kurz halten; **give free ~ to s.o./s.th.** jdm/e-r *S* freien Lauf lassen; **II** *tr (~ back, in, up)* **1.** zügeln; **2.** *fig* im Zaum halten.

re·in·car·na·tion [ˌriːɪnkɑː'neɪʃn] *rel* Wiedergeburt, Reinkarnation *f.*

rein·deer ['reɪndɪə(r)] Ren(tier) *n.*

re·in·force [ˌriːɪn'fɔːs] *tr* **1.** verstärken *a. psych mil;* **2.** *(Beton)* armieren; **3.** *(Aussage)* stützen, bestätigen; ▶ ~**d concrete** Stahlbeton *m;* **re·in·force·ment** [—mənt] Verstärkung *f a. mil.*

re·in·state [ˌriːɪn'steɪt] *tr* **1.** wiedereinstellen *(in* in); **2.** *(Ordnung)* wiederherstellen.

re·in·sure [ˌriːɪn'ʃʊə(r)] *tr* weiterversichern.

re·in·te·grate [ˌriː'ɪntɪgreɪt] *tr* wiedereingliedern; **re·in·te·gra·tion** ['riːˌɪntə'greɪʃn] Wiedereingliederung, Reintegration *f.*

re·is·sue [ˌriː'ɪʃuː] **I** *s* Neuausgabe, -auflage *f;* **II** *tr* neu herausgeben.

re·iter·ate [riː'ɪtəreɪt] *tr* wiederholen; **re·iter·ation** [riːˌɪtə'reɪʃn] Wiederholung *f.*

re·ject [rɪ'dʒekt] **I** *tr* **1.** ablehnen, zurückweisen; **2.** *(Plan)* verwerfen; ausschlagen; **3.** *(Kandidaten)* durchfallen lassen; **4.** *med* nicht vertragen; abstoßen; **II** *s* ['riːdʒekt] *com* Ausschuß *m;* **re·jec·tion** [rɪ'dʒekʃn] **1.** Ablehnung, Zurückweisung *f;* **2.** Abweisung *f;* Verwerfen *n;* **3.** *med* Abstoßung *f.*

re·joice [rɪ'dʒɔɪs] **I** *tr* erfreuen; **II** *itr* sich freuen *(at, over* über, an); **re·joic·ing** [—ɪŋ] Jubel *m.*

re·join[1] [ˌriː'dʒɔɪn] *tr* sich wieder anschließen an.

re·join[2] [rɪ'dʒɔɪn] *tr* erwidern; **re·join·der** [—də(r)] Erwiderung *f.*

re·ju·ven·ate [rɪ'dʒuːvəneɪt] *tr* verjüngen.

re·kindle [rɪ'kɪndl] *tr* **1.** *(Feuer)* wieder anzünden; **2.** *fig* wieder entzünden.

re·lapse [rɪ'læps] **I** *itr* **1.** *med* e-n Rückfall haben; **2.** *com* e-n Rückschlag erleiden; ▶ ~ **into crime** rückfällig werden; **II** *s* **1.** *med* Rückfall *m;* **2.** *com* Rückschlag *m;* **3.** *jur* Rückfall *m (into* in).

re·late [rɪ'leɪt] **I** *tr* **1.** erzählen; aufzählen;

2. in Verbindung bringen (*to, with* mit);
► **strange to** ~ so unglaublich es klingt;
II *itr* 1. zusammenhängen (*to* mit); 2. e-e
Beziehung finden (*to* zu); **re·lated**
[rɪ'leɪtɪd] *adj* 1. verwandt (*to* mit); 2.
zusammenhängend; ► **be** ~ **to s.th.** mit
etw zusammenhängen, verwandt sein.

re·la·tion [rɪ'leɪʃn] 1. Beziehung *f,* Ver-
hältnis *n;* 2. Verwandte(r) *f m;* 3. *pl*
Beziehungen *f pl;* ► **in** ~ **to** in bezug
auf; im Verhältnis zu; **bear no** ~ **to**
keinerlei Beziehung haben zu; **have
business** ~**s with** Geschäftsverbin-
dungen unterhalten, pflegen mit; **she's a**
~ **of mine** sie ist mit mir verwandt;
re·la·tion·ship [—ʃɪp] 1. Verbindung,
Beziehung *f;* Verhältnis *n;* 2. Verwandt-
schaft *f* (*to* zu); ► **have a** ~ **with** ein
Verhältnis haben mit; **friendly** ~
freundschaftliches Verhältnis.

rela·tive ['relətɪv] I *adj* 1. relativ; re-
spektiv; 2. *gram* Relativ-; ► ~ **to** sich
beziehend auf; **live in** ~ **luxury** relativ
luxuriös leben; II *s* 1. Verwandte(r) *f m;*
2. *gram* Relativsatz *m;* **rela·tive·ly**
[—lɪ] *adv* verhältnismäßig; **rela·tiv·ity**
[,relə'tɪvətɪ] *phys* Relativität *f;* ► **theory
of** ~ Relativitätstheorie *f.*

re·lax [rɪ'læks] I *tr* 1. lockern; 2. (*Mus-
keln, Geist*) entspannen; 3. (*Aufmerk-
samkeit*) nachlassen in; ► ~ **one's grip,
hold on s.th.** den Griff bei etw lockern;
II *itr* 1. sich lockern; 2. sich erholen, sich
entspannen; **re·lax·ation** [,ri:læk'seɪʃn]
1. Lockerung *f;* Entspannung *f;* 2. Erho-
lung *f.*

re·lay ['ri:leɪ] I *s* 1. Ablösung *f;* 2. *sport*
Staffel(lauf *m*) *f;* 3. *radio* Relais *n;*
► **work in** ~ sich ablösen; II *tr* 1. *radio*
übertragen; 2. (*Nachricht*) ausrichten
(*to s.o.* jdm).

re·lay [,ri:'leɪ] *tr irr s. lay* (*Teppich*) neu
verlegen.

re·lease [rɪ'li:s] I *tr* 1. frei-, entlassen;
freigeben; befreien; 2. (*von Verspre-
chen*) entbinden; 3. (*von Schmerz*) erlö-
sen; 4. (*Bremse*) lösen; 5. (*Bombe*) ab-
werfen; 6. (*Film*) herausbringen; 7. (*Na-
chricht*) veröffentlichen; 8. (*Gas*) frei-
setzen; ausströmen; 9. (*Titel*) aufgeben;
► ~ **s.o. on bail** jdn gegen Kaution
freilassen; ~ **one's hold on s.th.** etw
loslassen; II *s* 1. Entlassung, Freilassung
f; Freigabe *f;* 2. Entlastung, Befreiung,
Entbindung *f* (*from* von); 3. *tech* Lösen
n; Auslösen *n;* 4. (*Film*) Herausbringen
n; 5. Veröffentlichung *f;* 6. (*Gas*) Frei-
setzung *f;* 7. *fig* Verzicht *m,* Aufgabe *f.*
rel·egate ['relɪgeɪt] *tr* 1. degradieren; 2.
sport absteigen lassen; 3. (*Anliegen*)
weiterleiten (*to* an).

re·lent [rɪ'lent] *itr* nachgeben; nachlas-
sen; **re·lent·less** [—lɪs] *adj* erbar-
mungslos; unerbittlich.

rel·evant ['reləvənt] *adj* 1. relevant (*to*

für); 2. (*Behörde*) zuständig; 3. (*Unter-
suchung*) sachbezogen.

re·lia·bil·ity [rɪ,laɪə'bɪlətɪ] 1. Zuverläs-
sigkeit *f;* Verläßlichkeit *f;* 2. (*Firma*)
Seriosität *f;* **re·liable** [rɪ'laɪəbl] *adj* 1.
zuverlässig; verläßlich; 2. (*Firma*) seri-
ös, vertrauenswürdig; **re·li·ance**
[rɪ'laɪəns] Vertrauen *n* (*on* auf);
► **place** ~ **on s.th.** sich auf etw verlas-
sen; **re·li·ant** [rɪ'laɪənt] *adj* angewiesen
(*on, upon* auf).

relic ['relɪk] 1. Überbleibsel, Relikt *n;* 2.
rel Reliquie *f.*

re·lief [rɪ'li:f] 1. Erleichterung *f* (*from*
von); 2. Abwechslung *f;* 3. Hilfe *f;* Entla-
stung *f;* 4. *mil* Ablösung *f;* 5. (*Kunst*)
Relief *n;* 6. *jur* Rechtshilfe *f* (*of* bei);
► **bring s.o.** ~ jdm Erleichterung ver-
schaffen; **go to s.o.'s** ~ jdm zu Hilfe
eilen; ~ **of the poor** Armenfürsorge *f;*
stand out in ~ **against s.th.** sich von
etw abheben; **throw s.th. into** ~ etw
hervortreten lassen; **relief driver** Ablö-
sung *f;* **relief train** Entlastungszug *m;*
relief worker Katastrophenhelfer(in)
m (f).

re·lieve [rɪ'li:v] *tr* 1. erleichtern; helfen
(*s.o.* jdm); 2. (*Last*) befreien; abnehmen;
3. (*Schmerz*) mildern, schwächen; lin-
dern; 4. (*Spannung*) abbauen; 5. (*Ar-
mut*) erleichtern; 6. *mil* ablösen; 7.
(*Stadt*) befreien; ► **he was** ~**d to learn
that** er war erleichtert, als er das hörte;
~ **s.o.'s mind** jdn beruhigen; ~ **one's
feelings** seinen Gefühlen Luft machen;
~ **o.s.** *euph* sich erleichtern.

re·lig·ion [rɪ'lɪdʒən] Religion *f;* Glau-
be(n) *m;* ► **freedom of** ~ Religionsfrei-
heit *f;* **war of** ~ Religionskrieg *m;* **re·
lig·ious** [rɪ'lɪdʒəs] I *adj* 1. religiös; 2.
gläubig, fromm; 3. gewissenhaft; ► ~
instruction Religionsunterricht *m;* ~
leader Religionsführer(in) *m (f);* II *s*
Ordensmann *m,* -frau *f.*

re·lin·quish [rɪ'lɪŋkwɪʃ] *tr* aufgeben, ver-
zichten auf; ► ~ **one's hold on s.o.** jdn
loslassen; ~ **s.th. to s.o.** jdm etw abtre-
ten.

reli·quary ['relɪkwərɪ] *rel* Reliquien-
schrein *m.*

rel·ish ['relɪʃ] I *s* 1. Geschmack, Gefallen
m (*for* an); 2. Soße *f;* Würze *f;* 3. *fig*
Charme *m;* ► **do s.th. with** ~ etw mit
Genuß tun; **it has lost all** ~ (**for me**) das
hat für mich jeglichen Reiz verloren; II
tr genießen; sich schmecken lassen; ► **I
don't** ~ **doing that** das ist gar nicht
nach meinem Geschmack.

re·lo·cate [,ri:ləʊ'keɪt] *tr* umsiedeln, ver-
legen; **re·lo·ca·tion** [,ri:ləʊ'keɪʃn] Um-
zug *m;* Umsiedlung *f.*

re·luc·tance [rɪ'lʌktəns] Abneigung *f,*
Widerwillen *m;* ► **do s.th. with** ~ etw
widerwillig tun; **re·luc·tant** [rɪ'lʌktənt]
adj unwillig, widerwillig; ► **he was** ~ **to**

leave er ging ungern.
rely [rɪ'laɪ] *itr* sich verlassen, angewiesen sein (*on, upon* auf); ▶ **he can be relied on** man kann sich auf ihn verlassen.
re·main [rɪ'meɪn] *itr* 1. bleiben; übrigbleiben; 2. fortdauern, bestehenbleiben; ▶ **much ~s to be done** es bleibt noch viel zu tun; **nothing ~s to be said** es bleibt nichts mehr zu sagen; **that ~s to be seen** das wird sich zeigen; **~ silent** weiterhin schweigen; **it ~s the same** das bleibt sich gleich; **re·main·der** [rɪ'meɪndə(r)] Rest *m a. math;* Rückstand *m;* **re·main·ing** [rɪ'meɪnɪŋ] *adj* übrig, restlich; **re·mains** [rɪ'meɪnz] *pl* Reste *m pl;* Überreste *m pl;* Ruinen *f pl.*
re·make [ˌriː'meɪk] I *tr irr s. make* noch einmal, neu machen; II *s* ['riː'meɪk] Neuverfilmung *f.*
re·mand [rɪ'mɑːnd] I *tr jur* vertagen; ▶ **~ s.o. in custody** jdn in Untersuchungshaft behalten; **~ s.o. on bail** jdn gegen Kaution aus der Untersuchungshaft entlassen; II *s* ▶ **be on ~** in Untersuchungshaft sein; **remand home, centre** *Br* Untersuchungsgefängnis *n* für Jugendliche.
re·mark [rɪ'mɑːk] I *tr* bemerken; wahrnehmen; II *itr* e-e Bemerkung machen (*on, upon* über); ▶ **nobody ~ed on it** niemand hat etwas dazu gesagt; III *s* Bemerkung *f;* ▶ **have a few ~s on that subject** einiges zum Thema zu sagen haben; **worthy of ~** bemerkenswert; **re·mark·able** [—əbl] *adj* bemerkenswert; beachtlich; außergewöhnlich.
re·mar·riage [ˌriː'mærɪdʒ] Wiederverheiratung *f;* **re·marry** [ˌriː'mærɪ] *itr* wieder heiraten.
re·medi·able [rɪ'miːdɪəbl] *adj (Fehler)* behebbar; **re·medial** [rɪ'miːdɪəl] *adj* heilend; Hilfs-; ▶ **~ class** Förderklasse *f;* **~ exercises** *pl* Heilgymnastik *f;* **~ measure** Hilfsmaßnahme *f;* **~ teaching** Förderunterricht *m.*
rem·edy ['remədɪ] I *s* 1. Heilmittel *n* (*for* gegen); 2. *fig* Mittel *n;* 3. *jur* Rechtsmittel *n;* ▶ **the situation is beyond ~** die Lage ist hoffnungslos; **unless we can find a ~** wenn wir keinen Ausweg finden; II *tr* 1. *med* heilen; 2. *fig* beheben; bessern; abhelfen (*s.th.* e-r S).
re·mem·ber [rɪ'membə(r)] I *tr* 1. sich erinnern an; denken an; merken; 2. grüßen; ▶ **~ to do s.th.** daran denken, etw zu tun; **I ~ doing it** ich erinnere mich daran, daß ich es getan habe; **~ me to your father** grüßen Sie Ihren Vater von mir; II *itr* sich erinnern; ▶ **if I ~ right** wenn ich mich recht erinnere; **re·membrance** [rɪ'membrəns] 1. Erinnerung *f* (*of* an); 2. Andenken *n* (*of* an); 3. *pl* Grüße *m pl;* ▶ **in ~ of** zur Erinnerung an; **to the best of my ~** soweit ich mich erinnern kann; **remembrance service**

Gedenkgottesdienst *m.*
re·mind [rɪ'maɪnd] *tr* erinnern (*of* an); ▶ **~ s.o. to do s.th.** jdn daran erinnern, etw zu tun; **that ~s me!** dabei fällt mir etwas ein! **re·minder** [rɪ'maɪndə(r)] 1. Gedächtnisstütze *f;* 2. *com* Mahnung *f;* Mahnbescheid *m.*
remi·nisce [ˌremɪ'nɪs] *itr* in Erinnerungen schwelgen (*about* an); **remi·nis·cence** [ˌremɪ'nɪsns] 1. Erinnerung *f* (*of* an); 2. *pl* (Lebens)Erinnerungen *f pl;* **remi·nis·cent** [ˌremɪ'nɪsnt] *adj* sich erinnernd (*of* an); ▶ **be ~ of s.th.** an etw erinnern; **be feeling ~** in nostalgischer Stimmung sein.
re·miss [rɪ'mɪs] *adj* nachlässig (*in s.th.* bei etw).
re·mission [rɪ'mɪʃn] 1. *jur* Straferlaß *m;* 2. *rel* Nachlaß *m;* 3. *com* Überweisung *f;* 4. *med* Nachlassen *n.*
re·mit [rɪ'mɪt] I *tr* 1. *(Sünde)* erlassen; 2. *(Geld)* überweisen; 3. verschieben, vertagen; 4. *jur* verweisen (*to* an); II *itr* nachlassen; **re·mit·tance** [rɪ'mɪtns] *(Geld)* Überweisung *f* (*to* an); **remittance slip** Einzahlungsschein *m.*
re·mit·tent [rɪ'mɪtnt] *adj* vorübergehend nachlassend.
rem·nant ['remnənt] Rest, Überrest *m;* **remnant sale** Resteverkauf *m.*
re·model [ˌriː'mɒdl] *tr* umbilden, -gestalten, -formen.
re·mon·strance [rɪ'mɒnstrəns] Protest *m* (*with* bei; *against* gegen); **re·mon·strate** ['remənstreɪt] *itr* protestieren (*against* gegen); ▶ **~ with s.o.** jdm Vorhaltungen machen.
re·morse [rɪ'mɔːs] Reue *f* (*at, over* über); ▶ **without ~** erbarmungslos; **re·morse·ful** [rɪ'mɔːsfl] *adj* reumütig; **re·morse·less** [—lɪs] *adj* mitleids-, erbarmungslos.
re·mote [rɪ'məʊt] *adj* 1. entfernt, entlegen, abgelegen (*from* von); 2. *(Vergangenheit, Zukunft)* fern; 3. *fig* entfernt; 4. unnahbar, unzulänglich; 5. *(Chance)* gering, winzig; 6. *(Ähnlichkeit, Aussichten)* schwach; ▶ **in a ~ spot** an e-r abgelegenen Stelle; **I haven't the ~st idea** ich habe nicht die leiseste Ahnung; **~ control** *tech* Fernsteuerung *f; radio TV* Fernbedienung *f;* **remote-controlled** *adj* ferngelenkt, -gesteuert; **re·mote·ness** [—nɪs] Abgelegenheit *f;* Entferntheit *f; fig* Unnahbarkeit *f.*
re·mould ['riː'məʊld] I *tr (Reifen)* runderneuern; II *s* runderneuerter Reifen.
re·mount [ˌriː'maʊnt] I *tr* 1. *(Pferd)* wieder besteigen; 2. *(Bild, Karte)* neu aufziehen; II *itr* wieder aufsitzen.
re·mov·able [rɪ'muːvəbl] *adj* 1. heraus-, abnehmbar; 2. *(Knopf)* abtrennbar; 3. *(Flecken)* zu entfernen; **re·moval** [rɪ'muːvl] 1. Entfernung *f;* Abnahme *f;* Beseitigung *f;* 2. Herausnehmen *n;* 3.

Aufhebung *f;* Zerstreuung *f;* **4.** Umzug *m;* **5.** *tech* Ausbau *m;* **6.** *(Zollschranken)* Abbau *m;* **removal expenses** *pl* Umzugskosten *pl;* **removal firm** Möbelspedition *f;* **removal van** Möbelwagen *m;* **re·move** [rɪ'muːv] **I** *tr* **1.** entfernen, beseitigen, wegschaffen, -nehmen; **2.** forträumen, woanders hinbringen, -schaffen; **3.** *tech* ausbauen; **4.** *(Steuern)* aufheben; **5.** *(Zweifel)* zerstreuen; **6.** *(Kleidung)* ausziehen, ablegen; **7.** *(Schwierigkeiten)* beseitigen; **8.** *(Mißbrauch)* abstellen, beheben; **9.** *(Namen)* streichen; **10.** *(Beamte)* entlassen, absetzen; **11.** transportieren; ▶ ~ *s.th.* from s.o. jdm etw wegnehmen; ~ *s.o.* to hospital jdn ins Krankenhaus einliefern; **be far ~d from** ... weit entfernt sein von ... **a cousin once ~d** ein Cousin ersten Grades; **II** *itr* umziehen (*to* nach); **III** *s* ▶ **be only a few ~s from** ... nicht weit entfernt sein von ..; **re·mover** [rɪ'muːvə(r)] **1.** Möbelpacker *m;* **2.** *(Flecken, Nagellack)* Entferner *m.*

re·mun·er·ate [rɪ'mjuːnəreɪt] *tr* belohnen; bezahlen, vergüten; **re·mun·er·ation** [rɪˌmjuːnə'reɪʃn] Belohnung *f;* Bezahlung, Vergütung *f;* **re·mun·er·ative** [rɪ'mjuːnərətɪv] *adj* lohnend, einträglich.

Re·nais·sance [rɪ'neɪsns, *Am* 'renəsaːns] Renaissance *f.*

re·nal ['riːnl] *adj* Nieren-.

re·name [ˌriː'neɪm] *tr* umbenennen, umtaufen.

re·nas·cent [rɪ'næsnt] *adj* wiedererwachend.

rend [rend] ⟨*irr* rent, rent⟩ *tr* zerreißen; ▶ ~ *s.th.* from s.o. jdm etw entreißen.

ren·der ['rendə(r)] *tr* **1.** *(Hilfe)* leisten; **2.** *(Erklärung)* abgeben; **3.** *(Rechenschaft)* ablegen *(of* über); **4.** wiedergeben; übertragen; **5.** *(e-n Dienst)* erweisen; **6.** *(Hilfe)* leisten; **7.** machen; **8.** *(Gedicht)* vortragen; **9.** *(Fett)* auslassen; **10.** *(Gebäude)* verputzen; ▶ ~ **assistance** Hilfe leisten; ~ **account** Rechnung vorlegen; **his accident ~ed him helpless** der Unfall hat ihn hilflos gemacht; ~ **up** *(Gefangene)* übergeben; **ren·dering** ['rendərɪŋ] **1.** Übertragung, Übersetzung *f (into* in); **2.** *mus* Wiedergabe *f;* **3.** *arch* Putz *m.*

ren·dez·vous ['rɒndɪvuː] **I** *itr* sich treffen *(with* mit); **II** *s* ⟨*pl* → ['rɒndɪvuːz] **1.** Treffpunkt *m;* **2.** Rendezvous *n.*

ren·di·tion [ren'dɪʃn] *mus* Wiedergabe *f;* Interpretation *f.*

ren·egade ['renɪgeɪd] Abtrünnige(r) *f m.*

re·new [rɪ'njuː] *tr* **1.** erneuern; **2.** *(Verhandlung)* wiederaufnehmen; **3.** *(Gesundheit)* wiederherstellen; **4.** *(Vorräte)* erneuern, auffrischen; **5.** *(Vertrag)* verlängern; ▶ ~ **a library book** ein Buch verlängern lassen; **with ~ed energy** mit

frischer, neuer Energie; **re·newal** [rɪ'njuːəl] **1.** Erneuerung *f;* **2.** Wiederaufnahme *f;* **3.** Wiederherstellung *f;* **4.** Auffrischung *f;* **5.** *(Vertrag)* Verlängerung *f;* **re·newed** [rɪ'njuːd] *adj* neu; erneut.

ren·net ['renɪt] (Kälber)Lab *n.*

re·nounce [rɪ'naʊns] **I** *tr* **1.** verzichten auf, aufgeben; entsagen *(s.th.* e-r S); **2.** *(Erbschaft)* ausschlagen, ablehnen; **3.** *(Meinung)* abschwören, leugnen; **II** *itr* (auf sein Recht) verzichten.

reno·vate ['renəveɪt] *tr* renovieren; restaurieren; **reno·va·tion** [ˌrenə'veɪʃn] Renovierung, Renovation *f;* Restaurierung *f.*

re·nown [rɪ'naʊn] guter Ruf; Ansehen *n;* **re·nowned** [rɪ'naʊnd] *adj* berühmt *(for* für).

rent¹ [rent] **I** *v s. rend;* **II** *s* Riß *m;* Spalte *f.*

rent² [rent] **I** *s* Miete *f;* Pacht *f;* ▶ **for ~** *Am* zu vermieten; zu verpachten; **II** *tr* **1.** mieten; pachten *(from* von); **2.** (~ **out**) vermieten; verpachten; **rental** ['rentl] **1.** Miete *f;* Leihgebühr *f;* Pacht *f;* **2.** *pl* Miet- und Pachteinnahmen *f pl;* ▶ ~ **library** *Am* Leihbücherei *f;* **rent arrears** *pl* Mietrückstände *pl;* **rent boy** *fam* Strichjunge *m;* **rent-free** *adj* miet-, pachtfrei.

re·nunci·ation [rɪˌnʌnsɪ'eɪʃn] **1.** Verzicht *m (of* auf), Aufgabe *f;* Entsagung *f;* **2.** Verleugnung *f.*

re·open [riː'əʊpən] *tr, itr* wieder (er)öffnen; wieder beginnen.

re·or·gan·iza·tion [ˌriːɔːgənaɪ'zeɪʃn] Neuorganisation *f;* Umordnung *f;* Neueinteilung *f;* **re·or·gan·ize** [riː'ɔːgənaɪz] *tr* neu organisieren; umordnen; neu einteilen.

rep [rep] *s. representative; repertory.*

re·paint [riː'peɪnt] *tr* neu streichen.

re·pair¹ [rɪ'peə(r)] **I** *tr* **1.** ausbessern, reparieren, flicken; **2.** *(Unrecht)* wiedergutmachen; **II** *s* **1.** Ausbesserung, Reparatur *f;* **2.** *fig* Wiedergutmachung *f;* **3.** *pl* Instandsetzungsarbeiten *f pl;* ▶ **be under** ~ in Reparatur sein; **put s.th. in for** ~ etw zur Reparatur bringen; **beyond** ~ nicht mehr zu reparieren; **be in good** ~ in gutem Zustand sein; **closed for** ~s wegen Reparaturarbeiten geschlossen; **road** ~s *pl* Straßenbauarbeiten *f pl.*

re·pair² [rɪ'peə(r)] *itr* sich begeben *(to* nach).

re·pair·able [rɪ'peərəbl] *adj* zu reparieren, reparabel; **repair kit** Flickzeug *n;* **repair·man** [—mən] ⟨*pl* -men⟩ Handwerker *m;* **repair shop** Reparaturwerkstatt *f.*

re·pa·per [riː'peɪpə(r)] neu tapezieren.

rep·ar·able ['repərəbl] *adj* wiedergutzumachen, reparabel; ersetzbar; **rep·ar·ation** [ˌrepə'reɪʃn] **1.** Wiedergutmachung *f;* Entschädigung *f;* **2.** *meist pl* Reparationen *f pl.*

rep·ar·tee [,repα:'ti:] schlagfertige Antwort; ▶ **be good at** ~ schlagfertig sein.

re·pat·ri·ate [ri:'pætrɪeɪt] *tr* repatriieren; **re·pat·ri·ation** [,ri:pætrɪ'eɪʃn] Repatriierung *f.*

re·pay [rɪ'peɪ] *tr irr s. pay* **1.** zurückzahlen; **2.** *(Ausgaben)* entschädigen *(for* für); **3.** *(Schuld)* abzahlen; **4.** *(Gefälligkeit, Besuch)* erwidern; **5.** *(Unrecht)* vergelten; **6.** *(Mühe)* belohnen; **re·pay·able** [—əbl] *adj* rückzahlbar; **re·pay·ment** [—mənt] **1.** Rückzahlung, Vergütung *f;* **2.** *fig* Lohn *m;* ▶ **in** ~ als Rückzahlung.

re·peal [rɪ'pi:l] **I** *tr (Gesetz)* aufheben; **II** *s* Aufhebung *f.*

re·peat [rɪ'pi:t] **I** *tr* wiederholen; weitersagen; **II** *itr* **1.** wiederholen *a. mus;* **2.** *math* periodisch sein; ▶ ~ **after** nachsprechen; **III** *s* **1.** *TV* Wiederholung *f;* **2.** *mus* Wiederholungszeichen *n;* **re·peat·ed** [rɪ'pi:tɪd] *adj* wiederholt; **repeat order** *com* Nachbestellung *f;* **repeat performance** Wiederholungsvorstellung *f.*

re·pel [rɪ'pel] *tr* **1.** zurückschlagen, -stoßen, -treiben; **2.** *(Insekt)* abwehren; **3.** *(Flüssigkeit)* abstoßen *a. fig;* **4.** *fig* anwidern; **re·pel·lent** [rɪ'pelənt] **I** *adj fig* widerwärtig; ▶ ~ **to water** wasserabstoßend; **II** *s* ▶ **insect** ~ Insektenschutzmittel *n.*

re·pent [rɪ'pent] *tr* bereuen; *itr* Reue empfinden; **re·pent·ance** [—əns] Reue *f;* **re·pent·ant** [—ənt] *adj* reuig, reuevoll.

re·per·cussion [,ri:pə'kʌʃn] **1.** *fig* Auswirkung *f (on* auf); **2.** Erschütterung *f;* ▶ ~s *pl* Nachspiel *n;* **have** ~s **on s.th.** sich auf etw auswirken.

rep·er·toire ['repətwɑ:(r)] *theat* Repertoire *n;* **repertory company** Repertoire-Ensemble *n;* **repertory theatre** Repertoire-Theater *n.*

rep·er·tory ['repətrɪ] **1.** *fig* Fundgrube, Schatzkammer *f;* **2.** *theat* Repertoire *n.*

rep·eti·tion [,repɪ'tɪʃn] Wiederholung *f;* **re·peti·tive** [rɪ'petətɪv] *adj* sich wiederholend.

re·place [rɪ'pleɪs] *tr* **1.** zurückstellen, -legen, -setzen; **2.** *(Sache)* ersetzen; die Stelle einnehmen von; **3.** *(Teile)* austauschen; ▶ ~ **the receiver** den Hörer auflegen; **re·place·able** [—əbl] *adj* ersetzbar; auswechselbar; **re·place·ment** [—mənt] **1.** Zurücksetzen, -stellen, -legen *n;* **2.** Ersatz *m;* Vertretung *f;* ▶ ~ **engine** Austauschmotor *m;* ~ **part** Ersatzteil *n.*

re·play [,ri:'pleɪ] **I** *tr sport* wiederholen; **II** *s* ['ri:pleɪ] **1.** *sport* Wiederholungsspiel *n;* **2.** *TV* (action ~) Wiederholung *f.*

re·plen·ish [rɪ'plenɪʃ] *tr* **1.** ergänzen; **2.** *(Glas)* auffüllen.

re·plete [rɪ'pli:t] *adj* **1.** reichlich versehen *(with* mit); **2.** gesättigt; **re·ple·tion** [rɪ'pli:ʃn] Sättigung *f;* ▶ **eat to** ~ sich satt essen.

rep·lica ['replɪkə] Kopie *f;* Nachbildung *f.*

re·ply [rɪ'plaɪ] **I** *itr* antworten, entgegnen *(to* auf); **II** *tr* beantworten, erwidern, entgegnen; **III** *s* Antwort *f;* Erwiderung *f;* ▶ **in** ~ **to your letter** in Beantwortung Ihres Briefes; **reply coupon** Antwortschein *m;* **reply-paid envelope** Freiumschlag *m.*

re·port [rɪ'pɔ:t] **I** *tr* **1.** berichten über; melden; **2.** *(Verbrechen)* melden; anzeigen; ▶ ~ **that . . .** berichten, daß . . . **he is** ~ed **as having said . . .** er soll gesagt haben . . . ~ **s.o. for s.th.** jdn wegen etw melden; ~ **s.o. sick** jdn krank melden; **II** *itr* **1.** sich melden; **2.** berichten, Bericht erstatten *(on* über); ▶ ~ **for duty** sich zum Dienst melden; ~ **sick** sich krank melden; ~ **back** Bericht erstatten *(to s.o.* jdm); **III** *s* **1.** Bericht *m;* Gutachten *n (on* über); **2.** Reportage *f;* **3.** Gerücht *n;* **4.** guter Ruf; **5.** Knall *m;* ▶ **give a** ~ **on s.th.** Bericht über etw erstatten; **chairman's** ~ Bericht *m* des Vorsitzenden; **there is a** ~ **that . . .** es wird gesagt, daß . . . **of good** ~ von gutem Ruf; **report card** (Schul)Zeugnis *n;* **re·ported** [rɪ'pɔ:tɪd] *adj* gemeldet; ▶ ~ **speech** *gram* indirekte Rede; **re·porter** [rɪ'pɔ:tə(r)] Reporter(in) *m (f);* Berichterstatter(in) *m (f);* ▶ ~s' **gallery** Pressetribüne *f.*

re·pose [rɪ'pəuz] **I** *tr (Vertrauen)* setzen *(in* in); **II** *refl* sich ausruhen; **III** *itr* **1.** ruhen; **2.** *fig* beruhen *(upon* auf); **IV** *s* Ruhe *f;* Gelassenheit *f.*

re·posi·tory [rɪ'pɒzɪtrɪ] **1.** Lager, Magazin *n;* **2.** *fig* Quelle *f;* Fundgrube *f.*

rep·re·hen·sible [,reprɪ'hensəbl] *adj* tadelnswert.

rep·re·sent [,reprɪ'zent] *tr* **1.** darstellen; stehen für; symbolisieren; **2.** *jur* vertreten; **3.** *(Bild)* darstellen, wiedergeben; **4.** *(Zeichen)* bedeuten; **5.** *(Risiko)* darstellen; **6.** vor Augen führen; **7.** *theat* darstellen, spielen; ▶ ~ **a firm** e-e Firma vertreten; **he** ~ed **me as a fool** er stellte mich als Narren hin; **rep·re·sen·ta·tion** [,reprɪzen'teɪʃn] **1.** Darstellung, Symbolisierung *f;* Hinstellung *f;* **2.** *theat* Darstellung *f;* **3.** *jur* Vertretung *f;* **4.** *pl* Vorstellungen, Vorhaltungen *f pl,* Proteste *m pl;* **rep·re·sen·ta·tive** [,reprɪ'zentətɪv] **I** *adj* **1.** repräsentativ; typisch; **2.** stellvertretend; **3.** *parl* repräsentativ; **II** *s* **1.** *com* Vertreter(in) *m (f);* **2.** *jur* Bevollmächtigte(r), Beauftragte(r) *f m;* **3.** *pol* Abgeordnete(r) *f m.*

re·press [rɪ'pres] *tr* **1.** unterdrücken; zügeln; **2.** *psych* verdrängen; **3.** *(Lachen)* zurückhalten; **re·pressed** [rɪ'prest] *adj*

verdrängt; **re·pres·sion** [rɪ'preʃn] 1.
Unterdrückung *f;* 2. *psych* Verdrängung
f; **re·pres·sive** [rɪ'presɪv] *adj* repres-
siv.

re·prieve [rɪ'priːv] I *tr jur* begnadigen; II
s 1. Begnadigung *f;* Strafaufschub *m;* 2.
fig Gnadenfrist *f.*

re·pri·mand ['reprɪmɑːnd] I *s* Tadel *m;*
Verweis *m;* II *tr* tadeln.

re·print [ˌriː'prɪnt] I *tr* nachdrucken; neu
auflegen; II *s* ['riːprɪnt] Neuauflage *f;*
Nachdruck *m.*

re·prisal [rɪ'praɪzl] Repressalie *f;* Vergel-
tungsmaßnahme *f;* ▶ **as a ~ for** als
Vergeltung für; **by way of ~** als Vergel-
tungsmaßnahme.

re·proach [rɪ'prəʊtʃ] I *tr* Vorwürfe ma-
chen (*s.o.* jdm); ▶ **~ s.o. for his mistake**
jdm e-n Fehler vorwerfen; **~ s.o. for
being late** jdm Vorwürfe machen, daß
er zu spät gekommen ist; II *s* 1. Vorwurf
m, Vorhaltung *f;* 2. Schande *f;*
▶ **above, beyond ~** über jeden Vor-
wurf erhaben; **be a ~ to s.o.** e-e Schan-
de für jdn sein; **re·proach·ful**
[rɪ'prəʊtʃfl] *adj* vorwurfsvoll.

rep·ro·bate ['reprəbeɪt] I *adj* verkom-
men; ruchlos; II *s* verkommenes Sub-
jekt; III *tr* verdammen.

re·pro·cess [ˌriː'prəʊses] *tr* wiederver-
werten; *(Atommüll)* wiederaufarbeiten;
re·pro·cess·ing [—ɪŋ] Wiederaufar-
beitung *f;* **reprocessing plant** Wie-
deraufarbeitungsanlage *f.*

re·pro·duce [ˌriːprə'djuːs] I *tr* 1. wieder-
geben; reproduzieren; 2. *typ* abdrucken;
3. *theat* neu inszenieren; ▶ **~ its kind**
biol sich fortpflanzen; II *itr biol*
sich fortpflanzen; **re·pro·duc·tion**
[ˌriːprə'dʌkʃn] 1. Reproduktion, Verviel-
fältigung *f;* 2. *biol* Fortpflanzung *f;* 3.
phot Kopie *f;* **re·pro·duc·tive**
[ˌriːprə'dʌktɪv] *adj* Fortpflanzungs-.

re·proof[1] [rɪ'pruːf] Tadel *m*, Rüge *f.*

re·proof[2] [riː'pruːf] *tr* neu imprägnieren.

re·prove [rɪ'pruːv] *tr* tadeln, rügen; **re·
prov·ing** [rɪ'pruːvɪŋ] *adj* tadelnd.

rep·tile ['reptaɪl] Reptil *n;* **rep·til·ian**
[rep'tɪlɪən] *adj* 1. reptilartig; 2. *fig* krie-
cherisch.

re·pub·lic [rɪ'pʌblɪk] Republik *f;* **re·
pub·lican** [rɪ'pʌblɪkən] I *adj* republika-
nisch; II *s* Republikaner(in) *m (f).*

re·pub·li·ca·tion [ˌriːpʌblɪ'keɪʃn] Wie-
der-, Neuveröffentlichung *f.*

re·pudi·ate [rɪ'pjuːdɪeɪt] *tr* 1. *(Freund)*
verstoßen; 2. *(Schuld)* nicht anerken-
nen; 3. *(Anklage)* zurückweisen.

re·pug·nance [rɪ'pʌgnəns] Widerwille
m, Abneigung *f (towards, for* gegen);
re·pug·nant [rɪ'pʌgnənt] *adj* wider-
lich, abstoßend.

re·pulse [rɪ'pʌls] I *tr* 1. *(Angriff)* zurück-
schlagen; 2. *fig* zurück-, abweisen; ab-
lehnen; II *s* 1. *mil* Abwehr *f;* 2. *fig*

Abweisung *f;* ▶ **meet with a ~** abge-
wiesen werden; **re·pul·sion** [rɪ'pʌlʃn]
1. Widerwille *m (for* gegen); 2. *phys*
Abstoßung *f;* **re·pul·sive** [rɪ'pʌlsɪv] *adj*
1. abstoßend, widerwärtig; 2. *phys* ab-
stoßend.

re·purchase [ˌriː'pɜːtʃəs] I *tr* zurückkau-
fen, wiedererwerben; II *s* Rückkauf,
Wiedererwerb *m;* **repurchase price**
Rücknahmepreis *m.*

repu·table ['repjutəbl] *adj* ordentlich,
anständig; seriös; **repu·ta·tion**
[ˌrepjʊ'teɪʃn] Ruf, Name *m;* Ansehen *n;*
▶ **of good, high ~** von gutem Ruf;
have a ~ for beauty wegen seiner
Schönheit bekannt sein; **live up to one's
~** seinem Ruf alle Ehre machen; **re·
pute** [rɪ'pjuːt] I *s* Ruf *m*, Ansehen *n;*
▶ **be held in high ~** in hohem Ansehen
stehen; **know s.o. by ~** von jdm viel
gehört haben; **a house of ill ~** ein Haus
von zweifelhaftem Ruf; II *tr* ▶ **he is ~d
to be ...** man sagt, daß er ... sei; **be ~d
(to be) rich** als reich gelten; **re·puted**
[rɪ'pjuːtɪd] *adj* vermeintlich; angeblich.

re·quest [rɪ'kwest] I *s* Bitte *f*, Wunsch
m, Ersuchen *n;* ▶ **at s.o.'s ~** auf jds
Bitte(n); **on, by ~** auf Wunsch; **make a
~ for s.th.** um etw bitten; **record ~s** *pl*
Plattenwünsche *m pl;* II *tr* bitten, ersu-
chen; ▶ **~ silence** um Ruhe bitten; **~
s.th. from s.o.** etw von jdm erbitten;
you are ~ed not to smoke bitte nicht
rauchen; **request programme**
Wunschsendung *f;* **request stop** Be-
darfshaltestelle *f.*

requiem ['rekwɪəm] Requiem *n.*

re·quire [rɪ'kwaɪə(r)] *tr* 1. brauchen, be-
nötigen; nötig haben; 2. *(Arbeit)* erfor-
dern; 3. wünschen, mögen; 4. verlangen;
▶ **the journey will ~ ...** man braucht
... für die Reise; **it ~s great care** das
erfordert große Sorgfalt; **be ~d to do
s.th.** etw tun müssen; **if ~d** falls notwen-
dig; **when ~d** auf Wunsch; **~ s.o. to do
s.th.** von jdm verlangen, daß er etw tut;
as ~d nach Bedarf; **as ~d by law** den
gesetzlichen Bestimmungen gemäß; **re·
quire·ment** [—mənt] 1. Bedürfnis *n*,
Bedarf *m;* 2. Wunsch, Anspruch *m;* 3.
Erfordernis *n;* ▶ **meet s.o.'s ~s** jds Be-
dürfnisse erfüllen; jds Wünschen ent-
sprechen; **fit the ~s** den Erfordernissen
entsprechen.

requi·site ['rekwɪzɪt] I *adj* erforderlich,
notwendig; II *s* 1. Erfordernis *n (for*
für); 2. *com* Artikel *m;* ▶ **travel ~s** *pl*
Reiseartikel *m pl.*

requi·si·tion [ˌrekwɪ'zɪʃn] I *s* Anforde-
rung *f;* ▶ **make a ~ for s.th.** etw anfor-
dern; II *tr* anfordern; *mil* requirieren.

re·run [ˌriː'rʌn] I *tr irr s. run (Film)* wie-
der aufführen; II *s* ['riːrʌn] Wiederauf-
führung *f.*

re·sale ['riːseɪl] Weiterverkauf *m;* ▶ **not**

for ~ nicht zum Weiterverkauf bestimmt; **resale value** Wiederverkaufswert *m.*

re·scind [rɪ'sɪnd] *tr* 1. *(Urteil)* annullieren, aufheben; 2. *(Entscheidung)* rückgängig machen; **re·scis·sion** [rɪ'sɪʃn] 1. Annullierung, Aufhebung *f;* 2. Widerruf *m.*

res·cue ['reskju:] I *tr* 1. retten *a. fig;* 2. *fig* befreien; ▶ ~ **s.o. from drowning** jdn vor dem Ertrinken retten; II *s* 1. Rettung, Hilfe *f;* 2. *fig* Befreiung *f;* ▶ ~ **come to the ~ of s.o.** jdm zu Hilfe kommen; **rescue attempt** Rettungsversuch *m;* **rescue helicopter** Rettungshubschrauber *m;* **rescue operation** Rettungsaktion *f;* **rescue party** Rettungsmannschaft *f;* **res·cuer** ['reskjuə(r)] Retter(in) *m (f).*

re·search [rɪ'sɜ:tʃ] I *s* Forschung *f (into, on* über); ▶ **do ~** forschen; **a piece of ~** e-e Forschungsarbeit; II *itr* forschen, Forschung treiben *(into* über); III *tr* erforschen, untersuchen; **re·searcher** [rɪ'sɜ:tʃə(r)] Forscher(in) *m (f);* **research fellowship** Forschungsstipendium *n;* **research work** Forschungsarbeit *f;* **research worker** Forscher(in) *m (f).*

re·sem·blance [rɪ'zembləns] Ähnlichkeit *f (between* zwischen); ▶ **bear a strong ~ to s.o.** starke Ähnlichkeit mit jdm haben; **re·semble** [rɪ'zembl] *tr* ähneln, ähnlich sehen, gleichen *(s.o.* jdm).

re·sent [rɪ'zent] *tr* übelnehmen, sich ärgern über; ▶ **he ~s my being here er** nimmt es mir übel, daß ich hier bin; **re·sent·ful** [rɪ'zentfl] *adj* ärgerlich *(of s.o.* auf jdn); **re·sent·ment** [—mənt] Ärger, Groll *m (of* über); ▶ **bear no ~ against s.o.** jdm nicht böse sein.

res·er·va·tion [,rezə'veɪʃn] 1. Vorbehalt *m;* 2. Reservat *n;* 3. Reservierung *f;* ▶ **central ~** *Br (Autobahn)* Mittelstreifen *m;* **with ~s** unter Vorbehalt; **without ~** vorbehaltlos, ohne Vorbehalt; **make a ~ at the hotel** ein Zimmer im Hotel reservieren; **re·serve** [rɪ'zɜ:v] I *tr* 1. aufsparen, aufheben; 2. *(Buch)* reservieren lassen; ▶ ~ **one's strength** seine Kräfte sparen; ~ **judgement** mit seinem Urteil zurückhalten; ~ **o.s. for s.th.** sich für etw schonen; II *s* 1. Rücklage, Reserve *f,* Vorrat *m a. com;* 2. Vorbehalt *m;* 3. Reservat *n;* 4. *fig* Reserve, Zurückhaltung *f;* 5. *mil* Reserve *f;* 6. *sport* Ersatz-, Reservespieler(in) *m (f);* ▶ **have, keep in ~** in Reserve haben, halten; **~s of energy** Kraftreserven *pl;* **without ~** ohne Vorbehalt; **with certain ~s** mit gewissen Vorbehalten; **cash ~** Barbestand *m;* **gold ~** Goldreserve *f,* -bestand *m;* **reserve currency** *fin* Leitwährung *f;* **re·served** [rɪ'zɜ:vd] *adj* 1. zurückhaltend, reserviert; 2. *(Zimmer)* reserviert,

belegt; ▶ **all rights ~** alle Rechte vorbehalten; **res·er·vist** [rɪ'zɜ:vɪst] *mil* Reservist(in) *m (f).*

res·er·voir ['rezəvwɑː(r)] 1. Reservoir *n;* 2. *(Gas)* Speicher *m;* 3. *fig* Fundgrube *f.*

re·set [,ri:'set] *tr irr s. set* 1. *(Knochen)* wieder einrenken; 2. *(Edelstein)* neu fassen; 3. *typ* neu setzen; 4. *(Uhr)* neu stellen; **reset button** *EDV* Rückstelltaste *f.*

re·settle [,ri:'setl] *tr* umsiedeln, neu ansiedeln.

re·shuffle [,ri:'ʃʌfl] I *tr* 1. *(Spielkarten)* neu mischen; 2. *(Regierung)* umbilden; II *s* Umstellung, -gruppierung, -bildung *f;* ▶ **Cabinet ~** Kabinettsumbildung *f.*

re·side [rɪ'zaɪd] *itr* 1. seinen Wohnsitz haben, wohnen; 2. *fig (Eigenschaft)* innewohnen; ▶ ~ **in s.th.** in etw liegen. **resi·dence** ['rezɪdəns] 1. Wohnhaus *n;* Wohnheim *n;* 2. Aufenthaltsort *m;* ▶ **place of ~** Wohnort *m;* **be in ~** anwesend sein; **the students are now in ~** das Semester hat angefangen; **residence permit** Aufenthaltsgenehmigung *f;* **resi·dent** ['rezɪdənt] I *adj* wohnhaft; ansässig *(in* in); ▶ **the ~ population** die (orts)ansässige Bevölkerung; II *s* Bewohner(in) *m (f);* (e-r *Stadt)* Einwohner(in) *m (f);* Hotelgast *m.*

resi·den·tial [,rezɪ'denʃl] *adj* Wohn-; im Haus; ▶ ~ **course** mehrtägiger Kurs (mit Unterkunft); ~ **requirements for voting** Meldevoraussetzungen zur Ausübung des Wahlrechts.

re·sid·ual [rɪ'zɪdjuəl] *adj* übrigbleibend; restlich; rückständig; Rest-; ▶ ~ **risk** Restrisiko *n.*

re·sidu·ary [rɪ'zɪdjuəri] *adj* übrig, restlich; **resi·due** ['rezɪdju:] Rest *m;* Rückstand *m.*

re·sign [rɪ'zaɪn] I *tr* 1. zurücktreten von, abgeben; 2. *(Recht)* aufgeben, verzichten auf; ▶ ~ **power** abtreten; ~ **o.s. to s.th.** sich mit etw abfinden; II *itr* 1. zurücktreten *(from* von); 2. sein Amt niederlegen; 3. kündigen; ▶ ~ **from office** sein Amt niederlegen; **res·ig·na·tion** [,rezɪg'neɪʃn] 1. Rücktritt *m;* 2. Amtsniederlegung *f;* 3. Kündigung *f;* 4. *fig* Resignation *f;* ▶ **hand in one's ~** seinen Rücktritt einreichen; **re·signed** [rɪ'zaɪnd] *adj* ergeben, resigniert; ▶ **become ~ to s.th.** sich mit etw abfinden.

re·sil·ience [rɪ'zɪlɪəns] 1. Federn *n;* 2. *fig* Unverwüstlichkeit *f;* **re·sil·ient** [rɪ'zɪlɪənt] *adj* 1. elastisch, federnd; 2. *fig* unverwüstlich.

resin ['rezɪn] *bot* Harz *n;* **re·sin·ous** ['rezɪnəs] *adj* harzig.

re·sist [rɪ'zɪst] *tr, itr* 1. sich widersetzen; Widerstand leisten; 2. *fig* widerstehen; 3. *(Tür)* standhalten; ▶ ~ **temptation** der Versuchung widerstehen; **re·sis-**

tance [rɪ'zɪstəns] **1.** Widerstand *m* (*to* gegen) *a. el phys;* **2.** *med* Widerstandsfähigkeit *f;* ▶ **offer no ~ to s.o.** jdm keinen Widerstand leisten; **meet with ~** auf Widerstand stoßen; **~ to heat** Hitzebeständigkeit *f;* **resistance fighter** Widerstandskämpfer(in) *m (f);* **re·sistant** [rɪ'zɪstənt] *adj* resistent; widerstandsfähig (*to* gegen); ▶ **heat-, water-~** hitze-, wasserbeständig.

res·ol·ute ['rezəlu:t] *adj* entschlossen, energisch; **res·ol·ution** [ˌrezə'lu:ʃn] **1.** Beschluß *m;* **2.** *fig* Entschlossenheit, Bestimmtheit *f;* **3.** *pol* Resolution *f;* **4.** (*e-r Frage*) Lösung *f;* **5.** *mus* Auflösung *f;* **6.** *chem* Auflösung *f;* **7.** *TV EDV* Bildauflösung *f;* ▶ **good ~s** *pl* gute Vorsätze *m pl;* **high-~** *adj tech* hochauflösend.

re·solv·able [rɪ'zɒlvəbl] *adj* (auf)lösbar (*into* in); **re·solve** [rɪ'zɒlv] **I** *tr* **1.** beschließen (*on, upon s.th.* etw); **2.** (*Problem*) lösen; **3.** *phys* zerlegen (*into* in); **4.** *mus* auflösen; ▶ **~ that ...** beschließen, daß ... **II** *itr* sich auflösen (*into, to* in); ▶ **~ on s.th.** etw beschließen; **III** *refl* sich zerlegen lassen; **IV** *s* **1.** Beschluß *m;* **2.** Entschlossenheit *f;* ▶ **do s.th. with ~** etw fest entschlossen tun; **re·solved** [rɪ'zɒlvd] *adj* entschlossen.

res·on·ance ['rezənəns] Resonanz *f;* **res·on·ant** ['rezənənt] *adj* **1.** (*Ton*) voll; **2.** (*Stimme*) volltönend; **3.** (*Raum*) voller Resonanz.

re·sort [rɪ'zɔ:t] **I** *itr* **1.** (regelmäßig) gehen (*to* in, zu, nach); **2.** *fig* greifen, seine Zuflucht nehmen (*to* zu); ▶ **~ to violence** Gewalt anwenden; **II** *s* **1.** Ausweg *m;* Rettung *f;* **2.** Urlaubsort *m;* ▶ **in the last ~** im schlimmsten Fall; **as a last ~** als letztes; **health ~** (Luft)Kurort *m;* **holiday ~** Ferien-, Urlaubsort *m;* **mountain ~** Höhenkurort *m;* **seaside ~** Seebad *n;* **summer ~** Sommerurlaubsort *m;* **winter ~** Winterkurort *m.*

re·sound [rɪ'zaʊnd] *itr* widerhallen (*with* von); **re·sound·ing** [-ɪŋ] *adj* **1.** (*Lärm*) widerhallend; **2.** (*Lachen*) schallend; **3.** *fig* (*Sieg*) gewaltig; durchschlagend.

re·source [rɪ'sɔ:s] **1.** *pl* Mittel, Ressourcen *pl;* **2.** *fig* Ausweg *m,* Mittel *n;* ▶ **financial ~s** *pl* Geldmittel *n pl;* **mineral ~s** *pl* Bodenschätze *m pl;* **~s in men and materials** Reserven *f pl* an Menschen und Material; **left to his own ~s** sich selbst überlassen; **a man of ~s** ein Mensch, der sich (immer) zu helfen weiß; **as a last ~** als letzter Ausweg; **re·source·ful** [rɪ'sɔ:sfl] *adj* einfallsreich, findig.

re·spect [rɪ'spekt] **I** *tr* **1.** achten, respektieren; **2.** (*Fähigkeit*) anerkennen; ▶ **as ~s ...** was ... anbelangt; **II** *s* **1.** Achtung *f,* Respekt *m* (*for* vor); **2.** Rücksicht *f* (*for* auf); **3.** Hinsicht, Beziehung *f;* **4.** *pl*

Empfehlungen *f pl,* Grüße *m pl;* ▶ **command ~** Respekt abnötigen; **show ~ for** Respekt zeigen vor; **hold s.o. in ~** jdn achten; **treat with ~** rücksichtsvoll behandeln; **out of ~ for** aus Rücksicht auf; **with ~ to ... was ...** anbetrifft; **in some ~s** in gewisser Hinsicht; **in many ~s** in vieler Hinsicht; **in this ~** in dieser Hinsicht; **give my ~s to your wife** meine Empfehlung an Ihre Frau; **re·spect·able** [rɪ'spektəbl] *adj* **1.** ehrbar; anständig; **2.** (*Mensch*) angesehen, geachtet; **3.** (*Summe*) beachtlich, ansehnlich; **4.** (*Vorteil*) beträchtlich; ▶ **in ~ society** in guter Gesellschaft; **that's not ~** das schickt sich nicht; **re·spect·ed** [rɪ'spektəd] *adj* angesehen; **re·specter** [rɪ'spektə(r)] ▶ **death is no ~ of persons** *prov* der Tod nimmt auf niemanden Rücksicht.

re·spect·ful [rɪ'spektfl] *adj* respektvoll (*towards* gegen); **re·spect·fully** [rɪ'spektfəlɪ] *adv* ▶ **yours ~** *obs* hochachtungsvoll.

re·spect·ing [rɪ'spektɪŋ] *prep* bezüglich *gen.*

re·spect·ive [rɪ'spektɪv] *adj* jeweilig; ▶ **we took our ~ glasses** jeder nahm sein Glas; **re·spect·ive·ly** [−lɪ] *adv* beziehungsweise.

res·pir·ation [ˌrespə'reɪʃn] Atmung *f;* **res·pir·ator** ['respəreɪtə(r)] Atemgerät *n;* **re·spir·atory** [rɪ'spaɪərətrɪ] *adj* Atmungs-; ▶ **~ system** Atmungssystem *n;* **~ tract** Atemwege *pl.*

res·pite ['respaɪt] **1.** *jur* Aufschub *m;* **2.** Ruhepause *f* (*from* von); **3.** Nachlassen *n;* ▶ **without (a) ~** ohne Unterbrechung.

re·splen·dent [rɪ'splendənt] *adj* **1.** strahlend, glänzend; **2.** *fig* prächtig.

re·spond [rɪ'spɒnd] *itr* **1.** antworten (*to* auf); **2.** reagieren, ansprechen (*to* auf); ▶ **~ to a call** e-m Ruf folgen; **the illness ~ed to treatment** die Behandlung schlug an.

re·spon·dent [rɪ'spɒndənt] *jur* Scheidungsbeklagte(r) *f m.*

re·sponse [rɪ'spɒns] **1.** Antwort, Erwiderung *f;* **2.** Reaktion *f;* ▶ **in ~ to** als Antwort auf; **meet with a ~** beantwortet werden; **meet with little ~** wenig Anklang finden.

re·spon·si·bil·ity [rɪˌspɒnsə'bɪlətɪ] **1.** Verantwortung *f* (*for, of* für); **2.** Verpflichtung *f* (*to* für); ▶ **lay the ~ for s.th. on s.o.** jdm die Verantwortung für etw übertragen; **on one's own ~** auf eigene Verantwortung; **without ~** ohne Gewähr; **accept, assume the ~ for s.th.** die Verantwortung für etw übernehmen; *jur* für etwas haften; **sense of ~** Verantwortungsgefühl *n.*

re·spon·sible [rɪ'spɒnsəbl] *adj* **1.** verantwortlich (*for* für); **2.** (*Haltung*) ver-

antwortungsvoll, -bewußt; **3.** *(Firma)*
seriös, zuverlässig; ▶ **be** ~ **for s.th.** für
etw verantwortlich sein; **be** ~ **to s.o. for
s.th.** jdm gegenüber für etw verantwortlich sein; **hold s.o.** ~ **for s.th.** jdn
für etw verantwortlich machen.

re·spon·sive [rɪ'spɒnsɪv] *adj* **1.** *(Publikum)* interessiert, mitgehend; **2.** *(Bremsen)* leicht reagierend; ▶ **be** ~ **to s.th.**
auf etw reagieren.

rest¹ [rest] **I** *s* **1.** Ruhe *f;* Pause, Unterbrechung *f;* **2.** Erholung *f;* **3.** Rast *f,*
Ausruhen *n;* **4.** *tech* Auflage *f;* **5.** *(Telefon)* Gabel *f;* **6.** *(Brille)* Steg *m;* **7.** *mus*
Pause *f;* **8.** *(Vers)* Zäsur *f;* ▶ **need** ~
Ruhe brauchen; **have, take a** ~ sich
ausruhen; **be at** ~ ruhig sein; **set at** ~
beschwichtigen; **put s.o.'s mind at** ~ jdn
beruhigen; **come to** ~ zum Stillstand
kommen; sich niederlassen; **II** *itr* **1.** ruhen, (sich) ausruhen, sich erholen; Pause
machen; **2.** (sich aus)schlafen; **3.** *(Verantwortung)* liegen *(with* bei); **4.** *(Leiter)* lehnen *(on* an); **5.** *(Augen, Blick)*
ruhen *(on* auf); **6.** *(Argument)* sich stützen *(on* auf); **7.** *(Ruf)* beruhen *(on* auf);
▶ **he never** ~**s** er arbeitet ununterbrochen; **be** ~**ing** ruhen; **let a matter** ~ e-e
S auf sich beruhen lassen; **you may** ~
assured that ... Sie können versichert
sein, daß ... **III** *tr* **1.** *(Augen)* ausruhen;
2. *(Stimme)* schonen; **3.** *(Leiter)* lehnen
(against gegen); **4.** *(Ellbogen)* stützen
(on auf); ▶ ~ **o.s.** sich ausruhen; **be** ~**ed**
ausgeruht sein; ~ **one's head on the
table** den Kopf auf den Tisch legen.

rest² [rest] ▶ **the** ~ der Rest; **the** ~ **of
the money** der Rest des Geldes, das
übrige Geld; **and all the** ~ **of it** und so
weiter und so fort; **for the** ~ im übrigen.

re·state [ˌriː'steɪt] *tr* neu formulieren.

res·taur·ant ['restrɒnt] Restaurant *n,*
Gaststätte *f;* **restaurant car** *rail*
Speisewagen *m;* **res·tau·ra·teur**
[ˌrestərə'tɜː(r)] Gastwirt, Gastronom *m.*

rest-cure ['restkjʊə(r)] Liegekur *f;* **rest-
day** Ruhetag *m;* **rest·ful** ['restfl] *adj* **1.**
(Platz) ruhig, friedlich; **2.** *(Beschäftigung)* erholsam; **rest-home** Altersheim *n;* **rest·ing-place** ['restɪŋpleɪs]
Rastplatz *m.*

res·ti·tu·tion [ˌrestɪ'tjuːʃn] **1.** Rückerstattung *f;* Rückgabe *f;* **2.** Schadenersatz *m,* Entschädigung *f;* ▶ **make** ~ **of
s.th.** etw zurückgeben.

res·tive ['restɪv] *adj* **1.** *(Pferd)* störrisch,
bockig; **2.** unruhig, nervös; **3.** *(Art)* rastlos.

rest·less ['restlɪs] *adj* **1.** unruhig; **2.** rastlos.

re·stock [ˌriː'stɒk] *tr (Lager)* wieder auffüllen.

res·to·ra·tion [ˌrestə'reɪʃn] **1.** (Rück)Erstattung *f;* Rückgabe *f (to* an); **2.** Wiederherstellung, -einsetzung *f (to* in); **3.**

(Bauwerk) Restaurierung *f.*

re·stora·tive [rɪ'stɔːrətɪv] **I** *adj* heilend,
stärkend, kräftigend; **II** *s* Stärkungsmittel *n.*

re·store [rɪ'stɔː(r)] *tr* **1.** zurückgeben,
-erstatten; **2.** *(Vertrauen)* wiederherstellen; **3.** wiedereinsetzen *(to an office*
in ein Amt); **4.** *(Gebäude)* restaurieren;
▶ ~ **s.o.'s health** jds Gesundheit wiederherstellen; ~**d to health** wiederhergestellt; ~ **s.o. to life** jdn ins Leben
zurückrufen; ~ **s.th. to its former condition** den früheren Zustand e-r S wiederherstellen; ~ **to power** wieder an die
Macht bringen; **re·storer** [rɪ'stɔːrə(r)]
1. Restaurator(in) *m (f);* **2.** *(hair-*~*)*
Haarwuchsmittel *n.*

re·strain [rɪ'streɪn] *tr* **1.** ab-, zurückhalten *(from doing s.th.* etw zu tun); **2.**
(Tier) bändigen; **3.** *(Gefühl)* unterdrükken; **4.** *fig* in Schranken halten; ▶ ~ **o.s.**
sich beherrschen; **re·strained**
[rɪ'streɪnd] *adj* **1.** *(Gefühle)* unterdrückt; **2.** *(Worte)* beherrscht; **3.** *(Ton)*
verhalten; **4.** *(Kritik)* maßvoll; **restraint** [rɪ'streɪnt] **1.** Be-, Einschränkung *f;* **2.** Beherrschung *f;* ▶ **without** ~
unbeschränkt; ungehemmt; ~ **of trade**
Handelsbeschränkung *f;* **place under** ~
jur in Haft nehmen.

re·strict [rɪ'strɪkt] *tr* **1.** *(Freiheit)* be-,
einschränken; **2.** *(Zeit)* begrenzen *(to*
auf); **re·strict·ed** [rɪ'strɪktɪd] *adj* **1.** eingeschränkt, begrenzt; **2.** *(Dokument)*
geheim; ▶ **locally** ~ örtlich begrenzt; ~
area 1. *mot* Gebiet *n* mit Geschwindigkeitsbegrenzung; **2.** *mil* Sperrgebiet *n;*
re·stric·tion [rɪ'strɪkʃn] Be-, Einschränkung *f;* Begrenzung *f;* ▶ **place**
~**s on s.th.** etw beschränken; **without**
~**s** uneingeschränkt; **price** ~ Preisbeschränkung *f;* **speed** ~ Geschwindigkeitsbegrenzung, -beschränkung *f;* **restrict·ive** [rɪ'strɪktɪv] *adj* restriktiv;
einschränkend; ▶ ~ **practices** *pl* Wettbewerbsbeschränkungen *f pl.*

rest-room ['restruːm] *Am euph* Toilette
f.

re·sult [rɪ'zʌlt] **I** *itr* sich ergeben, resultieren *(from* aus); ▶ ~ **in** führen zu; **II** *s*
1. Ergebnis *n,* Ausgang *m,* Resultat *n a.*
math; **2.** Wirkung, Folge *f;* ▶ **as a** ~ **of
this** folglich; **be the** ~ **of** resultieren aus;
get ~**s** Erfolge erzielen; **as a** ~ **of my
inquiry** auf meine Anfrage hin; **without**
~ ergebnislos; **re·sult·ant** [rɪ'zʌltənt]
adj sich ergebend, resultierend *(from*
aus).

re·sume [rɪ'zjuːm] **I** *tr* **1.** wiederaufnehmen, weitermachen mit; **2.** *(Erzählung)*
fortfahren in; **3.** *(Reise)* fortsetzen; **4.**
(Name) wieder annehmen; **5.** *(Inhalt)*
zusammenfassen; ▶ ~ **one's seat** seinen
Platz wieder einnehmen; **II** *itr* wieder
beginnen; **ré·su·mé** ['rezjuːmeɪ] Résü-

mee *n;* Zusammenfassung *f;* **re·sump-tion** [rɪ'zʌmpʃn] 1. Wiederaufnahme *f,* -beginn *m;* 2. *(Reise)* Fortsetzung *f;* 3. *(Schule)* Wiederbeginn *m.*

re·sur·gence [rɪ'sɜːdʒəns] Wiederaufleben *n;* **re·sur·gent** [rɪ'sɜːdʒənt] *adj* wieder auflebend.

res·ur·rect [,rezə'rekt] *tr fig* zu neuem Leben erwecken; wieder aufleben lassen, wiederbeleben; **res·ur·rec·tion** [,rezə'rekʃn] 1. Wiederbelebung *f;* Auferstehung *f a. rel;* 2. Wiederaufleben *n.*

re·sus·ci·tate [rɪ'sʌsɪteɪt] *tr* 1. *med* wiederbeleben; 2. *fig* wiederbeleben, -erwecken.

re·tail ['riːteɪl] I *s* Einzel-, Kleinhandel *m;* II *itr* ▶ ~ **at** ... im Einzelhandel ... kosten; III *tr* im Einzelhandel verkaufen; IV *adv* im Einzelhandel; **retail business** Einzelhandelsgeschäft *n;* **retail dealer** Einzelhändler(in) *m (f);* **re·tail·er** ['riːteɪlə(r)] Einzelhändler(in) *m (f);* **retail price** Einzelhandelspreis *m.*

re·tain [rɪ'teɪn] *tr* 1. (ein-, zurück)behalten; 2. *(Platz)* belegen; 3. (im Gedächtnis) behalten; 4. *(Gebräuche)* beibehalten; 5. *(Anwalt)* beauftragen; ▶ ~ **water** Wasser speichern; ~ **control of s.th.** etw weiterhin in der Gewalt, unter Kontrolle haben; **re·tain·er** [rɪ'teɪnə(r)] 1. Faktotum *n;* 2. Vorschuß *m;* **retaining wall** Stützmauer *f.*

re·take [,riː'teɪk] I *tr irr s.* take 1. *mil* zurückerobern; 2. *phot* noch einmal aufnehmen; 3. *sport (Freistoß)* wiederholen; II *s* ['riːteɪk] Neuaufnahme *f.*

re·tal·i·ate [rɪ'tælɪeɪt] *itr* Vergeltung üben; sich revanchieren; sich rächen (*on* an); ▶ **he ~d by pointing out that ...** er konterte, indem er darauf hinwies, daß ..; **re·tal·i·ation** [rɪ,tælɪ'eɪʃn] Vergeltung *f;* Vergeltungsschlag *m;* ▶ **in ~ for** als Vergeltung für; **re·tal·i·at·ory** [rɪ'tælɪətrɪ] *adj* ▶ ~ **measures** *pl* Vergeltungsmaßnahmen *f pl.*

re·tard [rɪ'tɑːd] *tr* 1. verzögern, verlangsamen; 2. *biol phys* retardieren; ▶ **mentally ~ed** geistig zurückgeblieben; **re·tard·er** [—ə(r)] *mot* Retarder *m.*

retch [retʃ] *itr* würgen.

re·ten·tion [rɪ'tenʃn] 1. Einbehalten, Zurückhalten *n;* 2. Beibehaltung *f;* 3. *(von Wasser)* Speicherung *f;* 4. *(Anwalt)* Beauftragung *f;* 5. Gedächtnis *n;* **re·ten·tive** [rɪ'tentɪv] *adj (Gedächtnis)* aufnahmefähig.

re·think [,riː'θɪŋk] I *tr irr s.* think überdenken; II *s* ▶ **have a ~** etw noch einmal überdenken.

reti·cent ['retɪsnt] *adj* zurückhaltend; ▶ **be ~ about s.th.** in bezug auf etw nicht sehr gesprächig sein.

ret·ina ['retɪnə] ⟨*pl* -inas, -inae⟩ ['retɪniː]

anat Netzhaut *f;* ▶ **detached ~** *med* Netzhautablösung *f.*

reti·nue ['retɪnjuː] Gefolge *n.*

re·tire [rɪ'taɪə(r)] I *itr* 1. aufhören zu arbeiten; in Pension gehen; 2. *mil a. fig* sich zurückziehen *(from* von); 3. zu Bett, schlafen gehen; ▶ ~ **into o.s.** sich in sich selbst zurückziehen; II *tr* 1. in den Ruhestand versetzen, pensionieren; 2. *(Aktien)* aus dem Verkehr ziehen; **re·tired** [rɪ'taɪəd] *adj* 1. im Ruhestand, pensioniert; 2. *(Leben)* zurückgezogen; ▶ **a ~ teacher** ein pensionierter Lehrer; ~ **pay** (Alters)Ruhegehalt *n;* **re·tire·ment** [rɪ'taɪəmənt] 1. Ausscheiden *n;* Pensionierung *f;* Verrentung *f;* 2. Ruhestand *m;* 3. Zurückgezogenheit, Einsamkeit *f;* 4. *mil* Rückzug *m;* ▶ **come out of ~** wieder zurückkommen; **live in ~** zurückgezogen leben; **retirement age** Pensions-, Rentenalter *n;* Altersgrenze *f;* **retirement pay** Altersrente *f;* **retirement pension** Altersrente *f;* **re·tir·ing** [rɪ'taɪərɪŋ] I *adj* zurückhaltend, reserviert; II *s* ▶ ~ **age** Altersgrenze *f.*

re·tort [rɪ'tɔːt] I *tr* scharf erwidern, zurückgeben; II *itr* scharf erwidern; III *s* 1. scharfe Erwiderung *f;* 2. *chem* Retorte *f.*

re·touch [,riː'tʌtʃ] *tr phot* retuschieren.

re·trace [riː'treɪs] *tr* 1. zurückverfolgen; nachgehen *(s.th.* e-r S); 2. *(Entwicklung)* nachvollziehen; ▶ ~ **one's steps** den gleichen Weg zurückgehen.

re·tract [rɪ'trækt] I *tr* 1. zurückziehen; 2. *(Äußerung)* zurücknehmen; 3. *(Fahrgestell)* einziehen, einfahren; II *itr* 1. e-n Rückzieher machen; 2. eingezogen werden; **re·tract·able** [—əbl] *adj* 1. zurück-, einziehbar; 2. *aero* einfahrbar; **re·trac·tion** [rɪ'trækʃn] 1. Zurücknahme *f;* Rückzug *m;* Rückzieher *m;* 2. Einziehen *n.*

re·train [riː'treɪn] *tr* umschulen.

re·tread [,riː'tred] I *tr (Autoreifen)* runderneuern; II *s* ['riːtred] runderneuerter Reifen.

re·treat [rɪ'triːt] I *s* 1. *mil* Rückzug *m;* 2. *fig* Zuflucht(sort *m) f;* ▶ **beat a ~** den Rückzug antreten; **sound the ~** zum Rückzug blasen; II *itr* 1. *mil* den Rückzug antreten; 2. *fig* zurückweichen.

re·trench [rɪ'trentʃ] *tr* 1. *(Ausgaben)* einschränken, kürzen; 2. *(Personal)* abbauen; **re·trench·ment** [—mənt] 1. Einschränkung, Kürzung *f;* 2. (Personal)Abbau *m.*

re·trial [,riː'traɪəl] *jur* Wiederaufnahmeverfahren *n.*

ret·ri·bu·tion [,retrɪ'bjuːʃn] Vergeltung *f;* **re·tri·bu·tive** [rɪ'trɪbjutɪv] *adj* vergeltend; ▶ ~ **action** Vergeltungsmaßnahme *f.*

re·trieval [rɪ'triːvl] 1. Wiedererlangung *f;* Zurückholen *n;* 2. *EDV* Abfragen *n;* 3.

Rettung *f;* 4. Bergung *f;* 5. Wiedergut-machung *f;* 6. Apportieren *n;* ► **beyond, past** ~ hoffnungslos; **re-trieve** [rɪ'triːv] I *tr* 1. wiedererlangen, zurückerhalten, -bekommen; 2. *EDV* ab-fragen, abrufen, aufrufen; 3. retten *(from* aus); 4. bergen; 5. *(Glück)* wie-derfinden; 6. *(Schaden)* wiedergutma-chen; 7. *(Situation)* retten; 8. *(Hund)* apportieren; II *itr (Hund)* apportieren; **re·triever** [rɪ'triːvə(r)] Apportierhund *m.*

retro·ac·tive [ˌretrəʊ'æktɪv] *adj* rück-wirkend *(on* auf); ► **a** ~ **effect** e-e Rückwirkung.

retro·grade ['retrəgreɪd] I *adj* 1. rück-läufig; rückschrittlich; ► **a** ~ **step** ein Rückschritt *m;* 2. *biol* retrograd; II *itr biol* sich zurückentwickeln.

retro·gress [ˌretrə'gres] *itr* sich rück-wärts bewegen; **retro·gres·sive** [ˌretrə'gresɪv] *adj* rückläufig; rück-schrittlich.

retro·spect ['retrəspekt] ► **in** ~ rück-blickend, im nachhinein; **retro·spec-tive** [ˌretrə'spektɪv] I *adj* 1. rückblik-kend; 2. *jur* rückwirkend; II *s (Film)* Retrospektive *f.*

re·turn [rɪ'tɜːn] I *itr* 1. zurückkehren, zurückkommen; 2. *fig* wiederkehren; wiederkommen; 3. *(Fahrzeug)* zurück-fahren; ► ~ **to school** wieder in die Schule gehen; ~ **to the town** in die Stadt zurückkehren; II *tr* 1. zurückge-ben, -bringen, -schicken, -senden *(to s.o.* jdm); 2. zurückerstatten, -zahlen; rück-vergüten; 3. erwidern, zurückgeben; 4. *(Gruß, Besuch)* erwidern; 5. *(Licht)* zu-rückwerfen; 6. *(Gewinn)* einbringen, ab-werfen; 7. *pol* wählen; ► ~ **a blow** zurückschlagen; ~ **thanks to s.o.** jdm Dank sagen; **he was** ~**ed guilty** *jur* er wurde schuldig gesprochen; III *s* 1. Rückkehr, -fahrt *f;* 2. *fig* Wiederkehr *f;* 3. Rückgabe *f;* Zurückschicken, -senden *n;* 4. *(~ ticket)* Rückfahrkarte *f;* 5. *com oft pl* Einkommen *n;* Ertrag, Gewinn *m;* 6. Verkündung *f;* Bericht *m;* 7. *pol* Wahl *f;* 8. *sport* Rückschlag *m;* 9. *pl* Einkünfte *pl;* ► **on my** ~ bei meiner Rückkehr; ~ **home** Heimkehr *f;* ~ **to school** Schulbe-ginn *m;* **by** ~ **(of post)** postwendend; ~ **to health** Genesung *f;* ~ **on capital** Kapitalertrag *m;* **in** ~ dafür; **in** ~ **for** für; **many happy** ~**s (of the day)** herzli-chen Glückwunsch zum Geburtstag; **the election** ~**s** *pl* das Wahlergebnis; **tax** ~ Steuererklärung *f;* **re·turn·able** [rɪ'tɜːnəbl] *adj* 1. rückgabepflichtig; 2. mit Flaschenpfand; ► ~ **bottle** Mehr-weg-, Pfandflasche *f;* **non·**~ **bottle** Ein-wegflasche *f;* **return fare** Preis *m* für Hin- und Rückfahrt *f;* **return flight** Rückflug *m;* **re·turn·ing of·fi·cer** [rɪ'tɜːnɪŋ'ɒfɪsə(r)] *parl* Wahlleiter(in) *m*

(f); **return journey** Rückreise *f;* **return match** *sport* Rückspiel *n;* **return ticket** Rückfahr-, -flugkarte *f.*

re·uni·fica·tion [riːˌjuːnɪfɪ'keɪʃn] *pol* Wiedervereinigung *f.*

re·un·ion [ˌriː'juːnɪən] Zusammenkunft *f,* Treffen *n;* **re·unite** [ˌriːjuː'naɪt] I *tr* wie-der zusammenbringen; *pol* wiederverei-nigen; II *itr* wieder zusammenkommen; *pol* sich wiedervereinigen.

re·us·able [ˌriː'juːzəbl] *adj* wiederver-wendbar; mehrfach verwendbar; Mehr-weg-; **re·use** [ˌriː'juːz] *tr* wiederverwen-den.

rev [rev] I *s tech* Drehzahl, Umdrehung *f;* II *tr, itr fam* ► ~ **up** *mot* den Motor auf Touren bringen.

re·valu·ation [riːˌvæljʊ'eɪʃn] *fin* Auf-wertung *f;* **re·value** [riː'væljuː] *tr* auf-werten.

re·vamp [ˌriː'væmp] *tr* aufpolieren; auf-möbeln.

rev counter ['revˌkaʊntə(r)] *mot* Dreh-zahlmesser, Tourenzähler *m.*

re·veal [rɪ'viːl] *tr* 1. zum Vorschein brin-gen; 2. *(Tatsachen)* enthüllen, aufdek-ken; zu erkennen geben; 3. *rel* offenba-ren *(to s.o.* jdm).

re·veille [rɪ'vælɪ] *mil* Wecken *n.*

revel ['revl] *itr* feiern; ► ~ **in one's free-dom** seine Freiheit von ganzem Herzen genießen.

rev·el·ation [ˌrevə'leɪʃn] 1. Enthüllung *f;* 2. *rel* Offenbarung *f.*

revel·ler ['revələ(r)] Feiernde(r) *f m;* **rev·elry** ['revlrɪ] Festlichkeit *f.*

re·venge [rɪ'vendʒ] I *tr* rächen; ► ~ **o.s., be** ~**d for s.th.** sich für etw rächen; ~ **o.s. on s.o.** sich an jdm rächen; II *s* 1. Rache *f;* 2. *sport* Revanche *f;* ► **out of** ~ aus Rache; **in** ~ **for** als Rache für; **take** ~ **on s.o. for s.th.** sich an jdm wegen etw rächen; **get one's** ~ sich rächen; **re·venge·ful** [rɪ'vendʒfl] *adj* rachsüchtig.

rev·enue ['revənjuː] 1. Einkünfte *pl;* Ein-nahmen *f pl,* Ertrag *m;* 2. Staatsein-künfte, öffentliche Einnahmen *pl;* 3. Fi-nanzbehörde *f,* Fiskus *m;* ► **Inland R**~ *Br* Finanzamt *n;* **tax** ~ Steueraufkom-men *n;* **revenue officer** Finanzbeam-te(r) *m,* -beamtin *f;* **revenue stamp** Steuer-, Stempelmarke, Banderole *f.*

re·ver·ber·ate [rɪ'vɜːbəreɪt] I *tr (Schall)* zurückwerfen, reflektieren; II *itr* 1. *(Schall)* widerhallen; 2. *(Licht)* zurück-strahlen, reflektieren; **re·ver·ber-ation** [rɪˌvɜːbə'reɪʃn] Widerhall *m;* Zu-rückstrahlen *n.*

re·vere [rɪ'vɪə(r)] *tr* verehren, achten, hochschätzen; **rev·er·ence** ['revərəns] I *s* Verehrung *f (for* für); Ehrfurcht *f;* ► **hold s.o. in** ~ jdn hochachten; **treat s.th. with** ~ etw ehrfürchtig behandeln; II *tr* verehren.

rev·er·end ['revərənd] I *adj* ► **the Most R~** der Erzbischof; **the Right R~** der Bischof; II *s* Pastor, Pfarrer *m.*
rev·er·ent ['revərənt] *adj* ehrfürchtig.
rev·er·en·tial [‚revə'renʃl] *adj* ehrerbietig, ehrfurchtsvoll.
rev·erie ['revərɪ] Träumerei *f a. mus.*
re·ver·sal [rɪ'vɜːsl] **1.** Umkehren *n;* Umstellen *n;* Umdrehen *n;* **2.** Zurückstellen *n;* **3.** *jur* Aufhebung *f;* ► **suffer a ~** e-n Rückschlag erleiden.
re·verse [rɪ'vɜːs] I *adj* umgekehrt, entgegengesetzt (*to* zu); ► **in ~ order** in umgekehrter Reihenfolge; **~ gear** Rückwärtsgang *m;* II *s* **1.** Gegenteil *n;* **2.** Rück-, Kehrseite *f;* **3.** Rückschlag, Schicksalsschlag *m;* Niederlage *f;* **4.** *mot* Rückwärtsgang *m;* ► **he is the ~ of polite** er ist alles andere als höflich; **the ~s of fortune** Schicksalsschläge *m pl;* **go into ~** in den Rückwärtsgang schalten; III *tr* **1.** umkehren, umdrehen; **2.** umstellen; **3.** (*Kleid*) wenden; **4.** *mot* zurückstoßen, rückwärts fahren; **5.** *jur* aufheben, annullieren; ► **~ the order of s.th.** etw herumdrehen; **~ one's car into the garage** rückwärts in die Garage fahren; IV *itr* **1.** sich umwenden, sich rückwärts bewegen; **2.** *mot* rückwärts fahren; **re·vers·ible** [—əbl] *adj* **1.** (*Entscheidung*) umstoßbar; **2.** *chem* umkehrbar; **3.** (*Kleidung*) Wende-; **re·ver·sion** [rɪ'vɜːʃn] **1.** Umkehrung *f* (*to* zu); Rückfall *m;* **2.** *jur* Zurückfallen *n.*
re·vert [rɪ'vɜːt] *itr* **1.** zurückkehren (*to* zu); **2.** zurückkommen, -greifen (*to* auf); **3.** *jur* zurückfallen (*to* an).
re·view [rɪ'vjuː] I *s* **1.** Rückblick *m* (*to* auf); Überblick *m;* **2.** nochmalige (Über)Prüfung; **3.** *mil* Inspektion *f;* **4.** (*Buch*) Kritik, Rezension *f;* **5.** Zeitschrift *f;* ► **come under ~** überprüft werden; **hold a ~** e-e Inspektion vornehmen; **~ copy** Rezensionsexemplar *n;* II *tr* **1.** zurückblicken auf, überdenken; **2.** (*Fall*) erneut überprüfen; **3.** *mil* inspizieren, mustern; **4.** (*Buch*) besprechen, rezensieren; **re·viewer** [rɪ'vjuːə(r)] Rezensent(in), Kritiker(in) *m (f).*
re·vise [rɪ'vaɪz] I *tr* **1.** (*Text*) überprüfen, revidieren; **2.** (*Meinung*) überholen, revidieren; **3.** (*Lernstoff*) wiederholen; ► **~d edition** überarbeitete Ausgabe; II **re·vi·sion** [rɪ'vɪʒn] **1.** Überarbeitung, Revision *f;* **2.** (*Meinung*) Überholen *n,* Revision *f;* **3.** überarbeitete Ausgabe; **4.** (*Lernstoff*) Wiederholung *f.*
re·vital·ize [riː'vaɪtəlaɪz] *tr* neu beleben.
re·vival [rɪ'vaɪvl] **1.** Wiedererwecken, Wiederaufleben(lassen) *n;* **2.** (*Idee*) Wiederaufleben, -blühen *n;* Wiederbelebung *f;* **3.** *rel* Erweckung *f;* **4.** *jur* Wiederinkrafttreten *n;* **5.** *com* Aufschwung *m;* **re·vive** [rɪ'vaɪv] I *itr* **1.** wieder zu sich kommen; **2.** *fig* wieder aufleben, wieder

aufblühen; **3.** *com* wiederaufblühen; II *tr* **1.** wieder beleben; munter machen; **2.** *fig* zu neuem Leben erwecken, wiedererwecken, -beleben; **3.** (*Brauch*) wiederaufleben lassen; wieder in Erinnerung bringen; **4.** (*Worte*) wiederaufgreifen; **5.** *theat* wiederaufnehmen.
revo·ca·tion [‚revə'keɪʃn] **1.** Aufhebung *f;* Zurückziehen *n;* **2.** Widerruf *m,* Entzug *m;* **re·voke** [rɪ'vəuk] I *tr* **1.** (*Gesetz*) aufheben; **2.** (*Entscheidung*) widerrufen, rückgängig machen; **3.** (*Lizenz*) entziehen; II *itr* (*Karten*) nicht Farbe bekennen.
re·volt [rɪ'vəult] I *s* Revolte *f,* Aufruhr, Aufstand *m* (*against* gegen); ► **rise in ~, break out in ~** sich erheben, e-n Aufstand machen; **be in ~ against** rebellieren gegen; II *itr* **1.** revoltieren, rebellieren (*against* gegen); **2.** (*Gefühle*) sich empören (*at, against* bei, gegen); III *tr fig* anwidern, -ekeln, abstoßen; **re·volt·ing** [rɪ'vəultɪŋ] *adj fig* abstoßend, widerlich, ekelhaft.
rev·ol·ution [‚revə'luːʃn] **1.** *pol fig* Revolution *f;* Umwälzung *f;* **2.** *phys* Umdrehung, Rotation *f;* **rev·ol·ution·ary** [‚revə'luːʃənrɪ] I *s* Revolutionär(in) *m (f);* II *adj* revolutionär, umstürzlerisch *a. fig;* **rev·ol·ution·ize** [‚revə'luːʃnaɪz] *tr* revolutionieren.
re·volve [rɪ'vɒlv] I *tr* drehen; II *itr* sich drehen; ► **~ on an axis, around the sun** sich um e-e Achse, um die Sonne drehen.
re·volver [rɪ'vɒlvə(r)] Revolver *m.*
re·volv·ing [rɪ'vɒlvɪŋ] *adj* Dreh-; ► **~ chair** Drehstuhl *m;* **~ door** Drehtür *f;* **~ stage** Drehbühne *f.*
re·vue [rɪ'vjuː] *theat* Revue *f;* Kabarett *n.*
re·vul·sion [rɪ'vʌlʃn] **1.** Abscheu, Ekel *m* (*at* vor); **2.** *fig* Umschwung *m;* Empörung *f.*
re·ward [rɪ'wɔːd] I *s* Belohnung *f;* Entgelt *n;* ► **as a ~ for** als Belohnung für; **~ offered for the return of …** Finderlohn für … II *tr* belohnen; **re·ward·ing** [—ɪŋ] *adj* lohnend, einträglich *a. fig.*
re·wind [‚riː'waɪnd] *tr* wieder aufwickeln; (*Uhr*) wieder aufziehen; (*Film, Tonband*) zurückspulen. **re·wire** [‚riː'waɪə(r)] I *tr* neu verkabeln; II *s* Neuverkabelung *f.*
re·word [‚riː'wɜːd] *tr* neu formulieren, anders ausdrücken.
re·work [‚riː'wɜːk] *tr* wieder verarbeiten; neu fassen.
re·write [‚riː'raɪt] I *tr irr s. write* neu schreiben; umschreiben; II *s* ['riːraɪt] *fig* Neuaufguß *m.*
rhap·sody ['ræpsədɪ] *mus* Rhapsodie *f.*
Rhe·sus fac·tor ['riːsəs‚fæktə(r)] *med* Rh-Faktor, Rhesusfaktor *m.*
rhet·oric ['retərɪk] Rhetorik *f;* **rhe·tori-**

cal [rɪ'tɒrɪkl] *adj* rhetorisch.
rheu·matic [ru:'mætɪk] I *adj* rheumatisch; II *s* Rheumatiker(in) *m (f)*; **rheumatics** [ru:'mætɪks] *pl mit sing* Rheuma(tismus *m) n;* **rheu·ma·tism** ['ru:mətɪzəm] Rheuma(tismus *m) n.*
rhi·noc·eros, **rhino** [raɪ'nɒsərəs, 'raɪnəʊ] Nashorn, Rhinozeros *n.*
Rhodes [rəʊdz] Rhodos *n.*
Rho·de·sia [rəʊ'di:ʒə] *hist* Rhodesien *n;* **Rho·de·sian** [rəʊ'di:ʒən] I *adj* rhodesisch; II *s* Rhodesier(in) *m (f).*
rho·do·don·dron [ˌrəʊdə'dendrən] *bot* Rhododendron *m.*
rhu·barb ['ru:bɑ:b] *bot* Rhabarber *m.*
rhyme, *Am* **rime** [raɪm] I *s* 1. Reim *m;* 2. Gedicht *n;* ▶ **without ~ or reason** ohne Sinn und Verstand; **nursery ~** Kinderreim *m;* **put into ~** in Reime bringen; II *itr* 1. sich reimen; 2. reimen, dichten; III *tr* reimen.
rhythm ['rɪðəm] Rhythmus *m;* ▶ **~ and blues** Rhythm-and-Blues *m;* **rhythmic(al)** ['rɪðmɪk(l)] *adj* rhythmisch.
rib [rɪb] I *s* 1. *anat* Rippe *f;* 2. *(Schirm)* Speiche *f;* 3. *arch* (Gewölbe)Rippe *f;* ▶ **dig, poke s.o. in the ~s** jdn in die Rippen stoßen; II *tr fam* necken, foppen.
rib·ald ['rɪbld] *adj* zotig, obszön.
rib·bon ['rɪbən] 1. Band *n;* 2. *(Schreibmaschine)* Farbband *n;* 3. *pl* Fetzen *m pl;* ▶ **tear s.th. to ~s** etw zerfetzen; *fig* etw verreißen.
rice [raɪs] Reis *m;* **rice·field** Reisfeld *n;* **rice-grow·ing** Reisanbau *m;* **rice-pud·ding** Milchreis *m.*
rich [rɪtʃ] I *adj* 1. reich, wohlhabend; 2. *(Stil)* prächtig; großartig; 3. *(Essen, Wein)* schwer; 4. *(Erde)* fett; fruchtbar; 5. *(Farben)* satt; 6. *(Stimme)* voll, klangreich; 7. *fig* köstlich; ▶ **a ~ diet** e-e reichhaltige Kost; **~ in minerals** reich an Bodenschätzen; II *s* ▶ **the ~** *pl* die Reichen *m pl;* **~es** *pl* Reichtümer *m pl;* **rich·ness** [—nɪs] 1. Reichtum *m;* 2. Pracht *f;* Üppigkeit *f;* Luxus *m;* 3. Kraft, Fülle, Sattheit *f;* 4. Fruchtbarkeit *f;* 5. Schwere *f;* 6. Fettheit *f.*
rick·ety ['rɪkətɪ] *adj (Möbel)* wackelig.
rid [rɪd] ⟨*irr* rid *od* ridded, rid *od* ridded⟩ *tr* ▶ **~ of** befreien von; säubern von; **~ o.s. of s.o., s.th.** sich jdn, etw vom Halse schaffen; **be ~ of s.o., s.th.** jdn, etw los sein; **get ~ of s.o., s.th.** jdn, etw loswerden; **rid·dance** ['rɪdns] ▶ **good ~** ein Glück, daß wir das, ihn los sind.
rid·den ['rɪdn] I *v s. ride;* II *adj* ▶ **~ by fears, fear-~** angsterfüllt; **disease-~** von Krankheiten befallen, geplagt; **doubt-~** von Zweifeln geplagt.
riddle¹ ['rɪdl] Rätsel *n a. fig;* ▶ **speak in ~s** in Rätseln sprechen.
riddle² ['rɪdl] I *s* (Schüttel)Sieb *n;* II *tr* 1. sieben; 2. durchlöchern, -bohren (*with*

bullets mit Kugeln); ▶ **~d with mistakes** voller Fehler.
ride [raɪd] ⟨*irr* rode, ridden⟩ I *itr* 1. reiten (*on* auf); 2. *(Fahrrad)* fahren; 3. sich bewegen (*on, upon* auf); 4. *(Wolken)* schweben, dahinziehen; ▶ **~ on a bus, in a train** in e-m Bus, Zug fahren; **~ away** weg-, davonfahren; **the moon was riding high in the sky** der Mond zog hoch am Himmel dahin; **~ at anchor** vor Anker liegen; II *tr* 1. reiten; 2. *(Fahrrad)* fahren; fahren mit; 3. *Am fig* tyrannisieren, plagen; ▶ **he rode his horse away** er ritt mit seinem Pferd weg; **~ a race** bei e-m Rennen reiten; **the ship rode the waves** das Schiff trieb auf den Wellen; III *s* 1. Ritt *m;* 2. Fahrt *f;* Radfahrt *f;* 3. Reitweg *m;* ▶ **go for a ~** ausreiten; e-e Fahrt machen; **go for a ~ in the car** mit dem Auto wegfahren; **take s.o. for a ~** *fig* jdn anschmieren; **we had a ~ in a taxi** wir sind in e-m Taxi gefahren; IV *(mit Präposition)* **ride down** *tr* niederreiten; einholen; **ride out** *tr* überstehen; *itr* ausreiten; ▶ **~ out the storm** den Sturm überstehen; **ride up** *itr (Kleid)* hochrutschen.
rider ['raɪdə(r)] 1. Reiter(in) *m (f);* Fahrer(in) *m (f);* 2. *jur* Zusatz, Nachtrag *m;* Zusatzklausel *f.*
ridge [rɪdʒ] I *s* 1. *(Stoff)* Rippe *f;* (Blech) Welle *f;* 2. Bergrücken, Kamm *m;* Grat *m;* 3. (Dach)First *m;* 4. *(Nase)* Rücken *m;* 5. Ackerfurche *f;* II *tr* zerfurchen.
ridi·cule ['rɪdɪkju:l] I *s* Spott *m;* ▶ **lay o.s. open to ~** sich lächerlich machen; **hold s.o. up to ~** jdn lächerlich machen; II *tr* verspotten; **rid·icu·lous** [rɪ'dɪkjuləs] *adj* lächerlich.
rid·ing ['raɪdɪŋ] Reiten *n;* **riding-breeches** *pl* Reithose *f;* **riding-habit** Reitkostüm *n;* **riding light** *mar* Ankerlicht *n;* **riding-school** Reitschule *f.*
rife [raɪf] *adj* weit verbreitet; ▶ **~ with** voll von, voller; **be ~** umgehen; grassieren.
riffle ['rɪfl] *tr (~ through)* 1. durchblättern; 2. *(Karten)* mischen.
riff-raff ['rɪfræf] Pöbel *m,* Gesindel *n.*
rifle¹ ['raɪfl] Gewehr *n.*
rifle² ['raɪfl] *tr* plündern; durchwühlen.
rifle butt ['raɪflbʌt] Gewehrkolben *m;* **rifle·man** [—mən] ⟨*pl* -men⟩ Schütze *m;* **rifle-range** Schießstand *m;* ▶ **within, out of ~** in, außer Schußweite; **rifle-shot** Gewehrschuß *m.*
rift [rɪft] 1. Spalt *m;* 2. *fig* Spalt *m;* Riß *m;* **rift valley** *geol* Grabenbruch *m.*
rig [rɪg] I *tr* 1. *mar* auftakeln; 2. *fig (Wahlen)* manipulieren; ▶ **~ out** ausstaffieren; **~ up** improvisieren; arrangieren; II *s* 1. *mar* Takelage *f;* 2. *(oil-~)* Förderturm *m;* Ölbohrinsel *f;* 3. Auf-, Ausrüstung *f;* 4. *Am fam* Sattelschlepper *m;* ▶ **in full ~** in großer Aufma-

chung; **rig·ger** ['rɪgə(r)] *mar* Takler *m;* **rig·ging** ['rɪgɪŋ] 1. *mar* Auftakeln *n;* Tauwerk *n;* 2. *fig* Manipulation *f;* Schiebung *f.*

right [raɪt] I *adj* 1. recht, richtig; 2. *(Antwort, Zeit)* richtig; 3. *(Kleider)* richtig; 4. richtig, korrekt; in Ordnung; 5. rechte(r, s); ▶ **it's only ~** es ist nur recht und billig; **do the ~ thing by s.o.** sich jdm gegenüber anständig benehmen; **be ~** recht haben; richtig sein, stimmen, zutreffen; **you're quite ~** Sie haben ganz recht; **on the ~ track** auf dem rechten, richtigen Weg; **put, set ~** korrigieren; richtigstellen; **put s.o. ~** jdn berichtigen; **come at the ~ time** zur rechten Zeit kommen; **do s.th. the ~ way** etw richtig machen; **the ~ man for the job** der rechte Mann für die Stelle; **feel ~** sich wohl fühlen; **be as ~ as rain** kerngesund sein; **be in one's ~ mind** bei klarem Verstand sein; **~! ~-oh!** gut, schön, okay; **~ enough!** das stimmt! **~ hand** rechte Hand; II *adv* 1. direkt; genau; 2. ganz; 3. richtig; 4. rechts; ▶ **~ in front of you** direkt vor Ihnen; **~ away, ~ off** sofort, schnurstracks; **~ off** auf Anhieb; **~ now** in diesem Augenblick; **~ here** genau hier; **rotten ~ through** durch und durch verfault; **answer ~** richtig antworten; **if I remember ~** wenn ich mich recht erinnere; **turn ~** biegen Sie rechts ab; **~, left and centre** überall; **if I get you ~** wenn ich Sie richtig verstehe; III *s* 1. Recht *n;* 2. Anrecht *n,* Anspruch *m;* 3. rechte Seite; ▶ **be in the ~** im Recht sein; **have a ~ to s.th.** einen Anspruch auf etw haben; **by what ~?** mit welchem Recht? **by ~s** rechtmäßig, von Rechts wegen; **in one's own ~** selber, selbst; **put s.th. to ~** etw in Ordnung bringen; **drive on the ~** rechts fahren; **keep to the ~** sich rechts halten; **the R~** *pol* die Rechte; IV *tr* 1. aufrichten; 2. wiedergutmachen; ▶ **the problem should ~ itself** das Problem müßte sich von selbst lösen; **right angle** rechter Winkel; ▶ **at ~s** rechtwinklig *(to* zu); **right-angled** ['raɪtæŋgld] *adj* rechtwinklig.

right·eous ['raɪtʃəs] *adj* 1. rechtschaffen; 2. *(Wut)* gerecht, heilig.

right·ful ['raɪtfl] *adj* 1. rechtmäßig; 2. *(Bestrafung)* gerecht.

right-hand ['raɪthænd] *adj* rechte(r, s); ▶ **~ he's my ~ man** er ist meine rechte Hand; **right-hand drive** *adj* rechtsgesteuert; ▶ **this car has ~** dieser Wagen hat das Steuer rechts; **right-handed** [‚raɪt'hændɪd] *adj* 1. rechtshändig; 2. *(Schlag)* mit der rechten Hand; **right-hander** [‚raɪt'hændə(r)] 1. Rechtshänder(in) *m (f);* 2. *(Schlag)* Rechte *f;* **right·ist** ['raɪtɪst] *pol* Rechte(r) *f m.*

right·ly ['raɪtlɪ] *adv* 1. richtig; 2. mit Recht; ▶ **I don't ~ know** ich weiß nicht genau; **~ or wrongly** ob das nun richtig ist oder nicht; **and ~ so** und zwar mit Recht.

right-minded [‚raɪt'maɪndɪd] *adj* vernünftig; **right of way** *mot* Vorfahrt *f;* Durchgangsrecht *n;* **right-wing** I *adj* *pol* rechtsgerichtet; ▶ **~ extremism** Rechtsextremismus *m;* II *s* *pol sport* rechter Flügel.

rigid ['rɪdʒɪd] *adj* 1. starr, steif; 2. *fig* unbeugsam, unnachgiebig; 3. *(Disziplin)* streng; 4. *(System)* starr; ▶ **~ with fear** starr vor Angst; **ri·gid·ity** [rɪ'dʒɪdətɪ] 1. Starrheit, Steifheit *f;* 2. *fig* Härte, Strenge *f;* 3. *fig* Unnachgiebigkeit *f.*

rig·ma·role ['rɪgmərəʊl] 1. Gerede, Geschwätz *n;* 2. *fig* umständliche Prozedur.

ri·gor mor·tis ['rɪgə'mɔːtɪs] Toten-, Leichenstarre *f;*

rig·or·ous ['rɪgərəs] *adj* 1. *(Maßnahmen)* rigoros; 2. *(Disziplin)* streng, strikt; 3. *(Test)* gründlich; 4. *(Klima)* streng; **rig·our,** *Am* **rigor** ['rɪgə(r)] 1. Strenge, Striktheit *f;* 2. *pl* Unbilden *pl.*

rig-out ['rɪgaʊt] *fam* Toilette *f;* Aufmachung *f;* Ausrüstung *f.*

rim [rɪm] 1. Rand *m,* Kante *f;* 2. Hutkrempe *f;* 3. *(Brille)* Fassung *f.*

rime¹ [raɪm] (Rauh)Reif *m.*

rime² [raɪm] *Am s. rhyme.*

rim·less ['rɪmlɪs] *adj* randlos; **rimmed** [rɪmd] *adj* mit Rand.

rind [raɪnd] 1. (Käse)Rinde *f;* 2. *(Schinken)* Schwarte *f;* 3. *(Frucht)* Schale *f.*

ring¹ [rɪŋ] ⟨*irr* rang, rung⟩ I *itr* 1. *(Glocke)* läuten; klingen; schallen; 2. *(Worte)* tönen, schallen; erklingen; ▶ **the doorbell rang** es hat geläutet; **~ for s.o.** nach jdm läuten; **~ at the door** an der Tür klingeln, läuten; **~ false, true** falsch, wahr klingen; **my ears are ~ing** mir klingen die Ohren; II *tr* 1. läuten; 2. *(~ up)* anrufen; ▶ **~ the doorbell** an der Tür läuten; **that ~s a bell** das kommt mir bekannt vor; **~ the changes** *fig* etwas in allen Variationen durchspielen; III *s* 1. Klang *m;* Läuten *n;* Klingeln *n;* 2. *tele* Anruf *m;* 3. *fig* Klang *m;* ▶ **there was a ~ at the door** es hat geläutet; **give s.o. a ~** jdn anrufen; IV *(mit Präposition)* **ring back** *tr, itr tele* zurückrufen; **ring down** *tr* ▶ **~ the curtain down** den Vorhang niedergehen lassen; **~ down the curtain** e-n Schlußstrich unter etw ziehen; **ring in** *tr* einläuten; **ring off** *itr tele* aufhängen, den Hörer auflegen; **ring out** *itr* ertönen; laut erklingen; *tr (Jahr)* ausläuten; **ring up** *tr tele* anrufen; ▶ **~ up the curtain** den Vorhang hochgehen lassen.

ring² [rɪŋ] I *s* 1. Ring *m;* Schwimmring *m;* 2. *(Baum)* Jahresring *m;* 3. *pol* Ring *m;* 4. *(Zirkus)* Manege *f,* Ring *m;* 5.

(Mond) Hof *m;* 6. (Box)Ring *m;* ► **have ~s round one's eyes** Ringe unter den Augen haben; **stand in a ~** im Kreis stehen; **run ~s round s.o.** jdn in die Tasche stecken; **II** *tr* 1. umringen; 2. *(Spiel)* e-n Ring werfen über; 3. einkreisen; 4. *(Vogel)* beringen.

ring-binder ['rɪŋbaɪndə(r)] Ringbuch *n;* Ringordner *m.*

ringer ['rɪŋə(r)] Glöckner *m.*

ring·fin·ger ['rɪŋfɪŋgə(r)] Ringfinger *m.*

ring·ing ['rɪŋɪŋ] *adj* schallend; läutend.

ring·leader ['rɪŋliːdə(r)] Rädelsführer(in) *m (f).*

ring·let ['rɪŋlɪt] Ringellocke *f.*

ring-road ['rɪŋrəʊd] Ringstraße *f;* **ring-side** ['rɪŋsaɪd] ► **at the ~** am Ring; **have a ~ seat** e-n Logenplatz haben.

rink [rɪŋk] Eis-, Rollschuhbahn *f.*

rinse [rɪns] **I** *tr* 1. (ab-, aus)spülen; 2. *(Haar)* tönen; ► **~ one's hands** sich die Hände abspülen; **~ down** abspülen; **~ out** ausspülen, auswaschen; **II** *s* 1. Spülung *f;* 2. *(Haare)* Tönung *f.*

riot ['raɪət] **I** *s* 1. Aufstand, Aufruhr *m;* Krawall *m;* 2. Orgie *f a. fig;* ► **run ~** randalieren; *bot* wuchern; **read s.o. the ~ act** jdm die Leviten lesen; **~ squad** Überfallkommando *n;* **a ~ of flowers** ein wildes Blumenmeer; **be a ~** zum Schreien sein; **II** *itr* randalieren; **rioter** ['raɪətə(r)] Aufrührer(in), Unruhestifter(in) *m (f);* **riot·ing** ['raɪətɪŋ] Krawalle *m pl;* ► **~ in the streets** Straßenkrawalle *m pl;* **riot·ous** ['raɪətəs] *adj* 1. randalierend; wild; 2. *fig* urkomisch; ► **a ~ success** ein Riesenerfolg.

rip [rɪp] **I** *tr* e-n Riß machen in; zerreißen; ► **~ open** aufreißen; **II** *itr* reißen; **the car ~s along** der Wagen rast dahin; **let ~** loslegen; **III** *s* Riß, Schlitz *m;* **IV** *(mit Präposition)* **rip down** *tr* herunterreißen; abreißen; **rip off** *tr* 1. abreißen; 2. *sl* mitgehenlassen, klauen; **rip up** *tr* zer-, aufreißen.

ri·par·ian [raɪˈpeərɪən] *adj* Ufer-.

rip-cord ['rɪpkɔːd] *aero* Reißleine *f.*

ripe [raɪp] *adj* 1. *(Frucht, Käse)* reif; 2. *(Lippen)* voll; 3. *fig* reif; ► **live to a ~ old age** ein hohes Alter erreichen; **be ~ for s.th.** für etw reif sein; **ripen** ['raɪpən] **I** *itr* reifen; **II** *tr* reifen lassen; **ripe·ness** ['raɪpnɪs] Reife *f a. fig.*

rip-off ['rɪpɒf] Wucher, Nepp *m;* Schwindel *m.*

ri·poste [rɪˈpɒst] **I** *s* schlagfertige Antwort; **II** *itr* scharf erwidern.

ripple ['rɪpl] **I** *itr* 1. sich (leicht) kräuseln; 2. *(Wasser)* plätschern; **II** *tr* kräuseln; wogen lassen; **III** *s* 1. Kräuseln *n;* kleine Welle; 2. Geplätscher, Gemurmel *n;* ► **~ of laughter** kurzes Lachen; perlendes Gelächter.

rip-roar·ing ['rɪprɔːrɪŋ] *adj fam* sagenhaft.

rip·tide ['rɪptaɪd] starke Strömung.

rise [raɪz] ⟨*irr* **rose, risen**⟩ **I** *itr* 1. aufstehen, sich erheben; 2. steigen; 3. *(Preis)* ansteigen; 4. *(Lift)* hochfahren, nach oben fahren; 5. *(Vorhang)* sich heben; 6. *(Mond)* aufgehen; 7. *(Sturm)* aufkommen; 8. *(Stimme)* höher werden; 9. *(Gebäude)* entstehen; 10. *(Hoffnung)* steigen; wachsen, zunehmen; 11. *(Berg)* sich erheben; 12. *(Tagung)* auseinandergehen, beendet sein; 13. *(Fluß)* entspringen; 14. *(~ up)* sich erheben; sich empören, ► **~ from the table** vom Tisch aufstehen; **~ on tiptoe** sich auf die Zehenspitzen stellen; **~ from the dead** von den Toten auferstehen; **~ to the surface** an die Oberfläche kommen; **~ in price** im Preis steigen; **~ in society** es zu etwas bringen; **~ up in revolt** rebellieren; **~ above** erhaben sein über; **~ up** aufstehen, sich erheben; **II** *s* 1. Anstieg *m,* Steigen *n;* Zunahme *f;* Steigerung *f;* 2. *com* Aufschwung *m;* 3. *(Vorhang)* Hochgehen, Heben *n;* 4. *mus* Erhöhung *f;* 5. *fig* Aufstieg *m;* 6. *(Hügel)* Erhebung *f;* Steigung *f;* 7. *(Fluß)* Ursprung *m;* 8. Gehaltserhöhung *f;* **be on the ~** im Steigen begriffen sein; **a ~ in the population** ein Bevölkerungszuwachs *m;* **get a ~ out of s.o.** jdn zur Reaktion bringen; **the river has its ~ in** der Fluß entspringt in; **give ~ to s.th.** etw verursachen; Anlaß zu etw geben; **risen** ['rɪzn] *v s.* **rise.**

riser ['raɪzə(r)] 1. *(Treppenstufe)* Setzstufe *f;* 2. *(Gas, Wasser)* Steigleitung *f;* ► **early, late ~** Früh-, Spätaufsteher *m.*

ris·ing ['raɪzɪŋ] **I** *adj* 1. (auf-, an)steigend; 2. *(Gestirn)* aufgehend; 3. *(Wind)* aufkommend; 4. *(Wut)* wachsend; 5. *fig* aufstrebend; ► **the ~ generation** die kommende Generation; **a ~ tide** Flut *f;* **II** *s* 1. (Auf-, An)Steigen *n;* 2. *(Sonne)* Aufgang *m;* 3. *rel* Auferstehung *f;* 4. *(Vorhang)* Hochgehen *n;* 5. Erhebung *f,* Aufstand *m;* **III** *adv* ► **she's ~ twelve** sie ist fast zwölf.

risk [rɪsk] **I** *s* 1. Gefahr *f,* Wagnis, Risiko *n;* 2. *(Versicherung)* Risiko *n;* ► **take, run a ~** ein Risiko eingehen *(doing s.th.* etw zu tun)*;* **at one's own ~** auf eigene Gefahr; **at the ~ of his life** unter Einsatz seines Lebens; **children at ~** gefährdete Kinder; **put s.o. at ~** jdn gefährden; **fire ~** Feuerrisiko *n;* **II** *tr* 1. riskieren, aufs Spiel setzen; 2. *(Streit)* riskieren, wagen; **risk factor** Risikofaktor *m;* **risk liability** *jur* Gefährdungshaftung *f;* **risky** ['rɪskɪ] *adj* riskant, gewagt.

ris·qué ['riːskeɪ] *adj* pikant, gewagt.

ris·sole ['rɪsəʊl] Frikadelle *f.*

rite [raɪt] Ritus *m;* **rit·ual** ['rɪtʃʊəl] **I** *adj* rituell; **II** *s* Ritual, Zeremoniell *n;* ► **he went through the same old ~** er durch-

lief dasselbe alte Ritual.
ritzy ['rɪtsɪ] *adj sl* piekfein.
ri·val ['raɪvl] **I** *s* Rivale *m*, Rivalin *f;*
Konkurrent(in) *m (f);* **II** *adj* konkurrie-
rend; **III** *tr* **1.** rivalisieren mit; **2.** *com*
konkurrieren mit; **ri·valry** ['raɪvlrɪ] Ri-
valität *f;* Konkurrenz *f.*
river ['rɪvə(r)] Fluß *m;* Strom *m;* ▶ **down**
~ flußabwärts; **up** ~ flußaufwärts; **~s of
blood** Blutströme *m pl;* **sell s.o. down
the** ~ *sl* jdn hereinlegen; **river basin**
Flußbecken *n;* **river bed** Flußbett *n;*
river fish Flußfisch *m;* **river naviga-
tion** Flußschiffahrt *f;* **river police**
Wasserpolizei *f;* **river·side** ['rɪvəsaɪd]
Flußufer *n;* ▶ **on the** ~ am Fluß.
rivet ['rɪvɪt] **I** *s tech* Niete *f;* **II** *tr* **1.**
(ver)nieten; **2.** *(Aufmerksamkeit)* fes-
seln; ▶ **it ~ed our attention** das fessel-
te unsere Aufmerksamkeit; **riv·et·ing**
['rɪvətɪŋ] **I** *s* Nieten; **II** *adj fig* fesselnd.
rivu·let ['rɪvjʊlɪt] Flüßchen *n*, Bach *m.*
roach [rəʊtʃ] **1.** *(Fisch)* Plötze *f;* **2.**
(cock~) Schabe *f.*
road [rəʊd] **1.** (Land)Straße *f;* **2.** *fig* Weg
m; **3.** *pl mar* Reede *f;* ▶ **by** ~ *(Güter)*
per Spedition; *(Menschen)* mit dem Au-
to/Bus; **just across the** ~ gerade gegen-
über; **the car is off the** ~ das Auto wird
nicht benutzt; **take a car off the** ~ ein
Auto stillegen, (bei der Zulassungsstelle)
abmelden; **take to the** ~ sich auf den
Weg machen; auf Tournee sein; **be on the** ~ unterwegs
sein; auf Tournee sein; **be on the right**
~ auf dem richtigen Weg sein; **on the** ~
to success auf dem Weg zum Erfolg;
live across the ~ über die, auf der
anderen Seite der Straße wohnen; **is
this the** ~ **to . . .?** geht es hier nach . . .?;
road accident Verkehrsunfall *m;*
road-block Straßensperre *f;* **road
construction** Straßenbau *m;* **road
haulage** Spedition *f;* **road-hog** *fam*
Verkehrsrowdy *m;* **road-house** Rast-
haus *n;* **road·man** [—mæn] ⟨*pl* -men⟩
Straßenarbeiter *m;* **road map** Straßen-,
Autokarte *f;* **road metal** Straßenschot-
ter *m;* **road safety** Verkehrssicherheit
f; **road-sense** Verkehrssinn *m;* **road-
side** ['rəʊdsaɪd] Straßenrand *m;*
▶ **along the** ~ am Straßenrand; **road
sign** (Straßen)Verkehrszeichen, -schild
n; **road·stead** ['rəʊdsted] *mar* Reede
f; **road surface** Fahrbahn *f;* Fahrbahn-
belag *m;* **road sweeper** Straßenkeh-
rer(in) *m (f);* **road-test** *mot* **I** *tr (ein
Fahrzeug)* testfahren; **II** *s* Testfahrt *f,*
Straßentest *m;* **road traffic** Straßen-
verkehr *m;* **road transport** Straßengü-
terverkehr *m;* **road-up** ['rəʊdʌp] **1.**
Baustelle *f;* **2.** Straßensperre *f;* **road
user** Verkehrsteilnehmer(in) *m (f);*
road·way ['rəʊdweɪ] Fahrbahn *f;*
road·works ['rəʊdwɜːks] *pl* Straßen-
bauarbeiten *f pl.*

roam [rəʊm] **I** *itr (~ about)* umher-
schweifen; herumwandern; **II** *tr* wan-
dern, ziehen durch; ▶ ~ **the streets**
herumstreunen; **roamer** ['rəʊmə(r)]
Landstreicher *m;* Herumstreicher *m.*
roan [rəʊn] **I** *adj (Pferd, Kuh)* rötlich-
grau; **II** *s (Pferd)* Rotschimmel *m.*
roar [rɔː(r)] **I** *itr* **1.** brüllen *(with* vor); **2.**
(Feuer) prasseln; **3.** *(Wind)* heulen; **4.**
(Wasser) tosen; **5.** *(Donner)* toben; **6.**
(Gewehr) donnern; ▶ ~ **at s.o.** jdn an-
brüllen; **II** *tr* **1.** *(~ out)* (hinaus)brüllen,
schreien; **2.** *(Auto)* aufheulen lassen; **III**
s **1.** Gebrüll *n;* **2.** Prasseln *n;* **3.** Heulen
n; **4.** Tosen *n;* **5.** *(Sturm)* Toben, Heulen
n; ▶ **~s of laughter** brüllendes Geläch-
ter; **roar·ing** [—ɪŋ] **I** *adj* **1.** brüllend
(with vor); **2.** donnernd, tosend; **3.** pras-
selnd; tobend; ▶ **be in** ~ **health** vor
Gesundheit strotzen; **a** ~ **success** ein
durchschlagender Erfolg; **the** ~ **Twen-
ties** die wilden zwanziger Jahre; ~
drunk volltrunken; **a** ~ **trade** ein Rie-
sengeschäft; **II** *s. roar.*
roast [rəʊst] **I** *tr* **1.** braten; **2.** *(Kaffee)*
rösten; ▶ ~ **o.s. by the fire** *fam* sich am
Feuer braten lassen; **II** *itr* **1.** braten; **2.**
fig irrsinnig schwitzen; in der Sonne
braten; **III** *s* Braten *m;* ▶ **pork** ~
Schweinebraten *m;* **IV** *adj* gebraten;
roast beef Roastbeef *n;* **roast
chicken** Brathuhn *n;* **roaster**
['rəʊstə(r)] **1.** Bratofen *m;* **2.** *(für Kaf-
fee)* Röstapparat *m;* **3.** Brathähnchen *n;*
Spanferkel *n;* **roast·ing** ['rəʊstɪŋ] **I** *s* **1.**
Braten *n;* **2.** *fig* Verriß *m;* Standpauke *f;*
▶ **give s.o. a** ~ jdn verreißen; **II** *adj*
glühend heiß.
rob [rɒb] *tr* **1.** *(Sache)* rauben; **2.** *(Per-
son)* berauben; ausrauben; ▶ ~ **s.o. of
s.th.** jdn e-r S berauben; jdm etw ab-,
wegnehmen; **rob·ber** ['rɒbə(r)] Räu-
ber(in) *m (f);* **rob·bery** ['rɒbərɪ] Raub
m; Einbruch *m;* ▶ ~ **with violence**
Raubüberfall *m;* **the bank** ~ der Über-
fall auf die Bank.
robe [rəʊb] **I** *s* **1.** Robe *f,* Talar *m;* **2.** Am
Morgen-, Bademantel *m;* **II** *tr* ankleiden,
die Amtsrobe anlegen *(s.o.* jdm).
robin ['rɒbɪn] *orn* Rotkehlchen *n.*
ro·bot ['rəʊbɒt] Roboter *m a. fig;*
▶ **industrial** ~ Industrieroboter *m;* **ro-
botics** [rəʊ'bɒtɪks] *tech* Robotik *f.*
ro·bust [rəʊ'bʌst] *adj* **1.** stark, kräftig,
robust; **2.** *(Humor)* gesund, unverwüst-
lich; **3.** *(Widerstand)* stark; **4.** *(Struktur)*
massiv, stabil; **ro·bust·ness** [—nɪs]
Kräftigkeit, Robustheit *f;* Unverwüst-
lichkeit *f;* Massivität, Stabilität *f.*
rock[1] [rɒk] **1.** Gestein *n;* Fels(en) *m;* **2.**
Felsbrocken *m;* großer Stein; **3.** Lutsch-
stange *f,* Kandis *m;* ▶ **on the ~s** blank,
ohne Geld; *(Getränk)* mit Eiswürfeln;
(Heirat) kaputt; **built on** ~ auf Fels
gebaut; **falling ~s** Steinschlag *m;* **the**

ship went on the ~s das Schiff lief auf; **as solid as a** ~ massiv wie ein Fels; unerschütterlich.

rock² [rɒk] **I** *tr* **1.** schaukeln, wiegen; **2.** *fig* einlullen; **3.** rütteln, erschüttern *a. fig;* ins Wanken bringen; ▶ ~ **the boat** *fig* für Unruhe sorgen; ~ **s.o. to sleep** jdn in den Schlaf wiegen; **II** *itr* **1.** schaukeln; **2.** schwanken; beben; **3.** *mus* rokken; **4.** *(Schiff)* schlingern; ▶ ~ **with laughter** sich schütteln vor Lachen; **III** *s* (~ *music)* Rock *m;* Rock 'n' Roll *m;* **rock-and-roll, rook'n roll** [ˌrɒk ən'rəʊl] Rock 'n' Roll *m;* **rock band** Rockband *f.*

rock-bot·tom [ˌrɒk'bɒtəm] **I** *s* der Tiefpunkt, Nullpunkt; **II** *adj (Preise)* niedrigste(r, s); **rock climber** Kletterer *m,* Kletterin *f;* **rock-climbing** Klettern *n,* Klettersport *m;* **rock-crystal** Bergkristall *m.*

rocker ['rɒkə(r)] **1.** Kufe *f;* **2.** *sl* Rocker *m;* ▶ **be, go off one's** ~ *sl* übergeschnappt sein, überschnappen.

rocket ['rɒkɪt] **I** *s* Rakete *f;* ▶ **give s.o. a** ~ *fig* jdm e-n Anschiß geben; **intercontinental** ~ Interkontinentalrakete *f;* **II** *itr (Preise)* rasch steigen, hochschnellen; ~ **to fame** über Nacht berühmt werden; **rocket launcher** Raketenabschußrampe *f,* -gerät *n;* **rocket-launching site** Raketenabschußbasis *f;* **rocket propulsion** Raketenantrieb *m.*

rock face ['rɒkfeɪs] Felsenwand *f.*

rock fes·ti·val ['rɒk'festɪvl] Rockfestival *n.*

rock gar·den ['rɒkgɑ:dn] Steingarten *m.*

rock·ing ['rɒkɪŋ] *adj* schaukelnd; **rocking-chair** Schaukelstuhl *m;* **rocking-horse** Schaukelpferd *n.*

rock mu·sic ['rɒk'mju:zɪk] Rockmusik *f.*

rock-plant ['rɒkplɑ:nt] Steinpflanze *f.*

rock star ['rɒkstɑ:(r)] Rockstar *m.*

rock-salt Steinsalz *n.*

rocky¹ ['rɒkɪ] *adj* felsig; steinig.

rocky² ['rɒkɪ] *adj fam* schwankend, wackelig.

ro·coco [rə'kəʊkəʊ] Rokoko *n.*

rod [rɒd] **1.** Rute, Gerte *f;* **2.** Stab *m,* Stange *f;* **3.** *(divining* ~) Wünschelrute *f;* **4.** *(fishing-*~) Angelrute *f;* ▶ **make a** ~ **for one's own back** sich das Leben (unnötig) schwermachen; sich etw selbst einbrocken; **rod bacterium** Stäbchenbakterie *f.*

rode [rəʊd] *v s.* ride.

ro·dent ['rəʊdnt] Nagetier *n.*

ro·deo ['rəʊdɪəʊ] ⟨*pl* -deos⟩ Rodeo *n.*

roe¹ [rəʊ] (~ *deer)* Reh *n;* **roe buck** Rehbock *m.*

roe² [rəʊ] (Fisch)Rogen *m.*

rogue [rəʊg] **1.** Schuft, Schurke, Strolch *m;* Schlingel *m;* **2.** *zoo* Einzelgänger *m;* ▶ ~s' **gallery** Verbrecheralbum *n;* **ro·guery** ['rəʊgərɪ] Gaunerei, Schurkerei

f; **ro·guish** ['rəʊgɪʃ] *adj* schelmisch.

role, rôle [rəʊl] *theat fig* Rolle *f;* ▶ **play a** ~ e-e Rolle spielen; **leading** ~ Hauptrolle *f;* **title-**~ Titelrolle *f;* **role model** Rollenbild *n;* **role play** Rollenspiel *n.*

roll [rəʊl] **I** *itr* **1.** *(a. Augen, Wogen, Donner)* rollen; **2.** *(Trommel)* wirbeln; **3.** *(Schiff)* schlingern; **4.** *(Donner)* grollen; ▶ ~ **down the hill** den Berg hinunterkugeln, -rugeln; **keep the show** ~**ing** die Show in Gang halten; ~ **in money** in Geld schwimmen; **II** *tr* **1.** rollen, wälzen; **2.** *(Metall)* walzen; **3.** *(Zigarette)* drehen; **4.** *(Teig)* ausrollen; ▶ ~**ed oats** Haferflocken *pl;* ~ **one's eyes** die Augen rollen; ~ **s.th. between one's fingers** etw zwischen den Fingern drehen; ~ **one's r's** das R rollen; **III** *s* **1.** *(Papier)* Rolle *f;* **2.** *(Stoff)* Ballen *m;* **3.** *(Banknoten)* Bündel *n;* **4.** *(Fett)* Wulst *m;* **5.** *(bread* ~) Brötchen *n;* **6.** Rollen *n;* Schlingern *n;* Schaukeln *n;* **7.** *(Donner)* Rollen *n;* Brausen *n;* **8.** *jur* Liste *f,* Register *n;* Anwaltsliste *f;* ▶ **a** ~ **of film** e-e Rolle Film; **do a** ~ e-e Rolle machen; **call the** ~ die Namensliste verlesen, die Namen aufrufen; ~ **of honour** Ehrenliste *f;* **strike s.o.'s name off the** ~s jds Namen von der Liste streichen; **IV** *(mit Präposition)* **roll back** *tr (Teppich)* zurückrollen; ▶ ~ **back the years** die Uhr zurückdrehen; **roll by** *itr* **1.** *(Auto)* vorbeirollen; **2.** *(Wolken)* vorbeiziehen; **3.** *(Jahre)* dahinziehen; **roll in** *itr (Briefe, Geld, Ideen)* hereinströmen; **roll on** *itr* **1.** weiterrollen; **2.** *(Zeit)* verfliegen; **roll out** *tr* **1.** *(Teig)* ausrollen; **2.** *(Verse)* in Mengen produzieren; ▶ ~ **out the red carpet for s.o.** *fig* jdn mit e-m großen Bahnhof empfangen; **roll up** *tr* **1.** auf-, zusammenrollen; **2.** *(Ärmel)* hochkrempeln; *itr* kommen, erscheinen.

roll bar *mot* Überrollbügel *m;* **roll call** ['rəʊlkɔ:l] Namensaufruf *m;* **roll collar** Rollkragen *m.*

roller ['rəʊlə(r)] **1.** Rolle *f;* **2.** *(pastry* ~) Nudelholz *n;* **3.** *(hair* ~) Lockenwickler· *m;* **4.** *tech* Rollklotz *m;* **5.** *(Welle)* Brecher *m;* ▶ **put one's hair in** ~s sich die Haare aufdrehen; **roller bearing** *tech* Rollenlager *n;* **roller blind** Springrollo *n;* **roller coaster** Achterbahn, Berg- und-Tal-Bahn *f;* **roller-skate I** *s* Rollschuh *m;* **II** *itr* Rollschuh laufen; **roller towel** Rollhandtuch *n.*

rol·lick·ing ['rɒlɪkɪŋ] *adj* fröhlich, lustig, ausgelassen.

roll·ing ['rəʊlɪŋ] *adj* **1.** *(a. Ton, Donner)* rollend; **2.** *mar* schlingernd; **3.** *(Wellen)* wogend; **4.** *(Gelände)* wellig; **5.** *(See)* rollend; ▶ **he's a** ~ **stone** er ist ein unsteter Bursche; **rolling mill** Walzwerk *n;* **rolling pin** Nudelholz *n,* Teigrolle *f;* **rolling stock** *rail* rollendes

Material.
roll-neck ['rəʊlnek] Rollkragen *m;* **roll-on** ['rəʊlɒn] 1. Elastikschlüpfer *m;* 2. (Deo)Roller *m;* **roll-on-roll-off** *adj (Fährschiff)* Roll-on-roll-off-.
roly-poly [ˌrəʊlɪ'pəʊlɪ] I *adj* kugelrund, pummelig; II *s* 1. Marmeladepudding *m;* 2. *fam* Pummel *m.*
ROM [rɒm] *Abk:* **read-only memory** *EDV* ROM *n.*
Ro·man ['rəʊmən] I *adj* 1. römisch; 2. *(~ Catholic)* römisch-katholisch; ▶ **~ numerals** *pl* römische Ziffern *f pl;* II *s hist* Römer(in) *m (f);* **Roman-Catholic** I *adj* römisch-katholisch; II *s* Katholik(in) *m (f).*
ro·mance [rəʊ'mæns] I *s* 1. Ritter-, Abenteuer-, Liebesroman *m;* Liebesgeschichte *f;* 2. *fig* Romantik *f;* 3. Romanze *f a. mus;* II *adj* ▶ R~ **languages** romanische Sprachen *f pl.*
Ro·man·esque [ˌrəʊmə'nesk] *adj* romanisch.
Ro·ma·nia [rə'meɪnɪə] Rumänien *n;* **Ro·ma·nian** [rə'meɪnɪən] I *adj* rumänisch; II *s* 1. Rumäne *m,* Rumänin *f;* 2. *(Sprache)* (das) Rumänisch(e).
ro·man·tic [rəʊ'mæntɪk] I *adj* 1. romantisch; 2. *fig* romantisch veranlagt; II *s* Romantiker(in) *m (f);* **ro·man·ti·cism** [rəʊ'mæntɪsɪzəm] *mus* Romantik *f;* **ro·man·ti·cist** [rəʊ'mæntɪsɪst] *mus* Romantiker(in) *m (f).*
Rom·any ['rɒmənɪ] 1. Zigeuner(in) *m (f);* 2. *(Sprache)* Zigeunersprache *f.*
Rome ['rəʊm] Rom *n;* ▶ **when in ~ do as the Romans (do)** *prov* man muß sich den Gegebenheiten anpassen; **~ wasn't built in a day** *prov* Rom ist auch nicht an einem Tag erbaut worden; **the Church of ~** die römische Kirche.
romp [rɒmp] I *itr* herumtollen, sich austoben, ausgelassen sein; ▶ **~ home** mühelos gewinnen; **~ through s.th.** mit etw spielend fertig werden; II *s* Tollerei *f,* Klamauk *m;* **romper** ['rɒmpə(r)] *meist pl* Spielhöschen *n.*
Roneo ['rəʊnɪəʊ] *Wz* I *s* Kopie *f;* II *tr* (mit Matrize) kopieren.
roof [ruːf] I *s* 1. Dach *n;* 2. *(Tunnel)* Gewölbe *n;* 3. *mot* Verdeck *n;* ▶ **the ~ of the mouth** der Gaumen; **the ~ of the world** das Dach der Welt; **without a ~ over one's head** ohne Dach über dem Kopf; **raise the ~** das Haus zum Beben bringen; II *tr* mit e-m Dach versehen; ▶ **~ over** überdachen; **roof-garden** Dachgarten *m;* **roof·ing** ['ruːfɪŋ] Material *n* zum Dachdecken; **roof-rack** *mot* Dachgepäckträger *m.*
rook [rʊk] I *s* 1. Saatkrähe *f;* 2. *(Schach)* Turm *m;* 3. Betrüger *m;* II *tr* betrügen; übers Ohr hauen; III *itr (Schach)* mit dem Turm ziehen; **rook·ery** [—ərɪ] Kolonie *f.*

rookie ['rʊkɪ] *Am sl* Neuling *m; bes mil* Grünschnabel *m.*
room [ruːm] I *s* 1. Zimmer *n,* Raum *m;* Saal *m;* 2. Büro *n;* 3. Platz *m;* 4. *fig* Spielraum *m;* ▶ **~s to let** Zimmer *n pl* zu vermieten; **~ and board** Unterkunft mit Verpflegung; **there is ~ for two** es ist genügend Platz für zwei; **make ~ for s.o.** jdm Platz machen; **there is no ~ for doubt** es kann keinen Zweifel geben; **there is ~ for improvement** es ließe sich noch manches verbessern; II *itr Am* zur Untermiete wohnen *(at* bei); **roomer** ['ruːmə(r)] *Am* Untermieter(in) *m (f);* **room·ful** [—fʊl] ▶ **a ~ of people** ein Zimmer voll(er) Leute; **room·ing house** ['ruːmɪŋhaʊs] *Am* Mietshaus *n* mit möblierten Wohnungen; **room-mate** Zimmergenosse *m,* -genossin *f;* **roomy** ['ruːmɪ] *adj* geräumig.
roost [ruːst] I *s* Hühnerstange *f,* -stall *m;* ▶ **at ~** auf der Stange; **come home to ~** *fig* auf den Urheber zurückfallen; **rule the ~** das Regiment führen; II *itr (Vogel)* sich auf die Stange setzen.
rooster ['ruːstə(r)] *zoo* Hahn *m.*
root [ruːt] I *s* 1. *(Pflanze, Haar, Zahn)* Wurzel *f;* 2. *fig* Grundlage *f;* Kern *m;* Ursache *f;* 3. *math* Wurzel *f;* 4. *ling* Wurzel *f,* Stamm *m;* ▶ **~s** *pl* Wurzeln *f pl a. fig;* **by the ~s** mit der Wurzel; **take ~** Wurzeln schlagen; **have no ~s** nirgends zu Hause sein; **put down ~s in a country** in e-m Land Fuß fassen; **~ and branch** mit Stumpf und Stiel; **get to the ~ of the problem** dem Problem auf den Grund gehen, das Problem bei den Wurzeln packen; **the ~ of the matter** der Kern der Sache; **square, cube ~** *math* Quadrat-, Kubikwurzel *f;* II *itr* **~ for** anfeuern; III *tr* Wurzeln schlagen lassen bei; ▶ **deeply ~ed** *fig* tief verwurzelt; **~ out** mit der Wurzel ausreißen; *fig* aufspüren; **~ up** ausgraben; **root beer** *Am* leichtes nichtalkoholisches Getränk; **root cause** *fig* (eigentlicher) Grund; **root·less** ['ruːtlɪs] *adj* wurzellos; **root sign** *math* Wurzelzeichen *n;* **root vegetable** Wurzelgemüse *n.*
rope [rəʊp] I *s* 1. Seil, Tau *n;* 2. Strick, Strang *m;* 3. *(Glocke)* Glockenstrang *m;* ▶ **on the ~s** angeseilt; **be on the ~s** *(Boxen)* in den Seilen hängen; **give s.o. plenty of ~** jdm viel Freiheit lassen; **a ~ of climbers** e-e Seilschaft; **know the ~s** sich auskennen; **show s.o. the ~s** jdn in alles einweihen; **~ of pearls** Perlenschnur *f;* II *tr* 1. verschnüren; 2. mit dem Lasso fangen; ▶ **~ in** einschließen; **~ s.o. in** jdn (ein)fangen; **~ off** mit e-m Seil abgrenzen; **rope·dancer, -walker** Seiltänzer(in) *m (f);* **rope-way** ['rəʊpweɪ] (Draht)Seilbahn *f;*

rop(e)y ['rəʊpɪ] *adj sl* miserabel; mitgenommen; ▶ **I feel a bit ~** mir geht's nicht so gut, nicht besonders.

ro-ro ['rəʊrəʊ] *adj s. roll-on-roll-off.*

ro·sary ['rəʊzərɪ] *rel* Rosenkranz *m.*

rose¹ [rəʊz] *v s. rise.*

rose² [rəʊz] **I** *s* **1.** *bot* Rose *f;* **2.** *(Farbe)* Rosa *n;* **3.** *(Gießkanne)* Brause *f;* **4.** *arch* Rosette *f;* ▶ **under the ~** unter dem Siegel der Verschwiegenheit; **my life isn't all (a bed of) ~s** ich bin auch nicht auf Rosen gebettet; **no ~ without a thorn** *prov* keine Rose ohne Dornen; **the Wars of the R~s** *hist* die Rosenkriege *pl;* **II** *adj* rosenfarben, rosarot; **rose-bud** Rosenknospe *f;* **rose-bush** Rosenstrauch *m;* **rose-garden** Rosengarten *m;* **rose-hip** Hagebutte *f.*

rose·mary ['rəʊzmərɪ] *bot* Rosmarin *m.*

ro·sette [rəʊ'zet] Rosette *f a. arch.*

rose-water ['rəʊzwɔ:tə(r)] Rosenwasser *n;* **rose window** (Fenster)Rosette *f.*

rosin ['rɒzɪn] **I** *s (Geige)* Harz, Kolophonium *n;* **II** *tr* mit Kolophonium einreiben.

ros·ter ['rɒstə(r)] Dienstplan *m.*

ros·trum ['rɒstrəm] ⟨*pl* -trums, -tra⟩ ['rɒstrə] Tribüne *f;* Rednerpult *n.*

rosy ['rəʊzɪ] *adj* **1.** rosarot, rosig; **2.** *fig* rosig.

rot [rɒt] **I** *itr* **1.** (ver)faulen, verrotten; **2.** *fig* verkommen, verderben; ▶ **~ away** verfaulen, vermodern; **II** *tr* verfaulen lassen; **III** *s* **1.** Fäulnis *f;* Moder *m;* **2.** *sl* Un-, Blödsinn, Quatsch *m;* ▶ **dry ~** Trockenfäule *f;* **stop the ~** *a. fig* den Fäulnisprozeß aufhalten; **talk ~** *sl* Unsinn, Kohl reden.

rota ['rəʊtə] *Br* Dienstplan *m.*

ro·tary ['rəʊtərɪ] **I** *adj* rotierend, sich drehend; Rotations-; ▶ **~ engine** *mot* Drehkolben-, Wankelmotor *m;* **~ motion** Kreis-, Drehbewegung *f;* **~ press** *typ* Rotationsdruckmaschine *f;* **II** *s Am* Kreisverkehr *m.*

rota system Rotationsprinzip *n.*

ro·tate [rəʊ'teɪt] **I** *itr* **1.** rotieren, sich drehen; **2.** *fig* (sich) turnusmäßig (ab)wechseln; **II** *tr* **1.** rotieren lassen; **2.** *fig* turnusmäßig erledigen; ▶ **~ crops** im Fruchtwechsel anbauen; **ro·ta·tion** [rəʊ'teɪʃn] **1.** Umdrehung, Rotation *f;* **2.** *fig* turnusmäßiger Wechsel; ▶ **by, in ~** abwechselnd, im Turnus; **~ of crops** *agr* Fruchtwechsel *m;* **ro·ta·tory** ['rəʊtətərɪ] *adj* **1.** rotierend; **2.** *fig* turnusmäßig wechselnd, abwechselnd.

rote [rəʊt] ▶ **learn s.th. by ~** etw auswendig lernen.

ro·tor ['rəʊtə(r)] *mot* Rotor *m.*

rot·ten ['rɒtn] *adj* **1.** *(Zahn, Ei)* faul; **2.** *(Holz)* morsch; **3.** *(Früchte)* verdorben; **4.** *fig* korrupt, verdorben; **5.** *(Wetter, Zustand)* mies; **6.** *fig* gemein, eklig; ▶ **~ to the core** *fig* durch und durch

verdorben; **what ~ luck!** so ein Pech!

ro·tund [rəʊ'tʌnd] *adj* **1.** rundlich; **2.** *(Stimme)* voll, wohltönend; **3.** *(Rede)* bombastisch.

ro·tunda [rəʊ'tʌndə] Rundbau *m,* Rotunde *f.*

rouge [ru:ʒ] **I** *s* Rouge *n;* **II** *tr* ▶ **~ one's cheeks** Rouge auflegen.

rough [rʌf] **I** *adj* **1.** rauh, uneben; **2.** *(Straße)* holprig; **3.** *(Ton)* hart; **4.** *(Wein)* sauer; **5.** *(Worte)* grob, hart; **6.** *(Benehmen)* ungehobelt; roh; **7.** *(Behandlung)* grob, hart; **8.** *sport* hart; **9.** *(See)* rauh, stürmisch; **10.** *(Rechnung)* grob, ungefähr; ▶ **have a ~ tongue** e-e scharfe Zunge haben; **be ~ with s.o.** grob mit jdm umgehen; **he had a ~ time** *fam* es ging ihm ziemlich dreckig; **be ~ on s.o.** grob mit jdm umspringen; **~ copy** Konzept *n;* **~ paper** Konzeptpapier *n;* **feel ~** sich mies fühlen; **II** *adv* wüst, wild; **sleep ~** im Freien übernachten; **III** *s* **1.** unwegsames Gelände; **2.** Rohentwurf *m;* **3.** *fig* Grobian, Rowdy *m;* ▶ **in the ~** im Rohzustand; **take the ~ with the smooth** die Dinge nehmen, wie sie kommen; **IV** *tr* ▶ **~ it** primitiv leben; **~ out** grob entwerfen; **~ up** *(Haar)* zerzausen; **~ s.o. up** jdn zusammenschlagen.

rough·age ['rʌfɪdʒ] Ballaststoffe *m pl.*

rough-and-ready [ˌrʌfənd'redɪ] *adj* **1.** *(Methode)* provisorisch; **2.** *(Arbeit)* zusammengepfuscht; **3.** *(Mensch)* rauhbeinig; **rough-and-tumble** Balgerei, Schlägerei *f;* **rough-cast I** *s arch* Rauhputz *m;* **II** *tr irr s. cast arch* rauhverputzen; **rough diamond** Rohdiamant *m;* *fig* rauher Mensch mit gutem Kern.

roughen ['rʌfn] **I** *tr* uneben machen; rauh machen; **II** *itr* **1.** *(Haut)* rauh werden; **2.** *(Ton)* hart werden.

rough-hew ['rʌfhju:] *tr (Stein)* grob behauen; **rough-hewn** [—n] *adj fig* ungehobelt; **rough house** *fam* Schlägerei *f;* **rough-house** *tr* herumstoßen.

rough·ly ['rʌflɪ] *adv* **1.** rauh, grob; barsch; **2.** ungefähr; **3.** *(Stich)* grob.

rough·neck ['rʌfnek] *Am sl* Rowdy *m.*

rough·ness ['rʌfnɪs] Rauheit, Unebenheit *f;* Grobheit *f;* Roheit *f;* Härte *f.*

rough·shod ['rʌfʃɒd] *adv* ▶ **ride ~ over s.o.** rücksichtslos über jdn hinweggehen; **rough-spoken** [ˌrʌf'spəʊkən] *adj* ▶ **be ~** sich ungehobelt ausdrücken.

rou·lette [ru:'let] Roulett *n.*

round [raʊnd] **I** *adj* **1.** rund; **2.** *(Vokal)* gerundet; **3.** *(Summe)* rund; **4.** *(Gang)* flott; ▶ **~ figure, ~ number** runde Zahl; **a ~ dozen** ein rundes Dutzend; **II** *s* **1.** *(Brot)* Scheibe *f;* **2.** Kreis, Ring *m;* **3.** *(Polizei)* Runde *f;* **4.** *sport* Runde *f;* Durchgang *m;* **5.** *mus* Kanon *m;* ▶ **a ~ of toast** e-e Scheibe Toast; **do, make**

one's ~s seine Runden machen; **make the ~s** die Runde machen; **pay for a ~ (of drinks)** eine Runde bezahlen; **the daily ~** die tägliche Arbeit; **go the ~s** reihum gehen; **~ of ammunition** Ladung *f;* **a ~ of applause** Applaus *m;* **in the ~** insgesamt; **theatre in the ~** Arenatheater *n;* **III** *tr* **1.** runden, rund machen; **2.** *(Kurve)* herumgehen, -fahren um; **IV** *adv* (rings)herum; rund(her)um; **all, right ~** ganz herum; **the long way ~** der längere Weg; **~ and ~** rundherum; **be ~ at 2 o'clock** um 2 Uhr da sein; **for the second time ~** zum zweitenmal; **all (the) year ~** das ganze Jahr über; **taking things all ~, taken all ~** insgesamt gesehen, wenn man alles zusammennimmt; **V** *prep* **1.** um ... herum; **2.** ungefähr; ▶ **~ the table** um den Tisch; **all ~ the house** im ganzen Haus; **go ~ a corner** um e-e Kurve, Ecke gehen; **look ~ a house** sich ein Haus ansehen; **show s.o. ~ a town** jdm e-e Stadt zeigen; **~ (about)** 2 o'clock ungefähr um 2 Uhr; **VI** *(mit Präposition)* **round down** *tr (Preis)* abrunden; **round off** *tr* **1.** abrunden; **2.** *(Serie)* voll machen; abschließen; **round on** *tr fig* anfahren; **round out** *tr* runden; **round up** *tr* **1.** zusammentrommeln; **2.** *(Vieh)* zusammentreiben; **3.** *(Verbrecher)* hochnehmen; **4.** *(Preis)* aufrunden.

round·about ['raʊndəbaʊt] **I** *adj* ▶ **~ route** Umweg *m;* **what a ~ way of doing things!** wie kann man nur so umständlich sein! **by ~ means** auf Umwegen; **II** *s* **1.** Karussell *n;* **2.** *mot Br* Kreisverkehr, Kreisel *m.*

roun·de·lay ['raʊndɪleɪ] *mus* Lied *n* mit Refrain.

roun·ders ['raʊndəz] *pl mit sing Br* Schlagball *m.*

round·ly ['raʊndlɪ] *adv fig* ohne Umschweife.

round robin [ˌraʊnd'rɒbɪn] *parl* gemeinsamer Antrag; **round-shoul·dered** [ˌraʊnd'ʃəʊldəd] *adj* mit runden Schultern; **rounds·man** ['raʊndzmən] ⟨*pl* -men⟩ Austräger *m;* **round-table dis·cussion** Diskussion *f* am runden Tisch; **round-the-clock** *adj* rund um die Uhr; **round trip** Rundreise *f; Am* Hin- und-Rückfahrt *f;* **round trip ticket** *Am* Rückfahrkarte *f;* **round-up** ['raʊndʌp] **1.** *(Vieh)* Zusammentreiben *n;* Auftrieb *m;* **2.** *(Menschen)* Zusammentrommeln *n;* Versammlung *f;* **3.** *(Verbrecher)* Hochnehmen *n;* ausgehobene Bande; ▶ **a ~ of the news** eine Zusammenfassung der Nachrichten.

rouse [raʊz] **I** *tr* **1.** wecken; **2.** *(Gefühl)* erwecken, wachrufen; **3.** *(Haß)* erregen; ▶ **~ s.o.** jdn reizen; **~ s.o. to hatred** jds Haß anstacheln; **~ s.o. to action** jdn zum Handeln bewegen; **II** *itr* wach wer-

den; **rous·ing** ['raʊzɪŋ] *adj* **1.** *(Applaus)* stürmisch; **2.** *(Rede)* zündend, mitreißend; **3.** *(Musik)* schwungvoll.

roust·about ['raʊstəbaʊt] *Am bes. mar* Handlanger *m.*

rout[1] [raʊt] **I** *s* **1.** Schlappe *f;* **2.** *jur* Bande, Rotte *f;* ▶ **put to ~** in die Flucht schlagen; **II** *tr* in die Flucht schlagen.

rout[2] [raʊt] *tr (~ out)* aufstöbern; herausjagen *(of aus).*

route [ruːt, *Am* raʊt] **I** *s* **1.** Strecke, Linie, Route *f;* **2.** *mil* Marschbefehl *m;* **3.** *Am* Runde *f;* ▶ **shipping ~, air ~** Schifffahrtsweg *m,* Flugweg *m;* **~ march** Geländemarsch *m;* **he has a paper ~** *Am* er trägt Zeitungen aus; **II** *tr (Bus, Zug)* legen; *(Gepäck)* schicken; ▶ **the train is ~d through ...** der Zug wird durch ... geführt.

rou·tine [ruː'tiːn] **I** *s* Routine *f;* ▶ **as a matter of ~** routinemäßig; **II** *adj* routine-, gewohnheitsmäßig; ▶ **be ~** procedure Routine sein; **~ duties** *pl* tägliche Pflichten *f pl.*

roux [ruː] Mehlschwitze *f.*

rove [rəʊv] **I** *itr* umherschweifen, -streifen; **II** *tr* durchwandern, -ziehen; **rover** ['rəʊvə(r)] Vagabund *m;* **rov·ing** ['rəʊvɪŋ] *adj* wandernd; ▶ **~ commission** Reisetätigkeit *f;* **have a ~ eye** ein Auge riskieren; **~ reporter** rasender Reporter.

row[1] [rəʊ] Reihe *f;* ▶ **in ~s** reihenweise; **in a ~** hintereinander.

row[2] [rəʊ] **I** *itr, tr* rudern; ▶ **~ s.o. across** jdn hinüberrudern; **~ away** wegrudern; **II** *s* Ruderfahrt, -strecke *f;* ▶ **go for a ~** rudern gehen.

row[3] [raʊ] **I** *s* **1.** Lärm, Krach *m;* **2.** Streit *m;* ▶ **have a ~ with s.o.** mit jdm Krach haben; **kick up a ~** Krach schlagen; **II** *itr* sich streiten.

rowan ['rəʊən] *(~-tree)* Eberesche *f,* Vogelbeerbaum *m;* **rowan-berry** Vogelbeere *f.*

row·boat ['rəʊbəʊt] *Am* Ruderboot *n.*

rowdy ['raʊdɪ] **I** *s* Rowdy, Krawallmacher *m;* **II** *adj* laut; randalierend; **rowdy·ism** [—ɪzəm] Rowdytum *n.*

rower ['rəʊə(r)] Ruderer *m;* **row·ing-boat** ['rəʊɪŋbəʊt] *Br* Ruderboot *n;* **rowing club** Ruderklub *m;* **row·lock** ['rɒlək] (Ruder)Dolle *f.*

royal ['rɔɪəl] **I** *adj* **1.** königlich; **2.** *fig* fürstlich, prächtig, prunkvoll; **II** *s* Mitglied *n* der königlichen Familie; **Royal Highness:** ▶ **Your, His ~** Eure, Seine Königliche Hoheit; **royal·ist** ['rɔɪəlɪst] Royalist(in) *m (f);* **roy·alty** ['rɔɪəltɪ] **1.** Königtum *n;* Königshaus *n;* **2.** *pl* Tantiemen *f pl;* Patent-, Lizenzgebühren *f pl;* ▶ **symbols of ~** Wahrzeichen *pl* der Königswürde.

rpm [ˌaː(r)piː'em] *Abk:* **revolutions per minute** Umdrehungen *f pl* pro Minute.

rub [rʌb] **I** *tr* **1.** (ab-, ein)reiben; **2.** frottieren; **3.** polieren; ▶ **~ one's hands (together)** sich die Hände reiben; **~ shoulders, elbows with s.o.** mit jdm in Berührung kommen; **~ o.s. with a lotion** sich mit e-r Lotion einreiben; **~ s.th. dry** etw trockenreiben; **II** *itr* **1.** reiben (*against* an); **2.** *(Schuhe)* scheuern; **III** *s* Reiben, Scheuern *n;* ▶ **give s.th. a ~** etw reiben; etw polieren; **there's the ~** *fam* da liegt der Hase im Pfeffer; **IV** *(mit Präposition)* **rub along** *itr fam* sich durchschlagen; ▶ **~ along together** recht und schlecht miteinander auskommen; **rub down** *tr* **1.** abreiben, frottieren; **2.** *(Pferd)* striegeln; **3.** abschmirgeln; **rub in** *tr* **1.** *(Salbe)* einreiben; **2.** *fig* herumreiten auf; **rub off** *tr* **1.** wegreiben, ausradieren; ▶ **~ off on someone** *fig* auf jdn abfärben; **2.** *(Farbe)* abreiben; *itr* **1.** sich abnutzen; **2.** *(Schmutz)* abgehen; **rub out** *tr* **1.** ausradieren; herausreiben; **2.** *Am sl* abmurksen, killen; **rub up** *tr* blank reiben; (auf)polieren; ▶ **~ s.o. up the wrong way** bei jdm anecken; **~ up against s.o.** *fam* mit jdm verkehren.

rub·ber ['rʌbə(r)] **1.** Gummi *m;* Kautschuk *m;* **2.** *Br* Radiergummi *m;* **3.** *fam* Präservativ *n;* **4.** *pl* Gummi-, Überschuhe *m pl;* **rubber band** Gummiband *n;* **rubber boots** *pl* Gummistiefel *m pl;* **rubber bullet** Gummigeschoß *n;* **rubber glove** Gummihandschuh *m;* **rubber hose** Gummischlauch *m;* **rubber·neck** ['rʌbənek] **I** *s Am fam* Gaffer *m;* **II** *itr* gaffen; **rubber plant** Gummibaum *m;* **rubber stamp** Stempel *m;* **rubber-stamp** *tr* **1.** stempeln; **2.** *fig* genehmigen; **rubber tree** Kautschukbaum *m;* **rubber truncheon** Gummiknüppel *m;* **rub·bery** ['rʌbərɪ] *adj* gummiartig; zäh.

rub·bing ['rʌbɪŋ] **1.** Reiben, Frottieren, Scheuern *n;* **2.** Polieren *n;* Schmirgeln *n.*

rub·bish ['rʌbɪʃ] **I** *s* **1.** Abfall *m,* Abfälle *m pl;* Müll *m;* Schutt *m;* **2.** *fig* Blödsinn, Quatsch *m;* ▶ **garden ~** Gartenabfälle *pl;* **household ~** Hausmüll *m;* **don't talk ~** red keinen Quatsch! **II** *tr fam* verreißen; **rubbish bin** Abfall-, Mülleimer *m;* **rubbish chute** Müllschlucker *m;* **rubbish collection** Müllabfuhr *f;* **rubbish container** *Br* Müllcontainer *m;* **rubbish dump, tip** Müllkippe *f;* **rubbishy** ['rʌbɪʃɪ] *adj* **1.** minderwertig; wertlos; **2.** *fam* blödsinnig.

rubble ['rʌbl] Trümmer *pl;* Schutt *m.*

rub-down ['rʌbdaʊn] Abreiben, Frottieren *n.*

ru·bi·cund ['ru:bɪkənd] *adj* rötlich.

ru·bric ['ru:brɪk] **1.** Rubrik, Überschrift *f,* Titel *m;* **2.** *rel* liturgische, gottesdienstliche Regel.

ruck[1] [rʌk] *sport* Pulk *m;* ▶ **the common ~** die breite Masse; **get out of the ~** sich von der breiten Masse absetzen.

ruck[2] [rʌk] **I** *s* Falte *f;* **II** *tr* (**~ up**) zusammenziehen; verschieben; **III** *itr* sich zusammenziehen; sich hochschieben.

ruck·sack ['rʌksæk] Rucksack *m.*

ruckus ['rʌkəs] *fam* Krawall, Tumult *m.*

ruc·tion ['rʌkʃn] *meist pl fam* Krawall *m;* Krach *m;* ▶ **there'll be ~s** es gibt Krach.

rud·der ['rʌdə(r)] *mar aero* Ruder *n;* **rud·der·less** [—ləs] *adj* ohne Ruder; *fig* führungslos.

ruddi·ness ['rʌdɪnɪs] Röte *f;* gesunde Gesichtsfarbe; **ruddy** ['rʌdɪ] *adj* **1.** *(Gesichtsfarbe)* rot, gesund; **2.** *(Himmel)* rötlich; **3.** *sl* verdammt, verflixt.

rude [ru:d] *adj* **1.** unhöflich; unverschämt; grob; **2.** unanständig, unflätig; **3.** *(Wetter)* wüst, rauh; **4.** primitiv; einfach; **5.** *(Kraft)* gewaltig; ▶ **it's ~ to stare** man starrt andere Leute nicht an; **a ~ awakening** ein böses Erwachen; **be in ~ health** vor Gesundheit strotzen.

ru·di·ment ['ru:dɪmənt] *meist pl* **1.** Anfangsgründe *m pl;* **2.** *biol* Rudiment *n;* **ru·di·men·tary** [ˌru:dɪ'mentrɪ] *adj* **1.** *biol* rudimentär; **2.** *fig* elementar.

rue ['ru:] *tr lit* bereuen; **rue·ful** ['ru:fl] *adj* reuig, reuevoll.

ruff [rʌf] **1.** *hist* Halskrause *f;* **2.** *zoo* Halsgefieder *n,* Kragen *m;* **3.** *orn* Kampfläufer *m.*

ruf·fian ['rʌfɪən] Rüpel, Grobian *m.*

ruffle ['rʌfl] **I** *tr* **1.** *(Wasser)* kräuseln; **2.** *(Haare)* zerzausen; **3.** *fig* aufregen, aufwühlen; aus der Ruhe bringen; ▶ **the bird ~d up its feathers** der Vogel plusterte sich auf; **II** *s* **1.** Kräuseln *n;* **2.** *(Kleid)* Rüsche *f.*

rug [rʌg] **1.** Läufer *m;* Teppich *m;* **2.** Wolldecke *f;* **3.** *(bedside ~)* Bettvorleger *m.*

rugby ['rʌgbɪ] *(a. ~ football)* *sport* Rugby *n.*

rug·ged ['rʌgɪd] *adj* **1.** uneben, rauh; **2.** *(Fels)* zerklüftet; **3.** *(Grund)* felsig; **4.** *(Gesicht)* markig; **5.** *(Widerstand)* verbissen.

ruin ['ru:ɪn] **I** *s* **1.** Untergang *m;* Ende *n;* Ruin *m;* **2.** Ruine *f;* *fig* Wrack *n;* **4.** *pl* Ruinen *f pl;* Trümmer *pl;* ▶ **go to ~** verfallen; **II** *tr* **1.** verwüsten, zerstören; **2.** *(Ruf)* ruinieren; **3.** *(finanziell)* ruinieren, zugrunde richten; **4.** *(Kind)* verderben; ▶ **be ~d** e-e Ruine sein; zerstört sein; **ruin·ation** [ˌru:ɪ'neɪʃn] Zerstörung *f;* Ruinierung *f;* **ruin·ous** ['ru:ɪnəs] *adj* **1.** ruinös; **2.** *(Preis)* extrem.

rule [ru:l] **I** *s* **1.** Regel *f;* Spielregel *f;* **2.** *(Verwaltung)* Vorschrift, Bestimmung *f;* **3.** Herrschaft *f;* Regierungszeit *f;* **4.** Metermaß *n,* Maßstab *m;* ▶ **play by the ~s** die Spielregeln einhalten; **against the**

~s regelwidrig; **it's a ~ that** ... es ist Vorschrift, daß ... **by ~ of thumb** über den Daumen gepeilt; **as a ~** in der Regel; **the ~ of law** die Rechtsstaatlichkeit; **make it a ~** es sich zur Regel machen (*to do s.th.* etw zu tun); **~ of the road** Verkehrsvorschrift *f;* **II** *tr* **1.** beherrschen, regieren; herrschen über; **2.** *jur* entscheiden; **3.** *(Papier)* linieren; ▶ **be ~d by jealousy** von Eifersucht beherrscht werden; **III** *itr* **1.** herrschen, regieren (*over* über); **2.** *com (Preise)* notieren; **3.** *jur* entscheiden (*against* gegen); **IV** *(mit Präposition)* **rule off** *tr* e-n Schlußstrich ziehen unter; **rule out** *tr* (durch)streichen; ausschließen.

rule·book ['ruːlbʊk] Regelheft *n;* Vorschriftenbuch *n;* **ruler** ['ruːlə(r)] **1.** Herrscher *m (of* über); **2.** Lineal *n;* **rul·ing** ['ruːlɪŋ] **I** *adj* **1.** (vor)herrschend; **2.** *(Faktor)* ausschlaggebend; **3.** *(Preise)* notiert; ▶ **the ~ class** die herrschende Klasse; **the ~ party** die Regierungspartei; **II** *s jur* Entscheidung *f.*

rum[1] [rʌm] Rum *m.*

rum[2] [rʌm] *adj fam* komisch, kauzig.

rumba ['rʌmbə] Rumba *f* od *m.*

rumble ['rʌmbl] **I** *itr* **1.** *(Donner)* grollen; donnern; **2.** *(Magen)* knurren; **II** *tr fig* durchschauen; **III** *s* **1.** Grollen *n;* Donnern *n;* Rumpeln *n;* **2.** *sl* Schlägerei *f;* **rumbl·ing** [—ɪŋ] Grollen *n;* Donnern *n;* Rumpeln *n.*

rum·bus·tious [rʌmˈbʌstɪəs] *adj* derb.

ru·mi·nant ['ruːmɪnənt] **I** *s* Wiederkäuer *m;* **II** *adj* wiederkäuend; **ru·mi·nate** ['ruːmɪneɪt] *itr, tr* **1.** wiederkäuen; **2.** *fig* grübeln *(about, upon, over* über); **ru·mi·na·tive** ['ruːmɪnətɪv] *adj fig* nachdenklich, grüblerisch.

rum·mage ['rʌmɪdʒ] **I** *s* **1.** Trödel(kram), Ausschuß, Ramsch *m;* **2.** Durchstöbern, -suchen *n;* ▶ **~ sale** Ramschverkauf *m;* **II** *itr* (**~ about, ~ around**) herumstöbern, herumwühlen (*among, in* in).

rummy ['rʌmɪ] *(Kartenspiel)* Rommé *n.*

ru·mour, *Am* **ru·mor** ['ruːmə(r)] **I** *s* Gerücht *n (of* über); ▶ **there is a ~ of war** es gehen Kriegsgerüchte um; **II** *tr* ▶ **it is ~ed that** ... es geht das Gerücht, daß ...; man munkelt, daß ...

rump [rʌmp] **1.** *(Vieh)* Hinterbacken *f pl;* **2.** *(Vogel)* Bürzel *m;* **3.** *(Mensch)* Hinterteil *n;* ▶ **~ steak** Rumpsteak *n.*

rumple ['rʌmpl] *tr* **1.** zerknittern, zerknüllen; **2.** *(Haar)* zerzausen.

rum·pus ['rʌmpəs] *fam* Krawall, Krach *m;* ▶ **kick up a ~** e-n Spektakel machen; **~ room** *Am* Spielzimmer *n.*

run [rʌn] ⟨*irr* ran, run⟩ **I** *itr* **1.** laufen, rennen, eilen; **2.** davonlaufen, weglaufen, wegrennen; **3.** *(Neuigkeit)* umgehen; **4.** *(Worte)* lauten; **5.** kandidieren, sich aufstellen lassen; **6.** *(Fahrzeug)* rollen; gleiten; **7.** *(Wasser)* laufen; **8.**

(Strom) fließen; **9.** *(Augen)* tränen; **10.** *(Farbe)* zerfließen, ineinanderfließen; **11.** *(Zinsen, Wechsel)* laufen; **12.** *(Verkehrsmittel)* fahren, verkehren; **13.** *(Fabrik)* arbeiten; **14.** *(Geschäft, Maschine)* gehen, laufen, in Betrieb sein, arbeiten; funktionieren; **15.** *(Straße)* führen, gehen; **16.** *(Berge)* sich ziehen, sich erstrecken; **17.** *(Strümpfe)* e-e Laufmasche bekommen; **18.** *(Gewässer)* fließen, strömen; ▶ **he came ~ning out** er kam herausgelaufen; **~ for the bus** zum Bus laufen; **she ran to help him** sie kam ihm schnell zur Hilfe; **~ for one's life** um sein Leben rennen; **~ in the 100 metres** die 100 Meter laufen; **~ to earth** sich verkriechen; **a rumour ran through the school** ein Gerücht ging in der Schule um; **~ down the list** die Liste durchgehen; **a shiver ran down her spine** ein Schauder lief ihr über den Rücken; **the idea ran through my head** der Gedanke ging mir durch den Kopf; **so the story ~s** die Geschichte geht so; **the wording ran as follows** es lautete folgendermaßen; **~ for President** für die Präsidentschaft kandidieren; **~ dry** austrocknen; **I've ~ dry of ideas** mir sind die Ideen ausgegangen; **~ short** knapp werden; **it ~s on wheels** es fährt auf Rädern; **my skirt has ~** mein Rock hat gefärbt; **the river ~s into the sea** der Fluß mündet ins Meer; **inflation is ~ning at** ... die Inflationsrate beträgt ... **the tide was ~ning strong** die Gezeiten waren stark; **the floor was ~ning with water** der Fußboden schwamm vor Wasser; **his blood ran cold** das Blut gefror ihm in den Adern; **the book has ~ into two editions** das Buch hat schon zwei Auflagen erreicht; **~ to a new car** sich ein neues Auto leisten; **~ into the port** in den Hafen einlaufen; **the buses ~ once an hour** die Busse fahren stündlich; **the car is ~ning smoothly** der Wagen läuft ohne Schwierigkeiten; **the radio ~s off the mains** das Radio läuft auf Netz; **all planes are ~ning late** alle Flugzeuge haben Verspätung; **a wall ~s round the garden** um den Garten führt e-e Mauer; **~ in the family** in der Familie liegen; **~ to seed** *(Blume)* schießen; *(Mensch)* herunterkommen; **~ with sweat** schweißüberströmt sein; **II** *tr* **1.** laufen, rennen; **2.** *(Fuchs)* treiben, jagen; **3.** *(Kandidaten)* aufstellen; **4.** *(Pferd)* laufen lassen; **5.** *(Personen)* fahren, bringen; **6.** *(Züge)* unterhalten; einsetzen; **7.** *(Maschine)* betreiben; bedienen; **8.** *(Test)* durchführen; **9.** *(Hotel)* führen, leiten; **10.** *(Wettbewerb)* veranstalten, durchführen; **11.** schmuggeln; **12.** *(Straße)* führen; **13.** *(Kabel)* verlegen; **14.** *(Film)* zeigen; **15.** *com* verkaufen; **16.** *(Waffen)* schmuggeln; ▶ **~ 2 km**

2 km laufen; ~ **errands** Botengänge machen; ~ **the streets** sich auf der Straße herumtreiben; ~ **s.o. close** nur knapp von jdm geschlagen werden; ~ **its course** seinen Lauf nehmen; ~ **a fever** Fieber haben; ~ **s.o. off his feet** jdn ständig in Trab halten; ~ **o.s. out of breath** außer Atem kommen; ~ **s.o. into debt** jdn in Schulden stürzen; ~ **(water into) a bath** Wasser in die Badewanne einlaufen lassen; **he ran her home** er brachte sie nach Hause; **he ~s a car** er fährt, unterhält ein Auto; **a well-~ hotel** ein gutgeführtes Hotel; ~ **a house** e-n Haushalt führen; ~ **one's own life** sein eigenes Leben führen; ~ **one's fingers through one's hair** sich mit den Fingern durch die Haare fahren; ~ **one's eye over a page** e-e Seite überfliegen; ~ **a rope round a tree** ein Seil um e-n Baum legen; ~ **a sword into s.o.'s side** ein Schwert in jds Seite stoßen; **III** s **1.** sport Lauf m; **2.** Fahrt f; Ausflug m; **3.** Flug m; Strecke f; **4.** Dauer f; **5.** Reihe, Serie f; **6.** theat Spielzeit f; **7.** film Laufzeit f; **8.** com Ansturm, Run m; **9.** fig Tendenz f; **10.** (Ski) Bahn f; **11.** (für Tiere) Gehege n; Hühnerhof m; **12.** (Strümpfe) Laufmasche f; **13.** mus Lauf m; **14.** typ Auflage f; ▶ **he came in at a ~** er kam hereingelaufen; **he took the fence at a ~** er nahm die Hürde im Lauf; **break into a ~** zu laufen anfangen; **make a ~ for it** weglaufen; **on the ~** auf der Flucht; **I've been on the ~ ever since I got up** seit ich aufgestanden bin, war ich ganz schön auf Trab; **he has had a good ~ for his money** er hat was für sein Geld bekommen; er hat e-n ordentlichen Kampf bekommen; **go for a ~ in the car** e-e Fahrt im Auto machen; **take a ~ up to ...** e-e Fahrt nach ... machen; **on the outward, inward ~** auf der Hin-, Rückfahrt; **approach ~** Anflug m; **give s.o. the ~ of one's house** jdm sein Haus überlassen; **in the short ~** fürs nächste; **a ~ of luck** e-e Glückssträhne; ~ **on** Ansturm m auf; **the common ~ of mankind** der Durchschnittsmensch; **the ordinary ~ of things** der normale Gang der Dinge; **IV** (mit Präposition) about itr herum-, umherlaufen; ▶ ~ **about with s.o.** sich mit jdm herumtreiben; **run across** itr hinüberlaufen; tr zufällig treffen; **run against** tr pol jds Gegenkandidat sein; **run after** tr hinterherlaufen; **run along** itr fam laufen, rennen; **run away** itr **1.** weglaufen, wegrennen; **2.** (Wasser) auslaufen; **run away with** tr **1.** (Geld) verschlucken, verbrauchen; durchgehen mit; **2.** sport spielend gewinnen; ▶ ~ **away with the idea** auf den Gedanken kommen; **run back** itr zurücklaufen; ▶ ~ **back over the procedure** das Ver-

fahren nochmals durchgehen; **run down** itr **1.** hinunterlaufen; **2.** (Uhr) ablaufen; **3.** (Batterie) leer werden; tr **1.** überfahren; **2.** mar rammen; versenken; **3.** (Lager) abbauen, auflösen; **4.** fig schlechtmachen; **5.** (Verbrecher) zur Strecke bringen, fassen; **run in** itr hineinlaufen; tr **1.** (Auto) einfahren; **2.** fam sich schnappen; **run into** tr **1.** zufällig treffen; **2.** (Auto) fahren gegen; ▶ ~ **into difficulties** Schwierigkeiten bekommen; ~ **into danger** in Gefahr geraten; **run off** itr weglaufen, -rennen; tr **1.** (Wasser) ablassen; **2.** (Brief) herunterschreiben; **3.** typ abziehen, Abzüge machen von; **4.** sport entscheiden; **5.** (Kleid) schnell machen; **run on** itr **1.** weiterlaufen, -rennen; **2.** (Gespräch) sich hinziehen; **3.** (Worte) laufend geschrieben sein; ohne Absatz gedruckt sein; **run out** itr **1.** hinausgehen, herauslaufen; **2.** (Ware) ausgehen, zu Ende gehen; **3.** (Bescheinigung) ablaufen; tr (Kette) abwickeln; **run out of** itr ▶ **I've ~ out of money** mir ist das Geld ausgegangen, ich habe kein Geld mehr; (Vorräte) ausgehen; **run over** itr **1.** kurz hinüberlaufen; **2.** (Flüssigkeit) überlaufen; **3.** (Buch) durchgehen; durchsehen; tr überfahren; **run through** itr **1.** durchlaufen; **2.** (Geld) durchbringen; **3.** (Stück) durchgehen; durchspielen; tr durchbohren; **run up** itr hinauflaufen, -eilen; tr **1.** (Flagge) hissen; **2.** machen; **3.** schnell zusammennähen; ▶ ~ **up against difficulties** auf Schwierigkeiten stoßen; ~ **up a debt** Schulden machen.

run·about ['rʌnəbaut] kleiner Sportwagen; **run-around** ['rʌnə'raund] sl ▶ **get the ~** an der Nase herumgeführt werden; **give s.o. the ~** jdn an der Nase herumführen; **run·away** ['rʌnəwei] **I** s Ausreißer(in) m (f); **II** adj **1.** durchgebrannt, entlaufen; **2.** (Inflation) unkontrollierbar; ▶ **have a ~ victory** e-n leichten Sieg haben; **run-down** [ˌrʌn'daun] **I** adj **1.** tech abgelaufen; **2.** heruntergekommen, elend; **3.** abgespannt; **II** s ['rʌndaun] **1.** Zusammenfassung f, Bericht m; **2.** (Lager) Abbau m; Auflösung f.

rune [ruːn] Rune f a. fig.

rung[1] [rʌŋ] v s. ring[1].

rung[2] [rʌŋ] Sprosse f.

run·ner ['rʌnə(r)] **1.** Läufer(in) m (f); Rennpferd n; **2.** Bote, Laufbursche m; **3.** Schmuggler m; **4.** (Schlitten)Kufe f; **5.** (Tisch)Läufer m; **6.** bot Ausläufer m; **run·ner-up** [ˌrʌnər'ʌp] sport zweiter Sieger.

run·ning ['rʌnɪŋ] **I** s **1.** Laufen, Rennen n; **2.** Leitung, Führung f a. tech; **3.** jur Schmuggel m; **4.** com Laufzeit, Gültigkeitsdauer f; ▶ ~ **style** Laufstil m; **make the ~** das Rennen machen; **be in**

the ~ im Rennen liegen; **be out of the ~** aus dem Rennen sein; **take up the ~** sich an die Spitze setzen; **II** *adj* **1.** *(Wasser)* fließend; **2.** *com* laufend; ▶ ~ **jump** Sprung *m* mit Anlauf; **go and take a ~ jump (at yourself)!** du kannst mich mal! ~ **commentary** fortlaufender Kommentar; ~ **account** laufendes Konto; **4 days ~** 4 Tage hintereinander; **a ~ cold** ein schwerer Schnupfen; **a ~ tap** ein aufgedrehter Wasserhahn; **up and ~** in Betrieb; ~ **water** fließendes Wasser; **running costs** *pl* Betriebskosten *pl;* **running order:** ▶ **in** ~ betriebsbereit.

run-off ['rʌnɔf] *sport* Entscheidungslauf *m,* -spiel *n;* **run-of-the-mill** [ˌrʌnəvðə'mɪl] *adj* durchschnittlich, gewöhnlich; **run-through** ['rʌnθruː] Durchgehen *n;* **run-up** ['rʌnʌp] **1.** *sport* Anlauf *m;* **2.** *fig* Vorbereitungszeit *f.*

rup·ture ['rʌptʃə(r)] **I** *s* **1.** Bruch *m;* **2.** *pol* Abbruch *m;* **II** *tr, itr* brechen; ▶ ~ **o.s.** sich e-n Bruch heben.

ru·ral ['rʊərəl] *adj* ländlich; Land-; ▶ ~ **depopulation** Landflucht *f.*

ruse [ruːz] List *f.*

rush[1] [rʌʃ] **I** *itr* **1.** eilen, laufen, rennen; hetzen; stürmen; **2.** *(Wasser)* schießen, stürzen; ▶ ~ **to help** zu Hilfe eilen; ~ **to the attack** auf etw losgehen; **the blood ~ed to his face** das Blut schoß ihm ins Gesicht; **II** *tr* **1.** (schnell, heftig) drängen, stoßen, jagen; **2.** schnell befördern, transportieren, schaffen *(to the hospital* ins Krankenhaus); **3.** *(Arbeit)* hastig machen; **4.** *sl* schröpfen; ▶ **be ~ed off one's feet** dauernd auf Trab sein; ~ **s.o. into a decision** jdn zu e-r hastigen Entscheidung treiben; ~ **s.o. into doing s.th.** jdn dazu treiben, etw überstürzt zu tun; ~ **one's fences** die Sache überstürzen; **III** *s* **1.** Andrang *m,* Gedränge *n;* **2.** *mil* Stoß *m;* Sturm *m;* **3.** Eile, Hetze, Hast *f;* **4.** *pl film* erste Kopie; ▶ **the Christmas ~** der Weihnachtsbetrieb; **a ~ job** ein eiliger Auftrag; **a ~ of orders** e-e Flut von Aufträgen; **be in a ~** in Eile sein; **IV** *(mit Präposition)* **rush at** *tr*

losstürzen auf; **rush out** *itr* hinauseilen, -stürzen; **rush through** *tr (Gesetz)* durchpeitschen; **rush up** *itr* hinaufeilen.

rush[2] [rʌʃ] *bot* Binse *f,* Rohr *n;* ▶ **not worth a ~** keinen Pfifferling wert.

rush hour(s *pl*) ['rʌʃaʊə(z)] Hauptgeschäfts-, Hauptverkehrs-, Stoßzeit *f;* **rush order** *com* Eilauftrag *m.*

rusk [rʌsk] Zwieback *m.*

rus·set ['rʌsɪt] **I** *adj* gelblich rotbraun; **II** *s* Boskopapfel *m.*

Rus·sia ['rʌʃə] Rußland *n;* **Rus·sian** ['rʌʃn] **I** *s* **1.** Russe *m,* Russin *f;* **2.** *(Sprache)* (das) Russisch(e); **II** *adj* russisch; ▶ ~ **roulette** russisches Roulett.

rust [rʌst] **I** *s* **1.** Rost *m;* **2.** *bot* Brand *m;* ▶ ~-**proof** rostfrei; ~-**resistant** nicht rostend; **II** *tr* rosten lassen; **III** *itr* rosten; einrosten; ▶ ~ **over** verrosten; ~ **through** durchrosten; ~ **up** festrosten; **rust-coloured** *adj* rostfarben.

rus·tic ['rʌstɪk] **I** *adj* **1.** bäuerlich; **2.** *(Stil)* rustikal; **3.** *(Manieren)* bäurisch; **II** *s* Bauer *m.*

rusti·ness ['rʌstɪnɪs] Rostigkeit *f.*

rustle ['rʌsl] **I** *itr* **1.** rascheln; **2.** *(Seide)* knistern; **II** *tr* **1.** rascheln mit; **2.** *Am fam (Vieh)* stehlen; ▶ ~ **up** improvisieren; **III** *s* Geraschel, Knistern *n;* **rustler** ['rʌslə(r)] *Am fam* Viehdieb *m.*

rusty ['rʌstɪ] *adj* **1.** rostig; verrostet; **2.** *fig* eingerostet, aus der Übung; ▶ **I'm a bit ~** ich bin etwas aus der Übung.

rut[1] [rʌt] **1.** Spur, Furche *f;* **2.** *fig* Trott *m;* ▶ **be in a ~** im Trott sein; **get into a ~** in e-n Trott geraten.

rut[2] [rʌt] **I** *itr zoo* brunften, brunsten; **II** *s zoo* Brunst, Brunft *f;* ▶ ~**ting season** Brunft-, Brunstzeit *f.*

ruta·baga [ˌruːtə'beɪgə] *Am* Steckrübe *f.*

ruth·less ['ruːθlɪs] *adj* **1.** rücksichtslos; **2.** *iro* schonungslos, unbarmherzig; **ruthless·ness** [−nɪs] **1.** Rücksichtslosigkeit *f;* **2.** Unbarmherzigkeit, Schonungslosigkeit *f.*

rye [raɪ] **1.** Roggen *m;* **2.** *Am* (Roggen)Whisky *m;* **3.** *(~-bread)* Roggenbrot *n.*

S

S, s [es] ⟨pl -'s⟩ S, s n.
Sab·bath ['sæbəθ] rel Sabbat m;
▶ **witches'** ~ Hexensabbat m; **sabbati·cal** [sə'bætɪkl] adj 1. Sabbat-;
sonntäglich, 2. (Universität) Forschungs-; ▶ **he is on** ~ **leave** er hat
akademischen Urlaub, Forschungsurlaub; ~ **year** Forschungsjahr n.
sa·ber ['seɪbə(r)] Am s. sabre.
sable ['seɪbl] zoo Zobel(pelz) m.
sab·otage ['sæbətɑ:ʒ] I s Sabotage f; II
tr sabotieren; **sab·oteur** [,sæbə'tɜ:(r)]
Saboteur m.
sabre, Am **sa·ber** ['seɪbə(r)] Säbel m;
sabre-rattling ['seɪbə,rætlɪŋ] Säbelrasseln n.
sac [sæk] 1. anat Sack m; 2. bot Staubbeutel m.
sac·char·in ['sækərɪn] Süßstoff m, Saccharin n; **sac·char·ine** ['sækəri:n] adj
Saccharin-; fig zuckersüß.
sachet ['sæʃeɪ] 1. Duftkissen n; 2. Beutel
m; 3. (Puder) Päckchen n; 4. (Shampoo)
Briefchen n.
sack[1] [sæk] I s 1. Sack m; 2. fam
Entlassung f; ▶ **get the** ~ entlassen
werden; **give s.o. the** ~ jdn an die Luft
setzen, entlassen, hinauswerfen; **hit the**
~ sl sich in die Falle hauen; II tr 1.
einsacken; 2. fam entlassen.
sack[2] [sæk] I s Plünderung f; II tr plündern.
sack·cloth ['sækklɒθ] Sackleinwand f;
▶ **in** ~ **and ashes** fig in Sack und
Asche; **sack·ful** ['sækful] Sackvoll m;
sack·ing ['sækɪŋ] 1. Sackleinen n; 2.
fam Entlassung f; **sack-race** Sackhüpfen n.
sac·ra·ment ['sækrəmənt] rel Sakrament n; ▶ **the Blessed (Holy) S**~ das
heilige Sakrament; **sac·ra·men·tal**
[,sækrə'mentl] adj sakramental.
sacred ['seɪkrɪd] adj 1. heilig; 2. (Musik)
geistlich; 3. (Gebäude) sakral;
▶ **nothing is** ~ **to him** ihm ist nichts
heilig; ~ **to the memory of ...** zum
Gedenken an ...; ~ **cow** heilige Kuh.
sac·ri·fice ['sækrɪfaɪs] I s 1. Opfer n a.
fig; 2. Opfergabe f; ▶ **make a** ~ **of s.o.**
jdn opfern; **make** ~**s** Opfer bringen; **sell**
s.th. at a ~ etw mit Verlust verkaufen;
II tr opfern (s.th. to s.o. jdm etw).
sac·ri·lege ['sækrɪlɪdʒ] Sakrileg n; Frevel m; **sac·ri·legious** [,sækrɪ'lɪdʒəs]
adj frevlerisch; gotteslästerlich.
sac·ri·sty ['sækrɪstɪ] Sakristei f.
sac·ro·sanct ['sækrəusæŋkt] adj sakrosankt.

sad [sæd] adj 1. traurig, betrübt (about
über); 2. (Verlust) schmerzlich; 3. (Fehler) bedauerlich; 4. (Farbe) trist; 5. (Ort)
düster; ▶ **feel** ~ traurig sein, **the** ~
death of ... der schmerzliche Verlust
..; **sad·den** ['sædn] tr betrüben.
saddle ['sædl] I s 1. Sattel m; 2. (Tier)
Rücken m, Kreuz n; 3. Bergsattel m;
▶ **be in the** ~ fig im Sattel sitzen; II tr
1. (Pferd) satteln; 2. fig aufhalsen (s.o.
with s.th. jdm etw); ▶ ~ **o.s. with s.o.**
sich jdn aufhalsen; ~ **up** aufsatteln; **be**
~**d with s.th.** etw am Hals haben; **saddle·bag** ['sædlbæg] Sattel-, Packtasche f; **sad·dler** ['sædlə(r)] Sattler m;
sad·dle·soap ['sædlsəup] Sattelseife
f; **sad·dle-sore** ['sædlsɔ:(r)] adj
wundgeritten; wundgescheuert.
sa·dism ['seɪdɪzəm] Sadismus m; **sadist** ['seɪdɪst] Sadist(in) m (f); **sa·distic** [sə'dɪstɪk] adj sadistisch.
sad·ness ['sædnəs] Traurigkeit f.
sa·fari [sə'fɑ:rɪ] Safari, Großwildjagd f;
▶ **be on** ~ e-e Safari machen; **safari
park** Safaripark m.
safe[1] [seɪf] Safe, Tresor, Panzerschrank
m.
safe[2] [seɪf] I adj 1. sicher; in Sicherheit;
unverletzt; 2. ungefährlich; sicher; 3.
(Fahrer, Methode) sicher; zuverlässig; 4.
(Politik) vorsichtig, risikolos, realistisch;
▶ **better** ~ **than sorry** prov Vorsicht ist
besser als Nachsicht; **be** ~ **from s.o.** vor
jdm sicher sein; **keep s.th.** ~ etw sicher
aufbewahren; ~ **and sound** gesund und
wohlbehalten; **the secret is** ~ **with him**
bei ihm ist das Geheimnis sicher; **the
beach is** ~ **for bathing** an dem Strand
kann man gefahrlos baden; **it is** ~ **to tell
him** man kann es ihm ohne weiteres
erzählen; **it is a** ~ **guess** es ist so gut wie
sicher; **it is** ~ **to say** man kann ruhig
sagen; **just to be** ~, **on the** ~ **side** um
ganz sicher zu gehen; II adv **play (it)** ~
auf Nummer sicher gehen.
safe-blower, safe-breaker ['seɪfbləuə(r), —breɪkə(r)] Geldschrankknacker m; **safe-de·posit** [,seɪfdɪ'pɒzɪt] Tresorraum m; **safe-deposit
box** Banksafe m; **safe·guard**
['seɪfgɑ:d] I s Schutz m; ▶ **as a** ~
against zum Schutz gegen; II tr schützen, sichern (against vor); ▶ ~ **interests** Interessen wahrnehmen; III itr
▶ ~ **against s.th.** sich gegen etw absichern; **safe-keeping** [,seɪf'ki:pɪŋ] si-

chere Ver-, Aufbewahrung; **safe sex** [seɪf'seks] geschützter Geschlechtsverkehr.

safety ['seɪftɪ] Sicherheit *f;* ► **in a place of** ~ an e-m sicheren Ort; **for** ~'**s sake** aus Sicherheitsgründen; **leap to** ~ sich in Sicherheit bringen; **play for** ~ sichergehen, kein Risiko eingehen wollen; ~ **first** Sicherheit ist das Wichtigste; ~ **first campaign** Unfallverhütungskampagne *f;* **there's** ~ **in numbers** zu mehreren ist man sicherer; **safety belt** Sicherheitsgurt *m;* **safety-catch** Abzugssicherung *f;* **safety-curtain** *theat* eiserner Vorhang; **safety-glass** Sicherheitsglas *n;* **safety-lamp** Grubenlampe *f;* **safety-lock** Sicherheitsschloß *n;* **safety-measure** Sicherheitsmaßnahme *f;* **safety-pin** Sicherheitsnadel *f;* **safety-razor** Rasierapparat *m;* **safety-valve** Sicherheitsventil *n.*

saf·fron ['sæfrən] *bot* Safran *m.*

sag [sæg] I *itr* 1. durchhängen, -sacken; 2. *(Schultern)* herabhängen; 3. *(Preis)* nachgeben, sinken; 4. *(Produktion)* zurückgehen; 5. *fig* abflauen; II *s* Durchhang *m;* ► **the** ~ **of his shoulders** seine herabhängenden Schultern.

saga ['sɑːgə] 1. Saga *f;* 2. *(~ novel)* Familiengeschichte *f;* 3. *fam* Geschichte, Story *f.*

sa·gacious [sə'geɪʃəs] *adj* weise, klug; **sa·gac·ity** [sə'gæsətɪ] Weisheit, Klugheit *f.*

sage[1] [seɪdʒ] I *adj* weise, klug; II *s* Weise(r) *f m.*

sage[2] [seɪdʒ] *bot* Salbei *m.*

Sag·it·ta·rius [ˌsædʒɪ'teərɪəs] *astr* Schütze *m.*

said [sed] I *v s. say;* II *adj* besagt.

sail [seɪl] I *s* 1. Segel *n;* 2. Segelschiff *n;* 3. Schiff-, Seefahrt *f;* 4. (Windmühlen)Flügel *m;* ► **in, under full** ~ mit vollen Segeln; **make, set** ~ abfahren, absegeln; **go for a** ~ segeln gehen; II *itr* 1. *mar* segeln, fahren; 2. abfahren *(for* nach); 3. *(Schwan)* gleiten; 4. *(Wolken)* ziehen; ► **go** ~**ing** segeln gehen; ~ **round the world** um die Welt segeln; ~ **into the room** ins Zimmer rauschen; ~ **in** *fig* sich einschalten; ~ **into** *fig* anfahren; III *tr (Schiff)* segeln mit; ► ~ **the seas** die Meere befahren; **sail-boat** *Am* Segelboot *n;* **sail·ing** ['seɪlɪŋ] 1. Segeln *n;* Segelsport *m;* 2. Abfahrt *f;* **sailing-boat** *Br* Segelboot *n;* **sailing-ship, sailing-vessel** Segelschiff *n.*

sailor ['seɪlə(r)] Seemann, Matrose *m;* ► **be a good (bad)** ~ (nicht) seefest sein; **sailor suit** Matrosenanzug *m.*

sail·plane ['seɪlpleɪn] Segelflugzeug *n.*

saint [seɪnt] 1. Heilige(r) *f m a. fig;* 2. *(vor e-m Namen) Abk:* St [snt] ► **St John** der heilige Johannes, St. Johannes; **sainted** ['seɪntɪd] *adj* heiliggespro-

chen; **saint·li·ness** [—lɪnɪs] Heiligmäßigkeit *f;* **saint·ly** ['seɪntlɪ] *adj* heiligmäßig; lammfromm.

sake [seɪk] ► **for the** ~ **of s.th., for the** ~ **of ...** um e-r S willen; **for the** ~ **of peace and quiet** um des lieben Friedens willen; **for my** ~ meinetwegen; **and all for the** ~ **of ...** und alles wegen ... **for goodness, heaven's** ~ um Himmels willen.

sal·able ['seɪləbl] *Am s. saleable.*

sa·lacious [sə'leɪʃəs] *adj* obszön; anzüglich.

salad ['sæləd] Salat *m;* ► **fruit-**~ Obstsalat *m;* **salad bowl** Salatschüssel *f;* **salad cream** Salatmayonnaise f; **salad days** *pl* unschuldige Jugendtage *m pl;* **salad dressing** Salatsoße f, -dressing *n.*

sa·la·mi [sə'lɑːmɪ] Salami *f.*

sal-am·mo·ni·ac [ˌsælə'məʊnɪæk] Salmiak *m.*

sal·ar·ied ['sælərɪd] *adj* besoldet, bezahlt; ► ~ **post** Angestelltenposten *m;* ~ **employee** Gehaltsempfänger(in) *m (f);* **sal·ary** ['sælərɪ] Gehalt *n;* ► **earn a good** ~ ein gutes Gehalt haben; **salary earner** Gehaltsempfänger(in) *m (f);* **salary increase** Gehaltserhöhung *f.*

sale [seɪl] 1. Verkauf *m;* 2. Geschäft *n;* Abschluß *m;* 3. Ausverkauf *m,* Schlußverkauf *m;* 4. *pl* Verkaufsabteilung *f;* 5. Auktion *f;* ► **for** ~ zu verkaufen; **point of** ~ **system** *com* POS-System *n (bargeldloses Zahlen an elektronischen Kassen);* **put s.th. up for** ~ etw zum Verkauf anbieten; **not for** ~ nicht verkäuflich; **be on** ~ verkauft werden; **on** ~ **or return** auf Kommission; ~**s** *pl* Absatz; **buy in, at the** ~**s** im Ausverkauf kaufen; ~ **of work** Basar *m;* **sale·able,** *Am* **salable** ['seɪləbl] *adj* verkäuflich; absatzfähig; **sale-price** (Aus)Verkaufspreis *m;* **sale·room** ['seɪlruːm] Auktionsraum *m.*

sales clerk ['seɪlzklɜːrk] *Am* Verkäufer(in) *m (f);* **sales department** Verkaufsabteilung *f;* **sales director** Verkaufsdirektor(in) *m (f);* **sales figures** *pl* Verkaufsziffern, Absatzzahlen *f pl;* **sales force** Verkäuferstab *m;* **sales·girl, sales·lady** ['seɪlzgɜːl, 'seɪlzleɪdɪ] Verkäuferin *f;* **sales·man** ['seɪlzmən] ⟨*pl* -men⟩ 1. Verkäufer *m;* 2. *com* Vertreter *m;* **sales manager** Verkaufsleiter(in) *m (f);* **sales·man·ship** ['seɪlzmənʃɪp] Verkaufstechnik *f;* **sales pitch** Verkaufstechnik *f;* **sales receipt** Kassenbeleg *m;* **sales representative** Vertreter(in) *m (f);* **sales resistance** Kaufunlust *f;* **sales·room** ['seɪlzrʊm] Auktionsraum *m;* **sales talk** Verkaufsgespräch *n;* **sales·woman** ['seɪlzwʊmən] ⟨*pl* -women⟩ [—wɪmɪn]

Verkäuferin f.

sa·li·ent ['seɪlɪənt] adj fig in die Augen springend, hervorstechend, auffällig; ► ~ **points** Hauptpunkte pl.

sa·line ['seɪlaɪn] adj salz(halt)ig.

sal·iva [sə'laɪvə] Speichel m; **sali·vary** ['sælɪvərɪ] adj Speichel-; ► ~ **gland** Speicheldrüse f; **sali·vate** ['sælɪveɪt] itr Speichel absondern.

sal·low ['sæləʊ] adj fahl, gelb, bläßlich.

sally ['sælɪ] I s 1. mil Ausfall m; 2. Ausbruch m; ► **make a** ~ **in** e-n Ausfall machen; fig e e Tirade loslassen; II itr (~ **forth, out**) 1. mil e-n Ausfall machen; 2. fig sich aufmachen.

salmon ['sæmən] ⟨pl -⟩ 1. zoo Lachs m; 2. (Farbe) Lachs(rosa) n; **salmon farm(ing)** Lachszucht f; **salmon trout** Lachsforelle f.

salon ['sælɔn] Salon m.

sa·loon [sə'luːn] 1. Saal m; 2. Am Wirtschaft f, Saloon m; 3. Br mot Limousine f; ► ~ **car** Br Limousine f.

sal·sify ['sælsɪfaɪ] bot Schwarzwurzel f.

salt [sɔːlt] I s 1. Salz n a. chem; 2. fig Würze f; 3. pl Riechsalz n; ► **be worth one's** ~ etw taugen; **take s.th. with a pinch of** ~ etw nicht ganz wörtlich nehmen; II adj Salz-; gesalzen; III tr salzen; einsalzen; ► ~ **away** fam auf die hohe Kante legen; **salt-cellar** Salzfäßchen n; **salt-lake** Salzsee m; **salt-mine** Salzbergwerk n, Salzstock m; **salt·petre,** Am **salt·pe·ter** [sɔːlt'piːtə(r)] Salpeter m; **salt-shaker** Salzstreuer m; **salt water** Salzwasser n; **salt-water** adj Meeres-; Salz-; **salty** ['sɔːltɪ] adj salzig.

sa·lu·bri·ous [sə'luːbrɪəs] adj (Klima) gesund, zuträglich.

salu·tary ['sæljʊtrɪ] adj 1. gesund; 2. (Erfahrung) heilsam; 3. (Rat) nützlich.

salu·ta·tion [ˌsælju:'teɪʃn] 1. Begrüßung f; 2. (Brief) Anrede f; ► **in** ~ zur Begrüßung; **sa·lute** [sə'luːt] I tr 1. (be)grüßen; 2. mil grüßen, salutieren (s.o. vor jdm); 3. (Mut) bewundern; ► ~ **the arrival of s.o.** jdn begrüßen; II itr mil salutieren, grüßen; III s 1. Gruß m, Begrüßung f; 2. mil Salut(schuß) m; ► **in** ~ zum Gruß; **stand at the** ~ salutieren; **take the** ~ die Parade abnehmen.

sal·vage ['sælvɪdʒ] I s 1. mar Bergung f; Bergungsgut n; 2. (~ **money**) Bergungsprämie f; ► **collect newspapers for** ~ Zeitungen zur Wiederverwertung sammeln; II tr 1. mar bergen (from aus); 2. fig retten (from aus); ► ~ **s.th. from the fire** etw aus den Flammen retten; **salvage operation** Bergungsaktion f.

sal·va·tion [sæl'veɪʃn] 1. Rettung f; 2. rel Heil n; ► **work out one's own** ~ für sein eigenes Heil sorgen; **Salvation Army** Heilsarmee f.

salve [sælv, Am sæv] I s 1. Salbe f; 2. fig Balsam m; II tr 1. einsalben; 2. fig beschwichtigen.

sal·ver ['sælvə(r)] Tablett n.

sal·vo ['sælvəʊ] Salve f.

sal vol·atile [ˌsælvə'lætəlɪ] Riechsalz n.

same [seɪm] I adj ► **the** ~ der, die, das gleiche; der-, die-, dasselbe; **they are all the** ~ sie sind alle gleich; **it's the** ~ **thing** das ist das gleiche; **at the** ~ **time** zur selben Zeit; **this** ~ **person** eben dieser Mensch; **in the** ~ **way** genau gleich; ebenso; II prn 1. (substantivisch) ► **the** ~ der, die, das gleiche; der-, die-, dasselbe; **she's much the** ~ sie hat sich kaum verändert; **it's always the** ~ es ist immer das gleiche; 2. (adverbial) ► **the** ~ gleich; **it's not the** ~ **as before** es ist nicht wie früher; **it's all the** ~ **to me** es ist mir egal; **it comes to the** ~ das kommt aufs gleiche heraus; **all, just the** ~ trotzdem; ~ **to you** eben-, gleichfalls; **same·ness** [—nɪs] Eintönigkeit f.

sample ['sɑːmpl] I s 1. Beispiel n; Kostprobe f; 2. (Statistik) Stichprobe, Auswahl f; 3. fig Beispiel n, Probe f; 4. com Muster n; ► **up to** ~ dem Muster entsprechend; **give us a** ~ **of your playing** spielen Sie uns etwas vor; **a representative** ~ **of the population** e-e repräsentative Auswahl aus der Bevölkerung; II tr 1. (Wein) probieren, kosten; 2. fig kosten; **sam·pler** ['sɑːmplə(r)] 1. Probierer(in) m (f); 2. Stickmustertuch n; 3. (Schallplatte) Auswahlplatte f; **sampling** ['sɑːmplɪŋ] 1. Kostprobe f; 2. Weinprobe f; 3. (Statistik) Stichprobenverfahren n.

sana·tor·ium, Am **sani·tarium** [ˌsænə'tɔːrɪəm] Sanatorium n.

sanc·tify ['sæŋktɪfaɪ] tr 1. heiligen; weihen; sanktionieren; 2. (Gelübde) annehmen.

sanc·ti·moni·ous [ˌsæŋktɪ'məʊnɪəs] adj scheinheilig, frömmlerisch.

sanc·tion ['sæŋkʃn] I s 1. Zustimmung f; 2. Sanktion f; ► **economic** ~**s** wirtschaftliche Sanktionen; ► **give one's** ~ **to s.th.** etw sanktionieren; II tr sanktionieren; dulden.

sanc·tity ['sæŋktətɪ] Heiligkeit f; Unantastbarkeit f.

sanc·tu·ary ['sæŋktjʊərɪ] 1. Heiligtum n; 2. fig Zuflucht f; 3. (für Tiere) Schutzgebiet n; ► **seek** ~ **with** Zuflucht suchen bei.

sand [sænd] I s 1. Sand m; 2. pl Sandstrand m; ► **the** ~**s are running out** fig die Zeit läuft ab; II tr schmirgeln; ► ~ **down** abschmirgeln.

san·dal ['sændl] Sandale f.

san·dal·wood ['sændlwʊd] Sandelholz n.

sand·bag ['sændbæg] Sandsack m; **sand·bank, sand·bar** ['sændbæŋk,

'sændbɑ:(r)] Sandbank *f;* **sand-blast** ['sændblɑ:st] *tr* sandstrahlen; **sand-blast·ing** ['sænd,blɑ:stıŋ] Sandstrahlen *n;* **sand·boy** ['sændbɔı] ▶ **as happy as a** ~ quietschvergnügt; **sand castle** Sandburg *f;* **sand dune** Sanddüne *f;* **sand-flea** Sandfloh *m;* **sand-glass** Sanduhr *f;* **sand·man** ['sændmən] ⟨*pl* -men⟩ Sandmännchen *n;* **sand·paper** ['sændpeıpə(r)] Sand-, Schmirgelpapier *n;* **sand-pit** Sandkasten *m;* **sand-shoe** Strandschuh *m;* **sand·stone** ['sændstəun] Sandstein *m;* **sand-storm** ['sændstɔ:m] Sandsturm *m.*
sand·wich ['sænwıdʒ] **I** *s* Sandwich *n;* **II** *tr* einklemmen; einzwängen (*between* zwischen); **sandwich-board** Reklametafel *f;* **sandwich-counter** *Am* Imbißhalle *f;* **sandwich course** *Ausbildungsgang, der Theorie und Praxis verbindet;* **sand·wich·man** ['sænwıdʒmæn] ⟨*pl* -men⟩ Plakatträger *m.*
sandy ['sændı] *adj* **1.** sandig; **2.** *(Farbe)* rötlich, rotblond.
sane [seın] *adj* **1.** geistig normal; **2.** *jur* zurechnungsfähig; **3.** *fig* vernünftig, sinnvoll, gesund.
sang [sæŋ] *v s. sing.*
san·guine ['sæŋgwın] *adj* **1.** optimistisch; **2.** *(Gesichtsfarbe)* rot; ▶ ~ **that we shall succeed** zuversichtlich, daß wir Erfolg haben werden.
sani·tarium [,sænı'teərıəm] *Am s. sanatorium.*
sani·tary ['sænıtrı] *adj* **1.** hygienisch; **2.** *(Installation)* sanitär; **3.** *(Kommission)* Gesundheits-; **4.** *(Fragen)* der Hygiene; ▶ ~ **towel,** *Am* ~ **napkin** Damen-, Monatsbinde *f.*
sani·ta·tion [,sænı'teıʃn] sanitäre Anlagen *f pl.*
san·ity ['sænətı] **1.** geistige Gesundheit; gesunder Menschenverstand; **2.** *jur* Zurechnungsfähigkeit *f;* **3.** *fig* Vernünftigkeit *f;* ▶ ~ **of judgement** ein gesundes Urteilsvermögen.
sank [sæŋk] *v s. sink².*
Santa Claus [,sæntə'klɔ:z] Nikolaus, Weihnachtsmann *m.*
sap¹ [sæp] **1.** *bot* Saft *m;* **2.** *fig* Lebenskraft *f.*
sap² [sæp] **I** *s mil* Sappe *f;* **II** *tr* **1.** *mil* untermınieren, untergraben; **2.** *fig* untergraben; schwächen; ▶ ~ **s.o.'s strength** jdn entkräften.
sap·ling ['sæplıŋ] junger Baum.
sap·per ['sæpə(r)] *mil* Pionier *m.*
sap·phire ['sæfaıə(r)] *min* Saphir *m.*
sar·casm ['sɑ:kæzəm] Sarkasmus *m;* **sar·cas·tic** [sɑ:'kæstık] *adj* sarkastisch.
sar·copha·gus [sɑ:'kɒfəgəs] ⟨*pl* -gi⟩ [-gaı] Sarkophag *m.*
sar·dine [sɑ:'di:n] Sardine *f;* ▶ **packed**

(in) **like** ~**s** wie die Sardinen.
sar·donic [sɑ:'dɒnık] *adj* süffisant, sardonisch.
sari ['sɑ:rı] Sari *m.*
sar·tor·ial [sɑ:'tɔ:rıəl] *adj* ▶ ~ **elegance** Eleganz *f* der Kleidung.
sash¹ [sæʃ] Schärpe *f.*
sash² [sæʃ] *(~ window)* Schiebefenster *n.*
sat [sæt] *v s. sit.*
Satan ['seıtən] Satan *m;* **sa·tan·ic** [sə'tænık] *adj* satanisch, teuflisch.
satchel ['sætʃəl] Schulranzen *m,* -tasche *f.*
sate [seıt] *tr (Appetit)* stillen, befriedigen.
sat·el·lite ['sætəlaıt] **1.** *astr* Satellit *m;* **2.** *fig* Trabant *m;* **satellite broadcasting** Satellitenfernsehen *n;* **satellite country, satellite state** Satellitenstaat *m;* **satellite dish** *TV* Parabolantenne *f,* -spiegel *m;* **satellite picture** *TV* Satellitenbild *n;* **satellite television** Satellitenfernsehen *n;* **satellite town** Trabantenstadt *f.*
sati·ate ['seıʃıeıt] *tr* **1.** *(Appetit)* stillen; **2.** *(Tier)* sättigen; **3.** *fig* übersättigen; ▶ **be** ~**d with food** gesättigt, übersättigt sein; **sat·iety** [sə'taıətı] Sättigung *f;* ▶ **do s.th. to** ~ etw bis zum Überdruß tun.
satin ['sætın] **I** *s* Satin *m;* **II** *adj* Satin-; samtig.
sat·ire ['sætaıə(r)] Satire *f* (*on* auf); **sa·tiri·cal** [sə'tırıkl] *adj* satirisch, spöttisch; **sat·ir·ist** ['sætərıst] Satiriker(in) *m (f);* **sat·ir·ize** ['sætəraız] *tr* satirisch darstellen.
sat·is·fac·tion [,sætıs'fækʃn] **1.** Befriedigung *f;* **2.** *(Schulden)* Begleichung *f;* **3.** *(Kunde)* Zufriedenstellung *f;* **4.** *(Ehrgeiz)* Verwirklichung *f;* **5.** *(Vertrag)* Erfüllung *f;* **6.** *(Zustand)* Zufriedenheit *f* (*at* mit); **7.** Genugtuung *f;* ▶ **feel a sense of** ~ **at s.th.** Genugtuung über etw empfinden; **get** ~ **out of s.th.** Befriedigung in etw finden; **he proved to my** ~ **that** ... er hat überzeugend bewiesen, daß ... **it is no** ~ **to me to know that** ... es ist kein Trost zu wissen, daß ... **demand, obtain** ~ **from s.o.** Genugtuung von jdm verlangen, erhalten; **sat·is·fac·tory** [,sætıs'fæktərı] *adj* **1.** zufriedenstellend, befriedigend (*to* für); **2.** ausreichend, hinlänglich; **3.** *(Grund)* triftig, einleuchtend; **4.** *(Entschuldigung)* annehmbar; **5.** *(Schulnote)* ausreichend; befriedigend; ▶ **your attitude is not** ~ Ihre Einstellung läßt zu wünschen übrig.
sat·isfy ['sætısfaı] **I** *tr* **1.** zufriedenstellen, befriedigen; **2.** *(Hunger)* stillen; **3.** *(Mahl)* sättigen; **4.** *(Bedingungen, Verpflichtungen)* erfüllen, nachkommen *dat;* **5.** *(Regeln)* entsprechen *dat;* **6.**

(Anforderungen) genügen *dat;* **7.** *(Ehrgeiz)* verwirklichen; **8.** überzeugen; **9.** *(Schuld)* begleichen; ▶ **be satisfied with s.th.** mit etw zufrieden sein; **nothing satisfies him** ihn kann nichts befriedigen; **if you can ~ him that ...** wenn Sie ihn davon überzeugen können, daß ... **II** *refl* ▶ **~ o.s. about s.th.** sich von etw überzeugen; **III** *itr (Mahl)* sättigen; **sat·is·fy·ing** [—ıŋ] *adj* **1.** befriedigend; **2.** sättigend.

sat·su·ma ['sæt'su:mə] Satsuma *f.*

satu·rate ['sætʃəreıt] *tr* **1.** durchtränken; durchnässen; **2.** *chem* sättigen; **3.** *fig* sättigen; **satu·rat·ion** [,sætʃə'reıʃn] Sättigung *f;* **saturation point** Sättigungspunkt *m;* Sättigungsgrad *m;* ▶ **have reached ~ point** seinen Sättigungsgrad erreicht haben.

Sat·ur·day ['sætədı] Sonnabend, Samstag *m;* ▶ **on ~** am Sonnabend.

Sat·urn ['sætən] *astr* Saturn *m.*

satyr ['sætə(r)] *rel hist* Satyr *m.*

sauce [sɔ:s] **1.** Soße, Sauce *f;* **2.** *fam* Frechheit *f;* ▶ **none of your ~!** werd' bloß nicht frech! **sauce-boat** Sauciere *f.*

sauce·pan ['sɔ:spən] Kochtopf *m.*

saucer ['sɔ:sə(r)] Untertasse *f;* ▶ **flying ~** fliegende Untertasse.

saucily ['sɔ:sılı] *adv* frech; **sauci·ness** ['sɔ:sınəs] Frechheit *f;* **saucy** ['sɔ:sı] *adj* **1.** frech; **2.** *fam* schick, keß.

Sau·di A·ra·bia [,saʊdıə'reıbıə] Saudi-Arabien *n;* **Sau·di (A·ra·bi·an)** [,saʊdı (ə'reıbıən)] **I** *s* Saudi(araber) *m,* Saudiaraberin *f;* **II** *adj* saudisch, saudiarabisch.

sauer·kraut ['saʊəkraʊt] Sauerkraut *n.*

sauna ['sɔ:nə] **I** *itr* saunieren; **II** *s* Sauna *f.*

saun·ter ['sɔ:ntə(r)] **I** *itr* umherschlendern, -bummeln; **II** *s* Bummel *m;* ▶ **they had a ~, went for a ~ in the park** sie gingen im Park spazieren.

saus·age ['sɒsıdʒ] Wurst *f;* ▶ **not a ~** *fam* überhaupt nichts; **sausage dog** *fam* Dackel *m;* **sausage-meat** (Wurst)Brät *n.*

sav·age ['sævıdʒ] **I** *adj* **1.** wild; **2.** *(Kampf)* brutal; **3.** *(Tier)* gefährlich; **4.** *(Sitte)* grausam; **5.** *(Maßnahmen)* rigoros, drastisch, brutal; ▶ **make a ~ attack on s.o.** brutal über jdn herfallen; **~ criticism** schonungslose Kritik; **II** *s* Wilde(r) *f m;* **III** *tr (Tier)* anfallen; zerfleischen; **sav·age·ness** [—nıs] **1.** Wildheit *f;* **2.** Brutalität *f;* Grausamkeit *f;* **3.** Gefährlichkeit *f;* **sav·agery** ['sævıdʒrı] **1.** Wildheit *f;* **2.** Brutalität, Grausamkeit *f.*

sa·van·na(h) [sə'vænə] *geog* Savanne *f.*

save[1] [seıv] **I** *tr* **1.** retten; **2.** aufheben, aufbewahren, aufsparen; **3.** *(Geld)* sparen; **4.** *(Briefmarken)* sammeln; **5.**

(Kraft) schonen; aufsparen; **6.** *(Ärger)* ersparen; ▶ **~ s.o. from s.th.** jdn vor etw retten; **~ the day** jds Rettung sein; **~ up** aufheben, aufbewahren; **~ s.o.'s bacon** *fam* jds Rettung sein; **~ the goal** *sport* den Ball abfangen; **~ s.o.'s life** jdm das Leben retten; **~ the situation** die Situation retten; **~ one's skin** *fig* mit heiler Haut davonkommen; **~ o.s. the trouble** sich die Mühe sparen; **it ~s me time** dabei spare ich Zeit; **II** *itr* **1.** *(Geld)* sparen; **2.** *(Essen)* sich halten; ▶ **~ for s.th.** auf etw sparen; **~ up** sparen; **III** *s sport* Ballabwehr *f.*

save[2] [seıv] **I** *prep* außer *dat;* **II** *conj* es sei denn, daß; ▶ **~ that** nur daß.

saver ['seıvə(r)] **1.** Retter(in) *m (f);* **2.** Sparer(in) *m (f);* ▶ **it is a money-~** es spart Geld.

sav·ing ['seıvıŋ] **I** *adj* **1.** sparsam; **2.** rettend; ▶ **the book's ~ sense of humour** der Humor in dem Buch, der manches wettmacht; **his ~ grace** was e-n mit ihm versöhnt; **II** *s* **1.** Rettung *f;* **2.** Sparen *n;* **3.** Einsparung *f;* Ersparnis *f;* **4.** *pl* Ersparnisse *f pl;* Spareinlagen *f pl;* **III** *prep, conj s. save*[2].

sav·ings ac·count ['seıvıŋzə‚kaʊnt] Sparkonto *n;* **savings-bank** Sparkasse *f;* **savings bonus** Sparzulage *f;* **savings book** Sparbuch *n;* **savings certificate** Sparbrief *m;* **savings-deposits** *pl* Spareinlagen *f pl.*

sav·iour, *Am* sa·vior ['seıvıə(r)] **1.** Retter(in) *m (f);* **2.** *rel* Erlöser, Heiland *m.*

sa·vour, *Am* sa·vor ['seıvə(r)] **I** *s* **1.** Geschmack *m;* **2.** *fig* Spur *f;* **3.** Reiz *m;* ▶ **a ~ of garlic** ein Knoblauchgeschmack; **II** *tr* **1.** kosten; riechen; **2.** *fig* genießen, auskosten; **III** *itr* ▶ **~ of s.th.** etw ahnen lassen; **sa·vouri·ness,** *Am* **sa·vori·ness** ['seıvərınıs] Schmackhaftigkeit *f;* **sa·voury,** *Am* **sa·vory** ['seıvərı] **I** *adj* **1.** wohlschmeckend, schmackhaft; **2.** *fig* angenehm, ersprießlich; **3.** pikant; ▶ **~ biscuits** *pl* Salzgebäck *n;* **II** *s* Appetithappen *m.*

savvy ['sævı] **I** *tr sl* kapieren, begreifen; ▶ **no ~** keine Ahnung; **II** *s* Grips *m,* Köpfchen *n;* ▶ **he hasn't got much ~** er hat keine Ahnung.

saw[1] [sɔ:] ⟨*irr* sawed, sawed *od* sawn⟩ **I** *s* Säge *f;* **II** *tr* sägen; ▶ **~ s.th. in two** etw entzweisägen; **~n timber** Schnittholz *n;* **he ~ed the air** er schlug wild um sich; **~ down** umsägen; **~ off** absägen; **~ up** zersägen *(into* in); **III** *itr* sägen; ▶ **~ at the violin** auf der Geige herumkratzen.

saw[2] [sɔ:] *v s.* see.

saw[3] [sɔ:] Spruch *m.*

saw·dust ['sɔ:dʌst] Sägemehl *n;* **saw-mill** Sägemühle *f.*

sawn [sɔ:n] *v s.* saw[1].

Saxon ['sæksn] **I** *adj* sächsisch; **II** *s* **1.**

(Mensch) Sachse *m,* Sächsin *f;* **2.** *(Sprache)* (das) Sächsisch(e); **Saxony** ['sæksənı] Sachsen *n.*

saxo·phone ['sæksəfəun] *mus* Saxophon *n;* **sax·ophon·ist** [sæk'sɒfənıst] Saxophonist(in) *m (f).*

say [seı] ⟨*irr* said, said⟩ I *tr, itr* **1.** sagen; **2.** *(Gedicht)* aufsagen; **3.** *(Text)* sprechen; aussprechen; **4.** *(Thermometer)* anzeigen; ▶ ~ **good-by(e) to** sich verabschieden von; ~ **mass** die Messe lesen; **it ~s in the papers that** ... in den Zeitungen steht, daß ... **the weather forecast said that** ... es hieß im Wetterbericht, daß ...; laut Wetterbericht ...; **that ~s a lot for him** das spricht für ihn; **what would you ~ to a holiday?** wie wär's mit Urlaub? **what do you ~?** was meinen Sie? **well, I must ~!** na, ich muß schon sagen! **I ~!** na so was! **it's easier said than done** das ist leichter gesagt als getan; **no sooner said than done** gesagt, getan; **she is said to be clever** sie soll klug sein; **it goes without ~ing that** ... es ist selbstverständlich, daß ..., es versteht sich von selbst, daß ... **I should ~** ich möchte annehmen; **he had nothing to ~ for himself** er hatte keine Entschuldigung; **there's much to be said for his suggestion** sein Vorschlag hat viel für sich; **that is to ~** das heißt, mit anderen Worten; **to ~ nothing of** ganz zu schweigen von; ~ **you need more time** angenommen, Sie brauchen mehr Zeit; ~ **the word** sagen Sie es nur; **you can ~ that again** Sie haben völlig recht! II *s* Rede *f,* Wort *n;* ▶ **let him have his ~** laß ihn mal reden; **have a ~ in s.th.** bei etw etwas zu sagen haben; **have the last ~** letztlich entscheiden; das letzte Wort haben; **say·ing** ['seııŋ] Redensart *f,* Sprichwort *n;* ▶ **as the ~ goes** wie man zu sagen pflegt; **say-so** ['seısəu] *sl* Wort *n;* ▶ **on whose ~?** wer sagt das?

scab [skæb] **1.** Schorf, Grind *m;* **2.** Grätze *f;* **3.** *fig* Streikbrecher(in) *m (f).*

scab·bard ['skæbəd] (Schwert)Scheide *f.*

scabby ['skæbı] *adj med* schorfig; räudig.

sca·bies ['skeıbi:z] *sing* Krätze *f.*

scab·rous ['skeıbrəs] *adj* **1.** rauh, uneben; **2.** *fig* geschmacklos.

scaf·fold ['skæfə(u)ld] **1.** (Bau)Gerüst *n;* **2.** Schafott *n;* **scaf·fold·ing** ['skæfəldıŋ] (Bau)Gerüst *n.*

scal·awag ['skæləwæg] *Am s.* scally-wag.

scald [skɔ:ld] I *tr* **1.** verbrühen; **2.** *(Gemüse, Milch)* abbrühen; abkochen; II *s* Verbrühung *f;* **scald·ing** ['skɔ:ldıŋ] *adj* siedend; siedend heiß.

scale[1] [skeıl] I *s* **1.** Skala, Gradeinteilung *f;* **2.** Tabelle *f;* **3.** *fig (social ~)* Stufenlei-

ter *f;* **4.** Meßgerät *n;* **5.** *mus* Tonleiter *f;* **6.** Maßstab *m;* **7.** *fig* Umfang *m,* Ausmaß *n;* ▶ **on the ~ of** ... **to** ... im Maßstab ... zu ... **on a large, small ~** in großem, kleinem Maßstab; **the ~ of F** die F-Dur-Tonleiter; **to ~** maßstabgerecht; **on a national ~** auf nationaler Ebene; ~ **of charges** Gebührentabelle *f;* ~ **drawing** maßstabgerechte Zeichnung; ~ **model** maßstabgetreues Modell; II *(mit Präposition)* **scale down** *tr* verkleinern; verringern; **scale up** *tr* vergrößern; erhöhen.

scale[2] [skeıl] I *s* **1.** *zoo med* Schuppe *f;* **2.** Kessel-, Zahnstein *m;* ▶ **take the ~s from s.o.'s eyes** jdm die Augen öffnen; II *tr* abschuppen; III *itr (~ off)* sich schuppen.

scale[3] [skeıl] *pl* Waage *f;* ▶ **the S~s** *astr* Waage; **a pair of ~s** e-e Waage; ~**-pan** Waagschale *f;* **turn, tip the ~s at 60 kilos** 60 Kilo auf die Waage bringen; **turn the ~s** den Ausschlag geben.

scale[4] [skeıl] *tr* erklettern.

scal·lop ['skɒləp] I *s* **1.** *zoo* Kammuschel *f;* **2.** *pl* bogenförmige Verzierung; II *tr* mit Bögen versehen, langettieren.

scally·wag ['skælıwæg] Lausbube, Schlingel *m.*

scalp [skælp] I *s* **1.** Kopfhaut *f;* **2.** Skalp *m;* ▶ **be out for s.o.'s ~** jdn fertigmachen wollen; II *tr* **1.** skalpieren; **2.** *(Haare)* kahlscheren.

scal·pel ['skælpəl] *med* Skalpell *n.*

scaly ['skeılı] *adj* schuppig.

scamp[1] [skæmp] *tr* pfuschen bei.

scamp[2] [skæmp] Frechdachs *m.*

scam·per ['skæmpə(r)] I *itr* **1.** *(Kind)* trippeln, trappeln; **2.** *(Maus)* huschen; II *s* ▶ **take the dog out for a ~** dem Hund Auslauf verschaffen.

scan [skæn] I *tr* **1.** schwenken über; seine Augen wandern lassen über; **2.** *(Buch)* überfliegen; **3.** *(Radar)* absuchen, abtasten; **4.** *TV* rastern; **5.** *(Vers)* in Versfüße zerlegen; II *itr (Vers)* das richtige Versmaß haben, sich reimen; III *s med* Ultraschall-Untersuchung *f;* Ultraschallaufnahme *f.*

scan·dal ['skændl] **1.** Skandal *m;* **2.** Skandalgeschichten *f pl;* ▶ **create a ~** e-n Skandal verursachen; **the latest ~** der neueste Klatsch; **scan·dal·ize** ['skændəlaız] *tr* schockieren; ▶ **be ~d** empört sein *(by* über); **scan·dal·monger** ['skændlmʌŋgə(r)] Lästermaul, Klatschmaul *n;* **scan·dal·ous** ['skændələs] *adj* skandalös, anstößig.

Scan·di·na·via [ˌskændı'neıvıə] Skandinavien *n;* **Scan·di·na·vian** [ˌskændı'neıvıən] I *adj* skandinavisch; II *s* Skandinavier(in) *m (f).*

scan·ner ['skænə(r)] *tech* Abtaster *m; (optical ~)* Lesegerät *n.*

scant [skænt] *adj* **1.** wenig; **2.** *(Erfolg)*

mager; 3. *(Pflanzenwuchs)* dürftig; 4. *(Chance)* gering; ▶ **do ~ justice to s.th.** e-r S kaum gerecht werden; **scan·tily** ['skæntılı] *adv* knapp; spärlich; **scanty** ['skæntı] *adj* 1. knapp, dürftig, mager; 2. *(Mahl)* kärglich; 3. *(Haar)* schütter.

scape·goat ['skeıpgəut] *fig* Sündenbock *m.*

scar [skɑ:(r)] I *s* 1. Narbe *f;* 2. *fig* Wunde *f;* Makel *m;* II *tr* Narben hinterlassen auf, verunstalten; ▶ **he was ~red for life** *fig* er war fürs Leben gezeichnet; **his ~red face** sein narbiges Gesicht; III *itr* e-e Narbe hinterlassen.

sca·rab ['skærəb] Skarabäus *m.*

scarce [skeəs] *adj* 1. selten, spärlich; 2. knapp, nicht ausreichend vorhanden; **scarce·ly** ['skeəslı] *adv* 1. kaum; 2. wohl kaum; ▶ **~ anybody** kaum jemand; **~ anything** fast nichts; **~ ever** kaum jemals; **scarc·ity** ['skeəsətı] 1. Verknappung, Knappheit *f,* Mangel *m (of* an); 2. Seltenheit *f;* ▶ **~ of labour** Mangel *m* an Arbeitskräften; **in years of ~** in schlechten Jahren; **~ value** Seltenheitswert *m.*

scare [skeə(r)] I *tr* 1. e-n Schrecken einjagen; Angst machen *(s.o.* jdm); 2. er-, aufschrecken; ▶ **be easily ~ed** ein sehr schreckhaft sein; sehr scheu sein; **be ~d out of one's wits** Todesängste ausstehen; **I'm ~d at the thought** ich habe Angst davor; **~ away** verscheuchen; verjagen; II *itr* ▶ **I don't ~ easily** ich bekomme nicht so schnell Angst; III *s* Schreck(en) *m;* Panikstimmung *f;* ▶ **give s.o. a ~** jdm e-n Schrecken einjagen; **create a ~** Panik auslösen; **scare·crow** ['skeəkrəu] Vogelscheuche *f;* **scare·monger** ['skeə͵mʌŋgə(r)] Panik-, Bangemacher(in) *m (f).*

scarf [skɑ:f] ⟨*pl* scarves⟩ [skɑ:vz] Hals-, Kopftuch *n,* Schal *m.*

scar·ify·ing ['skærıfaıŋ] *adj* beängstigend; gruselig.

scar·let ['skɑ:lət] I *s* Scharlach(rot *n) m;* II *adj* scharlachfarben, -rot; **scarlet fever** *med* Scharlach *m.*

scarp [skɑ:p] *(~ edge)* Steilhang *m.*

scar·per ['skɑ:pə(r)] *itr Br fam* abhauen.

scary ['skeərı] *adj fam* unheimlich; gruselig.

scat [skæt] *interj sl* verschwinde!

scath·ing ['skeıðıŋ] *adj* 1. bissig; 2. *(Bemerkung)* schneidend; 3. *(Kritik)* beißend, scharf.

sca·tol·ogy [skæ'tɒlədʒı] Fäkalsprache *f.*

scat·ter ['skætə(r)] I *tr* 1. auseinandertreiben; zerstreuen; 2. *(Nachrichten)* verbreiten; 3. *phys* streuen *(on* auf); 4. *(Geld)* verschleudern; 5. *(Stimmen)* verteilen; ▶ **~ s.th. around** etw überall umherstreuen; II *itr* sich zerstreuen, sich

verteilen, sich auflösen; **scat·ter-brain** ['skætəbreın] Schussel *m;* **scatter-brained** ['skætəbreınd] *adj* flatterhaft, fahrig; **scatter cushion** (kleines) Kissen *n;* **scat·tered** ['skætəd] *adj* 1. ver-, zerstreut; 2. *(Wolken, Regenschauer)* vereinzelt; **scat·ter·ing** ['skætərıŋ] 1. vereinzeltes Häufchen; 2. *phys* Streuung *f;* ▶ **a ~ of snow** ein bißchen Schnee.

scav·enge ['skævındʒ] *itr* Nahrung suchen; ▶ **~ in the bins** die Abfalleimer plündern; **scav·en·ger** ['skævındʒə(r)] 1. *zoo* Aasfresser *m;* 2. *fig* Aasgeier *m.*

scen·ario [sı'nɑ:rıəu] ⟨*pl* -arios⟩ 1. Szenarium *n;* 2. *fig* Szenario *n.*

scene [si:n] 1. Schauplatz *m;* 2. *theat* Szene *f;* (Bühnen)Bild *n;* Auftritt *m;* 3. *fig* Szene *f;* 4. Anblick *m;* Landschaft *f;* ▶ **behind the ~s** hinter den Kulissen; **the ~ of the crime** der Tatort; **set the ~** den richtigen Rahmen geben; **come on the ~** auftauchen, auf der Bildfläche erscheinen; **drug ~** Drogenszene *f;* **make a ~** eine Szene machen; **make the ~** groß herauskommen; **that's not my ~** *sl* das interessiert mich nicht; **scene change** Szenenwechsel *m;* **scene painter** Bühnen-, Kulissenmaler(in) *m (f);* **scen·ery** ['si:nərı] 1. *theat* Bühnenbild *n,* Dekoration *f;* 2. Landschaft *f;* **scene shifter** Kulissenschieber(in) *m (f);* **scenic** ['si:nık] *adj* 1. landschaftlich; 2. malerisch; 3. *theat* bühnentechnisch; ▶ **~ effects** *pl* Büheneffekte *m pl;* **~ highway, route** landschaftlich reizvolle Straße; **~ railway** Berg-und-Tal-Bahn *f.*

scent [sent] I *tr* 1. wittern; 2. *(Tee, Seife)* parfümieren; ▶ **~ out** *fig* aufspüren; II *s* 1. Geruch, Duft *m;* 2. Parfüm *n;* 3. *(Tier)* Witterung, Fährte, Spur *f;* 4. Spürsinn *m,* gute Nase; ▶ **be on the ~** auf der Fährte sein; **put, throw s.o. off the ~** *fig* jdn von der richtigen Fährte ablenken; **scent-bottle** Riech-, Parfümflasche *f;* **scent·less** [—lıs] *adj* geruchlos.

scep·ter ['septə(r)] *Am s. sceptre.*

scep·tic, *Am* **skep·tic** ['skeptık] Skeptiker(in) *m (f);* **scep·ti·cal,** *Am* **skep·ti·cal** ['skeptıkl] *adj* skeptisch, zweifelnd; **scep·ti·cism,** *Am* **skep·ti·cism** ['skeptısızəm] Skepsis *f.*

sceptre, *Am* **scep·ter** ['septə(r)] Szepter *n.*

sched·ule ['ʃedju:l, *Am* 'skedʒul] I *s* 1. Programm *n,* Zeitplan *m;* 2. *(Schule)* Stundenplan *m;* 3. Fahr-, Flugplan *m;* 4. *Am* Verzeichnis *n;* 5. *jur* Urkunde *f;* ▶ **what's on the ~ for today?** was steht für heute auf dem Programm? **according to ~** planmäßig; nach Plan; **the train is behind ~** der Zug hat Verspätung; **be on ~** pünktlich sein; **be up to ~**

nach Zeitplan verlaufen; **II** *tr* **1.** planen; **2.** *(Zeitplan)* ansetzen; **3.** *Am (Liste)* aufführen; ▶ **this is not ~d for this year** das steht für dieses Jahr nicht auf dem Programm; **the plane is ~d for . . .** planmäßige Ankunft, planmäßiger Abflug ist . . .; **sched·uled** ['ʃedju:ld, *Am* 'skedʒʊld] *adj* **1.** vorgesehen, geplant; **2.** *(Abflug)* planmäßig; ▶ **~ flight** Linienflug *m.*

sche·matic [skɪ'mætɪk] *adj* schematisch.

scheme [ski:m] **I** *s* **1.** Plan *m,* Programm *n;* Projekt *n;* **2.** *(pension ~)* Pensionsprogramm *n;* **3.** raffinierter Plan; Intrige *f;* Komplott *n;* **4.** *(Stadt)* Anlage *f;* Einrichtung *f;* ▶ **a ~ of work** ein Arbeitsprogramm; **housing ~** Siedlung *f;* **rhyme ~** Reimschema *n;* **II** *itr* Pläne schmieden; intrigieren; ▶ **~ for s.th.** auf etw hinarbeiten; **schem·er** ['ski:mə(r)] Intrigant(in) *m (f);* **schem·ing** ['ski:mɪŋ] *adj* raffiniert, durchtrieben; intrigant.

schism ['sɪzəm] *rel* Schisma *n;* **schismatic** [sɪz'mætɪk] *adj* schismatisch.

schist [ʃɪst] *geol* Schiefer *m.*

schizo·phrenia [ˌskɪtsəʊ'fri:nɪə] Schizophrenie *f;* **schizo·phrenic** [ˌskɪtsəʊ'frenɪk] *adj* schizophren.

schnor·kel ['snɔ:kl] *s. snorkel.*

scholar ['skɒlə(r)] **1.** Gelehrte(r) *f m;* **2.** *(Universität)* Stipendiat(in) *m (f);* **3.** Student(in) *m (f);* **schol·ar·ly** [—lɪ] *adj* gelehrt, wissenschaftlich; **schol·ar·ship** ['skɒləʃɪp] **1.** Gelehrsamkeit *f;* **2.** Stipendium *n;* ▶ **win a ~ to . . .** ein Stipendium für . . . bekommen; **on a ~** mit e-m Stipendium; **scholarship holder** Stipendiat(in) *m (f).*

schol·as·tic [skə'læstɪk] *adj* **1.** schulisch; Schul-; Studien-; **2.** *rel hist* scholastisch; ▶ **~ profession** Lehrberuf *m;* **schol·as·ti·cism** [skə'læstɪsɪzəm] Scholastik *f.*

school[1] [sku:l] **I** *s* **1.** Schule *f a. fig;* **2.** *Am* College *n,* Universität *f;* **3.** *(Universität)* Fachbereich *m,* Fakultät *f;* **4.** *philos* Schule *f;* ▶ **at ~** in der Schule; im College; an der Universität; **go to ~** in die Schule, ins College, zur Universität gehen; **there is no ~ tomorrow** morgen ist schulfrei; **~ of art** Kunstschule *f;* **~ of dancing** Tanzschule *f;* **II** *tr* **1.** lehren; **2.** *(Tier)* dressieren; **3.** *fig* zügeln.

school[2] [sku:l] *(Fische)* Schwarm *m.*

school age ['sku:leɪdʒ] schulpflichtiges Alter; ▶ **of ~** schulpflichtig; **school attendance** Schulbesuch *m;* **school bag** Schultasche *f;* **school-board** *Am* Schulbehörde, -aufsichtsbehörde *f;* **school-book** Schulbuch *n;* **schoolboy** ['sku:lbɔɪ] Schuljunge, Schüler *m;* **school·child** ['sku:ltʃaɪld] ⟨*pl* -children⟩ ['— tʃɪldrən] Schulkind *n;* **school-**

days *pl* Schulzeit *f;* **school-fees** *pl* Schulgeld *n;* **school·girl** ['sku:lgɜ:l] Schulmädchen *n;* Schülerin *f;* **schoolhouse** ['sku:lhaʊs] Schulhaus, -gebäude *n.*

school·ing ['sku:lɪŋ] Ausbildung, Schulung *f;* ▶ **compulsory ~** Schulpflicht *f.*

school leaver ['sku:lli:və(r)] Schulabgänger(in) *m (f);* **school-leav·ing cer·ti·fi·cate** [ˌsku:lli:vɪŋsə'tɪfɪkət] Abgangszeugnis *n;* **school magazine** Schulzeitung, Schülerzeitung *f;* **schoolmas·ter** ['sku:lˌmɑ:stə(r)] Lehrer *m;* **school-mate** Schulkamerad(in) *m (f);* **school·mis·tress** ['sku:lˌmɪstrɪs] Lehrerin *f;* **school·room** ['sku:lrʊm] Klassenzimmer *n;* **school-teacher** Lehrer(in) *m (f).*

schoo·ner ['sku:nə(r)] **1.** *mar* Schoner *m;* **2.** Sherryglas *n.*

sci·atic [saɪ'ætɪk] *adj med* Ischias-; **sci·atica** [saɪ'ætɪkə] *med* Ischias *m od. n.*

science ['saɪəns] **1.** *(Natur)*Wissenschaft *f;* **2.** Technik *f;* ▶ **study ~** Naturwissenschaften studieren; **the ~ of cooking** die Kochkunst; **social ~** Soziologie *f;* Sozialwissenschaft *f;* **science fiction** Science-fiction *f;* **scien·tific** [ˌsaɪən'tɪfɪk] *adj* **1.** *(natur)*wissenschaftlich; **2.** *(Methode)* wissenschaftlich; **scien·tist** ['saɪəntɪst] *(Natur)*Wissenschaftler(in) *m (f).*

scin·til·lat·ing ['sɪntɪleɪtɪŋ] *adj* **1.** *fig* glänzend, funkelnd; **2.** *(Humor)* sprühend; ▶ **be ~** funkeln.

scion ['saɪən] **1.** *bot* Schößling *m;* **2.** *fig* Sprößling *m.*

scis·sors ['sɪzəz] *pl* Schere *f;* ▶ **a pair of ~** e-e Schere.

scler·osis [sklə'rəʊsɪs] Sklerose *f;* ▶ **multiple ~** multiple Sklerose.

scoff[1] [skɒf] **I** *s* verächtliche Bemerkung; **II** *itr* spotten; ▶ **~ at s.o.** jdn verachten.

scoff[2] [skɒf] **I** *s sl* Fressalien *f pl,* Fresserei *f;* **II** *tr* futtern.

scold [skəʊld] **I** *tr* ausschimpfen *(for* wegen); **II** *itr* schelten, zanken, schimpfen; **scold·ing** ['skəʊldɪŋ] Schelte *f;* Schimpferei *f;* ▶ **give s.o. a ~** jdn ausschimpfen.

scone [skɒn] *brötchenartiges Buttergebäck.*

scoop [sku:p] **I** *s* **1.** Schaufel *f;* **2.** *(Eis)* Kugel *f;* **3.** *fam* Fang *m;* **4.** *(Zeitung)* Knüller *m;* ▶ **at one ~** auf einmal; **II** *tr* **1.** schaufeln, schöpfen; **2.** *fig* mit e-r Nachricht zuvorkommen *(s.o.* jdm); übertrumpfen; ▶ **~ out** herausschaufeln, -schöpfen; aushöhlen; **~ up** aufschaufeln; *fig (Geld)* scheffeln.

scoot [sku:t] *itr fam* abhauen; laufen, rennen.

scooter ['sku:tə(r)] **1.** *(Tret)*Roller *m;* **2.** *(motor ~) (Motor)*Roller *m.*

scope [skəup] **1.** Ausmaß, Umfang *m;* Reichweite *f;* **2.** Kompetenzbereich *m;* **3.** Fassungsvermögen *n;* **4.** Entfaltungsmöglichkeit *f;* Spielraum *m;* ▶ **s.th. is within the ~ of s.th.** etw bleibt im Rahmen e-r S; **s.th. is within the ~ of a department** etw fällt in den Kompetenzbereich e-r Abteilung; **that is beyond my ~** das übersteigt mein Fassungsvermögen; **there is ~ for improvement** es könnte noch verbessert werden; **give s.o. ~ to do s.th.** jdm den nötigen Spielraum geben, etw zu tun.

scorch [skɔːtʃ] I *tr* versengen; ▶ **~ed earth policy** *mil* Politik *f* der verbrannten Erde; **the sun ~ed our faces** die Sonne brannte auf unsere Gesichter; II *itr sl mot* rasen; **the sun ~ed down** die Sonne brannte herunter; III *s* verbrannte Stelle; **scorcher** ['skɔːtʃə(r)] *fam* ▶ **yesterday was a ~** gestern war e-e Knallhitze; **scorch·ing** ['skɔːtʃɪŋ] *adj* **1.** sengend; glühend heiß; **2.** *fig* rasend; rasant.

score [skɔː(r)] I *s* **1.** Punktestand *m;* Spielstand *m;* **2.** *mus* Noten *f pl;* Partitur *f;* **3.** *fig* Zeche, Rechnung *f;* **4.** Rille, Kerbe *f;* Kratzer *m;* **5.** *fig* zwanzig; **6.** Grund *m;* ▶ **there was no ~ at halftime** zur Halbzeit stand es 0 : 0; **keep (the) ~** Punkte zählen; **know the ~** *fig* wissen, was gespielt wird; **make a ~ off s.o.** jdm eins auswischen; **what's the ~?** was bin ich schuldig? *sport* wie steht's? *fig* wie sieht's aus? **pay off old ~s** alte Schulden begleichen; **~s of ...** Hunderte von ... **by the ~** massenweise; **on that ~** was das betrifft; II *tr* **1.** *(Punkte)* erzielen; bekommen; schießen; **2.** *(Rillen)* einkerben; Kratzer machen in; **3.** *mus* schreiben; ▶ **~ an advantage** im Vorteil sein; **~ a point off s.o.** auf jds Kosten glänzen; **~ a hit with s.o.** jdn stark beeindrucken; **~ off** ausstreichen; **~ out** durchstreichen; **~ up** anschreiben; III *itr* **1.** e-n Punkt erzielen; ein Tor schießen; **2.** mitzählen; **3.** *sl* ▶ **~ with a woman** eine Frau aufs Kreuz legen; *fam* sich Drogen beschaffen; ▶ **~ well, badly** gut, schlecht abschneiden; **~ off s.o.** jdn als dumm hinstellen; **score-board** Anzeigetafel *f;* **score-card** Spielprotokoll *n;* **scorer** ['skɔːrə(r)] *sport* **1.** Torschütze *m;* **2.** Punktrichter *m;* **scor·ing** ['skɔːrɪŋ] Erzielen *n* e-s Punktes; Torschuß *m.*

scorn [skɔːn] I *s* Verachtung *f;* Hohn *m;* ▶ **laugh s.o. to ~** jdn höhnisch verlachen; **pour ~ on s.th.** etw verächtlich abtun; II *tr* **1.** verachten, geringschätzen; **2.** *(Geschenk)* verschmähen, als unwürdig ablehnen; ▶ **~ to do s.th.** es für unwürdig halten, etw zu tun; **scorn·ful** ['—fʊl] *adj* verächtlich, spöttisch.

Scor·pio ['skɔːpɪəʊ] *astr* Skorpion *m.*

scor·pion ['skɔːpɪən] *zoo* Skorpion *m.*

Scot [skɒt] Schotte *m,* Schottin *f.*

scotch [skɒtʃ] *tr* **1.** aus der Welt schaffen; **2.** *(Idee)* unterbinden.

Scotch [skɒtʃ] I *adj* schottisch; ▶ **~ Whisky** schottischer Whisky; II *s* schottischer Whisky; **Scotch broth** Gemüsesuppe *f* mit Hammelfleisch.

scot-free [ˌskɒt'friː] *adv* ungeschoren; ▶ **get off ~** ungestraft, unverletzt davonkommen.

Scot·land ['skɒtlənd] Schottland *n.*

Scots [skɒts] ▶ **the ~** *pl* die Schotten *pl;* **Scots·man** [—mən] ⟨*pl* -men⟩ Schotte *m;* **Scots·woman** [—wʊmən] ⟨*pl* -women⟩ [—wɪmɪn] Schottin *f;* **Scot·tish** ['skɒtɪʃ] I *adj* schottisch; II *s* *(Sprache)* (das) Schottisch(e); ▶ **the ~** *pl* die Schotten *pl.*

scoun·drel ['skaʊndrəl] Schurke, Schuft *m.*

scour[1] ['skaʊə(r)] I *tr* scheuern; ▶ **~ away, off** abscheuern; II *s* Scheuern, Schrubben *n.*

scour[2] ['skaʊə(r)] *tr* durchsuchen, durchstöbern *(for* nach).

scour·er ['skaʊrə(r)] Topfkratzer *m.*

scourge [skɜːdʒ] I *s* Geißel *f a. fig;* II *tr* **1.** geißeln; **2.** *fig* peinigen, bestrafen.

scout [skaʊt] I *s* **1.** Späher, Kundschafter *m;* **2.** *aero* Aufklärer *m;* **3.** *(boy ~)* Pfadfinder *m;* **4.** *mot* Pannenhelfer *m;* ▶ **on the ~** auf Erkundung; **have a ~ about, around for s.th.** sich nach etw umsehen; **talent ~** Talentsucher *m;* II *itr* erkunden, auskundschaften; ▶ **~ for s.th.** nach etw Ausschau halten; **about, around** sich umsehen *(for* nach); III *tr* ▶ **~ out** auskundschaften; **scout·mas·ter** ['skaʊtmɑːstə(r)] Pfadfinderführer *m.*

scowl [skaʊl] I *itr* finster blicken; ein böses Gesicht machen; ▶ **~ at s.o.** jdn böse ansehen; II *s* finsterer Blick.

scrabble ['skræbl] *itr (~ about)* herumsuchen, herumtasten.

scrag [skræg] I *s* Hals *m;* II *tr sl* den Hals umdrehen *(s.o.* jdm); **scraggy** ['skrægɪ] *adj* mager, hager, knochig.

scram [skræm] *itr* abhauen; ▶ **~!** hau ab!

scramble ['skræmbl] I *itr* **1.** klettern, krabbeln; **2.** sich balgen, sich reißen *(for* um); **~ out** hinausklettern; II *tr* **1.** durcheinanderwerfen; **2.** *(Eier)* verrühren; **3.** *tele* chiffrieren, verschlüsseln; ▶ **~d eggs** *pl* Rührei(er *pl*) *n;* III *s* **1.** Klettern *n;* **2.** Gedrängel *n,* Balgerei *f (for* um); **3.** *mot* Moto-Cross *n;* **scrambler** ['skræmblə(r)] *tele* Verschlüsselungs-, Chiffriergerät *n.*

scrap[1] [skræp] I *s* **1.** Stück(chen) *n;* bißchen; **2.** *(~ of paper)* (Papier)Fetzen *m;* **3.** *fig* Fünkchen *n,* Spur *f;* **4.** *pl* Reste *m pl;* **5.** Altmaterial *n;* Altpapier *n;*

Schrott *m;* ▶ **not a** ~ kein bißchen; **a few ~s of German** ein paar Brocken Deutsch; **not a** ~ **of evidence** nicht der geringste Beweis; **these bits are** ~ diese Sachen werden nicht mehr gebraucht; **II** *tr* **1.** verschrotten; ausrangieren; **2.** *fig (Plan)* fallenlassen.

scrap² [skræp] *fam* **I** *s* Rauferei *f;* **II** *itr* sich raufen, sich prügeln, sich streiten, sich balgen (*with* mit).

scrap·book ['skræpbʊk] Sammelalbum *n;* **scrap dealer** Schrotthändler(in) *m (f).*

scrape [skreɪp] **I** *tr* **1.** (ab)kratzen, -bürsten; **2.** *(Auto)* schrammen; streifen; **3.** *(Knie)* (wund) scheuern, aufschürfen; **4.** *(Loch)* scharren; ▶ ~ **a living** gerade so sein Auskommen haben; ~ **the bottom of the barrel** *fig* den letzten Rest zusammenkratzen; ~ **together** zusammenharken; zusammenkratzen; ~ **up** zusammenkratzen; **II** *itr* **1.** kratzen, scheuern (*on, against* an); **2.** *fam* knausern; ▶ ~ **along** sich schlecht und recht durchschlagen; ~ **away** herumkratzen (*at* an); ~ **off** sich abkratzen lassen; ~ **through** gerade noch durchkommen; **III** *s* **1.** Kratzen, Scharren *n;* **2.** Kratzer *m;* Schramme *f;* **3.** *fig* Klemme, Patsche *f;* ▶ **get into a** ~ *fig* sich in die Nesseln setzen; **scraper** ['skreɪpə(r)] **1.** Spachtel *f;* **2.** *(an der Tür)* Kratzeisen *n.*

scrap-heap ['skræphiːp] Schrotthaufen *m.*

scrap·ings ['skreɪpɪŋz] *pl* **1.** Reste *m pl;* Schalen *f pl;* **2.** *(Metall)* Späne *m pl.*

scrap iron ['skræpaɪən] Alteisen *n;* **scrap merchant** Schrotthändler *m.*

scrappy ['skræpɪ] *adj* **1.** zusammengestückelt; **2.** *(Wissen)* lückenhaft.

scratch [skrætʃ] **I** *tr* **1.** (zer)kratzen, ritzen, verschrammen; **2.** *sport* streichen; ▶ ~ **s.th. away** etw abkratzen; ~ **s.th. in the wood** etw ins Holz ritzen; ~ **a living** sich e-n kümmerlichen Lebensunterhalt verdienen; ~ **one's head** sich am Kopf kratzen; ~ **the surface of s.th.** etw oberflächlich berühren; ~ **s.th. through** etw durchstreichen; **II** *itr* **1.** kratzen; **2.** *sport* nicht antreten; **III** *s* **1.** Kratzer *m;* **2.** Kratzen, Scharren *n;* ▶ ~ **file** *EDV* Hilfsdatei *f;* **give s.o. a** ~ jdn kratzen; **have a** ~ sich kratzen; **start from** ~ ganz von vorne anfangen; **be, come up to** ~ die Erwartungen erfüllen; **bring s.th. up to** ~ etw auf Vordermann bringen; **IV** *adj* **1.** improvisiert; **2.** *sport* ohne Vorgabe; **V** *(mit Präposition)* **scratch about** *itr* herumscharren; sich umsehen; **scratch out** *tr* auskratzen; **scratch up** *tr (Geld)* zusammenkratzen.

scratch-pad ['skrætʃpæd] *Am* Notizblock *m;* **scratch paper** Konzept-, Schmierpapier *n.*

scratchy ['skrætʃɪ] *adj* **1.** *(Stoff, Ge-*

räusch) kratzend; **2.** *(Platte)* zerkratzt; **3.** *(Pullover)* kratzig.

scrawl [skrɔːl] **I** *tr, itr* schmieren, kritzeln; **II** *s* Gekritzel *n,* Kritzelei *f.*

scrawny ['skrɔːnɪ] *adj* dürr.

scream [skriːm] **I** *itr* **1.** schreien; kreischen; **2.** *(Sirene)* heulen; ▶ ~ **at s.o.** jdn anschreien; ~ **with pain** vor Schmerzen schreien; ~ **with laughter** vor Lachen kreischen; ~ **out for s.th.** nach etw schreien; **II** *tr* **1.** schreien; **2.** *fig* herausschreien; ▶ ~ **one's head off** sich die Lunge aus dem Leib schreien; ~ **o.s. hoarse** sich heiser brüllen; **III** *s* **1.** Schrei *m;* **2.** Heulen *n;* **3.** *(Bremsen)* Kreischen *n;* **4.** *fam* ulkiger Kerl; ▶ **be a** ~ zum Schreien sein; **scream·ing** ['—ɪŋ] *adj* **1.** schreiend, kreischend; **2.** *(Wind)* heulend; **3.** *fig* himmelschreiend.

scree [skriː] *geol* Geröll *n.*

screech [skriːtʃ] **I** *tr* schreien; **II** *itr* **1.** kreischen; **2.** *(Fahrzeug)* quietschen; ▶ ~ **with laughter** vor Lachen kreischen; **III** *s* **1.** Schrei *m;* **2.** *(Bremse)* Kreischen *n;* ▶ **give a** ~ aufkreischen, -schreien; kreischen; **screech-owl** *zoo* Schleiereule *f.*

screed [skriːd] ▶ **write ~s (and ~s)** *fam* ganze Romane schreiben.

screen [skriːn] **I** *s* **1.** Licht-, Wand-, Bildschirm *m;* **2.** Trennwand *f;* **3.** *fig* Schutz *m;* **4.** *(Bäume)* Wand *f;* **5.** *mil* Verdunklungsschutz *m;* **6.** Fliegenfenster *n;* **7.** *(Kirche)* Lettner *m;* **8.** *film* Leinwand *f;* **9.** (Gitter)Sieb *n;* ▶ **stars of the** ~ Filmstars *m pl;* **a** ~ **of indifference** e-e Mauer der Gleichgültigkeit; **II** *tr* **1.** abschirmen, abdecken; verdecken, verhüllen, verschleiern; geheimhalten *(from* vor); **2.** *TV* senden; **3.** *(Film)* vorführen; **4.** sieben; **5.** *(Risiko)* überprüfen; ▶ ~ **the windows** die Fenster verhängen; Fliegenfenster an den Fenstern anbringen; ~ **s.th. from the enemy** etw vor dem Feind tarnen; **III** *(mit Präposition)* **screen off** *tr* durch e-n Schirm, eine Trennwand abtrennen; **screen·ing** ['—ɪŋ] **1.** *fig* Überprüfung *f;* **2.** *film* Vorführung *f;* **screen-play** Drehbuch *n;* **screen test** Probeaufnahmen *f pl.*

screw [skruː] **I** *s* **1.** *tech* Schraube *f;* **2.** *aero* Propeller *m;* **3.** Drehung *f;* **4.** *obs* Tabaksbeutelchen *n;* **5.** *sl* Zaster *m;* **6.** *sl* Gefängniswärter *m;* ▶ **he's got a** ~ **loose** *fam* bei dem ist eine Schraube locker *fam;* **put the ~s on s.o.** *fam* jdm die Daumenschrauben anlegen; **give s.th. a** ~ an etw drehen; **II** *tr* **1.** schrauben *(to* an; *onto* auf); **2.** *fam* in die Mangel nehmen; **3.** *sl* bumsen; ▶ ~ **one's head round** seinen Kopf herumdrehen; **III** *itr* **1.** sich schrauben lassen; **2.** *sl* bumsen; **IV** *(mit Präposition)* **screw down** *tr* an-, festschrauben; **screw off** *tr* abschrauben; **screw on** *tr* anschrauben; ▶ **have one's head ~ed on the right way** ein vernünftiger Mensch sein; **screw out** *tr* herausschrauben; ▶ **~ s.th. out of s.o.** etw aus jdm herausquetschen; **screw together** zusammenschrauben; **screw up** *tr* 1. anziehen; 2. *(Papier)* zusammenknüllen; 3. *(Augen)* zusammenkneifen; 4. *sl* vermasseln; 5. *sl* neurotisch machen; ▶ **~ up one's courage** seinen ganzen Mut zusammennehmen.

screw-ball ['skruːbɔːl] *sl* komischer Kauz; **screw·driver** Schraubenzieher, -dreher *m*; ▶ **Phillips ~** *Wz* Kreuzschlitzschraubenzieher *m*; **screwed** [skruːd] *adj sl* voll; ▶ **~ up** neurotisch; **get ~ up about s.th.** sich in etw hineinsteigern; **screw top** Schraubverschluß *m*; **screwy** ['skruːɪ] *adj sl* verrückt, bekloppt; schrullig.

scribble ['skrɪbl] I *tr* hinkritzeln; ▶ **~ s.th. on s.th.** etw auf etw kritzeln; II *itr* kritzeln; schreiben; III *s* Gekritzel *n*; **scrib·bler** ['skrɪblə(r)] *pej* Schreiberling *m*; **scrib·bling block, pad** Schreib-, Notizblock *m*.

scrim·mage ['skrɪmɪdʒ] 1. Handgemenge *n*; 2. *Am (Fußball)* Gedränge *n*.

scrimp [skrɪmp] *itr* sparen; knausern; ▶ **~ and save** geizen und sparen.

script [skrɪpt] 1. Schrift *f*; Schreibschrift *f*; 2. *(Schule)* schriftliche Arbeit; 3. *(Dokument)* Text *m*; 4. *theat film* Textbuch, Drehbuch *n*; **script-girl** *film* Skriptgirl *n*.

scrip·tural ['skrɪptʃərəl] *adj* biblisch; **scrip·ture** ['skrɪptʃə(r)] ▶ **S~, the S~s** die Heilige Schrift; **~ lesson** Religionsstunde *f*.

script·writer ['skrɪptraɪtə(r)] *film* Drehbuchautor(in) *m (f)*; Textautor(in) *m (f)*.

scroll [skrəʊl] I *itr* *EDV* blättern; II *s* 1. *hist* Schriftrolle *f*; 2. *arch* Spirale, Schnecke, Volute *f*.

scro·tum ['skrəʊtəm] *anat* Hodensack *m*.

scrounge [skraʊndʒ] *tr, itr fam* schnorren, abstauben; ▶ **~ around for s.th.** nach etw herumsuchen; **scrounger** ['skraʊndʒə(r)] *fam* Schnorrer(in) *m (f)*.

scrub[1] [skrʌb] Buschwerk, Gestrüpp *n*.

scrub[2] [skrʌb] I *tr* 1. (ab)schrubben, scheuern; 2. *(Gemüse)* putzen; 3. *fam* annullieren, streichen; II *s* Schrubben *n*; ▶ **give s.th. a good ~** etw sorgfältig scheuern; **scrub·ber** ['skrʌbə(r)] *sl pej* Flittchen *n*; **scrub·bing-brush** ['skrʌbɪŋbrʌʃ] Scheuerbürste *f*.

scruff [skrʌf] ▶ **by the ~ of the neck** am Genick.

scruffy ['skrʌfɪ] *adj fam* vergammelt; verlottert.

scrum·mage ['skrʌmɪdʒ] *(Rugby)* offenes Gedränge *n*.

scrump·tious ['skrʌmpʃəs] *adj fam* prima, klasse; lecker.

scrunch [skrʌntʃ] I *s* Knirschen *n*; II *itr* knirschen.

scruple ['skruːpl] Skrupel *m*; ▶ **~s** *pl* Bedenken *pl*; **have no ~s** keine Skrupel haben; **scru·pu·lous** ['skruːpjʊləs] *adj* gewissenhaft; genau; ▶ **he is not ~ in his business dealings** er hat keine Skrupel bei seinen Geschäften.

scru·ti·neer [ˌskruːtɪˈnɪə(r)] *pol* Wahlprüfer(in) *m (f)*; **scru·ti·nize** ['skruːtɪnaɪz] *tr* 1. genau prüfen; 2. *(Wahlstimmen)* prüfen; **scru·tiny** ['skruːtɪnɪ] 1. genaue Prüfung; Untersuchung *f*; Musterung *f*; 2. *pol* Wahlprüfung *f*; ▶ **subject s.th., s.o. to (close) ~** etw, jdn (genau) mustern.

scuba ['skuːbə] Schwimmtauchgerät *n*; **scuba diving** Tieftauchen *n*; Tauchen *n* mit Sauerstoffgerät.

scud [skʌd] *itr* 1. flitzen; 2. *(Wolken)* jagen.

scuff [skʌf] I *tr* abwetzen; II *itr* schlurfen; III *s* **(~ mark)** abgewetzte Stelle.

scuffle ['skʌfl] I *itr* sich raufen; poltern; ▶ **~ with the police** ein Handgemenge mit der Polizei haben; II *s* Balgerei *f*; Handgemenge *n*.

scull [skʌl] I *s* 1. *mar* Skull *n*; 2. *(Boot)* Skullboot *n*; II *itr, tr* rudern.

scul·lery ['skʌlərɪ] Spülküche *f*.

sculp·tor ['skʌlptə(r)] Bildhauer(in) *m (f)*; **sculp·tress** ['skʌlptrɪs] Bildhauerin *f*; **sculp·tural** ['skʌlptʃərəl] *adj* plastisch; bildhauerisch; **sculp·ture** ['skʌlptʃə(r)] I *s* 1. Bildhauerei *f*; 2. Skulptur *f*; II *tr (a. sculpt)* 1. formen, arbeiten; 2. *(in Stein)* hauen, meißeln; 3. *(in Ton)* modellieren.

scum [skʌm] 1. Schaum *m*; Rand *m*; 2. *fig* Abschaum *m*; ▶ **the ~ of the earth** der Abschaum der Menschheit.

scup·per ['skʌpə(r)] *tr* 1. *mar* versenken; 2. *fam* zerschlagen.

scurf [skɜːf] *(Kopf)*Schuppen *f pl*.

scur·ri·lous ['skʌrɪləs] *adj* 1. verleumderisch; 2. unflätig, zotig.

scurry ['skʌrɪ] I *itr* hasten; eilig trippeln; huschen; ▶ **~ along** entlanghasten; **~ through one's work** seine Arbeit hastig erledigen; II *s* Hasten *n*; Trippeln *n*.

scurvy ['skɜːvɪ] I *s med* Skorbut *m*; II *adj sl* niederträchtig.

scut [skʌt] Stummelschwanz *m*.

scuttle[1] ['skʌtl] Kohleneimer, -kasten *m*.

scuttle[2] ['skʌtl] I *s mar* Luke *f*; II *tr (Schiff)* versenken.

scuttle[3] ['skʌtl] *itr* 1. schnell laufen, rennen; 2. *(Tier)* hoppeln; krabbeln; ▶ **~ off in a hurry** *fam* davonflitzen.

scythe [saɪð] I *s* Sense *f*; II *tr* (mit der Sense), mähen.

sea [siː] 1. See *f*, Meer *n*; 2. *fig* große Menge; ▶ **beyond the ~s** in Übersee; **at ~** auf (hoher) See; **by ~** auf dem

Seeweg; **travel by** ~ mit dem Schiff fahren; **be all at** ~ *fig* nicht durchblik-ken; **go to** ~ zur See gehen; sich ein-schiffen; **put at** ~ in See stechen; **heavy** ~s schwere See; **a** ~ **of faces** ein Meer von Gesichtern; **sea air** Seeluft *f;* **sea anemone** Seeanemone *f;* **sea animal** Meerestier *n;* **sea-based** ['siːˌbeɪst] *adj mil* seegestützt; **sea bathing** Ba-den *n* im Meer; **sea·bed** ['siːbed] Mee-resgrund *m;* **sea bird** Seevogel *m;* **sea-board** ['siːbɔːd] Küste *f;* **sea-borne** ['siːbɔːn] *adj* auf dem Seeweg beför-dert; ► ~ **goods** *pl* Seefrachtgüter *n pl;* **sea breeze** Seewind *m;* **sea-calf** ['siːkaːf] ⟨*pl* -calves⟩ [—kaːvz] Seehund *m;* **sea-coast** (Meeres)Küste *f;* **sea-cow** Seekuh *f;* **sea-dog** *fam (Matro-se)* Seebär *m;* **sea·farer** ['siːˌfeərə(r)] Seefahrer *m;* **sea·faring** ['siːˌfeərɪŋ] I *adj* seefahrend; II *s* Seefahrt *f;* **sea-fish** Seefisch *m;* **sea·food** ['siːfuːd] Meeresfrüchte *f pl;* **sea·front** ['siːfrʌnt] Strandpromenade *f;* **sea-go-ing** ['siːˌgəʊɪŋ] *adj* seefahrend; seetüch-tig; **sea·gull** ['siːgʌl] Seemöwe *f;* **sea-horse** Seepferdchen *n.*

seal[1] [siːl] **I** *s* 1. Siegel *n a. fig;* 2. Plombe *f,* Verschluß *m;* 3. Siegelring *m;* 4. *fig* Bekräftigung, Bestätigung *f;* 5. *tech* Dichtung *f;* ► **under the** ~ **of secrecy** unter dem Siegel der Verschwiegenheit; **set one's** ~ **to s.th.** unter etw sein Siegel setzen; **give s.th. one's** ~ **of approval** seine Zustimmung zu etwas geben; **give s.o. one's** ~ **of approval** jdm seine Zu-stimmung geben; ~ **of quality** Gütesie-gel *n;* II *tr* 1. (be-, ver)siegeln; 2. plom-bieren; 3. *(Brief)* verschließen, zukle-ben; 4. *fig* bekräftigen, bestätigen; 5. *tech* luftdicht verschließen; ► ~**ed en-velope** verschlossener Briefumschlag; ~ **off** hermetisch abriegeln; ~ **up** versie-geln; fest verschließen; abdichten; ~ **s.o.'s fate** jds Schicksal besiegeln.

seal[2] [siːl] *zoo* Seehund *m;* Seal *m.*

sea-legs ['siːlegz] *pl* ► **get, find one's** ~ standfest werden; **sea-level** Meeres-spiegel *m;* ► **above/below** ~ über/un-ter dem Meeresspiegel.

seal·ing ['siːlɪŋ] Versiegeln, Plombieren *n;* **sealing wax** Siegelwachs *n.*

sea-lion ['siːˌlaɪən] Seelöwe *m.*

seal ring ['siːlrɪŋ] Siegelring *m.*

seal·skin ['siːlskɪn] Seehundfell *n,* Seal *m.*

seam [siːm] **I** *s* 1. Saum *m,* Naht *f;* 2. *mar* Fuge *f;* 3. Narbe *f;* 4. *geol* Flöz *n;* **II** *tr* 1. säumen; 2. *fig* durchziehen; ► ~**ed with** ... zerfurcht von ...

sea·man ['siːmən] ⟨*pl* -men⟩ Seemann, Matrose *m;* **sea mile** Seemeile *f (1852 m).*

seam·less ['siːmlɪs] *adj* nahtlos; **seam-stress** ['siːmstrɪs] Näherin *f.*

seamy ['siːmɪ] *adj* düster; ► **the** ~ **side of life** die Schattenseite des Lebens.

sea·plane ['siːpleɪn] Wasserflugzeug *n;* **sea·port** ['siːpɔːt] Seehafen *m;* **sea-power** Seemacht *f.*

sear [sɪə(r)] *tr* 1. versengen, verbrennen; 2. *(Schmerz)* durchzucken; 3. *(Fleisch)* rasch anbraten; 4. *med* ätzen; 5. *(Sonne)* ausdörren.

search [sɜːtʃ] **I** *tr* 1. durchsuchen, -for-schen, -stöbern; 2. *(Gewissen)* erfor-schen; ► ~ **me!** was weiß ich! **II** *itr* suchen (*for* nach); **III** *s* 1. Suche *f (for* nach); 2. Durchsuchung *f;* 3. Nachfor-schung *f;* ► **go in** ~ **of** s.o. auf die Suche nach jdm gehen; **make a** ~ **in a house** e-e Hausdurchsuchung machen; **make a** ~ **for** s.o. nach jdm suchen; **IV** *(mit Präposition)* **search out** *tr* ausfin-dig machen, aufspüren; **search through** *tr* durchsuchen; **searcher** ['sɜːtʃə(r)] Durchsuchungsbeamte(r) *m,* -beamtin *f;* ► **the** ~**s** die Suchmannschaft; **search function** *EDV* Suchfunktion *f;* **search-ing** ['—ɪŋ] *adj* 1. prüfend, forschend; 2. *(Frage)* durchdringend; **search·light** ['sɜːtʃlaɪt] Suchscheinwerfer *m;* **search operation** 1. Suchaktion *f;* 2. *EDV* Suchlauf *m;* **search-party** Rettungs-, Bergungs-, Suchmannschaft *f;* **search-warrant** Durchsuchungsbefehl *m.*

sear·ing ['sɪərɪŋ] *adj* 1. glühend; 2. *(Sch-merz)* scharf; 3. *fig* quälend.

sea·scape ['siːskeɪp] *(Malerei)* See-stück *n;* **sea shanty** Seemannslied *n;* **sea-shell** Muschel(schale) *f;* **sea-shore** ['siːʃɔː(r)] Strand *m;* ► **on the** ~ am Strand; **sea·sick** ['siːsɪk] *adj* see-krank; **sea·sick·ness** ['siːsɪknɪs] See-krankheit *f;* **sea·side** ['siːsaɪd] ► **at the** ~ am Meer; **go to the** ~ ans Meer fahren; ~ **holidays** Ferien am Meer.

sea·son ['siːzn] **I** *s* 1. Jahreszeit *f;* 2. *sport theat* Saison *f;* ► **at the height of the** ~ in der Hochsaison; **for a** ~ e-e Spielzeit lang; **in** ~ 1. in der Saison; 2. *zoo* in der Brunstzeit; 3. *(Hündin)* läu-fig; **in and out of** ~ andauernd, jahrein jahraus; **in due** ~ zu gegebener Zeit; **in good** ~ rechtzeitig; **nesting, hunting** ~ Brut-, Jagdzeit *f;* **holiday** ~ Ferienzeit *f;* **II** *tr* 1. *fig* durchsetzen; 2. *(Speise)* wür-zen; 3. *(Holz)* ablagern; 4. *(Truppen)* stählen; **sea·son·able** ['siːznəbl] *adj* 1. der Jahreszeit angemessen; zeitgemäß; 2. *(Rat)* zur rechten Zeit; **sea·sonal** ['siːzənl] *adj* jahreszeitlich; saisonbe-dingt; ► ~ **trade** Saisongeschäft *n;* **sea·soned** ['siːznd] *adj* 1. *(Essen)* ge-würzt; 2. *(Holz)* abgelagert; 3. *fig* erfah-ren; **sea·son·ing** ['siːznɪŋ] Würze *f a. fig;* Gewürz *n;* **season ticket** *Br rail* Zeit-, Dauerkarte *f;* **season ticket holder** Inhaber(in) *m (f)* e-r Zeit-, Dau-erkarte.

seat [siːt] **I** *s* **1.** Sitz *m;* Sitzgelegenheit *f;* **2.** *theat* (Theater)Platz *m;* **3.** *parl* Sitz *m;* **4.** Sitzfläche *f;* Hinterteil, Gesäß *n;* **5.** *fig* Schauplatz *m;* **6.** *rel* Sitz *m;* ▶ **have a front ~ at the opera** in der Oper in den vorderen Reihen sitzen; **driver's ~** Fahrersitz *m;* **keep one's ~** *(Reiten, Radfahren)* im Sattel bleiben; **lose one's ~ 1.** seinen Platz verlieren; *(Reiten, Radfahren)* aus dem Sattel fallen; **2.** *pol* sein Mandat verlieren; **a ~ in Parliament** ein Sitz im Parlament; **win a ~** ein Mandat gewinnen; **~ of learning** Stätte *f* der Gelehrsamkeit; **II** *tr* **1.** setzen; **2.** *(Raum)* Sitzgelegenheit bieten für, Platz haben für, fassen; **3.** *tech* einpassen; ▶ **~ o.s.** sich (hin)setzen; **be ~ed** sitzen; **remain ~ed** sitzen bleiben; **~ 40 passengers** 40 Sitzplätze haben; **seat-belt 1.** *aero* Anschnallgurt *m;* **2.** *mot* Sicherheitsgurt *m;* ▶ **fasten one's ~** sich anschnallen; **seater** ['siːtə(r)] *(in Zssgn)* -sitzer *m;* ▶ **four-~** Viersitzer *m;* **seat·ing** ['—ɪŋ] Sitzplätze *m pl;* **seating arrangements** *pl* Sitzordnung *f;* **seating plan** Sitz-, Bestuhlungsplan *m;* **seating room** Sitzplätze *m pl.*

SEATO ['siːtəʊ] *Abk:* **South-East Asia Treaty Organization** SEATO *f.*

sea-town ['siːtaʊn] Hafenstadt *f;* **sea-urchin** Seeigel *m;* **sea·ward** ['siːwəd] **I** *adj* aufs Meer hinaus; ▶ **~ wind** Seewind *m;* **II** *adv* *(a. seawards)* see-, meerwärts; **sea-water** Seewasser *n;* **sea-way** ['siːweɪ] Seestraße *f;* Wasserweg *m;* **sea·weed** ['siːwiːd] Seetang *m;* **sea·worthy** ['siːˌwɜːðɪ] *adj* seetüchtig.

sec [sek] *sl* Sekunde *f.*

se·cede [sɪˈsiːd] *itr* sich abspalten; **se·cession** [sɪˈseʃn] Abspaltung *f;* Sezession *f.*

se·clude [sɪˈkluːd] *tr* absondern *(from* von); **se·clud·ed** [sɪˈkluːdɪd] *adj* **1.** *(Leben)* zurückgezogen; **2.** *(Haus)* abgelegen; einsam; **se·clu·sion** [sɪˈkluːʒn] Absondern *n;* Zurückgezogenheit *f;* Abgelegenheit *f;* ▶ **live in ~** zurückgezogen, einsam leben.

sec·ond¹ ['sekənd] **I** *adj* zweite(r, s); ▶ **every ~ house** jedes zweite Haus; **be ~** Zweite(r, s) sein; **in ~ place** an zweiter Stelle; **in the ~ place** zweitens; **be ~ to none** unübertroffen sein; **for the ~ time** zum zweitenmal; **II** *adv* zweit-; an zweiter Stelle; ▶ **come, lie ~** an zweiter Stelle liegen; **go, travel ~** zweiter Klasse fahren; **III** *tr* *(Antrag)* unterstützen.

sec·ond² ['sekənd] **1.** Sekunde *f;* Augenblick *m;* **2.** *mot* der zweite Gang; **3.** *mus* Sekunde *f;* **4.** *sport* Sekundant *m;* **5.** *com* zweite Wahl; ▶ **just a ~!** einen Augenblick! **at that very ~** genau in dem Augenblick; **come a good ~** e-n

guten zweiten Platz belegen; **drive in ~** im zweiten Gang fahren; **can I have ~s?** kann ich noch etwas nachbekommen?

se·cond³ [sɪˈkɒnd] *tr* abordnen, abstellen.

sec·ond·ary ['sekəndrɪ] *adj* **1.** zweitrangig, untergeordnet, geringer; sekundär; **2.** *(Schule)* höher, Sekundar-; ▶ **of ~ importance** von sekundärer Bedeutung.

sec·ond-best [ˌsekəndˈbest] **I** *adj* zweitbeste(r, s); **II** *adv* ▶ **come off ~** den kürzeren ziehen; **III** *s* Zweitbeste(r, s); **second chamber** *parl* zweite Kammer; **second class** *rail* zweite Klasse; **second-class** *adj, adv a. fig* zweiter Klasse; **second cousin** Cousin *m,* Cousine *f* zweiten Grades; **second-degree burn** Verbrennung *f* zweiten Grades; **second floor** zweiter, *Am* erster Stock; ▶ **on the ~** im zweiten, *Am* ersten Stock; **second-hand** *adj* **1.** *(Information)* aus zweiter Hand; **2.** gebraucht; Gebraucht-; **3.** *(Kleider)* getragen; **4.** *(Buch)* antiquarisch; ▶ **have ~ knowledge of s.th.** etw vom Hörensagen wissen; **second hand** Sekundenzeiger *m;* **second lieutenant** Leutnant *m.*

sec·ond·ly ['sekəndlɪ] *adv* zweitens; an zweiter Stelle.

sec·ond·ment [sɪˈkɒndmənt] Abordnung *f.*

sec·ond na·ture [ˌsekənd ˈneɪtʃə(r)] zweite Natur; ▶ **become ~** in Fleisch und Blut übergehen; **second-rate** *adj* zweitrangig, -klassig; **second sight** zweites Gesicht.

se·crecy ['siːkrəsɪ] Geheimhaltung *f;* Verschwiegenheit *f;* ▶ **in ~** im geheimen; **in strict ~** ganz im geheimen; **se·cret** ['siːkrɪt] **I** *adj* **1.** geheim, heimlich; **2.** verborgen, versteckt, abgelegen; ▶ **keep ~** geheimhalten; **~ agent** Geheimagent(in) *m (f);* **~ service** Geheim-, Nachrichtendienst *m;* **II** *s* Geheimnis *n;* ▶ **in ~** im geheimen; **keep s.o. a ~ from s.o.** jdn vor jdm geheimhalten; **be in on the ~** eingeweiht sein; **keep a ~** ein Geheimnis bewahren; **make no ~ of s.th.** kein Geheimnis aus etw machen.

sec·re·tar·ial [ˌsekrəˈteərɪəl] *adj* Sekretärs-, Sekretärinnen-; ▶ **~ staff** Schreibkräfte *pl;* **~ work** Büroarbeit *f;* **sec·re·tariat** [ˌsekrəˈteərɪət] Sekretariat *n;* **sec·re·tary** ['sekrətrɪ] **1.** Sekretär(in) *m (f);* **2.** Schriftführer(in) *m (f);* **3.** *Am* Minister(in) *m (f);* ▶ **~-general** Generalsekretär *m;* **S~ of State** *Br* Minister(in) *m (f);* *Am* Außenminister(in) *m (f).*

se·crete [sɪˈkriːt] *tr* **1.** verbergen; **2.** *med* absondern, ausscheiden; **se·cre·tion** [sɪˈkriːʃn] **1.** Verbergen *n;* **2.** *med* Absonderung *f;* Sekret *n.*

se·cret·ive ['si:krətɪv] *adj* **1.** zurückhaltend, verschwiegen; **2.** *(Lächeln)* geheimnisvoll.

sect [sekt] *rel* Sekte *f;* **sec·tarian** [sek'teəriən] **I** *adj* **1.** *(Schule)* konfessionell; **2.** *(Politik)* konfessionsgebunden; Konfessions-; **II** *s* Sektierer(in) *m (f).*

sec·tion ['sekʃn] **I** *s* **1.** Teil *m;* **2.** *(Gebäude)* Trakt *m;* **3.** *(Buch)* Abschnitt *m;* **4.** *(Gesetz)* Absatz, Paragraph *m;* **5.** *rail* Streckenabschnitt *m;* **6.** *mil* Abteilung *f;* Sektion *f;* **7.** *(Zeichnung)* Schnitt *m;* **8.** *med* Sektion *f;* ▶ ~ **mark** Paragraphenzeichen *n;* **passports** ~ Paßabteilung *f;* **in** ~ im Schnitt; **vertical** ~ Querschnitt *m;* **II** *tr* **1.** einen Schnitt machen durch; **2.** teilen; **sec·tional** ['sekʃənl] *adj* **1.** abschnittsweise; **2.** zerlegbar, zusammensetzbar; **3.** *(Unterschiede)* zwischen den Gruppen; **sec·tion·al·ism** ['sekʃənlɪzəm] Partikularismus *m.*

sec·tor ['sektə(r)] Sektor *m.*

secu·lar ['sekjulə(r)] *adj* weltlich, säkular; profan; **secu·lar·ize** ['sekjuləraɪz] *tr* säkularisieren.

se·cure [sɪ'kjuə(r)] **I** *adj* **1.** sicher *(from, against* vor); **2.** *(Existenz)* gesichert; **3.** *(Knoten)* fest; ▶ **be** ~ **against, from s.th.** vor etw sicher sein; **feel** ~ sich sicher fühlen; **make a door** ~ e-e Tür sichern; **II** *tr* **1.** festmachen; befestigen; **2.** sichern *(from, against* gegen); schützen *(from, against* vor); **3.** *(Stimmen)* erhalten; **4.** *(Preise)* erzielen; **5.** sichern, garantieren; ▶ ~ **s.o.'s services** jdn verpflichten.

se·cur·ity [sɪ'kjuərətɪ] **1.** Sicherheit *f;* Schutz *m (against, from* vor); **2.** Geborgenheit *f;* **3.** *com* Sicherheit *f;* Bürge *m;* **4.** *pl* Wertpapiere *n pl,* Effekten *pl;* ▶ **for** ~ zur Sicherheit; **lend money on** ~ Geld gegen Sicherheit leihen; **stand** ~ **for s.o.** für jdn Bürge sein, bürgen; **Security Council** Sicherheitsrat *m;* **security forces** *pl* Streitmächte *f pl;* **Security Force** Friedenstruppe *f;* **security guard** Wache *f,* Wächter(in) *m (f);* Sicherheitsbeamte(r) *m,* -beamtin *f;* **security risk** Sicherheitsrisiko *n.*

se·dan [sɪ'dæn] **1.** *(~-chair)* Sänfte *f;* **2.** *mot obs* Limousine *f.*

se·date [sɪ'deɪt] *adj* gesetzt, ruhig; geruhsam; gemächlich; **se·da·tion** [sɪ'deɪʃn] Beruhigungsmittel *n;* ▶ **put s.o. under** ~ jdm Beruhigungsmittel geben; **seda·tive** ['sedətɪv] **I** *adj* beruhigend, schmerzstillend; **II** *s* Beruhigungsmittel *n.*

sed·en·tary ['sedntrɪ] *adj* **1.** *(Arbeit)* sitzend; **2.** *(Stamm)* seßhaft, ortsgebunden; ▶ **lead a** ~ **life** sehr viel sitzen.

sedge [sedʒ] *bot* Schilf-, Riedgras *n.*

sedi·ment ['sedɪmənt] **1.** Niederschlag,

(Boden)Satz *m;* **2.** *geol* Ablagerung *f,* Sediment *n;* **sedi·men·tary** [,sedɪ'mentrɪ] *adj* ▶ ~ **rock** Sedimentgestein *n.*

se·duce [sɪ'dju:s] *tr* verführen; ▶ ~ **s.o. into doing s.th.** jdn zu etw verleiten; **se·ducer** [sɪ'dju:sə(r)] Verführer(in) *m (f);* **se·duc·tion** [sɪ'dʌkʃn] Verführung *f;* **se·duc·tive** [sɪ'dʌktɪv] *adj* verführerisch; verlockend.

sedu·lous ['sedjuləs] *adj* unermüdlich.

see[1] [si:] ⟨*irr* saw, seen⟩ **I** *tr* **1.** sehen; **2.** *(Zeitung)* lesen; **3.** nachsehen; **4.** besuchen; **5.** sprechen; empfangen; **6.** begleiten, bringen; **7.** sich vorstellen; **8.** erleben; **9.** verstehen; erkennen; ▶ **worth** ~**ing** sehenswert; ~ **s.o. do s.th.** sehen, wie jem etw macht; **I saw it happen** ich habe gesehen, wie es passiert ist; ~ **page 10** siehe Seite 10; **be** ~**ing you!** ~ **you later!** bis später! bis nachher! **I must be** ~**ing things** ich sehe wohl Gespenster! **I can't** ~ **my way to doing that** ich sehe mich nicht in der Lage, das zu tun; **go and** ~ **s.o.** jdn besuchen; ~ **the doctor** zum Arzt gehen; **she refused to** ~ **us** sie wollte uns nicht empfangen; ~ **s.o. to the door** jdn zur Tür bringen; **that remains to be** ~**n** das wird sich zeigen; **I can't** ~ **that working** ich kann mir kaum vorstellen, daß das klappt; **I can** ~ **it happening** ich sehe es kommen; **I don't** ~ **how it works** es ist mir nicht klar, wie das funktioniert; **I** ~ **what you mean** ich verstehe, was du meinst; **make s.o.** ~ **s.th.** jdm etw klarmachen; **as I** ~ **it** so, wie ich es sehe; **II** *itr* **1.** sehen; **2.** nachsehen; **3.** verstehen; ▶ **let's** ~ lassen Sie mich mal sehen; **as far as the eye can** ~ so weit das Auge reicht; ~ **for yourself!** sieh doch selbst! **as far as I can** ~ so, wie ich das sehe; **it's too late, (you)** ~ weißt du, es ist zu spät; **III** *(mit Präposition)* **see about** *itr* sich kümmern um; ▶ **he came to** ~ **about the rent** er ist wegen der Miete gekommen; **I'll** ~ **about it** ich will mal sehen; **see across** *tr* hinüberbegleiten; **see in** *itr* hineinsehen; *tr* hineinbringen; ▶ ~ **the New Year in** das Neue Jahr begrüßen; **see into** *itr* **1.** hineinsehen in; **2.** untersuchen, prüfen, nachgehen; **see off** *tr* **1.** verabschieden; **2.** Beine machen *(s.o.* jdm); ▶ **are you coming to** ~ **me off?** kommt ihr mit mir? **see out** *tr* **1.** hinausbegleiten; hinausbringen; **2.** *(Winter)* überdauern; überleben; *itr* hinaussehen; **see through** *tr* **1.** beistehen *(s.o.* jdm); **2.** *(Arbeit)* zu Ende bringen; durchbringen; **3.** *(Trick)* durchschauen; ▶ ~ **s.o. through a bad time** jdm über e-e schwierige Zeit hinweghelfen; **see to** *itr* sich kümmern um; ▶ ~ **to it that** ... sieh zu, daß ... **see up** *itr* hinaufsehen; *tr* hinaufbegleiten.

see[2] [si:] Bistum *n;* Diözese *f.*
seed [si:d] I *s* 1. Same(n) *m;* Samenkorn *n;* Saat *f,* Saatgut *n;* 2. *fig* Keim *m* (*of* zu); ▶ **go, run to** ~ schießen; *fig* herunterkommen; **sow the** ~**s of doubt** Zweifel säen; II *tr* 1. säen; 2. *(Frucht)* entkernen; 3. *sport* setzen, plazieren; III *itr* Samen tragen; **seed-bed** Saatbeet *n;* **seed bulb** Samenzwiebel *f;* **seed corn** Samenkorn *n;* **seed·ling** ['si:dlɪŋ] *bot* Sämling *m;* **seed-potato** Saatkartoffel *f;* **seed·time** ['si:dtaɪm] Saatzeit *f.*
seedy ['si:dɪ] *adj* 1. *(Charakter)* zweifelhaft, zwielichtig; 2. *(Kleider)* schäbig, abgerissen; 3. *fam* unwohl; ▶ **look** ~ schlecht aussehen.
see·ing ['si:ɪŋ] I *conj* ▶ ~ **that** da; II *s* Sehen *n;* ▶ ~ **is believing** ich glaube, was ich sehe.
seek [si:k] ⟨*irr* sought, sought⟩ I *tr* 1. suchen; erlangen wollen, streben nach; 2. versuchen; ▶ ~ **s.o.'s advice** jdn um Rat fragen; **the reason is not far to** ~ der Grund liegt auf der Hand; **they sought to kill him** sie trachteten ihm nach dem Leben; ~ **out** ausfindig machen; II *itr* ▶ ~ **after** suchen; ~ **for** suchen nach; **seeker** ['si:kə(r)] Suchende(r) *f m;* ▶ ~ **of, after truth** Wahrheitssucher(in) *m (f).*
seem [si:m] *itr* (er)scheinen, vorkommen; ▶ **he** ~**s (to be) honest** er scheint ein ehrlicher Mann zu sein; **he** ~**s younger than he is** er wirkt jünger, als er ist; **things aren't always what they** ~ vieles ist anders, als es aussieht; **there** ~**s to be no need** das scheint nicht nötig zu sein; **so it** ~**s** es sieht ganz so aus; **if it** ~**s right to you** wenn Sie es für richtig halten; **it only** ~**s like it** das kommt einem nur so vor; **seem·ing** ['—ɪŋ] *adj* scheinbar; **seem·ing·ly** ['—ɪŋlɪ] *adv* allem Anschein nach; anscheinend.
seem·ly ['si:mlɪ] *adj* schicklich, anständig; ▶ **it is not** ~ es gehört sich nicht.
seen [si:n] *v s. see.*
seep [si:p] *itr* versickern; ▶ ~ **through, into s.th.** durch etw durchsickern, in etw hineinsickern; **seep·age** ['si:pɪdʒ] Durchsickern *n;* Hineinsickern *n.*
seer [sɪə(r)] Seher *m;* **seer·ess** ['sɪərəs] Seherin *f.*
see·saw ['si:sɔ:] I *s* 1. Schaukelbrett *n,* Wippe *f;* 2. *fig* Hin und Her, Auf und Ab *n;* II *adj* schaukelnd; III *itr* 1. wippen; 2. *fig* auf und ab gehen; schwanken.
seethe [si:ð] *itr* 1. sieden; schäumen; 2. *fig* wimmeln (*with* von); 3. *fig* kochen; ▶ ~ **with anger** vor Wut schäumen.
see-through ['si:θru:] *adj* durchsichtig.
seg·ment ['segmənt] I *s* 1. Teil *m;* Glied *n;* Stück *n;* 2. *math* Segment *n;* II *tr* [seg'ment] zerlegen, segmentieren; III *itr* [seg'ment] sich teilen; **seg·men·ta·tion** [ˌsegmən'teɪʃn] Zerlegung, Seg-

mentierung *f.*
seg·re·gate ['segrɪgeɪt] *tr* isolieren, absondern; nach Rassen trennen; ▶ ~**d** nur für Weiße, Schwarze; mit Rassentrennung; **seg·re·ga·tion** [ˌsegrɪ'geɪʃn] Trennung *f;* ▶ **racial** ~ Rassentrennung *f.*
seis·mic ['saɪzmɪk] *adj* seismisch; **seis·mo·graph** ['saɪzməgrɑ:f] Seismograph *m;* **seis·mol·ogist** [saɪz'mɒlədʒɪst] Seismologe *m,* Seismologin *f;* **seis·mol·ogy** [saɪz'mɒlədʒɪ] Seismologie, Seismik, Erdbebenkunde *f.*
seize [si:z] I *tr* 1. packen, ergreifen; 2. beschlagnahmen; 3. *(Paß)* einziehen; 4. *(Stadt)* einnehmen; 5. *(Gebäude)* besetzen; 6. *(Verbrecher)* fassen; 7. *fig* an sich reißen; ergreifen; ▶ ~ **s.o.'s arm** jdn am Arm packen; II *(mit Präposition)* **seize on** *tr* 1. sich stürzen auf; 2. herausgreifen; **seize up** *itr (Bremsen)* sich festfressen; **seiz·ure** ['si:ʒə(r)] 1. Beschlagnahme *f;* 2. Einzug *m;* 3. Einnahme *f;* 4. Besetzung *f;* 5. *med* Anfall *m.*
sel·dom ['seldəm] *adv* selten; ▶ **she** ~ **goes out** sie geht selten aus.
se·lect [sɪ'lekt] I *tr* aussuchen, auslesen, auswählen (*from* aus); II *adj* 1. exklusiv, ausgewählt, auserlesen; 2. *(Publikum)* geladen; 3. *(Tabak)* auserlesen; ▶ ~ **committee** Sonderausschuß *m;* **se·lec·tion** [sɪ'lekʃn] 1. Auswahl, -lese *f (from* aus); 2. Wahl *f;* ▶ **make one's** ~ seine Wahl treffen; **natural** ~ natürliche Auslese; **selection committee** Auswahlkomitee *n.*
se·lec·tive [sɪ'lektɪv] *adj* 1. wählerisch; 2. *(Leser)* kritisch, anspruchsvoll; 3. *(Schule)* Elite-; 4. *radio* trennscharf; ▶ **we have to be** ~ wir müssen e-e Auswahl treffen; ~ **service** *Am mil* Wehrdienst *m;* **sel·ec·tiv·ity** [ˌsɪlek'tɪvətɪ] 1. *radio* Trennschärfe *f;* 2. Selektivität *f;* ▶ **show** ~ anspruchsvoll sein; **se·lec·tor** [sɪ'lektə(r)] *tech* Wählschalter *m;* Programmtaste *f;* *mot* Schalthebel *m.*
self [self] ⟨*pl* selves⟩ [selvz] I *s* Ich *n;* ▶ **show one's worst** ~ sich von der schlechtesten Seite zeigen; **one's other** ~ sein anderes Ich; **be one's old** ~ wieder der alte sein; **with no thought of** ~ ohne an sich selbst zu denken; II *adj* aus dem gleichen Material; **self-abasement** Selbsterniedrigung *f;* **self-abuse** [ˌselfə'bju:s] *euph* Selbstbefleckung *f;* **self-acting** *adj* selbsttätig; automatisch; **self-addressed** [ˌselfə'drest] *adj* (*Briefumschlag*) adressiert; **self-adhesive** [ˌselfəd'hi:sɪv] *adj* selbstklebend; **self-adhesive label** Selbstklebeetikett *n;* **self-appointed** [ˌselfə'pɔɪntəd] *adj* selbsternannt; **self-assertion** Durch-

setzungsvermögen n; Überheblichkeit f;
self-assertive adj selbstbewußt; an-
maßend; **self-assurance** Selbstsicher-
heit f; **self-assured** [ˌselfə'ʊəd] adj
selbstsicher; **self-aware** adj sich sei-
ner selbst bewußt; **self-awareness**
Selbsterfahrung f; **self-catering** adj
für Selbstversorger; **self-centred, Am
self-centered** [ˌself'sentəd] adj ego-
zentrisch, ichbezogen; **self-coloured,
Am self-colored** adj einfarbig; **self-
complacent** adj selbstgefällig; **self-
composed** adj ruhig, gelassen; **self-
conceited** adj überheblich, eingebil-
det; **self-confessed** [selfkən'fest] adj
eingestanden, zugegeben; **self-confi-
dence** Selbstvertrauen n; **self-con-
scious** adj 1. befangen, gehemmt; 2.
(Stil) bewußt; 3. philos selbstbewußt;
self-contained [ˌselfkən'teɪnd] adj
1. fig zurückhaltend, verschlossen;
2. (Wohnung) separat; 3. selbstgenüg-
sam; **self-contradictory** [ˌself-
kəntrə'dɪktərɪ] adj sich selbst wi-
dersprechend; widersprüchlich; **self-
control** Selbstbeherrschung f; **self-
critical** [ˌself'krɪtɪkl] adj selbstkritisch;
self-criticism [ˌself'krɪtɪsɪsm] Selbst-
kritik f; **self-deception** [ˌselfdɪsep∫n]
Selbsttäuschung f; **self-defeating**
[ˌselfdə'fi:tɪŋ] adj sinnlos, unsinnig;
self-defence, Am self-defense
Selbstverteidigung f; ▶ in ~ in Not-
wehr; **self-denial** Selbstverleugnung f;
self-determination Selbstbestim-
mung f a. pol; **self-discipline** Selbst-
disziplin f; **self-drive** adj (Auto)
für Selbstfahrer; **self-educated** adj
autodidaktisch; ▶ be ~ Autodidakt
sein; **self-employed** adj selbständig;
(Künstler) freischaffend; (Journalist)
freiberuflich; ▶ the ~ Selbständige,
Freischaffende, Freiberufler pl; **self-
esteem** Selbstachtung f; **self-evident**
adj offensichtlich; selbstverständlich;
▶ it is ~ es versteht sich von
selbst; **self-explanatory** adj unmittel-
bar verständlich; **self-expression**
[ˌselfɪx'pre∫n] Selbstdarstellung f; **self-
fulfilling** [ˌselfful'fɪlɪŋ] adj ▶ a ~
prophecy eine sich selbst bewahrhei-
tende Voraussage; **self-governing**
[ˌself'gʌvənɪŋ] adj selbstverwaltet;
self-government Selbstverwaltung f;
self-help Selbsthilfe f; **self-help
group** Selbsthilfegruppe f; **self-im-
portance** Einbildung f; **self-import-
ant** adj eingebildet; dünkelhaft; **self-
imposed** [ˌselfɪm'pəuzd] adj selbstauf-
erlegt; **self-indulgence** 1. Nachgiebig-
keit f gegen sich selbst; 2. Zügellosig-
keit, Hemmungslosigkeit f; **self-indul-
gent** adj 1. nachgiebig gegen sich
selbst; 2. (Essen, Sex) ungehemmt, zü-
gellos; **self-interest** Eigennutz m;

eigenes Interesse.
self·ish ['selfɪ∫] adj selbstsüchtig, egoi-
stisch; **self·ish·ness** [—nɪs] Selbst-
sucht f, Egoismus m.
self·less ['selflɪs] adj selbstlos.
self-made [ˌself'meɪd] adj selbstge-
macht; ▶ ~ man Selfmademan m;
self-opinionated adj rechthaberisch;
self-pity Selbstmitleid n; **self-por-
trait** Selbstporträt n; **self-possessed**
adj selbstbeherrscht; **self-preserva-
tion** Selbsterhaltung f; ▶ instinct of ~
Selbsterhaltungstrieb m; **self-reliance**
Selbständigkeit f; **self-respect** Selbst-
achtung f; **self-respecting**
[ˌselfrɪ'spektɪŋ] adj anständig; ▶ no ~
man keiner, der etwas auf sich hält;
self-righteous adj selbstgerecht;
self-sacrifice Selbstaufopferung f;
self-sacrificing [ˌself'sækrɪfaɪsɪŋ] adj
aufopfernd; **self-satisfaction** Selbst-
zufriedenheit f; **self-satisfied** adj
selbstzufrieden; **self-seeking**
[ˌself'si:kɪŋ] I adj selbstsüchtig; II s
Selbstsucht f; **self-service** I adj
Selbstbedienungs-, SB-; II s Selbstbedie-
nung f; **self-sufficiency** 1. Selbstän-
digkeit f; 2. Selbstgenügsamkeit f; 3.
(Land) Autarkie f; **self-sufficient** adj
1. selbständig; 2. selbstgenügsam; 3.
(Land) autark; ▶ be ~ in oil den Ölbe-
darf selbst decken; ~ enterprise kosten-
deckender Betrieb; **self-supporting**
[ˌselfsə'pɔ:tɪŋ] adj 1. finanziell unabhän-
gig; 2. com sich selbst tragend; 3. tech
freistehend, -tragend; **self-willed**
[ˌself'wɪld] adj eigenwillig, -sinnig.
sell [sel] ⟨irr sold, sold⟩ I tr 1. verkaufen
(s.o. s.th., s.th. to s.o. jdm etw, etw an jdn);
2. (Waren) absetzen; 3. handeln, Handel
treiben mit, vertreiben; 4. e-n guten
Absatz verschaffen (s.th. e-r S); 5. fig
schmackhaft machen, gewinnen für; 6.
fam an den Mann bringen, loswerden;
7. verraten; ▶ ~ one's life dearly sein
Leben teuer verkaufen; ~ one's soul to
s.o. jdm seine Seele verschreiben; ~ o.s.
sich profilieren, sich verkaufen (to an); ~
s.o. on s.th. jdn von etw überzeugen; be
sold on s.o. von jdm begeistert sein; ~
s.o. down the river jdn ganz schön
verschaukeln; II itr 1. verkaufen (to s.o.
an jdn); 2. sich verkaufen; ▶ the book
is ~ing well das Buch verkauft sich gut;
what are they ~ing at? wieviel kosten
sie? III s 1. fam Zugkraft f; 2. com
Verkaufstaktik f; IV (mit Präposition)
sell off tr 1. verramschen, verschleu-
dern; 2. (Auktion) versteigern; **sell out**
tr 1. ausverkaufen; 2. (Aktie) abgeben;
3. verraten (to an); itr 1. alles verkaufen;
2. sein Geschäft verkaufen; 3. fam sich
verkaufen (to an); **sell up** tr zu Geld
machen; zwangsverkaufen; **sell-by
date** ['selbaɪˌdeɪt] Frischhalte-, Halt-

barkeits-, Verfalldatum *n.*

seller ['selə(r)] **1.** Verkäufer(in) *m (f);* **2.** *(good ~)* (Verkaufs)Schlager *m;* ▶ **big ~** Verkaufsschlager *m;* **bad ~** Ladenhüter *m;* **sell·ing** ['selɪŋ] Verkauf, Vertrieb, Absatz *m;* **selling point** Verkaufsanreiz *m;* **selling price** Verkaufspreis *m;* **sell-out** ['selaʊt] **1.** *sport* ausverkauftes Spiel; **2.** *fam* fauler Kompromiß; **3.** *com* Verkaufsschlager *m.*

selves [selvz] *s. self.*

sem·an·tic [sɪ'mæntɪk] *adj* semantisch; **se·man·tics** [sɪ'mæntɪks] *pl mit sing* Semantik *f.*

sema·phore ['seməfɔ:(r)] **I** *s* **1.** *rail* Semaphor *n;* **2.** *(System)* Signalsprache *f;* Winken *n;* **II** *itr, tr* durch Winkzeichen signalisieren.

sem·blance ['sembləns] Anschein *m (of* von); Anflug *m (of* von); ▶ **put on a ~ of gaiety** e-e fröhliche Miene zur Schau tragen.

se·men ['si:mən] *physiol* Samen(flüssigkeit *f) m.*

sem·es·ter [sɪ'mestə(r)] *bes. Am* Semester *n.*

semi ['semɪ] *pref* halb-; **semi·breve** ['semɪbri:v] *Br mus* ganze Note; **semi·circle** ['semɪsɜ:kl] Halbkreis *m;* **semi·cir·cu·lar** [,semɪ'sɜ:kjʊlə(r)] *adj* halbkreisförmig; **semi·co·lon** [,semɪ'kəʊlən] Semikolon *n,* Strichpunkt *m;* **semi-conductor** *phys* Halbleiter *m;* **semi-conscious** *adj* halb bewußtlos; **semi-de·tached** [,semɪdɪ'tætʃt] *adj* ▶ **~ house** Doppelhaushälfte *f;* **semi-final** *sport* Halbfinale, Semifinalspiel *n;* **semi-finalist** Teilnehmer *m* am Halbfinale.

se·minal ['semɪnl] *adj* **1.** Samen-; **2.** *(Idee)* ertragreich; ▶ **be present in a ~ state** im Keim vorhanden sein; **~ fluid** *physiol* Samenflüssigkeit *f.*

sem·inar ['semɪnɑ:(r)] Seminar *n.*

sem·inary ['semɪnərɪ] Priesterseminar *n.*

semi-of·fi·cial [,semɪə'fɪʃl] *adj* halbamtlich, offiziös; **semi-precious** *adj* ▶ **~ stone** Halbedelstein *m;* **semi-qua·ver** ['semɪkweɪvə(r)] *Br mus* Sechzehntelnote *f;* **semi-skilled** *adj* angelernt; ▶ **~ labour** angelernte Arbeitskräfte *f pl.*

Sem·ite ['si:maɪt] Semit *m,* Semitin *f;* **Se·mitic** [sɪ'mɪtɪk] *adj* semitisch.

semi·tone ['semɪtəʊn] Halbton *m;* **semi·trailer** ['semɪtreɪlə(r)] *Am mot* Sattelschlepper *m;* **semi·tropical** *adj* subtropisch; **semi·vowel** Halbvokal *m.*

semo·lina [,semə'li:nə] Grieß *m.*

semp·stress ['sempstrɪs] Näherin *f.*

sen·ate ['senɪt] Senat *m;* **sena·tor** ['senətə(r)] Senator *m;* **sena·torial** [,senə'tɔ:rɪəl] *adj* senatorisch.

send [send] ⟨*irr* sent, sent⟩ **I** *tr* **1.** senden, schicken; **2.** *(Radio)* ausstrahlen; **3.** übersenden, versenden; **4.** in Bewegung setzen, stoßen, treiben, befördern; veranlassen; **5.** *sl* hinreißen; ▶ **~ s.o. to prison** jdn ins Gefängnis schicken; **~ s.o. to university** jdn studieren lassen; **~ s.o. for s.th.** jdn nach etw schicken; **~ him best wishes** grüßen Sie ihn von mir; **~ by post** mit der Post schicken; **~ by fax** (tele)faxen; **the blow sent him sprawling** der Schlag schleuderte ihn zu Boden; **that tune ~s me** *sl* ich bin ganz weg von der Melodie; **II** *itr* **she sent to say that . . .** sie ließ ausrichten, daß . . . **III** *(mit Präposition)* **send across** *tr* hinüberschicken; **send after** *tr* **~ s.o. after s.o.** jdn jdm nachschicken; **send along** *tr* hinschicken; **send away** *tr* wegschicken, fortschicken, abschicken; *itr* schreiben; ▶ **~ away for s.th.** etw anfordern; **send back** *tr* zurückschicken; **send down** *tr* **1.** *(Preise)* fallen lassen, senken; **2.** *(Universität)* relegieren; **3.** *(Gefangene)* verurteilen *(for* zu); **send for** *itr* **1.** kommen lassen; rufen; herbeiordern; zu sich bestellen; **2.** *(Katalog)* anfordern; **send forth** *tr* **1.** aussenden, ausstrahlen; **2.** *(Duft)* verströmen; **send in** *tr* einschicken, einsenden, einreichen; ▶ **~ one's name in** sich anmelden; **send off** *tr* **1.** abschicken; **2.** *(Kinder)* wegschicken; **3.** *sport* vom Platz verweisen; **4.** verabschieden; **send on** *tr* **1.** *(Brief)* nachschicken; **2.** *(Gepäck)* vorausschicken; **3.** aufs Feld schicken, einsetzen; **send out** *tr* **1.** hinausschicken; **2.** *(Strahlen)* aussenden, abgeben; ausstoßen; **3.** *(Prospekte)* verschicken; **send out for** holen lassen; ▶ **~ s.o. out for s.th.** jdn nach etw schicken; **send up** *tr* **1.** hochschießen; steigen lassen; in die Luft schießen; **2.** *(Preise)* hochtreiben; **3.** in die Luft gehen lassen; **4.** *fam* verulken.

sender ['sendə(r)] Absender(in) *m (f);* ▶ **return to ~** zurück an den Absender; **send-off** ['sendɒf] Abschied *m,* Verabschiedung *f;* ▶ **give s.o. a good ~** jdn ganz groß verabschieden; **send-up** ['sendʌp] Verulkung *f.*

se·nes·cence [sɪ'nesns] Altern *n,* Alterungsprozeß *m;* **se·nes·cent** [sɪ'nesnt] *adj* alternd.

se·nile ['si:naɪl] *adj* greisenhaft, senil; ▶ **~ dementia** *med* Altersschwachsinn *m;* **sen·il·ity** [sɪ'nɪlətɪ] Greisenhaftigkeit, Senilität *f.*

sen·ior ['si:nɪə(r)] **I** *adj* **1.** älter *(to* als); **2.** dienstälter; ranghöher; übergeordnet; **3.** *(Position)* höher, leitend; **4.** *(Schüler)* der obersten Klasse; **5.** *(Student)* im letzten Studienjahr; **6.** *(nach ein Namen)* der Ältere, senior; ▶ **he is ~ to me** er ist älter als ich; er ist mir übergeordnet; **the ~ management** die Geschäftsleitung; ~ **officer** höherer Beamter, Offizier; ~ **partner** Seniorpartner *m*; ~ **school,** ~ **high school** *Am* Oberstufe *f*; **II** *s* **1.** Senior(in) *m* (*f*); **2.** *Am* Student(in) *m* (*f*) des letzten Studienjahres; **3.** (*Schule*) Oberstufenschüler(in) *m* (*f*); ▶ **he is my** ~ er ist älter als ich; (*Beruf*) er ist mir übergeordnet; **sen·ior·ity** [ˌsiːnɪˈɒrətɪ] **1.** höheres (Dienst)Alter; **2.** höherer Rang; höherer Dienstgrad; ▶ **promotion on the basis of** ~ Beförderung *f* nach Länge der Betriebszugehörigkeit.

sen·sa·tion [sen'seɪʃn] **1.** Gefühl *n*; Empfindung *f*; Sinneseindruck *m*; **2.** Sensation *f*, Aufsehen *n*; ▶ **a** ~ **of falling** das Gefühl zu fallen; **a** ~ **of hunger** ein Hungergefühl; **cause, create a** ~ Aufsehen erregen; **sen·sa·tional** [sen'seɪʃnl] *adj* sensationell, aufsehenerregend; reißerisch.

sense [sens] **I** *s* **1.** *physiol* Sinn *m*; **2.** *fig* Sinn *m* (*of* für); **3.** *pl* Verstand *m*; **4.** Gefühl *n*; **5.** (*Wort*) Bedeutung *f*; ▶ ~ **of hearing** Gehörsinn *m*; **be out of one's** ~s nicht ganz bei Trost sein; **frighten s.o. out of his** ~s jdn zu Tode erschrecken; **bring s.o. to his** ~s jdn zur Vernunft bringen; **come to one's** ~s zur Vernunft kommen; ~ **of duty** Pflichtbewußtsein *n*; **have a** ~ **of one's own importance** sich selbst wichtig nehmen; **common** ~ gesunder Menschenverstand; **have the** ~ **to ...** so vernünftig sein und ... **what's the** ~ **of doing this?** welchen Sinn hat es denn, das zu tun? **there is no** ~ **in doing that** es ist zwecklos, das zu tun; **talk** ~ vernünftig sein; **make s.o. see** ~ jdn zur Vernunft bringen; **make** ~ Sinn ergeben; sinnvoll sein; **make** ~ **of s.th.** etw verstehen; **in the full** ~ **of the word** im wahrsten Sinn des Wortes; **in a** ~ in gewisser Hinsicht; **in every** ~ in jeder Hinsicht; **in what** ~? inwiefern? in welchem Sinn? **in every** ~ **of the word** in der vollen Bedeutung des Wortes; **II** *tr* spüren, empfinden, fühlen; **sense·less** ['senslɪs] *adj* **1.** besinnungs-, bewußtlos; **2.** unvernünftig, unsinnig; **3.** (*Diskussion*) sinnlos; **sense organ** Sinnesorgan *n*.

sen·si·bil·ity [ˌsensəˈbɪlətɪ] **1.** Empfindsamkeit *f*; Sensibilität *f*; **2.** Empfindlichkeit *f*; ▶ **sensibilities** *pl* Zartgefühl *n*.

sen·sible ['sensəbl] *adj* **1.** vernünftig; **2.** begreiflich; **3.** *obs* spürbar, merklich; ▶ **be** ~ **of s.th.** sich e-r S bewußt sein; **be** ~ **about it** seien Sie vernünftig; **sensibly** ['sensəblɪ] *adv* vernünftig; vernünftigerweise.

sen·si·tive ['sensətɪv] *adj* **1.** sensibel, empfindsam, empfindlich; **2.** (*Verständnis*) einfühlsam; **3.** (*Körperteil*) empfindlich; **4.** *phot* lichtempfindlich; **5.** *fig* heikel, prekär; ▶ **be** ~ **about s.th.** in

bezug auf etw empfindlich sein; ~ **to cold, heat** kälte-, wärmeempfindlich; **sen·si·tiv·ity** [ˌsensəˈtɪvətɪ] **1.** Sensibilität, Empfindsamkeit *f*; **2.** Empfindlichkeit *f*; **3.** Einfühlungsvermögen *n*; **4.** Lichtempfindlichkeit *f*; **sen·si·tize** ['sensɪtaɪz] *tr* sensibilisieren.

sen·sor ['sensə(r)] Sensor, Fühler *m*; **sen·sory** ['sensərɪ] *adj physiol* sensorisch; Sinnes-.

sen·sual ['senʃʊəl] *adj* **1.** sinnlich; **2.** (*Leben*) sinnesfreudig, lustbetont; **sen·sual·ist** ['senʃʊəlɪst] Genußmensch *m*, sinnlicher Mensch; **sen·sual·ity** [ˌsenʃʊˈælətɪ] Sinnlichkeit *f*; Sinnesfreudigkeit *f*; **sen·su·ous** ['senʃʊəs] *adj* sinnlich, sinnenhaft.

sent [sent] *v s. send.*

sen·tence ['sentəns] **I** *s* **1.** *jur* Strafe *f*; **2.** *gram* Satz *m*; ▶ **under** ~ **of death** zum Tode verurteilt; **pass** ~ **on s.o.** über jdn das Urteil verkünden; **II** *tr jur* verurteilen (*to* zu).

sen·ten·tious [sen'tenʃəs] *adj* salbungsvoll.

sen·ti·ent ['senʃnt] *adj* empfindungsfähig.

sen·ti·ment ['sentɪmənt] **1.** Gefühl, Empfinden *n*; **2.** Meinung, Ansicht *f* (*on* über); **3.** Gedanke *m*; **4.** Sentimentalität, Gefühlsduselei *f*.

sen·ti·men·tal [ˌsentɪˈmentl] *adj* empfindsam; sentimental; gefühlsselig; ▶ **for** ~ **reasons** aus Sentimentalität; **sen·ti·men·tal·ism, sen·ti·men·tal·ity** [ˌsentɪˈmentəlɪzm, ˌsentɪmenˈtælətɪ] Sentimentalität *f*; **sen·ti·men·tal·ize** [ˌsentɪˈmentəlaɪz] **I** *tr* gefühlsmäßig auffassen; **II** *itr* sentimental sein.

sen·try ['sentrɪ] (Wach)Posten *m*, Wache *f*; ▶ **be on** ~ **duty** auf Wache sein; **sentry-box** Wachhäuschen *n*.

se·pal ['sepl] *bot* Kelchblatt *n*.

sep·ar·able ['sepərəbl] *adj* trennbar; **sep·ar·ate** ['sepəreɪt] **I** *tr* **1.** (ab)trennen; **2.** aufteilen (*into* in); **3.** *chem* scheiden; ▶ ~ **the good from the bad** die Guten von den Schlechten trennen; ~ **out from** trennen von, absondern von; **II** *itr* **1.** sich trennen; **2.** *chem* sich scheiden; ▶ ~ **out** getrennt werden; **III** *adj* ['seprət] **1.** (ab)getrennt, gesondert (*from* von); **2.** (*Teil*) extra; einzeln; voneinander getrennt; verschieden; **3.** (*Zimmer*) separat, getrennt; **4.** (*Rechnung*) gesondert; **5.** (*Wohnung*) separat; ▶ **that is a** ~ **question** das ist e-e andere Frage; **on a** ~ **occasion** bei e-r anderen Gelegenheit; **keep two things** ~ zwei Dinge nicht zusammentun; **keep** ~ auseinanderhalten; **IV** *s pl* ['seprət] Röcke, Blusen, Hosen *etc*; **sep·ar·ated** ['sepəreɪtɪd] *adj* getrennt; getrennt lebend; **sep·ar·ation** [ˌsepəˈreɪʃn] **1.**

Trennung *f;* **2.** *chem* Scheidung *f;* **3.** Abtrennung *f* (*from* von); ▶ ~ **allowance** Trennungsentschädigung *f;* **sep·ar·at·ism** ['sepərətɪzm] Separatismus *m;* **sep·ar·at·ist** ['sepərətɪst] **I** *adj* separatistisch; **II** *s* Separatist(in) *m (f);* **sep·ar·ator** ['sepəreɪtə(r)] *tech* Separator *m.*

se·pia ['si:pɪə] **I** *s* Sepia *f;* **II** *adj* sepiabraun.

sep·sis ['sepsɪs] *med* Vereiterung *f.*

Sep·tem·ber [sep'tembə(r)] September *m;* ▶ **in** ~ im September.

sep·tic ['septɪk] *adj* septisch; ▶ ~ **tank** Klärbecken *n,* Klärbehälter *m;* **turn** ~ (*Wunde*) eitern.

sep·tua·gen·ar·ian [ˌseptjuədʒɪ'neərɪən] **I** *adj* siebzigjährig; **II** *s* Siebzigjährige(r) *f m.*

sep·ul·chral [sɪ'pʌlkrəl] *adj fig* düster; Grabes-; ▶ ~ **voice** Grabesstimme *f;* **sep·ul·chre,** *Am* **sep·ul·cher** ['seplkə(r)] Grabstätte *f.*

se·quel ['si:kwəl] Folge *f* (*to* von).

se·quence ['si:kwəns] **1.** Folge, Reihenfolge *f;* **2.** *math* Reihe *f;* **3.** (*Kartenspiel, mus, rel*) Sequenz *f;* **4.** *film* Szene, Episode *f;* ▶ **in** ~ der Reihe nach; ~ **of tenses** Zeitenfolge *f;* **se·quen·tial** [sɪ'kwenʃl] *adj* **1.** folgend; **2.** der Reihe nach; ▶ **be** ~ **to s.th.** auf etw folgen.

se·ques·ter [sɪ'kwestə(r)] *tr* **1.** abkapseln; **2.** *jur* s. *sequestrate;* **se·questered** [sɪ'kwestəd] *adj* abgeschieden; abgelegen; zurückgezogen.

se·ques·trate [sɪ'kwestreɪt] *tr jur* sequestrieren; **se·ques·tra·tion** [ˌsi:kwe'streɪʃn] *jur* Sequestration *f.*

se·quin ['si:kwɪn] Paillette *f.*

se·quoia [sɪ'kwɔɪə] Mammutbaum *m.*

se·ra·glio [se'rɑːlɪəʊ] Serail *n.*

ser·en·ade [ˌserə'neɪd] **I** *s mus* Serenade *f;* **II** *tr* ▶ ~ **s.o.** jdm ein Ständchen bringen.

ser·ene [sɪ'ri:n] *adj* **1.** gelassen; **2.** (*Meer*) ruhig, still; **3.** (*Himmel*) heiter, klar; **ser·en·ity** [sɪ'renətɪ] Gelassenheit *f.*

serf [sɜːf] Leibeigene(r) *f m;* **serf·dom** [—dəm] Leibeigenschaft *f.*

ser·geant ['sɑːdʒənt] **1.** *mil* Feldwebel *m;* **2.** (*Polizei*) Polizeimeister *m;* ▶ ~ **major** Oberfeldwebel *m.*

ser·ial ['sɪərɪəl] **I** *adj* **1.** Serien-; Fortsetzungs-; **2.** (*Programm*) in Fortsetzungen; ▶ **published in** ~ **form** in Fortsetzungen veröffentlicht; ~ **number** fortlaufende Nummer; Fabrikationsnummer *f;* ~ **rights** Rechte *pl* für die Veröffentlichung in Fortsetzungen; **II** *s* **1.** Fortsetzungsroman *m;* **2.** *radio* Sendefolge *f;* **3.** periodisch erscheinende Zeitschrift; **ser·ial·ize** ['sɪərɪəlaɪz] *tr* **1.** in Fortsetzungen veröffentlichen; **2.** *radio* in Fortsetzungen senden.

series ['sɪəri:z] ⟨*pl* -⟩ **1.** Serie *f;* **2.** *math* Reihe *f;* **3.** *radio* Sendereihe *f;* **4.** *TV* Sendefolge *f;* ▶ **in** ~ der Reihe nach; *el* in Reihe; *com* serienmäßig; **a** ~ **of articles** e-e Artikelserie; **series-wound** ['sɪəri:zˌwaʊnd] *adj el* in Reihe geschaltet.

serio·comic(al) [ˌsɪərɪəʊ'kɒmɪk(l)] *adj* halb ernst, halb heiter.

seri·ous ['sɪərɪəs] *adj* **1.** ernst; ernsthaft; **2.** (*Interesse*) seriös; **3.** (*Zweifel*) ernstlich, ernsthaft; **4.** (*Verlust*) schwer; schlimm; **5.** (*Situation*) ernst, bedenklich; ▶ **be** ~ **about doing s.th.** etw im Ernst tun wollen; **I'm** ~ (**about it**) ich meine das ernst; **it's getting** ~ es wird ernst; **seri·ous·ly** [—lɪ] *adv* **1.** ernst; im Ernst; **2.** (*verletzt*) schwer; ernstlich; bedenklich; **3.** *sl* sehr; ▶ **take s.o.** ~ jdn ernst nehmen; ~ **now** jetzt mal ganz im Ernst; **seri·ous·ness** [—nɪs] **1.** Ernst *m;* **2.** Ernsthaftigkeit, Aufrichtigkeit *f;* **3.** Schwere *f;* Bedenklichkeit *f.*

ser·mon ['sɜːmən] Predigt *f;* Strafpredigt *f.*

ser·pent ['sɜːpənt] Schlange *f a. fig.*

ser·pen·tine ['sɜːpəntaɪn] *adj* **1.** (*Fluß*) gewunden; **2.** (*Straße*) kurvenreich.

ser·rated [sɪ'reɪtɪd] *adj* gezackt, gezähnt; ▶ ~ **knife** Sägemesser *n.*

ser·ried ['serɪd] *adj* ▶ ~ **ranks** *pl* enggeschlossene Reihen *f pl.*

se·rum ['sɪərəm] Serum *n.*

ser·vant ['sɜːvənt] Diener(in) *m (f),* Dienstmädchen *n,* Bedienstete(r) *f m;* ▶ **civil, public** ~ Beamte(r) *m,* Beamtin *f.*

serve [sɜːv] **I** *tr* **1.** dienen; dienlich sein, nützen (*s.o.* jdm); **2.** abdienen, ableisten; **3.** (*Lehre*) durchmachen, -laufen; **4.** (*Strafe*) verbüßen; **5.** (*Material*) versorgen; **6.** (*Kunden*) bedienen; **7.** (*Restaurant*) servieren; auftragen; **8.** (*Gast*) bedienen; **9.** (*Wein*) einschenken; **10.** (*Messe*) ministrieren bei; **11.** *sport* (*Ball*) aufschlagen; **12.** *jur* zustellen; **13.** *obs* behandeln; **14.** (*Tier*) decken; ▶ **if my memory** ~**s me right** wenn ich mich recht erinnere; ~ **its purpose** seinen Zweck erfüllen; **he** ~**d his country** er hat sich um sein Land verdient gemacht; ~ **s.o. as s.th.** jdm als etw dienen; ~ **s.o. with s.th.** jdm etw bringen; **dinner is** ~**d** das Essen ist aufgetragen; ~ **a summons on s.o.** jdn vor Gericht laden; ~ **s.o. ill** jdm e-n schlechten Dienst erweisen; **it** ~**s him right** es geschieht ihm ganz recht; **II** *itr* **1.** dienen *a. mil;* **2.** brauchbar, dienlich sein, sich verwenden lassen; **3.** (*Kellner*) bedienen; **4.** *sport* aufschlagen; ▶ ~ **in an office** ein Amt bekleiden; ~ **as,** ~ **for** dienen als; **it will** ~ das tut's; **it** ~**s to show ...** das zeigt ... **III** *s sport* Aufschlag *m;* **IV** (*mit Präposition*) **serve**

out *tr* **1.** *(Essen)* ausgeben; verteilen; **2.** *mil* ableisten; absitzen; **serve up** *tr* **1.** servieren; verteilen; **2.** *fam* auftischen.
server ['sɜ:və(r)] **1.** Servierbrett *n;* **2.** Servierlöffel *m;* 3. *sport* Aufschläger(in) *m (f);* **4.** *rel* Ministrant(in) *m (f);* ▶ **salad** ~s *pl* Salatbesteck *n.*
ser·vice ['sɜ:vɪs] **I** *s* **1.** Dienst *m;* **2.** Betrieb *m;* **3.** *mil* Militärdienst *m;* **4.** *(Kunde)* Service *m;* Bedienung *f;* **5.** *(Bus etc)* Busverbindung *f;* **6.** Dienst *m;* Stellung *f;* **7.** *rel* Gottesdienst *m;* **8.** *(Maschinen)* Wartung *f;* Inspektion *f;* 9. *(Tee)* Service *n;* **10.** *sport* Aufschlag *m;* **11.** *jur* Zustellung *f;* 12. *pl* Dienstleistungen *f pl;* Versorgungsnetz *n;* ▶ ~**s to one's country** Dienst an seinem Vaterland; **do s.o. a** ~ jdm e-n Dienst erweisen; **be of** ~ nützlich sein; **be of** ~ **to s.o.** jdm nützen; **be at s.o.'s** ~ jdm zur Verfügung stehen; **be out of** ~ außer Betrieb sein; **come into** ~ in Betrieb genommen werden; **see** ~ **as a soldier** beim Militär dienen; **telephone** ~ Telefondienst *m;* **medical** ~ ärztliche Versorgung; **be in** ~ **with s.o.** bei jdm in Stellung sein; **take s.o. into** ~ jdn in Stellung nehmen; **II** *tr* **1.** *(Auto, Maschine)* warten; **2.** *(Gegend)* bedienen, versorgen; **3.** *(Betrieb, Ausschuß)* zuarbeiten *(s.o.* jdm); **4.** *zoo* decken; **ser·vice·able** [−əbl] *adj* **1.** strapazierfähig; **2.** brauchbar, dienlich, nützlich; **3.** praktisch, zweckmäßig; **service area** Tankstelle *f* und Raststätte *f;* **service bus** Linienbus *m;* **service charge** Bedienungsgeld *n;* Bearbeitungsgebühr *f;* **service department** Kundendienstabteilung *f;* **service elevator, lift** Lastenaufzug *m;* **service entrance** Dienstboteneingang *m;* **service hatch** Durchreiche *f;* **service industry** Dienstleistungsindustrie *f,* -sektor *m;* **ser·vice·man** ['sɜ:vɪsmən] Militärangehörige(r) *m;* **service road** Zufahrtsstraße *f;* **service station** Tankstelle *f* (mit Reparaturwerkstatt); **ser·vice·wo·man** ['sɜ:vɪsˌwʊmən] ⟨*pl* —women⟩ Militärangehörige *f.*
ser·vi·ette [ˌsɜ:vɪ'et] Serviette *f.*
ser·vile ['sɜ:vaɪl] *adj* sklavisch; unterwürfig; **ser·vil·ity** [sɜ:'vɪlətɪ] Unterwürfigkeit *f.*
serv·ing ['sɜ:vɪŋ] Portion *f.*
ser·vi·tude ['sɜ:vɪtju:d] Knechtschaft *f.*
servo ['sɜ:vəʊ] ⟨*pl* servos⟩ **I** *s* Servomechanismus *m;* **II** *adj* Servo-; ▶ ~-**assisted brakes** *pl* Servobremsen *f pl.*
ses·ame ['sesəmɪ] *bot* Sesam *m;* ▶ **open** ~! Sesam, öffne dich!
session ['seʃn] **1.** Sitzung *f;* **2.** *jur parl* Sitzungsperiode *f;* Legislaturperiode *f;* **3.** *(Zahnarzt)* Sitzung *f;* Behandlung *f;* **4.** *(Schule, Universität)* Semester *n;*

Studienjahr *n;* ▶ **go into secret** ~ e-e Geheimsitzung abhalten; **recording** ~ Aufnahme *f;* **be in** ~ e-e Sitzung haben, tagen; **a** ~ **of talks** Gespräche *n pl.*
set [set] ⟨*irr* set, set⟩ **I** *tr* **1.** setzen; stellen; legen; **2.** einstellen *(at* auf); aufstellen; **3.** *(Uhr)* stellen *(by* nach; *to* auf); **4.** *(Ziel)* festsetzen, festlegen; **5.** *(Frage)* stellen *(s.o.* jdm); **6.** *(Platz)* bestimmen; **7.** *(Edelstein)* fassen; besetzen; **8.** *(Glasscheibe)* einsetzen; **9.** *med* einrenken; **10.** *(Tisch)* decken; **11.** *radio* einstellen; **12.** *tech* justieren; **13.** *(Datum, Preis, Strafe)* festsetzen *(at* auf); **14.** *(die Mode)* bestimmen, einführen; **15.** *(den Ton)* angeben; **16.** *typ* setzen; ▶ **be** ~ **fair** *mete* beständig sein; ~ **an example** ein Beispiel geben; **Macbeth is** ~ **this year** Macbeth steht dieses Jahr auf dem Lehrplan; ~ **a value on s.th.** e-n Wert auf etw festsetzen; ~ **s.o. a problem** jdn vor ein Problem stellen; ~ **stones in concrete** Steine einzementieren; **be** ~ **in the valley** im Tal liegen; **the book is** ~ **in Paris** das Buch spielt in Paris; ~ **a guard on s.th.** etw bewachen lassen; ~ **a dog after s.o.** e-n Hund auf jdn ansetzen; ~ **s.th. to music** etw vertonen; ~ **s.th. going** etw in Gang bringen; ~ **s.o. doing s.th.** jdn dazu veranlassen, etw zu tun; ~ **s.o. to doing s.th.** jdn etw tun lassen; ~ **s.o. free** jdn freilassen; ~ **s.th. right** etw in Ordnung bringen; ~ **s.o. right** jdn berichtigen; **II** *itr* **1.** *(Sonne)* untergehen; **2.** *(Zement)* hart werden; **3.** *(Hund)* vorstehen; **III** *adj* **1.** fertig, bereit; **2.** *(Gesicht)* unbeweglich; **3.** *(Sitten)* fest; vorgegeben; **4.** *(Zeit)* festgesetzt, bestimmt; **5.** entschlossen; ▶ **be all** ~ **for s.th.** für etw gerüstet sein; **be all** ~ **to do s.th.** fest entschlossen sein, etw zu tun; ~ **book** Pflichtlektüre *f;* ~ **menu** Tageskarte *f;* ~ **phrase** feststehender Ausdruck; **be** ~ **in one's ways** in seinen Gewohnheiten festgefahren sein; **be dead** ~ **on s.th., doing s.th.** etw auf Biegen und Brechen haben, tun wollen; **IV** *s* **1.** Satz *m;* Paar *n;* Garnitur *f;* Service *n;* 2. *(Nadeln)* Spiel *n;* 3. Malkasten *m;* Baukasten *m;* 4. *(Bücher)* Reihe, Serie *f,* gesammelte Ausgabe; **5.** Reihe *f;* 6. *(Menschen)* Kreis *m;* **7.** *sport* Satz *m;* Spiel *n;* 8. *math* Reihe *f;* Menge *f;* 9. *(Lied)* Programmnummer *f;* **10.** *radio TV* Gerät *n,* Apparat *m;* **11.** *(Kleidung)* Sitz *m;* Haltung *f;* **12.** *(Haare)* Frisur, Form *f;* 13. *theat* Bühnenbild *n;* ▶ **a** ~ **of teeth** Gebiß *n;* **a** ~ **of tools** Werkzeug *n;* **a whole** ~ **of questions** e-e ganze Reihe Fragen; **that** ~ **of people** dieser Personenkreis; **make a dead** ~ **at s.o.** sich an jdn ranmachen; **V** *(mit Präposition)* **set about** *tr* sich machen an, anfangen; anfassen; anpacken; herfallen über; ▶ ~ **about doing s.th.** sich dran-

machen, etw zu tun; **set against** *tr* **1.**
einnehmen gegen; **2.** gegenüberstellen;
▶ ~ **o.s. against s.th.** sich e-r S entge-
genstellen; **set apart** *tr* **1.** abheben, un-
terscheiden; **2.** *(Geld)* beiseite legen; **set
aside** *tr* **1.** beiseite legen; **2.** *(Zeit)* ein-
planen; **3.** *(Pläne)* aufschieben; begra-
ben; **4.** *jur* aufheben, annullieren, außer
Kraft setzen; **set back** *tr* **1.** zurückset-
zen; **2.** verzögern, behindern; zurück-
werfen; **3.** kosten; **set down** *tr* **1.** abset-
zen; **2.** *(Passagier)* aussteigen lassen; **3.**
schriftlich niederlegen; **4.** zuschreiben;
▶ ~ **s.o. down as s.th.** jdn für etw
halten; **set forth** *tr (Plan)* darlegen; *itr*
aufbrechen, abreisen; **set in** *tr* einsetzen;
einarbeiten; *itr* **1.** einsetzen; **2.** *(Dunkel-
heit)* anbrechen; **set off** *tr* **1.** *(Feuer-
werk)* losgehen lassen; **2.** führen zu;
auslösen; **3.** hervorheben; *itr* sich auf
den Weg machen, aufbrechen; losfah-
ren; ▶ **that** ~ **us all off laughing** das
brachte uns alle zum Lachen; ~ **s.th. off
from s.th.** etw von etw abheben; ~ **off
on a journey** e-e Reise antreten; **set on**
tr hetzen, ansetzen auf; *itr* überfallen;
set out *tr* ausbreiten; aufstellen; anord-
nen; darlegen; *itr* **1.** abfahren, aufbre-
chen, sich auf den Weg machen; **2.** be-
absichtigen; **set to** *itr* loslegen, rein-
hauen; ▶ ~ **to work** sich an die Arbeit
machen; **set up** *tr* **1.** aufstellen; aufbau-
en; errichten; **2.** *fig* arrangieren, verein-
baren; **3.** *(Raub)* planen; **4.** *(Schule)*
einrichten; **5.** *(Geschäft)* eröffnen, grün-
den; **6.** *(Rekord)* aufstellen; **7.** *(Gesund-
heit)* guttun; **8.** *(Protest)* anstimmen; **9.**
(Infektion) auslösen; *itr* sich niederlas-
sen; ▶ ~ **s.th. up for s.o.** etw für jdn
vorbereiten; ~ **s.o. up** *fam* jdm etw
anhängen; ~ **s.o. up as s.th.** jdm ermög-
lichen, etw zu werden; ~ **o.s. up as s.th.**
sich als etw aufspielen; **be well** ~ **up for
life** für sein ganzes Leben ausgesorgt
haben; **be well** ~ **up** sich gut stehen; ~
up as a doctor sich als Arzt niederlas-
sen; ~ **up for o.s.** sich selbständig ma-
chen.
setback ['setbæk] Rückschlag *m;* **set-
in** [set'ɪn] *adj (Ärmel)* eingesetzt; ein-
gearbeitet; **set-square** Zeichendreieck
n.
set·tee [se'tiː] Sofa *n.*
set·ter ['setə(r)] **1.** *zoo* Setter *m;* **2.**
(type-~) Setzer(in) *m (f).*
set the·ory ['setˌθɪərɪ] *math* Mengen-
lehre *f.*
set·ting ['setɪŋ] **1.** *(Sonne)* Untergang
m; **2.** *fig* Rahmen *m,* Umgebung *f;*
Schauplatz *m;* **3.** *(Juwel)* Fassung *f;* **4.**
(place ~*)* Gedeck *n;* **5.** *tech* Einstellung
f; **6.** *mus* Vertonung *f;* **7.** *(Haare)* Legen
n; **setting lotion** Haarfestiger *m.*
settle ['setl] **I** *tr* **1.** entscheiden; regeln;
2. *(Problem)* klären; **3.** *(Streit)* beilegen,

schlichten; **4.** *(Platz)* vereinbaren, festle-
gen, ausmachen; **5.** *(Vertrag)* abschlie-
ßen; **6.** *(Preis)* sich einigen auf, aushan-
deln; **7.** *(Rechnung)* bezahlen, beglei-
chen; **8.** *(Flüssigkeit)* sich setzen lassen,
sich klären lassen; **9.** *(Kind)* versorgen;
zurechtlegen; **10.** *(im Haus)* unterbrin-
gen; etablieren; **11.** *(Land)* besiedeln;
▶ ~ **one's affairs** seine Angelegenhei-
ten in Ordnung bringen; **that** ~**s it** da-
mit wäre der Fall erledigt; ~ **o.s. to
doing s.th.** sich daran machen, etw zu
tun; ~ **s.o. into a house** jdm helfen, sich
häuslich einzurichten; ~ **money on s.o.**
jdm Geld überschreiben; **I'll soon** ~
him dem werd' ich's geben; **II** *itr* **1.**
seßhaft werden; sich niederlassen, sich
ansiedeln; sich einrichten; **2.** sich einle-
ben; sich eingewöhnen *(into* in); **3.**
(Wetter) beständig werden; **4.** *(Kind)*
sich beruhigen; zur Ruhe kommen, ruhi-
ger werden; **5.** *(Vogel)* sich niederlas-
sen; sich setzen; **6.** *(Gebäude)* sich sen-
ken; **7.** *jur* sich vergleichen; **8.** bezahlen;
▶ ~ **into a habit** sich etw angewöhnen;
~ **comfortably in an armchair** es sich in
e-m Sessel bequem machen; **III** *(mit
Präposition)* **settle down** *itr* **1.** seßhaft
werden; **2.** sich legen; *tr* **1.** beruhigen; **2.**
(Baby) hinlegen; versorgen; ▶ **marry
and** ~ **down** heiraten und häuslich wer-
den; ~ **down at school** sich an e-r Schu-
le eingewöhnen; ~ **down to work** sich
an die Arbeit machen; ~ **down to watch
TV** es sich vor dem Fernseher gemüt-
lich machen; ~ **o.s. down to work** sich
an die Arbeit machen; **settle for** *tr* sich
zufriedengeben mit; **settle in** *itr* sich
einleben, sich eingewöhnen; ▶ ~ **s.o. in**
jdm helfen, sich einzuleben; **settle on,
upon** *tr* sich entscheiden für; sich eini-
gen auf; **settle up** *tr, itr* bezahlen; ▶ ~
up with s.o. mit jdm abrechnen; **settle
with** *tr* abrechnen mit; ▶ ~ **one's ac-
count with s.o.** mit jdm abrechnen; ~
s.th. with s.o. sich mit jdm auf etw
einigen.
settled ['setld] *adj* **1.** *(Wetter)* bestän-
dig; **2.** *(Leben)* geregelt; **3.** *(Meinung)*
fest; *(Vorgang)* feststehend; ▶ **be** ~
etabliert sein; festen Fuß gefaßt haben;
ruhiger sein; ▶ **feel** ~ sich wohl fühlen.
settle·ment ['setlmənt] **1.** Entscheidung
f; Regelung *f;* Klärung *f;* **2.** *(Streit)*
Beilegung, Schlichtung *f;* **3.** *(Rechnung)*
Bezahlung *f;* **4.** *(Vertrag)* Übereinkunft
f, Übereinkommen *n;* **5.** *(Geld)* Über-
tragung, Überschreibung *f (on* auf*);* **6.**
(Gebäude) Senkung *f;* Absetzen *n;* **7.**
Siedlung, Niederlassung *f;* Ansiedlung *f;*
8. Wohlfahrtseinrichtung *f;* Gemeinde-
zentrum *n;* ▶ **reach a** ~ sich einigen,
e-n Vergleich schließen; **a** ~ **out of
court** ein außergerichtlicher Vergleich.
set·tler ['setlə(r)] Siedler(in) *m (f).*

set-to [ˌsetˈtuː] *fam* Krach *m*, Streiterei *f*; ► **have a ~** sich in die Haare geraten; **set-up** [ˈsetʌp] 1. Zustände, Umstände *m pl*; 2. Organisation *f*, Arrangement *n*; 3. Geräte *n pl*; ► **what's the ~ here?** wie läuft das hier?

seven [ˈsevn] *adj* sieben; ► **~-league boots** *pl* Siebenmeilenstiefel *m pl*; **get the ~-year itch** im verflixten siebenten Jahr sein; **seven·fold** [ˈsevnfəʊld] *adj* siebenfach; **seven·teen** [ˌsevnˈtiːn] *adj* siebzehn; **seven·teenth** [ˌsevnˈtiːnθ] I *adj* siebzehnte(r, s); II *s* Siebzehntel *n*; Siebzehnte(r, s); **sev·enth** [ˈsevnθ] I *adj* sieb(en)te(r, s); **S~ Day Adventist**; II *s* Siebtel *n*; Siebte(r, s); **sev·en·ty** [ˈsevntɪ] *adj* siebzig; ► **the seventies** *pl* die siebziger Jahre; **he's in his seventies** er ist (so) um die siebzig; **seventy-eight** [ˌsevntɪˈeɪt] *(Schallplatte)* Achtundsiebziger (Platte) *f*.

sever [ˈsevə(r)] I *tr* 1. durchtrennen; durchschlagen; abtrennen *(from* von); 2. *(Land)* teilen; 3. *(Vertrag)* auflösen; 4. *(Beziehungen)* abbrechen; 5. *(Verbindungen)* lösen; II *itr* durchreißen.

sev·eral [ˈsevrəl] I *adj* einige, mehrere; verschiedene; ► **~ times** mehrere Male; **they went their ~ ways** jeder ging seinen Weg; II *prn* einige; ► **~ of us** einige von uns; **sev·eral·ly** [ˈsevrəlɪ] *adv* einzeln, getrennt, für sich.

sever·ance [ˈsevərəns] 1. Durchtrennen *n*; Durchschlagen *n*; Abtrennen *n*; 2. Teilung *f*; 3. *(Beziehungen)* Abbruch *m*; **severance pay** Abfindung *f* bei Entlassung.

se·vere [sɪˈvɪə(r)] *adj* 1. streng; 2. *(Kritik)* scharf; 3. *(Test)* schwer; 4. *(Ausdruck)* ernst; 5. *(Krankheit)* schwer, schlimm; 6. *(Sturm)* stark, heftig; 7. *(Wetter)* rauh; ► **be ~ with s.o.** streng mit jdm sein; **se·ver·ity** [sɪˈverətɪ] 1. Strenge, Härte *f (on* gegen); 2. Ernst *m*, Schärfe *f*; 3. Härte *f*; Schwere *f*; 4. Heftigkeit *f*; ► **the ~ of the cold** die große Kälte.

sew [səʊ] ⟨*irr* sewed, sewed *od* sewn⟩ I *tr, itr* nähen; ► **~ s.th. on** etw annähen; II *(mit Präposition)* **sew up** *tr* 1. zunähen; nähen; 2. *fam* unter Dach und Fach bringen; ► **~ s.th. up in s.th.** etw in etw einnähen; **it's all ~n up** es ist unter Dach und Fach.

sew·age [ˈsjuːɪdʒ] Abwasser *n*; **sewage-farm** [ˈsjuːɪdʒˌfaːm] Rieselfeld *n*; **sewage (treatment) plant** Kläranlage *f*.

sewer[1] [ˈsəʊə(r)] Näher(in) *m (f)*.

sewer[2] [ˈsjuːə(r)] 1. Abwasserleitung *f*; Abwasserkanal *m*; 2. *fig* Kloake *f*; **sewer·age** [ˈsjuːərɪdʒ] Kanalisation *f*; Abwässer *n pl*; **sewer gas** Faulschlammgas *n*; **sewer rat** Wanderratte *f*.

sew·ing [ˈsəʊɪŋ] 1. Nähen *n*; 2. Näharbeit *f*; **sewing basket** Nähkorb *m*; **sewing-machine** Nähmaschine *f*.

sewn [səʊn] *v s.* sew.

sex [seks] I *s* 1. Geschlecht *n*; 2. Sexualität *f*; Sex *m*; ► **of both ~es** beiderlei Geschlechts; **have ~ with** (Geschlechts)Verkehr haben mit; II *adj* Geschlechts-; Sexual-; III *tr* das Geschlecht bestimmen von.

sexa·gen·ar·ian [ˌseksədʒɪˈneərɪən] I *adj* sechzigjährig; II *s* Sechzigjährige(r) *f m*.

sex-ap·peal [ˈseksəˌpiːl] Sex-Appeal *m*; **sex discrimination** Diskriminierung *f* auf Grund des Geschlechts; **sex education** Sexualerziehung *f*; Aufklärungsunterricht *m*; **sex·ism** [ˈseksɪsm] Sexismus *m*; **sex·ist** [ˈseksɪst] I *s* Sexist(in) *m (f)*; II *adj* sexistisch; **sex·less** [ˈsekslɪs] *adj* geschlechtslos; **sex life** Geschlechtsleben *n*; **sex symbol** Sexsymbol *n*.

sex·tant [ˈsekstənt] Sextant *m*.

sex·tet(te) [seksˈtet] *mus* Sextett *n*.

sex·ton [ˈsekstən] Küster *m*.

sex·ual [ˈsekʃʊəl] *adj* sexuell; geschlechtlich; ► **~ characteristics** *pl* Geschlechtsmerkmale *n pl*; **~ crime** Sexualverbrechen *n*; **~ intercourse** Geschlechtsverkehr *m*; **~ partner** Intimpartner(in) *m (f)*; **sex·ual·ity** [ˌsekʃʊˈælətɪ] Sexualität *f*; **sex·ual·ly** [ˈsekʃʊəlɪ] *adv* sexuell; ► **~ mature** geschlechtsreif; **~ transmitted disease** durch Geschlechtsverkehr übertragene Krankheit; **sexy** [ˈseksɪ] *adj fam* sexy; aufreizend.

shabby [ˈʃæbɪ] *adj* schäbig *a. fig*.

shack [ʃæk] I *s* Hütte *f*, Schuppen *m*; II *itr* ► **~ up with s.o.** *sl* mit jdm zusammenziehen.

shackle [ˈʃækl] I *s* 1. *tech* Bügel, Schäkel *m*; 2. *meist pl* Fessel *f a. fig*; II *tr* in Ketten legen; fesseln; ► **be ~d by s.th.** *fig* an etw gebunden sein.

shade [ʃeɪd] I *s* 1. Schatten *m*; 2. (Lampen)Schirm *m*; Schild *n*; 3. Jalousie *f*; Markise *f*; Springrollo *n*; 4. Farbton *m*; Schattierung *f*; Nuance *f*; 5. *fig* Spur *f*; 6. *lit* Schatten *m*; ► **give ~** Schatten spenden; **put s.o. in the ~** *fig* jdn in den Schatten stellen; **~s** *pl Am* Sonnenbrille *f*; **of all ~s and hues** *fig* aller Schattierungen; II *tr* 1. Schatten werfen auf; 2. abschirmen *(from* gegen); abdunkeln; 3. *(Kunst)* schattieren, abtönen; ► **~ s.th. in** etw ausmalen; III *itr fig* übergehen; ► **~ off** allmählich blasser werden; **shad·ing** [ˈʃeɪdɪŋ] *(Kunst)* Schattierung, Schraffierung *f*.

shadow [ˈʃædəʊ] I *s* 1. Schatten *m a. fig*; 2. *fig* Bedrohung *f*; 3. *fig* Andeutung, Spur *f*; 4. *fig* Schatten *m*, ständiger Begleiter; ► **in the ~** im Schatten; **in**

the ~s im Dunkel; **be in s.o.'s** ~ *fig* in jds Schatten stehen; **be afraid of one's own** ~ sich vor seinem eigenen Schatten fürchten; **be just a** ~ **of one's former self** nur noch ein Schatten seiner selbst sein; **catch at** ~s e-m Phantom nachjagen; **a** ~ **of hope** ein Hoffnungsschimmer *m;* **put a** ~ **on s.o.** jdn beschatten lassen; II *attr pol* Schatten-; III *tr* 1. Schatten werfen auf; überschatten; 2. beschatten; **shadow-boxing** Schattenboxen *n a. fig;* **shadow cabinet** *pol* Schattenkabinett *n;* **shad·ow·y** ['ʃædəʊɪ] *adj* 1. schattig; 2. *fig* unbestimmt, vage; verschwommen.

shady ['ʃeɪdɪ] *adj* 1. schattig; schattenspendend; 2. *fig* zweifelhaft, anrüchig.

shaft [ʃɑːft] 1. Schaft *m;* Stiel *m;* Deichsel *f;* 2. (Licht)Strahl *m;* 3. *lit* Pfeil *m;* 4. *tech* Spindel, Welle, Achse *f;* 5. *min* Schacht *m;* 6. *arch* Säulenschaft *m;* 7. *fig* Spitze *f.*

shaggy ['ʃægɪ] *adj* 1. zottig, struppig; 2. *(Haare)* zottelig.

shah [ʃɑː] Schah *m.*

shake [ʃeɪk] ⟨*irr* shook, shaken⟩ I *tr* 1. schütteln; erschüttern; durchschütteln; 2. *(Ruf)* erschüttern; ins Wanken bringen; 3. *(Schock)* erschüttern; ▶ ~ **one's fist at s.o.** jdm mit der Faust drohen; ~ **o.s. free** sich losmachen; ~ **hands** sich die Hand geben; ~ **hands with s.o.** jdm die Hand geben; ~ **a leg** *fam* Dampf machen; **they were badly** ~**n by the news** die Nachricht hatte sie sehr mitgenommen; II *itr* wackeln; zittern; beben; ▶ ~ **with cold** vor Kälte zittern; ~ **like a leaf** wie Espenlaub zittern; ~ **with laughter** sich vor Lachen schütteln; III *s* 1. Schütteln, Zittern, Beben *n;* 2. *fam* Moment, Augenblick *m;* 3. *(milk* ~*)* Shake *m;* ▶ **give a rug a** ~ e-n Läufer ausschütteln; **give s.o. a good** ~ jdn kräftig schütteln; **in two** ~s *fam* in zwei Sekunden; **be no great** ~s *sl* nicht umwerfend sein; IV *(mit Präposition)* **shake down** *tr* 1. herunterschütteln; *Am sl* ausquetschen; *itr* 1. kampieren; 2. *(Maschine)* sich einlaufen; ▶ ~ **s.o. down for ...** jdn um ... erleichtern; **shake off** *tr* abschütteln; losbekommen; sich befreien von; ▶ ~ **the dust off one's feet** den Staub von den Füßen schütteln; **shake out** *tr* 1. herausschütteln; 2. *(Staubtuch, Teppich)* ausschütteln; 3. *fig* aufrütteln; **shake up** *tr* 1. schütteln; aufschütteln; 2. *fig* erschüttern; 3. *(Führung)* auf Zack bringen; ▶ **she was badly** ~**n up by the accident** der Unfall hat ihr e-n schweren Schock versetzt.

shake·down ['ʃeɪkdaʊn] 1. Lager, Notbett *n;* 2. *Am sl* Razzia *f;* **shaken** ['ʃeɪkn] *v s. shake;* **shaker** ['ʃeɪkə(r)] 1. (Salz)Streuer *m;* 2. *(cocktail* ~*)* Mixbe-

cher *m;* **shake-up** ['ʃeɪkʌp] *fam* Umbesetzung *f;* **shak·ily** ['ʃeɪkɪlɪ] *adv* wackelig; zitterig; **shak·ing** ['ʃeɪkɪŋ] Zittern *n;* **shaky** ['ʃeɪkɪ] *adj* 1. *(Position)* wackelig; 2. *(Beweis)* fragwürdig, unsicher; 3. *(Hand)* zitterig; ▶ **in rather** ~ **English** in ziemlich holprigem Englisch.

shale [ʃeɪl] *geog* Schiefer *m.*

shall [ʃæl] ⟨*irr* should⟩ 1. *(Futur)* werden; 2. sollen; ▶ **I** ~ **arrive tomorrow** ich werde morgen ankommen; **you** ~ **pay for this!** dafür sollst du büßen! **what** ~ **we do?** was sollen wir machen? was machen wir?

shal·lot [ʃəˈlɒt] Schalotte *f.*

shal·low ['ʃæləʊ] I *adj* 1. flach; seicht; 2. *fig* oberflächlich; II *s pl* seichte Stelle, Untiefe *f;* **shal·low·ness** [−nɪs] Flachheit, Seichtheit *f a. fig.*

sham [ʃæm] I *s* 1. Heuchelei *f;* 2. Scharlatan *m;* ▶ **her life seemed a** ~ ihr Leben erschien ihr als Lug und Trug; II *adj* 1. *(Diamant)* falsch, unecht; 2. *fig* vorgetäuscht, geheuchelt; III *tr* vortäuschen, -geben; simulieren; IV *itr* simulieren; so tun; ▶ **he's only** ~**ming** er tut nur so.

shambles ['ʃæmblz] *pl meist mit sing* heilloses Durcheinander; Schlachtfeld *n;* Chaos *n.*

shame [ʃeɪm] I *s* 1. Schande *f;* 2. Scham *f;* 3. Schandfleck *m;* ▶ **feel** ~ **at s.th.** sich für etw schämen; **bring** ~ **upon s.o.** jdm Schande machen; **without** ~ schamlos; **put s.o. to** ~ jdm Schande machen; **to my** ~ zu meiner Schande; **cry** ~ **on s.o.** sich über jdn entrüsten; **the** ~ **of it all** die Schande; ~ **on you!** du solltest dich schämen! **what a** ~! schade! II *tr* 1. Schande machen *(s.o.* jdm); 2. *fig* in den Schatten stellen; **shame·faced** [ˌʃeɪmˈfeɪst] *adj* betreten; **shame·ful** ['ʃeɪmfl] *adj* schändlich; schamlos; schimpflich; **shame·less** ['ʃeɪmlɪs] *adj* schamlos; unverschämt.

shammy ['ʃæmɪ] *(~-leather)* Fenster-, Autoleder *n.*

sham·poo [ʃæmˈpuː] I *tr* 1. die Haare waschen *(s.o.* jdm); 2. *(Haare)* waschen 3. *(Teppich)* shampoonieren; II *s* Shampoo *n;* Haarwaschmittel *n;* ▶ **have a** ~ **and set** sich die Haare waschen und legen lassen.

sham·rock ['ʃæmrɒk] Klee *m;* Kleeblatt *n.*

shandy ['ʃændɪ] *Br* Bier *n* u. Limonade *f* gemischt.

shang·hai [ʃæŋˈhaɪ] *tr fig* zwingen *(into doing s.th.* etw zu tun).

shank [ʃæŋk] 1. *(Vogel)* Schenkel *m;* 2. *(Schlachttier)* Haxe *f;* 3. *tech* Griff, Stiel, Schaft *m;* 4. *arch* (Säulen)Schaft *m;* ▶ **on S~'s pony** *obs* auf Schusters Rappen.

shan't [ʃɑ:nt] = *shall not.*
shanty[1] ['ʃæntɪ] Schuppen *m,* Hütte *f;*
shanty town Slum(vor)stadt *f.*
shanty[2] ['ʃæntɪ] Seemannslied *n.*
shape [ʃeɪp] **I** *s* **1.** Form *f;* **2.**
tech Form *f,* Modell, Muster *n;* **3.** *fig*
Gestalt, äußere Erscheinung *f;* **4.** Zu-
stand *m,* (gesundheitliche) Verfassung *f;*
▶ **in the ~ of** in Form, Gestalt *gen;* **in
any ~ or form** irgendwie; **in great ~**
glänzend in Form; **be in bad ~** in
schlechter Verfassung sein; **be out of ~**
aus der Form, aus der Fasson sein; **take
~** Gestalt annehmen; **II** *tr* **1.** bearbeiten;
formen, bilden, gestalten; **2.** *fig (Cha-
rakter)* formen, prägen; *(Leben)* gestal-
ten; *(Lauf der Dinge)* bestimmen; *(Ge-
sellschaft)* formen; **III** *itr* **(~ up)** sich
entwickeln; ▶ **be shaping up well** sich
gut anlassen, vielversprechend sein;
shape·less [—lɪs] *adj* form-, gestalt-
los; **shape·ly** [—lɪ] *adj* wohlgestaltet,
gut proportioniert.
shard [ʃɑ:d] (Ton)Scherbe *f.*
share[1] [ʃeə(r)] **I** *s* **1.** Anteil, Teil *m;*
Beitrag *m;* **2.** Aktie *f;* Geschäftsanteil,
Anteilschein *m;* Beteiligung *f (in* an);
▶ **in equal ~s** zu gleichen Teilen; **come
in for a ~ of** s.th. seinen Anteil an etw
bekommen; **give s.o. a ~ in s.th.** jdn an
e-r S beteiligen; **go ~s with s.o.** mit jdm
teilen; **have a ~ in s.th.** an e-r S teilha-
ben, beteiligt sein, an etw teilnehmen;
hold ~s Aktionär sein *(in a company*
e-r Gesellschaft); **take a ~ in s.th.** sich
an e-r S beteiligen; **~ in a business**
Geschäftsanteil *m;* **II** *tr* (sich) teilen *(s.th.*
etw); ▶ **~ the same name** den gleichen
Namen haben; **III** *itr* teilen; ▶ **~ in s.th.**
sich an etw beteiligen; an etw teilhaben;
~ out verteilen; **~ and ~ alike** brüder-
lich teilen.
share[2] [ʃeə(r)] *agr (plough~)* Pflugschar
f.
share cer·ti·fi·cate [ˌʃeəsə'tɪfɪkət] Ak-
tienzertifikat *n;* **share·holder**
['ʃeəˌhəʊldə(r)] Aktionär(in) *m (f);*
share index Aktienindex *m;* **share-
out** ['ʃeəraʊt] Verteilung *f; (Aktien)* Di-
videndenausschüttung *f;* **share price**
Aktienkurs *m;* **share price index** Akti-
enkursindex *m.*
shark [ʃɑ:k] **1.** Hai(fisch) *m;* **2.** *fig* Schur-
ke, Schuft, Wucherer *m;* ▶ **loan ~** Kre-
dithai *m.*
sharp [ʃɑ:p] **I** *adj* **1.** scharf; **2.** spitz; **3.**
unvermittelt, abrupt; **4.** *(Kurve)* scharf;
5. *(Abhang)* steil, jäh abfallend; **6.** klar,
scharf umrissen, deutlich; **7.** hart, streng;
8. scharfsinnig, schlau, verschlagen; *fam*
gerissen; **9.** scharf, heftig, hitzig; **10.**
schneidend, scharf, beißend, stechend,
heftig; **11.** durchdringend, schrill;
▶ **keep a ~ eye on s.o.** jdn scharf im
Auge behalten; **that was pretty ~ of**

him das war ziemlich clever von ihm;
be ~ about it! mach ein bißchen schnell!
~ practice unsaubere Geschäfte *n pl;* **II**
s mus Kreuz *n;* **III** *adv* **1.** plötzlich,
unvermittelt; **2.** *mus* e-e halbe Note
höher; zu hoch; **3.** pünktlich, genau;
▶ **look ~** *fam* aufpassen; achtgeben;
sich beeilen; **sharpen** ['ʃɑ:pən] **I** *tr* **1.**
schärfen, spitzen, schleifen, wetzen; **2.**
(Appetit) anregen; **3.** *fig (Geist)* schär-
fen; *(Spannung)* erhöhen; **4.** *mus* um
e-e halbe Note erhöhen; höher singen,
spielen; **II** *itr* **1.** schärfer werden *a. fig;*
2. höher singen, spielen; **sharp·ener**
['ʃɑ:pnə(r)] Schleifgerät *n;* Wetzstahl *m;*
(pencil ~) Bleistiftspitzer *m.*
sharper ['ʃɑ:pə(r)] Gauner(in), Schwind-
ler(in) *m (f); (card ~)* Falschspieler(in)
m (f).
sharp-eyed [ˌʃɑ:p'aɪd] *adj* scharfsichtig;
sharp-featured [ˌʃɑ:p'fi:tʃəd] *adj* mit
scharfen Gesichtszügen; **sharp·ness**
[—nɪs] Schärfe *f;* Spitzheit *f;* Gerissen-
heit *f;* **sharp-shooter** ['ʃɑ:pˌʃu:tə(r)]
Scharfschütze *m,* -schützin *f;* **sharp-
sighted** [ˌʃɑ:p'saɪtɪd] *adj* scharfsichtig
a. fig; **sharp-tempered** [ˌʃɑ:p'tempəd]
adj jähzornig; **sharp-tongued**
[ˌʃɑ:p'tʌŋd] *adj* scharfzüngig; **sharp-
witted** [ˌʃɑ:p'wɪtɪd] *adj* klug; gewitzt.
shat [ʃæt] *v s. shit*[1].
shat·ter ['ʃætə(r)] **I** *tr* **1.** zerschmettern,
zerbrechen; **2.** *(Knochen)* zersplittern;
3. *fig* zerstören, vernichten, zunichte
machen; erschüttern; **4.** ermüden; **5.**
(Gesundheit) untergraben; **6.** *(Nerven)*
zerrütten; ▶ **be absolutely ~ed** *fam*
völlig erschöpft sein; am Boden zerstört
sein; zutiefst erschüttert sein; **II** *itr* zer-
brechen, bersten, entzweigehen; **shat-
ter·ing** [—ɪŋ] *adj* **1.** *(Schlag, Ex-
plosion)* gewaltig; *(Niederlage)* ver-
nichtend; **2.** erschöpfend; niederschmet-
ternd; *fig (Schlag)* schwer; **3.** *fam
(Neuigkeit, Unkenntnis, Offenheit)* er-
schütternd; *(Erlebnis, Wirkung)* um-
werfend; ▶ **have a ~ effect on s.th.**
sich verheerend auf etw auswirken; **it
must have been ~ for you** es muß
entsetzlich für Sie gewesen sein; **shat-
ter·proof** ['ʃætəpru:f] *adj* splitterfrei.
shave [ʃeɪv] ⟨*irr* shaved, shaved *od*
shaven⟩ **I** *tr* **1.** rasieren; **2.** *(Holz)* ho-
beln; **3.** (leicht) streifen, kaum berühren;
▶ **~ s.th. off** etw wegrasieren; *tech* etw
glätten; **II** *itr* sich rasieren; **III** *s* **1.** Ra-
sieren *n,* Rasur *f;* **2.** knappes Entkom-
men; ▶ **that was a close ~** das wäre um
ein Haar schiefgegangen; **get a ~** sich
rasieren lassen; **give a clean, close ~**
gut, sauber rasieren; **a ~, please!** rasie-
ren, bitte!; **shaven** ['ʃeɪvn] **I** *v s. shave;*
II *adj (clean ~)* glattrasiert; **shaver**
['ʃeɪvə(r)] **1.** Rasierapparat *m;* **2.** *fam*
(junger) Bengel *m;* **shav·ing** ['ʃeɪvɪŋ] **1.**

Rasur *f;* 2. *pl* Späne *m pl;* **shaving-brush** Rasierpinsel *m;* **shaving cream** Rasiercreme *f;* **shaving foam** Rasierschaum *m;* **shaving mirror** Rasierspiegel *m;* **shaving soap, shaving stick** Rasierseife *f.*

shawl [ʃɔːl] Schultertuch *n;* Umhang *m;* Kopftuch *n.*

she [ʃiː] **I** *prn* sie *(Singular);* **II** *s* ▶ **a ~ e-e** Sie, ein weibliches Wesen; **the baby is a ~** das Baby ist ein Mädchen.

sheaf [ʃiːf] ⟨*pl* sheaves⟩ [ʃiːvz] 1. Garbe *f;* 2. Bündel *n;* Bund *m.*

shear [ʃɪə(r)] ⟨*irr* sheared, sheared *od* shorn⟩ **I** *tr* 1. scheren; 2. *s. shorn;* **II** *itr (Messer)* schneiden; ▶ **the bird ~ed through the air** der Vogel segelte durch die Luft; **the boat ~ed through the water** das Boot durchpflügte das Wasser; **III** *(mit Präposition)* **shear off** *itr* abbrechen; *tr* abscheren; *fig* abrasieren; **shearer** [ˈʃɪərə(r)] Schafscherer *m;* **shear·ing** [ˈʃɪərɪŋ] Schafschur *f;* ▶ **~s** *pl* Scherwolle *f;* **shears** [ʃɪəz] *pl* Schere *f;* Metallschere *f;* Heckenschere *f.*

sheath [ʃiːθ] 1. Scheide *f a. bot zoo anat;* 2. *(Kabel)* Armierung *f;* 3. enganliegendes Kleid; 4. Kondom *n;* **sheathe** [ʃiːð] *tr* 1. in die Scheide stecken; 2. *(Krallen)* einziehen; 3. *tech* umkleiden, umhüllen; *(Kabel)* armieren; **sheath·ing** [ˈʃiːðɪŋ] 1. Verkleidung, Ummantelung *f;* 2. *arch* Verschalung *f;* 3. *(Kabel)* Armierung *f.*

she·bang [ʃɪˈbæŋ] ▶ **the whole ~** der ganze Kram.

she'd [ʃiːd] = *she would; she had.*

shed¹ [ʃed] ⟨*irr* shed, shed⟩ *tr* 1. aus-, vergießen; 2. *fig* ausströmen, -strahlen, verbreiten; 3. *(Licht)* werfen *(on* auf*);* 4. *(Blätter, Haut)* abwerfen; *(Haare)* verlieren; 5. sich entledigen *(s.th.* e-r S*);* ▶ **~ blood, tears** Blut, Tränen vergießen; **~ skin** sich häuten.

shed² [ʃed] Schuppen *m;* Halle *f;* Stall *m;* Unterstand *m.*

sheen [ʃiːn] Glanz, Schimmer *m.*

sheep [ʃiːp] ⟨*pl* -⟩ Schaf *n a. fig;* ▶ **make ~'s eyes at s.o.** jdn anhimmeln; **separate the ~ from the goats** *fig* die Schafe von den Böcken trennen; **one may as well be hanged for a ~ as a lamb** wenn schon, denn schon; **a black, lost ~** *fig* ein schwarzes, verlorenes Schaf; **a wolf in ~'s clothing** *fig* ein Wolf im Schafspelz; **sheep·dog** [ˈʃiːpdɒg] Schäferhund *m;* **sheep-fold** Pferch *m;* **sheep·ish** [ˈʃiːpɪʃ] *adj* verlegen; **sheep·skin** [ˈʃiːpskɪn] Schaffell *n.*

sheer¹ [ʃɪə(r)] **I** *adj* 1. unvermischt, rein; 2. *fig* bloß, rein; 3. *(Textil)* dünn, durchsichtig; 4. steil, senkrecht; ▶ **~ madness** heller Wahnsinn; **by ~ chance** rein zufällig; **II** *adv* steil; senkrecht.

sheer² [ʃɪə(r)] *itr* 1. *mar (~ off, away)* ausscheren; 2. *fig (~ away)* ausweichen

(from s.th. e-r S*);* 3. *fig (~ off)* abhauen.

sheet¹ [ʃiːt] 1. Bettuch *n;* Tuch *n;* Gummidecke *f;* 2. *(Papier, fam: Zeitung)* Blatt *n; (groß, typ)* Bogen *m;* 3. *(Holz)* Platte *f; (Glas)* Scheibe *f; (~ of ice)* (Eis)Fläche *f;* 4. *(~ metal)* Blech *n;* 5. *pl (große)* Massen *f pl;* ▶ **(as) white as a ~** leichenblaß; **rain fell in ~s** es regnete in Strömen; **attendance-~** Anwesenheitsliste *f;* **~ of flame** Feuermeer *n.*

sheet² [ʃiːt] *mar* Schot *f.*

sheet-light·ning [ˈʃiːtˌlaɪtnɪŋ] Wetterleuchten *n;* **sheet metal** Walzblech *n;* **sheet music** Notenblätter *n pl.*

sheik(h) [ʃeɪk, *Am* ʃiːk] Scheich *m;* **sheik(h)·dom** [ˈʃeɪkdəm, *Am* ˈʃiːkdəm] Scheichtum *n.*

shelf [ʃelf] ⟨*pl* shelves⟩ [ʃelvz] 1. (Wand)Brett, Regal *n; pl* Regal *n;* 2. Sims *m od n;* 3. Sandbank *f,* Riff *n;* ▶ **on the ~** *fig* ausrangiert, ausgedient; *(Mädchen)* eine alte Jungfer; **be left on the ~** *(Mädchen)* sitzengeblieben sein; **continental ~** Kontinentalsockel *m;* **shelf life** Lagerfähigkeit *f.*

shell [ʃel] **I** *s* 1. Schale *f; (Erbsen)* Hülse *f; (Weichtier)* Muschel *f;* Schneckenhaus *n;* Panzer *m;* 2. *(Küche)* Form *f;* 3. *(Gebäude)* Mauerwerk *n;* Rohbau *m;* Gemäuer *n,* Ruine *f;* 4. *(Auto)* Karosserie *f;* Wrack *n; (Schiff)* Gerippe *n,* Rumpf *m;* Wrack *n;* 5. *mil* Granate *f; Am* Patrone *f;* 6. *sport* Rennruderboot *n;* ▶ **come out of one's ~** *fig* aus sich herausgehen; **retire into one's ~** *fig* sich in sein Schneckenhaus verkriechen; **II** *tr* 1. schälen; *(Erbsen)* enthülsen; 2. *mil* mit Granaten beschießen; **III** *(mit Präposition)* **shell out** *tr fam* blechen, bezahlen.

she'll [ʃiːl] = *she shall; she will.*

shel·lac [ʃəˈlæk] ⟨*ppr* -lacking, *pp* -lacked⟩ **I** *s* Schellack *m;* **II** *tr* 1. mit Schellack überziehen; 2. *Am sl* vernichtend schlagen.

shell·fish [ˈʃelfɪʃ] Schaltier *n (Krebs, Muschel); (Küche)* Meeresfrüchte *f pl;* **shell hole** Granattrichter *m;* **shel·ling** [ˈʃelɪŋ] Granatbeschuß *m;* **shell-proof** *adj* bombensicher; **shell-shock** Kriegsneurose *f;* **shell-shocked** [ˈʃelʃɒkt] *adj* unter Kriegsneurose leidend; *fig* verstört.

shel·ter [ˈʃeltə(r)] **I** *s* 1. Schuppen *m;* 2. Schutzdach *n,* -hütte *f; (bus ~)* Wartehäuschen *n;* 3. Schutz *m;* Unterschlupf *m,* Unterkunft *f,* Obdach *n;* 4. *(air-raid ~)* (Luft)Schutzraum *m;* 5. Anlaufstelle *f;* ▶ **under ~** geschützt; **take ~** Schutz suchen *(from* vor*);* **give s.o. ~** jdn beherbergen; **night ~** Nachtasyl *n;* **II** *tr* 1. beherbergen, Unterschlupf, Obdach gewähren *(s.o.* jdm*);* 2. (be)schützen, beschirmen, in Schutz nehmen *(from* vor*);* **III** *itr* sich unterstellen, Schutz suchen (*under* unter); **shel·tered** ['ʃeltəd] *adj* behütet, beschützt; *(Stelle)* geschützt; ► ~ **housing** Wohnungen für Senioren bzw. Behinderte; ~ **workshop** Behindertenwerkstatt *f*.

shelve [ʃelv] **I** *tr* 1. auf ein Regal stellen; 2. mit Regalen versehen; 3. zu den Akten legen; zurückstellen; *(Problem)* auf Eis legen; **II** *itr* 1. sich leicht neigen; 2. *(~ down)* leicht abfallen; **shelv·ing** [—ɪŋ] Material *n* für Regale; Regale *n pl*.

she·nani·gans [ʃɪ'nænɪgənz] *pl fam* 1. Blödsinn, Quatsch *m*; 2. Tricks *m pl*.

shep·herd ['ʃepəd] **I** *s* Schäfer *m*; **II** *tr* leiten, führen; **shep·herd·ess** [,ʃepə'des, *Am* 'ʃepədəs] Schäferin *f*; **shepherd's pie** Fleischpastete *f*.

sher·bet ['ʃɜ:bət] 1. Scherbett, Sorbett *m* od *n*; 2. (Brause)Limonade *f*.

sher·iff ['ʃerɪf] 1. Sheriff *m*; 2. *(schottisch)* Friedensrichter *m*.

sherry ['ʃerɪ] Sherry *m*.

she's [ʃi:z] = *she is; she has.*

Shet·land Is·lands, Shet·lands ['ʃetlənd'aɪləndz, 'ʃetləndz] *pl* Shetlandinseln, Shetlands *f pl*.

shield [ʃi:ld] **I** *s* 1. *hist* Schild *m*; 2. Wappenschild *m* od *n*; 3. Schutzschild *m*; 4. *fig* Schutz *m*; **II** *tr* schützen *(from* vor); (ab)schirmen, decken; **shield-bearer** *hist* Schildknappe *m*.

shift [ʃɪft] **I** *tr* 1. wegschieben; umstellen; wegräumen; 2. (von sich) abwälzen *(on* auf); 3. *tech* umschalten; 4. *(Nagel etc)* entfernen; 5. *(an anderen Ort)* verlegen; *(Anlagen)* umgruppieren; 6. *fam* loswerden; 7. *fam (Essen)* verdrücken; ► ~ **gears** e-n anderen Gang einlegen, schalten; ~ **one's ground** vom Thema abschweifen; seine Meinung ändern; ~ **the responsibility onto s.o.** jdm die Verantwortung zuschieben; **II** *itr* 1. sich verschieben; sich verlagern; sich ändern; 2. *(Wind)* umspringen, sich drehen; 3. *(von Meinung)* abgehen; 4. *mot* schalten; 5. *fam* sausen; 6. fertig werden, sich durchschlagen *(for o.s.* selbst); **III** *s* 1. Verschiebung *f*, Wechsel *m*, Veränderung, Verlagerung *f*; 2. *pol* Kursänderung *f*; 3. (Arbeits)Schicht *f*; 4. Ausweg, Kniff *m*; Ausflucht *f*; 5. *mot (gear~)* Schaltung *f*; 6. *(Schreibmaschine)* Umschalttaste *f*; ► **in ~s** umschichtig; **drop ~s** Feierschichten einlegen; **late ~** Spätschicht *f*; **make ~** sich behelfen; **night ~** Nachtschicht *f*; ~ **in consumption** Konsumverlagerung *f*; ~ **in demand** Nachfrageänderung *f*; ~ **of production** Produktionsverlagerung *f*; **shift·less** [—lɪs] *adj* faul, träge; **shift-work** ['ʃɪftwɜ:k] Schichtarbeit *f*; **shift-work·er** [—ə(r)] Schichtarbeiter(in) *m (f)*; **shifty** ['ʃɪftɪ] *adj* durchtrieben, hinterhältig, falsch.

shil·ling ['ʃɪlɪŋ] Shilling *m*; *(Österreich)* Schilling *m*.

shilly-shally ['ʃɪlɪʃælɪ] *itr fam* seine Zeit verplempern; unentschlossen sein.

shim·mer ['ʃɪmə(r)] **I** *itr* schimmern; **II** *s* Schimmer *m*; Lichtschein *m*.

shin [ʃɪn] **I** *s (~bone)* Schienbein *n*; **II** *itr (~ up)* hinaufklettern.

shindig ['ʃɪndɪg] *fam* 1. Spektakel, Radau *m*; 2. Rauferei, Schlägerei *f*; ► **kick up a ~** Krach schlagen.

shine [ʃaɪn] ⟨*irr* shone, shone⟩ **I** *itr* 1. scheinen; 2. leuchten *(with joy* vor Freude); 3. glänzen, funkeln; 4. *fig* glänzen, sich hervortun *(at* bei); ► ~ **on** s.th. etw anleuchten; **I didn't ~ at school** in der Schule war ich keine große Leuchte; **II** *tr* 1. leuchten lassen; glänzend machen; 2. *(Schuhe)* putzen, wichsen; ► ~ **a torch on s.o.** jdn mit e-r Taschenlampe anleuchten; **III** *s* 1. heller Schein, Glanz *m* a. *fig*; 2. Glanz *m*, Politur *f*; 3. *Am* Schuhputzen *n*; ► **take the ~ off s.th.** den Glanz von e-r S nehmen; **take a ~ to s.o.** *sl* sich in jdn vergaffen; **I'll come, rain or ~** ich komme auf jeden Fall; **IV** *(mit Präposition)* **shine down** *itr* herunterscheinen; **shine out** *itr* 1. hervorleuchten; 2. *fig* herausragen; **shiner** ['ʃaɪnə(r)] *sl* blaues Auge.

shingle¹ ['ʃɪŋgl] **I** *s* 1. (Dach)Schindel *f*; 2. *Am fam* Schild *n (e-s Arztes od Rechtsanwalts)*; 3. *(Frisur)* Bubikopf *m*; ► **hang out one's ~** *Am fam (Arzt, Rechtsanwalt)* e-e Praxis eröffnen; **II** *tr* mit Schindeln decken.

shingle² ['ʃɪŋgl] grober Kies; Kiesel *m*.

shingles ['ʃɪŋglz] *pl mit sing med* Gürtelrose *f*.

shin·ing ['ʃaɪnɪŋ] *adj* 1. glänzend, leuchtend; 2. *(Beispiel)* glänzend; ► **he's no ~ light** er ist kein großes Kirchenlicht; **shiny** ['ʃaɪnɪ] *adj* glänzend; (glatt)poliert; ► **be ~** *(Stoff)* glänzen.

ship [ʃɪp] **I** *s* 1. Schiff *n*; 2. *Am* Raumschiff *n*; Flugzeug *n*; ► **by ~** mit dem Schiff; **on board ~** an Bord; **his ~ comes home** od **in** *fig* er hat sein Glück gemacht; **II** *tr* 1. an Bord nehmen, einschiffen; 2. *(Waren)* verschiffen; *Am* (ver)senden; befördern, verladen; ► ~ **oars** die Ruder einlegen; ~ **water** leck sein; **III** *itr* sich (an)heuern lassen; **IV** *(mit Präposition)* **ship off** *tr* wegschikken; verschiffen; verschicken, abtransportieren; **ship out** *tr* versenden.

ship·board ['ʃɪpbɔ:d] ► **on ~** an Bord; **ship·builder** ['ʃɪp,bɪldə(r)] Schiffsbauer *m*; **ship·build·ing** ['ʃɪp,bɪldɪŋ] Schiffbau *m*; **ship-chandler** Schiffslieferant *m*; **ship·load** ['ʃɪpləʊd] Schiffsladung *f*; **ship·mate** ['ʃɪpmeɪt] Bordkamerad *m*.

ship·ment ['ʃɪpmənt] 1. Verschiffung *f (for* nach); 2. *Am* Verladung *f*, Versand, Transport *m*; 3. Schiffsladung *f*; *Am*

Ladung, Sendung *f.*
ship-owner ['ʃɪpˌəʊnə(r)] Schiffseigner *m;* Reeder *m.*
ship·per ['ʃɪpə(r)] Spediteur *m;* Absender *m;* **ship·ping** ['ʃɪpɪŋ] **I** *s* **1.** Verschiffung *f;* Verfrachtung *f; Am* Verladung *f,* Versand, Transport *m;* **2.** Schiffahrt *f;* Schiffe *n pl;* **II** *attr adj* Schiffs-; Schiffahrts-; **shipping agency** Schiffsagentur *f;* **shipping agent** Schiffsmakler *m;* **shipping company** Reederei *f;* **shipping department** Versandabteilung *f;* **shipping expenses** *pl* Transport, Frachtkosten *pl;* **shipping lane** Schiffahrtsstraße *f;* **shipping line** Schiffahrtslinie *f;* **shipping office** Reederei *f;* Heuerbüro *n;* **shipping routes** *pl* Schiffahrtswege *m pl.*
ship·shape ['ʃɪpʃeɪp] *adj* aufgeräumt, sauber, ordentlich; **ship·way 1.** Helling *f,* Stapel *m;* **2.** Schiffahrtsweg *m;* **shipwreck** ['ʃɪprek] **I** *s* Schiffbruch *m a. fig;* **II** *tr* scheitern lassen *a. fig; fig* ruinieren; **ship·wright** ['ʃɪpraɪt] Schiffszimmermann *m;* Schiffbauer *m;* **ship·yard** ['ʃɪpjɑːd] (Schiffs)Werft *f.*
shirk [ʃɜːk] **I** *tr* sich drücken vor, aus dem Wege gehen (*s.th.* e-r S); **II** *itr* sich drücken (*from* vor); **shirker** ['ʃɜːkə(r)] Drückeberger(in) *m (f).*
shirt [ʃɜːt] **1.** Hemd *n;* **2.** *(von Frau)* Hemdbluse *f;* ▶ **keep one's ~ on** *sl* sich nicht aus der Fassung bringen lassen; **put one's ~ on** *sl* Hab u. Gut setzen auf; **he has lost his ~ off his back** *sl* er hat alles verloren; **shirt collar** Hemdkragen *m;* **shirt-front** Hemdbrust *f;* **shirting** ['ʃɜːtɪŋ] Hemdenstoff *m;* **shirt-sleeve** Hemdsärmel *m;* ▶ **in one's ~s** in Hemdsärmeln; **shirt-waist** *Am* Hemdbluse *f;* **shirty** ['ʃɜːtɪ] *adj sl* (leicht) beleidigt, eingeschnappt; wütend.
shit¹ [ʃɪt] ⟨*irr* shit, shit *od hum* shat⟩ *vulg* **I** *itr* scheißen; **II** *refl* sich vor Angst in die Hose machen; **III** *s* **1.** Scheiße *f a. fig;* **2.** Angst *f,* Schiß *m.*
shit² [ʃɪt] *sl (Drogen)* Shit *m.*
shite [ʃaɪt] *vulg s.* **shit**¹.
shiver ['ʃɪvə(r)] **I** *itr* zittern (*with cold, fear* vor Kälte, Angst); ▶ **I ~** mich schaudert; **II** *s* **1.** Zittern *n;* Schauder *m a. fig;* **2.** *pl* Schüttelfrost, Fieberschauer *m;* ▶ **I got, had the ~s** *fam* es lief mir eiskalt über den Rücken; **it gave me the ~s** *fam* das ließ mir das Blut in den Adern erstarren; **shivery** ['ʃɪvərɪ] *adj* fröstelnd; ▶ **feel ~** fröstelnd.
shoal¹ [ʃəʊl] Untiefe *f;* Sandbank *f.*
shoal² [ʃəʊl] **1.** große Masse, Menge *f;* **2.** (Fisch)Schwarm *m;* ▶ **in ~s** in Unmengen, haufenweise; in Scharen.
shock¹ [ʃɒk] **I** *s* **1.** Schock *m;* **2.** *el* (elektrischer) Schlag *m;* **3.** *med* Elektroschock *m;* **4.** heftiger Stoß; Wucht *f;* **5.**

(Erdbeben) Erdstoß *m;* ▶ **get a ~** einen Schock *od* Schlag bekommen; **suffer from ~, be in (a state of) ~** unter Schock stehen; **it comes as a ~** das ist bestürzend; **be a great ~ for s.o.** für jdn ein schwerer Schlag sein; **it gave him a nasty ~** das hat ihm einen bösen Schrecken eingejagt; **he'll be in for a ~** der wird sein blaues Wunder erleben; **II** *tr* **1.** erschüttern, bestürzen; **2.** schockieren; ▶ **be ~ed** erschüttert sein; schockiert sein; **~ s.o. into doing s.th.** jdm einen solchen Schrecken einjagen, daß er etw tut; **III** *itr* schockieren.
shock² [ʃɒk] Garbenbündel *n.*
shock³ [ʃɒk] Haarschopf *m.*
shock-ab·sorber ['ʃɒkæbˌzɔːbə(r)] *mot* Stoßdämpfer *m;* **shocker** ['ʃɒkə(r)] Horrorgeschichte *f;* Schocker *m;* ▶ **you are a ~!** du bist ja schlimm! **I have a ~ of a hangover** ich habe einen entsetzlichen Kater.
shock-headed ['ʃɒkˌhedɪd] *adj* strubb(e)lig; ▶ **~ Peter** Struwwelpeter *m.*
shock·ing ['ʃɒkɪŋ] *adj* **1.** erschütternd; Anstoß erregend, schockierend; **2.** *fam* schlimm, schrecklich, entsetzlich; **shock-proof** *adj* stoßfest; **shock therapy**, **shock treatment** *med* Schockbehandlung *f;* **shock troops** *pl* Stoßtruppen *f pl;* **shock wave** Druckwelle *f; fig* Erschütterung *f.*
shod [ʃɒd] *v s.* **shoe.**
shoddy ['ʃɒdɪ] **I** *s (Stoff)* Shoddy *m od n;* **II** *adj* schäbig, minderwertig; *fig (Arbeit)* gepfuscht.
shoe [ʃuː] ⟨*irr* shod, shod⟩ **I** *s* **1.** Schuh *m;* **2.** *(horse ~)* Hufeisen *n;* **3.** Bremsbacke *f;* **4.** *el* Kontaktrolle *f,* Polschuh *m;* ▶ **be in s.o.'s ~s** in jds Haut stecken; **fill s.o.'s ~s** jds Platz, Stelle einnehmen; **know where the ~ pinches** wissen, wo der Schuh drückt; **put o.s. in s.o.'s ~s** sich in jds Lage versetzen; **II** *tr (Pferd)* beschlagen; **shoe·black** ['ʃuːblæk] Schuhputzer *m;* **shoe·horn** ['ʃuːhɔːn] Schuhlöffel *m;* **shoe·lace** ['ʃuːleɪs] Schnürsenkel, Schuhriemen *m;* **shoe·maker** ['ʃuːˌmeɪkə(r)] Schuhmacher(in) *m (f);* **shoe polish** Schuhputzmittel *n,* Schuhwichse *f;* **shoe-repair shop** Schuhreparaturwerkstatt *f,* Schuster *m;* **shoe·shine** ['ʃuːʃaɪn] Schuhputzen *n;* **shoeshine boy** Schuhputzer *m;* **shoeshop, shoe-store** *Am* Schuhladen *m;* **shoe size** Schuhgröße *f;* **shoe-string** Schnürsenkel *m;* ▶ **start a business on a ~** ein Geschäft mit praktisch nichts anfangen; **shoe-string company** finanzschwaches Unternehmen; **shoe-tree** Schuhspanner *m.*
shone [ʃɒn] *v s.* **shine.**
shoo [ʃuː] **I** *interj* sch! fort! weg! **II** *tr (~ away, off)* verscheuchen.

shook [ʃʊk] *v s. shake.*

shoot [ʃuːt] ⟨*irr* shot, shot⟩ **I** *tr* **1.** schießen; *(Geschütz)* abfeuern; **2.** *(Menschen)* anschießen; niederschießen; erschießen; **3.** *(Gegenstände)* schleudern; *(Blick)* schleudern, werfen; *(Frage)* aufwerfen, richten (*at* an); **4.** *sport* schießen; **5.** *film* drehen; *(Foto)* machen, schießen; *(Menschen, Gebäude etc)* aufnehmen; **6.** *sl (Drogen)* schießen, drücken; ▶ ~ one's bolt *fig* sein Pulver verschießen; ~ s.o. dead jdn erschießen; ~ a glance at s.o., ~ s.o. a glance jdm einen Blick zuwerfen; ~ a line angeben, prahlen; ~ the lights bei Rot über die Ampel fahren; ~ rapids Stromschnellen durchfahren; **he shot himself** er hat sich erschossen; **he shot himself in the arm** er hat sich in den Arm geschossen; **he was shot in the arm** er wurde in den Arm getroffen; **you'll get me shot** *fig fam* du bringst mich in Schwierigkeiten; **II** *itr* **1.** schießen; *(Jäger)* jagen; **2.** schießen, sausen; **3.** *sport* schießen (*at goal* aufs Tor); **4.** *(Schmerz)* stechen; **5.** *film* drehen; **6.** *(Pflanzen)* treiben; ▶ ~! schieß los! ~ past, ~ by vorbeischießen, vorbeisausen; **III** *s* **1.** Jagd *f;* Jagdgesellschaft *f;* Jagdrevier *n;* Wettschießen *n;* **2.** *bot* Trieb *m;* Keim *m;* Schößling *m;* **IV** *(mit Präposition)* **shoot ahead** *itr* vorpreschen; sich an die Spitze setzen; **shoot at** *tr* schießen auf; **shoot away** *tr* wegschießen; *itr* **1.** (anhaltend) schießen; **2.** wegrasen, davonschießen; ▶ ~ away at s.o. jdn beschießen; ~ away! *fig fam* schieß los! **shoot down** *tr* **1.** *(Flugzeug)* abschießen; **2.** *fig fam* fertigmachen; *(Argument)* entkräften; **shoot off** *tr* abschießen; abfeuern; *itr* davonschießen; ▶ ~ (one's mouth) off groß reden; tratschen; ausplaudern; **shoot out** *itr* herausschießen (*of* aus); *tr* schnell herausstrecken; hinausschleudern; ▶ ~ it out with s.o. sich mit jdm schießen; **shoot past** *itr, tr* vorbeischießen (*s.o.* an jdm); **shoot up** *itr* **1.** in die Höhe schießen; schnell wachsen; *(Gebäude)* aus dem Boden schießen; **2.** *(Flammen)* herausschlagen (*from* aus); *tr* **1.** *mil* beschießen; *(Menschen)* zusammenschießen; **2.** *sl (Drogen)* drücken; ▶ ~ up a town in einer Stadt eine Schießerei veranstalten.

shoot·ing [ʃuːtɪŋ] **1.** Schießen *n;* *mil (Artillerie)* Feuer *n;* **2.** Jagen *n;* Jagdrecht *n;* Jagdrevier *n;* **3.** Erschießung *f;* Schießerei *f;* **4.** Filmen, Drehen *n;* ▶ **indoor, outdoor** ~ Innen-, Außenaufnahmen *f pl;* **there was a** ~ es wurde geschossen; es wurde jem erschossen; **they are investigating the** ~ sie untersuchen den Mord; **shooting-box, lodge** Jagdhütte *f;* **shooting-gallery** Schießstand *m;* **shooting-jacket** Jagd-

rock *m;* **shooting-range** Schießstand *m;* **shooting-script** Drehbuch *n;* **shooting season** Jagdzeit *f;* **shooting star** Sternschnuppe *f;* **shooting war** heißer Krieg.

shop [ʃɒp] **I** *s* **1.** Laden *m,* Geschäft *n;* Verkaufsstelle *f;* **2.** Werkstatt, -stätte *f,* Betrieb *m;* Arbeiterschaft *f;* ▶ **all over the** ~ *fam* überall; wild durcheinander; **come, go to the wrong** ~ *fig* an den Unrechten kommen; **keep a** ~ ein Geschäft, e-n Laden haben; **keep** ~ das Geschäft führen; **set up** ~ ein Geschäft eröffnen; **talk** ~ fachsimpeln; **baker's** ~ Bäckerladen *m,* Bäckerei *f;* **fruit** ~ Obstgeschäft *n;* **machine** ~ mechanische Werkstatt; **repair** ~ Reparaturwerkstatt *f;* **II** *itr (go ~ping)* einkaufen (gehen); Einkäufe, Besorgungen machen; ▶ ~ around sich in den Läden umsehen; ~ (around) for s.th. nach etw suchen; **III** *tr sl* verpfeifen; **shop-assist·ant** Verkäufer(in) *m (f);* **shop-break·ing** [ʃɒpˌbreɪkɪŋ] Ladeneinbruch *m;* **shop·fit·ter** [ʃɒpˌfɪtə(r)] Geschäftsausstatter(in) *m (f);* **shop·fit·tings** [ʃɒpˌfɪtɪŋz] *pl* Ladeneinrichtung *f;* **shop-floor 1.** Produktionsstätte *f;* Werkstatt *f;* **2.** Arbeitskräfte *f pl;* ▶ **at** ~ **level** unter den Arbeitern in der Fabrik; **shop-girl** *Br* Verkäuferin *f;* **shop·keeper** [ʃɒpkiːpə(r)] Ladenbesitzer(in), Geschäftsinhaber(in) *m (f);* Einzelhändler(in) *m (f);* ▶ **a nation of** ~s ein Volk von Krämern; **shop·keep·ing** [ʃɒpkiːpɪŋ] Ladenbetrieb *m;* Kleinhandel *m;* **shop-lifter** [ʃɒplɪftə(r)] Ladendieb(in) *m (f);* **shop-lift·ing** [ʃɒplɪftɪŋ] Ladendiebstahl *m;* **shop·per** [ʃɒpə(r)] Käufer(in) *m (f).*

shop·ping [ʃɒpɪŋ] Einkauf(en *n*) *m;* Besorgungen *f pl;* ▶ **do one's** ~ Einkäufe, Besorgungen machen; **window-~** Schaufensterbummel *m;* **shopping bag** Einkaufstasche *f;* **shopping cart** Einkaufswagen *m;* **shopping centre** Einkaufszentrum *n;* Geschäftsviertel *n;* **shopping list** Einkaufszettel *m;* **shopping street** Einkaufs-, Geschäftsstraße *f;* **shopping trolley** Einkaufswagen *m;* **shop-soiled, shop-worn** [ʃɒpsɔɪld, ʃɒpwɔːn] *adj (Ware)* angestaubt; **shop-steward** gewerkschaftlicher Vertrauensmann *m;* **shop·talk** [ʃɒptɔːk] Fachsimpelei *f;* **shop-walker** *(Warenhaus)* Ladenaufsicht *f;* **shop·win·dow** [ˌʃɒpˈwɪndəʊ] *a. fig* Schaufenster *n.*

shore[1] [ʃɔː(r)] **1.** Küste(nstreifen *m,* -gebiet, -land *n) f;* **2.** Ufer *n (e-s Flusses);* **3.** Strand *m;* **4.** *mar* Land *n;* ▶ **off** ~ auf See; **on** ~ an Land.

shore[2] [ʃɔː(r)] **I** *s* Strebe *f;* Schwertlatte *f;* **II** *tr* **1.** (~ *up*) (ab)stützen; **2.** stärken.

shore leave [ʃɔːˌliːv] Landurlaub *m;*

shore-line Küstenlinie *f.*
shorn [ʃɔ:n] I *v s.* **shear;** II *adj* geschoren; kahlgeschoren; ▶ **be ~ of s.th.** e-r S beraubt sein.
short [ʃɔ:t] I *adj* 1. kurz *(a. zeitlich);* 2. kurzfristig; 3. knapp *(of* an), unzureichend, unzulänglich; 4. kurz angebunden *fig,* barsch *(with* gegen); 5. *(Gebäck)* mürbe; 6. *(Getränk)* unverdünnt; 7. *com* ungedeckt; ▶ **a ~ time ago** vor kurzem; **at ~ date, notice** kurzfristig; **for ~** kurz *adv;* **in a ~ time** in kurzer Zeit, **time is getting ~** es wird knapp; **in ~, the long and the ~ of it** kurz gesagt, in wenigen Worten; **in the ~ run** auf kurze Sicht; **in ~ order** schnell *adv;* **~ and sweet** schön kurz; **be ~** schlecht bei Kasse sein; **be five ~** fünf zu wenig haben; **be ~ of s.th.** von etw nicht genug, zu wenig haben; **be ~ with s.o.** mit jdm kurz angebunden sein; **be in ~ supply** *(Waren)* knapp sein; **be ~ on** zu wenig haben an; **have a ~ temper** unbeherrscht sein; **~ of breath** außer Atem; kurzatmig; **~ of cash** nicht bei Kasse; **~ of money** in Geldschwierigkeiten, *fam* knapp bei Kasse; II *adv* 1. (zu) kurz; 2. knapp; 3. plötzlich, unerwartet; ▶ **~ of** außer; beinahe; **little ~ of madness** fast Wahnsinn; **little ~, nothing ~ of** nichts außer, nur noch, nichts weniger als; **come, fall ~** nicht (aus)reichen, nicht genügen; *(die Erwartungen)* enttäuschen, zurückbleiben *(of s.th.* hinter etw); **come, fall ~ of s.th.** etw nicht erreichen; **cut ~** unter-, (vorzeitig) abbrechen; *fig* das Wort abschneiden *(s.o.* jdm); **make it ~** sich kurz fassen; **run ~** knapp sein, nicht ausreichen; **run ~ of** ... nicht genug ... haben; **sell ~** ohne Deckung verkaufen; **stop ~** plötzlich stehenbleiben; **turn ~** plötzlich kehrtmachen; **she's a bit ~ on good looks** sie ist nicht gerade hübsch; **he mustn't go ~ (of food)** es soll ihm an nichts fehlen; III *s* 1. Kurzfilm *m;* 2. *el* Kurzschluß *m;* 3. Schnaps *m;* IV *tr el* kurzschließen; V *itr el* einen Kurzschluß haben, bekommen.
short·age ['ʃɔ:tɪdʒ] Mangel *m,* Knappheit, Verknappung *f (of* an); ▶ **housing ~** Wohnungsknappheit *f;* **~ of labour** Mangel *m* an Arbeitskräften; **~ of capital** Kapitalmangel *m;* **there is always some kind of ~** irgend etwas ist immer knapp; **there is no ~ of money** es fehlt nicht am Geld.
short·bread, short·cake ['ʃɔ:tbred, 'ʃɔ:tkeɪk] Butterkeks *m;* Biskuittörtchen *n;* **short-change** [ˌʃɔ:t'tʃeɪndʒ] *tr* zu wenig Wechselgeld herausgeben *(s.o.* jdm); *fig* betrügen; **short-circuit** I *s el* Kurzschluß *m;* II *tr* 1. *el* kurzschließen; 2. *fig* umgehen; III *itr el* einen Kurzschluß haben, bekommen; **short-com-**

ing ['ʃɔ:tˌkʌmɪŋ] 1. Fehler, Mangel *m;* 2. *pl* Unzulänglichkeit *f;* *(Person)* Schwächen *f pl;* **short crust pastry** Mürbeteig *m;* **short cut** 1. Abkürzung *f;* Schleichweg *m;* 2. *fig* abgekürztes Verfahren; Patentlösung *f;* **short-dated** [ˌʃɔ:t'deɪtɪd] *adj fin* kurzfristig; **shorten** ['ʃɔ:tn] I *tr* 1. (ab-, ver)kürzen; 2. vermindern, verringern; II *itr* kürzer werden; sich verringern; **shorten·ing** ['ʃɔ:tnɪŋ] Backfett *n;* **short·fall** ['ʃɔ:tfɔ:l] Defizit *n;* **short·hand** ['ʃɔ:thænd] Kurzschrift, Stenographie *f;* ▶ **take down in ~** (mit)stenographieren; **write ~** stenographieren; **shorthanded** [ˌʃɔ:t'hændɪd] *adj* ▶ **be ~** zuwenig Arbeitskräfte haben; **shorthand notebook** Stenoblock *m;* **shorthand notes** *pl* stenographierte Notizen *f pl;* **shorthand typist** Stenotypist(in) *m (f);* **short haul** Nahtransport *m;* **short-haul jet** Kurzstreckenflugzeug *n;* **short-list** I *tr* in die engere (Aus)Wahl ziehen; II *s* Auswahlliste *f;* **short-lived** ['ʃɔ:tlɪvd] *adj* kurzlebig *a. fig;* **short·ly** ['ʃɔ:tlɪ] *adv* 1. in kurzem, bald; 2. kurz, in Kürze, in wenigen Worten; 3. scharf; barsch; ▶ **~ after** bald danach; **short·ness** ['ʃɔ:tnɪs] Kürze *f;* Knappheit *f;* Schroffheit *f;* ▶ **~ of sight** Kurzsichtigkeit *f;* **short order** *Am (Restaurant)* Schnellgericht *n;* **short-order dish** Schnellgericht *n;* **short-order cook** Koch *m* in einem Schnellimbiß; **short pastry** Mürbeteig *m,* -gebäck *n;* **short-range** *adj mil* Nahkampf-; Kurzstrecken-; *fig* kurzfristig; ▶ **~ missile** Kurzstreckenrakete *f;* **~ planning** Planung *f* auf kurze Sicht; **shorts** [ʃɔ:ts] *pl* 1. Shorts *pl,* kurze Hose; 2. *Am* Unterhose *f;* **shortsighted** [ˌʃɔ:t'saɪtɪd] *adj* kurzsichtig *a. fig;* **short story** Kurzgeschichte *f;* **short-term** *adj* kurzfristig; ▶ **~ memory** Kurzzeitgedächtnis *n; EDV* Kurzzeitspeicher *m;* **short time** Kurzarbeit *f;* ▶ **be on ~** kurzarbeiten; **short wave** *radio* Kurzwelle *f;* **shortwinded** [ˌʃɔ:t'wɪndɪd] *adj* außer Atem; kurzatmig.
shot[1] [ʃɒt] I *v s. shoot;* II *s* 1. Schuß *m a. sport; (mit Ball)* Wurf *m; (Tennis, Golf)* Schlag *m; (~-putting)* Kugelstoßen *n;* Kugel *f;* 2. *fig* Versuch *m;* Vermutung *f;* 3. Geschoß *n,* Kugel *f;* Schrot *m;* 4. Schütze *m;* 5. *(space-~)* Raumflug *m;* Start *m;* 6. *phot film* Aufnahme *f;* 7. *med fam* Spritze, Injektion *f;* Impfung *f;* 8. *(Alkohol)* Schuß *m;* ▶ **like a ~** sofort, wie der Blitz; **have a ~ at s.th.** etw probieren, versuchen; **make a bad ~** vorbeischießen; **need a ~ in the arm** *fig* e-e Spritze nötig haben; **put the ~** *sport* die Kugel stoßen; **putting the ~** Kugelstoßen *n;* **he's a good ~** er ist ein

guter Schütze; **good ~!** gut getroffen!
his question is a ~ in the dark er fragt
aufs Geratewohl; **a big ~** *fam* ein hohes
Tier; **not by a long ~** *sl* nicht im allerge-
ringsten; **small ~** Schrot *m.*

shot² [ʃɒt] *adj* 1. durchschossen, -setzt;
2. *(Seide)* changierend; ▶ **get ~ of s.o.,
s.th.** jdn, etw loswerden.

shot-gun [ˈʃɒtgʌn] Schrotflinte *f;* ▶ **~
wedding** Muß-Heirat *f;* **shot-put** Ku-
gelstoßen *n;* Wurf *m;* **shot-put·ter**
[ˈʃɒtˌpʊtə(r)] Kugelstoßer(in) *m (f).*

should [ʃʊd] **I** *v s.* shall; **II** *aux* **1.**
(Pflicht, Befehl) ▶ **he, we ~ do that** er
sollte, wir sollten das tun; **I ~ have** ich
hätte sollen; **I ~ think so** das will ich
meinen; **how ~ I know?** wie soll ich das
wissen? **2.** *(Wahrscheinlichkeit, Ver-
mutung)* ▶ **we ~ arrive soon** wir müß-
ten bald da sein; **this ~ be enough for
you** das müßte Ihnen eigentlich reichen;
3. *(Überraschung)* ▶ **who ~ be there
but Manfred** und wer war da? Man-
fred! **what ~ he do next but propose to
me** und dann hat er mir doch tatsächlich
einen Heiratsantrag gemacht; **4.** *(Kon-
junktiv)* ▶ **if he ~ come** wenn er kom-
men sollte; **I ~ say yes** ich würde ja
sagen; **we ~ have been happy** wir wä-
ren glücklich gewesen; **I don't know
why it shouldn't work out** ich weiß
nicht, warum das nicht klappen sollte; **I
shouldn't be surprised if it did** es wür-
de mich nicht überraschen, wenn das so
käme; **I ~ do it if I were you** an Ihrer
Stelle würde ich das tun; **I shouldn't
worry about it** darüber würde ich mir
keine Sorgen machen; **unless he ~
change his mind** falls er es sich nicht
anders überlegt; **5.** *(Einschränkung)*
▶ **I shouldn't like to say** dazu möchte
ich mich nicht äußern; **I ~ think there
were about 50 people there** ich würde
sagen, es waren etwa 50 Leute da; **I ~
like to know** ich wüßte gern; **I ~ like to
speak to Cindy** ich würde gern mit
Cindy sprechen.

shoul·der [ˈʃəʊldə(r)] **I** *s* **1.** Schulter *f;* **2.**
zoo Vorderviertel, Blatt *n; (Schlach-
ttier)* Schulterstück *n;* **3.** Vorsprung *m,*
(kleine) Anhöhe *f;* **4.** *(Straße) (hard ~)*
Seitenstreifen *m,* Bankett *n;* Standspur
f; **5.** *(Vase, Flasche)* Ausbuchtung *f;*
▶ **straight from the ~** *(Worte)* offen,
unverblümt; **~ to ~** Schulter an Schul-
ter; **be head and ~s above s.o.** jdn
beträchtlich überragen; viel tüchtiger
sein als jem; **give s.o. the cold ~, cold-~
s.o.** *fig* jdm die kalte Schulter zeigen;
put one's ~ to the wheel *fig* tüchtig
zupacken, Hand anlegen; **rub ~s with**
an einem Tisch sitzen, engen Umgang
haben mit; **shrug one's ~s** mit den
Schultern zucken; **weep** *od* **cry on s.o.'s
~** sich bei jdm ausweinen; **II** *tr* **1.** auf die

Schulter nehmen; *(Gewehr)* schultern;
fig auf sich nehmen; **2.** mit der Schulter
stoßen; ▶ **~ one's way through a
crowd** seinen Weg durch e-e Menge
bahnen; **~ arms!** das Gewehr über!

shoulder-bag Umhängetasche *f;*
shoulder-blade Schulterblatt *n;*
shoulder pad Schulterpolster *n;*
shoulder-strap **1.** *(Kleid)* Träger *m;* **2.**
(Tasche) Riemen *m;* **3.** *mil* Schulter-
klappe *f.*

shouldn't [ʃʊdnt] = should not.

shout [ʃaʊt] **I** *s* **1.** Schrei *m;* **2.** Geschrei
n, Lärm *m;* **3.** Ruf *m;* **4.** *fam* (zu zah-
lende) Runde *f;* ▶ **whose ~ is it?** wer
zahlt die Runde? **II** *tr* (hinaus)schreien;
ausrufen; rufen; brüllen; **~ s.th. from
the housetops** etw öffentlich verkündi-
gen; **III** *itr* rufen; schreien; brüllen; ▶ **~
at s.o.** jdn anbrüllen; **~ for s.o.** nach jdm
rufen; **~ for joy** vor Freude jauchzen; **~
for help** um Hilfe rufen; **~ to s.o.** jdm
zurufen; **~ with laughter** vor Lachen
brüllen; **nothing to ~ about** nichts be-
sonderes; **don't ~!** schrei nicht so! **IV**
refl ▶ **~ o.s. hoarse** sich heiser brüllen;
V *(mit Präposition)* **shout down** *tr* nie-
derbrüllen; **shout out** *itr* aufschreien;
einen Schrei ausstoßen; *tr* ausrufen;
brüllen; **shout·ing** [ˈ~ɪŋ] Geschrei *n;*
Rufen *n;* ▶ **within ~ distance** in Ruf-
weite; **it is all over bar the ~** *fig* die
Schlacht ist so gut wie geschlagen.

shove [ʃʌv] **I** *s* Stoß, Schubs *m;* ▶ **give
s.o. a ~** jdn schubsen, stoßen; **give s.th.
a ~** etw rücken; etw anstoßen; etw
anschieben; **II** *tr* **1.** schieben; stoßen;
schubsen; drängen; **2.** *fam* stecken *(into
in)*; **III** *itr* stoßen; schieben; drängeln; **IV**
(mit Präposition) **shove about, shove
around** *tr* herumschubsen; **shove away**
tr wegschieben, wegstoßen; **shove back**
tr zurückschieben; zurückstoßen; zu-
rückstecken *(into* in); **shove off** *tr
(Boot)* vom Ufer abstoßen; *itr* **1.** *(Boot)*
ablegen; **2.** *fam* abhauen; **shove on** *tr
(Kleidung)* anziehen; *(Hut)* aufstülpen;
(Schallplatte) auflegen; **shove over** *tr
fam* rübergeben; *itr (a. ~ up) fam* auf-
rücken, rutschen.

shovel [ˈʃʌvl] **I** *s* **1.** Schaufel, Schippe *f;* **2.**
(~ful) Schaufel(voll) *f;* **3.** *(Bagger)* Löf-
fel *m;* Löffelbagger *m;* **II** *tr* schaufeln,
schippen.

show [ʃəʊ] ⟨*irr* showed, shown⟩ **I** *tr* **1.**
zeigen; **2.** zur Schau stellen, ausstellen;
3. sehen, durchblicken, erkennen lassen;
4. aufweisen; an den Tag legen; darle-
gen, klarstellen, erklären; demonstrie-
ren; **5.** beweisen; den Nachweis erbrin-
gen *(that* daß); **6.** anzeigen, registrieren;
▶ **~ one's cards, hand** seine Karten
aufdecken; **~ o.s. in one's true colo(u)rs**
sein wahres Gesicht zeigen; **~ s.o. the
door** jdm die Tür weisen, jdn hinaus-

werfen; ~ **one's face** sich blicken lassen; ~ **one's gratitude** sich dankbar zeigen; ~ **an improvement** e-n Fortschritt aufzuweisen haben; ~ **interest** Interesse zeigen *od* bekunden (*in* an); ~ **promise** vielversprechend sein; ~ **promise of s.th.** etw erwarten lassen; ~ **one's teeth** die Zähne zeigen; ~ **s.o. the way** jdm den Weg zeigen; **we had nothing to ~ for it** wir hatten nichts vorzuweisen; **that ~ed him!** dem habe ich's aber gezeigt! **it all goes to ~ that** das zeigt *od* beweist ganz klar, daß; **II** *itr* **1.** sich zeigen, auftreten, erscheinen; **2.** sichtbar sein; *(Unterrock)* (her)vorsehen; *(Film)* gezeigt werden; ▶ **go to ~** beweisen; ~ **in the balance sheet** in der Bilanz ausweisen; ~ **willing** guten Willen zeigen; **III** *refl* sich (in der Öffentlichkeit) zeigen, öffentlich auftreten; sich blicken lassen; ▶ ~ **o.s. to be competent** sich als fähig erweisen; **IV** *s* **1.** Schau, Darbietung *f;* **2.** Auslage *f;* **3.** Ausstellung, Messe *f;* **4.** Schau, Angabe *f,* falscher Schein; **5.** *theat* Aufführung *f;* Show *f;* **6.** *radio TV* Sendung *f; film* Vorführung *f;* **7.** *Am* Darlegung *f,* Nachweis *m;* **8.** *fam* Laden *m;* ▶ **by ~ of hands** *parl* durch Handzeichen; **for ~** zum Schein; nur fürs Auge; **on ~** zur Besichtigung; ausgestellt; **be on ~** gezeigt werden, ausgestellt sein; **get this ~ on the road** die Arbeit in Angriff nehmen; **give s.o. a fair ~** jdm e-e Chance geben; **give the (whole) ~ away** *fig* alles verraten; **make a ~ of doing s.th.** Miene machen, etw zu tun; **make a ~ of s.th.** etw herausstellen; **make a fine ~** gut aussehen, Eindruck machen; **manage, run the ~** *fam* den Laden schmeißen; **put on a ~** so tun als ob; heucheln; **agricultural, dog ~** Landwirtschafts-, Hundeausstellung *f;* **flower ~** Blumenschau *f;* **motor ~** Autoausstellung *f;* **V** *(mit Präposition)* **show around** *tr* herumführen (*s.o.* jdn); **show in** *tr* (her)einführen; **show off** *itr* angeben (*in front of, to* vor); *tr* **1.** angeben mit; sich brüsten mit; protzen mit; **2.** zur Geltung bringen, hervorheben; ▶ ~ **s.th. off to advantage** etw vorteilhaft wirken lassen; **show out** *tr* hinausführen, -geleiten; **show up** *tr* **1.** hinaufführen; **2.** erkennen lassen; zum Vorschein bringen; deutlich zeigen; **3.** *(Gauner)* entlarven; *(Gaunerei)* aufdecken; *(Menschen)* bloßstellen; blamieren; *itr* **1.** zu sehen sein; hervorstechen; **2.** erscheinen, sich blicken lassen.

show-boat ['ʃəʊbəʊt] Theaterschiff *n;* **show-business, show biz** *fam* Showbusineß, Showgeschäft *n,* Vergnügungs-, Unterhaltungsindustrie *f;* **show-case** Schaukasten *m,* Vitrine *f;* **show-down** ['ʃəʊdaʊn] Kraftprobe *f,*

endgültige Auseinandersetzung.
shower ['ʃaʊə(r)] **I** *s* **1.** (Regen-, Schnee)Schauer *m;* **2.** (Funken)Regen *m;* **3.** *(Pfeile)* Hagel *m;* **4.** *fig* Schwall *m,* Flut, Fülle *f;* **5.** *(~-bath)* Dusche *f;* **6.** *Am Party f,* bei der jeder Gast der Gastgeberin ein Geschenk mitbringt; **7.** *fam* Gruppe *f* blöder Typen; ▶ **take a ~** duschen; **II** *tr* **1.** übergießen; naßspritzen; **2.** *fig* überschütten, überhäufen (*s.th. upon s.o., s.o. with s.th.* jdn mit etw); **III** *itr* **1.** niederprasseln; *fig* hageln; herabregnen; **2.** duschen; **shower-bath** Dusche *f;* **shower-cabinet** Duschkabine *f;* **shower cap** Duschhaube *f;* **shower curtain** Duschvorhang *m;* **shower gel** ['ʃaʊə(r)ˌdʒel] Duschgel *n;* **showery** ['ʃaʊərɪ] *adj* mit einzelnen Regenschauern.
show-girl ['ʃəʊgɜːl] Varieté-Tänzerin *f;* **show-ground** Ausstellungsgelände *n;* Zirkusgelände *n.*
showi·ness ['ʃəʊɪnɪs] Protzigkeit, Auffälligkeit, (äußere) Pracht *f.*
show·ing ['ʃəʊɪŋ] **1.** Ausstellung *f;* **2.** *theat* Aufführung *f; film* Vorführung *f;* **3.** Leistung *f;* ▶ **make a good ~** gute Leistungen aufweisen; **on his own ~** nach eigenen Angaben; **show·ing-off** [ˌʃəʊɪŋˈɒf] Angeberei *f.*
show-jump·ing ['ʃəʊˌdʒʌmpɪŋ] Springreiten *n;* **show·man** ['ʃəʊmən] ⟨*pl* -men⟩ Showman *m; fig* Schauspieler *m;* **show·man·ship** ['ʃəʊmənʃɪp] **1.** Kunst *f,* sich in Szene zu setzen; **2.** effektvolle Attraktion; **shown** [ʃəʊn] *v s. show;* **show-off** ['ʃəʊɒf] *fam* Angeber(in) *m (f);* **show·piece** ['ʃəʊpiːs] Schau-, Vorzeige-, Paradestück, Muster *n a. fig;* **show room** Ausstellungsraum *m;* **show trial** Schauprozeß *m;* **showy** ['ʃəʊɪ] *adj meist pej* protzig; auffällig; *(Aufmachung, Zeremoniell)* bombastisch; *(Farbe)* grell, auffällig.
shrank [ʃræŋk] *v s. shrink.*
shrap·nel ['ʃræpn(ə)l] *mil* Schrapnell *n.*
shred [ʃred] **I** *s* **1.** Fetzen *m;* Lappen *m;* (Papier)Schnipsel *m;* **2.** *fig* Spur *f,* Fünkchen *n,* ein (klein) bißchen *n;* ▶ **tear to ~s** *fig* keinen guten Faden lassen an; **II** *tr* **1.** zerfetzen; **2.** zerteilen; zerschneiden; zerkleinern; **shred·der** ['ʃredə(r)] Reißwolf *m;* *(Küche)* Reibe *f;* Gemüseschneider *m.*
shrew [ʃruː] **1.** *pej* zänkisches Weib; **2.** *zoo* Spitzmaus *f.*
shrewd [ʃruːd] *adj* **1.** gewitzt, schlau; **2.** klug, scharfsinnig; ▶ **make a ~ guess** der Wahrheit sehr nahe kommen.
shrew·ish ['ʃruːɪʃ] *adj* boshaft, zänkisch.
shriek [ʃriːk] **I** *itr* kreischen, schreien; ▶ ~ **with laughter** schreien vor Lachen; ~ **with pain** vor Schmerz aufschreien; **II** *tr* (~ **out**) (hinaus)schreien; **III** *s* (gellender, durchdringender) Schrei

m.

shrift [ʃrɪft] ► **give s.o. short** ~ mit jdm kurzen Prozeß machen.

shrill [ʃrɪl] *adj* schrill, gellend; *(Stimme)* durchdringend.

shrimp [ʃrɪmp] 1. *zoo* Garnele, Krabbe *f;* 2. *fam* Knirps *m;* **shrimp-cocktail** Krabbencocktail *m.*

shrine [ʃraɪn] 1. *rel* (Reliquien)Schrein *m;* 2. Weihestätte *f.*

shrink [ʃrɪŋk] ⟨*irr* shrank, shrunk⟩ I *itr* 1. schrumpfen, einlaufen, eingehen; *(Holz)* schwinden; 2. *fig* abnehmen, nachlassen; 3. zurückschrecken *(from* vor); ► ~ **from doing s.th.** etw höchst ungern tun; II *tr* schrumpfen lassen; III *s sl* Psychiater *m;* **shrink·age** [′—ɪdʒ] 1. Schrumpfung *f,* Einlaufen *n;* 2. Schwund *m,* Abnahme *f;* 3. Nachlassen *n,* Rückgang *m,* Schrumpfung *f;* ► ~ **of exports** Exportschrumpfung *f;* ~ **in purchasing power** Kaufkraftschwund *m;* ~ **in value** Wertminderung *f;* **shrink-wrap** I *tr (Ware)* einschweißen; II *s* Einschweißfolie *f.*

shrivel [′ʃrɪvl] I *itr* 1. schrumpfen; zusammenschrumpfen; *(Pflanze)* verwelken; austrocknen; *(Obst, Haut)* runzlig werden; 2. *fig (Sorgen)* verfliegen; II *tr* welk werden lassen; *(Haut, Obst)* runzlig werden lassen; III *(mit Präposition)* **shrivel away** *itr* zusammenschrumpfen; *(Pflanzen)* verwelken; vertrocknen; *fig* sich verflüchtigen; **shrivel up** *itr* 1. zusammenschrumpfen; verwelken; 2. *fig* sich verkriechen; kleinlaut werden.

shroud [ʃraʊd] I *s* 1. Leichentuch *n;* 2. *fig* Schleier *m;* 3. *mar* Want *f;* II *tr* 1. *(Leiche)* einhüllen; 2. *fig* bedecken, verhüllen, verbergen.

Shrove·tide [′ʃraʊvtaɪd] Fastnachtstage *m pl;* **Shrove Tuesday** Fastnacht(sdienstag *m) f.*

shrub [ʃrʌb] *bot* Strauch, Busch *m;* Staude *f;* **shrub·bery** [′ʃrʌbərɪ] Gebüsch, Busch-, Strauchwerk *n.*

shrug [ʃrʌg] I *s* Achselzucken *n;* ► **give a** ~ mit den Achseln zucken; II *tr* zukken mit; ► ~ **o.s. out of one's coat** den Mantel abschütteln; III *(mit Präposition)* **shrug off** *tr* 1. mit einem Achselzucken abtun; 2. *(Mantel)* abschütteln.

shrunk [ʃrʌŋk] *v s. shrink;* **shrunken** [′ʃrʌŋkən] *adj* eingeschrumpft; *fig* zusammengeschrumpft; ► ~ **head** Schrumpfkopf *m.*

shuck [ʃʌk] *Am* I *s* Schale, Hülse, Schote *f;* II *tr* 1. schälen, enthülsen, entkernen; 2. abstreifen; 3. *(Auster)* öffnen; 4. *(Gewohnheit)* ablegen; ► ~ **one's clothes** *hum* sich entblättern; **shucks** [ʃʌks] *Am interj* Mist! ► ~ **to you!** (b)ätsch!

shud·der [′ʃʌdə(r)] I *itr* 1. (er)schaudern *(at* bei); 2. schlottern, zittern *(with cold, fear* vor Kälte, Angst); ► I ~ mich schaudert *(at the thought* bei dem Ge-

danken); II *s* Schauder *m.*

shuffle [′ʃʌfl] I *s* 1. Schlurfen *n;* 2. *(Tanz)* Shuffle *m;* 3. *(Karten)* Mischen *n;* 4. *fig* Umstellung *f;* Umbesetzung *f;* Umbildung *f;* II *tr* 1. *(Füße)* schlurfen mit; scharren mit; 2. *(Karten)* mischen; 3. *fig (Kabinett)* umbilden; *(Stellen)* umbesetzen; III *itr* 1. schlurfen; 2. *(Karten)* mischen; ► ~ **out of s.th.** sich vor etw drücken; IV *(mit Präposition)* **shuffle off** *tr (Kleidung)* abstreifen; *(Ängste)* ablegen; *(Verantwortung)* abwälzen *(onto* auf).

shun [ʃʌn] *tr* meiden; scheuen.

shunt [ʃʌnt] I *tr* 1. schieben; abschieben; 2. *rail* rangieren, auf ein Nebengleis schieben; II *itr* rangiert werden; rangieren; III *s* Stoß *m;* **shunter** [′ʃʌntə(r)] Rangierer *m;* **shunt·ing** [′—ɪŋ] Rangieren *n;* **shunting engine** Rangierlok(omotive) *f;* **shunting-station, -yard** Verschiebebahnhof *m.*

shush [ʃuʃ] I *interj* sch! pst! II *tr* zum Schweigen bringen; III *itr* still sein.

shut [ʃʌt] ⟨*irr* shut, shut⟩ I *tr* 1. schließen, zumachen; 2. ver-, zuriegeln; versperren; ► ~ **the door in s.o.'s face** jdm die Türe vor der Nase zuschlagen; ~ **the door on s.o.** *fig* jdn abweisen; ~ **one's ears to the truth** die Ohren vor der Wahrheit verschließen; ~ **one's eyes** die Augen zumachen; ~ **one's mouth** den Mund halten; II *itr (Fenster, Tür)* zugehen; *(Geschäft, Fabrik)* schließen; geschlossen werden; ► **when do the shops** ~? wann schließen die Geschäfte? III *adj* geschlossen, zu; ► **we are** ~ wir haben geschlossen; **his mind is** ~ **to anything** er verschließt sich allem; IV *(mit Präposition)* **shut away** *tr* wegschließen, einschließen; ► ~ **o.s. away** sich einschließen; ~ **s.o. away** jdn einsperren; jdn isolieren; **shut down** *tr* 1. herunterlassen; 2. *(Fabrik)* (vorübergehend) schließen, stillegen, den Betrieb einstellen; *itr* 1. *(Fabrik)* schließen; 2. *radio TV* das Programm beenden; **shut in** *tr* 1. einschließen, -sperren; 2. ans Zimmer fesseln; 3. umgeben; einschließen; ► ~ **one's finger in the door** sich den Finger in der Tür klemmen; **shut off** *tr* 1. ausschließen *(from* von); 2. absperren, -schließen; 3. *tech* ausschalten, zu-, abdrehen; *(Motor)* abstellen; *itr* abschalten; ► ~ **o.s. off** sich absondern; **shut out** *tr* 1. ausschließen, -sperren 2. *fig* ausschalten; 3. *sport* schlagen; **shut to** *tr* zumachen; anlehnen; **shut up** *tr* 1. verschließen, zuschließen; 2. einsperren; 3. zum Schweigen bringen; *itr* den Mund halten; ► ~ **up shop** *fam* den Laden dicht machen; **that'll** ~ **her up** da wird sie nichts mehr sagen; ~ **up!** halt die Klappe!

shut-down [′ʃʌtdaʊn] Stillegung (des

Betriebes), Betriebseinstellung *f; radio TV* Sendeschluß *m;* **shut-eye** *fam* Schläfchen *n;* **shut-in** ['ʃʌtɪn] *Am* ans Haus gefesselte(r) Kranke(r); **shut-off** ['ʃʌtɒf] Abstellen *n;* **shut-off cock** ['ʃʌtɒfˌkɒk] Absperrhahn *m;* **shut-off switch** Hauptschalter *m;* **shut-out** ['ʃʌtˌaʊt] *Am* Aussperrung *f.*

shut·ter ['ʃʌtə(r)] **I** *s* 1. Fensterladen *m;* 2. *phot* Verschluß *m;* ▶ put up the ~s die Fensterläden zumachen; *fig* den Laden zumachen; **II** *tr* mit Fensterläden verschließen.

shuttle ['ʃʌtl] **I** *s* 1. Weberschiffchen *n;* 2. *(~-traffic)* Pendelverkehr *m;* Pendelflugzeug *n;* Pendelzug *m;* 3. *(space ~)* Raumtransporter *m;* **II** *itr* pendeln; hin- und hertransportiert werden; herumgereicht werden; **shuttle-bus** Autobus im Pendelverkehr, Zubringer(bus) *m;* **shuttle·cock** ['ʃʌtlkɒk] Federball *m;* **shuttle-flight** *aero* Pendelflug *m;* **shuttle-service** Pendelverkehr *m;* **shuttle-train** Pendelzug *m.*

shy[1] [ʃaɪ] **I** *adj* schüchtern; scheu; ▶ be ~ of, with s.o. jdm gegenüber gehemmt sein; **be ~ of doing s.th.** Hemmungen haben, etw zu tun; **make s.o. ~** jdn verschüchtern; **don't be ~!** nur keine Hemmungen! **be 5 people ~** *Am fam* 5 Leute zuwenig haben; **II** *itr (Pferd)* scheuen *(at vor);* **III** *(mit Präposition)* **shy away** *itr (Pferd)* zurückscheuen; *(Mensch)* zurückweichen; ▶ ~ away from s.th. vor etw zurückschrecken.

shy[2] [ʃaɪ] **I** *s* Wurf *m;* ▶ have a ~ at s.th. nach etw werfen; *fig* sich an etw versuchen; **II** *tr* werfen.

shy·ness ['ʃaɪnɪs] Scheu, Schüchternheit *f.*

shy·ster ['ʃaɪstə(r)] *Am sl* Gauner *m;* Winkeladvokat *m.*

Sia·mese [ˌsaɪə'miːz] **I** *adj* siamesisch; ▶ ~ cat Siamkatze *f;* ~ twins *pl* siamesische Zwillinge *pl;* **II** *s* 1. Siamese *m,* Siamesin *f;* 2. (das) Siamesisch(e); 3. *(Katze)* siamesische Katze, Siamkatze *f.*

sick [sɪk] **I** *adj* 1. krank *(of* an; *with* vor); 2. *(~ and tired, ~ to death)* überdrüssig *(of* gen); 3. *fam* geschmacklos; *(Witz)* makaber; *(Mensch)* abartig; ▶ be ~ sich erbrechen; krank sein; **be ~ of s.th.** etw satt, leid haben; **be taken ~, fall ~** krank werden; **get ~ and tired of s.th.** etw gründlich satt, überhaben; **it makes me ~** *fig* das macht mich ganz krank; **I am, I feel ~** mir ist übel; **I'm worried ~ about it** ich bin darüber höchst beunruhigt; **I'm getting ~ and tired of it** es hängt mir zum Hals heraus; **II** *s* (das) Erbrochene; ▶ the ~ *pl* die Kranken *m pl;* **sick-bag** Spucktüte *f;* **sick-bay** Krankenrevier *n;* **sick·bed** ['sɪkbed] Krankenbett *n;* **sicken** ['sɪkən] **I** *itr* 1. krank werden, erkranken *(for* an); 2.

sich ekeln *(at* vor); ▶ ~ of s.th. e-r S überdrüssig werden; **II** *tr* 1. anwidern, -ekeln; 2. erschüttern; ▶ it ~s me to see that waste es macht mich krank, wenn ich diese Verschwendung sehe; **sicken·ing** ['sɪkənɪŋ] *adj* 1. ekelerregend; 2. *fig* entsetzlich; widerlich, ekelhaft; **sick-headache** Kopfschmerzen *m pl (mit Übelkeit).*

sickle ['sɪkl] Sichel *f.*

sick-leave ['sɪkliːv] Krankheitsurlaub *m;* ▶ be on ~ krank geschrieben sein; **sick-list** Krankenliste *f;* Verletztenliste *f;* ▶ put on the ~ krank schreiben; **sick·ly** ['sɪklɪ] *adj* 1. kränklich, leidend, schwächlich; 2. *(Gesichtsfarbe, Klima)* ungesund; 3. *fig* widerlich; **sick·ness** ['sɪknɪs] 1. Krankheit *f;* 2. Übelkeit *f;* Erbrechen *n;* 3. *fig* Geschmacklosigkeit *f;* **sickness benefit** Krankengeld *n;* **sick-pay** Krankengeld *n;* **sick-room** Krankenzimmer *n.*

side [saɪd] **I** *s* 1. Seite *f;* (Berg)Hang *m;* Wand *f;* 2. Rand *m;* 3. *fig* Seite *f,* Standpunkt *m,* Stellungnahme, Meinung *f;* 4. Seite, Partei *f; sport* Mannschaft *f;* 5. (väterliche, mütterliche) Seite *f (der Vorfahren); (der Familie)* Zweig *m;* ▶ at, by my ~ an meiner Seite; ~ by ~ Seite an Seite; **from, on all ~s** von, auf allen Seiten; **on the ~** *fam* nebenbei, nebenher; **on every ~** auf, von allen Seiten; **on his ~** seinerseits; **on the right, wrong ~ of 50** unter, über 50 Jahre alt; **have a bit on the ~** *fam* einen Seitensprung machen; **to be on the safe ~** um sicherzugehen; **earn on the ~** nebenbei verdienen; **put on, to one ~** vorübergehend zurückstellen; **split one's ~s with laughter** vor Lachen (beinahe) platzen; **take ~s** parteiisch sein; Stellung nehmen, Partei ergreifen *(with* für); sich anschließen *(with s.o.* jdm); **this ~ up!** Vorsicht, nicht stürzen! **I've got a pain in my ~** ich habe Seitenstechen; **whose ~ are you on?** auf welcher Seite stehen Sie? **at the ~ of the road** am Straßenrand; **on the ~ of one's plate** am Tellerrand; **this ~ of London** in diesem Teil Londons; **get on the wrong ~ of s.o.** es sich mit jdm verderben; **look on the bright ~** die positive Seite sehen; **it's on the big ~** es ist ziemlich groß; **II** *attr adj* Seiten-; Neben-; **III** *itr* Partei ergreifen *(with* für).

side·board ['saɪdbɔːd] Büfett *n,* Anrichte *f;* **side·boards, side·burns** ['saɪdbɔːdz, 'saɪdbɜːnz] *pl* Koteletten *pl;* Backenbart *m;* **side-car** *mot* Beiwagen *m;* **side-dish** Beilage *f;* **side effect** Nebenwirkung *f;* **side-issue** Randproblem *n;* **side-kick** *Am sl* Kumpel *m;* Gehilfe *m;* **side·light** ['saɪdlaɪt] *mot* Parkleuchte *f;* Standlicht *n;* ▶ throw a ~ on *fig* ein Streiflicht werfen auf;

side-line 1. Nebenerwerb *m*, Nebenbeschäftigung *f;* **2.** *rail* Nebenlinie *f;* **3.** *pl sport* Seitenlinien *f pl;* Spielfeldrand *m;* ► **keep to the** ~**s** *fig* sich im Hintergrund halten; **be on the** ~**s** *fig* ein Außenseiter sein; **side·long** ['saɪdlɒŋ] *adj, adv* seitlich; seitwärts; auf der Seite; ► **give s.o. a** ~ **glance** jdn aus den Augenwinkeln heraus ansehen; **side-road** Nebenstraße *f;* **side-saddle** Damensattel *m;* ► **ride** ~ im Damensitz reiten; **side salad** Salat *m* (als Beilage); **side-show** Nebenvorstellung *f;* Sonderausstellung *f;* **side-slip I** *itr* **1.** *mot* schleudern; **2.** *(Ski)* seitlich abrutschen; **II** *s* **1.** *mot* Schleudern *n;* **2.** *aero* Seitenrutsch *m;* **side·step** ['saɪdstep] **I** *s* Schritt *m* zur Seite; *(Tanzen)* Seitenschritt *m; sport* Ausfallschritt *m; fig* Ausweichmanöver *n;* **II** *tr* seitwärts ausweichen (*s.th.* e-r S); *fig* ausweichen (*s.o., s.th.* jdm, e-r S); **III** *itr* ausweichen; **side street** Nebenstraße *f;* **side-track** *tr fig* ablenken; **side-view** Seitenansicht *f;* **side·walk** ['saɪdwɔ:k] *Am* Gehweg *m;* **side·ward(s)** ['saɪdwəd(z)] **I** *adj* seitlich; **II** *adv* seitwärts; **side·ways** ['saɪdweɪz] **I** *adj* seitlich; **II** *adv* seitwärts; **side-whiskers** *pl Br* Koteletten *pl;* Backenbart *m;* **side wind** Seitenwind *m;* **side·winder** ['saɪd,waɪndə(r)] *Am sl* Schlag, Haken *m.*

sid·ing ['saɪdɪŋ] *rail* Nebengleis *n;* Abstellgleis *n.*

sidle ['saɪdl] *itr* sich seitlich fortbewegen; ► ~ **away from s.o.** sich vor jdm aus dem Staub(e) machen; ~ **up to s.o.** sich an jdn heranmachen.

siege [si:dʒ] Belagerung *f;* ► **lay** ~ **to** belagern.

sieve [sɪv] **I** *s* Sieb *n;* ► **have a memory like a** ~ ein Gedächtnis haben wie ein Sieb; **II** *tr, itr* sieben.

sift [sɪft] **I** *tr* **1.** (durch)sieben; **2.** *fig* sichten, prüfen; **II** *itr* sieben; ► ~ **out** aussieben, -sortieren (*from* aus); *fig* heraussuchen; absondern; aussieben; ~ **through s.th.** etw durchgehen; **sifter** ['sɪftə(r)] Streudose *f.*

sigh [saɪ] **I** *itr* **1.** seufzen (*with* vor); **2.** ächzen *a. fig;* **3.** sich sehnen (*for* nach); **II** *s* Seufzer *m;* ► **heave a** ~ **of relief** e-n Seufzer der Erleichterung ausstoßen.

sight [saɪt] **I** *s* **1.** (An)Sicht *f,* (An)Blick *m;* **2.** Schau(spiel *n) f;* **3.** Sehvermögen *n,* Gesicht(ssinn *m) n;* **4.** *fig* Augen *n pl;* Blickfeld *n;* **5.** *(Gewehr, Fernrohr)* Visier(einrichtung *f) n;* **6.** *fam* seltsamer Anblick; **7.** *pl* Sehenswürdigkeiten *f pl;* ► **at, on** ~ sofort, ohne weiteres; auf den ersten Blick; *mus* vom Blatt; *com* bei Sicht; **at the** ~ **of** beim Anblick *gen;* **at first** ~ auf den ersten Blick; **by** ~ vom Ansehen; **not by a long** ~ *fam* nicht im

entferntesten, nicht im geringsten; **in, within** ~ in Sicht, Sehweite; **in the** ~ **of** *fig* im Lichte *gen;* **in his** ~ in seinen Augen; **in the** ~ **of God** vor Gott; **out of** ~ außer Sicht; weit weg; *fam* unerschwinglich; *sl* wunderbar, phantastisch; **it was my first** ~ **of the mountains** das war das erste, was ich von den Bergen gesehen habe; das war das erstemal, daß ich die Berge gesehen habe; ~ **unseen** *com* unbesehen; **be a** ~ *fam* fürchterlich, verheerend aussehen; **be unable to bear the** ~ **of s.o.** jdn nicht ausstehen können; **catch, get (a)** ~ **of s.th.** etw zu Gesicht bekommen; **know by** ~ vom Sehen (her) kennen; **lose** ~ **of s.th.** etw aus den Augen verlieren *a. fig;* **lower one's** ~**s** seine Ansprüche zurückschrauben; **see the** ~**s of a town** eine Stadt besichtigen; **set one's** ~**s too high** zu hohe Anforderungen stellen; **take** ~ **of s.th.** etw anvisieren; **the end is not yet in** ~ das Ende ist noch nicht abzusehen; **what a** ~ **you are!** wie siehst denn du aus! **you're a** ~ **for sore eyes!** es ist ein Vergnügen, dich zu sehen! **long, near** ~ Weit-, Kurzsichtigkeit *f;* **he has very good** ~ er sieht sehr gut; **second** ~ das Zweite Gesicht; **a** ~ **better** *fam* einiges besser; **out of** ~ **out of mind** *prov* aus den Augen, aus dem Sinn; **II** *tr* **1.** sichten; **2.** *(Gewehr)* mit einem Visier versehen; (das Visier) richten; **3.** *com (Wechsel)* vorlegen; **sight-bill** *fin* Sichtwechsel *m;* **sighted** ['saɪtɪd] *adj* ► **clear-**~, **far-**~ weitblickend; **sightless** ['saɪtlɪs] *adj* blind; **sightly** ['saɪtlɪ] *adj* ansehnlich, stattlich; **sight-read** *tr irr s. read* vom Blatt spielen; **sight-see·ing** ['saɪt,si:ɪŋ] Besuch *m* von Sehenswürdigkeiten, Sightseeing *n;* ► **he goes** ~ er besichtigt Sehenswürdigkeiten; **sightseeing tour** Stadtrundfahrt *f;* **sight-seer** ['saɪtsi:ə(r)] Tourist(in) *m (f).*

sign [saɪn] **I** *s* **1.** Zeichen *n;* **2.** (An-, Vor)Zeichen, Symptom *n;* **3.** (Tür-, Aushänge-, Verkehrs)Schild *n;* **4.** *math mus* Vorzeichen *n;* **5.** *astr* Sternzeichen *n;* ► **at the** ~ **of the Red Lion** im Roten Löwen; **road** ~ Wegweiser *m;* **traffic-**~ Verkehrszeichen *n;* **the** ~ **of the cross** das Kreuzeszeichen; **a** ~ **of life** ein Lebenszeichen *n;* ~ **of the zodiac** *astr* Tierkreiszeichen *n;* **as a** ~ **of** zum Zeichen *gen;* **show** ~**s of going** Anstalten machen zu gehen; **there was no** ~ **of it** es war keine Spur davon zu entdecken; **II** *tr* unterzeichnen, -schreiben; signieren; ► ~ **one's name** unterschreiben; ~ **the guest book** sich ins Gästebuch eintragen; ~ **the register** sich eintragen; **III** *itr* **1.** ein Zeichen geben, winken; **2.** unterschreiben; **IV** *(mit Präposition)* **sign away** *tr* aufgeben; (schriftlich) abtreten; **sign for** *itr* den Empfang durch Unterschrift bestätigen; **sign in** *itr* sich einschreiben, sich eintragen; *tr* eintragen; **sign off** *itr* 1. *radio TV* das Programm beenden; 2. *(Brief)* Schluß machen; 3. *EDV* sich abmelden; **sign on** *itr* 1. sich verpflichten; sich melden; *(Arbeitnehmer)* den Arbeitsvertrag unterschreiben; *(Erwerbsloser)* sich arbeitslos melden; *(zu Kurs)* sich einschreiben; 2. *radio* sich melden; 3. *EDV* sich anmelden; 4. *(bei Amt)* sich melden; beantragen *(for s.th.* etw); *tr* verpflichten; einstellen; anheuern; **sign out** *itr* 1. sich abmelden; 2. sich austragen; *tr* austragen; **sign over** *tr* überschreiben; **sign up** *tr* anstellen *(s.o.* jdn); verpflichten, anwerben; unter Vertrag nehmen; *itr* 1. sich verpflichten; sich melden; sich einschreiben; 2. sich zur Abnahme verpflichten *(for s.th.* von etw); bestellen *(for s.th.* etw).

sig·nal ['sɪgnəl] I *s* 1. Zeichen *n;* 2. Wink *m;* 3. *mot tele radio rail* Signal *n (for* zu); 4. Nachricht *f;* ▶ **give, make a ~** ein Zeichen geben; **engaged,** *Am* **busy ~** *tele* Besetztzeichen *n;* II *tr* 1. (ein) Zeichen geben, winken *(s.o.* jdm); 2. signalisieren; ankündigen; anzeigen; 3. *fig* ein Zeichen sein für; III *itr* (ein) Zeichen, ein Signal geben; **signal-box** *rail* Stellwerk *n;* **sig·nal·ize, sig·nal·ise** ['sɪgnəlaɪz] *tr* kennzeichnen; **signal lamp** Warn-, Blinklampe *f;* **sig·nal·ler** ['sɪgnələ(r)] *mil* Fernmelder, Funker *m;* **sig·nal·man** ['sɪgnəlmən] ⟨*pl* -men⟩ 1. *rail* Bahnwärter *m;* 2. *mar* Signalgast *m;* 3. *mil* Funker, Fernmelder *m;* **sig·nal·ment** [—mənt] *Am* Steckbrief *m.*

sig·na·tory ['sɪgnətrɪ, *Am* 'sɪgnətɔːrɪ] *adj* ▶ **~ powers, states** *pl* Signatarmächte *f pl,* -staaten *m pl.*

sig·na·ture ['sɪgnətʃə(r)] 1. Unterschrift *f;* 2. Unterzeichnung *f;* 3. *mus* Vorzeichen *n;* 4. *radio (~ tune)* Erkennungsmelodie *f;* 5. *typ* Signatur *f;* ▶ **put one's ~ to s.th.** seine Unterschrift unter etw setzen.

sign·board ['saɪnbɔːd] Schild *n,* Tafel *f.*
sig·net-ring ['sɪgnɪtˌrɪŋ] Siegelring *m.*
sig·nifi·cance [sɪgˈnɪfɪkəns] Bedeutung *f;* Wichtigkeit *f;* Tragweite *f;* **sig·nifi·cant** [sɪgˈnɪfɪkənt] *adj* 1. bezeichnend *(of* für); 2. bedeutungsvoll, bedeutsam, wichtig *(for* für); 3. *(Blick)* vielsagend; **sig·nifi·ca·tion** [ˌsɪgnɪfɪˈkeɪʃn] 1. Sinn *m,* Bedeutung *f;* 2. Bezeichnung *f;* Andeutung *f;* **sig·nify** ['sɪgnɪfaɪ] I *tr* 1. andeuten, anzeigen; 2. bedeuten; II *itr* wichtig sein; ▶ **it doesn't ~ (anything)** es hat nichts zu bedeuten.

sign-lan·guage ['saɪnˌlæŋgwɪdʒ] Zeichensprache *f;* **sign-painter** Plakatmaler *m;* **sign-post** I *s* Wegweiser *m;* II *tr* beschildern; ausschildern.

si·lage ['saɪlɪdʒ] Silofutter *n.*
si·lence ['saɪləns] I *s* 1. Schweigen *n;* 2. Stille, Ruhe *f;* 3. (Ver)Schweigen *(on s.th.* e-r S), Stillschweigen *n;* ▶ **in ~** schweigend; **keep ~** Stillschweigen bewahren *(on* über); **pass over in ~** mit Stillschweigen übergehen; **reduce to ~** zum Schweigen bringen; II *tr* zum Schweigen bringen; **si·lencer** ['saɪlənsə(r)] 1. *(Auto, Gewehr)* Schalldämpfer *m;* 2. *mot* Auspufftopf *m;* **si·lent** ['saɪlənt] *adj* 1. schweigend; 2. stumm *a. gram;* 3. schweigsam; 4. still, ruhig, geräuschlos; ▶ **be ~** schweigen *(on* über); **become ~** still werden; verstummen; **keep ~** Stillschweigen bewahren, nichts sagen; **~ movie** Stummfilm *m;* **~ partner** *Am com* stiller Gesellschafter; **the ~ majority** die schweigende Mehrheit; **be ~!** sei still; **si·lent·ly** [—lɪ] *adv* lautlos; leise; schweigend.

sil·hou·ette [ˌsɪluːˈet] I *s* 1. Silhouette *f;* 2. Umriß *m;* 3. Scherenschnitt, Schattenriß *m;* II *tr* ▶ **be ~d** sich abheben *(against, on, upon* gegen, von).

sil·ica ['sɪlɪkə] *chem* Kieselerde *f;* Siliziumdioxyd *n;* **sili·cate** ['sɪlɪkeɪt] *chem* Silikat *n;* **sili·con** ['sɪlɪkən] *chem* Silizium *n;* **silicon chip** Siliziumscheibe *f;* **sili·cone** ['sɪlɪkəʊn] Silikon *n;* **sili·co·sis** [ˌsɪlɪˈkəʊsɪs] *med* Staublunge, Silikose *f.*

silk [sɪlk] 1. Seide(nstoff *m*) *f;* Seidengewand *n;* 2. *Br* Kronanwalt *m;* 3. *pl (Pferderennen)* (Renn)Farben *f pl;* ▶ **artificial ~** Kunstseide *f;* **silk dress** Seidenkleid *n;* **silken** ['sɪlkən] *adj* 1. *lit* seiden; 2. *fig* seidig; **silk hat** Zylinder *m;* **silk moth** Seidenspinner *m;* **silk-stocking** *adj Am* vornehm; **silkworm** ['sɪlkwɜːm] Seidenraupe *f;* **silky** ['sɪlkɪ] *adj* 1. seiden; 2. *(Haar)* seidig; weich; glänzend; *(Stimme)* samtig; *(Benehmen)* glatt.

sill [sɪl] 1. (Tür)Schwelle *f;* 2. Fensterbank *f;* Sims *m od n;* 3. *mot* Türleiste *f;* 4. *geol* Lagergang *m.*

silly ['sɪlɪ] I *adj* 1. dumm; 2. töricht, albern; ▶ **~ moo** *pej (Frau)* blöde Ziege; **~ season** Sauregurkenzeit *f;* II *s fam (~-billy)* Dummerchen *n.*

silo ['saɪləʊ] ⟨*pl* silos⟩ Silo *n; (Raketen)* unterirdische Startrampe.

silt [sɪlt] I *s* Schwemmsand *m;* Schlick, Schlamm *m;* II *tr, itr* 1. *(~ up)* verschlammen; 2. (sich) verstopfen.

sil·ver ['sɪlvə(r)] I *s* 1. Silber *n;* 2. Silbergeld *n;* 3. (Tafel)Silber, Silbergeschirr *n;* II *adj* 1. silbern; silberhaltig; 2. silb(e)rig, silberglänzend; ▶ **be born with a ~ spoon in one's mouth** Kind reicher Eltern, ein Glückskind sein; III *tr* versilbern; **silver birch** Weißbirke *f;* **silver-fir** Weiß-, Edeltanne *f;* **sil·ver·fish** ['sɪlvəˌfɪʃ] ⟨*pl* -, -fishes⟩ Silberfischchen *n;* **silver jubilee** 25jähriges Jubiläum; **silver lining** *fig* Silberstreifen *m* am Horizont, Lichtblick *m;* **silvermine** Silbermine *f;* **silver plate** Versilberung *f;* versilberte Sachen *f pl;* **silver-plate** *tr* versilbern; **silver screen** Leinwand *f;* **sil·ver·side** ['sɪlvəsaɪd] *(Rind)* Schwanzstück *n;* **sil·ver·smith** ['sɪlvəsmɪθ] Silberschmied *m;* **silver standard** Silberstandard *m;* **sil·ver·ware** ['sɪlvəweə(r)] Silber(geschirr) *n;* **silver wedding** silberne Hochzeit; **sil·very** ['sɪlvərɪ] *adj* **1.** silb(e)rig, silberglänzend; **2.** *(Ton)* silberhell.

sim·ian ['sɪmɪən] **I** *adj* affenartig; **II** *s* (Menschen)Affe *m.*

simi·lar ['sɪmɪlə(r)] *adj* ähnlich *(to* dat) *a. math,* gleich(artig); ▶ **in a ~ way** ähnlich; genauso; **simi·lar·ity** [,sɪmə'lærətɪ] Ähnlichkeit, Gleichartigkeit *f (to* mit); **sim·ile** ['sɪmɪlɪ] Gleichnis *n;* **sim·ili·tude** [sɪ'mɪlɪtju:d] Ähnlichkeit *f.*

sim·mer ['sɪmə(r)] **I** *itr* simmern, sieden; *fig (vor Zorn)* kochen *(with* vor); *(vor Aufregung)* fiebern; **II** *tr* sieden lassen; **III** *s* ▶ **be on the ~** sieden, simmern; *(vor Wut)* kochen; *(vor Aufregung)* fiebern; **keep on the ~** sieden lassen; *fig* nicht zur Ruhe kommen lassen; **IV** *(mit Präposition)* **simmer down** *itr* sich beruhigen.

sim·per ['sɪmpə(r)] **I** *itr* einfältig, selbstgefällig lächeln; **II** *tr* säuseln; **III** *s* einfältiges, selbstgefälliges Lächeln; affektiertes Getue; **sim·per·ing** [—ɪŋ] *adj* albern, geziert, affektiert.

simple ['sɪmpl] *adj* **1.** einfach; **2.** unkompliziert, leicht; **3.** einfach, schlicht; **4.** ungekünstelt, natürlich; **5.** *(Wahrheit)* rein, nackt; **6.** bescheiden, gewöhnlich, unbedeutend; **7.** einfältig, dumm; ▶ **pure and ~** ganz einfach; **~ equation** Gleichung *f* ersten Grades; **the ~ fact** die bloße Tatsache; **~ fraction** gemeiner Bruch; **simple-hearted** [,sɪmpl'hɑːtɪd] *adj* offen(herzig), aufrichtig, grundehrlich; **simple-minded** [,sɪmpl'maɪndɪd] *adj* einfältig; simpel; **simple·ton** ['sɪmpltən] Einfaltspinsel *m;* **sim·plic·ity** [sɪm'plɪsətɪ] **1.** Einfachheit *f;·* **2.** Unkompliziertheit *f;* **3.** Schlichtheit, Anspruchslosigkeit, Natürlichkeit *f;* **4.** Einfalt *f;* ▶ **for the sake of ~** der Einfachheit halber; **sim·pli·fi·ca·tion** [,sɪmplɪfɪ'keɪʃn] Vereinfachung *f;* **sim·plify** ['sɪmplɪfaɪ] *tr* vereinfachen; erleichtern; **sim·plis·tic** [sɪm'plɪstɪk] *adj* simpel, simplistisch; **sim·ply** ['sɪmplɪ] *adv* **1.** (ganz) einfach; **2.** bloß, nur, rundweg, glattweg; **3.** geradezu; **4.** *fam* völlig.

simu·late ['sɪmjʊleɪt] *tr* **1.** vorgeben, -täuschen, -spiegeln; *(Krankheit)* simu-

lieren; **2.** *(Bedingungen)* simulieren; **simu·la·tion** [,sɪmjʊ'leɪʃn] **1.** Verstellung, Heuchelei *f;* Vorspiegelung *f;* **2.** Simulation *f;* **simu·la·tor** ['sɪmjʊleɪtə(r)] Simulator *m.*

sim·ul·ta·ne·ity, sim·ul·ta·neous·ness [,sɪmltə'niːətɪ ,sɪml'teɪnɪəsnɪs, *Am* ,saɪm—] Gleichzeitigkeit *f;* **sim·ul·ta·neous** [,sɪml'teɪnɪəs, *Am* ,saɪm—] *adj* gleichzeitig *(with* mit); *(Gleichung, Dolmetschen)* Simultan-.

sin [sɪn] **I** *s* **1.** *rel* Sünde *f;* **2.** *fig* Vergehen *n (against* gegen); Versündigung *f;* ▶ **deadly, mortal ~** Todsünde *f;* **original ~** Erbsünde *f;* **live in ~** in wilder Ehe leben; **it's a ~** es ist jammerschade; **isn't it a ~?** ist es nicht eine Schande? **II** *itr* **1.** sündigen, verstoßen *(against* gegen); **2.** sich versündigen *(against* an).

Si·nai ['saɪn(ɪ)aɪ] Sinai *m;* ▶ **Mount ~** der Berg Sinai.

since [sɪns] **I** *adv* **1.** seitdem, seither; **2.** vorher, zuvor, vordem; ▶ **ever ~** seither; **long ~** (seit) langem; **how long ~?** wie lange schon? **~ when?** seit wann? **have you seen him ~?** hast du ihn seither gesehen? **II** *prep* seit; **III** *conj* **1.** seitdem; **2.** da.

sin·cere [sɪn'sɪə(r)] *adj* offen, ehrlich, aufrichtig; ▶ **be ~ about s.th.** es mit etw ehrlich meinen; **sin·cere·ly** [—lɪ] *adv* aufrichtig, ehrlich; ▶ **Yours ~** mit freundlichen Grüßen; **sin·cer·ity** [sɪn'serətɪ] Aufrichtigkeit *f.*

sine [saɪn] *math* Sinus *m.*

sine die ['saɪneɪ 'diːeɪ] *adv* auf unbestimmte Zeit.

sine qua non [,saɪneɪ kwɑː 'nəʊn] unerläßliche Bedingung, Voraussetzung *f.*

sinew ['sɪnjuː] **1.** Sehne *f;* **2.** *pl fig* Kräfte *f pl;* **sin·ewy** ['sɪnjuːɪ] *adj* **1.** sehnig; **2.** *(Baum)* knorrig; **3.** *fig* kraftvoll.

sin·ful ['sɪnfl] *adj* sündig; sündhaft.

sing [sɪŋ] ⟨*irr* sang, sung⟩ **I** *s* Singen *n;* ▶ **have a ~** singen; **II** *itr* singen; *(Ohren)* klingen, dröhnen; *(Wasser, Kessel)* summen; **III** *tr* singen; ▶ **~ s.o. to sleep** jdn in den Schlaf singen; **~ s.o.'s praises** ein Loblied auf jdn singen; **IV** *(mit Präposition)* **sing along** *itr* mitsingen; **sing away** *itr* dauernd singen; vor sich hin singen; *(Wasser, Kessel)* summen; *tr (Sorgen)* fortsingen; **sing of** besingen; **sing out** *itr* **1.** laut(er) singen; erklingen; summen; **2.** *fam* schreien; *tr* singen; ausrufen; **sing up** *itr* lauter singen.

Singa·pore [sɪŋə'pɔː(r)] Singapur *n.*

singe [sɪndʒ] *tr* ansengen; (ver)sengen.

singer ['sɪŋə(r)] Sänger(in) *m (f);* **sing·ing** ['sɪŋɪŋ] **1.** Singen *n,* Gesang *m;* **2.** *(Ohren)* Dröhnen *n;* **3.** *(Wasser, Kessel)* Summen *n;* **singing bird** Singvogel *m;* **singing book** Liederbuch *n;* **singing club, society** Gesangsverein *m;* **sing-**

ing lesson Sing-, Gesangstunde *f;* **singing teacher** Gesangslehrer(in) *m* *(f);* **singing voice** Singstimme *f.*
single ['sɪŋgl] **I** *adj* **1.** einzig, alleinig; **2.** allein, für sich, einsam; **3.** einzeln; unverheiratet, alleinstehend; **4.** einfach; ▶ **in ~ file** im Gänsemarsch; ~ **bedroom, bed** Einzelzimmer, Einzelbett *n;* **not a ~ one** kein einziger; **every ~ one** jeder (einzelne); ~ **mother** alleinerziehende Mutter; ~ **parent** Alleinerziehende(r) *f m;* ~ **people** *pl* Ledige, Unverheiratete, Singles *pl;* **II** *s* **1.** *(~ ticket)* einfache Fahrkarte; **2.** Einzelzimmer *n;* **3.** *sport* Einzelspiel *n;* **4.** *fam* eine Dollar-, Pfundnote *f;* **5.** *(Schallplatte)* Single *f;* **6.** *(Mensch)* Single *m;* ▶ **ladies', men's ~(s)** *(Tennis)* Damen-, Herreneinzel *n;* ~**s club** Klub *m* der Singles; **III** *(mit Präposition)* **single out** *tr* aussondern, -lesen, -wählen; herausgreifen *(from* aus); herausheben, hervorheben; den Vorzug geben *(s.o.* jdm); **single-breasted** [,sɪŋgl'brestɪd] *adj (Jacke, Mantel)* einreihig; **single-decker** [,sɪŋl'dekə(r)] einstöckiger Bus; **single-entry bookkeeping** einfache Buchführung; **single-figure** *adj (Zahl)* einstellig; **single-handed** [,sɪŋgl-'hændɪd] *adj* einhändig; ohne Hilfe; allein, selbständig; **single-minded** [,sɪŋgl'maɪndɪd] *adj* zielstrebig; beharrlich; **single·ness** [—nɪs] Alleinsein *n;* ▶ ~ **of purpose** Zielstrebigkeit *f;* **single-parent family** Einelternfamilie *f;* **single seater** [,sɪŋgl'si:tə(r)] Einsitzer *m;* **single-stage** *adj (Rakete)* einstufig.
sin·glet ['sɪŋglɪt] ärmelloses Unterhemd; *sport* ärmelloses Trikot.
single ticket ['sɪŋgl,tɪkɪt] Einzelfahrschein *m;* **single-track** ['sɪŋgltræk] *adj* eingleisig *a. fig;* **single traveller** Einzelreisende(r) *f m.*
sing·ly ['sɪŋglɪ] *adv* **1.** einzeln; **2.** einzig, nur.
sing·song ['sɪŋsɒŋ] **1.** Gemeinschaftssingen *n;* **2.** Singsang *m.*
sin·gu·lar ['sɪŋgjʊlə(r)] **I** *adj* **1.** einzig; **2.** individuell, persönlich, privat; **3.** ungewöhnlich, seltsam, sonderbar; **4.** außergewöhnlich, außerordentlich, einzigartig; **II** *s* Singular *m,* Einzahl *f;* **sin·gu·lar·ity** [,sɪŋgjʊ'lærətɪ] **1.** Eigenheit *f;* **2.** Ungewöhnlichkeit, Seltenheit *f;* **3.** Sonderbarkeit *f;* **sin·gu·lar·ly** ['sɪŋgjʊlə lɪ] *adv* **1.** bemerkenswert; **2.** seltsam, sonderbar.
sin·is·ter ['sɪnɪstə(r)] *adj* unheimlich, finster; unheilverkündend.
sink¹ [sɪŋk] Ausguß *m,* Spüle *f.*
sink² [sɪŋk] ⟨*irr* sank, sunk⟩ **I** *itr* **1.** (ein-, ver)sinken; **2.** sinken, (langsam) fallen *a. fig;* **3.** *(Schiff)* sinken, untergehen; **4.** *fig* niedriger, schwächer werden, nachlas-

sen, zurückgehen *(a. Preise);* **5.** *(in e-n Lehnstuhl)* sich fallen lassen *(into* in); **6.** *(in Schlaf, Verzweiflung)* fallen; **7.** *(Sonne)* untergehen; **8.** *(sittlich, sozial, an Wert)* sinken, abfallen; **9.** *(Gebäude)* sich senken; *(Boden)* nachgeben; *(Abhang)* abfallen; ▶ **be left to ~ or swim** ganz auf sich selbst gestellt sein; ~ **to one's knees** auf die Knie sinken; ~ **to the ground** zu Boden sinken; *(Schiff)* versinken; **my heart sank** ich wurde mutlos; **with ~ing heart** verzagt; **he is ~ing fast** ihm geht es zunehmend schlechter; **II** *tr* **1.** versenken, (ver)sinken lassen; **2.** stoßen, drücken *(in, into* in); **3.** *fam (Getränk)* hinunterstürzen; **4.** *(Loch)* graben, aushöhlen, bohren; *min (Schacht)* abteufen; **5.** eingraben, (ein)ritzen, gravieren, stechen; **6.** *(Preise, Stimme, Kopf)* senken; **7.** *(Geld)* anlegen, investieren *(into* in); **8.** *(Geld durch schlechte Geschäfte)* verlieren; **9.** *(Plan, Hoffnung)* ruinieren, zunichte machen; ▶ **we are sunk** wir sind ruiniert; ~ **one's teeth, claws into s.th.** die Zähne, Klauen in etw schlagen; **we have to ~ our differences** wir müssen unsere Meinungsverschiedenheiten beilegen; **sunk in thought** in Gedanken versunken; **sunk in a book** in ein Buch vertieft; **III** *(mit Präposition)* **sink away** *itr (Boden)* abfallen; **sink back** *itr* sich zurücklehnen; **sink down** *itr* sich fallen lassen *(on* auf); **sink in** *itr* **1.** einsinken; **2.** *fig fam* kapiert werden; *tr (Pfähle)* einlassen; ▶ **I hope it has finally sunk in** ich hoffe, der Groschen ist endlich gefallen.
sink·able ['sɪŋkəbl] *adj* versenkbar; **sinker** ['sɪŋkə(r)] *(Angel)* Senker *m;* **sink·ing** ['sɪŋkɪŋ] **I** *s* **1.** *(Schiff)* Untergang *m;* Versenken *n;* **2.** *(Schacht)* Senken, Abteufen *n;* *(Brunnen)* Bohren *n;* **II** *adj (Gefühl)* flau, ungut; ▶ ~ **fund** (Schulden)Tilgungsfonds *m.*
sink unit ['sɪŋk,ju:nɪt] Spültisch *n.*
sin·ner ['sɪnə(r)] Sünder(in) *m (f).*
sinu·ous ['sɪnjʊəs] *adj* **1.** sich windend, sich schlängelnd; **2.** *fig* gewunden; **3.** *(Bewegung)* geschmeidig, schlangenartig.
sinus ['saɪnəs] Sinus *m;* Neben-, Stirnhöhle *f;* **sinus·itis** [,saɪnə'saɪtɪs] Stirnhöhlenkatarrh *m,* Sinusitis *f.*
Sioux [su:] **I** *adj* der Sioux(indianer); **II** *s* Sioux(indianer) *m,* Sioux(indianerin) *f.*
sip [sɪp] **I** *itr, tr* schlürfen, nippen; **II** *s* Schlückchen *n.*
si·phon ['saɪfən] **I** *s* **1.** Siphon *m;* **2.** *tech* Heber *m;* **II** *tr* ausheben, entleeren *a. med;* umfüllen; **III** *(mit Präposition)* **siphon off** *tr* **1.** absaugen; *(Benzin)* abzapfen; umfüllen; **2.** *fig* abziehen; *(Gewinn)* abschöpfen.
sir [sɜː(r)] Herr *m (Anrede ohne Na-*

men); ▶ **S~** Sir *m (Titel);* **yes,** ~ jawohl (mein Herr)!

sire ['saɪə(r)] **I** *s (Säugetiere)* Vatertier *n;* **II** *tr (Säugetier)* (er)zeugen.

si·ren ['saɪərən] Sirene *f.*

sir·loin ['sɜːlɔɪn] *(Rind)* Lendenstück *n.*

sir·occo [sɪ'rɒkəʊ] ⟨*pl* -occos⟩ *mete* Schirokko *m.*

sis [sɪs] *fam* Schwester(chen *n*) *f.*

si·sal ['saɪsl] Sisal *m;* **sisal hemp** Sisalhanf *m.*

sissy ['sɪsɪ] **I** *s* Weichling *m;* **II** *adj* weichlich, weibisch.

sis·ter ['sɪstə(r)] **1.** Schwester *f a. rel;* **2.** *med* (Ober)Schwester *f;* ▶ **brothers and ~s** *pl* Geschwister *pl;* **sis·ter-hood** [—hʊd] Schwesternschaft *f;* **sis-ter-in-law** ['sɪstərɪnlɔ:] ⟨*pl* sisters-in-law⟩ ['sɪstəzɪnlɔ:] Schwägerin *f;* **sis-ter·ly** ['sɪstəlɪ] *adj* schwesterlich.

sit [sɪt] ⟨*irr* sat, sat⟩ **I** *itr* **1.** sitzen; sich setzen; **2.** *(Vogel)* brüten; *(Henne)* sitzen; **3.** *(Versammlung)* tagen; **4.** *(Mitglied)* einen Sitz haben, Mitglied sein; *pol* Abgeordneter sein; **5.** sich befinden, stehen; *(im Magen)* liegen *(on* in); **6.** *tech* aufliegen; **7.** *(Kleidungsstück)* sitzen *(on s.o.* bei jdm); **8.** *fig* liegen, ruhen, lasten *(on* auf); **9.** *(baby-~)* auf ein Kind aufpassen; ▶ ~ **on the bench** als Richter amtieren; ~ **bolt upright** kerzengerade dasitzen; sich plötzlich aufrichten; ~ **on a committee** e-m Ausschuß angehören; ~ **for a constituency** e-n Wahlkreis vertreten; ~ **for an examination** sich e-r Prüfung unterziehen; ~ **on the fence, rail** *fig fam* unentschlossen sein; sich zurückhalten; neutral bleiben; ~ **on one's hands** sich nicht rühren; nichts unternehmen; nicht applaudieren; ~ **in judg(e)ment** *fig* zu Gericht sitzen *(on* über); ~ **on a jury** Geschworener sein; ~ **for a painter** sich malen lassen; ~ **pretty** *fam* gut dran sein; ~ **tight** sich nicht (von der Stelle) rühren; ~ **by s.o.** sich neben jdn setzen; **II** *tr* **1.** setzen; stellen; **2.** *(Prüfung)* ablegen; ▶ ~ **o.s. (down)** sich setzen, Platz nehmen *(on* auf); **III** *(mit Präposition)* **sit about, sit around** *itr* herumsitzen u. nichts tun; **sit back** *itr* sich zurücklehnen; *fig* abwarten; ausruhen; ▶ ~ **back and relax** sich ausruhen; **sit down** *itr* sich (hin)setzen; Platz nehmen; ▶ **take s.th. ~ting down** *fig* sich etw gefallen lassen; **sit in** *itr* **1.** ein Sit-in machen; **2.** dabeisein *(on* bei); **3.** zu Hause sitzen; ▶ ~ **in for s.o.** jdn vertreten; **sit on** *itr* **1.** sitzen bleiben; **2.** *(Versammlung, Ausschuß)* sitzen in, Mitglied sein bei; **3.** *(Entscheidung)* hinauszögern, sitzen auf; **4.** *(Nachricht, Erfindung)* unterdrücken; **5.** *(Menschen)* den Kopf zurechtrücken *(s.o.* jdm); **sit out** *itr* im Freien sitzen; *tr* **1.** bis zum Ende bleiben von; das Ende abwarten

von; aussitzen; **2.** *(Tanz)* auslassen; ▶ **we'd better** ~ **it out** wir warten besser, bis es zu Ende ist; **sit through** *tr* bis zum Ende anhören, durchhalten *(s.th.* etw); **sit up** *itr* **1.** aufrecht sitzen; sich aufsetzen; **2.** aufbleiben; *tr* aufrichten; hinsetzen; ▶ ~ **up for s.o.** auf jdn abends warten; ~ **up with s.o.** bei jdm wachen; ~ **up and take notice** hellhörig werden; **make s.o.** ~ **up** jdn aufschrekken; jdn aufhorchen lassen; ~ **up to table** sich an den Tisch setzen.

sit·com ['sɪtkɒm] *fam* Situationskomödie *f.*

sit-down strike [‚sɪtdaʊn'straɪk] Sitzstreik *m.*

site [saɪt] **I** *s* **1.** Lage *f,* Platz *m;* Gelände *n;* **2.** Standort *m (e-r Industrie);* Sitz *m (e-r Firma);* **3.** *(building-~)* Bauplatz *m,* -grundstück *n;* **4.** *(camping ~)* Campingplatz *m;* **II** *tr* legen; ▶ **be ~d** liegen; **badly ~d** ungünstig gelegen; **missile** ~ Raketenbasis *f;* **site development** Baulanderschließung *f;* **site office** (Büro *n* der) Bauleitung *f;* **site owner** Grundstückseigentümer *m;* **site plan** Lageplan *m.*

sit-in ['sɪtɪn] Sit-in *n,* Sitzblockade *f.*

si·ting ['saɪtɪŋ] Legen *n;* Errichtung *f.*

sit·ter ['sɪtə(r)] **1.** Modell *n (e-s Malers);* **2.** *(baby-~)* Babysitter *m;* **3.** brütender Vogel.

sit·ting ['sɪtɪŋ] **I** *s* **1.** Sitzung *f;* **2.** *jur* Sitzungsperiode *f;* **3.** *(beim Essen)* Schicht *f;* ▶ **at one** ~ *fig* auf einmal; **II** *adj* sitzend; *(Vogel)* brütend; *(Konferenz)* tagend; **sitting duck** *fig* leichte Beute; **sitting member** Abgeordnete(r) *f m;* **sitting-room** Wohnzimmer *n;* Aufenthaltsraum *m.*

situ·ate ['sɪtʃʊeɪt] *tr* legen; **situ·ated** ['sɪtʃʊeɪtɪd] *adj* gelegen, befindlich; *(finanziell)* gestellt; ▶ **be** ~ liegen, gelegen sein; sich befinden.

situ·ation [‚sɪtʃʊ'eɪʃn] **1.** Lage *f;* Stelle *f,* Platz, Ort *m;* **2.** Situation *f,* Umstände *m pl,* Verhältnisse *n pl;* **3.** Stelle, Stellung *f;* ▶ **be equal to the** ~ der Situation gewachsen sein; **~s offered, wanted** Stellenangebote, -gesuche *n pl;* ~ **comedy** Situationskomödie *f.*

six [sɪks] **I** *adj* sechs; ▶ **be** ~ **foot under** *fig* tot und begraben sein; **it's** ~ **of one and half a dozen of the other** das ist Jacke wie Hose; **II** *s* Sechs *f;* *(Bus)* Linie *f* Sechs; *sport* Sechs(ermannschaft) *f;* ▶ **sold in ~es** zu je sechs verkauft werden; **at ~es and sevens** durcheinander; **knock s.o. for** ~ jdn verblüffen; **six-footer** [‚sɪks'fʊtə(r)] *fam* (langer) Lulatsch *m;* **six·teen** [sɪk'sti:n] *adj* sechzehn; **six·teenth** [sɪk'sti:nθ] **I** *adj* sechzehnte(r, s); **II** *s* Sechzehntel *n;* Sechzehnte(r, s); **sixth** [sɪksθ] **I** *adj* sechste(r, s); ▶ ~ **sense** sechster Sinn; **II**

s Sechstel *n;* Sechste(r, s); **six·ti·eth** ['sɪkstɪəθ] I *adj* sechzigste(r, s); II *s* Sechzigstel *n;* Sechzigste(r, s); **sixty** ['sɪkstɪ] I *adj* sechzig; II *s* Sechzig *f;* ▶ **the sixties** *pl* die sechziger Jahre; **be in one's sixties** über sechzig sein.

size[1] [saɪz] I *s* 1. Größe *f,* Umfang *m;* 2. *(Kleidung)* Größe, Nummer *f;* 3. *fig* Ausmaß *n,* Bedeutung *f;* 4. *fam* Format *n;* ▶ **next in ~** nächstgrößere Nummer; **of a ~** gleich groß; **arrange according to ~** der Größe nach ordnen; **be about the ~ of** ungefähr so groß sein wie; **take the ~ of** Maß nehmen von; **what ~ do you wear?** welche Größe tragen Sie? **that's about the ~ of it** *fam* genau so war's; **cut s.o. down to ~** jdn runterputzen; II *tr* nach Größe ordnen; III *(mit Präposition)* **size up** *tr* abschätzen; ▶ **I can't ~ her up** ich werde aus ihr nicht ganz schlau.

size[2] [saɪz] I *s tech* (Auftrag-, Schlicht)Leim *m;* II *tr* 1. appretieren, schlichten, leimen; 2. *(Gemälde)* grundieren.

siz(e)·able ['saɪzəbl] *adj* umfangreich; beträchtlich; ansehnlich; **siz·ing** ['saɪzɪŋ] Klassierung, Sortierung *f;* Größeneinteilung *f.*

sizzle ['sɪzl] *itr* zischen; brutzeln; **sizzler** ['sɪzlə(r)] *fam* glühendheißer Tag.

skate[1] [skeɪt] I *s* 1. *(ice-~)* Schlittschuh *m;* 2. *(roller-~)* Rollschuh *m;* 3. Kufe *f;* ▶ **get, put one's ~s on** *fig* sich beeilen; II *itr* Schlittschuh, Rollschuh laufen; *fig* gleiten; rutschen; **~ on thin ice** sich aufs Glatteis begeben; **~ over s.th.** *fig* über etw geschickt hinweggehen.

skate[2] [skeɪt] *(Fisch)* Rochen *m.*

skate·board ['skeɪtbɔːd] Skateboard *n;* **skate·board·er** [—ə(r)] Skateboardfahrer(in) *m (f);* **skater** ['skeɪtə(r)] Schlittschuh-, Rollschuhläufer(in *f) m;* **skat·ing rink** ['skeɪtɪŋrɪŋk] Eisbahn *f;* Rollschuhbahn *f.*

ske·daddle [skɪ'dædl] *itr fam* abhauen, ausreißen.

skein [skeɪn] 1. Docke, Strähne *f (Garn);* 2. *(Vögel)* Zug, Schwarm, Flug *m;* 3. *fig* Geflecht *n.*

skel·eton ['skelɪtn] I *s* 1. Skelett, Gerippe *n a. fig tech;* 2. Gestell *n,* Rahmen *m,* Gerüst *n;* 3. Umriß, Entwurf *m;* ▶ **~ in the cupboard,** *Am* **~ in the closet** Familiengeheimnis *n;* eine Leiche im Keller; **steel ~** *arch* Stahlskelett *n;* II *adj* provisorisch; *(Belegschaft, Dienst)* Not-; **skeleton key** Dietrich, Haupt-, Nachschlüssel *m.*

skep·tic [skeptɪk] *s. sceptic.*

sketch [sketʃ] I *s* 1. Skizze *f;* 2. *theat* Sketch *m;* 3. Entwurf *m;* II *tr* skizzieren, umreißen, entwerfen; III *itr* Skizzen machen; IV *(mit Präposition)* **sketch in** *tr* einzeichnen; *fig* umreißen; **sketch out** *tr*

grob skizzieren; **sketch-book** Skizzenblock *m;* **sketchy** ['sketʃɪ] *adj* skizzenhaft; flüchtig; bruchstückhaft.

skew [skjuː] I *adj* schräg; schief; II *s* ▶ **be on the ~** schief sein; III *tr* umdrehen; krümmen; verzerren; IV *itr (Auto)* abkommen; *(Straße)* abbiegen.

skew·bald ['skjuːbɔːld] *adj (Pferd)* scheckig.

skewer ['skjuə(r)] I *s* Fleischspieß *m;* II *tr* aufspießen.

skew-whiff [ˌskjuː'wɪf] *adj fam* krumm, schief.

ski [skiː] I *s* 1. Ski, Schi *m;* 2. *aero* Schneekufe *f;* II *itr* Ski fahren; **ski-binding** Skibindung *f;* **ski-boot** Skistiefel *m.*

skid [skɪd] I *s* 1. Rolle *f;* Gleitkufe, -schiene *f; aero* Schneekufe *f;* 2. Schleudern *n;* ▶ **go into a ~** zu schleudern anfangen; **put the ~s under s.o.** jdm etw vermasseln; **hit the ~s** *Am fam* runterkommen; II *itr mot* rutschen, schleudern; **skid·ding** ['skɪdɪŋ] *mot* Schleudern *n;* **skid mark** Brems-, Reifenspur *f;* **skid row** *Am fam* schlechte Gegend; ▶ **be on ~** heruntergekommen sein.

skier ['skiːə(r)] Skiläufer(in), -fahrer(in) *m (f).*

skiff [skɪf] Skiff *n;* Renneiner *m.*

ski goggles *pl* Skibrille *f;* **ski·ing** ['skiːɪŋ] Skifahren *n;* **skiing holiday** Skiurlaub *m,* Skiferien *pl;* **ski-instructor** ['skiːɪnˌstrʌktə(r)] Skilehrer *m;* **ski-instructress** ['skiːɪnˌstrʌktrəs] Skilehrerin *f;* **ski-jump** 1. *(Sportart)* Skispringen *n;* 2. *(Bauwerk)* Sprungschanze *f.*

skil·ful, *Am* **skill·ful** ['skɪlfl] *adj* geschickt, gewandt; tüchtig, erfahren (*at* in).

ski-lift ['skiːlɪft] Skilift *m.*

skill [skɪl] 1. Geschick *n,* Geschicklichkeit *f;* Kunstfertigkeit *f;* 2. Fähigkeit, Fertigkeit *f (in, at* in); **skilled** [skɪld] *adj* 1. geschickt, gewandt (*in doing s.th.* bei etw); 2. geübt, erfahren, erprobt; 3. ausgebildet; geschult; gelernt; Fach-; ▶ **be ~ in s.th.** in etw fachlich ausgebildet sein; **~ labo(u)r** Fachkräfte, gelernte Arbeitskräfte *f pl;* **~ work** Facharbeit *f;* **~ worker** Facharbeiter(in), gelernte(r) Arbeiter(in) *m (f).*

skil·let ['skɪlɪt] Bratpfanne *f.*

skill·ful ['skɪlfl] *Am s. skilful.*

skim [skɪm] I *tr* 1. *(Flüssigkeit)* abschäumen; 2. *(Milch)* entrahmen; 3. *(Schaum, Rahm)* abschöpfen *a. fig;* 4. *fig* leicht (hin)streifen, hinfahren über; 5. flüchtig berühren *a. fig;* flüchtig lesen, überfliegen; ▶ **~ the surface** *fig* an der Oberfläche bleiben (*of s.th.* e-r S); II *itr* 1. gleiten, fliegen (*through* durch; *over* über; *along* an ... entlang); 2. hinwegfliegen, -sausen (*over* über); **3.** flüchtig lesen; durchblättern (*through a book* ein Buch); **skim·med milk,** *Am* **skim-milk** ['skɪmd'mɪlk, ˌskɪm'mɪlk] Magermilch *f;* **skim·mer** ['skɪmə(r)] Schaumlöffel, Abstreifer *m.*

skimp [skɪmp] **I** *itr* knausern, geizen (*on* mit); **II** *tr* **1.** sparen an; **2.** (*Person*) knapphalten; **3.** (*Arbeit*) nachlässig machen; **skimpy** ['skɪmpɪ] *adj* **1.** knapp; **2.** knauserig, filzig, geizig; **3.** (*Portion*) ungenügend; ▶ **be ~ with s.th.** mit etw geizig sein.

skin [skɪn] **I** *s* **1.** Haut *f;* **2.** Fell *n,* Balg *m;* **3.** Schale *f;* Haut *f;* Rinde *f;* **4.** Schlauch *m;* ▶ **by the ~ of one's teeth** mit knapper Not; **get under s.o.'s ~** *fam* jdm auf den Wecker, auf die Nerven fallen; (*positiv*) jdm unter die Haut gehen, jdm gefallen; **have a thick ~** *fig* ein dickes Fell haben; **have a thin ~** feinfühlig sein; **jump out of one's ~** erschrecken; **it's no ~ off my nose** *fam* das geht mich nichts an; **wet to the ~** naß bis auf die Haut; **nothing but ~ and bones** nur noch Haut und Knochen; **II** *tr* **1.** häuten, abziehen; **2.** schälen; enthäuten; entrinden; ▶ **keep one's eyes ~ned** *fam* ein wachsames Auge haben; **~ s.o. alive** *fig* jdn fertigmachen; **skin-deep** *adj* oberflächlich; **skin-disease** Hautkrankheit *f;* **skin-diving** Sporttauchen *n;* **skin flick** *fam* Sexfilm *m;* **skin·flint** ['skɪnflɪnt] *fam* Geizhals *m;* **skin·ful** ['skɪnfl] *adj fam* ▶ **he must have had a ~** er muß schwer einen getrunken haben; **skin game** *Am fam* Gaunerei *f,* Schwindel *m;* **skin graft** *med* Hauttransplantation *f;* **skinny** ['skɪnɪ] *adj* dünn, mager, knochig.

skint [skɪnt] *adj Br fam* völlig abgebrannt.

skin·tight [skɪn'taɪt] *adj* hauteng.

skip[1] [skɪp] **I** *s* Sprung, Hüpfer *m;* Hüpfschritt *m;* **II** *itr* **1.** hüpfen; springen; **2.** seilspringen, seilhüpfen; **3.** *fig* (*Thema*) springen; **4.** *fam* abhauen; **III** *tr* **1.** (*Schule*) schwänzen; **2.** (*Abschnitt, Frage*) auslassen; (*Mahlzeit*) ausfallen lassen; ▶ **~ rope** *Am* seilspringen, seilhüpfen; **~ town** *Am fam* aus der Stadt verschwinden; **~ it!** vergiß es! **IV** (*mit Präposition*) **skip about** *itr* herumhüpfen; *fig* (*Redner*) springen; **skip across** *itr fam* rübergehen; **skip off** *itr fam* abhauen; **skip over** *itr* rübergehen; ▶ **~ over s.th.** etw überspringen; **skip through** *tr* überfliegen, durchblättern.

skip[2] [skɪp] Container *m;* *min* Förderkorb *m.*

skip[3] [skɪp] *Abk:* **skipper** *sport* (Mannschafts)Kapitän, -führer *m.*

ski-pants ['ski:ˌpænts] *pl* Skihose *f;* **ski-plane** Flugzeug *n* mit Gleitkufen; **ski-pole** Skistock *m.*

skip·per ['skɪpə(r)] **I** *s* **1.** *mar aero* Kapitän *m;* **2.** *sport* Mannschaftsführer *m;* **II** *tr* (*Team*) anführen.

skip·ping-rope ['skɪpɪŋrəup] Springseil *n.*

ski rack ['ski:ræk] *mot* Skiträger *m;* **ski resort** Wintersportort *m.*

skir·mish ['skɜːmɪʃ] **I** *s* Gefecht *n,* Plänkelei *f,* Zusammenstoß *m;* **II** *itr* kämpfen; zusammenstoßen.

skirt [skɜːt] **I** *s* **1.** Rock *m;* **2.** (*Mantel, Jackett*) Schoß *m;* **3.** (*a bit of* ~) *sl* Weibsbild *n pej;* **II** *tr* **1.** sich am Rande hinziehen (*s.th.* e-r S); am Rand entlanggehen (*s.th.* e-r S); **2.** *fig* herumgehen um, umgehen; ▶ **~ around** umfahren, umschiffen.

skirt·ing-board ['skɜːtɪŋbɔːd] *Br* Scheuerleiste *f.*

ski run ['ski:rʌn] Piste *f;* **ski school** Skischule *f;* **ski stick** Skistock *m;* **ski-suit** ['ski:su:t] Skianzug *m.*

skit·ter ['skɪtə(r)] *itr* über das Wasser schlittern; rutschen.

skit·tish ['skɪtɪʃ] *adj* **1.** lebhaft, lustig, ausgelassen; **2.** ängstlich, scheu (*a. Pferd*).

skittle ['skɪtl] **1.** *Br* Kegel *m;* **2.** *pl mit sing* (*game of* ~*s*) Kegeln *n;* ▶ **play ~s** kegeln, *fam* kegelschieben; **it is not all beer and ~s** das ist kein reines Vergnügen; **skittle-alley** Kegelbahn *f;* **skittle-ball** Kegelkugel *f.*

skive [skaɪv] **I** *itr* sich vor der Arbeit drücken; blaumachen; (*Schule*) schwänzen; **II** *s* Blaumachen *n;* Schwänzen *n;* ▶ **be on the ~** blaumachen; schwänzen; **III** (*mit Präposition*) **skive off** *itr sl* sich verdrücken; **skiver** ['skaɪvə(r)] Drückeberger(in) *m (f).*

skivvy ['skɪvɪ] *Br fam* Dienstmädchen *n.*

skul·dug·gery, skull·dug·gery [skʌl'dʌgərɪ] *fam* Gaunerei *f.*

skulk [skʌlk] *itr* umherschleichen; lauern; *fam* sich (herum)drücken.

skull [skʌl] Schädel *m;* ▶ **the ~ and crossbones** der Totenkopf (*Zeichen*); **skull bone** Schädelknochen *m;* **skullcap** (Seiden)Käppchen *n.*

skunk [skʌŋk] *zoo* Skunk *m,* Stinktier *n;* *fam* gemeiner Kerl.

sky [skaɪ] Himmel *m;* ▶ **in the ~** am Himmel; **out of a clear (blue) ~** *fig* aus heiterem Himmel; **under the open ~** unter freiem Himmel, im Freien; **praise to the skies** *fig* in den Himmel heben; **the ~'s the limit** *fam fig* e-e obere Grenze ist nicht gesetzt; **we expect sunny skies** wir erwarten sonniges Wetter; **sky-blue** *adj* himmelblau; **sky-div·ing** ['skaɪˌdaɪvɪŋ] Fallschirmspringen *n* (mit e-r Strecke freien Falls); **sky-high** *adj* himmelhoch *a. Preise;* ▶ **blow s.th. ~** etw in die Luft jagen; *fig* (*Theorie*) etw völlig zunichte machen;

sky·jack ['skaɪdʒæk] I *tr* entführen; II *s* Flugzeugentführung *f;* **sky·jacker** ['skaɪdʒækə(r)] Luftpirat(in), Flugzeugentführer(in) *m (f);* **sky·lark** ['skaɪlɑ:k] I *s* Feldlerche *f;* II *itr* dumme Streiche machen; **sky·light** ['skaɪlaɪt] Dachluke *f,* Oberlicht *n;* **sky·line** ['skaɪlaɪn] Horizont *m;* (Stadt)Silhouette *f;* **sky-rocket** *itr (Preise)* in die Höhe klettern, emporschnellen; **sky·scraper** ['skaɪskreɪpə(r)] Wolkenkratzer *m;* **sky-writing** Himmelsschrift *f.*

slab [slæb] 1. Platte, Tafel, Scheibe *f;* 2. *(Brot)* Scheibe *f;* 3. Stück *n* (Kuchen, Schokolade, Käse).

slack¹ [slæk] I *adj* 1. langsam, träge, lässig *(at* bei); 2. *(Zeit)* flau, ruhig, still; *com* flau, lustlos; *(Geschäft)* stagnierend; ruhig; 3. *(Seil)* schlaff, locker, lose; 4. nachlässig, sorglos, gleichgültig; ▶ be ~ about s.th. etw nachlässig handhaben, tun; **keep a ~ rein on s.th.** bei etw die Zügel schleifen lassen; II *s* 1. *mar* (das) Lose; 2. Stillstand *m*, Flaute *f a. com;* ▶ **take up the ~ on s.th.** etw straffen; III *itr* bummeln, trödeln; IV *(mit Präposition)* **slack off** *itr (Eifer)* nachlassen; *(Geschäft)* zurückgehen.

slack² [slæk] Kohlengrus *m*, Staubkohle *f.*

slacken ['slækən] I *itr* 1. schwächer werden, nachlassen, abflauen; 2. sich verlangsamen; 3. schlaffer, lockerer werden; 4. *(Widerstand)* erlahmen; 5. *com* abflauen, stagnieren; *(Kurse)* abbröckeln; II *tr* 1. abschwächen, mäßigen, verringern, vermindern; 2. lockern; III *(mit Präposition)* **slacken off** *itr* 1. nachlassen; abflauen; abnehmen; 2. *(Mensch)* nachlassen; sich schonen; **slacken·ing** ['slækənɪŋ] Abnahme *f;* Abflauen *n;* Verlangsamung *f;* ▶ ~ in business, demand Rückgang *m* der Umsätze, der Nachfrage; **slack·ness** ['slæknɪs] 1. Trägheit *f;* 2. Flaute *f;* 3. Schlaffheit *f;* ▶ ~ in business Konjunkturflaute *f.*

slacks [slæks] *pl* Hose *f.*

slag [slæg] 1. Schlacke *f;* 2. *sl* Schlampe *f;* **slag-heap** Schlackenhalde *f.*

slain [sleɪn] *v s. slay.*

sla·lom ['slɑ:ləm] Slalom *m.*

slam [slæm] I *tr* 1. *(Tür)* zuschlagen; 2. scharf kritisieren; ▶ ~ on the brake plötzlich heftig bremsen; ~ down auf die Erde schleudern; *(Telefonhörer)* aufknallen; ~ the door in s.o.'s face jdm die Tür vor der Nase zuschlagen; ~ the door on s.th. *fig* etw unterbinden, blokkieren; II *itr* 1. *(Tür)* zuschlagen; 2. *(Whist)* Schlemm werden; III *s* 1. *(Whist)* Schlag *m;* Knall *m;* 2. *(Whist, Bridge)* Schlemm *m.*

slan·der ['slɑ:ndə(r)] I *s* Verleumdung, üble Nachrede *f;* II *tr* verleumden;

slander action Verleumdungsklage *f;* **slan·derer** ['slɑ:ndərə(r)] Verleumder(in) *m (f);* **slan·der·ous** ['slɑ:ndərəs] *adj* verleumderisch.

slang [slæŋ] I *s* Slang *m;* Jargon *m;* II *tr* Br *fam* anschreien, beschimpfen, beleidigen; **slangy** ['slæŋɪ] *adj* salopp.

slant [slɑ:nt] I *tr* 1. schräg stellen, kippen; 2. abschrägen; abböschen; 3. *fam* tendenziös färben; II *itr* schräg sein; sich neigen; III *s* 1. Hang *m;* Schräge, Neigung *f;* 2. *fam* Blickwinkel *m;* Ansicht(ssache), Meinung, Einstellung *f;* ▶ at a ~, on a ~ schräg, schief, geneigt; **slant·ing** ['—ɪŋ] *adj* schief, geneigt, schräg.

slap [slæp] I *s* Klaps, Schlag *m;* ▶ a ~ on the back anerkennendes Schulterklopfen; a ~ in the face eine Ohrfeige; *fig* ein Schlag *m* ins Gesicht; ~ and tickle *fam* Schmusen *n;* II *tr* 1. schlagen, e-n Klaps geben (*s.o.* jdm; *in the face* ins Gesicht; *on the cheek* auf die Backe); 2. klatschen, knallen; ▶ ~ s.o. on the back jdm auf den Rücken klopfen; ~ s.o.'s face jdn ohrfeigen; III *adv* direkt, genau; IV *(mit Präposition)* **slap down** *tr* 1. hinknallen; 2. *(jdn)* zusammenstauchen; **slap on** *tr fam* draufklatschen; *(Steuern, Geld)* draufhauen.

slap-bang [ˌslæp'bæŋ] *adv* spornstreichs; direkt, genau; **slap·dash** ['slæpdæʃ] *adj* flüchtig; *(Arbeit)* schlampig; **slap·jack** ['slæp͵dʒæk] Am Pfannkuchen *m;* **slap·stick** ['slæpstɪk] Klamauk, Slapstick *m;* **slapstick comedy** Klamaukstück *n;* **slap-up** ['slæpʌp] *adj fam* erstklassig, prima; ▶ a ~ meal *fam* ein Essen *n* mit allem Drum und Dran.

slash [slæʃ] I *tr* 1. (auf)schlitzen; zerschneiden; 2. *(Büsche, Unterholz)* abhauen; 3. einschlagen auf; 4. *fam* scharf kritisieren; 5. *(Preise)* heruntersetzen; *fig* (drastisch) kürzen, zusammenstreichen; II *itr* hauen *(at* nach); losschlagen *(at* auf); III *s* 1. Schnitt-, Hiebwunde *f;* 2. *(Kleid)* Schlitz *m;* ▶ have a ~ *sl* schiffen; **~and-burn** Brandrodung *f;* **slashing** [—ɪŋ] *adj* erbarmungslos; *(Kritik)* vernichtend.

slat [slæt] Latte, Leiste *f.*

slate [sleɪt] I *s* 1. Schiefer *m;* 2. Schieferplatte, -tafel *f;* 3. Am Kandidatenliste *f;* ▶ on the ~ *fam* auf Kredit; have a clean ~ *fig* e-e reine Weste haben; wipe the ~ clean *fig* reinen Tisch machen; II *adj* 1. *(~-coloured)* schiefergrau; 2. aus Schiefer, Schiefer-; III *tr* 1. mit Schiefer decken; 2. Am auf die Kandidatenliste setzen, vormerken, ausersehen *(for s.th.* für etw); 3. *fam* scharf kritisieren, verreißen *(s.o.* jdn); ▶ ~ s.th. for a time, for a place Am etw für e-n Zeitpunkt festsetzen, für e-n Ort planen, vorhersa-

gen.
slat·tern ['slætən] Schlampe *f;* **slattern·ly** ['slætənlɪ] *adj* liederlich.
slaty ['sleɪtɪ] *adj* schieferartig, -haltig; schieferfarben.
slaugh·ter ['slɔːtə(r)] I *s* 1. Schlachten *n (von Vieh);* 2. bestialischer Mord; Gemetzel, Blutbad *n;* II *tr* 1. *(Vieh)* schlachten; 2. *(Menschen)* niedermetzeln; 3. *sport* haushoch schlagen; **slaughter-house** Schlachthaus *n.*
Slav [slɑːv] I *s* Slawe *m,* Slawin *f;* II *adj* slawisch.
slave [sleɪv] I *s* Sklave *m,* Sklavin *f;* ▶ **be a ~ to duty** nur seine Pflicht kennen; **white-~ trade** Mädchenhandel *m;* **~-driver** Sklavenaufseher *m; fig* Leuteschinder *m;* ~ **labo(u)r** Sklavenarbeit *f;* die Sklaven *m pl;* **~-trade** Sklavenhandel *m;* II *itr* schuften, sich abplacken.
slaver ['slævə(r)] I *itr* sabbern; II *s* Geifer *m.*
slav·ery ['sleɪvərɪ] Sklaverei *f a. fig.*
Slavic, Slav·onic ['slɑːvɪk, slə'vɒnɪk] I *adj* slawisch; II *s* (das) Slawisch(e).
slav·ish ['sleɪvɪʃ] *adj* sklavisch.
slay [sleɪ] ⟨*irr* slew, slain⟩ *tr lit u. Am* erschlagen.
sleazy ['sliːzɪ] *adj* 1. *(Gewebe)* dünn; 2. *fam* schäbig.
sled, sledge [sled, sledʒ] I *s* Schlitten *m;* II *itr* Schlitten fahren; ▶ **go sledging** Schlitten fahren.
sledge-ham·mer ['sledʒˌhæmə(r)] Schmiede-, Vorschlaghammer *m; fig* Holzhammer *m.*
sleek [sliːk] I *adj* 1. *(Haar)* weich, glatt u. glänzend; 2. *(Tier)* gepflegt; 3. *fig* gutaussehend, elegant; *pej* aalglatt; II *tr* glätten; pflegen.
sleep [sliːp] ⟨*irr* slept, slept⟩ I *s* Schlaf *m;* ▶ **go to ~** einschlafen; **get some ~** schlafen; **get, have a good night's ~** richtig gut schlafen; **put s.o. to ~** jdn zum Schlafen bringen; **put a dog to ~** einen Hund einschläfern (lassen); **walk in one's ~** schlafwandeln; II *itr* schlafen *a. fig;* ▶ **~ like a log, top** wie ein Murmeltier, Sack schlafen; ~ **late** lange (aus)schlafen; III *tr* 1. schlafen; 2. Unterkunft bieten für, unterbringen; ▶ **~ the clock round** rund um die Uhr schlafen; **he didn't ~ a wink** er hat kein Auge zugetan; ~ **the ~ of the just** den Schlaf des Gerechten schlafen; IV *(mit Präposition)* **sleep around** *itr fam* mit jedem ins Bett gehen; **sleep away** *tr* verschlafen; **sleep in** *itr* 1. ausschlafen; 2. im Haus wohnen; **sleep off** *tr* ausschlafen; **sleep on** *itr* 1. weiterschlafen; 2. be-, überschlafen *(s.th. etw);* **sleep out** *itr* 1. draußen schlafen; 2. nicht im Hause wohnen; **sleep through** *itr* durchschlafen; ▶ ~ **through s.th.** bei

etw weiterschlafen; ~ **through the alarm** den Wecker nicht hören; **sleep together** *itr* miteinander schlafen; **sleep with** schlafen mit *a. fig.*
sleeper ['sliːpə(r)] 1. Schläfer *m;* 2. *(railway ~)* Schwelle *f;* 3. Schlafwagen *m;* Platz *m* im Schlafwagen; ▶ **be a good, bad ~** gut, schlecht schlafen; **be a heavy, light, sound ~** e-n festen, leisen, gesunden Schlaf haben; **sleeper plane** Flugzeug *n* mit Schlafkojen.
sleepi·ness ['sliːpɪnɪs] Schläfrigkeit *f;* Verschlafenheit *f.*
sleep·ing ['sliːpɪŋ] I *adj* schlafend; ▶ **S~ Beauty** Dornröschen *n;* **let ~ dogs lie** *prov* schlafende Hunde soll man nicht wecken *prov;* II *s* Schlafen *n;* **sleeping-accomodation** Schlafgelegenheit *f;* **sleeping-bag** Schlafsack *m;* **sleeping-car** *rail* Schlafwagen *m;* **sleeping partner** *Br com* stiller Gesellschafter; **sleeping pill, sleeping tablet** Schlaftablette *f;* **sleeping-sickness** Schlafkrankheit *f.*
sleep·less ['sliːplɪs] *adj* schlaflos; **sleep-walk** *itr* schlafwandeln; **sleepwalker** Schlafwandler(in) *m (f);* **sleepy** ['sliːpɪ] *adj* 1. schläfrig, müde; 2. verschlafen; 3. *fig* still, ruhig, tot; **sleepy-head** *fam* Schlafmütze *f.*
sleet [sliːt] I *s* mete Schloßen, Graupeln *f pl;* II *itr* graupeln.
sleeve [sliːv] 1. Ärmel *m;* 2. *tech* Muffe, Buchse, Hülse, Tülle *f;* 3. *aero* Windsack *m;* 4. Schallplattenhülle *f;* ▶ **have s.th., a card up one's ~** etw auf Lager, in petto haben; **laugh up one's ~** sich ins Fäustchen lachen; **roll up one's ~s** die Ärmel aufkrempeln; sich ernstlich an die Arbeit machen; **wear one's heart on one's ~** das Herz auf der Zunge haben; **sleeve·less** ['sliːvlɪs] *adj* ärmellos.
sleigh [sleɪ] I *s* (Pferde)Schlitten *m;* II *itr* Schlitten fahren; **sleigh·ing-party** ['sleɪŋpɑːtɪ] Schlittenfahrt, -partie *f.*
sleight-of-hand [ˌslaɪtəv'hænd] (Zauber)Kunststück *n;* Trick *m a. fig.*
slen·der ['slendə(r)] *adj* 1. schlank; schmal; 2. *fig* mager, dürftig; *(Mittel)* unzureichend; *(Einkommen)* gering; ▶ **his chances of winning are extremely ~** seine Gewinnchancen sind minimal; **slen·der·ize** [—aɪz] *Am* I *tr* schlank machen; II *itr* schlank(er) werden.
slept [slept] *v s.* sleep.
slew [sluː] *v s.* slay.
slice [slaɪs] I *s* 1. Scheibe, Schnitte, Tranche *f;* 2. *fig* Stück *n,* (An)Teil *m;* 3. (Torten)Schaufel *f;* 4. *sport* geschnittener Ball; ▶ **put a ~ on a ball** einen Ball anschneiden; **a ~ of luck** ziemliches Glück; II *tr* 1. durchschneiden; aufschneiden, in Scheiben schneiden; 2. *(Ball)* anschneiden; III *itr* schneiden *a.*

sport; ▶ ~ **through** s.th. etw durch-schneiden; **IV** *(mit Präposition)* **slice off** *tr* abschneiden; **slice up** *tr* in Scheiben schneiden, aufschneiden; aufteilen; **sliced** [slaɪst] *adj* geschnitten; aufgeschnitten; ▶ **the best thing since** ~ **bread** *fig fam* eine Wucht, eine tolle Sache; **slicer** ['slaɪsə(r)] (Brot-, Wurst)Schneidemaschine *f.*

slick [slɪk] **I** *adj* **1.** *Am* (spiegel)glatt; schlüpfrig; **2.** *(Haare)* geschniegelt; **3.** *fam* raffiniert; **4.** *sl* großartig; **II** *s* **1.** *(oil-~)* Ölteppich *m;* **2.** *(~ paper) Am* Zeitschrift *f* auf Kunstdruckpapier; **III** *(mit Präposition)* **slick back** *tr* glätten; **slick up** *tr Am* aufpolieren; herausputzen; auf Hochglanz bringen.

slicker ['slɪkə(r)] *Am* **1.** Ölhaut *f (Regenmantel);* **2.** *fam* gerissener Kerl, Schwindler *m.*

slide [slaɪd] ⟨*irr* slid, slid⟩ [slɪd] **I** *s* **1.** Rutschbahn *f;* Rutsche *f;* **2.** *phot* Dia(positiv) *n; (Mikroskop)* Objektträger *m;* **3.** *tech* Schlitten, Schieber *m;* **4.** *(Posaune)* Zug *m; (Noten)* Schleifer *m;* **5.** *Br* Haarspange *f;* **6.** *fig* Abfall *m;* **7.** *(land~)* (Erd)Rutsch *m;* **II** *tr* schieben; gleiten lassen; **III** *itr* **1.** rutschen; schlittern; **2.** sich schieben lassen; *fig (Mensch)* schleichen; ▶ **the day slid by** der Tag verging wie im Nu; ~ **into bad habits** schlechte Angewohnheiten annehmen; **let things** ~ alles schleifen lassen; **slide control** Schieberegler *m;* **slide fastener** *Am* Reißverschluß *m;* **slide projector** Diaprojektor *m;* **slide rule** Rechenschieber *m;* **slid·ing** [-ɪŋ] *adj* gleitend; *(Tür, Dach)* Schiebe-; ▶ **a** ~ **scale** eine gleitende Skala.

slight [slaɪt] **I** *adj* **1.** schlank, dünn, schmächtig; **2.** *(Person)* zart, schwach; **3.** *(Erkältung)* leicht; **4.** klein, geringfügig, unbedeutend, unwesentlich, belanglos; **5.** *(Eindruck)* oberflächlich; **6.** *(Unterschied)* klein; ▶ **not in the** ~**est** nicht im geringsten; **II** *tr* kränken; geringschätzig behandeln; **III** *s* Kränkung *f;* Mißachtung *f (on his work* seiner Arbeit); **slight·ly** ['~lɪ] *adv* ein wenig.

slim [slɪm] **I** *adj* **1.** schlank; schmächtig; **2.** gering(fügig), schwach; **II** *tr* schlank machen; **III** *itr* abnehmen.

slime [slaɪm] Schleim *m.*

slim·mer ['slɪmə(r)] Kalorienzähler(in) *m (f);* **slim·ming** ['slɪmɪŋ] **I** *s* Abnehmen *n;* **II** *adj* schlankmachend; ▶ **be** ~ schlank machen; **be on a** ~ **diet** e-e Abmagerungskur machen; **black is a** ~ **colour** schwarz macht schlank.

slimy ['slaɪmɪ] *adj* **1.** schleimig *a. fig;* glitschig; schmierig; **2.** *fig* widerlich, ekelhaft.

sling [slɪŋ] ⟨*irr* slung, slung⟩ **I** *s* **1.** (Stein)Schleuder *f;* **2.** *med* Schlinge *f;* **3.** *(zum Tragen)* Schlinge *f; (Gewehr-,*

Trag)Riemen *m;* **II** *tr* **1.** schleudern, werfen; **2.** hochziehen; **3.** *(Gewehr)* um-, überhängen; ▶ ~ **one's hook** *fam* abhauen; ~ **mud at s.o.** *fam* jdn mit Schmutz bewerfen; ~**s.o. out** *fam* jdn rausschmeißen; ~ **s.th. out** *fam* etw wegschmeißen; **sling-shot** Schleuder *f.*

slink [slɪŋk] ⟨*irr* slunk, slunk⟩ *itr* schleichen; ▶ ~ **about** umherschleichen; ~ **away, off** wegschleichen; sich davonstehlen.

slinky ['slɪŋkɪ] *adj fam* aufreizend; katzenhaft.

slip [slɪp] **I** *itr* **1.** schlüpfen *(into a coat* in e-n Mantel); **2.** schleichen; **3.** gleiten *(through the water* durch das Wasser); **4.** ausgleiten, -rutschen *(on the ice* auf dem Eis); **5.** *(Geheimnis)* herausrutschen; **6.** *fig* abgleiten, absinken, nachlassen; ▶ **let s.th.** ~ **through one's fingers** sich etw entgehen lassen; ~ **through s.o.'s fingers** jdm durch die Finger schlüpfen; jdm entgehen; **I let it** ~ das ist mir (so) entfahren; **don't let the chance** ~ lassen Sie sich die Gelegenheit nicht entgehen; **II** *tr* **1.** gleiten lassen; schieben; **2.** hineinstecken *(into* in); schnell, unbemerkt stecken, drücken *(into* in); **3.** *(Geld)* zustecken *(s.o.* jdm); **4.** *(Maschen)* ungestrickt abheben; **5.** *(Bemerkung)* nicht unterdrücken können; **6.** übersehen, verpassen, sich entgehen lassen; **7.** entschwinden, entfallen *(the mind, memory* dem Gedächtnis); **8.** sich losreißen von; losmachen; ▶ ~ **a disc** einen Bandscheibenschaden bekommen; ~ **the clutch** *mot* die Kupplung schleifen lassen; ~ **s.o.'s mind** jdm entfallen; ~ **s.o.'s notice** jdm entgehen; **III** *s* **1.** Ausgleiten, -rutschen *n;* **2.** Un(glücks)fall *m;* **3.** Fehltritt *m;* Irrtum *m,* Versehen *n,* Schnitzer, Fehler *m;* Versprechen *n;* Verschreiben *n;* **4.** *aero* Schlipp *m;* **5.** geschlämmter Ton; **6.** Unterkleid *n,* -rock *m;* **7.** *(pillow ~)* Kissenbezug *m;* **8.** Sproß, Trieb, Schößling *m,* Steckreis *n;* **9.** Zettel *m; com* Beleg, Abschnitt *m; (Versicherung)* Deckungszusage *f;* **10.** *pl theat* Bühnenloge *f;* ▶ **give s.o. the** ~ jdm entwischen; **it was a** ~ **of the tongue** ich habe mich versprochen; *fam* es ist mir herausgerutscht; **a (mere)** ~ **of a boy, girl** ein schmächtiges Kerlchen, zartes Ding; ~ **(of paper)** Zettel *m;* ~ **of the pen** Schreibfehler *m;* **IV** *(mit Präposition)* **slip away** *itr* **1.** sich davonstehlen; **2.** *(Zeit)* vergehen; *(Chancen)* schwinden; **slip back** *itr* sich zurückschleichen; *(Produktion)* zurückgehen; *(Patient)* einen Rückfall haben; ▶ ~ **back into old habits** in alte Gewohnheiten zurückfallen; **slip by, away, past** *itr* **1.** *(Zeit)* im Fluge, unmerklich vergehen; **2.** sich vorbeischleichen *(s.o.* an jdm); **slip down** *itr*

1. hinunterrutschen (*s.th.* über etw); **2.** sich hinunterstehlen (*s.th.* über etw); **slip from** *itr* gleiten aus (*one's hand* der Hand); **slip in** *tr* (*Wort*) einfließen lassen; *itr* sich einschleichen; **slip into 1.** abgleiten (*s.th.* in etw); **2.** sich einschleichen (*s.th.* in etw); **3.** (*Kleidung*) eilig schlüpfen (*s.th.* in etw); **4.** sich verwandeln (*s.th.* in etw); **5.** gleiten lassen (*s.th.* etw in etw); **slip off** *tr* **1.** hinausschlüpfen aus (*e-m Kleidungsstück*); ausziehen; **2.** herunterrutschen (*s.th.* von etw); *itr* sich davonmachen; **slip on** *tr* hineinschlüpfen in (*ein Kleidungsstück*); anziehen, überziehen; **slip out** *itr* **1.** kurz weggehen; **2.** (*Geheimnis*) herausrutschen; **slip over** *itr* gleiten, rutschen (*s.th.* über etw); ► ~ **one over on s.o.** jdn hereinlegen, übers Ohr hauen; **slip up** *itr* einen Fehler machen.

slip-car·riage, slip coach ['slɪpˌkærɪdʒ, 'slɪpkəʊtʃ] *rail* abhängbarer Wagen; **slip-case** Schuber *m;* **slip-cover** *Am* Überzug *m;* **slip-knot** Laufknoten *m;* **slip·on, slip·over** ['slɪpɒn, 'slɪpˌəʊvə(r)] Pullunder *m.*

slip·per ['slɪpə(r)] Hausschuh *m;* Pantoffel *m.*

slip·pery ['slɪpərɪ] *adj* **1.** schlüpfrig, glatt, glitschig; **2.** *fig* unsicher, unzuverlässig; ► **the** ~ **slope** *fig* die schiefe Bahn.

slip-road ['slɪprəʊd] **1.** Zufahrt; **2.** (*Autobahn*) Auffahrt, Ausfahrt *f;* **slip·shod** ['slɪpʃɒd] *adj fig* schlampig, nachlässig, gleichgültig; **slip-stream** *aero* Luftschraubenstrahl *m; mot* Windschatten *m;* **slip-up** ['slɪpʌp] *fam* Schnitzer *m;* Panne *f.*

slit [slɪt] ⟨*irr* slit, slit⟩ **I** *tr* (auf)schlitzen, aufschneiden; **II** *s* Schlitz, Spalt *m;* Schießscharte *f;* **slit(ty)-eyed** ['slɪt(ɪ)aɪd] *adj pej* schlitzäugig.

slither ['slɪðə(r)] *itr* **1.** rutschen; **2.** (*Schlange*) kriechen; **slithery** ['slɪðərɪ] *adj* schlüpfrig, glatt.

sliver ['slɪvə(r)] Splitter, Span *m.*

slob [slɒb] *fam* Schmutzfink *m.*

slob·ber ['slɒbə(r)] *itr* sabbeln; geifern; **slob·bery** ['slɒbərɪ] *adj* glitschig, naß.

sloe [sləʊ] Schlehe *f.*

slog [slɒg] **I** *itr* **1.** schwer arbeiten, *fam* schuften; **2.** schlagen (*at* auf); **3.** (~ *on*) schwerfällig gehen; ► ~ **through s.th.** durch etw stapfen; ~ **away** sich abrakkern (*at* mit); **II** *tr* hart schlagen; **III** *s* **1.** (heftiger) Schlag *m;* **2.** *fam* Schufterei *f.*

slo·gan ['sləʊgən] **1.** Slogan *m;* Wahlspruch *m;* Schlagwort *n;* **2.** *com* Werbespruch *m.*

sloop [sluːp] *mar* Schaluppe *f;* Geleitboot *n.*

slop [slɒp] **I** *s* **1.** *fam* Schmalz *m;* **2.** *pl* Spülwasser *a. fig,* Spülicht *n;* **3.** (dünne) Brühe *f;* **II** *itr* **1.** (~ *over*) überlaufen,

-fließen, -schwappen; **2.** (~ *about*) herumschlurfen; **III** *tr* verschütten; vergießen; schütten; **slop-basin** Schale *f* für Kaffeesatz, Teeblätter.

slope [sləʊp] **I** *s* **1.** (Ab)Hang *m;* Böschung *f;* **2.** Neigung *f;* Gefälle *n;* Schräge *f;* ► **ski** ~ Piste *f;* **on a** ~ am Hang; **II** *itr* **1.** (~ *down*) schräg abfallen; **2.** sich neigen; **3.** *fam* schlendern; **III** *tr* neigen, schräg legen; **IV** (*mit Präposition*) **slope away** *itr* **1.** abfallen; **2.** *fam* abhauen; **slope down** *itr* sich neigen, abfallen; **slope off** *itr fam* abhauen; **slope up** *itr* **1.** (*Straße*) ansteigen; **2.** heranschlendern; ► ~ **up to s.o.** auf jdn zuschlendern; **slop·ing** [—ɪŋ] *adj* ansteigend; abfallend; (*Decke, Boden*) schräg; (*Schultern*) hängend; (*Garten*) am Hang (gelegen).

slop·pi·ness ['slɒpɪnəs] Schlampigkeit *f;* Nachlässigkeit *f;* **sloppy** ['slɒpɪ] *adj* **1.** matschig, naß; **2.** *fam* schlampig, liederlich; nachlässig; **3.** *fam* schmalzig, sentimental; ► **do** ~ **work** pfuschen.

slosh [slɒʃ] *fam* **I** *itr* **1.** herumpatschen; herumspritzen; **2.** überschwappen; **II** *tr* schlagen; **sloshed** [slɒʃt] *adj Br sl* besoffen.

slot [slɒt] **I** *s* **1.** Kerbe *f,* Einschnitt *m;* **2.** Schlitz, (Münz)Einwurf *m;* **3.** *radio TV* (Sende)Zeit *f,* in der ein bestimmtes Programm gesendet wird; ► **put money in the** ~ Geld einwerfen; **have a** ~ **for s.th.** etw einfügen können; **II** (*mit Präposition*) **slot in** *tr* hineinstecken; einfügen; unterbringen; *itr* sich einfügen lassen; ► ~ **s.o. into a company** jdn bei einer Firma unterbringen; ~ **s.o. into an image** jdn in ein bestimmtes Image einordnen; ~ **commercials in** Werbespots einbauen; **slot together** *itr* zusammenpassen; *tr* zusammenfügen.

sloth [sləʊθ] **1.** Faulheit, Trägheit *f;* **2.** *zoo* Faultier, Ai *n;* **sloth·ful** ['sləʊθfl] *adj* faul, träge.

slot-ma·chine ['slɒtməˌʃiːn] (Waren-, Spiel)Automat *m;* **slot meter** Münzzähler *m.*

slouch [slaʊtʃ] **I** *itr* lässig, schlacksig herumsitzen, -stehen; sich hinflegeln; herumlungern; **II** *s* **1.** schlaffe, schlechte Haltung; **2.** schwerfälliger Gang; **3.** (~-*hat*) Schlapphut *m;* **4.** *fam* Flasche, Niete *f;* ► **be no** ~ *fam* was loshaben (*at* in).

slough¹ [slʌf] **I** *s* (abgeworfene Schlangen)Haut *f;* **II** *tr* **1.** (~ *off*) abwerfen, -stoßen; **2.** *fig* (*Angewohnheit*) ablegen, loswerden; **3.** *fig* aufgeben.

slough² [slaʊ, *Am* sluː] Sumpf, Morast *m;* ► **the S**~ **of Despond** Hoffnungs-, Mutlosigkeit *f.*

Slo·vak ['sləʊvæk] **I** *adj* slowakisch; **II** *s* **1.** Slowake *m,* Slowakin *f;* **2.** (das) Slowakisch(e); **Slo·vak·ia** [sləʊ'vækɪə] die

sloven ['slʌvn] Schlampe *f*, Schlamper *m*; **sloven·ly** [—lı] *adj* schlampig.
Slo·vene ['sləʊviːn], **Slo·ven·ian** [sləʊ'viːnɪən] I *adj* slowenisch; II *s* 1. Slowene *m*, Slowenin *f*; 2. (das) Slowenisch(e); **Slo·ven·ia** [sləʊ'viːnɪə] Slowenien *n*.
slow [sləʊ] I *adj* 1. langsam; 2. schleppend, träge; 3. *(Markt)* flau; 4. schwerfällig, *fam* schwer von Begriff; 5. *(Uhr)* nachgehend; 6. *(Fieber)* schleichend; 7. *(Feuer)* schwach; 8. *com (Zahler)* säumig, unpünktlich; 9. *(Film)* unempfindlich; ▶ ~ **off the mark**, ~ **on the uptake** schwer von Begriff; **be** ~ *(Uhr)* nachgehen; **cook on a** ~ **fire** auf kleiner Flamme kochen; **he's** ~ **in catching on** er hat e-e lange Leitung; **it's** ~ **work** das geht langsam (voran); **he is a** ~ **worker**, **reader** er arbeitet, liest langsam; **be** ~ **to do s.th.** sich bei etw Zeit lassen; **not to be** ~ **to do s.th.** etw schnell tun; II *adv* langsam; ▶ **go** ~ langsam fahren; *(Arbeiter)* einen Bummelstreik machen; III *itr* ▶ ~ **to a stop** langsam anhalten; IV *tr* verlangsamen; V *(mit Präposition)* **slow down** *itr* langsamer werden, sich verlangsamen; *(Inflation)* abnehmen; *tr* verlangsamen; *(Motor)* drosseln; *fig* verzögern; ▶ ~ **the car down** langsamer fahren.
slow·coach ['sləʊkəʊtʃ] Schlafmütze *f*; **slow-down** ['sləʊdaʊn] 1. Verlangsamung *f*; 2. Konjunkturrückgang *m*; ▶ ~ **(strike)** *Am* Bummelstreik, Dienst *m* nach Vorschrift; **slow·ly** ['sləʊlı] *adv* langsam; **slow-motion** I *adj attr* in Zeitlupe; II *s* Zeitlupe *f*; **slow-moving** [,sləʊ'muːvıŋ] *adj* langsam vorankommend; *(Verkehr)* kriechend; *(Handlung)* langatmig; **slow·ness** ['sləʊnıs] 1. Langsamkeit *f*; 2. Trägheit *f*; Schwerfälligkeit *f*; 3. Begriffsstutzigkeit *f*; **slow·poke** ['sləʊ,pəʊk] *Am fam* Schlafmütze *f*; **slow train** *Br* Bummelzug *m*; **slow-witted** [,sləʊ'wıtıd] *adj* begriffsstutzig; **slow-worm** *zoo* Blindschleiche *f*.
sludge [slʌdʒ] 1. (Schnee)Matsch *m*; Schlamm *m*; 2. *tech* (Klär)Schlamm *m*.
slue[1] [sluː] *Am* I *itr* sich drehen; II *tr* drehen.
slue[2] [sluː] *Am fam* (gewaltige) Menge, Masse *f*.
slug[1] [slʌg] Nacktschnecke *f*.
slug[2] [slʌg] 1. *typ* Zeilenguß *m*, Reglette *f*; *pl* Durchschuß *m*; 2. *fam* Schluck *m*; 3. Kugel *f*.
slug[3] [slʌg] *fam* I *tr* hart schlagen; II *s* harter Schlag; ▶ **give s.o. a** ~ jdm eine knallen.
slug·gard ['slʌgəd] Faulpelz *m*; **slug·gard·ly** [—lı] *adj* faul.
slug·gish ['slʌgıʃ] *adj* 1. träge; langsam;

2. *com* schleppend; stagnierend; 3. *tech* zähflüssig.
sluice [sluːs] I *s* 1. Schleuse *f*; 2. Rinne *f*, Graben *m*; II *itr* herausströmen; III *tr* 1. *(~ out, down)* waschen; abspritzen; ab-, auswaschen, ausspülen; 2. *(Erz)* waschen; **sluice-gate** Schleusentor *n*; **sluice-way** Schleusenkanal *m*.
slum [slʌm] I *s* 1. Elendsquartier *n*; 2. *pl* Elendsviertel *n*; 3. *fig* Saustall *m*; II *tr* ▶ ~ **it** primitiv leben.
slum·ber ['slʌmbə(r)] *lit* I *itr* schlummern, schlafen *a. fig*; II *s* oft *pl* Schlummer *m*.
slum child ['slʌmtʃaıld] 〈*pl* -children〉 Slumkind *n*; **slum clearance** Beseitigung *f* der Slums, Stadtsanierung *f*; **slum dweller** Slumbewohner(in) *m (f)*.
slump [slʌmp] I *itr* 1. *(~ down)* zusammensinken, zusammensacken; 2. *fig (Preise)* (plötzlich) fallen, sinken, nachlassen; 3. *(Absatz)* abnehmen, fallen; 4. sich fallen lassen *(into a chair* auf e-n Stuhl)*; II *s* 1. (plötzliches) Nachlassen, Absinken *n*; 2. (Preis-, Kurs)Sturz, Konjunktureinbruch *m*; ▶ ~ **in prices** Preisverfall *m*; ~ **in production** Produktionsrückgang *m*.
slung [slʌŋ] *v s.* sling.
slunk [slʌŋk] *v s.* slink.
slur [slɜː(r)] I *tr* 1. undeutlich, nachlässig aussprechen; 2. *mus* binden, halten; 3. *(~ over)* oberflächlich behandeln; hinweggehen über *(s.th.* etw)*; II *s* 1. undeutliche Aussprache; 2. *fig* Makel *m*; Verunglimpfung *f*; 3. *mus* Bindung *f*; Bindebogen *m*.
slurp [slɜːp] *itr*, *tr fam* schlürfen.
slush [slʌʃ] Schneematsch *m*; Matsch, Morast, Schlamm *m*; *fig* Kitsch *m*; **slush fund** Bestechungs-, Schmiergelder *n pl*; **slushy** ['slʌʃı] *adj* matschig; *fig* sentimental.
slut [slʌt] 1. Schlampe *f*; 2. Flittchen *n*; **slut·tish** ['—ıʃ] *adj* liederlich.
sly [slaı] *adj* 1. schlau, verschlagen; 2. falsch, hinterhältig; ▶ **on the** ~ heimlich.
smack[1] [smæk] I *s* 1. (leichter) Geschmack, Beigeschmack *m a. fig (of* von)*; 2. *fig* (schwache) Spur, Andeutung *f*, Anflug *m*; II *itr* 1. schmecken, *fig* riechen *(of* nach)*; 2. e-n Anflug haben *(of* von)*.
smack[2] [smæk] I *s* 1. *(~ on the lips)* Schmatz *m*, lauter Kuß; 2. Schmatzen *n*; 3. *(Peitsche)* Knallen *n*; 4. Klaps, Schlag *m*; 5. *sl* Heroin *n*; ▶ **have a** ~ **at s.th.** *fam* etw probieren; **a** ~ **in the eye** *fam* ein Schlag ins Kontor, ein Mißerfolg *m*; II *tr* (klatschend) schlagen; ▶ ~ **s.o.'s bottom** jdm den Hintern versohlen; ~ **one's lips** schmatzen; III *adv* direkt; **smacker** ['smækə(r)] 1. *fam (Kuß)* Schmatzer *m*; 2. Klaps *m*; 3. *sl* Dollar

m; Pfund (Sterling) *n;* **smack·ing** ['smækɪŋ] Tracht *f* Prügel.
small [smɔːl] I *adj* 1. klein; 2. gering; 3. *(Zahl)* niedrig; 4. *(Vermögen)* bescheiden; 5. *(Trost)* schwach, schlecht; 6. geringfügig, unbedeutend; 7. *(Mensch)* kleinlich; 8. *(Stimme)* schwach; 9. *(Getränk, bes. Bier)* schwach, dünn; ▶ **in a ~ voice** kleinlaut; **in a ~ way** in bescheidenem Umfang; **on the ~ side** etwas zu klein; **feel ~** kleinlaut sein; **the ~est possible amount** so wenig wie möglich; **that was no ~ success** das war ein beachtlicher Erfolg; II *s pl Br* Unterwäsche *f;* ▶ **the ~ of the back** das Kreuz; **small ads** *pl* Kleinanzeigen *f pl;* **small-arms** *pl* Handfeuerwaffen *f pl;* **small beer** Dünnbier *n; fig* Kleinigkeit *f;* kleiner Wicht; **small business** mittelständische Wirtschaft; **small change** Klein-, Wechselgeld *n;* **small fry** *pl* kleine Fische *m pl a. fig;* **small-hold·er** ['smɔːlˌhəʊldə(r)] Kleinbauer *m;* **small·hold·ing** ['smɔːlˌhəʊldɪŋ] Kleinbesitz *m;* **small hours** *pl* frühe Morgenstunden *f pl;* **small intestine** Dünndarm *m pl a;* **smallish** ['smɔːlɪʃ] *adj* ziemlich klein; **small loan** Kleinkredit *m;* **small-minded** [ˌsmɔːlˈmaɪndɪd] *adj* kleinlich, engstirnig; **small·ness** ['smɔːlnɪs] Kleinheit *f; fig* Bescheidenheit *f; pej* Kleinlichkeit *f;* **small·pox** ['smɔːlpɒks] Pocken *pl;* **small print** (das) Kleingedruckte; **small-scale** *adj* Klein-, in kleinem Maßstab; **small screen** *fam TV* Bildschirm *m;* **small talk** (höfliche) Konversation *f;* **small-time** *adj fam* klein; nebensächlich, belanglos, unbedeutend; ▶ **~ crooks** *pl* kleine Gauner *m pl.*
smarmy ['smɑːmɪ] *adj fam* glatt, kriecherisch.
smart [smɑːt] I *adj* 1. schick; flott; gepflegt; 2. klug, gewitzt; raffiniert; *pej* besonders gescheit; 3. schnell, flink, fix; ▶ **get ~** *Am fam* sich zusammenreißen; **get ~ with s.o.** *fam* jdm frech kommen; **he thinks it's ~ to do that** er kommt sich dabei toll vor; **look ~!** beeil dich! II *itr* brennen; ▶ **~ under s.th.** *fig* unter etw leiden; III *s* Schmerz *m;* Brennen *n;* **smart-alec(k)** ['smɑːtˈælɪk] Besserwisser(in) *m (f);* **smarten** ['smɑːtn] I *tr (~ up)* auffrischen, -polieren, herausputzen; ▶ **~ o.s. up** sich schönmachen; II *itr* 1. frisch, sauber, schöner werden; 2. aufleben, in Schwung kommen; **smart·ness** ['smɑːtnɪs] 1. Schick *m;* Eleganz *f;* 2. Schlauheit, Gerissenheit *f;* 3. Gewandtheit, Tüchtigkeit *f.*
smash [smæʃ] I *tr* 1. zerschmettern *(s.th. against the wall* etw an der Wand); zerschlagen; 2. *(Fenster)* einwerfen, -schlagen; 3. (vernichtend) schlagen, (schwer) treffen, ruinieren; 4. *(Tennis)*

schmettern; ▶ **~ to bits** in tausend Stücke zerbrechen, zerschlagen; II *itr* 1. zerbrechen; zerschellen; 2. *(~ into s.th.)* prallen *(into s.th.* gegen etw); 3. *fig fam* Bankrott machen, pleite gehen; III *s* 1. heftiger Schlag; 2. *(Tennis)* Schmetterball *m;* 3. Zerbrechen, Zerkrachen *n;* Knall *m;* 4. Zusammenstoß *m;* 5. Zusammenbruch, Bankrott *m;* IV *(mit Präposition)* **smash in** *tr* einschlagen; **smash up** *tr* zertrümmern; *(Gesicht)* übel zurichten; *(Auto)* zu Schrott fahren; *itr* kaputtgehen; zerschellen; **smash-and-grab raid** [ˌsmæʃnˈgræbreɪd] Schaufenstereinbruch *m;* **smashed** [smæʃt] *adj fam* betrunken; **smasher** ['smæʃə(r)] 1. Knüller *m,* Bomben-, Pfundsache *f;* 2. Pfundskerl *m,* Prachtmädel *n;* **smash hit** Bombenerfolg *m;* **smash·ing** ['smæʃɪŋ] *adj fam* toll, phantastisch; **smash-up** ['smæʃʌp] Unfall *m; fin* Pleite *f;* ▶ **car ~** Autozusammenstoß *m.*
smat·ter·ing ['smætərɪŋ] oberflächliche Kenntnis *(in, of* gen); ▶ **a ~ of German** ein paar Brocken Deutsch.
smear [smɪə(r)] I *tr* 1. schmieren; verschmieren; beschmieren; einschmieren *(with* mit); 2. verwischen; 3. *fig* verleumden; II *itr* verschmieren; *(Kugelschreiber)* schmieren; *(Tinte)* verlaufen; III *s* 1. (Schmier-, Schmutz)Fleck *m;* 2. *med* Abstrich *m;* 3. *fig* Verleumdung *f;* ▶ **~ of blood, paint** Blut-, Farbfleck *m;* **~ campaign** Schmutz-, Verleumdungskampagne *f;* **~ test** *med* Abstrich *m;* **smeary** ['smɪərɪ] *adj* 1. schmierig, schmutzig; 2. schmierend.
smell [smel] ⟨smelt *od* smelled, smelt *od* smelled⟩ I *tr* 1. riechen; 2. wittern *a. fig;* 3. beriechen, beschnuppern; ▶ **~ a rat** *fig* Lunte riechen; II *itr* 1. riechen *(at* an; *of* nach); duften; stinken *a. fig;* 2. *fig* hindeuten *(at* auf); erinnern *(at* an); ▶ **~ to high heaven** zum Himmel stinken; III *s* 1. Geruch(ssinn) *m;* 2. Geruch, Duft *m;* 3. Gestank *m;* IV *(mit Präposition)* **smell out** *tr* 1. aufstöbern, aufspüren; *(Verschwörung)* aufdecken; 2. verpesten; **smell·ing-bottle** ['smelɪŋˌbɒtl] Riechfläschchen *n;* **smell·ing-salts** ['smelɪŋsɔːlts] *pl* Riechsalz *n;* **smelly** ['smelɪ] *adj fam* übelriechend.
smelt¹ [smelt] *tr* schmelzen, verhütten; ▶ **~ down** einschmelzen.
smelt² [smelt] *v s. smell.*
smile [smaɪl] I *itr, tr* lächeln; ▶ **~ at s.o.** jdn anlächeln, anlachen; **~ at s.th.** über etw lächeln; **~ on s.o.** *fig* jdm lachen; **~ with joy, happiness** vor Freude, Glück strahlen; **keep smiling!** laß dich nicht unterkriegen! **~ one's thanks** dankbar lächeln; **~ a friendly ~** freundlich lächeln; II *s* Lächeln *n;* ▶ **give s.o. a ~**

jdm zulächeln; **come on, give me a ~!** lach doch mal; **be all ~s** übers ganze Gesicht strahlen; **smil·ing** ['—ɪŋ] *adj* lächelnd.

smirch [smɜ:tʃ] I *tr fig* Schande machen (*s.o.* jdm); II *s fig* Schandfleck *m.*

smirk [smɜ:k] I *itr* grinsen, hämisch lächeln; II *s* Grinsen *n.*

smith [smɪθ] Schmied *m.*

smith·er·eens [ˌsmɪðə'ri:nz] ► **in ~** in tausend Stücken; **smash to ~** in Stücke schlagen.

smithy ['smɪðɪ] Schmiede *f.*

smit·ten ['smɪtn] *adj* 1. heimgesucht (*with* von); 2. *fam* verknallt, verliebt (*with* in).

smock [smɒk] 1. (Arbeits)Kittel *m;* 2. Schürzenbluse *f;* **smock·ing** ['—ɪŋ] Smokarbeit *f.*

smog [smɒg] Smog *m;* **smog alert, warning** Smogalarm *m.*

smoke [sməʊk] I *s* Rauch, Qualm *m;* ► **go up in ~** *fig* in Rauch aufgehen; ergebnislos verlaufen; wütend werden; **have a ~** (eine) rauchen; Haschisch rauchen; **have you got a ~?** hast du was zu rauchen? II *itr* rauchen; qualmen; Haschisch rauchen; III *tr* 1. rauchen; 2. (*Lebensmittel*) räuchern; IV (*mit Präposition*) **smoke out** *tr* 1. ausräuchern; 2. *fam* verräuchern, einräuchern; **smoke-bomb** Rauchbombe *f;* **smoked** [sməʊkt] *adj* geräuchert; Räucher-; (*Glas*) Rauch-; ► **~ salmon** Räucherlachs *m;* **smoke-dried** ['sməʊkdraɪd] *adj* geräuchert; **smoke-less** ['sməʊklɪs] *adj* rauchlos; (*Gebiet*) rauchfrei; **smoker** ['sməʊkə(r)] 1. Raucher(in) *m (f);* 2. Raucherabteil *n;* **smoke-room** Rauchsalon *m;* **smoke-screen** *mil* Rauch-, Nebelwand *f; fig* Vernebelung *f;* **smoke-shell** Nebelgranate *f;* **smoke-signal** Rauchsignal *n;* **smoke-stack** Schornstein *m;* Schlot *m;* **smoke-stained** ['sməʊksteɪnd] *adj* rauchgeschwärzt.

smok·ing ['sməʊkɪŋ] Rauchen *n;* ► **no ~!** Rauchen verboten! **smoking compartment,** *Am* **smoking car** *rail* Raucherabteil *n;* **smoking-jacket** Hausjacke *f;* **smoking-room** Rauchzimmer *n.*

smoky ['sməʊkɪ] *adj* 1. (*Feuer*) qualmend; 2. rauchig; verräuchert; 3. rauchgeschwärzt.

smooch [smu:tʃ] *itr fam* schmusen, knutschen.

smooth [smu:ð] I *adj* 1. glatt; (*Oberfläche*) eben; (*See*) ruhig; 2. (*Haare, Haut*) weich; 3. (*Paste, Teig*) sämig; (*Soße*) glatt; 4. (*Reise, Überfahrt, Flug*) ruhig; (*Start, Landung*) glatt, weich; (*Atmung*) gleichmäßig; 5. (*Ablauf*) reibungslos, glatt; 6. (*Getränk*) mild; 7. (*Stil*) flüssig, glatt; (*Ton*) sanft; (*Rede-*

weise) flüssig; 8. (*Benehmen, Verkäufer*) glatt, geschliffen, *pej* aalglatt; kühl; 9. *fam* gepflegt, fesch; 10. (*Tennis*) glatt, weich; 11. (*Motor, Getriebe*) leichtgängig; ► **have a ~ manner, tongue** aalglatt sein; **~ operator** Schlawiner *m,* Schlitzohr *n;* **make things ~ for s.o.** jdm die Schwierigkeiten aus dem Weg räumen; II *s* ► **give s.th. a ~** etw glattstreichen; **take the rough with the ~** das Gute wie das Schlechte hinnehmen; III *tr* glätten; *fig* besänftigen; IV (*mit Präposition*) **smooth away** *tr* glätten; *fig* besänftigen; **smooth down** *tr* 1. glattstreichen; zurechtmachen; 2. *fig* beruhigen, beschwichtigen; *itr* sich glätten; sich beruhigen; **smooth over** *tr* geradebiegen.

smoothie, smoothy ['smu:ðɪ] *fam pej* Lackaffe *m;* **smooth·ness** ['smu:ðnɪs] 1. Glätte *f;* 2. Geschmeidigkeit *f;* 3. Sanftheit *f;* 4. *fig* Eleganz *f;* **smooth-shaven** *adj* glattrasiert; **smooth-tongued** ['smu:ðtʌŋd] *adj* katzenfreundlich; schmeichlerisch.

smother ['smʌðə(r)] I *tr* 1. ersticken; 2. überschütten, überhäufen (*in, with* mit); II *itr* ersticken.

smoul·der, *Am* **smol·der** ['sməʊldə(r)] *itr* schwelen, glimmen *a. fig;* ► **~ing look** glühender Blick.

smudge [smʌdʒ] I *s* 1. Schmutzfleck *m;* Klecks *m;* 2. *Am* qualmendes Feuer; II *tr,itr* verschmieren; **smudgy** ['smʌdʒɪ] *adj* schmutzig, schmierig; verwischt.

smug [smʌg] *adj* 1. selbstzufrieden, -gefällig; 2. eingebildet; blasiert.

smuggle ['smʌgl] *tr, itr* schmuggeln (*s.th. into England* etw nach England); **smug·gler** ['smʌglə(r)] Schmuggler(in) *m (f);* **smug·gling** ['smʌglɪŋ] Schmuggel *m.*

smut [smʌt] 1. Ruß(flocke *f*) *m;* 2. Schmutzfleck *m;* 3. *fig* Zoten *f pl;* **smutty** ['smʌtɪ] *adj* schmutzig *a. fig;* unanständig.

snack [snæk] Imbiß, Snack *m,* Kleinigkeit *f* zu essen; **snack-bar, snack-counter** Imbißstube, Schnellgaststätte, Snackbar *f.*

snaffle ['snæfl] *tr Br fam* stibitzen, klauen; ► **~s.th. up** etw wegschnappen.

snag [snæg] I *s* 1. Baum-, Aststumpf *m;* 2. Riß *m* (*im Strumpf*); 3. *fig* Schwierigkeit *f;* Haken *m;* ► **hit a ~** in Schwierigkeiten kommen; **there's a, one ~** die Sache hat einen Haken; II *tr* (*an e-m hervorstehenden Gegenstand*) aufreißen; (*Faden*) herausziehen.

snail [sneɪl] Schnecke *f;* ► **at a ~'s pace** im Schneckentempo; **snail-shell** Schneckenhaus *n.*

snake [sneɪk] I *s* Schlange *f a. fig tech;* ► **a ~ in the grass** *fig* ein hinterhältiger Mensch; II *itr* sich schlängeln, sich winden; **snake-bite** Schlangenbiß *m;* **snake-charmer** Schlangenbeschwörer(in) *m (f);* **snake-poison, snake-venom** Schlangengift *n;* **snake-ranch** Schlangenfarm *f;* **snake-skin** Schlangenhaut *f;* Schlangenleder *n;* **snaky** ['sneɪkɪ] *adj* sich schlängelnd.

snap [snæp] **I** *itr* 1. schnappen (*at* nach); 2. zuschnappen; rasch zupacken; 3. (zer)springen, (zer)reißen; 4. (~ *shut*) (*Tür, Schloß*) zuschlagen, zuschnappen; ▶ **his patience** ~ped er verlor die Geduld; ~ **at s.o.** jdn anfahren; ~ **to attention** Haltung annehmen; ~ **to it!** zack, zack! **something** ~ped **in me** da habe ich durchgedreht; **II** *tr* 1. zerbrechen; 2. zuklappen, zuknallen; knallen lassen; 3. (~ *out*) herausfahren mit; (*Worte*) hervorstoßen; 4. knipsen *bes. phot;* ▶ ~ **one's fingers** mit den Fingern schnalzen; ~ **one's fingers at s.o., s.th.** *fig* auf jdn, etw pfeifen; **III** *s* 1. Schnappen *n;* Schnalzen *n;* Knacken *n;* Klicken *n;* Knallen *n;* 2. *phot* Foto *n,* Schnappschuß *m;* 3. (~*-fastener*) Druckknopf *m;* 4. *fig fam* Schwung, Elan *m;* 5. Keks *m;* ▶ **cold** ~ Kälteeinbruch *m;* **IV** *adj* plötzlich, spontan; ~ **decision** plötzlicher Entschluß; ~ **vote** Blitzabstimmung *f;* **go** ~ klick, schnapp, knack machen; **V** *interj* ich auch! **VI** (*mit Präposition*) **snap away** *tr* wegschnappen; entreißen; **snap from** *tr* entreißen aus; wegreißen von; wegnehmen, stehlen von; **snap off** *tr* abreißen; abbrechen; abbeißen; *itr* abbrechen; ▶ ~ **s.o.'s head off** *fig* jdn anfahren; **snap out** *tr* hervorstoßen (*his orders* seine Befehle); ▶ ~ **out of s.th.** mit etwas Schluß machen; ~ **out of it!** genug damit! Kopf hoch! **snap up** *tr* wegschnappen.

snap·dragon ['snæp͵drægən] *bot* Löwenmaul *n;* **snap-fastener** Druckknopf *m;* **snap lock** Schnappverschluß *m;* **snap·pish** [snæpɪʃ] *adj* bissig; **snappy** ['ʃnæpɪ] *adj* 1. *fam* schnell, zackig; 2. bissig *a. fig;* 3. kurz und treffend; ▶ **make it** ~! *fam* fix! los, los!; **snap·shot** ['snæpʃɒt] Schnappschuß *m.*

snare [sneə(r)] **I** *s* 1. Schlinge, Falle *f a. fig;* 2. *fig* Fallstrick *m;* 3. (~ *drum*) kleine Trommel; **II** *tr* 1. in e-r Schlinge fangen; 2. *fig* sich unter den Nagel reißen; 3. *fig* e-e Falle stellen (*s.o.* jdm).

snarl[1] [snɑːl] **I** *tr* knurren; (*Motor*) dröhnen; ▶ ~ **at s.o.** jdn anknurren; **II** *tr* (~ *out*) knurrend, brummend sagen; **III** *s* Knurren *n.*

snarl[2] [snɑːl] **I** *tr* verwirren; **II** *s* Knoten *m;* **III** (*mit Präposition*) **snarl up** *tr* durcheinanderbringen; *itr* völlig durcheinandergeraten; ▶ **traffic gets** ~ed **up** der Verkehr ist chaotisch; **get** ~ed **up in a traffic jam** in einem Stau steckenblei-

ben; **snarl-up** ['snɑːlʌp] Durcheinander *n; (Verkehr)* Chaos *n.*

snatch [snætʃ] **I** *tr* 1. greifen; 2. (*from s.o.* jdm) entreißen; aus der Hand reißen; 3. (*Kuß*) rauben; 4. wegnehmen (*from* von); 5. (*Gelegenheit*) beim Schopf ergreifen, fassen; 6. *fam* stehlen; kidnappen; ▶ ~ **a meal** schnell etwas essen; **II** *itr* schnappen, haschen, rasch zugreifen (*up* nach); **III** *s* 1. schneller Griff; 2. Stück(chen) *n,* Brocken *m;* (Gesprächs)Fetzen *m;* 3. *sport* Reißen *n;* 4. *fam* Raub *m;* Entführung *f;* ▶ **in** ~es stoß-, ruckweise, mit Unterbrechungen; **make a** ~ **at s.th.** nach etw greifen, schnappen; **IV** (*mit Präposition*) **snatch away** *tr* wegreißen (*s.th. from s.o.* jdm etw); (*Tod*) entreißen (*from s.o.* jdm); **snatch up** *tr* schnappen; an sich reißen; **snatchy** ['snætʃɪ] *adj* unzusammenhängend, unregelmäßig, unterbrochen.

snaz·zy ['snæzɪ] *adj fam* schick, fesch, flott.

sneak [sniːk] **I** *itr* 1. schleichen; 2. kriechen *a. fig* (*into* in); 3. (~ *away, off*) davonschleichen; sich davonmachen; 4. *sl* petzen; ▶ ~ **on s.o.** *sl* jdn verpetzen; **II** *tr* mausen, stibitzen; **III** *s* 1. Schleicher *m;* 2. *sl* Petzer *m,* Petzliese *f;* **IV** (*mit Präposition*) **sneak in** *itr* sich einschleichen; **sneak off, past, round** *itr* weg-, vorbei-, herumschleichen; **sneak out** *itr* sich herausschleichen (*of* aus); *fig* sich drücken (*of* vor); sich herausschwindeln (*out of* aus); **sneak up to s.o.** sich an jdn heranschleichen; **sneak·ers** ['sniːkəz] *pl Am* Freizeitschuhe *m pl;* Turnschuhe *m pl;* **sneak·ing** ['—ɪŋ] *adj* geheim; (*Verdacht*) heimlich, leise; **sneak-thief** ⟨*pl* -thieves⟩ Gelegenheitsdieb *m;* **sneaky** ['sniːkɪ] *adj* heimtückisch; feige; raffiniert.

sneer [snɪə(r)] **I** *itr* 1. höhnisch lächeln; 2. höhnen, spotten (*at* über); **II** *s* Hohn(lachen, -gelächter *n),* Spott *m;* spöttisches Grinsen; spöttische Bemerkung; **sneer·ing** ['snɪərɪŋ] *adj* höhnisch, spöttisch.

sneeze [sniːz] **I** *itr* niesen; ▶ **it is not to be** ~d **at** das ist nicht ohne, das ist nicht zu verachten; **II** *s* Niesen *n.*

snick [snɪk] **I** *s* Kerbe *f,* Ritz *m;* **II** *tr* ritzen, einkerben; zupfen.

snicker ['snɪkə(r)] *s. snigger.*

snide [snaɪd] *adj fam* abfällig, höhnisch.

sniff [snɪf] **I** *itr* 1. schniefen; 2. schnüffeln, schnuppern (*at* an); 3. *fig* die Nase rümpfen (*at* über); ▶ **not to be** ~ed **at** *fig fam* nicht zu verachten; **II** *tr* riechen, schnuppern an; (*Tabak*) schnupfen; *fig* wittern; ▶ ~ **glue** schnüffeln; **III** *s* Schnüffeln *n;* Schniefen *n; fig* Naserümpfen *n;* ▶ **have a** ~ **at s.th.** an etw riechen; **IV** (*mit Präposition*) **sniff out** *tr* aufspüren; (*Komplott*) aufdecken.

sniffle ['snɪfl] I *itr* schniefen; schnüffeln; II *s* 1. Schniefen *n;* 2. *pl fam* Schnupfen *m.*

snif·ter ['snɪftə(r)] *fam* Schnäpschen *n.*

snig·ger ['snɪgə(r)] *itr* kichern (*at, about* über).

snip [snɪp] I *tr* schnippen, (ab)schnippeln; schneiden; ► ~ **off** abschneiden; abzwicken; II *itr* schnippe(l)n; III *s* 1. kleiner Schnitt, Einschnitt *m;* 2. Schnipsel, Schnippel *m* od *n;* 3. *fam* guter Kauf; ► it's a ~ at only £ 100 für nur £ 100 ist es sehr günstig.

snipe [snaɪp] I *s* Schnepfe *f;* ► II *itr* ~ **at s.o.** aus dem Hinterhalt auf jdn schießen; *fig* gegenüber jdm e-e spitze Bemerkung machen; **sniper** ['snaɪpə(r)] Heckenschütze *m.*

snip·pet ['snɪpɪt] 1. Schnipsel *m* od *n;* Stückchen *n;* 2. *pl* Bruchstücke *n pl.*

snitch [snɪtʃ] *sl* I *tr* stibitzen, mausen; II *itr* angeben, verpfeifen (*on s.o.* jdn).

snivel ['snɪvl] *itr* heulen; **snivel·ling** ['—ɪŋ] *adj* weinerlich; wehleidig.

snob [snɒb] Snob *m;* **snob·bery** ['snɒbɪ] Snobismus *m;* **snob·bish** ['snɒbɪʃ] *adj* großtuerisch, snobistisch, versnobt; **snob value** Imagewert *m.*

snook [snuːk] ► **cock a ~ at s.o.** jdm e-e lange Nase machen.

snooker ['snuːkə(r)] I *s (Art)* Billard *n;* II *tr* 1. *fam* in e-e schwierige Lage bringen; 2. *(Plan)* zum Scheitern bringen; ► **be ~ed** nicht mehr weiterkönnen.

snoop [snuːp] I *itr fam* (~ *around*) herumschnüffeln, -spionieren; ► ~ **into** herumschnüffeln in; ~ **on s.o.** jdn bespitzeln; II *s* 1. Herumschnüffeln *n;* 2. *s. snooper;* **snooper** ['snuːpə(r)] *fam* Schnüffler(in) *m (f).*

snoot [snuːt] *Am fam* Nase *f;* **snooty** ['snuːtɪ] *adj fam* hochnäsig.

snooze [snuːz] *fam* I *s* Nickerchen *n;* II *itr* ein Nickerchen machen; **snooze button** *(Radiowecker)* Schlummertaste *f.*

snore [snɔː(r)] I *itr* schnarchen; II *s* Schnarchen, Geschnarche *n.*

snor·kel ['snɔːkl] I *itr* schnorcheln; II *s* Schnorchel *m.*

snort [snɔːt] I *itr* schnauben (*with rage* vor Wut); II *s* Schnauben, Schnaufen *n.*

snor·ter ['snɔːtə(r)] *s. snifter.*

snot [snɒt] *fam* Rotz *m;* **snot-rag** ['snɒtræg] *sl hum* Rotzfahne *f;* **snotty** ['snɒtɪ] *adj fam* 1. rotzig; 2. frech; patzig.

snout [snaʊt] 1. Schnauze *f a. fig,* Rüssel *m;* 2. *sl* Tabak *m;* 3. *sl* Spitzel *m.*

snow [snəʊ] I *s* 1. Schnee *m a. fig;* Schneefall *m;* 2. *pl* Schneemassen *f pl;* 3. *sl (Kokain)* Koks, Schnee *m;* II *itr* schneien; III *(mit Präposition)* **snow in** *tr* einschneien; **be snowed off** wegen Schnee abgesagt werden; **snow under**

tr fig überhäufen; eindecken; **snowball** ['snəʊbɔːl] I *s* Schneeball *m;* II *itr fig* lawinenartig anwachsen; **snowball effect** Schneeballeffekt *m;* **snow bank** Schneeverwehung *f;* **snow·blind** ['snəʊblaɪnd] *adj* schneeblind; **snowblind·ness** ['snəʊblaɪndnɪs] Schneeblindheit *f;* **snow·bound** ['snəʊbaʊnd] *adj* eingeschneit; **snow cannon** Schneekanone *f;* **snow-capped, snow-clad** ['snəʊkæpt, 'snəʊklæd] *adj (Berg)* schneebedeckt; **snowchains** *pl* Schneeketten *pl;* **snow·drift** ['snəʊdrɪft] Schneewehe *f;* **snow·drop** ['snəʊdrɒp] *bot* Schneeglöckchen *n;* **snow·fall** ['snəʊfɔːl] Schneefall *m,* -menge *f;* ► **there was a heavy** ~ es schneite stark; **snow fence** Schneezaun *m;* **snow-field** Schneefläche *f,* -feld *n;* **snow·flake** ['snəʊfleɪk] Schneeflocke *f;* **snow·goggles** *pl* Schneebrille *f;* **snow-line** Schneegrenze *f;* **snow·man** ['snəʊmæn] ⟨*pl* -men⟩ Schneemann *m;* **snow·mobile** ['snəʊməˌbiːl] Schneemobil *n;* **snowplough, Am snow·plow** ['snəʊplaʊ] Schneepflug *m;* **snow report** Schneebericht *m;* **snow-shoe** Schneeschuh *m;* **snow·storm** ['snəʊstɔːm] Schneesturm *m;* **snow suit** Schneeanzug *m;* **snow tyre, Am tire** Winterreifen *m;* **snow weasel** *Am* Motorschlitten *m;* **snow-white** *adj* schneeweiß; **Snow White** Schneewittchen *n;* **snowy** ['snəʊɪ] *adj* 1. verschneit; 2. schneeweiß; ► **it was** ~ es hat geschneit.

snub [snʌb] I *tr* 1. anfahren, ausschimpfen; 2. von oben herab behandeln; 3. schneiden, ignorieren; II *s* Brüskierung *f;* **snub nose** Stupsnase *f;* **snub-nosed** ['snʌbnəʊzd] *adj* stupsnasig.

snuff [snʌf] I *s* Schnupftabak *m;* ► **take** ~ schnupfen; II *tr* (~ *out*) auslöschen; *(Docht)* putzen; *fig* zerschlagen; ► ~ **it** *Br sl* abkratzen, sterben; **snuff-box** Schnupftabak(s)dose, Tabatiere *f.*

snuffle ['snʌfl] *itr* schnauben, schnaufen; schniefen.

snug [snʌg] I *adj* 1. geborgen, geschützt; 2. behaglich, gemütlich; 3. *(Kleidung)* eng (anliegend); 4. *(Einkommen)* auskömmlich, reichlich; 5. *(Hafen)* geschützt; ► **it's a ~ fit** es paßt gut; II *s Br (Kneipe)* kleines Nebenzimmer.

snuggle ['snʌgl] I *itr* sich kuscheln, sich anschmiegen (*against* an); ► ~ **down** es sich gemütlich machen (*into s.th.* in etw); ~ **up** sich zusammenkuscheln; sich anschmiegen; II *tr* an sich drücken.

so [səʊ] I *adv* 1. so; 2. (*ever* ~) *fam* dermaßen, -art, so (sehr); ► ~ **late, long, many (that)** so spät, so lange, so viele (, daß); **not** ~ ... **as** nicht so ... wie; ~ **did I** ich auch; ~ **I did** ja, das

habe ich getan; ~ **it was** ja, so war es; ~
they say so heißt es; man sagt so; **and ~
on (and ~ forth)** und so weiter (und so
fort); **is that ~?** wirklich? **be ~ kind as
to** ... sei so freundlich und ... **or ~**
(nachgestellt) oder so, etwa; ~ **far** bis
jetzt, bisher; soweit; ~ **far from being**
weit davon entfernt zu; ~ **far,** ~ **good** so
weit ganz gut; ~ **long as** solange *conj;* ~
long! *fam* tschüs! ~ **much nonsense,
rubbish!** alles Unsinn! alles Quatsch! ~ **I
hope, I hope** ~ das hoffe ich, ich hoffe
es; ~ **I see** ich seh's, das sehe ich; ~ **to
speak** sozusagen; **you don't say ~!**
wirklich? **I told you** ~ ich sagte es doch!
sagte ich es nicht? **just ~! quite ~!** ganz
richtig! **thanks ever ~ much** vielen
Dank! ~ **help me God!** so wahr mir
Gott helfe! II *conj* 1. damit; 2. also; ▶ ~
that so daß, damit; ~ **as** so daß; voraus-
gesetzt, daß; ~ **as to** um zu; ~ **that's
that** *fam* so, das wär's! damit Schluß! ~
what? *fam* na und?
soak [səʊk] I *tr* 1. einweichen; tränken;
2. durchnässen; 3. *fig fam* schröpfen;
▶ **be ~ed** durch und durch naß sein;
durchgeregnet sein; ~ **o.s. in sunshine**
in der Sonne braten; ~ **o.s. in s.th.** *fig*
sich in etw vertiefen; II *itr* 1. einwei-
chen; eingeweicht werden; 2. einziehen,
eindringen; III *s* 1. Einweichen *n;* 2. *fam*
Säufer(in) *m (f);* IV *(mit Präposition)*
soak in *itr* einziehen; *fig* begriffen wer-
den; **soak off** *tr* ablösen; *itr* sich ablö-
sen; **soak up** *tr* aufsaugen; *(Sonne)* ge-
nießen; *fig* in sich aufnehmen; *(Ge-
räusch)* schlucken; **soak·ing** ['–ıŋ] *adj*
(~ *wet)* klatschnaß.
so-and-so ['səʊənsəʊ] ▶ **Mr S~** Herr
Soundso; **this old ~ !** dieser gemeine
Kerl!
soap [səʊp] I *s* Seife *f;* II *tr* einseifen;
soap-box 1. Seifenkiste *f;* 2. Rednertri-
büne *f;* ▶ ~ **race** Seifenkistenrennen *n;*
soap-bubble Seifenblase *f;* **soap-
dish** Seifenschale *f;* **soap dispenser**
Seifenspender *m;* **soap-flakes** *pl* Sei-
fenflocken *f pl;* **soap-opera** *TV* Seifen-
oper *f;* **soap-powder** Seifenpulver *n;*
soapy ['səʊpɪ] *adj* seifig.
soar [sɔ:(r)] *itr* 1. aufsteigen; sich in die
Lüfte schwingen; 2. *(Gebäude)* hochra-
gen; 3. *(Preise)* in die Höhe schnellen;
(Hoffnung, Ruf) zunehmen; *(Stim-
mung)* sich heben; **soar·ing** [–ıŋ] *adj*
1. aufsteigend; 2. hochragend; 3. *(Phan-
tasie)* blühend; *(Pläne)* hochfliegend;
(Bevölkerung) ansteigend, schnell zu-
nehmend; 4. *(Preise)* in die Höhe
schnellend, sprunghaft steigend; *(Infla-
tion)* unaufhaltsam.
sob [sɒb] I *itr* schluchzen; II *tr* (~ **out)**
schluchzend erzählen; ▶ ~ **one's heart
out** herzergreifend schluchzen; ~ **o.s. to
sleep** sich in den Schlaf weinen; III *s*

Schluchzen *n.*
so·ber ['səʊbə(r)] I *adj* 1. nüchtern; 2.
gesetzt, ruhig, besonnen; ernst; 3. ein-
fach, schlicht; 4. *(Farbe)* ruhig; ▶ **in ~
earnest** in vollem Ernst; II *(mit Präposi-
tion)* **sober down** *itr* ruhiger werden;
sober up *tr* nüchtern machen; *fig* zur
Vernunft bringen; *itr* nüchtern werden;
fig vernünftig werden; sich beruhigen;
so·ber·ness, so·bri·ety [–nıs,
səʊ'braıətı] Nüchternheit *f;* Besonnen-
heit *f.*
so·bri·quet, sou·bri·quet ['səʊbrıkeı,
'su:brıkeı] Spitzname *m.*
sob story ['sɒb,stɔ:rı] *fam* rührselige,
sentimentale Geschichte.
so-called [,səʊ'kɔ:ld] *adj* sogenannt.
soc·cer ['sɒkə(r)] Fußballspiel *n;* **soc-
cer player** Fußballspieler(in) *m (f).*
so·cia·bil·ity [,səʊʃə'bılətı] Geselligkeit
f; Umgänglichkeit *f;* **so·cia·ble**
['səʊʃəbl] *adj* 1. gesellig; 2. umgänglich,
freundlich, nett.
so·cial ['səʊʃl] I *adj* 1. sozial, gesell-
schaftlich; 2. gesellig, umgänglich; ▶ ~
advancement sozialer Aufstieg; ~
climber sozialer Aufsteiger; ~ **contract**
hist Gesellschaftsvertrag *m; pol* Tarif-
abkommen *n;* ~ **costs** *pl* Sozialkosten
pl; ~ **democrat** Sozialdemokrat(in) *m
(f);* **social democratic** *adj* sozialdemo-
kratisch; ~ **evening** geselliger Abend; ~
gathering geselliges Beisammensein; ~
insurance Sozialversicherung *f;* ~ **legis-
lation** Sozialgesetzgebung *f;* ~ **order,
system** Sozial-, Gesellschaftsordnung *f;*
~ **policy** Sozialpolitik *f;* ~ **position,
rank, status** soziale, gesellschaftliche
Stellung; ~ **problem** soziale Frage; ~
reformer Sozialreformer(in) *m (f);* ~
science Sozialwissenschaften *f pl;* ~ **se-
curity** Sozialunterstützung *f;* Sozialamt
n; **be on ~ security** Sozialhilfe bekom-
men; ~ **services** *pl* soziale Einrichtun-
gen *f pl;* ~ **studies** *pl* Gemeinschafts-
kunde *f;* ~ **wealth** Volksvermögen *n;* ~
welfare gesellschaftliche Wohlfahrt; ~
work Sozialarbeit *f;* ~ **worker** Sozialar-
beiter(in) *m (f);* II *s* geselliger Abend.
so·cial·ism ['səʊʃəlızəm] Sozialismus
m; **so·cial·ist** ['səʊʃəlıst] I *s* Soziali-
st(in) *m (f);* II *adj* sozialistisch; ▶ ~
realism *(Kunst)* sozialistischer Realis-
mus; **so·cial·ite** ['səʊʃəlaıt] *fam* Ange-
hörige(r) *f m* der oberen Gesellschafts-
klasse; **so·ciali·zation** [,səʊʃəlar'zeı∫n]
1. *pol* Sozialisierung, Verstaatlichung *f;*
2. *psych* Sozialisation *f;* **so·cial·ize**
['səʊʃəlaız] I *tr* sozialisieren; II *itr* ver-
kehren *(with* mit); ein geselliges Leben
führen.
so·ci·etal [sə'saıətəl] *adj* gesellschaft-
lich; **so·ci·ety** [sə'saıətı] 1. die Gesell-
schaft; 2. Gesellschaft *f,* Verein(igung *f)*
m; 3. *com* Gesellschaft, Genossenschaft

f; Verband *m;* ▶ **building** ~ Baugenossenschaft *f;* **co-operative** ~ Konsumverein *m;* ~ **column** *(Zeitung)* Klatschspalte *f;* **the S~ of Friends** die Quäker *m pl;* **the S~ of Jesus** die Gesellschaft Jesu, der Jesuitenorden; **enjoy s.o.'s** gern in jds Gesellschaft sein; **go into** ~ in die Gesellschaft eingeführt werden; **he always wanted to get into** ~ er wollte schon immer in den besseren Kreisen verkehren.

socio [ˌsəʊsɪəʊ] *pref* sozio-; ▶ ~**cultural** soziokulturell; ~**economic** sozioökonomisch; ~**political** sozialpolitisch; **so·cio·logi·cal** [ˌsəʊsɪəˈlɒdʒɪkl] *adj* soziologisch; **so·ci·ol·ogist** [ˌsəʊsɪˈɒlədʒɪst] Soziologe *m,* Soziologin *f;* **so·ci·ol·ogy** [ˌsəʊsɪˈɒlədʒɪ] Soziologie *f.*

sock[1] [sɒk] **1.** Socke *f;* Kniestrumpf *m;* **2.** Einlegesohle *f;* **3.** *(wind* ~*)* Windsack *m;* ▶ **pull one's** ~**s up** *fam* sich ins Zeug legen; **put a** ~ **in it** *Br inf* still sein; sich ruhig verhalten.

sock[2] [sɒk] *fam* **I** *s* Schlag *m;* **II** *tr* schlagen, hauen, eine knallen (*s.o.* jdm); ▶ ~ **it to me!** *sl* leg los!

socket [ˈsɒkɪt] **1.** *el* Steckdose *f;* *(für Birne)* Fassung *f;* **2.** *tech* Sockel *m;* **3.** *anat* (Augen)Höhle *f;* (Gelenk)Pfanne *f;* Zahnhöhle *f;* **socket wrench** Steckschlüssel *m.*

sod[1] [sɒd] Rasen(stück *n*) *m.*

sod[2] [sɒd] *vulg* **I** *s* Saukerl *m;* ▶ **the poor** ~ das arme Schwein; **II** *tr* ▶ ~ **it!** zum Teufel! ~ **off** abhauen; ~ **you!** *vulg* leck mich am Arsch!

soda [ˈsəʊdə] **1.** *chem* Soda *n;* Natriumoxyd *n;* Ätznatron *n;* **2.** (~ *water)* Soda-, Selterswasser *n;* **soda bread** *mit Backpulver gebackenes Brot;* **soda-fountain** *Am* Erfrischungshalle *f;* **soda siphon** Siphon *m;* **soda-water** Sodawasser *n;* Sprudel *m.*

sod·den [ˈsɒdn] *adj* durchweicht, durchnäßt; ▶ ~ **with drink** völlig betrunken.

so·dium [ˈsəʊdɪəm] *chem* Natrium *n;* **sodium bicarbonate** doppeltkohlensaures Natrium; **sodium carbonate** Natriumkarbonat *n.*

so·do·mite [ˈsɒdəmaɪt] Päderast *m;* **so·do·my** [ˈsɒdəmɪ] Analverkehr *m.*

sofa [ˈsəʊfə] Sofa *n;* **sofa bed** Bettcouch *f,* Schlafsofa *n.*

soft [sɒft] *adj* **1.** weich, nachgebend, formbar; **2.** zart, mild, sanft; **3.** weichlich, schwächlich; **4.** *(Arbeit)* leicht, angenehm, bequem; **5.** *com (Markt)* nachgiebig; **6.** sanft, nachgiebig, gutmütig; weichlich; **7.** (~ *in the head)* einfältig, dumm; **8.** *(Farbe)* matt, sanft; **9.** *(Linie)* weich; **10.** *(Licht)* matt; **11.** *(Ton)* schwach, leise; *(Stimme)* weich; **12.** *(Getränk)* alkoholfrei; ▶ **be** ~ **on s.o.** in jdn verliebt sein; **get** ~ weich werden; ver-

weichlichen; sich erweichen lassen; **pretty** ~ **for him!** *Am fam* er hat es gut! ~ **cheese** Weichkäse *m;* ~ **currency** weiche Währung; ~ **furnishings** Vorhänge, Teppiche *usw;* ~ **landing** weiche Landung; ~ **option** Weg *m* des geringsten Widerstandes; ~ **palate** weicher Gaumen; ~ **porn** Softporno *m;* ~ **sell** Softsell *m;* ~ **toy** Plüschtier *n;* **have a** ~ **spot for** eine Schwäche haben für; **soft·ball** [ˈsɒftbɔːl] *Am* Hallenbaseball(spiel *n*), Softball *m;* **soft-boiled** [ˈsɒftˈbɔɪld] *adj (Ei)* weichgekocht.

sof·ten [ˈsɒfn, *Am* ˈsɔːtn] **I** *tr* **1.** weich machen; *(Wasser)* enthärten; **2.** lindern, mildern; *(Licht)* dämpfen; **3.** verweichlichen; ▶ ~ **the blow** *fig* den Schock mildern; **II** *itr* **1.** weich werden; **2.** *(Stimme)* sanft werden; **3.** nachlassen; **III** *(mit Präposition)* **soften up** *itr* weich werden; *(Mensch)* nachgiebig werden (*on s.o.* jdm gegenüber); *tr* **1.** weich machen; **2.** *fig* milde stimmen; *(durch Drohung)* einschüchtern, gefügig machen; *(Widerstand)* schwächen.

sof·tener [ˈsɒfnə(r)] Wasserenthärtungsmittel *n;* Weichmacher *m;* Weichspülmittel *n;* **sof·ten·ing** [ˈsɒfnɪŋ] ▶ ~ **of the brain** Gehirnerweichung *f;* **soft-headed** [ˌsɒftˈhedɪd] *adj fam* doof; **soft-hearted** [ˌsɒftˈhɑːtɪd] *adj* weichherzig, gutmütig; **softie** [ˈsɒftɪ] *s. softy.*

soft·ly [ˈsɒftlɪ] *adv* **1.** sanft; **2.** leise; leicht; **3.** nachsichtig.

soft·ness [ˈsɒftnɪs] **1.** Weichheit *f;* Zartheit *f;* **2.** Sanftheit *f;* *(Licht)* Gedämpftheit *f;* **3.** Nachgiebigkeit *f;* **4.** Verweichlichung *f;* **5.** Bequemlichkeit *f.*

soft-pedal [ˌsɒftˈpedl] **I** *tr* **1.** *mus* abschwächen, dämpfen; **2.** *fig* herunterspielen; **II** *itr* zurückstecken; **soft-soap** *tr fam* **1.** schmeicheln (*s.o.* jdm); **2.** herumkriegen (*s.o.* jdn); **soft-spoken** [ˌsɒftˈspəʊkən] *adj* gewinnend, einschmeichelnd; **soft·ware** [ˈsɒftweə(r)] *EDV* Software *f;* **software package** *EDV* Softwarepaket *n;* **software piracy** *EDV* Softwarepiraterie *f;* **soft·wood** [ˈsɒftwʊd] Nadel-, Weichholz *n;* **softy** [ˈsɒftɪ] weichlicher Typ; Softi *m.*

soggy [ˈsɒgɪ] *adj* durchweicht, durchnäßt; sumpfig.

soil[1] [sɔɪl] **I** *tr* beschmieren, beschmutzen; ▶ ~ **one's hand with s.th.** sich die Hände bei e-r S schmutzig machen; **II** *itr* fleckig, schmutzig werden.

soil[2] [sɔɪl] Boden *m,* Erde *f;* ▶ **native** ~ heimatlicher Boden; **on German** ~ auf deutschem (Grund und) Boden.

soil-pipe [ˈsɔɪlpaɪp] Abflußrohr *n.*

soi·rée [ˈswɑːreɪ] Soirée *f.*

sol·ace [ˈsɒlɪs] **I** *s* Trost *m;* **II** *tr* trösten.

so·lar [ˈsəʊlə(r)] *adj* Sonnen-, Solar-; **solar battery** Solar-, Sonnenbatterie *f;* **solar cell** Solarzelle *f;* **solar eclipse**

Sonnenfinsternis *f;* **solar energy** Sonnen-, Solarenergie *f;* **solar heat** Sonnen-, Solarwärme *f;* **so·lar·ium** [səʊ'leərɪəm] ⟨*pl* -ia⟩ [—ɪə] Solarium *n;* **solar panel** Sonnenkollektor *m;* **solar plexus** [ˌsəʊlə'pleksəs] *anat* Sonnengeflecht *n,* Magengrube *f;* **solar power** Sonnen-, Solarkraft *f;* **solar power station** Sonnen-, Solarkraftwerk *n;* **solar radiation** Sonnenstrahlung *f;* **solar system** Sonnensystem *n.*
sold [səʊld] *v s. sell.*
sol·der ['sɒldə(r)] **I** *s* Lötmittel, -zinn *n;* **II** *tr* löten; **sol·der·ing-iron** ['sɒldərɪŋaɪən] Lötkolben *m.*
sol·dier ['səʊldʒə(r)] **I** *s* 1. Soldat *m;* 2. *fig* Kämpfer *m;* ► ~ **of fortune** Glücksritter *m;* **II** *itr* (als Soldat) dienen; ► ~ **on** verbissen weitermachen.
sole[1] [səʊl] **I** *s* Sohle *f;* **II** *tr* (be)sohlen.
sole[2] [səʊl] *zoo* Seezunge, Scholle *f.*
sole[3] [səʊl] *adj* 1. einzig, alleinig; 2. ledig; ► **for the** ~ **purpose of** einzig u. allein um zu; ~ **agency** Alleinvertretung *f;* ~ **agent** Alleinvertreter(in) *m (f);* ~ **heir** Alleinerbe *m;* ~ **owner** Alleineigentümer(in) *m (f).*
sol·ecism ['sɒlɪsɪzəm] 1. Sprachschnitzer *m;* 2. Fauxpas *m.*
sole·ly ['səʊlɪ] *adv* 1. allein, nur, bloß; 2. einzig u. allein.
sol·emn ['sɒləm] *adj* 1. feierlich, festlich; 2. formell; 3. *(Ausdruck)* ernst; 4. *(Tatsache)* schwerwiegend; **sol·emnity** [sə'lemnətɪ] 1. feierliche Handlung; Feierlichkeit *f;* 2. *pl jur* Formalitäten *f pl;* **sol·em·nize** ['sɒləmnaɪz] *tr* feiern, festlich begehen.
so·lenoid ['səʊlenɔɪd] *el* Magnetspule *f;* **solenoid switch** Magnetschalter *m.*
sol-fa [ˌsɒl'fɑ:] Tonleiter *f.*
sol·icit [sə'lɪsɪt] **I** *tr* 1. erbitten; *(jdn)* anflehen; 2. *(Stimmen, Kunden)* werben; *(Prostituierte)* ansprechen, anwerben; ► ~ **s.o. for s.th.,** ~ **s.th. of s.o.** jdn um etw bitten; **II** *itr* Kunden werben; **sol·ic·it·ing** [—ɪŋ] *jur* Aufforderung *f* zur Unzucht.
sol·ici·tor [sə'lɪsɪtə(r)] 1. (nicht plädierende(r) (Rechts)Anwalt, Anwältin *f;* Rechtsbeistand *m;* 2. *Am* Antragsteller(in), Bewerber(in) *m (f);* 3. *Am* Werber(in), Agent(in), Handelsvertreter(in) *m (f);* ► **S~ General** *Br* Zweiter Kronanwalt; *Am* stellvertretender Justizminister.
sol·ici·tous [sə'lɪsɪtəs] *adj* 1. (eifrig) besorgt *(about, for, of* um); 2. (eifrig) bestrebt *(to do* zu tun); **sol·ici·tude** [sə,lɪsɪ'tju:d] Dienstbeflissenheit *f.*
solid ['sɒlɪd] **I** *adj* 1. *(Körper)* fest; 2. massiv; 3. *(Nebel)* dick, dicht; 4. haltbar, dauerhaft; 5. *fig* zuverlässig, verläßlich; 6. *(Grund)* triftig, stichhaltig; 7. ununterbrochen, durchgehend; 8. *(Edel-*

metall) rein, gediegen; 9. *(Fels)* gewachsen; 10. einmütig, -hellig; 11. räumlich, körperlich; ► **be frozen** ~ fest zugefroren sein; **be on** ~ **ground** *a. fig* festen Boden unter den Füßen haben; **vote** ~ **for s.th.** etw einstimmig annehmen, geschlossen für etw stimmen; **II** *s* 1. fester Stoff; *phys* Festkörper *m;* 2. *(Geometrie)* Körper *m;* 3. *pl* feste Nahrung.
soli·dar·ity [ˌsɒlɪ'dærətɪ] Solidarität *f.*
solid fuel ['sɒlɪd'fju:əl] fester Brennstoff; *(Raketen)* Feststoff *m;* **solid geometry** Stereometrie *f.*
sol·id·ify [sə'lɪdɪfaɪ] **I** *itr* fest werden; *(Lava, Planet)* erstarren; *(Blut)* gerinnen; *fig* sich festigen; **II** *tr* fest werden lassen; erstarren lassen; gerinnen lassen; festigen.
sol·id·ity [sə'lɪdətɪ] 1. Festigkeit *f;* Massivität *f;* Haltbarkeit *f;* 2. Stabilität *f;* Zuverlässigkeit *f;* 3. *com* Kreditfähigkeit *f;* 4. *(Grund)* Stichhaltigkeit *f;* 5. Einstimmigkeit *f.*
solid·ly ['sɒlɪdlɪ] *adv* 1. fest; 2. stichhaltig; 3. ununterbrochen; 4. *(wählen)* einstimmig; *(unterstützen)* geschlossen; ► ~ **built** solide gebaut; *(Mensch)* kräftig gebaut; **solid-state** *adj phys* Festkörper-; *el* Halbleiter-.
sol·il·oquize [sə'lɪləkwaɪz] *itr* monologisieren; Selbstgespräche führen; **sol·il·oquy** [sə'lɪləkwɪ] 1. Selbstgespräch *n;* 2. *theat* Monolog *m.*
soli·taire [ˌsɒlɪ'teə(r)] 1. Solitär *m;* 2. *(Spiel)* Solitär *n.*
soli·tary ['sɒlɪtrɪ] **I** *adj* 1. alleinstehend; 2. einsam; 3. einzeln; 4. einzig; ► ~ **confinement** Einzel-, Isolationshaft *f;* **not a** ~ **one** kein einziges; **II** *s fam* Einzel-, Isolationshaft *f.*
soli·tude ['sɒlɪtju:d] Einsamkeit *f.*
solo ['səʊləʊ] ⟨*pl* solos⟩ **I** *s* 1. *mus* Solo *n;* 2. *aero* Alleinflug *m;* **II** *adj* Solo-; **III** *adv* allein; **solo·ist** [—ɪst] *mus* Solist(in) *m (f).*
sol·stice ['sɒlstɪs] ► **summer, winter** ~ Sommer-, Wintersonnenwende *f.*
sol·uble ['sɒljʊbl] *adj* löslich; *(Problem)* lösbar.
sol·ution [sə'lu:ʃn] 1. *(Rätsel)* (Auf)Lösung *f;* *(Problem, Aufgabe)* Lösung *f;* *(Frage)* Klärung *f;* 2. *chem* Lösung *f.*
solve [sɒlv] *tr* 1. *(Rätsel, Aufgabe)* lösen; 2. *(Mord)* aufklären; 3. *(Schwierigkeit)* beseitigen.
sol·vency ['sɒlvənsɪ] Zahlungsfähigkeit, Solvenz *f;* **sol·vent** ['sɒlvənt] **I** *adj* zahlungsfähig, solvent, liquid; **II** *s chem* Lösungsmittel *n;* **solvent abuse** Schnüffeln *n;* Lösungsmittelmißbrauch *m.*
So·ma·li [ˌsəʊ'mɑ:lɪ] **I** *adj* somali; **II** *s* Somali *m f,* Somalier(in) *m (f);* **So·ma·lia** [ˌsəʊ'mɑ:lɪə] Somalia *f.*
sombre, *Am* **som·ber** ['sɒmbə(r)] *adj*

1. düster, dunkel *a. fig;* **2.** *fig* ernst; **3.** traurig, melancholisch.

some [sʌm] **I** *adj* **1.** einige; ein paar; **2.** *(mit Singular)* etwas; **3.** manche(r, s); **4.** *(unbestimmt)* irgendein; **5.** *(verstärkend)* ziemlich; *(in Ausrufen, iro)* vielleicht (ein); ▶ **would you like ~ nuts?** möchten Sie gern (ein paar) Nüsse? **~ more tea?** noch etwas Tee? **do you have ~ money?** hast du Geld? **~ people say** manche Leute sagen; **to ~ extent** in gewisser Weise; **~ woman phoned up** da hat irgend so eine Frau angerufen; **in ~ way or another** irgendwie; **(at) ~ time before lunch** irgendwann vor dem Mittagessen; **~ other time** ein andermal; **~ time or other** irgendwann einmal; **~ day** eines Tages; **quite ~ time** ganz schön lange; **that was ~ holiday!** das waren vielleicht Ferien! **~ teacher you are!** du bist vielleicht ein Lehrer! **II** *prn* **1.** einige; manche; welche; **2.** *(mit Bezug auf Singular)* etwas; manches; welche(r, s); ▶ **~ ... others** manche ..., andere; **~ of them** einige; **try ~** probieren Sie doch mal; **would you like ~?** möchten Sie welche? **III** *adv* **1.** ungefähr, etwa; **2.** *Am fam* etwas; viel; ▶ **~ more** noch ein paar; noch etwas; **~ place** irgendwo; **(at) ~ time (or other)** (irgendwann) einmal; **~ twenty of them** etwa zwanzig von ihnen; **for ~ time** (für) einige Zeit, eine Zeitlang; **~ time ago** vor einiger Zeit; **in ~ way or other** irgendwie.

some·body ['sʌmbədɪ] *prn* (irgend) jemand, irgendwer; ▶ **~ else** jemand anders; **~ or other** irgend jemand; **be (a) ~** jemand sein.

some·how ['sʌmhaʊ] *adv* irgendwie; ▶ **~ or other** irgendwie.

some·one ['sʌmwʌn] *prn* (irgend) jemand.

some·place ['sʌmpleɪs] *adv Am* irgendwo; irgendwohin.

som·er·sault ['sʌməsɔːlt] **I** *s* Purzelbaum *m;* Salto *m;* **II** *itr* *(turn a ~)* e-n Purzelbaum schlagen; einen Salto machen; sich überschlagen.

some·thing ['sʌmθɪŋ] **I** *prn* etwas; ▶ **~ nice** etwas Nettes; **~ or other** irgend etwas; **he has ~ to do with books** er hat etwas mit Büchern zu tun; **it was quite ~,** *Am* **it was ~ else** das war toll; **it's ~ to be a director at his age** das will schon etwas heißen, in seinem Alter Direktor zu sein; **or ~** *fam* oder so (was); **there is ~ in that** da ist schon etwas dran; **II** *s:* ▶ **a little ~** eine Kleinigkeit; **the certain ~** das gewisse Etwas; **III** *adv* **1.** etwas; ungefähr; **2.** irgendwie; ▶ **~ like that** etwas Ähnliches; **~ of a surprise** eine ziemliche Überraschung.

some·time ['sʌmtaɪm] **I** *adv* irgend-

wann; gelegentlich; ▶ **at ~ or other** irgendwann (ein)mal; **II** *adj* früher, ehemalig.

some·times ['sʌmtaɪmz] *adv* machmal, ab und zu, gelegentlich.

some·way ['sʌmweɪ] *adv Am* irgendwie.

some·what ['sʌmwɒt] *adv* etwas, ein wenig; ▶ **~ of a nuisance** ziemlich lästig; **be ~ of a connoisseur** ein ziemlicher Kenner sein; **more than ~** mehr als das.

some·where ['sʌmweə(r)] *adv* irgendwo; irgendwohin; ▶ **~ else** anderswo, irgendwo anders; **~ or other** irgendwo; **get ~** zu positiven Ergebnissen gelangen; **or ~** oder sonstwo; **~ around forty** so um (die) vierzig.

som·nam·bu·lism [sɒm'næmbjʊlɪzəm] Schlafwandeln *n;* **som·nam·bu·list** [sɒm'næmbjʊlɪst] Schlafwandler(in) *m (f);* **som·nol·ent** ['sɒmnələnt] *adj* **1.** schläfrig; **2.** einschläfernd.

son [sʌn] Sohn *m a. fig;* ▶ **~ of a bitch** *Am sl* gemeiner Kerl; gemeines Ding; **~ of a gun** *Am sl* Schlitzohr *n.*

so·nata [sə'nɑːtə] *mus* Sonate *f.*

song [sɒŋ] **1.** Gesang *m;* **2.** Lied *n;* **3.** (kurzes) Gedicht *n;* ▶ **for a ~** für e-n Spottpreis; spottbillig; **burst into ~** zu singen beginnen; **make a ~ and dance about s.th.** ein Theater wegen e-r S machen; **song·bird** Singvogel *m;* **song·book** Liederbuch *n;* **song·ster** ['sɒŋstə(r)] **1.** Sänger *m;* **2.** *zoo* Singvogel *m;* **song·stress** ['sɒŋstrɪs] Sängerin *f.*

sonic ['sɒnɪk] *adj:* ▶ **~ bang, boom** Knall *m* beim Durchbrechen der Schallmauer; Überschallknall *m;* **sonic barrier** Schallmauer *f;* **sonic speed** Schallgeschwindigkeit *f.*

son-in-law ['sʌnɪnlɔː] ⟨*pl* sons-in-law⟩ Schwiegersohn *m.*

son·net ['sɒnɪt] Sonett *n.*

son·ny ['sʌnɪ] *fam* Kleine(r) *m.*

son·or·ity [sə'nɒrətɪ] Klang *m,* Klangfülle *f;* **son·or·ous** [sə'nɔːrəs] *adj* **1.** klangvoll, -reich; **2.** wohltönend; **3.** *(Ton)* (Ton).

soon [suːn] *adv* bald; früh, zeitig; rasch; gern; ▶ **as ~ as** *conj* sobald, sowie; **as ~ as possible** sobald wie möglich; **just as ~** genauso gern; **~ after his arrival** kurz nach seiner Ankunft; **~ afterwards** kurz danach; **how ~ can you be here?** wann kannst du da sein? **too ~** zu früh; **I would as ~ not** lieber nicht; **sooner** ['suːnə(r)] *adv (Komparativ)* eher, früher, zeitiger; lieber; ▶ **~ or later** früher oder später, schließlich doch einmal; **the ~ the better** je eher, desto besser; **no ~ ... than** kaum ..., als; **no ~ said than done** gesagt, getan; **I would ~ leave** ich möchte lieber gehen.

soot [sʊt] Ruß *m.*
soothe [suːð] *tr* **1.** beruhigen, besänftigen; **2.** *(Schmerz)* lindern; **sooth·ing** ['—ɪŋ] *adj* **1.** beruhigend; **2.** lindernd.
sooty ['sʊtɪ] *adj* **1.** rußig, verrußt; **2.** schwarz.
sop [sɒp] **I** *s* **1.** eingetunktes Stück *(Brot);* **2.** *fig* Beruhigungspille *f;* **II** *tr* (~ *up)* auftunken; aufwischen; aufsaugen.
soph·is·ti·cated [sə'fɪstɪkeɪtɪd] *adj* **1.** weltgewandt, kultiviert; **2.** intellektuell; **3.** gepflegt; elegant; edel; **4.** *(Publikum)* anspruchsvoll; **5.** *(Maschine)* kompliziert; hochentwickelt; technisch ausgereift; **6.** *(System, Ansatz)* komplex; **soph·is·ti·ca·tion** [sə,fɪstɪ'keɪʃn] **1.** Kultiviertheit; Eleganz *f;* hohes Niveau; **2.** hoher Entwicklungsstand; **3.** Komplexität, Differenziertheit *f.*
sopho·more ['sɒfəmɔː(r)] *Am* Student(in) *m (f)* im zweiten Studienjahr.
sop·or·ific [,sɒpə'rɪfɪk] *adj* einschläfernd.
soppy ['sɒpɪ] *adj fam* rührselig, kitschig.
so·prano [sə'prɑːnəʊ] ⟨*pl* -pranos⟩ *mus* Sopran *m;* Sopranistin *f.*
sorbet ['sɔːbeɪ] Fruchteis *n.*
sor·cerer ['sɔːsərə(r)] Zauberer, Hexenmeister *m;* **sor·cer·ess** ['sɔːsərɪs] Zauberin, Hexe *f;* **sor·cery** ['sɔːsərɪ] Zauberei, Hexerei *f.*
sor·did ['sɔːdɪd] *adj* **1.** schmutzig; **2.** elend, miserabel; **3.** gemein, schmutzig.
sore [sɔː(r)] **I** *adj* **1.** schmerzhaft, schmerzend; **2.** wund, entzündet; **3.** *fig fam* beleidigt, verärgert; **4.** schmerzlich, betrüblich; ▶ **a ~ point** ein wunder Punkt; **have a ~ throat** Halsweh haben; **touch a ~ spot** e-n wunden Punkt berühren; **be ~ weh tun; my knee is ~** mir tut das Knie weh; **II** *s* wunde Stelle; Verletzung *f;* ▶ **open old ~s** alte Wunden aufreißen; **sore·head** ['sɔːhed] *Am fam* Brummbär *m;* **sore·ly** ['sɔːlɪ] *adv* äußerst; sehr; ▶ **I was ~ tempted** ... ich kam stark in Versuchung ...
sor·or·ity [sə'rɒrətɪ] *Am* Studentinnenverbindung *f,* -klub *m.*
sor·row ['sɒrəʊ] **I** *s* Kummer *m,* Leid *n,* Jammer, Schmerz *m* (*at* über; *for* um); ▶ **to my ~** zu meinem Bedauern; **drown one's ~s** seine Sorgen ertränken; **II** *itr* Kummer haben, sich grämen (*at, for, over* um); klagen, trauern (*at, over, for, after* um, wegen); **sor·row·ful** ['sɒrəfl] *adj* bekümmert, betrübt.
sorry ['sɒrɪ] *adj* **1.** betrübt, bekümmert; **2.** traurig, kläglich; armselig; **3.** erbärmlich, jämmerlich, elend; ▶ **I am ~ to ...** es tut mir leid zu ..., daß ...; leider muß ich ... **I'm really ~** es tut mir wirklich leid; **I am ~ for you** Sie tun mir leid; **I am ~ for it** es tut mir leid; **I am so ~** es tut mir so leid; entschuldigen Sie vielmals; **~!** Verzeihung! leider nicht! scha-

de!
sort [sɔːt] **I** *s* **1.** Sorte, Art, Gattung, Klasse *f;* **2.** Charakter *m,* Natur *f,* Typ *m;* **3.** Güte, Qualität *f;* **4.** *mot* Marke *f;* ▶ **after a ~, in a ~** bis zu e-m gewissen Grade; **of ~s, of a ~** so was wie ... **of all ~s** aller Art; **out of ~s** *fam (gesundheitlich)* nicht auf dem Posten; *fam* schlechter Laune; **all ~s of things** alles mögliche; **nothing of the ~** nichts Derartiges, nichts dergleichen; **such ~ of thing** etwas Derartiges, so (et)was; **what ~ of ...?** was für ein ...? **not a bad ~** (gar) nicht so übel; **a decent ~** ein anständiger Kerl; **II** *adv:* ▶ **~ of** *fam* gewissermaßen, eigentlich, irgendwie; **I am ~ of glad** ich bin eigentlich, im Grunde froh; **I have ~ of a hunch** ich habe so eine Ahnung; **I ~ of knew that** ... ich habe es irgendwie gewußt, daß ... **she is ~ of interesting** sie ist nicht uninteressant; **III** *tr* sortieren; **IV** *tr* (~ *ill, well)* (gut, schlecht) passen (*with* zu); ▶ **~ through** s.th. etw durchsehen; **V** *(mit Präposition)* **sort out** *tr* **1.** (aus)sortieren; **2.** *fig* in Ordnung bringen; *(Problem)* lösen; *(Situation)* klären; ▶ **it'll ~ itself out** das wird sich schon geben; **~ o.s. out** zur Ruhe kommen; **~ s.o. out** *fam* jdm etwas erzählen; **sorter** ['sɔːtə(r)] Sortierer(in) *m (f);* Sortiermaschine *f.*
sor·tie ['sɔːtiː] **1.** Ausflug *m* (*into town* in die Stadt); **2.** *mil* Ausfall *m;* *aero* Feindflug, Einsatz *m.*
SOS [,esəʊ'es] SOS *n.*
so-so [,səʊ'səʊ] *adv* so lala; so einigermaßen.
sot [sɒt] Trunkenbold *m;* **sot·tish** ['sɒtɪʃ] *adj* dem Trunk ergeben; benebelt.
sou·bri·quet ['suːbrɪkeɪ] *s. sobriquet.*
sought [sɔːt] **I** *v s. seek;* **II** *adj* (~*-after,* ~*-for)* gesucht, gefragt, begehrt.
soul [səʊl] **1.** Seele *f a. fig;* **2.** Herz *fig,* Gemüt *n;* **3.** (das) Innerste, Wesen *n;* **4.** *mus* Soul *m;* **5.** *pl (mit Zahlwort)* Seelen *f pl,* Menschen *m pl;* ▶ **not a ~** nicht eine lebende Seele; **with all my ~** von ganzem Herzen; **be the life and ~ of s.th.** *fig* von etw die Triebfeder sein; **keep body and ~ together** Leib u. Seele zusammenhalten; **she's in it heart and ~** sie ist mit Leib u. Seele dabei; **All S~s' Day** Allerseelen *n;* **poor ~** armer Teufel; **poor little ~** armes Ding; **she's a nice ~** sie ist ein netter Mensch; **soul brother, sister** Bruder *m,* Schwester *f;* **soul-de·stroy·ing** ['səʊldɪ,strɔɪɪŋ] *adj* geisttötend; nervtötend; **soul·ful** ['səʊlfl] *adj* seelenvoll; **soul·less** ['səʊllɪs] *adj* seelenlos; **soul music** Soul *m;* **soul searching** Gewissensprüfung *f;* **soul-stir·ring** ['səʊlstɜːrɪŋ] *adj* herzergreifend.

sound¹ [saʊnd] *adj* 1. gesund; 2. einwandfrei, fehlerfrei, -los; 3. unbeschädigt, unversehrt, in gutem Zustand, solide; 4. lebensfähig, kräftig, stark, widerstandsfähig; 5. *(Anspruch)* begründet; *(Grund)* stichhaltig, triftig; 6. zuverlässig, vernünftig, verständig; 7. *(Rat)* gut; 8. *(Schlaf)* tief, fest, gesund; ▶ **sleep ~ly** tief schlafen; ~ **asleep** fest eingeschlafen.

sound² [saʊnd] **I** *s* Geräusch *n;* ling Laut *m; phys* Schall *m; mus* Klang *m; fam* Sound *m; tech radio TV* Ton *m;* ▶ **not to make a ~** still sein; **within ~ of** in Hörweite *gen;* **not a ~ was heard** es war kein Ton zu hören; **~s of laughter** Gelächter *n;* **I don't like the ~ of it** das hört sich gar nicht gut an; **that has a familiar ~** das klingt vertraut; **II** *itr* 1. ertönen, erschallen, erklingen; 2. sich anhören, klingen; ▶ **that ~s fishy to me** das klingt nicht ganz geheuer; **she ~s angry** sie hört sich verärgert an; **he ~s like a nice person** er scheint ein netter Mensch zu sein; **III** *tr* 1. ertönen, erklingen lassen; *(Ton)* spielen; *(Buchstaben)* aussprechen; 2. *med* abhorchen, abklopfen; ▶ **~ the alarm** Alarm schlagen; ~ **the horn** hupen; ~ **the retreat** zum Rückzug blasen; ~ **a note of warning** warnen; **IV** *(mit Präposition)* **sound off** *itr fam* viel reden, sich wichtig machen.

sound³ [saʊnd] **I** *tr mar* (aus)loten, sondieren *a. fig; mete* messen; ▶ **~ing line** Lot *n;* **~ing balloon** Versuchsballon *m;* **II** *(mit Präposition)* **sound out** *tr (jdn)* ausfragen; *(Absichten)* herausfinden.

sound⁴ [saʊnd] Meerenge *f,* Meeresarm *m.*

sound ar·chives ['saʊnd, ɑː(r)kaɪvz] *pl* Tonarchiv *n;* **sound bar·rier** ['saʊndbærɪə(r)] 1. Schallmauer *f;* 2. Lärmschutzwall *m;* Lärmschutzwand *f;* **sound-board** *s. sounding-board;* **sound-box** Schallkörper *m;* **sound effects** *pl* Toneffekte *m pl;* **sound-engineer** Tontechniker(in) *m (f);* **sound-film** Tonfilm *m.*

sound·ing ['saʊndɪŋ] *mar* Loten *n,* Peilung *f;* ▶ **take ~s on s.th.** über etw Untersuchungen durchführen.

sound·ing-board ['saʊndɪŋ,bɔːd] Resonanzboden *m a. fig;* ▶ **use s.o. as a ~** an jdm die Reaktion testen.

sound·less ['saʊndlɪs] *adj* geräusch-, lautlos, still.

sound·ness ['saʊndnɪs] 1. guter Zustand; 2. Solidität *f; (von Argument)* Stichhaltigkeit *f; (von Kenntnissen)* Gründlichkeit *f; (von Idee, Politik)* Vernünftigkeit *f;* 3. *com fin* Stabilität *f;* 4. *jur* Rechtmäßigkeit *f;* 5. *(von Schlaf)* Tiefe *f.*

sound·proof ['saʊndpruːf] **I** *adj* schalldicht; **II** *tr* schalldicht machen, schall-

dämmen; **sound-recording** Tonaufnahme *f;* **sound reproduction** Tonwiedergabe *f;* **sound-shift** *ling* Lautverschiebung *f;* **sound system** *(einer Sprache)* Lautsystem *n;* **soundtrack** ['saʊndtræk] 1. Tonspur *f;* 2. Soundtrack *m,* Musik *f* zu einem Film; **sound velocity** Schallgeschwindigkeit *f;* **sound-wave** Schallwelle *f.*

soup [suːp] **I** *s* Suppe *f;* ▶ **be in the ~** in der Tinte sitzen; **II** *(mit Präposition)* **soup up** *tr* frisieren, hochzüchten.

soup·çon ['suːpsɒn. *Am* suːp'sɒn] Spur *f;* Andeutung *f (of* von).

soup-kit·chen ['suːp,kɪtʃɪn] Volksküche *f;* Feldküche *f;* **soup-plate** Suppenteller *m;* **soup-spoon** Suppenlöffel *m;* **soup-tureen** Suppenschüssel *f.*

sour ['saʊə(r)] **I** *adj* 1. sauer; säuerlich; 2. *(Milch)* sauer; 3. *fig* verärgert; mißmutig; ▶ **turn ~** sauer werden; **turn ~ on s.o.** jdm nicht mehr gefallen; *(Plan)* schiefgehen; **it's ~ grapes!** die Trauben sind sauer; **II** *tr* 1. sauer werden lassen; 2. *fig* verärgern, verstimmen, verbittern; **III** *itr* 1. sauer werden; 2. *fig* ärgerlich, mißmutig, verbittert werden.

source [sɔːs] 1. Quelle *f a. fig;* 2. *el* Strom-, Energiequelle *f;* 3. *fig* Ursprung *m,* Wurzel *f;* ▶ **from official ~s** aus amtlichen Quellen; **have its ~** seinen Ursprung haben (*in* in); **take its ~** entspringen *(from* aus); **taxation at ~** direkte Besteuerung; ~ **of errors** Fehlerquelle *f;* ~ **of income** Einkommensquelle *f;* ~ **of light** Lichtquelle *f;* ~**s of manpower** Arbeitskräftereserven *f pl;* ~ **of supply** Bezugsquelle *f.*

sour·puss ['saʊəpʊs] *fam* Trauerkloß *m.*

souse [saʊs] *tr* 1. (ein)pökeln; in Salzlake legen; 2. ein-, untertauchen; ins Wasser werfen; 3. (völlig) durchnässen; ▶ **get ~d** *sl* sich besaufen.

south [saʊθ] **I** *s* 1. Süd(en) *m;* 2. südliche Richtung; **II** *adj* südlich, Süd-; **III** *adv* im Süden; in südlicher Richtung; nach Süden; ▶ ~ **of** südlich von; **the S~ of France** Südfrankreich; **South Africa** Südafrika *n;* **South America** Südamerika *n;* **South American** *I adj* südamerikanisch; **II** *s* Südamerikaner(in) *m (f);* **south·bound** ['saʊθbaʊnd] *adj* nach Süden fahrend; **south·east** [,saʊθ'iːst] **I** *adj* südöstlich; **II** *s* Südosten *m;* **south·easter** [,saʊθ'iːstə(r)] (starker) Südostwind *m;* **south·easter·ly** [,saʊθ'iːstəlɪ] *adj, adv* südöstlich; aus Südost; **south·eastern** [,saʊθ'iːstən] *adj* südöstlich; aus Südost; **south·east·wards** [,saʊθ'iːstwədz] *adv* nach Südosten; südostwärts; **south·er·ly** ['saʊθəlɪ] **I** *adj* südlich; nach Süden; **II** *adv* nach Süden; **III** *s* Südwind *m;* **south·ern** ['saʊðən] *adj* südlich; aus Süden; Süd-; südländisch; ▶ ~ **hemi-sphere** Südhalbkugel *f;* **south·erner** ['sʌðənə(r)] Bewohner(in) *m (f)* des Südens; Südländer(in) *m (f);* Südengländer(in) *m (f);* Südstaatler(in) *m (f);* Süddeutsche(r) *f m;* **south·paw** ['saʊθpɔ:] *sport* Linkshänder *m;* **South Pole** Südpol *m;* **south·ward(s)** ['saʊθwəd(z)] I *adj* südlich; II *adv* nach Süden, südwärts; **south·west** [,saʊθ'west] I *s* Südwesten *m;* II *adj* südwestlich; III *adv* nach Südwest; südwestwärts; ▶ ~ **of** südwestlich von; **south·wester** [,saʊθ'westə(r)] (starker) Südwestwind *m;* **south·wester·ly** [,saʊθ'westəlɪ] *adj* südwestlich; aus Südwest; **south-western** [,saʊθ'westən] *adj* südwestlich; aus Südwest; **south-west-ward(s)** [,saʊθ'westwəd(z)] *adv* nach Südwesten.

sou·venir [,su:və'nɪə(r)] (Reise)Andenken, Souvenir *n (of* an).

sou'wester [,saʊ'westə(r)] Südwester *m.*

sov·er·eign ['sovrɪn] I *adj* 1. höchste(r, s), oberste(r, s); *(Verachtung)* tiefste(r, s); 2. unumschränkt; souverän; ▶ ~ **cure** Allheilmittel *n;* II *s* 1. Monarch(in), Herrscher(in) *m (f);* 2. *hist (Großbritannien)* Zwanzigshillingstück *n;* **sovereign rights** *pl* Hoheitsrechte *n pl;* **sovereign territory** Hoheitsgebiet *n;* **sov·er·eignty** ['sovrəntɪ] Staatshoheit, Herrschaft *f;* Souveränität *f.*

so·viet ['səʊvɪət] I *s* Sowjet *m;* II *adj* sowjetisch; ▶ S~ **citizen** Sowjetbürger(in) *m (f);* **Soviet Union** Sowjetunion *f.*

sow¹ [səʊ] ⟨*irr* sowed, sowed *od* sown⟩ 1. *(Saat)* (aus)säen; 2. *mil (Minen)* legen; 3. *fig (Nachricht)* verbreiten; ▶ ~ **one's wild oats** *fig* sich die Hörner abstoßen; sich ausleben; ~ **discontent, hatred** Unzufriedenheit, Haß säen.

sow² [saʊ] 1. *zoo* Sau *f;* Dächsin *f;* 2. *tech* Massel *f;* Masselgraben *m.*

sow·ing ma·chine ['səʊɪŋmə'ʃi:n] Sämaschine *f;* **sown** [səʊn] *v s. sow¹.*

sox [sɒks] *Am sl s.* socks.

soya, *Am* **soy** ['sɔɪə, sɔɪ] Soja *f; (~ bean)* Sojabohne *f;* **soya bean** Sojabohne *f;* **soya flour** Sojamehl *n;* **soya sauce** Sojasoße *f.*

soz·zled ['sozld] *adj Br fam* beschwipst.

spa [spɑ:] 1. Mineral-, Heilquelle *f;* 2. (Heil)Bad *n;* Kurort *m.*

space [speɪs] I *s* 1. Raum, Platz *m;* 2. Zwischenraum *a. mus,* Abstand *m;* 3. Zeit(raum *m*), Frist *f;* 4. *(outer ~)* der Weltraum; ▶ **take up** ~ Platz einnehmen; **stare into** ~ Löcher in die Luft starren; **a short** ~ ein Weilchen, eine kurze Zeit; **for a** ~ eine Zeitlang; **wide open** ~s weites, offenes Land; **within the** ~ **of** innerhalb von *od gen;* **advertis-**

ing ~ Reklamefläche *f;* **air** ~ Luftraum *m;* **blank** ~ freie Stelle; **office** ~ Bürofläche *f;* **parking** ~ Platz *m* zum Parken; II *tr (~ out)* 1. mit Abstand, in Abständen, in Zwischenräumen anordnen; 2. *(zeitlich)* verteilen; 3. *sl* high machen *sl;* ▶ ~ **out** *typ* sperren; ~ **out evenly** gleichmäßig verteilen; ~**d out** *sl* high *sl;* **space age** Weltraumzeitalter *n;* **space agency** Weltraumbehörde *f;* **space-bar** *(Schreibmaschine)* Leertaste *f;* **space-based** ['speɪsbeɪst] *adj* weltraumgestützt; **space capsule** Raumkapsel *f;* **space centre** Raumfahrtzentrum *n;* **space·craft** ['speɪs,krɑ:ft] Raumfahrzeug *n;* Raumkörper *m;* **space defence** Weltraumabwehr *f;* **space fiction** Zukunftsromane *pl* über den Weltraum; **space-flight** Raumfahrt *f;* **space-heater** Raumheizkörper *m;* **space lab(oratory)** Weltraumlabor *n;* **space·man** ['speɪsmən] ⟨*pl* -men⟩ Raumfahrer *m;* **space medicine** Raumfahrtmedizin *f;* **space probe** Raumsonde *f;* **spacer** ['speɪsə(r)] 1. Leertaste *f;* 2. *tech* Abstandsstück *n;* **space research** Raumforschung *f;* **space-saving** *adj* platz-, raumsparend; **space·ship** ['speɪsʃɪp] Raumschiff *n;* **space-shuttle** Raumfähre *f,* Raumtransporter *m;* **space station** Raumstation *f;* **space suit** Raumanzug *m;* **space travel** Raumfahrt *f;* **space traveller** Raumfahrer(in) *m (f);* **space walk** Spaziergang *m* im All; **space weapon** Weltraumwaffe *f;* **spac·ing** ['speɪsɪŋ] Zwischenraum, Abstand *m;* Intervall *n;* ▶ **single-, double-**~ *typ* einzeiliger, zweizeiliger Abstand; **spacious** ['speɪʃəs] *adj* 1. geräumig; 2. ausgedehnt, weit(läufig); **spacious·ness** [-nəs] 1. Geräumigkeit *f;* 2. Weitläufigkeit *f.*

spade [speɪd] 1. Spaten *m;* 2. *pl (Kartenspiel)* Pik *n;* ▶ **call a** ~ **a** ~ *fig* das Kind beim Namen nennen; **Queen of** S~s Pik-Dame *f;* **spade-work** Vorarbeit(en *pl*) *f.*

spa·ghetti [spə'getɪ] Spaghetti *pl;* **spaghetti western** *fam* Italowestern *m.*

Spain [speɪn] Spanien *n.*

span [spæn] I *s* 1. Spanne *f;* Abstand *m;* 2. *(~-length)* Spannweite *f;* arch lichte Weite; 3. *(~ of time)* Zeitspanne *f;* ▶ ~ **of life** Lebensspanne *f;* II *tr* 1. (über)spannen *(with* mit); überbrücken; 2. *fig* umfassen.

spangle ['spæŋgl] I *s* Flitter *m,* Paillette *f;* II *tr* 1. mit Pailletten besetzen; 2. *fig* übersäen, schmücken *(with* mit); **spangled** ['spæŋgld] *adj:* ▶ **the star-**~ **banner** das Sternenbanner *(die Flagge der USA).*

Span·iard ['spænɪəd] Spanier(in) *m (f).*

span·iel ['spænɪəl] *zoo* Spaniel *m.*

Span·ish ['spænɪʃ] I *adj* spanisch; ▶ ~ America spanischsprachiges Lateinamerika; s~ chestnut Edelkastanie *f;* II *s* (das) Spanisch(e); ▶ the ~ *pl* die Spanier *m pl.*

spank [spæŋk] I *tr* (das Hinterteil) versohlen (*s.o.* jdm); verprügeln; II *itr* (~ *along*) dahinflitzen; III *s* Klaps *m;* ▶ give s.o. a ~ on the bottom jdm das Hinterteil versohlen; **spank·ing** ['—ɪŋ] I *adj* schnell; ▶ at a ~ pace mit großer Geschwindigkeit; II *s* ▶ give s.o. a good ~ jdm das Hinterteil tüchtig versohlen.

span·ner ['spænə(r)] Schraubenschlüssel *m;* ▶ a ~ in the works Sand im Getriebe; put a ~ in the works jdm Knüppel zwischen die Beine werfen.

spar[1] [spɑː(r)] *mar* Spiere *f,* Rundholz *n.*

spar[2] [spɑː(r)] *min* Spat *m.*

spar[3] [spɑː(r)] *itr* (Boxen) ein Sparring machen; *fig* sich zanken.

spare [speə(r)] I *adj* 1. übrig, überzählig; 2. (*Teil, Reifen usw*) Ersatz-; 3. (*Bett, Zimmer*) Gäste-; 4. mager; dürftig; 5. *fam* wahnsinnig, verrückt; ▶ do you have a ~ pen? hast du einen Schreiber für mich? if you have a ~ minute wenn du mal eine Minute Zeit hast; there are two ~ seats es sind zwei Plätze frei; drive s.o. ~ jdn wahnsinnig machen; go ~ wahnsinnig werden; ~ battery Reservebatterie *f;* ~ capacity freie Kapazität; ~ parts *pl* Ersatzteile *n;* ~ parts catalogue Ersatzteilkatalog *m;* ~ part surgery Ersatzteilchirurgie *f;* ~ rib Rippchen *n;* ~ room Gästezimmer *n;* ~ time Freizeit *f;* ~ tyre Ersatzreifen *m; hum* Rettungsring *m;* ~ wheel Ersatzrad *n;* II *s* Ersatzteil *n;* Ersatzreifen *m;* III *tr* 1. übrig haben; 2. verzichten auf; 3. sparsam umgehen mit; (*Mühe, Geld*) scheuen; 4. verschonen; (*Gefühle*) schonen; ▶ ~ o.s. s.th. sich etw ersparen; ~ s.o. s.th jdm etw übriglassen; have s.th. to ~ etw übrig haben; enough and to ~ mehr als genug; I can't ~ him, that ich kann auf ihn, das nicht verzichten, ich brauche ihn, das unbedingt; they ~d no expense sie haben keine Kosten gescheut; **spar·ing** ['—ɪŋ] *adj* sparsam, haushälterisch (*of* mit); ▶ be ~ of s.th. mit etw sparen, mit etw geizen.

spark [spɑːk] I *s* 1. Funke(n) *m a. el;* 2. *fig* Fünkchen *n,* Spur *f;* ▶ a ~ of interest, life ein Fünkchen *n* Interesse, Leben; the ~s fly die Funken fliegen; a bright ~ *fam* ein Intelligenzbolzen *m fam;* II *itr* 1. Funken sprühen; 2. *mot* zünden; III *tr* (~ *off*) 1. entzünden; (*Explosion*) auslösen, verursachen; 2. *fig* auslösen; (*Begeisterung*) wecken; **spark·ing-plug** ['spɑːkɪŋplʌg] Zündkerze *f.*

sparkle ['spɑːkl] I *itr* 1. funkeln, glitzern (*with* vor); 2. (*Flüssigkeit*) sprudeln, perlen, schäumen; II *s* Funkeln, Glitzern *n;* **spark·ler** ['spɑːklə(r)] 1. Wunderkerze *f;* 2. *sl* Diamant *m;* **spark·ling** ['spɑːklɪŋ] *adj* 1. funkelnd, glitzernd; 2. sprudelnd; (*Wein*) perlend; 3. (*Geist*) sprühend.

spark-plug ['spɑːkplʌg] *mot* Zündkerze *f.*

spar·ring ['spɑːrɪŋ] (Trainings)Boxen, Sparring *n;* **sparring match** (Freundschafts-, Trainings)Boxkampf *m;* **sparring partner** Trainingspartner *m (beim Boxen); fig* Kontrahent(in) *m (f).*

spar·row ['spærəʊ] Spatz, Sperling *m.*

sparse [spɑːs] *adj* 1. dünn; 2. (weit) verstreut; 3. spärlich.

Spar·tan ['spɑːtn] I *s* Spartaner(in) *m (f);* II *adj* (*fig: s~*) spartanisch.

spasm ['spæzəm] *med* Krampf *m;* Anfall *m;* ▶ cardiac ~ Herzkrampf *m;* **spas·modic** [spæz'mɒdɪk] *adj* 1. krampfartig; 2. *fig* sporadisch.

spas·tic ['spæstɪk] I *adj* 1. *med* spastisch; 2. *sl* schlecht; II *s* Spastiker(in) *m (f).*

spat[1] [spæt] *v s. spit*[2].

spat[2] [spæt] I *itr* zanken, streiten; II *s* Wortwechsel *m.*

spat[3] [spæt] Gamasche *f.*

spat[4] [spæt] Muschellaich *m.*

spate [speɪt] ▶ a river in (full) ~ ein Hochwasser führender Fluß; a ~ of e-e Menge, ein Andrang *m gen.*

spa·tial ['speɪʃl] *adj* räumlich; ▶ ~ distribution Raumverteilung *f.*

spat·ter ['spætə(r)] I *tr* (be)spritzen (*with* mit); II *itr* 1. spritzen; 2. (*Regen*) (nieder)prasseln; III *s* Spritzer *m;* ▶ a ~ of rain ein paar Tropfen Regen.

spat·ula ['spætjʊlə] Spa(ch)tel *m.*

spavin ['spævɪn] *vet* Spat *m (d. Pferde).*

spawn [spɔːn] I *itr* laichen; II *tr fig* produzieren; III *s* Laich, Rogen *m.*

spay [speɪ] *tr (weibl. Tier)* verschneiden, sterilisieren.

speak [spiːk] ⟨*irr* spoke, spoken⟩ I *itr* 1. sprechen (*of* von; *on, about* über; *to, (Am) with* mit, zu; *for* für); 2. reden (*of* von, über); sich äußern (*of* über); 3. e-e Rede, e-n Vortrag halten (*to s.o.* vor jdm); 4. zeugen (*of* von); 5. *mus* ertönen; ▶ ~ing! *tele* am Apparat! ~ down to s.o. mit jdm herablassend sprechen; not to ~ of ganz zu schweigen von; nothing to ~ of nicht der Rede wert; so to ~ sozusagen, gewissermaßen; ~ to the point zur Sache sprechen; ~ well for s.o. zu jds Gunsten sprechen; ~ well of s.o. Gutes von jdm sagen; II *tr* 1. (aus)sprechen, sagen, äußern, ausdrükken; 2. (*Sprache*) sprechen; ▶ ~ one's mind seine Meinung sagen; ~ volumes *fig* Bände sprechen (*for* für); III (mit

Präposition) **speak against** *tr* sprechen gegen; sich aussprechen gegen; kritisieren; **speak for** *tr (Vorschlag)* unterstützen; ▶ ~ **for s.o.** in jds Namen sprechen; sich für jdn einsetzen; ~ **for o.s.** für sich selbst sprechen; ~**ing for myself** was mich betrifft; ~ **for yourself!** du vielleicht! **that** ~**s well for him** das spricht für ihn; **I can** ~ **for his loyalty** ich kann mich für seine Loyalität verbürgen; **that** ~**s for itself** das sagt alles; **be spoken for** vergeben sein; **speak out** *itr* 1. laut reden; 2. *fig* seine Meinung sagen; ▶ ~ **out in favour of** sich einsetzen für; ~ **out against** sich äußern gegen; **speak up** *itr* 1. laut(er) reden; 2. *fig* seine Meinung sagen; ▶ ~ **up for s.o., s.th.** für jdn, etw eintreten.

speaker ['spi:kə(r)] 1. Sprecher(in) *m (f)*; Vorsitzende(r) *f m*; Redner(in) *m (f)*; 2. *(loud-~)* Lautsprecher(box *f*) *m*; ▶ **Mr S~** *parl* Herr Präsident; **speak·ing** ['spi:kɪŋ] I *adj* 1. sprechend; 2. sprechend ähnlich; 3. *(suffix)* -sprachig; ▶ **generally** ~ im allgemeinen; im großen u. ganzen; **strictly** ~ genaugenommen; **not to be on** ~ **terms with s.o.** mit jdm nicht (mehr) sprechen; jdn nicht näher kennen; ~ **clock** *Br* telefonische Zeitansage *f*; ~ **tube** Sprachrohr *n*; II *s* Sprechen *n*; Reden *f pl*; ~ **voice** Sprechstimme *f*.

spear [spɪə(r)] I *s* 1. Speer, Spieß *m*, Lanze *f*; 2. *bot* Halm, Schaft *m*; II *tr* durchbohren; aufspießen; mit Speeren fangen; **spear-head** I *s* 1. Speer-, Lanzenspitze *f*; 2. *mil* Angriffsspitze *f*; 3. *fig* führender Kopf; II *tr* an der Spitze stehen von; **spear·mint** ['spɪəmɪnt] *bot* Grüne Minze.

spec [spek] 1. ▶ **on** ~ auf Verdacht; 2. *fam s. specification 3, 4, 5.*

special ['speʃl] I *adj* 1. besondere(r, s); 2. un-, außergewöhnlich, außerordentlich; 3. speziell; ▶ **for** ~ **duty** zur besonderen Verwendung; ~ **agent** Agent(in) *m (f)*; **S~ Branch** *Br* Sicherheitspolizei *f*; ~ **bonus** Sonderzulage, -dividende *f*; ~ **case** Sonder-, Spezialfall *m*; ~ **committee** Sonderausschuß *m*; ~ **constable** *Br* Hilfspolizist(in) *m (f)*; ~ **correspondent** *(Presse)* Sonderberichterstatter(in) *m (f)*; ~ **delivery** Eilzustellung *f*; ~ **desire** Sonderwunsch *m*; ~ **discount** Sonderrabatt *m*; ~ **edition** Sonderausgabe *f*; ~ **effects** *(Film) pl* Tricks *pl*; ~ **leave** Sonderurlaub *m*; ~ **meeting** außerordentliche Versammlung *f*; ~ **mission** Sonderauftrag *m*; ~ **offer** *com* Sonderangebot *n*; ~ **pleading** *jur* Beibringung *f* neuen Beweismaterials; ~ **power** Sondervollmacht *f*; ~ **price** Sonder-, Vorzugspreis *m*; ~ **regulation** Sonderbestimmung *f*; ~ **right** Sonder-, Vorrecht *n*; ~ **subject** *(Schule)* Leistungsfach *n*;

(Uni) Schwerpunktfach *n*, Spezialisierung *f*; ~ **(train)** Sonderzug *m*; ~ **waste** Sondermüll *m*; II *s* 1. Sonderdruck *m*, -ausgabe, -nummer *f*; 2. Extrablatt *n*; 3. Sonderzug *m*; 4. *(television* ~*)* Extrasendung *f*; 5. *Am* Sonderangebot *n*; 6. *(Restaurant)* Tagesspezialität *f*; 7. Hilfspolizist *m*.

spe·cial·ism ['speʃəlɪzm] Spezialisierung *f*; Spezialgebiet *n*; **spe·cial·ist** ['speʃəlɪst] I *adj* Fach-; ▶ ~ **supplier** *com* Fachhändler *m*; ~ **term** Fachwort *n*; ~ **text** Fachtext *m*; II *s* 1. Spezialist(in) *m (f)*, Fachmann *m*, -frau *f*; 2. Facharzt *m*, -ärztin *f*; ▶ **heart** ~ Facharzt *m* für Herzkrankheiten; **spe·ci·al·ity**, *Am* **spe·ci·al·ty** [ˌspeʃɪˈælətɪ, 'speʃəltɪ] Spezialität *f*; **spe·cial·iz·ation** [ˌspeʃəlaɪˈzeɪʃn] Spezialisierung *f*; **spe·cial·ize** ['speʃəlaɪz] I *tr* spezialisieren; besonders einrichten *(for* für); II *itr* sich spezialisieren *(in* in, auf); **spe·cial·ly** ['speʃəlɪ] *adv* besonders; insbesondere.

spe·cies ['spi:ʃi:z] ⟨*pl* -⟩ Art *f* bes. *zoo bot.*

spe·ci·fic [spəˈsɪfɪk] I *adj* 1. genau festgelegt, begrenzt, bestimmt; 2. genau; 3. besondere(r, s), charakteristisch, typisch; 4. spezifisch; ▶ **in each** ~ **case** in jedem Einzelfall; **be** ~ genau sein; ~ **gravity** *phys* spezifisches Gewicht; II *s* 1. *med* Spezifikum *n*; 2. *pl* Einzelheiten *f pl*; **spe·cifi·cal·ly** [spəˈsɪfɪklɪ] *adv* 1. besonders; 2. genau, klar; 3. insbesondere, nämlich.

spec·ifi·ca·tion [ˌspesɪfɪˈkeɪʃn] 1. Spezifizierung, genaue Angabe *f*; 2. Bedingung *f*; Bestimmung *f*; 3. Patentbeschreibung *f*; 4. *arch* Baubeschreibung *f*; 5. *pl tech* technische Daten *pl*; **spec·ify** ['spesɪfaɪ] *tr* 1. einzeln, genau angeben; 2. an-, aufführen, spezifizieren; 3. vorschreiben; ▶ **for a specified purpose** für e-n bestimmten Zweck.

speci·men ['spesɪmɪn] 1. Exemplar *n*; Muster *n*; 2. *(Blut, Harn)* Probe *f*; 3. *fam* Typ, Kerl, Bursche *m*; ▶ **a beautiful** ~ ein Prachtexemplar; **a** ~ **of one's work** eine Probe seiner Arbeit; ~ **copy** Belegexemplar *n*; ~ **page** Probeseite *f*; ~ **signature** Unterschriftsprobe *f*.

spe·cious ['spi:ʃəs] *adj* scheinbar; trügerisch, bestechend.

speck [spek] Fleck(chen *n*) *m*; ▶ **a** ~ **(of)** ein bißchen (...), ein (klein) wenig (...).

speckle ['spekl] (Farb)Fleck *m*, Tüpfel *m* od *n*; **speckled** ['spekld] *adj* getüpfelt, gesprenkelt.

specs [speks] *pl fam* Brille *f*.

spec·tacle ['spektəkl] 1. Schauspiel *n*; 2. *pl (pair of ~s)* Brille *f*; ▶ **a sad** ~ ein trauriger Anblick; **spectacle case** Brillenetui *n*; **spec·tacled** ['spektəkld]

adj brillentragend.
spec·tacu·lar [spek'tækjʊlə(r)] I *adj* sensationell; spektakulär; atemberaubend; II *s* Show *f;* Fernsehschau *f.*
spec·ta·tor [spek'teɪtə(r)] Zuschauer(in) *m (f).*
spec·ter ['spektə(r)] *Am s. spectre;*
spec·tral ['spektrəl] *adj* gespenstisch, geisterhaft; ▶ ~ **analysis** Spektralanalyse *f;* **spectre,** *Am* **spec·ter** ['spektə(r)] Gespenst *n.*
spec·trum ['spektrəm] ⟨*pl* -tra⟩ [—trə] 1. *opt* Spektrum *n,* 2. *fig* Skala *f.*
specu·late ['spekjʊleɪt] *itr* 1. nachdenken, (nach)sinnen, sich Gedanken machen (*on, upon, about* über); 2. *com* spekulieren (*in* mit; *on* an); **specu·la·tion** [ˌspekjʊ'leɪʃn] 1. Vermutung, Spekulation *f;* 2. *com* Spekulation *f;* **specu·lat·ive** ['spekjʊlətɪv] *adj* 1. *philos* spekulativ; theoretisch; 2. *com* Spekulations-; ▶ ~ **builder** Bauspekulant *m;* **specu·la·tor** ['spekjʊleɪtə(r)] Spekulant(in) *m (f).*
sped [sped] *v s. speed.*
speech [spiːtʃ] 1. Sprache *f;* Sprechen *n;* Sprechweise *f;* 2. Ansprache *f;* Rede *f;* ▶ **deliver, make a** ~ e-e Rede halten (*on, about* über; *to* vor); **after-dinner** ~ Tischrede *f;* **freedom of** ~ Redefreiheit *f;* **power of** ~ Sprachvermögen *n;* **speech act** *ling* Sprechakt *m;* **speech community** Sprachgemeinschaft *f;* **speech-day** (Schul)Schlußfeier *f;* **speech defect** Sprachfehler *m;* **speech·ify** ['spiːtʃɪfaɪ] *itr hum* große Reden schwingen; **speech·less** ['spiːtʃlɪs] *adj* sprachlos (*with* vor); **speech recognition** *EDV* Spracherkennung *f;* **speech therapist** Sprachtherapeut(in) *m (f),* Logopäde *m,* Logopädin *f;* **speech therapy** *med* 1. logopädische Behandlung, Sprachtherapie *f;* 2. Logopädie *f;* **speech·writer** ['spiːtʃraɪtə(r)] Verfasser(in) *m (f)* von Reden; *pol* Redenschreiber(in) *m (f).*
speed [spiːd] ⟨*irr* speeded *od* sped, speeded *od* sped⟩ I *s* 1. Schnelligkeit *f;* 2. Geschwindigkeit *f;* Tempo *n;* 3. *tech* Drehzahl *f;* 4. *mot* Gang *m;* 5. *film* Empfindlichkeit *f;* ▶ **at a** ~ **of** mit e-r Geschwindigkeit von; **at full, top** ~ mit Höchstgeschwindigkeit; **cruising** ~ Reisegeschwindigkeit *f;* II *itr* 1. *(nicht irr)* zu schnell fahren; 2. *(irr)* jagen, sausen; *(Zeit)* schnell vergehen; III *(mit Präposition)* **speed along** *itr* entlangsausen; *(Arbeit)* gut vorangehen; *tr* beschleunigen; **speed off** *itr* davonrasen; **speed up** *tr (nicht irr)* schneller werden; *mot* beschleunigen; *tr* beschleunigen; *(jdn)* antreiben.
speed-boat ['spiːdbəʊt] Rennboot *n;* **speed check, control** Geschwindigkeitskontrolle *f;* **speed-cop** *sl* Ver-
kehrsstreife *f (Polizist);* **speed·ing** ['spiːdɪŋ] *mot* Tempoüberschreitung *f,* Überschreiten *n* der Geschwindigkeitsgrenze; **speed-limit** Geschwindigkeitsbegrenzung *f,* Tempolimit *n;* **speedo·meter** [spiː'dɒmɪtə(r)] Geschwindigkeitsmesser *m;* **speed range** Drehzahlbereich *m;* **speed trap** Radarfalle *f;* **speed-up** ['spiːdʌp] 1. Beschleunigung *f;* schnelleres Tempo; 2. Produktions-, Leistungssteigerung *f;* **speed·way** ['spiːdweɪ] 1. Motorradrennen *n,* -rennbahn *f;* 2. *Am* Schnellstraße *f;* **speedy** ['spiːdɪ] *adj* 1. schnell; 2. prompt.
spe·le·ol·ogist [ˌspiːlɪ'ɒlədʒɪst] Höhlenforscher(in) *m (f);* **spe·le·ol·ogy** [ˌspiːlɪ'ɒlədʒɪ] Höhlenforschung *f.*
spell[1] [spel] Zauber *m a. fig;* Zauberwort *n,* -formel *f,* -spruch *m;* ▶ **be under s.o.'s** ~ von jdm verzaubert, gebannt sein; in jds Bann stehen; **cast a** ~ **on** verzaubern; ganz für sich einnehmen.
spell[2] [spel] ⟨*irr* spelled *od* spelt, spelled *od* spelt⟩ I *tr* 1. buchstabieren; 2. (richtig) schreiben (*with* mit); 3. bedeuten, gleichkommen (*s.th.* e-r S); II *itr* richtig schreiben; buchstabieren; ▶ **he can't** ~ *fam* er kann keine Rechtschreibung; III *(mit Präposition)* **spell out** *tr* buchstabieren; entziffern; *fig* klarmachen (*s.th. for s.o.* jdm etw).
spell[3] [spel] I *s* (kurze) Zeit, (Zeit)Dauer, Periode *f;* ▶ **by** ~s dann u. wann; **for a** ~ e-e Weile; **take** ~s sich ablösen; **cold, hot** ~ Kälte-, Hitzewelle *f;* II *tr* ablösen.
spell·bind ['spelbaɪnd] *tr irr s. bind* ver-, bezaubern, faszinieren, fesseln; **spell·bound** ['spelbaʊnd] *adj* verzaubert, gebannt, fasziniert; mit-, hingerissen.
speller ['spelə(r)] ▶ **be a bad** ~ viele Rechtschreibfehler machen; **spell·ing** ['spelɪŋ] 1. Buchstabieren *n;* 2. Rechtschreibung *f;* **spelling check** *EDV* Rechtschreibprüfung *f.*
spelt [spelt] *v s. spell*[2].
spend [spend] ⟨*irr* spent, spent⟩ I *tr* 1. verbrauchen, erschöpfen; 2. *(Geld)* ausgeben; 3. auf-, verwenden (*on, upon* für); 4. *(Zeit)* ver-, zubringen; 5. verschwenden; *(Vermögen)* durchbringen; ▶ ~ **a lot of effort on s.th.** sich für etw sehr anstrengen; II *itr* 1. (sein) Geld ausgeben; 2. (sich) verbrauchen, sich verzehren; **spend·ing** ['—ɪŋ] Ausgaben *f pl;* **spending cut** Ausgaben-, Etatkürzung *f;* **spending money** Taschengeld *n;* **spending power** Kaufkraft *f;* **spending spree** Großeinkauf *m;* ▶ **on a** ~ im Kaufrausch; **spend·thrift** ['spendθrɪft] I *adj* verschwenderisch; II *s* Verschwender(in) *m (f).*
spent [spent] I *v s. spend;* II *adj* 1.

erschöpft, abgespannt, ermattet; **2.** *tech* verbraucht.

sperm [spɜ:m] Sperma *n*, männlicher Samen; **sperm donor** Samenspender *m*.

sper·ma·ceti [ˌspɜ:mə'setɪ] Walrat *n*.

sperm-whale ['spɜ:mweɪl] Pottwal *m*.

spew [spju:] **I** *itr* **1.** *(~ forth, out)* sich ergießen; hervorsprudeln, hervorquellen; **2.** *sl* brechen, kotzen; **II** *tr* **1.** *(~ up) sl* ausspucken; **2.** *(~ out)* speien; *(Wasser)* ablassen.

sphere [sfɪə(r)] **1.** *math* Kugel *f;* **2.** *(~ of life) fig* Sphäre *f*, Lebensbereich *m;* Gebiet *n*, Wirkungskreis *m;* Umwelt *f*, Milieu *n;* ▶ **~ of influence, of interest** *pol* Einflußbereich *m*, Interessensphäre *f;* **~ of operation** Wirkungsbereich *m;* **spheri·cal** ['sferɪkl] *adj* kugelförmig.

spice [spaɪs] **I** *s* **1.** Gewürz *n;* **2.** *fig* Würze *f;* **II** *tr* würzen *a. fig.*

spick and span [ˌspɪkən'spæn] *adj* (funkel)nagelneu; wie aus dem Ei gepellt.

spicy ['spaɪsɪ] *adj* **1.** (stark) gewürzt; **2.** *fig* pikant, anregend.

spi·der ['spaɪdə(r)] Spinne *f a. tech;* **spider('s)-web** Spinnwebe *f*, Spinnengewebe *n;* **spi·dery** ['spaɪdərɪ] *adj* krakelig; spinnwebartig; spinnenhaft.

spiel [ʃpi:l] *sl* Gequassel *n;* Geschichte *f.*

spigot ['spɪgət] Spund *m; Am* Hahn *m.*

spike [spaɪk] **I** *s* **1.** (Metall)Spitze *f;* **2.** *(~ nail)* großer Nagel; **3.** *pl* Rennschuhe *m pl;* **II** *tr* **1.** aufspießen; durchbohren; **2.** *fig (Gerüchte)* verhindern; **3.** *Am* versetzen; e-n Schuß Alkohol tun in; ▶ **~ s.o.'s guns** jdm e-n Strich durch die Rechnung machen; **spiky** ['spaɪkɪ] *adj* **1.** (lang u.) spitz, spitzig; stachelig; **2.** *fig* empfindlich.

spill[1] [spɪl] ⟨*irr* spilled *od* spilt, spilled *od* spilt⟩ **I** *tr* **1.** aus-, verschütten, vergießen; **2.** *(~ out)* ver-, ausstreuen; **3.** kleckern *(on* auf*)*; **4.** gießen *(on* über*)*; **5.** *fam* unter die Leute bringen, verbreiten; ▶ **~ the beans** *fam* das Geheimnis verraten; **~ blood** Blut vergießen; **there is no use crying over spilt milk** es hat keinen Sinn, Vergangenem nachzuweinen; **II** *itr* **1.** *(~ out)* herausquellen; **2.** *(~ over)* überlaufen, -fließen; **III** *s* Sturz *m (vom Pferd, Rad);* ▶ **take, have a ~** herunter-, hinfallen.

spill[2] [spɪl] **1.** (Holz)Span *m;* **2.** Fidibus *m.*

spilt [spɪlt] *v s.* spill[1].

spin [spɪn] ⟨*irr* spun, spun⟩ **I** *tr* **1.** spinnen *a. zoo;* **2.** (schnell) drehen; herumwirbeln; **3.** *(Wäsche)* schleudern; **II** *itr* **1.** spinnen; **2.** *(~ round)* sich schnell drehen, im Kreis herumwirbeln; **3.** *(Wäsche)* schleudern; ▶ **my head is ~ning** mir dreht sich alles im Kopf; **III** *s* **1.** Drehung *f;* **2.** Schleudern *n;* **3.** *(Ball)*

Drall *m;* **4.** *aero* Trudeln *n;* **5.** kurze Fahrt; ▶ **go for a ~** *mot fam* spazierenfahren; **go into a ~** sich um die eigene Achse drehen; trudeln; **in a flat ~** *fam* in Panik; **IV** *(mit Präposition)* **spin along** *itr* sausen, rasen; **spin out** *tr* strecken; *(Zeit, Versammlung)* in die Länge ziehen; *(Geschichte)* ausspinnen; **spin round** *itr* sich drehen; herumwirbeln; sich schnell umdrehen; *tr* schnell drehen.

spi·na bi·fi·da [ˌspaɪnə'bɪfɪdə] offene Wirbelsäule.

spin·ach ['spɪnɪdʒ, *Am* 'spɪnɪtʃ] Spinat *m.*

spi·nal ['spaɪnl] *adj:* ▶ **~ column** Wirbelsäule *f;* **~ cord, marrow, medulla** Rückenmark *n;* **~ curvature** Rückgratkrümmung *f.*

spindle ['spɪndl] *tech* Spindel *f;* Schaft *m;* **spin·dly** ['spɪndlɪ] *adj* spindeldürr.

spin-drier [ˌspɪn'draɪə(r)] Trockenschleuder *f (für Wäsche);* **spin dry** *tr, itr* schleudern.

spine [spaɪn] **1.** *bot zoo* Dorn *m;* **2.** Rückgrat *n;* **3.** (Buch)Rücken *m;* **spine-chilling** ['spaɪntʃɪlɪŋ] *adj* gruselig; unheimlich; **spine·less** ['—lɪs] *adj* rückgratlos *a. fig.*

spin·na·ker ['spɪnəkə(r)] *mar* Spinnaker *m.*

spin·ner ['spɪnə(r)] **1.** Spinner(in) *m (f);* **2.** Schleuder *f;* **3.** *(Angeln)* Spinnköder *m.*

spin·ney ['spɪnɪ] Gehölz, Dickicht *n.*

spin·ning ['spɪnɪŋ] Spinnen *n;* **spinning-jenny** Jennymaschine *f;* **spinning-mill** Spinnerei *f;* **spinning-top** Kreisel *m;* **spinning-wheel** Spinnrad *n.*

spin-off ['spɪnɒf] Nebenprodukt *n.*

spin·ster ['spɪnstə(r)] *jur* unverheiratete Frau; ▶ **old ~** *pej* alte Jungfer.

spiny ['spaɪnɪ] *adj* stach(e)lig, dornig *a. fig.*

spi·ral ['spaɪərəl] **I** *adj* spiralig; gewunden; in Spiralen; ▶ **~ nebula** *astr* Spiralnebel *m;* **~ staircase** Wendeltreppe *f;* **II** *s* Spirale *f;* ▶ **the ~ of rising prices and wages** die Lohn-Preis-Spirale; **III** *itr* sich in e-r Spirale bewegen; ▶ **~ up** sich in die Höhe schrauben.

spire ['spaɪə(r)] Turmspitze *f.*

spirit ['spɪrɪt] **I** *s* **1.** Geist *m;* **2.** Mut *m;* Schwung *m;* Tatkraft *f;* **3.** Geist *m;* Stimmung *f;* Einstellung *f;* **4.** *chem* Spiritus *m;* **5.** *pl* Spirituosen *pl*, geistige Getränke *n pl;* ▶ **in high, great ~s** in gehobener Stimmung; gut aufgelegt; **in poor, low ~s** niedergeschlagen; schlecht aufgelegt; **be with s.o. in ~** in Gedanken bei jdm sein; **enter into the ~ of s.th.** sich an etw anpassen; **keep up one's ~s** sich nicht niederdrücken lassen; **community ~** Gemeinschaftssinn *m;* **leading** ~ führender Kopf; **public** ~ Gemeinsinn *m;* ~ **of enterprise** Unternehmungsgeist *m;* **that's the** ~! so ist's recht! **II** *tr* (~ *away, off*) wegzaubern; **spirited** ['spɪrɪtɪd] *adj* **1.** lebhaft; **2.** energisch, kraftvoll; mutig; **spir·it·ism** ['spɪrɪtɪzəm] Spiritismus *m;* **spirit·less** ['spɪrɪtlɪs] *adj* **1.** träge, schläfrig, schlaff; **2.** niedergedrückt; **spirit-level** Wasserwaage *f.*

spiri·tual ['spɪrɪtʃʊəl] **I** *adj* **1.** geistig, seelisch, innerlich; **2.** geistlich, kirchlich, religiös; **II** *s* (Neger)Spiritual *n;* **cpiri·tu·al·ism** ['spɪrɪtʃʊəlɪzəm] Spiritismus *m;* **spiri·tu·al·is·tic** [ˌspɪrɪtʃʊə'lɪstɪk] *adj* spiritistisch.

spit[1] [spɪt] **I** *s* **1.** Bratspieß *m;* **2.** Landzunge *f;* Sandbank *f;* **II** *tr* aufspießen.

spit[2] [spɪt] ⟨*irr* spat, spat⟩ **I** *tr* **1.** (~ *out*) ausspeien, -spucken; **2.** ausstoßen; **3.** *(Worte)* herausprudeln; ▶ ~ **s.o. in the eye** *fig* auf jdn pfeifen; **II** *itr* **1.** speien, spucken (*at, on, upon* auf *a. fig*); **2.** *(Katze)* fauchen; ▶ **be s.o.'s ~ting image** *fam* jdm wie aus dem Gesicht geschnitten sein; **III** *s* **1.** Speichel *m;* **2.** *(Insekt)* Schaum *m;* **3.** *fam* (~*ting image*) Ebenbild *n;* ▶ ~ **and polish** sorgfältige Reinigung; **IV** *(mit Präposition)* **spit at** *tr* verächtlich abtun; **spit down** *itr* herabsprühen; **spit out** *tr* ausspukken; *(Worte)* hervorstoßen; ▶ ~ **it out!** nun sag's schon! **spit upon** *tr* verächtlich zurückweisen.

spite [spaɪt] **I** *s* Bosheit *f,* böser Wille (*against* gegen); ▶ **from, out of** ~ aus Bosheit; **in** ~ **of** trotz *gen;* **in** ~ **of the fact that** obgleich ..., obwohl ... **II** *tr* ärgern; ▶ **cut one's nose off to** ~ **one's face** *fig* sich ins eigene Fleisch schneiden; **do s.th. to** ~ **s.o.** etw jdm zum Trotz tun; **spite·ful** ['spaɪtfl] *adj* boshaft; schadenfroh.

spit·fire ['spɪtˌfaɪə(r)] giftiger Mensch.

spittle ['spɪtl] Speichel *m.*

spit·toon [spɪ'tuːn] Spucknapf *m.*

splash [splæʃ] **I** *tr* **1.** (ver)spritzen; gießen; **2.** bespritzen; **3.** *(Presse)* groß rausbringen; ▶ ~ **s.th. over s.o.** jdn mit etw anspritzen; **II** *itr* **1.** spritzen (*in all directions* nach allen Richtungen); **2.** *(Regen)* klatschen; **3.** *(Tränen)* tropfen; **4.** *(Mensch)* platschen; planschen; **III** *s* **1.** Spritzen *n;* Platsch(en *n*) *m;* **2.** *(Wellen)* Plätschern, Klatschen *n;* **3.** Spritzer *m;* Klecks *m;* Farbfleck *m;* **4.** *fam* Schuß *m* Sodawasser; ▶ **make a** ~ *fig* Furore machen, Aufsehen erregen; ~ **of mud** Dreckspritzer *m;* **with a** ~ mit e-m Plumps; **IV** *(mit Präposition)* **splash about** *tr* **1.** herumspritzen; **2.** *fam (Geld)* verschleudern; **3.** *(Geschichte)* groß rausbringen; *itr* herumspritzen; herumplatschen; herumplanschen; **splash down** *itr* **1.** *(Raumsonde)* was-

sern; **2.** *(Regen)* herunterprasseln; **splash out** *itr fam* viel Geld ausgeben (*on* für); **splash-board** Spritzblech *n;* **splash-down** ['splæʃdaʊn] Wasserung *f.*

splay [spleɪ] **I** *s arch* Ausschrägung, Fensterlaibung *f;* **II** *tr* **1.** ausbreiten, -dehnen, erweitern; *arch* ausschrägen; **2.** *(Finger)* spreizen; **III** *itr* (~ *out*) nach außen gehen; sich nach außen biegen; *arch* ausgeschrägt sein; **splay-foot** nach außen gestellter Fuß.

cpleen [spliːn] *anat* Milz *f;* ▶ **vent one's** ~ seinem Ärger Luft machen (*on* gegen).

splen·did ['splendɪd] *adj* **1.** prachtvoll, prächtig; **2.** großartig; glanzvoll; **3.** *fam* herrlich, ausgezeichnet, blendend; **splen·dif·er·ous** [splen'dɪfərəs] *adj hum fam* glänzend; **splen·dour, Am splen·dor** ['splendə(r)] Glanz *m,* Pracht, Herrlichkeit *f.*

splice [splaɪs] **I** *tr* **1.** *mar* spleißen, splissen; **2.** verzahnen, verbinden; **3.** *film* zusammenkleben; ▶ **get ~d** *fam* heiraten; **II** *s* **1.** Verbindung *f;* Splissung *f;* **2.** *film* Klebestelle *f;* **splicer** ['splaɪsə(r)] (Film)Klebegerät *n.*

splint [splɪnt] **I** *s med* Schiene *f;* **II** *tr med* schienen.

splin·ter ['splɪntə(r)] **I** *tr* zersplittern; zerhacken; *fig* spalten; **II** *itr* (zer)splittern; *fig* sich spalten; **III** Splitter, Span *m;* **splinter group** Splittergruppe *f;* **splinter party** Splitterpartei *f;* **splinter-proof** *adj (Glas)* splittersicher *a. mil.*

split [splɪt] ⟨*irr* split, split⟩ **I** *tr* **1.** spalten, aufsplittern; **2.** *fig* trennen, (auf)spalten, entzweien; **3.** *(Kosten)* aufteilen; verteilen; **4.** *chem phys* spalten; **5.** *(Aktien)* splitten; ▶ ~ **the difference** e-n Kompromiß schließen, auf halbem Weg entgegenkommen; ~ **hairs** Haarspalterei (be)treiben; ~ **one's sides (laughing, with laughter)** platzen vor Lachen; **II** *itr* **1.** sich spalten, (zer)splittern (*into* in); **2.** (zer)brechen, (zer)reißen, bersten; *fig* uneins werden, sich entzweien; **4.** *fam* den Gewinn teilen, Halbpart machen; ▶ ~ **into s.th.** sich in etw teilen, aufsplittern; ~ **open** aufplatzen; bersten; ~ **with s.o.** mit jdm brechen; mit jdm teilen; **my head is ~ting** ich habe furchtbare Kopfschmerzen; **let's** ~! *fam* hauen wir ab! **III** *s* **1.** (Zer)Splittern *n;* **2.** Spalt, Riß, Sprung *m;* **3.** *fig* Entzweiung, Spaltung *f a. pol;* **4.** Aufteilung, Aufspaltung *f;* Split(ting *n*) *m;* **5.** *pl sport* Spagat *m;* ▶ **banana** ~ Bananensplit *m;* **IV** *adj* gespalten; ▶ **in a** ~ **second** im Bruchteil e-r Sekunde; **a** ~ **decision** *(Boxkampf)* eine nicht einstimmige Entscheidung; **V** *(mit Präposition)* **split off** *tr* abtrennen; abspalten; abbrechen; *itr* abbrechen; sich lösen; *fig* sich trennen (*from* von); **split up** *tr* aufteilen; *(Partei)* spalten; *(Versammlung)* beenden; *(Leute)* trennen; *(Menge)* zerstreuen; *itr* zerbrechen; sich teilen; *(Versammlung)* sich spalten; *(Menschen)* sich voneinander trennen.

split-level [ˌsplɪt'levl] *adj:* ▶ ~ **flat** Wohnung über mehrere Ebenen; **split peas** *pl* gespaltene, halbe Erbsen *f pl;* **split personality** gespaltene Persönlichkeit; **split∙ting** ['splɪtɪŋ] I *adj (Kopfschmerzen)* stark, heftig, rasend; ▶ **a ~ sound** ein Geräusch, als ob etw zerrisse, zerbräche; **ear-~** *adj* ohrenbetäubend; II *s* 1. (Auf)Spaltung, Teilung *f;* 2. *(Steuer)* Splitting *n;* Aktiensplit *m;* ▶ **the ~ of the atom** die Kernspaltung; **split-up** ['splɪtʌp] Bruch *m;* Trennung *f; (Partei)* Spaltung *f.*

splodge, splotch [splɒdʒ, splɒtʃ] Fleck, Klecks *m;* **splotchy** ['splɒtʃɪ] *adj* fleckig.

splurge [splɜːdʒ] *fam* I *s* Großeinkauf *m;* II *itr* das Geld zum Fenster hinauswerfen; ▶ ~ **out on s.th.** sich etw leisten.

splut∙ter ['splʌtə(r)] I *itr* 1. zischen; spritzen (*over* über); 2. *(Mensch)* prusten; stottern; 3. *mot* stottern; II *tr (~ out)* herausprudeln; *(Drohung)* ausstoßen; III *s* 1. Zischen *n;* Spritzen, Sprühen *n;* 2. Prusten *n;* Stottern *n;* 3. *mot* Stottern *n.*

spoil [spɔɪl] ⟨*irr* spoilt *od* spoiled, spoilt *od* spoiled⟩ I *tr* 1. vernichten, zerstören; beschädigen; 2. vereiteln; 3. verderben, (stark) beeinträchtigen; 4. verwöhnen, verziehen; ▶ ~ **s.o.'s fun** jdm die Freude verderben; **be spoilt for choice** die Qual der Wahl haben; II *itr* verderben, verkommen, schlecht werden, (ver)faulen; ▶ **be ~ing for** (ganz) verrückt sein nach; abzielen auf; III *s* 1. Beute *f;* 2. *pl* Gewinn *m;* **spoiler** [—ə(r)] *mot* Spoiler *m;* **spoil-sport** Spiel-, Spaßverderber(in) *m (f);* **spoilt** [spɔɪlt] *v s.* spoil.

spoke[1] [spəuk] 1. Speiche *f;* 2. *(Leiter)* Sprosse *f;* ▶ **put a ~ in s.o.'s wheel** *fig* jdm Steine in den Weg legen.

spoke[2], **spoken** [spəuk, 'spəukən] *v s.* speak; **spokes∙man** ['spəuksmən] ⟨*pl* -men⟩ Sprecher, Meinungs-, Wortführer *m;* **spokes∙per∙son** ['spəukspɜːsn] Sprecher(in) *m (f);* Meinungs-, Wortführer(in) *m (f).*

spo∙li∙ation [ˌspəulɪ'eɪʃn] Plünderung *f.*

sponge [spʌndʒ] I *s* 1. Schwamm *m;* 2. *(~ cake)* Rührkuchen *m;* Biskuit *m;* ▶ **give s.th. a ~** etw aufwischen; etw abwaschen; II *tr* 1. mit e-m Schwamm abwischen; abtupfen; 2. *fam* schnorren; III *(mit Präposition)* **sponge down** *tr* (ab)waschen; **sponge off** *tr* abwischen;

sponge on s.o. jdm auf der Tasche liegen; **sponge out** *tr* herausreiben; auswaschen; **sponge up** *tr* aufwischen; **sponge-bag** Kulturbeutel *m;* **sponge-cake** Rührkuchen *m;* Biskuit *m;* **sponger** ['spʌndʒə(r)] Schmarotzer *m;* **spongy** ['spʌndʒɪ] *adj* 1. schwammig; 2. nachgiebig, weich; 3. *(Kuchen)* lokker.

spon∙sor ['spɒnsə(r)] I *s* 1. Förderer *m,* Förderin *f;* Bürge *m,* Bürgin *f;* 2. *com* Geldgeber(in) *m (f),* Sponsor(in) *m (f);* 3. Pate *m,* Patin *f;* ▶ **stand ~ for s.o.** jdn fördern; II *tr* 1. fördern, unterstützen; 2. garantieren; finanzieren; sponsern; 3. die Patenschaft übernehmen von; **spon∙sor∙ing group** ['spɒnsərɪŋˌgruːp] Projektträger *m.*

spon∙ta∙neity ['spɒntə'neɪətɪ] Ungezwungenheit *f;* Spontaneität *f;* **spon∙ta∙neous** [spɒn'teɪnɪəs] *adj* spontan; impulsiv; von sich aus; ▶ ~ **combustion** Selbstentzündung *f.*

spook [spuːk] *hum* Gespenst *n;* **spooky** ['spuːkɪ] *adj fam* gespensterhaft.

spool [spuːl] Spule *f;* Rolle *f.*

spoon [spuːn] I *s* Löffel *m;* II *tr* löffeln; ▶ ~ **out** ausschöpfen; ~ **up** (aus)löffeln; **spoon-feed** ['spuːnfiːd] *tr irr s.* feed 1. *(Kind)* füttern; 2. *fig* gängeln; **spoonful** ['spuːnfʊl] Löffel *m.*

spor∙adic [spə'rædɪk] *adj* sporadisch; gelegentlich.

spore [spɔː(r)] *bot* Spore *f.*

sport [spɔːt] I *s* 1. Sport *m;* 2. *pl* Sportveranstaltung *f;* 3. Zeitvertreib *m,* Vergnügen *n,* Spaß *m;* 4. *zoo bot* Spielart *f;* 5. *fam* prima Kerl; ▶ **do s.th. for, in ~** etw zum Spaß tun; **say s.th. in ~** etw im Spaß sagen; **be good at ~(s)** gut im Sport sein; **be a (good) ~** alles mitmachen; II *itr* herumtollen; herumspielen; III *tr* 1. *(Kleid)* anhaben; 2. *fam* protzen mit; **sport∙ing** ['—ɪŋ] *adj* sportlich; Sports-; fair; ▶ ~ **events** Wettkämpfe *m pl;* **a ~ man** ein Sportsmann; **give s.o. a ~ chance** jdm e-e faire Chance geben.

sport∙ive ['spɔːtɪv] *adj* lustig; verspielt.

sports-car ['spɔːtskɑː(r)] Sport-, Rennwagen *m;* **sports∙cast** ['spɔːtsˌkɑːst] Sportübertragung *f;* **sports∙caster** [—ə(r)] Sportreporter(in), Kommentator(in) *m (f);* **sports field** Sportplatz *m;* **sports jacket** Sportjackett *n,* Sakko *m;* **sports∙man** ['spɔːtsmən] ⟨*pl* -men⟩ 1. Sportler *m;* 2. anständiger Kerl; **sports∙man∙like** ['spɔːtsmənlaɪk] *adj* 1. sportlich; 2. fair; **sports∙man∙ship** ['spɔːtsmənʃɪp] Sportlichkeit *f,* sportliche Haltung; **sports page** *(Zeitung)* Sportseite *f;* **sports∙wear** ['spɔːtsweə(r)] Sportkleidung *f;* **sports∙woman** ['spɔːtswumən] ⟨*pl* -women⟩ [—wɪmɪn] Sportlerin *f;* **sport∙writer**

['spɔ:traɪtə(r)] Sportjournalist(in) *m (f)*.
sporty ['spɔ:tɪ] *adj* **1.** sportbegeistert,
sportlich; **2.** *fig* flott.
spot [spɒt] **I** *s* **1.** Tupfen, Punkt *m;* **2.** *fig*
Makel *m;* **3.** *med* Fleck *m;* Pickel *m;* **4.**
Punkt *m;* Stelle *f;* **5.** *fig* Klemme *f;* **6.** *TV*
Spot, Werbekurzfilm *m;* **7.** *theat* Schein-
werfer *m;* ▶ ~s of ink *pl* Tintenkleckse
m pl; **knock** ~s **off** s.o. jdn in den
Schatten stellen; **break out in** ~s Pickel
bekommen; **a pleasant** ~ ein schönes
Fleckchen; **on the** ~ an Ort und Stelle;
auf der Stelle; **an on-the-~ report** ein
Bericht vom Ort des Geschehens; **a ~**
of ein bißchen; **be in a (tight)** ~ in der
Klemme sein; **put s.o. in a** ~ jdn in
Verlegenheit bringen; **II** *tr* **1.** entdecken,
sehen; erkennen; ausmachen; **2.** besprit-
zen; ▶ ~ **the winner** richtig tippen; **III**
itr Flecken bekommen; **spot cash** *com*
sofortige Bezahlung; **spot check**
Stichprobe *f;* **spot-check** *tr* Stichpro-
ben machen bei; **spot deal** Kassage-
schäft *n;* **spot goods** *pl* Lokowaren *f*
pl; **spot height** Höhenangabe *f;* **spot-**
less ['spɒtlɪs] *adj* **1.** tadellos; **2.** *(Ruf)*
makellos, untadelig; **spot·light**
['spɒtlaɪt] **I** *s* Scheinwerfer(licht *n*),
Strahler *m;* ▶ **be in the** ~ im Rampen-
licht stehen; **turn the** ~ **on s.o.** *fig* die
Aufmerksamkeit auf jdn lenken; **II** *tr fig*
aufmerksam machen auf; **spot-market**
Kassamarkt *m;* **spot-on** [spɒt'ɒn] *adj*
fam exakt, haarscharf richtig; **spot**
price *fin* Lokopreis *m;* Kassakurs *m;*
spot-remover Fleckentferner *m;*
spot·ted ['spɒtɪd] *adj* gesprenkelt, ge-
fleckt, getüpfelt; **spot·ter** ['spɒtə(r)] **1.**
mil Aufklärer *m;* **2.** *Am* Detektiv *m;*
spotty ['spɒtɪ] *adj* fleckig; pickelig.
spouse [spauz] Gatte *m,* Gattin *f.*
spout [spaut] **I** *s* **1.** Ausguß *m,* Tülle *f;*
Ausflußrohr *n;* **2.** *(Kanne)* Schnauze *f;*
3. Fontäne *f;* **4.** *(Wal)* Atemloch *n;*
▶ **up the** ~ *sl* im Eimer; **water** ~ Was-
serhose *f;* **II** *tr* **1.** *(~ out)* herausspritzen;
speien; **2.** *fig* vom Stapel lassen; hervor-
sprudeln; von sich geben; **III** *itr* **1.** her-
ausschießen, -spritzen, -sprudeln; **2.** *fig*
palavern; ▶ ~ **out of** s.th. aus etw her-
vorspritzen.
sprain [spreɪn] **I** *tr* verrenken, verstau-
chen; ▶ ~ **one's ankle** sich den Fuß
verstauchen; **II** *s* Verrenkung, Verstau-
chung *f.*
sprang [spræŋ] *v s.* spring.
sprat [spræt] *zoo* Sprotte *f.*
sprawl [sprɔ:l] **I** *itr* **1.** der Länge nach
hinfallen; sich hinflegeln; **2.** *bot* wu-
chern; **II** *tr:* ▶ **be** ~**ed over** s.th. ausge-
streckt auf etw liegen; **III** *s* Lümmeln,
Flegeln *n;* ▶ **in the urban** ~ in der
riesigen Stadtlandschaft; **spraw·ling**
[—ɪŋ] *adj (Stadt)* wildwuchernd; *(Kör-*
per) ausgestreckt; *(Handschrift)* riesig.

spray[1] [spreɪ] **I** *s* **1.** Sprüh-, Staubregen
m; Gischt, Sprühnebel *m;* **2.** *(~ can)*
Sprühdose *f;* *(~ bottle)* Zerstäuber *m;* **3.**
Spray *n od m;* **4.** Besprühen *n;* **II** *tr* **1.**
zerstäuben, spritzen; **2.** *(Pflanzen)* be-
sprühen; **3.** *(Wasser)* sprühen; **4.** spritz-
lackieren; **III** *itr* sprühen; spritzen.
spray[2] [spreɪ] **1.** Strauß *m;* Zweig *m;* **2.**
Brosche *f.*
spread [spred] ⟨*irr* spread, spread⟩ **I** *s*
1. Spannweite, Flügelspanne *f;* **2.** *(Punk-*
te) Verteilung, Streuung *f;* **3.** *(Ideen)*
Spektrum *n;* **4.** *(Größe)* Ausbreitung *f;*
Ausdehnung *f;* **5.** *fam* Festessen *n;* **6.**
Decke *f;* **7.** Brotaufstrich *m;* **8.** *typ* Dop-
pelseite *f;* ▶ **middle-age** ~ Altersspeck
m; **cheese** ~ Streichkäse *m;* **II** *tr* **1.**
ausbreiten; ausstrecken; auslegen; **2.**
(Brot) bestreichen; **3.** *(Tisch)* decken; **4.**
(Sand) verteilen; streuen; **5.** *(Wissen)*
verbreiten; ▶ ~ **a cloth on** s.th. ein
Tuch über etw breiten; ~ **about, around**
verbreiten; **III** *itr* **1.** sich erstrecken, sich
ausdehnen *(over, across* über); sich aus-
breiten; sich verbreiten; **2.** *(Butter)* sich
streichen lassen; ▶ ~ **to** s.th. etw errei-
chen; auf etw übergreifen; ~ **into** s.th.
sich in etw erstrecken; **IV** *refl* sich aus-
strecken; sich verbreiten.
spread-eagle [,spred'i:gl] *tr:* ▶ **be** ~**d**
mit ausgestreckten Armen daliegen; al-
le viere von sich strecken; **spreader**
['spredə(r)] Spachtel *f.*
spree [spri:] *:* ▶ **buying, shopping** ~
Großeinkauf *m;* **be, go out on a** ~ e-e
Zechtour machen.
sprig [sprɪg] Zweig *m.*
spright·ly ['spraɪtlɪ] *adj* munter, leben-
dig, lebhaft.
spring [sprɪŋ] ⟨*irr* sprang, sprung⟩ **I** *s* **1.**
Quelle *f;* **2.** Frühling *m;* **3.** Sprung, Satz
m; **4.** *mech* Feder *f;* **5.** Federung *f;*
Elastizität *f;* ▶ ~s *pl fig* Ursprung *m;* **in**
~ im Frühjahr; **in the** ~ **of his life** im
Frühling seines Lebens; **in one** ~ mit
e-m Satz; **make a** ~ **at s.o.** sich auf jdn
stürzen; **walk with a** ~ **in one's step** mit
federnden Schritten gehen; **II** *adj* **1.**
Frühlings-; **2.** gefedert; **III** *tr* **1.** über-
springen; **2.** federn; **3.** *(Schock)* auslö-
sen; **4.** *(Mine)* explodieren lassen; **5.**
(Schloß) zuschnappen lassen; **6.** *sl* raus-
holen; ▶ ~ **s.th. on s.o.** jdn mit etw
konfrontieren; ~ **a leak** undicht wer-
den; ein Leck bekommen; ~ **a surprise**
on s.o. jdn völlig überraschen; **IV** *itr* **1.**
springen; ausgelöst werden; zuschnap-
pen; **2.** *(~ forth)* hervorquellen; sprü-
hen; hervorsprießen *(from* aus); **3.** *(Fa-*
milie) abstammen *(from* von); **4.** *(Idee)*
enstehen *(from* aus); **5.** *(Interesse)* her-
rühren *(from* von); ▶ ~ **back** zurück-
springen; zurückschnellen; ~ **up** hervor-
sprießen; aufspringen; erwachen, ent-
stehen; auftauchen; ~ **at s.o.** jdn an-

springen; ~ **out at s.o.** auf jdn losspringen; ~ **open** aufspringen; ~ **to one's feet** aufspringen; ~ **into action** aktiv werden; ~ **to arms** zu den Waffen eilen; ~ **to mind** einem einfallen; ~ **into existence** plötzlich entstehen; ~ **out of bed** aus dem Bett hüpfen; **spring-balance** Federwaage *f;* **spring binder** Klemmhefter *m;* **spring-board** *sport* Sprungbrett *n a. fig;* **spring-clean** I *tr* gründlich putzen; II *itr* Frühjahrsputz machen; **spring-cleaning** Frühjahrsputz *m;* **spring onion** Lauch-, Frühlingszwiebel *f;* **spring tide** Springflut *f;* **spring·time** ['sprɪŋtaɪm] Frühlingszeit *f,* Frühjahr *n.*

springy ['sprɪŋɪ] *adj* elastisch; federnd.

sprinkle ['sprɪŋkl] I *tr* 1. sprenkeln; 2. *(Rasen)* besprengen, bespritzen; 3. *(Kuchen)* bestreuen; 4. *(Salz)* streuen; II *s* ein paar Spritzer; Prise *f;* ▶ **a ~ of rain** ein paar Regentropfen; **sprink·ler** ['sprɪŋklə(r)] 1. Berieselungsapparat, Sprinkler *m;* 2. *(Garten)* Rasensprenger *m;* 3. Gießkannenkopf *m;* Brause *f;* 4. *rel* Weihwasserwedel *m;* **sprink·ling** ['sprɪŋklɪŋ] 1. ein paar Tropfen; Prise *f;* 2. *fig* Anflug *m,* Spur *f;* ▶ **a ~ of freckles** ein paar Sommersprossen.

sprint [sprɪnt] I *itr* sprinten; rennen; II *s* Lauf, Sprint *m;* ▶ **put on a ~** e-n Sprint vorlegen; **sprinter** ['sprɪntə(r)] Sprinter(in) *m (f),* Kurzstreckenläufer(in) *m (f).*

sprite [spraɪt] Kobold *m.*

sprocket ['sprɒkɪt] *tech* Kettenrad *n;* Kettenzahnrad *n.*

sprout [spraʊt] I *itr* 1. sprießen; keimen; Triebe bekommen; 2. *(~ up)* emporschießen, sprießen; II *tr* sprießen, wachsen, keimen lassen; III *s* 1. *bot* Trieb, Sproß *m;* Keim *m;* 2. *pl (Brussels ~s)* Rosenkohl *m.*

spruce¹ [spruːs] I *adj* sauber; gepflegt; adrett, schmuck; flott; II *tr:* ▶ ~ **up** herausputzen; auf Vordermann bringen; ~ **o.s. up** sich in Schale werfen; sich schönmachen; **all ~d up** geschniegelt und gebügelt; zurechtgemacht.

spruce² [spruːs] *bot* Fichte, Rottanne *f.*

sprung [sprʌŋ] *v s.* spring.

spry [spraɪ] *adj* rüstig.

spud [spʌd] *fam* Kartoffel *f.*

spume [spjuːm] Schaum, Gischt *m.*

spun [spʌn] I *v s.* spin; II *adj* gesponnen.

spunk [spʌŋk] *fam* Mumm *m.*

spur [spɜː(r)] I *s* 1. Sporn *m a. zoo;* 2. *fig* Ansporn, Antrieb *m (to* für); 3. *(Gebirge)* Vorsprung *m;* 4. *rail* Nebengleis, Rangiergleis *n;* ▶ **on the ~ of the moment** ganz spontan; **win one's ~s** sich die Sporen verdienen; II *tr* 1. die Sporen geben *(a horse* e-m Pferd); 2. *fig* anspornen; ▶ **~red (on) by ambition** vom Ehrgeiz getrieben; III *itr* galoppie-

ren.

spu·ri·ous ['spjʊərɪəs] *adj* 1. *(Dokument)* falsch, unecht; 2. *(Forderung)* unberechtigt.

spurn [spɜːn] *tr* verschmähen.

spurt [spɜːt] I *tr:* ▶ **the wound ~ed blood** aus der Wunde spritzte Blut; II *itr* 1. hervorsprudeln *(from* aus); 2. *sport* spurten; III *s* 1. Strahl *m;* 2. *sport* Spurt *m;* ▶ **final ~** Endspurt *m;* **~s of flame** Stichflammen *f pl.*

sput·ter ['spʌtə(r)] *s. splutter.*

spu·tum ['spjuːtəm] *med* Auswurf *m.*

spy [spaɪ] I *tr* sehen, erspähen; ▶ ~ **out** ausfindig machen; ~ **out the land** *fig* die Lage peilen; II *itr* spionieren, Spionage treiben; ▶ ~ **into s.th.** in etw herumspionieren; ~ **on s.o.** jdn bespitzeln; III *s* Spion(in) *m (f);* Spitzel *m;* **spy-glass** Fernglas *n;* **spy-hole** Guckloch *n,* Spion *m;* **spy satellite** Aufklärungs-, Spionagesatellit *m.*

squabble ['skwɒbl] I *itr* sich zanken, sich streiten; II *s* Zank, Streit *m.*

squad [skwɒd] 1. *mil* Korporalschaft *f;* 2. *(Polizei)* Kommando *n;* Dezernat *n;* 3. *sport* Mannschaft *f;* 4. *(Arbeiter)* Trupp *m;* **squad car** *Am* Streifenwagen *m;* **squad·die** ['skwɒdɪ] *fam pej* Gefreite(r) *m.*

squad·ron ['skwɒdrən] 1. *mar* Geschwader *n;* 2. *(Kavallerie)* Schwadron *f;* 3. *aero* Staffel *f.*

squalid ['skwɒlɪd] *adj* 1. schmutzig und verwahrlost; 2. *(Dasein)* elend, erbärmlich; 3. *(Motiv)* gemein, niederträchtig.

squall [skwɔːl] I *s* 1. Bö *f;* Gewitter *n,* Sturm *m;* 2. Schrei *m;* II *itr* schreien; **squally** ['skwɔːlɪ] *adj* böig; stürmisch.

squalor ['skwɒlə(r)] Schmutz *m;* Verkommenheit *f;* Verwahrlosung *f.*

squan·der ['skwɒndə(r)] *tr* 1. verschwenden, vergeuden; 2. *(Geld) fam* durchbringen.

square [skweə(r)] I *s* 1. *math* Quadrat *n;* 2. Quadratzahl *f;* 3. Viereck, Rechteck *n;* Kästchen, Karo *n;* 4. Platz *m;* 5. *Am* Block *m;* 6. Winkelmaß *n;* Zeichendreieck *n;* 7. *(Schachbrett)* Feld *n;* 8. *sl* Spießer *m;* ▶ **a 2 metre ~** 2 Meter im Quadrat; **cut in ~s** in Quadrate zuschneiden; **go back to ~ one** noch einmal von vorne anfangen; **be out of ~** nicht rechtwinklig sein; **be on the ~** *fig* in Ordnung sein; **be a ~** *sl* von gestern sein; II *adj* 1. quadratisch; viereckig; vierkantig; 2. *(Winkel)* recht; rechtwinklig; 3. *(Klammer)* eckig; 4. *math* Quadrat-; 5. *(Essen)* anständig, ordentlich; 6. *(Spiel)* fair; ehrlich; 7. *sl* spießig; überholt; ▶ **2 ~ metres** 2 Quadratmeter; **be a ~ peg in a round hole** am falschen Platz sein; **give s.o. a ~ deal** jdn gerecht behandeln; **be ~** in Ordnung sein; **get ~ with s.o.** mit jdm abrechnen;

we are (all) ~ *sport* wir stehen alle gleich; **III** *adv* **1.** rechtwinklig; **2.** direkt, genau; **3.** ehrlich, fair; ▶ **fair and** ~ offen und ehrlich; **IV** *tr* **1.** quadratisch, rechtwinklig machen; **2.** *math* quadrieren; **3.** *(Schulden)* begleichen; abrechnen mit; **4.** *fam* schmieren; ▶ ~ **one's shoulders** sich aufrichten; **try to** ~ **the circle** die Quadratur des Kreises versuchen; **3** ~**d is 9** 3 hoch 2 ist 9; ~ **one's accounts** abrechnen *(with* mit); ~ **off in** Quadrate einteilen; **V** *itr* übereinstimmen; ▶ ~ **up** abrechnen; ~ **up to s.o.** jdm die Stirn bieten; ~ **up to s.th.** sich e-r S stellen; **square brackets** *pl* eckige Klammern *f pl;* **square-built** [ˌskweəˈbɪlt] *adj* breit gebaut, vierschrötig; stämmig; **square dance** Square-Dance *m;* **square measure** Flächenmaß *n;* **square mile** Quadratmeile *f;* **square number** Quadratzahl *f;* **square root** *math* Quadratwurzel *f.*

squash[1] [skwɒʃ] **I** *tr* **1.** zerdrücken, zermalmen; aus-, zerquetschen; **2.** *fig* zum Schweigen bringen; **3.** quetschen; ▶ **be** ~**ed to a pulp** zu Brei zerquetscht werden; ~ **s.o. in** jdn einquetschen; **be** ~**ed together** eng zusammengepreßt sein; **II** *itr* **1.** zerdrückt werden; **2.** sich quetschen; ▶ ~ **in** sich einquetschen; **III** *s* **1.** Fruchtsaft *m;* **2.** Menschenmenge *f,* Gedränge *n.*

squash[2] [skwɒʃ] Kürbis *m.*

squash[3] [skwɒʃ] *sport* Squash *m;* **squash court** Squashhalle *f;* **squash racket** Squashschläger *m.*

squashy [ˈskwɒʃɪ] *adj* weich; saftig; matschig.

squat [skwɒt] **I** *itr* **1.** hocken, kauern; **2.** *(~ down)* sich hinhocken; **3.** sich illegal ansiedeln; ▶ ~ **in a house** ein Haus besetzt halten; **II** *adj* **1.** gedrungen, kompakt; **2.** *(Stuhl)* niedrig; **III** *s* **1.** Unterschlupf *m;* **2.** Hausbesetzung *f;* **3.** besetztes Haus; **squat-ter** [ˈskwɒtə(r)] Hausbesetzer(in) *m (f).*

squaw [skwɔ:] Squaw *f.*

squawk [skwɔ:k] **I** *itr* **1.** schreien; kreischen; **2.** *fam* protestieren; **II** *s* **1.** heiserer Schrei; **2.** *fam* Protest *m.*

squeak [skwi:k] **I** *itr* **1.** quietschen, knarren; **2.** *(Tier)* quieken; **II** *tr* quieksen; **III** *s* **1.** Quietschen, Kreischen *n;* **2.** *(Maus)* Piepsen *n;* ▶ **have a narrow** ~ mit knapper Not davonkommen; **squeaky** [ˈskwi:kɪ] *adj* quietschend, knarrend; ▶ ~ **clean** blitzsauber.

squeal [skwi:l] **I** *itr* **1.** schreien, quieken; kreischen; **2.** *fam* jammern; **3.** *fam* verpfeifen, verraten *(on s.o.* jdn); ▶ ~ **with pain** vor Schmerz aufheulen; ~ **for s.o.** nach jdm schreien; **II** *tr* **1.** schreien, kreischen; **2.** *fam* singen; petzen; **III** *s* Schrei *m;* Kreischen *n;* Quieken *n.*

squeam-ish [ˈskwi:mɪʃ] *adj* **1.** *(Magen)*

empfindlich; heikel; **2.** *fig* überempfindlich, feinfühlig; ▶ **I felt a bit** ~ mir war leicht übel; **I'm not** ~ mir wird nicht so schnell übel; ich bin nicht so zimperlich.

squee-gee [ˌskwiːˈdʒiː] Gummiwischer *m; phot* Rollenquetscher *m.*

squeeze [skwiːz] **I** *tr* **1.** drücken; ausdrücken; **2.** *(Orange)* auspressen, ausquetschen; **3.** *(Hand)* einquetschen; ▶ ~ **out water** Wasser herauspressen; ~ **s.th. dry** etw auswringen; ~ **money out of s.o.** Geld aus jdm herausquetschen; **be** ~**d to death** erdrückt werden; **II** *itr:* ▶ ~ **in, out** sich hinein-, hinausdrängen; ~ **past s.o.** sich an jdm vorbeidrücken; ~ **through a hole** sich durch ein Loch zwängen; **III** *s* **1.** Drücken, Pressen *n;* **2.** Händedruck *m;* **3.** Gedränge *n;* **4.** *fig* Spritzer *m;* **5.** *fin (credit* ~*)* Kreditbeschränkung *f;* ▶ **give s.th. a** ~ etw drücken; **it was a tight** ~ es war fürchterlich eng; **be in a tight** ~ in der Klemme sein; **put the** ~ **on s.o.** *fig* jdm die Daumenschrauben anlegen; **squeezer** [ˈskwiːzə(r)] Presse *f.*

squelch [skweltʃ] **I** *tr:* ▶ ~ **one's way through s.th.** durch etw platschen; **II** *itr* platschen, quatschen; **III** *s* Platschen, Glucksen *n.*

squib [skwɪb] Knallfrosch *m;* ▶ **a damp** ~ *fig* ein Reinfall.

squid [skwɪd] *zoo* Tintenfisch *m.*

squiggle [ˈskwɪɡl] Schnörkel *m.*

squint [skwɪnt] **I** *itr* **1.** schielen *(at* nach); **2.** blinzeln; **II** *s* **1.** Schielen *n;* **2.** Seitenblick *m;* ▶ **have a** ~ **at s.th.** e-n Blick auf etw werfen; **III** *adj* schief; **squint-eyed** [ˌskwɪntˈaɪd] *adj* schielend.

squire [ˈskwaɪə(r)] **1.** *hist* Knappe *m;* **2.** *(früher)* Gutsbesitzer *m.*

squirm [skwɜːm] *itr* sich winden, sich krümmen; schaudern.

squir-rel [ˈskwɪrəl] Eichhörnchen *n.*

squirt [skwɜːt] **I** *itr* spritzen; **II** *tr* an-, bespritzen; ▶ ~ **water at s.o.** jdn mit Wasser bespritzen; **III** *s* **1.** Spritzer *m;* **2.** Spritze *f;* **3.** *fam* Pimpf *m.*

stab [stæb] **I** *tr* **1.** e-n Stich versetzen *(s.o.* jdm); einstechen auf; **2.** niederstechen; ▶ ~ **s.o. to death** jdn erstechen; ~ **s.o. with a knife** jdn mit e-m Messerstich verletzen; ~ **s.o. in the back** *fig* jdm in den Rücken fallen; **II** *itr:* ▶ ~ **at s.o.** nach jdm stechen; auf jdn zeigen; **III** *s* Stich *m;* ▶ ~ **wound** Stichwunde *f;* **feel a** ~ **of conscience** ein schlechtes Gewissen haben; **a** ~ **in the back** *fig* ein Dolchstoß; **stab-bing** [ˈ—ɪŋ] *adj* *(Schmerz)* stechend.

sta-bil-ity [stəˈbɪlətɪ] **1.** Stabilität *f;* **2.** *fig* Beständigkeit, Dauerhaftigkeit *f;* **sta-bil-iz-ation** [ˌsteɪbəlaɪˈzeɪʃn] Stabilisierung *f;* **sta-bil-ize** [ˈsteɪbəlaɪz] **I** *tr* stabilisieren; **II** *itr* sich stabilisieren; **sta-bi-lizer** [ˈsteɪbəlaɪzə(r)] Stabilisator *m.*

stable[1] ['steɪbl] *adj* 1. fest, stabil; sicher; 2. *fig* beständig, dauerhaft; 3. *(Charakter)* gefestigt; ► **his condition is ~** sein Zustand ist stabil.

stable[2] ['steɪbl] **I** *s* Stall *m;* ► **be out of the same ~** *fig* aus dem gleichen Stall stammen; **II** *tr* in den Stall bringen; **stable-boy, -lad** Stallknecht *m.*

stack [stæk] **I** *s* 1. Stapel, Stoß, Haufen *m;* 2. (Heu)Schober *m;* 3. Gewehrpyramide *f;* 4. *fam* Haufen *m;* 5. *pl (Bibliothek)* Magazin *n;* 6. *geol* Felssäule *f;* ► **be in the ~** *aero* Warteschleifen ziehen; **have ~s of time** jede Menge Zeit haben; **smoke ~** Schornstein *m;* **II** *tr* 1. stapeln; 2. *Am (Karten)* packen; ► **~ up** aufstapeln; **the cards are ~ed against us** wir haben keine großen Chancen; **III** *itr* sich stapeln lassen.

sta·dium ['steɪdɪəm] Stadion *n.*

staff [stɑːf] **I** *s* 1. Personal *n;* Lehrkörper *m;* Mitarbeiterstab *m;* 2. Stab *m;* Stock *m;* 3. *fig* Stütze *f;* 4. *mil* Stab *m;* 5. *mus* ⟨*pl* **staves**⟩ Notensystem *n;* ► **be on the ~** zum Personal gehören; **adminstrative ~** Verwaltungsstab *m;* **editorial ~** Redaktion *f;* **a large ~** viel Personal; **~ of office** Amtsstab *m;* **the ~ of life** das wichtigste Nahrungsmittel; **II** *tr* Personal einstellen für; ► **be well ~ed** gut besetzt sein; **staff costs** *pl* Personalkosten *pl;* **staff·ing** ['stɑːfɪŋ] Stellenbesetzung *f;* **staff nurse** *Br* vollausgebildete Krankenschwester; Vollschwester *fam;* **staff officer** *mil* Stabsoffizier *m;* *(Universität)* Personalbeauftragte(r) *f m;* **staff room** Lehrerzimmer *n.*

stag [stæg] **I** *s* 1. *zoo* Hirsch *m;* 2. *com* Spekulant *m;* **II** *adv:* ► **go ~ solo** ausgehen.

stage [steɪdʒ] **I** *s* 1. *theat* Bühne *f;* 2. Podium *n;* 3. Stadium *n;* Phase *f;* 4. *(Rennen)* Abschnitt *m,* Etappe *f;* 5. Teilstrecke, Zahlgrenze *f;* 6. *(~-coach)* Postkutsche *f;* 7. *(Rakete)* Stufe *f;* ► **the ~** das Theater, die Bühne; **be on the ~** beim Theater sein; **go on ~** die Bühne betreten; **come off ~** von der Bühne abtreten; **hold the ~** die Szene beherrschen; **at this ~ in the game** zu diesem Zeitpunkt; **in the early ~s** im Anfangsstadium; **experimental ~** Versuchsstadium *n;* **in, by ~s** etappenweise; **II** *tr* 1. *(Stück)* auf die Bühne bringen, aufführen; 2. *fig* inszenieren; arrangieren; veranstalten; ► **~ a comeback** sein Comeback machen; **stage-coach** Postkutsche *f;* **stage direction** Bühnenanweisung *f;* **stage door** Künstlereingang *m;* **stage-effect** Bühnenwirkung *f;* **stage fright** Lampenfieber *n;* ► **suffer from ~** Lampenfieber haben; **stage-hand** Bühnenarbeiter(in) *m (f);* **stage-manage** *tr* inszenieren *a. fig;*

Inspizient sein bei; **stage manager** Inspizient *m;* **stage name** Künstlername *m;* **stager** ['steɪdʒə(r)] ► **be an old ~** ein alter Hase sein; **stage-struck** ['steɪdʒstrʌk] *adj* theaterbegeistert; **stage-whisper** Bühnengeflüster *n.*

stag·fla·tion [ˌstæg'fleɪʃn] *fin* Stagflation *f.*

stag·ger ['stægə(r)] **I** *itr* (sch)wanken, taumeln; torkeln; **II** *tr* 1. *(Nachrichten)* den Atem verschlagen *(s.o.* jdm); 2. *(Ferien)* staffeln, stufen; **III** *s* Wanken, Schwanken, Taumeln *n;* ► **give a ~** taumeln, schwanken; **stag·gered** ['stægəd] *adj* 1. gestaffelt; 2. *fig* überrascht, verblüfft; **stag·ger·ing** ['stægərɪŋ] *adj* 1. (sch)wankend, torkelnd; 2. *fig* atemberaubend, umwerfend; ► **give s.o. a ~ blow** jdm e-n Schlag versetzen *a. fig.*

stag·ing ['steɪdʒɪŋ] 1. Inszenierung *f;* 2. Bühne *f.*

stagn·ant ['stægnənt] *adj* 1. *(Wasser)* stehend, abgestanden; 2. *(Luft)* verbraucht; 3. *fig* träge, untätig; 4. *com* stagnierend; **stag·nate** [stæg'neɪt] *itr* 1. stagnieren *a. fig;* 2. *(Wasser)* abstehen; 3. *(Luft)* verbraucht werden; 4. *(Handel)* stocken, stagnieren; 5. *(Geist)* einrosten; **stag·na·tion** [stæg'neɪʃn] 1. Stagnation, Stockung *f;* 2. *com* Flaute, Lustlosigkeit *f;* 3. *(Geist)* Verlangsamung *f.*

stag-party ['stæggɑːtɪ] *fam* Herrengesellschaft *f,* -abend *m.*

stagy ['steɪdʒɪ] *adj* theatralisch.

staid [steɪd] *adj* gesetzt, ruhig, gelassen.

stain [steɪn] **I** *tr* 1. beflecken; 2. beizen; färben; **II** *itr* 1. Flecken hinterlassen; 2. fleckig werden; **III** *s* 1. Fleck *m;* 2. *fig* Schandfleck *m;* 3. Farbe *f,* Farbstoff *m;* Beize *f;* ► **~ remover** Fleckenentferner *m;* **without a ~ on his character** ohne Makel; **stained** [steɪnd] *adj* 1. *(Glas)* bunt; 2. *(Kleid)* fleckig, befleckt; ► **~-glass window** Buntglasfenster *n;* **stain·less** ['―lɪs] *adj* 1. flecken-, makellos *bes. fig;* 2. *(Stahl)* rostfrei; ► **~ steel** rostfreier (Edel)Stahl; "**~ steel**" „rostfrei".

stair [steə(r)] 1. (Treppen)Stufe *f;* 2. *pl* Treppe *f;* ► **at the top of the ~s** oben an der Treppe; **stair-carpet** Treppenläufer *m;* **stair-case** Treppe *f;* Treppenhaus *n;* **stair-rail** Treppengeländer *n;* **stair·way** ['steəweɪ] Treppenhaus *n.*

stake [steɪk] **I** *s* 1. Pfahl, Pfosten, Pflock *m;* 2. Scheiterhaufen *m;* 3. *(Spiel)* Einsatz *m;* 4. *com* Anteil *m;* 5. *pl* Gewinn *m;* ► **go to the ~** auf dem Scheiterhaufen sterben; **be at ~** auf dem Spiel stehen; **have a ~ in s.th.** e-n Anteil an etw haben; **II** *tr* 1. *(Tier)* anpflocken; 2. *(~ up)* hochbinden; 3. *(Wette)* setzen (*on* auf); ▶ ~ **one's life on s.th.** seine Hand für etw ins Feuer legen; ~ **a claim to s.th.** ein Anrecht auf etw sichern; ~ **out** abstecken; *sl* überwachen; **stake-out** ['steɪkaut] *Am sl* Überwachung *f.*

stal·ac·tite ['stæləktaɪt] *geol* Stalaktit *m;* **stal·ag·mite** ['stæləgmaɪt] *geol* Stalagmit *m.*

stale [steɪl] *adj* 1. *(Bier)* schal, abgestanden; 2. *(Brot)* altbacken; 3. *(Fleisch, Ei)* nicht mehr ganz frisch; 4. *(Wasser, Luft)* verbraucht; 5. *fig* abgegriffen, abgedroschen.

stale·mate ['steɪlmeɪt] **I** *s* 1. *(Schach)* Patt *n;* 2. *fig* Sackgasse *f,* Patt *n,* Pattsituation *f;* **II** *tr* 1. *(Schach)* patt setzen; 2. *fig* matt setzen.

stalk[1] [stɔːk] **I** *itr* 1. stolzieren; 2. *(Jagd)* pirschen; **II** *tr* 1. *(Jagd)* sich heranpirschen an; 2. *fig* sich anschleichen an.

stalk[2] [stɔːk] *bot* Stengel, Halm *m;* Strunk *m.*

stall [stɔːl] **I** *s* 1. Box, Bucht *f;* 2. (Markt)Bude *f,* (Verkaufs)Stand *m;* 3. *rel* Kirchenstuhl *m;* 4. *pl theat Br* Parkett *n;* 5. *aero* überzogener Flug; **II** *tr* 1. *(Kuh)* einstellen; 2. *(Flugzeug)* überziehen; 3. *mot* abwürgen; 4. *fig* aufschieben, hinhalten, vertrösten; **III** *itr* 1. *mot* absterben; 2. *aero* überziehen; 3. *fig* Zeit schinden; ▶ ~ **on a decision** e-e Entscheidung hinauszögern; ~ **for time** versuchen, Zeit zu gewinnen.

stal·lion ['stæljən] *zoo* (Zucht)Hengst *m.*

stal·wart ['stɔːlwət] **I** *adj* 1. kräftig, robust; 2. *(Glaube)* unentwegt, unerschütterlich; **II** *s* treuer Anhänger.

sta·men ['steɪmen] *bot* Staubfaden *m.*

stam·ina ['stæmɪnə] Stehvermögen, Durchhaltevermögen *n.*

stam·mer ['stæmə(r)] **I** *tr* stammeln; **II** *itr* stottern; **III** *s* Stottern *n;* **stammerer** ['stæmərə(r)] Stotterer *m,* Stotterin *f.*

stamp [stæmp] **I** *tr* 1. (zer)stampfen; 2. *(Brief)* frankieren; 3. *(Papier)* stempeln; prägen; aufprägen; 4. *fig* ausweisen (*as* als); ▶ ~ **one's foot** mit dem Fuß aufstampfen; ~ **the ground** auf den Boden stampfen; ~ **on** aufprägen; **be ~ed on s.o.'s memory** sich jdm eingeprägt haben; ~ **out** austreten; ausrotten; unterdrücken; *tech* ausstanzen; **II** *itr* stampfen, trampeln; *tech* stanzen; ▶ ~ **in** hineinstampfen; **III** *s* 1. Briefmarke *f;* 2. (Stempel)Marke *f;* 3. (Rabatt)Marke *f;* 4. Aufkleber *m;* 5. Stempel *m;* ▶ **collect ~s** Briefmarken sammeln; **a man of his ~** ein Mann seines Schlags; **bear the ~ of the expert** den Stempel des Experten tragen; **stamp-album** Briefmarkenalbum *n;* **stamp-collector** Briefmarkensammler(in) *m (f);* **stamp-dealer** Briefmarkenhändler(in) *m (f).*

stam·pede [stæm'piːd] **I** *s* wilde Flucht; Massenansturm *m (on* auf); **II** *tr* in Panik versetzen; ▶ ~ **s.o. into doing s.th.** jdn dazu drängen, etw zu tun; **III** *itr* durchgehen; losstürmen (*for* auf).

stamp·ing-ground ['stæmpɪŋgraund] *fam* Lieblingsaufenthalt *m.*

stand [stænd] ⟨*irr* stood, stood⟩ **I** *s* 1. Platz, Standort *m;* 2. *fig* Standpunkt *m,* Einstellung *f (on* zu); 3. *mil* Widerstand *m;* 4. *(Taxi)* Stand *m;* 5. *theat* Gastspiel *n;* 6. Ständer *m;* 7. *(Markt)* Stand *m;* 8. Podium *n;* 9. *sport* Tribüne *f;* 10. *Am jur* Zeugenstand *m;* ▶ **take a** ~ e-e Einstellung vertreten; **II** *tr* 1. stellen; 2. *(Druck)* standhalten; gewachsen sein (*s.th.* e-r S); 3. *(Klima)* vertragen; 4. *(Lärm)* ertragen, aushalten; 5. *(Verlust)* verkraften; ▶ **I can't** ~ **him** ich kann ihn nicht ausstehen; ~ **s.o. a drink** jdm e-n Drink spendieren; ~ **a round** *fam* eine Runde schmeißen *fam;* **III** *itr* 1. stehen; aufstehen; 2. *(Baum)* hoch, groß sein; 3. *fig* bestehen bleiben; 4. *(Versprechen)* gelten; gültig bleiben; 5. *(Rekord)* stehen; 6. *(Thermometer)* stehen (*at* auf); ▶ ~ **still** stillstehen; ~ **as a candidate** kandidieren; ~ **to lose a lot** Gefahr laufen, e-e Menge zu verlieren; **how do we** ~? wie stehen wir? **as things** ~ nach Lage der Dinge; **as it ~s** so wie die Sache aussieht; ~ **alone** unerreicht sein; ~ **in the way of s.th./s.o.** *fig* etw verhindern/jdm im Wege stehen; **IV** *(mit Präposition)* **stand about** *itr* herumstehen; **stand apart** *itr* abseits stehen; sich fernhalten; **stand aside** *itr* auf die Seite treten, beiseite treten; abseits stehen; zurücktreten; **stand back** *itr* 1. zurücktreten; zurückstehen; 2. *fig* Abstand nehmen; **stand by** *itr* 1. danebenstehen; herumstehen; 2. sich bereithalten; ▶ ~ **by and do nothing** tatenlos zusehen; ~ **by for further news** auf weitere Nachrichten warten; ~ **by a promise** ein Versprechen halten; **stand down** *itr* 1. verzichten; 2. *jur* den Zeugenstand verlassen; 3. *mil* aufgelöst werden; **stand for** *itr* 1. kandidieren für, sich zur Wahl stellen für; 2. stehen für; 3. hinnehmen, sich gefallen lassen; ▶ ~ **for election** kandidieren; **stand in** *itr* einspringen; **stand off** *itr mar* seewärts anliegen; **stand out** *itr* 1. (her)vorstehen, vorragen; 2. *(Kontrast)* hervorstechen, auffallen; ▶ ~ **out against s.th.** sich von etw abheben; weiterhin gegen etw Widerstand leisten; ~ **out for s.th.** auf etw bestehen; **stand over** *itr* 1. liegenbleiben; 2. *fig* auf die Finger sehen (*s.o.* jdm); **stand up** *itr* 1. aufstehen; stehen; 2. *(Argument)* überzeugen; *tr* 1. hinstellen; 2. *fam* versetzen; ▶ ~ **up for s.o.** für jdn eintreten; ~ **up to s.th.** e-r S standhalten; e-r S gewachsen sein; ~ **up**

to s.o. sich jdm gegenüber behaupten.
stan·dard ['stændəd] **I** s **1.** Norm f;
Maßstab m; **2.** pl sittliche Maßstäbe m
pl; **3.** Niveau n; **4.** com Maßeinheit f,
Standard m; Münzfuß m; **5.** Mast m; **6.**
Flagge, Fahne f; Stander m; ▶ **set a
good ~** Maßstäbe setzen; **above, below
~** über, unter der Norm; **be up to ~** den
Anforderungen genügen; **conform to
society's ~s** den Wertvorstellungen der
Gesellschaft entsprechen; **~ of living**
Lebensstandard m; **of high, low ~** von
hohem, niedrigem Niveau; **industry ~**
Industrienorm f; **monetary ~** Wäh-
rungsstandard m; **II** adj **1.** üblich; Stan-
dard-; Normal-; **2.** (Arbeit) durch-
schnittlich; **3.** ling gebräuchlich; ▶ **~
English** korrektes Englisch; **~ German**
Hochdeutsch n; **~ time** Normalzeit f;
standard-bearer ['stændəd͵beərə(r)]
Fahnenträger(in) m (f); **standard
gauge** rail Normalspur(weite) f.
stan·dard·iz·ation [͵stændədaɪ'zeɪʃn]
1. Normung, Standardisierung f; **2.** Ver-
einheitlichung f; **stan·dard·ize**
['stændədaɪz] tr **1.** normen; **2.** verein-
heitlichen.
stan·dard lamp ['stændədlæmp] Steh-
lampe f; **standard quality** com Stan-
dard m; **standard size** Normalgröße f.
stand·by ['stændbaɪ] **I** s **1.** Ersatzmann,
Ersatz m; **2.** sport Ersatzspieler(in) m
(f); **3.** aero Entlastungsflugzeug n; **4.**
Standby-Ticket n; ▶ **on ~** in Bereit-
schaft; **be on 24-hour ~** 24 Stunden
Bereitschaftsdienst haben; **II** adj Re-
serve-, Ersatz-; Standby-; **stand-in**
['stændɪn] film Double n; Ersatzmann
m; Ersatz m; Stellvertreter(in) m (f).
stand·ing ['stændɪŋ] **I** adj **1.** ständig;
bestehend; **2.** mil stehend; **3.** aus dem
Stand; **4.** (Ticket) Stehplatz-; **5.** (Stein)
stehend; ▶ **it's a ~ joke** es ist schon ein
Witz geworden; **~ order** com Dauerauf-
trag m; **~ orders** mil Vorschrift f; **~
room only** nur Stehplätze; **receive a ~
ovation** stürmischen Beifall ernten; **II** s
1. Rang, Stand m, Stellung f; Position f;
2. Ruf m, Ansehen n; **3.** Dauer f; ▶ **of
high ~** von hohem Rang; von hohem
Ansehen; **be in good ~ with s.o.** gute
Beziehungen zu jdm haben; **of long ~**
alt, langjährig; von langer Dauer.
stand-of·fish [͵stænd'ofɪʃ] adj hoch-
näsig; reserviert; **stand·point**
['stændpɔɪnt] Standpunkt m; **stand-
still** ['stændstɪl] Stillstand m; ▶ **be at a
~** stocken; ruhen, stillstehen; **come to a
~** stehenbleiben; ins Stocken geraten,
zum Stillstand kommen; **stand-up**
['stænd͵ʌp] adj **1.** Steh-; **2.** (Essen) im
Stehen; ▶ **~ comedian** Alleinunterhal-
ter(in) m (f); **~ fight** Schlägerei f.
stank [stæŋk] v s. stink.
stan·za ['stænzə] Stanze, Strophe f.

staple¹ ['steɪpl] **I** s **1.** Klammer f; **2.**
Heftklammer f; **II** tr heften.
staple² ['steɪpl] **I** s **1.** Haupterzeugnis n;
Ausgangsmaterial n; **2.** Hauptnahrungs-
mittel n; **3.** Rohbaumwolle f; Rohwolle
f; **II** adj Grund-; Haupt-; ▶ **~ diet**
Grundnahrung f.
sta·pler ['steɪplə(r)] Heftmaschine f.
star [staː(r)] **I** s **1.** Stern m; **2.** typ Stern-
chen n; **3.** (Person) Star m; ▶ **the S~s
and Stripes** pl das Sternenbanner; **be
born under a lucky ~** unter e-m glückli-
chen Stern geboren sein; **thank one's
lucky ~s** von Glück sagen; **it's all in the
~s** es steht alles in den Sternen; **see ~s**
Sterne sehen; **S~ Wars** pl Krieg m der
Sterne; **II** adj Haupt-; Star-; **III** tr **1.** mit
Sternen versehen; **2.** fig übersäen; ▶ **~
s.o.** jdn in der Hauptrolle zeigen; **~ring
...** in der Hauptrolle ... **IV** itr die
Hauptrolle spielen; **star-bil·ling**
[͵staːˈbɪlɪŋ] ▶ **get ~** auf Plakaten groß
herausgestellt werden.
star·board ['staːbəd] **I** s mar Steuer-
bord n; **II** adv (nach) Steuerbord.
starch [staːtʃ] **I** s Stärke f; **II** tr (Wä-
sche) stärken; **starchy** ['staːtʃɪ] adj **1.**
stärkehaltig; **2.** fig steif, förmlich, for-
mell.
star·dom ['staːdəm] film Berühmtheit f.
stare [steə(r)] **I** itr starren; große Augen
machen, die Augen weit aufreißen; ▶ **~
at s.o.** jdn anstarren; **~ at s.o. in horror**
jdn entsetzt anstarren; **II** tr; ▶ **the
answer was staring us in the face** die
Antwort lag klar auf der Hand; **~ down,
out of countenance** durch Anstarren
aus der Fassung bringen; **III** s starrer
Blick; ▶ **give s.o. a ~** jdn anstarren.
star·fish ['staːfɪʃ] ⟨pl -⟩ zoo Seestern m;
star-gazer ['staː͵geɪzə(r)] hum Stern-
gucker(in) m (f).
star·ing ['steərɪŋ] adj starrend; ▶ **~
eyes** pl starrer Blick.
stark [staːk] **I** adj **1.** (Kontrast) kraß; **2.**
(Armut, Wahrheit) nackt; **3.** (Kleidung)
schlicht; **4.** (Verrücktheit) schier, rein; **5.**
(Klippen) nackt, kahl; **6.** (Licht) grell; **7.**
(Farbe) eintönig; **II** adv völlig, gänzlich;
▶ **~-naked** splitter(faser)nackt; **~ rav-
ing mad** fam total verrückt; **star·kers**
['staːkə(r)s] adj fam splitternackt.
star·less ['staːlɪs] adj sternenlos; **star-
let** ['staːlɪt] theat film Filmsternchen,
Starlet n; **star·light** ['staːlaɪt] Sternen-
licht n.
star·ling ['staːlɪŋ] (Vogel) Star m.
star·lit ['staː͵lɪt] adj sternhell, -klar;
starry ['staːrɪ] adj **1.** sternenklar; **2.**
(Augen) strahlend, leuchtend; **starry-
eyed** [͵staːrɪ'aɪd] adj romantisch; arg-
los; **star-stud·ded** [͵staːˈstʌdɪd] adj
film mit zahlreichen Stars in den
Hauptrollen.
start¹ [staːt] **I** s Zusammenfahren n;

Aufschrecken *n;* ▶ **give s.o. a** ~ jdn erschrecken; **wake with a** ~ aus dem Schlaf hochschrecken; **II** *itr* auf-, hochschrecken; zusammenfahren; ▶ ~ **from one's chair** aus dem Stuhl hochfahren; **tears** ~**ed to her eyes** Tränen traten ihr in die Augen; ~ **up** auf-, hochschrecken; **III** *tr* aufscheuchen (*from* aus).

start[2] [stɑːt] **I** *itr* 1. beginnen, anfangen; 2. *(Maschine)* anspringen, starten; 3. anfahren; 4. *(Bus)* abfahren; 5. *(Boot)* ablegen; 6. *(Gerücht)* in Umlauf kommen; ▶ ~**ing from** ... **ab** ... ~ **for home** sich auf den Heimweg machen, aufbrechen; ~ **for work** zur Arbeit gehen; **to** ~ **off with** erstens; zunächst; ~ **after s.o.** jdn verfolgen; **get** ~**ed** anfangen; ~ **on a journey** sich auf e-e Reise machen; ~ **talking, to talk** zu sprechen beginnen; **II** *tr* 1. anfangen mit; beginnen; antreten; 2. *sport* starten; 3. *(Zug)* abfahren lassen; 4. *(Gerücht)* in Umlauf setzen; 5. *(Reaktion)* auslösen; 6. *(Feuer)* anzünden; 7. *(Firma)* gründen; 8. *(Motor)* anlassen; ▶ ~ **work** anfangen zu arbeiten; ~ **smoking** mit dem Rauchen anfangen; ~ **s.o. thinking** jdn nachdenklich machen; ~ **s.o. on a career** jdm zu e-r Karriere verhelfen; **III** *s* 1. Beginn, Anfang *m;* 2. *sport* Start *m;* 3. *(Reise)* Aufbruch *m;* 4. *(Gerücht)* Ausgangspunkt *m;* 5. *sport* Vorsprung *m* (*over* vor); ▶ **at the** ~ am Anfang; **for a** ~ fürs erste; zunächst einmal; **from the** ~ von Anfang an; **from** ~ **to finish** von Anfang bis Ende; **give s.o. a good** ~ **in life** jdm e-e gute Starthilfe geben; **a head** ~ ein Vorsprung, Vorteil *m;* **make a** ~ **on s.th.** mit etw anfangen; **make an early** ~ frühzeitig aufbrechen; **IV** *(mit Präposition)* **start back** *itr* sich auf den Rückweg machen; **start in** *itr fam* loslegen, anfangen; ▶ ~ **in on s.th.** sich an etw machen; **start off** *itr* 1. anfangen; losgehen; 2. *(Reise)* aufbrechen; 3. *sport* starten; *tr* anfangen; ▶ ~ **s.o. off talking** jdm das Stichwort geben; ~ **s.o. off on s.th.** jdn auf etw bringen; **start out** *itr* 1. *fam* aufbrechen; 2. anfangen, beginnen; ▶ ~ **out on a journey** sich auf eine Reise machen, begeben; **start up** *itr* 1. anspringen; in Gang kommen; 2. anfangen; *tr mot* anlassen; in Gang bringen, in Bewegung setzen, ankurbeln.

starter [ˈstɑːtə(r)] 1. *(Rennen)* Teilnehmer(in) *m (f);* 2. *sport* Starter(in) *m (f);* 3. *mot* Starter, Anlasser *m;* 4. *(Essen)* Vorspeise *f;* ▶ **be under** ~'s **orders** auf das Startkommando warten; **be a slow** ~ langsam in Schwung kommen; **for** ~s *sl* für den Anfang.

start·ing [ˈstɑːtɪŋ] *adj* Start-; ▶ ~ **block** Startblock *m;* ~ **gun** Startpistole *f;* ~ **point** Ausgangspunkt *m;* ~ **post** Startpflock *m.*

startle [ˈstɑːtl] **I** *tr* erschrecken; aufschrecken; **II** *itr :* ▶ **he** ~**s easily** er ist sehr schreckhaft; **start·ling** [ˈstɑːtlɪŋ] *adj* erschreckend, überraschend; alarmierend; aufregend.

start-up [ˈstɑːtʌp] *fam* Anfang, Beginn *m;* **start-up capital** Startkapital *n.*

star·va·tion [stɑːˈveɪʃn] Aushungern *n;* Hunger *m;* ▶ **die of** ~ verhungern; **live on a** ~ **diet** Hunger leiden; **starvation diet** Hungerkur, Nulldiät *f;* **starvation wages** *pl* Hungerlohn *m;* **starve** [stɑːv] **I** *itr* verhungern; hungern; ▶ ~ **to death** verhungern; **I'm starving!** *fam* ich sterbe vor Hunger! ~ **for s.th.** nach etw hungern; **II** *tr* hungern lassen; aushungern; verhungern lassen; ▶ ~ **o.s.** hungern; ~ **s.o. of s.th.** jdm etw vorenthalten; **be** ~**d of affection** zu wenig Zuneigung erfahren; ~ **out** aushungern.

stash [stæʃ] *tr* (~ *away*) *sl* verschwinden lassen; beiseite schaffen.

state [steɪt] **I** *s* 1. Zustand *m;* 2. Stand, Rang *m;* 3. Pomp, Aufwand *m;* 4. *pol* Staat *m;* ▶ ~ **of health** Gesundheitszustand *m;* **single** ~ Ledigkeit *m;* **the** ~ **of the nation** die Lage der Nation; **in a liquid** ~ im flüssigen Zustand; **in a good** ~ in gutem Zustand; **what a** ~ **of affairs!** was sind das für Zustände! **get into a** ~ **(about s.th.)** (wegen etw) durchdrehen; **travel in** ~ pompös reisen; **lie in** ~ aufgebahrt sein; **the S**~**s** *pl* die Vereinigten Staaten *m pl;* **affairs** *pl* **of** ~ Staatsangelegenheiten *f pl;* **II** *tr* darlegen, vortragen; nennen; angeben; ▶ ~ **that** ... feststellen, daß ... ~ **one's case** seine Sache vortragen; **unless otherwise** ~**d** wenn nicht ausdrücklich anders festgestellt; **III** *adj* staatlich, Staats-; bundesstaatlich; ▶ ~-**aided** staatlich gefördert; ~ **bank** Staatsbank *f;* **state·craft** [ˈsteɪtkrɑːft] die Staatskunst; **stated** [ˈsteɪtɪd] *adj* 1. *(Summe)* angegeben, genannt; 2. *(Betrag)* festgesetzt; ▶ **at the** ~ **intervals** in den festgelegten Abständen; **on the date** ~ zum festgesetzten Termin; **State Department** *Am pol* Außenministerium *n;* **state education** staatliche Erziehung; *(System)* staatliches Erziehungswesen; **state·less** [ˈsteɪtlɪs] *adj* staatenlos.

state·li·ness [ˈsteɪtlɪnɪs] Stattlichkeit, Würde *f;* **state·ly** [ˈsteɪtlɪ] *adj* 1. stattlich, würdig, würdevoll; 2. *(Schritte)* gemessen; 3. *(Schloß)* prächtig.

state·ment [ˈsteɪtmənt] 1. Darstellung *f;* 2. Feststellung *f;* Behauptung *f;* Erklärung, Stellungnahme *f;* Aussage *f;* 3. *philos* Behauptung, These *f;* 4. *fin* Rechnung *f;* Auszug *m;* ▶ **a clear** ~ **of the facts** e-e klare Feststellung der Tatsachen; **make a** ~ **to the press** e-e Presseerklärung abgeben.

state-of-the-art [ˈsteɪtəvðɪːˌɑːt] *adj*

▶ ~ **technology** neueste Technik, Spitzentechnologie *f.*
state-owned ['steɪtˌəʊnd] *adj* staatseigen; **state prison** Staatsgefängnis *n;* **state·room** ['steɪtrʊm] 1. *mar* Kabine *f;* 2. *Am rail* Privatabteil *n;* **State's evidence** *Am jur* Aussage *f* e-s Kronzeugen; ▶ **turn** ~ als Kronzeuge auftreten; **states·man** ['steɪtsmən] ⟨*pl* -men⟩ Staatsmann *n;* **states·manship** [—ʃɪp] Staatskunst *f;* **state visit** Staatsbesuch *m.*
static ['stætɪk] *adj* 1. *phys* statisch; 2. *fig* konstant; feststehend; **stat·ics** ['stætɪks] *pl* 1. *radio* atmosphärische Störungen *f pl;* 2. *mit sing* Statik *f.*
sta·tion ['steɪʃn] I *s* 1. Station *f;* 2. *(Polizei)* Wache *f;* 3. *(space ~)* Raumstation *f;* 4. *Am* Tankstelle *f;* 5. *rail* Bahnhof *m;* Station *f;* 6. *mil* Stellung *f,* Posten *m;* 7. *(Australien)* Farm *f;* 8. *TV* Sender *m,* Sendestation *f;* 9. Platz *m;* 10. Stand, Rang *m;* ▶ **at the** ~ auf dem Bahnhof; **work** ~ Arbeitsplatz *m;* **frontier** ~ Grenzstellung *f;* **take up one's** ~ sich aufstellen, seinen Platz einnehmen; ~ **in life** Stellung *f,* Rang *m;* II *tr* aufstellen; stationieren.
sta·tion·ary ['steɪʃənrɪ] *adj* parkend; haltend; feststehend; ▶ **be** ~ stehen; **remain** ~ sich nicht bewegen; stillstehen.
sta·tioner ['steɪʃnə(r)] Schreibwarenhändler(in) *m (f);* ▶ ~**'s (shop)** *Br* Schreibwarenhandlung *f;* **sta·tionery** ['steɪʃənrɪ] 1. Briefpapier *n;* 2. Schreibwaren *pl.*
sta·tion-house ['steɪʃnˌhaʊs] *Am* Polizeiwache, -dienststelle *f;* **stationmaster** *rail* Bahnhofsvorsteher *m;* **station police** Bahnpolizei *f;* **station selector** *(Radio)* Sendereinstellung *f;* **station-wagon** *Am* Kombi(wagen) *m.*
stat·is·ti·cal [stə'tɪstɪkl] *adj* statistisch; **stat·is·ti·cian** [ˌstætɪ'stɪʃn] Statistiker(in) *m (f);* **stat·is·tics** [stə'tɪstɪks] *pl* 1. Statistiken *f pl;* 2. *mit sing* Statistik *f.*
statu·ary ['stætʃʊərɪ] I *adj* statuarisch; II *s* Bildhauerei *f.*
statue ['stætʃuː] Standbild *n,* Statue *f;* **statu·esque** [ˌstætʃʊ'esk] *adj* standbildhaft.
stat·ure ['stætʃə(r)] 1. Statur *f;* Wuchs *m;* 2. *fig* Format *n.*
status ['steɪtəs] Stellung *f;* Status *m;* ▶ **equal** ~ Gleichstellung *f;* **marital** ~ Familienstand *m;* **desire** ~ nach Prestige streben; **status quo** [ˌsteɪtəs'kwəʊ] Status quo *m;* **status symbol** Statussymbol *n.*
stat·ute ['stætʃuːt] Gesetz *n;* Satzung *f,* Statut *n;* ▶ **by** ~ gesetzlich; satzungsgemäß; **statute book** Gesetzbuch *n;* **statute law** Gesetzesrecht *n;* **statu-**

tory ['stætʃʊtrɪ] *adj* 1. gesetzlich; gesetzlich vorgeschrieben; 2. satzungs-, bestimmungsgemäß; 3. *(Recht)* verbrieft; ▶ ~ **rape** Notzucht *f.*
staunch[1] [stɔːntʃ] *tr (Blut)* stillen.
staunch[2] [stɔːntʃ] *adj* überzeugt; loyal; ergeben; zuverlässig.
stave [steɪv] I *s* 1. (Faß)Daube *f;* 2. *(Leiter)* Sprosse *f;* 3. *mus* (Noten)Linie *f;* 4. Strophe *f;* II *tr* ▶ ~ **in** eindrücken; einschlagen; ~ **off** zurückschlagen; abwehren; hinhalten.
staves [steɪvz] *mus pl s. staff.*
stay[1] [steɪ] I *itr* 1. bleiben; 2. wohnen; übernachten; 3. stehenbleiben; ▶ ~ **for supper** zum Abendessen bleiben; **if it** ~**s fine** wenn es schön bleibt; ~ **at a hotel** im Hotel wohnen; **he came to** ~ er ist zu Besuch gekommen; ~ **put** an Ort und Stelle bleiben; II *tr* 1. Einhalt gebieten *(s.th.* e-r S); 2. *(Hunger)* stillen; 3. *jur* aussetzen; ▶ ~ **one's hand** sich zurückhalten; ~ **the course** durchhalten; III *s* 1. Aufenthalt *m;* 2. *jur* Aussetzung *f;* ▶ **a short** ~ **in hospital** ein kurzer Krankenhausaufenthalt; ~ **of execution** *fig* Galgenfrist *f;* IV *(mit Präposition)* **stay away** *itr* wegbleiben; sich fernhalten *(from* von); **stay behind** *itr* zurückbleiben; **stay down** *itr* e-e Klasse wiederholen; **stay in** *itr* 1. zu Hause, daheim bleiben; 2. *(Schule)* nachsitzen; **stay on** *itr* 1. *(Licht)* anbleiben; 2. *(Besuch)* noch bleiben, noch nicht fortgehen; 3. *(Deckel)* haften, klebenbleiben; **stay out** *itr* 1. draußen bleiben; 2. *(Streik)* weiterstreiken; 3. wegbleiben; ▶ ~ **out of s.th.** sich aus etw heraushalten; **stay up** *itr* 1. aufbleiben, nicht zu Bett gehen; 2. *(Zelt)* stehen bleiben; 3. *(Bild)* hängen bleiben; 4. an der Uni bleiben.
stay[2] [steɪ] 1. Stütztau, Halteseil *n;* 2. *mar* Stag *n;* ▶ **the** ~ **of one's old age** *fig* die Stütze seines Alters.
stay-at-home ['steɪəθəʊm] Stubenhocker(in) *m (f);* **stayer** ['steɪə(r)] *sport* Steher *m;* **stay·ing-power** ['steɪɪŋˌpaʊə(r)] Ausdauer *f;* Stehvermögen *n.*
STD [ˌestiː'diː] *Abk: subscriber trunk dialling tele* Selbstwählfernverkehr, Selbstwählferndienst *m;* ▶ ~ **code** Vorwahl *f.*
stead [sted] ▶ **in s.o.'s** ~ an jds Stelle; **stand s.o. in good** ~ jdm zustatten kommen.
stead·fast ['stedfɑːst] *adj* 1. fest; 2. *(Blick)* unverwandt; 3. *(Ablehnung)* standhaft; 4. *(Glaube)* unerschütterlich.
steady ['stedɪ] I *adj* 1. ruhig; fest; unverwandt; 2. *(Wind)* ständig; ununterbrochen; beständig; 3. *(Personal)* verläßlich, zuverlässig; 4. *(Job)* fest; ▶ ~ **on one's legs** sicher auf den Beinen; **hold s.th.** ~ etw ruhig halten; II *adv* ~! vor-

sichtig! **III** *s sl* fester Freund, feste Freundin; **IV** *tr* beruhigen; ausgleichen; ► ~ **o.s.** festen Halt finden; **V** *itr* sich beruhigen; ruhiger werden.
steak [steɪk] **1.** Steak *n;* **2.** (Fisch)Filet *n.*
steal [stiːl] ⟨*irr* stole, stolen⟩ **I** *tr* stehlen *a. fig;* ► ~ **s.th. from s.o.** jdm etw stehlen; ~ **a march on s.o.** jdm zuvorkommen; ~ **a glance at s.o.** verstohlen zu jdm hinschauen; ~ **the show** die Schau stehlen; **II** *itr* **1.** stehlen; **2.** sich stehlen, sich schleichen; ► ~ **away** sich wegstehlen; ~ **about** herumschleichen; ~ **up on s.o.** sich an jdn heranschleichen; **III** *s Am fam* Geschenk *n.*
stealth [stelθ] List *f;* ► **by** ~ durch List; **stealthy** ['stelθɪ] *adj* heimlich, verstohlen.
steam [stiːm] **I** *s* **1.** Dampf *m;* **2.** Dunst *m;* ~-**covered windows** beschlagene Fenster; **driven by** ~ dampfgetrieben; **full** ~ **ahead!** volle Kraft voraus! **get up** ~ *fig* in Schwung kommen; **let off** ~ Dampf ablassen *a. fig;* **run out of** ~ *fig* den Schwung verlieren; **under one's own** ~ *fig* allein, ohne Hilfe; **II** *tr* **1.** dämpfen; **2.** *(Essen)* dünsten; ► **be all** ~**ed (up)** ganz beschlagen sein; *fig* sich aufregen; **III** *itr* **1.** dampfen; **2.** *(Schiff)* fahren; ► **the ship** ~**ed into the harbour** das Schiff lief in den Hafen ein; **IV** *(mit Präposition)* **steam off** *itr* abfahren; **steam over** *itr* beschlagen; **steam up** *itr* beschlagen; *tr fam* auf Touren bringen, *itr* kommen; ► **be** ~**ed up** *fam* vor Wut kochen (*about* wegen).
steam·boat ['stiːmbəʊt] Dampfschiff *n,* Dampfer *m;* **steam-engine** Dampfmaschine *f;* **steamer** ['stiːmə(r)] **1.** Dampfer *m;* **2.** Dampfkochtopf *m;* **steamroller I** *s* Dampfwalze *f a. fig;* **II** *tr* glattwalzen; ► ~ **a bill through parliament** ein Gesetz im Parlament durchpeitschen; **steam·ship** ['stiːmʃɪp] Dampfschiff *n,* Dampfer *m;* **steam·turbine** Dampfturbine *f;* **steamy** ['stiːmɪ] *adj* **1.** dampfig, dunstig; **2.** *(Glas)* beschlagen.
steed [stiːd] *lit* od *hum* Roß *n.*
steel [stiːl] **I** *s* Stahl *m a. fig;* ► **a man of** ~ ein stahlharter Mann; **II** *adj* Stahl-; **III** *refl* sich wappnen (*for* gegen); ~ **o.s. to do s.th.** allen Mut zusammennehmen, um etw zu tun; **steel-clad** ['stiːlklæd] *adj* stahlgepanzert; **steel grey** Stahlgrau *n;* **steel mill** Stahlwalzwerk *n;* **steel wool** Stahlwolle *f;* **steel worker** Stahlarbeiter(in) *m (f);* **steel works** *pl mit sing* Stahlwerk *n;* **steely** ['stiːlɪ] *adj* stählern *a. fig.*
steep[1] [stiːp] *adj* **1.** steil; **2.** *fam (Preis)* gesalzen, unverschämt; ► **it's a bit** ~ **that . . .** es ist ein starkes Stück, daß . . .
steep[2] [stiːp] *tr* **1.** eintauchen; ziehen lassen; einweichen; **2.** sich vollsaugen

lassen; ► **be** ~**ed in s.th.** von etw durchdrungen sein; ~**ed in ignorance** durch und durch unwissend.
steepen ['stiːpən] **I** *tr* steiler machen; **II** *itr* steiler werden.
steeple ['stiːpl] Kirchturm *m;* **steeple-chase** [—tʃeɪs] **1.** *(Pferde)* Hindernisrennen *n;* **2.** *(Leichtathletik) sport* Hindernislauf *m;* **steeple·chaser** [—ə(r)] *(Pferd)* **1.** Steepler; *(Jockey)* Reiter(in) *m (f)* in einem Hindernisrennen; **2.** *(Leichtathletik)* Hindernisläufer(in) *m (f).*
steer[1] [stɪə(r)] **I** *tr* **1.** steuern *a. fig;* **2.** *fig* lenken, leiten, führen; ► ~ **a course for s.th.** *fig* auf etw zusteuern; **II** *itr* lenken; steuern; ~ **due south** Kurs nach Süden halten; ~ **for s.th.** etw ansteuern; auf etw zusteuern; ~ **clear of s.o.** jdm aus dem Weg gehen; ~ **clear of s.th.** etw meiden.
steer[2] [stɪə(r)] junger Ochse.
steer·age ['stɪərɪdʒ] *mar* Zwischendeck *n.*
steer·ing ['stɪərɪŋ] Steuerung *f;* **steering committee** Lenkungsausschuß *m;* **steering gear** *(Flugzeug)* Leitwerk *n; mot* Lenkung *f; mar* Ruderanlage *f;* **steering wheel** Lenk-, Steuerrad *m;* **steers·man** ['stɪəzmən] ⟨*pl* -men⟩ Steuermann *m.*
stein [staɪn] Maßkrug *m.*
stel·lar ['stelə(r)] *adj* stellar.
stem [stem] **I** *s* **1.** *bot* Stiel *m;* Stamm *m;* Halm *m;* **2.** *(Glas)* Stiel *m;* **3.** *(Pfeife)* Hals *m;* **4.** *(Wort)* Stamm *m,* Wurzel *f;* **5.** *mar* Vordersteven *m;* **6.** *fig* Hauptlinie *f,* Hauptzweig *m;* **7.** *(Thermometer)* Röhre *f;* ► **from** ~ **to stern** von vorne bis achtern; **II** *tr* **1.** aufhalten; **2.** *(Flut)* eindämmen; **3.** *(Blut)* stillen; **4.** *fig* Einhalt gebieten (*s.th.* e-r S); **III** *itr* ► ~ **from s.th.** von etw kommen, von etw herrühren; auf etw zurückgehen.
stench [stentʃ] Gestank *m.*
sten·cil ['stensl] **I** *s* **1.** Schablone *f;* **2.** *typ* Matrize *f;* **II** *tr* mit Schablone zeichnen; auf Matrize schreiben.
sten·ogra·pher [stə'nɒɡrəfə(r)] Stenograph(in) *m (f);* **sten·ogra·phy** [stə'nɒɡrəfɪ] Stenographie, Kurzschrift *f.*
step [step] **I** *s* **1.** Schritt *m;* Tritt *m;* **2.** kurze Strecke; **3.** Takt *m;* **4.** Tanzschritt *m;* **5.** Stufe *f;* **6.** *fig* Stufe *f,* Abschnitt *m;* **7.** *fig* Maßnahme *f;* ► **take a** ~ **e-n** Schritt machen; ~ **by** ~ Schritt für Schritt; **follow in s.o.'s** ~ in jds Fußstapfen treten; **watch one's** ~ achtgeben; sich vorsehen; **be in** ~ im Gleichschritt sein; im Takt sein (*with* mit); **be out of** ~ nicht im Tritt sein; nicht im Gleichklang sein (*with* mit); **get out of** ~ aus dem Takt kommen; **break** ~ aus dem Schritt kommen; **fall into** ~ in den glei-

chen Takt kommen (*with* mit); **it's only a few ~s** es sind nur ein paar Schritte; **it's a great ~ forward** es ist ein großer Schritt nach vorn; **that would be a ~ back** das wäre ein Rückschritt; **take ~s to do s.th.** Maßnahmen ergreifen, um etw zu tun; **take legal ~s** gerichtlich vorgehen; **mind the ~!** Vorsicht Stufe! II *itr* gehen; **~ into, out of s.th.** in etw, aus etw treten; **~ on s.th.** in etw steigen; auf etw treten; **~ on s.o.'s foot** jdm auf den Fuß treten; **~ over s.o.** über jdn steigen; **~ this way, please** hier entlang, bitte! **~ on board** an Bord gehen; **~ inside** hineintreten; **~ outside** hinaustreten; **~ on it!** mach mal ein bißchen schneller; gib Gas! III *tr* abstufen; IV (*mit Präposition*) **step aside** *itr* Platz machen; zur Seite treten; **step back** *itr* zurücktreten, zurückweichen; ▶ **~ back from s.th.** von etw Abstand gewinnen; **step down** *itr* 1. hinabsteigen; 2. *pol* zurücktreten; ▶ **~ down in favour of s.o.** jdm Platz machen; **step in** *itr* 1. eintreten; 2. *fam* eingreifen, einschreiten; **step off** *itr* 1. aussteigen; 2. losmarschieren; **step out** *itr* 1. hinausgehen; 2. schnell, zügig gehen; *tr* abschreiten; **step up** *itr* 1. vortreten; 2. *fig* ansteigen, zunehmen; *tr* steigern; erhöhen; ▶ **~ up to s.o.** auf jdn zugehen.

step [step] *pref* Stief-; **step·brother** Stiefbruder *m;* **step·daughter** Stieftochter *f;* **step·father** Stiefvater *m;* **step·mother** Stiefmutter *f;* **step·son** Stiefsohn *m.*

step·lad·der ['step₁lædə(r)] Stufen-, Trittleiter *f.*

steppe [step] Steppe *f.*

step·ping-stone ['stepɪŋstəʊn] 1. Trittstein *m;* 2. *fig* Sprungbrett *n.*

stereo ['steriəʊ] 1. Stereo *n;* 2. Stereoanlage *f;* **stereo·phonic** [₁steriəʊ'fɒnik] *adj* stereophon; **stereo·phony** [₁steri'ɒfəni] Stereophonie *f.*

stereo·scope ['steriəskəʊp] Stereoskop *n;* **stereo·scopic** [₁steriə'skɒpik] *adj* stereoskopisch.

stereo·type ['steriətaip] I *s* 1. *typ* Druckplatte *f;* 2. *fig* Klischee, Stereotyp *n;* II *tr* 1. *typ* stereotypieren; 2. *fig* klischeehaft zeichnen, darstellen.

ster·ile ['sterail] *adj* 1. unfruchtbar *a. fig;* 2. (*Keim*) steril, keimfrei; 3. *fig* steril; ergebnislos, nutzlos; **ste·ril·ity** [stə'riləti] 1. Unfruchtbarkeit *f;* 2. Sterilität, Keimfreiheit *f;* 3. *fig* Ergebnislosigkeit *f;* **ster·il·iz·ation** [₁sterəlai'zeiʃn] Sterilisation, Sterilisierung *f;* **ster·il·ize** ['sterəlaiz] *tr* sterilisieren.

ster·ling ['stɜːliŋ] I *adj* 1. *com* Sterling-; 2. *fig* gediegen; 3. *attr* aus Sterlingsilber; ▶ **~ area** Sterlingländer *n pl;* **in pounds ~** in Pfund Sterling; II *s* das

Pfund Sterling, das englische Pfund.

stern¹ [stɜːn] *adj* ernst, streng, hart; ▶ **with a ~ face** mit strenger Miene.

stern² [stɜːn] *mar* Heck *n.*

stern·ness ['stɜːnnis] Ernst *m*, Strenge *f.*

ster·num ['stɜːnəm] *anat* Brustbein *n.*

stetho·scope ['steθəskəʊp] *med* Stethoskop *n.*

steve·dore ['stiːvədɔː(r)] *mar* Stauer *m.*

stew [stjuː] I *tr* schmoren; dünsten; ▶ **~ed apples** *pl* Apfelkompott *n; II itr* schmoren; (*Tee*) bitter werden; ▶ **let s.o. ~ in his own juice** *fig fam* jdn im eigenen Saft schmoren lassen; III *s* Eintopf *m;* ▶ **be in a ~** außer sich sein.

stew·ard ['stjuəd] 1. *mar aero* Steward *m;* 2. (*Tanz, Demonstration*) Ordner *m;* 3. (*Anwesen*) Verwalter *m;* ▶ **shop ~** gewerkschaftlicher Vertrauensmann; **stew·ard·ess** [₁stjuə'des] *aero* Stewardeß *f.*

stick¹ [stik] I *s* 1. Stock *m;* Zweig *m;* 2. *mus* Taktstock *m;* 3. *sport* Schläger *m;* 4. (*Schlagzeug*) Schlegel *m;* 5. Stange *f;* 6. *aero* Steuerknüppel *m;* 7. (*Kreide*) Stück *n;* 8. (*Deo*) Stift *m;* 9. *fam* Kerl *m;* ▶ **give s.o. the ~, take the ~ to s.o.** jdm e-e Tracht Prügel geben; **give s.o. ~** jdn herunterputzen; **get hold of the wrong end of the ~** etw falsch verstehen; **in the ~s** in der hintersten Provinz; **take a lot of ~** viel einstecken müssen; II *tr* (*Pflanzen*) stützen.

stick² [stik] ⟨*irr* stuck, stuck⟩ I *tr* 1. kleben; 2. stecken; 3. (*Dolch*) stoßen; 4. (*Schwein*) abstechen; 5. *fam* tun; stekken; 6. (*Perlen*) besetzen; 7. *fam* aushalten; durchhalten; ▶ **~ a stamp on s.th.** e-e Briefmarke auf etw kleben; **~ the blame on s.o.** jdm die Schuld zuschieben; **~ one's hat on** (sich) den Hut aufsetzen; **I can't ~ it any longer!** ich halte das nicht mehr aus! **~ s.o. with s.th.** jdm etw aufladen; jdm etw andrehen; II *itr* 1. kleben (*to* an); 2. steckenbleiben; klemmen; 3. stecken (*in* in); 4. (*Karten*) halten; 5. bleiben; haften bleiben; ▶ **make a charge ~** genügend Beweismaterial haben; **it stuck in my foot** das ist mir im Fuß steckengeblieben; **~ in s.o.'s mind** jdm im Gedächtnis bleiben; **make s.th. ~ in one's mind** sich etw einprägen; III (*mit Präposition*) **stick around** *itr sl* in der Nähe bleiben; **stick at** *itr* 1. bleiben an; 2. zurückschrecken vor; **stick by** *itr fam* halten zu; stehen zu; **stick down** *tr* 1. ankleben; zukleben; 2. aufschreiben; **stick in** *tr* 1. einkleben; 2. hineinstecken; *itr* steckenbleiben; ▶ **~ s.th. in s.th.** etw in etw stecken; **stick on** *itr* 1. kleben, haften; 2. (*Pferd*) oben bleiben; *tr* 1. aufkleben; 2. (*Geld*) aufschlagen auf; **stick out** *itr* 1. (*Nagel*) herausstehen; 2. (*Ohren*) abstehen; **3.** *fig* auffallen; *tr* hinausstrecken; **stick out for** *itr* sich stark machen für; **stick to** *itr* **1.** bleiben bei; treubleiben; **2.** *(Aufgabe)* bleiben an; **stick together** *itr* zusammenkleben; zusammenhalten; **stick up** *itr* **1.** *(Kragen)* hochstehen; **2.** *(Nagel)* herausstehen; *tr* **1.** zukleben; **2.** *fam* überfallen; ▶ ~ **'em up!** Hände hoch! **stick up for** *itr* eintreten für; ▶ ~ **up for o.s.** sich behaupten; **stick with** *itr* bleiben bei; halten zu.

stick·er ['stɪkə(r)] **1.** Aufkleber *m;* Klebeschildchen *n;* **2.** *fig* zäher Kerl; **sticking-plas·ter** ['stɪkɪŋˌplɑ:stə(r)] Heftpflaster *n;* **stick-in-the-mud** ['stɪkɪnðəmʌd] I *s* Muffel *m;* II *adj* rückständig.

stick·ler ['stɪklə(r)] ▶ **be a ~ for s.th.** es mit etw peinlich genau nehmen.

stick-on ['stɪkɒn] *adj* Aufklebe-; **stickpin** ['stɪkˌpɪn] *Am* Krawattennadel *f;* **stick-up** ['stɪkʌp] Überfall *m.*

sticky ['stɪkɪ] *adj* **1.** klebrig; **2.** *(Wetter)* schwül, drückend; **3.** *(Farbe)* feucht; **4.** *(Hände)* verschwitzt; **5.** *(Problem)* schwierig; **6.** *(Situation)* heikel; ▶ **come to a ~ end** ein böses Ende nehmen; **be on a ~ wicket** in der Klemme sein.

stiff [stɪf] I *adj* **1.** steif, starr; **2.** *(Bürste)* hart; **3.** *(Teig)* fest; **4.** *(Kampf)* zäh, hart; **5.** *(Grog)* steif; **6.** *(Brise)* steif; **7.** *(Examen)* schwer, schwierig; **8.** *(Preis)* hoch; ▶ **that's a bit ~** *fam* das ist ganz schön happig; II *adv* steif; III *s sl* Leiche *f;* **stiffen** ['stɪfn] I *tr* **1.** steif machen; **2.** *(Hemd)* stärken; **3.** *(Glied)* steif werden lassen; **4.** *fig* verstärken; II *itr* **1.** steif, hart werden; **2.** *fig* sich verhärten; **stiffen·ing** ['stɪfnɪŋ] Einlage *f;* **stiffnecked** [ˌstɪf'nekt] *adj fig* halsstarrig.

stifle ['staɪfl] I *tr* **1.** ersticken; **2.** *fig* unterdrücken; II *itr* ersticken; **stifl·ing** ['staɪflɪŋ] *adj* **1.** *(Hitze)* erstickend; drückend; **2.** *fig* beengend.

stigma ['stɪgmə] ⟨*pl* -ta⟩ [-tə] **1.** Wundmal *n;* **2.** ⟨*pl* -s⟩ Brandmal, Stigma *n;* **3.** *bot* Narbe *f;* **stig·ma·tize** ['stɪgmətaɪz] *tr* brandmarken; stigmatisieren *(a. rel).*

stile [staɪl] Zaunübertritt *m.*

sti·letto [stɪ'letəʊ] ⟨*pl* -letto(e)s⟩ Stilett *n;* **stiletto heel** Pfennigabsatz *m.*

still[1] [stɪl] I *adj* **1.** still, ruhig; **2.** bewegungs-, reglos; ▶ **keep** ~ stillhalten; **hold s.th.** ~ etw ruhig halten; **be** ~ stillstehen; **stand** ~ **still** stehen; **a** ~ **small voice** ein leises Stimmchen; II *adj* ohne Kohlensäure; III *s* **1.** Stille *f;* **2.** *film* Standfoto *n;* IV *tr* beruhigen; besänftigen; abklingen lassen.

still[2] [stɪl] *adv* **1.** noch; immer noch; noch immer; nach wie vor; **2.** trotzdem; **3.** *(mit Komparativ)* noch; ▶ **he is** ~ **busy** er ist noch beschäftigt; **it** ~ **hasn't**

come es ist immer noch nicht gekommen; **I will** ~ **be here** ich werde noch da sein; ~, **she is my mother** sie ist trotz allem meine Mutter; ~ **better** noch besser; ~ **more because** ... und um so mehr, als ...

still[3] [stɪl] Destillierapparat *m.*

still-birth ['stɪlbɜ:θ] Totgeburt *f;* **stillborn** ['stɪlbɔ:n] *adj a. fig* totgeboren; **still-life** ⟨*pl* -lifes⟩ *(Kunst)* Stilleben *n;* **still·ness** ['stɪlnɪs] **1.** Reglosigkeit *f;* **2.** Stille, Ruhe *f.*

stilt [stɪlt] **1.** Stelze *f;* **2.** *arch* Pfahl *m;* ▶ **walk on** ~**s** auf Stelzen laufen.

stilted ['stɪltɪd] *adj fig* gespreizt, anspruchsvoll.

stimu·lant ['stɪmjʊlənt] I *adj* anregend, stimulierend; II *s* **1.** Anregungsmittel *n;* **2.** *fig* Ansporn *m;* **stimu·late** ['stɪmjʊleɪt] *tr* **1.** anregen; beleben; **2.** *med* stimulieren; **3.** *(Nerven)* reizen; **4.** *fig* animieren, anspornen; **5.** *com* ankurbeln; **stimu·lation** [ˌstɪmjʊ'leɪʃn] **1.** Anregung *f;* **2.** *med* Stimulation *f;* **3.** *(sexuell)* Erregung *f;* **4.** *fig* Anreiz, Ansporn *m;* **5.** *com* Ankurbelung *f;* **stimu·lus** ['stɪmjʊləs] ⟨*pl* -li⟩ [-laɪ] **1.** Ansporn *m;* Aufmunterung *f;* **2.** *psych* Stimulus *m;* Reiz *m;* ▶ **under the** ~ **of** ... angespornt von ...

sting [stɪŋ] ⟨*irr* stung, stung⟩ I *tr* **1.** stechen; verbrennen; **2.** *fig* treffen, schmerzen; ▶ ~ **s.o. into doing s.th.** jdn antreiben, etw zu tun; ~ **s.o. into action** jdn aktiv werden lassen; ~ **s.o. for s.th.** *fam* jdn bei etw ausnehmen; II *itr* **1.** stechen; brennen; **2.** *(Hagel)* wie mit Nadeln stechen; **3.** *fig* schmerzen; ▶ **make a ~ing remark** e-e bissige Bemerkung machen; III *s* **1.** Stachel *m;* **2.** Stich *m;* Brennen *n;* **3.** stechender Schmerz; **4.** *fig* Stachel *m;* ▶ **a** ~ **of remorse** Gewissensbisse *m pl;* **take the** ~ **out of s.th.** etw entschärfen.

stin·gi·ness ['stɪndʒɪnɪs] Knauserigkeit *f,* Geiz *m;* **stingy** ['stɪndʒɪ] *adj* **1.** geizig, knauserig, knickerig; **2.** *(Portion)* schäbig.

stink [stɪŋk] ⟨*irr* stank, stunk⟩ I *itr* **1.** stinken; **2.** *fam* miserabel sein; ▶ **the idea** ~**s** das ist e-e miserable Idee; II *tr* ▶ ~ **out** verstänkern; ausräuchern; ~ **up** verpesten; III *s* **1.** Gestank *m* *(of* nach); **2.** *fam* Stunk *m;* ▶ **kick up a** ~ Stunk machen.

stinker ['stɪŋkə(r)] **1.** *fam* Ekel *n;* **2.** *sl* gesalzener Brief; **3.** *fam* harter Brokken.

stint [stɪnt] I *tr* sparen, knausern mit; ▶ ~ **o.s.** sich einschränken; ~ **s.o. of s.th.** jdm gegenüber mit etw knausern; II *itr* ▶ ~ **on s.th.** mit etw sparen; III *s* Arbeit, Aufgabe *f;* ▶ **do one's** ~ seine Arbeit tun; **without** ~ ohne Einschränkung.

stipu·late ['stɪpjʊleɪt] *tr* 1. zur Auflage machen, verlangen; 2. *(Preis)* festsetzen; vorschreiben; 3. *(Bedingungen)* stellen; **stipu·la·tion** [ˌstɪpjʊ'leɪʃn] 1. Auflage *f;* 2. Festsetzung *f;* Stellen, Fordern *n.*

stir [stɜː(r)] **I** *tr* 1. umrühren; rühren; 2. *(Glieder)* bewegen; rühren; 3. *fig* aufwühlen; anstacheln, erregen; ▶ ~ **one's tea** den Tee umrühren; ~ **s.o. to do s.th.** jdn bewegen, etw zu tun; ~ **s.o. to pity** jds Mitleid erregen; ~ **one's stumps** *fam* die Beine unter den Arm nehmen; ~ **up** umrühren; *fig* anregen; wachrufen; schüren; ~ **up trouble** Unruhe stiften; ~ **s.o. up to s.th.** jdn zu etw anstacheln; **II** *itr* sich regen; sich rühren; sich bewegen; **III** *s* 1. Rühren *n;* 2. *fig* Aufruhr *m;* ▶ **give s.th. a** ~ etw umrühren; **cause, create, make a** ~ Aufsehen erregen; **stir·ring** ['—ɪŋ] *adj* aufregend, bewegend, aufwühlend; bewegt.

stir·rup ['stɪrəp] Steigbügel *m.*

stitch [stɪtʃ] **I** *s* 1. Stich *m;* Masche *f;* 2. *med* Seitenstiche *m pl;* 3. *(Stricken)* Muster *n;* ▶ **put a few ~es in s.th.** etw mit ein paar Stichen nähen; **put ~es in a wound** e-e Wunde nähen; **have not a ~ on** *fam* splitternackt sein; **be in ~es** *fam* sich schieflachen; **II** *tr* 1. nähen *a. med;* 2. *(Buch)* zusammenheften; 3. sticken; ▶ ~ **on** annähen; ~ **up** nähen, zunähen; hochnähen; **III** *itr* nähen *(at an).*

stoat [stəʊt] *zoo* Wiesel *n.*

stock [stɒk] **I** *s* 1. Vorrat *m;* Bestand *m (of* an); 2. Viehbestand *m;* 3. *(Essen)* Brühe *f;* 4. *com* Anleihe-, Grundkapital *n;* Anteil *m;* Staatsanleihe *f;* 5. *bot* Stamm *m;* Stock *m;* Wildling *m;* 6. Stamm *m;* Abstammung *f;* 7. *ling* Sprachfamilie *f;* 8. Griff *m;* 9. Halsbinde *f;* 10. *rail* rollendes Material; 11. *theat Am* Repertoire *n;* ▶ ~ **of knowledge** Wissensschatz *m;* **have s.th. in** ~ etw vorrätig haben; **be in, out of** ~ vorrätig, nicht vorrätig sein; **keep s.th. in** ~ etw auf Vorrat haben; **take** ~ Inventur machen; **take** ~ **of s.o.** jdn abschätzen; **take** ~ **of s.th.** sich über etw klarwerden; **surplus** ~ Überschuß *m;* ~**s and shares** *pl* Wertpapiere *n pl;* **be of good** ~ guter Herkunft sein; **be on the** ~**s** *mar* im Bau sein; **II** *adj* Standard-; Serien-; stereotyp; **III** *tr* 1. *(Waren)* führen; 2. ausstatten; füllen; 3. *(Farm)* mit e-m Viehbestand versehen; **IV** *itr* ▶ ~ **up** sich eindecken *(on* mit); e-n Vorrat, Reserven anlegen (von).

stock·ade [stɒ'keɪd] Palisade *f;* Einfriedung *f.*

stock·broker ['stɒkˌbrəʊkə(r)] Börsenmakler(in) *m (f);* **stock·broking** ['stɒkˌbrəʊkɪŋ] Börsen-, Effektenhandel *m;* **stock·car** ['stɒkkɑː(r)] 1. *Am rail* Viehwagen *m;* 2. *mot* Serienwagen *m;*

stock company 1. *com* Aktiengesellschaft *f;* 2. *theat Am* Repertoiretheater *n;* **stock-cube** Suppenwürfel *m;* **stock exchange** Börse *f;* Börsenplatz *m;* **stock-farmer** Viehhalter *m;* **stock·fish** ['stɒkfɪʃ] 〈*pl* -〉 Stockfisch *m;* **stock·holder** ['stɒkˌhəʊldə(r)] Aktionär(in) *m (f).*

stock·ing ['stɒkɪŋ] Strumpf *m;* ▶ **in one's** ~ **feet** in Strümpfen.

stock-in-trade [ˌstɒkɪn'treɪd] Handwerkszeug *n a. fig;* **stock-job·ber** ['stɒkˌdʒɒbə(r)] Börsenspekulant *m;* **stock-job·bing** ['stɒkˌdʒɒbɪŋ] Börsenspekulation *f;* **stock-list** 1. *com* Warenliste *f;* 2. *fin* Börsenzettel *m;* **stock-market** Börse *f;* **stock·pile** ['stɒkpaɪl] **I** *s* Vorrat *m (of* an); Lager *n;* ▶ **the nuclear** ~ das Kernwaffenarsenal; **II** *tr* Vorräte an ... anlegen; **stock price** Aktienkurs *m;* **stock room** Lagerraum *m;* **stock-still** [ˌstɒk'stɪl] *adj, adv* ▶ **stand** ~ stockstill stehen; **stock-tak·ing** ['stɒkteɪkɪŋ] Bestandsaufnahme, Inventur *f a. fig.*

stocky ['stɒkɪ] *adj* stämmig, untersetzt.

stock-yard ['stɒkjɑːd] Viehhof *m.*

stodge [stɒdʒ] *sl* Pampe *f;* **stodgy** ['stɒdʒɪ] *adj* 1. *(Essen)* schwer, pampig; 2. *(Buch)* schwer verdaulich; 3. *(Stil)* schwerfällig; 4. *(Mensch)* langweilig, fad.

stoic ['stəʊɪk] Stoiker *m;* **sto·ic(al)** ['stəʊɪk(l)] *adj* stoisch; **sto·icism** ['stəʊɪsɪzəm] *philos* Stoizismus *m.*

stoke [stəʊk] **I** *tr (Feuer)* (~ *up)* beheizen; schüren; **II** *itr* ~ **up** sich vollschlagen; **stoker** ['stəʊkə(r)] Heizer *m.*

stole¹ [stəʊl] Stola *f.*

stole² [stəʊl] *v s. steal;* **stolen** ['stəʊlən] **I** *v s. steal;* **II** *adj* gestohlen.

stolid ['stɒlɪd] *adj* blöd(e), stupide, stumpf(sinnig), schwerfällig.

stom·ach ['stʌmək] **I** *s* 1. Magen *m;* Bauch *m;* 2. *fig* Lust *f (for* auf); Interesse *n (for* an); ▶ **lie on one's** ~ auf dem Bauch liegen; **on an empty** ~ auf leeren, nüchternen Magen; **on a full** ~ mit vollem Magen; **I have no** ~ **for that** ich habe keine Lust dazu; **II** *tr* vertragen; ausstehen; **stomach-ache** Magenschmerzen *m pl;* **stomach upset** Magenverstimmung *f.*

stone [stəʊn] **I** *s* 1. Stein *m;* 2. *Br* Gewichtseinheit = *6,35 kg;* ▶ **a heart of** ~ ein Herz aus Stein; **a ~'s throw from ...** nur einen Katzensprung von ... entfernt; **within a ~'s throw of success** den Erfolg in greifbarer Nähe; **leave no** ~ **unturned** nichts unversucht lassen; **II** *adj* aus Stein; **III** *tr* 1. mit Steinen bewerfen; steinigen; 2. *(Frucht)* entsteinen; **Stone Age** Steinzeit *f;* **stoneblind** *adj* stockblind; **stone-broke** *adj Am fam* völlig abgebrannt; **stone-**

cold *adj* eiskalt; **stone-dead** *adj* mausetot; **stone-deaf** *adj* stocktaub; **stone-fruit** Steinobst *n;* **stone-mason** ['stəun,meisən] Steinmetz *m;* **stone-pit** Steinbruch *m;* **stone-wall** [,stəun'wɔːl] *itr* 1. *parl* obstruieren; 2. *(Frage)* ausweichen; 3. *sport* mauern; **stone·ware** ['stəunweə(r)] Steingut *n;* **stony** ['stəuni] *adj* 1. steinig; 2. *(Substanz)* steinartig; 3. *fig* steinern; kalt; ► ~-**broke** *Br fam* völlig abgebrannt.

stood [stud] *v s. stand.*

stooge [stuːdʒ] 1. *theat* Stichwortgeber *m;* 2. *fam* Handlanger *m.*

stool [stuːl] 1. Hocker, Schemel *m;* 2. *med* Stuhl(gang) *m;* ► **fall between two** ~**s** *fig* sich zwischen zwei Stühle setzen; **stool pigeon** *fam* Spitzel *m.*

stoop[1] [stuːp] I *itr* sich bücken, sich beugen, sich neigen; ► ~**ing shoulders** *pl* krumme Schultern *f pl;* ~ **to s.th.** sich zu etw herablassen; II *tr* beugen; einziehen; III *s* gebeugte Haltung; krummer Rücken; ► **have a** ~ e-n Buckel haben.

stoop[2] [stuːp] *Am* Treppe *f.*

stop [stɔp] I *tr* 1. anhalten; stoppen; 2. *(Maschine)* abstellen; 3. *(Verbrecher)* aufhalten; zum Stehen bringen; 4. *(Verbrechen)* ein Ende machen *(s.th.* e-r S); 5. *(Arbeit)* beenden; 6. *(Blutung)* stillen, unterbinden; 7. *(Inflation)* aufhalten, hemmen; 8. *(Produktion)* zum Stillstand bringen; 9. aufhören mit; unterlassen; 10. *(Zahlung)* einstellen; 11. *(Scheck)* sperren; 12. *(Vertrag)* kündigen; 13. *(Zeitung)* abbestellen; 14. verhindern; unterbinden; abhalten; 15. verstopfen; zustopfen; 16. *(Zahn)* füllen; 17. *mus (Saite)* greifen; ► ~ **thief!** haltet den Dieb! ~ **s.o. dead** jdn urplötzlich anhalten lassen; ~ **doing s.th.** aufhören, etw zu tun; etw nicht mehr tun; ~ **smoking** mit dem Rauchen aufhören; ~ **o.s.** sich beherrschen, sich zurückhalten; ~ **s.o. (from) doing s.th.** jdn davon abhalten, etw zu tun; ~ **o.s. from doing s.th.** sich zurückhalten und etw nicht tun; ~ **s.o.'s mouth** *fam* jdm den Mund stopfen; ~ **one's ears with one's fingers** sich die Finger in die Ohren stecken; **don't let me** ~ **you** ich will Sie nicht davon abhalten; II *itr* 1. anhalten; stoppen; haltmachen; 2. *(Uhr)* stehenbleiben; 3. *(Maschine)* nicht mehr laufen; 4. aufhören; 5. *(Schmerzen)* vergehen; 6. *(Herz)* aufhören zu schlagen; 7. *(Lieferung)* eingestellt werden; 8. *(Film)* zu Ende sein; 9. *fam* bleiben *(at* in); ► ~ **at nothing** vor nichts haltmachen; ~ **dead** plötzlich stehenbleiben; ~ **doing s.th.** aufhören, etw zu tun; ~ **for supper** zum Abendessen bleiben; III *s* 1. Halt *m,* Stoppen *n;* 2. Aufenthalt *m;* 3. Pause *f;* 4. *aero* Zwischenlandung *f;* 5. *rail* Station *f;* Haltestelle *f;* 6. *mar* Anlegestelle *f;* 7. *gram*

Punkt *m;* 8. *mus* Griffloch *n;* Register *n;* 9. *typ* Feststelltaste *f;* 10. *phot* Blende *f;* 11. *(Phonetik)* Verschlußlaut *m;* ► **be at a** ~ stillstehen; **bring s.th. to a** ~ etw zum Stehen bringen; *fig* e-r S ein Ende machen; **come to a** ~ anhalten; eingestellt werden; **come to a dead** ~ abrupt anhalten; **glottal** ~ *(Phonetik)* Knacklaut *n;* **put a** ~ **to s.th.** e-r S e-n Riegel vorschieben; **pull out all the** ~**s** *fig* alle Register ziehen; IV *(mit Präposition)* **stop away** *itr fam* wegbleiben; **stop behind** *itr fam* dableiben, länger bleiben; **stop by** *itr* kurz vorbeikommen; hereinschauen; **stop down** *itr phot* abblenden; **stop in** *itr fam* drinbleiben; **stop off** *itr* e-n kurzen Halt machen, (unterwegs) kurz anhalten; **stop out** *itr fam* wegbleiben; **stop over** *itr* kurz haltmachen; Zwischenstation machen *(in* in); **stop up** *tr* zu-, verstopfen; *itr* aufbleiben.

stop·cock ['stɔpkɔk] Absperr-, Abstellhahn *m;* **stop·gap** ['stɔpgæp] Lückenbüßer *m;* (Not)Behelf, Ersatz *m;* ► **a** ~ **measure** e-e Überbrückungsmaßnahme, Verlegenheitslösung; ~ **aid** Soforthilfe *f;* **stop-go** [,stɔp'gəu] *adj* ► ~ **policies** *pl* Politik *f* des ewigen Hin und Her; **stop light** 1. Bremslicht *n;* 2. *Am* rotes Licht; **stopover** ['stɔpəuvə(r)] Zwischenstation *f;* Zwischenlandung *f.*

stop·page ['stɔpidʒ] 1. Unterbrechung *f;* Stockung *f;* 2. Stopp *m;* Streik *m;* 3. *(Scheck)* Sperrung *f;* 4. Abzug *m;* 5. Verstopfung *f,* Stau *m.*

stop·per ['stɔpə(r)] I *s* Stöpsel *m;* Pfropfen *m;* II *tr* verstöpseln.

stop·ping ['stɔpiŋ] Füllung, Plombe *f;* ► ~ **and starting** Stop-and-Go-Verkehr *m;* ~ **place** Haltestelle *f;* ~ **train** Personenzug *m.*

stop-press ['stɔppres] *(Zeitung)* letzte Meldungen *f pl;* **stop sign** Stoppschild *n;* **stop·watch** ['stɔpwɔtʃ] Stoppuhr *f.*

stor·age ['stɔːridʒ] 1. Lagerung *f;* Aufbewahrung *f;* 2. *(Wasser)* Speicherung *f,* Speichern *n;* 3. Lagergeld *n;* ► **put s.th. into** ~ etw einlagern; **storage battery** Akku(mulator) *m;* **storage capacity** *EDV* Speicherkapazität *f;* **storage charge** Lagergeld *n;* **storage heater** Nachtspeicherofen *m;* **storage space** Lagerraum *m;* Stauraum *m;* *EDV* Speicherplatz *m;* **storage tank** Vorratstank *m.*

store [stɔː(r)] I *s* 1. Vorrat *m (of* an); 2. *fig* Fülle *f,* Reichtum *m (of* an); 3. Lager *n;* Lagerhaus *n;* Lagerraum *m;* 4. Kaufhaus, Warenhaus *n;* 5. *Am* Laden *m;* ► ~**s** *pl* Vorräte *m pl;* **lay in a** ~ **of food** e-n Lebensmittelvorrat anlegen; **have, keep s.th. in** ~ etw lagern; **be in** ~ **for s.o.** jdm bevorstehen; **that's a**

treat in ~ **for you** da habt ihr noch was Schönes vor euch; **set great** ~ **by** s.th. viel von etw halten; **a fine** ~ **of knowledge** ein großer Wissensschatz; **II** *adj Am* von der Stange; **III** *tr* 1. lagern; aufbewahren; 2. *(Wärme)* speichern; 3. *EDV* abspeichern; ▶ ~ s.th. **away** etw verwahren; ~ s.th. **up** e-n Vorrat von etw anlegen; etw anstauen; **IV** *itr* sich lagern lassen; **store detective** Kaufhausdetektiv(in) *m (f)*; **store-house** ['stɔ(r)haʊs] Lagerhaus *n; fig* Fundgrube *f*; **store-keeper** Lagerverwalter(in) *m (f); Am* Ladenbesitzer(in) *m (f)*; **store-room** Lagerraum *m;* Vorratskammer *f*.

sto·rey, *Am* **story** ['stɔːrɪ] Stockwerk *n,* Etage *f;* ▶ **on the second** ~ im zweiten Stock; *Am* im ersten Stock; **-storeyed,** *Am* **-stor·ied** ['stɔːrɪd] *adj (Suffix)* -stöckig; ▶ **three-**~ dreistöckig; **multi-**~ mehrstöckig.

stork [stɔːk] *zoo* Storch *m*.

storm [stɔːm] **I** *s* 1. Sturm *m;* Unwetter *n;* Gewitter *n;* 2. *fig* Flut *f (of* von); Sturm *m;* Hagel *m;* ▶ **there is a** ~ **blowing** es stürmt; **a** ~ **in a teacup** ein Sturm im Wasserglas; ~ **of protest** Protesturm *m;* **a** ~ **of cheering** stürmischer Jubel; **II** *itr* 1. toben, wüten *(at* gegen); 2. stürmen; 3. *mil* stürmen *(at* gegen); **III** *tr* stürmen; **storm-beaten** ['stɔːmbiːtn] *adj* sturmgepeitscht; **storm-bound** ['stɔːmbaʊnd] *adj* durch Stürme festgehalten; **storm-centre,** *Am* **storm-center** 1. *mete* Sturmzentrum *n;* 2. *fig* Unruheherd, -stifter *m;* **storm-cloud** Sturm-, Wetterwolke *f;* **storm-tossed** ['stɔːmtɒst] *adj* sturmgepeitscht; **stormy** ['stɔːmɪ] *adj* 1. stürmisch *a. fig;* 2. *(Protest)* leidenschaftlich, heftig.

story[1] ['stɔːrɪ] 1. Geschichte *f;* Erzählung *f;* 2. Witz *m;* 3. *(Presse)* Artikel *m;* 4. Handlung *f;* 5. *fam* Märchen *n;* ▶ **the** ~ **goes that** . . . man erzählt sich, daß . . . **according to your** ~ dir zufolge; **to cut a long** ~ **short** um es kurz zu machen; **tell stories** Märchen erzählen.

story[2] ['stɔːrɪ] *Am s. storey.*

story-book ['stɔːrɪbʊk] **I** *adj* märchenhaft; Märchen-; **II** *s* Geschichten-, Märchenbuch *n;* **story·teller** 1. Geschichtenerzähler(in) *m (f);* 2. *fig* Lügenbold *m*.

stout [staʊt] **I** *adj* 1. korpulent; füllig; untersetzt; 2. *(Pferd)* kräftig; 3. *(Mauer)* fest; stark; 4. mutig, tapfer; beherzt; 5. *(Ablehnung)* entschieden; ▶ **with** ~ **heart** tapferen Herzens; **II** *s* Starkbier *n;* **stout-hearted** [ˌstaʊtˈhɑːtɪd] *adj* beherzt, tapfer; **stout·ly** ['staʊtlɪ] *adv* ▶ ~ **built** (Mensch) kräftig; *(Haus)* solide gebaut; ~**-made** solide gebaut; ~ **believe** etw fest glauben; **defend** s.th. ~

etw tapfer verteidigen.

stove [stəʊv] Ofen *m;* Herd *m;* **stovepipe** Ofenrohr *n*.

stow [stəʊ] *tr* 1. *(Fracht)* verstauen, -packen, verladen; 2. verstauen *(in* in); ▶ ~ **away** verstauen; verstecken; sich als blinder Passagier verstecken; **stowage** ['stəʊɪdʒ] 1. *mar* Lade-, Stauraum *m;* 2. *mar* Verstauen *n;* **stow·away** ['stəʊəweɪ] blinder Passagier.

straddle ['strædl] **I** *tr* 1. rittlings sitzen auf; 2. breitbeinig, mit gespreizten Beinen stehen, sitzen auf; 3. *fig* überbrücken; ▶ ~ **the border** sich über beide Seiten der Grenze erstrecken; **II** *s sport* Grätsche *f*.

straggle ['strægl] *itr* 1. *(Häuser)* verstreut liegen; 2. *(Haare)* unordentlich hängen; 3. *(Pflanze)* wuchern; ▶ ~ **behind** zurückbleiben; ~ **in** vereinzelt kommen; **strag·gler** ['stræglə(r)] Nachzügler(in) *m (f);* **stragg·ling** ['stræglɪŋ] *adj* 1. weit verteilt; zurückgeblieben; 2. *(Häuser)* zerstreut liegend; 3. *(Haar)* unordentlich; 4. *(Pflanze)* hochgeschossen.

straight [streɪt] **I** *adj* 1. gerade; direkt; 2. *(Haar)* glatt; 3. *(Hosen)* gerade geschnitten; 4. *(Denken)* klar; 5. *(Antwort)* offen, direkt, ehrlich; 6. *(Ablehnung)* ohne Umschweife; 7. *(Drink)* pur, unverdünnt; 8. *pol* direkt; 9. ununterbrochen; 10. *theat* konventionell; ernsthaft; 11. *fam (Mensch)* etabliert; spießig *pej;* 12. *fam (Mensch)* normal, hetero; ▶ **pull** s.th. ~ etw geradeziehen; **as** ~ **as a die** kerzengerade; **keep a** ~ **face** ernst bleiben, das Gesicht nicht verziehen; **be** ~ **with** s.o. offen und ehrlich zu jdm sein; **keep** s.o. ~ dafür sorgen, daß jem ehrlich bleibt; ~ **A's** *(Schule)* glatte Einsen; **a** ~ **play** ein reines Drama; **be all** ~ in Ordnung sein; **put** s.o. ~ **about** s.th. jdm etw klarmachen; **II** *adv* 1. gerade; aufrecht; 2. *(Ziel)* direkt; 3. sofort; 4. *(Denken)* klar; 5. *fig* offen, rundheraus; 6. *theat* konventionell; 7. *(Drink)* pur; ▶ ~ **through** s.th. glatt durch etw; **look** ~ **ahead** geradeaus sehen; **drive** ~ **on** geradeaus weiterfahren; **go** ~ keine krummen Sachen machen; **look** s.o. ~ **in the eye** jdm direkt in die Augen sehen; ~ **after this** sofort danach; ~ **away** sofort; **come** ~ **to the point** sofort zur Sache kommen; **give** s.o. s.th. ~ **from the shoulder** jdm etw unverblümt sagen; **III** *s* 1. *sport* Gerade *f;* 2. *(Linie)* Gerade *f;* ▶ **the final** ~ die Zielgerade; **the** ~ **and narrow** der Pfad der Tugend; **keep** s.o. **on the** ~ **and narrow** dafür sorgen, daß jem ehrlich bleibt.

straight·away [ˌstreɪtəˈweɪ] *adv* geradewegs; sofort.

straighten ['streɪtn] **I** *tr* 1. gerade machen, begradigen; **2.** *(Tuch)* glattziehen; **3.** *tech* geradebiegen *a. fig;* **4.** *fig* in Ordnung bringen; **5.** *(Schultern)* straffen; **II** *itr* gerade werden; glatt werden; **III** *refl* sich aufrichten; **IV** *(mit Präposition)* **straighten out** *tr* **1.** gerade machen; geradebiegen; **2.** *fig* klären; in Ordnung bringen; **straighten up** *itr* sich aufrichten; *tr* gerade machen; begradigen.

straight·for·ward [ˌstreɪtˈfɔːwəd] *adj* **1.** aufrichtig; **2.** *(Blick)* offen, freimütig; **3.** *(Problem)* einfach; **4.** offen, frei, ehrlich; **straight-out** [ˌstreɪtˈaut] *adj fam* unverblümt, offen, glatt; **straight ticket** *Am* ▶ **vote the ~** seine Stimme e-r einzigen Partei geben; **vote a ~** Kandidaten nur einer Partei wählen.

strain[1] [streɪn] **I** *tr* **1.** spannen; **2.** *(Freundschaft)* belasten; strapazieren; **3.** *(Wort)* dehnen; **4.** *med* zerren; verrenken; **5.** überanstrengen; belasten; **6.** durchsieben; ▶ **~ one's ears to ...** angestrengt lauschen, um zu ... **~ every nerve** jeden Nerv anspannen; **~ o.s.** sich anstrengen; **~ off water** Wasser abgießen; **II** *itr* **1.** sich anstrengen, sich abmühen; **2.** *fig* sich bemühen, streben; ▶ **~ to do s.th.** sich anstrengen, etw zu tun; **~ at s.th.** sich mit etw abmühen; **~ after s.th.** nach etw streben; **~ after effects** auf Wirkung aussein; **~ against s.o.** sich an jdn drücken; **III** *s* **1.** *tech* Belastung, Beanspruchung *f;* Spannung *f;* Druck *m;* **2.** *fig* Belastung *f;* Anstrengung *f;* Last *f;* **3.** *med* Zerrung *f;* ▶ **the ~ on a rope** die Seilspannung; **put a ~ on s.th.** etw belasten; **take the ~ off s.th.** etw entlasten; **suffer from ~** überlastet sein, im Streß sein; **show signs of ~** Zeichen von Überlastung zeigen; **to the ~s of** zu den Klängen von.

strain[2] [streɪn] **1.** Hang, Zug *m,* Veranlagung *f;* **2.** *(Stil)* Anflug *m;* **3.** Rasse *f;* Sorte *f;* Geschlecht *n;* ▶ **a ~ of weakness** ein Hang zur Schwäche.

strained [streɪnd] *adj* **1.** durchgesiebt; abgegossen; **2.** *(Muskel)* gezerrt; überanstrengt; **3.** *(Stil)* unnatürlich, gekünstelt; **4.** *(Lächeln)* gezwungen, **5.** *(Beziehungen)* angespannt; **strainer** [ˈstreɪnə(r)] Filter *m;* Sieb *n.*

strait [streɪt] **1.** *geog* Meerenge, Straße *f;* **2.** *fig pl* Nöte, Schwierigkeiten *f pl;* ▶ **the S~s of Dover** die Straße von Dover; **be in dire ~s** in großen Nöten sein; **straitened** [ˈstreɪtnd] *adj* **1.** *(Mittel)* beschränkt; **2.** *(Verhältnisse)* bescheiden, dürftig; **strait·jacket** Zwangsjacke *f a. fig;* **strait-laced** [ˌstreɪtˈleɪst] *adj* prüde, puritanisch.

strand[1] [strænd] **I** *s* Strand *m;* **II** *tr* **1.** *(Schiff)* stranden lassen; **2.** *(ohne Geld)* seinem Schicksal überlassen; ▶ **be (left) ~ed** auf dem trockenen sitzen.

strand[2] [strænd] **1.** (Haar)Strähne *f;* **2.** Strang *m;* **3.** *(Wolle)* Faden *m;* **4.** *(Draht)* Litze *f;* **5.** *(Wein)* Ranke *f;* **6.** *fig* Handlungsfaden; **7.** *(Perlen)* Schnur *f.*

strange [streɪndʒ] *adj* **1.** seltsam, sonderbar, merkwürdig; **2.** *(Umgebung)* fremd; ungewohnt; ▶ **by a ~ chance** komischerweise; **~ to say** so seltsam es klingen mag; **I am ~ to the work** die Arbeit ist mir fremd; **strange·ly** [—lɪ] *adv* seltsam, sonderbar, merkwürdig; **stran·ger** [ˈstreɪndʒə(r)] Fremde(r) *m (f);* ▶ **I'm a ~ here** ich bin hier fremd; **hallo ~!** *fam* hallo, lange nicht gesehen! **she's a perfect ~ to me** ich kenne sie überhaupt nicht; **you're quite a ~ here** *fam* man kennt dich ja gar nicht mehr; **he is no ~ to misfortune** Leid ist ihm nicht fremd.

strangle [ˈstræŋgl] *tr* **1.** erwürgen, erdrosseln; **2.** *fig* abwürgen, ersticken; ▶ **the collar is strangling me** der Kragen schnürt mir den Hals zu; **stranglehold** [ˈstræŋglhəʊld] Würgegriff *m;* absolute Machtposition; **stran·gu·la·tion** [ˌstræŋgjʊˈleɪʃn] Ersticken *n;* Erwürgen *n.*

strap [stræp] **I** *s* **1.** Riemen, Gurt *m;* **2.** *(Schuh)* Riemchen *n;* **3.** *(Bus)* Lasche *f;* **4.** *(Kleid)* Träger *m;* **II** *tr* **1.** festschnallen *(to* an); **2.** *(Mensch)* verprügeln; **3.** *(Bein)* bandagieren; ▶ **~ s.th. onto s.th.** etw auf etw schnallen; **~ s.o. down** jdn festschnallen; **~ on one's watch** sich die Uhr umbinden; **~ up a suitcase** e-n Koffer zuschnallen; **strap-hanger** Pendler(in) *m (f);* **strap·less** [ˈstræplɪs] *adj* trägerlos; **strap·ping** [ˈstræpɪŋ] *adj fam* stramm, kräftig.

strat·a·gem [ˈstrætədʒəm] *mil fig* Kriegslist *f.*

stra·tegic [strəˈtiːdʒɪk] *adj* strategisch *fig;* taktisch; **stra·teg·ist** [ˈstrætədʒɪst] Stratege *m; a. fig* Taktiker(in) *m (f);* **strat·egy** [ˈstrætədʒɪ] **1.** *mil* Strategie *f;* **2.** *fig* Taktik *f.*

strat·ify [ˈstrætɪfaɪ] **I** *tr* schichten; ▶ **a highly stratified society** e-e vielschichtige Gesellschaft; **II** *itr* Schichten bilden; in Schichten zerfallen.

strato·sphere [ˈstrætəsfɪə(r)] Stratosphäre *f.*

stra·tum [ˈstrɑːtəm] ⟨pl -ta⟩ [—tə] *geol* Schicht *f a. fig.*

straw [strɔː] **I** *s* **1.** Stroh *n;* **2.** Strohhalm *m;* **3.** Trinkhalm *m;* ▶ **it's the last ~!** das ist der Gipfel! **it's a ~ in the wind** das ist ein Vorzeichen; **clutch at ~s** sich an e-n Strohhalm klammern; **man of ~** Strohmann *m;* **not worth a ~** keinen Pfifferling wert; **II** *adj* Stroh-; aus Stroh.

straw·berry [ˈstrɔːbrɪ] Erdbeere *f.*

straw col·oured [ˈstrɔːkʌləd] *adj* strohfarben; strohblond; **straw man** Strohmann *m;* Scheingegner *m;* **straw poll, vote** Probeabstimmung *f.*

stray [streɪ] **I** *itr* **1.** umherschweifen, -irren; sich verirren; **2.** *fig* abschweifen; ▶ ~ **(away) from s.th.** von etw abkommen; ~ **from, off a path** von e-m Weg abkommen; **II** *s* streunendes Tier; herrenloses Tier; **III** *adj* **1.** verirrt, verlaufen, verloren; **2.** *(Tier)* herrenlos, streunend; **3.** *(Bemerkung)* einzeln; **4.** gelegentlich, vereinzelt.

streak [striːk] **I** *s* **1.** Streifen *m;* **2.** *(Licht)* Strahl *m;* **3.** *(Haar)* Strähne *f;* **4.** *(Fett)* Schicht *f;* **5.** *fig* Spur *f;* Zug *m;* Anflug *m;* ▶ ~ **of lightning** Blitzstrahl *m;* **a winning** ~ e-e Glückssträhne; **II** *tr* streifen; ▶ **be** ~**ed** gestreift sein; ~**ed with dirt** schmutzverschmiert; **III** *itr* **1.** *(Blitz)* zucken; **2.** blitzen, flitzen; ▶ ~ **along** entlangflitzen; **streaky** ['striːkɪ] *adj* **1.** *(Fenster)* streifig, verschmiert; **2.** *(Fleisch, Speck)* durchwachsen.

stream [striːm] **I** *s* **1.** Bach, Fluß *m;* **2.** Strom *m,* Strömung *f;* **3.** *(Licht)* Flut *f;* **4.** *(Worte)* Schwall *m;* **5.** *(Schule)* Leistungsgruppe *f;* ▶ **go with, against the** ~ mit dem, gegen den Strom schwimmen; ~ **of consciousness** Bewußtseinsstrom *m;* **be on** ~ in Betrieb sein; **come on** ~ in Betrieb genommen werden; **II** *itr* **1.** strömen, fließen, rinnen; **2.** *(Augen)* tränen; **3.** *(Licht)* fluten; **4.** *(Fahne)* wehen; ▶ **his face was** ~**ing with sweat** sein Gesicht war in Schweiß gebadet; ~ **down** herunterströmen; ~ **in** hineinströmen; **streamer** ['striːmə(r)] **1.** Wimpel *m,* Banner *n;* **2.** Band *n;* ▶ ~ **headline** *Am* Balkenüberschrift *f;* **stream·let** ['striːmlɪt] Bächlein *n.*

stream·line ['striːmlaɪn] *tr fig* rationalisieren; **stream·lined** ['striːmlaɪnd] *adj* **1.** *(Auto)* stromlinienförmig; **2.** *fig* rationell, modern, zeitgemäß.

street [striːt] Straße *f;* ▶ **in,** *Am* **on the** ~ auf der Straße; **it's right up my** ~ *fam* das ist genau mein Fall; **he's not in the same** ~ **as her** zwischen ihm und ihr ist ein himmelweiter Unterschied; **be** ~**s ahead of, better than s.o.** *fam* jdm haushoch überlegen sein; **go on the** ~**s** *fam* auf den Strich gehen; **street battle** Straßenschlacht *f;* **street·car** ['striːtkɑː(r)] *Am* Straßenbahn(wagen *m*) *f;* **street fighter** Straßenkämpfer(in) *m (f);* **street door** Haustür *f;* **street party** Straßenfest *n;* **street lamp** Straßenlaterne *f;* **street lighting** Straßenbeleuchtung *f;* **street credibility** *fam* Milieunähe *f;* Glaubwürdigkeit *f* (innerhalb e-r Gruppe); **street·walker** ['striːtwɔːlkə(r)] Prostituierte *f.*

strength [streŋθ] **1.** Kraft, Stärke *f a. fig;* **2.** *(Tisch etc)* Stabilität *f;* **3.** *(Schuhe)* Festigkeit *f;* **4.** *(Meinung)*

Überzeugtheit *f;* **5.** *fig* Überzeugungskraft *f;* **6.** *(Maßnahme)* Drastik *f;* **7.** *(Gesundheit)* Robustheit *f;* Stärke *f;* **8.** *(Farbe)* Intensität *f;* **9.** *mil* Stärke *f;* **10.** *(Währung)* Stärke *f;* Stabilität *f;* ▶ ~ **of will** Willensstärke *f;* **on the** ~ **of s.th.** auf Grund e-r S; **be beyond s.o.'s** ~ über jds Kräfte gehen; **save one's** ~ mit seinen Kräften haushalten; **be up to** ~ die volle Stärke haben; **be at full** ~ vollzählig sein; **strengthen** ['streŋθn] **I** *tr* **1.** kräftigen, stärken; **2.** *fig* bestärken; **3.** *(Markt)* festigen; ▶ ~ **s.o.'s hand** jdn bestärken; **II** *itr* stärker werden; sich verstärken.

strenu·ous ['strenjʊəs] *adj* **1.** mühsam, anstrengend; **2.** *(Versuch)* unermüdlich, energisch; **3.** *(Ablehnung)* hartnäckig; **4.** *(Protest)* heftig.

strep·to·coc·cus [ˌstreptə'kɒkəs] ⟨*pl* -ci⟩ [—'kɒkaɪ] *med* Streptokokkus *m.*

stress [stres] **I** *s* **1.** Streß *m;* Belastung *f;* **2.** *med* Überlastung *f;* **3.** Betonung *f;* Akzent *m,* Hauptgewicht *n;* **4.** *tech* Belastung, Beanspruchung *f;* ▶ **times of** ~ Krisenzeiten *f pl;* **put, lay** ~ **on s.th.** großen Wert auf etw legen; **put s.o. under great** ~ jdn großen Belastungen aussetzen; **II** *tr* **1.** betonen; großen Wert legen auf; **2.** *tech* belasten; **stress-free** ['stresfriː] *adj* streßfrei; **stress·ful** ['stresfʊl] *adj* anstrengend, stressig.

stretch [stretʃ] **I** *tr* **1.** strecken; dehnen; ausbreiten; **2.** *(Seil)* spannen; **3.** *(Reserven)* voll ausnutzen; **4.** *(Arbeit)* fordern; **5.** *(Bedeutung)* äußerst weit fassen; **6.** *(Gesetz)* großzügig auslegen; ▶ **become** ~**ed** ausleiern; ~ **s.th. tight** etw straffen; ~ **o.s. out** sich auf den Boden legen; ~ **one's legs** sich die Beine vertreten; ~ **one's neck** den Hals rekken; **be fully** ~**ed** *fig* voll ausgelastet sein; ~ **a point** ein Auge zudrücken; **II** *itr* **1.** sich strecken, sich dehnen; **2.** *(Zeit)* sich erstrecken (*to* bis); **3.** *(Geld)* reichen; ▶ ~ **to reach s.th.** sich recken, um etw zu erreichen; ~ **back to** zurückreichen bis; ~ **out** sich hinlegen; sich ausbreiten; sich erstrecken; **III** *s* **1.** Strecken, Dehnen *n;* **2.** Elastizität, Dehnbarkeit *f;* **3.** Strecke *f,* Stück *n;* Abschnitt *m;* **4.** *(zeitlich)* Zeitraum *m;* ▶ **give s.th. a** ~ etw dehnen; **be at full** ~ bis zum äußersten gedehnt sein; mit aller Kraft arbeiten; **by no** ~ **of the imagination** beim besten Willen nicht; **for hours at a** ~ stundenlang.

stretcher ['stretʃə(r)] *med* Tragbahre *f;* **stretcher-bearer** Krankenträger *m.*

strew [struː] ⟨*irr* strewed, strewed *od* strewn⟩ [struːn] *tr* verstreuen; streuen; bestreuen; ▶ **the floor was** ~**n with flowers** Blumen lagen überall auf dem Boden verstreut.

stri·ated [straɪ'eɪtɪd] *adj* gestreift; ge-

furcht.
stricken ['strɪkən] I *v s.* strike; II *adj*
verwundet; leidgeprüft; schmerzerfüllt,
leidend; ▶ ~ **with guilt** voller Schuld-
gefühle; **panic-~** von Panik ergriffen.
strict [strɪkt] *adj* 1. streng; strikt; 2. *rel*
strenggläubig; 3. *(Neutralität)* absolut;
4. *(Übersetzung)* genau; ▶ **in ~ confi-
dence** streng vertraulich; **strict·ly**
['strɪktlɪ] *adv* streng; genau; ▶ ~ **speak-
ing** genau genommen.
stride [straɪd] ⟨*irr* **strode, stridden**⟩
['strɪdn] I *itr* schreiten, ▶ ~ **along** aus-
schreiten; ~ **away** sich mit schnellen
Schritten entfernen; II *s* Schritt *m;* Fort-
schritt *m;* ▶ **take s.th. in one's** ~ mit
etw spielend fertigwerden; **put s.o. off
his** ~ jdn aus dem Konzept bringen.
stri·dent ['straɪdnt] *adj* schrill, krei-
schend.
strife [straɪf] Unmut *m;* Zwietracht *f.*
strike [straɪk] ⟨*irr* **struck, struck** *od*
stricken⟩ I *tr* 1. schlagen; schlagen an; 2.
(Kugel) treffen; 3. *(Metall)* hämmern; 4.
(Schmerz) durchzucken; 5. *(Unglück)*
treffen; 6. stoßen gegen, fahren gegen;
7. *(Auge)* treffen; 8. *(Blitz)* einschlagen
in; 9. *(Instrument)* anschlagen; 10.
(Wurzeln) schlagen; 11. *fig* in den Sinn
kommen *(s.o.* jdm); 12. beeindrucken;
13. *(Münze)* prägen; 14. *(Übereinkom-
men)* sich einigen auf, aushandeln; 15.
(Öl) stoßen auf; 16. *(Zelt)* abbrechen;
17. *(Segel)* einholen, streichen; ▶ ~
one's fist on the table mit der Faust auf
den Tisch schlagen; ~ **s.o. a blow** jdm
e-n Schlag versetzen; ~ **a blow for s.th.**
fig e-e Lanze für etw brechen; **be
struck by lightning** vom Blitz getroffen
werden; ~ **one's head against s.th.** mit
dem Kopf gegen etw stoßen; ~ **difficul-
ties** in Schwierigkeiten geraten; ~ **the
hour** die volle Stunde schlagen; ~ **s.o.
as cold** jdm kalt vorkommen; **that ~s
me as a good idea** das kommt mir sehr
vernünftig vor; **it ~s me that ...** ich
habe den Eindruck, daß ... **a thought
struck me** mir kam plötzlich ein Gedan-
ke; **be struck by s.th.** von etw beein-
druckt sein; **be struck with s.o.** von jdm
begeistert sein; **be struck on s.o.** auf jdn
versessen sein; **how does it** ~ **you?** wie
finden Sie das? ~ **a light** Feuer machen;
be struck blind blind werden; ~ **fear
into s.o.'s heart** jdn mit Angst erfüllen;
~ **it rich** das große Geld machen; **be
struck from a list** von e-r Liste gestri-
chen werden; II *itr* 1. treffen; 2. *(Blitz)*
einschlagen; 3. *mil* zuschlagen, angrei-
fen; 4. *(Panik)* ausbrechen; 5. *(Uhr)*
schlagen; 6. *(Arbeiter)* streiken; 7.
(Streichholz) zünden; 8. *mar* auflaufen
(on auf); 9. *(Fisch)* anbeißen; 10. Wur-
zeln schlagen; ▶ ~ **against s.th.** gegen
etw stoßen; ~ **at s.o.** nach jdm schlagen;

~ **at the roots of s.th.** etw an der
Wurzel treffen; ~ **on a new idea** e-e
neue Idee haben; ~ **across country**
querfeldein gehen; ~ **right** sich nach
rechts wenden; III *s* 1. Streik, Ausstand
m; 2. *(Gold)* Fund *m;* 3. *mil* Angriff *m;*
4. Schlag *m;* ▶ **be on** ~ streiken, im
Ausstand sein; **come out, go on** ~ in
den Streik treten; **make a** ~ fündig
werden; **a lucky** ~ ein Glücksfall, Tref-
fer *m;* IV *(mit Präposition)* **strike back**
itr 1. zurückschlagen; 2. *fig* sich wehren;
▶ ~ **back at s.o.** sich gegen jdn zur
Wehr setzen; **strike down** *tr* 1. nieder-
schlagen; vernichten; 2. *fig* zu Fall brin-
gen; ▶ **be struck down** niedergeschla-
gen werden; getroffen werden; **strike in**
itr sich einmischen, dazwischen platzen;
strike off *tr* 1. abschlagen; 2. *(Geschrie-
benes)* (aus-, durch)streichen; 3. *(Dok-
tor)* die Zulassung entziehen *(s.o.* jdm);
4. *(Preis)* abziehen; 5. *typ* drucken; *itr*
(Straße) abbiegen; **strike out** *itr* 1.
schlagen; 2. *(Richtung)* zuhalten *(for*
auf); sich aufmachen, losziehen; *tr* aus-
streichen; ▶ ~ **out wildly** wild um sich
schlagen; ~ **out for home** sich auf den
Heimweg machen; ~ **out in a new di-
rection** neue Wege gehen; **strike
through** *tr* durchstreichen; **strike up** *tr*
1. *(Melodie)* anstimmen; 2. *(Bekannt-
schaft)* machen, anknüpfen; 3. *(Konver-
sation)* anfangen; *itr* *(Musik)* einsetzen.
strike ac·tion ['straɪkækʃn] Streik-
aktion *f;* **strike ballot** Urabstim-
mung *f;* **strike-bound** ['straɪkbaʊnd]
adj bestreikt; **strike-breaker**
['straɪkˌbreɪkə(r)] Streikbrecher(in) *m*
(f); **strike committee** Streikleitung *f;*
strike fund Streikkasse *f;* **strike-
leader** Streikführer(in) *m (f);* **strike-
pay** Streikgeld *n.*
striker ['straɪkə(r)] Streikende(r) *f m.*
strik·ing ['straɪkɪŋ] *adj* 1. *(Ähnlichkeit)*
auffallend; 2. *(Unterschied)* verblüffend;
3. *(Schönheit)* eindrucksvoll; 4. *(Arbei-
ter)* streikend; 5. *(Uhr)* mit Schlagwerk.
string [strɪŋ] ⟨*irr* **strung, strung**⟩ I *s* 1.
Schnur, Kordel *f,* Bindfaden *m;* 2. Faden
m; Draht *m;* 3. *(Perlen)* Schnur *f;* 4.
(Menschen) Schlange *f;* 5. *fig* Serie,
Reihe *f;* 6. *mus* Saite *f;* 7. *bot* Faden *m;*
▶ **have s.o. on a** ~ jdn am Gängelband
haben; **pull ~s** *fig* Fäden ziehen; **with-
out ~s** *fig* ohne Bedingungen; **the** ~ *pl*
mus die Streichinstrumente *pl;* die
Streicher *pl;* **have two ~s to one's bow**
zwei Eisen im Feuer haben; II *tr* 1.
(Instrument) besaiten, bespannen; 2.
(Perlen) aufziehen, aufreihen; 3. *(Boh-
nen)* Fäden abziehen von; 4. aufreihen;
▶ ~ **objects** Gegenstände zusammen-
binden; III *(mit Präposition)* **string
along** *itr* sich anschließen; ▶ ~ **s.o.
along** jdn hinhalten; **string out** *itr* sich

verteilen; *tr* aufhängen; **string up** *tr* aufhängen; ▶ **be strung up** aufgeregt sein; ~ **o.s. up to do s.th.** sich seelisch und moralisch darauf vorbereiten, etw zu tun.

string-bag ['strɪŋbæg] Einkaufsnetz *n;* **string-band** Streichorchester *n;* **string-bean** *bot* grüne Bohne; **stringed** [strɪŋd] *adj mus* Saiten-; ▶ ~ **instrument** Saiteninstrument *n.*

strin·gency ['strɪndʒənsɪ] **1.** Strenge, Härte *f;* **2.** *com* Knappheit, Verknappung *f;* **strin·gent** ['strɪndʒənt] *adj* **1.** streng; **2.** *(Training)* hart; **3.** *(Maßnahmen)* streng, energisch; **4.** *com (Markt)* angespannt; ▶ ~ **economies** *pl* schärfste Sparmaßnahmen *f pl.*

string player *mus* Streicher *m;* **string-puller** ['strɪŋpʊlə(r)] Drahtzieher *m;* **string quartet** Streichquartett *n;* **stringy** ['strɪŋɪ] *adj* **1.** *(Fleisch)* sehnig, zäh, faserig; **2.** *(Wurzel)* lang und dünn.

strip [strɪp] **I** *tr* **1.** ausziehen; **2.** *(Bett)* abziehen; **3.** *(Wand)* abkratzen; die Tapeten abziehen von; *(Holzoberfläche)* abbeizen; **4.** *(Schrank)* ausräumen; **5.** *fig* berauben *(of* gen); **6.** *tech* demontieren; auseinandernehmen; **7.** *(Schraube)* überdrehen; ▶ ~ **s.o. naked, to the skin** jdn bis auf die Haut, nackt ausziehen; ~ **s.th. off s.th.** etw von etw entfernen; ~ **the bark from the trees** die Bäume schälen, entrinden; ~ **s.th. away** etw wegnehmen; ~**ped of s.th.** ohne etw; ~ **down** zerlegen; ~ **off** ausziehen; abmachen; entfernen; **II** *itr* sich ausziehen; sich freimachen; ▶ ~ **to the waist** den Oberkörper freimachen; ~ **off** sich ausziehen; sich abschälen lassen; **III** *s* **1.** Streifen *m;* schmales Stück; **2.** *sport* Trikot *n,* Dreß *m;* **3.** *aero* Start- und Landebahn *f;* ▶ **do a** ~ *fam* strippen; **tear a** ~ **off s.o.** jdn zur Schnecke machen; **strip cartoon** Comic(strip) *m,* Bildgeschichte *f.*

stripe [straɪp] **1.** Streifen *m;* **2.** *mil* Streifen *m;* Tresse *f;* **striped** [straɪpt] *adj* gestreift; ▶ **be** ~ **(with)** blue blaue Streifen haben.

strip light ['strɪplaɪt] Neonröhre *f;* **strip-light·ing** ['strɪplaɪtɪŋ] Neonbeleuchtung *f;* **strip mill** Walzwerk *n;* **strip mining** *Am min* Tagebau *m.*

strip·per ['strɪpə(r)] **1.** Stripper(in) Stripteasetänzer(in) *m (f);* **2.** *(paint* ~*)* Farbentferner *m;* **strip show** Stripteaseshow *f;* **strip·tease** ['strɪptiːz] Striptease *m.*

strive [straɪv] ⟨*irr* strove, striven⟩ ['strɪvn] *itr* **1.** sich bemühen; **2.** kämpfen; ▶ ~ **to do s.th.** bestrebt sein, etw zu tun; ~ **for s.th.** etw anstreben; ~ **against s.th.** gegen etw kämpfen; ~ **with s.o.** mit jdm ringen.

strobe [strəʊb] **I** *adj* stroboskopisch;

II *s* *(*~ *light)* Stroboskoplampe *f;* **strobo·scope** ['strəʊbəskəʊp] Stroboskop *n;* **strobo·scop·ic** [ˌstrəʊbəʊˈskɒpɪk] *adj* stroboskopisch.

strode [strəʊd] *v s.* **stride.**

stroke [strəʊk] **I** *s* **1.** Schlag, Hieb, Stoß *m;* **2.** *sport* Schlag *m;* Stoß *m;* Zug *m;* **3.** *(Rudern)* Schlagmann *m;* **4.** *(Bürste)* Strich *m;* **5.** *fig* Schlag *m;* Schachzug *m;* **6.** *(Uhr)* Schlag *m;* **7.** *tech* Hub *m;* **8.** *med* Schlaganfall *m;* ▶ **put s.o. off his** ~ jdn aus dem Takt bringen; **he doesn't do a** ~ **of luck** er rührt keinen Finger; **a** ~ **of luck** ein Glücksfall *m;* **at a, one** ~ mit e-m Schlag; **give s.o. a** ~ jdn streicheln; **have a** ~ einen Schlaganfall bekommen; **two-**~ **engine** Zweitaktmotor *m;* **II** *tr* streichen; ▶ ~ **one's hair down** sich das Haar glattstreichen; ~ **a boat** als Schlagmann rudern.

stroll [strəʊl] **I** *itr* spazieren, bummeln; ▶ ~ **along the road** die Straße entlangbummeln; **II** *s* Spaziergang, Bummel *m;* ▶ **take a** ~ e-n Bummel machen; **stroller** ['strəʊlə(r)] **1.** Spaziergänger(in) *m (f);* **2.** *Am (Kinder-)* Sportwagen *m.*

strong [strɒŋ] **I** *adj* **1.** stark, kräftig, kraftvoll; **2.** *(Wand)* stabil, solide; **3.** *(Gesichtszüge)* ausgeprägt; **4.** *(Konstitution)* robust; **5.** *(Augen)* gut; **6.** *(Charakter)* fest; **7.** *(Land)* mächtig; **8.** *(Einfluß)* groß, stark; **9.** *(Argument)* überzeugend; **10.** *(Protest)* energisch; **11.** *(Maßnahme)* drastisch; **12.** *(Brief)* geharnischt; **13.** *(zahlenmäßig)* stark; **14.** *(Anhänger)* begeistert; überzeugt; unerschütterlich; **15.** *(Parfüm)* stark; **16.** *(Geruch)* streng; **17.** *(Butter)* ranzig; **18.** *(Farbe)* kräftig; **19.** *(Akzent)* stark; **20.** *(Lösung)* konzentriert; **21.** *(Preise)* stabil; *(Währung)* stark; ▶ **she's getting** ~**er every day** sie wird mit jedem Tag kräftiger; **have** ~ **feelings about s.th.** in bezug auf etw stark engagiert sein; **have** ~ **feelings for s.th.** e-e starke Bindung an etw haben; **his** ~ **point** seine Stärke; **he is** ~ **in s.th.** etw ist seine Stärke; ~ **breath** Mundgeruch *m;* **a** ~ **drink** ein steifer Drink; **protest in the** ~**est terms** energisch protestieren; **II** *adv* ▶ **be going** ~ gut in Form sein; **in** Schwung sein; **strong-arm** ['strɒŋɑːm] *adj* gewalttätig, brutal; **strong-box** Geldkassette *f;* **stronghold** ['strɒŋhəʊld] **1.** Festung *f;* **2.** *fig* Bollwerk *n,* Hochburg *f;* **strong·ly** ['strɒŋlɪ] *adv* **1.** stark; kräftig; energisch; **2.** *(Interesse)* brennend; **3.** *(Glaube)* fest; **4.** *(Bitte)* inständig; kräftig; ▶ **I** ~ **advise you** ... ich möchte Ihnen dringendst raten ...; **strong-minded** [ˌstrɒŋˈmaɪndɪd] *adj* willensstark; **strong-room** Stahlkammer *f,* Tresor *m.*

stron·tium ['strɒntɪəm] *chem* Strontium *n.*

strop [strɒp] I *s* Streichriemen *m;* II *tr (Rasiermesser)* abziehen.

stroppy ['strɒpɪ] *adj fam* schlecht gelaunt; pampig *fam.*

strove [strəʊv] *v s. strive.*

struck [strʌk] *v s. strike.*

struc·tural ['strʌktʃərəl] *adj* 1. strukturell; 2. *arch* baulich; 3. *(Fehler)* Konstruktions-; 4. *fig* Struktur-; 5. *(Balken)* tragend; 6. *fig* essentiell, notwendig; ► ~ **change** Strukturwandel *m,* ~ **engineering** Bautechnik *f;* ~ **unemployment** strukturelle Arbeitslosigkeit; **structure** ['strʌktʃə(r)] 1. Struktur *f,* Gefüge *n,* Aufbau *m;* 2. *(Auto)* Konstruktion *f;* 3. Bau *m,* Gebilde, Gerüst *n;* 4. *biol* Organismus *m;* ► **bone** ~ Knochenbau *m.*

struggle ['strʌgl] I *itr* 1. kämpfen; sich wehren; 2. *(finanziell)* in Schwierigkeiten sein; 3. *fig* sich abmühen; sich quälen; ► ~ **to do s.th.** sich sehr anstrengen, etw zu tun; ~ **for s.th.** um etw kämpfen; ~ **against s.o.** gegen jdn kämpfen; ~ **with s.o.** mit jdm kämpfen; ~ **with s.th.** sich mit etw herumschlagen; mit etw ringen; ~ **to get up** sich hochquälen; ~ **along** sich durchschlagen; II *s* 1. Kampf *m (for* um); 2. *fig* Anstrengung *f;* ► **without a** ~ kampflos; ~ **for survival, existence** Überlebens-, Daseinskampf *m.*

strum [strʌm] I *tr* klimpern auf; II *itr* klimpern *(on* auf).

strung [strʌŋ] *v s. string.*

strut¹ [strʌt] I *itr* (herum)stolzieren; II *s* Stolzieren *n.*

strut² [strʌt] *arch* Strebe, Stütze *f.*

strych·nine ['strɪkniːn] Strychnin *n.*

stub [stʌb] I *s* 1. Stummel *m;* 2. *(Zigarette)* Kippe *f;* 3. *(Scheck)* Abschnitt *m;* II *tr* ► ~ **one's toe** mit dem Zeh an etw stoßen; ~ **out a cigarette** e-e Zigarette ausdrücken.

stubble ['stʌbl] Stoppeln *f pl;* ► **designer-~** Dreitagebart *m;* **stubbly** ['stʌblɪ] *adj* stoppelig.

stub·born ['stʌbən] *adj* 1. stur; störrisch; 2. *(Ablehnung)* hartnäckig; 3. *(Material)* widerspenstig.

stubby ['stʌbɪ] *adj* untersetzt, stämmig, kräftig.

stucco ['stʌkəʊ] ⟨*pl* stucco(e)s⟩ I *s* 1. Stuck *m;* 2. *(~ work)* Stuckarbeit, Stukkatur *f;* II *tr* mit Stuck verzieren.

stuck [stʌk] I *v s. stick²;* II *adj* ► **be ~** nicht zurechtkommen; **he is ~ for s.th.** es fehlt ihm an etw; **I was ~ for an answer** ich wußte nicht, was ich sagen sollte; **get ~ into s.o.** jdn richtig in die Mangel nehmen; **get ~ into s.th.** etwas in Angriff nehmen; **be ~ on s.o.** *fam* in jdn verknallt sein; **be ~ with s.th.** etw

am Hals haben.

stuck-up [ˌstʌk'ʌp] *adj fam* hochnäsig, arrogant.

stud¹ [stʌd] I *s* 1. Ziernagel *m;* 2. Kragen-, Hemdknopf *m;* 3. Ohrstecker *m;* ► **reflector** ~ Katzenauge *n;* II *tr* übersäen *(with* mit).

stud² [stʌd] 1. Stall *m,* Gestüt *n;* 2. Sexprotz *m;* **put to** ~ zur Züchtung verwenden.

stu·dent ['stjuːdnt] 1. Student(in) *m (f);* 2. *Am* Schüler(in) *m (f);* ► **fellow** ~ Kommilitone *m,* Kommilitonin *f;* **medical** ~ Medizinstudent(in) *m (f);* **be a** ~ **of** ...... studieren; **student teacher** (Studien)Referendar(in) *m (f);* **student union** Studentenvereinigung *f.*

stud-farm ['stʌdfɑːm] Gestüt *n;* **stud-horse** Zuchthengst *m.*

studied ['stʌdɪd] *adj* 1. gut durchdacht, wohlüberlegt; 2. *(Stil)* kunstvoll; 3. *(Beleidigung)* gewollt, beabsichtigt; berechnet; 4. *(Pose)* einstudiert.

stu·dio ['stjuːdɪəʊ] ⟨*pl* -dios⟩ 1. Studio *n;* 2. *(Maler)* Atelier *n;* 3. *radio* Senderaum *m;* **studio audience** Publikum *n* im Studio; **studio couch** Schlafcouch *f.*

stu·di·ous ['stjuːdɪəs] *adj* 1. fleißig; eifrig; 2. *(Kind)* lernbegierig; 3. *(Aufmerksamkeit)* gewissenhaft, sorgfältig; 4. *(Höflichkeit)* bewußt; gewollt; 5. *(Bemühung)* beflissen.

study ['stʌdɪ] I *s* 1. Studium *n;* Lernen *n;* 2. *(Natur)* Beobachtung *f;* 3. Studie *f (of* über); Untersuchung *f;* 4. Arbeits-, Studierzimmer *n;* ► **the** ~ **of cancer** die Krebsforschung; **make a** ~ **of s.th.** etw untersuchen; **during my studies** während meines Studiums; **spend one's time in** ~ seine Zeit mit Studieren verbringen; II *tr* 1. studieren; lernen; 2. *(Natur)* beobachten; 3. *(Text)* sich befassen mit; 4. erforschen; III *itr* studieren *(for s.th.* etw); ► ~ **under s.o.** bei jdm studieren; **study group** Arbeitsgruppe *f;* **study visit** Studienreise *f.*

stuff [stʌf] I *s* 1. Zeug *n;* 2. *sl (Drogen)* Stoff *m;* 3. *fam* Kram *m,* Sachen *f pl;* ► **green** ~ Grünzeug *n;* **food** ~s *pl* Lebensmittel *pl;* **the** ~ **that heroes are made of** der Stoff, aus dem Helden gemacht sind; **it's poor** ~ das ist schlecht; **books and** ~ Bücher und so; **and** ~ **that** und so was; **do one's** ~ *fam* seine Nummer abziehen; **know one's** ~ wissen, wovon man redet; II *tr* 1. voll-, zustopfen; 2. *(Umschlag)* stecken *(into* in); 3. *(Gans)* füllen; 4. *(Kissen)* füllen; ausstopfen; ► ~ **s.o. with food** jdn mästen; ~ **s.th. away** etw wegstecken; ~ **one's head with nonsense** sich den Kopf mit Unsinn vollstopfen; **be ~ed up** verschnupft sein; ~ **it** *sl* halt's Maul; **get ~ed!** *fam* du kannst mich mal! *fam;* **stuffed shirt** *fam* aufgeblasener Kerl; **stuff·ing** ['stʌfıŋ] **1.** (Essen) Füllung f; **2.** Polstermaterial n; ▶ **knock the ~ out of** s.o. fam jdn kleinkriegen, jdn fertigmachen.

stuffy ['stʌfı] adj **1.** stickig, dumpf; **2.** fig spießig; prüde; **3.** (Atmosphäre) steif, gezwungen; langweilig.

stul·tify ['stʌltıfaı] tr lähmen; verkümmern lassen.

stumble ['stʌmbl] **I** itr **1.** stolpern; **2.** (Rede) stottern; ▶ **~ against** s.th. gegen etw stoßen; **~ on** s.th. auf etw stoßen; **she ~d through her speech** stockend hielt sie ihre Rede; **II** s **1.** Stolpern n; **2.** Stocken n; **stum·bling-block** ['stʌmblıŋblɔk] fig Hürde f, Hindernis n.

stump [stʌmp] **I** s **1.** (Baum-, Zahn)Stumpf m; **2.** (Zigarette) Stummel m; **3.** Am pol Rednertribüne f; **4.** (Kricket) Stab m; ▶ **stir one's ~s** sich rühren, sich regen; **II** tr **1.** Am pol als Wahlredner bereisen; **2.** (Kricket) ausschalten; ▶ **you've got me ~ed** fam da bin ich überfragt; **~ up money** sl Geld lockermachen; **III** itr stapfen; ▶ **~ along** entlangstapfen; **~ up** sl blechen; **stumpy** ['stʌmpı] adj stämmig, untersetzt; klein und gedrungen.

stun [stʌn] tr **1.** betäuben; benommen machen; **2.** fig aus der Fassung bringen.

stung [stʌŋ] v s. sting.

stunk [stʌŋk] v s. stink.

stunned [stʌnd] adj **1.** betäubt; benommen; **2.** fig fassungslos; **stun·ner** ['stʌnə(r)] fam Pfundskerl m; tolle Frau; **stun·ning** ['stʌnıŋ] adj **1.** wuchtig; **2.** betäubend; **3.** fam prächtig, toll, blendend.

stunt¹ [stʌnt] tr **1.** (Entwicklung) hemmen; **2.** (Verstand) verkümmern lassen.

stunt² [stʌnt] fam Kunststück n; Nummer f; Gag m.

stunted ['stʌntıd] adj verkümmert, zurückgeblieben.

stunt·man ['stʌntmən] ⟨pl -men⟩ film Stuntman m, Double n.

stu·pe·fac·tion [,stju:pı'fækʃn] Verblüffung f; **stu·pefy** ['stju:pıfaı] tr **1.** benommen machen; **2.** fig verblüffen.

stu·pen·dous [stju:'pendəs] adj **1.** überwältigend; **2.** (Anstrengung) gewaltig, ungeheuer.

stu·pid ['stju:pıd] **I** adj **1.** dumm; blöd(e); **2.** benommen, benebelt; ▶ **don't be ~** sei nicht so blöd; **drink o.s. ~** sich sinnlos betrinken; **II** s Blödmann, Dummkopf m; **stu·pid·ity** [stju:'pıdətı] Dummheit, Blödheit f.

stu·por ['stju:pə(r)] Benommenheit f; ▶ **in a drunken ~** im Vollrausch.

sturdy ['stɜ:dı] adj **1.** kräftig, stämmig; **2.** (Material) kräftig, robust; **3.** (Auto) stabil; **4.** fig entschlossen, unnachgiebig.

stur·geon ['stɜ:dʒən] zoo Stör m.

stut·ter ['stʌtə(r)] **I** tr, itr stottern; stammeln; **II** s Stottern n; **stut·terer** ['stʌtərə(r)] Stotterer m, Stotterin f.

sty [staı] Schweinestall m a. fig.

sty(e) [staı] ⟨pl sties, styes⟩ med Gerstenkorn n.

style [staıl] **I** s **1.** Stil m; Ausdrucksweise f; **2.** (Kunst, fig) Stil m; **3.** Art f; **4.** (Mode) Stil m; Schnitt m; **5.** Titel m, Anrede f; **6.** bot Griffel m; ▶ **~ of painting** Malstil m; **~ of life** Lebensstil m; **that's the ~** fam so ist's richtig; **in ~** stilvoll; **do things in ~** alles im großen Stil tun; **a new ~ of car** ein neuer Autotyp; **all the latest ~s** die neueste Mode; **II** tr **1.** nennen; **2.** entwerfen; gestalten; **3.** (Frisur) stylen fam; **styl·ing** ['staılıŋ] Stylen, Styling n; Design n; Schnitt m; **styl·ish** ['staılıʃ] adj **1.** modisch, elegant; **2.** (Haus) vornehm; **3.** (Möbel) stilvoll; **4.** (Lebensweise) großartig, im großen Stil; **sty·list** ['staılıst] **1.** Modeschöpfer(in) m (f); **2.** (hair ~) Friseur(in) m (f), Friseuse f; **3.** lit Stilist(in) m (f); **sty·lis·tic** [staı'lıstık] adj stilistisch; **sty·lize** ['staıəlaız] tr stilisieren.

sty·lus ['staıləs] **1.** (Plattenspieler) Nadel f; **2.** hist Griffel m.

sty·mie ['staımı] tr fig matt setzen; ▶ **be ~d** aufgeschmissen sein.

styp·tic ['stıptık] **I** s blutstillendes Mittel; **II** adj Blutstill-.

suave [swɑ:v] adj liebenswürdig; aalglatt.

sub [sʌb] pref Unter-, sub-; **sub·al·tern** ['sʌbltən] mil Subalternoffizier m; **sub·class** ['sʌbklɑ:s] Unterabteilung f; **sub·com·mit·tee** ['sʌbkə,mıtı] Unterausschuß m; **sub·con·scious** [,sʌb'kɔnʃəs] adj unterbewußt; **II** s ▶ **the ~** das Unterbewußtsein; **sub·con·ti·nent** [,sʌb'kɔntınənt] geog Subkontinent m; **sub·con·tract** [,sʌb'kɔntrækt] **I** s Nebenvertrag m; **II** tr [,sʌbkən'trækt] vertraglich weitervergeben (to an); **sub·cul·ture** [,sʌb'kʌltʃə(r)] Subkultur f; **sub·cu·taneous** [,sʌbkju:'teınıəs] adj med subkutan; **sub·di·vide** [,sʌbdı'vaıd] **I** tr unterteilen; **II** itr sich aufteilen; **sub·di·vi·sion** [,sʌbdı'vıʒn] **1.** Unterteilung f; **2.** Unterabteilung f.

sub·due [səb'dju:] tr **1.** besiegen, unterwerfen; **2.** (Gefühl) unterdrücken; **3.** (Licht, Ton) dämpfen; **4.** (Tier) zähmen; **5.** (Schmerz) lindern; ▶ **talk in a ~d voice** mit gedämpfter Stimme reden.

sub·ject ['sʌbdʒıkt] **I** adj **1.** unterworfen; **2.** anfällig (to für); ▶ **be ~ to** s.th. e-r S unterworfen sein; für etw anfällig sein; **prices are ~ to change without notice** Preisänderungen vorbehalten; **be ~ to taxation** besteuert werden; **~ to correction** vorbehaltlich Änderungen;

II *s* 1. *pol* Staatsbürger(in) *m (f); (Monarchie)* Untertan(in) *m (f);* 2. *gram* Subjekt *n;* 3. *mus* Thema *n;* 4. *(Schule)* Fach *n;* Spezialgebiet *n;* 5. Grund, Anlaß *m (for* zu); 6. Gegenstand *m;* Versuchsperson *f;* ▶ **change the ~** das Thema wechseln; **on the ~ of ...** zum Thema ... **that's off the ~** das gehört nicht zum Thema; III *tr* [səb'dʒekt] unterwerfen, -jochen; ▶ **~ s.o. to s.th.** jdn e-r S aussetzen; **~ s.o. to insults** jdn beschimpfen; **~ o.s. to s.th.** etw hinnehmen; sich e-r S unterziehen; **subject catalogue** Schlagwortkatalog *m;* **subject index** Sachregister *n.*

sub·jec·tion [səb'dʒekʃn] 1. Unterwerfung *f;* 2. *pol* Abhängigkeit *f (of* von).

sub·jec·tive [səb'dʒektɪv] *adj* subjektiv.

sub·ject mat·ter ['sʌbdzɪkt,mætə(r)] Stoff *m;* Inhalt *m.*

sub·ju·gate ['sʌbdʒugeɪt] *tr* unterjochen, -werfen.

sub·junc·tive [səb'dʒʌŋktɪv] I *adj* konjunktivisch; ▶ **~ mood** Konjunktiv *m;* II *s* Konjunktiv *m.*

sub·lease [,sʌb'li:s] I *s* Untervermietung *f;* Unterverpachtung *f;* II *tr* weiterverpachten; untervermieten.

sub·let *tr irr s. let* untervermieten.

sub·lieu·ten·ant [,sʌblə'tenənt, *Am* ,sʌblu:'tenənt] *Br* Oberleutnant *m* zur See.

sub·li·mate ['sʌblɪmeɪt] I *tr chem psych* sublimieren; II *s chem* Sublimat *n.*

sub·lime [sə'blaɪm] *adj* 1. erhaben; überragend, unvergleichlich; 2. *fam (Frechheit)* unglaublich.

sub·lim·inal [,sʌb'lɪmɪnl] *adj psych* unterschwellig.

sub·mar·ine [,sʌbmə'ri:n, 'sʌbmə,ri:n] I *adj* unterseeisch, submarin; II *s* Unterseeboot, U-Boot *n.*

sub·menu [,sʌb'menju:] *EDV* Untermenü *n.*

sub·merge [səb'mɜ:dʒ] I *tr* 1. untertauchen; 2. überschwemmen, -fluten; ▶ **~ s.th. in water** etw in Wasser tauchen; II *itr* tauchen; **sub·merged** [səb'mɜ:dʒd] *adj* 1. unter Wasser; 2. *(Wrack)* gesunken.

sub·mission [səb'mɪʃn] 1. Unterwerfung *f (to* unter); Gehorsam *m;* 2. *jur* Unterbreitung, Vorlage *f;* 3. Einwurf *m;* ▶ **force s.o. into ~** jdn zwingen, sich zu ergeben; **starve s.o. into ~** jdn aushungern; **make a ~ to s.o.** jdm e-e Vorlage machen; **sub·mis·sive** [səb'mɪsɪv] *adj* demütig, gehorsam; ▶ **~ to authority** autoritätsgläubig.

sub·mit [səb'mɪt] I *tr* 1. vorlegen, unterbreiten, einreichen *(to* bei); 2. verweisen an; ▶ **~ s.th. to tests** etw Tests unterziehen; **~ s.th. to heat** etw der Hitze aussetzen; II *itr* 1. sich fügen, nachge-

ben; 2. *mil* sich ergeben; 3. *sport* aufgeben; ▶ **~ to s.th.** sich e-r S beugen; sich etw gefallen lassen; III *refl* ▶ **~ o.s. to s.th.** sich e-r S unterziehen.

sub·nor·mal [,sʌb'nɔ:ml] *adj* 1. *(Intelligenz)* unterdurchschnittlich; 2. *psych* minderbegabt.

sub·or·di·nate [sə'bɔ:dɪnət] I *adj* rangniedriger; untergeordnet; ▶ **~ clause** Nebensatz *m;* **be ~ to s.o.** jdm untergeordnet sein; II *s* Untergebene(r) *f m;* III *tr* [sə'bɔ:dɪneɪt] unterordnen; **sub·or·di·na·tion** [sə,bɔ:dɪ'neɪʃn] Unterordnung *f (to* unter).

sub·orn [sə'bɔ:n] *tr jur (Zeugen)* beeinflussen.

sub·poena [sə'pi:nə] *jur* I *s* Vorladung *f;* II *tr* vorladen.

sub·scribe [səb'skraɪb] I *tr* 1. *(Geld)* zeichnen; 2. spenden *(to* für); ▶ **~ one's name to a document** ein Dokument unterzeichnen; II *itr* spenden, geben; ▶ **~ to an appeal** sich an e-r Spendenaktion beteiligen; **~ to a magazine** e-e Zeitschrift abonnieren; **~ to s.th.** *fig* etw gutheißen, etw billigen; **sub·scriber** [səb'skraɪbə(r)] 1. Abonnent(in) *m (f);* 2. Spender(in) *m (f);* 3. *tele* Teilnehmer(in) *m (f);* 4. *(Anleihe)* Zeichner *m;* **subscriber trunk dialling** *Br tele* Selbstwählferndienst, -verkehr *m;* **sub·scrip·tion** [səb'skrɪpʃn] 1. Subskription, Zeichnung *f;* 2. Beitrag *m;* 3. Abonnement *n;* ▶ **take out a ~ to s.th.** etw abonnieren; **by public ~** mit Hilfe von Spenden; **subscription rate** Abonnements-, Bezugspreis *m.*

sub·sec·tion ['sʌb,sekʃn] Unterabschnitt *m,* -abteilung *f.*

sub·se·quent ['sʌbsɪkwənt] *adj* 1. (nach)folgend; 2. *(zeitlich)* später, anschließend; ▶ **~ to** im Anschluß an; **sub·se·quent·ly** [—lɪ] *adv* später; anschließend.

sub·ser·vi·ent [səb'sɜ:vɪənt] *adj* 1. unterwürfig *(to* gegenüber); 2. unterworfen.

sub·set ['sʌbset] *math* Teilmenge *f.*

sub·side [səb'saɪd] *itr* 1. *(Flüssigkeit)* sich setzen; 2. *(Flut)* sinken; 3. *(Boden)* sich senken; 4. *(Wind)* abflauen, nachlassen, sich legen; 5. *(Ärger)* abklingen; **sub·sid·ence** [səb'saɪdns] (Boden-) Senkung *f.*

sub·sidi·ary [səb'sɪdɪərɪ] I *adj* 1. *(Rolle)* Neben-; 2. *(Firma)* Tochter-; ▶ **be ~ to s.th.** e-r S untergeordnet sein; II *s (~ company)* Tochtergesellschaft *f.*

sub·si·dize ['sʌbsɪdaɪz] *tr* finanziell unterstützen; subventionieren; **sub·sidy** ['sʌbsədɪ] Zuschuß *m;* Subvention *f.*

sub·sist [səb'sɪst] *itr* leben, sich ernähren *(on* von); **sub·sis·tence** [səb'sɪstəns] 1. Existenz *f;* 2. (Lebens-)

Unterhalt *m*, Auskommen *n*; ▶ **enough for** ~ genug zum Leben; **subsistence allowance** Unterhaltszuschuß *m*; **subsistence level** Existenzminimum *n*; **subsistence wage** Mindestlohn *m*.

sub·sonic [ˌsʌb'sɒnɪk] *adj* unter Schallgeschwindigkeit (fliegend).

sub·stance ['sʌbstəns] 1. Substanz, Materie *f*, Stoff *m*; 2. Substanz *f*, Gehalt *m*; Kern *m*; 3. Gewicht *n*; ▶ **in** ~ im wesentlichen; **the argument lacks** ~ das Argument hat keine Durchschlagskraft; **a man of** ~ ein vermögender Mann.

sub·stan·dard [ˌsʌb'stændəd] *adj* 1. *(Qualität)* minderwertig; unzulänglich; 2. *gram* nicht korrekt.

sub·stan·tial [səb'stænʃl] *adj* 1. kräftig; 2. *(Gebäude)* solide, fest; 3. *(Beweis)* schlüssig; 4. *(Grund)* stichhaltig; 5. *(Einkommen)* beträchtlich, bedeutend, umfangreich; 6. körperlich; ▶ **be in** ~ **agreement** im wesentlichen übereinstimmen; **sub·stan·tially** [səb'stænʃəlɪ] *adv* 1. erheblich, beträchtlich, wesentlich; 2. im wesentlichen.

sub·stan·ti·ate [səb'stænʃɪeɪt] *tr* erhärten, untermauern.

sub·stan·tive ['sʌbstəntɪv] I *s gram* Substantiv, Hauptwort *n*; II *adj* 1. *(Argument)* überzeugend, stichhaltig; 2. *(Fortschritt)* beträchtlich, wesentlich, bedeutend.

sub·sta·tion ['sʌbsteɪʃn] *el* Umspannstation *f*.

sub·sti·tute ['sʌbstɪtjuːt] I *s* 1. Ersatz *m*; Vertretung *f*; 2. *sport* Ersatzspieler(in) *m (f)*; ▶ **find a** ~ **for s.o.** für jdn Ersatz finden; II *tr* ersetzen (*s.th. for s.th.* etw durch etw); ▶ ~ **margarine for butter** Butter durch Margarine ersetzen; III *itr* ▶ ~ **for s.o.** jdn vertreten; ~ **for s.th.** etw ersetzen; IV *adj* stellvertretend; Ersatz-; **sub·sti·tu·tion** [ˌsʌbstɪ'tjuːʃn] 1. Ersatz *m*; 2. *sport* Austausch *m*.

sub·stra·tum [ˌsʌb'strɑːtəm] ⟨*pl* -ta⟩ [—tə] 1. Substrat *n*; 2. *geol* Untergrund *m*.

sub·sume [səb'sjuːm] *tr* ▶ ~ **s.th. under s.th.** etw unter etw zusammenfassen.

sub·ten·ant [ˌsʌb'tenənt] Unterpächter(in), -mieter(in) *m (f)*.

sub·ter·fuge ['sʌbtəfjuːdʒ] Vorwand *m*, Ausflucht *f*; Trick *m*.

sub·ter·ranean [ˌsʌbtə'reɪnɪən] *adj* unterirdisch.

sub·title ['sʌbtaɪtl] I *tr (Film)* mit Untertiteln versehen; II *s* Untertitel *m*; **subtitling** [—ɪŋ] Untertitelung *f*.

subtle ['sʌtl] *adj* 1. *(Parfüm, Charme)* fein, zart; unaufdringlich; 2. *(Bemerkung)* scharfsinnig; raffiniert; 3. *(Beobachter)* aufmerksam; fein; **subtlety**

['sʌtltɪ] 1. Feinheit, Zartheit *f*; Unaufdringlichkeit *f*; 2. Scharfsinn *m*; Raffiniertheit *f*; 3. Aufmerksamkeit *f*.

sub·tract [səb'trækt] *tr, itr* abziehen (*from* von).

sub·tropi·cal [ˌsʌb'trɒpɪkl] *adj* subtropisch.

sub·urb ['sʌbɜːb] Vorort *m*; ▶ **in the** ~**s** am Stadtrand; **sub·ur·ban** [sə'bɜːbən] *adj* 1. vorstädtisch; 2. *pej* kleinbürgerlich, spießig; ▶ ~ **line** Vorortstrecke *f*; **sub·ur·bia** [sə'bɜːbɪə] Vororte *m pl*.

sub·ven·tion [səb'venʃn] Subvention *f*.

sub·ver·sion [səb'vɜːʃn] 1. Umsturz *m*; 2. *(von Rechten)* Unterwanderung *f*; **sub·vers·ive** [səb'vɜːsɪv] I *adj* umstürzlerisch, subversiv; II *s* Umstürzler(in) *m (f)*, Subversive(r) *f m*; **sub·vert** [sʌb'vɜːt] *tr* 1. *(Regierung)* zu stürzen versuchen; 2. *(Glaube)* untergraben.

sub·way ['sʌbweɪ] 1. (Fußgänger)Unterführung *f*; 2. *Am* Untergrundbahn, U-Bahn *f*.

sub-zero [ˌsʌb'zɪərəu] *adj* unter Null, unter dem Gefrierpunkt.

suc·ceed [sək'siːd] I *itr* 1. erfolgreich sein, Erfolg haben; 2. *(Plan)* gelingen; 3. nachfolgen; ▶ ~ **in business** geschäftlich erfolgreich sein; **I** ~**ed in doing it** es gelang mir, es zu tun; ~ **to an office** in e-m Amt nachfolgen; ~ **to an estate** e-n Besitz erben; II *tr* 1. folgen auf; 2. Nachfolger(in) *m (f)* werden (*s.o.* jds); ▶ ~ **s.o. in a post** jds Nachfolger(in) werden; **suc·ceed·ing** [—ɪŋ] *adj* aufeinander-, nachfolgend.

suc·cess [sək'ses] Erfolg *m*; ▶ **meet with** ~ Erfolg haben, erfolgreich sein; **make a** ~ **of s.th.** mit etw Erfolg haben; **be a** ~ **with s.o.** bei jdm ankommen; **without** ~ ohne Erfolg, erfolglos; ~ **story** Erfolgsstory *f*; **suc·cess·ful** [sək'sesfl] *adj* erfolgreich (*in everything* bei allem); ▶ **be entirely** ~ ein voller Erfolg sein.

suc·cession [sək'seʃn] 1. Folge, Serie *f*; Aufeinanderfolge *f*; 2. *jur* Erbfolge *f*; Nachfolge *f*; ▶ **in** ~ nach-, hintereinander; **in quick** ~ in rascher Folge; **in** ~ **to s.o.** in jds Nachfolge; ~ **to the throne** Thronfolge *f*; **suc·cess·ive** [sək'sesɪv] *adj* aufeinanderfolgend; **suc·cessor** [sək'sesə(r)] Nachfolger(in) *m (f) (to* für); *(Produkt, Auto)* Nachfolgemodell *n*.

suc·cinct [sək'sɪŋkt] *adj* kurz (u. bündig), knapp; prägnant.

suc·cour, *Am* **suc·cor** ['sʌkə(r)] Beistand *m*.

suc·cu·lent ['sʌkjʊlənt] *adj* 1. *(Pfirsich)* saftig; 2. *bot* fleischig.

suc·cumb [sə'kʌm] *itr* 1. erliegen (*to* dat); 2. *(Drohungen)* sich beugen.

such [sʌtʃ] I *adj* solche(r, s); ▶ ~ **a book**

so ein Buch; **all ~ people** all solche Leute; **~ a thing** so etwas; **no ~ thing** nichts dergleichen; **in ~ a case** in e-m solchen Fall; **men ~ as these** Männer wie diese; **she's ~ a beauty** sie ist solch e-e Schönheit; **his behaviour was ~ that ...**, **~ was his behaviour that ...** sein Verhalten war so, daß ... II *adv* so, solch; ▶ **it's ~ a long time ago** es ist so lange her; III *prn* ▶ **~ being the case ...** in diesem Fall ... **~ was not my intention** das war nicht meine Absicht; **~ is life! so ist das Leben! as ~** an sich; **~ as it is** so, wie es nun mal ist; **such-and-such** *adj* ▶ **~ a time** die und die Zeit; **such·like** ['sʌtʃlaɪk] *adj* dergleichen.

suck [sʌk] I *tr* 1. saugen an; 2. *(Bonbon, Eis)* lutschen an; ▶ **~ the juice out of, from s.th.** den Saft aus etw heraussaugen; **~ s.o. dry** jdn bis aufs Blut aussaugen; II *itr* 1. saugen; nuckeln; 2. *(Pfeife)* ziehen *(at* an); III *s* Saugen, Lutschen *n*; IV *(mit Präposition)* **suck down** *tr* hinunterziehen; **suck in** *tr* 1. auf-, ansaugen; einziehen; 2. *(Wissen)* aufsaugen; **suck under** *tr* hinunterziehen; verschlingen; **suck up** *tr* aufsaugen; ▶ **~ up to s.o.** *sl* jdm schöntun; **sucker** ['sʌkə(r)] 1. *zoo* Saugnapf *m*; 2. *bot* unterirdischer Ausläufer; 3. *Am* Lutscher *m*; 4. *sl* Idiot(in) *m (f)*; ▶ **be a ~ for s.th.** auf etw hereinfallen; **suck·ing-pig** ['sʌkɪŋpɪg] Spanferkel *n*.

suckle ['sʌkl] *tr* stillen; säugen.

su·crose ['su:krəʊs] Saccharose *f*, pflanzlicher Zucker.

suc·tion ['sʌkʃn] Saugwirkung *f*; Sog *m*; Sogwirkung *f*; **suction pump** Saugpumpe *f*.

Sudan [su:'dæn] der Sudan; **Sudan·ese** [ˌsu:də'ni:z] I *adj* sudan(es)isch; II *s* Sudanese *m*, Sudanesin *f*; Sudaner(in) *m (f)*.

sud·den ['sʌdn] I *adj* 1. plötzlich, jäh; 2. *fig* unerwartet, unvorhergesehen; II *s* ▶ **all of a ~** (ganz) plötzlich; **sud·den·ly** [—lɪ] *adv* plötzlich.

Su·de·ten·land [su:'deɪtənˌlænd] *hist* Sudetenland *n*.

suds [sʌdz] *pl* Seifenwasser *n*, -lauge *f*, -schaum *m*.

sue [sju:] I *tr* 1. *jur* verklagen, belangen; 2. *lit* bitten *(for* um); ▶ **~ s.o. for s.th.** jdn wegen etw verklagen; **~ s.o. for damages** jdn auf Schadensersatz verklagen; II *itr* 1. *jur* klagen, e-n Prozeß anstrengen; 2. bitten *(to s.o. for* jdn um); ▶ **~ for divorce** die Scheidung einreichen; **~ for peace** um Frieden bitten.

suede [sweɪd] I *adj* aus Wildleder, Wildleder-; II *s* Wildleder *n*.

suet ['su:ɪt] Nierentalg *n*, -fett *n*.

suf·fer ['sʌfə(r)] I *tr* 1. erleiden; 2. *(Hunger)* leiden; 3. *(Krankheit)* leiden unter;

4. dulden, ertragen; 5. zulassen; ▶ **~ defeat** e-e Niederlage erleiden; **~ s.th. to be done** zulassen, daß etw geschieht; II *itr* 1. leiden *(from* an). 2. büßen *(for* für); ▶ **she's still ~ing from the effects** sie leidet immer noch an den Folgen; **~ for one's sins** für seine Sünden büßen; **he doesn't ~ fools gladly** er hat keine Geduld mit dummen Leuten; **suf·fer·ance** ['sʌfərəns] Duldung *f*; ▶ **on ~** (nur) geduldet; **suf·ferer** ['sʌfərə(r)] Leidende(r) *f m (from* an); **suf·fer·ing** ['sʌfərɪŋ] Leiden *n*.

suf·fice [sə'faɪs] I *itr* genügen, ausreichen; II *tr* genügen; zufriedenstellen; ▶ **~ it to say ...** es reicht wohl, wenn ich sage ...; **suf·fi·ciency** [sə'fɪʃnsɪ] Hinlänglichkeit *f*; ▶ **have a ~** genügend haben; **suf·fi·cient** [sə'fɪʃnt] *adj* genügend, aus-, hinreichend, genug; ▶ **be ~** genügen, ausreichen, genug sein.

suf·fix ['sʌfɪks] *gram* Nachsilbe *f*, Suffix *n*.

suf·fo·cate ['sʌfəkeɪt] *tr*, *itr* ersticken *a. fig*; **suf·fo·cat·ing** [—ɪŋ] *adj* erstickend; erdrückend.

suf·frage ['sʌfrɪdʒ] Wahlrecht *n*; Stimme *f*; ▶ **universal ~** das allgemeine Wahlrecht; **female ~** Frauenwahlrecht *n*; **suf·fra·gette** [ˌsʌfrə'dʒet] *hist* Frauenrechtlerin, Suffragette *f*.

sugar ['ʃʊgə(r)] I *s* 1. Zucker *m*; 2. *fam* Liebling *m*, Schätzchen *n*; II *tr* 1. zuckern, süßen; 2. *fig* versüßen, mildern; ▶ **~ the pill** die Pille versüßen; **sugar-basin** Zuckerdose *f*; **sugar-beet** Zuckerrübe *f*; **sugar-cane** Zuckerrohr *n*; **sugar-coated** [ˌʃʊgə'kəʊtɪd] *adj* mit Zucker überzogen; **sugar-daddy** *sl* älterer, großzügiger Liebhaber; **sugar-loaf** ⟨*pl* -loaves⟩ Zuckerhut *m*; **sugar-lump** Stück *n* Würfelzucker; **sugar-tongs** *pl* Zuckerzange *f*; **sugary** ['ʃʊgərɪ] *adj* 1. süß; 2. *fig* zuckersüß, süßlich.

sug·gest [sə'dʒest] I *tr* 1. vorschlagen; anregen; 2. *(Theorie)* vorbringen, nahelegen; 3. andeuten; unterstellen; 4. *(Gedicht)* denken lassen an; andeuten; ▶ **I ~ going** ich schlage vor zu gehen; **I ~ (to you) that ...** ich möchte (Ihnen) nahelegen, daß ... **what are you trying to ~?** worauf wollen Sie hinaus? **~ s.th. to s.o.** jdm etw suggerieren; II *refl (Plan)* sich aufdrängen, sich anbieten, nahelegen; **sug·gest·ible** [—əbl] *adj* beeinflußbar; **sug·ges·tion** [sə'dʒestʃən] 1. Vorschlag *m*; Anregung *f*; 2. Vermutung *f*; 3. Andeutung, Anspielung *f*; Unterstellung *f*; 4. Spur *f*; 5. Eindruck *m*, Vorstellung *f*; 6. *psych* Suggestion *f*; ▶ **following ~** auf seinen Vorschlag hin; **make the ~ that ...** die Vermutung äußern, daß ... **with**

a ~ **of irony** mit e-r Spur von Ironie; **sug·ges·tive** [sə'dʒestɪv] *adj* 1. anregend, zu denken gebend; 2. zweideutig, pikant; 3. *psych* suggestiv; ► **be ~ of s.th.** den Eindruck von etw erwecken; auf etw hindeuten.

sui·cidal [ˌsjuːɪ'saɪdl] *adj* selbstmörderisch; selbstmordgefährdet; ► **have ~ tendencies** zum Selbstmord neigen; **sui·cide** ['sjuːɪsaɪd] 1. Selbstmord, Suizid *m;* 2. Selbstmörder(in) *m (f);* ► **commit ~** Selbstmord begehen.

suit [suːt] I *s* 1. Anzug *m;* Kostüm *n;* 2. *jur* Prozeß *m,* Verfahren *n;* 3. *(Kartenspiel)* Farbe *f;* 4. *lit* Werbung *f;* 5. Anliegen *n;* ► **~ of clothes** Garnitur *f;* **~ of armour** Rüstung *f;* **bring a ~ against s.o. for s.th.** gegen jdn wegen etw Klage erheben; **follow ~** Farbe bedienen; *fig* jds Beispiel folgen; **press one's ~** seinem Anliegen Nachdruck verleihen; II *tr* 1. passen; bekommen; gefallen (*s.o.* jdm); 2. geeignet sein für; 3. *(Kleider)* gut stehen (*s.o.* jdm); 4. anpassen; 5. gefallen (*s.o.* jdm), zufriedenstellen; ► **that ~s me fine!** das ist mir recht; **they are well ~ed (to each other)** sie passen gut zusammen; **~ one's style to the audience** sich nach dem Publikum richten; **you can't ~ everybody** man kann es nicht jedem recht machen; III *refl* ► **he ~s himself** er tut, was er will; **~ yourself!** wie du willst! IV *itr* passen.

suit·able ['suːtəbl] *adj* passend, geeignet, angemessen; **be ~ for s.o.** jdm passen; für jdn geeignet sein; **be ~ for s.th.** für etw geeignet sein; **she's not ~ for him** sie paßt nicht zu ihm.

suit·case ['suːtkeɪs] Koffer *m.*

suite [swiːt] 1. Gefolge *n;* 2. *(Möbel)* Garnitur *f;* 3. *(Zimmer)* Suite, Zimmerflucht *f;* 4. *mus* Suite *f.*

suitor ['suːtə(r)] 1. *jur* Kläger(in) *m (f);* 2. *obs* Freier *m.*

sul·fate *Am s.* sulphate; **sul·fide** *Am s.* sulphide; **sul·fur** *Am s.* sulphur; **sul·fur·ic** *Am s.* sulphuric; **sul·fur·ous** *Am s.* sulphurous.

sulk [sʌlk] I *itr* schmollen, eingeschnappt sein; II *s* Schmollen *n;* ► **have a ~** schmollen; **sulky** ['sʌlkɪ] *adj* eingeschnappt, beleidigt.

sul·len ['sʌlən] *adj* 1. verdrießlich, mürrisch; 2. *(Himmel)* düster, finster.

sully ['sʌlɪ] *tr (Ruf)* beflecken.

sul·phate, *Am* **sul·fate** ['sʌlfeɪt] *chem* Sulfat *n;* **sul·phide,** *Am* **sul·fide** ['sʌlfaɪd] *chem* Sulfid *n;* **sul·phona·mide,** *Am* **sul·fona·mide** [sʌl'fɒnəmaɪd] *med* Sulfonamid *n;* **sulphur,** *Am* **sul·fur** ['sʌlfə(r)] *chem* Schwefel *m;* **sulphur dioxide** ['sʌlfə(r)daɪ'ɒksaɪd] *chem* Schwefeldioxid *n;* **sul·phu·ric,** *Am* **sul·fur·ic** [sʌl'fjʊərɪk] *adj* Schwefel-; ► **~ acid**

Schwefelsäure *f;* **sul·phur·ous,** *Am* **sul·fur·ous** ['sʌlfərəs] *adj* schwefel(halt)ig.

sul·tan ['sʌltən] Sultan *m;* **sul·tana** [sʌl'taːnə] 1. *(Person)* Sultanin *f;* 2. *(Rosinenart)* Sultanine *f.*

sul·try ['sʌltrɪ] *adj* 1. schwül; 2. *fig* feurig, leidenschaftlich.

sum [sʌm] I *s* 1. (Geld)Summe *f,* Betrag *m;* 2. Ergebnis, Resultat *n;* 3. *math* Rechenaufgabe *f;* ► **the ~ total of my ambitions** das Ziel meiner Wünsche; **do ~s (in one's head)** (im Kopf) rechnen; **in ~** mit e-m Wort; II *tr* ► **~ up** zusammenfassen; einschätzen; **she ~med me up at a glance** sie taxierte mich mit e-m Blick; III *itr* ► **~ up** zusammenfassen; **to ~ up we can say ...** zusammenfassend können wir feststellen ...

sum·mar·ize ['sʌməraɪz] *tr* zusammenfassen; **sum·mary** ['sʌmərɪ] I *adj* 1. knapp, kurzgefaßt; 2. *jur* summarisch; II *s* Zusammenfassung *f;* Abriß *m;* ► **~ of contents** Inhaltsangabe *f.*

sum·ma·tion [sʌ'meɪʃn] 1. *math* Addition *f;* 2. Zusammenfassung *f;* 3. *jur Am* Schlußplädoyer *n.*

sum·mer ['sʌmə(r)] I *s* Sommer *m;* ► **in (the) ~** im Sommer; **two ~s ago** im Sommer vor zwei Jahren; **a ~'s day** ein Sommertag; II *adj* Sommer-; III *itr* den Sommer verbringen; **summer holidays** *pl* Sommerferien *pl;* **summerhouse** Gartenhaus *n;* **sum·mer·time** ['sʌmətaɪm] Sommerszeit *f;* **sum·mery** ['sʌmərɪ] *adj* sommerlich.

sum·ming-up [ˌsʌmɪŋ'ʌp] Resümee *n.*

sum·mit ['sʌmɪt] 1. Gipfel *m;* 2. *fig* Höhepunkt *m;* 3. *pol (~ conference)* Gipfelkonferenz *f.*

sum·mon ['sʌmən] *tr* 1. *jur* vor Gericht laden, vorladen; 2. *(Tagung)* einberufen, anberaumen; 3. herbeirufen, kommen lassen; ► **~ s.o. to do s.th.** jdn auffordern, etw zu tun; **~ up one's strength** seine Kraft aufbieten; **~ up one's courage** seinen Mut zusammennehmen; **~ up arguments** Argumente einholen.

sum·mons ['sʌmənz] ⟨*pl* -monses⟩ I *s* 1. *jur* Vorladung *f;* 2. Aufruf *m,* Aufforderung *f;* ► **take out a ~ against s.o.** jdn vorladen lassen; II *tr jur* vorladen.

sump [sʌmp] 1. *min* Sumpf *m;* 2. *mot* Ölwanne *f.*

sump·tu·ous ['sʌmptʃuəs] *adj* 1. kostspielig, aufwendig; 2. *(Essen)* üppig, verschwenderisch.

sun [sʌn] I *s* Sonne *f;* ► **be up with the ~** in aller Frühe aufstehen; **there is no reason under the ~ why ...** es gibt keinen Grund auf Erden, warum ... **a place in the ~** *fig* ein Platz an der Sonne; II *tr* der Sonne aussetzen; III *refl* sich sonnen; **sun·baked**

['sʌnbeɪkt] *adj* ausgedörrt; **sun·bath** ['sʌnbɑ:θ] Sonnenbad *n;* **sun·bathe** ['sʌnbeɪð] *itr* sonnenbaden; **sun·beam** ['sʌnbɪ:m] Sonnenstrahl *m a. fig;* **sun·blind** ['sʌnblaɪnd] Jalousie *f;* Markise *f;* **sun·burn** ['sʌnbɜ:n] Sonnenbrand *m;* **sun·burnt** ['sʌnbɜ:nt] *adj* sonnenverbrannt; sonnengebräunt.

sun·dae ['sʌndeɪ] Eisbecher *m* mit Früchten.

Sun·day ['sʌndɪ] Sonntag *m;* ▶ **on** ~ am Sonntag, **on** ~s sonntags; **on** ~ afternoon am Sonntag nachmittag; **a month of** ~s e-e Ewigkeit; **Sunday best, clothes** *pl fam* Sonntagsstaat *m;* **Sunday-school** Sonntagsschule *f,* Kindergottesdienst *m.*

sun deck ['sʌndek] *mar* Sonnendeck *n;* **sun·dew** ['sʌndju:] *bot* Sonnentau *m;* **sun·dial** ['sʌndaɪəl] Sonnenuhr *f;* **sun·down** ['sʌndaʊn] *Am* Sonnenuntergang *m;* **sun·downer** ['sʌndaʊnə(r)] *fam* Dämmerschoppen *m.*

sun·dry ['sʌndrɪ] **I** *adj* verschiedene; **II** *prn* ▶ **all and** ~ jedermann; **III** *s pl* Verschiedenes.

sun·fast ['sʌnfæst] *adj Am* lichtecht; **sun·flower** ['sʌnˌflaʊə(r)] Sonnenblume *f.*

sung [sʌŋ] *v s. sing.*

sun·glasses ['sʌnˌglɑ:sɪz] *pl* Sonnenbrille *f;* **sun-hat** Sonnenhut *m;* **sun-helmet** Tropenhelm *m.*

sunk [sʌŋk] *v s. sink*[2]; **sunk·en** ['sʌŋkən] *adj* 1. *(Schiff)* versunken, untergegangen; 2. *(Garten)* tiefliegend; 3. *(Wangen)* eingefallen; 4. *(Augen)* tiefliegend.

sun-lamp ['sʌnlæmp] Höhensonne *f;* **sun·less** ['sʌnlɪs] *adj* ohne Sonne; **sun·light** ['sʌnlaɪt] Sonnenlicht *n;* ▶ **in the** ~ in der Sonne; **sun·lit** ['sʌnlɪt] *adj* von der Sonne beschienen.

sunny ['sʌnɪ] *adj* 1. sonnig; 2. *fig* heiter, freundlich; ▶ ~-**side up** nur auf e-r Seite gebraten; **on the** ~ **side of 50** noch keine, noch unter 50.

sun par·lor ['sʌnˌpɑ:lə(r)] *Am* Wintergarten *m;* **sun protection factor** Lichtschutzfaktor *m;* **sun-ray** Sonnenstrahl *m;* **sun-ray lamp** Höhensonne *f;* **sun-ray treatment** Ultraviolett-/Infrarotbestrahlung *f;* **sun·rise** ['sʌnraɪz] Sonnenaufgang *m;* ▶ **at** ~ bei Sonnenaufgang; **sun-roof** 1. Sonnenterrasse *f;* 2. *mot* Schiebedach *n;* **sun·set** ['sʌnset] Sonnenuntergang *m;* ▶ **at** ~ bei Sonnenuntergang; **sun·shade** ['sʌnʃeɪd] 1. Sonnenschirm *m;* 2. Sonnendach *n,* Markise *f;* **sun·shine** ['sʌnʃaɪn] Sonnenschein *m a. fig;* ▶ **hours of** ~ Sonnenstunden *f pl;* **sunshine roof** *mot* Schiebedach *n;* **sunspot** ['sʌnspɒt] *astr* Sonnenfleck *m;* **sun·stroke** ['sʌnstrəʊk] Sonnenstich

m; **sun·tan** ['sʌntæn] Sonnenbräune *f;* **suntan lotion, oil** Sonnenmilch *f,* -öl *n;* **sun·tanned** ['sʌntænd] *adj* braungebrannt; **sun-trap** sehr sonniges Plätzchen; **sun-worshipper** Sonnenanbeter(in) *m (f).*

super ['su:pə(r)] **I** *s* 1. *theat fam* Statist(in) *m (f);* 2. *fam* Aufseher(in) *m (f);* **II** *adj fam* super, erstklassig, prima.

super·abun·dant [ˌsu:pərə'bʌndənt] *adj* (über)reichlich.

super·an·nu·ate [ˌsu:pər'ænjʊeɪt] *tr* in den Ruhestand versetzen; **super·an·nu·ated** [ˌsu:pər'ænjʊeɪtɪd] *adj* 1. pensioniert; 2. *fig* veraltet, altmodisch; **super·an·nu·ation** ['su:pərˌænjʊ'eɪʃn] 1. Pensionierung *f;* 2. Pension, Ruhestand; 3. Altersruhegeld, Rente *f.*

su·perb [su:'pɜ:b] *adj* 1. großartig, prächtig; 2. *(Qualität)* ausgezeichnet, hervorragend.

super·cili·ous ['su:pə'sɪlɪəs] *adj* hochnäsig, herablassend.

super·ego ['su:pəregəʊ] *psych* Über-Ich *n.*

super·fi·cial [ˌsu:pə'fɪʃl] *adj* 1. oberflächlich; 2. *(Ähnlichkeit)* äußerlich, scheinbar; **super·fi·cial·ity** [ˌsu:pəˌfɪʃɪ'ælətɪ] Oberflächlichkeit *f.*

super·flu·ous [su:'pɜ:flʊəs] *adj* überflüssig.

super·glue ['su:pəglu:] Sekundenkleber *m.*

super·high·way [ˌsu:pə'haɪweɪ] *Am* Autobahn *f.*

super·hu·man [ˌsu:pə'hju:mən] *adj* übermenschlich.

super·im·pose [ˌsu:pərɪm'pəʊz] *tr* ▶ ~ **s.th. on s.th.** etw auf etw legen; etw mit etw überlagern.

super·in·tend [ˌsu:pərɪn'tend] *tr* beaufsichtigen, überwachen; **super·in·tendence** [—əns] Oberaufsicht *f;* **super·in·tend·ent** [—ənt] 1. Aufsicht *f;* 2. Bademeister(in) *m (f);* 3. Parkwächter(in) *m (f);* 4. Leiter(in) *m (f); (Polizei)* Kommissar(in) *m (f).*

su·perior [su:'pɪərɪə(r)] **I** *adj* 1. besser *(to* als); 2. *(Fähigkeit)* überlegen *(to s.o.* jdm); 3. großartig, hervorragend; 4. *(Verstand)* überragend; 5. *(im Rang)* höher; 6. *(Kraft)* überlegen; stärker; 7. *(Art)* überheblich; 8. *typ* hochgestellt; ▶ **goods of** ~ **quality** Waren *f pl* bester Qualität; ~ **officer** Vorgesetzte(r) *f m;* **be** ~ **to s.o.** jdm übergeordnet sein; ~ **in number(s)** zahlenmäßig überlegen; ~ **number** Hochzahl *f;* **II** *s* 1. Vorgesetzte(r) *f m;* 2. *(Überlegene(r))* *m f;* 3. *typ* Hochzahl *f;* ▶ **be s.o.'s** ~ jdm überlegen sein; **Father** ~ *rel* Vater Superior; **Mother** ~ Oberin *f;* **su·perior·ity** [su:ˌpɪərɪ'ɒrətɪ] 1. bessere Qualität; Überlegenheit *f;* 2. überragende Eigenschaft; 3. *(Rang)* höhere Stellung; 4.

(zahlenmäßig) Überlegenheit *f;* 5. Überheblichkeit *f.*

su·per·la·tive [su:'pɜ:lətɪv] I *s gram* Superlativ *m;* II *adj* überragend, unübertrefflich.

super·man ['su:pəmæn] ⟨*pl* -men⟩ Übermensch *m.*

super·mar·ket ['su:pəmɑ:kɪt] Supermarkt *m;* **supermarket trolley** Einkaufswagen *m.*

super·natu·ral [ˌsu:pə'nætʃrəl] *adj* übernatürlich.

super·nu·mer·ary [ˌsu:pə'nju:mərərɪ] I *adj* 1. zusätzlich; 2. überzählig; II *s* 1. *theat* Statist(in) *m (f);* 2. Zusatzperson *f.*

super-power [ˌsu:pə'pauə(r)] *pol* Welt-, Groß-, Supermacht *f.*

super·sede [ˌsu:pə'si:d] *tr* 1. ablösen; 2. *(Glauben)* an die Stelle treten von.

super·sonic [ˌsu:pə'sɒnɪk] *adj* Überschall-; ▶ ~ **travel** Reisen *n* mit Überschallgeschwindigkeit.

super·sti·tion [ˌsu:pə'stɪʃn] Aberglaube *m;* **super·sti·tious** [ˌsu:pə'stɪʃəs] *adj* abergläubisch.

super·struc·ture ['su:pəstrʌktʃə(r)] Überbau *m.*

super·vene [ˌsu:pə'vi:n] *itr* hinzukommen, dazwischentreten.

super·vise ['su:pəvaɪz] I *tr* beaufsichtigen; überwachen; II *itr* Aufsicht führen; **super·vi·sion** [ˌsu:pə'vɪʒn] 1. Aufsicht *f;* Beaufsichtigung *f;* 2. Überwachung *f;* ▶ **under the** ~ **of** unter der Aufsicht von; **super·vi·sor** [ˌsu:pə'vaɪzə(r)] 1. Aufseher(in) *m (f),* Aufsicht(sperson) *f;* 2. Leiter(in) *m (f);* **super·vis·ory** [ˌsu:pə'vaɪzərɪ] *adj* beaufsichtigend, überwachend; ▶ **in a** ~ **post** in e-r Aufsichtsposition; ~ **board** Aufsichtsrat *m.*

su·pine ['su:paɪn] *adj* 1. auf dem Rücken liegend; 2. *fig* passiv, lethargisch; ▶ **in a** ~ **position** auf dem Rücken liegend, in Rückenlage.

sup·per ['sʌpə(r)] Abendessen *n;* ▶ **have** ~ zu Abend essen; **the Lord's S~** das Abendmahl; ~**-time** Zeit *f* des Abendessens.

sup·plant [sə'plɑ:nt] *tr* ablösen, ersetzen; ausstechen; verdrängen.

supple ['sʌpl] *adj* 1. biegsam, geschmeidig, elastisch *a. fig;* 2. *(Geist)* beweglich, flexibel.

supple·ment ['sʌplɪmənt] I *s* 1. Ergänzung *f,* Zusatz *m* (*to* zu); 2. *(Buch)* Nachtrag, Anhang *m;* 3. Ergänzungsband *m;* 4. *(Zeitung)* Beilage *f;* II *tr* ['sʌplɪment] ergänzen; ▶ ~ **one's income** sein Einkommen aufbessern; **supple·men·tary** [ˌsʌplɪ'mentərɪ] *adj* ergänzend, zusätzlich; Zusatz-; Nachtrags-; ▶ ~ **angle** Ergänzungswinkel *m;* ~ **benefit** Sozialhilfe *f;* Arbeitslosenhilfe *f.*

supple·ness ['sʌplnɪs] Geschmeidigkeit, Elastizität *f a. fig;* Flexibilität *f.*

sup·pli·ant, sup·pli·cant ['sʌplɪənt, 'sʌplɪkənt] I *s* Bittsteller(in) *m (f);* II *adj* flehend; **sup·pli·ca·tion** [ˌsʌplɪ'keɪʃn] Flehen *n.*

sup·plier [sə'plaɪə(r)] *com* Lieferant(in) *m (f);* Anbieter(in) *m (f);* **supply** [sə'plaɪ] I *tr* 1. sorgen für; liefern; stellen; 2. *com* beliefern; 3. *(Stadt)* versorgen (*with* mit); 4. *(Bedarf)* befriedigen, decken; 5. *(Mangel)* ausgleichen, kompensieren; II *s* 1. Versorgung *f;* 2. *com* Lieferung *f;* Angebot *n;* 3. Vorrat *m;* Proviant *m;* 4. (~ *teacher)* Aushilfslehrer(in) *m (f);* 5. *parl* Etat *m;* ▶ **electricity** ~ Stromversorgung *f;* ~ **and demand** Angebot und Nachfrage; **cut off the** ~ das Gas, Wasser abstellen; **lay in supplies** e-n Vorrat anlegen; **be in short** ~ knapp sein; **medical supplies** *pl* Arzneimittel *pl;* **be on** ~ aushilfsweise unterrichten; **supply base** Vorratslager *n;* **supply depot** Versorgungslager *n;* **supply industry** Zulieferungsindustrie *f;* **supply lines** *pl* Versorgungslinien *f pl;* **supply teacher** Aushilfslehrer(in) *m (f).*

sup·port [sə'pɔ:t] I *tr* 1. *arch* (ab)stützen; tragen; 2. *fig* unterstützen; fördern, begünstigen; billigen; 3. *(Grund)* eintreten für; 4. *(Theorie)* erhärten, untermauern; 5. *(Benehmen)* dulden, ertragen; ▶ **without his family to** ~ **him** ohne die Unterstützung seiner Familie; II *refl* sich stützen (*on* auf); sich unterstützen; III *s* 1. Stütze *f;* 2. *fig* Unterstützung *f;* ▶ **give** ~ **to s.o.** jdn stützen; **lean on s.o. for** ~ sich auf jdn stützen; **in** ~ **of** zur Unterstützung; **depend on s.o. for financial** ~ von jdm finanziell abhängig sein; **sup·port·able** [—əbl] *adj* erträglich; **sup·porter** [sə'pɔ:tə(r)] 1. Anhänger(in) *m (f);* 2. Befürworter(in) *m (f);* 3. *sport* Fan *m;* ▶ ~ **of disarmament** Rüstungsgegner(in) *m (f);* **sup·port·ing** [—ɪŋ] *adj* tragend; ▶ ~ **programme** *film* Beiprogramm *n;* ~ **role** *theat* Nebenrolle *f.*

sup·pose [sə'pəuz] *tr* 1. annehmen; sich vorstellen; 2. annehmen, denken, meinen; 3. *(in Passivkonstruktion)* sollen; 4. voraussetzen; ▶ **let's** ~ **that ...** angenommen, daß ..., nehmen wir einmal an, daß ... I ~ **he'll do it** er wird es wohl *od* vermutlich tun; **I don't** ~ **he'll do it** ich glaube kaum, daß er es tut; **I** ~ **so** ich glaube schon; **I don't** ~ **so** ich glaube kaum; **I** ~ **not** wohl kaum; **she is** ~**d to be intelligent** sie soll intelligent sein; **be** ~**d to do s.th.** etw tun sollen; **you are not** ~**d to know that** das solltest du eigentlich nicht wissen; ~ **we go now?** wie wär's, wenn wir jetzt gingen? **sup·posed** [sə'pəuzd] *adj* vermutet; mutmaßlich; ▶ **let it be ~ that** gesetzt den Fall, daß; nehmen wir den Fall an, daß; **sup·pos·ed·ly** [—ɪdlɪ] *adv* angeblich; **sup·pos·ing** [—ɪŋ] *conj* angenommen (*that* daß); **sup·po·si·tion** [ˌsʌpə'zɪʃn] Vermutung, Annahme *f;* ▶ **on the ~ that** unter der Annahme, daß.

sup·posi·tory [sə'pɒzɪtrɪ] *med* Zäpfchen *n.*

sup·press [sə'pres] *tr* 1. unterdrücken; 2. *el* entstören; **sup·pression** [sə'preʃn] 1. Unterdrückung *f;* 2. *el* Entstörung *f.*

sup·pu·rate ['sʌpjʊreɪt] *itr* eitern.

su·prem·acy [sʊ'preməsɪ] Vormachtstellung *f;* ▶ **air, naval ~** Luft-, Seeherrschaft *f;* **su·preme** [su:'pri:m] *adj* 1. höchste(r, s), oberste(r, s); 2. größte(r, s), äußerste(r, s); ▶ **the ~ authority** die Regierungsgewalt; **~ commander** Oberbefehlshaber *m.*

sur·charge ['sɜːtʃɑːdʒ] **I** *tr* mit Zuschlag, mit e-r Strafgebühr belegen; **II** *s* Zuschlag *m;* Strafgebühr *f;* Nachporto *n.*

sure [ʃʊə(r)] **I** *adj* sicher; (*Beweis, Tatsache*) sicher, eindeutig; (*Methode, Mittel, Freund*) zuverlässig; ▶ **be ~ of s.th.** etw sicher wissen; **be ~ of winning** sicher gewinnen; **be ~ of o.s.** sich seiner Sache sicher sein; selbstsicher sein; **make ~** nachsehen, kontrollieren, sich vergewissern; **make ~ you ...** achten Sie darauf, daß Sie ... **make ~ of one's facts** sich der Fakten versichern; **for ~** sicher, gewiß; **to be ~** tatsächlich; **~ thing** *Am fam* klar, sicher; **he is ~ to come** er kommt sicher; **be ~ not to forget your book** vergessen Sie ja ihr Buch nicht; **are you ~ you won't come?** wollen Sie wirklich nicht kommen? **I'm ~ I don't know** ich weiß es sicher nicht; **I'm not ~ why, how** ich weiß nicht genau, warum, wie; **II** *adv* sicher, klar, gewiß; ▶ **~ enough** tatsächlich; bestimmt; **as ~ as can be** todsicher; **sure-footed** [ˌʃʊə'fʊtɪd] *adj* ▶ **be ~** e-n sicheren, festen Tritt haben; **sure·ly** ['ʃʊəlɪ] *adv* sicher(lich), gewiß; ▶ **he ought to know that** das müßte er doch wissen; **surety** ['ʃʊərətɪ] *jur* 1. Garantie, Bürgschaft *f;* 2. Bürge *m,* Bürgin *f,* Garant *m;* ▶ **go, stand ~** Bürgschaft leisten (*for* für).

surf [sɜːf] **I** *s* Brandung *f;* **II** *itr* surfen, wellenreiten; ▶ **go ~ing** surfen, zum Wellenreiten gehen.

sur·face ['sɜːfɪs] **I** *s* 1. Oberfläche *f* a. *fig;* 2. (Straßen)Belag *m;* 3. *math* Fläche *f;* Flächeninhalt *m;* 4. *aero* Tragfläche *f;* ▶ **on the ~** oberflächlich betrachtet; nach außen hin; **at, on, up to the ~** *min* über Tage; **II** *adj* 1. oberflächlich; 2. *min* über Tage; 3. (*Transport*) auf dem See-/Landweg; **III** *tr* 1. (*Straße*) mit e-m Belag versehen; 2. (*U-Boot*) auftauchen

lassen; **IV** *itr* auftauchen *a. fig;* **surface area** *math* Flächeninhalt *m;* **surface mail** auf dem See-/Landweg beförderte Post; **surface-noise** (*Schallplatte*) Reibungsgeräusch *n;* **sur·face-to-air** [ˌsɜːfɪstʊ'eə(r)] *adj:* ▶ **~ missile** Boden-Luft-Rakete *f.*

surf·board ['sɜːfbɔːd] Brett zum Wellenreiten, Surfbrett *n;* **surf·boarder** [—ə(r)] *s. surfer.*

sur·feit ['sɜːfɪt] **I** *s* Übermaß *n* (*of* an); **II** *tr* übersättigen, überfüttern.

surfer ['sɜːfə(r)] Wellenreiter(in), Surfer(in) *m* (*f*); **surf·ing, surf-rid·ing** ['sɜːfɪŋ, 'sɜːfˌraɪdɪŋ] Wellenreiten, Surfen *n.*

surge [sɜːdʒ] **I** *s* 1. Welle, Woge *f* a. *fig;* 2. *fig* Flut *f;* (*Gefühle*) Aufwallung *f;* ▶ **~ in demand** Nachfrageschub *m;* **~ of adrenalin** Adrenalinstoß *m;* **II** *itr* 1. wogen, branden; 2. (*Menschen*) drängen, strömen; 3. (*Gefühl*) (**~ up**) (auf)wallen; 4. *el,* (*Fluß*) anschwellen; ▶ **blood ~d to his face** das Blut schoß ihm ins Gesicht.

sur·geon ['sɜːdʒən] 1. Chirurg(in) *m* (*f*); 2. *mil* Stabsarzt *m,* -ärztin *f;* Marinearzt *m,* -ärztin *f;* ▶ **dental ~** Zahnarzt *m,* -ärztin *f;* **sur·gery** ['sɜːdʒərɪ] 1. Chirurgie *f;* 2. Sprechzimmer *n;* Sprechstunde *f;* ▶ **have ~** operiert werden; **surgery hours** *pl* Sprechstunde (*n pl*) *f;* **sur·gi·cal** ['sɜːdʒɪkl] *adj* operativ; chirurgisch; ▶ **~ boot** orthopädischer Schuh; **~ ward** chirurgische Station, Chirurgie *f.*

sur·ly ['sɜːlɪ] *adj* schlecht-, übelgelaunt, mürrisch.

sur·mise ['sɜːmaɪz] **I** *s* Vermutung *f;* **II** *tr* [sə'maɪz] vermuten, annehmen.

sur·mount [sə'maʊnt] *tr* überwinden; ▶ **be ~ed by s.th.** von etw gekrönt sein.

sur·name ['sɜːneɪm] Familien-, Nachname *m.*

sur·pass [sə'pɑːs] *tr* 1. übertreffen, -ragen (*in s.th.* in etw); 2. hinausgehen über.

sur·plus ['sɜːpləs] **I** *s* 1. Überschuß *m* (*of* an); 2. Mehrbetrag *m;* Rest(betrag) *m;* 3. (**~** *profit*) Mehrertrag *m,* -einnahme *f,* Gewinnüberschuß *m;* 4. nicht ausgeschütteter Gewinn; 5. (*Versicherung*) Exzedent *m;* **II** *adj* überschüssig, -zählig; ▶ **Army ~ goods** *pl* Stegwaren *f pl;* **~ demand** Nachfrageüberhang *m;* **~ goods** *pl* Überschußgüter *n pl;* **~ load** Mehrbelastung *f;* **~ production** Über(schuß)produktion *f;* **~ purchasing power** Kaufkraftüberhang *m;* **~ revenue** Mehreinkommen *n;* **~ stock** Mehrbestand *m;* **sale of ~ stock** Verkauf *m* von Lagerbeständen; **~ supply** Überangebot *n;* **~ value** Mehrwert *m;* **~ weight** Über-, Mehrgewicht *n.*

sur·prise [sə'praɪz] **I** *tr* 1. überraschen; 2. (plötzlich) überfallen, überrumpeln; 3. in Erstaunen versetzen, verwundern, be-

fremden; ▶ **be** ~**d** überrascht sein; **be**
~**d at s.th.** sich über etw wundern, über
etw staunen; ~ **s.o. into doing s.th.** jdn
so verblüffen, daß er etw tut; ~ **in the**
act auf frischer Tat ertappen; **I should**
not be ~**d** es würde mich nicht überra-
schen; **I'm** ~**d to see you here** ich bin
erstaunt, Sie hier zu sehen; **nothing** ~**s**
me any more ich wundere mich über
nichts mehr; **I'm** ~**d at you!** Sie überra-
schen mich! **II** *s* **1.** Überraschung *f;* **2.**
plötzlicher Angriff, Überfall; **3.** Erstau-
nen *n,* Verwunderung *f (at* über);
▶ **(much) to my** ~ zu meiner (großen)
Überraschung; **catch, take by** ~ überra-
schen; plötzlich überfallen; **give s.o. a** ~
jdm e-e Überraschung bereiten; **you'll**
get the ~ **of your life** Sie werden Ihr
blaues Wunder erleben; ~ **attack** Über-
rumpelungs-, Überraschungsangriff *m;*
sur·pris·ing [−ıŋ] *adj* erstaunlich,
überraschend; **sur·pris·ing·ly** [−ıŋlı]
adv überraschenderweise.
sur·real·ism [sə'rıəlızəm] Surrealismus
m; **sur·real·ist** [sə'rıəlıst] **I** *adj* sur-
realistisch; **II** *s* Surrealist(in) *m (f);* **sur-**
real·is·tic [sərıə'lıstık] *adj* surreali-
stisch.
sur·ren·der [sə'rendə(r)] **I** *tr* **1.** überge-
ben; *(Waffen)* ausliefern, aushändigen;
2. *(Hoffnung, Anspruch, Recht)* aufge-
ben; **3.** *(Versicherungspolice)* einlösen;
4. *(Mietvertrag)* kündigen; **II** *itr* **1.** sich
ergeben; **2.** *jur* sich stellen; **3.** *mil* kapi-
tulieren; die Waffen strecken; **III** *refl*
▶ ~**o.s. to s.th.** sich e-r S hingeben; **IV**
s **1.** Übergabe *f;* Aushändigung, Auslie-
ferung *f;* Aufgabe, Preisgabe *f;* Einlösen
n; Kündigung *f;* **2.** *mil fig* Kapitulation
f; ▶ ~ **value** Rückkaufswert *m;* **no** ~!
wir kapitulieren nicht!
sur·rep·ti·tious [ˌsʌrəp'tıʃəs] *adj* heim-
lich; *(Blick)* verstohlen.
sur·ro·ga·cy ['sʌrəgəsı] Leihmutter-
schaft *f;* **sur·ro·gate** ['sʌrəgıt] **I** *s* **1.**
Ersatz *m;* **2.** *Br rel* Weihbischof *m;* **II**
adj **1.** Ersatz-; **2.** *rel* Weih-; ▶ ~
mother Leihmutter *f.*
sur·round [sə'raʊnd] **I** *tr* **1.** umgeben; **2.**
einschließen *a. mil,* umzingeln; **3.** her-
umstehen um; ▶ **be** ~**ed with, by** um-
ringt sein von; **II** *s* Einfassung *f,* Rand
m; **sur·round·ing** [−ıŋ] **I** *adj* umlie-
gend; **II** *s meist pl* Umgebung *f.*
sur·tax ['sɜːtæks] Sondersteuer *f.*
sur·veil·lance [sɜː'veıləns] Überwa-
chung *f;* ▶ **be under** ~ überwacht wer-
den.
sur·vey [sə'veı] **I** *tr* **1.** betrachten, sich
ansehen; begutachten; mustern; **2.** un-
tersuchen; einer Prüfung unterziehen; **3.**
einen Überblick geben über; **4.** *(Land)*
vermessen; *(Gebäude)* begutachten; **II**
['sɜːveı] **1.** Überblick *m (of* über); Mu-
sterung *f;* **2.** Untersuchung *f; (Statistik)*

Umfrage *f;* **3.** *(Land)* Vermessung *f;*
Vermessungsgutachten *n; (Haus)* Be-
gutachtung *f;* Gutachten *n;* **sur·veyor**
[sə'veıə(r)] **1.** Landvermesser(in) *m (f);*
2. Bauinspektor(in), -gutachter(in) *m (f);*
▶ **quantity** ~ Baukostenkalkulator(in)
m (f).
sur·vival [sə'vaıvl] **1.** Überleben *n;* **2.**
Überrest *m,* -bleibsel *n;* ▶ **on** ~ im
Erlebensfalle; ~ **of the fittest** *biol* na-
türliche Auslese; ~ **kit** Überlebensaus-
rüstung *f;* **sur·vive** [sə'vaıv] **I** *tr* **1.**
überleben; **2.** überstehen; **3.** *fam* aushal-
ten; **II** *itr* **1.** überleben, am Leben blei-
ben; **2.** weiterbestehen; **3.** übrigbleiben;
sur·viv·ing [−ıŋ] *adj* überlebend;
sur·vivor [sə'vaıvə(r)] Überlebende(r)
f m; Hinterbliebene(r) *f m.*
sus·cep·ti·ble [sə'septəbl] *adj* **1.** leicht
beeinflußbar; **2.** *med* anfällig *(to* für);
▶ ~ **of proof, change** beweisbar, ver-
änderbar; **be** ~ **to s.th.** für etw emp-
fänglich, zugänglich sein; **be** ~ **to attack**
Angriffen ausgesetzt sein; **she is very** ~
to remarks about her figure wenn jem
etwas über ihre Figur sagt, reagiert sie
empfindlich; **he was not** ~ **to her tears**
er ließ sich von ihren Tränen nicht er-
weichen.
sus·pect ['sʌspekt] **I** *s* Verdächtige(r) *f*
m; **II** *adj* verdächtig; **III** *tr* [sə'spekt] **1.**
(jdn) verdächtigen *(of s.th.* e-r S); *(Be-*
trug, Verschwörung) vermuten; **2.**
(Wahrheit) anzweifeln; **3.** vermuten;
▶ ~ **s.o. of having done s.th.** jdn ver-
dächtigen, etw getan zu haben; **he is a**
~**ed member** er steht im Verdacht, Mit-
glied zu sein; **I** ~**ed as much** das habe
ich mir doch gedacht; **a** ~**ed case of**
cholera ein Fall, bei dem Choleraver-
dacht besteht.
sus·pend [sə'spend] *tr* **1.** (frei) (auf)hän-
gen *(from* an); **2.** (zeitweilig) einstellen,
unterbrechen; **3.** *(Verhandlung, Urteil)*
aussetzen; **4.** *(Genehmigung)* einziehen;
(Rechte) aussetzen; **5.** *(Beamte)* suspen-
dieren; *sport* (zeitweilig) ausschließen;
sperren; ▶ ~ **payment** die Zahlungen
einstellen; ~ **from duty** suspendieren;
be ~**ed** hängen; *(Rechte)* ruhen; **be**
given a ~**ed sentence** seine Strafe zur
Bewährung ausgesetzt bekommen; ~**ed**
animation vorübergehende Leblosig-
keit.
sus·pender [sə'spendə(r)] **1.** *Br*
Strumpfhalter *m;* Sockenhalter *m;* **2.** *pl*
Am Hosenträger *m pl;* **suspender**
belt Hüftgürtel *m.*
sus·pense [sə'spens] Spannung *f;* ▶ **in**
~ in der Schwebe, unentschieden; **don't**
keep me in ~ **any longer** spanne mich
nicht länger auf die Folter! **wait in** ~
gespannt warten; **the** ~ **is killing me** ich
bin wahnsinnig gespannt.
sus·pen·sion [sə'spenʃn] **1.** *mot* Fede-

rung *f;* (Rad)Aufhängung *f;* **2.** *chem* Suspension *f;* **3.** *mus* Vorhalt *m,* Halten *n (e-s Tones);* **4.** (zeitweilige) Einstellung *f;* **5.** *(von Verein)* (zeitweiliger) Ausschluß *m; sport* Sperren *n;* **6.** *jur* Aussetzung *f;* **7.** *(von Beamten)* (vorläufige) Suspendierung *f;* ► ~ **of payment** Zahlungseinstellung *f;* ~ **of work** Arbeitseinstellung *f;* **suspension bridge** Hängebrücke *f;* **suspension points** *pl* Auslassungspunkte *m pl;* **suspension railway** Schwebebahn *f.*

sus·pi·clon [sə'spɪʃn] **1.** Verdacht, Argwohn *m (of, about* gegen); **2.** *fig* Andeutung, Spur *f,* Hauch *m (of* von); ► **above** ~ über jeden Verdacht erhaben; **on (the)** ~ unter dem Verdacht *(of having done s.th.* etw getan zu haben); **be under** ~ unter Verdacht stehen; **sus·pi·cious** [sə'spɪʃəs] *adj* **1.** verdächtig *(to* dat); **2.** argwöhnisch, mißtrauisch *(of s.o.* gegen jdn; *about, of s.th.* gegen etw).

suss [sʌs] *tr Br fam* dahinterkommen; ► **I can't** ~ **him out** bei ihm blicke ich nicht durch.

sus·tain [sə'steɪn] *tr* **1.** *(Gewicht)* aushalten, tragen; **2.** *(Familie)* sorgen für, ernähren; **3.** *(Körper)* bei Kräften halten; *(Leben)* erhalten; *(Wohlfahrtsverein)* unterstützen; **4.** ermutigen, trösten; **5.** aufrechterhalten; **6.** *(Verlust)* erleiden; **7.** *jur (Einspruch)* stattgeben *(s.th.* e-r S); **8.** *theat (Rolle)* durchhalten; **9.** *mus (Note)* aushalten; **sus·tain·ing** [—ɪŋ] *adj (Mahlzeit)* stärkend; ► ~ **program** *Am radio* Programm *n* ohne Reklameeinschaltungen; ~ **wall** Stützmauer *f.*

sus·ten·ance ['sʌstɪnəns] **1.** Nahrung *f;* **2.** Nährwert *m.*

svelte [svelt] *adj* **1.** schlank; anmutig; **2.** vornehm.

swab [swɒb] **I** *s* **1.** *mar* Mop *m;* **2.** *med* Tupfer *m;* Abstrich *m;* **II** *tr* **1.** scheuern; **2.** *med* abtupfen.

swaddle ['swɒdl] *tr (Säugling)* wickeln; **swad·dling-clothes** ['swɒdlɪŋkləʊðz] *pl* Windeln *f pl.*

swag·ger ['swægə(r)] *itr* **1.** *(~ about)* (einher)stolzieren; **2.** angeben, prahlen.

swal·low¹ ['swɒləʊ] *zoo* Schwalbe *f.*

swal·low² ['swɒləʊ] **I** *tr* **1.** (hinunter-, ver)schlucken; **2.** *fig* schlucken; *(Beleidigung)* (hinunter)schlucken, einstecken; ► **that's hard to** ~ das kann man kaum glauben; ~ **one's words** nuscheln; nichts sagen; seine Worte zurücknehmen; **II** *itr* schlucken; **III** *s* Schlucken *n;* Schluck *m;* **IV** *(mit Präposition)* **swallow down** *tr* hinunterschlucken; **swallow up** *tr* verschlingen; *(Nebel)* verschlucken, verschwinden lassen; ► **I wish the ground would open and** ~ **me up** ich könnte in den Boden versinken.

swal·low dive ['swɒləʊdaɪv] *Br sport* Kopfsprung *m.*

swam [swæm] *v s.* swim.

swamp [swɒmp] **I** *s* Sumpf *m;* **II** *tr* **1.** überschwemmen, -fluten, unter Wasser setzen; **2.** *mar* vollaufen lassen; **3.** *fig* überschwemmen; **swamp fever** Sumpffieber *n;* **swamp·land** ['swɒmp͵lænd] Sumpfland *n;* **swampy** ['swɒmpɪ] *adj* sumpfig, morastig.

swan [swɒn] **I** *s* Schwan *m;* **II** *itr* **1.** *(~ around)* sich herumtreiben; **2.** *(~ off)* abhauen, abzwitschern; ► **a** ~**ning job** eine gemütliche Arbeit; **swan dive** *Am* Kopfsprung *m.*

swank [swæŋk] *fam* **I** *s* **1.** Angeberei *f;* **2.** Angeber *m;* **II** *itr* protzen, angeben *(about* mit); **swanky** ['swæŋkɪ] *adj fam* großspurig; protzig.

swan song ['swɒnsɒŋ] *fig* Schwanengesang *m.*

swap, swop [swɒp] **I** *tr* tauschen *(for* für); *(Geschichten, Erinnerungen)* austauschen; ► ~ **s.th. for s.th.** etw für etw eintauschen; ~ **places with s.o.** mit jdm (die Plätze) tauschen; **II** *itr* tauschen; **III** *s* Tausch(handel) *m;* ► **do a** ~ **with s.o.** mit jdm tauschen.

swarm [swɔːm] **I** *s* (Bienen-, Menschen)Schwarm *m;* **II** *itr* schwärmen; ► **the place was** ~**ing with** es wimmelte von; ~ **up** hinaufklettern.

swarthy ['swɔːðɪ] *adj* dunkel; dunkelhäutig.

swash·buck·ling ['swɒʃ͵bʌklɪŋ] *adj* draufgängerisch, verwegen.

swas·tika ['swɒstɪkə] Hakenkreuz *n.*

swat [swɒt] **I** *tr (Fliege)* totschlagen; *(Wand)* schlagen auf; ► ~ **at** schlagen nach; **II** *s* **1.** Schlag *m;* **2.** Fliegenklatsche *f.*

sway [sweɪ] **I** *itr* **1.** schwanken; **2.** schwingen; **3.** *fig* (hin)neigen, tendieren *(towards* zu); **II** *tr* **1.** schwingen, schwenken; **2.** *fig* geneigt machen *(towards* für); beeinflussen; ► ~ **s.o. from s.th.** jdn von etw abbringen; **be easily** ~**ed** leicht beeinflußbar sein; **III** *s* **1.** Schwanken *n;* **2.** *(Korn)* Wogen *n;* **3.** Macht *f;* ► **hold** ~ **over s.o.** jdn in der Gewalt haben; **under his** ~ seinem Willen unterworfen.

swear [sweə(r)] ⟨*irr* swore, sworn⟩ **I** *itr* **1.** schwören; **2.** *jur* unter Eid aussagen; beschwören *(to s.th.* etw; *to having done s.th.* etw getan zu haben); **3.** fluchen *(at s.th.* auf etw); ► **I wouldn't like to** ~ **to it** ich könnte es nicht beschwören; **II** *tr* **1.** schwören; *(Eid)* leisten; **2.** vereidigen; **III** *(mit Präposition)* **swear by** schwören auf; **swear in** *tr* vereidigen; **swear off** abschwören *(s.th.* e-r S); **swear·word** Fluch *m.*

sweat [swet] **I** *itr* **1.** schwitzen *(with* vor); **2.** *(Gefäß, Scheibe)* sich beschlagen; **3.** *fam* schwer arbeiten; **4.** zittern, Angst haben; ▶ ~ **blood** *fig* Blut u. Wasser schwitzen; **II** *s* **1.** Schweiß *m;* **2.** *tech* Schwitzwasser *n;* **3.** *fig* Plackerei *f;* **4.** Aufregung *f;* ▶ **by the** ~ **of his brow** im Schweiße seines Angesichts; **be in a** ~ schwitzen; **in a cold** ~ mit Angstschweiß auf der Stirn; **no** ~! *fam* kein Problem; **III** *(mit Präposition)* **sweat out** *tr* **1.** herausschwitzen; **2.** *fam* durchhalten, durchstehen; **sweat·band** ['swetbænd] Schweißband *n;* **sweated** ['swetɪd] *adj* **1.** für Hungerlöhne hergestellt; **2.** *(Arbeit)* schlecht bezahlt; **3.** *(Personal)* ausgebeutet; **sweater** ['swetə(r)] Pullover *m;* **sweat-shirt** Sweatshirt *n;* Trainingsbluse *f;* **sweat-shop** Ausbeuterbetrieb *m;* **sweaty** ['swetɪ] *adj* **1.** schwitzend; schweißbedeckt; verschwitzt; **2.** *(Arbeit)* anstrengend.

swede [swi:d] *Br* Steckrübe *f.*
Swede [swi:d] Schwede *m,* Schwedin *f;* **Swe·den** ['swi:dn] Schweden *n;* **Swedish** ['swi:dɪʃ] **I** *adj* schwedisch; **II** *s* (das) Schwedisch(e).
sweep [swi:p] ⟨*irr* swept, swept⟩ **I** *tr* **1.** kehren, fegen; ausfegen; wegfegen; **2.** absuchen *(for* nach); *(vermintes Gebiet)* durchkämmen; *(Minen)* räumen; **3.** *(Wind, Rock)* fegen über; *(Wellen)* überspülen; *(Blick)* gleiten über; *fig* überrollen; *(Krankheit)* sich verbreiten in; **4.** wegfegen; fortschwemmen; fortreißen; **5.** großen Erfolg haben bei, im Sturm erobern; *(Wahl)* haushoch gewinnen; ▶ ~ **all before one** *fig* überall Erfolg haben; ~ **the board** *fig* e-n vollen Erfolg verbuchen; ~ **under the carpet** *fig* unter den Teppich kehren; **II** *itr* **1.** kehren, fegen; **2.** vorbei-, hinausrauschen; *(Fahrzeug)* fegen; **3.** *(Straße)* sich in weitem Bogen winden *(round* um); ▶ **the disease swept through the country** die Krankheit griff im Land um sich; **III** *s* **1.** Kehren, Fegen *n;* **2.** *(chimney* ~) Kaminkehrer(in), Schornsteinfeger(in) *m (f);* **3.** Schwenken *n,* Schwung *m;* *(Schwert)* Streich *m;* **4.** *(Kleidung, Stoff)* Rauschen *n;* **5.** *(Radar, Licht)* Strahl *m;* **6.** Bereich *m;* Schußbereich *m;* **7.** *(Straße, Fluß)* Bogen *m;* *(Umriß)* Schwung *m;* **8.** Ausdehnung, Fläche *f;* ▶ **give s.th. a** ~ etw kehren, fegen; **make a clean** ~ *fig* Ordnung schaffen; sehr erfolgreich sein; **at, in one** ~ auf einmal; **IV** *(mit Präposition)* **sweep along** *itr* dahinrauschen; dahingleiten; dahinbrausen; *tr* mitreißen; **sweep aside** *tr* wegfegen; *fig* vom Tisch fegen; **sweep away** *itr* davonrauschen; davonsausen; davongleiten; *tr* wegfegen; wegreißen; wegschwemmen; *fig* zunichte machen; *(alte Gesetze)* abschaffen; **sweep down** *itr* hinunterrau-

schen; hinunterschießen; hinuntergleiten; *(Hang, Straße)* sanft abfallen; *tr* abfegen; ▶ ~ **down on s.o.** sich auf jdn stürzen; **sweep off** *itr* davonrauschen; davonsausen; davongleiten; *tr* hinunterfegen, -werfen; ▶ ~ **s.o. off to Gretna Green** jdn nach Gretna Green entführen; **he was swept off to bed, into hospital** er wurde schnell ins Bett, Krankenhaus gebracht; ~ **s.o. off his feet** jdn mitreißen; **she swept him off his feet** sie hat ihm völlig den Kopf verdreht; **sweep out** *itr* hinausfegen; hinausrauschen; hinausgleiten; *tr* ausfegen, auskehren; **sweep up** *itr* **1.** (zusammen)fegen, -kehren; **2.** heransausen; herangleiten; **3.** *(Straße)* im Bogen hinaufführen; *tr* **1.** zusammenfegen, -kehren; **2.** *(Gegenstände)* zusammenraffen; **3.** *(jdn)* hochreißen; *(Haare)* hochstecken.
sweeper ['swi:pə(r)] **1.** Straßenkehrer(in) *m (f);* **2.** Kehrmaschine *f;* **3.** *sport* Ausputzer *m;* *(Fußball)* Libero *m;* ▶ **carpet-**~ Teppichkehrmaschine *f;* **sweep hand** Sekundenzeiger *m;* **sweep·ing** ['–ɪŋ] **I** *adj* **1.** *(Geste)* weitausholend; schwungvoll; *(Blick)* schweifend; **2.** *fig* gründlich, durchgreifend, radikal; *(Urteil)* pauschal; *(Erfolg)* glänzend; **II** *s pl* Kehricht *m;* *fig* Abschaum *m;* **sweep·stake** ['swi:psteɪk] Art Lotterie *f (bei der der Gesamteinsatz an die Spieler ausgezahlt wird).*
sweet [swi:t] **I** *adj* **1.** süß *a. fig;* **2.** *fig* angenehm, lieblich, duftig; **3.** anmutig, hübsch; **4.** lieb, freundlich *(to* gegenüber, zu); **5.** frisch, unverbraucht; **6.** *fam* reizend, goldig; ▶ **be** ~ **on s.o.** in jdn verliebt sein; **II** *s* **1.** Süßigkeit *f;* **2.** Süßspeise *f,* Nachtisch *m;* **3.** *fig* Liebling *m;* **4.** *pl* Süßigkeiten *f pl,* Bonbons *m od n pl;* **sweet-and-sour** *adj (Küche)* süßsauer; **sweet·brier, sweet·briar** [ˌswi:t'braɪə(r)] Hecken-, Hundsrose *f;* **sweet chestnut** Eßkastanie *f;* **sweet corn** *bot* Zuckermais *m;* **sweeten** ['swi:tn] *tr* **1.** süßen, zuckern; **2.** *fig* versüßen; **3.** *sl* bestechen; **4.** mildern, abschwächen; **5.** besänftigen; **sweetener** ['swi:tnə(r)] **1.** Süßstoff *m;* **2.** *sl* Bestechungsgeld *n;* **sweet·heart** ['swi:thɑ:t] Liebchen *n;* **sweet·ness** ['swi:tnɪs] Süßigkeit, Süße *f;* ▶ **all is** ~ **and light** es herrscht eitel Freude und Sonnenschein; **sweet pea** *bot* spanische Wikke; **sweet potato** Süßkartoffel, Batate *f;* **sweet tooth:** ▶ **have a** ~ *fam* gerne Süßes essen; **sweet william** *bot* Bartnelke *f.*
swell [swel] ⟨*irr* swelled, swollen *od* swelled⟩ **I** *itr* **1.** *(~ up, out)* (an)schwellen *(into* zu; *with* von); **2.** sich (auf)blähen *a. fig (with* vor); sich bauschen; **3.** sich ausdehnen; zunehmen, anwachsen

(*to* zu); ▶ ~ **with pride** vor Stolz schwellen; **II** *tr* **1.** anschwellen lassen; **2.** aufblasen, -blähen (*with* vor) *a. fig;* **3.** erweitern, vergrößern, ausweiten; ▶ **swollen with pride** stolzgeschwellt; **swollen with rage** wutentbrannt; ~ **s.o.'s head** jdm zu Kopfe steigen; **III** *s* **1.** (*Meer*) Wogen *n;* Woge *f;* **2.** feine Dame, feiner Herr; **3.** *mus* Anschwellen, Crescendo *n;* (*Knopf*) Schweller *m;* **IV** *adj fam* prima, großartig; **swell-box** *mus* Schwellwerk *n;* **swell·head** ['swelhed] *Am* Fatzke *m;* **swell·ing** ['~ɪŋ] Schwellung, Geschwulst, Beule *f.*

swel·ter ['sweltə(r)] *itr* vor Hitze umkommen; **swel·ter·ing** ['sweltrɪŋ] *adj* heiß; schwül.

swept [swept] *v s. sweep.*

swerve [swɜːv] **I** *itr* **1.** abweichen, -schweifen, -gehen (*from* von); **2.** *mot* rasch ausbiegen; **II** *s mot* Ausbiegen *n.*

swift [swɪft] *adj* schnell, rasch, flink; **swift·ly** [−lɪ] *adv* geschwind, schnell; **swift·ness** [−nɪs] Schnelligkeit *f.*

swig [swɪg] *fam* **I** *tr, itr* trinken; **II** *s* tüchtiger Schluck (*at a bottle* aus e-r Flasche).

swill [swɪl] **I** *tr* **1.** spülen, abwaschen; **2.** hinunterspülen; **3.** *fam* trinken; **II** *s* **1.** Schweinefutter *n;* **2.** Getränk *n.*

swim [swɪm] ⟨*irr* swam, swum⟩ **I** *itr* schwimmen (*on* auf) *a. fig;* ▶ **my head is ~ming** es schwimmt mir alles vor den Augen; **II** *tr* **1.** schwimmen; **2.** durchschwimmen; **III** *s* Schwimmen *n;* ▶ **be in (out of) the ~** (nicht) auf dem laufenden sein; **have, take, go for a ~** schwimmen, baden (gehen); **swim·mer** ['swɪmə(r)] Schwimmer(in) *m* (*f*); **swim·ming** ['−ɪŋ] **I** *s* Schwimmen *n;* **II** *adj* **1.** Schwimm-;schwimmend; **2.** schwind(e)lig; **swimming-bath, swimming-pool** Schwimmbad, -becken *n;* **swimming cap** Bademütze *f;* **swimming costume** Badeanzug *m;* **swim·ming·ly** ['−ɪŋlɪ] *adv* spielend, wie am Schnürchen; ▶ **everything went ~** alles ging glatt (vonstatten); **swimming match** Wettschwimmen *n;* **swimming trunks** *pl* Badehose *f;* **swim suit** Badeanzug *m.*

swindle ['swɪndl] **I** *tr* **1.** beschwindeln, betrügen (*s.o. out of s.th., s.th. out of s.o.* jdn um etw); **2.** erschwindeln (*s.th. out of s.o.* etw von jdm); **II** *s* Schwindel, Betrug *m;* **swin·dler** ['swɪndlə(r)] Schwindler(in), Betrüger(in) *m* (*f*).

swine [swaɪn] ⟨*pl* swine, *fig:* swines⟩ Schwein *n a. fig pej.*

swing [swɪŋ] ⟨*irr* swung, swung⟩ **I** *itr* **1.** schwingen; **2.** schlenkern, baumeln, schaukeln; **3.** hängen (*for* wegen); **4.** sich drehen; **5.** (*aufs Pferd*) sich schwingen; **6.** *fig* Schwung haben, auf Zack sein; ▶ ~ **at anchor** schaukelnd vor

Anker liegen; ~ **at s.o. with s.th.** etw gegen jdn schwingen; ~ **from tree to tree** sich von Baum zu Baum schwingen; ~ **into action** aktiv werden; ~ **to and fro** hin und her schwingen, pendeln; ~ **open, shut** sich öffnen, zuschlagen; **a ~ing party** eine Party, bei der was los ist; **II** *tr* **1.** schwingen; **2.** schaukeln; **3.** (*Propeller*) anwerfen; **4.** *fig* beeinflussen; (*Meinung*) umschwenken lassen; (*jdn*) umstimmen; **5.** *mus* schwungvoll machen; schwungvoll spielen; **6.** (~ **round**) herumschwenken; **7.** *fam* (*Sache*) schaukeln, drehen; ▶ ~ **one's hips** mit den Hüften wackeln, sich in den Hüften wiegen; ~ **the lead** *Br fam* sich drücken; ~ **an axe at s.o.** eine Axt gegen jdn schwingen; ~ **o.s. into the saddle** sich in den Sattel schwingen; **that swung it for me** das hat für mich den Ausschlag gegeben; **there isn't room to ~ a cat** *fam* es ist so eng, daß man sich nicht einmal umdrehen kann; ~ **a deal** ein Geschäft machen; **III** *s* **1.** Schwung *m;* Schwingen *n;* (*Nadel*) Ausschlag *m;* **2.** (*Boxen*) Schwinger *m;* (*Golf, Skilaufen*) Schwung *m;* **3.** *fig* (Meinungs)Umschwung *m;* **4.** (*Musik*) Schwung *m;* (*Tanz*) Swing *m;* **5.** (*für Kinder*) Schaukel *f;* **6.** *Am* (*full ~*) freier Lauf; freie Hand; ▶ **get into the ~ of things** in Fahrt kommen; **go with a ~** ein voller Erfolg sein; **be in full ~** voll im Gang sein; **give one's imagination full ~** *Am* seiner Phantasie freien Lauf lassen; **give s.o. full ~ to make the decisions** *fam* jdm bei allen Entscheidungen freie Hand lassen; **IV** (mit Präposition) **swing across** *itr* hinüberschwingen; sich hinüberhangeln; **swing back** *itr* zurückschwingen; (*Meinung*) umschlagen; *tr* zurückschwingen; (*Meinung*) umschlagen lassen; **swing round** *itr* sich umdrehen; herumschwenken; (*Nadel*) ausschlagen; *fig* umschwenken; *tr* herumschwenken; *fig* umstimmen; (*Meinung*) umschlagen lassen; **swing to** *itr* (*Tür*) zuschlagen.

swing-bridge ['swɪŋbrɪdʒ] Drehbrücke *f;* **swing-door** Pendeltür *f.*

swinge·ing ['swɪndʒɪŋ] *adj fam* gewaltig, mächtig; extrem; (*Angriff*) scharf.

swing·ing ['swɪŋɪŋ] *adj fig* beschwingt, schwungvoll; *fam* (*Mensch*) flott; ▶ ~ **door** Pendeltür *f.*

swin·ish ['swaɪnɪʃ] *adj pej* schweinisch; gemein.

swipe [swaɪp] **I** *s* harter Schlag, Hieb *m;* **II** *tr* **1.** e-n Hieb versetzen (*s.o.* jdm); **2.** *fam* mopsen, klauen; **III** *itr* schlagen (*at* nach).

swirl [swɜːl] **I** *itr, tr* herumwirbeln (*about the street* auf der Straße); **II** *s* Wirbel, Strudel *m.*

swish [swɪʃ] **I** *itr* **1.** schwirren, zischen;

2. rascheln, rauschen; **II** *tr* wedeln (*its tail* mit dem Schwanz); **III** *s* Surren, Rascheln, Zischen *n.*
Swiss [swɪs] **I** *adj* Schweizer, schweizerisch; ► ~ **cheese** Emmentaler *m;* ~ **German** Schweizerdeutsch *n;* ~ **roll** Biskuitrolle *f;* **II** *s* Schweizer(in) *m (f);* ► **the** ~ *pl* die Schweizer *pl.*
switch [swɪtʃ] **I** *s* **1.** Gerte, Rute *f;* **2.** (Licht)Schalter *m;* **3.** *rail* Weiche *f;* **4.** *fig* Wechsel *m;* **5.** *com* Tauschgeschäft *n;* ► **do, make a** ~ tauschen; **II** *tr* **1.** wechseln; ändern; **2.** *(Aufmerksamkeit)* lenken (*to* auf); **3.** *(Produktion)* verlegen; *(Gegenstand)* umstellen; **4.** *fam* tauschen; vertauschen; **5.** *el* umschalten; **6.** *(Schwanz, Rute)* schlagen mit; **7.** *Am rail* rangieren; ► ~ **schools** die Schule wechseln; **I** ~**ed trousers with him** wir haben die Hosen getauscht; **III** *itr* **1.** *(~ over)* überwechseln (*to* zu); **2.** *el radio* umschalten (*to* auf); **3.** *(~ round, over)* tauschen; **4.** *(Wind)* drehen (*to* nach); **5.** *rail* rangieren; **IV** *(mit Präposition)* **switch back** *itr* **1.** zu Gehabtem zurückkehren; **2.** *el radio TV* zurückschalten (*to* zu); *tr* zurückschalten (*to* auf); **switch off** *tr* ausschalten; abschalten; abstellen; *itr* **1.** ausschalten; **2.** *fig* abschalten; **switch on** *tr* **1.** anschalten; anstellen; **2.** *sl* munter machen; high machen; *itr* anschalten; sich einschalten; ► **be** ~**ed on to s.th.** *sl* auf etw stehen; **switch over** *itr* umschalten; *fig* überwechseln (*to* zu); *tr* verlegen; umstellen (*to* auf); ► ~ **the programme over** auf ein anderes Programm umschalten; **switch round** *tr* vertauschen; umstellen; *itr* tauschen; **switch through** *tr tele* durchstellen (*to* zu).
switch·back ['swɪtʃbæk] **1.** Berg-, Gebirgsbahn *f;* **2.** Berg-und-Tal-Bahn *f;* Achterbahn *f;* **switch board 1.** *el* Schalttafel *f;* **2.** *tele* Vermittlung *f;* Zentrale *f;* **switchboard operator** Telefonist(in) *m (f);* **switch-man** ⟨*pl* -men⟩ *Am rail* Weichenwärter *m;* **switch tower** *Am rail* Stellwerk *n;* **switch-yard** *Am* Rangierbahnhof *m.*
Swit·zer·land ['swɪtsələnd] die Schweiz.
swivel ['swɪvl] **I** *s tech* Drehring *m,* -lager *n;* **II** *tr* schwenken, herumdrehen; **III** *itr* sich drehen; **swivel-chair** Drehstuhl *m;* **swivel joint** Universalgelenk *n.*
swol·len ['swəʊlən] *v s. swell.*
swoon [swuːn] **I** *itr* ohnmächtig werden (*with* vor); **II** *s* Ohnmacht *f.*
swoop [swuːp] **I** *itr* **1.** *(~ down) (Raubvogel)* herabschießen (*on* auf); **2.** herfallen (*on* über); **II** *tr* *(~ up)* (weg)schnappen; emporreißen; **III** *s* **1.** Herabschießen *n;* **2.** *fig* plötzlicher Angriff; Razzia *f;* ► **at one (fell)** ~ mit e-m Schlag.
swop [swɒp] *s. swap.*

sword [sɔːd] Schwert *n a. fig;* ► **cross** ~**s** *a. fig* die Klingen kreuzen (*with* mit); **sword-dance** Schwerttanz *m;* **sword-fish** ['sɔːdfɪʃ] Schwertfisch *m;* **sword-play** Fechten *n;* **sword-point** Schwertspitze *f;* ► **at** ~ mit vorgehaltener Klinge; **swords·man** ['sɔːdzmən] ⟨*pl* -men⟩ Schwertkämpfer *m;* Fechter *m;* **swords·man·ship** ['sɔːdzmənʃɪp] Fechtkunst *f.*
swore, sworn [swɔː, swɔːn] *v s. swear.*
swot [swɒt] *Br fam* **I** *itr* ochsen, büffeln, pauken (*for an exam* auf e-e Prüfung); ► ~ **up on s.th.** sich über etwas informieren; **II** *s* Streber(in) *m (f).*
swum [swʌm] *v s. swim.*
swung [swʌŋ] *v s. swing.*
syca·more ['sɪkəmɔː(r)] **1.** *Br* Bergahorn *m;* **2.** *Am* amerikanische Platane; **3.** *(Holz)* Ahorn *m.*
syco·phant ['sɪkəfænt] Speichellecker *m.*
syl·labic [sɪ'læbɪk] *adj* silbisch; **syl·lable** ['sɪləbl] Silbe *f;* ► **don't breathe a** ~ **of this!** kein(en) Ton davon!
syl·la·bus ['sɪləbəs] Lehrplan *m;* Programm *n.*
sylph [sɪlf] **1.** Sylphe, Luftgeist *m;* **2.** *fig* schlankes Mädchen.
sym·bio·sis [ˌsɪmbɪ'əʊsɪs] Symbiose *f;* **sym·bio·tic** [ˌsɪmbɪ'ɒtɪk] *adj* symbiotisch.
sym·bol ['sɪmbl] Sinnbild, Symbol, Zeichen *n;* **sym·bolic(al)** [sɪm'bɒlɪk(l)] *adj* symbolisch (*of* für); **sym·bol·ism** ['sɪmbəlɪzəm] **1.** *lit* Symbolismus *m;* **2.** Symbolik *f;* **sym·bol·ize** ['sɪmbəlaɪz] *tr* symbolisieren.
sym·met·ri·cal [sɪ'metrɪkl] *adj* symmetrisch; **sym·me·try** ['sɪmətrɪ] Symmetrie *f.*
sym·path·etic [ˌsɪmpə'θetɪk] *adj* **1.** mitfühlend; teilnehmend; **2.** empfänglich (*to* für); **3.** *fam* einverstanden (*to* mit), geneigt (*towards* dat); ► ~ **strike** Sympathiestreik *m;* **sym·path·ize** ['sɪmpəθaɪz] *itr* **1.** sympathisieren (*with* mit); **2.** mitfühlen, Mitleid haben (*with* mit); **3.** Verständnis haben (*with* für); ► ~ **with s.o.'s views** jds Meinung teilen; **sym·pathy** ['sɪmpəθɪ] **1.** Mitleid, Mitgefühl *n (for* mit); *(Tod)* Beileid *n;* **2.** Verständnis *n;* Sympathie *f;* ► **feel, have** ~ **for s.o.** mit jdm Mitleid haben; **you have my** ~ *hum* herzliches Beileid; **be in (out of)** ~ **with** (nicht) einhergehen mit; **our sympathies are with you** wir sind auf Ihrer Seite; **there isn't much** ~ **between them** sie verstehen sich nicht; **come out in** ~, **strike in** ~ in Sympathiestreik treten.
sym·phonic [sɪm'fɒnɪk] *adj mus* sinfonisch; **sym·phony** ['sɪmfənɪ] Sinfonie *f;* **symphony concert** Sinfoniekonzert; **symphony orchestra** Sinfonie-

orchester *n.*
sym·po·sium [sɪm'pəuziəm] ⟨*pl* -sia⟩ [—ziə] Symposium *n,* Konferenz *f.*
symp·tom ['sɪmptəm] Symptom, Anzeichen, Merkmal *n* (*of* für); **symp·to·matic** [‚sɪmptə'mætɪk] *adj* symptomatisch, charakteristisch (*of* für).
syna·gogue ['sɪnəgɒg] *rel* Synagoge *f.*
syn·chro·mesh ['sɪŋkrəu‚meʃ] Synchrongetriebe *n.*
syn·chron·ize ['sɪŋkrənaɪz] I *tr* 1. (*Geräte, bes. Uhren*) aufeinander abstimmen; 2. *film* synchronisieren; II *ltr* 1. gleichzeitig sein; 2. (*Uhren*) übereinstimmen; 3. *film* synchronisiert sein; **syn·chron·ous** ['sɪŋkrənəs] *adj* gleichzeitig.
syn·co·pate ['sɪŋkəpeɪt] *tr mus* synkopieren; **syn·cope** ['sɪŋkəpɪ] Synkope *f.*
syn·di·cate ['sɪndɪkət] I *s* Interessengemeinschaft *f;* com Syndikat *n,* Verband *m;* (*Presse*) (Presse)Zentrale *f;* (*crime* ~) Syndikat *n,* Ring *m;* II *tr* ['sɪndɪkeɪt] (*Artikel, Beitrag*) an mehrere Zeitungen verkaufen.
syn·drome ['sɪndrəʊm] Syndrom *n;* Phänomen *n.*
synod ['sɪnəd] Synode *f.*
syn·onym ['sɪnənɪm] Synonym *n;* **syn·ony·mous** [sɪ'nɒnɪməs] *adj* synonym, sinnverwandt; gleichbedeutend.
syn·op·sis [sɪ'nɒpsɪs] ⟨*pl* -ses⟩ [—siːz] Übersicht, Zusammenfassung *f,* Abriß *m.*
syn·tac·tic(al) [sɪn'tæktɪk(l)] *adj* syntaktisch; **syn·tax** ['sɪntæks] Syntax *f.*
syn·thesis ['sɪnθɪsɪs] ⟨*pl* -theses⟩ [—θɪsiːz] Synthese *f a. chem;* **syn-**

thesize ['sɪnθəsaɪz] *tr* 1. (*Stoff*) synthetisch herstellen (*from* aus); 2. (*Stoff, Theorien*) zusammenfassen; **syn·thesizer** [—ər] *el* Synthesizer *m;* **syn·thetic** [sɪn'θetɪk] I *s* Kunststoff *m;* II *adj* synthetisch; Kunst-; *fig* künstlich.
syph·ilis ['sɪfɪlɪs] *med* Syphilis *f;* **syphilitic** [‚sɪfɪ'lɪtɪk] *adj* syphilitisch.
syphon ['saɪfn] *s. siphon.*
Syria ['sɪrɪə] Syrien *n;* **Syr·ian** ['sɪrɪən] I *adj* syrisch; II *s* Syrer(in) *m* (*f*), Syrier(in) *m* (*f*).
syr·inge [sɪ'rɪndʒ] I *s med tech* Spritze *f;* II *tr* einspritzen, injizieren; *med* (aus)spülen.
syrup ['sɪrəp] 1. Sirup *m;* 2. (*fruit-~*) Frucht-, Obstsaft *m;* **syrupy** ['sɪrəpɪ] *adj* 1. klebrig; 2. *fam fig* süßlich; sentimental.
sys·tem ['sɪstəm] 1. System *n;* 2. Methode *f:* ▶ **circulatory, digestive, respiratory** ~ Kreislaufsystem *n,* Verdauungs-, Atmungsapparat *m;* **railway** ~ Eisenbahnnetz *n;* **if you can't beat the** ~ **join it** wenn du nicht gegen das System ankommst, arrangiere dich mit ihm; **I have to get it out of my** ~ ich muß irgendwie darüber wegkommen; **it's bad for the** ~ das ist ungesund; **all ~s go!** jetzt aber voll ran!; **sys·tematic** [‚sɪstə'mætɪk] *adj* systematisch; **system disk** *EDV* Systemdiskette *f;* **sys·tematize** ['sɪstəmətaɪz] *tr* in ein System bringen, nach e-m System (an)ordnen; **system error** Systemfehler *m;* **systems analysis** Systemanalyse *f;* **systems analyst** Systemanalytiker(in) *m* (*f*).

T

T, t [ti:] ⟨*pl* -'s⟩ T, t *n;* ▶ **to a ~** ganz genau, aufs Haar.
ta [tɑ:] *interj fam* danke.
tab [tæb] **1.** Aufhänger *m;* Öse *f;* Lasche *f;* **2.** Etikett *n;* Namensschild *n;* **3.** (Karten)Reiter *m;* **4.** *aero* Klappe *f;* **5.** *Am fam* Rechnung *f;* **6.** *fam (Schreibmaschine)* Tabulator *m;* ▶ **keep a ~** od **~s on** *fam* genau kontrollieren.
tab·by ['tæbɪ] **I** *adj fam (Katze)* getigert; **II** *s* (weibliche) Katze.
tab·er·na·cle ['tæbənækl] **1.** *rel* Stiftshütte *f;* **2.** Gotteshaus *n;* **3.** Tabernakel *n* od *m.*
table ['teɪbl] **I** *s* **1.** Tisch *m;* **2.** Tischgesellschaft *f;* **3.** Tabelle, Liste *f,* Verzeichnis *n;* ▶ **lay (clear) the ~** den Tisch (ab)decken; **at the ~** am Tisch; **at ~** bei Tisch; **lay on the ~** zur Diskussion vorschlagen; *parl Am* auf die lange Bank schieben; **put on the ~** zur Sprache bringen, zur Diskussion stellen; anschneiden; **turn the ~s** *fig* den Spieß umkehren (*on s.o.* gegenüber jdm); **the ~s have turned** das Blatt hat sich gewendet; **~ of contents** *(Buch)* Inhaltsverzeichnis *n;* **multiplication ~s** *pl* Einmaleins *n;* **II** *tr* **1.** in Tabellenform zusammenstellen; **2.** *Br parl (Anfrage)* einbringen; **3.** *Am parl* vertagen; **table cloth** Tischtuch *n;* **table-land** *geog* Tafelland, Plateau *n;* **table-lift·ing** ['teɪbl̩lɪftɪŋ] Tischrücken *n (der Spiritisten);* **table-linen** Tischwäsche *f;* **table manners** *pl* Tischmanieren *f pl;* **table mat** Untersetzer *m;* **table-spoon** ['teɪblspu:n] Eßlöffel *m.*
tab·let ['tæblɪt] **1.** Gedenktafel *f;* **2.** *med* Tablette *f;* **3.** *(Seife)* Stück *n; (Schokolade, Wachs)* Täfelchen *n.*
table-talk ['teɪbltɔ:k] Tischgespräch *n;* **table tennis** Tischtennis *n;* **table-ware** ['teɪblweə(r)] Tafelgeschirr *n;* **table wine** Tafelwein *m.*
tab·loid ['tæblɔɪd] *(kleinformatige)* Boulevardzeitung *f.*
ta·boo, ta·bu [tə'bu:] **I** *s* Tabu *n a. fig;* **II** *adj* tabu, verboten; **III** *tr* für tabu erklären.
tabu·lar ['tæbjʊlə(r)] *adj* ▶ **in ~ form** in Tabellenform; **tabu·late** ['tæbjʊleɪt] *tr* in Tabellenform bringen; **tabu·la·tion** [,tæbjʊ'leɪʃn] tabellarische Anordnung; **tabu·la·tor** ['tæbjʊleɪtə(r)] *(Tastatur)* Tabulator *m.*
tacit ['tæsɪt] *adj* stillschweigend; **taci·turn** ['tæsɪtɜ:n] *adj* schweigsam, wort-

karg; **taci·tur·nity** [,tæsɪ'tɜ:nətɪ] Schweigsamkeit *f.*
tack [tæk] **I** *s* **1.** Reißbrettstift *m,* Heftzwecke *f;* kleiner Nagel, Stift *m;* **2.** Heftstich *m;* Heften *n;* **3.** *mar* Lavieren *n;* **4.** *fig* Kurs *m;* ▶ **on the wrong ~** *fig* auf dem Holzweg; **take, try a different ~** es anders versuchen; **II** *tr* **1.** mit Stiften befestigen; **2.** heften; **3.** *fig* hinzufügen (*on to s.th.* an etw); ▶ **~ together** zusammenfügen *a. fig;* **III** *itr* **1.** *mar* aufkreuzen; **2.** heften.
tackle ['tækl] **I** *s* **1.** Ausrüstung *f;* **2.** *mar* Tauwerk *n;* **3.** Flaschenzug *m;* **4.** *(Fußball etc)* Angreifen, Tackling *n;* ▶ **fishing ~** Angelsportgerät *n,* Angelzeug *n fam;* **II** *tr* **1.** ergreifen, packen; *sport* angreifen; **2.** *(Problem, Arbeit)* anpacken, in Angriff nehmen; **3.** angehen (*s.o. over* od *about s.th.* jdn wegen etw).
tacky ['tækɪ] *adj* **1.** klebrig; **2.** *fam* schäbig, billig.
tact [tækt] Takt *m,* Fein-, Fingerspitzengefühl *n;* **tact·ful** ['tæktfl] *adj* taktvoll.
tac·ti·cal ['tæktɪkl] *adj* taktisch *a. fig;* **tac·ti·cian** [tæk'tɪʃn] Taktiker(in) *m (f) a. fig;* **tac·tics** ['tæktɪks] *pl* Taktik *f a. fig.*
tac·tile ['tæktaɪl] *adj* ▶ **~ sense** Tastsinn *m.*
tact·less ['tæktlɪs] *adj* taktlos; **tact·less·ness** [—nɪs] Taktlosigkeit *f.*
tad·pole ['tædpəʊl] *zoo* Kaulquappe *f.*
taf·feta ['tæfɪtə] Taft *m.*
tag [tæg] **I** *s* **1.** Etikett *n,* Preiszettel *m;* Schildchen *n;* **2.** Aufhänger *m;* **3.** stehende Redensart, Floskel *f,* Spruch *m;* **4.** *gram* Bestätigungsfrage *f;* **5.** *(Spiel)* Fangen *n;* ▶ **price ~** Preisschild *n;* **II** *tr* **1.** hinzufügen (*to* an); **2.** mit e-m Anhänger, Schildchen, Etikett versehen; **3.** *com* auszeichnen; **4.** *Am fam* einen Strafzettel verpassen *(dat);* **III** *itr* hinterher-, nachlaufen (*after s.o.* jdm); **IV** *(mit Präposition)* **tag along** *itr* mitgehen, -kommen; **tag around with s.o.** mit jdm immer zusammen sein; **tag on** *tr* anhängen; *itr* sich anhängen (*to* an); **tag together** *tr* zusammenheften.
tail [teɪl] **I** *s* **1.** Schwanz, Schweif *m a. fig;* **2.** *fig* Ende *n;* **3.** Rockschoß *m;* Hemdzipfel *m;* **4.** *aero* Heck *n;* **5.** *pl (Münze)* Zahlseite *f;* **6.** *pl* Frack *m;* **7.** *fig* Schatten *m;* **8.** *fam pej* Weiber *pl;* ▶ **wag one's ~** mit dem Schwanz wedeln; **put a ~ on s.o.** jdn beschatten lassen; **put one's ~ between one's legs** *fig* den

Schwanz einziehen; **turn** ~ Reißaus nehmen; **I can't make head nor ~ of it** daraus werde ich nicht schlau; **heads or ~s?** Kopf oder Zahl? **II** *tr* beschatten; folgen (*s.o.* jdm); **III** *(mit Präposition)* **tail after s.o.** jdm hinterherlaufen; **tail back** *itr (Verkehr)* sich gestaut haben; **tail off, away** *itr* 1. abnehmen; schwächer werden; 2. schlechter werden, nachlassen.

tail·back ['teɪlbæk] (Auto)Schlange *f,* Stau *m;* **tail board** (Lade)Klappe *f;* **tail-end** hinteres Ende, Schluß *m,* ▶ **at the** ~ ganz am Schluß; **tail·gate** ['teɪlgeɪt] **I** *s* Hecktür *f;* Ladeklappe *f;* **II** *itr* dicht auffahren; **tail·less** ['teɪllɪs] *adj* schwanzlos; **tail-light** *mot* Rücklicht *n.*

tailor ['teɪlə(r)] **I** *s* Schneider(in) *m (f);* **II** *tr* 1. schneidern; 2. *fig* zuschneiden (*to* auf); **tailor-made** ['teɪləmeɪd] *adj* 1. nach Maß angefertigt; maßgeschneidert *a. fig;* 2. *fig* zugeschnitten (*for* auf).

tail-piece ['teɪlpiːs] 1. Anhang *m,* Anhängsel *n;* 2. *aero* Heck *n;* 3. *typ* (Schluß)Vignette *f;* **tail-spin** *aero* Trudeln *n;* **tail wind** Rückenwind *m.*

taint [teɪnt] **I** *tr* 1. verderben (*with* durch); 2. *fig (Ruf)* beflecken; **II** *s* 1. Makel *m;* (Schand)Fleck *m;* 2. (krankhafte) Anlage *f (of* zu); ▶ **be free from** ~ *(Fleisch)* (noch) nicht verdorben sein; **taint·less** [—lɪs] *adj* makel-, fleckenlos.

take [teɪk] ⟨*irr* took, taken⟩ **I** *tr* 1. nehmen; 2. an sich nehmen; 3. mitnehmen (*to* zu, nach); 4. begleiten (*to* zu, nach); 5. *(Verantwortung)* auf sich nehmen; 6. *(Preis)* gewinnen; 7. *(Examen)* machen; 8. *(Lehrer)* unterrichten; *(Schüler)* nehmen; 9. *(Reise, Spaziergang)* machen; 10. *(Tier)* fangen; 11. ergreifen, packen; gefangennehmen; 12. *(Arznei)* einnehmen; 13. *(Temperatur)* messen; 14. *(Behandlung)* sich unterziehen; 15. nehmen, (aus)wählen, sich entschließen zu; *(Stelle)* annehmen; 16. auffassen, ansehen (*for* als), halten (*for* für); 17. verstehen, begreifen; 18. *(unpersönliche Konstruktion)* brauchen; 19. *(Hindernis)* nehmen, sich hinwegsetzen über; *fig* überwinden; 20. *(Film, Foto)* machen; 21. sich gefallen lassen; *(Alkohol, Essen)* vertragen; *(Enttäuschung)* fertig werden mit; 22. *(Nachricht)* reagieren auf; 23. annehmen; halten (*s.o. for s.th.* jdn für etw); 24. *math* abziehen; 25. *gram* stehen mit; ▶ ~ **into account** in Betracht ziehen; ~ **legal advice** zum Rechtsanwalt, zur Rechtsberatung gehen; ~ **one's bearings** sich orientieren; ~ **the blame** die Schuld auf sich nehmen; ~ **a deep breath** tief Atem holen; ~ **a chair, seat** sich setzen, Platz nehmen; ~ **the chair** den Vorsitz überneh-

men; ~ **a chance** etwas wagen, riskieren; ~ **charge of** sich kümmern um, achtgeben auf; die Leitung *gen* in die Hand nehmen; ~ **into confidence** ins Vertrauen ziehen; ~ **into consideration** in Erwägung ziehen; ~ **cover** Schutz suchen, in Deckung gehen; ~ **a short cut** den Weg abkürzen; ~ **a degree** ein Examen ablegen; ~ **effect** wirksam werden; ~ **fire** Feuer fangen; ~ **for granted** für selbstverständlich halten; ~ **a hint** e-n Wink verstehen; ~ **hold of s.th.** sich e-1 3 bemächtigen; ~ **interest in** Interesse haben an; ~ **one's leave** sich verabschieden (*of* von); ~ **a liking to s.o.** sich zu jdm hingezogen fühlen; ~ **a look** e-n Blick werfen (*at* auf); ~ **measures** Maßnahmen ergreifen; ~ **the mickey out of s.o.** *fam* jdn veräppeln; ~ **a nap** ein Nickerchen machen; ~ **a note of s.th.** etw notieren, *fig* bemerken; ~ **notes** sich Notizen machen; ~ **notice of** beachten, Notiz nehmen von; ~ **an oath** e-n Eid leisten; schwören; ~ **offence at** sich beleidigt fühlen durch; ~ **orders** gehorchen; ~ **part in** teilnehmen an; ~ **s.o.'s picture** jdn aufnehmen, fotografieren; ~ **to pieces** auseinandernehmen; ~ **pity on** Mitleid haben mit; ~ **place** stattfinden; ~ **s.o.'s place** an jds Stelle treten; ~ **pleasure in** Vergnügen haben, finden an; ~ **possession of** Besitz ergreifen von; ~ **a resolution** e-n Entschluß fassen; ~ **a rest** sich ausruhen; ~ **time** Zeit brauchen; ~ **one's time** sich Zeit lassen (*to* zu); ~ **the trouble** sich die Mühe machen, sich bemühen (*to* zu); ~ **turns** (sich) abwechseln; ~ **a turn for the better, worse** e-e Wendung zum Besseren, Schlechteren nehmen; **it ~s 5 hours** man braucht 5 Stunden; **he ~s a size nine shoe** er hat (Schuh)Größe 9; **that doesn't ~ much brains** dazu gehört nicht viel Verstand; **how does that ~ you?** wie findest du das? ~ **it from me!** glaube mir! ~ **it or leave it** wie du willst; **I can't ~ it any more** ich kann nicht mehr; **I find that hard to ~** es fällt mir schwer, das hinzunehmen, zu verkraften, zu ertragen; **be ~n ill** krank werden; **be ~n with s.o.** von jdm angetan sein; **II** *itr* 1. *(Pflanze)* anwachsen, Wurzeln schlagen; *(Feuer)* angehen; *(Farbe)* angenommen werden; *(Impfung)* anschlagen; 2. *(Fisch)* anbeißen; 3. Anklang, Beifall finden; 4. Abbruch tun, abträglich sein (*from* dat); ▶ ~ **ill** krank werden; ~ **long** lange dauern; **III** *s* 1. *Am* Einnahmen *f pl;* 2. Beute *f;* Fang *m* 3. *film* Aufnahme *f;* **IV** *(mit Präposition)* **take aback** *tr* überraschen; **take after** *itr* 1. nachschlagen (*s.o.* jdm); 2. ähnlich sein (*s.o.* jdm); **take along** *tr* mitnehmen; **take apart** *tr* auseinandernehmen *a. fig;* **take away** *tr* 1.

wegnehmen; **2.** *math* abziehen; **3.** *(Essen)* mitnehmen; ▶ ~ **away from s.th.** etw schmälern, mindern; **take back** *tr* **1.** zurücknehmen; **2.** *(Ware)* zurückbringen; **3.** erinnern *(to* an); **take down** *tr* **1.** herunternehmen; abnehmen; **2.** ab-, einreißen; abbauen; **3.** demütigen; **4.** aufschreiben; notieren; ▶ **I took him down a peg or two** *fig* ich habe ihm e-n Dämpfer aufgesetzt; **take for** *tr* halten für; **take home** *tr* **1.** nach Hause bringen; **2.** *(Geld)* netto verdienen; **take in** *tr* **1.** annehmen; **2.** *(Kleid)* enger machen; **3.** einschließen; **4.** wahrnehmen; verstehen, begreifen; **5.** täuschen, hereinlegen; **6.** zu sich nehmen, aufnehmen; *com* in Kost nehmen; **7.** *(Ernte)* einbringen; **8.** *(Geld)* einnehmen; **take off** *tr* **1.** wegnehmen; **2.** *(Telefonhörer, Deckel)* abnehmen; **3.** *(Kleidung)* ausziehen; *(Hut)* abnehmen; **4.** abziehen, subtrahieren; *(vom Preis)* nachlassen; **5.** *(Zug)* ausfallen lassen; **6.** nachmachen, -äffen; **7.** *(Tag)* freinehmen; **8.** *(Person)* mitnehmen; abführen; *itr* **1.** sich entfernen; **2.** *aero* starten; ▶ ~ **o.s. off** weggehen; ~ **s.o.'s mind off s.th.** jdn von etw ablenken; ~ **s.th. off s.o.'s hands** jdm etw abnehmen; **take on** *tr* **1.** beschäftigen, einstellen; **2.** auf sich nehmen; *(Arbeit)* annehmen; **3.** spielen gegen; kämpfen gegen; sich auseinandersetzen mit; **4.** *(Farbe, Ausdruck)* bekommen, annehmen; *itr* **1.** *fam* sich furchtbar ärgern; **2.** *fam* ankommen, in Mode kommen *(among* bei); **take out** *tr* **1.** herausnehmen, entfernen; **2.** hinausbringen; hinausfahren; **3.** *(Geld)* abheben; **4.** *(Patent)* nehmen, erwirken; *(Versicherung)* abschließen; **5.** *Am (Essen)* mitnehmen; **6.** ausführen, begleiten; **7.** *mil euph* zerstören; töten; ▶ ~ **it out of s.o.** jdn mitnehmen, jdn schlauchen; ~ **it out on s.o.** seinen Ärger an jdm auslassen; ~ **s.o. out of himself** jdn seine Sorgen vergessen lassen; **take over** *tr* **1.** *(Geschäft, Amt)* übernehmen; **2.** *(Person)* hinüberbringen; mitnehmen; *itr* an die Macht, Regierung kommen; *fam* das Heft an sich reißen; ▶ ~ **over from s.o.** jdn ablösen; **take to** *itr* **1.** Gefallen finden an; *(Person)* sympathisch finden; **2.** Zuflucht nehmen zu; ▶ ~ **to doing s.th.** anfangen, etw zu tun; **take up** *tr* **1.** aufnehmen; hochheben; **2.** hinaufbringen; **3.** aufsaugen, absorbieren; **4.** *(Zeit)* in Anspruch nehmen; *(Platz)* einnehmen; **5.** übernehmen; **6.** *(Beschäftigung)* aufnehmen; **7.** *(Kredit, Einladung)* annehmen; **8.** *(Hobby)* sich zulegen; **9.** *(Rock)* kürzer machen; **10.** *(Angelegenheit)* besprechen; eingehen auf; **11.** *(Thema)* wiederaufnehmen; **12.** *(Redner)* berichtigen; **13.** *(Wohnung)* beziehen; **14.** *(Gedanken)* aufgreifen; **15.** fördern, sich einsetzen für; *itr* weitermachen; ▶ **I'll ~ you up on that** ich nehme Sie beim Wort; **be ~n up with** beschäftigt sein mit; **take up with** sich anfreunden mit.

take-away ['teɪkəweɪ] **1.** Essen *n* zum Mitnehmen; **2.** Imbißstube *f;* Restaurant *n* für Außer-Haus-Verkauf; **take-home pay** ['teɪkhəum'peɪ] Nettolohn *m;* **take-in** ['teɪkɪn] *fam* Schwindel *m,* Gaunerei *f,* Betrug *m;* **taken** ['teɪkn] *v s. take;* **take-off** ['teɪkɔf] **1.** *aero* Abflug, Start *m a. fig;* **2.** *fam* Nachmachen *n,* Karikieren *n;* Nachahmung *f;* ▶ ~ **clearance** Startfreigabe *f;* **do a ~ of s.o.** jdn nachmachen; **take-out** ['teɪkaut] *Am sl* Fertiggericht *n* zum Mitnehmen; **take-over** ['teɪkˌəuvə(r)] Übernahme *f;* **takeover bid** Übernahmeangebot *n.*

taker ['teɪkə(r)] **1.** Käufer(in) *m (f);* Interessent(in) *m (f);* **2.** Wettende(r) *f m;* ▶ **any ~s?** wer wettet? *(bei Auktion)* wer bietet? *fig* wer ist (daran) interessiert?

take-up ['teɪkʌp] **1.** Ananspruchnahme *f;* **2.** *(Tonband)* Aufwickeln, Aufspulen *n;* **take-up spool** *(Tonband)* Aufwickelspule *f.*

tak·ing ['teɪkɪŋ] **I** *adj* sympathisch; **II** *s* **1.** Entnahme *f;* **2.** *pl* Einnahmen *f pl;* **3.** *mil* Einnahme *f;* ▶ **on ~** bei Entnahme; ~ **an inventory** Inventur *f;* ~ **out a policy** Abschluß *m* e-r Versicherung; **tak·ing-over** [ˌteɪkɪŋ'əuvə(r)] Übernahme *f;* **tak·ing-up** [ˌteɪkɪŋ'ʌp] *com* Aufnahme *f;* ~ **of a loan** Kreditaufnahme *f.*

talc [tælk] *min* Talk *m;* **tal·cum** ['tælkəm] *(~ powder)* Körperpuder *m.*

tale [teɪl] **1.** Erzählung, Geschichte *f;* **2.** Lüge, Erfindung *f;* **3.** Bericht *m;* Gerede *n;* ▶ **tell ~s** klatschen, (aus)plaudern.

tal·ent ['tælənt] **1.** Talent *n,* Begabung, Fähigkeit *f;* **2.** *fam* anziehende Frau; ▶ **to have a ~ for** begabt sein für; **talented** [—ɪd] *adj* begabt, befähigt.

tal·is·man ['tælɪzmən] ⟨*pl* -mans⟩ Talisman, Glücksbringer *m.*

talk [tɔːk] **I** *itr* **1.** sprechen, reden *(about, of, on* von, über; *to, with s.o.* mit jdm); **2.** plaudern, schwatzen; klatschen; ▶ ~ **big** *sl* angeben, prahlen; ~ **through one's hat** *sl* Unsinn reden; **now you are ~ing** das läßt sich hören! **you can ~!** du hast gut reden! ~ **to o.s.** Selbstgespräche führen; ~**ing of holidays** da wir gerade vom Urlaub sprechen; **II** *tr* **1.** *(Sprache)* sprechen; *(Unsinn)* reden; **2.** reden, sprechen über; **3.** überreden *(into doing s.th.* etw zu tun); ▶ ~ **s.o. into s.th.** jdm etw einreden; ~ **s.o. out of s.th.** jdm etw ausreden; **be ~ed about** *od* **of** ins Gerede kommen; **let's ~ business** kommen wir zur Sache; ~ **scandal** klatschen; ~ **sense** vernünftig reden; ~ **shop** fachsimpeln; **III** *s* **1.** Rede *f,* Gespräch *n*, Unterhaltung *f*; **2.** Diskussion, Aussprache, Besprechung *f*; **3.** Gerede, Geschwätz *n*; **4.** Vortrag *m*; ▶ **be all ~** immer nur reden; **be the ~ of the town** in aller Munde sein; **there is ~ of** man spricht von, man sagt; **small ~** Small Talk *m*; **IV** *(mit Präposition)* **talk back** *itr* (scharf) erwidern, antworten; frech sein; **talk down** *tr* **1.** zum Schweigen bringen; **2.** *aero* heruntersprechen; ▶ **~ down to s.o.** mit jdm herablassend reden; **talk on** *itr* weiterreden; **talk out** *tr* **1.** *(Thema)* erschöpfen(d behandeln); **2.** *parl* durch lange Debatten hinauszögern; ▶ **~ s.o. out of s.th.** jdn von etw abbringen; **~ one's way out of s.th.** sich aus etw herausreden; **talk over** *tr* bereden, besprechen; **talk round** *tr* umstimmen; ▶ **~ round s.th.** um etw herumreden; **talk through**; ▶ **~ s.th. through** etw diskutieren; **~ s.o. through s.th.** etw mit jdm durchsprechen.

talka·tive ['tɔːkətɪv] *adj* redselig, gesprächig; **talker** ['tɔːkə(r)] **1.** Sprecher(in), Redner(in) *m (f)*; **2.** Schwätzer(in) *m (f)*; **talk·ing** ['tɔːkɪŋ] **I** *adj* sprechend; ▶ **~ film, picture** Tonfilm *m*; **II** *s* Reden *n*; **talking-point** Gesprächsgegenstand *m*; **talk·ing-to** ['tɔːkɪŋtuː] *fam* Schimpfe, Schelte *f*; **talk show** *TV* Talkshow *f*.

tall [tɔːl] *adj* groß; hoch; lang; ▶ **a ~ order** eine Zumutung; **a ~ story** eine unglaubliche Geschichte; **tall·boy** ['tɔːlbɔɪ] Aufbaukommode *f*; **tall·ness** ['tɔːlnɪs] Größe *f*.

tal·low ['tæləʊ] Talg *m*.

tally ['tælɪ] **I** *s* **1.** Anschreibbuch *n*; **2.** (Ab)Rechnung *f*; ▶ **keep a ~ of** Buch führen über; **II** *tr (~ up)* zusammenrechnen, -zählen; **III** *itr* übereinstimmen, sich decken *(with* mit).

tally-ho [ˌtælɪ'həʊ] *interj (Jagd)* hallo.

tally·man ['tælɪmən] ⟨*pl* -men⟩ Ladungs-, Staugüterkontrolleur *m*; **tally sheet** Strichliste *f*.

talon ['tælən] *zoo fig* Kralle *f*.

tam·able ['teɪməbl] *adj* zähmbar.

tam·ar·ind ['tæmərɪnd] *bot* Tamarinde *f*.

tam·ar·isk ['tæmərɪsk] *bot* Tamariske *f*.

tam·bour ['tæmbʊə(r)] **1.** *mus* Trommel *m*; **2.** *arch* Säulentrommel *f*; **3.** Stickrahmen *m*; **4.** *(Schreibtisch)* Rollo *n*; **tambour·ine** [ˌtæmbə'riːn] Tamburin *n*.

tame [teɪm] **I** *adj* **1.** zahm; gezähmt; **2.** matt, fade, schal; **3.** langweilig, uninteressant; **II** *tr* **1.** (be)zähmen; **2.** *fig* gefügig machen; **tamer** ['teɪmə(r)] (Tier)Bändiger(in), Dompteur(in) *m (f)*.

tam-o'-shan·ter [ˌtæmə'ʃæntə(r)] (runde) Schottenmütze *f*.

tamp [tæmp] *tr* **1.** ab-, verdämmen; **2.** feststampfen; **tam·per** ['tæmpə(r)] **1.** Ramme *f*; **2.** (Pfeifen)Stopfer *m*.

tam·per with ['tæmpə(r) 'wɪð] *tr* sich zu schaffen machen an; herumfuschen an; *(Abrechnungen)* frisieren; *(Dokument)* fälschen; **tamper-proof** ['tæmpə(r)-pruːf] *adj* gegen Mißbrauch geschützt.

tam·pon ['tæmpən] *med* Tampon *m*.

tan [tæn] **I** *s* **1.** Hellbraun *n*; **2.** Sonnenbräune *f*; **II** *adj* hellbraun; **III** *tr* **1.** gerben; **2.** *(in der Sonne)* bräunen; ▶ **~ s.o.'s hide** jdn verdreschen; **IV** *itr (in der Sonne)* braun werden.

tan·dem ['tændəm] **I** *s* Tandem *n*; **II** *adv* hintereinander.

tang [tæŋ] penetranter Geruch; scharfer Geschmack.

tan·gent ['tændʒənt] Tangente *f*; ▶ **fly, go off at a ~** *fig* vom Thema abkommen; plötzlich e-e andere Richtung einschlagen; **tan·gen·tial** [tæn'dʒenʃl] *adj math* tangential; ▶ **this is only ~ to the question** das berührt die Frage nur am Rande.

tan·ger·ine [ˌtændʒə'riːn, *Am* 'tændʒəriːn] *bot* Mandarine *f*.

tan·gible ['tændʒəbl] *adj* **1.** fühl-, greifbar; **2.** *fig (Beweis, Resultat)* greifbar.

tangle ['tæŋgl] **I** *tr* verwirren; ▶ **get ~d (up)** sich verwickeln, sich verwirren; *fig* verwickelt werden *(in* in); **II** *s* **1.** Gewirr *n*; **2.** *fig* Wirrwarr *m*, Durcheinander *n*; **3.** Streit *m*, Auseinandersetzung *f*.

tango ['tæŋgəʊ] ⟨*pl* tangos⟩ **I** *s* Tango *m*; **II** *itr* Tango tanzen.

tangy ['tæŋɪ] *adj* stark riechend; scharf (schmeckend).

tank [tæŋk] **I** *s* **1.** Tank, Behälter *m*; Kessel *m*; **2.** Tank, Panzer *m*; **II** *(mit Präposition)* **tank up** *tr* **1.** auftanken; volltanken; **2.** *sl* sich besaufen; ▶ **be ~ed up** besoffen sein.

tank·ard ['tæŋkəd] Maß(krug *m*) *n*.

tanker ['tæŋkə(r)] **1.** Tanker *m*, Tankschiff *n*; **2.** *(flying ~)* Tankerflugzeug *n*; **3.** *mot* Tankwagen, -lastzug *m*.

tan·ner ['tænə(r)] Gerber(in) *m (f)*; **tannery** ['tænərɪ] Gerberei *f*; **tan·nic** ['tænɪk] *adj* ▶ **~ acid** Gerbsäure *f*; **tan·nin** ['tænɪn] Tannin *n*; **tan·ning** ['tænɪŋ] **1.** *(Prozeß)* Gerben *n*; *(Fertigkeit)* Gerberei *f*; **2.** *fam* Dresche *f*.

tan·noy ['tænɔɪ] *Wz* Lautsprecheranlage *f*.

tan·ta·lize ['tæntəlaɪz] *tr* **1.** auf die Folter spannen; **2.** foppen; quälen; **tan·ta·liz·ing** [—ɪŋ] *adj* verlockend; verführerisch.

tan·ta·mount ['tæntəmaʊnt] *adj* gleichbedeutend *(to* mit); ▶ **be ~ to s.th.** e-r S gleichkommen.

tan·trum ['tæntrəm] Wutanfall *m*.

tap[1] [tæp] **I** *s* Hahn *m*; ▶ **on ~** *(Bier)* vom Faß; *fig* verfügbar; **turn a ~ on, off** e-n Hahn auf-, zudrehen; **II** *tr* **1.** anzapfen *a. el*; **2.** *(Telefon)* abhorchen, -hören; **3.** *(Markt)* erschließen; ▶ **~ the**

reserves die Vorräte angreifen.

tap² [tæp] **I** *tr* klopfen (*s.o. on the shoulder* jdm auf die Schulter); ▶ ~ **s.th. against s.th.** mit e-r S an etw klopfen; **II** *s* 1. Klopfen *n* (*on the window* an das Fenster; *at the door* an die Tür); 2. Klaps *m;* 3. *pl mil* Zapfenstreich *m;* **tap-dance** ['tæpdɑ:ns] **I** *itr* steppen; **II** *s* Stepptanz *m.*

tape [teɪp] **I** *s* 1. Band *n;* 2. (Papier)Streifen *m;* Klebestreifen *m;* 3. *tele* Lochstreifen *m;* 4. Ton-, Videoband *n;* 5. *sport* Zielband *n;* ▶ **adhesive** ~ Klebestreifen *m;* **red** ~ Bürokratie *f;* Amtsschimmel *m;* **II** *tr* 1. mit e-m Band befestigen; mit einem Klebestreifen verkleben; 2. auf Band aufnehmen; ▶ **have s.th., s.o.** ~**d** *fam* etw, jdn gründlich kennen; **tape-cassette** Tonbandkassette *f;* **tape-deck** Tapedeck *n;* **tape measure** Bandmaß *n.*

taper ['teɪpə(r)] **I** *s* (Wachs)Kerze *f;* **II** *tr* spitz zulaufen lassen; **III** *itr* spitz zulaufen, sich verjüngen; abnehmen; ▶ ~ **off** abklingen; auslaufen, zu Ende gehen.

tape-reader ['teɪpˌriːdə(r)] Lochstreifenleser *m;* **tape-re·cord** ['teɪprɪˈkɔːd] *tr* auf Band aufnehmen; **tape-re·corder** ['teɪprɪˈkɔːdə(r)] Tonbandgerät *n;* **tape-re·cord·ing** ['teɪprɪˈkɔːdɪŋ] Bandaufnahme *f.*

tap·es·try ['tæpɪstrɪ] Wandbehang, -teppich, Gobelin *m.*

tape·worm ['teɪpwɜːm] Bandwurm *m.*

tapi·oca [ˌtæpɪˈəʊkə] Tapioka(mehl *n*) *f.*

ta·pir ['teɪpə(r)] *zoo* Tapir *m.*

tap·pet ['tæpət] *tech* Stößel, Mitnehmer *m.*

tap·room ['tæprʊm] Schankraum *m;* **tap-water** Leitungswasser *n.*

tar [tɑː(r)] **I** *s* Teer *m;* **II** *tr* teeren; ▶ **they are** ~**red with the same brush** von ihnen ist einer nicht mehr wert als der andere.

ta·ran·tula [təˈræntjʊlə] *zoo* Tarantel *f.*

tardy ['tɑːdɪ] *adj* 1. spät; 2. säumig, verspätet; ▶ **be** ~ **for s.th.** zu etw zu spät kommen.

tare [teə(r)] *com* Tara *f.*

tar·get ['tɑːgɪt] **I** *tr* zielen auf; richten auf; **II** *s* 1. Schieß-, Zielscheibe *f a. fig;* 2. *pol com* Ziel *n;* 3. (Produktion) Soll *n,* Planziffer *f;* ▶ **sales** ~ Verkaufsziel *n;* **target date** 1. *com* Fälligkeitsdatum *n;* 2. Liefertermin *m;* **target figures** *pl* Sollzahlen *f pl;* **target language** Zielsprache *f;* **target practice** *mil* Zielschießen *n;* **target price** 1. Richtpreis *m;* 2. angestrebter Preis; **tar·get·ed** ['tɑːgɪtəd] *adj* zielgerichtet.

tar·iff ['tærɪf] 1. (Zoll-, Versicherungs)Tarif *m;* Zoll(satz) *m;* 2. Gebührensatz *m;* 3. Preisliste *f.*

tar·mac ['tɑːmæk] **I** *tr* asphaltieren; **II** *s* 1. Asphalt, Teermakadam *m;* 2. *aero*

(asphaltiertes) Rollfeld.

tarn [tɑːn] Bergsee *m.*

tar·nish ['tɑːnɪʃ] **I** *tr* 1. *fig* beflecken; 2. (Metall) stumpf werden lassen; mattieren; **II** *itr* seinen Glanz verlieren; trübe, matt werden; anlaufen; **III** *s* 1. Anlaufen *n;* Beschlag *m;* 2. *fig* Makel *m.*

tar·pau·lin [tɑːˈpɔːlɪn] Zeltplane *f.*

tar·ra·gon ['tærəgən] *bot* Estragon *m.*

tarry ['tɑːrɪ] *adj* teerig.

tar·sus ['tɑːsəs] ⟨*pl* -si⟩ ['tɑːsaɪ] *anat* Fußwurzel *f.*

tart¹ [tɑːt] *adj* 1. scharf, herb, sauer; 2. *fig* beißend, spitz.

tart² [tɑːt] 1. Obsttorte *f;* 2. *Am* Törtchen *n;* ▶ **apple-, cherry-**~ Apfel-, Kirschtorte *f.*

tart³ [tɑːt] **I** *s fam pej* Nutte *f;* **II** (mit Präposition) **tart up** *tr* aufmachen, auftakeln, herausputzen.

tar·tan ['tɑːtn] Schottenmuster *n.*

tar·tar¹ ['tɑːtə(r)] *fig* Tyrann *m;* Xanthippe *f;* ▶ **catch a** ~ an den Unrechten kommen.

tar·tar² ['tɑːtə(r)] Wein-, Zahnstein *m;* **tar·taric** [tɑːˈtærɪk] *adj* ▶ ~ **acid** Weinsteinsäure *f;* **tartar(e) sauce** Remouladensoße *f.*

task [tɑːsk] Aufgabe *f;* Pflicht *f;* ▶ **take to** ~ zur Rede stellen (*for, about* wegen); **task-force** Sondereinheit *f;* **task-master** Zuchtmeister *m;* ▶ **a hard** ~ ein strenger Meister.

tas·sel ['tæsl] Troddel, Quaste *f.*

taste [teɪst] **I** *tr* 1. (Speise) kosten, versuchen; 2. (ab)schmecken; 3. essen; 4. *fig* erfahren, erleben; **II** *itr* schmecken (*of* nach); **III** *s* 1. Geschmack(ssinn) *m;* Geschmack *m* (*e-r Speise*); 2. Kostprobe *f;* 3. *fig* Vorgeschmack *m;* 4. (guter) Geschmack *m;* 5. Vorliebe *f* (*for* für); Neigung *f* (*for* zu); Sinn *m* (*for* für); ▶ **in (good)** ~ geschmack-, taktvoll; **in bad, poor** ~ geschmacklos; **to** ~ (Küche) nach Geschmack; **to s.o.'s** ~ nach jds Geschmack; **leave a bad** ~ **in one's mouth** *a. fig* e-n schlechten Nachgeschmack haben; **taste·bud** ['teɪstbʌd] Geschmacksknospe *f;* **taste·ful** ['teɪstfl] *adj* geschmackvoll; **taste·less** [—lɪs] *adj* 1. fade, nach nichts schmeckend; 2. *fig* geschmacklos; **taster** ['teɪstə(r)] (Wein-, Tee)Schmecker, Probierer *m;* **tasty** ['teɪstɪ] *adj* 1. wohlschmeckend; 2. *sl* interessant.

tat [tæt] **I** *s* ▶ **give tit for** ~ etw mit gleicher Münze heimzahlen; **II** *tr, itr* (in) Schiffchenarbeit herstellen.

tat·ter ['tætə(r)] 1. Fetzen, Lumpen *m;* 2. *pl* abgerissene Kleidung; ▶ **tear to** ~**s** *fig* zerfetzen, zerreißen; **tat·tered** ['tætəd] *adj* zerlumpt, abgerissen.

tattle ['tætl] **I** *itr* plaudern; klatschen; **II** *s* Gerede *n;* **tat·tler** ['tætlə(r)] Klatschbase *f.*

tat·too[1] [tə'tu:] I *tr* tätowieren; II *s* Tätowierung *f*.
tat·too[2] [tə'tu:] 1. *mil* Zapfenstreich *m*; 2. Trommeln *n*; 3. Musikparade *f*; ► **beat, sound the ~** den Zapfenstreich blasen.
tatty ['tætɪ] *adj fam* schäbig.
taught [tɔ:t] *v s. teach.*
taunt [tɔ:nt] I *tr* verspotten (*with cowardice* wegen Feigheit); II *s* 1. Spott *m*; 2. spöttische Bemerkung.
Taurean [tɔ:'rɪən] I *adj* Stier-; II *s* Stier *m*; **Taurus** ['tɔ:rəʊ] *astr* Stier *m*.
taut [tɔ:t] *adj* 1. gespannt, straff; 2. *(Gesicht) fig* angespannt; 3. *(Stil)* knapp.
tauto·logi·cal [ˌtɔ:tə'lɒdʒɪkəl], **taut·ologous** [tɔ:'tɒləgəs] *adj* tautologisch; **taut·ol·ogy** [tɔ:'tɒlədʒɪ] Tautologie *f*.
tav·ern ['tævən] Schenke *f*.
taw·dry ['tɔ:drɪ] *adj* billig, geschmacklos; kitschig.
tawny ['tɔ:nɪ] *adj* gelbbraun; ► **~ owl** Waldkauz *m*.
tax [tæks] I *tr* 1. besteuern; 2. stark in Anspruch nehmen, anstrengen; 3. schätzen (*at* auf); 4. beschuldigen (*with* gen); II *s* 1. Steuer *f*; Abgabe *f* (*on* auf); 2. Beanspruchung, Inanspruchnahme *f* (*on* gen); ► **after ~** netto, nach Steuern; **before ~** brutto, vor Steuern; **exempt from, free of ~** steuerfrei; **collect ~es** Steuern erheben; **impose, lay, levy, put a ~ on** mit e-r Steuer belegen, besteuern; **pay £ 100 in ~es** £ 100 Steuern zahlen; **for ~ purposes** aus steuerlichen Gründen; **tax·able** [—əbl] *adj* steuerpflichtig; ► **~ entity** Steuersubjekt *n*; **~ income** zu versteuerndes Einkommen; **~ period** Veranlagungszeitraum *m*; **tax allowance** Steuerfreibetrag *m*; Steuervergünstigung *f*; **tax arrears** *pl* Steuerrückstände *m pl*; **tax assessment** Steuerveranlagung *f*; **tax·ation** [tæk'seɪʃn] Besteuerung, Steuerveranlagung *f*; Steuern *f pl*; ► **subject to ~** steuerpflichtig; **tax avoidance** Steuerumgehung *f*; **tax bracket** Steuerklasse *f*; **tax-collector** Steuereinnehmer *m*; *(Bibel)* Zöllner *m*; **tax-deductible** *adj* steuerlich abzugsfähig; **tax disc** *Br* Kraftfahrzeugsteuerplakette *f*; **tax dodging, evasion** Steuerhinterziehung *f*; Steuerflucht *f*; **tax evader** Steuersünder *m*; **tax exemption** Steuerbefreiung *f*; **tax-free** *adj* steuerfrei; **tax haven** Steueroase *f*.
taxi ['tæksɪ] I *s* Taxe *f*, Taxi *n*; II *itr* 1. *(take a ~)* mit e-r Taxe fahren; 2. *aero* rollen; ► **~ to a standstill** *aero* ausrollen.
taxi·der·mist ['tæksɪˌdɜ:mɪst] (Tier)Präparator(in) *m (f)*; **taxi·dermy** ['tæksɪˌdɜ:mɪ] Taxidermie *f*.
taxi-driver Taxifahrer(in) *m (f)*; **taxi·meter** ['tæksɪmiːtə(r)] Fahrpreisanzei-

ger, Taxameter *m*; **taxi plane** Flugtaxe *f*; **taxi rank, taxi stand** Taxistand *m*.
tax·man ['tæksmən] ⟨*pl* -men⟩ Steuerbeamte(r) *m*; ► **the ~ keeps ...** das Finanzamt behält ...; **tax-payer** ['tæksˌpeɪə(r)] Steuerzahler(in) *m (f)*; **tax rebate** Steuerrückzahlung *f*; **tax relief** Steuer:erleichterung, -vergünstigung *f*; **tax return** Steuererklärung *f*; **tax year** Steuerjahr *n*.
T-bar ['ti:bɑ:(r)] Bügel *m*; Schlepplift *m*
tea [ti:] Tee *m*; ► **have ~** Tee trinken; **make (the)** · Tee zubereiten; **not my cup of ~** *fig fam* nicht mein Fall; **beef ~** Fleisch-, Kraftbrühe *f*; **camomile, peppermint ~** Kamillen-, Pfefferminztee *m*; **five-o'-clock ~** Fünfuhrtee *m*; **three ~s please, waiter** (Herr) Ober, dreimal Tee, bitte; **tea bag** Teebeutel *m*; **tea-break** Teepause *f*; **tea-caddy** Teebüchse *f*; Teespender *m*; **tea-cake** Rosinenbrötchen *n*.
teach [ti:tʃ] ⟨*irr* taught, taught⟩ I *tr* lehren, unterrichten; ► **~ s.o. to do s.th.** jdm etw beibringen; **this has taught him a lot** er hat viel daraus gelernt; **that'll ~ you!** das wird dir eine Lehre sein; **~ s.o. a lesson** jdm eine Lektion erteilen; II *itr* unterrichten; **teacher** ['ti:tʃə(r)] Lehrer(in) *m (f)*; **teacher training** Lehrerausbildung *f*; **teacher training college** Lehrerseminar *n*; pädagogische Hochschule.
tea-chest ['ti:tʃest] Teekiste *f*.
teach-in ['ti:tʃɪn] Teach-in *n*; **teach·ing** ['ti:tʃɪŋ] 1. Unterricht *m*; 2. Lehrberuf *m*; 3. *pl* Lehre(n *pl*) *f*; **teaching staff** Lehrkörper *m*; Lehrerschaft *f*.
tea cloth ['ti:klɒθ] Geschirrtuch *n*; **tea-cosy** ['ti:kəʊzɪ] Teewärmer *m*; **tea-cup** ['ti:kʌp] Teetasse *f*; ► **a storm in a ~** ein Sturm im Wasserglas; **tea-garden** 1. Gartenrestaurant *n*; 2. Teepflanzung *f*; **tea·house** ['ti:haʊs] Teehaus *n*.
teak [ti:k] Teakbaum *m*, -holz *n*.
tea-leaves ['ti:li:vz] *pl* Teesatz *m*, Teeblätter *pl*; ► **tell s.o.'s fortune from the ~, read the ~** das Glück aus dem Kaffeesatz lesen.
team [ti:m] I *s* 1. *sport* Mannschaft *f*; 2. Team *n*, Arbeitsgruppe *f*; 3. *(Ochsen)* Gespann *n*; ► **football ~** Fußballmannschaft *f*; II *(mit Präposition)* **team up with** zusammenarbeiten mit; sich zusammentun mit; **team captain** Mannschaftsführer(in) *m (f)*; **team effort** Teamarbeit *f*; **team mate** Mannschaftskamerad(in) *m (f)*; **team play** Zusammenspiel *n*; **team spirit** Mannschafts-, Teamgeist *m*; **team·ster** ['ti:mstə(r)] *Am* LKW-Fahrer *m*; **team-work** Gemeinschafts-, Gruppenarbeit *f*, Teamwork *n*.
tea·pot ['ti:pɒt] Teekanne *f*.
tear[1] [teə(r)] ⟨*irr* tore, torn⟩ I *tr* 1. zerrei-

ßen (*on a nail* an e-m Nagel); **2.** *(Loch)* reißen; ein-, aufreißen; **3.** (heraus)reißen *(from* aus); **4.** *(Haare)* sich raufen; **5.** *fig* (auf)spalten; zersplittern; **6.** *(innerlich)* hin u. her reißen; ▶ **be torn between two things** zwischen zwei Dingen hin- und her gerissen sein; **be in a ~ing hurry** es sehr eilig haben; ~ **to pieces, to bits** in Stücke reißen; **that's torn it!** *fam fig* das hat alles verdorben! II *itr* **1.** (zer)reißen; **2.** zerren, reißen (*at* an); **3.** rasen, sausen; III *s* Riß *m;* IV *(mit Prä-position)* **tear along** *itr* entlangrasen; **tear apart** *tr* **1.** zerreißen; **2.** durchein-anderbringen; **tear at** *tr* reißen, ziehen an; **tear away** *tr* los-, wegreißen; *itr* davonrasen; ▶ **he couldn't himself ~ away from** er konnte sich nicht trennen von; **tear down** *tr* **1.** abreißen, abbre-chen; **2.** herunterreißen *(from* von); *itr* hinunterrasen; **tear into** *tr* ein Loch reißen in; *(Tier)* zerfleischen; ▶ ~ **into the food** übers Essen herfallen; ~ **into s.o.** auf jdn losgehen; **tear off** *tr* abrei-ßen; *itr* davonrasen; ▶ ~ **s.o. off a strip** mit jdm schimpfen; **the button tore off** der Knopf ist ab(gerissen); **tear open** *tr* aufreißen; **tear out** *tr* (her)ausreißen; **tear up** *tr* **1.** zerreißen *a. fig;* **2.** *(Straße)* aufreißen.

tear² [tɪə(r)] Träne *f;* ▶ **in ~s** in Tränen (aufgelöst), weinend; **burst into ~s** in Tränen ausbrechen; **shed ~s** Tränen vergießen.

tear·away ['teərəweɪ] Schlingel *m.*

tear-drop ['tɪədrɒp] Träne *f;* **tear·ful** ['tɪəfl] *adj* **1.** weinend; **2.** traurig; **3.** *(Gesicht)* tränenüberströmt; **tear-gas** Tränengas *n;* **tear-jer·ker** ['tɪə-ˌdʒɜːkə(r)] *fam* sentimentaler Film; Schnulze *f;* **tear·less** ['tɪəlɪs] *adj* trä-nenlos.

tea·room ['tiːrʊm] Teestube *f.*

tease [tiːz] I *tr* **1.** hänseln, necken *(about* wegen); **2.** *(Tier)* quälen; **3.** *fig* auf den Arm nehmen; **4.** *tech (Flachs)* hecheln; *(Wolle)* krempeln; *(Tuch)* kardieren; II *itr* sticheln, frotzeln; Spaß machen; III *s* Schäker(in) *m (f);* **teaser** ['tiːzə(r)] **1.** Schelm *m,* Schäker(in) *m (f);* **2.** *fam* harte Nuß.

tea-ser·vice, tea-set ['tiːˌsɜːvɪs, 'tiːset] Teeservice *n;* **tea·spoon** ['tiːspuːn] Teelöffel *m;* **tea·spoon·ful** [—fʊl] Teelöffelvoll *m;* **tea-strainer** Teesieb *n.*

teat [tiːt] **1.** *zoo* Zitze *f;* **2.** Sauger *m.*

tea-time ['tiːtaɪm] Teestunde *f;* Abend-essenszeit *f;* **tea towel** Geschirrtuch *n;* **tea tray** Tablett *n;* **tea trolley,** *Am* **tea wagon** Teewagen *m;* **tea urn** Tee-maschine *f.*

tech [tek] *Abk:* **technical college** tech-nische Fachschule.

tech·ni·cal ['teknɪkl] *adj* **1.** *a. sport*

technisch; **2.** fachlich; ▶ ~ **college** tech-nische Fachschule; ~ **knowledge** Fach-kenntnisse *pl,* Fachwissen *n;* ~ **question** Verfahrensfrage *f;* ~ **school** Gewerbe-schule *f;* ~ **term** Fachausdruck *m;* **that's too** ~ **for me** dazu fehlt mir die nö-tige Fachkenntnis; **tech·ni·cal·ity** [ˌteknɪˈkælətɪ] **1.** technische Einzelheit; **2.** *jur* Formsache *f;* **tech·ni·cian** [tekˈnɪʃn] **1.** Techniker(in) *m (f);* **2.** Facharbeiter(in) *m (f);* **tech·nique** [tekˈniːk] Technik *f,* Verfahren *n;* Me-thode *f;* **tech·noc·racy** [tekˈnɒkrəsɪ] Technokratie *f;* **tech·no·logi·cal** [ˌteknəˈlɒdʒɪkl] *adj* technologisch; tech-nisch; **tech·nol·ogy** [tekˈnɒlədʒɪ] Technologie, Technik *f;* ▶ **college of** T~ technische Fachschule.

techy ['tetʃɪ] *s. tetchy.*

teddy bear ['tedɪbeə(r)] Teddybär *m.*

tedi·ous ['tiːdɪəs] *adj* langweilig; unin-teressant; **tedi·ous·ness** [—nɪs] Langweiligkeit *f;* **te·dium** ['tiːdɪəm] Lang(e)weile *f.*

tee [tiː] I *s (Golf)* Tee *n;* II *(mit Präposi-tion)* **tee off** *tr (Golfball)* abschlagen; *itr fig* anfangen.

teem [tiːm] *itr* wimmeln *(with* von); ▶ **it's ~ing with rain** es gießt in Strö-men; **teem·ing** [—ɪŋ] *adj* wimmelnd *(with* von).

teen·age ['tiːneɪdʒ] *adj* jugendlich; **teen·ager** ['tiːneɪdʒə(r)] Teenager *m,* Jugendliche(r) *f m (zwischen 13 u. 19 Jahren);* **teens** [tiːnz] *pl* ▶ **she is still in her ~** sie ist noch im Teenageralter.

teeny ['tiːnɪ] *adj* winzig, klein; **tee·ny-bop·per** ['tiːnɪbɒpə(r)] Teeny, Teenie *m;* Teenager und Popfan *m;* **tee·ny-wee·ny** [ˌtiːnɪˈwiːnɪ] *adj* winzig.

tee-shirt ['tiːʃɜːt] T-Shirt *n.*

tee·ter ['tiːtə(r)] *itr* **1.** *Am* schaukeln, wippen; **2.** schwanken.

teeth [tiːθ] *s. tooth;* **teethe** [tiːð] *itr* zahnen; **teeth·ing troubles** ['tiːðɪŋ ˈtrʌblz] *pl fig* Kinderkrankheiten *f pl.*

tee·total [tiːˈtəʊtl, *Am* ˈtiːtəʊtl] *adj* absti-nent; **tee·total·ler,** *Am* **tee·totaler** [tiːˈtəʊtlə(r), *Am* ˈtiːtəʊtlə(r)] Abstinenz-ler(in), Alkoholgegner(in) *m (f).*

tele·cast ['telɪkɑːst] I *s* Fernsehsendung, -übertragung *f;* II *tr irr s. cast* im Fern-sehen übertragen, senden; **tele·com·muni·ca·tions** ['telɪkəˌmjuːnɪˈkeɪʃnz] *pl* Telekommunikation *f;* Fernmeldewesen *n;* Fernmeldetechnik *f;* **tele·copier** ['telɪkɒpɪə] Tele-, Fernkopierer *m;* **tele·copy** ['telɪkɒpɪ] Tele-, Fernkopie *f,* Telefax *n;* **tele·fax** ['telɪfæks] Telefax *n;* **tele·genic** [ˌtelɪˈdʒenɪk] *adj* telegen.

tele·gram ['telɪɡræm] I *s* Telegramm *n;* ▶ **by ~** telegraphisch; II *itr* telegraphie-ren; **telegram form** Telegrammformu-lar *n.*

tele·graph ['telɪgrɑːf] **I** s Telegraph m; **II** tr, itr telegrafieren; **tel·egra·phese** [,telɪgrə'fiːz] Telegrammstil m; **tele·graphic** [,telɪ'græfɪk] adj telegrafisch; ► ~ **address** Telegrammadresse f; ~ **answer** Drahtantwort f; **telegraph·pole, telegraph-post** Telegraphenmast m; **tel·egra·phy** [tɪ'legrəfɪ] Telegrafie f.
tele·pathic [,telɪ'pæθɪk] adj telepathisch; **tel·epa·thy** [tɪ'lepəθɪ] Telepathie, Gedankenübertragung f.
tele·phone ['telɪfoʊn] **I** s Fernsprecher m, Telefon n; ► **by** ~ telefonisch, fernmündlich; **on the** ~ am Telefon; **are you on the** ~? haben Sie Telefon? **answer the** ~ ans Telefon gehen; **be on the** ~ am Apparat sein; **he is wanted on the** ~ er wird am Telefon verlangt; **II** itr telefonieren; anrufen, -läuten; **III** tr 1. (Nachricht) telefonisch durchgeben, -sagen; 2. (Person) anrufen (s.o. jdn); **telephone booth, telephone-box** Telefon-, Fernsprechzelle f; **telephone call** (Telefon)Anruf m, -gespräch n; **telephone connection** Fernsprechverbindung f; **telephone conversation** Telefongespräch n; **telephone directory, telephone book** Telefonbuch, -verzeichnis n; **telephone exchange** Telefonvermittlung, -zentrale f; **telephone information service** Telefonansage f; **telephone message** telefonische Nachricht, Durchsage f; **telephone number** Telefonnummer, Rufnummer f; **telephone operator** Telefonist(in) m (f); **telephone rates** pl Fernsprechgebühren f pl; **tel·ephon·ist** [tɪ'lefənɪst] Telefonist(in) m (f); **tel·eph·ony** [tɪ'lefənɪ] Fernsprechwesen n.
tele·photo lens [,telɪ'foʊtəʊ 'lens] Teleobjektiv n.
tele·prin·ter ['telɪprɪntə(r)] Fernschreiber m.
tele·promp·ter ['telɪpromptə(r)] Wz Teleprompter m.
tele·re·cord·ing [,telɪrɪ'kɔːdɪŋ] (Fernseh)Aufzeichnung f.
tele·scope ['telɪskəʊp] **I** s Fernrohr, Teleskop n; **reflecting** ~ Spiegelreflektor m; **II** itr sich ineinanderschieben; **III** tr 1. ineinanderschieben; 2. fig verkürzen; **tele·scopic** [,telɪ'skopɪk] adj 1. teleskopisch; 2. ausziehbar, ineinanderschiebbar.
tele·tex ['telɪteks] Teletex n.
tele·type ['telɪtaɪp] **I** s Wz Am Fernschreiber m; **II** tr als Fernschreiben übermitteln; **tele·type·writer** [,telɪ'taɪpraɪtə(r)] Am Fernschreiber m.
tele·view·er ['telɪˌvjuːə(r)] Fernsehteilnehmer(in) m (f); **tele·vise** ['telɪvaɪz] tr im Fernsehen übertragen; ► ~**d debate** Fernsehdebatte f; **tele·vi·sion** ['telɪˌvɪʒn] 1. Fernsehen n; 2. fam (~ set)

Fernseher m; ► **watch** ~ fernsehen; **be on** ~ im Fernsehen kommen; **see s.th. on** ~ etw im Fernsehen sehen; **television advertising** Fernsehwerbung f; **television announcer** Fernsehansager(in) m (f); **television camera** Fernsehkamera f; **television program(me)** Fernsehprogramm n; **television receiver, set** Fernsehempfänger, -apparat m; **television studio** Fernsehstudio n; **television transmitter** Fernsehsender m; **television viewer** (Fernseh)Zuschauer(in) m (f).
telex ['teleks] **I** tr telexen; **II** s Telex n.
tell [tel] ⟨irr told, told⟩ **I** tr 1. erzählen, berichten; 2. sagen; 3. mitteilen; 4. ankündigen; 5. enthüllen, bloßlegen; 6. erkennen, feststellen; 7. unterscheiden, auseinanderhalten (from von); 8. anweisen, beauftragen, befehlen (s.o. jdm); 9. versichern (s.o. jdm); ► **all told** alles in allem, summa summarum; ~ **in advance** voraussagen; ~ **fortunes from cards** aus den Karten wahrsagen; ~ **lies** lügen; ~ **s.o. the time** jdm sagen, wie spät es ist; ~ **the truth** die Wahrheit sagen; **to** ~ **the truth** ehrlich gesagt; **I told you** ich habe es Ihnen doch gesagt; **you are** ~**ing me!** wem sagen Sie das! **II** itr 1. erzählen, berichten (of von; about über); 2. es sagen; 3. hinweisen, -deuten (of auf); 4. Bedeutung, Gewicht haben; sich auswirken (on auf); ► **I can't** ~ das weiß ich nicht; **you never can** ~ man kann nie wissen; **who can** ~? wer weiß? **III** (mit Präposition) **tell against** nachteilig sein für; **tell apart** tr auseinanderhalten; **tell off** tr ausschimpfen, anschnauzen; **tell on s.o.** jdn verraten; sich schlecht auf jdn auswirken.
tel·ler ['telə(r)] 1. Erzähler(in) m (f); 2. (Aus-, Stimm)Zähler(in) m (f); 3. Kassenbeamte(r) m, -beamtin f; ► **fortune-**~ Wahrsager(in) m (f); **tell·ing** ['telɪŋ] **I** adj 1. wirkungsvoll; 2. aufschlußreich; **II** s ► **there is no** ~ **what may happen** man weiß nie, was (alles) passieren kann; **tell·ing-off** ['telɪŋ'ɒf] Schimpfe f; **tell·tale** ['telteɪl] **I** s Petze f; **II** adj verräterisch.
telly ['telɪ] fam Fernsehen n.
te·mer·ity [tɪ'merətɪ] (Toll)Kühnheit f.
temp [temp] fam (Büro) Ersatzkraft, Zeitarbeitskraft f; ► **work as a** ~ für eine Zeitarbeitsfirma arbeiten.
tem·per ['tempə(r)] **I** tr 1. mäßigen, mildern, abschwächen (with durch); 2. tech tempern; (Stahl) härten; **II** s 1. Wesen(sart f) n; 2. Laune, Stimmung f; (bad ~) Wut f; 3. tech Härtegrad m; ► **be in a** ~ wütend sein; **be out of** ~ **with s.o.** jdm böse sein; **get, fly into a** ~ **about** ärgerlich werden über; **keep, control one's** ~ sich beherrschen; **lose one's** ~ die Geduld verlieren.

tem·pera ['tempərə] Temperamalerei *f,* -farben *f pl.*

tem·pera·ment ['temprəmənt] Temperament *n;* Charakter *m;* **tem·pera·men·tal** [,temprə'mentl] *adj* 1. temperamentvoll; 2. launisch; 3. anlagemäßig; angeboren; ▶ be ~ Mucken haben.

tem·per·ance ['tempərəns] 1. Mäßigkeit *f;* 2. Abstinenz *f;* **tem·per·ate** ['tempərət] *adj* 1. mäßig, gemäßigt, maßvoll; 2. *(Klima)* gemäßigt.

tem·pera·ture ['temprətʃə(r)] Temperatur *f;* ▶ have, run a ~ Fieber haben; take s.o.'s ~ die Temperatur messen; ~ chart Fieberkurve *f.*

tem·pest ['tempɪst] Sturm *m a. fig;* **tem·pes·tu·ous** [tem'pestjʊəs] *adj* stürmisch *a. fig; fig* ungestüm.

tem·plate, tem·plet ['templɪt] Schablone *f.*

temple[1] ['templ] *rel* Tempel *m.*

temple[2] ['templ] *anat* Schläfe *f;* ▶ get, go grey at the ~s an den Schläfen grau werden.

tempo ['tempəʊ] ⟨*pl* tempos, *mus:* tempi⟩ ['tempiː] Tempo *n.*

tem·poral ['tempərəl] *adj* 1. *anat* Schläfen-; 2. zeitlich; vergänglich; 3. weltlich; 4. *gram* temporal; **tem·por·ar·ily** ['temprərəlɪ, *Am* ,tempə'rerəlɪ] *adv* vorübergehend; **tem·por·ary** ['temprərɪ, *Am* 'tempərerɪ] I *adj* zeitlich begrenzt, vorübergehend, zeitweilig; provisorisch; ▶ ~ credit Zwischenkredit *m;* ~ exit *(Autobahn)* Behelfsausfahrt *f;* ~ injunction *jur* einstweilige Verfügung; ~ storage Zwischenlagerung *f;* ~ store Zwischenlager *n;* II *s* Aushilfskraft *f;* **tem·por·ize** ['tempəraɪz] *itr* 1. Zeit (zu) gewinnen (suchen); 2. hinhalten *(with s.o.* jdn).

tempt [tempt] *tr* 1. versuchen, verlokken; 2. in Versuchung führen; reizen, locken; ▶ be ~ed to do s.th. versucht sein, etw zu tun; ~ the appetite den Appetit anregen; ~ fate das Schicksal herausfordern; **temp·ta·tion** [temp'teɪʃn] Versuchung *f;* ▶ lead into ~ in Versuchung führen; **temp·ter** ['temptə(r)] Verführer *m;* **temp·ting** ['temptɪŋ] *adj* verführerisch; *(Angebot)* verlockend; **temp·tress** ['temptrɪs] Verführerin *f.*

temp-work ['tempwɜːk] Zeitarbeit *f.*

ten [ten] I *adj* zehn; ▶ ~ to one höchstwahrscheinlich *adv;* II *s* Zehn *f;* ▶ count in ~s in Zehnern zählen; buy in ~s in Zehnerpackungen kaufen.

ten·able ['tenəbl] *adj* 1. zu halten(d); 2. haltbar; 3. *(Amt)* verliehen *(for* für, auf).

ten·acious [tɪ'neɪʃəs] *adj* 1. *(Griff)* fest, eisern; 2. zäh; 3. festsitzend, haftend *(of* an); 4. *fig* unbeugsam, unermüdlich; 5. *(Gedächtnis)* gut; **ten·ac·ity** [tɪ'næsətɪ] 1. Festigkeit *f;* Zähigkeit *f;*

Beharrlichkeit *f;* 2. *(Gedächtnis)* Zuverlässigkeit *f.*

ten·ancy ['tenənsɪ] Pacht-, Mietverhältnis *n,* -dauer *f,* -besitz *m;* ▶ during my ~ als ich Mieter, Pächter war; **ten·ant** ['tenənt] I *s* Pächter(in) *m (f);* Mieter(in) *m (f);* II *tr* in Pacht, Miete haben; **tenant farmer** Pächter(in) *m (f).*

tench [ten(t)ʃ] Schleie *f (Fisch).*

tend[1] [tend] *tr* sich kümmern um; *(Schafe)* hüten; *(Kranken)* pflegen; *(Land)* bestellen; *(Maschine)* bedienen.

tend[2] [tend] *itr* 1. gehen, führen, gerichtet sein *(towards* nach); 2. *fig* tendieren; geneigt sein *(to, towards* zu); ▶ it ~s to go wrong das geht oft schief; he ~s to come early er kommt meist früh; **ten·dency** ['tendənsɪ] *fig* Hang *m,* Neigung *f;* Tendenz *f (to, towards* zu); **ten·den·tious** [ten'denʃəs] *adj* tendenziös.

ten·der[1] ['tendə(r)] I *tr* 1. anbieten; 2. *(Beweis)* erbringen; 3. *(Gesuch)* einreichen; 4. *(Dank)* aussprechen; ▶ ~ exact fare! Fahrgeld abgezählt bereithalten! II *itr* ein Angebot machen; ~ for a contract sich an e-r Ausschreibung beteiligen; III *s* Angebot *n;* ▶ by ~ in Submission; legal ~ gesetzliches Zahlungsmittel; invite ~s for s.th. etw ausschreiben.

ten·der[2] ['tendə(r)] 1. (Auf)Wärter(in) *m (f);* 2. *mar* Lichter, Leichter(schiff *n) m;* 3. *rail* Tender *m;* ▶ bar ~ Barmixer *m.*

ten·der[3] ['tendə(r)] *adj* 1. weich, zart; 2. empfindlich; anfällig; 3. *(schmerz)*empfindlich; 4. *(Alter, Farbton)* zart; 5. *fig* zärtlich, liebevoll; 6. feinfühlig; empfindlich; *(Herz)* weich; 7. *(Thema)* heikel; **ten·der·foot** ['tendəfʊt] ⟨*pl* -foots⟩ Neuling, Anfänger *m;* **ten·der·hearted** [,tendə'hɑːtɪd] *adj* weichherzig, gutmütig; **ten·der·ize** ['tendəraɪz] *tr (Fleisch)* zart machen; **ten·der·iz·er** [-ə(r)] Mürbesalz *n;* **ten·der·loin** ['tendələɪn] *(Küche)* Filet *n;* **ten·der·ness** ['tendənɪs] 1. Zartheit *f;* 2. Empfindlichkeit *f (to* gegen); 3. Zärtlichkeit *f (to* gegen, zu); 4. Mit-, Feingefühl *n.*

ten·don ['tendən] *anat* Sehne *f.*

ten·dril ['tendrəl] *bot* Ranke *f.*

ten·ement ['tenəmənt] 1. *jur* Mietbesitz *m;* 2. Miet-, Wohnhaus *n;* **tenement house** Mietshaus *n.*

Ten·erife [,tenə'riːf] Teneriffa *n.*

ten·fold ['tenfəʊld] *adj, adv* zehnfach.

ten·nis ['tenɪs] *(lawn-~)* Tennis *n;* **tennis court** Tennisplatz *m;* **tennis elbow** Tennisarm *m;* **tennis racket** Tennisschläger *m.*

tenon ['tenən] *tech* Zapfen *m.*

tenor ['tenə(r)] 1. Grundhaltung, -tendenz *f;* 2. Verlauf, Gang *m;* 3. wesentlicher Inhalt; Wortlaut *m;* 4. *mus* Tenor *m.*

ten·pin ['tenpɪn] *Am* 1. *(Spiel)* Kegel *m;*

2. *pl mit sing* Bowling, Kegeln *n.*
tense[1] [tens] **I** *adj* **1.** gespannt; **2.** *fig*
spannungsgeladen; **3.** *(Lage)* gespannt;
II *tr* straffen; anspannen; ► **be ~d up**
nervös sein; **III** *itr* sich anspannen.
tense[2] [tens] *gram* Tempus *n,*
Zeit(form) *f;* ► **present ~** Gegenwart *f;*
past ~ Vergangenheit *f;* **future ~** Zu-
kunft *f.*
ten·sion ['tenʃn] **1.** Spannung *f a. fig;* **2.**
fig Anspannung *f;* **3.** *pol* Gespanntheit,
gespannte Lage *f;* **4.** *phys* Zug *m;* **5.** *el*
Spannung *f;* **6.** *(Dampf)* Druck *m;* **7.**
(Stricken) Festigkeit *f;* ► **high ~** *el*
Hochspannung *f;* **check the ~**
(Stricken) eine Maschenprobe machen.
tent [tent] Zelt *n.*
ten·tacle ['tentəkl] *zoo* Fühler *m a. fig;*
Fangarm *m.*
ten·ta·tive ['tentətɪv] *adj* **1.** vorläufig,
provisorisch; **2.** vorsichtig; ► **~ agree-
ment** Vorvertrag *m;* Probevereinba-
rung *f;* **ten·ta·tive·ly** [−lɪ] *adv* ver-
suchsweise; vorsichtig, zögernd.
ten·ter·hooks ['tentəhʊks] *pl* ► **be on
~** wie auf glühenden Kohlen sitzen;
keep s.o. on ~ jdn auf die Folter span-
nen.
tenth [tenθ] **I** *adj* zehnte(r, s); **II** *s* Zehn-
tel *n;* Zehnte(r, s); *mus* Dezime *f;*
tenth·ly [−lɪ] *adv* zehntens.
tent-peg ['tentpeg] Zeltpflock, Hering
m; **tent-pole** Zeltstange *f.*
tenu·ous ['tenjʊəs] *adj* **1.** dünn, fein;
(Gas) flüchtig; **2.** *fig* unbedeutend,
schwach.
ten·ure ['tenjʊə(r)] **1.** Besitz *m;* **2.** Be-
stallung, Anstellung *f;* **3.** *(~ of office)*
(Amts)Dauer *f.*
tepee ['ti:pi:] Tipi, Indianerzelt *n.*
tepid ['tepɪd] *adj* lau(warm); **tepid·ity,
tepid·ness** [te'pɪdətɪ, 'tepɪdnɪs] Lau-
heit *f.*
ter·cen·ten·ary [ˌtɜ:sen'ti:nərɪ] Drei-
hundertjahrfeier *f.*
term [tɜ:m] **I** *s* **1.** Dauer *f,* Zeitraum *m;*
(Vertrag) Laufzeit *f;* **2.** Frist *f;* **3.** *(Sch-
ule, Universität)* Trimester, Semester *n;*
4. *(sprachlich)* Ausdruck, Terminus,
Fachbegriff *m;* Benennung *f,* Begriff *m;*
5. *math* Term *m,* Glied *n;* *(~ in paren-
theses)* Klammerausdruck *m;* **6.** *pl* Ver-
hältnis, Beziehung *f;* **7.** *pl* (Vertrags-,
Geschäfts-, Zahlungs)Bedingungen *f pl;*
► **in ~s of was ... betrifft; in the long
~** auf lange Sicht, langfristig; **in the
short ~** auf kurze Sicht, kurzfristig; **on
easy ~s** zu günstigen Bedingungen; **be
on good, bad ~s with s.o.** zu jdm ein
gutes, schlechtes Verhältnis haben;
come to ~s sich einigen (*with s.o.* mit
jdm); **come to ~s with a situation** sich
mit einer Situation abfinden; **meet s.o.
on equal ~s** mit jdm auf gleichem Fuß
verkehren; **we are not on speaking ~s**

wir sprechen nicht miteinander; **techni-
cal ~** Fachausdruck *m;* **~ of delivery**
Lieferzeit, -frist *f;* **~ of government,
office** Regierungszeit *f,* Amtszeit *f;* **~ of
imprisonment** Gefängnisstrafe *f;* **~ of
notice** Kündigungsfrist *f;* **~ of notifica-
tion** Anmeldefrist *f;* **~s** *pl* **of payment**
Zahlungsbedingungen *f pl;* **~ of service**
mil Militärdienst(zeit *f*) *m;* **II** *tr* (be)nen-
nen.
ter·minal ['tɜ:mɪnl] **I** *adj* **1.** letzte(r, s);
End-, Abschluß-; **2.** *med* unheilbar; ► **~
ward** Sterbestation *f;* **be a ~ case** un-
heilbar krank sein; **II** *s* **1.** *el* Pol *m;* **2.**
(von Buslinie etc) Endstation *f;* **3.** *tech*
Endgerät *n;* **4.** *aero* Terminal *m od n;* **5.**
EDV Terminal *n;* **ter·min·ate**
['tɜ:mɪneɪt] **I** *tr* aufhören mit, be-
end(ig)en; *(Vertrag)* lösen; *(Schwanger-
schaft)* unterbrechen; **II** *itr* aufhören (*in*
mit); enden (*in* auf); *(Vertrag)* ablaufen;
ter·mi·na·tion [ˌtɜ:mɪ'neɪʃn] Beendi-
gung *f;* Ende *n;* Schluß *m;* ► **bring s.th.
to a ~** etw zum Abschluß bringen; **~ of
pregnancy** Schwangerschaftsabbruch
m.
ter·mi·no·logi·cal [ˌtɜ:mɪnə'lɒdʒɪkl] *adj*
terminologisch; **ter·mi·nol·ogy**
[ˌtɜ:mɪ'nɒlədʒɪ] Terminologie *f.*
ter·mi·nus ['tɜ:mɪnəs] Endstation *f.*
ter·mite ['tɜ:maɪt] *zoo* Termite *f.*
ter·race ['terəs] **I** *s* **1.** Terrasse *f;* **2.** *pl*
sport Ränge *m pl;* **3.** Häuserreihe *f;* **II** *tr*
terrassenförmig anlegen; **ter·raced
house** ['terəst'haʊs] Reihenhaus *n.*
ter·rain [te'reɪn] Gelände, Gebiet *n.*
ter·ra·pin ['terəpɪn] Sumpfschildkröte *f.*
ter·res·trial [tɪ'restrɪəl] *adj* **1.** irdisch,
weltlich; **2.** *(Tier)* Land-, auf dem Land
lebend; ► **~ globe, magnetism** Erdku-
gel *f,* -magnetismus *m.*
ter·rible ['terəbl] *adj* schrecklich, furcht-
bar, fürchterlich; **ter·ribly** ['terəblɪ] *adv*
furchtbar, fürchterlich, schrecklich.
ter·rier ['terɪə(r)] Terrier *m.*
ter·rific [tə'rɪfɪk] *adj* unheimlich; sagen-
haft, toll; *(Kraft, Geschwindigkeit)*
enorm, Mords-.
ter·rify ['terɪfaɪ] *tr* erschrecken, in Angst
und Schrecken versetzen; ► **be ter-
rified** fürchterliche Angst haben; **a ter-
rified look** ein angsterfüllter Blick; **ter-
rify·ing** [−ɪŋ] *adj* erschreckend, grau-
envoll.
ter·ri·torial [ˌterɪ'tɔ:rɪəl] *adj* territorial,
Gebiets-; *zoo* Revier-; ► **T~ Army** Ter-
ritorialheer *n;* **~ changes** *pl,* **~ claims**
pl, **~ violation** Gebietsveränderungen *f
pl,* -ansprüche *m pl,* -verletzung *f;* **~
waters** *pl* Hoheitsgewässer *n pl;* **ter·ri-
tory** ['terɪtrɪ, *Am* 'terɪtɔ:rɪ] **1.** (Ho-
heits)Gebiet, Revier, Territorium *n;* **2.**
com Vertretergebiet *n;* **3.** *fig* Gebiet,
Revier *n.*
ter·ror ['terə(r)] **1.** Entsetzen *n,*

Schreck(en) *m;* **2.** Terror *m;* **3.** *fam (Mensch)* Alptraum *m;* Scheusal *n;* ▶ **in** ~ in panischer Angst; **ter·ror·ism** ['terərɪzəm] Terrorismus *m;* ▶ **act of** ~ Terrorakt *m;* **ter·ror·ist** ['terərɪst] *adj* Terrorist(in) *m (f);* **ter·ror·istic** ['terərɪstɪk] *adj* terroristisch; **ter·rori·za·tion** [ˌterəraɪ'zeɪʃn] Terrorisierung *f;* **ter·ror·ize** ['terəraɪz] *tr* terrorisieren; **ter·ror-stricken, ter·ror-struck** ['terəstrɪkən, 'terəstrʌk] *adj* angsterfüllt, zu Tode erschrocken.

terry ['terɪ] *(Textil)* Frottee *n* od *m.*

terse [tɜːs] *adj (Stil)* gedrängt, knapp, kurz angebunden.

ter·ti·ary ['tɜːʃərɪ] **I** *adj* tertiär; ▶ ~ **burns** *pl* Verbrennungen dritten Grades; **II** *s* **T~** *geol* Tertiär *n.*

tes·sel·lated ['tesəleɪtɪd] *adj* mosaikartig ausgelegt.

test [test] **I** *s* **1.** Prüfung, Probe, Untersuchung *f,* Versuch, Test *m a. psych;* **2.** Prüfungsarbeit *f; (Schule)* Klassenarbeit *f;* **3.** *fig* Prüfstein *m,* Probe *f;* Kriterium *n;* ▶ **put to the** ~ auf die Probe stellen; **stand, pass a** ~ e-e Prüfung, Probe bestehen; **take a** ~ e-e Prüfung ablegen, sich e-r Prüfung unterziehen; **aptitude** ~ Eignungsprüfung *f;* **blood** ~ Blutprobe *f;* **driving** ~ Fahrprüfung *f;* **intelligence** ~ Intelligenztest *m;* **II** *tr* prüfen; erproben; untersuchen, testen *(for* auf ... hin).

tes·ta·ment ['testəmənt] **1.** *(last will and* ~*)* Testament *n,* letztwillige Verfügung; **2.** *rel* **T~** Testament *n;* **tes·ta·men·tary** [ˌtestə'mentrɪ] *adj* testamentarisch; **tes·ta·tor** [te'steɪtə(r)] Erblasser *m;* **tes·ta·trix** [te'steɪtrɪks] Erblasserin *f.*

test ban ['test͵bæn] Versuchsverbot *n;* **test card** *TV* Testbild *n;* **test case** *jur* Muster-, Prädezenzfall *m;* **test drive** Probefahrt *f;* **tester** ['testə(r)] Prüf(end)er *m;* **test flight** Probe-, Testflug *m.*

tes·ticle ['testɪkl] Hode(n *m) m* od *f.*

tes·tify ['testɪfaɪ] **I** *tr* bezeugen; **II** *itr* aussagen *(in s.o.'s favour, on s.o.'s behalf* zu jds Gunsten; *against s.o.* gegen jdn); ▶ ~ **to s.th.** etw bezeugen; etw bestätigen; **refuse to** ~ die Aussage verweigern.

tes·ti·mo·nial [ˌtestɪ'məʊnɪəl] **1.** Zeugnis, Empfehlungsschreiben *n,* Referenz *f;* **2.** Geschenk *n* als Zeichen der Wertschätzung; **tes·ti·mony** ['testɪmənɪ] **1.** Zeugenaussage *f;* **2.** Zeichen *n,* Beweis *m (of* für); ▶ **in** ~ **whereof** urkundlich dessen; **be called in** ~ als Zeuge benannt werden; **bear** ~ Zeugnis ablegen *(to* für).

test·ing ['testɪŋ] **I** *s* (Über)Prüfung, Erprobung *f;* ▶ ~ **of goods** Warentest *m;* **testing ground** Versuchsgelände *n;*

testing plant Versuchseinrichtung, -anlage *f;* **testing stand, bench** Prüfstand *m;* **II** *adj* hart, schwierig; **test match** Kricket-Testmatch *n;* **test piece** Probestück *n;* **test pilot** *aero* Testpilot(in) *m (f);* **test stage** Versuchsstadium *n;* **test-tube** Reagenzglas *n;* **test-tube baby** Retortenbaby *n.*

testy ['testɪ] *adj* reizbar, empfindlich; ungeduldig; launisch.

teta·nus ['tetənəs] (Wund)Starrkrampf *m;* ▶ **anti-**~ **vaccination** Tetanusimpfung *f.*

tetchy ['tetʃɪ] *adj* **1.** empfindlich, reizbar; **2.** mürrisch.

tether ['teðə(r)] **I** *s* Strick *m;* Kette *f;* ▶ **be at the end of one's** ~ *fig* am Ende seiner Kräfte sein; **II** *tr (Tier)* anbinden *(to* an); an die Kette legen.

Teu·tonic [tjuː'tɒnɪk] *adj hist* teutonisch; ▶ **the T~ Order** *hist* der Deutsche Ritterorden.

Tex·an ['teksən] **I** *adj* texanisch; **II** *s* Texaner(in) *m (f);* **Tex·as** ['teksəs] Texas *n.*

text [tekst] **1.** Text *m;* **2.** Bibelstelle *f;* **text·book** ['tekstbʊk] Lehrbuch *n;* **textbook case** Paradefall *m.*

tex·tile ['tekstaɪl] **I** *adj* Textil-, textil; ▶ ~ **factory** Textilfabrik *f;* ~ **industry** Textilindustrie *f;* **II** *s* **1.** Stoff *m;* **2.** *pl (~ fabrics, materials)* Textilien, Textilwaren *pl.*

tex·tual ['tekstʃʊəl] *adj* Text-.

tex·ture ['tekstʃə(r)] **1.** Gewebe *n a. fig;* **2.** Struktur *f,* Gefüge *n;* **3.** Beschaffenheit *f.*

Thai [taɪ] **I** *adj* thailändisch; **II** *s* **1.** Thailänder(in) *m (f);* Thai *m f;* **2.** *(Sprache)* Thai *n;* **Thai·land** ['taɪlənd] Thailand *n.*

tha·lido·mide [θə'lɪdəʊmaɪd] Contergan *n Wz;* **tha·lido·mide baby** Contergankind *n.*

Thames [temz] Themse *f;* ▶ **she won't set the** ~ **on fire** *fig* sie hat das Pulver nicht erfunden.

than [ðən, ðæn] *conj* als; ▶ **you are taller** ~ **he (is),** *fam* ~ **him** du bist größer als er; **nothing else** ~ nichts anderes als; völlig; **no other** ~ kein anderer als.

thank [θæŋk] **I** *tr* **1.** danken *(s.o.* jdm); **2.** sich bedanken *(s.o.* bei jdm; *for s.th.* für etw); ▶ **have o.s. to** ~ **for s.th.** sich etw selbst zuzuschreiben haben; ~ **you** danke; ~ **you very much!** besten Dank! **no,** ~ **you,** *fam* ~**s!** danke, nein! **II** *s pl* Dank *m;* ▶ ~**s very much** danke (schön)! vielen Dank! ~**s to** dank *dat;* **in** ~**s for** zum Dank für; **thank·ful** ['θæŋkfl] *adj* dankbar *(for* für); **thank·less** [−lɪs] *adj* undankbar; **thanks·giv·ing** [ˌθæŋks'ɡɪvɪŋ] Danksagung *f;* ▶ **T~ Day** *Am* Dankfest *n,* Thanksgiving Day

m (letzter Donnerstag im November);
thank-you ['θæŋkjuː] Dankeschön *n;*
▶ **without even a** ~ ohne ein Wort des
Dankes.
that¹ [ðæt, ðət] ⟨*pl* those⟩ I *prn* **1.** das; **2.**
(hinweisend) das da, jenes; ▶ **what is**
~? was ist das? **as stupid as** ~ so dumm;
and all ~ und so; **like** ~ so; ~**'s it!** das
ist es! richtig! das wär's! **after, before,
over** ~ danach, davor, darüber; II *adj*
der, die, das; jene(r, s); ▶ ~ **poor dog**
der arme Hund; **what about** ~ **car of
yours?** was ist mit deinem Auto? III
adv fam so; ▶ **I was** ~ **pleased** ich
habe mich so gefreut.
that² [ðæt, ðət] *relativ prn* der, die, das;
▶ **everything, nothing** ~ alles, nichts
was; **the man** ~ **told me** der Mann, der
mir erzählte; **the minute** ~ **he arrived**
in dem Augenblick, als er ankam; **the
day** ~ ... an dem Tag, als ...
that³ [ðæt, ðət] *conj* daß; ▶ **I told you**
~ **I couldn't come** ich habe dir gesagt,
daß ich nicht kommen kann; ~ **I should
live to see this!** daß ich das erleben
muß!
thatch [θætʃ] I *s* **1.** Stroh-, Binsendach *n;*
Dachstroh *n;* **2.** *hum* (Haar)Schopf *m;* II
tr mit Stroh decken; ▶ ~**ed roof** Stroh-
dach *n.*
thaw [θɔː] I *itr* **1.** (auf)tauen; **2.** *fig* auf-
tauen, warm werden; ▶ **it is** ~**ing** es
taut; II *tr* (~ **out**) auftauen *a. fig;* III *s*
Tauwetter *n a. fig.*
the [ðə, *vor Vokal, betont:* ðiː] *Artikel*
der, die, das; ▶ ~ ... ~ ... je ... desto
... **all** ~ **better, worse** um so besser,
schlimmer; ~ **sooner** ~ **better** je eher, je
lieber; **play** ~ **piano** Klavier spielen.
the·atre, *Am* **the·ater** ['θɪətə(r)] **1.**
Theater *n;* Schauspielhaus *n;* **2.** Hörsaal
m; **3.** *fig* Schauplatz *m;* ▶ **go to the** ~
ins Theater gehen; **it's good** ~ es eignet
sich für die Bühne; **open-air** ~ Freilicht-
bühne *f;* **operating** ~ Operationssaal *m;*
picture ~ Filmtheater *n;* ~ **of war**
Kriegsschauplatz *m;* **theatre com-
pany** Theaterensemble *n;* Theater-,
Schauspieltruppe *f;* **theatre critic**
Theaterkritiker(in) *m (f);* **theatre-goer**
['θɪətə(r)gəʊə(r)] Theaterbesucher(in) *m
(f);* **the·atri·cal** [θɪ'ætrɪkl] I *adj* **1.** büh-
nenmäßig; dramatisch; Theater-; **2.** *fig*
theatralisch; II *s pl* **1.** Theateraufführun-
gen *f pl;* **2.** Laienspiele *n pl.*
thee [ðiː] *prn obs poet* dich; dir.
theft [θeft] Diebstahl *m.*
their [ðeə(r)] *possessives adj* ihr;
▶ **everyone knows** ~ **duty** jeder kennt
seine Pflicht; **theirs** [ðeəz] *prn* ihre(r,
s); der, die, das ihre, ihrige; ▶ **a friend
of** ~ e-r ihrer Freunde, ein Freund von
ihnen; **it's** ~ es gehört ihnen.
the·ism ['θiːɪzəm] Theismus *m.*
them [ðem, ðəm] *prn pl* **1.** sie *acc;* ihnen

dat; **2.** *(inkorrekt)* diese; ▶ **of** ~ ihrer;
that's ~ das sind sie; **with their children
around** ~ mit ihren Kindern um sich.
the·mat·ic [θiː'mætɪk] *adj* thematisch.
theme [θiːm] Thema *n; (Musik)* Thema,
Leitmotiv *n; (Film)* Melodie *f;* **theme
music, song** Titelmusik *f;* Erken-
nungsmelodie *f;* **theme park** Vergnü-
gungspark *m.*
them·selves [ðəm'selvz] *prn pl* **1.** sich
acc u. *dat;* **2.** *(betont)* (sie) selbst;
▶ **(all)** by ~ (ganz) allein; ohne Hilfe;
they'll do it ~ sie machen es selbst; **they**
... ~ sie ... selbst; **to** ~ zu sich (selbst).
then [ðen] I *adv* **1.** dann; **2.** damals; da;
3. außerdem, ferner; **4.** in d(ies)em Fall;
folglich; ▶ **before** ~ zuvor; **but** ~ aber
dann; **by** ~ bis dahin; **(every) now and** ~
dann u. wann; **from** ~ **onwards** von da
an; **until** ~ bis dahin; ~ **and there, there
and** ~ auf der Stelle; **what** ~? was
dann? II *adj* damalig.
thence [ðens] *adv obs* **1.** von dort; von
da an; von dannen; **2.** deshalb; **thence-
forth, thence·for·ward** [ˌðens'fɔːθ,
ˌðens'fɔːwəd] *adv obs* von da an, seit-
dem.
the·oc·racy [θɪ'ɒkrəsɪ] Theokratie *f.*
the·odo·lite [θɪ'ɒdəlaɪt] Theodolit *m.*
theo·lo·gian [ˌθɪə'ləʊdʒən] Theologe *m,*
Theologin *f;* **theo·logi·cal** [ˌθɪə'lɒdʒɪkl]
adj theologisch; **the·ol·ogy** [θɪ'ɒlədʒɪ]
Theologie *f.*
the·orem ['θɪərəm] Lehrsatz *m,* Theo-
rem *n.*
the·or·eti·cal [θɪə'retɪkl] *adj* theore-
tisch; **the·or·ist** ['θɪərɪst] Theoreti-
ker(in) *m (f);* **the·or·ize** ['θɪəraɪz] *itr*
theoretisieren *(about* über); **the·ory**
['θɪərɪ] Theorie *f;* ▶ **in** ~ in der Theorie;
~ **of relativity** Relativitätstheorie *f;* ~
of sets Mengenlehre *f.*
thera·peutic(al) [ˌθerə'pjuːtɪk(l)] *adj*
therapeutisch; **thera·peutics**
[ˌθerə'pjuːtɪk(s)] *pl mit sing* Therapeutik
f; **thera·pist** ['θerəpɪst] Therapeut(in)
m (f); **ther·apy** ['θerəpɪ] Therapie, Be-
handlung *f;* ▶ **occupational** ~ Beschäf-
tigungstherapie *f.*
there [ðeə(r)] I *adv* dort, da; dort-, dahin;
here and ~ hier u. da; gelegentlich; **over**
~ dort drüben; **then and** ~ auf der
Stelle; ~ **is, are** es ist, sind; es gibt; ~
you are! da hast du's (haben Sie's)! da
sind Sie (bist du) ja! ~ **is no one** ~ es ist
niemand da; II *interj* nanu! na also! da
haben wir es! ▶ ~, **that's enough** so,
nun ist's aber genug! **there·about(s)**
['ðeərəbaʊt(s)] *adv* in der Gegend; so
etwa; ▶ **at 3 or** ~ so um 3 Uhr herum;
there·after [ðeər'ɑːftə(r)] *adv* danach;
seither; **there·by** [ðeə'baɪ] *adv* da-
durch; dabei; daran; ▶ ~ **hangs a tale**
da gibt es eine Geschichte dazu; **there-
fore** ['ðeəfɔː(r)] *adv* **1.** deshalb, -wegen,

darum; **2.** folglich; **there·In** [ðeər'ɪn] *adv* darin; in dieser Sache; **there·of** [ðeər'ɒv] *adv* davon; dessen; **there-under** [ðeər'ʌndə(r)] *adv* darunter *a. fig;* **there·upon** [ˌðeərə'pɒn] *adv* darauf, danach; daraufhin.

therm [θɜːm] *(Gas)* 100 000 Wärmeeinheiten *f pl;* **ther·mal** ['θɜːml] I *adj* **1.** thermisch; *phys* Wärme-; **2.** warm, heiß; ▶ ~ **baths** *pl* Thermalbäder *n pl;* ~ **springs** *pl* Thermalquellen *f pl;* ~ **underwear** Thermowäsche *f;* ~ **unit** *phys* Wärmeeinheit *f;* II *s meist pl* Thermik *f;* **thermo·dynam·ic** [ˌθɜːməʊdaɪ'næmɪk] I *adj* thermodynamisch; II *s pl mit sing* Thermodynamik *f;* **thermo·elec·tric** [ˌθɜːməʊ'lektrɪk] *adj* thermoelektrisch; **ther·mom·eter** [θə'mɒmɪtə(r)] Thermometer *n;* **thermometer scale** Thermometerskala *f;* **ther·mo·nu·clear** [ˌθɜːməʊ'njuːklɪə(r)] *adj* ▶ ~ **weapons** *pl* thermonukleare Waffen *f pl;* **ther·mos bottle, ther·mos flask** ['θɜːməsˌbɒtl, flɑːsk] *Wz* Thermosflasche, -kanne *f;* **thermo·stat** ['θɜːməʊstæt] Thermostat *m;* **thermo·stat·ic** [ˌθɜːməʊ'stætɪk] *adj* thermostatisch; ▶ ~ **switch** Temperaturschalter *m.*

the·sau·rus [θɪ'sɔːrəs] Thesaurus *m.*
these [ðiːz] *s. this.*
the·sis ['θiːsɪs] ⟨*pl* -ses⟩ ['θiːsiːz] **1.** These, Behauptung *f;* **2.** Dissertation *f,* Doktorarbeit *f;* **3.** Diplomarbeit *f.*
they [ðeɪ] *prn* sie *pl;* man; es; ▶ ~ **who** diejenigen, welche; **they'll** [ðeɪl] = *they shall; they will;* **they're** [ðeɪr] = *they are;* **they've** [ðeɪv] = *they have.*
thick [θɪk] I *adj* **1.** dick; **2.** dicht; **3.** dickflüssig; **4.** *(Luft)* schlecht; **5.** *(Akzent)* stark, breit; **6.** *fig* dumm, stupide; **7.** *fam* dick, eng befreundet (*with* mit); ▶ ~ **with** voller, voll von; **be as** ~ **as thieves** *fam* dicke Freunde sein; **it's a bit** ~ *fam* das ist ein starkes Stück; ~ **on the ground** *fam* wie Sand am Meer; II *adv* **1.** dick; **2.** dicht; ▶ **lay it on** ~ *fam fig* dick auftragen, übertreiben; III *s* dickster, dichtester Teil; ▶ **in the** ~ **of** mitten in; **through** ~ **and thin** durch dick und dünn; **thicken** ['θɪkən] I *itr* **1.** sich verdicken; **2.** sich verdichten; dichter werden; **3.** sich verwickeln, sich verwirren; ▶ **the plot** ~**s** der Knoten schürzt sich; II *tr (Sauce)* eindicken; **thick·en·ing** ['θɪkənɪŋ] *(Küche)* Bindemittel *n.*
thicket ['θɪkɪt] Dickicht *n.*
thick-headed [ˌθɪk'hedɪd] *adj* blöd(e), dumm; **thick·ness** ['θɪknɪs] **1.** Dicke, Stärke *f;* **2.** Dichte *f;* Dickflüssigkeit *f;* **3.** *fig* Dummheit *f;* **4.** Lage, Schicht *f;* **thick-set** [ˌθɪk'set] *adj* **1.** dicht gepflanzt; **2.** untersetzt; **thick-skinned** [ˌθɪk'skɪnd] *adj fig* dickfellig.

thief [θiːf] ⟨*pl* thieves⟩ ['θiːvz] Dieb *m;* ▶ **stop** ~! haltet den Dieb!; **thieve** [θiːv] *tr, itr* stehlen; **thieving** ['θiːvɪŋ] I *s* Stehlen *n;* II *adj* diebisch.
thigh [θaɪ] (Ober)Schenkel *m;* **thighbone** Oberschenkelknochen *m.*
thimble ['θɪmbl] Fingerhut *m.*
thin [θɪn] I *adj* **1.** dünn; **2.** mager, hager; *(Gesicht)* schmal; **3.** fein(verteilt); **4.** spärlich, dürftig; **5.** dünn, wässerig; **6.** *(Gewebe)* (hauch)dünn, fein, zart; **7.** *fig (Ausrede)* schwach; fadenscheinig; **8.** *com* flau; gering; unzureichend; ▶ ~ **on the ground** *fig* dünn gesät; **have a** ~ **time of it** *fam* e-e üble Zeit durchmachen; II *adv* dünn; schwach; III *tr* **1.** dünn(er) machen; verdünnen; **2.** *(Wald)* lichten; **3.** *(Bevölkerung)* verringern; IV *itr (Haare)* schütter werden; *(Nebel)* sich lichten; *(Menge)* sich verlaufen; V *(mit Präposition)* **thin down** *itr* dünner werden; abnehmen; *tr* verdünnen; **thin out** *itr* schwächer werden; *(Menge)* kleiner werden; *(Haare)* sich lichten; *tr (Haare)* ausdünnen; *(Wald)* lichten; *(Pflanzen)* verziehen; *(Bevölkerung)* verkleinern.
thine [ðaɪn] *prn obs* dein.
thing [θɪŋ] **1.** Ding *n,* Sache *f a. jur;* Gegenstand *m;* **2.** *fam* Ding, Dingsda, Dingsbums *n;* **3.** *pl* Sachen *f pl;* Kleider *n pl;* ▶ **among other** ~**s** unter anderem; **do one's own** ~ *fam* tun, was man will; **first** ~ zuerst, zunächst (einmal); **first** ~ **in the morning 1.** früh am Morgen; **2.** morgens früh als erstes; **first** ~**s first!** immer schön der Reihe nach! **for one** ~ einmal, vor allem; **in all** ~**s** in jeder Hinsicht; **just the** ~ genau das Richtige; **no such** ~ nichts dergleichen; **no small** ~ keine Kleinigkeit; **quite the** ~ die Sache; **the real** ~ das richtige; **the very** ~ genau das; **a** ~ **like that** so etwas, *fam* so was; **have a** ~ **about** e-e Schwäche, e-e Vorliebe haben für; **he's got a** ~ **about snakes** er kann Schlangen nicht ausstehen; **know a** ~ **or two** *fam* einiges loshaben; etwas können; **not to feel quite the** ~ nicht auf der Höhe sein; **it's a funny** ~, **but ...** es ist seltsam, aber ...; **make a good** ~ **of s.th.** aus etw Nutzen ziehen; **make a** ~ **of s.th.** etw wichtig nehmen; **that was a near** ~! das ist noch mal gutgegangen; **how are** ~**s?** wie geht's? **I'm going to tell him a** ~ **or two** dem werde ich was erzählen! **there is no such** ~ so was gibt es nicht; **it's a good** ~ **to ...** es ist vernünftig zu ...; **a** ~ **of beauty** etwas Schönes; **it's a peculiar** ~ es ist eigenartig; **the** ~ **is ...** die Sache ist die, ...; **the nice** ~ **about it** das Schöne daran; **another** ~ noch etwas; etwas anderes; ~**s are going well** es geht gut; **think** ~**s over** (sich) die Sache überlegen; **you**

poor ~! du Arme(r)! **you must be see-
ing** ~s! du siehst wohl nicht richtig!
thing·uma·bob, **thing·uma·jig**
['θɪŋ(ə)məbɒb, 'θɪŋ(ə)mədʒɪg] Dingsda
n.
think [θɪŋk] ⟨*irr* thought, thought⟩ I *tr* 1.
denken; 2. glauben, meinen; 3. sich vor-
stellen; sich einbilden; 4. halten für, an-
sehen als; ► I ~ **you had better do that**
ich meine, du solltest das lieber tun; **I
should** ~ **not**! das will ich auch nicht
hoffen! **do you** ~ **he'll manage?** glau-
ben Sie, er schafft es? **you must** ~ **me
rude** Sie müssen mich für unhöflich hal-
ten; **that's what you** ~! das meinst du
wohl! **what do you** ~? was meinen Sie
(dazu)? **who would have thought it!**
wer hätte das gedacht! ~ **nothing of it!**
das ist nicht der Rede wert! ~ **nothing
of** nichts halten von; II *itr* 1. denken (*of*
an; *about* über); 2. glauben, meinen, der
Meinung sein (*that* daß); 3. planen, be-
absichtigen (*to do* zu tun); 4. nachden-
ken, -sinnen (*about, on, upon* über); 5.
(sich) überlegen, sich durch den Kopf
gehen lassen (*about s.th.* etw); 6. meinen
(*about* zu); 7. halten (*of* von); 8. sich mit
dem Gedanken tragen (*of doing* zu
tun); 9. sich erinnern (*of* an), sich besin-
nen (*of* auf); ► ~ **aloud** laut denken; ~
better of s.th. sich etw noch mal überle-
gen; ~ **fit, good to do** es für gut halten,
zu tun; ~ **highly, much of** viel halten
von; ~ **twice** (es) sich noch mal überle-
gen; **act without** ~**ing** unüberlegt han-
deln; **he wasn't** ~**ing** *fig* er hat geschla-
fen; **I** ~ **so** ich denke schon; **it makes
you** ~ das stimmt einen nachdenklich;
let me ~ laß mich überlegen; **just** ~ stell
dir mal vor; III *s* ► **have a** ~ **about s.th.**
sich etw überlegen; über etw nachden-
ken; IV *(mit Präposition)* **think about**
itr nachdenken über; sich überlegen;
vorhaben (*doing s.th.* etw zu tun); **think
ahead** *itr* vorausdenken; **think back** *itr*
sich zurückversetzen (*to* in); **think of,
about** *itr* denken an; sich vorstellen;
sich ausdenken; ► **what do you** ~ **of
him, it?** was halten Sie von ihm, davon?
think on *itr* nachdenken über; planen,
vorhaben; **think out** *tr* ausdenken; sich
gut überlegen; **think over** *tr* überden-
ken, -legen; nachdenken (über); **think
through** *tr* durchdenken; **think up** *tr*
(sich) ausdenken.
think·able ['θɪŋkəbl] *adj* denk-, vorstell-
bar; **thinker** ['θɪŋkə(r)] Denker(in) *m
(f);* **think·ing** ['θɪŋkɪŋ] I *adj* vernünftig;
denkend; ► **put one's** ~ **cap on** *fam*
seinen Grips anstrengen, scharf nach-
denken; II *s* Denken *n;* Nachdenken *n;*
Meinung *f;* ► **to my** ~ meiner Meinung
nach; **that's wishful** ~ das ist ein from-
mer Wunsch; **think tank** Denkfabrik *f.*
thin·ner ['θɪnə(r)] *tech* Verdünner *m,*

Verdünnungsmittel *n;* **thin·ness**
['θɪnnɪs] 1. Dünnheit *f;* Dünnflüssigkeit
f; 2. Feinheit *f;* 3. *(Mensch)* Magerkeit
f; 4. *(Stimme)* Schwäche *f; (Entschuldi-
gung)* Dürftigkeit, Fadenscheinigkeit *f;*
► **the** ~ **of his hair** sein spärlicher
Haarwuchs; **the** ~ **of the population** die
geringe Bevölkerungsdichte; **thin-
skinned** ['θɪnskɪnd] *adj fig* empfind-
lich, leicht beleidigt.
third [θɜ:d] I *adj* 1. dritte(r, s); II *s* 1.
Dritte(r, s); 2. Drittel *n;* 3. *mot* dritter
Gang; **third-class mail** *Am* Drucksa-
che *f;* **third degree** 1. dritter Grad; 2.
strenges Verhör *n;* **third degree
burns** Verbrennungen *pl* dritten Gra-
des; **third·ly** [—lɪ] *adv* drittens; **third
party** *jur* Dritte(r) *m,* dritte Person;
third-party liability, insurance Haft-
pflichtversicherung *f;* **third-rate**
[,θɜ:d'reɪt] *adj* drittrangig, minderwer-
tig; **Third World** Dritte Welt.
thirst [θɜ:st] I *s* 1. Durst *m a. fig;* 2. *fig*
Verlangen *n,* Sehnsucht *f (for* nach);
► ~ **for knowledge** 1. *s* Wissensdurst
m; 2. *itr* nach Wissen dürsten; II *itr fig*
verlangen, sich sehnen (*for* nach);
thirsty ['θɜ:stɪ] *adj* 1. durstig; 2. *fig*
begierig (*for, after* nach).
thir·teen [,θɜ:'ti:n] *adj* dreizehn; **thir-
teenth** [,θɜ:'ti:nθ] I *adj* dreizehnte(r, s);
II *s* Dreizehntel *n;* Dreizehnte(r, s);
thir·ti·eth ['θɜ:tɪəθ] I *adj* dreißigste(r,
s); II *s* Dreißigstel *n;* Dreißigste(r, s);
thirty ['θɜ:tɪ] dreißig.
this [ðɪs] ⟨*pl* these⟩ I *prn adj* diese(r, s);
► ~ **one** *(substantivisch)* diese(r, s); **by**
~ **time** jetzt; schon lange; bis dahin; ~
day heute; ~ **day week** heute in acht
Tagen; ~ **minute** augenblicklich; ~
morning, evening, night heute morgen,
abend, nacht; ~ **time** diesmal; ~ **time
last month** letzten Monat um diese
Zeit; **these days** heutzutage; **what are
you doing these days?** was machen Sie
(so) in letzter Zeit? II *prn substan-
tivisch* dies, das; ► **what is** ~? was ist
das? **who is** ~? wer ist das? **these are
my friends** das sind meine Freunde; ~ **is
to prove** . . . hiermit wird bewiesen . . . ~
and that dieses und jenes; **it's like** ~ es
ist so; ~ **is Sarah (speaking)** hier (ist)
Sarah; III *adv* so; ► ~ **late** so spät; ~
much soviel.
thistle ['θɪsl] Distel *f.*
tho' [ðəʊ] *s. though.*
thong [θɒŋ] Lederriemen *m.*
tho·rax ['θɔ:ræks] *anat* Brust(kasten *m,*
-korb *m) f.*
thorn [θɔ:n] 1. Dorn *m;* 2. Dornbusch,
-strauch *m;* ► **that's a** ~ **in my flesh** *fig*
das ist mir ein Dorn im Auge; **thorny**
['θɔ:nɪ] *adj* 1. dornig *a. fig;* 2. *fig*
schwierig; heikel.
thor·ough ['θʌrə, 'θʌrəʊ] *adj* 1. sorgfäl-

tig, gründlich, genau; **2.** vollendet; **3.** vollständig, völlig; **thor·ough·bred** ['θʌrəbred] **I** *s* Vollblut(pferd) *n*, Vollblüter *m;* **II** *adj* reinrassig; Vollblut-; **thor·ough·fare** ['θʌrəfeə(r)] Durchfahrtsstraße *f;* ▶ **no ~!** keine Durchfahrt! **thor·ough·go·ing** ['θʌrəˌgəʊɪŋ] *adj* gründlich; *(Reform, Änderung)* grundlegend; **thor·ough·ly** [−lɪ] *adv* gründlich; völlig; **thor·ough·ness** [−nɪs] Sorgfalt, Gründlichkeit *f.*

those [ðəʊz] *s. that¹.*

thou [ðaʊ] *prn obs poet* du.

though [ðəʊ] **I** *conj* obgleich; wenn auch; ▶ **as ~** als ob; **even ~** obwohl; **II** *adv* doch; ▶ **she did do it ~** sie hat es aber doch getan.

thought [θɔːt] **I** *v s. think;* **II** *s* **1.** (Nach)Denken *n;* Überlegung *f;* **2.** Denkfähigkeit *f,* Verstand *m;* **3.** Gedanke, Einfall *m;* **4.** Denkweise *f;* **5.** Aufmerksamkeit, Rücksicht *f;* ▶ **a ~** *fig* ein bißchen, etwas, *fam* e-e Idee; **after serious ~, on second ~s** nach reiflicher Überlegung; **(lost) in ~** in Gedanken (versunken); **without ~** gedankenlos; **have no ~ of doing s.th.** nicht daran denken, etw zu tun; **have second ~s about s.th.** sich etwas noch einmal überlegen; **give ~ to** nachdenken über; **don't give it another ~** denken Sie gar nicht daran; **thought·ful** ['θɔːtfl] *adj* **1.** nachdenklich; wohlüberlegt; **2.** aufmerksam, rücksichtsvoll; **thought·less** [−lɪs] *adj* **1.** gedankenlos, unbesonnen; **2.** rücksichtslos *(of* gegen); unachtsam; **3.** unbekümmert *(of* um); **thought-out** [ˌθɔːt'aʊt] *adj* ▶ **a well ~ plan** ein wohldurchdachter Plan; **thought-pro·vok·ing** [ˌθɔːtprə'vəʊkɪŋ] *adj* geistige Anstöße vermittelnd; anregend; **thought-read·ing** ['θɔːtˌriːdɪŋ] Gedankenlesen *n.*

thou·sand ['θaʊznd] **I** *adj (a ~)* tausend; ▶ **a ~ thanks** tausend Dank; **a ~ times** tausendmal; **II** *s* Tausend *n;* **one ~** eintausend; **thou·sandth** ['θaʊzntθ] **I** *adj* tausendste(r, s); **II** *s* Tausendstel *n;* Tausendste(r, s).

thrash [θræʃ] **I** *tr* **1.** verprügeln; verdreschen; einschlagen auf; **2.** *fam* (vernichtend) besiegen, schlagen; ▶ **~ one's arms about** (mit den Armen) um sich schlagen; **II** *itr (~ about)* um sich schlagen; **III** *(mit Präposition)* **thrash out** *tr* *(Thema)* gründlich erörtern; *(Plan)* ausdiskutieren; **thrash·ing** [−ɪŋ] **1.** Tracht *f* Prügel; **2.** *fig* völlige Niederlage; ▶ **give s.o. a good ~** jdm e-e tüchtige Tracht Prügel verabreichen.

thread [θred] **I** *s* **1.** *(Textil)* Faden *m a. fig;* (Näh)Garn *n;* **2.** *(Licht)* Strahl *m;* **3.** *tech* Gewinde *n (on a screw* an e-r Schraube); ▶ **hang by a ~** *fig* an einem seidenen Faden hängen; **lose the ~** *fig* den Faden verlieren; **pick up the ~s** *fig*

den Faden wiederaufnehmen; **II** *tr* **1.** einfädeln; **2.** aufreihen; **3.** *fig* sich durchwinden durch; **4.** *tech* mit einem Gewinde versehen; ▶ **~ one's way through** sich durchschlängeln; **III** *itr* **1.** sich (hin)durchwinden; **2.** sich durchziehen *(through* durch); **thread·bare** ['θredbeə(r)] *adj* abgewetzt; abgetragen; *(Teppich)* abgelaufen; *fig (Argument)* fadenscheinig.

threat [θret] **1.** Drohung *f (of* mit); **2.** Bedrohung *f (to* gen), Gefahr *f (to* für); ▶ **utter a ~ against s.o.** jdm drohen; **there's a ~ of rain** es sieht nach Regen aus; **threaten** ['θretn] *tr* **1.** *(jdn)* bedrohen *(with* mit); **2.** androhen *(s.o. with s.th.* jdm etw); **3.** drohend ankündigen; **4.** drohen *(s.th.* mit etw; *to do* zu tun); **threaten·ing** [−ɪŋ] *adj* drohend; ▶ **~ letter** Drohbrief *m.*

three [θriː] **I** *adj* drei; **II** *s* Drei *f;* **three-cor·nered** [ˌθriː'kɔːnəd] *adj* **1.** dreieckig; **2.** zu dreien; ▶ **~ hat** Dreispitz *m;* **three-dimensional** [ˌθriːdaɪ'menʃənl], **three-D** [ˌθriː'diː] *adj* dreidimensional; **three·fold** ['θriːfəʊld] *adj, adv* dreifach; **three·penny bit** ['θrepənɪbɪt] Dreipennystück *n;* **three-piece** [ˌθriː'piːs] *adj* dreiteilig; ▶ **~ suite** dreiteilige Polstergarnitur; **three-ply** [ˌθriː'plaɪ] **I** *adj* dreifach; dreischichtig; **II** *s* **1.** Sperrholz *n;* **2.** Dreifachwolle *f;* **three-quarter** [ˌθriː'kwɔːtə(r)] *adj* dreiviertel; **three·some** ['θriːsəm] Dreiergruppe *f;* Dreier *m;* ▶ **in a ~** zu dritt; **three-wheeler** [θriː'wiːlə(r)] Dreiradwagen *m.*

thresh [θreʃ] *tr, itr* dreschen; **threshing machine** ['θreʃɪŋ məˈʃiːn] Dreschmaschine *f.*

thresh·old ['θreʃhəʊld] **1.** Schwelle *f a. fig;* **2.** *fig* Anfang, Beginn *m;* ▶ **at the ~ of an era** an der Schwelle e-s Zeitalters; **be on the ~ of one's career** am Anfang seiner Laufbahn stehen; **~ of consciousness** Bewußtseinsschwelle *f;* **threshold countries** *com* Schwellenländer *n pl.*

threw [θruː] *v s. throw.*

thrice [θraɪs] *adv* dreimal, -fach.

thrift [θrɪft] Sparsamkeit *f;* **thrifty** ['θrɪftɪ] *adj* **1.** sparsam *(of, with* mit); **2.** *Am* gedeihend, blühend.

thrill [θrɪl] **I** *tr* **1.** mitreißen; in Spannung versetzen; erregen; **2.** erschauern lassen; ▶ **be ~ed to bits** sich fürchterlich freuen; **II** *itr* **1.** erregt, aufgewühlt sein; **2.** zittern, beben *(with* vor); **III** *s* Schauer, Nervenkitzel *m;* Sensation *f;* Erregung *f;* Reiz *m;* ▶ **a ~ of joy** e-e freudige Erregung; **give us a ~!** *fam* laß uns mal was sehen! **thriller** ['θrɪlə(r)] Reißer, Krimi *m;* **thrill·ing** ['θrɪlɪŋ] *adj* aufregend; reißerisch; spannend, sensationell.

thrive [θraɪv] ⟨*irr* thrived *od* throve,

thrived *od* **thriven**⟩ ['θrɪvn] *itr* **1.** (gut) gedeihen *a. fig;* **2.** Erfolg haben; **thriving** [—ɪŋ] *adj fig* (gut) gedeihend; blühend.

throat [θrəʊt] **1.** Kehle, Gurgel *f;* **2.** Rachen, Schlund *m;* Hals *m a. fig;* ▶ **cancer of the** ~ Kehlkopfkrebs *m;* **clear one's** ~ sich räuspern; **grip s.o. by the** ~ jdn an der Kehle packen; **jump down s.o.'s** ~ *fig fam* jdm ins Gesicht springen; **ram, thrust s.th. down s.o.'s** ~ jdm etw aufzwingen; **stick in s.o.'s** ~ *fig* für jdn nicht akzeptabel sein; *(Worte)* jdm im Halse steckenbleiben; **sore** ~ Halsweh *n;* **throaty** ['θrəʊtɪ] *adj* **1.** *(Stimme)* belegt, rauh; **2.** *(Mensch)* heiser.

throb [θrɒb] **I** *itr (Herz)* (heftig) schlagen, klopfen *(with* vor); *(Maschine)* klopfen; *(Trommeln)* dröhnen; *fig* pulsieren; **II** *s* (Herz-, Puls)Schlag *m; fig* Klopfen, Zittern, Dröhnen *n.*

throes [θrəʊz] ▶ **be in the** ~ **of s.th.** mitten in etw sein.

throm·bo·sis [θrɒm'bəʊsɪs] *med* Thrombose *f.*

throne [θrəʊn] Thron *m a. fig;* ▶ **come to the** ~ den Thron besteigen.

throng [θrɒŋ] **I** *s* Gedränge, Gewühl *n,* Andrang *m;* (Menschen)Menge *f;* **II** *itr* (sich) drängen; strömen; **III** *tr* sich drängen in, um.

throttle ['θrɒtl] **I** *s (~-valve)* Drosselventil *n;* ▶ **at full** ~ mit Vollgas; **II** *tr* **1.** erdrosseln; **2.** *fig* unterdrücken; **III** *(mit Präposition)* **throttle back, down** *tr* drosseln; *itr* Gas wegnehmen.

through, *Am* **thru** [θru:] **I** *prep* **1.** *(räumlich)* durch; **2.** *(zeitlich)* über; ▶ ~ **the night** die Nacht über; **all** ~ **her life** ihr ganzes Leben lang; **3.** *Am* bis einschließlich; ▶ **Monday** ~ **Friday** von Montag bis (einschließlich) Freitag; **4.** *(kausal)* durch, infolge *gen;* mit Hilfe *gen;* ▶ ~ **the post** mit der Post; **II** *adv* durch; ▶ ~ **and** ~ durch u. durch, völlig; **all day** ~ den ganzen Tag über; **he knew it all** ~ er wußte es die ganze Zeit; **wet** ~ patschnaß; **carry** ~ zu Ende bringen; **get** ~ durchkommen; **get** ~ **with** *fam* zu Ende kommen mit; **put** ~ *tele* verbinden *(to s.o.* mit jdm); **I didn't get** ~ *tele* ich bin nicht durchgekommen; **III** *adj* **1.** fertig; **2.** *tele* verbunden; ▶ **I'm** ~ **with him** der ist für mich gestorben; **I'm** ~ **with that job** ich habe diese Arbeit satt; **through car, through coach** *rail* Kurswagen *m;* **through flight** Direktflug *m;* **through·out** [θru:'aʊt] **I** *prep* **1.** überall in; **2.** während; ▶ ~ **his stay** seinen ganzen Aufenthalt über; ~ **his life** sein ganzes Leben lang; **II** *adv* **1.** überall; **2.** die ganze Zeit (über); **through·put** ['θru:pʊt] Durchsatz *m;* **through**

ticket *rail* durchgehende Fahrkarte; **through traffic** Durchgangsverkehr *m;* **through train** durchgehender Zug; **through·way** ['θru:weɪ] *Am* Schnellstraße *f.*

throve [θrəʊv] *v s.* thrive.

throw [θrəʊ] ⟨*irr* threw, thrown⟩ **I** *tr* **1.** werfen *(to the ground* auf den Boden); schleudern *(at* nach); **2.** *(vom Pferd)* abwerfen; **3.** *(Blick)* zuwerfen *(s.o.* jdm); **4.** *(Hebel)* ein-, ausschalten; **5.** *(Brücke)* schlagen *(over, across* über); **6.** *(Junge)* werfen; **7.** *(auf der Drehscheibe)* töpfern, drehen; **8.** *fam* drausbringen, verwirren; **9.** *fam (Anfall)* bekommen; **10.** *fam (Party)* geben, schmeißen; ▶ ~ **into confusion, disorder** in Unordnung bringen; ~ **dice** würfeln; ~ **a fit** *fam* e-n Wutanfall bekommen; ~ **s.th. open** etw weit öffnen; ~ **overboard** über Bord werfen *a. fig;* ~ **into prison** ins Gefängnis werfen; ~ **shadow(s)** Schatten werfen; ~ **that light this way, please** bitte, leuchten Sie hierher; ~ **o.s. at s.o.** *fig* sich jdm an den Hals werfen; ~ **o.s. into s.th.** *fig* sich auf etw stürzen; **be** ~**n upon o.s.** auf sich selbst angewiesen sein; **II** *itr* werfen; **III** *s* Wurf *m; IV* *(mit Präposition)* **throw away** *tr* **1.** fort-, wegwerfen; verschwenden; **2.** *(Gelegenheit)* verpassen; **throw back** *tr* zurückwerfen; *itr biol* zurückgehen; ▶ **be** ~**n back upon** angewiesen sein auf; **throw down** *tr* **1.** hinunterwerfen; **2.** *fig (Waffen)* wegwerfen; **throw in** *tr* **1.** *sport* einwerfen; **2.** *com* zugeben; hinzufügen; **3.** *(e-e Bemerkung)* einwerfen; ▶ ~ **in (one's lot) with s.o.** mit jdm gemeinsame Sache machen; ~ **in the sponge** *od* **towel** *fig* das Handtuch werfen; **throw off** *tr* **1.** abwerfen; **2.** *(Funken, Geruch)* von sich geben; **3.** *(Erkältung)* losbekommen; **4.** *(von e-r Spur)* ablenken; *(Verfolger)* abschütteln; **throw on** *tr* *(Kleidungsstück)* (schnell) überwerfen, -ziehen; **throw open** *tr* **1.** *(Tür)* aufstoßen; **2.** *(Gebäude)* der Öffentlichkeit freigeben; **throw out** *tr* **1.** hinauswerfen; wegwerfen; **2.** *(Gesetzesvorlage)* ablehnen; **3.** *(Bemerkung, Gedanken)* äußern; **4.** *(Schößlinge)* treiben; **5.** *(Hitze)* abgeben; **6.** *(Berechnungen, Pläne)* durcheinanderbringen; ▶ ~ **out of work** entlassen; arbeitslos machen; **throw over** *tr* **1.** über den Haufen werfen; **2.** *(Theorie)* verwerfen; **3.** *(Liebhaber)* sitzenlassen; **throw together** *tr* **1.** zusammenstoppeln; **2.** *(Personen)* zusammenbringen; **throw up** *tr* **1.** hervorbringen; an den Tag bringen; **2.** hochwerfen, in die Höhe werfen; **3.** *(Arbeit)* aufgeben; *(Gelegenheit)* sich entgehen lassen; **4.** *(Essen)* erbrechen; **5.** vorwerfen *(s.th. to s.o.* jdm etw); **6.** *(Frage)* aufwerfen; *itr* sich übergeben.

throw·away ['θrəʊəˌweɪ] *adj* **1.** Wegwerf-; *(Flasche)* Einweg-; **2.** *(Bemerkung)* beiläufig; *(Stil)* lässig; ▶ ~ **paper cup** Papierbecher *m* zum Wegwerfen; ~ **society** Wegwerfgesellschaft *f;* ~ **prices** *pl* Schleuderpreise *m pl;* **throw-back** ['θrəʊbæk] Rückfall *a. fig,* Atavismus *m; fig* Rückgriff *m (to* auf); **thrower** ['θrəʊə(r)] Werfer(in) *m (f);* **throw-in** ['θrəʊɪn] *sport* Einwurf *m;* **throw·ing** ['θrəʊɪŋ] Werfen *n;* ▶ ~ **the hammer, the javelin** *sport* Hammer-, Speerwerfen *n;* **thrown** [θrəʊn] *v s. throw.*

thru [θruː] *Am s. through.*

thrum [θrʌm] **I** *tr* klimpern; *(Gitarre)* spielen; *fig* trommeln auf; **II** *itr* klimpern.

thrush[1] [θrʌʃ] *orn* Drossel *f.*

thrush[2] [θrʌʃ] *med* Sohr *m,* Mundfäule *f,* Schwämmchen *n; (Pferde)* Strahlfäule *f.*

thrust [θrʌst] ⟨*irr* thrust, thrust⟩ **I** *tr* **1.** (heftig, fest) stoßen; drängen; **2.** durchbohren; **3.** *(Nadel)* stecken *(into* in); ▶ ~ **o.s. (up)on s.o.** sich jdm aufdrängen; ~ **o.s. forward** sich in den Vordergrund drängen; ~ **one's hands into one's pockets** die Hände in die Tasche stecken; ~ **one's way through** sich e-n Weg bahnen durch; **II** *itr* **1.** stoßen, stechen *(at* nach); **2.** sich drängen *(into* in; *through* durch); **III** *s* **1.** Stoß, Stich, Hieb *m;* **2.** *tech* Schub *m a. geol;* **thrust·ful** ['θrʌstfl] *adj* resolut, energisch; **thrust·ing** ['θrʌstɪŋ] *adj (Mensch)* aufdringlich, unverfroren.

thru·way ['θruːweɪ] *Am* Schnellstraße *f.*

thud [θʌd] **I** *s* (dumpfer) Schlag *m,* (dumpfes) Geräusch *n, fam* Bums *m;* **II** *itr* dumpf aufschlagen *(to* auf).

thug [θʌg] Schläger(typ) *m.*

thumb [θʌm] **I** *s* Daumen *m;* ▶ **twiddle one's ~s** Däumchen drehen; **under s.o.'s ~** unter jds Fuchtel; **he is all ~s** er hat zwei linke Hände; **~s down!** pfui! **~s up!** bravo! **give s.th., s.o. the ~s up** e-r Sache, jdm grünes Licht geben; **II** *tr (~ through) (Buch)* durchblättern; ▶ ~ **a lift, a ride** *fam* per Anhalter fahren; **a well ~ed book** ein zerlesenes Buch; **thumb-index** *(Buch)* Daumenregister *n;* **thumb·nail** ['θʌmneɪl] Daumennagel *m;* **thumbnail sketch** kleine Skizze; kurze Skizze; **thumb-print** Daumenabdruck *m;* **thumb-screw** ['θʌmskruː] **1.** *tech* Flügelschraube *f;* **2.** *(Folter)* Daumenschraube *f;* **thumb-tack** *Am* Heftzwecke *f,* Reißnagel *m.*

thump [θʌmp] **I** *s* dumpfer Schlag; **II** *tr* schlagen; schlagen auf, an; **III** *itr* **1.** dumpf aufschlagen; stampfen; **2.** heftig schlagen *(on, at* an, auf); **3.** *(Herz)* pochen *(with* vor); **IV** *adv* bums; **thump·ing** [—ɪŋ] *adj fam* riesig.

thun·der ['θʌndə(r)] **I** *s* **1.** Donner(schlag) *m a. fig;* **2.** *fig* Getöse *n;*

(Applaus) Sturm *m;* ▶ **steal s.o.'s ~** *fig* jdm den Wind aus den Segeln nehmen; **II** *itr* **1.** donnern *a. fig;* **2.** anbrüllen *(at s.o.* jdn); **III** *tr* brüllen; **thun·der·bolt** ['θʌndəbəʊlt] **1.** Blitz u. Donnerschlag *m;* **2.** *fig* Blitz *m* aus heiterem Himmel; **thun·der·clap** ['θʌndəklæp] Donnerschlag *m;* **thunder-cloud** Gewitterwolke *f a. fig;* **thun·der·ing** ['θʌndərɪŋ] *adj fam* verflixt; **thun·der·ous** ['θʌndərəs] *adj* stürmisch; *fig* donnernd; **thun·der·storm** ['θʌndəstɔːm] Gewitter *n;* **thun·der·struck** ['θʌndəstrʌk] *adj fig* wie vom Schlag getroffen; **thun·dery** ['θʌndərɪ] *adj* gewitt(e)rig.

Thurs·day ['θɜːzdɪ] Donnerstag *m;* ▶ **on ~** am Donnerstag; **on ~s** donnerstags.

thus [ðʌs] *adv* **1.** so, auf diese Weise; **2.** folglich; ▶ ~ **far** so weit.

thwart[1] [θwɔːt] *tr* **1.** *(Plan)* durchkreuzen; **2.** *(Absicht)* vereiteln; **3.** e-n Strich durch die Rechnung machen *(s.o.* jdm).

thwart[2] [θwɔːt] *mar* Ruderbank, Ducht *f.*

thy [ðaɪ] *prn obs poet* dein.

thyme [taɪm] *bot* Thymian *m.*

thy·roid ['θaɪrɔɪd] **I** *adj* Schilddrüsen-; **II** *s (~ gland)* Schilddrüse *f.*

ti·ara [tɪ'ɑːrə] **1.** Tiara *f;* **2.** Diadem *n.*

tibia ['tɪbɪə] ⟨*pl* tibiae⟩ ['tɪbɪiː] Schienbein *n.*

tic [tɪk] *med* Gesichts-, Muskelzucken *n.*

tick[1] [tɪk] **I** *s* **1.** Ticken *n;* **2.** Häkchen *n;* **3.** *fam* Augenblick *m;* ▶ **in a ~** gleich, sofort; **II** *itr* ticken; **I don't know what makes her ~** ich weiß nicht, was in ihr vorgeht; **III** *tr* abhaken, anstreichen; **IV** *(mit Präposition)* **tick off** *tr* **1.** abhaken; **2.** abkanzeln; **tick over** *itr* **1.** *mot* leer laufen; **2.** *fig* ordentlich gehen.

tick[2] [tɪk] *zoo* Zecke *f.*

tick[3] [tɪk] Matratzenbezug *m;* Inlett *n.*

tick[4] [tɪk] *fam* Kredit *m;* ▶ **buy on ~** auf Pump kaufen.

ticker ['tɪkə(r)] **1.** *tele* Börsenfernschreiber *m;* **2.** *fam* Uhr *f;* **3.** *sl* Herz *n;* **ticker tape** Lochstreifen *m;* **ticker tape parade** Konfettiparade *f.*

ticket ['tɪkɪt] **1.** (Eintritts-, Theater-, Fahr-, Flug)Karte *f;* Fahrschein *m;* **2.** (Gepäck)Schein *m;* Abschnitt, Zettel *m;* Park(Schein) *m;* **3.** Etikett, Schildchen *n;* Preiszettel *m;* **4.** *Am parl* Kandidatenliste *f;* Wahlprogramm *n;* **5.** *jur* gebührenpflichtige Verwarnung; Strafzettel *m;* ▶ **vote the straight ~** die Parteiliste wählen; **that's the ~!** *fam* das ist die Sache! **admission-~** Eintrittskarte *f;* **airline ~** Flugticket *n,* Flugschein *m;* **cloakroom-~** Garderobenmarke *f;* **lottery-~** Lotterielos *n;* **luggage-~,** *Am* **baggage-~** Gepäckschein *m;* **monthly ~** Monatskarte *f;* **return-~,** *Am* round-

trip ~ Rückfahrkarte *f* (*to* nach); **season-**~ Dauer-, Zeitkarte *f;* **single** ~ einfache Fahrkarte; **theatre** ~ Theaterkarte *f;* **ticket-agency** Verkaufsstelle *f; theat* Vorverkaufsstelle *f;* **ticketcollector** Fahrkartenkontrolleur(in), Schaffner(in) *m (f);* **ticket holder** Karteninhaber(in) *m (f);* **ticket machine** Fahrscheinautomat *m;* **ticket-number** (*Lotterie*) Losnummer *f;* **ticket-office** Fahrkartenschalter *m; theat* Kasse *f.*

tick·ing-off ['tɪkɪŋ'ɒf] *fam* Anpfiff, Anschnauzer *m;* ► **give s.o. a** ~ jdn ausschimpfen.

tickle ['tɪkl] I *tr* 1. kitzeln *a. fig;* 2. schmeicheln, gefallen, angenehm sein (*s.o.* jdm); erheitern; ► **be** ~**d pink to death** sich fürchterlich freuen; ~ **s.o.'s fancy** jdm gefallen; II *itr* kitzeln; jucken; III *s* Kitzeln *n;* ► **give s.o. a** ~ jdn kitzeln; **tick·lish** ['tɪklɪʃ] *adj* 1. (*Mensch*) kitz(e)lig; 2. *fig* (*Sache*) heikel.

ti·dal ['taɪdl] *adj* ► ~ **current** Gezeitenstrom *m;* ~ **river** Tidefluß *m;* ~ **wave** Flutwelle *f a. fig.*

tid·bit ['tɪdbɪt] *Am s. titbit.*

tid·dly ['tɪdlɪ] *adj fam* 1. angeheitert; 2. winzig.

tid·dly·winks ['tɪdlɪwɪŋks] Flohhüpfen *n (Spiel).*

tide [taɪd] I *s* 1. Ebbe u. Flut *f,* Gezeiten *pl;* 2. *fig* Auf u. Ab *n;* 3. *fig* Strom *m,* Strömung *f;* ► **the** ~ **is in, out** es ist Flut, Ebbe; **the** ~ **turns** *fig* das Blatt wendet sich; **ebb, low** ~ Ebbe *f,* Niedrigwasser *n;* **flood, high** ~ Flut *f,* Hochwasser *n;* **at high** ~ bei Flut; **go, swim against the** ~ gegen den Strom schwimmen; II (*mit Präposition*) **tide over** *tr* über Wasser halten; ► **will that** ~ **you over?** wird dir das ausreichen? **tide·land** ['taɪdlænd] *Am* Watt *n;* **tide-mark** Flutmarke *f;* Pegelstand *m;* **tide-water** Flut *f; Am* Watt *n;* **tideway** Priel *m.*

ti·di·ness ['taɪdɪnɪs] Ordentlichkeit *f;* Sauberkeit *f;* **tidy** ['taɪdɪ] I *adj* 1. ordentlich; sauber; 2. *fam* (*Geldsumme*) ganz nett, hübsch; II *tr* 1. in Ordnung bringen; hübsch machen; 2. (~ *up*) aufräumen.

tie [taɪ] I *tr* 1. binden *a. fig* (*to* an); 2. zusammenknoten; (*Paket*) zusammenschnüren; 3. (*Knoten*) machen; (*Band, Schnürsenkel*) binden; 4. verbinden, verknüpfen; ► **the match was** ~**d** das Spiel war unentschieden; **my hands are** ~**d** mir sind die Hände gebunden; II *itr* gleich stehen (*with* mit); *sport* punktgleich sein; unentschieden spielen; III *s* 1. Band *n a. fig;* 2. *fig* Bindung, Verpflichtung *f;* Belastung *f;* 3. *pl* Verbindungen *f pl;* 4. (*neck*~) Krawatte *f,* Schlips *m;* 5. *sport* Unentschieden *n;*

unentschiedenes Spiel; 6. *mus* Ligatur *f;* ► **the game ended in a** ~ das Spiel endete unentschieden; **business** ~ Geschäftsverbindung *f;* **family** ~**s** *pl* familiäre Bindungen *f pl;* ~**s** *pl* **of blood, of friendship** Bande *n pl* des Blutes, der Freundschaft; IV (*mit Präposition*) **tie back** *tr* zurückbinden; **tie down** *tr* 1. festbinden; 2. *fig* binden (*to* an); 3. (*Bedeutung, Gesprächspartner*) festlegen, festnageln; ► **he doesn't want to** ~ **himself down** er möchte sich nicht binden, festlegen; **a pet really** ~**s you down** mit einem Haustier ist man angebunden; **tie in** *itr* zusammenpassen; *tr* in Einklang bringen; ► ~ **in with s.th.** zu etw passen; **tie on** *tr* anbinden; **tie up** *itr* 1. zusammenpassen; zusammenhängen (*with* mit); 2. *mar* festmachen; *tr* 1. (*Paket*) verschnüren; (*Schnürsenkel*) binden; 2. (*Tier*) anbinden; (*Gefangene*) fesseln; (*Boot*) festmachen; 3. (*Geschäft, Pläne*) festmachen; 4. (*Kapital*) anlegen; 5. (*Menschen*) beschäftigen; (*Maschinen*) auslasten; 6. (*Produktion*) stillegen; ► **I am** ~**d up tomorrow** morgen bin ich belegt, beschäftigt; **be** ~**d up with s.th.** mit etw zusammenhängen; **be** ~**d up with s.o.** zu jdm Verbindung haben.

tie-breaker ['taɪbreɪkə(r)] (*Tennis*) Tiebreaker *m;* **tie clip** Krawattennadel *f;* **tie-in** [‚taɪ'ɪn] 1. Verbindung, Beziehung *f;* 2. *Am com* (~ *sale*) Koppelungsgeschäft *n;* **tie-on label** [‚taɪ'ɒn'leɪbl] Anhängeadresse *f;* **tie-pin** Krawattennadel *f.*

tier [tɪə(r)] 1. (*Sitz*)Reihe *f; theat* Rang *m;* 2. *fig* Stufe *f;* 3. (*Kuchen*) Etage *f;* ► **in** ~**s** *adj* stufenförmig; *adv* stufenweise; **three-**~**ed** *adj* dreigestuft; dreistöckig.

tie-up ['taɪʌp] 1. *Am* Stockung *f,* Stillstand *m;* 2. Verbindung *f;* Zusammenschluß *m.*

tiff [tɪf] kleiner Streit, Krach *m.*

ti·ger ['taɪgə(r)] Tiger *m.*

tight [taɪt] I *adj* 1. (luft-, wasser)dicht; 2. fest(sitzend); (*Umarmung*) fest; 3. eng(anliegend), zu eng, knapp; 4. *fig* (*Kontrolle*) streng; 5. (*Seil, Haut*) straff; 6. (*Platz*) eng; 7. (*Zeit, Geld*) knapp; 8. (*Lage*) schwierig; 9. *sport* knapp; 10. *fam* (*Mensch*) geizig; 11. *sl* blau, besoffen; ► **the cork is too** ~ der Korken sitzt zu fest; **air-, water-**~ luft-, wasserdicht; II *adv* 1. fest; 2. eng; 3. straff; ► **hold** ~ fest halten; **shut** ~ fest zumachen; **sit** ~ sich nicht rühren; **sleep** ~! schlafe gut! **tighten** ['taɪtn] I *tr* 1. anziehen, straffen; 2. enger machen; (*Gürtel*) enger schnallen; 3. (*Bestimmungen*) verschärfen; II *itr* (~ *up*) 1. enger werden; 2. sich straffen; 3. (*Bestimmungen, Kontrollen*) strenger werden;   4.

(Markt) sich verstcifcn; **tight-fisted** [‚taɪt'fɪstɪd] *adj* filzig, knauserig; **tightfit·ting** [‚taɪt'fɪtɪŋ] *adj* 1. enganliegend; 2. *tech* genau eingepaßt; **tight-lipped** [‚taɪt'lɪpt] *adj* 1. mit zusammengepreßten Lippen; 2. *fig* verschwiegen; **tightness** ['taɪtnɪs] 1. Dichte *f;* Enge *f;* 2. Knappheit, Verknappung *f;* 3. Knauserigkeit *f;* **tight-rope** (Draht)Seil *n;* ▶ **walk a ~** *fig* einen Balanceakt vollführen, eine Gratwanderung machen; **tightrope walker** Seiltänzer(in) *m (f).*

tights [taɪts] *pl Br* Strumpfhose *f;* **tightwad** ['taɪtwɒd] *Am* Knicker, Knauser *m.*

ti·gress ['taɪgrɪs] Tigerin *f a. fig.*

tile [taɪl] **I** *s* 1. (Dach)Ziegel *m;* 2. Kachel, Fliese *f;* 3. *(Kork, Isolierung)* Platte *f;* *(Teppich)* Fliese *f;* ▶ **have a night on the ~s** *fam* herumsumpfen; **II** *tr (Fußboden)* mit Fliesen belegen; *(Dach)* mit Ziegeln decken; kacheln; **tiler** ['taɪlə(r)] Dachdecker(in) *m (f).*

till[1] [tɪl] **I** *prep (zeitlich)* bis (zu); ▶ **not ~** nicht vor; erst; **~ now** bis jetzt; **~ then** bis dahin; **II** *conj* bis; ▶ **~ such time as** bis.

till[2] [tɪl] *tr* beackern; *(den Boden)* bearbeiten.

till[3] [tɪl] (Laden)Kasse *f;* ▶ **have one's fingers in the ~** Geld aus der Ladenkasse entwenden.

tiller ['tɪlə(r)] *mar* Ruderpinne *f.*

tilt [tɪlt] **I** *tr* 1. kippen; 2. schräg stellen; schief halten; **II** *itr* 1. geneigt, schräg sein; 2. sich neigen; 3. anrennen *a. fig (at gegen);* 4. losziehen *(at gegen);* ▶ **~ at windmills** gegen Windmühlen kämpfen; **III** *s* 1. Neigung *f,* schiefe Lage; 2. *hist* Turnier *n;* Stoß *m;* ▶ **(at) full ~** mit aller Gewalt; **have a ~** sich neigen; **have a ~ at s.o.** *fig* jdn angreifen; **IV** *(mit Präposition)* **tilt back** *itr* sich nach hinten neigen; *tr* nach hinten neigen, kippen; **tilt over** *itr* sich neigen; umkippen; *tr* neigen; kippen; **tilt up** *itr* (nach oben) kippen; *tr* kippen; schräg nach oben halten.

tim·ber ['tɪmbə(r)] 1. Bau-, Schnitt-, Nutzholz *n;* Balken *m.* 2. *mar* Spant *n;* 3. Baumbestand, Wald *m;* ▶ **~!** Baum fällt! **a man of his ~** *Am* ein Mann von seinem Schlag(e); **standing ~** Nutzwald *m;* **tim·bered** ['tɪmbəd] *adj* baumbestanden, bewaldet; ▶ **half-~** *(Haus)* Fachwerk-; **timber-work** Gebälk *n;* Fachwerk *n.*

time [taɪm] **I** *s* 1. Zeit(raum *m,* -spanne) *f;* 2. (Zeit)Dauer *f;* 3. Arbeitszeit *f,* -lohn *m;* 4. Zeitmaß, Tempo *n,* Geschwindigkeit *f;* 5. *mus* Takt, Rhythmus *m;* 6. Zeitpunkt *m,* genaue Zeit, richtiger Augenblick; 7. Frist *f,* Termin *n;* 8. Mal *n,* Gelegenheit *f;* 9. *meist pl* Zeiten *f pl;* ▶ **against the ~** in größter Eile; **ahead**

of one's ~ seiner Zeit voraus; **ahead of ~** zu früh; **all the ~** die ganze Zeit (über); **another ~** ein andermal; **any number of ~s** x-mal; **at ~s** manchmal; hin u. wieder; **at all ~s** immer; **at the same ~** zur gleichen Zeit, gleichzeitig; **at that ~** damals, zu der Zeit; **by that ~** bis dahin, unterdessen; **every ~** jedesmal; **for the ~ being** im Augenblick; zur Zeit; **from ~ to ~** von Zeit zu Zeit; **in half the ~** in der halben Zeit; **in ~** rechtzeitig; **in due ~** termingemäß; **in no ~** im Nu; **many ~s, many a ~** oft(mals); **next ~** das nächste Mal; **on ~** pünktlich *adv;* **this ~** diesmal; **up to this, the present ~** bis heute, bis zum heutigen Tage; **once upon a ~ (there was)** es war einmal *(Märchenbeginn);* **ask s.o. the ~ of day** jdn nach der Uhrzeit fragen; **be behind ~** sich verspätet haben; **be behind the ~s** hinter seiner Zeit zurück sein; **beat ~** den Takt schlagen; **bide one's ~** auf e-n günstigen Augenblick warten; **do ~** *fam* (im Gefängnis) sitzen; **have no ~ to lose** keine Zeit zu verlieren haben; **have a good ~** sich gut unterhalten, sich amüsieren; **keep ~** *mus* den Takt halten; **make good ~** aufholen; ein hohes Tempo haben; **take ~** Zeit erfordern; **work against the ~** unter Zeitdruck arbeiten; **what ~ do we eat?** um wieviel Uhr essen wir? **~ is up** die Zeit ist (her)um, vorbei; **take your ~ over it** lassen Sie sich Zeit dazu; **~ will tell** die Zeit wird es lehren; **local ~** Ortszeit *f;* **loss of ~** Zeitverlust *m;* **a matter of ~** e-e Frage der Zeit; **spare ~** Freizeit *f;* **waste of ~** Zeitverschwendung *f;* **~ of arrival, of departure** Ankunfts-, Abfahrtszeit *f;* **the ~ of day** die Tageszeit; **II** *tr* 1. den richtigen Zeitpunkt aussuchen für; 2. *(Bombe)* einstellen; 3. *(mit Uhr)* stoppen; *(Geschwindigkeit)* messen; timen; ▶ **you ~d that beautifully** sie haben genau den richtigen Augenblick gewählt; **~ yourself to see how long it takes you** sehen Sie auf die Uhr, um herauszufinden, wie lange Sie brauchen.

time-and-mo·tion study ['taɪmən‚məʊʃnstadɪ] Zeitstudie, Bewegungsstudie *f;* **time-bomb** Zeitbombe *f a. fig;* **time card** *(am Arbeitsplatz)* Stechkarte *f;* **time clock** Stechuhr *f;* **timeconsum·ing** ['taɪmkən‚sjuːmɪŋ] *adj* zeitraubend; **time deposits** *pl* Termineinlagen *f pl;* **time difference** Zeitunterschied *m;* **time-fuse** Zeitzünder *m;* **time·lag** Verzögerung *f;* zeitliche Verschiebung; Zeitunterschied *m;* **time-lapse** ['taɪmlæps] *adj* Zeitraffer-; im Zeitraffer; **time-less** ['taɪmlɪs] *adj* zeitlos; immerwährend; **time-limit** Zeitbeschränkung *f;* Frist *f;* ▶ **put a ~**

on s.th. etw befristen; **time lock** Zeit-schloß *n;* **time·ly** ['taɪmlɪ] *adj* rechtzei-tig, im rechten Augenblick, zur rechten Zeit (stattfindend); **time-out** [,taɪm'aʊt] *Am* **1.** *sport* Auszeit *f;* **2.** Pause *f;* **timer** ['taɪmə(r)] **1.** Zeitmesser *m;* Schaltuhr *f;* **2.** *sport* Zeitnehmer *m;* **time-sav·ing** ['taɪm,seɪvɪŋ] *adj* zeitsparend; **time scale** zeitlicher Rahmen; Zeitmaßstab *m;* **time-share** ['taɪmʃeə(r)] Anteil *m* an einer Ferienwohnung; **time sharing** Timesharing *n;* Anteile *pl* an einer Feri-enwohnung; **time switch** Zeitschalter *m;* **time·table** ['taɪm,teɪbl] **1.** *rail* Fahr-plan *m;* **2.** *aero* Flugplan *m;* **3.** *(Schule)* Stundenplan *m;* **4.** *(Kongreß)* Pro-gramm *n;* **time·worn** ['taɪmwɔːn] *adj* abgenutzt, verbraucht; *(Stein)* verwit-tert; **time zone** Zeitzone *f.*

timid ['tɪmɪd] *adj* **1.** furchtsam, ängstlich *(of* vor); **2.** schüchtern; **timid·ity** [tɪ'mɪdətɪ] **1.** Furchtsamkeit, Ängstlich-keit *f;* **2.** Schüchternheit *f.*

tim·ing ['taɪmɪŋ] **1.** Terminplanung *f;* **2.** Wahl *f* des richtigen Zeitpunkts; Timing *n;* **3.** *mot* Steuerung *f;* Einstellung *f;* **4.** Zeitmessung *f;* Stoppen *n;* ▶ **that was perfect ~** das war gerade der richtige Zeitpunkt.

tim·or·ous ['tɪmərəs] *adj* ängstlich, furchtsam.

tim·pani ['tɪmpənɪ] *pl mus* Kesselpauke *f.*

tin [tɪn] **I** *s* **1.** Zinn *n;* **2.** Weißblech *n;* **3.** *Br* (Konserven)Büchse, -Dose *f;* **II** *adj* zinnern; aus Blech, Blech-; **III** *tr* **1.** *Br* eindosen; konservieren; **2.** verzinnen; **tin can 1.** *Br* Blechdose *f;* **2.** *Am sl* Zerstörer *m.*

tin·der ['tɪndə(r)] Zunder *m a. fig.*

tin·foil ['tɪnfɔɪl] Stanniol, Silberpapier *n;* (Aluminium)Folie *f.*

ting [tɪŋ] **I** *s* heller Klang; **II** *tr* hell klingen lassen; **III** *itr* klingen.

tinge [tɪndʒ] **I** *tr* **1.** (leicht) färben, tönen *(with* mit); **2.** *fig* e-n Anstrich, Beige-schmack geben *(s.th.* e-r S; *with* von); **II** *s* **1.** Tönung *f;* **2.** *fig* Anflug *m (of* von).

tingle ['tɪŋgl] *itr* **1.** prickeln, stechen; **2.** zittern *(with excitement* vor Aufre-gung).

tin god ['tɪngɒd] *fig* Götze *m;* Bonze *m;* **tin hat** *mil fam* Stahlhelm *m;* **tin·horn** ['tɪnhɔːn] *Am sl* Angeber *m.*

tin·ker ['tɪŋkə(r)] **I** *s* Kesselflicker *m;* ▶ **not to be worth a ~'s cuss** keinen Pfifferling wert sein; **II** *itr* herumbasteln, -pfuschen *(with* an).

tinkle ['tɪŋkl] **I** *itr, tr* klingeln, läuten; **II** *s* Geklingel *n;* ▶ **give s.o. a ~** *Br fam* jdn anrufen.

tinned [tɪnd] *adj* ▶ **~ fruit** Obstkonser-ven *f pl;* **~ meat** Büchsenfleisch *n;* **~ music** *pej* Konservenmusik *f;* **tinny** ['tɪnɪ] *adj (Ton)* blechern; *(Geschmack)*

nach Blech; *(Ware)* billig; **tin-opener** ['tɪnəʊpənə(r)] Dosen-, Büchsenöffner *m;* **Tin Pan Alley** [,tɪnpæn'ælɪ] Schla-gerindustrie *f;* **tin-plate** Weißblech *n;* **tin·pot** ['tɪnpɒt] *adj Br fam* minder-wertig.

tin·sel ['tɪnsl] **1.** Flitter(gold *n) m;* Rauschgoldgirlande *f;* Lametta *n;* **2.** *fig* falscher Glanz, Kitsch *m.*

tint [tɪnt] **I** *s* **1.** Färbung, Tönung *f;* **2.** Farbton *m;* **II** *tr* tönen.

tiny ['taɪnɪ] *adj* winzig.

tip[1] [tɪp] **I** *s* **1.** Spitze *f;* **2.** *(Zigarette)* Mundstück *n;* **3.** *(Berg)* Spitze *f;* Gipfel *m;* ▶ **from ~ to toe** vom Scheitel bis zur Sohle; **I have it on the ~ of my tongue** *fig* es liegt mir auf der Zunge; **finger-~** Fingerspitze *f;* **II** *tr* mit e-r Spitze versehen; ▶ **~ped cigarette** Fil-terzigarette *f.*

tip[2] [tɪp] **I** *s* **1.** Trinkgeld *n;* **2.** Tip *m;* Hinweis *m;* ▶ **give s.th. a ~** etw antip-pen, etw leicht berühren; **II** *tr* **1.** ein Trinkgeld geben *(s.o.* jdm); **2.** *(Rennen)* wetten auf, setzen auf; **3.** leicht berüh-ren; antippen; **III** *itr* Trinkgeld geben; **IV** *(mit Präposition)* **tip off** *tr* einen Tip geben *(s.o.* jdm).

tip[3] [tɪp] **1.** *tr* kippen, umkippen; *(Flüs-sigkeit, Sand)* schütten; ▶ **~ the scales at 60 kg** 60 kg auf die Waage bringen; **~ the scales in s.o.'s favour** sich zu jds Gunsten auswirken; **II** *itr* **1.** kippen; **2.** Schutt abladen; **III** *s Br* **1.** Schuttablade-platz *m;* Müllhalde *f;* Kohlenhalde *f;* **2.** *fig* Schweinestall *m;* **IV** *(mit Präposi-tion)* **tip back** *itr, tr* nach hinten kippen; **tip out 1.** *tr* auskippen; ausschütten; **2.** *itr* herauskippen, -laufen, -rutschen, -fal-len; **tip over** *itr, tr* umkippen; **tip up** *itr, tr* (um)kippen; hochklappen.

tip-off ['tɪpɒf] *fam* Wink, Tip *m.*

tipple ['tɪpl] **I** *itr* (gewohnheitsmäßig) trinken; **II** *s* Schnaps *m;* ▶ **she enjoys the occasional ~** ab und zu trinkt sie ganz gern mal einen; **tip·pler** ['tɪplə(r)] *fam* Säufer(in) *m (f).*

tip·ster ['tɪpstə(r)] Tipgeber *m (bei Pfer-derennen).*

tipsy ['tɪpsɪ] *adj* angeheitert, beschwipst.

tip·toe ['tɪptəʊ] **I** *itr* auf Zehenspitzen gehen; **II** *s* ▶ **on ~** auf Zehenspitzen; **tip·top** [,tɪp'tɒp] *adj fam* tipptopp, erstklassig, prima; **tip-up seat** ['tɪpʌp'siːt] Klappsitz *m.*

ti·rade [taɪ'reɪd] Schimpferei *f.*

tire[1] ['taɪə(r)] **I** *itr* müde werden *(of do-ing s.th.* etw zu tun); **II** *tr* ermüden; **~ out** völlig erschöpfen; ▶ **be ~d out** er-schöpft sein *(from* von).

tire[2] ['taɪə(r)] *Am s.* tyre.

tired ['taɪəd] *adj* **1.** müde *(with* von); **2.** *(~ out)* erschöpft; **3.** überdrüssig *(of s.th.* e-r S); ▶ **I'm ~ of it** ich habe es satt; **tired·ness** ['taɪədnɪs] Müdigkeit *f;*

tire·less ['taɪəlɪs] *adj* unermüdlich;
tire·some ['taɪəsəm] *adj* langweilig;
lästig, ärgerlich; **tir·ing** ['taɪrɪŋ] *adj* anstrengend; ermüdend.
'tis [tɪz] *poet* = *it is.*
tis·sue ['tɪʃuː] **1.** Gewebe *n;* **2.** (*~paper*)
Seidenpapier *n;* **3.** Papiertaschentuch *n;*
► **~ cell** Gewebezelle *f;* **a ~ of lies** ein
Lügengespinst.
tit[1] [tɪt] ► **give ~ for tat** etw mit gleicher Münze heimzahlen.
tit[2] [tɪt] *orn* Meise *f.*
tit[3] [tɪt] *sl (Brust)* Titte *f.*
ti·tanic [taɪ'tænɪk] *adj* titanenhaft.
ti·ta·nium [taɪ'teɪnɪəm] *chem* Titan *n.*
tit·bit ['tɪtbɪt] Leckerbissen *m.*
tit·il·late ['tɪtɪleɪt] *tr* erregen; anregen;
(Gaumen) kitzeln; **tit·il·la·tion**
[ˌtɪtɪ'leɪʃn] Anregung *f;* Erregung *f; fig*
Kitzel *m.*
titi·vate ['tɪtɪveɪt] *itr* sich hübsch machen.
title ['taɪtl] **1.** *(Buch, Person)* Titel *m;*
(Kapitel) Überschrift *f; (Film)* Untertitel *m;* **2.** Recht(sanspruch *m*) *n* (*to* auf);
Eigentumsurkunde *f;* ► **under the
same ~** in der gleichen Rubrik; **title-
deed** Eigentumsurkunde *f;* **title-
holder** Titelinhaber, *sport* -verteidiger
m; **title-page** *(Buch)* Titelseite *f;* **title-
role** *theat* Haupt-, Titelrolle *f.*
tit·ter ['tɪtə(r)] **I** *itr* kichern; **II** *s* Gekicher *n.*
tittle-tattle ['tɪtltætl] **I** *s* Geschwätz *n,*
Tratsch *m;* **II** *itr* schwatzen, klatschen.
tizzy ['tɪzɪ] *fam* tolle Aufregung; ► **be in
a ~** sich fürchterlich aufregen.
to [tuː, *vor Vokal a.:* tʊ, *vor Konsonant:*
tə] **I** *prep* **1.** *(Richtung)* zu; *(Länder,
Städte)* nach; ► **go ~ school** zur Schule
gehen; **go ~ the lawyer** zum Anwalt
gehen; **go ~ the theatre, cinema** ins
Theater, Kino gehen; **go ~ America,
New York** nach Amerika, New York
gehen *od* fahren; **~ Switzerland** in die
Schweiz; **go ~ bed** ins *od* zu Bett gehen;
come ~ me! komm zu mir! **2.** *(Erstreckung)* bis; ► **(up) ~ the age of 10**
bis 10 Jahre; **(from)** 30 **~** 40 30 bis 40;
10 kms ~ Stuttgart 10 km nach Stuttgart; **~ this day** bis auf den heutigen
Tag; **3.** *(als Dativobjekt) mit Dativ;*
► **give s.th. ~ s.o.** jdm etw geben; **I
said ~ myself** ich habe mir gesagt; **sing
~ o.s.** vor sich hin singen; **addressed ~**
me an mich adressiert; **4.** *(Widmung)*
an; *(Trinkspruch)* auf; **5.** *(Nähe, Berührung)* an; ► **close ~ s.th.** dicht an etw;
nail s.th. ~ the wall etw an die Wand
nageln; **6.** *(Uhrzeit)* vor; ► **20 (minutes)
~ 3** 20 (Minuten) vor 3; **7.** *(Vergleich)*
als; ► **superior ~** besser als; **8.** *(Beziehung)* zu; ► **3 goals ~ 1** 3 zu 1 Toren
(3 : 1); **a majority of 5 ~ 1** eine Mehrheit von 5 zu 1; **9.** pro; ► **one litre ~**

one person ein Liter pro Person; **10.**
(Wendungen) **~ my knowledge** meines
Wissens; **~ my surprise** zu meiner
Überraschung; **~ his taste** nach seinem
Geschmack; **II** *(beim Infinitiv)* zu; ► **~
hope ~ succeed** hoffen, Erfolg zu haben; **I want you ~ do that** ich möchte,
daß Sie das tun; **do you want ~ do
that?** möchten Sie das tun? **~ hear you
talk one could think** wenn man dich so
reden hört, könnte man meinen; **~ tell
the truth** um ehrlich zu sein; **he is not
the type ~ do that** er ist nicht der Typ,
der so etwas tun würde; **you'll be the
first ~ hear it** Sie werden der erste sein,
der das erfährt; **it's hard ~ go** es ist
schwer zu gehen; **does he want ~?** will
er denn? **I would like ~ but I can't** ich
würde ja gerne, aber ich kann nicht; **III**
adv ► **~ and fro** hin und her; auf und
ab; **IV** *adj (Tür)* zu; angelehnt.
toad [təʊd] Kröte *f a. fig;* **toad-in-the-
hole** [ˌtəʊdɪnðə'həʊl] Fleischpastete *f;*
toad·stool ['təʊdstuːl] (Gift)Pilz *m;*
toady ['təʊdɪ] **I** *s* Speichellecker *m;* **II**
itr niedrig schmeicheln; sich anbiedern
(to s.o. jdm).
to-and-fro [ˌtuːən'frəʊ] Hin und Her *n.*
toast[1] [təʊst] **I** *tr* rösten; ► **~ o.s.** sich
auf-, durchwärmen; **II** *itr* braun u.
knusprig werden; **III** *s* Toast *m.*
toast[2] [təʊst] **I** *s* Trinkspruch, Toast *m;*
► **propose, give a ~** e-n Toast ausbringen *(to s.o.* auf jdn); **II** *tr* **1.** zutrinken
(s.o. jdm); **2.** hochleben lassen.
toaster ['təʊstə(r)] Brotröster, Toaster
m.
toast·master ['təʊstmɑːstə(r)] Zeremonienmeister *m.*
toast·rack ['təʊstræk] Toastständer *m.*
to·bacco [tə'bækəʊ] Tabak *m;* **tobacco·nist** [tə'bækənɪst] Tabakhändler(in) *m (f);* ► **~'s (shop)** Tabakladen
m.
to-be [tə'biː] *adj* ► **my wife ~** meine
zukünftige Frau.
to·bog·gan [tə'bɒgən] **I** *s* Rodel(schlitten) *m;* **II** *itr* rodeln; Schlitten fahren;
toboggan run Rodelbahn *f.*
toby ['təʊbɪ] (*~ jug*) Bierkrug *m (als
Figur).*
tod [tɒd] *sl* ► **on one's ~** allein.
to·day [tə'deɪ] **I** *adv* heute; heutzutage;
II *s* heutiger Tag; Gegenwart *f;* ► **~'s**
heutig; **of ~** von heute; **~'s rate** *com*
Tageskurs *m.*
toddle ['tɒdl] *itr* **1.** tappen, watscheln; **2.**
fam gehen; **3.** *fam* (*~ off*) abhauen;
tod·dler ['tɒdlə(r)] Kleinkind *n.*
toddy ['tɒdɪ] (Whisky)Grog *m.*
to-do [tə'duː] *fig* Theater *n;* ► **make a ~
about s.th.** viel Aufhebens von e-r S
machen.
toe [təʊ] **I** *s* **1.** Zehe *f;* **2.** *(Schuh)* Kappe
f; **3.** *(Socken)* Spitze *f;* ► **from top to ~**

von Kopf bis Fuß; **be on one's ~s** *fig* auf Draht sein; **step, tread on s.o.'s ~s** *fig* jdm zu nahe treten; **big, little ~** große, kleine Zehe; **II** *tr* ▶ **~ the line** *fig* nicht aus der Reihe tanzen, spuren; **~ the party line** sich nach der Parteilinie richten; **toe-cap** *(Schuh)* Kappe *f;* **toe-hold** *fig* Halt *m;* ▶ **get a ~** *fig* festen Fuß fassen; **toe-nail** Zehen-, Fußnagel *m.*

toff [tɒf] *sl* feiner Pinkel.

toffee, toffy ['tɒfɪ, *Am* 'tɔ:fɪ] Karamelbonbon *m* od *n;* **toffee apple** kandierter Apfel; **toffee-nosed** ['tɒfɪnəʊzd] *adj Br fam* eingebildet.

to·gether [tə'geðə(r)] *adv* 1. zusammen *(with* mit); 2. miteinander, gemeinsam; 3. zugleich, zu gleicher Zeit; 4. ununterbrochen; ▶ **close, near ~** nahe beieinander; **to·gether·ness** [−nɪs] 1. Beisammensein *n;* 2. Zusammengehörigkeit *f.*

toggle ['tɒgl] Knebelknopf *m; tech* Knebel *m;* **toggle switch** Kippschalter *m.*

Togo ['təʊgəʊ] Togo *n.*

toil [tɔɪl] **I** *itr* sich abmühen, sich plagen; ▶ **he's ~ing** *fam* er tut sich schwer; **II** *s* Mühe, Plage *f.*

toilet ['tɔɪlɪt] 1. Toilette *f,* Klosett *n;* 2. (Morgen)Toilette *f;* 3. Kleidung *f;* **toilet-paper** Toilettenpapier *n;* **toilet·ries** ['tɔɪlɪtrɪz] *pl* Toilettenartikel *pl;* **toilet-roll** Rolle *f* Klosettpapier; **toilet-soap** Toilettenseife *f;* **toilet-water** Toilettenwasser *n.*

to-ing and fro-ing [‚tu:ɪŋən'frəʊɪŋ] Hin und Her *n.*

to·ken ['təʊkən] **I** *adj* Schein-, Proforma-; ▶ **~ payment** Proforma-Bezahlung *f;* **~ strike** Warnstreik *m;* **~ woman** Vorzeige-, Alibifrau *f;* **II** *s* 1. Zeichen *n;* 2. Andenken *n,* Erinnerung(sstück *n) f;* 3. (Wert)Marke *f;* Gutschein, Bon *m;* ▶ **by the same ~** aus dem gleichen Grund; **in, as a ~ of** zum Zeichen *gen.*

told [təʊld] *v s.* tell.

tol·er·able ['tɒlərəbl] *adj* erträglich; *fig* annehmbar; **tol·er·ably** ['tɒlərəblɪ] *adv* leidlich, ziemlich; **tol·er·ance** ['tɒlərəns] 1. Duldung *f;* 2. Toleranz *f a. fin tech med;* ▶ **~ limit** Toleranzgrenze *f;* **tol·er·ant** ['tɒlərənt] *adj* tolerant *(of* gegen); **tol·er·ate** ['tɒləreɪt] *tr* 1. dulden, zulassen; 2. ertragen, aushalten; **tol·er·ation** [‚tɒlə'reɪʃn] Duldung *f.*

toll¹ [təʊl] 1. Brücken-, Wegegeld *n,* -zoll *m;* Maut *f;* Autobahngebühr *f;* 2. Standgeld *n;* 3. *Am* Fernsprechgebühr *f;* 4. *fig* Zoll, Tribut *m;* ▶ **it took a heavy ~ of life** es hat viele Menschenleben gekostet; **the ~ on the roads** die Straßenverkehrsopfer *n pl.*

toll² [təʊl] **I** *tr (Glocke)* läuten; **II** *itr* läuten, schallen; ▶ **for whom the bell**

~s wem die Stunde schlägt; **III** *s* Glockengeläut *n;* Glockenschlag *m.*

toll-bar, toll-gate ['təʊlbɑ:(r), 'təʊlgeɪt] Schlagbaum *m,* Mautschranke *f;* **toll bridge** gebührenpflichtige Brücke, Mautbrücke *f;* **toll-call** *Am tele* Ferngespräch *n;* **toll-free** *adj Am* gebührenfrei; **toll-house** Maut-, Zollhaus *n;* **toll road** gebührenpflichtige Straße, Mautstraße *f.*

tom [tɒm] Männchen *n (einiger Tiere);* *(~cat)* Kater *m;* ▶ **any T~, Dick or Harry** jeder x-beliebige.

toma·hawk ['tɒməhɔ:k] Tomahawk *m.*

tom·ato [tə'mɑ:təʊ, *Am* tə'meɪtəʊ] ⟨*pl* -atoes⟩ Tomate *f;* **tomato juice** Tomatensaft *m;* **tomato ketchup** (Tomaten)Ketchup *m* od *n;* **tomato soup** Tomatensuppe *f.*

tomb [tu:m] Grab(gewölbe) *n.*

tom·bola [tɒm'bəʊlə] Tombola *f.*

tom·boy ['tɒmbɔɪ] Wildfang *m;* ▶ **be a ~** *(Mädchen)* ein richtiger Junge sein.

tomb·stone ['tu:mstəʊn] Grabstein *m.*

tom·cat ['tɒmkæt] Kater *m.*

tome [təʊm] Band *m;* Wälzer *m fam.*

tom·fool·ery [tɒm'fu:lərɪ] Dummheit *f.*

Tommy-gun ['tɒmɪgʌn] Maschinenpistole *f;* **tommy-rot** [‚tɒmɪ'rɒt] *fam obs* Unsinn *m.*

to·mo·graph ['tɒməgrɑ:f] *med* Tomograph *n;* **to·mo·graphy** [tə'mɒgrəfɪ] *med* Tomographie *f.*

to·mor·row [tə'mɒrəʊ] **I** *adv* morgen; ▶ **~ morning, afternoon, night** morgen früh, nachmittag, abend; **~ week** morgen in acht Tagen; **the day after ~** übermorgen; **II** *s* der morgige Tag.

tom·tom ['tɒmtɒm] Trommel *f.*

ton [tʌn] 1. Tonne *f (Gewichtseinheit); (long ~)* Br 2240 *lb.* = 1016,05 kg; *(short ~) Am* 2000 *lb.* = 907,18 kg; *(metric ~)* 1000 kg *(2204,6 lb.);* 2. *mar* Registertonne *f (100 Kubikfuß = 2,83 m³);* 3. *sl mot* Geschwindigkeit *f* von 100 Meilen pro Stunde; ▶ **~s of** e-e Menge, Masse; **that, he weighs a ~** *fig* das, er ist wahnsinnig schwer; **do a, the ~ mot** *sl* hundert Sachen fahren.

tone [təʊn] **I** *s* 1. Ton *m a. fig mus;* Klang *m; Am* Note *f;* 2. *(Malerei)* Farbton *m;* 3. *physiol* Tonus *m;* Spannkraft, Elastizität *f;* ▶ **in an angry ~** mit zorniger Stimme; **don't speak to me in that ~ (of voice)** ich verbiete mir einen solchen Ton; **lower the ~ of the conversation** sich unfein ausdrücken; **~ quality** Klangcharakter *m;* **II** *tr* 1. (ab)tönen; 2. *phot* tonen; **III** *itr* farblich harmonieren; **IV** *(mit Präposition)* **tone down** *tr* dämpfen; abschwächen; mäßigen; *itr* schwächer werden; abnehmen; **tone in** *itr* harmonieren *(with* mit); **tone up** *tr* stärken; **tone arm** *Am* Tonarm *m;* **tone control** Klangregler *m;* **tone**

deaf *adj* ohne musikalisches Gehör; **tone·less** [—lɪs] *adj* tonlos; *(Musik)* eintönig; *(Farbe)* stumpf; **tone poem** Tongedicht *n.*

to·ner ['təunə(r)] *(für Drucker, Kopiergerät)* Toner *m.*

tongs [tɒŋz] *pl* Zange *f;* Lockenstab *m;* Brennschere *f;* ▶ **a pair of** ~ **e-e** Zange; **sugar** ~ Zuckerzange *f.*

tongue [tʌŋ] **1.** Zunge *f; 2. fig* Sprache *f;* **3.** *(Schuh)* Lasche, Zunge *f;* **4.** *(Glocke)* Klöppel *m;* **5.** *(Waage)* Zeiger *m;* **6.** züngelnde Flamme; ▶ **find one's** ~ die Sprache wiederfinden; **get one's** ~ **around** korrekt aussprechen; **have lost one's** ~ kein Wort herausbringen; ~ **in cheek** nicht ernst (gemeint); **hold one's** ~ den Mund halten; **keep a civil** ~ **in one's head** höflich bleiben; **a slip of the** ~ ein Lapsus, Versprecher *m;* **native** ~ Muttersprache *f;* **put, stick out one's** ~ **at s.o.** jdm die Zunge herausstrecken; **tongue-tied** ['tʌŋtaɪd] *adj* ▶ **be** ~ gehemmt sein; **tongue-twister** ['tʌŋˌtwɪstə(r)] Zungenbrecher *m.*

tonic ['tɒnɪk] **I** *adj* **1.** *med* stärkend, anregend; **2.** *mus* Grundton-; **3.** *(Phonetik)* betont; **II** *s* **1.** *med* Tonikum *n; (kosmetisch)* Lotion *f; (Haar)* Haarwasser *n; 2.* (~ *water)* Tonic(water) *n; 3. mus* Tonika *f;* ▶ **it was a real** ~ es hat mir richtig gutgetan.

to·night [tə'naɪt] **I** *adv* heute abend; heute nacht; **II** *s* der heutige Abend; diese Nacht.

ton·nage ['tʌnɪdʒ] Tonnage *f.*

ton·sil ['tɒnsl] *anat* Mandel *f;* **ton·sil·litis** [ˌtɒnsɪ'laɪtɪs] Mandelentzündung *f.*

too [tu:] *adv* **1.** zu, allzu, gar zu; **2.** auch, gleichfalls; **3.** auch noch; ▶ ~ **bad** zu schade; bedauerlich; **it's** ~ **much for him** es geht über seine Kräfte; ~ **much** zuviel; *fam* toll.

took [tuk] *v s.* take.

tool [tu:l] **I** *s* **1.** Werkzeug, Gerät *n;* **2.** Instrument *n a. fig jur;* **3.** *fig* Werkzeug *n (Mensch);* ▶ **machine** ~ Werkzeugmaschine *f;* **down** ~**s** die Arbeit niederlegen; **II** *tr* **1.** bearbeiten; **2.** *(Leder, Buch)* punzen; **tool-bag** Werkzeugtasche *f;* **tool-box, tool-chest** Werkzeugkasten *m;* **tool-kit** Werkzeug(ausrüstung *f) n;* **tool-maker** ['tu:lmeɪkə(r)] Werkzeugmacher(in) *m (f);* **tool·shed** ['tu:lʃed] Geräteschuppen *m.*

toot [tu:t] *itr, tr* tuten, hupen.

tooth [tu:θ] ⟨*pl* teeth⟩ [ti:θ] Zahn *m a. tech fig;* ▶ **long in the** ~ alt; ~ **and nail** *fig* mit aller Gewalt; erbittert; **cast, throw s.th. in s.o.'s teeth** *fig* jdm etw ins Gesicht schleudern; **cut one's teeth** zahnen; **escape by, with the skin of one's teeth** mit knapper Not davonkommen; **have a sweet** ~ gern naschen;

have a ~ **out,** *Am* **pulled** sich e-n Zahn ziehen lassen; **get one's teeth into s.th.** *fig* sich in etw hineinknien; **(set of) false teeth** Gebiß *n;* **tooth·ache** ['tu:θeɪk] Zahnschmerzen *m pl,* -weh *n;* **tooth·brush** ['tu:θbrʌʃ] Zahnbürste *f;* **tooth·comb** ['tu:θkəum] ▶ **go through with a fine** ~ kritisch prüfen; **tooth·paste** ['tu:θpeɪst] Zahnpasta *f;* **tooth·pick** ['tu:θpɪk] Zahnstocher *m;* **tooth·some** ['tu:θsəm] *adj* wohlschmeckend, schmackhaft; **toothy** [tu:θɪ] *adj* mit vorstehenden Zähnen.

tootle ['tu:tl] **I** *itr* **1.** tuten; dudeln; **2.** (~ *along)* dahinschlendern; dahinzockeln; weggehen; **II** *s* Tuten *n.*

toots ['tuts] *fam* Schätzchen *n.*

top¹ [tɒp] **I** *s* **1.** oberer Teil; Spitze *f; (Baum)* Gipfel, Wipfel *m; (Berg)* Gipfel *m; (Welle)* Kamm *m;* **2.** *(Pflanzen)* Kraut *n;* **3.** *(Tisch, Bett)* Kopfende *n;* oberes Ende; **4.** *(Kleid, Bikini)* Oberteil *n;* **5.** Oberfläche *f,* obere Seite; **6.** Dekkel *m;* Kappe *f;* (Flaschen)Kapsel *f;* **7.** *fig* Gipfel, Höhepunkt *m;* höchste Stellung; **8.** Oberkörper *m;* **9.** *(working* ~*)* Arbeitsfläche *f;* **10.** *mot* höchster Gang; **at the** ~ **of the tree** *fig* auf der höchsten Sprosse; **at the** ~ **of one's voice, of one's lungs** aus vollem Halse; **from** ~ **to bottom** von oben bis unten; von vorn bis hinten; **from** ~ **to toe** von Kopf bis Fuß; **in** ~ **(gear)** mit dem höchsten Gang; **on** ~ oben; *fig* obenauf; **on** ~ **of** auf, über; *fig* über ... hinaus; ▶ **its getting on** ~ **of me** es wächst mir über den Kopf; **over the** ~ übertrieben; **come to the** ~ *fig* an die Spitze kommen; **you are** ~**s with me** bei mir bist du ganz groß angeschrieben; ~ **of the pops** Spitzenreiter *m* (in der Hitparade); **II** *adj* oberste(r, s); höchste(r, s); beste(r, s); **III** *tr* **1.** *(Pflanze)* kappen; **2.** bedecken; **3.** die Spitze bilden *(s.th.* e-r Sache); **4.** maximal erreichen; **5.** an der Spitze stehen *(s.th.* e-r S); **6.** übersteigen; ▶ **to** ~ **it all** zur Krönung des ganzen; ~ **o.s.** *sl* sich umbringen; **IV** *(mit Präposition)* **top off** *tr* abrunden; **top up** *tr* auffüllen.

top² [tɒp] Kreisel *m.*

to·paz ['təupæz] *min* Topas *m.*

top-coat ['tɒpkəut] **1.** Mantel *m;* **2.** oberste Farbschicht; **top-dog** der Boß vom Ganzen; **top drawer** *adj* erstklassig; vornehm; **top-flight** *adj fam* erstklassig; **top hat** Zylinder *m;* **top-heavy** *adj* kopflastig *a. fig.*

topi, topee ['təupɪ] Tropenhelm *m.*

topic ['tɒpɪk] Thema *n;* ▶ **provide a** ~ **for discussion** ein Diskussionsthema abgeben; **topi·cal** ['tɒpɪkl] *adj* aktuell; ▶ ~ **index** Sachregister *n;* **topi·cal·ity** [ˌtɒpɪ'kælətɪ] **1.** Aktualität *f;* **2.** *pl* Gegenwartsprobleme *n pl.*

top·less ['tɒplɪs] *adj* oben ohne, Obenohne-; topless; **top-level** *adj, s* Spitzen-; ▶ **on** ~ auf höchster Ebene; **top loader** [ˈtɒpləʊdə(r)] Toplader *m;* **top manage·ment** Unternehmens-, Führungsspitze *f;* **top·most** [ˈtɒpməʊst] *adj* oberste(r, s); **top·notch** [ˌtɒpˈnɒtʃ] *adj fam* großartig, phantastisch, prima.

topo·gra·pher [təˈpɒɡrəfə(r)] Topograph(in) *m (f);* **topo·graphi·cal** [ˌtɒpəˈɡræfɪkl] *adj* topographisch; **top·ogra·phy** [təˈpɒɡrəfɪ] Topographie *f.*

top·per [ˈtɒpə(r)] *fam* Zylinder *m.*

top·ping [ˈtɒpɪŋ] **I** *adj fam* prächtig, großartig; **II** *s* ▶ **with a ~ of cream** mit e-r Sahnehaube, mit Sahne.

topple [ˈtɒpl] **I** *itr* 1. wackeln; 2. fallen; 3. *fig* gestürzt werden; **II** *tr* 1. umwerfen; hinunterwerfen; 2. *fig* stürzen; **III** *(mit Präposition)* **topple down** *itr* umfallen; umkippen; herunterfallen; **topple over** *itr* fallen.

top price [ˈtɒpˈpraɪs] Höchstpreis *m;* **top·sail** [ˈtɒpsl] Marssegel *n;* **top salary** Spitzengehalt *n;* **top secret** *adj* streng geheim; **top·soil** [ˈtɒpsɔɪl] Humusboden *m,* -schicht *f;* **top speed:** ▶ **at** ~ mit Höchstgeschwindigkeit; **top·spin** [ˈtɒpspɪn] *(Tennis)* Topspin *m.*

topsy-turvy [ˌtɒpsɪˈtɜːvɪ] *adv, adj* kopfüber, drunter u. drüber, durcheinander; ▶ **turn** ~ das Oberste zuunterst kehren.

torch [tɔːtʃ] 1. *Br* Taschenlampe *f;* 2. Fackel *f a. fig;* 3. *fig* Licht *n,* Flamme *f;* 4. *(~-lamp)* Lötlampe *f;* Schweißbrenner *m;* ▶ **carry a ~ for s.o.** in jdn verknallt sein; **torch·light** [ˈtɔːtʃlaɪt] Fackelschein *m;* Licht *n* der Taschenlampe; **torchlight procession** Fackelzug *m.*

tore [tɔː(r)] *v s. tear¹.*

tor·ment [ˈtɔːment] **I** *s* 1. Qual, Folter, Pein *f;* 2. *(Kind)* Quälgeist *m;* **II** *tr* [tɔːˈment] quälen, martern, peinigen *(with* mit); **tor·men·tor** [tɔːˈmentə(r)] Peiniger(in) *m (f).*

torn [tɔːn] *v s. tear¹.*

tor·nado [tɔːˈneɪdəʊ] ⟨*pl* -nadoes⟩ Wirbelsturm, Tornado *m.*

tor·pedo [tɔːˈpiːdəʊ] ⟨*pl* -pedoes⟩ **I** *s mar* Torpedo *m;* **II** *tr* torpedieren *a. fig; fig* unterminieren, hintertreiben.

tor·pid [ˈtɔːpɪd] *adj* träge; apathisch, stumpf; **tor·por** [ˈtɔːpə(r)] 1. Stumpfheit, Trägheit *f;* 2. Erstarrung *a. zoo,* Betäubung *f.*

torque [tɔːk] *phys* Drehmoment *n.*

tor·rent [ˈtɒrənt] 1. Sturz, Gießbach *m;* 2. *fig* Strom *m,* Flut *f;* ▶ **it rained in ~s** es goß in Strömen; **tor·ren·tial** [təˈrenʃl] *adj (Regen)* wolkenbruchartig.

tor·sion [ˈtɔːʃn] Torsion *f.*

torso [ˈtɔːsəʊ] ⟨*pl* torsos⟩ Körper, Rumpf *m; (Kunst)* Torso *m a. fig.*

tor·toise [ˈtɔːtəs] (Land)Schildkröte *f;*

tor·toise·shell [ˈtɔːtəsʃel] Schildpatt *n.*

tor·tu·ous [ˈtɔːtjʊəs] *adj* 1. gewunden, kurvenreich; 2. *fig* verwickelt; umständlich.

tor·ture [ˈtɔːtʃə(r)] **I** *s* 1. Folter *f;* 2. *fig* Qual *f;* **II** *tr* foltern; quälen *a. fig;* peinigen; **tor·turer** [ˈtɔːtʃərə(r)] 1. Folterknecht *m,* Folterer *m;* 2. *fig* Peiniger(in) *m (f).*

Tory [ˈtɔːrɪ] *Br pol* **I** *adj* konservativ; Tory-; **II** *s* Konservative(r) *f m;* **Tory·ism** [—ɪzm] Konservatismus *m*

tosh [tɒʃ] *fam* Quatsch, Blödsinn *m.*

toss [tɒs] **I** *tr* 1. werfen; *(Reiter)* abwerfen; 2. in die Höhe werfen; 3. *(Salat)* durcheinandermachen; 4. *(Kopf)* hoch-, zurückwerfen; 5. *(mit e-r Münze)* auslosen *(for s.th.* etw); ▶ ~ **s.o. for s.th.** mit jdm um etw losen; **II** *itr* 1. *(~ o.s. about)* sich (unruhig) hin und her werfen, wälzen; 2. *(Schiff)* schlingern; *(Korn)* wogen; 3. *(~ up)* losen *(for* um); **III** *s* 1. Wurf *m;* 2. (Aus)Losen *n;* 3. *(Schiff)* Schlingern *n;* ▶ **win, lose the** ~ beim Losen gewinnen, verlieren; **IV** *(mit Präposition)* **toss about** *itr* sich hin und her werfen; *tr* hin und her schütteln; *(Schiff)* schaukeln lassen; *fig* diskutieren; **toss away** *tr* wegwerfen; **toss off** *tr* hinunterstürzen, -spülen; *fig* aus dem Ärmel schütteln; *itr, refl sl* sich einen runterholen *sl;* **toss out** *tr* 1. wegwerfen; 2. hinauswerfen; **toss up** *itr* losen *(for* um); *tr* werfen.

toss-up [ˈtɒsʌp] Losen *n;* ▶ **it's a** ~ das hängt ganz vom Zufall ab *(whether* ob).

tot [tɒt] **I** *s* 1. *Br fam* Schluck *m (Schnaps);* 2. *fam (tiny* ~) Knirps *m;* **II** *(mit Präposition)* **tot up** *tr* zusammenzählen, -rechnen.

to·tal [ˈtəʊtl] **I** *adj* ganz, völlig, vollständig; gesamt; ▶ ~ **amount** Gesamtbetrag *m;* ~ **cost** Gesamtkosten *pl;* **II** *s* Gesamtbetrag *m,* Summe *f;* Gesamtmenge *f;* ▶ **in** ~ insgesamt; **what does the** ~ **come to?** wie hoch ist der Gesamtbetrag? **sum** ~ Gesamtsumme *f,* -betrag *m;* **III** *tr* 1. *(~ up)* zusammenzählen, -rechnen; 2. sich belaufen auf.

to·tali·tar·ian [ˌtəʊtælɪˈteərɪən] *adj pol* totalitär; **to·tali·tar·ian·ism** [—ɪzəm] Totalitarismus *m.*

to·tal·ity [təʊˈtælətɪ] 1. Gesamtheit *f;* 2. *astr* totale Verfinsterung; ▶ **in** ~ im ganzen, insgesamt.

to·tal·iz·ator, **to·tal·izer** [ˈtəʊtəlaɪˌzeɪtə(r), ˈtəʊtəlaɪzə(r)] *(Pferderennen)* Totalisator *m.*

to·tal·ly [ˈtəʊtəlɪ] *adv* völlig, vollständig, ganz, gänzlich.

tote¹ [təʊt] *fam (Pferderennen)* Totalisator *m.*

tote² [təʊt] *tr fam* schleppen; bei sich tragen; **tote bag** *Am* Einkaufstasche *f.*

to·tem ['təʊtəm] Totem *n;* **totem pole** Totempfahl *m.*

tot·ter ['tɒtə(r)] *itr* 1. schaukeln; 2. torkeln, (sch)wanken; 3. wackeln; 4. *fig* schwanken; **tot·tery** ['tɒtərɪ] *adj* (sch)wankend; wack(e)lig; tatterig, zitterig.

tou·can ['tu:kæn] *(Vogel)* Tukan *m.*

touch [tʌtʃ] **I** *tr* 1. be-, anrühren, anfassen; 2. rühren, stoßen an; 3. grenzen an; streifen; 4. *fig* erreichen, heranreichen an; 5. benutzen, gebrauchen; 6. *(Thema)* berühren; betreffen, angehen; 7. *(seelisch)* rühren; 8. treffen *(to the quick* ins Mark); 9. *sl* anhauen, -pumpen *(for* um); ▶ **don't ~ it!** faß das nicht an! **they can't ~ me** *fig* sie können mir nichts anhaben; **I haven't ~ed a tennis racket for years** ich habe schon seit Jahren nicht mehr Tennis gespielt; **~ bottom** *fig (der Sache)* auf (den Grund) kommen; auf e-m Tiefpunkt ankommen; **II** *itr* sich berühren; *(Grundstücke)* aneinanderstoßen; **III** *s* 1. (leichte) Berührung *f;* 2. Pinselstrich *m;* 3. Tastsinn *m;* 4. Gefühl *n;* Empfindung *f;* 5. Verbindung, Fühlung *f;* 6. Anflug, Hauch *m;* Idee, Spur *f;* 7. *med* leichter Anfall; 8. *mus* Anschlag *m;* ▶ **at a ~** bei bloßer Berührung; **be, keep in ~ with** in Verbindung stehen, bleiben mit; **be out of ~ with** nicht mehr in Verbindung stehen mit; **IV** *(mit Präposition)* **touch at** *itr mar* anlaufen; **touch down** *itr* 1. *aero* aufsetzen, landen; 2. *sport* einen Versuch erzielen; *tr (Ball)* hinlegen; **touch in** *tr* einfügen; **touch on** *(Thema)* berühren, anschneiden, erwähnen; **touch off** *tr* hervorrufen, auslösen; **touch up** *tr* 1. *(Farbe)* auffrischen; *(Foto)* retuschieren; *(Aufsatz)* überarbeiten; 2. *fam (Person)* befummeln; **touch upon** *tr (Thema)* kurz berühren, streifen.

touch-and-go [ˌtʌtʃən'gəʊ] *adj* riskant, gewagt; **touch-down** ['tʌtʃdaʊn] 1. *aero* Landung *f;* 2. *sport* Versuch *m;* **touched** [tʌtʃt] *adj* gerührt, ergriffen; ▶ **~ in the head** nicht ganz klar im Kopf; **touchi·ness** ['tʌtʃɪnəs] Empfindlichkeit *f;* **touch·ing** ['tʌtʃɪŋ] *adj* rührend, ergreifend; **touch-sensitive** ['tʌtʃ'sensɪtɪv] *adj* ▶ **~ screen** Kontaktbildschirm *m;* **touch·stone** ['tʌtʃstəʊn] *fig* Prüfstein *m;* **touch-type** *tr, itr* blindschreiben.

touchy ['tʌtʃɪ] *adj* 1. empfindlich; 2. heikel, riskant.

tough [tʌf] **I** *adj* 1. zäh; robust; 2. widerstandsfähig; 3. hartnäckig; 4. mitleidlos, hart; 5. schwierig, schwer; 6. rauflustig, streitsüchtig; ▶ **it is really ~ that** es ist wirklich hart, daß; **that's a ~ nut to crack** *fig* das ist e-e harte Nuß; **have a ~ time** eine schwere Zeit durchmachen; **~ (luck)!** Pech! **~ customer** schwieriger

Patron; **II** *s* Raufbold *m;* **toughen** ['tʌfn] **I** *itr* hart werden; zäh werden; sich verhärten; **II** *tr* 1. *(Material)* härten; 2. *(Menschen)* stählen; hart machen; 3. *(Gesetze, Disziplin)* verschärfen; **toughness** [—nɪs] Zäheit *f;* Zähigkeit *f;* Härte *f;* Schwierigkeit *f.*

toupée ['tu:peɪ] Toupet *n.*

tour [tʊə(r)] **I** *s* 1. Tour *f;* Reise, Fahrt *f; (im Gebäude)* Rundgang *m;* 2. Führung *f;* Rundfahrt *f;* 3. *(~ of inspection)* Runde *f,* Rundgang *m;* 4. *theat sport* Tournee *f;* ▶ **go on a ~ of France** eine Reise durch Frankreich machen; **make a ~ of the building** einen Rundgang durchs Gebäude machen; **on ~** auf Tournee; **guided ~** Führung *f;* **coach ~** Busreise *f;* **II** *itr* 1. eine Reise machen; 2. *theat sport* eine Tournee machen; auf Tournee sein; **III** *tr* 1. bereisen, reisen durch; 2. einen Rundgang machen durch; besichtigen; 3. *theat sport* eine Tournee machen durch.

tour·ism ['tʊərɪzəm] Fremdenverkehr, Tourismus *m;* **tour·ist** ['tʊərɪst] Tourist(in) *m (f);* ▶ **travel ~** in der Touristenklasse reisen; **tourist agency, office,** *Am* **bureau** Reisebüro *n;* **tourist class** Touristenklasse *f;* **tourist guide** 1. *(Buch)* Reiseführer *m;* 2. *(Person)* Fremdenführer(in) *m (f);* **tourist industry** Fremdenverkehr(sindustrie *f) m;* **tourist season** Reisezeit *f;* **tourist ticket** Rundreise(fahr)karte *f.*

tour·na·ment ['tɔ:nəmənt, *Am* 'tɜ:nəmənt] Turnier *n a. sport.*

tour op·er·ator ['tʊə(r)'ɒpəreɪtə(r)] Reiseveranstalter(in) m (f).

tousle ['taʊzl] *tr* zerzausen.

tout [taʊt] **I** *itr* 1. *fam* auf Kunden-, Stimmenfang gehen *(for* für); 2. *(~ round)* auf Pferderennen Tips verkaufen; **II** *tr* 1. *(Pferd)* als Favoriten angeben; 2. *(Lage, Ställe)* auskundschaften; 3. *(Information)* anbieten; *(Karten)* schwarz verkaufen; 4. *fig* anpreisen, aufschwatzen *(s.o. s.th.* jdm etw); **III** *s* 1. *(Person)* Schlepper *m;* 2. Tipgeber *m.*

tow¹ [təʊ] **I** *tr mot mar* (ab)schleppen; **II** *s* Schleppen *n; mar* Treideln *n;* ▶ **have, take in ~** im Schlepptau haben; ins Schlepptau nehmen; **can we give you a ~?** können wir Sie abschleppen?

tow² [təʊ] Werg *n.*

to·ward(s) [tə'wɔ:d(z), *Am* tɔ:rd(z)] *prep* 1. auf ... zu, nach ... zu, in Richtung auf *a. fig;* 2. gegenüber *dat;* 3. *(zeitlich)* gegen.

tow-bar ['təʊbɑ:(r)] *mot* Anhängerkupplung *f;* **tow-boat** Schlepper *m;* **tow-car** *Am* Abschleppwagen *m.*

towel ['taʊəl] **I** *s* Hand-, Badetuch *n;* ▶ **throw in the ~** *(Boxen u. fig)* aufgeben, das Handtuch werfen; **kitchen ~** Geschirrtuch *n;* **sanitary ~** Damenbinde *f;* **II** *tr* abtrocknen, trockenreiben; **towel·ling,** *Am* **towel·ing** [—ɪŋ] Frottee *m;* **towel-rail** Handtuchhalter *m.*

tower ['taʊə(r)] **I** *s* 1. Turm *m; aero (control ~)* Kontrollturm *m;* 2. *fig (~ of strength)* (sicherer) Hort *m;* Stütze *f;* **II** *itr* ragen; **III** *(mit Präposition)* **tower above, tower over** *itr* emporragen über; überragen; **tower up** *itr* emporragen; **tower-block** Hochhaus *n;* **tower·ing** [—ɪŋ] *adj* 1. *(Gebäude)* alles überragend; *(Berge)* hochragend; *(Baum, Mensch)* hoch aufragend; 2. *fig* gewaltig, heftig.

town [taʊn] 1. Stadt *f;* 2. London *n;* 3. Stadtbevölkerung *f;* ▶ **in ~** in der Stadt; **be out of ~** verreist sein; **go to ~** in die Stadt gehen; *fig fam* es übertreiben *(on* mit); **paint the ~ red** die Stadt auf den Kopf stellen; **town centre** Stadtzentrum *n,* -mitte *f;* **town-clerk** Stadtdirektor *m;* **town council** Stadtrat *m;* **town-councillor** Stadtrat *m,* Stadträtin *f,* Stadtratsmitglied *n;* **town gas** Stadtgas *n;* **town hall** Rathaus *n;* **town house** Stadthaus *n,* -wohnung *f;* **town planning** Stadtplanung, Städteplanung *f;* **town·scape** ['taʊnskeɪp] Stadtbild *n,* Stadtlandschaft *f;* **townsfolk** ['taʊnzfəʊk] *pl* Städter *m pl;* **town·ship** ['taʊnʃɪp] *Am* (Amts)Bezirk *m;* Ortschaft *f; (Südafrika)* Township *f;* **towns·people** ['taʊnz,piːpl] *pl* Städter, Bürger *m pl;* **town twinning** Städtepartnerschaft *f.*

tox·aemia, *Am* **tox·emia** [tɒk'siːmɪə] Blutvergiftung *f;* **toxic** ['tɒksɪk] *adj* giftig; ▶ **~ waste** Giftmüll *m;* **toxi·cology** [ˌtɒksɪ'kɒlədʒɪ] Toxikologie *f;* **toxin** ['tɒksɪn] Gift, Toxin *n.*

toy [tɔɪ] **I** *s* Spielzeug *n; pl* Spielwaren *f pl;* **II** *adj* 1. klein; 2. *(Hund)* Zwerg-; **III** *itr* spielen *a. fig (with* mit); **toy car** Spielzeugauto *n;* **toy-shop** Spielwarenhandlung *f.*

trace¹ [treɪs] **I** *s* 1. Spur *f a. fig;* 2. *meist pl* Spur, geringe Menge *f a. chem;* ▶ **without a ~** spurlos; **lose ~ of** aus den Augen verlieren; **II** *tr* 1. folgen *(a path* e-m Pfad); 2. nachgehen, -spüren *(s.o.* jdm); 3. *(Ereignisse) (~ back)* zurückverfolgen, zurückführen *(to* auf); 4. aufspüren, ausfindig machen; 5. zeichnen; nachzeichnen; durchpausen; 6. (mühsam) schreiben.

trace² [treɪs] ▶ **kick over the ~s** *fig* über die Stränge schlagen.

trace·able ['treɪsəbl] *adj* 1. zurückzuverfolgen(d); 2. nachweisbar; 3. zurückführbar *(to* auf); 4. auffindbar; **tracer** ['treɪsə(r)] 1. *(~ bullet)* Leuchtspurgeschoß *n;* 2. *(radioactive ~)* Isotopenindikator *m;* 3. Suchzettel *m;* ▶ **~ ammunition** Leuchtspurmunition *f.*

tracery ['treɪsərɪ] *arch* Maßwerk *n.*

tra·chea [trə'kɪə, *Am* 'treɪkɪə] ⟨*pl* -cheae⟩ [—kiː] *anat* Luftröhre *f.*

trac·ing ['treɪsɪŋ] 1. Aufspüren *n;* 2. (Durch)Pausen *n;* **tracing paper** Pauspapier *n.*

track [træk] **I** *s* 1. Spur, Fährte *f;* 2. Pfad, Weg *m;* 3. *fig* Bahn *f,* Gang *m;* 4. (Renn-, Aschen)Bahn *f;* Rennsport *m;* 5. *fig* (Gedanken)Gang *m;* 6. *rail* Gleis *n,* Schienenstrang *m;* 7. *(Raupenfahrzeug)* Gleiskette *f; mot* Spur(weite) *f;* 8. Musikstück *n (auf Band, Schallplatte); (Band)* Spur *f;* ▶ **off the ~** auf falscher Fährte; *fig* auf dem Holzweg; **off the beaten ~** ungewöhnlich; **be born on the wrong side of the ~s** *Am fig* aus niedrigem Niveau stammen; **be on the ~ of** s.o. jdm auf der Spur sein; **go off the ~** entgleisen; **keep ~ of** s.o. jdn im Auge behalten; **keep ~ of** s.th. sich etw genau merken; etw verfolgen; **leave the ~s** entgleisen; **lose ~ of** s.o. jdn aus den Augen verlieren; **make ~s** *fam* abhauen; **II** *tr* 1. *(jdn, e-e Spur)* verfolgen; 2. folgen *(s.o.* jdm); 3. aufspüren; 4. Spuren hinterlassen in, auf; **III** *itr* 1. *mot* Spur halten; 2. *film* sich bewegen; 3. Fährten lesen; **IV** *(mit Präposition)* **track down** *tr* ausfindig machen; **track-and-field events** *pl* Leichtathletikkämpfe *m pl;* **tracker dog** ['trækə,dɒg] Spürhund *m;* **track events** *pl sport* Laufdisziplinen *f pl;* **track·ing sta·tion** ['trækɪŋsteɪʃn] Beobachtungsstation *f (Raumflug);* **track·less** ['træklɪs] *adj* 1. spur-, pfadlos; 2. *(Fahrzeug)* ohne Ketten; **track record** Leistungsnachweis *m;* ▶ **what's his ~?** was hat er vorzuweisen? **track shoe** Lauf-, Turnschuh *m;* **track-suit** Trainings-, Jogginganzug *m.*

tract¹ [trækt] 1. *anat* (Verdauungs)Trakt *m;* (Atem)Wege *m pl;* 2. *(Land)* Gebiet *n;* ▶ **a narrow ~ of land** ein schmaler Streifen Land.

tract² [trækt] *bes. rel* Traktat *n.*

tract·able ['træktəbl] *adj* folgsam, lenkbar.

trac·tion ['trækʃn] 1. Zug *m,* Zugkraft *f;* 2. *(Fahrzeug)* Bodenhaftung *f;* 3. *med* Streckverband *m;* **traction engine** Zugmaschine *f;* **trac·tor** ['træktə(r)] Traktor *m,* Zugmaschine *f;* Sattelschlepper *m;* **~ truck** *Am* Sattelschlepper *m.*

trad [træd] *(~ jazz)* Originaljazz *m.*

trade [treɪd] **I** *s* 1. Gewerbe *n;* Handwerk *n;* 2. *com* Handel *m;* 3. Beruf *m;* 4. *com* Fachwelt *f;* 5. Wirtschafts-, Erwerbszweig *m;* Branche *f;* 6. Tauschgeschäft *n,* -handel *m;* ▶ **the T~s** *pl* der Passat, die Passatwinde *m pl;* **by ~** von Beruf; **II** *itr* 1. handeln, Handel treiben; *(in s.th.* mit e-r S; *with s.o.* mit jdm); Geschäfte machen *(with s.o.* mit jdm); 2.

Am fam kaufen (*at* bei); **III** *tr* eintauschen (*s.th. for s.th.* etw für etw); **IV** *(mit Präposition)* **trade in** *tr* in Zahlung geben *(for* für); **trade on s.o.** jdn ausnutzen; **trade association** Fachverband *m;* **trade directory** Branchen-, Firmenverzeichnis *n;* **trade discount** Händler-, Großhandelsrabatt *m;* **trade fair** (Fach)Messe *f;* **trade gap** Außenhandelsdefizit *n;* **trade-in** ['treɪdɪn] in Zahlung gegebener Gegenstand; **trade-in value** Gebrauchtwert *m;* **trade-mark** Warenzeichen *n;* **trade name** Handelsname *m;* **trade price** Großhandelspreis *m;* **trader** ['treɪdə(r)] 1. Händler(in) *m (f);* 2. *(Börse)* freie(r) Makler(in) *m f;* 3. *mar* Handelsschiff *n;* **trade register** Handelsregister *n;* **trade route** Handelsweg *m;* **trade secret** Betriebsgeheimnis *n;* **trades·man** ['treɪdzmən] ⟨*pl* -men⟩ Ladeninhaber, -besitzer *m;* Handwerker *m;* **tradesmen's entrance** Eingang *m* für Lieferanten; **trades·people** ['treɪdz,pi:pl] *pl* Geschäftsleute *pl;* **trade-union** [,treɪd'ju:njən] Gewerkschaft *f;* ▶ **form a ~** sich gewerkschaftlich organisieren, zusammenschließen; **trade-unionism** Gewerkschaftsbewegung *f;* **trade-unionist** Gewerkschaftler(in) *m (f);* **trade war** Handelskrieg *m;* **trade-wind** Passatwind *m.*

trad·ing ['treɪdɪŋ] **I** *adj* handeltreibend; **II** *s* Handel *m;* **trading area** Absatzgebiet *n;* **trading estate** Gewerbegebiet *n;* **trading licence** Gewerbeschein *m;* **trading stamp** Rabattmarke *f;* **trading volume** Handelsvolumen *n.*

tra·di·tion [trə'dɪʃn] Tradition *f;* Brauch *m;* **tra·di·tional** [trə'dɪʃnl] *adj* traditionell, herkömmlich; üblich; **tra·di·tion·al·ism** [trə'dɪʃnəlɪzəm] Traditionalismus *m;* **tra·di·tion·al·ist** [trə'dɪʃnəlɪst] Traditionalist(in) *m (f).*

traf·fic ['træfɪk] ⟨*ppr* -ficking, *pp* -ficked⟩ **I** *s* 1. Verkehr *m;* Flugverkehr *m;* 2. Handel *m (in* in, mit); 3. (Waren)Umschlag *m;* ▶ **air ~** Luftverkehr *m;* **freight, goods, merchandise ~** Fracht-, Güterverkehr *m;* **one-way ~** Einbahnverkehr *m,* -straße *f;* **II** *itr* (Schwarz-, Schleich)Handel treiben, handeln (*in s.th.* mit etw); **traffic accident** Verkehrsunfall *m;* **traf·fi·ca·tor** ['træfɪkeɪtə(r)] *mot* Fahrtrichtungsanzeiger, Blinker *m;* **traffic circle** *Am* Kreisverkehr *m;* **traffic island** Verkehrsinsel *f;* **traffic jam** Verkehrsstokkung *f,* -stau(ung *f) m;* **traf·ficker** ['træfɪkə(r)] Schwarzhändler, Schieber *m;* **traffic lights** *pl* Verkehrsampel *f;* **traffic patrol** Verkehrsstreife *f;* **traffic regulation** Verkehrsregelung *f; pl* Verkehrsvorschriften *f pl;* **traffic sign** Verkehrszeichen, -schild *n;* **traffic**

signals *pl* Verkehrsampel *f;* **traffic warden** Verkehrspolizist(in) *m (f);* Politesse *f.*

tra·gedy ['trædʒədɪ] Trauerspiel *n,* Tragödie *f a. fig;* **tra·gic** ['trædʒɪk] *adj* tragisch *a. fig;* **tragi·com·edy** [,trædʒɪ'kɒmədɪ] Tragikomödie *f a. fig.*

trail [treɪl] **I** *tr* 1. nach-, hinter sich herschleifen; 2. nachziehen, -schleppen; 3. verfolgen; **II** *itr* 1. schleifen; 2. *bot* ranken, kriechen; 3. sich dahinschleppen; 4. *fig* weit abgeschlagen sein; **III** *s* 1. *(Rauch)* Fahne *f; (Meteor)* Schweif *m;* 2. Spur, Fährte *f;* 3. Pfad *m;* ▶ **(hot) on s.o.'s ~** (dicht) auf jds Spur; **blaze the ~** den Weg bahnen *a. fig;* **~ of blood** Blutspur *f;* **~ of dust** Staubwolke *f;* **IV** *(mit Präposition)* **trail along** *itr* entlangtrotten; *tr* entlangschleppen; **trail away, trail off** *itr (Stimme)* sich verlieren; verstummen; **trail behind** *itr* 1. hinterhertrotten; 2. *fig* zurückgefallen sein; *tr* hinter sich herschleppen.

trail·blazer ['treɪl'bleɪzə(r)] *fig* Wegbereiter, Bahnbrecher, Pionier *m.*

trailer ['treɪlə(r)] 1. *bot* Kletterpflanze *f;* 2. *(~ car)* Anhänger *m* (e-s Fahrzeuges); 3. Wohnwagen *m;* 4. (Film)Vorschau *f;* **trailer camp, park** *Am* Campingplatz *m* für Wohnwagen; Wohnwagenkolonie *f.*

train[1] [treɪn] 1. (Eisenbahn)Zug *m;* 2. langer Zug; Karawane *f;* Wagenkolonne *f; (~ of barges)* Schleppzug *m; (Menschen)* Schlange *f;* Gefolge *n;* 3. *fig* Reihe, Serie, Kette, Folge *f;* 4. *tech* Walzenstrecke, -straße *f;* 5. *(Kleid)* Schleppe *f;* ▶ **by ~** mit dem Zuge, mit der Bahn; **in ~** im Gange; **get into, get on, board a ~** in e-n Zug einsteigen; **put in ~** in Gang setzen; **change ~s** umsteigen; **on the ~** im Zug; **~ of thought** Gedankengang *m;* **it brought a drought in its ~** es brachte eine Dürre mit sich.

train[2] [treɪn] **I** *tr* 1. ausbilden, schulen; *(Tier)* abrichten, dressieren; *(Kind)* erziehen; *(Auszubildende, Anfänger)* einweisen, unterweisen; 2. *sport* trainieren; *(Gehirn)* schulen; 3. *(Gewehr, Fernglas)* richten *(on* auf); 4. *(Pflanze)* wachsen lassen; am Spalier ziehen; ▶ **~ o.s. to do s.th.** sich dazu erziehen, etw zu tun; **~ s.o. as s.th.** jdn zu etw ausbilden; **II** *itr* 1. *bes. sport* trainieren; 2. ausgebildet werden; ▶ **~ as a teacher** eine Lehrerausbildung machen, für das Lehramt studieren.

train ac·ci·dent ['treɪn,æksɪdənt] Eisenbahnunglück *n;* **train-collision** Zugzusammenstoß *m;* **train connection** Zugverbindung *f;* **train driver** Zug-, Lokführer(in) *m (f).*

trained ['treɪnd] *adj* gelernt; ausgebildet; *(Tier)* dressiert; *(Auge, Ohr)* geschult; ▶ **~ workers** *pl* Fachkräfte *f* *pl;* **well-~ child** guterzogenes Kind.

trainee [treɪ'niː] Auszubildende(r) *f m,* Azubi *f m;* Praktikant(in) *m (f);* ▶ **he is a ~** er befindet sich noch in der Ausbildung; **trainee teacher** Referendar(in) *m (f);* **trainer** ['treɪnə(r)] **1.** Trainer *m;* **2.** Ausbilder(in) *m (f);* **3.** *(Tier)* Dresseur(in), Dompteur(in) *m (f);* **4.** *aero (~ plane)* Schulflugzeug *n;* Simulator *m.*

train-ferry ['treɪn,ferɪ] Eisenbahnfähre *f.*

train-ing ['treɪnɪŋ] **1.** Schulung, Ausbildung *f;* **2.** Dressur *f;* **3.** Training *n;* ▶ **in, out of ~** *sport* in, aus der Übung; **go into ~** sich vorbereiten *(for* auf); **training camp** Trainingslager *n;* **training college** Hochschule *f* für die Lehrerausbildung; **training course** Ausbildungs-, Schulungskurs *m;* **training objective** Ausbildungsziel *n;* **training personnel** Lehrpersonal *n;* **training plane** Schulflugzeug *n;* **training programme** Ausbildungsprogramm *n;* **training ship** Schulschiff *n.*

train-man ['treɪnmən] ⟨*pl* -men⟩ *Am* Eisenbahner *m;* Bremser *m;* **train schedule** Fahrplan *m;* **train service** Zugverkehr *m;* Zugverbindung *f.*

traipse [treɪps] *itr fam* latschen; ▶ **~ round the town for s.th.** sich in der Stadt die Beine nach etw ablaufen.

trait [treɪt] Eigenschaft *f;* (Charakter-, Wesens-, Gesichts)Zug *m.*

trai·tor ['treɪtə(r)] Verräter(in) *m (f) (to* an); **trai·tor·ous** ['treɪtərəs] *adj* verräterisch; **trai·tress** ['treɪtrɪs] Verräterin *f.*

tra·jec·tory [trə'dʒektərɪ] Flugbahn *f.*

tram [træm] Straßenbahn *f;* ▶ **go by ~** mit der Straßenbahn fahren; **tram·line** ['træmlaɪn] Straßenbahnlinie *f.*

tram·mel ['træml] **I** *s pl fig* Fesseln *f pl;* **II** *tr* behindern, einengen, hemmen.

tramp [træmp] **I** *itr* **1.** fest auftreten, stapfen; **2.** wandern, marschieren; umherziehen; **II** *tr* **1.** durchwandern, -streifen; **2.** *(Schmutz)* herumtreten; **III** *s* **1.** (schwerer) Tritt *m;* **2.** Fußmarsch *m,* Wanderung *f;* **3.** Wohnsitzlose(r) *f m;* Landstreicher(in) *m (f);* **4.** *(Frau) pej* Flittchen *n;* **5.** *mar (~ steamer)* Trampschiff *n;* **IV** *(mit Präposition)* **tramp down** *tr (Erde)* festtreten, -stampfen; *(Blumen, Gras)* niedertrampeln; **tramp in** *tr* in den Boden treten.

trample ['træmpl] **I** *tr* zertrampeln; ▶ **~ s.o. underfoot** *fig* jdn überfahren; **~ s.th. into the ground** etw in den Boden trampeln; **II** *itr* stampfen, trampeln; ▶ **~ on s.o.** auf jdm herumtrampeln.

tram·po·line ['træmpəliːn] Trampolin *n.*

tram·way ['træmweɪ] Straßenbahn(strecke) *f.*

trance [trɑːns] Trance(zustand *m) f;* ▶ **send s.o. into a ~** jdn in Trance versetzen.

tranny ['trænɪ] *fam* Transistor *m,* Kofferradio *n.*

tran·quil ['træŋkwɪl] *adj* **1.** ruhig, friedlich; **2.** *(Mensch)* ruhig, gelassen; **tran·quil·lity,** *Am* **tran·quil·ity** [træŋ'kwɪlətɪ] Ruhe *f;* **tran·quil·lize,** *Am* **tran·quil·ize** ['træŋkwɪlaɪz] *tr* beruhigen; **tran·quil·li·zer,** *Am* **tran·quil·izer** ['træŋkwɪlaɪzə(r)] Beruhigungsmittel *n.*

trans·act [træn'zækt] *tr* abwickeln; *(Geschäfte)* aus-, durchführen, abschließen, tätigen; **trans·ac·tion** [træn'zækʃn] **1.** Aus-, Durchführung *f;* **2.** Abschluß *m,* Tätigung *f;* **3.** *(legal ~)* Rechtsgeschäft *n;* **4.** *fin* Transaktion *f;* **5.** *pl* Sitzungsbericht *m;* Verhandlungsprotokoll *n;* ▶ **cash ~** Barverkauf *m;* **exchange ~** Börsengeschäft *n.*

trans·al·pine [trænz'ælpaɪn] *adj* transalpin.

trans·at·lan·tic [,trænzət'læntɪk] *adj* transatlantisch; ▶ **~ liner** Überseedampfer *m.*

trans·ceiver [træn'siːvə(r)] *radio* Sende- u. Empfangsgerät *n.*

tran·scend [træn'send] *tr fig* überschreiten, -steigen, hinausgehen über; **tran·scen·dent** [træn'sendənt] *adj rel philos* transzendent; *fig* überragend; **tran·scen·den·tal** [,trænsen'dentl] *adj* überirdisch; *philos* transzendental; *(Zahl)* transzendent.

trans·con·ti·nen·tal ['trænzkɒntɪ'nentl] *adj* transkontinental.

tran·scribe [træn'skraɪb] *tr* **1.** kopieren; **2.** übertragen, transkribieren; **3.** *mus* umsetzen; **4.** *radio* auf Band aufnehmen; **tran·script** ['trænskrɪpt] **1.** Kopie *f;* Protokoll *n;* Niederschrift *f;* **2.** *Am (Zeugnis)* Abschrift *f.*

tran·scrip·tion [træn'skrɪpʃn] **1.** Abschrift *f;* **2.** Transkription, Umschrift *f;* **3.** *mus* Umsetzung *f;* **4.** *radio* Ton-, Bandaufnahme *f;* ▶ **phonetic ~** Lautschrift, phonetische Schrift *f.*

trans·ducer [,træns'djuːsə(r)] Umformer *m.*

tran·sept ['trænsept] *arch* Querschiff *n.*

trans·fer [træns'fɜː] **I** *tr* **1.** verlegen *(from ... to* von ... nach); **2.** versetzen *(to* nach); **3.** *(Eigentum, Recht, fig)* übertragen *(to* auf); **4.** *(Geld)* überweisen *(to* auf); **5.** *com* übertragen, vortragen, umbuchen; **II** *itr* **1.** überwechseln *(to* zu); umstellen *(to* auf); **2.** *rail* umsteigen; **III** *s* ['trænsfɜː(r)] **1.** Verlegung *f;* **2.** Versetzung *f (to* nach); **3.** *jur* Übertragung *f (to* auf); **4.** *(Geschäft)* Umzug *m;* **5.** *com* Überweisung *f;* Transfer *m;* Umbuchung *f;* **6.** Umsteigen *n;* Umsteigefahrkarte *f;* **7.** Abziehbild *n;* **8.** *sport* Transfer *m;* Transferspieler(in) *m (f);* ▶ **he is a ~ from another department** er ist von einer anderen Abteilung versetzt

worden; **technology** ~ Technologie-
transfer *m;* **trans·fer·able**
[træns'fɜːrəbl] *adj* übertragbar; **trans-
fer·ence** ['trænsfərəns] **1.** Übertra-
gung *f a. psych;* **2.** *(Geld)* Überweisung
f, Transfer *m.*
trans·fig·ure [træns'fɪgə(r)] *tr* **1.** umge-
stalten *(into* in); **2.** *rel fig* verklären.
trans·fix [træns'fɪks] *tr* **1.** durchbohren;
2. *fig* lähmen; ▶ **be** ~**ed to the spot** wie
gelähmt, wie angewurzelt dastehen.
trans·form [træns'fɔːm] *tr* **1.** verwan-
deln; **2.** umformen, umwandeln *(to* in) *a.
math phys el;* **trans·form·ation**
[ˌtrænsfə'meɪʃn] Verwandlung *f;* Umge-
staltung *f;* Umformung, Umwandlung *f;*
trans·former [træns'fɔːmə(r)] *el*
Transformator, Umformer *m.*
trans·fuse [træns'fjuːz] *tr (Blut)* über-
tragen; *fig* erfüllen; **trans·fusion**
[træns'fjuːʒn] *(blood* ~*)* Bluttransfusion,
-übertragung *f;* ▶ **(blood)** ~ **service**
Blutspendedienst *m.*
trans·gress [trænz'gres] **I** *tr (Gesetz)*
übertreten, verstoßen gegen; **II** *itr* sün-
digen; **trans·gress·ion** [trænz'greʃn]
1. Übertretung *f,* Verstoß *m;* **2.** *rel* Sün-
de *f;* **trans·gressor** [træns'gresə(r)] **1.**
Rechtsbrecher(in), Übel-, Missetäter(in)
m (f); **2.** *rel* Sünder(in) *m (f).*
tran·si·ent ['trænzɪənt, *Am* 'trænʃnt] **I**
adj **1.** vorübergehend; kurz(lebig);
flüchtig; **2.** *Am* nichtansässig; **II** *s Am*
Durchreisende(r) *f m.*
tran·sis·tor [træn'zɪstə(r)] **1.** *el* Transi-
stor *m;* **2.** *(~ radio)* Kofferradio *n;*
tran·sis·tor·ize [træn'zɪstəraɪz] *tr* mit
Transistoren bestücken.
tran·sit ['trænsɪt] **1.** Durchgang *m a.
astr;* **2.** Transit-, Durchgangsverkehr *m;*
3. *(Waren)* Transport *m;* ▶ **in** ~ auf
dem Transport, unterwegs; **transit
business, transit trade** Transithan-
del *m;* **transit camp** Durchgangslager
n; **transit desk** *aero* Transitschalter *n;*
transit duty Durchgangszoll *m;* **tran-
sit goods** *pl* Transitwaren *f pl;* **transit
trade** Transithandel *m.*
tran·si·tion [træn'zɪʃn] Übergang *m;
(period of* ~*)* Übergangszeit *f;* **tran·si-
tional** [træn'zɪʃənl] *adj* Übergangs-.
tran·si·tive ['trænsətɪv] *adj gram* tran-
sitiv.
transit lounge ['trænsɪtˌlaʊndʒ] Transit-
raum *m.*
tran·si·tory ['trænsɪtrɪ] *adj* vorüberge-
hend; kurz(lebig).
tran·sit pas·sen·ger ['trænsɪt
'pæsɪndʒə(r)] Transitreisende(r) *f m;*
transit traffic Transitverkehr *m;*
transit visa Durchreise-, Transitvisum
n.
trans·lat·able [trænz'leɪtəbl] *adj* über-
setzbar; **trans·late** [trænz'leɪt] **I** *tr* **1.**
übersetzen, -tragen *(into German* ins

Deutsche; *from (the) Italian* aus dem
Italienischen); **2.** *(Wort in die Tat)* um-
setzen; **II** *itr* sich übersetzen lassen,
übersetzbar sein; übersetzen; **trans·la-
tion** [trænz'leɪʃn] Übersetzung, -tra-
gung *f;* **trans·la·tor** [trænz'leɪtə(r)]
Übersetzer(in) *m (f).*
trans·li·ter·ate [trænz'lɪtəreɪt] *tr* trans-
literieren; **trans·li·ter·at·ion**
[ˌtrænzlɪtə'reɪʃn] Transliteration *f.*
trans·lu·cent, **trans·lu·cid**
[trænz'luːsnt, trænz'luːsɪd] *adj* licht-
durchlässig.
trans·mi·gra·tion [ˌtrænzmaɪ'greɪʃn]
(~ of the soul) Seelenwanderung *f.*
trans·mis·sible [trænz'mɪsəbl] *adj*
übertragbar; **trans·mission** [trænz'-
mɪʃn] **1.** Übersendung, -mittlung *f;* **2.**
Übertragung *f a. biol phys;* **3.** *tech*
Transmission *f; mot* Getriebe *n;* **4.**
radio Sendung *f;* **5.** *EDV* Datenübertra-
gung *f;* **trans·mit** [trænz'mɪt] *tr* **1.**
übersenden, -mitteln; **2.** übertragen; **3.**
phys übertragen; leiten; **4.** *radio* sen-
den; **trans·mit·ter** [trænz'mɪtə(r)] **1.**
Übermittler *m;* **2.** *radio* Sender *m;* **3.**
(Telefon) Mikrophon *n;* **trans·mit-
ting** [−ɪŋ] *adj* ▶ ~**-station** Sendestelle
f; ~ **set** Sender *m.*
trans·mog·ri·fy [trænz'mɒgrɪfaɪ] *tr
hum fig* ummodeln.
trans·mu·ta·tion [ˌtrænsmjuː'teɪʃn] **1.**
chem Umwandlung *f;* **2.** *biol* Transmu-
tation *f;* **trans·mute** [trænz'mjuːt] *tr*
umwandeln *(into* in).
trans·oceanic ['trænzˌəʊʃɪ'ænɪk] *adj*
überseeisch.
tran·som ['trænsəm] Querbalken, -trä-
ger *m; (~ window)* Oberlicht *n.*
trans·par·ency [træns'pærənsɪ] **1.**
Durchsichtigkeit, Transparenz *f;* **2.** Dia-
positiv *n;* **3.** Overheadfolie *f;* **trans·
par·ent** [træns'pærənt] *adj* **1.** durch-
sichtig *a. fig;* **2.** *fig* durchschaubar; of-
fenkundig, offensichtlich; ▶ **it became**
~ es wurde offensichtlich.
tran·spi·ra·tion [ˌtrænspɪ'reɪʃn] Aus-
dünstung, Transpiration *f;* **tran·spire**
[træn'spaɪə(r)] **I** *tr* **1.** ausdünsten,
-schwitzen; **2.** *bot* verdunsten; **II** *itr* **1.**
schwitzen, transpirieren; **2.** *fig* bekannt
werden; durchsickern; **3.** geschehen.
trans·plant [træns'plɑːnt] **I** *tr* **1.** um-
pflanzen; **2.** *(Menschen)* verpflanzen *(to*
nach); **3.** *med (Gewebe)* transplantieren,
verpflanzen; **II** ['trɑːnsplɑːnt] **1.** Trans-
plantation *f;* **2.** Transplantat *n;* **trans·
plan·ta·tion** [ˌtrænsplɑː'teɪʃn] **1.** *bot*
Umpflanzen *n;* **2.** *med* Transplantation
f; (Organ) Transplantat *n.*
trans·port [træn'spɔːt] **I** *tr* befördern,
transportieren; *hist* deportieren; **II**
['trænspɔːt] **1.** Beförderung *f,* Transport
m; **2.** *mil* Transportschiff *n;* Transport-
flugzeug *n;* **3.** Beförderungsmittel *n;* **4.**

Am Fracht, Ladung *f;* ▶ **in a ~, in ~s of, ~ed with** hingerissen vor; **means of** ~ Beförderungs-, Transportmittel *n;* **passenger** ~ Personenverkehr *m;* **public** ~ öffentliche Verkehrsmittel *n pl;* **road** ~ Güterkraftverkehr *m;* ~ **by rail** (Eisenbahn)Güterverkehr *m;* **trans·port·able** [træns'pɔːtəbl] *adj* transportierbar, versandfähig; **trans·por·ta·tion** [ˌtrænspɔːˈteɪʃn] 1. Beförderung *f;* 2. Beförderungs-, Transportmittel *n;* Verkehrsmittel *n;* 3. Versand-, Transportkosten *pl;* **transport café** Fernfahrerlokal *n;* **trans·porter** [træn'spɔːtə(r)] 1. Autotransporter *m;* 2. Laufkran *m;* 3. (~ *line*) Transportband *n.*

trans·pose [træn'spəʊz] *tr* 1. vertauschen; 2. *math mus* transponieren.

trans·sex·ual [træns'seksjʊəl] Transsexuelle(r) *f m.*

trans·verse ['trænzvɜːs] *adj* diagonal, quer verlaufend (*to* zu); *(Lage)* horizontal; *(Motor)* querstehend.

trans·ves·tite [træns'vestaɪt] Transvestit *m.*

trap [træp] **I** *s* 1. Falle *f a. fig;* 2. *(Hunderennen)* Box *f;* 3. *(Schießen)* Wurfmaschine *f;* 4. (~*door*) Falltür, *theat* Versenkung *f;* 5. *tech* Siphon *m;* 6. zweirädriger Einspänner; 7. *sl* Schnauze *f;* ▶ **set a ~ for s.o.** jdm e-e Falle stellen; **fall, walk into a** ~ in e-e Falle gehen; **II** *tr* 1. fangen; 2. *(Menschen)* in die Falle locken; 3. in die Enge treiben; einschließen; absperren; 4. *(Ball)* stoppen; 5. *(Gas, Wasser)* stauen; ▶ ~ **s.o. into doing s.th.** jdn dazu bringen, daß er etw tut; **the miners were** ~ped die Bergleute waren von der Außenwelt abgeschlossen; **I feel** ~ped ich fühle mich wie im Gefängnis; ~ **one's finger in a drawer** sich den Finger in einer Schublade einklemmen; **trap door** Falltür *f.*

tra·peze [trə'piːz] *sport* Trapez *n;* **tra·pezium** [trə'piːzɪəm] *math Br* Trapez *n; Am* Trapezoid *n;* **trap·ezoid** ['træpɪzɔɪd] *math Br* Trapezoid *n; Am* Trapez *n.*

trap·per ['træpə(r)] Trapper(in) *m (f).*

trap·pings ['træpɪŋz] *pl* 1. *fig* Aufmachung *f;* 2. Abzeichen *n pl.*

Trap·pist ['træpɪst] Trappist *m.*

trap-shoot·ing ['træpˌʃuːtɪŋ] Wurftaubenschießen *n.*

trash [træʃ] 1. *Am* Abfall *m;* 2. *fig* Schund, Plunder *m;* 3. Unsinn *m;* 4. Gesindel *n;* ▶ **white** ~ *Am* arme Weiße *m pl;* **trash-can** *Am* Abfalleimer *m;* **trash-dump** *Am* Mülldeponie *f;* **trashy** ['træʃɪ] *adj* wertlos; minderwertig.

trauma ['trɔːmə, *Am* 'traʊmə] Trauma *n;* **trau·matic** [trɔːˈmætɪk, *Am*

traʊˈmætɪk] *adj* traumatisch; **trau·matize** ['trɔːmətaɪz, *Am* 'traʊmətaɪz] *tr* traumatisieren.

travel ['trævl] **I** *itr* 1. reisen *a. com (in* in); fahren; eine Reise machen; 2. *tech* sich bewegen; 3. sich ausbreiten, sich fortpflanzen; **II** *tr* 1. bereisen; 2. *(Strecke)* zurücklegen; fahren; **III** *s* 1. Reisen *n,* Reise *f;* 2. *pl* Reisen *f pl;* 3. *tech* Kolbenweg, Hub *m; (Instrumente)* Ausschlag *m;* **travel agency, travel bureau** Reisebüro *n;* **travel·led,** *Am* **traveled** ['trævld] *adj* 1. *(Mensch)* weitgereist; 2. *(Straße)* (viel) befahren; **travel·ler,** *Am* **traveler** ['trævlə(r)] Reisende(r) *f m; a. com;* ▶ **commercial** ~ Vertreter(in) *m (f);* ~'s **cheque,** *Am* **check** Reisescheck *m;* **travel expenses** *pl* Reisekosten *pl.*

travel·ling, *Am* **travel·ing** ['trævlɪŋ] Reisen *n;* **travelling-allowance** Reisespesen *pl;* **travelling bag** Reisetasche *f;* **travelling circus** Wanderzirkus *m;* **travelling clock** Reisewecker *m;* **travelling crane** Laufkran *m;* **travelling salesman** ⟨*pl* -men⟩ Handelsreisende(r) *f m.*

travel insurance ['trævlɪnˈʃʊərəns] Reiseversicherung *f;* **travel-sick** ['trævlsɪk] *adj* reisekrank; **travel sickness** ['trævlsɪknəs] Reisekrankheit *f.*

trav·elogue, *Am* **trav·elog** ['trævəlɒg] Reisebericht *m;* Lichtbildervortrag *m* über Reiseerlebnisse.

tra·verse ['trævɜːs] **I** *tr* 1. durch-, überqueren; 2. *(Zeit)* überdauern; 3. *(Bergsteigen)* queren; **II** *s* Querlinie *f,* -balken *m,* -gang *m.*

trav·esty ['trævəstɪ] **I** *s* 1. Travestie *f;* 2. *fig* Zerrbild *n;* ▶ **a** ~ **of justice** ein Hohn auf die Gerechtigkeit; **II** *tr fig* verzerren, entstellen.

trawl [trɔːl] **I** *s* (~-net) Schleppnetz *n;* **II** *itr, tr* mit dem Schleppnetz fischen; **trawler** ['trɔːlə(r)] Fischdampfer, Trawler *m.*

tray [treɪ] 1. Tablett *n;* 2. (flache) Schale *f;* Backblech *n;* 3. *(Büro)* Ablage(korb *m) f;* 4. Koffereinsatz *m;* ▶ **ash-~** Aschenbecher *m;* **in-, out-~** (Ablage *f* für) eingehende, ausgehende Post.

treach·er·ous ['tretʃərəs] *adj* 1. verräterisch, treulos (*to s.o.* jdm); 2. heimtückisch; gefährlich; 3. *(Gedächtnis)* trügerisch; **treach·ery** ['tretʃərɪ] Treulosigkeit *f (to* gegen); Verrat *m (to* an).

treacle ['triːkl] Sirup *m;* **treac·ly** ['triːklɪ] *adj* 1. sirupartig; 2. *fig* süßlich.

tread [tred] ⟨*irr* trod, trodden⟩ **I** *tr* 1. gehen, schreiten auf; 2. *(Weg)* machen; ▶ ~ **a risky path** einen gefährlichen Weg beschreiten; ~ **grapes** Trauben stampfen; ~ **water** Wasser treten; ~ **dirt into the carpet** Schmutz in den Teppich treten; **II** *itr* 1. schreiten, gehen; 2. treten, trampeln (*on, upon* auf); ▶ ~ **on air** *fig* im Glück schwimmen; ~ **in s.o.'s (foot)steps** *fig* in jds Fußstapfen treten; ~ **on s.o.'s heels** *fig* jdm nicht von den Fersen gehen; ~ **on s.o.'s toes** *fig* jdm zu nahe treten; ~ **carefully** vorsichtig gehen; *fig* vorsichtig vorgehen; **III** *s* 1. Tritt, Schritt *m;* 2. Tritt(brett *n*) *m;* (Treppen)Stufe *f;* (Leiter)Sprosse *f;* 3. *(Rad)* Lauffläche *f; (Gummireifen)* Profil *n;* **IV** *(mit Präposition)* **tread down, tread in** *tr* festtreten; **tread out** *tr* austreten.

treadle ['tredl] *tech* Pedal *n.*

tread-mill ['tredmɪl] Tretmühle *f a. fig.*

trea·son ['triːzn] Verrat *m (to* an); **treason·able** ['triːzənəbl] *adj* verräterisch.

treas·ure ['treʒə(r)] **I** *s* Schatz *m a. fig;* **II** *tr* 1. (~ *up*) horten, sammeln; 2. *fig* sehr schätzen; **treasure-house** Schatzkammer *f; fig* Fundgrube *f;* **treasure hunt** Schatzsuche *f;* **treasurer** ['treʒərə(r)] Schatzmeister *m;* Stadtkämmerer *m;* Leiter(in) *m (f)* der Finanzabteilung; Kassenverwalter(in), -wart(in) *m (f);* **treas·ure trove** ['treʒə,trəuv] 1. Schatz *m;* 2. Schatzgrube *f;* **treas·ury** ['treʒərɪ] 1. Schatzamt *n,* Fiskus *m;* Finanzministerium *n;* 2. Kasse *f;* 3. *fig* Schatz *m,* Sammlung *f;* Fundgrube *f;* **treasury bill** kurzfristiger Schatzwechsel; **treasury bond, note** Schatzanweisung *f.*

treat ['triːt] **I** *tr* 1. behandeln (*for* wegen; *with* mit); umgehen mit; 2. ansehen, betrachten (*as* als); 3. *(Thema)* behandeln, sich befassen mit; 4. *(Material)* behandeln; *(Abwasser)* klären; *(Altpapier)* verarbeiten, recyceln; 5. bewirten, freihalten (*to s.th.* mit etw); ▶ ~ **o.s. to s.th.** sich etw gönnen; **I am going to** ~ **you** ich lade dich ein; ~ **lightly** auf die leichte Schulter nehmen; **II** *itr* 1. handeln (*of* von); 2. ver-, unterhandeln (*with* mit; *for* wegen); **III** *s* 1. Bewirtung *f,* Fest(essen) *n;* 2. (Hoch)Genuß *m,* Freude *f,* Vergnügen *n;* ▶ **stand** ~ *fam* die Zeche bezahlen; **I stand** ~**, it's my** ~ das geht auf meine Rechnung; **give s.o. a** ~ jdm eine besondere Freude machen; **it's a real** ~ das ist ein wahrer Genuß; **it's coming along a** ~ *fam* das macht sich prächtig.

treat·ise ['triːtɪz] Abhandlung *f* (*upon, on* über).

treat·ment ['triːtmənt] Behandlung *f* (*for* wegen); *(Abwasser)* Klärung *f.*

treaty ['triːtɪ] Vertrag *m,* Abkommen *n,* Übereinkunft *f;* ▶ **commercial** ~ Handelsabkommen *n;* **peace** ~ Friedensvertrag *m.*

treble[1] ['trebl] **I** *adj* dreifach; **II** *adv* dreimal; **III** *tr* verdreifachen; **IV** *itr* sich verdreifachen; **V** *s* (das) Dreifache.

treble[2] ['trebl] *mus* Diskant, Sopran *m;* **treble clef** Violinschlüssel *m;* **treble**

recorder Altflöte *f.*

tree [triː] **I** *s* 1. Baum *m a. tech;* 2. *(shoe* ~*)* Leisten *m;* 3. *(family* ~*)* Stammbaum *m;* 4. *(clothes* ~*)* Kleiderständer *m;* ▶ **up a** ~ *fam* in der Klemme; **at the top of the** ~ *fig* ganz oben; **they don't grow on** ~**s** *fig* die fallen nicht vom Himmel; **II** *tr* auf e-n Baum jagen; **treefrog** *zoo* Laubfrosch *m;* **tree·less** [—lɪs] *adj* baumlos; **tree-lined** ['triːlaɪnd] *adj* baumbestanden; **treetop** ['triːtɒp] (Baum)Wipfel *m;* **tree trunk** Baumstamm *m.*

tre·foil ['trefɔɪl] 1. Klee *m;* 2. *(Symbol)* Kleeblatt *n;* 3. *arch* Dreipaß *m.*

trek [trek] **I** *itr* ziehen; mühsam gehen; **II** *s* Treck, Zug *m;* mühsamer Weg.

trel·lis ['trelɪs] Spalier *n.*

tremble ['trembl] **I** *itr* 1. zittern (*with* vor); 2. vibrieren, zittern; 3. sehr besorgt sein, zittern (*for* um); **II** *s* ▶ **be all of a** ~ *fam* am ganzen Leibe zittern.

tre·men·dous [trɪ'mendəs] *adj* 1. gewaltig, riesig; 2. *fig* toll; hervorragend.

trem·olo ['tremələu] ⟨*pl* -olos⟩ *mus* Tremolo *n.*

tremor ['tremə(r)] Zittern, Beben *n; (earth*~*)* Erdstoß *m,* Beben *n;* ▶ **without a** ~ gelassen, ruhig; **tremulous** ['tremjʊləs] *adj* 1. zitternd, bebend; 2. ängstlich, nervös.

trench [trentʃ] **I** *tr* e-n Graben ziehen in; Schützengräben ausheben in; **II** *s* Graben *m;* Schützengraben *m.*

trench·ant ['trentʃənt] *adj (Satire)* scharf, schneidend; *(Kritik, Geist)* scharf; *(Sprache, Ausdruck)* treffend, treffsicher.

trench-coat ['trentʃkəut] Regen-, Wettermantel *m.*

trencher·man ['trentʃəmən] ⟨*pl* -men⟩ guter Esser.

trend [trend] **I** *itr fig* gerichtet sein, tendieren (*towards* nach); **II** *s* 1. Richtung, Tendenz *f,* Trend *m;* 2. *fig* Verlauf *m,* Entwicklung *f;* 3. Mode *f,* Trend *m;* **trend-set·ter** ['trend,setə(r)] Trendsetter *m;* **trendy** ['trendɪ] **I** *adj* modisch; schickimicki *fam;* **II** *s* Modefan *m;* Schickimicki *fam m;* ▶ **the trendies** *pl* die Schickeria.

trepi·da·tion [,trepɪ'deɪʃn] 1. Aufgeregtheit *f,* Bangen *n;* 2. Verzagtheit *f;* ▶ **in fear and** ~ mit Zittern und Bangen.

tres·pass ['trespəs] **I** *itr* 1. widerrechtlich betreten (*on, upon s.th.* etw); 2. zu sehr in Anspruch nehmen (*on, upon s.o.'s time* jds Zeit); *(Rechte, Bereich)* eingreifen (*on, upon* in); 3. *(Bibel)* sündigen (*against* gegen, wider); ▶ **no** ~**ing!** Betreten verboten! **II** *s* 1. unerlaubtes Betreten; 2. *(Bibel)* Sünde *f;* **tres·passer** ['trespəsə(r)] ▶ ~**s will be prosecuted!** Betreten (bei Strafe) verboten!

trestle ['tresl] Bock *m*, Gestell *n;* **trestle table** Tisch *m* auf Böcken; Tapeziertisch *m.*
trial ['traɪəl] 1. Versuch *m;* Probe *f;* 2. Untersuchung, Prüfung *f;* 3. *jur* Gerichtsverfahren *n;* (Gerichts)Verhandlung *f;* 4. *pl (horse ~s)* Querfeldeinrennen *n;* 5. *fig* Unannehmlichkeit *f;* schwere Belastung, Last *f (to s.o.* für jdn); ► *~s and tribulations* Aufregungen, Schwierigkeiten *pl;* **by (way of)** ~ **and error** durch Ausprobieren; **on** ~ auf, zur Probe; **bring to** ~ vor Gericht bringen; **be on** ~ angeklagt sein; **give s.th. a** ~ etw ausprobieren; **put s.th. to the** ~ etw testen; **year of** ~ Probejahr *n;* ~ **by jury** Schwurgerichtsverfahren *n;* ~ **of strength** Kraftprobe *f;* **trial flight** Testflug *m;* **trial marriage** Ehe *f* auf Probe; **trial period** Probezeit *f;* **trial run** Generalprobe *f;* Probelauf *m;* Versuchs-, Probefahrt *f.*
tri·angle ['traɪæŋgl] 1. Dreieck *n;* 2. *mus* Triangel *m;* 3. *fig* Dreiecksbeziehung *f;* **tri·angu·lar** [traɪ'æŋgjʊlə(r)] *adj* dreieckig.
tribal ['traɪbl] *adj* Stammes-; ► ~ **chief** Stammeshäuptling *m;* **tribe** [traɪb] 1. (Volks)Stamm *m;* 2. *bot* Gattung *f;* 3. *pej* Sippschaft *f;* **tribes·man** ['traɪbzmən] ⟨*pl* -men⟩ Stammesangehörige(r) *m.*
tribu·la·tion [ˌtrɪbjʊ'leɪʃn] (großer) Kummer *m; fig* schwere Prüfung.
tri·bu·nal [traɪ'bjuːnl] Gericht(shof *m*) *n;* Untersuchungsausschuß *m;* Tribunal *n.*
tri·bune[1] ['trɪbjuːn] Tribüne *f.*
tri·bune[2] ['trɪbjuːn] *hist* Tribun *m.*
tribu·tary ['trɪbjʊt(ə)rɪ] I *adj* tributpflichtig (*to* dat); II *s (~ river)* Nebenfluß *m;* **trib·ute** ['trɪbjuːt] Tribut *m* a. *fig;* Zeichen *n* der Hochachtung; ► **pay (a)** ~ **to s.o.** jdm Anerkennung zollen.
trice [traɪs] ► **in a** ~ im Nu.
tri·chi·na [trɪ'kaɪnə] ⟨*pl* -nae⟩ [trɪ'kaɪniː] Trichine *f;* **trichi·no·sis** [ˌtrɪkɪ'nəʊsɪs] *med* Trichinose *f.*
trick [trɪk] I *s* 1. List *f,* Trick *m;* 2. Kunststück *n;* 3. Streich *m;* 4. (schlechte) Angewohnheit, Eigenheit *f;* 5. *(Kartenspiel)* Stich *m;* ► **that should do the** ~ so müßte es gehen; **know a** ~ **or two** sich auskennen, gewitzt sein; **I know a** ~ **worth two of that** das kann ich besser; **she never misses a** ~ ihr entgeht nichts; **play a** ~ **on s.o.** jdm einen Streich spielen; **I'm on to his** ~s ich kenne seine Schliche; **how's** ~s? *fam* wie geht's? **card** ~ Kartenkunststück *n,* -trick *m;* **a** ~ **of the light** eine Täuschung; II *tr* beschwindeln, betrügen; überlisten; an der Nase herumführen; ► ~ **s.o. into doing s.th.** jdn dazu verleiten, etw zu tun; ~ **out** herausputzen, ausstaffieren; **trick·ery** ['trɪkərɪ]

Schwindel, Betrug *m,* Gaunerei *f.*
trickle ['trɪkl] I *itr* tröpfeln a. *fig;* II *tr* träufeln; III *s* Rinnsal *n;* ► **a** ~ **of people** tröpfchenweise ankommende Leute; IV *(mit Präposition)* **trickle away** *itr (Menge)* sich verlaufen; **trickle out** *itr* durchsickern *fig;* herausströmen *(of* aus).
trick·ster ['trɪkstə(r)] Schwindler(in), Betrüger(in) *m (f);* **tricksy** ['trɪksɪ] *adj* heimtückisch; schlau; **tricky** ['trɪkɪ] *adj* 1. gerissen, durchtrieben; 2. kompliziert; *(Problem)* schwierig; *(Situation)* kitzlig
tri·cycle ['traɪsɪkl] Dreirad *n.*
tri·dent ['traɪdnt] Dreizack *m.*
tried [traɪd] *adj* erprobt.
tri·en·nial [traɪ'enɪəl] *adj* alle drei Jahre stattfindend; drei Jahre dauernd.
trier ['traɪə(r)] *fam* jem, der sich Mühe gibt.
trifle ['traɪfl] I *s* 1. Kleinigkeit *f;* Belanglosigkeit *f (to* für); 2. *(Nachspeise)* Trifle *m;* ► **a** ~ ein bißchen; II *(mit Präposition)* **trifle away** *tr* vergeuden; **trifle with** *itr* spielen mit a. *fig;* nachlässig umgehen mit; ► **he is not a person to be ~d with** mit ihm ist nicht zu spaßen; **trif·ling** ['traɪflɪŋ] *adj* nichtig, unbedeutend.
trig·ger ['trɪgə(r)] I *s (Gewehr)* Abzug *m; (Kamera)* Auslöser *m;* ► **be quick on the** ~ schnell abdrücken; **pull the** ~ abdrücken; II *tr (~ off)* auslösen; **trigger-happy** *adj* schießwütig.
trig·on·om·etry [ˌtrɪgə'nɒmətrɪ] Trigonometrie *f.*
trike [traɪk] Dreirad *n.*
tri·lat·eral [ˌtraɪ'lætərəl] *adj* dreiseitig.
trilby ['trɪlbɪ] Schlapphut *m.*
tri·lin·gual [ˌtraɪ'lɪŋgwəl] *adj* dreisprachig.
trill [trɪl] I *s* Triller *m;* II *tr, itr* trillern; trällern.
tril·lion ['trɪlɪən] *Br* Trillion *f; Am* Billion *f.*
tril·ogy ['trɪlədʒɪ] *lit theat* Trilogie *f.*
trim [trɪm] I *tr* 1. *(Hecke, Bart)* beschneiden, stutzen; *(Haare)* nachschneiden; *(Holzstück)* zurechtschneiden; 2. *(Budget, Aufsatz)* kürzen; 3. besetzen; schmücken; 4. *mar (Schiff)* trimmen; *(Segel)* brassen; 5. *aero* (aus)trimmen; anpassen; 6. *Am fam* übers Ohr hauen; 7. *Am sport* völlig besiegen; II *s* 1. guter Zustand, gute Verfassung; 2. Ausstattung, Einrichtung *f;* Ausrüstung *f;* 3. *mot* Innenausstattung *f;* 4. *mar* Trimm *m;* 5. *aero* Trimmlage, Fluglage *f;* ► **in good, proper** ~ in gutem Zustand; *fam* in Form; **give s.th. a** ~ etw zurechtschneiden; etw stutzen; III *adj* sauber; gepflegt; hübsch, fesch; gut proportioniert; IV *(mit Präposition)* **trim away** *tr* wegschneiden; **trim down** *tr* kürzen; stutzen; schneiden; **trim off** *tr* abschnei-

den; **trim up** *tr* stutzen; **trim·ming**
[—ıŋ] 1. Besatz *m*, Verzierung *f*; 2. *pl*
Zutaten *f pl;* Zubehör *m;* 3. *pl* Abfälle *m*
pl; Papierschnitzel *pl;* ▶ **with all the ~s**
fig mit allem Drum und Dran.
Tri·ni·dad ['trınıdæd] Trinidad *n.*
Trin·ity ['trınətı] 1. *rel* Dreieinigkeit *f;* 2.
(t~) Sommertrimester *n;* ▶ **~ (Sunday)**
Sonntag *m* Trinitatis.
trin·ket ['trıŋkıt] kleines Schmuckstück.
trio ['tri:əʊ] ⟨*pl* trios⟩ *mus* Trio *n a. fig.*
trip [trıp] I *s* 1. Reise *f;* Ausflug *m;* 2. *sl*
(Drogen) Trip *m;* 3. Stolpern *n;* 4. *sport*
Beinstellen *n;* 5. Fehler, Lapsus *m;* 6.
tech Auslösung *f;* II *itr* 1. trippeln; 2.
stolpern (*over* über); 3. *fig* e-n Irrtum
begehen, e-n Schnitzer machen; 4. *(Dro-*
gen) auf einen Trip gehen; III *tr* 1. (*~*
up) stolpern lassen; ein Bein stellen (*s.o.*
jdm); 2. *fig* scheitern lassen, zu Fall
bringen; 3. *tech* in Gang setzen; auslö-
sen; betätigen; IV *(mit Präposition)* **trip**
over *itr* stolpern (über); **trip up** *itr* 1.
stolpern; 2. *fig* einen Fehler machen; *tr*
1. stolpern lassen; zu Fall bringen; 2. *fig*
eine Falle stellen (*s.o.* jdm).
tri·par·tite [ˌtraı'pɑ:taıt] *adj* dreiseitig.
tripe [traıp] 1. (*Küche*) Kaldaunen, Kut-
teln *f pl;* 2. *fam fig* Schund, Kitsch *m.*
triple ['trıpl] I *adj* dreifach; ▶ **~ jump**
Dreisprung *m;* II *tr* verdreifachen; III *itr*
sich verdreifachen; **trip·let** ['trıplıt] 1.
mus Triole *f;* 2. *meist pl* Drilling *m;*
trip·li·cate ['trıplıkət] I *adj* 1. dreifach;
2. in dreifacher Ausfertigung; ▶ **in ~** in
dreifacher Ausfertigung; II *tr*
['trıplıkeıt] dreifach ausfertigen.
tri·pod ['traıpɒd] 1. Dreifuß *m;* 2. *phot*
Stativ *n.*
trip·per ['trıpə(r)] Ausflügler(in) *m (f).*
trip·ping ['trıpıŋ] *adj* trippelnd; ▶ **~ de-**
vice Auslösemechanismus *m.*
trip·tych ['trıptık] Triptychon *n.*
tri·sect [traı'sekt] *tr* in drei (*math* glei-
che) Teile teilen.
trite [traıt] *adj* abgedroschen; banal.
tri·umph ['traıʌmf] I *s* Triumph, Sieg *m*
(*over* über); II *itr* 1. triumphieren (*over*
über); 2. e-n Triumph feiern; **tri·um·**
phal [traı'ʌmfl] *adj* triumphal; Sieges-;
▶ **~ arch** Triumphbogen *m;* **tri·um·**
phant [traı'ʌmfnt] *adj* 1. triumphie-
rend; siegreich; 2. jubelnd.
trivia ['trıvıə] *pl* Trivialitäten *f pl;* **triv·**
ial ['trıvıəl] *adj* 1. trivial; 2. belanglos,
unwichtig; 3. (*Mensch*) oberflächlich;
triv·ial·ity [ˌtrıvı'ælətı] 1. Trivialität,
Nebensächlichkeit *f;* 2. Belanglosigkeit
f; **triv·ial·ize** ['trıvıəlaız] *tr* trivialisie-
ren.
tro·chaic [trəʊ'keıık] *adj* trochäisch;
tro·chee ['trəʊki:] (*Versfuß*) Trochäus
m.
trod, trodden [trɒd, 'trɒdn] *v s. tread.*
trog·lo·dyte ['trɒglədaıt] *hist* Höhlen-

mensch *m.*
Tro·jan ['trəʊdʒən] I *s* Trojaner(in),
Troer(in) *m (f);* ▶ **work like a ~** arbei-
ten wie ein Pferd; II *adj* 1. trojanisch; 2.
fig übermenschlich; ▶ **T~ Horse** Troja-
nisches Pferd; **T~ War** Trojanischer
Krieg.
trol·ley ['trɒlı] 1. Handkarren *m;* 2. *rail*
Draisine *f;* 3. *el* Kontaktrolle *f;* 4. (*shop-*
ping, supermarket ~) Einkaufswagen *m;*
▶ **~-bus** Obus *m;* **tea ~** Teewagen *m;*
he's off his ~ *fam* er hat einen Dach-
schaden *fam.*
trol·lop ['trɒləp] Schlampe *f;* Dirne *f.*
trom·bone [trɒm'bəʊn] Posaune *f;*
trom·bon·ist [trɒm'bəʊnıst] Posau-
nist(in) *m (f).*
troop [tru:p] I *s* 1. Gruppe *f;* 2. Haufe(n),
Trupp *m;* 3. Schar, Herde *f;* 4. (*Pfad-*
finder) Stamm *m;* 5. *pl mil* Truppen *pl;*
II *itr* strömen; ▶ **~ out of** scharenweise
herauskommen aus; **~ into** hineinströ-
men in; **~ past s.th.** an etw vorbeizie-
hen; III *tr* ▶ **~ the colours** eine Fah-
nenparade abhalten; **troop-carrier**
aero mar Truppentransporter *m;*
trooper ['tru:pə(r)] 1. Kavallerist *m;* 2.
Am (state ~) Polizist *m;* ▶ **swear like a**
~ fluchen wie ein Kutscher.
trophy ['trəʊfı] Trophäe *f.*
tropic ['trɒpık] 1. *geog* Wendekreis *m;* 2.
pl Tropen *pl;* ▶ **T~ of Cancer, Capri-**
corn Wendekreis *m* des Krebses, des
Steinbocks; **tropi·cal** ['trɒpıkl] *adj* tro-
pisch; ▶ **~ clothing** Tropenkleidung *f;*
~ disease Tropenkrankheit *f.*
tro·po·sphere ['trəʊpəsfıə(r)] *mete*
Troposphäre *f.*
trot [trɒt] I *itr* trotten; traben; *fam* ge-
hen; II *tr* traben lassen; III *s* 1. Trab *m*
a. fig; 2. *pl fam* Durchfall *m;* ▶ **go for a**
~ *fam* sich die Füße vertreten; **keep**
s.o. on the ~ *fig* jdn in Trab halten;
three weeks on the ~ drei Wochen
lang; IV *(mit Präposition)* **trot along,**
trot off *itr fam* losziehen; **trot out** *itr*
hinausgehen; *tr fig* produzieren; **trot-**
ter ['trɒtə(r)] (*Rennpferd*) Traber *m;*
▶ **pig's ~s** *pl* Schweinsfüße *m pl.*
trouble ['trʌbl] I *tr* 1. beunruhigen, be-
drücken, aufregen; 2. belästigen; bemü-
hen (*for* um); 3. Kummer, Sorgen ma-
chen (*s.o.* jdm); ▶ **be ~d about s.th.** sich
wegen etw Sorgen machen; **I am sorry**
to ~ you es tut mir leid, daß ich Sie
stören muß; **~ to do s.th.** sich bemühen,
etw zu tun; **may I ~ you?** darf ich Sie
bitten (*for* um; *to do* zu tun); II *itr* sich
bemühen (*to do* zu tun); **I shan't ~ with**
that das werde ich mir ersparen; III *s* 1.
Schwierigkeiten *f pl;* Ärger *m,* Unan-
nehmlichkeiten *f pl;* 2. Mühe *f,* Um-
stände *m pl;* 3. *med* Krankheit *f,* Leiden
n; 4. Unruhe *f,* Durcheinander *n;* *pol*
Wirren *pl;* 5. *tech* Störung *f,* Defekt *m;*

▶ **ask, look for** ~ sich Ärger einhandeln; **be in** ~ in Schwierigkeiten sein; **be a** ~ **to s.o.** jdm Ärger machen; **get into** ~ sich Unannehmlichkeiten einhandeln; **get a girl into** ~ *euph* ein Mädchen ins Unglück bringen; **get s.o. into** ~ jdn in Schwierigkeiten bringen; **have** ~ **with** Ärger, Scherereien haben mit; **make** ~ Ärger machen; **(it will be) no** ~ **(at all)** das ist nicht der Rede wert; **what's the** ~? was ist los? **the** ~ **is that** das Problem ist, daß; **liver, heart** ~ Leber-, Herzleiden *n;* **labour** ~ Arbeiterunruhen *f pl;* **troubled** ['trʌbld] *adj* beunruhigt; bekümmert; *(Zeiten)* unruhig; *(See)* aufgewühlt; ▶ **fish in** ~ **waters** *fig* im trüben fischen; **trouble-free** ['trʌblfriː] *adj* sorglos; **trouble-maker** ['trʌbl͵meɪkə(r)] Unruhestifter(in) *m (f);* **trouble-shooter** ['trʌbl͵ʃuːtə(r)] 1. Störungssucher(in) *m (f);* 2. Schlichter(in), Vermittler(in) *m (f);* **trouble·some** ['trʌblsəm] *adj* 1. störend, lästig, unangenehm; 2. beschwerlich, mühevoll; **trouble spot** Krisenherd *m.*

trough [trɒf, *Am* trɔːf] 1. Trog *m;* 2. Furche, Rille *f;* 3. Wellental *n;* 4. *mete* Tief *n;* ▶ ~ **of barometric depression** Tiefdruckrinne *f.*

troupe [truːp] (Schauspiel)Truppe *f;* **trouper** ['truːpə(r)] Mitglied *n* e-r Truppe *f;* ▶ **old** ~ *fig* alter Hase.

trouser clip ['trauzə͵klɪp] Hosenklammer *f;* **trouser leg** Hosenbein *n;* **trousers** ['trauzəz] *pl (pair of* ~) (lange) Hose *f;* ▶ **wear the** ~ *fig* die Hosen anhaben; **trouser suit** Hosenanzug *m.*

trous·seau ['truːsəu] Aussteuer *f.*

trout [traut] Forelle *f;* **trout farm(ing)** Forellenzucht *f;* **trout fishing** Forellenfang *m.*

trowel ['trauəl] Kelle *f;* ▶ **lay it on with a** ~ *fig* dick auftragen.

troy [trɔɪ] (~ *weight*) Troy-, Juwelengewicht *n;* **troy ounce** Feinunze *f.*

Troy [trɔɪ] Troja *n;* ▶ **Helen of** ~ die schöne Helena.

tru·ancy ['truːənsɪ] Schulschwänzen *n;* **tru·ant** ['truːənt] Schulschwänzer(in) *m (f);* ▶ **play** ~ (die Schule) schwänzen.

truce [truːs] Waffenstillstand *m.*

truck[1] [trʌk] *I s* 1. Schub-, Handkarren *m;* 2. *Am* Lastwagen *m,* -auto *n;* 3. offener Güterwagen; *II tr Am* transportieren; *III itr Am* Lastwagen fahren.

truck[2] [trʌk] 1. *Am (garden* ~) Gemüse *n* für den Markt; 2. *hist* Tauschsystem *n;* ▶ **have no** ~ **with s.o.** mit jdm nichts zu tun haben.

truck-driver ['trʌk͵draɪvə(r)] LKW-Fahrer(in), Last(kraft)wagenfahrer(in) *m (f);* **trucker** ['trʌkə(r)] *Am* 1. Lastwagenfahrer(in) *m (f);* 2. Spediteur *m;* 3. Gemüsegärtner(in) *m (f);* **truck farming** Gemüseanbau *m* für den Markt; **truck·ing**

['trʌkɪŋ] *Am* Spedition *f;* **truck·man** ['trʌkmən] ⟨*pl* -men⟩ *Am* Lastwagenfahrer *m;* **truck shop** *Am* Fernfahrerlokal *n;* **truck trailer** LKW-Anhänger *m.*

trucu·lence ['trʌkjuləns] Aufsässigkeit *f;* **trucu·lent** ['trʌkjulənt] *adj* aufsässig.

trudge [trʌdʒ] *I itr* sich schleppen, sta(m)pfen *(through* durch); *II s* langer mühsamer Marsch.

true [truː] *I adj* 1. wahr; 2. *(Bericht, Beschreibung)* wahrheitsgemäß; *(Kopie)* getreu; 3. *(Gefühle)* wahr, echt; *(Grund)* wirklich; 4. *(Leder etc)* echt; 5. *(Eigentümer, Erbe)* rechtmäßig; 6. *(Mann, Freund)* treu; 7. *(Wand, Fläche)* gerade; *(Kreis)* rund; *mus* rein; 8. *phys* tatsächlich; ▶ **(it is)** ~ allerdings, zwar; *II adv* wahrhaftig, wirklich; genau; ▶ **come** ~ Wirklichkeit werden; **prove** ~ sich bewahrheiten; **tell me** ~! sag mir die Wahrheit! *III s* ▶ **out of** ~ schief, nicht gerade; *IV (mit Präposition)* **true up** *tr* genau einstellen; genau ausrichten; **true-blue** *I adj* waschecht, echt; *II s Br* echter Tory; **true·born** *adj* gebürtig; echt; rechtmäßig; **true-hearted** [͵truːˈhɑːtɪd] *adj* aufrichtig, ehrlich; (ge)treu; **true-life** *adj* lebensecht; **true-love** Liebchen *n,* Geliebte(r) *f m.*

truffle ['trʌfl] Trüffel *f.*

tru·ism ['truːɪzəm] Binsenwahrheit *f.*

truly ['truːlɪ] *adv* 1. aufrichtig; wahrhaftig; 2. wirklich, tatsächlich; ▶ **yours** ~ hochachtungsvoll.

trump[1] [trʌmp] *I s* Trumpf(karte *f*) *m a. fig;* ▶ **play one's** ~-**card** *fig* seine Trümpfe ausspielen; **turn up** ~s *fig fam* alle Erwartungen übertreffen; Glück haben; *II tr* übertrumpfen *a. fig; III (mit Präposition)* **trump up** *tr* erfinden.

trump[2] [trʌmp] Trompete *f;* ▶ **the Last T**~ die Posaune des Jüngsten Gerichts.

trump·ery ['trʌmpərɪ] *I adj* kitschig; wertlos; *II s* Plunder *m;* Unsinn *m.*

trum·pet ['trʌmpɪt] *I s* Trompete *f;* ▶ **blow one's own** ~ *fig* sein eigenes Lob singen; *II tr, itr* 1. trompeten; 2. (~ *forth) fig* ausposaunen; **trum·peter** ['trʌmpɪtə(r)] Trompeter(in) *m (f).*

trun·cate [trʌŋˈkeɪt] *I tr* 1. stutzen, verkürzen; 2. abschneiden; 3. verstümmeln; *II adj* ['trʌŋkeɪt] stumpf; abgestumpft.

trun·cheon ['trʌntʃən] (Gummi)Knüppel *m.*

trundle ['trʌndl] *I itr* (dahin)rollen; *II tr* rollen, ziehen, schieben.

trunk [trʌŋk] 1. (Baum)Stamm *m;* 2. *(Mensch)* Rumpf *m;* 3. *(Elefant)* Rüssel *m;* 4. (großer) Koffer; 5. *Am mot* Kofferraum *m;* 6. *pl* Turn-, Badehose *f;* **trunk call** *Br tele* Ferngespräch *n;* **trunk line** 1. *rail* Hauptlinie *f;* 2. *tele* Fernleitung *f;* **trunk road** *Br* Fernstraße *f.*

truss [trʌs] *I tr* 1. abstützen; 2. *(Küche)*

wickeln, dressieren; 3. *(Heu)* bündeln; **II** *s* 1. Bündel *n;* 2. (Eisen)Band *n,* Klammer *f;* 3. *arch* Fachwerk *n;* Dachsparren *m pl;* Tragbalken *m;* 4. *med* Bruchband *n.*

trust [trʌst] **I** *s* 1. Vertrauen *n (in* zu, auf); Zutrauen *n (in* zu); 2. Verantwortung *f;* 3. *fin com* Treuhandverhältnis *n,* Treuhandvermögen *n;* 4. Stiftung *f;* 5. *(~ company)* Kartell *n,* Trust *m;* ▶ **in ~** zu treuen Händen; treuhänderisch; **on ~** auf Treu u. Glauben; **put one's ~ in s.o.** auf jdn sein Vertrauen setzen; **II** *itr* 1. Vertrauen haben, vertrauen, bauen *(to* auf); 2. sich verlassen *(to* auf); **III** *tr* 1. vertrauen *(s.o.* jdm); 2. trauen *(s.th.* e-r S); 3. sich verlassen *(s.o. to do s.th.* darauf, daß jem etw tut; *to* auf); 4. erwarten; hoffen; ▶ **~ s.o. to do s.th.** jdm vertrauen, daß er etw tut; jdm zutrauen, daß er etw tut; **~ s.o. with s.th.** jdm etw anvertrauen; **~ you!** typisch! **I ~ not!** ich hoffe es nicht; **you are coming, I ~** Sie kommen doch hoffentlich; **trusted** ['trʌstɪd] *adj* 1. *(Methode)* bewährt; 2. *(Diener, Freund)* (ge)treu; **trustee** [trʌs'tiː] 1. Treuhänder(in) *m (f);* Vermögensverwalter(in) *m (f);* 2. *(Institution)* Kurator, Verwalter *m;* **trust·ful** ['trʌstfl] *adj* vertrauensvoll; gutgläubig; **trust fund** Treuhandvermögen *n;* **trust·ing** ['trʌstɪŋ] *adj* vertrauensvoll; **trust·worthi·ness** ['trʌst,wɜːðɪnɪs] Vertrauenswürdigkeit *f;* Glaubhaftigkeit *f;* **trust·worthy** ['trʌst,wɜːðɪ] *adj* vertrauenswürdig; *(Geschichte)* glaubwürdig; **trusty** ['trʌstɪ] *adj* treu, zuverlässig.

truth [truːθ] ⟨*pl* truths⟩ [truːðz] Wahrheit *f;* ▶ **in ~** in Wirklichkeit; **to tell the ~** ehrlich gesagt; **I told him the plain ~** ich habe ihm reinen Wein eingeschenkt; **there is no ~ in it** es ist nichts Wahres daran; **home ~s** *pl* bittere Wahrheiten *f pl;* **truth·ful** ['truːθfl] *adj* ehrlich; **truth·ful·ness** [—nəs] Ehrlichkeit *f; (e-r Aussage)* Wahrheit *f.*

try [traɪ] **I** *tr* 1. versuchen *(doing s.th.* etw zu tun); 2. probieren; 3. auf die Probe stellen; 4. *jur (Menschen)* vor Gericht stellen; *(Fall)* verhandeln; ▶ **~ one's hand at s.th.** etw probieren; **~ one's luck** sein Glück versuchen; **be tried for murder** wegen Mordes vor Gericht stehen; **just you ~ it!** versuch's bloß (nicht)! **why don't you ~ him** warum versuchst du es nicht mal mit ihm; **tried and tested** erprobt; **these things are sent to ~ us!** man ist schon gestraft! **II** *itr* versuchen; ▶ **I'll ~** ich werde es versuchen; **~ and come** versuche zu kommen; **III** *s* Versuch *m;* ▶ **give s.th. a ~** etw versuchen; **have a ~!** versuch Sie es mal! **it was a good ~** das war gar nicht schlecht; **IV** *(mit Präposition)* **try for** *itr* sich bemühen um; **try on** *tr* 1. anprobieren; *(Hut)* aufprobieren; 2. *fig* ▶ **he's ~ing it on** er probiert, wie weit er gehen kann; er will nur provozieren; **~ it on with s.o.** jdn provozieren; **don't ~ it on with me** komm mir bloß nicht so; **try out** *tr* ausprobieren; *(Angestellten)* einen Versuch machen mit; **try over** *tr mus* proben; **try·ing** [—ɪŋ] *adj* anstrengend, mühsam *(to* für); ▶ **how ~!** wie ärgerlich! **try-on** ['traɪɒn] ▶ **it's just a ~** er, sie tut nur so; **try-out** ['traɪaʊt] Probe *f;* Probefahrt *f;* Probespiel *n;* Probezeit *f;* ▶ **give s.th. a ~** etw ausprobieren.

tsar [zɑː(r)] Zar *m;* **tsa·rina** [zɑːˈriːnə] Zarin *f;* **tsar·ist** ['zɑːrɪst] **I** *s* Zarist *m;* **II** *adj* zaristisch.

tsetse ['tsetsɪ] *(~ fly) zoo* Tsetsefliege *f.*

T-Shirt ['tiːʃɜːt] T-Shirt *n;* **T-square** ['tiːskweə(r)] Reißschiene *f.*

tub [tʌb] 1. Tonne *f,* Faß *n;* Kübel *m;* Zuber *m;* 2. Becher *m;* 3. *fam* (Bade)Wanne *f;* 4. *pej fam* Kahn *m;* **tubby** ['tʌbɪ] *adj fam* klein u. dick; mollig; pummelig; rundlich.

tube [tjuːb] 1. Rohr *n;* Schlauch *m;* Sprachrohr *n;* 2. *(Zahnpasta usw)* Tube *f;* 3. *el TV* Röhre *f;* 4. *anat* Eileiter *m;* 5. *(London)* U-Bahn *f;* ▶ **bronchial ~s** *pl* Bronchien *pl;* **tubeless** [—lɪs] *adj mot* schlauchlos.

tu·ber ['tjuːbə(r)] *bot* Knolle *f.*

tu·ber·cu·lar [tjuːˈbɜːkjʊlə(r)] *adj* tuberkulös; **tu·ber·cu·lo·sis** [tjuː,bɜːkjʊˈləʊsɪs] Tuberkulose, Tb(c) *f;* **tu·ber·cu·lous** [tjuːˈbɜːkjʊləs] *adj* tuberkulös.

tube station ['tjuːbsteɪʃn] *(London)* U-Bahn-Station *f.*

tub-thumper ['tʌbθʌmpə(r)] Volksredner *m.*

tuck [tʌk] **I** *tr* 1. stecken; 2. *(Nähen)* mit Biesen versehen; **II** *s* 1. Saum *m;* Biese *f;* 2. Süßigkeiten *f pl;* **III** *(mit Präposition)* **tuck away** *tr* wegstecken; *fam (Essen)* wegputzen; **tuck in** *tr* 1. hineinstecken; 2. *(Kind)* zudecken; *itr fam* (beim Essen) zulangen; **tuck up** *tr* hochstecken; *(Ärmel)* hochkrempeln; *(Beine)* unterschlagen; ▶ **~ up in bed** ins Bett stecken; **tucker** ['tʌkə(r)] ▶ **in one's best bib and ~** im Sonntagsstaat; **tuck-in** [,tʌk'ɪn] *fam* solide Mahlzeit; **tuck-shop** *fam* Süßwarengeschäft *n.*

Tues·day ['tjuːzdɪ] Dienstag *m;* ▶ **on ~** am Dienstag; **on ~s** dienstags.

tuft [tʌft] Büschel *n.*

tug [tʌg] **I** *itr* fest ziehen, zerren, reißen *(at* an); **II** *tr* 1. zerren, heftig ziehen *(an);* 2. *mar* schleppen; **III** *s* 1. Zerren *n;* 2. *mar (~boat)* Schlepper *m;* ▶ **~ of war** *sport* Tauziehen *n a. fig;* **give s.th. a ~** an etw ziehen.

tu·ition [tjuːˈɪʃn] Unterricht *m.*

tu·lip ['tjuːlɪp] Tulpe *f.*

tumble ['tʌmbl] **I** s **1.** Sturz m; **2.** Durcheinander n; ▶ **have, take a** ~ stürzen; fig fallen; **in a** ~ durcheinander; **II** itr **1.** straucheln, stolpern (over über); **2.** stürzen, fallen (off a bicycle vom Fahrrad; out of a window aus e-m Fenster); **3.** com (Preise) fallen; **4.** fam plötzlich kapieren (to s.th. etw); **III** tr **1.** stoßen; **2.** (Haar) zerzausen; **IV** (mit Präposition) **tumble about** itr durcheinanderpurzeln; **tumble down** itr **1.** hinfallen; herunterfallen; (Gebäude) einfallen; **2.** herunter-, hinunterrennen; **tumble in** itr hereinpurzeln; **tumble over** itr umfallen; **tumble-down** ['tʌmbl,daun] adj baufällig; **tumble-drier** el Wäschetrockner m; **tum-bler** ['tʌmblə(r)] **1.** Akrobat m; **2.** (Spielzeug) Stehaufmännchen m; **3.** Becherglas n; **4.** el Wäschetrockner m.

tu·mes·cence [tu:'mesns] Schwellung f; **tu·mes·cent** [tu:'mesnt] adj anschwellend.

tummy ['tʌmɪ] fam Bauch m; **tummy-ache** Bauchweh n.

tu·mour, Am **tu·mor** ['tju:mə(r)] med Geschwulst f, Tumor m.

tu·mult ['tju:mʌlt] **1.** Lärm, Tumult m; **2.** Durcheinander n; **tu·mul·tu·ous** [tju:'mʌltʃuəs] adj **1.** lärmend; **2.** turbulent, stürmisch.

tu·mu·lus ['tju:mjuləs] ⟨pl -li⟩ [—laɪ] Hügelgrab n.

tun [tʌn] Faß n.

tuna ['tju:nə] Thunfisch m.

tun·dra ['tʌndrə] geog Tundra f.

tune [tju:n] **I** s Melodie f; ▶ **in** ~ mus (gut) gestimmt; in Harmonie (with mit); fig auf der gleichen Wellenlänge (with wie); **out of** ~ mus verstimmt; mot falsch eingestellt; fig im Widerspruch (with zu); **to the** ~ **of** fam zum Preise, in Höhe von; **change one's** ~ fig andere Töne anschlagen; **II** tr **1.** (Musikinstrument) stimmen; **2.** tech radio einstellen; **3.** mot tunen; **III** (mit Präposition) **tune in** tr radio einschalten; ▶ ~ **in to s.th.** etw einschalten; **tune up** itr mus die Instrumente stimmen; tr mot (Motor) tunen; richtig einstellen; **tune·ful** ['tju:nfl] adj klangvoll, melodisch; **tuneless** [—lɪs] adj mißtönend; **tuner** ['tju:nə(r)] **1.** (piano ~) Klavierstimmer(in) m (f); **2.** radio Tuner m; **tuneup** ['tju:nʌp] tech mot Justierung f.

tung·sten ['tʌŋstən] chem Wolfram n.

tu·nic ['tju:nɪk] **1.** lange (Damen)Bluse f; Kittel m; **2.** mil Waffenrock m.

tun·ing ['tju:nɪŋ] **1.** mus Stimmen n; **2.** radio mot Einstellen n; **3.** mot Tunen, Tuning n; **tuning fork** Stimmgabel f; **tuning knob** Abstimmknopf m; **tuning range** Abstimmbereich m.

Tu·ni·sia [tju:'nɪzɪə] Tunesien n; **Tu·nisian** [tju:'nɪzɪən] **I** s Tunesier(in) m (f); **II** adj tunesisch.

tun·nel ['tʌnl] **I** s **1.** Tunnel m; Unterführung f; **2.** min Stollen m; **3.** zoo Bau m; ▶ **Channel T~** Kanaltunnel m; **II** tr untertunneln; **III** itr e-n Tunnel anlegen (through durch; into in).

tunny ['tʌnɪ] zoo Thunfisch m.

tup·pence ['tʌpəns] zwei Pence m pl; ▶ **I don't care** ~ das ist mir egal; **tup-penny** ['tʌpənɪ] adj für zwei Pence; Zweipence-; **tup·penny-ha'penny** ['tʌpnɪ'heɪpnɪ] adj Br fam lächerlich.

tur·ban ['tɜ:bən] Turban m.

tur·bid ['tɜ:bɪd] adj **1.** (Flüssigkeit) trüb(e), schmutzig; **2.** fig wirr, konfus.

tur·bine ['tɜ:baɪn] Turbine f; **turbo-car** [,tɜ:bəu'ka:(r)] Turbinenauto n; **turbocharged** ['tɜ:bəu,tʃa:dʒəd] adj mot mit Turbolader m; **turbo·charger** ['tɜ:bəu,tʃa:dʒə(r)] mot Turbolader m; **turbo-diesel** ['tɜ:bəu,di:sl] mot Turbodiesel m; **turbo engine** ['tɜ:bəu ,endʒɪn] Turbomotor m; **tur·bo·jet** [,tɜ:bəu'dʒet] Düsenflugzeug n; Turbotriebwerk n; **turbo·prop** ['tɜ:bəu'prɒp] Turboprop f; Turbo-Prop-Flugzeug n.

tur·bot ['tɜ:bət] zoo (Stein)Butt m.

tur·bu·lence ['tɜ:bjuləns] **1.** Unruhe f; **2.** Turbulenz f a. phys; Böigkeit f; **tur·bulent** ['tɜ:bjulənt] adj **1.** unruhig, ungestüm; **2.** wirr, stürmisch, aufgeregt; **3.** phys turbulent; **4.** (Wetter) böig.

turd [tɜ:d] vulg **1.** Kacke f, Kot m; **2.** Scheißkerl m.

tu·reen [tju:'ri:n] Suppenschüssel f.

turf [tɜ:f] ⟨pl turfs, turves⟩ [tɜ:vz] **I** s Grasnarbe f, Rasen m; ▶ **the T~** die (Pferde)Rennbahn; das Pferderennen; **II** tr mit Rasen(stücken) bedecken; ▶ ~ **out** sl rausschmeißen; **turf accountant** Buchmacher(in) m (f).

tur·gid ['tɜ:dʒɪd] adj **1.** med geschwollen a. fig; **2.** fig schwülstig.

Turk [tɜ:k] Türke m, Türkin f.

tur·key ['tɜ:kɪ] Puter, Truthahn m; ▶ **talk** ~ kein Blatt vor den Mund nehmen.

Turkey ['tɜ:kɪ] die Türkei; **Tur·kish** ['tɜ:kɪʃ] **I** adj türkisch; ▶ ~ **bath** türkisches Bad, Schwitzbad n; ~ **delight,** paste Lokum n; ~ **towel** Frottiertuch n; **II** s (das) Türkisch(e).

tur·moil ['tɜ:mɔɪl] Aufruhr m; Durcheinander n; ▶ **her mind was in a** ~ sie war völlig durcheinander.

turn [tɜ:n] **I** s **1.** Drehung f; Umdrehung f; **2.** (Straße) Kurve f; sport Wende f a. fig; **3.** Reihenfolge f; **4.** (guter) Dienst m; **5.** med Anfall m; **6.** Tendenz f, Hang m; Neigung f; **7.** bes. theat Nummer f; **8.** Zweck m; **9.** Spaziergang m; Spazierfahrt f; **10.** (~ of phrase) Ausdruck m; ▶ **do s.o. a good** ~ jdm einen guten Dienst erweisen; **give s.th. a** ~ etw drehen; **give s.o. a** ~ jdm einen Schrecken einjagen; **have an analytical** ~ **of**

mind analytisch begabt sein, analytisch denken; **make a ~ to the right** eine Rechtskurve machen; rechts ein-, abbiegen; **serve s.o.'s ~** jds Zwecken dienen; **take a ~ for the better** besser werden; **take ~s at doing s.th.** sich bei etw abwechseln, etw abwechselnd tun; **take a ~ in the park** einen Spaziergang im Park machen; **at every ~** auf Schritt und Tritt; **by ~s, in ~** abwechselnd; **in ~** der Reihe nach; **~ and ~ about** abwechselnd; **out of ~** außer der Reihe; *fig* unberechtigt; **be on the ~** *(Nahrungsmittel)* nicht mehr ganz gut sein; **the ~ of the century** die Jahrhundertwende; **the ~ of events** der Verlauf der Dinge; **~ of the tide** Gezeitenwechsel *m; fig* Umschwung *m,* (Trend)Wende *f;* **it gave me quite a ~** es hat mir einen schönen Schrecken eingejagt; **it's your ~** du bist an der Reihe, du bist dran; **it has served its ~** es hat seinen Zweck erfüllt; **whose ~ is it?** wer ist an der Reihe? wer ist dran? **II** *tr* 1. drehen; *(Rad etc)* antreiben; *(Purzelbaum)* schlagen; 2. *(Kopf)* drehen, wenden; *(Rücken)* zudrehen, zuwenden *(to s.o.* jdm); *(Magen)* umdrehen; 3. *(Heu, Kragen, Auto)* wenden; *(Seite)* umblättern; *(Schallplatte, Bild, Stuhl)* umdrehen; 4. *(Gedanken, Blicke, Aufmerksamkeit, Gewehr)* richten *(to* auf); *(Schritte)* lenken; 5. *(bestimmtes Alter)* überschreiten; 6. verwandeln *(into* in); *(Milch)* sauer werden lassen; 7. *(Holz, Gegenstand)* drechseln; *(Metall)* drehen; ▶ **~ s.o.'s head** *fig* jdm den Kopf verdrehen; jdm zu Kopf steigen; **~ s.o.'s brain** jdn verwirren; jdn verstören; **~ one's hand to s.th.** etw versuchen; **it has ~ed two o'clock** es ist zwei Uhr vorbei; **the lorry ~ed the corner** der Lastwagen bog um die Ecke; **~ s.o.'s hair grey** jds Haar grau werden lassen; **~ s.th. black** etw schwarz werden lassen; **nothing will ~ him from his goal** nichts wird ihn von seinem Ziel abbringen; **a well-~ed phrase** ein gutformulierter Satz; **~ s.o. loose** jdn freilassen; **III** *itr* 1. sich drehen; sich drehen lassen; *(Magen)* sich umdrehen; 2. *(Fahrer, Auto)* abbiegen; wenden; *(Flugzeug, Schiff)* abdrehen; wenden; *(Mensch)* sich umdrehen; *(Wind)* drehen; 3. sich wenden *(to* an); 4. *(Blätter)* sich färben; *(Nahrungsmittel)* schlecht werden; sauer werden; *(Wetter)* umschlagen; 5. *(Alter, Beruf)* werden; ▶ **~ traitor** zum Verräter werden; **his hair ~ed grey** sein Haar wurde grau; **~ into s.th.** zu etw werden; sich in etw verwandeln; **~ red** rot werden; **our luck ~ed** das Blatt hat sich gewendet; **he didn't know which way to ~** er wußte nicht mehr aus noch ein; **IV** *(mit Präposition)* **turn about** *itr*

umdrehen; kehrtmachen; *tr (Auto)* wenden; **turn against** *itr* sich wenden gegen; *tr* aufbringen gegen; *(Argument)* verwenden gegen; **turn away** *tr* 1. fort-, wegschicken; 2. *(Gesicht)* wegwenden; *itr* sich abwenden; ▶ **~ away business** Aufträge ablehnen; **turn back** *itr* umkehren; sich umdrehen; *(im Buch)* zurückblättern; *tr* 1. *(Menschen)* zurückschicken; zurückweisen; 2. *(Uhr)* zurückstellen; zurückdrehen; 3. *(Bettdecke)* zurückschlagen; *(Buchseite)* umknicken; **turn down** *tr* 1. herunterklappen; 2. *(Bild)* umdrehen; 3. *(Flamme)* herunterdrehen, klein stellen; 4. *(Sache)* abschlagen, -lehnen; 5. *(Radio)* leiser stellen; 6. *(Person)* ab-, zurückweisen; e-n Korb geben *(s.o.* jdm); *itr* einbiegen in *(e-e Straße);* **turn in** *itr* 1. *(Auto)* einbiegen; 2. *fam* zu Bett gehen; *tr* 1. *fam* zurückgeben; abgeben; 2. eintauschen *(for* gegen); 3. *(bei Polizei)* anzeigen; ▶ **her toes ~** in ihre Zehen gehen nach innen; **~ in on o.s.** sich in sich selbst zurückziehen; **~ it in!** *Br sl* hör auf! **turn into** *itr* sich verwandeln in; *tr* verwandeln in; **turn off** *tr* 1. *(Wasser, Gas)* abstellen; 2. *(Strom)* ab-, *(Licht)* ausschalten; *itr* 1. vom Wege abbiegen; 2. *(Straße)* abzweigen, -biegen; ▶ **~ s.o. off** jdn abschrecken; **turn on** *tr* 1. *(Wasser)* aufdrehen; 2. *(el. Gerät)* einschalten; 3. *(Licht)* anmachen; ▶ **~ on s.o.** sich gegen jdn wenden; **~ on s.th.** von etw abhängen; **~ s.o. on** *sl* jdn scharf machen; jdm gefallen; **turn out** *tr* 1. nach außen kehren; *(Tasche)* umkehren; 2. hinauswerfen, wegjagen, entlassen; 3. *(Licht)* ausmachen; 4. produzieren, herstellen; 5. *(Saldo)* aufweisen; *itr* 1. (heraus)kommen *(for* zu); 2. sich erweisen, sich herausstellen *(to be good* als gut); 3. ausgehen, ausfallen; werden *(wet* regnerisch); 4. *(well)* gut gelingen; ▶ **it ~ed out to be right** es stellte sich heraus, daß es richtig war; **how did it ~ out?** wie ist es geworden? **turn over** *tr* 1. umdrehen; 2. aus-, abliefern; 3. *com* umsetzen, verkaufen; 4. nachdenken über; 5. *mot* laufen lassen; *itr* sich umdrehen, sich auf die andere Seite legen; umkippen; **turn round** *itr* 1. sich umdrehen; umkehren; *fig* einfach gehen; *tr* 1. umdrehen; drehen; 2. *(Schiff)* abfertigen; *(Waren)* fertigstellen; ▶ **~ round the corner** um die Ecke biegen; **the earth ~s round the sun** die Erde dreht sich um die Sonne; **she just ~ed round and left, hit him** sie ging einfach, sie schlug ihn einfach; **turn to** *itr* sich an die Arbeit machen; ▶ **~ to s.o.** sich an jdn wenden; **~ to one's work** sich an die Arbeit machen; **turn up** *itr* 1. auftauchen; 2. geschehen; sich ergeben; 3. *(Nase, Seite)* nach oben gebogen sein; *tr*

1. *(Kragen)* hochschlagen; *(Ärmel)* hochkrempeln; **2.** *(Gas, Heizung)* höher stellen; *(Radio)* lauter stellen; *(Lautstärke)* aufdrehen; *(Licht)* heller machen; **3.** finden, entdecken; ausfindig machen; **4.** *(Boden)* umpflügen; ▶ **~ up one's nose at s.th.** die Nase über etw rümpfen; **a ~ed up nose** eine Himmelfahrtsnase; **~ it up!** *Br sl* hör auf!

turn·about, turn·around ['tɜːnəˌbaʊt, 'tɜːnəˌraʊnd] Kehrtwendung *f a. fig;* com Tendenzwende *f; fig* Umschwung *m*

turn·coat ['tɜːnkəʊt] Abtrünnige(r) *m.*

turner ['tɜːnə(r)] Drechsler *m;* Dreher *m.*

turn·ing ['tɜːnɪŋ] **1.** Biegung, Kurve *f;* Straßenecke *f;* Abzweigung *f;* **2.** Drechslerei *f;* Drehen *n;* **turning area** *mot* Wendefläche *f;* **turning lathe** Drehbank *f;* **turning point** Wendepunkt *m.*

tur·nip ['tɜːnɪp] Kohl-, Steckrübe *f.*

turn·off ['tɜːnɒf] (Straßen)Gabelung, Abzweigung *f;* ▶ **it's a real ~** *fam* da vergeht e-m doch alles; **turn-out** ['tɜːnaʊt] **1.** Teilnahme, Beteiligung *f;* Besucherzahl *f; m pl;* **2.** Reinigung *f;* **3.** Produktion *f;* **4.** Aufmachung, Kleidung *f;* ▶ **give s.th. a ~** etw saubermachen; **turn·over** ['tɜːnˌəʊvə(r)] *com* Umsatz *m; (Kapital)* Umlauf *m; (Waren, Lager)* Umschlag *m; (Personal)* Fluktuation *f;* **turn·pike** ['tɜːnpaɪk] **1.** Schlagbaum *m,* Mautschranke *f;* **2.** *Am* (gebührenpflichtige) Autobahn *f;* **turn·stile** ['tɜːnstaɪl] Drehkreuz *n;* **turn·table 1.** *rail* Drehscheibe *f;* **2.** Plattenteller *m;* **turntable ladder** Drehleiter *f;* **turn-up** ['tɜːnʌp] **1.** *Br (Hose)* Aufschlag *m;* **2.** *fam* Überraschung *f;* ▶ **a ~ for the book** e-e tolle Überraschung.

tur·pen·tine ['tɜːpəntaɪn] Terpentin *n.*

tur·pi·tude ['tɜːpɪtjuːd] Schändlichkeit, Verderbtheit *f.*

turps [tɜːps] *fam* Terpentin *n.*

tur·quoise ['tɜːkwɔɪz] **1.** *min* Türkis *m;* **2.** *(Farbe)* Türkis *m.*

tur·ret ['tʌrɪt] **1.** Türmchen *n;* **2.** *mil* Geschütz-, Panzerturm *m;* **3.** *aero mil* Kanzel *f.*

turtle ['tɜːtl] (Wasser)Schildkröte *f;* ▶ **turn ~** *mar* kentern; **turtle-dove** Turteltaube *f a. fig;* **turtle-neck** Schildkrötenkragen *m.*

tusk [tʌsk] Stoßzahn *m;* Eckzahn *m;* Hauer *m.*

tussle ['tʌsl] I *itr* **1.** sich raufen; **2.** *fig* streiten *(with* mit); II *s* Balgerei *f.*

tus·sock ['tʌsək] (Gras)Büschel *n.*

tut [tʌt] *interj* pfui! ▶ **~-~!** Unsinn!

tu·te·lage ['tjuːtɪlɪdʒ] **1.** Vormundschaft *f;* **2.** Anleitung, Führung *f.*

tu·tor ['tjuːtə(r)] I *s (Universität)* Tutor(in) *m (f); Am* Assistent(in) *m (f);* Hauslehrer(in) *m (f);* II *tr* **1.** unterrich-

ten; Nachhilfeunterricht geben *(s.o. jdm);* **2.** *fig (Gefühle)* beherrschen; **tu·torial** [tjuːˈtɔːrɪəl] Kolloquium *n;* Seminarübung *f.*

tux·edo [tʌkˈsiːdəʊ] ⟨*pl* -edos⟩ *Am* Smoking *m.*

TV [tiːˈviː] Fernsehen *n;* Fernseher *m;* ▶ **on ~** im Fernsehen; **TV guide** Fernsehzeitschrift *f;* **TV satellite** Fernsehsatellit *m;* **TV star** Fernsehstar *m.*

twaddle ['twɒdl] Geschwätz *n.*

twang [twæŋ] I *s* **1.** Näseln *n;* **2.** *(Geräusch)* Ping *n;* Doing *n;* II *tr (Gitarre)* zupfen; III *itr* ping, doing machen; ▶ **~ on a guitar** auf einer Gitarre klimpern.

tweak [twiːk] *tr* zwicken, kneifen.

twee [twiː] *adj fam* niedlich; geziert; verniedlichend.

tweed [twiːd] **1.** *(Textil)* Tweed *m;* **2.** *pl* Kleidungsstücke *n pl* aus Tweed; **tweedy** ['twiːdɪ] *adj* **1.** in Tweed gekleidet; **2.** burschikos; formlos.

tweez·ers ['twiːzəz] *pl (a pair of* ~) Pinzette *f.*

twelfth [twelfθ] I *adj* zwölfte(r, s); II *s* Zwölftel *n;* Zwölfte(r, s); **twelve** [twelv] I *adj* zwölf; II *s* Zwölf *f.*

twen·ti·eth ['twentɪəθ] I *adj* zwanzigste(r, s); II *s* Zwanzigstel *n;* Zwanzigste(r, s); **twenty** ['twentɪ] I *adj* zwanzig; II *s* **1.** Zwanzig *f;* **2.** *(Geld)* Zwanziger *m.*

twerp [twɜːp] *sl* blöder Kerl.

twice [twaɪs] *adv* zweimal; doppelt, zweifach; ▶ **~ the amount** der doppelte Betrag; **~ as much, many** doppelt, noch einmal soviel(e); **twice-told** [ˌtwaɪsˈtəʊld] *adj* oft erzählt; abgedroschen.

twiddle ['twɪdl] I *tr* (herum)spielen mit; ▶ **~ one's thumbs** Däumchen drehen; II *itr* herumdrehen *(with* an).

twig [twɪg] I *s* Zweig(lein *n*) *m;* II *tr, itr fam* kapieren, begreifen.

twi·light ['twaɪlaɪt] (Abend)Dämmerung *f;* ▶ **at ~** in der Dämmerung; **the T~ of the Gods** die Götterdämmerung.

twin [twɪn] I *adj* paarig, doppelt; Zwillings-; Doppel-; II *s* **1.** Zwilling *m;* **2.** *(Ding)* Gegenstück, Pendant *n;* ▶ **fraternal, identical ~s** *pl* zwei-, eineiige Zwillinge *m pl;* III *tr (Städte)* durch Partnerschaft verbinden; **twin beds** *pl* zwei Einzelbetten *n pl;* **twin brother** Zwillingsbruder *m;* **twin carburettors** *pl* Doppelvergaser *m;* **twin-cylinder engine** Zweizylindermotor *m.*

twine [twaɪn] I *s* Bindfaden *m,* Schnur *f;* II *tr* **1.** verflechten; **2.** winden *(s.th. round s.th.* etw um etw); **3.** umfassen, umschlingen.

twin-en·gined [ˌtwɪnˈendʒɪnd] *adj* zweimotorig.

twinge [twɪndʒ] leichter Schmerz; ▶ **~s**

pl **of conscience** Gewissensbisse *m pl;*
a ~ of regret (ein) leichtes Bedauern.
twinkle ['twɪŋkl] I *itr* 1. flimmern, fun-
keln, glitzern; 2. *(Augen)* blitzen; 3. *fig*
schnell hin u. her tanzen, huschen; II *s*
Flimmern, Flackern, Funkeln *n;*
► **there was a ~ in his eyes** seine
Augen blitzten; **when you were still a ~
in your father's eye** als du noch nicht
auf der Welt warst; **in a ~** im Nu;
twink·ling ['twɪŋklɪŋ] Funkeln *n;* Auf-
blitzen *n;* ► **in the ~ of an eye** im Nu.
twin·ning ['twɪnɪŋ] *(town ~)* Städtepart-
nerschaft *f;* **twin-set** ['twɪnset] Twin-
set *n;* **twin sister** Zwillingsschwester *f;*
twin town Partnerstadt *f;* **twin-tub
washing-machine** Waschmaschine *f*
mit getrennter Schleuder.
twirl [twɜːl] I *tr* 1. im Kreise drehen; 2.
(Haar) zwirbeln, winden *(round* um); II
itr wirbeln; III *s* Wirbel(n *n) m,* schnelle
Umdrehung; ► **give a ~** sich drehen;
give s.th. a ~ etw herumdrehen.
twist [twɪst] I *tr* 1. drehen; wickeln
(around um); 2. verbiegen; verdrehen;
verrenken; 3. *fig* verdrehen, entstellen;
► **~ s.th. out of shape** etw verbiegen;
~ one's ankle sich den Fuß vertreten;
his face was ~ed sein Gesicht war ver-
zerrt; **~ s.o.'s arm** jdm den Arm verdre-
hen; *fig* jdn überreden; **she can ~ him
round her little finger** sie kann ihn um
den (kleinen) Finger wickeln; II *itr* 1.
sich drehen, sich winden *a. fig;* 2.
(Rauch) sich ringeln; 3. *(Tanz)* twisten;
III *s* 1. (Bind)Faden *m;* 2. Twist *m*
(Tanz); 3. Tabakrolle *f;* 4. (Hefe)Zopf
m; 5. *tech sport* Drall *m;* 6. Drehung *f;*
7. Kurve, Biegung *f;* 8. *fig (Geschichte)*
Wendung *f;* ► **round the ~** *sl* bekloppt;
IV *(mit Präposition)* **twist off** *tr*
(Kappe) abschrauben; **twist out of** *tr*
herauswinden aus; **twisted** ['twɪstɪd]
adj 1. verdreht; verbogen; 2. *(Fuß)* ver-
renkt; 3. *fig (Gedanken, Logik)* ver-
dreht; 4. *fam* fig unredlich; **twister**
['twɪstə(r)] 1. *sport* geschnittener Ball; 2.
Am Wirbelsturm *m;* 3. *Br fig* schwieri-
ges Problem; 4. *fam* Schwindler *m;* 5.
Twisttänzer(in) *m (f);* **twisty** ['twɪstɪ]
adj (Straße) gewunden.
twit [twɪt] I *tr* verspotten, aufziehen *(s.o.
with, about s.th.* jdn mit etw); II *s fam*
Depp *m.*
twitch [twɪtʃ] I *tr* 1. zupfen, zerren; 2.
zucken mit; II *itr* zucken; III *s* 1. Zucken
n; Zuckung *f;* 2. Ruck *m.*
twit·ter ['twɪtə(r)] I *itr* 1. zwitschern; 2.
fig schnattern; II *s* 1. Gezwitscher *n;* 2.
fig Geschnatter *n;* ► **in a ~** aufgeregt.
two [tuː] *adj* zwei; ► **the ~** die beiden;
by, in ~s, ~ and ~ zu zweit, zu zweien,
paarweise; **in ~** entzwei; **break in ~** in
zwei Teile brechen; **in a day or ~** in ein
paar Tagen; **one or ~** ein paar; **the ~ of**

us wir beide; **be in ~ minds about
doing s.th.** unentschlossen sein, ob man
etw tun soll; **cut in ~** halbieren; **put ~
and ~ together** sich die Sache zusam-
menreimen; **that makes ~ of us** das
betrifft auch mich; **two-bit** *adj Am
fam* schlecht; **two-dimensional**
['tuː'daɪ'menʃənl] *adj* zweidimensional;
two-door *adj* zweitürig; **two-edged**
[,tuː'edʒd] *adj* zweischneidig *a. fig;*
two-faced [,tuː'feɪst] *adj fig* falsch,
heuchlerisch; **two·fold** ['tuːfəʊld] *adj*
zweifach, doppelt; **two-party system**
Zweiparteiensystem *n;* **two·pence**
['tʌpəns, *Am* 'tuːpens] zwei Pence;
two·penny ['tʌp(ə)nɪ, *Am* 'tuːpenɪ] *adj*
1. Zweipence-; für zwei Pence; 2. *fig*
billig, wertlos; **two-phase** *adj el* Zwei-
phasen-; **two-piece** *adj* zweiteilig;
► **~ bathing-suit** zweiteiliger Badean-
zug; **two-seater** ['tuːsiːtə(r)] Zweisit-
zer *m;* **two·some** ['tuːsəm] Pärchen *n;*
► **go out in a ~** zu zweit ausgehen;
two-stroke *(Motor)* Zweitakter *m;*
(Kraftstoff) Zweitaktgemisch *n;* **two-
thirds majority** *parl* Zweidrittelmehr-
heit *f;* **two-time** ['tuːtaɪm] *tr fam (in
der Liebe)* betrügen; **two-tim·ing**
['tuːtaɪmɪŋ] *adj* falsch; **two-way**
[,tuː'weɪ] *adj (Sprechverkehr)* in beide
Richtungen; *(Stoff)* auf beiden Seiten
tragbar; *(Straße)* mit Verkehr in beiden
Richtungen; ► **~ radio** Funksprechge-
rät *n;* **~ switch** Wechselschalter *m;* **~
adaptor** Doppelstecker *m.*
ty·coon [taɪ'kuːn] Großindustrielle(r) *m;*
► **oil ~** Ölmagnat *m.*
tyke, tike [taɪk] 1. Köter *m;* 2. Lümmel
m; 3. *Am* kleines Kind.
tym·pa·num ['tɪmpənəm] 1. Mittelohr
n; 2. Trommelfell *n.*
type[1] [taɪp] I *s* 1. Art *f;* Sorte *f; (Men-
sch, Charakter)* Typ *m;* 2. *fam* Typ *m;*
Type *f;* ► **this ~ of car** dieser Autotyp;
a person of this ~ ein Mensch der Art;
that ~ of behaviour solches Benehmen;
she is not my ~ sie ist nicht mein Typ;
he is not the ~ to do that er ist nicht
der Typ, der so etwas tut; II *tr* bestim-
men, klassifizieren.
type[2] [taɪp] I *s typ* Type *f;* ► **small ~**
kleine Buchstaben; **bold ~** Fettdruck *m;*
italic ~ Kursive *f;* **Roman ~** Antiqua *f;*
in ~ gedruckt; maschinegeschrieben;
set s.th. up in ~ etw setzen; II *tr* mit der
Maschine schreiben, tippen; III *itr* ma-
schineschreiben, tippen; IV *(mit Prä-
position)* **type out** *tr* schreiben, tippen;
(Fehler) ausixen; **type up** *tr* auf der
Maschine schreiben.
type·cast ['taɪpkɑːst] *tr irr s. cast theat*
für e-e Rolle auswählen; *fig* auf eine
bestimmte Rolle festlegen; **type·face**
['taɪpfeɪs] Schrift *f;* **type·script**
['taɪp,skrɪpt] Schreibmaschinenmanu-

skript *n;* **type·set·ter** ['taɪpsetə(r)] **1.** *(Beruf)* Schriftsetzer(in) *m (f);* **2.** *(Maschine)* Setzmaschine *f;* **type·write** ['taɪpraɪt] *irr s. write* I *itr* maschineschreiben; II *tr* auf der Maschine schreiben; **type·writer** ['taɪp͵raɪtə(r)] Schreibmaschine *f;* **typewriter ribbon** Farbband *n;* **type·writing-paper** ['taɪpraɪtɪŋ'peɪpə(r)] Schreibmaschinenpapier *n;* **type·written** ['taɪp͵rɪtn] *adj* maschinengeschrieben, getippt.

ty·phoid ['taɪfɔɪd] *(~ fever)* Typhus *m.*

ty·phoon [taɪ'fuːn] *mete* Taifun *m*

ty·phus ['taɪfəs] Flecktyphus *m.*

typi·cal ['tɪpɪkl] *adj* typisch, charakteristisch, kennzeichnend *(of* für); **typ·ify** ['tɪpɪfaɪ] *tr* kennzeichnend sein für.

typ·ing ['taɪpɪŋ] I *s* Maschineschreiben, Tippen *n;* II *adj* Schreibmaschinen-; ► ~ **error** Tippfehler *m;* ~ **pool** Schreibzentrale *f;* ~ **speed** (Schreib)Geschwindigkeit *f,* Anschläge *m pl* pro

Minute; **typ·ist** ['taɪpɪst] Maschinenschreiber(in) *m (f),* Schreibkraft *f.*

ty·pogra·pher [taɪ'pɒgrəfə(r)] Buchdrucker(in) *m (f);* **ty·po·graphic(al)** [͵taɪpə'græfɪk(l)] *adj* typographisch, drucktechnisch; Druck-; ► ~ **error** Druckfehler *m;* **ty·pogra·phy** [taɪ'pɒgrəfɪ] Buchdruck(erkunst *f*) *m;* Typographie *f.*

ty·ran·ni·cal [tɪ'rænɪkl] *adj* tyrannisch; **tyr·an·nize** ['tɪrənaɪz] I *itr* e-e Gewaltherrschaft ausüben *(over* über); II *tr* tyrannisieren; **tyr·anny** ['tɪrənɪ] Gewaltherrschaft *f;* Tyrannei *f;* **ty·rant** ['taɪərənt] Tyrann(in) *m (f) a. fig.*

tyre, *Am* **tire** ['taɪə(r)] *mot* Reifen *m;* ► **put air in the** ~ den Reifen aufpumpen; **a flat** ~ ein platter Reifen; **tyre gauge** Reifendruckmesser *m;* **tyre pressure** Reifendruck *m.*

tzar [zɑː(r)] *s. tsar.*

tzetze ['tsetsɪ] *s. tsetse.*

U

U, u [ju:] ⟨pl -'s⟩ **I** s U, u n; **II** adj
1. vornehm; 2. *film* jugendfrei.
ubi·qui·tous [ju:'bɪkwɪtəs] adj allge-
genwärtig; **ubi·quity** [ju:'bɪkwətɪ] All-
gegenwart f.
U-boat U-Boot n.
ud·der ['ʌdə(r)] Euter n.
UFO ['ju:fəʊ] Abk: **unidentified flying
object** Ufo, UFO n.
Ugan·da [ju:gændə] Uganda n; **Ugan-
dan** [−n] **I** adj ugandisch; **II** s Ugan-
der(in) m (f).
ugh [ɜ:h] interj äh! pfui!
ug·li·ness ['ʌɡlɪnɪs] Häßlichkeit f; **ugly**
['ʌɡlɪ] adj 1. häßlich; 2. widerlich,
scheußlich, gräßlich; 3. fig gemein, ab-
stoßend; ▶ ~ **customer** fam übler Pa-
tron; ~ **duckling** häßliches Entlein.
UK [ˌju:'keɪ] Abk: **United Kingdom** Ver-
einigtes Königreich.
uke·lele [ˌju:kə'leɪlɪ] mus Ukulele f.
Ukraine [ju:'kreɪn] ▶ the ~ die Ukraine;
Ukrain·ian [−ɪən] **I** adj ukrainisch; **II**
s 1. Ukrainer(in) **I** m (f); 2. (Sprache)
Ukrainisch n.
ul·cer ['ʌlsə(r)] med Geschwür n a. fig;
▶ **stomach** ~ Magengeschwür n; **ul-
cer·ate** ['ʌlsəreɪt] **I** tr med ein Ge-
schwür verursachen; eitern lassen; **II** itr
ein Geschwür bilden; eitern; **ul·cer-
ous** ['ʌlsərəs] adj med geschwürartig;
eiternd.
ul·lage ['ʌlɪdʒ] Leckage f, Schwund m.
ulna ['ʌlnə] ⟨pl ulnae⟩ ['ʌlni:] anat Elle f.
Ulster ['ʌlstə(r)] Ulster n.
ul·terior [ʌl'tɪərɪə(r)] adj (selten) jensei-
tig; ▶ ~ **motive** Hintergedanke(n pl) m.
ul·ti·mate ['ʌltɪmət] **I** adj 1. entfernte-
ste(r, s), weiteste(r, s), äußerste(r, s); 2.
letzte(r, s); endlich, schließlich; endgül-
tig; 3. fundamental, grundlegend, pri-
mär; 4. maximal, größte(r, s), größtmög-
lich; 5. vollendet, perfekt; ▶ **the ~
cause** die eigentliche Ursache m; ▶ **con-
sumer** Endverbraucher m; **II** s (das)
Beste; (das) Nonplusultra; **ul·ti·mate-
ly** ['ʌltɪmətlɪ] adv schließlich, letzten
Endes; im Grunde.
ul·ti·ma·tum [ˌʌltɪ'meɪtəm] ⟨pl -tums,
-ta⟩ [−tə] pol Ultimatum n (to an);
▶ **deliver an** ~ ein Ultimatum stellen.
ul·timo ['ʌltɪməʊ] adv letzten Monats.
ultra [ˌʌltrə] pref ultra-; **ultrahigh fre-
quency, UHF** Ultrakurzwellenbe-
reich m; **ultra·mar·ine** [ˌʌltrəmə'ri:n]
adj ultramarin; **ultra·mod·ern**
[ˌʌltrə'mɒdən] adj supermodern; **ultra-**

short wave radio Ultrakurzwelle f,
UKW; **ultra·sonic** [ˌʌltrə'sɒnɪk] adj
Überschall-, Ultraschall-; ▶ ~ **cleaning**
Ultraschallreinigung f; **ultra·sound**
['ʌltrəsaʊnd] Ultraschall m; **ultra-
sound picture** med Ultraschallauf-
nahme f; **ultra·vio·let** [ˌʌltrə'vaɪələt]
adj phys ultraviolett; ▶ ~ **treatment**
Ultraviolettbestrahlung f.
umbel ['ʌmbəl] bot Dolde f.
um·ber ['ʌmbə(r)] **I** s Umber m, Umbra
f; **II** adj dunkelbraun.
um·bili·cal [ʌm'bɪlɪkl] adj ▶ ~ **cord** 1.
anat Nabelschnur f; 2. (Raumfahrt)
Kabelschlauch m.
um·brage ['ʌmbrɪdʒ] ▶ **take** ~ Anstoß,
Ärgernis nehmen (at an).
um·brella [ʌm'brelə] 1. (Regen)Schirm
m; Sonnenschirm m; 2. mil Abschir-
mung f; Jagdschutz m; 3. fig Kontrolle
f; ▶ **under the ~** of unter der Kontrolle
von; **umbrella case, cover** Schirm-
hülle f; **umbrella organization** Dach-
organisation f, -verband m; **umbrella
stand** Schirmständer m.
um·pire ['ʌmpaɪə(r)] **I** s Schiedsrich-
ter(in) m (f); **II** tr sport als Schiedsrich-
ter leiten; **III** itr Schiedsrichter sein (in
a dispute bei e-m Streit).
ump·teen ['ʌmpti:n] adj fam zig; e-e
Menge, Masse ... ▶ ~ **times** x-mal;
ump·teenth ['ʌmpti:nθ] adj fam zig-
ste(r, s), soundsovielte(r, s).
UN [ju:'en] Abk: **United Nations** UNO,
UN f.
un·abashed [ˌʌnə'bæʃt] adj nicht bange,
beherzt, mutig; unverfroren; uner-
schrocken.
un·abated [ˌʌnə'beɪtɪd] adj unvermin-
dert.
un·able [ʌn'eɪbl] adj untauglich, unfähig;
▶ **be ~ to do s.th.** etw nicht tun kön-
nen, außerstande sein, etw zu tun; ~ **to
pay** zahlungsunfähig.
un·abridged [ˌʌnə'brɪdʒd] adj (Text) un-
gekürzt.
un·ac·cept·able [ˌʌnək'septəbl] adj un-
annehmbar (to für).
un·ac·com·panied [ˌʌnə'kʌmpənɪd]
adj ohne Begleitung a. mus.
un·ac·count·able [ˌʌnə'kaʊntəbl] adj
unerklärlich; **un·ac·counted for**
[ˌʌnə'kaʊntɪd'fɔ:(r)] adj ungeklärt; (Per-
son) vermißt.
un·ac·cus·tomed [ˌʌnə'kʌstəmd] adj
ungewohnt; ▶ **be ~ to s.th.** etw nicht
gewohnt sein.

un·acknow·ledged [ˌʌnək'nɒlɪdʒd] *adj* **1.** *(Brief)* unbeantwortet; **2.** *(Fehler)* uneingestanden.

un·ad·dressed [ˌʌnə'drest] *adj* ohne Anschrift.

un·adopted [ˌʌnə'dɒptɪd] *adj* **1.** *(Straße)* nicht öffentlich unterhalten; **2.** *(Kind)* nicht adoptiert.

un·adorned [ˌʌnə'dɔːnd] *adj* schlicht; ungeschminkt.

un·adul·terated [ˌʌnə'dʌltəreɪtɪd] *adj* unverfälscht, rein.

un·ad·vent·ur·ous [ˌʌned'vɒntʃərəs] *adj* wenig abenteuerlich, ereignislos; *(Mensch)* wenig unternehmungslustig.

un·ad·vis·able [ˌʌnəd'vaɪzəbl] *adj* nicht ratsam.

un·af·fec·ted [ˌʌnə'fektɪd] *adj* **1.** unbeeinflußt *(by* von); **2.** ungekünstelt, natürlich.

un·afraid [ˌʌnə'freɪd] *adj* unerschrocken, furchtlos.

un·aid·ed [ʌn'eɪdɪd] adv ohne (fremde) Hilfe; selbständig.

un·alike [ˌʌnə'laɪk] *adj* unähnlich.

un·al·loyed [ˌʌnə'lɔɪd] *adj fig* ungetrübt.

un·al·tered [ʌn'ɔːltəd] *adj* unverändert.

un·am·big·u·ous [ˌʌnæm'bɪgjʊəs] *adj* eindeutig, unzweideutig.

un·Ameri·can [ˌʌnə'merɪkən] *adj* unamerikanisch.

una·nim·ity [ˌjuː·nə'nɪmətɪ] Einstimmigkeit *f;* **unani·mous** [juː'nænɪməs] *adj* einstimmig.

un·an·nounced [ˌʌnə'naʊnst] *adj* ohne Ankündigung.

un·an·swer·able [ʌn'ɑːnsərəbl] *adj* **1.** unbestreitbar, unwiderleglich; **2.** nicht beantwortbar; **un·an·swered** [ʌn'ɑːnsəd] *adj* unbeantwortet.

un·ap·pet·iz·ing [ʌn'æpɪtaɪzɪŋ] *adj* unappetitlich; *fig* wenig verlockend.

un·ap·proach·able [ˌʌnə'prəʊtʃəbl] *adj* unzugänglich.

un·armed [ʌn'ɑːmd] *adj* unbewaffnet; ▶ ~ **combat** Nahkampf *m* ohne Waffe.

un·ashamed [ˌʌnə'ʃeɪmd] *adj* schamlos; ▶ **be** ~ **about s.th.** sich e-r S nicht schämen.

un·asked [ʌn'ɑːskt] *adj* **1.** ungefragt; **2.** ungebeten; ▶ ~**-for** unerwünscht.

un·as·sign·able [ˌʌnə'saɪnəbl] *adj jur* nicht übertragbar.

un·as·sum·ing [ˌʌnə'sjuːmɪŋ] *adj* zurückhaltend, bescheiden.

un·at·tached [ˌʌnə'tætʃt] *adj* **1.** unbefestigt; **2.** *mil* nicht zugeteilt; **3.** *sport* keinem Verein angehörend; **4.** unabhängig, frei; **5.** ohne Anhang; **6.** parteilos.

un·at·tain·able [ˌʌnə'teɪnəbl] *adj* unerreichbar.

un·at·tended [ˌʌnə'tendɪd] *adj* **1.** ohne Pflege; **2.** unbeaufsichtigt.

un·at·trac·tive [ˌʌnə'træktɪv] *adj* unschön; unattraktiv; unsympathisch.

un·auth·or·ized [ʌn'ɔːθəraɪzd] *adj* unbefugt, nicht ermächtigt; ▶ **no entry for** ~ **persons!** Zutritt für Unbefugte verboten!

un·avail·able [ˌʌnə'veɪləbl] *adj* nicht verfügbar; unerhältlich; **un·avail·ing** [ˌʌnə'veɪlɪŋ] *adj* nutzlos, unnütz, vergeblich.

un·avoid·able [ˌʌnə'vɔɪdəbl] *adj* unvermeidlich; *(Folgerung)* unausweichlich.

un·aware [ˌʌnə'weə(r)] *adj* nicht bewußt; ▶ **be** ~ **of s.th.** e-r S nicht bewußt sein; etw bemerken; etw nicht wissen; **un·awares** [ˌʌnə'weəz] *adv* unabsichtlich; versehentlich; unerwartet; ▶ **catch, take s.o.** ~ jdn überraschen.

un·bal·anced [ʌn'bælənst] *adj* **1.** unausgewogen; einseitig; **2.** *(mentally* ~*)* verrückt, nicht normal; **3.** *com* nicht saldiert.

un·bar [ʌn'bɑː(r)] *tr* **1.** aufschließen; **2.** *fig (Weg)* eröffnen.

un·bear·able [ʌn'beərəbl] *adj* unerträglich; unausstehlich.

un·beat·able [ʌn'biːtəbl] *adj* unschlagbar, unbesiegbar; unübertrefflich; **un·bea·ten** [ʌn'biːtn] *adj* ungeschlagen; *(Rekord)* ungebrochen.

un·be·com·ing [ˌʌnbɪ'kʌmɪŋ] *adj* **1.** *fig* unschicklich, ungehörig *(to, for* für); **2.** *(Kleidung)* unvorteilhaft.

un·be·known(st) [ˌʌnbɪ'nəʊn] *adv* ▶ ~ **to us** ohne daß wir etw gewußt hätten.

un·be·lief [ˌʌnbɪ'liːf] *rel* Unglaube(n) *m;* **un·be·liev·able** [ˌʌnbɪ'liːvəbl] *adj* unglaublich; **un·be·liev·er** [ˌʌnbɪ'liːvə(r)] Ungläubige(r) *f m;* **un·be·liev·ing** [ˌʌnbɪ'liːvɪŋ] *adj* ungläubig.

un·bend [ʌn'bend] *irr s.* bend I *tr* geradebiegen; *(Arm)* strecken; II *itr* **1.** sich aufrichten; **2.** aus sich herausgehen; **un·bend·ing** [—ɪŋ] *adj fig* fest entschlossen.

un·bias(·s)ed [ʌn'baɪəst] *adj* unvoreingenommen; wertfrei.

un·bid·den [ʌn'bɪdn] *adj* ungebeten.

un·bind [ʌn'baɪnd] *tr irr s.* bind **1.** losbinden, -machen; **2.** befreien.

un·bleached [ʌn'bliːtʃt] *adj* ungebleicht.

un·blink·ing [ʌn'blɪŋkɪŋ] *adj* unverwandt; starr.

un·blush·ing [ʌn'blʌʃɪŋ] *adj fig* schamlos.

un·bolt [ʌn'bəʊlt] *tr* aufriegeln, -schließen, öffnen.

un·born [ʌn'bɔːn] *adj* **1.** ungeboren; **2.** *fig* (zu)künftig; ▶ **generations yet** ~ kommende Generationen.

un·bosom [ʌn'buzəm] *tr* freien Lauf lassen *(one's feelings* seinen Gefühlen).

un·bounded [ʌn'baʊndɪd] *adj* **1.** unbegrenzt; **2.** *fig* grenzen-, schrankenlos.

un·bowed [ʌn'baʊd] *adj fig* ungebeugt.

un·break·able [ʌn'breɪkəbl] *adj* unzer-

brechlich; *(Versprechen)* unverbrüch-
lich; *(Regel)* unumstößlich.
un·bri·bable [ˌʌn'braɪbəbl] *adj* unbe-
stechlich.
un·bridled [ˌʌn'braɪdld] *adj fig* hem-
mungs-, zügellos, unbeherrscht; ▶ ~
tongue loses Mundwerk.
un-Brit·ish [ˌʌn'brɪtɪʃ] *adj* unbritisch.
un·bro·ken [ˌʌn'brəʊkən] *adj* 1. unzer-
brochen, heil, ganz; 2. *fig* ungebrochen;
gleichbleibend; ununterbrochen.
un·buckle [ˌʌn'bʌkl] *tr* auf-, los-, ab-
schnallen.
un·bur·den [ˌʌn'bɜːdn] *tr* 1. entlasten *a.*
fig; 2. *fig* sich befreien von, sich erleich-
tern um; ▶ ~ o.s. sein Herz ausschüt-
ten.
un·busi·ness·like [ˌʌn'bɪznɪslaɪk] *adj*
ungeschäftsmäßig; dem Geschäftsge-
bahren nicht entsprechend; unsystema-
tisch, unordentlich.
un·but·ton [ˌʌn'bʌtn] *tr* aufknöpfen.
un·called-for [ˌʌn'kɔːldfɔː(r)] *adj* 1. un-
angebracht, ungerechtfertigt; 2. über-
flüssig.
un·canny [ˌʌn'kænɪ] *adj* unheimlich.
un·cared-for [ˌʌn'keədfɔː(r)] *adj* ver-
nachlässigt.
un·car·pet·ed [ˌʌn'kɑːpɪtɪd] *adj* ohne
Teppich *pred.*
un·ceas·ing [ˌʌn'siːsɪŋ] *adj* unaufhör-
lich.
un·cer·emo·ni·ous [ˌʌnˌserɪ'məʊnɪəs]
adj 1. zwanglos; 2. unfreundlich.
un·cer·tain [ʌn'sɜːtn] *adj* 1. unbestimmt
(a. Wetter); 2. unsicher, problematisch;
3. vage, ungenau; ▶ **in no ~ terms** klipp
u. klar; **un·cer·tainty** [ʌn'sɜːtntɪ] 1.
Ungewißheit, Unbestimmtheit *f;* 2. Un-
sicherheit, Fragwürdigkeit *f;* 3. Unbe-
ständigkeit *f.*
un·chal·lenged [ˌʌn'tʃælɪndʒd] *adj* un-
bestritten, unangefochten.
un·changed [ˌʌn'tʃeɪndʒd] *adj* unverän-
dert.
un·char·ac·ter·is·tic [ˌʌnkærəktə'rɪs-
tɪk] *adj* uncharakteristisch, untypisch.
un·chari·table [ˌʌn'tʃærɪtəbl] *adj* lieb-
los, kalt.
un·checked [ˌʌn'tʃekt] *adj* 1. unbe-, un-
gehindert; 2. unkontrolliert, ungeprüft.
un·chris·tian [ˌʌn'krɪstʃən] *adj* unchrist-
lich *a. fig.*
un·civil [ˌʌn'sɪvl] *adj* unhöflich.
un·clad [ˌʌn'klæd] *adj* unbekleidet,
nackt.
un·claimed [ˌʌn'kleɪmd] *adj* 1. nicht be-
stellt, unverlangt; 2. *(Brief)* nicht abge-
holt, unzustellbar; 3. *(Eigentum)* besit-
zerlos.
un·clas·si·fied [ˌʌn'klæsɪfaɪd] *adj* 1.
nicht geordnet; 2. nicht geheim; ▶ ~
road Landstraße *f.*
uncle ['ʌŋkl] Onkel *m.*
un·clean [ˌʌn'kliːn] *adj a. fig rel* unrein;

unsauber; schmutzig.
un·clear [ˌʌn'klɪə(r)] *adj* unklar; ▶ **be ~**
about s.th. sich über etw nicht im klaren
sein.
un·clut·tered [ˌʌn'klʌtəd] *adj* schlicht,
einfach; *(Raum)* nicht überfüllt, nicht
überladen.
un·col·lected [ˌʌnkə'lektɪd] *adj* 1.
(Waren) nicht abgeholt; 2. *(Gebühren)*
nicht erhoben.
un·col·oured, *Am* **un·col·ored**
[ˌʌn'kʌləd] *adj fig* ungeschminkt.
un·com·fort·able [ʌn'kʌmftəbl] *adj* 1.
unbehaglich; 2. verlegen; ▶ **feel ~** sich
nicht wohl fühlen.
un·com·mit·ted [ˌʌnkə'mɪtɪd] *adj* 1.
nicht gebunden *(to* an); ungebunden; 2.
pol bündnis-, blockfrei; ▶ **remain ~**
sich nicht festlegen.
un·com·mon [ʌn'kɒmən] *adj* unge-
wöhnlich; außergewöhnlich; **un·com·**
mon·ly [ʌn'kɒmənlɪ] *adv* bemerkens-
wert; ungewöhnlich.
un·com·muni·cat·ive [ˌʌnkə'mjuːnɪ-
kətɪv] *adj* schweigsam.
un·com·pro·mis·ing [ʌn'kɒmprə-
maɪzɪŋ] *adj* unnachgiebig, unbeugsam;
entschieden; kompromißlos.
un·con·cerned [ˌʌnkən'sɜːnd] *adj* 1. in-
teresselos, uninteressiert *(with* an); 2.
unbekümmert, gleichgültig, teilnahmslos
(about an); 3. unbeteiligt *(in* an).
un·con·di·tional [ˌʌnkən'dɪʃənl] *adj* be-
dingungs-, vorbehaltlos.
un·con·firmed [ˌʌnkən'fɜːmd] *adj* unbe-
stätigt.
un·con·nec·ted [ˌʌnkə'nektɪd] *adj* 1.
nicht miteinander in Beziehung stehend;
2. unzusammenhängend.
un·con·ge·nial [ˌʌnkən'dʒiːnɪəl] *adj* un-
angenehm.
un·con·scion·able [ʌn'kɒnʃ(ə)nəbl]
adj unerhört.
un·con·scious [ʌn'kɒnʃəs] I *adj* 1. un-
bewußt *(of s.th.* e-r S) *a. psych;* unab-
sichtlich; 2. bewußtlos, ohnmächtig;
▶ **be ~ of s.th.** sich e-r S nicht bewußt
sein; II *s psych* (das) Unbewußte; **un·**
con·scious·ly [—lɪ] *adv* unbewußt;
un·con·scious·ness [—nɪs] 1. *med*
Bewußtlosigkeit *f;* 2. Unkenntnis *f;* 3.
Ungewolltheit *f.*
un·con·sid·ered [ˌʌnkən'sɪdəd] *adj* 1.
unbedacht, unüberlegt; 2. *(Tatsache)*
unbeachtet, unberücksichtigt.
un·con·sti·tu·tional ['ʌnˌkɒnstɪ'tjuː-
ʃənl] *adj* verfassungswidrig.
un·con·sum·mated [ˌʌn'kɒnsjumeɪtɪd]
adj unvollzogen.
un·con·tested [ˌʌnkən'testɪd] *adj* 1. un-
bestritten; 2. *(Wahl)* ohne Gegenkandi-
daten.
un·con·trol·lable [ˌʌnkən'trəʊləbl] *adj*
unkontrollierbar; unbezwingbar; **un·**
con·trolled [ˌʌnkən'trəʊld] *adj* 1. un-

beaufsichtigt; **2.** ungehindert; *(Lachen)*
unkontrolliert; *(Weinen)* hemmungslos.
un·con·tro·ver·sial [ˌʌnkɒntrəˈvɜːʃl] *adj*
unverfänglich.
un·con·vinced [ˌʌnkənˈvɪnst] *adj*
nicht überzeugt; **un·con·vinc·ing**
[ˌʌnkənˈvɪnsɪŋ] *adj* nicht überzeugend.
un·cooked [ˌʌnˈkʊkt] *adj* ungekocht,
roh.
un·co·op·er·ative [ˌʌnkəʊˈɒpərətɪv]
adj nicht entgegenkommend; wenig
hilfsbereit; ▶ **be** ~ nicht zur Kooperation, Mithilfe bereit sein; nicht mittun.
un·cork [ʌnˈkɔːk] *tr* entkorken.
un·cor·rob·or·ated [ˌʌnkəˈrɒbəreɪtɪd]
adj unbestätigt; *(Beweis)* nicht bekräftigt.
un·couple [ˌʌnˈkʌpl] *tr tech* abkuppeln.
un·couth [ʌnˈkuːθ] *adj* ungehobelt, ordinär.
un·cover [ʌnˈkʌvə(r)] *tr* **1.** auf-, abdekken; **2.** *fig* enthüllen, aufdecken.
un·criti·cal [ʌnˈkrɪtɪkl] *adj* unkritisch.
un·crowned [ʌnˈkraʊnd] *adj* ungekrönt.
un·crush·able [ʌnˈkrʌʃəbl] *adj* **1.** knitterfrei; **2.** *fig (Wille)* unbeugsam.
unc·tion [ˈʌŋkʃn] *rel* Salbung *f;* ▶ **the**
extreme ~ *rel* die Letzte Ölung; **unc**
tu·ous [ˈʌŋktʃʊəs] *adj* salbungsvoll.
un·cut [ʌnˈkʌt] *adj* **1.** *(Haare)* ungeschnitten; **2.** *(Buch)* unbeschnitten; **3.**
(Stein) ungeschliffen; **4.** *fig* ungekürzt.
un·dated [ʌnˈdeɪtɪd] *adj* undatiert.
un·daunted [ʌnˈdɔːntɪd] *adj* unerschrocken, furchtlos; nicht entmutigt.
un·de·ceive [ˌʌndɪˈsiːv] *tr* ▶ ~ **s.o.** jdm
reinen Wein einschenken.
un·de·cided [ˌʌndɪˈsaɪdɪd] *adj* **1.** unentschieden; **2.** unentschlossen, unschlüssig.
un·de·clared [ˌʌndɪˈkleəd] *adj* **1.** *(Zoll)*
nicht deklariert; **2.** *(Liebe)* heimlich; **3.**
(Krieg) nicht erklärt.
un·de·fined [ˌʌndɪˈfaɪnd] *adj* undefiniert; undefinierbar.
un·de·liv·erable [ˌʌndɪˈlɪvrəbl] *adj*
(Post) unzustellbar; **un·de·liv·ered**
[ˌʌndɪˈlɪvəd] *adj (Post)* nicht zugestellt.
un·de·mand·ing [ˌʌndɪˈmaːndɪŋ] *adj*
anspruchslos.
un·demo·cratic [ˌʌndeməˈkrætɪk] *adj*
undemokratisch.
un·de·mon·stra·tive [ˌʌndɪˈmɒnstrətɪv]
adj reserviert, zurückhaltend.
un·de·ni·able [ˌʌndɪˈnaɪəbl] *adj* unleugbar, unbestreitbar; **un·de·ni·ably** [—ɪ]
adv zweifelsohne, zweifellos; unbestreitbar.
under [ˈʌndə(r)] I *prep* **1.** unter *a. fig;* **2.**
(zeitlich) unter, während; **3.** unter, weniger als; geringer als; **4.** *jur* gemäß, laut,
nach; ▶ **from** ~ unter ... hervor; ~ **an**
act auf Grund e-s Gesetzes; ~ **anaes**
thetic in der Narkose; ~**-age** unmündig,
minderjährig; ~ **these circumstances,**

conditions unter diesen Umständen *od*
Bedingungen; ~ **construction** im Bau
(befindlich); ~ **discussion** zur Debatte;
~ **s.o.'s (very) eyes** vor jds Augen; ~ **the**
impression unter dem Eindruck; ~ **a**
misapprehension im Irrtum; ~ **s.o.'s**
name unter jds Namen; ~ **oath** unter
Eid; ~ **repair** in Reparatur; ~ **treatment**
in Behandlung; **be** ~ **control** in Ordnung
sein; **be** ~ **the impression** den Eindruck
haben *(that* daß); **come** ~ **s.th.** unter
etw fallen; II *adv* **1.** unten; nach unten;
(dar)unter; **2.** bewußtlos; **3.** *(zah*
lenmäßig) darunter; ▶ **get out from** ~
langsam wieder klarkommen.
under·achieve [ˌʌndərəˈtʃiːv] *itr* hinter
den Erwartungen zurückbleiben;
under·act [ˌʌndərˈækt] *tr, itr theat* verhalten spielen; **under·age** [ˌʌndərˈeɪdʒ]
adj minderjährig; von Minderjährigen;
under·bid [ˌʌndəˈbɪd] *tr irr s. bid com*
unterbieten; **under·car·riage**
[ˈʌndəkærɪdʒ] *aero* Fahrgestell, -werk
n; **under·charge** [ˌʌndəˈtʃɑːdʒ] I *tr* **1.**
zu wenig berechnen *(s.o.* jdm); **2.** ungenügend belasten; II *s* **1.** ungenügende
Ladung; **2.** zu geringe Berechnung; **3.** zu
geringe Belastung; **under·clothes,**
under·cloth·ing [ˈʌndəkləʊðz, ˈʌnd
əkləʊðɪŋ] Unter-, Leibwäsche *f;* **under**
coat [ˈʌndəkəʊt] **1.** *tech* Grundstrich
m; **2.** *mot* Unterbodenschutz *m;* **under**
cover [ˌʌndəˈkʌvə(r)] *adj* geheim; ▶ ~
agent Spitzel, Geheimagent *m;* **under**
cur·rent [ˈʌndəkʌrənt] Unterströmung
f a. fig; **under·cut** [ˌʌndəˈkʌt] *tr irr s.*
cut com unterbieten; **under·de·vel**
oped [ˌʌndədɪˈveləpt] *adj* unterentwikkelt; Entwicklungs-; **under·dog**
[ˈʌndədɒg] *fig* Verlierer(in) *m (f),* Benachteiligte(r), Unterprivilegierte(r)
f m; **under·done** [ˌʌndəˈdʌn] *adj*
nicht gar; **under·em·ployed**
[ˌʌndərˈɪmplɔɪd] *adj* unterbeschäftigt;
under·esti·mate [ˌʌndərˈestɪmeɪt] I *tr*
unterschätzen; II *s* [ˌʌndərˈestɪmət] Unterbewertung, Unterschätzung *f;*
under·ex·pose [ˌʌndərɪkˈspəʊz] *tr*
phot unterbelichten; **under·expo·sure**
[ˌʌndərɪkˈspəʊʒə(r)] *phot* Unterbelichtung *f;* **under·fed** [ˌʌndəˈfed] *adj* unterernährt; **under·felt** [ˈʌndəfelt] Filzunterlage *f;* **under·floor heat·ing**
[ˌʌndəˈflɔːhiːtɪŋ] Fußbodenheizung *f;*
under·foot [ˌʌndəˈfʊt] *adv* **1.** am Boden; **2.** im Wege; **under·gar·ment**
[ˈʌndəgaːmənt] Leibwäsche *f;* **under**
go [ˌʌndəˈgəʊ] *tr irr s. go* **1.** erfahren; **2.**
durchmachen; **3.** sich unterziehen (müssen) *(s.th.* e-r S); **under·grad·uate**
[ˌʌndəˈgrædʒʊət] Student(in) *m (f).*
under·ground [ˈʌndəgraʊnd] I *s* **1.** *fig*
Untergrund-, Widerstandsbewegung *f;*
2. *Br* Untergrundbahn, U-Bahn *f;* ▶ **go,**
travel by ~ mit der U-Bahn fahren; II

adj 1. unterirdisch; 2. *fig* geheim; Untergrund-; ▶ ~ **car park** Tiefgarage *f;* ~ **dump** Untertagedeponie *f;* III *adv* 1. unter der Erdoberfläche; 2. *min* unter Tage; ▶ **go** ~ untertauchen; *pol* in den Untergrund gehen.
under·growth ['ʌndəgrəʊθ] Gestrüpp, Unterholz *n;* **under·hand** ['ʌndəhænd] I *adj* 1. heimlich, geheim; 2. hinterhältig; 3. *sport* unter der Schulterhöhe ausgeführt; II *adv* im geheimen; hinterhältig; **under·in·sure** [,ʌndərɪn'ʃʊə(r)] *tr* unterversichern; **under·lay** [,ʌndə'leɪ] *tr irr s. lay* unterlegen (*with* mit); **under·lie** [,ʌndə'laɪ] *tr irr s. lie* 1. liegen unter; 2. zugrunde liegen (*s.th.* e-r S); die Grundlage bilden (*s.th.* für etw); **under·line** [,ʌndə'laɪn] *tr* 1. unterstreichen *a. fig;* 2. *fig* betonen, hervorheben.
under·ling ['ʌndəlɪŋ] Untergebene(r) *f m.*
under·ly·ing [,ʌndə'laɪŋ] *adj* 1. tiefer liegend; 2. *(Grund)* eigentlich; tiefer; *(Problem)* zugrundeliegend; *(Ehrlichkeit)* grundlegend; **under·man·ned** [,ʌndə'mænd] *adj* 1. *mar* ungenügend bemannt; 2. unterbesetzt; **under·manning** [,ʌndə'mænɪŋ] Personalmangel *m;* *(absichtlich)* Unterbesetzung *f;* **under·men·tioned** [,ʌndə'menʃnd] *adj* unten erwähnt; **under·mine** [,ʌndə'maɪn] *tr* 1. unterminieren; auswaschen; 2. *fig* untergraben, (unmerklich) schwächen; **under·most** ['ʌndəməʊst] *adj* unterste(r, s).
under·neath [,ʌndə'ni:θ] I *adv* darunter; II *prep* unter; III *s* Unterseite *f.*
under·nour·ished [,ʌndə'nʌrɪʃt] *adj* unterernährt; **under·paid** [,ʌndə'peɪd] *adj* unterbezahlt; **under·pants** ['ʌndəpænts] *pl* Unterhose *f;* **under·pass** ['ʌndəpɑ:s] Unterführung *f;* **under·pay** [,ʌndə'peɪ] *tr irr s. pay* unterbezahlen; **under·play** ['ʌndəpleɪ] *tr* 1. *(Karten)* nicht voll ausspielen; 2. *fig* sich zurückhalten; **under·popu·lated** [,ʌndə'pɒpjʊleɪtɪd] *adj* unterbevölkert; **under·privi·leged** [,ʌndə'prɪvəlɪdʒd] *adj* unterprivilegiert, benachteiligt; ▶ **the** ~ *pl* die Unterprivilegierten *m pl;* **under·rate** [,ʌndə'reɪt] *tr* unterbewerten, unterschätzen *fig;* **under·score** [,ʌndə'skɔ:(r)] I *tr* 1. unterstreichen; 2. *fig* hervorheben, betonen; II *s* Unterstreichung *f;* **under·seal** ['ʌndəsi:l] I *s Br mot* Unterbodenschutz *m;* II *tr* mit Unterbodenschutz versehen; **under·sell** [,ʌndə'sel] *tr irr s. sell* verschleudern; unter (dem) Preis verkaufen; **under·shirt** ['ʌndəʃɜ:t] *Am* Unterhemd *n;* **under·shorts** [,ʌndə'ʃɔ:ts] *pl Am* Unterhose *f;* **under·side** ['ʌndəsaɪd] Unterseite *f;* **under·signed** ['ʌndəsaɪnd] I *adj* unterzeichnet; II *s* Unterzeichnete(r) *f m;* **under-**

sized [,ʌndə'saɪzd] *adj* unter Normalgröße; **under·skirt** ['ʌndəskɜ:t] Unterrock *m;* **under·staffed** [,ʌndə'stɑ:ft] *adj* unterbesetzt; ▶ **be** ~ an Personalmangel leiden.
under·stand [,ʌndə'stænd] ⟨*irr* understood, understood⟩ I *tr* 1. verstehen (*by* unter); 2. begreifen, einsehen; 3. annehmen, voraussetzen; 4. entnehmen, schließen (*from* aus); ▶ I ~ **that**... ich habe gehört, daß...; **am I to** ~ **that**...? soll das heißen, daß...? ~ **one another** sich, einander (gut) verstehen; **give s.o. to** ~ jdm zu verstehen geben; **make o.s. understood** sich verständlich machen; **it's understood** es ist selbstverständlich, es versteht sich von selbst (*that* daß); **is that understood?** ist das klar? II *itr* 1. Verständnis, Einsicht haben; 2. Bescheid wissen; ▶ **(so) I** ~ wie ich höre; **under·stand·able** [—əbl] *adj* verständlich; **under·stand·ing** [—ɪŋ] I *s* 1. Verständnis *n* (*of* für); Einsicht *f* (*of* in); 2. Absprache *f,* Übereinkommen *n,* Verständigung *f,* Einvernehmen *n* (*between* zwischen); 3. Voraussetzung *f;* ▶ **on this** ~ unter dieser Voraussetzung; **on the** ~ **that** unter der Voraussetzung, daß; **come to, reach an** ~ zu e-r Verständigung kommen (*with* mit); sich einigen; II *adj* verständnis-, einsichtsvoll, einsichtig.
under·state [,ʌndə'steɪt] *tr* untertreiben; **under·state·ment** ['ʌndəsteɪtmənt] Untertreibung *f,* Understatement *n;* **under·stocked** [,ʌndə'stɒkt] *adj:* ▶ **be** ~ zu wenig Vorrat haben (*with* an).
under·stood [,ʌndə'stʊd] *v s. understand.*
under·study ['ʌndəstʌdɪ] I *s theat* Ersatzdarsteller(in) *m (f);* II *tr* einspringen für.
under·take [,ʌndə'teɪk] *tr irr s. take* 1. *(Aufgabe)* übernehmen; 2. *(Pflicht)* auf sich nehmen; 3. *(Risiko)* eingehen; 4. sich verpflichten (*to do* zu tun); 5. sich verbürgen, garantieren; 6. *(Arbeit, Reise)* unternehmen; **under·taker** ['ʌndəteɪkə(r)] Beerdigungsunternehmer(in), Leichenbestatter(in) *m (f);* **under·tak·ing** [,ʌndə'teɪkɪŋ] 1. Unternehmen *n;* Projekt *n;* 2. Zusicherung *f;* 3. Beerdigungsgewerbe *n.*
under-the-counter [,ʌndəðə'kaʊntə(r)] *adj:* ▶ ~ **sale** Verkauf *m* unter dem Ladentisch; **under·tone** ['ʌndətəʊn] 1. gedämpfter Ton; 2. *fig* Unterton *m;* **under·value** [,ʌndə'vælju:] *tr* zu niedrig schätzen; unterbewerten; **under·water** ['ʌndəwɔ:tə(r)] *adj:* ▶ ~ **camera** Unterwasserkamera *f;* ~ **swimming** Unterwasserschwimmen *n;* **under·wear** ['ʌndəweə(r)] Unterwäsche *f;* **under·weight** [,ʌndə'weɪt] *adj* unter-

gewichtig; ▶ **he is several pounds** ~ er hat mehrere Pfund Untergewicht; **under·world** ['ʌndəwɜːld] Unterwelt *f;* **under·write** [,ʌndə'raɪt] *tr irr s.* write 1. *fin* garantieren; 2. *(Versicherung)* übernehmen; 3. *(ein Risiko)* versichern; 4. *(Anleihe)* die Plazierung übernehmen für; **under·writer** ['ʌndə,raɪtə(r)] 1. Emissionsbank *f,* Konsorte *m;* 2. Versicherer *m;* 3. *pl* Konsortium *n.*

un·de·sir·able [,ʌndɪ'zaɪərəbl] *adj* unerwünscht.

un·de·tected [,ʌndɪ'tektɪd] *adj* unentdeckt.

un·de·vel·oped [,ʌndɪ'veləpt] *adj* 1. unentwickelt; 2. *com* unerschlossen.

un·did [ʌn'dɪd] *v s.* undo.

un·dies ['ʌndɪz] *pl fam* (Unter-) Wäsche *f.*

un·dis·closed [,ʌndɪs'kləʊzd] *adj* 1. nicht enthüllt, unbekannt; 2. verheimlicht.

un·dis·covered [,ʌndɪs'kʌvəd] *adj* unentdeckt.

un·dis·pu·ted [,ʌndɪ'spjuːtɪd] *adj* unbestritten.

un·dis·tin·guished [,ʌndɪ'stɪŋgwɪʃt] *adj* mittelmäßig, durchschnittlich.

un·di·vided [,ʌndɪ'vaɪdɪd] *adj* 1. ungeteilt; 2. *com* nicht verteilt.

undo [ʌn'duː] ⟨*irr* undid, undone⟩ *tr* 1. aufmachen; *(Knoten)* lösen; *(Paket)* öffnen; 2. zerstören, vernichten, ruinieren; 3. *(Tat)* ungeschehen machen; **un·do·ing** [—ɪŋ] Ruin *m,* Verderben, Unglück *n;* **un·done** [ʌn'dʌn] I *v s.* undo; II *adj* 1. *(Arbeit)* unerledigt; 2. *(Kleid, Paket)* offen; ▶ **leave nothing** ~ nichts unversucht lassen; **come** ~ aufgehen.

un·doubted [ʌn'daʊtɪd] *adj* unbestritten; **un·doubted·ly** [—lɪ] *adv* zweifellos, gewiß, sicher.

un·dreamed-of, **undreamt-of** [ʌn'driːmdɒv, ʌn'dremtɒv] *adj* ungeahnt, unerwartet.

un·dress [ʌn'dres] I *tr* entkleiden, ausziehen; II *itr* sich ausziehen, seine Kleider ablegen; III *s* ▶ **in a state of** ~ halb bekleidet; **un·dressed** [ʌn'drest] *adj* 1. unbekleidet; 2. *(Wunde)* unverbunden; 3. *(Häute)* ungegerbt; 4. *(Salat)* nicht angerichtet; ▶ **get** ~ sich ausziehen.

un·due [,ʌn'djuː] *adj* übertrieben; ungebührlich.

un·du·late ['ʌndjʊleɪt] *itr* wellig sein; wogen; **un·du·la·ting** [—ɪŋ] *adj* wellenförmig; *(Landschaft)* hügelig.

un·duly [,ʌn'djuːlɪ] *adv* (zu) sehr; übermäßig.

un·dy·ing [ʌn'daɪɪŋ] *adj* unsterblich; unvergänglich, ewig.

un·earned [,ʌn'ɜːnd] *adj* 1. *(Geld)* nicht verdient; 2. *fig (Lob)* unverdient; ▶ ~ **income** Kapitaleinkommen *n;* ~ in-crement Wertzuwachs *m.*

un·earth [ʌn'ɜːθ] *tr* 1. ausgraben; 2. *fig* ausfindig machen, entdecken; **un·earth·ly** [ʌn'ɜːθlɪ] *adj* 1. unheimlich; 2. *(Schönheit)* überirdisch; ▶ **at this** ~ **hour** zu dieser unchristlichen Stunde.

un·ease [ʌn'iːz] Unbehagen *n;* Unruhe *f;* **un·easy** [—ɪ] *adj* 1. unruhig *(about* wegen); besorgt *(about* um); 2. unbehaglich; 3. ungeschickt; ▶ **be** ~ sich in seiner Haut nicht wohl fühlen; **I feel** ~ mir ist unbehaglich (zumute) *(about s.th. wegen etw).*

un·econ·omic(al) ['ʌn,iːkə'nɒmɪk(l)] *adj* unwirtschaftlich; unrentabel; verschwenderisch.

un·edu·cated [ʌn'edʒʊkeɪtɪd] *adj* ungebildet.

un·emo·tional [,ʌnɪ'məʊʃənl] *adj* nüchtern, sachlich; kühl; unbewegt.

un·em·ploy·able [,ʌnɪm'plɔɪəbl] *adj (Mensch)* arbeitsunfähig; **un·em·ployed** [,ʌnɪm'plɔɪd] *adj* 1. arbeitslos; erwerbslos; 2. unbe-, ungenutzt; 3. *(Kapital)* tot; ▶ **the** ~ *pl* die Arbeitslosen *m pl;* **un·em·ploy·ment** [,ʌnɪm'plɔɪmənt] Erwerbs-, Arbeitslosigkeit *f;* ▶ ~ **among young people** Jugendarbeitslosigkeit *f;* ~ **benefit** Arbeitslosenunterstützung *f;* ~ **insurance** Arbeitslosenversicherung *f;* ~ **rate** Arbeitslosenquote *f.*

un·en·force·able [,ʌnɪn'fɔːsəbl] *adj* nicht erzwingbar; nicht klagbar.

un·en·light·ened [,ʌnɪn'laɪtnd] *adj* 1. *fig* unaufgeklärt, uneingeweiht; 2. rückständig; 3. intolerant.

un·en·vi·able [,ʌn'enviəbl] *adj* wenig beneidenswert.

un·equal [,ʌn'iːkwəl] *adj* 1. ungleich; unausgeglichen; 2. nicht gewachsen *(to a task* e-r Aufgabe); **un·equal·led,** *Am* **un·equaled** [,ʌn'iːkwld] *adj* einzig(artig); beispiellos; unübertroffen; ▶ **be** ~ seinesgleichen suchen.

un·equivo·cal [,ʌnɪ'kwɪvəkl] *adj* unzweideutig.

un·err·ing [ʌn'ɜːrɪŋ] *adj* 1. unfehlbar; 2. untrüglich.

UNESCO [juː'neskəʊ] *Abk:* United Nations Educational, Scientific and Cultural Organisation UNESCO *f.*

un·even [,ʌn'iːvn] *adj* 1. uneben; ungleich; 2. unregelmäßig; 3. *fig (Qualität)* ungleichmäßig; 4. *fig* uneinheitlich, unausgeglichen; 5. *(Zahl)* ungerade.

un·event·ful [,ʌnɪ'ventfʊl] *adj* ereignislos.

un·ex·ampled [,ʌnɪg'zɑːmpld] *adj* beispiellos, einmalig.

un·ex·cep·tion·able [,ʌnɪk'sepʃənəbl] *adj* untadelig, einwandfrei; **un·ex·cep·tional** [,ʌnɪk'sepʃnəl] *adj* 1. gewöhnlich; 2. ausnahmslos.

un·ex·cit·ing [,ʌnɪk'saɪtɪŋ] *adj* nicht besonders aufregend.

un·ex·pected [ˌʌnɪk'spektɪd] *adj* unerwartet, unvorhergesehen.

un·ex·peri·enced [ˌʌnɪk'spɪərɪənst] *adj* unerfahren; unerprobt.

un·ex·plod·ed [ˌʌnɪk'spləʊdɪd] *adj* nicht explodiert.

un·ex·ploit·ed [ˌʌnɪk'splɔɪtɪd] *adj* ungenutzt; brachliegend.

un·ex·pressed [ˌʌnɪk'sprest] *adj* unausgesprochen; ungeäußert.

un·ex·pres·sive [ˌʌnɪk'spresɪv] *adj* ausdruckslos.

un·ex·pur·ga·ted [ʌn'ekspɜːgeɪtɪd] *adj* (*Buch*) ungekürzt.

un·fail·ing [ʌn'feɪlɪŋ] *adj* unerschöpflich; zuverlässig.

un·fair [ʌn'feə(r)] *adj* 1. unfair, ungerecht; 2. unsportlich, unfair; 3. (*Wettbewerb*) unlauter (*to* gegenüber).

un·faith·ful [ʌn'feɪθful] *adj* 1. untreu (*to* gegenüber); 2. ungenau.

un·fal·ter·ing [ʌn'fɔːltərɪŋ] *adj* 1. nicht wankend; 2. *fig* unerschütterlich.

un·fam·il·iar [ˌʌnfə'mɪlɪə(r)] *adj* 1. ungewohnt; 2. nicht vertraut (*with* mit); ► be ~ with s.th. etw nicht kennen.

un·fas·ten [ˌʌn'fɑːsn] I *tr* los-, aufmachen; II *itr* aufgehen.

un·fath·om·able [ʌn'fæðəməbl] *adj* unergründlich, unerforschlich; **un·fath·omed** [ʌn'fæðəmd] *adj* unerforscht.

un·fa·vour·able, *Am* **un·fa·vor·able** [ʌn'feɪvrəbl] *adj* ungünstig, unvorteilhaft (*for, to* für).

un·feel·ing [ʌn'fiːlɪŋ] *adj* empfindungslos, grausam.

un·feigned [ʌn'feɪnd] *adj* aufrichtig; unverhohlen.

un·filled [ʌn'fɪld] *adj* leer; (*Stelle*) frei, offen, unbesetzt.

un·fin·ished [ʌn'fɪnɪʃt] *adj* unvollendet; *tech* unbearbeitet.

un·fit [ʌn'fɪt] *adj* 1. unfähig, untüchtig; 2. untauglich (*for* für); 3. *sport* nicht in Form; ► ~ for work arbeitsunfähig.

un·flag·ging [ʌn'flægɪŋ] *adj* unermüdlich.

un·flap·pable [ʌn'flæpəbl] *adj* unerschütterlich.

un·flinch·ing [ʌn'flɪntʃɪŋ] *adj* unnachgiebig, entschlossen; unerschütterlich, unerschrocken.

un·fold [ʌn'fəʊld] I *tr* 1. entfalten; 2. *fig* offen darlegen, enthüllen; II *itr* 1. sich entfalten; 2. bekannt werden; 3. (*Knospe*) sich öffnen.

un·fore·see·able [ˌʌnfɔː'siːəbl] *adj* unvorhersehbar; **un·fore·seen** [ˌʌnfɔː'siːn] *adj* unvorhergesehen.

un·for·get·table [ˌʌnfə'getəbl] *adj* unvergeßlich.

un·for·giv·able [ˌʌnfə'gɪvəbl] *adj* unverzeihlich.

un·for·tu·nate [ʌn'fɔːtʃunət] I *adj* 1.

unglücklich; 2. bedauerlich; 3. erfolg-, aussichtslos; 4. (*Bemerkungen*) unpassend; II *s* Pechvogel *m;* **un·for·tu·nate·ly** [—lɪ] *adv* unglücklicherweise, leider.

un·founded [ˌʌn'faʊndɪd] *adj* unbegründet, grundlos.

un·freeze [ˌʌn'friːz] *tr, itr irr s. freeze* 1. auf-, abtauen; 2. *fig* (*Preisstopp*) aufheben; 3. (*Guthaben*) freigeben.

un·fre·quented [ˌʌnfrɪ'kwentɪd] *adj* wenig besucht; einsam.

un·friend·ly [ʌn'frendlɪ] *adj* 1. unfreundlich (*to* gegen); 2. ungünstig (*for, to* für).

un·furl [ʌn'fɜːl] I *tr* aufrollen; entfalten; II *itr* sich entfalten; sich aufrollen.

un·fur·nished [ˌʌn'fɜːnɪʃt] *adj* unmöbliert, leer.

un·gain·ly [ʌn'geɪnlɪ] *adj* unbeholfen, plump; ungraziös.

un·gen·er·ous [ʌn'dʒenərəs] *adj* kleinlich.

un·gentle·man·ly [ʌn'dʒentlmənlɪ] *adj* unfein, ungebildet; ► *that is* ~ so etwas tut ein Gentleman nicht.

un·get·at·able [ˌʌnget'ætəbl] *adj fam* schwer erreichbar, unerreichbar.

un·god·ly [ʌn'gɒdlɪ] *adj* 1. gottlos; 2. *fam* verdammt; abscheulich; 3. *fam* gotteslästerlich; unmöglich; ► *at an* ~ **hour** zu nachtschlafender Zeit.

un·gov·ern·able [ʌn'gʌvənəbl] *adj* unbezähmbar; zügellos; (*Volk*) nicht zu regieren(d).

un·grace·ful [ˌʌn'greɪsfl] *adj* ohne Anmut, plump.

un·gra·cious [ˌʌn'greɪʃəs] *adj* unhöflich.

un·grate·ful [ʌn'greɪtfl] *adj* undankbar (*to* gegen).

un·grudg·ing [ˌʌn'grʌdʒɪŋ] *adj* entgegenkommend; großzügig; **un·grudg·ing·ly** [—lɪ] *adv* gern.

un·guarded [ˌʌn'gɑːdɪd] *adj* 1. unbewacht; 2. *sport* ungedeckt; 3. sorglos, nachlässig; ► *in an* ~ **moment** in e-m unbedachten Augenblick.

un·guent ['ʌŋgwənt] Salbe *f.*

un·hal·lowed [ʌn'hæləʊd] *adj* ungeweiht.

un·happy [ʌn'hæpɪ] *adj* 1. unglücklich; traurig; 2. nicht zufrieden; ► *feel* ~ *about* s.th. nicht glücklich über etw sein; ein ungutes Gefühl bei etw haben.

un·harmed [ʌn'hɑːmd] *adj* wohlbehalten, unversehrt.

un·healthy [ʌn'helθɪ] *adj* 1. kränklich; 2. ungesund *a. fig.*

un·heard [ʌn'hɜːd] *adj* ungehört; **un·heard-of** [ʌn'hɜːdɒv] *adj* unerhört.

un·hinge [ʌn'hɪndʒ] *tr* verwirren, verstören.

un·holy [ʌn'həʊlɪ] *adj* 1. ungeweiht; (*Geister*) böse; 2. *fam* entsetzlich, schrecklich.

un·hook [ʌn'huk] *tr* los-, aufhaken; losmachen.

un·hoped-for [ʌn'həuptfɔ:(r)] *adj* unerwartet, unverhofft.

un·horse [ˌʌn'hɔ:s] *tr* aus dem Sattel werfen.

un·hurt [ʌn'hɜːt] *adj* unverletzt.

UNICEF ['ju:nɪsef] *Abk:* United Nations International Children's Emergency Fund UNICEF *f,* Weltkinderhilfswerk *n* der UNO.

uni·corn ['ju:nɪkɔ:n] Einhorn *n.*

un·iden·ti·fied [ˌʌnaɪ'dentɪfaɪd] *adj* nicht identifiziert; unbekannt; ▶ ~ **flying object, UFO** unbekanntes Flugobjekt.

uni·fi·ca·tion [ˌju:nɪfɪ'keɪʃn] Vereinheitlichung *f;* Einigung *f;* **unification treaty** *pol* Einigungsvertrag *m.*

uni·form ['ju:nɪfɔ:m] I *adj* 1. gleich(bleibend), gleichförmig, -mäßig; 2. einförmig; einheitlich; 3. übereinstimmend; II *s* Uniform *f;* **uni·form·ity** [ju:nɪ'fɔ:mətɪ] 1. Gleichmäßigkeit *f;* 2. Einheitlichkeit *f;* 3. *pej* Eintönigkeit *f.*

unify ['ju:nɪfaɪ] *tr* vereinheitlichen; einigen; vereinigen.

uni·lat·eral [ˌju:nɪ'lætrəl] *adj* einseitig.

un·im·ag·in·able [ˌʌnɪ'mædʒnəbl] *adj* unvorstellbar.

un·im·peach·able [ˌʌnɪm'pi:tʃəbl] *adj* unanfechtbar; einwandfrei, untadelig.

un·in·formed [ˌʌnɪn'fɔːmd] *adj* nicht unterrichtet, nicht informiert (*on* über).

un·in·hab·it·able [ˌʌnɪn'hæbɪtəbl] *adj* unbewohnbar.

un·in·hib·ited [ˌʌnɪn'hɪbɪtɪd] *adj* ungehemmt.

un·in·jured [ˌʌn'ɪndʒəd] *adj* unverletzt.

un·in·sur·able [ˌʌnɪn'ʃuərəbl] *adj* nicht versicherungsfähig; **un·in·sured** [ˌʌnɪn'ʃuəd] *adj* unversichert.

un·in·tel·li·gent [ˌʌnɪn'telɪdʒənt] *adj* unintelligent; **un·in·tel·li·gible** [ˌʌnɪn'telɪdʒəbl] *adj* unverständlich.

un·in·ten·tional [ˌʌnɪn'tenʃənl] *adj* unabsichtlich; **un·in·ten·tional·ly** [ˌʌnɪn'tenʃnəlɪ] *adv* unbeabsichtigt.

un·in·ter·ested [ʌn'ɪntrɪstɪd] *adj* uninteressiert (*in* an); **un·in·ter·est·ing** [ʌn'ɪntrɪstɪŋ] *adj* uninteressant.

un·in·ter·rupted [ˌʌnɪntə'rʌptɪd] *adj* ununterbrochen.

union ['ju:nɪən] 1. Vereinigung *f,* Zusammenschluß *m;* Verbindung *f;* 2. (Staaten)Bund *m,* Union *f;* 3. (*trade ~*) Gewerkschaft *f;* 4. *tech* (*pipe ~*) Rohrverbindung *f;* 5. (*Textil*) gemischtes Gewebe; 6. *math* Vereinigungsmenge *f;* 7. *fig* Eintracht *f;* ▶ **in perfect ~** in voller Eintracht; **union contract** Tarifvertrag *m;* **union dues** *pl* Gewerkschaftsbeiträge *m pl;* **union·ist** [—ɪst] 1. Gewerkschaft(l)er(in) *m (f);* 2. *pol* Unionist(in), Unionsanhänger(in) *m (f);* **union-**

ize ['ju:nɪənaɪz] *tr* gewerkschaftlich organisieren; **Union Jack** ['ju:nɪən'dʒæk] britische Nationalflagge; **union member** Gewerkschaftsmitglied *n;* **union official** Gewerkschaftsfunktionär(in) *m (f);* **union representative** (gewerkschaftliche) Vertrauensperson *f.*

unique [ju:'ni:k] *adj* 1. einzig; einmalig; 2. einzigartig, ungewöhnlich; 3. *math* eindeutig.

uni·sex ['ju:nɪseks] *adj* einheitlich für beide Geschlechter; Unisex-.

uni·son ['ju:nɪsn] 1. Einklang *m;* 2. *fig* Übereinstimmung *f;* 3. *mus* Gleichklang *m;* ▶ **in ~** einstimmig; **in ~ with** in Einklang mit.

unit ['ju:nɪt] 1. Einheit *f a. math mil;* 2. Einzelteil, Anbauteil, Element *n;* 3. *tech* Anlage *f;* 4. *math* Einer *m;* 5. (*Organisation*) Abteilung *f;* ▶ ~ **of account** Rechnungseinheit *f;* ~ **of charge** Gebühreneinheit *f;* ~ **of sampling** Stichprobeneinheit *f;* ~ **of value** Wertmaßstab *m;* **generative** ~ Aggregat *n;* **compressor** ~ Kompressor *m;* **kitchen** ~ Teil *n* einer Einbauküche.

unite [ju:'naɪt] I *tr* vereinigen, verbinden; *fig* vereinen; II *itr* sich vereinigen, sich zusammenschließen; ▶ ~ **in doing s.th.** etw gemeinsam tun; **united** [ju:'naɪtɪd] *adj* 1. vereinigt; verbunden; 2. (*Gruppe*) geschlossen; 3. (*Kräfte*) vereint; ▶ **U~ Arab Republic** Vereinigte Arabische Republik; **U~ Kingdom** Vereinigtes Königreich; **U~ Nations (Organization)** Vereinte Nationen *pl;* **U~ States (of America)** *pl* Vereinigte Staaten *pl* (von Amerika).

unity ['ju:nətɪ] 1. Einheit *f a. math;* 2. Einigkeit, Eintracht, Solidarität, Harmonie *f* (*among* unter); 3. Einheitlichkeit, Geschlossenheit *f;* ▶ **in ~ with** in Übereinstimmung mit; **economic** ~ Wirtschaftseinheit *f.*

uni·ver·sal [ˌju:nɪ'vɜ:sl] *adj* allgemein, allumfassend, universal; universell; ▶ ~ **agent** Generalvertreter, -bevollmächtigte(r) *f m;* ~ **education** Allgemeinbildung *f;* **he is a** ~ **favourite** er ist allgemein beliebt; ~ **heir** Alleinerbe *m;* ~ **joint, coupling** *tech* Universalgelenk *n;* **U~ Postal Union** Weltpostverein *m;* ~ **suffrage** allgemeines Wahlrecht.

uni·verse ['ju:nɪvɜ:s] Weltall, Universum *n.*

uni·ver·sity [ˌju:nɪ'vɜ:sətɪ] Universität *f;* ▶ **be at** ~ die Universität besuchen, studieren; **university education** akademische Bildung; **university lecture** Vorlesung *f;* **university lecturer** Dozent(in) *m (f);* **university library** Universitätsbibliothek *f;* **university town** Universitätsstadt *f.*

un·just [ʌn'dʒʌst] *adj* ungerecht (*to* gegen); **un·jus·ti·fi·able** [ʌn'dʒʌstɪfaɪəbl] *adj* 1. nicht zu rechtfertigen, ungerechtfertigt; 2. unentschuldbar; **un·jus·ti·fied** [ʌn'dʒʌstɪfaɪd] *adj* ungerechtfertigt; **un·just·ly** [ˌʌn'dʒʌstlɪ] *adv* zu Unrecht; ungerecht.

un·kempt [ˌʌn'kempt] *adj* 1. ungekämmt, zerzaust, verwahrlost; 2. unordentlich.

un·kind [ʌn'kaɪnd] *adj* unfreundlich; **un·kind·ly** [—lɪ] *adv* herzlos; unfreundlich.

un·know·ing [ˌʌn'nəʊɪŋ] *adj* nichts wissend (*of* von); **un·known** [ˌʌn'nəʊn] I *adj* unbekannt; fremd (*to s.o.* jdm); ▶ ~ **quantity** unbekannte Größe; *math* Unbekannte *f;* ~ **territory** Neuland *n a. fig;* it's ~ **for him to do that** das tut er sonst eigentlich nicht; II *s* Unbekannte(r) *f m; math* Unbekannte *f; (Gegend)* unerforschtes Gebiet; ▶ **the** ~ das Unbekannte; das Ungewisse.

un·law·ful [ˌʌn'lɔ:ful] *adj* widerrechtlich, ungesetzlich, illegal.

un·lead·ed [ˌʌn'ledɪd] *adj (Benzin)* bleifrei, unverbleit.

un·learn [ˌʌn'lɜ:n] *tr irr s. learn* verlernen, vergessen; sich abgewöhnen.

un·leash [ʌn'li:ʃ] *tr* 1. von der Leine lassen; 2. *fig* entfesseln.

un·leav·ened [ˌʌn'levnd] *adj (Brot)* ungesäuert.

un·less [ən'les] *conj* 1. wenn nicht; außer wenn; es sei denn, daß; 2. vorausgesetzt, daß nicht.

un·li·censed [ˌʌn'laɪsənst] *adj* unkonzessioniert.

un·like [ʌn'laɪk] I *adj* ungleich; verschieden; II *prep* 1. unähnlich (*s.o.* jdm); 2. im Gegensatz zu; **un·like·ly** [ʌn'laɪklɪ] *adj* unwahrscheinlich.

un·limited [ʌn'lɪmɪtɪd] *adj* unbegrenzt; unbeschränkt; grenzenlos; ▶ ~ **liability** unbeschränkte Haftung.

un·listed [ʌn'lɪstɪd] *adj* nicht verzeichnet.

un·load [ʌn'ləʊd] *tr, itr* 1. *(Ladung)* ab-, ausladen; 2. *mar* löschen; 3. *(Fahrzeug)* entladen; 4. *fig fam* abladen; abwälzen; 5. *fin* abstoßen.

un·lock [ʌn'lɒk] *tr* aufschließen, -sperren; **un·locked** [ˌʌn'lɒkt] *adj* unverschlossen.

un·looked-for [ʌn'lʊktfɔ:(r)] *adj* unerwartet, überraschend.

un·lucky [ʌn'lʌkɪ] *adj* 1. unglücklich; 2. unheilvoll; ▶ **be** ~ Pech haben.

un·man [ˌʌn'mæn] *tr* mutlos machen, entmutigen; **un·manned** [ˌʌn'mænd] *adj* unbemannt; nicht besetzt.

un·man·ner·ly [ʌn'mænəlɪ] *adj* ungesittet, unmanierlich.

un·mar·ried [ˌʌn'mærɪd] *adj* unverheiratet, ledig.

un·mask [ʌn'mɑ:sk] I *tr* 1. demaskieren *a. fig;* 2. *fig* entlarven, bloßstellen; II *itr* 1. sich demaskieren; 2. *fig* die Maske

fallen lassen.

un·matched [ʌn'mætʃt] *adj* unübertroffen, unvergleichlich.

un·men·tion·able [ʌn'menʃənəbl] *adj* unaussprechlich; **un·men·tioned** [ˌʌn'menʃnd] *adj* unerwähnt.

un·mind·ful [ʌn'maɪndfl] *adj* unachtsam, unaufmerksam; ▶ **be** ~ **of s.th.** etw nicht beachten.

un·mis·tak(e)·able [ˌʌnmɪ'steɪkəbl] *adj* unverkennbar.

un·miti·gated [ʌn'mɪtɪgeɪtɪd] *adj* 1. ungemildert, unvermindert; 2. vollkommen, völlig; vollendet.

un·moved [ʌn'mu:vd] *adj* 1. unbewegt; 2. *fig* ungerührt.

un·natu·ral [ʌn'nætʃrəl] *adj* 1. unnatürlich; 2. widernatürlich, unnormal, abnorm; ▶ **it is** ~ **for her to do that** das tut sie normalerweise nicht.

un·nec·ess·ar·ily [ˌʌn'nesəsərəlɪ] *adv* unnötigerweise; übermäßig; **un·nec·ess·ary** [ʌn'nesəsrɪ] *adj* unnötig, unnütz, überflüssig.

un·nerve [ˌʌn'nɜ:v] *tr* 1. zermürben; 2. den Mut nehmen (*s.o.* jdm).

un·no·ticed [ˌʌn'nəʊtɪst] *adj* unbemerkt.

un·num·bered [ˌʌn'nʌmbəd] *adj* 1. ungezählt, zahllos; 2. unnumeriert.

un·ob·tain·able [ˌʌnəb'teɪnəbl] *adj* nicht erhältlich; ▶ **this number is** ~ kein Anschluß unter dieser Nummer.

un·ob·trus·ive [ˌʌnəb'tru:sɪv] *adj* 1. *(Sache)* unaufdringlich; 2. *(Mensch)* zurückhaltend, bescheiden.

un·oc·cupied [ˌʌn'ɒkjʊpaɪd] *adj* 1. unbewohnt; 2. unbeschäftigt, müßig; 3. *mil* unbesetzt.

un·of·fi·cial [ˌʌnə'fɪʃl] *adj* inoffiziell, nicht amtlich.

un·or·gan·ized [ˌʌn'ɔ:gənaɪzd] *adj* 1. chaotisch; unmethodisch; ungeordnet; 2. *(Arbeiter)* nicht gewerkschaftlich organisiert.

un·or·tho·dox [ˌʌn'ɔ:θədɒks] *adj* unorthodox, unkonventionell.

un·pack [ˌʌn'pæk] *tr, itr* auspacken.

un·paid [ˌʌn'peɪd] *adj* 1. unbezahlt; 2. unfrankiert; 3. *(Stellung)* ehrenamtlich.

un·pal·at·able [ˌʌn'pælətəbl] *adj* ungenießbar; *(Wahrheit)* bitter.

un·par·al·leled [ˌʌn'pærəleld] *adj* unvergleichlich; einmalig.

un·par·lia·men·tary [ˌʌnˌpɑ:lə'mentrɪ] *adj* unparlamentarisch.

un·per·turbed [ˌʌnpə'tɜ:bd] *adj* gelassen, nicht aus der Ruhe zu bringen.

un·pick [ˌʌn'pɪk] *tr (Naht)* auftrennen.

un·placed [ˌʌn'pleɪst] *adj sport* unplaziert.

un·pleas·ant [ʌn'pleznt] *adj* 1. unangenehm; 2. ungefällig, unfreundlich; **un·pleas·ant·ness** [—nɪs] 1. Unstimmigkeit *f;* 2. Unannehmlichkeit *f.*

un·plug [ˌʌn'plʊg] *tr* den Stecker heraus-ziehen.

un·plumbed [ˌʌn'plʌmd] *adj* un-erforscht.

un·polished [ˌʌn'pɒlɪʃt] *adj* 1. unpoliert, rauh *a. fig;* 2. *fig* grob; unausgeglichen.

un·pol·luted [ˌʌnpə'luːtɪd] *adj* unver-schmutzt.

un·popu·lar [ˌʌn'pɒpjʊlə(r)] *adj* unbe-liebt, unpopulär; **un·popu·lar·ity** [ˌʌnˌpɒpjʊ'lærətɪ] Unbeliebtheit *f.*

un·prac·ti·cal [ˌʌn'præktɪkl] *adj* un-praktisch.

un·prac·ticed, *Am* **un·prac·tised** [ˌʌn'præktɪst] *adj* ungeübt, unerfahren (*in* in).

un·prece·dented [ʌn'presɪdentɪd] *adj* 1. einmalig, beispiellos; noch nie dage-wesen; 2. *jur* ohne Präzedenzfall.

un·pre·dict·able [ˌʌnprɪ'dɪktəbl] *adj* 1. unvorhersehbar; 2. (*Person*) unbere-chenbar.

un·preju·diced [ʌn'predʒʊdɪst] *adj* vorurteilsfrei, unvoreingenommen.

un·pre·medi·tated [ˌʌnprɪ'medɪteɪtɪd] *adj* unüberlegt; nicht vorsätzlich.

un·pre·ten·tious [ˌʌnprɪ'tenʃəs] *adj* zu-rückhaltend, bescheiden; schlicht.

un·prin·cipled [ʌn'prɪnsəpld] *adj* ohne Grundsätze; gewissenlos.

un·pro·duc·tive [ˌʌnprə'dʌktɪv] *adj* un-produktiv, unergiebig (*of* an); ▶ ~ **capi-tal** totes Kapital.

un·pro·fes·sional [ˌʌnprə'feʃənl] *adj* (*Verhalten*) berufswidrig; (*Arbeit*) un-fachmännisch, laienhaft.

un·prof·it·able [ʌn'prɒfɪtəbl] *adj* un-rentabel.

un·prompted [ˌʌn'prɒmptɪd] *adj* aus ei-genem Antrieb, spontan.

un·pro·vided for [ˌʌnprə'vaɪdɪdfɔ:] *adj* unversorgt.

un·pub·lished [ʌn'pʌblɪʃt] *adj* unveröf-fentlicht.

un·punc·tual [ˌʌn'pʌŋktʃʊəl] *adj* un-pünktlich.

un·quali·fied [ʌn'kwɒlɪfaɪd] *adj* 1. un-qualifiziert, ungeeignet, nicht befähigt; 2. uneingeschränkt, vorbehaltlos.

un·ques·tion·able [ʌn'kwestʃənəbl] *adj* unbestritten; fraglos; **un·ques-tion·ing** [ʌn'kwestʃnɪŋ] *adj* (*Glaube*) bedingungslos, blind.

un·quote [ʌn'kwəʊt] *interj* Zitatende *n;* **un·quoted** [ʌn'kwəʊtɪd] *adj* (*Börse*) nicht notiert.

un·ravel [ʌn'rævl] *tr* 1. auftrennen, -zie-hen; 2. (*Fäden*) entwirren *a. fig;* 3. *fig* klären, lösen.

un·read·able [ˌʌn'riːdəbl] *adj* 1. unleser-lich; 2. unlesbar.

un·real [ʌn'rɪəl] *adj* unwirklich.

un·real·is·tic [ˌʌnˌrɪə'lɪstɪk] *adj* unreali-stisch, realitätsfern.

un·real·ized [ʌn'rɪəlaɪzd] *adj* 1. com

nicht realisiert; 2. unverwirklicht.

un·reas·on·able [ʌn'riːznəbl] *adj* 1. un-vernünftig; unsinnig; 2. unmäßig; 3. un-angemessen; 4. übertrieben, exorbitant; **un·reas·on·ing** [ʌn'riːsənɪŋ] *adj* un-vernünftig.

un·re·deemed [ˌʌnrɪ'diːmd] *adj* 1. *rel* unerlöst; 2. (*Pfand*) nicht eingelöst; (*Schuld*) ungetilgt; ▶ ~ **by** nicht aufge-hoben durch.

un·re·fined [ˌʌnrɪ'faɪnd] *adj* 1. nicht raf-finiert; 2. (*Mensch*) unkultiviert.

un·re·flect·ing [ˌʌnrɪ'flektɪŋ] *adj* gedan-kenlos; (*Handlung*) unüberlegt; (*Ge-fühl*) unreflektiert.

un·reg·is·tered [ˌʌn'redʒɪstəd] *adj* 1. nicht eingetragen, nicht registriert; nicht gemeldet; 2. (*Brief*) nicht einge-schrieben; 3. (*Warenzeichen*) nicht ein-getragen.

un·re·lent·ing [ˌʌnrɪ'lentɪŋ] *adj* unabläs-sig; hartnäckig, unnachgiebig; unbarm-herzig.

un·re·lia·bil·ity ['ʌnrɪˌlaɪə'bɪlətɪ] Unzu-verlässigkeit *f;* **un·re·li·able** [ˌʌnrɪ'laɪəbl] *adj* unzuverlässig.

un·re·lieved [ˌʌnrɪ'liːvd] *adj* 1. ununter-brochen; 2. ungemildert.

un·re·mit·ting [ˌʌnrɪ'mɪtɪŋ] *adj* unabläs-sig, unaufhörlich, ununterbrochen.

un·re·peat·able [ˌʌnrɪ'piːtəbl] *adj* nicht zu wiederholen.

un·re·quit·ed [ˌʌnrɪ'kwaɪtɪd] *adj* (*Liebe*) unerwidert.

un·re·served [ˌʌnrɪ'zɜːvd] *adj* nicht re-serviert *a. fig;* **un·re·serv·ed·ly** [ˌʌnrɪ'zɜːvɪdlɪ] *adv* rückhaltlos; frei, of-fen.

un·rest [ʌn'rest] Unruhen *f pl;* Unzu-friedenheit *f;* ▶ **focus of** ~ Unruheherd *m;* **student** ~ Studentenunruhen *f pl.*

un·re·strained [ˌʌnrɪ'streɪnd] *adj* unein-geschränkt; (*Gefühle*) ungehemmt; (*Freude, Atmosphäre*) ungezügelt; *pej* unbeherrscht.

un·re·stricted [ˌʌnrɪ'strɪktɪd] *adj* 1. un-beschränkt; 2. (*Geschwindigkeit*) unbe-grenzt.

un·ripe [ʌn'raɪp] *adj* unreif.

un·ri·valled, *Am* **un·ri·valed** [ʌn'raɪvld] *adj* konkurrenzlos; unver-gleichlich, einzigartig.

un·roll [ʌn'rəʊl] I *tr* aufrollen *a. fig;* II *itr* sich entfalten.

un·ruffled [ʌn'rʌfld] *adj* unbewegt, ru-hig.

un·ruly [ʌn'ruːlɪ] *adj* 1. widersetzlich, un-diszipliniert; 2. ungehorsam, aufsässig; 3. (*Haar*) widerspenstig.

un·saddle [ˌʌn'sædl] *tr* 1. (*Pferd*) absat-teln; 2. aus dem Sattel werfen.

un·safe [ʌn'seɪf] *adj* nicht sicher, unsi-cher; gefährlich.

un·said [ʌn'sed] *adj* unausgesprochen; ▶ **leave s.th.** ~ etw ungesagt sein lassen.

un·sal·aried [ˌʌn'sælərɪd] *adj (Arbeit)* unbezahlt; ehrenamtlich.

un·sal(e)·able [ˌʌn'seɪləbl] *adj* unverkäuflich.

un·sat·is·fac·tory ['ʌnˌsætɪs'fæktrɪ] *adj* unbefriedigend; **un·sat·is·fied** [ˌʌn'sætɪsfaɪd] *adj* unbefriedigt.

un·sa·voury, *Am* **un·sa·vory** [ˌʌn'seɪvərɪ] unerfreulich; widerwärtig.

un·say [ʌn'seɪ] *tr irr s. say* ungesagt machen.

un·scathed [ʌn'skeɪðd] *adj* unbeschädigt, unverletzt.

un·sched·uled [ʌn'ʃedju:ld] *adj* außerplanmäßig.

un·schooled [ˌʌn'sku:ld] *adj* ungebildet; unausgebildet.

un·screened [ˌʌn'skri:nd] *adj* 1. *(Film)* nicht gezeigt; 2. nicht abgeschirmt; 3. nicht überprüft; nicht untersucht.

un·scripted [ʌn'skrɪptɪd] *adj* improvisiert.

un·scru·pu·lous [ʌn'skru:pjʊləs] *adj* skrupel-, gewissenlos.

un·seal [ˌʌn'si:l] *tr* öffnen; entsiegeln; **un·sealed** [ˌʌn'si:ld] *adj* offen; unversiegelt.

un·seat [ˌʌn'si:t] *tr* 1. des Amtes entheben; *parl* seinen Sitz nehmen *(s.o. jdm);* 2. *(Reiter)* abwerfen.

un·se·cured [ˌʌnsɪ'kjʊəd] *adj* 1. ungesichert; 2. *com* ungedeckt.

un·see·ing [ʌn'si:ɪŋ] *adj* 1. nicht sehend; 2. *fig* blind; *(Blick)* leer.

un·seem·ly [ʌn'si:mlɪ] *adj* unpassend, unschicklich.

un·seen [ʌn'si:n] I *adj* ungesehen; unbemerkt; II *s (Schule)* Herübersetzung *f.*

un·self·ish [ˌʌn'selfɪʃ] *adj* selbstlos, uneigennützig.

un·ser·vice·able [ˌʌn'sɜ:vɪsəbl] *adj* unbrauchbar *(to* für).

un·settle [ˌʌn'setl] *tr* 1. durcheinanderbringen; aufregen; verstören; 2. beunruhigen; aufregen; verunsichern; 3. *(Fundament)* erschüttern; **un·settled** [ˌʌn'setld] *adj* 1. *(Gebiet)* unbesiedelt; 2. *(Rechnung)* unbezahlt; 3. *(Frage)* ungeklärt; 4. *(Zukunft)* ungewiß; 4. *(Wetter, Markt, Verhältnisse)* unbeständig; *(Leben)* unstet; ► be ~ *(Mensch)* aus dem Gleichgewicht geworfen sein; **feel** ~ sich nicht wohl fühlen; **un·sett·ling** [—ɪŋ] *adj* 1. aufreibend; 2. *(Wissen, Nachricht)* beunruhigend; ► **have an** ~ **influence on** durcheinanderbringen, aus dem Gleichgewicht bringen; **have an** ~ **effect on** aus dem Gleis werfen; verunsichern; verstören.

un·shak·able [ʌn'ʃeɪkəbl] *adj* unerschütterlich.

un·sha·ven [ˌʌn'ʃeɪvn] *adj* unrasiert.

un·shod [ˌʌn'ʃɒd] *adj* 1. barfuß; 2. *(Pferd)* unbeschlagen.

un·shrink·able [ˌʌn'ʃrɪŋkəbl] 1. nicht schrumpfend; 2. *(Gewebe)* nicht einlaufend; **un·shrink·ing** [ˌʌn'ʃrɪŋkɪŋ] *adj* furchtlos.

un·sight·ly [ʌn'saɪtlɪ] *adj* unansehnlich, häßlich.

un·signed [ˌʌn'saɪnd] *adj* nicht unterzeichnet.

un·skilled [ˌʌn'skɪld] *adj* ungelernt; ungeübt; ► ~ **labo(u)r, workers** ungelernte Arbeitskräfte, Hilfsarbeiter *m pl.*

un·soci·able [ʌn'səʊʃəbl] *adj* ungesellig.

un·social [ˌʌn'səʊʃl] *adj* unsozial; ► **work** ~ **hours** außerhalb der normalen Arbeitszeiten arbeiten.

un·sold [ˌʌn'səʊld] *adj* unverkauft.

un·sol·ici·ted [ˌʌnsə'lɪsɪtɪd] *adj* unverlangt; unaufgefordert.

un·soph·is·ti·cated [ˌʌnsə'fɪstɪkeɪtɪd] *adj* 1. einfach; 2. natürlich, ungekünstelt; 3. naiv; unkritisch.

un·sound [ˌʌn'saʊnd] *adj* 1. krank; *(Gesundheit)* schlecht; 2. *(Gebäude)* baufällig; *(Finanzen)* unsicher; 3. *(Grund)* nicht stichhaltig; *(Rat)* töricht; *(Urteil)* unzuverlässig; *(Politik)* unvernünftig; 4. *com* finanzschwach; unsicher; ► **of** ~ **mind** *jur* unzurechnungsfähig; **be** ~ **on a subject** auf einem Gebiet unsicher, schlecht bewandert sein.

un·spar·ing [ʌn'speərɪŋ] *adj* 1. verschwenderisch, freigebig *(of* mit); 2. reichlich, großzügig *(of* mit); 3. schonungslos *(of* gegen); ► **be** ~ **in one's efforts** keine Mühe scheuen.

un·speak·able [ʌn'spi:kəbl] *adj* unaussprechlich, unsagbar; scheußlich.

un·spec·ified [ˌʌn'spesɪfaɪd] *adj* nicht spezifiziert, nicht einzeln angegeben.

un·stable [ˌʌn'steɪbl] *adj* 1. labil; unsicher, schwankend *a. fig;* 2. *fig* unbeständig *a. chem.*

un·stressed [ˌʌn'strest] *adj (Silbe)* unbetont.

un·stuck [ˌʌn'stʌk] *adj* nicht fest; lose; ► **come** ~ sich lösen; *(Plan)* schiefgehen; *(Redner)* steckenbleiben; **we came** ~ wir sind gescheitert.

un·stud·ied [ˌʌn'stʌdɪd] *adj* ungekünstelt, natürlich.

un·sub·stan·tial [ˌʌnsəb'stænʃl] *adj* 1. dürftig, nicht solide; 2. *(Geist)* körperlos; 3. *(Essen)* leicht; 4. *(Beweis)* haltlos; *(Anspruch)* unberechtigt.

un·suc·cess·ful [ˌʌnsək'sesfl] *adj* erfolglos; *(Versuch)* vergeblich; *(Ergebnis)* nicht erfolgreich; ► **be** ~ **in doing s.th.** mit etw keinen Erfolg haben.

un·suit·able [ˌʌn'su:təbl] *adj* unpassend, unangebracht; ungeeignet *(to, for* für).

un·sullied [ˌʌn'sʌlɪd] *adj* unbefleckt.

un·sure [ˌʌn'ʃʊə(r)] *adj* unsicher; *(Methode)* unzuverlässig.

un·sus·pect·ing [ˌʌnsə'spektɪŋ] *adj*

nichtsahnend.

un·swerv·ing [ˌʌnˈswɜːvɪŋ] *adj* unerschütterlich, standhaft.

un·tapped [ˌʌnˈtæpt] *adj* ungenutzt.

un·taxed [ˌʌnˈtækst] *adj* unbesteuert, steuerfrei.

un·ten·able [ʌnˈtenəbl] *adj* unhaltbar.

un·ten·anted [ʌnˈtenəntɪd] *adj* unbewohnt.

un·think·able [ʌnˈθɪŋkəbl] *adj* undenkbar; **un·think·ing** [ʌnˈθɪŋkɪŋ] *adj* gedankenlos; unbedacht; **un·thought-of** [ʌnˈɔːtɒv] *adj* ungeahnt.

un·ti·di·ness [ʌnˈtaɪdɪnɪs] Unordentlichkeit *f;* **un·tidy** [ʌnˈtaɪdɪ] *adj* unordentlich.

un·tie [ˌʌnˈtaɪ] *tr* aufbinden, -knoten; losbinden.

un·til [ənˈtɪl] **I** *prep (zeitlich)* bis, bis zu; ▸ **not** ~ nicht vor; erst; ~ **further notice** bis auf Widerruf, bis auf weiteres; **II** *conj* bis (daß); ▸ **not** ~ nicht bevor; erst als, erst wenn.

un·time·ly [ʌnˈtaɪmlɪ] *adj* 1. ungelegen, unangebracht; 2. vorzeitig.

un·told [ˌʌnˈtəʊld] *adj* 1. nicht erzählt; 2. ungezählt, unzählig; 3. *(Reichtum)* unermeßlich.

un·touched [ʌnˈtʌtʃt] *adj* 1. unberührt *a. fig;* 2. nicht erwähnt; 3. unverletzt, intakt; 4. ungerührt; unbeeinflußt; 5. *fig* unerreicht.

un·to·ward [ˌʌntəˈwɔːd] *adj* 1. ungünstig, unglücklich; 2. unschicklich, unziemlich; ▸ **I hope nothing ~ has happened** ich hoffe, daß nichts Schlimmes passiert ist.

un·trans·fer·able [ˌʌntrænsˈfɜːrəbl] *adj com* nicht übertragbar.

un·trans·lat(e·)able [ˌʌntrænsˈleɪtəbl] *adj* unübersetzbar.

un·true [ˌʌnˈtruː] *adj* 1. unwahr, falsch; 2. unrichtig.

un·trust·worthy [ʌnˈtrʌstˌwɜːðɪ] *adj* unzuverlässig.

un·truth [ʌnˈtruːθ] Unwahrheit *f;* **un·truth·ful** [ʌnˈtruːθfl] *adj* 1. unwahr, falsch; 2. unwahrhaft, unaufrichtig, lügnerisch.

un·turned [ˌʌnˈtɜːnd] *adj* ▸ **leave no stone ~** *fig* nichts unversucht lassen.

un·tu·tored [ʌnˈtjuːtəd] *adj* ungeschult.

un·used [ʌnˈjuːzd] *adj* 1. ungebraucht, unbenutzt; 2. *(Kredit)* nicht beansprucht; 3. [ʌnˈjuːst] nicht gewöhnt *(to* an); nicht gewohnt *(to doing* zu tun).

un·usual [ʌnˈjuːʒl] *adj* 1. ungewöhnlich; 2. selten; **un·usually** [ʌnˈjuːʒəlɪ] *adv* ungewöhnlich; sehr; in höchstem Maße.

un·ut·ter·able [ʌnˈʌtərəbl] *adj* 1. unaussprechlich *a. fig;* 2. unbeschreiblich.

un·var·nished [ʌnˈvɑːnɪʃt] *adj (Wahrheit)* ungeschminkt.

un·veil [ʌnˈveɪl] **I** *tr* 1. entschleiern; 2. enthüllen, aufdecken *a. fig;* 3. *fig* ans

Licht, an den Tag bringen; den Schleier lüften von; **II** *itr* den Schleier fallen lassen.

un·versed [ˌʌnˈvɜːst] *adj* unerfahren (*in* in).

un·war·ranted [ˌʌnˈwɒrəntɪd] *adj* ungerechtfertigt.

un·wa·ver·ing [ʌnˈweɪvərɪŋ] *adj* standhaft, unerschütterlich.

un·well [ʌnˈwel] *adj* unwohl, unpäßlich; ▸ **feel** ~ sich nicht wohl fühlen.

un·wieldy [ʌnˈwiːldɪ] *adj* 1. unhandlich, sperrig; 2. ungeschickt, schwerfällig.

un·will·ing [ˌʌnˈwɪlɪŋ] *adj* widerwillig; ▸ **be** ~ keine Lust haben (*to do* zu tun); **un·will·ing·ly** [—lɪ] *adv* ungern.

un·wind [ˌʌnˈwaɪnd] *irr s.* wind **I** *tr* abwickeln *a. fig;* **II** *itr* 1. *fam* sich erholen; 2. *(Rolle)* sich abwickeln; *(Handlung)* sich entwickeln, abrollen.

unwise [ʌnˈwaɪz] *adj* unklug.

un·wit·ting [ʌnˈwɪtɪŋ] *adj* unbewußt; unabsichtlich; unwissentlich; **un·wit·ting·ly** [—lɪ] *adv* unwissentlich; ohne Absicht; ahnungslos.

un·wonted [ʌnˈwəʊntɪd] *adj* 1. ungewohnt (*to do* zu tun); 2. ungewöhnlich, selten.

un·work·able [ˌʌnˈwɜːkəbl] *adj* nicht durchführbar; *(Plan)* unausführbar; *(Material)* nicht bearbeitbar; *min* nicht abbauwürdig.

un·world·ly [ˌʌnˈwɜːldlɪ] *adj* weltabgewandt; weltfremd.

un·worthy [ʌnˈwɜːðɪ] *adj* unwürdig; ▸ **be** ~ **of s.th.** e-r S nicht wert, würdig sein; **that's ~ of you** das ist unter deiner Würde.

un·wrap [ʌnˈræp] *tr* auswickeln, -packen.

un·writ·ten [ʌnˈrɪtn] *adj* ungeschrieben; ▸ ~ **law** ungeschriebenes Gesetz.

un·yield·ing [ʌnˈjiːldɪŋ] *adj* 1. nicht nachgebend, starr; 2. *fig* unnachgiebig.

un·zip [ʌnˈzɪp] *tr* den Reißverschluß öffnen (*s.th.* e-r S).

up [ʌp] **I** *adv* 1. oben; nach oben; ▸ ~ **here** hier oben; ~ **there** da oben; **on the way** ~ auf dem Weg hinauf; *fig* auf dem Weg nach oben; **go** ~ hinauf-, hochgehen; **jump** ~ aufspringen; hinaufspringen; **look** ~ hochsehen; **things are looking** ~ es geht bergauf; **throw** ~ hochwerfen; *fam* kotzen *fam;* **(stand)** ~! steh auf! ~ **in Hamburg** oben in Hamburg; 2. *(nicht im Bett)* auf; ▸ **get** ~ aufstehen; 3. *(Preise)* gestiegen; 4. *(Gebäude)* gebaut; ▸ **be** ~ stehen; *(Gerüst)* aufgestellt sein; *(Bild, Mitteilung, Tapete, Vorhänge)* hängen; 5. *(Zahlen)* aufwärts; **from £ 3** ~ von 3 £ aufwärts, ab 3 £; **from the age of 18** ~ ab 18 Jahren; ~ **to 100 DM** bis zu 100 DM; 6. *(Begrenzung)* bis; ▸ ~ **to here, now** bis hier, jetzt; 7. *sport* in Führung;

be one ~ on s.o. *fig* jdm um einen Schritt voraus sein; **8.** *(in Kenntnissen)* beschlagen *(in, on* in); ▶ **be well ~ in s.th.** sich in etw auskennen; **9.** zu Ende, vorüber, um; ▶ **time's ~** die Zeit ist um; **it's all ~ with her** es ist aus mit ihr; **10.** *(~ to)* gewachsen; abhängig; ▶ **be, feel ~ to s.th.** e-r S gewachsen sein; **it's ~ to him to do that** es hängt von ihm ab, das zu tun, es liegt bei ihm, das zu tun; **it's ~ to my boss** das ist Aufgabe meines Chefs; **it's not ~ to much** das taugt nicht viel; **11.** *(mit anderen Präpositionen)* ~ **against** gegen; ▶ **be ~ against problems** Schwierigkeiten haben; **be ~ against a difficult opponent** einem schwierigen Gegner gegenüberstehen; **I know what we're ~ against** ich weiß, wie schwer das ist; ~ **and down** auf und ab; hin und her; ~ **and ~** immer höher; **12.** *(Wendungen)* **what are you ~ to?** was machst du?; was hast du vor? **he is ~ to no good** er führt irgend etwas im Schilde; **what's ~?** *fam* was ist los? **what's ~ with you?** was ist mit dir los? **there is something ~ with him,** it irgend etwas stimmt mit ihm, damit nicht; **be ~ for sale** zu verkaufen sein, zum Verkauf stehen; **be ~ for discussion** zur Diskussion stehen; **be ~ for election** aufgestellt sein; **be ~ for trial** vor Gericht stehen; **II** *prep* hinauf; oben auf; ▶ **go ~ the hill** den Berg hinaufgehen; **III** *s* Höhepunkt *m;* ▶ **~s and downs** Höhen und Tiefen; **be on the ~ and ~** immer besser werden; *sl* sauber sein; **IV** *tr fam* erhöhen; *(Produktion)* ankurbeln; **V** *itr fam* aufstehen; ▶ **she ~ped and kissed him** sie gab ihm plötzlich einen Kuß.

up-and-com·ing ['ʌpən'kʌmɪŋ] *adj* aufstrebend; im Aufstieg *pred.*

up·beat ['ʌpbiːt] *mus* Auftakt *m.*

up·braid [,ʌp'breɪd] *tr* tadeln *(for, with* wegen).

up·bring·ing ['ʌpbrɪŋɪŋ] Erziehung *f.*

up·com·ing ['ʌp,kʌmɪŋ] *adj Am* bevorstehend.

up·coun·try [,ʌp'kʌntrɪ] *adj* landeinwärts, im Landesinnern.

up·date [,ʌp'deɪt] *tr* auf den neuesten Stand bringen, modernisieren, aktualisieren; **up·dat·ing** [—ɪŋ] Aktualisierung *f.*

up·end [ʌp'end] *tr* **1.** umstülpen; **2.** auf den Kopf, hochkant stellen.

up·grade ['ʌp,greɪd] **I** *s Am* Steigung *f (im Gelände);* ▶ **be on the ~** *fig* auf dem Weg nach oben sein; **II** *adj Am* ansteigend; **III** *adv Am* bergauf; **IV** *tr* [,ʌp'greɪd] höher einstufen; befördern; *(Image, Verdienst)* aufbessern, -werten, anheben; *EDV* erweitern; **up·grad·ing** [,ʌp'greɪdɪŋ] **1.** Höhergruppierung *f;* **2.** Beförderung *f;* **3.** *EDV* Erweiterung *f.*

up·heav·al [,ʌp'hiːvl] *fig* Umwälzung *f,* Umsturz *m.*

up·hill [,ʌp'hɪl] **I** *adv* bergan, bergauf; **II** *adj* **1.** (an)steigend; **2.** *fig* mühselig, anstrengend.

up·hold [,ʌp'həʊld] *tr irr s.* hold wahren; *(Gesetz)* hüten; *(Entscheidung, jdn)* unterstützen; *jur* bestätigen.

up·hol·ster [ʌp'həʊlstə(r)] *tr* polstern; ▶ **well ~ed** *(Mensch)* gut gepolstert; **up·hol·sterer** [ʌp'həʊlstərə(r)] Polsterer *m;* **up·hol·stery** [ʌp'həʊlstərɪ] Polsterung *f;* Polstern *n;* Polsterei *f.*

up·keep ['ʌpkiːp] **1.** Instandhaltung *f;* **2.** Instandhaltungs-, Unterhaltungskosten *pl.*

up·land ['ʌplənd] *oft pl* Hochland *n.*

up·lift ['ʌplɪft] **I** *s fig* Erbauung *f;* Erhebung *f;* **II** *tr* [ʌp'lɪft] **1.** *fig* erheben; **2.** *(schottisch)* abholen; ▶ **feel ~ed** sich erbaut fühlen.

up·market ['ʌp'maːkɪt] *adj (Produkt)* für den anspruchsvollen Kunden; *(Haus, Hotel usw)* luxuriös; Luxus-; *(Zeitschrift, Kunde)* anspruchsvoll.

upon [ə'pɒn] *prep = on;* ▶ **once ~ a time** es war einmal; ~ **inquiry** auf Erkundigungen hin; ~ **this** hierauf, danach, dann; ~ **my word** auf mein Wort.

up·per ['ʌpə(r)] **I** *adj* höhere(r, s), obere(r, s) *a. fig;* ▶ ~ **arm, jaw, lip** Oberarm *m,* -kiefer *m,* -lippe *f;* **U~ Egypt** Oberägypten *n;* ~ **income bracket** obere Einkommensgruppe; **get, have the ~ hand of** die Oberhand gewinnen, haben über; **the ~ circle** *theat* der erste Rang; **the U~ House** *parl* das Oberhaus; **the ~ storey** oberes Stockwerk; *fam* das Oberstübchen; **the ~ crust** *fam* die oberen Zehntausend; **II** *s* **1.** *pl* Oberleder, -material *n;* **2.** *sl* Peppille *f;* ▶ **be on one's ~s** auf den Hund gekommen sein; **upper case** *typ* Großbuchstabe *m;* **upper class** Oberschicht *f;* **upper-class** *adj* der Oberschicht; vornehm, fein; **upper-cut** *(Boxen)* Kinnhaken *m;* **upper deck** *mar* Oberdeck *n;* **up·per·most** ['—məʊst] **I** *adj* oberste(r, s), höchste(r, s); **II** *adv* ganz oben; ▶ **say whatever comes ~** sagen, was e-m gerade einfällt.

up·pish, up·pity ['ʌpɪʃ, 'ʌpətɪ] *adj* dünkelhaft, überheblich.

up·right ['ʌpraɪt] **I** *adj* **1.** aufrecht, senkrecht; **2.** aufrecht, ehrlich; **II** *adv* aufrecht, gerade; senkrecht; **III** *s* **1.** Ständer, Pfosten *m;* **2.** *mus* Klavier *n.*

up·ris·ing ['ʌpraɪzɪŋ] Aufstand *m.*

up·roar ['ʌprɔː(r)] Lärm, Spektakel *m;* **up·roari·ous** [ʌp'rɔːrɪəs] *adj* tobend, lärmend, laut; fürchterlich komisch.

up·root [ʌp'ruːt] *tr* **1.** entwurzeln; **2.** *fig (Übel)* ausmerzen.

up·set [ʌp'set] ⟨*irr* upset, upset⟩ **I** *tr* **1.** umstoßen, umwerfen, umkippen; **2.** *(jdn)* bestürzen, mitnehmen; aus der

Fassung bringen; aus dem Gleichgewicht bringen; aufregen; verletzen; **3.** *(Pläne, Berechnungen)* durcheinanderbringen; *(Theorie)* umstoßen; **4.** *(Magen)* verderben; ▶ **don't ~ yourself** regen Sie sich nicht auf; **now you've ~ her** jetzt ist sie beleidigt; jetzt regt sie sich auf; **what's ~ you?** was hast du denn? **fat food ~s my stomach, me** fettes Essen vertrage ich nicht; **II** *itr* umkippen; **III** *adj* **1.** mitgenommen, geknickt; bestürzt; ärgerlich; gekränkt; **2.** *(Magen)* verstimmt, verdorben; ▶ **don't be ~!** nimm's nicht so schwer! **I'd be ~ if he did that** ich würde mich aufregen, wenn er das täte; **IV** *s* ['ʌpset] **1.** Störung *f;* böse Überraschung; **2.** Aufregung *f;* Ärger *m;* **3.** verdorbener Magen, Magenverstimmung *f;* ▶ **that was an ~ to our plans** das hat unsere Pläne durcheinandergeworfen; **upset price** Mindestpreis *m.*

up·shot ['ʌpʃɒt] Ergebnis, Resultat *n.*

up·side-down [ˌʌpsaɪd 'daʊn] *adv* verkehrt herum; ▶ **turn s.th. ~** etw auf den Kopf stellen; **the world is ~** die Welt steht kopf.

up·stage [ˌʌp'steɪdʒ] **I** *adv* im Hintergrund der Bühne; **II** *adj fam* eingebildet, hochmütig; **III** *tr fig* an die Wand spielen, in den Hintergrund drängen.

up·stairs [ˌʌp'steəz] **I** *adv* **1.** oben, im oberen Stock; **2.** (die Treppe) hinauf, in den oberen Stock; ▶ **go ~** nach oben, hinaufgehen; **II** *adj* im oberen Stockwerk; **III** *s* obere Stockwerke *n pl.*

up·stand·ing [ˌʌp'stændɪŋ] *adj fig* rechtschaffen; ▶ **be ~** *jur* stehen; aufstehen.

up·start ['ʌpstɑːt] Emporkömmling *m.*

up·state ['ʌpsteɪt] *adj Am* im Norden (des Bundesstaates); in den Norden.

up·stream [ˌʌp'striːm] *adv* fluß-, stromaufwärts.

up·surge ['ʌpsɜːdʒ] **1.** Aufwallung *f;* **2.** *fig* steiler Aufstieg, Anstieg.

up·swing ['ʌpswɪŋ] *fig* Anstieg, Aufschwung *m; com* Konjunkturaufschwung *m.*

up·take ['ʌpteɪk] ▶ **be quick on the ~** schnell begreifen; **be slow on the ~** schwer von Begriff sein.

up·tight [ʌp'taɪt] *adj sl* verklemmt; verärgert; nervös; ▶ **be ~ about s.th.** etw eng sehen; **get ~ about s.th.** *fam* wegen etw ausflippen.

up-to-date [ˌʌptə'deɪt] *adj* **1.** auf dem neuesten Stand; hochaktuell; **2.** modern; ▶ **keep ~** auf dem laufenden bleiben; **bring ~** auf den neuesten Stand bringen; **up-to-the-min·ute** ['ʌptəðə'mɪnɪt] *adj* modernste(r, s); *(Information)* auf dem neuesten Stand.

up·town [ˌʌp'taʊn] *Am* **I** *adv* im, in den Norden (der Stadt); im, ins Villenviertel; **II** *s* Villenviertel *n.*

up·trend ['ʌptrend] Aufwärtstrend *m.*

up·turn ['ʌptɜːn] *fig* Besserung *f,* Aufschwung *m;* ▶ **economic ~** Konjunkturbelebung *f;* **up·turned** [ˌʌp'tɜːnd] *adj* umgedreht, -gestülpt; ▶ **~ nose** Stupsnase *f.*

up·ward ['ʌpwəd] **I** *adj* Aufwärts-, nach oben; ▶ **~ movement** Aufwärtsbewegung *f;* **~ mobility** Aufstiegsmöglichkeiten *f pl;* **~ slope** Steigung *f;* **II** *adv (a. ~s)* aufwärts *a. fig;* ▶ **and ~s** u. mehr, u. darüber; **go ~s** in die Höhe gehen; **up·ward·ly** [—lɪ] *adv* ▶ **~ mobile** beruflich erfolgreich; auf der Karriereleiter; **upward trend** steigende Tendenz; **~ of prices, of wages** Preis-, Lohnauftrieb *m.*

ur(a)e·mia [juə'riːmjə] *med* Urämie, Harnvergiftung *f.*

ura·nium [ju'reɪnɪəm] *chem* Uran *n;* ▶ **~ deposit, fission, ore** Uranvorkommen *n,* -spaltung *f,* -erz *n.*

Ura·nus [ju'reɪnəs] *astr* Uranus *m.*

ur·ban ['ɜːbən] *adj* städtisch; ▶ **~ and regional policy** Raumordnungspolitik *f;* **~ renewal** Stadtsanierung *f;* **~ warfare** Stadtguerilla *f;* **~ sprawl** Ballungsgebiet *n;* unkontrollierte Ausdehnung e-r Stadt.

ur·bane [ɜː'beɪn] *adj* höflich; weltmännisch; **ur·ban·ity** [ɜː'bænətɪ] Kultiviertheit *f;* Höflichkeit *f; pl* gute Umgangsformen *f pl.*

ur·ban·iz·ation [ˌɜːbənaɪ'zeɪʃn] Verstädterung *f;* **ur·ban·ize** ['ɜːbənaɪz] *tr* verstädtern; ▶ **highly ~d region** Ballungsgebiet *n,* -raum *m.*

ur·chin ['ɜːtʃɪn] **1.** *zoo* Seeigel *m;* **2.** Lausbub *m.*

urethra [juə'riːθrə] Harnröhre *f.*

urge [ɜːdʒ] **I** *tr* **1.** inständig bitten; **2.** drängen auf; **3.** *(Anspruch)* betonen; *(Argument)* anführen; **4.** *(~ on)* weiter-, vorantreiben; ▶ **~ s.o. to do s.th.** jdn drängen, etw zu tun; jdm zureden, etw zu tun; **~ s.th. on s.o.** jdm etw aufdrängen; **II** *s* Verlangen, Bedürfnis *n;* Drang *m;* *(körperlich)* Trieb *m;* **III** *(mit Präposition)* **urge on** *tr* vorantreiben, antreiben; anfeuern.

ur·gency ['ɜːdʒənsɪ] Dringlichkeit *f;* ▶ **a matter of ~** dringend; **there is no ~** es eilt nicht; **~ measure** Dringlichkeitsmaßnahme *f;* **~ motion** Dringlichkeitsantrag *m;* **ur·gent** ['ɜːdʒənt] *adj* **1.** dringend, (vor)dringlich, eilig; **2.** *(Ton, Bitte)* dringlich; ▶ **be ~** eilen; **be in ~ need of s.th.** etw dringend brauchen; **be ~ about s.th.** etw eindringlich betonen; **give ~ attention to s.th.** etw vordringlich behandeln; **very ~** eilt sehr; **ur·gent·ly** [—lɪ] *adv* dringend.

uri·nal ['juərɪnl] **1.** *med* Harnglas *n,* Urinflasche; **2.** Pissoir *n;* **uri·nary**

['juərɪnɪ] *adj* Harn-; **uri·nate** ['juərɪneɪt] *itr* Wasser lassen; **urine** ['juərɪn] Urin, Harn *m.*

urn [ɜ:n] **1.** *(funeral ~)* (Toten)Urne *f;* **2.** Tee-, Kaffeemaschine *f.*

us [əs, *betont:* ʌs] *prn* uns *dat u. acc;* ▶ **all of** ~ wir alle; **both of** ~ wir beide; **it's** ~ wir sind es.

usage ['ju:zɪdʒ] **1.** Brauch *m,* Sitte, Gewohnheit *f;* Handelsbrauch *m;* **2.** (Sprach)Gebrauch *m;* **3.** Behandlung *f;* ▶ **come into** ~ üblich werden; **that's local** ~ das ist ortsüblich; das ist (so) Brauch.

use [ju:z] **I** *tr* **1.** benützen, benutzen; verwenden; gebrauchen; *(Methode, Behandlung, Gewalt, Fähigkeiten)* anwenden; *(Medikamente)* nehmen; **2.** (aus)nutzen, (aus)nützen; *(Vorteil)* nutzen; *(Abfallprodukte)* verwerten, nutzen; **3.** *(mit „can")* (ge)brauchen; **4.** *(~ up)* verbrauchen; **5.** *pej* ausnutzen; **6.** [ju:s] *s. used³* ▶ ~ **s.th. for s.th.** etw für etw verwenden; ~ **s.th. as s.th.** etw als etw verwenden; ~ **s.o.'s name** jds Namen verwenden; *(als Referenz)* jds Namen nennen, angeben; **I could** ~ **a whisky** ich könnte einen Whisky vertragen; **I could** ~ **a few pounds** ich könnte ein paar Pfund (gut) gebrauchen; **I feel** ~**d** ich komme mir ausgenutzt vor; **II** *s* [ju:s] **1.** Verwendung *f;* Benutzung *f;* Gebrauch *m;* **2.** *(Gewalt, Methode)* Anwendung *f;* **3.** Nutzung *f; (Abfallprodukte)* Verwertung *f;* **4.** Nutzen *m;* **5.** Gebrauch *m,* Benutzung, *jur* Nutznießung *f;* **6.** Brauch *m;* ▶ **be in** ~ benutzt werden; in Betrieb sein; **be out of** ~ nicht in Gebrauch sein; nicht in Betrieb sein; **be of** ~ nützlich sein *(for s.o.* jdm); **come into** ~ in Gebrauch kommen; **fall, go out of** ~ außer Gebrauch kommen; **have the** ~ **of s.th.** etw benutzen können; **have no** ~ **for s.th.** etw nicht gebrauchen können; für etw keine Verwendung haben; **make** ~ **of s.th.** etw benutzen; etw ausnutzen; **put to** ~ Gebrauch machen von; **for the** ~ **of** für; **direction for** ~ Gebrauchsanweisung *f;* **ready for** ~ gebrauchsfertig; einsatzbereit; **he, it is no** ~ er, das nützt nichts, ist nicht zu gebrauchen; **it's no** ~ **telling him** es hat keinen Zweck, es ihm zu sagen; **can I be of any** ~? kann ich irgendwie helfen? **it's no** ~! es hat keinen Zweck! **what's the** ~ was nützt das schon; **III** *(mit Präposition)* **use up** *tr* verbrauchen; aufbrauchen; verwerten; ▶ **it's** ~**d up** es ist alle; **feel** ~**d up** sich ausgelaugt fühlen.

used¹ [ju:zd] *adj (Waren, Auto)* gebraucht; Gebraucht-; *(Briefmarke)* gestempelt; *(Handtuch, Taschentuch etc)* benutzt.

used² [ju:st] *adj* gewohnt; ▶ **be** ~ **to**

s.th. an etw gewöhnt sein, etw gewohnt sein; **get** ~ **to s.th.** sich an etw gewöhnen.

used³ [ju:st] *aux (nur in der Vergangenheit)* üblicherweise getan haben; ▶ **I** ~ **to like it** früher mochte ich das; **things aren't what they** ~ **to be** es ist alles nicht mehr so wie früher; **he didn't use to smoke, he** ~ **not to smoke** er hat früher nicht geraucht.

use·ful ['ju:sfl] *adj* **1.** nützlich; brauchbar; praktisch; **2.** *fam* fähig, tüchtig; ▶ **prove (to be)** ~ sich als nützlich erweisen; **make o.s.** ~ sich nützlich machen; **come in** ~ sich als nützlich erweisen; ~ **life** *tech* Lebensdauer *f;* **use·ful·ness** ['ju:sflnɪs] Nützlichkeit, Brauchbarkeit *f;* **use·less** ['ju:slɪs] *adj* **1.** nutzlos, unnütz, zwecklos; **2.** unbrauchbar.

user ['ju:zə(r)] **1.** Benutzer(in) *m (f);* **2.** *com* Verbraucher(in) *m (f);* **3.** *EDV* Anwender(in), Bediener(in) *m (f);* ▶ ~**'s guide, handbook** Benutzerhandbuch *n;* **road** ~ Verkehrsteilnehmer(in) *m (f);* **ultimate** ~ Letzt-, Endverbraucher *m;* **user-friendly** ['ju:zə'frendlɪ] *adj* benutzerfreundlich; **user interface** *EDV* Benutzeroberfläche *f;* **user program** *EDV* Anwenderprogramm *n;* **user software** Anwendersoftware *f.*

usher ['ʌʃə(r)] **I** *s* **1.** Platzanweiser *m;* **2.** *jur* Gerichtsdiener *m;* **II** *tr* begleiten, bringen; ▶ ~ **into a room** in ein Zimmer bringen; ~ **out of a room** hinausbringen; ~ **s.o. in** jdn hineinführen; ~ **in a new era** ein neues Zeitalter einleiten; **usher·ette** [ʌʃə'ret] Platzanweiserin *f.*

usual ['ju:ʒl] *adj* gewöhnlich, üblich; ▶ **as** ~ wie gewöhnlich; **the** ~ das Übliche; wie üblich; **usually** ['ju:ʒəlɪ] *adv* gewöhnlich, im allgemeinen.

usu·fruct ['ju:sju:frʌkt] *jur* Nießbrauch *m.*

usurer ['ju:ʒərə(r)] Wucherer *m;* **usurious** [ju:'zjuərəs] *adj* Wucher-.

usurp [ju:'zɜ:p] *tr* widerrechtlich Besitz ergreifen von; usurpieren; an sich reißen; **usurper** [ju:'zɜ:pə(r)] unrechtmäßiger Machthaber, Usurpator *m; fig* Eindringling *m.*

usury ['ju:ʒərɪ] Wucher *m.*

uten·sil [ju:'tensl] Gerät, Utensil *n.*

uterine ['ju:təraɪn] *adj* der Gebärmutter; ▶ ~ **brother, sister** Halbbruder *m,* Halbschwester *f* mütterlicherseits; **uterus** ['ju:tərəs] Gebärmutter *f,* Uterus *m.*

utili·tar·ian [ju:tɪlɪ'teərɪən] **I** *adj* auf Nützlichkeit ausgerichtet; utilitaristisch; **II** *s* Utilitarist *m.*

util·ity [ju:'tɪlətɪ] **I** *s* **1.** Nützlichkeit *f,* Nutzen *m;* **2.** *(public ~)* (öffentlicher) Versorgungsbetrieb *m;* **II** *attr adj* Gebrauchs-; ▶ ~ **room** Abstellraum *m.*

util·iz·ation [ju:tɪlaɪ'zeɪʃn] Verwendung,

Nutzung *f;* Auswertung *f;* **util·ize** ['ju:tɪlaɪz] *tr* verwenden; nutzen; verwerten.

ut·most ['ʌtməʊst] **I** *adj* **1.** größte(r, s), höchste(r, s); **2.** äußerste(r, s), weiteste(r, s); ► **of the ~ importance** äußerst wichtig; **with the ~ speed** so schnell wie möglich; **II** *s* (das) Beste; (das) Äußerste; ► **do one's ~** sein möglichstes tun; **that is the ~ I can pay** mehr kann ich nicht bezahlen; **to the ~** aufs äußerste; **at the ~** höchstens.

ut·ter[1] ['ʌtə(r)] *tr* **1.** äußern, von sich geben; *(Schrei)* ausstoßen; *(Verleumdung)* verbreiten; **2.** *(Geld)* in Umlauf bringen; *(Scheck)* ausstellen.

ut·ter[2] ['ʌtə(r)] *adj* **1.** völlig, total; **2.** unverbesserlich; ► **what ~ nonsense!** was für ein Unsinn!

ut·ter·ance ['ʌtərəns] **1.** Äußerung *f;* **2.** Sprechen *n;* Ausdruck *m;* ► **give ~ to s.th.** e-r S Ausdruck geben, etw zum Ausdruck bringen.

ut·ter·ly ['ʌtəlɪ] *adv* völlig, total; ► **despise s.o. ~** jdn zutiefst verachten; **~ beautiful** unsagbar schön.

ut·ter·most ['ʌtəməʊst] *s. utmost.*

U-turn ['ju:tɜ:n] Kehrtwendung *f a. fig;* ► **no ~s!** Wenden verboten!

uvula ['ju:vjʊlə] *anat* Zäpfchen *n.*

ux·ori·ous [ʌk'sɔ:rɪəs] *adj (Mann)* äußerst liebevoll, anhänglich.

V

V, v [viː] ⟨*pl* -'s⟩ V, v *n.*
vac [væk] *fam* Ferien *pl.*
va·cancy ['veɪkənsɪ] **1.** Leere *f;* **2.** *(Hotel)* freies Zimmer; **3.** *(Firma)* offene Stelle; **4.** *fig* geistige Leere; ▶ advertise a ~ e-e freie Stelle ausschreiben; fill a ~ e-e Stelle besetzen; **Vacancies** *(Zeitungsrubrik)* Stellenangebote *n pl,* Stellenmarkt *m;* (Hotel) Zimmer frei; **va·cant** ['veɪkənt] *adj* **1.** leer; **2.** *(Raum, Wohnung, Haus)* leerstehend, unbewohnt; **3.** *(Toilette, Zimmer, Platz)* frei; **4.** *(Stelle)* unbesetzt, frei, vakant; **5.** *fig* geistesabwesend; ▶ be ~ leer stehen; ~ possession sofort beziehbar; **va·cate** [və'keɪt, *Am* 'veɪkeɪt] *tr* **1.** *(Wohnung)* räumen; **2.** *(Stelle)* aufgeben; **3.** *(Amt)* niederlegen, zur Verfügung stellen; **4.** *(Platz)* freimachen; **va·ca·tion** [və'keɪʃn, *Am* veɪ'keɪʃn] **I** *s* **1.** Räumung *f;* **2.** (Amts)Niederlegung *f;* **3.** (Schul-, Semester-, Gerichts)Ferien *pl;* Urlaub *m;* ▶ on ~ in Urlaub; take a ~ *Am* Ferien machen; Urlaub nehmen; summer ~ Sommerferien *pl;* **II** *itr Am* Urlaub, Ferien machen *(in, at* in); **va·ca·tioner, va·ca·tion·ist** [veɪ'keɪʃənə(r), veɪ'keɪʃənɪst] *Am* Urlauber(in) *m (f).*
vac·ci·nate ['væksɪneɪt] *tr* impfen *(against* gegen); **vac·ci·na·tion** [ˌvæksɪ'neɪʃn] Impfung *f;* **vac·cine** ['væksiːn] Impfstoff *m.*
vac·il·late ['væsɪleɪt] *itr* wanken, schwanken *a. fig (between* zwischen); **vac·il·la·tion** [ˌvæsɪ'leɪʃn] *fig* Schwanken *n,* Unschlüssigkeit *f.*
vacu·ity [və'kjuːətɪ] **1.** Leere *f;* **2.** *fig* Gedanken-, Geistlosigkeit *f;* **vacu·ous** ['vækjʊəs] *adj* **1.** leer; ausdruckslos; **2.** gedanken-, geistlos; **vac·uum** ['vækjʊəm] ⟨*pl* -uums, -uua⟩ [—jʊəmz, —jʊə] **I** *s* (luft)leerer Raum, Vakuum *n;* **II** *tr* mit e-m Staubsauger reinigen; **vacuum bottle, vacuum flask** Thermosflasche *Wz,* Isolierkanne *f;* **vacuum cleaner** Staubsauger *m;* **vac·uum-packed** [ˌvækjʊəm'pækt] *adj* vakuumverpackt.
vaga·bond ['vægəbond] Landstreicher(in) *m (f),* Vagabund *m obs.*
va·gary ['veɪgərɪ] Laune, Grille *f;* verrückte Idee; ▶ the vagaries of life die Wechselfälle des Lebens.
va·gina [və'dʒaɪnə] Scheide, Vagina *f.*
va·grancy ['veɪgrənsɪ] Landstreicherei *f;* **va·grant** ['veɪgrənt] **I** *s* Landstrei-

cher(in) *m (f);* **II** *adj* **1.** vagabundierend; **2.** *fig* unstet.
vague [veɪg] *adj* **1.** vage, unbestimmt; **2.** ungenau, unklar, verschwommen; **3.** zerstreut; ▶ not the ~st idea nicht die leiseste Ahnung; **vague·ness** ['—nɪs] Unbestimmtheit, Unklarheit, Verschwommenheit *f;* Zerstreutheit *f.*
vain [veɪn] *adj* **1.** eitel; eingebildet; **2.** zweck-, nutzlos, vergeblich; ▶ in ~ umsonst, vergeblich; take s.o.'s name in ~ respektlos, leichtfertig von jdm sprechen; **vain·glorious** [ˌveɪn'glɔːrɪəs] *adj* prahlerisch; *(Person)* dünkelhaft.
val·ance ['væləns] Volant *m.*
vale [veɪl] *poet* Tal *n;* ▶ this ~ of tears dieses Jammertal.
val·edic·tion [ˌvælɪ'dɪkʃn] **1.** Abschied *m,* Lebewohl *n;* **2.** Abschiedsworte *n pl;* *Am* Abschiedsrede *f;* **val·edic·tory** [ˌvælɪ'dɪktərɪ] *Am* Abschiedsrede *f.*
val·ence, val·ency ['væləns, 'veɪlənsɪ] **1.** *chem* Wertigkeit *f;* **2.** *ling* Valenz *f.*
Val·en·tine ['væləntaɪn] Valentin *m;* ▶ v~ am Valentinstage *(14. Februar)* erwählter Schatz; v~ (card) Karte *f* zum Valentinstag.
val·erian [və'lɪərɪən] *bot* Baldrian *m.*
valet ['vælɪt] **1.** (Kammer)Diener *m;* **2.** Hoteldiener *m;* **valet service** *(Hotel)* Reinigungsdienst *m.*
val·etu·di·nar·ian [ˌvælɪtjuːdɪ'neərɪən] **I** *adj* **1.** kränklich; **2.** hypochondrisch; **II** *s* **1.** kränklicher Mensch; **2.** Hypochonder *m.*
val·iant ['vælɪənt] *adj* tapfer, mutig.
valid ['vælɪd] *adj* **1.** gültig; *(Vertrag)* bindend, rechtskräftig; *(Anspruch)* berechtigt; **2.** *(Grund)* stichhaltig, triftig; *(Einwand)* berechtigt; ▶ ~ for three months drei Monate gültig; ~ until recalled gültig bis auf Widerruf; become ~ rechtswirksam werden; remain ~ Geltung behalten; **vali·date** ['vælɪdeɪt] *tr* für gültig erklären, bestätigen; **valid·ity** [və'lɪdətɪ] **1.** Gültigkeit *f;* Rechtswirksamkeit *f;* **2.** Stichhaltigkeit *f.*
val·ley ['vælɪ] Tal *n.*
val·our, *Am* **valor** ['vælə(r)] *lit* Tapferkeit *f,* Mut *m.*
valu·able ['væljʊəbl] **I** *adj* **1.** wertvoll, kostbar; **2.** geschätzt; **II** *s pl* Wertgegenstände *m pl,* -sachen *f pl;* **valu·ation** [ˌvæljʊ'eɪʃn] **1.** (Ab)Schätzung, Wertermittlung *f;* **2.** Veranschlagung, Bewertung, Wertfestsetzung *f;* **3.** Schätz-, Taxwert *m;* **4.** *fig* Beurteilung *f;* **valu·ator**

['væljʊeɪtə(r)] Taxator, Schätzer *m;* **value** ['vælju:] I *s* 1. Wert *m;* 2. Nutzen *m;* 3. *pl* sittliche Werte *m pl;* 4. *math* Wert *m;* 5. *mus* Quantität *f;* ► at ~ zum Tageskurs; **of lasting** ~ von bleibendem Wert; **of no, little** ~ nichts, wenig wert; **be of** ~ **to s.o.** jdm nützen; **of gréat** ~ sehr wertvoll; **to the** ~ **of** im Wert(e) von; **attach** ~ **to s.th., put a** ~ **on s.th.** e-r S Wert, Bedeutung beimessen; **what's the** ~ **of it?** was ist er wert? **go down in** ~ an Wert verlieren; **it's good** ~ das ist preiswert; **get** ~ **for money** reell bedient werden; **increase in** ~ Wertsteigerung *f;* **loss in** ~ Wertverlust *m;* **nominal** ~ Nennwert *m;* II *tr* 1. (ab)schätzen, bewerten, taxieren (*at* auf); 2. *fig* (wert)schätzen; **value-added tax, VAT** Mehrwertsteuer, MwSt *f;* **valued** ['vælju:d] *adj* geschätzt; **value·less** ['vælju:lɪs] *adj* 1. wertlos; 2. *(Beurteilung)* wertfrei; **valuer** ['vælju:ə(r)] Schätzer, Taxator *m.*

valve [vælv] 1. Ventil *n;* 2. *radio TV* Röhre *f;* 3. *anat* Klappe *f.*

va·moose [və'mu:s] *itr Am sl* abhauen, türmen.

vamp[1] [væmp] I *s* 1. Oberleder *n;* 2. improvisierte Begleitmusik; II *tr* 1. flikken; 2. *mus* improvisieren; ► ~ **up** *sl* aufmotzen; III *itr mus* improvisieren.

vamp[2] [væmp] I *s (Frau)* Vamp *m;* II *itr* verführerisch sein.

vam·pire ['væmpaɪə(r)] Vampir *m.*

van[1] [væn] 1. *Br* Lieferwagen *m;* Möbelwagen *m;* 2. *rail* Güterwagen *m;* 3. *fam* Wohnwagen *m;* ► **gipsy's** ~ Zigeunerwagen *m;* **removal** ~ Möbelwagen *m;* **luggage** ~ *rail* Gepäckwagen *m.*

van[2] [væn] *(Tennis) Abk:* **advantage** Vorteil *m.*

van[3] [væn] *Abk:* **vanguard** Vorhut *f a. fig.*

van·dal ['vændl] *fig* Rowdy *m;* **van·dal·ism** ['vændəlɪzəm] mutwillige Sachbeschädigung, Vandalismus *m;* **van·dal·ize** ['vændəlaɪz] *tr* mutwillig zerstören.

vane [veɪn] 1. Wetterfahne *f;* 2. *(Propeller)* Flügel *m;* 3. *tech* Schaufel *f.*

van·guard ['vænɡɑ:d] 1. *mil* Vorhut *f;* 2. *fig* Avantgarde *f;* ► **be in the** ~ **of s.th.** an der Spitze von etw stehen.

va·nilla [və'nɪlə] *bot* Vanille *f.*

van·ish ['vænɪʃ] *itr* verschwinden; *(Angst, Sorgen)* sich legen; *(Hoffnung)* schwinden; *(Rasse, Kultur)* untergehen; ► ~**ing cream** Tagescreme *f;* ~**ing point** Fluchtpunkt *m; fig* Nullpunkt *m.*

van·ity ['vænətɪ] 1. Eitelkeit, Selbstgefälligkeit *f;* Einbildung *f;* 2. Nichtigkeit *f;* Vergeblichkeit *f;* 3. *Am* Frisiertisch *m;* **vanity bag, vanity case** Kosmetikkoffer *m.*

van·quish ['væŋkwɪʃ] *tr* besiegen.

van·tage ['vɑ:ntɪdʒ] Vorteil *m (a. Tennis);* **vantage-point** günstiger Aussichtspunkt; ► **from a modern** ~ aus moderner Sicht.

vapid ['væpɪd] *adj fig* nichtssagend; fade.

va·por·iz·ation [ˌveɪpəraɪ'zeɪʃn, *Am* ˌveɪpərɪ'zeɪʃn] Verdampfung *f;* Verdunstung *f;* **va·por·ize** ['veɪpəraɪz] *tr, itr* verdampfen; verdunsten; **va·por·izer** ['veɪpəraɪzə(r)] Verdampfer *m;* Zerstäuber *m;* **va·pour,** *Am* **va·por** ['veɪpə(r)] Dampf *m;* Dunst *m;* ► **water** ~ Wasserdampf *m;* **vapo(u)r pressure** Dampfdruck *m;* **vapo(u)r trail** *aero* Kondensstreifen *m.*

varia·bil·ity [ˌveərɪə'bɪlətɪ] Veränderlichkeit *f;* **vari·able** ['veərɪəbl] I *adj* 1. veränderlich; *(Winde)* wechselnd; 2. *tech* regulierbar; einstellbar; 3. *fig (Wetter, Stimmung)* unbeständig; II *s math* Variable *f,* veränderliche Größe.

vari·ance ['veərɪəns] 1. Unterschied *m;* Abweichung *f;* 2. *(Statistik)* Streuung *f;* ► **at** ~ *(Sachen)* im Widerspruch (*with* zu); **be at** ~ **with s.o.** anderer Meinung sein als jem.

vari·ant ['veərɪənt] I *adj* andere(r, s), verschiedenartig; II *s* Variante *f;* **vari·ation** [ˌveərɪ'eɪʃn] 1. Veränderung *f;* Variation *f; mete fin* Schwankung *f;* 2. *mus* Variation *f (on* zu); 3. Variante *f a. biol;* ► ~ **in quality** unterschiedliche Qualität.

vari·cose ['værɪkəʊs] *adj* ► ~ **veins** *pl* Krampfadern *f pl.*

var·ied ['veərɪd] *adj* 1. mannigfach, verschiedenartig; unterschiedlich; 2. abwechslungsreich.

varie·gated ['veərɪgeɪtɪd] *adj* bunt, farbenprächtig; *(Blatt)* panaschiert.

var·iety [və'raɪətɪ] 1. Mannigfaltigkeit, Vielfalt *f;* 2. Abwechslung *f;* 3. Auswahl *f;* Art, Sorte *f;* 4. Spielart, Variante *f;* 5. *theat* Varieté *n;* ► **add, give** ~ **to s.th.** Abwechslung in etw bringen; **there is not much** ~ es ist nicht sehr abwechslungsreich; **a** ~ **of colours** die verschiedensten Farben; **for a** ~ **of reasons** aus verschiedenen Gründen; ~ **is the spice of life** *prov* Abwechslung muß sein; **variety act** Varieténummer *f;* **variety show** Varieté *n; radio TV* Unterhaltungssendung *f;* **variety theatre** Varietétheater *n.*

vari·ous ['veərɪəs] *adj* 1. verschiedene; 2. *fam* mehrere; ► **at** ~ **times** zu verschiedenen Zeiten; **for** ~ **reasons** aus verschiedenen Gründen.

var·mint ['vɑ:mɪnt] 1. *Am* Halunke *m;* 2. *(Tier)* Schädling *m.*

var·nish ['vɑ:nɪʃ] I *s* 1. Firnis *m;* Politur *f;* Lack *m; (Töpferei)* Glasur *f;* 2. *fig* (äußerer) Schein *m;* II *tr* 1. firnissen; polieren; lackieren; 2. *fig* beschönigen.

vars·ity ['vɑːsətɪ] *fam* Uni(versität) *f.*

vary ['veərɪ] **I** *tr* abändern; variieren; **II** *itr* **1.** sich wandeln, sich (ver)ändern, veränderlich sein; variieren; **2.** sich unterscheiden (*from* von); **vary·ing** [—ɪŋ] *adj* **1.** veränderlich; **2.** unterschiedlich.

vas·cu·lar ['væskjʊlə(r)] *adj anat zoo bot* ► ~ **system** Gefäßsystem *n.*

vase [vɑːz, *Am* veɪs] (Blumen)Vase *f.*

vas·sal ['væsl] *hist* Vasall, Lehensmann *m;* **vassal state** Vasallenstaat *m;* **vas·sal·age** ['væsəlɪdʒ] *hist* Lehenspflicht *f* (*to* gegenüber); *fig* Unterworfenheit *f* (*to* unter).

vast [vɑːst] *adj* **1.** riesig; **2.** enorm; beträchtlich, umfangreich; ► ~ **majority** überwiegende Mehrheit; **vast·ly** ['—lɪ] *adv* in hohem Maße; **vast·ness** ['—nɪs] **1.** Weite, Ausgedehntheit *f;* **2.** gewaltige Größe.

vat [væt] (großes) Faß *n,* Bottich *m.*

VAT [ˌviːeɪˈtiː] *Abk:* **value-added tax** *fin* Mehrwertsteuer, MwSt *f.*

Vati·can ['vætɪkən] Vatikan *m.*

vaude·ville ['vɔːdəvɪl] Varieté(vorstellung *f*) *n.*

vault¹ [vɔːlt] **1.** Gewölbe *n a. biol,* Wölbung *f;* **2.** Keller *m;* **3.** Gruft *f;* **4.** Stahlkammer *f,* Tresor(raum) *m.*

vault² [vɔːlt] **I** *s sport* Sprung *m;* **II** *tr* überspringen, springen über; **III** *itr* springen.

vaulted ['vɔːltɪd] *adj* gewölbt; **vault·ing** ['vɔːltɪŋ] *arch* Wölbung *f;* Gewölbe *n.*

vault·ing horse ['vɔːltɪŋhɔːs] *(Turnen)* Pferd *n;* **vaulting pole** Sprungstab *m.*

vaunt [vɔːnt] **I** *s* Loblied *n;* **II** *tr* rühmen.

VCR [ˌviːsiːˈɑː(r)] *Abk:* **video cassette recorder** Videorecorder *m.*

VD [viːˈdiː] *Abk:* **venereal disease(s)** Geschlechtskrankheit(en *pl*) *f.*

VDU [ˌviːdiːˈjuː] *Abk:* **visual display unit** Datensicht-, Bildschirmgerät *n.*

veal [viːl] Kalbfleisch *n;* **veal cutlet** Kalbsschnitzel *n.*

vec·tor ['vektə(r)] **1.** *math* Vektor *m;* **2.** *med* Träger *m.*

veer [vɪə(r)] **I** *itr* **1.** sich drehen, sich wenden; **2.** *mar* (ab)drehen; **3.** *fig* seine Meinung ändern, umschwenken (*to* zu); **II** *s* **1.** *(Wind)* Drehung *f;* **2.** *(Schiff, fig)* Kurswechsel *m;* **3.** *mot* Ausscheren *n;* **4.** *(Straße)* Knick *m,* scharfe Kurve; **III** *(mit Präposition)* **veer** (a)round *tr (Auto)* herumreißen; wenden.

veg [vedʒ] *fam* (gekochtes) Gemüse *n;* **veg·etable** ['vedʒtəbl] **I** *adj* pflanzlich; **II** *s* Gemüse *n;* ► **become a mere** ~ nur noch dahinvegetieren; **vegetable butter, fat** Pflanzenfett *n;* **vegetable food** Pflanzenkost *f,* pflanzliche Nahrung; **vegetable garden** Gemüsegarten *m;* **vegetable kingdom** Pflanzenreich *n;* **vegetable oil** Pflanzenöl *n.*

veg·etar·ian [ˌvedʒɪˈteərɪən] **I** *s* Vegeta-

rier(in) *m (f);* **II** *adj* vegetarisch; **veg·etate** ['vedʒɪteɪt] *itr fig* (dahin)vegetieren; **veg·eta·tion** [ˌvedʒɪˈteɪʃn] **1.** Vegetation *f;* **2.** *fig* Dahinvegetieren *n.*

ve·he·mence ['viːəməns] Heftigkeit *f;* Leidenschaftlichkeit *f;* **ve·he·ment** ['viːəmənt] *adj* **1.** heftig, stark, gewaltig; **2.** *fig* leidenschaftlich.

ve·hicle ['viːɪkl] **1.** Fahrzeug *n;* **2.** *fig* Träger *m;* **3.** Medium, Mittel *n;* ► **commercial** ~ Nutzfahrzeug *n;* **motor** ~ Kraftfahrzeug *n;* ~ **of, for propaganda** Propagandamittel *n;* **vehicle currency** Leitwährung *f;* **vehicle registration centre** Kraftfahrzeugzulassungsstelle *f;* **vehicle registration number** Kraftfahrzeugkennzeichen *n;* **ve·hicu·lar** [vɪˈhɪkjʊlə(r)] *adj* ► ~ **traffic** Fahrzeugverkehr *m.*

veil [veɪl] **I** *s* **1.** Schleier *a. fig;* **2.** *fig* Deckmantel *m;* ► **under the** ~ **of** *fig* unter dem Schleier, unter dem Deckmantel *gen;* **draw a** ~ **over** *fig* e-n Schleier ziehen über; **raise the** ~ **den** Schleier lüften; **II** *tr* verschleiern; verhüllen, verbergen; **veiled** [veɪld] *adj* verschleiert *a. com;* versteckt.

vein [veɪn] **1.** *anat* Ader *f;* Vene *f;* **2.** *bot min* Ader *f;* **3.** *(Holz)* Faser *f;* **4.** *fig* Ader, Anlage, Veranlagung, Neigung *f* (*of* zu); **5.** *fig* Stimmung *f;* ► **a** ~ **of truth** eine Spur von Wahrheit; **veined** [veɪnd] *adj* geädert.

ve·lar ['viːlə(r)] **I** *adj* velar; **II** *s* Velar(laut) *m.*

Vel·cro ['velkrəʊ] *Wz :* ► ~ **fastener** Klett(en)verschluß *m.*

veld(t) [velt] Grasland *n (in Südafrika).*

vel·oci·pede [vɪˈlɒsɪpiːd] *Am* (Kinder)Dreirad *n.*

vel·oc·ity [vɪˈlɒsətɪ] Geschwindigkeit *f;* ► **at the** ~ **of** mit der Geschwindigkeit von; **initial, final** ~ Anfangs-, Endgeschwindigkeit *f;* ~ **of light** Lichtgeschwindigkeit *f;* ~ **of sound** Schallgeschwindigkeit *f.*

vel·vet ['velvɪt] Samt *m;* **vel·vet·een** [ˌvelvɪˈtiːn] Veloursamt *m;* **vel·vety** ['velvɪtɪ] *adj* samtweich.

ve·nal ['viːnl] *adj* käuflich; korrupt; **ve·nal·ity** [vɪˈnælətɪ] Käuflichkeit *f;* Korruption *f.*

vend [vend] *tr* verkaufen; **vend·ing ma·chine** ['vendɪŋməˌʃiːn] Verkaufs-, Warenautomat *m;* **vendor** ['vendə(r)] Verkäufer(in) *m (f);* **ven·due** ['vendjuː] *Am* Auktion *f.*

ven·det·ta [venˈdetə] Fehde *f;* Blutrache *f.*

ve·neer [vəˈnɪə(r)] **I** *tr* furnieren; **II** *s* **1.** Furnier *n;* **2.** *fig* Tünche *f.*

ven·er·able ['venərəbl] *adj* ehrwürdig; **ven·er·ate** ['venəreɪt] *tr* verehren; *(Andenken)* ehren; **ven·er·ation** [ˌvenəˈreɪʃn] Verehrung *f (for* für);

▶ **hold s.o. in** ~ jdn verehren; **hold s.o.'s memory in** ~ jds Andenken ehren.
ve·nereal [vəˈnɪərɪəl] *adj* Geschlechts-; ▶ ~ **disease, VD** Geschlechtskrankheit *f.*
ve·ne·tian blind [vəˌniːˈʃnˈblaɪnd] Jalousie *f.*
ven·geance [ˈvendʒəns] Rache *f;* ▶ **with a** ~ *fam* wie toll, wie verrückt; **take** ~ **(up)on s.o.** sich an jdm rächen.
ve·nial [ˈviːnɪəl] *adj* verzeihlich; ▶ ~ **sin** läßliche Sünde.
ven·ison [ˈvenɪzn] Reh(fleisch) *n.*
venom [ˈvenəm] 1. Gift *n;* 2. *fig* Bosheit *f;* **venom·ous** [ˈvenəməs] *adj* 1. giftig *bes. zoo;* 2. *fig* boshaft, bösartig; ▶ ~ **snake** Giftschlange *f.*
ve·nous [ˈviːnəs] *adj* 1. *physiol* venös; 2. *bot* geädert.
vent [vent] **I** *s* 1. Öffnung *f; (Kamin)* Abzug *m; (Faß)* Spundloch *n;* 2. *(Kleidung)* Schlitz *m;* 3. *fig* Ventil *n;* ▶ **give** ~ **to s.th.** etw ausdrücken; **give** ~ **to one's feelings** s-n Gefühlen freien Lauf lassen; **give** ~ **to one's anger** sich Luft machen; **II** *tr (Gefühle)* abreagieren *(on* an).
ven·ti·late [ˈventɪleɪt] *tr* 1. (ent-, be)lüften; 2. *physiol* Sauerstoff zuführen *(s.th.* e-r S); 3. *fig (Frage)* ventilieren, erörtern; *(Beschwerde)* vorbringen; **ven·ti·la·tion** [ˌventɪˈleɪʃn] 1. Be-, Entlüftung, Ventilation *f;* 2. *physiol* Sauerstoffzufuhr *f;* 3. *fig* (freie) Aussprache *f;* **ventilation duct** Lüftungsleitung *f;* **ven·ti·la·tor** [ˈventɪleɪtə(r), *Am* ˈventəleɪtə(r)] Ventilator *m.*
ven·tricle [ˈventrɪkl] *anat* Herzkammer *f,* Ventrikel *m.*
ven·tril·oquist [venˈtrɪləkwɪst] Bauchredner(in) *m (f).*
ven·ture [ˈventʃə(r)] **I** *s* Unternehmen, Unterfangen *n;* Projekt *n;* ▶ **that's his latest** ~ darauf hat er sich neuerdings verlegt; **his first** ~ **at doing this** sein erster Versuch, das zu tun; **business** ~ Unternehmen, Projekt *n;* **II** *tr* wagen; aufs Spiel setzen, riskieren; ▶ **may I** ~ **an opinion?** darf ich sagen, was ich darüber denke? **III** *itr* sich wagen *(on, upon s.th.* an etw); **IV** *(mit Präposition)* **venture on s.th.** sich an etw wagen; ▶ **he** ~**d on a statement** er hatte den Mut, eine Erklärung abzugeben; **venture out** *itr* sich hinauswagen; **venture capital** *fin* Risikoanlagekapital *n;* **venture·some** [—səm] *adj* abenteuerlich.
venue [ˈvenjuː] Treffpunkt *m,* Begegnungsstätte *f; sport* Austragungsort *m; jur* Verhandlungsort *m.*
Venus [ˈviːnəs] *astr* Venus *f.*
ver·acious [vəˈreɪʃəs] *adj* 1. ehrlich; 2. wahr, richtig; **ver·ac·ity** [vəˈræsətɪ] 1. Ehrlichkeit *f;* 2. Wahrheit *f.*
ve·ran·da(h) [vəˈrændə] Veranda *f.*

verb [vɜːb] *gram* Verb, Zeitwort *n;* **ver·bal** [ˈvɜːbl] *adj* 1. mündlich; 2. *(Übersetzung)* wörtlich; wortgetreu; 3. *(Fehler, Fähigkeit)* sprachlich; 4. *gram* verbal; ▶ ~ **memory** Wortgedächnis *n;* ~ **note** *pol* Verbalnote *f;* ~ **noun** Verbalsubstantiv *n;* **ver·bal·ize** [ˈvɜːbəlaɪz] *tr* 1. in Worten ausdrücken; 2. *gram* verbal formulieren; **ver·bal·ly** [ˈvɜːbəlɪ] *adv* 1. mündlich; 2. *gram* verbal; **ver·ba·tim** [vɜːˈbeɪtɪm] *adv, adj* wörtlich; Wort für Wort; **ver·bi·age** [ˈvɜːbɪɪdʒ] Wortreichtum, -schwall *m;* **ver·bose** [vɜːˈbəʊs] *adj* wortreich, langatmig; **ver·bos·ity** [vɜːˈbɒsətɪ] Langatmigkeit *f.*
ver·dant [ˈvɜːdnt] *adj* grün, frisch.
ver·dict [ˈvɜːdɪkt] Urteil *n bes. jur; (Wähler)* Entscheidung *f;* ▶ **arrive at a** ~ zu e-m (Urteils)Spruch kommen; ~ **of guilty** Schuldspruch *m;* ~ **of not guilty** Freispruch *m;* **what is the** ~? wie lautet das Urteil? **what is your** ~ **on this book?** wie beurteilen Sie dieses Buch? **give one's** ~ **on, about s.th.** sein Urteil über etw abgeben.
ver·di·gris [ˈvɜːdɪgrɪs] Grünspan *m.*
verge [vɜːdʒ] **I** *s* Rand *m; (Straße)* Bankett *n,* Seitenstreifen *m;* ▶ **on the** ~ **of** *fig* am Rande *gen;* nahe an; **be on the** ~ **of doing s.th.** im Begriff, nahe daran sein, etw zu tun; **II** *(mit Präposition)* **verge on** grenzen an; ▶ **he is verging on sixty** er ist fast sechzig.
verger [ˈvɜːdʒə(r)] Kirchendiener, Küster *m.*
veri·fi·able [ˈverɪfaɪəbl] *adj* nachprüfbar; **veri·fi·ca·tion** [ˌverɪfɪˈkeɪʃn] 1. Nach-, Überprüfung, Kontrolle *f;* 2. Bestätigung *f;* Nachweis *m;* Beurkundung *f;* ▶ **on** ~ **of this** urkundlich dessen; **ver·ify** [ˈverɪfaɪ] *tr* 1. *(auf Echtheit, Richtigkeit)* (über)prüfen, kontrollieren; 2. bestätigen, (urkundlich) belegen; beglaubigen; beweisen; 3. *(Verdacht, Furcht)* bestätigen.
veri·si·mili·tude [ˌverɪsɪˈmɪlɪtjuːd] Wahrscheinlichkeit *f.*
veri·table [ˈverɪtəbl] *adj* wahr(haft), wirklich.
ver·mi·celli [ˌvɜːmɪˈselɪ] *pl* Fadennudeln *f pl.*
ver·mi·cide [ˈvɜːmɪsaɪd] Wurmmittel *n.*
ver·mi·form [ˈvɜːmɪfɔːm] *adj* wurmförmig; ▶ ~ **appendix** *anat* Wurmfortsatz *m.*
ver·mil·ion [vəˈmɪlɪən] *adj* zinnoberrot.
ver·min [ˈvɜːmɪn] 1. Ungeziefer *n;* Schädling *m;* 2. *fig* Gesindel *n;* **ver·min·ous** [ˈvɜːmɪnəs] *adj* voller Ungeziefer.
ver·mouth [ˈvɜːməθ, *Am* vərˈmuːθ] Wermut *m.*
ver·nacu·lar [vəˈnækjʊlə(r)] **I** *adj (Sprache)* mundartlich; (ein)heimisch; **II**

s Mundart *f;* Landessprache *f.*

ver·nal equi·nox ['vɜ:nl'i:kwɪnɒks]
Frühjahrs-Tagundnachtgleiche *f (21.
März).*

ve·ron·ica [vəˈrɒnɪkə] *bot* Ehrenpreis *m*
od *n,* Veronika *f.*

ver·ruca [vəˈruːkə] Warze *f.*

ver·sa·tile ['vɜ:sətaɪl, *Am* 'vɜ:sətl] *adj*
vielseitig; **ver·sa·til·ity** [ˌvɜ:səˈtɪlətɪ]
Vielseitigkeit *f.*

verse [vɜ:s] 1. Strophe *f;* 2. Dichtung *f;*
3. *rel* Vers *m;* ▶ **in** ~ in Versform; **give,
quote chapter and** ~ **for s.th.** etw ge-
nau belegen.

versed [vɜ:st] *adj* erfahren, bewandert,
versiert (*in* in).

ver·sify ['vɜ:sɪfaɪ] I *itr* Verse machen,
dichten; II *tr* in Versform bringen.

ver·sion ['vɜ:ʃn] 1. Version *f;* 2. Darstel-
lung *f;* 3. *(Auto etc)* Modell *n,* Ausfüh-
rung *f;* 4. Übersetzung *f.*

verso ['vɜ:səʊ] ⟨*pl* versos⟩ Rückseite *f.*

ver·sus ['vɜ:səs] *prep jur sport* gegen.

ver·te·bra ['vɜ:tɪbrə] ⟨*pl* -brae⟩ [—bri:]
Rückenwirbel *m;* **ver·te·bral** ['vɜ:tɪbrl]
adj ▶ ~ **column** Wirbelsäule *f,* Rück-
grat *n;* **ver·te·brate** ['vɜ:tɪbrət] Wir-
beltier *n.*

ver·tex ['vɜ:teks] ⟨*pl* -tices⟩ [—tɪsi:z] 1.
Spitze *f,* Gipfel *m* a. *fig;* 2. *math* Schei-
tel(punkt) *m;* 3. *astr* Zenit *m.*

ver·ti·cal ['vɜ:tɪkl] I *adj* senkrecht, lot-
recht, vertikal; ~ **clearance** lichte
Höhe; ~ **integration** vertikale Unter-
nehmenskonzentration; ~ **take-off air-
craft** Senkrechtstarter *m;* II *s* Senk-
rechte, Vertikale *f;* ▶ **out of the** ~ aus
der Senkrechten.

ver·ti·gin·ous [vɜ:ˈtɪdʒɪnəs] *adj* schwin-
delerregend; **ver·tigo** ['vɜ:tɪgəʊ] 1.
Schwindel(gefühl *n*) *m;* 2. *med* Gleich-
gewichtsstörung *f.*

verve [vɜ:v] 1. Schwung *m,* Begeisterung
f, Feuer *n;* 2. Ausdruckskraft, -gewalt *f.*

very ['verɪ] I *adv* 1. sehr; 2. äußerst; 3.
gerade, (ganz) genau; ▶ ~ **much** sehr;
thank you ~ **much** vielen Dank; ~ **poss-
ible** gut möglich; **how** ~ **peculiar!** wie
eigenartig! **the** ~ **best** der, die, das aller-
beste; **at the** ~ **latest** allerspätestens;
the ~ **same** genau derselbe; **the** ~ **next
day** gleich am nächsten Tag; **the** ~
same day noch am selben Tag; **my** ~
own mein eigenes; ~ **well** na, nun gut;
sehr wohl; **V~ Important Person, VIP**
bedeutende Persönlichkeit; VIP *m;* II
adj 1. genau; 2. äußerste(r, s); 3. bloß,
allein, schon; sogar; ▶ **in the** ~ **act** auf
frischer Tat; **to the** ~ **heart** tief ins
Herz; **the** ~ **thought** der bloße Gedan-
ke; **the** ~ **thing** genau das richtige; **at
the** ~ **end** am äußersten Ende.

Very light ['verɪˌlaɪt] *Wz mil* Leuchtpatro-
ne *f;* **Very pistol** *Wz* Leuchtpistole
f.

ves·icle ['vesɪkl] *anat zoo bot* Bläschen
n.

ves·pers ['vespəz] *pl* Vesper *f.*

vessel ['vesl] 1. Gefäß *n* a. *anat bot;*
Behälter *m;* 2. *mar* Schiff *n;* ▶ **blood** ~
Blutgefäß *n.*

vest¹ [vest] 1. *Br* Unterhemd *n;* 2. *Am*
Weste *f.*

vest² [vest] *tr* verleihen (*s.o. with s.th.,
s.th. in s.o.* jdm etw); ▶ **be** ~**ed with the
power to do s.th.** das Recht haben, etw
zu tun; **the authority** ~**ed in him** die
ihm verliehene Macht; **have a** ~**ed in-
terest in s.th.** finanziell an etw beteiligt
sein; *fig* persönliches Interesse an etw
haben.

ves·tal ['vestl] (~ *virgin*) Vestalin *f.*

ves·ti·bule ['vestɪbjuːl] 1. Ein-
gang(shalle *f*) *m,* Vorraum *m;* 2. *anat*
Vorhof *m.*

ves·tige ['vestɪdʒ] Spur *f;* Überrest *m;*
▶ **not a** ~ **of** keine Spur von.

vest·ment ['vestmənt] 1. (Amts)Tracht,
Robe *f;* 2. *rel* Meßgewand *n.*

vest-pocket ['vestˌpɒkɪt] *adj Am* ▶ ~
edition *(Buch)* Miniaturausgabe *f;* ~
size Westentaschenformat *n.*

ves·try ['vestrɪ] Sakristei *f.*

vet¹ [vet] *s Abk:* **veterinary surgeon**
Tierarzt *m,* -ärztin *f;* II *tr* überprüfen.

vet² [vet] *Am fam Abk:* **veteran** Vete-
ran(in) *m (f).*

vetch [vetʃ] *bot* Wicke *f.*

vet·eran ['vetərən] 1. Veteran(in) *m (f);*
2. *fig* alter Praktikus; **veteran car** Old-
timer *m.*

vet·eri·nar·ian [ˌvetərɪˈneərɪən] *Am*
Tierarzt *m,* -ärztin *f;* **vet·erin·ary**
['vetrɪnrɪ] *adj* tierärztlich; veterinär-;
▶ ~ **medicine** Veterinärmedizin *f;* ~
surgeon *s. veterinarian.*

veto ['viːtəʊ] ⟨*pl* vetoes⟩ I *s* 1. Veto *n,*
Einspruch *m;* 2. *(power, right of* ~*)*
Veto-, Einspruchsrecht *n;* II *tr* 1. sein
Veto einlegen gegen; 2. verbieten, un-
tersagen.

vex [veks] *tr* 1. ärgern, aufregen, rasend
machen; 2. plagen, quälen; ▶ **be** ~**ed
about** verärgert sein über; **be** ~**ed with
s.o.** auf jdn böse sein; **a** ~**ed question**
eine schwierige, vieldiskutierte, umstrit-
tene Frage; **vex·ation** [vekˈseɪʃn] 1.
Ärger *m;* Plage, Qual *f;* 2. *pl* Ärgernisse
n pl, Unannehmlichkeiten *f pl;* **vex-
atious** [vekˈseɪʃəs] *adj* 1. lästig, ärger-
lich, verdrießlich; 2. *jur* schikanös.

VHF [ˌviːeɪtʃˈef] *Abk:* **very high fre-
quency** UKW *f.*

via ['vaɪə] *prep* über; per.

vi·abil·ity [ˌvaɪəˈbɪlətɪ] 1. Lebensfähig-
keit *f;* 2. Machbarkeit *f;* 3. *com* Rentabi-
lität *f;* **vi·able** ['vaɪəbl] *adj* 1. lebensfä-
hig; 2. *(Plan)* machbar; 3. *com* rentabel;
lebensfähig.

vi·aduct ['vaɪədʌkt] Viadukt *m* od *n.*

vibes [vaɪbz] *pl* 1. *fam* Vibraphon *n;* 2. *sl fig* Atmosphäre *f;* Reaktion *f;* Ausstrahlung *f;* **vi·brant** ['vaɪbrənt] *adj* 1. vibrierend, schwingend; 2. *fig* pulsierend, lebhaft; **vi·bra·phone** ['vaɪbrəfəʊn] *mus* Vibraphon *n;* **vi·brate** [vaɪ'breɪt] I *itr* 1. vibrieren; 2. zittern (*with* vor); ▶ ~ with life vor Leben sprühen; ~ with activity von regem Treiben erfüllt sein; II *tr* in Schwingungen versetzen; vibrieren lassen; **vi·bra·tion** [vaɪ'breɪʃn] 1. Schwingung, Vibration *f;* 2. *oft pl sl* Ausstrahlung *f;* Atmosphäre *f;* Feeling *n;* ▶ he got ~s from her er spürte ihre Ausstrahlung; **vi·brator** [vaɪ'breɪtə(r)] Vibrator *m.*

vicar ['vɪkə(r)] *rel* Pfarrer, Pastor *m;* **vicar·age** ['vɪkərɪdʒ] Pfarrhaus *n.*
vi·cari·ous [vɪ'keərɪəs, *Am* vaɪ'keərɪəs] *adj* 1. stellvertretend; 2. *fig* nachempfunden; Ersatz-.
vice[1] [vaɪs] 1. Laster *n;* 2. Fehler *m a. com;* ▶ ~ squad Sittenpolizei *f.*
vice[2], *Am* **vise** [vaɪs] Schraubstock *m;* ▶ ~-like grip eiserner Griff.
vice[3] [vaɪs] I *s fam* Vize(präsident(in)) *m (f);* II *pref* Vize-; **vice-chairman** stellvertretender Vorsitzender; **vice-chancellor** Vizekanzler(in) *m (f);* (*Universität*) Rektor(in) *m (f);* **vice-president** Vizepräsident(in) *m (f).*
vice versa [,vaɪsɪ'vɜːsə] *adv* umgekehrt.
vi·cin·ity [vɪ'sɪnəti] Nachbarschaft, Nähe *f;* ▶ in close ~ to ganz nahe bei; in the immediate ~ in unmittelbarer Umgebung; in the ~ of 1,000 DM um die 1.000 DM (herum), ca. 1.000 DM.
vi·cious ['vɪʃəs] *adj* 1. tückisch, bösartig, gefährlich; 2. (*Hund*) bissig; 3. boshaft; 4. gemein, grausam; 5. lasterhaft; **vi·cious circle** Teufelskreis *m.*
vi·ciss·itude [vɪ'sɪsɪtjuːd] 1. Wechsel *m;* Unbeständigkeit *f;* 2. *pl* Wechselfälle *m pl,* Auf und Ab *n.*
vic·tim ['vɪktɪm] 1. Opfer *n;* 2. Geschädigte(r) *f m;* ▶ fall ~ to das Opfer werden von; ~ of circumstances Opfer *n* der Verhältnisse; **vic·tim·ize** [−aɪz] *tr* unfair behandeln; schikanieren.
vic·tor ['vɪktə(r)] Sieger, Gewinner *m.*
Vic·tor·ian [vɪk'tɔːrɪən] *adj* 1. *hist* viktorianisch; 2. *fig* spießbürgerlich, prüde.
vic·tori·ous [vɪk'tɔːrɪəs] *adj* siegreich (*over* über); **vic·tory** ['vɪktərɪ] Sieg *m a. fig;* ▶ gain, win a narrow ~ over e-n knappen Sieg erringen über; ~ at the elections Wahlsieg *m.*
vict·ual ['vɪtl] I *s meist pl* Lebensmittel *n pl;* II *tr* verpflegen, verproviantieren; III *itr* sich verpflegen, sich verproviantieren; **vict·ual·ler** ['vɪtlə(r)] Lebensmittelhändler(in) *m (f);* ▶ licensed ~ für den Verkauf von Alkohol konzessionierter Lebensmittelhändler.
vide·licet, viz [vɪ'diːlɪsət, *Am* vɪ'delɪsət, viz] *adv* nämlich; und zwar.

video ['vɪdɪəʊ] ⟨*pl* videos⟩ I *tr* auf Band aufnehmen; II *s Am* Fernsehen *n;* Videogerät *n,* -recorder *m;* **video camera** Videokamera *f;* **video cassette** Videokassette *f;* **video conference** Videokonferenz *f;* **video game** Video-, Telespiel *n;* **video-phone** Fernsehtelefon *n;* **video recorder** Videorecorder *m,* -gerät *n;* **video set** Video(-Fernseh)gerät *n;* **video show** Fernsehprogramm *n;* **video-tape** Videoband *n;* **video·tex** ['vɪdɪəʊteks] Bildschirmtext *m;* **video transmission** Fernsehübertragung *f;* **video transmitter** Fernsehsender *m.*
vie [vaɪ] *itr* wetteifern (*with s.o.* mit jdm; *for* um).
Vi·en·na [vɪ'enə] Wien *n;* **Vi·en·nese** [,vɪə'niːz] I *s* Wiener(in) *m (f);* II *adj* wienerisch, Wiener-.
Vi·et·cong [,vjet'kɒŋ] Vietcong *m;* **Vi·et·nam** [,vjet'næm] Vietnam *n;* **Vi·et·nam·ese** [,vjetnə'miːz] I *s* 1. Vietnamese *m,* Vietnamesin *f;* 2. (das) Vietnamesisch(e); II *adj* vietnamesisch.
view [vjuː] I *s* 1. Sicht *f;* 2. Aussicht *f;* 3. Meinung, Ansicht *f;* 4. Absicht *f;* ▶ at first ~ auf den ersten Blick; in ~ zu sehen; *fig* in Aussicht; in ~ of im Hinblick auf; in my ~ meines Erachtens, meiner Ansicht nach; on ~ ausgestellt; *com* zur Ansicht; out of ~ nicht zu sehen; with a ~ to, with the ~ of mit der Absicht zu; in full ~ of all these people vor den Augen all dieser Leute; come into ~ in Sicht kommen; keep s.th. in ~ etw im Auge behalten; go out of ~ außer Sicht kommen, verschwinden; hidden from ~ nicht zu sehen; a nice ~ of the mountains ein schöner Blick auf die Berge; see the ~s die Sehenswürdigkeiten ansehen; take the ~ that die Ansicht vertreten, daß; a general ~ of a problem ein Überblick über ein Problem; have s.th. in ~ etw beabsichtigen; lose ~ of s.th. etw aus den Augen verlieren; take a dim, poor ~ of s.th. etw nicht gut finden; II *tr* 1. ansehen, betrachten; 2. besichtigen; 3. *fig* (*Problem*) sehen, beurteilen; III *itr* fernsehen; **viewer** ['vjuːə(r)] 1. (Fernseh)Zuschauer(in) *m (f);* 2. Diabetrachter *m;* **view-finder** *opt phot* Sucher *m;* **view·ing** ['vjuːɪŋ] 1. Besichtigung *f;* 2. Fernsehen *n;* ▶ ~ figures *pl* Einschaltquote *f;* peak ~ time Haupteinschaltzeit *f;* **view·point** ['vjuːpɔɪnt] Gesichts-, Standpunkt *m.*
vigil ['vɪdʒɪl] Nachtwache *f;* ▶ keep ~ Nachtwache halten (*over* bei).
vigi·lance ['vɪdʒɪləns] Wachsamkeit *f;* **vigi·lant** ['vɪdʒɪlənt] *adj* wachsam.
vi·gnette [viː'njet] 1. Vignette *f;* 2. Charakterskizze *f.*

vig·or·ous ['vɪgərəs] *adj* 1. stark, kräftig, kraftvoll, robust; 2. energisch, nachdrücklich; **vig·our,** *Am* **vigor** ['vɪgə(r)] 1. Stärke, Kraft, Robustheit *f;* 2. Energie, Vitalität *f.*

vile [vaɪl] *adj* 1. *(sittlich)* schlecht, gemein; 2. widerlich, ekelhaft; 3. *fam* schlecht, abscheulich.

vil·ify ['vɪlɪfaɪ] *tr* verleumden, herabwürdigen.

vil·lage ['vɪlɪdʒ] Dorf *n;* **village community** Dorfgemeinschaft *f;* **village green** Dorfwiese *f;* **village inn** Dorfgasthaus *n;* **vil·lager** ['vɪlɪdʒə(r)] Dorfbewohner(in) *m (f).*

vil·lain ['vɪlən] 1. Schuft, Schurke *m;* Bösewicht *m;* 2. *hum* Schelm, Schlingel *m;* 3. *fam* Verbrecher *m;* **vil·lain·ous** [vɪlənəs] *adj* 1. schurkisch; 2. *fam* miserabel, schlecht; **vil·lainy** ['vɪlənɪ] Schuftigkeit, Gemeinheit *f.*

vim [vɪm] *fam* Schwung *m.*

vin·ai·grette [ˌvɪnɪ'gret] Vinaigrette *f;* Salatsoße *f.*

vin·di·cate ['vɪndɪkeɪt] *tr* 1. rechtfertigen; 2. rehabilitieren; **vin·di·ca·tion** [ˌvɪndɪ'keɪʃn] 1. Rechtfertigung, Verteidigung *f;* 2. Rehabilitation *f;* ▶ **in ~ of** zur Rechtfertigung *gen.*

vin·dic·tive [vɪn'dɪktɪv] *adj* nachtragend; rachsüchtig.

vine [vaɪn] 1. Weinstock *m,* Rebe *f;* 2. Kletterpflanze *f.*

vin·egar ['vɪnɪgə(r)] Essig *m;* **vin·egary** ['vɪnɪgərɪ] *adj* säuerlich, sauer *a. fig.*

vine·yard ['vɪnjəd] Weinberg *m.*

vin·tage ['vɪntɪdʒ] I *s* 1. (Wein)Lese *f;* 2. Jahrgang *m;* II *adj* hervorragend; alt; ▶ **~ car** *mot* Autoveteran *m;* **~ wine** Qualitätswein *m;* **~ year** guter Jahrgang; **vint·ner** ['vɪntnə(r)] Weinhändler *m.*

vinyl ['vaɪnɪl] Vinyl, PVC *n.*

viol [vaɪəl] *hist* Viola *f;* ▶ **bass ~** Gambe *f.*

vi·ola¹ [vɪ'əʊlə] Bratsche *f;* ▶ **~ da gamba** Gambe *f.*

vi·ola² ['vaɪəʊlə] *bot* Veilchen *n.*

vi·ol·ate ['vaɪəleɪt] *tr* 1. *(Recht)* verletzen; *(Gesetz)* übertreten, verstoßen gegen; *(Vertrag, Versprechen)* brechen; 2. *(geweihten Ort)* entehren; *(Gefühl, Empfinden)* verletzen, beleidigen; *(Stille)* stören; 3. *(Frau)* vergewaltigen; **vi·ol·ation** [ˌvaɪə'leɪʃn] 1. Verletzung *f,* Verstoß *m;* 2. Entehrung *f;* Verletzung *f;* Störung *f;* 3. Vergewaltigung *f;* ▶ **~ of a treaty** Vertragsbruch *m;* **~ of human rights** Menschenrechtsverletzung *f;* **vi·ol·ence** ['vaɪələns] 1. Gewalt *f;* Gewalttätigkeit *f;* 2. Heftigkeit *f;* Stärke *f;* ▶ **do ~ to s.o., s.th.** jdm, e-r S Gewalt antun *a. fig; (Tatsachen)* etw verdrehen; **crimes of ~** Gewaltverbrechen *n pl;* **robbery with ~** Raubüberfall *m;* **an**

outbreak of ~ ein Ausbruch von Gewalttätigkeiten; **vi·ol·ent** ['vaɪələnt] *adj* 1. gewaltsam; gewalttätig; 2. heftig, stark; 3. leidenschaftlich; ▶ **meet with a ~ death** e-s gewaltsamen Todes sterben; **have a ~ temper** jähzornig sein; **by ~ means** unter Gewaltanwendung.

vi·olet ['vaɪələt] I *s* Veilchen *n;* ▶ II *adj* violett.

vi·olin [ˌvaɪə'lɪn] Geige, Violine *f;* ▶ **play the ~** Geige spielen; **~ bow, case, string** Geigenbogen, -kasten *m,* -saite *f;* **vi·olin·ist** ['vaɪəlɪnɪst] Geiger(in) *m (f);* **vi·olon·cel·list** [ˌvaɪələn'tʃelɪst] Cellist(in) *m (f);* **vi·olon·cello** [ˌvaɪələn'tʃeləʊ] *(pl* -cellos) Cello *n.*

V.I.P., VIP [ˌviː'aɪ'piː] *Abk: very important person* bedeutende Persönlichkeit, VIP *m;* ▶ **give s.o. the ~ treatment** jdn wie einen Ehrengast behandeln.

vi·per ['vaɪpə(r)] 1. Viper *f;* 2. *fig* Schlange *f.*

vir·ago [vɪ'rɑːgəʊ] *(pl* -ago(e)s) Xanthippe *f,* Zankteufel *m.*

vir·gin ['vɜːdʒɪn] I *s* Jungfrau *f;* II *adj* 1. jungfräulich *a. Schnee;* 2. *fig (Land)* unberührt; ▶ **~ birth** *rel* jungfräuliche Geburt; *bot* Jungfernzeugung *f;* **virginal** ['vɜːdʒɪnl] *adj* jungfräulich; **virgin forest** Urwald *m;* **vir·gin·ity** [və'dʒɪnətɪ] Unschuld, Jungfräulichkeit *f.*

Virgo ['vɜːgəʊ] *(pl Virgos) astr* Jungfrau *f;* ▶ **v~ intacta** unberührte Jungfrau.

vir·ile ['vɪraɪl, *Am* 'vɪrəl] *adj* 1. männlich; 2. *fig* kraftvoll; **vir·il·ity** [vɪ'rɪlətɪ] 1. Männlichkeit *f;* Potenz, Manneskraft *f;* 2. Ausdruckskraft *f.*

vi·rol·ogy [vaɪə'rɒlədʒɪ] Virologie *f.*

vir·tual ['vɜːtʃʊəl] *adj* 1. wirklich, tatsächlich, eigentlich; 2. *phys* virtuell; ▶ **~ value** Effektivwert *m;* **vir·tual·ly** [−lɪ] *adv* fast, praktisch, so gut wie.

vir·tue ['vɜːtʃuː] 1. Tugend *f;* 2. Tugendhaftigkeit *f;* 3. Vorteil *m,* Qualität *f;* 4. Wirkung *f;* Heilkraft *f;* ▶ **by ~ of** kraft, aufgrund *gen;* **make a ~ of necessity** *prov* aus der Not e-e Tugend machen; **a woman of easy ~** ein Flittchen *n.*

vir·tu·os·ity [ˌvɜːtjʊ'ɒsɪtɪ] Virtuosität *f;* **vir·tu·oso** [ˌvɜːtjʊ'əʊzəʊ] *(pl* -osos, -osi) [−əʊzəʊz, −əʊziː] *mus* Virtuose *m.*

vir·tu·ous ['vɜːtʃʊəs] *adj* tugendhaft.

viru·lence ['vɪrʊləns] 1. *med* Heftigkeit, Bösartigkeit *f;* 2. *fig* Boshaftigkeit *f;* **viru·lent** ['vɪrʊlənt] *adj* 1. *med* bösartig; *(Gift)* stark, tödlich; 2. *fig* boshaft, gehässig.

vi·rus ['vaɪərəs] *med* Virus *m.*

visa, *Am* **visé** ['viːzə, *Am* 'viːzeɪ] I *s* Visum *n;* Sichtvermerk *m;* ▶ **entrance ~** Einreisevisum *n;* **transit ~** Durchreisevisum *n;* II *tr* mit e-m Visum versehen.

vis-à-vis ['viːzəviː] *prep* gegenüber.

vis·cera ['vɪsərə] *pl anat* Eingeweide *n*

pl.

vis·cose ['vɪskəuz] Viskose *f.*

vis·cos·ity [vɪs'kɒsətɪ] Zähflüssigkeit, Viskosität *f.*

vis·count ['vaɪkaunt] Vicomte *m;* **vis·count·ess** ['vaɪkauntɪs] Vicomtesse *f.*

vis·cous ['vɪskəs] *adj* zähflüssig, viskos.

vise [vaɪs] *Am s. vice²*.

visé ['viːzeɪ] *Am s. visa*.

vis·ibil·ity [ˌvɪzə'bɪlətɪ] 1. Sichtbarkeit *f;* 2. Sicht(weite) *f;* Sichtverhältnisse *n pl;* ▶ ~ **was poor** die Sicht war schlecht; **vis·ible** ['vɪzəbl] *adj* 1. sichtbar, wahrnehmbar; 2. *fig* offensichtlich, deutlich.

vi·sion ['vɪʒn] 1. Sehen *n;* Sehkraft *f,* -vermögen *n;* 2. Vision *f;* 3. Vorstellung *f;* 4. Voraussicht *f,* Weitblick *m;* ▶ ~ **of the future** Zukunftsvision *f;* Vorstellung *f* von der Zukunft; **field of** ~ Gesichts-, Blickfeld *n;* **have** ~**s of fame** von Ruhm träumen; **I had** ~**s of having to do it all again** ich sah mich das schon alles noch einmal machen; **vi·sion·ary** ['vɪʒənrɪ] I *adj* 1. visionär, unwirklich, phantastisch; 2. unpraktisch, undurchführbar; 3. hellseherisch; II *s* 1. Hellseher(in) *m (f);* 2. Phantast(in) *m (f).*

visit ['vɪzɪt] I *tr* 1. auf-, besuchen; auf Besuch sein bei; 2. besichtigen; 3. *rel* heimsuchen; II *itr* 1. e-n Besuch machen; 2. *Am* sich unterhalten, plaudern (*with* mit); III *s* 1. Besuch *m* (*to* bei); 2. Kontrolle *f;* ▶ **pay s.o., s.th. a** ~ jdn, etw besuchen; **courtesy** ~ Höflichkeitsbesuch *m;* **visi·ta·tion** [ˌvɪzɪ'teɪʃn] 1. Besichtigung *f;* Visitation, Inspektion *f;* 2. *(Geist)* Erscheinung *f;* 3. *rel* Heimsuchung *f;* **visit·ing** ['vɪzɪtɪŋ] *adj* ▶ **be on** ~ **terms** sich (gegenseitig) besuchen; ~**-card** Visitenkarte *f;* ~ **hours** *pl* Besuchszeit *f;* ~ **professor** Gastprofessor *m;* **the** ~ **team** die Gäste; **visi·tor** ['vɪzɪtə(r)] 1. Besucher(in) *m (f)* (*to a castle* e-s Schlosses); 2. Gast *m;* 3. Inspekteur(in) *m (f);* ▶ ~**s' book** Gästebuch *n.*

vi·sor ['vaɪzə(r)] 1. *hist (Helm)* Visier *n;* 2. Mützenschirm *m;* 3. *mot (sun-~)* Sonnenblende *f.*

vista ['vɪstə] 1. Ausblick *m,* -sicht *f;* 2. *fig* Aussicht *f (of* auf); *(von Vergangenheit)* Bild *n;* ▶ **open new** ~**s** *fig* neue Möglichkeiten eröffnen.

vis·ual ['vɪʒuəl] *adj* 1. visuell; 2. Seh-; ▶ ~ **aids** *pl* Anschauungsmaterial *n;* ~ **display unit** Sichtgerät *n,* Bildschirm *m;* ~ **field** Gesichts-, Blickfeld *n;* ~ **instruction** Anschauungsunterricht *m;* ~ **memory** visuelles Gedächtnis *n;* ~ **nerve** Sehnerv *m;* **vis·ual·ize** ['vɪʒuəlaɪz] *tr* 1. sich vorstellen; 2. erwarten, rechnen mit.

vi·tal ['vaɪtl] I *adj* 1. lebenswichtig, -notwendig; Lebens-; 2. *fig* wesentlich, unerläßlich (*to* für); 3. *(Fehler)* schwerwie-

gend; ▶ ~ **force** Lebenskraft *f;* ~ **organs** *pl* lebenswichtige Organe *n pl;* ~ **parts** *pl* wichtige Teile *m pl;* ~ **problem** Kernproblem *n;* ~ **statistics** *pl* Bevölkerungsstatistik *f; (Frau)* Körpermaße *n pl;* **at the** ~ **moment** im entscheidenden, kritischen Augenblick; **of** ~ **importance** äußerst wichtig; **it is** ~ **that** es ist unbedingt notwendig, daß; **how** ~ **is it?** wie wichtig ist es? II *s pl* lebenswichtige Organe *n pl; hum* Genitalien *pl;* **vi·tal·ity** [vaɪ'tælətɪ] 1. Lebendigkeit *f;* 2. Vitalität, Energie *f;* 3. Beständigkeit *f;* **vi·tal·ize** ['vaɪtəlaɪz] *tr* beleben.

vit·amin ['vɪtəmɪn, *Am* 'vaɪtəmɪn] Vitamin *n;* **vitamin deficiency** Vitaminmangel *m;* **vitamin tablets** *pl* Vitamintabletten *f pl.*

vit·reous ['vɪtrɪəs] *adj* 1. gläsern; glas(art)ig; 2. *geol* glasig; **vit·rify** ['vɪtrɪfaɪ] I *tr* zu Glas schmelzen, verglasen; II *itr* zu Glas werden.

vit·riol ['vɪtrɪəl] 1. *chem* Vitriol *n;* 2. Schwefelsäure *f;* 3. *fig* beißender Spott; ▶ **blue** ~ Kupfervitriol *n;* **vit·riolic** [ˌvɪtrɪ'ɒlɪk] *adj fig* bissig, sarkastisch.

vit·uper·ate [vɪ'tjuːpəreɪt] *tr* schmähen, heruntermachen, beschimpfen; **vit·uper·ation** [vɪˌtjuːpə'reɪʃn] Beschimpfung *f.*

vi·va·cious [vɪ'veɪʃəs] *adj* lebhaft; (quick)lebendig, munter; **vi·vac·ity** [vɪ'væsətɪ] Lebhaftigkeit *f;* Lebendigkeit, Munterkeit *f.*

vi·var·ium [vaɪ'veərɪəm] Vivarium, Aquarium *n* (mit Terrarium).

viva voce [ˌvaɪvə'vəusɪ] I *adj* mündlich; II *s* mündliche Prüfung *f.*

vivid ['vɪvɪd] *adj* 1. lebhaft, lebendig; 2. *(Farbe)* kräftig, leuchtend; *(Licht)* hell; 3. *(Erinnerung)* frisch, lebhaft.

vi·vipar·ous [vɪ'vɪpərəs, *Am* vaɪ'vɪpərəs] *adj zoo* lebendgebärend.

vivi·sect [ˌvɪvɪ'sekt] *tr* vivisezieren; **vivi·sec·tion** [ˌvɪvɪ'sekʃn] Vivisektion *f.*

vixen ['vɪksn] 1. Füchsin *f;* 2. *fig* Xanthippe *f,* Zankteufel *m.*

viz [vɪz] *s. videlicet.*

vo·cabu·lary [və'kæbjulərɪ] 1. Wörterverzeichnis, Vokabular, Glossar *n;* 2. Wortschatz *m.*

vo·cal ['vəukl] *adj* 1. Stimm-; 2. mündlich; 3. *fig* lautstark; ▶ **become** ~ sich hören lassen, seine Meinung lautstark kundtun; ~ **cords** *pl* Stimmbänder *n pl;* ~ **music** Vokalmusik *f,* Gesang *m;* ~ **part** Gesangspartie *f;* **vo·cal·ist** ['vəukəlɪst] Sänger(in) *m (f);* **vo·cal·ize** ['vəukəlaɪz] *tr* 1. aussprechen; 2. *(Konsonanten)* vokalisieren.

vo·ca·tion [vəu'keɪʃn] 1. Berufung *f;* 2. Eignung *f (for* für); 3. Beruf *m;* **vo·ca·tional** [vəu'keɪʃənl] *adj* beruflich; Berufs-; ▶ ~ **adviser, counsellor** Berufs-

berater(in) *m (f);* ~ **education** Berufs-
ausbildung *f;* ~ **guidance** Berufsbera-
tung *f;* ~ **retraining** Umschulung *f;* ~
school *Am* Berufsschule *f;* ~ **training**
Berufsausbildung *f.*

vo·cif·er·ate [və'sɪfəreɪt] *tr, itr* schreien,
brüllen; **vo·cif·er·ation** [və,sɪfə'reɪʃn]
Geschrei, Gebrüll *n;* **vo·cif·er·ous**
[və'sɪfərəs] *adj* laut; lautstark.

vogue [vəug] Mode *f;* ▶ **all the** ~ der
letzte Schrei; **be in** ~ Mode sein; **come
into, go out of** ~ in Mode, aus der
Mode kommen; **have a great** ~ sehr
beliebt sein; in großer Mode sein.

voice [vɔɪs] **I** *s* 1. Stimme *f a. mus fig
pol;* 2. Mitspracherecht *n;* 3. *gram* Akti-
onsart *f;* 4. *(Phonetik)* Stimmhaftigkeit
f; ▶ **by a majority of** ~s mit Stimmen-
mehrheit; **in a loud** ~ mit lauter Stim-
me; **with one** ~ einstimmig; **give** ~ **to**
s.th. etw zum Ausdruck bringen; **have a**
~ **in s.th.** bei e-r S (ein Wörtchen)
mitzureden haben; **raise one's** ~ seine
Stimme erheben *(against* gegen); lauter
sprechen; anschreien *(to s.o.* jdn); **I have
no** ~ **in the matter** ich habe in der
Angelegenheit wenig zu sagen; **active,
passive** ~ *gram* Aktiv, Passiv *n;* **casting**
~ ausschlaggebende Stimme; **chest,
head** ~ Brust-, Kopfstimme *f;* **II** *tr* 1.
äußern, zum Ausdruck bringen, aus-
drücken; 2. *(Phonetik)* stimmhaft aus-
sprechen; **voice-box** Kehlkopf *m;*
voiced [vɔɪst] *adj (Phonetik)* stimm-
haft; **voice·less** ['vɔɪslɪs] *adj* 1. stumm;
2. *parl* nicht stimmberechtigt; 3. *(Pho-
netik)* stimmlos.

void [vɔɪd] **I** *adj* 1. leer; 2. nichtig, sinn-
los; 3. *jur* ungültig, nichtig; ▶ ~ **of** oh-
ne; **null and** ~ null u. nichtig; **II** *s* Leere
f; **III** *tr* 1. (aus)leeren; 2. *jur* ungültig
machen, für ungültig, nichtig erklären.

vol·atile ['vɒlətaɪl, *Am* 'vɒlətl] *adj* 1.
chem flüchtig *a. fig;* 2. *fig* impulsiv;
sprunghaft; 3. *pol* gespannt, brisant; 4.
fin unbeständig.

vol·canic [vɒl'kænɪk] *adj* 1. *geol* vulka-
nisch; 2. *fig* explosiv; ▶ ~ **eruption**
Vulkanausbruch *m;* ~ **rock** Eruptiv-
gestein *n;* **vol·cano** [vɒl'keɪnəu] ⟨*pl*
-cano(e)s⟩ Vulkan *m.*

vole [vəul] *(field-~)* Feldmaus *f;*
▶ **water-~** Wasserratte *f.*

vo·li·tion [və'lɪʃn, *Am* vəu'lɪʃn] Wille *m;*
▶ **power of** ~ Willenskraft *f;* **do s.th. of
one's own** ~ etw aus eigenem Antrieb
tun.

vol·ley ['vɒlɪ] **I** *s* 1. *mil* Salve *f;* 2. *fig*
Hagel *m;* Flut *f;* 3. *sport* Flugball *m;* **II**
itr 1. e-e Salve abfeuern; 2. *sport* einen
Volley spielen; **III** *tr* ▶ ~ **the ball** einen
Volley spielen; **vol·ley·ball** ['vɒlɪbɔ:l]
Volleyball *m.*

volt [vəult] *el* Volt *n;* **volt·age**
['vəultɪdʒ] Spannung *f;* ▶ **what** ~ **is it?**

wieviel Volt hat es? **voltage detector**
el Spannungsprüfer *m;* **voltage drop** *el*
Spannungsabfall *m.*

volte-face [,vɒlt'fɑ:s] (Meinungs-, Stim-
mungs)Umschwung *m.*

vol·uble ['vɒljubl] *adj* 1. gesprächig,
redselig, geschwätzig; 2. wortreich; 3.
(Rede) flüssig.

vol·ume ['vɒlju:m] 1. Band *m,* Buch *n;* 2.
Rauminhalt *m,* Volumen *n;* (großer)
Umfang *m;* 3. Lautstärke *f; mus* Klang-
fülle *f;* ▶ ~s of ein Schwall *gen;* **speak**
~s *fig* Bände sprechen *(for* für); **odd** ~
Einzelband *m;* ~ **of business** Geschäfts-
volumen *n;* ~ **of goods sold** Absatzvolu-
men *n;* ~ **of sales, of trade** Umsatz *m;*
volume control, regulator Laut-
stärkeregler *m;* **vol·umi·nous**
[və'lju:mɪnəs] *adj* 1. voluminös; üppig;
2. *(Schriften)* umfangreich; 3. *(Rock)*
bauschig.

vol·un·tary ['vɒləntrɪ] **I** *adj* 1. freiwillig;
2. *physiol* willkürlich; 3. *psych* spontan;
4. *(Verbrechen)* vorsätzlich; **II** *s* Orgel-
solo *n;* **vol·un·teer** [,vɒlən'tɪə(r)] **I** *s*
Freiwillige(r) *f m;* **II** *tr* 1. *(Hilfe)* anbie-
ten; 2. *(Vorschlag)* machen; *(Auskunft)*
geben; **III** *itr* sich freiwillig melden; etw
freiwillig tun; ▶ ~ **for s.th.** sich für etw
zur Verfügung stellen; ~ **to do s.th.**
anbieten, etw zu tun.

vo·lup·tu·ous [və'lʌptʃuəs] *adj* 1. sinn-
lich; 2. *(Leben)* ausschweifend; 3. *(Kör-
per)* üppig.

vo·lute [və'lju:t] *arch* Volute, Schnecke
f.

vomit ['vɒmɪt] **I** *s med* 1. (Er)Brechen *n;*
2. (das) Erbrochene; **II** *itr* sich erbre-
chen; **III** *tr* 1. erbrechen, wieder von
sich geben; 2. ausstoßen; 3. *(Feuer)*
speien.

voo·doo ['vu:du:] Voodoo, Wodu *m.*

vo·racious [və'reɪʃəs] *adj* 1. gefräßig; 2.
unersättlich *a. fig;* **vo·racity**
[və'ræsətɪ] 1. Gefräßigkeit *f;* 2. *fig* Gier
f.

vor·tex ['vɔ:teks] ⟨*pl* -texes, -tices⟩
[—teksəz, —tɪsi:z] Strudel *m a. fig.*

vote [vəut] **I** *s* 1. Wahl, Abstimmung *f;* 2.
Stimmabgabe *f;* 3. (Wahl)Stimme *f;* 4.
Wahl-, Stimmrecht *f;* 5. Wahl-, Abstim-
mungsergebnis *n;* 6. Bewilligung *f,*
bewilligte Summe; ▶ **by 5** ~s **to 3** mit 5
gegen 3 Stimmen; **by a majority of 2** ~s
mit e-r Mehrheit von 2 Stimmen; **by a
majority** ~ mit Stimmenmehrheit;
bring, put to the ~ zur Abstimmung
bringen; **cast one's** ~ seine Stimme ab-
geben; **have a** ~ Stimmrecht haben *(in*
bei); **take the** ~ **on** abstimmen über;
abstention from ~ Stimmenthaltung *f;*
casting of ~s Stimmabgabe *f;* **counting
of** ~s Stimmenzählung *f;* **final** ~
Schlußabstimmung *f;* **number of** ~s
Stimmenzahl *f;* ~ **of confidence** Ver-

trauensvotum *n;* **ask for a ~ of confidence** die Vertrauensfrage stellen; **pass a ~ of confidence to s.o.** jdm das Vertrauen aussprechen; **~ of censure** Mißbilligungsvotum *n; ~* **of no confidence** Mißtrauensvotum *n;* **II** *itr* wählen; seine Stimme abgeben (*for* für); **III** *tr* 1. wählen; wählen zu; 2. bewilligen, genehmigen; **IV** (*mit Präposition*) **vote down** *tr* überstimmen; ablehnen; **vote in** *tr* wählen (*s.o.* jdn); (*Gesetz*) beschließen; **vote on** abstimmen über; **vote out** *tr* ablehnen; abwählen; **voter** ['vəʊtə(r)] Wähler(in) *m (f);* **vot·ing** ['~ɪŋ] 1. Wahl *f;* 2. Wahlbeteiligung *f;* ▶ **return a blank ~ paper** e-n leeren Stimmzettel abgeben; **system of ~** Wahlsystem *n;* **voting booth** Wahlzelle *f;* **voting box** Wahlurne *f;* **voting machine** Stimmenzählmaschine *f.*

vouch [vaʊtʃ] *itr* sich verbürgen, garantieren (*for* für); **voucher** ['vaʊtʃə(r)] 1. Gutschein *m;* 2. Beleg *m,* Bescheinigung *f;* 3. *jur* Schuldschein *m;* ▶ **luncheon ~** Essensbon *m;* **credit ~** Gutschrift *f;* **gift ~** Geschenkgutschein *m;* **vouch·safe** [vaʊtʃ'seɪf] *tr* gewähren (*s.o.* jdm); ▶ **he ~d (me) no reply** er würdigte mich keiner Antwort.

vow [vaʊ] **I** *s* 1. *rel* Gelübde *n;* 2. Versprechen, Gelöbnis *n;* ▶ **lover's ~** Treueschwur *m;* **make a ~ to do s.th.** geloben, etw zu tun; **take one's ~s** sein Gelübde ablegen; **be under a ~ to do s.th.** verpflichtet sein, etw zu tun; **II** *tr* geloben; feierlich erklären.

vowel ['vaʊəl] Vokal, Selbstlaut *m.*

voy·age ['vɔɪɪdʒ] **I** *s* 1. Reise *f;* 2. (*Raumfahrt*) Flug *m;* ▶ **on the ~ out, home** auf der Hin-, Rückreise; **II** *itr* 1. e-e (See)Reise machen; 2. fliegen; **voyager** ['vɔɪədʒə(r)] Passagier *m;* Raumfahrer(in) *m (f).*

voyeur [vwa:'jɜ:(r)] Voyeur *m.*

vto(l) [ˌviːtiː'əʊ, ˌviːtiː:əʊ'el] *Abk:* **vertical take-off (and landing);** ▶ **~ aircraft** Senkrechtstarter *m.*

vul·can·ite ['vʌlkənaɪt] Hartgummi *m* od *n,* Ebonit *n;* **vul·can·iz·ation** [ˌvʌlkənaɪ'zeɪʃn] Vulkanisierung *f;* **vul·can·ize** ['vʌlkənaɪz] *tr* vulkanisieren.

vul·gar ['vʌlgə(r)] *adj* 1. vulgär; ordinär; geschmacklos; 2. *math* (*Bruch*) gemein; ▶ **~ beliefs** *pl* volkstümliche Auffassungen; **in the ~ tongue** in der Sprache des Volkes; **~ Latin** Vulgärlatein *n;* **vulgar·ity** [vʌl'gærəti] Vulgarität *f;* Anstößigkeit *f;* Geschmacklosigkeit *f;* **vulgar·ize** ['vʌlgəraɪz] *tr* 1. popularisieren, verbreiten; 2. vulgär werden lassen.

Vul·gate ['vʌlgeɪt] *rel* Vulgata *f.*

vul·ner·able ['vʌlnərəbl] *adj* 1. verwundbar *a. fig;* 2. ungeschützt; ▶ **~ to the cold** kälteempfindlich; **~ to temptation** für Versuchungen anfällig; **be ~ to criticism** der Kritik ausgesetzt sein; keine Kritik vertragen; **a ~ point, spot** eine schwache Stelle.

vul·ture ['vʌltʃə(r)] *a. fig* Geier *m.*

vulva ['vʌlvə] (äußere) weibliche Scham, Vulva *f.*

vy·ing ['vaɪɪŋ] **I** *ppr von* vie; **II** *adj* wetteifernd; **III** *s* Konkurrenzkampf *m* (*for* um).

W

W, w ['dʌblju:] ⟨*pl* -'s⟩ W, w *n.*
wack [wæk] *Br sl* Kumpel *m;* **wacky** ['wækɪ] *adj fam* verrückt, blöd.
wad [wɒd] I *s* 1. Knäuel *n; (in Geschoß)* Pfropfen *m; (Watte)* Bausch *m;* 2. *(Geld)* Bündel *n;* ▶ ~s of money ein Haufen Geld; II *tr* 1. stopfen; zusammenknüllen; 2. *(Nähen)* wattieren; **wad·ding** ['wɒdɪŋ] Füllsel *n;* Wattierung, Watte *f; med* Wattetupfer *m.*
waddle ['wɒdl] I *itr* watscheln; II *s* Watscheln *n.*
wade [weɪd] *itr* 1. waten *(through* durch); 2. *fig* sich (mühsam) (hin)durcharbeiten *(through* durch); 3. *fam fig* sich hineinstürzen *(in, into* in); ▶ ~ into s.o. *fam* auf jdn losgehen; **wader** ['weɪdə(r)] 1. *zoo* Wattvogel *m;* 2. *pl* (hohe) Gummistiefel *m pl.*
wa·fer ['weɪfə(r)] 1. Waffel *f;* 2. *med* Oblate *f a. rel;* 3. *rel* Hostie *f;* 4. *(silicone ~) EDV* Chip *m,* Siliziumplättchen *n;* ▶ ~-thin hauchdünn.
waffle[1] ['wɒfl] Waffel.
waffle[2] ['wɒfl] *Br fam* I *itr* quasseln, schwafeln; II *s* Gequassel, Geschwafel *n.*
waffle iron Waffeleisen *n.*
waft [wɒft] I *tr* (weg-, fort)wehen, -blasen; II *itr* wehen; schweben; III *s* Hauch *a. fig,* Luftzug *m;* Duft *m.*
wag[1] [wæg] I *tr* wippen mit; wedeln mit; ▶ ~ one's finger at s.o. jdm mit dem Finger drohen; II *itr* wippen; wedeln; ▶ his tongue never stops ~ging sein Mund steht nie still; set tongues ~ging Anlaß zum Gerede geben; III *s* Wackeln, Wedeln *n.*
wag[2] [wæg] Witzbold *m;* ▶ he's a bit of a ~ er ist ein alter Witzbold.
wage[1] [weɪdʒ] *meist pl* (Arbeits)Lohn *m;* ▶ at a ~ of bei e-m Lohn von; basic ~s *pl* Grundlohn *m;* weekly ~ Wochenlohn *m;* the ~s of sin die gerechte Strafe.
wage[2] [weɪdʒ] *tr:* ▶ ~ war Krieg führen.
wage costs ['weɪdʒ kɒsts] *pl* Lohnkosten *pl;* **wage claim, de·mand** Lohnforderung *f;* **wage dispute** *pl* Lohnauseinandersetzung *f;* **wage earner** Lohnempfänger(in) *m (f);* **wage freeze** Lohnstopp *m;* **wage increase** Lohnerhöhung *f;* **wage level** Lohnniveau *n;* **wage-packet** Lohntüte *f.*
wa·ger ['weɪdʒə(r)] I *s* Wette *f;* ▶ lay, make a ~ e-e Wette abschließen; II *tr,* *itr* wetten.
wage scale ['weɪdʒskeɪl] Lohnskala *f;* **wages clerk** Lohnbuchhalter(in) *m (f);* **wage settlement** Tarifabschluß *m;* **wage slip** Lohnstreifen *m;* **wages policy** Lohnpolitik *f;* **wage worker** *Am* Lohnarbeiter(in) *m (f).*
wag·gish ['wægɪʃ] *adj* spaßig, scherzhaft.
waggle ['wægl] I *tr* wackeln mit; wedeln mit; wippen mit; II *itr* wackeln; wedeln; wippen; III *s* Wackeln *n;* Wedeln *n;* ▶ with a ~ of its tail mit einem Schwanzwedeln; **wagg·ly** ['wæglɪ] *adj* wackelnd; wackelig; *(Schwanz)* wedelnd.
wag(·g)on ['wægən] 1. Wagen *m;* 2. *rail* Waggon *m;* ▶ be on the ~ *fam* keinen Alkohol trinken; **wag(·g)oner** ['wægənə(r)] Fuhrmann *m;* **wag(·g)on·load** ['wægənləud] Waggon-, Wagenladung *f;* **wagon train** *Am hist* Zug *m* von Planwagen.
waif [weɪf] 1. herrenloses Tier; 2. Obdachlose(r) *f m;* 3. verwahrlostes Kind; ▶ ~s and strays heimatlose Kinder.
wail [weɪl] I *itr* 1. wimmern, schreien; 2. wehklagen, jammern *(for* um; *over* über); 3. *(Wind)* heulen; II *s* Wimmern *n;* Jammern, Klagen *n;* Heulen *n;* **wailing** ['weɪlɪŋ] Wehklagen *n;* ▶ W~ Wall Klagemauer *f (in Jerusalem).*
wain·scot ['weɪnskət] Wandverkleidung *f.*
waist [weɪst] 1. Taille *f;* 2. *mar* Mitteldeck *n;* ▶ strip to the ~ den Oberkörper freimachen; **waist·band** ['weɪstbænd] (Rock-, Hosen)Bund *m;* **waist·coat** ['weɪstkəut] *Br* Weste *f;* **waist deep** *adj* hüfthoch; bis zur Hüfte; **waisted** ['weɪstɪd] *adj* tailliert; **waist-line** Taille *f;* ▶ watch one's ~ auf die schlanke Linie achten.
wait [weɪt] I *itr* 1. warten *(for* auf; *until* bis); 2. unerledigt bleiben; 3. aufwarten *(on s.o.* jdm; *at, (Am) on table* bei Tisch); bedienen *(on s.o.* jdn); 4. *mot* halten; ▶ ~ a minute! Augenblick! ~ and see abwarten; ~ at table bei Tisch aufwarten, bedienen; ~ *(Verkehrsampel)* warten; I can't ~ ich kann's kaum erwarten; ich bin gespannt; keep ~ing warten lassen; ~-and-see-policy Politik *f* des Abwartens; abwartende Haltung; what are you ~ing for? worauf wartest du? II *tr* 1. warten auf, ab-, erwarten; 2. *fam* verschieben; ▶ ~ dinner mit dem

Essen warten (*for* auf); ~ **one's turn** abwarten, bis man an der Reihe ist; ~ **at table** bei Tisch servieren; **III** *s* Warten *n*, Wartezeit; ▶ **have a long** ~ lange warten müssen; **lie in** ~ **for s.o.** jdm auflauern; **IV** *(mit Präposition)* **wait about, wait around** *itr* warten (*for* auf); **wait behind** *itr* zurückbleiben (und warten); **wait in** *itr* zu Hause warten; **wait on** *itr* noch länger warten; ▶ ~ **on s.o.** jdn bedienen; auf jdn warten; **wait out** *tr* das Ende abwarten von; **wait up** *itr* aufbleiben (*for* wegen).

waiter ['weɪtə(r)] Kellner *m*; *(head* ~*)* Ober(kellner) *m*; ▶ ~ **the bill,** *Am* **check, please!** Ober, bitte zahlen!

wait·ing ['weɪtɪŋ] **1.** Warten *n*; **2.** Dienen *n* bei Hof; **3.** Servieren, Bedienen *n*; ▶ **lady-in-**~ Hofdame *f*; **no** ~ *(Schild)* Halteverbot *n*; **waiting game** Wartespiel, Warten *n*; Geduldsprobe *f*; **waiting list** Warteliste *f*; **waiting-room** Wartezimmer *n (beim Arzt)*; *rail* Wartesaal *m*.

wait·ress ['weɪtrɪs] Kellnerin *f*; *(Anrede)* Fräulein.

waive [weɪv] *tr* **1.** *jur* verzichten auf, aufgeben, zurücktreten von; **2.** *(Einwurf, Frage)* abtun; ▶ ~ **one's right to speak** *parl* auf das Wort verzichten; **waiver** ['weɪvə(r)] Verzicht(erklärung *f*) *m (of* auf); Außerkraftsetzung *f*.

wake[1] [weɪk] ⟨*irr* **woke, woken** *od* **waked**⟩ **I** *itr* **1.** *(*~ *up)* auf-, erwachen, munter werden; **2.** wachen, wach, munter sein; **3.** *(*~ *up)* aufmerksam werden *(to* auf); sich klar werden *(to* über); **II** *tr* **1.** (auf)wecken *a. fig;* **2.** *(Gefühl)* erwecken; **3.** *(Erinnerungen)* wachrufen; **4.** *(Echo)* hervorrufen; **III** *s* **1.** *(Irland)* Totenwache *f;* **2.** *pl (Nordengland)* jährlicher Urlaub; **IV** *(mit Präposition)* **wake up** *itr* aufwachen; *tr* aufwecken; *fig* wachrütteln; ▶ ~ **up to s.th.** sich e-r S bewußt werden; ~ **s.o. up to s.th.** jdm etw klarmachen.

wake[2] [weɪk] Kielwasser *n;* ▶ **in the** ~ **of** *fig* im Gefolge *gen;* unmittelbar nach.

wake·ful ['weɪkfl] *adj* wach(sam); schlaflos; **waken** ['weɪkən] **I** *itr* **1.** auf-, erwachen; munter werden; **2.** *fig* sich bewußt werden *(to s.th.* gen); **II** *tr* **1.** (auf)wecken *(from, out of* von, aus); **2.** *fig* auf-, ermuntern, antreiben; **wakey** ['weɪkɪ] *interj fam* aufwachen!

Wales [weɪlz] Wales *n.*

walk [wɔːk] **I** *itr* **1.** gehen; **2.** zu Fuß gehen; wandern; spazierengehen; **3.** *(Gespenst)* umgehen, spuken; **4.** *fam* einfach verschwinden; ▶ ~ **in one's sleep** schlafwandeln; **it takes 5 minutes to** ~ **there** zu Fuß sind es 5 Minuten; **I like to go** ~**ing** ich gehe gerne spazieren, wandern; **II** *tr* **1.** spazierengehen mit, spazierenführen; ausführen; **2.**

(Strecke) gehen, laufen; **3.** *Am sport* einen Walk geben *(s.o.* jdm); ▶ ~ **s.o. home** jdn (zu Fuß) nach Hause bringen, begleiten; ~ **s.o. off his legs** jdn müde machen; **he** ~**ed his bicycle** er hat sein Rad geschoben; **you can** ~ **it from here** von hier aus kannst du zu Fuß gehen; ~ **the boards** beim Theater sein; ~ **the streets** durch die Straßen streifen, irren; *(Prostituierte)* auf den Strich gehen; **III** *s* **1.** Spaziergang *m;* Wanderung *f;* **2.** *sport* Gehen *n;* Geher-Wettkampf *m;* Marsch *m;* **3.** Gang(art *f*) *m;* **4.** Weg *m;* **5.** *Am sport* Walk *m;* ▶ **at a** ~ im Schritt; **go for a** ~, **take a** ~ einen Spaziergang machen; **it's a long** ~ es ist ein weiter Weg; **from all** ~**s of life** aus allen Schichten und Berufen; **it's a 5 minutes'** ~ es ist 5 Minuten zu Fuß; **take s.o. for a** ~ einen Spaziergang mit jdm machen; **IV** *(mit Präposition)* **walk about, walk around** *itr* herumgehen, -laufen; *tr* auf und ab führen; herumführen; **walk away** *itr* weggehen; ▶ **he** ~**ed away unhurt** er ist unverletzt davongekommen; ~ **away with s.th.** etw mitnehmen; etw leicht gewinnen; **walk back** *itr* zurückgehen; **walk in** *itr* hineingehen; ▶ **please** ~ **in!** bitte eintreten! **walk into** *tr* **1.** hineingehen in; **2.** anrempeln; laufen gegen; **3.** zufällig treffen; **4.** ohne Mühe bekommen; ▶ ~ **into a trap** in eine Falle gehen; **walk off** *tr* ab-, herunterlaufen; *(Rausch)* an der frischen Luft loswerden; *itr* weggehen; ▶ ~ **off with** einfach mitnehmen; *(Preis)* gewinnen; **walk on** *itr* **1.** weitergehen; **2.** betreten; **3.** *theat* auftreten; auf der Bühne erscheinen; **walk out** *itr* **1.** gehen; **2.** verlassen *(of s.th.* etw; *on s.o.* jdn); im Stich lassen *(on s.o.* jdn); **3.** in Streik treten; **walk over** *itr* **1.** leicht besiegen; **2.** auf der Nase rumtanzen *(all over s.o.* jdm); herumschikanieren *(all over s.o.* jdn); **walk through** *tr* **1.** *fam (Examen)* spielend schaffen, mit links machen; **2.** *theat (Rolle)* durchgehen; **walk up** *itr* **1.** hinaufgehen; zu Fuß hinaufgehen; **2.** zugehen *(to* auf); ▶ ~ **up!** treten Sie näher!

walk·about ['wɔːkəbaʊt] persönliche Fühlungnahme mit dem Volk; **walk-away** ['wɔːkəweɪ] *Am* leichter Sieg; **walker** ['wɔːkə(r)] **1.** Fuß-, Spaziergänger(in) *m (f);* **2.** *sport* Geher(in) *m (f);* **walker-on** ['wɔːkərɒn] *theat* Statist(in) *m (f);* **walkie-talkie** [ˌwɔːkɪ'tɔːkɪ] Hand-, Sprechfunkgerät, Walkie-talkie *n;* **walk-in** ['wɔːkɪn] **I** *s Am* leichter Sieg; **II** *adj* ▶ ~ **cupboard** begehbarer Schrank.

walk·ing ['wɔːkɪŋ] **I** *s* Gehen *n;* Spazierengehen *n;* Wandern *n;* **II** *attr adj* **1.** *hum* wandelnd; **2.** *(Puppe)* laufend, Lauf-; ▶ **at a** ~ **pace** im Schritt; **good** ~

gute Wandermöglichkeiten *pl;* **the ~ wounded** *pl* die Leichtverletzten *m pl;* **within ~ distance** zu Fuß erreichbar, zu erreichen; **walking-shoes** *pl* Wanderschuhe *m pl;* **walking-stick** Spazierstock *m;* **walking-tour** (Fuß)Wanderung *f.*

walk·man ['wɔːkmən] *Wz* Walkman *m.*

walk-on ['wɔːkɒn] *(~-on part) theat* Statistenrolle *f;* **walk-out** ['wɔːkaʊt] *fam* Ausstand, Streik *m;* demonstratives Verlassen des Saales; **walk-over** ['wɔːkəʊvə(r)] *(~ victory)* leichter Sieg; *fig* Kinderspiel *n;* **walk-up** ['wɔːkʌp] *Am fam* Mietshaus *n,* Wohnung *f* ohne Fahrstuhl; **walk·way** ['wɔːkweɪ] Fußweg *m.*

wall [wɔːl] **I** *s* **1.** Wand *f a. anat;* Mauer *f a. fig;* **2.** (Trenn-, Scheide)Wand *f;* ► **the Great W~ of China** die Chinesische Mauer; **the north ~ of the Eiger** die Eigernordwand; **with one's back to the ~** *fig* in die Enge getrieben; **drive, push s.o. to the ~** *fig* jdn an die Wand drücken; **drive s.o. up the ~** jdn auf die Palme bringen; **the ~s have ears** die Wände haben Ohren; **go to the ~** *fig* an die Wand gedrückt werden; den kürzeren ziehen; *fam (Firma)* kaputtgehen; **go up the ~** wahnsinnig werden; **run one's head against a ~** *fig* mit dem Kopf gegen die Wand rennen; **II** *tr* ummauern, mit einer Mauer umgeben; **III** *(mit Präposition)* **wall in** *tr* mit Mauern umgeben; *fig* umgeben, einschließen; **wall off** *tr* durch eine Mauer abtrennen; unterteilen; ► **~ o.s. off** *fig* sich abriegeln; **wall up** *tr* zumauern; **wall bars** *pl sport* Sprossenwand *f;* **wall chart** Wandkarte *f;* Diagramm *n;* **wall clock** Wanduhr *f.*

wal·let ['wɒlɪt] Brieftasche *f.*

wall·flower ['wɔːl,flaʊə(r)] **1.** *bot* Goldlack *m;* **2.** *fig* Mauerblümchen *n;* **wall hanging** Wandbehang *m;* **wall map** Wandkarte *f.*

Walloon [wɒˈluːn] **I** *s* **1.** Wallone *m,* Wallonin *f;* **2.** (das) Wallonisch(e); **II** *adj* wallonisch.

wal·lop ['wɒləp] *sl* **I** *tr* **1.** verprügeln; **2.** erledigen, fertigmachen; **II** *s* **1.** Schlag *m;* **2.** Tempo *n;* **wal·lop·ing** [—ɪŋ] *adj fam* gewaltig, enorm, riesig; *(Preise)* saftig.

wal·low ['wɒləʊ] **I** *itr* **1.** sich wälzen; sich suhlen; **2.** *mar* rollen, schlingern; **3.** *fig* schwelgen *(in* in); ► **~ in money** *fam* im Geld schwimmen; **~ in self-pity** in Selbstmitleid schwelgen; **II** *s* Suhle *f;* Bad *n.*

wall·pa·per ['wɔːlpeɪpə(r)] **I** *s* Tapete *f;* **II** *tr* tapezieren; **wall socket** *el* Steckdose *f;* **wall-to-wall** ['wɔːltəˈwɔːl] *adj* ► **~ carpeting** Teppichboden *m.*

wal·nut ['wɔːlnʌt] **1.** Walnuß *f;* **2.**

(Wal)Nußbaum *m;* **3.** Nußbaum(holz *n*) *m.*

wal·rus ['wɔːlrəs] *zoo* Walroß *n;* **walrus moustache** Hängeschnurrbart *m.*

waltz [wɔːls] **I** *s* Walzer *m;* **II** *itr* Walzer tanzen; herumwirbeln; **III** *tr* Walzer tanzen mit; **IV** *(mit Präposition)* **waltz about, around** *itr* herumtanzen; **waltz in** *itr* hereintanzen; **waltz off** *itr* abtanzen; ► **~ off with** abziehen mit; **waltz up to** *itr* zuschlendern auf.

wan [wɒn] *adj* blaß, bleich; müde, schwach.

wand [wɒnd] Zauberstab *m.*

wan·der ['wɒndə(r)] *itr* **1.** umherwandern, -streifen, -schweifen; **2.** abbiegen *(from* von); **3.** *(~ away)* sich verlaufen, sich verirren *a. fig;* **4.** *(~ off) fig (vom Thema)* abschweifen *(from* von); **5.** *(Blick)* umherschweifen, gleiten; **6.** *(Fluß)* sich schlängeln, sich winden; ► **his mind is ~ing** er ist geistig abwesend; **wan·der·er** ['wɒndərə(r)] Wanderer *m,* Wand(r)erin *f;* Herumtreiber(in) *m (f);* **wan·der·ing** ['wɒndərɪŋ] *adj* **1.** wandernd, umherstreifend; unstet; *(Sänger)* fahrend; **2.** nomadisch; **3.** *fig (Gedanken)* abschweifend; **4.** *(Weg)* sich schlängelnd; **wan·der·ings** ['wɒndərɪŋz] Fahrten *f pl;* Wanderleben *n; fig* wirre Gedanken; wirres Gerede.

wane [weɪn] **I** *itr* **1.** *(Mond)* abnehmen; **2.** schwächer werden, nachlassen *a. fig;* **3.** *fig* vergehen, (dahin)schwinden, verfallen; **II** *s* ► **be on the ~** im Abnehmen sein.

wangle ['wæŋgl] *sl* **I** *tr* **1.** hinkriegen, drehen, deichseln; **2.** rausschlagen *(s.th. out of s.o.* etw aus jdm); ergattern; **II** *s* Schiebung *f.*

want [wɒnt] **I** *tr* **1.** wollen; mögen; **2.** nötig haben, brauchen; **3.** sollen, müssen; **4.** nicht haben; ► **~ to do s.th.** etw tun wollen; **I ~ you to do it** ich möchte, will, daß du das machst; **I was ~ing to leave sooner** ich wäre gerne früher gegangen; **you ~ to get professional advice** Sie sollten einen Fachmann befragen; **that's all I ~ed!** das hat mir gerade noch gefehlt! **your hair ~s cutting** du solltest zum Friseur gehen; **~ed by the police** polizeilich gesucht; **feel ~ed** das Gefühl haben, daß man gebraucht wird; **you are ~ed on the telephone** Sie werden am Telefon verlangt; **we ~ time** uns fehlt die Zeit; **all it ~s is a little paint** es braucht nur etwas Farbe; **II** *itr* **1.** wollen; mögen; **2.** nicht haben *(for s.th.* etw); **3.** *lit* Mangel haben; in Armut leben; ► **if you ~ (to)** wenn Sie möchten; **as you ~** wie du willst; **they ~ for nothing** es fehlt ihnen an nichts; **III** *s* **1.** Mangel *m (of* an); **2.** Not, Armut *f;* **3.** Bedürfnis *n;* Wunsch *m;* ► **for ~ of** aus Mangel an, mangels *gen;* **for** ~ **of something to do** weil ich nichts zu tun hatte; **feel the** ~ **of s.th.** etw vermissen; **be in** ~ **of s.th.** etw brauchen; **a long-felt** ~ ein langgehegter Wunsch; **all s.o.'s** ~**s** alles, was jem braucht; **it wasn't for** ~ **of trying** nicht, daß er sich nicht bemüht hätte; **IV** *(mit Präposition)* **want in** *itr fam* hereinwollen; **want out** *itr fam* rauswollen.

want ad ['wɒnt 'æd] *fam* Kaufgesuch *n;* **want·age** ['wɒntɪdʒ] *Am* Fehlbetrag *m;* **want·ing** ['wɒntɪŋ] *adj* fehlend, nicht vorhanden; ► **be** ~ fehlen; nicht enthalten sein *(in* in); **es fehlen lassen** *(in* an), nicht haben *(in s.th.* etw); **be found** ~ *(Mensch)* für zu leicht befunden werden; sich als mangelhaft erweisen; **he's a bit** ~ er ist etwas minderbemittelt.

wan·ton ['wɒntən] *adj* 1. unbeherrscht, zügellos; 2. ausschweifend, lüstern; 3. ausgelassen, mutwillig, übermütig; 4. *(Vernachlässigung, Verschwendung)* sträflich.

wapi·ti ['wɒpɪtɪ] *Am* Wapiti, Elk *m.*

war [wɔː(r)] **I** *s* 1. Krieg *m a. fig;* 2. *fig* Kampf, Streit, Konflikt *m;* ► **at** ~ im Krieg(szustand) *(with* mit); **in case, in the event of** ~ im Kriegsfall; **in time(s) of** ~ in Kriegszeiten; **carry the** ~ **into the enemy's camp** *fig* zum Gegenangriff übergehen; **declare** ~ **(on a country)** (e-m Land) den Krieg erklären; **declare** ~ **on s.o.** *fig* jdm den Kampf ansagen; **have been in the** ~**s** *fig fam* übel aussehen; **he looks as though he's been in the** ~**s** er sieht ziemlich mitgenommen aus; **make, wage** ~ **(up)on** Krieg führen gegen; **civil** ~ Bürgerkrieg *m;* **declaration of** ~ Kriegserklärung *f;* **outbreak of** ~ Kriegsausbruch *m;* **prisoner of** ~ Kriegsgefangene(r) *f m;* **world** ~ Weltkrieg *m;* ~ **of aggression** Angriffskrieg *m;* ~ **of attrition** Zermürbungskrieg *m;* ~ **of independence** Unabhängigkeitskrieg *m;* ~ **of nerves** Nervenkrieg *m;* **II** *itr* 1. Krieg führen *(for* um); 2. kämpfen, streiten *(against* gegen; *with* mit); **war atrocities** *pl* Kriegsgreuel *m pl;* **war baby** Kriegskind *n.*

warble ['wɔːbl] **I** *itr* 1. *(Lerche)* trillern; 2. *(Mensch)* trällern; **II** *tr* trällern; **war·bler** ['wɔːblə(r)] *zoo* Grasmücke *f;* Waldsänger *m.*

war bond ['wɔːbɒnd] Kriegsanleihe *f;* **war bulletin** Kriegsbericht *m;* **war correspondent** Kriegsberichterstatter(in) *m (f);* **war crime** Kriegsverbrechen *n;* **war criminal** Kriegsverbrecher(in) *m (f);* **war cry** Kriegsruf *m; fig* Schlachtruf *m.*

ward [wɔːd] **I** *s* 1. Mündel *n;* 2. (Gefängnis-, Krankenhaus)Abteilung *f; med* Station *f;* 3. (Stadt-, Verwaltungs)Bezirk

m; ► **in** ~ unter Vormundschaft; **II** *(mit Präposition)* **ward off** *tr* abwehren, fernhalten.

war·den ['wɔːdn] 1. Herbergsvater *m,* -mutter *f;* Jagdaufseher(in) *m (f);* Feuerwart(in) *m (f);* Aufseher(in) *m (f);* 2. Rektor(in), Direktor(in) *m (f);* 3. *Am* Gefängnisdirektor(in) *m (f);* 4. Heimleiter(in) *m (f);* ► **air-raid** ~ Luftschutzwart *m;* **traffic** ~ Verkehrspolizist(in) *m (f), fam* Politesse *f.*

war·der ['wɔːdə(r)] Gefängniswärter(in) *m (f);* **war·dress** ['wɔːdrɪs] Aufseherin, Wärterin *f.*

ward·robe ['wɔːdrəʊb] 1. Garderobe *f;* 2. Kleiderschrank *m;* ► ~ **trunk** Schrankkoffer *m.*

ward·ship ['wɔːdʃɪp] Vormundschaft *f (of, over* über).

war effort ['wɔː(r)efət] Kriegsanstrengungen *pl.*

ware·house ['weəhaʊs] **I** *s* (Waren)Lager *n;* Lagerhaus *n,* Speicher *m;* ► ~**-keeper,** ~**man** Lagerhalter *m;* **II** *tr* einlagern.

wares [weəz] *pl* Waren *f pl.*

war·fare ['wɔːfeə(r)] Krieg(führung *f) m;* ► **guerilla** ~ Guerillakrieg *m;* **psychological** ~ Nervenkrieg *m;* **war game** Kriegsspiel *n;* **war-grave** ['wɔːgreɪv] Kriegs-, Soldatengrab *n; pl* Kriegsgräber *n pl;* **war·head** ['wɔːhed] Sprengkopf *m.*

wari·ly ['weərɪlɪ] *adv* vorsichtig; mißtrauisch; ► **tread** ~ sich vorsehen, vorsichtig sein.

war·like ['wɔːlaɪk] *adj* kriegerisch; **war·lord** ['wɔːlɔːd] Kriegsherr *m.*

warm [wɔːm] **I** *adj* 1. warm; 2. wärmend; 3. erhitzt; 4. *fig* hitzig, erregt, aufgeregt; ► **I feel, am** ~ mir ist warm; **make things** ~ **for s.o.** *fig* jdm einheizen; **II** *tr* 1. (er)wärmen; 2. (~ *up) (Speise)* aufwärmen, warm machen; 3. *fig* erwärmen, begeistern *(to* für); **III** *itr* 1. (~ *up)* warm werden, sich erwärmen *a. fig (to* für); 2. *fig* sich erhitzen, sich begeistern, entflammen *(to, towards* für); **IV** *s fam* 1. Warmwerden *n,* Erwärmung *f;* 2. warmer Platz; **V** *(mit Präposition)* **warm up** *tr* (er)wärmen; *(Essen)* an-, aufwärmen; *fig* in Schwung bringen, anfeuern, begeistern; *mot* warmlaufen lassen; *itr* warm, wärmer werden; in Schwung kommen, sich begeistern, sich erregen; *sport* sich in Form bringen, sich warm laufen; **warm-blooded** [ˌwɔːmˈblʌdɪd] *adj zoo* warmblütig; *fig* heißblütig; **warm front** *mete* Warmluftfront *f;* **warm-hearted** [ˌwɔːmˈhɑːtɪd] *adj* warmherzig, freundlich, mitfühlend, herzlich; **warm start** *EDV* Warmstart *m;* **warmth** [wɔːmθ] 1. Wärme *f a. fig;* 2. *fig* Herzlichkeit *f;* 3. Eifer *m,* Heftigkeit *f;* **warm-up**

['wɔːmʌp] *sport* Sichwarmlaufen *n.*
warn [wɔːn] **I** *tr* warnen (*of, about, against* vor); *jur* verwarnen; ▶ ~ **s.o. not to do s.th.** jdn davor warnen, etw zu tun; ~ **s.o. that** jdn darauf hinweisen, daß; **you might have ~ed us** du hättest (auch) vorher Bescheid sagen können; **II** *itr* warnen (*of* vor); **III** (*mit Präposition*) **warn off** *tr* warnen; ▶ ~ **s.o. off doing s.th.** jdn davor warnen, etw zu tun; ~ **s.o. off a certain subject, product** jdm von einem bestimmten Thema, Produkt abraten; **warn·ing** [−ɪŋ] **I** *s* **1.** Warnung *f;* *jur* Verwarnung *f;* **2.** (Vor-aus)Benachrichtigung, Mitteilung *f,* Wink *m;* ▶ **at a minute's** ~ fristlos; **without any** ~ überraschend, unerwartet; **give s.o. a** ~, **give a** ~ **to s.o.** jdn verwarnen; **give me some days'** ~ sagen Sie mir einige Tage vorher Bescheid; **let that be a** ~ **to you!** lassen Sie sich das eine Warnung sein! **take** ~ **from s.th.** sich etw als Warnung dienen lassen; **gale** ~ Sturmwarnung *f;* **II** *adj* warnend; Warn-; ▶ ~ **light** Warnlicht *n;* ~**-shot** Warnschuß *m;* ~ **sign** Warnzeichen *n; fig* erstes Anzeichen; ~ **tri-angle** *mot* Warndreieck *n.*
warp [wɔːp] **I** *s* **1.** Verwerfung *f;* **2.** Biegung, Verkrümmung *f;* **3.** *fig* Verdrehung, Entstellung *f;* **4.** (*Weberei*) Kette *f;* **5.** Schleppleine *f;* **II** *tr* **1.** verziehen, verbiegen; **2.** *fig* verdrehen, entstellen; **III** *itr* sich werfen, sich verziehen.
war·paint ['wɔːpeɪnt] Kriegsbemalung *f a. fig;* **war-path** Kriegspfad *m;* ▶ **be on the** ~ auf dem Kriegspfad sein *a. fig.*
warped [wɔːpt] *adj* **1.** verzogen; **2.** *fig* verschroben, pervers; (*Urteil*) verzerrt.
war·rant ['wɒrənt] **I** *s* **1.** *com* Garantie *f;* **2.** *jur* Haftbefehl *m;* Durchsuchungsbefehl *m;* Beschlagnahmeverfügung *f;* **3.** (*death* ~) Hinrichtungsbefehl *m;* **4.** *mil* Patent *n,* Beförderungsurkunde *f;* **5.** Berechtigung *f;* Befugnis *f;* **6.** *fin* Optionsschein *m;* ▶ **take out a** ~ **against s.o.** e-n Haftbefehl gegen jdn erwirken; **a** ~ **is out against him** er wird steckbrieflich gesucht; **search** ~ Durchsuchungsbefehl *m;* ~ **of arrest** Haftbefehl *m;* ~ **of attorney** Prozeßvollmacht *f;* ~ **for payment** gerichtlicher Zahlungsbefehl; **II** *tr* **1.** rechtfertigen; **2.** verdienen; **3.** garantieren, gewährleisten; **war·ran·tee** [ˌwɒrənˈtiː] Garantienehmer *m;* **warrant officer 1.** *mil* Stabsfeldwebel *m;* **2.** *mar* (Ober)Stabsbootsmann *m;* **war·ran·tor** ['wɒrəntɔː(r)] Garantiegeber *m;* **war·ranty** ['wɒrəntɪ] Garantie *f;* ▶ **it's under** ~ darauf ist Garantie.
war·ren ['wɒrən] **1.** Kaninchenbau *m;* **2.** *fig* Gewirr *n.*
war·ring ['wɔːrɪŋ] *adj* kriegführend; *fig* gegensätzlich; (*Parteien*) sich bekämpfend; **war·rior** ['wɒrɪə(r)] Krieger(in),

Kämpfer(in) *m (f).*
Warsaw Pact, Treaty ['wɔːsɔːˈpækt, −ˈtriːtɪ] *hist* Warschauer Pakt, Vertrag.
war·ship ['wɔːʃɪp] Kriegsschiff *n.*
wart [wɔːt] *bot zoo med* Warze *f;* **wart-hog** ['wɔːthɒg] Warzenschwein *n.*
war·time ['wɔːtaɪm] Kriegszeit *f;* ▶ **in** ~ in Kriegszeiten; **war·torn** ['wɔːtɔːn] *adj* vom Krieg erschüttert; **war-weary** *adj* kriegsmüde.
wary ['weərɪ] *adj* vorsichtig; umsichtig; (*Blick*) mißtrauisch; ▶ **be** ~ **of s.th.** sich vor etw vorsehen; **be** ~ **about doing s.th.** seine Zweifel haben, ob man etw tun soll; **keep a** ~ **eye on** ein wachsames Auge haben auf.
war zone ['wɔːzəʊn] Kriegsgebiet *n.*
was [wɒz] *1. u. 3. Person Singular Präteritum von be.*
wash [wɒʃ] **I** *tr* **1.** waschen; (*Geschirr*) abwaschen, spülen; (*Boden*) aufwischen; (*Körperteile*) sich *dat* waschen; **2.** (*Wellen*) be-, umspülen; schlagen gegen; **3.** (*Gestein, Rinne*) auswaschen, ausspülen; **4.** (*Fluß, See*) (weg)spülen; **5.** (*Wände*) tünchen; (*Papier*) kolorieren; ▶ ~ **the dishes** abwaschen, das Geschirr spülen; ~ **one's dirty linen in public** seine schmutzige Wäsche in der Öffentlichkeit waschen; ~ **one's hands** sich die Hände waschen; ~ **one's hands of s.th.** *fig* mit etw nichts zu tun haben wollen; **the body was ~ed ashore** die Leiche wurde an Land gespült, geschwemmt; **II** *itr* **1.** sich waschen; **2.** (die Wäsche) waschen; **3.** (*Stoff*) sich waschen lassen; **4.** (*Meer*) branden, schlagen (*against* gegen); **5.** *fig* einer Prüfung standhalten; (*Entschuldigung*) gelten; ▶ **that won't** ~ das läßt sich nicht waschen; *fig fam* das kauft dir keiner ab; **III** *s* **1.** Waschen *n;* **2.** Wäsche *f;* **3.** *mar* Kielwasser *n; aero* Luftstrudel *m;* **4.** (*Wellen*) Wellenschlag *m;* Geplätscher *n;* **5.** Mundwasser *n;* **6.** Spülwasser *n a. fig pej;* **7.** Tünche *f,* Anstrich *m;* **8.** (*Kunst*) Kolorierung, Tönung *f;* ▶ **be in the** ~ in der Wäsche sein; **it'll all come out in the** ~ es wird sich noch alles zeigen; **have a** ~ sich waschen; **give s.th. a** ~ etw waschen; **need a** ~ gewaschen werden müssen; **IV** (*mit Präposition*) **wash away** *tr* wegspülen; ▶ ~ **s.o.'s sins away** jdn von Sünden reinwaschen; **wash down** *tr* **1.** (ab)spülen; **2.** (*Wagen*) waschen; **3.** (*Bissen*) hinunterspülen; **wash off** *tr* weg-, abwaschen; **wash out** *itr* sich wegwaschen lassen; *tr* **1.** auswaschen; ausspülen; **2.** *fig* ins Wasser fallen lassen; ▶ **our party was ~ed out** unsere Party ist ins Wasser gefallen; **wash over** *tr* überstreichen, -pinseln; ▶ **it all just ~ed over him** das alles schien spurlos an ihm vorbeizugehen; **wash up** *tr* **1.** (*Geschirr*) ab-, aufwa-

schen, spülen; **2.** *(Meer)* anspülen; *itr* **1.** Geschirr spülen, abwaschen; **2.** *Am* sich waschen; ▶ **be ~ed up** *fig* fertig, erledigt sein.

wash·able ['wɒʃəbl] *adj* waschbar; **wash-and-wear** ['wɒʃn'weə(r)] *adj* bügelfrei; **wash·bag** ['wɒʃbæg] *Am* Kulturbeutel *m;* **wash basin** ['wɒʃˌbeisn] Waschbecken *n;* **wash board** ['wɒʃbɔːd] Waschbrett *n;* **wash-bowl** ['wɒʃbəʊl] Waschschüssel *f;* Waschbecken *n;* **wash cloth** *Am* Waschlappen *m;* **wash·day** ['wɒʃdei] Waschtag *m;* **wash-down** ['wɒʃdaʊn] *mot* (Wagen)Waschen *n;* **washed-out** [ˌwɒʃt'aʊt] *adj* **1.** *(Farbe)* verwaschen, verblaßt; **2.** *fam* abgespannt, müde; ausgelaugt *fam;* **washer** ['wɒʃə(r)] **1.** Wäscher(in) *m (f);* **2.** Waschmaschine *f;* **3.** *tech* Dichtungsring *m;* ▶ **dish-~** Geschirrspülmaschine *f;* **wash-hand-basin** ['wɒʃhænd,beisn] Handwaschbecken *n;* **wash-house** ['wɒʃhaʊs] Waschküche *f;* -haus *n.*

wash·ing ['wɒʃiŋ] Wäsche *f;* Waschen *n;* ▶ **do the ~** Wäsche waschen; **he dislikes ~** er wäscht sich nicht gern; **washing-machine** Waschmaschine *f;* **washing-powder** Waschpulver *n;* **washing soda** Bleichsoda *f;* **washing-up** [ˌwɒʃiŋ'ʌp] Abwaschen, Geschirrspülen *n;* **washing-up · bowl, basin** Spülschüssel *f;* **washing-up liquid** (Geschirr)Spülmittel *n.*

wash-leather ['wɒʃleðə(r)] Waschleder *n;* **wash·out** ['wɒʃaʊt] **1.** Reinfall *m,* Fiasko *n;* **2.** *(Mensch)* Niete *f;* **wash-rag** *Am* Waschlappen *m;* **wash·room** ['wɒʃrʊm] Waschraum *m;* **wash-stand** Waschtisch *m.*

wasn't [wɒznt] = *was not.*

wasp [wɒsp] Wespe *f.*

Wasp [wɒsp] *Abk:* **White Anglo-Saxon Protestant** *Am* weiße(r), angelsächsische(r) Protestant(in); **wasp·ish** [−iʃ] *adj fig* gemein, giftig; **wasp's nest** Wespennest *n;* **wasp-waisted** [ˌwɒsp'weistid] *adj* mit e-r Wespentaille.

wast·age ['weistidʒ] **1.** Abnutzung *f,* Schwund *m;* **2.** (Material)Verlust *m;* **3.** *tech* Abfall, Ausschuß *m;* ▶ **natural ~** Verschleiß *m.*

waste [weist] **I** *tr* **1.** verschwenden, vergeuden, nutzlos vertun; **2.** auszehren, schwächen; *(Kraft)* aufzehren; **3.** verwüsten; ▶ **you're wasting your time** das ist reine Zeitverschwendung; **you didn't ~ much time!** das ging ja schnell; **all our efforts were ~d** alle Mühe war umsonst, vergeblich; **you are ~d on that man** für den Mann bist du viel zu schade; **art is ~d on him** er hat keinen Sinn für Kunst; **~ o.s. on s.o.** sich an jdn verschwenden; **you're wasting your**

breath du redest vergeblich, spar dir deine Worte; **he didn't ~ any words** er hat nicht viele Worte gemacht; **II** *itr (Nahrung)* umkommen; *(Fähigkeiten)* verkümmern; *(Körper, Patient)* verfallen; *(Kraft, Vermögen)* schwinden; **III** *adj* **1.** überschüssig; ungenutzt; **2.** Abfall-; ▶ **lay ~** verwüsten; **lie ~** brachliegen; **IV** *s* **1.** Verschwendung *f;* **2.** Abfall *m;* Abfallstoffe *m pl;* **3.** Ödland *n,* Wildnis *f;* ▶ **go, run to ~** umkommen, verkommen; *(Fähigkeiten, Geld, Land)* ungenutzt bleiben; *(Talent)* verkümmern; **~ of energy, money, time** Kraft-, Geld-, Zeitverschwendung *f;* **what a ~!** so eine Verschwendung! **nuclear ~** Atommüll *m;* **toxic ~** Giftmüll *m;* **V** *(mit Präposition)* **waste away** *itr* dahinsiechen; immer weniger werden; **waste-basket, waste-bin** Papierkorb *m;* **waste dispos·al** Müllbeseitigung *f;* **waste-disposal unit** Müllschlucker *m;* **waste·ful** ['weistfl] *adj* verschwenderisch *(of* mit); unrentabel; **waste heat** Abwärme *f;* **waste·land** ['weistlænd] Ödland *n;* **waste management** (Abfall)Entsorgung *f;* **waste·paper** ['weist'peipə(r)] Papierabfälle *m pl;* Makulatur *f a. fig; (zum Wiederverwerten)* Altpapier *n;* **wastepaper basket** Papierkorb *m;* **waste pipe** Ablußrohr *n;* **waste product** Abfallprodukt *n;* *biol* Ausscheidungsstoff *m;* **waste re-processing** Müllverwertung *f;* **waster** ['weistə(r)] Verschwender *m;* Taugenichts *m;* **waste steam** Abdampf *m;* **wast·ing** ['weistiŋ] *adj (Krankheit)* zehrend; **wast·rel** ['weistrəl] Verschwender *m.*

watch¹ [wɒtʃ] (Armband)Uhr *f.*

watch² [wɒtʃ] **I** *s* **1.** Wache *f a. mar;* **2.** Be-, Überwachung *f;* **3.** (gespannte) Aufmerksamkeit, Wachsamkeit *f;* **4.** Wache, Wachmannschaft *f;* **5.** Wachmann, Wächter *m;* ▶ **on ~** auf Wache; **be on the ~** auf der Hut sein; Ausschau halten *(for* nach); **keep ~** Wache halten; aufpassen *(on* auf); **II** *itr* **1.** aufpassen, achtgeben *(over* auf); **2.** zusehen, beobachten; **3.** abpassen, -warten *(for s.th.* etw); **4.** wachen; Wache halten; ▶ **~ for s.o., s.th.** nach jdm, etw Ausschau halten; **~ for certain symptoms** auf gewisse Symptome achten; **III** *tr* **1.** bewachen, aufpassen auf, achtgeben auf; nicht aus den Augen lassen; **2.** achten auf; **3.** abwarten; ▶ **~ one's step** vorsichtig zu Werke gehen; **~ your step!** Achtung, Stufe!; Seien Sie vorsichtig! **she ~ed her chance** sie wartete auf e-e günstige Gelegenheit; **~ your health** achte auf deine Gesundheit; **~ your language!** drück dich bitte etwas gepflegter aus! **~ it, yourself!** sei vorsichtig! **he needs close ~ing** man muß ihm auf die Finger sehen; **a ~ed pot never boils** *prov* wenn man daneben steht, kocht das Wasser nie; **IV** *(mit Präposition)* **watch out** *itr* aufpassen, achtgeben; ausschauen *(for s.o.* nach jdm); sich hüten *(for s.o.* vor jdm); **▶ ~ out!** Vorsicht!

watch·band, **watch·strap** ['wɒtʃbænd, 'wɒtʃstræp] Uhrarmband *n.*

watch-dog ['wɒtʃdɒg] Wachhund *m a. fig;* **fig** Stallwache *f;* **watcher** ['wɒtʃə(r)] **1.** Wächter(in) *m (f);* Wärter(in) *m (f);* **2.** Beobachter(in) *m (f);* **watch·ful** ['wɒtʃfl] *adj* wachsam, aufmerksam *(for* auf).

watch-maker ['wɒtʃˌmeɪkə(r)] Uhrmacher(in) *m (f).*

watch·man ['wɒtʃmən] ⟨pl -men⟩ **1.** Wachmann *m;* **2.** *(night ~)* (Nacht)Wächter *m;* **watch strap** Uhrarmband *n;* **watch-tower** Wachtturm *m;* **watch·word** ['wɒtʃwɜːd] Kennwort *n,* Parole *f.*

water ['wɔːtə(r)] **I** *s* **1.** Wasser *n a. med;* **2.** Flüssigkeit *f;* **3.** Urin *m,* Wasser *n;* **4.** *pl* Gewässer *n;* **▶ above ~** über Wasser *a. fig;* **by ~** auf dem Wasserweg; **of the first, purest ~** reinsten Wassers; **be in deep ~(s)** *fig* in Schwierigkeiten stecken; **get into hot ~** *fig* in Teufels Küche kommen; **have ~ on the brain** einen Wasserkopf haben; *fig* den Verstand verloren haben; **hold ~** wasserdicht, *fig* stichhaltig sein; **keep one's head above ~** *fig* sich über Wasser halten; **make ~** *mar* lecken; **make, pass ~** *med* Wasser lassen; **stay above ~** sich über Wasser halten; **spend money like ~** mit Geld um sich werfen; **take, drink the ~s** eine (Trink)Kur machen; **throw cold ~ on s.th.** *fig* die Begeisterung für etw dämpfen; **the boat draws ten feet of ~** das Schiff hat zehn Fuß Tiefgang; **drinking ~** Trinkwasser *n;* **high ~** Hochwasser *n;* Flut *f;* **holy ~** Weihwasser *n;* **low ~** Niedrigwasser *n;* Ebbe *f;* **II** *tr* **1.** *(Vieh)* tränken; **2.** bewässern, begießen, sprengen; **3.** *(~ down)* (mit Wasser) verdünnen; **4.** *fig* verwässern; **▶ ~ down** *fig* verwässern, abschwächen, mildern; **III** *itr* **1.** *(Tier)* saufen; **2.** Wasser einnehmen, tanken; **3.** *(Augen)* tränen; **▶ my mouth ~s** mir läuft das Wasser im Munde zusammen.

water·bird ['wɔːtəbɜːd] Wasservogel *m;* **water biscuit** Wasserzwieback *m;* **water-borne** ['wɔːtəbɔːn] *adj* auf dem Wasserweg befördert; *(Seuche)* durch Wasser übertragen; **water bottle** Wasserflasche *f;* Feldflasche *f;* **water butt** Regenwassertonne *f;* **water cannon** ['wɔːtəˌkænən] Wasserwerfer *m;* **water carrier** Wasserträger *m;* **▶ the W~** *astr* der Wassermann; **water cart** Wasser-, Sprengwagen *m;* **water**

closet (Spül-, Wasser)Klosett *n;* **water colour,** *Am* **water color 1.** Wasserfarbe, Aquarellfarbe *f;* **2.** Aquarell *n;* **3.** *pl* Aquarellmalerei *f;* **water-cooled** ['wɔːtəkuːld] *adj tech* wassergekühlt; **water-cool·ing** ['wɔːtəkuːlɪŋ] *tech* Wasserkühlung *f;* **water·course** ['wɔːtəkɔːs] **1.** Wasserlauf *m;* **2.** Fluß-, Kanalbett *n;* **water·craft** ['wɔːtəkrɑːft] Wasserfahrzeug(e *pl) n;* **water·cress** ['wɔːtəkres] *bot* Brunnenkresse *f;* **water cure** Wasser-, Kneippkur *f;* **water·fall** ['wɔːtəfɔːl] Wasserfall *m;* **water·fowl** ['wɔːtəfaʊl] Wasservögel *m pl;* **water·front** ['wɔːtəfrʌnt] **1.** Uferbezirk *m (e-r Stadt);* **2.** Hafenviertel *n;* **water gauge** Pegel *m;* Wasserstandsmesser *m;* **water-heater** Warmwasserbereiter *m,* Heißwassergerät *n;* **water hole** Wasserloch *n;* **water hose** Wasserschlauch *m;* **water ice** Wassereis *n; (Speiseeis n aus Wasser, Zucker u. Fruchtsaft).*

water·ing ['wɔːtərɪŋ] **1.** Sprengen, Begießen, (Be)Wässern *n;* **2.** *(Vieh)* Tränken *n;* **watering can** Gießkanne *f;* **watering cart** Sprengwagen *m;* **watering place 1.** Kurort *m;* Badeort *m;* **2.** *(Tiere)* Tränke *f.*

water·less ['wɔːtəlɪs] *adj* wasserlos, trocken; **water level 1.** Wasserspiegel *m;* **2.** Wasserstand *m;* Pegelstand *m;* **water lily** Seerose *f;* **water line** *mar* Wasserlinie *f;* **water-logged** ['wɔːtəlɒgd] *adj* **1.** voll(er) Wasser; **2.** vollgesogen; **water main 1.** Hauptwasserrohr *n;* **2.** *pl* Wasserleitungsnetz *n;* **water·man** ['wɔːtəmən] ⟨pl -men⟩ Fähr-, Bootsmann *m;* **water·mark** ['wɔːtəmɑːk] **I** *s* **1.** Hochwasserstandsmarke *f;* **2.** *(Papier)* Wasserzeichen *n;* **3.** *pl mar* Tiefgangsmarken *f pl;* **II** *tr (Papier)* mit e-m Wasserzeichen versehen; **water·melon** ['wɔːtəmelən] Wassermelone *f;* **water meter** Wassermesser *m,* -uhr *f;* **water pipe 1.** Wasserrohr *n;* **2.** Wasserpfeife *f;* **water pistol** Wasserpistole *f;* **water plane** Wasserflugzeug *n;* **water pollution** Wasserverschmutzung, -verunreinigung *f;* **water polo** Wasserball(spiel *n) m;* **water power** Wasserkraft *f;* **water-power plant, station** Wasserkraftwerk *n;* **water pressure** Wasserdruck *m;* **water·proof** ['wɔːtəpruːf] **I** *adj* wasserdicht; wasserundurchlässig; wasserfest; **II** *s* Regenmantel *m;* **III** *tr* imprägnieren; **water-repellent** *adj* wasserabstoßend; **water·shed** ['wɔːtəʃed] **1.** Wasserscheide *f;* **2.** *fig* Wendepunkt *m;* **water shortage** Wassermangel *m;* **water·side** ['wɔːtəsaɪd] Ufer *n,* Strand *m;* **water-ski I** *s* Wasserski *m;* **II** *itr* Wasserski fahren; **water softener** Enthärter *m;* **water-soluble** *adj* was-

serlöslich; **water spout 1.** Regenrinne
f; **2.** *mete* Wasserhose *f;* **water supply**
Wasserversorgung *f;* **water supply**
pipe Wasserleitungsrohr *n;* **water**
supply point Wasserstelle *f;* **water-**
table ['wɔ:təteɪbl] **1.** Grundwasserspie-
gel *m;* **2.** *arch* Wasserabflußleiste *f;*
water tank Wasserbehälter, -tank *m;*
water·tight ['wɔ:tətaɪt] *adj* **1.** wasser-
dicht; **2.** *fig* stichhaltig; **water tower**
Wasserturm *m;* **water vapour,** *Am*
water vapor Wasserdampf *m;* **water**
volo Wasserratte *f;* **water wave** *(Tri*
sur) Wasserwelle *f;* **water·way**
['wɔ:təweɪ] Wasserweg *m;* Schleppka-
nal *m;* Fahrrinne *f;* **water·wings**
['wɔ:təwɪŋz] *pl* Schwimmflügel *m pl;*
water·works ['wɔ:təwɜ:ks] *pl oft mit*
sing Wasserwerk *n;* ▶ **turn on the ~**
fam auf die Tränendrüsen drücken; **do**
you have trouble with your ~? *fam* du
hast wohl 'ne schwache Blase?

wat·ery ['wɔ:tərɪ] *adj* **1.** wässerig; **2.**
(Augen) tränend, feucht; **3.** *(Himmel,*
Sonne) blaß; ▶ **a ~ grave** ein feuchtes
Grab.

watt [wɒt] *el* Watt *n;* **wat·tage**
['wɒtɪdʒ] Wattleistung *f;* ▶ **what ~?**
wieviel Watt?

wave ['weɪv] **I** *s* **1.** Welle *f a. fig;* **2.** *fig*
Woge *f;* **3.** Wink(zeichen *n) m;* ▶ **give**
s.o. a ~ jdm (zu)winken; **in ~s** in (auf-
einanderfolgenden) Wellen; **heat ~** Hit-
zewelle *f;* **~ of enthusiasm** Welle *f* der
Begeisterung; **~ of one's hand** Handbe-
wegung *f;* **~ of strikes** Streikwelle *f;* **II**
itr **1.** winken *(to s.o.* jdm); **2.** *(Fahne)*
wehen; *(Korn)* wogen; *(Äste)* sich be-
wegen; **3.** *(Haare)* sich wellen; **III** *tr* **1.**
winken mit; schwenken; **2.** durch Wink-
zeichen zu verstehen geben *(s.o.* jdm); **3.**
(Haare) wellen; ▶ **~ one's hand at s.o.**
jdm winken; **~ s.o. goodbye** jdm zum
Abschied winken; **he ~d us over to his**
table er winkte uns zu sich an den Tisch
herüber; **IV** *(mit Präposition)* **wave**
aside *tr* **1.** zur Seite winken; **2.** *fig*
einfach abtun; **wave down** *tr* anhalten;
wave on *tr* weiter winken; **wave**
through *tr* durchwinken; *fig (Antrag)*
ohne Einwände annehmen; **wave-**
band Frequenzband *n;* **wave-length**
Wellenlänge *f a. fig.*

wa·ver ['weɪvə(r)] *itr* **1.** (hin- u.
her)schwanken, flattern; **2.** *fig* schwan-
ken; zaudern; *(Mut)* wanken; *(Unter-*
stützung) nachlassen; **3.** *(Licht)* flackern.

wave-range ['weɪvreɪndʒ] Wellenbe-
reich *m.*

wa·verer ['weɪvərə(r)] Zauderer *m;* **wa-**
ver·ing ['weɪvərɪŋ] *adj fig* unentschlos-
sen; *(Mut, Unterstützung)* wankend;
nachlassend.

wavy ['weɪvɪ] *adj* wellenförmig; wellig;
▶ **~ line** Schlangenlinie *f.*

wax¹ [wæks] **I** *s* **1.** *(bees~)* (Bie-
nen)Wachs *n;* **2.** *(ear-~)* Ohrenschmalz
n; **3.** *(sealing ~)* Siegellack *m;* **II** *tr*
(ein)wachsen; bohnern.

wax² [wæks] *itr* zunehmen; ▶ **~ing**
moon zunehmender Mond.

wax-paper ['wækspeɪpə(r)] Wachspa-
pier *n;* **wax·works** ['wækswɜ:ks] *pl*
Wachsfigurenkabinett *n;* **waxy**
['wæksɪ] *adj* wachsartig; wächsern,
Wachs-.

way [weɪ] **I** *s* **1.** Weg *m;* **2.** Entfernung,
(Weg)Strecke *f,* **3.** Richtung *f, mar*
Kurs *m;* **4.** *fig* Art, Weise, Art u. Weise
f; **5.** Verhaltensweise, Art *f;* **6.** Möglich-
keit, Gelegenheit *f;* **7.** Hinsicht, Bezie-
hung *f;* **8.** Verfassung *f,* Zustand *m;* **9.** *pl*
mar Helling *f;* ▶ **ask the ~** nach dem
Weg fragen; **be out of the ~** abgelegen
sein; **be on the ~ in** im Kommen sein;
be on the ~ out *fig* im Begriff sein,
unmodern zu werden; **do s.th. the hard**
~ sich etw schwermachen; **get, have**
one's (own) ~ seinen Willen durchset-
zen; **get into the ~ of doing s.th.** sich
angewöhnen, etw zu tun; **give ~** nach-
geben *a. fig;* Platz machen *(to s.o.* jdm);
mot die Vorfahrt beachten; **go out of**
one's ~ sich große Mühe geben *(for*
wegen); **go one's own ~** *fig* seinen eige-
nen Weg gehen; **have a ~ with s.o.** mit
jdm umzugehen verstehen; **have it both**
~s das eine tun und das andere nicht
lassen; **have it your own ~!** wie du
willst! **have right of ~** Vorfahrt haben;
lead the ~ vorangehen *a. fig; fig* ein
Beispiel geben; **lose one's ~** sich verlau-
fen; sich verfahren; **make ~** Platz ma-
chen *(for* für); **make one's ~** vorwärts-,
weiter-, vorankommen *a. fig;* **pave the**
~ for s.o. *fig* jdm den Weg ebnen; **that's**
the ~ he wants it so will er es haben; **no**
~! *sl* ich denke nicht daran! **a long ~**
from weit entfernt von; **a long ~ off**
weit weg; **he'll go a long ~** er wird es
weit bringen; **he worked his ~ up** er hat
sich nach oben gearbeitet; **things are in**
a bad ~ es steht schlecht; **~ home**
Heimweg *m;* **~ in, out** Ein-, Ausgang *m;*
~-out! irre! **~s and means** *pl* Mittel *n pl*
u. Wege *m pl;* **across the ~** gegenüber;
any ~ auf jeden Fall; **by ~ of** über,
durch; mittels, mit Hilfe *gen;* **by the ~**
übrigens; in a gewisser Weise;
gewissermaßen; **in the ~** im Wege, hin-
derlich, lästig; **in the ~ of** hinsichtlich
gen; **in no ~** durchaus nicht, keines-
wegs; **in the family ~** *fam* in anderen
Umständen; **on the ~** auf dem Weg,
unterwegs *(to* nach); **one ~ or another**
irgendwie; **there are no two ~s about it**
da gibt es gar nichts; **this, that ~** so, auf
diese Weise; **this ~** hierher; hier ent-
lang, hindurch; **this ~ or that ~** so oder
so; "**this ~ up**" „hier oben"; **under ~**

unterwegs, auf dem Wege; *fig* in Gang; **be under** ~ *fig* vorankommen, Fortschritte machen; **get under** ~ in Gang kommen; **II** *adv fam* weit, ein tüchtiges Stück, ganz; ▶ ~ **back** weit zurück; *(zeitlich)* vor langer Zeit; ~ **behind, down, up** ganz hinten, unten, oben; **he was** ~ **out** er hat weit gefehlt; ~ **out, over** weit draußen, drüben.

way-bill ['weıbıl] Frachtbrief *m;* **way-lay** [ˌweı'leı] *tr irr s. lay* auflauern (*s.o.* jdm); **way out** [ˌweı'aʊt] Ausgang *m; (Straße, Parkplatz)* Ausfahrt *f;* **way-out** [ˌweı'aʊt] *adj sl* irre; **way·side** ['weısaıd] Straßenrand *m;* ▶ **by the** ~ am Weges-, Straßenrand; **fall by the** ~ auf der Strecke bleiben; **wayside inn** Rasthaus *n.*

way·ward ['weıwəd] *adj* **1.** *(Mensch)* widerspenstig, eigensinnig, -willig; **2.** *(Bitte, Vorstellung)* abwegig; **3.** *lit* launisch.

we [wi:] *prn* wir.

weak [wi:k] *adj* **1.** schwach *a. gram fig;* **2.** *(Spieler)* schlecht; **3.** *(Flüssigkeit)* dünn; **4.** *(Charakter)* labil, willenlos; **5.** *(Argument)* nicht überzeugend; **weaken** ['wi:kən] **I** *tr* **1.** schwächen; **2.** verringern; **II** *itr* **1.** schwächer werden; **2.** *(Mensch)* schwach werden, nachgeben; **weak·ling** ['wi:klıŋ] Schwächling *m;* **weak·ly** ['wi:klı] *adj, adv* schwächlich; **weak-minded** [ˌwi:k'maındıd] *adj* **1.** willensschwach; **2.** schwachsinnig; **weak·ness** ['wi:knıs] **1.** Schwäche *f;* **2.** *fig* schwache Seite, Schwäche *f (for* für).

weal[1] [wi:l] Wohl *n;* ▶ **the common, public, general** ~ das Wohl der Allgemeinheit.

weal[2] [wi:l] Strieme *m.*

wealth [welθ] **1.** Reichtum *m;* Vermögen *n;* **2.** *fig* Fülle *f (of* von); **wealth creation** Vermögensbildung *f;* **wealth tax** Vermögenssteuer *m;* **wealthy** ['welθı] *adj* vermögend, wohlhabend; ▶ **the** ~ *pl* die Reichen *m pl.*

wean [wi:n] *tr (Kind)* entwöhnen; ▶ ~ *s.o.* **from s.th.** jdm etw abgewöhnen.

weapon ['wepən] Waffe *f a. fig;* ▶ **atomic** ~**s** *pl* Atomwaffen *f pl;* ~**s of mass destruction** *pl* Massenvernichtungswaffen *pl.*

wear [weə(r)] ⟨*irr* wore, worn⟩ **I** *tr* **1.** *(Kleidung, Schmuck, Brille)* tragen; **2.** abnutzen; *(Kleidung)* abtragen; *(Ärmel)* durchwetzen; *(Stufen)* austreten; *(Reifen)* abfahren; **3.** *fig fam* annehmen; ▶ ~ **smooth** abgreifen; austreten; glattmachen; verwittern lassen; **what did she** ~? was hatte sie an? **what shall I** ~? was soll ich anziehen? **he has nothing to** ~ er hat nichts anzuziehen; **II** *itr* **1.** *(Stoff, Material)* halten; **2.** sich abnutzen; kaputtgehen; abgefahren werden; ▶ ~ **to its end, close** langsam

zu Ende gehen; ~ **smooth** verwittern; abgegriffen werden, sein; glatt, stumpf werden; **my patience is** ~**ing thin** mit meiner Geduld ist es am Ende, ich bin mit meiner Geduld am Ende; **the excuse is** ~**ing thin** die Ausrede zieht langsam nicht mehr; **he has worn well** *fig fam* er hat sich gut gehalten; **III** *s* **1.** *(Kleidung)* Tragen *n;* **2.** Kleidung *f;* **3.** Abnutzung *f,* Verschleiß *m;* **4.** *(Material)* Haltbarkeit *f;* ▶ **have had a lot of** ~ **out of s.th.** etw oft getragen haben; **there is a lot of** ~ **left in this material** dieses Material hält noch lange; **for hard** ~ strapazierfähig; **for long** ~ haltbar; **be the worse for** ~ abgetragen, abgenutzt, in schlechtem Zustand sein; **I was none the worse for** ~ ich war völlig auf der Höhe; **foot** ~ Fußbekleidung *f,* Schuhwerk *n;* **men's, women's, children's** ~ Herren-, Damen-, Kinder(be)kleidung *f;* **a dress for evening** ~ ein Kleid für den Abend; **suit for everyday** ~ Alltagsanzug *m;* **summer, winter** ~ Sommer-, Winterkleidung *f;* ~ **and tear** Abnutzung *f,* Verschleiß *m;* **IV** *(mit Präposition)* **wear away** *tr* **1.** *(Stein, Fels)* abtragen; aushöhlen; auswaschen; *(Stufen)* austreten; *(Inschrift)* verwischen; verwittern lassen; **2.** *fig* schwächen; *(Geduld)* zehren an; *itr* **1.** abgetragen werden; sich abschleifen; *(Inschrift)* verwittern; verwischen; **2.** *fig* schwinden; **wear down** *tr* **1.** abnutzen; **2.** ermüden; **3.** *(Widerstand)* zermürben; **4.** *(Geduld)* erschöpfen; **wear off** *itr* **1.** sich abnutzen; **2.** vergehen; *(Aufregung)* sich legen; *(Eindruck)* sich verlieren; **wear on** *itr (Zeit)* (dahin)schleichen, langsam vergehen; **wear out** *tr* **1.** abtragen, abnutzen; **2.** erschöpfen; ermüden.

wear·able ['weərəbl] *adj* tragbar.

wear·ing ['weərıŋ] *adj* ermüdend.

wear·i·some ['wıərısəm] *adj* **1.** ermüdend, mühselig; **2.** langweilig; **3.** unangenehm, lästig.

weary ['wıərı] **I** *adj* **1.** abgespannt, erschöpft (*with* von); **2.** ermüdend; lästig, unangenehm; **II** *tr* ermüden; langweilen; **III** *itr* überdrüssig werden (*of s.th.* e-r S); ▶ **he never wearied of it** er wurde es nie leid.

wea·sel ['wi:zl] **I** *s zoo* Wiesel *n;* **II** *itr Am* sich herausreden; **III** *(mit Präposition)* **weasel out** *itr* sich drücken (*of* vor).

weather ['weðə(r)] **I** *s* Wetter *n,* Witterung *f;* ▶ **in wet** ~ bei nassem Wetter; **in all** ~**s** bei jeder Witterung; **under the** ~ *fam* nicht auf dem Posten; nicht glücklich; in der Patsche; **keep one's** ~ **eye open** *fig fam* aufpassen; **make heavy** ~ **of s.th.** etw schwierig finden; **II** *tr* **1.** verwittern lassen; *(Haut)* gerben;

2. *(Holz)* (aus)trocknen, ablagern lassen; 3. *mar* luvwärts umschiffen; vorbeifahren an; 4. *fig (~ out)* gut überstehen; **weather-beaten** ['weðəˌbi:tn] *adj* 1. durch Witterungseinflüsse beschädigt; 2. *(Haut)* wettergegerbt; **weatherboard, weather-boarding** Holzverschalung *f;* **weather-bound** ['weðəbaund] *adj* durch schlechtes Wetter gehindert; **weather bureau** Wetterwarte *f;* **weather chart** Wetterkarte *f;* **weather·cock** ['weðəkɒk] Wetterhahn *m;* **weather conditions** *pl* Wetterlage *f,* -verhältnisse *n pl;* **weather forecast** Wettervorhersage *f,* -bericht *m;* **weather·man** ['weðəmæn] ⟨*pl* -men⟩ Meteorologe *m;* **weather·proof** ['weðəpru:f] I *adj* wetterfest; II *tr* wetterfest machen.

weave [wi:v] ⟨*irr* wove, woven⟩ I *tr* 1. weben, wirken; 2. (ein)flechten (*into* in); 3. *fig* ausdenken, ersinnen; 4. verflechten (*with* mit; *into* in, zu); 5. *mot* ständig Spur wechseln; ▶ ~ one's way sich durchlavieren (*through* durch); II *itr* 1. weben; 2. sich hin- u. herbewegen; *(Weg)* sich schlängeln; ▶ **get weaving** *fam* sich ins Zeug legen; III *s* Webart *f;* Gewebe *n;* **weaver** ['wi:və(r)] Weber *m;* **weaver bird** Webervogel *m.*

web [web] 1. Gewebe *n;* 2. *(cob~)* Spinnennetz *n;* 3. *zoo* Schwimmhaut *f;* ▶ ~ of lies Lügengewebe, -gespinst *n,* **web-footed** [ˌweb'futɪd] *adj* schwimmfüßig; **web-offset** Rollenrotations-Offsetdruck *m.*

wed [wed] I *tr* 1. heiraten; *(Pfarrer)* trauen; 2. *fig* eng verbinden, vereinigen (*with, to* mit); II *itr* sich verheiraten.

we'd [wi:d] = we had; we would.

wedded ['wedɪd] *adj* 1. verheiratet; 2. *fig* (eng) verbunden (*to* mit); ▶ ~ bliss Eheglück *n;* **wed·ding** ['wedɪŋ] Hochzeit *f; fig* Verbindung *f;* **wedding anniversary** Hochzeitstag *m;* **wedding breakfast** Hochzeitsessen *n;* **wedding cake** Hochzeitskuchen *m;* **wedding day** Hochzeitstag *m,* Tag *m* der Trauung; **wedding dress** Hochzeitskleid *n;* **wedding guest** Hochzeitsgast *m;* **wedding night** Hochzeitsnacht *f;* **wedding present** Hochzeitsgeschenk *n;* **wedding ring** Trauring, Ehering *m.*

wedge [wedʒ] I *s* 1. Keil *m;* 2. *(keilförmiges)* Stück *n (Torte, Kuchen);* 3. *(Schuh)* Keilabsatz *m;* ▶ **the thin end of the** ~ *fig* der Anfang, das Vorspiel; II *tr* 1. verkeilen; 2. *(~ in)* (hinein)drücken, zusammenpferchen; ▶ ~ o.s. in sich hineinzwängen, -drängen; **be ~d between** eingekeilt, eingezwängt sein zwischen.

wed·lock ['wedlɒk] Ehe *f;* ▶ **born out of** ~ unehelich geboren.

Wed·nes·day ['wenzdɪ] Mittwoch *m;*

▶ **on** ~ am Mittwoch; **on** ~s mittwochs; **Ash** ~ Aschermittwoch *m.*

wee [wi:] *adj* winzig (klein); ▶ **a** ~ **bit** ein bißchen, ein wenig.

weed [wi:d] I *s* 1. Unkraut *n a. fig;* 2. *fig* Schwächling *m;* 3. *fam (Tabak)* Kraut *n;* 4. *sl (Marihuana)* Gras *n;* II *tr* 1. *(Garten)* jäten; 2. *(~ out) fig* aussondern; **weed·killer** ['wi:dkɪlə(r)] Unkrautvertilgungsmittel *n;* **weedy** ['wi:dɪ] *adj* 1. voller Unkraut; 2. *fig* schwächlich.

week [wi:k] Woche *f;* ▶ **by the** ~ wochenweise; wöchentlich; **for** ~s wochenlang; **this day, yesterday, Sunday** ~ heute, gestern, Sonntag in 8 Tagen; **a** ~ **from tomorrow** morgen in 8 Tagen; **once a** ~ (einmal) wöchentlich; ~ **in,** ~ **out** Woche für Woche; **a** ~ **or two** ein paar Wochen; **a 40-hour** ~ e-e 40-Stunden-Woche; **what day of the** ~? an welchem Tag?; **week·day** ['wi:kdeɪ] Wochen-, Arbeitstag *m;* ▶ **work (on)** ~s werktags arbeiten; **week·end** [ˌwi:k'end] I *s* Wochenende *n;* ▶ **long** ~ verlängertes Wochenende; ~ **ticket** Sonntagsrückfahrkarte *f;* II *itr* das Wochenende verbringen; **week·ender** [ˌwi:k'endə(r)] Wochenendausflügler *m;* **week·ly** ['wi:klɪ] I *adj, adv* wöchentlich; ▶ ~ **report** Wochenbericht *m;* II *s* Wochenblatt *n.*

weeny ['wi:nɪ] *adj fam* winzig.

weep [wi:p] ⟨*irr* wept, wept⟩ I *itr* 1. weinen *(for* um; *at, over* über); 2. *(Wunde)* nässen; ▶ ~ **for joy** vor Freude weinen; II *tr* beweinen, beklagen; ▶ ~ **bitter tears** bittere Tränen weinen; ~ **o.s. to sleep** sich in den Schlaf weinen; **weep·ing** [—ɪŋ] I *s* Weinen *n;* II *adj* weinend; ▶ ~ **willow** Trauerweide *f.*

weigh [weɪ] I *tr* 1. wiegen; 2. *fig* abwägen; *(in one's mind)* erwägen; ▶ ~ **anchor** den Anker lichten; II *itr* 1. wiegen; 2. *fig* lasten *(on* auf); 3. *(Wort, Meinung)* gelten, Gewicht haben; III *(mit Präposition)* **weigh down** *tr* 1. beugen, niederdrücken; 2. *fig* belasten, niederdrücken; **weigh in** *itr* 1. *sport* sich wiegen lassen; 2. das Gepäck wiegen lassen; 3. *fig fam* beispringen, sich einmischen; ▶ ~ **in at 80 kilos** 80 Kilo wiegen; **weigh out** *tr* abwiegen; **weigh up** *tr* abwägen; *(Menschen)* einschätzen; **weigh·bridge** ['weɪbrɪdʒ] Brückenwaage *f;* **weigh-in** ['weɪɪn] *sport* Wiegen *n.*

weight [weɪt] I *s* 1. Gewicht *n a. fig;* 2. *fig* (schwere) Last, Bürde *f;* 3. Wichtigkeit, Bedeutung *f,* Einfluß *m;* 4. *(Statistik)* Wertigkeit *f;* ▶ **by** ~ nach Gewicht; **of** ~ gewichtig; **over, under** ~ zu schwer, zu leicht; **attach** ~ **to s.th.** *fig* e-r S Gewicht beimessen; **carry** ~ *fig* Gewicht, Macht, Einfluß haben *(with* auf); **lose** ~ abnehmen; **put on** ~ *(Mensch)* zunehmen; **throw one's** ~ **about** *fam* sich wichtig machen; **atomic** ~ *chem* Atomgewicht *n;* **dead** ~ Leer-, Eigengewicht *n;* **excess, surplus** ~ Übergewicht *n;* **II** *tr* 1. beschweren; 2. *(Statistik)* gewichten; verfälschen; ▶ ~ **in s.o.'s favour** zu jds Gunsten beeinflussen; **be ~ed against s.o.** jdn benachteiligen; **III** *(mit Präposition)* **weight down** *tr* 1. überladen; 2. beschweren; 3. *fig* belasten; **weight·ing** ['weɪtɪŋ] Zulage *f;* **weight·less** [−lɪs] *adj* schwerelos; **weight·lifter** ['weɪtlɪftə(r)] *sport* Gewichtheber(in) *m (f);* **weight-lifting** ['weɪtlɪftɪŋ] *sport* Gewichtheben *n;* **weighty** ['weɪtɪ] *adj* 1. schwer *a. fig;* 2. *fig* (ge)wichtig, schwierig; 3. *(Grund)* triftig.

weir [wɪə(r)] 1. Wehr *n,* Damm *m;* 2. (Fisch)Reuse *f.*

weird [wɪəd] *adj* 1. unheimlich; übernatürlich; 2. *fam* seltsam; **weirdie, weirdo** ['wɪədɪ, 'wɪədəʊ] *sl* komischer Kauz.

wel·come ['welkəm] **I** *adj* 1. willkommen, gern gesehen; 2. erfreulich, angenehm; ▶ **you are** ~ **to use my car** mein Wagen steht zu Ihrer Verfügung; **(you are)** ~**!** bitte sehr, nichts zu danken! gern geschehen! **II** *s* Willkomm(en *n*) *m;* Willkommensgruß *m;* ▶ **give s.o. a warm** ~ jdm e-n herzlichen Empfang bereiten; **III** *interj* herzlich willkommen! **IV** *tr* 1. bewillkommnen, willkommen heißen; 2. *fig* begrüßen, gern sehen; ▶ **I should** ~ **it if ...** ich würde es begrüßen, wenn ...; **wel·com·ing** [−ɪŋ] *adj* Begrüßungs-; *(Atmosphäre)* freundlich.

weld [weld] **I** *tr* 1. *tech* schweißen; 2. *fig* zusammenschweißen; **II** *s* Schweißstelle *f;* **welder** ['weldə(r)] 1. Schweißer(in) *m (f);* 2. Schweißgerät *n;* **weld·ing** [−ɪŋ] Schweißen *n;* **welding torch** Schweißbrenner *m.*

wel·fare ['welfeə(r)] 1. Wohlergehen *n;* 2. Wohlfahrt, Fürsorge *f;* **welfare state** Wohlfahrtsstaat *m;* **welfare work** Sozialarbeit *f;* **welfare worker** Sozialarbeiter(in) *m (f).*

we'll [wiːl] = *we shall; we will.*

well¹ [wel] **I** *s* 1. Brunnen(schacht) *m;* 2. *min* Bohrloch *n;* Ölquelle *f;* 3. Quelle *f a. fig;* 4. *arch* Treppenhaus *n;* Fahrstuhlschacht *m;* 5. *Br jur* eingefriedeter Platz der Anwälte; 6. *theat* Parkett *n;* 7. *(ink~)* Tintenfaß *n;* ▶ **drive, sink a** ~ e-n Brunnen bohren; **II** *itr* quellen, sprudeln, fließen *(from* aus); **III** *(mit Präposition)* **well up** *itr* 1. emporquellen; 2. *fig* aufsteigen; *(Geräusch)* anschwellen; ▶ **tears** ~**ed up in her eyes** ihr traten Tränen in die Augen.

well² [wel] ⟨*Komparativ* better, *Super-lativ* best⟩ **I** *adv* 1. gut; 2. durchaus, mit Recht, mit gutem Grund; 3. weit, sehr; 4. (ganz) genau; ▶ **do** ~ seine Sache gut machen; **business, the patient is doing** ~ die Geschäfte gehen gut, dem Patienten geht es gut; **do as** ~ **as one can** es so gut man kann machen; **do** ~ gut vorankommen; *(Patient)* wohlauf sein; **do** ~ **in an exam** in einer Prüfung gut abschneiden; **do** ~ **out of s.th.** bei etw profitieren; **you would do** ~ **to come early** es wäre gut, wenn Sie früh kämen; **you did** ~ **to go** es war richtig *od* gut, daß Sie gegangen sind; ~ **done!** bravo! **do** ~ **by s.o.** jdm gegenüber großzügig sein; **go** ~ gut gehen; **go as** ~ mitgehen; **let** ~ **alone** die Finger davon lassen; **speak** ~ **of s.o.** gut von jdm sprechen; **stand** ~ **with s.o.** bei jdm gut angeschrieben sein; ~ **past, over, under** weit nach, über, unter; ~ **played!** gut gespielt! **as** ~ auch; **as** ~ **as** ebenso wie; **all too** ~, **only too** ~ nur zu gut; ~ **and truly** wirklich; richtig; **pretty** ~ **enough** ziemlich genug; **you might as** ~ **come** du könntest eigentlich kommen; **I might as** ~ warum eigentlich nicht; **I might as** ~ **not be there** ich könnte ebensogut nicht da sein; **he may** ~ **have said that** es kann gut sein, daß er das gesagt hat; **I can't very** ~ **not go** ich kann nicht gut nicht hingehen; **you may** ~ **ask!** das kann man wohl fragen! **I am** ~ **content** ich bin sehr zufrieden; **he can** ~ **afford** it er kann es sich sehr gut leisten; **it was** ~ **worth it** es hat sich sehr gelohnt; **II** *adj* 1. gesund; 2. *(Lage, Zustand)* gut; ▶ **get** ~ **soon!** gute Besserung! **she is not** ~ es geht ihr nicht gut; **I don't feel** ~ ich fühle mich nicht wohl; **all is not** ~ es steht gar nicht gut; **that's very** ~ **but** das ist ja gut und schön, aber; **it's very** ~ **for you to talk** Sie haben gut reden; **it would be just as** ~ **to tell him** es wäre wohl gut, wenn man es ihm sagen würde; **just as** ~ **you asked** nur gut, daß Sie gefragt haben; **you're** ~ **out of** it sei froh, daß du damit nichts zu tun hast; **all's** ~ **that ends** ~ *prov* Ende gut, alles gut; **III** *interj* also; na; na ja; ▶ ~, ~**!** na so etwas! ~ **now** also; **very** ~ **(then)** na gut *od* schön; **IV** *s* (das) Gute; ▶ **wish s.o.** ~ jdm alles Gute wünschen.

well-ad·vised [ˌweləd'vaɪzd] *adj* wohlüberlegt; ▶ **be** ~ gut beraten sein; **well-ap·pointed** [ˌwelə'pɔɪntɪd] *adj* gut ausgerüstet, gut ausgestattet; **well-bal·anced** [ˌwel'bælənst] *adj* 1. wohl ausgewogen; 2. gut ausgeglichen, im Gleichgewicht; **well-behaved** [ˌwelbɪ'heɪvd] *adj* wohlerzogen, artig; **well-be·ing** [ˌwel'biːɪŋ] Wohl *n;* **well-bred** [ˌwel'bred] *adj* wohlerzogen; **well-chosen** [ˌwel'tʃəʊzn] *adj* gut (aus)gewählt, passend; **well-con·nec-**

ted [ˌwelkə'nektɪd] *adj* mit guten Beziehungen; **well-developed** [ˌweldɪ'veləpt] *adj (Mensch)* gut entwickelt; *(Wirtschaft)* hochentwickelt; **well-de·served** [ˌweldɪ'sɜːvd] *adj* wohlverdient; **well-dis·posed** [ˌweldɪ'spəʊzd] *adj* freundlich gesonnen *(towards* dat); **well-done** [ˌwel'dʌn] *adj (Fleisch)* gar, gut durch; **well-dressed** [ˌwel'drest] *adj* gut angezogen, gut gekleidet; **well-earned** [ˌwel'ɜːnd] *adj* wohlverdient; **well educated** *adj* gebildet; **well-fed** [ˌwel'fed] *adj* wohlgenährt; **well-founded** [ˌwel'faʊndɪd] *adj* (wohl)begründet; **well-groomed** [ˌwel'gruːmd] *adj (Pferd, Mensch)* gepflegt; **well-heeled** [ˌwel'hiːld] *adj fam* betucht; **well-informed** [ˌwelɪn'fɔːmd] *adj* gut informiert, unterrichtet.

wel·ling·ton (boot) ['welɪŋtən (buːt)] *Br* Gummistiefel *m.*

well-intentioned [ˌwelɪn'tenʃənd] *adj* wohlmeinend; **well-knit** [ˌwel'nɪt] *adj* gut gebaut; *fig* gut durchdacht; **well-known** [ˌwel'nəʊn] *adj* (wohl)bekannt; **well-man·nered** [ˌwel'mænəd] *adj* höflich; **well-mean·ing** [ˌwel'miːnɪŋ] *adj* wohlmeinend; **well-meant** [ˌwel'ment] *adj* gutgemeint; **well-nigh** ['welnaɪ] *adv* beinahe, fast; **well-off** [ˌwel'ɒf] *adj* 1. reich, wohlhabend; 2. gut daran; ▶ be ~ es gut haben; **well-oiled** [ˌwel'ɔɪld] *adj fam* beschwipst; **well-pro·por·tioned** [ˌwelprə'pɔːʃnd] *adj* wohlproportioniert; **well-read** [ˌwel'red] *adj* belesen; **well-spoken** [ˌwel'spəʊkən] *adj* gepflegt sprechend; ▶ be ~ sich gepflegt ausdrücken; **well-thought-of** [ˌwel'θɔːtɒv] *adj* angesehen, von gutem Ruf; **well-timed** [ˌwel'taɪmd] *adj* im rechten Augenblick; **well-to-do** [ˌweltə'duː] *adj* wohlhabend; **well-turned** [ˌwel'tɜːnd] *adj fig* gut ausgedrückt; **well-wisher** ['welwɪʃə(r)] Gönner(in), Freund(in) *m (f);* **well-worn** [ˌwel'wɔːn] *adj (Kleidung)* abgetragen; *(Teppich)* abgelaufen; *(Weg)* ausgetreten; *fig* abgedroschen.

welly ['welɪ] *Br fam* Gummistiefel *m.*

Welsh [welʃ] I *adj* walisisch; ▶ ~ dresser Anrichte *f;* ~ **rabbit, rarebit** Toast *m* mit zerlassenem Käse; II *s* (das) Walisisch(e); **Welsh·man** ['welʃmən] ⟨*pl* -men⟩ [—men] Waliser *m;* **Welsh·woman** ['welʃwʊmən] ⟨*pl* -women⟩ [—wɪmɪn] Waliserin *f.*

welt [welt] 1. Stoßkante *f;* 2. *(Schuh)* Rahmen *m;* 3. Strieme(n *m) f.*

wel·ter·weight ['weltəweɪt] Weltergewicht(sboxer *m) n.*

wend [wend] *tr* ▶ ~ one's way to seinen Weg machen nach.

went [went] *v s.* go.

wept [wept] *v s.* weep.

were [wɜː(r)] 2. *Person Singular, 1., 2. und 3. Person Plural Präteritum von* be.

we're [wɪə(r)] = we are.

weren't [wɜːnt] = were not.

west [west] I *s* Westen *m;* ▶ the W~ der Westen; *Am* die Weststaaten *m pl;* in the ~ im Westen; to the ~ nach Westen; to the ~ of westlich von; II *adj* westlich; III *adv* nach Westen; ▶ ~ of westlich von; go ~ *fig fam* draufgehen; **west·bound** ['westbaʊnd] *adj* nach Westen gehend *od* fahrend; **West Germany** *hist* Westdeutschland *n,* die (alte) Bundesrepublik (Deutschland); **west·er·ly** ['westəlɪ] *adj* westlich; **west·ern** ['westən] I *adj* westlich; ▶ ~ Germany der westliche Teil Deutschlands; die alten Bundesländer; II *s* Wildwestgeschichte *f,* -roman, -film *m,* Western *m;* **west·erner** ['westənə(r)] 1. Abendländer(in) *m (f);* 2. *(amerik.)* Weststaatler(in) *m (f);* **west·ern·ize** ['westənaɪz] *tr* verwestlichen; **westward(s)** ['westwəd(z)] *adj, adv* westwärts, nach Westen.

wet [wet] ⟨*irr* wet *od* wetted, wet *od* wetted⟩ I *adj* 1. naß, feucht *(with* von); 2. regennaß, feucht, regnerisch; 3. *(Farbe)* frisch; 4. *Br fam* weichlich; ▶ ~ to the skin naß bis auf die Haut; be ~ through (and through) durch u. durch naß sein; ~ **blanket** *fig fam* Miesmacher(in) *m (f);* ~ **cell** Naßzelle *f;* ~ **dock** Dock, Flutbecken *n;* ~ **paint!** frisch gestrichen! II *s* 1. Nässe, Feuchtigkeit *f;* 2. Regenzeit *f;* 3. *Br sl fig* Waschlappen *m;* III *tr* naß machen; ▶ ~ one's whistle *fam* sich e-n hinter die Binde kippen; ~ the bed ins Bett machen, bettnässen.

weth·er ['weðə(r)] *zoo* Hammel, Schöps *m.*

wet-nurse ['wetnɜːs] Amme *f;* **wet season** Regenzeit *f;* **wet·ting** ['wetɪŋ] ▶ get a ~ durchnäßt, naß werden.

we've [wiːv] = we have.

whack [wæk] I *tr, itr* schlagen; II *s* 1. heftiger Schlag, Knall *m;* 2. *fam* Versuch *m;* 3. *fam* Anteil *m;* ▶ have a ~ at s.th. *fam* etw probieren; **whacked** [wækt] *adj fam* hundemüde; **whacking** ['wækɪŋ] *fam* I *adj* gewaltig, kolossal; II *s* Tracht Prügel *f;* ▶ get a ~ verprügelt werden; *sport* haushoch geschlagen werden.

whale [weɪl] Wal(fisch) *m;* ▶ a ~ of ... *fam* e-e wahnsinnige Menge *gen;* we had a ~ of time es war phantastisch; **whal·ing** [—ɪŋ] Walfang *m;* ▶ go ~ auf Walfang gehen.

wham [wæm], **whang** [wæŋ] Knall, Bums *m.*

wharf [wɔːf] ⟨*pl* wharfs, wharves⟩ [wɔːvz] Kai *m.*

what [wɒt] I *prn* 1. *(fragend u. ausrufend)* was; wie; 2. *(relativ)* was; das,

was; ▶ **and** ~ **not** und was nicht noch
alles; ~ **about, of** ...? wie steht es mit
...? ~ **for?** warum? weshalb? wozu? ~
if (und) was ist, wenn; ~ **is more** außer-
dem; dazu kommt noch ... ~ **is it**
called? wie heißt es? ~**'s your name?**
wie heißen Sie? ~ **does it matter?** was
macht das schon? ~ **is he like?** wie ist
er? **and** ~**'s more** und außerdem; ~
next? was nun? ~**'s up?** was ist (denn)
los? **that's just** ~ gerade das; **give s.o.** ~
for es jdm tüchtig geben; **she knows** ~**'s**
~ sie kennt sich aus; **I don't know** ~**'s** ~
any more ich kenne mich nicht mehr
aus; ~**'s that to you?** was geht Sie das
an? **so** ~**?** na und? ~ **with overwork**
and undernourishment she fell ill we-
gen Überarbeitung und Unterernäh-
rung wurde sie krank; **Mr** ~**-d'you-call-**
him, Mr ~**'s-his-name** Herr Soundso; **II**
adj **1.** *(fragend)* welche(r, s), *fam* was
für ein(e); **2.** *(relativ)* der, die, das; **3.**
(ausrufend) was für ein(e); ▶ ~ **age?**
wie alt? ~ **good would that be?** wozu
sollte das gut sein? ~ **time is it?** wieviel
Uhr ist es? ~ **sort of** was für ein(e); ~
else was noch; ~ **a lucky man** so ein
Glückspilz; ~ **an idiot I have been!** was
war ich doch für ein Idiot! **III** *interj*
was!; **what·ever** [wɒt'evə(r)] **I** *prn* was
(auch immer); egal was; ▶ ~ **does he**
want? was will er wohl? *(ungeduldig)*
was will er denn? ~ **does he mean?** was
meint er bloß? **II** *adj* **1.** egal welche(r,
s); **2.** *(verneint)* überhaupt; **3.** *(fragend)*
was denn, was wohl; ▶ ~ **reason** wel-
cher Grund auch immer; **nothing** ~
überhaupt nichts; ~ **good can that be?**
was kann das schon helfen?; **what·not**
['wɒtnɒt] Dingsbums *n;* **whats·it**
['wɒtsɪt] Dings(da) *n;* **what·so·ever**
[ˌwɒtsəʊ'evə(r)] *s. whatever.*
wheat [wiːt] Weizen *m;* ▶ **shredded** ~
Weizenflocken *f pl;* **wheat belt** *Am*
Weizengürtel *m.*
wheel [wiːl] **I** *s* **1.** Rad *n;* **2.** *mot (steering*
~*)* Steuer(rad), Lenkrad *n;* **3.** *(spin-*
ning-~*)* Spinnrad *n;* **4.** *(potter's* ~*)* Töp-
ferscheibe *f;* **5.** *mil* Schwenkung *f;* **6.** *pl*
fig Mühlen *f pl;* ▶ **at the** ~ am Steuer;
on ~**s** auf Rädern; **put one's shoulders**
to the ~ *fig* Hand ans Werk legen; ~**s**
within ~**s** Beziehungen *f pl;* **II** *tr* **1.**
schieben; ziehen; *(Rollstuhl)* fahren; **2.**
drehen; **III** *itr* drehen; *(Vogel, Flugzeug)*
kreisen; *mil* schwenken; **IV** *(mit Prä-*
position) **wheel in** *tr* **1.** hereinfahren; **2.**
fig fam vorstellen, anschleppen; **wheel**
round *itr* sich schnell umdrehen;
mil schwenken; **wheel·bar·row**
['wiːlˌbærəʊ] Schubkarren *m;* **wheel**
brace Kreuzschlüssel *m;* **wheel-chair**
Rollstuhl *m;* **wheel clamp** Parkkralle
f; **wheel·house** ['wiːlhaʊs] *mar* Ru-
derhaus *n;* **wheel·ing** ['wiːlɪŋ] ▶ ~ **and**

dealing Machenschaften *f pl.*
wheeze [wiːz] **I** *itr* keuchen; **II** *tr (~ out)*
(Worte) pfeifend herausbringen; **III** *s* **1.**
pfeifendes Geräusch, Keuchen *n;* **2.**
Witz *m;* **wheezy** ['wiːzɪ] *adj* pfeifend;
keuchend.
whelp [welp] **I** *s* junger Hund, Welpe *m;*
II *itr* (Junge) werfen.
when [wen] **I** *adv* **1.** *(fragend)* wann; **2.**
(relativ) als, wo, da; ▶ **since, until** ~
seit, bis wann? **II** *conj* **1.** wenn; als; **2.**
(mit Verlaufsform) beim; wobei; **3.** wo
... doch; ▶ ~ **singing that song** beim
Singen dieses Lieds; **III** *s* ▶ **the** ~ **and**
where of s.th. die zeitlichen u. örtlichen
Umstände e-r S.
whence [wens] *adv* **1.** *obs* woher, von
wo *a. fig;* **2.** *fig* woraus, wodurch.
when·ever [wen'evə(r)] *adv* **1.** wann
auch immer; sobald; **2.** jedesmal wenn.
where [weə(r)] **I** *adv* wo; ▶ ~ **(to)** wo-
hin; ~ **(from)** woher; **II** *conj* wo; da, wo;
wohin; **this is** ~ **we were** da waren wir;
~ **this is concerned** was das betrifft;
where·about(s) [ˌweərə'baʊt(s)] **I**
adv wo; wohin; **II** *s pl mit sing*
['weərəbaʊts] Aufenthalt(sort) *m;*
where·as [weər'æz] *conj* **1.** während,
wohingegen; **2.** *jur* da nun; mit Rück-
sicht darauf, daß; **where·by** [weə'baɪ]
adv wodurch, woran; **where·in**
[weər'ɪn] *adv* worin; **where·upon**
[ˌweərə'pɒn] *adv* worauf; **wher·ever**
[ˌweər'evə(r)] **I** *conj* **1.** egal wo, wo auch
immer; **2.** wohin (auch immer); **3.** über-
all wo; **II** *adv* wo nur; **where·withal**
['weəwɪðɔːl] ▶ **the** ~ die (erforderli-
chen) Mittel *n pl.*
whet [wet] *tr* **1.** wetzen, schleifen; **2.**
(den Appetit) anregen.
whether ['weðə(r)] *conj* ob; ▶ ~ ... **or**
(~) ob ... oder (ob); ~ ... **or not** ob ...
oder (ob) nicht; ~ **or not** auf jeden Fall.
whet·stone ['wetstəʊn] Wetz-, Schleif-
stein *m.*
whew [fjuː] *interj* puh!
whey [weɪ] Molke *f.*
which [wɪtʃ] **I** *prn* **1.** *(relativ)* der, die,
das; welche(r, s); was; **2.** *(fragend)* wel-
che(r, s); wer; **II** *adj* welche(r, s);
which·ever [wɪtʃ'evə(r)] *prn, adj* wel-
che(r, s) auch immer.
whiff [wɪf] **1.** leichter Windstoß,
(Luft)Zug *m;* **2.** vorüberstreichender
Geruch; **3.** *fam* Zigarillo *m od n;* **4.**
Atemzug *m;* **5.** *fig* Hauch *m;* Spur *f;*
whiffy ['wɪfɪ] *adj* übelriechend.
Whig [wɪg] *(England) hist* Whig, Libera-
le(r) *f m.*
while [waɪl] **I** *s* Weile *f;* ▶ **a long** ~ **ago**
vor langer Zeit; **all this** ~ die ganze
Zeit; **for a** ~ e-e Zeitlang; **in a little** ~
bald, in kurzem; **once in a** ~ gelegent-
lich; **a short** ~ e-e kleine Weile; **be**
worth ~ der Mühe wert sein, sich loh-

nen; **II** *conj (a. whilst)* **1.** während; solange; **2.** zwar, obwohl; **3.** *(gegenüberstellend)* während; **III** *(mit Präposition)* **while away** *tr (Zeit)* sich vertreiben.

whim [wɪm] Einfall *m*, Laune *f.*

whim·per ['wɪmpə(r)] **I** *itr, tr* **1.** wimmern; **2.** *(Hund)* winseln; **II** *s* **1.** Gewimmer *n;* **2.** Gewinsel *n.*

whim·si·cal ['wɪmzɪkl] *adj* launisch; schrullig, wunderlich; **whim·si·cal·ity** [,wɪmzɪ'kælətɪ] **1.** Wunderlichkeit *f;* **2.** Laune, Grille *f;* **whimsy** ['wɪmzɪ] **1.** Laune, Grille *f;* **2.** schrulliger Humor.

whin [wɪn] *bot* (Stech)Ginster *m.*

whine [waɪn] **I** *itr* wimmern; winseln; jammern; **II** *tr* weinerlich sagen; **III** *s* Gewimmer, Gejammer *n.*

whinny ['wɪnɪ] **I** *itr* wiehern; **II** *s* Wiehern *n.*

whip [wɪp] **I** *tr* **1.** peitschen, schlagen; **2.** *(Sahne, Eiweiß)* (zu Schaum, Schnee) schlagen; **3.** (um)säumen, überwendlich nähen; **4.** *fam fig* abhängen, schlagen; **5.** *fam* schnell nehmen; schnell bringen; ▶ **~ s.o. into shape** jdn auf Vordermann bringen; **II** *itr* rennen, rasen, flitzen; **III** *s* **1.** Peitsche *f a. fig;* **2.** Peitschenschlag *m;* **3.** *(Küche)* Creme *f;* **4.** *parl* Einpeitscher *m;* **5.** *parl* Appell *m,* Aufforderung *f (zur Abstimmung zu kommen);* **IV** *(mit Präposition)* **whip away** *tr* wegreißen; **whip back** *itr* **1.** *(Zweig)* zurückschnellen; **2.** *fam* schnell zurückgehen; **whip off** *tr (Kleidung)* herunterreißen; *(Tuch)* wegziehen; *(jdn)* schnell bringen; **whip on** *tr* **1.** antreiben; **2.** *(Kleidung)* schnell anziehen; **whip out** *tr* herausholen; **whip up** *tr* **1.** an sich reißen; **2.** *(Pferde)* antreiben; **3.** *(Küche)* schlagen; verrühren; *fam (Essen)* schnell zubereiten; **4.** *fig (Unterstützung)* auf die Beine stellen; *(Interesse)* entfachen; *(Publikum)* mitreißen.

whip·cord ['wɪpkɔːd] **1.** Peitschenschnur *f;* **2.** Whipcord *m (Gewebe);* **whip·hand** ▶ **have the ~** *fig* das Heft in der Hand haben; **have the ~ over s.o.** die Oberhand über jdn haben; **whip-lash** Peitschenschnur *f;* *(~ injury)* *med mot* Peitschenhiebverletzung *f;* **whipped cream** Schlagsahne *f,* -rahm *m;* **whipper-in** *(Jagd)* Pikör *m.*

whip·per-snap·per ['wɪpəsnæpə(r)] *obs* kleiner Angeber.

whip·pet ['wɪpɪt] *(Rennhund)* Whippet *m.*

whip·ping ['wɪpɪŋ] **1.** Tracht *f* Prügel; Prügelstrafe *f;* **2.** Niederlage *f;* **whipping-boy** Prügelknabe *m;* **whipping cream** Schlagsahne *f;* **whipping top** Kreisel *m;* **whip-round** ['wɪpraʊnd] (Geld)Sammlung *f.*

whirl [wɜːl] **I** *itr* **1.** wirbeln, sich schnell drehen, rotieren; **2.** *fig (Gedanken)* durcheinanderwirbeln; **3.** schwindlig werden; **4.** rasen, sausen; ▶ **~ about** herumwirbeln; **II** *tr* **1.** wirbeln; **2.** schnell bringen; **III** *s* **1.** Wirbeln *n;* **2.** Wirbel *m a. fig;* **3.** Schwindel(gefühl *n) m;* **4.** *fig* Trubel *m;* Durcheinander, geschäftiges Hin u. Her *n;* ▶ **my head is in a ~** mir schwirrt der Kopf; **give s.th. a ~** *fig fam* etw versuchen; **whirli·gig** ['wɜːlɪgɪg] **1.** Kreisel *m;* **2.** Karussell *n;* **whirl-pool** Strudel *m a. fig;* **whirlwind** ['wɜːlwɪnd] **1.** Wirbelwind *m;* **2.** *fig* Wirbel, Sturm *m;* ▶ **a ~ romance** eine stürmische Romanze; **reap the ~** Sturm ernten; **whirly·bird** ['wɜːlɪ,bɜːd] *Am sl* Hubschrauber *m.*

whirr [wɜː(r)] *itr* surren.

whisk [wɪsk] **I** *tr* **1.** *(~ away)* (weg)wischen, fegen, kehren; **2.** *(~ away)* rasch (weg)nehmen; **3.** *(Sahne, Eiweiß)* schlagen; ▶ **the horse was ~ing its tail** das Pferd wedelte mit dem Schweif; **II** *itr* sausen, huschen; **III** *s* **1.** schnelle Bewegung; **2.** (Staub)Wedel *m;* **3.** *(egg ~)* Schneebesen *m.*

whiskers ['wɪskəz] *pl* **1.** Backenbart *m;* **2.** *zoo (bes. Katze)* Schnurrhaare *n pl;* ▶ **by a whisker** fast, um ein Haar; **he thinks he's the cat's ~s** er hält sich für wer weiß was.

whis·k(e)y ['wɪskɪ] Whisky *m.*

whis·per ['wɪspə(r)] **I** *itr, tr* **1.** wispern, flüstern; **2.** *(Wind)* rauschen; **3.** ausplaudern, weitererzählen; **4.** zuflüstern *(to s.o.* jdm); **II** *s* **1.** Geflüster *n;* **2.** Tuscheln *n;* Gerücht *n;* ▶ **talk in a ~** im Flüsterton reden; **whis·per·ing** ['wɪspərɪŋ] *adj* ▶ **~ campaign** *pol* Verleumdungskampagne *f;* **~ propaganda** Flüsterpropaganda *f.*

whist [wɪst] *(Kartenspiel)* Whist *n.*

whistle ['wɪsl] **I** *itr* pfeifen *(to s.o.* jdm); ▶ **he'll have to ~ for it** er wird darauf warten müssen; **II** *tr (Ton, Lied)* pfeifen; **III** *s* Pfeife *f;* Pfiff *m.*

whit [wɪt] ▶ **not a ~ of ...** nicht ein bißchen, kein Jota, keine Spur von ...

white [waɪt] **I** *adj* **1.** weiß; **2.** hell; **3.** blaß *(with terror* vor Schrecken); ▶ **black or ~?** *(Kaffee)* mit oder ohne Milch? **II** *s* **1.** Weiß *n;* **2.** das Weiße *(of the eye* im Auge); **3.** *(~ of egg)* Eiweiß *n;* **4.** weiße Kleidung; **5.** Weiße(r) *(m)f;* **white ant** *zoo* Termite *f;* **white-bait** ⟨*pl* -⟩ Weißfisch *m;* **white-col·lar** [,waɪt'kɒlə(r)] *adj* ▶ **~ crime** Wirtschaftsverbrechen *n;* **~ job** Bürotätigkeit *f;* **~ union** Angestelltengewerkschaft *f;* **~ worker** Angestellte(r) *f m;* **white corpuscle** weißes Blutkörperchen; **white elephant** nutzloser Gegenstand; **white ensign** *mar* Fahne *f* der britischen Marine; **white feather** ▶ **show the ~** sich feige benehmen; **white flag** ▶ **hoist the ~** die weiße Fahne zeigen, sich ergeben.

White·hall [waɪt'hɔ:l] *fig* die britische Regierung.

white heat [ˌwaɪt'hi:t] Weißglut *f a. fig; fig* Feuereifer *m;* **white horse** Schaumkrone *f;* **White House, the** das Weiße Haus *(Regierungssitz des Präsidenten der USA);* **white lead** Bleiweiß *n;* **white lie** Notlüge *f;* **white man, the** der weiße Mann, die Weißen *m pl;* **white meat** Geflügel, Kalb- u. Schweinefleisch *n.*

whiten ['waɪtn] **I** *tr* weiß machen, bleichen; **II** *itr* weiß, heller werden; **whiten·ing** ['waɪtnɪŋ] **1.** Weißen, Tünchen *n;* **2.** Schlämmkreide *f.*

white-out ['waɪtaʊt] starkes Schneegestöber; **white paper** *pol* Weißbuch *n;* **white sale** *com* Weiße Woche *f;* **white slave** *adj* ▶ ~ **trade** Mädchenhandel *m;* **white spirit** Terpentinersatz *m;* **white·thorn** ['waɪtθɔ:n] *bot* Weißdorn *m;* **white tie** ▶ **a** ~ **tie occasion** eine Veranstaltung mit Frackzwang; **white·wash** ['waɪtwɒʃ] **I** *s* **1.** Tünche *f;* Kalk(anstrich) *m;* **2.** *fig* Schönfärberei *f;* **II** *tr* **1.** tünchen, weißen; **2.** *fig* reinwaschen; **3.** *(Sache)* bemänteln, beschönigen; **white wine** Weißwein *m.*

whither ['wɪðə(r)] *adv poet lit* wohin.

whit·ing[1] ['waɪtɪŋ] Schlämmkreide *f.*

whit·ing[2] ['waɪtɪŋ] *(Fisch)* Merlan *m.*

Whit Mon·day [ˌwɪt'mʌndɪ] Pfingstmontag *m;* **Whit·sun** ['wɪtsn] **I** *adj* Pfingst-; **II** *s* Pfingsten *n;* **Whit Sunday** [ˌwɪt'sʌndɪ] Pfingstsonntag *m;* **Whit·sun·tide** ['wɪtsntaɪd] Pfingsten *n.*

whittle ['wɪtl] **I** *tr* schnitzen; **II** *itr* ▶ ~ **(away) at s.th.** an etw herumschnitzen; **III** *(mit Präposition)* **whittle away** *tr* **1.** wegschneiden, -schnitzen; **2.** *fig* verringern, reduzieren; **whittle down** *tr* **1.** zurechtschneiden; **2.** *fig* verringern, vermindern.

whiz(z) [wɪz] **I** *itr* **1.** zischen, surren, pfeifen; **2.** sausen, rasen; **II** *s Am* Kanone *f,* Könner *m;* ▶ **gee** ~! Donnerwetter!; **whiz(z) kid** ['wɪzkɪd] *fig* Senkrechtstarter *m;* Genie *n.*

WHO ['dʌblju:eɪtʃˌəʊ] *Abk:* **World Health Organisation** Weltgesundheitsorganisation *f.*

who [hu:] *prn* **1.** *(fragend)* wer; *dat* wem; *acc* wen; **2.** *(relativ)* der, die, das; welche(r, s); ▶ **know** ~'s ~ die Personen kennen; ~ **would have thought it?** wer hätte das gedacht?

whoa [wəʊ] *interj* halt! brr!

who·dun·it [ˌhu:'dʌnɪt] *fam* Krimi *m;* **who·ever** [hu:'evə(r)] *prn* **1.** wer auch (immer); *dat* wem auch immer; *acc* wen auch immer; **2.** *(fragend)* wer ... denn? **3.** *(ärgerlich)* wer zum Kuckuck? **4.** egal wer.

whole [həʊl] **I** *adj* **1.** ganz; **2.** intakt, vollständig; ▶ **with one's** ~ **heart** von ganzem Herzen; **II** *s* das Ganze, Gesamtheit *f;* **the** ~ **of** der, die, das ganze, alle(s); **(taken) as a** ~ als Ganzes, im ganzen; **on the** ~ im ganzen gesehen, alles in allem; **whole·food** ['həʊlfu:d] Vollwert-, Natur-, Biokost *f;* **whole-food shop** Naturkost-, Bioladen *m;* **whole-hearted** [ˌhəʊl'hɑ:tɪd] *adj* **1.** rückhaltlos; **2.** aufrichtig, ernst; **wholemeal bread** ['həʊlmi:l'bred] Vollkornbrot *n.*

whole·sale ['həʊlseɪl] **I** *s* Großhandel *m;* **II** *adj* **1.** *attr* Großhandels-; **2.** *fig* umfassend; *(Vernichtung, Entlassungen)* Massen-; *pej* pauschal; ▶ ~ **arrests** *pl,* **destruction** Massenverhaftungen *f pl,* -vernichtung *f;* ~ **dealer, merchant, trader** Großhändler, Grossist *m;* ~ **insurance** Gruppenversicherung *f;* ~ **price** Großhandels-, Grossistenpreis *m; (Börse)* Kurs *m* im Freiverkehr; ~ **trade** Großhandel *m;* **III** *adv* **1.** im Großhandel; **2.** *fig* massenweise; *pej* pauschal; **IV** *tr* im Großhandel vertreiben; **V** *itr* im Großhandel kosten *(at £ 5 5 £);* **whole·saler** ['həʊlseɪlə(r)] Großhändler(in) *m (f).*

whole·some ['həʊlsəm] *adj* gesund.

who'll [hu:l] = *who will; who shall.*

wholly ['həʊlɪ] *adv* ganz, gänzlich, vollständig, völlig.

whom [hu:m] *prn* **1.** *(fragend)* wen; *(to* ~*)* wem; **2.** *(relativ)* den; dem.

whoop [hu:p] **I** *s* **1.** (Freuden)Geschrei *n;* **2.** *med* Keuchen *n;* **II** *itr* schreien, brüllen; **III** *tr* ▶ ~ **it up** ein großes Fest veranstalten; sich toll amüsieren.

whoopee ['wʊpɪ] ▶ **make** ~ *sl* die Sau rauslassen.

whoop·ing cough ['hu:pɪŋkɒf] Keuchhusten *m.*

whoops [wu:ps] *interj* hoppla!

whop [wɒp] *tr sl* **1.** verdreschen, versohlen; **2.** besiegen; **whop·per** ['wɒpə(r)] *fam* **1.** Riesenbiest, Mordsding *n;* **2.** faustdicke Lüge; **whop·ping** ['wɒpɪŋ] *adj fam* **1.** gewaltig, riesig; **2.** *(Lüge)* faustdick.

whore [hɔ:(r)] Hure *f.*

whorl [wɜ:l] **1.** (Spinn)Wirtel *m a. bot;* **2.** *anat zoo* Windung *f,* Ring *m.*

whortle·berry ['wɜ:tlˌberɪ] *bot* Heidelbeere *f;* ▶ **red** ~ Preiselbeere *f.*

who's [hu:z] = *who is; who has.*

whose [hu:z] *prn* wessen; dessen, deren.

why [waɪ] **I** *adv* **1.** warum, weshalb, wofür; **2.** wieso; aus welchem Grunde; **3.** zu welchem Zweck; **II** *interj* sieh da! nun! ▶ ~, **yes!** natürlich! **III** *s* ▶ **the** ~**s and wherefores** das Warum u. Wieso.

wick [wɪk] Docht *m;* ▶ **get on s.o.'s** ~ jdm auf den Wecker, *fam* auf den Geist gehen.

wicked ['wɪkɪd] *adj* **1.** böse, schlecht; **2.**

(Sache) böse, übel; **3.** *(Schlag)* schlimm.
wicker ['wıkə(r)] Flechtwerk, Geflecht *n;* **wicker basket** Weidenkorb *m;* **wicker bottle** Korbflasche *f;* **wicker chair** Korbstuhl *m;* **wicker furniture** Korbmöbel *pl;* **wicker·work** ['wıkəwɜ:k] Flechtwerk *n;* Korbwaren *f pl.*
wicket ['wıkıt] **1.** *(~-door, -gate)* Pförtchen *n;* **2.** Drehkreuz *n;* **3.** Schalterfenster *n;* **4.** *(Kricket)* Dreistab *m;* Tor *n;* **wicket-keeper** ['wıkıt͵ki:pə(r)] *(Kricket)* Torhüter *m.*
wide [waıd] **I** *adj* **1.** weit; **2.** breit; groß; **3.** *fig* umfangreich, umfassend; **4.** *(Kleidung)* weit, lose, locker fallend; **5.** *(Auswahl)* reich; **6.** *(Interessen)* vielseitig; **II** *adv* **1.** *(~ of)* weit (weg), fern; weitab; **2.** daneben; ▶ **far and ~** weit u. breit; **~ of the mark** danebengeschossen, verfehlt; **wide-angle** *adj phot film* Weitwinkel-; **wide-awake** [͵waıdə'weık] *adj* **1.** ganz, völlig wach; **2.** wachsam, aufmerksam *(to* auf*)*; **3.** *fig* hellwach; **wide boy** *Br fam* Fuchs, Gauner *m;* **wide-eyed** ['waıdaıd] *adj* ▶ **look at s.o. ~** jdn groß anschauen; **wide·ly** ['waıdlı] *adv* **1.** weit; weit u. breit; **2.** in hohem Maße, sehr; ▶ **differ ~** sehr verschieden sein; sehr verschiedener Meinung sein; **widen** ['waıdn] **I** *tr* **1.** verbreitern; **2.** *(Kluft)* vertiefen; **3.** *(Interesse)* erweitern; **II** *itr* **1.** breiter werden; **2.** *(Interessen)* sich ausbreiten; **wide-open** *adj* **1.** ganz offen; **2.** völlig unentschieden; **wide·spread** ['waıdspred] *adj* weitverbreitet.
widow ['wıdəu] Witwe *f;* ▶ **grass ~** Strohwitwe *f;* **wid·owed** ['wıdəud] *adj* verwitwet; **widower** ['wıdəuə(r)] Witwer *m;* **widow·hood** ['wıdəuhud] Witwenschaft *f,* -stand *m;* **widow's allowance** Witwengeld *n;* **widow's peak** spitzer Haaransatz; **widow's pension** Witwenrente *f.*
width [wıdθ] **1.** Weite *f;* Breite *f;* **2.** *fig* Vielfalt *f;* **3.** (Stoff)Breite, Bahn *f;* ▶ **be 10 feet in ~** 10 Fuß breit sein.
wield [wi:ld] *tr* **1.** *(Schwert, Feder)* führen; *(Schlaginstrument)* schwingen; **2.** *(Macht)* ausüben *(over* über*)*.
wife [waıf] *(pl* wives) [waıvz] (Ehe)Frau, Gattin *f;* **wife·ly** [—lı] *adj* ehelich, der Ehefrau.
wig [wıg] Perücke *f.*
wiggle ['wıgl] **I** *tr* wackeln mit; **II** *itr* (hin u. her) wackeln.
wig·wam ['wıgwæm, *Am* 'wıgwɑ:m] Wigwam *m.*
wild [waıld] **I** *adj* **1.** wild; **2.** unbewohnt, unbebaut, öde; **3.** wild, primitiv, unzivilisiert; **4.** unbändig, zügellos; **5.** *(Schmerz, Wut)* rasend; **6.** ausgelassen, toll; stürmisch; **7.** (leidenschaftlich) begeistert; **8.** wahnsinnig *(with* vor*)*; **9.** *fam* wütend

(about über*)*; **10.** plan-, ziellos; **11.** *fam* fetzig *fam;* ▶ **be ~ about s.th.** auf etw erpicht sein; **drive s.o. ~** jdn zur Raserei bringen; **go ~** kein Maß mehr kennen; **sow one's ~ oats** sich die Hörner abstoßen; **reserve for the preservation of ~life** Naturschutzgebiet *n;* **II** *s* Wildnis, (freie) Natur *f;* ▶ **in the ~** in der Wildnis; **in the ~s of Scotland** im tiefsten Schottland; **observe an animal in the ~** ein Tier in freier Wildbahn beobachten; **III** *adv* **1.** wild; frei; **2.** aufs Geratewohl; daneben; ▶ **run ~** *(Tier)* frei herumlaufen; *(Kind)* herumtoben; *(Garten)* verwildern; **let one's imagination run ~** seiner Phantasie freien Lauf lassen; **wild beast** wildes Tier; Raubtier *n;* ▶ **~ show** Raubtierschau *f;* **wild-boar** Wildschwein *n;* **wild·cat** ['waıldkæt] **I** *s* **1.** Wildkatze *f* *a. fig;* **2.** *Am fam* riskante Sache; *(Ölindustrie)* Probebohrung *f;* **II** *adj* **1.** unreell, schwindelhaft; **2.** Probe-, Versuchs-; **3.** riskant; ▶ **~ strike** wilder Streik; **wil·der·ness** ['wıldənıs] Wildnis *f a. fig;* **wild·fire** ['waıld͵faıə(r)] ▶ **spread like ~** *fig* sich wie ein Lauffeuer verbreiten; **wildfowl** ['waıldfaul] Wildvögel *m pl;* **wild-goose** ⟨*pl* -geese⟩ Wildgans *f;* **wild-goose chase** *fig* vergebliches Bemühen; **wild·life** ['waıldlaıf] Tierwelt *f;* **wild·ly** ['waıldlı] *adv* **1.** wild, wütend, stürmisch; **2.** bei weitem; erheblich; **wild·ness** ['waıldnıs] Wildheit *f.*
wile [waıl] List *f,* Trick *m.*
wil·ful, *Am* **will·full** ['wılfl] *adj* **1.** absichtlich, vorsätzlich; **2.** eigensinnig; ▶ **~ homicide** vorsätzliche Tötung.
wili·ness ['waılınıs] Verschlagenheit *f.*
will[1] [wıl] *(Präteritum* would*)* **I** *aux* werden; wollen; ▶ **I won't be a minute** ich bin gleich wieder da; **this window won't open** dieses Fenster läßt sich nicht öffnen; **he ~ keep interrupting me** er muß mich dauernd unterbrechen; **~ you be quiet!** sei gefälligst ruhig! **boys ~ be boys** Jungs sind halt so; **II** *itr* wollen.
will[2] [wıl] **I** *s* **1.** Wille *m;* **2.** Wunsch *m,* Verlangen *n;* **3.** Befehl *m,* Anordnung, Anweisung *f;* **4.** *(last ~ and testament)* Letzter Wille, Testament *n;* ▶ **against s.o.'s ~** gegen jds Willen; **at ~** nach Wunsch *od* Belieben; *jur* auf Widerruf; **by ~** letztwillig; **of one's free ~** aus freiem Willen; **do s.o.'s ~** jdm seinen Willen tun; **have a ~ of one's own** einen eigenen Willen haben; **read a ~** ein Testament eröffnen; **where there's a ~ there's a way** *prov* wo ein Wille ist, ist auch ein Weg; **II** *tr* **1.** *obs* wollen, bestimmen; **2.** stark wollen; erzwingen; **3.** testamentarisch vermachen; **III** *itr* wollen.
wil·lies ['wılız] *pl sl* ▶ **give s.o. the ~** jdn nervös machen.

will·ing ['wɪlɪŋ] *adj* 1. willig, geneigt; 2. bereitwillig; ▶ **God** ~ so Gott will; **will·ing·ness** [—nɪs] Bereitwilligkeit *f;* Bereitschaft *f.*

will-o'-the-wisp [ˌwɪləðə'wɪsp] 1. Irrlicht *n a. fig;* 2. *fig* Täuschung *f.*

wil·low ['wɪləʊ] *bot* (~-tree) Weide *f;* **wil·lowy** ['wɪləʊɪ] *adj fig* schlank, graziös.

will-power ['wɪlˌpaʊə(r)] Willenskraft *f.*

willy-nilly [ˌwɪlɪ'nɪlɪ] *adv* wohl oder übel, notgedrungen.

wilt [wɪlt] *itr* 1. (ver)welken; 2. *fig* erschlaffen; müde werden.

wily ['waɪlɪ] *adj* listig, verschlagen, schlau.

win [wɪn] ⟨*irr* won, won⟩ I *itr* gewinnen, siegen; ▶ ~ **hands down** *fam* leichtes Spiel haben; **you can't** ~ *fig* man macht's doch immer falsch; II *tr* 1. gewinnen; *(Sieg)* erringen; 2. *(Ruf)* erlangen; *(Vertrag, Stipendium)* bekommen; 3. *(Rohstoffe)* gewinnen; ▶ ~ **a competition** ein Preisausschreiben gewinnen; ~ **the day** den Sieg davontragen; III *s* Sieg *m;* IV *(mit Präposition)* **win back** *tr* zurückgewinnen; **win over, win round** *tr* für sich gewinnen; bekehren; **win through** *itr (Patient)* durchkommen; ▶ **we'll** ~ **through** wir werden es schaffen.

wince [wɪns] I *itr* zusammenzucken *(under a blow* unter e-m Hieb; *at an insult* bei e-r Beleidigung); II *s* ▶ **without a** ~ ohne e-e Miene zu verziehen.

winch [wɪntʃ] I *s* Winde *f;* II *tr* ▶ ~ **out** herauswinden.

wind¹ [wɪnd] I *s* 1. Wind *m;* 2. *(Jagd)* Wind *m;* 3. Atem *m;* 4. *med* Blähungen *pl;* 5. *fig* dummes Gerede, Unsinn *m;* Aufschneiderei *f;* 6. *pl mus* Blasinstrumente *n pl;* ▶ **break** ~ einen Wind streichen lassen; **get, have** ~ **of s.th.** von e-r S Wind kriegen, haben; **get one's second** ~ wieder zu Atem kommen; **know how the** ~ **blows** *fig* wissen, woher der Wind weht; **put the** ~ **up s.o.** *fig sl* jdm bange machen; **sail close to the** ~ *fig* mit e-m Fuß im Gefängnis stehen; **see which may the** ~ **blows** sehen, woher der Wind weht; **take the** ~ **out of s.o.'s sails** *fig* jdm den Wind aus den Segeln nehmen; **I got the** ~ **up** *sl* das Herz fiel mir in die Hose; **sound in** ~ **and limb** kerngesund; II *tr* 1. *(Jagd)* wittern; 2. den Atem nehmen *(dat);* 3. *(Tier)* verschnaufen lassen.

wind² [waɪnd] ⟨*irr* wound, wound⟩ I *tr* 1. drehen, kurbeln; 2. winden, (auf)wickeln, spulen; 3. umwinden, -wickeln; 4. *(~ up)* hochwinden; 5. *(Uhr)* aufziehen; ▶ ~ **s.o. round one's (little) finger** *fig* jdn um den (kleinen) Finger wickeln; ~ **one's way into s.o.'s affections** sich bei jdm einschmeicheln; II *itr* sich winden

(about, around um); sich schlängeln; III *s* 1. Drehung *f;* 2. Biegung, Windung, Kurve *f;* IV *(mit Präposition)* **wind back** *tr (Film)* zurückspulen; **wind down** *tr* 1. *(Scheibe)* herunterkurbeln; 2. reduzieren; *itr* 1. *(Uhr)* ablaufen; 2. *fig* sich beruhigen; 3. *com* sich mehr und mehr zurückziehen; **wind on** *tr (Film)* weiterspulen; **wind up** *tr* 1. aufwickeln; hochwinden; 2. *(Uhr)* aufziehen; 3. *fig* beschließen; 4. *(Geschäft)* abwickeln; liquidieren, auflösen; *itr* 1. *(Rede)* abschließen; 2. *fam* enden, landen; ▶ **he got wound up about it** er regte sich darüber auf.

wind-bag ['wɪndbæg] *fam fig* Schwätzer(in) *m (f);* **wind-break** ['wɪndbreɪk] Windschutz *m;* **wind cone** Windsack *m;* **wind energy** Windenergie *f.*

winder ['waɪndə(r)] 1. Winde, Kurbel *f;* 2. Aufziehschraube *f;* 3. *bot* Schlingpflanze *f.*

wind·fall ['wɪndfɔːl] 1. Fallobst *n;* 2. *fig* unverhoffter Glücksfall.

wind generator ['wɪnd'dʒenəreɪtə(r)] Windgenerator *m.*

wind·ing ['waɪndɪŋ] I *s* 1. Drehung *f;* 2. Winden, (Auf)Wickeln *n;* 3. *el* Wickelung *f;* II *adj* sich windend, sich schlängelnd, gewunden; **winding-rope** Förderseil *n;* **winding-sheet** Leichentuch *n;* **winding staircase** Wendeltreppe *f;* **wind·ing-up** [ˌwaɪndɪŋ'ʌp] Aufziehen *n; fig* Beendigung *f,* Abschluß *m,* Abwick(e)lung *f;* Liquidation *f;* **winding-up sale** Verkauf *m* wegen Geschäftsaufgabe, Räumungsverkauf *m.*

wind in·stru·ment ['wɪnd 'ɪnstrʊmənt] *mus* Blasinstrument *n;* **wind-jam·mer** ['wɪndˌdʒæmə(r)] Windjammer *m.*

wind·lass ['wɪndləs] 1. Winde, Haspel *f;* 2. *mar* Anker-, Gangspill *n.*

wind·mill ['wɪndmɪl] Windmühle *f;* ▶ **fight, tilt at** ~**s** *fig* gegen Windmühlen kämpfen.

win·dow ['wɪndəʊ] 1. Fenster *n;* 2. Schalter *m;* 3. *(shop-~)* Schaufenster *n,* Auslage *f;* 4. *pl* **W~s** *Wz* EDV Windows *pl;* ▶ **dress a** ~ ein Schaufenster dekorieren; **ticket** ~ Fahrkartenschalter *m;* **window box** Blumenkasten *m;* **window cleaner** Fensterputzer(in) *m (f);* **window display** (Schaufenster)Auslage *f;* **window display competition** Schaufensterwettbewerb *m;* **window-dressing** 1. Schaufensterdekoration *f;* 2. *fig* Aufmachung, Reklame *f;* Mache *f;* **window envelope** Fenster(brief)umschlag *m;* **window frame** Fensterrahmen *m;* **window pane** Fensterscheibe *f;* **window shopping** Schaufensterbummel *m;* ▶ **go** ~ e-n Schaufensterbummel machen; **window sill** Fensterbank *f;* Fenstersims *m.*

wind·pipe ['wɪndpaɪp] *anat* Luftröhre *f;*

wind power Windkraft *f;* **wind-screen,** *Am* **wind·shield** ['wɪndskri:n, 'wɪndʃi:ld] Windschutzscheibe *f;* **wind-screen wiper** Scheibenwischer *m;* **wind-sock** *aero* Windsack *m;* **wind-surf·er** ['wɪndsɜ:fə(r)] Windsurfer(in) *m (f);* **windsurfing** ['wɪndsɜ:fɪŋ] Wind-surfen *n;* ▶ **go ~** windsurfen; **wind-swept** ['wɪndswept] *adj* 1. sturmge-peitscht; 2. zerzaust; **wind-tunnel** *aero* Windkanal *m;* **wind turbine** *tech* Windrad *n;* **wind·ward** ['wɪndwəd] I *adj* gegen den Wind; II *s* Windseite *f;* **windy** ['wɪndɪ] *adj* 1. windig; 2. *fig* langatmig; 3. *fam* ängstlich, nervös.

wine [waɪn] I *s* Wein *m;* II *tr* mit Wein bewirten; **wine-bottle** Weinflasche *f;* **wine-cooler** Sektkühler *m;* **wine-glass** ['waɪnglɑ:s] Weinglas *n;* **wine-grower** ['waɪngrəuə(r)] Winzer(in) *m (f);* **wine-grow·ing** ['waɪngrəuɪŋ] Weinbau *m;* **wine list** Weinkarte *f;* **wine-merchant** Weinhändler *m;* **wine·press** ['waɪnpres] Kelter *f;* **win-ery** ['waɪnərɪ] *Am* Weinkellerei *f;* **wine tasting** Weinprobe *f;* **wine waiter** Weinkellner *m.*

wing [wɪŋ] I *s* 1. Flügel *m;* 2. *aero* Tragfläche *f;* 3. *mot* Kotflügel *m;* 4. (Tür-, Fenster)Flügel *m;* 5. *arch* (Sei-ten)Flügel *m;* 6. *theat pl* Kulisse *f;* 7. *fig* Flügel *m (e-r Partei);* 8. *aero* Gruppe *f, Am* Geschwader *n;* ▶ **in the ~s** hinter den Kulissen *a. fig;* **on the ~** im Fluge; **under s.o.'s ~s** *fig* unter jds Fittichen; **clip s.o.'s ~s** *fig* jdm die Flügel stutzen; **give, lend ~s** *fig* Flügel verleihen; **take ~** davonfliegen; **take ~s** *fig* spurlos ver-schwinden; II *tr* 1. durch-, überfliegen; 2. in den Flügel treffen; 3. *fam* in den Arm schießen; **wing-assembly** *aero* Trag-werk *n;* **wing chair** Ohrensessel *m;* **wing-commander** *aero* 1. Oberstleut-nant *m* der Luftwaffe; 2. *Am* Geschwa-derkommodore *m;* **winged** ['wɪŋd] *adj* 1. geflügelt *a. bot;* 2. *fig* beflügelt, be-schwingt; **winger** ['wɪŋə(r)] *sport* Au-ßen-, Flügelstürmer(in) *m (f);* **wing nut** Flügelmutter *f;* **wing-span, wing-spread** Spannweite *f.*

wink [wɪŋk] I *itr* 1. blinzeln; 2. mit den Augen zwinkern; 3. *(Stern)* flimmern; 4. *(Auto)* blinken; ▶ **~ at s.o.** jdm zuzwin-kern, zublinzeln; **~ at s.th.** etw gefliss-entlich übersehen; II *tr* blinzeln zu-zwinkern *(s.o.* jdm); III *s* 1. Blinzeln, Zwinkern *n;* 2. Augenblick *m;* 3. *mot* Blinken *n;* ▶ **give s.o. a ~** jdm e-n Blick zuwerfen; **tip s.o. the ~** *sl* jdm e-n Wink geben; **I did not sleep a ~, I could not get a ~ of sleep (all night)** ich habe (die ganze Nacht) kein Auge zugetan; **winker** ['wɪŋkə(r)] *Br mot* Blinker *m.*

win·ner ['wɪnə(r)] 1. Gewinner(in) *m (f);* Sieger(in) *m (f);* 2. *fam* todsichere Sa-

che; **win·ning** ['wɪnɪŋ] I *adj fig* gewin-nend, einnehmend, anziehend; ▶ **~ party** siegreiche Partei; *jur* obsiegende Partei; **~-post** *sport* Ziel *n;* **~ ticket** Gewinnlos *n;* II *s* 1. *min* Gewinnung, Förderung *f,* Abbau *m;* 2. *pl* (Geld)Ge-winn *m;* ▶ **~ of iron** Eisengewinnung *f.*

win·now ['wɪnəu] *tr* 1. *(Getreide)* schwingen, worfeln; 2. *fig* aussortieren, -scheiden; trennen *(from* von).

win·some ['wɪnsəm] *adj* gewinnend, anziehend, reizend.

win·ter ['wɪntə(r)] I *s* Winter *m a. fig;* ▶ **nuclear ~** nuklearer Winter; II *itr, tr* überwintern *(in, at* in); **winter coat** *(Menschen)* Wintermantel *m; (Tiere)* Winterfell *n;* **win·ter·ize** ['wɪntəraɪz] *tr Am* winterfest machen; **winter season** Wintersaison *f;* **winter solstice** Win-tersonnenwende *f;* **winter sports** *pl* Wintersport *m;* **win·tery, win·try** ['wɪntrɪ] *adj* winterlich.

wipe [waɪp] I *tr* 1. (ab)wischen, abreiben, abtrocknen *(on a towel* an e-m Hand-tuch); 2. säubern, reinigen; 3. putzen *(one's nose* die Nase); 4. *sl* schlagen; ▶ **~ dry** trockenwischen; **~ the floor with s.o.** *sl* jdn völlig fertigmachen; II *s* 1. (Ab)Wischen *n;* 2. *sl* Schlag, Hieb *m;* ▶ **give s.th. a ~** etw abwischen; etw putzen; III *(mit Präposition)* **wipe down** *tr* (naß) abwischen; **wipe off** *tr* weg-, *com (Schulden)* abtragen; **wipe out** *tr* 1. völlig vernichten, auslöschen; 2. reini-gen; auswischen; **wipe up** *tr* 1. aufwi-schen; 2. *(Geschirr)* abtrocknen.

wiper ['waɪpə(r)] *mot (windscreen ~)* Scheibenwischer *m.*

wire ['waɪə(r)] I *s* 1. Draht *m;* 2. *fam* Telegramm *n;* ▶ **by ~** telegraphisch; **get one's ~s crossed** mißverstanden, verwirrt werden; **pull (the) ~s** *fig* die Fäden in der Hand haben; **live ~** *fig (Mensch)* Energiebündel *n;* II *tr* 1. mit Draht befestigen; 2. *el* e-e Leitung legen in; 3. telegraphieren, drahten; **wire-cutters** *pl* Drahtschere *f;* **wire fence** Drahtzaun *m;* **wire-haired terrier** ['waɪəhɛəd 'terɪə(r)] Drahthaarterrier *m.*

wire·less ['waɪəlɪs] I *s obs* (Rund)Funk *m;* Radio(apparat *m) n;* ▶ **by ~** durch Funkspruch, funktelegraphisch; **on, over the ~** im Rundfunk; II *tr, itr* fun-ken; **wireless operator** *(aero* Bord)Funker *m;* **wireless set** Radio-apparat *m.*

wire·photo ['waɪə,fəutəu] Bildtele-gramm *n;* Bildtelegraphie *f;* **wire-pul-ler** ['waɪə,pulə(r)] *fig* Drahtzieher *m;* **wire-pul·ling** ['waɪə,pulɪŋ] *fig* Ma-chenschaften *f pl;* **wire tap·ping** ['waɪə,tæpɪŋ] *tele* Abhören *n;* **wire transfer** *Am* telegrafische Geldüber-weisung.

wir·ing ['waɪərɪŋ] Leitungsnetz *n*, Verkabelung *f;* **wiring diagram** Schaltplan *m.*

wiry ['waɪərɪ] *adj fig* sehnig.

wis·dom ['wɪzdəm] Weisheit *f;* Klugheit *f;* **wisdom-tooth** ⟨*pl* -teeth⟩ Weisheitszahn *m.*

wise [waɪz] **I** *adj* 1. weise; 2. klug, vernünftig; 3. klug, intelligent; ▶ **be none the ~r for s.th.** durch etw nicht schlauer geworden sein; **be, get ~ to s.th.** *fam* über etw im Bilde sein; von etw e-e Ahnung bekommen; **put s.o. ~ to s.th.** jdm in e-r S ein Licht aufstecken; **II** *(mit Präposition)* **wise up** *tr Am sl* aufklären, informieren; *itr* dahinterkommen; **wise·acre** ['waɪzˌeɪkə(r)] Neunmalkluge(r) *f m,* Angeber(in) *m (f);* **wisecrack** ['waɪzkræk] *fam* **I** *s* witzige Bemerkung; **II** *itr* witzig reden; **wise guy** *fam* Neunmalkluge(r), Angeber *m.*

wish [wɪʃ] **I** *tr* 1. (sich) wünschen; wollen; 2. *(Glück)* wünschen; 3. aufhalsen *(on s.o.* jdm); ▶ **~ s.o. (good) luck** jdm Glück wünschen; **~ s.o. well, ill** jdm wohl-, übelwollen; **I ~** ich möchte *od* wollte; **II** *itr* sich etwas wünschen; **III** *s* 1. Wunsch *m;* 2. Wille *m;* 3. Bitte *f (for* um), Verlangen *n (for* nach); 4. *pl (good ~es)* Glückwünsche *m pl;* ▶ **with best ~es** mit herzlichen Glückwünschen; **wish-bone** *(Vogel)* Gabelbein *n;* **wish·ful** ['wɪʃfl] *adj* ▶ **~ thinking** Wunschdenken *n.*

wishy-washy ['wɪʃɪwɒʃɪ] *adj* 1. wässerig, dünn; 2. *fig* wischiwaschi.

wisp [wɪsp] 1. Büschel, Bündel *n;* 2. (Wolken)Fetzen *m;* (Rauch)wölkchen *n;* 3. *fig* Hauch *m;* ▶ **a ~ of a girl** ein schmächtiges Ding; **~ of hair** Haarsträhne *f;* **wispy** ['wɪspɪ] *adj* klein, dünn.

wist·ful ['wɪstfl] *adj* sehnsuchtsvoll, sehnsüchtig.

wit [wɪt] 1. Verstand *m,* geistige Fähigkeiten *f pl;* Intelligenz *f;* 2. Geist, Witz *m;* 3. witziger Kopf; ▶ **be at one's ~s' end** mit seiner Kunst am Ende sein; **have, keep one's ~s about one** e-n klaren Kopf behalten; **live by one's ~s** sich (geschickt) durchs Leben schlagen; **scared out of one's ~s** verrückt vor Angst.

witch [wɪtʃ] Hexe *f;* **witch·craft** ['wɪtʃkrɑːft] Hexerei, Zauberei *f;* **witch-doctor** Medizinmann *m;* **witch·ery** ['wɪtʃərɪ] 1. Hexerei *f;* 2. Zauber, Reiz *m;* **witch-hunt** Hexenverfolgung *f;* **witch·ing** ['wɪtʃɪŋ] *adj* ▶ **the ~ hour** die Geisterstunde.

with [wɪð, wɪθ] *prep* 1. mit; 2. *(instrumental)* durch; 3. *(kausal)* durch, an, vor; nebst; bei; auf; trotz; vor; ▶ **~ the window open** bei offenem Fenster; **~ all his faults** bei all seinen Fehlern,

trotz all seiner Fehler; **be ~ it** *fam* auf Draht sein; **be in ~** eng verbunden sein mit; **have s.th. ~ one** etw bei sich haben; **part ~** sich trennen von; **are you still ~ me?** sind Sie mitgekommen? **~ anger, love, hunger** vor Ärger, Liebe, Hunger.

with·draw [wɪð'drɔː] *irr s. draw* **I** *tr* 1. zurückziehen, -nehmen *(from* von, aus); 2. entziehen *(s.o. s.th.* jdm etw); 3. *(Geld)* abheben; entnehmen; 4. widerrufen; abberufen; ▶ **~ from circulation** *(Geld)* aus dem Verkehr ziehen; **~ from school** von der Schule nehmen; **II** *itr* 1. sich zurückziehen; 2. zurücktreten; austreten; 3. ausscheiden *(from* von); 4. *parl* seinen Antrag zurücknehmen; **with·drawal** [wɪð'drɔːəl] 1. Zurücknahme, -ziehung *f (from* von); 2. Entnahme *f;* Abhebung *f (vom Konto);* 3. Ausscheiden *n,* Rücktritt *m (from* von); 4. Widerruf *m;* 5. *mil* Rückzug *m;* 6. *(aus der Gesellschaft)* Ausstieg *m;* **withdrawal symptoms** *pl* Entzugserscheinungen *f pl.*

wither ['wɪðə(r)] **I** *itr* 1. *(~ up)* (ver)welken, verdorren, vertrocknen; 2. *fig* welken; schwinden; **II** *tr* 1. vertrocknen, verdorren lassen; 2. *fig* einschüchtern *(with a look* mit e-m Blick); **wither·ing** ['wɪðərɪŋ] *adj (Blick)* vernichtend.

with·hold [wɪð'həʊld] *tr irr s. hold* 1. zurückhalten; 2. verweigern, vorenthalten *(s.th. from s.o.* jdm etw); 3. verhindern; versagen; 4. *(Steuern)* einbehalten.

with·in [wɪð'ɪn] **I** *adv* innen (drin), im Innern, innerlich; ▶ **from ~** von innen (her); **II** *prep* 1. in; innerhalb *gen (a. zeitl. u. graduell);* 2. im Bereich *gen;* in den Grenzen, im Rahmen *gen;* 3. *(zeitl.)* binnen; ▶ **~ one's income** im Rahmen seines Einkommens; **be ~ walking distance** zu Fuß erreichbar sein; **~ hearing, reach, sight** in Hör-, Reich-, Sichtweite.

with·out [wɪð'aʊt] **I** *prep* ohne; ▶ **~ saying a word** ohne ein Wort zu sagen; **~ number** *fig* unzählig; **~ doubt** zweifellos; **II** *adv obs lit* außen; ▶ **from ~** von draußen; von außen; **III** *adj* ohne; **be ~ s.th.** etw nicht haben.

with·stand [wɪð'stænd] *tr irr s. stand* 1. sich widersetzen, widerstehen *(s.o., s.th.* jdm, e-r S); 2. aus-, standhalten *(hard wear* starker Beanspruchung).

wit·ness ['wɪtnɪs] **I** *s* 1. Zeugnis *n;* 2. Zeuge *m (to* für); 3. Urkundsperson *f;* Beweis(stück, -mittel *n) m (to* für); ▶ **in ~ thereof, whereof** zu Urkund, zum Zeugnis dessen; **bear ~** Zeugnis ablegen *(of, to s.th.* von e-r S; *against, for s.o.* gegen, für jdn); **call as, to ~** als Zeugen benennen *od* vorladen; **hear a ~** e-n Zeugen vernehmen; **hearing of ~es**

Zeugenvernehmung, Beweisaufnahme *f;* **marriage** ~ Trauzeuge *m,* -zeugin *f;* **principal** ~ Haupt-, Kronzeuge *m,* -zeugin *f;* ~ **of an accident** Unfallzeuge *m,* -zeugin *f;* ~ **for the defence, prosecution** Ent-, Belastungszeuge *m,* -zeugin *f;* ~ **on oath** vereidigter Zeuge; **II** *tr* **1.** bezeugen; **2.** erkennen lassen; **3.** beurkunden, bestätigen, beglaubigen; **4.** Augenzeuge sein *gen;* **III** *itr* bezeugen (*to s.th.* etw). etw); **witness-box,** *Am* **witness-stand** Zeugenstand *m.*

witty ['wıtı] *adj* geistreich, witzig

wiz·ard ['wızəd] **I** *s* **1.** Zauberer, Hexenmeister *m a. fig;* **2.** Genie *n;* **II** *adj Br fam* blendend, prachtvoll, prima; **wizardry** ['wızədrı] Zauberei *f a. fig.*

wiz·ened ['wıznd] *adj* vertrocknet, verhutzelt.

wobble ['wobl] **I** *itr* **1.** wackeln; (sch)wanken; **2.** *(Knie)* schlottern; **3.** *(Stimme)* zittern; **II** *tr* zum Wackeln bringen; **III** *s* Wackeln *n;* Zittern *n;* **wob·bly** ['woblı] *adj* (sch)wankend, wack(e)lig.

woe [wəu] Weh, Leid *n,* Schmerz *m; pl* Übel *n pl,* Nöte *f pl;* **woe·be·gone** ['wəubıgon] *adj* jämmerlich, erbärmlich; **woe·ful** ['wəufl] *adj* **1.** traurig, betrüblich; **2.** jämmerlich.

wog [wog] *pej* (dunkelhäutiger) Ausländer; Kanake *m pej.*

woke(n) ['wəuk(n)] *v s. wake¹.*

wolf [wulf] ⟨*pl* **wolves**⟩ ['wulvz] **I** *s* **1.** Wolf *m;* **2.** *sl* Schürzenjäger *m;* ▶ **cry** ~ *fig* blinden Alarm schlagen; **keep the** ~ **from the door** *fig* sich über Wasser halten; **II** *tr* (~ *down*) hinunterschlingen; **wolf-cub 1.** junger Wolf; **2.** Jungpfadfinder, Wölfling *m;* **wolf-hound** Schäfer-, Wolfshund *m;* **wolf whistle** Pfiff *m* für e-e Schöne.

woman ['wumən] ⟨*pl* **women**⟩ ['wımın] Frau *f;* ▶ **single** ~ Junggesellin *f;* **women's book** Frauenbuch *n;* **women's group** Frauengruppe *f;* **women's magazine** Frauenzeitschrift *f,* -blatt *n;* **women's refuge** Frauenhaus *n;* **women's representative** Frauenbeauftragte *f;* **women's rights** *pl* Frauenrechte *n pl;* **women's liberation movement** Frauenrechtsbewegung *f;* **women's libber** Frauenrechtlerin *f;* **woman doctor** Ärztin *f;* **woman driver** (Auto)Fahrerin *f;* **woman·hood** ['wumənhud] Weiblichkeit, Fraulichkeit *f;* ▶ **reach** ~ *(Mädchen)* heranwachsen; **woman·ish** ['wumənıʃ] *adj* weiblich; weibisch; **woman·ize** ['wumənaız] *itr fam* es mit den Frauen haben; **woman·kind** ['wuməkaınd] die Frauen *f pl,* das weibliche Geschlecht; **woman·ly** [—lı] *adj* weiblich, fraulich.

womb [wu:m] *anat* Gebärmutter *f;* ▶ **in the** ~ im Mutterleib.

women·folk ['wımınfəuk] Frauen *f pl.*

won [wʌn] *v s. win.*

wonder ['wʌndə(r)] **I** *s* **1.** Verwunderung *f,* Erstaunen *n;* **2.** Wunder *n;* ▶ **in** ~ voller Staunen; **the** ~ **of architecture** das Wunder der Architektur; **do, work** ~**s** Wunder wirken; **(it's) no** ~ **that** (es ist) kein Wunder, daß; **the** ~ **of it is** das Erstaunliche daran ist; ~**s will never cease!** *prov* es geschehen noch Zeichen und Wunder! ~ **of the world** Weltwunder *n;* **II** *tr* sich fragen; ▶ ~ **why** sich fragen, warum; ~ **what, how** gespannt sein, was, wie; **III** *itr* **1.** gespannt sein; sich fragen; **2.** sich wundern; ▶ **it set him** ~**ing** das gab ihm zu denken; **I was just** ~**ing** das war nur so ein Gedanke; **I** ~**!** na ja, mal sehen! ~ **about s.th.** sich über etw Gedanken machen; ~ **about doing s.th.** es sich überlegen, ob man etw tut; **I was** ~**ing if you would like one** möchten Sie vielleicht eines? **I** ~ **that he didn't say anything** es wundert mich, daß er nichts gesagt hat; ~ **at s.th.** sich über etw wundern; **I shouldn't** ~ es würde mich nicht überraschen; **wonder boy** Wunderknabe *m;* **wonder drug** Wundermittel *n.*

won·der·ful ['wʌndəfl] *adj* wundervoll, -bar.

won·der·land ['wʌndəlænd] **1.** Wunder-, Zauber-, Märchenland *n a. fig;* **2.** *fig* Paradies *n;* **won·der·ment** ['wʌndəmənt] Verwunderung *f,* Erstaunen *n.*

wonky ['woŋkı] *adj fam* wack(e)lig, kipp(e)lig, unsicher.

wont [wəunt, *Am* wɔ:nt] **I** *s obs* Gewohnheit *f;* **II** *adj* ▶ **be** ~ gewöhnt sein, pflegen (*to do* zu tun); **as is his** ~ wie er zu tun pflegt.

won't [wəunt] = *will not.*

woo [wu:] *tr* **1.** umwerben; *(Wähler)* zu gewinnen suchen; **2.** *fig* streben nach, trachten nach; ▶ ~ **s.o. away** jdn abwerben.

wood [wud] **I** *s* **1.** Holz *n;* **2.** Wald *m;* **3.** Holzfaß *n;* **4.** *pl mus* Holzblasinstrumente *n pl;* ▶ **from the** ~ vom Faß; **out of the** ~(**s**) *fig* über den Berg; **be unable to see the** ~ **for the trees** *fig* den Wald vor (lauter) Bäumen nicht sehen; **touch** ~**!** unberufen! **II** *adj* hölzern, Holz-; **wood alcohol** Holzgeist *m;* **woodbine** ['wudbaın] *bot* **1.** Geißblatt *n;* **2.** *Am* wilder Wein; **wood-carver** Holzschnitzer(in) *m (f);* **wood·craft** ['wudkrɑ:ft] **1.** Weidmannskunst *f;* **2.** Holzarbeiten *f pl;* **wood·cut** ['wudkʌt] Holzschnitt *m;* **wood·cut·ter** ['wud.kʌtə(r)] **1.** Holzfäller(in) *m (f);* **2.** Holzschnitzer *m;* **wooded** ['wudıd] *adj* bewaldet; **wooden** ['wudn] *adj* **1.** hölzern *a. fig;* **2.** *fig* steif; langweilig; ▶ ~ **construction** Holzkonstruktion *f;* ~

floor Holzfußboden *m;* **~-headed** dumm, doof; **wood·land** ['wʊdlænd] Waldland *n;* **wood panelling** Holzvertäfelung *f;* **wood·pecker** ['wʊd,pekə(r)] Specht *m;* **wood·pile** ['wʊdpaɪl] Holzstoß *m;* ▶ **nigger in the ~** *fig* Ursache *f* aller Schwierigkeiten; **wood preservative** Holzschutzmittel *n;* **wood-pulp** Holzschliff *m;* **wood-shed** ['wʊdʃed] Holzschuppen *m;* **wood·sy** ['wʊdzɪ] *adj Am* waldig; **wood·wind** ['wʊdwɪnd] *(pl)* (Holz)Blasinstrument(e *pl*) *n;* **wood-work** ['wʊdwɜːk] 1. Holzarbeiten *f pl;* 2. hölzerne Bauteile *m pl,* Balkenwerk *n;* **wood·worm** ['wʊdwɜːm] Holzwurm *m;* **woody** ['wʊdɪ] *adj* 1. bewaldet, waldig; 2. holzig.

woof [wuːf] (Hunde)Gebell *n.*

wool [wʊl] Wolle *f a. tech;* ▶ **pull the ~ over s.o.'s eyes** *fig* jdm das Fell über die Ohren ziehen; **wool·gather·ing** ['wʊl,gæðərɪŋ] Geistesabwesenheit, Zerstreutheit *f;* **wool·len,** *Am* **woolen** ['wʊlən] I *adj* wollen; II *s pl (~ goods)* Wollwaren, -sachen, Strickwaren *f pl;* **wool·sack** ['wʊlsæk] Wollsack *m (Sitz des britischen Lordkanzlers im Oberhaus);* **wool trade** Wollhandel *m;* **wool·ly,** *Am* **wooly** ['wʊlɪ] I *adj* 1. wollen; 2. wollig, flauschig, weich; 3. *fig* nebelhaft; verworren; II *s* wollenes Kleidungsstück.

woozy ['wuːzɪ] *adj fam* schwindelig.

wop [wɒp] *sl pej* Itaker *m.*

word [wɜːd] I *s* 1. Wort *n;* 2. *mil* Befehl *m;* Kennwort *n;* 3. *fig* kurze Äußerung, Bemerkung *f (about* über); 4. Rede *f,* Spruch *m;* 5. Zusage *f;* (Ehren)Wort *n;* 6. Bescheid *m,* Nachricht *f;* 7. *pl* Wortwechsel, Streit *m;* ▶ **at a ~** auf e-n Wink, sofort; **by ~ of mouth** mündlich; **in a, one ~** mit e-m Wort; **in other ~s** mit anderen Worten; **in so many ~s** genauso, wörtlich *adv;* **of many ~s** redselig, gesprächig; **not to be the ~ for s.th.** etw nicht richtig wiedergeben; **break, keep one's ~** sein Wort brechen, halten; **give one's ~ upon s.th.** sein Wort auf etw geben; **have a ~ with s.o.** kurz mit jdm sprechen; **have ~ from** Nachricht haben von; **have ~s with s.o.** sich mit jdm streiten; **have no ~s for s.th.** für etw keine Worte finden; **have the last ~** das letzte Wort haben; **leave ~** eine Nachricht, Bescheid hinter-, zurücklassen *(with* bei; *at the office* im Büro); **put into ~s** in Worte kleiden; **put in, say a (good) ~ for s.o.** für jdn ein gutes Wort einlegen; **send ~** e-e Nachricht zukommen lassen *(to s.o.* jdm); **take s.o. at his ~** jdn beim Wort nehmen; **he is as good as his ~** man kann sich auf ihn verlassen; **he didn't say a ~ about it** er hat kein Wort, keinen Ton

davon gesagt; **by ~ of mouth** mündlich; II *tr* in Worte kleiden, formulieren; **word break** *typ* Trennung *f;* **word division** *typ* Silbentrennung *f;* **wording** [—ɪŋ] Formulierung, Wortwahl *f;* Wortlaut *m;* ▶ **~ of the law** Gesetzestext *m;* **~ of the oath** Eidesformel *f;* **word·less** [—lɪs] *adj* wort-, sprachlos; **word order** *gram* Wortstellung *f;* **word-per·fect** [,wɜːd'pɜːfɪkt] *adj* ▶ **be ~** seine Rolle auswendig können, rollensicher sein; **word-play** Wortspiel *n;* **word processing** Textverarbeitung *f;* **word processor** 1. Textverarbeitungsanlage *f;* 2. Textverarbeitungsprogramm *n;* **word·wrap** *typ* Fließsatz *m;* **wordy** ['wɜːdɪ] *adj* wortreich; weitschweifig.

wore [wɔː(r)] *v s. wear.*

work [wɜːk] I *s* 1. Arbeit *f;* 2. Tätigkeit, Beschäftigung *f;* 3. Unternehmen *n;* 4. Werk *n,* (Arbeits)Leistung *f;* (Kunst)Werk *n;* 5. *pl* Werke *n pl a. rel,* Taten *f pl;* Werke *n pl (e-s Dichters);* 6. *pl mit sing* (Werk-, Industrie)Anlage(n *f pl) f;* Werk(e *pl) n,* Fabrik, Anstalt *f;* 7. *pl arch* Baustelle *f;* 8. *pl tech* Getriebe *n;* Uhrwerk *n;* ▶ **the ~s** *fam* der ganze Kram *fam;* **brain ~** geistige Arbeit; **casual ~** Gelegenheitsarbeit *f;* **clerical, office ~** Büroarbeit *f;* **gas ~s** *pl mit sing* Gaswerk *n;* **iron ~s** *pl mit sing* Eisenhütte *f,* **-werk** *n;* **public ~s** *pl* Stadt-, Versorgungswerke *n pl;* **water ~s** *pl* Wasserwerk *n;* **~ of art** Kunstwerk *n;* **at ~** bei der Arbeit; beschäftigt *(upon* mit); in Betrieb, im Gange, tätig; **fit for ~** arbeitsfähig; **in ~** in Arbeit stehend; **out of ~** arbeitslos; **the ~s** *sl* alles Drum und Dran; **give s.o. the ~s** *sl* jdn fertigmachen; jdn verwöhnen; **have one's ~ cut out** schwer arbeiten müssen; **make light ~ of s.th.** mit etw leicht fertig werden; **make short, quick ~ of** kurzen Prozeß machen mit; II *itr* 1. arbeiten *(at* an); 2. beschäftigt, tätig sein *(at* mit); 3. funktionieren; wirksam sein; 4. Einfluß ausüben *(on, upon* auf); zu überreden suchen *(on, upon s.o.* jdn); 5. sich abmühen, sich plagen; 6. in Bewegung, in Erregung sein; 7. *(Pläne)* glücken, gelingen; ▶ **~ loose** lose werden, los-, abgehen; **~ towards s.th.** auf etw hinarbeiten; **it won't ~** das klappt nicht; **her face ~ed** in ihrem Gesicht arbeitete es; III *tr* 1. be-, ver-, erarbeiten, ausarbeiten; 2. *(Aufgabe)* lösen, ausrechnen; 3. zustande bringen, bewerkstelligen; hervorbringen, -rufen, auslösen, (be)wirken; 4. arbeiten mit, betätigen, in Betrieb setzen, in Gang bringen; 5. *(Maschine)* bedienen; beanspruchen; 6. *(Betrieb)* leiten; 7. *(Gut)* bewirtschaften; 8. *(Gebiet)* bereisen, bearbeiten; 9. *fam* spielen lassen, ausnutzen, Gebrauch machen

von; **10.** *(etw)* herausschlagen; ▶ ~ o.s.
hard hart arbeiten; ~ **one's way
through** s.th. sich durch etw durcharbeiten; ~ **it** *sl* es fertigbringen, es schaffen; **IV** *(mit Präposition)* **work away** *itr*
vor sich hin arbeiten; **work in** *tr* einfügen, -flechten; einarbeiten; *itr* sich einfügen *(with* in); **work off** *itr* sich losmachen; *tr* abarbeiten; *(Energie)* loswerden; *(Gefühl)* abreagieren; **work on** *itr*
weiterarbeiten; *tr* **1.** arbeiten an; **2.** ausgehen von; **3.** bearbeiten *(s.o.* jdn); **work
out** *tr* **1.** ausarbeiten, entwickeln, **2.** aus-,
zusammenrechnen; **3.** lösen; **4.** *fam* verstehen; **5.** herausfinden; **6.** *min* abbauen;
itr **1.** funktionieren, klappen; **2.** *(Aufgabe, Rätsel)* aufgehen; **3.** ergeben *(at*
acc); **4.** *sport* trainieren; ▶ **things didn't
~ out for me** es ist mir schiefgegangen;
how is it ~ing out? wie geht's damit?
work over *tr* überarbeiten; ▶ ~ s.o.
over jdn zusammenschlagen; **work
round** *itr* **1.** sich mühsam durcharbeiten
(to nach); **2.** *(Wind)* sich drehen; **work
up** *tr* **1.** ausarbeiten; **2.** aufstacheln; **3.**
(Begeisterung) aufbringen; *(Appetit)*
sich machen; *(Geschäft)* zum Erfolg
bringen; *itr (Rock)* sich hochschieben;
▶ ~ **one's way up** sich hocharbeiten;
get ~ed up about s.th. sich über etw
aufregen; ~ **o.s. up** sich aufregen; ~ **up
to** s.th. auf etw hinauswollen; etw im
Sinn haben; ~ **up to a climax** sich zu
einem Höhepunkt steigern.
work·able ['wɜ:kəbl] *adj* **1.** bearbeitbar;
zu gebrauchen(d), brauchbar, praktizierbar, durchführbar; **2.** *min* abbaufähig,
-würdig; **work·a·day** ['wɜ:kədeɪ] *adj*
1. werktäglich; **2.** alltäglich, gewöhnlich,
abgedroschen; **work-bag** Nähbeutel
m; **work·bench** ['wɜ:kbentʃ] Werkbank *f;* **work·book** ['wɜ:kbʊk] Arbeitsheft *n;* **work camp** Arbeitslager *n;*
work creation scheme Arbeits(platz)beschaffungsprogramm *n;*
work·day ['wɜ:kdeɪ] **I** *s* Arbeits-,
Werk-, Wochentag *m;* ▶ **on ~s** an Wochen-, Werktagen, werktäglich *adv;* **II**
adj werktäglich.
worker ['wɜ:kə(r)] **1.** Arbeiter(in), Arbeitnehmer(in) *m (f);* **2.** *zoo (~ bee)*
Arbeiterin *f;* ▶ **factory, industrial ~**
Fabrikarbeiter(in) *m (f);* **manual ~**
Handarbeiter(in) *m (f).*
work force ['wɜ:kfɔ:s] **1.** Belegschaft *f;*
Arbeitskräfte *pl;* **2.** Arbeitskräftepotential *n;* **work horse** Arbeitspferd *n a.*
fig; **work-in** ['wɜ:kɪn] Betriebsbesetzung *f* durch die Arbeitnehmer.
work·ing ['wɜ:kɪŋ] **I** *adj* **1.** arbeitend;
werktätig, berufstätig; *(Partner)* aktiv;
2. betriebs-, arbeitsfähig; **3.** *(Hypothese,
Modell)* Arbeits-; *(Mehrheit)* arbeitsfähig; **4.** *(Tag, Bedingungen, Kleidung)*
Arbeits-; ▶ ~ **capital** Betriebskapital *n;*

~ **committee** Arbeitsausschuß *m;* ~ **day**
Arbeits-, Werktag *m;* ~ **girl** Berufstätige *f; Am fig* Gunstgewerblerin *f;* ~
hours *pl* Arbeitszeit *f;* ~ **knowledge**
ausreichende praktische Kenntnisse *f*
pl; ~ **lunch** Arbeitsessen *n;* ~ **man** Arbeiter *m;* **I am a ~ man** ich arbeite den
ganzen Tag; ~ **model** funktionsfähiges
Modell; **in ~ order** gebrauchs-, betriebsfähig; ~ **paper** Arbeitsunterlage *f;* Arbeitspapier *n;* ~ **party** Arbeitsgruppe *f;*
~ **place** Arbeitsplatz *m;* ~ **population**
erwerbstätige Bevölkerung; ~ **process**
Arbeitsprozeß, -vorgang *m;* ~ **week** Arbeitswoche *f;* **35-hour ~ week** 35-Stunden-Woche *f;* ~ **wife** berufstätige Ehefrau; ~ **woman** berufstätige Frau *f;* **II** *s*
1. Arbeit(en *n) f;* **2.** *pl* Funktion, Arbeitsweise *f;* **3.** *pl min* Schächte *m pl;*
Grube *f;* ▶ ~**s of the mind** Gedankengänge *m pl;* **working-class** *adj* der
Arbeiterklasse, Arbeiter-; *pej* proletenhaft; **working class(es)** *(pl)* Arbeiterklasse *f;* **work·ing-out** ['wɜ:kɪŋ'aʊt]
Ausarbeitung *f;* Berechnung *f;* **work·ing-over** ['wɜ:kɪŋ'əʊvə(r)] *fam* Tracht *f*
Prügel.
work load ['wɜ:kləʊd] Arbeit(slast) *f;*
work·man ['wɜ:kmən] ⟨*pl* -men⟩
Handwerker *m;* **work·man·like**
['wɜ:kmənlaɪk] *adj* fachmännisch;
work·man·ship ['wɜ:kmənʃɪp] Arbeitsausführung *f;* Qualität *f;* **work-out**
['wɜ:kaʊt] *sport* Training *n;* **work permit** Arbeitserlaubnis *f;* **work·shop**
['wɜ:kʃɒp] **1.** Werkstatt, -stätte *f;* **2.** Arbeitsgruppe *f,* -kreis, Kurs *m;* **work·shy** ['wɜ:kʃaɪ] *adj* arbeitsscheu; **work
station** Arbeitsplatz *m;* Fertigungsstation *f; EDV* Bildschirmarbeitsplatz *m;*
work·study Arbeitsstudie *f;* **work·table** ['wɜ:k‚teɪbl] Arbeitstisch *m;*
work·top Arbeitsplatte *f;* **work-to-rule** [‚wɜ:ktə'ru:l] Dienst *m* nach Vorschrift.
world [wɜ:ld] Welt *f;* ▶ **all the ~ knows**
alle wissen; **all the ~ and his wife** Gott
und die Welt; **not for all the ~** um
nichts in der Welt; **be all the ~ to** s.o.
jds ein und alles sein; **a ~ of ...** eine
Menge; sehr; **be ~s apart** völlig verschieden sein; **in the ~** auf der Welt; **all
over the ~** in der ganzen Welt; **all the ~
over** überall; **out of this ~** *fig sl* sagenhaft; **round the ~** (rund) um die Welt;
bring s.o. into the ~ jdn auf die, zur
Welt bringen; **bring s.th. into the ~** etw
in die Welt setzen; **come into the ~** auf
die, zur Welt kommen; **come, go down
in the ~** herunterkommen; **go up in the
~** es zu etwas bringen; **feel on top of
the ~** sich nicht besser fühlen können;
have the best of both ~s auf nichts
verzichten müssen, können; **think the ~
of** s.o. große Stücke auf jdn halten; **it's**

not the end of the ~ deshalb geht die Welt nicht unter; **how goes the ~ with you?** wie geht's, wie steht's? **what in the ~?** was in aller Welt? **the New, Old, Third W~** die Neue, Alte, Dritte Welt; **a man of the ~** ein Mann von Welt.

world beater ['wɜːldˌbiːtə(r)] alles überragende Person, Sache; **world clock** Weltzeituhr *f;* **world congress** Weltkongreß *m;* **World Cup** Fußballweltmeisterschaft *f;* Weltpokal *m;* **World Fair** Weltausstellung *f;* **world-famous** *adj* weltberühmt; von Weltrang; **world language** Weltsprache *f.*

world·ly ['wɜːldlɪ] *adj* 1. weltlich, irdisch; diesseitig; weltzugewandt; 2. *(~ wise)* weltklug.

world opinion ['wɜːldəˈpɪnjən] Weltöffentlichkeit *f;* **world population** Weltbevölkerung *f;* **world power** ['wɜːldˌpaʊə(r)] Weltmacht *f;* **world record** Weltrekord *m;* **world-shattering** *adj* welterschütternd; **world view** Weltbild *n;* **world war** Weltkrieg *m;* **world-weary** [ˌwɜːldˈwɪərɪ] *adj* lebensmüde; **world-wide** [ˌwɜːldˈwaɪd] *adj, adv* weltweit; ► **~ reputation** Weltruf *m.*

worm [wɜːm] **I** *s* 1. Wurm *m a. fig;* 2. (Schrauben)Gewinde *n;* **II** *tr* 1. mit e-m Wurmmittel behandeln; 2. *fig* herausziehen, -locken *(s.th., a secret out of s.o.* etw, ein Geheimnis aus jdm); 3. zwängen *(into* in); ► **~ o.s., ~ one's way in** sich einschleichen; **~ o.s., ~ one's way through** sich hindurchwinden; **worm-eaten** ['wɜːmˌiːtn] *adj* 1. wurmstichig; 2. *sl* alt; **worm-hole** Wurmloch *n (in e-m Möbelstück);* **wormy** ['wɜːmɪ] *adj* 1. wurmig; 2. wurmstichig.

worn [wɔːn] **I** *v s. wear;* **II** *adj* 1. verbraucht, abgenutzt; 2. abgetragen; 3. erschöpft; abgespannt; 4. *fig* abgedroschen; **worn-out** [ˌwɔːnˈaʊt] *adj* 1. unbrauchbar (geworden); 2. erschöpft, abgespannt.

wor·ried ['wʌrɪd] *adj* 1. besorgt, beunruhigt *(about* über); 2. gequält; **worrisome** ['wʌrɪsəm] *adj* 1. besorgniserregend; 2. lästig; **worry** ['wʌrɪ] **I** *tr* 1. beunruhigen, Sorgen machen *(s.o.* jdm); 2. belästigen, stören; 3. *(Hund)* beißen, packen; ► **~ s.o. with s.th.** jdn wegen etw stören; **~ s.o. for s.th.** jdn um etw plagen; **I won't let that ~ me** darüber lasse ich mir keine grauen Haare wachsen; **II** *itr* besorgt, beunruhigt sein, sich Sorgen machen; in Ängsten sein *(about* um); ► **don't ~!** machen Sie sich keine Sorgen! seien Sie unbesorgt! **III** *s* Sorge(n *pl*) *f;* **it's a great ~ to me** ich mache mir deswegen große Sorgen; **worry·ing** [−ɪŋ] **I** *adj* beunruhigend; ► **it's ~ for me** es macht mir Sorgen; **II** *s* Sorgen *f pl;* ► **~ won't help** es hilft

nichts, wenn man sich Sorgen macht.

worse [wɜːs] ⟨*Komparativ von* bad, badly⟩ **I** *adj* 1. schlechter, übler, schlimmer, ärger; 2. *(~ off)* schlechter, übler dran; kränker; **II** *adv* schlimmer, ärger; **III** *s (das)* Schlimmmere, Ärgere; **IV** *(Wendungen)* ► **all, so much the ~** um so schlimmer; **from bad to ~** immer schlimmer; **~ and ~** immer schlimmer; **I'm ~ (off)** es geht mir schlechter; **he's none the ~ for it** es hat ihm nichts geschadet; **~ was to follow** es sollte noch schlimmer kommen; **my shoes are the ~ for wear** meine Schuhe sind ganz abgetragen; **~ luck!** leider! unglücklicherweise! **a change for the ~** e-e Wendung zum Schlechteren; **worsen** ['wɜːsn] **I** *itr* sich verschlimmern, sich verschlechtern; **II** *tr* verschlechtern.

wor·ship ['wɜːʃɪp] **I** *s* 1. *rel* Verehrung, Anbetung *f;* 2. Gottesdienst *m;* 3. tiefe Hingabe; ► **Your W~** Euer Gnaden; Herr Bürgermeister; **II** *tr* 1. verehren, anbeten; 2. vergöttern; **III** *itr* den Gottesdienst abhalten; **wor·ship·per** [−ə(r)] *(Kirche)* Gottesdienstbesucher(in) *m (f); (Gottheit)* Anbeter(in) *m (f); (Person)* Verehrer(in) *m (f).*

worst [wɜːst] ⟨*Superlativ von* bad, badly⟩ **I** *adj* schlechteste(r, s), übelste(r, s), schlimmste(r, s); **II** *adv* am schlimmsten, am ärgsten; **III** *s (das)* Schlechteste, Schlimmste; **IV** *(Wendungen)* ► **at (the) ~** schlimmstenfalls; **at his, her, its ~** im ungünstigsten Moment; **if the ~ comes to the ~** im allerschlimmsten Fall; **be ~ off** am schlimmsten dran sein; **be prepared for the ~** auf das Schlimmste gefaßt sein; **get the ~ of it** den kürzeren ziehen; am meisten zu leiden haben; **the ~ of it is that ...** das Schlimmste daran ist, daß ... **do your ~!** mach, was du willst! **let him do his ~!** laß ihn machen, was er will! **the ~ is yet to come** das dicke Ende kommt noch (nach).

wor·sted ['wʊstɪd] Kammgarn(stoff *m*) *n.*

worth [wɜːθ] **I** *s* Wert *m;* Gegenwert *m;* ► **a pound's ~ of apples** für ein Pfund Äpfel; **did you get your money's ~?** sind Sie auf Ihre Kosten gekommen? **II** *adj* wert; ► **be ~** wert sein; sich lohnen; **it's ~ a lot to me** es ist mir viel wert; *fig* es bedeutet mir sehr viel; **be ~ a million** Millionär sein; **is it ~ it?** lohnt es sich; **he isn't ~ it** er ist es nicht wert; **~ reading, living, seeing, mentioning** lesens-, lebens-, sehenswert, der Rede wert; **for all one is ~** mit ganzer Kraft, so gut man kann; **for what it's ~** so wie es ist; ohne Garantie; **it's ~ the trouble** die Mühe lohnt sich; **worth·less** [−lɪs] *adj* 1. wertlos; 2. *fig* unwürdig; **worth-while** [ˌwɜːθˈwaɪl] *adj* lohnend; ► **be ~**

sich lohnen; der Mühe wert sein; **worthy** ['wɜ:ðɪ] *adj* 1. würdig, wert (*of s.th.* e-r S); 2. ehrenwert; würdig; löblich; ► ~ **of credit** glaub-, *com* kreditwürdig.

would [wʊd] *v s. will¹;* ► **he** ~ **do it** er würde es tun; **he** ~ **have done it** er hätte es getan; **he said he** ~ **do it** er sagte, er würde es tun; **but he** ~ **do it** (*betont*) aber er muß es unbedingt machen; ~ **he do it?** würde er es vielleicht tun? ~ **he have done it?** hätte er es getan? **who** ~ **have thought it?** wer hätte das gedacht; **you** ~ **think** ... man sollte meinen ... **you** ~ **be the one who** ... typisch, daß ausgerechnet du ... **I** ~**n't know** was weiß ich (das); **he** ~ **go there every year** er ging jedes Jahr dahin; **it** ~ **seem** es scheint so; **would-be** ['wʊdbi:] *attr adj* 1. angeblich; Möchtegern-; 2. gutgemeint; **wouldn't** = *would not.*

wound¹ [wu:nd] **I** *s* 1. Wunde *f* (*in the arm* am Arm); Verletzung *f a. fig;* 2. *fig* Kränkung, Beleidigung *f* (*to* für); **II** *tr* verwunden, verletzen *a. fig;* ► ~ **fatally** tödlich verwunden.

wound² [waʊnd] *v s. wind².*

wounded ['wu:ndɪd] *adj* 1. verwundet, verletzt *a. fig;* 2. (*Eitelkeit*) gekränkt.

wove(n) ['wəʊv(n)] *v s. weave.*

wow [waʊ] **I** *interj* Mensch! **II** *s sl* 1. Mordsspaß *m;* 2. toller Kerl, tolle Frau; 3. *theat* Bombenerfolg *m.*

wrack [ræk] Seetang *m;* ► **go to** ~ **and ruin** in die Brüche gehen.

wraith [reɪθ] Geist *m (bes. e-s Sterbenden).*

wrangle ['ræŋgl] **I** *itr* (sich) zanken, (sich) streiten, disputieren (*with* s.o. *about, over* s.th. mit jdm über etw); **II** *s* Gerangel *n;* **wrangler** ['ræŋglə(r)] *Am* Cowboy *m.*

wrap [ræp] **I** *tr* 1. (~ *up*) einwickeln, -schlagen; ein-, verpacken (*in* in); 2. wickeln (*round* um); ► **be** ~**ped in** *fig* gehüllt sein in; **II** *s* Umschlagtuch *n;* Stola *f;* Cape *n;* Mantel *m;* **under** ~**s** versteckt, geheim; **III** (*mit Präposition*) **wrap up** *tr* 1. einpacken; 2. *fam* unter Dach und Fach bringen; *itr* 1. sich warm anziehen; 2. *sl* den Mund halten; ► **be** ~**ped up in** s.th. ganz in etw aufgehen; von etw völlig in Anspruch genommen sein; **wrap·per** ['ræpə(r)] 1. Streif-, Kreuzband *n;* 2. (*Buch*) Schutzumschlag *m;* (*Zigarre*) Deckblatt *n;* 3. Verpackung(smaterial *n*) *f;* (Bonbon)Papier *n;* ► **wrapping paper** Packpapier *n;* Geschenkpapier *n.*

wrath [rɒθ] Zorn *m;* **wrath·ful** ['rɒθfl] *adj* zornig.

wreak [ri:k] *tr* (*Schaden, Chaos*) anrichten; (*Rache*) üben (*on, upon* an); (*Ärger*) auslassen (*on* an); ► ~ **havoc** ver-

heerenden Schaden anrichten; sich verheerend auswirken (*on* auf).

wreath [ri:θ] Girlande *f;* Kranz *m;* ► ~ **of smoke** Rauchfahne *f;* **wreathe** [ri:ð] **I** *tr* 1. winden; 2. flechten (*into a wreath* zu e-m Kranz); 3. bekränzen; 4. einhüllen; **II** *itr* 1. sich winden, sich kräuseln; 2. sich ringeln (*round* um).

wreck [rek] **I** *s* 1. Wrack *n;* 2. *mar* Schiffbruch *m;* 3. *jur* Strandgut *n;* 4. *fig* (elendes) Wrack *n;* 5. Verderben *n,* Untergang, Ruin *m,* Zerstörung *f;* ► **be a mere** ~ **of one's former self** nur noch ein Schatten seiner selbst sein; **II** *tr* 1. zerstören *a. fig;* zertrümmern, zerschlagen; 2. *fig* ruinieren, zugrunde richten; 3. (*Pläne*) vernichten; **wreck·age** ['rekɪdʒ] Trümmer *pl a. fig;* **wrecker** ['rekə(r)] 1. *Am* Abbrucharbeiter, -unternehmer *m;* Schrotthändler *m;* 2. *Am* Bergungsdampfer *m;* Bergungsarbeiter *m; pl* Bergungsmannschaft *f,* -trupp *m;* 3. *Am mot* Abschleppwagen *m;* 4. (*ship*~) jem der durch falsche Signale ein Schiff zum Stranden bringt; 5. *fig* Umstürzler(in) *m (f);* ► ~ **service** *Am mot* Abschleppdienst *m.*

wren [ren] (*Vogel*) Zaunkönig *m.*

Wren [ren] Angehörige des weiblichen Marinedienstes (*Womens Royal Naval Service*).

wrench [rentʃ] **I** *s* 1. (plötzlicher) Ruck *m;* 2. *med* Zerrung, Verrenkung, Verstauchung *f;* 3. *fig* Stich (*ins Herz*), Abschiedsschmerz *m;* 4. *tech* Schraubenschlüssel *m;* ► **monkey** ~ Universalschraubenschlüssel *m;* **II** *tr* 1. heftig reißen, ziehen (*from* von); zerren; 2. *med* verrenken, -stauchen; ► ~ **away** entreißen (*from* s.o. jdm).

wrestle ['resl] **I** *itr* 1. ringen *a. fig;* 2. kämpfen (*for* um; *with* mit); 3. sich herumschlagen, sich abquälen (*with* mit); **II** *tr* 1. ringen mit; 2. (*Ringkampf*) austragen; **III** *s* Ringkampf *m;* **wres·tler** ['reslə(r)] Ring(kämpf)er(in) *m (f);* **wres·tling** ['reslɪŋ] Ringen *n a. fig;* **wrestling bout, match** Ringkampf *m.*

wretch [retʃ] 1. unglücklicher Mensch; 2. *pej* Wicht *m;* **wretched** ['retʃɪd] *adj* 1. unglücklich; 2. elend; erbärmlich; 3. scheußlich.

wriggle ['rɪgl] **I** *itr* 1. sich winden; 2. sich unruhig hin u. her bewegen; 3. *fig* sich (drehen u.) winden; 4. sich unbehaglich fühlen; **II** *tr* wackeln mit; ► ~ (o.s.) **out,** ~ **one's way out** sich herauswinden (*of* s.th. aus etw); **III** *s* Winden *n;* Krümmung *f.*

wring [rɪŋ] ⟨*irr* wrung, wrung⟩ *tr* 1. (~ *out*) auswringen, -drücken, -pressen; 2. (~ *out*) herausdrücken, -pressen; 3. (*Bekenntnis*) erpressen (*from, out of* von); 4. (*Hals*) umdrehen; ► ~ **one's hands** die Hände ringen; ~

s.o.'s heart jdm (großen) Kummer machen; jdm ans Herz greifen; **wringer** ['rıŋə(r)] Mangel *f.*

wrinkle ['rıŋkl] **I** *s* **1.** Falte, Runzel *f;* **2.** *(Papier)* Kniff *m;* **II** *tr* **1.** zerknittern; **2.** runzlig machen; **3.** *(Stirn)* runzeln; *(Nase)* rümpfen; **III** *itr* **1.** knittern; **2.** Falten schlagen; **3.** runzlig werden; **wrinkled, wrinkly** ['rıŋkld, 'rıŋklı] *adj* **1.** runz(e)lig, faltig; **2.** *(Stoff)* leicht knitternd.

wrist [rıst] Handgelenk *n;* **wrist-band 1.** Armband *n;* Schweißband *n;* **2.** Armbündchen *n;* **wrist·let** ['rıstlıt] Armband *n;* **wrist-watch** ['rıstwɒtʃ] Armbanduhr *f.*

writ [rıt] *jur* Verfügung, Anweisung *f; (~ of summons)* Vorladung *f;* ▶ **issue a ~ against s.o., serve a ~ (up)on s.o.** jdm e-e Vorladung zustellen; **Holy W~** Heilige Schrift.

write [raıt] ⟨*irr* wrote, written⟩ **I** *tr* **1.** schreiben; auf-, niederschreiben, zu Papier bringen; **2.** aufzeichnen, ab-, verfassen; **3.** *jur* aufsetzen; **4.** *(Bescheinigung, Scheck)* ausstellen; **5.** *(Scheck)* ausschreiben; **6.** *(Formular)* ausfüllen; **7.** *(Papier)* beschreiben; **8.** *(Vertrag)* aufsetzen; **9.** (schriftlich, brieflich) mitteilen *(s.th. to s.o., s.o. s.th.* jdm etw); ▶ **~ in full** ausschreiben; **~ shorthand** stenographieren; **~ s.o. a letter** jdm e-n Brief schreiben; **II** *itr* **1.** schreiben; **2.** bestellen, kommen lassen *(for s.th.* etw); **III** *(mit Präposition)* **write away** *itr* auswärts bestellen *(for s.th.* etw); **write back** *itr* zurückschreiben; **write down** *tr* nieder-, aufschreiben; **write in** *tr* **1.** einfügen, eintragen; **2.** *Am (Wahlschein)* ausfüllen; seine Stimme abgeben für; *itr* sich schriftlich bewerben *(for* um); **write off** *tr* **1.** *com u. fig* abschreiben; **2.** *(Auto)* zu Schrott fahren; als Totalschaden abschreiben; **3.** schnell hinschreiben; **write out** *tr* **1.** (voll) ausschreiben; **2.** *(Scheck)* ausfüllen; **write up** *tr* **1.** e-n schriftlichen Bericht machen über, eingehend berichten; *(Aufzeichnungen)* ausarbeiten; **2.** *(schriftlich)* aufs laufende bringen; **3.** eine Kritik schreiben über; **4.** *(Wert)* zu hoch ansetzen.

write-in ['raıtın] *Am* Stimmabgabe *f* für einen nicht aufgeführten Kandidaten; **write-off** ['raıtɒf] *com* Abschreibung *f; mot* Totalschaden *m;* **write-protected** ['raıtprə'tektəd] *adj EDV* schreibgeschützt.

writer ['raıtə(r)] **1.** Schreiber(in) *m (f);* Schriftsteller(in) *m (f);* Verfasser(in) *m (f);* **2.** *Am* Versicherer *m;* ▶ **~ of a cheque** Scheckaussteller *m;* **~'s cramp** Schreibkrampf *m;* **I am a poor ~** ich schreibe nicht gerne Briefe; ich schreibe schlecht.

write-up ['raıtʌp] **1.** *com* Heraufsetzung

f des Buchwertes; **2.** Pressebericht *m;* Kritik *f.*

writhe [raıð] *itr* sich krümmen, winden *(with* vor).

writ·ing ['raıtıŋ] **1.** Schreiben *n;* Schriftstück *n;* **2.** (Hand)Schrift *f;* **3.** Buch, Werk *n;* **4.** Schriftstellerei *f;* ▶ **in ~** schriftlich; **put in ~** niederschreiben; **writing-case** Schreibmappe *f;* **writing desk** Schreibtisch *m;* **writing-pad** Schreibunterlage *f;* Notiz-, Briefblock *m;* **writing-paper** Schreibpapier.

writ·ten ['rıtn] **I** *v s. write;* **II** *adj* schriftlich; *(Wort)* geschrieben; ▶ **~ language** Schriftsprache *f.*

wrong [rɒŋ, *Am* rɔːŋ] **I** *adj* **1.** unrichtig, falsch; **2.** unrecht; **3.** unangebracht, unpassend; ▶ **~ side out** mit der Innenseite nach außen; **be ~** unrecht haben; sich irren; nicht in Ordnung sein, nicht stimmen; **get on the ~ side of s.o.** sich jdn zum Gegner machen; **there is s.th. ~** da stimmt etw nicht *(with* mit); **what's ~?** stimmt etw nicht? **sorry, ~ number!** *tele* Verzeihung, falsch verbunden! **~-foot s.o.** jdn auf dem falschen Fuß erwischen; **I was ~-footed by the question** die Frage traf mich unvorbereitet; **II** *adv* falsch, nicht richtig, nicht recht; ▶ **do s.th. ~** etw falsch, verkehrt machen; **go ~** schiefgehen, scheitern; nicht richtig funktionieren; **get it ~** sich verrechnen; es falsch verstehen; **take s.th. ~** etw übelnehmen; **III** *s* **1.** Unrecht *n;* Ungerechtigkeit *f;* **2.** *jur* Rechtswidrigkeit *f;* ▶ **be in the ~** im Unrecht sein; **do ~** Unrecht tun *(to s.o.* jdm); sich etw zuschulden kommen lassen; **put in the ~** ins Unrecht setzen; **IV** *tr* **1.** ein Unrecht zufügen *(s.o.* jdm); **2.** ungerecht behandeln, benachteiligen, beeinträchtigen; **3.** unrecht tun *(s.o.* jdm); **wrongdoer** ['rɒŋ,duə(r)] Übel-, Missetäter(in) *m (f);* **wrong·doing** [,rɒŋ'duːŋ] Übeltat *f;* Missetaten *f pl;* **wrong·ful** ['rɒŋfl] *adj* ungerechtfertigt, zu Unrecht; **wrong-headed** [,rɒŋ'hedıd] *adj* starrsinnig, querköpfig, halsstarrig; **wrong·ly** ['rɒŋlı] *adv* falsch, unrichtig; zu Unrecht.

wrote [rəut] *v s. write.*

wrought [rɔːt] *I obs* Präteritum, pp von *work* ▶ **great changes have been ~** es wurden große Veränderungen herbeigeführt; **the storm ~ destruction** der Sturm richtete Zerstörung an; **II** *adj (Eisen)* Schmiede-; *(Silber)* getrieben; ▶ **~ iron** Schmiedeeisen *n;* **wrought-up** [rɔːt'ʌp] *adj* erregt; aufgeregt, -gewühlt.

wrung [rʌŋ] *v s. wring.*

wry [raı] *adj* ironisch; *(Lächeln)* gezwungen; ▶ **make a ~ face** das Gesicht verziehen; **a ~ sense of humour** ein trockener Humor.

X

X, x [eks] ⟨*pl* -'s⟩ 1. X, x *n;* 2. *math fig* x, unbekannte Größe; 3. *(in Briefen nach Namen)* Kuß *m;* ▶ x **number of people** x Leute; **Mrs.** x Frau X; x **marks the spot where** … die Stelle, an der …, ist mit einem Kreuzchen bezeichnet; **x-axis** x-Achse *f;* **x-cer·ti·fi·cate** ['ekssə,tıfıkət] *adj (Film)* nicht jugendfrei, ab 18 Jahren; **X-chromosome** ['eks,krəuməsəum] *biol* X-, Geschlechtschromosom *n.*

xeno·phobia [,zenə'fəubıə] Fremdenhaß *m,* Xenophobie *f.*

Xerox ['zıərɒks] *Wz* I *s* Xerokopie *f;* Xeroxverfahren *n;* II *tr* xerokopieren.

Xmas ['eksməs, 'krısməs] *fam s. Christmas.*

X-ray ['eksreı] I *s* 1. Röntgenaufnahme *f;* 2. *pl* Röntgenstrahlen *m pl;* ▶ **take an ~ of** s.o. jdn röntgen; **have an ~** geröntgt werden; ~ **apparatus** Röntgenapparat *m;* ~ **diagnosis, examination, test** Röntgenuntersuchung *f;* II *tr* röntgen, durchleuchten.

xylo·phone ['zaıləfəun] *mus* Xylophon *n.*

Y

Y, y [waɪ] ⟨pl -'s⟩ 1. Y, y n; 2. math y, zweite Unbekannte; ▶ **y-axis** y-Achse f.

yacht [jɒt] **I** s mar (Segel-, Motor)Jacht, Yacht f; **II** itr auf e-r Jacht fahren, segeln; **yacht·ing** [—ɪŋ] Segeln n; ▶ **they go** ~ sie gehen zum Segeln; **yachts·man** ['jɒtsmən] ⟨pl -men⟩ Jachtfahrer, Segler m.

yak [jæk] itr fam quasseln.

yam [jæm] bot 1. Jamswurzel f; 2. Am Süßkartoffel f.

yank [jæŋk] **I** s Ruck m; **II** tr mit e-m Ruck ziehen; **III** (mit Präposition) **yank off** tr abreißen; **yank out** tr ausreißen; (Zahn) ziehen.

Yank [jæŋk] fam Ami m; **Yan·kee** ['jæŋkɪ] Amerikaner, Yankee m.

yap [jæp] **I** itr 1. kläffen a. fig; 2. fam schwätzen; (dumm) quatschen; **II** s 1. Gekläff n; 2. fam Gequatsche n.

yard[1] [jɑːd] 1. Yard n (= 0,914 m); 2. mar Rahe f; ▶ **square** ~ Quadratyard n; **by the** ~ meterweise; fig unendlich viel, lang.

yard[2] [jɑːd] 1. Hof m; 2. (Arbeits-, Bau-, Lager)Platz m; 3. Am Garten m; ▶ **in the** ~ auf dem Hof; **the Y~**, **Scotland Yard** die englische Polizei; **shipbuilding** ~ Werft f.

yard·stick ['jɑːdstɪk] 1. Elle f, Yardstock m; 2. fig Maßstab m; ▶ ~ **of performance** Erfolgsmaßstab m.

yarn [jɑːn] **I** s 1. Garn n, Faden m; 2. fig Seemannsgarn n; **II** itr (spin a ~) ein Seemannsgarn spinnen (about über).

yaw [jɔː] **I** itr mar aero gieren, vom Kurs abweichen; **II** s (Kurs)Abweichung f.

yawl [jɔːl] mar Jolle f; Beiboot n.

yawn [jɔːn] **I** itr 1. gähnen a. fig; 2. fig klaffen, sich öffnen; **II** s Gähnen n; ▶ **it was a** ~ fam es war langweilig; **yawn·ing** [—ɪŋ] adj gähnend a. fig.

yea [jeɪ] **I** adv ja (doch); **II** s 1. Ja n; 2. Jastimme f; **yeah** [jeə] adv fam ja.

year [jɜː(r), jɪə(r)] Jahr n; Jahrgang m; ▶ **all the** ~ **round** das ganze Jahr über; **for**, **in** ~s seit Jahren, jahrelang; **for his** ~s für sein Alter; **in the** ~ 1837 im Jahre 1837; **last**, **this**, **next** ~ letztes, dieses, nächstes Jahr; ~s **ago** vor Jahren; ~ **in**, ~ **out** jahraus, jahrein; **difference in** ~s Altersunterschied m; ~ **of assessment** Steuerjahr n; ~ **of birth** Geburtsjahr n; ~ **of manufacture** Baujahr n; ~ **under report**, **review** Berichtsjahr n; ~s **of service** Dienstjahre n pl; **year·book**

Jahrbuch n; **year·ling** ['jɜːlɪŋ, 'jɪəlɪŋ] zoo Jährling m; **year-long** [ˌjɜːˈlɒŋ, ˈjɪəˈlɒŋ] adj ein volles Jahr dauernd; **year·ly** ['jɜːlɪ, 'jɪəlɪ] adj, adv jährlich; ▶ ~ **income**, **output**, **subscription** Jahreseinkommen n, -produktion f, -beitrag m.

yearn [jɜːn] itr sich sehnen, verlangen (for, after nach; to do zu tun); **yearning** [—ɪŋ] Sehnsucht f, Verlangen n.

yeast [jiːst] Hefe f; **yeasty** ['jiːstɪ] adj hefig, nach Hefe.

yell [jel] **I** s Schrei m; ▶ **give me a** ~ **when you're ready** sag Bescheid, wenn du fertig bist; **college** ~ Am anfeuernder Zuruf eines Colleges; **II** itr (~ out) schreien; ▶ ~ **at s.o.** jdn anbrüllen; **III** tr (~ out) schreien, brüllen; rufen.

yel·low ['jeləʊ] **I** adj 1. gelb; 2. fam feige; ▶ **the** ~ **peril** die gelbe Gefahr; **he has a** ~ **streak in him** er ist feige; **parking on the** ~ **lines** Parken im Parkverbot; **II** s 1. Gelb n; 2. Eigelb n; **III** tr gelb färben; **IV** itr 1. gelb werden; 2. vergilben; **yellow belly** sl Feigling m; **yellow-dog** adj Am gewerkschaftsfeindlich; **yellow fever** med Gelbfieber n; **yellow jack** 1. Am Gelbfieber n; 2. (gelbe) Quarantäneflagge f; **yellow pages** pl Gelbe Seiten f pl, Branchenverzeichnis n.

yelp [jelp] **I** itr 1. kläffen, jaulen; 2. aufschreien; **II** s 1. kurzes Bellen, Jaulen n; 2. Aufschrei m.

yen [jen] Sehnsucht f; Lust f (for auf); ▶ **he has a** ~ **to be alone** er möchte gar zu gerne allein sein.

yeo·man ['jəʊmən] ⟨pl -men⟩ hist Freisasse m; kleiner Grundbesitzer; ▶ **Y~ of the Guard** königlicher Leibgardist; **yeo·manry** [—rɪ] bäuerlicher Mittelstand; **yeoman('s) service** treue Dienste m pl.

yep [jep] adv sl ja.

yes [jes] **I** adv ja, jawohl; doch; **II** s Ja n; **yes-man** ⟨pl -men⟩ Jasager m.

yes·ter·day ['jestədɪ, 'jestədeɪ] **I** adv gestern; ▶ **the day before** ~ vorgestern; ~ **morning**, **afternoon**, **night** gestern morgen, nachmittag, nacht; ~ **week** vor acht Tagen; **II** s der gestrige Tag.

yet [jet] **I** adv 1. (zeitlich) noch; jetzt; schon; schon noch; 2. (vor Komparativ) noch, sogar; außerdem; trotzdem; ▶ **as** ~ bis jetzt; **not** ~ noch nicht; **I have** ~ **to see it myself** ich muß es selbst noch sehen; **II** conj (je)doch, dennoch, trotzdem.

yew [juː] *(a. ~-tree) bot* Eibe *f.*

Yid·dish ['jɪdɪʃ] Jiddisch *n.*

yield [jiːld] **I** *tr* **1.** hervorbringen, liefern; **2.** einbringen, abwerfen, (her)geben; **3.** *(Zinsen)* gewähren; **4.** *fig* aufgeben; abtreten *(to s.o.* an jdn); **II** *itr* **1.** *agr* tragen; **2.** *com* Zinsen tragen; **3.** sich fügen; es aufgeben; **4.** nachgeben; **5.** *mot* die Vorfahrt lassen, beachten; **6.** *Am* das Wort überlassen *(to s.o.* jdm); ▶ ~ **to conditions** auf Bedingungen eingehen; ~ **to force** der Gewalt weichen; ~ **to none** niemandem nach-, hinter niemandem zurückstehen; **III** *s* **1.** Ertrag, (erzielter) Gewinn *m;* **2.** Ernte *f;* **3.** Ausbeute *f;* effektive Verzinsung; *com* Rendite *f;* **IV** *(mit Präposition)* **yield up** *tr* abtreten *(to* an); *(Leben)* aufgeben; ▶ ~ **up to one's fate** sich in sein Schicksal ergeben, fügen; **yield·ing** [—ɪŋ] *adj* **1.** nachgebend; **2.** *fig* nachgiebig.

yip·pee ['jɪpɪ] *interj* juhe! hurra!

yob, yob·bo [jɒb, 'jɒbəʊ] Lümmel *m.*

yodel, yodle ['jəʊdl] **I** *itr* jodeln; **II** *s* Jodler *m.*

yoga ['jəʊgə] Joga *n.*

yog·h(o)urt ['jɒgət] Joghurt *m.*

yogi ['jəʊgɪ] Yogi *m.*

yoke [jəʊk] **I** *s* **1.** *agr fig* Joch *n;* **2.** *(Kleid)* Passe *f;* ▶ **throw off the** ~ *fig* das Joch abschütteln; **II** *tr* **1.** *(Zugtiere)* anjochen, anspannen *(to* an); **2.** *fig* koppeln, verbinden *(to* mit).

yokel ['jəʊkl] *pej* Tölpel *m.*

yolk [jəʊk] Dotter *m* od *n,* Eigelb *n.*

yon·der ['jɒndə(r)] *adv* dort (drüben).

yore [jɔː(r)] ▶ **in days of** ~ in alten Zeiten.

you [juː] *prn* **1.** du; dich *acc;* dir *dat;* **2.** *pl* ihr; euch *acc* u. *dat;* **3.** *(Höflichkeitsform)* Sie *a. acc;* Ihnen *dat;* **4.** *(unbestimmt)* man; einen *acc;* einem *dat;* ▶ **all of** ~ ihr alle; Sie alle; **if I were** ~ ich an deiner, Ihrer Stelle; **it's** ~ du bist es; ihr seid's; Sie sind es; ~ **teachers** ihr Lehrer; **there's a nice job for** ~ das ist eine nette Arbeit; **that hairstyle just isn't** ~ die Frisur paßt einfach nicht zu dir; **you'll** [juːl] = *you will; you shall.*

young [jʌŋ] **I** *adj* **1.** jung *a. geol;* **2.** jugendlich; **3.** frisch, kräftig; **4.** unerfahren; ▶ **the night is still** ~ der Abend hat erst angefangen; **II** *s zoo* (das) Junge *m;* ▶ **the** ~ *pl* die Jungen, die jungen Leute *pl;* **with** ~ *(Tier)* trächtig; **young people** *pl* junge Leute *pl;* **young persons** *pl* Jugendliche *m pl;* **young·ster** ['jʌŋstə(r)] Junge, Bursche *m.*

your [jɔː(r), jʊə(r)] *prn* **1.** dein; euer, eure, euer *pl;* **2.** *(Höflichkeitsform)* Ihr; **3.** *(unbestimmt)* sein; **4.** *(typisch)* der, die, das; ▶ ~ **average German** der durchschnittliche Deutsche; **you register and then you get** ~ **form** man meldet sich an, und dann bekommt man sein Formular; **one of** ~ **friends** einer deiner, Ihrer Freunde.

you're [jʊə(r)] = *you are.*

yours [jɔːz, jʊəz] *prn* **1.** deine(r, s); der, die, das deine; **2.** *pl* eure(r, s); der, die, das eure; **3.** *(Höflichkeitsform)* Ihre(r, s); der, die, das Ihre; ▶ **a friend of** ~**s** einer deiner, eurer, Ihrer Freunde; **this book is** ~**s** dies Buch gehört dir, euch, Ihnen; ~ **sincerely** mit freundlichen Grüßen; ~**s truly, faithfully** hochachtungsvoll.

your·self [jɔːˈself, jəˈself, *Am* jʊərˈself] ⟨*pl* -selves⟩ *prn* **1.** dich *acc;* dir *dat;* **2.** *pl* euch *acc* u. *dat;* **3.** *(Höflichkeitsform)* sich; *a. (betont)* (du, ihr, Sie) selbst; ▶ **(all) by** ~ (ganz) allein; ohne Hilfe; **be** ~! *fam* reiß dich zusammen! **you don't seem to be** ~ **today** Sie sind heute wohl nicht ganz auf der Höhe; **will you do it** ~? machst du das selbst? machen Sie das selbst? **you** ~ **said it** du hast du, das habt ihr, das haben Sie selbst gesagt.

youth [juːθ] ⟨*pl* youths⟩ [juːðz] **1.** Jugend *f;* **2.** Jugendlichkeit, -frische *f;* **3.** *mit sing od pl* Jugend *f;* junge Leute *pl;* **4.** junger Mann, Jugendliche(r) *m;* ▶ **the friends of his** ~ seine Jugendfreunde *m pl;* **vigour of** ~ Jugendkraft *f;* **youth centre, youth club** Haus *n* der Jugend, Jugendzentrum *n;* **youth·ful** ['juːθfl] *adj* **1.** jung; **2.** jugendlich; **youth hostel** Jugendherberge *f;* **youth training scheme** Ausbildungsförderungsprogramm *n;* **youth unemployment** Jugendarbeitslosigkeit *f.*

you've [juːv] = *you have.*

yowl [jaʊl] *itr* jaulen.

yo-yo ['jəʊjəʊ] *(Kinderspielzeug)* Jo-Jo *n;* ▶ **up and down like a** ~ immer auf und ab.

Yu·go·slav ['juːgəʊˈslɑːv] **I** *adj* jugoslawisch; **II** *s* Jugoslawe *m,* Jugoslawin *f;* **Yu·go·sla·via** ['juːgəʊˈslɑːvɪə] Jugoslawien *n;* **Yu·go·sla·vian** ['juːgəʊˈslɑːvɪən] *adj* jugoslawisch.

yukky ['jʌkɪ] *adj fam* ekelhaft.

yule [juːl] Weihnacht(en *n od pl*) *f;* **yule-log** Weihnachtsscheit *n;* **yule-tide** Weihnachtszeit *f.*

yuppie, yuppy ['jʌpɪ] *Abk:* **young urban professional** Yuppie *m f.*

Z

Z, z [zed, *Am* zi:] ⟨*pl* -'s⟩ Z, z *n.*
Zam·bia ['zæmbɪə] Sambia *n.*
zany ['zeɪnɪ] *adj* komisch, spaßig.
zap [zæp] *EDV fam* löschen.
zeal [zi:l] Eifer *m;* **zealot** ['zelət] **1.** Fanatiker(in) *m (f);* **2.** *rel* Zelot *m;* **zealous** ['zeləs] *adj* eifrig; begeistert, enthusiastisch.
zebra ['zi:brə] Zebra *n;* **zebra crossing** Zebrastreifen *m.*
zen·ith ['zenɪθ, *Am* 'zi:nɪθ] Zenit *m a. fig.*
zero ['zɪərəu] ⟨*pl* zero(e)s⟩ **I** *s* **1.** Null *f;* **2.** Nullpunkt *m (e-r Skala);* **3.** Gefrierpunkt *m;* **4.** *fig* Null-, Tiefpunkt, -stand *m;* **5.** Nichts *n a. fig;* ▶ be at ~ auf Null stehen; **fall to** ~ auf null Grad fallen; **II** *adj* null, Null-; ▶ ~ **altitude flying** Tiefflug *m;* ~ **degrees** null Grad; ~ **gravity** Schwerelosigkeit *f;* ~ **growth** Nullwachstum *m;* ~ **hour** die Stunde X; ~ **option** *pol* Nullösung *f;* ~**-rated** ohne Mehrwertsteuer; **I have** ~ **interest in that** *fam* ich habe null Interesse daran; **III** *(mit Präposition)* **zero in** *itr mil* sich einschießen *(on auf);* ▶ ~ **in on s.o.** jdn einkreisen; ~ **in on s.th.** sich etw herausgreifen; sich auf etw stützen.
zest [zest] **1.** Begeisterung *f;* **2.** *fig* Pfiff, Schwung *m;* **3.** Zitronen-, Orangenschale *f;* ▶ ~ **for life** Lebensfreude *f;* **with** ~ mit Eifer, Begeisterung; **add, give** ~ **to s.th.** e-r S Würze verleihen, e-e S interessant machen.
Zeus [zju:s] Zeus *m.*
zig·zag ['zɪgzæg] **I** *s* Zickzack(linie *f,* -weg *m*) *m;* **II** *adv* im Zickzack; **III** *adj* Zickzack-; zickzackförmig; ▶ ~ **path** Zickzackweg *m;* **IV** *itr* im Zickzack (ver)laufen.
Zim·ba·bwe [zɪm'bɑ:bwɪ] *geog* Simbabwe, Zimbabwe *n.*
zinc [zɪŋk] Zink *n.*
zip [zɪp] **I** *s* **1.** Pfeifen, Zischen, Surren *n;* **2.** *fig fam* Dynamik *f,* Schwung *m;* **3.** *(~ fastener)* Reißverschluß *m;* **II** *itr* pfeifen, schwirren, surren; **III** *tr* **1.** *(~ shut)* mit e-m Reißverschluß schließen; **2.** *(~ open)* den Reißverschluß aufmachen

(s.th. e-r S); ▶ **will you** ~ **me up?** würdest du meinen Reißverschluß zumachen? **zip code, ZIP code** *Am* Postleitzahl *f;* **zip-fas·tener, zip·per** ['zɪp₁fɑ:snə(r), 'zɪpə(r)] Reißverschluß *m;* **zippy** ['zɪpɪ] *adj fam* schwungvoll; schnell.
zither ['zɪðə(r)] *mus* Zither *f.*
zo·diac ['zəudɪæk] *astr* Tierkreis *m;* ▶ **sign of the** ~ Tierkreiszeichen *n.*
zom·bie ['zɒmbɪ] **1.** *(Westindien)* Zombi *m;* **2.** *fig fam* Trottel *m;* ▶ **like a** ~ total im Tran *fam.*
zonal ['zəunl] *adj* Zonen-, zonal; **zone** [zəun] **I** *s* **1.** Zone *f;* **2.** Gebiet *n,* Bereich *m;* **3.** (Post)Bezirk *m; Am* Gebührenzone *f;* ▶ **danger** ~ Gefahrenzone *f,* -bereich *m;* **frigid, temperate, torrid** ~ kalte, gemäßigte, heiße Zone; **occupation** ~ Besatzungszone *f;* **II** *tr* **1.** in Zonen *od* Bezirke einteilen; **2.** *(Gelände)* für e-n bestimmten Zweck vorsehen; **zon·ing** [-ɪŋ] Gebiets-, Flächenaufteilung *f;* **zoning ordinance** Bebauungsplan *m; pl* baurechtliche Vorschriften *f pl.*
zoo [zu:] Zoo *m;* **zo·ol·og·i·cal** [₁zəuə'lɒdʒɪkl] *adj* zoologisch; ▶ ~ **gardens** *pl* zoologischer Garten, Tierpark *m;* **zo·ol·ogist** [zəu'ɒlədʒɪst] Zoologe *m,* Zoologin *f;* **zo·ol·ogy** [zəu'ɒlədʒɪ] Zoologie *f.*
zoom [zu:m] **I** *s* **1.** *phot (~ lens)* Zoom(objektiv) *n;* **2.** *aero* Steilflug *m,* steiler Aufstieg; **3.** *(Geräusch)* Surren *n;* **II** *tr* **1.** *aero* steil hochziehen; **2.** *mot* auf Hochtouren bringen; **III** *itr* **1.** *aero* steil aufsteigen; **2.** *(Preise)* in die Höhe schnellen; **3.** sausen, rasen; schnell arbeiten; **4.** surren; ▶ **he just** ~**ed through it** er hatte das im Nu fertig; **IV** *(mit Präposition)* **zoom in** *itr* **1.** *phot* nah herangehen; **2.** *fam* hereinsausen; ▶ ~ **in on s.th.** etw heranholen; *fig fam* etw sofort herausgreifen; **zoom out** *itr* **1.** *phot* aufziehen; **2.** *fam* hinaussausen.
zuc·chi·ni [zu'ki:nɪ] Zucchini *pl.*

Klett's Modern German and English Dictionary

SECOND EDITION

ENGLISH—GERMAN/GERMAN—ENGLISH
Edited by Professor Erich Weis

German-English
Revised and enlarged by
Christian Nekvedavičius

Explanations

I. Type faces

Bold	for keyword entries;
Halfbold	for examples and for idiomatic expressions in the source language as well as for Roman and Arabic numerals;
Basic Style	for English translations of the German keywords, examples, and idiomatic expressions;
Basic Style (Modern)	for grammatical information in ⟨ ⟩;
Italics	for information on word class and gender, for explanations in ( ), for indications of subject area and language level.

Example: **aber** [ˈaːbɐ] **I** *conj* **1.** *(Gegensatz)* but; **oder ~** or else; **~ trotzdem** but still; **2.** *(Verstärkung):* **~, ~!** *interj* come, come! **~ ja!** oh, yes! **bist du ~ braun!** aren't you brown! **ein Bier, ~ 'n bißchen plötzlich!** a beer, and make it snappy! **II** *adv;* **hundert und ~hundert** hundreds and hundreds *pl.*

Aber ⟨-s, -⟩ *n* but; **ohne Wenn und ~** without any ifs and buts *pl.*

II. Arrangement of Keyword Entries

All boldface keywords are listed alphabetically, the umlaut letters *ä, ö, ü* are integrated into the letters *a, o, u.* **Roman numerals** indicate the different word classes and parts of speech to which a keyword can belong.

Example: **lang·fri·stig I** *adj* long-term; **II** *adv* in the long term; **~ planen** plan for the long term.

Different definitions of a keyword are indicated by **Arabic numerals.**

Example: **Rol·le** [ˈrɔlə] ⟨-, -n⟩ *f* **1.** *(Gerolltes)* roll; **2.** *(Garn~)* reel; **3.** *tech (Möbelroller)* castor; **4.** *sport* forward roll; **5.** *film theat* part role; ▶ **spielt keine ~!** never mind! **das spielt hier keine ~!** that doesn't concern us now! **versetz dich mal in meine ~!** just put yourself in my place! **e-e ~ machen** *sport* do a forward roll.

Arabic numerals *(raised)* separate homographs.

Example: **Schie·ber¹** *m tech* slide.

Schie·ber² *m (Schwarzmarkthändler)* black marketeer.

III. Tilde ~

The tilde ~ replaces the (boldface) keyword in idiomatic expressions and examples as well as in explanations given between ( ).

Example: **Wehr·dienst** *m* military service; **jdn zum ~ einberufen** *Br* call s.o.up, *Am* draft s.o.

Zie·gel['tsi:gl] ⟨-s, -⟩ *m* **1.** (*~stein*) brick; **2.** (*Dach~*) tile.

IV. Grammatical Explanations

The following grammatical explanations briefly describe the properties of German words and their behavior and appearance in sentences. They are designed to help the reader use the words in this dictionary correctly. A basic knowledge of German grammar is supplied in the front of this dictionary from page viii to page xxvii. Readers should familiarize themselves with the following explanations in order to understand the abbreviations and symbols used in this dictionary.

1. Substantives

Grammatical gender is indicated by *m* ("masculine" - definite article *der*), *f* ("feminine" - definite article *die*), and ("neuter" - definite article *das*). Words that are followed by one of these symbols are substantives (nouns). Substantives like **Angestellte,** which can be either masculine or feminine, are labelled *m f.* Following the grammatical gender is the designation of the genitive singular and the nominative plural, separated by commas and placed between ⟨ ⟩. Information given between ( ) indicates optional forms.

Ex.: **Ha·se** *m* ⟨-n, -n⟩ *for* ⟨*gen. sing.* Hasen, *nom. pl.* Hasen⟩
Haar *n* ⟨-(e)s, -e⟩ *for* ⟨Haars (Haares), Haare⟩

If there is a hyphen between the ⟨ ⟩, then the given inflection is the same as the base form.

Kat·ze *f* ⟨-, -n⟩ *for* ⟨Katze, Katzen⟩
Ham·ster *m* ⟨-s, -⟩ *for* ⟨Hamsters, Hamster⟩

If the stem vowel of the base form takes an umlaut in the plural *(a, o, u, au* become *ä, ö, ü, äu)* the plural ending will be marked as ⁻.

Zahn *m* ⟨(e)s, ⁻e⟩ *for* ⟨Zahn(e)s, Zähne⟩
Haus *n* ⟨-es, ⁻er⟩ *for* ⟨Hauses, Häuser⟩

For words which normally do not have a plural form, the symbol between ⟨ ⟩ designates the genitive singular.

Ei·fer *m* ⟨-s⟩ *for* ⟨Eifers, *no plural*⟩
Lie·be *f* ⟨-⟩ *for* ⟨Liebe, *no plural*⟩

Words which end in ß in the base form but which change to **-ss** in inflected forms are listed as follows:

Fluß *m* ⟨-sses, ⁚sse⟩ *for* ⟨Flusses, Flüsse⟩
Haß *m* ⟨-sses⟩ *for* ⟨Hasses, *no plural*⟩

Many "foreign words" (e.g., ending in *-mus, -ium, -(u)um*) have minor variations when they form the plural.

Or·ga·nis·mus *m* ⟨-, -men⟩ *for* ⟨Organismus, Organismen⟩
Ora·to·rium *n* ⟨-s, -ien⟩ *for* ⟨Oratoriums, Oratorien⟩
Kon·ti·nu·um *n* ⟨-s, -ua⟩ *for* ⟨Kontinuums, Kontinua⟩

The inflections for compound nouns are found with the entry for the last word in the compound. A large number of words in German are derived from other words by attaching specific suffixes. The ending is regular, usually indicating the gender of the noun, which means that it normally does not need to be indicated in all instances. Since these derivative endings do not form separate entries in this dictionary they are listed here:

-chen	*n* ⟨-s, -⟩	**(das) Kerl·chen**	⟨Kerlchens, Kerlchen⟩
-e	*m f* ⟨-n, -n⟩	**(der/die) Ge·fan·gene**	⟨Gefangenen, Gefangenen⟩
-ei	*f* ⟨-, (-en)⟩	**(die) Sau·er·ei**	⟨Sauerei, (Sauereien)⟩
-er	*m* ⟨-s, -⟩	**(der) Leh·rer**	⟨Lehrers, Lehrer⟩

(This applies only to derivatives ending in *-er.* See Note 1.)

-heit	*f* ⟨-, -en⟩	**(die) Frei·heit**	⟨Freiheit, Freiheiten⟩
-ie	*f* ⟨-, -n⟩	**(die) Mu·mie**	⟨Mumie, Mumien⟩
-in	*f* ⟨-, -nen⟩	**(die) Leh·rer·in**	⟨Lehrerin, Lehrerinnen⟩
-keit	*f* ⟨-, -en⟩	**(die) Klei·nig·keit**	⟨Kleinigkeit, Kleinigkeiten⟩
-lein	*n* ⟨-s, -⟩	**(das) Männ·lein**	⟨Männleins, Männlein⟩
-ling	*m* ⟨-s, -e⟩	**(der) Misch·ling**	⟨Mischlings, Mischlinge⟩
-nahme	*f* ⟨-, -n⟩	**(die) Fest·nah·me**	⟨Festnahme, Festnahmen⟩
-nis	*n* ⟨-ses, -se⟩	**(das) Ver·hält·nis**	⟨Verhältnisse, Verhältnisse⟩
	f ⟨-, (-se)⟩	**(die) Be·dräng·nis**	⟨Bedrängnis, (Bedrängnisse)⟩
-schaft	*f* ⟨-, -en⟩	**(die) Ei·gen·schaft**	⟨Eigenschaft, Eigenschaften⟩
-tum	*n* ⟨-s, ⁚er⟩	**(das) Hei·lig·tum**	⟨Heiligtums, Heiligtümer⟩

(*Exception:* **Irrtum** *m*)

-ung	*f* ⟨-, -en⟩	**(die) Be·deu·tung**	⟨Bedeutung, Bedeutungen⟩

Note 1. A number of words have an ending *-er* which is part of the word, not a derivative ending (**Eimer** *m*, **Feier** *f*, **Feuer** *n*). In these cases the grammatical inflection information will always be given.

Note 2. Whether or not a word is used in the plural depends on whether or not the given substantive is a "countable" concept!

Many so-called "foreign words" in German have regular inflectional endings, so that it is not always necessary to indicate the particular inflectional pattern. The most important and predictable patterns are:

-anz	*f* ⟨-, -en⟩	**(die) To·le·ranz**	⟨Toleranz, Toleranzen⟩
-ar	*m* ⟨-s, -e⟩	**(der) Ar·chi·var**	⟨Archivars, Archivare⟩
	n ⟨-s, -e⟩	**(das) In·ven·tar**	⟨Inventars, Inventare⟩
-är	*m* ⟨-s, -e⟩	**(der) Pen·sio·när**	⟨Pensionärs, Pensionäre⟩
-enz	*f* ⟨-, -en⟩	**(die) Po·tenz**	⟨Potenz, Potenzen⟩
-graph	*m* ⟨-en, -en⟩	**(der) Geo·graph**	⟨Geographen, Geographen⟩
-ie	*f* ⟨-, -n⟩	**(die) Har·mo·nie**	⟨Harmonie, Harmonien⟩

(*Exception:* **Ge·nie** *n* ⟨-s, -s⟩)

-ien	*n* ⟨-s, (-)⟩	**(das) Spa·ni·en**	⟨Spaniens, (Spanien)⟩
-ier	*m* ⟨-s, -⟩	**(der) Spa·ni·er**	⟨Spaniers, Spanier⟩
-ik	*f* ⟨-, -en⟩	**(die) Kri·tik**	⟨Kritik, Kritiken⟩
-iker	*m* ⟨-s, -⟩	**(der) Kri·ti·ker**	⟨Kritikers, Kritiker⟩
-ion	*f* ⟨-, -en⟩	**(die) Na·tion**	⟨Nation, Nationen⟩
-ium	*n* ⟨-s, -ien⟩	**(das) Po·di·um**	⟨Podiums, Podien⟩
-oge	*m* ⟨-n, -n⟩	**(der) As·tro·loge**	⟨Astrologen, Astrologen⟩
-or	*m* ⟨-s, -en⟩	**(der) Mo·tor**	⟨Motors, Motoren⟩
-smus	*m* ⟨-, -smen⟩	**(der) Or·ga·nis·mus**	⟨Organismus, Organismen⟩
-st	*m* ⟨-en, -en⟩	**(der) Kom·mu·nist**	⟨Kommunisten, Kommunisten⟩
-tät	*f* ⟨-, -en⟩	**(die) Prio·ri·tät**	⟨Priorität, Prioritäten⟩
-tiv	*n* ⟨-s, -e⟩	**(das) Ad·jek·tiv**	⟨Adjektivs, Adjektive⟩
	m ⟨-s, -e⟩	**(der) Ge·ne·tiv**	⟨Genetivs, Genetive⟩
-ur	*f* ⟨-, -en⟩	**(die) Agen·tur**	⟨Agentur, Agenturen⟩

Substantives which are derived from verbs (usually the infinitive) without adding endings are neuter (*das*) and have a plural only when they are "countable."

Wan·dern	*n* ⟨-s⟩	*for* ⟨Wanderns, *no plural*⟩
Mar·schie·ren	*n* ⟨-s⟩	*for* ⟨Marschierens, *no plural*⟩
Le·ben	*n* ⟨-s, (-)⟩	*for* ⟨Lebens, (Leben)⟩
Ver·bre·chen	*n* ⟨-s, -⟩	*for* ⟨Verbrechens, Verbrechen⟩

2. Adjectives and Adverbs

The designation of a word as *adj* indicates that the word can also function as an adverb *(adv)* when it has exactly the same spelling. Irregular comparative and superlative forms of adjectives, including those which require the stem-vowel to be umlauted, are indicated between ⟨ ⟩, with the comparative listed first and the superlative second.

Ex.: **gut**   *adj* ⟨besser, best⟩
      nah   *adj* ⟨näher, nächst⟩
      hoch   *adj* ⟨höher, höchst⟩

3. Verbs

1. Words labelled *tr, itr,* or *refl* are verbs. If the verb functions as more than one of these, the entry is divided according to the following format:

I. *tr* The verb can take a direct object which in turn can become the subject of a sentence in the passive voice.

II. *itr* The verb does not take a direct object, but may take an indirect object or govern a prepositional phrase. If a particular preposition is used frequently with the given verb, this will be indicated in parentheses, for both English and German.

III. *refl* The verb is used with a reflexive object, that is, the subject and one object are the same agent.

2. The so-called "strong" as well as other "irregular" verbs in German are labelled *irr,* and listed together on pp. xxiv—xxvii.

3. The "compound tenses" are formed by using one of the auxiliary verbs *haben* or *sein.* Unless otherwise indicated, a verb will use *haben* in its compound tenses.

Verbs that require *sein* are labelled ⟨sein⟩. Irregular verbs which require *sein* are indicated as such in the list on pp. xxiv—xxvii. Verbs which can take either *haben* or *sein* interchangeably are labelled ⟨h oder sein⟩. Verbs which change their meaning when they alternate between *haben* and *sein* are listed as separate entries in this dictionary and labelled as either ⟨h⟩ or ⟨sein⟩.

4. The formation of the past participle
with or without *(-)ge-*

Most simple verbs form their past participle by adding the (unstressed) prefix **ge-**.

Ex.: **bau·en** — gebaut
hö·ren — gehört
le·sen — gelesen

Compound verbs with a so-called (stressed) "separable" prefix form their past participles in the same way, except that the prefix is then reattached to the participle. In this dictionary a vertical slash is printed between a prefix and the infinitive.

auf|bau·en — aufgebaut
zu|hö·ren — zugehört
vor|le·sen — vorgelesen

Important: a large number of verbs form their past participles without the prefix **ge-**. These include two very large groups:

1. All (non-native German) verbs ending in **-ieren:**

mar·schie·ren — marschierte — (ist) marschiert
pro·bie·ren — probierte — (hat) probiert

N.B. These verbs form their past participle without **ge-** even when they have a "separable" prefix:

ab|mar·schie·ren — marschierte ab — (ist) abmarschiert
aus|pro·bie·ren — probierte aus — (hat) ausprobiert

2. All verbs which have one of the following "inseparable" prefixes:

be-, emp-, ent-, er-, ge-, ver-, zer-

be·bau·en — bebaute — (hat) bebaut
er·hö·ren — erhörte — (hat) erhört
ge·stal·ten — gestaltete — (hat) gestaltet
ver·lan·gen — verlangte — (hat) verlangt

A number of verbs have prefixes which can be "separable" or "inseparable" depending on the meaning of the verb. Those that have an "inseparable" prefix are listed without the vertical slash.

um·ge·hen — umging — (hat) umgangen
un·ter·su·chen — untersuchte — (hat) untersucht
über·set·zen — übersetzte — (hat) übersetzt

N.B. If there is a "separable" *and* an "inseparable" prefix, the past participle still does not take the **ge-**!

um|ge·stal·ten — gestaltete um — (hat) umgestaltet
ab|ver·lan·gen — verlangte ab — (hat) abverlangt
zu·rück|über·set·zen — übersetzte zurück — (hat) zurück-
übersetzt

There are very few other verbs which form their past participles without adding **ge-**, such as *miauen, trompeten, stibitzen, interviewen*.(Note the stress on the penultimate syllable!) These will be marked in this dictionary with ⟨ohne ge-⟩.

V. Pronunciation

Pronunciation is indicated in square brackets [ ], using the symbols of the International Phonetic Alphabet. For English refer to *Everyman's English Pronouncing Dictionary* (revised by A.C. Gimson, 14th edition 1977); for German *DUDEN Aussprachewörterbuch* (2. Auflage 1974). The symbols used in this dictionary are listed on pp. xvi-xvii of this section. The pronunciation of German words is fairly easy to determine from the spelling, once the pronunciation of individual letters and letter combinations is learned. It is often only necessary to determine which syllable in a word is stressed. Stressed syllables can have a long or a short vowel in German, so that vowel length is reflected in the spelling, not in syllable stress, as is often the case in English. If the pronunciation of a word is not otherwise indicated, the following stress rules apply:

1. German, like English, has hundreds of compound words. Their pronunciation will not be indicated if the pronunciation and stress of the individual parts are the same as if they were individual words. The pronunciation of the parts can be found under each keyword, or, in the case of inflected forms or other regularly formed derivatives, under the corresponding base form.

2. Compound words normally have primary stress on the first part. Where this is not the case, the stress is indicated as follows (the hyphens here represent individual syllables):

Alt·wei·ber·som·mer [-'----]   **Fa·schings·diens·tag** [--'--]
Ar·beit·ge·ber·an·teil [--'----]   **In·an·spruch·nah·me** [-'----]

Alternative stress patterns are indicated by a slash (/) followed by the alternative:

At·ten·tat [atən'ta:t/'---]
Ar·beit·ge·ber ['----/--'--]

3. Compound Adjectives/Adverbs

Compound adjectives/adverbs which are stressed on the first part have no special notation. There are, however, countless exceptions. This is especially true for highly individualistic constructions with negative prefixes (e.g. **un-**) which are often, but not always, stressed. Alternative stress patterns are listed in important cases. In cases where the alternatives can be used interchangeably, no special notation is given. A number of adjectives/adverbs show a shift in stress when used as an attributive as opposed to a predicative. In general the stress is on the first part of the compound when the word is attributive; as a predicate, at the end of the sentence, and often in cases of special emphasis or emotion, the stress shifts to the second part of the compound. Occasionally a compound will have both parts more or less equally stressed.

blut·rot ['-'-]   **but·ter·weich** ['--'-]
eis·kalt ['-'-]   **brand·ei·lig** ['-'--]

As attributives the stress remains on the first part as much as possible.

4. Adjectival/Adverbial Elements

Several very productive adjectival/adverbial elements occur only in compounds. The pronunciation can usually be determined from their corresponding base forms. For the sake of convenience, however, the following high frequency elements are listed here.

-förmig	[-fœrmiç]	**-jährig**	[-jɛ:riç]
-halber	[-halbɐ]	**-stöckig**	[-ʃtœkiç]
-haltig	[-haltiç]	**-stündig**	[-ʃtʏndiç]
-maßen	[-ma:sən]	**-tägig**	[-tɛ:giç]
-mütig	[-my:tiç]	**-wärts**	[-vɛrts]

Here are three elements which form compound substantives (nouns).

-gänger *m* [-gɛŋɐ] (from *gehen*)
-länder *m* [-lɛndɐ] (from *Land*)
-nahme *f* [-na:mə] (from *nehmen*)

5. Word formations with inseparable suffixes

Most words and their derivatives have straightforward predictable pronunciations. However, there are dozens of suffixes in German which are not listed as separate entries in this dictionary. The following native-German suffixes are always unstressed. The stress remains where it belongs in the base form. The stressed syllable is underlined in the examples below.

-bar	[-ba:ɐ]	Wunder — wunderbar
		vertreten — vertretbar
-haft	[-haft]	Gewissen — gewissenhaft
-heit	[-haɪt]	sicher — Sicherheit
-ig	[-ɪç]	Vorsicht — vorsichtig
		sofort — sofortig
		BUT: lebend — lebendig
-keit	[-kaɪt]	regelmäßig — Regelmäßigkeit
-lich	[-lɪç]	Vorbild — vorbildlich
		vertrauen — vertraulich
		BUT: Abscheu — abscheulich
-ling	[-lɪŋ]	Finger — Fingerling
-los	[-lo:s]	Gewissen — gewissenlos
		Hemmung — hemmungslos
-nis	[-nɪs]	finster — Finsternis
		geheim — Geheimnis
-sam	[-za:m/-zam]	Arbeit — arbeitsam
		unterhalten — unterhaltsam
-schaft	[-ʃaft]	eigen — Eigenschaft
-tum	[-tu:m]	Verbrecher — Verbrechertum
-ung	[-ʊŋ]	ausarbeiten — Ausarbeitung
		betonen — Betonung

Verbs which are derived by attaching **-(e)n** [-(ə)n] to a substantive are accented like the base word.

6. Special cases

-ei [-aɪ] Feminine substantives ending in **-ei** (mostly in the form **-(e)lei** [-(ə)ˈlaɪ]) **-(e)rei** [-(ə)ˈrai]) are always stressed on this syllable:
trödeln — Trödelei lieben — Liebelei
fragen — Fragerei Schwein — Schweinerei

-er [-ɐ] Masculine derivatives with this ending (mostly agents or designations of origin, sometimes in the form **-ler, -ner**) are stressed like the base word:

ver<u>tre</u>ten — Ver<u>tre</u>ter   <u>Ham</u>burg — <u>Ham</u>burger

Deviations from this pattern (e.g. **-aner** [-'aːnɐ]) are noted individually. For the stress patterns connected with "foreign words" (especially **-ier, -iker**), see explanation below.

-in [-ɪn] Feminine substantives with this "feminine" ending (most common in the form **-erin** [-ərɪn]) are stressed like the "masculine" form.

Ver<u>tre</u>ter — Ver<u>tre</u>terin

<u>Ar</u>beiter — <u>Ar</u>beiterin

This is generally true for corresponding derivatives from "foreign words" (**-graph/-graphin; -ist/-istin; -loge/-login,** etc.). For the stress patterns connected with **-or/-orin,** see below.

-isch [-ɪʃ] Words with this ending are stressed like the base word. Frequent combinations with preceding consonants:

Heim — <u>hei</u>misch

Ver<u>bre</u>cher — ver<u>bre</u>cherisch

For "foreign words" ending in **-isch,** see below.

7. Foreign words

So-called "foreign words" have stress patterns determined by their endings. The pronunciation is otherwise generally predictable and does not normally have to be indicated separately in this dictionary. The most important endings are listed as follows. Words with these endings are stressed like the examples.

-al [-aːl] nor<u>mal</u>, ratio<u>nal</u>, horizon<u>tal</u>
 ide<u>al</u>, Mate<u>ri</u>al, prozentu<u>al</u>

-ant [-ant] va<u>kant</u>, rele<u>vant</u>, Igno<u>rant</u>

-anz [-an(t)s] Va<u>kanz</u>, Rele<u>vanz</u>, Arro<u>ganz</u>

-ar [-aːɐ] Exemp<u>lar</u>, elemen<u>tar</u>, nukle<u>ar</u>

-är [-ɛːɐ] regu<u>lär</u>, Sekre<u>tär</u>, humani<u>tär</u>

-at [-aːt] Demo<u>krat</u>, Sekreta<u>ri</u>at

-ell [-ɛl] for<u>mell</u>, struktu<u>rell</u>, sensatio<u>nell</u>
 ide<u>ell</u>, indust<u>riell</u>, sexu<u>ell</u>

-ent [-ɛnt] po<u>tent</u>, konse<u>quent</u>, kongru<u>ent</u>

-enz [-ɛn(t)s] Po<u>tenz</u>, Konse<u>quenz</u>, Kongru<u>enz</u>

-eur [-øːɐ] Fri<u>seur</u>, Ama<u>teur</u>, Inge<u>nieur</u>

-ien [-iən] In the names of countries:
 <u>Spa</u>nien, Argen<u>ti</u>nien

-ier [-iɐ] Only in names of nationalities or ethnic groups:
 <u>Spa</u>nier, Argen<u>ti</u>nier   BUT: Kava<u>lier</u>

-iker [-ikɐ] Designation of agents derived from words ending in **-ik**; see below:
 <u>Mu</u>siker, <u>Ko</u>miker, Mathe<u>ma</u>tiker, Infor<u>ma</u>tiker

-ion [-joːn] Re<u>gi</u>on, Kommu<u>nion</u>, Rebel<u>lion</u>

High-frequency combinations with preceding consonants:

-sion	[-zjo:n]	Illu<u>sion</u>, Explo<u>sion</u>
-ssion	[-sjo:n]	Pa<u>ssion</u>, Kommi<u>ssion</u>
-tion	[-tsjo:n],	also **-ation, -ition:**
		Redak<u>tion</u>, Konstitu<u>tion</u>
		Informa<u>tion</u>, Organisa<u>tion</u>
		Posi<u>tion</u>, Intui<u>tion</u>
-isch	[-ɪʃ]	In non-Germanic adjectives the stress is on the penulti-
		mate syllable:
		mel<u>o</u>disch, phon<u>e</u>tisch, medi<u>zi</u>nisch
		There are frequent word formations with
		-alisch, -atisch, etc.
		musi<u>ka</u>lisch, proble<u>ma</u>tisch
-ismus	[-ɪsmʊs]	Kommun<u>is</u>mus, Material<u>is</u>mus
-ist	[-ɪst]	Kommun<u>ist</u>, Material<u>ist</u>
-istik	[-ɪstɪk]	Stat<u>is</u>tik, Lingu<u>is</u>tik
-istisch	[-ɪstɪʃ]	kommun<u>is</u>tisch, material<u>is</u>tisch
-ium	[-iʊm]	Plane<u>ta</u>rium, Labora<u>to</u>rium
-or	[-ɔr/-o:ɐ]	Fak<u>tor</u>, Prof<u>essor</u>, Kommen<u>tator</u>
		Alternative stress patterns are indicated:
		Autor/Au<u>tor</u>, Motor/Mo<u>tor</u>
		Exceptions (Hum<u>or</u>, Lab<u>or</u>, etc.) are indicated.
-oren	[-o:rən]	Plural of words ending in **-or**
		regularly shift to penultimate syllable:
		Fak<u>to</u>ren, Prof<u>esso</u>ren, Kommen<u>tato</u>ren, Au<u>to</u>ren,
		Mo<u>to</u>ren
-orin	[-o:rɪn]	Feminine counterpart to words ending in **-or:**
		Au<u>to</u>rin, Prof<u>esso</u>rin, Kommen<u>tato</u>rin
-ös	[-ø:s]	nerv<u>ös</u>, religi<u>ös</u>
-tät	[-tɛ:t]	Mostly in words ending in **-tät** [-i'tɛ:t]
		Quali<u>tät</u>, Aktivi<u>tät</u>, Regulari<u>tät</u>, Universi<u>tät</u>
-ur	[-u:ɐ]	Klaus<u>ur</u>, Tort<u>ur</u>, Korrekt<u>ur</u>, Makula<u>tur</u>

Verbs which end in *-ieren* [-i:rən] **are stressed on** *-ie:*

prob
<u>ie</u>ren, inform<u>ie</u>ren, vari<u>ie</u>ren, funktion<u>ie</u>ren

Common formations include:

-isieren [-i'zi:rən]: normalis<u>ie</u>ren, rationalis<u>ie</u>ren
-izieren [-i'tsi:rən]: praktiz<u>ie</u>ren, identifiz<u>ie</u>ren

In many cases the pronunciation must be given, because different patterns are possible.

-ie 1. [-i:] Stress on the last syllable, e.g.:
Man<u>ie</u>, Batter<u>ie</u>, Hyster<u>ie</u>, Harmon<u>ie</u>
and all words ending in **-graphie, -logie, -nomie**

    2. [-iə] stress on penultimate syllable:
        Linie, Materie, Familie, Begonie
-ik 1. [-iːk] stress on the last syllable:
        Musik, Politik, Mathematik
    2. [-ɪk] stress on the penultimate syllable:
        Komik, Phonetik, Informatik
        (compare words ending in **-istik,** above)
-iv 1. [-iːf] stress on the last syllable:
        Motiv, intensiv, Objektiv
    2. [-iːf] Dativ, Konjunktiv, negativ
        The stress in polysyllabic words shifts between the two possibilities
        given.

N.B. The stress patterns listed are for "simple" words, that is, those words which are not part of compound words, except as noted below.

8. Compound verbs with prefixes

1. The following "inseparable" prefixes are never stressed, even in adjectives and substantives.

    be- [bə-] **emp-** [ɛmp-] **ent-** [ɛnt-] **er-** [ɛr-]
    ge- [gə-] **ver-** [fɛr-] **zer-** [tsɛr-]

    Ex.: be·to·nen, er·le·ben, ge·den·ken, ver·ant·worten
2. Verbs with a "separable" prefix have their stress on that prefix. A vertical slash is placed between the prefix and the main verb.
    Ex.: ab|tren·nen, wei·ter|sa·gen, zu·sam·men|set·zen
        aus|pro·bie·ren, an|mon·tie·ren, ein|stu·die·ren
3. Prefixes which can be either separable or inseparable (that is, unstressed or stressed) are indicated by the vertical slash.
    durch|le·sen   **but:** durchblu·ten
    un·ter|brin·gen   **but:** un·tersu·chen
    wi·der|spie·geln   **but:** wi·der·spre·chen

    Important: A difference in stress usually indicates a difference in meaning.

    durch|fah·ren   "pass through without stopping"

    durchfah·ren   "pass through"

    um|ge·hen   "circulate"

    umge·hen   "circumvent"

    über|set·zen   "cross by boat"

    überset·zen   "translate"

    wie·der|ho·len   "get back, retrieve"

    wie·derho·len   "repeat"

9. Important Pronunciation Rules

Two very important pronunciation rules need to be mentioned because of their regularity and their frequency of occurrence in the German language.

1. **Devoicing of final consonants**

   The sounds represented by the letters **b, d, g,** and **v** are replaced by the sounds [p, t, k, and f] when they occur at the end of a word. The former set of sounds are called "voiced," the latter "voiceless." However, when an ending is attached to the word, the voiced consonant sound returns. In neither case does the spelling of the word in question change. The same pattern of replacement of sound occurs for the sound represented by **s**, that is, at the end of a word the sound is "voiceless" ([s]) but is "voiced" ([z]) when an ending is attached.

Dieb	[di:p]	but: Diebes	['di:bəs]	**die·bisch**	['di:bɪʃ]
Raub	[raʊp]	but: Raubes	['raʊbəs]	**rau·ben**	['raʊbən]
Leid	[laɪt]	but: leiden	['laɪdən]	**lei·der**	['laɪdə]
Held	[hɛlt]	but: Helden	['hɛldən]	**Hel·din**	['hɛldɪn]
Sieg	[zi:k]	but: siegen	['zi:gən]	**Sie·ger**	['zi:gə]
Berg	[bɛrk]	but: Berge	['bɛrgə]	**ber·gig**	['bɛrgɪç]
Mo·tiv	[mo'ti:f]	but:		**Mo·tive**	[mo'ti:və]
	[mo'ti:f]	but:		**mo·ti·vie·ren**	[moti'vi:rən]
Preis	[praɪs]	but: Preise	['praɪzə]	**prei·sen**	['praɪzən]
Puls	[pʊls]	but: Pulse	['pʊlzə]	**pul·sie·ren**	[pʊl'zi:rən]

   <u>Notice the following cases:</u>

Le·ben	['le:bən]	but: **leb·haft**	['le:phaft]
En·de	['ɛndə]	but: **end·los**	['ɛntlo:s]
fol·gen	['fɔlgən]	but: **folg·lich**	['fɔlklɪç]
wei·se	['vaɪzə]	but: **Weis·heit**	['vaɪshaɪt]

   The ending **-ig** is pronounced [-ɪk] or [-ɪç] but is replaced by [-ɪg-] when an ending is present.

Kö·nig	['kø:nɪç]	but: Könige	['kø:nɪgə]	**Kö·ni·gin**	['kø:nɪgɪn]
ei·nig	['aɪnɪç]	but: einige	['aɪnɪgə]	**ei·ni·gen**	['aɪnɪgən]

2. **The so-called "vocalic /r/"**

   Final **-r** in German is normally replaced by a vowel-like sound, symbolized as [ɛ] in the colloquial language. This occurs after a long vowel or after **-er** in final syllables like **-er** or **-ern**.
   Note, however, that the consonant sound [r] is produced when an ending beginning with a vowel is attached, as for example in

Jahr[jaːɐ] — Jahre ['jaːrə]
Uhr [uːɐ]— Uhren ['uːrən]
Tier [tiːɐ] — tierisch ['tiːrɪʃ]
Kul·tur [kʊl'tuːɐ] — kulturell [kʊltu'rɛl]
Fe·der ['feːdɐ]— Federung ['feːdərʊŋ]
for·dern['fɔrdɐn] — Forderung ['fɔrdərʊŋ]

N.B. This rule applies especially to entries with the endings **-er(in)** and **-ar(in)**.

Leh·rer(in) ['leːrɐ] — (Lehrerin) ['leːrərɪn])
Eng·län·der(in) ['ɛŋlɛndɐ] — (Engländerin) ['ɛŋlɛndərɪn])

10. Miscellaneous

German words which require syllable division between the letters **c** and **k** are indicated by the raised dot (e.g. **druc·ken**). In printing or typing, however, the **c** is replaced by **k** at the end of a line (**druk·ken**). In compound words where the first word ends in a double consonant letter and the second word begins with the same (single) consonant letter, the letter is written only twice, the third "lost" letter is placed in parentheses (e.g., **Schiff, Fahrt = Schif(f·)fahrt**).

Pronunciation Key

[ː] The previous vowel is long.
['] The following syllable is stressed.
[ˌ] The following syllable has secondary stress (rare).
[ʔ] The so-called "glottal stop" (rare).
[-] In a series of syllables represents each individual syllable;
in a partial transcription represents the remainder of the word.

Vowels

[i]	bieten ['biːtən]	like English 'ee' in *bee*
	zivil [tsiˈviːl]	
[ɪ]	bitten ['bɪtən]	like English 'i' in *bit*
[e]	beten ['beːtən]	like English 'ay' in *bay*
	wehren ['veːrən]	
[ɛ]	betten ['bɛtən]	like English 'e' in *bet*
	währen ['vɛːrən]	
[a]	Maat [maːt]	like English 'o' in *not*
	wahren ['vaːrən]	
	banal [baˈnaːl]	
[o]	Ofen ['oːfən]	like English 'oa' in *boat*
	Ozon [oˈtsoːn]	
[ɔ]	offen ['ɔfən]	like English 'ou' in *bought* but much shorter!
[ø]	Öfen *pl* ['øːfən]	like English 'ir' in *girl* but without the
	Höhle ['høːlə]	'r'!
[œ]	öffnen ['œfnən]	like German [ø] but shorter!
	Hölle ['hœlə]	
[u]	Pute ['puːtə]	like English 'oo' in *boot*
	zumute [tsuˈmuːtə]	
[ʊ]	Putte ['pʊtə]	like English 'u' in *put*
	Mutter ['mʊtɐ]	
[y]	Tüte ['tyːtə]	like German 'i' and 'u' pronounced together
[ʏ]	Hütte ['hʏtə]	like German [y] but shorter!
[ɐ]	aber ['aːbɐ]	vocalic 'r' (See explanation pp.
	Ruhr [ruːɐ]	xiv-xv in this section.)
[ə]	beleben [bəˈleːbən]	like English 'e' in *butter*
[aɪ]	mein [maɪn]	like English 'i' in *mine*
[aʊ]	Maus [maʊs]	like English 'ou' in *mouse*
[ɔɪ]	neu [nɔɪ]	like English 'oy' in *boy*
	Mäuse *pl* ['mɔɪzə]	
[ã]	Balance [baˈlãːs]	like English (French!) 'an' in *nuance*
[õ]	Bonbon [bõˈbõː]	like French 'on' in *bon*
[œ̃]	Parfum [parˈfœ̃ː]	like French 'um' in *parfum*
[ɛ̃]	Bassin [baˈsɛ̃ː]	like French 'in' in *bassin*

Consonants

[b] Bibel ['bi:bəl]

[ç] nicht [nɪçt]   between English 'sh' and 'k'
    ächten ['ɛçtən]

[x] Nacht [naxt]   behind English 'k' but with mild
    achten ['axtən]   friction

[d] doch [dɔx]

[f] Frevel ['fre:fəl]
    Vielfalt ['fi:lfalt]

[g] gegen [ge:gən]   always like English 'g' in *go!*

[ʒ] Genie [ʒe'ni:]   like second 'g' in English *garage*
    Garage [ga'ra:ʒə]

[h] Hahn [ha:n]

[j] jagen ['ja:gən]   always like English 'y' in *yes!*

[k] Krieg [kri:k]
    Knick [knɪk]

[l] lallen ['lalən]
    labil [la'bi:l]

[m] Mumm [mʊm]

[n] nennen ['nɛnɛn]

[ŋ] fangen ['faŋən]   always like 'ng' in English *singer*
    denken ['dɛŋkən]   never like 'ng' in English *finger!*

[p] Pappe ['papə]

[r] Rohre *pl* ['ro:rə]   pronounced off the uvula in some
                              varieties, trilled in others, never like
                              English 'r'!

[s] Mars [mars]
    küssen ['kʏsən]
    fließen ['fli:sən]

[z] Sense ['zɛnzə]
    sausen ['zauzən]

[ʃ] Schau [ʃaʊ]   like English 'sh' in *she*
    stehlen ['ʃte:lən]
    spielen ['ʃpi:lən]

[t] Tat [ta:t]
    Tod [to:t]

[ts] Zoo [tso:]
    Zitze [tsɪtse]

[v] Wein [vaɪn]

The German Alphabet:

a [a:], b [be:], c [tse:], d [de:], e [e:], f [ɛf], g [ge:], h [ha:],
i [i:], j [jɔt], k [ka:], l [ɛl], m [ɛm], n [ɛn], o [o:], p [pe:],
q [ku:], r [er], s [ɛs], t [te:], u [u:], v [fau], w [ve:], x [ɪks],
y [ʏpsɪlɔn], z [tsɛt], ß [ɛstsɛt], ä [ɛ:], ö [ø:], ü [y:]

A

A, a [a:] ⟨-, -⟩ *n* A, a; **das ~ und O** the be-all and end-all; ▶ **Wer ~ sagt, muß auch B sagen** in for a penny, in for a pound; **von ~ bis Z** from beginning to end.

Aal [a:l] ⟨-(e)s, -e⟩ *m zoo* eel; ▶ **sich winden wie ein ~** wriggle like an eel.

aa·len *refl (faulenzen)* stretch out.

aal·glatt *adj* slick, slippery as an eel.

Aas [a:s] ⟨*1.* -es, -e; *2.* -es, Äser⟩ *n (Tierkadaver)* carrion; **Aas·gei·er** *m a. fig* vulture.

ab [ap] **I** *adv* away, off; ▶ **~ und zu** now and again; **~ durch die Mitte!** *fam* beat it! **London ~ 8.35 Uhr** *rail* leaving London 8:35; **von heute ~** from this day; **auf und ~ gehen** walk up and down; **II** *prp:* ▶ **~ Werk** *com* ex works *pl;* **von nun ~, von jetzt ~** from now on; **~ heute** from today; **~ sofort** as of now.

ab|än·dern *tr* alter (*in* to); *(revidieren)* revise; ▶ **ein Gesetz ~** amend a bill.

Ab·än·de·rung *f 1.* alteration; *2. parl* amendment; ▶ **in ~ des ...** in amendment of ...; **Ab·än·de·rungs·an·trag** *m parl* proposed amendment.

ab|ar·bei·ten **I** *tr 1. allg* work; *2. (Schuld)* work off; **II** *refl 1. (Material)* wear off; *2. (Person)* slave away.

Ab·art *f 1. allg* variety; *2. (Variation)* variation.

ab·ar·tig *adj 1. (abnorm)* abnormal; *2. fig sl* kinky.

Ab·bau ⟨-(e)s⟩ *m 1. min* mining; *(über Tage)* quarrying; *2. com (Preis~)* cut (*von* in); *3. chem (Auflösung, Trennung)* decomposition; *4. (von Fabrikeinrichtung)* dismantling; ▶ **~ von Arbeitskräften** reduction in labour *sing.*

ab|bau·en **I** *tr 1. min* mine; *(über Tage)* quarry; *2. com (Preis)* reduce; *3. (demontieren)* dismantle; *4. chem* decompose; **II** *itr (erlahmen)* flag, wilt.

ab|bei·ßen *irr tr* bite off.

ab|bei·zen *tr* strip; **Ab·beiz·mit·tel** *n* paint stripper.

ab|be·kom·men *irr tr:* ▶ **etw ~** *(erhalten)* get some of it; *(beschädigt werden)* get damaged; *(verletzt werden)* get injured.

ab|be·stel·len *tr* cancel; ▶ **jdn ~** tell s.o. not to come; **e-e Zeitung ~** cancel a newspaper subscription; **Ab·be·stellung** *f* cancellation.

ab|be·zah·len *tr* pay off.

ab|bie·gen *irr* **I** *tr* ⟨h⟩ *1. allg* bend off; *2. fam (verhindern)* head off; *(sich e-r* →

Aufgabe entziehen) manage to get out of ...; **II** *itr* ⟨sein⟩ *1. mot (Fahrzeug)* turn off (*in* into); *2. (Straße)* bend; ▶ **nach links ~** turn to the left.

Ab·bie·ge(r)·spur *f mot* filter lane.

Ab·bild *n 1. (Kopie)* copy; *2. (~ e-s Menschen)* image; **ab|bil·den** *tr* portray; ▶ **auf Seite 15 ist ein Schloß abgebildet** there's a castle shown on page 15.

Ab·bil·dung *f 1. (Wiedergabe)* reproduction; *2. (Illustration)* illustration; ▶ **mit ~en versehen** illustrate.

ab|bin·den *irr tr 1. allg* untie; *2. med* ligature.

Ab·bit·te *f* apology; ▶ **~ leisten** apologize (*bei jdm wegen etw* to s.o. for s.th.).

ab|bit·ten *irr tr:* ▶ **jdm etw ~** beg someone's pardon for s.th.

ab|bla·sen *irr tr 1. fig fam* call off; *2. (Staub etc)* blow off (*von etw* s.th.).

ab|blät·tern *itr (sich abschälen)* flake off.

ab|blen·den *tr 1. (Lampe)* screen; *2. mot Br* dip, *Am* dim; *3. phot* stop down; *4. film* fade out.

Ab·blend·licht *n Br* dipped (*Am* dimmed) headlights *pl.*

ab|blit·zen ⟨sein⟩ *itr fam* be sent packing; ▶ **jdn ~ lassen** *fam* send s.o. packing.

ab|blocken (k·k) *tr a. fig* block.

ab|brau·sen **I** *tr* ⟨h⟩ *(Körperteil)* wash under a shower; **II** *itr* ⟨sein⟩ *fam (wegfahren)* roar off; **III** *refl* ⟨h⟩ take a shower.

ab|bre·chen *irr* **I** *tr* ⟨h⟩ *1. allg* break off; *(Häuser)* tear down; *2. (aufhören)* break off; ▶ **brich dir (mal) keinen ab!** *fam* don't make such a dance! **sich e-n ~ (Umstände machen)** *sl* make heavy weather of it; **II** *itr 1. allg* ⟨sein⟩ break off; *2. (aufhören)* ⟨h⟩ stop.

ab|bren·nen *irr* **I** *tr* ⟨h⟩ *(Bewuchs)* burn off; *(Gebäude)* burn down; *(Feuerwerk)* let off; **II** *itr* ⟨sein⟩ burn down.

ab|brin·gen *irr tr (Gegenstand)* get off; ▶ **jdn von etw ~** make s.o. change his (*od* her) mind about s.th. **ich laß' mich davon nicht ~!** nothing will make me change my mind about it! **jdn vom Rauchen ~** get s.o. to stop smoking.

ab|bröckeln (k·k) ⟨sein⟩ *itr 1. allg* crumble away; *2. fig a. com* drop off.

Ab·bruch ⟨-(e)s⟩ *m 1. (von Gebäude)* demolition; *2. fig (von Beziehungen)* breaking off; *3. fig (Schaden)* harm;

► **e-r Sache ~ tun** do harm to s.th.
ab·bruch·reif *adj* only fit for demolition.
ab|brü·hen *tr* scald.
ab|bu·chen *tr com* debit (*von* to); ► **etw ~ lassen** pay s.th. by direct debiting order (*von* from).
Ab·bu·chung *f com* direct debiting.
ab|bür·sten *tr* brush (down).
ab|bü·ßen *tr* (*Strafe*) serve.
Abc [abe'tse:] ⟨-, -s⟩ *n:* ► **nach dem ~ ordnen** arrange alphabetically; **ABC-Schüt·ze** *m fam* school beginner; **ABC-Waf·fen** *f pl mil* NBC-weapons.
ab|dan·ken *itr pol* resign; (*von Herrschern*) abdicate.
ab|decken (k·k) *tr* 1. (*Dach*) untile; 2. (*Haus*) tear the roof off; 3. (*Tisch*) clear; 4. (*ver-, zudecken*) cover; 5. (*Bett*) turn down.
ab|dich·ten *tr allg* seal up; ► **gegen Lärm ~** make soundproof; **gegen Wasser ~** make watertight.
Ab·dich·tung *f* (*Verschluß*) seal.
ab|drän·gen *tr* push away (*von* from).
ab|dre·hen I *tr* (*Gas, Wasser*) turn off; *el* switch off; **II** *itr aero* veer off.
ab|drif·ten *itr* ⟨sein⟩ drift off.
ab|dros·seln *tr mot* throttle down.
Ab·druck¹ ⟨-(e)s, ⸚e⟩ *m allg* imprint; (*von Finger, Fuß*) print; ► **man sieht jeden ~ auf dieser Lederjacke** you can see every mark on this leather jacket.
Ab·druck² *m typ* (*Nachdruck*) reprint.
ab|drucken (k·k) *tr* print; (*wieder ~*) reprint.
ab|drücken (k·k) I *tr:* ► **jdn ~** *fam* squeeze s.o.; **jdm die Luft ~** squeeze all the breath out of s.o.; **II** *itr* (*Schußwaffe*) pull (*od* squeeze) the trigger.
ab|dun·keln *tr* dim.
ab|eb·ben ⟨sein⟩ *itr* 1. (*Meer*) go out; 2. *fig* (*sich beruhigen*) die down; fade away.
Abend ['a:bənt] ⟨-s, -e⟩ *m* evening; ► **am ~** in the evening; **am nächsten ~** the next evening; **gegen ~** towards evening; **heute ~** this evening; (*später*) tonight; **gestern ~** last night; **morgen ~** tomorrow evening; **es ist noch nicht aller Tage ~** *fig* it's early days still; **zu ~ essen** have supper (*od* dinner); **Abend-an·zug** *m* dinner suit; **Abend-brot (Abend·es·sen)** *n* supper; **Abend-däm·me·rung** *f* dusk; **abend·fül·end** *adj* taking up the whole evening; **Abend·kas·se** *f theat* box office; **Abend·kleid** *n* evening dress; **Abend-kurs** *m* evening classes *pl*; **Abend-land** *n* western world; **abend·län-disch** *adj* western; **Abend·mahl** *n eccl* Holy Communion; ► **das ~ emp-fangen** take communion; **Abend·rot** *n* sunset; **abends** ['a:bənts] *adv* in the evening; **Abend·schu·le** *f päd* night

school; **Abend·son·ne** *f* setting sun; **Abend·stern** *m* evening star.
Aben·teu·er ['a:bəntɔɪə] ⟨-s, -⟩ *n* adventure; ► **ein ~ mit jdm haben** *euph* have an affair with s.o.; **Aben·teu·er-fe·ri·en** *pl* adventure holidays; **aben-teu·er·lich** *adj* 1. *allg* adventurous; 2. (*unglaublich*) bizarre; **Aben·teu·er-spiel·platz** *m* adventure playground; **Aben·teu·rer(in)** ['a:bəntɔɪrə] *m* (*f*) adventurer (adventuress).
aber ['a:bə] **I** *conj* 1. (*Gegensatz*) but; ► **oder ~** or else; **~ trotzdem** but still; **schönes Wetter!** — **aber ziemlich kalt** nice day! — rather cold, though; 2. (*Verstärkung*): ► **~, ~!** *interj* come, come! **~ ja!** oh, yes! **bist du ~ braun!** aren't you brown! **nun ist ~ Schluß!** now that's enough! **II** *adv* **tausend und ~ tausend** thousands upon thousands.
Aber ⟨-s, -⟩ *n* but; ► **ohne Wenn und ~** without any ifs and buts *pl.*
Aber·glau·be *m* superstition.
aber·gläu·bisch *adj* superstitious.
ab|er·ken·nen *irr tr:* ► **jdm etw ~** deprive s.o. of s.th.; *jur a. sport* disallow s.o. s.th.
aber·mals ['a:bəma:ls] *adv* once again.
ab|ern·ten *tr* harvest.
ab|fackeln (k·k) *tr* (*Erdgas*) burn off.
ab·fahr·bereit *adj* ready to leave.
ab|fah·ren *irr* **I** *itr* ⟨sein⟩ 1. *allg* leave, (*gehoben*) depart (*nach* for); *mar* sail (*nach* for); 2. *sport* (*Ski*) ski down; **II** *tr* ⟨h⟩ (*fortschaffen*) cart off.
Ab·fahrt *f* 1. *allg* departure; 2. (*beim Skifahren*) descent; **Ab·fahrts·lauf** *m* (*Ski*) downhill; **Ab·fahrt(s)·tag** *m* day of departure; **Ab·fahrt(s)·zeit** *f* time of departure.
Ab·fall *m* 1. (*Müll*) *Br* rubbish, *Am* garbage; 2. *fig a. pol* break (*von* with); ► **in den ~ kommen** go into the dustbin (*Am* trashcan); **Ab·fall·be·sei·ti-gung** *f* refuse disposal; **Ab·fall·ei·mer** *m Br* wastebin, *Am* garbage can.
ab|fal·len ⟨sein⟩ *irr itr* 1. drop off; 2. *fig* (*übrigbleiben*) be left; 3. *fig* (*rebellieren*) revolt; 4. (*von Gelände*) slope away; ► **wieviel fällt ab für mich?** *fam* how much do I get? **vom Glauben ~** break with the faith.
ab·fäl·lig *adj* disparaging, deprecatory; ► **von jdm ~ sprechen** speak disparagingly of s.o.; **~e Bemerkungen über jdn machen** make derogatory (*od* disparaging) remarks about s.o.
Ab·fall·pro·dukt *n a. fig* by-product; **Ab·fall·ver·bren·nung** *f* refuse incineration; **Ab·fall·ver·bren·nungs-an·la·ge** *f* refuse incineration plant; **Ab·fall·ver·wer·tung** *f* recycling.
ab|fan·gen *irr tr* 1. (*erwischen*) catch; 2. (*Briefe, Meldungen*) intercept; 3. *aero* pull out; **Ab·fang·jä·ger** *m mil aero*

interceptor.

ab|fär·ben *itr (Wäschestück)* run; ▶ **auf jdn ~** *fig* rub off on s.o.

ab|fas·sen *tr (verfassen)* write, draft.

ab|fer·ti·gen *tr* 1. *(versandfertig machen)* get ready for dispatch; 2. *(Gepäck)* check(in); 3. *(an Grenze)* clear; 4. *(Kundschaft)* deal .with, attend to; ▶ **jdn kurz ~** snub s.o. **Ab·fer·ti·gung** *f com* 1. *(Gebäude)* dispatch office; 2. *(Tätigkeit)* clearance; **Ab·fer·ti·gungs·schal·ter** *m* check-in desk.

ab|feu·ern *tr* fire.

ab|fin·den *irr* I *tr* pay off; II *refl:* ▶ **sich mit jdm ~** come to terms with s.o.; **sich mit etw schwer ~** find it hard to accept s.th.; **Ab·fin·dung** *f* 1. *allg* paying off; 2. *(Entschädigung)* compensation, indemnification.

ab|flau·en ['apflauən] ⟨sein⟩ *itr* 1. *(Wind)* die down, subside; 2. *fig* fade; 3. *com (Nachfrage, Geschäft)* fall *(od* drop) off.

ab|flie·gen *irr itr aero* ⟨sein⟩ take off *(nach* for).

Ab·flug *m aero* 1. *(von Flugzeug)* take-off; 2. *(für Fluggäste)* departure *(nach* for); **Ab·flug·hal·le** *f* departure lounge; **Ab·flug·zeit** *f* departure time.

Ab·fluß *m* 1. *(Rohr)* wastepipe; 2. *(~ von Gewässern)* outlet.

ab|for·dern *tr:* ▶ **jdm etw ~** demand s.th. from s.o.

ab|fra·gen *tr allg* question s.o. *(über etw* on s.th.); *päd* test s.o. orally.

Ab·fuhr ['apfuːɐ] ⟨-, -en⟩ *f* 1. *allg* removal; 2. *fig fam (Rüge)* rebuff, snub; ▶ **jdm e-e ~ erteilen** snub s.o.; **sich e-e ~ holen** be snubbed.

ab|füh·ren I *tr* 1. *allg* lead away; 2. *fin (Geld)* pay *(an* to); II *itr med* have a laxative effect.

Ab·führ·mit·tel *n med* laxative.

ab|fül·len *tr* 1. *(in Flaschen)* bottle; 2. *(aus Gefäß)* ladle off; 3. *sl (betrunken machen)* get sloshed.

Ab·ga·be *f* 1. *(das Abgeben)* delivery; 2. *fin* contribution; *(Steuer)* duty, tax; **ab·ga·be·pflich·tig** *adj fin* liable to taxation.

Ab·gang *m* 1. *(Aufbruch)* departure; 2. *theat* exit; 3. *sport* dismount; 4. *med (von Blasenstein etc)* passing; **Ab·gangs·prü·fung** *f* leaving examination; **Ab·gangs·zeug·nis** *n* leaving certificate.

Ab·gas *n mot* exhaust fumes *pl;* **ab·gas·arm** *adj* with low exhaust emission; *(Fahrzeug a.)* low-pollution; **Ab·gas·rei·ni·gung** *f* purification of exhaust gases; **Ab·gas·rück·füh·rung** *f mot* exhaust gas recirculation; **Ab·gas·son·der·un·ter·su·chung** *f mot* compulsory annual test of a car's emission levels.

ab|ge·ben *irr tr* 1. *allg* hand in; *(fortgeben)* give away; 2. *com* sell; 3. *sport (Punkte)* concede; *(Ball)* pass; 4. *(Erklärung, Urteil)* give; ▶ **jdm etw ~** give s.th. to s.o.; **sich mit etw ~** bother o.s. with s.th.; **sich mit jdm ~** associate with s.o.; **seine Meinung ~ über ...** express one's opinion about ...; **e-e Nachricht bei jdm ~** leave a message with s.o.

ab·ge·brannt *adj fig fam* (stony) broke.

ab·ge·brüht *adj fig fam* hardened.

ab·ge·dro·schen *adj* well-worn; *fam* hackneyed.

ab·ge·feimt ['apgəfaɪmt] *adj* crafty, cunning.

ab·ge·hackt *adj fig* clipped; ▶ **~ spre·chen** speak in a clipped manner.

ab·ge·han·gen *adj* hung.

ab·ge·här·tet *adj* hardy *(gegen* to).

ab|ge·hen ⟨sein⟩ *irr itr* 1. *rail (Zug)* leave *(nach* for); 2. *(Straße)* branch off; 3. *(von Schule)* leave; 4. *(Knopf)* come off; ▶ **es ist alles gut abgegangen** everything went *(od* passed) off well; **von e-r Meinung ~** change one's opinion; **davon kann ich nicht ~** I must insist on that.

ab·ge·kar·tet *adj:* ▶ **e-e ~e Sache** a put-up job.

ab·ge·klärt *adj (Alter)* serene; **Ab·ge·klärt·heit** *f* serenity.

ab·ge·la·gert *adj (Wein)* matured; *(Holz)* seasoned.

ab·ge·lau·fen *adj* 1. *com (Wechsel)* due, payable; 2. *(Zeit)* expired.

ab·ge·le·gen *adj* remote.

ab·ge·macht *interj* O.K.! ▶ **das ist e-e ~e Sache** that's a fix.

ab·ge·neigt *adj:* ▶ **~ sein** be adverse *(od* reluctant) to ...; **jdm ~ sein** dislike s.o.; **ich wäre nicht ~** I wouldn't mind.

ab·ge·nutzt *adj* worn; *mot (Reifen)* worn-down.

Ab·ge·ord·ne·te(r) ⟨-n, -n⟩ *f m allg* representative; *parl* member of parliament; **Ab·ge·ord·ne·ten·haus** *n* parliament.

ab·ge·reich·ert *adj (Uran)* depleted.

ab·ge·ris·sen *adj* 1. *fam (Person)* ragged; 2. *(Kleider)* shabby.

ab·ge·run·det *adj* rounded.

Ab·ge·sand·te(r) ⟨-n -n⟩ *f m* delegate; *pol* envoy.

ab·ge·schabt *adj* threadbare.

ab·ge·schie·den *adj (abgelegen)* remote, solitary; **Ab·ge·schie·den·heit** *f* seclusion.

ab·ge·schlafft *adj fam* whacked.

ab·ge·schla·gen *adj (müde)* worn-out.

ab·ge·schlos·sen *adj* 1. *allg (verschlossen)* locked; 2. *fig (isoliert)* isolated; *(Wohnung)* self-contained.

ab·ge·schmackt ['apgəʃmakt] *adj* fatuous.

ab·ge·se·hen *adj:* ▶ ~ **von** ... apart from ... ; **es auf jdn** ~ **haben** have it in for s.o.; **es auf etw** ~ **haben** have one's eye on s.th.

ab·ge·spannt *adj (müde)* weary, tired out.

ab·ge·stan·den *adj* stale; *(Bier)* flat.

ab·ge·stor·ben *adj (Pflanze, Gewebe)* dead; *(Glieder)* numb.

ab·ge·stumpft *adj* **1.** *(von Gefühl)* dull; **2.** *fig (geistig)* insensitive *(gegenüber* to).

ab|ge·win·nen *irr tr:* ▶ **jdm etw** ~ win s.th. from s.o.; **e-r Sache Geschmack** ~ get a taste for s.th.

ab|ge·wöh·nen *tr:* ▶ **sich etw** ~ give up doing s.th.; **jdm etw** ~ cure s.o. of s.th.

Ab·glanz *m* reflection.

Ab·gleich ⟨-s⟩ *m* comparison; **ab|glei·chen** *irr tr* **1.** *(Bau)* level out; **2.** *el* tune; **3.** *fig* coordinate.

ab|glei·ten *irr itr* slip, slide.

Ab·gott *m* idol; ▶ **jds** ~ **sein** be idolized by s.o.; **ab·göt·tisch** [ˈapgœtɪʃ] *adj* idolatrous; ▶ **jdn** ~ **lieben** idolize s.o.

ab|gra·sen *tr* **1.** *allg* graze; **2.** *fig fam* comb.

ab|gren·zen **I** *tr* **1.** *(mit Einzäunung)* fence off; **2.** *fig* delimit *(gegen* from); **II** *refl fig:* ▶ **sich** ~ **gegen** ... dis(as)sociate o.s. from ...

Ab·gren·zung *f* **1.** *(Zaun)* fencing; **2.** *fig* delimitation.

Ab·grund *m* **1.** *allg* precipice; **2.** *fig* abyss.

ab·grün·dig *adj fig* cryptic.

ab·grund·tief *adj a. fig* profound.

ab|gucken (k·k) *itr* copy *(bei* from).

Ab·guß *m* **1.** *(Gießen)* founding; **2.** *(abgegossenes Bild)* cast.

ab|hacken (k·k) *tr* chop off.

ab|ha·ken *tr* **1.** *(von Haken)* unhook; **2.** *(abstreichen auf Liste) Br* tick *(Am* check) off.

ab|hal·ten *irr tr* **1.** keep off; **2.** *(Sitzung)* hold; **3.** *(Fest)* celebrate; **4.** *(verhindern)* stop; ▶ **jdn davon** ~, **etw zu tun** keep s.o. from doing s.th.; **laß dich nicht** ~! don't let me, them *etc* stop you! **ein Kind** ~ allow a child to pee.

ab|han·deln *tr* **1.** *(vom Preis)* get s.o. to knock a bit off; **2.** *(erörtern)* deal with, treat.

ab·han·den|kom·men [apˈhandən-] ⟨sein⟩ *irr itr* get lost.

Ab·hand·lung *f* treatise, discourse *(über* on).

Ab·hang *m* slope.

ab|hän·gen **I** *tr* **1.** take down; *rail mot (Zug)* uncouple; **2.** *fig mot (nach d. Überholen)* shake off; **II** *irr itr fig:* ▶ ~ **von** ... depend on; **das hängt davon ab!** that depends!

ab·hän·gig *adj (Person)* dependent *(von* on).

Ab·hän·gig·keit *f* **1.** *(von Personen)* dependence; **2.** *gram* subordination; dependency.

ab|här·ten **I** *tr* toughen up; **II** *refl fig* harden o.s. *(gegen* to).

Ab·här·tung *f* **1.** *allg* toughening up; **2.** *fig* hardening.

ab|hau·en *irr* **I** *tr (Gegenstand etc)* cut off; **II** *itr* ⟨sein⟩ *sl (weggehen)* push off; ▶ **hau ab!** get lost!

ab|he·ben *irr* **I** *tr* **1.** *(Gegenstand)* take off; **2.** *(anheben)* lift; **3.** *(Geld)* withdraw; ▶ **e-e Karte** ~ take a card; **II** *itr aero* take off; *(Rakete)* lift off; **III** *refl:* ▶ **sich** ~ **von** stand out against.

ab|hel·fen *irr itr:* ▶ **e-r Sache** ~ remedy s.th.

ab|het·zen **I** *tr* tire out; **II** *refl* wear o.s. out.

Ab·hil·fe *f* remedy; ▶ ~ **schaffen** take remedial action.

ab|ho·beln *tr* plane down.

ab|ho·len *tr* **1.** *(Person)* call for; **2.** *(Gegenstand)* collect, fetch; ▶ **etw** ~ **lassen** send for s.th.; **jdn am Bahnhof** ~ meet s.o. at the station.

Ab·hol·markt *m* cash and carry.

ab|hol·zen *tr (Wald)* chop down; *(ganze Gebiete)* clear; **Ab·hol·zung** *f* deforestation; clearing.

Ab·hör·af·fä·re *f* bugging affair; **Ab·hör·ak·tion** *f* bugging operation.

ab|hor·chen *tr med* auscultate.

Ab·hör·ein·rich·tung *f* bugging system.

ab|hö·ren *tr* **1.** *päd* hear a pupil's lesson; **2.** *(Gespräch)* bug; **ab·hör·si·cher** *adj* bugproof.

Ab·itur ⟨-s, -e⟩ *n* Abitur, *German school-leaving examination and university entrance qualification.*

Ab·itu·ri·ent(in) *m (f) person who has done the Abitur.*

ab|ja·gen *tr:* ▶ **jdm etw** ~ get s.th. off s.o.

ab|kap·seln *refl* cut o.s. off.

ab|kau·en *tr (Fingernägel)* bite; *(Bleistift)* chew.

ab|kau·fen *tr:* ▶ **jdm etw** ~ buy s.th. from s.o.

ab|keh·ren *refl:* ▶ **sich** ~ **von** ... turn away from ...

ab|klap·pern *tr fam* scour *(nach* for).

ab|klä·ren *tr* clarify.

Ab·klatsch ⟨-es, -e⟩ *m fig pej* poor imitation.

ab|klin·gen ⟨sein⟩ *irr itr* **1.** *(Krankheit)* ease off; **2.** *(Effekt, Wirkung)* wear off.

ab|klop·fen *tr med* sound; ▶ **jdn auf etw** ~ *fig fam* sound s.o. out about s.th.; **etw auf etw** ~ go into s.th. to find out whether ...

ab|knal·len *tr sl:* ▶ **jdn** ~ shoot s.o. down.

ab|knap·sen *tr:* ▶ **sich etw** ~ scrape

s.th. together; *jdm* etw ~ get s.th. off s.o.

ab|knöp·fen *tr allg* unbutton; ▶ *jdm* etw ~ *fam* get s.th. off s.o.

ab|knut·schen I *tr: fam* ▶ *jdn* ~ canoodle s.o.; II *refl* canoodle.

ab|ko·chen *tr* boil; *(sterilisieren)* sterilize; *(Milch)* scald.

ab|kom·man·die·ren *tr* detail *(zu* for).

Ab·kom·men ⟨-s, -⟩ *n* agreement; ▶ ein ~ treffen mit ... come to an agreement with ...

ab|kom·men ⟨sein⟩ *irr itr* get away; ▶ vom Weg - lose one's way; von etw ~ give up s.th.; von e-m Thema ~ get off a subject.

ab·kömm·lich *adj* available, free; ▶ nicht ~ sein be unavailable.

Ab·kömm·ling ['apkœmlıŋ] *m (Nachkomme)* descendant.

ab|kop·peln *tr tech* uncouple.

ab|krat·zen I *tr* ⟨h⟩ scrape *(od* scratch) off; II *itr* ⟨sein⟩ *fig vulg (sterben)* kick the bucket, pop off.

ab|krie·gen *tr* 1. *(bekommen)* get; 2. *fig (verletzt werden)* get hurt.

ab|küh·len I *tr a. fig* cool; II *refl* cool down; **Ab·küh·lung** *f* cooling.

ab|kup·fern *tr fam* crib, copy.

ab|kür·zen *tr* 1. *(ein Wort)* abbreviate; 2. *(verkürzen)* cut short; ▶ den Weg ~ take a short cut.

Ab·kür·zung *f* 1. *gram* abbreviation; 2. *(von Weg)* short cut; **Ab·kür·zungs·ver·zeich·nis** *n* list of abbreviations.

ab|la·den *irr tr (Last)* unload; *(Müll etc)* dump.

Ab·la·ge *f allg* place to keep s.th.; *(im Büro)* filing.

ab|la·gern I *tr (deponieren)* store; *(anhäufen)* deposit; II *itr (Wein)* mature; *(Holz)* season.

Ab·la·ge·rung *f a. geol* deposit.

ab|las·sen[1] *irr itr (aufhören)* desist; ▶ von etw ~ abandon s.th.

ab|las·sen[2] *irr tr (Flüssigkeit)* drain; *(Dampf)* let off; *mot (Motoröl)* drain off; ▶ *jdm* etw vom Preis ~ knock s.th. off the price for s.o.

Ab·lauf *m* 1. *(das Ablaufen)* drain; 2. *(von Ereignissen)* course; 3. *(e-r Frist)* expiry; ▶ nach ~ von ... at the end of ...; **Ab·lauf·brett** *n (an Spüle)* draining board.

ab|lau·fen *irr* I *itr* ⟨sein⟩ 1. *(Flüssigkeit)* run off; 2. *fig (Frist)* run out; 3. *(Uhr)* run down; ▶ wie ist es abgelaufen? how did it go? II *tr* ⟨h⟩ *(Schuhe etc)* wear out; ▶ *jdm* den Rang ~ steal a march on s.o.

Ab·le·ben *n (Tod)* decease.

ab|lecken (k·k) *tr* lick off.

ab|le·gen I *tr* 1. *(ausziehen)* take off; 2. *fig (Gewohnheiten)* give up; 3. *(Last)* lay down; 4. *(Akten)* file; ▶ e-n Eid ~ take an oath; e-e Probe von etw ~ give

a proof of s.th.; ▶ e-e Prüfung ~ pass *(od* take) an examination; II *itr (Schiff)* cast off.

ab|leh·nen *tr allg* decline; *(Angebot, Stelle)* reject.

Ab·leh·nung *f allg* refusal; *(von Angebot, Stelle)* rejection; ▶ auf ~ stoßen meet with disapproval.

ab|lei·sten *tr:* ▶ s-n Wehrdienst ~ serve one's time.

ab|lei·ten I *tr* 1. *(Gewässer)* divert; 2. *ling (Wort)* derive *(aus, von* from); II *refl ling:* ▶ sich ~ aus ... be derived from ...

Ab·lei·tung *f* 1. *(e-s Flusses)* diversion; 2. *ling* derivative.

ab|len·ken I *tr* 1. *allg* turn away; 2. *(zerstreuen)* distract; II *itr:* ▶ vom Thema ~ change the subject.

Ab·len·kung *f (Zerstreuung)* diversion; ▶ ~ vom Thema changing of the subject; ~ brauchen need s.th. to take one's mind off things; **Ab·len·kungs·ma·nö·ver** *n:* ▶ ~ betreiben bring in a red herring *(od* lay a false scent).

ab|le·sen *irr itr tr (von e-m Blatt, Zählerstand)* read.

ab|leug·nen *tr* deny.

ab|lich·ten *tr (fotokopieren)* photocopy; *(fotografieren)* photograph.

Ab·lich·tung *f phot* photocopy.

ab|lie·fern *tr (übergeben)* hand over *(bei* to); *com* deliver.

Ab·lie·fe·rung *f* handing-in; *(von Waren)* delivery; ▶ bei ~ on delivery.

ab·lös·bar *adj (trennbar)* detachable.

ab|lö·sen I *tr* 1. *(entfernen)* take off; 2. *fin (Schulden)* pay off; ▶ *jdn* ~ take the place of s.o.; II *refl:* ▶ sich ~ *(abgehen)* come off; *(Haut)* peel off; *(Kollegen, Wache)* take turns.

Ab·lö·sung *f* 1. *mil* relief; 2. *fin (von Schulden)* redemption.

Ab·luft *f tech* waste air.

ABM *f Abk von* **Arbeitsbeschaffungsmaßnahme** job creation scheme.

ab|ma·chen[1] *tr* take off.

ab|ma·chen[2] *tr (vereinbaren)* agree *(etw* on s.th.).

Ab·ma·chung *f* agreement.

ab|ma·gern ⟨sein⟩ *itr* get thinner; **Ab·ma·ge·rungs·kur** *tr* diet; ▶ eine ~ machen be on a diet.

ab|mah·nen *tr* caution; **Ab·mah·nung** *f* caution.

ab|ma·len *tr* copy.

Ab·marsch *m* departure; **ab·marsch·be·reit** *adj* ready to move off.

ab|mar·schie·ren ⟨sein⟩ *itr* march off.

ab|mel·den I *tr (Abonnement)* cancel; ▶ sein Telephon ~ have one's telephone disconnected; II *refl:* ▶ sich bei *jdm* ~ tell s.o. that one is leaving.

ab|mes·sen *irr tr a. fig* measure; **Ab·mes·sung** *f* measurement.

ab|mon·tie·ren *tr (Gegenstand)* take off (*von etw* s.th.).

ABM-Stel·le *f temporary post (through job creation scheme).*

ab|mü·hen *refl:* ▶ sich ~ struggle.

ab|nab·eln *refl fig fam:* ▶ sich ~ cut oneself loose.

ab|na·gen *tr:* ▶ e-n Knochen ~ gnaw off meat from a bone.

Ab·nah·me¹ *f (das Abnehmen)* taking down.

Ab·nah·me² *f* 1. *(Verringerung)* decrease; 2. *com* decline; 3. *(TÜV)* inspection.

ab|neh·men *irr* I *tr* 1. *(Gegenstand)* take off; 2. *med (Glied)* amputate; ▶ den Hörer ~ lift the receiver; jdm etw ~ take s.th. from s.o.; das nehme ich dir nicht ab! *fig fam* I don't buy that tale! II *itr* 1. *(an Zahl)* decrease; *(an Gewicht)* lose weight; 2. *(Mond)* wane; ▶ sein Erfolg nimmt ab his success is on the wane.

Ab·neh·mer(in) *m (f) com* buyer, customer, purchaser.

Ab·nei·gung *f* dislike *(gegen* of); aversion *(gegen* to).

ab·norm [ap'nɔrm] *adj* abnormal.

ab|nut·zen *tr refl* wear out; **Ab·nut·zung** *f* wear and tear.

Abon·ne·ment [abɔn(ə)'mã:] ⟨-s, -s⟩ *n* subscription; **Abon·ne·ment·fern·se·hen** *n* pay TV.

Abon·nent(in) [abɔ'nɛnt] ⟨-en, -en⟩ *m (f) (von Zeitung etc)* subscriber; **Abon·nen·ten·wer·bung** *f markt* circulation promotion.

abon·nie·ren *tr* subscribe to . . .

ab|ord·nen *tr* delegate; **Ab·ord·nung** *f* delegation.

Ab·ort [a'bɔrt] ⟨-s, -e⟩ *m* 1. lavatory, toilet; 2. *med* abortion.

ab|pflücken (k·k) *tr* pick.

ab|pla·gen *refl:* ▶ sich mit etw ~ slave away at s.th.

ab|pral·len ⟨sein⟩ *itr a. fig* bounce off.

ab|put·zen *tr (Schmutz)* clean (off); ▶ sich die Hände ~ wipe one's hands.

ab|rah·men *tr* skim.

ab|ra·ten *irr itr* warn *(von* against).

Ab·raum ⟨-(e)s⟩ *m min* mining debris.

ab|räu·men *tr* clear away; ▶ den Tisch ~ clear the table.

ab|rea·gie·ren *refl* let off steam, work it off.

ab|rech·nen I *tr (abziehen)* deduct; II *itr com* cash up; ▶ mit jdm ~ *a. fig* settle up with s.o.

Ab·rech·nung *f* 1. *com (an der Kasse)* cashing up; 2. *(Aufstellung)* statement *(über* for); 3. *(Rechnung) allg* bill; *com* invoice; 4. *fig* revenge; **Ab·rech·nungs·zeit·raum** *m com* accounting period.

ab·re·gen *refl:* ▶ sich ~ *fam* calm (*od*

cool) down.

ab|rei·ben *irr tr* 1. *(Schmutz etc)* rub off; 2. *(Schuhe etc)* wipe.

Ab·rei·bung *f:* ▶ e-e ~ kriegen *fam* get a good hiding.

Ab·rei·se *f* departure *(nach* for); ▶ bei meiner ~ von hier on leaving this place.

ab|rei·sen ⟨sein⟩ *itr* depart, leave *(nach* for).

ab|rei·ßen *irr* I *tr* ⟨h⟩ tear off; *(Haus)* pull down; ▶ ich habe mir e-n Knopf abgerissen I've torn a button off; II *itr* ⟨sein⟩ *(abgehen)* come off; ▶ mein Schnürsenkel ist abgerissen my shoestring has broken.

Ab·reiß·ka·len·der *m* tear-off calendar.

ab|rich·ten *tr (Tiere)* train.

ab|rie·geln *tr* 1. *(Straße)* block off; 2. *(Türe)* bolt.

Ab·riß *m* 1. *(von Gebäude)* demolition; 2. *(Übersicht)* summary.

ab|rol·len I *tr* ⟨h⟩ *(von Rolle)* unroll; *(von Spule)* unreel; *(Kabel etc)* uncoil; II *itr* ⟨sein⟩ 1. *rail* roll off; 2. *fig (sich ereignen)* unfold.

ab|rücken (k·k) I *itr* ⟨sein⟩ 1. *allg (fortziehen)* move out; 2. *fig* disassociate o.s. *(von* from); II *tr* ⟨h⟩ *(Gegenstand)* move away.

Ab·ruf *m:* ▶ sich auf ~ bereithalten be ready to be called for; **ab|ru·fen** *irr tr* 1. *allg* call away; 2. *fin (von Konto)* withdraw; 3. *EDV (aus Datenbank)* retrieve.

ab|run·den *tr* 1. *(rund machen) a. fig* round off; 2. *fin (e-e Summe)* round down.

ab|rü·sten *tr itr mil pol* disarm; **Ab·rü·stung** *f mil pol* disarmament; **Ab·rü·stungs·kon·fe·renz** *f mil pol* disarmament conference.

ab|rut·schen ⟨sein⟩ *itr* 1. *allg* slip; 2. *fig (in Schule)* drop down *(auf* to).

ABS *n Abk von* **Antiblockier-System** *mot* anti-lock braking system.

ab|sacken (k·k) ⟨sein⟩ *itr* 1. *allg* sink; 2. *aero* drop; 3. *päd (in der Leistung)* drop off.

Ab·sa·ge ['apza:gə] ⟨-, -n⟩ *f* refusal; ▶ jdm e-e ~ erteilen reject s.o.

ab|sa·gen I *tr* cancel; *(Einladung)* decline; II *itr:* ▶ jdm ~ tell s.o. that one cannot come.

ab|sä·gen *tr* 1. *(Ast etc)* saw off; 2. *fig fam* sling out.

Ab·satz *m* 1. *(Abschnitt)* paragraph; 2. *(Schuh~)* heel; 3. *com (Waren~)* *pl;* 4. *(von Treppe)* landing; **Ab·satz·ge·biet** *n* market.

ab|scha·ben *tr* scrape off.

ab|schaf·fen *tr* abolish, do away with.

Ab·schaf·fung *f* abolition.

ab|schal·ten I *tr el* switch off; II *itr fig fam* switch off.

ab|schät·zen *tr* assess; ▶ **ein** ~**der Blick** an appraising look.
ab·schät·zig ['apʃɛtsɪç] *adj* disparaging; ▶ **e-e** ~**e Bemerkung** a derogatory remark.
Ab·schaum ⟨-(e)s⟩ *m:* ▶ **der** ~ **der Menschheit** the scum of the earth.
Ab·scheu ⟨-(e)s⟩ *m* abhorrence (*vor* at); ▶ **vor etw** ~ **haben** loathe s.th.
ab·scheu·lich [ap'ʃɔɪlɪç] *adj (widerlich)* abominable; *(heimtückisch)* heinous; ▶ ~**!** *interj* terrible!
ab|schicken (k·k) *tr* send (off); *(mit Post)* Br post, Am mail.
ab|schie·ben *irr* I *tr* **1.** *(deportieren)* deport; **2.** *(loswerden)* get rid of ... ; II *itr* ⟨sein⟩ *fig fam* push off.
Ab·schied ['apʃi:t] ⟨-(e)s, (-e)⟩ *m* farewell, parting; ▶ **von jdm** ~ **nehmen** say goodbye to s.o.; **Ab·schieds·brief** *m* farewell letter; **Ab·schieds·fei·er** *f* farewell party; **Ab·schieds·re·de** *f* farewell speech.
ab|schie·ßen *irr tr* **1.** *(Pfeil)* shoot; *(Gewehr)* fire; **2.** *mil (Flugzeug)* shoot down.
Ab·schirm·dienst *m mil* counterespionage service.
ab|schir·men *tr* shield; **Ab·schirmung** *f* shielding.
ab|schlach·ten *tr fig* butcher.
ab|schlaf·fen ⟨sein⟩ *itr fig fam* wilt.
Ab·schlag *m* **1.** *sport (von Fußball)* goal kick; **2.** *com (bei Handel)* reduction; **3.** *(~zahlung)* part payment *(auf* of).
ab|schla·gen *irr tr* **1.** *(Gegenstand etc)* cut off; **2.** *mil (Angriff)* beat off; **3.** *(verweigern)* turn down.
ab·schlä·gig ['apʃlɛ:gɪç] *adj* negative; ▶ **meine Bewerbung wurde** ~ **beschieden** my application was rejected.
Ab·schlags·zah·lung *f* part payment.
ab|schlei·fen *irr tr (Gegenstand)* grind down; ▶ **Rost** ~ polish off rust.
ab|schlep·pen *tr* **1.** *mot mar* tow; **2.** *fam (Person)* pick up.
Ab·schlepp·seil *n* towrope; **Ab·schlepp·stange** *f* tow bar; **Ab·schlepp·wa·gen** *m* recovery vehicle.
ab|schlie·ßen *irr* I *tr* **1.** *(Tür)* lock up; **2.** *fig (beenden)* complete; ▶ **e-e Versicherung** ~ take out an insurance; **e-n Vertrag** ~ conclude a treaty; II *refl:* ▶ **sich** ~ **von** ... cut o.s. off from ... ; **ab·schlie·ßend** *adj (Bemerkung)* final.
Ab·schluß *m* **1.** *(Ende)* end; **2.** *com* business deal; ▶ **kurz vor dem** ~ **stehen** be in the final stages *pl;* **Ab·schluß·prü·fung** *f päd* final examination; **Ab·schluß·zeug·nis** *n päd* leaving certificate, *Am* diploma.
ab|schmecken (k·k) *tr* **1.** *(probieren)* taste; **2.** *(würzen)* season.
ab|schmie·ren *tr mot* grease.

ab|schmin·ken *refl* **1.** take off one's make up; **2.** *fig fam:* ▶ **sich etw** ~ get s.th. out of one's head.
ab|schnal·len I *tr* undo; II *itr:* ▶ **da schnallste ab!** *fam* it blows your mind!
ab|schnei·den *irr* I *tr* cut off; *(Haar)* cut; ▶ **jdm das Wort** ~ cut s.o. short; II *itr fig:* **bei etw gut (schlecht)** ~ come off well (badly) in s.th.
Ab·schnitt *m* **1.** *(Sektion)* section; **2.** *math* segment; **3.** *(in Buch)* passage; **4.** *(Zeit~)* period.
ab|schöp·fen *tr* skim off; ▶ **Gewinn** ~ *com* siphon off the profits *pl.*
ab|schrau·ben *tr* unscrew.
ab|schrecken (k·k) *tr* **1.** deter; **2.** *(Speisen)* rinse with cold water; **ab·schreckend (k·k)** *adj* deterrent; ▶ **ein** ~**es Beispiel** a warning.
Ab·schreckung (k·k) *f mil* deterrence; **Ab·schreckungs·mit·tel (k·k)** *n mil* deterrent.
ab|schrei·ben *irr* I *tr* **1.** copy out; **2.** *com* deduct; ▶ **jdn** ~ *fig* write s.o. off; II *itr (in der Schule)* crib; ▶ **jdm** ~ tell s.o. that one cannot come to a meeting.
Ab·schrei·bung *f com* deduction; *(Wertminderung)* depreciation.
Ab·schrift *f* copy.
ab|schür·fen *tr* graze.
Ab·schür·fung *f (Wunde)* graze.
Ab·schuß *m* **1.** *mil (e-r Waffe)* firing; **2.** *mil (von Raketengeschoß, Torpedo)* launching; **3.** *mil (e-s Flugzeuges)* shooting down; *(e-s Panzers)* knocking out.
ab·schüs·sig ['apʃʏsɪç] *adj* sloping.
Ab·schuß·ram·pe *f a. mil* launching pad.
ab|schüt·teln *tr a. fig* shake off.
ab|schwä·chen *tr* **1.** weaken; **2.** *(beschönigen)* tone down.
ab|schwei·fen ['apʃvaɪfən] ⟨sein⟩ *itr* digress; ▶ **vom Thema** ~ deviate from the subject.
ab·seh·bar *adj (Zeit)* before long, imaginable; ▶ **nicht** ~ not to be foreseen; **in** ~**er Zeit** in the foreseeable future.
ab|se·hen *irr* I *tr:* ▶ **es ist abzusehen, daß** ... it's easy to see that ...; **ein Ende ist noch nicht abzusehen** the end is not yet in sight; II *itr:* ▶ **ich will (mal) davon** ~ I'm going to dispense with it.
Ab·seits *n* ⟨-⟩ *sport* offside.
ab·seits ['apzaɪts] I *adv sport* offside; II *prp* ▶ ~ **der Straße** away from the road.
Ab·seits·fal·le *f sport (Fußball)* offside trap; **Ab·seits·tor** *n sport* goal scored from an off-side position.
ab|sen·den *irr tr* send; *(Briefe)* Br post, Am mail; *com* dispatch.
Ab·sen·der(in) *m (f)* sender.
ab·setz·bar *adj* **1.** *(Person)* dismissible; **2.** *com* sal(e)able; **3.** *fin (Betrag)* deductible.

ab|set·zen I *tr* 1. *allg (Gegenstand)* take off; 2. *com (verkaufen)* sell; 3. *(entlassen)* dismiss; *(Herrscher)* depose; 4. *typ* compose; 5. *(Fahrgast)* drop; 6. *theat (Stück)* take off; 7. *fin (Betrag)* deduct; II *itr (unterbrechen)* stop.
Ab·sicht ⟨-, -en⟩ *f* intention; ▶ **die** ~ **haben, etw zu tun** intend to do s.th.
ab·sicht·lich *adj* intentional; ▶ **etw** ~ **tun** do s.th. on purpose.
ab|sit·zen *irr* I *itr* ⟨sein⟩ dismount; II *tr:* ▶ **s-e Strafe** ~ serve one's time.
ab·so·lut [apzoˈluːt] *adj* absolute.
ab·son·der·lich [apˈzɔndɐlɪç] *adj* odd, quaint.
ab|son·dern I *tr* 1. *(Personen)* separate; *(isolieren)* isolate; 2. *med* secrete; II *refl:* ▶ **sich** ~ cut o.s. off.
Ab·son·de·rung *f med* secretion.
ab·sor·bie·ren [apzɔrˈbiːrən] *tr* absorb.
ab|spal·ten *tr a. refl* split off.
ab|spa·ren *tr:* ▶ **sich etw vom Munde** ~ scrimp and save for s.th.
ab|spei·chern *tr EDV* save, file.
ab·spen·stig [ˈapʃpɛnstɪç] *adj:* ▶ **jdm jdn** ~ **machen** lure s.o. away from s.o.
ab|sper·ren *tr* 1. *(Straße)* block; 2. *tech* turn off; *(Tür)* lock.
ab|spie·len I *tr (Tonmedien)* play; II *refl:* ▶ **sich** ~ happen.
Ab·spra·che *f* arrangement.
ab|spre·chen *irr* I *tr (Termin)* arrange; ▶ **jdm etw** ~ *(verweigern)* dispute s.o. s.th.; II *refl:* ▶ **sich mit jdm** ~ arrange things with s.o.
ab|sprin·gen ⟨sein⟩ *irr itr* jump down *(von* from*)*; *(mit Fallschirm)* jump.
ab|sprit·zen I *tr (etw od jdn ~)* spray *(s.th. od s.o.)*; II *refl (mit Wasserstrahl)* spray o.s. down.
Ab·sprung *m* jump; ▶ **den** ~ **schaffen** *fig fam* make the break.
ab|spü·len I *tr* rinse; II *itr (Geschirr)* do the dishes.
ab|stam·men *itr* 1. *(Mensch)* be descended *(von* from*)*; 2. *ling* be derived *(von* from*)*; **Ab·stam·mung** *f* 1. *(gesellschaftlich)* descent; 2. *geog* origin.
Ab·stand *m* 1. *(räumlich)* distance; 2. *(zeitlich)* interval; 3. *(Ablösungssumme)* indemnity; ▶ **mit** ~ by far; **kurzer** ~ short gap; ~ **halten** keep one's distance.
ab|stat·ten *tr:* ▶ **jdm e-n Besuch** ~ pay s.o. a visit.
ab|stau·ben *tr* 1. *(Gegenstände)* dust; 2. *fig fam* cadge *(bei jdm* from s.o.*)*; ▶ **etw** ~ *fig fam* nick s.th.
ab|ste·chen *irr* I *tr* 1. *(töten)* stick; 2. *(Boden)* dig up; II *itr (sich abheben):* ▶ **von etw** ~ stand out against s.th.
Ab·ste·cher *m* 1. excursion; 2. *fig* digression.
ab|stecken (k·k) *tr* mark out; *(Kleid)* pin.

ab|ste·hen *irr itr* stick out.
ab|stei·gen ⟨sein⟩ *irr itr* 1. get off *(von* s.th.*)*; 2. *(im Hotel)* put up *(in* at*)*; ▶ **sich auf dem** ~**den Ast befinden** *fig fam* be on the decline.
ab|stel·len *tr* 1. *(Gegenstand)* put down; 2. *tech (Maschine)* stop; *(abdrehen)* turn off; 3. *(Fahrzeug)* park; 4. *fig (Mißstände)* bring to an end.
Ab·stell·gleis *n rail* siding.
ab|stem·peln *tr* 1. *allg* stamp; 2. *fig* brand *(zu* as*)*.
ab|ster·ben ⟨sein⟩ *irr* 1. *itr a. fig* die; 2. *fig (durch mangelnde Blutzirkulation)* go numb.
Ab·stieg [ˈapʃtiːk] ⟨-(e)s, -(e)⟩ *m* 1. *allg* descent; 2. *fig* decline.
ab|stim·men I *tr* 1. *radio* tune *(auf* to*)*; 2. *(in Einklang bringen)* match *(auf* with*)*; 3. *(Termine)* coordinate *(auf* with*)*; II *itr pol* take a vote *(über* on*)*; ▶ **über etw** ~ **lassen** put s.th. to the vote; III *refl:* **sich mit jdm** ~ come to an agreement with s.o.
Ab·stim·mung *f* vote; ▶ **e-e** ~ **vornehmen** take a vote *(über* on*)*.
ab·sti·nent [apstiˈnɛnt] *adj* teetotal; *(sexuell)* abstinent; ▶ ~ **leben** live a life of abstinence.
Ab·sti·nenz·ler(in) *m (f)* teetotal(l)er.
Ab·stoß *m sport (beim Fußball)* goalkick; **ab|sto·ßen** *irr* I *tr* 1. *(fortstoßen)* push off; *sport (beim Fußball)* make a goal kick; 2. *(Möbel)* batter; 3. *com* get rid of ...; 4. *fig* repel; II *itr fig* be repulsive; **ab·sto·ßend** *adj* repulsive.
ab|stot·tern *tr fam* pay off.
ab|strah·len *tr* 1. *(Wärme)* emit; 2. *(Fassade)* sandblast.
ab·strakt [apˈstrakt] *adj* abstract.
ab|strei·fen *tr* ⟨h⟩ 1. *(Gegenstand)* slip off; 2. *(Schmutz etc)* wipe off.
ab|strei·ten *irr tr (leugnen)* deny.
ab|stu·fen I *tr* 1. *(Farben)* shade; 2. *(Haare)* layer; 3. *com fin* grade; II *refl (von Gelände):* ▶ **sich** ~ be terraced.
ab|stumpf·fen ⟨sein⟩ *itr* 1. *(stumpf werden)* blunt; 2. *fig* dull.
Ab·sturz *m* 1. fall; 2. *aero* crash.
ab|stür·zen ⟨sein⟩ *itr* 1. *(Mensch)* fall; 2. *aero (Flugzeug)* crash.
ab|su·chen *tr* 1. *(Gelände etc)* search; 2. *mil (mit Scheinwerfern)* sweep.
ab·surd [apˈzʊrt] *adj* absurd.
Ab·szeß [apsˈtsɛs] ⟨-sses, -sse⟩ *m med* abscess.
Abt [apt *pl* ˈɛptə] ⟨-(e)s, ⸚e⟩ *m eccl* abbot.
ab|ta·sten *tr* 1. feel; *med* palpate; *(~ auf Waffen etc)* frisk *(auf* for*)*; 2. *el* scan.
ab|tau·en I *tr* defrost; II *itr* ⟨sein⟩ thaw.
Ab·tau·vor·rich·tung *f tech Br* defroster, *Am* demister.
Ab·tei [apˈtai] *f eccl* abbey.
Ab·teil [apˈtail] *n rail* compartment.

ab|tei·len tr (durch Wand) partition off; **Ab·tei·lung** [-'--] f 1. department; 2. mil unit; **Ab·tei·lungs·lei·ter(in)** m (f) head of department.

Äb·tis·sin [ɛp'tɪsɪn] f eccl abbess.

ab|tö·ten tr (Zahnnerv) deaden.

ab|tra·gen irr tr 1. (Gebäude etc) take down; 2. (Geschirr) clear away; 3. (Schuld) pay off; 4. (Kleidung) wear out.

ab·träg·lich ['aptrɛːklɪç] adj harmful, injurious.

Ab·trans·port m transportation; (Eva kuierung) evacuation.

ab|trei·ben irr itr 1. ⟨sein⟩ aero mar be driven off course; 2. ⟨h⟩ med have an abortion.

Ab·trei·bung f med abortion; ► e-e ~ vornehmen (lassen) have an abortion.

ab|tren·nen tr 1. take off; (Abschnitt) detach; (mit Messer od Schere) cut off; 2. (räumlich) divide off.

ab|tre·ten irr I tr ⟨h⟩ 1. (abnutzen) wear out; 2. jur (Ansprüche, Gebiet) cede; II itr ⟨sein⟩ (vom Amt) resign; theat go off.

ab|trock·nen I tr ⟨h⟩ dry; II itr ⟨sein⟩ dry up.

ab·trün·nig ['aptrʏnɪç] adj pol rebel; eccl apostate; ► jdm ~ werden pol desert s.o.; **Ab·trün·ni·ge(r)** f m pol rebel; eccl apostate, recusant.

ab|tun irr tr fig (von sich schieben) dismiss.

ab|ur·tei·len tr: ► jdn ~ pass sentence upon s.o.

ab|wä·gen irr tr fig (gegeneinander ~) weigh up; (Worte) weigh.

ab|wäh·len tr vote out (of office).

ab|wäl·zen tr fig shift (auf onto).

ab|wan·deln tr 1. (variieren) modify; 2. mus adapt.

ab|wan·dern ⟨sein⟩ itr migrate (aus from).

Ab·wär·me f tech waste heat.

ab|war·ten I tr: ► etw ~ wait s.th. out; II itr wait; ► warte nur ab! just wait! ~ und Tee trinken wait and see.

ab·wärts ['apvɛrts] adv down; ► es geht mit ihm ~ he is on the decline.

ab|wa·schen irr I tr (Schmutz) wash off; (Geschirr) wash up; (Gesicht) wash; II itr do the washing up.

Ab·wasch·was·ser n dish-water.

Ab·was·ser n sewage; **Ab·was·ser·ka·nal** m sewer.

ab|wech·seln refl alternate, change, vary; ► sich miteinander ~ (Personen) take turns; **ab·wech·selnd** adv alternately.

Ab·wechs·lung f change; ► zur ~ for a change; **hier gibt es wenig ~** there's not much variety in life here.

Ab·weg m: ► auf ~e geraten go astray.

ab·we·gig ['apveːgɪç] adj fam off-beat; (Verdacht) groundless.

Ab·wehr f allg defence; mil counter-intelligence; ► auf ~ stoßen be repulsed; **Ab·wehr·kräf·te** f pl med the body's defences; **Ab·wehr·maß·nah·me** f defence reaction; **Ab·wehr·mecha·nis·mus** m defence mechanism.

ab|weh·ren I tr 1. allg ward off; (Angriff) repulse; 2. fig dismiss; ► II itr 1. sport clear; 2. fig refuse.

ab|wei·chen ⟨sein⟩ irr itr 1. (von Kurs etc) deviate; (Weg) swerve; phys decline; (von Wahrheit) depart; 2. (Meinungen) differ.

Ab·wei·chung f deviation.

ab|wei·sen irr itr 1. (Person) turn away; 2. (Antrag etc) reject, turn down.

ab·wei·send adj (Haltung) cold.

ab|wen·den irr I tr (Unglück etc) avert; II refl: ► sich ~ a. fig turn away.

ab|wer·ben irr tr: ► jdn ~ entice s.o. away.

ab|wer·fen irr tr 1. throw (od cast) off; (aus der Luft) drop; (Blätter etc) shed; (Spielkarte) discard; 2. com (einbringen) yield.

ab|wer·ten tr 1. fin devaluate; 2. fig cheapen.

Ab·wer·tung f fin devaluation.

ab·we·send ['apveːzənt] adj 1. absent; 2. fig far-away; **Ab·we·sen·de(r)** f m absentee.

Ab·we·sen·heit f 1. allg absence; 2. fig (Geistes~) abstraction; ► durch ~ glänzen fig be conspicuous by one's absence.

ab|wickeln (k·k) tr 1. unwind; 2. fig (Angelegenheit) deal with ... ; 3. com (Geschäft) conclude; **Ab·wick·lung** f 1. com (von Geschäft) completion; 2. (von Kontrolle, Prüfung) carrying out; ► für e-e reibungslose ~ von etw sorgen make sure that s.th. goes off smoothly.

ab|wim·meln tr fam: ► jdn ~ get rid of s.o.

ab|win·ken itr fig: ► jdm ~ put s.o. off.

ab|wi·schen tr (Schmutz etc) wipe off; (Gesicht etc) wipe; (Tränen) dry.

Ab·wurf m allg throwing off; (aus Flugzeug) dropping.

ab|wür·gen tr 1. fam scotch; 2. (Motor) stall.

ab|zah·len tr pay off.

ab|zäh·len tr (Geld) count.

Ab·zah·lung f (Rückzahlung) paying off; ► auf ~ kaufen Br buy on hire purchase (Am on the instalment plan); **Ab·zah·lungs·ge·schäft** n com hire purchase; **Ab·zah·lungs·kre·dit** m consumer credit.

ab|zap·fen tr draw off; ► jdm Blut ~ fam take blood from s.o.

Ab·zei·chen n 1. (an Anzug od Kleid) badge; 2. mil insignia pl.

ab|zeich·nen I tr 1. (jdn od etw) draw; 2.

(mit Sichtvermerk) initial; **II** *refl* **1.** *allg* stand out *(gegen* against); **2.** *fig* become apparent.

ab|zie·hen *irr* **I** *tr* ⟨h⟩ **1.** *(Schlüssel)* take out; **2.** *(Bett)* strip; **3.** *(Haut)* skin; **4.** *(in Flaschen)* bottle; **5.** *(Zahl)* take away, substract; *(vom Preis)* take off; **6.** *phot (Bild)* print; **II** *itr* ⟨sein⟩ **1.** *(Gase etc)* escape; **2.** *mil (Truppen)* withdraw.

ab|zie·len *itr fig:* ► ~ **auf** ... be aimed at ...

Ab·zug *m* **1.** *mil* withdrawal; **2.** *com* discount; *(vom Lohn)* deduction; **3.** *typ* copy; **4.** *phot* print; **5.** *(Gewehr~)* trigger; ► **nach** ~ **der Kosten** expenses deducted.

ab·züg·lich ['aptsy:klıç] *prep* less ...

Ab·zugs·hau·be *f (Dunst~)* extractor hood.

ab|zwei·gen **I** *itr* ⟨sein⟩ *(Weg etc)* branch off; **II** *tr* ⟨h⟩ *(Geld)* spare.

Ab·zwei·gung *f allg.* junction; *rail* branch-line.

Ach *n:* ► **mit** ~ **und Krach** by the skin of one's teeth.

ach [ax] *interj* oh! ► ~ **nee!** really! ~ **so!** I see!

Ach·se ['aksə] ⟨-, -n⟩ *f* **1.** *mot* axle; **2.** *math* axis; ► **auf** ~ **sein** *fam (mit Kfz unterwegs)* be on the road.

Ach·sel ['aksəl] ⟨-, -n⟩ *f* armpit; ► **die** ~**n zucken** shrug one's shoulders; **Ach·sel·höh·le** *f anat* armpit.

Acht [axt] ⟨-⟩ *f:* ► **außer a**~ **lassen** disregard; **sich in a**~ **nehmen** watch out.

acht *num* eight; ► **alle** ~ **Tage** every week; **vor** ~ **Tagen** a week ago; **heute in** ~ **Tagen** today week.

acht·bar *adj* respectable.

ach·te *adj* eighth.

Acht·eck *n* octagon; **acht·eckig (k·k)** *adj* octagonal.

Ach·tel ['axtəl] ⟨-s, -⟩ *n* eighth.

ach·ten ['axtən] **I** *tr (schätzen)* respect; **II** *itr:* ► **auf etw** ~ pay attention to s.th.; **auf jdn** ~ look after s.o.

äch·ten ['εçtən] *tr* outlaw, proscribe.

ach·tens ['axtəns] *adv* in the eighth place.

Ach·ter ⟨-s, -⟩ *m* **1.** *sport (Boot)* the eight; **2.** *sport (Figur)* figure eight; **Ach·ter·bahn** *f Br* big dipper, *Am* roller coaster; **Ach·ter·deck** *n mar* quarterdeck.

ach·tern *adv mar* astern.

acht·fach *adj* eightfold; ► **in** ~**er Ausfertigung** with seven copies; **acht·jäh·rig** *adj* eight-year-old.

acht·los *adj* careless; **Acht·lo·sig·keit** *f* carelessness.

acht·mal *adv* eight times.

Acht·stun·den·tag ['-'---] *m* eight-hour day.

acht·tä·gig *adj* lasting a week.

Ach·tung ['axtʊŋ] *f* **1.** respect *(vor* for);

2. *interj:* ~! attention! ► **sich** ~ **verschaffen** gain respect for o.s.; **alle** ~! *interj* good for you! *(od* her, *etc).*

Äch·tung ['εçtʊŋ] *f* proscription, outlawing.

acht·zehn *num* eighteen; **acht·zehn·te** *adj* eighteenth.

acht·zig ['axtsıç] *num* eighty; **acht·zig·jäh·rig** *adj* eighty-year-old; **acht·zig·ste** *adj* eightieth.

äch·zen ['εçtsən] *itr* groan *(vor* with).

Acker (k·k) ['akə] ⟨-s, ⁻⟩ *m* field; ► **den** ~ **bestellen** till the soil; **Acker·bau (k·k)** *m* agriculture, farming; **Acker·land (k·k)** *n* arable land.

ackern (k·k) *itr fig fam* slog away.

Acryl [a'kry:l] ⟨-s⟩ *n chem (in Zss.)* acrylic; **Acryl·far·be** *f* acrylic paint; **Acryl·glas** *n* acrylic glass.

Ad·ap·ter [a'dapte] ⟨-s, -⟩ *m* adapter, adaptor.

ad·die·ren [a'di:rən] *tr* add.

Ad·di·tion *f* addition.

Adel ['a:dəl] ⟨-s⟩ *m* nobility; *(niederer* ~) gentry; ► **von** ~ of noble birth.

ad(e)·lig *adj* noble; ► ~ **sein** be of noble birth.

Ad(e)·li·ge(r) ['a:d(ə)lıgə] ⟨-n, -n⟩ *f m* nobleman (noblewoman); **Ad(e)·li·ge** *pl* the aristocracy *sing.*

adeln ['a:dəln] *tr* **1.** knight; **2.** *fig* ennoble.

Ader ['a:də] ⟨-, -n⟩ *f* **1.** *anat* blood vessel; **2.** *bot min* vein; *el* core; **3.** *(Holz~)* grain, streak; ► **er hat e·e musikalische** ~ *fig* he has a feeling for music.

Adieu [a'djø:] ⟨-, (-s)⟩ *n* farewell.

Ad·jek·tiv ['atjεkti:f] ⟨-s, -e⟩ *n gram* adjective.

Ad·ju·tant [atju'tant] ⟨-en, -en⟩ *m mil* adjutant.

Ad·ler ['a:dlə] ⟨-s, -⟩ *m zoo* eagle; **Ad·ler·na·se** *f* aquiline nose.

Ad·mi·ral [atmi'ra:l] ⟨-s, -e/(⁻e)⟩ *m mil* admiral; **Ad·mi·ra·li·tät** *f mil* **1.** *(Gesamtheit der Admirale)* the admirals *pl;* **2.** *(Ministerium) Br* the Admiralty.

ad·op·tie·ren [adop'ti:rən] *tr* adopt.

Ad·op·ti·on *f* adoption.

Ad·op·tiv·el·tern *pl* adoptive parents; **Ad·op·tiv·kind** *n* adopted child.

Ad·re·na·lin [adrena'li:n] ⟨-s⟩ *n* adrenalin; **Ad·re·na·lin·spie·gel** *m* adrenalin level.

Adres·sat ⟨-en, -en⟩ *m* addressee.

Adres·sa·ten·grup·pe *f,* **Adres·sa·ten·kreis** *m fig* target group.

Adreß·buch *n* directory.

Adres·se [a'drεsə] ⟨-, -n⟩ *f allg a. EDV* address; ► **per** ~ ... care of ... *(Abk* c/o); **an die falsche** ~ **kommen** *fig* pick the wrong person.

adres·sie·ren *tr* address *(an* to).

Adres·sier·ma·schi·ne *f tech* addressograph.

Adria ['a:dria] *f* Adriatic Sea.

Ad·vent [at'vɛnt] *m eccl* Advent; **Ad·vents·kranz** *m* Advent wreath.
Ad·verb [at'vɛrp] *n gram* adverb.
Ad·vo·kat [atvo'ka:t] ⟨-en, -en⟩ *m* advocate.
Ae·ro·bic [ɛə'rɔbɪk] ⟨-s⟩ *n* aerobics *sing.*
ae·ro·dy·na·misch ['ɛrody'na:miʃ] *adj* aerodynamic.
Af·fe ['afə] ⟨-n, -n⟩ *m* monkey; *(Menschen~)* ape; ▶ **ein eingebildeter ~** a conceited ass.
Af·fekt [a'fɛkt] ⟨-(e)s, -e⟩ *m:* ▶ **im ~ handeln** act in the heat of the moment.
af·fek·tiert [afɛk'ti:ɛt] *adj* affected.
Af·fen·hit·ze *f fam* incredible heat.
af·fig *adj* affected.
Af·gha·ne (Af·gha·nin) [af'ga:nə] ⟨-n, -n⟩ *m (f)* Afghan.
Afri·ka ['a(:)frika] ⟨-s⟩ *n* Africa; **Afri·ka·ner(in)** *m (f)* African; **afri·ka·nisch** *adj* African.
Afro-Ame·ri·ka·ner(in) *m (f)* Afro-American; **afro-ame·ri·ka·nisch** *adj* Afro-American.
Af·ter ['aftɐ] ⟨-s, -⟩ *m anat* anus.
Agent(in) [a'gɛnt] ⟨-en, -en⟩ *m (f)* agent; **Agen·tur** ⟨-, -en⟩ *f* agency.
Ag·gre·gat [agre'ga:t] ⟨-(e)s, -e⟩ *n tech* unit.
agie·ren [a'gi:rən] *itr* act.
Agi·ta·tor *m pol* agitator; **agi·ta·to·risch** *adj pol* agitative; ▶ **e-e ~e Rede** an inflammatory speech.
agi·tie·ren *itr* agitate.
Agrar·staat [a'gra:e-] *m* agrarian state.
Ägyp·ten [ɛ'gyptən] ⟨-s⟩ *n* Egypt; **Ägyp·ter(in)** *m (f);* **ägyp·tisch** *adj* Egyptian.
aha [a'ha(:)] *interj* I see! **Aha-Er·leb·nis** *n* sudden insight.
Ah·le ['a:lə] ⟨-, -n⟩ *f* awl.
Ahn [a:n] ⟨-s/-en, -en⟩ *m* forefather, *(gehoben)* ancestor.
ahn·den ['a:ndən] *tr* punish.
äh·neln ['ɛ:nəln] *itr* be like ..., resemble.
ah·nen ['a:nən] *tr* foresee, know; ▶ **ich ahne nicht Gutes** I have a premonition that all is not well; **das kann ich doch nicht ~!** I couldn't be expected to know that!
Ah·nen·ta·fel *f* genealogical table.
ähn·lich ['ɛ:nlɪç] *adj* similar; ▶ **ziemlich ~ sehen ...** pretty much as ...; **jdm ~ sehen** resemble s.o.; **das sieht ihm ~** *fam* that is just like him.
Ähn·lich·keit *f* similarity; ▶ **mit etw ~ haben** resemble s.th.
Ah·nung *f* **1.** *(Vorgefühl)* presentiment; **2.** *(Wissen)* idea; ▶ **hast du e-e ~!** that's what you know! **keine ~!** no idea!
ah·nungs·los *adj* unsuspecting.
Ahorn ['a:hɔrn] ⟨-s, -e⟩ *m bot* maple-tree.
Äh·re ['ɛ:rə] ⟨-, -n⟩ *f* ear; **~n lesen** glean.
Aids, AIDS [eɪts] ⟨-⟩ *n Abk von* Acquired Immune Deficiency Syndrome

med aids, AIDS; **Aids-Er·re·ger** *m* aids virus; **Aids-Hil·fe** *f (Institution)* aids-centre; **aids·in·fi·ziert** *adj* aids-infected, infected with aids; **Aids-In·fi·zier·te** *m f* person infected with aids; **aids-po·si·tiv** *adj* tested positive for aids; **Aids-Test** *m* aids test.
Air·bag ['ɛəbæg] ⟨-s, -s⟩ *m mot* airbag.
Air·bus ['ɛəbus] *m aero* airbus.
Aja·tol·lah [aja'tɔla] ⟨-(s), -s⟩ *m rel* ayatollah.
Aka·de·mie [akade'mi:] *f* academy.
Aka·de·mi·ker(in) *m (f) (Hochschulabsolvent(in))* university graduate.
aka·de·misch *adj* academic.
Aka·zie [a'ka:tsiə] *f bot* acacia.
ak·kli·ma·ti·si·eren [aklimati'zi:rən] **I** *tr* acclimatize; **II** *refl* become acclimatized.
Ak·kord [a'kɔrt] ⟨-(e)s, -e⟩ *m* **1.** *mus* chord; **2.** *(Stücklohn)* piece rate; ▶ **im ~ arbeiten** do piecework; **Ak·kord·ar·beit** *f* piece work; **Ak·kord·ar·bei·ter(in)** *m (f)* piece-worker.
Ak·kor·de·on [a'kɔrdeɔn] ⟨-s, -s⟩ *n mus* accordion.
ak·kre·di·tie·ren [akredi'ti:rən] *tr pol* (**~ bei**) accredit to ...
Ak·kre·di·tiv [----'-] *n* **1.** *pol* credentials *pl;* **2.** *fin* letter of credit.
Ak·ku(·mu·la·tor) [akumu'la:tɔr] ⟨-s, -s⟩ *m el* accumulator.
ak·ku·rat [aku'ra:t] *adj* precise.
Ak·ku·sa·tiv ['akuzati:f] ⟨-s, -e⟩ *m gram* accusative.
Akon·to·zah·lung [a'kɔnto-] *f* payment on account.
Akro·bat(in) [akro'ba:t] ⟨-en, -en⟩ *m (f)* acrobat; **akro·ba·tisch** *adj* acrobatic.
Akt [akt] ⟨-(e)s, -e⟩ *m* **1.** *(Tat)* act, action; **2.** *theat* act; **3.** *jur (Vorgang)* file; **4.** *(Malerei: Nacktbild)* nude; **5.** *euph (Geschlechtsakt)* coitus.
Akt·en *pl* files, records; ▶ **zu den ~ legen** file away; **ak·ten·kun·dig** *adj* on record; **Ak·ten·no·tiz** *f* memo; **Ak·ten·ord·ner** *m* file; **Ak·ten·schrank** *m* filing cabinet; **Ak·ten·ta·sche** *f* brief-case, portfolio; **Ak·ten·zei·chen** *n* reference.
Ak·teur(in) *m (f) film theat a. fig* protagonist.
Akt·fo·to *n* nude (photograph).
Ak·tie ['aktsiə] *f* share; ▶ **in ~n anlegen** invest in shares; **na, wie stehen die ~?** *fig hum* how are things? **Ak·tien·ge·sell·schaft** *f* joint-stock company; **Ak·tien·ka·pi·tal** *n* share capital; **Ak·tien·mehr·heit** *f:* ▶ **die ~ besitzen** hold the controlling interest.
Ak·tion [ak'tsjo:n] *f* action; *(Einsatz)* operation; *com (Sonderangebot)* special offer; ▶ **in ~ treten** go into action.
Ak·tio·när(in) ⟨-s, -e⟩ *m (f) Br* share-

holder, *Am* stockholder.
Ak·tions·preis *m com* special-offer price; **Ak·tions·ra·dius** *m aero mar* radius, range.
ak·tiv [ak'ti:f] *adj* active; ▶ **sich ~ an etw beteiligen** take an active part in s.th.
Ak·ti·va *pl fin* assets.
ak·ti·vie·ren *tr* 1. *chem* activate; 2. *fig (in Bewegung setzen)* get moving.
Ak·ti·vist(in) *m (f) pol* activist.
Ak·ti·vi·tät *f* activity.
ak·tua·li·sie·ren *tr* make topical; update *a. EDV;* **Ak·tua·li·sie·rung** *f* update.
Ak·tua·li·tät [aktuali'tɛ:t] *f* topicality.
ak·tu·ell [aktu'ɛl] *adj* topical; ▶ **~e Mo·de** latest fashion; **das ist nicht mehr ~** that's no longer relevant; **e-e ~e Sen·dung** *radio TV* a current-affairs programme.
Aku·pres·sur *f med* acupressure.
Aku·punk·tur *f med* acupuncture.
Aku·stik [a'kʊstɪk] *f* acoustics *pl;* **Aku·stik·kopp·ler** ⟨-s, -⟩ *m EDV* acoustic coupler.
aku·stisch *adj* acoustic; ▶ **ich habe Sie ~ nicht verstanden** I simply didn't catch what you said.
akut [a'ku:t] *adj* 1. *med* acute; 2. *(vordringlich)* urgent.
AKW ⟨-s, -s⟩ *n Abk von* **Atomkraftwerk** nuclear power station.
Ak·zent [ak'tsɛnt] ⟨-(e)s, -e⟩ *m* 1. *ling* accent; 2. *fig* stress *(auf* on).
Ak·zep·tanz *f* acceptance, approval.
ak·zep·tie·ren *tr* accept.
Ala·ba·ster [ala'bastɐ] ⟨-s, (-)⟩ *m* alabaster.
Alarm [a'larm] ⟨-(e)s, -e⟩ *m* alarm; ▶ **~ schlagen** sound the alarm; **Alarm·an·la·ge** *f* alarm system; **alar·mie·ren** *tr* alert; **Alarm·zu·stand** *m:* ▶ **in den ~ versetzen** put on the alert.
Al·ba·ni·en [al'ba:niən] ⟨-s⟩ *n* Albania; **Al·ba·ni·er(in)** *m (f)* Albanian; **al·ba·nisch** *adj* Albanian.
al·bern ['albɐn] *adj (kindisch)* silly.
al·bern *itr* behave foolishly.
Al·bern·heit *f* 1. *(alberne Art)* silliness; 2. *(alberner Streich)* silly prank.
Al·bum ['albʊm, *pl* albən] ⟨-s, -ben⟩ *n* album.
Al·ge ['algə] ⟨-, -n⟩ *f bot* alga *pl* algae; **Al·gen·ent·wick·lung** *f* algae development *(od* growth).
Al·ge·bra ['algebra] ⟨-⟩ *f math* algebra.
al·go·rith·misch [algo'ritmɪʃ] *adj* algorithmic; **Al·go·rith·mus** ⟨-, -men⟩ *m* algorithm.
Ali·bi ['a:libi] ⟨-s, -s⟩ *n* alibi; **Ali·bi·frau** *f* token woman; **Ali·bi·funk·tion** *f:* ▶ **~ haben** be used as an alibi.
Ali·men·te [ali'mɛntə] *pl* maintenance *sing.*

Al·ko·hol ['alkoho:l] ⟨-s, -e⟩ *m* alcohol; **al·ko·hol·arm** *adj* low in alcohol; **Al·ko·hol·ein·fluß** *m:* ▶ **unter ~** under the influence of alcohol; **al·ko·hol·frei** *adj* non-alcoholic; ▶ **~e Getränke** soft drinks; **Al·ko·hol·ge·halt** *m* alcohol content; **al·ko·hol·hal·tig** *adj* alcoholic.
Al·ko·ho·li·ker(in) [alko'ho:likɐ] *m (f)* alcoholic; **Al·ko·hol·miß·brauch** *m* alcohol abuse; **Al·ko·hol·test** *m* breath test; **Al·ko·hol·ver·bot** *n* ban on alcohol.
All [al] ⟨-s⟩ *n* space; *philos* universe.
al·le ['alə] *adj pred:* ▶ **~ sein** be all gone; **~ werden** run out; **all(e, s)** *prn* all; ▶ **~s in ~em** on the whole; **~es, was ...** all that ... ; **~e beide** both of us *(od* you, them etc); **~e 2 Tage** every other day; **~e 8 Tage** once a week; **auf ~e Fälle** at all events; **ein für ~emal** once and for all; **dies ~es** all this; **~es, was Sie wollen** anything you like; **vor ~em** above all; **wer war ~es da?** who was there? **was soll das ~es?** what's all this supposed to mean?
Al·lee [a'le:, *pl* a'le:ən] ⟨-, -n⟩ *f* avenue.
al·lein [a'lain] *adj u. adv* alone; *(einsam)* lonely; ▶ **von ~** by o.s.; **das weiß ich von ~!** you don't have to tell me that!
al·lein·er·zie·hend *adj:* ▶ **~e Eltern** single parents; **Al·lein·er·zie·hen·de(r)** *f m* single parent; **Al·lein·gang** *m a. sport* solo run; **Al·lein·herr·schaft** *f pol* autocratic rule.
al·lei·nig *adj* sole.
Al·lein·sein *n* loneliness; **al·lein·ste·hend** *adj* 1. *(Haus)* isolated; 2. *(ledig)* single; **Al·lein·ver·tre·tung** *f* 1. *com* sole agency; 2. *pol* sole representation.
al·le·mal ['alə'ma:l] *adv:* **~! interj** no problem! ▶ **ein für ~** once and for all.
al·len·falls ['alən'fals] *adv* if need be; *(höchstens)* at most.
al·lent·hal·ben ['--'--] *adv* everywhere.
al·ler·beste ['alɐ'bɛst] *adj* best of all, very best; ▶ **es ist am ~n wenn ...** the best thing would be if ...
al·ler·dings ['alɐ'dɪŋs] **I** *adv (aber)* but; **II** *interj* **~!** certainly!
al·ler·er·ste *adj* very first; ▶ **zu aller·erst** first and foremost.
Al·ler·gie [alɛr'gi:] *f med* allergy; **Al·ler·gi·ker(in)** *m (f)* person suffering from an allergy; ▶ **er ist ~** he suffers from an allergy; **al·ler·gisch** *adj* allergic *(gegen* to).
Al·ler·go·lo·ge (Al·ler·go·lo·gin) *m (f) med* allergist.
Al·ler·hei·li·gen ['--'---] *n eccl* All Saints' Day.
al·ler·lei ['alɐ'lai] *adj* all sorts of things; **al·ler·letz·te** *adj* very last; ▶ **das ist das ~!** *fam* that's the absolute end!
al·ler·meiste *adj* by far the most;

▶ **am** ~**n** most of all; **die** ~**n** the vast majority; **al·ler·nächste** *adj* the very next; ▶ **in** ~**r Zukunft** in the very near future; **al·ler·neue·ste** *adj* very latest.
Al·ler·see·len [--'--] *pl eccl* All Souls' Day.
al·ler·seits ['alə'zaɪts] *adv:* ▶ **guten Morgen** ~! good morning to everybody!
al·ler·we·nigst *adj* least of all; ▶ **das wissen die** ~**en** very few people know that; **al·ler·we·nig·stens** *adv* at the very least.
al·le·samt ['--'-] *adv* all.
all·ge·mein ['algə'maɪn] *adj* general; **im** ~**en** generally, in general; **all·ge·mein·bil·dend** *adj (Schule)* providing general education; **All·ge·mein·bil·dung** *f* general education; **All·ge·mein·heit** *f* general public; **all·ge·mein·ver·ständ·lich** *adj* intelligible to all; **All·ge·mein·wohl** *n* public good.
All·heil·mit·tel [al'haɪl-] *n* panacea, cure-all.
Al·li·anz [ali'an(t)s] ⟨-, -en⟩ *f* alliance.
Al·li·ier·te [ali'i:ətə] *m f* ally; ▶ **die** ~**n** *pl* the Allies.
all·jähr·lich [-'--] *adj* annual, yearly.
all·mäch·tig [-'--] *adj* omnipotent; ▶ ~**er Gott!** *interj* heavens above!
all·mäh·lich [al'mɛ:lɪç] **I** *adj* gradual; **II** *adv* gradually, step by step; ▶ **wir soll·ten** ~ **gehen** we should think about going.
All·rad·an·trieb ['----] *m mot* all-wheel drive.
all·sei·tig ['alzaɪtɪç] *adj:* ▶ ~ **interes·siert sein** have all-round interests *pl.*
All·tag ['alta:k] *m* 1. weekday; 2. *fig* everyday life.
all·täg·lich [-'--] *adj* 1. daily; 2. *(ge·wöhnlich)* everyday.
all·wis·send *adj* omniscient.
all·zu·häu·fig ['--'--] *adv* much too often.
all·zu·sehr ['--'-] *adv* too much; ▶ **nicht** ~ not all that much.
all·zu·viel ['--'-] *adv* too much; ▶ ~ **ist ungesund** you can have too much of a good thing.
All·zweck- ['--] *(in Zss.)* all-purpose …
Alm [alm] ⟨-, -en⟩ *f* alpine pasture.
Al·pen ['alpən] *pl geog:* ▶ **die** ~ the Alps; **Al·pen·veil·chen** *n bot* cyclamen.
Al·pha·bet [alfa'be:t] ⟨-(e)s, -e⟩ *n* alphabet; **al·pha·be·tisch** *adj* alphabetical; ▶ ~ **ordnen** arrange alphabetically.
al·pha·nu·me·risch *adj* alphanumeric.
Al·pi·nist *m* Alpinist.
Alp(·traum) *m* night-mare.
Al·rau·ne [al'raunə] *f bot* mandrake.
als [als] *conj* 1. *(nach Komparativen)* than; 2. *(bei Vergleich)* as … as; 3. *(temporal)* when; ▶ **meine Schwester**

ist größer ~ **ich** my sister is taller than I; **wir machen das anders** ~ **ihr** we do it differently to you; **alles andere** ~ … anything but …; **es sieht so aus,** ~ **würde es regnen** it looks like rain; ~ **ich nach Hause kam** … when I came home …; **gerade,** ~ just as; **gleich,** ~ as soon as; ~ **Kind** as a child; ~ **ob das so einfach wäre** as if it were as easy as that.
als·dann [-'-] *adv:* ~! *interj* well then!
al·so ['alzo] **I** *adv* so; *(als Füllwort)* well; ▶ ~ **doch!** so … after all! ~ **gut!** well all right then! **II** *conj (daher)* therefore.
alt [alt] ⟨-̈er, -̈ est⟩ *adj* 1. *(Person)* old; 2. *(historisch)* ancient; ▶ **mein A**~**er** *(Mann, Vater)* my old man; **meine A**~**e** *(Frau, Mutter)* my old lady; ~**e Spra·chen** classical languages; **wie** ~ **bist du?** how old are you? **er ist nicht mehr der A**~**e** he is not the man he used to be; **alles beim** ~**en lassen** leave everything as it was; ~ **aussehen** *fig fam* look a right fool; **etw** ~ **kaufen** buy s.th. second-hand.
Alt¹ *n (Bierart)* top-fermented German dark beer.
Alt² *m mus* alto.
Al·tar [al'ta:ɐ, *pl* al'tɛ:rə] ⟨-(e)s, -̈ e⟩ *m eccl* altar.
alt·bac·ken ['---] *adj* stale.
Alt·bau *m* 1. *(altes Haus)* old building; 2. *(Hausteil)* old part of a house.
Alt·bau·sa·nie·rung *f* redevelopment of old buildings.
alt·be·währt ['--'-] *adj* of long standing.
alt·ein·ge·ses·sen *adj* old-established.
Alt·ei·sen *n* scrap iron.
Al·ten·pfle·ge·heim *n* geriatric care centre.
Al·ter ['altə] ⟨-s⟩ *n* age; ▶ **hohes** ~ old age; ▶ **im** ~ **von** … at the age of …; **das ist doch kein** ~! that's no age at all!
al·tern ⟨sein⟩ *itr* 1. *(von Mensch)* get older; 2. *(von Wein, Spirituosen)* mature.
al·ter·na·tiv *adj (Weg, Methode, Le·bensweise, Energiegewinnung)* alterna·tive; *pol* unconventional; *(umweltbe·wußt)* ecologically minded.
Al·ter·na·tiv- *(in Zss.)* alternative; *(Bäckerei, Landwirtschaft)* organic.
Al·ter·na·ti·ve ⟨-, -n⟩ *f* alternative.
Al·ter·na·ti·ve(r) ⟨-n, -n⟩ *f m pol* mem·ber of the alternative movement.
Al·ters·ge·nos·se *m* contemporary; **Al·ters·gren·ze** *f* age limit; ▶ **die** ~ **erreichen** reach retirement age; **Al·ters·grup·pe** *f* age group; **Al·ters·heim** *n* old people's home; **Al·ters·py·ra·mi·de** *f* age pyramid; **Al·ters·ru·he·geld** *n* old-age pension; **Al·ters·schwä·che** *f* 1. *(von Mensch)* infirm·ity; 2. *(von Material)* decrepitude; **Al·ters·ver·sor·gung** *f* provision for old

age.

Al·ter·tum ['altetu:m] *n* antiquity.

al·ter·tüm·lich ['altety:mlıç] *adj* 1. *(altmodisch)* old-fashioned; 2. *(veraltet)* antiquated.

Al·te·rungs·be·stän·dig·keit *f* aging resistance *(od* stability).

Alt·glas·con·tai·ner *m* bottle bank.

alt·her·ge·bracht [-'---] *adj* traditional.

alt·klug *adj* precocious.

Alt·last ⟨-, -en⟩ *f dangerous waste from the past.*

ält·lich ['ɛltlıç] *adj* oldish.

Alt·ma·te·ri·al *n* scrap; **Alt·mei·ster** *m; sport* ex-champion; **alt·mo·disch** *adj* old-fashioned; **Alt·öl** *n* waste oil; **Alt·öl·tank** *m* slop-tank; **Alt·pa·pier** *n* wastepaper; **Alt·pa·pier·sammlung** *f* wastepaper collection; **Altstadt** *f* old part of town; **Alt·wa·gen** *m* used car; **Alt·wa·ren·händ·ler** *m* second-hand dealer; **Altwei·ber·sommer** [-'----] *m* Indian summer.

Alu·fo·lie ['alufo:ljə] *f* tin foil, *Br* aluminium *(Am* aluminum) foil.

Alu·mi·ni·um [alu'mi:niʊm] ⟨-s⟩ *n Br* aluminium, *Am* aluminum.

am [am] ▶ (= **an dem**) ~ 1. November on November 1st; **Frankfurt** ~ **Main** F. on the Main; ~ **Abend** in the evening; ~ **Anfang** at the beginning; ~ **Ende** after all, at last, in short; ~ **Himmel** in the sky; **ich war gerade** ~ **Weggehen** ... I was just leaving ...; ~ **Tag** by day; ~ **Tag darauf** on the following day; ~ **Lager** *com* in stock; ~ **besten** best; ~ **meisten** most; ~ **Leben** alive.

Ama·teur(in) [ama'tø:ɐ] ⟨-s, -e⟩ *m (f)* amateur; **Ama·teur·fun·ker(in)** *m (f)* radio amateur; *fam* radio ham.

Am·boß ['ambɔs] ⟨-sses, -sse⟩ *m* anvil.

Am·bu·lanz *f med* 1. *(im Krankenhaus)* outpatients *sing;* 2. *(Krankenwagen)* ambulance.

Amei·se ['a:maızə] ⟨-, -n⟩ *f zoo* ant; **Amei·sen·bär** *m zoo* anteater; **Amei·sen·hau·fen** *m* anthill; **Amei·sen·säu·re** *f chem* formic acid.

amen ['a:mɛn] *interj eccl* amen! ▶ **ja u.** ~ **zu etw sagen** give one's blessing to s.th.

Ame·ri·ka [a'me:rika] ⟨-s, (-)⟩ *n* America; ▶ **die Vereinigten Staaten von** ~ the United States of America *(Abk* USA); **Ame·ri·ka·ner(in)** [ameri'ka:nɐ] *m (f)* American; **ame·ri·ka·nisch** *adj* American; **ame·ri·ka·ni·si·eren** *tr* Americanize.

Am·mo·ni·ak ['amonjak] ⟨-s⟩ *n chem* ammonia.

Am·ne·stie [amnɛs'ti:] *f pol* amnesty; **am·ne·stie·ren** *tr* grant an amnesty to ...

Amö·be [a'mø:bə] ⟨-, -n⟩ *f* am(o)eba.

Amok ['a:mɔk] ⟨-s⟩ *m Br* amok, *Am*

amuck; ▶ ~ **laufen** run amok; **Amok·schüt·ze** *m* crazed gunman.

amor·ti·sie·ren [amɔrti'zi:rən] *refl:* ▶ **sich** ~ pay for itself.

Am·pel ['ampəl] ⟨-, -n⟩ *f* 1. *(Verkehrs~)* traffic lights *pl;* 2. *(Hängelampe)* hanging lamp.

Am·pere [am'pɛ:ɐ] ⟨-(s), -⟩ *n el* ampere; **Am·pere·me·ter** *n el* ammeter.

Am·phi·bie [am'fi:biə] ⟨-, -n⟩ *f zoo* amphibian.

am·phi·bisch *adj* amphibious.

Am·pul·le [am'pʊlə] ⟨-, -n⟩ *f med* ampoule.

am·pu·tie·ren [ampu'ti:rən] *tr* amputate.

Am·sel ['amzəl] ⟨-, -n⟩ *f zoo* blackbird.

Amt [amt, *pl* 'ɛmtə] ⟨-(e)s, ⁼er⟩ *n* 1. *(öffentliches)* office; 2. *(Aufgabe)* duty, task; 3. *(Behörde)* department; 4. *tele* exchange; ▶ **zum zuständigen** ~ **gehen** go to the relevant authority; **von** ~**s wegen** officially; **sich um ein** ~ **bewerben** apply for a post.

am·tie·ren *itr* hold office, be in office; ▶ ~ **als** ... *(fungieren)* act as ...

amt·lich *adj* official; ▶ ~**es Kennzeichen** *Br* registration number, *Am* license number.

Amts·an·ma·ßung *f* unauthorized assumption of authority; **Amts·an·tritt** *m* assumption of office; **Amts·arzt** *m* medical officer; **Amts·eid** *m* oath of office; **Amts·ge·richt** *n Br* county court, *Am* district court; **Amts·handlung** *f* official duty; **Amts·rich·ter** *m Br* county court judge, *Am* district court judge; **Amts·zei·chen** *n tele Br* dialling tone, *Am* dial tone; **Amts·zeit** *f* period of office; **Amts·zim·mer** *n* office.

Amu·lett [amu'lɛt] ⟨-(e)s, -e⟩ *n* amulet, charm.

amü·sant [amy'zant] *adj* amusing.

amü·sie·ren I *tr* amuse; II *refl* enjoy o.s., have a good time; ▶ **sich über etw** ~ find s.th. funny.

Amü·sier·vier·tel *n* nightclub district.

an [an] I *prep* 1. *(räumlich):* ▶ ~ **der Wand stehen** stand by the wall; ~ **etw vorbeigehen** pass s.th.; **sie ging** ~**s Fenster** she went to the window; ~**s Telephon gehen** answer the phone; 2. *(zeitlich):* ~ **diesem Abend** that evening; **es ist** ~ **der Zeit** the time has come; 3. *fig:* **jdn** ~ **etw erkennen** recognize s.o. by s.th.; **was haben Sie** ~ **Weinen da?** what wines do you have? ~ **etw schuld sein** be to blame for s.th.; **ich habe e-e Bitte** ~ **Sie** I have a request to make of you; II *adv* 1. *(etwa):* ~ **die 500 Schüler** about five hundred pupils; **von nun** ~ from today onwards; 2. *rail (Ankunft):* **Stuttgart** ~ **16.25** arriving Stuttgart 16:25.

Ana·bo·li·kum [ana'bo:likʊm] ⟨-s, -ka⟩ *n* anabolic steroid.
Ana·chro·nis·mus *m* anachronism.
ana·log [ana‚lo:k] *adj* 1. *allg* analogous; 2. *EDV* analog.
Ana·lo·gie [analo'gi:] *f* analogy.
Ana·log·rech·ner *m EDV* analog computer.
An·al·pha·bet(in) ['analfabe:t, ---'-] ⟨-en, -en⟩ *m (f)* illiterate; **An·al·pha·be·ten·tum** *n* illiteracy.
Ana·ly·se [ana'ly:zə] ⟨-, -n⟩ *f* analysis.
ana·ly·sie·ren *tr* analyze.
Ana·nas ['ananas] ⟨-, -/(-se)⟩ *f bot* pineapple.
Anar·chie [anar'çi:] *f* anarchy.
Anar·chist(in) *m (f)* anarchist.
Ana·to·mie [anato'mi:] *f* 1. anatomy; 2. *(Institut)* anatomical institute.
ana·to·misch [ana'to:mɪʃ] *adj* anatomical.
an|bah·nen I *tr* initiate; II *refl (bevorstehen)* be in the offing.
an|bän·deln ['anbɛndəln] *itr fam (flirten)* flirt *(mit* with).
An·bau[1] ⟨-(e)s, -ten⟩ *m (Gebäude)* extension.
An·bau[2] ⟨-(e)s⟩ *m (landwirtschaftlich)* cultivation.
an|bau·en *tr* 1. *(landwirtschaftlich)* cultivate, grow; 2. *(an ein Gebäude)* add, build on.
An·bau·flä·che *f* arable land; area under cultivation.
an·bei [-'-] *adv com* enclosed please find.
an|bei·ßen *irr* I *itr* 1. bite; 2. *fig* swallow the bait; II *tr* bite into.
an|be·lan·gen *itr* concern; ▶ **was mich anbelangt** as far as I am concerned.
an|bel·len *tr* bark at ...
an|be·rau·men *tr* arrange, fix.
an|be·ten *tr* 1. *rel* worship; 2. *fig* adore.
An·be·tracht *m:* ▶ **in ~** ... in view of ...; **in ~ dessen, daß** ... considering the fact that ...
an|bie·dern *refl:* ▶ **sich bei jdm ~** curry favour with s.o.
an|bie·ten *irr* I *tr* offer *(jdm etw* s.o. s.th.); II *refl* 1. *(Mensch)* offer one's services; 2. *(Gelegenheit)* present itself.
an|bin·den *irr tr* tie (up); ▶ **kurz angebunden** *fig* curt.
An·blick *m* sight; ▶ **beim ersten ~** at first sight.
an|blicken (k·k) *tr* glance at, look at ...
an|boh·ren *tr* bore into; *(e-e Quelle etc)* open up.
an|bre·chen *irr* I *tr* ⟨h⟩ 1. *(Packung etc)* open; 2. *(Geld etc)* break into; II *itr* ⟨sein⟩ *fig (Tag)* break, dawn; *(Nacht)* fall.
an|bren·nen ⟨sein⟩ *irr itr* catch fire; *(Essen)* get burnt; ▶ **~ lassen** burn; **nichts ~ lassen** not miss one's chances.

an|brin·gen *irr tr* 1. *(festmachen)* fix *(an* to); 2. *(installieren)* install; 3. *(äußern: Bitte, Beschwerde etc)* make *(bei* to); ▶ **s-e Kritik ~** get one's criticism in.
An·bruch ⟨-(e)s⟩ *m* beginning; ▶ **bei ~ des Tages** at day-break; **bei ~ der Nacht** at nightfall.
An·dacht ['andaxt] ⟨-, -en⟩ *f* devotion; *(Gottesdienst)* prayers *pl.*
an·däch·tig ['andɛçtɪç] *adj* devout; *(im Gebet)* in prayer.
an|dau·ern *itr* continue; **an·dau·ernd** *adj (ständig)* continuous; *(anhaltend)* continual; ▶ **jdn ~ unterbrechen** keep on interrupting s.o.
An·den·ken ⟨-s, -⟩ *n* 1. memory; 2. *(Gegenstand)* keepsake *(an* from); *(Reise~)* souvenir; ▶ **zum ~ an ...** in memory *(od* remembrance) of ...
an·de·rer·seits ['--(-)'-] *adv* on the other hand.
an·de·re *adj* 1. *(verschieden)* different; 2. *(noch ein)* other; ▶ **am ~n Morgen** the next morning; **kein ~r** no one else; **etw ~s** s.th. else; **das ist etw ~s** that is different; **der e-e — der ~e** the one — the other; **nichts ~s als** ... nothing but ...; **alles ~ als** ... anything but ...; **~ Kleider anziehen** change one's clothes; **es blieb mir nichts ~s übrig, als selbst hinzugehen** I had no alternative but to go myself; **ein ~s Mal** another time; **es kam eins zum ~n** one thing led to another; **unter ~m** among other things *pl;* **e-r nach dem ~n** one at a time; **nichts ~s** nothing else; **~ Saiten aufziehen** *fig* change one's tune; **sich e-s ~n besinnen** change one's mind; **und vieles ~ mehr** and much more besides.
än·dern ['ɛndən] I *tr* alter; *(wechseln)* change; ▶ **ich kann es nicht ~** I can't do anything about it; II *refl* alter, change.
an·dern·falls *adv* otherwise.
an·ders ['andəs] *adv* differently; ▶ **jem ~** s.o. else; **es sich ~ überlegen** change one's mind; **es geht nicht ~** there's no other way; **das klingt schon ganz ~** now that's more like it; **es war nicht ~ möglich** there was no other way.
An·ders·den·ken·de(r) *f m* dissenter.
an·ders·ge·sinnt *adj* of a different opinion.
an·ders·he·rum *adv* the other way round.
an·ders·wo ['---] *adv* elsewhere; **an·ders·wo·her** *adv* from elsewhere; **an·ders·wo·hin** ['---(')-] *adv* elsewhere.
an·dert·halb ['andɛ'talp] *num* one and a half; **an·dert·halb·fach** *adj* one and a half times.
Än·de·rung ['ɛndərʊŋ] *f* alteration, change.
an·der·wei·tig ['----] I *adj* other; II *adv (woanders)* elsewhere; ▶ **~ vergeben**

werden be given to s.o. else.

an|deu·ten *tr (erkennen lassen)* indicate; *(zu verstehen geben)* hint *(jdm etw* s.th. to s.o.).

An·deu·tung *f:* ▶ e-e ~ über ... machen hint at ...; **versteckte ~en machen** drop veiled hints.

An·drang ‹-(e)s› *m (von Menschen)* crowd, rush; *(von Blut)* rush.

an|dre·hen *tr* 1. *(Licht)* switch on; *(Gas)* turn on; 2. *(befestigen)* tighten; *(Schraube)* screw in; ▶ **jdm etw ~** *fig* palm s.th. off on s.o.

an|dro·hen *tr:* ▶ **jdm etw ~** threaten s.o. with s.th.

an|ecken (k·k) ‹sein› *itr fam:* ▶ **bei jdm ~** rub s.o. up the wrong way.

an|eig·nen *refl:* ▶ **sich etw ~** acquire s.th.; *(widerrechtlich)* appropriate s.th.; *fig* learn s.th.

an·ein·an·der ['--'--] *adv* each other; ▶ **sich ~ gewöhnen** get used to each other; **an·ein·an·der|fü·gen** *tr* join together; **an·ein·an·der|ge·ra·ten** *irr itr* clash; **an·ein·an·der|gren·zen** *itr* border on each other; **an·ein·an·der|rei·hen** I *tr (Perlen etc)* string together; II *refl* 1. *(Perlen etc)* be strung together; 2. *(Tage etc)* run together; **an·ein·an·der|sto·ßen** *irr* I *itr* ‹sein› collide; II *tr* ‹h› bang together.

An·ek·do·te [anɛk'do:tə] ‹-, -n› *f* anecdote.

an|ekeln *tr* disgust; ▶ **es ekelt mich an** it's making me sick.

Ane·mo·ne [ane'mo:nə] ‹-, -n› *f bot* anemone.

An·er·bie·ten *n* offer.

an|er·ken·nen *irr tr* 1. *allg* recognize, acknowledge; *com* accept; 2. *(lobend)* appreciate; ▶ **ein ~der Blick** an appreciative look; **An·er·ken·nung** *f* 1. *allg* recognition, acknowledgement; 2. *(lobende ~)* appreciation.

an|fa·chen *tr* 1. *allg* fan; ▶ 2. *fig* arouse.

an|fah·ren ‹sein› *irr* I *tr mot* start; *rail* pull up; II *tr* 1. *mar* put in at ...; 2. ‹h› *(zusammenstoßen)* run into; 3. ‹h› *(liefern)* deliver; ▶ **jdn ~** *fig* shout at s.o.

An·fahrt *f* 1. *(Reise)* journey; 2. *(Zufahrt)* approach.

An·fall *m* 1. *med* attack; *(Schlag~)* fit (of apoplexy); 2. *fin (von Kosten)* amount *(an* of); ▶ **in e-m ~ von** ... in a fit of ...

an|fal·len *irr* I ‹h› *tr* attack; II ‹sein› *itr* arise; ▶ **die ~de Arbeit** the work which comes up.

an·fäl·lig ['anfɛlıç] *adj (von schwacher Gesundheit)* delicate; ▶ **für etw ~ sein** be susceptible to s.th.

An·fang ['anfaŋ] ‹-(e)s, ⁼e› *m* beginning; ▶ **~ Mai** at the beginning of May; **für den ~** for the present; **von ~ an** right from the beginning; **den ~ ma-**

chen begin, start.

an|fan·gen *irr tr itr* begin, start; ▶ **von vorn ~** begin *(od* start) again; **fang nicht wieder damit an!** don't start all that again! **bei e-r Firma ~** start with a firm; **Streit ~** start an argument; **ich weiß nicht, was ich damit ~ soll** I don't know what to do with it.

An·fän·ger(in) *m (f)* beginner.

an·fäng·lich ['anfɛŋlıç] I *adj* initial; II *adv* at first.

an·fangs ['anfaŋs] *adv* at first.

An·fangs·buch·sta·be *m* first letter; ▶ **großer ~** capital initial; **kleiner ~** small initial; **An·fangs·ge·halt** *n* starting salary; **An·fangs·ge·schwin·dig·keit** *f phys* initial velocity; **An·fangs·sta·di·um** *n* initial stage.

an|fas·sen *tr* touch; ▶ **e-e Sache falsch ~** *fig* tackle a problem the wrong way; **jdn ~** *fig (behandeln)* treat s.o.; **zum A~** *(Mensch, Sache)* accessible; *(Mensch a.)* approachable.

an·fecht·bar *adj* contestable.

an|fech·ten *irr tr allg* contest; *jur* appeal against; *(Vertrag)* dispute.

an|fein·den *tr* treat with hostility.

an|fer·ti·gen *tr* make; ▶ **etw ~ lassen** have s.th. made.

an|feuch·ten *tr* moisten, wet.

an|feu·ern *tr* 1. *(Ofen)* light; 2. *fig* spur on.

an|fle·hen *tr* implore *(um* for).

An·flug *m* 1. *aero (das Anfliegen)* approach; 2. *(Spur)* trace; 3. *(Hauch)* hint; ▶ **mit einem ~ von Spott** with a hint of derision.

an|for·dern *tr* request.

An·for·de·rung *f* 1. *(Belastung)* demand; 2. *(Bedürfnis)* requirement; 3. *(das Anfordern)* request *(von* for); ▶ **hohe ~en an jdn stellen** demand a lot of s.o.; **den ~en genügen** be able to meet the demands.

An·fra·ge *f* inquiry; *parl* question.

an|fra·gen *itr* inquire *(bei jdm* of s.o.).

an|freun·den *refl:* ▶ **sich mit jdm ~** make friends with s.o.; **sich mit etw ~** *fig* get to like s.th.

an|fü·gen *tr* add.

an|füh·len *tr refl* feel.

an|füh·ren *tr* 1. *(als Führer)* lead; 2. *(zitieren)* cite, quote; ▶ **ein Beispiel ~** give an example.

An·füh·rer *m* leader; *(Anstifter)* ringleader.

An·füh·rungs·zei·chen *n pl* inverted commas, quotation marks.

an|fül·len *tr* fill up.

An·ga·be[1] *f* 1. *(Aussage)* statement; 2. *(nähere)* detail; ▶ **~n über etw machen** give details about s.th.

An·ga·be[2] *(Prahlerei)* showing off.

an|ge·ben[1] *irr tr* 1. *(nennen)* give; 2. *(behaupten)* maintain; ▶ **seinen Na-**

men ~ give one's name; **Gründe** ~ state reasons; **sein Vermögen** ~ state one's fortune.
an|ge·ben² *irr itr fam (prahlen)* boast, show off.
An·ge·ber(in) *m (f) fam (Prahler)* show-off.
an·geb·lich ['angeːplıç/ -'--] I *adj* so-called; II *adv* allegedly; ▶ **er fährt ~ e-n Rolls-Royce** he is said to drive a Rolls-Royce.
an·ge·bo·ren *adj* innate; ▶ **~e Kurz-sichtigkeit** congenital short sighted ness.
An·ge·bot *n* offer; *(Waren~)* supply; ▶ **~ und Nachfrage** supply and demand.
an·ge·bracht *adj (sinnvoll)* reasonable.
an·ge·brannt *adj* burnt.
an·ge·gos·sen *adj:* ▶ **wie ~ sitzen** fit like a glove.
an·ge·grif·fen *adj:* ▶ **~e Gesundheit** weak health; **sie sieht ~ aus** she looks strained.
an·ge·hei·tert ['angəhaɪtet] *adj* tipsy.
an|ge·hen *irr* I *itr* ⟨sein⟩ *(Feuer)* start burning; ▶ **gegen etw ~** fight s.th.; II *tr* ⟨h⟩ *(betreffen)* concern; ▶ **das geht Sie nichts an!** that's none of your business! **was geht das mich an?** what's that got to do with me? **was mich angeht** ... for my part ...; **an·ge·hend** *adj:* ▶ **ein ~er Ehemann** a prospective husband.
an|ge·hö·ren *itr (Familie etc)* be a member of ...
An·ge·hö·ri·ge(r) *f m:* ▶ **meine Angehörigen** *pl* my relatives.
An·ge·klag·te(r) ⟨-n, -n⟩ *f m* accused, defendant.
An·gel¹ ['aŋəl] ⟨-, -n⟩ *f (Fenster~, Tür~)* hinge; ▶ **etw aus den ~n heben** *fig* revolutionize s.th. completely; **e-e Tür aus den ~n heben** unhinge a door.
An·gel² *f (Fisch~)* Br rod and line, Am fishing pole.
An·ge·le·gen·heit *f* matter; ▶ **das ist nicht meine ~** that's not my business; **kümmere dich um deine eigenen ~en!** mind your own business! *sing.*
an·ge·lernt *adj:* ▶ **~er Arbeiter** semi-skilled worker.
an·geln ['aŋəln] *itr tr:* ▶ **~ gehen** go fishing; **nach etw ~** *fig* fish for s.th.; **den werde ich mir ~!** *fig fam* I'll give him a piece of my mind!
An·gel·ru·te *f* fishing rod.
an·ge·mes·sen *adj* appropriate; *(Preis)* reasonable.
an·ge·nehm ['angəneːm] *adj* agreeable, pleasant; ▶ **ist es Ihnen so ~?** is that all right for you? **~ Reise!** have a pleasant journey!
an·ge·nom·men I *adj:* ▶ **~er Name** adopted name; II *conj:* ▶ **~, daß** ... assuming that ...

an·ge·se·hen *adj* respected.
an·ge·sichts *prp* in view of, considering.
An·ge·stell·te(r) *f m* employee; ▶ **~ sein bei** ... be on the staff of ...;
An·ge·stell·ten·ver·si·che·rung *f* employees' insurance.
an·ge·strengt I *adj:* ▶ **ein ~es Gesicht** a strained face; II *adv:* ▶ **~ arbeiten** work hard.
an·ge·tan *adv:* ▶ **von jdm (etw) ~ sein** be impressed by s.o (s.th.); **es jdm ~ haben** appeal to s.o.
an·ge·trun·ken *adj* inebriated.
an·ge·wandt *adj:* ▶ **~e Mathematik** applied mathematics *pl.*
an·ge·wie·sen *adj:* ▶ **~ sein auf** ... be dependent on ...; **darauf bin ich nicht ~** I can get along without it.
an|ge·wöh·nen I *tr:* ▶ **jdm etw ~** accustom s.o. to s.th.; II *refl:* ▶ **sich etw ~** get accustomed to s.th.
An·ge·wohn·heit *f* habit; ▶ **die ~ haben, etw zu tun** be in the habit of doing s.th.
An·gi·na [aŋ'giːna] ⟨-⟩ *f med* angina.
an|glei·chen *irr* I *tr* bring into line (*an* with); II *refl:* ▶ **sich ~** grow closer together.
Ang·ler(in) ['aŋle] *m (f)* angler.
an|glie·dern *tr allg* affiliate (*an* to); *pol* annex (*an* to).
An·glist(in) [aŋ'glıst] ⟨-en, -en⟩ *m (f)* anglicist; *(Student)* student of English; *(Dozent etc)* English lecturer; **An·gli·stik** *f* study of English philology.
an·greif·bar *adj fig* open to attack.
an|grei·fen *irr tr* 1. *(feindlich)* attack; 2. *(in Anspruch nehmen: Vorräte, Geld)* draw on ...; 3. *(etw anfassen)* tackle; 4. *(schwächen)* weaken; *(beeinträchtigen)* affect.
An·grei·fer(in) *m (f)* aggressor, attacker.
an|gren·zen *itr:* ▶ **~ an** ... border on ...; **an·gren·zend** *adj* adjacent (*an* to).
An·griff *m* attack (*auf* to); ▶ **etw in ~ nehmen** tackle s.th.; **zum ~ übergehen** take the offensive; **An·griffs·flä·che** *f:* ▶ **jdm e-e ~ bieten** lay o.s. open to an attack.
an·griffs·lu·stig *adj* aggressive.
An·griffs·punkt *m* 1. *(Ziel)* a. *fig* target; 2. *tech (Schwachstelle)* weak-spot; ▶ **der Plan bietet der Opposition zu viele ~e** the plan is too vulnerable to attack by the opposition.
an|grin·sen *tr* grin at ...
Angst [aŋst, *pl* 'ɛŋstə] ⟨-, ⁓e⟩ *f* anxiety (*um* about); *(Furcht)* fear (*vor* of); ▶ **~ haben vor etw** be afraid of s.th.; **~ haben um jdn** be anxious about s.o.; **keine ~!** don't be afraid!
äng·sti·gen ['ɛŋstıgən] I *refl:* ▶ **sich vor etw ~** be afraid of s.th.; **sich wegen**

etw ~ worry about s.th.; **II** *tr:* ► **jdn ~** frighten s.o.

ängst·lich ['ɛŋstlɪç] *adj (angstvoll)* anxious; *(schüchtern)* timid.

Angst·zu·stän·de *pl psych* state of anxiety *sing;* ► **~ bekommen** get in a state of panic.

an|gucken (k·k) *tr* look at ...

an|gur·ten *refl:* ► **sich ~** fasten one's seat belt.

an|ha·ben *irr tr* **1.** *(Kleidungsstücke)* have on, wear; **2.** *(beeinträchtigen):* ► **das kann mir nichts ~** that can't do me any harm; **sie können mir nichts ~** they can't touch me.

an|haf·ten *itr* stick (*an* to).

An·halt ⟨-(e)s, (-e)⟩ *m (~spunkt)* clue; ► **jdm e-n ~ gewähren** give a clue to s.o.; **ich habe keinen ~ dafür, daß ...** I have no grounds to suppose that ...

an|hal·ten *irr* **I** *tr* stop; ► **die Luft ~** hold one's breath; **jdn zu etw ~** encourage s.o. to do s.th.; **II** *itr* **1.** *(stehenbleiben)* stop; **2.** *(andauern)* last; ► **um jds Hand ~** propose to s.o.; **an·hal·tend** *adj* incessant.

An·hal·ter(in) *m (f)* hitch-hiker; ► **per ~ fahren** hitch-hike.

An·halts·punkt *m (s.* Anhalt).

An·hang *m* **1.** appendix; **2.** *(von Partei etc)* followers *pl;* **3.** *fam (Familie)* family.

an|hän·gen *tr* **1.** mot *(Anhänger)* hitch up (*an* to); **2.** *(hinzufügen)* add; ► **jdm etw ~** *fig* blame s.th. on s.o.

An·hän·ger *m* **1.** *(Gefolgsmann)* follower, supporter; **2.** *(Gepäck~)* tag; *(Schmuckstück)* pendant; **3.** *mot* trailer.

An·hän·ger·schaft *f* supporters *pl.*

an·häng·lich *adj* clinging.

An·häng·lich·keit *f* devotion.

an|hau·en *irr tr fam:* ► **jdn ~** make a pass at s.o., touch s.o. for s.th.

an|häu·fen **I** *tr* amass; *(sammeln, hamstern)* hoard up; **II** *refl* pile up.

An·häu·fung *f* amassing; *(von Waren)* hoarding.

an|he·ben *irr tr* raise; *(hochheben)* lift up.

an|hef·ten *tr* fasten (*an* to); *(mit Reißnagel)* tack on; *(mit Stecknadel)* pin to.

an·hei·melnd ['anhaɪmǝlnt] *adj* homely.

an·heim|fal·len [an'haɪm-] ⟨sein⟩ *irr itr:* ► **der Vergessenheit ~** sink into oblivion; **an·heim|stel·len** *tr:* ► **jdm etw ~** leave s.th. to someone's discretion.

an|hei·zen *tr* **1.** *(Kamin etc)* light; **2.** *fig (positiv)* stimulate; *(negativ)* aggravate.

an|heu·ern *itr tr mar* sign up.

An·hieb *m:* ► **auf ~** straight off.

an|him·meln *tr:* ► **jdn ~** make sheep's eyes at s.o.

An·hö·he *f* hill.

an|hö·ren **I** *tr:* ► **jdn ~** hear s.o.; **etw ~** listen to s.th.; **II** *refl:* ► **das hört sich ja gut an!** that sounds good!

An·hö·rung *f parl* hearing.

ani·ma·lisch *adj* animal.

Ani·ma·teur(in) [anima'tø:ɐ] ⟨-s, -e⟩ *m (f)* host (hostess).

ani·mie·ren [ani'mi:rǝn] *tr* encourage; ► **sich animiert fühlen, etw zu tun** feel prompted to do s.th.

Anis ['a:nɪs/a'ni:s] ⟨-es, -e⟩ *m* anise.

An·kauf *m* purchase.

an|kau·fen *tr* buy, purchase.

An·ker ['aŋkɐ] ⟨-s, -⟩ *m* **1.** *mar* anchor; **2.** *el* armature; ► **vor ~ gehen** drop anchor; **den ~ lichten** weigh anchor.

an·kern ['aŋkɐn] *itr (vor Anker liegen)* be anchored.

An·ker·ket·te *f mar* anchor cable; **An·ker·platz** *m* anchorage.

an|ket·ten *tr* chain up (*an* to).

An·kla·ge *f* **1.** *jur* charge; **2.** *(Staatsanwalt als ~vertreter)* prosecution; ► **jdn unter ~ stellen** charge s.o. *(wegen* with); **gegen jdn ~ erheben** bring charges against s.o.; **An·kla·ge·bank** *f jur* dock; ► **auf der ~** in the dock.

an|kla·gen *tr* charge *(wegen* with); ► **jdn ~, etw getan zu haben** accuse s.o. of having done s.th.

An·klä·ger(in) *m (f) jur* prosecutor.

an|klam·mern **I** *tr (mit Klammer)* clip (*an* to); **II** *refl* cling (*an* to).

An·klang *m (Beifall):* ► **~ bei jdm finden** be well received by s.o.

an|kle·ben **I** *tr* ⟨h⟩ stick up (*an* on); **II** *itr* ⟨sein⟩ stick.

an|klei·den *tr refl* dress.

An·klei·de·zim·mer *n* dressing-room.

an|klop·fen *itr* knock (*an* at); ► **bei jdm ~ wegen etw** *fig* come knocking at someone's door for s.th.

an|knip·sen *tr (Licht)* switch on.

an|knüp·fen **I** *tr* **1.** tie on (*an* to); **2.** *fig* start up; ► **Beziehungen ~** establish relations; **II** *itr:* ► **an etw ~** take s.th. up.

an|kom·men[1] ⟨sein⟩ *irr itr* **1.** arrive; **2.** *(bei Bewerbungen)* be taken on *(bei* by); **3.** *(Anklang finden)* go down *(bei* with); ► **bist du gut angekommen?** did you get there all right? **jdm mit etw ~** come to s.o. with s.th.; **bei jdm ~** *fam* have success with s.o.; **komm bloß damit nicht wieder an!** *fam* don't start up again with this!

an|kom·men[2] ⟨sein⟩ *irr itr (wichtig sein):* ► **es kommt darauf an** it depends; **es kommt darauf an, daß ...** what matters is that ...; **es darauf lassen** chance it; **laß es nicht darauf ~!** don't push your luck! **es auf e-n Prozeß ~ lassen** let it get as far as the courts; **darauf soll es mir nicht ~** that's not the problem.

an|kot·zen *tr sl* **1.** *(etw ~)* puke over; **2.**

fig vulg: ▶ **das kotzt mich an!** that's enough to make me sick!

an|kün·di·gen I *tr* announce; II *refl fig* be heralded (*durch* by).

An·kün·di·gung *f* announcement.

An·kunft ['ankʊnft] ⟨-⟩ *f* arrival; ▶ **bei ~ on** arrival; **An·kunfts·zeit** *f* time of arrival.

an|kur·beln *tr fig* boost.

an|lä·cheln *tr:* ▶ **jdn ~** give s.o. a smile.

an|la·chen *tr* smile at; ▶ **sich jdn ~** *fig fam* pick s.o. up.

An·la·ge *f* 1. (*Fabrik~*) plant; 2. (*Park*) public park, gardens *pl;* 3. (*Garten~*) grounds *pl;* 4. (*Beilage*) enclosure; 5. (*Entwurf*) layout; 6. *el* installation; 7. *EDV radio* system; 8. *fin* investment; ▶ **als ~ erhalten Sie ...** enclosed please find ...; **An·la·ge·pa·pier** *n fin* long-term investment bond.

An·laß ['anlas, *pl* 'anlɛsə] ⟨-sses, ⁻sse⟩ *m* 1. (*Ursache*) cause (*zu* for); 2. (*Gelegenheit*) occasion; ▶ **es besteht kein ~ ...** there is no reason ...; **etw zum ~ nehmen, zu ...** use s.th. as an opportunity to ...; **festlicher ~** festive occasion; **beim geringsten ~** for the slightest reason.

an|las·sen *irr tr* 1. *mot* (*in Gang setzen*) start; 2. (*nicht ausziehen z. B. Jacke*) keep on; 3. (*Geräte*) leave on.

An·las·ser ⟨-s, -⟩ *m mot* starter.

an·läß·lich ['anlɛslıç] *prp* on the occasion of ...

An·lauf *m:* ▶ **e-n ~ nehmen** take a run-up; **erst beim zweiten ~** *fig* only at the second go.

an|lau·fen *irr* I *itr* ⟨sein⟩ 1. (*anfangen*) begin, start; *film* open; 2. *med* swell up; 3. (*beschlagen*) steam up; (*von Metall*) tarnish; II *tr* ⟨h⟩ *mar* (*e-n Hafen*) call at.

An·lauf·stel·le *f* shelter, refuge; ▶ **~ für Drogensüchtige** *Br* Drug Crisis Centre (*Am* Center).

An·lauf·zeit *f fig:* ▶ **das braucht ein paar Wochen ~** it needs a few weeks to get going.

An·laut *m ling* initial sound.

an|le·gen I *tr* 1. (*daranlegen*) lay (*an* next to); 2. (*anziehen*) don; 3. *fin* invest; 4. (*Kartei*) start; 5. (*Vorräte*) lay in; ▶ **e-e Leiter ~ an ...** put up a ladder to ...; **sein Lineal ~** set one's ruler; **es darauf ~, daß ...** be determined that...; **sich mit jdm ~** pick a quarrel with s.o.; II *itr mar* berth.

An·le·ger(in) *m (f) fin* investor.

An·le·ger *m mar* landing-stage; (*für Ozeandampfer*) berth.

an|leh·nen I *tr* lean (*an* against); (*Tür*) leave ajar; II *refl* lean (*an* against); ▶ **sich an etw ~** *fig* follow s.th.

an|lei·ern *tr fam* (*in die Wege leiten*) launch, get on the road.

An·lei·he ['anlaɪə] ⟨-, -n⟩ *f* 1. (*Darlehen*)

loan; 2. (*Wertpapier*) bond; ▶ **e-e ~ aufnehmen** take a loan; **bei jdm e-e ~ machen** *a. fig* borrow from s.o.

an|lei·men *tr* stick on (*an* to).

an|lei·ten *tr* instruct; ▶ **jdn zu etw ~** teach s.o. s.th.

An·lei·tung *f a. tech* instructions *pl;* ▶ **unter ~ von ...** under the guidance of ...

An·lie·gen ['anliːɡən] ⟨-s, -⟩ *n* 1. (*Bitte*) request; 2. (*Angelegenheit*) matter.

an|lie·gen *irr itr* (*Kleider*) fit closely (*an* s.th.); (*Haare*) lie flat (*an* against).

an·lie·gend *adj* 1. (*benachbart*) adjacent; 2. (*Kleider*) tight-fitting; 3. (*beiliegend*) enclosed.

An·lie·ger(in) ⟨-s, -⟩ *m (f)* (*Anwohner*) local resident; ▶ **~ frei** residents only.

an|locken (k·k) *tr* attract; (*Tiere*) lure.

an|lö·ten *tr* solder on (*an* to).

an|lü·gen *irr tr:* ▶ **jdn ~** lie to s.o.

an|ma·chen *tr* 1. (*befestigen*) put up (*an* on); 2. (*Salat*) dress; 3. (*Feuer*) light; 4. *fig fam* (*jdn ansprechen*) chat up s.o.; 5. *fig fam* (*erregen*) turn on; 6. (*beschimpfen*) slam; ▶ **(das) Licht ~** turn on the light.

An·marsch *m* walk; ▶ **im ~ sein auf ...** *mil* be advancing on ...; *fig* be on one's way.

an|ma·ßen ['anmaːsən] *refl:* ▶ **sich ~, etw zu tun** have the presumption to do s.th.; **sich etw ~** claim s.th.; **an·ma·ßend** ['anmaːsənt] *adj* presumptuous.

An·ma·ßung *f* 1. presumption; 2. (*Unverschämtheit*) insolence.

An·mel·de·for·mu·lar *n* registration form; **An·mel·de·ge·bühr** *f* registration fee.

an|mel·den I *tr* 1. *allg* announce; 2. (*für Abgaben, Zoll etc*) declare; 3. *tele* (*Gespräch*) book; ▶ **jdn bei e-r Schule ~** enrol s.o. at a school; **jdn zu e-m Kurs ~** enrol s.o. for a course; **s-n Fernseher ~** get a licence for one's TV set; II *refl* 1. *allg* announce one's arrival; 2. (*für e-n Kurs*) enrol o.s.; ▶ **sich polizeilich ~** register with the police.

An·mel·dung *f* 1. (*Ankündigung*) announcement; 2. (*zu e-m Kurs etc*) enrolment; (*bei Polizei*) registration; 3. (*Reception*) reception.

an|mer·ken *tr* 1. (*anstreichen*) mark; 2. (*bemerken*) say; 3. (*schriftlich*) note; ▶ **sich etw ~ lassen** let s.th. show.

An·mer·kung *f* 1. (*schriftlich*) note; 2. (*Bemerkung*) remark.

An·mut ['anmuːt] ⟨-⟩ *f* grace.

an·mu·tig *adj* graceful.

an|nä·hen *tr* sew on (*an* to).

an|nä·hern I *tr* bring more into line (*an* with); II *refl* approach (*e-r S* s.th.); **an·nä·hernd** ['annɛːent] I *adj* approximate; II *adv* (*etwa*) about, approximately.

An·nä·he·rung f approach (an towards); **An·nä·he·rungs·ver·such** m advances pl.

An·nah·me ['anna:mə] ⟨-, -n⟩ f acceptance; (Vermutung) assumption; ▶ **der** ~ **sein, daß** ... assume that ...; **in der** ~, **daß** ... on the assumption that ...

An·nah·me·schluß m deadline.

an·nehm·bar adj acceptable, admissible; ▶ **ein** ~**er Preis** a reasonable price.

an|neh·men irr tr 1. (Angebotenes ~) accept; 2. (aufnehmen) take; 3. fig (vermuten) presume; 4. fig (voraussetzen) assume; ▶ **von jdm etw** ~ expect s.th. of s.o.; **e-n Auftrag** ~ take on an order; ▶ **sich e-r Sache** ~ see to a matter.

An·nehm·lich·keit f convenience; ▶ **die** ~**en des Lebens** the comforts of life.

an·nek·tie·ren [anɛk'ti:rən] tr pol annex.

An·non·ce, an·non·cie·ren (s. Anzeige, anzeigen).

an·nul·lie·ren [anʊ'li:rən] tr jur annul.

an|öden ['anø:dən] tr fam bore stiff.

an·onym [ano'ny:m] adj anonymous; ▶ **A**~**e Alkoholiker** pl Alcoholics Anonymous pl.

an·ony·mi·sie·ren tr (Daten, Fragebögen) make anonymous.

Ano·rak ['anorak] ⟨-s, -s⟩ m anorak.

an|ord·nen tr 1. (aufstellen) arrange; 2. (befehlen) order.

An·ord·nung f 1. (Aufstellung) arrangement; 2. (Befehl) order; ▶ **auf** ~ **meines Arztes** on my doctor's orders pl.

an|pac·ken tr 1. allg grab; 2. fig tackle; ▶ **kannst du mal mit** ~? can you lend me a hand?

an|pas·sen I tr (Kleidung etc) fit (on); tech fit (to); ▶ **etw e-r Sache** ~ suit s.th. to s.th.; II refl: ▶ **sich** ~ **an etw** adapt o.s. to s.th.

An·pas·sung f 1. allg adjustment; 2. (Angepaßtheit) conformity; **an·pas·sungs·fä·hig** adj adaptable; **An·pas·sungs·ver·mö·gen** n adaptability.

an|pei·len tr radio: ▶ **etw** ~ take a bearing on s.th.; fig (im Auge haben) have one's sights on s.th.

an|pflan·zen tr grow.

An·pflan·zung f (bepflanzte Fläche) cultivated area.

an|pran·gern ['anpraŋən] tr denounce.

an|prei·sen irr tr extol; ▶ **sich** ~ **als** ... sell o.s. as ...

An·pro·be f fitting.

an|pro·bie·ren tr try on.

an|pum·pen tr fig fam: ▶ **jdn um £ 2** ~ touch s.o. for £ 2.

an|rech·nen tr 1. (berechnen) charge; 2. (gutschreiben) take into account; ▶ **wieviel rechnen Sie mir für mein altes Auto noch an?** how much will you

allow me for my old car?

An·recht n: ▶ **ein** ~ **haben auf etw** be entitled to s.th.

an|re·den tr address; ▶ **gegen den Lärm** ~ make o.s. heard against the noise.

an|re·gen tr 1. (stimulieren) stimulate; 2. (ermuntern) prompt (zu to); ▶ **jds Appetit** ~ whet someone's appetite; **an·re·gend** adj stimulating.

An·re·gung f 1. (Stimulierung) stimulation; 2. (Vorschlag) idea; ▶ **auf** ~ **von** ... on the suggestion of ...

an|rei·chern ['ənraıçern] I tr 1. allg a. fig enrich; 2. (vergrößern) enlarge; ▶ **angereichert werden** chem be accumulated; II refl chem accumulate.

An·rei·che·rung f 1. chem accumulation; 2. fig enrichment.

An·rei·se f journey.

An·reiz m incentive.

an|rei·zen tr encourage.

an|rem·peln tr: ▶ **jdn** ~ bump into s.o.; (böswillig) jostle s.o.

an|ren·nen ⟨sein⟩ irr itr: ▶ **gegen etw** ~ run against s.th.; fig fight against s.th.

An·rich·te ['anrıçtə] ⟨-, -n⟩ f 1. sideboard; 2. (Raum) pantry.

an|rich·ten tr 1. (Mahlzeit) prepare; 2. fig (verursachen) bring about; ▶ **da hat er was Schönes angerichtet!** he's really made a fine mess there!

an·rü·chig ['anrʏçıç] adj notorious.

An·ruf m tele call; **An·ruf·be·ant·wor·ter** m (telephone) answering machine.

an|ru·fen irr tr 1. (jdn ~) shout to (s.o.); 2. tele call, ring; ▶ **darf ich mal bei Ihnen** ~? can I make a call from here?

an|rüh·ren tr 1. (berühren) touch; 2. (Farbe ~) mix; (Sauce) blend.

an·rüh·rend adj touching.

An·sa·ge ['anza:gə] ⟨-, -n⟩ f announcement.

an|sa·gen I tr 1. allg announce; 2. (bei Kartenspiel): ▶ **Sie sagen an!** it is your turn to bid! II refl say that one is coming; ▶ **angesagt sein** be recommended, be suggested; (modisch) be the in thing; **Spannung ist angesagt** we are in for a bit of exitement.

An·sa·ger(in) m (f) radio announcer.

an|sam·meln tr accumulate; ▶ **Vorräte** ~ build up provisions.

An·samm·lung f 1. (von Gegenständen) collection; 2. (von Menschen) crowd.

an·säs·sig ['anzɛsıç] adj resident.

An·satz m 1. (Haar~) hair-line; 2. tech attachment; (zur Verlängerung) extension; 3. (Ablagerung) layer; 4. philos approach; ▶ **die ersten** ~**e zeigen** be in the initial stages.

an|sau·gen tr draw (od suck) in.

An·saug·fil·ter m mot suction filter.

an|schaf·fen I *tr (kaufen)* buy, purchase; II *itr sl (Prostituierte)* be on the game.

An·schaf·fung *f* acquisition; ▶ ~en machen make purchases; **An·schaf·fungs·wert** *m* cost-value.

an|schal·ten *tr el radio* switch on.

an|schau·en *tr* look at ...

an·schau·lich *adj (klar)* clear, graphic; *(lebendig)* vivid; ▶ ein ~es Beispiel a concrete example.

An·schau·ung *f* opinion, view; ▶ etw aus eigener ~ kennen know s.th. from one's own experience; **An·schau·ungs·ma·te·ri·al** *n* visual aids *pl.*

An·schein ⟨-(e)s⟩ *m* appearance; ▶ allem ~ nach to all appearances *pl;* es hat den ~, als ob ... it seems as if ...; sich den ~ geben pretend to be.

an·schei·nend I *adj* apparent; II *adv* apparently.

an|schie·ben *irr tr* push.

an|schie·ßen *irr* I *tr* ⟨h⟩ shoot; II *itr* ⟨sein⟩ *fam:* ▶ angeschossen kommen come shooting along.

An·schlag *m* 1. *(Mord~)* murderous attempt; 2. *(Bekanntmachung)* notice; *(Poster)* poster; 3. *(auf Schreibmaschine)* touch; 4. *tech (bei Hebel etc)* stop; ▶ e-m ~ zum Opfer fallen be assassinated; dreh den Knopf bis zum ~! push the knob right down! **An·schlagbrett** *n Br* notice-board, *Am* bulletin board.

an|schla·gen *irr* I *tr* 1. *(annageln etc)* nail on *(an* to); 2. *(Bekanntmachung aushängen)* post *(an* on); 3. *(Vase, Teller etc)* chip; II *itr* 1. *(Brecher)* beat *(an* against); 2. *med (wirken)* take effect.

an|schlie·ßen *irr* I *tr* 1. *allg* lock *(an* to); 2. *el tech* connect; II *refl:* ▶ sich jdm ~ join s.o.; ich schließe mich (Ihrer Meinung) an I'll second you.

An·schluß *m* 1. *rail* connection; 2. *(freiwilliger ~)* joining *(an* of); 3. *tele* telephone; ▶ im ~ an ... following ...; den ~ verpassen *rail* miss one's connection; *fig* miss the bus; ~ haben nach ... *rail* have a connection to ...; e-n ~ beantragen *tele* apply for a telephone to be connected; **An·schluß·flug** *m* connecting flight; **An·schluß·zug** *m* connection.

an|schmie·gen *refl* 1. *(Mensch)* snuggle up *(an* to), nestle *(an* against); 2. *(Kleidung: passen, eng anliegen)* cling to ...

an·schmieg·sam *adj (Material, Stoff)* smooth.

an|schnal·len I *tr* strap on; ▶ seine Skier ~ clip on one's skis; II *refl aero mot* fasten one's seat belt.

An·schnall·pflicht *f aero mot* obligatory wearing of seat belts.

an|schnau·zen *tr:* ▶ jdn ~ yell at s.o.

an|schnei·den *irr tr* 1. cut; 2. *fig (Frage*

etc) touch on ...

an|schrau·ben *tr* screw on *(an* to).

an|schrei·ben *irr tr* 1. *(an Wand etc)* write up *(an* on); *(an Tafel)* chalk s.th. up; 2. *(auf Kredit ~)* chalk up; ▶ ~ lassen *fam* buy on tick; jdn ~ *(durch Brief)* write s.o. a letter.

an|schrei·en *irr tr* shout at ...

An·schrift *f* address.

an|schul·di·gen *tr* accuse *(wegen* of).

An·schul·di·gung *f* accusation.

an|schwei·ßen *tr tech* weld on *(an* to).

an|schwel·len ⟨sein⟩ *irr itr* swell.

An·schwel·lung *f a. med* swelling.

an|schwem·men I *tr* ⟨h⟩ wash up; II *itr* ⟨sein⟩ be washed up.

An·se·hen ['anze:ən] ⟨-s⟩ *n* 1. *(Aussehen)* appearance; 2. *(Achtung)* reputation; ▶ zu ~ gelangen acquire standing; an ~ verlieren lose credit.

an|se·hen *irr tr* 1. look at ...; 2. *(besichtigen)* have a look at *(etw* s.th.); 3. *TV* watch *(etw* s.th.); ▶ sieh mal (einer) an! well, I never! etw ~ als ... *fig* regard s.th. as ...; sich etw genau ~ take a close look at s.th.; das sieht man ihr nicht an she doesn't look it; das kann ich nicht länger mit ~! I can't stand it any more!

an·sehn·lich *adj* 1. *(Person)* handsome; 2. *(beträchtlich)* considerable; ▶ ein ~es Sümmchen *fam* a tidy little sum.

an|sei·len I *tr:* ▶ jdn ~ rope s.o. up; II *refl* rope o.s. up.

an|set·zen I *tr* 1. *(anfügen)* put on *(an* to); 2. *fig (bestimmen)* fix; *(veranschlagen)* estimate; ▶ Fett ~ put on weight; e-e Leiter an die Wand ~ put a ladder onto the wall; II *refl (Ablagerungen)* form.

An·sicht ⟨-, -en⟩ *f* 1. view; 2. *fig* opinion; 3. *tech (Zeichnung)* drawing; ▶ meiner ~ nach in my opinion; der ~ sein, daß ... be of the opinion that ...; ich bin ganz Ihrer ~ I entirely agree with you; zur ~ on approval; **An·sichts·kar·te** *f* picture (post)card; **An·sichts·sa·che** *f* matter of opinion.

an|sie·deln *tr (Menschen)* settle; *(Industrie)* establish.

An·sied·lung *f* settlement.

an|span·nen *tr* 1. *(Seil etc)* tighten; 2. *fig (anstrengen)* strain; ▶ das spannt mich zu sehr an! that's too much of a strain for me!

An·span·nung *f* strain.

an|spie·len I *itr sport (Fußball)* kick off; ▶ auf etw ~ *fig* allude to s.th.; worauf spielen Sie an? *fig* what are you driving at? II *tr sport (Fußball)* pass to.

An·spie·lung *f* allusion *(auf* to).

an|spit·zen *tr (Gegenstand)* sharpen.

An·sporn ['anʃpɔrn] ⟨-(e)s⟩ *m* incentive.

an|spor·nen *tr fig:* ▶ jdn zu etw ~ encourage s.o. to do s.th.

An·spra·che *f* address; ▶ e-e ~ **halten** make a speech.

an|spre·chen *irr* I *tr* 1. speak to ...; 2. *fig (gefallen)* appeal to ...; II *itr (reagieren)* respond *(auf* to); ▶ **die Bremsen sprechen gut an** the brakes are very responsive.

an·spre·chend *adj* attractive.

An·sprech·part·ner(in) *m (f)* person to talk to, contact.

an|sprin·gen *irr* I *itr* ⟨sein⟩ *mot* start; ▶ **auf etw ~** *fig* jump at s.th.; II *tr* jump.

An·spruch *m* claim *(auf* to); ▶ **auf etw ~ haben** have a right to s.th.; **jdn völlig in ~ nehmen** take up all of someone's time.

an·spruchs·los *adj* 1. *(Mensch)* modest; 2. *(Lektüre)* light.

an·spruchs·voll *adj* 1. *allg* demanding; 2. *fig* ambitious.

an|sta·cheln *tr* spur on.

An·stalt ['anʃtalt] ⟨-, -en⟩ *f* 1. *(Institut)* institute; 2. *jur (Institution)* institution; ▶ **für etw ~en treffen** *fig* take measures for s.th.

An·stand *m* decency, propriety; ▶ **keinen ~ haben** have no manners.

an·stän·dig ['anʃtɛndıç] *adj a. fig* decent; ▶ **ein ~es Essen bekommen** get a square meal.

an·stands·los *adv* without difficulty.

an|star·ren *tr* stare at ...

an·statt [an'ʃtat] *prp, conj* instead of ...

an|ste·chen *irr tr* pierce; ▶ **ein Faß Bier ~** tap a keg (of beer).

an|stecken[1] **(k·k)** *tr* 1. *(mit Nadel etc)* pin on; 2. *(Ring)* slip on.

an|stecken[2] **(k·k)** *tr (anzünden)* light; ▶ **ein Haus ~** set fire to a house.

an|stecken[3] **(k·k)** I *tr med (infizieren)* infect; II *refl:* ▶ **sich mit etw ~** catch s.th. *(bei* from); **an·steckend (k·k)** *adj* contagious, infectious; ▶ **~e Krankheit** infectious disease.

An·steckung (k·k) *f* infection; **An·steckungs·ge·fahr (k·k)** *f* risk of infection.

an|ste·hen *irr itr* 1. *(Schlange stehen)* queue (up); *(nach Waren ~)* stand in line *(nach* for); 2. *fig (noch folgen)* be due to be dealt with.

an|stei·gen ⟨sein⟩ *irr itr* rise.

an|stel·len *tr* 1. *(anlehnen)* lean *(an* against); 2. *tech mot* start; *el radio* turn on; 3. *(einstellen)* employ; ▶ **ich weiß nicht, wie ich es ~ soll** I don't know how to manage it; **stell bloß keinen Unsinn an!** don't get up to mischief! II *refl* 1. *(in Schlange)* queue up; 2. *(sich verhalten)* act up; ▶ **stell dich nicht an!** don't make such a fuss!

An·stel·lung *f* employment; ▶ **e-e feste ~** a permanent position.

an|stif·ten *tr:* ▶ **jdn zu etw ~** incite s.o. to do s.th.

An·stif·ter *m* instigator.

an|stim·men *tr:* ▶ **ein Lied ~** begin singing a song.

An·stoß *m* 1. *sport* kick-off; 2. *(Ärgernis)* annoyance; ▶ **jdm den ~ geben, etw zu tun** induce s.o. to do s.th.; **~ erregen** cause offence *(bei* to); **den ~ zu etw geben** get s.th. going.

an|sto·ßen *irr itr* 1. ⟨sein⟩ knock, bump; 2. ⟨h⟩ *(mit Gläsern)* touch glasses; 3. ⟨h⟩ *sport (Fußball)* kick off; ▶ **auf etw ~** drink to s.th.

an·stö·ßig ['anʃtø:sıç] *adj* offensive.

an|strei·chen *irr tr* 1. *(anmalen)* paint; 2. *(markieren)* mark.

An·strei·cher *m* painter.

an|stren·gen I *tr* strain; ▶ **sein Gedächtnis ~** rack one's brains *pl;* II *refl* make an effort; **an·stren·gend** *adj* strenuous; ▶ **das ist ~ für die Augen** it's a strain on the eyes.

An·stren·gung *f* effort; *(große ~)* strain; ▶ **große ~en machen** make every effort *sing.*

An·strich *m* 1. *(das Anstreichen)* painting; 2. *(Farbschicht)* coat of paint; 3. *fig (Hauch)* touch.

An·sturm ⟨-(e)s⟩ *m* rush.

an|stür·men ⟨sein⟩ *itr (gegen etw ~) a. fig* attack s.th.

Ant·ark·tis [ant'arktıs] ⟨-⟩ *f geog:* ▶ **die ~** the Antarctic; **ant·ark·tisch** *adj* antarctic.

an|ta·sten *tr* 1. *allg* touch; 2. *fig (Frage)* touch on ...; 3. *(Rechte)* question; ▶ **Vorräte ~** break into supplies.

An·teil *m* share; ▶ **(tiefen) ~ nehmen an etw** *(mitfühlend)* be (deeply) sympathetic over s.th.; **an etw (regen) ~ nehmen** show a (lively) interest in s.th.

an·tei·lig ['antaılıç] *adj* proportionate.

An·teil·nah·me ['antaılna:mə] ⟨-⟩ *f* sympathy *(an* with).

An·ten·ne [an'tɛnə] ⟨-, -n⟩ *f* 1. *radio* aerial; 2. *zoo* antenna.

An·thra·zit [antra'tsi:t] ⟨-s, (-e)⟩ *m* anthracite.

An·ti·al·ko·ho·li·ker(in) *m (f)* teetotaller.

an·ti·au·to·ri·tär *adj* antiauthoritarian.

An·ti-Ba·by-Pil·le [anti'be:bi-] *f* contraceptive pill.

An·ti·bio·ti·kum [antibi'o:tikʊm] ⟨-s, -ka⟩ *n med* antibiotic.

An·ti·blockier·sy·stem (k·k) *n mot* anti-lock braking system.

An·ti·hist·amin [antihısta'mi:n] ⟨-s, -e⟩ *n med* antihistamine.

an·tik [an'ti:k] *adj* 1. *com* antique; 2. *(aus der Antike)* ancient; **An·ti·ke** [an'ti:kə] ⟨-, -n⟩ *f:* ▶ **die ~** antiquity.

An·ti·kör·per ['----] *m med* anti-body.

An·ti·lo·pe [anti'lo:pə] ⟨-, -n⟩ *f zoo* antelope.

An·ti·pa·thie [antipa'ti:] *f* antipathy

(*gegen* to).

An·ti·qua [an'ti:kva] ⟨-⟩ *f typ* Roman type.

An·ti·qua·riat [antikvari'a:t] ⟨-s, -e⟩ *n* 1. (*Geschäft*) second-hand bookshop; 2. (*Abteilung*) second-hand department.

an·ti·qua·risch *adj* second-hand.

An·ti·qui·tä·ten [antikvi'tɛ:tn] *pl* antiques *pl.*

An·ti·schäum·mit·tel *n chem (in Motoröl)* foam inhibitor.

An·ti·se·mit [antize'mi:t] ⟨-en, -en⟩ *m* anti-Semite.

an·ti·se·mi·tisch *adj* anti-Semitic.

an·ti·sta·tisch *adj* antistatic.

An·ti·ter·ror- *(in Zss.)* antiterrorist.

Ant·litz ['antlɪts] ⟨-es, (-e)⟩ *n* countenance.

An·trag ['antra:k, *pl* 'antrɛ:gə] ⟨-(e)s, ⁻e⟩ *m* 1. *allg* application (*auf* for); 2. *jur* petition; 3. *parl* motion; ▶ e-n ~ auf etw stellen make an application for s.th.; *jur* file a petition for s.th.; *parl* propose a motion for s.th.; auf ~ von ... at the request of ...; **An·trags·for·mu·lar** *n* application form; **An·trag·stel·ler(in)** *m (f)* applicant.

an|tref·fen *irr tr* find; (*zufällig*) come across.

an|trei·ben *irr* I *tr* 1. *a. mot* drive; 2. *fig* (*drängen*) urge; II *itr* ⟨sein⟩ wash ashore.

an|tre·ten *irr* I *tr* ⟨h⟩ *(Reise etc)* begin; ▶ e-e neue Stellung ~ take up a new job; II *itr* ⟨sein⟩ 1. *sport* compete; 2. *(neue Stellung)* start.

An·trieb *m* 1. *fig* drive; (*plötzlicher*) impetus; 2. *mot tech* drive; ▶ aus eigenem ~ on one's own initiative; **An·triebs·wel·le** *f mot* half-shaft.

An·tritt *m sport* acceleration; ▶ bei ~ der Reise when beginning one's journey.

An·tritts·re·de *f* inaugural speech.

an|tun *irr tr:* ▶ jdm etw ~ do s.th. to s.o.; sich etw ~ do away with o.s.; **tun Sie sich keinen Zwang an!** don't stand on ceremony!

an|tur·nen ['antœrnən] *tr sl* turn on.

Ant·wort ['antvɔrt] ⟨-, -en⟩ *f* answer, reply; ▶ jdm e-e ~ geben reply to s.o.; keine ~ ist auch e-e ~! your silence is answer enough! als ~ auf etw in response to s.th.

ant·wor·ten ['antvɔrtən] *itr tr* answer, reply; ▶ auf etw ~ answer s.th.

Ant·wort·cou·pon *m* reply coupon.

an|ver·trau·en I *tr:* ▶ jdm etw ~ entrust s.o. with s.th.; *fig* confide s.th. to s.o.; II *refl* ▶ sich jdm ~ entrust o.s. to s.o.; *fig* confide in s.o.

an|wach·sen ⟨sein⟩ *irr itr* 1. *bot* take root; 2. *fig (zunehmen)* increase.

An·walt ['anvalt, *pl* 'anvɛltə] ⟨-(e)s, ⁻e⟩ *m,* **An·wäl·tin** [anvɛltɪn] *f* lawyer; *fig*

advocate; **An·walts·ko·sten** *pl* legal expenses.

An·wand·lung *f:* ▶ aus e-r ~ heraus on an impulse.

An·wär·ter(in) *m (f) allg* candidate (*auf* for); *sport* contender.

an|wei·sen *irr tr* 1. *fin* transfer; 2. (*anleiten*) instruct; 3. (*befehlen*) order; ▶ jdm e-n Platz ~ show s.o. a seat.

An·wei·sung *f* 1. *fin* transfer; 2. *fin* (*~sformblatt*) payment slip; 3. (*Anleitung*) instructions *pl;* 4. (*Anordnung*) instruction; ▶ auf ~ von ... on the instructions of ...

an·wend·bar *adj* applicable (*auf* to).

an|wen·den *irr tr* use (*auf* on); ▶ sich auf etw ~ lassen be applicable to s.th.

An·wen·der(in) ⟨-s, -⟩ *m (f)* user; **An·wen·der·pro·gramm** *n* user program; **An·wen·der·soft·ware** *f* user software.

An·wen·dung *f* 1. *allg* use; 2. (*Übertragung*) application; **An·wen·dungs·vor·schrift** *f* instructions for use.

an|wer·ben *irr tr* recruit (*für* to).

An·wer·be·stopp *m* recruitment freeze.

An·we·sen ⟨-s, -⟩ *n (Gut)* estate.

an·we·send *adj* present; ▶ sehr verehrte A~e! Ladies and Gentlemen!

An·we·sen·heit *f* presence; ▶ in ~ von ... in the presence of ...; **An·we·sen·heits·li·ste** *f* attendance register.

an|wi·dern ['anvi:dən] *tr* disgust; ▶ es widert mich an it makes me feel sick.

an|wur·zeln ⟨sein⟩ *itr fig:* ▶ ich war wie angewurzelt I stood rooted to the spot.

An·zahl ⟨-⟩ *f* number.

an|zah·len *tr:* ▶ können Sie 20 Pfund auf den Mantel ~? can you pay £ 20 as a deposit on this coat?

An·zah·lung *f* deposit; ▶ e-e ~ machen auf ... pay a deposit on ...

an|zap·fen *tr* 1. *(Faß)* tap; 2. *el* tap.

An·zei·ge ['antsaɪgə] ⟨-, -n⟩ *f* 1. *(bei der Polizei)* report (*wegen* of); 2. *markt* advertisement; 3. *EDV (Bildschirm~)* display; ▶ wegen etw e-e ~ bei der Polizei erstatten report s.th. to the police.

an|zei·gen *tr* 1. : ▶ jdn ~ report s.o.; 2. *tech (auf Skala etc)* indicate; 3. (*bekanntgeben*) announce; 4. *markt* advertise.

An·zei·gen·an·nah·me *f* advertising office; **An·zei·gen·blatt** *n* advertising journal.

an|zet·teln *tr* instigate.

an|zie·hen *irr* I *tr* 1. (*Kleidung*) put on; 2. *tech (Schraube)* tighten; 3. *mot* (*Handbremse*) apply; 4. (*an sich her~*) draw up; 5. *fig (a. Staub, Späne etc)* attract; II *itr* 1. *com (Preise)* rise; 2. (*beschleunigen*) accelerate; III *refl* (*sich ankleiden*) get dressed; **an·zie·hend** *adj* attractive.

An·zie·hung f attraction.
An·zie·hungs·kraft f 1. *phys* force of attraction; 2. *fig* appeal.
An·zug m 1. *(Kleidung)* suit; 2. *fig (Anrücken)* approach; ► **im ~ sein** *fig* be in the offing; **An·zug·ho·se** f suit trousers *pl.*
an·züg·lich ['antsy:klıç] *adj:* ► **~ werden** *(beleidigend)* get personal; *(sexuell)* make lewd remarks.
an|zün·den *tr (Feuer, Streichholz)* light; *(Gebäude)* set on fire.
apart [a'part] *adj* distinctive.
apa·thisch [a'pa:tıʃ] *adj* apathetic.
Ape·ri·tif [aperi'ti:f] ‹-s, -s› m aperitif.
Ap·fel ['apfəl, *pl* 'ɛpfəl] ‹s, ∹› m apple; ► **in den sauren ~ beißen** *fig* (have to) swallow the bitter pill; **Ap·fel·baum** m apple-tree; **Ap·fel·ku·chen** m apple cake; **Ap·fel·mus** n apple sauce; **Apfel·saft** m apple juice.
Ap·fel·si·ne [apfəl'zi:nə] ‹-, -n› f orange.
Ap·fel·wein m cider.
Apo·stel [a'pɔstəl] ‹-s, -› m *eccl* apostle; **Apo·stel·ge·schich·te** f Acts of the Apostles *pl.*
Apo·stroph [apos'tro:f] ‹-s, -e› m *gram* apostrophe.
Apo·the·ke [apo'te:kə] ‹-, -n› f chemist's shop; *Am* pharmacy.
Apo·the·ker(in) [--'--] ‹-s, -› m (f) chemist, pharmacist, *Am a.* druggist.
Ap·pa·rat [apa'ra:t] ‹-(e)s, -e› m 1. *a. fig* apparatus; *(Vorrichtung)* appliance; *fam* contraption, gadget; 2. *(Gerät)* set; *(Photo~)* camera; 3. *tele (Telephon)* (tele)phone; ► **am ~!** *tele* speaking! **bleiben Sie am ~!** *tele* hold the line, please! **Ap·pa·ra·te·me·di·zin** f high-tech medicine.
Ap·pa·ra·tur f equipment.
Ap·par·te·ment [apartə'mã:] ‹-s, -s› n *Br* flat, *Am* apartment.
Ap·par·te·ment·haus n *Br* block of flats, *Am* condominium, apartment house.
Ap·pell [a'pɛl] ‹-s, -e› m appeal; **e-n ~ an jdn richten** make an appeal to s.o.
ap·pel·lie·ren *itr* appeal *(an* to).
Ap·pe·tit [apə'ti:t] ‹-(e)s, (-e)› m appetite *(auf etw* for s.th.); ► **~ bekommen** get an appetite; **jdm den ~ verderben** spoil someone's appetite; **~ auf etw haben** feel like s.th.
ap·pe·tit·lich *adj* 1. *allg* appetizing; 2. *fig* attractive; ► **das sieht ~ aus!** that looks tempting!
Ap·pe·tit·lo·sig·keit f lack of appetite; **Ap·pe·tit·züg·ler** m appetite suppressant.
ap·plau·die·ren [aplau'di:rən] *itr* applaud; **Ap·plaus** [a'plaus] ‹-es› m applause.
Apri·ko·se [apri'ko:zə] ‹-, -n› f *bot* apri-

cot.
April [a'prıl] ‹-(s), (-e)› m April; ► **der 1. ~ All Fools' Day;** ► **~, ~!** April fool!
April·scherz m April fool's trick.
apro·pos [apro'po:] *adv:* ► **~ ...** by the way *(od* that reminds me ...); ► **~ Gesundheit ...** talking about health.
Aqua·pla·ning [akva'pla:nıŋ] ‹-s› n aquaplaning.
Aqua·rell [akva'rɛl] ‹-(e)s, -e› n watercolour (painting).
Äqua·tor [ɛ'kva:to:ɐ] ‹-s› m *geog* equator; **Äqua·tor·tau·fe** f crossing the line ceremony.
Ära ['ɛ:ra] ‹-, (Ären)› f era.
Ara·ber(in) ['arabɐ] m (f) Arab (Arabian woman); **Ara·bi·en** [a'ra:biən] n Arabia; **ara·bisch** *adj* Arabic.
Ar·beit ['arbaɪt] ‹-, -en› f 1. *allg* work; 2. *(Lohn für Arbeit)* labour; 3. *(Stellung, Job)* job; 4. *päd (Klassen~)* test; ► **jdm viel ~ machen** be a lot of work for s.o.; **an der ~ sein** be working; **an die ~ gehen** get down to work; **mein Fernseher ist gerade in ~** work on my TV-set is in progress; **jdm ~ machen** put s.o. to trouble; **machen Sie sich keine ~!** don't bother! **e-e ~ suchen als ...** look for a job as ...; **ohne ~ sein** be out of work; **e-e ~ schreiben** *päd* do a test.
ar·bei·ten ['arbaɪtən] *itr tr* 1. work *(an* on); 2. *tech mot* operate; *(laufen)* run; 3. *(Teig)* work; *(Holz)* warp; ► **die ganze Anlage arbeitet automatisch** the plant is automatic; **sich krank ~** work o.s. silly; **sich nach oben ~** work one's way up.
Ar·bei·ter(in) ['arbaɪtɐ] ‹-s, -› m (f) worker; *(ungelernter)* labourer; **Arbei·ter·schaft** f work force; **Ar·beiter·vier·tel** n working-class district.
Ar·beit·ge·ber(in) m (f) employer; **Arbeit·ge·ber·an·teil** m *(für Sozialbeiträge)* employer's contribution; **Arbeit·ge·ber·ver·band** m employer's association; **Ar·beit·neh·mer(in)** m (f) employee; **Ar·beit·neh·mer·seite** [--'----] f employees' side; **ar·beitsam** *adj* industrious.
Ar·beits·amt n employment exchange; **Ar·beits·be·din·gun·gen** *pl* working conditions; **Ar·beits·be·schaffungs·maß·nah·me** f job-creation scheme, job scheme; **Ar·beits·einstel·lung** f walkout; **Ar·beits·erlaub·nis** f work permit; **Ar·beits·erleich·te·rung** f: ► **das ist e-e große ~ für mich** that makes work much easier for me; **Ar·beits·es·sen** n working lunch.
ar·beits·fä·hig *adj* able to work.
Ar·beits·feld n sphere of activity.
Ar·beits·frie·den m peaceful labour relations *pl.*
Ar·beits·ge·biet n field of work; **Ar-**

beits·ge·mein·schaft *f* 1. *allg* team; 2. *päd* study-group; **Ar·beits·ge·richt** *n* industrial tribunal; **ar·beits·in·ten·siv** *adj* labour-intensive; **Ar·beits·kampf** *m* industrial dispute; **Ar·beits·klei·dung** *f* working clothes *pl;* **Ar·beits·kraft** *f* 1. *(körperlich)* capacity to work; 2. *(Arbeiter)* worker; **Ar·beits·kräf·te** *f pl* labour *sing;* **Ar·beits·kräf·te·man·gel** *m* labour shortage; **Ar·beits·kreis** *m* study group; **Ar·beits·la·ger** *n* labour camp; **Ar·beits·lei·stung** *f* performance; **Ar·beits·lohn** *m* wages *pl.*

ar·beits·los *adj* out of work, unemployed.

Ar·beits·lo·se(r) *f m* unemployed person; **Ar·beits·lo·sen·geld** *f* earnings-related benefit; **Ar·beits·lo·sen·hil·fe** *f* unemployment benefit; **Ar·beits·lo·sen·in·itia·ti·ve** *f* self-help group of the unemployed; **Ar·beits·lo·sen·quo·te** *f* rate of unemployment; **Ar·beits·lo·sen·un·ter·stüt·zung** *f:* ~ bekommen draw unemployment benefit; **Ar·beits·lo·sen·ver·si·che·rung** *f Br* National Insurance, *Am* social insurance; **Ar·beits·lo·sig·keit** *f* unemployment; **Ar·beits·markt** *m* labour market; **Ar·beits·ma·te·ri·al** *n* work material; **Ar·beits·nie·der·le·gung** *f* walk-out; **Ar·beits·pa·pier** *n* working paper; **Ar·beits·platz** *m* 1. *(im Betrieb)* workplace; 2. *(Stelle)* job; **Ar·beits·platz·be·schrei·bung** *f* job description; **Ar·beits·platz·tei·lung** *f* job sharing; **Ar·beits·platz·wech·sel** *m* change of jobs; **Ar·beits·schutz** *m* maintenance of industrial health and safety standards; **Ar·beits·schutz·vor·schrif·ten** *pl* health and safety regulations *pl;* **Ar·beits·spei·cher** *m EDV* working storage; **Ar·beits·stun·de** *f* man hour; **Ar·beits·tag** *m* working day, workday; **Ar·beits·ta·gung** *f* conference; **Ar·beits·tei·lung** *f* division of labour.

ar·beits·un·fä·hig *adj* 1. *(krank)* unfit for work; 2. *(dauernd)* unable to work.

Ar·beits·ver·dienst *m* earned income; **Ar·beits·ver·hält·nis** *n* 1. *(im Betrieb)* employee-employer relationship; 2. *(Stellung)* employment; **Ar·beits·ver·mitt·lung** *f* 1. *(Agentur)* employment agency; 2. *(im Arbeitsamt)* employment exchange; **Ar·beits·vor·gang** *m* work process; **Ar·beits·wei·se** *f* 1. *(menschliche* ~*)* working method; 2. *(e-r Maschine)* mode of operation.

Ar·beits·zeit *f* working hours *pl;* glei·tende ~ flexible working hours *pl; fam* flexitime *sing;* **Ar·beits·zeit·ver·kür·zung** *f* reduction in working hours; **Ar·beits·zeug·nis** *n* reference from one's

employer; **Ar·beits·zim·mer** *n* study.

Ar·chäo·lo·ge [arçɛo'loːgə] *m* archaeologist; **Ar·chäo·lo·gie** [arçɛolo'giː] *f* archaeology; **ar·chäo·lo·gisch** *adj* archaeological.

Ar·chi·tekt(in) [arçi'tɛkt] ⟨-en, -en⟩ *m (f)* architect; **ar·chi·tek·to·nisch** ⟨-s⟩ *adj* architectural; **Ar·chi·tek·tur** *f* architecture.

Ar·chiv [ar'çiːf] ⟨-s, -e⟩ *n* archives *pl.*

Are·al [are'aːl] ⟨-s, -e⟩ *n* area.

Are·na [a're:na, *pl* a're:nɛn] ⟨-, -nen⟩ *f hist a. fig* arena; *(Zirkus-, etc)* ring.

arg [ark] ⟨erger, ergst⟩ **I** *adj* 1. *(böse)* wicked; 2. *(stark, schlimm)* terrible; ▶ mein ⁓ster Feind my worst enemy; etw noch ⁓er machen make s.th. worse; **II** *adv (sehr)* awfully, very.

Ar·gen·ti·ni·en [argɛn'tiːniən] ⟨-s⟩ *n* Argentina; **Ar·gen·ti·ni·er(in)** *m (f)* Argentine; **ar·gen·ti·nisch** *adj* Argentinian.

Är·ger ['ɛrgɐ] ⟨-s⟩ *m (Wut)* anger; *(Unannehmlichkeit)* ▶ trouble; ▶ aus ~ out of anger; jdm ~ machen cause s.o. a lot of trouble; ~ kriegen get into trouble; mach keinen ~! *fam* cool it! so ein ~! what a nuisance!

är·ger·lich *adj* 1. *(verärgert)* annoyed, cross; 2. *(Ärger erregend)* annoying; ▶ das ist ~ that is a nuisance; ~ über etw sein be cross about s.th.

är·gern ['ɛrgɐn] **I** *tr* 1. *allg* annoy, irritate; 2. *(belästigen)* pester, torment; **II** *refl:* ▶ sich über jdn ~ get angry with s.o.

Är·ger·nis *n* offence; ▶ ~ erregen cause offence.

arg·los *adj* 1. *(harmlos)* innocent; 2. *(ohne Argwohn)* unsuspecting.

Ar·gu·ment [argu'mɛnt] ⟨-(e)s, -e⟩ *n* argument.

ar·gu·men·tie·ren *itr* argue.

Arg·wohn ['arkvoːn] ⟨-(e)s⟩ *m* suspicion; ▶ ~ gegen jdn schöpfen become suspicious of s.o.; ▶ voller ~ suspiciously.

arg·wöh·nen ['arkvøːnən] *tr* suspect.

arg·wöh·nisch *adj* suspicious *(gegen* of*).*

Arie ['aːriə] ⟨-, -n⟩ *f mus* aria.

Ari·sto·krat(in) [arɪsto'kraːt] ⟨-en, -en⟩ *m (f)* aristocrat; **Ari·sto·kra·tie** *f* aristocracy; **ari·sto·kra·tisch** *adj* aristocratic.

Arith·me·tik [arɪt'meːtɪk] *f* arithmetic.

arith·me·tisch *adj* arithmetical.

Ark·tis ['arktɪs] ⟨-⟩ *f geog:* ▶ die ~ the Arctic.

ark·tisch *adj* arctic; ~e Kaltluft polar air.

Arm [arm] ⟨-(e)s, -e⟩ *m* 1. *anat* arm; 2. *(von Leuchter)* branch; 3. *(von Waage)* beam; ▶ ~ in ~ arm in arm; jdn in den ~ nehmen take s.o. in one's arms *pl;* jdn auf den ~ nehmen *fig fam* pull someone's leg, take s.o. for a ride; **jdm in die ~e laufen** bump into s.o.; **e-n langen ~ haben** *fig* have a lot of pull; **e-n längeren ~ haben** *fig* have more pull.

arm [arm] ⟨ermer, ermst⟩ *adj* poor; ▶ ~ **an etw sein** be somewhat lacking in s.th.; **das Land ist ~ an Bodenschätzen** the country is poor in mineral resources; **die A~en** the poor; **~ dran sein** *fam* have a hard time of it; **~es Schwein** *fig fam* poor so-and-so.

Ar·ma·tur [arma'tu:ǝ] ⟨-, -en⟩ *f tech* fitting; **Ar·ma·tu·ren·brett** *n mot* dash-board; *rail mar* instrument panel.

Arm·band *n* 1. *(von Uhr)* strap; 2. *(Schmuckstück)* bracelet; **Arm·band·uhr** *f* wrist watch.

Arm·bin·de *f* armband.

Arm·brust *f* crossbow.

Ar·mee [ar'me:, *pl* ar'me:ǝn] ⟨-, -n⟩ *f* army; ▶ **bei der ~ sein** be in the army.

Är·mel ['ɛrmǝl] ⟨-s, -⟩ *m* sleeve; ▶ **etw aus dem ~ schütteln** *fig* produce s.th. just like that; **Är·mel·auf·schlag** *m* cuff.

Är·mel·ka·nal *m:* ▶ **der ~** the (English) Channel.

Arm·leh·ne *f* armrest.

Arm·leuch·ter *m sl (Idiot)* twit.

ärm·lich ['ɛrmlıç] *adj* (s. armselig).

arm·se·lig ['armse:lıç] *adj* 1. *(elend)* miserable; 2. *fig* paltry.

Ar·mut ['armu:t] ⟨-⟩ *f* poverty.

Ar·muts·gren·ze *f* poverty line; **Ar·muts·zeug·nis** *n:* ▶ **sich ein ~ ausstellen** *fig* show one's own shortcomings *pl.*

Aro·ma [a'ro:ma, *pl* a'ro:mǝn/ a'ro:mas/a'ro:mata] ⟨-s, -men/-mas/ -mata⟩ *n* 1. *(Duft)* aroma; 2. *(Geschmack)* flavour.

aro·ma·tisch *adj* 1. *(duftend)* aromatic; 2. *(würzig)* spicy.

Ar·rest [a'rɛst] ⟨-(e)s, -e⟩ *m* 1. *a. jur (Haft)* detention; 2. *jur (Beschlagnahme)* distress; **Ar·rest·zel·le** *f* detention cell.

ar·ro·gant *adj* arrogant; **Ar·ro·ganz** *f* arrogance.

Arsch [arʃ, *pl* 'ɛrʃǝ] ⟨-(e)s, ⁀e⟩ *m fam* arse; ▶ **leck mich am ~!** *interj vulg* fuck off! **Arsch·krie·cher** *m vulg pej* ass-kisser; **Arsch·loch** *n vulg a. fig* arsehole; ▶ **du ~!** *vulg* you bastard! you asshole!

Ar·sen [ar'ze:n] ⟨-s⟩ *m chem* arsenic.

Ar·se·nal ⟨-(e)s, -e⟩ *n mil* arsenal.

Art [art] ⟨-, -en⟩ *f* 1. *allg* kind, sort; *(Typ)* type; 2. *biol* species; 3. *(Benehmen)* behaviour; 4. *(Methode)* way; 5. *(Wesen)* nature; ▶ **auf diese ~** in this way; **alle ~en von Menschen** all sorts of people; **die einfachste ~, etw zu tun** the simplest way of doing s.th.; **was ist denn das für e-e ~!** what sort of a way

to behave is that!

Ar·ten·schutz *m* protection of species.

Ar·te·rie [ar'te:riǝ] ⟨-, -n⟩ *f* artery; **Arte·ri·en·ver·kal·kung** *f med* arteriosclerosis.

Art·ge·nos·se *m* s.o. of the same type; ▶ **s-e ~n** *fam* the likes of him.

ar·tig ['artıç] *adj (Kinder)* good, well-behaved; ▶ **sei schön ~!** be a good child!

Ar·ti·kel [ar'ti:kǝl] ⟨-s, -⟩ *m* 1. *gram* article; 2. *com (Ware)* article; *(einzelner Posten)* item; 3. *(Zeitungs~)* article, feature.

ar·ti·ku·lie·ren I *tr* articulate; II *refl* express o.s.

Ar·til·le·rie [artılǝ'ri:] *f mil* artillery.

Ar·ti·schocke (k·k) [arti'ʃɔkǝ] ⟨-, -n⟩ *f bot* artichoke.

Ar·tist [ar'tıst] ⟨-en, -en⟩ *m* artiste.

Arz·nei [arts'naı] ⟨-, -en⟩ *f* medicine; **Arz·nei·mit·tel** *n* drug; **Arz·nei·mit·tel·ab·hän·gig·keit** *f med* drug dependence; **Arz·nei·mit·tel·miß·brauch** *m* drug abuse.

Arzt [artst, *pl* 'ɛrtstǝ] ⟨-es, ⁀e⟩ *m* doctor, physician; ▶ **praktischer ~** general practitioner.

Ärz·te·kam·mer *f Br* General Medical Council, *Am* State Medical Board of Registration.

Arzt·hel·fe·rin *f* (doctor's) receptionist.

Ärz·tin ['ɛrtstın] *f* woman doctor.

ärzt·lich *adj* medical; ▶ **in ~er Behandlung sein** be under medical care; **sich ~ behandeln lassen** get medical treatment.

As¹ [as] ⟨-, -⟩ *n mus* A flat; **As-Dur/As-Moll** A flat major/minor.

As² ⟨-ses, -se⟩ *n (Spielkarte) a. fig* ace.

ASCII-Code ['askiko:d] ⟨-s, -s⟩ *m EDV* ASCII code.

Asche ['aʃǝ] ⟨-, (-n)⟩ *f* ash, ashes *pl;* ▶ **zu ~ werden** turn to dust; **Aschen·bahn** *f sport* cinder track; **Aschen·be·cher** *m* ashtray; **Aschen·brö·del** *n* Cinderella; **Ascher·mitt·woch** [--'--] *m eccl* Ash Wednesday.

asch·fahl ['-'-] *adj* ashen.

asch·grau ['-'-] *adj* ash-grey.

As·cor·bin·säu·re *f chem* ascorbic acid.

äsen ['ɛ:zǝn] *itr* graze, browse.

Asi·at(in) *m (f)* Asian; **asia·tisch** *adj* Asian.

Asi·en ['a:ziǝn] *n* Asia.

As·ket [as'ke:t] ⟨-en, -en⟩ *m* ascetic.

as·ke·tisch *adj* ascetic.

aso·zi·al ['azotsja:l] *adj* antisocial.

As·phalt [as'falt] ⟨-(e)s, -e⟩ *m* asphalt.

as·phal·tie·ren *tr* asphalt.

As·sem·bler [ǝ'sɛmblǝ] ⟨-s, -⟩ *m EDV* assembler.

As·si·mi·la·tion [asimila'tsjo:n] ⟨-, -en⟩ *f* 1. *ling, chem* assimilation; 2. *fig* ad-

justment (*an* to).
as·si·mi·lie·ren *tr chem* assimilate;
▶ **sich an etw ~** adjust to s.th.
As·si·stent(in) [asɪs'tɛnt] ⟨-en, -en⟩ *m*
(f) assistant.
As·si·stenz [asɪs'tɛnts] *f:* ▶ **unter (der)**
~ von ... with the assistance of ...;
As·si·stenz·arzt *m Br* houseman, *Am*
intern.
as·si·stie·ren *itr:* ▶ **jdm ~** assist s.o.
(*bei etw* in doing s.th.).
Ast [ast, *pl* 'ɛstə] ⟨-(e)s, ⸚e⟩ *m* 1. bough,
branch, 2. *(im Holz)* knot; 3. *anat (Ner-*
ven, Arterien) branch; 4. *math (Geome-*
trie) branch; ▶ **sich e-n ~ lachen** *fam*
double up with laughter; **den ~ absä-**
gen, auf dem man sitzt *fig* dig one's
own grave.
Aster ['astə] ⟨-, -n⟩ *f bot* aster.
Äs·thet [ɛs'te:t] ⟨-en, -en⟩ *m* (a)esthetic.
Äs·the·tik *f* (a)esthetics *pl.*
äs·the·tisch *adj* (a)esthetic(al).
Asth·ma ['astma] ⟨-s⟩ *n med* asthma.
asth·ma·tisch *adj* asthmatic.
Ast·loch *n* knothole.
ast·rein *adj fig fam* above board;
▶ **nicht ganz ~** *fig fam* somewhat
fishy.
Astro·lo·ge [astro'lo:gə] ⟨-n, -n⟩ *m* as-
trologer; **Astro·lo·gie** *f* astrology;
astro·lo·gisch *adj* astrologic(al).
Astro·nom [astro'no:m] ⟨-en, -en⟩ *m*
astronomer; **Astro·no·mie** *f* astron-
omy; **astro·no·misch** *adj a. fig* astro-
nomic(al).
Astro·phy·sik *f phys* astrophysics *pl;*
Astro·phy·si·ker(in) *m (f)* astrophyi-
cist.
ASU ['a:zu] ⟨-⟩ *f Abk von* **Abgassonder-**
untersuchung *mot anti-pollution test of*
exhaust fumes.
Asyl [a'zy:l] ⟨-(e)s, -e⟩ *n pol* asylum; *fig*
(Schutzort) sanctuary; ▶ **~ suchen** *pol*
seek asylum; **Asy·lant(in)** *m (f) person*
seeking political asylum; **Asy·lan-**
ten·wohn·heim *n home for people*
seeking political asylum; **Asyl·be-**
wer·ber(in) *m (f)* applicant for politi-
cal asylum; **Asyl·recht** *n pol* right of
(political) asylum.
Ate·lier [atə'lje:] ⟨-s, -s⟩ *n* studio.
Atem ['a:təm] ⟨-s⟩ *m* breath; ▶ **~ holen**
take breath; **wieder zu ~ kommen** re-
gain breath; **den ~ anhalten** hold one's
breath; **außer ~ kommen** get out of
breath, lose one's breath; **außer ~ sein**
be out of breath, be panting; **atem·be-**
rau·bend *adj* 1. breath-taking; 2. *fig*
exciting; **Atem·be·schwer·den** *pl* re-
spiratory trouble, trouble in breathing
sing; **Atem·ge·rät** *n* oxygen appar-
atus; **atem·los** *adj* breathless, out of
breath; **Atem·luft** *f* inhaled air; **Atem-**
not *f* difficulty in breathing; *med* dys-
pn(o)ea; **Atem·pau·se** *f* 1. *fig (Ent-*

spannung) breather; 2. *(Pause)* respite;
Atem·schutz·ge·rät *n* breathing ap-
paratus; **Atem·we·ge** *pl* respiratory
tract *sing;* **Atem·zug** *m* breath; ▶ **in**
e-m ~ with the same breath; **den letz-**
ten ~ tun *fig (sterben)* breathe one's
last; **bis zum letzten ~** to the last
breath.
Athe·is·mus [ate'ɪsmʊs] ⟨-⟩ *m* atheism;
Athe·ist(in) ⟨-en, -en⟩ *m (f)* atheist;
athei·stisch *adj* atheistical.
Äther ['ɛ:tə] ⟨-s⟩ *m* 1. *chem* ether; 2.
radio: ▶ **über den ~ on the air; äthe-**
risch [ɛ'te:rɪʃ] *adj a. fig* ethereal;
▶ **~es Öl** volatile (*od* essential) oil.
Äthio·pi·en [ɛti'o:piən] *n* Ethiopia;
Äthio·pi·er(in) *m (f)* Ethiopian;
äthio·pisch *adj* Ethiopian.
Ath·let(in) [at'le:t] ⟨-en, -en⟩ *m (f)* ath-
lete; **ath·le·tisch** *adj* athletic.
At·lan·tik [at'lantɪk] ⟨-s⟩ *m:* ▶ **der ~** the
Atlantic; **at·lan·tisch** *adj* atlantic;
▶ **der A~e Ozean** the Atlantic Ocean.
At·las ['atlas, *pl* at'lantən] ⟨-, -lanten⟩ *m*
1. *geog* Atlas; 2. *(Kartenwerk)* atlas.
At·men *n* breathing.
at·men ['a:tmən] *itr* breathe; *(gehoben)*
respire; ▶ **tief ~** draw (*od* fetch) a deep
breath; **wieder ~ können** recover one's
breath.
At·mo·sphä·re [atmo'sfɛ:rə] ⟨-, -n⟩ *f*
atmosphere; **at·mo·sphä·risch** *adj*
atmospheric.
At·mung ['a:tmʊŋ] *f* breathing, respir-
ation.
Atom [a'to:m] ⟨-s, -e⟩ *n* atom; **ato·mar**
[ato'ma:ɐ] *adj* atomic, nuclear; **Atom-**
bom·be *f* atomic bomb, A-bomb;
Atom·bom·ben·ex·plo·sion *f*
atomic explosion; **Atom·ener·gie** *f*
atomic (*od* nuclear) energy; **Atom·for-**
schungs·zen·trum *n* atomic (*od* nu-
clear) research centre; **Atom·ge-**
wicht *n* atomic weight; **Atom·in·du-**
strie *f* nuclear industry; **Atom·kern** *m*
atomic nucleus; **Atom·kraft** *f* nuclear
(*od* atomic) energy; **Atom·kraft·werk**
n nuclear power station; **Atom·krieg**
m nuclear war; **Atom·macht** *f* nuclear
(*od* atomic) power; **Atom·müll** *m*
radioactive waste; **Atom·müll·de·po-**
nie *f* radioactive waste dump; **Atom-**
müll·lage·rung *f* radioactive waste
storage; **Atom·phy·sik** *f* nuclear
physics *pl;* **Atom·pilz** *m* mushroom
cloud; **Atom·re·ak·tor** *m* atomic (*od*
nuclear) reactor; **Atom·spal·tung** *f*
atomic fission; **Atom·test** *m* nuclear
test; **Atom·test·stopp** *m* nuclear test
ban; **Atom·waf·fe** *f mil* nuclear
weapon; **atom·waf·fen·frei** *adj* nu-
clear-free; **Atom·waf·fen·ver·such**
m nuclear test; **Atom·zeit·al·ter** *n* nu-
clear age.
ätsch [ɛ:tʃ] *interj (Schadenfreude)* ser-

ves you right!
At·ten·tat [atɛn'taːt/ '---] ⟨-(e)s, -e⟩ *n* attempt on someone's life; ▶ **es wurde ein ~ auf ihn verübt** an attempt was made on his life; **At·ten·tä·ter(in)** [atɛn'tɛːtə/ '----] *m (f)* assassin, assailant.
At·test [a'tɛst] ⟨-(e)s, -e⟩ *n* attest(ation), certificate; ▶ **ärztliches ~** *Br* medical certificate, *Am* doctor's certificate; **ein ~ ausstellen** grant a certificate.
At·trap·pe [a'trapə] ⟨-, -n⟩ *f* dummy; *(Schaustück, leere Packung etc)* show piece.
At·tri·but [atri'buːt] ⟨-(e)s, -e⟩ *n* 1. *(Abzeichen, Sinnbild)* emblem, symbol; *(äußeres Zeichen)* attribute; *(Merkmal)* characteristic, property; 2. *gram* attribute; **at·tri·bu·tiv** [atribu'tiːf/ '----] *adj gram* attributive.
ät·zen ['ɛtsən] *tr* corrode; *med* cauterize; *(beim Kupferstich)* etch; **ät·zend** *adj* 1. corrosive, caustic *a. fig;* 2. *fig (beißend)* biting, mordant; 3. *fig fam (abscheulich, fürchterlich)* revolting, sickening, nauseating.
au(a) *interj* ouch!
auch [aux] *adv* 1. also, too; 2. *(steigernd)* even; 3. *(gleichermaßen)* likewise; 4. *(wirklich)* certainly, indeed; ▶ **ich ~** I too, me too; **ich ~ nicht** neither do I, me neither; **nicht nur ... sondern ~** not only ... but also; **er ist ~ so einer** he is another one of those; **wie dem ~ sei ...** be that as it may; **u. mag er ~ noch so reich sein ...** let him be ever so rich; **was ~ ...** whatever ...; **wenn ~ ...** (even) though *(od* if), although ...; **wer ~ ...** whoever ...; **wo ~ immer** wheresoever; **wozu ~?** what is the good of it?
Au·di·enz [audi'ɛn(t)s] ⟨-, -en⟩ *f* audience *(bei* with); ▶ **um e-e ~ bitten bei ...** request an audience with ...; **jdm e-e ~ gewähren** grant an audience to s.o.
Au·di·to·ri·um [audi'toːrium] ⟨-s, -rien⟩ *n* 1. *(Räumlichkeit)* auditorium, lecturehall; 2. *(Zuhörer)* audience.
Au [au] ⟨-, -en⟩ *f poet* green, meadow.
Au·er·ochse *m zoo* bison.
auf [auf] **I** *prp* 1. *(örtlich)* at; ▶ **~ der Post** at the post office; **~ der Schule** at school; 2. *(örtlich)* in; **~ dem Land** in the country; **~ der Straße** in the street *(Am* on); **~ der Welt** in the world; **~ dem Markt** in the market-place; *com* on the market; **~ der Karte** on the map; 3. *(räumlich)* on; **etw ~ etw legen (stellen)** put s.th. on *(od* on top of) s.th.; **sich ~ den Boden setzen** sit down on the floor; **~ der Insel Wight** on the Isle of Wight; **etw ~ einen Zettel schreiben** write s.th. on a piece of paper; 4. *(sonstiger Gebrauch):* **~ Anfrage** on inquiry; **~ Befehl von ...** by order of ...; **~ Besuch sein bei ...** stay with ...; **~**

deutsch in German; **~ einmal** all at once; **~ jeden Fall** in any case; **~ keinen Fall** on no account; **~ der Geige spielen** play the violin; **~ Kredit kaufen** *fam* buy on tick; **~ diese Weise** in this manner; **Einfluß ~ jdn haben** have influence over s.o.; **II** *adv* 1. *(offen):* **~ stehen** be open; 2. *(hinauf):* **~ und ab** up and down; 3. *(sonstiger Gebrauch):* **~ und davon** up and away; **noch ~ sein** be still up; **von klein ~** from childhood; **III** *(mit conj):* **~ daß ... that ...; IV** *interj:* **~! (los!)** come along!
auf|ar·bei·ten *tr* 1. *(auffrischen)* refurbish; 2. *(Polstersachen)* upholster; ▶ **Rückstände ~** clear the backlog.
auf|at·men *itr* breathe a sigh of relief.
auf|bah·ren *tr* lay out *(feierlich* in state).
Auf·bau ⟨-(e)s⟩ *m* 1. *(Tätigkeit)* building; 2. *fig (e-r Organisation)* set-up; 3. *mot* body; 4. *(Struktur)* structure; *(e-s Kunstwerkes)* composition.
auf|bau·en *tr* 1. *(errichten)* put up; *el mot* assemble; 2. *fig* build up; ▶ **jdn ~** *fig (beruflich)* promote s.o.; **sich ~ auf ...** be based on ...; **sich vor jdm ~** *fam* plant o.s. before s.o.
auf|bäu·men *refl* 1. *(von Tieren)* rear; 2. *fig* rebel.
auf|bau·schen **I** *tr* 1. blow out; 2. *fig* blow up, exaggerate; **II** *refl* 1. blow out; 2. *fig* blow up *(zu* into).
Auf·bau·ten *pl* 1. *mar* superstructure *sing;* 2. *film* set *sing.*
auf|hal·ten *irr tr* 1. *(Hut)* keep on; 2. *(Augen)* keep open.
auf|be·rei·ten *tr* 1. *allg* process; 2. *(von Kohle)* prepare; *(von Wasser)* condition, treat; *(von Erz)* dress; 3. *EDV* (Daten) edit.
Auf·be·rei·tung *f allg* processing; *(von Kohle)* preparation; *(von Wasser* conditioning; *(von Erz)* dressing; ▶ **~ radioaktiver Abfälle** processing radio-active waste; **Auf·be·rei·tungs·an·la·ge** *f (für Kernbrennstoff)* nuclear fuel reprocessing plant.
auf|bes·sern *tr:* ▶ **jds Gehalt ~** increase *(od* raise) someone's salary.
auf|be·wah·ren *tr* keep; *(Wertsachen* ~) look after; ▶ **sein Gepäck ~ lassen** leave one's luggage; **jds Dokumente ~** have someone's documents in one's keeping.
Auf·be·wah·rung *f* keeping, storage; *(Gepäck~)* left-luggage office; ▶ **sein Gepäck zur ~ geben** deposit one's luggage.
auf|bie·ten *irr tr allg* muster; *mil (a. Polizei)* call in; ▶ **alle Kräfte ~** strain every nerve *sing.*
auf|bin·den *irr tr (öffnen)* undo, untie; ▶ **jdm e-e Lüge** *fig* **~** take s.o. in.
auf|blä·hen **I** *tr* 1. *allg* blow out; *med* swell; 2. *fig* inflate; **II** *refl* 1. *allg* blow

out; 2. *fig* puff o.s.

auf·blas·bar *adj* inflatable.

auf|bla·sen *irr* I *tr* 1. *(mit Luft füllen)* blow up; *mot* inflate; 2. *(hochblasen)* blow up; II *refl fig* puff o.s. up.

auf|blei·ben ⟨sein⟩ *irr itr* 1. *(offen bleiben)* stay open; 2. *(nicht schlafen gehen)* stay up.

auf|blen·den *itr tr* 1. *mot* turn the headlights on full; 2. *phot* increase the aperture.

auf|blicken (k·k) *itr:* ▶ **zu jdm** ~ look up to s.o.

auf|blit·zen *itr* 1. *(Licht)* flash; 2. *fig* ⟨sein⟩ *(Idee etc)* flare up.

auf|blü·hen ⟨sein⟩ *itr* 1. blossom; 2. *fig (gedeihen)* flourish.

auf|bocken (k·k) *tr mot* jack up.

auf|brau·chen *tr* use up.

auf|brau·sen ⟨sein⟩ *itr* 1. fizz up; 2. *fig* flare up.

auf|bre·chen *irr* I *tr* ⟨h⟩ break *(od* force) open; ▶ **ein Schloß** ~ pick a lock; II *itr* ⟨sein⟩ 1. *(Wunden)* burst; *(Knospen)* open; 2. *(fortgehen)* set out *(nach* for).

auf|bren·nen *irr tr:* ▶ **e-m Tier ein Zeichen** ~ brand an animal.

auf|brin·gen *irr tr* 1. *(Tür)* get open; 2. *(Mut)* summon up; 3. *(Geld)* raise; 4. *fig (jdn reizen)* irritate (s.o.); ▶ **jdn gegen jdn** ~ set s.o. against s.o.

Auf·bruch *m* 1. *(das Losgehen)* departure; 2. *(Riß)* crack.

auf|brü·hen *tr* brew up.

auf|brum·men *tr fam:* ▶ **jdm etw** ~ land s.o. with s.th.

auf|bür·den *tr:* ▶ **jdm etw** ~ load s.th. onto s.o.; *fig* encumber s.o. with s.th.

auf|decken (k·k) *tr* 1. *allg* uncover; *(Bett)* turn down; 2. *fig* uncover; ▶ **ein Geheimnis** ~ disclose *(od* reveal) a secret; **s-e Karten** ~ show one's hand *sing.*

auf|drän·gen I *tr:* ▶ **jdm etw** ~ force s.th. on s.o.; II *refl:* ▶ **sich jdm** ~ impose o.s. on s.o.

auf|dre·hen I *tr (Hahn)* turn on; *(Schraube)* unscrew; II *itr* 1. *fig (loslegen)* get going; 2. *mot fam* open up.

auf·dring·lich *adj allg (a. Benehmen)* obtrusive; *(Person)* pushing.

Auf·dring·lich·keit *f allg* obtrusiveness; *(von Person)* pushiness.

Auf·druck *m allg* imprint; *(Stempel)* overprint.

auf|drucken (k·k) *tr:* ▶ **etw auf etw** ~ print s.th. on s.th.

auf|drücken (k·k) *tr* 1. *(stempelnd):* ▶ **etw auf etw** ~ press s.th. on s.th.; *typ* stamp s.th. on s.th.; 2. *(öffnen)* press *(od* break) open.

auf·ein·an·der ['aʊfaɪˈnandə] *adv* 1. *(folgend)* one after another; 2. *(körperlich)* one on top of the other; **auf·ein·an·der|fol·gen** *itr* follow one another; **auf·ein·an·der|häu·fen** *tr* heap up;

auf·ein·an·der|sto·ßen ⟨sein⟩ *irr itr* bump into each other; *mot* collide.

Auf·ent·halt ['aʊfəntalt] ⟨-(e)s, -e⟩ *m* 1. *allg* stay; *(dauernder Wohnort)* residence; 2. *rail* stop; ▶ **Sie haben 5 Minuten** ~ **in München** you have a five-minute stop in Munich; **wie lange haben wir hier** ~? how long do we stop here? **Auf·ent·halts·ge·neh·mi·gung** *f* residence permit; **Auf·ent·halts·ort** *m* whereabouts *pl.*

auf|er·le·gen I *tr* impose; *(Strafe)* inflict; II *refl:* ▶ **sich Zwang** ~ force o.s.

auf|er·ste·hen ⟨sein⟩ *irr itr rel* rise *(von den Toten* from the dead).

Auf·er·ste·hung *f rel* resurrection.

auf|es·sen *irr tr* eat up.

auf|fah·ren *irr* I *itr* ⟨sein⟩ 1. *(hochschrecken)* start; 2. *mot (auf jdn* ~) drive into s.o.; II *tr* ⟨h⟩ *mil (Artillerie* ~) place.

Auf·fahrt *f* 1. *(Haus*~) drive; 2. *(Autobahn*~) slip road.

Auf·fahr·un·fall *m* front-end collision.

auf|fal·len ⟨sein⟩ *irr itr* (~*d sein*) be remarkable *(durch* for); ▶ **was fällt dir an diesem Haus auf?** what strikes you about this house? **auf·fal·lend** I *adj* conspicuous, striking; II *adv:* ▶ ~ **gekleidet** showily dressed.

auf·fäl·lig ['aʊfɛlɪç] *adj* striking; ▶ ~**e Farben** loud colours.

auf|fan·gen *irr tr* 1. catch (up); 2. *(Stöße* ~) cushion; 3. *(Regenwasser* ~) collect.

Auf·fang·la·ger *n* refugee camp.

auf|fas·sen *tr fig (ansehen)* understand *(als* as); *(begreifen)* grasp.

Auf·fas·sung *f (Meinung)* opinion, view; ▶ **nach meiner** ~ in my opinion, to my mind.

auf|fin·den *irr tr* locate.

auf|flie·gen ⟨sein⟩ *irr itr* 1. *(Vögel)* fly up; 2. *(Türen)* fly open; 3. *fig (Schmuggerring etc)* be busted.

auf|for·dern *tr* ask; *(gerichtlich)* summon; ▶ **jdn zum Tanzen** ~ ask s.o. to dance; **Auf·for·de·rung** *f* request; *(Bitte)* invitation; *jur* incitement.

auf|for·sten ['aʊfɔrstən] *tr* afforest; ▶ **e-n Kahlschlag** ~ retimber a clearing.

Auf·for·stung *f* reafforestation.

auf|fres·sen *irr tr* eat up.

auf|fri·schen *tr* 1. freshen up; 2. *fig (Vorräte)* replenish; *(Kenntnisse)* brush up; *(Erinnerungen)* refresh; **Auf·fri·schungs·kurs** *m päd* refresher course.

auf|füh·ren I *tr* 1. *theat* perform; 2. *(auflisten)* list; II *refl* behave.

Auf·füh·rung *f theat* performance; ▶ **eine gelungene** ~ a successful performance.

auf|fül·len *tr* 1. *(ganz füllen)* fill up; 2. *(nachfüllen)* top up; 3. *fig (ergänzen)* replenish.

Auf·ga·be ['aʊfgaːbə] *f* **1.** *allg* task; **2.** *päd* exercise; *(Haus~)* homework; **3.** *allg (Verzicht)* surrender; *sport* retirement; **4.** *(das Aufgeben)* giving up; ▶ **das ist nicht deine ~** that's not your job; **sich etw zur ~ machen** make s.th. one's business.

auf|ga·beln *tr* **1.** *allg* fork up; **2.** *fig fam* pick up; ▶ **wo hast du denn das Buch aufgegabelt?** where did you get hold of this book?

Auf·ga·ben·be·reich *m* area of responsibility.

Auf·gang *m* **1.** *astr (~ der Gestirne)* rising; **2.** *(Treppen~)* staircase, stairs *pl*, steps *pl*, *Am* stairway.

auf|ge·ben *irr* I *tr* **1.** *(verzichten)* give up; **2.** *(Hausaufgaben)* give; **3.** *(Gepäck)* register; ▶ **e-n Koffer ~** register a suitcase; **e-e Anzeige ~** place an advertisement; **e-n Brief ~** post a letter; II *itr* give up.

auf·ge·bla·sen *adj fig* puffed-up.

Auf·ge·bot *n* **1.** *(von Menschen)* contingent; **2.** *(standesamtlich)* notice of (one's) intended marriage, banns *pl*.

auf·ge·bracht *adj* outraged.

auf·ge·don·nert *adj fam* dressed to kill.

auf·ge·dun·sen ['aʊfgədʊnzən] *adj* bloated.

auf|ge·hen ⟨sein⟩ *irr itr* **1.** *astr (Gestirne)* rise; **2.** *(von Kleidung)* open; *(Knopf)* come undone; **3.** *(Teig)* rise; **4.** *(Saat)* come up; **5.** *math* work out; ▶ **in Flammen ~** go up in flames; **jetzt geht mir ein Licht auf!** now I get it! now it dawns on me! **in e-r Sache ganz ~** be taken up with s.th.; **mein Schuh(band) ist aufgegangen** my shoestring has come undone.

auf·ge·klärt *adj a. hist* enlightened; ▶ **~ sein** *euph (sexuell)* know the facts of life.

auf·ge·legt *adj:* ▶ **~ sein, etw zu tun** feel like doing s.th.; **gut (schlecht) ~ sein** be in a good (bad) mood.

auf·ge·regt *adj* excited; *(nervös)* nervous.

auf·ge·schmis·sen *adj fam:* ▶ **~ sein** be all at sea.

auf·ge·sprun·gen *adj:* ▶ **~e Lippen** chapped lips.

auf·ge·ta·kelt *adj fam* all dolled up.

auf·ge·weckt *adj fig* bright, quick-witted.

auf|gie·ßen *irr tr (Tee)* brew; *(Kaffee)* make.

auf|glie·dern I *tr* split up (*in* into); II *refl* divide (*in* into).

auf|grei·fen *irr tr fig* take up (again).

auf·grund *prp* on the basis of; *(wegen)* because of.

Auf·guß *m* **1.** *allg* infusion; **2.** *fig* rehash;

Auf·guß·beu·tel *m* tea (*od* coffee *od* herb) bag.

auf|ha·ben *irr* I *tr* **1.** *(Hut etc)* have on, wear; **2.** *(Augen, Mund)* have open; **3.** *(Schularbeiten ~)* have to do; II *itr (Laden)* be open.

auf|hal·ten *irr* I *tr* **1.** *(offen halten)* keep open; **2.** *(hemmen)* stop; *(hinhalten)* delay; ▶ **ich will Sie nicht länger ~** don't let me keep you; II *refl* stay; ▶ **sich mit etw ~** spend time dealing with s.th.

auf|hän·gen I *tr* **1.** *(Gegenstand)* hang up; **2.** *(erhängen)* hang; II *refl* hang o.s. (*an* from); **Auf·hän·ger** *m (für Kleider)* loop; ▶ **ein ~ für etw** *fig* a peg to hang s.th. on.

Auf·hän·gung *f mot (für Batterie, Stoßdämpfer etc)* mounting; ▶ **~ der Vorderräder** front-wheel suspension.

Auf·he·ben ⟨-s⟩ *n* fuss; ▶ **viel ~(s) um etw machen** make a lot of fuss about s.th.

auf|he·ben *irr tr* **1.** *(hochheben)* pick up; **2.** *(aufbewahren)* keep; **3.** *parl* abolish; *(Vertrag)* cancel; **4.** *(Sitzung)* break up; ▶ **kannst du das für mich ~?** *(aufbewahren)* can you put this aside for me? **Auf·he·bung** *f parl (Abschaffung)* abolition.

auf|hei·tern I *tr* brighten, cheer up; II *refl (Wetter)* clear up; **Auf·hei·te·rung** *f (von Wetter)* brighter period.

auf|hel·len I *tr* brighten; II *refl (Wetter, a. Miene)* brighten up.

auf|het·zen *tr fig* stir up; ▶ **jdn gegen jdn ~** stir up someone's animosity against s.o.

auf|ho·len I *tr* **1.** *(Zeitverlust)* make up; **2.** *mar (den Anker)* haul up; ▶ **ich muß noch in Latein ~** *päd* I must catch up on Latin; II *itr sport* make up ground; *rail* make up time.

auf|hor·chen *itr* prick up one's ears.

auf|hö·ren *itr* stop; *(enden)* come to an end; ▶ **sie hörte nicht auf zu singen** she kept on singing; **hör doch endlich auf!** will you stop it! **also, da hört bei mir der Spaß auf!** I'm not amused by that!

auf|kau·fen *tr* buy up.

auf|klap·pen *tr allg* open up; *(Buch)* open; *(Klappe)* let down.

auf|kla·ren ['aʊfklaːrən] *itr mete a. fig* brighten (*od* clear) up.

auf|klä·ren I *tr* clear up; *(Verbrechen)* solve; ▶ **jdn (sexuell) ~** tell s.o. the facts of life; II *refl fig* be resolved; **Auf·klä·rer** *m aero mil* reconaissance plane.

Auf·klä·rung *f* **1.** *allg* clearing up; **2.** *hist* enlightenment; **3.** *(Information)* informing; ▶ **sexuelle ~** sex education.

Auf·klä·rungs·sa·tel·lit *m* reconnaissance satellite.

auf·kleb·bar *adj* adhesive.
auf|kle·ben *tr* stick on (*auf* to); *(mit Klebstoff)* glue on.
Auf·kle·ber *m* sticker.
auf|knöp·fen *tr* unbutton.
auf|knüp·fen *tr* 1. *(Knoten)* untie; 2. *(erhängen)* hang (*an* from).
auf|ko·chen *itr* ⟨sein⟩ come to the boil.
auf|kom·men ⟨sein⟩ *irr itr* 1. (~ *für Schäden etc*) pay for ...; 2. *(entstehen)* arise; ▶ **ein schwacher Wind ist aufge-kommen** a gentle breeze has sprung up; **für die Kosten ~** bear the costs; **Zwei-fel ~ lassen** give rise to doubts.
auf|krem·peln *tr:* ▶ **sich die Ärmel ~** roll up one's sleeves.
auf|krie·gen *tr fam* (*s*. aufbekommen).
auf|la·chen *itr* give a laugh.
auf|la·den *irr* I *tr* 1. *(Last)* load; 2. *el* charge; ▶ **jdm etw ~** burden s.o. with s.th.; II *refl el* become charged.
Auf·la·ge *f* 1. *typ (von Buch)* edition; *(von Zeitung)* circulation; 2. *(~nhöhe)* number of copies; 3. *(Bedingung)* condi-tion; ▶ **jdm etw zur ~ machen** impose s.th. on s.o. as a condition; **Auf·la·gen-hö·he** *f* number of copies published.
auf|las·sen *irr tr* 1. *(offen lassen)* leave open; 2. *(Hut etc)* leave on.
auf|lau·ern *itr:* ▶ **jdm ~** lie in wait for s.o.
Auf·lauf *m* 1. *(Menschen~)* crowd; 2. *(Speise)* baked pudding.
auf|lau·fen *irr* I *itr* ⟨sein⟩ 1. *(Zinsen)* accumulate; 2. *mar* run aground (*auf* on); II *tr* ⟨h⟩ ▶ **sich die Füße ~** get sore feet.
Auf·lauf·form *f* ovenproof dish.
auf|le·ben ⟨sein⟩ *itr* liven up; ▶ **etw (wieder) ~ lassen** revive s.th.
auf|le·gen *tr* 1. *allg* put on; *(Geschirr)* lay; *tele (Hörer)* replace; 2. *typ (ein Buch ~)* publish; 3. *fin (Aktien)* issue.
auf|leh·nen *refl:* ▶ **sich ~ gegen ...** revolt against ...
auf|le·sen *irr tr* pick up.
auf|leuch·ten ⟨h *od* sein⟩ *itr a. fig* light up.
auf|loc·kern *tr* 1. *(Erde etc)* break up; 2. *päd (Unterricht etc)* give relief to ... (*durch* with); ▶ **aufgelockerte Atmo-sphäre** relaxed mood.
auf·lös·bar *adj (in Flüssigkeit)* soluble; 2. *(Vertrag)* revocable.
auf|lö·sen I *tr* 1. *(in Flüssigkeiten)* dis-solve; 2. *(zerlegen)* resolve (*in* into); 3. *(Versammlung)* break up; 4. *(Geschäft)* wind up; ▶ **sein Konto ~** close one's account; II *refl* 1. *allg* dissolve; 2. *fig* be dissolved.
Auf·lö·sung *f* 1. *(e-r Versammlung)* dispersal; 2. *(von Aufgabe, Rätsel)* sol-ution.
auf|ma·chen I *tr allg* open; II *refl (auf-brechen)* set out (*nach* for).

Auf·ma·chung *f* 1. *(e-r Person)* rig-out; 2. *(e-s Buches)* presentation; 3. *typ (e-r Druckseite)* lay-out.
auf|mar·schie·ren ⟨sein⟩ *itr* march up; ▶ **~ lassen** *a. mil* deploy.
auf·merk·sam ['aʊfmɛrkzam] *adj* at-tentive; ▶ **jdn auf etw ~ machen** draw someone's attention to s.th.
Auf·merk·sam·keit *f* attention, attent-iveness; ▶ **das ist nur e-e kleine ~!** that's just a little something!
auf|mö·beln *tr fig:* ▶ **jdn ~** buck s.o. up.
auf|mucken (k·k) *itr fam* balk, jib.
auf|mun·tern ['aʊfmʊntɛn] *tr:* ▶ **jdn ~** cheer s.o. up.
auf·müp·fig ['aʊfmʏpfɪç] *adj fam* re-bellious.
Auf·nah·me ['aʊfnaːmə] ⟨-, -n⟩ *f* 1. *(Empfang)* reception; 2. *(Zulassung)* admission (*in* to); 3. *phot (Vorgang)* taking; 4. *(Photo)* photo; 5. *radio (auf Tonband)* recording; 6. *fin (von Gel-dern)* raising; ▶ **e-e ~ machen** *phot* take a photo; **~ (diplomatischer) Bezie-hungen** establishment of (diplomatic) relations; **Auf·nah·me·be·din·gun-gen** *f pl* conditions of admission; **auf-nah·me·fä·hig** *adj markt* active; ▶ **ich bin nicht mehr ~** *fig* I can't take anything else in; **Auf·nah·me·ge-bühr** *f* admission fee; **Auf·nah·me·la-ger** *n* reception camp; **Auf·nah·me-land** *n* host country; **Auf·nah·me-prü·fung** *f* entrance examination.
auf|neh·men *irr tr* 1. *(Gegenstand)* pick up; 2. *(zulassen)* admit (*in* to); 3. *(emp-fangen)* receive; 4. *(auf Band)* record; 5. *(etw beginnen)* begin; ▶ **Kontakt mit jdm ~** contact s.o.; **es mit jdm ~ können** be a match for s.o.; **er kann alles sehr schnell ~** he's very quick on the uptake; **Verhandlungen ~** enter into negotiations.
auf|nö·ti·gen *tr:* ▶ **jdm etw ~** force s.th. on s.o.
auf|op·fern I *refl* sacrifice o.s.; II *tr* give up.
auf|pas·sen *itr:* ▶ **paß auf!** watch out! **auf jdn ~** keep an eye on s.o.
Auf·pas·ser(in) *m (f)* watchdog *fam.*
auf|peit·schen *tr* 1. *fig* inflame; 2. *(Sturm: das Meer)* whip up.
auf|pep·pen *tr fam* jazz up.
auf|pflan·zen I *tr:* ▶ **das Bajonett ~** fix the bajonet; II *refl fam:* ▶ **sich vor jdm ~** plant o.s. in front of s.o.
auf|plat·zen ⟨sein⟩ *itr* burst open.
Auf·prall ⟨-s, -e⟩ *m* impact.
auf|pral·len ⟨sein⟩ *itr:* ▶ **auf den Boden ~** hit the ground; **auf e-n anderen Wa-gen ~** collide with another car.
Auf·preis *m* surcharge; ▶ **gegen ~ von ...** for an extra charge of ...
auf|pum·pen *tr (Reifen)* inflate, pump up.

auf|put·schen *tr (aufhetzen)* inflame; *(erregen)* stimulate.
Auf·putsch·mit·tel *n* stimulant.
auf|raf·fen *refl:* ▶ **sich ~** pull o.s. up; *fig* pluck up courage.
auf|ra·gen ⟨sein⟩ *itr* rise; *(höher)* tower.
auf|räu·men I *tr* tidy; **II** *itr fig:* ▶ **mit etw ~** do away with s.th.
Auf·räu·mungs·ar·be·iten *f pl* clearing-up operation *sing*.
auf·recht ['aufrɛçt] *adj* erect, upright; ▶ **~ sitzen** sit up; ▶ **~ stehen** stand erect; **auf·recht|er·hal·ten** *irr tr allg* maintain; *(Verbindung, Kontakt)* keep up; *(Gebräuche, Urteil, Lehre u. a.)* uphold.
auf|re·gen I *tr (ärgern)* annoy; ▶ **reg mich nicht auf!** don't drive me mad! **II** *refl* get (over)excited *(über* about).
Auf·re·gung *f* excitement; ▶ **nur keine ~!** don't get in a state!
auf|rei·ben *irr* **I** *tr* **1.** *fig (erschöpfen)* wear down *(od* out); **2.** *mil (vernichten)* annihilate, wipe out; **3.** *(wundreiben)* chafe; **II** *refl fig* wear o.s. out.
auf|rei·ßen *irr tr* **1.** tear up; **2.** *(öffnen)* fling open; ▶ **sich die Hand ~** gash one's hand.
auf|rei·zen *tr* **1.** *(ärgern)* provoke; **2.** *(erregen)* excite.
auf|rich·ten I *tr* **1.** set upright; **2.** *fig (seelisch)* lift; **II** *refl* straighten up; *(aufsitzen)* sit up.
auf·rich·tig *adj* sincere *(zu* towards); ▶ **mein ~es Beileid** my sincere condolences *pl;* **Auf·rich·tig·keit** *f* sincerity.
Auf·riß(zeich·nung) *m (f) tech* elevation; ▶ **etw (von vorne/von der Seite) im ~ zeichnen** draw (the front/the side) elevation of s.th.
auf|rol·len I *tr* **1.** *(zusammenrollen)* roll up; *(Kabel)* coil up; **2.** *(entfalten)* unroll; ▶ **e-e Frage ~** go into a problem; **II** *refl* unroll.
Auf·ruf *m* **1.** appeal *(an* to); **2.** *aero EDV* call.
auf|ru·fen *irr tr a. EDV* call; ▶ **e-n Schüler ~** ask a pupil a question; **zum Widerstand ~** call for resistance.
Auf·ruhr ['aufruːɐ] ⟨-(e)s, -e⟩ *m* **1.** *(Aufstand)* rebellion, uprising; **2.** *fig (Aufgewühltheit)* turmoil.
auf|rüh·ren *tr fig (Skandal, alte Geschichte)* rake up.
Auf·rüh·rer *m* rabble-rouser; **auf·rüh·re·risch** *adj* **1.** *(aufständisch)* rebellious; **2.** *(Rede)* inflammatory.
auf|run·den *tr (Betrag)* round up.
auf|rü·sten *tr* (re)arm.
Auf·rü·stung *f* rearmament.
auf|rüt·teln *tr* **1.** *(aus dem Schlaf etc)* rouse *(aus* from); **2.** *fig (jdn ~)* stir s.o.
auf|sa·gen *tr (rezitieren)* recite.
auf|sam·meln *tr* pick up.
auf·säs·sig ['aufzɛsɪç] *adj* rebellious.

Auf·satz *m* **1.** *(Abhandlung)* essay; *päd* composition; **2.** *(oberer Teil)* top, upper part.
auf|sau·gen *tr* **1.** *allg* soak up; **2.** *fig* absorb.
auf|schau·en *itr* look up.
auf|scheu·chen *tr* startle.
auf|schich·ten *tr* pile up, stack.
auf|schie·ben *irr tr* **1.** *fig* put off, postpone; **2.** *(Fenster, Türe etc)* slide open.
Auf·schlag *m* **1.** *(Aufprall)* impact; **2.** *(Hosen~)* turn-up; **3.** *sport (beim Tennis)* service; **4.** *com (Preis~)* surcharge; ▶ **wer hat ~?** *(beim Tennis)* whose serve?
auf|schla·gen *irr* **I** *itr* **1.** *com (Preise)* rise, go up; **2.** *(beim Tennis)* serve; **3.** *(aufprallen)* hit; **II** *tr* **1.** *(Nuß etc)* crack; **2.** *(öffnen)* open; **3.** *(verwunden)* cut; ▶ **ein Zelt ~** pitch a tent.
auf|schlie·ßen *irr* **I** *tr* unlock; **jdm ~** unlock the door for s.o.; **II** *itr sport* catch up *(zu* with).
auf|schlit·zen *tr* rip (open); *(mit Messer a.)* slit (open).
Auf·schluß *m:* ▶ **können Sie mir darüber ~ geben?** can you give me information about it?
auf·schluß·reich *adj* informative, instructive.
auf|schnal·len *tr* **1.** *(auflösen)* unbuckle; **2.** *(Rucksack etc aufbinden)* buckle on.
auf|schnap·pen *tr (ein Wort etc)* pick up.
auf|schnei·den *irr* **I** *tr* cut open; *med* lance; **II** *itr (übertreiben)* boast, brag.
Auf·schnitt ⟨-(e)s⟩ *m* sliced cold meat.
auf|schnü·ren *tr* undo.
auf|schrau·ben *tr* **1.** *(losschrauben)* unscrew; **2.** *(daraufschrauben)* screw on *(auf* to).
auf|schrecken (k·k) I *tr* ⟨h⟩ startle; **II** *itr* ⟨sein⟩ give a start; **aus dem Schlaf ~** wake up with a start.
Auf·schrei *m* **1.** *allg* yell; **2.** *fig* outcry.
auf|schrei·ben *irr tr* put *(od* write) down.
auf|schrei·en *irr itr* yell out.
Auf·schrift *f* inscription; *(auf Poster etc)* caption; *(auf Etikett)* label.
Auf·schub *m* delay, postponement.
auf|schüt·ten *tr* **1.** *(Flüssigkeit)* pour on; *(Erde)* deposit; **2.** *(Damm)* throw up.
auf|schwat·zen *tr fam:* ▶ **jdm etw ~** talk s.o. into taking s.th.
auf|schwin·gen *irr refl fig:* ▶ **sich zu etw ~ (sich aufraffen)** bring o.s. to do s.th.
Auf·schwung *m* **1.** *fig* upswing; **2.** *sport (beim Turnen)* swing-up; **3.** *com* boom, upturn, upswing; ▶ **das gibt mir (wieder) neuen ~** this is giving me a lift.
Auf·se·hen ⟨-s⟩ *n:* ▶ **~ erregen** cause

(*od* create) a sensation; **ohne großes ~** without any to-do.

auf|se·hen *irr itr* (*s.* aufblicken).

Auf·se·her(in) *m* (*f*) (*Gefängnis~*) warden; (*im Museum*) attendant; (*im Betrieb*) supervisor.

auf|set·zen I *tr* 1. (*Gegenstand auf etw ~*) put on; 2. (*Kaffee~*) make; 3. (*schriftlich entwerfen*) draft; **II** *itr aero* touch down.

Auf·sicht *f* 1. (*Überwachung*) supervision; 2. (*mit der ~ Beauftragter*) person in charge; ▶ **über etw · führen** be in charge of s.th.; **Auf·sichts·be·hör·de** *f* supervisory body; **Auf·sichts·rat** *m* board of directors; **Auf·sichts·rats·vor·sit·zen·de(r)** *f m* chairman, chairwoman of the board.

auf|sit·zen ⟨sein⟩ *irr itr* mount.

auf|spal·ten *tr* 1. split; 2. *fig* split up.

Auf·spal·tung *f* 1. *biol* fission; 2. *chem* disintegration; 3. *allg* splitting.

auf|span·nen *tr* 1. spread out; 2. (*Stoff*) stretch (*auf* onto); ▶ **s-n Schirm ~** open one's umbrella.

auf|spa·ren *tr* save up.

auf|spei·chern *tr* store up.

auf|sper·ren *tr* (*aufschließen*) unlock; ▶ **sperr deine Ohren auf!** prick up your ears!

auf|spie·len *refl* give o.s. airs; ▶ **sich ~ als etw** set o.s. up as s.th.

auf|spie·ßen *tr* spear; (*mit der Gabel*) prong; (*mit den Hörnern*) gore.

auf|sprin·gen ⟨sein⟩ *irr itr* 1. (*Person*) jump to one's feet; 2. (*Risse bekommen*) crack; (*Haut*) chap; 3. (*Tür*) fly open.

auf|spü·ren *tr* track down.

auf|sta·cheln *tr:* ▶ **jdn ~, etw zu tun** urge s.o. into doing s.th.

Auf·stand *m* rebellion, insurrection.

Auf·stän·di·sche(r) ⟨-n, -n⟩ *f m* insurgent, rebel.

auf|sta·peln *tr* pile (*od* stack) up.

auf|ste·chen *irr tr* puncture; *med* lance.

auf|stecken (k·k) *tr* 1. (*Gegenstand*) put on (*auf* to); (*mit Nadeln*) pin up; 2. (*Haar*) put up; 3. *fig fam* (*aufgeben*) pack it in.

auf|ste·hen *irr itr* 1. ⟨h⟩ (*offen stehen*) be open; 2. ⟨sein⟩ (*sich erheben*) get up.

auf|stei·gen ⟨sein⟩ *irr itr* 1. (*auf Berg, Leiter*) climb (up); 2. (*Nebel*) rise; (*Vogel, Drachen*) soar (up); 3. *fig* (*Gefühl*) rise; 4. (*beruflich ~*) be promoted.

Auf·stei·ger(in) *m* (*f*) climber.

auf|stel·len I *tr* 1. (*hinstellen*) put up; (*Maschine*) install; 2. *sport* (*Mannschaft*) draw up; 3. (*Kandidaten*) nominate; ▶ **e-e Behauptung ~** put forward an assertion; **e-n Rekord ~** set up a record; **e-e Liste ~** make a list; **II** *refl* stand; ▶ **sich hintereinander ~** line up.

Auf·stel·lung *f* 1. putting-up; 2. *sport*

(*die Mannschaft*) line-up; 3. (*Liste*) list.

Auf·stieg [ˈaʊfʃtiːk] ⟨-(e)s, -e⟩ 1. ascent; 2. *fig* (*beruflich*) advancement, promotion.

Auf·stiegs·chan·cen *pl* prospects of promotion.

auf|stö·bern *tr* (*aufspüren*) ferret out.

auf|stocken (k·k) *tr* 1. (*Haus*) build another storey onto; 2. *com* (*Kredit*) increase; ▶ **sein Kapital ~** raise additional funds.

auf|sto·ßen *irr* **I** *tr* push open; **II** *itr* burp; **III** *refl* ▶ **sich den Knöchel ~** graze one's ankle.

auf|strei·chen *irr tr* spread (*auf* on).

Auf·strich *m* (*Brotbelag*) spread; ▶ **was willst du als ~?** what would you like on your bread?

auf|stül·pen *tr* (*Hut etc*) pull on.

auf|stüt·zen I *tr* (*Körperteil*) rest (*auf* on); **II** *refl* support o.s.

auf|su·chen *tr:* ▶ **jdn ~** call on s.o.; **etw ~** pick up s.th.; **e-e Stadt auf der Karte ~** find a town on the map.

auf|ta·keln *refl:* ▶ **sich ~** *fam* deck oneself out.

Auf·takt *m* 1. *mus* up-beat; 2. *fig* (*Eröffnung, Beginn*) prelude; ▶ **den ~ zu etw bilden** mark the start of s.th.

auf|tan·ken *tr mot* fill up; *aero* refuel.

auf|tau·chen ⟨sein⟩ *itr* 1. (*plötzlich erscheinen*) appear; 2. *mar* surface; 3. *fig* arise.

auf|tau·en *tr* ⟨h⟩ *itr* ⟨sein⟩ *a. fig* thaw.

auf|tei·len *tr* 1. (*an Personen*) share out (*an* between); 2. (*unterteilen*) split up (*in* into); **Auf·tei·lung** *f* 1. (*Verteilung*) sharing out; 2. (*Unterteilung*) division.

auf|ti·schen [ˈaʊftɪʃən] *tr* (*Speisen*) serve up; ▶ **jdm etw ~** *fig* come up with s.th.

Auf·trag [ˈaʊftraːk, *pl* ˈaʊftrɛːɡə] ⟨-(e)s, ·· e⟩ *m* 1. (*Anweisung*) instructions *pl;* 2. *com* order; ▶ **in jds ~ handeln** act on someone's behalf; **jdm den ~ geben, etw zu tun** instruct s.o. to do s.th.; **etw bei ... in ~ geben** order s.th. from ...

auf|tra·gen *irr tr* 1. (*Speisen*) serve; 2. (*Farbe etc*) put on; ▶ **jdm etw ~** instruct s.o. to do s.th.; **dick ~** *fig* lay it on thick.

Auf·trag·ge·ber(in) *m* (*f*) *com* purchaser, customer, client; principal.

Auf·trag·neh·mer(in) *m* (*f*) contractor.

Auf·trags·be·stä·ti·gung *f com* confirmation of order; **Auf·trags·buch** *n com* orderbook; **Auf·trags·ein·gang** *m* incoming orders *pl.*

auf·trags·ge·mäß *adv allg* as instructed; *com* as per order.

auf|trei·ben *irr* **I** *tr* ⟨h⟩ (*ausfindig machen*) get hold of ...; **II** *itr* ⟨sein⟩ *med* become bloated.

auf|tren·nen *tr* undo.

Auf·tre·ten *n* 1. (*Vorkommen*) appearance; **2.** *(Benehmen)* behaviour; ▶ **ein sicheres ~ haben** have self-assured manners *pl;* **bei ~ von Schwierigkeiten** in case difficulties should arise.

auf|tre·ten *irr itr* ⟨sein⟩ **1.** *allg* tread; **2.** *(erscheinen)* appear; **3.** *fig (sich zeigen)* arise; **4.** *(sich verhalten)* behave.

Auf·trieb *m* **1.** *fig* impetus; **2.** *aero* lift; ▶ **das gibt mir wieder ~** that gives me a lift.

Auf·tritt *m* **1.** *(Erscheinen)* appearance; **2.** *theat (Szene) a. fig* scene.

auf|trump·fen *itr* show how good one is.

auf|tun *irr* I *refl* **1.** *(Abgrund)* yawn; **2.** *fig (sich bieten)* open up; II *tr fig fam (finden)* find.

auf|tür·men I *tr* pile up; II *refl* **1.** *allg* tower up; **2.** *fig* mount up.

auf|wa·chen ⟨sein⟩ *itr* wake up.

auf|wach·sen ⟨sein⟩ *irr itr* grow up.

auf|wal·len ⟨sein⟩ *itr* **1.** *tr* boil up; **2.** *fig* surge up.

Auf·wand ['aʊfvant] ⟨-(e)s⟩ *m* **1.** *fin* expenditure *(an* of); *(Kosten a.)* expense; **2.** *(Prunk etc)* extravagance; ▶ **das erfordert e-n großen ~ an Arbeit** that requires a lot of work.

auf|wär·men I *tr* **1.** *(Speisen)* heat up; **2.** *fig* bring up; II *refl* warm o.s. up.

auf·wärts ['aʊfvɛrts] *adv* up, upward(s).

Auf·wärts·ent·wick·lung *f* upward trend.

auf|wa·schen *irr tr (s.* abwaschen).

auf|wecken (k·k) *tr* wake up.

auf|wei·chen I *tr* ⟨h⟩ make sodden; II *itr* ⟨sein⟩ get sodden.

auf|wei·sen *irr tr* show; ▶ **etw aufzuweisen haben** have s.th. to show for o.s.

auf|wen·den *irr tr* **1.** *allg* use; **2.** *fin* spend; **auf·wen·dig** *adj* **1.** *(teuer)* costly; **2.** *(prunkvoll)* lavish; ▶ **ein ~es Leben führen** live extravagantly.

auf|wer·fen *irr tr* **1.** *(Graben)* dig; **2.** *fig (Frage etc)* raise.

auf|wer·ten *tr* **1.** *fin* revalue, *Am a.* revaluate; **2.** *fig* increase the value of …

Auf·wer·tung *f fin* revaluation.

auf|wickeln (k·k) *tr* **1.** *(aufrollen)* roll up; **2.** *(loswickeln)* untie.

auf|wie·geln *tr* stir up.

auf|wir·beln *tr* **1.** *(Blätter etc)* whirl up; **2.** *fig:* ▶ **das wird viel Staub ~** that is going to cause a big stir.

auf|wi·schen I *tr* mop up; II *itr* wipe the floor.

auf|wüh·len *tr fig* stir up.

auf|zäh·len *tr* enumerate, list.

Auf·zäh·lung *f* enumeration.

auf|zeh·ren *tr* **1.** *(verzehren)* eat up; **2.** *fig (erschöpfen)* exhaust.

auf|zeich·nen *tr* **1.** *(mit Stift)* draw; **2.** *radio TV* record.

Auf·zeich·nung *f* **1.** *(Niederschrift)* note; **2.** *radio TV* recording.

auf|zei·gen *tr* show, demonstrate.

auf|zie·hen *irr* I *tr* ⟨h⟩ **1.** *fig:* ▶ **jdn ~** make fun of s.o. *(mit* about); **2.** *(Uhr etc)* wind up; **3.** *(Vorhang etc)* draw back; **4.** *(Gegenstände)* pull up; **5.** *fig (ein Kind)* raise; **6.** *(Photo etc)* mount; II *itr* ⟨sein⟩ **1.** *allg* come up; **2.** *mil* march up.

Auf·zucht ⟨-⟩ *f (von Vieh)* rearing.

Auf·zug *m* **1.** *(Fahrstuhl) Br* lift, *Am* elevator; **2.** *(Parade etc)* parade; **3.** *theat* act; **4.** *(Kleidung)* get-up.

auf|zwin·gen *irr tr:* ▶ **jdm etw ~** force s.th. upon s.o.

Aug·ap·fel *m* eyeball.

Au·ge ['aʊgə] ⟨-s, -n⟩ *n* **1.** eye; **2.** *(Punkt beim Spiel)* point; ▶ **mit den ~n zwinkern** wink; **ich habe es mit eigenen ~n gesehen** I have seen it with my own eyes; **etw im ~ haben** *(Staubkorn etc)* have s.th. in one's eye; *fig* have one's eye on s.th.; **ich konnte kaum aus den ~n gucken** I could hardly see straight; **vor aller ~n** in front of everybody; **ein ~ zudrücken** *fam* turn a blind eye (to); **jdm etw aufs ~ drücken** *fam* impose s.th. on s.o.; **ich werde es im ~ behalten** I'll bear it in mind; **er läßt sie nicht aus den ~n** he won't let her out of his sight; **jdn aus den ~n verlieren** lose sight of s.o.; **das kann leicht ins ~ gehen!** *fig fam* it might easily go wrong! **in meinen ~n …** in my opinion …; **das fällt ins ~** that leaps to the eye; **unter vier ~n** in private.

Au·gen·arzt *m* eye specialist; oculist.

Au·gen·blick *m* moment; ▶ **e-n ~ bitte!** one moment please! **~ mal!** just a second! **im letzten ~** at the last moment.

au·gen·blick·lich I *adj* **1.** *(umgehend)* immediate; **2.** *(gegenwärtig)* current; II *adv* **1.** *(umgehend)* at once; **2.** *(zur Zeit)* at present, *bes. Am* presently.

Au·gen·braue *f* eyebrow; **Au·gen·ent·zün·dung** *f* ophtalmia; **Au·gen·far·be** *f* colour of eyes; **Au·gen·hö·he** *f:* ▶ **in ~** at eye-level; **Au·gen·höh·le** *f* eye socket; **Au·gen·licht** *n* eyesight; **Au·gen·lid** *n* eyelid; **Au·gen·maß** *n:* ▶ **nach ~** by eye; **Au·gen·merk** ⟨-(e)s⟩ *n:* ▶ **sein ~ richten auf …** direct one's attention to …;

Au·gen·schein ⟨-(e)s⟩ *m:* ▶ **nach** by all appearances *pl;* **etw in ~ nehmen** have a close look at s.th.; **Au·gen·trop·fen** *pl* eyedrops; **Au·gen·wei·de** *f* feast *(od* treat) for the eyes; ▶ **das ist nicht gerade e-e ~!** *(ironisch)* that's a bit of an eyesore! **Au·gen·zeu·ge (Au·gen·zeu·gin)** *m (f)* eyewitness *(bei* to).

Au·gust [1. aʊ'gʊst, 2. '--] *m* **1.** *(Monat)* August; **2.** *(Name)* Augustus; ▶ **der dumme ~** the clown.

Auk·tion [aʊkˈtsjoːn] ⟨-, -en⟩ *f* auction.

Auk·tio·na·tor *m* auctioneer.
Au·la ['aʊla] ⟨-, -len/-s⟩ *f* hall.
Au·ri·kel [aʊ'riːkəl] ⟨-, -n⟩ *f bot* auricula.
Aus ⟨-⟩ *n* 1. *sport* touch, offside; 2. *fig* end, finish; ▶ **ins ~ gehen** go out.
aus [aʊs] **I** *prep* 1. *(örtlich, räumlich, zeitlich)* from; *(von innen)* out of; ▶ **~ dem Fenster fallen** fall out of the window; **ich komme ~ Deutschland** I'm from Germany; **trink bitte nicht ~ der Flasche!** please don't drink from *(od* out of*)* the bottle! **dieser Stuhl stammt - dem 18. Jahrhundert** this chair's from the 18th century; 2. *(begründend):* ▶ **das habe ich nur ~ Spaß gesagt** I said it just for fun; **~ Versehen** by mistake; **~ Haß** through hatred; **~ Erfahrung** from experience; **~ Mitleid** out of sympathy; 3. *(sonstige):* ▶ **~ der Sache ist nichts geworden** nothing came of it; **was ist ~ ihr geworden?** what has become of her? **das ist doch ~ der Mode!** that's out of fashion! **II** *adv:* ▶ **so, jetzt ist's ~!** that'll do now! **von mir ~** as far as I'm concerned; **vom Turm ~ konnte man den Fluß sehen** one could see the river from the tower.
aus|ar·bei·ten *tr* work out; *(vorbereiten)* prepare.
aus|ar·ten ⟨sein⟩ *itr* 1. *(außer Kontrolle geraten)* get out of control; 2. *(über die Stränge schlagen)* get out of hand.
aus|at·men *itr tr* breathe out.
aus|ba·den *tr:* ▶ **etw ~ müssen** *fam* carry the can for s.th.
aus|bag·gern *tr (Baugrube)* excavate.
aus|bal·do·wern ['aʊsbalˌdoːvən] ⟨ohne ge-⟩ *tr fam:* ▶ **etw ~** nose *(od* scout*)* s.th. out; ▶ **~, ob ...** nose *(od* scout*)* around to find out whether ...
Aus·bau ⟨-(e)s, -ten⟩ *m* 1. *tech (von Motor, Gerät etc)* removal; 2. *(Erweiterung)* extension; **aus|bau·en** *tr* 1. *tech (Motor, Gerät etc)* remove *(aus* from*)*; 2. *(Dachboden etc)* fit out; 3. *(erweitern)* a. *fig* extend; **aus·bau·fä·hig** *adj* that can be extended.
aus|be·din·gen ⟨ausbedungen⟩ *irr tr:* ▶ **ich muß mir ~, daß ...** I must make it a condition that ...
aus|bei·ßen *irr tr:* ▶ **sich e-n Zahn ~** break a tooth; **an dem wirst du dir noch die Zähne ~!** *fig* you'll have a tough time of it with him!
aus|bes·sern *tr* mend, repair; *(Fehler)* correct.
Aus·bes·se·rung *f* mending, repair.
aus|beu·len *tr mot* beat out.
Aus·beu·te *f* gain; *(Ertrag)* yield *(an* in*)*.
aus|beu·ten *tr* exploit; **Aus·beu·ter(in)** *m (f)* exploiter.
Aus·beu·tung *f* exploitation.
aus|be·zah·len *tr (Betrag)* pay out; *(Miteigentümer etc)* buy out.
aus|bil·den **I** *tr* 1. *allg* train; *(geistig)*

educate; 2. *(ausgestalten)* shape; **II** *refl fig* develop, form.
Aus·bil·der(in) *m (f)* instructor.
Aus·bil·dung *f* training, instruction; *(geistige ~)* education; **Aus·bil·dungs·bei·hil·fe** *f* educational grant; **Aus·bil·dungs·för·de·rung** *f* promotion of training; **Aus·bil·dungs·platz** *m* traineeship; **Aus·bil·dungs·stand** *m* level of training.
aus|bit·ten *irr tr:* ▶ **sich etw ~ von jdm** request s.th. from s.o.; **das bitte ich mir auch aus!** I should think so too!
Aus·blei·ben *n* 1. *(Fernbleiben)* non-appearance; 2. *(~ der Zahlung)* non-payment.
aus|blei·ben ⟨sein⟩ *irr itr (Person)* stay out; ▶ **unsere Gäste sind ausgeblieben** our guests have failed to appear; **es konnte nicht ~, daß ...** it was inevitable that ...
aus|blen·den *tr film radio* fade out.
Aus·blick *m* 1. *allg* view *(auf* of*)*; 2. *fig* prospect *(auf* for*)*.
aus|bor·gen *tr:* ▶ **sich etw von jdm ~** borrow s.th. from s.o.
aus|bre·chen ⟨sein⟩ *irr itr* 1. *(aus Gefängnis etc)* escape *(aus* from*)*; 2. *(entstehen)* break out; 3. *(von Vulkan)* erupt; ▶ **in Tränen ~** burst into tears; **in Gelächter ~** burst out laughing.
aus|brei·ten **I** *tr* 1. spread out; *(entfalten)* display; **II** *refl* spread; ▶ **sich über etw ~** *fig* spread on s.th.; **Aus·brei·tung** *f (das Ausbreiten)* spreading.
aus|bren·nen *irr* **I** *tr* ⟨h⟩ *(Wunden)* cauterize; **II** *itr* ⟨sein⟩ *(Feuer)* burn out.
Aus·bruch *m* 1. *(aus Gefängnis etc)* escape; 2. *(Beginn)* outbreak; 3. *(Vulkan~)* eruption; 4. *(Gefühls~)* outburst; ▶ **zum ~ kommen** break out; *fig* erupt.
aus|brü·ten *tr* 1. *(Eier)* hatch; 2. *fig (Pläne)* hatch up.
aus|büch·sen *itr fam (ausreißen)* break out, run away.
aus|bud·deln *tr* dig out.
aus|bür·gern ['aʊsbʏrɡən] *tr* expatriate.
aus|bür·sten *tr (Kleid etc)* brush; *(Staub)* brush out.
Aus·dau·er *f* endurance; *(Beharrlichkeit)* perseverance; *(Hartnäckigkeit)* persistence.
aus|deh·nen **I** *tr* 1. *(räumlich, durch Wärme)* expand; *(Stoffe etc)* stretch; 2. *fig (Macht)* extend *(auf* to*)*; **II** *refl* 1. *(Stoffe etc)* stretch; 2. *(sich erstrecken)* extend.
Aus·deh·nung *f* 1. *(Größe)* extension; 2. *(Umfang)* expanse.
aus|den·ken *irr tr:* ▶ **sich etw ~** think s.th. up; *(in der Phantasie)* imagine s.th.
aus|dre·hen *tr (Gas)* turn off; *(Lampe)* switch off.
Aus·druck ⟨-(e)s, ⸚e⟩ *m* 1. *(Terminus)* term; 2. *(Miene)* expression; 3. *EDV*

(Computer~) print-out; ► **etw zum ~ bringen** express s.th.; **das ist gar kein ~!** that's not the word for it!

aus|drucken (k·k) *tr* 1. EDV print (out).

aus|drücken (k·k) *tr (Zigarette)* stub out; 2. express; ► **sich ~** express o.s.

aus·drück·lich *adv:* ► **ich möchte ~ betonen, daß ...** I should like to emphasize particularly that ...

aus·drucks·los *adj* inexpressive.

Aus·drucks·ver·mö·gen *n* expressiveness; *(Gewandtheit)* articulateness; **aus·drucks·voll** *adj* expressive; **Aus·drucks·wei·se** *f* mode of expression; ► **was ist denn das für 'ne ~!** what sort of language is that to use!

aus|dün·nen *tr (Haare etc)* thin out.

Aus·dün·stung *f* vaporization; *(von Körper)* transpiration.

aus·ein·an·der [ausaɪˈnandə] *adv* apart; ► **weit ~ liegen** lie wide apart; **etw ~ schreiben** write s.th. as two words; **aus·ein·an·der|bringen** *irr tr* be able to get (s.o., s.th.) apart; **aus·ein·an·der|fal·len** ⟨sein⟩ *irr itr* fall apart; **aus·ein·an·der|fal·ten** *tr* unfold; **aus·ein·an·der|ge·hen** ⟨sein⟩ *irr itr* 1. *(sich trennen)* part; *(Gesellschaft)* break up; *(Menge)* disperse; 2. *(Wege)* divide; 3. *fig (Meinungen)* differ; 4. *(aus den Fugen gehen)* fall apart; **aus·ein·an·der|hal·ten** *irr tr* 1. *allg* keep apart; 2. *fig (unterscheiden)* distinguish *(zwischen* between); **aus·ein·an·der·neh·men** *irr tr a. tech* take apart; **aus·ein·an·der|set·zen** I *tr:* ► **jdm etw ~** explain s.th. to s.o.; II *refl:* ► **sich ~ mit etw** have a critical look at s.th.

Aus·ein·an·der·set·zung *f (Streit)* argument.

aus·er·le·sen *adj* select.

aus|er·wäh·len *tr* choose.

aus|fah·ren *irr* I *itr* ⟨sein⟩ 1. *(spazierenfahren)* go for a ride; 2. *aero (Fahrgestell)* come out; II *tr* ⟨h⟩ 1.: ► **jdn ~ take** s.o. for a ride; 2. *(Waren etc)* deliver; 3. *aero (Fahrgestell)* lower.

Aus·fahrt *f* 1. *(für Kraftfahrzeuge)* exit; 2. *(Spazierfahrt etc)* ride.

Aus·fall *m* 1. *mot tech* failure; 2. *(Verlust)* loss; 2. *(von Unterricht etc)* cancellation; 4. *mil* sortie.

aus|fal·len ⟨sein⟩ *irr itr* 1. *(nicht stattfinden)* be cancelled; 2. *mot tech* fail; ► **der Aufsatz ist schlecht ausgefallen** the composition has turned out badly; **die Schule fällt morgen aus** there's no school tomorrow.

aus·fal·lend (aus·fäl·lig) *adj (Verhalten)* impertinent; *(Sprache)* abusive; ► **~ werden** become personal.

Aus·fall·stra·ße *f* main road (leading out of a city).

aus|fer·ti·gen *tr (Auftrag)* make out; *(Paß)* issue.

Aus·fer·ti·gung *f* 1. *(das Ausfertigen)* drawing up; *(von Paß)* issuing; 2. *(Kopie)* copy; ► **in doppelter ~** in duplicate; **in dreifacher ~** in triplicate.

aus·fin·dig [ˈausfɪndɪç] *adv:* ► **~ machen** find; *(aufspüren)* trace.

aus|flie·ßen ⟨sein⟩ *irr itr* 1. flow out *(aus* of); 2. *(auslaufen)* leak *(aus* out of).

aus|flip·pen *itr sl* freak out.

Aus·flucht [ˈausfluxt, *pl* ˈausflʏçtə] ⟨-, ⁚ e⟩ *f* excuse; ► **~e machen** make excuses.

Aus·flug *m* trip; ► **e-n ~ machen** go on a trip.

Aus·flüg·ler(in) [ˈausflyːklə] *m (f)* tripper.

Aus·fluß *m* 1. *(das Ausfließen)* flowing out; 2. *med* vaginal discharge.

aus|fra·gen *tr* question *(nach* about).

aus|fres·sen *irr tr fig:* ► **etw ~ do** s.th. wrong.

Aus·fuhr [ˈausfuːə] ⟨-, -en⟩ *f* export, exportation.

aus·führ·bar *adj* feasible, practicable.

Aus·fuhr·be·stim·mun·gen *f pl* export regulations.

aus|füh·ren *tr* 1. *(exportieren)* export; 2. *fig (Bestellungen, Aufträge, Pläne)* carry out; 3. *fig (genauer darstellen)* explain.

Aus·fuhr·land *n* exporting country.

aus·führ·lich [ˈausfyːɐlɪç/ -ˈ--] I *adj* detailed; II *adv* in detail; **~er** in greater detail.

Aus·fuhr·pa·pie·re *pl com* export documents *(od* papers); **Aus·fuhr·zoll** *m* export duty.

Aus·füh·rung *f* 1. *(von Aufträgen, Plänen)* execution; 2. *(Bauplan)* design; *(Typ)* model; *com* quality; 3. *(Darstellung)* statement; ► **~en** *pl* report *sing.*

Aus·füh·rungs·be·stim·mun·gen *f pl* regulations.

aus|fül·len *tr* 1. *(Graben etc)* fill up; 2. *(Formular)* fill in; ► **das füllt mich nicht ganz aus** that doesn't satisfy me completely.

Aus·ga·be *f* 1. *(Geld etc)* expense; 2. *(Buch)* edition; 3. *(Austeilung)* distribution; 5. *EDV (Daten~)* output; ► **~n** *pl (Auslagen)* costs.

Aus·ga·be·da·ten *pl EDV* output data; **Aus·ga·be·ge·rät** *n EDV* output device.

Aus·gang *m* 1. *(Öffnung nach außen)* exit; 2. *fig (Ergebnis)* outcome; ► **~ haben** have a day-off; **Aus·gangs·punkt** *m* starting-point; **Aus·gangs·sper·re** *f* 1. *(für Zivilisten)* curfew; 2. *mil (Disziplinarstrafe)* confinement to barracks; **Aus·gangs·stel·lung** *f* starting position.

aus|ge·ben *irr tr* 1. *(verteilen)* give out, distribute; *(Karten)* deal; 2. *(Befehle, Banknoten, Fahrkarten)* issue; 3. *(Geld)* spend; ▶ **sich für etw** ~ pass o.s. off as s.o.; **e·n** ~ *fam* stand a round.

aus·ge·bucht *adj* booked up, fully booked.

aus·ge·bufft ['aʊsgəbʊft] *adj fam (trickreich)* shrewd, fly.

aus·ge·dehnt *adj* 1. *fig (umfassend)* extensive; 2. *(Gummiband etc)* stretched; ▶ **ein** ~**er Spaziergang** a long walk.

aus·ge·dient *adj (Gerät etc)* clapped-out *fam.*

aus·ge·fal·len *adj* extravagant; *(ungewöhnlich)* exceptional.

aus·ge·flippt *adj sl* flipped, freaked out.

aus·ge·fuchst *adj fam* crafty, wily.

aus·ge·gli·chen *adj* balanced; ▶ ~**es Klima** even climate.

Aus·ge·gli·chen·heit *f* balance.

aus·ge·hen ⟨sein⟩ *irr itr* 1. *(ins Freie)* go out; 2. *(Vorräte)* run out; 3. *(Feuer)* go out; 4. *(Haare)* fall out; ▶ **schlecht** ~ turn out badly; **mir ging das Geld aus** I ran out of money; **leer** ~ come away empty-handed; **wir können davon** ~, **daß** ... we can proceed from the assumption that; **ihm ging die Puste aus** he ran out of breath; *fig fin* he ran out of funds.

aus·ge·las·sen *adj* 1. *(lärmend)* boisterous; 2. *(Stimmung)* mad.

aus·ge·macht *adj* 1. *(abgemacht)* agreed; 2. *fig (vollkommen)* utter.

aus·ge·nom·men *conj* except.

aus·ge·powert [aʊsgə'paʊət] *adj fam (erledigt, erschöpft)* washed out, tired.

aus·ge·prägt *adj* distinct; ▶ **ein** ~**es Interesse** a marked interest.

aus·ge·rech·net *adv fig:* ▶ ~ **ich mußte den Ausweis vergessen** of all people, I had to forget my passport; ~ **in Paris mußte ich meinen Photoapparat verlieren** I would have to lose my camera in Paris; ~ **im Juni war das Schwimmbad geschlossen** in June, of all times, the swimming baths were shut.

aus·ge·reift *adj tech* fully developed.

aus·ge·schlos·sen *adj* impossible.

aus·ge·schnit·ten *adj (Kleid)* low-cut.

aus·ge·spro·chen I *adj fig* definite; II *adv* really.

aus·ge·stor·ben *adj* 1. *allg* extinct; 2. *fig (gänzlich verlassen)* deserted.

aus·ge·sucht I *adj* choice, select; II *adv (besonders)* exceptionally.

aus·ge·wählt *adj* select.

aus·ge·wo·gen *adj* balanced.

aus·ge·zeich·net ['----/ '--'--] *adj* excellent; ▶ **es geht mir** ~! I'm feeling marvellous!

aus·gie·big *adj* substantial; ▶ ~**en Gebrauch machen von** ... make full use of ...; ~ **frühstücken** have a substantial breakfast.

aus|gie·ßen *irr tr* 1. *(Flüssigkeit)* pour

out; 2. *(Fugen)* fill in.

Aus·gleich ['aʊsglaiç] ⟨-(e)s, -e⟩ *m* 1. *allg* balance; 2. *com (Konto~)* balancing; 3. *fin (von Schulden)* settling; ▶ **zum** ~ **für etw** in order to compensate for s.th.

aus|glei·chen *irr* I *tr* 1. *(gleich machen)* level out; 2. *com (Konto)* balance; 3. *fin (Schulden)* settle; II *itr sport* equalize.

Aus·gleichs·sport *m* remedial exercise.

aus|glei·ten ⟨sein⟩ *irr itr* slip *(auf* on).

aus|gra·ben *irr tr* 1. *(Gegenstand etc) a. fig* dig up; 2. *(Loch etc)* dig out.

Aus·gra·bun·gen *f pl* excavations.

aus|gren·zen *tr* exclude; *(Person a.)* ostracize.

Aus·guck ['aʊsgʊk] ⟨-(e)s, -e⟩ *m mar* lookout.

Aus·guß *m (in der Küche)* sink.

aus|hal·ten *irr* I *tr (ertragen)* bear, stand; ▶ **es ist nicht zum A~!** it's unbearable! **er hält viel aus** he can take a lot; II *itr* hold out.

aus|hän·di·gen ['aʊshɛndɪgən] *tr* hand over; *(ausliefern)* deliver.

Aus·hang ⟨-(e)s, ⁎e⟩ *m (Bekanntmachung)* notice.

aus|hän·gen I *tr* 1. *(aushaken)* unhook; 2. *(eine Tür)* unhinge; 3. *(bekanntmachen)* put up; II *irr itr* have been put up.

Aus·hän·ge·schild *n* sign.

aus|har·ren *itr* wait.

aus|he·ben *irr tr* 1. *(Graben etc)* dig; 2. *fig (Bande etc)* make a raid on ...

aus|hecken (k·k) *tr fig (Pläne)* cook up.

aus|hei·len ⟨sein⟩ *itr* be cured; *(Wunde)* heal.

aus|hel·fen *irr itr:* ▶ **jdm** ~ help s.o. out.

Aus·hil·fe *f* 1. *allg* help; 2. *(Person)* temporary worker.

aus·hilfs·wei·se *adv* temporarily.

aus|höh·len *tr* 1. *allg* hollow out; 2. *fig* undermine.

aus|ho·len *itr* 1. *(zum Schlag)* raise one's hand; *(zum Wurf)* reach back; 2. *fig* go far afield.

aus|hor·chen *tr:* ▶ **jdn** ~ sound s.o. out.

aus|ken·nen *irr refl* 1. *fig* know a lot *(in* about); 2. *allg* know one's way around.

Aus·klang *m* end.

aus|klap·pen *tr* open out.

aus|klei·den I *tr* 1. *(entkleiden)* undress; 2. *(mit Bezugsstoff beziehen)* line; II *refl* get undressed.

aus|klin·gen ⟨sein⟩ *irr itr* finish.

aus|klop·fen *tr (Kleidung)* beat the dust out of ...; *(Teppich)* beat.

aus|knip·sen *tr (Licht)* switch out.

aus|ko·chen *tr* boil.

Aus·kom·men *n* livelihood; ▶ **sein** ~ **haben** get by.

aus|kom·men ⟨sein⟩ *irr itr* manage *(mit* on); ▶ **ohne etw** ~ do without s.th.; **mit jdm gut** ~ get along well with s.o.

aus|ko·sten *tr fig* make the most of ...
aus|kra·men *tr* 1. *allg* turn out; 2. *fig* bring up.
aus|krat·zen *tr* scrape out.
aus|kund·schaf·ten *tr* find out. spy out; *mil* reconnoitre.
Aus·kunft ['aʊskʊnft, *pl* 'aʊskʏnftə] ⟨-, ⁻e⟩ *f* 1. *allg* information; 2. *tele* directory inquiries *pl;* 3. *(~sschalter)* information desk.
Aus·kunf·tei *f* credit inquiry agency.
aus|la·chen *tr* laugh at ...; ▶ **laß dich nicht ~**! don't make a fool of yourself!
aus|la·den *irr* I *tr* 1. unload; 2. *fig (Gast)* uninvite; II *itr arch* jut out.
Aus·la·ge *f* 1. *(Kosten)* expense; *(ausgelegtes Geld)* outlay; 2. *(Waren)* display; 3. *(Schaufenster)* shop window.
Aus·land ⟨-(e)s⟩ *n* foreign countries *pl;* ▶ **ins, im ~** abroad; **aus dem ~** from abroad.
Aus·län·der(in) *m (f)* foreigner; *(bes. jur)* alien; **aus·län·der·feind·lich** *adj* hostile to foreigners, xenophobic; **Aus·län·der·feind·lich·keit** *f* hostility to foreigners, xenophobia.
aus·län·disch *adj* foreign; *bot* exotic.
Aus·lands·auf·ent·halt *m* stay abroad; **Aus·lands·ge·spräch** *n tele* international call; **Aus·lands·kor·re·spon·dent(in)** *m (f)* foreign correspondent; **Aus·lands·rei·se** *f* trip abroad.
aus|las·sen *irr tr* 1. *(Fett etc)* melt; 2. *(weglassen)* leave out; 3. *radio mot (a. Kleidung)* leave off; ▶ **sich über etw ~** go on about s.th.; **sich an jdm ~** vent on s.o.
Aus·lauf ⟨-(e)s, (⁻e)⟩ *m* 1. *(Gelände)* run; 2. *(Ausfluß)* outlet.
Aus·lau·fen *n* 1. *mar (von Schiffen)* sailing; 2. *(von Programm od Serie)* phasedown.
aus|lau·fen ⟨sein⟩ *irr itr* 1. *(Flüssigkeit)* run out; *(lecken)* leak; 2. *mar* sail; 3. *(Serie)* be discontinued; 4. *(Vertrag)* run out.
Aus·läu·fer *m* 1. *bot* runner; 2. *(Berg~)* foothill.
Aus·laut *m ling* final position.
aus|lau·ten *itr ling* end *(auf* in).
aus|le·ben *refl* live it up.
aus|lecken (k·k) *tr* lick out.
aus|lee·ren *tr* empty.
aus|le·gen *tr* 1. *(Waren)* display, lay out; 2. *(auskleiden)* line; 3. *(erklären)* explain; 4. *(Geld)* lend; 5. *(technisch ausstatten)* design *(für* for); ▶ **mit Teppich ~** carpet; **etw falsch ~** misinterpret s.th.
Aus·le·ger *m* 1. *tech (von Kran)* boom; 2. *mar (von Boot)* outrigger.
Aus·le·ge·wa·re *f* carpets and rugs *pl.*
Aus·le·gung *f* interpretation.
aus|lei·hen *irr tr (verleihen)* lend; ▶ **etw von jdm ~** borrow s.th. from s.o.

aus|ler·nen *tr:* ▶ **man lernt nie aus** you live and learn.
Aus·le·se ['aʊsleːzə] ⟨-, -n⟩ *f* selection; **aus|le·sen** *irr tr* 1. *(auswählen)* select; 2. *fam (ein Buch)* finish reading.
aus|lie·fern *tr* 1. *(übergeben)* hand over; 2. *(Waren ~)* deliver; 3. *pol (jdn ~)* extradite; ▶ **jdm ausgeliefert sein** be at someone's mercy.
Aus·lie·fe·rung *f* 1. *com* delivery; 2. *pol* extradition; **Aus·lie·fe·rungs·la·ger** *n* distribution depot.
aus|lie·gen *irr itr* be displayed; *(Zeitungen)* be available.
aus|lö·schen *tr* 1. *meist fig* extinguish; *(Licht)* put out; 2. *(Schrift)* erase.
aus|lo·sen *tr allg* draw lots for ...; *(Preis etc)* draw.
aus|lö·sen *tr* 1. *allg a. tech* trigger; *(Kameraverschluß)* release; 2. *fig* arouse; 3. *(Gefangene)* release; ▶ **e-e Wirkung ~** produce an effect.
Aus·lö·ser *m (allg tech)* trigger; *phot* shutter release.
Aus·lo·sung *f* draw.
aus|ma·chen *tr* 1. *(Feuer)* put out; 2. *el radio* turn off; 3. *(vereinbaren)* agree; 4. *(betragen)* come to; 5. *(ermitteln)* make out; ▶ **e-n Termin ~** agree on a time; **ein Treffen ~** arrange a meeting; **das macht nichts aus** that doesn't matter; **macht es Ihnen etw aus, wenn ...?** do you mind if ...?
aus|ma·len *refl:* ▶ **sich etw ~** imagine s.th.
Aus·maß *n* 1. *allg* size; 2. *fig* extent; ▶ **in größerem ~** on a bigger scale.
aus|mer·zen ['aʊsmɛrtsən] *tr* 1. *allg* eradicate; 2. *fig* weed out.
aus|mes·sen *irr tr* measure out.
aus|mi·sten *tr* 1. *(Stall)* muck out; 2. *fig (säubern)* tidy out.
Aus·nah·me *f* exception; ▶ **mit ~ von** ... with the exception of ...; **ohne ~** without exception; **~n bestätigen die Regel** the exception proves the rule; **Aus·nah·me·fall** *m* exceptional case; **Aus·nah·me·zu·stand** *m* state of emergency; ▶ **den ~ verhängen** declare a state of emergency.
aus·nahms·los I *adv* without exception; II *adj* unanimous.
aus·nahms·wei·se *adv* as an exception, once.
aus|neh·men *irr* I *tr* 1. *(ausweiden)* draw; 2. *(ausschließen)* make an exception of ...; 3. *(Bande etc)* raid; 4. *fig fam* fleece.
aus·neh·mend *adv* exceptionally.
aus|nut·zen *tr* make use of ...; ▶ **jdn ~** take advantage of s.o.
aus|packen (k·k) I *tr (aus Verpackung)* unwrap; ▶ **s-n Koffer ~** unpack one's suitcase; II *itr fig sl (Neuigkeiten)* talk.
aus|peit·schen *tr* whip.

aus|pfei·fen *irr tr theat* hiss off the stage.

aus|plau·dern *tr* let out.

aus|plün·dern *tr* pillage, plunder; ▶ **jdn** ~ *fig fam* clean s.o. out.

aus|po·sau·nen ⟨ohne ge-⟩ *tr fig fam* broadcast.

aus|pres·sen *tr* 1. *(Früchte etc)* squeeze out; 2. *fig:* ▶ **jdn** ~ bleed s.o. white.

aus|pro·bie·ren *tr* try out.

Aus·puff ['aʊspʊf] ⟨-(e)s, -e⟩ *m* exhaust; **Aus·puff·ga·se** *pl* exhaust fumes; **Aus·puff·rohr** *n* exhaust pipe; **Aus·puff·topf** *m Br* silencer, *Am* muffler.

aus|pum·pen *tr* 1. *allg* pump out; 2. *fig (erschöpfen)* drain.

aus|quar·tie·ren ['aʊskvarti:rən] *tr* move out.

aus|quet·schen *tr* squeeze out; ▶ **jdn** ~ *fig sl (ausfragen)* grill s.o.

aus|ra·die·ren *tr* 1. *allg* erase; 2. *fig mil (dem Erdboden gleichmachen)* wipe out.

aus|ran·gie·ren *tr* throw out; *(Auto)* scrap.

aus|rau·ben *tr* rob.

aus|räu·chern *tr* 1. *allg* fumigate; 2. *fig* smoke out.

aus|räu·men *tr* 1. *(Schrank)* clear out; 2. *(Möbel)* move out; 3. *fig (Bedenken)* put aside.

aus|rech·nen *tr* work out; *(berechnen)* calculate.

Aus·re·de *f* excuse.

aus|re·den *itr* finish speaking; ▶ **jdn** ~ **lassen** let s.o. speak out.

aus|rei·chen *itr* be sufficient.

aus|rei·fen ⟨sein⟩ *itr* ripen.

Aus·rei·se *f:* ▶ **bei der** ~ on departure.

Aus·rei·se·an·trag *m* application for an exit visa; **Aus·rei·se·ge·neh·mi·gung** *f* exit permit.

aus|rei·sen ⟨sein⟩ *itr* leave the country.

Aus·rei·se·vi·sum *n* exit visa.

aus|rei·ßen *irr* I *tr* ⟨h⟩ pull out; *(Haare)* tear out; II *itr* ⟨sein⟩ 1. *(einreißen)* tear; 2. *fig fam (weglaufen)* run away.

Aus·rei·ßer *m* runaway.

aus|rei·ten ⟨sein⟩ *irr itr* go for a ride.

aus|ren·ken ['aʊsrɛŋkən] *tr* dislocate.

aus|rich·ten *tr* 1. *(erreichen)* achieve; 2. *(Nachricht ~)* tell; 3. *tech* align; ▶ **jdm etw** ~ give s.o. a message.

Aus·rich·tung *f* 1. *tech* alignment; 2. *pol* orientation *(auf* towards).

Aus·ritt *m* ride.

aus|rol·len I *tr* ⟨h⟩ *(Teig, Teppich)* roll out; II *itr* ⟨sein⟩ *aero* taxi to a standstill; *mot* coast to a stop.

aus|rot·ten ['aʊsrɔtən] *tr* 1. *allg* wipe out, exterminate; 2. *fig* stamp out.

aus|rücken (k·k) I *itr* ⟨sein⟩ 1. turn out; *(Feuerwehr, Polizei)* be called out; *mil* move off; 2. *fam (ausreißen)* make off; *(heimlich)* run away; II *tr* ⟨h⟩ *typ* move out.

Aus·ruf *m* cry, exclamation.

aus|ru·fen *irr tr itr* exclaim; *(verkünden)* call out; ▶ **jdn** ~ **lassen** put out a call for s.o., have s.o. paged.

Aus·ru·fe·zei·chen *n* exclamation mark.

aus|ru·hen *itr* rest; ▶ **sich ein wenig** ~ have a rest.

aus|rü·sten *tr* equip; **Aus·rü·stung** *f* equipment.

aus|rut·schen ⟨sein⟩ *itr* slip.

Aus·rut·scher *m fig fam* gaffe, slip.

Aus·saat *f* 1. *(das Säen)* sowing; 2. *(die Saat)* seed.

Aus·sa·ge ['aʊsza:gə] ⟨-, -n⟩ *f* statement; *(Zeugen~)* evidence; ▶ **nach** ~ **von** ... according to ...; **es steht** ~ **gegen** ~ it's one person's word against another's.

Aus·sa·ge·kraft *f* expressiveness.

aus|sa·gen *tr allg* say; *jur* state; ▶ **gegen jdn** ~ testify against s.o.

aus|schach·ten ['aʊsʃaxtən] *tr* dig, *(gehoben)* excavate.

aus|schal·ten *tr* 1. *el* turn off; 2. *fig (eliminieren)* eliminate.

Aus·schank ['aʊsʃaŋk] ⟨-(e)s⟩ *m* 1. *(Lokal)* bar; 2. *(Tätigkeit)* serving of drinks.

Aus·schau ⟨-⟩ *f:* ▶ ~ **halten nach** ... be on the lookout for ...

aus|schau·en *itr* 1. *(aussehen)* look like; 2. : ▶ **nach jdm** ~ look out for s.o.

aus|schei·den *irr* I *itr* ⟨sein⟩ 1. *allg* leave *(aus etw* s.th.); *(aus e-m Amt)* retire *(aus* from); *sport* be disqualified, drop out; 2. *(nicht in Betracht kommen)* be ruled out; II *tr* ⟨h⟩ 1. *allg (fallen lassen)* drop; 2. *med* excrete.

Aus·schei·dung *f* 1. *sport* elimination; 2. *med:* ~**en** *pl* secretions.

Aus·schei·dungs·kampf *m sport* qualifying contest.

aus|schen·ken *tr* serve.

aus|schicken (k·k) *tr* send out.

aus|schil·dern *tr* signpost.

aus|schimp·fen *tr* tell off, scold.

aus|schlach·ten *tr* 1. *(Fahrzeug)* cannibalize; 2. *fig* exploit.

aus|schla·fen *irr* I *tr (Rausch etc)* sleep off; II *itr* have a good sleep.

Aus·schlag ⟨-(e)s, (¨e)⟩ *m* 1. *med (Haut~)* rash; 2. *(e-s Zeigers)* swing; ▶ **den** ~ **geben** *fig* be the decisive factor.

aus|schla·gen *irr* I *tr* 1. *allg* knock out; 2. *(mit Bezugsstoff)* line; 3. *(ablehnen)* turn down; II *itr* 1. *bot* come out; 2. *(Tiere)* kick; 3. *(Zeiger)* swing.

aus·schlag·ge·bend *adj* decisive; ▶ **von** ~**er Bedeutung sein** be of prime importance.

aus|schlie·ßen *irr tr* 1. *allg* lock out; 2. *sport* disqualify; 3. *fig* exclude; *(ausstoßen)* expel.

aus·schließ·lich I *adj* exclusive; II *adv*

exclusively.

aus|schlüp·fen ⟨sein⟩ *itr (Küken etc)* hatch.

Aus·schluß *m* exclusion; *sport* disqualification; ▶ **unter ~ der Öffentlichkeit stattfinden** be closed to the public.

aus|schmüc·ken *tr* 1. decorate; 2. *fig (Erzählung etc)* embroider.

aus|schnei·den *irr tr* 1. *allg* cut out; 2. *(Bäume)* prune.

Aus·schnitt *m* 1. *fig (Teil)* part, section; *(Detail)* detail; 2. *(bei Kleid)* neckline; ▶ **e-n tiefen ~ haben** have a low neckline; **ein ~ aus e-m Buch** an extract from a book.

aus|schöp·fen *tr* 1. *allg* ladle out; *(Wasser aus e-m Boot)* bale out; 2. *fig (Thema)* exhaust.

aus|schrei·ben *irr tr* 1. *(veröffentlichen)* advertise; *(Bauvorhaben etc)* invite tenders for ...; 2. *(Rechnung)* make out; 3. *allg* write out.

Aus·schrei·bung *f (e-r offenen Stelle)* advertising; *(e-s Bauvorhabens)* invitation of tenders.

Aus·schrei·tung *f* riot.

Aus·schuß *m* 1. *(Komitee)* committee; 2. *com* rejects *pl*; 3. *(Geschoßaustrittsöffnung)* exit wound; **Aus·schuß·sitzung** *f* committee meeting.

aus|schüt·teln *tr* shake out.

aus|schüt·ten *tr* 1. tip out; *(Flüssigkeit aus Behältnis)* empty; 2. *com (Dividenden)* distribute; ▶ **jdm sein Herz ~** *fig* pour out one's heart to s.o.

Aus·schüt·tung *f com* distribution.

aus·schwei·fend *adj (Leben)* dissipated; ▶ **e-e ~e Phantasie haben** have got a wild imagination.

Aus·schwei·fung *f* dissipation.

aus|schwen·ken *itr (Kran)* swing out.

Aus·se·hen ⟨-s⟩ *n* appearance.

aus|se·hen *irr itr* look; ▶ **du siehst gut aus** you look good; **~ wie jem** look like s.o.; **wie sieht's aus?** *fig fam* how's things? **so siehst du aus!** *fig fam* that's what you think! **es sieht nicht gut aus** things don't look too good.

au·ßen ['ausən] *adv* on the outside; ▶ **~ vor sein** *fig* be out of it.

Au·ßen·an·strich *m* outside coating.

Au·ßen·be·zirk *m* fringe area, outskirts.

aus|sen·den *irr tr* send out.

Au·ßen·dienst *m* external duty; ▶ **im ~ tätig sein** work as a sales representative; **Au·ßen·dienst·mit·ar·bei·ter(in)** *m (f)* sales representative.

Au·ßen·han·del *m* foreign trade.

Au·ßen·mi·ni·ster(in) *m (f) allg* foreign minister; *Br* foreign secretary, *Am* secretary of state; **Au·ßen·mi·ni·ste·rium** *n allg* foreign ministry; *Br* foreign office, *Am* state department; **Au·ßen·po·li·tik** *f* foreign policy; **au·**

ßen·po·li·tisch *adj* foreign policy; **Au·ßen·sei·te** *f* outside; **Au·ßen·sei·ter(in)** *m (f) fig u. sport* outsider; **Au·ßen·spie·gel** *m mot* outside mirror; **Au·ßen·stän·de** *pl fin* outstanding debts; **Au·ßen·stür·mer** *m sport* wing; **Au·ßen·tem·pe·ra·tur** *f* outside temperature; **Au·ßen·ver·tei·di·ger** *m sport* outside defender.

au·ßer ['ausə] **I** *prp* 1. *(räumlich)* out of; 2. *(ausgenommen)* except; *(abgesehen von)* apart from; ▶ **~ sich sein vor ...** be beside o.s. with ...; **~ Haus sein** be out; **II** *(mit conj):* ▶ **~ wenn ...** except when ...

au·ßer·dem [ausə'de:m] *adv* besides.

Äu·ße·re ['ɔɪsərə] ⟨-n⟩ *n* exterior; *(von Personen)* outward appearance.

äu·ße·re *adj* 1. *allg* outer; 2. *fig* outward; ▶ **der ~ Durchmesser** the external diameter.

au·ßer·ehe·lich *adj* extramarital; *(Kind)* illegitimate.

au·ßer·ge·wöhn·lich **I** *adj* unusual; **II** *adv (sehr)* extremely.

au·ßer·halb **I** *prp* outside; ▶ **~ der Geschäftsstunden** out of office hours; **~ der Legalität** outside the law; **II** *adv* outside; ▶ **~ wohnen** live out of town.

äu·ßer·lich ['ɔɪselıç] *adj* 1. *(Sache)* external; 2. *fig (oberflächlich)* superficial; ▶ **rein ~ betrachtet** on the face of it.

Äu·ßer·lich·keit *f (Formalität)* formality; *(Oberflächlichkeit)* superficiality.

äu·ßern ['ɔɪsən] **I** *tr* say; ▶ **s-e Wünsche ~** express one's wishes; **II** *refl* speak; ▶ **ich will mich dazu nicht ~** I don't want to say anything about that.

au·ßer·or·dent·lich **I** *adj* extraordinary; ▶ **A~es leisten** achieve some remarkable things; **II** *adv* exceptionally, extraordinarily.

au·ßer·par·la·men·ta·risch *adj* extraparliamentary.

au·ßer·plan·mä·ßig *adj* unscheduled; *(zusätzlich)* additional.

au·ßer·schu·lisch *adj* extracurricular.

äu·ßerst ['ɔɪsest] *adv* exceedingly, extremely.

au·ßer·stan·de [ausə'ʃtandə] *adj:* ▶ **~ sein, etw zu tun** be incapable of doing s.th.

äu·ßer·sten·falls *adv* at most.

äu·ßer·ste *adj* 1. *(räumlich)* furthest; *(Schicht)* outermost; 2. *(zeitlich)* latest possible; 3. *fig* extreme, utmost; ▶ **im ~n Falle** if the worst comes to the worst; **mit ~r Kraft** with all one's strength; **Äu·ßer·ste** *n:* ▶ **bis zum ~n gehen** *fig* go to extremes *pl;* **auf das ~ gefaßt sein** be prepared for the worst; **äu·ßer·sten·falls** *adv* at most.

au·ßer·ta·rif·lich *adj:* ▶ **~ bezahlt werden** be paid non-union rates.

Äu·ße·rung *f* comment, remark; *(Aus-*

druck) expression.
aus|set·zen I *tr* **1.** *(Kind, Tier)* abandon; **2.** *(e-e Belohnung)* offer; **3.** *jur* suspend; **4.** *(unterbrechen)* interrupt; ▶ **ein Boot ~** lower a boat; **e-e Strafe zur Bewährung ~** give a suspended sentence; **an jdm etw auszusetzen haben** find fault with s.o.; **was hast du daran auszusetzen?** what don't you like about it? **daran kann ich nichts ~** there's nothing wrong with it; **II** *itr (aufhören)* stop; *mot (Motor)* fail; ▶ **ohne auszusetzen** without a break.
Aus·set·zung *f* **1.** *(von Kind, Tier)* abandonment; **2.** *(Unterbrechung)* interruption; ▶ **durch ~ e-r Belohnung** by the offer of a reward.
Aus·sicht *f* **1.** *(Blick)* view *(auf* of); **2.** *fig* prospect *(auf* of); ▶ **die ~, daß etw geschieht** the chances of s.th. happening; **ein Zimmer mit ~ auf den Garten** a room overlooking the garden; **jdm die ~ nehmen** block someone's view; **jdm etw in ~ stellen** promise s.o. s.th.; **etw in ~ haben** have good prospects of s.th.; **das sind ja (feine** *etc)* **~en!** *(ironisch)* what a prospect! *sing.*
aus·sichts·los *adj (zwecklos)* pointless; *(hoffnungslos)* hopeless; **Aussichts·lo·sig·keit** *f (Zwecklosigkeit)* pointlessness; *(Hoffnungslosigkeit)* hopelessness; **aus·sichts·reich** *adj* promising; **Aus·sichts·turm** *m* lookout *(od* observation) tower.
aus|sie·ben *tr a. fig* sift out.
aus|sie·deln *tr* evacuate.
Aus·sied·lung *f* evacuation.
aus|sit·zen *irr tr (Problem)* sit out.
aus|söh·nen ['auszøːnən] **I** *tr:* ▶ **jdn mit jdm (etw) ~** reconcile s.o. with s.o. (to s.th.); **II** *refl:* ▶ **sich mit jdm ~** become reconciled with s.o.
Aus·söh·nung *f* reconciliation *(mit jdm* with s.o.; **mit etw** to s.th.).
aus|son·dern *tr* pick out.
aus|sor·tie·ren *tr* sort out.
aus|span·nen I *itr (sich erholen)* have a break, relax; **II** *tr* **1.** *(Wäscheleine etc)* put up; *(Tuch etc)* spread out; **2.** *(Tiere aus Wagengeschirr)* unhitch; ▶ **jdm seine Freundin ~** *fig fam* pinch someone's girlfriend.
Aus·span·nung *f (Erholung)* relaxation.
aus|spa·ren *tr* **1.** *(frei lassen)* leave blank; **2.** *fig (vorläufig auslassen)* omit.
Aus·spa·rung *f (Lücke)* gap.
aus|sper·ren *tr* lock out.
Aus·sper·rung *f* lockout.
aus|spie·len *tr* **1.** *(Karten)* play; **2.** *fig* display; ▶ **jdn gegen jdn ~** play s.o. off against s.o.
aus|spio·nie·ren *tr* spy out.
Aus·spra·che *f* **1.** *ling* pronunciation; **2.** *(Gespräch)* discussion; ▶ **mit jdm e-e**

~ haben talk the matter fully out with s.o.
aus|spre·chen *irr* **I** *tr* **1.** *a. jur* pronounce; **2.** *(einen Satz)* finish; **3.** *(äußern)* express; ▶ **e-e Warnung ~** deliver a warning; **II** *itr* finish speaking; **III** *refl* talk things out; ▶ **sich für etw ~** declare o.s. in favour of s.th.; **sich mit jdm über etw ~** have a talk with s.o. about s.th.
Aus·spruch *m (Bemerkung)* remark; *(Sprichwort)* saying.
aus|spucken (k·k) *tr* **1.** *allg* spit out; **2.** *fig fam (Geld etc)* cough up.
aus|spü·len *tr* rinse out.
aus|staf·fie·ren ['ausʃtafiːrən] *tr (etw ~)* fit out; *(jdn ~)* kit out.
Aus·stand *m:* ▶ **im ~ sein** be on strike; **in den ~ treten** go on strike.
aus|stan·zen *tr (Loch)* punch out.
aus|stat·ten ['ausʃtatən] *tr* equip.
Aus·stat·tung *f* equipment.
aus|ste·chen *irr tr* **1.** *(Auge)* put out; *(Rasen)* dig up; **2.** *fig:* ▶ **jdn ~** outdo s.o.
aus|ste·hen *irr* **I** *tr* bear, endure; ▶ **ich kann ihn nicht ~** I can't stand him; **II** *itr* be due, be outstanding; ▶ **die Antwort steht noch aus** the answer is still due; **Geld ~ haben** have money owing.
aus|stei·gen ⟨sein⟩ *irr tr* **1.** *allg* get out *(aus* of); *(aus Verkehrsmittel)* get off *(aus* s.th.); **2.** *fig fam (aus der Gesellschaft)* drop out.
Aus·stei·ger(in) *m (f) fam* dropout.
aus|stel·len *tr* **1.** *(auf Ausstellung)* exhibit, show; *(in Schaufenster)* display; **2.** *(Pässe, Zeugnisse)* issue; *(Rezept)* write; *(Rechnung, Quittung)* make out.
Aus·stel·ler *m* **1.** *(auf Ausstellung)* exhibitor; **2.** *com (eines Schecks)* drawer.
Aus·stel·lung *f* **1.** exhibition; **2.** *(von Schriftstück)* making out; *(von Dokument)* issuing; **Aus·stel·lungs·hal·le** *f* exhibition hall.
aus|ster·ben ⟨sein⟩ *irr itr* die out; *(Tiere)* become extinct.
Aus·steu·er ⟨-, -n⟩ *f* dowry.
Aus·stieg ['ausʃtiːk] ⟨-(e)s, -e⟩ *m* exit, *(aus Gesellschaft, aus Kernenergie)* withdrawal.
aus|stop·fen *tr* stuff.
Aus·stoß ⟨-ßes, (-ße)⟩ *m* **1.** *tech* ejection; **2.** *com* output; **3.** *(Ausschluß)* expulsion.
aus|sto·ßen *irr tr* **1.** *allg* eject; **2.** *(ausschließen)* expel *(aus* from); **3.** *(Gase, Dampf etc)* emit.
aus|strah·len *tr* radiate; *radio TV* broadcast.
Aus·strah·lung *f* **1.** radiation; **2.** *fig* charisma; **3.** *radio TV* broadcasting.
aus|strecken (k·k) **I** *tr* extend *(nach* towards); **II** *refl* stretch o.s. out.
aus|strei·chen *irr tr* **1.** *(Geschriebenes)*

cross out; **2.** *(Teig)* spread out.
aus|streu·en *tr* **1.** scatter, spread; **2.** *(Gerüchte)* spread.
aus|strö·men I *tr* ⟨h⟩ **1.** *allg* give off; **2.** *fig* radiate; II *itr* ⟨sein⟩ pour out *(aus* of); *(Gase)* escape.
aus|su·chen *tr* choose; ▶ **darf ich mir was ~?** can I pick what I want?
Aus·tausch ⟨-(e)s⟩ *m* exchange; *(von Ideen)* interchange.
aus·tausch·bar *adj* interchangeable.
aus|tau·schen *tr* exchange *(gegen* for); *(ersetzen)* replace *(durch* with).
aus|tei·len *tr* **1.** distribute *(an* among); *(Spielkarten)* deal out; *(Essen)* serve; **2.** *(Befehle)* give.
Aus·tei·lung *f (Verteilung)* distribution; *(Zuteilung: von Verpflegung etc)* serving.
Au·ster ['aʊstə] ⟨-, -n⟩ *f* oyster; **Au·stern·bank** *f* oysterbed.
Au·stern·pilz *m* chinese mushroom.
aus|to·ben *refl:* ▶ **sich ~** let off steam; *(Kinder)* romp about.
aus|tra·gen *irr* I *tr* **1.** *(Briefe, Waren)* deliver; **2.** *(ein Kind)* carry to the full term; **3.** *sport (Kampf)* hold; II *refl (aus e-r Liste)* sign out.
Aus·tra·gung *f sport* holding; **Aus·tragungs·ort** *m sport* venue.
aus|trei·ben *irr* I *itr (Pflanzen)* sprout; II *tr rel (Teufel)* exorcize; ▶ **das werde ich ihm noch ~!** I'll cure him of that!
aus|tre·ten *irr* I *itr* ⟨sein⟩ **1.** *(aus e-r Kirche)* leave *(aus* s.th.); **2.** *(von Flüssigkeit)* come out *(aus* from); *(von Gas)* escape *(aus* from); **3.** *fam (zur Toilette gehen)* go to the loo; II *tr* ⟨h⟩ **1.** *allg* tread out; **2.** *(Schuhe)* wear out.
aus|trick·sen *tr fam* outwit.
Aus·tritt *m* **1.** *(aus Kirche etc)* leaving *(aus* s.th.); **2.** *(von Flüssigkeit)* outflow; *(von Gas)* escape; **Aus·tritts·er·klä·rung** *f* resignation.
aus|trock·nen I *itr* ⟨sein⟩ dry out; *(Fluß)* dry up; *(Gaumen)* become parched; II *tr* ⟨h⟩ *(Gefäß)* wipe dry.
aus|üben *tr* **1.** *(Beruf)* practise; *(Amt)* perform; **2.** *(Druck)* exert *(auf* on); **Aus·übung** *f:* ▶ **in ~ seines Berufes** in pursuance of his profession.
aus|ufern ⟨sein⟩ *itr* escalate, get out of hand.
Aus·ver·kauf *m* **1.** *com* (clearance) sale; *(wegen Geschäftsaufgabe)* closing-down sale; **2.** *fig pol* sell-out; ▶ **im ~ at the sales** *pl.*
aus|ver·kau·fen *tr* clear, sell off; **ausver·kauft** *adj* sold out; ▶ **vor ~em Hause spielen** *theat* play to a full house.
aus|wach·sen *irr* I *refl fig:* ▶ **sich zu etw ~** turn into s.th.; II *itr* ⟨sein⟩ ▶ **aus den Kleidern** *(etc)* ~ grow out of one's clothes (etc); **das ist ja zum A~!** *fig fam* it's enough to drive you round the

bend!
Aus·wahl ⟨-⟩ *f* **1.** selection *(an* of); **2.** *sport* representative team; **3.** *(Vielfalt)* variety; ▶ **e-e reiche ~ an ...** a wide range of ...; **s-e ~ treffen** make one's choice; **hier gibt es keine ~** there is no choice; **drei Bücher stehen zur ~** there are three books to choose from.
aus|wäh·len *tr* choose, select *(unter* from among).
Aus·wahl·ver·fah·ren *n* selection procedure.
aus|wal·zen *tr* **1.** *(Blech)* roll out; **2.** *fig (Thema etc)* drag out.
Aus·wan·de·rer (Aus·wan·de·rin) *m (f)* emigrant.
aus|wan·dern ⟨sein⟩ *itr* emigrate *(nach* to); *(Volk)* migrate.
Aus·wan·de·rung *f* emigration; *(von Volk)* migration.
aus·wär·tig ['aʊsvɛrtɪç] *adj* non-local; ▶ **die ~en Schüler** the pupils from out of town; **der ~e Dienst** the foreign service; **das A~e Amt** *Br* the Foreign Office, *Am* the State Department.
aus·wärts ['aʊsvɛrts] *adv* **1.** *(nach außen)* outwards; **2.** *(außerhalb des Wohnsitzes)* away from home; ▶ **sie kommt von ~** she comes from out of town; **~ essen** dine *(od* eat) out.
Aus·wärts·spiel *n sport* away game.
aus|wa·schen *irr tr* **1.** wash out *(aus* of); *(säubern)* rinse; **2.** *geol* erode.
Aus·wa·schung *f* soil erosion, washout.
aus·wech·sel·bar *adj* exchangeable; *(untereinander)* interchangeable; *(ersetzbar)* replaceable.
aus|wech·seln *tr allg* change *(gegen* for); *(austauschen)* exchange *(gegen* for); *(ersetzen)* replace *(gegen* by); *sport* substitute *(gegen* for); **Aus·wech·sel·spie·ler** *m sport* substitute.
Aus·wechs·lung *f* exchange; *(Ersatz)* replacement.
Aus·weg *m fig* way out; ▶ **der letzte ~** the last resort; **ich weiß keinen ~ mehr** I don't know any way out *(aus* of).
aus·weg·los *adj* hopeless.
aus|wei·chen ⟨sein⟩ *irr itr* make way for ...; ▶ **e-r Sache ~** evade s.th.; *(Schlag, Geschoß)* dodge s.th.; **jdm ~** avoid s.o.; **aus·wei·chend** *adv:* ▶ **~ antworten** make an evasive answer; **Aus·weich·gleis** *n rail* siding; **Aus·weich·ma·nö·ver** *n* evasive action; **Aus·weich·mög·lich·keit** *f fig* alternative.
aus|wei·nen *refl* have a good cry; ▶ **sich die Augen ~** cry one's eyes out.
Aus·weis ['aʊsvaɪs] ⟨-es, -e⟩ *m (Personal~/Mitglieds~)* (identity/membership) card; ▶ **Ihren ~ bitte!** your papers please!
aus|wei·sen *irr* I *tr* **1.** *(verweisen)* expel; **2.** *(identifizieren)* identify; II *refl* ident-

ify o.s.

Aus·weis·kon·trol·le *f* identity check; **Aus·weis·pa·pie·re** *pl* identity papers.

Aus·wei·sung *f* expulsion.

aus|wei·ten I *tr allg* widen; *(Gummiband etc)* stretch; II *refl* 1. *(Gummiband)* stretch; 2. *fig* expand (zu **into**).

aus·wen·dig ['aʊsvɛndɪç] *adj:* ▶ ~ **lernen** learn by heart; **das kenne ich schon ~!** *(ironisch)* I know that inside out!

aus|wer·fen *irr tr* 1. *(Leine etc)* cast; 2. *tech* eject; 3. *(Lava etc)* throw out.

aus|wer·ten *tr* 1. *allg* utilize; 2. *(analysieren)* analyse.

Aus·wer·tung *f* 1. *(von Lage)* utilization; 2. *(Meßwerte)* analysis.

aus|wic·keln *tr* unwrap.

aus|wir·ken *refl* have an effect (*auf* on); ▶ **sich günstig ~** have a favourable effect; **sich zu jds Vorteil ~** turn out to someone's advantage.

Aus·wir·kung *f* 1. *(Wirkung)* effect; 2. *(Folge)* consequence.

aus|wi·schen *tr* wipe out; ▶ **jdm eins ~** *fig fam* get one over on s.o.

aus|wrin·gen ['aʊsvrɪŋən] *irr tr* wring out.

Aus·wuchs *m* 1. *fig (Produkt)* product; 2. *(Übersteigerung)* excess.

aus·wuch·ten *tr mot (Räder)* balance.

Aus·wurf *m med* sputum.

aus|zah·len *tr (Lohn etc)* pay out; ▶ **sich ~** *fig* pay; **er bekommt 3000 Mark ausgezahlt** his net pay is 3000 marks.

aus|zäh·len *tr* 1. *sport (im Boxkampf)* count out; 2. *parl (Stimmen)* count.

Aus·zah·lung *f* 1. *(Summe)* payment; 2. *(von Gehalt etc)* paying off; *(durch Bank)* paying out; 3. *(von Partner)* buying out; ▶ **zur ~ kommen** be paid out.

aus|zeich·nen I *tr* 1. *com (Waren)* label; 2. *fig (ehren)* honour; ▶ **jdn mit e-m Preis ~** award a prize to s.o.; II *refl* distinguish o.s.

Aus·zeich·nung *f* 1. *com (von Ware)* labelling; 2. *fig (Ehrung)* distinction; 3. *(Orden)* decoration; ▶ **e-e Prüfung mit ~ bestehen** pass an examination with distinction.

aus·zieh·bar *adj* extensible; ▶ **~e Antenne** telescopic aerial.

aus|zie·hen *irr* I *tr* ⟨h⟩ 1. *(Schublade etc)* pull out; *(verlängern)* extend; 2. *(Kleider)* take off; 3. *(extrahieren)* extract; ▶ **jdn ~** undress s.o.; **jdm die Jacke ~** take off someone's jacket; II *refl* ⟨h⟩ undress; *fam (in Bar)* strip; III *itr* ⟨sein⟩ set out; *(aus e-m Haus ~)* move (*aus* out of).

Aus·zieh·tisch *m* extending table.

Aus·zu·bil·den·de(r) *f m* trainee.

Aus·zug *m* 1. *(Fortgehen)* departure;

(aus der Wohnung) move; 2. *chem (Extrakt)* extract; 3. *(e-s Werkes)* excerpt; *(Inhalt)* summary; 4. *fin (Konto~)* statement.

aus·zugs·wei·se *adv* in extracts.

aut·ark [aʊ'tark] *adj* self-sufficient.

au·then·tisch [aʊ'tɛntɪʃ] *adj* authentic.

Au·then·ti·zi·tät *f* authenticity.

Au·tis·mus [aʊ'tɪsmʊs] ⟨-⟩ *m med* autism; **au·ti·stisch** *adj* autistic.

Au·to ['aʊto] ⟨-s, -s⟩ *n* car; ▶ **~ fahren** drive; ▶ **mit dem ~ fahren** go by car; **Au·to·ab·ga·se** *pl* motor vehicle exhaust fumes; **Au·to·apo·the·ke** *f* first-aid kit; **Au·to·at·las** *m* road atlas; **Au·to·bahn** *f* motorway; **Au·to·bahn·aus·fahrt** *f* motorway exit; **Au·to·bahn·be·nut·zungs·ge·bühr** *f* toll; **Au·to·bahn·drei·eck** *n* motorway merging point; **Au·to·bahn·ein·fahrt** *f* motorway entrance; **Au·to·bahn·ge·bühr** *f* toll; **Au·to·bahn·kreuz** *n* motorway intersection; **Au·to·bahn·rast·stät·te** *f* motorway service area; **Au·to·bahn·zu·brin·ger** *m* approach road.

Au·to·bio·gra·phie [aʊtobiogra'fiː] *f* autobiography.

Au·to·bom·be *f* car bomb.

Au·to·bus ['aʊtobʊs] *m* bus.

Au·to·di·dakt [aʊtodi'dakt] ⟨-en, -en⟩ *m* self-educated person.

Au·to·dieb *m* car thief; **Au·to·fäh·re** *f mar* car ferry; **Au·to·fah·rer(in)** *m (f)* driver; **Au·to·fahrt** *f* drive; **Au·to·fried·hof** *m* breaker's yard *fam*, car dump; **Au·to·gas** *n* liquified petroleum gas.

au·to·gen [aʊto'geːn] *adj* autogenous; ▶ **~es Training** relaxation through selfhypnosis.

Au·to·gramm *n* autograph; **Au·to·gramm·jä·ger(in)** *m (f)* autograph hunter.

Au·to·kar·te *f* road map; **Au·to·ki·no** *n film* drive-in cinema.

Au·to·mat [aʊto'maːt] ⟨-en, -en⟩ *m* 1. *com* vending machine; *(Spiel~)* slotmachine; 2. *el (Sicherung)* cut-out; **Au·to·ma·ten·ver·kauf** *m* automatic vending.

Au·to·ma·tik *f* 1. *mot* automatic transmission; 2. *(System)* automatic system; **Au·to·ma·tik·gurt** *m mot* automatic safety belt, inertia-reel seat belt; **Au·to·ma·tik·schal·tung** *f mot Br* automatic gear change, *Am* automatic gear shift; **Au·to·ma·tik·wa·gen** *m* automatic.

Au·to·ma·tion *f* automation.

au·to·ma·tisch *adj* automatic.

au·to·ma·ti·sie·ren ⟨ohne ge-⟩ *tr* automate; **Au·to·ma·ti·sie·rung** *f* automation.

Au·to·mo·bil [aʊtomo'biːl] ⟨-s, -e⟩ *(s.*

Auto); **Au·to·mo·bil·aus·stel·lung** *f* motor-show; **Au·to·mo·bil·bau** *m* car (*Am* automobile) manufacture.

au·to·nom [auto'no:m] *adj* autonomous; **Au·to·no·me** *m f pol* independent; **Au·to·no·mie** *f* autonomy.

Aut·op·sie [auto'psi:] ⟨-, -n⟩ *f med* postmortem, autopsy.

Au·tor ['auto:ɐ] *m* author.

Au·to·ra·dio *n* car radio; **Au·to·reifen** *m* car tyre (*Am* tire); **Au·to·rei·se·zug** *m* motorail train; **Au·to·rennen** *n* car race; **Au·to·re·pa·ra·tur·werk·statt** *f* garage.

Au·to·rin [au'to:rɪn] *f* authoress.

au·to·ri·sie·ren *tr* authorize.

au·to·ri·tär *adj* authoritarian.

Au·to·ri·tät *f* authority.

Au·to·schal·ter *m (in Bank)* drive-in counter; **Au·to·schlan·ge** *f* stream of

cars; **Au·to·schlos·ser** *m* panel beater; **Au·to·shop** *m (in Tankstelle)* accessory shop.

Au·to·sug·ge·stion *f psych* auto-suggestion.

Au·to·ver·kehr *m* motor traffic; **Au·to·ver·mie·tung** *f* car hire (*od* rental) firm; **Au·to·wrack** *n* derelict car; **Au·to·zu·be·hör** *n* car accessories *pl.*

au·weh *interj* oh dear!

avi·sie·ren [avi'zi:rən] *tr* advise of ...

Axt [akst, *pl* 'ɛkstə] ⟨-, ¨e⟩ *f Br* axe, *Am* ax.

Aya·tol·lah *m s.* Ajatollah.

Aza·lee [atsa'le:ə] ⟨-, -n⟩ *f bot* azalea.

Aze·ty·len [atzety'le:n] ⟨-s⟩ *n* acetylene.

Azo·ren [a'tso:rən] *pl geog:* ▶ die ~ the Azores.

Azu·bi [a'tsu:bi, 'a:tsubi] ⟨-s, -s⟩ *m* ⟨-, -s⟩ *f Abk von* **Auszubildende(r)** trainee.

B

B, b [be:] ⟨-, -⟩ *n* B, b.
Ba·by ['be:bi/ 'beɪbɪ] ⟨-s, -s⟩ *n* baby; **Ba·by·aus·stat·tung** *f* layette; **Ba·by·hös·chen** *n* baby pants *pl;* **Ba·by·schu·he** *pl* bootees; **Ba·by·sit·ter** *m* baby-sitter; **Ba·by·tra·ge·ta·sche** *f* carrycot.
Bach [bax, *pl* 'bɛçə] ⟨-(e)s, ⁓e⟩ *m* brook.
Ba·che ['baxə] ⟨-, -n⟩ *f zoo* wild sow.
Bach·stel·ze *f orn* wagtail.
Back·blech *n* baking tray.
Back·bord ['bakbɔrt] ⟨(-s)⟩ *n mar* port.
Backe (k·k) ['bakə] ⟨-, -n⟩ *f* 1. *anat (Wange)* cheek; 2. *tech (Einspann⁓)* jaw; 3. *mot (Brems⁓)* shoe.
backen (k·k) ['bakən] *irr tr* bake; *(in der Pfanne)* fry.
Backen·bart (k·k) *m* sideburns *pl;* **Backen·kno·chen (k·k)** *m* cheek bone; **Backen·zahn (k·k)** *m* molar.
Bäcker (k·k) ['bɛkə] *m* baker; **Bäcke·rei (k·k)** *f* bakery; **Bäcker·mei·ster (k·k)** *m* master baker.
Back·fisch *m* fried fish; *fig obs (junges Mädchen)* young thing; **Back·form** *f* baking tin; **Back·obst** *n* dried fruit; **Back·ofen** *m* oven; **Back·pflau·me** *f* prune; **Back·pul·ver** *n* baking powder; **Back·stu·be** *f* bakery; **Back·wa·ren** *pl* bread, cakes and pastries.
Bad [ba:t, *pl* 'bɛ:də] ⟨-(e)s, ⁓er⟩ *n* 1. *(in der Wanne)* bath; 2. *(Badezimmer)* bathroom; 3. *(Badeort)* spa; ▶ **ein ⁓ einlaufen lassen** run a bath; **ein ⁓ neh·men** have a bath.
Ba·de·an·stalt *f obs* swimming baths *pl;* **Ba·de·an·zug** *m* swimsuit; **Ba·de·ho·se** *f* trunks *pl;* **Ba·de·kap·pe** *f* bathing cap; **Ba·de·man·tel** *m* beach robe; *(Morgenmantel)* bathrobe; **Ba·de·mei·ster(in)** *m (f)* swimming-pool attendant.
ba·den ['ba:dən] I *itr* have a bath; *(im Meer)* have a swim; ▶ **⁓ gehen** go swimming; *fig fam* come a cropper; II *tr* bathe.
Ba·de·ofen *m obs* boiler; **Ba·de·ort** *m* 1. *(Heilbad)* spa; 2. *(Seebad)* resort; **Ba·de·schu·he** *m pl* bathing shoes; **Ba·de·strand** *m* bathing beach; **Ba·de·tuch** *n* bath towel; **Ba·de·wan·ne** *f* bath; **Ba·de·zeug** *n* swimming things *pl;* **Ba·de·zim·mer** *n* bathroom; **Ba·de·zu·satz** *m* bath salts *pl.*
baff [baf] *adj;* ▶ **⁓ sein** *fam* be flabbergasted.
BAföG ['ba:fœk] ⟨-, -⟩ *n Abk von* **Bun-**

desausbildungsförderungsgesetz grant; ▶ **er kriegt ⁓** *fam* he gets a grant.
Ba·ga·tel·le [baga'tɛlə] ⟨-, -n⟩ *f* trifle.
ba·ga·tel·li·sie·ren *tr* trivialize.
Dag·ger ['bagɐ] ⟨-s, -⟩ *m* excavator.
bag·gern *itr* excavate, *fam (arbeiten)* slog; ▶ **⁓ wie blöde** *sl* slog one's guts out.
Bahamas *f pl geog* Bahamas *pl.*
Bahn [ba:n] ⟨-, -en⟩ *f* 1. *(Weg, Kurs)* path, track; 2. *astr* orbit; 3. *(Tapeten⁓ etc)* length; 4. *rail Br* railway, *Am* railroad; ▶ **etw in die richtigen ⁓en len·ken** channel s.th. properly; **sich ⁓ bre·chen** *fig* make headway; **jdn aus der ⁓ werfen** *fig* throw s.o. out of gear; **⁓ frei!** make way! **Bahn·be·am·te(r)** *m Br* railway (*Am* railroad) official; **bahn·bre·chend** *adj* pioneering; **Bahn·bre·cher** *m* pioneer; **Bahn·damm** *m* railway embankment.
bah·nen ['ba:nən] *tr:* ▶ **sich e-n Weg ⁓** force one's way; **e-r Sache den Weg ⁓** *fig* pave the way for s.th.
Bahn·fahrt *f* railway journey; **Bahn·hof** *m Br* railway (*Am* railroad) station; ▶ **auf dem ⁓** at the station; **ich verste·he nur ⁓** *fig fam* it's as clear as mud; **Bahn·hofs·hal·le** *f* concourse; **Bahn·hofs·vor·ste·her** *m* stationmaster; **Bahn·hofs·gast·stät·te** *f* station buffet.
bahn·la·gernd *adj com* to be collected from the station; **Bahn·po·li·zei** *f* transport police; **Bahn·schran·ke** *f Br* level crossing barrier, *Am* grade crossing gate; **Bahn·steig** *m* platform; **Bahn·steig·kar·te** *f* platform ticket; **Bahn·trans·port** *m* 1. *(Beförderungsart)* rail transport; 2. *com (Stückgutsendung)* consignment sent by rail; **Bahn·über·gang** *m Br* level (*Am* grade) crossing; **Bahn·ver·bin·dung** *f* train connection; **Bahn·wär·ter(in)** *m (f) Br* attendant, *Am* gatekeeper.
Bah·re ['ba:rə] ⟨-, -n⟩ *f* stretcher; *(Toten⁓)* bier.
Bai [baɪ] ⟨-, -en⟩ *f* bay.
Bais·se ['bɛ:s(ə)] ⟨-, -n⟩ *f com* slump.
Ba·jo·nett [bajo'nɛt] ⟨-(e)s, -e⟩ *n* bayonet.
Ba·ke ['ba:kə] ⟨-, -n⟩ *f* 1. *(Verkehrs⁓)* distant warning signal; 2. *mar* marker buoy.
Bak·te·rie [bak'te:riə] *f* bacterium, *pl* bacteria.
bak·te·ri·ell *adj* bacterial.

Bak·te·rio·lo·ge (Bak·te·rio·lo·gin) [bakterio'lo:gə] *m (f)* bacteriologist; **Bak·te·rio·lo·gie** *f* bacteriology; **bakte·rio·lo·gisch** *adj* bacteriological.
bak·te·ri·zid [bakteri'tsi:t] *adj* bactericidical.
Ba·lan·ce [ba'lã:s(ə)] ‹-, -n› *f* balance; ▶ **die ~ behalten** keep one's balance.
ba·lan·cie·ren ‹sein› *itr* balance; ▶ **über etw ~** balance one's way across s.th.
bald [balt] *adv* 1. soon; 2. *(fast)* almost, nearly; ▶ **möglichst ~** as soon as possible; **kommst du ~?** will you be coming soon? **wird's bald?!** get a move on! **bis ~!** see you soon! **~ ... ~ ...** sometimes ... sometimes ...
Bal·da·chin ['baldaxi:n] ‹-(e)s, -e› *m* canopy.
bal·digst (bald·mög·lichst) *adv* 1. *allg* as soon as possible; 2. *com* at your earliest convenience.
Bal·dri·an ['baldria:n] ‹-s› *m bot* valerian.
Ba·le·aren [bale'a:rən] *pl:* ▶ **die ~ the** Balearic Islands *pl.*
Balg¹ [balk, *pl* 'bɛlgə] ‹-(e)s, ¨e› *m* 1. *(abgezogene Tierhaut)* skin; 2. *(Blase~, a. phot)* bellows *pl.*
Balg² [balk, *pl* 'bɛlgə] ‹-(e)s, ¨er› *n fam (freches Kind)* brat.
Bal·kan ‹-s› *m* Balkans *pl;* **Bal·kan·länder** *n pl geog* Balkan States.
Bal·ken ['balkən] ‹-s, -› *m* 1. *(Holz~)* beam; *(Stütz~)* prop; 2. *(auf Uniform)* stripe; ▶ **lügen, daß sich die ~ biegen** *fig fam* lie in one's teeth; **Bal·kendecke (k·k)** *f* ceiling with wooden beams; **Bal·ken·dia·gramm** *n* bar chart; **Bal·ken·ko·de** *m* bar code; **Bal·kenkon·struk·tion** *f* timber-frame construction.
Bal·kon [bal'kɔn/bal'ko:n] ‹-s, -s/-e› *m* 1. *arch* balcony; 2. *theat* dress circle; **Bal·kon·tür** *f* French window.
Ball¹ [bal, *pl* 'bɛlə] ‹-(e)s, ¨e› *m* ball; ▶ **~ spielen** play ball; **am ~ bleiben** *sport* keep the ball; **am ~ sein** *sport* have the ball; **bei jdm am ~ bleiben** *fig* keep in with s.o.
Ball² *m (Tanz)* ball.
Bal·la·de [ba'la:də] ‹-, -n› *f* ballad.
Bal·last ['balast/ -'-] ‹-(e)s, (-e)› *m* 1. *aero mar* ballast; 2. *fig* burden.
Bal·last·stof·fe *pl* roughage *sing.*
Bal·len ['balən] ‹-s, -› *m* 1. *(Stoff~)* bale; 2. *anat* ball.
bal·len ['balən] I *tr (die Faust)* clench; II *refl* 1. *(Wolken)* build up; 2. *(Menschen)* crowd.
Bal·lett [ba'lɛt] ‹-(e)s, -e› *n* ballet; **Ballet(t·)tän·zer(in)** *m (f)* ballet dancer.
bal·li·stisch *adj* ballistic.
Ball·jun·ge *m (Tennis)* ball boy.
Ball·kleid *n* ball *(od* evening) dress.

Bal·lon [ba'lɔŋ/ba'lo:n] ‹-s, -s/-e› *m* 1. *(Gummi~)* balloon; 2. *(Glasgefäß, Glas~)* carboy.
Ball·spiel *n* ball game.
Bal·lung ['baluŋ] *f* concentration.
Bal·lungs·ge·biet *n* conurbation.
Bal·sam ['balza:m] ‹-s, -e› *m* 1. *bot* balsam; 2. *fig (Linderung)* balm.
bal·sa·mie·ren *tr* embalm.
Bal·te ['baltə] ‹-n, -n› *m* Balt; **Baltikum** ['baltikʊm] *n geog* the Baltic; **Baltin** ['baltɪn] *f* Balt; **bal·tisch** *adj* Baltic; ▶ **das ~e Meer** the Baltic.
Bam·bus ['bambʊs] ‹-/-ses, -se› *m* bamboo; **Bam·bus·rohr** *n* bamboo (cane); **Bam·bus·spros·sen** *pl* bamboo shoots.
Bam·mel ['bamel] ‹-s› *m fam:* ▶ **~ vor etw haben** be scared of s.th.
ba·nal [ba'na:l] *adj* trite.
Ba·na·li·tät *f* banality.
Ba·na·ne [ba'na:nə] ‹-, -n› *f* banana; **Ba·na·nen·re·pu·blik** *f fam pej* banana republic.
Ba·na·nen·stecker (k·k) *m el* jack plug.
Ba·nau·se [ba'nauzə] ‹-n, -n› *m fam* philistine.
Band¹ [bant, *pl* 'bɛndə] ‹-(e)s, ¨er› *n* 1. *(Stoffband)* ribbon; *(Maß~)* tape; 2. *radio (Ton~)* tape; 3. *(Fließ~)* conveyor belt; ▶ **etw auf ~ aufnehmen** tape s.th.; **etw auf ~ sprechen** record s.th. on tape; **Am laufenden ~** *fam* continuously; in endless succession.
Band² [bant, *pl* 'bɛndə] ‹-(e)s, ¨e› *m (Buch)* volume; ▶ **das spricht ¨e** *fig* that speaks volumes.
Ban·da·ge [ban'da:ʒə] ‹-, -n› *f* bandage.
ban·da·gie·ren *tr* bandage.
Band·auf·nah·me *f radio* tape-recording.
Band·brei·te *f* 1. *radio* wave band, frequency range; 2. *fig* range.
Ban·de¹ ['bandə] ‹-, -n› *f sport (am Billardtisch)* cushion.
Ban·de² *f (Verbrecher~)* gang.
Ban·de·ro·le [bandə'ro:lə] ‹-, -n› *f* tax seal.
Bän·der·riß *m med* torn ligament.
bän·di·gen ['bɛndɪgən] *tr* 1. *allg* tame; 2. *(unter Kontrolle halten)* control; 3. *fig (Leidenschaft etc)* master.
Ban·dit [ban'di:t] ‹-en, -en› *m* bandit.
Band·lauf·werk *n EDV* tape streamer.
Band·maß *n* tape measure.
Band·sä·ge *f* band-saw.
Band·schei·be *f anat* intervertebral disc; **Band·schei·ben·scha·den** *m* damaged disc.
Band·wurm *m* tape-worm.
bang(e) [baŋ(ə)] *adj:* ▶ **sei nicht ~!** don't be afraid! **jdn ~ machen** scare s.o.; **e-e ~ Ahnung** a sense of foreboding; **Ban·ge·ma·chen** *n* scaremongering.

ban·gen ['baŋən] I *itr:* ▶ **mir bangt davor** I am afraid of it; II *refl* be anxious (*um* about).
Bank[1] [baŋk, *pl* 'bɛŋkə] ⟨-, ⁓e⟩ *f* 1. (*pl Bänke*) bench; 2. (*Untiefe*) sandbank; ▶ **etw auf die lange ~ schieben** *fig* put s.th. off.
Bank[2] [baŋk, *pl* 'baŋkən] ⟨-, -en⟩ *f com* (*pl Banken*) bank; ▶ **ein Konto bei e-r ~ eröffnen** open an account with a bank; **Bank·an·ge·stell·te(r)** *f m* bank employee; **Bank·an·wei·sung** *f* banker's order; **Bank·au·to·mat** *m* cash dispenser; **Bank·kre·dit** *m* bank loan, bank credit.
Ban·kett[1] [baŋ'kɛt] ⟨-s, -s/-e⟩ *n* banquet.
Ban·kett[2] *n* (*Straßen~*) *Br* verge, *Am* shoulder.
Bank·gut·ha·ben *n* bank balance.
Ban·kier [baŋ'kje:] ⟨-s, -s⟩ *m* banker.
Bank·kauf·frau (-mann) *f (m)* bank clerk; **Bank·kon·to** *n* bank account; **Bank·leit·zahl** *f* bank (sorting) code; **Bank·no·te** *f Br* banknote, *Am* bill; **Bank·raub** *m* bank robbery; **Bank·räu·ber(in)** *m (f)* bank robber.
Bank·rott [baŋ'krɔt] ⟨-(e)s, -e⟩ *m* bankruptcy; **~ machen** go bankrupt; **bankrott** *adj* 1. *allg* bankrupt; 2. *fig (Politik etc)* discredited; ▶ **~ machen** go bankrupt.
Bank·über·wei·sung *f* bank transfer; **Bank·ver·bin·dung** *f* banking arrangements *pl;* (*Kontonummer*) banking details *pl.*
Bann [ban] ⟨-(e)s⟩ *m* spell; ▶ **er ist ganz in ihrem ~** he is completely under her spell; **jdn in s-n ~ schlagen** captivate s.o.
ban·nen ['banən] *tr rel (böse Geister etc)* exorcize; ▶ **e-e Gefahr ~** avert a danger.
Ban·ner ['banə] ⟨-s, -⟩ *n* banner.
Bar [ba:ə] ⟨-, -s⟩ *f* bar.
bar *adj* 1. *fin* cash; 2. (*bloß*) bare; 3. (*völlig*) pure; 4. (*ohne*) devoid of; ▶ **~ zahlen** pay cash (down); **~ auf die Hand** cash on the nail; **etw für ~e Münze nehmen** *fig* take s.th. at face value; **~er Unsinn** utter nonsense.
Bär [bɛ:ə] ⟨-en, -en⟩ *m* bear; ▶ **der Große ~** *astr* the Great Bear; **jdm e-n ~en aufbinden** *fig* have s.o. on.
Ba·racke (k·k) [ba'rakə] ⟨-, -n⟩ *f* shack.
Bar·bar(in) [bar'ba:ə] ⟨-s/-en, -en⟩ *m (f)* barbarian; **Bar·ba·rei** [barba'raɪ] *f* barbarism; **bar·ba·risch** *adj* barbarous.
Bar·bi·tu·rat ⟨-s, -e⟩ *n pharm* barbiturate.
Bar·da·me *f* barmaid; (*Animierdame*) hostess.
Ba·rett [ba'rɛt] ⟨-(e)s, -e/-s⟩ *n* 1. (*Baskenmütze*) beret; 2. (*Richter~ etc*) biretta.
bar·fuß *adj* barefoot(ed).

Bar·geld *n* cash.
bar·geld·los *adj* non-cash; ▶ **~er Zahlungsverkehr** transfer of money not involving cash.
Bärin ['bɛ:rɪn] *f* she-bear.
Bar·kas·se [bar'kasə] ⟨-, -n⟩ *f mar* launch.
Bar·kauf *m* cash purchase.
Bar·ke ['barkə] ⟨-, -n⟩ *f mar* skiff.
Bar·kee·per *m* barkeeper.
barm·her·zig [barm'hɛrtsɪç] *adj* compassionate; ▶ **der ~e Samariter** the good Samaritan.
Barm·her·zig·keit *f* compassion.
Bar·mi·xer *m* cocktail waiter.
Ba·rock [ba'rɔk] ⟨-s⟩ *n* baroque.
ba·rock *adj* 1. *arch* baroque; 2. *fig (Figur)* buxom.
Ba·ro·me·ter [baro'me:tə] *n* barometer.
Ba·ron [ba'ro:n] ⟨-s, -e⟩ *m* baron.
Ba·ro·nin *f* baroness.
Bar·ren ['barən] ⟨-s, -⟩ *m* 1. (*Edelmetall~*) ingot; 2. *sport (zum Turnen)* parallel bars *pl.*
Bar·rie·re [ba'rje:rə] ⟨-, -n⟩ *f* barrier.
Bar·ri·ka·de [bari'ka:də] ⟨-, -n⟩ *f* barricade; ▶ **~n bauen** raise barricades; **auf die ~n gehen** *fig* protest.
Barsch [barʃ] ⟨-(e)s, -e⟩ *m zoo* perch.
barsch *adj* brusque; ▶ **jdn ~ anfahren** snap at s.o.
Bar·scheck *m* open (*od* uncrossed) cheque.
Bart[1] [ba:ət, *pl* 'bɛrtə] ⟨-(e)s, ⁓e⟩ *m* beard; ▶ **sich e-n ~ wachsen lassen** grow a beard; **der ~ ist ab!** *fig fam* you've had it! **der Witz hat e-n Bart!** *fig* that's a real oldie!
Bart[2] *m (Schlüssel~)* bit.
Bart·flech·te *f* 1. *med* barber's itch, sycosis; 2. *bot* beard moss.
Bar·zah·lung *f* cash payment, payment in cash; ▶ **bei ~ 2% Skonto** 2% discount for cash.
Ba·salt [ba'zalt] ⟨-(e)s, -e⟩ *m* basalt.
Ba·sar [ba'za:ə] ⟨-s, -e⟩ *m* bazaar.
Ba·se[1] ['ba:zə] ⟨-, -n⟩ *f obs (Cousine)* cousin.
Ba·se[2] *chem* base.
ba·sie·ren [ba'zi:rən] I *tr (~ auf)* base on; II *itr (~ auf)* rest upon.
Ba·si·li·kum [ba'zi:likʊm] ⟨-s⟩ *n bot* basil.
Ba·sis ['ba:zɪs] ⟨-, Basen⟩ *f* 1. *allg a. mil* base; 2. *fig* basis; 3. *pol:* ▶ **die ~** the grass roots *pl;* **auf breiter ~ ruhen** *fig* be firmly established; **Ba·sis·de·mo·kra·tie** *f* grass-roots democracy; **Ba·sis·grup·pe** *f* action group; **Ba·sis·wis·sen** *n* basic knowledge.
Bas·ke (Bas·kin) ['baskə] ⟨-n, -n⟩ *m (f)* Basque.
Baß [bas, *pl* 'bɛsə] ⟨-sses, ⁓sse⟩ *m* bass.
Bas·sin [ba'sɛ̃:] ⟨-s, -s⟩ *n* pool.

Bas·sist [ba'sɪst] ⟨-en, -en⟩ m 1. *(Sänger)* bass singer; 2. *(Orchester~)* bass player.

Bast [bast] ⟨-(e)s, -e⟩ m 1. *(Binde~)* raffia; 2. *(am Hirschgeweih)* velvet; 3. *bot* bast.

ba·sta ['basta] *interj:* ► **und damit** ~! and that's that!

Ba·stard ['bastart] ⟨-(e)s, -e⟩ m bastard.

Ba·stei [bas'taɪ] f *hist* bastion.

ba·steln ['bastəln] *itr:* ► **ich bastele gerne** I like to do handicrafts; **an etw** ~ **(arbeiten)** work on s.th.; **an etw (herum)**~ mess around with s.th.

Ba·tail·lon [batal'joːn] ⟨-s, -e⟩ n *mil* battalion.

Ba·tist [ba'tɪst] ⟨-(e)s, -e⟩ m cambric.

Bat·te·rie [batə'riː] f 1. *el* battery; 2. *mil* battery; 3. *(Anzahl)* row; **Bat·te·rie·be·trieb** m battery operation; **bat·te·rie·be·trie·ben** *adj* battery operated; **Bat·te·rie·la·de·ge·rät** n battery charger.

Bau [baʊ] ⟨-(e)s, -ten⟩ m 1. *(das Bauen)* construction; 2. *(Bauart)* structure; 3. *(Gebäude)* building; 4. *(Baustelle)* building site; 5. *(Kaninchen~)* burrow; ► **im** ~ under construction; **auf dem** ~ **arbeiten** be a building *(Am* construction) worker; **Bau·amt** n planning department and building control office; **Bau·ar·bei·ten** *pl* construction work *sing;* **Bau·ar·bei·ter(in)** m *(f)* construction worker; **Bau·art** f 1. *arch* style; 2. *tech* construction, design; *(Type)* model, type; **Bau·be·ginn** m start of building.

Bauch [baʊx, *pl* 'bɔɪçə] ⟨-(e)s, ¨e⟩ m 1. *anat* stomach; 2. *fig* belly, tummy; 3. *(Fett~)* paunch, potbelly *fam;* ► **mir tut der** ~ **weh** I have (a) stomach ache; **mit etw auf den** ~ **fallen** *fig* come a cropper with s.th.; **sich den** ~ **vollschlagen** *fam* gorge *(od* stuff) o.s.; **Bauchdecke (k·k)** f *anat* abdominal wall.

bau·chig ['baʊxɪç] *adj* bulbous; **Bauchlan·dung** f *aero* belly landing; **Bauchna·bel** m navel; **Bauch·red·ner(in)** m *(f)* ventriloquist; **Bauch·schmer·zen** *pl:* ► **ich habe** ~ I have (a) stomach ache *sing;* **Bauch·tanz** m belly dance; *(das Tanzen)* belly dancing.

Bau·ele·ment n 1. *arch* building component; 2. *tech* construction element.

bau·en ['baʊən] I *tr* build, construct; ► **e-n Unfall** ~ *fam* cause an accident; II *itr* build; **hier wird viel gebaut** there's a lot of building going on here.

Bau·er[1] ⟨-n/(-s), -n⟩ m 1. *(Acker~)* farmer; 2. *(Schachfigur)* pawn; 3. *(Kartenfigur)* knave.

Bau·er[2] ⟨-s, -⟩ n *(od* m) *(Vogel~)* cage.

Bäu·er·chen n *(Luftaufstoßen in der Kindersprache)* burp; ► **ein** ~ **machen** do a burp.

Bäue·rin ['bɔɪərɪn] f farmer; *(Frau eines Bauern)* farmer's wife.

bäu·er·lich *adj* rural.

Bau·ern·auf·stand m peasants' revolt; **Bau·ern·haus** n farmhouse; **Bau·ernhof** m farm; **Bau·ern·re·gel** f country saying; **bau·ern·schlau** *adj* cunning, shrewd.

bau·fäl·lig *adj* dilapidated.

Bau·fir·ma f building contractor; **Bauge·län·de** n building site; **Bau·geneh·mi·gung** f planning and building permission; **Bau·ge·rüst** n scaffolding; **Bau·gru·be** f excavation; **Bauherr(in)** m *(f)* client; **Bau·holz** n *Br* timber, *Am* lumber; **Bau·in·ge·nieur(in)** m *(f)* civil engineer; **Baujahr** n year of construction; *(vom Auto)* model; **Bau·ka·sten** m building kit; **Bau·kon·junk·tur** f building boom; **Bau·ko·sten** *pl* building costs; **Bauland** n building land; **Bau·lei·tung** f 1. *(Büro)* site office; 2. *(Bauaufsicht)* site supervision.

bau·lich *adj* structural; ► **in gutem** ~**en Zustand** structurally sound.

Baum [baʊm, *pl* 'bɔɪmə] ⟨-(e)s, ¨e⟩ m tree; ► **auf dem** ~ in the tree; **auf e-n** ~ **steigen** climb a tree.

Bau·maß·nah·men f *pl* building measures; **Bau·ma·te·ria·lien** n *pl* building materials.

Baum·blü·te f blossom.

bau·meln ['baʊməln] *itr* dangle *(an* from).

Baum·gren·ze f tree line; **baum·los** *adj* treeless; **Baum·rin·de** f bark; **Baum·schu·le** f nursery; **Baumstamm** m tree-trunk; **Baum·ster·ben** n *(Umwelt)* dying (off) of trees; **Baumstumpf** m tree stump.

Baum·wol·le f cotton; **baum·wol·len** *adj* cotton.

Bau·ord·nung f building by-law, building regulations *pl;* **Bau·plan** m building plan; **Bau·pla·nung** f project planning; **Bau·platz** m site; **Bau·po·li·zei** f building control department.

Bausch [baʊʃ] ⟨-(e)s, -e/¨e⟩ m ball; ► **in** ~ **u. Bogen** *fam* lock, stock and barrel.

Bau·schä·den *pl* structural damages.

bau·schen ['baʊʃən] I *itr* become bunched; II *refl* billow out; III *tr:* ► **der Wind bauscht die Segel** the wind is filling the sails.

Bau·schlos·ser(in) m *(f)* locksmith.

Bau·schutt m rubble.

bau·spa·ren *itr* save with a building society; **Bau·spar·kas·se** f *Br* building society, *Am* building and loan association; **Bau·spar·ver·trag** m *Br* building society savings agreement, *Am* savings contract with a building and loan association.

Bau·stein m 1. *allg* stone; 2. *fig* constituent; ▶ **elektronischer** ~ chip; **Bau·stel·le** f *(Haus~)* building site; *(Straßen~)* Br roadworks *sing*, Am construction work; **Bau·stoff** m building-material; **Bau·teil** n prefabricated part (of building).

Bau·ten *pl* buildings.

Bau·trupp m construction team; **Bau·un·ter·neh·mer(in)** m *(f)* building contractor; **Bau·vor·ha·ben** n building scheme; **Bau·wei·se** f type of construction; **Bau·werk** n building.

Bau·xit [bau'ksi:t] ⟨-s, -e⟩ m bauxite.

Bau·zaun m (building site) fencing.

Bay·er(in) ⟨-n, -n⟩ m *(f)* Bavarian; **Bay·ern** ['baɪɐn] n Bavaria; **bay(e)·risch** *adj* Bavarian.

Ba·zil·lus [ba'tsɪlʊs] ⟨-, -llen⟩ m bacillus, germ.

be·ab·sich·ti·gen *tr* intend; ▶ **das war beabsichtigt!** that was intentional!

be·ach·ten *tr* 1. *(aufmerksam ~)* pay attention to ...; 2. *(Vorschrift)* observe; ▶ **jds Ratschlag** ~ follow someone's advice.

be·acht·lich *adj* considerable.

Be·ach·tung f: ▶ **die** ~ **der Verkehrsregeln** observance of traffic regulations; ~ **finden** receive attention; **jdm keine** ~ **schenken** take no notice of s.o.

Be·am·te (Be·am·tin) [bə'amtə] m *(f)* civil servant; **Be·am·ten·an·wär·ter(in)** m *(f)* civil service trainee; **Be·am·ten·deutsch** n officialese; **Be·am·ten·lauf·bahn** f: ▶ **die** ~ **einschlagen** join the civil service; **Be·am·ten·tum** n civil service; **be·am·tet** *adj* permanently appointed as a civil servant.

be·äng·sti·gend *adj* alarming.

be·an·spru·chen *tr* 1. *(Recht)* claim; 2. *(Aufmerksamkeit)* demand; *(erfordern)* take; 3. *tech* use; ▶ **jds Hilfe** ~ ask for someone's help; **etw** ~ **können** be entitled to s.th.

Be·an·spru·chung f 1. *(Inanspruchnahme)* demand *(von* on); 2. *(Belastung)* use.

be·an·stan·den *tr* complain about ...

Be·an·stan·dung f complaint.

be·an·tra·gen *tr* 1. *(Erlaubnis)* apply for *(bei* to); 2. *(bei Diskussion etc)* propose.

be·ant·wor·ten *tr* answer; ▶ **leicht zu** ~ easily answered.

be·ar·bei·ten *tr* 1. *allg* work on ...; 2. *(Buch etc)* edit; 3. *(Land)* cultivate; 4. *EDV* process; ▶ **Bestellungen** ~ deal with orders; **etw mit dem Hammer** ~ hammer s.th.

Be·ar·bei·tung f 1. *(Neu~)* revision; 2. *(von Vorgang)* handling.

Be·ar·bei·tungs·ge·bühr f processing fees *pl.*

be·arg·wöh·nen *tr* regard with suspicion.

be·at·men *tr:* ▶ **jdn künstlich** ~ give s.o. artificial respiration.

Beat ['bi:t] ⟨-s, -s⟩ m beat; **Beat·mu·sik** f beat (music); **Beatnik** [bi:tnɪk] ⟨-s, -s⟩ m beatnik.

be·auf·sich·ti·gen *tr* supervise.

Be·auf·sich·ti·gung f supervision.

be·auf·tra·gen *tr* 1. *(mit Auftrag versehen)* engage; 2. *(anweisen)* instruct; ▶ **jdn mit etw** ~ employ s.o. to do s.th.

Be·auf·trag·te(r) f m representative.

be·bau·en *tr* 1. build on; 2. *(Land)* cultivate.

Be·bau·ungs·dich·te f density of development; **Be·bau·ungs·plan** m development scheme.

Be·ben ['be:bən] ⟨-s, -⟩ n earthquake.

be·ben *itr* shake, tremble.

be·bil·dern *tr* illustrate.

Be·cher ['bɛçɐ] ⟨-s, -⟩ m cup; *(Glas~)* tumbler; *(Ton~)* mug.

be·chern ['bɛçɐn] *itr fam* have a few.

Becken (k·k) ['bɛkən] ⟨-s, -⟩ n 1. basin; *(Küchen~)* sink; *(Schwimm~)* pool; 2. *anat* pelvis; 3. *mus* cymbal.

Bec·que·rel [bɛkə'rɛl] ⟨-, -⟩ n Becquerel.

Be·dacht m: ▶ **etw mit** ~ **tun** do s.th. deliberately.

be·dacht [bə'daxt] *adj* careful, cautious; ▶ **auf etw** ~ **sein** be concerned about s.th.

be·däch·tig [bə'dɛçtɪç] *adj* deliberate.

Be·däch·tig·keit f deliberateness.

be·dan·ken *ref:* ▶ **ich möchte mich bei Ihnen** ~ **für** ... I should like to thank you for ...; **dafür können Sie sich bei** ... **bedanken** *iro* you've got ... to thank; **ich bedanke mich** thank you very much.

Be·darf [bə'darf] ⟨-(e)s⟩ m 1. *(Bedürfnis)* need *(an* for); 2. *(Waren~)* requirements *pl;* ▶ **bei** ~ when required; **an etw** ~ **haben** be in need of s.th.; **je nach** ~ according to demand; **Be·darfs·deckung (k·k)** f filling of demand *(od* needs *pl);* **Be·darfs·hal·te·stel·le** f request stop.

be·dau·er·lich [bə'dauɐlɪç] *adj* regrettable, unfortunate; ▶ **wie** ~! how unfortunate! **be·dau·er·li·cher·wei·se** *adv* unfortunately, regrettably.

Be·dau·ern ⟨-s⟩ n regret; ▶ **zu meinem größten** ~ much to my regret.

be·dau·ern [bə'dauɐn] *tr* 1. *(etw)* regret; 2. *(jdn)* be sorry for ...; ▶ **bedaure!** I'm sorry! **er ist zu** ~ one must feel sorry for him; **be·dau·erns·wert** *adj (Mensch)* pitiful; *(Zustand)* deplorable.

be·decken (k·k) I *tr* cover; ▶ **von etw bedeckt sein** be covered in s.th.; II *refl* cover o.s.; ▶ **der Himmel bedeckt sich** the sky is becoming overcast; **be·deckt**

adj (Himmel) clouded, overcast; ▶ **sich bedeckt halten** *fig* keep a low profile.
Be·deckung (k·k) *f* **1.** *mil* escort; **2.** *(Leibwache)* guard.
Be·den·ken ⟨-s, -⟩ *n* doubt; ▶ **mir kommen** ~ I'm having second thoughts; **ohne** ~ without thinking.
be·den·ken *irr tr* **1.** consider; **2.** *: jdn* ~ remember s.o.; ▶ **wenn man es recht bedenkt** if you think about it properly; **man muß bedenken, daß ...** one must take into consideration the fact that ...; **be·den·ken·los** *adj* **1.** *(ohne zu zögern)* unhesitating; **2.** *(rücksichtslos)* heedless of others; ▶ ~ **zustimmen** agree without hesitation.
be·denk·lich *adj* **1.** *(Lage etc)* alarming, serious; **2.** *(zweifelhaft)* dubious; **3.** *(besorgt)* anxious; ▶ **sein Zustand ist** ~ his condition is giving cause for concern.
Be·denk·zeit *f*: ▶ **können Sie mir e-n Tag** ~ **geben?** can you give me one day to think about it?
be·deu·ten *tr itr* mean; ▶ **was soll das** ~? what does that mean? **was soll denn das** ~? what's the meaning of that? **das hat nichts zu** ~ it doesn't mean anything; **be·deu·tend I** *adj* **1.** *(gewichtig)* important; **2.** *(groß)* considerable; **II** *adv (erheblich)* considerably; **be·deut·sam** *adj* **1.** *(bedeutungsvoll)* meaningful; **2.** *(wichtig)* important.
Be·deu·tung *f* **1.** *allg* meaning; **2.** *(Wichtigkeit)* importance; ▶ **von** ~ **sein** be important; **von großer** ~ **sein** be of great importance; **nichts von** ~ nothing of any importance; **be·deu·tungs·los** *adj* **1.** *(unwichtig)* insignificant; **2.** *(ohne Sinn)* meaningless; **Be·deu·tungs·lo·sig·keit** *f* insignificance.
be·die·nen I *itr tr* **1.** attend to, serve; **2.** *(beim Kartenspiel)* follow suit; **3.** *tech (Apparate, Maschinen)* operate; ▶ **hier wird man gut bedient** the service is good here; **na, ich bin bedient!** *iro* I've had all I can take! **II** *refl* help o.s. *(mit* to); **Be·die·ner(in)** *m (f) EDV* operator, user; **Be·die·ner·füh·rung** *f EDV* context-sensitive help.
Be·dien·ste·te(r) *f m* **1.** *(im öffentlichen Dienst)* public employee; **2.** *pl (Diener)*: ▶ **seine** ~**n** his servants.
Be·die·nung *f* **1.** *(im Laden)* service; **2.** *(von Geräten)* operation; ▶ ~! waiter (waitress)! **Be·die·nungs·an·lei·tung** *f* operating instructions *pl*.
be·din·gen [bə'dɪŋən] *irr tr* **1.** *(voraussetzen)* demand; **2.** *(bewirken)* cause.
be·dingt *adj*: ▶ **nur** ~ **richtig** only partially right; ~ **tauglich** *mil* fit for limited duties.
Be·din·gung *f* condition; ▶ **unter der** ~**, daß ...** on condition that ...; **unter**

keiner ~ under no circumstances *pl*; **nur unter einer** ~ only on one condition; **zu günstigen** ~**en** on favourable terms; **be·din·gungs·los** *adj* unconditional.
be·drän·gen *tr* **1.** *(belästigen)* plague; **2.** *sport* pressurize.
Be·dräng·nis *f*: ▶ **in** ~ **bringen** get into trouble; **in** ~ **geraten** get into difficulties *pl*.
be·dro·hen *tr* threaten.
be·droh·lich *adj* threatening; ▶ **sich** ~ **verschlechtern** deteriorate alarmingly.
Be·dro·hung *f* threat.
be·drücken (k·k) *tr fig* depress.
be·drückt *adj* depressed.
Be·dui·ne [bedu'i:nə] ⟨-n, -n⟩ *m* Bedouin.
be·dür·fen *irr tr*: ▶ **es bedarf einiger Mühe** some effort is required; **das bedarf keiner weiteren Erklärung** there's no need for any further explanation.
Be·dürf·nis *n* need; ▶ **ich hatte das dringende** ~ ... I felt an urgent need to ...
be·dürf·tig *adj* needy.
Beef·steak ['bi:fste:k] ⟨-s, -s⟩ *n* steak.
be·ei·d(i·g)en *tr* swear to.
be·ei·digt *adj jur*: ▶ ~**e Aussage** sworn evidence.
be·ei·len *refl* hurry up; ▶ **beeil dich!** hurry up! get a move on! **Be·ei·lung** *f*: ▶ ~! hurry up!
be·ein·drucken (k·k) *tr* impress; ▶ **davon lasse ich mich nicht** ~ I won't be impressed by that.
be·ein·flus·sen *tr* influence; ▶ **kannst du sie nicht** ~? can't you persuade her?
be·ein·träch·ti·gen *tr*: ▶ **den Wert von etw** ~ reduce the value of s.th.
be·en·den *tr* **1.** finish; **2.** *EDV* terminate.
Be·en·di·gung *f (Abschluß)* completion.
be·en·gen [bə'ɛŋən] *tr* **1.** *allg* cramp; **2.** *fig* inhibit; ▶ ~**de Kleidung** tight clothing.
be·er·ben *tr*: ▶ **jdn** ~ be heir to s.o.
be·er·di·gen [bə'e:ɛdɪgən] *tr* bury.
Be·er·di·gung *f* **1.** *(Bestattung)* burial; **2.** *(Feier)* funeral.
Bee·re ['be:rə] ⟨-, -n⟩ *f bot* berry; **Bee·ren·aus·le·se** *f (Weinart)* vintage wine of selected grapes.
Beet [be:t] ⟨-(e)s, -e⟩ *n* bed.
be·fä·hi·gen [bə'fɛ:ɪgən] *tr* enable; **befä·higt** *adj* capable; ▶ **zu etw** ~ **sein** be capable of doing s.th.
Be·fä·hi·gung *f* ability, capability.
be·fahr·bar *adj*: ▶ **nicht** ~ **sein** be closed to traffic.
be·fah·ren *irr tr* drive on ...; ▶ **diese Straße ist stark** ~ this road is used a lot.
be·fal·len *irr tr (Krankheit)* strike; ▶ **von Schädlingen** ~ **sein** be infested with parasites.

be·fan·gen *adj* 1. *(scheu)* bashful; 2. *(voreingenommen)* prejudiced; ▶ **in e-m Irrtum ~ sein** labour under a misapprehension.
Be·fan·gen·heit *f:* ▶ **jdn wegen ~ ablehnen** *jur* object to s.o. on grounds of interest.
be·fas·sen *tr:* ▶ **sich mit etw ~** deal with s.th.; **mit etw befaßt sein** be dealing with s.th.
Be·fehl [bə'fe:l] 〈-(e)s, -e〉 *m* command, order; *EDV* instruction, command; ▶ **den ~ haben über ...** have command of ...; **~ ist ~** orders are *(fam* is) orders; **auf ~ handeln** act under orders.
be·feh·len *irr tr* order; ▶ **du hast mir gar nichts zu ~!** I won't take orders from you! **er befiehlt gern** he likes giving orders; **Be·fehls·fol·ge** *f EDV* command sequence; **be·fehls·ge·mäß** *adj* as ordered; **Be·fehls·ge·walt** *f:* **~ haben über ...** have command over ...; **Be·fehls·ha·ber** *m mil* commander.
Be·fehls·kode *m EDV* command code; **Be·fehls·spra·che** *f EDV* command language; **Be·fehls·ver·wei·ge·rung** *mil f* insubordination.
be·fe·sti·gen *tr* 1. *(Gegenstand)* fasten (*an* to); 2. *(Straße etc)* make up; 3. *fig* consolidate.
Be·fe·sti·gung *f* 1. *(Vorrichtung)* fastening; 2. *mil* fortification.
be·feuch·ten *tr* moisten.
Be·fin·den 〈-s〉 *n:* ▶ **wie ist Ihr ~?** how are you feeling? **be·fin·den** *irr* I *refl (sein)* be; ▶ **die Abbildung befindet sich auf der nächsten Seite** the illustration can be found on the next page; II *itr (entscheiden)* decide (*über* about).
be·flecken (k·k) *tr* 1. *allg* stain; 2. *fig* sully; ▶ **sich die Hose mit Öl ~** get oil on one's trousers.
be·flie·gen *irr tr aero (Strecke)* fly.
be·flis·sen [bə'flɪsən] *adj* keen; ▶ **~ sein, etw zu tun** be concerned to do s.th.
Be·flis·sen·heit *f* zeal.
be·flü·geln *tr fig* inspire; ▶ **Freude beflügelte seine Schritte** *lit* joy winged his steps.
be·fol·gen *tr* 1. *(Beispiel, Rat, Regel)* follow; 2. *(Vorschrift)* comply with ...; ▶ **befolge meinen Rat!** take my advice!
be·för·dern *tr* 1. *allg* carry; *(Waren)* transport; 2. *(dienstlich)* promote; ▶ **etw mit Luftpost ~** send s.th. by airmail.
Be·för·de·rung *f* 1. *(von Waren)* transport; 2. *(dienstlich)* promotion; **Be·för·de·rungs·be·din·gun·gen** *pl com* terms of carriage.
be·frach·ten *tr* 1. *(Fahrzeug)* load; 2. *fig* burden.

be·fra·gen *tr* 1. *(ausfragen)* question; 2. *(um Rat, a. Bücher)* consult; ▶ **jdn um Rat ~** ask someone's advice.
Be·fra·gung *f (Verhör)* questioning; *(Erhebung)* survey.
be·frei·en *tr allg* free; *fin mil (freistellen)* exempt (*von* from); ▶ **jdn vom Militärdienst ~** exempt s.o. from military service; **Be·frei·er(in)** *m (f)* liberator; **Be·frei·ung** *f* 1. *allg* liberation; 2. *fig (Erleichterung)* relief; **Be·frei·ungs·or·ga·ni·sa·tion** *f* liberation organisation; **Be·frei·ungs·ver·such** *m* escape attempt.
be·frem·den [bə'frɛmdən] *tr* ▶ **das befremdet mich** I find it displeasing.
Be·frem·den (Be·frem·dung) 〈-s〉 *n (f):* ▶ **zu meinem ~** to my displeasure; **be·frem·dend (be·fremd·lich)** *adj* displeasing.
be·freun·den [bə'frɔɪndən] *refl* make friends (*mit* with); ▶ **sich mit etw ~** *fig* grow accustomed to s.th.; **be·freun·det** *adj:* ▶ **miteinander ~ sein** be friends; **gut ~ sein** be close friends.
be·frie·di·gen [bə'fri:dɪgən] I *tr* satisfy; ▶ **jds Ansprüche ~** meet someone's demands; II *refl (sexuell)* masturbate; **be·frie·di·gend** *adj* 1. *allg* satisfactory; 2. *päd (Schulzensur)* fair.
Be·frie·di·gung *f* satisfaction.
be·fri·sten *tr* restrict (*auf* to); ▶ **etw ~** put a time limit on s.th.
be·fri·stet *adj* restricted; ▶ **~ sein** be valid for a limited time.
be·fruch·ten *tr* 1. *biol* fertilize; 2. *bot* pollinate; 3. *fig* stimulate; ▶ **künstlich ~** inseminate artificially.
Be·fruch·tung *f* insemination.
Be·fug·nis [bə'fu:knɪs] *f* authorization.
be·fugt *adj:* ▶ **~ sein, etw zu tun** be authorized to do s.th.
be·füh·len *tr* feel, finger.
Be·fund 〈-(e)s, -e〉 *m* 1. *allg* findings *pl;* 2. *med* diagnosis; ▶ **ohne ~** *med* (results) negative; **Ihr Magen ist ohne Befund** the results of the tests on your stomach are negative.
be·fürch·ten *tr* fear; ▶ **es ist zu ~, daß ...** it is to be feared that ...; **das ist nicht zu ~** there is no fear of that.
Be·fürch·tung *f:* ▶ **die schlimmsten ~en haben** fear the worst *sing.*
be·für·wor·ten [bə'fy:ɐvɔrtən] *tr* approve.
Be·für·wor·ter(in) *m (f)* supporter, advocate.
be·gabt [bə'ga:pt] *adj* talented; *(bes. geistig, musisch a.)* gifted; ▶ **für etw ~ sein** be talented at s.th.
Be·ga·bung [bə'ga:bʊŋ] *f* 1. *(Fähigkeit)* talent; 2. *(begabte Person)* talented person; ▶ **mangelnde ~** insufficient talent.
be·ge·ben *irr refl* 1. *(aufbrechen nach)* go (to), set out (for); 2. *(sich ereignen)*

come to pass; ▶ **sich zur Ruhe** ~ retire; **sich in Gefahr** ~ put o.s. in danger; **sich in ärztliche Behandlung** ~ undergo medical treatment.

Be·ge·ben·heit f event, occurrence.

be·geg·nen [bə'ge:gnən] itr meet; ▶ **sich** ~ meet; **jdm ist etw be·gegnet** s.th. has happened to s.o.; **Schwierigkeiten** ~ face difficulties.

Be·geg·nung f 1. allg meeting; 2. sport encounter; **Be·geg·nungs·stät·te** f venue for meetings.

be·ge·hen irr tr 1. (Weg etc) use; 2. (tun, machen) commit; 3. (feiern) celebrate; ▶ **e-e Dummheit** ~ do s.th. stupid; **e-n Fehler** ~ make a mistake.

be·geh·ren [bə'ge:rən] tr desire.

Be·geh·ren n desire (nach for); ▶ **auf mein** ~ at my request; **be·geh·rens·wert** adj desirable; **be·gehrt** adj in demand; (Ort) coveted, desirable; ▶ **ein begehrter Junggeselle** an eligible bachelor.

be·gei·stern [bə'gaistən] I tr fill with enthusiasm; (inspirieren) inspire; II refl: ▶ **sich für etw** ~ be enthusiastic about s.th.; **be·gei·stert** adj enthusiastic (von about).

Be·gei·ste·rung f enthusiasm; ▶ **etw mit** ~ **tun** do s.th. with enthusiasm.

Be·gier(de) ⟨-, -den⟩ f desire (nach for).

be·gie·rig adj eager; (gierig) greedy; ▶ **auf etw** ~ **sein** be eager for s.th.

be·gie·ßen irr tr (Blumen) water; (Braten) baste; ▶ **das müssen wir** ~! fam that calls for a drink!

Be·ginn [bə'gin] ⟨-(e)s⟩ m beginning; ▶ **bei** ~ at the beginning; **gleich zu** ~ at the very beginning.

be·gin·nen irr I itr begin, start; II tr begin, start.

be·glau·bi·gen [bə'glaubigən] tr 1. (Schriftstück) witness; (Kopie) authenticate; (durch Gutachten) attest; 2. pol accredit (bei to); ▶ **etw** ~ **lassen** have s.th. witnessed.

Be·glau·bi·gung f 1. witnessing; authentication, attestation; 2. accrediting, accreditation (form); **Be·glau·bi·gungs·schrei·ben** n credentials.

be·glei·chen irr tr (bezahlen) settle; ▶ **mit jdm e-e Rechnung zu** ~ **haben** fig have a score to settle with s.o.

be·glei·ten tr a. fig accompany; ▶ **meine besten Wünsche** ~ **Sie** my best wishes go with you.

Be·glei·ter(in) m (f) 1. allg companion; 2. mus accompanist.

Be·gleit·er·schei·nung f concomitant; **Be·gleit·in·stru·ment** n mus accompanying instrument; **Be·gleit·mu·sik** f accompaniment; **Be·gleit·schrei·ben** n com covering letter.

Be·glei·tung f 1. company; 2. (Begleiter) companion; 3. mus accompaniment;

▶ **in** ~ **von** accompanied by.

be·glücken (k·k) tr make happy; ▶ **ein ~des Gefühl** a cheering feeling; **beglückt über etw sein** be delighted about s.th.

be·glück·wün·schen tr congratulate (zu on).

be·gna·det [bə'gna:dət] adj: ▶ **ein ~er Künstler** a gifted artist.

be·gna·di·gen tr jur reprieve.

Be·gna·di·gung f jur reprieve; **Begna·di·gungs·ge·such** n: ▶ **ein** ~ **einreichen** file a plea for reprieve.

be·gnü·gen [bə'gny:gən] refl: ▶ **sich mit etw** ~ be content with s.th.; **damit begnüge ich mich nicht** that doesn't satisfy me.

be·gra·ben irr tr 1. allg bury; 2. fig abandon; ▶ **das ist längst** ~ fig that was over long ago.

Be·gräb·nis [bə'grɛ:pnɪs] n 1. burial; 2. (Feier) funeral.

be·gra·di·gen [bə'gra:di:gən] tr straighten.

be·grei·fen irr tr understand; ▶ ~, **daß** ... realize that ...; **es ist kaum zu** ~ it's almost incomprehensible; **be·greiflich** adj understandable; ▶ **jdm etw** ~ **machen** make s.th. clear to s.o.; **begreif·li·cher·wei·se** adv understandably (enough).

be·gren·zen tr 1. allg mark the boundary of ...; 2. fig restrict (auf to); ▶ **begrenzt haltbare Waren** non-durable goods.

Be·gren·zung f 1. allg demarcation; 2. fig restriction.

Be·griff ⟨-(e)s, -e⟩ m 1. (Vorstellung) idea; 2. (Ausdruck) term; ▶ **sein Name ist mir kein** ~ his name doesn't mean anything to me; **sich e-n** ~ **von etw machen** imagine s.th.; **du machst dir keinen** ~ **davon** you've no idea about it; **für meine ~e** in my opinion sing; **im** ~ **sein, etw zu tun** be about to do s.th.; **schwer von** ~ **sein** fam be slow on the uptake.

be·griffs·stut·zig adj dense, slow.

be·grün·den tr 1. (Gründe geben für) give reasons for ...; 2. (gründen) establish, found; ▶ **können Sie Ihr Verhalten** ~? can you account for your behaviour? **be·grün·det** adj 1. allg well-founded; 2. (berechtigt) justified; ▶ **nicht** ~ **sein** be unfounded.

Be·grün·dung f reason sing, grounds pl; ▶ **etw als** ~ **anführen** say s.th. in explanation.

be·grü·nen tr (beim Straßenbau) put turf down; **Be·grü·nung** f planting with trees and grass.

be·grü·ßen tr 1. allg greet; 2. fig welcome; ▶ **es ist zu** ~, **daß** ... it's a good thing that ...

Be·grü·ßung f greeting; (das Willkom-

men) welcome.

be·gün·sti·gen [bə'gynstɪgən] *tr* **1.** (*günstig sein für*) encourage; **2.** (*fördern*) favour; **3.** *jur* aid and abet.

Be·gün·sti·gung *f* **1.** (*Bevorzugung*) preferential treatment; **2.** *jur* aiding and abetting.

be·gut·ach·ten *tr* give expert advice about; *päd* judge; ▶ **etw ~ lassen** get expert advice about s.th.

Be·gut·ach·tung *f* assessment.

be·gü·tert [bə'gy:tet] *adj* wealthy.

be·haart [bə'ha:et] *adj* hairy, (*Tiere*) hirsute.

be·hä·big [bə'hɛ:bɪç] *adj* **1.** (*von Mensch*) portly; **2.** *fig* comfortable.

be·haf·tet [bə'haftət] *adj* (*mit Fehlern, Mängeln*) full of ...

Be·ha·gen ⟨-s⟩ *n* contentment; ▶ **er aß mit sichtlichem ~** he ate with obvious pleasure; **be·ha·gen** [bə'ha:gən] *itr* please; **be·hag·lich** *adj* cosy; ▶ **~ warm** comfortably warm; **Be·hag·lich·keit** *f* cosiness.

be·hal·ten *irr tr* **1.** *allg* keep; **2.** *fig* (*im Gedächtnis*) remember; **3.** *fig* (*zurückbehalten*) be left with; ▶ **die Nerven ~** *fig* keep one's nerve *sing;* **etw für sich ~** keep s.th. to o.s.; **jdn in guter Erinnerung ~** have happy memories of s.o.

Be·häl·ter [bə'hɛltɐ] *m* container.

be·han·deln *tr* **1.** *allg* treat; **2.** *fig* (*Problem etc*) deal with; ▶ **der ~de Arzt** the doctor in attendance; **s-e Zähne ~ lassen** have one's teeth attended to.

Be·hand·lung *f* treatment; ▶ **ich war früher in ~ bei Dr. X wegen ...** Dr. X used to treat me for ...

be·hän·gen *tr* decorate; ▶ **sich ~ mit ...** deck o.s. out with ...

be·har·ren *itr:* ▶ **auf seiner Meinung ~** insist on one's opinion; **auf seinen Grundsätzen ~** stick to one's principles.

be·harr·lich *adj* insistent; (*unerschütterlich*) steadfast.

Be·harr·lich·keit *f* persistence.

be·hau·en *irr tr* (*Steine etc*) cut.

be·haup·ten [bə'hauptən] **I** *tr* **1.** (*aussagen*) claim; **2.** *fig* maintain; ▶ **von jdm ~, daß ...** say of s.o. that ...; **II** *refl* assert o.s.

Be·haup·tung *f* claim; (*unbewiesene*) assertion; ▶ **e-e ~ aufstellen** make an assertion.

Be·hau·sung [bə'hauzʊŋ] *f* dwelling.

be·he·ben *irr tr* (*Schwierigkeiten*) remove; (*Schaden etc*) repair.

be·hei·ma·tet [bə'haima:tət] *adj* resident.

Be·helf [bə'hɛlf] ⟨-(e)s, -e⟩ *m* makeshift.

be·hel·fen *irr refl* get by.

be·helfs·mä·ßig *adj* makeshift, provisional; (*vorläufig*) temporary.

be·hel·li·gen [bə'hɛlɪgən] *tr* bother.

be·hen·de [bə'hɛndə] *adj* agile, nimble.

be·her·ber·gen [bə'hɛrbɛrgən] *tr* house; ▶ **Gäste ~** accommodate guests.

be·herr·schen I *tr* **1.** *allg* govern, rule; **2.** *fig* dominate; **3.** *fig* (*können*) master; **II** *refl* control o.s.; ▶ **ich kann mich ~!** *fam* not likely!

Be·herr·schung *f* **1.** (*Selbst~*) self-control; **2.** (*Können*) mastery.

be·her·zi·gen [bə'hɛrtsɪgən] *tr* heed.

Be·her·zi·gung *f* heeding.

be·herzt [bə'hɛrtst] *adj* courageous.

Be·herzt·heit *f* courage.

be·hilf·lich *adj:* ▶ **jdm bei etw ~ sein** help s.o. with s.th.

be·hin·dern *tr* hinder; ▶ **jdn bei etw ~** hinder s.o. in s.th.; **jds Sicht ~** impede someone's view; **be·hin·dert** *adj* handicapped; **Be·hin·der·te(r)** *f m* handicapped person; ▶ **die ~n** *pl* the handicapped; **Be·hin·der·ten·werk·statt** *f* sheltered workshop; **Be·hin·de·rung** *f* **1.** *allg* hindrance; **2.** (*Verkehrs~*) obstruction; **3.** (*Körper~*) handicap.

Be·hör·de [bə'hø:edə] ⟨-, -n⟩ *f* authority; ▶ **die zuständige ~** the proper authorities *pl.*

be·hörd·lich *adj* official.

be·hü·ten *tr:* ▶ **jdn vor etw ~** protect s.o. from s.th.; **be·hü·tet** *adj:* ▶ **~ aufwachsen** have a sheltered upbringing.

be·hut·sam [bə'hu:tza:m] *adj* careful, cautious; ▶ **mit etw ~ umgehen** handle s.th. with care.

bei [baɪ] *prp* **1.** (*räumlich*) at, near, with; ▶ **ich war ~ meinem Onkel** I was at my uncle's; **~ jdm zu Hause sein** stay with s.o.; **~ mir zu Hause** at home; **ein Konto ~ der Bank haben** have an account at the bank; **hast du etwas Geld ~ dir?** have you any money on you? **2.** (*zeitlich*) at, during, on; ▶ **~ den schweren Regenfällen** during the heavy rains; **~ Tag** by day; **~ Nacht** at night; **~ Beginn der Vorstellung** at the beginning of the performance; **3.** (*sonstiger Gebrauch*): ▶ **~ guter Gesundheit sein** be in good health; **~m Arbeiten sah er ...** when he was working, he saw ...; **~ reiflicher Überlegung** upon mature reflection; **~ zwanzig Grad unter Null** when it's twenty degrees below zero; **~ offenem Fenster schlafen** sleep with the window open; **~ aller Vorsicht** despite all one's caution; **es geht ~m besten Willen nicht!** with the best will in the world it's not possible!

bei|be·hal·ten *irr tr* keep; ▶ **s-e Gewohnheit ~** keep up one's habit.

bei|brin·gen *irr tr* **1.** (*lehren*): ▶ **jdm etw ~** teach s.o. s.th.; **2.** (*mitteilen*) break s.th. to s.o.; ▶ **Dokumente ~** furnish documents.

Beich·te ['baɪçtə] ⟨-, -n⟩ *f* confession; ▶ **zur ~ gehen** go to confession.

beich·ten *tr* confess (*jdm etw* s.th. to s.o.); **Beicht·va·ter** *m* father confessor.

bei·de ['baɪdə] *prn* both, the two; ► **ihr ~n** you two; **alle ~** both of them; **keiner von ~n** neither of them; **~s** both; either; **bei·de·mal(e)** *adv* both times; **bei·der·lei** ['baɪdəlaɪ/--'-] *adj* both; **bei·der·sei·tig** *adj* **1.** (*auf beiden Seiten*) on both sides; **2.** (*gegenseitig*) bilateral; ► **in ~em Einvernehmen** by mutual agreement; **bei·ein·an·der** ['--'--] *adv* together; ► **du hast sie nicht alle ~!** you can't be all there! *fam.*

Bei·fah·rer(in) *m (f) mot* **1.** (*in Kfz*) (front-seat) passenger; **2.** (*bei Motorrad*) pillion rider; **Bei·fah·rer·sitz** *m* passenger seat.

Bei·fall ⟨-s⟩ *m* **1.** (*Applaus*) applause; **2.** *fig* (*Billigung*) approval; ► **~ finden** meet with approval.

bei·fäl·lig *adj:* ► **~ aufnehmen** receive favourably.

bei|fü·gen *tr* enclose.

Bei·fü·gung *f* **1.** *:* ► **unter ~ e-s Verrechnungsschecks** enclosing a crossed cheque; **2.** *gram* attributive.

Bei·ga·be *f com* (*Zugabe*) free gift; ► **unter ~ von** (*beim Kochen*) adding.

beige [beːʃ] *adj* beige.

bei|ge·ben *irr* I *tr* add; II *itr:* ► **klein ~** give in.

Bei·ge·schmack *m* aftertaste, residual flavour; ► **e-n unangenehmen ~ haben** have an unpleasant taste to it; **das hat e-n ~ von ...** *fig* that smacks of ...

Bei·heft *n* supplement.

Bei·hil·fe *f* **1.** (*Unterstützung*) financial assistance; **2.** (*staatliche*) allowance; **3.** *jur* abetment.

bei|kom·men ⟨sein⟩ *irr itr:* ► **jdm ~** get hold of s.o.

Beil [baɪl] ⟨-(e)s, -e⟩ *n* axe; (*kleines ~*) hatchet.

Bei·la·ge *f* **1.** (*in Zeitung*) insert; (*in Buch*) insertion; **2.** (*Essens~*) side-dish.

bei·läu·fig ['baɪlɔɪfɪç] *adj* casual; ► **~ gesagt** by the way.

bei|le·gen *tr* **1.** (*e-r Sendung*) insert; (*e-m Briefe etc*) enclose (in); **2.** (*beimessen*) ascribe, attribute; **3.** (*schlichten*) settle; ► **e-r Sache Gewicht ~** attach importance to s.th.; **Bei·le·gung** *f* (*von Streit etc*) settlement.

bei·lei·be [baɪ'laɪbə] *adv:* ► **~ nicht!** certainly not! **~ kein Held** by no means a hero.

Bei·leid ⟨-(e)s⟩ *n:* ► **mein aufrichtiges ~!** my heartfelt condolences! *pl.*

bei|lie·gen *irr itr* (*in Brief*) be enclosed; (*e-r Zeitung etc*) be inserted (in); **bei·lie·gend** *adj* enclosed; ► **~ sende ich ...** enclosed please find ...

bei|mes·sen *irr tr:* ► **e-r Sache Bedeutung ~** attach importance to s.th.

bei|mi·schen *tr* add.

Bei·mi·schung *f allg* addition, admixture.

Bein [baɪn] ⟨-(e)s, -e⟩ *n anat* leg; ► **jdm ein ~ stellen** *a. fig* trip s.o. up; **jdm ~e machen** *fam* make s.o. get a move on; **etw auf die ~e stellen** *fig* get s.th. off the ground.

bei·na·he [baɪ'naːə] *adv* almost, nearly; ► **ich hätte ~ gesagt ...** I nearly said ...

Bei·na·me *m* epithet.

Bein·bruch *m* fracture of the leg; ► **das ist kein ~!** *fig* it could be worse!

be·in·hal·ten [bə'ɪnhaltən] *tr* **1.** *allg* (*enthalten*) contain; **2.** (*besagen*) express, say; **3.** (*bedeuten*) imply.

Bein·pro·the·se *f* artificial leg.

Bei·pack·zet·tel *m* instruction leaflet.

bei|pflich·ten ['baɪpflɪçtən] *itr:* ► **jdm in etw ~** agree with s.o. on s.th.

Bei·rat *m* advisory council.

be·ir·ren [bə'ɪrən] *tr:* ► **sich durch nichts ~ lassen** not to let o.s. be put off by s.th.

bei·sam·men [baɪ'zamən] *adv* together; ► **gut ~sein** *fig* be in good shape; **nicht alle ~haben** *fam* be not (quite) all there; **Bei·sam·men·sein** *n* get-together.

Bei·schlaf *m* intercourse.

Bei·sein *n:* ► **in meinem ~** in my presence.

bei·sei·te [baɪ'zaɪtə] *adv* aside; ► **jdn ~ schaffen** get rid of s.o.; **etw ~schaffen** misappropriate s.th.; **Spaß ~!** joking apart!

bei|set·zen *tr* **1.** (*beerdigen*) bury; **2.** *mar* (*Segel*) spread.

Bei·set·zung *f* funeral; (*Urnen~*) installing in its resting place.

Bei·sit·zer(in) *m (f) allg* committee member; *jur* assessor.

Bei·spiel *n* example; ► **zum ~** for instance (*Abk.* e.g.); **wie zum ~** such as; **jdm ein ~ geben** set s.o. an example; **sich ein ~ an jdm nehmen** take s.o. as an example; **bei·spiel·los** *adj* **1.** *allg* (*ohne Beispiel*) unprecedented; **2.** (*unverschämt*) outrageous; **bei·spiels·wei·se** *adv* for example (*od* instance).

bei·ßen ['baɪsən] *irr tr itr* **1.** bite; **2.** (*Gewürz, Geschmack*) sting; ► **in den Augen ~** make one's eyes sting; **bei·ßend** *adj* **1.** (*Kälte etc*) biting; (*Schmerz*) stinging; (*Geschmack*) pungent, sharp; **2.** (*Bemerkung*) cutting.

Beiß·zan·ge *f* pincers *pl;* **e-e ~** a pair of pincers.

Bei·stand *m:* ► **jdm ~ leisten** give s.o. assistance; **Bei·stands·pakt** *m pol* mutual assistance treaty.

bei|ste·hen *irr itr:* ► **jdm ~** stand by s.o.

Bei·stell·tisch *m* occasional table.

Bei·trag ['baɪtraːk, *pl* ['baɪtrɛːgə] ⟨-(e)s, -̈e⟩ *m* **1.** (*Geldsumme*) contribution;

(Mitglieds~) (member's) fee; *(Versicherungs~)* premium; **2.** *(Anteil)* contribution; ▶ e-n ~ **zu etw leisten** make a contribution to s.th.

bei·trags·pflich·tig *adj* contributory; ▶ ~ **sein** have to pay contributions *pl.*

Bei·trags·satz *m* rate of subscription.

bei|tre·ten ⟨sein⟩ *irr itr* **1.** *(e-r Partei etc)* join; **2.** *(e-m Vertrag)* accede to ...

Bei·tritt *m* **1.** *allg* joining; **2.** *(zu e-m Vertrag)* accession to ...; ▶ s-n ~ **erklären** become a member.

Bei·wa·gen *m (von Motorrad)* sidecar.

bei|woh·nen *itr:* ▶ e-r Sache ~ be present at s.th.; e-m Treffen ~ attend a meeting.

Bei·ze ['baitsə] ⟨-, -n⟩ *f* **1.** *(für Holz)* stain; **2.** *(für Speisen)* marinade.

bei·zei·ten [bai'tsaitən] *adv* in good time.

bei·zen ['baitsən] *tr* **1.** *(Holz)* stain; **2.** *(Speisen)* marinate.

be·ja·hen [bə'ja:ən] *tr itr* **1.** *(ja sagen zu)* answer in the affirmative; **2.** *(gutheißen)* approve of; **be·ja·hend** *adj* affirmative; ▶ e-e ~e **Lebenseinstellung** a positive attitude towards life.

be·jahrt [bə'ja:et] *adj* advanced in years; ▶ **ein** ~er **Mann** an elderly man.

be·jam·mern *tr (etw)* lament; *(jdn)* lament for ...

be·kämp·fen *tr* fight; ▶ **sich** ~ fight one another; **Schädlinge** ~ control pests.

Be·kämp·fung *f allg* fight; *(Schädlings~)* controlling; ▶ **bei** ~ **von** ... in fighting ...

be·kannt [bə'kant] *adj* well-known *(wegen* for); ▶ **wie ist das** ~ **geworden?** how did that come to be so wellknown? **das ist mir** ~ I know about that; **jdn mit jdm** ~ **machen** introduce s.o. to s.o.; **wir sind miteinander** ~ we have already met; **Be·kann·te(r)** *f m* acquaintance; ▶ **ein** ~r **von mir** a friend of mine; **Be·kann·ten·kreis** *m* circle of friends.

be·kannt|ge·ben *irr tr* announce.

be·kannt·lich *adv* as is (well) known; **Be·kannt·ma·chung** *f* **1.** *allg* announcement; **2.** *(Publikation)* publication; **Be·kannt·schaft** *f:* ▶ **jds** ~ **machen** make someone's acquaintance; **mit etw** ~ **machen** come into closer contact with s.th.

be·keh·ren I *tr rel* convert; II *refl* become converted.

Be·keh·rung *f* conversion.

be·ken·nen *irr tr* confess; ▶ **sich zu etw** ~ declare one's belief for s.th.; **sich schuldig** ~ admit one's guilt; **sich zur Demokratie** ~ declare one's belief in democracy; **Be·ken·ner·brief** *m* letter claiming responsibility.

Be·kennt·nis *n* **1.** *allg* confession; **2.** *rel*

(Glaubens~) denomination.

be·kla·gen I *tr* lament; ▶ **jds Tod** ~ mourn someone's death; II *refl* complain *(über* about); ▶ **sich bei jdm über etw** ~ complain to s.o. about s.th.; **ich kann mich nicht** ~ I can't complain; **Sie können sich nicht** ~! you have no reason to complain!

be·kla·gens·wert *adj* pitiable; ▶ **ein** ~er **Unfall** a terrible accident.

Be·klag·te(r) *f m jur (im Zivilprozeß)* defendant.

be·kle·ben *tr* **1.** *(mit Klebstoff)* paste over; **2.** *(mit Gegenständen):* ▶ **etw mit etw** ~ stick s.th. onto s.th.

be·kleckern (k·k) I *tr* stain; II *refl:* ▶ **sich mit etw** ~ spill s.th. over o.s.

be·klei·den *tr* **1.** *(anziehen)* dress *(mit* in); **2.** *fig (gehoben) (Stellung)* hold; ▶ **bekleidet sein mit** ... be wearing ...

Be·klei·dung *f* clothes *pl.*

be·klem·men *tr fig* oppress.

Be·klem·mung (Be·klom·men·heit) *f* apprehensiveness.

be·klom·men [bə'kləmən] *adj* apprehensive.

be·kloppt [bə'kləpt] *adj fam* loony.

Be·klopp·te(r) *f m fam* nit.

be·kom·men *irr* I *tr* ⟨h⟩ *(erhalten)* get, receive; ▶ **wir** ~ **bald Regen** we're going to have rain; **was** ~ **Sie dafür?** *(im Laden)* how much is that? **jdn dazu** ~, **etw zu tun** get s.o. to do s.th.; **Flecken** ~ get spotty; **e-e Glatze** ~ go bald; **etw zu essen** ~ get s.th. to eat; **es mit jdm zu tun** ~ get into trouble with s.o.; II *itr* ⟨sein⟩ *(bekömmlich sein):* ▶ **jdm gut** ~ do s.o. good; **wohl bekomm's!** your health!

be·kömm·lich [bə'kœmlıç] *adj (Speisen)* digestible.

be·kö·sti·gen [bə'kœstıgən] *tr (gehoben)* cater for.

Be·kö·sti·gung *f (gehoben)* catering.

be·kräf·ti·gen *tr* confirm; ▶ **jdn in etw** ~ strengthen s.o. in s.th.

Be·kräf·ti·gung *f* confirmation.

be·krän·zen [bə'krɛntsən] *tr* garland.

be·kreu·zi·gen *refl rel* cross o.s.

be·krie·gen *tr* **1.** *mil* wage war on ...; **2.** *fig* fight.

be·krit·teln *tr fam pej* criticize.

be·krit·zeln *tr* scribble over.

be·küm·mern I *tr* worry; II *refl:* ▶ **sich über etw** ~ worry about s.th.; **be·küm·mert** *adj* worried.

be·kun·den *tr (aussagen)* state.

be·lä·cheln *tr* smile at ...

be·la·den *irr tr* **1.** *allg* load; **2.** *fig* burden.

be·la·den *adj* **1.** *allg* loaded; **2.** *fig (a. von Mensch)* laden.

Be·lag [bə'la:k, *pl* bə'lɛ:gə] ⟨-(e)s, ⸗e⟩ *m* coating; *(Straßen~)* surface; *(der Zunge)* fur; *(Zahn~)* film; *(Brot~)* topping.

be·la·gern *tr* besiege, lay siege to.
Be·la·ge·rung *f* siege; **Be·la·ge·rungs·zu·stand** *m* state of siege.
Be·lang [bə'laŋ] ⟨-(e)s, -e⟩ *m* importance; ▶ **nicht von** ~ of no importance; **meine** ~**e** my interests.
be·lan·gen *tr* 1. *jur (heranziehen)* sue (*wegen* for); 2. *(angehen)* concern.
be·lang·los *adj* irrelevant, trivial.
be·las·sen *irr tr:* ▶ **wollen wir es dabei** ~! let's leave it at that! **alles beim alten** ~ leave things as they are; **etw an s-m Ort** ~ leave s.th. in its place.
be·la·sten I *tr* 1. *allg (mit Gewicht)* put weight on ...; *(Fahrzeug etc)* load; 2. *fig* burden; 3. *jur* incriminate; 4. *fin (Bankkonto)* charge; ▶ **das belastet mich sehr** that weighs heavily upon my mind; **die Atmosphäre** ~ pollute the atmosphere; II *refl jur* incriminate o.s.
be·lä·sti·gen [bə'lɛstɪgən] *tr* 1. *(lästig sein)* bother; 2. *(zudringlich werden)* pester.
Be·lä·sti·gung *f* annoyance; ▶ **etw als** ~ **empfinden** find s.th. a nuisance.
Be·la·stung [bə'lastʊŋ] *f* 1. *fig* burdening; *(Anstrengung)* strain; 2. *(von Fahrzeug etc)* load; 3. *fin (von Bankkonto)* charge (on); ▶ **höchstzulässige** ~ maximum load; **Be·la·stungs·fä·hig·keit** *f* 1. *(durch Streß)* ability to take stress; 2. *(durch Gewicht)* load-bearing capacity; **Be·la·stungs·gren·ze** *f* 1. *fig* limit; 2. *(durch Gewicht)* weight limit; **Be·la·stungs·zeu·ge** *m* witness for the prosecution.
be·lau·ern *tr* keep under observation.
be·lau·fen *irr refl:* ▶ **sich** ~ **auf** ... amount (*od* come) to ...
be·lau·schen *tr* eavesdrop on ...
be·le·ben I *tr* liven up; ▶ **jds Hoffnungen** ~ stimulate someone's hopes; II *refl fig* 1. *(zum Leben erwachen)* come to life; 2. *fin (Konjunktur)* be stimulated; **be·le·bend** *adj* invigorating.
be·lebt *adj (Straße)* crowded; *fig* busy.
Be·le·bung *f* 1. *fin (von Konjunktur etc)* stimulation; 2. *(Wiederaufleben)* revival.
Be·leg [bə'le:k] ⟨-(e)s, -e⟩ *m* 1. *fin* receipt; 2. *(~stelle)* reference.
be·le·gen *tr* 1. *(nachweisen)* verify; 2. *(Platz)* reserve; 3. *(bedecken)* cover; ▶ **e-e Vorlesung** ~ enrol for a lecture.
Be·leg·ex·em·plar *n typ* specimen copy; **Be·leg·le·ser** *m EDV* optical reader; **Be·leg·schaft** *f* staff.
be·legt *adj* 1. *(Stimme)* hoarse; 2. *(Zunge)* furred; 3. *(Platz)* occupied; ▶ ~**e Brote** open sandwiches.
be·leh·ren *tr* instruct, teach; ▶ **jdn e-s Besseren** ~ teach s.o. otherwise; **sich eines anderen** ~ **lassen** learn otherwise.
Be·leh·rung *f (Instruktion)* instruction;

jur caution; ▶ **ich verbitte mir deine** ~**en!** there's no need to lecture me!
be·leibt [bə'laɪpt] *adj* corpulent, stout.
be·lei·di·gen [bə'laɪdɪgən] *tr* insult; *fig (beleidigend sein)* offend; ▶ **ich wollte Sie nicht** ~ no offence! **bist du jetzt beleidigt?** have I offended you?
Be·lei·di·gung *f* insult; ▶ **etw als** ~ **auffassen** take s.th. as an insult.
be·lei·hen *irr tr (Gegenstände)* lend money on ...; *(Immobilien)* mortgage.
be·lem·mert [bə'lɛmet] *adj sl (betreten)* sheepish.
be·le·sen *adj* well-read.
Be·le·sen·heit *f* wide reading.
be·leuch·ten *tr* 1. light; *(festlich)* illuminate; 2. *fig (untersuchen)* examine.
Be·leuch·tung *f* 1. *(Lichtanlage)* lights *pl*; 2. *fig* examination; ▶ **die** ~ **einschalten** turn on the lights; **Be·leuchtungs·an·lage** *f* lighting equipment; **Be·leuch·tungs·kör·per** *m* lighting appliance.
Bel·gien ['bɛlgiən] *n* Belgium; **Belgier(in)** *m (f)* Belgian; **bel·gisch** *adj* Belgian.
be·lich·ten *tr phot* expose.
Be·lich·tung *f phot* exposure; **Be·lichtungs·au·to·ma·tik** *f phot* automatic exposure; **Be·lich·tungs·mes·ser** *m phot* exposure meter; **Be·lich·tungs·zeit** *f* exposure time.
Be·lie·ben ⟨-s⟩ *n:* ▶ **ganz nach Ihrem** ~ at your discretion.
be·lie·ben *itr:* ▶ **wie es Ihnen beliebt** as you wish; **du beliebst wohl zu scherzen!** *hum* you must be joking!
be·lie·big *adj* optional; any *attr;* ▶ **zu jeder** ~**en Zeit** at any time; **von** ~**er Größe** of any size; **in** ~**er Reihenfolge** in any order whatever.
be·liebt *adj* popular; **sich bei jdm** ~ **machen** make o.s. popular with s.o.
Be·liebt·heit *f* popularity.
be·lie·fern *tr:* ▶ **jdn mit etw** ~ supply s.o. with s.th.
bel·len ['bɛlən] *itr* bark.
Bel·le·tri·stik [bɛle'trɪstɪk] *f* fiction and poetry; **bel·le·tri·stisch** *adj:* ▶ ~**e Literatur** fiction and poetry; ~**e Zeitschrift** literary magazine.
be·loh·nen *tr* reward.
Be·loh·nung *f* recompense, reward; ▶ **zur** ~ **für** ... as a reward for ...
be·lüf·ten *tr* ventilate.
Be·lüf·tung *f* 1. ventilating; 2. *(Anlage)* ventilation; **Be·lüf·tungs·schacht** *m mot* intake air shaft.
be·lü·gen *irr tr:* ▶ **jdn** ~ tell lies to s.o.
be·lu·sti·gen *tr* amuse; ▶ **sich mit etw** ~ amuse o.s. by (doing) s.th.
be·lu·stigt *adj:* ▶ ~ **über etw** amused with s.th.
Be·lu·sti·gung *f* amusement; ▶ **zu meiner** ~ to my amusement.

be·mäch·ti·gen [bə'mɛçtɪgən] *refl:*
▶ **sich e-r Sache** ~ seize hold of s.th.;
sich jds ~ *fig* come over s.o.

be·ma·len I *tr* paint; **II** *refl* paint o.s.

be·män·geln [bə'mɛŋəln] *tr* find fault
with ...

be·mannt [bə'mant] *adj (Rakete,
Raumfahrzeug)* manned.

be·merk·bar *adj* noticeable, percep-
tible; ▶ **sich** ~ **machen** draw attention
to o.s.; *fig* make itself felt.

be·mer·ken *tr* 1. *(merken)* notice; **2.**
(sagen) remark; ▶ **nebenbei bemerkt**
by the way.

be·mer·kens·wert *adj* remarkable.

Be·mer·kung *f* comment, remark.

be·mes·sen *irr tr (zumessen)* allocate;
meine Zeit ist knapp ~ my time is
limited.

be·mit·lei·den [bə'mɪtlaɪdən] *tr* pity;
▶ **sich selbst** ~ feel sorry for o.s.; **be-
mit·lei·dens·wert** *adj* pitiable, pitiful.

be·moost [bə'mo:st] *adj* mossy.

be·mü·hen [bə'my:ən] **I** *tr* trouble;
▶ **jdn zu sich** ~ call in s.o.; **II** *refl* try
hard; ▶ **sich um jdn** ~ look after s.o.;
bitte ~ **Sie sich nicht!** please don't
trouble yourself! **sich um e-e Stelle** ~
try to get a job.

Be·mü·hung *f* effort, endeavour;
▶ **vielen Dank für Ihre** ~ thank you
for your trouble.

be·mut·tern [bə'mutən] *tr* mother.

be·nach·bart [bə'naxba:ɐt] *adj* neigh-
bouring; ▶ **das ~e Haus** the house next
door.

be·nach·rich·ti·gen [bə'na:xrɪçtɪgən]
tr inform *(von* of).

Be·nach·rich·ti·gung *f* notification;
▶ **e-e** ~ **erhalten** be notified.

be·nach·tei·li·gen [bə'na:xtaɪlɪgən] *tr*
discriminate against ...

Be·nach·tei·li·gung *f* 1. *(Zustand)* dis-
crimination; **2.** *(das Benachteiligen)* dis-
advantaging.

Be·neh·men ‹-s› *n* behaviour.

be·neh·men *irr refl* behave;
▶ **benimm dich!** behave yourself!

be·nei·den *tr:* ▶ **jdn um etw** ~ envy s.o.
s.th.; **er ist nicht zu** ~ I don't envy him;
be·nei·dens·wert *adj* enviable.

Be·ne·lux-Staa·ten *pl* Benelux Eco-
nomic Union *sing.*

be·nen·nen *irr tr* name.

Be·nen·nung *f (Bezeichnung)* name.

Ben·gel ['bɛŋəl] ‹-s, -/-s› *m fig fam*
rascal.

be·nom·men [bə'nɔmən] *adj* dazed.

be·nö·ti·gen [bə'nø:tɪgən] *tr* need, re-
quire; ▶ **dringend** ~ be in urgent need
of ...

be·nut·zen *tr* use; ▶ **etw als Vorwand**
~ use s.th. as an excuse; **Be·nut·zer(in)**
m (f) user; **be·nut·zer·freund·lich**
adj user-friendly; **Be·nut·zer·hand-**

buch *n tech* user's guide, user hand-
book; **Be·nut·zer·ober·flä·che** *f*
EDV user *(od* system) interface.

Be·nut·zung *f* use; ▶ **etw in** ~ **haben**
be using s.th.

Ben·zin [bɛn'tsi:n] ‹-s, -e› *n Br* petrol,
Am gasoline *(fam* gas); **Ben·zin·gut-
schein** *m Br* petrol *(Am* gas) coupon;
Ben·zin·ka·ni·ster *m Br* petrol *(Am*
gasoline) can; **Ben·zin·pum·pe** *f* fuel
pump; **Ben·zin·tank** *m Br* fuel *(Am*
gasoline) tank; **Ben·zin·ver·brauch** *m*
fuel consumption.

be·ob·ach·ten [bə'o:baxtən] *tr* observe,
watch; ▶ **etw an jdm** ~ notice s.th. in
s.o.

Be·ob·ach·ter(in) *m (f)* observer.

Be·ob·ach·tung *f* observation; **Be·ob-
ach·tungs·ga·be** *f* power of observa-
tion; **Be·ob·ach·tungs·sa·tel·lit** *m*
mil mete observation satellite.

be·or·dern *tr:* ▶ **jdn an e-n Ort** ~ in-
struct s.o. to go somewhere.

be·quem [bə'kve:m] *adj* 1. *(komforta-
bel)* comfortable; **2.** *fig (leicht)* easy;
▶ **es sich** ~ **machen** make o.s. comfort-
able; **es** ~ **haben** have an easy time of it.

be·que·men *refl:* ▶ **sich zu etw** ~
deign to do s.th.

Be·quem·lich·keit *f* 1. *(Komfort)*
comfort; **2.** *(Faulheit)* idleness.

be·ra·ten *irr* **I** *tr* 1. *(Rat geben)* advise;
2. *(beratschlagen)* discuss; ▶ **sich von
jdm** ~ **lassen** ask someone's advice;
sich von e-m Anwalt ~ **lassen** consult a
lawyer; **II** *refl* discuss; ▶ **sich mit jdm**
~ **über etw** consult with s.o. about s.th.;
be·ra·tend *adj* advisory.

Be·ra·ter(in) *m (f)* adviser.

be·rat·schla·gen *itr* confer.

Be·ra·tung *f* 1. *(Konsultation)* consulta-
tion; **2.** *(Besprechung)* discussion; **Be-
ra·tungs·stel·le** *f* advice centre.

be·rau·ben *tr* rob; ▶ **jdn e-r Sache** ~
rob s.o. of s.th.

be·rau·schen **I** *tr* 1. intoxicate; **2.** *fig*
enrapture; **II** *refl* 1. become intoxicated
(an etw with s.th.); **2.** *fig* be enraptured
(an by); **be·rau·schend** *adj* intoxicat-
ing; ▶ **das war nicht sehr** ~**!** *fig fam*
that wasn't very exciting!

Ber·ber ['bɛrbɐ] ‹-s, -› *m* 1. *(Teppich)*
Berber carpet *(od* rug); **2.** *(Volkszuge-
höriger)* Berber; **3.** *fam (Obdachloser)*
tramp.

be·re·chen·bar [bə'rɛçənba:ɐ] *adj* 1.
fin calculable; **2.** *fig* predictable.

be·rech·nen *tr* 1. *math a. fig* calculate;
2. *(in Rechnung stellen)* charge; ▶ **Sie
haben mir das zu teuer berechnet**
you've charged me too much for this;
be·rech·nend *adj* calculating.

Be·rech·nung *f* calculation; ▶ **nach
meiner** ~ according to my calculations
pl.

be·rech·ti·gen [bə'rεçtɪgən] *tr* entitle; ▶ **das berechtigt zu der Annahme, daß ...** this justifies the assumption that ...

be·rech·tigt *adj* legitimate; ▶ ~ **sein, etw zu tun** be entitled to do s.th.

Be·rech·ti·gung *f* 1. *(Recht)* right; 2. *(Rechtmäßigkeit)* legitimacy.

be·re·den *tr* talk over; ▶ **sich mit jdm über etw** ~ talk s.th. over with s.o.

Be·red·sam·keit *f* eloquence.

be·redt [bə're:t] *adj* eloquent.

Be·reich [bə'raɪç] ⟨-(e)s, -e⟩ *m* 1. area; 2. *fig* sphere; ▶ **im** ~ **des Möglichen** within the bounds of possibility.

be·rei·chern I *tr* enrich; II *refl* make a lot of money *(an out of)*.

Be·rei·che·rung *f* 1. *allg* money-making; 2. *fig* enrichment.

be·rei·fen *tr mot* put tyres on ...

Be·rei·fung *f mot* set of tyres.

be·rei·ni·gen *tr (ins Reine bringen)* clear up; ▶ **sich** ~ resolve itself.

be·rei·sen *tr com* travel; ▶ **England** ~ travel around England.

be·reit [bə'raɪt] *adj* 1. *allg* ready; 2. *(bereitwillig)* prepared, willing; ▶ ~ **sein, etw zu tun** be willing to do s.th.

be·rei·ten *tr* 1. *(zubereiten)* prepare; 2. *(verursachen)* cause; ▶ **jdm Kummer** ~ cause s.o. grief; **Vergnügen** ~ give pleasure.

be·reit|hal·ten *irr tr* 1. *allg* have ready; 2. *fig* have in store.

be·reits [bə'raɪts] *adv* already; ▶ ~ **am nächsten Tag** on the very next day.

Be·reit·schaft *f* 1. readiness; 2. *(~sdienst)* emergency service; ▶ **welcher Arzt hat heute** ~? which doctor is on call today? **welche Apotheke hat heute** ~? which chemist is open after-hours today? **etw in** ~ **haben** have s.th. ready; **Be·reit·schafts·dienst** *m* emergency service; **Be·reit·schafts·po·li·zei** *f* crowd control police *(Br)*; riot police.

be·reit|stel·len *tr* 1. *allg* get ready; 2. *(zur Lieferung ~)* provide, supply.

be·reit·wil·lig *adj* eager; ▶ ~ **Auskunft erteilen** give information willingly.

be·reu·en [bə'rɔɪən] *tr* regret; ▶ **das wirst du (noch)** ~! you'll be sorry for that!

Berg [bεrk] ⟨-(e)s, -e⟩ *m* 1. mountain; *(Hügel)* hill; 2. *fig* heap, pile; ▶ **in die** ~**e fahren** go to the mountains; **über den** ~ **sein** *fig* be out of the wood; **über alle** ~**e sein** *fig* be long gone; **ihr standen die Haare zu** ~**e** her hair stood on end; **berg·ab** [bεrk'ap] *adv* downhill; **berg·an** *adv (s. bergauf)*; **Berg·ar·bei·ter** *m* miner; **Berg·ar·bei·ter·streik** *m* miner's strike; **berg·auf** [bεrk'auf] *adv* uphill; ▶ **es geht** ~ **mit ihm** *fig*

things are looking up for him; **Berg·bahn** *f* mountain railway; **Berg·bau** *m* mining.

ber·gen ['bεrgən] *irr tr* 1. *(retten)* rescue, save; 2. *mar* salvage; 3. *(enthalten)* hold; ▶ **das birgt natürlich die Gefahr, daß ...** this involves the danger that ...

Berg·füh·rer(in) *m (f)* mountain guide; **Berg·gip·fel** *m* mountain top; **Berg·ket·te** *f* mountain range; **Berg·kri·stall** *m* rock crystal; **Berg·kup·pe** *f* (round) mountain top; **Berg·land** *n* hilly region; **Berg·mann** ⟨-(e)s, -leute⟩ *m* miner; **Berg·rüc·ken** *m* mountain ridge; **Berg·rutsch** *m* landslide; **Berg·schuh** *m* climbing boot; **Berg·stei·gen** *n* mountaineering; **Berg·stei·ger(in)** *m (f)* mountain climber, mountaineer; **Berg-und-Tal·bahn** *f Br* switch-back, *Am* roller-coaster.

Ber·gung ['bεrgʊŋ] *f* 1. *(Rettung)* rescue, saving; 2. *mar* salvage; **Ber·gungs·ar·beit** *f* 1. *(Rettungsarbeit)* rescue work; 2. *mar* salvage work; **Ber·gungs·trupp** *m* rescue team.

Berg·wacht *f* mountain rescue service; **Berg·wand** *f* mountain face; **Berg·wan·de·rung** *f* hike in the mountains; **Berg·werk** *n* mine.

Be·richt [bə'rɪçt] ⟨-(e)s, -e⟩ *m* report; ▶ **e-n** ~ **abfassen über etw** give a report on s.th.; **jdm über etw** ~ **erstatten** give s.o. a report on s.th.

be·rich·ten *tr itr* report; ▶ **er berichtete, daß ...** he said that ...; **gibt es Neues zu** ~? has anything new happened? **nun berichte mal von dir!** now tell me about yourself!

Be·richt·er·stat·ter(in) *m (f) (Presse)* reporter; *(Korrespondent)* correspondent.

Be·richt·er·stat·tung *f* reporting.

be·rich·ti·gen [bə'rɪçtɪgən] *tr* correct.

Be·rich·ti·gung *f* correction.

be·rie·seln *tr (Rasen etc)* sprinkle.

Be·rie·se·lung *f* 1. *(mit Wasser)* watering; 2. *fig*: ▶ **die** ~ **durch etw** the constant stream of s.th.; **Be·rie·se·lungs·an·la·ge** *f* sprinkler system.

be·rit·ten [bə'rɪtən] *adj mil (a. Polizei)* mounted.

Ber·li·ner¹ [bεr'li:nɐ] ⟨-s, -⟩ *m (Gebäck)* doughnut.

Ber·li·ner²(in) *m (f)* Berliner.

ber·li·nern *tr* speak with a Berlin accent.

Bern·stein *m* amber.

ber·sten ['bεrstən] ⟨sein⟩ *irr itr (auf~)* crack; *(platzen)* burst; ▶ **vor Ungeduld** ~ *fig* be bursting with impatience.

be·rüch·tigt [bə'rʏçtɪçt] *adj* infamous, notorious.

be·rück·sich·ti·gen [bə'rʏkzɪçtɪgən] *tr* 1. *(in Betracht ziehen)* consider; 2. *(bedenken)* take into consideration; ▶ **etw nicht** ~ disregard s.th.

Be·rück·sich·ti·gung *f* consideration; ► **unter ~ der Tatsache, daß ... in** view of the fact that ...

Be·ruf [bə'ruːf] ⟨-(e)s, -e⟩ *m* occupation; *(Handwerk)* trade; ► **e-n ~ ausüben** have an occupation; **was sind Sie von ~?** what's your job?

be·ru·fen *irr* **I** *tr (ernennen)* appoint; **II** *refl* refer *(auf etw* to s.th.).

be·ru·fen *adj (zuständig)* competent; ► **sich zu etw ~ fühlen** feel one has a mission to do s.th.

be·ruf·lich *adj* professional; ► **~e Probleme** problems at work; **sich ~ weiterbilden** undertake further job training; **~ unterwegs sein** be away on business. **Be·rufs·aus·bil·dung** *f* training; **Be·rufs·be·ra·ter(in)** *m (f)* careers adviser; **Be·rufs·be·ra·tung** *f* careers guidance; **Be·rufs·be·zeich·nung** *f* job title; **Be·rufs·bild** *n* job description; **be·rufs·er·fah·ren** *adj* professionally experienced; **Be·rufs·fach·schu·le** *f* technical college; **Be·rufs·ge·nos·sen·schaft** *f* professional association; *(für Handwerk)* trade association; **Be·rufs·krank·heit** *f* occupational disease; **Be·rufs·le·ben** *n* professional life; **Be·rufs·ri·si·ko** *n* occupational hazard; **Be·rufs·schu·le** *f allg* vocational college; *(technische)* technical college; **Be·rufs·schul·leh·rer(in)** *m (f)* vocational school teacher; **Be·rufs·sol·dat** *m* professional soldier; **Be·rufs·sport·ler(in)** *m (f)* professional sportsman (sportswoman); **be·rufs·tä·tig** *adj* working; **Be·rufs·tä·ti·ge(r)** *f m* working person; **Be·rufs·un·fall** *m* professional accident; **Be·rufs·ver·band** *m* professional organization; **Be·rufs·ver·kehr** *m* commuter traffic; **Be·rufs·wahl** *f* choice of occupation.

Be·ru·fung *f* **1.** *fig* vocation; *rel* calling; **2.** *jur* appeal; ► **in die ~ gehen** *jur* appeal; **unter ~ auf ...** with reference to ...

be·ru·hen *itr* be founded *(od* based) on ...; ► **etw auf sich ~ lassen** let s.th. rest.

be·ru·hi·gen [bə'ruːɪgən] **I** *tr* calm (down); ► **ich kann Sie (da) ~!** I can reassure you! **na, dann bin ich ja beruhigt!** well I must say I'm quite relieved! **II** *refl* **1.** *allg* calm down; **2.** *(Verkehr)* subside; ► **hat sich dein Magen jetzt beruhigt?** has your stomach settled down now?

Be·ru·hi·gung *f:* ► **zu meiner großen ~** much to my relief; **zu Ihrer ~ kann ich sagen ...** you'll be reassured to know that ...; **Be·ru·hi·gungs·mit·tel** *n med* sedative, tranquillizer.

be·rühmt [bə'ryːmt] *adj* famous; ► **~ für etw sein** be famous for s.th.; **Be·rühmt·heit** *f* **1.** *(großer Ruf)* fame; **2.** *(bekannte Person)* celebrity.

be·rüh·ren *tr* **1.** touch; **2.** *fig (nahe angehen)* move; ► **das berührt mich nicht** that's nothing to do with me.

Be·rüh·rung *f* touch; ► **in ~ kommen mit ...** come in(to) contact with ...; **bei ~ Lebensgefahr!** danger! do not touch! **Be·rüh·rungs·angst** *f* fear of contact; **Be·rüh·rungs·punkt** *m* point of contact; ► **~e** *pl (Wechselbeziehung)* interface *sing.*

be·sa·gen *tr* say; ► **das besagt nicht viel** that doesn't mean a lot; **das besagt nicht, daß ...** that doesn't say that ...

be·sagt [bə'zaːkt] *adj* said, *(gehoben)* aforementioned.

be·sänf·ti·gen [bə'zɛnftɪgən] *tr* calm down, soothe.

Be·sänf·ti·gung *f* calming, soothing.

be·sät [bə'zɛːt] *adj* covered; ► **mit Blättern ~** strewn with leaves.

Be·satz *m* edging, trimming.

Be·sat·zung *f* **1.** *mil (e-r Stadt, Garnison)* garrison; **2.** *(Schiffs- etc)* crew; **Be·sat·zungs·ar·mee** *f* army of occupation; **Be·sat·zungs·macht** *f* occupying power; **Be·sat·zungs·streit·kräf·te** *f pl* occupying forces.

be·sau·fen *irr refl sl* get plastered.

be·schä·di·gen *tr* damage.

Be·schä·di·gung *f* damage *(von* to).

be·schaf·fen *tr* get hold of ..., obtain.

be·schaf·fen *adj:* ► **so ~ sein, wie ...** be the same as ...

Be·schaf·fen·heit *f allg* composition; *(seelische ~)* disposition, nature.

Be·schaf·fung *f* obtaining, procuring; **Be·schaf·fungs·kri·mi·na·li·tät** *f (Drogenszene)* drug-related crime.

be·schäf·ti·gen [bə'ʃɛftɪgən] **I** *refl:* ► **er ist beschäftigt** he is busy; **sich mit etw ~** occupy o.s. with s.th.; **sich mit jdm ~** devote one's attention to s.o.; **ich beschäftige mich gerade mit meiner Arbeit** I'm busy with my work just now; **II** *tr* **1.** *allg* occupy; **2.** *(Arbeit geben)* employ; **be·schäf·tigt** *adj* busy, occupied; ► **~ bei ...** employed by ..., working for ...

Be·schäf·tig·te(r) *f m* employee.

Be·schäf·ti·gung *f* **1.** *allg (Tätigkeit)* occupation; **2.** *fig (mit Problem etc)* preoccupation; **3.** *(Beruf)* job, employment; **Be·schäf·ti·gungs·la·ge** *f* employment situation; **Be·schäf·ti·gungs·pro·gramm** *n (Schaffung von Arbeitsplätzen)* job creation scheme; **Be·schäf·ti·gungs·the·ra·pie** *f* occupational therapy.

be·schä·men *tr* **1.** *(jdn ~)* shame; **2.** *(~d sein für)* embarrass.

be·schämt *adj* embarrassed.

Be·schä·mung *f* embarrassment; *(Scham)* shame.

be·schat·ten *tr a. fig* shadow; ▶ **jdn ~ lassen** *fig* have s.o. shadowed.
Be·schat·tung *f* shading.
be·schau·en *tr* behold, look at ...
be·schau·lich *adj* 1. *(geruhsam)* tranquil; 2. *(in sich gekehrt)* contemplative.
Be·schau·lich·keit *f* 1. *(Geruhsamkeit)* tranquillity; 2. *(in sich Gekehrtheit)* contemplativeness.
Be·scheid [bə'ʃaɪt] ‹-(e)s, -e› *m* 1. *(Antwort)* answer, reply; *(Auskunft)* information; 2. *(Entscheidung)* decision; ▶ **ich warte noch auf ~** I'm still waiting to hear; **jdm ~ stoßen** *fam* tell s.o. where to get off; **jdm über etw Bescheid geben** let s.o. know about s.th.; **weißt du darüber ~?** do you know about this? **entschuldigen Sie, wissen Sie hier ~?** excuse me, do you know your way around?
be·schei·den *irr* I *tr:* ▶ **jdn abschlägig ~** turn s.o. down; II *refl:* ▶ **sich mit etw ~ content** o.s. with s.th.
be·schei·den *adj* 1. *(genügsam)* modest; 2. *(mittelmäßig)* mediocre; ▶ **~es Auftreten** unassuming manners *pl.*
Be·schei·den·heit *f (Genügsamkeit)* modesty; *(Anspruchslosigkeit)* unassumingness; ▶ **bei aller ~** with all due modesty; **nur keine falsche ~!** no false modesty now!
be·schei·ni·gen [bə'ʃaɪnɪgən] *tr* certify; ▶ **den Empfang von ... ~** acknowledge receipt of ...; **hiermit wird bescheinigt, daß ...** this is to certify that ...; **können Sie mir ~, daß ...?** can you confirm in writing that ...?
Be·schei·ni·gung *f* certificate; *(Quittung)* receipt.
be·schei·ßen *irr* I *tr sl:* ▶ **jdn ~** do s.o. *(um out of)*; **wir sind ganz schön beschissen worden!** *sl* we've really been had! *fam.*
be·schen·ken *tr:* ▶ **jdn mit etw ~** give s.o. s.th.; **sich gegenseitig ~** give each other presents.
be·sche·ren [bə'ʃe:rən] *tr:* ▶ **die Kinder ~** give the children their Christmas presents.
Be·sche·rung *f (zu Weihnachten)* distribution of Christmas presents; ▶ **e-e schöne ~!** this is a nice mess! **da haben wir die ~!** what did I tell you!
be·scheu·ert [bə'ʃɔɪɐt] *adj sl* dumb.
be·schich·ten *tr tech* coat, cover.
be·schicken (k·k) *tr tech* charge, feed, load.
be·schie·ßen *irr tr* 1. *allg* fire on ...; *(durch Geschütze)* shell; 2. *fig phys* bombard.
Be·schie·ßung *f* 1. *(mit Geschossen)* firing *(von on)*; *(durch Geschütze)* shelling; 2. *phys* bombarding.
Be·schil·de·rung *f* signposting.
be·schimp·fen *tr* abuse, swear at ...

Be·schimp·fung *f* insult.
be·schir·men *tr* protect, shield.
be·schis·sen *adj vulg:* ▶ **es geht mir ~** I feel lousy *fam (od* pissed off *sl).*
Be·schlag *m* 1. *(an Tür etc)* mounting; *(Koffer~ etc)* fitting; 2. *(Niederschlag auf Metall)* tarnish; ▶ **etw mit ~ belegen** *fig* monopolize s.th.
be·schla·gen¹ *irr tr* 1. *allg* fit with furnishings; 2. *(Pferd)* shoe.
be·schla·gen² ‹sein› *irr itr (Scheiben etc)* get steamed; *(von Metall)* tarnish.
be·schla·gen *adj:* ▶ **gut ~ sein in ...** *fig* be well versed in ...; **der Spiegel ist ~** the mirror is misted over.
Be·schlag·nah·me *f* confiscation.
be·schlag·nah·men *tr* 1. *jur* confiscate; 2. *fig* monopolize.
be·schleu·ni·gen [bə'ʃlɔɪnɪgən] *tr* accelerate, hasten, speed (up); *(Lieferung, Verkauf)* expedite; ▶ **die Fahrt ~** pick up speed; **seine Schritte ~** quicken one's steps.
Be·schleu·ni·gung *f* acceleration, speeding up; **Be·schleu·ni·gungs·ver·mö·gen** *n mot* acceleration.
be·schlie·ßen *irr tr* 1. *(Resolution etc)* decide on; *parl (Gesetz)* pass; 2. *(beenden)* conclude; ▶ **über etw ~** decide on s.th.
Be·schluß *m* decision, resolution; **be·schluß·fä·hig** *adj a. parl:* ▶ **~ sein** have a quorum; **be·schluß·un·fä·hig** *adj a. parl:* ▶ **~ sein** be inquorate.
be·schmie·ren I *tr* smear; ▶ **die Wände mit ... ~** smear ... on the walls; **die Tafel ~** scribble all over the blackboard; II *refl* get dirty.
be·schmut·zen I *tr a. fig* dirty, soil; II *refl* get o.s. dirty.
be·schnei·den *irr tr* 1. *allg* trim; *(Bäume etc)* prune; 2. *rel, med (Vorhaut)* circumcise; 3. *fig* curtail.
Be·schnei·dung *f* 1. *rel, med (der Vorhaut)* circumcision; 2. *fig* curtailment.
be·schnüf·feln (be·schnup·pern) *tr* sniff at ...; ▶ **jdn ~** *fig* spy s.o. out.
be·schö·ni·gen [bə'ʃø:nɪgən] *tr* gloss over.
be·schrän·ken [bə'ʃrɛŋkən] I *tr* limit, restrict *(auf* to); II *refl:* ▶ **sich ~ auf ...** confine o.s. to ...; **sich auf das Wesentliche ~** confine o.s. to the essentials *pl.*
be·schränkt *adj* 1. limited; 2. *(geistig)* limited, narrow; ▶ **Gesellschaft mit ~er Haftung** *Br* private limited company, *Am* corporation.
Be·schränkt·heit *f a. fig* limitedness.
Be·schrän·kung *f* limitation, restriction; ▶ **jdm ~en auferlegen** impose restrictions on s.o.
be·schrei·ben *irr tr* 1. *(schildern)* describe; 2. *(Papier etc)* write on ...; 3. *math (Kreis etc)* describe; ▶ **nicht zu ~**

sein be beyond description.
Be·schrei·bung *f* 1. *allg* description; 2. *(Funktionsdarstellung)* instructions *pl.*
be·schrei·ten *irr tr:* ▶ neue Wege ~ *fig* follow new paths.
be·schrif·ten [bə'ʃrɪftən] *tr* 1. *(mit Schrift versehen)* write on; *(mit Lettern versehen)* inscribe; 2. *(etikettieren)* label.
Be·schrif·tung *f (Aufschrift)* inscription.
be·schul·di·gen [bə'ʃʊldɪgən] *tr (e-r S)* accuse (s.o.) of ..., charge (s.o.) with ...
Be·schul·di·gung *f* accusation, charge.
Be·schuß ⟨-sses⟩ *m* 1. *mil* fire; 2. *phys* bombarding; ▶ unter ~ nehmen fire on ...; *fig* launch an attack on ...
be·schüt·zen *tr* protect, shelter *(vor from).*
Be·schüt·zer(in) *m (f)* protector (protectress).
be·schwat·zen *tr fam* 1. talk over; 2. *(schwatzen über)* have a chat about ...; ▶ jdn zu etw ~ talk s.o. into s.th.
Be·schwer·de [bə'ʃveːədə] ⟨-, -n⟩ *f* 1. *(Klage)* complaint; 2. *(Schmerzen etc)* trouble; ▶ mit etw ~n haben have trouble with s.th.; e-e ~ einlegen lodge a complaint.
be·schwe·ren I *refl* complain; II *tr (mit Gewicht)* weigh down.
be·schwer·lich *adj* arduous; ▶ jdm ~ fallen be a burden to s.o.
be·schwich·ti·gen [bə'ʃvɪçtɪgən] *tr* appease, calm.
be·schwin·deln *tr* 1. *(betrügen)* swindle; 2. *(belügen)* tell s.o. a fib *fam;* ▶ jdn um etw ~ cheat s.o. out of s.th.
be·schwingt [bə'ʃvɪŋt] *adj* 1. *(lebhaft, munter)* lively, sprightly; 2. *(rasch, schnell)* swift; ▶ ~e Laune cheerful mood.
be·schwipst [bə'ʃvɪpst] *adj fam* tipsy.
be·schwö·ren *irr tr* 1. *(durch Schwur bekräftigen)* swear to ...; 2. *(anflehen)* beseech, implore; 3. *(heraufbeschwören)* a. *fig* conjure up.
Be·schwö·rung *f* 1. *(durch Zauberer etc)* conjuration; 2. *(inständiges Bitten)* entreaty.
be·see·len *tr* fill, inspire.
be·se·hen *irr tr* look at; ▶ sich etw aus der Nähe ~ look at s.th. closely.
be·sei·ti·gen [bə'zaɪtɪgən] *tr* 1. *(entfernen)* get rid of ..., remove; 2. *sl (töten)* do away with, liquidate.
Be·sei·ti·gung *f* 1. *allg* removal; 2. *(Liquidierung)* elimination.
Be·sen ['beːzən] ⟨-s, -⟩ *m* broom; *(Reisig~)* besom; ▶ ich fresse einen ~, wenn ... *fig fam* I'll eat my hat if ...; **Be·sen·stiel** *m* broom-stick.
be·ses·sen [bə'zɛsən] *adj* 1. *rel (von bösen Geistern)* possessed *(von* by); 2. *fig* obsessed *(von* with); ▶ arbeiten wie

~ work like one possessed.
be·set·zen *tr* 1. *allg a. mil* occupy; 2. *(mit Verzierungen)* trim; 3. *(Stelle, Posten)* fill; 4. *(Rolle)* cast; ▶ ist dieser Platz besetzt? is this seat taken? **besetzt** *adj* 1. *(Platz)* taken; *(Toilette)* occupied; 2. *tele Br* engaged, *Am* busy; 3. *(ausgebucht)* booked.
Be·setzt·zei·chen *n tele Br* engaged *(Am* busy) tone.
Be·set·zung *f* 1. *mil* occupation; 2. *mus* instrumentation; *theat* cast; *sport* team.
be·sich·ti·gen [bə'zɪçtɪgən] *tr* have a look at ...; *(Stadt)* visit.
Be·sich·ti·gung *f* 1. *(e-r Stadt)* visit (to); *(von Sehenswürdigkeiten)* sightseeing tour; 2. *(Inspektion)* inspection.
be·sie·deln *tr* settle *(mit* with); ▶ dicht besiedelt densely populated; dünn besiedelt sparsely populated.
Be·sie·d(e)·lung *f* settlement; *(Kolonisierung)* colonization; ▶ dünne ~ sparse population.
be·sie·geln *tr* seal.
be·sie·gen *tr* 1. *(Feind)* defeat; *(Land)* conquer; 2. *fig* overcome.
Be·sieg·te *m f* 1. *(~r Feind)* defeated foe; 2. *sport* loser.
be·sin·nen *irr refl* 1. *(es sich anders überlegen)* have second thoughts; 2. *(sich erinnern an)* remember; 3. *(nachdenken)* think, reflect; ▶ sich anders ~ change one's mind; ohne sich lange zu ~ without thinking twice; sich e-s Besseren ~ think better of ...; wenn ich mich recht besinne if I remember correctly.
be·sinn·lich *adj* contemplative.
Be·sin·nung *f* consciousness; reflection; ▶ die ~ verlieren lose consciousness; wieder zur ~ kommen regain consciousness; *fig* come to one's senses *pl;* jdn zur ~ bringen bring s.o. round; *fig* bring s.o. to his senses *pl;* nicht bei ~ sein be unconscious; **be·sin·nungs·los** *adj* insensible, unconscious; ▶ ~ vor Wut blind with rage.
Be·sitz ⟨-es⟩ *m* 1. *allg* possession; 2. *(Grundvermögen)* property, (real) estate; ▶ von etw ~ ergreifen seize possession of s.th.; etw in ~ nehmen take possession of s.th.; wir sind im ~ von Dokumenten, die ... Ihres Schreibens vom we have documents in our possession which .../we are in receipt of your letter of ...; **be·sitz·an·zei·gend** *adj gram* possessive; **be·sit·zen** *irr tr allg (haben)* have; *(gehoben)* own, possess; ▶ jds Vertrauen ~ have someone's confidence; **be·sitz·er·grei·fend** *adj* possessive; **Be·sitz·er·grei·fung** *f* seizure; **Be·sit·zer(in)** *m (f)* owner, proprietor; ▶ den ~ wechseln change hands; **be·sitz·los** *adj* without possessions; **Be·sitz·tum** *n* 1. *(Eigen-*

tum) possession, property; **2.** *(Landgut)* estate; **Be·sit·zung** *f* **1.** *allg* possession; **2.** *(Land~)* estates *pl.*

be·sof·fen [bə'zɔfən] *adj fam* canned, pissed *sl*, tight *fam.*

be·soh·len [bə'zo:lən] *tr* sole.

be·sol·den [bə'zɔldən] *tr* pay.

Be·sol·dung *f* pay.

be·son·de·re [bə'zɔndərə] *adj* **1.** *allg* special; **2.** *(außergewöhnlich)* exceptional; ▶ **ohne ~ Begeisterung** without any particular enthusiasm; **wir legen ~n Wert auf . . .** we place special emphasis on . . .

Be·son·der·heit *f* peculiarity.

be·son·ders *adv* **1.** *(hauptsächlich)* chiefly, particularly; **2.** *(speziell)* specially; ▶ **das ist nicht ~ lustig!** that's not particularly funny! **das Essen ist nicht ~** the food is nothing to write home about; **Wie geht's? — Nicht ~** How are you? — Not too hot.

be·son·nen [bə'zɔnən] *adj* considered.

Be·son·nen·heit *f* level-headedness.

be·sor·gen *tr* **1.** *(beschaffen)* get; **2.** *(erledigen)* see to.

Be·sorg·nis *f* anxiety, worry; ▶ **es besteht kein Grund zur ~** there's no reason for concern; **be·sorgt** [bə'zɔrkt] *adj* anxious, worried *(wegen* about); ▶ **um seine Sicherheit ~ sein** be concerned for one's safety; **Be·sorgt·heit** *f (s.* Besorgnis).

Be·sor·gung *f:* ▶ **~en machen** do some shopping *sing;* **für jdn e-e ~ machen** get s.th. for s.o.

be·span·nen *tr* **1.** *(mit Bezugsmaterial)* cover; **2.** *(Pferdewagen etc)* harness up; **Be·span·nung** *f (Bespannmaterial)* covering.

be·spie·len *tr* record.

be·spre·chen *irr tr* **1.** discuss, talk over; **2.** *(Film, Theaterstück)* criticize; *(Buch)* review; ▶ **sich mit jdm über etw ~** confer with s.o. about s.th.

Be·spre·chung *f* **1.** *(Unterredung)* discussion; **2.** *(Sitzung)* conference; **3.** *(Buch~)* review; **Be·spre·chungs·zim·mer** *m* meeting room.

be·sprit·zen *tr (mit Wasser)* spray; *(mit Schmutz etc)* splash; *(mit Blut)* stain.

bes·ser ['bɛsə] *adj u. adv* better; ▶ **~ werden** get better, improve; **um so ~!** so much the better! **das ist auch ~ so** it's better that way; **ich habe B~es zu tun** I have better things to do; **jdn e-s B~en belehren** teach s.o. otherwise; **das solltest du ~ nicht tun** you had better not do that.

bes·sern I *tr* better, improve; II *refl* **1.** *(Zustand)* get better, improve; **2.** *(sittlich)* mend one's ways *pl.*

Bes·se·rung *f* improvement; ▶ **gute ~!** I hope you get well soon! **auf dem Wege der ~ sein** be on the way to recovery.

Bes·ser·wis·ser(in) *m (f) Br* know-all, *Am* know-it-all.

Be·stand [bə'ʃtant] *m* **1.** *(Fortdauer)* continued existence; **2.** *com (Lager~)* stock *(an* of); ▶ **von ~ sein** be permanent; **~ aufnehmen** *com* take stock.

be·stän·dig *adj* **1.** *(ständig)* constant, continual; **2.** *(gleichbleibend)* constant; *(Wetter)* settled; **3.** *(dauerhaft)* resistant *(gegen* to); *(Farbe)* fast.

Be·stän·dig·keit *f* **1.** *(Standhaftigkeit)* constancy; **2.** *(Dauerhaftigkeit) tech* resistance.

Be·stands·auf·nah·me *f a. com* stocktaking.

Be·stand·teil *m* **1.** *allg* component, part; **2.** *fig* integral part; ▶ **in s-e ~e zerlegen** take apart; **sich in s-e ~e auflösen** fall to pieces.

be·stär·ken *tr* confirm; ▶ **jdn in seinem Vorhaben ~** confirm s.o. in his intention; **das hat mich nur (darin) bestärkt** that made me all the more determined.

be·stä·ti·gen [bə'ʃtɛ:tɪgən] I *tr* **1.** *allg* confirm; **2.** *(den Empfang ~)* acknowledge *(receipt* of); ▶ **hiermit wird bestätigt, daß . . .** this is to certify that . . .; **sich in etw bestätigt finden** be confirmed in s.th.; II *refl* prove *(od* be proved) true; **be·stä·ti·gend** *adj* confirmative; **Be·stä·ti·gung** *f* **1.** *allg* confirmation; **2.** *(Empfangs~)* acknowledg(e)ment of receipt.

be·stat·ten [bə'ʃtatən] *tr* bury.

Be·stat·tung *f* burial; *(Feier)* funeral; **Be·stat·tungs·in·sti·tut** *n Br* undertaker's, *Am* mortician's.

be·stäu·ben [bə'ʃtɔɪbən] **1.** *(von Blüten)* pollinate; **2.** *(mit Pulver etc)* dust.

be·ste ['bɛstə] *adj* best; ▶ **~n Dank!** many thanks! **der erste ~** the first that comes along; **mit den ~n Grüßen** with best wishes; **ich hielte es für das ~, wenn . . .** I thought it best if . . .; **das ~ wäre, wir . . .** it would be the best for us to . . .; **wir wollen das B~ hoffen** let's hope for the best; **es ist zu deinem B~n** it is for your own good.

be·ste·chen *irr tr* **1.** bribe, corrupt; **2.** *fig (faszinieren)* captivate, fascinate; ▶ **sich ~ lassen** take bribes; **be·stech·lich** [bə'ʃtɛçlɪç] *adj* bribable, corruptible; **Be·stech·lich·keit** *f* corruptibility; **Be·ste·chung** *f* bribery, corruption.

Be·steck [bə'ʃtɛk] ‹-(e)s, -e/(-s)› *n Br* cutlery, *Am* flatware.

Be·ste·hen *n* **1.** *(Existenz)* existence; **2.** *(einer Prüfung)* passing; ▶ **bei ~ der Prüfung** on passing the exam(ination).

be·ste·hen *irr* I *itr* **1.** *(existieren)* exist; **2.** *(zusammengesetzt sein aus)* consist *(aus* of); ▶ **~ bleiben** remain; **es be-**

steht die Aussicht, daß ... there is a prospect that ...; **das Problem besteht darin, daß** ... the problem is that ...; **II** *tr* **1.** *(Prüfung)* pass; **2.** *(Kampf)* win; ▶ **e-e Prüfung mit 'Befriedigend'** ~ pass an exam with 'fair'.

be·stei·gen *irr tr* **1.** *(erklettern)* climb; *(gehoben)* ascend; **2.** *(betreten) mot* get into; *mar* go aboard; ▶ **den Thron** ~ ascend the throne.

Be·stei·gung *f* climbing.

be·stel·len *tr* **1.** *(Waren etc)* order; **2.** *(ausrichten)* leave a message; **3.** *(Land)* till; ▶ **soll ich etw** ~? can I take a message? **er hat hier nichts zu** ~! *fig fam* he doesn't have any say here! **ich war für zehn Uhr bestellt** I have an appointment for ten o'clock; **wir sitzen hier wie bestellt und nicht abgeholt** *fam* we're sitting here all dressed up and nowhere to go.

Be·stel·ler(in) *m (f)* customer; *(einer Zeitung etc)* subscriber.

Be·stell·num·mer *f* order number; **Be·stell·schein** *m* order form.

Be·stel·lung *f* **1.** *(Auftrag)* order; **2.** *(Botschaft)* message; ▶ **e-e (Hotelzimmer)**~ **rückgängig machen** cancel a (hotel) reservation.

be·sten·falls *adv* at best.

be·stens *adv* very well; ▶ **er läßt Sie** ~ **grüßen** he sends his best regards.

be·steu·ern *tr* tax.

Be·steue·rung *f* taxation.

be·stia·lisch [bɛstiˈaːlɪʃ] *adj* **1.** *allg* bestial; **2.** *fig (ekelhaft)* beastly.

Be·stie [ˈbɛstiə] *f* **1.** *(Tier)* beast; **2.** *fig (Mensch)* animal, brute.

be·stim·men I *tr* **1.** *(festlegen)* determine; *(Zeit, Ort)* fix, set; **2.** *(berechnen)* ascertain; **3.** *(vorsehen)* mean; **II** *itr* decide *(über* on); ▶ **er hat hier nicht zu** ~! he doesn't make the decisions here!

be·stim·mend *adj* determining; ▶ **für etw** ~ **sein** be characteristic of s.th.

be·stimmt I *adj* **1.** *(festgelegt)* fixed, set; **2.** *fig (fest)* firm; ▶ **ich suche ein** ~**es Buch** I want a particular book; **II** *adv* certainly, definitely; ▶ ~ **wissen, daß** ... know for certain that ...; **das ist für dich** ~ that's meant for you; **das ist** ~ **für dich!** *(Post etc)* it's bound to be for you!

Be·stimmt·heit *f* certainty; ▶ **mit** ~ for certain, positively.

Be·stim·mung *f* **1.** *(Vorschrift)* regulation; **2.** *(Schicksal)* destiny; **3.** *(das Bestimmen)* determining; ▶ **gesetzliche** ~**en** legal regulations *(od* requirements); **Be·stim·mungs·land** *n* (country of) destination; **Be·stim·mungs·ort** *m* destination.

Best·lei·stung *f* best performance.

best·mög·lich *adj* best possible;

▶ **sein B~es tun** do one's best.

be·stra·fen *tr* punish.

Be·stra·fung *f* punishment.

be·strah·len *tr* **1.** *(bescheinen)* shine on ...; **2.** *(anstrahlen)* illuminate; **3.** *med* give ray treatment to ...

Be·strah·lung *f med* radiotherapy, ray treatment.

Be·stre·ben ⟨-s⟩ *n* effort, endeavour.

be·strebt *adj:* ▶ ~ **sein, etw zu tun** endeavour to do s.th.

Be·stre·bung *f* attempt, endeavour; ▶ ~**en sind im Gange** efforts are being made.

be·strei·chen *irr tr:* ▶ **etw mit etw** ~ spread s.th. on s.th.

be·strei·ken *tr* black; ▶ **dieser Betrieb wird bestreikt** this factory is on strike.

be·strei·ten *irr tr* **1.** *allg* contest, dispute; **2.** *(leugnen)* deny; **3.** *(aufkommen für)* defray; ▶ **das will ich nicht** ~ I'm not disputing it; **es läßt sich nicht** ~, **daß** ... there's no denying the fact that ...

be·streu·en *tr* **1.** cover *(mit* with); **2.** *(Speisen)* sprinkle.

be·stücken (k·k) *tr* **1.** *allg (ausstatten)* equip, fit; **2.** *mil* arm.

Be·stückung (k·k) *f* **1.** *(Ausstattung)* equipment; **2.** *mil* armaments *pl.*

be·stür·men *tr* **1.** *mil* assail, storm; **2.** *fig (angehen)* bombard, inundate.

be·stürzt [bəˈʃtʏrtst] *adj* dismayed.

Be·stür·zung *f* consternation, dismay; ▶ **zu unserer** ~ to our dismay.

Be·such [bəˈzuːx] ⟨-(e)s, -e⟩ *m* **1.** visit; **2.** *(Teilnahme)* attendance; **3.** *(Besucher)* visitor; ▶ **bei jdm zu** ~ **sein** be visiting s.o.; **von jdm** ~ **erhalten** get a visit from s.o.; **bekommst du viel** ~? do you have a lot of visitors?

be·su·chen *tr* **1.** visit; **2.** *(gehen zu)* go to; **3.** *(teilnehmen)* attend.

Be·su·cher(in) *m (f)* visitor; **Be·su·cher·zahl** *f* attendance.

Be·suchs·zeit *f* visiting time; **Be·suchs·zim·mer** *n* visitor's room.

be·sucht *adj* **1.** *(Ort, Lokal)* frequented; **2.** *film theat* attended, patronized; ▶ **gut (schwach)** ~ well (poorly) attended.

be·su·deln [bəˈzuːdəln] *tr* **1.** *allg* soil; **2.** *fig* sully.

Be·ta·blocker ⟨-s, -⟩ *m med* beta blocker.

be·tagt [bəˈtaːkt] *adj* aged.

be·ta·sten *tr* feel.

be·tä·ti·gen [bəˈtɛːtɪgən] **I** *tr* operate; ▶ **die Bremsen** ~ apply the brakes; **II** *refl* busy o.s.; ▶ **sich literarisch** ~ do some writing; **sich politisch** ~ be active in politics.

Be·tä·ti·gung *f* **1.** *(Tätigkeit)* activity; **2.** *(Bedienung)* operation; **3.** *(Aktivierung)* activation.

be·täu·ben [bə'tɔɪbən] *tr* 1. *med (narkotisieren)* anaesthetize; 2. *(benommen machen)* stun; ▶ ~der Lärm deafening noise.

Be·täu·bung *f* 1. *(Narkotisierung)* anaesthetization; 2. *(Narkose)* anaesthetic.

Be·täu·bungs·mit·tel *n* anaesthetic.

Be·te ['be:tə] ⟨-, -n⟩ *f:* ▶ rote ~ beetroot.

be·tei·li·gen [bə'taɪlɪgən] I *refl* participate, take part *(an* in); ▶ sich an den Kosten ~ contribute to the expenses; II *tr:* ▶ jdn an etw ~ let s.o. take part in s.th.; **be·tei·ligt** *adj:* ▶ an etw ~ sein be involved in s.th.; *fin* have a share in s.th.

Be·tei·lig·te *m f* person involved; *jur* party.

Be·tei·li·gung *f* 1. participation; 2. *(Teilhaberschaft)* partnership; 3. *(Anteil)* share, interest; 4. *(Zuhörerschaft)* attendance.

be·ten ['be:tən] *itr* pray.

be·teu·ern [bə'tɔɪən] *tr* declare; ▶ s-e Unschuld ~ protest one's innocence.

Be·teue·rung *f* declaration.

be·ti·teln 1. *(mit Titel versehen)* entitle; 2. *(beschimpfen)* call.

Be·ton [be'tɔŋ] ⟨-s, -s⟩ *m* concrete.

be·to·nen [bə'to:nən] *tr a. fig* emphasize, stress.

be·to·nie·ren [beto'ni:rən] *tr* 1. *allg* concrete; 2. *fig (festigen)* firm up.

Be·ton·misch·ma·schi·ne *f* concrete mixer; **Be·ton·si·lo** *m pej (Hochhaus)* concrete block.

be·tont [bə'to:nt] *adj:* ▶ ~ einfach markedly simple.

Be·to·nung *f* 1. *(von Wort)* stress; 2. *(Nachdruck)* emphasis.

be·tö·ren [bə'tø:rən] *tr* beguile, bewitch.

Be·tracht [bə'traxt] ⟨-(e)s⟩ *m:* ▶ in ~ kommen be considered; in ~ ziehen take into consideration; etw außer ~ lassen disregard s.th.; nicht in ~ kommen be out of the question.

be·trach·ten *tr* 1. *allg* look at; 2. *fig (ansehen als)* consider, regard; ▶ sich etw ~ have a look at s.th.

Be·trach·ter(in) *m (f)* observer.

be·trächt·lich [bə'trɛçtlɪç] *adj* considerable.

Be·trag [bə'tra:k, *pl* bə'trɛ:gə] ⟨-(e)s, ⸚e⟩ *m* amount, sum; ▶ ~ dankend erhalten payment received with thanks; ein Scheck über den ~ von 300 DM a cheque *(Am* check) for 300 marks.

Be·tra·gen *n* behaviour; *(Führung)* conduct.

be·tra·gen *irr* I *itr* be; II *refl* behave.

be·trau·en *tr:* ▶ jdn mit etw ~ entrust s.o. with s.th.

be·trau·ern *tr* mourn.

Be·treff [bə'trɛf] ⟨-(e)s⟩ *m:* ▶ ~: ... re: ...

be·tref·fen *irr tr (angehen)* concern,

relate to ...; ▶ was das betrifft as far as that goes; **be·tref·fend** *adj u. prp* concerned, in question; ▶ der ~e Brief the letter referred to.

be·trei·ben *irr tr* 1. *(Studien)* pursue; *(Geschäft)* carry on; 2. *(e-e Angelegenheit)* push ahead; ▶ auf B~ von at the instigation of; **Be·trei·ber(in)** ⟨-s, -⟩ *m (f)* runner.

be·tre·ten *irr tr* 1. *(Raum)* enter, go into; 2. *(Boden)* walk on (to); ▶ B~ verboten! keep off!

be·treu·en [bə'trɔɪən] *tr* look after.

Be·trieb *m* 1. *(Geschäft)* business, concern; 2. *(e-r Fabrik etc)* operation; 3. *(Betriebsamkeit)* bustle; *(Verkehr)* traffic; ▶ wann kommst du heute aus dem ~? when are you leaving work today? außer ~ out of order; in der Stadt war viel ~ the town was very busy.

Be·triebs·an·lei·tung *f* operating instructions *pl;* **Be·triebs·arzt** *m* company doctor; **Be·triebs·aus·flug** *m* firm's outing; **Be·triebs·fe·rien** *pl* annual holiday *sing;* **Be·triebs·fest** *n* office party; **Be·triebs·ka·pi·tal** *n* working capital; **Be·triebs·kli·ma** *n* working conditions *pl;* **Be·triebs·ko·sten** *pl* 1. *tech* running costs; 2. *com* overheads; **Be·triebs·lei·ter(in)** *m (f)* (works) manager; **Be·triebs·lei·tung** *f* management; **Be·triebs·rat** *m* 1. *(Kollegium)* works committee; 2. *(Angehöriger des ~es)* works committee member; **Be·triebs·rats·vor·sit·zen·de(r)** ⟨-s, -⟩ *f m* chair of works *(od* factory) committee; **Be·triebs·stil(l)le·gung** *f* closing down, shutdown; **Be·triebs·sy·stem** *n EDV* operating system; **Be·triebs·tem·pe·ra·tur** *f tech* operating temperature; **Be·triebs·un·fall** *m* industrial accident; **Be·triebs·ver·fas·sungs·ge·setz** *n* Industrial Constitution Law; **Be·triebs·wirt(in)** *m (f)* business economist; **Be·triebs·wirt·schaft** *f* business management.

be·trin·ken *irr refl* get drunk.

be·trof·fen [bə'trɔfən] *adj* 1. *(bestürzt)* full of consternation; 2. *(erfaßt)* affected *(von* by); ▶ ~ sind verschiedene Mitarbeiter several staff members are concerned.

be·trü·ben *tr* distress, sadden; **be·trüb·lich** [bə'try:plɪç] *adj* deplorable.

be·trübt *adj* distressed.

Be·trug [bə'tru:k] ⟨-(e)s⟩ *m* deceit, deception; *jur* fraud; ▶ das ist ~! it's all a fraud!

be·trü·gen [bə'try:gən] *irr tr* cheat, deceive; ▶ jdn um etw ~ cheat s.o. out of s.th.; s-n Mann ~ be unfaithful to one's husband.

Be·trü·ger(in) *m (f) (beim Spiel)* cheat;

(geschäftlich) swindler; *(Hochstapler)* con-man; **Be·trü·ge·rei** *f* cheating, swindling.

be·trü·ge·risch *adj* deceitful; ▶ **in ~er Absicht** with intent to defraud.

be·trun·ken [bə'truŋkən] *adj* drunk; ▶ **ein Betrunkener** a drunk.

Bett [bɛt] ⟨-(e)s, -en⟩ *n* 1. *(Liege~)* bed; 2. *(Ober~)* quilt; ▶ **das ~ machen** make the bed; **im ~** in bed; **Frühstück im ~** breakfast in bed; **zu ~ gehen** go to bed; **mit jdm ins ~ gehen** go to bed with s.o.; **Bett·be·zug** *m* quilt-cover; **Bett·dec·ke** *f* 1. *(flache ~)* blanket; 2. *(Steppdecke)* quilt.

bet·tel·arm [-'-] *adj* destitute.

bet·teln *itr* beg; ▶ **bei jdm um etw ~** beg s.o. for s.th.

bett·lä·ge·rig ['bɛtlɛ:gərɪç] *adj* bed-ridden, confined to one's bed.

Bett·laken *n* sheet.

Bett·ler(in) *m (f)* beggar.

Bett·näs·ser(in) *m (f)* bedwetter; **Bett·ru·he** *f:* ▶ **jdm ~ verordnen** order s.o. to stay in bed; **Bet(t·)tuch** *n* sheet; **Bett·vor·le·ger** *m* bedside rug; **Bett·wä·sche** *f* bed linen; **Bett·zeug** *n* bedding.

beu·gen ['bɔɪgən] **I** *tr* 1. bend; *(Kopf)* bow; incline; 2. *fig* break; 3. *gram* inflect; *(Verb)* conjugate; *(Substantiv, Adjektiv)* decline; **II** *refl* 1. *allg* bend; 2. *fig* submit (to); ▶ **sich nach vorne ~** lean forward.

Beu·le ['bɔɪlə] ⟨-, -n⟩ *f* 1. *(Schwellung)* bump, swelling; *(Eiter~)* boil; 2. *(im Blech etc)* dent.

be·un·ru·hi·gen [bə'unru:ɪgən] *tr* worry; ▶ **~d sein** give cause for concern.

Be·un·ru·hi·gung *f* concern; ▶ **kein Grund zur ~** no cause for alarm.

be·ur·kun·den *tr* certify.

Be·ur·kun·dung *f* certification.

be·ur·lau·ben *tr* give leave; ▶ **beurlaubt sein** be on leave; **sich ~ lassen** take leave.

be·ur·tei·len *tr* judge *(nach* by, from); ▶ **etw falsch ~** misjudge s.th.

Be·ur·tei·lung *f* 1. *(das Beurteilen)* judg(e)ment; 2. *(Rezension)* review.

Beu·te ['bɔɪtə] ⟨-⟩ *f* booty, loot, spoil; ▶ **reiche ~ machen** make a big haul; **jdm zur ~ fallen** fall a prey to s.o.

Beu·tel ['bɔɪtəl] ⟨-s, -⟩ *m* bag; ▶ **tief in den ~ greifen** dig deep into one's pocket.

be·völ·kern [bə'fœlkən] *tr* inhabit; ▶ **das Land ist dicht bevölkert** it's a densely populated country.

Be·völ·ke·rung *f* population; **Be·völ·ke·rungs·dich·te** *f* density of population; **Be·völ·ke·rungs·ex·plo·sion** *f* population explosion; **Be·völ·ke·rungs·rück·gang** *m* decline in popula-tion; **Be·völ·ke·rungs·zu·nah·me** *f* increase in population.

be·voll·mäch·ti·gen [bə'fɔlmɛçtɪgən] *tr* authorize *(zu etw* to do s.th.).

Be·voll·mäch·tig·te(r) *f m* authorized representative.

be·vor [bə'fo:ɐ] *conj* before; ▶ **~ nicht ... until ...**

be·vor·mun·den [bə'fo:ɐmundən] *tr* tell s.o. what he should be doing.

Be·vor·mun·dung *f:* ▶ **ich lasse mir diese ~ nicht gefallen** I hate having my mind made up for me.

be·vor·rech·tigt [bə'to:ɐrɛçtɪçt] *adj* 1. *(privilegiert)* privileged; 2. *(vorrangig)* high-priority.

be·vor·ste·hen *irr itr* lie ahead; *(unmittelbar drohend)* be imminent; ▶ **wer weiß, was ihr noch bevorsteht** who knows what is still in store for her; **be·vor·ste·hend** *adj* forthcoming, approaching; **die ~e Gefahr** the imminent danger; **der ~e Winter** the approaching winter.

be·vor·zu·gen *tr* prefer; *(begünstigen)* favour.

Be·vor·zu·gung *f* preferential treatment *(bei* in).

be·wa·chen *tr* guard.

be·wach·sen [bə'vaksən] *adj:* ▶ **mit ... overgrown with ...**

Be·wa·chung *f* 1. *(das Bewachen)* guarding; 2. *(Wache)* guard.

be·waff·nen [bə'wafnən] *tr* arm; **be·waff·net** *adj* armed.

Be·waff·nung *f* 1. *(Vorgang)* arming; 2. *(Waffen)* armament, arms *pl.*

be·wah·ren [bə'va:rən] *tr* 1. *(aufheben)* keep; 2. *(beschützen)* protect *(vor* from); ▶ **Gott bewahre!** heaven forbid!

be·wäh·ren [bə'vɛ:rən] *refl* 1. *(Mensch)* prove one's worth; 2. *(Gerät etc)* prove worthwhile.

be·wahr·hei·ten [bə'va:ɐhaɪtən] *refl* prove well-founded.

be·währt *adj* tried and tested; ▶ **ein ~es Mittel** a proven remedy.

Be·wäh·rung *f jur* probation; ▶ **e-e Strafe zur ~ aussetzen** impose a suspended sentence; **Be·wäh·rungs·frist** *f jur* probation period; **Be·wäh·rungs·hel·fer(in)** *m (f)* probation officer.

be·wal·det [bə'valdət] *adj* wooded.

be·wäl·ti·gen [bə'vɛltɪgən] *tr* 1. *(meistern)* manage; 2. *(überwinden)* get over.

be·wan·dert [bə'vandət] *adj* expert, knowledgeable; ▶ **in etw gut ~ sein** be well versed in s.th.

Be·wandt·nis [bə'vantnɪs] *f:* ▶ **damit hat es folgende ~ ...** the facts are these ...

be·wäs·sern [bə'vɛsən] *tr (Land)* irrigate; *(Rasen etc)* water.

Be·wäs·se·rung *f* irrigation.
be·we·gen [bə've:gən] **I** *tr a. fig* move; ▶ **jdn zu etw ~** induce s.o. to do s.th.; **können Sie ihn dazu ~?** can you get him to do it? **II** *refl* **1.** *allg* move; ▶ **es bewegt sich etwas** *fig* things happen, things get going; **2.** *(sich Bewegung verschaffen)* get some exercise.
Be·weg·grund *m* motive.
be·weg·lich [bə've:klɪç] *adj* **1.** movable; *(leicht manövrierbar)* manoevrable; **2.** *(flink)* agile; **3.** *(geistig ~)* nimble.
Be·weg·lich·keit *f* **1.** *allg* movability; **2.** *(Agilität, a. geistige)* agility.
be·wegt [bə've:kt] *adj* **1.** *(Wasser: aufgerührt)* choppy; **2.** *fig* moved; **3.** *fig (ereignisreich)* eventful; ▶ **~e** See rough sea.
Be·we·gung *f* **1.** *allg* movement, motion; **2.** *(körperlich)* exercise; **3.** *fig (seelisch)* agitation, emotion; ▶ **politische ~** political movement; **in ~ bringen** set in motion; **etwas kommt in ~** *fig* s.th. gets moving; **jdn in ~ bringen** get s.o. moving; **keine (falsche) ~!** freeze! *fam;* **sich ~ verschaffen** get some exercise; **Be·we·gungs·frei·heit** *f* **1.** *allg* freedom of movement; **2.** *fig (Ellenbogenfreiheit)* elbow-room; **be·we·gungs·los** *adj* motionless; **Be·we·gungs·lo·sig·keit** *f* immobility, motionlessness; **Be·we·gungs·the·ra·pie** *f med* kinesiotherapy.
be·wei·nen *tr* weep for; *(betrauern)* mourn.
Be·weis [bə'vaɪs] ⟨-es, -e⟩ *m* proof; *jur* evidence; *math* demonstration; ▶ **als ~ dienen** serve as evidence; **den ~ erbringen** produce proof; **den ~ führen** prove; **zum ~ von ...** in proof of ...; **Be·weis·auf·nah·me** *f* hearing of evidence; **be·weis·bar** *adj* demonstrable, provable; **Be·weis·bar·keit** *f* demonstrability.
be·wei·sen *irr tr* **1.** prove; **2.** *(zeigen)* show; ▶ **was noch zu ~ wäre** that remains to be seen.
Be·weis·füh·rung *f* **1.** *jur* presentation of one's case; **2.** *(Argumentation)* reasoning; **Be·weis·ma·te·rial** *n* evidence.
Be·wen·den *n:* ▶ **damit hatte es sein ~** that was the end of the matter.
be·wen·den *tr impers:* ▶ **lassen wir es dabei ~!** let's leave it at that!
be·wer·ben *irr refl:* ▶ **sich bei jdm um e-e Stelle ~** apply to s.o. for a job.
Be·wer·ber(in) *m (f)* applicant.
Be·wer·bung *f* application; ▶ **seine ~ einreichen** file one's application; **Be·wer·bungs·ge·spräch** *n* (job) interview; **Be·wer·bungs·schrei·ben** *n* letter of application; **Be·wer·bungs·ver·fah·ren** *n* application procedure.
be·wer·fen *irr tr:* ▶ **jdn mit etw ~** throw s.th. at s.o.
be·werk·stel·li·gen *tr* manage.
be·wer·ten *tr* judge; *(schätzen auf)* value; ▶ **etw zu hoch (niedrig) ~** over-value (undervalue) s.th.
Be·wer·tung *f* judg(e)ment; *(Schätzung)* valuation; **Be·wer·tungs·kri·te·ri·en** *n pl* valuation criteria.
be·wil·li·gen [bə'vɪlɪgən] *tr (zugestehen)* allow; *fin* grant.
Be·wil·li·gung *f* allowance; *fin* grant; *(amtliche ~)* approval.
be·wir·ken *tr* bring about, cause; ▶ **e-e Veränderung ~** effect a change.
be·wir·ten *tr:* ▶ **jdn ~** entertain s.o. to a meal.
be·wirt·schaf·ten *tr* **1.** *(Gut etc)* administer, manage; **2.** *(Acker)* cultivate; **3.** *(Mangelware)* ration; *(Wohnraum)* control.
Be·wirt·schaf·tung *f* **1.** *(Betreibung)* management; **2.** *(von Grund u. Boden)* cultivation.
Be·wir·tung *f (zu Hause)* hospitality; *(im Gasthaus)* service.
be·wohn·bar *adj* habitable.
be·woh·nen *tr* live in; ▶ **bewohnt sein** be inhabited *(od* occupied).
Be·woh·ner(in) *m (f) (Einwohner)* inhabitant; *(Haus~)* occupant.
be·wöl·ken [bə'vœlkən] *refl* cloud over; **be·wölkt** *adj* cloudy.
Be·wöl·kung *f* clouds *pl.*
Be·wuchs *m* natural cover.
Be·wun·de·rer (Be·wun·de·rin) *m (f)* admirer.
be·wun·dern *tr* admire *(wegen* for); **be·wun·derns·wür·dig** *adj* admirable.
Be·wun·de·rung *f* admiration.
be·wußt [bə'vʊst] **I** *adj* **1.** *(wissend)* conscious; **2.** *(willentlich)* deliberate; **3.** *(besagt)* in question; ▶ **sich e-r Gefahr ~ sein** be aware of a danger; **die ~e Sache** the matter in question; **es war e-e ~e Lüge** it was a deliberate lie; **II** *adv (absichtlich)* deliberately; **be·wußt·los** *adj* unconscious; ▶ **~ werden** lose consciousness; **~ zusammenbrechen** fall senseless; **Be·wußt·lo·sig·keit** *f* unconsciousness.
be·wußt|ma·chen *tr:* ▶ **jdm etw ~** make s.o. aware of s.th.
Be·wußt·sein ⟨-s⟩ *n* consciousness; ▶ **in dem ~ ...** conscious of ...; **es kommt jdm zu ~** it dawns upon s.o.; **jdm etw zum ~ bringen** bring s.th. home to s.o.; **das ~ verlieren** lose consciousness; **wieder zu ~ kommen** regain consciousness; **be·wußt·seins·er·wei·ternd** *adj* mind-expanding; **Be·wußt·seins·schwel·le** *f* threshold of consciousness; **be·wußt·seins·ver·än·dernd** *adj (Droge)* which alters one's (state of) awareness.
be·zah·len *tr* pay; ▶ **ein Fahrrad ~** pay

for a bike; **kannst du mir das nicht ~?** could you pay for it for me? **be·zahlt** *adj:* ► **sich ~ machen** pay off.
Be·zah·lung *f* 1. *(das Zahlen)* payment; 2. *(Entlohnung)* pay.
be·zau·bern *tr fig* charm, fascinate; **be·zau·bernd** *adj* charming, fascinating.
be·zeich·nen *tr* 1. *(mit Zeichen versehen)* mark; 2. *(beschreiben)* describe; 3. *(benennen)* call; ► **so kann man es (natürlich) auch ~** you can call it that too; **be·zeich·nend** *adj* characteristic *(für* of); ► **das ist wieder ~!** that is just typical!
Be·zeich·nung *f (Ausdruck)* term; ► **das ist e-e zutreffende ~!** that hits the nail on the head!
be·zeu·gen *tr* testify.
be·zich·ti·gen [bə'tsɪçtɪgən] *tr (s.* beschuldigen).
be·zie·hen *irr* I *tr* 1. *(mit Bezugsmaterial)* cover; 2. *(Haus, Wohnung)* move into ...; 3. *(bekommen)* get, obtain; ► **die Betten ~** change the beds; **e-e Zeitung ~** take a newspaper; **e-n Standpunkt ~** *fig* adopt a point of view; **etw auf sich ~** take s.th. personally; II *refl* 1. *(mit Wolken)* cloud over; 2. *(betreffen)* ► **sich ~ auf ...** refer to ...
Be·zie·her(in) *m (f)* 1. *(e-r Zeitung)* subscriber; 2. *com* purchaser; 3. *(von Unterstützung)* drawer; ► **~ niedriger Einkommen** *pl* earners of low wages.
Be·zie·hung *f* 1. *(Verhältnis)* relationship; 2. *(menschliche ~)* relations *pl;* 3. *(Verbindung)* connections *pl;* ► **keine ~ zu etw haben** have no bearing on s.th.; **er hat ~en** he knows the right people; **in jeder ~** in every respect; **Be·zie·hungs·ki·ste** *f fam* affair, relationship.
be·zie·hungs·wei·se *adv* 1. *(aber)* respectively; ► **Kinder ~ Jugendliche ...** children and/or young people (respectively); 2. *(oder vielmehr)* or rather.
be·zif·fern [bə'tsɪfən] I *tr:* ► **etw auf etw ~** estimate s.th. at ...; II *refl:* ► **sich ~ auf ...** amount to ...
Be·zirk [bə'tsɪrk] ‹-(e)s, -e› *m* district; **Be·zirks·ver·wal·tung** *f* district administration.
Be·zug [bə'tsu:k] *m* 1. *allg (Überzug)* cover; 2. *(Kauf)* purchase; 3. *fin (Erhalt)* drawing; *(von Zeitung)* taking; ► **~e** *fin* earnings; **~ nehmen auf ...** refer to ...
be·züg·lich [bə'tsy:klɪç] *prp* regarding, with regard to ...
Be·zugs·per·son *f:* ► **jds ~** person to whom one relates; **Be·zugs·quel·le** *f* source of supply.
be·zwecken (k·k) [bə'tsvɛkən] *tr (beabsichtigen)* aim at ...; ► **was soll das ~?** what's the point of that?
be·zwei·feln *tr* call in question, doubt.

be·zwin·gen *irr* I *tr* 1. *allg* conquer; *(besiegen)* defeat; 2. *fig (überwinden)* master; II *refl* control one's feelings.
BH [be:'ha:] ‹-s, -s› *m* bra.
Bhag·wan ‹-s› *m* Bhagwan.
Bi·bel ['bi:bəl] ‹-, -n› *f* Bible; **Bi·bel·stel·le** *f* quotation from the Bible.
Bi·ber ['bi:bə] ‹-s, -› *m* beaver.
Bi·blio·gra·phie [bibliogra'fi:] *f* bibliography.
Bi·blio·thek [biblio'te:k] ‹-, -en› *f* library.
Bi·blio·the·kar(in) *m (f)* librarian.
bie·der ['bi:də] *adj* 1. *(rechtschaffen)* honest; 2. *fam (spießig)* conventional.
bie·gen ['bi:gən] *irr* I *tr* bend; II *itr* ‹sein› *(ab~)* turn; III *refl* bend; *(sich verziehen)* warp; ► **sich vor Lachen ~** double up with laughter.
bieg·sam *adj* flexible; *(geschmeidig)* supple.
Bieg·sam·keit *f* flexibility; *(Geschmeidigkeit)* suppleness.
Bie·gung *f* bend; ► **e-e ~ machen** bend.
Bie·ne ['bi:nə] ‹-, -n› *f* bee; **Bie·nen·honig** *m* natural honey; **Bie·nen·kö·nigin** *f* queen bee; **Bie·nen·schwarm** *m* swarm of bees; **Bie·nen·stock** *m* beehive; **Bie·nen·wa·be** *f* honeycomb; **Bie·nen·wachs** *n* beeswax.
Bier [bi:ɐ] ‹-(e)s, -e› *n* beer; ► **zwei ~ bitte!** two beers, please! **das ist mein ~!** *fig fam* that's my business! **das ist dein Bier!** *fig fam* that's your funeral! **Bierdo·se** *f* beer can; **Bier·fla·sche** *f* beer bottlc; **Bier·ka·sten** *m* beer crate; **Bier·krug** *m* beermug, tankard; **Biertrin·ker(in)** *m (f)* beer drinker; **Bierzelt** *n* beer tent.
Biest [bi:st] ‹-(e)s, -er› *n (Tier)* creature; ► **du ~!** *sl (zu Frau)* you bitch! *(zu Mann)* you beast!
bie·ten [bi:tən] *irr* I *tr* 1. *(an~)* offer; 2. *(dar~)* present; ► **wer bietet mehr?** will anyone offer more? **das lasse ich mir nicht ~!** I won't stand for that! II *itr* bid; III *refl* present itself.
Bi·ga·mie [biga'mi:] *f* bigamy.
Bi·ki·ni [bi'ki:ni] ‹-s, -s› *m* bikini.
Bi·lanz [bi'lants] ‹-, -en› *f* 1. *fin (Lage)* balance; 2. *(Abrechnung)* balance sheet; 3. *fig* outcome; ► **~ ziehen** take stock *(aus* of).
Bild [bɪlt] ‹-(e)s, -er› *n* 1. *allg* painting, picture; 2. *phot* picture; ► **sie ist nicht im ~e darüber** *fig* she is not in the picture about it; **sich von etw ein ~ machen** *fig* get an idea of s.th.; **Bildauf·lö·sung** *f TV EDV* resolution.
bil·den ['bɪldən] I *tr* 1. *(darstellen)* constitute; 2. *(formen)* a. *fig* form; 3. *(geistig ~)* educate; ► **sich ein Urteil ~** form a judgment; **e-e Gefahr ~** constitute a danger; II *refl* 1. *(sich entwikkeln)* develop, form; 2. *(sich geistig ~)*

improve one's mind; **bil·dend** *adj:*
▶ die ~en Künste *pl* the fine arts.
Bil·der·bo·gen *m* illustrated broadsheet; **Bil·der·buch** *n* picture book;
Bil·der·ha·ken *m* picture hook; **Bilder·rah·men** *m* picture-frame; **Bilder·rät·sel** *n* picture-puzzle; **Bil·derschrift** *f* pictographic writing system.
Bild·flä·che *f:* ▶ auf der ~ erscheinen
appear on the scene; **von der ~ verschwinden** vanish from the scene; **Bildfol·ge** *f* sequence of pictures; **Bildege·schich·te** *f* strip cartoon; **Bildhaue·rei** *f* sculpture; **Bild·hau·er(in)**
m (f) sculptor; **bild·hübsch** ['-'-] *adj*
pretty as a picture.
bild·lich *adj:* ▶ ~ gesprochen figuratively speaking; sich etw ~ vorstellen
picture s.th. in one's mind; **Bild·nis**
['bɪltnɪs] *n* portrait; **Bild·plat·te** *f* TV
video disc; **Bild·plat·ten·spie·ler** *m*
TV video disc player; **Bild·punkt** *m*
microdot; **Bild·schirm** *m* TV screen;
Bild·schirm·ab·strah·lung *f* EDV
screen radiation; **Bild·schirm·ar·beit**
f on-screen work; **Bild·schirm·arbeits·platz** *m* work station; **Bildschirm·ge·rät** *n* visual display unit,
VDU; **Bild·schirm·text** *m* viewdata,
videotex; **bild·schön** ['-'-] *adj* superb,
gorgeous; **Bild·stö·rung** *f TV* interference; **Bild·te·le·fon** *n TV* videophone.
Bil·dung ['bɪldʊŋ] *f* 1. *(geistige ~)* education; 2. *(Formung) a. fig* formation; ▶ ~
haben be educated; **Bil·dungs·grad** *m*
degree of instruction, educational level;
Bil·dungs·gut *n* cultural heritage; **Bildungs·lücke (k·k)** *f* gap in s.o.'s education; **Bil·dungs·ni·veau** *n* standard
of education; **Bil·dungs·pla·nung** *f*
education planning; **Bil·dungs·po·litik** *f* educational policy; **Bil·dungs·urlaub** *m* educational holiday; **Bildungs·we·sen** *n* education system.
Bil·lard ['bɪljart] ⟨-s⟩ *n* billiards *pl;* ▶ ~
spielen play billiards; **Bil·lard·ku·gel** *f*
billiard ball; **Bil·lard·stock** *m* billiard
cue.
bil·lig ['bɪlɪç] *adj* 1. *(preiswert)* cheap; 2.
fig (primitiv) shabby; ▶ e-e ~e Ausrede *fig* a feeble excuse; ~ davonkommen *fig* get off lightly.
bil·li·gen ['bɪlɪgən] *tr* approve of ...
Bil·lig·flag·ge *f mar com* flag of convenience; **Bil·lig·land** *n com* country
with low production costs.
Bil·li·gung *f* approval; ▶ jds ~ finden
meet with someone's approval.
Bil·li·on [bɪl'joːn] *f Br* billion, *Am* trillion.
bim·bam ding-dong!
Bims·stein *m* pumice stone.
bi·när *adj* binary.
Bin·de ['bɪndə] ⟨-, -n⟩ *f* 1. *med* bandage;
2. *(Armschlinge)* sling; 3. *(Damen~) Br*
sanitary towel, *Am* napkin; 4. *(Arm-*

band) armband; 5. *(Augen~)* blindfold;
▶ sich e-n hinter die ~ gießen *fig fam*
whet one's whistle.
Bin·de·ge·we·be *n anat* connective
tissue; **Bin·de·glied** *n* link; **Bin·dehaut** *f anat* conjunctiva; **Bin·de·hautent·zün·dung** *f* conjunctivitis; **Binde·mit·tel** *n* binder, binding agent.
bin·den ['bɪndən] *irr* I *tr* 1. *(fest~)* tie; 2.
fig bind; 3. *(Staub etc)* bind; 4. *(absorbieren)* absorb; ▶ jdm die Hände ~ *a.*
fig tie someone's hands; II *refl fig* commit o.s. *(an* to); **bin·dend** *adj* binding.
Bin·de·strich *m* hyphen; ▶ ein Wort
mit ~ schreiben hyphenate a word.
Bind·fa·den *m* piece of string.
Bin·dung ['bɪndʊŋ] *f* 1. *fig* relationship;
2. *sport (Ski~)* binding; ▶ enge ~en an
die Heimat haben have close ties to
one's home country.
bin·nen ['bɪnən] *prp* within; ▶ ~ kurzem before long.
Bin·nen·ge·wäs·ser *n* inland water;
Bin·nen·ha·fen *m* inland port; **Binnen·han·del** *m* domestic trade; **Binnen·land** *n* interior; **Bin·nen·markt**
m home *od* domestic market;
▶ europäischer ~ EC's single market;
Bin·nen·meer *n* inland sea; **Bin·nenschif(f·)fahrt** *f* inland navigation.
Bin·se ['bɪnzə] ⟨-, -n⟩ *f bot* rush; ▶ in die
~n gehen *fig fam* be a wash-out.
Bin·sen·weis·heit *f* truism.
Bio·che·mie [bioçe'miː] *f* biochemistry;
Bio·che·mi·ker(in) *m (f)* biochemist;
bio·dy·na·misch *adj* biodynamic;
Bio·gas *n* biogas, methane gas; **Biogra·phie** *f* biography; **bio·gra·phisch**
adj biographical; **Bio·la·den** *m* wholefood shop; **Bio·lo·ge (Bio·lo·gin)** *m*
(f) biologist; **Bio·lo·gie** [biolo'giː] *f* biology; **bio·lo·gisch** *adj* biological;
▶ ~ abbaubar biodegradable; ~e Abwasserreinigung biological purification
of sewage; ~e Kläranlage biological
sewage plant; **Bio·mas·se** ⟨-⟩ *f chem*
biomass; **Bio·müll** *m* organic waste;
Bio·phy·sik *f* biophysics *pl;* **Biorhyth·mus** *m* biorhythm; **Bio·technik, Bio·tech·no·lo·gie** *f* biotechnology; **bio·tech·nisch** *adj* biotechnological; **Bio·top** ⟨-s, -e⟩ *n* biotope; **BioWasch·mit·tel** *n* biological detergent.
Bir·ke ['bɪrkə] ⟨-, -n⟩ *f* birch; **Bir·kenpilz** *m* boletus.
Bir·ma ['bɪrma] ⟨-s⟩ *n* Burma; **Bir·mane**
(Birmanin) ⟨-n, -n⟩ *m (f)* Burmese; **birma·nisch** *adj* Burmese.
Birn·baum *m* pear tree.
Bir·ne ['bɪrnə] ⟨-, -n⟩ *f* 1. *(Frucht)* pear; 2.
el (Glüh~) bulb; 3. *sl (Kopf)* nut *fam.*
bir·nen·för·mig *adj* pear-shaped.
bis [bɪs] I *prp* 1. *(räumlich)* to; ▶ ~
hierher (to) here; ~ hierher und nicht
weiter this far and no further; 2. *(zeit-*

lich) till, until; *(bis spätestens)* by; **ich werde ~ Ende der Woche zurück sein** I'll be back by the end of this week; **~ wann?** till when? **~ einschließlich ...** up to and including ...; **von ... ~ ... Br** from ... till ..., *Am* from ... thru ...; **~ dann!** see you then! **~ bald!** see you soon! **II** *adv* **1.** *(räumlich)* till, until; *(bis spätestens)* by; ▶ **~ auf weiteres** until further notice; **2.** *(sonstige):* **alle ~ auf einen** all except for one; **III** *conj:* ▶ **es wird lange dauern, ~ sie es merken** it'll be a long time before they'll find out.

Bi·sam ['biːzam] ⟨-s, -e/-s⟩ *m* **1.** *zoo* musk; **2.** *(Pelz)* musquash; **Bi·sam·rat·te** *f* muskrat.

Bi·schof ['bɪʃɔf, *pl* 'bɪʃøːfə] ⟨-s, ¨e⟩ *m* bishop; **bi·schöf·lich** *adj* episcopal; **Bi·schofs·müt·ze** *f* mitre; **Bi·schofs·sitz** *m* diocesan town; **Bi·schofs·stab** *m* crosier.

bi·se·xu·ell ['biːzɛksuˌɛl] *adj* bisexual.

bis·her [bɪs'heːɐ] *adv* hitherto, until now; ▶ **~ wußte ich das noch nicht** I didn't know that before; **~ noch nicht** not as yet; **bis·he·rig** *adj* previous; ▶ **die ~en Nachrichten** the news received to date.

Bis·ka·ya [bɪs'kaːja] *f geog* Biscay; ▶ **Golf von ~** Bay of Biscay.

Bis·kuit [bɪs'kviːt] ⟨-(e)s, -s/-e⟩ *m od n* sponge (cake).

bis·lang [bɪs'laŋ] *adv (s.* bisher*)*.

Bi·son ['biːzɔn] ⟨-s, -s⟩ *m zoo* bison.

Biß [bɪs] ⟨-sses, -sse⟩ *m* bite; ▶ **haben** *fig* have bite.

biß·chen ['bɪsçən] *n adv adj:* ▶ **ein ~ ...** a bit of ...; **warten Sie ein ~** wait a while; **ein ~ länger** a little longer; ▶ **kein ~** not a bit; **das ist ein ~ zu wenig** that's not quite enough; **das ist ein ~ wenig** that's not very much.

Bis·sen ['bɪsən] ⟨-s, -⟩ *m* mouthful; ▶ **ich rühre keinen ~ an** I won't eat a thing.

bis·sig *adj (Hund)* snappy; *(Bemerkung)* cutting, biting. **Bis·sig·keit** *f a. fig* viciousness.

Bis·tum ['bɪstuːm, *pl* 'bɪstyːmə] *n* bishopric, diocese.

bis·wei·len [bɪs'vaɪlən] *adv* from time to time, now and then.

Bit ⟨-s, -s⟩ *n EDV* bit.

Bit·te ['bɪtə] ⟨-, -n⟩ *f* request; ▶ **auf meine ~** at my request; **ich habe e·e ~ an Sie** I have a favour to ask (of) you.

bit·te *interj* please; ▶ **wie ~ ?** sorry? pardon? **~ nicht!** please don't! **~ nach Ihnen!** after you; **~?** *(was möchten Sie?)* can I help you? **ich kündige! — ~!** I resign! **— ~** go ahead! **na ~!** there you are!

bit·ten *irr tr* ask; ▶ **jdn um etw ~** ask s.o. for s.th.; **aber ich bitte Sie!** not at all! **wenn ich ~ darf** if you wouldn't

mind; **ich muß doch sehr ~!** well I must say! **jdn ins Zimmer ~** ask s.o. to come in.

bit·ter ['bɪtɐ] *adj a. fig* bitter; ▶ **das ist mein ~er Ernst!** I mean it! **~e Wahrheit** sad truth; **etw ~ nötig haben** be in dire need of s.th.; **bit·ter·bö·se** *adj* furious; **Bit·ter·keit** *f* bitterness.

bit·ter·lich *adv:* ▶ **~ weinen** cry bitterly.

Bitt·stel·ler(in) *m (f)* petitioner.

Bi·wak ['biːvak] ⟨-s, -e/-s⟩ *n mil* bivouac.

bi·zarr [bi'tsar] *adj* bizarre.

Black·out ⟨-s, -s⟩ *m (Ohnmacht, Gedächtnisverlust)* blackout.

blä·hen ['blɛːən] **I** *tr refl (Segel etc)* swell; **II** *itr* cause flatulence; **blä·hend** *adj med* flatulent.

Blä·hung *f* flatulence, wind.

bla·ma·bel *adj* disgraceful.

Bla·ma·ge [bla'maːʒə] ⟨-, -n⟩ *f* disgrace.

bla·mie·ren I *tr* disgrace; ▶ **damit hast du uns schön blamiert!** you've really put us in a spot! **II** *refl* make a fool of o.s.; ▶ **damit hast du dich unsterblich blamiert!** you've made yourself look a hopeless fool!

blank [blaŋk] *adj* **1.** *(glänzend)* shining; **2.** *(~ gescheuert)* shiny; **3.** *(entblößt)* bare; **4.** *fig (rein)* sheer; ▶ **~er Unsinn** sheer nonsense; **etw ~ scheuern** clean s.th. till it shines; **ich bin ~** *fig fam* I am dead broke.

Blan·ko·scheck *m Br* blank cheque, *Am* blank check; **Blan·ko·voll·macht** *f* carte blanche.

Bla·se [blaːzə] ⟨-, -n⟩ *f* **1.** *(Luft~)* bubble; **2.** *med (Haut~)* blister; **3.** *anat (Harn~)* bladder; ▶ **~n werfen** blister; **sich die ~ erkälten** get a chill on the bladder.

Bla·se·balg *m* (pair of) bellows *pl.*

bla·sen *irr itr tr* blow; ▶ **ein Horn ~** blow a horn; **dir werde ich was ~!** I'll give you a piece of my mind!

Bla·sen·stein *m* bladder stone.

Blä·ser(in) ['blɛːzɐ] *m (f) mus* windplayer.

bla·siert [bla'ziːɐt] *adj* blasé.

Blas·in·stru·ment *n mus* wind-instrument; **Blas·ka·pel·le** *f* brass band.

Blas·phe·mie [blasfe'miː] *f rel* blasphemy.

blaß [blas] *adj* pale; ▶ **~ werden** grow pale; **~ aussehen** look pale; **keinen blassen Schimmer haben** *fig fam* not to have the faintest idea.

Bläs·se ['blɛsə] ⟨-⟩ *f* **1.** *allg* paleness, pallor; **2.** *fig* colourlessness.

Blatt [blat, *pl* 'blɛtə] ⟨-(e)s, ¨er⟩ *n* **1.** *bot* leaf; **2.** *(~ Papier)* sheet; **3.** *(Zeitung)* paper; **4.** *(bei Kartenspiel)* hand; ▶ **ein ~ Papier** a sheet of paper; **das steht auf einem anderen ~** *fig* that is another story; **er nimmt kein ~ vor den Mund** *fig* he doesn't mince his words *pl.*

Blät·ter·teig *m Br* puff pastry, *Am* puff paste.

Blatt·gold *n* gold leaf; **Blatt·grün** *n* chlorophyll; **Blatt·pflan·ze** *f* foliate plant; **Blatt·stiel** *m* leafstalk; **Blatt·werk** *n* foliage.

blau [blaʊ] *adj* 1. *(Farbe)* blue; 2. *fig fam (betrunken)* blotto, canned, tight; ▶ ein ~es Auge a black eye; **Montag** ~ **machen** *fam* keep St. Monday; ~e Flecken *(am Körper)* bruises; **sein** ~es **Wunder erleben** *fig fam* get the surprise of one's life; **mit e-m** ~**en Auge davonkommen** *fig* get off cheaply; **blau·äu·gig** *adj* 1. *allg* blue-eyed; 2. *fig (naiv)* naïve. **Blau·äu·gig·keit** *f* 1. *(Augenfarbe)* blue eyes *pl;* 2. *fig (Naivität)* naïvety.

Blau·bee·re *f Br* bilberry, *Am* blueberry.

Blaue ['blaʊə] *n:* ▶ das ~ the blue; das ~ vom Himmel herunterlügen *fig* tell a pack of lies; **Fahrt ins** ~e mystery tour.

Bläue ['blɔɪə] ⟨-⟩ *f* blueness.

Blau·fuchs *m* 1. *zoo* arctic fox; 2. *(Pelz)* blue fox.

blau·grau *adj* bluish grey, livid.

Blau·helm *m fam (UNO-Soldat)* Blue Helmet.

bläu·lich ['blɔɪlɪç] *adj* bluish.

Blau·licht *n* flashing blue light; **blau|ma·chen** *itr fam* skive off work; **Blau·mei·se** *f* bluetit; **Blau·säu·re** *f chem* prussic (*od* hydrocyanic) acid; **Blau·strumpf** *m pej* bluestocking.

Blech [blɛç] ⟨-(e)s, -e⟩ *n* 1. *allg* sheet metal; 2. *(Stück* ~*)* metal plate; 3. *fam (Blödsinn)* rubbish; ▶ **red kein** ~! *fam* don't talk rot! **Blech·büch·se, Blech·do·se** *f Br* tin, *Am* can; ▶ **in** ~**n** *Br* tinned, *Am* canned.

ble·chen ['blɛçən] *tr itr fam (bezahlen)* cough up, fork out.

ble·chern ['blɛçen] *adj* 1. *allg* metal; 2. *fig (im Klang)* tinny.

Blech·in·stru·ment *n* brass instrument; **Blech·ka·ni·ster** *m* metal can; **Blech·scha·den** *m mot* damage to the bodywork; **Blech·sche·re** *f* 1. *(Handgerät)* metal shears *pl;* 2. *(Schrottschere)* metal shearer.

Blei [blaɪ] ⟨-(e)s, -e⟩ *n* lead; ▶ **aus** ~ leaden; **meine Füße sind wie** ~ *fam* my feet feel like lead.

Blei·be ['blaɪbə] ⟨-, (-n)⟩ *f:* ▶ **keine** ~ **haben** have nowhere to stay; **eine** ~ **suchen** look for a place to stay.

blei·ben ['blaɪbən] ⟨sein⟩ *irr itr* 1. *(da~)* remain, stay; 2. *(übrig~)* be left; ▶ **bleibt's dabei?** so we'll stick to this? **du bleibst zu Hause, und dabei bleibt's!** you stay at home, and that's that! **bei der Wahrheit** ~ stick to the truth; **wo bleibt er nur?** where's he got to? **ruhig** ~ keep calm; **wo bleibst du so**

lange? what's keeping you? **sieh zu, wo du bleibst!** you're on your own! **jds Freund** ~ remain someone's friend; **das bleibt unter uns!** that is between you and me! **es bleibt dabei!** agreed! **es bleibt mir nichts anderes übrig** I have no other choice; **lassen Sie das lieber** ~! you had better leave that alone! **am Leben** ~ survive; **blei·bend** *adj* lasting.

bleich [blaɪç] *adj* pale.

blei·chen *itr tr* bleach.

blei·ern ['blaɪen] *adj* leaden.

blei·frei *adj* unleaded; *(Benzin)* lead-free, unleaded; **Blei·fuß** *m fig:* ▶ **mit** ~ **fahren** keep one's foot down; **blei·hal·tig** *adj (Benzin)* containing lead; ▶ **das ist** ~**es Benzin** that's leaded petrol (*od Am* gas); **Blei·rohr** *n* lead-pipe.

Blei·stift *m* pencil; **Blei·stift·spit·zer** *m* pencil sharpener.

Blen·de ['blɛndə] ⟨-, -n⟩ *f* 1. *(Sonnen~)* blinds *pl;* 2. *phot* aperture; ▶ **die** ~ **einstellen** *phot* set the aperture.

blen·den I *tr* 1. *allg u. fig* blind; 2. *fig (faszinieren)* dazzle; II *itr (Licht)* be dazzling; **blen·dend** *adj fig (wunderbar)* splendid; ▶ **ich habe mich** ~ **amüsiert** I had a wonderful time.

Blen·der(in) *m (f) fig* phoney.

blend·frei *adj:* ▶ ~**er Rückspiegel** anti-glare rear view mirror.

Blend·schutz·an·pflan·zung *f* anti-dazzle screen planting; **Blend·schutz·zaun** *m* anti-dazzle barrier.

Blen·dung *f* blinding.

Bles·se ['blɛsə] ⟨-, -n⟩ *f (von Pferd) (weißer Stirnfleck)* blaze.

Blick [blɪk] ⟨-(e)s, -e⟩ *m* 1. *allg* look; 2. *(Ausblick)* view; ▶ **auf den ersten** ~ at first glance; **jdm e-n** ~ **zuwerfen** look at s.o.; **ohne jdn e-s** ~**es zu würdigen** without deigning to look at s.o.; **mit e-m** ~ at a glance; **e-n** ~ **auf etw tun** glance at s.th.; **ein Zimmer mit** ~ **auf den Park** a room overlooking the park.

blicken (k·k) *itr* look; ▶ **er läßt sich gar nicht mehr bei uns** ~ he never visits us these days; **das läßt ja tief** ~! that tells a tale! **lassen Sie sich (bloß) nicht mehr** ~! never show your face here again! **sich** ~ **lassen** let o.s. be seen.

Blick·fang *m* eye-catcher; **Blick·feld** *n* range of vision; **Blick·kon·takt** *m* visual contact; **Blick·punkt** *m:* ▶ **im** ~ **stehen** be in the limelight; **Blick·win·kel** *m:* ▶ **etw aus e-m anderen** ~ **betrachten** regard s.th. from a different point of view.

blind [blɪnt] *adj* blind *(für* to); ▶ ~**er Alarm** false alarm; ~**e Gewalt** brute force; ~**er Eifer** blind enthusiasm; **Liebe macht** ~ *prov* love is blind; ~**er Passagier** stowaway.

Blind·darm *m (Wurmfortsatz)* appen-

dix; *(eigentlicher ~)* caecum; **Blinddarm·ent·zün·dung** *f* appendicitis; **Blind·darm·ope·ra·tion** *f* appendix operation, *med* appendectomy.
Blin·de [blɪndə] *m (f)* blind man (blind woman); ▶ **das sieht doch ein ~r!** *fig* any fool can see that! **Blin·de·kuh** *f:* ▶ ~ **spielen** play blind-man's-buff; **Blin·den·heim** *n* home for the blind; **Blin·den·hund** *m* guide-dog; **Blinden·schrift** *f* braille; **Blind·flug** *m* aero blind flight; **Blind·gän·ger** *m* mil a. *fig* dud; **Blind·heit** *f* blindness; ▶ **mit ~ geschlagen** *fig* blind; **Blind·landung** *f* blind landing.
blind·lings [ˈblɪntlɪŋs] *adv* blindly.
Blind·schlei·che [ˈblɪntʃlaɪçə] *f* zoo slow-worm.
blin·ken [ˈblɪŋkən] *itr* 1. gleam, glitter, sparkle; *(Sterne)* twinkle; flash *(a. mot);* 2. *mot* signal, indicate; ▶ **links ~** indicate left.
Blink·licht *n mot* indicator.
blin·zeln [ˈblɪntsəln] *itr* 1. *(vor Helligkeit)* squint; 2. *(Augenzeichen geben)* wink.
Blitz [blɪts] ⟨-es, -e⟩ *m* 1. lightning; 2. *phot* flash; ▶ **vom ~ getroffen werden** be struck by lightning; **wie vom ~ getroffen** thunder-struck; **wie ein geölter ~** *fam* like greased lightning; **ein ~ aus heiterem Himmel** *fig* a bolt from the blue; **Blitz·ab·lei·ter** *m* lightning conductor; **blitz·ar·tig** I *adj* lightning; II *adv* like lightning; **blitz·blank** [ˈ-ˈ-] *adj* spick and span.
blit·zen *itr* 1. *:* ▶ **es blitzt** there is lightning; 2. *(strahlen)* flash; 3. *phot* use flash.
Blitz·ge·rät *n phot* flash gun; **Blitz·gespräch** *n tele* special priority telephone call; **Blitz·krieg** *m* blitz; **Blitz·licht** *n phot* flash; **blitz·sau·ber** [ˈ-ˈ--] *adj (s.* blitzblank); **Blitz·schlag** *m* flash of lightning; **blitz·schnell** [ˈ-ˈ-] *adj (s.* blitzartig); **Blitz·wür·fel** *m phot* flashcube.
Block [blɔk, *pl* blœkə] ⟨-(e)s, ⁻e⟩ *m* 1. *allg (a. Häuser~)* block; 2. *(Holz~)* log; 3. *(Schreib~)* pad.
Blocka·de [blɔˈkaːdə] ⟨-, -n⟩ *f* blockade; ▶ **die ~ aufheben** raise the blockade; **die ~ durchbrechen** run the blockade.
Block·flö·te *f* recorder.
block·frei *adj pol* non-aligned.
Block·haus *n* log-cabin.
blockie·ren I *tr* 1. *allg* block; 2. *fig* obstruct; II *itr (Lenkung, Rad)* lock.
Block·satz *m typ* justification; **Blockschrift** *f* block letters *pl.*
blö·de [ˈbløːdə] *adj* silly, stupid; ▶ **ein ~s Gefühl** *fam* a funny feeling.
blö·deln [ˈbløːdəln] *itr* clown about, fool around.
Blöd·heit *f* stupidity; **Blöd·mann** *m*

fam idiot, silly ass; **Blöd·sinn** *m:* ▶ **mach keinen ~!** don't mess about! **was soll der ~ hier?** what fool did this?
blöd·sin·nig *adj* stupid.
blö·ken [ˈbløːkən] *itr (Rind)* low; *(Schaf)* bleat.
blond [blɔnt] *adj* blond, fair.
Blon·di·ne [blɔnˈdiːnə] ⟨-, -n⟩ *f* blonde.
bloß [bloːs] I *adj* 1. *(nackt)* bare; 2. *(nichts als)* mere; ▶ **der ~e Gedanke** the mere idea, the very thought; **mit ~en Fäusten** with bare fists; ~ **er Schwindel** pure swindle; **mit ~em Auge** with the naked eye; **mit ~em Kopf** bare-headed; II *adv* only; ▶ **es handelt sich ~ um einige Tage** it's only a matter of a few days; **was sie ~ hat?** whatever is wrong with her? **hau ~ ab!** just get lost! ~ **nicht!** God forbid! **komm ~ nicht näher!** don't you dare come any nearer!
Blö·ße [ˈbløːsə] ⟨-, -n⟩ *f* bareness, nakedness; ▶ **sich e-e ~ geben** show one's ignorance.
bloß|le·gen *tr* 1. *allg* uncover; 2. *fig* reveal; **bloß|stel·len** I *tr* show up; II *refl* show o.s. up.
Bluff [bluf] ⟨-s, -s⟩ *m fam* bluff.
blü·hen [ˈblyːən] *itr* 1. *(Blumen)* bloom; *(Bäume)* blossom; 2. *(Wirtschaft, Geschäfte)* flourish, prosper, thrive; 3. *fig (bevorstehen)* be in store; ▶ **dir blüht noch was!** you'll be in for it! **blü·hend** [ˈblyːənt] *adj* 1. blooming; 2. *fig* flourishing; *(Gesundheit)* glowing.
Blüm·chen [ˈblyːmçən] *n* little flower.
Blu·me [ˈbluːmə] ⟨-, -n⟩ *f* 1. flower; 2. *(Wein: Bouquet)* bouquet; **Blu·menbeet** *n* flowerbed; **Blu·men·kohl** *m* cauliflower; **Blu·men·kü·bel** *m* flower tub; **Blu·men·stän·der** *m* flowerstand; **Blu·men·strauß** *m* bunch of flowers; **Blu·men·topf** *m* flowerpot; ▶ **keinen ~ mit etw gewinnen können** *fam* not to get anywhere with s.th.; not to get a fig out of s.th.; **Blumen·va·se** *f* vase; **Blu·men·zwiebel** *f* bulb.
blu·mig [ˈbluːmɪç] *adj fig* flowery; ▶ **ein ~er Stil** *fig* an ornate style.
Blu·se [ˈbluːzə] ⟨-, -n⟩ *f* blouse.
Blut [bluːt] ⟨-(e)s⟩ *n* blood; ▶ **ich kann kein ~ sehen** I can't stand the sight of blood; **das gibt böses ~** *fig* that'll cause ill feeling; **nur ruhig ~!** *fig fam* keep your shirt on! **das liegt ihm im ~** *fig* that's in his blood; **jetzt hab' ich ~ geleckt!** *fig* now I've developed a taste for it! **das geht einem ins ~** *fig* it gets in your blood; **blut·arm** *adj* 1. *med* anaemic; 2. *fig (farblos)* colourless; **Blut·ar·mut** *f med* anaemia; **Blut·bad** *n* bloodbath; **Blut·bank** *f* blood bank; **blut·be·fleckt** *adj* bloodstained; **Blutdruck** *m* blood pressure.

Blü·te ['bly:tə] ⟨-, -n⟩ *f* 1. *(Blumen~)* bloom; *(Baum~)* blossom; 2. *fig fam (falsche Banknote)* dud; ▶ **in ~ stehen** be in full bloom (*od* blossom); *fig* be flourishing.
Blut·egel *m* leech.
blu·ten ['blu:tən] *itr* bleed (*aus* from); ▶ **mir blutet das Herz!** *iro* my heart bleeds for you! **dafür wirst du ~ müssen!** *fig fam* you'll have to cough up a lot for this!
Blü·ten·blatt *n* petal; **Blü·ten·staub** *m* pollen.
Blu·ter(in) ['blu:tə] *m (f) med* haemophiliac.
Blut·er·guß *m* ha(e)matoma; *(blauer Fleck)* bruise.
Blü·te·zeit *f* 1. : ▶ **in der ~ sein** be in blossom; 2. *fig (~ des Lebens)* prime; ▶ **die ~ der Künste** the heyday of the arts.
Blut·fleck *m* bloodstain; **Blut·ge·fäß** *n* blood vessel; **Blut·ge·rinn·sel** *n* blood clot; **Blut·grup·pe** *f* blood group; **Blut·hund** *m* bloodhound.
blu·tig *adj* bloody; ▶ **ein ~er Anfänger** an absolute beginner.
Blut·kör·per·chen *n* blood corpuscle; **Blut·kreis·lauf** *m* blood circulation; **blut·leer** *adj* bloodless; **Blut·plas·ma** *n* blood plasma; **Blut·pro·be** *f med* blood test; **Blut·ra·che** *f* blood feud; **blut·rot** ['-'-] *adj* blood-red; **blut·rün·stig** ['blu:trʏnstɪç] *adj* bloodthirsty; **Blut·sau·ger** *m* blood-sucker; **Blut·schan·de** *f* incest; **Blut·sen·kung** *f* sedimentation of the blood; **Blut·spen·de** *f* donation of blood; **Blut·spen·der(in)** *m (f)* blood donor; **Blut·spur** *f* trail of blood.
blut·stil·lend *adj* styptic.
Bluts·trop·fen *m* drop of blood; **bluts·ver·wandt** *adj* related by blood; **Bluts·ver·wand·te(r)** *f m* blood relation; **Bluts·ver·wandt·schaft** *f* blood relationship; **Blut·tat** *f* bloody deed; **Blut·über·tra·gung** *f* blood transfusion; **Blu·tung** *f* bleeding; *(Monats~)* period; **blut·un·ter·lau·fen** *adj* bloodshot; **Blut·un·ter·su·chung** *f* blood examination (*od* test); **Blut·ver·gie·ßen** *n* bloodshed; **Blut·ver·gif·tung** *f* blood-poisoning; **Blut·ver·lust** *m* loss of blood; **Blut·wä·sche** *f med* detoxification of the blood; **Blut·wurst** *f* blood sausage.
BMX-Rad *n* BMX bike.
Bö [bø:] ⟨-, -en⟩ *f* gust, sudden squall.
Bock [bɔk, *pl* 'bœkə] ⟨-(e)s, ̈e⟩ *m* 1. *(Nager, Rotwild)* buck; *(Schaf~)* ram; *(Ziegen~)* he-goat; 2. *mot (Gestell)* ramp; 3. *sport* vaulting horse; ▶ **~ auf etw haben** *sl* fancy s.th.; **keinen ~ haben, etw zu tun** *fam* not to feel like doing s.th.

Bock·bier *n* bock beer.
boc·ken *itr* 1. *(Pferd)* refuse; 2. *(Auto)* jerk; 3. *fig (bockig sein)* act up.
boc·kig *adj* contrary.
Bocks·horn ['bɔkshɔrn] *n fig:* ▶ **laß dich nicht ins ~ jagen!** don't let yourself get into a state!
Bock·sprin·gen *n* 1. *sport* vaulting; 2. *(Spiel)* leap-frog; **Bock·sprung** *m* 1. *sport* vault; 2. *(Spiel)* leap.
Bo·den ['bo:dən, *pl* 'bø:dən] ⟨-s, ̈⟩ *m* 1. *(Erd~)* ground; *(Acker~)* soil; 2. *(Fuß~)* floor; 3. *(Dach~)* loft; 4. *(Gefäß, Behälter, Meeres~)* bottom; ▶ **zu ~ fallen** fall to the ground; **am ~ zerstört sein** *fig* be shattered; **an ~ gewinnen** *fig* gain ground; **auf dem ~ der Tatsachen bleiben** stick to the facts *pl*.
Bo·den·be·lag *m* floor covering; **Bo·den·be·schaf·fen·heit** *f etc)* condition of the soil; **Bo·den·be·wirt·schaf·tung** *f* soil management; **Bo·den·frei·heit** *f mot* ground clearance; **Bo·den·frost** *m* ground frost; **Bo·den·haf·tung** *f mot* road holding.
bo·den·los *adj* 1. bottomless; 2. *fig (unglaublich)* incredible; ▶ **e-e ~e Frechheit** (an) unbounded cheek.
Bo·den·ne·bel *m* ground mist; **Bo·den·nut·zung** *f* land use; **Bo·den·per·so·nal** *n aero* ground staff (*od* personnel); **Bo·den·pro·be** *f* soil sample; **Bo·den·re·form** *f* land reform; **Bo·den·satz** *m allg* deposit, sediment; *(von Kaffee)* dregs *pl*; **Bo·den·schät·ze** *pl* mineral resources.
Bo·den·see *m geog* Lake Constance.
Bo·den·sen·ke *f* depression; **Bo·den·sta·tion** *f radio* ground station; **Bo·den·streit·kräf·te** *pl mil* ground forces; **Bo·den·tur·nen** *n* floor exercises *pl*; **Bo·den·un·ter·su·chung** *f* soil exploration (*od* survey); **Bo·den·ver·bes·se·rung** *f* land improvement (*od* amelioration); **Bo·den·ver·dich·tung** *f* soil compaction, surface sealing of soil; **Bo·den·ver·seu·chung** *f* contamination of the ground.
Bo·dy ⟨-, ɔodies⟩ *m* body stocking (*od* suit); **Bo·dy·buil·der(in)** *m (f)* bodybuilder; **Bo·dy·buil·ding** ⟨-s⟩ *n* bodybuilding; **Bo·dy·suit** ⟨-, -s⟩ *m (s.* Body).
Bo·gen ['bo:gən, *pl* 'bø:gən] ⟨-s, -/̈⟩ *m* 1. *allg* curve; 2. *(Waffe)* bow; 3. *(Papier~)* sheet; ▶ **er hat den ~ heraus** *fig fam* he's got the hang of it; **e-n ~ machen** *fig* curve; **jdn in hohem ~ hinauswerfen** send s.o. flying out.
bo·gen·för·mig *adj* arched.
Bo·gen·gang *m arch* arcade; **Bo·gen·schüt·ze (-schüt·zin)** *m (f)* archer.
Boh·le ['bo:lə] ⟨-, -n⟩ *f* thick board.
böh·misch ['bø:mɪʃ] *adj* Bohemian; ▶ **das sind ihm ~e Dörfer** *fig* that is Greek to him.

Boh·ne ['boːnə] ⟨-, -n⟩ f bean; ▶ **dicke ~n** broad beans; **das juckt mich nicht die ~** fam I don't care a fig; **Boh·nen·kaf·fee** m ground coffee; **Boh·nen·stan·ge** f 1. allg bean support; 2. fig beanpole.

boh·nern ['boːnɐn] tr polish.

Boh·ner·wachs n floor polish (od wax).

boh·ren ['boːrən] itr 1. allg bore; (mit Bohrer) drill; 2. fig (nachfragen) keep on; ▶ **~de Zweifel** gnawing doubts.

Boh·rer m (Kraftbohrmaschine) drill; (Handbohrer) gimlet.

Bohr·in·sel f oil rig; **Bohr·loch** n drillhole; **Bohr·ma·schi·ne** f drill; **Bohr·turm** m (für Öl) derrick.

Boi·ler ['bɔɪlɐ] ⟨-s, -⟩ m tank.

Bo·je ['boːjə] ⟨-, -n⟩ f buoy.

Boll·werk ['bɔlvɛrk] ⟨-(e)s, -e⟩ n bulwark, stronghold.

Bol·sche·wis·mus [bɔlʃe'vɪsmʊs] m Bolshevism; **Bol·sche·wist(in)** m (f) Bolshevist; **bol·sche·wi·stisch** adj Bolshevist.

Bol·zen ['bɔltsən] ⟨-s, -⟩ m tech 1. (Schraub~) bolt; 2. (Zapfen, Stift) pin.

Bom·bar·de·ment [bɔmbardə'mãː] ⟨-s, -s⟩ n bombardment.

bom·bar·die·ren tr 1. mil bomb; 2. fig bombard.

bom·ba·stisch adj pej bombastic.

Bom·be ['bɔmbə] ⟨-, -n⟩ f bomb; ▶ **die Nachricht schlug wie e-e ~ ein** the news struck like a bombshell; **Bom·ben·an·griff** m bomb raid; **Bom·ben·an·schlag** m bomb attack; **Bom·ben·er·folg** ['---'-] m smash hit; **Bom·ben·ge·schäft** ['---'-] n fam: ▶ **ein ~ ma·chen** do a roaring trade.

Bom·ber ['bɔmbɐ] m mil bomber.

Bon [bɔŋ/bõː] ⟨-s, -s⟩ m com (Gutschein) voucher.

Bon·bon [bɔŋ'bɔŋ/bõ'bõː] ⟨-s, -s⟩ m od n Br sweet, Am candy.

Bo·ni·tät ⟨-⟩ f fin financial standing, credit-worthiness.

Bon·ze ['bɔntsə] ⟨-n, -n⟩ m 1. rel (buddhistischer Priester) bonze; 2. fig pej (Partei~ etc) bigwig, big shot.

boomen ['buːmən] itr fam boom.

Boot [boːt] ⟨-(e)s, -e⟩ n boat; ▶ **~ fah·ren** go boating; **Boots·fahrt** f boat trip; **Boots·flücht·lin·ge** pl boat people; **Boots·haus** n boathouse.; **Boots·lie·ge·platz** m landing stage, mooring; **Boots·mann** ⟨-s, -leute⟩ mar boatswain (Abk bosun); mil petty officer; **Boots·ver·leih** m boat hire business.

Bor [boːɐ] ⟨-s⟩ n chem boron.

Bord [bɔrt] ⟨-(e)s, -e⟩ n 1. (das Bücher~) shelf; 2. aero mar board; ▶ **an ~ gehen** board the plane/ship; **über ~ werfen** a. fig throw overboard; **von ~ gehen** disembark.

Bor·dell [bɔr'dɛl] ⟨-s, -e⟩ n brothel.

Bord·fun·ker(in) m (f) aero mar radio operator; **Bord·kar·te** f boarding card, boarding pass; **Bord·ki·no** n mar ship's cinema; **Bord·per·so·nal** n aero air-crew; **Bord·ver·pfle·gung** f aero flight rations pl; **Bord·waf·fen** pl aero aircraft armaments; **Bord·werk·zeug** aero tool kit.

bor·gen ['bɔrgən] tr itr borrow (von from).

Bor·ke ['bɔrkə] ⟨-, -n⟩ f bark; **Bor·ken·kä·fer** m zoo bark beetle.

bor·niert [bɔr'niːɛt] adj pej narrow-minded.

Bör·se ['bœrzə] ⟨-, -n⟩ f 1. (Geldbeutel) purse; 2. com (Gebäude) the stock-exchange; 3. com (~nmarkt) stock market; **Bör·sen·be·richt** m stock market report; **Bör·sen·krach** m (stock market) crash; **Bör·sen·mak·ler(in)** m (f) stockbroker; **Bör·sen·platz** m stock exchange.

Bor·ste ['bɔrstə] ⟨-, -n⟩ f bristle.

Bor·te ['bɔrtə] ⟨-, -n⟩ f braid trimming.

bös·ar·tig adj 1. (Menschen) malicious; (Tiere) vicious; 2. med (Tumor etc) malignant.

Bös·ar·tig·keit f 1. (von Lebewesen) ill nature, viciousness; 2. (von Tumor etc) malignancy.

Bö·schung ['bœʃʊŋ] f (von Straße) embankment; (Fluß~) bank.

bö·s(e) [bøːs/'bøːzə] adj 1. evil; (schlimm, schlecht) bad; 2. (frech) nasty; ▶ **das war nicht ~ gemeint** I didn't mean it nastily; **ein ~es Erwachen** a rude awakening; **die ~e Stiefmutter** the wicked stepmother; **er meinte es nicht ~** he meant no harm; **~e sein (auf jdn)** be angry (with s.o.).

Bö·se·wicht ['bøːzəvɪçt] ⟨-(e)s, -er/-e⟩ m villain.

bos·haft ['boːshaft] adj malicious, spiteful.

Bos·haf·tig·keit f maliciousness.

Bos·heit f nastiness.

bös·wil·lig adj malevolent; jur malicious; ▶ **e-e ~e Verleumdung** a malevolent defamation.

Bös·wil·lig·keit f malice.

Bo·ta·nik [bo'taːnɪk] f botany; **Bo·ta·ni·ker(in)** m (f) botanist; **bo·ta·nisch** adj botanical; ▶ **~er Garten** botanical gardens pl.

Bo·te (Bo·tin) ['boːtə] ⟨-n, -n⟩ m (f) messenger; **Bo·ten·gang** m errand; ▶ **e-n ~ machen** run an errand.

Bot·schaft ['boːtʃaft] f 1. (Nachricht) message; 2. pol (Botschaftsgebäude) embassy; ▶ **gute ~** good news pl; **e-e ~ übermitteln** deliver a message.

Bot·schaf·ter(in) m (f) ambassador.

Bött·cher(in) ['bœtçɐ] ⟨-s, -⟩ m (f) cooper.

Bot·tich ['bɔtɪç] ‹-(e)s, -e› *m* tub.
Bouil·lon [bʊl'jõ:] ‹-, -s› *f* bouillon, consommé.
Bou·le·vard·pres·se [bulə'vaːɛprɛsə] *f* popular press.
Bou·tique [bu'tiːk] ‹-, -n› *f* boutique.
Bow·le ['boːlə] ‹-, -n› *f* 1. *(Gefäß)* punchbowl; 2. *(Getränk)* punch; ► e-e ~ ansetzen prepare some punch.
Box [bɔks] ‹-, -en› *f* box; speaker.
bo·xen ['bɔksən] *itr* box; ► gegen jdn ~ fight s.o.
Bo·xer *m* (a. *Hunderasse)* boxer; **Bo·xer-Shorts** *pl* boxer shorts *pl.*
Bo·xer·mo·tor *m* opposed cylinder engine.
Box·hand·schuh *m* boxing glove.
Box·kampf *m* boxing match.
Boy·kott [bɔi'kɔt] ‹-(e)s, -e› *m* boycott.
boy·kot·tie·ren *tr* boycott.
brach [braːx] *adj* 1. *(von Acker)* fallow; 2. *fig (unausgenutzt)* unexploited; ► ~liegende Kenntnisse unexploited knowledge; **Brach·feld** *n* fallow field.
Bra·chi·al·ge·walt [braxi'aːlgəvalt] *f:* ► mit ~ by brute force.
Brack·was·ser ['brakvasə] *n* brackish water.
Brain·stor·ming ['breɪnstɔːmɪŋ] ‹-s› *n* brainstorming.
Bran·che ['brãːʃə] ‹-, -n› *f com* branch; *(Fach)* department, field; **Bran·chen·füh·rer** *m* market leader; **Bran·chen·kennt·nis** *f* knowledge of the trade; **Bran·chen·ver·zeich·nis** *n tele* yellow pages *pl.*
Brand [brant, *pl* 'brɛndə] ‹-(e)s, ¨e› *m* 1. *(Feuer)* fire; 2. *med (Gangrän)* gangrene; 3. *bot (Getreidepilz)* blight; 4. *(starker Durst nach Rausch)* raging thirst; ► in ~ geraten catch fire; in ~ setzen *(od stecken)* set on fire, set fire to; in ~ stehen be on fire; **Brand·bla·se** *f* blister; **Brand·bom·be** *f* incendiary bomb.
brand·ei·lig ['-'---] *adj* extremely urgent, pressing.
bran·den ['brandən] *itr* surge; ► ~ gegen ... break against ...
Brand·herd *m* 1. *(Feuerentstehungsort)* source of the fire; 2. *fig (Gefahrenherd)* trouble spot.
bran·dig *adj* 1. *bot (Getreide etc)* suffering from blight; 2. *med* gangrenous; ► ~ riechen have a burnt smell.
Brand·mal ‹-s, -e› *n* 1. *(Narbe)* brand.
brand·mar·ken *tr* brand; ► jdn als etw ~ *fig* brand s.o. as s.th.
Brand·mau·er *f* fire-proof wall; **Brand·ro·dung** *f* slash-and-burn; **Brand·sal·be** *f* ointment for burns; **Brand·scha·den** *m* fire damage; **Brand·schutz** *m* fire protection; **Brand·stel·le** *f* 1. *(Ort des Brands)* fire; 2. *(verbrannte Stelle)* burnt patch; **Brand·stif·ter(in)** *m (f)*

fire-raiser; **Brand·stif·tung** *f* arson, fire-raising.
Bran·dung ['brandʊŋ] *f* surf, breakers *pl.*
Brand·wa·che *f* 1. *(Tätigkeit)* firewatch; 2. *(Gruppe)* firewatch team; **Brand·wun·de** *f* burn; *(durch Verbrühung)* scald; **Brand·zei·chen** *n* brand.
Brannt·wein *m* spirits *pl.*
Bra·si·lia·ner(in) [brazi'lja:nə] *m (f)* Brazilian; **bra·si·lia·nisch** *adj* Brazilian; **Bra·si·li·en** [bra'ziːliən] *n* Brazil.
Brat·apfel *m* baked apple.
Bra·ten ‹-s, -› *m* roast (meat); ► den ~ begießen baste the roast; den ~ riechen *fig* smell a rat.
bra·ten ['braːtən] *irr itr tr* roast; *(in der Pfanne)* fry; ► etw knusprig ~ fry s.th. until it is crispy.
Bra·ten·fett *n* dripping.
Brat·hähn·chen *n* roast chicken; **Brat·he·ring** *m* fried herring; **Brat·huhn** *n* roast chicken; **Brat·kar·tof·feln** *pl* fried potatoes; **Brat·pfan·ne** *f* frying-pan; **Brat·rost** *m* grill.
Brat·sche ['braːtʃə] ‹-, -n› *f mus* viola.
Brat·spieß *m* skewer; **Brat·wurst** *f* 1. *(zum Braten)* frying sausage; 2. *(gebratene Wurst)* fried sausage.
Brauch [braʊx, *pl* 'brɔiçə] ‹-(e)s, ¨e› *m* *(Sitte)* common usage, custom; ► das ist bei uns so ~ that's traditional with us.
brauch·bar *adj* 1. *(nützlich)* useful; 2. *(verwendungsfähig)* usable; 3. *fig (gut, vernünftig)* decent; ► ein ~er Hinweis a useful hint; ein ~er Plan a plan that works.
brau·chen ['braʊxən] *tr* 1. *(nötig haben, bedürfen)* need, require; 2. *(gebrauchen)* use; ► Zeit ~ take time; er braucht nur 2 Stunden, um es zu tun it will take him only 2 hours to do it; wie lange wird er noch ~? how much longer will it take him? Sie ~ es nur zu sagen you only need to say so; das brauchst du dir nicht gefallen zu lassen sen you don't have to stand for that; den Wagen kann ich nicht ~ I have no use for this car.
Brauch·tum *n* customs, traditions *pl.*
Brauch·was·ser *n* industrial water.
Braue ['braʊə] ‹-, -n› *f* eyebrow.
brau·en ['braʊən] *tr (Bier etc)* brew.
Braue·rei *f* brewery.
braun [braʊn] *adj* brown; ► ~ werden *(von der Sonne)* get a tan, tan.
Bräu·ne ['brɔinə] ‹-› *f* brownness; *(Sonnen~)* tan; ► gesunde ~ healthy tan.
bräu·nen I *tr* 1. *(in Fett)* brown; 2. *(in der Sonne)* tan; **II** *refl (in der Sonne)* tan.
bräun·lich *adj* brownish.
brau·sen *itr* 1. ‹h› *(rauschen)* roar; *(Wasser)* foam; 2. *fig* ‹h› *(Beifall)*

thunder; **3.** *mot* ⟨sein⟩ *(rasen)* race; ▶ **das ~ des Sturmes.**

Brau·se·pul·ver *n* lemonade powder; **Brau·se·ta·blet·te** *f* lemonade tablet.

Braut [braut, *pl* 'brɔitə] ⟨-, ⁼e⟩ *f* bride.

Bräu·ti·gam ['brɔitigam] ⟨-s, -e⟩ *m* groom.

Braut·jung·fer *f* bridesmaid; **Braut·kleid** *n* wedding dress; **Braut·paar** *n* bride and (bride)groom; **Braut·schlei·er** *m* wedding veil.

brav [braːf] *adj* **1.** *(rechtschaffen)* honest, upright, **2.** *(von Kindern)* good, well-behaved.

Break·dance ['brɛikdəːns] *m* breakdancing.

Brech·durch·fall *m med* diarrhoea and sickness.

Brech·ei·sen *n* crowbar; *(Stemmeisen) Br* jemmy, *Am* jimmy *fam.*

bre·chen ['brɛçən] *irr* **I** *tr* ⟨h⟩ **1.** *a. fig* break; *(Steine, Gestein)* cut; **2.** *(erbrechen)* bring up, vomit; ▶ **sich das Bein ~** break one's leg; **II** *itr* **1.** *allg* ⟨sein⟩ break; **2.** ⟨h⟩ *(erbrechen)* throw up; ▶ **mit jdm ~** break with s.o.; **III** *refl* **1.** *(Wellen)* break; **2.** *(Schall)* rebound *(an off).*

Bre·cher ['brɛçə] *m (Welle)* breaker.

Brech·mit·tel *n med* emetic; **Brechreiz** *m* nausea.

Bre·chung *f (von Wellen)* breaking; *opt (von Strahlen)* refraction.

Brei [brai] ⟨-(e)s, -e⟩ *m* mash; ▶ **jdn zu ~ schlagen** *fig fam* beat s.o. to a pulp; **um den (heißen) ~ herumreden** *fig fam* beat about the bush.

brei·ig ['braiiç] *adj* mushy.

breit [brait] *adj* broad; *(weit, a. fig)* wide; ▶ **machen Sie sich bitte nicht so ~!** please don't take up so much room! **etw ~er machen** widen s.th.; **die ~e Masse** the masses *pl*; **~ gebaut** sturdily built.

Breit·band·ka·bel *n el* broadband cable.

breit·bei·nig *adj* with one's legs apart.

Brei·te ['braitə] ⟨-, -n⟩ **1.** breadth; *(bei Maßen)* width; **2.** *geog* latitude; ▶ **e-e ~ von 10 Metern haben** be 10 meters in width; **in die ~ gehen** *fam* put on weight.

breit·schla·gen *irr tr fig fam:* ▶ **jdn ~** talk s.o. round; **sich ~ lassen** let o.s. be talked round.

breit·schul·t(e)·rig *adj* broad-shouldered; **Breit·sei·te** *f mar* broadside; **Breit·wand·film** *m film* wide-screen picture.

Brems·bac·ke *f* brake block; **Brems·be·lag** *m* brake lining; ▶ **den ~ erneuern** reline the brakes.

Brem·se[1] ['brɛmzə] ⟨-, -n⟩ *f zoo (Insekt)* horsefly.

Brem·se[2] *f mot* brake; ▶ **die ~n nach-**

stellen adjust the brakes; **die ~en entlüften** bleed the brakes.

brem·sen **I** *itr* brake; **II** *tr fig* slow down; ▶ **er ist nicht zu ~** there is no stopping him.

Brems·flüs·sig·keit *f* brake fluid; **Brems·haupt·zy·lin·der** [-'----] *m mot* brake master cylinder; **Bremsklotz** *m mot* brake block; **Brems·kraft·ver·stär·ker** *m* servo-assistance unit; **Brems·licht** *n* brake light; **Brems·pe·dal** *n* brake pedal; **Brems·ra·ke·te** *f aero* retro rocket; **Brems·schlauch** *m mot* brake hose; **Brems·schlupf·reg·ler** *m mot* anti-block braking system; **Brems·spur** *f* skid mark; **Brems·trom·mel** *f* brake drum; **Brems·weg** *m* braking distance.

brenn·bar ['brɛnbaːɐ] *adj* combustible; *(entzündlich)* inflammable.

Brenn·dau·er *f el (von Glühbirne)* life; **Brenn·ele·ment** *n* fuel element.

bren·nen ['brɛnən] *irr* **I** *itr* **1.** *(Feuer)* burn; **2.** *el* be on; **3.** *fig (Verletzung)* sting; *(Druckstelle)* hurt; ▶ **das brennt in den Augen!** that burns my eyes! **laß das Licht nicht ~!** don't leave the light on! **es brennt!** fire! fire! **darauf ~, etw zu tun** *fig* be dying to do s.th.; **II** *tr* **1.** *(Ziegel)* bake; **2.** *(Schnaps)* distil; **brennend** *adj* **1.** *allg* burning; *(Pfeife, Zigarette)* lighted; **2.** *(Hitze)* scorching; **3.** *fig (Schmerz)* smarting; **4.** *fig (Frage)* urgent, vital.

Bren·ner ⟨-s, -⟩ *m* **1.** *tech (Schweiß~)* welding torch; **2.** *tech (Gas~, Öl~)* burner; **3.** *(Schnaps~)* distiller.

Bren·ne·rei *f (für Schnaps)* distillery.

Brenn·glas *n* burning glass; **Brennholz** *n* firewood; **Brenn·ma·te·rial** *n* fuel; **Bren(n·)nes·sel** ['brɛnnɛsəl] *f* stinging nettle; **Brenn·punkt** *m fig u.opt* focus; ▶ **im ~ stehend** *fig* focal; **etw in den ~ rücken** focus attention on s.th.; **Brenn·spi·ri·tus** *m* methylated spirits *pl*; **Brenn·stab** *m* fuel rod; **Brenn·stoff** *m* fuel; **Brenn·wei·te** *f opt* focal length.

brenz·lig ['brɛntsliç] *adj* **1.** *obs (nach Brand riechend):* **es riecht ~ hier** there is a smell of burning; **2.** *fam (gefährlich)* dicey, precarious; ▶ **e-e ~e Angelegenheit** *(od Geschichte) fam* a delicate matter; **die Sache wird ~ (für jdn)** *fam* the matter is getting too hot (for s.o.).

Bre·sche ['brɛʃə] ⟨-, -n⟩ *f* breach, gap; ▶ **in die ~ springen** *fig* step into the breach.

Bre·ta·gne [bre'tanjə] ⟨-⟩ *f geog:* ▶ **die ~** Brittany; **Bre·tone (Bretonin)** [bre'toːnə] ⟨-n, -n⟩ *m (f)* Breton; **bre·to·nisch** *adj* Breton.

Brett [brɛt] ⟨-(e)s, -er⟩ *n* **1.** board; *(dickeres ~)* plank; **2.** *(Spiel~)* board; **3.**

(Frühstück~, Eß~) platter; ► **der hat 'n Brett vorm Kopf** *fig fam* he's as thick as two short planks; **Schwarzes ~** notice board; **Bret·ter·bu·de** *f* shack; **Bret·ter·wand** *f* wooden wall; *markt* hoarding; **Bret·ter·zaun** *m* wooden fence.
Brett·spiel *n* board game.
Bre·zel ['breːtsəl] ⟨-, -n⟩ *f* pretzel.
Brief [briːf] ⟨-(e)s, -e⟩ *m* letter; ► **etw als ~ schicken** send s.th. by letter post; **jdm ~ und Siegel auf etw geben** *fig* assure s.o. on one's oath; **Brief·ab·la·ge** *f* letter-files *pl;* **Brief·be·schwe·rer** *m* paper-weight; **Brief·bo·gen** *m* sheet of note paper; **Brief·bom·be** *f* letter bomb; **Brief·freund(in)** *m (f)* pen-friend; **Brief·ge·heim·nis** *n* privacy of the post; **Brief·ka·sten** *m (am Haus)* Br letter-box, *Am* mail box; *(in Säule)* Br pillar box, post box, *Am* mail box; **Brief·kopf** *m* letter-head; *(von Hand)* heading.
brief·lich *adj* by letter; ► **~er Verkehr** correspondence; **mit jdm ~ verkehren** correspond with s.o.
Brief·mar·ke *f* stamp; **Brief·mar·ken·au·to·mat** *m* (postage) stamp slot machine; **Brief·mar·ken·samm·ler(in)** *m (f)* philatelist, stamp collector; **Brief·mar·ken·samm·lung** *f* stamp collection.
Brief·öff·ner *m* letter opener; **Brief·pa·pier** *n* letter-*(od* writing-*)*paper, notepaper; **Brief·post** *f* letter post; **Brief·ta·sche** *f* Br wallet, *Am* billfold; **Brief·tau·be** *f* carrier pigeon; **Brief·trä·ger(in)** *m (f)* Br postman (postwoman), *Am* mailman (mailwoman); **Brief·um·schlag** *m* envelope; **Brief·waa·ge** *f* letter scales *pl;* **Brief·wahl** *f* pol postal vote; **Brief·wech·sel** *m* correspondence; ► **in ~ stehen mit jdm** correspond with s.o.; **Brief·wer·bung** *f* direct mail advertising.
Bri·ga·de [briˈgaːdə] ⟨-, -n⟩ *f* brigade.
Bri·ga·de·kom·man·deur *m* mil Br brigadier, *Am* brigadier general.
Brigg [brɪk] ⟨-, -s⟩ *f* mar brig.
Bri·kett [briˈkɛt] ⟨-s, -s/(-e)⟩ *n* briquette.
Bril·le ['brɪlə] ⟨-, -n⟩ *f* 1. glasses *pl; (Schutz~)* goggles *pl;* 2. *(von Toilettensitz)* (toilet) seat; ► **e-e ~ tragen** wear glasses; **Bril·len·etui** *n* spectacle case; **Bril·len·ge·stell** *n* spectacle-frame; **Bril·len·glas** *n* lens; **Bril·len·schlan·ge** *f* 1. zoo cobra; 2. *fig pej (Brillenträgerin)* four-eyes; **Bril·len·trä·ger(in)** *m (f):* ► **~ sein** wear glasses.
brin·gen ['brɪŋən] *irr* 1. *tr (zu e-m)* bring; *(von e-m weg, wegtragen, befördern)* take; 2. *(veröffentlichen)* publish; ► **jdn dazu ~, etw zu tun** get s.o. to do s.th., make s.o. do s.th.; **es weit ~** *(od* **zu etw ~)** *fig* get somewhere, make one's

way; **jdn nach Hause ~** see s.o. home; **jdn auf den Gedanken ~** suggest s.th. to s.o.; **du bringst mich auf den Gedanken ...** you make me think that ...; **auf die Seite ~** put aside; **ich brachte sie auf meine Seite** I brought her over to my side; **er brachte es bis zum General** he rose to be a general; **in Erfahrung ~** get to know, learn; **Gewinn ~** yield a profit; **in Verlegenheit ~** embarrass; **mit sich ~** *fig* imply, involve; **jdn um etw ~** deprive s.o. of s.th.; *(betrügen)* cheat s.o. out of s.th.; **sich ums Leben ~** commit suicide; **jdn um den Verstand ~** drive s.o. mad; **zum Abschluß ~, zu Ende ~** bring to a close; **jdn zur Besinnung ~** bring s.o. to his senses *pl;* **zu Fall ~** bring down; **jdn zum Lachen ~** make s.o. laugh; **jdn zum Schweigen ~** silence s.o.; **jdn wieder zu sich ~** bring s.o. round; **jdn zur Vernunft ~** bring s.o. to reason; **das bringt's auch nicht!** that's no use either! **das bringt nichts!** that's pointless!
Bri·se ['briːzə] ⟨-, -n⟩ *f* breeze.
Bri·tan·nien [briˈtaniən] *n poet* Britannia.
Brite (Britin) ⟨-n, -n⟩ *m (f)* Briton; ► **die ~n** the British; **bri·tisch** *adj* British.
bröckeln (k·k) ['brœkəln] ⟨sein⟩ *itr* crumble.
Brocken (k·k) ['brɔkən] ⟨-s, -⟩ *m* chunk; *(Klumpen)* lump; ► **ein harter ~ sein** *fig* be a tough nut to crack.
bro·deln ['broːdəln] *itr (Suppe)* bubble; *(Lava, Schmelze etc)* seethe.
Bro·kat [broˈkaːt] ⟨-(e)s, -e⟩ *m* brocade.
Brok·ko·li *pl* broccoli *pl.*
Brom [broːm] ⟨-s⟩ *n chem* bromine.
Brom·bee·re ['brɔmbeːrə] *f* blackberry, bramble; **Brom·beer·strauch** *m* bramble bush.
bron·chi·al [brɔnçiˈaːl] *adj* bronchial; **Bron·chi·al·ka·tarrh** *m* bronchial catarrh; **Bron·chien** ['brɔnçiən] *f pl* bronchi, bronchial tubes *pl;* **Bron·chi·tis** ⟨-, -tiden⟩ *f* bronchitis.
Bron·ze ['brõːsə] ⟨-, -n⟩ *f* bronze; **bron·ze·far·ben** *adj* bronze-coloured; **Bron·ze·me·dai·lle** *f* bronze medal.
bron·zen *adj* (of) bronze.
Bron·ze·zeit *f* Bronze Age.
Bro·sche ['brɔʃə] ⟨-, -n⟩ *f* brooch.
bro·schiert [broˈʃiːɐt] *adj:* ► **~e Ausgabe** paperback edition.
Bro·schur *f,* **Bro·schur·ein·band** *m typ* cut flush binding.
Bro·schü·re [broˈʃyːrə] ⟨-, -n⟩ *f* booklet.
Brot [broːt] ⟨-(e)s, -e⟩ *n* 1. *allg* bread; loaf of bread; 2. *(Butter~)* sandwich.
Bröt·chen ['brøːtçən] *n* roll; ► **belegtes ~** filled roll; **kleinere ~ backen** *fig* set one's sights lower.
Brot·ein·heit *f* Br carbohydrate exchange, *Am* bread unit; **Brot·ka·sten**

m bread bin; **Brot·kru·me** *f* breadcrumb; **brot·los** *adj fig (ohne Stellung)* unemployed; ▶ ~ **werden** lose one's livelihood; **jdn ~ machen** put s.o. out of work; **Brot·rin·de** *f* crust; **Brotschnei·de·ma·schi·ne** *f* bread slicer.

Bruch¹ [brʊx, *pl* 'brʏçə] ⟨-(e)s, ∵e⟩ *m* **1.** *allg a. tech* break; *med (Knochen~)* fracture; **2.** *med (der Eingeweide)* hernia, rupture; **3.** *(e-s Versprechens)* breach (of promise); *(der Freundschaft)* breach (of friendship); *jur (Vertrags~)* infringement; *(e-s Gesetzes)* violation; **4.** *math* fraction; ▶ **zu ~ gehen** get broken; **ein Auto zu ~ fahren** smash a car; **in die ∵e gehen** *fig* break up; **sich einen ~ heben** do o.s. an injury.

Bruch² *m (Sumpf)* fen, marsh.

Bruch·band *n med* truss.

Bruch·bu·de *f fam* tumbledown shanty.

bruch·fest *adj* unbreakable.

brü·chig ['brʏçɪç] *adj* **1.** *(zerbrechlich)* fragile; *(von Metallen)* flawed; *(spröde)* brittle; **2.** *(rissig)* cracked; **3.** *fig (zerbröckelnd)* crumbling; ▶ ~**e Stimme** rough voice.

Bruch·rech·nung *f math* fractions *pl.*

Bruch·ril·le *f (bei Tablette)* score-mark.

Bruch·strich *m math* line of a fraction.

Bruch·stück *n* fragment.

bruch·stück·haft *adj* fragmentary.

Bruch·teil *m* fraction; ▶ **im ~ einer Sekunde** in a split second.

Brücke (k·k) ['brʏkə] ⟨-, -n⟩ *f* **1.** *(auch el)* bridge; **2.** *med (Zahn~)* bridge; **3.** *(Teppich)* rug; **4.** *sport (Gymnastik)* crab; ▶ **jdm e-e ~ bauen** *fig* give s.o. a helping hand; **die ~n hinter sich abbrechen** *fig* burn one's bridges (*od* boats); **Brücken·bau (k·k)** *m* bridge construction; **Brücken·ge·län·der (k·k)** *n* parapet; **Brücken·kopf (k·k)** *m mil* bridgehead; **Brücken·pfei·ler (k·k)** *m* pier.

Bru·der ['bruːdɐ, *pl* 'brʏdɐ] ⟨-s, ∵⟩ *m* brother; ▶ **unter Brüdern** between friends; **liebe Brüder!** my brethren!

Bru·der·krieg *m mil* fratricidal war.

brü·der·lich *adj* brotherly, fraternal.

Brü·der·lich·keit *f* fraternity.

Bru·der·mord *m* fratricide.

Bru·der·schaft *f* brotherhood.

Brü·he ['brʏə] ⟨-, -n⟩ *f* **1.** *(Fleisch~)* broth; **2.** *(trübe Flüssigkeit)* sludge; **3.** *fam (dünnes Getränk)* muck.

brü·hen *tr (Speisen)* blanch; ▶ **Tee ~** brew tea.

brüh·warm ['-'-] *adj* **1.** *(vom Erhitzen)* boiling hot; **2.** *fig (brandneu)* hot from the press; ▶ **sie verbreitete die Nachricht ~** she spread the news red hot.

Brüh·wür·fel *m* stock-cube.

brül·len ['brʏlən] *itr* roar; *(Stier)* bellow; *(Kind)* bawl; ▶ **das ist zum B~!** *fam* it's a scream!

Brumm·bär *m fig fam* grouch.

brum·men ['brʊmən] *itr* **1.** *(summen)* hum; **2.** *(von Raubtier)* growl; **3.** *(Käfer, Fliegen etc)* buzz; **4.** *mot (Motor)* drone, purr; **5.** *(von Menschen)* growl, grumble, snarl; **6.** *fig sl (Strafe absitzen)* be locked up; ▶ **er brummte etw in seinen Bart** *fig* he muttered s.th. in his beard; **mir brummt der Kopf** my head is spinning.

Brum·mer *m fam* **1.** *(Fliege)* blue-bottle (fly); **2.** *(LKW)* juggernaut.

brum·mig *adj (verdrießlich)* grouchy, grumpy.

brü·nett [brʏ'nɛt] *adj* dark-haired.

Brü·net·te ⟨-n, -n⟩ *f* brunette.

Brun·nen ['brʊnən] ⟨-s, -⟩ *m* **1.** *(Schöpf~)* well; **2.** *(Spring~)* fountain; **3.** *(Mineral~)* spring; **Brun·nen·kres·se** *f bot* watercress; **Brun·nen·rand** *m* brim (*od* edge) of a well; **Brun·nen·was·ser** *n* well water.

Brunst [brʊnst, *pl* 'brʏnstə] ⟨-, ∵e⟩ *f (Paarungszeit der Tiere)* mating season.

brün·stig ['brʏnstɪç] *adj (Tiere)* in heat.

brüsk [brʏsk] *adj (kurz angebunden)* brusque; *(barsch)* curt.

brüs·kie·ren *tr* snub.

Brüs·sel ['brʏsəl] ⟨-s⟩ *n* Brussels.

Brust [brʊst, *pl* 'brʏstə] ⟨-, ∵e⟩ *f* **1.** *(weibliche)* breast; **2.** *(Brustkorb)* chest; ▶ **jdn an die ~ drücken** press s.o. to one's bosom; **e-m Kind die ~ geben** feed a baby; **e-n zur ~ nehmen** *fam* have a quick one; **Brust·bein** *n anat* breastbone, sternum; **Brust·beu·tel** *m* money bag.

brü·sten ['brʏstən] *refl* boast, brag (*mit etw* about s.th.).

Brust·fell *n anat* pleura; **Brust·fell·ent·zün·dung** *f* pleurisy; **Brust·korb** *m* chest, thorax; **Brust·mus·kel** *m anat* pectoral muscle; **Brust·schwimmen** *n* breast-stroke; **brust|schwimmen** ⟨sein⟩ *irr itr* do the breast-stroke; **Brust·ta·sche** *f* **1.** *(außen)* breast pocket; **2.** *(innen)* inside pocket; **Brust·um·fang** *m (weiblicher ~)* bust measurement; *(männlicher ~)* chest measurement.

Brü·stung ['brʏstʊŋ] *f* parapet.

Brust·war·ze *f* nipple.

Brut ['bruːt] ⟨-, -en⟩ *f* **1.** *(Nest mit Jungen)* brood; *(~ der Fische)* fry, spawn; **2.** *fig (verächtlich: von Menschen)* lot, mob, rabble; **3.** *(Kinder)* brats *pl;* **4.** *(das Brüten)* brooding, sitting.

bru·tal [bru'taːl] *adj* brutal; ▶ **ein ~er Kerl** a beast, a brute.

Bru·ta·li·sie·rung *f* brutalization.

Bru·ta·li·tät *f* brutality.

Brut·ka·sten *m* incubator.

brü·ten ['brʏtən] *itr tr* **1.** brood, sit; **2.** *fig (nachdenken)* ponder (*über* over); ▶ ~**de Hitze** oppressive heat.

Brü·ter ⟨-s, -⟩ *m tech (Brutreaktor):* ▶ **schneller** ~ fast-breeder (reactor).
Brut·stät·te *f fig* hotbed.
brut·to ['brʊto] *adj* gross.
Brut·to·ein·kom·men *n* gross income; **Brut·to·ge·wicht** *n* gross weight; **Brut·to·preis** *m* gross price; **Brut·to·re·gi·ster·tonne** *f* register ton; **Brut·to·so·zial·pro·dukt** *n* gross national product.
Btx *Abk von* **Bildschirmtext** viewdata, videotex.
Bu·b(e) [bu:p/'bu:bə] ⟨-n, -n⟩ *m* 1. *(Junge)* boy, lad; 2. *(bei Kartenspiel)* jack, knave.
Buch [bu:x, *pl* 'by:çə] ⟨-(e)s, ⁻er⟩ *n* 1. *(Druckwerk)* book; 2. *(Band e-s ~es)* volume; ▶ **über etw ~ führen** keep a record of s.th.; **reden wie ein ~** talk like a book; **er ist ein Lehrer, wie er im ~e steht** he is a perfect example of a teacher; **Buch·bin·der(in)** *m (f)* bookbinder; **Buch·bin·de·rei** *f (Werkstatt)* bookbindery; **Buch·club** *m* bookclub; **Buch·druck** *m* letterpress; **Buch·drucker(in) (k·k)** *m (f)* printer.
Bu·che ['bu:xə] ⟨-, -n⟩ *f* beech; **Buch·ecker (k·k)** *f* beechnut; **Bu·chen·holz** *n* beechwood; **Bu·chen·wald** *m* beechwood.
Bü·cher·brett *n* bookshelf; **Bü·che·rei** *f* library; **Bü·cher·gut·schein** *m* book token; **Bü·cher·schrank** *m* bookcase; **Bü·cher·stüt·ze** *f* book-end; **Bü·cher·wurm** *m fig* bookworm.
Buch·fink *m* chaffinch.
Buch·füh·rung *f* accounting, book-keeping; ▶ **doppelte** ~ double entry book-keeping; **Buch·hal·ter(in)** *m (f)* bookkeeper; **Buch·hal·tung** *f (s. Buchführung)*; **Buch·han·del** *m* book-trade; **Buch·händ·ler(in)** *m (f)* book-seller; **Buch·hand·lung** *f Br* bookshop, *Am* bookstore; **Buch·hül·le** *f* dust jacket *(od cover)*; **Buch·klub** *m* book club; **Buch·ma·cher(in)** *m (f)* bookmaker, *fam* bookie; **Buch·prü·fer(in)** *m (f) fin com* auditor; **Buch·prü·fung** *f* audit.
Buchs(·baum) ['bʊksbaum] ⟨-es, -e⟩ *m* box(-tree).
Büch·se ['byksə] ⟨-, -n⟩ *f* 1. *(Dose)* can; *(Konserven~)* tin; *(Sammel~)* collecting box; 2. *(Gewehr)* rifle; **Büch·sen·fleisch** *n* canned *(Br* tinned*)* meat; **Büch·sen·milch** *f* evaporated *(Br* tinned*)* milk; **Büch·sen·öff·ner** *m* can *(Br* tin*)* opener.
Buch·sta·be ['bu:xʃta:bə] ⟨-ns, -n⟩ *m* character, letter; ▶ **in** ~**n** in words; ~ **für** ~ letter by letter; **großer** ~ capital letter; **kleiner** ~ small letter; **dem** ~**n nach** literally.
buch·sta·bie·ren *tr* spell; ▶ **falsch** ~ misspell.

buch·stäb·lich ['bu:xʃtɛ:plɪç] *adj* literal; ▶ **etw** ~ **nehmen** take s.th. literally.
Bucht [bʊxt] ⟨-, -en⟩ *f* bay; *(kleine)* cove.
Bu·chung ['bu:xʊŋ] *f com* entry; *(Reservierung)* booking, reservation; **Buchungs·sy·stem** *n* booking system.
Buch·wei·zen *m* buckwheat.
Buch·wert *m fin com* book value.
Buckel (k·k) ['bʊkəl] ⟨-s, -⟩ *m* 1. *anat (buckliger Rücken)* hump, humpback; 2. *anat (Rücken)* back; 3. *(bucklige Wölbung)* bulge, hump; ▶ **einen** ~ **machen** hunch one's back; **du kannst mir den** ~ **herunterrutschen!** *fig fam* you can get knotted! **den** ~ **hinhalten** *fig fam* carry the can.
buck·lig *adj* hunchbacked; ▶ ~**e Straße** bumpy road.
Buck·(e)lige(r) (k·k) *f m* humpback, hunchback.
bücken (k·k) ['bykən] *refl* bend, stoop; ▶ **sich nach etw** ~ stoop to pick s.th. up.
Bück·ling¹ *m (Räucherhering)* bloater, kipper.
Bück·ling² *m fam (Verbeugung)* bow.
bud·deln ['budəln] *itr fam* dig.
Bud·dhis·mus [bu'dɪsmʊs] *m* Buddhism.
Bud·dhist(in) *m (f)* Buddhist.
Bu·de ['bu:də] ⟨-, -n⟩ *f* 1. *(Bretter~)* hut; 2. *(Verkaufsstand)* booth, stall, stand; 3. *(Unterkunft)* bedsit(ter); room; ▶ **jdm die** ~ **auf den Kopf stellen** *fam* turn someone's place upside down; **jdm auf die** ~ **rücken** *fam* descend on s.o.; **e-e sturmfreie** ~ **haben** *hum* be able to have visitors any time.
Bud·get [by'dʒe:] ⟨-s, -s⟩ *n com* budget.
Bü·fett [by'fɛt/by'fe:] ⟨-(e)s, -s/-e⟩ *n* 1. *(Möbel)* sideboard; 2. *(Schanktisch)* bar; ▶ **kaltes** ~ cold buffet.
Büf·fel ['byfəl] ⟨-s, -⟩ *m* buffalo; **Büf·fel·le·der** *n* buff (leather).
büf·feln ['byfəln] I *tr fam (Lernstoff)* swot up (on) ...; II *itr fam* cram, swot.
Bug [bu:k] ⟨-s, -e⟩ *m mar* bow; *aero* nose.
Bü·gel ['by:gəl] ⟨-s, -⟩ *m* 1. *(Kleider~)* hanger; 2. *(Steig~)* stirrup.
Bü·gel·brett *n* ironing board; **Bü·gel·ei·sen** *n* iron; **Bü·gel·fal·te** *f (in der Hose)* crease; **bü·gel·frei** *adj* non-iron; **Bü·gel·ma·schi·ne** *f* rotary iron.
bü·geln *tr (Wäsche)* iron; *(Kleidungsstück)* press.
buh·len ['bu:lən] *itr:* ▶ **um jds Gunst** ~ court someone's favour.
Buh·ne ['bu:nə] ⟨-, -n⟩ *f* breakwater, groyne.
Büh·ne ['by:nə] ⟨-, -n⟩ *f* 1. *theat* stage; 2. *fig (Theater)* theatre; 3. *mot (Hebe~)* ramp; ▶ **auf der** ~ on stage; **hinter der** ~ *a. fig* behind the scenes *pl*; **etw über die** ~ **bringen** *fig* stage s.th.; **Büh·nen-**

be·ar·bei·tung *f* stage adaptation; **Büh·nen·bild** *n* stage set; **Büh·nen·bild·ner(in)** *m (f)* stage designer; **Büh·nen·stück** *n* play.
büh·nen·wirk·sam *adj* effective on the stage; **Büh·nen·wir·kung** *f* dramatic effect.
Buh·ruf *m* boo.
Bu·ka·rest ⟨-s⟩ *n* Bucharest.
Bu·kett [buˈkɛt] ⟨-(e)s, -e/-s⟩ *n* 1. *(Strauß)* bouquet; 2. *(Duft des Weines)* bouquet, nose.
Bul·ga·ro (Bul·ga·rin) [bʊlˈgaːrɔ] ⟨ n, -n⟩ *m (f)* Bulgarian; **Bul·ga·rien** *n* Bulgaria; **bul·ga·risch** *adj* Bulgarian.
Bu·li·mie ⟨-⟩ *f med* bulimia.
Bull·au·ge [ˈbʊlaʊgə] *n mar* porthole.
Bull·dog·ge *f zoo* bulldog.
Bull·do·zer [ˈbʊldoːzə] ⟨-s,-⟩ *m* bulldozer.
Bul·le [ˈbʊlə] ⟨-n, -n⟩ *m* 1. *zoo* bull; 2. *(bulliger Mann)* great ox of a man; 3. *sl (Polizist)* cop *fam*.
Bul·len·hit·ze [ˈ-ˈ--] *f fam* boiling heat.
Bulle·tin [bʏlˈtɛ̃ː] ⟨-s, -s⟩ *n* bulletin.
Bu·me·rang [ˈbuːməraŋ] ⟨-s, -e/-s⟩ *m a. fig* boomerang.
Bum·mel [ˈbʊməl] ⟨-s, -⟩ *m* stroll; ▶ **e-n ~ machen** go for a stroll.
Bum·me·lant(in) [bʊməˈlant] ⟨-en, -en⟩ *m (f) Br* slowcoach, *Am* slowpoke.
Bum·me·lei *f* dawdling.
bum·meln *itr* 1. *(umherschlendern)* ⟨sein⟩ stroll; 2. *(trödeln)* ⟨h⟩ dawdle.
Bum·mel·streik *m* 1. *allg* go-slow; 2. *(im öffentlichen Dienst)* work-to-rule.
Bum·mel·zug *m fam Br* slow train, *Am* accommodation train.
bums [bʊms] *interj* bang! thud!
bum·sen [ˈbʊmzən] I *itr* 1. *(schlagen)* thump; 2. *fam (Geschlechtsverkehr haben)* screw, bang, have sex *fam;* ▶ **es hat gebumst!** *mot* there's been a crash! **gegen die Tür ~** hammer on the door; II *tr:* ▶ **jdn ~** *fam* have sex with s.o.; screw s.o. *fam*.
Bund¹ [bʊnt] ⟨-(e)s, -e⟩ *m* bunch.
Bund² [bʊnt, *pl* ˈbʏndə] ⟨-es, (ᵕe)⟩ *m* 1. *fam (Bundesrepublik)* Federal Government; 2. *(Vereinigung)* association; 3. *pol (Staaten~)* alliance; 4. *fam (Bundeswehr)* the services *pl;* ▶ **den ~ fürs Leben schließen** take the marriage vows *pl*.
Bün·del [ˈbʏndəl] ⟨-s, -⟩ *n* 1. bundle; *(Bund)* bunch; 2. *fig* cluster; ▶ **ein ~ von Vorschlägen** a set of suggestions.
bün·deln *tr* 1. bundle up; 2. *opt* focus.
Bun·des·ar·beits·ge·richt [--ˈ-----] *n* Federal Labour Court; **Bun·des·aus·bil·dungs·för·de·rungs·ge·setz** *n law regarding grants for higher education;* **Bun·des·bahn** *f* Federal Railway; **Bun·des·be·hör·de** *f* Federal authority; **Bun·des·fi·nanz·hof**

[---ˈ--] *m* Federal Finance Court; **Bun·des·ge·biet** *n* federal territory; **Bun·des·ge·richts·hof** [---ˈ--] *m* Federal Supreme Court; **Bun·des·in·nen·mi·ni·ster(in)** [--ˈ-----] *m (f)* Federal Minister of the Interior; **Bun·des·kanz·ler(in)** *m (f)* West German Chancellor; **Bun·des·li·ga** *f* National League; **Bun·des·prä·si·dent(in)** *m (f) (Deutschland)* Federal President; *(Schweiz)* President of the Federal Council; **Bun·des·rat** *m (Deutschland)* Bundesrat; *(Schweiz)* Federal Government; **Bun·des·re·gie·rung** *f* Federal Government; **Bun·des·re·pu·blik** *f* Federal Republic; *(Deutschland)* Federal Republic of Germany; **Bun·des·schatz·brief** *m* Federal Government bond; **Bun·des·staat** *m* federal state; **Bun·des·stra·ße** *f* federal highway; **Bun·des·tag** *m* Bundestag; **Bun·des·tags·mit·glied** *n* member of the Bundestag; **Bun·des·tags·prä·si·dent(in)** *m (f)* President of the Bundestag; **Bun·des·tags·wahl** *f* elections to *(od* for) the Bundestag; **Bun·des·trai·ner(in)** *m (f)* coach of the German national team; **Bun·des·ver·fas·sungs·ge·richt** [---ˈ----] *n* Federal Constitutional Court; **Bun·des·ver·samm·lung** *f (Deutschland)* Federal Convention; *(Schweiz)* Federal Assembly; **Bun·des·wehr** *f* Federal Armed Forces *pl*.
Bund·fal·ten·ho·se *f Br* pleated trousers *pl, Am* pegged *(od* pleated) pants *pl*.
bün·dig [ˈbʏndɪç] *adj* 1. *tech (fluchtrecht)* flush; 2. *fig (schlüssig)* conclusive; ▶ **kurz und ~** tersely.
Bünd·nis [ˈbʏntnɪs] *n* alliance.
Bun·ker [ˈbʊŋkə] ⟨-s, -⟩ *m* 1. *mil* bunker; *(Schutz~)* air-raid shelter; 2. *mil sl* clink.
bunt [bʊnt] *adj* 1. *(vielfarbig)* colourful; *(farbig)* coloured; 2. *fig (allerlei enthaltend)* mixed; *(verschiedenartig)* varied; ▶ **~es Glas** stained glass; **ein ~er Abend** *fig* a social; **in ~er Reihenfolge** *fig* in a varied sequence; **jetzt wird's mir aber zu ~!** *fig fam* that's going too far!
Bunt·me·tall *n* non-ferrous metal.
Bunt·sand·stein *m* new red sandstone.
Bunt·specht *m* spotted woodpecker.
Bunt·stift *m* coloured pencil, crayon.
Bür·de [ˈbʏrdə] ⟨-, -n⟩ *f* 1. *(aufgebürdete Last)* load; 2. *fig* burden.
Burg [bʊrk] ⟨-, -en⟩ *f* castle; **Burg·an·la·ge** *f* castle complex.
Bür·ge [ˈbʏrgə] ⟨-n, -n⟩ *m* guarantor; ▶ **e-n ~n stellen** offer surety.
bür·gen *tr:* ▶ **für etw ~** guarantee s.th.; **für jdn ~** stand surety for s.o.; *fig* vouch for s.o.

Bür·ger(in) *m (f) (Staats~)* citizen; ▶ **die ~ unserer Stadt** the people of our town.

Bür·ger·ini·tia·ti·ve *f* citizens' action group.

Bür·ger·krieg *m* civil war.

bür·ger·lich *adj* civil; ▶ **das ~e Gesetzbuch** the Civil Code.

Bür·ger·mei·ster(in) *m (f)* mayor; **bür·ger·nah** *adj (Politiker)* close to the people; *attr bes. Am* grass-roots.

Bür·ger·recht *n* civil rights *pl;* **Bür·ger·recht·ler(in)** *m (f)* civil righter; **Bür·ger·rechts·be·we·gung** *f* civil rights movement.

Bür·ger·schaft *f* 1. *(die Bürger)* citizens *pl;* 2. *(Stadtparlament)* City Parliament.

Bür·ger·steig *m Br* pavement, *Am* sidewalk.

Bür·ger·ver·samm·lung *f* town meeting; **Bür·ger·wehr** *f* militia.

Burg·gra·ben *m* castle moat.

Bürg·schaft ['bʏrkʃaft] *f* security, surety; ▶ **für jdn ~ leisten** stand surety for s.o.

Bur·gund [bur'gʊnt] ⟨-s⟩ *n* Burgundy; **Bur·gun·der** *m (Wein)* burgundy; **bur·gun·disch** *adj* Burgundian.

Burg·ver·lies *n* (castle) dungeon.

bur·lesk [bur'lɛsk] *adj* burlesque.

Bü·ro [by'ro:] ⟨-s, -s⟩ *n* office; **Bü·ro·an·ge·stell·te** *m f* office worker; **Bü·ro·ar·beit** *f* office work; **Bü·ro·be·darf** *m* office supplies *pl;* **Bü·ro·hengst** *m pej* pen pusher; **Bü·ro·klam·mer** *f* paper clip; **Bü·ro·kom·mu·ni·ka·tion** *f* office communications *pl;* **Bü·ro·kom·mu·ni·ka·tions·sy·stem** *n EDV* office communications system.

Bü·ro·krat(in) *m (f)* bureaucrat; **Bü·ro·kra·tie** [byrokra'ti:] *f* bureaucracy; **bü·ro·kra·tisch** *adj* bureaucratic.

Bü·ro·ma·schi·nen *pl* office machines; **Bü·ro·stun·den** *pl* office hours; **Bü·ro·vor·ste·her(in)** *m (f)* chief clerk.

Bur·sche ['burʃə] ⟨-n, -n⟩ *m* 1. *(Halbwüchsiger)* boy, chap, lad; 2. *(Kerl)* fellow, guy; ▶ **ein kluger ~** a clever fellow; **ein übler ~** *fam* a bad lot.

bur·schi·kos [burʃi'ko:s] *adj* tomboyish.

Bür·ste ['bʏrstə] ⟨-, -n⟩ *f* brush.

bür·sten *tr* brush; ▶ **sich die Haare ~** brush one's hair.

Bür·sten·haar·schnitt *m* crew cut; **Bür·sten·mas·sa·ge** *f* brush massage.

Bus [bʊs] ⟨-ses, -se⟩ *m* bus; **Bus·bahn·hof** *m* bus (*od* coach) station.

Busch [buʃ, *pl* 'bʏʃə] ⟨-es, ⸚e⟩ *m* 1. *(Gesträuch)* bush; *(einzelner Strauch)* shrub; 2. *(kleines Gehölz, Dickicht)* copse, thicket; *(Wald, Urwald)* jungle; ▶ **jdm auf den ~ klopfen** *fig fam* sound s.o. out; **sich in die Büsche schlagen** *fig fam* slip away; **etw ist im ~** *fig fam* there's s.th. up; **Busch·boh·ne** *f* dwarf bean.

Bü·schel ['byʃəl] ⟨-s, -⟩ *n (von Haaren etc)* tuft, wisp; *(von Stroh etc)* bundle; **bü·schel·wei·se** *adv* in tufts.

Bu·sen ['bu:zən] ⟨-s, -⟩ *m* breast; ▶ **am ~ der Natur** *hum* in the lap of nature; **Bu·sen·freund(in)** *m (f)* bosom friend.

Bus·hal·te·stel·le *f* bus stop.

Bus·sard ['busart] ⟨-s, -e⟩ *m orn* buzzard.

Bu·ße ['bu:sə] ⟨-, -n⟩ *f* 1. *eccl (Bußsakrament)* penance; *(Reue)* penitence, repentance; 2. *(Geld~)* fine; ▶ **~ tun** do penance; **jdn zu e-r ~ verurteilen** fine s.o.

bü·ßen ['by:sən] *tr itr:* ▶ **das wirst du mir (noch) ~!** I'll make you pay for that! **er mußte schwer dafür ~** he had to pay dearly for it.

Buß·geld *n* fine; **Buß·geld·be·scheid** *m* notice of payment due.

Buß·tag *m* day of repentance.

Bü·ste ['bystə] ⟨-, -n⟩ *f* bust; **Bü·sten·hal·ter** *m* brassiere.

Bu·tan·gas [bu'ta:n-] *n* butane.

Butt [but] ⟨-(e)s, -e⟩ *m zoo* flounder.

Büt·te ['bytə] ⟨-, -n⟩ *f (Kufe, Wanne)* tub; *(Zuber)* vat.

Büt·ten(·pa·pier) *n (handgeschöpftes ~)* handmade paper; *(Werksbütten)* rag paper.

But·ter ['butə] ⟨-⟩ *f* butter; ▶ **alles in ~!** *fig fam* everything ok! **sich eine Scheibe Brot mit ~ bestreichen** spread butter on a slice of bread; **ranzige ~** rancid butter.

But·ter·berg *fam m* butter mountain.

But·ter·blu·me *f bot* buttercup.

But·ter·brot *n* bread and butter; *(belegtes ~)* sandwich; ▶ **jdm etw (ständig) aufs ~ schmieren** *fig* keep rubbing s.th. in; **But·ter·brot·pa·pier** *n* greaseproof paper; **But·ter·milch** *f* buttermilk; **But·ter·schmalz** *n* clarified butter.

but·ter·weich ['--'-] *adj a. fig* beautifully soft.

But·ton [bʌtn] ⟨-s, -s⟩ *m* badge, button.

But·zen·schei·be *f* bull's-eye (window)pane.

By·pass-Ope·ra·tion *f med* bypass operation.

Byte [bait] ⟨-(s), -(s)⟩ *n EDV* byte.

By·zanz [bytsants] *n* Byzantium.

C

C, c [tse:] ⟨-,-⟩ *n* C, c.
CAD ⟨-⟩ *n Abk von* **Computer Aided Design** CAD.
Cad·mi·um ['katmiʊm] ⟨-s⟩ *n chem* cadmium.
Café [ka'fe:] ⟨-s, -s⟩ *n* café; **Ca·fe·te·ria** [kafete'rɪa] ⟨-, -s⟩ *f* cafeteria.
Call·boy ['kɔ:lbɔɪ] ⟨-s, -s⟩ *m* callboy.
Call·girl ['kɔ:lgœrl] ⟨-s, -s⟩ *n* callgirl.
Cam·cor·der ['kɛmkɔrdə] ⟨-s, -⟩ *m* camcorder.
Camp [kɛmp] ⟨-s, -s⟩ *n* camp.
Cam·ping ['kɛmpɪŋ] ⟨-s⟩ *n* camping; ▶ **zum ~ fahren** go camping; **Cam·ping·aus·rü·stung** *f* camping gear; **Cam·ping·bus** *m* camper, dormobile *Wz;* **Cam·ping·ge·schirr** *n* camping eating utensils *pl;* **Cam·ping·platz** *m* camping (*od* caravan) site.
Cap·pu·ci·no [kapu'tʃi:no] ⟨-s, -s⟩ *m* cappucino.
Cä·si·um ['tsɛ:ziʊm] ⟨-s⟩ *n chem Br* caesium, *Am* cesium.
Cat·cher(in) ['kɛtʃe] ⟨-s, -⟩ wrestler.
CB-Funk *m* citizen's band, (*Abk* CB).
CD ⟨-, -s⟩ *f Abk von* **Compact Disc** CD, compact disc; **CD-Spie·ler** *m* compact disc player, CD player.
Cel·list(in) [tʃɛ'lɪst] *m* (*f*) cellist.
Cel·lo ['tʃɛlo, *pl* 'tʃɛli/'tʃɛlos] ⟨-s, -i/-s⟩ *n* cello.
Cel·lo·phan [tsɛlo'fa:n] ⟨-s⟩ *n* cellophane.
Cel·si·us ['tsɛlziʊs] ⟨-,-⟩ *n* centigrade; ▶ **8 Grad ~** eight degrees centigrade.
Cem·ba·lo ['tʃɛmbalo, *pl* 'tʃɛmbali/ tʃɛmbalos] ⟨-s, -i/-s⟩ *n* cembalo, harpsichord.
Ces [tsɛs] ⟨-, (-)⟩ *n mus* C flat.
Cey·lon ['tsaɪlɔn] ⟨-s⟩ *n* Ceylon.
Cha·mä·le·on [ka'mɛ:leɔn] ⟨-s, -s⟩ *n zoo a. fig* chameleon.
Cham·pa·gner [ʃam'panje] ⟨-s, -⟩ *m* champagne.
Cham·pi·gnon ['ʃampɪnjɔŋ] ⟨-s, -s⟩ *m* mushroom.
Chan·ce ['ʃã:s(ə)] ⟨-, -n⟩ *f* chance; ▶ **keine ~n haben** not to stand a chance; **bei jdm ~n haben** stand a chance with s.o.; **Chan·cen·gleich·heit** *f* equal opportunities *pl;* **chan·cen·los** *adj* (*Spieler, Partei*) bound to lose, (*Plan, Produkt*) bound to fail.
Chan·son [ʃã'sõ:] ⟨-s, -s⟩ *n* song.
Cha·os ['ka:ɔs] ⟨-⟩ *n* chaos.
Cha·ot(in) [ka'o:t] ⟨-en, -en⟩ *m* (*f*) 1. *pol* anarchist; 2. *sl (unordentlicher*

Mensch) chaotic person; *(ausgeflippte Person)* freak.
chao·tisch [ka'o:tɪʃ] *adj* chaotic.
Cha·rak·ter [ka'raktɐ, *pl* karak'te:rə] ⟨-s, -e⟩ *m* 1. *(Wesenszug, Merkmal)* character; 2. *(Persönlichkeit)* personality; 3. *(Art)* nature; **Cha·rak·ter·ei·gen·schaft** *f* character trait.
cha·rak·ter·fest *adj* of firm character, strong-minded; **Cha·rak·ter·fe·stig·keit** *f* firmness of character, strong-mindedness.
cha·rak·te·ri·sie·ren *tr* characterize.
Cha·rak·te·ri·sie·rung *f* characterization.
Cha·rak·te·ri·stik *f* 1. *allg* characteristics *pl;* 2. *(Schilderung)* description.
Cha·rak·te·ri·sti·kum ⟨-s, -ka⟩ *n* characteristic.
cha·rak·te·ri·stisch *adj* characteristic; ▶ **~e Eigenschaft** typical feature.
cha·rak·ter·lich *adv* character; ▶ **~ unbeständig** having an unsteady character.
cha·rak·ter·los *adj* 1. *(von Person)* unprincipled; 2. *fig (farblos)* colourless.
Cha·rak·ter·lo·sig·keit *f* 1. *(Eigenschaft)* lack of principles; 2. *(Tat)* unprincipled act.
Cha·rak·ter·zug *m* characteristic, trait; ▶ **das ist kein schöner ~!** that is an unpleasant character trait!
char·mant [ʃar'mant] *adj* charming.
Charme [ʃarm] ⟨-s⟩ *m* charm.
Char·ta ['karta] ⟨-, -s⟩ *f* charter; ▶ **die ~** ▶ **der Vereinten Nationen** the United Nations Charter.
Char·ter·flug ['tʃa:ete-] *m* charter flight; **Char·ter·ma·schi·ne** *f aero* charter plane.
char·tern ['tʃa:eten] *tr aero mar* charter; *(anheuern)* hire.
Chas·sis [ʃa'si:] ⟨-, -⟩ *n mot tech* chassis, frame.
Chauf·feur(in) [ʃɔ'fø:ɐ] ⟨-s, -e⟩ *m* (*f*) chauffeur.
chauf·fie·ren *tr* ⟨h⟩ *itr* ⟨sein⟩ *mot* drive.
Chau·vi [ʃo:vi] ⟨-s, -s⟩ *m fam pej* male chauvinist pig (*Abk* MCP); **Chau·vi·nis·mus** [ʃovi'nɪsmʊs] *m* 1. *pol* chauvinism, jingoism; 2. *(männlicher ~)* male chauvinism; **Chau·vi·nist(in)** *m* (*f*) 1. *pol* chauvinist; 2. *(männlicher ~)* male chauvinist; **chau·vi·ni·stisch** *adj* 1. *pol* chauvinistic; 2. *(männlich ~)* chauvinist.
checken (k·k) ['tʃɛkn̩] *tr* 1. *(überprü-*

fen) check; **2.** *(begreifen) fam* get it.
Chef(in) [ʃɛf] ⟨-s, -s⟩ *m (f) allg* boss;
(von Polizei) chief; **Chef·arzt (-ärz·tin)** *m (f)* senior consultant; **Chef·eta·ge** *f* executive floor; **Chef·koch (-kö·chin)** *m (f)* chef; **Chef·re·dak·teur(in)** *m (f)* editor-in-chief; **Chef·se·kre·tä·r(in)** *m (f)* personal assistant *(Abk* PA); **Chef·zim·mer** *n* executive's office.
Che·mie [çe'mi:] *f* chemistry; **Che·mie·fa·ser** *f* synthetic fibre; **Che·mie·müll** *m* chemical waste; **Che·mie·un·fall** *m* chemical accident; **Che·mie·waf·fe** *f* chemical weapon; **Che·mi·ka·lien** [çemi'ka:liən] *f pl* chemicals.
Che·mi·ker(in) *m (f)* chemist.
che·misch *adj* chemical; ▶ ~e Kampfstoffe chemical warfare agents; ~e Reinigung dry cleaner's.
Che·mo·the·ra·pie [çemotera'pi:] *f med* chemotherapy.
Chif·fre ['ʃifrə] ⟨-, -n⟩ *f* **1.** *(Code~)* cipher; **2.** *(in Zeitungsannoncen)* box number; **Chif·fre·an·zei·ge** *f* box number advertisement.
chif·frie·ren [ʃi'fri:rən] *tr* encode, encipher; ▶ chiffrierte Nachricht coded message.
Chi·le ['çi:le/'tʃi:le] ⟨-s⟩ *n* Chile; **Chi·le·ne (Chi·le·nin)** ['çi:'le:nə] ⟨-n, -n⟩ *m (f)* Chilean; **chi·le·nisch** *adj* Chilean.
Chi·na ['çi:na] ⟨s⟩ *n* China; **Chi·na·re·stau·rant** *n* Chinese restaurant; **Chi·ne·se (Chi·ne·sin)** [çi'ne:zə] ⟨-n, -n⟩ *m (f)* Chinese *(sing u. pl)*; **chi·ne·sisch** *adj* Chinese; ▶ die ~e Mauer the Great Wall of China.
Chi·nin [çi'ni:n] ⟨-s⟩ *n* quinine.
Chip [tʃɪp] ⟨-s, -s⟩ *m* **1.** *(Kartoffel~)* Br crisp, Am potato chip; **2.** *(Spiel~)* chip; **3.** *EDV* chip.
Chir·urg(in) [çi'rʊrk] ⟨-en, -en⟩ *m (f)* surgeon.
Chir·ur·gie [çirʊr'gi:] ⟨-, -n⟩ *f* surgery.
chir·ur·gisch *adj* surgical; ▶ ~er Eingriff surgery.
Chlor [klo:ɐ] ⟨-s⟩ *n chem* chlorine.
chlo·ren ['klo:rən] *tr* chlorinate.
Chlo·rid [klo'ri:t] ⟨-(e)s, -e⟩ *n chem* chloride.
Chlo·ro·form [kloro'fɔrm] ⟨-s⟩ *n* chloroform; **chlo·ro·for·mie·ren** *tr* chloroform.
Chlo·ro·phyll [kloro'fʏl] ⟨-s⟩ *n* chlorophyll.
Chlor·was·ser *n* chlorinated water; **Chlor·was·ser·stoff** [-'---] *m chem* chlorhydric acid.
Cho·le·ra ['ko:lera/'kɔləra] ⟨-⟩ *f* cholera.
Cho·le·ri·ker(in) *m (f)* choleric person.
cho·le·risch *adj* choleric.
Cho·le·ste·rin [kɔlɛste'ri:n] ⟨-s⟩ *n med* cholesterol; **Cho·le·ste·rin·spie·gel** *m med* cholesterol level.

Chor¹ [ko:ɐ, *pl* 'kø:rə] ⟨-(e)s, ⁚e⟩ *m mus* choir; *theat* chorus; ▶ im ~ singen sing in the choir.
Chor² *m arch eccl* chancel, choir.
Cho·ral [ko'ra:l, *pl* ko'rɛ:lə] ⟨-s, ⁚e⟩ *m eccl mus* chant.
Cho·reo·graph(in) [koreo'gra:f] ⟨-en, -en⟩ *m (f)* choreographer; **Cho·reo·gra·phie** [koreogra'fi:] *f* choreography.
Chor·kna·be *m* choirboy.
Chor·sän·ger *m eccl* chorister.
Cho·se ['ʃo:zə] ⟨-, -n⟩ *f fam:* ▶ die ganze ~ all of it, the whole lot of it.
Christ(in) [krɪst] ⟨-en, -en⟩ *m (f)* Christian; **Christ·baum** *m* Christmas tree.
Chri·sten·heit *f* Christendom; **Chri·sten·tum** *n* Christianity.
Christ·kind *n* Christ Child; ▶ das ~ kommt! Father Christmas is coming!
christ·lich I *adj* Christian; ▶ ~er Verein Junger Männer Young Men's Christian Association *(Abk* Y. M. C. A.); ~e Zeitrechnung Christian Era; **II** *adv* as a Christian; ▶ jdn ~ erziehen bring s.o. up as a Christian.
Christ·met·te *f* Midnight Mass.
Chri·stus ['krɪstʊs] *m* Christ; ▶ vor Christi Geburt before Christ *(Abk* B. C.); **700 nach** ~ in the year 700 of our Lord *(Abk* A. D.).
Chrom [kro:m] ⟨-s⟩ *n* chrome.
Chro·mo·som [kromo'zo:m] ⟨-s, -en⟩ *n* chromosome.
Chrom·pfle·ge·mit·tel *n* chrome polish; **Chrom·stahl** *m* chromium steel; **Chrom·teil** *n a. mot* chrome-plated part.
Chro·nik ['kro:nɪk] *f* chronicle.
chro·nisch *adj med a. fig* chronic.
Chro·nist [kro'nɪst] *m* chronicler.
chro·no·lo·gisch [krono'lo:gɪʃ] *adj* chronological.
Chro·no·me·ter [krono'me:tə] ⟨-s, -⟩ *m* chronometer.
Chry·san·the·me [kryzan'te:mə] ⟨-, -n⟩ *n bot* chrysanthemum.
cir·ca ['tsɪrka] *adv* about, circa *(Abk* ca.).
Cis [tsɪs] ⟨-, -⟩ *n mus* C sharp.
Clea·ring ['kli:rɪŋ] ⟨-s, -s⟩ *com* clearing.
Cle·men·ti·ne [klemɛn'ti:nə] ⟨-, -n⟩ *f bot* clementine.
cle·ver ['klɛvɐ] *adj* clever.
Clinch [klɪntʃ] ⟨-(e)s⟩ *m fam:* ▶ mit jdm im ~ liegen *fig* be at loggerheads with s.o.
Clip [klɪp] ⟨-s, -s⟩ *m* **1.** *(an Schreibgerät)* clip; **2.** *(Ohrclip)* earring.
Cli·que ['klɪkə] ⟨-, -n⟩ *f fam* group, set; ▶ Paul und seine (ganze) ~ Paul and his set.
Chlo·chard [klɔ'ʃa:r] ⟨-s, -s⟩ *m* tramp.
Clou [klu:] ⟨-s, -s⟩ *m:* ▶ das ist doch der ~! that's the whole point! **das ist ja**

gerade der ~! but that's just it! **der ~ des Abends** the highlight of the evening.

Clown [klaʊn] ⟨-s, -s⟩ *m* clown; ▶ **sich zum ~ machen** make a clown of o.s.

Cock·pit ['kɔkpɪt] ⟨-s, -s⟩ *n* **1.** *aero* cockpit.

Code [koːd] ⟨-s, -s⟩ *m* code; ▶ **genetischer ~** *biol* genetic code.

co·die·ren *tr* codify, encode.

Col·la·ge [koˈlaːʒə] ⟨-, -n⟩ *f* collage.

Colt [kɔlt] ⟨-s, -s⟩ *m* Wz colt.

Come·back [kamˈbɛk] ⟨-s, -s⟩ *n a. sport* comeback.

Co·mic·heft *n* comic.

Com·pu·ter [kɔmˈpjuːtɐ] ⟨-s, -⟩ *m EDV* computer; **Com·pu·ter·ar·beits·platz** *m* work station; **Com·pu·ter·dia·gno·se** *f med* computer diagnosis; **Com·pu·ter·freak** *m fam* computer freak; **com·pu·ter·ge·steu·ert** *adj* computer-controlled; **Com·pu·ter·gra·phik** *f* computer graphics *sing;* **Com·pu·ter·in·tel·li·genz** *f* artificial intelligence; **com·pu·te·ri·sie·ren** *tr* computerize; **Com·pu·ter·kri·mi·na·li·tät** *f* computer crime; **com·pu·ter·les·bar** *adj (Ausweis etc)* machine-readable; **Com·pu·ter·lin·gui·stik** *f* computer linguistics; **Com·pu·ter·satz** *m typ* computer typesetting; **Com·pu·ter·spiel** *n* computer game; **Com·pu·ter·to·mo·gra·phie** *f med* computer tomography; **Com·pu·ter·vi·rus** *m* computer virus; **Com·pu·ter·zeit·schrift** *f* computer magazine.

Con·fé·ren·cier [kõferãsˈjeː] ⟨-s, -s⟩ *m* compère.

Con·tai·ner [kɔnˈteːnɐ] ⟨-s, -⟩ *m (zum Transport)* container; *(für Bauschutt)* skip; **Con·tai·ner·brücke (k·k)** *f mar* transporter container-loading bridge; **Con·tai·ner·dorf** *n* village of prefab huts; **Con·tai·ner·schiff** *n* container ship; **Con·tai·ner·sta·pel** *m* unit load; **Con·tai·ner·stap·ler** *m tech* container carrier truck; **Con·tai·ner·ter·mi·nal** *m* container berth *(od terminal).*

Con·ter·gan·kind [kɔntɐˈgaːn-] *n* thalidomide baby.

cool [kuːl] *adj fam* cool.

Cord ⟨-s, -s⟩ *m* cord, corduroy; **Cord·jeans** ['kɔrtʒiːns] *pl* corduroy jeans, cords.

Corn·flakes ['kɔːnfleɪks] *pl* cornflakes.

Couch [kaʊtʃ] ⟨-, -en⟩ *f* couch; **Couch·gar·ni·tur** *f* suite; **Couch·tisch** *m* coffee table.

Count·down ['kaʊntdaʊn] ⟨-s, -s⟩ *m a. fig* countdown.

Cou·pon [kuˈpõ] ⟨-s, -s⟩ *m* coupon.

Cou·ra·ge [kuˈraːʒə] ⟨-⟩ *f fam* guts.

Cou·sin(e) [kuˈzɛ̃: (*f* kuˈziːnə)] ⟨-, -s⟩ *m (f)* cousin.

Cou·vert [kuˈveːɐ] ⟨-s, -s⟩ *n* envelope.

Crack [krɛk] **1.** ⟨-s, -s⟩ *m (a. Sportler(in))* ace; **2.** ⟨-⟩ *n (Droge)* crack.

Creme [krɛːm/kreːm] ⟨-, -s⟩ *f* cream.

creme·far·ben *adj* cream-coloured.

Creme·tor·te *f* cream gateau.

cre·mig *adj* creamy.

Cur·ri·cu·lum [kuˈrɪkulʊm] ⟨-s, -la⟩ *n päd* curriculum.

Curry ['kœri] ⟨-s, -s⟩ *n* curry; **Cur·ry·wurst** ['kœrivʊrst] *f* curried sausage.

Cur·sor ['kœːrze] ⟨-s, -⟩ *m EDV* cursor.

Cut·ter(in) ['kate] ⟨-s, -⟩ *m (f) film* cutter.

D

D, d [de:] ⟨-,-⟩ *n* D, d.
D-Zug ['de:tsu:k] *m* rail fast train.
da [da:] **I** *adv* **1.** *(örtlich: dort)* there; **2.**
(örtlich: hier) here; *(bei der Hand)* at
hand; **3.** *(zeitlich)* then; ▶ **das Haus ~**
the house over there; **~ haben wir's!**
that had to happen! **wer ~?** who goes
there? **wir sind gleich ~** we'll soon be
there; **~, nimm schon!** here, take it! **~
siehst du, was du angerichtet hast!**
now see what you've done! **was gibt's
denn ~ zu lachen?** what's funny about
that? **~ kann man nichts machen**
there's nothing to be done about it; **~
kann ich bloß lachen!** I can't help
laughing! **~ fällt mir gerade ein, . . .** it
just occurred to me . . .; **II** *conj (weil)* as,
since, seeing that.
DAAD ⟨-⟩ *m Abk von* **Deutscher Akade-
mischer Austauschdienst** Academic
Exchange Service.
da·bei [da'baɪ/'da:baɪ] *adv* **1.** *(örtlich):*
▶ **ist die Beschreibung ~?** are the in-
structions attached? **2.** *(zeitlich):* ▶ **hör
auf, Klavier zu spielen! ~ kann ich
mich nicht konzentrieren!** do stop
playing the piano! I can't concentrate! **~
darf man (allerdings) nicht vergessen,
daß . . .** it shouldn't be forgotten here
that . . .; **3.** *(sonstige):* ▶ **es kommt doch
nichts ~ heraus** nothing will come of it
(after all); **. . . und ~ bleibt's!** . . . and
that's that! **lassen wir es ~ (bewenden)!**
let's leave it at that! **was ist schon ~?** so
what of it? **was hast du dir ~ gedacht?**
what were you thinking of?
da|blei·ben ⟨sein⟩ *irr itr* stay.
Dach [dax, *pl* 'dɛçə] ⟨-s, ⁻er⟩ *n* roof;
▶ **unterm ~ wohnen** live right on the
top floor; **unter ~ und Fach sein** be in
the bag; **eins aufs ~ kriegen** *fig fam*
get told off; **Dach·bal·ken** *m* roof
beam; **Dach·bo·den** *m* attic; **Dach-
decker (k·k)** *m* tiler; **Dach·fen·ster**
n dormer window; *(Dachluke)* skylight;
Dach·first *m* ridge of the roof; **Dach-
gar·ten** *m* roof garden; **Dach·ge-
päck·trä·ger** *m mot* roof rack; **Dach-
ge·sell·schaft** *f* holding company;
Dach·haus *n* penthouse; **Dach·kam-
mer** *f* attic room; **Dach·lu·ke** *f* sky-
light; **Dach·or·ga·ni·sa·tion** *f* parent
organization; **Dach·pap·pe** *f* roofing
felt; **Dach·pfan·ne** *f* tile; **Dach·rin-
ne** *f* gutter.
Dachs [daks] ⟨-es, -e⟩ *m zoo* badger.
Dach·scha·den *m:* ▶ **du hast ja 'n ~!**

fig fam you've a screw loose! **Dach-
stuhl** *m* roof truss; **Dach·woh·nung** *f*
attic flat; **Dach·zie·gel** *m* roofing tile.
Dackel (k·k) ['dakəl] ⟨-s, -⟩ *m zoo*
dachshund.
da·durch ['da:durç] *adv* **1.** *(örtlich: dort
durch)* that way, through there; **2.**
(Grund: durch dieses Mittel) by that, in
that way; ▶ **er rettete sich ~, daß er
aus dem Fenster sprang** he saved him-
self by jumping out of the window.
da·für ['da:fy:ə/da'fy:ə] *adv* **1.** *(für das)*
for it *(od* that); ▶ **ich bin ganz ~!** I'm
all for it! *fam;* **ich bin ~, nach Hause zu
gehen** I'm for going home; **sie gibt ihr
ganzes Geld ~ aus** she spends all her
money on it; **ich werde ~ sorgen, daß
. . .** I'll see to it that . . .; **2.** *(andererseits):*
▶ **der Anzug ist teuer, ~ paßt er aber
gut** the suit is expensive, but then it fits
well.
Da·für·hal·ten [-'---] *n:* ▶ **nach mei-
nem ~** in my opinion.
da·ge·gen ['da:ge:gən/da'ge:gən] **I** *adv*
1. *allg* against that *(od* it); **2.** *(örtlich)*
into *(od* against) s.th.; **3.** *(verglichen
mit)* compared with . . .; ▶ **er schlug ~**
he hammered on it; **ich habe nichts ~** I
don't object, I've no objections; **haben
Sie etw ~, wenn ich gehe?** do you mind
if I leave? **~ kann man nichts machen**
nothing can be done about it; **II** *conj
(andererseits)* on the other hand.
Da·heim [da'haɪm] ⟨-s⟩ *n* home.
da·heim *adv* at home; ▶ **wieder ~ sein**
be home again.
da·her ['da:he:ə/da'he:ə] **I** *adv* **1.** *(ört-
lich)* from there; **2.** *(aus diesem Grund)*
that's why . . ., hence; ▶ **das kommt ~,
daß . . .** that's because . . .; **II** *conj (des-
wegen)* that's why . . .
da·hin ['da:hɪn/da'hɪn] *adv* **1.** *(örtlich)*
there; **2.** *(zeitlich: bis ~)* by that time, by
then, until then; **3.** *(vorbei, vergangen)*
gone; ▶ **ist es noch weit bis ~?** is it still
a long way? **meine Meinung geht ~,
daß . . .** I tend to the opinion that . . .;
mir steht's bis ~! *fam* I've had it up to
here! **da·hin·ge·stellt** [-'---] *adj:*
▶ **ich lasse das mal (so) ~** I leave it
open whether . . .; **da·hin|sa·gen** [-'---]
tr say without really thinking; ▶ **das
war nur so dahingesagt** I just said that;
da·hin|schwin·den [-'---] ⟨sein⟩ *irr itr*
1. *(räumlich)* dwindle; **2.** *(Zeit)* go past.
da·hin·ten [da'hɪntən] *adv* over there.
da·hin·ter [da'hɪntə] *adv* behind that

(*od* it); ▶ **es steckt etw** ~ *fig* there is s.th. in it; **es steckt nichts** ~ *fig* there's nothing in it; **da·hin·ter|klem·men** *refl fam:* ▶ **können Sie sich mal ('n bißchen)** ~**?** can't you make a bit of an effort? **da·hin·ter|kom·men** ⟨sein⟩ *irr itr* 1. *(herausfinden)* find out; 2. *fam (schlau werden)* get wise.

da·hin|ve·ge·tie·ren *itr* vegetate.

Dal·ma·ti·en [dal'ma:tsiən] *n geog* Dalmatia.

da·ma·lig ['da:ma:lıç] *adj* at that time; ▶ **der** ~**e Gesandte ...** the then ambassador ...

Da·mast [da'mast] ⟨-(e)s, -e⟩ *m* damask.

Da·me ['da:mə] ⟨-, -n⟩ *f* 1. *(Frau)* lady; 2. *(im Damespiel)* king; 3. *(im Kartenspiel)* queen; ▶ **meine** ~**n u. Herren!** Ladies and Gentlemen! **Da·me·brett** *n Br* draught(s) board; **Da·men·bin·de** *f Br* sanitary towel; *Am* napkin; **Da·men·fahr·rad** *n* ladies' bicycle (*od fam* bike); **Da·men·un·ter·wä·sche** *f* lingerie; **Da·men·wahl** *f (beim Tanz)* ladies' choice.

Da·me·spiel *n Br* draughts, *Am* checkers *pl.;* **Da·me·stein** *m Br* draughtsman, *Am* checker.

Dam·hirsch ['damhɪrʃ] *m* fallow deer.

da·mit ['da:mɪt/da'mɪt] I *adv:* ▶ **was willst du** ~**?** what do you want with that? **was soll ich** ~**?** what am I meant to do with that? **was ist** ~**?** what about it? **wie wär's** ~**?** how about it? **das hat** ~ **gar nichts zu tun** that has nothing to do with it; **hör auf** ~**!** stop it! **was wollen Sie** ~ **sagen?** what's that supposed to mean? **sind Sie** ~ **einverstanden?** do you agree to that? **her** ~**!** *fam* give it here! II *conj:* ▶ ~ **... nicht ...** so that ... not ...

däm·lich ['dɛ:mlıç] *adj* dumb, stupid.

Damm [dam, *pl* 'dɛmə] ⟨-(e)s, ⸚e⟩ *m* 1. *(Ufer~)* embankment; 2. *(Deich)* dyke; 3. *fig (Hindernis)* barrier; 4. *anat* perineum; ▶ **nicht auf dem** ~ **sein** *fig fam* not to feel up to the mark; **wieder auf dem** ~ **sein** *fig fam* be all right again; **Damm·bruch** *m* breach in a dyke.

däm·me·rig ['dɛmərıç] *adj (Beleuchtung)* dim, faint; **Däm·mer·licht** *n* gloom, half-light; *(Zwielicht)* twilight.

däm·mern ['dɛmən] *itr* 1. *(morgens: day)* dawn; *(abends: dusk, evening, night)* fall; 2. *fig (dahin* ~*)* doze; ▶ **jetzt dämmert's mir!** now it is beginning to dawn on me! **es dämmerte ihr** it dawned upon her.

Däm·me·rung ['dɛmərυŋ] *f* twilight; ▶ **bei** ~ *(abends)* when dusk begins to fall.

Dä·mon ['dɛ:mɔn, *pl* dɛ'mo:nən] ⟨-s, -en⟩ *m* demon; **dä·mo·nisch** *adj* demonic.

Dampf [dampf, *pl* 'dɛmpfə] ⟨-(e)s, ⸚e⟩

m (Wasser~) steam; *(Dunst)* vapour; ▶ ~ **ablassen** *a. fig* let off steam; **jdm** ~ **machen** *fig fam* make s.o. get a move on; **Dampf·bad** *n* steam (*od* vapour) bath; **Dampf·bü·gel·ei·sen** *n* steam iron; **Dampf·druck** *m* vapour pressure.

damp·fen ['dampfən] *itr* 1. *(aus* ~*)* steam; 2. *(voll von Dampf sein)* be full of steam.

dämp·fen ['dɛmpfən] *tr* 1. *fig* muffle; *(Stimme)* lower; 2. *fig (Freude)* dampen; 3. *(Speisen)* steam.

Damp·fer ['dampfə] ⟨-s, -⟩ *m* steamer, steamship; ▶ **da bist du aber auf dem falschen** ~**!** *fig fam* you're on the wrong track!

Dämp·fer ['dɛmpfə] ⟨-s, -⟩ *m* 1. *mot (Schall~) Br* silencer, *Am* muffler; 2. *(Schall~ bei Schußwaffe)* silencer; 3. *mus (bei Trompete)* mute.

Damp·fer·fahrt *f* boat trip.

Dampf·hei·zung *f* steam heating.

damp·fig *adj* steamy.

Dampf·kes·sel *m* 1. *tech* steam boiler; 2. *(Kochkessel)* steamer; **Dampf·koch·topf** *m* pressure cooker; **Dampf·kraft·werk** *n* steam power plant; **Dampf·ma·schi·ne** *f* steam engine; **Dampf·schif(f·)fahrt** *f* steam navigation; **Dampf·schif(f·)fahrts·ge·sell·schaft** *f* steamship company; **Dampf·tur·bi·ne** *f* steam turbine; **Dampf·wal·ze** *f* steamroller.

da·nach ['da:nax/da'na:x] *adv* 1. *(zeitlich: darauf)* after, after that; 2. *(demgemäß)* accordingly; 3. *(in Richtung)* at, towards; ▶ **er sieht auch** ~ **aus** that's just what he looks like; ~ **siehst du gerade aus!** *iron* I can see that! **mir ist nicht** ~ **zumute** I don't feel like it; **sich** ~ **erkundigen, ob ...** enquire whether ...

Dä·ne (Dä·nin) ['dɛ:nə] ⟨-n, -n⟩ *m (f)* Dane.

da·ne·ben [da'ne:bən/'da:ne:bən] *adv* 1. *(räumlich)* next to (s.o. *od* s.th.); 2. *(zusätzlich)* in addition; *(gleichzeitig)* at the same time; ▶ **dicht** ~ hard (*od* close) by; **rechts** ~ to the right of it; ~ **nimmt sich das Haus ganz klein aus** the house looks very small in comparison; **da·ne·ben|ge·hen** [-'----] ⟨sein⟩ *irr itr* 1. *(verfehlen)* miss; 2. *fig fam* go wrong.

Dä·ne·mark ['dɛ:nəmark] ⟨-s⟩ *n* Denmark; **dä·nisch** *adj* Danish.

Dank [daŋk] ⟨-(e)s⟩ *m* 1. *(Dankbarkeit)* gratitude; 2. *interj:* ~**!** thanks! ▶ **vielen** ~**!** thanks a lot! **jdm zu** ~ **verpflichtet sein** owe s.o. a debt of gratitude; **mit bestem** ~ **zurück!** thanks for lending it to me! **ist das also dein** ~ **dafür?!** is that your way of saying thank you?

dank *prp mit dat* thanks to ...

dank·bar *adj* 1. *allg* grateful; 2. *fig (lohnend)* rewarding; ▶ **jdm ~ sein für etw** be grateful to s.o. for s.th.; **ich wäre Ihnen ~, wenn Sie mir das Geld gleich geben würden** I'd appreciate it if you gave me the money right now; **ein ~es Publikum** an appreciative audience.

Dank·bar·keit *f* gratitude.

dan·ke *interj* thanks; ▶ **~ schön** thank you.

dan·ken *itr (jdm ~)* thank s.o. *(für* for); ▶ **jdm ~ lassen** send s.o. one's thanks; **~d ablehnen** decline with thanks; **nichts zu ~!** don't mention it!

dann [dan] 1. *(danach)* then; 2. *(dann also)* then; 3. *(obendrein)* on top of that; ▶ **~ und wann** now and then; **selbst ~ nicht, wenn** . . . not even if . . .; **~ eben nicht!** *fam* well, in that case . . .; **also, ~ bis morgen!** see you tomorrow then!

dar·an [da'ran/'da:ran] *adv* 1. *(räumlich: an etw)* on (s.th.); *(festmachen an etw)* to (s.th.); 2. *fig (an etw)* in s.th.; 3. *(zeitlich):* ▶ **im Anschluß ~** following it; **nahe ~ sein** . . . *fig* be on the point of . . .; **nahe ~ sein, etw zu tun** very nearly do s.th.; **ich bin ~ interessiert** I'm interested in it; **das Schönste ~ ist,** . . . the best thing about it is . . .; **dar·an|ge·hen** ‹sein› [-'---] *irr itr:* ▶ **~, etw zu tun** *fam* set about doing s.th.; **dar·an|ma·chen** [-'---] *refl:* ▶ **sich ~, etw zu tun** *fam* get down to doing s.th.; **dar·an|·set·zen** [-'---] *tr* risk, stake.

dar·auf ['da:rauf/da'rauf] *adv* 1. *(räumlich)* on (s.th.); 2. *(zeitlich)* after that; 3. *fig (auf etw)* to that; ▶ **am Tag ~** the next day; **drei Jahre ~** three years later; **ich werde ~ nicht antworten** I won't answer that; **~ steht Gefängnis** that is punishable by imprisonment; **ich bestehe ~, daß Sie ein neues Getriebe einbauen** I insist on your fitting a new gearbox; **wie kommst du ~?** what makes you think that? **(nur) ~ aus sein, etw zu tun** be (only) interested in doing s.th.

dar·auf·hin¹ *adv* 1. *(als Folge)* as a result; 2. *(danach)* after that.

dar·auf·hin² *adv (im Hinblick darauf)* with regard to (s.th.).

dar·aus ['da:raus/da'raus] *adv* 1. *(aus e-m Gegenstand heraus)* out of (s.th.); 2. *fig (aus Material)* from (s.th.); 3. *fig (folgend aus etw)* from (s.th.); ▶ **~ wird nichts!** *fam* nothing doing! **~ mache ich mir nichts** I'm not very keen on that.

dar·ben ['darbən] *itr* live in want.

dar|bie·ten ['da:ebi:tən] *irr* I *tr* 1. *(Aufführung etc)* perform; 2. *(Speisen: anbieten)* serve; II *refl* present itself.

Dar·bie·tung *f theat* performance.

dar·ein- *(od* **drein-)** [da'rain-] *prp:*

▶ **traurig ~blicken** look sad; **jdm dreinreden** interfere in someone's affairs.

dar·in ['da:rɪn/da'rɪn] *adv* 1. *(räumlich)* in (s.th.); 2. *fig* in that respect; ▶ **der Unterschied liegt darin, daß** . . . the difference is that . . .

dar|le·gen ['da:ele:gən] *tr* explain, *(jdm etw* s.th. to s.o.); *(Plan, Theorie a.)* expound.

Dar·le·h(e)n ['da:ele:(ə)n] ‹-s, -› *n* loan *(an, für* to); ▶ **ein ~ aufnehmen** raise *(od* take up) a loan; **Dar·lehens·ge·ber** *m* lender; **Dar·lehens·neh·mer** *m* borrower.

Darm [darm, *pl* 'dɛrmə] ‹-(e)s, ⸚ e› *m* 1. *anat* bowel, intestines *pl;* 2. *(Wursthaut)* skin; **Darm·er·kran·kung** *f* intestinal disease; **Darm·grip·pe** *f med* gastric influenza; **Darm·krebs** *m* cancer of the intestine.

dar|rei·chen ['da:eraiçən] *tr* offer *(jdm etw* s.o. s.th.).

dar|stel·len ['da:ʃtɛlən] 1. *tr (vorzeigen)* show; *(beschreiben)* describe; 2. *thea* play; 3. *(bedeuten)* constitute, represent; ▶ **was soll das ~?** what is that supposed to be?

Dar·stel·le·r(in) *m (f) theat* actor (actress).

Dar·stel·lung *f* 1. *(bildlich)* portrayal; 2. *fig* representation; *(Beschreibung)* description; 3. *(graphische ~)* graph; ▶ **falsche ~** misrepresentation.

dar·über ['da:rybe/da'ry:be] *adv* 1. *(räumlich)* over s.th.; *(quer ~)* across s.th.; 2. *fig (über)* about (s.th.); ▶ **~ hinweg sein** *fig* have got over it; **~ hinaus** over and above that; **es geht nichts ~** there's nothing to beat it.

dar·um ['da:rʊm/da'rʊm] *adv* 1. *(örtlich)* round s.th.; 2. *fig (deshalb)* that's why . . .; ▶ **es geht ~, daß** . . . the thing is that . . .; **~ geht es gar nicht** that isn't the point; **ach ~!** so that's why!

dar·un·ter ['da:rʊnte/da'rʊnte] *adv* 1. *(räumlich)* under *(od* beneath) s.th.; 2. *fig (unter e-r Anzahl)* among them; 3. *(weniger)* under that; ▶ **was verstehen Sie ~?** what do you understand by it?

das [das] 1. *(Artikel)* the; 2. *prn nom sing* who, which, that; *acc sing* whom, which; *pl* those.

da|sein ['da:zain] *irr itr* be there; ▶ **ich bin gleich wieder da** I'll be right back; **ich bin noch da** I'm still there; **ist noch (etw) Tee da?** is there any tea left? **ist die Post schon da?** has the post come yet?

Da·sein ['da:zain] ‹-s› *n* 1. *(Anwesendsein)* presence; 2. *(Existenz)* existence; ▶ **etw ins ~ rufen** call s.th. into existence.

daß [das] *conj* that; ▶ **~ du es mir nicht verlierst!** see that you don't lose

it! **ich bin dagegen, ~ wir jetzt gehen** I'm against us leaving now.
das·sel·be [das'zɛlbə] *prn* the same; ▶ **das ist genau ~** it is just the same.
Da·tei [daː'taɪ] *f EDV* file; **Da·tei·na·me** *m* file name.
Da·ten ['daːtən] *pl (von Datum: Angaben)* the facts; ▶ **technische ~** technical data; **Da·ten·ab·ruf** *m* data retrieval; **Da·ten·auf·be·rei·tung** *f EDV* data preparation; **Da·ten·aus·tausch** *m* data exchange *(od* interchange); **Da·ten·bank** *f EDV* data bank; **Da·ten·ba·sis** *f* database; **Da·ten·be·stand** *m* database; **Da·ten·ein·ga·be** *f EDV* data input; **Da·ten·er·fas·sung** *f EDV* data capture; **Da·ten·fern·ver·ar·bei·tung** *f* teleprocessing; **Da·ten·miß·brauch** *m* data abuse; **Da·ten·netz** *n* data network; **Da·ten·schutz** *m* data protection; **Da·ten·schutz·be·auf·trag·te(r)** *f m allg* data protection specialist; **Da·ten·sicht·ge·rät** *n* visual display unit *(Abk* VDU); **Da·ten·trä·ger** *m* data carrier; **Da·ten·ty·pist(in)** *m (f)* terminal operator; **Da·ten·ver·ar·bei·tung** *f EDV* data processing; ▶ **elektronische ~** electronic data processing; **Da·ten·zen·tra·le** *f* data centre.
da·tie·ren [da'tiːrən] *tr* date; ▶ **datiert sein vom** ... date from ...
Da·tiv ['daːtiːf] ⟨-s, -e⟩ *m gram* dative.
Dat·tel ['datəl] ⟨-, -n⟩ *f* date; **Dat·tel·pal·me** *f* date palm.
Da·tum ['daːtʊm] ⟨-s, -ten⟩ *n* date; ▶ **was ist heute für ein ~?** what is the date today? **ich hab' mich im ~ vertan** I've got the wrong date; **welches ~ hat der Brief?** when is the letter dated? **Da·tum·stem·pel** *m* date stamp.
Dau·er ['daʊə] ⟨-⟩ *f* 1. *allg* duration; 2. *(Zeitspanne)* length; ▶ **für die ~ von** ... for a period of ...; **auf die ~ in** the long term; **von kurzer ~ sein** be short-lived; **das kann auf die ~ nicht so weitergehen** it can't go on like that indefinitely; **Dau·er·auf·trag** *m com* standing order; **Dau·er·be·hand·lung** *f* permanent treatment; **Dau·er·be·trieb** *m* continuous *(od* non-stop) operation; **Dau·er·bren·ner** *m (Ofen)* slow-burning stove; **Dau·er·er·folg** *m* permanent result; **dau·er·haft** *adj* durable, lasting; *(ständig)* permanent; **Dau·er·haf·tig·keit** *f* 1. *allg (von Material)* durability; 2. *fig (Permanenz)* permanence; **Dau·er·lauf** *m sport* jogging; ▶ **e·n ~ machen** go jogging.
dau·ern *itr* go on, last; ▶ **dauert das noch lange?** will it take much longer? **wie lange dauert das denn noch?** how much longer will it take? **das dauert mir zu lange** it takes too long; **es dau-**

ert nicht mehr lange it won't take much longer; **dau·ernd** ['daʊənt] *adj (andauernd)* lasting; *(ständig)* permanent; ▶ **etw ~ tun** keep doing s.th.
Dau·er·re·gen *m* lasting rain; **Dau·er·scha·den** *m* permanent injury; **Dau·er·stel·lung** *f* permanent position; **Dau·er·wel·le** *f (Frisur)* permanent wave, *fam* perm; **Dau·er·wir·kung** *f* lasting effect; **Dau·er·zu·stand** *m* permanent state of affairs.
Dau·men ['daʊmən] ⟨-s, -⟩ *m* thumb; ▶ **am ~ lutschen** suck one's thumb; **halten Sie mir den ~!** keep your fingers crossed for me!
Dau·ne ['daʊnə] ⟨-, -n⟩ *f* down feather; **Dau·nen·decke (k·k)** *f* continental quilt, duvet; **Dau·nen·jacke (k·k)** *f* quilted jacket.
da·von ['daːfɔn/daˈfɔn] *adv* 1. *(räumlich)* from (s.th.); 2. *(dadurch)* from (s.th.); ▶ **das kommt ~!** *fam* I told you so! **das hängt ~ ab, ob** ... that depends on whether ...; **ich habe keine Ahnung ~** I've no idea about it; **da·von|flie·gen** [-ˈ----] ⟨sein⟩ *irr itr* fly away; **da·von|kom·men** ⟨sein⟩ *irr itr* escape, get away; ▶ **mit dem Schrecken ~** escape with no more than a shock; **da·von|lau·fen** ⟨sein⟩ *irr itr* run away *(vor jdm* from s.o.); **da·von|ma·chen** *refl* make off; **da·von|tra·gen** *irr tr* 1. *allg* carry away; 2. *fig (Schaden, Verletzung)* suffer; 3. *(Preis, Sieg)* carry off, win.
da·vor ['daːfoːə/daˈfoːə] *adv* 1. *(örtlich)* in front of (s.th.); 2. *(zeitlich)* before (s.th.); ▶ **hast du Angst ~?** are you afraid of it?
da·zu ['daːtsu/daˈtsuː] *adv* 1. *(räumlich)* there; 2. *(Zweck)* for that; ▶ **ich kam nicht ~, es zu tun** I never got around to doing it; **noch ~, wo** ... when ... too; **wie konnte es nur ~ kommen?** how could that happen? **wie komme ich ~!** why on earth should I! **ich habe keine Lust ~** I don't feel like it; **da·zu|ge·hö·ren** [-ˈ----] *itr:* ▶ **das gehört mit dazu** it's all part of it; **es gehört schon einiges dazu** that takes a lot; **da·zu|tun** *irr tr* add.
da·zwi·schen ['daːtsvɪʃən/daˈtsvɪʃən] *adv* 1. *(örtlich)* between; 2. *(mittendrin)* amongst them; **da·zwi·schen|fah·ren** [-ˈ----] ⟨sein⟩ *irr itr (unterbrechen)* interrupt; **da·zwi·schen|kom·men** ⟨sein⟩ *irr itr* come between; ▶ **wenn nichts ~kommt** if all goes well, if nothing crops up; **da·zwi·schen|tre·ten** ⟨sein⟩ *irr itr* intervene.
Deal ['iːl] ⟨-s, -s⟩ *m fam (Drogenhandel)* deal.
dea·len ['diːlən] *itr fam* deal in drugs, push *fam*.
Dea·ler(in) *m (f) fam* pusher; *(international)* traffiker.

De·bat·te [de'batə] ⟨-, -n⟩ f debate; ▶ etw zur ~ stellen put s.th. up for discussion; das steht hier nicht zur ~ that's not the issue.

de·bat·tie·ren itr tr: ▶ mit jdm über etw ~ discuss s.th. with s.o.

De·büt [de'by:] ⟨-s, -s⟩ n: ▶ sein ~ geben make one's debut.

de·chif·frie·ren [deʃɪ'fri:rən] tr decipher, decode.

Deck [dɛk] ⟨-(e)s, -s/(-e)⟩ n 1. mar deck; 2. (von Omnibus) top; 3. (Parkhaus~) level; ▶ an ~ gehen go on deck; von ~ gehen go below deck; **Deck·an·strich** m top coat(ing); **Deck·blatt** n 1. (von Zigarre) wrapper; 2. bot bract; 3. (zur Einlage) overlay.

Decke (k·k) ['dɛkə] ⟨-, -n⟩ f 1. (Woll~) blanket; (Stepp~) quilt; 2. mot (Reifen~) cover; 3. (Zimmer~) ceiling; ▶ an die ~ gehen fig blow one's top; mit jdm unter e-r ~ stecken fig be hand in glove with s.o.

Deckel (k·k) ['dɛkəl] ⟨-s, -⟩ m 1. allg cover, lid; 2. (von Buch) cover; 3. fam (Hut) hat.

decken (k·k) ['dɛkən] I tr 1. (be~) cover; 2. (Tisch) lay, set; 3. fig cover; 4. (Tiere begatten) cover; ▶ ein Tuch über etw ~ put a cloth over s.th.; II refl 1. math be congruent; 2. fig coincide.

Decken·be·leuch·tung (k·k) f ceiling lighting.

Deck·man·tel m fig: ▶ unter dem ~ von ... under the guise of ...; **Deck·na·me** m (im Geheimdienst) code name.

Deckung (k·k) ['dɛkʊŋ] f 1. mil (Schutz) cover; 2. fin cover; ▶ in ~ gehen take cover; jdm ~ geben mil give s.o. cover.

De·co·der [di'koʊdə] ⟨-s, -⟩ m decoder.

De·fekt [de'fɛkt] ⟨-(e)s, -e⟩ m defect, fault.

de·fekt [de'fɛkt] adj defective; faulty; (beschädigt) damaged.

de·fen·siv [defɛn'zi:f] adj defensive.

De·fen·si·ve [defɛn'zi:və] ⟨-, -n⟩ f defensive; ▶ in der ~ on the defensive.

de·fi·nie·ren [defi'ni:rən] ⟨ohne ge-⟩ tr define.

De·fi·ni·t·ion f definition.

de·fi·ni·tiv [defini'ti:f] adj (eindeutig) definite; (endgültig) definitive; ▶ etw ~ abklären clear s.th. up definitively (od once and for all).

De·fi·zit ['de:fitsɪt] ⟨-s, -e⟩ n 1. allg deficit; 2. fig deficiency (an of); ▶ ein ~ von 500 $ aufweisen be $ 500 short fam.

De·fla·ti·on [defla'tsjo:n] f fin deflation.

de·for·mie·ren [defɔr'mi:rən] tr deform.

De·gen ['de:gən] ⟨-s, -⟩ m rapier.

De·ge·ne·ra·ti·on [de:genəratsi'o:n] ⟨-⟩ f degeneration.

de·ge·ne·rie·ren [degene'ri:rən] ⟨sein⟩ itr degenerate (zu into).

de·gra·die·ren [degra'di:rən] tr 1. mil demote (zu to); 2. fig lower (jdn zu etw s.o. to the level of s.th.).

dehn·bar ['de:nba:ɐ] adj 1. allg elastic; 2. fig flexible.

Dehn·bar·keit f 1. allg elasticity; 2. fig (von Begriff etc) flexibility.

deh·nen ['de:nən] I tr 1. stretch; 2. (Worte) lengthen; II refl stretch.

Deh·nung f 1. allg stretching; 2. ling lengthening; **Deh·nungs·fu·ge** f tech contraction (od expansion) joint.

Deich [daɪç] ⟨-(e)s, -e⟩ m Br dyke, Am dike.

Deich·sel ['daɪksəl] ⟨-, -n⟩ f shaft.

deich·seln tr fam (fertigbringen) wangle.

dein [daɪn] prn yours; deine(r, s) prn (substantivisch) yours; **dei·ner·seits** ['daɪnɐzaɪts] adv on your part; **dei·nes·glei·chen** ['daɪnəs'glaɪçən] prn the likes of you; **dei·net·we·gen** ['daɪnətwe:gən] adv (wegen dir) because of you; (dir zuliebe) for your sake; **dei·ni·ge** ['daɪnɪgə] m f n yours; (für dich) on your behalf.

de·ka·dent [deka'dɛnt] adj decadent.

De·ka·denz f decadence.

De·kan [de'ka:n] ⟨-s, -e⟩ m dean.

de·kla·mie·ren [dekla'mi:rən] tr declaim.

De·kla·ra·tion [deklara'tsjo:n] f declaration.

de·kla·rie·ren tr declare.

De·kli·na·t·ion [deklina'tsjo:n] f 1. gram inflexion; 2. phys (Abweichung) declination.

de·kli·nie·ren tr decline, inflect.

De·ko·ra·teur(in) [dekora'tø:ɐ] ⟨-s, -e⟩ m (f) 1. (Schaufenster~) window-dresser; 2. (Innen~) interior designer; **De·ko·ra·tion** f allg decoration; theat set; **de·ko·rie·ren** tr a. fig decorate; (Schaufenster) dress.

De·kret [de'kre:t] ⟨-(e)s, -e⟩ n decree.

De·le·ga·tion [delega'tsjo:n] f delegation.

De·le·gier·te m f delegate.

de·li·kat [deli'ka:t] adj 1. (köstlich) delicious; 2. (heikel) delicate; ▶ e-e ~e Angelegenheit a delicate (od sensitive) issue.

De·li·ka·tes·se [delika'tɛsə] ⟨-, -n⟩ f delicacy.

De·likt [de'lɪkt] ⟨-(e)s, -e⟩ n jur (Vergehen) offence; (Verbrechen) crime.

De·lin·quent(in) [delɪŋ'kvɛnt] ⟨-en, -en⟩ m (f) delinquent, offender.

De·li·ri·um [de'li:riʊm] n delirium.

Del·phin [dɛl'fi:n] ⟨-s, -e⟩ m dolphin.

Del·ta ['dɛlta] ⟨-(s), -s⟩ n delta; **del·ta-**

för·mig *adj* delta-shaped.
dem [de(:)m] *(dat von der, das):* ► **wie**
~ **auch sei** be that as it may; **wenn ~ so
ist** if that is the way it is.
Dem·ago·ge (-go·gin) [dema'go:gə]
m (f) demagogue; **Dem·ago·gie** ⟨-, -n⟩
f demagogy.
de·mas·kie·ren [demas'ki:rən] I *tr* un-
mask; ► **jdn als etw** ~ expose s.o. as
s.th.; II *refl* unmask o.s. ► **sich als etw**
~ show o.s. to be s.th.; reveal o.s. as s.th.
De·men·ti [de'mɛnti] ⟨-s, -s⟩ *n (offi-
zielle Berichtigung)* denial.
de·men·tie·ren I *tr (offiziell berichti-
gen)* deny; II *itr* deny it.
dem·ent·spre·chend I *adv* corres-
pondingly; II *adj* appropriate.
dem·nächst [dem'nɛkst] *adv* soon.
De·mo ⟨-, -s⟩ *f fam* demo.
De·mo·kra·tie [demokra'ti:] *f* democ-
racy; **Demokrat(in)** *m (f)* democrat;
de·mo·kra·tisch *adj* democratic.
de·mo·kra·ti·sie·ren *tr* democratize;
De·mo·kra·ti·sie·rung *f* demo-
cratization.
de·mo·lie·ren [demo'li:rən] *tr* wreck.
De·mon·strant(in) *m (f)* demonstrator.
De·mon·stra·tion [demɔnstra'tsjo:n] *f*
a. pol demonstration; **De·mon·stra-
tions·ein·satz** *m (~ der Polizei)* dem-
onstration duty.
de·mon·stra·tiv [demɔnstra'ti:f] *adj*
demonstrative; **De·mon·stra·tiv·pro-
no·men** *n gram* demonstrative pro-
noun.
de·mon·strie·ren *tr itr* demonstrate;
► **für etw** ~ demonstrate in support of
s.th.; **gegen etw** ~ demonstrate against
s.th.
De·mon·ta·ge [demɔn'ta:ʒə] ⟨-, -n⟩ *f*
dismantling.
de·mon·tie·ren *tr* dismantle.
De·mo·sko·pie [demosko'pi:] *f*
opinion poll(s *pl*).
De·mut ['de:mu:t] ⟨-⟩ *f* humility.
de·mü·tig ['de:my:tɪç] *adj* humble; **de-
mü·ti·gen** *tr* humble; **De·mü·ti·gung**
f humiliation.
denk·bar *adj* conceivable; ► **das ist
durchaus** ~ that is feasible.
den·ken ['dɛŋkən] *irr tr itr* think; ► **an
etw** ~ think of s.th.; **ich denke nicht
daran!** no way! *fam;* **daran hatte ich
gar nicht mehr gedacht** I had forgotten
about that; **das kann ich mir** ~ I can
imagine; **das habe ich mir gleich ge-
dacht** I thought that all along; **dacht'
ich's mir doch!** I knew it!
Den·ker(in) *m (f)* thinker.
Denk·fa·brik *f* think tank.
Denk·mal ['dɛŋkma:l] ⟨-s, -mɛ:ler/
(-male)⟩ *n* 1. *(Monument)* monument; 2.
(Statue) statue; **Denk·mal·schutz** *m*
protection of historical monuments;

► **unter** ~ **stehen** be under a preserva-
tion order; **Denk·pro·zeß** *m* process
of reasoning; **Denk·schrift** *f* memor-
andum; **Denk·zet·tel** *m:* ► **jdm e-n** ~
geben give s.o. a lesson.
denn [dɛn] I *conj* for; ► **es sei** ~, **daß**
... **unless** ...; II *adv* then; **wo** ~? oh,
where? **wieso** ~? how come? **warum** ~
nicht? why not? **was soll das** ~? what's
all this then?
den·noch *adv* nevertheless, still.
De·nun·ziant(in) *m (f)* informer.
de·nun·zie·ren *tr* inform against *(jdn
bei* s.o. to).
Deo ⟨-s, -s⟩ *n*, **De·odo·rant** ⟨-s, -e *od*
-s⟩ *n* deodorant; **Deo·rol·ler** ⟨-s, -⟩ *m*
roll-on deodorant; **Deo·spray** *n od m*
deodorant spray.
De·po·nie [depo'ni:] *f* dump;
► **geordnete** ~ *Br* officially approved
rubbish dump, *Am* sanitary fill; **wilde** ~
unauthorized refuse disposal site.
de·po·nie·ren *tr* deposit.
de·por·tie·ren [depɔr'ti:rən] *tr* deport.
De·pot [de'po:] ⟨-s, -s⟩ *n* 1. *(in Bank)*
strong room; 2. *(Lager)* warehouse.
De·pres·sion [deprɛ'sjo:n] *f* depress-
ion.
de·pri·mie·ren [depri'mi:rən] *tr* de-
press.
der [de:ɐ] *(Artikel)* the; *prn* that; *(derje-
nige)* the one; **der·art** ['--] *adv* in such a
way, so; ► ~, **daß** ... so much that ...;
der·ar·tig *adj* of that kind.
derb [dɛrp] *adj* 1. *(kräftig)* strong,
tough; 2. *(rauh, grob)* coarse, crude.
de·rent·we·gen ['de:rənt've:gən] *adv*
(von Personen) on whose account; *(von
Sachen)* on account of which.
der·ge·stalt ['---] *adv:* ► ~, **daß** ...
so ... that ...; **der·glei·chen** ['-'--]
adj of that kind, such; ► **und** ~ and
the like; **der·je·ni·ge (die-, das-)**
['de:eje:nɪgə] *prn:* ► ~ **welcher** ... he
who ...; **ach, du warst (also)** ~, **welcher**
...! so it was you who ...! **der·ma·ßen**
['de:e'ma:sən] *adv:* ► ~, **daß** ... so
much that ...
der·sel·be (die-, das-) [de:e'zɛlbə] *prn*
the same; *(auf Vorhergehendes wei-
send)* he, she, it; ► **eben** ~ the very
same; **es sind immer dieselben!** it's
always the same people!
der·zeit ['--] *adv* at present; **der·zei·tig**
adj present.
Des *n mus* D flat.
De·sa·ster ⟨-s, -⟩ *n* disaster.
De·ser·teur [dezɛr'tø:ɐ] ⟨-s, -e⟩ *m* de-
serter.
de·ser·tie·ren ⟨sein⟩ *itr* desert.
des·glei·chen [dɛs'glaiçən] *adv* like-
wise.
des·halb ['--] *adv* therefore; ► ~ **also!**
so that's why! ~ **frage ich ja!** that's
exactly why I'm asking!

De·sign [di'zaɪn] design; **de·sig·nen** *itr* design; **De·sig·ner·mo·de** *f* designer fashion.

Des·in·fek·tion [dezɪnfɛk'tsjo:n] *f* disinfection; **Des·in·fek·tions·mit·tel** *n* disinfectant.

des·in·fi·zie·ren *tr* disinfect.

Des·in·for·ma·tion *f* disinformation.

Desk·top-Pu·bli·shing ['dɛsktɔp'pablɪʃɪŋ] ‹-› *n* desktop publishing.

des·odo·rie·ren [dezodo'ri:rən] *tr* deodorize.

Des·pot [dɛs'po:t] ‹-en, -en› *m* despot; **des·po·tisch** *adj* despotic.

des·sen ['dɛsən] *prn (von Personen)* of whom, whose; *(von Sachen, Tieren)* of which.

Des·sert [dɛ'sɛ:ɐ] ‹-s, -s› *n* dessert.

de·sta·bi·li·sie·ren *tr* destabilize; **De·sta·bi·li·sie·rung** *f* destabilization.

de·stil·lie·ren [dɛstɪ'li:rən] *tr* distil.

de·sto ['dɛsto] *conj:* ► ~ **mehr** all the more; ~ **besser** all the better.

de·struk·tiv [destruk'ti:f/'---] *adj* destructive.

De·tail [de'taɪ(l)/de'ta(:)j] ‹-s, -s› *n* detail; ► **ins** ~ **gehen** go into detail(s *pl*); **alle** ~**s** full details; **de·tail·lie·ren** [deta'ji:rən] *tr* give full particulars of ..., specify; **de·tail·liert** *adj* detailed.

De·tek·tei *f* detective agency.

De·tek·tiv(in) [detɛk'ti:f] ‹-s, -e› *m (f)* private investigator.

De·to·na·t·ion [detona'tsjo:n] ‹-, -en› *f* explosion.

de·to·nie·ren ‹sein› *itr* explode.

deu·ten ['dɔɪtən] **I** *tr (interpretieren)* interpret; ► **etw falsch** ~ misinterpret s.th.; **II** *itr (auf etw* ~*)* indicate; point out.

deut·lich ['dɔɪtlɪç] *adj* clear; ► **ich fühle** ~**, daß** ... I have the distinct feeling that ...; **muß ich** ~**er werden?** have I not made myself plain enough? **Deut·lich·keit** *f* clarity; ► **ich muß (einmal) mit aller** ~ **sagen** ... I must make it perfectly clear ...

deutsch [dɔɪtʃ] *adj* German; ► **auf** ~ **heißt das** ... in German it means ...; **auf gut** ~ *fam* in plain English; **Deutsche**[1] ‹-n› *n (Sprache)* German.

Deut·sche[2] ‹-n, -n› *m f* German.

Deut·sche De·mo·kra·tische Re·pu·blik (DDR) *hist* German Democratic Republic (GDR).

deutsch·feind·lich *adj* anti-German; **deutsch·freund·lich** *adj* pro-German; **Deutsch·land** ‹-s, (-)› *n* Germany **Deutsch·stäm·mi·ge** *pl* ethnic Germans *pl*.

Deu·tung *f* interpretation.

De·vi·se [de'vi:zə] ‹-, -n› *f* 1. *(Wahlspruch)* motto; 2. *fin* foreign currency; **De·vi·sen·brin·ger** *m* earner of foreign exchange; **De·vi·sen·ver·ge-**

hen *n* breach of exchange control regulations.

De·zem·ber [de'tsɛmbɐ] ‹-(s), (-)› *m* December.

de·zent [de'tsɛnt] *adj* discreet.

de·zen·tral *adj* decentralized; **de·zen·tra·li·sie·ren** *tr* decentralize.

De·zer·nat [detsɛr'na:t] ‹-(e)s, -e› *n* department.

De·zer·nent(in) [detsɛr'nɛnt] *m (f)* head of department.

de·zi·mal [detsi'ma:l] *adj* decimal; **De·zi·mal·rech·nung** *f* decimals *pl*.

de·zi·mie·ren [detsi'mi:rən] *tr* decimate.

Dia·be·ti·ker(in) [dia'be:tɪkɐ] *m (f)* diabetic.

dia·bo·lisch [dia'bo:lɪʃ] *adj* diabolical.

Dia·dem [dia'de:m] ‹-s, -e› *n* diadem.

Dia·gno·se [dia'gno:zə] ‹-, -n› *f* diagnosis; **Dia·gno·se·stand** *m mot* diagnostic test bay.

dia·gno·sti·zie·ren [diagnɔsti'tsi:rən] *tr* diagnose.

dia·go·nal [diago'na:l] *adj* diagonal.

Dia·go·na·le ‹-, -n› *f* diagonal.

Dia·gramm [dia'gram] ‹-s, -e› *n* diagram.

Dia·kon [dia'ko:n] ‹-s/-en, -e/-en› *m eccl* deacon; **Dia·ko·nis·sin** *f eccl* deaconess.

Dia·lekt [dia'lɛkt] ‹-(e)s, -e› *m* dialect.

Dia·lek·tik *f* dialectics *pl*.

Dia·log [dia'lo:k] ‹-(e)s, -e› *m* dialogue; *EDV* dialog; **Dia·log·be·trieb** *m EDV* conversational mode.

Dia·ly·se [dia'ly:zə] ‹-, -n› *f med* dialysis.

Dia·mant [dia'mant] ‹-en, -en› *m* diamond; **dia·man·ten** *adj* diamond; **Dia·mant·ring** *m* diamond-ring.

Di·ät [di'ɛ:t] ‹-› *f* diet; ► ~ **halten** be on a diet.

Diä·ten [di'ɛ:tən] *pl parl* parliamentary allowance *sing*.

Di·ät·kur *f* diet.

Di·ät·salz *n* dietetic salt.

dich [dɪç] **I** *pers prn* you; **II** *refl prn* yourself.

dicht [dɪçt] **I** *adj* 1. *(Beschaffenheit)* thick; 2. *(~ geschlossen)* heavy; ► ~**es Laub** dense foliage; ~ **schließen** shut tightly; **du bist wohl nicht ganz** ~**!** *fig fam* you must be daft! **II** *adv* 1. *(nahe daran)* closely; 2. *(Gegenteil von dünn)* densely; ► ~ **beieinander sitzen** sit close together; **dicht·be·wölkt** ['--'-] *adj* heavily overcast.

Dich·te ‹-, (-n)› *f phys* density.

dich·ten[1] ['dɪçtən] **I** *tr (verfassen)* write; **II** *itr* write poems.

dich·ten[2] *tr (ab~)* seal.

Dich·ter(in) *m (f)* poet(ess); **dich·te·risch** *adj* poetic; ► ~**e Freiheit** poetic licence.

dicht|hal·ten *irr tr fig fam* hold one's

tongue, keep one's mouth shut.
Dicht·kunst *f* art of poetry.
Dich·tung[1] *f* **1.** *(Verskunst)* poetry; **2.** *(Literatur)* literature.
Dich·tung[2] *f (Ab~) tech allg* seal.
Dich·tungs·schei·be *f* washer.
dick [dɪk] *adj* **1.** thick; **2.** fat, hefty; ▶ **er ist ein ~er Brocken** *fig fam* he is a tough nut to crack; **das ist ein ~er Hund** *fig fam* that's a bit much; **~e Freunde** *fam* firm (close) friends; **dick·bäu·chig** ['dɪkbɔɪçıç] *adj* potbellied; **Dick·darm** *m* colon
Dicke (k·k) ['dɪkə] ⟨-, -n⟩ *f* **1.** *(Beleibtheit)* fatness; **2.** *(Maßangabe)* thickness; **dick·fel·lig** ['dɪkfɛlıç] *adj fam* thickskinned; **dick·flüs·sig** *adj* thick, viscous.
Dickicht (k·k) ['dɪkıçt] ⟨-(e)s, -e⟩ *n* **1.** *allg* thicket; **2.** *fig (Wirrwarr)* maze.
Dick·kopf *m fig:* ▶ **e-n ~ haben** be obstinate; **dick·köp·fig** *adj fig* obstinate, stubborn.
Dick·milch *f* soured milk.
Dick·wanst *m fam* fatso.
die [di(:)] *f (Artikel)* the; *(diejenige)* the one.
Dieb(in) [di:p, f'di:bın] ⟨-s, -e⟩ *m (f)* thief; ▶ **haltet den ~!** stop thief!
die·bisch *adj* **1.** thieving; **2.** : ▶ **sich über etw ~ freuen** gloat over s.th.
Dieb·stahl *m* theft; **Dieb·stahl·si·che·rung** *f mot* anti-theft device.
Die·le[1] ['di:lə] ⟨-, -n⟩ *f (Brett)* floorboard.
Die·le[2] *(Hausflur)* hall(way).
die·nen ['di:nən] *itr* serve; ▶ **womit kann ich ~?** can I help you? **damit ist mir nicht gedient** that doesn't help me; **zu etw ~** serve for s.th.
Die·ner *m* **1.** servant; **2.** *(Verbeugung)* bow; **Die·ne·rin** *f* maid.
dien·lich *adj* **1.** *(brauchbar)* useful; **2.** *(geraten)* advisable; ▶ **es für ~ halten** deem it expedient.
Dienst [di:nst] ⟨-es, -e⟩ *m* **1.** *allg* service; **2.** *(~ausübung)* duty; ▶ **öffentlicher ~** public service; **~ nach Vorschrift** work-to-rule; **~ haben** *(Arzt)* be on duty; *(Apotheke)* be open; **es leistet mir gute ~e** I find it very useful; **jdm e-n schlechten ~ erweisen** do s.o. a bad turn; **jdm gute ~e leisten** serve s.o. well; **Dienst·ab·teil** *n rail Br* guard's compartment, *Am* conductor's car.
Diens·tag ['di:nsta:k] ⟨-(e)s, -e⟩ *m* Tuesday.
Dienst·äl·te·ste(r) *f m* senior member of staff; **Dienst·an·wei·sung** *f* regulations *pl;* **dienst·frei** *adj:* ▶ **e-n ~en Tag haben** have a day off; **Dienstgrad** *m* rank; ▶ **was ist er für ein ~?** what rank does he have? **dienst·habend** *adj* duty; **Dienst·jah·re** *n pl* years of service; **Dienst·lei·stung** *f* service.

dienst·lich *adj* official; ▶ **ich bin ~ hier** I'm here on business; **möchten Sie ihn ~ oder privat sprechen?** do you want to speak to him on a business or private matter?
Dienst·pflicht *f* compulsory service; **Dienst·rei·se** *f* business trip; **Dienststel·le** *f* office; **Dienst·stun·den** *pl* working hours; **dienst·tu·end** *adj* duty; **Dienst·vor·schrift** *f* official regulations *pl;* **Dienst·wa·gen** *m* official car; *(Firmenwagen)* company car; **Dienst·weg** *m:* ▶ **auf dem ~** through official channels *pl;* **Dienst·woh·nung** *f* **1.** *(Betriebswohnung)* company flat (*od* house); **2.** *(dienstlicher Wohnsitz)* official residence; **Dienst·zeit** *f* period of service.
dies·be·züg·lich ['----] *adj* regarding this.
Die·sel ['di:zəl] ⟨-s, -⟩ *m* **1.** *(Motor)* diesel (engine); **2.** *(Fahrzeug)* diesel; **3.** *(Kraftstoff)* diesel oil; **Die·sel·an·trieb** *m mot:* ▶ **mit ~** diesel powered; **Die·sel(·kraft·stoff)** *m Br* derv, *Am* diesel oil; **Die·sel·lo·ko·mo·ti·ve** *f* diesel locomotive; **Die·sel·mo·tor** *m* diesel engine.
die·s(e, er, es) ['di:s ('di:zə, 'di:zə, 'di:zəs)] *prn* this; *pl* these; ▶ **dies und das** this and that; **dies alles** all this.
die·sig ['di:zıç] *adj* hazy, misty.
dies·jäh·rig *adj* this year's; **dies·mal** *adv* this time; **dies·sei·tig** *adj* **1.** *allg* nearside; **2.** *fig eccl* of this world.
Dies·seits ['di:szaıts] ⟨-⟩ *n eccl* this life; ▶ **im ~** in this life.
dies·seits *adv* on this side of ...
Diet·rich ['di:trıç] ⟨-s, -e⟩ *m (Nachschlüssel)* picklock, skeleton-key.
dif·fa·mie·ren [dıfa'mi:rən] *tr* defame.
Dif·fe·ren·tial [dıfərɛn'tsja:l] ⟨-s, -e⟩ *n mot* differential.
Dif·fe·ren·tial·rech·nung *f math* differential calculus.
Dif·fe·renz [dıfə'rɛnts] *f* **1.** *(Unterschied)* difference; **2.** *(Auseinandersetzung)* argument; **dif·fe·ren·zie·ren** *tr* make distinctions.
dif·fe·rie·ren *itr* differ.
di·gi·tal [digi'ta:l] *adj* digital; **di·gi·ta·li·sie·ren** *tr (Daten, Signale)* digitize; **Di·gi·ta·li·sie·rung** *f* digitization; **Di·gi·tal·rech·ner** *m* digital computer; **Di·gi·tal·uhr** *f* digital clock; *(Armbanduhr)* digital watch.
Dik·tat [dɪk'ta:t] ⟨-(e)s, -e⟩ *n* **1.** dictation; **2.** *pol (Befehl)* dictate; ▶ **ein ~ aufnehmen** take a dictation.
Dik·ta·tor *m* dictator; **dik·ta·to·risch** *adj* dictatorial.
Dik·ta·tur *f* dictatorship.
dik·tie·ren *tr* dictate.
Dik·tier·ge·rät *f* dictating machine.
Di·let·tant(in) [dilɛ'tant] ⟨-en, -en⟩ *m*

(f) amateur; **di·let·tan·tisch** *adj* amateurish.

Dill [dɪl] ⟨-(e)s, -e⟩ *m bot* dill weed.

Di·men·sion [dimɛn'zjoːn] *f* dimension.

Dim·mer ['dɪmɐ] ⟨-s, -⟩ *m el* dimmer (switch).

Ding [dɪŋ] ⟨-(e)s, -e⟩ *n (Gegenstand)* thing; ▶ **er hat ein tolles ~ gedreht** *fam* he pulled off a good job; **reden wir von anderen ~en!** let's talk about s.th. else! *sing.*

ding·fest *adj:* ▶ **~ machen** *fam* take into custody.

di·nie·ren [di'niːrən] *itr (gehoben)* dine.

Di·ode [di'oːdə] ⟨-, -n⟩ *f EDV* diode.

Di·oxin ['dioksiːn] ⟨-s, -e⟩ *n chem* dioxane; **di·oxin·hal·tig** *adj* dioxinated.

Diph·the·rie [dɪfte'riː] *f* diphtheria.

Di·plom [di'ploːm] ⟨-(e)s, -e⟩ *n* diploma; ▶ **sein ~ machen** take one's degree.

Di·plo·mat(in) [diplo'maːt] ⟨-en, -en⟩ *m (f)* diplomat; **Di·plo·ma·ten·kof·fer** *m* executive case; **Di·plo·ma·tie** [diploma'tiː] *f* diplomacy; **di·plo·ma·tisch** *adj* diplomatic.

Di·plom·in·ge·nieur(in) *m (f)* qualified engineer.

dir [diːə] *prn (dat von* du) (to) you; ▶ **mir nichts ~ nichts** just like that.

di·rekt [di'rɛkt] **I** *adj* direct; ▶ **e-e ~e Verbindung** *aero* a direct flight; *rail* a through train; **II** *adv Br* directly, *Am* right (-away), straight; ▶ **~ gegenüber von ... straight across ...; ~ nach Hause kommen** come home right away; **ich konnte ihn ~ vor mir sehen, als sie von ihm sprach** I could almost see him in front of me when she was speaking about him.

Di·rek·tion [dirɛk'tsjoːn] *f (Verwaltung)* management; **Di·rek·tor(in)** *m (f) allg* director; *(Schul~) Br* headmaster (headmistress), *Am* principal; *(Gefängnis~) Br* governor, *Am* warden; **Di·rek·to·r·ium** [dirɛk'toːrium] ⟨-s, Dirɛk'toːriən] *n* **1.** *hist o. pl* directory; **2.** *(Vorstand)* board of directors; **Di·rek·tri·ce** [dirɛk'triːsə] ⟨-, -n⟩ *f* manageress.

Di·rekt·über·tra·gung *f radio TV* live broadcast; **Di·rekt·ver·trieb** *m com* direct marketing; **Di·rekt·zu·griff** *m* direct access; **Di·rekt·zu·griffs·spei·cher** *m EDV* random access memory (RAM).

Di·ri·gent(in) [diri'gɛnt] *m (f) mus* conductor.

di·ri·gie·ren *tr* **1.** *mus* conduct; **2.** *fig* direct.

di·ri·gi·stisch *adj (Maßnahmen)* dirigiste.

Dir·ne ['dɪrnə] ⟨-, -n⟩ *f (Prostituierte)* prostitute.

Dis [dɪs] ⟨-, (-)⟩ *n mus* D sharp.

dis·har·mo·nisch *adj mus u. fig* discordant, disharmonious.

Dis·ket·te *f (floppy)* disk, diskette; **Dis·ket·ten·lauf·werk** *n* disk drive.

Dis·kont [dɪs'kɔnt] ⟨-(e)s, -e⟩ *m fin* discount; **Dis·kont·la·den** *m* discount house; discount store; discounter; **Dis·kont·satz** *m fin* discount rate.

Dis·ko ⟨-, -s⟩ *f fam* disco; **Dis·ko·thek** [dɪsko'teːk] ⟨-, -en⟩ *f* discotheque.

dis·kret [dɪs'kreːt] *adj* discreet; *(zurückhaltend)* reserved; *(behutsam)* cautious.

Dis·kre·ti·on [dɪskret'sjoːn] *f* discretion.

dis·kri·mi·nie·ren [dɪskrimi'niːrən] *tr* discriminate; **Dis·kri·mi·nie·rung** *f* discrimination.

Dis·kus ['dɪskʊs] ⟨-, -se/disken⟩ *m sport* discus.

Dis·kus·sion [dɪsku'sjoːn] *f* discussion; ▶ **da gibt's gar keine ~!** I'm not having any discussions about it!

Dis·kus·wer·fen *m* throwing the discus; **Dis·kus·wer·fer(in)** *m (f)* discusthrower.

dis·ku·tie·ren [dɪsku'tiːrən] *tr itr* discuss; ▶ **über etw ~** discuss s.th.

dis·pen·sie·ren [dɪspɛn'ziːrən] *tr* excuse *(von* from).

Dis·play [dɪs'pleɪ] ⟨-s, -s⟩ *n* display.

dis·po·nie·ren [dɪspo'niːrən] *tr (Anordnungen treffen)* make arrangements; ▶ **über etw ~ können** have s.th. at one's disposal.

Dis·po·si·tion [dɪspozi'tsjoːn] *f:* ▶ **s-e ~en treffen** make one's arrangements.

dis·qua·li·fi·zi·eren [dɪskvalifi'tsiːrən] *tr* disqualify *(von* from).

Dis·ser·ta·t·ion [dɪsɛrta'tsjoːn] *f (Doktorarbeit)* thesis.

Dis·si·dent [dɪsi'dɛnt] ⟨-en, -en⟩ *m* dissenter, dissident.

dis·so·nant [dɪso'nant] *adj* dissonant.

Di·stanz [dɪs'tants] ⟨-, -en⟩ *f* distance; ▶ **auf ~ gehen** *fig* become distant.

di·stan·zie·ren *refl* distance; ▶ **sich von etw ~** dissociate o.s. from s.th.

Di·stel ['dɪstəl] ⟨-, -n⟩ *f bot* thistle.

Di·strikt [dɪs'trɪkt] ⟨-(e)s, -e⟩ *m* district.

Dis·zi·plin [dɪstsi'pliːn] ⟨-, -en⟩ *f* **1.** *(Ordnung)* discipline; **2.** *(Wissenszweig, Fach)* discipline; ▶ **~ halten** keep good discipline.

dis·zi·pli·na·risch [dɪstsipli'naːrɪʃ] *adj* disciplinary; ▶ **~e Maßnahmen** disciplinary measures.

dis·zi·pli·nie·ren *tr* discipline; **dis·zi·pli·niert** *adj* disciplined.

Di·va ['diːva] ⟨-, -s/-ven⟩ *f* star.

di·vers [di'vɛrs] *adj* diverse, various.

Di·ver·si·fi·ka·tion *f com* diversification; **di·ver·si·fi·zie·ren** *tr* diversify.

Di·vi·den·de [divi'dɛndə] ⟨-, -n⟩ *f fin* dividend.

di·vi·die·ren *tr* divide.

Di·vi·si·on [divi'zjoːn] *f mil* division.

DNS ⟨-⟩ *f Abk von* **Desoxyribonuklein-**

säure desoxyribonucleic acid, DNA.

doch [dɔx] *conj u. adv* **1.** *(dennoch)* yet; **2.** *(aber)* but; ▶ **das ist ~ nicht dein Ernst!** you can't be serious! **wenn er ~ käme!** if only he would come! **Sie kommen ~?** you're coming, aren't you? **denk ~!** just imagine! **nicht ~!** don't do that! **~, ~!** well, yes ...; **das ist ~ interessant!** that's really interesting! **komm ~!** do come!

Docht [dɔxt] ⟨-(e)s, -e⟩ *m* wick.

Dock [dɔk] ⟨-(e)s, -s⟩ *n mar* dock; **Dock·ar·bei·ter** *m* docker.

Dog·ge ['dɔgə] ⟨-, -n⟩ *f zoo* mastiff.

Dog·ma ['dɔgma] ⟨-s, -men⟩ *n a. eccl* dogma; **dog·ma·tisch** *adj* dogmatic.

Doh·le ['do:lə] ⟨-, -n⟩ *f orn* jackdaw.

Dok·tor(in) ['dɔktɔr] *m (f)* doctor; ▶ **s-n ~ machen** do a doctorate; **Dok·tor·ar·beit** *f* thesis.

Dok·trin [dɔk'tri:n] ⟨-, -en⟩ *f a. pol* doctrine.

Do·ku·ment [doku'mɛnt] ⟨-(e)s, -e⟩ *n* document; **Do·ku·men·tar·film** *m* documentary; **do·ku·men·ta·risch** *adj* documentary; **Do·ku·men·ta·tion** [dokumɛnta'tsjo:n] *f* documentation.

do·ku·men·tie·ren **I** *tr allg a. EDV* document; **II** *refl fig* become evident.

Dolch [dɔlç] ⟨-(e)s, -e⟩ *m* dagger.

Dol·de ['dɔldə] ⟨-, -n⟩ *f bot* umbel.

Dol·lar ['dɔlar] ⟨-s, -s⟩ *m* dollar; *Am fam* buck; **Dol·lar·kri·se** *f* dollar crisis.

dol·met·schen ['dɔlmɛtʃən] *tr itr* interpret; **Dol·met·scher(in)** *m (f)* interpreter.

Dom [do:m] ⟨-(e)s, -e⟩ *m* **1.** *arch (Kathedrale)* cathedral; **2.** *(Kuppel)* dome.

Do·mä·ne [do'mɛ:nə] ⟨-, -n⟩ *f* **1.** *hist (Staatsgut)* domain; **2.** *(Fach)* domain, province.

do·mi·nant [domi'nant] *adj* dominant.

do·mi·nie·ren *itr* **1.** *(Eigenschaft)* be predominant; **2.** *(Mensch)* dominate.

Do·mi·no ['do:mino] ⟨-s, -s⟩ *m (Spiel)* dominoes *pl;* ▶ **~ spielen** play dominoes.

Dom·pfaff ['do:mpfaf] ⟨-s, -en⟩ *m orn* bullfinch.

Domp·teur [dɔmp'tø:ə] ⟨-s, -e⟩ *m* tamer.

Do·nau ['do:nau] ⟨-⟩ *f* the Danube.

Don·ner ['dɔnə] ⟨-s⟩ *m* thunder; **Don·ner·grol·len** *n* roll of thunder; **don·nern** ['dɔnən] *itr* thunder.

Don·ners·tag *m* Thursday.

Don·ner·wet·ter *n fig (Schelte)* scolding; ▶ **~!** *interj* hang it all! damn it!

doof [do:f] *adj fam* daft, thick; **Doofheit** *f fam* dumbness.

do·pen ['do:pən] *tr sport* dope; **Do·ping** ['-pɪŋ] ⟨-s, -⟩ *n sport* doping.

Dop·pel ['dɔpəl] ⟨-s, -⟩ *n* **1.** *(Duplikat)* duplicate; **2.** *sport (beim Tennis)* doubles *pl;* **Dop·pel·be·schluß** *m pol*

two-track *(od* twin-track) decision; **Dop·pel·bett** *n* double-bed; **Dop·pel·decker (k·k)** *m* **1.** *aero* biplane; **2.** *(Bus)* double-decker; **Dop·pel·fenster** *n* double window; **Dop·pel·gänger(in)** *m (f)* double; **Dop·pel·haus** *n,* semi-detached house; **Dop·pel·kinn** *n* double chin; **Dop·pel-Null-Lö·sung** *f pol* double zero option; **Dop·pel·punkt** *m* colon; **Dop·pel·stecker (k·k)** *m el* two-way adaptor.

dop·pelt ['dɔpəlt] **I** *adj* double; ▶ **die ~e Menge** twice *(od* double) the amount; **~e Buchführung** double-entry book-keeping; **in ~er Hinsicht** in two respects *pl;* **II** *adv* doubly, twice; ▶ **~ so viel** twice as much.

Dop·pel·ver·die·ner *pl* couple with two incomes; **Dop·pel·zim·mer** *n* double room.

Dopp·ler·ef·fekt *m phys* Doppler effect.

Dorf [dɔrf, *pl* 'dœrfə] ⟨-(e)s, ∴er⟩ *n* village; **Dorf·be·woh·ner(in)** *m (f)* villager.

Dorn [dɔrn] ⟨-(e)s, -en/(∴er)⟩ *m* **1.** thorn; **2.** *(an Schnalle)* tongue; **3.** *tech (Ahle)* awl; ▶ **das ist mir schon lange ein ~ im Auge** it has been a thorn in my flesh for a long time.

dor·nig *adj* **1.** *allg* spiny, thorny; **2.** *fig (Frage, Problem)* difficult.

dör·ren (dor·ren) ['dœrən, 'dorən] *tr itr* dry; **Dörr·obst** *n* dried fruit.

Dorsch [dɔrʃ] ⟨-(e)s, -e⟩ *m zoo* cod.

dort [dɔrt] *adv* there; ▶ **~ kommt er ja!** here he comes! **es liegt ~ drüben** it's over there; **dort·her** ['-'-] *adv* from there, thence; **dort·hin** ['-'-] *adv* there; **dor·tig** *adj* there.

Do·se ['do:zə] ⟨-, -n⟩ *f* **1.** *(Holz~)* box; *(Plastik~)* pack; **2.** *(Konserven~) Br* tin, *Am* can; **3.** *el (Steck~)* socket.

dö·sen ['dø:zən] *itr* doze.

Do·sen·bier *n* canned beer; **Do·sen·milch** *f* tinned *(od* canned) milk; **Do·sen·öff·ner** *m Br* tin *(Am* can) opener.

do·sie·ren [do'zi:rən] *tr* measure out.

Do·sie·rung *f* dosage, dose.

Do·sis ['do:zɪs, *pl* 'do:zən] ⟨-, dosen⟩ *f* dose.

do·tie·ren [do'ti:rən] *tr* **1.** *(bezahlen)* remunerate; **2.** *(mit Preis etc)* endow; **do·tiert** *adj;* ▶ **e-n gut ~en Posten suchen** look for a remunerative position.

Dot·ter ['dɔtə] ⟨-s, -⟩ *m* yolk.

Dou·ble ['du:b(ə)l] ⟨-s, -s⟩ *n film* substitute.

Dow-Jones-Ak·tien·in·dex *m* Dow Jones Average.

Down-Syn·drom *n med* Down's syndrome.

Do·zent(in) [do'tsɛnt] ⟨-en, -en⟩ *m (f) Br* lecturer *(für* in), *Am* assistant professor *(für* of); **do·zie·ren** *itr (belehrend vortragen)* hold forth *(über* on).

Dra·che ['draxə] ⟨-n, -n⟩ *m (Fabeltier)* dragon; **Dra·chen** ⟨-s, -⟩ *m* 1. *(Papier~)* kite; 2. *sl pej (zänkische Frau)* battle-axe; 3. *sport* hang-glider; ▶ **einen ~n steigen lassen** fly a kite; **Dra·chen·flie·gen** *n sport* hang-gliding; **Dra·chen·flie·ger(in)** *m (f)* hang-glider.

Dra·gee [dra'ʒe:] ⟨-s, -s⟩ *n* coated tablet.

Draht [dra:t, *pl* 'drɛ:tə] ⟨-(e)s, ⁚e⟩ *m* wire; ▶ **er ist auf ~** *fig fam* he is on the ball; **Draht·bür·ste** *f* wire brush; **Draht·git·ter** *n* wire netting.

drah·tig *adj* wiry.

draht·los *adj radio* wireless.

Draht·seil *n* wire-cable; **Draht·seil·akt** *m a. fig* balancing act; **Draht·zie·her(in)** *m (f) fig* wire-puller; ▶ **der ~ sein** pull the strings.

Drai·na·ge [drɛ(:)'na:ʒə] ⟨-, -n⟩ *f* drainage; **drai·nie·ren** *tr* drain.

dra·ko·nisch [dra'ko:nıʃ] *adj* draconian.

Drall [dral] ⟨-(e)s⟩ *m* 1. *phys* spin; 2. *fig (Tendenz)* inclination, tendency.

drall [dral] *adj* buxom.

Dra·ma ['dra:ma, *pl* 'dramən] ⟨-s, -men⟩ *n* drama; ▶ **sie machte immer ein ~ daraus** *fig* she used to make quite a fuss about it; **Dra·ma·ti·ker(in)** [dra'ma:tike] *m (f)* dramatist; **dra·ma·tisch** *adj* dramatic; **dra·ma·ti·sie·ren** *tr* 1. *allg* dramatize; 2. *fig (etw hochspielen)* make a to-do about s.th.

dran [dran] *adv:* ▶ **du bist ~!** *(beim Spiel)* it's your turn! **jetzt bist du ~!** *fam* now you are for it! **er ist arm ~** he's badly off; **drauf und ~ sein … be** on the verge of …; **mit allem Drum und D~** with all the trimmings *pl.*

Drang [draŋ] ⟨-(e)s, (⁚e)⟩ *m* impulse, urge.

drän·geln ['drɛŋəln] *itr* 1. *(vor~)* jostle, push; 2. *(drangsalieren)* pester.

drän·gen ['drɛŋən] **I** *itr* 1. *(vor~)* press, push; 2. *fig (~d sein)* be pressing; 3. *fig (dringen)* press *(auf* for); ▶ **darauf ~, daß etw getan wird** press for s.th. to be done; **II** *tr* push.

drang·sa·lie·ren [draŋza'li:rən] *tr* 1. *pol (peinigen)* oppress; 2. *(belästigen)* pester, plague.

dran|krie·gen *tr fam:* ▶ **ihr habt mich schön drangekriegt!** you really got me!

dra·stisch ['drastıʃ] *adj* drastic.

drauf ['draʊf] *adv fam (s. a.* darauf): ▶ **der hat schwer 'was ~!** he knows his trade! *pl.*

Drauf·gän·ger(in) ['draʊfgɛŋe] ⟨-s, -⟩ *m (f)* go-getter.

drauf|ge·hen ⟨sein⟩ *irr itr fam* 1. *(sterben)* snuff it; 2. *(Geld)* disappear; **drauf·ha·ben** *tr fam (Sprüche, Antwort)* come out with; **drauf·set·zen** *tr fam:* ▶ **eins** *(od* einen*)* **~** go one bet-

ter.

drau·ßen ['draʊsən] *adv* outside; *(im Freien)* in the open air, out of doors; ▶ **da ~** out there.

drech·seln ['drɛksəln] **I** *tr* turn; **II** *itr* work the lathe.

Drechs·ler(in) ['drɛkslɐ] *m (f)* turner.

Dreck [drɛk] ⟨-(e)s⟩ *m* 1. dirt, stuff; 2. *fam (Kleinigkeit)* little thing; ▶ **das geht dich e-n ~ an!** *vulg* that's none of your damn business! **kümmere dich um deinen eigenen ~!** *vulg* mind your own bloody business!

dreckig (k·k) *adj* dirty; ▶ **es geht ihm ~** *fam* he's badly off.

Dreh [dre:] ⟨-(e)s, -s/-e⟩ *m fam (Trick)* trick; ▶ **den ~ heraushaben** have got the hang of it; **Dreh·bank** *f* lathe; **dreh·bar** *adj* revolving, rotating; **Dreh·blei·stift** *m Br* propelling *(Am* mechanical) pencil.

Dreh·buch *n film* script; **Dreh·buch·au·tor(in)** *m (f)* scriptwriter.

dre·hen I *tr* 1. *allg a. tech* turn; 2. *(rotieren)* rotate; 3. *(Zigarette, Augen)* roll; 4. *film* shoot; ▶ **ein Ding ~** *fam (Gaunerstückchen)* pull off a prank; *(Verbrechen)* pull a job; **II** *refl* 1. *allg* turn *(um* about); 2. *fig:* ▶ **um was dreht es sich?** what's it all about? **mir dreht sich alles** my head is spinning; **sich im Kreise ~** turn round and round; *fig* be going round in circles; **es dreht sich darum, ob …** the point is whether …

Dre·her(in) *m (f)* lathe operator.

Dreh·kreuz *n* turnstile; **Dreh·mo·ment** *n mot tech* torque; **Dreh·or·gel** *f* hurdy-gurdy; **Dreh·schei·be** *f* 1. *tele* dial; 2. *rail* turntable; **Dreh·strom** *m el* three-phase current; **Dreh·stuhl** *m* swivel-chair; **Dreh·tür** *f* revolving door; **Dre·hung** *f* 1. *allg* turn; 2. *(Rotation)* rotation; **Dreh·zahl** *f mot* revolutions per minute *(Abk* r. p. m.).

drei [draɪ] *num* three; *(in Zss.)* three-, tri-; **Drei·eck** *n* triangle; **drei·eckig (k·k)** *adj* triangular; **drei·er·lei** ['draɪe'laɪ] *adj* three sorts of; **drei·fach** ['draɪfax] *adj* threefold, triple; **Drei·fach·stecker (k·k)** *m el* three-way adapter; **drei·hun·dert** *adj* three hundred; **drei·jäh·rig** *adj* three-year-old; **Drei·kampf** *m sport* three-part competition; **Drei·klang** *m mus* triad; **Drei·punkt·si·cher·heits·gurt** *m mot* three-point safety belt; **Drei·rad** *n* tricycle.

drei·ßig ['draɪsıç] *adj* thirty; **drei·ßig·jäh·rig** *adj* thirty years old; *attr* thirty-year-old; ▶ **der ~e Krieg** the Thirty Years' War; **Drei·ßig·ste** *adj* thirtieth; **Drei·ßig·stel** ⟨-s, -⟩ *n* thirtieth.

dreist [draɪst] *adj* 1. *(kühn)* bold; 2. *(frech)* cheeky, impudent.

drei·stel·lig *adj (Zahlen)* three-figure.

Drei·stig·keit ['draɪstɪçkaɪt] *f* **1.** *(Kühnheit)* boldness; **2.** *(Frechheit)* impudence.

drei·stöckig (k·k) *adj* three-storied; **drei·stu·fig** *adj* three-stage; **drei·tägig** *adj* three-day; ▶ **ein** ~**er Kurs** a three-day course; **drei·tei·lig** *adj* three-piece; **Drei·zack** *m* trident; **dreizehn** *num* thirteen; **drei·zehn·te** *adj* thirteenth.

Dre·sche ['drɛʃə] ⟨-⟩ *f fam* thrashing; ▶ ~ **kriegen** get a good hiding.

dre·schen *irr tr* **1.** *(Korn etc)* thresh; **2.** *sl (prügeln)* thrash; ▶ **Phrasen** ~ *fig* mouth empty phrases.

Dresch·fle·gel *m* flail; **Dresch·maschi·ne** *f* threshing machine.

dres·sie·ren [drɛ'siːrən] *tr* train.

Dres·sur *f* training.

Drill [drɪl] ⟨-(e)s⟩ *m mil* drill.

dril·len ['drɪlən] *tr* **1.** *mil* drill; **2.** *tech* drill; ▶ **auf etw gedrillt sein** *fig* be practised at doing s.th.

Dril·ling ['drɪlɪŋ] ⟨-s, -e⟩ *m (Gewehr)* triple-barrelled (shot)gun.

Dril·lin·ge *pl* triplets.

drin [drɪn] *adv fam (s. darin):* ▶ **er ist da** ~ he is in there; **bis jetzt ist noch alles** ~ *fam* everything is still quite open.

drin·gen ['drɪŋən] *irr itr* come through, penetrate *(an* to*);* ▶ **auf etw** ~ insist on s.th.; **an die Öffentlichkeit** ~ leak out; **drin·gend (dring·lich)** *adj* pressing, urgent; ▶ ~ **verdächtig** strongly suspected; **Dring·lich·keit** *f* urgency.

dritt [drɪt] *adj* third; ▶ **der D**~**e im Bunde sein** make a third; **die D**~**e Welt** the Third World; **wir waren zu** ~ there were three of us; **aus** ~**er Hand** indirectly; **Drit·tel** ['drɪtəl] ⟨-s, -⟩ *n* third; **drit·tens** ['drɪtəns] *adv* thirdly; **Dritte-Welt-La·den** *m* OXFAM shop.

dro·ben ['droːbən] *adv allg* up there.

Dro·ge ['droːgə] *f* drug; **Dro·gen·fahnder(in)** *m (f)* drug squad officer; **Drogen·kon·sum** *m* drug consumption; **Dro·gen·rausch** *m:* ▶ **im** ~ **sein** be on a trip *sl;* **dro·gen·süch·tig** *adj* addicted to drugs; **Dro·gen·süch·tige(r)** *f m* drug addict.

Dro·ge·rie [drogəˈriː] *f Br* chemist's (shop), *Am* drugstore; **Dro·gist(in)** *m (f) Br* chemist, *Am* druggist.

Droh·brief *m* threatening letter.

dro·hen ['droːən] *itr* **1.** *(jdm* ~*)* threaten; **2.** *(*~*d bevorstehen)* be imminent; ▶ **da droht Gefahr** that could be dangerous; **dro·hend** *adj* **1.** *(bevorstehend)* imminent; **2.** *(Gebärde etc)* threatening, *(gehoben)* menacing.

Droh·ne ['droːnə] *f* **1.** *zoo* drone; **2.** *fig (Nichtstuer)* parasite.

dröh·nen ['drøːnən] *itr* **1.** *(Triebwerk etc)* roar; *(Lautsprecher)* boom; **2.** *(widerhallen)* resound; ▶ **mir** ~ **die Oh-** ren my ears are ringing.

Dro·hung ['droːʊŋ] *f* threat.

drol·lig ['drɔlɪç] *adj* droll, funny; *(Person)* odd.

Dro·me·dar ['droːmedaːɐ/dromeˈdaːɐ] *n zoo* dromedary.

Dros·sel ['drɔsəl] ⟨-, -n⟩ *f* **1.** *orn* thrush; **2.** *tech* throttle valve; **3.** *el* choking coil.

dros·seln ['drɔsəln] *tr* **1.** *mot* choke; **2.** *(zurückdrehen)* turn down; **3.** *fig* cut down *(etw* on*).*

drü·ben ['dryːbən] *adv* over there.

drü·ber ['dryːbɐ] *adv (s.* darüber*).*

Druck[1] [drʊk, *pl* 'drʏkə] ⟨-s, (-ᵉ)⟩ *m allg a. fig* pressure; ▶ **in** ~ **sein wegen ...** be pressed for ...; **jdn unter** ~ **setzen** put pressure on s.o.; **hinter etw** ~ **machen** put some pressure on s.th.

Druck[2] [drʊk, *pl* 'drʊkə] ⟨-s, -e⟩ *m* **1.** *(Buch*~*)* printing; **2.** *(*~*erzeugnis)* copy; **3.** *(Schrifttype)* print; ▶ **das Buch ist im** ~ the book is being printed; **Druckab·fall** *m tech* pressure drop *(od* loss*);* **Druck·an·stieg** *m tech* pressure increase *(od* rise*);* **Druck·aus·gleich** *m* pressure compensation; **Druck·buchsta·be** *m* printed letter; ▶ **bitte in** ~**n schreiben** please write in block capitals.

Drücke·ber·ger (k·k) *m fam* shirker, slacker.

drucken (k·k) ['drʊkən] *tr* print; ▶ **etw** ~ **lassen** have s.th. printed.

drücken (k·k) ['drʏkən] **I** *tr* **1.** *allg* press; *(kneifen, von Schuhen)* pinch; **2.** *(Preise)* force down, lower; ▶ **wo drückt der Schuh?** *fig* what's the trouble? **jdm etw in die Hand** ~ slip s.th. into someone's hand; **II** *refl* shirk *(vor etw* s.th.*);* ▶ **sich um etw** ~ get out of s.th.; **drückend (k·k)** *adj* **1.** *(Last)* heavy; **2.** *fig (Hitze)* oppressive; *(Luft)* sultry.

Drucker (k·k) *m a. EDV* printer.

Drücker (k·k) *m (Druckknopf)* button; ▶ **am** ~ **sitzen** *fig fam* be in a key position.

Drucke·rei (k·k) *f* printing works *pl;* **Drucker·pres·se (k·k)** *f* printing press; **Druck·feh·ler** *m* misprint, printer's error; **Druck·ka·bi·ne** *f* pressurized cabin; **Druck·knopf** *m* **1.** *(Klingel, an Instrumentenbrett)* pushbutton; **2.** *(bei Kleidung)* press-stud; **Druck·luft** *f* compressed air; **Druckplat·te** *f typ* printing plate; **Druck·sache** *f* printed matter.

druck·sen ['drʊksən] *itr fam* hum and haw.

Druck·ver·lust *m* head loss; **Druckwas·ser·re·ak·tor** *m* pressurized water reactor.

drum [drʊm] *n:* ▶ **das D**~ **und Dran** the incidentals, the fancy bits *pl;* **mit allem D**~ **und Dran** with all the trimmings *pl.*

drun·ten ['drʊntən] *adv* down there.

drun·ter ['drʊntə] *adv* underneath; ▶ ~ **und drüber gehen** be topsy-turvy.
Drü·se ['dry:zə] ⟨-, -n⟩ *f* gland.
Dschun·gel ['dʒʊŋəl] ⟨-s, -⟩ *m* jungle.
du [du:] *prn* you; *(alt)* thou; ▶ **bist ~ es?** is that you? **mach ~ das doch!** why don't you do it!
Dü·bel ['dy:bəl] ⟨-s, -⟩ *m* plug.
ducken (k·k) ['dʊkən] **I** *refl* **1.** *allg* duck *(vor etw* s.th.); **2.** *fig (unterwürfig)* cringe; **II** *tr (erniedrigen)* humiliate.
Duck·mäu·ser ['dʊkmɔɪzə] ⟨-s, -⟩ *m pej* moral coward.
Du·del·sack ['du:dəlzak] *m* bagpipes *pl.*
Du·ell [du'ɛl] ⟨-s, -e⟩ *n* duel.
Duft [dʊft, *pl* 'dʏftə] ⟨-(e)s, ˙e⟩ *m (Geruch)* scent, smell; *(von Blume)* fragrance; *(von Parfüm etc)* perfume; **duf·ten** ['dʊftən] *itr* smell *(nach* of); **duf·tend** *adj* fragrant *(nach* with).
duf·tig *adj:* ▶ **ein ~es Sommerkleid** a light summery frock.
dul·den ['dʊldən] **I** *tr (zulassen)* tolerate; ▶ **er ist hier nur geduldet** he's only tolerated here; **II** *itr (leiden)* suffer; **duld·sam** [dʊltza:m] *adj* tolerant *(gegenüber jdm* towards s.o.).
dumm [dʊm] ⟨dümmer, dümmst⟩ *adj* **1.** *Br* stupid, *Am* dumb; **2.** *(unangenehm)* annoying; ▶ **red kein ~es Zeug!** don't talk such rubbish! **frag nicht so ~!** don't ask such silly questions! **jdm ~ kommen** *fam* get funny with s.o.; **der D~e sein** be the sucker *fam;* **das ist gar nicht so ~** that's not a bad idea; **jetzt wird's mir zu ~!** now I've had enough! **Dumm·heit** *f* **1.** stupidity; **2.** *(dummer Fehler)* stupid thing; **Dumm·kopf** *m fam* blockhead.
dumpf [dʊmpf] *adj* **1.** *(Ton)* hollow, muffled; **2.** *(muffig)* musty; ▶ **ein ~es Gefühl** a vague feeling.
Dü·ne ['dy:nə] ⟨-, -n⟩ *f* dune.
Dung [dʊŋ] ⟨-(e)s⟩ *m* dung, manure.
Dün·ge·mit·tel *n* fertilizer.
dün·gen ['dʏŋən] *tr (natürlich)* dung; *(künstlich)* fertilize; **Dün·ger** *m (natürlicher)* dung; *(künstlicher)* fertilizer.
Dun·kel ['dʊŋkəl] ⟨-s⟩ *n* darkness; ▶ **im ~n tappen** *fig* grope in the dark.
dun·kel ['dʊŋkəl] *adj* **1.** *(Farbe)* dark; **2.** *fig (tief)* deep; **3.** *fig (vage, unbestimmt)* vague; ▶ **es wird ~** it's getting dark.
Dün·kel ['dʏŋkəl] ⟨-s⟩ *m* arrogance, conceit.
dunkel- *(in Zssgn)* dark.
dün·kel·haft *adj* arrogant.
dun·kel·häu·tig *adj* dark-skinned.
Dun·kel·heit *f* darkness; ▶ **bei Eintritt der ~** at nightfall; **Dun·kel·kam·mer** *f phot* darkroom; **dun·keln** *itr:* ▶ **es dunkelt schon** *lit* it's growing dark.
dün·ken ['dʏŋkən] *irr: obs, lit* **I** *itr* ▶ **mich ~, er kommt nicht mehr** Me-

thinks he will not come; **II** *refl:* ▶ **sich klug ~** have a high opinion of o.s.
dünn [dʏn] *adj* thin; *(Haar)* fine: ▶ ~ **besiedelt** sparsely settled; **sich ~(e) machen** *fig fam* beat it, make off.
Dünn·darm *m* small intestine.
Dünn·säu·re *f chem* dilute acid; **Dünn·säu·re·ver·klap·pung** *f* dumping of dilute acid (into the sea).
Dunst [dʊnst, *pl* 'dʏnstə] ⟨-es, ˙e⟩ *m* **1.** *(Dampf)* steam; **2.** *(diesige Luft)* haze; ▶ **keinen blassen ~ haben** *fam* not to have an inkling; **Dunst·ab·zugs·hau·be** *f* extractor hood.
dün·sten ['dʏnstən] *tr itr* steam.
Dunst·glocke (k·k) *f* enveloping haze, haze canopy.
dun·stig ['dʊnstɪç] *adj allg* hazy, misty.
Du·pli·kat [dupli'ka:t] ⟨-(e)s, -e⟩ *n* duplicate.
Dur [du:ɐ] ⟨-, -en⟩ *n mus* major.
durch [dʊrç] **I** *prp* **1.** *(räumlich)* through; **2.** *(mittels)* by means of ...; **3.** *(wegen)* due *(od* owing) to ...; ▶ ~ **den Fluß** across the river; **sechs ~ zwei ist drei** two into six makes three; ~ **Zufall** by chance; **II** *adv:* ▶ **es ist schon fünf** ~ it's past five; **du darfst hier nicht ~** you can't come through here; **ist das Fleisch gut ~?** is the meat well done? **gut ~(-gebraten)** well done; **durch|ar·bei·ten** **I** *tr (Aufgabe, Text)* work through; **II** *itr* work through; **durch|at·men** *itr* breathe deeply.
durch·aus ['--/-'-] *adv:* ▶ **ich bin ~ deiner Meinung** I absolutely agree with you; **es ist ~ möglich** it's perfectly possible; **er ist ~ nicht dumm** he is by no means stupid.
durch|bie·gen *irr* **I** *tr* bend; **II** *refl* sag; **durch·blät·tern** *tr (Buch)* leaf through; **Durch·blick** *m fig fam* comprehension; ▶ **ihm fehlt der ~** he does'nt quite get it **durch|blicken (k·k)** *itr* look through; *fam (verstehen)* understand; ▶ **etw ~ lassen** *fig* hint at s.th.; **ich blicke (da) nicht ~** *fig* I don't get it.
durch·boh·ren *tr* stab; **durch·boh·rend** *adj* piercing; *(Blicke a.)* penetrating.
durch|bra·ten *irr tr* cook through.
durch|bre·chen[1] *irr* **I** *tr* ⟨h⟩ break; **II** *itr* ⟨sein⟩ **1.** *allg* break; **2.** *fig (Sonne)* break through.
durch·bre·chen[2] ⟨ohne -ge-⟩ *tr* **1.** *allg* break through; **2.** *fig* break.
durch|bren·nen[1] *itr* ⟨sein⟩ *el* blow.
durch|bren·nen[2] ⟨sein⟩ *itr fam (sich davonmachen)* run away.
durch|brin·gen *irr* **I** *tr* **1.** *fam (verschwenden)* blow; **2.** *(e-n Kranken)* pull through; **3.** *(durchsetzen)* get through; **II** *refl* make ends meet; ▶ **ich bringe mich gerade so durch** I just manage to

get by.

Durch·bruch ['--] ⟨-(e)s, ⁓e⟩ *m* **1.** *fig (Erfolg)* breakthrough; **2.** *(Wand⁓)* opening.

durch·den·ken ⟨ohne -ge-⟩ *irr tr* think through.

durch|drän·ge(l)n *refl* force one's way through.

durch|drin·gen[1] ⟨sein⟩ *irr itr* **1.** *(durchkommen)* come through; **2.** *fig (sich durchsetzen)* get through; **durch·drin·gen**[2] *tr* penetrate.

durch|drücken (k·k) *tr* **1.** *allg (durchpressen)* press through; **2.** *fig fam (erzwingen)* enforce.

Durch·ein·an·der ⟨-s⟩ *n* mess, muddle.

durch|fah·ren *irr itr* go through; ▶ **bei Rot** ⁓ jump the lights; **plötzlich durchfuhr mich ein Gedanke** *fig* suddenly a thought flashed through my mind; **Durch·fahrt** ['--] *f* **1.** *(das Durchfahren)* thoroughfare; **2.** *(Tor)* gateway; **3.** *(Durchreise)* way through; ▶ ⁓ **verboten!** no thoroughfare!

Durch·fall *m* **1.** *med Br* diarrhoea, *Am* diarrhea; **2.** *(Mißerfolg)* failure, flop; **durch|fal·len** ⟨sein⟩ *irr itr* **1.** *(durch Öffnung)* fall *(od* drop) through; **2.** *(im Examen)* fail; ▶ **in e-r Prüfung** ⁓ fail an exam.

durch|fin·den *irr refl* find one's way through.

durch·for·schen *tr* **1.** search; **2.** *fig* search through.

durch|fra·gen *refl* ask one's way.

durch·führ·bar *adj* feasible, practicable; **Durch·führ·bar·keit** *f* feasibility; viability; **durch|füh·ren I** *tr (ausführen)* carry out; **II** *tr (Straße)* go through *(unter etw* under); **Durch·führung** *f (Ausführung)* carrying out.

Durch·gang *m* **1.** *(Verbindungsgang)* gateway; **2.** *(Weg)* way; ▶ ⁓ **gesperrt!** closed to traffic! **kein** ⁓! no thoroughfare! private road! **Durch·gangs·straße** *f* thoroughfare; **Durch·gangs·verkehr** *m* through *(Am* thru) traffic; ▶**kein** ⁓! no through road!

durch|ge·ben *irr tr* **1.** *(durchreichen)* pass through; **2.** *radio TV (Meldung)* give.

durch·ge·bra·ten *adj* well done.

durch|ge·hen ⟨sein⟩ *irr* **I** *itr* **1.** *allg* go *(od* walk) through; *(Antrag etc)* be carried *(od* passed); **2.** *fig fam (durchpassen)* go through; **3.** *aero rail* be direct; **4.** *(Pferd)* bolt; ▶ **jdm etw** ⁓ **lassen** let s.o. get away with s.th.; **durch·ge·hend** *adj:* ▶**-er Zug** through train; ⁓ **geöffnet** open 24 hours.

durch|grei·fen *irr itr* **1.** *(durchfassen)* reach through; **2.** take vigorous action; **durch·grei·fend** *adj* drastic; ▶⁓e Änderung radical change.

durch|hal·ten *irr* **I** *itr* hold out; **II** *tr*

stand.

durch|hau·en *irr tr* chop *(od* hack) in two.

durch|kom·men ⟨sein⟩ *irr itr* **1.** come through; **2.** *fig (Erfolg haben)* succeed; *(ungestraft* ⁓) get away with ...; **3.** *(genesen)* pull through; **4.** *(Prüfung)* get through, pass.

durch·kreu·zen ⟨ohne -ge-⟩ *tr fig* foil, thwart.

durch|las·sen *irr tr* **1.** *allg* let through; **2.** *fig* let pass; **durch·läs·sig** ['dʊrçlɛsɪç] *adj* permeable; *(wasser⁓)* (s.th.) that lets water in; **Durch·läs·sig·keit** *f* permeability.

durch|lau·fen *irr* **I** *tr (Schuhe, Socken)* wear through; **II** *itr* run through.

Durch·lauf·er·hit·zer ['----] *m tech* continuous-flow water heater.

durch|le·sen *irr tr* read through.

durch·leuch·ten ⟨ohne -ge-⟩ *tr* **1.** *med (röntgen)* X-ray; **2.** *fig (untersuchen)* investigate; **Durch·leuch·tung** ['-'--] *f med* X-ray examination.

durch·lö·chern [dʊrç'lœçən] ⟨ohne -ge-⟩ *tr* make holes in ...

durch|ma·chen *tr* **1.** *(erleben)* go through; **2.** *(durchlaufen)* undergo; **3.** *(durchfeiern)* make a night of it *fam;* **4.** *(durcharbeiten)* work through.

Durch·marsch *m* **1.** *allg* march(ing) through; **2.** *fig fam (Durchfall)* the runs *pl;* **durch|mar·schie·ren** ⟨sein⟩ *itr* march through.

Durch·mes·ser *m* diameter.

durch|mo·geln *refl* fiddle one's way through.

durch·näs·sen *tr* soak, wet through; ▶ **ganz durchnäßt** drenched to the skin.

durch|neh·men *irr tr (in der Schule)* go through.

durch|pau·sen ['dʊrçpauzən] *tr* trace.

durch|peit·schen *tr* **1.** *(auspeitschen)* flog; **2.** *fig parl (ein Gesetz)* rush through.

durch|prü·geln *tr* beat, cudgel, thrash.

durch·que·ren [dʊrç'kveːrən] ⟨ohne -ge-⟩ *tr* cross, *(gehoben)* traverse.

durch|rech·nen *tr* calculate.

durch|reg·nen *itr:* ▶**es regnet durch** the rain is coming through.

Durch·rei·se ['---] *f:* ▶**ich bin nur auf der** ⁓ I'm only passing through; **durch|rei·sen** *itr (auf der Durchreise sein)* pass *(od* travel) through; **Durch·rei·sen·de(r)** *f m Br* through-passenger, *Am* transient; **Durch·rei·se·vi·sum** *n* transit visa.

durch|rei·ßen *irr itr* ⟨sein⟩ *tr* ⟨h⟩ tear in half.

durch|ro·sten ⟨sein⟩ *itr* rust through.

durch|rühren *tr* mix thoroughly.

Durch·sa·ge ['dʊrçzaːgə] ⟨-, -n⟩ *f radio* announcement.

durch|sa·gen *tr radio* announce.

durch|sä·gen *tr* saw through.

durch·schau·en ⟨ohne -ge-⟩ *itr fig* see through (*jdn* s.o.).

durch|schei·nen *irr itr* shine through.

durch·schei·nend ['---] *adj (lichtdurchlässig)* transparent.

Durch·schlag *m (Schreibmaschinen~)* (carbon) copy; **durch·schla·gen**[1] *irr tr (Geschoß)* pass (clean) through; **durch|schla·gen**[2] ⟨h⟩ *irr* I *itr* ⟨haben⟩ *fig (zum Vorschein kommen)* show through; II *refl fig* fight one's way through; **durch·schla·gend** *adj* 1. *(effektiv)* effective; 2. *(total)* sweeping; **Durch·schlag·pa·pier** *n* carbon paper; **Durch·schlags·kraft** *f* 1. *(von Geschoß)* penetrating power; 2. *fig* force, impact.

durch|schlän·geln ['durçʃlɛŋəln] *refl fig* manoevre one's way through.

durch|schlüp·fen ⟨sein⟩ *itr* slip through.

durch|schnei·den *irr tr* cut in two (*od* through); ▶**etw in der Mitte** ~ cut s.th. through the middle.

Durch·schnitt ['durçʃnɪt] *m* average; ▶**im** ~ on an average; **über dem** ~ above the average.

durch·schnitt·lich ['durçʃnɪtlɪç] I *adj* average; II *adv* on an average.

Durch·schnitts·ein·kom·men *n* average income; **Durch·schnitts·ge·schwin·dig·keit** *f* average speed; **Durch·schnitts·wert** *m* average (*od* mean) value.

durch·schnüf·feln *tr* nose through.

Durch·schrift *f* (carbon-)copy.

Durch·schuß *m* 1. *(Schußwunde)* gunshot wound; 2. *typ* interval.

durch|se·hen *irr* I *itr allg* look through; II *tr fig* check through.

durch|set·zen I *tr (durchführen)* carry through; *(erzwingen)* push through; ▶**etw bei jdm** ~ get s.o. to agree to s.th.; **~n Willen** ~ impose one's will (*bei* on); II *refl* assert o.s. (*bei* with).

durch·seu·chen ⟨h⟩ ⟨ohne -ge-⟩ *tr* infect; **Durch·seu·chung** [-'--] *f med* spread of an epidemic (*od* infection).

Durch·sicht ['durçzɪçt] *f:* ▶**bei** ~ **von** ... on checking ...; **durch·sich·tig** *adj (Material, a. fig)* transparent; *(Wasser, Luft)* clear; *(Kleidungsstück)* seethrough; **Durch·sich·tig·keit** *f allg a. fig* transparency; *(von Wasser)* clarity.

durch|sickern (k·k) ⟨sein⟩ *itr* 1. trickle out; 2. *fig (Nachrichten etc)* leak out.

durch|spre·chen *irr tr* talk over.

durch|stö·bern *tr (od* -'--) ransack (*nach* in search of); *(Gegend: durchsuchen)* scour (*nach* for).

durch·sto·ßen ⟨ohne -ge-⟩ *irr tr mil (feindliche Linien)* break through.

durch|strei·chen *irr tr* cross out, *(gehoben)* delete.

durch·strei·fen ⟨ohne -ge-⟩ *tr* rove

through.

durch|sty·len *tr fam* give style to.

durch·su·chen [*od* '---] ⟨ohne -ge-⟩ *tr* search (*nach* for); **Durch·su·chung** [durç'zu:xʊŋ] *f* search.

durch|tre·ten *irr tr (Pedal)* step on ...

durch·trie·ben [durç'tri:bən] *adj* cunning, sly; **Durch·trie·ben·heit** *f* cunning, slyness.

durch·wa·chen ⟨ohne -ge-⟩ *tr:* ▶**die Nacht** ~ stay awake all night.

durch·wach·sen ⟨sein⟩ *irr itr* grow through.

durch·wach·sen I *adj (Fleisch)* with fat running through; ▶**~er Speck** streaky bacon; II *adv fig fam (leidlich)* so-so.

durch|wa·ten ⟨sein⟩ *tr (od* -'--) wade through.

durch·weg(s) ['durçvɛk/(-'ve:ks)] *adv* without exception.

durch|win·den *irr refl a. fig* worm one's way through.

durch|win·ken *tr:* ▶ **jdn an der Grenze** ~ wave s.o. through.

durch·wüh·len[1] ⟨ohne -ge-⟩ *tr* 1. *fig (durchstöbern)* rummage (through) (*nach* for); 2. *(Erde)* dig up.

durch|wüh·len[2] *refl* 1. *allg* burrow through; 2. *fig* plough through.

durch|zäh·len I *tr* count over; II *itr mil a. sport* count off.

durch|zie·hen[1] *irr* I *tr* 1. *allg* draw through; 2. *fig fam (erledigen)* get through; II *itr* ⟨sein⟩ *(durchmarschieren) a. fig* go through.

durch·zie·hen[2] *irr tr* 1. *(teilen)* run through; 2. ⟨sein⟩ *(durchwandern)* go (*od* pass) through; ▶ **ein scharfer Geruch durchzog die Luft** a pungent smell filled (*od* pervaded) the air.

Durch·zug *m* 1. *(Zugluft)* draught; 2. *(Durchmarsch)* march through.

dür·fen ['dʏrfən] *irr itr:* ▶**darf ich fragen, ...?** may I ask ...? **ich darf nicht** ... I must not (*od* I am not allowed) to ...; **darf man hier rauchen?** are you allowed to smoke here? **was darf ich Ihnen bringen?** what can I bring you? **ich darf wohl sagen** ... I dare say ...; **das darf doch (wohl) nicht wahr sein!** that can't be true! **wenn ich bitten darf** if you please; **das dürfte wohl das Beste sein** that is probably the best thing; **das dürfte reichen** that should be enough.

dürf·tig ['dʏrftɪç] *adj* 1. *(armselig)* wretched; 2. *(unzulänglich)* scanty.

dürr [dʏr] *adj* 1. *(trocken)* dry; *(~er Boden)* arid, barren; 2. *(mager)* scrawny; ▶ **mit ~en Worten** *fig* in plain terms; **ein ~er Ast** a withered bough.

Dür·re ⟨-, -n⟩ *f* 1. *(Trockenzeit)* drought; 2. *(Magerkeit)* scrawniness.

Durst [durst] ⟨-es⟩ *m* thirst (*nach* for);

► ~ **haben** be thirsty; **seinen ~ löschen** (*od* **stillen**) quench one's thirst; **einen über den ~ trinken** have one over the eight.

dur·sten *itr:* ► ~ **müssen** have to go thirsty.

dür·sten *tr fig:* ► ~ **nach ...** be thirsty for ...

dur·stig *adj* thirsty.

durst·lö·schend (durst·stil·lend) *adj* thirst-quenching.

Du·sche ['du:ʃə/'duʃə] ⟨-, -n⟩ *f* shower; **du·schen** ['du:ʃən/'duʃən] *itr* take a shower; **Dusch·gel** ⟨-s, -s⟩ *n* shower foam; **Dusch·ka·bi·ne** *f* shower (cubicle); **Dusch·vor·hang** *m* shower curtain; **Dusch·wan·ne** *f* shower basin.

Dü·se ['dy:zə] ⟨-, -n⟩ *f* (*Luft-, Wasser~*) nozzle; (*Kraftstoff~*) jet.

dü·sen *itr fam* dash.

Dü·sen·an·trieb *m* jet-propulsion; **Dü·sen·flug·zeug** *n* jet (plane).

duss·lig ['duslɪç] *adj fam* daft.

dü·ster ['dy:stɐ] *adj* **1.** *allg* dark, gloomy; **2.** *fig (drohend, finster)* dismal, sinister.

Duty-free-Shop ⟨-s, -s⟩ *m* duty free shop.

Dut·zend ['dutsənt] ⟨-s, -e⟩ *n* dozen; **dut·zend·mal** *adv* dozens of times; **dut·zend·wei·se** *adv* by the dozen.

dy·na·misch [dy'na:mɪʃ] *adj* dynamic.

Dy·na·mit [dyna'mɪt/dyna'mi:t] ⟨-(e)s⟩ *n od m* dynamite.

Dy·na·mo ['dynamo] *m tech* dynamo.

Dy·na·stie [dyna'sti:] ⟨-, -n⟩ *f* dynasty.

E

E, e [e:] ⟨-, -⟩ *n* E, e.
EAN *f Abk von* **Europäische Artikelnummer** European article number, EAN.
Eb·be ['ɛbə] ⟨-, -n⟩ *f* 1. *(sinkender Wasserspiegel)* ebb (tide); *(gesunkener Wasserspiegel, Niedrigwasser)* low tide; 2. *fig:* ▸ **bei** *(od* **in)** **etw herrscht** ~ s.th. is at a low ebb; ~ **u. Flut** ebb and flow; **bei** ~ *(wenn der Wasserspiegel sinkt)* when the tide is going out; *(bei Niedrigwasser)* at low tide.
eben ['e:bən] I *adj (gleichmäßig)* even; *(von gleicher Höhe)* level; *(flach)* flat; *(glatt)* smooth; *math* plane; ▸ **auf** ~**er Strecke** on the flat; **zu** ~**er Erde** at ground level; II *adv* 1. *(gerade noch)* just; 2. *(genau)* exactly, precisely; 3. *(einfach, nun einmal)* just, simply; ▸ **schau doch** ~ **mal bei mir vorbei!** will you please drop in on me for a minute! **ich erreichte mein Flugzeug noch (so)** ~ I just caught the plane; **er ist** ~ **ganz einfach ein Faulpelz** he's simply a lazybones, that's all there is to it.
Eben·bild *n* image; ▸ **Dein Sohn ist wirklich dein** ~ Your son really is the very picture of you.
eben·bür·tig ['e:bənbʏrtɪç] *adj* 1. *(gleichwertig)* equal *(jdm* someone's, *an* in); 2. *hist (von gleicher Geburt, gleichem Rang)* of equal birth; ▸ **einander** ~ **sein** be equals *pl.*
Ebe·ne ['e:bənə] ⟨-, -n⟩ *f* 1. *(Tiefland)* plain; *(Hochland)* plateau; 2. *math* plane; 3. *fig* level; ▸ **auf höchster (gleicher)** ~ *fig* at the highest (same) level.
eben·falls *adv* as well, likewise; *(bei Negation)* either.
Eben·holz *n* ebony.
Eben·maß *n* due proportion, symmetry.
eben·so *adv* 1. *(genauso)* just as; 2. *(ebenfalls)* as well; **eben·so·sehr (eben·so·viel)** *adv* just as much; **eben·so·we·nig** *adv* just as little.
Eber ['e:bɐ] ⟨-s, -⟩ *m zoo* boar.
Eber·esche *f bot* mountain ash, rowan.
eb·nen ['e:bnən] 1. *tr* level (off); 2. *fig* smooth.
EC ⟨-, -s⟩ *m Abk von* **EuroCity(-Zug)** EC.
Echo ['ɛço] ⟨-s, -s⟩ *n* 1. echo; 2. *fig (Antwort)* response *(auf* to); ▸ **bei der Bevölkerung ein lebhaftes** ~ **finden** *fig* meet with a lively response from the population.
Echo·lot *n* echo-sounder; *(mit Ultra-*

schall) supersonic echo sounding.
echt [ɛçt] I *adj a. adv* 1. *(nicht falsch, nicht gefälscht)* genuine; *(Urkunde, Unterschrift)* authentic; *(wirklich)* real; *(natürlich)* natural; 2. *(lauter, aufrichtig)* sincere; 3. *(typisch)* typical; 4. *(von Farbe)* fast; ▸ ~**es Gold** real gold; ~ **englisch** typically English; II *adv fam* really; ▸ **das ist** ~ **klasse!** that's really smashing! **das ist** ~ **geil!** *sl* that's really groovy! *fam;* **Echt·heit** *f* 1. genuineness; *(Authentizität)* authenticity; 2. *(Aufrichtigkeit)* sincerity; 3. *(von Farbe)* fastness; **Echt·zeit** *f EDV* real time.
Eck [ɛk] ⟨-(e)s, -e(n)⟩ *n* 1. *sport:* ▸ **langes (kurzes)** ~ far (near) corner of the goal; 2. ▸ **über** ~ crosswise, diagonally across.
Eck·ball *m sport (Fußball)* corner.
Ecke (k·k) ['ɛkə] ⟨-, -n⟩ *f* 1. *allg (a. sport: Eckball)* corner; 2. *(Kante, Rand)* edge; 3. *(Kuchen~ etc)* wedge; 4. *fam (Gegend)* corner; 5. *fam (Entfernung, Strecke)* way; ▸ **(gleich)** **um die** ~ (just) round the corner; **Queensborough Terrace** ~ **Bayswater Road** at the corner of Queensborough Terrace and Bayswater Road; **jdn um die** ~ **bringen** *fig fam* do away with s.o.; **an allen** ~**n u. Enden sparen** scrimp and save; **jdn in die linke** ~ **abdrängen** *pol fig fam* label s.o. (as) left *(od* as a leftie *fam)*; **diese** ~ **Deutschlands** *fam* this corner of Germany; **bis London ist's noch 'ne ganze** ~ *fam* London's still a fair way away.
eckig (k·k) *adj* 1. angular; *(Schulter, Klammer, Tisch)* square; 2. *fig (unbeholfen)* awkward; *(ruckartig)* jerky.
Eck·knei·pe *f fam Br* pub *(Am* bar *od* saloon) on the corner; **Eck·stein** *m a. fig* cornerstone; **Eck·zahn** *m* canine tooth; **Eck·zins** *m fin* minimum lending rate.
Ecu, ECU [e'ky:] ⟨-(s), -(s)⟩ *m od* ⟨-, -⟩ *f Abk von* **European Currency Unit** ECU.
edel ['e:dəl] *adj* 1. *(adlig, vornehm, a. fig)* noble; 2. *(hochwertig)* precious; *(Pferde)* thoroughbred; 3. *fig (großherzig)* generous; **Edel·frau** *f hist* noblewoman; **Edel·gas** *n chem* noble gas, inert gas; **Edel·ka·sta·nie** *f bot* sweet *(od* Spanish) chestnut; **Edel·kitsch** *m* pretentious kitsch; **Edel·mann** ⟨-s, -leute⟩ *m hist* nobleman; **Edel·me·tall**

n precious metal; **Edel·mut** *m* magnanimity; **edel·mü·tig** ['e:dəlmy:tıç] *adj* magnanimous; **Edel·pilz·kä·se** *m* green mould (*od* blue vein) cheese; **Edel·stahl** *m* refined (*od* high-grade) steel; **Edel·stein** *m* precious stone; (*geschliffen*) gem, jewel; **Edel·tan·ne** *f bot* noble fir; **Edel·weiß** *n bot* edelweiss.

edie·ren *tr EDV* edit.

Edikt [e'dıkt] ⟨-(e)s, -e⟩ *n hist* edict.

edi·tie·ren *tr* (*s.* edieren); **Edi·tor** ⟨-s, -en⟩ *m EDV* editor.

EDV [e:de:'fau] ⟨-⟩ *Abk von* **elektronische Datenverarbeitung** EDP; **EDV-An·la·ge** *f* EDP equipment; **EDV-Bran·che** *f* data processing business.

Efeu ['e:fɔɪ] ⟨-s⟩ *m* ivy.

Eff·eff [ɛf'ɛf] *m fam:* ▶ **etw aus dem ~ können** (*od* beherrschen) can do s.th. standing on one's head.

Ef·fekt [ɛ'fɛkt] ⟨-(e)s, -e⟩ *m* effect.

Ef·fek·ten *pl fin* (*Wertpapiere*) stocks and bonds; **Ef·fek·ten·bör·se** *f fin* stock exchange.

Ef·fekt·ha·sche·rei *f fam pej* 1. cheap gimmicks; 2. (*Prahlerei*) showing-off.

ef·fek·tiv *adj* 1. (*wirkungsvoll*) effective; 2. (*tatsächlich*) actual.

Ef·fek·ti·vi·tät *f* effectiveness.

EG [e:'ge:] ⟨-⟩ *f Abk von* **Europäische Gemeinschaft** European Community, EC.

egal [e'ga:l] *adj fam* 1. (*gleichartig*) equal, the same; 2. (*gleichgültig*): ▶ **das ist mir ganz ~** it's all the same to me (*od* I couldn't care less).

EG-Be·hör·de *f* EC institution.

Eg·ge ['ɛgə] ⟨-, -n⟩ *f* harrow.

eg·gen *tr itr* harrow.

EG-Kom·mis·sion *f* EC Commission; **EG-Mi·ni·ster·rat** *m* Council of Ministers; **EG-Mit·glieds·land** *n* EC member state; **EG-Norm** *f* EC standard.

Ego·is·mus [ego'ısmʊs] *m* ego(t)ism; **Ego·ist(in)** *m* (*f*) ego(t)ist; **egoistisch** *adj* ego(t)istical.

EG-Staat *m* EC country.

ehe ['e:ə] *conj* (*bevor*) before; (*bis*) until.

Ehe ['e:ə] ⟨-, -n⟩ *f* marriage; ▶ **Kinder aus erster** (**zweiter**) **~** children from someone's first (second) marriage; **mit jdm die ~ schließen** (*od* eingehen) marry s.o.; **in den Stand der ~ eintreten** enter into matrimony; **unsere ~ wurde letztes Jahr geschieden** we were divorced last year; **Ehe·be·ra·tung** *f* 1. (*Vorgang*) marriage guidance; 2. (*Stelle*) marriage guidance council; **Ehe·bre·cher(in)** *m* (*f*) adulterer (adulteress); **Ehe·bruch** *m* adultery. **Ehe·frau** *f* wife; **Ehe·gat·te,** (**Ehe·gat·tin**) *m* (*f*) (*gehoben*) spouse; **Ehe·krach** *m* marital row; **Ehe·leu·te** *pl*

married couple *sing.*

ehe·lich *adj* 1. conjugal, marital; 2. (*von Kindern*) legitimate; ▶ **für ~ erklären** legitimate.

ehe·los *adj* (*ledig*) single, unmarried; **Ehe·lo·sig·keit** *f* 1. single life, unmarried state; 2. *eccl* (*Zölibat*) celibacy.

ehe·ma·lig ['e:əma:lıç] *adj* former, onetime; ▶ **er ist ein E~er** *euph* (*Exsträfling*) he's an ex-con.

Ehe·mann ⟨-(e)s, -männer⟩ *m* 1. (*als männlicher Ehepartner*) husband; *fam* hub, hubby; 2. (*allg: verheirateter Mann*) married man; **Ehe·paar** *n* married couple; **Ehe·part·ner** *m* marriage partner, spouse.

eher ['e:ə] *adv* 1. (*früher*) earlier, sooner; 2. (*lieber*) rather; 3. (*vielmehr*) more; 4. (*leichter*) more easily; 5. (*wahrscheinlicher*) more likely; ▶ **je ~, desto besser** the sooner the better; **ich würde ~ sterben als ... I** would rather die than ...; **nicht ~, als ...** not until ...; **so geht es am ehesten** that's the easiest way to do it; **um so ~** the more so; **das ist schon ~ möglich** that is more likely.

Ehe·ring *m* wedding ring; **Ehe·scheidung** *f* divorce; **Ehe·schlie·ßung** *f* wedding.

ehr·bar *adj* 1. (*ehrenhaft*) honourable; 2. (*respektgebietend, achtenswert*) respectable.

Eh·re ['e:rə] ⟨-, -n⟩ *f* honour; ▶ **auf ~ u. Gewissen** on my (*od* his, her *etc*) honour; **damit kannst du wenig ~ einlegen** that does not do you any credit; **etw allein um der ~ willen tun** do s.th. for the very honour of it; **jdm die letzte ~ erweisen** pay one's last respects to s.o.; **er macht s-r Familie ~** he is an honour to his family; **~, wem ~ gebührt** credit where credit is due; **jdm zur ~ gereichen** do (*od* be an) honour to s.o.; **zu ~n von ...** in honour of ...; **mit wem habe ich die ~?** to whom do I have the honour of speaking? **was verschafft mir die ~?** to what do I owe the honour of your visit? **es ist mir e-e ~, ...** it is an honour for me ...; **Ihr Wissen in allen ~, aber ...** with all due deference to your knowledge, but ...; **mit militärischen ~n** with full military honours.

eh·ren *tr* honour; ▶ **Ihre Einstellung zu dieser Frage ehrt Sie** your attitude towards this question does you credit; **ich fühle mich durch Ihren Besuch geehrt** I am honoured by your visit.

Eh·ren·amt *n* honorary office (*od* post); **eh·ren·amt·lich I** *adj* honorary; **II** *adv* in an honorary capacity; **Eh·ren·bür·ger(in)** *m* (*f*) honorary citizen (*od* freeman); **Eh·ren·dok·tor** *m* honorary doctor; **Eh·ren·gast** *m* guest of honour; **eh·ren·haft** *adj* honourable; **eh·ren·hal·ber** *adv* ▶ **Doktor ~** (*Abk.* Dr.

e.h. *od* h.c.) honorary doctor; **Eh·ren·mal** ‹-(e)s, ⸚er/(-e)› *n* cenotaph; **Eh·ren·mann** ‹-s, ⸚er› *m* man of honour; **Eh·ren·mit·glied** *n* honorary member; **Eh·ren·platz** *m* 1. place of honour; **2.** *fig (hervorgehobener Platz)* special place; **Eh·ren·rech·te** *pl jur:* ► **Verlust der bürgerlichen ~** loss of civil rights; **Eh·ren·sa·che** *f* point fo honour; **Eh·ren·tor (Eh·ren·tref·fer)** *n (m) sport* consolation goal; **eh·ren·voll** *adj,* **eh·ren·wert** *adj* honourable. **Eh·ren·wort** ‹-(e)s, -e› *n* word of honour; ► **ich gebe mein ~** I promise on my honour; **sein ~ brechen (halten)** break (keep) one's word; **du hast mir dein ~ gegeben, nichts zu erzählen** I've put you on your honour not to tell; **jdm Urlaub auf ~ gewähren** let s.o. out on parole; **~? (~!)** *fam* cross your heart? (cross my heart!).

ehr·er·bie·tig *adj (respektvoll)* respectful; *(rücksichtsvoll)* deferential. **Ehr·er·bie·tung** *f (Respekt)* respect; *(Achtung)* deference; **Ehr·furcht** *f (Respekt)* deep respect *(vor* for); *(Scheu)* awe; ► **vor jdm (etw) ~ haben** respect s.o. (s.th.); **jdm ~ einflößen** strike s.o. with awe; **ehr·fürch·tig** *adj,* **ehr·furchts·voll** *adj* reverent; **Ehr·ge·fühl** *n* sense of honour.

Ehr·geiz *m* ambition; **ehr·gei·zig** *adj* ambitious.

ehr·lich *adj* honest; *(aufrichtig)* sincere; ► **ob er es wohl ~ mit uns meint?** I wonder if he is being honest with us; **~ gesagt . . .** frankly speaking . . .; **~!** honestly! really! **er hat ~e Absichten** *(aufrichtige)* his intentions are sincere; *(ehrbare)* his intentions are honourable; **~ währt am längsten** *prov* honesty is the best policy; **Ehr·lich·keit** *f* honesty; *(Aufrichtigkeit)* sincerity.

ehr·los *adj* dishonourable; **Ehr·lo·sig·keit** *f* dishonourableness.

Eh·rung *f* honour *(jds* bestowed (up)on s.o.).

Ehr·wür·den *f (Titel)* Reverend *(Abk* Rev.)

ehr·wür·dig *adj* venerable.

Ei [aɪ] ‹-(e)s, -er› *n* 1. *(Hühner~ etc)* egg; **2.** *sl:* **~er** *pl Br (Pfund)* quid *sing, Am (Dollar)* bucks *pl, (DM)* marks *pl;* **3.** *vulg:* **~er** *pl (Hoden)* balls; ► **~er von freilaufenden Hennen** free-range eggs; **das ~ des Kolumbus** just the thing; **einander wie ein ~ dem andern gleichen** be as alike as two peas in a pod; **nicht gerade das Gelbe vom ~ sein** *fig* be not quite the thing; **das sind doch alles ungelegte ~er!** *fig fam* we can't cross these bridges before we come to them! **jdn wie ein rohes ~ behandeln** *fig* handle s.o. with kid gloves; **wie aus dem ~ gepellt aussehen** *fig fam* look

smart; **das macht zusammen 20 ~er** *sl (Br Pfund, Am Dollar, DM)* altogether that's 20 quid, bucks, marks.

Ei·be ['aɪbə] ‹-, -n› *f bot* yew.

Eich·amt ['aɪç-] *n Br* Weights and Measures Office, *Am* gaging-office.

Ei·che ['aɪçə] ‹-, -n› *f* oak.

Ei·chel ['aɪçəl] ‹-, -n› *f* 1. *bot* acorn; **2.** *anat* glans; **Ei·chel·hä·her** ['aɪçəl-hɛːə] ‹-s, -› *m orn* jay.

ei·chen ['aɪçən] *tr* calibrate.

Ei·chen·holz *n* oak; **Ei·chen·wald** *m* oakwood.

Eich·hörn·chen *n zoo* squirrel.

Eich·maß *n* standard; **Ei·chung** *f* standardization.

Eid [aɪt] ‹-(e)s, -e› *m* oath; ► **e-n leisten** *(od* **schwören)** take *(od* swear) an oath *(auf* on); **ich kann e-n ~ darauf ablegen** I can swear to it; **unter ~ aussagen** give evidence under oath; **an ~es Statt** *jur* in lieu of oath; **eid·brü·chig** *adj jur:* **~ werden** break one's oath.

Ei·dech·se ['aɪdɛksə] ‹-, -n› *f zoo* lizard.

Ei·des·for·mel *f* wording of the oath; ► **sprechen Sie mir die ~ nach . . .!** repeat the oath . . .!

ei·des·statt·lich *adj:* ► **e-e ~e Erklärung abgeben** make a solemn declaration; **hiermit erkläre ich ~, daß . . .** herewith I affirm that . . .

Eid·ge·nos·sen·schaft *f:* ► **Schweizerische ~** Swiss Confederation.

eid·lich I *adj* given under oath, sworn; **II** *adv* under *(od* on oath).

Ei·er·be·cher *m* eggcup; **Ei·er·ku·chen** *m (Pfannkuchen)* pancake.

ei·ern *itr fam (Rad)* wobble.

Ei·er·scha·le *f* eggshell; **Ei·er·stock** *m anat* ovary; **Ei·er·teig·wa·ren** *pl* pasta.

Ei·fer ['aɪfɐ] ‹-s› *m* 1. *(Eifrigkeit)* eagerness, zeal; **2.** *(Begeisterung)* enthusiasm; ► **blinder ~ schadet nur** more haste less speed; **er ist mit großem ~ bei der Sache** he's really put his heart into it; **im ~ des Gefechtes** *fig* in the heat of the moment; **Ei·fe·rer** ['aɪfərə] *m rel* zealot; **ei·fern** ['aɪfɐn] *itr:* ► **nach etw ~ strive** for s.th.; **Ei·fer·sucht** *f* jealousy *(auf* of); ► **aus ~** out of jealousy; **vor lauter ~** for pure jealousy; **ei·fer·süch·tig** *adj* jealous *(auf* of).

ei·för·mig *adj* egg-shaped, oval.

eif·rig ['aɪfrɪç] *adj* 1. eager, zealous; **2.** *(begeistert)* enthusiastic.

Ei·gelb *n* egg yolk.

ei·gen ['aɪgən] *adj* 1. *(zu etw od jdm gehörend)* own; **2.** *(selbständig, abgetrennt)* separate; **3.** *(~tümlich)* peculiar, strange; **4.** *(pingelig)* fussy, particular; **5.** *(typisch)* typical *(jdm of* s.o.); ► **ein ~es Haus haben** have a house of one's own; **ich habe es mir zu ~ gemacht, . . .**

(angewöhnt) I've made it a habit to …; **sich e-e Idee zu ~ machen** adopt an idea; **in ~er Sache** on one's own account; **meine Wohnung hat e-n ~en Eingang** my flat has a separate entrance; **er hat e-e ganz ~e Art zu malen** he has quite a peculiar way of painting; **er ist sehr ~ in bezug auf s-e Kleidung** he is very particular about his clothes.

Ei·gen·art *f* 1. *(Besonderheit)* peculiarity; 2. *(Individualität)* individuality; 3. *(charakteristische Eigenschaft)* characteristic; **ei·gen·ar·tig** *adj* peculiar; *(sonderbar)* odd, strange.

Ei·gen·be·darf *m (e-s Menschen)* (one's own) personal use; *(des Staates)* domestic requirements *pl;* **ei·gen·ge·setz·lich** *adj* autonomous; **Ei·gen·ge·wicht** *n tech* dead weight; *(Leergewicht e-s LKWs etc)* unladen weight; *com* net weight; **ei·gen·hän·dig** *adj* 1. *(mit eigener Hand)* in *(od* with *od* under)* one's own hand; 2. *(persönlich, selbst)* personal; ► **~e Unterschrift** one's own signature; **e-e Arbeit ~ erledigen** do a job personally *(od* o.s.)*; **Ei·gen·heim** *n* house of one's own; **Ei·gen·lie·be** *f* self-love; **Ei·gen·lob** *m* self-praise; ► **Eigenlob stinkt** self-praise no honour.

ei·gen·mäch·tig I *adj* 1. *(in Eigenverantwortung)* done on one's own authority; 2. *(unbefugt)* unauthorized; 3. *(selbstherrlich)* high-handed; **II** *adv* 1. on one's own authority; 2. without any authorization; 3. high-handedly.

Ei·gen·mit·tel *pl fin* one's own resources.; **Ei·gen·na·me** *m* proper name; **Ei·gen·nutz** *m* self-interest; **ei·gen·nüt·zig** *adj* selfish.

Ei·gen·schaft *f (Attribut)* quality; *(Merkmal)* characteristic; *phys chem* property; *(Funktion)* capacity; ► **in seiner ~ als …** in his capacity as *(od* of) …; **Ei·gen·schafts·wort** ‹-(e)s, ⁀er› *n gram* adjective; **Ei·gen·sinn** ‹-s› *m* obstinacy, stubbornness; **ei·gen·sin·nig** *adj* obstinate, stubborn.

ei·gent·lich I *adj* 1. *(wirklich, tatsächlich)* actual, real, true; 2. *(ursprünglich)* original; ► **im ~en Sinne des Wortes** what this word really means is …; **II** *adv* 1. *(tatsächlich)* actually, really; 2. *(überhaupt)* anyway; ► **~ sollten Sie das nicht tun** you shouldn't really do that; **ich bin ~ nur gekommen, um zu …** actually I've only come to …; **was wollen Sie ~?** what do you want anyway?

Ei·gen·tor *n sport* own goal.

Ei·gen·tum *n* property; ownership; **Ei·gen·tü·mer(in)** *m (f)* owner, proprietor (proprietress).

ei·gen·tüm·lich *adj* 1. *(typisch)* characteristic, typical *(jdm, e-r Sache* of s.o., of s.th.); 2. *(sonderbar)* odd, peculiar, strange; **Ei·gen·tüm·lich·keit** *f* 1. *(Eigenheit)* peculiarity; 2. *(charakteristisches Merkmal)* characteristic.

Ei·gen·tums·vor·be·halt *m jur* reservation of proprietary rights; **Ei·gen·tums·woh·nung** *f* owner-occupied flat.

ei·gen·wil·lig *adj* 1. *(eigensinnig)* self-willed; 2. *(e-e eigene Meinung etc habend)* with a mind of one's own; 3. *(unkonventionell)* unconventional.

eig·nen ['aɪɡnən] *refl* be suitable *(zu, für* for, *als* as).

Eig·nung *f (Brauchbarkeit)* suitability; *(Qualifikation, Befähigung)* aptitude.

Eil·bo·te *m* special *(od* express) messenger; ► **e-n Brief per ~n schicken** send a letter express.

Eil·brief *m Br* express letter, *Am* special-delivery letter.

Ei·le ‹-› *f* hurry; ► **ich bin in ~** I am in a hurry; **das hat keine ~** there is no hurry about it; **nur keine ~!** don't rush! ► **in aller ~** hurriedly.

Ei·lei·ter *m anat* oviduct.

ei·len ['aɪlən] *itr* 1. ‹sein› *(hasten)* hurry, rush; 2. ‹h› *(dringlich sein)* be urgent; ► **jdm zu Hilfe ~** rush to help s.o.; **die Sache eilt** the matter is urgent; **eilt!** *(auf Briefen etc)* urgent!

Eil·gut *n* express freight.

ei·lig ['aɪlɪç] *adj* 1. *(rasch, hastig)* hasty, hurried; 2. *(dringend)* urgent; ► **es ~ haben** be in a hurry; **die Sache ist sehr ~** the matter is very urgent.

Eil·zug *m rail* fast stopping train.

Eil·zu·stel·lung *f* express delivery; *(Post)* special delivery.

Ei·mer ['aɪmɐ] ‹-s, -› *m* bucket, pail; ► **im ~ sein** *fig sl* be done for.

ein¹ [aɪn] *adv* 1. *(auf Elektrogeräten):* ► **e-~/aus** on/off; 2. ► **~ u. aus gehen** come and go; **er geht hier praktisch ~ u. aus** he is almost always round here; **er wußte nicht mehr ~ noch aus** he was at his wits' end.

ein² **I** *num* one; ► **~ gewisser Herr …** a certain Mr …; **das ist ~ und dasselbe** it is one and the same thing; **das wirst du ~es Tages bereuen!** you'll regret it one day! **II** *prn (od* einer, eines) one; ► **du bist mir ~e(r)!** *fam* you're a one! **~er nach dem anderen** one after the other; **sieh mal ~er an!** *fam* how can one be expected to know that! **das muß ~em doch gesagt werden!** *fam* how can one be expected to know that! **kannst du ~en denn nie in Ruhe lassen?** *fam* why can't you ever leave me alone? **~es sage ich Ihnen …** I'll tell you one thing …; **das ist mir alles ~s** *fam* it's all the same to me; **sich ~en genehmigen** *fam* have one on the sly; **jdm ~e runterhau-**

en *fam* give s.o. a clout (round the ears); III *(Artikel)* a; *(vor Vokal)* an; ▶ **das ist (vielleicht) ~ Bier!** that's some beer! **ich hatte aber auch ~en Hunger!** was I hungry!

Ein·ak·ter ‹-s, -› ['aɪnaktə] *m theat* one-act play.

ein·an·der [aɪ'nandə] *prn* each other, one another.

ein|ar·bei·ten I *tr* 1. *(anlernen)* train; 2. *(integrieren, einbauen)* work in (*in* to); II *refl* get used to the work.

Ein·ar·bei·tungs·zeit *f* training period.

ein·ar·mig *adj* one-armed.

ein|äschern ['aɪnɛʃərn] *tr* 1. *(Häuser, Städte etc)* burn to ashes; 2. *(Leichen)* cremate.

ein|at·men *tr itr* breathe in.

ein·äu·gig ['aɪnɔɪgɪç] *adj* one-eyed.

Ein·bahn·stra·ße *f* one-way street.

ein|bal·sa·mie·ren *tr* embalm.

Ein·band ‹-(e)s, ⁀e› *m (Buchdecke)* book cover, case.

ein·bän·dig ['aɪnbɛndɪç] *adj* in one volume; *(nur attr)* one-volume.

Ein·bau ['aɪnbaʊ] *m tech* installation.

ein|bau·en *tr* 1. *(installieren)* install; 2. *fig (Zitat etc)* work in (*in* to).

Ein·bau·kü·che *f* fitted kitchen.

Ein·baum *m (Boot)* dug-out.

Ein·bau·mö·bel *n pl* built-in furniture; **Ein·bau·schrank** *m* built-in cupboard.

ein|be·hal·ten *irr tr* keep back; *(Lohn)* stop.

ein|be·ru·fen *irr tr* 1. *(Versammlung)* convene; *parl* summon; 2. *mil Br* call up, *Am* draft.

Ein·be·ru·fung *f* 1. *(e-r Versammlung)* convention; *parl* summoning; 2. *mil Br* conscription, *Am* draft call.

ein|bet·ten *tr* embed.

ein|beu·len *tr (bes. mot)* dent in.

ein|bie·gen *irr* I *tr* ‹h› *(verbiegen)* bend in; II *itr* ‹sein› turn off (*in* into, *(nach)* links od rechts* to the left *od* right).

ein|bil·den *refl* 1. *(phantasieren)* imagine; 2. *(eingebildet, stolz sein)* be conceited (*od* vain); ▶ **sich viel auf etw ~** be conceited about s.th.; **bilden Sie sich nur nicht ein, daß ...!** don't imagine that ...! **das bildest du dir alles nur ein!** you're just imagining things! **ich bilde mir nicht ein, ein großer Künstler zu sein** I'm not pretending to be a great artist; **er bildet sich wunder was ein** he thinks he's too wonderful for words; **darauf kannst du dir nicht gerade etw ~** that's nothing to be proud of.

Ein·bil·dung *f* 1. *(Phantasie, Vorstellung)* imagination; 2. *(Illusion)* illusion; 3. *(Dünkel)* conceit; **Ein·bil·dungs·kraft** *f (n)* (powers *pl* of) imagination.

ein·bin·den *irr tr* 1. *(Buch)* bind; 2. *fig (Person)* integrate.

Ein·bin·dung *f fig* integration.

ein|blen·den *tr film radio TV (Werbespots etc)* slot in.

ein|bleu·en *tr fam:* ▶ **jdm etw ~** thump s.th. into s.o.

Ein·blick *m* 1. *(Einsicht in etw hinein)* view (*in* of); 2. *fig (Kenntnis)* insight (*in* into).

ein|bre·chen¹ *irr* I *itr* ‹sein› 1. *(zusammenfallen)* fall in; 2. *fig (einsetzen: Nacht)* fall; 3. ▶ **auf dem Eis ~** fall through the ice; II *tr* ‹h› 1. *(Mauer, Tür etc)* break down; 2. *(Eis)* break through.

ein|bre·chen² *irr itr* 1. ‹h u. sein› *(Einbruch begehen)* break in, burgle, *Am* burglarize; 2. *mil* ‹sein› *(in feindliches Terrain)* invade (*in etw* s.th.); ▶ **in dem Gebäude (bei mir) wurde eingebrochen** thieves broke into the place (my home), the place (I) was burgled.

Ein·bre·cher(in) *m (f)* burglar.

ein|bren·nen *irr* I *tr (Brandzeichen)* brand; II *refl fig (sich einprägen)* engrave itself (*in* on).

ein|brin·gen *irr* I *tr* 1. *parl (Antrag)* introduce; *(Gesetzentwurf)* bring in; 2. *(Ernte)* gather in; 3. *fin (Ertrag, Zinsen)* earn (*jdm etw* s.o. s.th.); *(Nutzen, Geld)* bring in (*jdm etw* s.th. to s.o.) yield; 4. *(hin~, mitbringen)* bring in (*in* -to), contribute; *(integrieren)* integrate; II *refl* commit o.s.; ▶ **das bringt nichts ein** *fig* it's not worth it.

ein|brocken (k·k) *tr* 1. *(Brot etc)* crumble (*in* into); 2. *fig fam:* ▶ **sich (jdm) etw ~** land o.s. (s.o.) in the soup; **da hast du mir aber was Schönes eingebrockt!** see what you've let me in for now!

Ein·bruch¹ *m* 1. *(Einsturz)* collapse; 2. *(von Wasser etc)* penetration; 3. *fig (von Nacht)* fall; *(von Winter)* onset; ▶ **bei ~ der Dunkelheit** (*od* **Dämmerung**) at dusk; **bei ~ der Nacht** at nightfall.

Ein·bruch² *m* 1. *(~sdiebstahl)* burglary (*in* in); 2. *mil (in Front)* breakthrough (*in* of); *(Invasion)* invasion (*in* of).

Ein·bruchs·dieb·stahl *m jur* burglary.

ein|buch·ten *tr sl (einsperren)* put behind bars.

ein|bür·gern I *tr (a. fig: Wort, Sitte etc)* naturalize; II *refl a. fig* become naturalized.

Ein·bu·ße *f* loss (*an* to).

ein|bü·ßen *tr* 1. *(verlieren)* lose; 2. *(verwirken)* forfeit.

ein|checken (k·k) *tr aero* check in.

ein|däm·men *tr* 1. *(Fluß etc)* dam; 2. *fig (hemmen)* check; *(in Grenzen halten, vor allem pol)* contain; **Ein·däm·mungs·po·li·tik** *f pol* policy of containment.

ein|damp·fen *tr* evaporate.

ein|decken (k·k) I *tr fam (überhäufen)* inundate; II *refl* 1. *(Vorräte schaffen)* stock up (*mit* on).

ein·deu·tig *adj* **1.** *(nicht mehrdeutig)* unambiguous; **2.** *(klar)* clear.

ein|dicken (k·k) *tr* thicken.

ein|drin·gen ⟨sein⟩ *irr itr* **1.** penetrate (*in etw* into s.th.); **2.** ▶ **auf jdn ~** *(bestürmen)* go for s.o. (*mit* with); **in ein Land ~** invade (*od* penetrate into) a country; **entschuldigen Sie, wenn wir hier so ~, wir wollten nur ...** forgive the intrusion, we only wanted to ...

Ein·dring·ling *m* intruder.

Ein|druck ⟨-(e)s, ⸚e⟩ *m* impression; ▶ **sie hat großen ~ auf mich gemacht** she made a great impression on me; **die Worte des Präsidenten haben großen ~ auf die Bevölkerung hinterlassen** the President's words made quite a strong impression on the population; **den ~ haben, daß ...** be under the impression that ...; **du willst wohl unbedingt ~ schinden!** *fam* you must be hell-bent on impressing!

ein|drücken (k·k) **I** *tr (zus.-drücken)* crush; *(flach machen)* flatten; **II** *refl* leave an impression.

ein·drucks·voll *adj* impressive.

ein|eb·nen *tr a. fig.* level.

ein·ei·ig *adj (Zwillinge)* identical.

Ein·el·tern·fa·mi·lie *f* single-parent family.

ein|en·gen *tr a. fig* constrict; ▶ **jdn in s-r Freiheit ~** constrict someone's freedom.

Ei·ner ⟨-s, -⟩ *m* **1.** *(Boot)* single scull; **2.** *math* unit; ▶ **Deutscher Meister im ~** *(Rudersport)* German champion in the single sculls; **Zehner u. ~** *pl* tens and units *pl*.

Ei·ner·lei ['aɪnə'laɪ] ⟨-s⟩ *n* sameness, monotony; **ei·ner·lei** *adj* **1.** *(der-, die-, dasselbe)* (one and) the same; **2.** *(gleichgültig)* all the same; ▶ **es ist mir alles ~** it is all one (*od* the same) to me; **~, was (wer) ...** no matter what (who) ...; **ei·ner·seits** *adv* on the one hand.

ein·fach ['aɪnfax] **I** *adj* **1.** *allg* simple; *(schlicht)* plain; **2.** *(nicht doppelt)* simple; *(Fahrt, Fahrkarte)* single; **3.** *(leicht)* easy; ▶ **~e Fahrkarte** single (*od* one-way) ticket; **einmal ~, bitte!** *(in Bus, Bahn etc)* one single, please! **~e Kost** plain fare; **II** *adv (geradezu)* simply; ▶ **~ unerträglich** simply intolerable; **so etw tut man ~ nicht** that simply isn't done.

Ein·fach·heit *f* simplicity, plainness.

ein|fä·deln ['aɪnfɛːdəln] **I** *tr* **1.** thread (*in* through); **2.** *fig fam (Komplott, Intrige)* set up; **II** *refl mot:* ▶ **sich in den laufenden Verkehr ~** filter into the stream of traffic.

ein|fah·ren *irr* **I** *tr* ⟨h⟩ **1.** *mot (ein Auto) Br* run in, *Am* break in; **2.** *aero (Fahrgestell)* retract; **3.** *(Ernte, Gewinne)* bring

in; *(Verluste)* make; **4.** *(Tor, Zaun, Wand etc)* knock down; **II** *itr* ⟨sein⟩ *(Zug)* come in (*auf, in* at, into).

Ein·fahrt *f* **1.** *(Eingang)* entrance; **2.** *(das Einfahren)* entry (*in* to); *min (in den Schacht)* descent; ▶ **keine ~!** no entrance! **bitte zurücktreten, der Zug hat ~!** please stand well back, the train is arriving!

Ein·fall *m* **1.** *(plötzlicher Gedanke)* (sudden) idea; **2.** *mil* invasion (*in* of); **3.** *phys (von Licht)* incidence; ▶ **das brachte mich auf den ~, ihn zu fragen, ...** that gave me the idea of asking him, ...; **auf den ~ kommen, etw zu tun** get the idea of doing s.th.; **ach, es war nur so ein ~** oh, it was just an idea.

ein|fal·len ⟨sein⟩ *irr itr* **1.** *(einstürzen)* collapse; **2.** *phys (Strahlen etc)* be incident; **3.** *(Licht)* come in (*in* -to); **4.** *mil (eindringen)* invade (*in ein Land* a country); **5.** *(Wangen, Augen etc)* become sunken; **6.** *(in den Sinn kommen)* occur (*jdm* to s.o.); **7.** *(ins Gedächtnis kommen):* ▶ **jdm (wieder) ~** come (back) to s.o.; **was fällt Ihnen ein?** what's the idea? what are you thinking of? **mir fällt einfach nichts ein** I just can't think of anything; **da fällt mir eben ein, ...** by the way, it just occurred to me ...; **dabei fällt mir ein, wie ich ...** that reminds me of how I ...

ein·falls·los *adj* unimaginative.

Ein·falls·win·kel *m phys* angle of incidence.

Ein·falt ['aɪnfalt] ⟨-⟩ *f* **1.** *(Naivität)* simplicity; **2.** *(Dummheit)* simple-mindedness; **ein·fäl·tig** ['aɪnfɛltɪç] *adj* **1.** *(naiv)* simple; **2.** *(dumm)* simple-minded; **Ein·falts·pin·sel** *m fam* simpleton.

Ein·fa·mi·lien·haus *n* detached house.

ein|fan·gen *irr tr a. fig* catch.

ein·far·big *adj* of one colour; *(Stoff)* self-coloured; *typ* monochrome.

ein|fas·sen *tr* **1.** *(umsäumen)* edge; *(Knopfloch, Naht etc)* trim; **2.** *(Edelstein)* set (*mit* in); **Ein·fas·sung** *f* **1.** *(Umsäumung)* edging; *(von Knopfloch, Naht etc)* trimming; **2.** *(von Edelsteinen)* setting.

ein|fet·ten *tr* grease.

ein|fin·den *irr refl* **1.** *(kommen)* come; **2.** *(eintreffen)* arrive.

ein|flö·ßen *tr:* ▶ **jdm etw ~** *(eingeben)* give s.o. s.th.; *fig* instil s.th. into s.o.

Ein·flug·schnei·se *f aero* air corridor, approach line.

Ein·fluß *m fig* influence (*auf* over, on); ▶ **darauf haben Sie keinen ~** you can't influence that; **~ auf jdn haben (ausüben)** have (exert) an influence on s.o.; **Ein·fluß·be·reich** *m* sphere of influence; **Ein·fluß·nah·me** *f* influencing control; **ein·fluß·reich** *adj* influential.

ein·för·mig ['aɪnfœrmɪç] *adj* **1.** *(uniform)* uniform; **2.** *(eintönig)* monotonous; **Ein·för·mig·keit** *f* **1.** *(Gleichförmigkeit)* uniformity; **2.** *(Eintönigkeit)* monotony.
ein|frie·den ['aɪnfriːdən] *tr* enclose.
Ein·frie·dung *f* enclosure.
ein|frie·ren *irr* **I** *itr* ⟨sein⟩ *(zufrieren)* freeze (up); **II** *tr* ⟨h⟩ **1.** *(Lebensmittel, a. fig com fin: Löhne, Guthaben)* freeze; **2.** *fig pol (Beziehungen)* suspend.
ein|fü·gen I *tr* **1.** *(einpassen)* fit *(in* into); **2.** *(nachträglich hinzufügen)* insert *(in* in); **II** *refl* **1.** *(passen)* fit in *(in* -to); **2.** *(sich anpassen)* adapt *(in* to).
ein|füh·len *refl* empathise *(in* with).
Ein·füh·lungs·ver·mö·gen *n* empathy.
Ein·fuhr ['aɪnfuːɐ] ⟨-, -en⟩ *f com* import; **Ein·fuhr·be·stim·mun·gen** *f pl com* import regulations.
ein|füh·ren I *tr* **1.** *com (importieren)* import; **2.** *(markt: neue Produkte)* introduce *(in* to); *(neue Mode, Trend)* set; **3.** *(hineinstecken)* insert *(in* into); ▶ **einige ~de Worte** some words of introduction; **II** *refl (sich vorstellen)* introduce o.s.
Ein·fuhr·sper·re *f com* ban on imports; ▶ **e-e ~ für Autos** a ban on the import of cars.
Ein·füh·rung *f* **1.** *((Neu-)Vorstellung, Einleitung)* introduction *(in* to); **2.** *(Amts~)* installation; **Ein·füh·rungs·kam·pa·gne** *f markt* introductory *(od* launching) campaign; **Ein·füh·rungs·ko·sten** *pl* introduction cost *sing;* **Ein·füh·rungs·preis** *m* introductory price.
Ein·fuhr·zoll *m* import duty.
ein|fül·len *tr* pour in; ▶ **etw in Flaschen (Fässer, Säcke) ~** bottle (barrel, sack) s.th.
Ein·ga·be *f* **1.** *(Gesuch)* petition *(an* to); **2.** *EDV (Daten~)* input; **Ein·ga·be·da·ten** *pl EDV* input data; **Ein·ga·be·ge·rät** *m EDV* input device; **Ein·ga·be·ta·ste** *f* return *(od* enter) key.
Ein·gang *m* **1.** *(Tür, Tor etc)* entrance *(in* to); **2.** *(Zutritt, a. fig)* entry *(in* into, *zu* to); **3.** *com (Erhalt)* receipt; *(von Waren)* delivery; ▶ **kein ~** keep out! no entrance! **nach ~** *com* on receipt; **gleich beim ~ sind die Waren zu prüfen** *com* the goods must be checked on delivery.
ein|ge·ben *irr tr* **1.** *(verabreichen)* administer, give; **2.** *EDV (Daten)* enter, key in; **3.** *fig (Gedanken)* inspire *(jdm etw* s.o. with s.th.).
ein·ge·bil·det *adj* **1.** *(nicht wirklich)* imaginary; **2.** *(hochmütig)* conceited.
ein·ge·bo·ren *adj (einheimisch)* native.
Ein·ge·bo·re·ne(r) *f m* native.
Ein·ge·bung *f* inspiration; ▶ **göttliche ~** divine inspiration.

ein·ge·fah·ren *adj fig (abgegriffen, abgedroschen)* well-worn; ▶ **aus dem ~en Gleis herauskommen** *fig* get out of the rut.
ein·ge·fal·len *adj (Wangen, Augen)* sunken; *(Gesicht, Leib)* haggard.
ein·ge·fleischt ['aɪngəflaɪʃt] *adj* **1.** *(in Fleisch u. Blut übergegangen)* ingrained; **2.** *(unverbesserlich, echt)* dyed-in-the-wool; **3.** *(überzeugt)* confirmed; ▶ **~er Junggeselle** confirmed bachelor.
ein|ge·hen ⟨sein⟩ *irr* **I** *itr* **1.** *(schrumpfen, einlaufen)* shrink; **2.** *(sterben: von Pflanzen u. Tieren)* die *(an* of); *com fig fam (von Zeitungen, Betrieben)* fold up; **3.** *(verstanden werden):* ▶ **es will mir einfach nicht ~, warum ...** I just cannot understand why ...; **4.** ▶ **auf e-e Frage ~** *(behandeln)* go into a question; *(sich widmen)* give one's time and attention to a question; **5.** *(ankommen)* arrive; **6.** *fig (einfließen)* leave its mark *(in* on); *(angenommen werden)* be adopted *(in* in); **7.** *(zustimmen)* agree *(auf* to); ▶ **die ~de Post** the incoming mail; **diese Hitze ist zum E~** *fam* this heat is killing; **auf etw näher ~** go into the particulars of s.th.; **II** *tr:* ▶ **e-e Wette ~** make a bet; **ein Risiko ~** take a risk.
ein·ge·hend *adj* **1.** *(ausführlich)* detailed; **2.** *(gründlich)* thorough.
Ein·ge·mach·te ⟨-n⟩ *n (Marmelade)* preserves *pl; (in Essig)* pickles *pl.*
ein|ge·mein·den *tr* incorporate *(nach, in* into).
Ein·ge·mein·dung *f* incorporation.
ein·ge·nom·men *adj* **1.** ▶ **von sich (jdm, etw) ~ sein** fancy oneself (s.o., s.th.) *fam;* **2.** ▶ **für jdn (etw) ~ sein** be taken with s.o. (s.th.); **3.** ▶ **gegen jdn (etw) ~ sein** be biased against s.o. (s.th.).
ein·ge·schnappt *adj fig fam* cross, peeved.
ein·ge·schränkt *adj (eingeengt)* limited, restricted.
ein·ge·schrie·ben *adj (Brief, Mitglied etc)* registered.
ein·ge·stan·de·ner·ma·ßen *adv* admittedly.
Ein·ge·ständ·nis *n* admission, confession.
ein|ge·ste·hen *irr tr* admit, confess *(etw* to s.th.).
ein·ge·stellt *adj:* ▶ **auf etw ~ sein** be prepared for s.th.; **gegen jdn (etw) ~ sein** be set against s.o. (s.th.); **konservativ ~ sein** be a conservative; **sozial ~** socially minded *(od* oriented).
ein·ge·tra·gen *adj* registered.
Ein·ge·wei·de ['aɪngəvaɪdə] ⟨-s, -⟩ *n sing u. pl* bowels, entrails *pl.*
Ein·ge·weih·te(r) *f m* initiate.
ein|ge·wöh·nen *refl* settle down.
ein·glei·sig *adj* **1.** *rail* single-track; **2.**

fig: ► ~ **denken** have a one-track mind.
ein|glie·dern I *tr (Betriebsteile, Firma)* incorporate *(with, into); (Personen)* integrate *(in* into); II *refl* integrate o.s. *(in* into); **Ein·glie·de·rung** *f* incorporation, integration; ► ~ **Behinderter** integration of the disabled.
ein|gra·ben *irr* I *tr* dig in; II *refl mil a. fig* dig o.s. in.
ein|gra·vie·ren *tr* engrave.
ein|grei·fen *irr itr* 1. *tech (von Maschinenteilen)* mesh *(in* with); 2. *(intervenieren)* intervene; ► **in ein Gespräch ~** intervene in a conversation; **in jds Rechte ~** infringe (up)on someone's rights.
Ein·griff *m* 1. *med* operation; 2. *fig (Einmischung)* intervention; ► **ein ~ in jds Rechte (Privatsphäre)** an infringement of someone's rights (privacy).
ein·grup·pie·ren *tr* group *(in* in).
Ein·grup·pie·rung *f* classification, grouping.
ein|ha·ken I *tr* hook in *(in* -to); II *itr fam (etw aufgreifen, sich einmischen)* intervene; III *refl:* ► **er hakte sich bei mir ein** he put his arm through mine.
Ein·halt *m:* ► **e-r Sache ~ gebieten** put a stop to s.th.
ein|hal·ten *irr* I *tr (sich halten an, beachten)* keep; ► **e-e Frist ~** meet a deadline; **e-n Termin ~** keep a term; **den Kurs ~** *mar aero* stay on course; II *itr* 1. *(innehalten)* pause; 2. *(aufhören)* stop; **Ein·hal·tung** *f (Beachtung)* keeping (of *od* to).
ein|häm·mern I *tr* 1. *(Nagel etc)* hammer in *(in* -to); 2. *fig:* ► **jdm etw ~** hammer s.th. into s.o.; II *itr:* ► **auf etw ~** hammer on s.th.; **auf jdn ~** *fig* pound s.o.
ein|han·deln *tr* 1. *com* trade *(gegen, für* for); 2. *fig fam:* ► **sich etw ~** get s.th.
ein·hei·misch *adj (Menschen, Tiere, Pflanzen)* native; *(lokal)* local.
ein|heim·sen ['aɪnhaɪmzən] *tr fam (Ruhm, Beifall)* walk off with.
Ein·heit ['aɪnhaɪt] *f* 1. *(staatlich, national)* unity; *(Ganzes)* whole; 2. *mil* unit.
ein·heit·lich *adj* 1. *(standardisiert)* standard(ized); 2. *(gleichförmig)* uniform; 3. *(ein geschlossenes Ganzes bildend)* unified; ► **~ gekleidet** dressed the same.
Ein·heits·ge·bühr *f* consolidated *(od* flat) rate; **Ein·heits·li·ste** *f pol* single list; **Ein·heits·preis** *m com* standard price *(od* rate); **Ein·heits·ta·rif** *m* standard tariff.
ein|hei·zen *itr* 1. *(heizen)* put the heating on; 2. *fig fam:* ► **jdm tüchtig ~** *(ihm zusetzen)* make things hot for s.o.
ein·hel·lig ['aɪnhɛlɪç] *adj* unanimous.
ein|ho·len I *tr* 1. *(Fahne, Segel)* lower; 2. *mar (Netze, Boot etc)* haul in; 3. *(errei-*

chen) catch up; 4. *(gutmachen: Verlust)* make good; *(Zeit)* make up (for); 5. *(einkaufen)* buy; ► **bei jdm Rat ~** obtain someone's advice; **ärztlichen Rat ~** take medical advice; **Versäumtes ~** make up for lost time; II *itr* shop.
ein|hül·len *tr* wrap up.
ei·nig ['aɪnɪç] *adj* 1. *(e-r Meinung)* in agreement, agreed *(in* on, *über* about); 2. *(geeint)* united; ► **sich über etw ~ werden** agree on s.th.; **miteinander ~ werden** come to an agreement; **sie sind sich darüber ~, daß ...** they are agreed that ...
ei·ni·ge ['aɪnɪgə] *prn* some; ► **in ~r Entfernung** some distance away; **ich weiß ~s über sie** I know a thing or two about her; **das wird ~s kosten** that will cost s.th.; **~ andere** *(mehrere)* several others; **in ~n Tagen** *(in wenigen Tagen)* in a few days.
ei·ni·gen I *tr* 1. *(Nation)* unite; 2. *(streitende Parteien)* reconcile; II *refl* agree, come to an agreement *(über* on, about).
ei·ni·ger·ma·ßen ['aɪnɪgɐ'maːsən] I *adv* 1. *(etwa)* to a certain extent; 2. *(ziemlich)* somewhat; ► **wie gehen die Geschäfte? — na, so ~** how's business? — well, so-so; II *adj fam (leidlich)* all right.
Ei·nig·keit *f* 1. *(Eintracht)* unity; 2. *(Übereinstimmung)* agreement *(in, über* on); ► **~ macht stark** unity is strength.
Ei·ni·gung *f* 1. *(Übereinstimmung)* agreement; 2. *jur (Vergleich)* settlement; 3. *pol* unification; ► **über e-e strittige Frage ~ erzielen** reach agreement on a controversial question; **Ei·ni·gungs·ver·such** *m (Schlichtungsversuch)* attempt at reconciliation.
ein|imp·fen *tr* 1. *(impfen)* vaccinate *(jdm etw* s.o. with s.th.); 2. *fig* instil *(jdm etw* s.th. into s.o.).
ein|ja·gen *tr:* ► **jdm Furcht ~** frighten s.o.; **jdm e-n Schrecken ~** give s.o. a fright.
ein·jäh·rig ['aɪnjɛːrɪç] *adj* 1. *(ein Jahr alt)* one-year-old; 2. *bot (nicht perennierend)* annual; 3. *(ein Jahr dauernd)* of one *(od* a) year.
ein|kal·ku·lie·ren *tr* take into account.
ein|kas·sie·ren *tr (Geld)* collect.
Ein·kauf *m* 1. *(das Kaufen)* buying; 2. *(das Gekaufte)* purchase; 3. *com (~sabteilung)* buying (department); **ein|kaufen** I *tr* buy; II *itr (privat)* shop; *com (durch Einkaufsabteilung)* buy, do the buying; III *refl com* buy o.s. *(in* into).
Ein·käu·fer(in) *m (f) com* buyer.
Ein·kaufs·bum·mel *m* shopping spree; ► **e-n ~ machen** go on a shopping spree; **Ein·kaufs·ge·nos·sen·schaft** *f* consumers' co-operative society; **Einkaufs·preis** *m com* wholesale price;

Ein·kaufs·wa·gen *m* shopping cart, trolley; **Ein·kaufs·zen·trum** *n* shopping *Br* centre (*Am* center).

Ein·kehr ['aɪnke:ə] ⟨-⟩ *f* 1. (*Rast*) stop; 2. *fig a. rel* contemplation; ▶ **in e-m Gasthof ~ halten** stop at an inn; **innere ~ halten** *fig* contemplate.

ein|keh·ren ⟨sein⟩ *itr* 1. (*in Gasthof*) stop (off) (*in* at); 2. (*Friede, Sorge, Ruhe etc*) come (*bei* to); ▶ **bei jdm ~** call on s.o.; **der Friede ist (bei uns) wieder eingekehrt** peace has returned (to us).

ein|kel·lern *tr* store in a cellar.

ein|klam·mern *tr* (*in Klammern setzen*) bracket, put in brackets.

Ein·klang *m* 1. (*Harmonie*) harmony; 2. *mus* unison; ▶ **in ~ bringen** bring into accord; **in ~ mit etw sein** (*od* **stehen**) be in accord with s.th.

ein|kle·ben *tr* stick in (*in* -to).

ein|klei·den *tr mil* fit out with a uniform; ▶ **jdn (sich) neu ~** buy s.o. (o.s.) new clothes.

ein|klem·men *tr* (*quetschen*) jam; ▶ **hinter dem Steuer eingeklemmt werden** be pinned behind the wheel.

ein|ko·chen I *tr* (*Gemüse etc*) preserve; (*Marmelade*) bottle; II *itr* (*Marmelade etc*) boil down.

Ein·kom·men ⟨-s, -⟩ *n* income; **Ein·kom·mens·ge·fäl·le** *n* income differential; **Ein·kom·men(s)·steu·er** *f* income tax; **Ein·kom·men(s)·steu·er·er·klä·rung** *f* income tax return.

ein|krei·sen *tr* 1. *mil* encircle, surround; 2. *fig* (*Fragen, Probleme*) isolate.

Ein·künf·te ['aɪnkʏnftə] *pl* income, revenue *sing*.

ein|la·den *irr tr* 1. (*Waren*) load (*in* into); 2. (*Gäste*) invite (*jdn zu etw* s.o. to s.th.); ▶ **darf ich Sie zu e-m** (*od* **auf ein**) **Bier ~?** may I invite you for a beer? **ich lade Sie ein** I'm treating you; **ein·la·dend** *adj* inviting; (*verlockend*) enticing. **Ein·la·dung** *f* invitation.

Ein·la·ge *f* 1. *fin* (*Spar~*) deposit; (*Investition*) investment; 2. (*Spiel~*) stake; 3. *theat* interlude; 4. (*Einlegesohle*) insole; (*orthopädische Schuh~*) support.

ein|la·gern *tr* store.

Ein·laß ['aɪnlas, *pl* 'aɪnlɛsə] ⟨-sses, ·sse⟩ *m* (*Zutritt*) admission.

ein|las·sen *irr* I *tr* 1. (*her~*) let in; 2. (*einsetzen, einfügen*) set in (*in* -to); ▶ **sich ein Bad ~** run o.s. a bath; **Wasser in die Badewanne ~** run water into the bath(tub); II *refl:* ▶ **sich auf etw ~** (*in etw verwickelt werden*) let o.s. in for s.th.; (*e-r Sache zustimmen*) agree to s.th.; **sich mit jdm ~** (*Umgang haben*) get mixed up with s.o.

Ein·lauf *m* 1. *med* enema; 2. *sport* (*Ziel~*) finish.

ein|lau·fen *irr* I *itr* ⟨sein⟩ 1. (*einfahren etc*) come in (*in* -to); (*Wasser*) run in (*in*

-to); 2. (*Stoff*) shrink; ▶ „**läuft garantiert nicht ein**" (*bei der Wäsche*) guaranteed non-shrink; II *tr* ⟨h⟩ (*Schuhe*) wear in.

ein|le·ben *refl* settle down (*in* in, *an* at).

ein|le·gen *tr* 1. (*Intarsien etc*) inlay; 2. (*hin~, -tun*) put in (*in* -to); 3. (*in Essig*) pickle; 4. *fin* (*Geld*) deposit; ▶ **Widerspruch ~** (register a) protest; **sein Veto ~** use one's veto; **den ersten Gang ~** *mot* engage first (gear); **e-n Film ~** *phot* load a (*od* the *od* my *etc*) camera; **e-e Pause ~** have a pause; **e-e Sonderschicht ~** put on an extra shift; **ein gutes Wort für jdm ~** put in a good word for s.o.

Ein·le·ge·soh·le *f* insole.

ein|lei·ten *tr* 1. (*beginnen*) start; (*eröffnen*) open; 2. (*initiieren*) initiate; (*Schritte, Maßnahmen etc*) take; ▶ **ein Verfahren gegen jdn ~** *jur* take legal proceedings *pl* against s.o.; **s-e Wahl leitete e-e neue Ära ein** his election inaugurated a new era; **ein·lei·tend** *adj* introductory; **Ein·lei·tung** *f* 1. (*e-s Buches*) introduction; *mus* prelude; 2. (*das Ingangsetzen*) initiation.

ein|len·ken *itr fig* give way, yield; ▶ „**So war es nicht gemeint**", **lenkte er ein** 'It wasn't meant like that', he said, giving in.

ein|leuch·ten *itr* be clear (*jdm* to s.o.); ▶ **das leuchtet mir ein** I can see the point; **das will mir einfach nicht ~** I simply can't see that.

ein·leuch·tend *adj* clear, plausible.

ein|lie·fern *tr* (*bringen, abliefern*) deliver; ▶ **jdn ins Krankenhaus ~** admit s.o. to hospital; **jdn ins Gefängnis ~** commit s.o. to prison.

Ein·lie·fe·rung *f* delivery; ▶ **~ ins Krankenhaus** admission to hospital; **~ ins Gefängnis** committal to prison.

ein|lö·sen *tr* 1. (*Pfand*) redeem; 2. *com* (*Wechsel, Scheck*) cash (in); 3. (*Verpflichtung*) discharge; (*Versprechen, Wort*) keep.

ein|ma·chen *tr* (*Gemüse, Obst*) preserve; (*in Gläser*) bottle; (*in Büchsen*) *Br* tin, *Am* can.

Ein·mach·glas *n* bottling jar.

ein·mal ['aɪnma:l] *adv* 1. (*nicht zweimal*) once; 2. (*ehemals*) once (upon a time); 3. (*in Zukunft*) one day, some time; 4. (*erstens*) first of all; ▶ **auf ~** (*zugleich*) at once; (*plötzlich*) all of a sudden; **noch ~** again, once more; (*ein letztes Mal*) one last time; **nicht ~** not even …, not so much as …; **wenn du sie ~ siehst**, if you happen to see her; **das war ~!** that was then! **~ ist keinmal** once won't hurt; **warst du schon ~ in London?** have you ever been to London? **so liegen die Dinge nun ~** that's just the way things are.

Ein·mal·eins [aɪnma:l'aɪns] ⟨-⟩ *n* (multiplication) tables *pl;* ▶ **das große (kleine)** ~ tables over (up to) ten; **das** ~ **aufsagen** say one's tables.

ein·ma·lig ['---/-'---] *adj* **1.** *(einzigartig)* unique; *fam* fantastic; **2.** *(nur einmal nötig)* single; ▶ **e-e** ~**e Gelegenheit** a unique chance; ~**e Abfindung** lump-sum payment.

Ein·mann·be·trieb *m* one-man business; **Ein·mann·ka·pel·le** *f mus* one-man band.

Ein·marsch *m mil* invasion *(in* of).

ein|mar·schie·ren ⟨sein⟩ *itr* march in *(in* -to).

ein|men·gen *tr (hinzufügen, unterrühren)* mix in *(in* -to).

Ein·mi·schung *f* interference, meddling *(in* in).

ein·mo·to·rig ['aɪnmoto:riç] *adj aero* single-engine(d).

ein|mot·ten ['aɪnmɔtən] *tr* **1.** *(Kleidung)* put in mothballs; **2.** *fig* mothball.

ein|mum·men ['aɪnmʊmən] *tr refl fam* muffle up.

ein|mün·den ⟨sein⟩ *itr (Flüsse)* flow in *(in* -to); *(Straßen)* run in *(in* -to).

Ein·mün·dung *f (Flüsse)* confluence; *(Straßen)* junction; ▶ **die** ~ **der Mosel in den Rhein** the confluence of the Moselle and the Rhine.

ein·mü·tig ['aɪnmy:tiç] *adj* unanimous.

Ein·mü·tig·keit *f* unanimity.

Ein·nah·me ['aɪnna:mə] *f* **1.** *mil* seizure; *(e-r Stadt od Stellung)* capture; **2.** *com* receipt; **3.** *com fin:* ~**n** *pl (Einkommen)* income *sing; (Geschäfts*~**n)** takings *pl; (des Fiskus)* revenue *sing;* **Ein·nah·me·quel·le** *f* source of income *(od* revenue).

ein|neh·men *irr tr* **1.** *(zu sich nehmen, a. med)* take; **2.** *(verdienen)* earn; *(Steuern)* collect; *com* take; **3.** *(Platz, Posten, a. fig)* occupy; **4.** *mil (erobern)* take; ▶ **jdn für etw** ~ win s.o. over to s.th.; **jdn für sich** ~ win s.o. over; **jdn gegen sich (jdn, etw)** ~ set s.o. against o.s. (s.o., s.th.); **ein·neh·mend** *adj* likeable; ▶ **ein** ~**es Wesen haben** *(gewinnend sein)* be a likeable character.

ein|nicken (k·k) ⟨sein⟩ *itr fam* drop *(od* nod *od* doze) off.

ein|ni·sten *refl* **1.** *(nisten)* nest; **2.** *fig* settle *(in* in, *bei jdm* at someone's place).

Ein·öde ['aɪnʔø:də] ⟨-, -n⟩ *f a. fig* wasteland.

ein|ölen *tr* oil.

ein|ord·nen I *tr* **1.** *(in e-e Ordnung bringen)* put in order; *(Karteikarten, Aktenordner)* file; **2.** *(klassifizieren)* classify; II *refl* **1.** *(sich ein- od anpassen)* fit in *(in* -to); **2.** *mot* get in lane; ▶ **sich rechts (links)** ~ get into the right (left) lane.

ein|packen (k·k) I *tr* **1.** *(in Packpapier etc, a. fig fam: in warme Kleidung)* wrap up *(in* in); **2.** *(Koffer etc)* pack *(in* in); **3.** *(Päckchen, Paket)* pack up; II *itr* pack; ▶ **wenn er erst einmal loslegt, dann können wir alle** ~ *fam* once he gets going we can all pack it all in.

ein|par·ken *tr itr mot* park *(zwischen zwei Autos* between two cars).

ein|pas·sen *tr tech* fit in *(in* -to).

ein·pen·deln *refl* even out.

ein|pfer·chen *tr* **1.** *(Tiere)* pen in *(in* -to); **2.** *fig* coop up *(in* in).

ein|pla·nen *tr (planen)* include in one's plans; *(von vornherein berücksichtigen)* allow for ...

ein|prä·gen I *tr* **1.** *(Muster etc)* impress, imprint; **2.** *fig* impress *(jdm etw* s.th. on s.o.); **3.** *fig:* ▶ **sich etw** ~ *(merken)* memorize s.th.; II *refl* make an impression *(jdm* on s.o.).

ein·präg·sam ['aɪnprɛ:kza:m] *adj* easily remembered.

ein|pro·gram·mie·ren *tr EDV* feed in.

ein|quar·tie·ren ['aɪnkvarti:rən] I *tr* quarter *(bei* with, *mil* on); II *refl* be quartered *(bei* with, *mil* on).

Ein·rad *n* unicycle.

ein|rah·men *tr a. fig* frame.

ein|ram·men *tr* ram in *(in* -to).

ein·ra·sten *itr* engage.

ein|räu·men *tr* **1.** *(verstauen)* put away; **2.** *(leeren Schrank etc)* fill; **3.** *(zugeben)* admit, concede; **4.** *(zugestehen)* allow.

ein|rech·nen *tr* include; ▶ **die Kosten eingerechnet** including the costs.

ein|re·den I *tr:* ▶ **jdm (sich) etw** ~ talk s.o. (o.s.) into believing s.th.; II *itr:* ▶ **auf jdn** ~ keep on and on at s.o.

ein|rei·ben *irr tr* rub in; ▶ **sich (das Gesicht) mit etw** ~ rub o.s. with s.th. *(od* rub s.th. into one's face).

ein|rei·chen *tr* **1.** *(Unterlagen)* submit *(bei* to); **2.** *(Pensionierung, Versetzung etc)* apply for ...; ▶ **e-e Klage gegen jdn** ~ institute proceedings *pl* against s.o.

ein|rei·hen I *tr* **1.** *(klassifizieren)* classify; **2.** *(einordnen, -räumen, -fügen)* put in *(in* -to); II *refl* join *(in etw* s.th.).

Ein·rei·se *f* entry *(in* to); ▶ **bei der** ~ on entry; **Ein·rei·se·be·stim·mun·gen** *f pl* entry regulations *pl;* **Ein·rei·se·be·wil·li·gung (-er·laub·nis, -ge·neh·mi·gung)** *f* entry permit.

ein|rei·sen ⟨sein⟩ *itr* enter the country; ▶ **nach England** ~ enter England.

Ein·rei·se·ver·bot *n* refusal of entry; ▶ ~ **haben** have been refused entry.

ein|rei·ßen *irr* I *tr* ⟨h⟩ *(Haus, Zaun etc)* pull *(od* tear) down; II *itr* ⟨sein⟩ **1.** *(Fingernagel, Papier etc)* tear; **2.** *fig fam (Mißstände)* catch on.

ein|ren·ken ['aɪnrɛŋkən] I *tr* **1.** *(Glieder, Gelenke)* set; **2.** *fig fam* sort out; II *refl* *fig fam* sort itself out.

ein|ren·nen *irr tr* 1. *(Hindernisse)* batter down; 2. *fig:* ▶ **offene Türen** ~ kick at an open door *sing;* 3. *fig fam:* ▶ **jdm die Bude** ~ pester s.o.

ein|rich·ten I *tr* 1. *(gründen)* establish; *(Bankkonto)* open; 2. *tech (justieren)* set up; 3. *(möblieren)* furnish; *(ausstatten)* fit out; 4. *(arrangieren, a. mus)* arrange; *theat TV* adapt; ▶ **s-e Wohnung neu** ~ refurnish one's flat; **können Sie es** ~, **mich um sechs (Uhr) zu treffen?** can you arrange to meet me at six (o'clock)? II *refl* 1. *(sich niederlassen)* settle (down); 2. *(sich vorbereiten)* prepare o.s. *(auf* for); 3. *(s-e Wohnung möblieren)* furnish one's flat.

Ein·rich·tung *f* 1. *(Gründung)* establishment; *(e-s Bankkontos)* opening; 2. *tech* setting-up; 3. *(das Möblieren)* furnishing; *(das Ausstatten)* fitting-out; 4. *(Möbel)* furnishings *pl; (Ausstattung)* fittings *pl;* 5. *mus (Bearbeitung)* arrangement; *theat TV* adaptation; 6. *(Institution)* institution; *(staatlich, öffentlich: Verkehrsbetriebe, Bibliotheken etc)* facility; ▶ **kulturelle (öffentliche, soziale)** ~**en** cultural (public, social) facilities.

ein|rit·zen *tr* carve in (*in* -to).

ein|rol·len *tr refl* roll up.

ein|ro·sten ⟨sein⟩ *itr* 1. *(Rost ansetzen)* rust up; 2. *fig fam (Gelenke, Körper)* stiffen up.

ein|rücken (k·k) I *itr* ⟨sein⟩ *mil (einmarschieren)* march in (*in* -to); II *tr* ⟨h⟩ *typ (Zeile)* indent.

Eins [aɪns] ⟨-, -en⟩ *f* 1. *(Ziffer)* one; 2. *päd (Note „sehr gut")* A; 3. *(beim Würfeln)* one; ▶ **e-e** ~ **schreiben (würfeln)** get an A (throw a one).

eins [aɪns] *num one;* ▶ ~ **a** *fam (erstklassig)* A 1; **es läuft ja doch alles auf** ~ **hinaus** *(auf dasselbe)* it always comes to the same thing anyway; **(es steht)** ~ **zu** ~ **(zwei** *etc) sport* (the score is) one all (one-two *etc*).

ein|sacken¹ (k·k) ⟨h⟩ *tr* 1. *(in Säcke packen)* sack; 2. *fig fam (kassieren)* rake in.

ein|sacken² (k·k) ⟨sein⟩ *itr (versinken)* sink.

ein|sal·zen *irr tr* salt.

ein·sam ['aɪnzaːm] *adj* 1. *(Mensch)* lonely; *(einzeln)* solitary; 2. *(abgelegen)* secluded; *(Strand etc: leer)* empty; ▶ ~**e Spitze** *fam* absolutely great.

Ein·sam·keit *f* 1. *(von Mensch)* loneliness, solitariness; *(das Alleinsein)* solitude; 2. *(von Ort)* emptiness, seclusion.

ein|sam·meln *tr (Ernte)* gather (in); *(Geld)* collect (in).

Ein·satz *m* 1. *(eingesetztes Stück, Teil)* inset; *(Schubfach, Koffer~)* tray; 2. *(Spiel~)* stake; *com fin (Kapital~)* in-

vestment; 3. *mil (Aktion)* action; 4. *(Gebrauch, Anwendung)* use; *(von Arbeitskräften)* employment; 5. *(Engagement)* commitment *(für etw* to s.th.); 6. *mus* entry; *theat* entrance; ▶ **s-n** ~ **wieder herausbekommen** recover one's stake; **s-n** ~ **verpassen** *mus* miss one's entrance; **dem Orchester (den Streichern** *etc)* **den** ~ **geben** bring in the orchestra (the strings *etc*); **zum** ~ **kommen** *(verwendet werden)* be put to use; *(von Personal)* be employed; *mil (von Truppen)* go into action; **unter** ~ **aller Kräfte** *(mit größtem Kraftaufwand)* by summoning up all one's strength; **im** ~ in action; **unter** ~ **ihres Lebens** at the risk of her life; **ein·satz·be·reit** *adj* ready for use *(mil:* action); **Ein·satz·be·reit·schaft** *f* readiness for use *(mil:* action); **Ein·satz·mög·lich·keit** *f* range *(od* field) of application.

ein|schal·ten I *tr* 1. *(Maschinen, Licht)* switch on; *(Gerät)* turn on; 2. *(einschieben)* interpolate; 3. ▶ **jdn (bei etw)** ~ *fig* bring s.o. in (on s.th.); II *refl (sich einmischen)* intervene.

Ein·schalt·quo·te *f radio TV* audience rating; **Ein·schal·tung** *f* 1. *(das Anmachen)* switching *(od* turning) on; 2. *(Einschub)* interpolation; 3. *(von Personen, Institutionen)* bringing in.

ein|schär·fen *tr* impress *(jdm etw* s.th. (up) on s.o.).

ein|schät·zen I *tr* assess; ▶ **falsch** ~ *(beurteilen)* misjudge; II *refl* rate o.s.

ein|schen·ken *tr* pour (out); ▶ **jdm reinen Wein** ~ *fig* tell s.o. the (unvarnished) truth.

ein|schicken (k·k) *tr* send in.

ein|schie·ben *irr tr* 1. *(hin~)* put in (*in* -to); 2. *(dazwischenschieben)* interpolate; 3. *(einfügen)* insert, put in.

ein|schie·ßen *irr* I *tr* 1. *(mit Gewehr)* shoot in; *(mit Ball etc)* smash; 2. *typ (Zwischenblätter)* interleave; II *refl* 1. *mil (bei Schießübungen)* get one's eye in; 2. *fig:* ▶ **sich auf jdn** ~ line s.o. up for the kill.

ein|schif·fen I *tr* ship; II *refl* embark.

Ein·schif·fung *f* embarkation.

ein|schla·fen ⟨sein⟩ *irr itr* 1. fall asleep; 2. *(von Gliedern)* go to sleep; 3. *fig (allmählich aufhören)* peter out.

ein|schlä·fern ['aɪnʃlɛːfən] *tr* 1. *(schläfrig machen)* make sleepy; 2. *fig (einlullen)* lull; 3. *(Tiere töten)* put to sleep.

ein·schlä·fernd *adj* 1. *(narkotisierend)* soporific; 2. *fig (langweilig)* monotonous, soporific.

Ein·schlag *m* 1. *(am Kleid)* fold; *(von Gewebe)* weft, woof; 2. *(von Geschoß)* impact; *(von Blitz)* striking; 3. *(Zusatz, Charakterelement)* element; **ein|schlagen** *irr* I *tr* 1. *(Nagel etc)* drive in; 2. *(Scheibe, Tür etc)* smash; *(Zähne)* knock out; **3.** *(einwickeln)* wrap (up); **4.** *(Kleid, Stoff etc)* turn up; **5.** *mot (Lenkrad)* turn; **6.** *(Weg, Kurs, a. fig)* take; **II** *itr* **1.** *(Geschoß)* hit *(in etw* s.th.); *(Blitz)* strike *(in etw* s.th.); **2.** *fam:* **gut ~** *(gut ankommen)* be a big hit; **3.** *(prügeln)* hit out *(auf jdn, etw* at s.o., s.th.); ▶ **wie e-e Bombe ~** burst like a bombshell; **komm, schlag ein!** *fam* come on, let's shake (hands) on it!

ein·schlä·gig ['aɪnʃlɛːgɪç] *adj* **1.** *(geeignet)* appropriate; *(Literatur, Gesetzesvorschrift)* relevant; **2.** *jur:* ▶ **~ vorbestraft sein** have been previously convicted *(od* have a previous conviction) for a similar *Br* offence *(Am* offense).

ein|schlei·chen *irr refl a. fig* creep in *(in* -to).

ein|schlep·pen *tr fig (Krankheit)* bring in.

ein|schleu·sen *tr* smuggle in *(in, nach* -to).

ein|schlie·ßen *irr tr* **1.** *(in Zimmer etc)* lock up; **2.** *mil* encircle, surround; **3.** *fig* include; **ein·schließ·lich I** *prp* including, inclusive of; ▶ **~ Mehrwertsteuer** V.A.T. included; **II** *adv:* ▶ **von Mittwoch bis ~ Freitag** from Wednesday to Friday inclusive, *Am a.* from Wednesday thru Friday.

ein|schmei·cheln *refl* ingratiate o.s. *(bei jdm* with s.o.); **ein·schmei·chelnd** *adj (gewinnend)* winning; *(Musik)* enticing.

ein|schmie·ren *tr (einfetten)* grease; *(ölen)* oil; *mot* lubricate.

ein|schmug·geln *tr a. fig* smuggle in *(in* -to).

ein|schnap·pen ⟨sein⟩ *itr* **1.** *(Schloß, Tür)* click shut; **2.** *fig fam (beleidigt sein)* get peeved *(über* about, at).

ein|schnei·den *irr tr* **1.** *(Papier, Stoff)* cut; **2.** *(einkerben)* carve *(in* into); **ein·schnei·dend** *adj fig (drastisch)* drastic; *(weitreichend)* far-reaching.

Ein·schnitt *m* **1.** *(Schnitt)* cut; *med* incision; **2.** *(Spalte)* cleft; **3.** *fig (Wendepunkt)* decisive point.

ein|schnü·ren *tr* **1.** *(Taille)* lace in; *(einschneiden)* cut into; **2.** *(Paket)* tie up.

ein|schrän·ken ['aɪnʃrɛŋkən] **I** *tr (reduzieren)* reduce; *(begrenzen)* limit; *(Behauptung, Kritik)* qualify; ▶ **~d möchte ich sagen, daß ...** I should like to qualify this by saying that ...; **II** *refl (sparen)* economize; ▶ **sich finanziell ~** cut down on one's expenses.

Ein·schrän·kung *f* **1.** *(Reduzierung)* reduction; *(Begrenzung)* limitation; *(Vorbehalt)* qualification; **2.** *(das Einsparen)* economizing; *(Einsparung)* economy *(bei* in); ▶ **ohne ~** without reservations *pl;* **mit ~** in a qualified sense.

Ein·schrei·be·brief *m,* **Ein·schreiben** *n Br* registered *(Am* certified) letter.

ein|schrei·ben *irr* **I** *tr (eintragen)* enter; **II** *refl* **1.** *(an Universität)* register; **2.** *(in Verein)* enrol(l); ▶ **sich in ein Buch ~** enter one's name in a book; **e-n Brief ~ lassen** have a letter *Br* registered *(Am* certified).

Ein·schrei·bung *f* **1.** *(an Universität)* registration; **2.** *(in Verein)* enrol(l)ment.

ein|schrei·ten ⟨sein⟩ *irr itr (Maßnahmen ergreifen)* take action *(gegen* against); *(eingreifen)* intervene.

ein|schrump·fen ⟨sein⟩ *itr* shrink.

ein|schüch·tern *tr* intimidate.

Ein·schüch·te·rung *f* intimidation; **Ein·schüch·te·rungs·ver·such** *m* attempt at intimidation.

ein|schu·len *tr:* ▶ **eingeschult werden** start school; **Ein·schu·lung** *f* enrol(l)ment in elementary school.

Ein·schuß *m* **1.** *(Wunde)* bullet hole; **2.** *sport* shot into goal; **3.** *(beim Weben)* weft, woof.

ein|schwei·ßen *tr (in Plastik)* shrink-wrap; **Ein·schweiß·fo·lie** *f* shrink wrap.

ein|seg·nen *tr eccl* **1.** *(segnen)* consecrate; **2.** *(konfirmieren)* confirm.

ein|se·hen *irr* **I** *tr* **1.** *(Akten etc)* look at ...; **2.** *(begreifen)* see; **II** *itr* **1.** *(in Gelände)* see *(in etw* s.th.); **2.** *(in Akten)* look *(in* at).

ein|sei·fen *tr* **1.** *(mit Seife)* soap; **2.** *fig fam (hereinlegen)* con.

ein·sei·tig ['aɪnzaɪtɪç] *adj* **1.** *(von e-r Seite, a. fig)* one-sided; **2.** *(voreingenommen)* bias(s)ed; **3.** *(Nahrung)* unbalanced; **4.** *jur pol* unilateral; **Ein·sei·tig·keit** *f* **1.** *(Beschränktheit)* onesidedness; **2.** *(Voreingenommenheit)* bias(s)edness *(gegenüber* towards); **3.** *(Unausgewogenheit)* imbalance.

ein|sen·den *irr tr* send in.

Ein·sen·der(in) *m (f)* **1.** *(von Post)* sender; **2.** *(von Preisausschreiben)* competitor; **Ein·sen·dung** *f* sending in.

ein·setz·bar *adj* applicable, usable.

ein|set·zen **I** *tr* **1.** *(hin~, einfügen)* put *od* fit in *(in* -to); **2.** *(Geld beim Spiel)* stake; **3.** *(zum Einsatz bringen, gebrauchen)* use; *mil (Truppen etc)* bring into action; **4.** *(ernennen)* appoint *(jdn als etw* s.o. s.th., *jdn in etw* s.o. to s.th.); ▶ **sein Leben ~** risk one's life; **II** *itr (anfangen)* start; **III** *refl* **1.** *(sich engagieren)* commit o.s. *(für etw* to s.th.); **2.** *(sich verwenden)* give one's support *(für jdn* to s.o.).

Ein·set·zung *f (Ernennung)* appointment *(als, zu* to).

Ein·sicht ⟨-, -en⟩ *f* **1.** *(Erkenntnis)* insight; *(Verständnis)* understanding; *(Vernunft)* reason; **2.** *(in Akten, Bücher etc)* look *(in* at); ▶ **ich bin zu der ~ gelangt, daß ...** I have come to the conclusion that ...; **jdm ~ in etw gewähren** allow s.o. to look at s.th.; **~ nehmen in etw** take a look at s.th.; **ein·sich·tig** adj 1. (vernünftig) reasonable; (verständnisvoll) understanding; 2. (begreiflich) understandable.

Ein·sicht·nah·me ['aɪnzɪçtnaːmə] f (in Akten etc) perusal; ► **zur ~** (Aufschrift auf Aktenstücken) for attention.

ein|sickern (k·k) ⟨sein⟩ itr (in den Boden etc) seep in (in -to).

Ein·sied·ler(in) m (f) hermit.

ein·sil·big ['aɪnzɪlbɪç] adj 1. gram monosyllabic; 2. fig (schweigsam) uncommunicative; (kurz, lakonisch) monosyllabic.

ein|sin·ken ⟨sein⟩ irr itr 1. (in Sumpf etc) sink in (in -to); 2. (von Boden) subside.

ein|span·nen tr 1. (in Rahmen) fit in (in -to); (in Schraubstock) clamp in (in -to); (in Schreibmaschine) insert (in in(to)); 2. (Pferde) harness; 3. fig fam (heranziehen zu Arbeiten etc) rope in (für etw to s.th., etw zu tun to do s.th.).

ein|spa·ren tr 1. (sparen) save; 2. (reduzieren) reduce.

Ein·spa·rung f economy (bei, in in).

ein|spei·sen tr el feed in (in -to); (Daten, Programm) enter.

ein|sper·ren tr 1. (in Zimmer etc) lock in (in -to); 2. fam (ins Gefängnis) put away.

ein|spie·len I tr 1. theat film (Geld) bring in; 2. mus (auf Band od Schallplatte) record; **II** refl 1. sport (warm werden) warm up; 2. (nach e-r Anlaufzeit funktionieren) work out; ► **das wird sich schon noch ~** that will work out (come out) all right in the end.

ein|sprin·gen ⟨sein⟩ irr itr (helfen) stand in (für jdn for s.o.).

ein|sprit·zen tr mot med inject (etw s.th., jdm etw s.o. with s.th.).

Ein·sprit·zer, Ein·spritz·mo·tor m mot fuel-injection engine; **Ein·spritz·pum·pe** f mot fuel injection.

Ein·spruch m a. jur objection; ► **gegen etw ~ erheben** allg object to s.th.; jur file an objection to s.th.; **(ich erhebe) ~!** — **(~) abgelehnt!** jur (vor Gericht) objection! — (objection) overruled! **(dem ~ wird) stattgegeben!** (objection) sustained! **Ein·spruchs·recht** n veto.

ein·spu·rig ['aɪnʃpuːrɪç] adj rail single-track; mot single-lane.

einst(mals) [aɪn(t)st, '-maːls] adv 1. (früher) once; 2. (künftig) some day.

ein|stampf·fen tr (Bücher, Papier) pulp.

Ein·stand m (Anfang) start; ► **s-n ~ geben** celebrate starting one's new job.

Ein·stands·preis m com cost price.

ein|stecken (k·k) tr 1. (hin~) put in (in to); 2. (in Tasche, a. fig: Profite, Kritik, Beleidigung) pocket; ► **hast du dein Feuerzeug eingesteckt?** have you got your lighter with you?

ein|ste·hen ⟨sein⟩ irr itr 1. (Verantwortung übernehmen) answer (für etw for s.th.); 2. (Schaden ersetzen) make good (für etw s.th.); 3. (bürgen) vouch (für jdn, etw for s.o., s.th.).

Ein·stei·ge·kar·te f aero boarding pass (od card).

ein|stei·gen ⟨sein⟩ irr itr 1. (hineingehen) get in (in -to); (in Zug, Bus etc) get on (in -to); 2. fam (in Geschäft, Politik etc) go in (in etw -to s.th., bei jdm with s.o.); 3. sport sl: ► **hart ~** go in hard; **~!** interj rail all aboard! **alles ~!** fam everybody pile in!

Ein·steig·öff·nung f manhole.

ein·stell·bar adj adjustable.

ein|stel·len I tr 1. (beenden) stop; (zeitweilig) suspend; mil (Feuer, Kämpfe etc) cease; 2. (Arbeiter) hire; (Angestellte) take on staff; 3. tech (Geräte etc) adjust (auf to); radio TV (Sender) tune in to ...; (Gerät) tune; phot (Brennpunkt) focus (auf on); ► **e-n Rekord ~** fig beat a record; **II** refl 1. (erscheinen, kommen) appear; 2. (sich bereit machen od halten) prepare o.s. (auf for); 3. (sich anpassen) adapt o.s. (auf to).

ein·stel·lig adj math single-digit.

Ein·stel·lung f 1. (Haltung, Ansicht) attitude; rel pol (Gesinnung) views pl; 2. (von Arbeitskräften) employment; 3. tech (von Geräten) adjustment; radio TV tuning (auf in to); phot focus(s)ing; 4. (Beendigung) stopping; (zeitweilig) suspension; **Ein·stel·lungs·stopp** m job freeze.

ein|stu·fen tr classify; ► **in e-e Kategorie ~** put into a category.

Ein·stu·fung f classification.

ein·stün·dig ['aɪnʃtʏndɪç] adj one-hour; ► **nach ~em Aufenthalt** after an hour's wait, after a one-hour wait.

ein|stür·men ⟨sein⟩ itr: ► **auf jdn ~** (a. fig: mit Fragen etc) assail s.o. (mit with).

Ein·sturz ⟨-es⟩ m collapse; geol min caving-in.

ein|stür·zen ⟨sein⟩ itr (zusammenfallen) collapse; (Decke, Boden, Stollen) cave in; ► **auf jdn ~** fig (ihn überwältigen) overwhelm s.o.

einst·wei·len ['aɪnst'vaɪlən] adv 1. (in der Zwischenzeit) in the meantime; 2. (vorübergehend) temporarily.

einst·wei·lig ['aɪnst'vaɪlɪç] adj temporary; jur interim; ► **~e Verfügung** jur interim injunction (order).

ein·tä·gig ['aɪntɛːgɪç] adj (e-n Tag dauernd) one-day attr.

Ein·tags·flie·ge f 1. zoo mayfly; 2. fig fam nine days' wonder.

ein|ta·sten tr tele EDV key in.

ein|tau·chen I tr ⟨h⟩ 1. (eintunken) dip

in (in -to); **2.** (untertauchen, versenken) immerse (in to); **II** itr ⟨sein⟩ dive.

ein|tau·schen tr exchange; fam swap (für, gegen for); (Geld) change.

ein|tei·len tr **1.** (aufteilen) divide (in into); (in Grade) graduate; **2.** (organisieren) organize; fin (Mittel) budget; **3.** (für bestimmte Aufgabe etc) detail (zu, für for, etw zu tun to do s.th.).

Ein·tei·ler m (einteiliger Badeanzug) one-piece; **ein·tei·lig** adj (attributiv) one-piece; (prädikativ) of one piece.

Ein·tei·lung f **1.** (Aufteilung) division, (Grad~) gradation; **2.** (Organisation) organization; fin (Budgetierung) budgeting; **3.** (für bestimmte Aufgabe etc) detailment.

ein·tö·nig ['aɪntøːnɪç] adj monotonous.

Ein·tö·nig·keit f monotony.

Ein·topf(·ge·richt) m (n) stew.

Ein·tracht ['aɪntraxt] ⟨-⟩ f harmony.

ein·träch·tig ['aɪntrɛçtɪç] adj peaceable.

Ein·trag ['aɪntraːk, pl 'aɪntrɛːgə] ⟨-(e)s, ⁓e⟩ m (in Buch) entry (in in); **ein|tra·gen** irr **I** tr **1.** (in Liste, Buch etc) enter; (registrieren) register; **2.** (einbringen) bring (jdm etw s.o. s.th.); **II** refl put one's name down.

ein·träg·lich ['aɪntrɛːklɪç] adj lucrative, profitable.

Ein·tra·gung f entry.

ein|träu·feln tr: ▶ jdm etw ~ (Medizin etc) give s.o. s.th. by drops; **jdm Medizin ins Ohr** ~ put some drops of medicine in someone's ear.

ein|tref·fen irr itr **1.** (ankommen) arrive; **2.** fig (sich bestätigen, verwirklichen) come true.

ein|trei·ben irr tr (Geldsummen) collect; (Schulden) recover.

ein|tre·ten irr **I** tr ⟨h⟩ (Tür) kick in; **II** itr ⟨sein⟩ **1.** (betreten) enter (in etw s.th.); **2.** (beitreten) join (in etw s.th.); **3.** ▶ für jdn (etw) ~ stand for s.o. (s.th.); **4.** (einsetzen, beginnen) set in; **5.** (geschehen) happen, occur; ▶ **treten Sie bitte ein!** do come in (, please)! **in Verhandlungen** ~ fig enter into negotiations; **wann wird Spacelab in s-e Umlaufbahn** ~? when will Spacelab go into its orbit? **sollte der Fall** ~, **daß ...** should it happen, that ...; **sollte dies(er Fall)** ~ ... should this happen (this case occur) ...

ein|trich·tern tr fam: ▶ jdm etw ~ drum s.th. into s.o.; **jdm** ~, **daß ...** drum it into s.o. that ...

Ein·tritt m **1.** (das Betreten, a. Berufs~) entry (in (in)to); **2.** (Beitritt) joining (in of); **3.** (Zutritt) admittance; **4.** (~sgeld) admission (in to); **5.** (Beginn) onset.

Ein·tritts·geld n charge for admission; **Ein·tritts·kar·te** f ticket.

ein|trock·nen ⟨sein⟩ itr dry up.

ein|tun·ken tr dip in (in -to).

ein|üben tr practise; theat (proben) rehearse.

ein|ver·lei·ben ['aɪnfɛɐlaɪbən] tr incorporate (etw e-r Sache s.th. into s.th.); pol (annektieren) annex (etw e-r Sache s.th. to s.th.); ▶ **sich etw** ~ pol (ein Land etc) annex s.th.; (Nahrung, Wissen) assimilate s.th.

Ein·ver·neh·men ['aɪnfɛɐneːmən] n **1.** (Übereinstimmung) agreement; **2.** (Harmonie) harmony; ▶ **in gutem** ~ **leben** live in perfect harmony; **im** ~ **mit** jdm in agreement with s.o.

ein·ver·stan·den ['aɪnfɛɐʃtandən] adj: ▶ **mit jdm (etw)** ~ **sein** agree with s.o. (to s.th.); **~!** interj agreed!

Ein·ver·ständ·nis n **1.** (Zustimmung) consent; jur (mit etw Strafbarem) connivance (mit, bei at); **2.** (Übereinstimmung) agreement; ▶ **in gegenseitigem** ~ by mutual consent; **sein** ~ **mit etw erklären** give one's agreement od consent to s.th.

Ein·wand ['aɪnvant, pl 'aɪnvɛndə] ⟨-(e)s, ⁓e⟩ m objection; ▶ **e-n** ~ **erheben** raise an objection.

Ein·wan·de·rer, (Ein·wan·de·rin) m (f) immigrant.

ein|wan·dern ⟨sein⟩ itr immigrate (nach, in to).

Ein·wan·de·rung f immigration.

ein·wand·frei adj **1.** (fehlerfrei) perfect; **2.** (unanfechtbar, unbestreitbar) indisputable.

ein·wärts ['aɪnvɛrts] adv inwards.

Ein·weg·er·zeug·nis n one-way (od throw-away) product; **Ein·weg·fla·sche** f non-returnable (od one-way) bottle.

ein|wei·chen tr soak, steep.

ein|wei·hen tr **1.** (eröffnen) inaugurate; **2.** ▶ **jdn in etw** ~ initiate s.o. into s.th.; **eingeweiht sein** be in the know; **Ein·wei·hung** f (Eröffnungsfeier) inauguration.

ein|wei·sen irr tr **1.**: ▶ **jdn (in s-e Arbeit)** ~ introduce s.o. to his (od her) job; **2.** (in Krankenhaus, geschlossene Anstalt etc) admit (in to); ▶ **jdn ins Krankenhaus** ~ Br admit s.o. to hospital, Am hospitalize s.o.

ein|wen·den irr tr object (gegen to).

Ein·wen·dung f objection.

ein|wer·fen irr **I** tr **1.** (Scheiben) break; **2.** (Brief) Br post, Am mail; **3.** sport (Ball) throw in; **4.** fig (Bemerkung) throw in (in to); **II** itr **1.** sport (Einwurf ausführen) throw in; **2.** (einwenden) object.

ein|wickeln (k·k) tr **1.** wrap up; **2.** fig fam (hereinlegen) take in.

ein|wil·li·gen ['aɪnvɪlɪgən] itr agree, consent (in to).

Ein·wil·li·gung f agreement, consent.

ein|wir·ken itr **1.** (Wirkung zeigen) have

an effect (*auf* on); **2.** *med* work in; ▶ **etw ~ lassen** let s.th. work in; **auf jdn ~** influence s.o.
Ein·wir·kung *f* **1.** (*Wirkung*) effect; **2.** (*Einfluß*) influence.
Ein·woh·ner(in) *m* (*f*) inhabitant; **Ein·woh·ner·mel·de·amt** ['---'---] *n* registration office; **Ein·woh·ner·schaft** *f* population, inhabitants *pl.*
Ein·wurf *m* **1.** (*Öffnung, Münz~*) slot; (*Briefkastenschlitz*) slit; **2.** *fig* (*Einwand*) objection; **3.** *fig* (*Gesprächs~, Bemerkung*) interjection; **4.** *sport* throw-in.
Ein·zahl *f gram* singular.
ein|zah·len *tr* pay in (*auf ein Konto* -to an account).
Ein·zah·lung *f* deposit.
ein|zäu·nen ['aɪntʃɔɪnən] *tr* fence in.
Ein·zel·bett *n* single bed.
Ein·zel·blatt·ein·zug *m tech* (*von Drucker*) cut-sheet feed.
Ein·zel·fahr·schein *m* ticket (for one journey).
Ein·zel·fall *m* **1.** (*der einzelne Fall*) individual case; **2.** (*der spezielle Fall, Ausnahme*) isolated case.
Ein·zel·gän·ger(in) ['aɪntsəlgɛŋə] *m* (*f*) loner.
Ein·zel·haft *f* (*Gefängnis*) solitary confinement.
Ein·zel·han·del *m* retail trade.
Ein·zel·händ·ler *m* retailer.
Ein·zel·heit *f* detail; ▶ **in allen ~en** in great detail *sing;* **auf ~en eingehen** go into details; **bis in die kleinsten ~en** right down to the last detail *sing.*
Ein·zel·kind *n* only child.
ein·zel·lig ['aɪntsɛlɪç] *adj zoo* monocellular, unicellular.
ein·zeln ['aɪntsəln] *adj* **1.** (*individuell*) individual; **2.** ((*ab*)*getrennt*) separate; **3.** *pl:* ▶ **~e** (*einige, wenige*) some; **4.** ▶ **der (die) ~e** the individual; **5.** ▶ **das ~e** (*nicht das Allgemeine*) the particular; **~ (herein)kommen** come (in) separately; **im ~en aufführen** list in detail; **~ aufführen** list separately; **jeder ~e** each and every one; **ein ~er Handschuh** an odd glove.
Ein·zel·per·son *f* individual.
Ein·zel·rad·auf·hän·gung *f mot* independent suspension.
Ein·zel·teil *n* **1.** (*Bestandteil*) component (part); **2.** (*einzelnes Teil*) separate part.
Ein·zel·zim·mer *n* (*im Hotel*) single room.
ein|zie·hen *irr* **I** *tr* ⟨h⟩ **1.** (*zurückziehen, a. aero: Fahrgestell*) retract; (*Bauch*) draw in; (*Segel, Flagge*) lower; **2.** (*Gebühren, Steuern, Miete etc*) collect (*bei, von* from); **3.** (*aus dem Verkehr ziehen: Geldscheine, Münzen, a. Führerschein*) withdraw; (*konfiszieren*) confiscate; **4.**

mil (*Wehrpflichtige*) *Br* call up, *Am* draft; **5.** (*einsaugen*) suck in; **6.** (*einbauen: Wand, Kabel etc*) put in; ▶ **Erkundigungen über jdn (etw) ~** make inquiries about s.o. (s.th.); **den Kopf ~** duck one's head; **den Schwanz ~** *a. fig sl* put one's tail between one's legs; **II** *itr* ⟨sein⟩ **1.** (*in Wohnung*) move in (*in* -to, *bei* with); **2.** (*Ruhe u. Ordnung etc*) come (*in etw, bei jdm* to s.th., to s.o.); **3.** (*Substanz*) soak in (*in* -to); ▶ **ins Parlament ~** take up one's seat (in Parliament); **lassen Sie die Farbe erst einmal ~!** leave the colour to soak in first!
ein·zig ['aɪntsɪç] **I** *adj* **1.** (*nur*) only, sole; **2.** *pred* (*ohnegleichen*) unique; **II** *adv:* ▶ **~ und allein** simply and solely.
ein·zig·ar·tig *adj* unique.
ein|zuckern (**k·k**) *tr* sugar.
Ein·zug *m* **1.** (*in Wohnung*) move, moving in; **2.** (*Kassieren von Geld*) collection; **Ein·zugs·be·reich** *m* **1.** *allg* catchment area; **2.** (*e-r Großstadt*) commuter belt; **Ein·zugs·ver·fah·ren** *n fin* direct debit.
Eis [aɪs] ⟨-es⟩ *n* **1.** (*gefrorenes Wasser*) ice; **2.** (*Speise~*) ice-cream; ▶ **zu ~ werden** turn to ice; **auf ~ legen** *fig* put into cold storage; **Eis·bahn** *f* icerink; **Eis·bär** *m* polar bear; **Eis·be·cher** *m* (*Speise*) sundae; **Eis·bein** *n* (*Speise*) knuckle of pork; **Eis·berg** *m* iceberg; **Eis·beu·tel** *m* ice-pack; **Eis·bre·cher** *m* **1.** (*Schiff*) icebreaker; **2.** (*an Brükken*) ice-guard; **Eis·creme** *f* ice-cream; **Eis·decke** (**k·k**) *f* sheet of ice; **Eis·die·le** *f* ice-cream parlour.
Ei·sen ['aɪzən] ⟨-s⟩ *n* iron; ▶ **das gehört zum alten ~** *fig* that's ready for the scrap heap; **noch ein ~ im Feuer haben** *fig* have another iron in the fire; **ein heißes ~ sein** *fig* be a hot potato.
Ei·sen·bahn *f* (*s.* Bahn) *Br* railway, *Am* railroad; ▶ **mit der ~ fahren** travel by rail (*od* train); **es ist höchste ~** *fam* it's high time; **Ei·sen·bah·ner** *m Br* railwayman, *Am* railroader; **Ei·sen·bah·ner·ge·werk·schaft** *f Br* railway union, *Am* railroad brotherhood; **Ei·sen·bahn·fäh·re** *f* train ferry; **Ei·sen·bahn·kno·ten·punkt** *m* railway junction; **Ei·sen·bahn·netz** *n Br* railway (*Am* railroad) network; **Ei·sen·bahn·über·füh·rung** *f* **1.** (*für Kfz*) *Br* railway (*Am* railroad) over-pass; **2.** (*für Fußgänger*) footbridge; **Ei·sen·bahn·un·glück** *n* railway accident; **Ei·sen·bahn·un·ter·füh·rung** *f Br* railway (*Am* railroad) underpass; **Ei·sen·bahn·wa·gen** *m Br* railway carriage, *Am* railroad car; (*Güterwagen*) goods wagon.
Ei·sen·blech *n* sheet iron; **Ei·sen·erz** *n* iron ore; **Ei·sen·git·ter** *n* iron bars *pl.*

ei·sen·hal·tig ['aɪzənhaltɪç] *adj* ferruginous; ▶ **das Wasser ist** ~ the water contains iron.
Ei·sen·hand·lung *f Br* ironmonger's, *Am* hardware store; **Ei·sen·hüt·te** *f* steel mill, ironworks *pl;* **Ei·sen·mangel** *m med* iron deficiency; **Ei·senstan·ge** *f* iron bar.
ei·sern ['aɪzen] *adj* 1. *(aus Eisen)* iron; 2. *fig (unbeugsam)* inflexible, iron; ▶ **aber** ~! *fam* absolutely! ~ **trainieren** train resolutely; ~e **Gesundheit** iron constitution.
eis·frei *adj* ice-free; **eis·ge·kühlt** *adj* chilled; **Eis·glät·te** *f (auf Fahrbahn)* black ice; **Eis·hockey (k·k)** *n Br* ice hockey, *Am* hockey.
ei·sig ['aɪzɪç] *adj* icy.
Eis·kaf·fee *m* iced coffee.
eis·kalt ['-'-] I *adj* 1. *allg* icy-cold; 2. *fig (kaltblütig)* cold-blooded; II *adv fig fam (unverschämterweise)* as cold as you please; ▶ **aber** ~! *fig fam (aber bestimmt)* no problem!
Eis·kri·stall *m* ice crystal; **Eis·kunstlauf** *m* figure skating; **Eis·lau·fen** *n* ice skating; **Eis·läu·fer(in)** *m (f)* ice-skater; **Eis·schol·le** *f* ice floe; **Eisver·käu·fer** *m* ice-cream man; **Eiswür·fel** *m* ice cube; **Eis·zap·fen** *m* icicle; **Eis·zeit** *f* Ice Age.
ei·tel ['aɪtəl] *adj* vain; *(eingebildet)* conceited; ▶ **sie ist** ~ she's vain about her appearance; **Ei·tel·keit** *f* vanity.
Ei·ter ['aɪte] ⟨-s⟩ *m* pus; **ei·te·rig** *adj (voll von Eiter)* purulent; *(eiternd)* festering; **ei·tern** *itr* fester, suppurate.
Ei·weiß *n* 1. egg-white; 2. *chem* protein; **ei·weiß·reich** *adj* rich in proteins.
Ei·zel·le *f biol* eggcell, ovum.
eja·ku·lie·ren [ejaku'li:rən] *itr* ejaculate.
Ekel[1] ['e:kəl] ⟨-s⟩ *m* disgust; ▶ **vor etw e-n** ~ **haben** have a loathing of s.th.
Ekel[2] ⟨-s, -⟩ *n (Person)* revolting person, *fam* creep.
ekel·haft (eke·lig) *adj* disgusting, revolting.
ekeln I *itr:* ▶ **mich ekelt vor** ...... fills me with revulsion; II *refl:* ▶ **sie ekelt sich vor** ... she finds ... disgusting *(od* revolting).
Ek·sta·se [ɛk'sta:zə] ⟨-, -n⟩ *f* ecstasy; ▶ **in** ~ **geraten** go into ecstasies *pl.*
Ek·zem [ɛk'tse:m] ⟨-s, -e⟩ *n med* eczema.
ela·stisch [e'lastɪʃ] *adj* elastic.
Ela·sti·zi·tät *f* elasticity; *(Flexibilität)* flexibility.
Elch [ɛlç] ⟨-(e)s, -e⟩ *m* elk.
Ele·fant [ele'fant] ⟨-en, -en⟩ *m* elephant.
ele·gant [ele'gant] *adj* elegant.
Ele·ganz *f* elegance.
elek·tri·fi·zie·ren [elɛktrifi'tsi:rən] *tr* electrify.

Elek·tri·fi·zie·rung *f* electrification.
Elek·tri·ker [e'lɛktrike] *m* electrician.
elek·trisch [e'lɛktrɪʃ] *adj* electric; ▶ ~e **Geräte** electrical appliances; ~er **Schlag** electric shock.
elek·tri·sie·ren [elɛktri'zi:rən] *tr a. fig* electrify; ▶ **sie stand wie elektrisiert** she was standing there as if electrified.
Elek·tri·zi·tät *f* electricity. **Elek·tri·zi·täts·ge·sell·schaft** *f* electric power company. **Elek·tri·zi·täts·werk** *n (Kraftwerk)* power station.
Elek·tro·an·trieb [e'lɛktro-] *m* electric drive; **Elek·tro·au·to** *n* electric car.
Elek·tro·de [elɛk'tro:də] ⟨-, -n⟩ *f* electrode.
Elek·tro·fil·ter *m tech (Industrieabgas-u. Staubfilter)* electrostatic filter; **Elektro·herd** *m* electric cooker; **Elektro·in·du·strie** *f* electrical industry; **Elektro·in·ge·nieur** *m* electrical engineer; **Elek·tro·kar·dio·gramm** [-'-----'-] *n med* electrocardiogram; **Elek·trolok(o·mo·ti·ve)** *f* electric locomotive; **Elek·tro·ly·se** [elɛktro'ly:zə] ⟨-, -n⟩ *f* electrolysis; **Elek·tro·ma·gnet** *m* electromagnet; **elek·tro·ma·gnetisch** [-'----'--] *adj* electromagnetic.
Elek·tro·mo·tor *m* electric motor.
Elek·tro·nen [elɛk'tro:nən] *n pl* electrons; **Elek·tro·nen·blitz** *m phot* electronic flash; **Elek·tro·nen·hirn** *n* electronic brain; **Elek·tro·nen·mi·kroskop** *n* electron microscope; **Elek·tro·nen·rech·ner** *m* electronic computer; **Elek·tro·nen·rö·hre** *f Br* valve, *Am* electron tube.
Elek·tro·nik [elɛk'tro:nɪk] *f* electronics; **Elek·tro·nik·in·du·strie** *f* electronics industrie.
elek·tro·nisch *adj* electronic; ▶ ~e **Datenverarbeitung** electronic data processing.
Elek·tro·ra·sen·mä·her *m* electric lawn mower; **Elek·tro·ra·sie·rer** *m* electric shaver; **Elek·tro·schock** *m* electric shock; **Elek·tro·schock·be·hand·lung** *f* electric shock treatment; **Elek·tro·tech·nik** *f* electrical engineering; **Elek·tro·tech·ni·ker** *m* electrical engineer.
Ele·ment [ele'mɛnt] ⟨-(e)s, -e⟩ *n* 1. *(Grundstoff)* element; 2. *el (Batteriezelle)* cell; ▶ **in s-m** ~ **sein** be in one's element.
ele·men·tar [elemɛn'ta:ɐ] *adj* 1. *(grundlegend)* elementary; 2. *(heftig)* elemental; ▶ ~e **Bedürfnisse** elementary *(od* primary) needs.
Ele·men·tar·teil·chen *n phys* elementary particle.
Elend ['e:lɛnt] ⟨-(e)s⟩ *n* 1. *(Unglück)* distress, misery; 2. *(Armut)* poverty; ▶ **das** ~ **des Krieges** the misery caused by war; **es ist wirklich ein** ~ **mit dir!**

fam you really make me want to weep!
elend *adj* 1. *(krank, übel)* awful, ill; 2.
(niederträchtig) wretched; 3. *fam (ge-waltig)* dreadful; ▶ **mir ist ~ (zumute)** I
feel really awful; **e-e ~e Hitze heute!**
fam dreadfully hot today!
Elends·vier·tel *n* slums *pl.*
elf [ɛlf] *adj* eleven.
El·fe ['ɛlfə] ⟨-, -n⟩ *f* elf, fairy.
El·fen·bein ['ɛlfənbaɪn] ⟨-(e)s⟩ *n* ivory;
▶ **aus ~** ivory.
el·fen·bein·far·ben *adj* ivory-col-
oured.
El·fen·bein·kü·ste *f geog* Ivory Coast.
El·fen·bein·turm *m fig:* ▶ **in seinem ~**
sitzen sit in one's ivory tower.
Elf·me·ter [ɛlf'me:tɐ] ⟨-s, -⟩ *m* penalty
kick; ▶ **e-n ~ schießen** take a penalty;
Elf·me·ter·mar·ke *f* penalty spot.
elf·te *adj* eleventh.
Elf·tel ['ɛlftəl] ⟨-s, -⟩ *n* eleventh part.
eli·mi·nie·ren [elimi'ni:rən] *tr* eliminate.
Eli·sa·beth [e'li:zabɛt] ⟨-⟩ *f* Elizabeth.
eli·sa·be·tha·nisch *adj* Elizabethan;
▶ **das ~e Zeitalter** the Elizabethan
age.
eli·tär *adj* elite; ▶ **ein ~er Zirkel** an
elite circle.
Eli·te [e'li:tə] ⟨-, -n⟩ *f* elite.
Eli·te·ein·heit *f mil* crack troops *pl.*
Eli·xier [eli'ksi:ɐ] ⟨-s, -e⟩ *n* elixir.
Ell·bo·gen ['ɛlbo:gən] ⟨-s, -⟩ *m* elbow;
Ell·bo·gen·ge·sell·schaft *f pej* dog-
eat-dog society.
El·le ['ɛlə] ⟨-, -n⟩ *f* 1. *(Maß)* cubit; 2. *anat*
ulna.
El·lip·se [ɛ'lɪpsə] ⟨-, -n⟩ *f math* ellipse.
el·lip·tisch *adj* elliptical.
El·saß ['ɛlzas] ⟨-⟩ *n* Alsace; **El·saß-**
Loth·rin·gen *n* Alsace-Lorraine; **El-**
säs·ser(in) ['ɛlzɛsɐ] *m (f)* Alsatian; **el-**
säs·sisch ['ɛlzɛsɪʃ] *adj* Alsatian.
El·ster ['ɛlstɐ] ⟨-, -n⟩ *f* magpie; ▶ **e-e**
diebische ~ sein *fig* be a thieving mag-
pie.
el·ter·lich ['ɛltɐlɪç] *adj* parental.
El·tern ['ɛltɐn] *pl* parents; **El·tern-**
abend *m päd* parents' evening; **El-**
tern·haus *n* (parental) home; **El·tern-**
lie·be *f* parental love; **el·tern·los** *adj*
parentless; **El·tern·sprech·tag** *m päd*
open day.
Email(·le) [e'ma:j/e'maɪ(l)] ⟨-, -n⟩ *n (f)*
enamel; **Email·le·schicht** *f* enamel
coating.
email·lie·ren [ema'(l)ji:rən] *tr* enamel.
Eman·ze [e'mantsə] ⟨-, -n⟩ *f fam pej*
women's libber.
Eman·zi·pa·tion [emantsipa'tsjo:n] *f*
emancipation.
eman·zi·pie·ren I *tr* emancipate; II *refl*
emancipate o.s.
Em·bar·go [ɛm'bargo] ⟨-s, -s⟩ *n* em-
bargo.
Em·bryo ['ɛmbryo] ⟨-s, -s⟩ *m* embryo.

Emi·grant(in) [emi'grant] ⟨-en, -en⟩ *m*
(f) emigrant; **Emi·gra·tion** *f* emigra-
tion.
emi·grie·ren ⟨sein⟩ *itr* emigrate.
Emis·si·on [emɪ'sjo:n] *f* 1. *phys*
emission; 2. *fin (Ausgabe)* issue.
Emp·fang [ɛm'pfaŋ, *pl* ɛm'pfɛŋə] ⟨-(e)s,
-̈e⟩ *m* 1. *(von Personen)* reception; 2.
(von Sachen) receipt; ▶ **bei ~** on re-
ceipt; *(von Waren)* on delivery; **in ~**
nehmen receive; **den ~ bestätigen von**
... acknowledge receipt of ...; **nach ~**
after receipt; **e-n ~ geben** give a recep-
tion.
emp·fan·gen *irr tr allg* receive.
Emp·fän·ger(in) [ɛm'pfɛŋɐ] *m (f)* 1.
(von Brief) addressee; *(von Waren)*
consignee; 2. *radio (Apparat)* receiver;
▶ **~ unbekannt** not known at this ad-
dress.
emp·fäng·lich *adj* susceptible *(für* to).
Emp·fäng·nis *f* conception; **emp-**
fäng·nis·ver·hü·tend *adj* contracep-
tive; ▶ **~es Mittel** contraceptive;
Emp·fäng·nis·ver·hü·tung *f* contra-
ception.
Emp·fangs·be·schei·ni·gung (Emp-
fangs·be·stä·ti·gung) *f com* (ac-
knowledgement of) receipt; **Emp-**
fangs·chef(in) *m (f)* head porter;
Emp·fangs·da·me *f* receptionist;
Emp·fangs·zim·mer *n* reception
room.
emp·feh·len [ɛm'pfe:lən] *irr* I *tr* recom-
mend; ▶ **jdm etw ~** recommend s.th. to
s.o.; **es ist nicht zu ~** it's not to be
recommended; II *refl* 1. *(sich anbieten)*
recommend itself; 2. *(sich verabschie-*
den) *obs* take one's leave; ▶ **ob sich**
das empfiehlt? I wonder whether it's
advisable; **sich auf französisch ~** *fig*
fam obs take French leave; **emp·feh-**
lens·wert *adj* recommendable.
Emp·feh·lung *f* 1. *allg* recommenda-
tion; 2. *(Referenz)* reference; ▶ **auf ~**
von ... on the recommendation of ...
Emp·feh·lungs·schrei·ben *n* letter of
recommendation, testimonial.
emp·fin·den [ɛm'pfɪndən] *irr tr (füh-*
len) feel; ▶ **das empfinde ich nicht so**
I feel differently about it; **~ Sie das**
auch so? do you feel the same way?
emp·find·lich [ɛm'pfɪntlɪç] *adj* 1. *(emp-*
findungsvoll) sensitive; 2. *(leicht ver-*
letzt) touchy; *(reizbar)* irritable; 3.
(schmerzlich) grievous; ▶ **~e Kälte** se-
vere cold; **er ist ~ gegen solche Bemer-**
kungen he's sensitive about comments
like that; **Emp·find·lich·keit** *f* 1.
(Empfindungsfähigkeit) sensitiveness;
2. *(Verletzbarkeit)* touchiness.
emp·find·sam [ɛm'pfɪntza:m] *adj* sen-
sitive; **Emp·find·sam·keit** *f* sen-
timentality.
Emp·fin·dung *f (Gefühl)* feeling.

Emp·fin·dungs·ver·mö·gen *n* sensibility.

em·por [ɛm'po:ɐ] *adv* upwards; **em·por|ar·bei·ten** *refl* work one's way up.

em·pö·ren [ɛm'pø:rən] **I** *tr (aufbringen)* outrage; **II** *refl* **1.** *(aufgebracht werden)* be indignant *(über* at); **2.** *(rebellieren)* rebel.

em·pö·rend *adj* scandalous.

Em·por·kömm·ling [ɛm'po:ɐkœmlɪŋ] *m pej* upstart.

em·por|ra·gen *itr* tower *(über* above).

em·pört *adj* ındıgnant *(uber* at).

Em·pö·rung [ɛm'pø:rʊŋ] *f (Entrüstung)* indignation *(über* at).

em·sig ['ɛmzıç] *adj* **1.** *(geschäftig)* busy; *(fleißig)* industrious; *(eifrig)* eager; **2.** *(unermüdlich)* assiduous.

End- ['ɛnt-] *(in Zss.)* final; **End·ab·neh·mer** *m com* ultimate buyer; **End·bahn·hof** *m* terminus.

En·de ['ɛndə] ⟨-s, -n⟩ *n* **1.** *(räumlich, zeitlich)* end; **2.** *(kleines Stück)* piece; **3.** *(Resultat)* result; **4.** *(Ausgang)* ending; ▶ **von ~ zu ~ zum anderen** from one to end; **gegen ~ Dezember** towards the end of December; **zu ~ sein** be at an end; **mit s-r Weisheit am ~ sein** be at one's wits' end; **ein Buch bis zu ~ lesen** read a book to the end; **zu ~ gehen** come to an end; **ein böses ~ nehmen** come to a bad end; **etw zu ~ bringen** finish off s.th.; **sie ist ~ dreißig** she is in her late thirties; **ein ~ mit Schrecken nehmen** end in disaster; **das ~ vom Lied sein** *fig fam* be the end of it.

End·ef·fekt *m:* ▶ **im ~** in the end.

En·de·mie [ɛndeˈmi:] ⟨-, -n⟩ *f med* endemic; **en·de·misch** [ɛn:deːmɪʃ] *adj med* endemic.

en·den *itr* end, finish; ▶ **das wird böse ~!** no good will come of it! **als Säufer ~** end up (as) an alcoholic.

End·er·geb·nis *n* final result; **End·ge·rät** *n EDV tele* terminal (equipment).

end·gül·tig *adj* definite; ▶ **jetzt ist ~ Schluß!** that's it!

End·hal·te·stel·le *f* terminus.

En·di·vie [ɛn'di:viə] *f* endive.

End·kampf *m sport* final.

End·la·ger *n* final depot, permanent storage depot; **end·la·gern** *tr* put into permanent storage; **End·la·ge·rung** *f* permanent *(od* final) storage.

end·lich *adv math philos* finite; ▶ **hör ~ auf!** will you stop that! **komm jetzt ~!** get a move on! **na ~!** at last! **schließlich und ~** at long last.

end·los *adj* endless; ▶ **~ dauern** *hum* take ages *pl fam.*

End·lo·sig·keit *f* endlessness.

End·los·pa·pier *n EDV* continous form *(od* stationary).

End·pro·dukt *n* final product; **End·run·de** *f* **1.** *sport* finals *pl;* **2.** *(beim*

Boxen) final round; **End·sil·be** *f* last syllable; **End·spurt** *m* final spurt; **End·sta·tion** *f* terminus; **End·sum·me** *f* total; **En·dung** *f gram* ending; **End·ver·brau·cher** *m* consumer; **End·ziel** *n* ultimate goal.

Ener·gie [enɛrˈgi:] *f* energy; ▶ **~ sparen** save energy; **mit aller ~** with all one's energies *pl;* **Ener·gie·be·darf** *m* energy requirement; **ener·gie·be·wußt** *adj* energy conscious; **Ener·gie·ge·win·nung** *f* generation of energy; **Ener·gie·knapp·heit** *f* energy shortage; **Ener·gie·kri·se** *f* energy crisis; **Ener·gie·po·li·tik** *f* energy policy; **Ener·gie·quel·le** *f* source of energy; **ener·gie·spa·rend** *adj* energy-saving; **Ener·gie·spar·maß·nah·men** *f pl* energy-saving measures *pl;* **Ener·gie·ver·brauch** *m* consumption of energy; **Ener·gie·ver·sor·gung** *f* supply of energy; **Ener·gie·ver·sor·gungs·un·ter·neh·men** *n* energy supply company.

ener·gisch [eˈnɛrgɪʃ] *adj (tatkräftig)* energetic; ▶ **~ durchgreifen** take vigorous action.

eng [ɛŋ] *adj* **1.** *(schmal)* narrow; **2.** *(~ sitzend)* tight; **3.** *(innig)* close; ▶ **etw ~ sehen** *fam* see s.th. narrowly; **in der ~eren Wahl sein** be on the short list; **~er machen** *(Kleidung)* take in; **wir sind ~ befreundet** we are close friends; **~ zusammen** close together.

En·ga·ge·ment [ãɡaʒəˈmãː] ⟨-s, -s⟩ *n* **1.** *(Anstellung)* engagement; **2.** *(Verpflichtung)* engagement.

en·ga·gie·ren [ãɡaˈʒi:rən] **I** *tr (verpflichten)* engage; **II** *refl* become committed *(für* to); ▶ **ich wollte mich nicht zu sehr ~** I didn't want to get too involved; **en·ga·giert** *adj* committed, engaged.

En·ge ['ɛŋə] ⟨-, -n⟩ *f* **1.** *(Schmalheit)* narrowness; **2.** *(Beengtheit)* crampedness; ▶ **jdn in die ~ treiben** *fig* drive s.o. into a corner; corner *(jdn* s.o.).

En·gel [ˈɛŋəl] ⟨-s, -⟩ *m* **1.** *rel* angel; **2.** *(als Kosewort)* darling, sweetheart; ▶ **rettender ~** saviour.

En·gels·ge·duld ['---'-] *f:* ▶ **e-e ~ ha·ben** have the patience of a saint.

En·ger·ling [ˈɛŋəlɪŋ] *m zoo* grub *(od* larva) of the cockchafer.

Eng·land [ˈɛŋlant] *n* England; **Eng·län·der(in)** [ˈɛŋlɛndə] ⟨-s, -⟩ *m (f)* Englishman (Englishwoman); **eng·lisch** [ˈɛŋlɪʃ] *adj* English; ▶ **das E~e, die ~e Spra·che** English, the English language.

eng·ma·schig *adj* close-meshed.

Eng·paß *m* **1.** *geog* defile, narrow pass; **2.** *com (a. Straßenverengung)* bottleneck.

En·kel(in) [ˈɛŋkəl] ⟨-s, -⟩ *m (f)* grandson (granddaughter); *(Enkelkind)* grand-

child.
enorm [e'nɔrm] *adj* enormous.
En·sem·ble [ã'sã:bəl] ⟨-s, -s⟩ *n theat* cast.
ent·ar·ten [ɛnt'artən] ⟨sein⟩ *itr* degenerate (*zu* into); **ent·ar·tet** *adj* degenerate.
Ent·ar·tung *f* degeneration.
ent·beh·ren [ɛnt'be:rən] *tr (auskommen ohne)* do without.
ent·behr·lich *adj* dispensable; *(überflüssig)* unnecessary.
Ent·beh·rung *f:* ▶ ~en auf sich nehmen make sacrifices.
ent·bin·den *irr tr* 1. *(von e-m Baby)* deliver (*von* of); 2. *(lossprechen)* release (*von* from).
Ent·bin·dung *f* delivery; **Ent·bin·dungs·kli·nik** *f* maternity clinic; **Ent·bin·dungs·sta·tion** *f* maternity ward.
ent·blö·ßen [ɛnt'blø:sən] *tr* 1. *(von Kleidung befreien)* bare; 2. *fig (bloßstellen)* lay bare; **ent·blößt** *adj* bare.
ent·bren·nen ⟨sein⟩ *irr itr* 1. *(ausbrechen: fig)* erupt; 2. *(ergriffen werden: fig)* become inflamed (*vor* with).
ent·decken (k·k) *tr allg* discover; *(herausfinden)* find out; *(sehen)* spot.
Ent·decker(in) (k·k) *m (f)* discoverer.
Ent·deckung (k·k) *f* discovery; **Ent·deckungs·rei·se (k·k)** *f* expedition; ▶ auf ~ gehen go exploring.
En·te ['ɛntə] ⟨-, -n⟩ *f* 1. *zoo* duck; 2. *(Zeitungslüge)* canard, hoax; 3. *fig fam (Citroën 2 CV)* deux-chevaux.
ent·eh·ren *tr* dishonour; **ent·eh·rend** *adj* degrading.
Ent·eh·rung *f* degradation.
ent·eig·nen [ɛnt'aignən] *tr* dispossess, expropriate.
Ent·eig·nung *f* expropriation.
ent·ei·sen [ɛnt'aizən] *tr (Scheibe etc)* de-ice.
En·ten·bra·ten *m* roast duck.
ent·er·ben *tr* disinherit.
en·tern ['ɛntən] *tr (v. Schiff, a. Flugzeug)* enter with violence and take possession of.
En·ter·tai·ner(in) ['ɛnteteɪnɐ] ⟨-s, -⟩ *m (f)* entertainer.
En·ter-Ta·ste *f EDV* enter key.
ent·fa·chen [ɛnt'faxən] *tr a. fig* kindle.
ent·fah·ren ⟨sein⟩ *irr itr (gehoben):* ▶ die unbedachten Worte, die mir ~ sind the thoughtless words which escaped me.
ent·fal·len ⟨sein⟩ *irr itr:* ▶ dieses Wort ist mir ~ this word slipped my mind; die morgige Vorstellung entfällt tomorrow's performance has been cancelled; bei diesem Wort entfällt das ‚e' im Plural this word drops the l' in the plural.
ent·fal·ten I *tr* 1. *(auseinanderfalten)* unfold; 2. *fig (entwickeln)* develop; II

refl 1. *(aufblühen)* open, unfold; 2. *fig (sich entwickeln)* develop; **Ent·fal·tung** *f fig (Entwicklung)* development.
ent·fär·ben *tr* take the colour out of ..., decolorize.
ent·fer·nen [ɛnt'fɛrnən] I *refl* 1. *(fortgehen)* go away (*von* from); 2. *fig (sich entfremden)* become estranged; *(abweichen)* depart; II *tr allg* remove (*aus, von* from).
ent·fernt I *adj* 1. *(räumlich, zeitlich)* distant; 2. *fig (gering)* remote, vague; ~ sein von ... be away from ...; II *adv* remotely, slightly; ▶ sie sind sich nicht im ~esten ähnlich they're not even remotely similar; nicht im ~esten! not in the least! ~ verwandt distantly related.
Ent·fer·nung *f* 1. *allg* distance; 2. *(das Entfernen)* removal; ▶ in zwei Metern ~ at a distance of two metres; aus der ~ sieht das ganz anders aus seen from a distance it looks different; auf e-e ~ von ... at a range of ...; auf kurze ~ at close range; unerlaubte ~ von der Truppe *mil* absence without leave.
Ent·fer·nungs·mes·ser *m phot* rangefinder.
ent·fes·seln *tr fig* unleash.
ent·flamm·bar *adj* inflammable.
ent·flam·men I *itr* ⟨sein⟩ 1. *(Feuer fangen)* catch fire; 2. *fig (Person)* be inflamed; 3. *fig (ausbrechen)* flare up; II *tr* ⟨h⟩ *(begeistern)* inflame.
ent·flech·ten *irr tr* 1. *pol (von Kartell)* break up; 2. *(von Haar, Garn etc)* disentangle.
Ent·flech·tung *f (com)* breaking up.
ent·flie·gen ⟨sein⟩ *irr itr* fly away.
ent·flie·hen ⟨sein⟩ *irr itr* escape, flee *(aus* from).
ent·frem·den [ɛnt'frɛmdən] I *tr* alienate, estrange; II *refl* become alienated *(od* estranged) (*von* from).
Ent·frem·dung *f* estrangement.
Ent·fro·ster ⟨-s, -⟩ *m mot* defroster.
ent·füh·ren *tr* 1. *(Menschen)* kidnap; 2. *(Flugzeug)* hijack; 3. *fam (entwenden)* make off with ...
Ent·füh·rer(in) *m (f)* kidnapper.
Ent·füh·rung *f* 1. *(e-r Person)* kidnapping; 2. *(e-es Flugzeuges)* hijacking.
ent·ge·gen [ɛnt'ge:gən] I *prep* contrary to; ▶ ~ meinen Erwartungen contrary to what I expected; das ist ~ unserer Abmachung that is contrary to our agreement; II *adv* towards; ▶ er ging ihr ~ he walked towards her.
ent·ge·gen|brin·gen *irr tr:* ▶ jdm Vertrauen ~ have confidence in s.o.
ent·ge·gen|ge·hen ⟨sein⟩ *irr itr* 1. *(auf jdn zugehen)* go to meet; *(in jds Richtung)* go towards; 2. *fig* face; ▶ der Krieg geht s-m Ende entgegen the war is approaching its end.

ent·ge·gen·ge·setzt *adj* **1.** *(Richtung)* opposite; **2.** *fig (Meinung)* opposing.

ent·ge·gen|hal·ten *irr tr* **1.** *(Gegenstand)* hold s.th. out *(jdm* to s.o.); **2.** *fig (dagegenstellen)* object.

ent·ge·gen|kom·men ⟨sein⟩ *irr itr* come to meet; ▶ **auf halbem Weg ~** *a. fig* meet halfway; **ent·ge·gen·kom·mend** *adj fig* obliging.

ent·ge·gen|neh·men *irr tr:* ▶ **können Sie diesen Brief ~?** can you accept this letter?

ent·ge·gen|se·hen *irr itr:* ▶ **wir sehen Ihrer baldigen Antwort entgegen ...** looking forward to your early reply ...

ent·ge·gen|set·zen *tr:* ▶ **e-r Sache Widerstand ~** put up resistance against s.th.; **können Sie dem irgend etwas ~?** can you put up any resistance to this?

ent·ge·gen|ste·hen *irr itr:* ▶ **was steht dem entgegen?** what obstacle is there to that? **dem steht allerdings entgegen, daß ...** what stands in the way of that is that ...

ent·ge·gen|tre·ten ⟨sein⟩ *irr itr* **1.** *(in den Weg treten)* step up to ...; **2.** *fig (angehen gegen)* counter.

ent·geg·nen [ɛnt'ge:gnən] *tr* reply *(auf etw* to s.th.).

ent·ge·hen ⟨sein⟩ *irr itr:* ▶ **das ist mir entgangen** I missed that; **mir ist (durchaus) nicht entgangen, daß ...** it didn't escape me that ...; **laß dir das nicht ~!** don't miss your chance!

ent·gei·stert [ɛnt'gaɪstet] *adj (verstört)* thunderstruck; *(verblüfft)* flabbergasted *fam.*

Ent·gelt [ɛnt'gɛlt] ⟨-(e)s, -e⟩ *n (Entschädigung)* compensation; ▶ **nur gegen ~!** only for a consideration!

ent·gif·ten *tr* detoxicate.

Ent·gif·tung *f* detoxication; **Ent·giftungs·an·la·ge** *f tech* decontamination plant.

ent·glei·sen [ɛnt'glaɪzən] ⟨sein⟩ *itr* **1.** *rail* be derailed, jump the rails; **2.** *fig (sich taktlos benehmen)* misbehave; ▶ **e-n Zug ~ lassen** derail a train.

Ent·glei·sung *f* **1.** derailment; **2.** *fig* faux pas, gaffe.

ent·glei·ten ⟨sein⟩ *irr itr* slip away.

ent·grä·ten [ɛnt'grɛ:tən] *tr* bone.

ent·haa·ren [ɛnt'ha:rən] *tr* remove hair from ...

Ent·haa·rungs·mit·tel *n* depilatory.

ent·hal·ten *irr* I *tr (in sich haben)* contain; *(fassen)* hold; II *refl* abstain; ▶ **sie konnte sich nicht ~, e-e Bemerkung zu machen** she couldn't refrain from making a remark.

ent·halt·sam *adj* **1.** *(von Genußmitteln)* abstemious; **2.** *(sexuell ~)* continent.

Ent·halt·sam·keit *f* **1.** *(Essen, Trinken)* abstemiousness; **2.** *(sexuell)* continence.

ent·här·ten *tr (Wasser)* soften.

Ent·här·tungs·an·la·ge *f (Wasser~)* softening plant.

ent·haup·ten [ɛnt'haʊptən] *tr* behead, decapitate; **Ent·haup·tung** *f* beheading, decapitation.

ent·he·ben *irr tr:* ▶ **jdn seines Amtes ~** remove s.o. from (his) office.

ent·hül·len *tr* reveal, uncover.

Ent·hül·lung *f fig (Aufdeckung)* disclosure, revelation.

En·thu·si·as·mus [ɛntuzi'asmʊs] *m* enthusiasm.

en·thu·si·astisch *adj* enthusiastic *(über* about, at).

ent·kal·ken *tr* decalcify.

ent·ker·nen *tr (Kernobst)* core; *(Steinobst)* stone.

ent·klei·den *tr refl* undress.

ent·kof·fei·niert *adj* decaffeinated.

ent·kom·men ⟨sein⟩ *irr itr* escape; ▶ **mit knapper Not ~** have a narrow escape.

ent·kor·ken *tr* uncork.

ent·kräf·ten [ɛnt'krɛftən] *tr* **1.** *(die Kräfte rauben)* wear out; **2.** *fig (widerlegen)* invalidate.

Ent·kräf·tung *f* exhaustion; *fig* invalidation.

ent·kri·mi·na·li·sie·ren *tr* decriminalize.

ent·la·den *irr* I *tr (abladen, ausladen)* unload; II *refl* **1.** *el (Batterie)* discharge; **2.** *fig (Ärger)* vent itself; **Ent·la·dung** *f* **1.** *(Ausladung)* unloading; **2.** *el* discharge; ▶ **etw zur ~ bringen** *(Explosion)* detonate s.th.

ent·lang [ɛnt'laŋ] *adv* along; ▶ **hier ~ bitte!** this way please!

ent·lar·ven [ɛnt'larfən] *tr fig* expose; ▶ **sich ~** reveal one's true character.

ent·las·sen *irr tr allg* **1.** *(aus Stellung)* dismiss; **2.** *(erlauben zu verlassen)* discharge; **Ent·las·sung** *f* **1.** *(aus Stellung)* dismissal; **2.** *(aus Klinik)* discharge; **Ent·las·sungs·zeug·nis** *n päd* school leaving certificate.

ent·la·sten *tr* **1.** *(von Last befreien)* relieve the load on ...; **2.** *fig (Arbeit abnehmen)* relieve *(von* of); **3.** *jur* exonerate; **Ent·la·stung** *f (Erleichterung)* relief; **Ent·la·stungs·zeu·ge, (-zeu-gin)** *m (f)* witness for the defence; **Ent·la·stungs·zug** *m* relief train.

ent·lau·ben *tr mil* defoliate; **Ent·laubung** *f mil* defoliation; **Ent·laubungs·mit·tel** *n mil* defoliant.

ent·lau·fen ⟨sein⟩ *irr itr* run away; ▶ **„Katze ~"** "cat missing".

ent·le·di·gen [ɛnt'le:dɪgən] *refl:* ▶ **sich e-r Sache ~** rid o.s. of s.th.

ent·lee·ren *tr* empty.

ent·le·gen [ɛnt'le:gən] *adj* remote.

ent·leh·nen *tr fig* borrow *(von* from).

Ent·leh·nung *f fig* borrowing.

ent·lei·hen *irr tr* borrow (*aus* from).
ent·locken (k·k) *tr* elicit (*jdm etw* s.th. from s.o.).
ent·loh·nen *tr* pay; **Ent·loh·nung** *f* pay; ▶ **nur gegen** ~ for payment only.
ent·lüf·ten *tr* **1.** (*von Luft befreien*) air, ventilate; **2.** *mot* (*Bremsen*) bleed; **Ent·lüf·tung** *f* ventilation.
ent·mi·li·ta·ri·sie·ren *tr* demilitarize.
ent·mün·di·gen *tr* incapacitate.
ent·mu·ti·gen *tr* discourage, dishearten.
ent·neh·men *irr tr* **1.** (*weg~*) take out (*aus* of); **2.** (*e-m Buch*) take (*aus* from); **3.** *fig* (*folgern*) infer (*aus* from); ▶ **sie entnahm aus s-m Brief ...** she gathered from his letter ...
ent·ölen *tr* deoil.
ent·pup·pen [ɛntpupən] *refl:* ▶ **sich ~ als ...** turn out to be ...
ent·rah·men *tr* skim.
ent·rät·seln *tr* **1.** (*Geheimnis*) solve; **2.** (*Geheimschrift*) decipher.
ent·rei·ßen *irr tr:* ▶ **jdm etw ~** snatch s.th. away from s.o.
ent·rich·ten *tr* fin pay.
Ent·rin·nen *n:* ▶ **es gibt kein ~!** there is no escape!
ent·rin·nen ⟨sein⟩ *irr itr* escape from ...
ent·rol·len *tr* (*Aufgerolltes*) unroll.
ent·ro·sten *tr* derust.
ent·rüm·peln [ɛnt'rʏmpəln] *tr* clear out.
ent·rü·sten [ɛnt'rʏstən] **I** *tr* (*empören*) outrage; **II** *refl* be outraged (*über* at).
ent·rü·stet *adj* indignant, outraged.
Ent·rü·stung *f* indignation (*über* at).
ent·saf·ten [ɛnt'zaftən] *tr* extract the juice from ...
Ent·saf·ter *m* tech juice extractor.
ent·sa·gen *itr* (*gehoben*): ▶ **dem muß ich leider ~** I'm afraid I shall have to forego that.
Ent·sa·gung *f* (*Entbehrung*) privation.
ent·schä·di·gen *tr* **1.** (*für Verluste*) indemnify; **2.** (*für geleistete Dienste*) compensate; **3.** (*für Auslagen*) reimburse.
Ent·schä·di·gung *f* compensation, recompense.
ent·schär·fen *tr* (*Bombe*) defuse; ▶ **die Situation ~** alleviate the situation.
Ent·scheid [ɛnt'ʃaɪt] ⟨-(e)s, -e⟩ *m* (*s.* Entscheidung).
ent·schei·den *irr tr refl* decide; ▶ **wie habt ihr euch entschieden?** what did you decide? **du mußt ~, was du tun willst** you must decide what to do; **ich kann mich nicht ~** I don't know (*od* I can't decide); **jetzt wird es sich ~** now we'll see; **das mußt du ~** it's your decision; **ent·schei·dend** *adj* decisive; ▶ **ein ~er Fehler** a crucial error; **die ~e Stimme** *pol* the casting vote.
Ent·schei·dung *m* decision; ▶ **e-e ~ treffen** make a decision; **wie ist die ~ ausgefallen?** which way did the deci-

sion go? **um die ~ spielen** *sport* play the decider; **es geht um die ~** it's going to decide things; **Ent·schei·dungs·fin·dung** *f* decision-making; **ent·schei·dungs·freu·dig** *adj* decisive; **Ent·schei·dungs·kri·te·ri·um** *n* deciding factor; **Ent·schei·dungs·pro·zeß** *m* decision-making process; **Ent·schei·dungs·spiel** *n* decider.
ent·schie·den [ɛnt'ʃiːdən] *adj* determined, resolute.
Ent·schie·den·heit *f* determination, resolution.
ent·schlacken (k·k) *tr med* purify.
ent·schla·fen ⟨sein⟩ *irr itr euph* pass away.
ent·schlie·ßen *irr refl* decide, determine; ▶ **wozu hast du dich entschlossen?** what did you decide? **sich ~, etw zu tun** determine to do s.th.; **ich habe mich anders entschlossen** I've changed my mind.
Ent·schlie·ßung *f* resolution; **Ent·schlie·ßungs·ent·wurf** *m* draft resolution.
ent·schlos·sen [ɛnt'ʃlɔsən] *adj* determined, resolute; ▶ **kurz ~** without further ado; **fest ~ sein** be absolutely determined; **ich bin jetzt zu allem ~** I'm ready for anything now.
Ent·schluß *m* decision, resolution; ▶ **e-n ~ fassen** make a decision; **mein ~ ist gefaßt** my mind is made up; **es ist mein fester ~ ...** it's my firm intention ...; **ent·schluß·freu·dig** *adj* decisive.
ent·schlüs·seln *tr* **1.** (*Geheimschrift*) decipher; **2.** (*Funkspruch*) decode.
Ent·schlüs·se·lung *f* deciphering, decoding.
ent·schuld·bar *adj* excusable.
ent·schul·di·gen **I** *tr* excuse; ▶ **~ Sie bitte!** excuse me! sorry! **entschuldige, daß ich gefragt habe!** excuse me for asking! **und nun ~ Sie mich, ich habe zu arbeiten** and now if you will excuse me I have work to do; **II** *refl* apologize (*bei* to, *wegen* for); ▶ **sich ~ lassen** send one's apologies.
Ent·schul·di·gung *f* **1.** *allg* excuse; **2.** (*~sbrief*) excuse note; ▶ **ich habe e-e gute ~, warum ich nicht hingehen kann** I've a good excuse for not going; **was sagte Sie zu ihrer ~?** what did she say in her defence? **~!** excuse me!
Ent·schul·di·gungs·brief *m* päd excuse note.
Ent·schul·dung [ɛnt'ʃuldʊŋ] *f fin* regulation of debts.
ent·schwe·feln *tr tech* desulphurize; **Ent·schwe·fe·lung** *f tech* desulphurization; **Ent·schwe·fe·lungs·an·la·ge** *f* desulphurization plant.
ent·schwin·den ⟨sein⟩ *irr itr* disappear, vanish.
ent·seelt [ɛnt'zeːlt] *adj* (*gehoben: tot*)

lifeless.

ent·sen·den *irr tr* dispatch, send off.

Ent·set·zen ⟨-s⟩ *n* horror; ▶ **zu meinem** ~ to my horror.

ent·set·zen I *tr* 1. *(erschrecken)* horrify; 2. *mil (von Einschließung befreien)* relieve; **II** *refl* be horrified *(über* at).

ent·setz·lich [ɛnt'zɛtslıç] *adj* 1. *(gräßlich)* appalling, dreadful; 2. *fam (sehr)* awful; ▶ **wie** ~, **daß das passieren mußte!** what a dreadful thing to happen!

ent·setzt *adj* horrified *(über* at); ▶ **sie fuhr** ~ **zurück** she shrank back in horror.

ent·seu·chen *tr tech* decontaminate; **Ent·seu·chung** *f tech* decontamination; **Ent·seu·chungs·mit·tel** *n* 1. *med* disinfectant; 2. *chem* decontaminating agent.

ent·si·chern *tr (Pistole etc)* release the safety catch of ...

ent·sin·nen *irr refl* recollect, remember; ▶ **soweit ich mich** ~ **kann** as far as I can recollect.

ent·sor·gen *tr:* ▶ **eine Stadt** ~ dispose of a town's refuse and sewage; **Ent·sor·gung** [ɛnt'zɔrgʊŋ] *f* sewage and refuse disposal, waste management; **Ent·sor·gungs·park** *m (nuklearer* ~*)* waste dump.

ent·span·nen I *tr* 1. *(Körperteile, Muskeln etc)* relax; 2. *fig (Lage etc)* ease; **II** *refl a. fig* relax.

Ent·span·nung *f* 1. *pol* détente; 2. *fig (Zerstreuung)* diversion; 3. *(Gelöstheit) a. fig* relaxation; **Ent·span·nungs·po·li·tik** *f* policy of détente.

ent·spin·nen *irr refl* arise, develop.

ent·spre·chen *irr itr* 1. *(übereinstimmen, ähnlich sein)* correspond to ...; 2. *(nachkommen)* comply with ..., conform to ...; ▶ **allen Anforderungen** ~ answer *(od* meet) all requirements; **jds Erwartungen** ~ come up to (meet) someone's expectations; **ent·spre·chend I** *adj* 1. *(angemessen)* appropriate; 2. *(gleichend)* corresponding; **II** *adv* accordingly, according to.

Ent·spre·chung *f* counterpart, equivalent; ▶ **die deutsche** ~ **des englischen Wortes** the German equivalent of the English word.

ent·sprin·gen ⟨sein⟩ *irr itr* 1. *(Flüsse)* rise; 2. *fig (herrühren)* arise *(aus* from).

ent·ste·hen ⟨sein⟩ *irr itr* come into being; *(sich bilden)* arise; ▶ **die Legende ist in ... entstanden** the legend originated in ...; **wodurch ist das Feuer entstanden?** what was the cause of the fire?

Ent·ste·hung *f* 1. *allg* coming into being; *(Ursprung)* origin; 2. *(Bildung)* formation.

ent·stei·gen ⟨sein⟩ *irr itr (dem Wasser)* emerge from ...

ent·stei·nen *tr (Obst)* stone.

ent·stel·len *tr* 1. *(verunstalten)* disfigure; 2. *(verändern) a. fig* distort; ▶ **s-e Worte wurden von der Presse entstellt wiedergegeben** he was misrepresented in the papers.

Ent·stel·lung *f* 1. *fig (Verdrehung)* distortion; 2. *(Verunstaltung)* disfigurement.

ent·sticken (k·k) *tr tech (Stickstoff entziehen)* denitrify; **Ent·stickung (k·k)** *f tech* denitrification; **Ent·stickungs·an·la·ge (k·k)** *f tech* denitrification plant.

ent·stö·ren *tr* 1. *radio tele* free from interference; 2. *mot el* suppress.

Ent·stö·rungs·stel·le *f tele* telephone maintenance service.

ent·strö·men ⟨sein⟩ *itr* 1. *(Flüssigkeit)* pour out *(aus* of); 2. *(Gas etc)* escape *(aus* from).

ent·täu·schen *tr* disappoint; ▶ **in e-r Prüfung** ~**d abschneiden** do disappointingly in an exam.

ent·täuscht *adj* disappointed; ▶ **von jdm** ~ **sein** be disappointed in s.o.

Ent·täu·schung *f* disappointment; ▶ **so e-e** ~**!** how disappointing!

ent·waff·nen [ɛnt'vafnən] *tr a. fig* disarm.

ent·waff·nend *adj fig* disarming.

Ent·war·nung *f (Signal)* all-clear.

ent·wäs·sern [ɛnt'vɛsən] *tr* 1. *(Boden)* drain; 2. *chem* dehydrate.

Ent·wäs·se·rung *f (Kanalisation e-s Hauses)* drainage.

ent·we·der [ɛnt've:dɐ/'---] *conj:* ▶ ~ ... **oder** ... either ... or ...; ~ **oder!** make up your mind!

ent·wei·chen ⟨sein⟩ *irr itr* 1. *(Gase etc)* escape *(aus* from); *(lecken)* leak *(aus* out of); 2. *(entfliehen)* escape *(aus* from).

ent·wen·den *tr* purloin *(jdm etw* s.th. from s.o.).

ent·wer·fen *irr tr* 1. *(zeichnerisch)* sketch; *(Modell)* design; 2. *(Schriftstück etc)* draft, draw up.

ent·wer·ten *tr* 1. *(wertlos machen)* devalue; 2. *fig (entkräften)* undermine; ▶ **s-n Fahrschein** ~ cancel one's ticket.

Ent·wer·ter ⟨-s, -⟩ *m* ticket(-cancelling) machine.

ent·wickeln (k·k) I *tr* 1. *allg* develop; 2. *(entstehen lassen)* produce; ▶ **e-e Theorie** ~ evolve a theory; **II** *refl* 1. *allg* develop *(zu* into); 2. *(sich bilden)* be produced.

Ent·wick·ler *m phot* developer.

Ent·wick·lung *f* 1. *allg* development; 2. *(Erzeugung)* generation, production; **Ent·wick·lungs·dienst** *m Br* Voluntary Service Overseas, *Am* Peace Corps; **ent·wick·lungs·fä·hig** *adj* capable of development; **Ent·wick·lungs·ge·schich·te** f developmental history, evolution; **Ent·wick·lungs·hel·fer(in)** m (f) Br person involved in foreign aid, e.g. doing Voluntary Service Overseas, Am Peace Corps worker; **Ent·wick·lungs·hil·fe** f foreign aid; **Ent·wick·lungs·land** n developing country; **Ent·wick·lungs·maß·nah·men** f pl development measures; **Ent·wick·lungs·pla·nung** f development planning; **Ent·wick·lungs·sta·dium** n stage of development.

ent·wir·ren tr unravel.

ent·wi·schen ⟨sein⟩ itr get away.

ent·wöh·nen [ɛntˈvøːnən] tr: ▶ jdn e-r Sache ~ cure s.o. of s.th.

Ent·wurf m 1. (Zeichnung, Plan) outline, sketch; 2. (Modell) design; 3. (~ von Resolution etc) draft.

ent·wur·zeln tr a. fig uproot.

ent·zer·ren tr phot rectify.

ent·zie·hen irr I tr 1. (fortnehmen) take away; 2. chem (extrahieren) extract; ▶ jdm den Führerschein ~ revoke someone's driving (Am driver's) licence; II refl (e-r Sache) evade s.th.; ▶ sich der Festnahme ~ elude arrest; **das entzieht sich meiner Kenntnis** that is beyond my knowledge.

Ent·zie·hungs·an·stalt f treatment centre (for alcoholics od for drug addicts).

Ent·zie·hungs·kur f 1. (für Drogensüchtige) cure for drug addiction; 2. (für Alkoholiker) alcoholism cure; ▶ e-e ~ mitmachen take a cure for drug addiction (od an alcoholism cure).

ent·zif·fern [ɛntˈtsɪfən] tr 1. (Geheimschrift) decipher; 2. (Funkspruch) decode; ▶ nicht zu ~ indecipherable.

Ent·zücken (k·k) [ɛnˈtsʏkən] ⟨-s⟩ n: ▶ in ~ geraten go into raptures pl; jdn in ~ versetzen send s.o. into raptures pl.

ent·zücken (k·k) tr: ▶ entzückt sein über (von) ... be in raptures over (about) ...; **ent·zückend (k·k)** adj charming.

Ent·zug m withdrawal; (Behandlung) (s. Entziehungskur); **Ent·zugs·er·schei·nung** f withdrawal symptom.

ent·zünd·bar adj inflammable; ▶ leicht ~ highly inflammable.

ent·zün·den I tr 1. (Feuer) light; 2. med (infizieren) inflame; 3. fig (entfachen) start; II refl 1. (Feuer fangen) catch fire; 2. med become inflamed; 3. fig (sich entfachen) be sparked off; **ent·zün·det** adj med inflamed; **ent·zünd·lich** adj inflammable.

Ent·zün·dung f med inflammation.

ent·zwei [ɛntˈtsvai] adj 1. (in zwei Teile zerbrochen) in two; 2. (kaputt) broken.

ent·zwei·en refl: ▶ sie haben sich entzweit they've fallen out with each other.

ent·zwei·ge·hen ⟨sein⟩ itr break in two.

En·zi·an [ˈɛntsiaːn] ⟨-s, -e⟩ m 1. bot gentian; 2. (Likör) gentian spirit.

En·zy·klo·pä·die [ɛntsyklopɛˈdiː] f encyclop(a)edia.

Epi·de·mie [epideˈmiː] f epidemic; **Epi·de·mio·lo·ge** m; **Epi·de·mio·lo·gin** f epidemiologist; **Epi·de·mio·lo·gie** f epidemiology; **epi·de·mio·lo·gisch** adj epidemiological.

Epi·lep·sie [epilɛˈpsiː] f epilepsy.

Epi·lep·ti·ker(in) m (f) epileptic.

epi·lep·tisch adj epileptic.

Epi·log [epiˈloːk] ⟨-s, -e⟩ m epilogue.

episch [ˈeːpɪʃ] adj epic.

Epi·so·de [epiˈzoːdə] ⟨-, -n⟩ f episode.

Epo·che [eˈpɔxə] ⟨-, -n⟩ f epoch; **epo·che·ma·chend** adj epoch-making.

Epos [ˈeːpɔs] ⟨-, ɜpen⟩ n epic poem.

er [eːɐ] prn he; ▶ ~ selbst he himself; ~ **ist es** it's him.

Er·ach·ten [ɛrˈaxtən] n: **meines ~s** in my opinion.

er·ar·bei·ten I tr 1. (Vermögen etc) work for ...; 2. (erwerben) acquire; 3. (ausarbeiten) work out; II refl 1. (Vermögen) earn; 2. acquire.

Erb·adel m hereditary nobility.

Erb·an·la·ge f hereditary factor.

Er·bar·men ⟨-s⟩ n pity, compassion (mit on); (Gnade) mercy (mit on); ▶ ~! for pity's sake! **mit jdm ~ haben** feel pity for s.o.; **es ist zum ~** it's pitiful.

er·bar·men [ɛɐˈbarmən] refl: ▶ sich jds ~ have pity on s.o.

er·bärm·lich [ɛɐˈbɛrmlɪç] adj 1. fig (niederträchtig) miserable; 2. (erbarmungswürdig) wretched; ▶ mir geht's ~ I feel wretched.

er·bar·mungs·los adj merciless, pitiless.

er·bau·en tr build.

Er·bau·er(in) m (f) builder.

Er·bau·ung f building, construction.

Er·be¹ (Er·bin) [ˈɛrbə] ⟨-n, -n⟩ m (f) (der Erbende) heir (heiress).

Er·be² ⟨-s⟩ n 1. (Erbteil) inheritance; 2. fig heritage.

er·be·ben [-ˈ--] ⟨sein⟩ itr shake, tremble.

er·ben [ˈɛrbən] tr inherit (von from).

er·bet·teln tr get by begging.

er·beu·ten [ɛɐˈbɔytən] tr 1. (Diebesgut) get away with ...; 2. (Raubtier: Tierbeute) carry off.

Erb·fak·tor m gene; **Erb·feh·ler** m hereditary defect.

Erb·fol·ge f succession.

Erb·gut n biol genetic make-up, genotype; **erb·gut·schä·di·gend** adj genetically damaging (od harmful).

er·bie·ten irr refl: ▶ sich ~, etw zu tun offer to do s.th.

Erb·in·for·ma·tion f biol genetic information.

er·bit·ten irr tr ask for, request.

er·bit·tern [ɛɛ'bɪtən] *tr* enrage, incense.
er·bit·tert *adj* bitter.
Er·bit·te·rung *f* bitterness.
Erb·krank·heit *f* hereditary disease.
er·blas·sen (er·blei·chen) [ɛr'blasən] ⟨sein⟩ *itr* go (*od* turn) pale (*vor* with).
Erb·las·se·r(in) ['ɛrplasə] ⟨-s, -⟩ *m (f)* *jur* testator (testatrix).
erb·lich *adj* hereditary.
er·blicken (k·k) *tr* behold.
er·blin·den ⟨sein⟩ *itr* go blind.
Er·blin·dung *f* loss of sight; ▶ **das kann zur ~ führen** that can lead to loss of sight.
er·blü·hen ⟨sein⟩ *itr* bloom, blossom.
Erb·mas·se ['ɛrpmasə] ⟨-, (-n)⟩ *f* 1. *(das Geerbte)* inheritance; 2. *biol* genetic make-up.
Er·bre·chen ⟨-s⟩ *n med* vomiting.
er·bre·chen *irr* I *tr* 1. *(aufbrechen)* break open; 2. *(Mageninhalt ~)* throw up; II *refl* vomit; ▶ **ich glaub', ich muß mich ~** I think I'm going to be sick.
Erb·recht *n* law of inheritance.
er·brin·gen *irr tr:* ▶ **den Beweis ~** furnish proof, produce evidence.
Erb·schaft *f* inheritance; ▶ **e-e ~ machen** come into an inheritance; **Erb·schafts·steu·er** *f* death duty.
Erb·schein *m* certificate of inheritance.
Erb·schlei·cher(in) *m (f)* legacy-hunter; **Erb·schlei·che·rei** *f* legacy-hunting.
Erb·se ['ɛrpsə] ⟨-, -n⟩ *f* pea; **Erb·sen·sup·pe** *f* pea soup.
Erb·stück *n* heirloom; **Erb·teil** *n* inheritance.
Erd·ach·se *f* earth's axis; **Erd·an·zie·hung** *f* gravitational pull of the earth; **Erd·ar·bei·ten** *pl* excavation *sing;* **Erd·ball** *m* globe; **Erd·be·ben** *n* earthquake; **Erd·be·ben·gür·tel** *m* earthquake zone; **Erd·bee·re** *f* strawberry; **Erd·bo·den** *m* ground, earth; ▶ **dem ~ gleichmachen** level, raze to the ground.
Er·de ['e:ədə] ⟨-, -n⟩ *f* 1. *(Welt)* earth, world; 2. *(Boden)* ground; 3. *(Bodenart)* soil; 4. *el Br* earth, *Am* ground; ▶ **auf der ~** on earth; **den Himmel auf ~n** heaven on earth; **zur ~ fallen** fall to earth; **über (unter) der ~** above (below) ground.
er·den·ken *irr tr* devise, think up.
er·denk·lich *adj* imaginable; ▶ **alles E~e tun** do everything imaginable.
erd·far·ben ['e:ətfarbən] *adj* earth-coloured.
Erd·gas *n* natural gas; **Erd·gas·feld** *n* gas field; **Erd·gas·lei·tung** *f* (natural gas) pipeline.
Erd·ge·schoß *n Br* ground floor, *Am* first floor; ▶ **im ~** on the ground (*od* first) floor.
Erd·hau·fen *m* mound of earth.

er·dich·ten *tr* fabricate.
er·dig ['e:ədɪç] *adj* earthy.
Erd·in·ne·re *n* interior of the earth; **Erd·ka·bel** *n* underground cable; **Erd·kar·te** *f* map of the earth; **Erd·klum·pen** *m* clod of earth; **Erd·kru·ste** *f geol* earth's crust; **Erd·ku·gel** *f* globe; **Erd·kun·de** *f* geography; **Erd·nuß** *f bot* peanut; **Erd·ober·flä·che** *f* earth's surface; **Erd·öl** *n* oil, petroleum; **Erd·öl·em·bar·go** *n* oil embargo; **erd·öl·ex·por·tie·rend** *adj* oil-exporting; **Erd·öl·ver·ar·bei·tung** *f* processing of crude oil; **Erd·reich** *n* earth, soil.
er·drei·sten [ɛr'draɪstən] *refl:* ▶ **sich ~, etw zu tun** have the audacity (*od* cheek) to do s.th.
er·dros·seln *tr* strangle.
er·drücken (k·k) *tr* 1. *(zermalmen)* crush; 2. *fig (überwältigen)* overwhelm.
Erd·rutsch ['e:ətrutʃ] ⟨-es, -e⟩ *m (auch fig)* landslide; **Erd·rutsch·sieg** *m pol* landslide (victory); **Erd·schol·le** *f* clod of earth; **Erd·stoß** *m* seismic shock; **Erd·strah·len** *m pl* field lines *pl;* **Erd·teil** *m* continent.
er·dul·den *tr* endure.
Erd·um·dre·hung *f* rotation of the earth; **Erd·um·lauf·bahn** *f* earth orbit; **Erd·um·seg·lung** *f* circumnavigation of the globe.
Er·dung ['e:ədʊŋ] *f el Br* earthing, *Am* grounding.
Erd·wär·me *f* geothermal energy, geothermy; **Erd·wär·me·kraft·werk** *n* geothermal power station.
er·ei·fern [ɛɛ'aɪfən] *refl* get worked up (*über* over).
er·eig·nen [ɛɛ'aɪgnən] *refl* happen, occur.
Er·eig·nis *n* event, occurrence.
er·eig·nis·reich *adj* eventful.
er·fah·ren *irr tr* 1. *(hören)* hear, learn (*von* from); *(herausfinden)* find out; 2. *(erleben)* experience; ▶ **er hat nie wirklichen Kummer ~** he has had no experience of real grief.
er·fah·ren *adj* experienced.
Er·fah·rung *f* experience; ▶ **die ~ lehrt, daß ...** experience proves that ...; **etw aus ~ wissen** know s.th. by experience; **aus eigener ~** from one's own personal experience.
er·fah·rungs·ge·mäß *adv* as experience shows.
er·fas·sen *tr* 1. *fig (begreifen)* grasp; 2. *fig (registrieren)* record, register; 3. *(einschließen)* include; 4. *(ergreifen)* catch; ▶ **diese Tatsachen sind nirgends erfaßt** these facts aren't recorded anywhere.
er·fin·den *irr tr* 1. *(e-e Erfindung machen)* invent; 2. *(etw ausdenken)* fabricate; ▶ **e-e Story ~** *fam* cook up a story.

Er·fin·der(in) *m (f)* inventor.
er·fin·de·risch *adj* inventive; ▶ **Not
macht** ~ *prov* necessity is the mother of
invention.
Er·fin·dung *f* invention; **Er·fin·dungs-
reich·tum** *m* inventiveness, ingenuity.
Er·folg [ɛɐ'fɔlk] ⟨-(e)s, -e⟩ *m* **1.** *(Gelin-
gen)* success; **2.** *(Ergebnis)* result;
▶ **ohne** ~ without success; **viel** ~! wish-
ing you every success! **mit etw** ~ **haben**
make a success of s.th.; ~ **haben** meet
with success; **ein voller** ~ **sein** be en-
tirely successful; **bei jdm** ~ **haben** be a
success with s.o.; **ich möchte e-n** ~
sehen! I want to see results *pl*! **wir
hatten damit großen** ~ we had very
good results with this; ... **mit dem** ~,
daß ... with the consequence that ...
er·fol·gen ⟨sein⟩ *itr* **1.** *(Zahlungen)* be
made; **2.** *(stattfinden)* occur, take place.
er·folg·los *adj* unsuccessful, without
success.
Er·folg·lo·sig·keit *f* lack of success, un-
successfulness; ▶ **zur** ~ **verurteilt sein**
be destined to failure.
er·folg·reich *adj* successful.
Er·folgs·bi·lanz *f* record of succes; **Er-
folgs·druck** *m pressure to succeed;*
Er·folgs·er·leb·nis *n psych* feeling of
success, sense of achievement; **Er-
folgs·kon·trol·le** *f päd* testing; **Er-
folgs·re·zépt** *n* recipe for success.
er·folg·ver·spre·chend *adj* promising.
er·for·der·lich [ɛɐ'fɔrdəlɪç] *adj* necess-
ary, requisite; ▶ **falls** ~ if required; **alle**
~**en Qualifikationen** all the necessary
qualifications; **die dazu** ~**e Zeit** the
requisite time; **das E~e tun** do what is
necessary.
er·for·dern *tr* call for, require; ▶ **das
erfordert große Sorgfalt** it requires
great care.
Er·for·der·nis *n* requirement.
er·for·schen *tr* **1.** *(erkunden)* explore;
2. *(untersuchen)* research (*etw* into
s.th.).
Er·for·schung *f* **1.** *(Erkundung)* explo-
ration; **2.** *(Untersuchung)* research (*von
etw* into s.th.).
er·fra·gen *tr* ask, inquire; ▶ **zu** ~ **bei**
... apply to ..., inquire at ...
er·freu·en I *tr* delight, please; ▶ **jdn** ~
give s.o. pleasure; **II** *refl* delight (*an* in);
▶ **sich an Büchern** ~ find pleasure in
books; **sich großer Nachfrage** ~ be in
great demand.
er·freu·lich *adj* pleasant; ▶ ~! how
nice! **es ist** ~, **zu erfahren, daß** ... it's
gratifying to learn that ...
er·freu·li·cher·wei·se *adv* fortunately,
happily.
er·freut *adj;* ▶ **sehr** ~! pleased to meet
you! **über etw** ~ **sein** be delighted (*od*
pleased) about (*od* at).
er·frie·ren ⟨sein⟩ *irr itr* **1.** *(totfrieren)*

freeze to death; **2.** *(abfrieren)* get frost-
bitten; **3.** *(Pflanze)* be killed by frost;
▶ **seine Füße sind erfroren** his feet got
frostbite.
er·fri·schen *tr itr* refresh; **er·fri-
schend** *adj a. fig* refreshing.
Er·fri·schung *f* refreshment; ▶ **e-e** ~
zu sich nehmen take some refreshment.
Er·fri·schungs·raum *m* cafeteria,
snack bar.
er·fül·len *tr* **1.** *(ausführen)* fulfil; **2.**
(vollmachen) a. fig fill; ▶ **die Prophe-
zeiung erfüllte sich** the prophecy was
fulfilled; **der Gedanke erfüllt mich mit
Entsetzen** the thought fills me with hor-
ror; **Verpflichtungen** ~ carry out obli-
gations; **s-e Pflicht** ~ perform one's
duty; **jds Erwartungen** ~ come up to
someone's expectations; **jdm e-n
Wunsch** ~ grant s.o. a wish.
Er·fül·lung *f* fulfilment; ▶ **in** ~ **gehen**
be fulfilled; ~ **finden** feel fulfilled.
er·gän·zen [ɛɐ'gɛntsən] *tr* complete,
supplement; ▶ **sich** (*od* **einander**) ~
complement one another.
Er·gän·zung *f* **1.** *(das Vervollständi-
gen)* completion; **2.** *(das Ergänzte)* addi-
tion; **3.** *gram* complement; ▶ ~**en** *(zu
Buch)* addenda *pl;* **Er·gän·zungs·ab-
ga·be** *f fin* supplementary tax; **Er-
gän·zungs·band** *m* supplement.
er·gat·tern [ɛɐ'gaten] *tr fam* get hold
of ...
er·ge·ben *irr* **I** *tr* amount (*od* come) to;
II *refl* **1.** *(aufgeben)* surrender, yield; **2.**
(resultieren) result (*aus* from);
▶ **hieraus ergibt sich, daß** ... it fol-
lows from this that ...
Er·geb·nis *n* result; ▶ **zu keinem** ~
führen lead nowhere; **er·geb·nis·los**
adj unsuccessful, without result; ▶ ~
bleiben come to nothing.
er·ge·hen ⟨sein⟩ *irr itr* **1.** *(erteilt wer-
den)* go out; ▶ **etw über sich** ~ **lassen**
submit to ...; **2.** *(geschehen):* ▶ **es ist
ihr schlecht ergangen** she fared badly;
wie wird es ihm ~? what will become
of him?
er·gie·big [ɛɐ'giːbɪç] *adj (ertragreich) a.
fig* productive; *(lukrativ)* lucrative,
profitable.
er·gie·ßen *irr refl* pour out.
er·glü·hen ⟨sein⟩ *itr* **1.** *(glühend wer-
den)* glow; **2.** *fig (brennen)* burn (*vor*
with); ▶ **ihre Augen erglühten vor
Zorn** her eyes glowed with anger.
Er·go·me·ter ⟨-s, -⟩ *n* ergometer.
Er·go·no·mie *f* ergonomics *sing;* **er-
go·no·misch** *adj* ergonomic.
er·grau·en ⟨sein⟩ *itr* go (*od* turn) grey.
er·grei·fen *irr tr* **1.** grasp, seize; **2.** *fig
(rühren)* move; ▶ **jds Partei** ~ take
someone's side; **er·grei·fend** *adj fig*
moving; **Er·grei·fung** *f* capture.
er·grif·fen [ɛɐ'grɪfən] *adj (bewegt)*

moved.

er·grün·den *tr* fathom; ▶ **das wollen wir jetzt mal ~!** now let's get to the bottom of this!

Er·guß [εε'gʊs, *pl* εε'gγsə] ⟨-sses, ⁻sse⟩ *m* **1.** *(Blut~)* bruise; **2.** *(Samen~)* ejaculation; **3.** *fig hum od pej (Geschriebenes)* effusion.

er·ha·ben [εε'ha:bən] *adj* **1.** *fig (feierlich erhoben)* elevated, exalted; **2.** *(erhöht)* embossed, raised; ▶ **~e Gedanken** elevated thoughts; **~e Gefühle** lofty sentiments; **über jeden Verdacht ~ sein** be above suspicion; **über solche Dinge bin ich ~** I'm above such things.

Er·ha·ben·heit *f fig* sublimity.

er·hal·ten *irr tr* **1.** *(bekommen)* get, receive; **2.** *(bewahren)* preserve; **3.** *(unterhalten)* maintain; ▶ **dankend ~** received with thanks; **gut ~** well preserved; **sich gesund ~** keep healthy; **er·hält·lich** [εε'hεltlɪç] *adj* available, obtainable.

Er·hal·tung *f allg* preservation; *(von Maschinen etc)* maintenance; *(von Bauten)* upkeep; **Er·hal·tungs·do·sis** *f med* booster *(od* maintenance) dose; **Er·hal·tungs·maß·nah·men** *pl* conservation measures.

er·hän·gen **I** *tr* hang; **II** *refl* hang o.s.

er·här·ten *tr fig* substantiate; ▶ **e-e Theorie ~** corroborate a theory.

er·ha·schen [εε'haʃən] *tr a. fig* catch.

er·he·ben *irr* **I** *tr* **1.** *(Gegenstand)* raise; **2.** *fin (Abgaben etc)* levy; ▶ **gegen jdn Anklage ~** bring a charge against s.o.; **ein Geschrei ~** set up a cry; **II** *refl* **1.** *(aufstehen)* get up, rise; **2.** *(sich auflehnen)* revolt.

er·heb·lich *adj* considerable; *(ernstlich)* serious.

Er·he·bung *f* **1.** *(kleiner Hügel)* rise; **2.** *(Aufstand)* uprising; **3.** *(offizielle Befragung)* inquiry; **4.** *(Einziehung von Gebühren)* levying.

er·hei·tern [εε'haɪtən] **I** *tr* cheer up; **II** *refl* be amused *(über* by).

Er·hei·te·rung *f* amusement; ▶ **zur allgemeinen ~** to everybody's amusement.

er·hel·len **I** *tr* **1.** *(durch Licht)* illuminate, light up; **2.** *fig (erläutern, erklären)* elucidate; **II** *refl* brighten.

er·hit·zen [εε'hɪtsən] **I** *tr* heat up *(auf* to); **II** *refl* heat up; ▶ **nach dem Dauerlauf erhitzt sein** be sweaty after long-distance running.

er·hof·fen *tr* hope for; ▶ **man kann sich nichts anderes ~** you can't hope for anything else.

er·hö·hen [εε'hø:ən] **I** *tr* increase, raise; ▶ **erhöhte Temperatur haben** have a temperature; **II** *refl* increase, rise.

Er·hö·hung *f* **1.** *(Vermehrung)* increase; **2.** *(Gelände~)* rise; **3.** *(Intensivierung)* heightening, intensification; **Er·hö-**

hungs·zei·chen *n mus* sharp.

er·ho·len *refl (sich ausruhen)* take a rest; *(sich entspannen)* relax; ▶ **sich von e-r Krankheit ~** recover from an illness; **er·hol·sam** *adj* refreshing, restful; **Er·ho·lung** *f (Ruhe)* rest; *(Entspannung)* recovery; ▶ **gute ~!** have a good rest! **du brauchst ein wenig ~ nach der Arbeit!** you need some relaxation after work; **ich kann dir sagen, das war alles andere als eine ~!** it was no holiday, I can tell you! **ich brauche dringend ~** I badly need a holiday *(Am* vacation); **Er·ho·lungs·an·la·ge** *f* leisure centre; **Er·ho·lungs·ge·biet** *n* recreational area; **Er·ho·lungs·wert** *m* recreational value.

er·hö·ren *tr:* ▶ **Herr, erhöre unser Gebet!** Lord, hear our prayer!

er·in·nern [εε'ɪnɐn] **I** *tr* remind *(jdn an etw* s.o. of s.th.); ▶ **jdn daran ~, etw zu tun** remind s.o. to do s.th.; **s-e Gegenwart erinnerte mich an . . .** his presence was a reminder of . . .; **II** *refl* remember *(an* s.th.); ▶ **soweit ich mich ~ kann** as far as I can remember; **ich kann mich nicht ~** I have no recollection of it.

Er·in·ne·rung *f* memory, recollection; ▶ **ich habe nur eine vage ~ daran** my recollection of it is vague; **in ~en schwelgen** walk down memory lane *fam;* **zur ~ an . . .** in memory of . . .

er·kal·ten ⟨sein⟩ *itr* **1.** *(kalt werden)* go cold; **2.** *fig (Gefühle etc)* cool down.

er·käl·ten [ɛɐ'kɛltən] *refl* catch a cold; **er·käl·tet** *adj:* ▶ **~ sein** have a cold.

Er·käl·tung *f* cold; ▶ **e-e schwere ~** a bad cold; **sich e-e ~ holen** catch a cold.

er·kämp·fen *tr refl* win.

er·kenn·bar *adj* **1.** *(sichtbar)* visible; **2.** *(wahrnehmbar)* discernible; ▶ **ohne ~es Einkommen** *jur* with no visible means of support.

er·ken·nen *irr tr* **1.** *(wieder~)* recognize *(an* by); **2.** *(wahrnehmen)* discern; **3.** *(klar sehen)* see; ▶ **~ Sie die Melodie?** do you recognize this tune? **ich hätte sie in der Verkleidung nicht erkannt** I wouldn't have recognized her in her disguise; **ich erkannte nur zu deutlich, daß . . .** I saw only too clearly that . . .

er·kennt·lich [εε'kεntlɪç] *adj:* ▶ **sich jdm für etw ~ zeigen** show s.o. one's gratitude for s.th.

Er·kennt·nis *f* **1.** *(Wissen)* knowledge; **2.** *(Erkennen)* realization; **3.** *(Einsicht)* insight; ▶ **die Polizei hat keine neuen ~se über seine Aktivitäten** the police have no knowledge of his activities; **Er·kennt·nis·stand** *m* level of knowledge.

Er·ken·nungs·dienst *m (~ der Polizei)* police records department; **Er·ken·nungs·me·lo·die** *f radio* signature tune; **Er·ken·nungs·zei·chen** *n* identification.

Er·ker ['ɛrkə] ⟨-s, -⟩ *m arch* bay.

er·klär·bar *adj* explainable, explicable; ▶ **das ist leicht** ~ that's easy to explain; **das ist nicht** ~ that's inexplicable.

er·klä·ren I *tr* **1.** *(begründen)* explain *(jdm etw* s.th. to s.o.*);* **2.** *(bekanntgeben)* declare; *(sagen)* say; ▶ **ich hoffe, Sie können das** ~ you'd better explain yourself; **was meinst du mit „dumm"? erklär mir das!** what do you mean "stupid"? explain yourself! **jdm den Krieg** ~ *a. fig* declare war on s.o.; **ich erkläre diese Sitzung für geschlossen** I declare this meeting closed; **der Regierungssprecher erklärte ...** the government spokesman said ...; **II** *refl* be explained; ▶ **das erklärt sich durch ...** that is explained by ...; **das erklärt sich von selbst** that's self-explanatory.

er·klär·lich *adj (s.* erklärbar*);* ▶ **mir ist einfach nicht** ~, **wie ...** I simply cannot understand how ...

er·klärt *adj:* ▶ ~**er Feind** open *(od* sworn*)* enemy; ~**er Liebling** acknowledged favourite.

Er·klä·rung *f* **1.** *(Begründung, Erläuterung)* explanation; **2.** *(Bekanntgabe)* declaration; *(Aussage)* statement; ▶ **es bedarf e-r kurzen** ~ it needs a little explanation; **e-e** ~ **abgeben** make a declaration; *(Regierungssprecher etc)* make a statement.

er·klin·gen ⟨sein⟩ *irr itr* **1.** *(hallen)* resound *(von* with*);* **2.** *(erschallen)* be heard; ▶ **um 9 Uhr erklangen die Kirchenglocken** at 9 o'clock the church bells rang.

er·kran·ken ⟨sein⟩ *itr* be taken sick, fall ill; ▶ **sie ist erkrankt** she is ill.

Er·kran·kung *f* disease.

er·kun·den [ɛɐ'kʊndən] *tr* **1.** *(ausfindig machen)* find out; **2.** *mil (ausspähen)* reconnoitre, scout.

er·kun·di·gen [ɛɐ'kʊndɪgən] *refl:* ▶ **sich bei jdm nach etw** ~ enquire s.th. of s.o.; **sich nach etw** ~ ask about s.th.

Er·kun·di·gung *f:* ▶ ~**en einziehen über ...** make enquiries about ...

Er·kun·dung *f* reconnaissance.

er·lah·men ⟨sein⟩ *itr (Interesse, Begeisterung)* flag.

er·lan·gen [ɛɐ'laŋən] *tr* achieve, attain.

Er·laß [ɛɐ'las, *pl* ɛɐ'lɛsə] ⟨-sses, ∹sse⟩ *m* **1.** *(Verordnung)* decree, edict; **2.** *(e-r Strafe)* remission.

er·las·sen *irr tr:* ▶ **jdm die Gebühren** ~ waive the fees for s.o.; **er erließ mir den Rest** he let me off paying the rest; **ein Gesetz** ~ enact a law.

er·lau·ben [ɛɐ'laʊbən] *tr (gestatten)* allow, permit; ▶ **jdm** ~, **etw zu tun** allow s.o. to do s.th.; **wenn Sie** ~ if you permit; **wenn ich mir** ~ **darf, meine Meinung zu sagen** if I may venture an

opinion; **was** ~ **Sie sich!** how dare you! ~ **Sie mal!** well I must say!

Er·laub·nis *f* permission; ▶ **mit Ihrer** ~ with your permission; **jdm die** ~ **geben, etw zu tun** give s.o. permission to do s.th.; **jdn um** ~ **bitten** ask permission of s.o.

er·läu·tern [ɛɐ'lɔɪtən] *tr* explain; *(kommentieren)* comment on ...

Er·läu·te·rung *f* explanation; *(Kommentar)* comment.

Er·le ['ɛrlə] ⟨-, -n⟩ *f bot* alder.

er·le·ben *tr* **1.** *(durchmachen)* experience; **2.** *(lebend sehen)* live to see; ▶ **er hat zwei Kriege erlebt** he lived through two wars; **ich möchte mal erleben, daß du ein Versprechen hältst** I'd like to see the day you keep a promise; **du kannst was** ~! you're going to be in for it! *fam;* **ich möchte mal was** ~ I want to have a good time; **Sie werden (noch) Ihr blaues Wunder** ~! *fig* you'll get the shock of your life!

Er·leb·nis *n* experience; ▶ **ich hatte ein unangenehmes** ~ I had a nasty experience.

er·le·di·gen [ɛɐ'le:dɪgən] *tr* **1.** *(ausführen)* settle; **2.** *(vernichten)* finish; *fam (umbringen)* do in; ▶ **ich habe noch einiges zu** ~ I still have a few things to see to; **er ist erledigt** he's done for; **er ist für mich erledigt** I'm finished with him.

er·le·gen *tr (Wild)* shoot.

er·leich·tern [ɛɐ'laɪçtən] *tr* **1.** *(leichter machen)* make easier; **2.** *fig (lindern)* relieve; ▶ **jds Lage** ~ lighten someone's burden *fig;* **jdn um s-e Geldbörse** ~ *fam* relieve someone of his purse; **es würde die Sache** ~ it would facilitate matters.

er·leich·tert *adj:* ▶ ~ **sein** feel relieved.

Er·leich·te·rung *f:* ▶ **jdm** ~ **verschaffen** bring s.o. relief.

er·lei·den *irr tr* suffer.

er·ler·nen *tr* learn.

er·le·sen *adj* exquisite, select.

er·leuch·ten *tr* illuminate, light up.

Er·leuch·tung *f fig* inspiration.

er·lie·gen [ɛɐ'li:gən] *irr itr* succumb to ...; ▶ **e-m Irrtum** ~ be the victim of an error.

Er·lie·gen [ɛɐ'li:gən] *n:* ▶ **zum** ~ **kommen** come to a standstill.

Er·lös [ɛɐ'lø:s] ⟨-es, -e⟩ *m* proceeds *pl.*

er·lo·schen *adj (Vulkan, Spezies)* extinct.

er·lö·schen ⟨sein⟩ *irr itr* **1.** *(Feuer: ausgehen)* go out; **2.** *fig* die; **3.** *(Versicherung)* become void.

er·lö·sen *tr* **1.** *rel* redeem; *(von Qualen)* deliver; **2.** *(bei Verkauf)* get.

Er·lö·sung *f* **1.** *(von Qual)* release; **2.** *rel* redemption.

er·mäch·ti·gen [ɛɐ'mɛçtɪgən] *tr* authorize, empower; ▶ **ermächtigt sein, etw zu tun** be empowered to do s.th.

er·mah·nen *tr* reprove (*wegen* for).

Er·mah·nung *f* admonition, rebuke.

Er·man·ge·lung *f:* ▶ **in ~ eines Besseren** for want of anything better.

er·mä·ßi·gen [ɛɐ'mɛːsɪgən] *tr* reduce.

Er·mä·ßi·gung *f* reduction.

er·mat·tet *adj* exhausted.

Er·mes·sen *n:* ▶ **das liegt in Ihrem ~** that's within your discretion; **nach meinem ~** in my estimation; **nach menschlichem ~** as far as anyone can judge.

er·mes·sen *irr tr* 1. (*abwägen*) gauge; 2. (*begreifen*) realize.

Er·mes·sens·fra·ge *f* matter of discretion.

er·mit·teln [ɛɐ'mɪtəln] I *tr* 1. (*bestimmen*) determine; (*feststellen*) establish; 2. (*ausfindig machen*) trace; ▶ **jds Identität ~** establish someone's identity; II *itr* (*polizeilich ~*) investigate; ▶ **gegen jdn ~** investigate s.o.; **in e-m Fall ~** investigate a case.

Er·mitt·lung *f* (*polizeiliche ~*): ▶ **~en anstellen** make inquiries (*über* about); **Er·mitt·lungs·ver·fa·hren** *n* preliminary proceedings *pl*.

er·mög·li·chen [ɛɐ'møːklɪçən] *tr* facilitate, make possible; ▶ **es jdm ~, etw zu tun** make it possible for s.o. to do s.th.

er·mor·den *tr* murder.

Er·mor·dung *f* murder.

er·mü·den [ɛɐ'myːden] *tr* ⟨h⟩ *itr* ⟨sein⟩ tire.

er·mü·dend *adj* tiring.

Er·mü·dung *f* fatigue, weariness.

er·mun·tern [ɛɐ'mʊntən] *tr* 1. (*aufmuntern*) cheer up; 2. (*ermutigen*) encourage.

er·mu·ti·gen [ɛɐ'muːtɪgən] *tr* encourage; ▶ **jdn ~, etw zu tun** encourage s.o. to do s.th.

er·näh·ren I *tr* 1. (*speisen*) feed; 2. (*erhalten*) maintain, support; II *refl* live (*von* on).

Er·näh·rung *f* 1. (*Nahrung*) food, nourishment; 2. (*das Ernähren*) feeding.

er·nen·nen *irr tr* appoint; ▶ **jdn zu etw ~** appoint s.o. s.th.

Er·nen·nung *f* appointment (*zum* as).

er·neu·er·bar *adj:* ▶ **~e Energiequellen** renewable energy resources.

er·neu·ern [ɛɐ'nɔɪən] *tr* 1. *mot* (*auswechseln*) replace; 2. *fig* (*wiederherstellen*) renew; ▶ **s-e Bekanntschaft mit jdm ~** renew one's acquaintance with s.o.; **jds Paß ~** renew someone's passport.

er·nied·ri·gen [ɛɐ'niːdrɪgən] *tr* (*demütigen*) humiliate; ▶ **~de Behandlung** humiliating treatment.

Er·nie·dri·gungs·zei·chen *n mus* flat.

Ernst [ɛrnst] ⟨-es⟩ *m* 1. (*ernster Wille*) seriousness; 2. (*ernsthafte Gesinnung*)

earnestness; ▶ **im ~** in earnest; **ganz im ~** in all seriousness; **diesmal meine ich es im ~** this time I'm serious; **das ist mein ~** I'm serious about it; **das kann nicht dein ~ sein!** you can't be serious! **wollen Sie das im ~?** do you seriously want to do that? **ist das Ihr ~?** do you mean that seriously?

ernst *adj* 1. (*ernsthaft*) earnest, serious; 2. (*bedrohlich*) serious; ▶ **er meint es ~ mit ihr** he is serious about her; **das meinst du doch nicht ~!** you can't be serious! **es wird ~** it's getting serious; **etw (jdn) ~ nehmen** take s.th. (s.o.) seriously.

Ernst·fall *m* emergency; ▶ **im ~** in case of emergency.

ernst·haft *adj* earnest, serious.

Ernst·haf·tig·keit *f* (*s.* Ernst).

ernst·lich *adv:* ▶ **~ wütend werden** get really angry.

Ern·te ['ɛrntə] ⟨-, -n⟩ *f* 1. (*das Ernten*) a. *fig* harvest; 2. (*Ertrag*) crop; ▶ **die ~ einbringen** bring the crops in; **Ern·te·dank·fest** *n* harvest festival.

ern·ten ['ɛrntən] *tr itr* 1. (*Getreide, Wein*) harvest, reap; 2. *fig* reap; ▶ **Undank ~** *fig* get little thanks *pl;* **Kartoffeln ~** dig potatoes; **Äpfel ~** pick apples.

er·nüch·tern [ɛɐ'nʏçtən] *tr* (*zur Vernunft bringen*) sober up.

Er·nüch·te·rung *f* disillusionment.

Er·obe·rer [ɛɐ'oːbərɐ] ⟨-s, -⟩ *m* conqueror.

er·obern [ɛɐ'oːbən] *tr* a. *fig* conquer; ▶ **sie eroberten die vom Feinde beherrschte Stadt** they captured the town from the enemy.

Er·obe·rung *f* (*a. Person*) conquest.

er·öff·nen *tr* (*mit etw beginnen*) open; ▶ **e-e Ausstellung ~** open an exhibition; **ein Konto ~** open an account; **der Arzt eröffnete ihm nicht, wie hoffnungslos sein Zustand war** the doctor did not reveal to him how hopeless his situation was.

Er·öff·nung *f* 1. (*Beginn*) opening; 2. (*Mitteilung*) disclosure.

er·ör·tern [ɛɐ'œrtən] *tr* discuss; ▶ **ich möchte das nicht weiter ~** I don't want to discuss it any further.

Er·ör·te·rung *f* discussion; ▶ **das ist noch in der ~** that is still under discussion.

Ero·tik [e'roːtɪk] *f* eroticism.

ero·tisch *adj* erotic.

Er·pel ['ɛrpəl] ⟨-s, -⟩ *m* drake.

er·picht [ɛɐ'pɪçt] *adj:* ▶ **auf etw ~ sein** be keen on s.th.

er·pres·sen *tr* 1. (*unter Druck setzen*) blackmail; 2. (*abpressen*) extort (*von* from).

Er·pres·ser(in) *m* (*f*) blackmailer.

Er·pres·ser·brief *m* 1. blackmail letter;

2. *(Brief von Entführern)* ransom note.
er·pres·se·risch *adj* blackmailing.
Er·pres·sung *f* blackmail; **Er·pres·sungs·ver·such** *m* blackmail attempt.
er·pro·ben *tr* test, try; **er·probt** *adj (bewährt)* proven.
Er·pro·bung *f* test, trial.
er·quicken (k·k) [εε'kvɪkən] *tr lit* refresh.
er·quick·lich *adj:* ▶ **nicht sehr** ~ not very pleasant.
er·ra·ten *irr tr* guess; ▶ **wie hast du das bloß** ~? how did you guess? **das wirst du nie** ~! you'll never guess! **sie hat es fast** ~ her guess was nearly right.
er·rech·nen *tr* calculate, work out.
er·reg·bar [εε're:kba:ɐ] *adj* excitable; *(sexuell)* a. easily aroused; *(empfindlich)* sensitive.
er·re·gen [εε're:gən] **I** *tr* **1.** *(bewirken)* cause, create; **2.** *(aufregen)* excite; **3.** *(anregen)* arouse; ▶ **Aufsehen** ~ attract publicity; **Mitleid** ~ provoke pity; **jdn** ~ *(sexuell)* excite s.o.; **jds Verdacht** ~ arouse someone's suspicion; **II** *refl* get excited, get worked up *(über* about).
Er·re·ger *m med* pathogene.
Er·re·gung *f (Erregtheit)* agitation; *(Wut)* rage.
er·reich·bar *adj:* ▶ **die Berge sind leicht** ~ the mountains are within easy reach; **nicht** ~ *(nicht zu erlangen)* unattainable; **telephonisch** ~ **sein** have a phone connection; **er ist nie** ~ he is never available; **Er·reich·bar·keit** *f (verkehrsgünstige Lage)* accessibility.
er·rei·chen *tr* **1.** *(zustande bringen)* manage; **2.** *(gelangen zu ..., ergreifen)* reach.
er·ret·ten *tr* deliver *(aus, von* from).
er·rich·ten *tr* **1.** *(bauen)* erect; **2.** *(gründen)* establish.
Er·rich·tung *f* **1.** *(das Bauen)* erection; **2.** *(Gründung)* establishment.
er·rin·gen *irr tr* achieve, gain; ▶ **e-n Sieg** ~ win a victory.
er·rö·ten [εε'rø:tən] ⟨sein⟩ *itr* blush *(vor* with). **er·rö·tend** *adj* with a blush.
Er·run·gen·schaft [εε'rʊŋənʃaft] *f* **1.** *(Leistung)* achievement; **2.** *hum (Liebschaft)* acquisition.
Er·satz [εε'zats] ⟨-es⟩ *m* replacement, substitute; ▶ **für jdn** ~ **finden** find a substitute for s.o.; **als** ~ as a substitute; **Er·satz·be·frie·di·gung** *f psych* substitutive *(od* vicarious*)* satisfaction; **Er·satz·dienst** *m* alternative service; **Er·satz·lö·sung** *f* alternate solution; **Er·satz·mann** ⟨-s, -leute⟩ *m allg* replacement; *sport* substitute; **Er·satz·mi·ne** *f* refill. **Er·satz·rei·fen** *m mot* spare tyre; **Er·satz·teil** *n* spare.
er·sau·fen ⟨sein⟩ *irr itr sl (ertrinken)* drown.
er·säu·fen [εε'zɔɪfən] *tr* drown.

er·schaf·fen *irr tr* create.
Er·schaf·fung *f* creation.
er·schal·len ⟨sein⟩ *irr itr* **1.** *(widerhallen)* resound; **2.** *(ertönen)* sound; ▶ **im Korridor erschallten Schritte** feet sounded in the corridor; **er ließ s-e tiefe Baßstimme** ~ his deep bass voice rang out.
er·schau·ern ⟨sein⟩ *itr* shiver *(vor* with); *(schaudern)* shudder.
Er·schei·nen *n* **1.** appearance; **2.** *(Publizierung)* publication.
er·schei·nen ⟨sein⟩ *irr itr* **1.** *(publiziert werden)* be published, come out; **2.** *(sichtbar werden)* appear; ▶ **vor Gericht** ~ appear in court.
Er·schei·nung *f* **1.** *(Natur~)* phenomenon; **2.** *(Geister~)* apparition; ▶ **äußere** ~ outward appearance; **in** ~ **treten** appear; **Er·schei·nungs·ter·min** *m* publication date.
er·schie·ßen *irr* **I** *tr* shoot; **II** *refl* shoot o.s.
Er·schie·ßung *f mil* shooting.
er·schlaf·fen [εε'ʃlafən] **I** *itr* ⟨sein⟩ **1.** *(Person)* go limp; **2.** *(Seil etc)* flag, wane; **II** *tr* ⟨h⟩ *(ermüden)* tire.
er·schla·gen *irr tr* slay; ▶ **vom Blitz** ~ **werden** be struck by lightning.
er·schla·gen *adj fam (erschöpft)* *fam* dead-beat.
er·schlei·chen *irr tr* obtain in an underhand way.
er·schlie·ßen *irr tr* **1.** *(Rohstoffquellen etc)* tap; **2.** *(Gelände, Markt)* develop, open up; **3.** *(Einnahmequelle)* find acquire.
Er·schlie·ßungs·ko·sten *pl* development costs.
er·schöp·fen *tr* exhaust; ▶ **das Klima erschöpft einen** the climate is exhausting; **meine Geduld ist erschöpft** I've run out of patience; **er·schöp·fend** *adj* **1.** *(ausführlich)* exhaustive; **2.** *(ermüdend)* exhausting.
Er·schöp·fung *f* exhaustion.
er·schrecken (k·k) **I** *itr* ⟨sein⟩ *(auffahren)* start; **II** *tr* frighten, startle; ▶ **jdn** ~ startle s.o.; **ich stellte erschreckt fest,** ... I was startled to see ...
er·schrocken (k·k) *adj* startled.
er·schüt·tern [εε'ʃʏtən] *tr* **1.** *(erzittern lassen)* shake; **2.** *fig (aus der Fassung bringen)* upset, *fam* shatter; ▶ **von etw erschüttert sein** be distressed about s.th.
Er·schüt·te·rung **1.** *(Vibration)* vibration; **2.** *fig (Ergriffenheit)* shock.
er·schwe·ren [εε'ʃve:rən] *tr* **1.** *(schwerer machen)* make more difficult; **2.** *(verschlimmern)* aggravate; ▶ ~**de Umstände** aggravating circumstances.
er·schwing·lich [εε'ʃvɪŋlɪç] *adj* within one's means.
er·se·hen *irr tr:* ▶ **wie aus meinem**

Bericht zu ~ ist as will be gathered from my report; **soviel ich aus dem Bericht ersehe ...** as far as I can see from the report ...

er·seh·nen *tr* long for ...

er·set·zen *tr* replace; *(an jds Stelle treten a.)* take the place of; ▶ **du mußt mir den Schaden ~** you've got to compensate me for the loss; **jds Auslagen ~** refund someone's expenses.

er·sicht·lich [ɛɐˈzɪçtlɪç] *adj* obvious; ▶ **hieraus ist ~, daß ...** this shows that ...

er·spä·hen *tr* espy, spot.

er·spa·ren *tr* save; ▶ **erspar dir die Mühe!** spare yourself the trouble! **es erspart uns sehr viel Mühe, wenn wir ...** it'll save a lot of hard work if we ...; **mir blieben sehr viele Ausgaben erspart** I've been spared a lot of expense.

Er·spar·nis *f* 1. *(Einsparung)* saving *(an* of); 2. **~se** *fin pl* savings.

erst [eːɐst] *adv* 1. *(zuerst)* at first; 2. *(nicht eher, als)* not until; ▶ **~ einmal** in the first place; **~ hast du aber etw anderes gesagt** that's not what you said first; **~ gehe ich schwimmen** first of all I'm going for a swim; **ich muß das ~ fertigmachen** I must finish this first; **überlege ~, bevor du etw unterschreibst!** think first before you sign anything! **ich habe ~ vor fünf Minuten davon gehört** I heard nothing of it until five minutes ago; **er kommt ~, wenn Sie ihn einladen** he won't come until you invite him; **sie fingen ~ an, als wir da waren** they didn't start until we came; **~ gestern** only yesterday; **~ vor kurzem** only a short time ago; **jetzt ~ recht!** that makes me all the more determined! **das ist fürs ~e genug** that's enough to begin with.

er·star·ren ⟨sein⟩ *itr* 1. *(steif werden)* grow stiff, stiffen; 2. *(flüssige Masse: fest werden)* solidify; 3. *(unbeweglich werden)* ossify; ▶ **erstarrte Finger** numb fingers.

Er·star·rung *f (Steifheit von Gliedern)* numbness, stiffness.

er·stat·ten [ɛɐˈʃtatən] *tr (Auslagen)* refund, reimburse; ▶ **diese Ausgaben werden erstattet** these expenses are refundable; **Er·stat·tung** *f (von Kosten)* refund, reimbursement.

Erst·auf·füh·rung *f theat* first-night (performance).

Er·stau·nen ⟨-s⟩ *n* astonishment, amazement; ▶ **in ~ setzen** amaze; **ich höre mit ~, daß ...** I'm astonished to learn that ...; **zu meinem großen ~** much to my amazement.

er·stau·nen I *tr* ⟨h⟩ amaze, astonish; II *itr* ⟨sein⟩ be astonished *(über* at); ▶ **nein, wirklich? da bin ich aber erstaunt!** no, really? you amaze me!

er·staun·lich *adj* amazing, astonishing.

er·staun·li·cher·wei·se *adv:* ▶ **~ hat er es gleich beim ersten Mal richtig gemacht** amazingly, he got it right first time.

Erst·aus·ga·be *f* first edition.

er·ste *adj (m f n)* first; ▶ **er war der ~, der das gemacht hat** he was the first to do that; **wer ist der ~?** who's first? **wann haben Sie ihn das ~ Mal getroffen?** when did you first meet him? **sie kamen als ~** they were the first to come; **er war als ~r zu Hause** he was the first home; **das ist das ~, was ich höre** that's the first I've heard of; **in ~r Linie** first and foremost.

er·ste·chen *irr tr* stab (to death).

er·stei·gen *irr tr* climb.

er·sticken (k·k) [ɛɐˈʃtɪkən] I *tr* ⟨h⟩ *(töten)* suffocate; ▶ **der Mörder erstickte das Opfer** the murderer suffocated the victim; II *itr* ⟨sein⟩ suffocate; choke; ▶ **sie erstickte an einer Fischgräte** she choked on a fishbone.

Er·stickung (k·k) *f* suffocation.

erst·klas·sig [ˈeːɐstklasɪç] *adj* first-class *(od* -rate).

Erst·la·ge·rung *f (von Atommüll)* initial storage.

erst·ma·lig [ˈeːɐstmaːlɪç] *adj* first.

erst·mals [ˈeːɐstmaːls] *adv* for the first time.

er·stre·ben *tr* strive after *(od* for), aspire to ...

er·strecken (k·k) *refl* extend; *(räumlich a.)* reach *(bis* to, as far as) strech *(auf, über* over); *(zeitlich a.)* carry on, last *(auf, über* for).

Erst·schlag *m mil (nuklearer ~)* first strike.

er·stür·men *tr mil* storm.

Er·su·chen ⟨-s, -⟩ *n* request; ▶ **auf ~ von ...** at the request of ...

er·su·chen *tr* request *(jdn um etw* s.th. of s.o.).

er·tap·pen *tr:* ▶ **jdn bei etw ~** catch s.o. at s.th.; **auf frischer Tat ertappt** caught in the act, caught red-handed.

er·tei·len *tr* give; ▶ **e-e Erlaubnis ~** grant permission.

er·tö·nen [ɛɐˈtøːnən] ⟨sein⟩ *itr* sound; ▶ **bei E~ des Signals ...** at the sounding of the signal ...

Er·trag [ɛɐˈtraːk, *pl* ɛɐˈtrɛːɡə] ⟨-(e)s, ⁝e⟩ *m* 1. *(Gewinn)* proceeds *pl,* return; 2. *(von Boden)* yield.

er·tra·gen *irr tr* bear, endure; ▶ **sie kann es nicht ~, wenn man über sie lacht** she can't bear being laughed at.

er·träg·lich [ɛɐˈtrɛːklɪç] *adj* bearable, endurable; ▶ **wie geht es dir? — noch ganz ~** how are you getting on? — quite tolerably.

er·trag·reich *adj:* ▶ **~er Boden** fertile soil; **~e Goldmine** productive goldmine.

Er·trags·aus·fall *m* reduced yields *pl.*
Er·trags·aus·schüt·tung *f fin* dividend distribution.
Er·trags·stei·ge·rung *f* increase of efficiency.
er·trän·ken *tr* drown; ▶ **seine Sorgen im Alkohol** ~ *fig* drown one's sorrows (in drink).
er·trin·ken ⟨sein⟩ *irr itr* drown.
er·tüch·ti·gen [ɛɐˈtʏçtɪɡən] *refl* keep fit.
er·üb·ri·gen [ɛɐˈyːbrɪɡən] **I** *tr* spare; **II** *refl* be unnecessary; ▶ **es erübrigt sich, zu sagen ...** it's superfluous to say ...
er·wa·chen ⟨sein⟩ *itr* awake, wake (up); ▶ **als er erwachte, war ein Einbrecher im Zimmer** he woke up to find a burglar in the room; **als sie erwachte, sangen die Vögel** she woke to the sounds of birds singing; **von etw** ~ be woken up by s.th.
er·wach·sen [ɛɐˈvaksən] ⟨sein⟩ *irr itr fig* arise, develop; ▶ **daraus werden Ihnen einige Kosten** ~ some costs will accrue to you from this.
er·wach·sen *adj* adult, grown-up; **Er·wach·se·ne(r)** *f m* grown-up (person), adult; **Er·wach·se·nen·bil·dung** *f* adult education.
er·wä·gen *irr tr* consider.
Er·wä·gung *f:* ▶ **in** ~ **ziehen** take into consideration.
er·wäh·nen [ɛɐˈvɛːnən] *tr* mention; ▶ **er wurde mehrfach lobend erwähnt** he was mentioned in several dispatches.
er·wär·men I *tr* heat, warm; **II** *refl* heat up; ▶ **sich für etw** ~ *fig* take to s.th.
er·war·ten *tr* **1.** *(annehmen)* expect; **2.** *(entgegensehen)* await; ▶ **etw von jdm** ~ expect s.th. from s.o.; **das war zu** ~ that was to be expected; **ich weiß, was mich erwartet** I know what to expect; **das habe ich erwartet** I expected as much; **ich habe eigentlich erwartet, daß sie kommt** I was expecting her to come; **Sie** ~ **doch wohl nicht, daß ich dem zustimme?** you can't expect me to agree to that; **ich erwarte dich morgen** I'll be expecting you tomorrow; **der lange erwartete Tag** the long awaited day; **ich kann das Wochenende kaum noch** ~ I can hardly wait for the weekend.
Er·war·tung *f* expectation; ▶ **in** ~ ... in expectation of ...; **jds** ~**en entsprechen** come up to someone's expectations; **Er·war·tungs·druck** *m* pressure of expectation; **Er·war·tungs·hal·tung** *f psych* anticipation.
er·war·tungs·voll *adj* expectant.
er·wecken (k·k) *tr lit (aus dem Schlaf)* rouse; ▶ **Verdacht** ~ raise suspicion; **Interesse** ~ arouse interest.
er·weh·ren *refl:* ▶ **sich jds** ~ ward s.o. off.

er·wei·chen [ɛɐˈvaɪçən] *tr fig (milde stimmen)* move; ▶ **sich nicht** ~ **lassen** be unmoved.
er·wei·sen *irr* **I** *tr* **1.** *(beweisen)* prove; **2.** *(zuteil werden lassen)* show; ▶ **jdm die letzte Ehre** ~ pay one's last respects to s.o.; **das muß erst noch erwiesen werden** that remains to be proved; **II** *refl* prove o.s. *(als etw* as s.th.); ▶ **sich als unfähig** ~ show o.s. to be incompetent; **sich als nützlich** ~ prove useful.
er·wei·ter·bar *adj* **1.** expandable; **2.** *EDV* upgradeable.
er·wei·tern [ɛɐˈvaɪtɐn] *tr (vergrößern)* enlarge; *(verbreitern)* widen; *(Geschäft etc)* expand; ▶ **erweiterte Ausgabe** enlarged edition; **s-n Horizont** ~ *fig* broaden one's mind *(od* horizons *pl);* **s-e Macht** ~ extend one's power.
Er·werb [ɛɐˈvɛrp] ⟨-(e)s, -e⟩ *m (Kauf)* purchase.
er·wer·ben *irr tr* acquire; ▶ **erworbene Eigenschaften** acquired characteristics; **mehr Wissen** ~ gain in knowledge.
Er·werbs·ar·beit *f* waged work; **Er·werbs·be·völ·ke·rung** *f* working population; **Er·werbs·fä·hi·ge** *m f* person able to work *(od* fit for work); **Er·werbs·le·ben** *n* working life; **er·werbs·los** *adj* unemployed; **er·werbs·tä·tig** *adj* (gainfully) employed; ~**e Bevölkerung** economically active population; **Er·werbs·tä·ti·ge(r)** *f m* gainfully employed person; **er·werbs·un·fä·hig** *adj* unable to work, incapacitated.
Er·wer·bung *f* acquisition.
er·wi·dern [ɛɐˈviːdɐn] *tr* **1.** *(antworten)* answer, reply; **2.** *(vergelten)* return; ▶ **jds Liebe** ~ return someone's love; **das Feuer** ~ *mil* return fire.
Er·wi·de·rung *f* reply, retort.
er·wie·se·ner·ma·ßen *adv* as has been proved.
er·wir·ken *tr* obtain.
er·wi·schen *tr* **1.** *(fangen)* catch; **2.** *(zufällig bekommen)* get hold of; ▶ **sich** ~ **lassen** get caught; **jdn bei etw** ~ catch s.o. at s.th.; **hab' ich dich erwischt!** aha, caught you! **in flagranti erwischt** caught in the act.
er·wünscht *adj* desirable; ▶ **nicht** ~**e Person** persona non grata.
er·wür·gen [ɛɐˈvʏrɡən] *tr* strangle.
Erz [eːɐts/ɛrts] ⟨-es, -e⟩ *n* ore.
er·zäh·len *tr* tell; ▶ **jdm von etw** ~ tell s.o. about *(od* of) s.th.; **ich erzählte meinem Freund, was geschehen war** I told my friend what had happened; **so hat man es mir jedenfalls erzählt** or so I've been told; **wem** ~ **Sie das!** *fam* you're telling me! **na, dem werd' ich was** ~! *fam* I'll give him a piece of my mind!
er·zäh·lend *adj* narrative.
Er·zäh·ler(in) *m (f)* narrator.

Er·zäh·lung f story, tale.
Erz·bi·schof m archbishop.
Erz·bis·tum n archbishopric.
Erz·en·gel m archangel.
er·zeu·gen tr produce; ▶ **aus Kohle Energie** ~ generate electricity from coal.
Er·zeu·ger m com manufacturer; **Erzeu·ger·ge·mein·schaft** f manufacturers' association.
Er·zeug·nis n produce.
Er·zeu·gung f allg generation; (Produktion) production.
Erz·feind(in) m (f) arch-enemy.
Erz·her·zog m archduke; **Erz·her·zo·gin** f archduchess.
er·zie·hen irr tr 1. (aufziehen) bring up; 2. (ausbilden) educate; ▶ **jdn dazu** ~, **etw zu tun** bring s.o. up to do s.th.
Er·zie·her(in) m (f) 1. (Hauslehrer(in)) (private) tutor; 2. (Internats~) educator.
er·zie·he·risch adj educational.
Er·zie·hung f 1. (Erziehungszeit) upbringing; 2. (Bildung) education; **Erzie·hungs·be·rech·tig·te(r)** f m parent; guardian; **Er·zie·hungs·geld** n subsidy for parents; **Er·zie·hungs·ur·laub** m paid leave for working parents of newly-born baby; **Er·zie·hungs·we·sen** n educational system; **Er·zie·hungs·wis·sen·schaft** f educational science; **Er·zie·hungs·wis·sen·schaft·ler(in)** m (f) educationalist.
er·zie·len tr (erreichen) reach; ▶ **e-n Erfolg** ~ achieve a success; **ein Ergebnis** ~ obtain a result; **ein Tor** ~ score a goal.
Erz·la·ger n ore deposit.
Erz·schiff n ore carrier.
er·zür·nen [ɛɛˈtsʏrnən] I tr anger; II refl grow angry (über about).
er·zwin·gen irr tr force; ▶ **etw von jdm** ~ force s.th. from s.o.; **ein Geständnis von jdm** ~ force a confession out of s.o.
Es [ɛs] ⟨-, -⟩ n mus E flat.
es [ɛs] prn it; ▶ ~ **gibt viele Leute, die ... there** are a lot of people who ...; ~ **ist kalt** it's cold; ~ **klopft** there's a knock (at the door); ~ **meldete sich niemand** nobody replied; ~ **sei denn, daß** ... unless ...; ~ **wurde gesagt, daß** ... it was said that ...; **ich bin's** it's me; **ich hab's** I've got it; **wer ist es?** who is it?
Esche [ˈɛʃə] ⟨-, -n⟩ f bot ash.
Esel [ˈeːzəl] ⟨-s, -⟩ m donkey; ▶ **alter** ~! you're an ass!
Ese·lin f she-ass.
Esels·brücke (k·k) f mnemonic; ▶ **jdm e-e** ~ **bauen** give s.o. a hint.
Esels·ohr n fig dog-ear.
es·ka·lie·ren [ɛskaˈliːrən] tr escalate.
Es·ki·mo [ˈɛskimo] ⟨-s, -s⟩ m Eskimo.
Es·kor·te [ɛsˈkɔrtə] ⟨-, -n⟩ f escort.

es·kor·tie·ren tr escort.
Es·pe [ˈɛspe] ⟨-, -⟩ f bot aspen; **Es·pen·laub** n: ▶ **zittern wie** ~ tremble like a leaf.
eß·bar [ˈɛsbaːɐ] adj eatable, edible; (Pilz) edible.
Eß·be·steck n cutlery (knife, fork and spoon).
Es·sen ⟨-s, -⟩ n 1. (Kost, Verpflegung) food; 2. (Mahlzeit) meal; ▶ **komm zum** ~! come round for a meal! **warmes** ~ hot meal; **Sie sollten während des** ~s **nicht rauchen** you shouldn't smoke at meal times; **ich lade dich zum** ~ **ein** I'll invite you for a meal.
es·sen [ˈɛsən] irr tr itr eat; ▶ **ich hab' schon ewig nichts mehr gegessen!** I haven't eaten for ages! **ich hab' seit zwei Tagen nichts mehr richtiges gegessen** I haven't had a proper meal for two days; **die Sache ist gegessen** fig fam that's history; **in dem Lokal kann man gut** ~ that's a good restaurant; **sich (ordentlich) satt** ~ eat one's fill; ~ **Sie gern Rosenkohl?** do you like Brussels sprouts? ~ **gehen** eat out.
Es·sens·mar·ke f meal voucher.
Es·senz [ɛˈsɛnts] f essence.
Es·ser(in) [ˈɛsɐ] m (f) eater; ▶ **ein guter (schlechter)** ~ **sein** be a good (poor) eater.
Eß·ge·schirr n 1. (im Haus) dinner-service; 2. mil mess kit.
Es·sig [ˈɛsɪç] ⟨-s, (-e)⟩ m vinegar; ▶ **damit ist's** ~! fam it's all off! **Es·sig·baum** m stag's horn sumac; **Es·sig·gur·ke** f pickled gherkin.
Es·sig·säu·re f chem acetic acid.
Eß·löf·fel m soup (od dessert) spoon; ▶ **ein** ~ **voll** a tablespoonful; **eß·löf·fel·wei·se** adj by the spoonful; **Eß·stäb·chen** pl chopsticks; **Eß·tisch** m dining table; **Eß·wa·ren** pl food sing, provisions; **Eß·zim·mer** n dining-room.
Este (Estin) [ˈeːstə] ⟨-n, -n⟩ m (f) Estonian; **Est·land** n Estonia; **est·nisch** adj Estonian.
Estra·gon [ˈɛstragɔn] ⟨-⟩ m bot tarragon.
Eta·ge [eˈtaːʒə] ⟨-, -n⟩ f floor; ▶ **er wohnt auf der 3.** ~ he lives on the 3rd floor; **Eta·gen·bad** n (im Hotel) shared bath; **Eta·gen·du·sche** f (im Hotel) shared shower; **Eta·gen·kell·ner(in)** m (f) waiter (waitress) on room-service.
Etap·pe [eˈtapə] ⟨-, -n⟩ f 1. (Teilstrecke) stage; 2. mil communications zone.
Etat [eˈtaː] ⟨-s, -s⟩ m fin budget.
ete·pe·te·te [ˈeːtəpəˈteːtə] adj fam: ▶ **sie ist sehr** ~ she's very finicky.
Eter·nit [etɛrˈniːt] ⟨-s⟩ n Wz asbestos cement.
Ethik [ˈeːtɪk] f ethics pl.
ethisch adj ethical.

Eth·no·gra·phie [ɛtnogra'fiː] *f* ethno-graphy.

Eth·no·lo·gie [ɛtnolo'giː] *f* ethnology.

Eti·kett [eti'kɛt] ⟨-(e)s, -e/-s⟩ *n* label.

Eti·ket·te [eti'kɛtə] ⟨-⟩ *f* etiquette; ▶ **gegen die ~ verstoßen** offend against etiquette.

eti·ket·tie·ren *tr* label.

et·li·che ['ɛtlɪçə] *prn* quite a few; ▶ **es hat sich ~s geändert** things have changed a lot.

Etui [ɛ'tviː] ⟨-s, -s⟩ *n* case.

et·wa ['ɛtva] *adv (ungefähr)* about, ap-proximately; ▶ **soll das ~ heißen, daß …?** is that supposed to mean that …? **es ist ~ so groß** it's about this size; **es ist ~ so** it's more or less like this; **wann ~?** roughly when? **sind Sie ~ nicht einver-standen?** do you mean to say that you don't agree?

et·wa·ig *adj* possible; ▶ **~e Einwände …** any objections …

et·was ['ɛtvas] *prn* 1. *(substantivisch)* something; *(Frage: verneint)* anything; 2. *(adjektivisch)* some; ▶ **das ist im-merhin ~** well, that's something; **das gewisse E~** that certain something; **~ mehr als 200** something over 200; **hast du heute abend schon ~ vor?** are you doing anything tonight? **kaum ~** hardly anything; **noch ~ Tee?** some more tea? **laß mir ~ Kuchen übrig!** leave some cake for me!

Ety·mo·lo·gie *f* etymology; **ety·mo·lo·gisch** *adj* etymological.

euch [ɔɪç] *prn* you; ▶ **es liegt an ~** it's because of you; **setzt ~!** sit down! **wascht ~!** wash yourselves!

euer, eure ['ɔɪɐ, 'ɔɪrə] *prn* your; ▶ **sind das eure?** are these yours?

Eu·le ['ɔɪlə] ⟨-, -n⟩ *f* owl; ▶ **~n nach Athen tragen** *prov* carry coals to New-castle.

Eu·nuch [ɔɪ'nuːx] ⟨-en, -en⟩ *m* eunuch.

eu·res·glei·chen ['-'--] *prn* the likes of you.

eu·ret·we·gen ['ɔɪrətveːgən] *adv* be-cause of you.

eu·ret·wil·len ['ɔɪrətvɪlən] *adv:* ▶ **um ~** for your sake.

eu·ri·ge ['ɔɪrɪgə] *prn* yours; ▶ **tut ihr das E~** (you) do your bit.

Eu·ro·Ci·ty-Zug *m* European Inter-City Train.

Eu·ro·pa [ɔɪ'roːpa] ⟨-s⟩ *n* Europe; **Eu·ro·pa·cup** *m* Eurepean cup; **Eu·ro·pä·er(in)** [ɔɪro'pɛːɐ] ⟨-s, -⟩ *m (f)* European; **eu·ro·pä·isch** *adj* European; ▶ **~e Artikelnummer** *(Abk* EAN) *(Waren-auszeichnung)* European Article Number; **~es Sicherheitssystem** *mil* European security system; **~es Wäh-rungssystem, EWS** European Monet-ary System, EMS; **E~e Gemeinschaft** European Community, Common Market.

Eu·ro·pa·mei·ster(in) *m (f)* European champion; **Eu·ro·pa·par·la·ment** *m* European Parliament; **Eu·ro·pa·paß** *m* European passport; **Eu·ro·pa·po·kal** *m sport* European cup; **Eu·ro·pa·rat** *m* Council of Europe; **Eu·ro·pa·wah·len** *f pl* European elections.

Eu·ro·scheck *m* Eurocheque; **Eu·ro·scheck·kar·te** *f* Eurocheque card.

Eu·ter ['ɔɪtɐ] ⟨-s, -⟩ *n* udder.

eva·ku·ie·ren [evaku'iːrən] *tr* evacuate.

Eva·ku·ie·rung *f* evacuation.

evan·ge·lisch [evaŋ'geːlɪʃ] *adj* Protes-tant.

Evan·ge·li·um [evaŋ'geːliʊm] *n* gospel.

even·tu·ell [evɛntu'ɛl] **I** *adj (etwaig)* possible; **II** *adv* if the occasion arises; *(nötigenfalls)* if need be; *(vielleicht)* perhaps, possibly; ▶ **ich komme ~ ein bißchen später** I might come a little later.

ewig ['eːvɪç] *adj rel philos* eternal; ▶ **das dauert ja ~!** *fig* it goes on for-ever! **ich mag diese ~en Diskussionen nicht** I don't like these never-ending discussions.

Ewig·keit *f rel* eternity; ▶ **ich habe ihn eine ~ nicht mehr gesehen** *fig* I haven't seen him for ages *pl;* **das dauert ja eine ~!** *fig* it's taking ages!

EWS [eːveˈs] ⟨-⟩ *n Abk von* **Europäi-sches Währungssystem** EMS.

EWU [eːveˈuː] ⟨-⟩ *f Abk von* **Europäische Währungsunion** EMU.

ex·akt [ɛ'ksakt] *adj* exact; ▶ **~ arbeiten** work accurately.

Ex·amen [ɛ'ksaːmən, *pl* ɛ'ksaːmina] ⟨-s, -/-mina⟩ *n* examination; *fam* exam; ▶ **~ machen** take one's exams *pl.*

Exe·ku·tion [ɛkseku'tsjoːn] *f* execution.

Exe·ku·tions·kom·man·do *n* firing squad.

Ex·em·pel [ɛ'ksɛmpəl] ⟨-s, -⟩ *n* example; ▶ **die Probe aufs ~ machen** put it to the test; **ein ~ an jdm statuieren** make an example of s.o.

Ex·em·plar [ɛksɛm'plaːɐ] ⟨-s, -e⟩ *n* 1. *(Buch)* copy; 2. *(Muster)* sample; 3. *(Pflanze)* specimen.

ex·em·pla·risch *adj* exemplary; ▶ **jdn ~ bestrafen** punish s.o. as an example.

ex·er·zie·ren [ɛksɛr'tsiːrən] *itr* drill.

Ex·er·zier·platz *m* parade ground.

ex·hu·mie·ren [ɛkshu'miːrən] *tr* exhume.

Exil [ɛ'ksiːl] ⟨-s, -e⟩ *n* exile; ▶ **ins ~ gehen** go into exile.

Exi·stenz [ɛksɪs'tɛnts] *f (Dasein)* exist-ence; ▶ **sich e-e ~ aufbauen** make a life for o.s.; **glauben Sie an die ~ von Engeln?** do you believe in the existence of angels?

Exi·stenz·be·rech·ti·gung *f* right to exist; **Exi·stenz·grund·la·ge** *f* basis of one's livelihood; **Exi·stenz·grün·dung** *f* establishing one's livelihood; **Exi·stenz·mi·ni·mum** *n* subsistence level; ► **mein Gehalt liegt unter dem** ~ my salary is not enough to live on.

exi·stie·ren *itr* 1. *(bestehen)* exist; 2. *(leben können)* live, subsist (*von* on).

Ex·klu·siv·recht *n* exclusive rights *pl.*

Ex·kre·men·te [ɛkskre'mɛntə] *pl* faeces, fecales.

ex·ma·tri·ku·lie·ren I *refl* withdraw from the university register; II *tr* take off the university register.

exo·tisch [ɛ'kso:tɪʃ] *adj* exotic.

Ex·pe·di·t·ion [ɛkspedi'tsjo:n] *f* expedition; ► **auf e-e** ~ **gehen** go on an expedition.

Ex·pe·ri·ment [ɛksperi'mɛnt] ⟨-(e)s, -e⟩ *n* experiment; ► **ein** ~ **machen** do an experiment.

ex·pe·ri·men·ti·eren *itr* experiment.

Ex·per·te (Ex·per·tin) [ɛks'pɛrtə] ⟨-n, -n⟩ *m (f)* expert *(für* in); **Ex·per·ten·sy·stem** *m EDV* expert system.

ex·plo·die·ren [ɛksplo'di:rən] ⟨sein⟩ *itr* explode.

Ex·plo·sion *f* explosion; ► **etw zur** ~ **bringen** detonate s.th.; **ex·plo·sions·ar·tig** *adj* explosive; **Ex·plo·sions·ge·fahr** *f* danger of explosion.

ex·plo·siv [ɛksplo'zi:f] *adj* explosive.

ex·po·nie·ren [ɛkspo'ni:rən] *refl* take a prominent stance; ► **exponierte Lage** prominent position.

Ex·port [ɛks'pɔrt] ⟨-(e)s, -e⟩ *m* export.

Ex·port·ar·ti·kel *m pl* exports.

Ex·por·teur [ɛkspɔr'tø:ə] ⟨-s, -e⟩ *m* exporter.

ex·por·tie·ren *tr* export.

Ex·preß [ɛks'prɛs] *adv (Postsendung)* by express.

Ex·press·gut·ab·fer·ti·gung *f rail* express goods office.

Ex·pres·sio·nis·mus [---'-] *m* expressionism.

ex·pres·sio·ni·stisch *adj* expressionist.

ex·tra ['ɛkstra] I *adv:* ► **das hast du** ~ **getan!** you did that on purpose! **jetzt tu ich's** ~! just for that I'll do it! **diese Frage wird** ~ **diskutiert** there will be separate discussions on this question; II *adj:* ► **ein** ~ **Blatt Papier** a separate sheet of paper.

Ex·tra·aus·stat·tung *f mot* special fittings *pl;* **Ex·tra·blatt** *n* special edition; **ex·tra·fein** *adj* superfine.

ex·tra·kor·po·ral *adj med* extracorporal; ► ~**e Befruchtung** artificial insemination.

Ex·trakt [ɛks'trakt] ⟨-(e)s, -e⟩ *m* extract.

ex·tra·ute·rin *adj med* extra-uterine; ► ~**e Befruchtung** artificial insemination.

ex·tra·va·gant [ɛkstrava'gant] *adj* extravagant.

Ex·tra·wurst *f fig:* ► **er muß immer e-e** ~ **gebraten haben** he always has to have s.th. special.

Ex·trem ⟨-s, -e⟩ *n* extreme; ► **von e-m** ~ **ins andere fallen** go from one extreme to the other.

ex·trem [ɛks'tre:m] *adj* extreme; ► **die** ~**e Linke** *pol* the extreme left.

Ex·tre·mist(in) *m (f)* extremist.

Ex·tre·mi·tä·ten *f pl anat* extremities.

Ex·trem·wert *m* extreme value.

ex·tro·ver·tiert ['ɛkstrovɛrti:ət] *adj psych* extrovert.

Ex·zel·lenz [ɛkstsɛ'lɛnts] *f* Excellency.

ex·zen·trisch [ɛks'tsɛntrɪʃ] *adj* eccentric.

Ex·zeß [ɛks'tsɛs] ⟨-sses, -sse⟩ *m* excess; ► **bis zum** ~ to excess.

ex·zes·siv [--'-] *adj* excessive.

F

F, f [ɛf] ⟨-, -⟩ *n* F, f; **F-Dur** ['ɛf'duːə] *f mus* F Major; **F-Schlüs·sel** *m mus* F clef.
Fa·bel ['faːbəl] ⟨-, -n⟩ *f* 1. *(Tier~)* fable; 2. *fam (Erdichtung, unglaubliche Geschichte)* fantastic story; **fa·bel·haft** *adj* 1. *(unglaublich)* incredible; 2. *(wunderbar)* fabulous; 3. *(großartig, hervorragend)* splendid; **Fa·bel·tier (Fa·bel·we·sen)** *n* mythical creature.
Fa·brik [fa'briːk] ⟨-, -en⟩ *f* factory; *(Werk)* works *pl; (Anlage, Anwesen)* establishment, plant; **Fa·bri·kant(in)** [fabri'kant] ⟨-en, -en⟩ *m (f)* 1. *(Besitzer)* factory-owner; 2. *(Erzeuger)* manufacturer; *(Hersteller)* maker; **Fa·brik·ar·bei·ter(in)** *m (f)* factory worker; **Fa·bri·kat** ⟨-(e)s, -e⟩ *n* 1. *(Marke, Fertigung)* brand, make; 2. *(Erzeugnis)* article, product; **Fa·bri·ka·tion** *f* manufacture, manufacturing, production; **Fa·bri·ka·tions·feh·ler** *m* manufacturing fault; **Fa·brik·be·sit·zer(in)** *m (f)* factory-owner; **Fa·brik·ge·län·de** *n* factory premises *pl;* **fa·brik·neu** *adj* brand-new; **Fa·brik·schorn·stein** *m* smoke stack; **Fa·brik·stil·le·gung** *f* closing down (of a factory), industrial dereliction.
fa·bri·zie·ren [fabri'tsiːrən] *tr* manufacture; *(herstellen)* make; *(produzieren)* produce.
fa·bu·lie·ren [fabu'liːrən] *itr* romance.
Fach [fax, *pl* 'fɛçə] ⟨-(e)s, ̈-er⟩ *n* 1. *(Abteil)* compartment, division; *(Schub~)* drawer; *(Ablage~)* filing cabinet; *(Schrankabteil)* partition; 2. *fig (Zweig)* branch, business, line; *(Arbeitsgebiet)* province; 3. *(Unterrichts~)* subject; ▶ **ein Mann (eine Frau) vom ~** an expert; **das schlägt nicht in mein ~** that is not in my line; **er versteht sein ~** he knows his business.
Fach·ar·bei·ter(in) *m (f)* skilled worker.
Fach·arzt (-ärz·tin) *m (f)* specialist *(für* in); ▶ **~ für innere Medizin** specialist for internal medicine; **Fach·aus·druck** *m* technical term.
fä·cheln ['fɛçəln] *itr* fan.
Fä·cher ['fɛçe] ⟨-s, -⟩ *m* fan.
Fach·frau *f* expert; **Fach·ge·biet** *n* (special) field (of work); **Fach·ge·schäft** *n* specialist *Br* shop, *(Am* store); **Fach·händ·ler** *m* specialist supplier; **Fach·hoch·schu·le** *f* college, polytechnic; **Fach·idi·ot** *m fam* one-track

specialist; **Fach·kennt·nis·se** *pl* special knowledge *sing.*
fach·kun·dig *adj* competent, expert.
fach·lich *adj* 1. technical; 2. *(beruflich)* professional.
Fach·li·te·ra·tur *f* technical literature; **Fach·mann** ⟨-s, -leute/(-männer)⟩ *m* expert, specialist; **fach·män·nisch** *adj* expert; **Fach·maß·nah·men** *f pl* specific measures; **Fach·mes·se** *f* trade fair; **Fach·pres·se** *f* trade press; **Fach·schu·le** *f* technical college; **fach·sim·peln** ['-zɪmpəln] *itr fam* talk shop; **Fach·spra·che** *f* technical language; **Fach·text** *m* specialist *(od* technical) text; **Fach·werk** *n* half-timbering; **Fach·werk·haus** *n* half-timbered house; **Fach·welt** *f* experts *pl;* **Fach·wis·sen** *n* expertise; **Fach·wort** *m* technical term; **Fach·zeit·schrift** *f (technisch)* technical journal; *(naturwissenschaftlich)* scientific journal; *(Branchen~)* trade journal.
Fackel (k·k) ['fakəl] ⟨-, -n⟩ *f* torch.
fackeln (k·k) *itr fam:* ▶ **da wird nicht lange gefackelt!** there won't be any dilly-dallying!
fa·de ['faːdə] *adj* 1. stale, tasteless; 2. *(abgeschmackt)* inspid; *(langweilig)* dull, flat.
Fa·den ['faːdən, *pl* 'fɛːdən] ⟨-s, ̈-⟩ *m* 1. thread, *(an Marionetten)* string; 2. *(Maß)* fathom; ▶ **ihr Schicksal hängt an e·m dünnen ~** *fig* her fate hangs by a thread; **der rote ~** *fig* the main idea; **alle ̈- in der Hand halten** *fig* hold the reins; **den ~ verlieren** *fig* lose the thread.
Fa·den·nu·deln *f pl* vermicelli.
fa·den·schei·nig *adj* 1. *a. fig* threadbare, flimsy; 2. *(schäbig)* shabby.
Fad·heit *f* 1. *(Abgeschmacktheit)* insipidity; 2. *(Langweiligkeit)* dullness.
Fa·gott [fa'gɔt] ⟨-(e)s, -e⟩ *n mus* bassoon.
fä·hig ['fɛːɪç] *adj* able, capable; *(qualifiziert)* fit, qualified; ▶ **er ist zu allem ~** he is capable of anything; **e-n ~en Kopf haben** have a (clever) mind.
Fä·hig·keit *f* ability, capability.
fahl [faːl] *adj* fallow; *(matt)* faded; *(bleich)* livid, pale.
fahn·den ['faːndən] *itr* search *(nach* for).
Fahn·dung *f* search *(nach* for); **Fahndungs·li·ste** *f* list of wanted criminals, wanted list.

Fah·ne ['fa:nə] ⟨-, -n⟩ f 1. flag; 2. typ galley (proof); 3. fam: ▶ e-e ~ haben fig fam reek of the bottle; **mit fliegenden ~n untergehen** fig go down with all flags flying; **die ~ hochhalten** fig keep the flag flying.

Fah·nen·ab·zug m typ galley-proof; **Fah·nen·eid** m oath of allegiance; **Fah·nen·flucht** f mil a. fig desertion; **fah·nen·flüch·tig** adj mil a. fig: ▶ ~ **sein** have deserted; ~ **werden** desert; **Fah·nen·stan·ge** f flagpole; **Fahnen·trä·ger(in)** m (f) standard-bearer.

Fähn·rich ['fɛːnrɪç] ⟨-s, -e⟩ m mil sergeant.

Fahr·aus·weis m ticket; **Fahr·bahn** m lane; **Fahr·bahn·ver·en·gung** f lane closures pl; (auf Schildern) road narrows; **fahr·bar** adj (beweglich) mobile; ▶ ~**er Untersatz** fam wheels pl; **Fahr·bi·blio·thek** f mobile library; **Fahr·dienst·lei·ter** m rail Br assistant station-master, Am station agent.

Fäh·re ['fɛːrə] ⟨-, -n⟩ f ferry.

fah·ren ['fa:rən] irr I itr ⟨sein⟩ 1. (mit e-m Fahrzeug) go; (im Wagen, auf dem Rad) drive, ride; (mit e-m Schiff) sail; 2. (von Fahrzeugen) run; II tr ⟨h⟩ 1. (e-n Wagen lenken) drive; (Boot) row; (Schiff) sail (nach for); 2. (befördern) convey; (Steine) cart; ▶ **er kann Auto (Motorrad)** ~ he knows how to drive a car (ride a motorcycle); **wollen wir ~ od zu Fuß gehen?** shall we go by car (od bus, train etc) or walk? **was ist in sie ge~?** fig what's got into her? **per Anhalter** ~ hitch(hike); ~ **über** ... (Fluß etc) cross ...; **etw** ~ **lassen** (aufgeben) abandon, give up, let go; **rechts** ~! keep right! **um die Ecke** ~ turn the corner; **der Gedanke fuhr mir durch den Kopf** the thought flashed through my mind; **sich mit der Hand über das Gesicht** ~ pass one's hand over one's face; **in die Höhe** ~ (aufschrecken) start (up); **(nicht) schlecht bei etw** ~ fig (not) to come off badly with **Sie** ~ **besser, wenn ... fig** you would do better if ...; **fahrend** adj itinerant; ▶ ~**er Sänger** hist itinerant minstrel.

Fah·rer(in) m (f) driver; **Fah·rer·flucht** f hit-and-run.

Fahr·er·laub·nis f driver's permit, Br driving licence (Am driver's license); ▶ **jdm die ~ entziehen** revoke someone's driving licence.

Fahr·gast m passenger; **Fahr·geld** n fare; **Fahr·ge·le·gen·heit** f conveyance; (für Anhalter) lift; **Fahr·gemein·schaft** f driving pool, Am car pool; **Fahr·ge·stell** n 1. mot chassis; aero Br undercarriage, Am landing gear; 2. fam hum (Beine) legs pl.

fah·rig ['fa:rɪç] adj fidgety.

Fahr·kar·te f rail ticket; ▶ **einfache** ~

Br single (Am one-way ticket); **Fahrkar·ten·au·to·mat** m (automatic) ticket (vending) machine; **Fahr·karten·schal·ter** m ticket office; **Fahrkom·fort** m mot motoring comfort.

fahr·läs·sig ['fa:ɐlɛsɪç] adj jur negligent; ▶ ~**e Körperverletzung** physical injury caused by negligence; ~**e Tötung** manslaughter through culpable negligence.

Fahr·läs·sig·keit f jur negligence; ▶ **grobe** ~ culpable negligence.

Fahr·leh·rer m driving instructor.

Fähr·li·nie f ferry line; **Fähr·mann** ⟨-s, -menner/-leute⟩ m ferryman.

Fahr·plan m rail Br time-table, Am (railroad) schedule.

fahr·plan·mä·ßig adj scheduled; ▶ ~ **ankommen** arrive on schedule; **alles verlief** ~ fig everything went according to schedule.

Fahr·pra·xis f driving experience; **Fahr·preis** m fare; **Fahr·preis·ermä·ßi·gung** f fare reduction; **Fahrprü·fung** f mot driving test; **Fahr·rad** n bicycle, cycle, fam bike; **Fahr·rin·ne** f mar shipping channel; **Fahr·schein** m ticket; **Fahr·schein·au·to·mat** m ticket machine; **Fahr·schu·le** f driving school; **Fahr·schü·ler(in)** m (f) learner (driver); **Fahr·spur** f lane; **Fahr·spur·mar·kie·rung** f lane marking; **Fahr·stuhl** m Br lift, Am elevator; **Fahr·stuhl·füh·rer** m Br lift-boy, Am elevator boy.

Fahrt [fa:ɐt] ⟨-, -en⟩ f 1. (im Wagen) drive, ride; 2. (Reise) journey, trip; mar (See~) voyage; (Über~) passage; (Kreuz~) cruise; 3. (~geschwindigkeit) speed; ▶ **in voller** ~ (at) full speed; ~ **verlieren** (Schiff, Flugzeug) lose headway; ~ **aufnehmen** pick up speed; **in** ~ **kommen** fig get into one's stride.

Fähr·te ['fɛːətə] ⟨-, -n⟩ f track, trail; ▶ **auf falscher** ~ on the wrong track.

Fahr·ten·buch n mot driver's log; **Fahr·ten·schrei·ber** m mot tachograph; **Fahrt·ko·sten** pl travelling expenses pl; **Fahrt·rich·tung** f direction; **in** ~ **sitzen** sit facing the engine; **Fahrtrich·tungs·an·zei·ger** m 1. mot indicator; 2. rail destination board.

fahr·tüch·tig adj 1. (Kfz) roadworthy; 2. (Fahrer) fit to drive.

Fahr·tüch·tig·keit f 1. (Kfz) roadworthiness; 2. (Fahrer) fitness to drive.

Fahrt·un·ter·bre·chung f break in the journey.

Fahrt·wind m air stream, head wind.

fahr·un·tüch·tig adj unfit to drive.

Fahr·ver·bot n suspension of someone's Br driving licence (Am driver's license); ▶ **jdm (ein)** ~ **erteilen** suspend someone's driving licence; **Fahr·ver·halten** n 1. (von Kfz) road performance; 2.

(von Fahrer) driving behaviour; **Fahrwas·ser** *n* 1. *mar* fairway; 2. *fig:* ▶ im richtigen ~ sein be in one's element; **Fahr·zeit** *f* running-time; *(Reisedauer)* duration (of a journey).

Fahr·zeug *n* vehicle; **Fahr·zeug·halter(in)** *m (f)* owner of a vehicle.

Fak·si·mi·le [fak'ziːmile] ⟨-s, -s⟩ *n* facsimile.

fak·tisch ['faktɪʃ] *adj* effective, real.

Fak·tor *m math* factor.

Fak·tum ['faktʊm] *n* fact.

Fa·kul·tät [fakʊl'tɛːt] *f (Universitäts~)* faculty.

fa·kul·ta·tiv [fakʊlta'tiːf/----] *adj* optional.

Fal·ke ['falkə] ⟨-n, -n⟩ *m orn* falcon.

Fall¹ [fal] ⟨-(e)s, (ᵘe)⟩ *m* 1. *(Sturz)* fall; *(von Preisen, Kursen, Barometer etc)* drop, fall *(e-r Sache* in s.th.); 2. *fig (Sturz)* fall; *(e-r Regierung, e-s Menschen)* downfall; ▶ zu ~ bringen make fall; *fig* cause the downfall of ...; zu ~ kommen *(hin~en)* fall; **Knall auf ~ entlassen werden** *fam* be sacked on the spot.

Fall² [fal, *pl* 'fɛlə] ⟨-(e)s, ᵘe⟩ *m* 1. *(Umstand, Sachverhalt)* case, instance; 2. *jur med gram* case; ▶ **gesetzt den ~, daß** ... supposing that ...; **in diesem ~** in this case *(od* instance); **in jedem (keinem) ~** always (never); **auf jeden (keinen) ~** at any rate (on no account); **für den ~, daß er** ... in case he ...; **auf alle ᵘe** anyway; **auf alle ᵘe gefaßt** prepared for anything; **im besten (schlimmsten) ~** at best (worst); **von ~ zu ~** from case to case; **ein klarer ~ sein** be a clear-cut case; **klarer ~!** *fam* sure thing! **das ist ganz mein ~** *fam* that's right up my street! **er ist ganz mein ~** *fam* he's just my type; **das ist nicht mein ~** *fam* that's not my cup of tea.

Fall·beil *n* guillotine.

Fal·le ['falə] ⟨-, -n⟩ *f* 1. *a. fig* trap; 2. *fam (Bett)* sack; ▶ **in die ~ gehen** get caught in the trap; *fig* fall into the trap; *fam (ins Bett gehen)* hit the sack; **jdn in e-e ~ locken** *fig* trick s.o.; **jdm e-e ~ stellen** *fig* set a trap for s.o.

fal·len ['falən] ⟨sein⟩ *irr itr* 1. drop, fall; 2. *(Preise, Temperatur etc)* go down; 3. *(Schuß)* be fired; 4. *(Entscheidung)* be made; *(Urteil)* be passed; 5. *(im Krieg sterben)* be killed; 6. *(stattfinden)* fall *(auf* on); 7. *(gehören)* come *(unter* under, *in* within); 8. *(zu~: Erbschaft etc)* go *(an* to); 9. *(reichen)* come down *(bis auf* to); 10. *(Wort)* be uttered; *(Bemerkung)* be made; *(Name)* be mentioned; ▶ **er fiel durch die Prüfung** *fam* he failed the exam; **über etw ~** trip over s.th.; **im Preis ~** go down in price; **im Kurs ~** *(Aktien etc)* go down; **in Schlaf**

~ fall asleep; **ins Schloß ~** *(von Tür)* click shut; **endlich fiel ein Tor** *sport* finally a goal was scored; **mit der Tür ins Haus ~** *fig* blurt things out; **ins Gewicht ~** *fig* be crucial; **nicht ins Gewicht ~** *fig* be of no consequence; **in Ohnmacht ~** faint; **jdm um den Hals ~** fling one's arms around someone's neck; **jdm in den Rücken ~** *fig* stab s.o. in the back; **er ist nicht auf den Mund ge~** *fig fam* he's not at a loss for words; **er ist nicht auf den Kopf ge~** *fig fam* he's smart.

fäl·len ['fɛlən] *tr* 1. *(Bäume etc)* fell; 2. *fig (Entscheidung)* make; *(Urteil)* pass; 3. *math:* ▶ **das Lot ~** drop a perpendicular; 4. *chem* precipitate.

Fal·len·stel·ler *m* trapper.

Fall·ge·schwin·dig·keit *f phys* speed of fall; **Fall·ge·setz** *n phys* law of gravity; **Fall·gru·be** *f* 1. pit; 2. *fig* pitfall.

fäl·lig ['fɛlɪç] *adj a. fin* due; ▶ **die Zahlung ist ~** the payment is due; **~ werden** fall due; *(Wechsel)* mature; **jetzt bist du ~!** *fam* you're for it!

Fäl·lig·keit *f fin* settlement date; *(von Wechsel)* maturity; ▶ **bei ~** by settlement date *(od* at maturity).

Fall·obst *n bot* windfall(s *pl).*

falls [fals] *conj* 1. *(wenn)* if; 2. *(für den Fall, daß...)* in case ...

Fall·schirm *m* parachute; ▶ **mit dem ~ abspringen** parachute *(über* out over); **mit dem ~ abwerfen** drop by parachute; **Fall·schirm·ab·sprung** *m* parachute jump; **Fall·schirm·jä·ger** *m mil* paratrooper; **Fall·schirmsprin·ger(in)** *m (f)* parachutist.

Fall·strick *m fig* snare, trap.

Fall·stu·die *f* case study.

Fäl·lung ['fɛlʊŋ] *f* 1. *(e-s Baumes)* felling; 2. *chem* precipitation; 3. *jur (e-s Urteils)* pronouncement; (e-r Entscheidung) reaching.

falsch [falʃ] *adj* 1. *(verkehrt)* wrong; 2. *(Name, Zähne)* false; 3. *(Paß, Alibi etc)* fake, forged, *fam* phon(e)y; *(Geld)* counterfeit; 4. *(betrügerisch)* bogus, *fam* phon(e)y; 5. *(unpassend, unangebracht)* false; ▶ **~ gehen** *(Uhr)* be wrong; **etw ~ aussprechen (schreiben, beurteilen, verstehen)** mispronounce (misspell, misjudge, misunderstand) s.th.; **~ singen (spielen)** *mus (unrein)* sing (play) out of tune; **~ spielen** *mus (e-n ~en Ton)* play the wrong note(s); *(beim Kartenspiel betrügen)* cheat; **damit liegst du ~** *fig fam* you're wrong about that; **bei mir gerätst du an den F~en** you've picked the wrong man (woman, person *etc)* in me; **~er Alarm** *a. fig* false alarm; **du treibst ein ~es Spiel mit mir** you're playing me false; **so ein ~er Hund!** *fam* he's such a snake-in-the-

grass!
fäl·schen [ˈfɛlʃən] *tr* **1.** fake, forge; *(Geld)* counterfeit; **2.** *com (Rechnung, Bilanz)* falsify; **3.** *(Tatsachen)* falsify.
Fäl·scher(in) *m (f)* forger.
Falsch·geld *n* counterfeit money.
Falsch·heit *f* falseness.
fälsch·lich [ˈfɛlʃlɪç] *adj* false; **fälsch·li·cher·wei·se** *adv* falsely, wrongly.
Falsch·mün·zer(in) *m (f)* counterfeiter, forger; **Falsch·par·ker** *m* person who parks illegally; **Falsch·spie·ler(in)** *m (f)* cheat.
Fäl·schung [ˈfɛlʃʊŋ] *f* **1.** *(Vorgang)* faking, forging; *(von Geld)* counterfeiting; **2.** *(Ergebnis)* fake, forgery; **fälschungs·si·cher** *adj (Ausweis etc)* unforgeable, forgery-proof.
Falt·blatt *n (Prospekt) Br* leaflet, *Am* folder; **Falt·boot** *n Br* collapsible boat, *Am* foldboat; **Falt·dach** *n mot* collapsible *(od* convertible) top, folding roof.
Fal·te [ˈfaltə] ⟨-, -n⟩ *f* **1.** *allg* fold; **2.** *(Bügel~)* crease; *(von Tuch, Kleid)* pleat; **3.** *(Gesichts~)* wrinkle; ▶ **die ~n glätten** smooth the folds; **in ~n legen** fold, pleat; **~n werfen** crease, pucker; **die Stirn in ~n legen** *(od* **ziehen)** knit one's brow; **fal·ten** *tr (zusammenlegen)* fold; *(Stoff)* crease, pleat; ▶ **die Hände ~** clasp one's hands; **fal·ten·los** *adj* **1.** without folds; **2.** *(ohne Runzeln)* unwrinkled; **fal·ten·reich** *adj (runzlig)* wrinkled; **Fal·ten·rock** *m* pleated skirt; **Fal·ten·wurf** *m* drapery.
Fal·ter ⟨-s, -⟩ *m (Schmetterling)* butterfly.
fal·tig *adj* **1.** *(zerknittert)* creased; **2.** *(Stirn, Haut etc)* wrinkled.
Falz [falts] ⟨-es, -e⟩ *m* **1.** *(Kniff, Faltung)* fold; **2.** *(Buchbinder~)* joint; **3.** *tech (Nutnaht)* rabbet.
fal·zen [ˈfaltsən] *tr* **1.** *(Papier)* fold; **2.** *tech (Holz etc)* rabbet.
fa·mi·li·är [famiˈljɛːɐ] *adj* **1.** *(zur Familie gehörig)* family *(nur attributiv);* **2.** *(zwanglos)* informal.
Fa·mi·lie [faˈmiːljə] *f* family; ▶ **aus guter ~ sein** come from good family; **es liegt in der ~** it runs in the family; **Fa·mi·li·en·an·schluß** *m:* ▶ **mit ~ as** one of the family; **Fa·mi·lien·an·zei·ge** *f* personal announcement; **Fa·mi·li·en·fei·er** *f* family party; **Fa·mi·li·en·kreis** *m* family circle; **Fa·mi·li·en·le·ben** *n* family life; **Fa·mi·li·en·mit·glied** *n* member of the family; **Fa·mi·li·en·name** *m Br* surname, *Am* last name; **Fa·mi·li·en·pla·nung** *f* family planning; **Fa·mi·li·en·stand** *m* marital status; **Fa·mi·li·en·un·ter·neh·men** *n* family business; **Fa·mi·li·en·va·ter** *m* father of a family; **Fa·mi·li·en·zu·sam·men·füh·rung** *f* reuniting of families.

fa·mos [faˈmoːs] *adj (ausgezeichnet) Br* splendid, capital, *Am* swell.
Fan [fɛn] ⟨-s, -s⟩ *m fam* fan, *sl* freak.
Fa·na·ti·ker(in) [faˈnaːtɪkɐ] *m (f)* fanatic; **fa·na·tisch** *adj* fanatical.
Fan·club *m* fan club.
Fan·fa·re [fanˈfaːrə] ⟨-, -n⟩ *f* **1.** *mus* fanfare; **2.** *mot* horn.
Fang [faŋ, *pl* ˈfɛŋə] ⟨-(e)s, ¨e⟩ *m* **1.** *(Beute, a. fig)* catch; **2.** *(Jagd)* hunting; *(Fisch~)* fishing; **3.** *(Kralle)* talon; **4.** *(~zahn)* fang; *(von Keiler)* tusk; ▶ **ein guter ~** a good catch; **in jds ~en** in someone's clutches; **Fang·arm** *m zoo* tentacle.
fan·gen [ˈfaŋən] *irr* **I** *tr* **1.** catch; *(mit Fallen)* trap; **2.** *fig (durch Fangfragen)* trap; *(überlisten)* trick; ▶ **du fängst dir gleich e-e!** *fam* you're going to catch it! **II** *refl* **1.** *(in e-r Falle)* get caught; **2.** *fig (das Gleichgewicht wiedererlangen)* steady o.s.
Fang·flot·te *f* fishing fleet; **Fang·fra·ge** *f* catch question; **Fang·lei·ne** *f mar* hawser.
Farb·ab·zug *m* coloured print; **Farb·auf·nah·me** *f* colour photo(graph).
Farb·band *n (von Schreibmaschine)* typewriter ribbon; **Farb·band·kas·set·te** *f* ribbon cassette.
Far·be [ˈfarbə] ⟨-, -n⟩ *f* **1.** *allg* colour; *(dunkle Tönung)* shade; *(helle Tönung)* tint; *(von Gesicht)* complexion; **2.** *(Färberei)* dye; *typ (Druck~)* ink; *(Anstrich)* paint; **3.** *(von Kartenspiel)* suit; **4.** *pl (Fahne)* colours *pl;* ▶ **~ bekennen** *(sich entscheiden)* nail one's colours to the mast; *(gestehen)* come clean; **~ bekommen** get a bit of colour.
farb·echt *adj* colourfast.
fär·ben [ˈfɛrbən] **I** *tr* colour; *(Stoff, Haare)* dye; **II** *refl* change colour; ▶ **sich gelb (grün** *etc)* **~** turn yellow (green *etc).*
far·ben·blind *adj* colour-blind.
Far·b(en)·druck ⟨-(e)s, -e⟩ *m* **1.** *typ* colour print(ing); **2.** *(Bild)* chromotype; **Far·ben·fa·brik** *f* paint factory; **far·ben·freu·dig** *adj* colourful; **Farb·b(en)·ka·sten** *m* paintbox; **Far·ben·leh·re** *f* chromatology; **Far·ben·pracht** *f* blaze of colour; **Far·ben·reich·tum** *m* wealth of colours.
Fär·ber [ˈfɛrbə] *m* dyer; **Fär·be·rei** *f* **1.** *(Betrieb)* dyeing works *pl od sing;* **2.** *(Gewerbe)* dyer's trade.
Farb·fern·se·hen *n* colour TV; **Farb·fern·se·her** *m (Gerät)* colour TV.
Farb·film *m* colour film.
far·big [ˈfarbɪç] *adj* **1.** coloured; **2.** *opt* chromatic; **3.** *fig (Schilderung)* colourful, vivid.
Far·bi·ge(r) *f m* coloured man *(od* woman *od* person).
Farb·ko·pie·rer *m* colour copier.

farb·los *adj a. fig* colourless.
Farb·pho·to(·gra·phie) *n (f)* **1.** *(Verfahren)* colour photography; **2.** *(Bild)* colour photo(graph).
Farb·ska·la *f* colour range; **Farb·stift** *m* coloured pencil *(od* crayon); **Farbstoff** *m* colouring; *(Pigment)* pigment.
Farb·ton *m* hue, shade; *(Tönung)* tint.
Fär·bung ['fɛrbʊŋ] *f* **1.** *(das Färben)* colouring; **2.** *(Farbe)* colour, tinge; *(Schattierung)* shade; **3.** *fig (Tendenz)* slant.
Far·ce [fars] ⟨-, (-n)⟩ *f theat a. fig* farce.
Farm [farm] ⟨-, -en⟩ *f* farm; **Far·mer** *m* farmer.
Farn [farn] ⟨-(e)s, -e⟩ *m bot* fern.
Fa·san [fa'za:n] ⟨-(e)s, -e(n)⟩ *m orn* pheasant.
Fa·sching ['faʃɪŋ] ⟨-s, -e/-s⟩ *m* carnival.
Fa·schings·diens·tag *m* Shrove Tuesday.
Fa·schis·mus [fa'ʃɪsmʊs] ⟨-⟩ *m pol* fascism; **Fa·schist(in)** *m (f)* fascist; **fa·schi·stisch** *adj* fascist.
Fa·se·lei [fa:zə'laɪ] *f fam pej* drivel, twaddle; **fa·seln** ['fa:zəln] *fam pej* **I** *itr* drivel, gas; **II** *tr:* ▶ **dummes Zeug** ~ talk drivel.
Fa·ser ['fa:ze] ⟨-, -n⟩ *f bot anat Br* fibre, *Am* fiber; **fa·se·rig** ['fa:zərɪç] *adj* fibrous; *(Fleisch, Spargel etc)* stringy.
fa·sern *itr* fray.
Faß [fas, *pl* 'fɛse] ⟨-sses, ⁼sser⟩ *n* barrel; ▶ **vom** ~ on tap; *(Bier)* on draught; **Bier vom** ~ draught beer; **das ist doch ein** ~ **ohne Boden** *fig fam* it's a bottomless pit; **das schlägt dem** ~ **den Boden aus!** *fig fam* that's the last straw!
Fas·sa·de [fa'sa:də] ⟨-, -n⟩ *f a. fig* façade.
fas·sen ['fasən] **I** *tr* **1.** *(ergreifen)* take hold of ...; *(packen)* grab; *(festnehmen)* apprehend; **2.** *(Edelsteine)* set; **3.** *(enthalten)* hold; **4.** *(begreifen)* grasp, understand; **5.** *fig (Entschluß, Mut etc)* take; **6.** *fig (ausdrücken)* express; ▶ **jds Hand** ~ take someone's hand; **jdn beim Arm** ~ take s.o. by the arm; **den Vorsatz** ~, **etw zu tun** take a resolution to do s.th.; **zu jdm Vertrauen** ~ come to trust s.o.; **etw in Worte** ~ put s.th. into words; **diesen Teil der Story müssen Sie neu** ~ you must revise this part of the story; **es ist nicht zu** ~ it's unbelievable; **etw ins Auge** ~ contemplate s.th.; **sich ein Herz** ~ pluck up courage; **II** *itr* **1.** *(an~)* feel, touch *(an etw* s.th.); **2.** *(Halt finden, greifen)* grip; **III** *refl (sich sammeln)* compose o.s.; ▶ **sich kurz** ~ be brief; **sich in Geduld** ~ be patient.
faß·lich ['faslɪç] *adj* comprehensible.
Fas·sung ['fasʊŋ] *f* **1.** *(von Juwelen)* setting; *el (Birnen~)* socket; **2.** *fig (Ru-*

he) composure; **3.** *(Version, Bearbeitung)* version; ▶ **jdn aus der** ~ **bringen** disconcert s.o.; **die** ~ **verlieren (bewahren)** lose (maintain) one's composure; **etw mit** ~ **tragen** take s.th. calmly; **e-e ungekürzte** ~ an unabridged version.
Fas·sungs·kraft *f* (power of) comprehension; ▶ **das übersteigt die menschliche** ~ that is beyond human understanding.
fas·sungs·los *adj* aghast, stunned; **Fas·sungs·ver·mö·gen** *n a. fig* capacity; ▶ **das übersteigt mein** ~ that is beyond me.
fast [fast] *adv* almost, nearly; ▶ ~ **dasselbe** much the same; ~ **nichts** hardly anything; ~ **nie** hardly ever.
fa·sten ['fastən] *itr* fast; **Fa·sten·kur** *f* hunger cure; **Fa·sten·zeit** *f eccl* Lent.
Fast-Food ['fast'fu:d] ⟨-⟩ *n* fast food.
Fast·nacht *f* **1.** Shrovetide; **2.** *(Dienstag)* Shrove Tuesday.
fas·zi·nie·ren [fastsi'ni:rən] *tr itr* fascinate *(an* about); ▶ **fasziniert sein** be fascinated *(von, durch* by); **fas·zi·nie·rend** *adj* fascinating.
fa·tal [fa'ta:l] *adj* **1.** *(verhängnisvoll)* disastrous, fatal; *(unglücklich)* unlucky; **2.** *(unangenehm)* awkward.
Fa·ta·lis·mus *m* fatalism.
Fatz·ke ['fatskə] ⟨-n/-s, -n/-s⟩ *m fam pej* **1.** *(Geck)* dandy, fop; **2.** *(hochnäsiger Dummkopf)* stuck-up twit *fam*.
fau·chen ['fauxən] *itr* hiss.
faul [faʊl] *adj* **1.** *(Eier, Äpfel etc, a. fig)* rotten; *(von Zähnen)* decayed; **2.** *(träge)* idle, lazy; **3.** *fam (verdächtig)* fishy; *(fadenscheinig)* flimsy; ▶ ~**es Geschwätz** *fam* idle talk; **an der Sache ist etw** ~ *fam* there's s.th. fishy about the whole business; **auf der** ~**en Haut liegen** *fam* laze about; ~**er Witz** lame joke; ~**er Zauber** *fam* humbug.
fau·len ['faʊlən] ⟨sein⟩ *itr* rot.
fau·len·zen ['faʊlɛntsən] *itr* laze *(od* loaf) about.
Fau·len·zer(in) *m (f)* lazybones *sing;* *(Bummler)* loafer, idler; *fam* slacker; **Fau·len·ze·rei** *f* lazing *(od* loafing) about.
Faul·gas *n* sewer gas.
Faul·heit *f* idleness, laziness.
fau·lig *adj (Eier, Äpfel etc)* going rotten; *(Geruch, Geschmack)* foul, putrid; *(Wasser)* stale.
Fäul·nis ['fɔɪlnɪs] ⟨-⟩ *f (Fäule)* rottenness, *med* putrefaction; *(Zahn~)* caries; ▶ **in** ~ **übergehen** go rotten; **Fäul·nis·pro·zeß** *m* breakdown, decomposition.
Faul·pelz *m fam* lazybones *sing;* **Faul·schlamm** *m* **1.** *allg* sludge; **2.** *geol* sapropel; **Faul·tier** *n* **1.** *zoo* sloth; **2.** *fig fam* sluggard; **Faul·turm** *m (im Klärwerk)* digestion tower.
Fau·na ['faʊna] ⟨-, -nen⟩ *f* fauna.

Faust [faʊst, *pl* 'fɔɪstə] ⟨-, ˙e⟩ *f* fist; ▶ **die ~ ballen** clench one's fist; **auf eigene ~** *fig fam* off one's own bat; **das paßt wie die ~ aufs Auge** *fam* it's completely out of place.

Fäust·chen ['fɔɪstçən] *n:* ▶ **sich ins ~ lachen** laugh up one's sleeve.

faust·dick ['-'-] *adj* as big as a fist; ▶ **er hat es ~ hinter den Ohren** *fam* he's a crafty one; **e-e ~e Lüge** *fig fam* a whopping lie.

Faust·hand·schuh *m* mitt(en); **Faust·pfand** *n* pledge, **Faust·re·gel** *f* rule of thumb; **Faust·schlag** *m* punch.

Fa·vo·rit(in) [favo'riːt] ⟨-en, -en⟩ *m (f)* favourite.

Fax ['faks] ⟨-, -e⟩ *n* fax; **fa·xen** *tr itr* fax; send by fax.

FCKW *m Abk von* **Fluorchlorkohlenwasserstoff** *chem* CFC.

Fa·zit ['faːtsɪt] ⟨-s, -e/-s⟩ *n fig* result; ▶ **das ~ ziehen** draw the conclusion(s) *(aus etw* from).

Fe·bru·ar ['feːbruaːɐ] ⟨-(s), (-e)⟩ *m* February.

fech·ten ['fɛçtən] *irr itr* fence, fight.

Fech·ter(in) *m (f) sport* fencer.

Fecht·mei·ster *m* fencing master.

Fe·der ['feːdɐ] ⟨-, -n⟩ *f* 1. *(Vogel~)* feather; *(Gänse~)* quill; *(Hut~)* plume; 2. *tech* spring; 3. *(Schreib~)* pen; *(Stahl~, Spitze e-r ~)* nib; ▶ **noch in den ~n liegen** *fam* be still in one's bed; **sich mit fremden ~n schmücken** deck o.s. out in *(od* adorn o.s. with) borrowed plumes; **mit spitzer ~** *fig* with a deadly pen; **Fe·der·ball** *m* 1. *(Ball)* shuttlecock; 2. *sport (~spiel)* badminton; **Fe·der·bett** *n Br* quilt, *Am* feather comforter; **Fe·der·busch** *m* 1. *orn* crest; 2. *(an Helm, Hut etc)* plume; **Fe·derfuch·ser** *m pej (Schreiberling)* penpusher; **fe·der·füh·rend** *adj fig* in (overall) charge *(bei, für* of); **Fe·derge·wicht** *n sport* featherweight; **Fe·der·hal·ter** *m* pen; **fe·der·leicht** ['--'-] *adj* light as a feather; **Fe·der·le·sen** *n:* ▶ **nicht viel ~(s) machen** make short work *(mit* of).

fe·dern ⟨sein⟩ **I** *itr* 1. *(elastisch sein)* be springy; 2. *(zurück~)* spring back; 3. ⟨h⟩ *(von Polster etc)* shed; **II** *tr* 1. *tech* spring; 2. *mot* fit with suspension; **fe·dernd** *adj* 1. *(elastisch)* springy; 2. *tech* sprung; ▶ **~er Gang** springy step.

Fe·de·rung *f* 1. *tech* springing; 2. *mot* (spring) suspension.

Fe·der·vieh *obs, a. hum n* poultry.

Fe·der·zeich·nung *f* pen-and-ink drawing.

Fee [feː, *pl* 'feːən] ⟨-, -n⟩ *f* fairy.

feen·haft *adj* fairylike.

Fe·ge·feu·er *n eccl* purgatory.

fe·gen ['feːgən] **I** *tr* ⟨h⟩ sweep; *(säubern)* sweep clean; **II** *itr* ⟨h⟩ 1. sweep (up); 2. ⟨sein⟩ *fam (jagen)* sweep; ▶ **um die Ecke ~** sweep round the corner.

Feh·de ['feːdə] ⟨-, -n⟩ *f hist* feud; ▶ **mit jdm in ~ liegen** *a. fig* feud with s.o.

Fehl *m:* ▶ **ohne ~ u. Tadel** without (a) blemish; **fehl** [feːl] *adj:* ▶ **~ am Platze sein** be out of place; **Fehl·an·zei·ge** *f:* ▶ **~!** no go! **Fehl·be·trag** *m com fin* deficit; **Fehl·ein·schät·zung** *f* misjudg(e)ment.

feh·len ['feːlən] *itr* 1. *(nicht da sein)* be missing; *(in Schule etc)* be away *(in* from), 2. *(mangeln)* be lacking, ▶ **es fehlt ihm an etw, ihm fehlt etw** he lacks s.th.; **hier fehlt etw** there's s.th. missing here; **mir ~ die Worte** words fail me; **das hat uns gerade noch gefehlt!** *fam iro* that was all we needed! **was fehlt Ihnen?** what's the matter with you? **wo fehlt es?** what's the trouble? **es fehlt ihm nie an e-r Ausrede** he is never at a loss for an excuse; **jetzt fehlt nur noch, daß . . . . . .** is all we need; **weit gefehlt!** *fig (ganz im Gegenteil)* far from it!

Feh·ler ['feːlɐ] *m* 1. *(Fehlgriff, Schreib~ etc)* mistake; *(Irrtum)* error; 2. *(Mangel)* defect, fault; ▶ **e-n ~ begehen** *(od* **machen)** make a mistake; **~!** *sport* fault! **das war nicht mein ~** that was not my fault; **e-n ~ (an sich) haben** have a fault; **sie hat den ~, daß . . .** the trouble with her is that . . .; **feh·ler·an·fäl·lig** *adj* error-prone; **Feh·ler·an·zei·ge** *f EDV* error message; **feh·ler·frei (fehler·los)** *adj* perfect; *(makellos)* faultless, flawless; **feh·ler·haft** *adj* defective, faulty; *(stümperhaft)* poor.

Fehler·mel·dung *f* (s. **Fehleranzeige**); **Feh·ler·quel·le** *f* source of error; **Feh·ler·quo·te** *f* error rate.

Fehl·funk·tion *f* inadequate function, malfunction.

Fehl·ge·burt *f* miscarriage.

fehl|ge·hen ⟨sein⟩ *irr itr* 1. *(sich verirren)* go wrong, miss the way; 2. *fig (sich irren)* be wrong *(od* mistaken).

Fehl·griff *m fig* mistake; **Fehl·kal·kula·tion** *f* miscalculation; **Fehl·konstruk·tion** *f* bad design; **Fehl·leistung** *f* 1. *päd* mistake, slip; 2. *psych* failure of purposive action; ▶ **Freudsche ~** Freudian slip; **Fehlprog·no·se** *f* incorrect prognosis; **Fehl·schal·tung** *f* faulty circuit; **Fehlschlag** *m fig* failure; **fehl|schla·gen** ⟨sein⟩ *irr itr fig* fail; **Fehl·schluß** *m* false conclusion; **Fehl·start** *m Br* false start, *Am* wrong start; **Fehl·tritt** *m fig* false step, lapse; **Fehl·ur·teil** *n jur* miscarriage of justice; **Fehl·zün·dung** *f mot* backfiring.

Fei·er ['faɪɐ] ⟨-, -n⟩ *f (Fest)* celebration; *(zeremonielle ~)* ceremony; *(Party)* party; ▶ **zur ~ des Tages** in honour of

the occasion.
Fei·er·abend *m* 1. *(Arbeitsschluß)* end of work; *(Geschäftsschluß) Br* closing *(Am* quitting) time; 2. *(arbeitsfreie Zeit abends)* evening; ▶ ~ **machen** finish work; **machen wir ~ für heute!** let's call it a day! **nach** ~ after work; **schönen** ~! have a nice evening! ~! *(in Pub etc)* time, please!
fei·er·lich *adj* 1. *(würdig, erhebend)* solemn; 2. *(festlich)* festive; 3. *(förmlich)* ceremonious; **Fei·er·lich·keit** *f* 1. solemnity; 2. *(Festivität)* festivity; ▶ ~en *(Veranstaltungen)* celebrations.
fei·ern ['faɪən] *tr* 1. *(Festtag halten)* keep; *(Fest, Geburtstag etc)* celebrate; 2. *(rühmen, preisen)* fête.
Fei·er·tag *m* holiday; *eccl* feast; ▶ **gesetzlicher** ~ *Br* public *(Am* legal) holiday.
Fei·ge ['faɪgə] ⟨-, -n⟩ *f bot* fig.
fei·g(e) [faɪk/'faɪgə] I *adj* cowardly, *fam* gutless; II *adv* in a cowardly way, like a coward.
Fei·gen·baum *m* fig tree; **Fei·gen·blatt** *n a.* fig fig leaf.
Feig·heit ['faɪkhaɪt] *f* cowardice.
Feig·ling *m* coward.
Fei·le ['faɪlə] ⟨-, -n⟩ *f* file; **fei·len** I *tr* file; II *itr* 1. file *(an etw* at s.th.); 2. *fig (verbessern)* polish *(an etw* s.th. up).
feil·schen ['faɪlʃən] *itr* haggle *(um* over).
Feil·spä·ne *m pl* filings.
fein [faɪn] I *adj* 1. *(nicht grob)* fine; 2. *(zart, a. fig)* delicate; 3. *(erlesen)* choice; *(nur attr)* excellent; 4. *(prima, sehr gut)* splendid, *fam Br* great, *Am* swell; 5. *(vornehm)* refined, *fam* posh; 6. *(sinnesscharf, einfühlsam)* sensitive; *(Gehör, Geruchssinn)* acute; ▶ ~**er Regen** drizzling rain; **das hast du ~ gemacht** you did it beautifully; **er ist ein ~er Kerl** *fam* he's a great guy; ~! *fam (schön) Br* great! *Am* swell! *(in Ordnung)* fine! **du hast dich heute aber ~ gemacht!** *fam (gut angezogen)* you're dressed to kill today! II *adv* : ▶ ~ **säuberlich (still** *etc*) nice and neat (quiet *etc*).
Fein·ab·stim·mung *f radio* fine tuning.
Fein·des·land *n* enemy territory.
Feind(in) [faɪnt] ⟨-(e)s, -e⟩ *m (f)* enemy; *(unversöhnliche(r)* ~) foe; ▶ **sich jdn zum** ~ **machen** make an enemy of s.o.; **jdn zum** ~ **haben** have s.o. as an enemy; **feind·lich** *adj* 1. *(feindselig)* hostile *(gegen* to); 2. *mil (gegnerisch)* enemy; ▶ **im** ~**en Lager** *a. fig* in the enemy camp; **Feind·schaft** *f* enmity; ▶ **dadurch hat er sich meine** ~ **zugezogen** that made him my enemy; **feind·se·lig** *adj* hostile; **Feind·se·lig·keit** *f* hostility; ▶ **die** ~**en eröffnen (einstellen)** commence (suspend, stop) hostilities.
Fein·ein·stel·lung *f* fine adjustment;

fein·füh·lend *adj* sensitive; *(taktvoll)* tactful; **Fein·füh·lig·keit (Fein·gefühl)** *f (n)* sensitivity; *(Takt)* tact; **fein·ge·mah·len** ['--'--] *adj* fine(ly) ground; **Fein·gold** *n* refined gold; **Fein·heit** *f* 1. *(Dünne)* fineness; 2. *(Zartheit, a. fig)* delicacy; 3. *(Erlesenheit)* excellence; 4. *(Vornehmheit)* refinement, *fam* poshness; 5. *(der Sinne, des Gefühls)* keenness; *(Gehör, Geruchssinn)* acuteness; ▶ ~en *pl* niceties; **fein·kör·nig** *adj* fine-grained.
Fein·kost·ge·schäft *n* delicatessen; **fein·ma·schig** *adj* fine-meshed; **Fein·me·cha·nik** *f* precision engineering; **Fein·schmecker(in) (k·k)** *m (f)* 1. gourmet; 2. *fig (Kenner)* connoisseur; **Fein·sieb** *n* micro-strainer; *(in Kläranlage)* fine screen; **Fein·staub** *m* fine dust; **Fein·un·ze** *f* troy ounce; **Fein·wä·sche** *f* 1. *(Wäschestücke)* delicate clothes *pl;* 2. *(Waschvorgang)* programme for delicates *pl;* **Fein·waschmit·tel** *n* mild detergent.
feist [faɪst] *adj* fat, plump.
fei·xen ['faɪksən] *itr fam* smirk.
Feld [fɛlt] ⟨-(e)s, -er⟩ *n* 1. *(Korn~ etc, Acker; a. sport: Spiel~, Gruppe der Verfolger)* field; 2. *(freies* ~) open country; 3. *mil (Schlacht~)* (battle)field; 4. *(Schachbrett~)* square; 5. *fig (Arbeits~, -bereich)* area, field; 6. *phys chem min el* field; ▶ **auf freiem** ~ in the open country; **das** ~ **beherrschen** be on top; **das** ~ **behaupten** *fig* hold the field; **das** ~ **räumen** *fig* give way *(jdm, e-r Sache* to s.o., s.th.); **etw ins** ~ **führen** *fig* bring s.th. to bear; **gegen jdn (etw) zu** ~**e ziehen** *fig* crusade against s.o. (s.th.); **einander das** ~ **streitig machen** *fig* fight for the same ground; **er ließ das** ~ **hinter sich** *sport* he left the rest of the field behind; **das ist natürlich ein weites** ~ *fig* of course, this is a very broad field.
Feld·ar·beit *f* 1. *(landwirtschaftliche* ~) work in the fields; 2. *(wissenschaftliche* ~) fieldwork; **Feld·bett** *n* campbed; **Feld·blu·me** *f* wild flower; **Feld·fla·sche** *f* waterbottle; **Feld·geist·liche** *m mil* army chaplain; **Feld·herr** *m* commander-in-chief *(Abk* cominch); **Feld·kü·che** *f mil* field kitchen; **Feld·la·ger** *n mil* (military) camp; **Feld·la·za·rett** *n mil* field hospital; **Feld·mar·schall** *m mil* field marshal; **Feld·maus** *f zoo* field mouse; **Feld·mes·ser** *m* (land) surveyor; **Feld·post** *f mil* forces' postal service; **Feld·sa·lat** *m bot* lamb's lettuce; **Feld·spat** ['fɛltʃpaːt] ⟨-(e)s, -e⟩ *m geol* feldspar; **Feld·stär·ke** *f phys* field strength; **Feld·ste·cher** *m* (pair of) field glasses; **Feld·we·bel** ['fɛltveːbəl] ⟨-s, -⟩ *m mil* sergeant; **Feld·weg** *m* path *(od* track) (across the

fields); **Feld·zug** m a. fig campaign.
Fel·ge ['fɛlɡə] ⟨-, -n⟩ f tech (wheel) rim;
Fel·gen·brem·se f caliper brake.
Fell [fɛl] ⟨-(e)s, -e⟩ n **1.** (Pelz) fur; (Vlies)
fleece; **2.** (bei toten Tieren: zum Abzie-
hen) skin; (bei Rindern) hide; **3.** fig fam
(Haut e-s Menschen) hide; **4.** mus (von
Trommel) skin; ▶ **ihm schwimmen al-
le ~e davon** fig his hopes are all being
dashed; **e-m Tier das ~ abziehen** skin
an animal; **ein dickes ~ haben** fig fam
be thickskinned, have a thick skin; **jdm
das ~ uber die Ohren ziehen** fig fam
pull the wool over someone's eyes.
Fels·block m boulder.
Fel·s(en) ['fɛls, 'fɛlzən] ⟨-s, -en⟩ m rock.
fel·sen·fest ['--'-] adj firm as a rock;
~er Glaube fig unwavering faith; **da-
von bin ich ~ überzeugt** fig I am dead
certain about it.
Fels·ge·stein n rock material (od for-
mation).
fel·sig ['fɛlzɪç] adj craggy, rocky.
Fels·wand f rock face.
fe·mi·nin adj feminin; **Fe·mi·nis·mus**
m feminism; **Fe·mi·nist(in)** ⟨-en, -en⟩
m (f) feminist; **fe·mi·ni·stisch** adj
feminist.
Fen·chel ['fɛnçəl] ⟨-s, -⟩ m bot fennel.
Fen·ster ['fɛnstə] ⟨-s, -⟩ n window;
▶ **das Geld zum ~ hinauswerfen** fig
pour money down the drain; **Fen·ster·
bank (Fen·ster·brett)** f (n) window-
sill; **Fen·ster·brief·um·schlag** f win-
dow envelope; **Fen·ster·flü·gel** m
casement; **Fen·ster·he·ber** m mot
window winder; (elektronisch) window
control; **Fen·ster·kur·bel** f mot win-
dow crank; **Fen·ster·la·den** m shut-
ter; **Fen·ster·le·der** n chamois
(leather); **Fen·ster·ni·sche** f win-
dowbay; **Fen·ster·platz** m window
seat; **Fen·ster·put·zer(in)** m (f) win-
dow cleaner; **Fen·ster·rah·men** m
window frame; **Fen·ster·schei·be** f
(window) pane; **Fen·ster·tech·nik** f
EDV split-screen technique; **Fen·ster·
um·schlag** m window envelope.
Fe·ri·en ['fe:riən] f pl **1.** Br holidays pl,
Am vacation sing; **2.** (~reise) Br holiday
sing, Am vacation sing; **3.** parl jur re-
cess sing; ▶ **die großen ~** Br the sum-
mer holidays, Am the long vacation; ~
machen (haben) take a (be on) holiday
(Am vacation); **in die ~ fahren** go on
holiday (Am vacation); **Fe·rien·haus** n
holiday cottage; (Wochenendhaus)
weekend chalet; **Fe·ri·en·kurs** m holi-
day course; **Fe·ri·en·la·ger** f holiday
camp; **Fe·rien·woh·nung** f holiday
(Am vacation) dwelling (od apartment
od chalet); **Fe·ri·en·zeit** f holiday
time.
Fer·kel ['fɛrkəl] ⟨-s, -⟩ n **1.** (Schwein-
chen) piglet; **2.** fig fam (Dreckspatz)

mucky pup; **3.** (unanständiger Mensch)
dirty pig.
Fer·ment [fɛr'mɛnt] ⟨-(e)s, -e⟩ n obs
enzyme.
fern [fɛrn] **I** adj **1.** (räumlich) distant,
faraway; **2.** (zeitlich) far-off; ▶ **von ~**
from a distance, from afar; ~ **von hier a**
long way from here; **es liegt mir ~, zu
behaupten** ... I am far from pretending
...; **der Tag ist nicht mehr ~, an dem**
... the day is not far when ...; **II** prp far
(away) from.
Fern·amt n tele Br (telephone) ex-
change, Am long-distance office (od ex-
change); **Fern·bahn** f rail main-line
service; **Fern·be·die·nung** f remote
control; **Fern·blei·ben** n (vom Arbeits-
platz) absenteeism.
fern|blei·ben ⟨sein⟩ irr itr stay away
(jdm, von etw from s.o., s.th.).
Fern·blick m distant view (auf of).
Fern·emp·fang m radio tele long-
range (od long-distance) reception.
fer·ner ['fɛrnə] **I** adj (weiter) further; **II**
adv **1.** (weiterhin) further(more); **2.**
(künftig) in future; ▶ ~ **liefen** ... sport
also-rans ...; **wir kamen unter „~ lie-
fen"** fig fam we were among the also-
rans; ... **und so wollen wir es auch ~
halten** ... and we shall continue to do
so.
Fern·fah·rer(in) m (f) mot long-dis-
tance Br lorry, Am truck driver; **Fern-
flug** m long-distance flight; **Fern·gas**
n long-distance gas; **fern·ge·lenkt
(fern·ge·steu·ert)** adj **1.** (Rakete etc)
remote-controlled; **2.** fig manipulated;
Fern·ge·spräch n Br trunk (Am long-
distance) call; **Fern·glas** n (pair of)
field glasses; **fern|hal·ten** irr tr refl
keep away (von from); **Fern·hei·zung**
f district heating; **Fern·ko·pie** f tele
fax; **fern·ko·pie·ren** tr itr fax, send by
fax; **Fern·ko·pie·rer** m tele telecopier,
fax terminal, facsimile terminal; **Fern-
kurs(us)** m correspondence course;
Fern·la·ster m long-distance lorry
(Am truck); **Fern·lei·tung** f **1.** tele Br
trunk-line, Am long-distance line; **2.** el
(long-distance) transmission line; **Fern-
len·kung** f remote control; (drahtlos)
Br wireless control, Am radio control;
Fern·licht n mot Br main beam, Am
high beam.
fern|lie·gen irr itr fig: ▶ **es liegt mir
fern, zu** ... I am far from ...
Fern·mel·de·dienst m telecommunica-
tions service; **Fern·mel·de·sa·tel·lit**
m communications satellite; **Fern·mel-
de·tech·nik** f telecommunications en-
gineering.
fern·münd·lich I adj telephone; **II** adv
by telephone.
Fern·ost [fɛrn'ɔst] m: ▶ **in ~** in the Far
East.

Fern·rohr *n* 1. *astr* telescope; 2. *(Feldstecher)* (pair of) field glasses; **Fern·ruf** *m* **tele** 1. *(Anruf)* (telephone) call; 2. *(Teilnehmernummer)* telephone number; **Fern·schnell·zug** *m rail* long-distance express train; **Fern·schrei·ben** *n* telex; **Fern·schrei·ber** *m* teleprinter; *com* telex; **fern·schrift·lich** *adj* by telex.

Fern·seh·an·sa·ger(in) *m (f)* television announcer; **Fern·seh·an·ten·ne** *f* television aerial; **Fern·seh·ap·pa·rat** *m* television (set), TV.

Fern·se·hen *n* television *(Abk* TV); *Br fam* telly; ▶ im ~ übertragen werden be televised; **er hat e-n Job beim** ~ he's got a job in television; **im** ~ on television *(od* TV *od Br fam* the telly); ~ **haben** *(ein Fernsehgerät)* have a TV; **fast alle Länder haben heutzutage** ~ almost all countries have television nowadays.

fern|se·hen *irr itr* watch television *(od* TV *od Br fam* telly).

Fern·se·her *m* 1. *(Gerät)* television *(od* TV *od Br fam* telly); 2. *(Zuschauer)* (TV) viewer.

Fern·seh·film *m* television film; **Fern·seh·ge·rät** *n* television *(od* TV) set; **Fern·seh·ka·me·ra** *f* television *(od* TV) camera; **Fern·seh·netz** *n* television network; **Fern·seh·pro·gramm** *n* 1. *(Erstes, Zweites etc* ~) *Br* channel, *Am* station; 2. *(Sendefolge)* program(me)s *pl;* 3. *(einzelne Sendung)* program(me); 4. *(Programmzeitschrift)* (television) program(me) guide; **Fern·seh·sa·tel·lit** *m* TV satellite; **Fern·seh·sen·der** *m* television station; **Fern·seh·sen·dung** *f* television program(me); **Fern·seh·spiel** *n* television play; **Fern·seh·tech·nik** *f* television engineering; **Fern·seh·tech·ni·ker** *m* television engineer; **Fern·seh·teil·neh·mer** *m* television licence holder; **Fern·seh·über·tra·gung** *f* television broadcast; **Fern·seh·zeit·schrift** *f* TV guide.

Fern·sicht *f* clear view.

Fern·sprech·amt *n Br* telephone exchange, *Am* telephone central office; **Fern·sprech·an·la·ge** *f* telephone installation; **Fern·sprech·an·sa·ge·dienst** *f* information services *pl;* **Fern·sprech·an·schluß** *m* telephone; **Fern·sprech·auf·trags·dienst** *m* answering service; **Fern·sprech·aus·kunft** *f* directory enquiries *pl;* **Fern·spre·cher** *m* telephone; ▶ **öffentlicher** ~ public telephone; **Fern·sprech·ge·büh·ren** *f pl* telephone charges; **Fern·sprech·netz** *n* telephone network; **Fern·sprech·num·mer** *f* (tele)phone number; **Fern·sprech·orts·netz** *n* local telephone

network; **Fern·sprech·teil·neh·mer** *m* (telephone) subscriber; **Fern·sprech·ver·kehr** *m* telephone traffic; **Fern·sprech·ver·mitt·lung** *f Br* telephone exchange, *Am* telephone central office.

Fern·steue·rung *f* remote control; *(drahtlos)* radio control; **Fern·stu·di·um** *n* correspondence degree course; *Br* Open University course; **Fern·ver·kehr** *m mot* long-distance traffic; **Fern·ver·kehrs·stra·ße** *f Br* trunk road, *Am* highway; **Fern·wär·me** *f* municipal heat distribution; **Fern·wär·me·ver·sor·gung** *f* district *(od* municipal) heating; **Fern·was·ser·ver·sor·gung** *f* long-distance water supply; **Fern·weh** *n* wanderlust; **Fern·wir·kung** *f phys* long-distance effect.

Fer·se ['fɛrzə] ⟨-, -n⟩ *f anat* heel; ▶ jdm auf den ~n folgen be on someone's heels; **Fer·sen·bein** *n anat* heel bone; **Fer·sen·geld** *n fam:* ▶ ~ geben take to one's heels.

fer·tig ['fɛrtıç] *adj* 1. *(bereit)* ready; 2. *(vollendet)* finished; *(ausbildungsmäßig)* qualified; 3. *(reif)* mature; 4. *fig fam (ruiniert)* finished; *(völlig erschöpft)* done in, shattered *fam;* ▶ **das Essen ist** ~ dinner is ready; **bist du mit deiner Arbeit** ~? have you finished your work? **mit dir bin ich** ~ I am through *(od* finished) with you; **sind Sie** ~ **ausgebildeter ...?** are you a fully qualified ...? **ich muß erst** ~ **essen** I must finish eating first; **mit jdm (etw)** ~ **werden** *fig* cope with s.o. (s.th.); **ich werde auch ohne dich** ~ *fig* I'll get along without you; **..., und damit** ~! *fig fam* ... and that's that! *(erschöpft)* I'm really done in *fam;* **der ist** ~ *fig fam (ruiniert)* he's done for.

Fer·tig·bau ⟨-s, -bauten⟩ prefab(ricated) house); **Fer·tig·bau·wei·se** *f arch* prefabricated construction; ▶ **Haus in** ~ prefab.

fer·tig|brin·gen *irr tr* 1. *(vollenden)* get done; 2. *(imstande sein)* manage; 3. *iro fam:* ▶ **der bringt es glatt fertig, und ...** he's quite capable of ...

fer·ti·gen ['fɛrtıgən] *tr (herstellen)* manufacture.

Fer·tig·fa·bri·kat *n* finished product.

Fer·tig·ge·richt *n* ready-to-serve *(od* instant) meal; **Fer·tig·haus** *n arch* prefabricated house, prefab.

Fer·tig·keit *f (Geschick)* skill; *(im Sprechen)* fluency; ▶ **er hat (e-e) große** ~ **darin** he is very skilled at it.

fer·tig|ma·chen *tr* 1. *(vollenden)* finish; 2. *(bereitmachen)* get ready; 3. *fig fam:* ▶ **jdn** ~ *(herunterputzen)* lay into s.o.; *(erledigen)* do for s.o.; *(ermüden)* take it out of s.o.; *(deprimieren)* get s.o. down.

fer·tig|stel·len *tr* complete.
Fer·tig·stel·lung *f* completion; **Fer·tig·teil** *n* finished part; **Fer·ti·gung** *f* production; **Fer·ti·gungs·stra·ße** *f* assembly line; production line.
Fes[1] [fɛs] ‹-, ›*n mus* F flat.
Fes[2] [fe:s] ‹-, -e› *m (Kopfbedeckung)* fez.
fesch [fɛʃ] *adj* smart.
Fes·sel[1] ['fɛsəl] ‹-, -n› *f anat* 1. *(beim Menschen)* ankle; 2. *(bei Tieren)* pastern.
Fes·sel[2] *f a. fig* bond, fetter, shackle;
▶ **jdn in ∼n legen, jdm ∼n anlegen** fetter *(od* shackle) s.o.; **die ∼n der Unterdrückung** the chains of oppression.
Fes·sel·bal·lon *m* captive balloon.
fes·seln *tr* 1. *(binden)* bind; *(mit F∼)* fetter, shackle; *(mit Handschellen)* handcuff; 2. *fig (faszinieren)* grip;
▶ **jdn an Händen und Füßen ∼** fetter *(od* bind) s.o. hand and foot; **meine Krankheit fesselt mich ans Bett** *fig* my illness confines me to bed; **jdn an sich ∼** *fig* bind s.o. to o.s.
fes·selnd *adj (packend)* gripping; *(faszinierend)* fascinating.
Fest [fɛst] ‹-(e)s, -e› *n (Feier)* celebration; *(Gesellschaft)* party; ▶ **frohes ∼!** *(Weihnachts∼)* Merry Christmas!
fest [fɛst] I *adj* 1. *(hart, stabil)* solid; 2. *fin com (Kurse etc)* stable; 3. *(nicht nachgebend, sicher, kräftig)* firm; 4. *(nicht leicht od locker)* tight; *(Schlag)* hard; *fig (Schlaf)* sound; 5. *(ständig)* regular; *(Lohn, Gehalt, Preise)* fixed; *(Stellung, Beruf, Wohnsitz)* permanent;
▶ **∼e Nahrung** solid food; **mit fester Stimme erklärte er ...** with a steady voice he explained ...; **∼ versprechen** promise faithfully; **∼ packen** grip tightly; **ich bin ∼ entschlossen** I am absolutely determined; **wir sind ∼ befreundet** *(gute Freunde)* we are good friends; *(mein(e) Freund(in) u. ich)* we are going steady; **∼e(r) Freund(in)** steady boyfriend (girlfriend); **sie ist in ∼en Händen** *hum fam* she's spoken for; II *adv fam (kräftig, tüchtig)* properly; *(nachdrücklich, eifrig)* with a will.
fest·an·ge·stellt *adj* permanently employed.
fest|bin·den *irr tr* tie up; ▶ **jdn (etw) an etw ∼** tie s.o. (s.th.) to s.th.
fest|blei·ben ‹sein› *irr tr* remain firm.
Fest·es·sen *n* banquet.
fest|fah·ren *irr refl* 1. get stuck; 2. *fig* be at a deadlock.
fest|hal·ten *irr* I *tr* 1. hold (tight); 2. *(betonen)* emphasize; 3. *(speichern)* record; ▶ **jdn am Arm ∼** hold on to someone's arm; **diese Tatsachen sind nirgends festgehalten** these facts are not recorded anywhere; II *itr* hold *(an*

etw to s.th.); III *refl* hold on *(an* to); **halt dich fest!** hold tight! *fam (sei gefaßt)* brace yourself!
fe·sti·gen ['fɛstɪgən] I *tr* strengthen; II *refl* become stronger; **Fe·sti·ger** *m (Haar∼)* setting lotion; **Fe·stig·keit** *f* 1. *(Stärke, Kraft)* strength; 2. *fig (Standhaftigkeit)* steadfastness; *(Beständigkeit)* firmness; **Fe·sti·gung** *f (Be-, Verstärkung)* strengthening.
fest|klam·mern *refl* cling on *(an* to).
fest|kle·ben *tr* ‹h› *itr* ‹sein› stick (firmly) *(an* to).
Fest·land *n* 1. *(das europäische ∼)* continent; 2. *(als Gegensatz zu Insel)* mainland.
fest|le·gen I *tr* 1. *(bestimmen)* lay down; *(festsetzen)* fix; *(vorschreiben)* stipulate; 2. *fin (Geld)* tie up; 3. *(verpflichten)* commit *(jdn auf etw* s.o. to s.th.); *(festnageln)* tie down *(jdn auf etw* s.o. to s.th.); II *refl* 1. *(beschließen)* decide *(auf* on); 2. *(sich verpflichten)* commit o.s. *(auf* to); *(e-e einzige Möglichkeit ins Auge fassen)* tie s.o. down *(auf* to).
Fest·le·gung *f* 1. *(Bestimmung)* laying-down; *(Festsetzung)* fixing; *(Vorschrift: in Vertrag etc)* stipulation; 2. *(Verpflichtung)* commitment *(auf* to).
fest·lich ['fɛstlɪç] *adj* 1. festive; 2. *(feierlich)* solemn; ▶ **in ∼er Stimmung** in a festive mood; **∼ begehen** celebrate.
Fest·lich·keit *f* 1. *(Feier)* festivity; 2. *(Feststimmung)* festiveness.
fest|lie·gen *irr itr* 1. *(bestimmt sein)* have been laid down; *(festgesetzt sein)* have been fixed; 2. *fin (Geld)* be tied up *(od* on time deposit); 3. *(Schiff)* be aground.
fest|ma·chen I *tr* 1. *(festbinden)* fasten *(an* to); 2. *(befestigen)* fix on *(an* to); 3. *mar* moor; 4. *(abmachen)* arrange; II *itr mar* moor.
Fest·me·ter *m (Holz)* cubic *Br* metre, *Am* meter (of solid timber).
fest|na·geln *tr* 1. nail (up *od* on *od* down, *etw an etw* s.th. to s.th.); 2. *fig fam:* ▶ **jdn auf etw ∼** pin s.o. down to s.th.
Fest·nah·me ['fɛstna:mə] ‹-, -n› *f* arrest.
fest|neh·men *irr tr* (put under) arrest.
Fest·plat·te *f EDV* hard disk; **Fest·plat·ten·lauf·werk** *n EDV* hard disk drive.
Fest·preis *m com* fixed price.
Fest·red·ner(in) *m (f)* main speaker.
fest|schnal·len *tr* buckle; **fest|schrauben** *tr* screw (in *od* on *od* down) tight; **fest|set·zen** I *tr* 1. *(bestimmen)* fix *(auf, bei* at); 2. *(in Haft nehmen)* detain; II *refl* 1. *(sich sammeln: Schmutz etc)* collect; 2. *fig (Ideen)* take root;
fest|sit·zen *irr itr (nicht weiterkönnen)* be stuck *(an, bei* on); *mar* be

aground.

Fest·spiel *n* festival (performance); ▶ ~e *pl* festival *sing.*

fest|ste·hen *irr itr* **1.** *(gewiß sein)* be certain; **2.** *(endgültig sein)* be definite; **3.** *(beschlossene Sache sein)* have been fixed.

fest·stell·bar *adj* **1.** *(herausfindbar)* ascertainable; **2.** *tech* securable.

fest|stel·len *tr* **1.** *(herausfinden)* ascertain, find (out); **2.** *(erkennen)* tell (*an* from); **3.** *(entdecken)* discover; *(einsehen)* realize; **4.** *(betonend äußern)* emphasize; **5.** *tech* lock, stop.

Fest·stel·lung *f* **1.** *(Ermittlung)* ascertainment; *(von Personalien, Sachverhalt, Ursache)* establishment; **2.** *(Schlußfolgerung)* conclusion; **3.** *(Bemerkung)* remark, statement.

Fest·tag *m (Feiertag)* holiday; *eccl* feast.

Fe·stung ['fɛstʊŋ] *f* fort(ress).

fest·ver·zins·lich *adj fin* fixed-interest *(nur attributiv)*, with fixed interest.

Fest·zins(·satz) *m fin* fixed rate of interest.

Fest·zug *m* (festive) procession, parade.

Fe·tisch ['fe:tɪʃ] ‹-(e)s, -e› *m* fetish; **Fe·ti·schist** *m* fetishist.

Fett [fɛt] ‹-(e)s, (-e)› *n* **1.** fat; **2.** *(Schmiere)* grease; ▶ ~ ansetzen put on weight; **er hat sein ~ weg** *fam* he's got his come-uppance.

fett *adj* **1.** *(a. fig fam)* fat; **2.** *(Boden, Weide etc, a. fig fam: Gewinn, Beute etc)* rich; **3.** *(~haltig: Essen etc)* fatty; **4.** *fig fam (einträglich)* lucrative; **5.** *mot (Gemisch)* rich; **6.** *typ* bold; ▶ **er ißt gern ~** he likes (to eat) fatty food; **die ~en Jahre sind vorbei** the fat years are over; **~ gedruckt** *typ* printed in bold (face); **fett·arm** *adj* with a low fat content; **Fett·au·ge** *n* globule of grease; **Fett·druck** *m typ* bold print, bold typeface.

fet·ten I *tr (schmieren)* lubricate, oil; **II** *itr* **1.** *(fettig sein)* be greasy; **2.** *(Fett absondern)* get greasy.

Fett·fleck *m* grease spot; **fett·ge·druckt** *adj* bold-type; **Fett·ge·halt** *m* fat content; **fet·tig** *adj* greasy; *(ölig, Haut)* oily; **Fett·kloß** *m fig fam (Mensch)* fatty; **fett·lei·big** ['fɛtlaɪbɪç] *adj* corpulent; **Fett·lei·big·keit** *f* corpulence; **Fett·näpf·chen:** ▶ **ins ~ tre·ten** put one's foot in it; **Fett·pol·ster** *n* **1.** *anat* subcutaneous fat; **2.** *hum fam* padding; ▶ **er hat ganz hübsche ~** he's quite well-padded; **Fett·säu·re** *f chem* fatty acid; **Fett·sucht** *f med* obesity.

Fet·zen ['fɛtsən] ‹-s, -› *m (Abgerissenes)* shred; *(Kleider~, Lappen)* rag; *(Stoff~, Papier~, a. fig: Gesprächs~)* scrap; ▶ **... daß die ~ nur so fliegen** *fig fam* ... like mad.

fet·zen *itr sl:* ▶ **diese Musik fetzt echt!** that music really blows your mind! *sl;* **fet·zig** *adj sl* wild, crazy; *(Kleidung a.)* racy.

feucht [fɔɪçt] *adj* damp, moist; *(Klima)* humid; *(Hände)* sweaty; ▶ **das geht dich e-n ~en Dreck an!** *sl* that's none of your *Br* bloody (*Am* goddam) business! **Feucht·bio·top** *m* od *n* damp biotope; **Feucht·ge·biet** *n* marshland; **Feuch·tig·keit** *f* **1.** *(Zustand)* dampness, moistness; *(von Klima)* humidity; *(von Körperteil)* sweatiness; **2.** *(Flüssigkeit)* moisture; *(Luft~)* humidity; **Feuch·tig·keits·cre·me** *f* moisturizing cream; **feucht·warm** *adj (Klima)* humid, muggy.

feu·dal [fɔɪ'da:l] *adj* **1.** *pol* feudal; **2.** *fig fam (prächtig, prima) Br* plush, *Am* swell.

Feu·da·lis·mus *m hist* feudalism.

Feu·er ['fɔɪɐ] ‹-s, -› *n* **1.** *(Herd~, Kamin~, Brand, mil: Gewehr~)* fire; **2.** *(für Zigarette)* light; **3.** *(Glanz, Scheinen)* sparkle; **4.** *fig (Glut, Leidenschaft)* ardour; ▶ **am ~** by the fire; **~ (an)ma·chen** light a fire; **~ legen** start a fire; **~ an etw legen** set fire to s.th.; **Spiel mit dem ~** *fig a. pol* brinkmanship; **~ fangen** catch fire; *fig* be really taken (*bei* with); **für jdn durchs ~ gehen** *fig* go through fire and water for s.o.; **können Sie mir ~ geben?** can I have a light? can you give me a light? **mit dem ~ spielen** *fig* play with fire; **sie ist ganz ~ u. Flamme für ... ** *fig fam* she's crazy about ...; **~ (frei)!** *mil* (open) fire! **Feu·er·alarm** *m* fire alarm; **Feu·er·an·zün·der** *m* firelighter; **Feu·er·be·fehl** *m mil* order to fire; **feu·er·be·stän·dig** *adj* fire-resistant; **Feu·er·be·stat·tung** *f* cremation; **Feu·er·ei·fer** *m* zeal; ▶ **mit ~ arbeiten** work with great zeal; **mit ~ bei der Sache sein** be full of zeal for the cause; **Feu·er·ein·stel·lung** *f mil* cease-fire; **feu·er·fest** *adj* fireproof; *(Glas)* heat-resistant; **Feu·er·gas·se** *f* fire lane; **Feu·er·ge·fahr** *f* fire hazard; ▶ **bei ~** in the event of fire; **feu·er·ge·fähr·lich** *adj* combustible, (in)flammable; **Feu·er·ge·fecht** *n* gun fight; **Feu·er·ha·ken** *m (Schüreisen)* poker; **Feu·er·lei·ter 1.** *(Nottreppe)* fire escape; **2.** *(Leiter e-s Feuerwehrfahrzeugs)* fireman's ladder; **Feu·er·lösch·ein·rich·tung** *f* fire fighting device; **Feu·er·lö·scher** *m* fire extinguisher; **Feu·er·mel·der** *m* fire alarm; *(automatischer)* fire detector; **Feu·er·scha·den** *m* fire damage.

feu·ern I *itr* **1.** *mil (schießen)* fire *(auf* at, on, upon); **2.** *(heizen):* ▶ **mit Öl ~** have oil heating; **II** *tr* **1.** *(heizen)* heat; **2.** *fam (schmeißen)* fling; **3.** *fig fam (entlassen)* fire, sack; ▶ **jdm e-e ~** *fam* *(schlagen)* thump s.o. one; **den Ball ins Tor** ~ *fam (Fußball)* slam the ball in; **gefeuert werden** *fig fam (entlassen werden)* get the sack.

Feu·er·pau·se *f mil* pause in firing; **feu·er·rot** ['--'-] *adj* fiery red; **Feu·ers·brunst** *f (gehoben)* conflagration; **feu·er·si·cher** *adj* fireproof; **Feu·er·sprit·ze** *f* fire hose; **Feu·er·stein** *m* flint; **Feu·er·über·fall** *m mil* armed attack; **Feue·rung** *f* 1. *(das Heizen)* heating; 2. *(Brennmaterial)* fuel; 3. *(~sanlage)* heating system, **Feu·er·ver·si·che·rung** *f* fire insurance; **Feu·er·wa·che** *f* fire station; **Feu·er·wehr** ['fɔɪveːɐ] ⟨-, -en⟩ *f Br* fire brigade, *Am* fire department; **Feu·er·wehr·au·to** *n Br* fire engine, *Am* fire truck; **Feu·er·wehr·frau** *f* firewoman; **Feu·er·wehr·lei·ter** *f* fireman's ladder; **Feu·er·wehr·mann** *m* fireman; **Feu·er·werk** *n* 1. fireworks *pl;* 2. *fig* cavalcade.

Feu·er·zeug *n* (cigarette) lighter.

Feuil·le·ton [fœj(ə)'tõ(ː)] ⟨-s, -s⟩ *n* 1. *(Zeitungssparte)* feature pages *pl;* 2. *(Artikel)* feature (article).

feu·rig ['fɔɪrɪç] *adj a. fig* fiery.

Fi·as·ko [fi'asko] ⟨-s, -s⟩ *n* failure, fiasco.

Fi·bel[1] ['fiːbəl] ⟨-, -n⟩ *f (Schul~)* primer.

Fi·bel[2] *f (Spange)* clasp, fibula.

Fich·te ['fɪçtə] ⟨-, -n⟩ *f bot* spruce.

Fick [fɪk] ⟨-s, (-e)⟩ *m vulg* fuck.

ficken (k·k) *tr itr vulg* fuck *(jdn, mit jdm* s.o.).

fi·del [fi'deːl] *adj* jolly, merry.

Fi·dschi·in·seln *pl* Fiji Islands.

Fie·ber ['fiːbɐ] ⟨-s, (-)⟩ *n* 1. *(Krankheit, a. fig)* fever; 2. *(Temperatur)* temperature; ▶ **jdm das** ~ **messen** take someone's temperature; **(39 °C)** ~ **haben** have a temperature (of 39 °C); **Fie·ber·an·fall** *m* attack of fever; **fie·ber·frei** *adj* free from fever; **fie·ber·haft** *adj fig (hektisch)* feverish; **fieb·rig** ['fiːb(ə)rɪç] *adj* feverish, *med* febrile; **fie·ber·krank** *adj* sick with fever, suffering from fever; **Fie·ber·kur·ve** *f* temperature curve.

fie·bern *itr* 1. *(Fieber haben)* have a temperature *(od* a fever*);* 2. *fig:* ▶ **nach etw** ~ long feverishly for s.th.; **vor . . .** ~ be in a fever of . . .

Fie·ber·phan·ta·sie *f* delirious ravings *pl;* **fie·ber·sen·kend** *adj* fever-reducing; **Fie·ber·ther·mo·me·ter** *n* (clinical) thermometer.

Fie·del ['fiːdəl] ⟨-, -n⟩ *f* fiddle.

fie·deln *tr itr* fiddle.

fies *adj fam (Mensch, Arbeit, Geruch)* nasty, horrid, horrible; *(Charakter, Methoden a.)* mean.

fif·ty-fif·ty ['fɪfti'fɪfti] *adv fam:* ▶ **mit jdm** ~ **machen** go fifty-fifty with s.o.

Fi·gur [fi'guːɐ] ⟨-, -en⟩ *f* 1. *(Abbildung,*

Statuette, a. sport mus math) figure; 2. *(Gestalt, Körperform; Persönlichkeit)* figure; 3. *(~ in e-m Film od Roman; a. fam: Mensch)* character; ▶ **ich muß auf meine** ~ **achten** I must watch my figure; **e-e traurige (gute)** ~ **machen** cut a sorry (good) figure.

fi·gür·lich [fi'gyːrlɪç] *adj (übertragen)* figurative.

Fi·let [fi'leː] ⟨-s, -s⟩ *n (Fleischstück) Br* piece of sirloin *(Am* tenderloin).

Fi·let·steak *n* fillet steak.

Fi·lia·le [fi'ljaːlə] ⟨-, -n⟩ *f* branch.

Fi·li·al·lei·ter *m* branch manager.

Fi·li·pi·no ⟨-s, -s⟩ *m* Filipino.

Film [fɪlm] ⟨-(e)s, -e⟩ *m* 1. *(Häutchen, Schleier, Schicht, Belag)* coat, film; 2. *phot* film; 3. *(Kino~) Br* film, *Am* movie, motion picture; 4. *(~branche) Br* films *pl, Am* movies *pl;* ▶ **e-n** ~ **drehen** shoot a film *(Am* movie); **e-n** ~ **(in e-e Kamera) einlegen** load (a film into) a camera; **in e-n** ~ **gehen** go and see a film; **zum** ~ **gehen** go into *(Br* films, *Am* movies); **Film·ar·chiv** *n* film archives *pl;* **Film·ate·lier** *n* film studio.

Fil·me·ma·cher(in) *m (f)* film-maker.

fil·men ['fɪlmən] *tr itr film (machen)* film.

fil·misch *adj* cinematic.

Film·ka·me·ra *f Br* film *(Am* movie) camera; **Film·kunst** *f* cinematic art; **Film·pro·jek·tor** *m Br* film *(Am* movie) projector; **Film·prüf·stel·le** *f* film censorship office; **Film·re·gis·seur(in)** *m (f) Br* film *(Am* movie) director; **Film·riß** *m fig fam* mental blackout; **Film·satz** *m typ* film-setting, photocomposition; **Film·schau·spie·ler(in)** *m (f) Br* film *(Am* movie) actor (actress); **Film·star** *m Br* film *(Am* movie) star; **Film·thea·ter** *n Br* cinema, *Am* movie theater; **Film·ver·leih (Film·ver·trieb)** *m* 1. *(Tätigkeit)* film distribution; 2. *(Firma)* film distributors *pl;* **Film·vor·füh·rung (Film·vor·stel·lung)** *f* film *(Am* movie) show; **Film·vor·füh·ge·rät** *n* cine-projector; **Film·vor·schau** *f* 1. *(für Kritiker etc)* preview, *Am a.* prevue; 2. *(Reklame für das nächste Programm e-s Kinos)* trailer *(auf* of); **Film·zen·sur** *f* film censorship.

Fil·ter ['fɪltɐ] ⟨-s, -⟩ *m od n el phot radio tech* filter; **Fil·ter·ag·gre·gat** *n* filter unit; **Fil·ter·an·la·ge** *f* filter *(od* filtration) plant; **Fil·ter·ein·satz** *m* filter pad; **Fil·ter·ge·we·be** *n* filtering fabric; **Fil·ter·kaf·fee** *m Br* filter *(Am* drip) coffee.

fil·tern *tr itr* filter.

Fil·ter·pa·pier *n* filter paper; **Fil·ter·wir·kung** *f* filter efficiency; **Fil·ter·zi·ga·ret·te** *f* (filter-)tipped *(od* filter) cigarette.

fil·trie·ren *tr* filter.
Filz [fɪlts] ⟨-es, -e⟩ *m* **1.** *(Stoff)* felt; **2.** *fam (Hut)* felt hat; **3.** *fig pol (Korruption)* corruption; *(Vetternwirtschaft)* nepotism.
fil·zen I *tr fam* **1.** *(berauben)* do over; **2.** *(durchsuchen)* frisk; **II** *itr* **1.** *(Stoff)* felt.
fil·zig *adj* **1.** *(filzartig)* feltlike.
Filz·laus *f zoo* crablouse.
Fil·zo·kra·tie *f pol hum* corruption and nepotism.
Filz·pan·tof·fel felt slipper.
Filz·schrei·ber (Filz·stift) *m* felt-pen, felt-tip pen.
Fim·mel ['fɪməl] ⟨-s, -⟩ *m fam* craze; ▶ **du hast wohl e-n ~!** you must be crazy!
Fi·na·le [fi'na:lə] ⟨-s, -/(-s)⟩ *n* **1.** *sport* final(s *pl)*; **2.** *mus* finale.
Fi·nanz [fi'nants] ⟨-⟩ *f* financial world; **Fi·nanz·amt** *n* tax *(od* fiscal) office; **Fi·nanz·be·am·te (-be·am·tin)** *m* *(f)* tax official.
fi·nan·ziell [finan'tsjɛl] *adj* financial.
fi·nan·zie·ren *tr* finance.
Fi·nan·zie·rung *f* financing; **Fi·nan·zie·rungs·ge·sell·schaft** *f* finance company.
Fi·nanz·mi·ni·ster *m Br* Chancellor of the Exchequer, *Am* Secretary of the Treasury; *(andere Länder)* minister of finance; **Fi·nanz·mi·ni·ste·rium** *n Br* the Exchequer, *Am* Treasury Department; *(andere Länder)* ministry of finance; **Fi·nanz·po·li·tik** *f* financial policy; **Fi·nanz·ver·wal·tung** *f* financial administration; *(Steuer)* Board of Inland Revenue.
Fin·del·kind ['fɪndəlkɪnt] *n* foundling.
fin·den ['fɪndən] *irr* **I** *tr* **1.** *(entdecken, vor~)* find; **2.** *(halten für, ansehen als, meinen)* think; ▶ **er ist nirgends zu ~** he is nowhere to be found; **ich finde nichts dabei** I think nothing of it; **Bestätigung ~** be confirmed; **Beifall ~** meet with applause; **ich finde einfach nicht die Kraft zu ...** I simply can't find the strength to ...; ~ **Sie es auch schön hier?** do you find it quite nice here, too? **etw gut ~** think s.th. is good; **wir ~ sie alle sehr nett** we all think she is very nice; **II** *itr:* **zu sich selbst ~** sort o.s. out; **III** *refl* **1.** *(auftauchen)* be found; **2.** *(in Ordnung kommen)* sort itself *(od bei Menschen* o.s.) out; **3.** *(sich ab~)* reconcile o.s. *(in etw* to s.th.); ▶ **niemand fand sich, der ...** there was no-one (to be found) who ...; **es wird sich schon alles ~** *(auftauchen)* it will turn up; *(in Ordnung kommen)* it will all sort itself out.
Fin·der(in) *m (f)* finder.
Fin·der·lohn *m* finder's reward.
fin·dig *adj* resourceful.
Fin·dig·keit *f* resourcefulness.

Find·ling *m* **1.** *(Kind)* foundling; **2.** *geol* erratic block.
Fi·nes·se [fi'nɛsə] ⟨-, -n⟩ *f (Feinheit)* refinement; ▶ **mit allen ~n** with every refinement *sing.*
Fin·ger ['fɪŋə] ⟨-s, -⟩ *m* finger; ▶ **jdm auf die ~ sehen** keep a close eye on s.o.; **sich etw aus den ~n saugen** *fig* dream s.th. up; **sich in den ~ schneiden** cut one's finger; **man kann es sich an den fünf ~n abzählen** it sticks out a mile *fig;* **jdm auf die ~ klopfen** *fig* rap someone's knuckles; **die ~ von jdm (etw) lassen** keep one's hands off s.o. (s.th.); **überall s-e ~ drin haben** *fig fam* have a finger in every pie; **für den mache ich keinen ~ krumm** *fig fam* I won't lift a finger to help him; **sich die ~ nach etw lecken** *fig fam* be dying for s.th.
Fin·ger·ab·druck ⟨-(e)s, ⸚e⟩ *m* fingerprint; ▶ **jds ⸚e nehmen** fingerprint s.o., take someone's fingerprints; **fin·ger·dick** ['--'-] *adj* as thick as a finger; **fin·ger·fer·tig** *adj* dext(e)rous; **Fin·ger·fer·tig·keit** *f* dexterity; **Fin·ger·glied** *n anat* phalanx; **Fin·ger·hut** *m* **1.** *(Nähutensil)* thimble; **2.** *bot* foxglove.
fin·gern *itr:* **an** *(od* **mit)** **etw ~** fiddle with s.th.
Fin·ger·na·gel *m* fingernail; **Fin·ger·spit·ze** *f* fingertip; **Fin·ger·spit·zen·ge·fühl** *n fig* **1.** *(Feingefühl, Takt)* tact; **2.** *(Einfühlungsvermögen)* instinctive feel(ing).
Fin·ger·zeig *m* hint.
fin·gie·ren [fɪŋ'gi:rən] *tr* fake.
Fink [fɪŋk] ⟨-en, -en⟩ *m orn* finch.
Fin·ne (Fin·nin) ⟨-n, -n⟩ *m (f)* Finn; **fin·nisch** *adj* Finnish.
Finn·land ⟨-s⟩ *n* Finland.
fin·ster ['fɪnstə] *adj* **1.** *(dunkel)* dark; **2.** *fig (unheimlich)* sinister; **3.** *fig (mürrisch, verdrossen)* grim, sullen; **4.** *fig (zweifelhaft, anrüchig)* shady; ▶ **im F~n** in the dark; **es sieht ~ aus** *fig fam* things look bleak; **e-e ~e Angelegenheit** *fig* a shady business.
Fin·ster·ling ⟨-(e)s, -e⟩ *m fam* shady type.
Fin·ster·nis ⟨-, -se⟩ *f* darkness.
Fin·te ['fɪntə] ⟨-, -n⟩ *f* **1.** *sport* feint; **2.** *(List)* ruse, trick.
Fir·ma ['fɪrma, *pl* 'fɪrmən] ⟨-, -men⟩ *f com* **1.** *(Unternehmen)* company, firm; **2.** *(Name des Unternehmens)* name; **unter der ~ ...** under the name of ...; ~ **X u. Y** *(Briefanschrift)* Messrs. X and Y.
Fir·ma·ment [fɪrma'mɛnt] ⟨-s, (-e)⟩ *n (gehoben)* firmament, heavens *pl.*
fir·men ['fɪrmən] *tr eccl* confirm.
Fir·men·grün·dung *f* formation of a company; **Fir·men·lei·tung** *f* management; **Fir·men·na·me** *m* corporate

name; **Fir·men·schild** *m* (shop) sign; **Fir·men·schlie·ßung** *f* closing-down; **Fir·men·stem·pel** *m* firm stamp; **Fir·men·wa·gen** *m* company car; **Fir·men·zei·chen** *n* logo.

Firm·ling *m eccl* candidate for confirmation; **Fir·mung** *f eccl* confirmation.

Firn [fɪrn] ‹-s, -e› *m* firn.

First [fɪrst] ‹-es, -e› *m* 1. *(Dach-)* ridge; 2. *(Berg)* crest, (mountain) ridge.

Fis [fɪs] ‹-, -› *n mus* F sharp.

Fisch [fɪʃ] ‹-(e)s, -e› *m* 1. *zoo* fish; 2. *astr (Sternbild)* Pisces *pl;* ▶ **(zehn) ·e** *fan gen* catch (ten) fish(es); ▶ **kleine ~e** *fig fam (e-e leichte Aufgabe)* child's play; **er ist nur ein kleiner ~** *fig sl (unbedeutender Mensch)* he's only one of the small fry; **ich bin ~** *astr* I am (a) Pisces; **gesund wie ein ~ im Wasser** as sound as a bell; **Fisch·bein** *n* whalebone; **Fisch·damp·fer** *m* trawler.

fi·schen *tr itr a. fig* fish; ▶ **im trüben ~** *fig* fish in troubled waters *pl*.

Fi·scher *m* fisherman; **Fi·sche·rei** *f* 1. *(Vorgang)* fishing; 2. *(~ branche)* fishing industry; **Fisch·fang** *m* fishing; ▶ **vom ~ leben** live by fishing; **zum ~ auslaufen** set off for the fishing grounds; **Fisch·händ·ler(in)** *m (f) Br* fishmonger, *Am* fish dealer.

Fisch·kon·ser·ve *f* canned fish; **Fischmehl** *n* fish meal; **Fisch·ot·ter** *m zoo* otter; **fisch·reich** *adj* rich in fish; **Fisch·stäb·chen** *n* fish finger; **Fischster·ben** *n* death of fish; **Fisch·treppe** *f* fish leap *(od* pass); **Fisch·zucht** *f* fish culture, fish-farming.

fis·ka·lisch [fɪsˈkaːlɪʃ] *adj* fiscal.

Fis·kus [ˈfɪskʊs] ‹-› *m Br* exchequer, *Am* treasury.

Fi·stel [ˈfɪstəl] ‹-, -n› *f med* fistula. **Fi·stel·stim·me** *f* falsetto.

fit [fɪt] *adj* fit, in good shape.

Fit·neß [ˈfɪtnɛs] ‹-› *f* fitness; **Fit·neßcen·ter** [ˈfɪtnɛsˈsɛntə] ‹-s, -› *n* health center.

fix [fɪks] *adj* 1. *(feststehend)* fixed; 2. *fam (flink)* quick; ▶ **~e Idee** *psych* idee fixe, obsession; **~ u. fertig sein** *fam (erschöpft, erledigt)* be finished; *(ruiniert)* be done for; *(bereit)* be all ready; **jdn ~ u. fertig machen** *fam (erschöpfen)* wear s.o. out; *(ruinieren)* do for s.o. *fam; (bereit machen)* get s.o. all ready.

fi·xen *itr* 1. *sl (Rauschgift spritzen)* (give o.s. a) fix, shoot; 2. *fin (an der Börse)* bear; **Fixer(in)** *m (f)* 1. *sl* fixer; *(Süchtige(r))* junkie; 2. *fin* bear.

fi·xie·ren *tr* 1. *(festlegen)* define, specify; 2. *(schriftlich festhalten)* record; 3. *(starr ansehen)* fix one's eyes on ...; **fi·xiert** *adj* fixated *(auf* on).

Fi·xie·rung *f* 1. *(Festlegung)* specification; 2. *(schriftliche ~)* recording; 3. *(starres Ansehen)* fixing of one's eyes

(e-r Person, e-r Sache on s.o., on s.th.); 4. *psych (Mutter~ etc)* fixation *(auf* on).

Fi·xum [ˈfɪksʊm, *pl* ˈfɪksa] ‹-s, -xa› *n com* basic (salary).

FKK-Strand [ɛfkaˈka-] *m* nudist beach area.

flach [flax] *adj* 1. *(eben, niedrig, platt)* flat; *(Haus)* low; 2. *(nicht tief)* shallow; 3. *(Böschung)* gentle; *(Kiel e-s Bootes)* flat-bottomed; 4. *fig (seicht)* shallow; *(oberflächlich)* superficial; ▶ **~ machen** flatten; **die ~e Hand** the flat of one's hand; **sich ~ auf den Boden legen** lie down flat on the ground; **~ liegen** lie flat.

Flach·bild·schirm *m* TV flat screen; **Flach·dach** *n* flat roof; **Flach·druck** ‹-(e)s, -e› *m typ* 1. *(Verfahren)* planography; 2. *(Ergebnis)* planograph.

Flä·che [ˈflɛçə] ‹-, -n› *f (~ninhalt, Ausdehnung, math)* area; *(Ober~)* surface; *(Wasser~)* expanse; **Flä·chen·ausdeh·nung** *f* surface area; **Flä·chenin·halt** *m* area; **Flä·chen·maß** *n* unit of square measure.

flach|fal·len ‹sein› *irr itr fam* 1. *(wegfallen)* end; 2. *(nicht stattfinden)* not come off.

Flach·land *n* lowland.

Flachs [flaks] ‹-es› *m* 1. *bot* flax; 2. *fam (Jux)* kidding; ▶ **das war doch nur ~** *fam* I *(od* he, she *etc)* was only kidding.

flachs·blond *adj* flaxen-haired.

flach·sen *itr fam* kid around.

flackern (k·k) [ˈflakən] *itr a. fig* flicker.

Fla·den [ˈflaːdən] ‹-s, -› *m* 1. *(Brot)* flat cake; 2. *(Kuhmist)* cowpat.

Flag·ge [ˈflagə] ‹-, -n› *f* flag; ▶ **die ~ streichen** strike the flag; *fig* show the white flag; **die ~ hissen** *(aufziehen)* hoist the flag; **die ~ hochhalten** *fig* keep the flag flying.

flag·gen *itr* fly flags *(od* a flag); **Flaggen·si·gnal** *n* flag signal; **Flaggschiff** *n mar aero a. fig* flagship.

Flak [flak] ‹-, -(s)› *f (Fliegerabwehrkanone)* anti-aircraft gun; 1. *(Gerät)* anti-aircraft gun; 2. *(Einheit)* anti-aircraft unit.

Fla·kon [flaˈkõː] ‹-s, -s› *n* phial; *(Parfüm)* scent bottle.

Fla·me (Flä·min) [ˈflaːmə (flɛːmɪn)] *m (f)* Fleming.

Fla·min·go [flaˈmɪŋgo] ‹-s, -s› *m orn* flamingo.

flä·misch [ˈflɛːmɪʃ] *adj* Flemish.

Flam·me [ˈflamə] ‹-, -n› *f* 1. *a. fig* flame; 2. *fig fam (alte Liebe)* flame; ▶ **in ~n aufgehen** go up in flames; **in hellen ~n stehen** be ablaze; **etw auf kleiner ~ kochen** cook s.th. on a low flame; *fig* let s.th. just tick over; **sie ist e-e alte ~ von mir** *fig fam* she's an old flame of mine.

flam·men *itr* blaze; **flam·mend** *adj* blazing; *(feurig)* fiery.

Flam·men·wer·fer *m mil* flamethrower.

Flan·dern ['flanden] ⟨-s⟩ *n geog* Flanders *sing.*

Fla·nell [fla'nɛl] ⟨-s, -e⟩ *m* flannel.

Flan·ke ['flaŋkə] ⟨-, -n⟩ *f* **1.** *anat mil* flank; *(von Fahrzeug)* side; **2.** *sport (beim Turnen)* side-vault; *(beim Fußball)* centre pass; ▶ **offene ~** open flank.

flan·ken *itr sport (Fußball)* centre.

flan·kie·ren *tr a. fig* flank; ▶ **~de Maßnahmen** supporting measures.

Flansch [flanʃ] ⟨-(e)s, -e⟩ *m tech* flange.

Fla·sche ['flaʃə] ⟨-, -n⟩ *f* **1.** bottle; **2.** *fam (Schwächling, Versager)* dead loss; ▶ **in ~n füllen** bottle; **mit der ~ aufziehen** bottle-feed; **zur ~ greifen** take to the bottle; **du alte ~!** *fam* you're a dead loss, you are!

Fla·schen·bier *n* bottled beer; **Fla·schen·bür·ste** *f* bottle-brush; **Fla·schen·ge·stell** *n* bottle rack; **Fla·schen·hals** *m* neck of a bottle; **Fla·schen·öff·ner** *m* bottle-opener; **Fla·schen·zug** *m* pulley.

flat·ter·haft *adj* fickle; **Flat·ter·haf·tig·keit** *f* fickleness.

flat·tern ['flaten] *itr* **1.** ⟨sein⟩ *(Vogel)* flutter; **2.** ⟨h⟩ *(Fahne)* stream, wave.

flau [flau] *adj* **1.** *(schwach)* weak; **2.** *(Saison, Wind)* slack; **3.** *(übel)* queasy; ▶ **mir ist ganz ~** I feel queasy.

Flau·heit *f* **1.** *(Schwäche)* weakness; **2.** *(von Saison, Wind)* slackness; **3.** *(im Magen)* queasiness.

Flaum [flaum] ⟨-(e)s⟩ *m* down, fluff; **Flaum·fe·der** *f* down feather; **flaumig** *adj* downy, fluffy.

Flausch [flauʃ] ⟨-(e)s, -e⟩ *m* fleece.

Flau·sen ['flauzən] *pl fam* **1.** *(Unsinn)* nonsense; **2.** *(Illusionen)* fancy ideas *pl.*

Flau·te ['flautə] ⟨-, -n⟩ *f* **1.** *(Windstille)* calm; **2.** *fig fin com* slack period.

Flech·te ['flɛçtə] ⟨-, -n⟩ *f* **1.** *(Haar)* braid, plait; **2.** *bot* lichen; **3.** *med* herpes.

flech·ten *irr tr (Haar)* plait; *(Korb, Matte)* weave; *(Kranz)* wreathe.

Flecht·werk *n* interlacing.

Fleck [flɛk] ⟨-(e)s, -e⟩ *m* **1.** *(Stelle)* spot; **2.** *(Schmutz~)* blot, stain; *(Farb~)* splotch; ▶ **vom ~ weg** on the spot; **nicht vom ~ kommen** *a. fig* not to make any headway; **sie hat das Herz auf dem rechten ~** *fig* her heart is in the right place; **ein weißer ~** *(auf der Landkarte)* a blank area; **~en machen** stain *(in od auf etw* s.th.); **blauer ~** bruise; **er hatte überall blaue ~en** he was bruised all over.

Flecken (k·k) ['flɛkən] ⟨-s, -⟩ *m (Ort)* market town; **flecken·los (k·k)** *adj a. fig* spotless.

Fleck·ent·fer·ner (Flecken·was·ser) (k·k) *m (n)* stain-remover.

fleckig (k·k) ['flɛkɪç] *adj* stained.

Fle·der·maus ['fle:dəmaus] *f* bat.

Fle·gel ['fle:gəl] ⟨-s, -⟩ *m (rüpelhafter Mensch)* uncouth fellow; **Fle·ge·lei** *f* uncouth behaviour; **fle·gel·haft** *adj* uncouth; **Fle·gel·jah·re** *pl* awkward adolescent phase *sing.*

Fle·hen ['fle:ən] *n* entreaty.

fle·hen *itr* plead *(um etw* for s.th., *zu jdm* with s.o.), entreat *(um etw* for s.th.; *zu jdm* s.o.); **fle·hent·lich** ['fle:əntlɪç] *adj* entreating, imploring; ▶ **ich bitte Sie ~, zu ...** I implore you to ...

Fleisch [flaiʃ] ⟨-(e)s⟩ *n* **1.** *(lebendes ~)* flesh; **2.** *(Nahrung)* meat; **3.** *(Obst~)* flesh; ▶ **vom ~ fallen** *fam* lose a lot of weight; **sich ins eigene ~ schneiden** *fig* cut off one's nose to spite one's face; **es ist mir in ~ u. Blut übergegangen** *fig* it has become second nature to me; **Fleisch·be·schau** *f* **1.** meat inspection; **2.** *fam hum (Striptease etc)* cattle market *fig fam;* **Fleisch·brü·he** *f* broth, *(gehoben)* consommé; **Fleischbrüh·wür·fel** *m* bouillon cube; **Flei·scher** *m* butcher; **Fleisch·ex·trakt** *m* beef extract, extract of meat; **fleisch·far·ben** *adj* flesh-coloured; **fleisch·fres·send** *adj bot zoo* carnivorous.

flei·schig *adj* **1.** fleshy; **2.** *(Obst)* pulpy.

Fleisch·klöß·chen *n* meat-ball.

Fleisch·kost *f* meat diet.

fleisch·lich *adj* **1.** *(Kost, Nahrung)* meat; **2.** *eccl (Begierde, Lüste)* carnal.

fleisch·los *adj* **1.** *(ohne Fleisch)* meatless; **2.** *(vegetarisch)* vegetarian.

Fleisch·to·ma·te *f* beef tomato; **Fleisch·pa·ste·te** *f* meat pie; **Fleisch·ver·gif·tung** *f* botulism; **Fleisch·wa·ren** *f pl* meat products; **Fleisch·wa·ren·fa·brik** *f* packing house; **Fleisch·wolf** *m Br* mincer, *Am* meat grinder; **Fleisch·wun·de** *f* flesh wound; **Fleisch·wurst** *f* pork sausage.

Fleiß [flais] ⟨-es⟩ *m.* **1.** *(Fleißigsein)* industry; **2.** *(als Wesenseigenschaft)* industriousness; **3.** *(Ausdauer)* application; ▶ **ohne ~ kein Preis** no pains, no gains; **mit großem ~** very industriously.

flei·ßig *adj* **1.** *(Fleiß, Sorgfalt zeigend)* diligent, industrious; *(arbeitsam)* hardworking; **2.** *fam (unverdrossen)* keen.

flen·nen ['flɛnən] *itr fam pej* blubber.

flet·schen ['flɛtʃən] *tr:* ▶ **die Zähne ~** show one's teeth.

fle·xi·bel *adj* flexible; ▶ **~e Arbeitszeit** flexitime; **Fle·xi·bi·li·sie·rung** *f:* ▶ **~ der Arbeitszeit** transition to flexible working hours; **Fle·xi·bi·li·tät** *f* flexibility.

Fle·xi·on [flɛ'ksjo:n] *f gram* inflection, inflexion.

Flicken (k·k) ⟨-s, -⟩ *m* patch; **flicken (k·k)** ['flɪkən] *tr* mend; *(mit F~)* patch; **Flicken·tep·pich (k·k)** *m* rag rug.

Flick·zeug *n* **1.** *(Nähzeug)* sewing kit; **2.**

(für Reifen) (puncture) repair outfit.
Flie·der ['fli:də] ⟨-s, -⟩ *m bot* lilac.
Flie·ge ['fli:gə] ⟨-, -n⟩ *f* 1. *zoo* fly; 2. *(Krawatte)* bow tie; ▶ **zwei ~n mit e-r Klappe schlagen** *fig* kill two birds with one stone; **er kann keiner ~ etw zuleide tun** *fig* he wouldn't hurt a fly; **komm, mach die** *(od* **'ne)** **~!** *sl* piss off! *vulg.*
flie·gen ['fli:gən] *irr* I *itr* 1. *(als Fortbewegungsart, a. wehen)* fly; *(Raumschiff)* travel; 2. *(eilen)* fly *(jdm in die Arme* into someone's arms); 3. *(Puls)* race, 4. *fam (fallen)* fall *(von etw* off s.th.); 5. *sl (entlassen werden)* be kicked out *(aus, von* of) *fam;* ▶ **mit Pan Am ~** fly (by) Pan Am; **in die Ferien ~** fly on *Br* holiday *(Am* vacation); **~ kann ich leider noch nicht!** *fam (schneller kann ich nicht arbeiten etc)* sorry, I haven't got wings yet! **in die Luft ~** *fam* go up; **auf jdn ~** *fam* be mad about s.o.; **durch e-e Prüfung ~** *fam* flunk one's exam; II *tr* fly; III *refl:* ▶ **diese Maschine fliegt sich leicht (schwer)** this plane is easy (difficult) to fly.
flie·gend *adj* flying.
Flie·gen·fän·ger *m* fly-paper; **Fliegen·ge·wicht** *n sport a. fig* flyweight; **Flie·gen·klat·sche** *f* fly-swat.
Flie·gen·pilz *m bot* fly agaric.
Flie·ger ['fli:gə] *m aero* 1. *(Flugzeugführer)* airman; 2. *mil (Rang) Br* aircraftman, *Am* airman (basic); ▶ **bei den ~n sein** be in the air force; **Flie·ger·alarm** *m* air-raid warning; **Flie·ger·an·griff** *m* air-raid; **Flie·ger·horst** *m mil Br* RAF station, *Am* air-base.
flie·hen ['fli:ən] ⟨sein⟩ *irr* I *itr* flee *(vor jdm* from s.o.); II *tr* 1. *(meiden)* avoid, shun; 2. *(entkommen)* escape *(aus* from); ▶ **aus dem Lande ~** flee the country; **zu jdm ~** take refuge with s.o.
Flie·se ['fli:zə] ⟨-, -n⟩ *f* tile; ▶ **~n legen** lay tiles; **Flie·sen·le·ger** *m* tiler.
Fließ·band *n* assembly line; ▶ **am ~ arbeiten** *(od* **stehen)** work on the assembly line; **vom ~ rollen** come off the assembly line; **Fließ·band·ar·beit** *f* assembly-line work; **Fließ·(band)·ferti·gung** *f* (conveyor-) belt production.
flie·ßen ['fli:sən] ⟨sein⟩ *irr itr* flow; **fließend** I *adj* 1. flowing; 2. *fig (Sprache, Rede etc)* fluent; *(Grenze, Übergang)* fluid; ▶ **~es Wasser** running water; **~ Englisch sprechen** speak English fluently, speak fluent English.
Fließ·heck *n mot* fastback; **Fließ·satz** *m typ* wordwrap.
flim·mern ['flɪmɐn] *itr* glimmer, shimmer; *(Sterne)* twinkle; *(Filmleinwand, TV-Bildschirm)* flicker.
flink [flɪŋk] *adj* 1. *(schnell)* quick; 2. *(geschickt)* nimble.
Flin·te ['flɪntə] ⟨-, -n⟩ *f* rifle; *(Schrot~)* shot gun; ▶ **die ~ ins Korn werfen** *fig*

throw in the sponge.
Flip-Chart ['flɪptʃaːrt] ⟨-, -s (-s, -s)⟩ *f (n)* flip chart.
Flip·per·(au·to·mat) [fʰlɪpɐ] ⟨-s, -⟩ *m fam (Spielautomat)* pinball machine.
flip·pern *itr fam* play pinball.
flip·pig ['flɪpɪç] *adj fam* kooky, eccentric, wild.
Flirt [flɪrt/flœrt] ⟨-(e)s, -s⟩ *m* flirtation.
flir·ten *itr* flirt.
Flitt·chen *n fam pej* slut.
Flit·ter ['flɪtɐ] ⟨-s⟩ *m* 1. *(Pailletten)* sequins, spangles *pl,* 2. *fig (Tand)* frippery; **Flit·ter·gold** *n* tinsel; **Flit·terwo·chen** *pl* honeymoon *sing;* ▶ **sie fahren in die ~** they are going on their honeymoon.
flit·zen ['flɪtsən] ⟨sein⟩ *itr fam* whizz.
Flocke (k·k) ['flɔkə] ⟨-, -n⟩ *f (Woll~)* flock; *(Schnee~, Schokoladen~)* flake; *(Staub~)* ball (of fluff); **flockig (k·k)** *adj* fluffy.
Floh [floː, *pl* 'fløːə] ⟨-(e)s, ⁓e⟩ *m* 1. *zoo* flea; 2. *sl pl: (Geld)* ⁓e dough *sing;* ▶ **jdm e-n ~ ins Ohr setzen** *fig* put an idea into someone's head; **die ⁓e husten hören** *fam hum* imagine things; **Floh·markt** *m* flea market.
Flo·ka·ti [floˈkaːti] ⟨-s, -s⟩ *m* flokati.
Flop [flɔp] ⟨-s, -s⟩ *m* flop.
Flor[1] [floːɐ] ⟨-(e)s,(-e)⟩ *m* 1. *(dünnes Gewebe)* gauze; *(Trauer~)* crêpe; 2. *(Samt~ etc)* pile.
Flor[2] *m* 1. *(alle Blüten e-r Pflanze)* bloom; 2. *(Blumenfülle)* abundance (of flowers); 3. *fig (literarisch: Schar, Schwarm)* bevy.
Flo·rett [floˈrɛt] ⟨-(e)s, -e⟩ *n* foil.
flo·rie·ren [floˈriːrən] *itr* bloom, flourish.
Flos·kel ['flɔskəl] ⟨-, -n⟩ *f* set phrase; ▶ **e-e abgedroschene ~** a hackneyed phrase.
Floß [floːs, *pl* 'fløːsə] ⟨-es, ⁓e⟩ *n* raft.
Flos·se ['flɔsə] ⟨-, -n⟩ *f* 1. *zoo mar aero* fin; 2. *(e-s Tauchers)* flipper; 3. *sl (Hand)* paw *fam;* ▶ **nimm deine ~n weg!** *sl* take your paws off! *fam.*
flö·ßen ['fløːsən] *tr itr* raft.
Flö·ßer *m Br* raftsman, *Am* riverdriver.
Flö·te ['fløːtə] ⟨-, -n⟩ *f* 1. *mus* pipe; *(Quer~)* flute; 2. *(beim Kartenspiel)* flush.
flö·ten *itr* 1. *mus* play (on) the flute; 2. *(Vogel)* warble; 3. *(pfeifen)* whistle.
flö·ten·ge·hen ⟨sein⟩ *irr itr sl* go west.
Flö·ten·spie·ler(in) *m (f)* flautist, piper.
Flö·tist(in) *m (f) mus* flautist.
flott [flɔt] *adj* 1. *(schnell)* quick; *(Musik)* lively; 2. *(Kleidung)* smart; *(Tänzer)* good; *(Stil, Artikel)* racy; 3. *(lustig, lebenslustig)* fast-living; *mar (Schiff)* afloat; ▶ **mach mal ein bißchen ~!** make it snappy! **~ leben** be a fast liver; **wieder ~ sein** *mar (Schiff)* be afloat again; *fig fam mot (Auto)* be back on

the road; **flott|be·kom·men** *irr* **(flott|ma·chen)** *tr* 1. *mar (Schiff)* float off; 2. *fig fam mot (Auto)* get on the road.
Flot·te ['flɔtə] ⟨-, -n⟩ *f mar* fleet; **Flot·ten·ab·kom·men** *n pol* naval treaty; **Flot·ten·stütz·punkt** *m mil* naval base.
Flöz [fløːts] ⟨-es, -e⟩ *n min (Kohlen~)* seam.
Fluch [fluːx, *pl* 'flyːçə] ⟨-(e)s, ⁖e⟩ *m* 1. *(Verfluchung)* curse; *meist eccl (Bannfluch, Exkommunikation)* anathema; 2. *(Kraftausdruck)* swearword, *Am fam* cuss; **flu·chen** ['fluːxən] *itr* 1. *(Flüche ausstoßen)* swear *(über* about), *Am fam* cuss; 2. *(verfluchen)* curse *(jdn, e-e Sache* s.o., s.th.).
Flucht [fluxt] ⟨-, -en⟩ *f* 1. *(Fliehen)* flight; *(erfolgreiche ~)* escape; 2. *fig (Häuser~)* row; *(Treppen~)* flight of steps; *(Zimmer~)* suite; ▶ **in die ~ schlagen** put to flight; **die ~ ergreifen** flee, take flight; **auf der ~ sein** *(Flüchtling)* be fleeing; *(vor der Polizei)* be on the run.
flucht·ar·tig *adj (eilends)* hasty.
flüch·ten ['flʏçtən] ⟨sein⟩ *itr* 1. flee; *(entkommen)* escape; 2. *(Zuflucht suchen, a. refl)* take refuge.
Flucht·hel·fer(in) *m (f)* escape helper.
Flucht·hil·fe *f* escape aid; ▶ **(jdm) ~ leisten** aid someone's escape.
flüch·tig ['flʏçtɪç] *adj* 1. *(auf der Flucht)* fugitive; 2. *(oberflächlich)* cursory; 3. *(sorglos, nachlässig)* careless; 4. *(schnell vorübergehend)* brief, fleeting; *(kurzlebig)* short-lived; 5. *chem* volatile; **~ sein** *(Ausbrecher etc)* be still at large; **ich habe es nur ~ gelesen** I only skimmed through it; **jdn ~ kennen** know s.o. slightly *(od* have a nodding acquaintance with s.o.); **ein ~er Bekannter** a passing *(od* nodding) acquaintance; **Flüch·tig·keit** *f* 1. *(Kürze)* brevity; 2. *(Oberflächlichkeit)* cursoriness; 3. *(Sorglosigkeit, Nachlässigkeit)* carelessness; 4. *(Vergänglichkeit)* fleetingness; 5. *chem* volatility; **Flüch·tig·keits·feh·ler** *m* careless mistake.
Flücht·ling *m* refugee; **Flücht·lings·la·ger** *n* refugee camp.
Flucht·ver·such *m* escape attempt.
Flug [fluːk, *pl* 'flyːgə] ⟨-(e)s, ⁖e⟩ *m* flight; **yim ~** in flight, on the wing; *fig (eilig)* in a twinkling; **Flug·ab·wehr** *f mil* anti-aircraft *Br* defence, *Am* defense; **Flug·ab·wehr·kör·per** *m mil* anti-aircraft missile; **Flug·asche** *f* flue dust, fly ash; **Flug·auf·kom·men** *n* air traffic; **Flug·bahn** *f* 1. *math* trajectory; 2. *aero* flight path; **Flug·be·glei·ter(in)** *m (f) aero Br* steward(ess, air hostess), *Am* flight attendant; **Flug·blatt** *n* leaflet; *(Werbe~)* handbill; **Flug·blatt·ak·tion** *f* leaflet campaign; **Flug·boot** *n*

aero mar flying boat; **Flug·da·ten·schrei·ber** *m* flight recorder; **Flug·dau·er (Flug·zeit)** *f aero* flying time; **Flug·dra·chen** *m* hang glider.
Flü·gel ['flyːgəl] ⟨-s, -⟩ *m* 1. *(von Vogel, Haus, Tragfläche)* wing; 2. *(von Ventilator, Hubschrauber)* blade; *(Windmühlen~)* vane; 3. *(von Fenster)* casement; *(von Tür)* leaf, side; 4. *mil (a. sport)* wing; 5. *anat (Lungen~)* lobe; *(Nasen~)* nostril; 6. *mus (Piano)* grand piano; ▶ **mit den ~n schlagen** *(Vogel)* flap its wings; **jdm die ~ beschneiden** *(od* **stutzen)** *fig* clip someone's wings; **die ~ hängen lassen** *fig* be downcast.
flü·gel·lahm *adj* 1. *(Vogel)* wing with (an) injured wing(s); 2. *fig (kränkelnd)* ailing; **Flü·gel·mut·ter** *f tech* wing nut; **Flü·gel·schlag** *m* wing stroke; **Flü·gel·schrau·be** *f* wing screw.
Flü·gel·tür *f* double door.
Flug·gast *m aero* (airline) passenger.
flüg·ge ['flʏgə] *adj* (fully-)fledged; ▶ **~ werden** *fig* leave the nest.
Flug·ge·schwin·dig·keit *f* flying speed; **Flug·ge·sell·schaft** *f aero* airline; **Flug·ha·fen** *m aero (Zivil~)* airport; *mil Br* aerodrome, *Am* airdrome; **Flug·hö·he** *f aero* altitude; ▶ **wir befinden uns in e-r ~ von ...** we are flying at an altitude of ...; **Flug·ka·pi·tän** *m aero* captain; **Flug·kör·per** *m* 1. *allg* flying object; 2. *mil* missile; **Flug·lärm** *m* aircraft *(od* air-traffic) noise; **Flug·leh·rer** *m aero* flight instructor; **Flug·leit·sy·stem** *n aero* flight control system; **Flug·lei·tung** *f* flight control; **Flug·leit·zen·trum** *n* mission control centre; **Flug·lot·se** *m aero* air-traffic controller, flight controler; **Flug·num·mer** *f* flight number; **Flug·plan** *m aero* flight schedule; **Flug·platz** *m aero* airfield; **Flug·rei·se** *f* flight.
flugs [fluːks] *adv* instantly, without delay.
Flug·schein *m* 1. *(Flugkarte)* plane ticket; 2. *(„Führerschein" für Piloten)* pilot's licence *(Am* license); **Flug·schnei·se** *f aero* aerial corridor, flying lane; **Flug·si·cher·heit** *f aero* air safety; **Flug·si·che·rung** *f aero* air traffic control; **Flug·strecke (k·k)** *f* air route; **Flug·tech·nik** *f aero* 1. *(Flugzeugbau)* aircraft engineering; 2. *(Technik des Fliegens)* flying technique; **Flug·ticket (k·k)** *n* air ticket; **Flug·ver·bot** *n aero* grounding order; ▶ **jdm ~ erteilen** ground s.o.; **Flug·ver·kehr** *m aero* air traffic; **Flug·we·sen** *n aero (mit Ballon etc)* aeronautics *pl; (mit Flugzeug)* aviation; **Flug·zeit** *f* flying time.
Flug·zeug ['fluːktsɔɪk] ⟨-(e)s, -e⟩ *n* aircraft, plane; **Flug·zeug·ab·sturz** *m* air *(od* plane) crash; **Flug·zeug·bau** *m*

aircraft construction; **Flug·zeug·be·sat·zung** *f* aircrew; **Flug·zeug·ent·füh·rer(in)** *m (f)* hijacker; **Flug·zeug·ent·füh·rung** *f* hijack(ing); **Flug·zeug·fa·brik** *f* aircraft factory; **Flug·zeug·hal·le** *f* hangar; **Flug·zeug·kon·struk·teur(in)** *m (f)* aircraft designer; **Flug·zeug·park** *m* fleet of aircraft; **Flug·zeug·trä·ger** *m* aircraft carrier; **Flug·zeug·un·glück** *m* plane crash; **Flug·zeug·ver·band** *m mil* aircraft formation; **Flug·zeug·wrack** *n:* ▶ ein (zwei, drei etc) ~(s) the wreckage of a (two, three etc) plane(s).

fluk·tu·ie·ren [fluktu'i:rən] *itr* fluctuate.

Flun·ke·rei [fluŋkə'raɪ] *f fam* 1. *(das Flunkern)* story-telling; 2. *(kleine Lüge)* fib.

flun·kern ['fluŋken] *itr* tell fibs.

Flu·or ['flu:ɔr] ⟨-s⟩ *n chem* fluorine; **Flu·or·chlor·koh·len·was·ser·stoff,** *(Abk* FCKW) *m chem* chlorofluorocarbon *(Abk* CFC); **Flu·or·koh·len·was·ser·stoff** *m chem* fluorocarbon.

Fluo·res·zenz [fluores'tsɛnts] *f phys* fluorescence; **fluo·res·zie·ren** *itr* fluoresce; **fluo·res·zie·rend** *adj* fluorescent.

Flur[1] [flu:ɐ] ⟨-(e)s, -e⟩ *m (Haus~)* hall; *(Korridor)* corridor.

Flur[2] ⟨-, -en⟩ *f (unbewaldetes Land)* open fields *pl;* ▶ **der Kanzler stand allein auf weiter** ~ *fig* the chancellor was out on a limb.

Flur·be·rei·ni·gung *f* reparcelling of the fields of a village; **Flur·na·me** *m* field-name; **Flur·scha·den** *m* damage to crops.

Fluß [flus, *pl* 'flysə] ⟨-sses, ⁝sse⟩ *m* 1. *(Gewässer)* river; 2. *(das Fließen)* flow; 3. *tech (Schmelz~)* molten mass; 4. *(Ausfluß, el, fig)* flux; ▶ **(unten) am** ~ down by the river; **in** ~ **kommen** *tech* begin to melt; *fig (beginnen)* get going; **etw in** ~ **bringen** *(sich verändern)* move into a state of flux; *fig* get s.th. going; **im** ~ **sein** *tech* be molten; *fig (vorankommen)* be going on; *(sich verändern)* be in a state of flux.

fluß·ab·wärts [-'-(-)] *adv* downstream; **Fluß·arm** *m* arm of a *(od* the) river; **fluß·auf·wärts** [-'-(-)] *adv* upstream; **Fluß·bett** *n* river bed.

Fluß·dia·gramm *n* flow chart, flow diagram.

flüs·sig ['flysɪç] *adj* 1. *(nicht fest)* liquid; *(Metall, Glas)* molten; 2. *(fließend)* flowing, fluid; *(Sprechen, Lesen, Schreiben)* fluent; 3. *com fin (Geld)* available; ▶ ~ **machen** *fig (schmelzen)* melt; *com fin (Wertpapiere etc)* convert; **nicht** ~ **sein** *fig fam* be out of funds; ~ **sein** *fig fam* be in funds.

Flüs·sig·gas *n* liquefied gas *(Abk* L.P. gas).

Flüs·sig·keit *f* 1. *(flüssiger Stoff)* liquid; 2. *(Zustand)* liquidity; 3. *com fin (von Geldern)* availability; 4. *fig (des Stils, Ausdrucks etc)* fluidity.

Flüs·sig·kri·stall *m* liquid crystal; **Flüs·sig·kri·stall·an·zei·ge** *f tech (in elektronischen Taschenrechnern etc)* liquid crystal display *(Abk* LCD).

Fluß·krebs *m zoo Br* crayfish, *Am* crawfish; **Fluß·lauf** *m* course of a *(od* the) river; **Fluß·nie·de·rung** *f* river plain; **Fluß·pferd** *n zoo* hippopotamus; **Fluß·schlff(f·)fahrt** *f (Verkehr)* river traffic; *(~swesen)* river navigation; **Fluß·ufer** *n* riverbank.

flü·stern ['flysten] *tr itr* whisper *(jdm etw ins Ohr* s.th. in someone's ear); ▶ **das kann ich dir** ~ *fam (glaub es mir)* take it from me; **Flü·ster·pro·pa·gan·da** *f* underground rumours *pl;* **Flü·ster·ton** *m* whisper; **im** ~ in whispers *pl.*

Flut [flu:t] ⟨-, -en⟩ *f* 1. *(im Gegensatz zu Ebbe)* flood *(od* high) tide; 2. *pl (Wassermassen)* waters *pl;* 3. *fig (Menge)* flood(s *pl);* **es ist** ~ *(die* ~ *kommt)* the tide is coming in; *(die* ~ *ist da)* it is high tide, the tide is in; **flu·ten** I *itr* ⟨sein⟩ flood, pour, stream; II *tr* ⟨h⟩ *mar:* **die Tanks** ~ flood the tanks; **Flut·ka·ta·stro·phe** *f* flood disaster; **Flut·licht** *n el* floodlight; *Am fam* flood; **Flut·wel·le** *f* tidal wave.

Fö·de·ra·lis·mus [fødera'lɪsmʊs] *m pol* federalism; **fö·de·ra·li·stisch** *adj pol* federalist; **fö·de·ra·tiv** *adj pol* federal.

Foh·len ['fo:lən] ⟨-s, -⟩ *n zoo* foal; *(Hengst~)* colt; *(Stuten~)* filly.

foh·len *itr* foal.

Föhn [fø:n] ⟨-(e)s, -e⟩ *m mete* foehn, föhn.

Föh·re ['fø:rə] ⟨-, -n⟩ *f bot* Scots pine.

Fol·ge ['fɔlgə] ⟨-, -n⟩ *f* 1. *(Aufeinander~)* succession; *(Reihen~)* order; *(Serie)* series; *math* sequence; 2. *radio TV (Fortsetzung)* episode; 3. *(Konsequenz)* consequence; *(Ergebnis)* result; 4. *(gehoben, formell):* ~ **leisten** comply with *(e-r Sache* s.th.); **in zwangloser** ~ in no particular order; **in der** ~ subsequently; **als** ~ **davon** in consequence *(od* as a result); **dies hatte zur** ~**, daß . . .** the consequence *(od* result) of this was that . . .; **die Sache wird** ~**n haben** the affair will have serious consequences; **die** ~**n tragen** take the consequences; **Fol·ge·er·schei·nung** *f* consequence, result.

fol·gen ⟨sein⟩ *itr* 1. *(a. fig: verstehen)* follow *(jdm, e-r Sache* s.o., s.th.); 2. *(re·sultieren)* follow *(aus* from); 3. *(gehorchen)* do as one is told; ▶ **es folgt daraus, daß . . .** hence it follows that . . .; **Fortsetzung folgt** to be continued; **jds Beispiel** ~ follow someone's example; ~

Sie meinem Rat! take my advice! **auf den Frühling folgt der Sommer** spring is followed by summer; **fol·gend** *adj* following; ► **am ~en Tage** the following day; **er schreibt ~es ...** he writes (as follows) ...; **es handelt sich um ~es ...** the matter is this ...; **fol·gen·der·ma·ßen (fol·gen·der·wei·se)** *adv* as follows; **fol·gen·schwer** *adj* of serious consequence(s); *(bedeutsam)* momentous; **fol·ge·rich·tig** *adj* consistent, logical; **Fol·ge·rich·tig·keit** *f* (logical) consistency.

fol·gern ['fɔlgən] *tr itr* conclude, infer from; **Fol·ge·rung** *f* conclusion; **die ~en können Sie selber ziehen** draw your own conclusions.

Fol·ge·zeit *f* time to come.

folg·lich ['fɔlklıç] *conj* consequently, therefore.

folg·sam ['fɔlkza:m] *adj* obedient. **Folg·sam·keit** *f* obedience.

Fo·li·ant [fo'ljant] ⟨-en, -en⟩ *m* 1. *(Folioband)* folio (volume); 2. *(dickes Buch)* tome.

Fo·lie ['fo:liə] ⟨-, -n⟩ *f (Metall~, Schicht)* foil; *(Plastik~)* film.

Fo·lio ['fo:lio] ⟨-s, -s/-lien⟩ *n* folio.

Folk·lo·re [fɔlk'lo:rə] ⟨-, -n⟩ *f* folklore; **Folk·lo·re·kleid** *n* ethnic dress; **Folk·lo·rist(in)** *m (f)* folklorist; **folk·lo·ri·stisch** *adj* folkloric.

Folk·sän·ger(in) *m (f)* folk singer; **Folk·song** *m* folk song.

Fol·ter ['fɔltə] ⟨-, -n⟩ *f* 1. torture; 2. *fig* torment; ► **jdn auf die ~ spannen** *a. fig* put s.o. on the rack; **Fol·ter·bank** *f* rack; **fol·tern** I *tr* torture; ► **jdn ~ lassen** have s.o. tortured; II *itr* use torture.

Fol·te·rung *f* torture.

Fön [fø:n] ⟨-(e)s, -e⟩ *m (Haartrockner)* hair-dryer.

Fond [fõ:] ⟨-s⟩ *m mot* back, rear.

Fonds [fõ:] ⟨-, -⟩ *m* 1. *fin (Geldreserve)* funds *pl; (Schuldverschreibung)* government bond; 2. *fig (gehoben)* fund.

fö·nen *tr:* ► **s-e Haare ~** dry one's hair (with a hair-dryer).

Fon·tä·ne [fɔn'tɛ:nə] ⟨-, -n⟩ *f* 1. *(Strahl)* jet; 2. *(Springbrunnen)* fountain.

fop·pen ['fɔpən] *tr fam:* ► **jdn ~** *(für dumm verkaufen)* make a fool of s.o.

for·cie·ren [fɔr'si:rən] *tr* force; *(nach oben zwingen)* force *(od* push) up; ► **s-e Anstrengungen ~** increase one's efforts.

För·der·an·la·ge *f* hauling plant; **För·der·band** *n* conveyor belt.

För·de·rer *m* sponsor; *(Gönner)* patron.

För·der·ge·rät *n tech* conveyor; **För·der·ge·rüst** *n min* pithead; **För·der·ge·schwin·dig·keit** *f* velocity of conveying; **För·der·korb** *m min* mine cage; **För·der·land** *n* producer country.

för·der·lich *adj* beneficial *(jdm, e·r Sache* to s.o., to s.th.).

För·der·men·ge *f* capacity, delivery; *(von Öl)* output.

for·dern ['fɔrdən] I *tr* 1. *(verlangen)* demand *(von jdm* of s.o.); *(Anspruch erheben auf, a. fig: Opfer, Menschenleben etc)* claim; 2. *(er~)* call for ...; 3. *(heraus~, a. fig)* challenge; ► **richtig** *(od* **wirklich) gefordert werden** *fig* be faced with a real challenge; II *itr* make demands.

för·dern ['fœrdən] *tr* 1. *(unterstützen)* support; *(finanziell)* sponsor; 2. *(propagieren, voranbringen, steigern)* promote; 3. *min (Bodenschätze)* extract; *(Erz, Kohle)* mine; ► **zu Tage ~** *fig* bring to light.

För·der·schacht *m min* winding shaft.

För·der·turm *m min* winding tower.

For·de·rung *f* 1. *(Verlangen)* demand *(nach* for); *(Lohn~ etc)* claim *(nach* for); 2. *(Erfordernis)* requirement; 3. *com (gegenüber Schuldnern)* claim *(gegen* against); 4. *(Heraus~)* challenge.

För·de·rung *f* 1. *(Unterstützung)* support; *(finanzielle)* sponsorship; 2. *(Voranbringen)* promotion; 3. *fam (~ssumme)* grant; 4. *min* extraction, mining.

För·de·rungs·pro·gramm *n* development *(od* aid) program(me).

Fo·rel·le [fo'rɛlə] ⟨-, -n⟩ *f zoo* trout.

Form [fɔrm] ⟨-, -en⟩ *f* 1. form; *(Umriß, Gestalt)* shape; 2. *tech (Gieß~)* mould; *(Back~)* baking *Br* tin, *Am* pan; 3. *pl (Umgangs~en)* manners *pl;* 4. *fig sport (Kondition)* condition, form; ► **in guter ~ sein** *fig sport* be in good form; **in ~ von ...** in the form of ...; **e·e bestimmte ~ haben** be in a certain form; **e·r Sache ~ geben** *(od* **verleihen)** *a. fig* shape s.th.; **in aller ~ um Entschuldigung bitten** make a formal apology; **die ~ wahren** observe the proprieties *pl;* **der ~ wegen** for form's sake; **feste ~ annehmen** *fig* take shape.

for·mal [fɔrma:l] *adj* 1. formal; 2. *(äußerlich)* technical.

Form·al·de·hyd ⟨-s⟩ *m chem* formaldehyde.

For·ma·li·tät *f* formality.

For·mat [fɔr'ma:t] ⟨-(e)s, -e⟩ *n* 1. format; 2. *fig (Niveau)* quality; *(Rang)* stature; ► **ein Staatsmann von ~** *fig* a statesman of high *Br* calibre, *Am* caliber.

for·ma·tie·ren *tr EDV* format; **For·ma·tie·rung** *f EDV* formatting.

For·ma·tion *f* formation.

form·bar *adj a. fig* malleable; **Form·bar·keit** *f a. fig* malleability; **form·be·stän·dig** *adj* 1. *tech* retaining its form; 2. *fig sport* consistent in form.

Form·blatt *n* (blank) form.

For·mel ['fɔrməl] ⟨-, -n⟩ *f* 1. formula; 2. *(Wortlaut e-s Eides etc)* wording; ▶ ~-1-Rennen *mot sport* Formula-one race; **um dies alles auf e-e ~ zu bringen** ... (in order) to reduce this all to a formula ...

for·mell [fɔr'mɛl] *adj* formal.

for·men ['fɔrmən] *tr* form, shape; ▶ ~de Kraft formative power; **Formen·leh·re** *f ling geog* morphology; **For·me·rei** *f* moulding shop; **Former(in)** *m (f)* moulder.

Form·feh·ler *m* 1 *jur* flaw; 2 *(gesellschaftlich)* social blunder.

for·mie·ren I *tr* form; *mil (Truppen etc zus.-ziehen)* draw up; II *refl* form up.

For·mie·rung *f* formation; *mil (von Truppen)* drawing-up.

förm·lich ['fœrmlıç] *adj* 1. *(formell)* formal; *(feierlich)* ceremonious; 2. *(regelrecht)* positive, real.

Förm·lich·keit *f* formality; ▶ **bitte keine ~en!** please don't stand on ceremony! *sing.*

form·los *adj* 1. *(gestaltlos)* formless; 2. *fig (zwanglos)* casual; 3. *(Antrag etc)* unaccompanied by any forms.

Form·sa·che *f* formality; ▶ **das ist e-e ~** that's a matter of form.

For·mu·lar [fɔrmu'la:ɐ] ⟨-s, -e⟩ *n Br* form, *Am* blank; ▶ **ein ~ ausfüllen** *Br* fill in a form, *Am* fill out a blank; **formu·lie·ren** *tr* formulate, word; ▶ **ich möchte es so ~:** ... I should like to put it like this: ...; **ich werde die Frage anders ~** I'll put the question another way; **For·mu·lie·rung** *f* formulation, wording; ▶ **e-e bestimmte ~** a particular phrase.

For·mung *f* 1. *(das Formen)* forming; 2. *(Form)* shape.

form·voll·en·det *adj* perfect in form.

forsch [fɔrʃ] *adj* 1. *(schneidig)* dashing; 2. *(naß~)* brash.

for·schen ['fɔrʃən] *itr* 1. *(suchen)* search *(nach* for); 2. *(wissenschaftlich)* do research work, research.

For·scher(in) *m (f)* 1. *(Wissenschaftler)* research scientist; 2. *(Forschungsreisender)* explorer.

For·schung *f* research; **For·schungsab·tei·lung** *f* research department; **For·schungs·an·stalt** *f* research institute; **For·schungs·er·geb·nis** *n* result of research; **For·schungs·la·bor** *n* research laboratory; **For·schungsrei·se** *f* expedition; **For·schungs·satel·lit** *m* research satellite; **Forschungs·zen·trum** *n* research centre.

Forst [fɔrst] ⟨-(e)s, -e(n)⟩ *m* forest; **Forst·amt** *n* forestry office; **Forst·arbei·ter(in)** *m (f)* forestry worker; **Forst·auf·se·her(in)** *m (f)* ranger; **Forst·be·am·te(r) (-be·am·tin)** *m (f)* forestry official.

För·ster(in) ['fœrstɐ] *m (f) Br* forester, *Am* forest ranger.

Forst·haus *n Br* forester's *(Am* ranger's) lodge; **Forst·wirt·schaft** *f* forestry.

fort [fɔrt] *adv* 1. *(weg) (verschwunden)* gone; 2. *(weiter)* on; ▶ **ich muß ~** I must be off; **meine Uhr ist ~** my watch is gone; **~! ~ mit dir!** *interj* away with you! ~ **u. ~** on and on; **in einem ~** without a break; **u. so ~** and so on, and so forth.

Fort·be·stand *m* continuance; ▶ ~ **gefährdeter Tierarten** continuance of endangered species.

fort|be·ste·hen *irr itr* continue (to exist); **fort|be·we·gen** *tr refl* move on *(od* away); **Fort·be·we·gung** *f* locomotion; **Fort·be·we·gungs·mit·tel** *n* means of locomotion; **fort|bil·den** *tr refl* continue someone's (one's) education; **Fort·bil·dung** *f* further education; ▶ **berufliche ~** further vocational training; **fort|brin·gen** *irr tr* 1. take away; *(zur Reinigung, Reparatur etc)* take in; 2. *(bewegen)* move.

Fort·dau·er *f* continuance.

fort|dau·ern *itr* continue; **fort·dauernd** I *adj* continuing; *(bei Vergangenem)* continued; II *adv* continuously.

Fort·ent·wick·lung *f* (further) development; ▶ **dieses Modell ist e-e ~ seines Vorgängers.** this model is a further development on the previous one.

fort|fah·ren *irr* I *itr* 1. *(wegfahren)* go *(od mot* drive) away; 2. *(~ wie bisher* continue *(in, mit etw* with s.th.); ▶ ~ **etw zu tun** to do *od* doing s.th.); **„wie ich schon sagte ...", fuhr er fort** ... "as I already told you ...", he continued ...; II *tr* ⟨h⟩ take *(od mot* drive) away.

Fort·fall ⟨-(e)s⟩ *m* discontinuance; **fort|fal·len** ⟨sein⟩ *irr itr* 1. *(abgeschafft werden)* be abolished; 2. *(nicht mehr erfolgen)* be stopped; 3. *(aufhören, zu existieren)* cease to exist; 4. *(nicht mehr zutreffen)* cease to apply; **fort|flie·gen** ⟨sein⟩ *irr itr* fly away; **fort|füh·ren** *irr tr* 1. *(fortsetzen)* continue, go on with ...; *(Geschäft, Krieg)* carry on; 2. *(wegführen)* take *(od* lead) away; **Fort·führung** *f (Fortsetzung)* continuation; **Fort·gang** ⟨-(e)s, (-̈ e)⟩ *m* 1. *(Weggang)* departure *(von, aus* from); 2. *(Verlauf)* progress; ▶ **bei s-m ~** when he left; **s-n ~ nehmen** progress; **fort|ge·hen** ⟨sein⟩ *irr itr* go away; ▶ **von zu Hause ~** leave home.

fort·ge·schrit·ten *adj* advanced; **zu ~er Stunde** at a late hour; **eine Krankheit im ~en Stadium** an advanced stage of an illness.

fort·ge·setzt *adj* continual, incessant; *(wiederholt)* repeated.

fort|ja·gen I *tr* ⟨h⟩ chase out *(von aus* of); II *itr* ⟨sein⟩ race off.

Fort·kom·men *n (a. fig: Fortschritt)* progress.
fort|kom·men ⟨sein⟩ *irr itr* 1. *(wegkommen)* get away; 2. *fig (vorankommen)* get on well; 3. *(abhanden kommen)* disappear; ▶ **machen Sie, daß Sie ~!** be off! make yourself scarce!
fort|lau·fen *irr itr* run away *(jdm from* s.o.); **fort·lau·fend** *adj* ongoing; *(ausdauernd)* continual; ▶ ~ **numeriert** *(Geldscheine)* serially numbered; *(Buchseite)* consecutively paginated.
fort|le·ben *itr* live on.
fort|pflanzen I *tr biol. (vermehren)* reproduce; **II** *refl* 1. *biol* reproduce; 2. *phys (Wellen) a. fig* propagate; **Fortpflan·zung** *f* 1. *biol* reproduction; 2. *phys (von Wellen)* transmission; 3. *(Vermehrung von Pflanzen)* propagation; **Fort·pflan·zungs·fä·hig·keit** *f* 1. *biol* reproductiveness; 2. *phys* transmissibility; **Fort·pflan·zungs·or·gan** *n* reproductive organ; **Fort·pflanzungs·trieb** *m* reproductive instinct.
fort|schaf·fen *tr* remove; **fort|schik·ken** *tr* send away; **fort|schrei·ten** ⟨sein⟩ *irr itr* 1. *(vorwärtsschreiten)* progress; *(Wissenschaft)* advance; 2. *(sich entwickeln)* develop; 3. *(weitergehen)* continue.
Fort·schritt *m* 1. progress; 2. *(wissenschaftlicher)* advance; ▶ ~**e machen** *(od* **erzielen)** make progress; **dem ~ dienen** further progress.
fort·schritt·lich *adj* progressive.
fort|set·zen I *tr (fortführen)* continue; **wird fortgesetzt** *(Fortsetzung folgt)* to be continued; **II** *refl* 1. *(sich ausbreiten)* extend; 2. *(weitergehen, weiter dauern)* continue; **Fort·set·zung** *f* 1. *(das Fortsetzen)* continuation; 2. *(e-s Romans, a. radio: ~ des Programms)* instal(l)ment; ▶ ~ **folgt** to be continued; **Fort·set·zungs·ge·schich·te** *f* serial.
fort·wäh·rend [ˈ-ˈ--] *adj* continual, incessant.
fort|wir·ken *itr* continue to have an effect.
fos·sil *adj (a. Brennstoff)* fossil.
Fo·to [ˈfoːto] ⟨-s, -s⟩ *n (s.* Photographie).
fo·to·gen [fotoˈgeːn] *adj* photogenic.
Fö·tus ⟨-(ses), se/ɛʌten⟩ *m* foetus.
Fot·ze [ˈfɔtsə] ⟨-, -n⟩ *f vulg* cunt, *Br a.* twat.
Foul [faul] ⟨-s, -s⟩ *n* foul.
fou·len *tr sport* foul.
Fracht [fraxt] ⟨-, -en⟩ *f* 1. *(Ladung)* freight; *mar aero* cargo; 2. *(~gebühr)* freight(age); ▶ **etw per ~ versenden** send s.th. freight; ~ **berechnen** charge freight; **Fracht·brief** *m* consignment note; *mar* bill of lading; **Fracht·dampfer** *m* cargo steamer; **Frach·ter** *m* freighter; **Fracht·flug·zeug** *n* freight plane, freighter; **fracht·frei** *adj* car-

riage paid *(od* free); **Fracht·gut** *n* freight; **Fracht·ko·sten** *pl* freight charges; **Fracht·raum** *m* 1. *(Raum für die Fracht)* hold; 2. *(Ladekapazität)* cargo space; **Fracht·schiff** *n* cargo ship, freighter; **Fracht·ta·rif** *m* freight rate; **Fracht·ver·kehr** *m* goods traffic.
Frack [frak, *pl* ˈfrɛkə] ⟨-(e)s, ːe/-s⟩ *m* 1. tail coat; 2. *fam (Jackett)* jacket; ▶ **im ~ in tails** *pl.*
Fra·ge [ˈfraːgə] ⟨-, -n⟩ *f* 1. question; 2. *(Problem)* problem; ▶ **ich möchte Ihnen e-e ~ stellen** I should like to ask you a question; **ich habe hierzu noch e-e ~** I have another question on this; **ich habe e-e ~ an Sie** I have a question for you; **die deutsche ~** *pol hist* the German issue *(od* question); **entscheidende ~** crucial question; **das ist e-e andere ~** that is another question; **e-e ~ aufwerfen** raise a question; **das ist (doch sehr) die ~** that's the whole problem; **e-e ~ des Geldes** a question of money; **etw in ~ stellen** call s.th. into question; **in ~ kommen** *(möglich sein)* be possible; *(in Betracht kommen)* be considered *(für etw* for s.th.); **nicht in ~ kommen** be out of the question *(für jdn oder etw* for s.o. *od* s.th.); **das ist (gar) keine ~** that is (absolutely) beyond question; **ohne ~** without doubt; **das ist nur e-e ~ der Zeit** that's only a matter of time; **nur diese ~ ist noch strittig** this is the only controversial problem.
Fra·ge·bo·gen *m* questionnaire.
fra·gen [ˈfraːgən] **I** *tr itr* ask *(jdn od etw* s.o. *od* s.th., *nach jdm od etw* about s.o. *od* s.th.); ▶ **ich fragte ihn nach s-m Namen** I asked him (what) his name (was); **wir mußten nach dem Weg ~** we had to ask the way; **ich möchte Sie um Rat ~** I would like to ask your advice; **darf ich Sie etw ~?** may I ask you a question? **frag mich bloß das nicht!** ask me another! **frag doch nicht so dumm!** don't ask (such) silly questions! **danach fragt sie doch überhaupt nicht** *(das kümmert sie nicht)* she doesn't bother about that at all; **man wird ja wohl noch ~ dürfen** *fam* I only asked; **II** *refl* wonder; ▶ **da fragt man sich doch wirklich, ob . . .** one can't help wondering if . . .; **es fragt sich, ob . . .** it's questionable whether.
Fra·ge·rei *f fam pej* questions *pl;* ▶ **was soll die ganze ~?** why all these questions?
Fra·ge·satz *m gram* interrogative sentence; **Fra·ge·stel·ler(in)** *m (f)* questioner; **Fra·ge·stel·lung** *f* 1. *(Formulierung e-r Frage)* formulation of a question; 2. *(Problem, Frage)* question; **Fra·ge·stun·de** *f parl* question time; **Fra·ge·wort** *n gram* interrogative; **Fra·ge·zei·chen** *n a. fig* question

mark.
frag·lich ['fra:klɪç] *adj* **1.** *(in Frage stehend)* in question *(attributiv)*, questionable; **2.** *(zweifelhaft)* doubtful; **3.** *(ungewiß)* uncertain.
frag·los *adj* unquestionable.
Frag·ment [frag'mɛnt] ⟨-(e)s, -e⟩ *n* fragment; **frag·men·ta·risch** *adj* fragmentary.
frag·wür·dig *adj* **1.** doubtful; **2.** *(dubios)* dubious.
Frak·tion [frak'tsjo:n] *f pol Br* parliamentary *(Am congressional)* party.
Frak·tions·füh·rer(in) *m (f) pol* party whip.
frank [fraŋk] *adj* frank, open; ► ~ **u. frei** frankly, openly.
fran·kie·ren *tr (manuell)* stamp; *(maschinell)* frank.
Fran·kier·ma·schi·ne *f* franking machine.
Fran·kie·rung *f* franking.
fran·ko ['fraŋko(:)] *adj (bei Postbeförderung)* postpaid, *Abk* P.P.; *com (frei Haus)* carriage paid.
Frank·reich ['fraŋkraɪç] *n* France.
Fran·se ['franzə] ⟨-, -n⟩ *f (an Teppich etc)* fringe; *(von Haar)* strand of hair.
Franz [frants] *m* Francis; **Fran·zis·ka** [fran'tsɪska] *f* Frances.
Fran·zo·se [fran'tso:zə] ⟨-n, -n⟩ *m* Frenchman; ► **die ~n** *(das Volk)* the French; **ich bin ~** I'm French; **Fran·zö·sin** [fran'tsø:zɪn] *f* French woman.
fran·zö·sisch *adj* French; ► **sich auf ~ empfehlen** take French leave.
frä·sen ['frɛ:zən] *tr tech* mill(-cut); *(Holz)* mould.
Fräs·ma·schi·ne *f* milling machine.
Fraß [fra:s] ⟨-es⟩ *m sl (schlechtes Essen)* muck; ► **der Märtyrer wurde den Löwen zum ~ vorgeworfen** the martyr was fed to the lions.
Frat·ze ['fratsə] ⟨-, -n⟩ *f* **1.** *(Grimasse)* grimace; **2.** *fam (häßliches Gesicht)* ugly face; **3.** *fig (Zerrbild)* grotesque caricature; ► **~n schneiden** pull a face *(jdm* at s.o.).
Frau [fraʊ] ⟨-, -en⟩ *f* **1.** *(als Geschlechtsbezeichnung)* woman; **2.** *(Ehe~)* wife; **3.** *(Anrede: verheiratete Frau)* Mrs(.); *(Familienstand unbekannt)* Ms(.); ► **e-e ~ haben** be married; **jdn zur ~ haben** be married to s.o.; **~ u. Kinder haben** have a wife and children; **Ihre ~ Mutter** *obs* your mother; **kann ich Ihnen helfen, gnädige ~?** can I help you, madam?
Frau·en·arzt *m* gyn(a)ecologist; **Frau·en·be·auf·trag·te** *m f* official women's representative; **Frau·en·be·we·gung** *f* feminist movement.
Frau·en·eman·zi·pa·tion *f* emancipation of women; *(als Bewegung)* women's lib(eration); **Frau·en·grup·pe** *f* women's group; **Frau·en·haus** *n* wom-

en's refuge, refuge (for battered women); **Frau·en·kli·nik** *f* gyn(a)ecological hospital; **Frau·en·lei·den** *n* gyn(a)ecological illness; **Frau·en·po·li·tik** *f* feminist politics *sing;* **Frau·en·recht·le·r(in)** *m (f)* feminist, *fam* Women's Libber; **Frau·en·zeit·schrift** *f* women's magazine; **Frau·en·zim·mer** *n hum fam, a. pej* female; *Am fam* broad.
Fräu·lein ['frɔɪlaɪn] ⟨-s, -s⟩ *n* **1.** *obs (unverheiratete Frau, junge Frau)* young lady; **2.** *obs (Anrede)* Miss; Ms; *(Kellnerin)* waitress; ► **Ihr ~ Tochter** *obs* your daughter; **~ Smith** Miss Smith.
freak [fri:k] ⟨-s, -s⟩ *m fam* freak; **frea·kig** *adj* freaky.
frech [frɛç] *adj* insolent; *(unverschämt)* impudent; *fam (keck) Br* cheeky, *Am* fresh; *(trotzig)* saucy, *Am fam* sassy; ► **e-e ~e Lüge** a brazen lie; **~e Antwort** backtalk; **werd nicht ~!** don't be fresh with me! **sei nicht so ~!** don't be cheeky!
Frech·dachs *m fam* cheeky monkey; **Frech·heit** *f* **1.** *(freches Verhalten)* cheek(iness), impudence, insolence, sauciness; **2.** *(freche Bemerkung, Handlung)* bit of impudence *(od* cheek); ► **sie besaß die ~, zu ...** she had the impudence *(od fam* nerve) to ...; **so e-e ~!** what a cheek!
Fre·gat·te [fre'gatə] ⟨-, -n⟩ *f mar* frigate; **Fre·gat·ten·ka·pi·tän** *m mar* commander.
frei [fraɪ] *adj* **1.** *(unbehindert, unabhängig)* free; *(~beruflich)* freelance; *(privat, nicht-staatlich)* private; **2.** *(Posten, Amt, Wohnung)* vacant; *(Taxi)* for hire; **3.** *(kostenlos)* free; **4.** *(freisinnig)* liberal; *(freimütig)* free; **5.** *(unbekleidet)* bare; **6.** *(verfügbar, erhältlich)* available; *(Beamter, Angestellter, Zeit)* free; ► **~e Wahl des Arbeitsplatzes** free movement of labour; **~e Hand haben** *(jdm lassen)* have (give s.o.) a free hand; **Eintritt ~!** admission free! **sind Sie ~?** are you free? **~ an Bord** *com* free on board *(Abk* f.o.b.); **auf ~em Felde** in the open country; **unter ~em Himmel** in the open air; **auf ~er Strecke** *rail* between stations *pl; mot* on the road; **aus ~en Stücken** of one's own free will; **keine ~e Minute haben** not have a moment to o.s.; **ich bin so ~** may I? **endlich gab er dem Projekt ~e Fahrt** *fig* at last he gave the green light for the project; **~es Geleit** safe conduct; **jdn auf ~en Fuß setzen** set s.o. free; **kannst du dich von dieser Vorstellung nicht ~ machen?** can't you free yourself from that idea? **den Dingen ~en Lauf lassen** let things take their course; **das ~e Spiel der Kräfte** the free play of forces; **machen Sie die Straße ~!** clear the

road! **ich arbeite als ~er Mitarbeiter** I am working freelance; **~e Marktwirtschaft** free-market (*od* open market) economy; **e-n Tag ~ bekommen (haben, nehmen)** get (have, take) a day off; **morgen ist ~** tomorrow is a holiday; **unser Haus steht völlig ~** (*allein, isoliert*) our house stands quite by itself; **sie hat heute abend ~** she is off tonight; **haben Sie noch etw ~?** (*ein Zimmer*) have you got any vacancies? *pl;* **~ reden, ~ sprechen** (*offen*) speak openly; (*nicht vom Blatt ablesen*) extemporize; **diese Stelle wird nächsten Monat ~** this position will become vacant next month.
Frei·bad *n* open-air (swimming) pool.
frei·be·ruf·lich *adj* self-employed; (*Journalist, Autor*) freelance; **Frei·betrag** *m* (*bei Steuern*) tax allowance; **Frei·bier** *n* free beer; **Frei·brief** *m* 1. (*Vorrechte*) privilege; 2. *fig Br* licence, *Am* license.
Frei·den·ker *m* freethinker.
Freie ⟨-n⟩ *n:* ▶ **das ~** the open (air); **im ~n** in the open (air); **im ~n übernachten** sleep out in the open.
Frei·er *m* 1. *hum* (*Verehrer*) suitor; 2. *fam* (*Kunde e-r Prostituierten*) *Br* client, *Am* john.
Frei·exem·plar *n* free copy.
frei|ge·ben *irr* **I** *tr* 1. (*Vermögen, Personen, a. Nachrichten für die Presse*) release (*für, an* to); (*Gefangene, Ehegatten*) set free; (*gesperrte Konten*) deblock; (*Preise*) decontrol; 2. (*eröffnen*) open (*für etw* to s.th.); 3. (*e-n Film*) pass; ▶ **dieser Film ist (für Jugendliche) ab 16 (Jahren) freigegeben** this film may be seen by people over (the age of) 16; **ein Produkt für den Markt ~** allow a product to be sold on the market; **II** *itr:* ▶ **jdm (e-e Woche) ~** give s.o. a (week's) holiday; **jdm (für) e-n Tag ~** give s.o. a day off.
frei·ge·big ['fraɪɡəːbɪç] *adj* generous; ▶ **~ mit Geld sein** be liberal with one's money; **Frei·ge·big·keit** *f* generosity; **Frei·geist** *m* freethinker; **Frei·ge·las·se·ne(r)** *f m hist* freedman; **Freigepäck** *n* baggage allowance; **Frei·hafen** *m* free port.
frei|hal·ten *irr* **I** *tr* 1. (*Platz etc*) keep free; (*reservieren*) keep; 2. (*für jdn bezahlen*) pay for ...; **II** *refl* (*vermeiden*) avoid (*von etw* s.th.).
Frei·han·del *m com pol* free trade; **Frei·han·dels·zo·ne** *f com pol:* ▶ **Europäische ~** European Free Trade Area (*Abk* EFTA).
frei·hän·dig ['fraɪhɛndɪç] *adj* (*Schießen*) offhand; (*Zeichnen*) freehand; (*Radfahren*) without hands.
Frei·heit ['fraɪhaɪt] *f* 1. freedom; (*als Idealvorstellung*) liberty; 2. (*Recht, Pri-*

vileg, oft pl: **~en**) freedom; ▶ **endlich bin ich wieder in ~** at last I am free again; **ich schenke dir die ~** I am giving you your freedom; **jdn in ~ setzen** set s.o. free; **dichterische ~** poetic *Br* licence, *Am* license; **persönliche ~** personal freedom; **~ der Presse** freedom of the press; **du hast doch alle ~en, was willst du noch?** you have all the freedom possible, what else do you want? **sich die ~ nehmen, etw zu tun** take the liberty of doing s.th.; **sich ~en herausnehmen** take liberties.
frei·heit·lich *adj* liberal; ▶ **die ~demokratische Grundordnung** the free democratic constitutional structure.
Frei·heits·be·rau·bung *f jur* wrongful deprivation of personal liberty; **Frei·heits·drang** *m* thirst (*od* desire) for freedom; **Frei·heits·krieg** *m* war of liberation; **Frei·heits·stra·fe** *f* prison sentence; ▶ **zu e-r ~ von vier Jahren verurteilt werden** be sentenced to four years' imprisonment, be given a four-year prison sentence.
Frei·kar·te *f* free (*od* complimentary) ticket.
frei|kau·fen *tr* ransom.
Frei·kör·per·kul·tur *f* (*Abk.* FKK) nudism.
frei|las·sen *irr tr* set free; (*Häftling*) release (*aus* from); (*Sklaven*) emancipate; ▶ **gegen Kaution ~** release on bail.
Frei·las·sung *f* release.
Frei·lauf *m* (*beim Fahrrad*) freewheel.
frei|le·gen *tr a. fig* expose.
Frei·lei·tung *f el* aerial line, overhead cable.
frei·lich ['fraɪlɪç] *adv* 1. (*natürlich*) certainly, of course, *Am* sure; 2. (*allerdings*) admittedly; ▶ **ja ~!** to be sure! yes, of course!
Frei·licht·büh·ne *f* open-air theatre.
Frei·los *n* free lottery ticket.
frei|ma·chen I *tr* (*frankieren*) stamp; (*maschinell*) frank; **II** *itr* (*nicht arbeiten*) take a day (*od* two *etc* days, a week, a month *etc*) off; **III** *refl* (*sich entkleiden*) take one's clothes off.
Frei·mau·rer *m hist* Freemason; **Frei·mau·re·rei** *f hist* Freemasonry.
Frei·mut *m* candour, frankness, openness; **frei·mü·tig** ['fraɪmyːtɪç] *adj* candid, frank, open; **Frei·mü·tig·keit** *f* frankness, openness.
frei|spre·chen *irr tr jur* acquit (*jdn von etw* s.o. of s.th.); ▶ **ich wurde wegen erwiesener Unschuld freigesprochen** I was proved not guilty; **Frei·spruch** *m jur* acquittal; ▶ **die Verteidigung plädierte auf ~** the *Br* defence (*Am* defense) pleaded not guilty; **Frei·staat** *m* free state; **Frei·statt (Frei·stät·te)** ⟨-, -stätten (-, -n)⟩ *f* (*literarisch*) sanc-

tuary.

frei|ste·hen *irr itr* **1.** *(leerstehen)* stand empty; **2.** *(dem jeweiligen Gutdünken)* be up *(jdm* to s.o.).

frei|stel·len *tr* **1.** *(ausnehmen, befreien)* exempt *(jdn von etw* s.o. from s.th.); **2.** *(Arbeiter, Angestellte)* release *(für* for); **3.** *(anheimstellen)* leave *(jdm etw* s.th. (up) to s.o.).

Frei·stoß *m sport (Fußball)* free kick.

Frei·tag ['fraita:k] ⟨-(e)s, -e⟩ *m* Friday.

Frei·tod *m* suicide; **Frei·trep·pe** *f* open stairs *pl;* **Frei·um·schlag** *m* stamped envelope; ▶ **adressierter** ~ stamped addressed envelope; **Frei·wild** *n fig* fair game.

frei·wil·lig *adj* voluntary; *(Schulbesuch, Krankenversicherung etc)* optional; ▶ ~e **Feuerwehr** voluntary fire brigade.

Frei·wil·li·ge(r) *f m* volunteer; ▶ ~ **vor!** volunteers, one pace forward! **Frei·wil·lig·keit** *f* voluntariness.

Frei·zei·chen *n tele* dialling tone; **Frei·zeit** *f* **1.** *(arbeitsfreie Zeit)* leisure time, free time; **2.** *(Urlaubsreise)* holiday course; **Frei·zeit·aus·gleich** *m* free time compensation; **Frei·zeit·ge·sell·schaft** *f* leisure society; **Frei·zeit·ge·stal·tung** *f* organization of one's leisure time; **Frei·zeit·hemd** *n* casual shirt; **Frei·zeit·in·du·strie** *f* leisure industry; **Frei·zeit·klei·dung** *f* **1.** *(was jem in s-r Freizeit trägt)* casual clothes *pl;* **2.** *(Warengattung)* leisure wear; **Frei·zeit·park** *m* amusement park; **Frei·zeit·wert** *m* recreational value.

frei·zü·gig *adj* **1.** *(liberal)* liberal; **2.** *(offen, geradeheraus)* permissive.

Frei·zü·gig·keit *f* **1.** *pol* freedom of movement; **2.** *(Großzügigkeit)* liberalness; **3.** *(ethisch, moralisch)* permissiveness.

fremd [frɛmt] *adj* **1.** *(anders, unvertraut)* strange; *(ausländisch)* foreign; **2.** *(unbekannt)* unknown *(jdm od für jdn* to s.o.); **3.** *(nicht eigen, jem anderem gehörend)* s.o. else's; ▶ **ich bin hier** ~ I am a stranger here; **solches Verhalten ist mir** ~ I don't understand how one can behave like that; **er ist mir völlig** ~ he is a complete stranger to me; **wir sind einander** ~ **geworden** we have grown apart; **unter e-m** ~**en Namen** under an assumed name; **nicht für** ~**e Ohren bestimmt sein** be not meant to be heard by other people.

fremd·ar·tig ['frɛmta:etɪç] *adj* strange; *(exotisch)* exotic; **Fremd·ar·tig·keit** *f* strangeness; *(Exotisches)* exoticism.

Fremde ['frɛmdə] ⟨-⟩ *f* foreign parts *pl;* ▶ **in die** ~ **gehen** go to foreign parts; *(ins Ausland)* go abroad.

Frem·de(r) ⟨-n, -n⟩ *f m* **1.** *(orts*~ *od unbekannte Person)* stranger; **2.** *(Aus-*

länder) foreigner; **Frem·den·füh·rer(in)** *m (f)* guide; **Frem·den·le·gion** *f* Foreign Legion; **Frem·den·ver·kehr** *m* tourism; **Frem·den·ver·kehrs·zen·trum** *n* tourist *Br* centre *(Am* center); **Frem·den·zim·mer** *n* guest room.

Fremd·fi·nan·zie·rung *f com* outside financing; **Fremd·herr·schaft** *f* foreign rule; **Fremd·ka·pi·tal** *n com* outside capital; **Fremd·kör·per** *m* **1.** *med* foreign body; **2.** *fig* alien element.

fremd·län·disch ['frɛmtlɛndɪʃ] *adj* **1.** *(ausländisch)* foreign; **2.** *(exotisch)* exotic.

Fremd·ling *m* stranger.

Fremd·spra·che *f* foreign language; **Fremd·spra·chen·se·kre·tär(in)** *m (f)* bilingual secretary.

fremd·spra·chig *adj:* ▶ ~**er Unterricht** *(Unterricht, in dem die Fremdsprache gesprochen wird)* teaching in a foreign language; **fremd·sprach·lich** *adj:* ▶ ~**er Unterricht** *(das Lehren der Fremdsprache)* (foreign-)language teaching.

Fremd·wäh·rung *f* foreign currency; **Fremd·wort** *n* foreign word.

fre·ne·tisch *adj* frenetic, frenzied; *(Beifall a.)* wild.

Fre·quenz [fre'kvɛnts] ⟨-, -en⟩ *f (Häufigkeit) a. phys* frequency.

Fres·ko ['frɛsko] ⟨-s, -ken⟩ *n* fresco.

Fres·sa·li·en [frɛ'sa:liən] *pl fam* grub *sing.*

Fres·se ['frɛsə] ⟨-, -n⟩ *f vulg* **1.** *(Mund)* gob, trap, *Br* cakehole; **2.** *(Gesicht)* mug; ▶ **jdm die** ~ **polieren** *vulg* give s.o. a sock in the kisser; **halt endlich deine** ~**!** *vulg* won't you shut your trap!

Fres·sen ⟨-s⟩ *n* **1.** *(für Tiere)* food; **2.** *sl (schlechtes Essen, Fraß)* grub, muck *fam;* ▶ **ein gefundenes** ~ *fig fam* a heaven-sent opportunity.

fres·sen *irr* **I** *itr* **1.** *(von Tieren)* eat, feed; **2.** *sl (von Menschen)* eat; ▶ **er ißt nicht, er frißt** *fam (solche Mengen)* he doesn't eat, he stuffs himself; *fam (unmanierlich)* he eats like a pig; **jdm aus der Hand** ~ *(a. fig fam)* eat out of someone's hand; **II** *tr* **1.** *(verzehren, a. sl bei Menschen)* eat; *sl (gierig essen)* scoff; **2.** *(sich ernähren von)* feed on ...; **3.** *(verbrauchen, „schlucken": Benzin etc) fam* gobble up; **4.** *fig (Haß, Neid etc)* eat up; ▶ **du frißt mir noch die Haare vom Kopf!** *fig fam* you're going to eat me out of house and home! **ich habe dich zum F~ gern** *fam* I could eat you; **hast du's jetzt endlich ge~?** *fig fam (kapiert)* have you got it at last? **jdn (etw) ge~ haben** *fig fam (verabscheuen)* be fed up with s.o. (s.th.); **ich fresse e-n Besen, wenn ...** *fig fam* I'll eat my hat if ...; **III** *refl (sich hinein-*

bohren) eat one's way *(durch* through, *in* into).

Freß·napf *m* feeding bowl.

Frett·chen ['frɛtçən] ⟨-s, -⟩ *n zoo* ferret.

Freu·de ['frɔɪdə] ⟨-, -n⟩ *f* joy *(über* at); *(Entzücken)* delight *(über* at); *(Vergnügen)* pleasure; ▶ **vor** ~ with joy; **vor** ~ **außer sich sein** be mad with joy; **vor** ~ **weinen** weep for joy; **mit** ~**n** gladly; **ich habe einfach keine** ~ **am Lesen** I simply don't get any pleasure from *(od* out of) reading; ~ **am Leben haben** enjoy life; **jdm e-e** ~ **machen** make s.o. happy; **jdm die** ~ **verderben** spoil someone's pleasure; **herrlich u. in** ~**n leben** live a life of ease; **zu s-r großen** ~ to his great delight; **ihr Sohn macht ihnen wenig** ~ their son is not much of a joy to them; **Freu·den·ge·schrei** *n* shrieks *pl* of joy; **Freu·den·mäd·chen** *n euph (Prostituierte)* woman of easy virtue; **Freu·den·trä·nen** *f pl* tears of joy.

freu·de·strah·lend *adj* beaming with delight.

freu·dig ['frɔɪdɪç] *adj* 1. *(froh)* joyful; *(bereitwillig)* willing; 2. *(glücklich, beglückend)* happy; ▶ **das war e-e** ~**e Überraschung** that was a delightful surprise; **in** ~**er Erwartung Ihrer Ankunft** ... looking forward to your arrival with great pleasure ...; **ein** ~**es Ereignis** *(meist: Geburt)* a happy event.

freud·los ['frɔɪtlo:s] *adj* joyless.

freu·en ['frɔɪən] I *tr:* **das freut mich** I'm really pleased; **es freut mich, zu** ... **(daß** ...) I'm pleased to ... (that ...); II *refl* 1. *(froh sein)* be pleased *(od* glad) *(über* about); 2. *(Vorfreude)* look forward *(auf etw* to s.th., *auf jdn* to seeing *od* meeting s.o.); ▶ **ich habe mich riesig über dein Geschenk gefreut** I was ever so pleased about your present; **ich freue mich mit Ihnen** I share your happiness; **sich an etw (sehr)** ~ get (a lot of) pleasure from s.th.; **er freut sich s-s Lebens** he enjoys life; „**Er ist also doch noch zurückgekommen", freute sie sich** *(sagte sie voller Freude)* "So he did come back in the end", she said joyfully; **da hast du dich wohl zu früh gefreut!** it seems you got your hopes up too soon!

Freund [frɔɪnt] ⟨-(e)s, -e⟩ *m* 1. *(Kamerad)* friend; 2. *(Liebhaber)* boyfriend; 3. *fig (Kunst*~ *etc)* lover; *(Mäzen)* friend; ▶ **dicke** ~**e** *fam* great friends; **mit jdm gut** ~ **sein** be good friends with s.o.; **jdn zum** ~ **haben** have s.o. for a friend; **du bist mir ein schöner** ~ *fam (ironisch)* a fine friend you are; **kein** ~ **von Katzen** no lover of cats; **ich bin kein** ~ **vieler Worte** I'm not one of the talking kind; **Freund·chen** *n fam:* ▶ **jetzt hör mal zu, mein** ~! now listen, loverboy! *fam hum;* **Freun·din** ['frɔɪndɪn] *f* 1. *(Kame-*

radin) friend; 2. *(Liebhaberin)* girlfriend; 3. *fig (Kunst*~ *etc)* lover; *(Mäze-nin)* friend.

freund·lich ['frɔɪntlɪç] *adj* 1. *(wohlgesonnen)* friendly; 2. *(gütig, nett)* kind *(zu* to); 3. *(angenehm)* pleasant; *(heiter)* cheerful; ▶ ~**er Empfang** friendly welcome; ~**es Zimmer** cheerful room; **wären Sie wohl so** ~, **zu** ...? would you be so kind as to ...? **das Wetter ist** ~ the weather is pleasant; ~**e Börsentendenz** *com fin* favourable stock market trend; **Freund·lich·keit** *f* 1. friendliness; 2. *(nette Art)* kindliness; 3. *(Heiterkeit)* cheerfulness; 4. *(Gefälligkeit)* favour, kindness; 5. *(freundliche Äußerung)* kind remark; ▶ **hätten Sie wohl die** ~, **zu** ...? would you be so kind as to ...?

Freund·schaft *f* 1. friendship; 2. *(Freundeskreis)* friends *pl;* ▶ ~ **schließen mit jdm** make friends with s.o.; **freund·schaft·lich** *adj* friendly; ▶ ~**e Gesinnung** friendly disposition; **auf** ~**em Fuße mit jdm stehen** be on friendly terms with s.o.; ~**e Gefühle** feelings of friendship.

Freund·schafts·be·such *m pol* goodwill visit; **Freund·schafts·spiel** *n sport* friendly (match).

Fre·vel ['fre:fəl] ⟨-s, -⟩ *m* 1. *rel (Sünde)* sin *(gegen* against); 2. *fig (Verbrechen)* crime *(an* against); *(Sakrileg)* sacrilege; **fre·vel·haft** *adj* sacrilegious, sinful; **fre·veln** *itr* sin *(gegen, an* against); **Frev·le·r(in)** *m (f)* sinner.

Frie·de(n) ['fri:dən] ⟨-s, (-)⟩ *m* 1. peace; 2: *(Ruhe)* tranquillity; ▶ **im** ~ in time of peace; **in** ~ **u. Freiheit** in peace and freedom; ~ **schließen** *pol* make peace; **(s-n)** ~ **mit der Welt schließen** make one's peace with the world; **der Westfälische** ~ *hist* the Peace of Westphalia; **der häusliche** ~ domestic harmony; **um des lieben** ~**s willen** *fam* for the sake of peace and quiet; **laß mich in** ~**!** leave me alone!

frie·dens·be·wegt *adj fam (Person)* pacifist; **Frie·dens·be·weg·te(r)** *f m fam* peace activist; **Frie·dens·be·we·gung** *f* peace movement.

Frie·dens·bruch *m* violation of (the) peace; **Frie·dens·ge·sprä·che** *n pl* peace talks; **Frie·dens·in·itia·ti·ve** *f (für den Frieden eintretende Gruppe)* peace campaigners *pl;* **Frie·dens·kon·fe·renz** *f* peace conference; **Frie·dens·marsch** *m* peace march; **Frie·dens·pfei·fe** *f* peace-pipe; ▶ **die** ~ **rauchen** smoke the peace-pipe; **Frie·dens·re·ge·lung** *f* arrangement *(od* settlement) of peace; **Frie·dens·rich·ter(in)** *m (f)* justice of the peace *(Abk* J.P.); **Frie·dens·schluß** *m* conclusion of peace; **Frie·dens·stif·ter(in)** *m (f)* peacemaker; **Frie·dens·ver·hand·**

lun·gen f pl peace negociations; **Frie·dens·ver·trag** m peace treaty; **Frie·dens·zeit** f: ▶ **in** ~**en** in times of peace, in peacetime.
fried·fer·tig adj peaceable.
Fried·hof ['fri:tho:f] m cemetery.
fried·lich adj peaceful; (friedfertig) peaceable; ▶ ~**e Lösung**, ~**er Weg** peaceful solution; **bist du dann endlich** ~? fam will that make you happy? **nun sei doch endlich** ~! fam now, give it a rest!
fried·lie·bend adj peace-loving.
trie·ren |tri:rən| irr itr tr (a. ge~) freeze; ▶ **mich friert (ich friere)** I am cold, I feel cold; **ich friere** (od **mich friert es**) **an den Fingern** my fingers are cold; **wird es heute nacht** ~? will it freeze tonight?
Fries [fri:s] ⟨-es, -e⟩ m arch frieze.
fri·gi·de [fri'gi:də] adj frigid.
Fri·ka·del·le f meatball.
Fris·bee·schei·be f Wz frisbee disc Wz.
frisch [friʃ] adj **1.** allg fresh; (noch feucht) wet; **2.** (kühl) chilly, cool; **3.** (Aussehen, Gesichtsfarbe) fresh; **4.** (munter) bright, cheery; ▶ ~**e Eier** new-laid eggs; ~**es Obst** fresh-picked fruit; ~ **gestrichen** newly painted; (als Warnung auf Hinweisschild) Br wet (Am fresh) paint; **auf** ~**er Tat ertappt werden** be caught in the act; ~**en Mut fassen** gain new courage; ~ **von der Schulbank** fresh out of college; **an der** ~**en Luft** in the fresh air; **jdn an die** ~**e Luft setzen** fam kick s.o. out; **mit** ~**er Kraft** with renewed vigour; **nur immer** ~ **drauflos!** just go ahead! don't hold back! **sie schreibt einfach** ~ **drauflos** she just writes away; ~ **verheiratet** newly married; **ein** ~**er Wind** a fresh wind; fig the wind of change.
Fri·sche ['friʃə] ⟨-⟩ f **1.** allg freshness; (Feuchtigkeit: von Fleck, Farbe) wetness; **2.** (Kühle) coolness; **3.** (Aussehen) freshness; (Munterkeit) brightness.
Frisch·fleisch n fresh meat; **Frisch·hal·te·da·tum** n sell-by date; **Frisch·hal·te·fo·lie** f cling film; **Frisch·hal·te·packung** (k·k) f air-tight (od vacuum) pack(age); ▶ **in** ~ aroma-sealed, vacuum-packed; **Frisch·kä·se** m cream cheese; **Frisch·zel·len·the·ra·pie** f med cellular therapy, live-cell therapy.
Fri·seur(in) (**Fri·seu·se**) [fri'zø:ɐ, fri'zø:zə] ⟨-s, -e (-, -n)⟩ m (f) hairdresser; **fri·sie·ren** I tr **1.** ▶ **jdm das Haar** ~, **jdn** ~ do someone's hair; (kämmen) comb someone's hair; **2.** fam (manipulieren) fiddle; ▶ **die Bilanz** ~ fin fam cook the books; **3.** fam mot (die Leistung erhöhen) hot (od soup) up; II refl do one's hair; **Fri·sier·sa·lon** m (für Damen) hairdressing salon; (für Her-

ren) barber's shop.
Fri·sör(in) m (f) (s. Friseur(in)).
Frist [frist] ⟨-, -en⟩ f **1.** (Zeitraum) period (für Nachricht, Kündigung etc of notice); **2.** (Zeitpunkt) deadline (für, zu for); com (Zahlungsziel) last date for payment; (~verlängerung, Aufschub) period of grace; ▶ **nach Ablauf der** ~ after expiration of the term; **binnen kürzester** ~ without delay; **die** ~ **verstreichen lassen** let the deadline (od bei Zahlungsziel the last date for payment) pass; **e-e** ~ **einhalten (versäumen)** meet (miss) a deadline; **jdm e-e** ~ **von sieben Tagen gewähren** grant (od give) s.o. seven days grace.
fri·sten tr ▶ **sein Dasein mit etw** ~ eke out one's existence with s.th.; **sein Leben kümmerlich** ~ eke out a miserable existence.
Fri·sten·re·ge·lung f jur (in Zus.hang mit Schwangerschaftsabbruch) latest point at which abortion is legally permitted.
frist·ge·recht adj within the period stipulated; **frist·los** adj without notice; ▶ ~ **entlassen** dismiss without notice.
Fri·sur f hairdo, hairstyle.
Fri·teuse f deep-fryer; chip pan.
fri·tie·ren tr deep-fry.
fri·vol [fri'vo:l] adj frivolous.
froh [fro:] adj **1.** (dankbar, glücklich) glad; (erfreut) pleased; **2.** (erfreulich) happy; ▶ **über etw** ~ **sein** be glad about (od pleased with) s.th.; **sie wird ihres Lebens nicht mehr** ~ she doesn't enjoy life any more; ~**e Ostern (Weihnachten)!** Happy Easter (Christmas)!
fröh·lich ['frø:lɪç] adj cheerful, gay, merry; **Fröh·lich·keit** f cheerfulness, happiness.
froh·locken (k·k) [fro'lɔkən] ⟨ohne ge-⟩ itr (gehoben) rejoice (über at).
Froh·sinn ⟨-s⟩ m cheerfulness.
fromm [frɔm] adj **1.** rel (gläubig) religious; (hingegeben) devout; **2.** (gehorsam, zahm) docile; ▶ **das ist ja wohl nur ein** ~**er Wunsch!** thats just a pipedream! **e-e** ~**e Lüge** a well-meant deception.
Fröm·me·lei [frœmə'laɪ] f pej false (od affected) piety.
fröm·meln ['frœməln] itr pej affect piety.
Fröm·mig·keit f rel religiousness.
Frömm·ler(in) m (f) pej (Heuchler(in)) sanctimonious hypocrite.
Fron(·ar·beit) ['fro:n-] ⟨-, (-en)⟩ f **1.** hist (Frondienst) socage; **2.** fig drudgery.
frö·nen ['frø:nən] itr indulge (e-r Sache in s.th.).
Fron·leich·nams·fest n [-'---(-)] eccl Feast of Corpus Christi.
Front [frɔnt] ⟨-, -en⟩ f **1.** (Vorderseite) front; **2.** mete (Wetter~) front; **3.** mil

front; *(Kampflinie)* front line; **4.** *sport (Spitze)* lead; ▶ **gegen diese Entscheidung werden wir ~ machen** *fig* we will make a stand against this decision; **an der ~ mil** at the front; **wir müssen endlich klare ~en schaffen** *fig* it's high time we made our position clear; **die ~en wechseln** *fig* change sides.

fron·tal [frɔn'taːl] **I** *adj* frontal; **II** *adv* frontally, head on; **Fron·tal·zu·sam·men·stoß** head on-collision.

Front·schei·be *f* *mot Br* windscreen, *Am* windshield.

Frosch [frɔʃ, *pl* 'frœʃə] ⟨-(e)s, ⸚e⟩ *m* *zoo* frog; ▶ **ich hab' e-n ~ im Hals!** *fam fig* I've got a frog in my throat! **komm, sei kein ~!** *fam (kein Spielverderber)* come on, be a sport! **Frosch·laich** *m* *zoo* frogspawn; **Frosch·schen·kel** *m* frog's leg.

Frost [frɔst, *pl* 'frœstə] ⟨-(e)s, ⸚e⟩ *m* frost; ▶ **strenger (eisiger) ~** heavy (crisp) frost; **Frost·beu·le** *f* *med* chilblain.

frö·steln ['frœstəln] *itr* shiver.

fro·stig *adj* *a. fig* frosty.

Fro·stig·keit *f* *fig* frostiness.

Frost·scha·den *m* frost damage; **Frost·schutz·mit·tel** *n* *mot* antifreeze.

Frot·tee ['frɔteː] ⟨-s, -⟩ terry towelling; **Frot·tee·hand·tuch** *n* terry towel; **Frot·tee·kleid** *n* towelling dress.

frot·tie·ren *tr refl* rub (down).

frot·zeln ['frɔtsəln] *itr fam* tease; ▶ **über jdn (etw) ~** make fun of s.o. (s.th.).

Frucht [frʊxt, *pl* 'frʏçtə] ⟨-, ⸚e⟩ *f* **1.** *bot a. fig* fruit; *(Getreide)* crops *pl;* **2.** *med* f(o)etus; **3.** *pl (Obst)* fruit *sing;* ▶ ⸚e **tragen,** ⸚e **bringen** *a. fig* bear fruit.

frucht·bar *adj* **1.** *a. fig* fertile, prolific; **2.** *fig (nutzbringend)* productive; **Frucht·bar·keit** *f* **1.** *a. fig* fertility, prolificness; **2.** *fig* productiveness.

fruch·ten ['frʊxtən] *itr fig* bear fruit; ▶ **nichts ~** be fruitless; **Frucht·fleisch** *n* flesh (of a fruit); **frucht·los** *adj fig* fruitless; **Frucht·lo·sig·keit** *f* *fig* fruitlessness; **Frucht·saft** *m* fruit juice; **Frucht·was·ser·un·ter·su·chung** *f* *med* amneocentesis; **Frucht·wech·sel** *m* *agr* crop rotation.

früh [fryː] **I** *adj* early; ▶ **am ~en Nachmittag** in the early afternoon; **in ~er Jugend** in one's early youth; **seit meiner ~esten Kindheit** since I was a very small child; **II** *adv* **1.** early; **2.** *(schon in der Kindheit od Jugend)* at an early age; ▶ **heute (morgen) ~** this (tomorrow) morning; **es ist noch ~ am Tag** it's still early in the day; **Sonntag ~** Sunday morning; **von ~ bis spät** from morning till night; **Früh·auf·ste·her(in)** *m (f)* early riser.

Frü·he ['fryːə] ⟨-⟩ *f* ▶ **in aller (der) ~ at the crack of dawn (early in the morning).

frü·her ['fryːɐ] **I** *adj* **1.** earlier; **2.** *(ehemalig)* former; *(vorherig)* previous; ▶ **in ~en Zeiten** in the past; **der ~e Besitzer** the previous owner; **II** *adv* **1.** earlier; **2.** formerly, previously; ▶ **~ am Abend** earlier on in the evening; **ich habe ihn ~ einmal gekannt** I used to know him; **ich kenne ihn noch von ~** I've known him for some time; **es ist alles genau wie ~** everything's just as it used to be; **~ od später** sooner or later; **da mußt du ~ aufstehen** *fig fam* you have to be quicker off the mark.

Früh·er·ken·nung *f* *med* early diagnosis.

frü·he·ste *adj* **1.** earliest; **2.** *(erste)* first; **frü·he·stens** *adv* at the earliest; ▶ **wann kannst du ~ kommen?** what is the earliest you can come?

Früh·ge·burt *f* **1.** *(zu frühe Geburt)* premature birth; **2.** *(zu früh geborenes Kind)* premature baby; **Früh·jahr (Früh·ling)** *n (m)* spring; **Frühjahrs-, (Früh·lings-)** *(in Zssgn.)* spring; **Früh·jahrs·mü·dig·keit** *f* springtime lethargy; **Früh·lings·rol·le** *f* spring roll; **Früh·lings·sup·pe** *f* mixed early vegetables soup; **frühmor·gens** *adv* early in the morning; **Früh·pen·sio·nie·rung** *f* early retirement; **früh·reif** *adj* **1.** *(körperlich)* mature at an early age; **2.** *fig* precocious; ▶ **~es Kind** precocious child; **Frührei·fe** *f* **1.** early maturity; **2.** *fig* precocity; **Früh·schicht** *f* early shift; **Frühschop·pen** *m* morning *(od lunchtime)* drinking; ▶ **e-n ~ machen** go for a morning drink; **Früh·stück** *n* breakfast; ▶ **sollen wir Eier zum ~ essen?** shall we have eggs for breakfast? **Übernachtung u. ~** bed and breakfast; **frühstücken (k·k)** **I** *itr* have breakfast; **II** *tr* breakfast on ...; **Früh·warn·sy·stem** *n* *mil* (distant) early warning system; **früh·zei·tig** *adj* **1.** *(früh)* early; **2.** *(vorzeitig)* premature.

Früh·zün·dung *f* *mot* pre-ignition.

Frust [frʊst] ⟨-s⟩ *m fam* frustration; **Frustra·tion** *f* frustration; **fru·strie·ren** *tr* frustrate.

Fuchs [fʊks, *pl* 'fʏksə] ⟨-es, ⸚e⟩ *m* **1.** *zoo (a. ~pelz)* fox; **2.** *(Pferd)* chestnut; *(Rotfuchs)* sorrel; **3.** *fig:* **ein schlauer** *(od* **alter) ~** a cunning old devil, a sly fox; **Fuchs·bau** *m* fox's den.

Füch·sin ['fʏksɪn] *f* *zoo* vixen.

Fuchs·jagd *f* fox-hunt(ing); **fuchs·rot** *adj (Pferd)* sorrel; *(Haar)* ginger; **Fuchs·schwanz** *m* **1.** fox's tail; **2.** *(Säge)* handsaw; **3.** *bot* love-lies-bleeding.

fuchs·teu·fels·wild ['-'--'-] *adj fam* hopping mad.

Fuch·tel [ˈfʊxtəl] ⟨-, -n⟩ *f fig fam:* ▶ **unter jds ~ stehen** be under someone's thumb; **fuch·teln** *itr fam* wave (*mit etw* s.th. about).

Fug [fuːk] *m:* ▶ **mit ~ u. Recht** with good cause.

Fuge[1] [ˈfuːgə] ⟨-, -n⟩ *f* 1. joint; 2. *(Falz)* groove; ▶ **in allen ~en krachen** creak in every joint; **aus den ~n gehen** (*od* ▶ **geraten**) *a. fig* come apart (at the seams), go awry; go haywire.

Fuge[2] *f mus* fugue.

fü·gen [ˈfyːgən] **I** *tr (plazieren)* place; **II** *refl* 1. *(nachgeben)* be obedient, bow (*jdm* to s.o.; *e-r Sache od in etw* to s.th.); ▶ **er fügte sich in sein Schicksal** he resigned himself to his fate. 2. *impers (geschehen):* ▶ **es hat sich so gefügt, daß ...** it so happened that ...

füg·sam *adj* 1. *(gehorsam)* obedient; 2. *(biegsam)* pliant.

Füg·sam·keit *f* 1. *(Gehorsamkeit)* obedience; 2. *(Biegsamkeit)* pliability.

Fü·gung *f* chance; *(Zus.treffen)* coincidence; ▶ **göttliche ~** divine providence.

fühl·bar *adj* 1. *(greifbar)* palpable; 2. *(deutlich)* marked; 3. *(wahrnehmbar)* perceptible; ▶ **ein ~er Verlust** a grievous loss.

füh·len [ˈfyːlən] **I** *tr itr refl* feel; *(Puls)* take; ▶ **~ Sie denn überhaupt kein Mitleid (mit ihm)?** don't you feel any sympathy at all (for him)? **jdm auf den Zahn ~** *fig fam (ihn ausfragen)* pump s.o. for information; **sich verletzt (krank, verantwortlich** *etc)* **~** feel hurt (ill, responsible *etc*); **sich jdm (e-r Sache) gewachsen ~** feel up to s.o. (s.th.).

Füh·ler *m* 1. *zoo* antenna, feeler; 2. *fig fam:* ▶ **s-e ~ ausstrecken nach etw** put out feelers towards s.th.; **Füh·lung** *f* contact, touch; ▶ **~ haben mit ... be** in touch (*od* contact) with ...; **in ~ bleiben mit ...** keep in touch with ...

Fuh·re [ˈfuːrə] ⟨-, -n⟩ *f a. fig* 1. *(Ladung)* load; 2. *(Schub)* batch.

füh·ren [ˈfyːrən] **I** *tr* 1. *(an~, vorangehen)* lead; 2. *(bringen, geleiten)* take; *(Touristen, Blinde)* guide; 3. *com (im Sortiment haben)* carry, keep; 4. *(steuern) mot* drive; *mar* sail; *aero* fly; *(bedienen: Fahrstuhl, Bagger etc)* operate; 5. *(leiten: Unternehmen)* run; *mil (Armee, Kompanie etc)* command; 6. *(tragen, transportieren, el: Strom)* carry; ▶ **was führt Sie zu mir?** what brings you here? **etw bei sich ~** carry s.th. on one's person; **jdm den Haushalt ~** keep house for s.o.; **er führte den Beweis s-r Unschuld** he offered proof of his innocence; **er führte sein Glas an die Lippen** he raised his glass to his lips; **er führt über alles genau Buch** he keeps a detailed record of everything;

jdm die Bücher ~ keep someone's books; **~ Sie Badeanzüge?** do you sell bathing suits? **gegen jdn e-n Prozeß ~** take legal action against s.o.; **der Rhein führt im Augenblick Hochwasser** the Rhine is running high at the moment; **etw (nichts Gutes) im Schilde ~** be up to s.th. (to no good); **die Firma X führt in Software** firm X is the leading software dealer; **II** *itr* 1. *(bewirken):* ▶ **zu etw ~** lead to s.th.; **zu nichts ~** come to nothing; 2. *(an der Spitze, in Führung sein)* lead; *sport* be in the lead (*um, mit* by); 3. *(verlaufen: Weg, Straße, Fahrstuhl etc)* go; *(Leitung, Kabel etc)* run; ▶ **wohin soll das bloß ~?** where is this leading us? **wollen Sie mich hinters Licht ~?** *fig fam* are you trying to lead me up the garden path? **III** *refl (sich auf~)* conduct o.s.; **füh·rend** *adj* leading; *(Persönlichkeit)* prominent; ▶ **die Firma A ist bei Videorekordern ~** A is the leading firm for video recorders.

Füh·rer [ˈfyːrə] *m* 1. *pol* leader; *(Oberhaupt, An~)* head; 2. *mot (von Fahrzeug)* driver; *(Bagger~, Fahrstuhl~ etc)* operator; 3. *(Reise~: Mensch u. Buch, Kunst~ etc)* guide; ▶ **der ~** *pol hist (selbstgeschaffener Titel Adolf Hitlers)* the Fuehrer; **~ durch Frankreich (die Moderne Kunst)** guide to France (Modern Art); **Füh·rer·haus** *n rail* cab (driver's) cab; **Füh·re·rin** *f* 1. *pol* leader; *(An~)* head; 2. *mot (Fahrerin)* driver; *(Fahrstuhl~ etc)* operator; 3. *(Reise~)* guide.

füh·rer·los *adj* 1. *(Partei etc)* leaderless, without a leader; 2. *mot (Fahrzeug)* driverless, without a driver; *aero* pilotless, without a pilot.

Füh·rer·schein *m mot Br* driving licence, *Am* driver's license; ▶ **er macht gerade den ~** he is learning to drive; **wann haben Sie den ~ gemacht?** when did you take your driving test? **Füh·rer·schein·ent·zug** *m* disqualification from driving; **Füh·rer·schein·prü·fung** *f* driving test.

Füh·rer·stand *m rail* cab.

Fuhr·mann ⟨-(e)s, -leute/(-menner)⟩ *m* carter; **Fuhr·park** *m* fleet (of vehicles).

Füh·rung [ˈfyːrʊŋ] *f* 1. *(Vorsprung)* lead; 2. *(Feder~, Verantwortung)* direction, guidance; *mil (Kommando)* command; *com (Unternehmens~)* management; *pol (Partei~)* leadership; 3. *tech* guide(way); 4. *(Verhalten)* conduct; 5. *(Besichtigung)* guided tour (*durch* of); ▶ **die ~ übernehmen** take the lead; **in ~ liegen** be in the lead; **unter jds ~** under someone's direction (*mil* command, *com* management, *pol* leadership); **sind Sie zur ~ e-s Kraftfahrzeugs berechtigt?** are you licensed to drive a motor vehicle? **Füh·rungs-**

kraft *f* 1. *com* executive; 2. *pol* leader; **Füh·rungs·nach·wuchs** *m* 1. *com* management (*od* executive) trainees *pl;* 2. *pol* potential leaders; **Füh·rungs·qua·li·tät** *f meist pl* leadership quality; **Füh·rungs·schicht** *f* 1. *allg* ruling classes *pl;* 2. *com* managerial class; 3. *pol* group of leaders; **Füh·rungs·schwä·che** *f* weak leadership; **Füh·rungs·stab** *m* 1. *mil* operations staff; 2. *com* top management; **Füh·rungs·stär·ke** *f* strong leadership; **Füh·rungs·stil** *m* style of management; **Füh·rungs·zeug·nis** *n* certificate of conduct.

Fuhr·un·ter·neh·men *n* haulage firm; **Fuhr·un·ter·neh·mer(in)** *m (f)* haulage contractor.

Fül·le ['fʏlə] ⟨-⟩ *f* 1. *(Vollsein)* fullness; 2. *(Körper~)* corpulence; 3. *(Menge):* ▶ e-e ~ **von Problemen (Fragen** *etc)* plenty (*od* a whole host) of problems (questions *etc); (Über~)* abundance; **in Hülle u. ~** in abundance.

fül·len **I** *tr allg* fill; *(Gans, Ente etc)* stuff; ▶ **e-n Zahn ~** fill a tooth; **e-e Lücke ~** *fig* stop a gap; **etw in Flaschen ~** fill s.th.; **e-n Sack ~** fill a sack; **etw in e-n Sack ~** put s.th. into a sack; **ihre Bücher ~ ihre ganze Wohnung** her books take up her whole flat; **II** *refl* fill up; **ihre Augen füllten sich mit Tränen** her eyes filled with tears.

Fül·ler[1] *m (nur als Seiten~ eingeschobener Zeitungsartikel)* filler.

Fül·ler[2] **(Füll·fe·der·hal·ter)** *m* fountain pen.

Füll·ge·wicht *n* 1. *com (Nettogewicht)* net weight; 2. *(e-r Waschmaschine)* maximum load.

Füll·men·gen·an·zei·ge *f (an Tanksäule)* volume readout.

Füll·sel ['fʏlzəl] ⟨-s, -⟩ *n* filler.

Fül·lung *f* 1. *allg* filling; *(von Gans, Ente etc)* stuffing; *(von Praline) Br* centre, *Am* center; 2. *(Tür~)* panel; 3. *(Zahn~)* filling.

Fum·mel *m sl pej (Kleid)* rag.

fum·meln ['fʊməln] *itr fam (hantieren)* fumble (*an etw* with).

Fund [fʊnt] ⟨-(e)s, -e⟩ *m* 1. *(Auffindung)* finding; 2. *(gefundene Sache)* find.

Fun·da·ment [fʊndaˈmɛnt] ⟨-(e)s, -e⟩ *n* *a. fig* foundation; ▶ **das ~ für etw schaffen** *fig* lay the foundations *pl* for s.th.

fun·da·men·tal *adj* fundamental.

Fun·da·men·ta·list(in) *m (f)* fundamentalist, radical; **fun·da·men·ta·li·stisch** *adj* fundamentalist, radical.

Fund·bü·ro *n Br* lost-property office, *Am* lost and found office (*od* department).

Fund·gru·be *f fig* treasure trove.

Fun·di ['fʊndi] ⟨-s, -s⟩ *m (f) fam* fun-

damentalist (of the ecology movement).

fun·die·ren [fʊnˈdiːrən] *tr (begründen)* found; ▶ **gut fundiert** well-founded.

Fund·sa·chen *f pl* lost property *sing.*

fünf [fʏnf] *num* five; ▶ **~e gerade sein lassen** *fig fam* turn a blind eye; **s-e ~ Sinne beieinander haben** have one's wits about one; **es ist ~ (Minuten) vor zwölf** it's five (minutes) to twelve; *fig (fast schon zu spät)* it's at the eleventh hour.

Fünf·eck *n* pentagon; **fünf·eckig (k·k)** *adj* pentagonal; **Fün·fer** ['fʏnvɐ] ⟨-s, -⟩ *m fam (Fünfmarkstück od -schein)* five marks *pl;* **fün·fer·lei** ['fʏnfɐˈlaɪ] *adj* of five different sorts; **fünf·fach** *adj* fivefold.

Fünf·gang·ge·trie·be *n mot* five-speed gearbox.

fünf·hun·dert *num* five hundred.

Fünf·jah·res·plan [-'----] *m pol com* five-year plan; **Fünf·kampf** *m sport* pentathlon; **fünf·mal** *adv* five times; **Fünf·ta·ge·wo·che** [-'----] *f* five-day week; **fünf·tau·send** *num* five thousand.

Fünf·tel ['fʏnftəl] ⟨-s, -⟩ *n* fifth.

fünf·tens ['fʏnftəns] *adv* fifth(ly), in the fifth place.

fünf·zehn *num* fifteen.

fünf·zig ['fʏnftsɪç] *num* fifty; **Fünf·zi·ger** *m fam* 1. *(Fünfzigjähriger)* fifty-year-old; 2. *(Geldstück)* fifty-pfennig piece; *(Geldschein)* fifty-mark note; ▶ **falscher ~** crook; **fünf·zig·jäh·rig** *adj pred* fifty years old; *attr* fifty-year-old.

fünf·zig·ste *adj* fiftieth.

fun·gie·ren [fʊŋˈgiːrən] *itr* function (*als* as a).

Funk ['fʊŋk] ⟨-s⟩ *m (s. a.:* Rundfunk, Radio, Fernsehen) wireless; *(heute meist:)* radio; **Funk·ama·teur(in)** *m (f)* radio amateur; *fam* radio ham; **Funk·aus·stel·lung** *f* radio and television exhibition.

fun·keln ['fʊŋkəln] *itr* sparkle; *(Edelstein)* glitter; *(Augen: vor Freude)* gleam; *(Augen: vor Zorn)* flash; *(Stern)* twinkle.

fun·kel·na·gel·neu [-'--'-'-] *adj fam* brand-new.

Fun·ke(n) ⟨-n, -n (-s, -)⟩ *m a. fig* spark; ▶ **ein ~ Verstand** a modicum of sense; **zwischen den beiden ist wohl endlich der ~ übergesprungen** *fig fam* they seem to have clicked at last; **kein ~n Hoffnung** not the slightest gleam of hope; **~n sprühen** spark; *(Augen)* flash; **..., daß die ~en fliegen** *fig fam ...,* like mad.

fun·ken ['fʊŋkən] **I** *tr:* ▶ **SOS ~** radio an SOS; **II** *itr* 1. *(senden)* radio; 2. *(Funken sprühen)* spark; ▶ **na, hat's zwischen euch gefunkt?** *fig fam* well,

have you clicked?
Fun·ker(in) *m (f)* radio operator; *aero* radioman.
Funk·ge·rät *n* 1. *(Sprech~)* radio set, *fam* walkie-talkie; 2. *(Funkausrüstung)* radio equipment; **Funk·haus** *n* broadcasting station; **Funk·kol·leg** *n* educational radio broadcasts *pl;* **Funk·na·vi·ga·tion** *f* radio navigation; **Funk·spruch** *m* 1. *(Nachricht)* radio message; 2. *(Signal)* radio signal; **Funk·sta·ti·on** *f* radio station; **Funk·stil·le** *f* radio silence; **Funk·ta·xi** *n* radio taxi, radio cab; **Funk·tech·nik** *f* radio technology; **Funk·te·le·phon** *n* radio-telephone, cordless telephone.
Funk·tion [fʊŋk'tsjoːn] *f* 1. *(das Funktionieren)* functioning; 2. *(Amt)* office; 3. *(Aufgabe, Zweck, math)* function; ▶ e-e ~ **übernehmen** take up a position; **in** ~ **treten** start to function; **etw außer** ~ **setzen** stop s.th. functioning.
funk·tio·nal (funk·tio·nell, funk·tions·ge·recht) *adj* functional.
Funk·tio·när(in) *m (f) pol* functionary, official.
funk·tio·nie·ren *itr* 1. function, work; 2. *fam (gehorchen)* obey; ▶ **mein Füllfederhalter funktioniert nicht** my fountain pen doesn't work.
Funk·tions·bild *n* job profile; **Funktions·prü·fung** *f* functional test; **Funk·tions·ta·ste** *f EDV* function key.
Funk·turm *m* radio tower; **Funk·ver·bin·dung** *f* radio contact; **Funk·ver·kehr** *m* radio traffic, wireless communication.
für [fyːə] *prp* 1. for; 2. *(anstatt)* instead of ..., for ...; 3. *(zugunsten von)* in favour of ..., for ...; 4. *(Gegenleistung)* (in exchange) for ...; ▶ **er ist gern** ~ **sich** he likes to be left by himself; ~ **mich** for me; *(nach meiner Meinung)* in my view; ~ **jdn handeln** act for s.o.; **ein** ~ **allemal** once and for all; ~**s erste** for the time being; **e-e Karte** ~ **die heutige Vorstellung** a ticket for today's performance; **was** ~ **ein Mann ist er?** what kind of a man is he? **es** ~ **ratsam halten** think it advisable; **jdn** ~ ... **halten** think s.o. is ...; ~ **s-n Humor ist er bekannt** he is known for his sense of humour; **sich** ~ **jdn (etw) entscheiden** decide in favour of s.o. (s.th.); **kannst du denn nie etw** ~ **dich behalten?** can't you ever keep anything to yourself? **er hat mir ein Maultier** ~ **ein Pferd verkauft** *(anstelle e-s Pferdes od als Gegenleistung)* he sold me a mule for a horse; **er hat schließlich doch etw** ~ **sich** he's not so bad after all; **das hat etw** ~ **sich** there's s.th. in it; **Schritt** ~ **Schritt** step by step; **Tag** ~ **Tag** day after day; **Wort** ~ **Wort** word for word; **an u.** ~ **sich** actually;

das F~ u. Wider the pros and cons *pl.*
Fur·che ['fʊrçə] ⟨-, -n⟩ *f (Acker~, Falte im Gesicht)* furrow; *(Wagenspur)* rut.
fur·chen *tr* furrow.
Furcht [fʊrçt] ⟨-⟩ *f* fear; ▶ **aus** ~ **vor** ... **for fear of** ...; **jdm** ~ **einflößen** frighten s.o.; ~ **haben vor** ... be afraid of ...; **bleich vor** ~ pale with fear.
furcht·bar *adj* awful, dreadful, terrible.
fürch·ten ['fʏrçtən] **I** *tr* be afraid of, fear; **II** *itr* fear *(um, für* for); **III** *refl* be afraid *(vor* of).
fürch·ter·lich *adj* dreadful, terrible.
furcht·er·re·gend *adj* fearful, terrifying; **furcht·los** *adj* fearless, intrepid; **Furcht·lo·sig·keit** *f* fearlessness, intrepidity; **furcht·sam** *adj* timorous; **Furcht·sam·keit** *f* timorousness.
Fu·rie ['fuːriə] ⟨-, -n⟩ *f* 1. *(in der Mythologie)* Fury; 2. *fig pej (wütende Frau)* hellcat, termagant.
Fur·nier [fʊr'niːə] ⟨-s, -e⟩ *n* veneer.
fur·nie·ren *tr* veneer.
Fu·ro·re [fu'roːrə] ⟨-⟩ *f Br* furore, *Am* furor; ▶ **Arthur Millers neues Stück machte damals** ~ Arthur Miller's latest play caused a furor(e) at that time.
Für·sor·ge ⟨-⟩ *f* 1. *(Betreuung)* care; 2. *(Sozial~, a. fam: Sozialamt)* welfare; 3. *fam (~unterstützung)* social security.
Für·sor·ge·amt *n Br* welfare office, *Am* department of welfare.
Für·sor·ger(in) *m (f)* welfare worker.
für·sorg·lich *adj* careful.
Für·spra·che *f* intercession; ▶ ~**einlegen** intercede *(für* for, *bei* with).
Für·spre·cher(in) *m (f)* intercessor.
Fürst [fʏrst] ⟨-en, -en⟩ *m* prince; ▶ **du lebst wie ein** ~ you live like a lord.
Für·sten·tum *n* principality; **Für·stin** *f* princess; **fürst·lich** *adj* 1. princely; 2. *fig (üppig)* lavish.
Furt [fʊrt] ⟨-, -en⟩ *f* ford.
Fu·run·kel [fu'rʊŋkəl] ⟨-s, -⟩ *m med* boil.
Furz [fʊrts, *pl* 'fʏrtsə] ⟨-es, ⁚e⟩ *m vulg* fart; ▶ **e-n** ~ **lassen** *vulg* let off a fart.
fur·zen *itr vulg* fart.
Fu·sel ['fuːzəl] ⟨-s, -⟩ *m fam pej Br* gutrot, *Am* hooch.
Fu·si·on [fu'zjoːn] *f* 1. *phys chem a. fig* fusion; 2. *com* merger.
fu·sio·nie·ren *itr a. com* merge *(mit* with).
Fu·si·ons·re·ak·tor *m phys* fusion reactor.
Fuß [fuːs, *pl* 'fyːsə] ⟨-es, ⁚e⟩ *m* 1. *anat (a. Längenmaß)* foot *(pl* feet); 2. *(e-s Gegenstandes)* base; *(e-s Gebirges)* foot; *(an Stuhl, Tisch)* leg; 3. *(Vers~)* foot; ▶ **mit beiden ⁚en auf der Erde stehen** *fig* have both feet firmly on the ground; ~ **fassen** *a. fig* establish o.s.; **jdm auf den** ~ **treten** tread on someone's foot; **jdm auf die ⁚e treten** *fig*

fam (ihn vor den Kopf stoßen) put someone's nose out of joint; **einander auf die ⁓e treten** *fig fam (weil zu viele Menschen da sind)* tread on each other's toes; **jdn (etw) mit ⁓en treten** kick s.o. (s.th.) about; *fig* trample all over s.o. (s.th.); **kalte ⁓e bekommen** *a. fig fam* get cold feet; **auf eigenen ⁓en stehen** *fig* stand on one's own two feet; **auf großem ⁓ leben** live in style; **zu ⁓** on foot; **jdm (e-r Sache) auf dem ⁓e folgen** be hot on the heels of s.o. (s.th.); *fig* follow hard on s.o. (s.th.); **mit jdm auf gutem ⁓e stehen** be on good terms with s.o. *pl;* **jdn auf freien ⁓ setzen** set s.o. free; **jdm zu ⁓en fallen** fall at someone's feet.

Fuß·ab·strei·fer (Fuß·ab·tre·ter) *m* doormat, footscraper.

Fuß·an·gel *f* 1. mantrap; 2. *fig (Falle)* catch, trap.

Fuß·bad *n* foot bath.

Fuß·ball *m* 1. *Br* (association) football, *Am* soccer; 2. *(der Ball) Br* football, *Am* soccer ball; **Fuß·bal·ler(in)** *m (f) fam* footballer; **Fuß·ball·mann·schaft** *f Br* football team, *Am* soccer team; **Fuß·ball·platz** *m Br* football pitch, *Am* soccer ground; **Fuß·ball·row·dy** *m* football hooligan; **Fuß·ball·spiel** *n Br* football (*Am* soccer) match; **Fuß·ball·spie·ler(in)** *m (f)* footballer; **Fuß·ball·toto** *n* football pools *pl.*

Fuß·bank *f* footstool.

Fuß·bo·den *m* floor; **Fuß·bo·den·be·lag** *m* floor covering.

Fuß·brem·se *f mot* footbrake.

Fus·sel ['fʊsəl] ⟨-, -n (-s, -)⟩ *f (m) fam* fluff.

fus·se·lig *adj* fluffy; ▶ **sich den Mund ⁓ reden** *fig fam* talk till one is blue in the face.

fu·ßen ['fu:sən] *itr a. fig* be based (*auf* on), rest.

Fuß·en·de *n* bottom-end, foot.

Fuß·gän·ger(in) ['fu:sgɛŋər] *m (f)* pedestrian; **Fuß·gän·ger·in·sel** *f* pedestrian island; **Fuß·gän·ger·über·weg** *m* pedestrian crossing; **Fuß·gän·ger·zo·ne** *f* pedestrian precinct.

Fuß·ge·lenk *n* ankle joint.

fuß·ge·recht *adj* foot-contoured, anatomically correct.

Fuß·no·te *f* footnote.

Fuß·pfle·ge *f* chiropody; **Fuß·pfle·ger(in)** *m (f)* chiropodist.

Fuß·raum *m mot* footwell; **Fuß·schal·tung** *f mot* foot gear control, foot shifter.

Fuß·soh·le *f* sole of the foot; **Fuß·spit·ze** *f* 1. toes *pl;* 2. *(von Strumpf)* toe; **Fuß·spur (Fuß·stap·fe)** *f* footprint; ▶ **in jds Fußstapfen treten** *fig* follow in someone's footsteps; **Fuß·tritt** *m (Stoß)* kick; ▶ **ich bekam e-n ⁓** *fig* I was kicked out.

Fuß·volk *n fig: das ⁓* the rank and file.

Fuß·weg *m* 1. *(Entfernung)* walk; 2. *(Weg für Fußgänger)* footpath.

futsch [fʊtʃ] *adj fam pred* 1. *(weg)* gone; 2. *(kaputt)* bust.

Fut·ter[1] ['futɐ] ⟨-s⟩ *n* 1. *(Nahrung für Tiere)* food; *(Vieh⁓)* fodder; 2. *fam (Essen)* grub.

Fut·ter[2] ⟨-s, -⟩ *n (Stoff⁓, Briefumschlag⁓)* lining; *(Tür⁓)* casing.

Fut·te·ral [futə'ra:l] ⟨-s, -e⟩ *n* case.

fut·tern ['futɐn] *hum fam* I *tr* scoff; II *itr* stuff o.s.

füt·tern[1] ['fytɐn] *tr (mit Nahrung versorgen)* feed.

füt·tern[2] *(mit Pelz)* fur; *(mit Tuch)* line.

Fut·ter·napf *m* bowl; **Fut·ter·neid** *m a. fig* envy *(of s.o.'s possessions etc).*

Füt·te·rung ['fytəruŋ] *f* feeding.

Fu·tur [fu'tu:ɐ] ⟨-/-s⟩ *n gram* future (tense).

fu·tu·ri·stisch *adj* futurist(ic).

Fu·tu·ro·lo·gie *f* futurology.

G

G, g [ge:] ⟨-, -⟩ *n* G, g; **G-dur** *n mus* G major; **G-moll** *n mus* G minor.
Ga·be ['ga:bə] ⟨-, -n⟩ *f* **1.** *(Geschenk)* gift, present; **2.** *(Begabung)* gift, talent; **3.** *(Dosis)* dose.
Ga·bel ['ga:bəl] ⟨-, -n⟩ *f* **1.** *(zum Essen)* fork; **2.** *(Deichsel)* shafts *pl*; **ga·bel·för·mig** *adj* forked; **ga·beln** ['ga:bəln] *refl* fork; **Ga·bel·stap·ler** *m* fork-lift truck; **Ga·be·lung** *f* fork.
gackern (k·k) ['gakɐn] *itr* cackle.
gaf·fen ['gafən] *itr* gape *(nach* at); **Gaf·fer** *m* gaper.
Gag [gɛk] ⟨-s, -s⟩ *m* gag.
Ga·ge ['ga:ʒə] ⟨-, -n⟩ *f theat* fee.
gäh·nen ['gɛ:nən] *itr* yawn.
Ga·la·abend *m* gala evening.
ga·lak·tisch *adj* galactic.
ga·lant [ga'lant] *adj* gallant.
Ga·la·vor·stel·lung *f theat* gala performance.
Ga·la·xis [ga'laksɪs] *f* ⟨-, **Galaxien**⟩ *astr* galaxy.
Ga·lee·re [ga'le:rə] ⟨-, -n⟩ *f* galley.
Ga·le·rie [galə'ri:] *f* gallery.
Gal·gen ['galgən] ⟨-s, -⟩ *m* gallows *pl*; ► **am ~ enden** end on the gallows; **Gal·gen·frist** *f fig. a. hum* reprieve; **Gal·gen·hu·mor** *m* gallows humour.
Gal·le ['galə] ⟨-, -n⟩ *f* **1.** *anat (Gallenblase)* gallbladder; **2.** *(~nflüssigkeit)* bile, gall; ► **mir läuft gleich die ~ über!** *fig* I'm beginning to seethe! **Gal·len·bla·se** *f* gallbladder; **Gal·len·ko·lik** *f* gallstone colic; **Gal·len·lei·den** *n:* ► **sie hat ein ~** she has trouble with her gallbladder; **Gal·len·stein** *m* gallstone.
gal·lert·ar·tig ['galɛrtaːrtɪç] *adj* gelatinous, jelly-like.
gal·lisch ['galɪʃ] *adj a. hist* Gallic.
Ga·lopp [ga'lɔp] ⟨-s, -s/-e⟩ *m* gallop; ► **im ~** at a gallop; **ga·lop·pie·ren** ⟨*h u. sein*⟩ *itr, a. fig* gallop *(auf* at); ► **~de Inflation** galloping inflation.
gal·va·nisch [gal'va:nɪʃ] *adj* galvanic; **Gal·va·ni·sier·an·stalt** *f* electroplating works *pl*; **gal·va·ni·sie·ren** *tr* electroplate.
Ga·ma·sche [ga'maʃə] ⟨-, -n⟩ *f* gaiter.
Gam·ma·strah·lung *f phys* gamma radiation.
gam·meln ['gaməln] *itr fam* bum around; **Gamm·ler(in)** *m (f)* loafer, layabout.
Gang [gaŋ, *pl* 'gɛŋə] ⟨-s, ∹ e⟩ *m* **1.** *(Spazier~)* stroll, walk; *(Besorgung)* errand;

2. *(von Personen)* gait; **3.** *(Flur)* hallway; *rail (in Eisenbahnwagen)* corridor; **4.** *(beim Essen)* course; **5.** *mot* gear; ► **etw in ~ halten** keep s.th. moving; **etw in ~ setzen** set s.th. going; **etw ist im ~e** something's up; **in den zweiten Gang schalten** change *(Am* shift) into second; **Gang·art** *f* gait, walk; **gang·bar** *adj* **1.** *(Weg)* passable; **2.** *fig* practicable.
Gän·gel·band *n:* ► **jdn am ~ führen** *fig* spoon-feed s.o.; **gän·geln** ['gɛŋəln] *tr (s.* Gängelband).
gän·gig ['gɛŋɪç] *adj* **1.** *com* in demand; **2.** *(gebräuchlich)* current.
Gang·schal·tung *f mot* gears *pl.*
Gang·ster ['gɛŋste] ⟨-s, -⟩ *m* gangster.
Gang·way ['gɛŋwɛɪ] ⟨-, -s⟩ *f aero* steps *pl*; *mar* gangway.
Ga·no·ve [ga'no:və] ⟨-n, -n⟩ *m fam* crook.
Gans [gans, *pl* 'gɛnzə] ⟨-, ∹ e⟩ *f* goose; *pl* geese; **dumme ~!** silly goose!
Gän·se·blüm·chen *n* daisy; **Gän·se·bra·ten** *m* roast goose; **Gän·se·füß·chen** *n pl fam* inverted commas, quotation marks; **Gän·se·haut** *f fig* goose-flesh, goose-pimples; ► **e-e ~ bekommen** get goose-flesh *(od* goose-pimples); **Gän·se·le·ber·pa·ste·te** *f* pâté de foie gras; **Gän·se·marsch** *m:* ► **im ~** in single *(od* Indian) file; **Gän·se·rich** ['gɛnzərɪç] ⟨-s, -e⟩ *m* gander; **Gän·se·schmalz** *n* goose-dripping.
ganz [gants] **I** *adj* **1.** *(vollständig)* entire, whole; **2.** *fam (heil)* intact; ► **die ~e Zeit** all the time, the whole time; **das ist e-e ~e Menge** that's quite a lot; **~ deiner Meinung** I quite agree; **~e zehn Tage** all of ten days; **II** *adv* **1.** *(völlig)* quite; **2.** *fam (wirklich)* really; ► **~ und gar nicht** by no means, not at all; **im großen und ~en** on the whole; **das haben Sie ~ und gar mißverstanden** you've misunderstood every bit of it; **~ gewiß!** most certainly! **das ist mir ~ gleich** it's all the same to me; **~ wie Sie meinen** just as you think; **~ wenig** a tiny bit; **Gan·ze** ⟨-n⟩ *n* whole; ► **aufs ~e gehen** go all out (for); **Ganz·heit** *f* totality; **ganz·heit·lich** *adj* integrated; **Ganz·heits·me·tho·de** *f päd* **1.** *(Unterricht)* global method; **2.** *(Ganzwortmethode)* "look and say" method.
gänz·lich ['gɛntslɪç] *adv* completely, totally.
Ganz·tags·schu·le *f* whole-day school.

gar¹ [gaːe] *adj (von Speisen)* cooked, done.

gar² *adv (sogar)* even; ► ~ **nicht** not at all; **es fällt ihm ~ nicht ein, es zu tun** he would not even think of doing it; **er geht fast ~ nicht aus** he hardly ever goes out; ~ **nichts** nothing at all.

Ga·ra·ge [ga'raːʒə] ⟨-, -n⟩ *f* garage.

Ga·rant [ga'rant] ⟨-en, -en⟩ *m* guarantor.

Ga·ran·tie [garan'tiː] *f* guarantee; ► **hat dein Fernseher noch ~?** is your TV set still under guarantee? **6 Monate ~ haben** have a 6 month guarantee; **darauf gebe ich dir meine ~** I guarantee (you) that; **ga·ran·tie·ren** *tr* guarantee; ► **ich kann nicht dafür ~, daß er gut ist** I can't guarantee he will be any good; **Ga·ran·tie·schein** *m* guarantee.

Gar·aus ['gaːraus] *m:* ► **jdm den ~ machen** do s.o. in, finish s.o. off *fam.*

Gar·be ['garbə] ⟨-, -n⟩ *f* 1. *bot* sheaf; 2. *mil (Feuer~)* burst of fire.

Gar·de ['gardə] ⟨-, -n⟩ *f* guard.

Gar·de·ro·be [gardə'roːbə] ⟨-, -en⟩ *f* 1. *(Kleiderablage)* hall-stand; *(Raum) Br* cloakroom, *Am* checkroom; 2. *(Kleidung)* wardrobe; ► „**für ~ wird nicht gehaftet**" "articles deposited at owner's risk"; **sie bevorzugt sportliche ~** she prefers a sporty style of clothing; **Gar·de·ro·ben·stän·der** *m* hatstand, hall stand.

Gar·di·ne [gar'diːnə] ⟨-, -n⟩ *f Br* curtain, *Am* drape; ► **die ~n auf-, zuziehen** draw the curtains; **hinter schwedischen ~ sitzen** *fig* be behind bars; **Gar·di·nen·pre·digt** *f fam* ticking-off; **Gar·di·nen·stan·ge** *f* curtain rail.

gä·ren ['gɛːrən] *irr itr allg* ferment; ► **es gärt** *fig* s.th. is brewing.

Garn [garn] ⟨-(e)s, -e⟩ *n* thread; *(Woll~)* yarn.

Gar·ne·le [gar'neːlə] ⟨-, -n⟩ *f* shrimp.

gar·nie·ren [gar'niːrən] *tr (Speisen)* garnish.

Gar·ni·son [garni'zoːn] ⟨-, -en⟩ *f* garrison.

Gar·ni·tur [garni'tuːe] *f (Satz)* set; ► **erste ~** *fig* top rank; **zweite ~** second rank.

Garn·knäu·el *n* ball of thread (*od* yarn); **Garn·rol·le** *f* spool (*od* reel).

gar·stig ['garstiç] *adj* 1. *(häßlich)* ugly; 2. *(gemein)* mean; ► **~es Wetter** foul (*od* nasty) weather.

Gar·ten ['gartən, *pl* 'gɛrtən] ⟨-s, -n⟩ *m* garden; ► **e-n ~ anlegen** lay out a garden; **Gar·ten·ar·beit** *f* gardening; **Gar·ten·ar·chi·tekt(in)** *m (f)* landscape gardener; **Gar·ten·bau** ⟨-(e)s⟩ *m* horticulture; **Gar·ten·fest** *n* garden-party; **Gar·ten·ge·rät** *n* gardening tools *pl;* **Gar·ten·haus** *n* 1. *(Gartenlaube)* summer house; 2. *(Geräteschup-*

pen) garden shed; **Gar·ten·lau·be** *f* arbour, bower; **Gar·ten·lo·kal** *n* garden café; **Gar·ten·mö·bel** pl garden furniture; **Gar·ten·sche·re** *f* pruning shears *pl;* **Gar·ten·stadt** *f* garden city; **Gar·ten·tor** *f* garden gate; **Gar·ten·zaun** *m* garden fence.

Gärt·ner(in) *m (f)* gardener; **Gärt·ne·rei** [gɛrtnə'raɪ] *f* market garden.

Gä·rung ['gɛːrʊŋ] *f* fermentation.

Gas [gaːs] ⟨-es, -e⟩ *n* gas; ► ~ **geben** *mot* accelerate, step on the gas; *(im Leerlauf)* rev up; ~ **wegnehmen** *mot* decelerate; **das ~ andrehen** turn on the gas; **Gas·bren·ner** *m tech* gas burner; **Gas·feu·er·zeug** *n* gas-lighter; **Gas·fla·sche** *f* gas canister; **gas·för·mig** *adj* gaseous; **Gas·hahn** *m* gas-tap; **Gas·he·bel** *m mot* throttle; **Gas·hei·zung** *f* gas heating; **Gas·herd** *m* gas cooker (*od* stove); **Gas·kam·mer** *f* gas chamber; **Gas·ko·cher** *m* camping stove; **Gas·la·ter·ne** *f* gas lamp; **Gas·lei·tung** *f* gas pipe; **Gas·mann** *m* gasman; **Gas·mas·ke** *f* gasmask; **Ga·so·lin** [gazo'liːn] ⟨-s⟩ *n* petroleum ether; **Gas·pe·dal** *n Br* accelerator, *Am* gas pedal; **Gas·pi·sto·le** *f* gas-pistol.

Gas·se [gasə] ⟨-, -n⟩ *f* lane; ► **e-e ~ für jdn bilden** clear a path for s.o.; **Gas·sen·jun·ge** *m pej* street urchin.

Gast [gast, *pl* 'gɛstə] ⟨-es, -̈e⟩ *m* 1. *allg* guest; 2. *(Kunde)* customer; ► **bei jdm zu ~ sein** be someone's guest; **Gast·ar·bei·ter(in)** *m (f)* foreign worker.

Gä·ste·buch *n* visitors' book.

gast·freund·lich *adj* hospitable; **Gast·freund·schaft** *f* hospitality; **Gast·ge·ber(in)** *m (f)* host (hostess); **Gast·haus** *n* inn; **Gast·hö·rer(in)** *m (f) (an Universität) Br* observer, *Am* auditor; **ga·stie·ren** *itr theat* guest; **Gast·land** *n* host country; **gast·lich** *adj* hospitable; **Gast·mann·schaft** *f sport* visiting side (*od* team).

Ga·stro·no·mie ⟨-⟩ *f* gastronomy; **ga·stro·no·misch** *adj* gastronomic(al).

Gast·spiel *n theat* guest performance; **Gast·stät·te** *f* restaurant; **Gast·stu·be** *f* lounge; **Gast·wirt(in)** *m (f)* innkeeper; **Gast·wirt·schaft** *f* inn; **Gast·zim·mer** *n* guest room.

Gas·ver·flüs·si·gung *f* gas liquefaction; **Gas·ver·gif·tung** *f* gas poisoning; **Gas·wol·ke** *f* gas cloud; **Gas·zäh·ler** *m* gas meter.

GATT ⟨-s⟩ *n pol Abk von* **General Agreement on Tariffs and Trade (Allgemeines Zoll- und Handelsabkommen)** GATT.

Gat·te ['gatə] ⟨-n, -n⟩ *m (gehoben)* husband.

Gat·ter ['gatə] ⟨-s, -⟩ *n* trellis; *(Eisen~)* grating.

Gat·tin ['gatɪn] *f (gehoben)* wife.

Gat·tung ['gatʊŋ] *f (Art)* kind, sort; *bot* genus; *zoo* species.

Gau, GAU ⟨-s, -s⟩ *m (bei Atomreaktor) Abk von* **größter anzunehmender Unfall** nuclear catastrophe, MCA.

Gau·di ['gaʊdi] ⟨-, -s⟩ *f fam* fun.

Gau·ke·lei [gaʊkə'laɪ] *f* trickery; **Gaukler** *m* travelling entertainer.

Gaul [gaʊl, *pl* 'gɔɪlə] ⟨-(e)s, ˙e⟩ *m fam* nag.

Gau·men ['gaʊmən] ⟨-s, -⟩ *m* palate; ▶ **e-n empfindlichen ~ haben** *fig* have a delicate palate.

Gau·ner ['gaʊnɐ] ⟨-s, -⟩ *m* 1. *(Schwindler)* crook, spiv; 2. *fam (Schlaukopf)* sly customer; **Gau·ne·rei** *f* cheating, swindling.

Ga·ze ['ga:zə] ⟨-, -n⟩ *f* gauze.

Ga·zel·le [ga'tsɛlə] ⟨-, -n⟩ *f* gazelle.

Ge·bäck [gə'bɛk] ⟨-(e)s⟩ *n* pastries *pl.*

Ge·bälk [gə'bɛlk] ⟨-(e)s⟩ *n* timberwork.

ge·ballt *adj* concentrated; ▶ **~e Ladung (Dynamit)** *a. fig* concentrated charge (of dynamite).

Ge·bär·de [gə'bɛ:ɐdə] ⟨-, -n⟩ *f* gesture.

ge·bär·den *refl* behave, conduct o.s.

Ge·bär·den·spra·che *f* (use of) gestures, sign language.

ge·bä·ren [gə'bɛ:rən] *irr tr* give birth to; **Ge·bär·mut·ter** *f anat* uterus, womb.

ge·bauch·pin·selt [gə'baʊxpɪnzəlt] *adj fam:* ▶ **sich ~ fühlen** be tickled to death.

Ge·bäu·de [gə'bɔɪdə] ⟨-s, -⟩ *n* 1. *allg* building; 2. *fig* construct; **Ge·bäu·de·kom·plex** *m* (building) complex.

Ge·beine *n pl (Skelett)* remains *pl.*

Ge·bell [gə'bɛl] ⟨-(e)s⟩ *n* barking.

ge·ben ['ge:bən] *irr tr* 1. *allg* give; 2. *theat (aufführen)* put on; 3. *(Karten ~)* deal; ▶ **sich etw ~ lassen** ask s.o. for s.th.; **gib's her!** give it to me! **was gibt's?** what's the matter? **wann gibt's was zu essen?** when are we going to get s.th. to eat? **das gibt's doch nicht!** that can't be true! **geben Sie mir bitte ...** *tele* can I speak to ... please? **er gibt Englisch** *fam* he teaches English; **wer gibt?** *(beim Kartenspiel)* whose deal is it? **das wird sich ~** it'll all work out; **sich mit etw zufrieden ~** be content with s.th.

Ge·bet ⟨-(e)s, -e⟩ *n* prayer.

Ge·biet [gə'bi:t] ⟨-(e)s, -e⟩ *n* 1. *allg* area, region; 2. *fig (Arbeits~)* field.

ge·bie·ten [gə'bi:tən] *irr tr:* ▶ **e-r Sache Einhalt ~** halt (od stop) s.th.

Ge·bie·ter(in) *m (f)* lord, master (mistress); **ge·bie·te·risch** *adj* 1. *(befehlend)* imperious; 2. *(entschieden)* peremptory.

Ge·biets·lei·ter(in) *m (f)* area manager (manageress).

Ge·bil·de [gə'bɪldə] ⟨-s, -⟩ *n* 1. *(Ding)* object; 2. *(Konstruktion)* construction.

ge·bil·det *adj* educated; *(kultiviert)* cultured.

Ge·bin·de [gə'bɪndə] ⟨-s, -⟩ *n (Blumen~)* arrangement.

Ge·bir·ge [gə'bɪrgə] ⟨-s, -⟩ *n* mountains *pl,* mountain chain; **ge·bir·gig** *adj* mountainous; **Ge·birgs·stra·ße** *f* mountain road; **Ge·birgs·zug** *m* mountain range.

Ge·biß [gə'bɪs] ⟨-sses, -sse⟩ *n* 1. *(Zähne)* teeth; 2. *(künstliches)* dentures.

ge·blümt [gə'bly:mt] *adj allg* flowered; *(Muster)* floral.

ge·bo·gen [gə'bo:gən] *adj* bent.

ge·bo·ren [gə'bo:rən] *adj* born; ▶ **ich wurde 1964 ~** I was born in 1964; **taub ~ sein** be born deaf; **er ist der ~e Lehrer** he is a born teacher; **Maria Braun ~e** *(od* **geb.)** **Schmidt** Maria Braun, née Schmidt.

ge·bor·gen [gə'bɔrgən] *adj* safe, secure.

Ge·bot [gə'bo:t] ⟨-(e)s, -e⟩ *n* 1. *Gesetz* law; 2. *(Vorschrift)* rule; 3. *(Grundsatz)* precept; 4. *(Auktionsangebot)* bid(ding); ▶ **höchstes ~** highest bid; **ein ~ machen** make a bid; **die Zehn ~e** the Ten Commandments *pl;* **ge·bo·ten** *adj* advisable; ▶ **dringend ~** imperative; **Ge·bots·schild** *n* mandatory sign.

Ge·brauch [gə'braʊx, *pl* gə'brɔɪçə] ⟨-(e)s, ˙e⟩ *m* 1. *(Anwendung)* use; 2. *(Gepflogenheit)* custom; ▶ **von etw ~ machen** make use of s.th.; **in ~ sein** be used; **ge·brau·chen** *tr* 1. *(benutzen)* use; 2. *(anwenden)* apply; y **das ist nicht mehr zu ~** that's useless; **das kann ich gut ~** that'll come in handy; **ich könnte jetzt e-n Cognac ~** I could do with a cognac now.

ge·bräuch·lich [gə'brɔɪçlɪç] *adj* 1. *(üblich)* customary; 2. *(gewöhnlich)* common; ▶ **nicht mehr ~** no longer used.

Ge·brauchs·an·wei·sung *f* directions for use, instructions *pl;* **Ge·brauchs·ar·ti·kel** *m* article of everyday use; **ge·brauchs·fer·tig** *adj* ready for use; **Ge·brauchs·ge·gen·stand** *m* basic commodity; **ge·braucht** *adj* used; **etw ~ kaufen** buy s.th. second-hand; **Ge·braucht·wa·gen** *m* second-hand *(od* used) car.

Ge·bre·chen [gə'brɛçən] ⟨-s, -⟩ *n* affliction; **ge·brech·lich** *adj* infirm; ▶ **alt und ~** old and infirm; **Ge·brech·lich·keit** *f* infirmity.

ge·bro·chen [gə'brɔxən] *adj a. fig* broken; ▶ **in ~em Englisch** in broken English.

Ge·brü·der [gə'bry:dɐ] *pl* brothers.

Ge·brüll [gə'brʏl] ⟨-(e)s⟩ *n (Menschen)* yelling; *(Rinder)* bellowing, *(Löwen)* roaring.

ge·bückt *adv:* ▶ **~ gehen** stoop.

Ge·bühr [gə'by:ɐ] ⟨-, -en⟩ *f* charge; *(Bei-*

trag) fee; *(Straßenbenutzungs~)*; ► gegen e-e geringe ~ on payment of a small fee; **ge·büh·ren** [gə'by:rən] *itr:* ► wie es sich gebührt as it is (right and) proper; **ge·büh·rend** *adj* due; **Ge·büh·ren·ein·heit** *f tele* unit; **Ge·büh·ren·er·hö·hung** *f* increase in charges; **Ge·büh·ren·er·mä·ßi·gung** *f* reduction of fees; **ge·büh·ren·frei** *adj* free of charge; **ge·büh·ren·pflich·tig** *adj* chargeable; ► ~e Autobahn *Br* toll road, *Am* turnpike; ~e Verwarnung fine; **Ge·büh·ren·zäh·ler** *m* meter.

ge·bun·den [gə'bundən] *adj allg* bound; *(fest~)* tied *(an* to); ► vertraglich ~ sein be bound by contract.

Ge·burt [gə'bu:ɐt] ⟨-, -en⟩ *f* birth; ► von ~ by birth; **Ge·bur·ten·an·stieg** *m* rising birth rate; **Ge·bur·ten·kon·trol·le** *f* birth-control; **Ge·bur·ten·rück·gang** *m* drop in the birthrate; **ge·bur·ten·schwach** *adj (Jahrgang)* with a low birth rate; **Ge·bur·ten·über·schuß** *m* excess of births over deaths; **Ge·bur·ten·zif·fer** *f* birthrate.

ge·bür·tig [gə'byrtɪç] *adj* born *(aus* in); ► er ist ~er Ire he is Irish-born.

Ge·burts·an·zei·ge *f* birth notice; **Ge·burts·da·tum** *n* date of birth; **Ge·burts·jahr** *n* year of birth; **Ge·burts·ort** *m* birth place; **Ge·burts·tag** *m* birthday; ► herzlichen Glückwunsch zum ~ many happy birthday; **Ge·burts·urkun·de** *f* birth certificate; **Ge·burts·we·hen** *f pl* 1. *allg* labour pains; 2. *fig* birth pangs.

Ge·büsch [gə'byʃ] ⟨-es, -e⟩ *n* bushes *pl.*

ge·dacht [gə'daxt] *adj (imaginär)* imaginary.

Ge·dächt·nis [gə'dɛçtnɪs] *n* memory; ► sich etw ins ~ zurückrufen recall s.th.; zum ~ von ... in memory of ...; **Ge·dächt·nis·hil·fe** *f* aide-memoire, memory aid; **Ge·dächt·nis·lücke** **(k·k)** *f* gap in one's memory; **Ge·dächt·nis·schwund** *m* loss of memory, failing memory; **Ge·dächt·nis·stö·rung** *f* dysmnesia.

ge·dämpft *adj* 1. *(Schall)* muffled; 2. *(Schwingung)* damped; 3. *fig (gedrückt)* subdued.

Ge·dan·ke [gə'daŋkə] ⟨-ns, -n⟩ *m* 1. thought; 2. *(Idee)* idea; ► sich über etw ~n machen think about s.th.; das bringt mich auf e-n guten ~ that gives me a good idea; sich ~n machen worry; auf andere ~n kommen be distracted; ich kann doch nicht ~n lesen! I'm not a mind-reader! ich mache mir so meine ~n I've got my ideas; mir schwebt der ~ vor ... I'm toying with the idea ..; **Ge·dan·ken·aus·tausch** *m* exchange

of ideas; **Ge·dan·ken·gang** *m* train of thought; **ge·dan·ken·los** *adj* 1. *(rücksichtslos)* thoughtless; 2. *(zerstreut)* absent-minded; **Ge·dan·ken·lo·sig·keit** *f* 1. *(Rücksichtslosigkeit)* thoughtlessness; 2. *(Zerstreutheit)* absentmindedness; **Ge·dan·ken·strich** *m* dash; **Ge·dan·ken·über·tra·gung** *f* telepathy.

ge·dank·lich *adj* intellectual.

Ge·där·me [gə'dɛrmə] *pl* intestines.

Ge·deck [gə'dɛk] ⟨-(e)s, -e⟩ *n:* ► ein ~ auflegen lay a place.

ge·dei·hen [gə'daɪən]⟨sein⟩ *irr itr* prosper, thrive; ► die Angelegenheit ist soweit gediehen the affair has now reached such a point; wie weit sind die Verhandlungen gediehen? how far have the negotiations progressed?

ge·den·ken *irr itr* 1. *(denken an):* ► jds ~ think of s.o.; 2. *(beabsichtigen):* ► ~, etw zu tun propose to do s.th.; **Ge·denk·fei·er** *f* commemoration; **Ge·denk·mi·nu·te** *f* minute's silence; **Ge·denk·ta·fel** *f* commemorative plaque; **Ge·denk·tag** *m* remembrance day.

Ge·dicht [gə'dɪçt] ⟨-(e)s, -e⟩ *n* poem; **Ge·dicht·samm·lung** *f* anthology.

ge·die·gen [gə'di:gən] *adj* 1. *min* genuine, pure; 2. *fig (echt, lauter)* solid, true; 3. *fig (gründlich)* sound.

Ge·drän·ge [gə'drɛŋə] ⟨-s⟩ *n* 1. *(Menschenmenge)* crowd; 2. *(Drängelei)* jostling; ► ins ~ geraten *fig* get into a fix; **ge·drängt** *adj* 1. *(räumlich)* packed; 2. *fig (Stil)* concise; ► ~ voll crowded.

ge·drückt *adj fig* depressed.

ge·drun·gen [gə'druŋən] *adj (Körperbau)* stout, sturdy.

Ge·duld [gə'dult] ⟨-⟩ *f* patience; ► mit etw die ~ verlieren lose patience with s.th.; meine ~ ist erschöpft! I've been patient long enough! **ge·dul·den** *refl* have patience; **ge·dul·dig** *adj* patient; **Ge·dulds·pro·be** *f* trial of (one's) patience.

ge·dun·sen [gə'dunzən] *adj* bloated.

ge·ehrt [gə'e:ɐt] *adj (geschätzt)* esteemed; ► sehr ~e Damen und Herren! Ladies and Gentlemen!

ge·eig·net [gə'aɪgnət] *adj* suitable; ► er ist nicht die ~e Person he is not the right person; ~e Maßnahmen ergreifen take appropriate action *sing;* im ~en Augenblick at the right moment.

Ge·fahr [gə'fa:ɐ] ⟨-, -en⟩ *f* 1. *allg* danger; 2. *(Risiko)* risk; ► in ~ schweben be in danger; außer ~ sein be out of danger; es besteht die ~, daß ... there is the danger that ...; auf eigene ~ at one's own risk; ~ laufen, etw zu tun run the risk of doing s.th.; **ge·fähr·den** [gə'fɛ:ɐdən] *tr* endanger; **Ge·fah·ren·quel·le** *f* source of danger; **Ge·fah·ren·zo·ne** *f* danger area; **Ge·fah·ren·**

zu·la·ge *f* danger money; **Ge·fahr·gut** *n* dangerous goods *pl;* **Ge·fahr·gut·trans·port** *m* transport of dangerous goods; **ge·fähr·lich** [gəfɛ:əlɪç] *adj* dangerous; **Ge·fähr·lich·keit** *f* dangerousness; **ge·fahr·los** *adj* safe.

Ge·fähr·te (**Ge·fähr·tin**) [gə'fɛ:ətə] ⟨-n, -n⟩ *m (f)* companion.

Ge·fäl·le [gə'fɛlə] ⟨-s, -⟩ *n* 1. *(Abhang)* slope; *(Fluß~)* fall; 2. *fig* difference.

ge·fal·len *irr itr* please; ▶ **es gefällt mir** I like it; **sich etw ~ lassen** put up with s.th.; **e-e solche Frechheit lasse ich mir nicht ~!** I'm not going to stand for that kind of cheek! **wie hat ihm der Film ~?** how did he enjoy the picture? **das lasse ich mir (schon eher) ~** that's more like it.

ge·fal·len *adj mil* killed in action.

Ge·fal·len¹ ⟨-s, -⟩ *m* favour; ▶ **jdm e-n ~ tun** do s.o. a favour; **jdn um e-n ~ bitten** ask a favour of s.o.

Ge·fal·len² ⟨-s⟩ *n (Vergnügen):* ▶ **an etw ~ finden** delight in s.th., get pleasure from s.th.

Ge·fal·le·ne(r) *f m mil:* ▶ **die ~n** *pl* those killed in action.

ge·fäl·lig [gə'fɛlɪç] *adj* 1. *(angenehm)* pleasing; 2. *(hilfsbereit)* helpful; ▶ **kann ich Ihnen ~ sein?** can I help you? **noch ein Bier ~?** another beer? **Ge·fäl·lig·keit** *f* 1. *(Gefallen)* favour; 2. *(Hilfsbereitschaft)* helpfulness; ▶ **aus ~** as a favour; ▶ **jdm e-e ~ erweisen** do s.o. a good turn; **darf ich Sie um e-e ~ bitten?** may I ask a favour of you?

ge·fäl·ligst *adv* kindly; ▶ **mach ~ die Tür zu!** *sl* shut the bloody door! *sl.*

ge·fan·gen *adj* captured; **Ge·fan·ge·ne(r)** *f m* prisoner; **ge·fang·en|halten** *irr tr* keep prisoner; **Ge·fan·gen·nah·me** *f* capture; *(Verhaftung)* arrest; ▶ **bei s-r ~** on his arrest; **Ge·fan·gen·schaft** *f* captivity; ▶ **in ~ geraten** be taken prisoner.

Ge·fäng·nis [gə'fɛŋnɪs] *n* 1. *(Ort)* jail, prison; 2. *(Strafe)* imprisonment; ▶ **ins ~ kommen** be sent to prison; **darauf steht ~** that's punishable by imprisonment; **Ge·fäng·nis·di·rek·tor(in)** *m (f) Br* governor, *Am* warden; **Ge·fäng·nis·stra·fe** *f* prison sentence; **Ge·fäng·nis·wär·ter(in)** *m (f)* warder (wardress).

Ge·fäß [gə'fɛ:s] ⟨-es, -e⟩ *n* 1. *(Behälter)* container, receptacle; 2. *anat bot* vessel.

ge·faßt *adj* calm, composed; ▶ **du kannst dich auf was ~ machen!** *fam* I'll give you s.th. to think about! **ich bin auf das Schlimmste ~** I'm prepared for the worst.

Ge·fecht [gə'fɛçt] ⟨-(e)s, -e⟩ *n* encounter; *(Schlacht)* battle; ▶ **außer ~ setzen** *a. fig* put out of action; **Ge·fechts·kopf** *m mil* warhead; **Ge·fechts·stand** *m* command post.

ge·feit [gə'faɪt] *adj:* ▶ **gegen etw ~ sein** be immune to s.th.

Ge·fie·der [gə'fi:də] ⟨-s, -⟩ *n* feathers *pl;* **ge·fie·dert** *adj* 1. *zoo* feathered; 2. *bot* pinnate.

Ge·flecht [gə'flɛçt] ⟨-(e)s, -e⟩ *n* 1. *allg* network; *(aus Weiden)* wickerwork; 2. *anat* plexus.

ge·fleckt *adj* spotted.

ge·flis·sent·lich [gə'flɪsəntlɪç] *adj (absichtlich)* intentional.

Ge·flü·gel ⟨-s⟩ *n* poultry; **Ge·flü·gel·sa·lat** *m* chicken salad; **Ge·flü·gel·sche·re** *f* poultry shears *pl.*

ge·flü·gelt *adj* winged; ▶ **~e Worte** familiar quotations.

Ge·flü·ster [gə'flʏstə] ⟨-s⟩ *n* whispering.

Ge·fol·ge ⟨-s, -⟩ *n* retinue; **Ge·folg·schaft** *f* following.

ge·frä·ßig [gə'frɛ:sɪç] *adj* gluttonous; **Ge·frä·ßig·keit** *f* gluttony.

Ge·frei·te [gə'fraɪtə] *m Br* lance corporal, *Am* private first class.

ge·frie·ren ⟨sein⟩ *irr itr* freeze; **Ge·frier·fach** *n* freezing compartment; **Ge·frier·fleisch** *n* frozen meat; **ge·frier·ge·trock·net** *adj* freeze-dried; **Ge·frier·punkt** *m* freezing point; ▶ **unter dem ~** below zero; **Ge·frier·schrank** *m* (upright) freezer; **Ge·frier·tru·he** *f* deep freeze, freezer; **Ge·frier·vor·rich·tung** *f* freezer.

ge·fro·ren [gə'fro:rən] *adj* frozen.

Ge·fü·ge [gə'fy:gə] ⟨-s, -⟩ *n* structure.

ge·fü·gig *adj* submissive; ▶ **jdn ~ machen** make s.o. bend to one's will.

Ge·fühl [gə'fy:l] ⟨-(e)s, -e⟩ *n* feeling; ▶ **das ist das höchste der ~e** *fam* that's the best I can do for you; **jds ~e erwidern** return someone's affection; **ein ~ für Gerechtigkeit** a sense of justice; **etw im ~ haben** have a feel for s.th.; **ge·fühl·los** *adj* 1. *(herzlos)* unfeeling; 2. *(Körperteil)* numb; **Ge·fühl·lo·sig·keit** *f* unfeelingness; **Ge·fühls·aus·bruch** *m* emotional outburst; **ge·fühls·be·tont** *adj* emotional; **Ge·fühls·du·se·lei** [gə'fy:lsduzə'laɪ] *f fam pej* mawkishness; **Ge·fühls·käl·te** *f* coldness; **ge·fühls·mä·ßig** *adj* instinctive; **ge·fühl·voll** *adj* sensitive.

ge·füllt *adj (Speise: mit Füllung)* stuffed.

ge·ge·be·nen·falls *adv (Abk* ggf) if need be.

ge·gen ['ge:gən] *prp* 1. *(Gegenteil von: für)* against; 2. *(an)* against; 3. *(etwa)* around; 4. *(etwa: zeitlich)* towards; 5. *(statt)* for; ▶ **~ etw sein** be against s.th.; **~ bar** for cash; **gut ~ Kopfschmerzen** good for headaches; **~ die Tür schlagen** hammer on the door; **Ge·gen·ar·gu·ment** *n* counter-argument; **Ge·**

gen·an·griff *m* counterattack; **Ge·gen·be·weis** *m:* ▶ **den ~ antreten** produce evidence to counter s.th.
Ge·gend ['ge:gənt] ⟨-, -en⟩ *f* area; ▶ **ungefähr in dieser ~** somewhere round here.
Ge·gen·dar·stel·lung *f* contradiction, denial; **Ge·gen·de·mon·strant(in)** *m (f)* counterdemonstrator.
ge·gen·ein·an·der *adv* against one another; ▶ **~ halten** compare.
Ge·gen·fahr·bahn *f* oncoming carriageway; **Ge·gen·fra·ge** *f* counterquestion; **Ge·gen·ge·wicht** *n:* ▶ **das ~ halten** counterbalance; **Ge·gen·gift** *n* antidote (*gegen* to); **Ge·gen·kan·di·dat(in)** *m (f)* rival candidate; **Ge·gen·lei·stung** *f* service in return; ▶ **als ~ für** in return for; **Ge·gen·licht·auf·nah·me** *f phot* contre-jour shot; **Ge·gen·lie·be** *f:* ▶ **mein Vorschlag fand keine ~** my proposal met with no approval; **Ge·gen·maß·nah·me** *f* countermeasure; **Ge·gen·pro·be** *f* crosscheck; ▶ **die ~ zu etw machen** crosscheck s.th.; **Ge·gen·re·for·ma·tion** *f hist* Counter-Reformation; **Ge·gen·satz** *m* contrast; ▶ **im ~ zu ...** in contrast to ...; ≈**e** *(Streitigkeiten)* differences; **im ~ zu etw stehen** conflict with s.th.; **ge·gen·sätz·lich** ['--zɛtslɪç] *adj* contrasting; ▶ **~e Meinung** different view; **Ge·gen·schlag** *m mil* reprisal; ▶ **e-n ~ führen** strike back; **Ge·gen·sei·te** *f* other side; **ge·gen·sei·tig** ['ge:gənzaɪtɪç] *adj* mutual, reciprocal; **Ge·gen·sei·tig·keit** *f:* ▶ **das be·ruht auf ~** the feeling is mutual; **Ge·gen·spie·ler(in)** *m (f)* opponent; **Ge·gen·spio·na·ge** *f* counterespionage; **Ge·gen·sprech·an·la·ge** *f* intercom.
Ge·gen·stand *m* 1. *(Ding)* object, thing; 2. *fig (als Thema)* subject, topic; **ge·gen·stands·los** *adj* irrelevant; *(unbegründet)* unfounded; ▶ **etw als ~ betrachten** disregard s.th.
Ge·gen·stim·me *f* vote against; **Ge·gen·stoß** *m a. mil* counterattack; **Ge·gen·strö·mung** *f* countercurrent; *(Unterströmung)* undertow; **Ge·gen·stück** *n* counterpart; **Ge·gen·teil** ⟨-s⟩ *n* opposite; ▶ **im ~!** on the contrary; **ins ~ umschlagen** swing to the other extreme; **ganz im ~!** quite the reverse! **ge·gen·tei·lig** *adj* opposite.
Ge·gen·über [--'--] ⟨-s, -⟩ *n:* ▶ **jds ~** person opposite to s.o; **ge·gen·über** [gegən'y:bə] I *adv* opposite; II *prp (in Bezug auf)* as regards, with regard to; ▶ **mir ~ ist sie immer höflich** she is always polite to me; **ge·gen·über·lie·gend** *adj* opposite; **ge·gen·über|ste·hen** *irr itr* stand opposite; **ge·gen·über|stel·len** *tr* 1. *(Person)* confront; 2. *(vergleichen)* compare; **Ge·gen·über-**

stel·lung *f* 1. *(von Person)* confrontation; 2. *(Vergleich)* comparison.
Ge·gen·ver·kehr *m* oncoming traffic; **Ge·gen·vor·schlag** *m* counter-proposal.
Ge·gen·wart ['ge:gənvart] ⟨-⟩ *f* 1. *(Anwesenheit)* presence; 2. *(Jetztzeit)* present; **ge·gen·wär·tig** ['ge:gənvɛrtɪç] I *adj* present; II *adv (zur Zeit)* at present; **Ge·gen·wehr** *f* resistance; **Ge·gen·wert** *m* equivalent; **Ge·gen·wind** *m* headwind.
ge·gen|zeich·nen *tr* countersign.
Geg·ner(in) ['ge:gnɐ] *m (f)* adversary, opponent; *(Feind)* enemy, foe; **geg·ne·risch** *adj* opposing; *(feindlich)* enemy; **Geg·ner·schaft** *f* 1. *(Einstellung)* opposition; 2. *(die Gegner)* opponents *pl*.
Ge·ha·be [gə'ha:bə] ⟨-s⟩ *n pej* affected behaviour.
Ge·halt[1] [gə'halt, *pl* gə'hɛltə] ⟨-(e)s, ⁓er⟩ *n (Entlohnung)* salary; ▶ **sie hat ein gutes ~** she earns a good salary; **wie hoch ist sein ~?** what is his salary?
Ge·halt[2] ⟨-(e)s, -e⟩ *m (Anteil)* content; **ge·halt·los** *adj* 1. *(ohne Nährwert)* unnutritious; 2. *fig (seicht)* empty.
Ge·halts·ab·rech·nung *f* pay slip; **Ge·halts·emp·fän·ger(in)** *m (f)* salary earner; **Ge·halts·er·hö·hung** *f* rise in salary; **Ge·halts·grup·pe** *f* salary group; **Ge·halts·kon·to** *n* current account; **Ge·halts·nach·zah·lung** *f* back-payment; **Ge·halts·zu·la·ge** *f* salary increase.
ge·han·di·kapt [gə'hɛndikɛpt] *adj* handicapped *(durch* by).
ge·häs·sig [gə'hɛsɪç] *adj* spiteful; **Ge·häs·sig·keit** *f* spitefulness.
Ge·häu·se [gə'hɔɪzə] ⟨-s, -⟩ *n* 1. *tech* case; 2. *(Obst~)* core.
geh·be·hin·dert ['ge:bəhɪndɛt] *adj:* ▶ **~ sein** have difficulty in walking.
Ge·he·ge [gə'he:gə] ⟨-s, -⟩ *n (Tier~)* enclosure; ▶ **jdm ins ~ kommen** queer someone's pitch *fam*.
ge·heim [gə'haɪm] *adj* secret; ▶ **das bleibt ~** that remains a secret; **etw vor jdm ~ halten** keep s.th. secret from s.o.; **Ge·heim·agent(in)** *m (f)* secret agent; **Ge·heim·dienst** *m* secret service; **Ge·heim·fach** *n* 1. *(in Schreibtisch etc)* secret drawer; 2. *(in Wand)* private safe; **ge·heim|hal·ten** *irr tr* keep secret; **Ge·heim·hal·tung** *f* secrecy; ▶ **zur ~ von etw verpflichtet sein** be obliged to keep s.th. a secret.
Ge·heim·nis *n* secret; *(nicht begründbares ~)* mystery; **yein ~ verraten** disclose a secret; **ich habe kein ~ vor dir** I have no secrets *pl* from you; **aus etw kein ~ machen** make no secret of s.th.; **Ge·heim·nis·krä·me·rei** *f* secretiveness; **ge·heim·nis·voll** *adj* mysterious.

Ge·heim·num·mer *f* *tele* secret number; **Ge·heim·po·li·zei** *f* secret police; **Ge·heim·schrift** *f* code, secret writing; **Ge·heim·tip** *m* quiet tip; **ge·heim|tun** *irr itr fam pej* be secretive; **Ge·heim·tür** *f* secret door; **Ge·heim·zahl** *f* personal identification number (*Abk* PIN).

Ge·heiß [gə'haɪs] ⟨-es⟩ *n:* ▶ **auf jds ~** at someone's behest.

Ge·hen *n a. sport* walking; ▶ **das Kommen u. ~** the coming and going.

ge·hen ['ge:ən] ⟨sein⟩ *irr itr* **1.** *allg* go; *(zu Fuß)* walk; **2.** *tech* work; *(Uhr)* go, run; **3.** *(Waren)* be selling well; ▶ **schwimmen ~** go swimming; **schlafen ~** go to bed; **über die Straße ~** cross the street; **das geht zu weit** that's going too far; **was geht hier vor?** what's going on here? **wie geht's?** how are you? **es geht** so-so; **das geht doch nicht!** you can't do that! **darum geht es nicht** that's not the point; **wenn es nach mir ginge** if it were up to me; **~ wir!** let's go! **sie ~ miteinander** they are going together; **das will mir nicht in den Kopf ~** I just can't understand it; **es geht nicht** it can't be done, it won't work; **geht es morgen?** will tomorrow be all right? **solange es geht** as long as possible; **worum geht's denn?** what's it about? **es geht nichts über ein gutes Glas Wein** there's nothing better than a good glass of wine; **Ge·her** ['ge:ɐ] *m sport* walker.

ge·heu·er [gə'hɔɪɐ] *adj:* ▶ **die Sache ist nicht ~** there's s.th. fishy about it; **es ist mir nicht ganz ~** I feel uneasy about it.

Ge·hil·fe (Ge·hil·fin) [gə'hɪlfə] *m (f)* assistant.

Ge·hirn [gə'hɪrn] ⟨-(e)s, -e⟩ *n* brain; **Ge·hirn·er·schüt·te·rung** *f* concussion; **Ge·hirn·schlag** *m* stroke; **Ge·hirn·wä·sche** *f fig* brain-washing; ▶ **jdn e-r ~ unterziehen** brainwash s.o.

Ge·höft [gə'hø:ft] ⟨-(e)s, -e⟩ *n* farmstead.

Ge·hölz [gə'hœlts] ⟨-es, -e⟩ *n* copse; *(Dickicht)* thicket.

Ge·hör [gə'hø:ɐ] ⟨-(e)s⟩ *n* hearing; ▶ **~ finden** gain a hearing; **sich ~ verschaffen** obtain a hearing; **nach dem ~ spielen** play by ear.

ge·hor·chen *itr* obey.

ge·hö·ren *itr* **1.** *(Eigentum sein)* belong to; **2.** *(erfordern)* take; **3.** *(Teil sein von)* be part of; ▶ **dazu gehört schon e-e Portion Unverschämtheit** that takes a lot of cheek; **das gehört nicht hierher** it doesn't go (*od* belong) here; *fig* it's irrelevant here; **du gehörst jetzt zur Familie** now you're one of the family; **das gehört sich einfach nicht** that's just not done; **ge·hö·rig** *adj* **1.** *(gebührend)*

proper; **2.** *fam (beträchtlich)* good, sound; ▶ **sie bekamen e-e ~e Tracht Prügel** they got a sound thrashing; **zu etw ~ sein** belong to s.th.

Ge·hör·lo·se(r) *f m* deaf person; **Ge·hör·nerv** *m* auditory nerve.

Ge·hor·sam [gə'ho:ɛza:m] ⟨-s⟩ *m* obedience; **ge·hor·sam** *adj* obedient.

Ge·hör·schutz *m* ear muff (*od* protectors) *pl.*

Ge·hu·pe ⟨-s⟩ *n pej* hooting.

Geh·weg ⟨-s, -e⟩ *m* **1.** *(Bürgersteig) Br* pavement, *Am* sidewalk; **2.** *(Fußweg)* footpath.

Gei·er ['gaɪɐ] ⟨-s, -⟩ *m* vulture.

Gei·ge ['gaɪgə] ⟨-, -n⟩ *f* fiddle, violin; ▶ **die erste ~ spielen** *fig* call the tune; **gei·gen** *itr* fiddle, play the violin; **Gei·ger(in)** *m (f)* fiddler, violinist.

Gei·ger·zäh·ler *m* Geiger counter.

geil [gaɪl] *adj fam a. pej Br* randy, *Am* horny; *fam (toll)* fantastic, brilliant; ▶ **du ~es Schwein!** *vulg* you randy old bastard! **das ist echt ~!** *sl* that's real(ly) groovy!

Gei·sel ['gaɪzəl] ⟨-s, -n⟩ *f* hostage; ▶ **jdn als ~ nehmen** take s.o. hostage; **Gei·sel·dra·ma** *n* hostage crisis; **Gei·sel·haft** *f* captivity (as hostage); **Gei·sel·nah·me** *f* taking of hostages; **Gei·sel·neh·mer(in)** *m (f)* hostage-taker.

Geiß [gaɪs] ⟨-, -en⟩ *f* goat; **Geiß·blatt** *n bot* honeysuckle, woodbine.

Gei·ßel ['gaɪsəl] ⟨-, -n⟩ *f* scourge; **gei·ßeln** *tr* **1.** *eccl* flagellate; **2.** *fig (kritisieren)* castigate.

Geist [gaɪst] ⟨-(e)s, -er/-e⟩ *m* **1.** *(Intellekt)* mind; **2.** *(Gespenst)* ghost; **3.** *(Gesinnung)* spirit; ▶ **etw im ~e vor sich sehen** see s.th. in one's mind's eye; **von allen guten ~ern verlassen sein** have taken leave of one's senses.

Gei·ster·bahn *f* ghost train; **Gei·ster·fah·rer(in)** *m (f)* ghost-driver; *person driving in the wrong direction;* **Gei·ster·glau·be** *m* belief in ghosts; **gei·ster·haft** *adj* ghostly; **Gei·ster·stim·me** *f radio* voice-over; **Gei·ster·stun·de** *f* witching hour.

gei·stes·ab·we·send *adj* absent-minded; **Gei·stes·ab·we·sen·heit** *f* absent-mindedness; **Gei·stes·blitz** *m* brainwave; **Gei·stes·ge·gen·wart** *f* presence of mind; **gei·stes·ge·gen·wär·tig** *adj* quick-witted; **gei·stes·ge·stört** *adj* mentally deranged; ▶ **du bist wohl ~!** *fig fam* you must be out of your mind! **Gei·stes·hal·tung** *f* attitude of mind; **gei·stes·krank** *adj* mentally ill; **Gei·stes·krank·heit** *f* mental illness; **Gei·stes·le·ben** *n* mental life; **gei·stes·ver·wandt** *adj* mentally akin (*mit* to); **Gei·stes·wis·sen·schaf·ten** *f pl* the arts; **Gei·stes·zu·stand** *m* state of mind.

gei·stig ['gaɪstɪç] *adj* **1.** *(intellektuell)* intellectual, mental; **2.** *(seelisch)* spiritual; ▶ ~ **behindert** mentally handicapped; **jds** ~e **Heimat** someone's spiritual home.

geist·lich ['gaɪstlɪç] *adj* spiritual; **Geist·li·che(r)** *m* clergyman.

geist·los *adj* **1.** *(langweilig)* dull; **2.** *(dumm)* stupid; **3.** *(nichtssagend)* inane; **geist·reich** *adj* witty.

Geiz [gaɪts] ⟨-es⟩ *m* meanness; **gei·zen** *itr:* ▶ **mit etw** ~ be mean with s.th.; **Geiz·hals (Geiz·kra·gen)** *m* miser, skinflint; **gei·zig** *adj* mean; *(knauserig)* stingy.

Ge·jam·mer [gə'jamɐ] ⟨-s⟩ *n* moaning and groaning.

Ge·joh·le [gə'jo:lə] ⟨-s⟩ *n (Gegröle)* caterwauling; *(Gekreische)* howling.

Ge·ki·cher [gə'kɪçɐ] ⟨-s⟩ *n* giggling, tittering.

Ge·kläff [gə'klɛf] ⟨-(e)s⟩ *n* yelping.

Ge·klap·per [gə'klapɐ] ⟨-s⟩ *n* rattling.

Ge·klin·gel ⟨-s⟩ *n* ringing.

Ge·klirr [gə'klɪr] ⟨-(e)s⟩ *n* clanking, clinking.

Ge·krit·zel [gə'krɪtsəl] ⟨-s⟩ *n* scrawl; *(das Kritzeln)* scribbling.

ge·kün·stelt [gə'kʏnstəlt] *adj* artificial; *(geziert)* affected.

Gel ⟨-s, -e⟩ *n* gel.

Ge·läch·ter [gə'lɛçtɐ] ⟨-s, -⟩ *n* laughter; ▶ **in** ~ **ausbrechen** burst out laughing.

ge·lack·mei·ert [gə'lakmaɪɐt] *adj fam:* ▶ **der G~e sein** be the dupe.

ge·la·den *adj* **1.** *el* charged; **2.** *allg* loaded; ▶ ~ **sein** *fig fam* be ratty.

Ge·la·ge [gə'la:gə] ⟨-s, -⟩ *n* carouse.

ge·lähmt *adj* paralyzed.

Ge·län·de [gə'lɛndə] ⟨-s, -⟩ *n* **1.** *(Grundstück)* grounds *pl;* **2.** *(freies Land)* open country; **Ge·län·de·fahr·zeug** *n* cross-country vehicle; **ge·län·de·gän·gig** *adj* able to go cross-country.

Ge·län·der [gə'lɛndɐ] ⟨-s, -⟩ *n* **1.** *(Treppen~)* banisters *pl;* **2.** *(als Begrenzung)* railing.

Ge·län·de·ren·nen *n sport* cross-country race.

Ge·län·der·pfo·sten *m* baluster.

Ge·län·de·wa·gen *m mot* cross-country vehicle.

ge·lan·gen [gə'laŋən] ⟨sein⟩ *itr* reach *(zu etw* s.th.*);* ▶ **ans Ziel** ~ *fig* attain one's goal; **zur Überzeugung** ~**, daß . . .** become convinced that . . .

ge·las·sen [gə'lasən] *adj* calm; ▶ ~ **bleiben** keep calm; **Ge·las·sen·heit** *f* calmness; *(Fassung)* composure.

ge·läu·fig [gə'lɔɪfɪç] *adj:* ▶ **das ist durchaus** ~ that's quite common; **das ist mir** ~ I'm familiar with that.

ge·launt [gə'laʊnt] *adj:* ▶ **gut** ~ good-tempered, in a good mood; **schlecht** ~ bad-tempered, in a bad mood.

Ge·läut(e) [gə'lɔɪt(ə)] ⟨-s⟩ *n* ringing.

gelb [gɛlp] *adj* yellow; ▶ ~**!** *(bei Verkehrsampel)* amber! **G~e Seiten** *tele (Branchenverzeichnis)* yellow pages; **Gelb·sucht** *f med* jaundice.

Geld [gɛlt] ⟨-(e)s, -er⟩ *n* money; ▶ **ins** ~ **gehen** *fam* cost a pretty penny; **zu** ~ **machen** sell off; **um** ~ **spielen** play for money; ~ **wie Heu haben** *fam* have money to burn; **etw für sein** ~ **bekommen** get one's money's worth; **sein** ~ **wert sein** be good value; **das Fahrrad war wirklich sein** ~ **wert** I've really had my money's worth out of that bike; **das ist rausgeschmissenes** ~**!** that's money down the drain! **mit** ~ **geht alles** money talks; **jdm das** ~ **aus der Tasche ziehen** squeeze money out of s.o.; **Geld·an·la·ge** *f* investment; **Geld·au·to·mat** *m (zum Geldabheben)* cash dispenser, *Am* automatic teller; *(zum Geldwechseln)* change machine; **Geld·au·to·ma·ten·kar·te** *f* cash card; **Geld·be·trag** *m* **1.** *allg* amount of money; **2.** *(angezeigter* ~*)* cash readout; **Geld·beu·tel** *m* purse; **Geld·bom·be** *f* strongbox; **Geld·ein·wurf** *m* slot; **Geld·ent·wer·tung** *f* currency depreciation; **Geld·ge·ber(in)** *m (f)* financial backer; **geld·gie·rig** *adj* avaricious; **geld·lich** *adj* financial; **Geld·mit·tel** *pl* funds; **Geld·quel·le** *f* source of income; **Geld·schein** *m Br* banknote, *Am* bill; **Geld·schrank** *m* safe; **Geld·spiel·au·to·mat** *m* slot machine; **Geld·stra·fe** *f* fine; **Geld·stück** *n* coin; **Geld·sum·me** *f* sum of money; **Geld·wä·sche** *f* money laundering; **Geld·wechs·ler** *m (Automat)* change machine; **Geld·wert** *m* cash value.

Ge·lee [ʒe'le:] ⟨-s, -s⟩ *n* jelly.

ge·le·gen [gə'le:gən] *adj* **1.** *(örtlich) Br* situated, *Am* located; **2.** *(günstig)* opportune; ▶ **es kam mir gerade** ~ it came just at the right time; **mir ist nichts daran**~ it doesn't matter to me; **Sie kommen mir gerade** ~ you are just the man I want to see; **Ge·le·gen·heit** *f* **1.** *(Anlaß)* occasion; **2.** *(günstige* ~*)* opportunity; ▶ **bei erster** ~ at the first opportunity; *com* at one's earliest convenience; **die** ~ **nutzen, etw zu tun** take the opportunity of doing s.th.; **sobald sich die** ~ **ergibt** as soon as I get the opportunity; **Ge·le·gen·heits·an·zei·ge** *f* classified advertisement; **Ge·le·gen·heits·ar·beit** *f* casual work; **Ge·le·gen·heits·ar·bei·ter(in)** *m (f)* casual worker; **Ge·le·gen·heits·kauf** *m* bargain; **ge·le·gent·lich I** *adj (zeitweise)* occasional; **II** *adv (hin und wieder)* now and again, occasionally; ▶ **er raucht** ~ **ganz gern eine Zigarre** he likes an occasional cigar.

ge·leh·rig [gə'le:rɪç] *adj* quick to learn.

ge·lehrt *adj* learned; **Ge·lehr·te(r)** ‹-n, -n› *f m* scholar.

Ge·leit [gə'laɪt] ‹-(e)s, -e› *n* **1.** *(Begleitung) a. mil* escort; **2.** *(Grab~)* cortege; ▶ **freies ~** safe-conduct; **jdm das ~ geben** escort s.o.; **Ge·leit·schutz** *m mil* escort; **Ge·leit·zug** *m mar mil* convoy.

Ge·lenk [gə'lɛŋk] ‹-(e)s, -e› *n* **1.** *anat* joint; **2.** *tech* hinge; **Ge·lenk·bus** *m* articulated bus; **Ge·lenk·ent·zün·dung** *f* arthritis; **ge·len·kig** *adj* **1.** *(geschmeidig)* supple; **2.** *(agil)* agile; **Ge·lenk·rheu·ma·tis·mus** *m* rheumatic fever.

ge·liebt *adj* beloved, dear; **Ge·lieb·te(r)** *f m* lover.

ge·lie·fert *adj:* ▶ **verdammt, jetzt sind wir ~!** *fam* blast! that's the end!

ge·lind(e) *adj* light, slight; ▶ **~e gesagt** to put it mildly.

Ge·lin·gen ‹-s› *n* success; ▶ **gutes ~!** good luck! **ge·lin·gen** [gə'lɪŋən] ‹sein› *irr itr* succeed; ▶ **es gelang mir, es zu tun** I succeeded in doing it.

gel·len ['gɛlən] *itr:* ▶ **jdm in den Ohren ~** ring in one's ears; **gel·lend** *adj* piercing, shrill.

ge·lo·ben *tr* vow; ▶ **er hat Stillschweigen gelobt** he is sworn to silence; **Ge·löb·nis** [gə'løːpnɪs] *n* vow.

gel·ten ['gɛltən] *irr itr* **1.** *allg (Gültigkeit haben)* be valid; **2.** *(~ für)* go for; ▶ **das lasse ich ~!** I accept that! **das gilt nicht!** *(beim Spiel)* that doesn't count! **das gilt auch für dich!** that goes for you, too! **gel·tend** *adj:* ▶ **~ machen** assert; **~e Preise** current prices; **~e Meinung** prevailing opinion.

Gel·tung *f* **1.** *(Gültigkeit)* validity; **2.** *(Ansehen)* prestige; ▶ **~ haben** be valid; **etw zur ~ bringen** show s.th. to advantage; **das Gemälde kommt in diesem Zimmer nicht zur ~** the picture doesn't look good in this room; **sich ~ verschaffen** establish one's position; **Gel·tungs·be·dürf·nis** *n* drive for personal prestige; **Gel·tungs·dau·er** *f* period of validity.

Ge·lüb·de [gə'lʏpdə] ‹-s, -› *n* vow; ▶ **ein ~ ablegen** *rel* take a vow.

ge·lun·gen [gə'lʊŋən] *adj* **1.** capital, excellent; **2.** *fig (von Personen)* odd; ▶ **das war ein ~er Abend** the evening was a success.

ge·mäch·lich [gə'mɛ(ː)çlɪç] I *adj* unhurried; ▶ **~e Schritte** unhurried steps; II *adv* **1.** *(gemütlich)* leisurely; **2.** *(langsam)* slow; ▶ **~ gehen** walk at a leisurely pace.

Ge·mahl [gə'maːl] ‹-(e)s, (e)› *m* husband; **Ge·mah·lin** *f* wife.

Ge·mäl·de [gə'mɛːldə] ‹-s, -› *n* painting; **Ge·mäl·de·aus·stel·lung** *f* exhibition of paintings; **Ge·mäl·de·ga·le·rie** *f* picture gallery.

Ge·mar·kung [gə'markʊŋ] *f (Ortsteil)* district.

ge·mäß [gə'mɛːs] I *prep* in accordance with; **~ ... ** *jur* under ...; II *adj (angemessen)* appropriate to.

ge·mä·ßigt [gə'mɛːsɪçt] *adj* moderate; ▶ **~es Klima** temperate climate.

Ge·mäu·er [gə'mɔɪɐ] ‹-s, -› *n* ruins *pl.*

ge·mein [gə'maɪn] *adj* **1.** *(bösartig)* mean, wicked; **2.** *(gemeinsam)* common; ▶ **das ist e-e ~e Lüge** that's a dirty lie; **sie haben nichts miteinander ~** they have nothing in common; **du ~es Stück!** *fam* you mean thing!

Ge·mein·de [gə'maɪndə] ‹-, -n› *f* **1.** *(städtische)* community, municipality; **2.** *eccl* parish; **3.** *(Anhängerschaft)* following; **Ge·mein·de·ab·ga·ben** *pl* rates; **Ge·mein·de·haus** *n eccl* parish rooms *pl;* **Ge·mein·de·ord·nung** *f* municipal by-laws *pl;* **Ge·mein·de·rat** *m* **1.** *(Körperschaft)* district council; **2.** *(Person)* district councillor; **Ge·mein·de·schwe·ster** *f* district nurse; **Ge·mein·de·steu·ern** *pl Br* local rates; *(Kopfsteuer)* poll tax; *Am* local taxes; **Ge·mein·de·ver·wal·tung** *f* local authority; **Ge·mein·de·zen·trum** *n* community centre.

ge·mein·ge·fähr·lich *adj* dangerous to the community; **Ge·mein·gut** *n* common property.

Ge·mein·heit *f* **1.** *(Eigenschaft)* meanness; **2.** *(Tat)* dirty trick.

ge·mein·hin *adv* generally; **Ge·mein·nutz** *m* common good; **ge·mein·nüt·zig** *adj* charitable; ▶ **~er Verein** non-profit-making organization; **ge·mein·sam (ge·mein·schaft·lich)** I *adj* **1.** common; **2.** *(beidseitig)* mutual; ▶ **mit jdm ~e Sache machen** join up with s.o.; **der G~e Markt** the Common Market; II *adv (zusammen)* together; **Ge·mein·schaft** *f* **1.** *(Gemeinde)* community; **2.** *(~sgefühl)* sense of community; **Ge·mein·schafts·an·ten·ne** *f* communal aerial; **Ge·mein·schafts·ar·beit** *f* teamwork; team effort; **Ge·mein·schafts·ge·fühl** *n* sense of community; **Ge·mein·schafts·kun·de** *f* social studies *pl;* **Ge·mein·schafts·pra·xis** *f* group practice; **ge·mein·ver·ständ·lich** *adj:* ▶ **sich ~ ausdrücken** make o.s. generally understood; **Ge·mein·wohl** *n* public welfare.

Ge·men·ge ‹-s, -› *n* **1.** *chem (Mischung)* mixture; **2.** *(Menschengewühl)* bustle.

ge·mes·sen *adj:* ▶ **~en Schrittes** at a measured pace.

Ge·met·zel [gə'mɛtsəl] ‹-s, -› *n* massacre.

Ge·misch [gə'mɪʃ] ‹-(e)s, -e› *n allg* mixture.

ge·mischt *adj* mixed.

Gem·me ['gɛmə] ⟨-, -n⟩ f cameo.
Ge·mot·ze ⟨-s⟩ n fam moaning.
Gem·se ['gɛmzə] ⟨-, -n⟩ f chamois.
Ge·mun·kel ⟨-s⟩ n 1. (Gerücht) rumours pl; 2. (Geflüster) whispers pl.
Ge·mur·mel ⟨-s⟩ n murmuring, muttering.
Ge·mü·se [gə'my:zə] ⟨-s, -⟩ n 1. allg vegetables pl; 2. fig (verächtlich: junge Dinger) green young things; **Ge·mü·se·an·bau** m Br market gardening, Am truck farming; **Ge·mü·se·gar·ten** m kitchen garden; **Ge·mü·se·händ·ler** m 1. (Beruf) greengrocer; 2. (Laden) greengrocer's.
ge·mu·stert adj patterned.
Ge·müt [gə'my:t] ⟨-(e)s, -er⟩ n: ▶ er hat ein fröhliches ~ he has a happy nature; sich (etw) zu ~e führen hum (zu sich nehmen) indulge in (. . .); also, du hast ein ~! fam you're a fine one! **ge·müt·lich** adj 1. (angenehm, bequem) comfortable, cosy; (schnuckelig) snug; 2. (gelassen) easy-going; ▶ es sich ~ machen make o.s. comfortable; **Ge·müt·lich·keit** f: in aller ~ at one's leisure.
Ge·müts·art f disposition; **Ge·müts·be·we·gung** f emotion; **Ge·müts·mensch** m: good-natured person; **Ge·müts·ru·he** f composure; **Ge·müts·ver·fas·sung (Ge·müts·zu·stand)** f (m) frame of mind.
Gen [ge:n] ⟨-s, -e⟩ n biol gene; **Gen·bank** f gene bank.
ge·nannt [gə'nant] adj: ▶ der oben G~e the above-mentioned.
ge·nau [gə'nau] I adj 1. (exakt) exact; 2. (detailliert) detailed; II adv exactly; ▶ (stimmt) ~! exactly! das ist ~ das Wort, nach dem ich gesucht habe that's just the word I was looking for; meine Uhr geht ~ my watch keeps accurate time; paßt ~! fits perfectly! it's a perfect fit! **ge·nau·ge·nom·men** adv strictly speaking; **Ge·nau·ig·keit** f exactness.
ge·neh·mi·gen [gə'ne:mɪgən] tr 1. (amtlich) approve; 2. (gewähren) grant; **Ge·neh·mi·gung** f (amtlich) approval; (Ermächtigung) authorization; ▶ mit ~ von . . . by permission of . . .; ~ einholen secure the approval; ~ erteilen grant a licence; **ge·neh·mi·gungs·pflich·tig** adj requiring official approval; **Ge·neh·mi·gungs·ver·fah·ren** n approval procedure.
ge·neigt[1] adj; inclined, sloping.
ge·neigt[2] adj 1. (aufgelegt zu) willing; 2. (wohlwollend) well-disposed.
Ge·ne·ral(in) [genə'ra:l] ⟨-s, -e/--e⟩ m (f) general; **Ge·ne·ral·di·rek·tor(in)** m (f) Br chairman (chairwoman), chair, Am president; **Ge·ne·ral·in·ten·dant(in)** m (f) theat director; **Ge·ne·ral·kon·sul(in)** m (f) consul general;

Ge·ne·ral·kon·su·lat n consulate general; **Ge·ne·ral·ma·jor** m major general; **Ge·ne·ral·pro·be** f dress-rehearsal; **Ge·ne·ral·stab** m general staff; **Ge·ne·ral·streik** m general strike; **ge·ne·ral·über·ho·len** tr: ▶ ~ lassen have generally overhauled; **Ge·ne·ral·über·ho·lung** f thorough going-over; **Ge·ne·ral·un·ter·su·chung** f med general check-up; **Ge·ne·ral·ver·samm·lung** f general meeting.
Ge·ne·ra·ti·on [genəra'tsjo:n] f generation; **Ge·ne·ra·tions·kon·flikt** m generation gap.
Ge·ne·ra·tor [genə'ra:to:e] m generator.
ge·ne·rell [genə'rɛl] adj general.
ge·ne·sen [gə'ne:zən] ⟨sein⟩ irr itr convalesce; **Ge·ne·sung** f recovery; ▶ ich wünsche baldige ~ I wish you a speedy recovery.
Ge·ne·tik [ge'ne:tɪk] f biol genetics pl; **Ge·ne·ti·ker(in)** f biol geneticist; **ge·ne·tisch** adj genetic.
Genf [gɛnf] ⟨-s⟩ n Geneva; ▶ ~er See Lake Geneva, Lake Leman.
Gen·for·scher(in) m (f) genetic researcher; **Gen·for·schung** f genetic research.
ge·nial [ge'nja:l] adj 1. (einfallsreich) ingenious; 2. fam (hervorragend) brilliant; ▶ das ist e-e ~e Idee! that's a brilliant idea!
Ge·nick [gə'nɪk] ⟨-(e)s, -e⟩ n neck; ▶ jdm das ~ brechen break someone's neck; fig put paid to s.o.; **Ge·nick·schuß** m shot in the neck; **Ge·nick·star·re** f: ▶ ~ haben have a stiff neck.
ge·ni·al adj brilliant; **Ge·nia·li·tät** f brilliance, genius; **Ge·nie** [ʒe'ni:] ⟨-s, -s⟩ n genius.
ge·nie·ren [ʒe'ni:rən] refl be embarrassed; ▶ ~ Sie sich nicht! make yourself at home!
ge·nieß·bar adj 1. (Speisen) edible; (Getränke) drinkable; 2. (schmackhaft) palatable; **ge·nie·ßen** [gə'ni:sən] irr tr 1. (mit Genuß verzehren) enjoy; 2. (Speise) eat; (Getränk) drink; **Ge·nie·ßer(in)** m (f) 1. allg connoisseur; 2. (Feinschmecker) gourmet.
Ge·ni·ta·li·en [geni'ta:liən] pl genitals.
Ge·ni·tiv ['ge:niti:f] m genitive.
Ge·ni·us ['ge:niʊs, pl 'ge:niən] ⟨-, -nien⟩ m genius.
ge·normt adj standardized.
Ge·nos·se [gə'nɔsə] ⟨-n, -n⟩ m 1. (Kamerad) Br mate, Am pal; 2. pol comrade; **Ge·nos·sen·schaft** f co-operative; **Ge·nos·sen·schafts·bank** f co-operative bank.
Gen·tech·nik f biol genetic engineering; **Gen·tech·ni·ker(in)** m (f) genetic engineer; **gen·tech·nisch** adj (Fort-

schritt etc) in genetic engineering; **Gen-tech·no·lo·gie** *f* (*s.* Gentechnik); **Gen-trans·fer** *m* genetic transfer.

ge·nug [gə'nu:k] *adv* enough; ▶ **danke, das ist ~** enough, thank you; **so, jetzt hab' ich aber ~!** I've had enough!

Ge·nü·ge [gə'ny:gə] ⟨-⟩ *f:* ▶ **das kenne ich zur ~** I know that well enough; **jdm ~ tun** satisfy s.o.; **ge·nü·gen** *itr* be enough, suffice; ▶ **den Anforderungen ~** fulfil the requirements; **das genügt** that will do; **ge·nü·gend** *adj* 1. *(ausreichend)* sufficient; 2. *(befriedigend)* satisfactory; **ge·nüg·sam** *adj* undemanding; **Ge·nüg·sam·keit** *f* simple needs *pl.*

Ge·nug·tu·ung [gə'nu:ktu:ʊŋ] *f* satisfaction; ▶ **für etw ~ leisten** make amends for s.th.; **das hat mir richtig ~ verschafft** that gave me a sense of satisfaction.

Ge·nuß [gə'nʊs, *pl* gə'nʏsə] ⟨-sses, ˸sse⟩ *m* 1. *(Vergnügen)* pleasure; 2. *(Verbrauch)* consumption; ▶ **in den ~ von etw kommen** enjoy s.th.; **ge·nüß-lich** *adj* pleasureable; **Ge·nuß·mit·tel** *n pl* (semi-)luxury items *pl;* **ge·nuß-süch·tig** *adj* hedonistic; **ge·nuß·voll** *adj* delightful; ▶ **etw ~ trinken** drink s.th. with obvious enjoyment.

Geo·graph(in) ⟨-en, -en⟩ *m (f)* geographer; **Geo·gra·phie** [geogra'fi:] *f* geography; **geo·gra·phisch** *adj* geographical.

Geo·lo·gie [geolo'gi:] *f* geology; **geo-lo·gisch** *adj* geological.

Geo·me·trie [geome'tri:] *f* geometry; **geo·me·trisch** *adj* geometric.

Ge·päck [gə'pɛk] ⟨-(e)s⟩ *n Br* luggage, *Am* baggage; ▶ **sein ~ aufgeben** check in one's *Br* luggage, *Am* baggage; **Ge-päck·ab·fer·ti·gung** *f aero Br* luggage (*Am* baggage) check in; *rail Br* luggage (*Am* baggage) office; **Ge-päck·auf·kle·ber** *m Br* luggage (*Am* baggage) sticker; **Ge·päck·aus·ga·be** *f aero Br* luggage (*Am* baggage) reclaim; *rail* (*s.* Gepäckabfertigung); ▶ **ich muß noch zur ~** I've still got to collect my luggage (*od Am* baggage); **Ge·päck·kar·ren** *m Br* luggage van, *Am* baggage car; **Ge·päck·netz** *n* luggage (*od* baggage) rack; **Ge·päck-schein** *m* luggage (*Am* baggage) ticket; **Ge·päck·schließ·fach** *n Br* luggage (*Am* baggage) locker; **Ge·päck·stück** *n* piece of luggage (*od* baggage); **Ge-päck·trä·ger** *m* 1. *(Person) Br* porter, *Am* baggage-handler; 2. *(an Fahrrad)* carrier.

ge·pfef·fert *adj* peppered; ▶ **e-e ~e Rechnung** a steep bill; **ein ~er Brief** a stiff letter.

ge·pflegt *adj* 1. *(Rasen, Haus etc)* well cared-for; 2. *(Person)* well-groomed;

▶ **~ wohnen** live in style; **sich ~ unterhalten** have a civilized conversation.

Ge·pflo·gen·heit [gə'pflo:gənhaɪt] *f* habit.

Ge·plap·per [gə'plape] ⟨-s⟩ *n* babbling.

Ge·plät·scher [gə'plɛtʃe] ⟨-s⟩ *n* splashing.

Ge·pol·ter [ge'pɔlte] ⟨-s⟩ *n* banging.

Ge·prä·ge [gə'prɛ:gə] ⟨-s, -⟩ *n* character; ▶ **die Fachwerkhäuser geben der Stadt ihr ~** the half-timbered houses lend character to the town.

Ge·ra·de ⟨ *n, n)* *f math* straight line; *(Fluß, Weg, Rennbahn)* straight; ▶ **kurze ~** *(beim Boxen)* jab; **ge·ra·de** [gə'ra:də] **I** *adj* 1. *(nicht uneben)* even; 2. *(geradlinig)* straight; ▶ **~ Zahl** even number; **sitz ~!** sit up! **II** *adv (eben) a. fig* just; ▶ **ich wollte ~ gehen** I was just about to leave; **er war nicht ~ freundlich** he wasn't exactly friendly; **~ heute** today of all days; **ich komme ~ so aus** I can just about manage; **sie war ~ hier** she was here a moment ago; **das ist es ja ~!** that's just it! **warum ~ ich?** why me of all people? **ge·ra·de·aus** [---'-] *adv* straight ahead; **ge·ra·de|bie-gen** *irr tr* 1. *allg* straighten; 2. *fig* sort out; **ge·ra·de·her·aus** [-'---] *adv* frankly; **ge·ra·de·wegs** [-'---] *adv* straight.

ge·rä·dert [gə'rɛ:det] *adj:* ▶ **wie ~ sein** be knackered.

ge·ra·de|ste·hen *irr itr* stand up straight; ▶ **~ für etw** *fig* answer for s.th.; **ge·ra·de·zu** [-'--] *adv* 1. *(beinahe)* almost; 2. *(wirklich)* really; ▶ **das ist ~ Wahnsinn** that's sheer madness.

ge·rad·li·nig [gə'ra:tli:nɪç] *adj* 1. *allg* straight; 2. *(Entwicklung)* linear; 3. *fig* straight; **Ge·rad·li·nig·keit** *f fig* straightness.

Ge·ra·nie [ge'ra:niə] *f bot* geranium.

Ge·rät [gə'rɛ:t] ⟨-(e)s, -e⟩ *n* 1. *(Apparat)* gadget; *el tech* appliance; 2. *radio tele TV* set; 3. *(Werkzeug)* tool; 4. *(Ausrüstung)* equipment.

ge·ra·ten [gə'ra:tən] ⟨sein⟩ *irr* **I** *itr* 1. *(gelangen)* get (*od* fall) (*in* into); 2. *fig (ausfallen)* turn out; ▶ **an etw ~** come by s.th.; **an jdn ~** find s.o.; **an den falschen ~** pick the wrong man; **in Gefangenschaft ~** be taken prisoner; **in e-e Falle ~** fall into a trap; **in Brand ~** catch fire; **nach jdm ~** *(gehoben)* take after s.o.

ge·ra·ten *adj:* ▶ **etw für ~ halten** think it best.

Ge·rä·te·tur·nen *n* apparatus gymnastics *sing.*

Ge·ra·te·wohl [gəra·tə'vo:l] *n:* ▶ **aufs ~** at random, on the off-chance.

ge·raum [gə'raʊm] *adj:* ▶ **~e Zeit** a long time; **vor ~er Zeit** (a) long (time) ago.

ge·räu·mig [gə'rɔɪmɪç] *adj* roomy, spacious.

Ge·räusch [gə'rɔɪʃ] ⟨-(e)s, -e⟩ *n* noise; **ge·räusch·arm** *adj* low-noise; **ge·räusch·däm·mend** *adj* soundproofing; **Ge·räusch·dämp·fung** *f* sound damping; **ge·räusch·emp·find·lich** *adj* sensitive to noise; **ge·räusch·los** *adj* silent; **Ge·räusch·min·de·rung** *f* noise reduction; **ge·räusch·voll** *adj* noisy.

ger·ben ['gɛrbən] *tr* tan; **Ger·ber(in)** *m (f)* tanner; **Ger·be·rei** *f* 1. *(Betrieb)* tannery; 2. *(das Gerben)* tanning.

ge·recht [gə'rɛçt] *adj* just; ▶ ~er Lohn fair wages *pl;* **jdm** ~ **werden** do justice to s.o.; **jds Erwartungen** ~ **werden** come up to someone's expectations; **Ge·rech·tig·keit** *f* justice; **Ge·rech·tig·keits·lie·be** *f* love of justice.

Ge·re·de ⟨-s⟩ *n* talk; ▶ **das ist nur** ~ that's only gossip; **ins** ~ **kommen** get o.s. talked about.

ge·rei·chen *itr:* ▶ **das gereicht dir nicht gerade zum Vorteil** *obs (gehoben)* that isn't exactly advantageous for you.

ge·reizt *adj* 1. *(wütend)* irritated; 2. *(reizbar)* irritable; ▶ ~e **Stimmung** strained atmosphere.

Ge·richt¹ [gə'rɪçt] ⟨-(e)s, -e⟩ *n* dish.

Ge·richt² *n* 1. *jur (Gebäude)* court; 2. *(Richter)* court; ▶ **jdn vor** ~ **bringen** take s.o. to court; **mit etw vor** ~ **gehen** take legal action about s.th.; **das Jüngste** ~ *eccl* the Last Judgment; **mit jdm ins** ~ **gehen** *fig* judge s.o. harshly; **ge·richt·lich** *adj:* ▶ ~e **Untersuchung** judicial investigation; **gegen jdn** ~ **vorgehen** take court proceedings against s.o.; ~ **vereidigt** sworn; **Ge·richts·ak·ten** *f pl* court records; **Ge·richts·arzt** *m* court doctor; **Ge·richts·bar·keit** *f* jurisdiction; **Ge·richts·be·schluß** *m* court decision; **Ge·richts·fe·rien** *pl* recess; **Ge·richts·hof** *m* Supreme Court; **Ge·richts·ko·sten** *pl* court costs; ▶ **jdm die** ~ **auferlegen** order s.o. to pay costs; **Ge·richts·me·di·zin** *f* forensic medicine; **Ge·richts·saal** *m* courtroom; **Ge·richts·stand** *m* court jurisdiction; **Ge·richts·ver·fah·ren** *n* court *(od* legal) proceedings; ▶ **gegen jdn ein** ~ **einleiten** institute court proceedings against s.o.; **Ge·richts·ver·hand·lung** *f (Zivil~)* hearing; *(Straf~)* trial; **Ge·richts·voll·zie·her** *m* bailiff.

ge·ring [gə'rɪŋ] *adj* 1. *(niedrig)* low; 2. *(~wertig)* little; ▶ ~e **Chance** slight chance; ~e **Temperatur** low temperature; ~e **Entfernung** short distance; **nicht das G~ste** nothing at all; ~e **Qualität** poor quality.

ge·ring·fü·gig [gə'rɪŋfy:gɪç] *adj (klein)* minor; *(unwichtig)* insignificant; **Ge·**

ring·fü·gig·keit *f* triviality.

ge·ring|schät·zen *tr* 1. *(gering einschätzen)* disregard; 2. *(verachten)* think little of; **ge·ring·schät·zig** *adj* contemptuous; **Ge·ring·schät·zung** *f (Ablehnung)* disdain; *(geringe Meinung)* low opinion *(für* of).

ge·rin·nen [gə'rɪnən] ⟨sein⟩ *irr itr* coagulate; *(Milch)* curdle.

Ge·rinn·sel [gə'rɪnzəl] ⟨-s, -⟩ *n med* clot.

Ge·rin·nung *f* coagulation.

Ge·rip·pe [gə'rɪpə] ⟨-s, -⟩ *n* 1. *(Skelett)* skeleton; 2. *arch* frame.

ge·ris·sen [gə'rɪsən] *adj (schlau)* crafty, cunning.

Ger·ma·ne (Ger·ma·nin) [gɛr'ma:nə] ⟨-n, -n⟩ *m (f)* Teuton; **ger·ma·nisch** *adj* Teutonic; **Ger·ma·nist(in)** *m (f)* German specialist, German scholar.

gern [gɛrn] *adv* gladly, with pleasure; ▶ ~ **haben** like; **du kannst mich mal** ~ **haben!** *fam* you know what you can do! **aber** ~! of course! ~ **geschehen!** *Br* don't mention it, *Am* you're welcome! **das glaube ich** ~ I can well believe it.

Ger·ne·groß ⟨-, -e⟩ *m hum, a. pej* show-off.

Ge·röll [gə'rœl] ⟨-(e)s, -e⟩ *n* rubble; *(größer)* boulders *pl.*

Ger·ste ['gɛrstə] ⟨-⟩ *f* barley; **Ger·sten·korn** *n* 1. barley-corn; 2. *med* stye.

Ger·te ['gɛrtə] ⟨-, -n⟩ *f* switch.

Ge·ruch [gə'rʊx, *pl* gə'rʏçə] ⟨-(e)s, ⁻e⟩ *m* 1. smell; *(starker ~)* odour; 2. *(~ssinn)* sense of smell; **ge·ruch·los** *adj* odourless, scentless; **Ge·ruchs·be·lä·sti·gung** *f* offensive smell; **Ge·ruchs·sinn** *m* sense of smell.

Ge·rücht [gə'rʏçt] ⟨-(e)s, -e⟩ *n* rumour; ▶ **es geht das** ~, **daß** ... it is rumoured that ...

ge·ru·hen *itr:* ▶ ~, **etw zu tun** *(gehoben)* deign to do s.th.; **ge·ruh·sam** *adj* peaceful.

Ge·rüm·pel [gə'rʏmpəl] ⟨-s⟩ *n* junk.

Ge·run·di·um [ge'rʊndiʊm, *pl* ge'rʊndiən] ⟨-s, -dien⟩ *n gram* gerund.

Ge·rüst [gə'rʏst] ⟨-(e)s, -e⟩ *n* 1. *arch* scaffolding; *(Gestell)* trestle; 2. *fig* framework.

Ges [gɛs] ⟨-, -⟩ *n mus* G flat.

ge·sal·zen *adj* salted; ▶ ~e **Preise** steep prices; ~e **Rechnung** stiff bill.

ge·samt [gə'zamt] *adj* entire, whole; ▶ **die** ~en **Kosten** the total costs; **Ge·samt·an·sicht** *f* general view; **Ge·samt·aus·ga·be** *f typ* complete edition; **Ge·samt·be·trag** *m* total; **ge·samt·deutsch** *adj* all-German; **Ge·samt·ein·druck** *m* general impression; **Ge·samt·heit** *f* totality; ▶ **die** ~ **der** ... all the ...; **in ihrer (seiner)** ~ ... as a whole; **Ge·samt·hoch·schu·le** *f* comprehensive university, polytechnic; **Ge·samt·ko·sten** *pl* overall costs;

Ge·samt·nut·zungs·dau·er *f* useful life; **Ge·samt·schu·le** *f* comprehensive school; **Ge·samt·über·sicht** *f* general survey; **Ge·samt·wer·tung** *f* *sport* overall placings *pl.*

Ge·sand·te(r) [gə'zantə] ⟨-n, -n⟩ *f m* envoy; **Ge·sandt·schaft** *f* legation.

Ge·sang [gə'zaŋ, *pl* gə'zɛŋə] ⟨-(e)s, ⁻e⟩ *m* 1. *(das Singen)* singing; 2. *(Lied)* song; *(Choral)* chant; **Ge·sang·buch** *n* hymnbook; **Ge·sang·ver·ein** *m* choral society.

Ge·säß [gə'zɛs] ⟨-es, -e⟩ *n* buttocks *pl.*

Ge·schäft [gə'ʃɛft] ⟨-(e)s, -e⟩ *n* 1. *(Laden)* *Br* shop, *Am* store; 2. *com (Gewerbe)* business; ▶ **ein gutes ~ machen** make a good deal; **ein ~ mit etw machen** make money out of s.th.; **mit jdm ~e machen** do business with s.o.; **ins ~ gehen** go to the office.

Ge·schäf·te·ma·cher(in) ⟨-s, -⟩ *m (f)* profiteer.

ge·schäf·tig *adj* busy.

ge·schäft·lich I *adj* business; II *adv:* ▶ **ich muß ihn ~ sprechen** I must see him on business.

Ge·schäfts·an·teil *m* share of a business; **Ge·schäfts·brief** *m* business letter; **Ge·schäfts·es·sen** *n* business lunch; **Ge·schäfts·flä·che** *f markt* trading floor space; **Ge·schäfts·frau** *f* businesswoman; **Ge·schäfts·freund(in)** *m (f)* business associate; **ge·schäfts·füh·rend** *adj* executive; ▶ **~er Direktor** managing director; **Ge·schäfts·füh·rer(in)** *m (f)* managing director; *(von Verein)* secretary; **Ge·schäfts·füh·rung** *f* management; **Ge·schäfts·jahr** *n* financial year; **Ge·schäfts·ko·sten** *pl* business expenses; ▶ **das geht auf ~** that's on expenses; **Ge·schäfts·la·ge** *f* business conditions *pl;* **Ge·schäfts·le·ben** *n* business life; **Ge·schäfts·lei·tung** *f* management; **Ge·schäfts·leu·te** *pl* businesspeople; **Ge·schäfts·mann** ⟨-(e)s, -leute/(-männer)⟩ *m* businessman; **Ge·schäfts·ord·nung** *f parl* standing orders; **Ge·schäfts·räu·me** *pl* premises; ▶ **in unseren ~n** on our premises; **Ge·schäfts·rei·se** *f* business trip; **Ge·schäfts·schluß** *m:* closing time; ▶ **nach ~** *(von Betrieb)* out of working hours *pl; (von Laden)* after closing time; **Ge·schäfts·sinn** ⟨-(e)s⟩ *m* business sense; **Ge·schäfts·stel·le** *f* offices *pl; (Zweigstelle)* branch; **Ge·schäfts·stun·den** *pl* office hours; **Ge·schäfts·tä·tig·keit** *f* business activity; **ge·schäfts·tüch·tig** *adj* business-minded; **Ge·schäfts·ver·bin·dung** *f* business connection; ▶ **mit jdm in ~ stehen** have business connections with s.o.; **Ge·schäfts·vier·tel** *n* shopping centre; **Ge·schäfts·vo·lu·men** *n* vol-

ume of trade; **Ge·schäfts·zeit** *f* office hours *pl;* **Ge·schäfts·zim·mer** *n* office.

Ge·sche·hen ⟨-s⟩ *n* events *pl.*

ge·sche·hen [gə'ʃe:ən] ⟨sein⟩ *irr itr* happen; *(stattfinden)* take place; ▶ **das geschieht dir recht** that serves you right; **um ihn ist's ~** it's all up with him; **ich wußte nicht, wie mir geschah** I didn't know what was going on; **es muß etw ~** something must be done.

ge·scheit [gə'ʃaɪt] *adj* clever; ▶ **daraus werde ich nicht ~** I can't make head nor tail of it.

Ge·schenk [gə'ʃɛŋk] ⟨-(e)s, -e⟩ *n* gift, present; ▶ **jdm ein ~ machen** give s.o. a present; **Ge·schenk·abon·ne·ment** *n* gift subscription; **Ge·schenk·bou·tique** *f* gift shop; **Ge·schenk·gut·schein** gift coupon, gift voucher, **Ge·schenk·packung (k·k)** *f* gift pack; **Ge·schenk·pa·pier** *n* wrapping paper, giftwrap.

Ge·schich·te [gə'ʃɪçtə] ⟨-, -n⟩ *f* 1. *(Erzählung)* story; 2. *(Menschheits~ etc)* history; 3. *fig (Angelegenheit)* affair; ▶ **mach keine langen ~n!** don't make a fuss! **immer wieder die alte ~!** it's the same old story! **Ge·schich·ten·er·zäh·ler(in)** *m (f)* storyteller.

ge·schicht·lich *adj* historical; ▶ **~ bedeutsam** historic; **Ge·schichts·at·las** *m* historical atlas; **Ge·schichts·buch** *n* history book; **Ge·schichts·zahl** *f* historical date.

Ge·schick¹ [gə'ʃɪk] ⟨-(e)s, -e⟩ *n (Schicksal)* fate.

Ge·schick² ⟨-(e)s⟩ *n (Fertigkeit)* skill.

Ge·schick·lich·keit *f* skilfulness, skill.

ge·schickt *adj:* ▶ **~ sein** be skilful; **das war sehr ~!** that was very clever!

ge·schie·den [gə'ʃi:dən] *adj (Ehe)* divorced; ▶ **mein G~er** my ex *fam;* **wir sind ~e Leute** we have nothing to do with each other anymore.

Ge·schirr [gə'ʃɪr] ⟨-(e)s, -e⟩ *n* 1. *(Küchen~)* kitchenware; 2. *(Tafelgedeck)* service; **Ge·schirr·schrank** *m* china cupboard; **Ge·schirr·spül·ma·schi·ne** *f m* dishwasher; **Ge·schirr·spül·mit·tel** *n* washing-up liquid; **Ge·schirr·tuch** *n (Trockentuch)* teartowel.

Ge·schlecht [gə'ʃlɛçt] ⟨-(e)s, -er⟩ *n* 1. *(menschliches)* sex; 2. *gram* gender; 3. *(Familie, Sippe)* house; ▶ **das schöne ~** *fam hum* the fair sex; **ge·schlecht·lich** *adj* sexual; **Ge·schlechts·akt** *m* coitus; **Ge·schlechts·hor·mon** *n* sex hormone; **ge·schlechts·krank** *adj* suffering from venereal disease (*od* VD); **Ge·schlechts·krank·heit** *f* venereal disease (*Abk* VD); **Ge·schlechts·or·gan** *n* sexual organ; **Ge·schlechts·tei·le** *m pl* genitals; **Ge-**

schlechts·trieb *m* sex urge; **Ge·schlechts·ver·kehr** *m* sexual intercourse; **Ge·schlechts·wort** *n gram* article.

ge·schlif·fen [gə'ʃlɪfən] *adj* **1.** *(Glas)* cut; **2.** *fig* polished.

ge·schlos·sen [gə'ʃlɔsən] **I** *adj* **1.** *(zu)* closed; **2.** *fig (abgerundet)* well-rounded; **3.** *fig (gemeinsam)* united; ▶ ~e Gesellschaft private party; **II** *adv* unanimously; ▶ ~ hinter jdm stehen stand solidly behind s.o.

Ge·schmack [gə'ʃmak] ⟨-(e)s, ⸚e(r)⟩ *m a. fig* taste; ▶ an etw ~ finden acquire a taste for s.th.; **das ist nicht mein** ~ that's not my taste; **über** ~ **läßt sich streiten** there's no accounting for tastes *pl.*

ge·schmack·los *adj a. fig* tasteless; **Ge·schmack·lo·sig·keit** *f* bad taste; **Ge·schmack·sa·che** *f* matter of taste; **ge·schmack·voll** *adj (Person)* elegant, stylish; ▶ ~ gekleidet dressed tastefully.

Ge·schmei·de [gə'ʃmaɪdə] ⟨-s, -⟩ *n* jewellery.

ge·schmei·dig [gə'ʃmaɪdɪç] *adj* **1.** *(weich)* supple; **2.** *fig (Bewegung, Körper)* lissom, lithe; **Ge·schmei·dig·keit** *f* **1.** *(Weiche)* suppleness; **2.** *fig (~ der Bewegung)* litheness.

Ge·schöpf [gə'ʃœpf] ⟨-(e)s, -e⟩ *n* creature.

Ge·schoß¹ [gə'ʃɔs] ⟨-sses, -sse⟩ *n* **1.** *(Rakete)* missile; **2.** *(Kugel)* bullet.

Ge·schoß² *n (Haus~) Br* floor, *Am* stor(e)y.

ge·schraubt *adj fig (gekünstelt)* stilted.

Ge·schrei ⟨-s⟩ *n* screaming; *(Rufen)* shouting; ▶ ein großes ~ über etw machen make a great fuss about s.th.

Ge·schütz [gə'ʃʏts] ⟨-es, -e⟩ *n* cannon; ▶ schweres ~ auffahren gegen . . . *fig* bring up one's big guns against . . .; **Ge·schütz·stel·lung** *f mil* gun emplacement.

Ge·schwa·der [gə'ʃvaːdɐ] ⟨-s, -⟩ *n* squadron.

Ge·schwa·fel ⟨-s⟩ *n fam pej* waffle.

Ge·schwätz [gə'ʃvɛts] ⟨-es⟩ *n fam pej* **1.** *(Unsinn)* nonsense; **2.** *(Klatsch)* gossip; **ge·schwät·zig** *adj* gossipy; **Ge·schwät·zig·keit** *f* gossipiness.

ge·schwei·ge [gə'ʃvaɪgə] *adv:* ▶ ~ denn . . . let alone *(od* never mind*)* . . .

ge·schwind [gə'ʃvɪnt] *adj* swift.

Ge·schwin·dig·keit *f* speed; *(Flinkheit)* swiftness; ▶ mit e-r ~ von . . . at a speed of . . .; **Ge·schwin·dig·keits·be·schrän·kung** *f* speed limit; ▶ gegen die ~ verstoßen exceed the speed limit; **Ge·schwin·dig·keits·kon·trol·le** *f* speed check; **Ge·schwin·dig·keits·über·schrei·tung** *f* exceeding the speed limit, speeding.

Ge·schwi·ster [gə'ʃvɪstɐ] *pl* brothers and sisters.

ge·schwol·len [gə'ʃvɔlən] *adj* swollen.

Ge·schwo·re·ne(r) [gə'ʃvoːrənə] *f m* juror; ▶ die ~n the jury.

Ge·schwulst [gə'ʃvʊlst] ⟨-, ⸚e⟩ *f allg* growth; *(Krebs~)* tumour.

Ge·schwür [gə'ʃvyːɐ] ⟨-(e)s, -e⟩ *n (Wund~)* sore; *(Eiterbeule)* boil.

Ge·sel·le [gə'zɛlə] ⟨-n, -n⟩ *m (Handwerks~)* journeyman; ▶ ein komischer ~ a strange fellow.

ge·sel·len *tr:* ▶ sich zu jdm ~ join s.o.

ge·sel·lig *adj* sociable; ▶ ~es Beisammensein social gathering; **Ge·sel·lig·keit** *f (Eigenschaft)* sociability; ▶ er mag ~ nicht he doesn't like company.

Ge·sell·schaft [gə'zɛlʃaft] *f* **1.** society; **2.** *(geladene ~)* party; **3.** *com Br* company, *Am* corporation; ▶ ~ mit beschränkter Haftung *Br* private limited company *(Abk* Ltd), *Am* incorporated company *(Abk* Inc); **e-e ~ geben** give *(od* throw*)* a party; **jdm ~ leisten** join s.o., keep s.o. company; **Ge·sell·schaf·ter(in)** *m (f) com* partner; *(nur f)* escort.

ge·sell·schaft·lich *adj* social; **ge·sell·schafts·fä·hig** *adj* **1.** *(Verhalten)* socially acceptable; **2.** *(Aussehen)* presentable; **Ge·sell·schafts·kri·tik** *f* social criticism; **Ge·sell·schafts·ord·nung** *f* social structure; **Ge·sell·schafts·raum** *m* function room; **Ge·sell·schafts·schicht** *f* social stratum; **Ge·sell·schafts·spiel** *n* party game.

Ge·setz [gə'zɛts] ⟨-es, -e⟩ *n* **1.** *(bestehendes ~, Recht)* law; **2.** *parl (~esvorlage)* bill; ▶ nach dem ~ under the law *(über* on*)*; ein ungeschriebenes ~ an unwritten rule; ein ~ erlassen enact a law; **Ge·setz·blatt** *n* law gazette; **Ge·setz·buch** *n* civil code; **Ge·setz·ent·wurf** *m* bill; **ge·setz·ge·bend** *adj:* ▶ ~e Körperschaft legislative body; **Ge·setz·ge·ber** *m* legislator; **Ge·setz·ge·bung** *f* legislation.

ge·setz·lich *adj* legal; ▶ ~ geschützt patented; ~er Erbe heir apparent; ~es Zahlungsmittel legal tender.

ge·setz·los *adj* lawless; **Ge·setz·lo·sig·keit** *f* lawlessness; **ge·setz·mä·ßig** *adj* **1.** *(rechtmäßig)* lawful, legitimate; **2.** *(regelmäßig)* regular; **Ge·setz·mä·ßig·keit** *f* **1.** *(Rechtmäßigkeit)* legitimacy; **2.** *(Regelmäßigkeit)* regularity.

ge·setzt I *adj (behäbig)* sedate; **II** *conj:* ▶ ~ den Fall, daß . . . supposing that . . .; **Ge·setzt·heit** *f (Behäbigkeit)* sedateness.

ge·si·chert *adj* **1.** *(Mensch: ab~)* safe; **2.** *tech* secured; *(Schraube)* locked.

Ge·sicht [gə'zɪçt] *n* **1.** ⟨-(e)s, -er⟩ face; **2.** ⟨-(e)s, -e⟩ *(Erscheinung)* apparition, vision; ▶ **jdm etw ins ~ sagen** tell s.o. s.th. to his face; **sein wahres ~ zeigen** *fig* show one's true nature; **den Tatsachen ins ~ sehen** face facts; **jdn zu ~ bekommen** see s.o.; **Ge·sichts·ausdruck** *m* (facial) expression; **Gesichts·creme** *f* face cream; **Gesichts·far·be** *f* complexion; **Gesichts·feld** *n* field of vision, visual field; **Ge·sichts·kreis** *m:* ▶ **jdn aus s-m ~ verlieren** lose sight of s.o.; **Gesichts·punkt** *m* point of view; ▶ **das ist natürlich ein - I** that's certainly one way of looking at it! **Ge·sichts·winkel** *m* visual angle; **Ge·sichts·zü·ge** *pl* features.

Ge·sims [gə'zɪms] ⟨-es, -e⟩ *n* ledge.

Ge·sin·del [gə'zɪndəl] ⟨-s⟩ *n pej* rabble, riffraff.

ge·sinnt [gə'zɪnt] *adj* disposed, minded; ▶ **anders ~ sein** hold different views *pl* (*als* from s.o.); **Ge·sin·nung** *f* way of thinking; ▶ **s-e wahre ~ zeigen** show one's true colours *pl;* **Ge·sin·nungs·ge·nos·se** *m* like-minded person; **Ge·sin·nungs·lo·sig·keit** *f* lack of principle; **Ge·sin·nungs·wan·del** *m* change of opinion, volte-face.

ge·sit·tet [gə'zɪtət] *adj* well-mannered.

Ge·söff [gə'zœf] ⟨-s, (-e)⟩ *n* 1. *fam* (*Getränk*) swill; 2. *pej* (*billiger Alkohol*) plonk.

Ge·spann [gə'ʃpan] ⟨-(e)s, -e⟩ *n* 1. *fig* (*Menschen*) pair; 2. (*Zugtier~*) team.

ge·spannt *adj* 1. *fig* (*erwartungsvoll*) eager; (*neugierig*) curious; 2. (*straff*) taut; 3. *fig* (*belastet*) strained; ▶ **da bin ich aber ~!** that I'd like to see! **auf e-n Film ~ sein** be dying to see a film; **Ge·spannt·heit** *f* 1. *fig* (*von Situation*) tension; 2. (*Neugierde*) curiosity.

Ge·spenst [gə'ʃpɛnst] ⟨-(e)s, -er⟩ *n* ghost, spectre; ▶ **du siehst ~er!** you're imagining things! **ge·spen·stisch** *adj* 1. (*Aussehen*) ghostly; 2. *fig* (*schauerlich*) eery.

ge·sperrt *adj* 1. (*Straße*) closed; 2. *typ* spaced.

Ge·spött [gə'ʃpœt] ⟨-(e)s⟩ *n* mockery; ▶ **sich zum ~ machen** make o.s. a laughing-stock.

Ge·spräch [gə'ʃprɛːç] ⟨-(e)s, -e⟩ *n* 1. *allg* conversation, talk; 2. *tele* call; ▶ **das ~ auf etw bringen** bring the conversation round to s.th.; **ein ~ anmelden** *tele* book a call; **ein ~ mit jdm führen** have a talk with s.o.; **ge·sprä·chig** *adj* talkative; **Ge·sprächs·ein·heit** *f tele* unit; **Ge·sprächs·the·ma** *n* subject, topic (of conversation).

ge·spreizt *adj* 1. (*auseinanderstehend*) wide apart; 2. *fig* (*affektiert*) affected, unnatural.

ge·spren·kelt *adj* speckled.

Ge·spür ⟨-s⟩ *n* feel(ing).

Ge·stalt [gə'ʃtalt] ⟨-, -en⟩ *f* 1. (*Form, Mensch*) form; 2. (*Körperbau*) build; 3. (*Roman~*) character; ▶ **in ~ von . . .** in the form of . . .; **ge·stal·ten** *tr allg* form, shape; ▶ **e-n Abend ~** arrange an evening; **s-e Freizeit ~** organize one's leisure time; **Ge·stal·tung** *f* (*Arrangement*) arrangement.

Ge·stam·mel ⟨-s⟩ *n pej* stammering, stuttering.

ge·stän·dig [gə'ʃtɛndɪç] *adj:* ▶ **~ sein** have confessed.

Ge·ständ·nis [gə'ʃtɛntnɪs] *n* confession; ▶ **ein ~ ablegen** make a confession.

Ge·stän·ge [gə'ʃtɛŋə] ⟨-s, -⟩ *n mot* linkage.

Ge·stank [gə'ʃtaŋk] ⟨-(e)s⟩ *m fam pej* bad smell, stench, stink.

ge·stat·ten [gə'ʃtatən] I *tr* allow, permit; ▶ **jdm etw ~** allow s.o. s.th.; **~?** would you mind? II *refl* take the liberty (*etw zu tun* of doing s.th.).

Ge·ste ['gɛstə] ⟨-, -n⟩ *f* gesture.

ge·ste·hen *irr tr* confess; ▶ **offen gestanden** frankly.

Ge·stein ⟨-(e)s, -e⟩ *n* rock.

Ge·stell [gə'ʃtɛl] ⟨-(e)s, -e⟩ *n* (*Bücher~*) shelf; (*Ablage*) rack.

ge·stern ['gɛstɛn] *adv* yesterday; ▶ **~ früh** yesterday morning; **~ abend** last night; **~ vor acht Tagen** a week ago yesterday.

ge·stimmt *adj:* ▶ **heiter ~ sein** be in a cheerful mood.

Ge·stirn [gə'ʃtɪrn] ⟨-(e)s, -e⟩ *n* 1. (*Himmelskörper*) celestial body; 2. (*Stern*) star; 3. (*Sternbild*) constellation.

ge·sto·chen [gə'ʃtɔxən] *adj:* ▶ **~e Schrift** neat handwriting.

Ge·stot·ter ⟨-s⟩ *n* stuttering.

Ge·sträuch [gə'ʃtrɔɪç] ⟨-(e)s, -e⟩ *n* bushes *pl.*

ge·streift *adj* striped.

ge·stri·chen [gə'ʃtrɪçən] *adj* painted; ▶ **frisch ~!** wet paint! **~ voll** full to the brim; **ein ~er Eßlöffel** a level tablespoon; **die Nase ~ voll haben von etw** *fig fam* be fed up (to the teeth) with s.th.; **den Kanal ~ voll haben** *fig fam* be completely blotto *fam* (*od* pissed *sl*).

gest·rig ['gɛstrɪç] *adj* of yesterday; ▶ **am ~en Abend** yesterday evening.

Ge·strüpp [gə'ʃtrʏp] ⟨-(e)s, -e⟩ *n* brushwood.

Ge·stüt [gə'ʃtyːt] ⟨-(e)s, -e⟩ *n* stud farm.

Ge·such [gə'zuːx] ⟨-(e)s, -e⟩ *n* petition (*Antrag*) application; ▶ **ein ~ einreichen auf . . .** make an application for . . .

ge·sucht *adj* 1. (*polizeilich*) wanted; 2. (*begehrt*) sought-after; 3. *fig* (*gekünstelt*) artificial.

ge·sund [gə'zʊnt] *adj* 1. (*körperlich ~*) healthy; 2. *fig* sound; ▶ **Milch ist ~** milk is good for you (*od* your health); **bleib ~!** look after yourself! **~er Men-**

schenverstand common sense.
ge·sun·den [gə'zʊndən] ⟨sein⟩ *itr* recover.
Ge·sund·heit *f* 1. *(körperliche ~)* health; 2. *fig (Zuträglichkeit)* healthiness; ▶ **auf deine ~!** *interj* your health! **~!** *interj* (God) bless you! **ge·sund·heit·lich** *adj:* ▶ **~er Zustand** state of health; **wie geht's ~?** how's your health? **Ge·sund·heits·amt** *n* public health department; **ge·sund·heits·schäd·lich** *adj* bad for one's health, unhealthy; **Ge·sund·heits·wel·le** *f* health craze; **Ge·sund·heits·we·sen** *n* health service; **Ge·sund·heits·zu·stand** *m (e-s Menschen)* state of health; **ge·sund|schrump·fen** *refl fam com* concentrate and consolidate; **ge·sund|sto·ßen** *irr refl fam:* ▶ **bei diesem Geschäft hat er sich gesundgestoßen** he made a pile in this business.
Ge·tier [gə'tiːə] ⟨-(e)s⟩ *n* creatures *pl.*
ge·tönt *adj:* ▶ **~e Brillengläser** tinted lenses.
Ge·tö·se [gə'tøːzə] ⟨-s⟩ *n* din.
ge·tra·gen *adj* 1. *(Kleidung: gebraucht)* used; 2. *(aus zweiter Hand)* secondhand.
Ge·tram·pel ⟨-s⟩ *n* trampling.
Ge·tränk [gə'trɛŋk] ⟨-(e)s, -e⟩ *n* drink; **Ge·trän·ke·au·to·mat** *m* drinks machine; **Ge·trän·ke·markt** *m* drinks cash-and-carry.
ge·trau·en *refl* dare.
Ge·trei·de [gə'traidə] ⟨-s, -⟩ *n* grain; *(gehoben)* cereals *pl;* **Ge·trei·de·an·bau** *m* cultivation of grain *(od cereals pl);* **Ge·trei·de·ern·te** *f* grain harvest; **Ge·trei·de·pro·dukt** *n* cereal product; **Ge·trei·de·si·lo** *m* silo.
ge·trennt *adj* separate; ▶ **~ bezahlen** go Dutch; **~ leben** live apart.
ge·treu [gə'trɔi] *adj* 1. faithful, true; 2. *pred + dat* true to.
Ge·trie·be [gə'triːbə] ⟨-s, -⟩ *n tech* gears *pl; (im Auto)* gearbox; **Ge·trie·be·öl** *n* transmission oil.
ge·trost [gə'troːst] **I** *adj* confident; **II** *adv:* ▶ **Sie können sich ~ darauf verlassen, daß ...** you can rest assured that ...
ge·trübt *adj a. fig* cloudy.
Get·to ['gɛto] ⟨-s, -s⟩ *n* ghetto.
Ge·tue [gə'tuːə] ⟨-s⟩ *n* fuss.
Ge·tüm·mel [gə'tʏməl] ⟨-s, -⟩ *n* 1. *(Volksmenge)* crowd; 2. *(Durcheinander)* turmoil.
ge·übt *adj (beschlagen)* versed; *(fähig)* proficient.
Ge·wächs [gə'vɛks] ⟨-es, -e⟩ *n* herb, plant.
ge·wach·sen *adj:* ▶ **e-r Sache ~ sein** be equal to s.th.; **jdm ~ sein** be a match for s.o.
Ge·wächs·haus *n (Treibhaus)* hot-

house, greenhouse.
ge·wagt *adj* risky.
ge·wählt *adj* 1. *parl* elect; 2. *fig (ausgewählt)* distinguished; ▶ **sich ~ ausdrücken** choose one's words carefully.
Ge·währ [gə'vɛːə] ⟨-⟩ *f:* ▶ **ohne ~** no liability assumed; **diese Angabe erfolgt ohne ~** this information is supplied without liability; **~ leisten für etw** guarantee s.th.
ge·wah·ren *tr (gehoben)* catch sight of ...
ge·wäh·ren *tr itr (Bitte)* grant; *(bewilligen)* afford; *(gestatten)* allow; ▶ **Vorteil ~** offer an advantage; **jdn ~ lassen** let s.o. do as he likes.
ge·währ·lei·sten *tr (sicherstellen)* ensure; **Ge·währ·lei·stung** *f* guarantee; ▶ **zur ~ von ...** to ensure ...
Ge·wahr·sam [gə'vaːəzaːm] ⟨-s, -e⟩ *m:* ▶ **etw in ~ nehmen** take s.th. into safekeeping; **er befindet sich jetzt in sicherem ~** he's in safe custody now.
Ge·währs·mann ⟨-(e)s, -männer/-leute⟩ *m* source.
Ge·wäh·rung *f* granting.
Ge·walt [gə'valt] ⟨-, -en⟩ *f* 1. *(~anwendung)* force; 2. *(Macht)* power; 3. *(Wucht)* force; ▶ **~ anwenden** use force; **mit aller ~** *fam* for all one is worth; **jdn in s-r ~ haben** have s.o. in one's power; **sich nicht mehr in der ~ haben** have lost control of o.s.; **Ge·walt·an·wen·dung** *f* use of force; **Ge·walt·be·reit·schaft** *f* propensity to violence; **ge·walt·frei** (s. gewaltlos); **Ge·walt·herr·schaft** *f* tyranny.
ge·wal·tig *adj* 1. *fam (eindrucksvoll)* tremendous; 2. *(stark)* violent; 3. *(riesig)* huge; ▶ **da täuscht du dich aber ~!** *fam* you're way out!
ge·walt·los I *adj* non-violent; **II** *adv* without force *(od violence);* **Ge·walt·lo·sig·keit** *f* non-violence; **Ge·walt·mo·no·pol** *n* monopoly on the use of force; **ge·walt·sam I** *adj* forcible; ▶ **~er Umsturz** violent overthrow; **II** *adv* by force, forcibly; **Ge·walt·tä·ter(in)** *m (f)* violent criminal; **ge·walt·tä·tig** *adj* violent; **Ge·walt·tä·tig·keit** *f* 1. *(Eigenschaft)* violence; 2. *(Tat)* act of violence; **Ge·walt·ver·zichts·ab·kom·men** *n* non-aggression treaty.
Ge·wand [gə'vant, *pl* gə'vɛndə] ⟨-(e)s, ⁻er⟩ *n* gown.
ge·wandt [gə'vant] *adj* 1. *(flink)* nimble; 2. *(geschickt)* skilful.
Ge·wäs·ser [gə'vɛsə] ⟨-s, -⟩ *n* waters *pl, stretch of water;* **Ge·wäs·ser·gü·te** *f* water quality; **Ge·wäs·ser·rein·hal·tung** *f* maintenance of water quality; **Ge·wäs·ser·schutz** *m* prevention of water pollution.
Ge·we·be [gə'veːbə] ⟨-s, -⟩ *n* 1. *biol* tissue; 2. *(Stoff)* fabric; **Ge·webs-**

trans·plan·ta·tion *f med* tissue graft.
Ge·wehr [gə've:ɐ] ⟨-(e)s, -e⟩ *n* rifle; **Ge·wehr·kol·ben** *m* butt.
Ge·weih [gə'vaɪ] ⟨-(e)s, -e⟩ *n* antlers *pl.*
Ge·wer·be [gə'vɛrbə] ⟨-s, -⟩ *n* trade; ▶ ein ~ ausüben carry on a trade; **Ge·wer·be·ab·fall** *m* special refuse; **Ge·wer·be·auf·sichts·amt** *n* factory inspectorate; **Ge·wer·be·be·trieb** *m* commercial enterprise; **Ge·wer·be·ge·biet** *n* commercial district; business park; **Ge·wer·be·steu·er** *f* trade tax.
ge·werb·lich [gə'vɛrplɪç] *adj* commercial; *(industriell)* industrial.
ge·werbs·mä·ßig *adj* professional.
Ge·werk·schaft [gə'vɛrkʃaft] *f Br* trade(s) union, *Am* labor union; **Ge·werk·schaft·(l)er(in)** *m (f)* trade unionist; **ge·werk·schaft·lich** *adj Br* trade, *Am* labor; **Ge·werk·schafts·bund** *m* trade unions federation; **Ge·werk·schafts·füh·rer(in)** *m (f)* trade union leader; **Ge·werk·schafts·mit·glied** *n* union member.
Ge·wicht [gə'vɪçt] ⟨-(e)s, -e⟩ *n* weight; ▶ spezifisches ~ *phys* specific gravity; ins ~ fallen be of great importance; nicht ins ~ fallen be of no consequence; auf etw ~ legen lay stress upon s.th.; **ge·wich·tig** *adj fig* important, weighty; **Ge·wichts·kon·trol·le** weight control; **Ge·wichts·ver·lust** *m* weight loss.
ge·wieft [gə'vi:ft] *adj fam* crafty, smart.
Ge·wie·her ⟨-s⟩ *n a. fig* whinnying.
ge·willt [gə'vɪlt] *adj:* ▶ ~ sein, etw zu tun be willing to do s.th.
Ge·win·de [gə'vɪndə] ⟨-s, -⟩ *n tech* thread.
Ge·winn ⟨-(e)s, -e⟩ *m* 1. *com (Erlös)* profit; 2. *(Preis)* prize; *(Spiel~)* winnings *pl;* ▶ ~ abwerfen make a profit; e-n großen ~ machen win a lot; **Ge·winn·an·teil** *m fin* dividend; **Ge·winn·be·tei·li·gung** *f* 1. *fin (Grundsatz)* profit-sharing; 2. *(Ausschüttung)* bonus; **ge·winn·brin·gend** *adj* profitable; ▶ ~ anlegen invest advantageously; **Ge·winn·ein·bu·ßen** *pl* reduced income *sing.*
ge·win·nen [gə'vɪnən] *irr* I *tr* 1. *(siegen)* win; 2. *(erzeugen)* produce; *(aus Altware)* reclaim, recover; ▶ Zeit ~ gain time; II *itr* win *(bei* at); ▶ du kannst dadurch nur ~ you can only gain by it; **ge·win·nend** *adj:* ▶ ein ~es Wesen winning manners *pl.*
Ge·win·ner(in) *m (f)* winner; **Ge·winn·los** *n* winning ticket; **Ge·winn·mit·nah·me** *f fin* profit taking; **Ge·winn·span·ne** *f* profit margin; **Ge·win(n·)num·mer** *f* winning number; **Ge·win·nung** *f:* ▶ ~ von Eisenerz extraction of iron ore; ~ von Energie generation of energy.

Ge·win·sel ⟨-s⟩ *n* whining.
ge·wiß [gə'vɪs] I *adj (bestimmt)* certain; ▶ sie hat das gewisse Etwas she's got that certain something; ein gewisser John Smith a certain John Smith; II *adv (sicher)* certainly; ▶ aber ~ doch! but of course! why, certainly!
Ge·wis·sen ⟨-s, -⟩ *n* conscience; ▶ das hast du auf dem ~! it's your fault! jdm ins ~ reden have a serious talk with s.o.; **ge·wis·sen·haft** *adj* conscientious; **Ge·wis·sen·haf·tig·keit** *f* conscientiousness; **ge·wis·sen·los** *adj* unscrupulous; **Ge·wis·sen·lo·sig·keit** *f* unscrupulousness; **Ge·wis·sens·bis·se** *m pl* pangs *pl* of conscience; ▶ er macht sich ~ his conscience is pricking him; **Ge·wis·sens·fra·ge** *f* matter of conscience; **Ge·wis·sens·frei·heit** *f* freedom of conscience; **Ge·wis·sens·kon·flikt** *m* moral conflict.
ge·wis·ser·ma·ßen [-'--'--] *adv* as it were, so to speak.
Ge·wiß·heit *f* certainly; ▶ ich muß mir ~ darüber verschaffen I must be certain about it.
Ge·wit·ter [gə'vɪtɐ] ⟨-s, -⟩ *n* thunderstorm; ▶ es ist ein ~ im Anzug *a. fig* a storm is brewing; **ge·wit·te·rig** *adj* thundery; **ge·wit·tern** *itr:* ▶ es gewittert it's thundering; **Ge·wit·ter·schau·er** *m* thundery shower; **Ge·wit·ter·stim·mung** *f a. fig* stormy atmosphere.
ge·wo·gen [gə'vo:gən] *adj:* ▶ jdm ~ sein be favourably disposed towards s.o., show a liking for s.o.
ge·wöh·nen [gə'vø:nən] I *tr:* ▶ jdn an etw ~ make s.o. used to s.th.; etw gewöhnt sein be used to s.th.; II *refl:* ▶ sich an etw ~ get used to s.th.
Ge·wohn·heit [gə'vo:nhaɪt] *f* habit; ▶ die Macht der ~ the force of habit; es sich zur ~ machen make it a habit; aus ~ by habit; zur ~ werden grow into a habit; **ge·wohn·heits·mä·ßig** *adj* habitual; **Ge·wohn·heits·mensch** *m* creature of habit; **Ge·wohn·heits·recht** *n* common law.
ge·wöhn·lich [gə'vø:nlɪç] *adj* 1. *(üblich)* ordinary; 2. *(unfein)* common, vulgar; ▶ er wuchs in ~en Verhältnissen auf he grew up in average circumstances.
ge·wohnt [gə'vo:nt] *adj* usual; ▶ etw ~ sein be used to s.th.; ~ sein, etw zu tun be used to doing s.th.
Ge·wöh·nung [gə'vø:nʊŋ] *f (Akklimatisierung)* acclimatization; **Ge·wöh·nungs·sa·che** *f:* ▶ das ist nur (eine) ~ that's only a question of getting used to it.
Ge·wöl·be [gə'vœlbə] ⟨-s, -⟩ *n* vault.
ge·wölbt *adj (Decke)* vaulted; *(Stirn)* domed.

Ge·wühl [gə'vy:l] ⟨-(e)s⟩ *n* **1.** *(Menschen~)* crowd, throng; **2.** *(Wühlen)* rummaging around.

ge·wun·den [gə'vʊndən] *adj (Fluß, Pfad etc)* winding.

ge·wür·felt *adj (von Nahrungsmitteln)* diced.

Ge·würm [gə'vʏrm] ⟨-(e)s⟩ *n (meist pej)* **1.** *(Ungeziefer a. fig)* vermin; **2.** *(Würmer)* worms *pl.*

Ge·würz [gə'vʏrts] ⟨-es, -e⟩ *n* **1.** *(~art)* spice; **2.** *(Würze)* seasoning; **Ge·würz·bord** *n* spice rack; **Ge·würz·gur·ke** *f* pickled gherkin; **Ge·würz·mi·schung** *f* mixed herbs.

ge·zackt [gə'tsakt] *adj allg* serrated; *(Fels)* jagged.

Ge·zänk [gə'tsɛŋk] ⟨-(e)s⟩ *n* wrangling.

Ge·zei·ten *f pl* tides; **Ge·zei·ten·kraft·werk** *n* tidal power plant; **Ge·zei·ten·strom** *m* tidal current; **Ge·zei·ten·wech·sel** *m* turn of the tide.

Ge·ze·ter [gə'tse:tɐ] ⟨-s⟩ *n* clamour, yelling; ▶ **mach kein ~!** don't make a scene!

ge·zielt *adj* with a particular aim in mind, purposeful; *(Kritik)* pointed.

ge·ziert *adj* affected.

Ge·zir·pe [gə'tsɪrpə] ⟨-s⟩ *n* chirping.

Ge·zweig ⟨-(e)s⟩ *n* branches *pl.*

Ge·zwit·scher [gə'tsvɪtʃe] ⟨-s⟩ *n* chirping, twitter.

ge·zwun·gen [gə'tsvʊŋən] *adj* **1.** *fig (gespannt)* forced; **2.** *fig (unnatürlich)* stiff; **ge·zwun·ge·ner·ma·ßen** [-'---'--] *adv* of necessity.

Ghet·to *n (s.* Getto*)*; **ghet·toi·sie·ren** *tr* ghettoize.

Gicht [gɪçt] ⟨-⟩ *f med* gout.

Gie·bel ['gi:bəl] ⟨-s, -⟩ *m* gable.

Gier [gi:ɐ] ⟨-⟩ *f* **1.** *allg* greed *(nach* for*)*; **2.** *(sexuell)* lust; **gie·rig** *adj* greedy *(nach* for*)*; ▶ **sie trank in ~en Zügen** she drank in greedy gulps.

gie·ßen ['gi:sən] *irr* **I** *tr* **1.** *allg (in Gefäß)* pour; **2.** *(wässern)* water; **3.** *(Glas)* found; **II** *itr fam (regnen)* pour; ▶ **es gießt (in Strömen)!** it's pouring with rain! **Gie·ßer** *m* caster, founder; **Gie·ße·rei** *f* foundry; **Gieß·kan·ne** *f* watering can.

Gift [gɪft] ⟨-(e)s, -e⟩ *n* **1.** *(zubereitetes ~)* poison; *(Tier~)* venom; **2.** *fig (Bosheit)* malice; ▶ **~ nehmen** poison o.s.; **schleichendes ~** slow poison; **Gift·gas** *n* poison gas.

gift·hal·tig *adj* toxiferous; **gif·tig** *adj* **1.** *(vergiftet)* poisonous; *zoo* venomous; *bot med* toxic; **2.** *fig (boshaft)* poisonous, venomous; **Gif·tig·keit** *f* toxicity.

Gift·müll *m* toxic waste; **Gift·pfeil** *m* poisoned arrow; **Gift·pflan·ze** *f* poisonous plant; **Gift·pilz** *m* poisonous toadstool; **Gift·schlan·ge** *f* poisonous snake; **Gift·stoff** *m* toxic substance;

Gift·zwerg *m fig fam pej* nasty little squirt.

Gi·gant [gi'gant] ⟨-en, -en⟩ *m* giant; **gi·gan·tisch** *adj* enormous, gigantic; **Gi·gan·to·ma·nie** ⟨-⟩ *f* megalomania.

Gim·pel ['gɪmpəl] ⟨-s, -⟩ *m* **1.** *orn* bullfinch; **2.** *fig* dunce.

Gin·ster ['gɪnstɐ] ⟨-s, -⟩ *m* broom; *(Stech~)* gorse.

Gip·fel ['gɪpfəl] ⟨-s, -⟩ *m* **1.** *(Bergspitze)* peak, summit; **2.** *fig* height; ▶ **also, das ist der ~!** *fam* that takes the cake! **Gip·fel·kon·fe·renz** *f pol* summit (conference); **gip·feln** *itr* culminate *(in* in*)*; **Gip·fel·punkt** *m fig* high point; **Gip·fel·tref·fen** *n* summit (meeting).

Gips [gɪps] ⟨-es, -e⟩ *m* plaster; **Gips·ab·druck** *m* plaster cast; **gip·sen** *tr* plaster; **Gips·fi·gur** *f* plaster figure; **Gips·ver·band** *m* plaster cast.

Gi·raf·fe [gi'rafə] ⟨-, -n⟩ *f* giraffe.

Gir·lan·de [gɪr'landə] ⟨-, -n⟩ *f* garland.

Gi·ro ['ʒi:ro] ⟨-s, -s⟩ *n* giro; **Gi·ro·kon·to** ['ʒi:rokɔnto] *n* current account.

Gis [gɪs] ⟨-, -⟩ *n mus* G sharp.

Gischt [gɪʃt] ⟨-⟩ *f* spray.

Gi·tar·re [gi'tarə] ⟨-, -n⟩ *f* guitar; **Gi·tar·rist(in)** ⟨-en, -en⟩ *m (f)* guitarist.

Git·ter ['gɪtɐ] ⟨-s, -⟩ *n* **1.** *(~stangen)* bars *pl;* **2.** *(Viereck~)* grid; **3.** *(Holz~)* lattice, trellis; ▶ **hinter ~n** behind bars; **Git·ter·fen·ster** *n* barred window; **Git·ter·rost** *m* grating; **Git·ter·tor** *n* paled gate; **Git·ter·zaun** *m* paling.

Gla·dio·le [gladi'o:lə] ⟨-, -n⟩ *f bot* gladiolus.

Gla·cé·hand·schuh [gla'se:hantʃu] *m:* ▶ **jdn mit ~en anfassen** *fig* kid-glove s.o.

Glanz [glants] ⟨-es⟩ *m* **1.** gleam; *(von Farbe, Schuh)* shine; **2.** *fig (Ruhm)* glory; ▶ **s-n ~ verlieren** lose its shine.

glän·zen ['glɛntsən] *itr* **1.** shine; *(glitzern)* glisten; *(vor Fett)* be shiny; **2.** *fig* be brilliant; ▶ **durch Abwesenheit ~** *fig* be conspicuous by one's absence.

glän·zend *adj* **1.** shining; *(glitzernd)* glistening; **2.** *fig* brilliant.

Glanz·lei·stung *f* brilliant achievement.

glanz·los *adj a. fig* dull; **Glanz·num·mer** *f* big number; **Glanz·pa·pier** *n* glossy paper; **Glanz·po·li·tur** *f* gloss polish; **glanz·voll** *adj* brilliant, splendid; **Glanz·zeit** *f* heyday.

Glas [gla:s, *pl* 'glɛ:zə] ⟨-es, ⁀er⟩ *n* **1.** *allg* glass; **2.** *(Fern~)* binoculars *pl;* **3.** *opt (Brillen~)* lens; ▶ **ein ~ Marmelade** a jar of jam; **unter ~** behind glass; **Glas·au·ge** *n* glass eye; **Glas·bau·stein** *m* glass block; **Glas·be·häl·ter** *m* glass container *(od* vessel*)*; **Glas·con·tai·ner** *m* bottle bank; **Glas·dach** *n* glass roof; **Gla·ser(in)** *m (f)* glazier; **Gla·se·rei** *f* glazier's workshop.

glä·sern ['glɛ:zən] *adj* **1.** *(aus Glas)*

glass; **2.** *fig (starr)* glassy; *(durchschau-bar)* transparent.

Glas·fa·ser·kabel *n tech* fibre optic cable; **Glas·fa·ser·op·tik** *f tech* fibre optics; **Glas·haus** *n:* ▶ wer im ~ sitzt, soll nicht mit Steinen werfen *prov* those who live in glasshouses shouldn't throw stones; **Glas·hüt·te** *f* glass-works *pl.*

gla·sig *adj* **1.** *(Speck, Zwiebeln)* trans-parent; **2.** *fig (Blick)* glassy.

Glas·ka·sten *m* **1.** *allg* glass case; **2.** *fam (verglaster Raum)* glass box; **glas-klar** ['-'-] *adj* **1.** *(klar, wie Glas)* clear as glass; **2.** *fig* crystal-clear; **Glas·ma·le-rei** *f* glass painting; **Glas·per·le** *f* glass bead; **Glas·plat·te** *f* glass top; **Glas-röh·re** *f* glass tube; **Glas·schei·be** *f* sheet of glass; *(Fenster)* pane of glass; **Glas·scher·be** *f* fragment of glass, piece of broken glass; **Glas·schrank** *m* glass-fronted cupboard; **Glas·split·ter** *m* splinter of glass; **Glas·tür** *f* glass door.

Gla·sur [gla:'zu:ɐ] *f* **1.** *(auf Keramik)* glaze; **2.** *(Emaille)* enamel; **3.** *(auf Spei-sen)* frosting, icing.

Glas·ver·si·che·rung *f* glass insurance; **Glas·wol·le** *f* glass wool.

glatt [glat] **I** *adj* **1.** *(eben)* a. *fig* smooth; **2.** *(schlüpferig)* slippery; *(Stoff)* uncreased; **3.** *fig (ausgesprochen)* downright; ▶ ~ sitzen *(anliegen)* be a close fit; **II** *adv* **1.** *(eben)* a. *fig* smoothly; **2.** *(direkt)* flatly; ▶ er hat es mir ~ ins Gesicht gesagt he said it straight to my face; das habe ich doch ~ vergessen I clean forgot about it.

glatt|bü·geln *tr* **1.** *allg* iron smooth; **2.** *fig* iron out.

Glät·te ['glɛtə] ⟨-, (-n)⟩ *f* **1.** *(Ebenheit)* smoothness; **2.** *(Schlüpfrigkeit)* slipperi-ness; **3.** *fig (Benehmen)* slickness.

Glatt·eis *n* (black) ice; ▶ jdn aufs ~ führen *fig* take s.o. for a ride.

glät·ten ['glɛtən] *tr* **1.** *(glatt machen)* smooth out; **2.** *fig (in Ordnung bringen)* iron out.

glatt·weg ['glatvɛk] *adv fam* bluntly, just like that, simply.

Glat·ze ['glatsə] ⟨-, -n⟩ *f* bald head; ▶ e-e ~ bekommen be going bald; e-e ~ haben be bald; **Glatz·kopf** *m fam (Glatzköpfiger)* baldie; **glatz·köp·fig** ['glatskœpfɪç] *adj* bald.

Glau·be ['glaʊbə] ⟨-ns, (-n)⟩ *m* **1.** *rel* faith *(an* in); **2.** *(Ansicht)* belief; ▶ den ~n an etw verlieren lose faith in s.th.; laß sie doch in ihrem ~n! let her keep her illusions! *pl.*

glau·ben *tr itr* **1.** *(meinen)* think; **2.** *(für wahr halten)* believe *(jdm* s.o.; *an etw* in s.th.); ▶ ich glaube schon I suppose so; ich glaube, ja I think so; wer's glaubt, wird selig! *fam* a likely story!

daran ~ müssen *fig fam* cop it *sl;* glaubst du? do you think so? ob du es glaubst oder nicht believe it or not; es ist kaum zu ~ I can hardly believe it; das glaubst du wohl selbst nicht! you can't be serious! **Glau·bens·be-kennt·nis** *n rel* creed; **Glau·bens-frei·heit** *f* religious freedom.

glaub·haft *adj* **1.** *(zu glauben)* believ-able, credible; **2.** *(authentisch, verbürgt)* authentic; ▶ jdm etw ~ machen satisfy s.o. of s.th.; **Glaub·haf·tig·keit** *f* credi-bility.

gläu·big ['glɔɪbɪç] *adj rel* religious; **Gläu·bi·ge(r)** *f m* believer; ▶ die ~n the faithful.

Gläu·bi·ger(in) *m (f) com* creditor; **Gläu·bi·ger·bank** *f* creditor bank; **Gläu·bi·ger·land** *n* creditor nation *(od* state).

glaub·lich *adj:* ▶ es ist kaum ~ it's hardly credible.

glaub·wür·dig *adj* **1.** *(Person)* credible; **2.** *(Hinweis etc: verläßlich)* reliable; **Glaub·wür·dig·keit** *f* **1.** *(von Person)* credibility; **2.** *(von Hinweis etc)* reliabil-ity.

gleich [glaɪç] **I** *adj* **1.** *(identisch)* same; **2.** *(ähnlich)* similar; **3.** *(rechnerisch ~)* equal; ▶ zur ~en Zeit at the same time; ich hab' das ~e Buch! I've got the same book! in ~em Abstand at an equal distance; es war der ~e wie gestern it was the same one as yesterday; ist mir ganz ~! it's all the same to me! **II** *adv* **1.** *(sofort)* at once; **2.** *(in ~er Weise)* equally; ▶ ich komme ~ I'll be right there; ~! just a minute! ich komme ~ wieder I'll be right back; warum nicht ~ so? why didn't you do that straight away? bis ~! see you in a while! wie war das doch ~? what was that again? das bleibt sich ~ it doesn't matter.

gleich·alt·rig *adj* of the same age; **gleich·ar·tig** *adj* of the same kind; *(ähnlich)* similar; **gleich·be·deu·tend** *adj:* ▶ das ist ~ mit ... that's tanta-mount to ...; **gleich·be·rech·tigt** *adj* with equal rights; ▶ ~ sein have equal rights; **Gleich·be·rech·ti·gung** *f* equal rights; **gleich·blei·bend** *adj* constant.

glei·chen ['glaɪçən] *irr itr* be like; ▶ sie gleicht ihrer Mutter she looks like her mother.

glei·cher·ma·ßen ['---'--] *adv (in glei-cher Weise)* in a similar manner.

gleich·falls *adv (auch)* also; ▶ danke, ~! thanks, the same to you! **gleich·för-mig** *adj (eintönig)* monotonous; **gleich·ge·sinnt** *adj* like-minded.

Gleich·ge·wicht *n* a. *fig* balance; ▶ das ~ verlieren lose one's balance; jdn aus dem ~ bringen throw s.o. off balance.

gleich·gül·tig *adj* 1. *(uninteressiert)* indifferent *(gegen* to(wards)); 2. *(apathisch)* listless; ► ist mir doch völlig ~! I don't give a damn! *fam;* Gleich·gül·tig·keit *f* indifference *(gegen* to(wards)).

Gleich·heit *f* equality; Gleich·heits·zei·chen *n math* equals sign.

gleich|kom·men ⟨sein⟩ *irr itr:* ► jdm ~ an ... match s.o. in ...

gleich·lau·tend *adj* identical; ► ~e Abschrift duplicate, true copy.

gleich|ma·chen *tr* level out; ► dem Erdboden ~ raze to the ground; Gleich·ma·che·rei *f pej* levelling down.

gleich·mä·ßig *adj* 1. *(zu gleichen Teilen)* equal; 2. *fig (ausgeglichen)* stable, well-balanced; 3. *(ebenmäßig)* even; 4. *(regelmäßig)* regular; Gleich·mä·ßig·keit *f* 1. *(Ebenmäßigkeit)* evenness; 2. *(Regelmäßigkeit)* regularity; Gleich·mut ⟨-(e)s⟩ *m* composure, equanimity; gleich·mü·tig ['glaɪçmyːtɪç] *adj* composed.

Gleich·nis *n (Parabel) a. eccl* parable.

gleich·sam *adv* as it were, so to speak.

gleich·schenk·lig *adj math* isosceles; Gleich·schritt *m:* ► im ~, marsch! forward march! gleich·sei·tig *adj* equilateral; Gleich·stand *m sport:* ► den ~ erzielen draw level; Gleich·stel·lung *f* equality; Gleich·strom *m el* direct current *(Abk* D.C.).

gleich|tun *irr tr:* ► es jdm ~ match s.o.; es jdm ~ wollen vie with s.o.

Glei·chung *f* equation; ► ~ 1. Grades linear equation; ~ mit mehreren Unbekannten simultaneous equation.

gleich·wer·tig *adj* 1. *allg* equal; 2. *(gleichstark)* evenly matched; 3. *chem* equivalent; gleich·wink·lig *adj* equiangular; gleich·wohl ['-'-] *adv* nevertheless; gleich·zei·tig I *adj* simultaneous; II *adv* at the same time.

gleich|zie·hen *irr itr sport:* ► ~ mit ... catch up with ...

Gleis [glaɪs] ⟨-es, -e⟩ *n* rail line, track, rails *pl;* ► von welchem ~ geht der Zug nach ...? which platform does the train to ... leave from? jdn aus dem ~ bringen *fig* put s.o. off his stroke; Gleis·an·schluß *m* siding; Gleis·ar·bei·ten *pl* track repairs.

glei·ßen ['glaɪsən] *itr* glisten.

Gleit·boot *n* hydroplane.

glei·ten ['glaɪtən] ⟨sein⟩ *irr itr* 1. glide; 2. *(Blick)* pass, range; *(Hand a.)* slide; ► ~de Arbeitszeit flexitime; sie glitt zu Boden she slid to the ground; Gleit·flug *m* glide, gliding; Gleit·flug·zeug *m* glider; Gleit·kar·te *f fam (Ausweis für Gleitzeitteilnehmer)* flexicard; Gleit·klau·sel *f com fin* escalator clause; Gleit·mit·tel *n* lubricant;

Gleit·schie·ne *f (bei Schreibmaschine)* carriage rail; Gleit·schirm *m* hang glider; Gleit·schirm·flie·gen *n* hanggliding; Gleit·wachs *n (Skiwachs)* wax; Gleit·zeit *f* flexitime.

Glet·scher ['glɛtʃe] ⟨-s, -⟩ *m* glacier; Glet·scher·brand *m* glacial sunburn; Glet·scher·spal·te *f* crevasse.

Glied [gliːt] ⟨-(e)s, -er⟩ *n* 1. *(Körperteil)* limb; 2. *(Penis)* member; 3. *(Ketten~) a. fig* link; ► an allen ~ern zittern be shaking all over; s-e ~er strecken stretch o.s.; Glie·der·arm·band *n (flexibles* ~) expanding bracelet.

glie·dern ['gliːden] I *tr (unter~)* subdivide *(in* into); II *refl* be composed, consist *(in* of).

Glie·der·schmer·zen *pl* rheumatic pains; Glie·de·rung *f* 1. *(Struktur)* structure; 2. *(als Aufgabe)* organization; Glied·ma·ßen ['gliːtmasən] *pl* limbs.

glim·men ['glɪmən] *irr itr* 1. *allg* glow; 2. *fig* glimmer.

glim·mern *itr* glimmer.

Glimm·sten·gel *m Br fam* fag.

glimpf·lich ['glɪmpflɪç] *adj* light, mild; ► ~ davonkommen get off lightly.

glit·schig ['glɪtʃɪç] *adj* slippery.

glit·zern ['glɪtsen] *itr* glitter; *(Stern a.)* twinkle.

glo·bal [gloː'baːl] *adj:* ► ~e Klimaverschlechterung worldwide deterioration of the climate; Glo·bus ['gloːbʊs] ⟨-/-ses, -ben/-se⟩ *m* globe.

Glocke (k·k) ['glɔkə] ⟨-, -n⟩ *f* 1. *(Turm~)* bell; 2. *(Klingel)* gong; ► die ~n läuten ring the bells; du brauchst es nicht an die große ~ zu hängen *fig* you don't need to shout it from the rooftops.

Glocken·blu·me (k·k) *f* bellflower, blue-bell; glocken·för·mig (k·k) *adj* bell-shaped; Glocken·ge·läu·te (k·k) *n* peal of bells; Glocken·klang (k·k) *m* ringing of bells; Glocken·schlag (k·k) *m* stroke of a bell; Glockenspiel (k·k) *n* chimes *pl;* Glockenstuhl (k·k) *m* bellcage; Glockenturm (k·k) *m* belltower, belfry.

Glöck·ner ['glœkne] *m* bellringer.

Glo·rie ['gloːriə] *f (Ruhm)* glory.

glo·ri·fi·zie·ren [glorifi'tsiːrən] *tr* glorify.

glor·reich ['gloːeraɪç] *adj* glorious.

Glos·sar [glɔ'saːe] ⟨-s, -e⟩ *n* glossary.

Glos·se ['glɔsə] ⟨-, -n⟩ *f* gloss *(zu* on); glos·sie·ren *tr* write a gloss on.

Glot·ze ⟨-, -n⟩ *f sl TV* goggle-box *fam;* glot·zen ['glɔtsən] *itr* stare *(auf* at).

Glück [glʏk] ⟨-(e)s⟩ *n* 1. *(~sfall)* good luck; 2. *(Glücklichkeit)* happiness; ► ~ gehabt! that was lucky! kein ~ haben be out of luck; von ~ sagen können be able to consider o.s. lucky; sein ~ versuchen try one's luck; du hast ~ gehabt

you were lucky; **ein ~, daß** ... it's a good thing that ...; **ein ~!** how lucky! **zum ~** fortunately; **viel ~!** good luck! **dein ~!** lucky for you! **auf gut ~** on the off-chance; **jdm ~ wünschen zu** ... congratulate s.o. on ...
Glucke (k·k) ['glukə] ⟨-, -n⟩ f zoo broody hen.
glücken (k·k) ['glʏkən] ⟨sein⟩ itr be a success; ▶ **es wollte einfach nicht ~** it simply wouldn't go right; **wie ist dir denn das geglückt?** how did you manage to do that?
gluckern (k·k) ['glʊkən] (Wasser) gurgle.
glück·lich adj 1. (erfolgreich) fortunate, lucky; 2. (froh) happy; ▶ **sich ~ schätzen** consider s.o. lucky; **er ist ~ angekommen** he arrived safely; **glück·licher·wei·se** ['---'--] adv fortunately, luckily.
Glücks·brin·ger m lucky charm; **Glücks·fall** m Br stroke of luck, Am lucky break; **Glücks·kind** n lucky person; **Glücks·klee** m four-leaf clover; **Glücks·pfen·nig** m lucky penny; **Glücks·pilz** m fam lucky fellow (od beggar); **Glücks·rad** n wheel of fortune; **Glücks·sa·che** f matter of luck; **Glücks·spiel** n game of chance; **Glücks·spie·ler(in)** m (f) gambler; **Glücks·tref·fer** m 1. sport mil lucky shot; 2. allg (a. Lotterie) stroke of luck.
Glück·wunsch m congratulations pl; ▶ **herzlichen ~ zum Geburtstag!** happy birthday! **Glück·wunsch·kar·te** f greetings card; **Glück·wunsch·te·le·gramm** n greetings telegram.
Glüh·bir·ne f light bulb.
glü·hen ['gly:ən] itr glow; ▶ **ihre Augen glühten vor Zorn** her eyes glowed with anger; **glü·hend** adj 1. allg glowing; (Metall) red-hot; 2. fig ardent, fervent; ▶ **~e Hitze** blazing heat; **~ heiß** burning hot; **Glüh·fa·den** m el filament; **Glüh·strumpf** m gas mantle; **Glüh·wein** m mulled wine; **Glüh·würm·chen** n glow-worm.
Glupsch·au·ge ['glʊpʃaugə] n fam goggle eye.
Glut [glu:t] ⟨-, -en⟩ f 1. (Sonnen~) blaze; 2. (glühende Masse) embers pl.
Glu·ta·min [gluta'mi:n] ⟨-s, -e⟩ n chem glutamine.
Glut·hit·ze ['-'--] f sweltering heat; **glut·rot** ['-'-] adj fiery red.
Gly·kol [gly'ko:l] ⟨-s, -e⟩ n chem glycol.
GmbH ⟨-, -s⟩ f Abk von **Gesellschaft mit beschränkter Haftung** Br Ltd, Am Inc.
Gna·de ['gna:də] ⟨-, -n⟩ f (Erbarmen) mercy; favour; ▶ **~ vor Recht ergehen lassen** temper justice with mercy; **~!** a. fig mercy! **Gna·den·frist** f reprieve; ▶ **ich geb' dir noch zwei Stunden ~!** I will give you two hours' grace! **Gna-**

den·ge·such n plea for clemency; ▶ **ein ~ einreichen** file a plea for clemency; **gna·den·los** adj merciless; **Gna·den·stoß** m coup de grâce.
gnä·dig ['gnɛ:dɪç] adj 1. (erbarmend) merciful; 2. (herablassend) condescending.
Gnom [gno:m] ⟨-en, -en⟩ m gnome.
Go-Go-Girl ['go:go gœrl] ⟨-s, -s⟩ n go-go girl.
Go·be·lin [gobə'lɛ̃:] ⟨-s, -s⟩ m tapestry.
Gockel(·hahn) (k·k) ['gɔkəl-] ⟨-s, -⟩ m cock.
Gold [gɔlt] ⟨-(e)s⟩ n gold; **Gold·bar·ren** m gold ingot; **Gold·barsch** m redfish; **Gold·be·stand** m gold reserve; **Gold·dou·blé** ['gɔltduble:] ⟨-s, (-s)⟩ n gold plating.
gol·den ['gɔldən] adj golden; ▶ **~er Schnitt** golden section; **die ~e Mitte wählen** strike a happy medium.
Gold·fa·san m golden pheasant; **Gold·fisch** m goldfish; **Gold·ge·halt** m gold contents pl; **gold·gelb (gold·farben)** adj golden; **gold·gie·rig** adj greedy for gold; **Gold·grä·ber** m gold-digger; **Gold·gru·be** f a. fig gold-mine.
gol·dig adj fig cute.
Gold·klum·pen m gold nugget; **Gold·lack** m 1. (goldener Lack) gold laquer; 2. bot wallflower; **Gold·me·dail·le** f gold medal; **Gold·me·dail·len·ge·win·ner(in)** m (f) gold medallist; **Gold·mün·ze** f gold piece; **Gold·re·gen** m bot laburnum; **gold·rich·tig** ['-'--] adj fam dead right; **Gold·schmied(in)** m (f) goldsmith; **Gold·schnitt** m typ gilt edging; **Gold·stück** n (Münze) gold coin; **Gold·su·cher** m gold-hunter; **Gold·waa·ge** f gold-scales pl; ▶ **alle Worte auf die ~ legen** fig weigh (one's) words well; **Gold·wäh·rung** f gold-standard; **Gold·wa·ren** pl gold articles.
Golf¹ [gɔlf] ⟨-(e)s, -e⟩ m geog gulf.
Golf² ⟨-(s)⟩ n (Spiel) golf.
Golf·krieg m Gulf war.
Golf·platz m golf course; **Golf·schlä·ger** m golf club; **Golf·spie·ler(in)** m (f) golfer; **Golf·staat** m Gulf state; **Golf·strom** m geog Gulf Stream.
Gon·del ['gɔndəl] ⟨-, -n⟩ f 1. (Boot) gondola; 2. (Seilbahnkabine) car.
gön·nen ['gœnən] tr: ▶ **nicht ~** begrudge; **sich ~** give (od allow) o.s.; **das sei dir gegönnt** I don't grudge you that; **er gönnt sich keine Minute Ruhe** he doesn't allow himself a minute's rest.
gön·ner·haft adj patronizing; **Gön·ner(in)** m (f) patron(ess); **Gön·ner·mie·ne** f patronizing air.
Gör (Göre) [gø:ɐ] ⟨-(e)s, -en⟩ n (f ⟨-, -en⟩) brat.
Gos·se ['gɔsə] ⟨-, -n⟩ f gutter.
Go·te (Go·tin) ['go:tə] ⟨-n, -n⟩ m (f)

Goth; **Go·tik** ['go:tɪk] *f arch* Gothic; **go·tisch** *adj* Gothic.

Gott [gɔt, *pl* 'gœtə] ⟨-es/(-s), ˙er⟩ *m* God; ▶ **ach ~ ...** well ...; **der liebe ~** the good Lord; **an ~ glauben** believe in God; **leider ~es** unfortunately; **ich habe, weiß ~, keine Zeit für sowas!** I really have no time for that sort of thing! **mein ~, was machen Sie denn da?** for God's sake, what are you doing? **o ~!** dear me! **du bist wohl ganz von ~ verlassen!** *fig* you must be completely out of your mind! **in ~es Namen!** for goodness sake! **um ~es willen!** for heaven's sake; **~ sei Dank** thank God!

Gött·ter·spei·se *f* fruit jelly.

Got·tes·dienst *m* service; ▶ **zum ~ gehen** go to church; **Got·tes·haus** *n* place of worship; **Got·tes·lä·ste·rung** *f* blasphemy; **gott·ge·wollt** *adj* willed by God; **Gott·heit** *f* 1. *(Göttlichkeit)* divinity; 2. *(ein Gott)* godhead; **Göt·tin** ['gœtɪn] *f* goddess; **gött·lich** *adj* divine.

gott·lob! ['-'-] *interj* thank goodness!

gott·los *adj fig (verrucht)* wicked; **gott·ver·las·sen** *adj* godforsaken; **Gott·ver·trau·en** *n* trust in God; ▶ **na, du hast aber ~!** I wish I had your faith!

Göt·ze ['gœtsə] ⟨-n, -n⟩ *m pej* idol.

Gou·ver·neur [guvɛ'nø:ɐ] ⟨-s, -e⟩ *m* governor.

Grab [gra:p, *pl* 'grɛ:bɐ] ⟨-(e)s, ˙er⟩ *n* grave; ▶ **jdn zu ~e tragen** bear s.o. to his grave; **deine Mutter würde sich im ~ umdrehen, wenn ...** *fig* your mother would turn in her grave if ...; **sie bringt mich noch ins ~!** *fig* she'll be the death of me yet!

Gra·ben ['gra:bən, *pl* 'grɛ:bən] ⟨-s, -⟩ *m* ditch; *mil* trench.

gra·ben *irr tr (mit Spaten etc)* dig.

Gra·bes·käl·te ['-'--] *f* deathly cold.

Grab·hü·gel mound; **Grab·in·schrift** *(f)* epitaph; **Grab·mal** *n* monument; **Grab·plat·te** *f* memorial slab; **Grab·re·de** *f* funeral oration; **Grab·schän·der(in)** *m (f)* defiler of graves; **Grab·stein** *m* gravestone.

Grad [gra:t] ⟨-(e)s, -e⟩ *m allg* degree; ▶ **15 ~ Wärme (Kälte)** 15 degrees above (below) zero; **die Waschmaschine auf 60° stellen** set the washing-machine at sixty degrees; **bis zu e·m gewissen~e** to a certain degree; **im höchsten ~e** extremely; **Grad·ein·tei·lung** *f* graduation; **Grad·netz** *n geog tech* latitude and longitude grid.

Graf [gra:f] ⟨-en, -en⟩ *m Br* earl; *(ausländischer ~)* count.

Graf·fi·ti [gra'fɪtɪ] *pl* graffiti *pl.*

Grä·fin ['grɛ:fɪn] *f* countess; **Grafschaft** *f hist* earldom; *Br (modern)* county.

Gram [gra:m] ⟨-(e)s⟩ *m* grief, sorrow; ▶ **jdm g~ sein** bear s.o. ill-will.

grä·men ['grɛ:mən] *refl:* ▶ **sich über jdn ~** grieve over s.o.

Gramm [gram] ⟨-s, (-e)⟩ *n* gram(me).

Gram·ma·tik [gra'matɪk] *f* grammar; **gram·ma·ti·ka·lisch (gram·ma·tisch)** *adj* grammatical.

Gra·nat [gra'na:t] ⟨-(e)s, -e⟩ *m (Edelstein)* garnet.

Gra·nat·ap·fel *m* pomegranate.

Gra·na·te [gra'na:tə] ⟨-, -n⟩ *f* shell; **Granat·feu·er** *n* shell fire, shelling; **Granat·split·ter** *m* shell splinter; **Granat·trich·ter** *m* shell crater; **Gra·nat·wer·fer** *m* trench mortar.

gran·di·os [gran'djo:s] *adj* magnificent, terrific.

Gra·nit [gra'ni:t] ⟨-s, -e⟩ *m* granite.

Gra·phik ['gra:fɪk] *f* 1. *(künstlerische ~)* graphic; 2. *(Gewerbe)* graphic arts *pl;* 3. *(Diagramm)* diagram; **Gra·phik·bild·schirm** *m EDV* graphics screen; **Gra·phi·ker(in)** *m (f)* graphic artist; **Gra·phik·kar·te** *f EDV* graphics card; **gra·phisch** *adj* 1. *allg* graphic; *(schematisch)* schematic; 2. *(anschaulich)* vivid; ▶ **~e Darstellung** graph.

Gra·phit [gra'fi:t] ⟨-(e)s, -e⟩ *m* graphite.

Gras [gra:s, *pl* 'grɛ:zɐ] ⟨-es, ˙er⟩ *n* grass; ▶ **ins ~ beißen** *fig fam* bite the dust; **über etw ~ wachsen lassen** *fig* let the dust settle over s.th.

gra·sen ['gra:zən] *itr* graze.

gras·grün ['-'-] *adj* grass-green; **Grashalm** *m* blade of grass; **Gras·hüp·fer** *m zoo* grasshopper; **Gras·land** ⟨-(e)s⟩ *n* grassland; **Gras·mücke (k·k)** *f orn* warbler.

gras·sie·ren [gra'si:rən] *itr med* rage; ▶ **die Seuche grassiert immer mehr** the disease is spreading.

gräß·lich ['grɛslɪç] *adj* 1. *(grauenvoll)* hideous, horrible; 2. *(widerlich)* awful, dreadful.

Grat [gra:t] ⟨-(e)s, -e⟩ *m* 1. *(Berg~)* ridge; 2. *tech* burr.

Grä·te ['grɛ:tə] ⟨-, -n⟩ *f* fish-bone.

Gra·ti·fi·ka·tion [gratifika'tsjo:n] *f* bonus.

gra·tis ['gra:tɪs] *adv* free (of charge); **Gra·tis·pro·be** *f* free sample.

Gra·tu·la·tion [gratula'tsjo:n] *f* congratulations *pl;* **gra·tu·lie·ren** *itr* congratulate (on); ▶ **ich gratuliere!** my congratulations! **jdm zum Geburtstag ~** wish s.o. many happy returns.

Grau ⟨-s, -/(-s)⟩ *n* grey; **grau** [graʊ] *adj* grey; ▶ **der ~e Alltag** dull reality; **~e Haare bekommen** go grey; **in ~er Vorzeit** in the misty past; **grau·äu·gig** ['graʊɔɪgɪç] *adj* grey-eyed; **grau·braun** ['-'-] *adj* greyish brown; **Grau·brot** *n* rye bread.

Grau·en ⟨-s⟩ *n* (*Entsetzen*) horror.

grau·en[1] *imp:* ▶ **mir graut es davor** I dread it; **grau·en·er·re·gend** (**~haft, ~voll**) *adj* gruesome, horrid.

grau·en[2] ['graʊən] *itr:* ▶ **der Tag fängt schon an zu ~** dawn is beginning to break.

grau·grün ['-'-] *adj* grey-green; **Grau·guß** *tech* (*Gußeisen*) grey iron; **grau·haa·rig** *adj* grey-haired; **grau·me·liert** ['graʊmeˈliːet] *adj* greying.

Grau·pe ['graʊpə] ⟨-, -n⟩ *f* grain of pearl barley

Grau·pel·schau·er *m* sleet.

Grau·pen·sup·pe *f* barley broth.

grau·sam ['graʊzaːm] *adj* **1.** (*brutal*) cruel (*zu* to); **2.** *fig fam* (*schlimm*) awful; **Grau·sam·keit** *f* cruelty.

Grau·sen ['graʊzən] ⟨-s⟩ *n:* ▶ **da überkommt dich (doch) das kalte ~** it's enough to give you the creeps; **grau·sig** *adj* horrible.

Gra·veur(in) [graˈvøːe] ⟨-s, -e⟩ *m* (*f*) engraver; **gra·vie·ren** *tr* engrave; **Gra·vie·rung** *f* engraving.

Gra·vi·ta·tion [gravitaˈtsjoːn] *f phys* gravitation; **Gra·vi·ta·tions·kraft** *f phys* gravitational force.

gra·vi·tä·tisch [graviˈtɛːtɪʃ] *adj* grave, solemn.

Gra·zie ['graːtsiə] *f* grace; **gra·zi·ös** [graˈtsjøːs] *adj* graceful.

Greif·arm *m* claw arm; **greif·bar** *adj* (*zur Verfügung*) available; ▶ **in ~er Nähe** within reach.

grei·fen ['graɪfən] *irr* **I** *tr* (*er~*) grasp; **II** *itr* **1.** *tech* (*einrasten*) grip; **2.** *fig* have an effect (*bei* on); (*wirksam werden*) be effective; ▶ **in die Saiten ~** hold down the strings; **nach etw ~** reach for s.th.; **an etw ~** (*fassen*) take hold of s.th., grasp s.th.; (*berühren*) touch s.th.; ▶ **zum G~ naheliegen** *fig* be within one's grasp; ▶ **zur Flasche ~** take to the bottle; **Grei·fer** *m tech* (*Klaue*) grab.

Greis [graɪs] ⟨-es, -e⟩ *m* old man; **greis** *adj:* ▶ **sein ~es Haupt schütteln** *a. hum fam* shake one's wise old head; **Grei·sin** *f* old woman.

grell [grɛl] *adj:* ▶ **~e Stimme** shrill voice; **~e Sonne** dazzling sun; **~e Farbe** loud colour.

Grenz·be·am·te (**-be·am·tin**) *m* (*f*) passport official; **Grenz·be·reich** *m* border zone; **Grenz·be·völ·ke·rung** *f* inhabitants of the border zone.

Gren·ze ['grɛntsə] ⟨-, -n⟩ *f* **1.** (*Staats~*) border; **2.** (*private ~*) boundary; **3.** *fig* limits *pl;* ▶ **alles hat s-e ~n** *fig* there's a limit to everything; **sich (noch) in ~n halten** *fig* be limited; **die ~ überschreiten** cross the border; **die ~ zu Dänemark** the Danish border; **gren·zen** *itr a. fig* border (*an* on); **gren·zen·los** *adj*

a. fig boundless; **Grenz·fall** *m* borderline case; **Grenz·ge·biet** *m* border area; **Grenz·kon·flikt** *m* border (*od* frontier) dispute; **Grenz·li·nie** *f* boundary; **Grenz·pfahl** *m* boundary post; **Grenz·po·sten** *m* border guard; **Grenz·schutz** *m* frontier guard; **Grenz·stadt** border-town; **Grenz·station** *f* border station; **Grenz·stein** *m* boundary stone; **Grenz·strei·tig·keit** *f pol* border (*od* frontier) dispute; **Grenz·über·gang** *m* border (*od* frontier) crossing; **Grenz·ver·kehr** *m* border traffic; **Grenz·wert** *m math* limit; **Grenz·zwi·schen·fall** *m* frontier (*od* border) incident.

Greu·el ['grɔɪəl] ⟨-s, -⟩ *m* **1.** (*Grauen*) horror; **2.** (*~tat*) outrage; **Greu·el·mär·chen** *n* horror story; **Greu·el·mel·dung** *f* atrocity propaganda; **Greu·el·tat** *f* atrocity; **greu·lich** ['grɔɪlɪç] *adj* abominable, atrocious.

Grie·che (**Grie·chin**) ['griːçe] ⟨-n, -n⟩ *m* (*f*) Greek; **Grie·chen·land** *n* Greece; **grie·chisch** *adj* Greek.

Grieß(·brei) [griːs] ⟨-es⟩ *m* semolina.

Griff [grɪf] ⟨-(e)s, -e⟩ *m* **1.** (*Stiel*) handle; **2.** (*Revolver~*) butt; **3.** (*Tür~*) knob; **4.** (*Hand~*) grasp, grip; ▶ **e-n ~ ansetzen** (*beim Ringen*) apply a hold; **etw in den ~ bekommen** *fig* gain control of s.th.; **griff·be·reit** *adj* handy.

Grif·fel ['grɪfəl] ⟨-s, -⟩ *m* **1.** *obs* (*Schreibgerät*) slate-pencil; **2.** *bot* style.

Grill [grɪl] ⟨-s, -s⟩ **1.** (*Brat~*) grill; **2.** *mot* (*Kühler~*) grille.

Gril·le ['grɪlə] ⟨-, -n⟩ *f zoo* cricket.

gril·len ['grɪlən] *tr* (*in der Küche*) grill; (*im Garten*) barbecue.

Grill·re·stau·rant *n* grillroom.

Gri·mas·se [griˈmasə] ⟨-, -n⟩ *f* grimace; ▶ **~n schneiden** pull faces.

Grimm [grɪm] ⟨-(e)s⟩ *m* wrath (*auf* against); **grim·mig** *adj* **1.** grim; **2.** (*übermäßig*) severe.

Grin·sen ['grɪnzən] ⟨-s⟩ *n* grin; **grin·sen** *itr* grin.

grip·pal [grɪˈpaːl] *adj:* ▶ **~er Infekt** influenza infection; **Grip·pe** ['grɪpə] ⟨-, -n⟩ *f* influenza, *fam* flu.

Grips [grɪps] ⟨-es⟩ *m* brains *pl;* ▶ **streng mal deinen ~ an!** use your brains!

grob [groːp] ⟨grᴀber, grᴀbst⟩ *adj* **1.** (*von Beschaffenheit*) coarse; **2.** *fig* (*verletzend*) rude; **3.** (*groß*) gross; ▶ **~ geschätzt** at a rough estimate; **aus dem Gröbsten heraus sein** be out of the woods *fig;* **grob·ge·mah·len** *adj* coarse-ground; **Grob·heit** *f fig* rudeness; ▶ **jdm ~en an den Kopf werfen** be rude to s.o.; **grob·kör·nig** *adj* coarse-grained; **grob·ma·schig** *adj* large-meshed; (*von Pullover*) loose-knit.

grö(h)len ['grøːlən] *itr* bawl.

Groll [grɔl] ⟨-(e)s⟩ *m* anger, wrath; ▶ **~**

gegen jdn hegen harbour a grudge against s.o.; **grol·len** itr 1. (jdm ~) be filled with wrath against (s.o.); 2. (Donner) peal, roll.

Grön·land ['grø:nlant] ‹-s› n Greenland.

Gros [gro:, gen, pl gro:s] ‹-, -› n 1. bulk, major part; 2. com gross.

Gro·schen·ro·man m Br cheap (Am dime) novel.

groß [gro:s] ‹grᴧßer, grᴧßt› I adj 1. (bedeutend) great; (räumlich) large; (umfangreich, a. fig) big; (riesig) huge; (hochgewachsen) tall; (Fläche) extensive, vast; 2. (großartig) grand; ▶ ~e Hitze intense heat; ~ Kälte severe cold; ~er Fehler bad mistake; die ~e Masse the vast majority; die ~en Ferien the long holidays (Am vacation); ~e Worte machen use big words; ich habe ~e Lust, ins Kino zu gehen I would really like to go to the cinema (od Am movies); das ist jetzt ~e Mode that's all the fashion now; II adv: ▶ im Trinken ist er ~ he's great at drinking; (ganz) ~ rauskommen fam make the big time.

Groß·ab·neh·mer m bulk purchaser; **groß·ar·tig** adj (wunderbar) wonderful; (hervorragend) splendid; ~! great! splendid!; **Groß·auf·nah·me** f film close-up; **Groß·auf·trag** m large order; **Groß·be·trieb** m large concern; **Groß·bild·schirm** m TV large screen; **Groß·bri·tan·nien** ['gro:sbrɪ'tanjən] ‹-s› n Great Britain; **Groß·buch·sta·be** m typ capital; **Groß·com·pu·ter** m mainframe.

Grö·ße ['grø:sə] ‹-, -n› f 1. (Umfang, Format, Nummer) size; 2. (Höhe) height; 3. (Ausdehnung) dimensions pl; 4. (Wichtigkeit, math, astr) magnitude; 5. (Bedeutung) greatness; ▶ in natürlicher ~ full-scale (od -length); unbekannte ~ unknown quantity; der ~ nach aufstellen line up in order of height.

Groß·ein·kauf m bulk purchase; **Groß·el·tern** pl grandparents.

Grö·ßen·ord·nung f allg scale; ▶ in der ~ von of this size; on the scale of.

gro·ßen·teils adv for the most part, mostly.

Grö·ßen·wahn m megalomania; **grö·ßen·wahn·sin·nig** adj megalomaniac.

Groß·fahn·dung f dragnet operation, manhunt; **Groß·fa·mi·lie** f extended family; **Groß·feu·er** n major fire; **Groß·for·mat** n large size; **Groß·grund·be·sit·zer(in)** [-'----] m (f) big landowner; **Groß·han·del** m wholesale trade; **Groß·händ·ler(in)** m wholesaler; **groß·her·zig** adj generous, magnanimous; **Groß·her·zig·keit** f generosity, magnanimity; **Groß·her·zog(in)** m (f) grand duke (duchess); **Groß·her·zog·tum** n Grand Duchy;

Groß·hirn ‹-(e)s› n cerebrum.

groß·kot·zig ['gro:skɔtsɪç] adj sl pej swanky.

Groß·kü·che f canteen kitchen; **Groß·kund·ge·bung** f mass rally; **Groß·macht** f great power; **Groß·ma·ma** f grandma; **Groß·markt** m hypermarket; **Groß·maul** n fam pej loudmouth; **Groß·mut** m magnanimity; **groß·mü·tig** ['gro:smy:tɪç] adj magnanimous; **Groß·mut·ter** f grandmother; **Groß·nef·fe** m great-nephew; **Groß·nich·te** f great-niece; **Groß·on·kel** m great-uncle; **Groß·raum·ab·teil** n rail open carriage; **Groß·raum·bü·ro** n open-plan office; **Groß·raum·flug·zeug** n large-capacity aircraft; **Groß·rech·ner** m mainframe; **Groß·rei·ne·ma·chen** [-'----] n thorough cleaning; **Groß·stadt** f city; **Groß·städ·ter(in)** m (f) city-dweller; **groß·städ·tisch** adj big-city; **Groß·tan·te** f great-aunt.

Groß·teil m large part; ▶ zum ~ for the most part.

größ·ten·teils adv for the most part.

Groß·un·ter·neh·men n large concern; **Groß·va·ter** m grandfather; **Groß·ver·an·stal·tung** f big event; **Groß·ver·brau·cher** m large consumer; **Groß·ver·sand·haus** n mail-order house; **Groß·wet·ter·la·ge** f general weather situation; ▶ die politische ~ the general political climate.

groß|zie·hen irr tr raise.

groß·zü·gig ['gro:stsy:gɪç] adj 1. (planend) large scale; 2. (freigebig) generous, liberal; 3. (weiträumig) spacious; **Groß·zü·gig·keit** f 1. (räumlich) spaciousness; 2. (Freigebigkeit) generosity.

gro·tesk [gro'tɛsk] adj grotesque.

Grot·te ['grɔtə] ‹-, -n› f grotto.

Grou·pie ['gru:pi] ‹-s, -s› n sl groupie.

Gru·be ['gru:bə] ‹-, -n› f 1. (Ton~ etc) a. min mine, pit; 2. (gegrabene ~) hole, hollow; ▶ wer andern e-e ~ gräbt, fällt selbst hinein prov you can easily fall into your own trap.

Grü·be·lei f brooding; **grü·beln** ['gry:bəln] itr brood (über over).

Gru·ben·ex·plo·sion f colliery explosion; **Gru·ben·un·glück** n mine disaster.

Gruft [gruft, pl 'grʏftə] ‹-, ⁻e› f 1. (Grabgewölbe) tomb, vault; 2. (Grabmal) mausoleum; 3. (Krypta) crypt.

grün [gry:n] adj green; ▶ e-e Fahrt ins G~ a trip to the country; e-e ~e Witwe a grass widow; das ist dasselbe in G~ fig fam that's one and the same thing; ~e Welle mot phased traffic lights pl; jdm ~es Licht geben fig give s.o. the go-ahead; der ist mir nicht ~ fig I'm not in his good books; **Grün·an·la·ge** f park; **grün·äu·gig** ['gry:nɔɪgɪç] adj

green-eyed; **grün·blau** ['-'-] *adj* greeny
blue.
Grund[1] [grunt, *pl* 'gryndə] ⟨-(e)s, ⸚e⟩ *m*
(*Ursache*) reason; ▶ **aus welchem ~?**
for what reason? **jdm zu etw ~ geben**
give s.o. good cause for s.th.; **e-n ~ zum
Feiern haben** have good cause for cel-
ebration; **der ~, weshalb ich gegangen
bin** my reason for going (*od* the reason
I went); **ich habe allen ~ zu glauben,
daß** ... I have every reason to believe
that ...; **aus irgendeinem ~e** for some
reason or other.
Grund[2] *m* 1. (*Boden von Gefäß, Grube
etc*) bottom; 2. (*~stück*) land; 3. (*Erdbo-
den*) ground; ▶ **von ~ auf** completely;
e-r Sache auf den ~ gehen get to the
bottom of s.th.; **im ~e** basically.
Grund·aus·bil·dung *f* basic training;
Grund·be·din·gung *f* main condition;
Grund·be·griff *m* basic principle;
Grund·be·sitz *m* landed property, real
estate; **Grund·be·sit·zer(in)** *m (f)*
landowner; **Grund·buch** *n* land regis-
ter; **Grund·buch·amt** *n* land registry.
grün·den ['gryndən] *tr* found; ▶ **sich ~
auf ...** be based on ...; **Grün·der(in)**
m (f) founder.
Grund·er·werb *m* land acquisition.
grund·falsch ['-'-] *adj* utterly wrong.
Grund·flä·che *f* floor space.
Grund·for·de·rung *f* basic claim;
Grund·ge·bühr *f* standing charge;
Grund·ge·dan·ke *m* basic idea;
Grund·ge·setz *n* (*bundesdeutsche
Verfassung*): ▶ **das ~** the constitution.
grun·die·ren [grun'di:rən] *tr* undercoat;
Grun·dier·far·be *f* undercoat.
Grund·la·ge *f* basis, foundation;
▶ **jeder ~ entbehren** be without any
foundation; **grund·le·gend** *adj* funda-
mental, basic (*für* to).
gründ·lich ['gryntlıç] *adj* thorough; ▶ **~
Bescheid wissen** know all about it; **jdm
~ die Meinung sagen** give s.o. a piece
of one's mind *fig;* **Gründ·lich·keit** *f*
thoroughness.
Grund·lohn *m* basic pay; **grund·los** *adj*
1. (*unbegründet*) unfounded; 2. (*sehr
tief*) bottomless; **Grund·mau·er** *f*
foundation wall; **Grund·nah·rungs-
mit·tel** *n* staple food.
Grün·don·ners·tag [-'---] *m* Maundy
Thursday.
Grund·recht *n* fundamental right;
Grund·re·gel *f* basic principle;
Grund·ren·te *f* basic pension; **Grund-
riß** *m arch* ground plan; (*Skizze*) out-
line, sketch; **Grund·satz** *m* principle;
▶ **es sich zum ~ machen** make it a
rule; **grund·sätz·lich** ['gruntzɛtslıç] I
adv 1. (*im Allgemeinen*) in principle; 2.
(*stets*) always; ▶ **~ nicht** absolutely not;
II *adj* (*grundlegend*) fundamental;
Grund·satz·pa·pier *n pol* (written)

statement of principles.
Grund·schuld *f* mortgage; **Grund-
schu·le** *f* elementary (*od* primary)
school; **Grund·schul·leh·rer(in)** *m (f)*
elementary (*od* primary) school teacher;
Grund·stein *m* foundation-stone;
▶ **den ~ legen zu etw** *fig* lay the foun-
dations of s.th.; **Grund·steu·er** *f* prop-
erty tax; **Grund·stock** ⟨-s⟩ *m* basis,
foundation; **Grund·stoff·in·du·strie**
f primary industry; **Grund·stück** *n* 1.
(*Parzelle*) plot; (*größeres ~*) estate; 2.
(*Grund und Boden*) property; 3.
(*Bau~*) site; **Grund·stücks·mak-
ler(in)** *m (f) Br* estate agent, *Am* real-
tor; **Grund·stücks·preis** *m* land
price; **Grund·ton** *m* 1. *mus* key-note; 2.
(*Farbe*) ground colour; **Grund·übel** *n*
1. basic evil; 2. (*Grundproblem*) basic
problem.
Grün·dung ['gryndʊŋ] *f* foundation.
grund·ver·schie·den ['--'---] *adj* entire-
ly different.
Grund·was·ser *n* ground water;
Grund·was·ser·spie·gel *m* ground-
water level; **Grund·wehr·dienst** *m Br*
national service, *Am* selective service;
Grund·wort·schatz *m* basic (*od* es-
sential) vocabulary; **Grund·zahl** *f* 1.
(*Kardinalzahl*) cardinal number; 2.
math base number; **Grund·zug** *m* es-
sential feature.
Grü·ne(r) ['gry:nə] *m f pol* ecologist,
fam Green; ▶ **die ~n** the Green Party,
fam the Greens.
grü·nen *itr* turn green; **Grün·fink** *m*
greenfinch; **Grün·flä·che** *f* green (*od*
open) space; **Grün·fut·ter** *n* green fod-
der; **Grün·kohl** *m* kale; **grün·lich** *adj*
greenish; **Grün·pla·nung** *f* open space
planning; **Grün·schna·bel** *m pej*
greenhorn; **Grün·span** ⟨-s⟩ *m* verdigris;
Grün·strei·fen *m* 1. (*am Straßen-
rand*) grass verge; 2. (*Mittelstreifen*) *Br*
central reservation, *Am* median strip.
grun·zen ['gruntsən] *itr* grunt.
Grün·zeug *n fam* (*Salat etc*) greens *pl.*
Grup·pe ['grupə] ⟨-, -n⟩ *f* 1. *allg* group;
(*Arbeits~*) team; 2. (*Bäume*) cluster;
▶ **in ~n einteilen** group together;
Grup·pen·ar·beit *f päd* teamwork;
Grup·pen·bild *n phot* group portrait;
Grup·pen·dy·na·mik *f psych* group
dynamics *pl;* **grup·pen·dy·na·misch**
adj psych group-dynamic; **Grup·pen-
sex** *m* group sex; **grup·pen·wei·se**
adv in groups; **Grup·pen·zwang** *m*
group (*od* peer) pressure.
grup·pie·ren [gru'pi:rən] I *tr* group; II
refl form groups; **Grup·pie·rung** *f*
grouping.
Gru·sel·ge·schich·te *f* gruesome tale.
gru·se·lig ['gru:zəlıç] *adj* gruesome,
horrifying.
Gruß [gru:s, *pl* 'gry:sə] ⟨-es, ⸚e-⟩ *m*

greeting; ▶ **jdm herzliche ~e bestellen** give one's kindest regards to s.o.; **schönen ~ zu Hause!** my regards to your family! **viele ~e an ... best wishes to ...; grü·ßen** ['gry:sən] tr greet; mil salute; ▶ **grüß dich!** hi! **jdn ~ lassen** send one's compliments (od love od regards) to ...; **~ Sie Ihre Mutter von mir!** remember me to your mother!

gucken (k·k) ['gʊkən/kʊkən] itr look; ▶ **aus dem Fenster ~** look out of the window; **guck mal!** just take a look! **Guck·loch** n peephole.

Gue·ril·la·kämp·fer m guerilla fighter; **Gue·ril·la·krieg** [ge'rɪl(j)akriːk] m guerilla war(fare).

Guil·lo·ti·ne [gɪljo'tiːnə/gijo'tiːnə] ⟨-, -n⟩ f hist guillotine.

Gu·lasch ['gʊlaʃ] ⟨-(e)s, -e⟩ n goulash; **Gu·lasch·ka·no·ne** f mil sl cooker; **Gu·lasch·sup·pe** f goulash soup.

Gul·den ['gʊldən] ⟨-s, -⟩ m 1. hist (Gold~) florin; 2. (niederländischer ~) guilder.

gül·tig ['gʏltɪç] adj valid; ▶ **ist der neue Fahrplan schon ~?** has the new timetable come into force yet? **die ~en Preise** the current prices; **Gül·tig·keit** f (Währung) validity; **Gül·tig·keits·dau·er** f period of validity.

Gum·mi ['gʊmi] ⟨-s, -(s)⟩ m 1. (a. Radiergummi) rubber; 2. fam (Kondom) rubber; **Gum·mi·band** n 1. (für Bürobedarf) rubber band; 2. (für Kleidung) elastic; **Gum·mi·bär·chen** n jelly baby; **Gum·mi·baum** m rubber plant; **gum·mie·ren** tr gum; **Gum·mi·ge·schoß** n rubber bullet; **Gum·mi·hand·schu·he** m pl rubber gloves; **Gum·mi·knüp·pel** m (rubber) truncheon; **Gum·mi·pa·ra·graph** m jur fam elastic clause; **Gum·mi·rei·fen** m rubber tyre; **Gum·mi·schlauch** m 1. mot (in Reifen) tube; 2. (Wasserschlauch) rubber hose; **Gum·mi·stop·fen** m rubber stopper; **Gum·mi·strumpf** m elastic stocking; **Gum·mi·zel·le** f fam padded cell.

Gunst [gʊnst] ⟨-⟩ f favour; ▶ **zu deinen ~en** in your favour sing; **sich jds ~ verscherzen** lose someone's favour.

gün·stig ['gʏnstɪç] adj favourable; ▶ **Gemüse ist jetzt ~** vegetables are reasonable just now; **im ~sten Falle** at best; **ich hab' es ~ gekauft** I bought it for a good price; **in ~er Lage** well-situated.

Günst·ling ['gʏnstlɪŋ] ⟨-s, -e⟩ m favourite.

Gur·gel ['gʊrgəl] ⟨-, -n⟩ f throat; ▶ **jdn an der ~ packen** grab s.o. by the throat; **gur·geln** itr 1. (mit Mundwasser) gargle; 2. (~de Geräusche machen) gurgle.

Gur·ke ['gʊrkə] ⟨-, -n⟩ f bot cucumber;

(Essig~, Pfeffer~) gherkin; **Gur·ken·sa·lat** m cucumber salad.

gur·ren ['gʊrən] itr coo.

Gurt [gʊrt] ⟨-(e)s, -e⟩ m 1. (Riemen) strap; 2. (Gürtel) belt.

Gür·tel ['gʏrtəl] ⟨-s, -⟩ m 1. (Hosen~) belt; 2. fig (Absperrung) cordon; 3. fig (Streifen, Zone) zone; **Gür·tel·li·nie** f waist; ▶ **ein Schlag unter die ~** a. fig a punch below the belt; **Gür·tel·rei·fen** m mot radial-ply tyre (Am tire); **Gür·tel·schnal·le** f buckle.

Gurt·muf·fel m mot fam person who fails (od refuses) to wear a seat-belt; **Gurt·pflicht** f mot: ▶ **es besteht ~** wearing of seat-belts is compulsory.

Gu·ru ['guːruː] ⟨-s, -s⟩ m guru.

Guß [gʊs, pl 'gʏsə] ⟨-sses, ~sse⟩ m 1. tech (das Gießen) casting, founding; 2. (Gußeisen) cast iron; 3. (Wasser~) gush; 4. (Regen~) downpour; 5. (Zukker~) frosting, icing; ▶ **aus e-m ~** fig a unified whole; **Guß·ei·sen** n Br cast iron, Am pig iron; **guß·ei·sern** adj cast-iron; **Guß·form** f mould.

Gut [guːt, pl 'gyːtə] ⟨-(e)s, ~er⟩ n 1. (Landgut) estate; 2. com pl: ~er goods.

gut [guːt] ⟨besser, best⟩ I adj good; ▶ **wozu ist das ~?** what's that for? **wie ~, daß ...** it's good that ...; **das ist schön und ~, aber ...** it's all very well but ...; **~e Besserung!** get well soon! **schon ~!** all right! OK! **nun ~!** all right then! **du bist vielleicht ~!** fig fam some hope! II adv well; ▶ **du hast ~ lachen!** it's easy for you to laugh! **Sie haben's ~!** you're lucky! **~ so!** that's it! **das kann ~ sein** that may well be; **~ gemacht!** well done! **mach's ~!** bye!

Gut·ach·ten ['guːtaxtən] ⟨-s, -⟩ n expert opinion; ▶ **ein ~ abgeben** deliver (od render) an opinion; **ein ~ einholen** get an opinion; **Gut·ach·ter(in)** m (f) expert.

gut·ar·tig adj med (Geschwulst) benign; **gut·be·zahlt** adj highly-paid; **gut·bür·ger·lich** adj: ▶ **~e Küche** home cooking.

Gut·dün·ken ['guːtdʏŋkən] ⟨-s⟩ n: ▶ **nach ~** at discretion.

Gü·te ['gyːtə] ⟨-⟩ f 1. (Freundlichkeit) kindness; 2. com (Qualität) quality; ▶ **(ach) du meine ~!** goodness me!

Gü·ter·ab·fer·ti·gung f 1. (Vorgang) dispatch of goods; 2. (Gebäude) Br goods (Am freights) office; **Gü·ter·bahn·hof** m Br goods (Am freights) depot; **Gü·ter·fern·ver·kehr** ['--'---] m long-distance haulage; **Gü·ter·ge·mein·schaft** f jur community of property; **Gü·ter·nah·ver·kehr** ['--'---] m short-distance haulage; **Gü·ter·tren·nung** f jur separation of property; **Gü·ter·wa·gen** m Br goods truck, Am freight car; **Gü·ter·zug** m Br goods

train, *Am* freight train.
Gü·te·zei·chen *n* 1. *com* quality mark; 2. *fig* hallmark.
gut·ge·hend *adj fig* flourishing, thriving; **gut·ge·launt** *adj* cheerful, in good spirits; **gut·ge·meint** *adj* well-meant; **gut·gläu·big** *adj (leichtgläubig)* credulous.
Gut·ha·ben ['gu:tha:bən] ⟨-s, -⟩ *n* credit; ▶ **ich habe noch ein ~ von 150 DM** my account is still 150 marks in the black.
gut|hei·ßen *irr tr* approve (*etw* of s.th.).
gü·tig ['gy:tɪç] *adj* 1. *(freundlich)* friendly, kind; 2. *(voller Güte)* generous.
güt·lich *adj* amicable; ▶ **sich ~ tun an etw** make free with s.th.
gut·mü·tig ['gu:tmy:tɪç] *adj* good-natured; **Gut·mü·tig·keit** *f* goodnaturedness.
Guts·be·sit·zer(in) *m (f)* landowner.
Gut·schein *m* 1. *(als Zahlung)* coupon, voucher; 2. *(für umgetauschte Waren)* credit note.

gut|schrei·ben *irr tr* credit; ▶ **schreiben Sie es bitte meinem Konto gut** credit it to my account please.
Gut·schrift *f* 1. ⟨-⟩ *(Vorgang)* crediting; 2. *(Bescheinigung)* credit note; *(Betrag)* credit (item).
Guts·hof *m* estate.
gut|tun *irr itr:* ▶ **das tut gut!** that's good! **das wird dir ~!** that will do you good!
gut·wil·lig *adj* 1. *(bereitwillig)* willing; 2. *(nicht böswillig)* well-meaning.
Gym·na·si·ast(in) [gʏmnazi'ast] ⟨-en, -en⟩ *m (f) Br* grammar school pupil, *Am* high school student; **Gym·na·si·um** [gʏm'na:ziʊm] *n Br* grammar school, *Am* high school.
Gym·na·stik [gʏm'nastɪk] *f* keep fit; ▶ **~ machen** do keep-fit exercises *pl;* **Gym·na·stik·an·zug** *m* leotard.
Gy·nä·ko·lo·ge (Gy·nä·ko·lo·gin) [gʏnɛko'logə] *m (f)* gynaecologist.

H

H, h [ha:] ⟨-, -⟩ *n* H, h; **H** *mus* **1.** *(Note)* B; **2.** *(Tonart: H-Dur)* B major; *(h-Moll)* B minor; **H-Bom·be** *f* H-bomb; **H-Milch** *f* UHT-milk.
ha! [ha] *interj* ha! ah!
Haar [ha:ɐ] ⟨-(e)s, -e⟩ *n a. bot zoo* hair; ▶ **blondes ~ (haben)** (have) fair hair; **sie hat ~e auf den Zähnen** *fig fam* she's a tough customer; **sich die ~e kämmen** comb one's hair; **er mußte ~e lassen** *fig fam* he did not escape unscathed; **etw an** *(od* **bei) den ~en herbeiziehen** *(od* **-zerren)** *fig* drag s.th. in by the head and shoulders; **jdn an den ~en ziehen** pull someone's hair; **um ein ~** *fig (beinahe)* within a hair's breadth; **man hat ihr kein ~ gekrümmt** *fig* they didn't harm a hair of her head; **kein gutes ~ an jdm lassen** *fig (od* pull) s.o. to pieces; **mir standen die ~e zu Berge** *fig fam* my hair stood on end; **sich in die ~e geraten** *fig fam (handgreiflich werden)* come to blows; *(sich streiten)* pick a quarrel (with each other); **sich ständig in den ~en liegen** *fig fam* be constantly quarrel(l)ing; **sich die ~e schneiden lassen** have one's hair cut; **sich über etw keine grauen ~e wachsen lassen** *fig fam* not lose any sleep over s.th.; **ein ~ in der Suppe finden** *fig fam* find s.th. to quibble about; **um kein ~ besser** *fig* not a whit better; **Haar· aus·fall** *m* loss of hair; **Haar·bür·ste** *f* hairbrush.
haa·ren ['ha:rən] *itr* **1.** *(von Tieren)* lose it's hair; **2.** *(von Stoff od Pelz)* shed (hairs).
Haa·res·brei·te ['--'--] *f*; ▶ **um ~** *(verfehlen etc)* by a hair's breadth; **nicht um ~** *(weichen etc)* not an inch; **Haarfar·be** *f* colour of hair; **haar·ge·nau** ['--'-] **I** *adj* exact to a T, meticulous; **II** *adv* to a hair *(od* T).
haa·rig ['ha:rɪç] *adj* **1.** *(behaart, a. fig fam: heikel)* hairy; **2.** *fig fam (schlimm)* nasty.
Haar·klam·mer *f Br* hairgrip, *Am* bobby pin.
haar·klein ['-'-] *adv fig fam* minutely, to the last detail.
Haar·na·del *f* hairpin; **Haar·na·del·ku·rve** *f mot* hairpin bend; **Haar·netz** *n* hairnet.
haar·scharf ['-'-] **I** *adj* **1.** *(Gedächtnis, Konturen)* very sharp; **2.** *(Wiedergabe)* exact; **II** *adv fam* by a hair's breadth.
Haar·schnei·der *m* **1.** *(Gerät)* (electric) clippers *pl;* **2.** *(Friseur)* barber; **Haarschnitt** *m* haircut; **Haar·spal·te·rei** ['---'-] *f pej* hair-splitting; **Haar·spange** *f* hair slide; **Haar·spray** *m* hair lacquer *(od* spray); **haar·sträu·bend** *adj* hair-raising; *(unverschämt)* shocking; **Haar·teil** *n* hair-piece; **Haar·tö·ner** ⟨-s, -⟩ *m* hair-tinting-lotion; **Haartrock·ner** *m (Fön, Trockenhaube)* hair-dryer; **Haar·wasch·mit·tel** *n* shampoo; **Haar·was·ser** *n* hair lotion; **Haar·wild** *n* game animals *pl;* **Haarwuchs** *m* growth of hair; **Haarwuchs·mit·tel** *n* hair restorer; **Haarwur·zel** *f* root of a *(od* the) hair.
Hab [ha:p] *n:* ▶ **mit ~ und Gut** with all one's belongings *pl;* **Ha·be** ['ha:bə] ⟨-⟩ *f (Besitz)* goods, possessions *pl; (persönliche ~)* belongings *pl;* **Ha·ben** ⟨-⟩ *n com* credit (side).
ha·ben ['ha:bən] *irr* **I** *tr* have, *fam* have got; ▶ **noch zu ~** still to be had; *fam (noch nicht verheiratet)* still single; **für etw zu ~ sein** be keen on s.th.; **dafür bin ich nicht zu ~** *(darauf bin ich nicht scharf)* I'm not keen on that; *(da mache ich nicht mit)* I won't lend myself to that; **das ~ Sie davon!** that'll teach you! **es hat nichts auf sich** that's not important; **es hat's in sich** it has hidden depths *pl;* **ich kann das eben nicht ~** *(leiden)* I just can't stand it; **ich hab's!** I've got it! **Eile ~, es eilig ~** be in a hurry; **gute Laune ~** be in a good mood; **e-e Erkältung ~** have (got) a cold; **etw fertig ~** have finished s.th.; **jdn zum Freund ~** have s.o. for a friend; **gern ~** be fond of, like; **du kannst mich mal gern ~!** *fam* I don't give a damn! **es gut (schlecht) ~** have a good (bad) time; **lieber ~** prefer; **nötig ~** need; **recht ~** be right; **unrecht ~** be wrong; **die Wahl ~** have the choice; **etw ~ wollen** *(verlangen)* ask for s.th.; *(wünschen)* desire, want s.th.; **er hat's ja!** *fam* he's got what it takes! **wir ~ heute schlechtes Wetter** it's bad weather today; **jetzt ~ wir Winter** it's winter now; **den wievielten ~ wir heute?** what's the date today? **zu tun ~** *(beschäftigt sein)* be busy; **etw zu tun ~ mit . . .** have s.th. to do with . . .; **was ~ Sie?** what's the matter with you? **das ~ wir gleich!** *fam* we'll have that fixed in a jiffy! **da ~ Sie's!** *fam* there you are! **bei sich ~** have about; **etw (nichts) gegen jdn (etw) ~** have s.th. (nothing) against s.o. (s.th.); **unter sich ~**

be in charge of . . .; **es hat seine Richtigkeit** it is quite correct; **aber davon habe ich nichts** but I don't get anything out of that; **was hat es damit auf sich?** what's this all about? **etw von e-m . . . (an sich) ~** be a bit of a . . .; II *refl fam:* **~ Sie sich nicht so (deswegen)!** don't make such a fuss (about that)! **und damit hat sich's!** and that's that! **hat sich was!** that's off!

Ha·be·nichts <-(es), -e> *m pej* have-not.

hab·gie·rig *adj* covetous, greedy.

hab·haft *adj:* **~ werden** get hold (*jds* of s.o., *e-r Sache* of s.th.).

Ha·bicht ['ha:bɪçt] <-s, -e> *m orn* hawk.

Hab·se·lig·keit(en *pl*) *f* (few) personal belongings *pl* (*od* effects *pl*).

Hab·sucht *f* covetousness, greed(iness); **hab·süch·tig** *adj* covetous, greedy.

Hack·bra·ten *m* roasted minced meat loaf.

Hacke¹ (k·k) ['hakə] <-, -n> *f (anat)* heel.

Hacke² (k·k) *f (Gerät)* hoe; *(Picke)* pick(axe); **hacken (k·k)** ['hakən] I *tr* 1. *(Holz)* chop; *(Fleisch) Br* mince, *Am* grind; 2. *(Feld, Garten)* hoe; 3. *(mit Spitzhacke)* hack; II *itr* 1. *(picken)* peck *(nach jdm* at s.o.); 2. *EDV* hack.

Hacker(in) (k·k) ['hakɐ] <-s, -> *m (f) EDV* hacker.

Hack·fleisch *n Br* minced (*Am* ground) meat; ▶ **~ aus jdm machen** *fig sl* make mincemeat of s.o.; **Hack·klotz** *m* chopping block; **Hack· ord·nung** *f a. fig* pecking order.

Häck·sel ['hɛksəl] <-s> *m od n* chaff.

Ha·der ['ha:dɐ] <-s, (-)> *m* 1. *(Zank)* dispute; 2. *(Zwist)* discord; ▶ **in ~ mit sich und der Welt leben** be at odds with o.s. and the world; **ha·dern** *itr* quarrel, wrangle *(mit* with, *über* over).

Ha·fen ['ha:fen, *pl* 'hɛ:fən] <-s, :> *m* 1. *mar* harbour, port; 2. *fig (sicherer Ort)* haven; ▶ **aus e-m ~ auslaufen** leave a harbour; **in e-n ~ einlaufen** enter a harbour; **Ha·fen·an·la·gen** *pl (Docks)* docks; *(Hafeneinrichtungen)* port facilities; **Ha·fen·ar·bei·ter(in)** *m (f) Br* docker, *Am* longshoreman (longshorewoman); **Ha·fen·be·hörden** *pl* port authorities; **Ha·fen·einfahrt** *f* harbour entrance; **Ha·fen·ge·büh·ren** *pl* harbour-dues; **Ha·fen·knei·pe** *f fam* dockland *Br* pub (*Am* bar); **Ha·fen·rund·fahrt** *f* conducted boat tour of the harbour; **Ha·fen·spei·cher** *m* entrepôt; **Ha·fen·stadt** *f* port; *(am Meer)* seaport.

Ha·fer ['ha:fɐ] <-s> *m bot* oats *pl*; ▶ **ihn sticht der ~** *fig fam* he's feeling his oats; **Ha·fer·flocken (k·k)** *f pl* rolled oats.

Haft [haft] <-> *f* 1. *(~strafe)* imprisonment; 2. *(vor dem Prozeß)* custody;

▶ **in ~** in prison (*od* custody); **aus der ~ entlassen** release from prison (*od* custody); **in ~ nehmen** take into custody.

haft·bar *adj* (legally) responsible (*od* liable) *(für jdn* for s.o. *od für etw* for s.th.); ▶ **~ machen** make (*od* hold) liable (*od* responsible).

Haft·be·fehl *m* warrant of arrest.

haf·ten ['haftən] *itr* 1. *(an etw kleben)* adhere, stick *(an* to); 2. *(haftbar sein)* be liable (*od* responsible) *(für* for, *jdm* to s.o.); **haf·ten|blei·ben** *irr itr* stick *(an* to).

Häft·ling ['hɛftlɪŋ] <-s, -e> *m* prisoner.

Haft·pflicht *f jur (Schadenersatzpflicht)* liability *(für* for); **Haft·pflicht·ver·si·che·rung** *f* 1. *jur Br* personal (*Am* public) liability insurance; 2. *mot* third-party insurance.

Haft·pul·ver *n (für Gebiß)* denture fixative; **Haft·rei·fen** *m mot* traction *Br* tyre (*Am* tire); **Haft·scha·len** *pl opt* contact lenses; **Haf·tung** *f* 1. *jur (Schaden/ersatz)* liability; *(Verantwortung für Personen)* responsibility; 2. *phys tech* adhesion; ▶ **beschränkte ~** limited liability; **für Garderobe wird keine ~ übernommen** all articles are left at owner's risk! **Haf·tungs·be·schrän·kung** *f jur* limitation of liability; **Haft·ver·kür·zung** *f* shortened sentence.

Ha·ge·but·te ['ha:gəbutə] <-, -n> *f bot* hip.

Ha·gel ['ha:gəl] <-s> *m* 1. *allg* hail; 2. *fig (von Steinen etc)* shower; 3. *fig (von Vorwürfen etc)* stream; **Ha·gel·korn** *n* hailstone; **ha·geln** ['ha:gəln] *tr* <h> *itr* <sein> *a.* fig hail; ▶ **es hagelt** it's hailing; **Schläge hagelten auf ihn** (**es hagelte Schläge auf ihn**) the blows hailed down on him; **Ha·gel·scha·den** *m* damage (done) by hail; **Ha·gel·schau·er** *m* hailstorm.

ha·ger ['ha:gɐ] *adj* 1. *(schlank)* lean, thin; 2. *(abgezehrt)* emaciated; *(ausgemergelt)* gaunt.

ha·ha [ha'ha(:)] *interj (Lachen)* haha! *(triumphierend)* aha!

Hä·her ['hɛ:ɐ] <-s, -> *m orn* jay.

Hahn¹ [ha:n, *pl* 'hɛ:nə] <-(e)s, ::e> *m* 1. *(Ablaß~) Br* tap, *Am* faucet; *(Sperr~)* stopcock; 2. *(Zapf~)* spigot; 3. *(am Gewehr)* hammer; ▶ **den ~ spannen** cock the gun; **den ~ aufdrehen** turn on the tap.

Hahn² *m zoo Br* cock, *Am* rooster; ▶ **~ im Korb sein** *fig* be the cock of the walk; **es kräht kein ~ danach** *fig fam* nobody cares a hoot about it; **Hahnen·fuß** *m bot* crowfoot; **Hah·nenschrei** *m* cockcrow; ▶ **beim ersten ~** at cockcrow; **Hah·nen·tritt** *m* tread.

Hai [haɪ] <-(e)s, -e> *m zoo a. fig fam* shark.

Hain [haɪn] ⟨-(e)s, -e⟩ *m poet* grove.
hä·keln ['hɛːkəln] *tr itr* crochet; **Hä·kel-na·del** *f* crochet hook.
Ha·ken ['haːkən] ⟨-s, -⟩ *m* 1. *allg (a. sport: Boxhieb)* hook; *(aus Holz)* peg; 2. *(Zeichen) Br* tick, *Am* check; 3. *fig fam (Schwierigkeit)* catch, snag; ▶ **jdm e-n ~ versetzen** deal s.o. a hook; **die Sache hat e-n ~** *fig fam* there's a catch in it; **Ha·ken·kreuz** *n* swastika; **Ha·ken-na·se** *f* hooked nose.
halb [halp] **I** *adj a. fig* half; *in Zssg:* half-; *(vor allem tech)* semi-; ▶ **los, wir machen ~e~e!** *fam* come on, let's go halves! **nichts H~es u. nichts Ganzes** neither one thing nor the other; **es ist ~ eins** it is half past twelve; **mit ~em Herzen** half-heartedly; **zum ~en Preis** at half the price; **e-e ~e Stunde** half an hour; **das ist nur die ~e Wahrheit** that is only half the truth; **jdm auf ~em Wege entgegenkommen** *fig* meet s.o. halfway; **wir machen keine ~en Sachen** we don't do things by halves; **e-e ~e Note** *mus* a half note; **ein ~er Ton** *mus* a semitone; **noch ein ~es Kind sein** be scarcely more than a child; **er ist nur ein ~er Mensch** he's only half a man; **II** *adv* 1. *(zur Hälfte, a. teilweise)* half; 2. *(beinahe)* almost; ▶ **~ so viel** half as much; **das ist doch ~ so schlimm** *fam* it's not that bad; **halb·amt·lich** *adj* semiofficial; **halb·au·to·ma·tisch** *adj* semiautomatic; **Halb·bru·der** *m* half-brother; **Halb· dun·kel** *n* 1. semidarkness; 2. *(Zwielicht)* twilight.
hal·ber ['halbə] *prp* 1. *(um ... willen)* for the sake of ...; 2. *(wegen)* on account of ...
Halb·er·zeug·nis (Halb·fa·bri·kat) *n com* semifinished product; **halb·fer·tig** *adj* semi-finished; **halb·flüs·sig** *adj* semifluid; **Halb·gott** *m a. fig* demigod; **Halb·heit** *f* half-measure; ▶ **keine ~en bitte!** please don't do things by halves *(od* by half-measures)!
hal·bie·ren [hal'biːrən] *tr* 1. *allg* halve; 2. *(zerschneiden)* cut in halves; 3. *math* bisect; **Hal·bie·rung** *f* 1. *allg* halving; 2. *math* bisection.
Halb·in·sel *f* peninsula; **Halb·jahr** *n* half-year, six months *pl;* **Halb·jah·res-abon·ne·ment** *n* semi-annual subscription; **Halb·jah·res·be·richt** *m* semi-annual report; **halb·jäh·rig** *adj* 1. *(ein halbes Jahr alt)* six-month-old; 2. *(ein halbes Jahr dauernd)* six month ...; **halb·jähr·lich I** *adj Br* half-yearly, *Am* semiannual; **II** *adv* every six months; **Halb·kreis** *m* semicircle; **Halb·ku·gel** *f* hemisphere; **halb·laut I** *adj* low; **II** *adv* in an undertone; **Halb·lei·ter** *m el phys* semiconductor; **halb·mast** *adv (a. fam hum)* half-mast; ▶ **auf ~** at half-mast; **Halb·mond** *m* 1.

astr (a. an Fingernagel) half-moon; 2. *pol (Wappen)* crescent; **halb·nackt** ['-'-] *adj* half-naked; **halb·of·fen** ['-'--] *adj* half-open; **Halb·pen·sion** *f* demipension; **halb·rund** *adj* semicircular; **Halb·schat·ten** *m* 1. *(Halbdunkel)* half shadow; 2. *astr* penumbra; **Halb-schrit(t·)ta·ste** *f* condensed key, half-space key; **Halb·schuh** *m* shoe; **Halb-schwer·ge·wicht** *n sport (Boxen)* light-heavyweight; **Halb·schwe·ster** *f* half-sister; **halb·tags** *adj:* ▶ **~ arbei-ten** work part-time; **Halb·tags·ar-beit** *f* part-time job; **halb·tot** ['-'-] *adj a. fig* half-dead *(vor* with); **halb·voll** ['-'-] *adj* half-full.
halb·wegs ['halpveːks] *adv fig* 1. *(teilweise)* partly; 2. *(ein bißchen)* a bit.
Halb·welt *f* demimonde; **Halb·werts-zeit** *f phys chem* half-life (period); **Halb·wüch·si·ge(r)** *f m* adolescent; **Halb·zeit** *f sport* 1. *(Spielhälfte)* half; 2. *(Pause)* half-time.
Hal·de ['haldə] ⟨-, -n⟩ *f* 1. *(Schutt~)* waste dump; 2. *min (Kohlen~)* pithead stock(s *pl); (Schlacken~)* slagheap.
Hälf·te ['hɛlftə] ⟨-, -n⟩ *f* 1. *(halber Teil)* half; 2. *(Mitte)* middle; ▶ **bis zur ~** *(Mitte)* to the middle; **um die ~** by half; **um die ~ mehr** half as much again; **meine bessere ~** *fam hum* my better half; **mehr als die ~** more than half.
Hal·le ['halə] ⟨-, -n⟩ *f* 1. *(großer Raum)* hall; 2. *(Vor~)* vestibule; 3. *(Fabrik~)* shed; 4. *(Hotel~)* lobby, lounge; 5. *sport* gym(nasium); ▶ **in der ~** *z. B. sport* indoors.
hal·len ['halən] *itr* (re)sound; *(wider~)* reverberate.
Hal·len·bad *n* indoor swimming pool.
hal·lo [ha'loː/'halo] *interj* hello!
Hal·lu·zi·na·tion *f* hallucination.
Halm [halm] ⟨-(e)s, -e⟩ *m bot (Stengel)* stalk, stem; *(Gras~)* blade; *(Stroh~)* straw.
Ha·lo·gen·bir·ne *f* halogen bulb; **Ha-lo·gen·schein·wer·fer** [halo'geːn-] *m mot* halogen headlight.
Hals [hals, *pl* 'hɛlzə] ⟨-es, -̈e⟩ *m* 1. *(Nacken)* neck; 2. *(Kehle)* throat; 3. *(Flaschen~)* neck; ▶ **ich habe es im ~** I have a sore throat; **steifer ~** stiff neck; **aus vollem ~e lachen** roar with laughter; **sich den ~ brechen** break one's neck; **jdm den ~ brechen** break someone's neck; **das wird ihm den ~ bre-chen!** *fig* that will cost him his neck! **jdm um den ~ fallen** fall on someone's neck; **sich etw auf den ~ laden** *fig fam* saddle o.s. with s.th.; **jdn auf dem ~e haben** *fig fam* be saddled with s.o.; **das hängt mir zum ~ heraus** *fig fam* I am sick and tired of that; **sie hat es in den falschen ~ bekommen** *fig fam* she took it the wrong way; **sich jdn (etw)**

vom ~ schaffen *fig fam* get s.o. (s.th.) off one's back; **bis an den ~ in Schulden stecken** *fig fam* be in debt up to one's ears; **sich den ~ nach jdm (etw) verrenken** *fig fam* crane one's neck to see s.o. (s.th.); **~ über Kopf** in a rush; **~ und Beinbruch!** *interj* good luck! **sich jdm an den ~ werfen** *fig fam* throw o.s. at s.o.; **du kannst den ~ auch nie voll kriegen!** *fig fam* really, you're never satisfied! **Hals·ab·schnei·der** *m fig fam* cutthroat; **Hals·band** *n (von Hund)* collar; **hals·bre·che·risch** *adj* 1. *(Tempo)* breakneck; 2. *(riskant)* daredevil; **Hals·ent·zün·dung** *f* sore throat; **Hals·ket·te** *f* 1. *(Schmuck)* necklace; 2. *(für Hund)* collar; **Halskrau·se** *f* ruff; **Hals·schlag·ader** *f med* carotid (artery); **Hals·schmerzen** *pl* sore throat *sing;* **hals·star·rig** *adj* 1. *(verstockt)* obstinate, stubborn; 2. *(eigensinnig) Br* wilful, *Am* stiff-necked; **Hals·star·rig·keit** *f* 1. *(Verstocktheit)* obstinacy, stubbornness; 2. *(Eigensinn) Br* wilfulness, *Am* stiff-neckedness; **Hals·tuch** *n* 1. *(zum Schmuck)* neckerchief; 2. *(Schal)* scarf; **Hals·wir·bel** *m anat* cervical vertebra.

Halt [halt] *⟨-(e)s, -e⟩ m* 1. *(für Füße etc, Festigkeit)* hold; *(Stütze, a. fig)* support; *fig (innerer ~)* stability; 2. *(Anhalten, Aufenthalt)* halt, stop; ▶ **ohne ~** nonstop; **ohne jeden ~** *fig* without any backbone; **jdm ein ~ sein** be a support for s.o.
halt¹ *interj* stop! *fam* hold on! *mil* halt!
halt² *adv fam (nun einmal)* just, simply; ▶ **das ist ~ so** that's just the way it is.
halt·bar *adj* 1. *(Position, Behauptung etc)* tenable; *(Zustand)* tolerable; 2. *(dauerhaft)* durable; *(Farbe)* fast, permanent; 3. *(stabil)* solid, strong; 4. *fam sport (Bälle)* stoppable; *(Tore)* avoidable; 5. *(Lebensmittel):* ▶ **nur begrenzt ~ perishable;** ~ **machen** *(Früchte etc)* preserve; ~ **sein** *(Lebensmittel)* keep (well); **Ihre Theorie ist wirklich nicht ~** you really can't maintain your theory; **Halt·bar·keit** *f* 1. *(von Position etc)* tenability; *(von Zustand)* tolerability; 2. *(Dauerhaftigkeit)* durability; *(von Farbe)* fastness; 3. *(Festigkeit, Stabilität)* solidity; 4. *(von Lebensmitteln)* shelf life (of a product); ▶ **begrenzte ~** perishability; **Halt·bar·keits·da·tum** *n* eatby date; **Halt·bar·ma·chung** *f* preservation; **Hal·te·griff** *m* grab handle.
hal·ten ['haltən] *irr* **I** *tr* 1. *(fest~, zurück~)* hold; 2. *(aufrechter~, beibe~)* maintain; 3. *(be~)* keep; *(Rekord, Position etc)* hold; 4. *(beschäftigen, besitzen, unter~)* keep; 5. *(tragen, stützen)* hold up, support; 6. *sport (Torschuß)* save; 7. *(ein~, erfüllen)* keep; 8. *(erachten, einschätzen)* think *(jdn für etw* s.o. (to be)

s.th.); 9. *(ab~, veranstalten)* hold; ▶ **e-e Rede (Vorlesung) ~** give a speech (lecture); **Ruhe (Ordnung) ~** keep quiet (order); **halt den Mund!** *fam* button your lip! shut up! **jdn unter Kontrolle ~** keep s.o. in order; **wenn er betrunken ist, ist er nicht zu ~** *fig* when he's drunk there's no holding him; **etw ans (*od* gegen das) Licht ~** hold s.th. up to the light; **es gelang ihm nicht, s-e Angestellten zu ~** he did not succeed in holding his employees; **etw für wahr (falsch) ~** hold s.th. to be true (false); **was ~ Sie von dem Film?** how do you rate the film? **mit jdm Verbindung ~** keep in touch with s.o.; **wofür ~ Sie mich eigentlich?** really, what do you take me for? **was halten Sie von ihm?** what do you think of him? **ich halte nicht viel von ihm** I don't think much of him; **jdm die Treue ~** remain faithful to s.o.; **jdn zum besten ~** make fun of s.o.; **jdn auf dem laufenden ~** keep s.o. posted; **II** *itr* 1. *(fest~, stand~, haften)* hold; 2. *(an~)* stop; 3. *(in e-m Zustand er~)* keep; 4. *(bestehen bleiben, dauern, haltbar sein)* last; *(Lebensmittel)* keep; *(Stoffe)* wear well; 5. *sport (als Torwart)* make a save *(od* saves *pl)*; ▶ **Jogging hält fit** jogging keeps you fit; **X hat gestern phantastisch gehalten** *sport* X made phantastic saves yesterday; **zu jdm ~** stand by s.o.; **an sich ~** contain o.s.; **III** *refl* 1. *(Nahrungsmittel, Blumen etc)* keep; 2. *(sich behaupten)* last, stay; *(im Kampf etc)* hold out; 3. *(sich wenden an)* turn *(an jdn* to s.o.); 4. *(für klug, etw Besonderes etc)* think o.s. *(für etw* (to be) s.th.); ▶ **sich an die Tatsachen ~** keep to the facts; **sich an die Vorschriften ~** observe the regulations; **er hat sich gut gehalten** *(in e-m Spiel, bei e-r Anstrengung etc)* he did well; *fam (er sieht immer noch gut aus)* he's well-preserved; **sich an ein Versprechen ~** keep a promise; **sich gerade ~** hold o.s. upright; **sich links (rechts) ~** keep (to the) left (right); **sich an das Althergebrachte ~** stay with (*od* stick to) tradition; **der Film hält sich streng an den Roman** the film sticks closely to the novel; **sich an die Spielregeln ~** play the game; **Hal·te·stel·le** *f (Bus~)* stop; *rail* station; **Hal·te·ver·bot** *n mot* ban on stopping; no stopping; *(Bereich)* no stopping zone.
halt·los *adj* 1. *(schwach)* unstable, unsteady; 2. *(hemmungslos)* unrestrained; 3. *(unbegründet)* unfounded; **Halt·lo·sig·keit** *f* 1. *(Schwäche)* instability, unsteadiness; 2. *(Hemmungslosigkeit)* lack of restraint; 3. *(Unbegründetheit)* unfoundedness.
halt·ma·chen *itr* (make a) stop; ▶ **vor nichts ~** *fig* stop at nothing.

Hal·tung *f* 1. *(Körper~)* posture; 2. *fig* attitude; *(Auftreten a.)* bearing; 3. *fig (inneres Gleichgewicht)* composure; 4. *fig (Einstellung)* attitude; ~ ▶ **annehmen** *mil* stand to attention; **er bewahrt immer** ~ he always maintains his composure; **e-e andere** ~ **annehmen** change one's position.

Ha·lun·ke [ha'luŋkə] ⟨-n, -n⟩ *m* 1. *(Schuft)* scoundrel; 2. *hum* rascal, scamp.

hä·misch ['hɛ:mɪʃ] *adj* malicious, rancorous, spiteful; ▶ **~es Lächeln** sardonic smile, sneer; **sich ~ über etw freuen** gloat over s.th.

Ham·mel ['haməl] ⟨-s, -⟩ *-m* 1. *zoo* wether; 2. *(Fleisch)* mutton; 3. *fig fam (Dummkopf)* muttonhead; **Ham·mel·bra·ten** *m* roast mutton; **Ham·mel·fleisch** *n* mutton; **Ham·mel·keu·le** *f* leg of mutton; **Ham·mel·ko·te·lett** *n* mutton chop.

Ham·mer ['hamɐ, *pl* 'hɛmɐ] ⟨-s, ⁚⟩ *m* 1. *(Werkzeug, a. sport, anat, Klavier~)* hammer; *(Holz~)* mallet; 2. *sl (schwerer Schnitzer)* howler; ▶ **du hast wohl 'n ~!** *sl* you must be round the bend! **das ist ja 'n ~!** *sl (toll)* that's terrific! **unter den ~ bringen** *(versteigern)* auction off, bring to the hammer.

häm·mern ['hɛmɐn] *tr itr* 1. *a. fig* hammer; 2. *(Blut, Herz, Puls)* pound.

Hä·mor·rho·iden [hɛmɔro'i:dən] *pl med* h(a)emorrhoids.

Ham·pel·mann ['hampəlman] ⟨-(e)s, ⁚er⟩ *m* 1. *(Spielzeug)* jumping jack; 2. *fig (zappelige Person)* fidget; 3. *fig fam (willensschwache Person)* puppet.

Ham·ster ['hamstɐ] ⟨-s, -⟩ *m zoo* hamster.

ham·stern *tr itr (speichern)* hoard.

Hand [hant, *pl* 'hɛndə] ⟨-, ⁚e⟩ *f* 1. *allg* hand; *in Zssg:* **Hand-** manual; 2. *(Schrift)* hand(writing); 3. *sport (Fußball)* ~**!** hands! *pl;* ▶ **~ u. Fuß haben** *fig fam* hold water; **weder ~ noch Fuß haben** *fig fam* not to make sense; **mit der** *(od* **von)** ~ by hand; **jdm die ~ geben** give s.o. one's hand; **in die ⁚e klatschen** clap one's hands; **⁚e hoch!** hands up! **⁚e weg!** hands off! **(bei etw) mit ~ anlegen** *(helfen)* lend a hand (with s.th.); **letzte ~ an etw legen** put the finishing *(od* final) touches to s.th.; **~ an sich legen** *(sich töten)* kill o.s.; **die ~ auf etw legen** lay hands on s.th.; **das liegt doch wohl auf der ~** that's obvious, isn't it? **jdm freie ~ geben** *fig* give s.o. a free hand; **bei etw die ~ im Spiel haben** have a hand in s.th., *fam* have a finger in the pie; **~ aufs Herz!** cross your heart! **etw in die ~ nehmen** *(anfassen)* pick s.th. up; *fig (in Angriff nehmen, übernehmen)* take s.th. in hand; **es lag in s-r ~** *fig* it was in his

hands *pl;* **alle ⁚e voll zu tun haben** *fig* have one's hands full; **e-e ~ wäscht die andere** *prov* you scratch my back and I'll scratch yours; **ich wasche meine ⁚e in Unschuld** I wash my hands of it; **entsetzt die ⁚e über dem Kopf zusammenschlagen** *fig* throw up one's hands in horror; **an ~ von . . .** by means of . . .; **von der ~ in den Mund leben** live from hand to mouth; **in festen ⁚en sein** be spoken for; **etw aus erster ~ wissen** know s.th. first hand; **ein Fahrrad aus erster ~** a first-hand bike; **etw bei der** *(od* **zur)** ~ **haben** have s.th. to hand; *fig (Ausrede, Erklärung etc)* have s.th. ready; **stets mit e-r Antwort bei der ~ sein** never be at a loss for a reply; **jdn bei der ~ nehmen** take s.o. by the hand; **die Situation fest in der ~ haben** have the situation well in hand; **~ in ~** hand in hand; **sich in der ~ haben** *fig* have o.s. under control; **er hat es in der ~, ob . . .** *fig* it's up to him whether . . .; **mit beiden ⁚en zugreifen** *fig* grasp an opportunity with both hands; **sich mit ⁚en u. Füßen gegen etw wehren** fight s.th. tooth and nail; **die Arbeit geht ihm leicht von der ~** he finds the work easy (to do); **von langer ~ vorbereiten** *fig* prepare long before; **es läßt sich nicht von der ~ weisen, daß . . .** *fig* it cannot be denied that . . .; **zu ⁚en von . . .** *(bei Briefen)* (for the) attention of . . .; **das ist bei mir in guten ⁚en** that's in good hands with me; **dem Feind in die ⁚e fallen** fall into the hands of the enemy.

Hand·ar·beit *f* 1. *(nicht Maschinenarbeit)* hand(i)work; *(kunsthandwerklich)* handicraft; 2. *(nicht Kopfarbeit)* manual work; 3. *(Nähen, Stricken, Häkeln etc)* needlework; 4. *(Unterrichtsfach)* class(es *pl*) in sewing and needlework; ▶ **dieser Tisch ist ~** this table is handmade; **Hand·ball** *m sport (Spiel)* (European) handball; **Hand·be·we·gung** *f* 1. movement *(od* sweep) of the hand; 2. *(Geste)* gesture; **Hand·bi·blio·thek** *f* reference library; **Hand·brem·se** *f mot* handbrake; **Hand·buch** *n* 1. *allg* handbook, manual; 2. *(Führer)* guide; 3. *(Kompendium)* compendium.

Händ·chen ['hɛntçən] *n* little hand; ▶ **~ halten** hold hands.

Hän·de·druck ⟨-(e)s, ⁚e⟩ *m* handshake.

Han·del ['handəl] ⟨-s⟩ *m* 1. *(das ~n, Warenverkehr)* trade *(mit Ware in, mit Partner with);* 2. *(Geschäft)* deal; 3. *(Wirtschaftszweig)* commerce; ▶ **etw in den ~ bringen** put s.th. on the market; **etw aus dem ~ ziehen** take s.th. off the market; **~ treiben** trade *(mit jdm* with s.o.).

Han·deln *n* 1. *(Handeltreiben)* trading; 2. *(Feilschen)* haggling; 3. *(Tätigwerden od -sein)* action; *(Verhalten)* behaviour.

han·deln ['handəln] **I** itr **1.** (agieren, tätig werden od sein) act; (sich verhalten) behave; **2.** (von etw ~, zum Gegenstand haben) deal (von, über with); **3.** (feilschen) haggle (um about, over); **4.** fig (ver~) negotiate (um about); **5.** (Handel treiben) trade (mit in); ▶ **rechtswidrig ~** act unlawfully; **läßt er wohl mit sich ~?** do you think he'll be open to persuasion? **II** tr: ▶ **an der Börse gehandelt werden** be quoted; **III** refl: ▶ **es handelt sich um ...** it is a matter of ...; **es handelt sich ...; worum handelt es sich?** what's it about? **darum handelt es sich nicht** that is not the issue.
Han·dels·ab·kom·men n trade agreement; **Han·dels·ar·ti·kel** m commodity; **Han·dels·bank** f Br commercial bank, Am investment banking house; **Han·dels·be·zie·hun·gen** f pl commercial (od trade) relations; ▶ **~ unterhalten** maintain trade relations; **Handels·bi·lanz** f balance of trade; **Handels·de·fi·zit** n trade deficit.
han·dels·ei·nig adj: ▶ **~ werden** come to terms (mit jdm with s.o.).
Han·dels·flot·te f merchant (od mercantile) fleet; **Han·dels·frei·heit** f freedom of trade; **Han·dels·ge·richt** n commercial court; **Han·dels·ge·sell·schaft** f **1.** com Br trading company, Am business corporation; **2.** jur firm under the mercantile law; ▶ **offene ~** (Abk OHG) general partnership; **Han·dels·ge·setz** n jur commercial (od mercantile) law; **Han·dels·ge·setz·buch** n jur code of commerce; **Han·dels·haus** n business house (od firm); **Han·dels·kam·mer** f Br chamber of commerce, Am Board of Trade; **Han·dels·krieg** m trade war; **Han·dels·ma·ri·ne** f merchant (od mercantile) marine; **Han·dels·mar·ke** f retail label; **Han·dels·nie·der·las·sung** f branch (establishment); **Handels·part·ner** m trading partner; **Han·dels·recht** n jur commercial law; **Han·dels·re·gi·ster** n com commercial (od trade) register; **Han·dels·schiff** n trading ship; **Han·dels·schu·le** f Br commercial (Am business) school; **han·dels·üb·lich** adj customary in trade; **Han·dels·ver·trag** m trade agreement; **Han·dels·ver·tre·ter(in)** m (f) sales representative; **Han·dels·wa·ren** f pl commodities, merchandise sing; **Han·dels·zen·trum** n trading (od trade) centre; **Han·dels·zweig** m branch (of trade); **Han·del·trei·ben·de(r)** f m trader.
hän·de·rin·gend adv **1.** wringing one's hands; **2.** fig (inständig) imploringly.
Hand·fe·ger m brush; **Hand·fer·tig·keit** f (Geschick) dexterity; **hand·fest**

adj **1.** (Kerl) robust, strong; **2.** (Schlägerei etc) violent; **3.** fig (Beweis etc) solid; (Betrug etc) blatant; **Hand·feu·er·waf·fe** f hand gun; **Hand·flä·che** f palm; **Hand·funk·ge·rät** n Walkie-talkie; **hand·ge·ar·bei·tet** adj handmade; **Hand·ge·lenk** n wrist; **Hand·ge·men·ge** n **1.** mil hand-to-hand fight; **2.** (Schlägerei) scuffle; **Hand·ge·päck** n Br hand luggage (Am baggage); **hand·ge·schrie·ben** adj handwritten; **hand·ge·strickt** adj hand-knitted; **Hand·gra·na·te** f hand grenade; **hand·greif·lich** adj **1.** (gewalttätig) violent; **2.** fig (offensichtlich) evident, obvious; ▶ **~ werden** (tätlich) Br become violent, Am get tough; **Hand·griff** m **1.** (an Tür, Schirm etc) handle, knob; **2.** (Tätigkeit, Bewegung) movement; ▶ **das ist doch nur ein ~** fig that only needs a flick of the wrist; **Hand·ha·be** ⟨-, (-n)⟩ f **1.** a. fig handle; **2.** jur: ▶ **gesetzliche ~** legal grounds pl; **hand·ha·ben** ['hantha:bən] tr **1.** (Werkzeug, Waffe etc, a. fig) handle; **2.** (Maschine etc) operate; **3.** fig (Methode etc) apply; **Hand·ha·bung** f **1.** (von Gerät etc) handling; **2.** tech (Bedienung) operation; **3.** fig (Anwendung) application; **Hand·har·mo·ni·ka** f mus accordion; **Hand·kar·ren** m handcart; **Hand·kof·fer** m small suitcase; **Hand·kuß** m kiss on the hand; ▶ **mit ~** fig fam gladly (od with pleasure); **Hand·lan·ger(in)** m (f) **1.** (Zuarbeiter) helper; **2.** fig (verächtlich) jackal; (Komplize) accomplice.
Händler(in) ['hendlə] m (f) **1.** (Handeltreibende(r)) trader; dealer; **2.** (Ladeninhaber(in)) Br shopkeeper, Am storekeeper.
hand·lich ['hantlıç] adj **1.** (vom Format her) handy; **2.** (leicht zu handhaben) manageable.
Hand·lung ['handlʊŋ] f **1.** (Vorgehen) action; (Tat) act; **2.** (Geschehen) action; (im Drama etc) plot; **Hand·lungs·be·voll·mäch·tig·te(r)** f m **1.** (Prokurist(in)) authorized clerk; **2.** (Stellvertreter(in)) proxy; **hand·lungs·fä·hig** adj capable of acting; **Hand·lungs·frei·heit** f freedom of action; **Hand·lungs·wei·se** f **1.** (Art u. Weise, zu handeln) manner of acting; **2.** (Verhalten) behaviour; **3.** (Vorgehen) procedure,
Hand·pfle·ge f manicure; **Hand·rücken** (k·k) m back of the hand; **Hand·satz** ⟨-es⟩ m typ hand composition; **Hand·schel·le** f handcuff, fam nipper; **Hand·schlag** ⟨-(e)s⟩ m (Händeschütteln) handshake; ▶ **keinen ~ tun** fam not to do a stroke; **Hand·schrift** f **1.** handwriting; **2.** (Text) manuscript; **3.** fig (Charakterzug, „Markenzeichen") (trade)mark; **hand-**

schrift·lich I *adj* (hand)written; **II** *adv* in writing; **Hand·schuh** *m* glove; **Hand·schuh·fach** *n mot* glove compartment; **Hand·stand** *m sport* handstand; **Hand·ta·sche** *f Br* (hand)bag, *Am* purse; **Hand·tel·ler** *m* palm (of the hand); **Hand·tuch** *n* towel; ▶ **das ~ werfen** *(beim Boxen, a. fig)* throw in the sponge *(od* towel); **Hand·um·dre·hen** *n:* ▶ **im ~** in a jiffy, in no time; **Hand·voll** ‹-, -› *f* handful; **Hand·werk** *n* 1. *(im Gegensatz zu industrieller Arbeit)* (handi)craft; **2.** *(Berufsstand)* trade; ▶ **jdm das ~ legen** *fig* put a stop to someone's game; **sein ~ verstehen** *a. fig* know one's job; **Hand·wer·ker(in)** *m (f)* 1. (skilled) manual worker; **2.** *(Selbständiger, Kunst~)* craftsperson, craftsman (-woman); **Hand·werks·mei·ster(in)** *m (f)* master craftsperson; **Hand·werks·zeug** *n* 1. *(Werkzeug, Geräte)* tools *pl;* 2. *fig* equipment, tools *pl;* **Hand·wur·zel** *f anat* carpus; **Hand·zeich·nung** *f* 1. *(Zeichnung aus freier Hand)* freehand drawing; **2.** *(Skizze)* sketch; **Hand·zet·tel** *m* flier; handbill; leaflet.

ha·ne·bü·chen ['ha:nəby:çən] *adj (gehoben, obs: unglaublich)* incredible.

Hanf [hanf] ‹-(e)s› *m bot* hemp.

Hang [haŋ, *pl* 'hɛŋə] ‹-(e)s, ¨e› *m* 1. *(Abhang)* slope; 2. *fig (Neigung)* tendency; ▶ **e-n ~ zu etw haben** be inclined to do s.th., have a tendency towards s.th.

Hän·ge·brücke (k·k) *f* suspension bridge; **Hän·ge·lam·pe** *f* droplight; **Hän·ge·mat·te** *f* hammock.

hän·gen I *tr (Gegenstände, a. Verbrecher auf~)* hang; ▶ **sein Herz an etw ~** set one's heart on s.th.; **II** *irr itr* 1. *allg (a. gehenkt werden)* hang; 2. *fam (herum~, sich aufhalten)* hang around; ▶ **an etw ~** *(an jds Hals, Arm etc, a. fig)* cling to s.th.; *(am Geld etc)* be fond of; **an jdm ~** *fig (ihn gernhaben)* be fond of s.o.; *(wie e-e Klette)* cling to s.o.; **an jds Lippen ~** *fig* hang on someone's every word; **mit H~ u. Würgen** *fig fam* by the skin of one's teeth; **III** *refl* 1. hang on *(an etw* to s.th.); 2. *fam (sich anschließen)* latch on *(an jdn* to s.o.); 3. *fam (verfolgen)* set off in pursuit *(an jdm* of s.o.); *(beschatten)* tail *(an jdn* s.o.); **hän·gen|blei·ben** *irr itr* 1. *(an Nagel etc)* get caught *(an* on); 2. *fig (von Blicken, Verdacht etc)* rest *(an* on); 3. *fig fam (haftenbleiben, von Lehrstoff, Wissen etc)* stick; 4. *päd (sitzenbleiben)* stay down; ▶ **an mir bleibt ja doch wieder alles hängen!** *fig fam* I'll be *(od* get) stuck with all that again anyway! **hän·gend** *adj* 1. *(baumelnd)* hanging; 2. *(Schultern)* sagging.

Hans·dampf [hans'damf] *m fam:*

▶ **(ein) ~ in allen Gassen** Jack-of-all-trades.

Han·se ['hanzə] ‹-› *f hist* Hanse, Hanseatic League.

hän·seln ['hɛnzəln] *tr* tease.

Hans·wurst ['--/-'-] ‹-(e)s, -e/(¨e)› *m* buffoon; *(im Zirkus)* clown; ▶ **den ~ spielen** fool around; **für andere den ~ machen** do the donkey work for others.

Han·tel ['hantəl] ‹-, -n› *f sport* dumbbell.

han·tie·ren [han'ti:rən] *itr* 1. *(arbeiten)* work, be busy; 2. *(herumbasteln)* tinker *(an* on); 3. *(umgehen)* handle *(mit etw* s.th.).

ha·pern ['ha:pɛn] *itr fam:* ▶ **es hapert an ...** there's a hitch in ...; **mit der Grammatik hapert es bei ihm** he's weak at grammar; **bei ihm hapert es immer am Geld** he's always short of money.

Hap·pen ['hapən] ‹-s, -› *m fam* morsel, mouthful.

hap·pig *adj fam* steep; ▶ **das ist ganz schön ~** that's a bit much.

Hap·py-End ['hɛpɪɛnt] ‹-s, -s› *n* happy ending.

Hard·li·ner ['ha:dlaɪnɐ] ‹-s, -› *m pol* hardliner.

Hard Rock ['ha:drɔk] *m mus* hard rock.

Hard·ware ['ha:dɛɐ] ‹-, -s› *f EDV* hardware.

Har·fe ['harfə] ‹-, -n› *f mus* harp; ▶ **~ spielen** play the harp; **etw auf der ~ spielen** play s.th. on the harp.

Har·ke ['harkə] ‹-, -n› *f* rake; ▶ **dir werd' ich zeigen, was 'ne ~ ist!** *fig fam* I'll show you what's what! **har·ken** *tr itr* rake.

Har·le·kin ['harleki:n] ‹-s, -e› *m* harlequin.

Harm [harm] ‹-(e)s› *m poet* 1. *(Kummer)* grief; 2. *(Kränkung)* harm; **harm·los** *adj* 1. *(Mensch, Tier etc)* harmless; 2. *(Vergnügen)* innocent; 3. *(Verletzung, Unfall etc)* minor; **Harm·lo·sig·keit** *f* 1. *(Gutmütigkeit)* harmlessness; 2. *(von Vergnügen)* innocence; 3. *(von Wunde etc)* minor nature.

Har·mo·nie [harmo'ni:] *f mus a. fig* harmony; **har·mo·nie·ren** *itr a. fig* harmonize *(mit* with).

Har·mo·ni·ka [har'mo:nika] ‹-, -s/-ken› *f* 1. *(Zieh~)* concertina; 2. *(Mund~)* mouth organ.

har·mo·nisch *adj* 1. *mus* harmonic; 2. *fig (wohlklingend)* harmonious.

Har·mo·ni·um ‹-s, -nien› *n mus* harmonium.

Harn [harn] ‹-(e)s› *m med* urine; **Harn·bla·se** *f anat* (urinary) bladder.

Har·nisch ['harnɪʃ] ‹-(e)s, -e› *m hist* armour; ▶ **in ~ geraten** *fig* fly into a rage *(wegen etw* about s.th.).

Harn·röh·re *f med* urethra.

Har·pu·ne [har'pu:nə] ‹-, -n› *f* harpoon;

har·pu·nie·ren *tr itr* harpoon.
har·ren ['harən] *itr* await, wait for (*jds s.o., e-r Sache* s.th.).
Harsch [harʃ] ⟨-es⟩ *m* crusted snow.
harsch *adj* harsh.
hart [hart] ⟨härter, härtest⟩ I *adj* 1. *allg* (*a. fig: Drogen, Pornographie etc*) hard; 2. (*Gesichtszüge, Umrisse etc*) sharp; 3. (*widerstandsfähig*) tough; (*rauh*) rough; 4. (*solide, stabil*) stable; 5. (*grausam*) cruel; (*streng*) severe; ▶ ein ~es Herz *fig* a hard heart; ~ gefroren frozen hard; **er ist ~ im Nehmen** *fam* he can take it; **~e Worte** harsh words; ~ **zu jdm sein** be hard on s.o.; ~ (*gegenüber jdm*) **bleiben** remain adamant (towards s.o.); ~ **werden (~ machen)** *a. fig* harden; II *adv* 1. *allg* hard; 2. (*scharf*) sharply; 3. (*rauh*) roughly; 4. (*streng*) severely; 5. (*nahe, beinahe*) close (*an* to); ▶ ~ **arbeiten** work hard; **das mag ~ klingen, aber ...** that may sound harsh, but ...; **jdn ~ anpacken** be hard on s.o.; **der Tod s-r Frau traf ihn ~** his wife's death hit him hard; ~ **an der Grenze von** (*od* **zu**) **etw** close to (*od* on the very limits of) s.th.
Här·te ['hɛrtə] ⟨-, -n⟩ *f* 1. *allg* hardness; 2. (*Schärfe*) sharpness; 3. (*Zähigkeit*) toughness; (*Rauheit*) roughness; 4. (*Strenge*) severity; 5. (*Stabilität*) stability; 6. (*schwere Erträglichkeit*) cruelty, harshness; (*soziale ~*) hardship; **Här·te·fall** *m* hardship case; **Här·te·grad** *m* 1. *allg* degree of hardness; 2. (*von Stahl*) temper; **här·ten** *tr itr refl* 1. *allg a. fig* harden; 2. (*Stahl*) temper; **Här·te·test** *m* 1. endurance test; 2. *fig* acid test.
Hart·fa·ser·plat·te *f Br* hardboard, *Am* fiberboard; **hart·ge·fro·ren** *adj* (*attributiv*) frozen; (*prädikativ*) frozen hard; **hart·ge·kocht** *adj* (*Ei*) hardboiled; **Hart·geld** *n* hard cash; **hart·ge·sot·ten** *adj fig* tough, hard-boiled; **hart·her·zig** *adj* hard-hearted; **Hart·her·zig·keit** *f* hard-heartedness; **Hart·holz** *n* hardwood; **hart·näckig (k·k)** ['hartnɛkɪç] *adj* 1. (*eigensinnig, stur*) obstinate, stubborn; 2. (*beharrlich*) persistent; 3. *med* (*Krankheit*) refractory; **Hart·näckig·keit (k·k)** *f* 1. (*Sturheit*) obstinacy, stubbornness; 2. (*Beharrlichkeit*) persistence; 3. *med* (*e-r Krankheit*) refractoriness.
Harz [ha:ts] ⟨-es, -e⟩ *n bot* resin; **harzig** *adj* resinous.
Hasch [haʃ] ⟨-s⟩ *n fam* (*Haschisch*) boo, grass, pot, shit.
Ha·schee [ha'ʃe:] ⟨-s, -s⟩ *n* (*Hackfleischgericht*) hash.
ha·schen¹ ['haʃən] I *tr* 1. *obs* (*fangen*) catch; 2. (*jagen*) chase; II *itr* 1. *obs* (*schnappen, greifen*) snatch (*nach* for); 2. *fig* strive (*nach* for); ▶ **nach Effekt**

~ *fig* strain for effect; *theat* play to the gallery; **nach Beifall** ~ *fig* strive for applause.
ha·schen² *itr fam* (*Haschisch rauchen*) take hash (*od* pot, shit).
Ha·schisch ⟨-(s)⟩ *n od m* hashish.
Ha·se ['ha:zə] ⟨-n, -n⟩ *m zoo* hare; ▶ **falscher** ~ *fam* (*Hackbraten*) meat loaf; **sehen, wie der** ~ **läuft** *fig fam* see how the cat jumps; **da liegt der** ~ **im Pfeffer** there's the rub.
Ha·sel·nuß ['ha:zəlnʊs] *f bot* hazel(nut).
Ha·sen·bra·ten *m* roast hare; **Ha·sen·fuß** *m fig* (*Feigling*) coward; **Ha·sen·pfef·fer** *m* jugged hare; **Ha·sen·schar·te** *f med* harelip.
Haß [has] ⟨-sses⟩ *m* 1. hate, hatred (*auf, gegen* of, for); 2. *fam* (*Ärger, Wut*) *Am* soreness (*auf* at); ▶ **sich jds** ~ **zuziehen** incur someone's hatred; **aus** ~ **auf ... out** of hatred of ...; **ich habe e-n richtigen** ~ **auf ihn** *fam* I'm really sore at him.
has·sen ['hasən] *tr itr* 1. hate (*wegen* for); 2. (*verabscheuen*) detest; **has·sens·wert** *adj* hateful, odious; **haß·er·füllt** *adj* filled with hatred; ▶ **jdn** ~ **ansehen** look daggers at s.o.
häß·lich ['hɛslɪç] *adj* 1. (*unschön*) ugly; 2. (*scheußlich*) hideous; 3. *fig* (*unangenehm*) unpleasant; 4. *fig* (*gemein*) mean, nasty; **Häß·lich·keit** *f* 1. (*Unschönheit*) ugliness; 2. (*Scheußlichkeit*) hideousness; 3. *fig* (*Unerfreulichkeit*) unpleasantness; 4. *fig* (*Gemeinheit*) meanness, nastiness; (*häßliche Bemerkung*) nasty remark.
Hast [hast] ⟨-⟩ *f* 1. (*Eile*) haste, hurry; 2. (*Überstürzung*) precipitation; ▶ **in großer** ~ in great haste; **ha·sten** ⟨sein⟩ *itr* hasten, hurry; **ha·stig** *adj* 1. (*eilig*) hasty, hurried; 2. (*überstürzt*) precipitate.
hät·scheln ['hɛ(:)tʃəln] *tr* 1. (*liebkosen*) fondle; 2. *fig* (*verzärteln*) pamper.
Hau·be ['haubə] ⟨-, -n⟩ *f* 1. *allg* cap, hood; 2. *mot* (*Motor~*) *Br* bonnet, *Am* hood; 3. *orn* (*von Vogel*) crest, tuft; ▶ **jdn unter die** ~ **bringen** *fam hum* marry s.o. off; **unter die** ~ **kommen** *fam hum* get spliced.
Hauch [haux] ⟨-(e)s, (-e)⟩ *m* 1. (*Atem*) breath; (*Luft~*) breeze; (*kalter*) blast; 2. *fig* (*Spur*) hint, touch; **hauch·dünn** ['-'-] *adj* 1. filmy; 2. *fig* wafer-thin; **hauchen** ['hauxən] I *itr* breathe; (*blasen*) blow; II *tr* (*leise sprechen*) whisper softly; **hauch·zart** ['-'-] *adj* extremely delicate.
Hau·de·gen *m fig* 1. *pol* old campaigner; 2. *mil* old warhorse; **Haue** ['hauə] ⟨-, -n⟩ *f* 1. (*Hacke*) hoe; 2. *fam* (*Prügel*) (good) hiding; **hau·en** *irr* I *tr itr* 1. (*Holz, Fleisch*) chop; 2. *min* (*Steine, Kohle*) break; (*Erz*) cut; 3. *fam* (*schlagen, prügeln*) hit; 4. *fam* (*schmei-*

ßen) bang, slam; ▶ sein Geld auf den Kopf ~ *fam* blow one's money; **II** *refl fam* 1. *(sich schlagen)* scrap, fight; 2. *(sich setzen, legen)* fling o.s.; ▶ sich in die Falle ~ *fam* hit the sack.

Hau·er¹ *m zoo (Eberzahn)* tusk.

Hau·er² *m min (Bergmann)* hewer.

Hau·fen ['haufən] ⟨-s, -⟩ *m* 1. *allg* heap; *(gleichmäßig)* pile; 2. *fam (große Anzahl, Menge)* great number; 3. *(Häufung, Ansammlung)* accumulation; 4. *fam (bunter* ~, *Menschengruppe etc)* bunch; ▶ **ein ~n Arbeit** a load *(od* heap) of work; **über den ~n werfen** *(Pläne etc)* upset; *(Bedenken etc)* throw aside; **jdn über den ~ rennen** send s.o. cartwheeling; **hau·fen·wei·se** *adj* in heaps; ▶ **etw ~ haben** have piles of s.th.; **Hau·fen·wol·ke** *f* cumulus (cloud).

häu·fig ['hɔɪfɪç] **I** *adj* 1. *(oft vorkommend)* frequent; 2. *(weit verbreitet)* common, widespread; **II** *adv* frequently, often; **Häu·fig·keit** *f* frequency; **Häufung** *f* accumulation.

Haupt [haupt, *pl* 'hɔɪptə] ⟨-(e)s, ∵er⟩ *n* 1. *(gehoben für: Kopf, a. fig: Ober~)* head; 2. *in Zssg:* ~- chief, main, principal; ▶ **mit entblößtem ~** bareheaded; **zu jds ∵ern** at someone's head *sing;* **das ~ e-r Verschwörung** the mastermind *(od* head) of a conspiracy; **Haupt·ak·tio·när** *m* major shareholder; **Haupt·al·tar** *m eccl* high altar; **Haupt·anschluß** *m tele* main extension; **Haupt·auf·ga·be** *f* main *(od* chief) task; **Haupt·au·gen·merk** *n* chief attention; ▶ **sein ~ auf etw richten** focus one's special attention on s.th.; **Haupt·bahn·hof** *m rail* central station; **Haupt·be·din·gung** *f* principal condition; **Haupt·be·ruf** *m* main profession; **haupt·be·ruf·lich** *adv* as one's main occupation; **Haupt·be·stand·teil** *m* 1. principal ingredient; 2. *(e-r Warensendung)* bulk; 3. *(e-r Mahlzeit)* substantials *pl;* **Haupt·buch** *n com* ledger; **Haupt·dar·stel·ler(in)** *m (f) film theat* principal actor (actress); ▶ **mit ... als ~** starring ...; **Haupt·ein·gang** *m* main entrance; **Haupt·fach** *n* main subject; **Haupt·film** *m* main film; **Haupt·ge·richt** *n (Essen)* main course; **Haupt·ge·schäfts·zeit** ['--'--] *f* main business hours *pl;* **Haupt·ge·winn** *m* 1. *(Erster Preis)* first prize; 2. *(größter Vorteil)* main profit; **Hauptgrund** *m* principal reason; **Haupthahn** *m (Gas, Wasser)* main tap; ▶ **den ~ abdrehen** turn off the mains *pl;* **Haupt·lei·tung** *f* 1. *el* mains; 2. *(Gas, Abwasser, Wasser etc)* main pipe.

Häupt·ling ['hɔɪptlɪŋ] *m* chief(tain).

Haupt·mahl·zeit *f* chief *(od* main) meal; **Haupt·mann** ⟨-(e)s, -leute⟩ *m* 1.

mil captain; *aero mil* flight lieutenant; 2. *(Räuber~)* chieftain; **Haupt·merk·mal** *n* chief characteristic, main feature; **Haupt·nen·ner** *m math* common denominator; **Haupt·nut·zen** *m* main *(od* primary) benefit; **Haupt·per·son** *f* 1. *a. fig* central figure; 2. *(Schlüsselfigur)* key man *(od* key woman); 3. *(e-s Romans)* hero *(od f* heroine); 4. *film theat* principal character; **Haupt·post(·amt)** *f (n)* Main Post Office; **Haupt·pro·blem** *n* main problem; **Haupt·quar·tier** *n* headquarters *pl (Abk* H.Q.); **Haupt·rol·le** *f theat film* leading role *(od* part); ▶ **die ~ spielen** *film* star; *fig* be all-important; **mit ... in der ~ starring ...; **Haupt·sache** *f* main point; ▶ **das ist die ~** that's all that matters; **in der ~** mainly; ~, **es klappt** the main thing is it comes off; **hauptsäch·lich I** *adj* chief, main, principal; **II** *adv* chiefly, mainly, principally; **Haupt·sai·son** *f* high season; **Haupt·satz** *m* 1. *gram* principal clause; 2. *mus* principal (movement); 3. *(e-r wissenschaftl. Theorie)* main proposition; **Haupt·schal·ter** *m* 1. *el* main switch; 2. *(im Postamt etc)* main ticket office; **Haupt·schlag·ader** *f med* aorta; **Haupt·schlüs·sel** *m* master key; **Haupt·schuld** *f a. jur* principal fault; **Haupt·schul·di·ge(r)** *f m jur* main offender; **Haupt·sen·de·zeit** *f* prime time; **Haupt·si·che·rung** *f el* main fuse; **Haupt·spei·cher** *m EDV* main storage; **Haupt·stadt** *f* capital; **Haupt·stra·ße** *f* 1. *(in der Stadt) Br* high *(Am* main) street; 2. *(für Fernverkehr) Br* arterial road, *Am* highway; **Haupt·tref·fer** *m (bei Lotterie)* jackpot, top prize; **Haupt·ur·sa·che** *f* chief cause; **Haupt·ver·hand·lung** *f jur* (actual) trial, main hearing; **Haupt·ver·kehrs·stra·ße** *f* 1. *(in der Stadt)* main street; 2. *(Durchgangsstraße)* main thoroughfare; 3. *(Städteverbindung)* main highway; **Haupt·ver·kehrs·zeit** *f* rush hour(s *pl);* **Haupt·ver·samm·lung** *f* 1. *allg* general meeting; 2. *com (bei AG) Br* shareholders' *(Am* stockholders') general meeting; **Haupt·ver·wal·tung** *f com* head office; **Haupt·wä·sche (Haupt·wasch·gang)** *f (m)* main wash; **Haupt·wort** *n gram* noun.

Haus [haus, *pl* 'hɔɪzə] ⟨-es, ∵er⟩ *n* 1. *allg (bes. Wohn~)* house; *(Gebäude)* building; *(Heim)* home; 2. *fig (Fürsten~, a. com: Firma u. parl)* House; 3. *theat (fig: Publikum)* house; *(Theatergebäude) Br* theatre, *Am* theater; ▶ **ein volles ~** *theat* a full house; **Herr X ist nicht im ~e** *(nicht im Betrieb)* Mr X is not on the premises *pl,* Mr X is not in; **altes ~** *fig fam (Freund, Kamerad)* old chum; **Lieferung frei ~** *com* free delivery;

außer ~ essen eat out; **das ~ Habsburg** *fig* the House of the Habsburgs; **~ an ~ mit jdm wohnen** live next door to s.o.; **aus gutem ~e** from a good family; **~ und Hof** house and home; **der kommt mir nicht ins ~!** I won't have him in the house! **mit der Tür ins ~ fallen** *fig* come straight to the point, blurt s.th. out; **nach ~e** *a. fig* home; **jdn nach ~e bringen** see s.o. home; **von ~ aus** *(ursprünglich)* originally; *(von Natur aus)* naturally; **zu ~e** at home; **wieder zu ~e sein** be back home; **in ~r Sache zu ~e sein** *fig* be at home in s.th.; **er ist in London zu ~e** his home town is London; **ich fühle mich hier wie zu ~e** I feel at home here; **fühlen Sie sich wie zu ~e!** make yourself at home! **das ~ hüten** *(zu ~e bleiben)* stay at home; *(sich ums ~ kümmern)* look after the house; **jdm das ~ verbieten** forbid s.o. (to enter) one's house; **ins ~ stehen** be forth-coming.

Haus·ab·fall *m* domestic refuse; **Haus·an·ge·stell·te** *m f* domestic (servant); **Haus·an·schluß** *m tech* house *(od* service) connection; **Haus·apo·the·ke** *f* (family) medicine-chest; **Haus·ar·beit** *f* 1. *(Haushalt)* chores *pl*, housework; 2. *päd* homework; **Haus·ar·rest** *m jur* house arrest; ▶ **jdn unter ~ stellen** put s.o. under house arrest; **Haus·arzt (-ärz·tin)** *m (f)* family doctor; **Haus·auf·ga·be** *f päd* homework; ▶ **s-e ~n machen** do one's homework *sing*; **haus·backen (k·k)** *adj* 1. *obs (Brot etc)* homemade; 2. *fig* drab, homespun, homely *(bes Am)*; **Haus·bar** *f* cocktail cabinet; **Haus·be·set·zer(in)** *m (f)* squatter; **Haus·be·set·zung** *f* squatting; **Haus·be·sit·zer(in)** *m (f)* 1. *(Besitzer e-s Hauses)* house owner; 2. *(Vermieter)* landlord (landlady); **Haus·be·woh·ner(in)** *m (f)* 1. *(im Hause Wohnende(r))* occupant (of a house); 2. *(Mieter)* tenant; **Haus·brand** *m* domestic fuel.

Häus·chen ['hɔısçən] ⟨-s, -⟩ *n* 1. *(kleines Haus)* small house; 2. *(im Grünen, Wochenend~)* cottage; ▶ **ganz aus dem ~ sein** *fig fam (vor Freude, Aufregung etc)* be out of one's mind with joy *(od* excitement *etc)*; *fig fam (vor Wut)* hit the ceiling; **das Publikum geriet förmlich aus dem ~** *fig fam* the audience really went berserk.

Haus·ein·gang *m* (house) entrance; **hau·sen** ['hauzən] *itr fam pej (wohnen)* dwell; ▶ **übel ~** *fig* wreak *(od* create) havoc.

Häu·ser·block (od -komplex) ⟨-(e)s, -s⟩ *m* block (of buildings); **Häu·ser·mak·ler(in)** *m (f)* estate agent; **Haus·flur** ⟨-(e)s, -e⟩ *m* 1. *(Diele) Br* (entrance)hall, *Am* hallway; 2. *(Gang)* corridor; 3. *(Treppenhaus)* staircase; **Haus·frau** *f (Berufsbezeichnung)* housewife; **Haus·freund** *m* 1. *(Freund der Familie)* friend of the family; 2. *fam euph (Geliebter der Ehefrau)* man friend; **Haus·frie·dens·bruch** *m jur* disturbance of domestic peace and security; **Haus·ge·brauch** *m* domestic use; ▶ **mein Englisch reicht gerade für den ~** *fam* I just about get by with my English; **Haus·ge·burt** *f* home birth; **haus·ge·macht** *adj* homemade; **Haus·halt** ⟨-(e)s, -e⟩ *m* 1. *(Hausgemeinschaft)* household; 2. *fin pol (Etat)* budget; ▶ **jdm den ~ führen** keep house for s.o.; **haus|hal·ten** *irr itr* 1. *(den Haushalt führen)* keep house; 2. *(sparsam wirtschaften)* be economical; ▶ **mit s-n Kräften ~** *fig* conserve one's strength *sing*; **mit s-n Kräften nicht ~** *fig* burn the candle at both ends; **Haus·häl·ter(in)** *m (f)* housekeeper; **Haus·halts·geld** *n* housekeeping money; **Haus·halts·ge·rät** *n* domestic appliance; **Haus·halts·jahr** *n pol* fiscal *(od* financial) year; **Haus·halts·plan** *m pol* budget; ▶ **den ~ aufstellen** draw up the budget; **Haus·halts·wa·ren** *f pl Br* household articles, *Am* housewares; **Haus·herr** *m* 1. *(Gastgeber)* host; 2. *(Hauswirt)* landlord; **haus·hoch** ['-'-] *adj* 1. *(sehr hoch, a. fig)* enormous, huge; 2. *fig (Sieg etc)* crushing; ▶ **~ gewinnen** *fig* win by miles.

hau·sie·ren ['hau'ziːrən] *itr a. fig* hawk (about), peddle *(mit etw* s.th.); ▶ **Betteln u. H~ verboten!** no begging or peddling! **Hau·sie·rer(in)** *m (f)* hawker.

Haus·leh·rer(in) *m (f)* private tutor(ess).

häus·lich ['hɔıslıç] *adj* 1. *(zum Haus gehörig)* domestic; 2. *(das Zuhause liebend)* home-loving; 3. *(Familien-)* family; **Häus·lich·keit** *f* domesticity.

Haus·ma·cher·le·ber·wurst *f* homemade liver sausage; **Haus·mäd·chen** *n* (house)maid; **Haus·mann** ⟨-(e)s, ⸚er⟩ *m* house-husband; **Haus·manns·kost** *f* plain fare; **Haus·mei·ster(in)** *m (f) Br* caretaker, *Am* janitor; **Haus·mit·tel** *n med* household remedy; **Haus·müll** *m* domestic rubbish *(od* refuse), *bes Am* domestic garbage; **Haus·num·mer** *f* house number; **Haus·ord·nung** *f* rules *pl* of the *(od* a) house; **Haus·rat** ⟨-(e)s⟩ *m* household effects *pl*; **Haus·rat·ver·si·che·rung** *f* household contents insurance; **Haus·schlüs·sel** *m* front-door key; **Haus·schuh** *m* slipper; **Haus·su·chung** *f jur Br* house search *(Am* check); ▶ **e-e ~ vornehmen** search a house; **Haus·te·le·phon** *n* internal telephone;

Haus·tier *n* 1. *(kein wildes Tier)* domestic animal; 2. *(in der Wohnung)* pet; **Haus·tür** *f* front door; **Haus·ver·wal·ter(in)** *m (f) com* property manager; **Haus·wirt(in)** *m (f)* landlord (landlady).

Haut [haʊt, *pl* 'hɔɪtə] ⟨-, ╌e⟩ *f* 1. *allg* skin; 2. *(von Tieren, zur Lederverarbeitung)* hide; 3. *(e-r Frucht)* peel; 4. *(bei Flüssigkeit)* film; *(bei Milch)* cream, skin; ► **e-e dicke ~ haben** *fig fam* be thick-skinned; **die ~ betreffend** cutaneous; **mit ~ u. Haaren** *fig fam* completely; **sich e-r Sache mit ~ u. Haaren verschreiben** *fig fam* devote o.s. body and soul to s.th.; **nur ~ u. Knochen sein** *fig* be nothing but skin and bone; **mit heiler ~ davonkommen** *fig* escape without a scratch; **das ist zum Aus-der-~-Fahren** *fig fam* that's enough to drive you mad; **den ganzen Tag auf der faulen ~ liegen** *fig fam* idle away one's time; **naß bis auf die ~** soaked to the skin; **ich möchte nicht in seiner ~ stecken** *fig fam* I wouldn't like to be in his shoes *pl*; **sich s-r ~ wehren** *fig* defend o.s vigorously; **das geht e-m unter die ~** *fig fam* that gets under your skin; **Haut·ab·schür·fung** *f med* excoriation; **Haut·arzt (-ärz·tin)** *m (f) med* dermatologist; **Haut·aus·schlag** *m* rash.

Häut·chen ['hɔɪtçən] ⟨-s, -⟩ *n* 1. *(dünne Haut)* thin skin; 2. *anat bot (Membran)* membrane; *(an Fingernagel)* cuticle.

Haut·creme *f* skin cream.

häu·ten ['hɔɪtən] **I** *tr (Tier)* skin; **II** *refl zoo* shed its skin; *(bei Schlange)* slough.

haut·eng ['-'-] *adj* skin-tight.

Haute·vo·lee [(h)oːtvo'leː] ⟨-⟩ *f fam (meist pej)* (the) upper crust.

Haut·far·be *f* skin colour; **Haut·kli·nik** *f* dermatological (*od* skin) clinic; **Haut·krank·heit** *f* skin disease; **Haut·über·tra·gung** *f anat* skin grafting.

Ha·va·rie [hava'riː] *f mar* average.

he, he da [heː] *interj* hey!

Heb·am·me ['heːpˀamə/'heːbamə] ⟨-, -n⟩ *f* midwife.

He·be·büh·ne *f mot* lifting platform.

He·bel ['heːbəl] ⟨-s, -⟩ *m* lever; ► **alle ~ in Bewegung setzen** *fig* move heaven and earth; ► **am längeren ~ sitzen** *fig fam* have the whip hand; **He·bel·arm** *m* lever arm; **He·bel·wir·kung** *f* leverage.

he·ben ['heːbən] *irr* **I** *tr* 1. *(hoch~)* lift, raise; 2. *fig (aufwerten)* improve; *(vergrößern)* increase; *fig fam:* ► **e-n ~ wet one's whistle**; **II** *refl* 1. *(sich er~, sich nach oben bewegen)* rise; 2. *(sich verbessern)* improve; *(zunehmen)* increase.

He·brä·er(in) [heˈbrɛːɐ] *m (f)* Hebrew; **he·brä·isch** *adj* Hebrew.

He·bung ['heːbʊŋ] *f* 1. *(von Küste, Boden etc)* elevation; 2. *(von Stimme)* accent; 3. *(betonte Silbe)* stressed syllable; 4. *fig (Verbesserung)* improvement; *(Erhöhung)* increase.

Hecht [hɛçt] ⟨-(e)s, -e⟩ *m zoo* pike; **Hecht·sprung** *m fig sport (beim Schwimmen)* Br pike dive, Am jackknife; *(beim Turnen)* long fly; *(e-s Torwarts)* (full-length) dive.

Heck [hɛk] ⟨-s, -s⟩ *n mar* stern; *mot* rear; *aero* tail.

Hecke (k·k) ['hɛkə] ⟨-, -n⟩ *f* hedge; **Hecken·ro·se (k·k)** *f bot* dogrose; **Hecken·sche·re (k·k)** *f* hedge clippers *pl;* **Hecken·schüt·ze (k·k)** *m mil* sniper.

Heck·klap·pe *f mot* tail gate; **Heck·mo·tor** *m mot* rear engine; **Heck·schei·be** *f mot* rear window; **Heck·schei·ben·hei·zung** *f mot* rear window pane heating; **Heck·spoi·ler** *m mot* rear spoiler.

he·da ['heːda] *interj fam* heigh! hey there!

Heer [heːɐ] ⟨-(e)s, -e⟩ *n* 1. *mil* army; 2. *fig (Schwarm)* swarm; 3. *fig fam (große Menge)* host, large number; ► **stehendes ~** *mil* standing army; **ein ~ von Reportern** *fig fam* a host of reporters; **ein ~ von Fliegen** *fig* a swarm of flies.

He·fe ['heːfə] ⟨-, -n⟩ *f (zum Backen etc)* yeast; **He·fe·teig** *m* yeast dough.

Heft[1] [hɛft] ⟨-(e)s, -e⟩ *n* 1. *(Griff)* handle; *(Schwert~)* hilt; 2. *fig (Leitung)* reins *pl*.

Heft[2] ⟨-(e)s, -e⟩ *n* 1. *(Schreib~)* notebook; 2. *(Übungs~)* exercise book; 3. *(Broschüre)* booklet; 4. *(einzelnes ~ e-r Zeitschrift)* issue, number.

hef·ten I *tr* 1. *(befestigen)* fix; *(feststecken)* pin; 2. *(Buch)* stitch; 3. *(Saum, Naht)* baste, tack; **II** *refl:* ► **sich an jds Fersen ~** *fig (verfolgen)* dog someone's heels.

Hef·ter ⟨-s, -⟩ *m* 1. *(Mappe)* folder; 2. *(Bürogerät)* stapler.

hef·tig ['hɛftɪç] *adj* 1. *(stark, gewaltig)* violent; 2. *(Intensität)* intense; 3. *(Gewitter)* furious; *(Regen)* lashing; ► **~ sein** *(aufbrausend)* be violent-tempered; **~er Widerstand** fierce resistance; **~es Fieber** raging fever; **Hef·tig·keit** *f* 1. violence; 2. *(Intensität)* intensity.

Heft·klam·mer *f* paper clip, staple; **Heft·pfla·ster** *n med* adhesive Br plaster *(Am* tape); **Heft·zwecke (k·k)** *f* Br drawing-pin, Am thumbtack.

he·gen ['heːgən] *tr* 1. *(pflegen)* care for; 2. *fig (Gefühle etc)* entertain, have, nourish; ► **den Verdacht ~, daß ...** have a suspicion that ...; **Hoffnung ~** cherish hope(s); **Groll gegen jdn ~** bear s.o. a grudge; **den Wunsch** ~ have the wish.

Hehl [he:l] *n:* ▶ **kein** ~ **machen aus etw** make no secret of s.th.; **Heh·le·rei** *f jur* receiving (of) stolen goods; **Heh·ler(in)** *m (f)* receiver (of stolen goods), fence *sl.*

hehr [he:ɐ] *adj* sublime.

Hei·de¹ (Hei·din) ⟨-n, -n⟩ *m (f)* heathen, pagan.

Hei·de² ['haɪdə] ⟨-, -n⟩ *f (Landschaft)* heath; **Hei·de·kraut** ⟨-(e)s⟩ *n* heather; **Hei·del·bee·re** ['haɪdəlbe:rə] *f (Blaubooro)* Br bilberry, blueberry, *Am* huckleberry.

Hei·den·angst ['--'-] *f fam* blue funk; ▶ **e-e** ~ **haben** be in a blue funk; **Hei·den·geld** ['--'-] *n fam:* ▶ **ein** ~ lots of money; **Hei·den·lärm** ['--'-] *m fam:* **ein** ~ a heck of a noise; **Hei·den·spaß** ['--'-] *m fam* terrific fun; ▶ **e-n** ~ **haben** have a ball; **Hei·den·tum** *n* 1. *(die Heiden)* heathendom; 2. *(heidnischer Glaube)* paganism; **heid·nisch** ['haɪdnɪʃ] *adj* heathen, pagan.

hei·kel ['haɪkəl] *adj* 1. *(Sache: schwierig, gefährlich)* delicate, ticklish; 2. *(Person; wählerisch, schwer zu befriedigen)* fussy, particular *(in bezug auf etw* about s.th.).

Heil [haɪl] ⟨-(e)s⟩ *n* 1. *(Wohl)* welfare; 2. *(Nutzen)* benefit; 3. *(Glück)* luck; 4. *eccl* salvation; *(Gnade)* grace; ▶ **sein** ~ **in der Flucht suchen** seek refuge in flight.

heil *adj* 1. *(unverletzt)* unhurt, unscathed; 2. *(ganz, intakt)* undamaged; 3. *(geheilt)* cured, healed; **Heil·an·stalt** *f* 1. *allg (Pflegeheim)* nursing home; 2. *(für Geisteskranke)* mental hospital *(od* home); **heil·bar** *adj* 1. *(Wunden)* healable; 2. *(Krankheit)* curable; **Heil·bar·keit** *f* curability; **Heil·be·hand·lung** *f* curative treatment.

Heil·butt *m zoo* halibut.

hei·len ['haɪlən] I *tr* ⟨h⟩ *a. fig* cure; II *itr* ⟨sein⟩ heal; **heil·froh** ['-'-] *adj fam* jolly glad; **Heil·gym·na·stik** *f* physiotherapy; **Heil·gym·na·st(in)** *m (f)* physiotherapist.

hei·lig ['haɪlɪç] *adj* 1. *rel* holy; *(vor Namen von H~en)* Saint; 2. *fig (ernst)* sacred, solemn; ▶ **H~er Vater** *(Papst)* Holy Father; **das ist mir** ~ that is sacred to me; **~er Bimbam!** *interj fam* holy smoke! **jdm etw hoch u.** ~ **versprechen** promise s.th. to s.o. faithfully; **es war ihr ~er Ernst** she was dead serious; **Hei·lig·abend** *m* Christmas Eve; **Hei·li·ge(r)** ⟨-n, -n⟩ *f m* saint; **hei·li·gen** ['haɪlɪgən] *tr* 1. *(weihen)* sanctify; *(heilighalten)* hallow; 2. *(rechtfertigen, gutheißen)* justify; ▶ **geheiligt werde Dein Name** hallowed be Thy name; **der Zweck heiligt die Mittel** *prov* the end justifies the means; **Hei·li·gen·schein** *m* 1. *rel* aureole; 2. *fig* halo; **Hei·lig-**

keit *f rel* holiness; ▶ **Eure** ~ *eccl* Your Holiness; **hei·lig\|spre·chen** *irr tr eccl* canonize; **Hei·lig·tum** *n* 1. *(heiliger Ort etc)* sanctuary; 2. *fam (heiliger Gegenstand)* sacred object; 3. *fig fam (Ort ungestörter Ruhe)* sanctum.

Heil·kli·ma *n* salubrious climate; **Heilkraft** *f* 1. healing power; 2. *med (e-r Pflanze)* medicinal properties *pl;* **Heilkraut** *n* medicinal herb; **Heil·kun·de** *f* medicine.

heil·los I *adj* 1. *(unheilig)* unholy; 2. *(hoffnungslos)* hopeless; 3. *(schrecklich)* terrible; II *adv (äußerst, sehr)* utterly.

Heil·mit·tel *n a. fig* remedy; **Heilpflan·ze** *f* medicinal plant; **Heil·prakti·ker(in)** *m (f)* non-medical practitioner, *Am* naturopathic doctor; **Heilquel·le** *f* mineral *(od* medicinal) spring; **heil·sam** *adj a. fig* beneficial; ▶ **e-e ~e Erfahrung** a salutary experience; **Heils·ar·mee** *f* Salvation Army; **Heilung** *f* 1. *(Wund~)* healing; *(Kranken~)* curing; 2. *(Gesundung)* cure; 3. *fig (von Lastern etc)* reclamation *(von* from); **Hei·lungs·pro·zeß** *m* healing process.

Heim [haɪm] ⟨-(e)s, -e⟩ *n* home; **heim** *adv* home; **Heim·ar·beit** *f* 1. *(das Zuhause-Arbeiten)* outwork; 2. *(als Industrieform)* home industry; 3. *(Produkt)* homemade article.

Hei·mat ['haɪma:t] ⟨-⟩ *f* native country; ▶ **in der** ~ at home; **s-e** ~ **verlassen** leave one's home; **Hei·mat·ge·mein·de** *f (Stadt)* native town; *(Dorf)* native village; **Hei·mat·land** *n* native land *(od* country); **hei·mat·lich** *adj (zur Heimat gehörig)* native, of home; **hei·mat·los** *adj* homeless; **Hei·matrecht** *n jur* right of domicile; **Hei·matstadt** *f* home town; **Hei·mat·ver·trie·be·ne(r)** *f m* displaced person.

Heim·chen ['haɪmçən] ⟨-s, -⟩ *n* 1. *zoo* (house) cricket; 2. *fig pej:* ▶ ~ **am Herd** *(Hausmütterchen)* little woman at home.

Heim·com·pu·ter *m* home computer.

heim\|fah·ren ⟨sein⟩ *irr* I *itr* 1. *(als Fahrer)* drive home; 2. *(als Gefahrener)* ride home; II *tr:* ▶ **jdn** ~ drive *(od* take) s.o. home; **Heim·fahrt** *f* return journey *(mar* voyage); ▶ **auf der** ~ **sein** be on one's way (back) home.

hei·misch *adj* 1. *(national)* home; *(ein~)* native; *(ortsansässig)* local; 2. *(vertraut)* at home, familiar; ▶ **~e Gewässer** home waters; **sich** ~ **fühlen in ... ** *a. fig* feel at home in ...; **Brecht fühlte sich in Amerika nie** ~ Brecht never became acclimatized to America.

Heim·kehr ['haɪmke:ɐ] ⟨-⟩ *f* homecoming, return; **heim\|keh·ren (heim\|kommen)** ⟨sein⟩ *irr itr* return home *(aus* from); **Heim·keh·rer** *m* 1. *allg* homecomer; 2. *pol* repatriate(d prisoner of war).

heim·lich ['haımlıç] *adj* 1. *(geheim)* secret; 2. *(verstohlen)* furtive; ▶ **sich ~ entfernen** sneak away; **er ging ~ (still u. leise) weg** he left on the quiet; **Heim·lich·keit** *f* 1. *(Verborgenheit)* secrecy; 2. *(Geheimnis)* secret; ▶ **in aller ~** in secrecy; **Heim·lich·tue·rei** *f fam* secretive ways *pl (mit* about); **heim·lich|tun** *irr itr* affect *(od* put on) an air of secrecy.

Heim·rei·se *f* homeward journey *(mar* voyage), journey home; ▶ **auf der ~ sein** be homeward- bound.

heim|su·chen *tr* 1. *(Geister)* haunt; 2. *(Ungeziefer)* infest; 3. *(Unglück)* afflict.

heim·tückisch (k·k) *adj* 1. *(boshaft)* malicious; 2. *(Krankheit)* insidious; 3. *(gefährlich, trügerisch)* treacherous; 4. *(hinterlistig)* insidious.

heim·wärts ['haımvɛrts] *adv* homeward(s); ▶ **~ ziehen** head for home; **Heim·weg** *m* way home; ▶ **auf dem ~ sein** be on one's way home; **sich auf den ~ machen** set out for home; **Heim·weh** *n* 1. homesickness; 2. *fig (Nostalgie)* nostalgia; ▶ **~ haben** be homesick; **krank vor ~ sein** suffer badly from homesickness; **heim|zah·len** *tr fig (vergelten)* pay back *(jdm etw* s.o. for s.th.).

Hei·rat ['haıra:t] ⟨-, -en⟩ *f* marriage; *(Hochzeitsfeier)* wedding; **hei·ra·ten I** *tr* marry; **II** *itr* get married; **Hei·ratsan·trag** *m* proposal (of marriage); ▶ **jdm e-n ~ machen** propose to s.o.; **Hei·rats·an·zei·ge** *f* 1. *(Bekanntgabe)* marriage announcement; 2. *(Heiratsinserat)* insertion in a Lonely Hearts' column; **hei·rats·fä·hig** *adj* marriageable; ▶ **im ~en Alter** of marriageable age, nubile; **Hei·rats·urkun·de** *f* marriage-certificate; **Heirats·ver·mitt·ler(in)** *m (f) (Beruf)* marriage broker; **Hei·rats·ver·mittlung** *f (Geschäft) Br* marriage agency *(Am* bureau).

hei·schen ['haıʃən] **I** *tr* demand; **II** *itr* strive *(nach etw* for s.th.).

hei·ser ['haıze] *adj* 1. hoarse; 2. *(belegt)* husky; ▶ **sich ~ schreien** *a. fig* shout o.s. hoarse; **mit ~er Stimme** in a hoarse *(od* husky) voice; **Hei·ser·keit** *f* hoarseness.

heiß [haıs] *adj* 1. *allg (Wasser, Wetter etc)* hot; 2. *(Zone)* torrid; 3. *fig (Liebe etc)* ardent, burning; 4. *fig (Kampf)* fierce; *(Temperament)* fiery; ▶ **drückend ~** oppressively hot; **mir ist ~** I am hot; **jdn ~ machen** *fam (sexuell)* turn s.o. on; **etw ~ machen** *(erhitzen)* heat s.th. up; **jdm die Hölle ~ machen** worry the life out of s.o.; **das ist ein ~es Eisen** *fig* that's a hot potato; **ein ~es**

Eisen anfassen *fig* bring up a controversial subject; **etw ~ ersehnen** *fig* long for s.th. ardently; **~ umkämpft** fiercely fought over; **~er Draht** *fig* hot line; **~e Spur** *fig* hot trail; **~er Tip** *fig* hot tip; **heiß·blü·tig** ['haısbly:tıç] *adj (leidenschaftlich)* hot-blooded.

hei·ßen ['haısən] *irr* **I** *tr* 1. *(nennen)* call *(jdn etw* s.o. s.th.); 2. *(befehlen)* tell *(jdn, etw zu tun* s.o. to do s.th.); ▶ **jdn e-n Lügner ~** call s.o. a liar; **jdn willkommen ~** bid s.o. welcome; **II** *itr* 1. *(genannt werden)* be called *(nach jdm Br* after, *Am* for s.o.); 2. *(bedeuten)* mean; ▶ **es heißt** *(man sagt)* it is said, they say; *(es steht geschrieben)* it says; **das heißt** *(Abk* d.h.) that is *(Abk* i.e.); *(mit anderen Worten)* that is to say; **was soll das ~?** *(bei Unleserlichem)* what does this say? *(bei unverständlichem Verhalten)* what's the idea? *(bei unverständlichem Ausspruch)* what do you mean by that? **das will nicht viel ~** that doesn't mean much; **es soll nicht ~, daß ...** it shall not be said that ...; **wie ~ Sie?** what's your name? **wie heißt das?** what do you call this? **was heißt das auf Englisch?** what's that in English? **wie heißt dieser Ort?** what's the name of this place? **da hieß es schnell handeln** that situation called for quick action.

heiß·ge·liebt ['--'-] *adj* ardently beloved; **Heiß·hun·ger** *m* ravenous appetite; **heiß|lau·fen** ⟨sein⟩ *irr itr tech* run hot; *mot* overheat; **Heiß·luft** *f* hot air; **Heiß·luft·herd** *m* convection oven; **Heiß·man·gel** *f* (steamheated) mangle; **Heiß·was·ser·spei· cher** ['-'----] *m* storage water heater.

hei·ter ['haıte] *adj* 1. *(sonnig, hell)* bright, fair; 2. *fig (fröhlich)* cheerful; 3. *fig (erheiternd)* amusing, funny; 4. *fig (abgeklärt, ausgeglichen)* serene; ▶ **aus ~em Himmel** *fig* out of the blue; **~ werden** *(Mensch)* cheer up; *(Wetter)* brighten up; **das kann ja noch ~ werden!** *iro* nice prospects indeed! **Heiter·keit** *f* 1. *(Helligkeit, Klarheit)* brightness; 2. *fig (Fröhlichkeit)* cheerfulness; 3. *fig (Lachen, Gelächter)* laughter; 4. *fig (Belustigung)* amusement.

heiz·bar 1. *mot (Heckscheibe)* heated; 2. *(Wohnung)* with heating; **Heizdecke (k·k)** *f (im Bett)* electric blanket; **hei·zen** ['haıtsən] **I** *tr* 1. *(Wohnung etc)* heat; 2. *(Ofen etc)* fire; **II** *tr* 1. *(die Heizung in Betrieb haben)* have the heating on; 2. *(Wärme abgeben)* give off heat; ▶ **mit ... ~** use ... for heating; **Hei·zer** *m mar* stoker; *rail* fireman; **Heiz·kes·sel** *m tech* boiler; **Heiz·kis·sen** *n* electric heat pad; **Heiz·kör·per** *m* radiator; **Heiz·ko-**

sten *pl* heating cost; **Heiz·ko·sten-pau·scha·le** *f* fixed heating cost; **Heiz·kraft·werk** *n* thermal power station; **Heiz·lüf·ter** *m el* warm-air fan heater; **Heiz·ma·te·rial** *n* fuel; **Heiz-öl** *n* fuel oil; **Heiz·son·ne** *f el* electric fire; **Hei·zung** *f tech* heating; ▶ **die ~ anstellen (abstellen)** turn on (turn off) the heating; **Hei·zungs·an·la·ge** *f* heating system; **Hei·zungs·kel·ler** boiler room.

Hekt·ar ['hɛktaːɐ] ‹-s, (-e)› *m od n* hectare.

Hek·tik ['hɛktɪk] ‹-› *f* hectic pace; ▶ **nur keine ~!** take it easy! **hek·tisch** ['hɛktɪʃ] **I** *adj* hectic; **II** *adv* in a hectic way.

hek·to·gra·phie·ren [hɛktoɡraˈfiːrən] *tr* hectograph.

Hek·to·li·ter ['hɛktoliːtɐ] *m Br* hectolitre, *Am* hectoliter.

hel·den·haft *adj* heroic; **Hel·den·tat** *f* heroic deed; **Hel·den·tum** *n* heroism; ▶**Held(in)** [hɛlt] ‹-en, -en› *m (f)* hero(ine); ▶ **Held des Tages** hero of the hour.

hel·fen ['hɛlfən] *irr itr allg* help *(jdm* s.o., **bei etw** with s.th.); ▶ **jdm aus der Patsche ~** *fam* help s.o. out of a jam; **sich zu ~ wissen** be able to take care of o.s.; **sich nicht zu ~ wissen** be at a loss; **sich nicht mehr zu ~ wissen** be at one's wits' end; **sich selbst ~** help o.s.; **ich kann mir nicht ~, ich hasse ihn** I can't help hating him; **was hilft schon Weinen?** what good is crying? **es hilft nichts** it's no good; **dir ist nicht mehr zu ~** you are beyond help; **da hilft kein Jammern u. kein Klagen** it's no use moaning; **Hel·fer(in)** *m (f)* 1. *(Helfende(r))* helper; 2. *(Gehilfe)* assistant; 3. *(Ratgeber)* advisor; **Hel·fers·hel·fer(in)** *m (f) jur* abettor, accessory.

hell [hɛl] *adj* 1. *(nicht dunkel)* light; *(leuchtend) a. fig* bright; ▶ **ein ~er Mantel** a light-coloured coat; **es wird schon ~** it's getting light; **er ist ein ~es Köpfchen** *fig fam* he has brains; 2. *(attr: völlig):* ▶ **~er Wahnsinn** *fam* sheer madness; **hell·auf** *adv (völlig)* completely; ▶ **~ begeistert** totally enthusiastic; **hell·blau** ['-'-] *adj* light blue; **hell·blond** ['-'-] *adj* light blond; **Hel·le** ['hɛlə] ‹-› *f* 1. *(von Farben etc)* brightness; 2. *(helles Licht)* (bright) light; **hell·hö·rig** *adj* 1. *(Person)* keen of hearing; 2. *(Wohnung)* poorly soundproofed.

hel·licht *adj:* ▶ **am ~en Tage** in broad daylight.

Hel·lig·keit *f* 1. *allg (a. von TV, Bildschirm)* brightness; 2. *(Beleuchtung)* lightness; 3. *phys* light intensity; **Hel·lig·keits·re·ge·lung** *f tech* brightness control; **Hel·lig·keits·reg·ler** *m*

brightness control switch; **Hell·se·he-rei** *f* clairvoyance; **Hell·se·her(in)** *m (f)* clairvoyant(e); **hell·wach** *adj* wide-awake.

Helm [hɛlm] ‹-(e)s, -e› *m* helmet; **Helm-pflicht** *f:* ▶ **es besteht ~** wearing of crash helmets is compulsory.

Hemd [hɛmt] ‹-(e)s, -en› *n* 1. *(Ober~)* shirt; 2. *(Unter~) Br* vest, *Am* undershirt; **hemds·är·me·lig** *adj a. fig* shirt-sleeved.

He·mi·sphä·re [hemiˈsfɛːrə] ‹-, -n› *f* hemisphere.

hem·men ['hɛmən] *tr* 1. *(den Fortschritt etc)* hamper, hinder; 2. *(den Lauf der Dinge)* check; 3. *psych (seelisch)* inhibit; *(Leidenschaften)* restrain; 4. *(verlangsamen)* slow down; **Hemm·nis** *n* hindrancen, impediment *(für* to); **Hemm·schuh** *m* 1. *tech* drag; 2. *fig* hindrance, impediment *(für* to); **Hemm·schwel·le** *f* inhibition threshold; **Hem·mung** *f* 1. *(das Verhindern, Verlangsamen)* hindering; *(Eindämmung)* check; 2. *psych (seelisch)* inhibition; *(Bedenken)* scruple; **hem-mungs·los** *adj* 1. *(ungezügelt)* unrestrained; 2. *(skrupellos)* unscrupulous; **Hem·mungs·lo·sig·keit** *f* 1. *(Zügellosigkeit)* lack of restraint; 2. *(Skrupellosigkeit)* unscrupulousness.

Hengst [hɛŋst] ‹-es, -e› *m zoo Br* stallion, *Am* stud.

Hen·kel ['hɛŋkəl] ‹-s, -› *m* handle.

hen·ken ['hɛŋkən] *tr* hang; **Hen·ker** *m* 1. *hist* hangman; 2. *(Scharfrichter)* executioner; ▶ **zum ~!** *sl* hang it all! **weiß der ~, was ...** *sl* heaven knows what ...; **Hen·kers·mahl·zeit** *f fig* last meal.

Hen·ne ['hɛnə] ‹-, -n› *f zoo* hen.

her [heːɐ] *adv* 1. *(örtlich: hier~)* here; *(von ... ~)* from; 2. *(zeitlich)* ago; ▶ **kommen Sie ~!** come here (to me)! **wo kommen Sie ~?** where do you come from? *(aus welcher Stadt etc)* where are you from? **wo hast du das ~?** where did you get that from? *(wo hast du das gehört?)* who told you that? **~ damit!** give that here! **wie lang ist das ~?** how long ago was that? **ich kenne ihn noch von früher ~** I used to know him before; **ich kenne ihn von der Universität ~** I have known him since university; **hinter jdm ~ sein** *fig fam* be after s.o.; **mit ihm ist es nicht weit ~** *fig fam* he's no great shakes.

her·ab [hɛˈrap] *adv* down, downward(s); ▶ **von oben ~** from above; *(herablassend)* condescendingly; **her·ab|blik-ken (her·ab|se·hen)** *irr itr a. fig* look down *(auf jdn* on s.o.); **her·ab|fal·len** *irr itr* fall down; **her·ab·ge·setzt** *adj (preislich)* cut-rate; **her·ab|hän·gen** *irr itr* hang down; **her·ab|las·sen** *irr* **I**

tr let down, lower; **II** *refl* **1.** let o.s. down; **2.** *fig* condescend (*etw zu tun* to do s.th.); **her·ab·las·send** *adj fig* condescending; **Her·ab·las·sung** *f* condescension; **her·ab|set·zen** *tr* **1.** *fig (Preise, Steuern etc)* cut (down), reduce; **2.** *fig (schlechtmachen)* belittle, disparage; **Her·ab·set·zung** *f* **1.** *fig (Reduzierung)* reduction; **2.** *fig (Geringschätzung)* disparagement; *(geringschätzige Behandlung)* disparaging treatment.

her·an [hɛˈran] *adv* close, near; ▶ **nur ~! immer ~!** come here! (*od* closer!); **her·an|bil·den I** *tr* **1.** *(ausbilden)* train; **2.** *(erziehen)* educate; **II** *refl* **1.** *(sich ausbilden)* train o.s.; **2.** *(sich erziehen)* educate o.s.; **3.** *(sich entwickeln)* develop; **her·an|fah·ren** *irr itr* **1.** drive close (*an* to); **2.** *(um zu halten)* pull up (*od* over) (*an* to); **her·an|kom·men** *irr itr* **1.** *(näher kommen)* come near; **2.** *fig (Zeit etc)* approach, draw near; **3.** *fig (erreichen)* reach (*an jdn od etw* s.o. *od* s.th.); ▶ **die Dinge an sich ~ lassen** *fig* wait and see what happens; **man kann nur schwer an ihn ~** *(menschlich)* it is difficult to get anywhere near him; **her·an|ma·chen** *refl fam:* ▶ **sich an etw ~** *(mit etw beginnen)* get down to s.th.; **sich an jdn ~** make up to s.o.; **her·an|na·hen** ⟨*sein*⟩ *itr* approach, draw near; **her·an|rei·chen** *itr* **1.** reach up (*an* to); **2.** *fig* come up (*an* to); **her·an|wach·sen** *irr itr a. fig* grow up; **her·an|zie·hen** *irr* **I** *tr* ⟨*h*⟩ **1.** *(näher bringen)* pull up (*an* to, *zu* toward(s)); **2.** *(zu Hilfe, Arbeit etc)* call up(on) (*jdn zu etw* s.o. to do s.th.); *(Arzt etc konsultieren)* call in; **3.** *fig (in Betracht ziehen)* take into consideration; *(benutzen)* use; *(zitieren)* refer (*etw* to s.th.); **4.** *fig (aufziehen)* raise; *(ausbilden)* train; **5.** *com (zu Zahlung etc)* subject (*jdn zu etw* s.o. to s.th.); **II** *itr* ⟨*sein*⟩ approach.

her·auf [hɛˈraʊf] **I** *adv* up; ▶ **von unten ~** from below; **II** *prp* up; **die Treppe ~** up the stairs; **her·auf|be·schwö·ren** *irr tr* **1.** *(wachrufen)* conjure up, evoke; **2.** *(herbeiführen)* bring about; **her·auf|kom·men** *irr itr* come up; **her·auf|zie·hen** *irr* **I** *tr* ⟨*h*⟩ **1.** *(nach oben ziehen)* pull up; *fig:* ▶ **jdn zu sich ~** raise s.o. to one's level; **II** *itr* ⟨*sein*⟩ *(von Gewitter etc)* approach, draw near.

her·aus [hɛˈraʊs] *adv* **1.** out; **2.** *fig:* ▶ **aus ... ~** out of ...; **3.** *fig fam: (entschieden sein)* have been settled; **von innen ~** from within; **nach vorn ~ wohnen** live at the front; **ein Zimmer nach vorn ~** a frontroom; **zum Fenster ~** out of the window; **~ mit dir!** out with you! **~ damit!** *fam (~ mit der Sprache)* out with it! *(her damit!)* hand it over! **das ist noch nicht ~** *fig fam* that's not yet been settled; **aus e-r Notlage ~** *fig*

out of necessity; **aus dem Ärgsten ~ sein** *fig* be out of the *Br* wood (*Am* woods); **her·aus|be·kom·men** *irr tr* **1.** *(Wechselgeld)* get back; **2.** *(Nagel, Flecken etc)* get out; **3.** *fig (herausfinden)* find out; *(lösen)* solve; **Ich bekomme noch 3 DM heraus** I still have 3 DM change to come; **wieviel haben Sie ~?** *(Wechselgeld)* how much change did you get back? *fig (herausgefunden)* how much did you find out? **sie werden nicht viel aus ihm ~** *fig (er wird nicht viel sagen)* they won't get much change out of him; **her·aus|brin·gen** *irr tr* **1.** *a. com* bring out; **2.** *(Nagel, Flecken)* get out; **3.** *fig (lösen)* solve; *(herausfinden)* find out; **4.** *fig (hervorbringen, sagen)* get out; ▶ **jdn (etw) groß ~** *fig* give s.o. (s.th.) a big build-up; **her·aus|fah·ren** *irr* **I** *tr* ⟨*h*⟩ **1.** *(nach draußen)* drive out; **II** *itr* ⟨*sein*⟩ **1.** *(nach draußen)* drive out; **2.** *(schnell herauskommen)* leap out; **3.** *fig (von Worten)* slip out; **her·aus|fin·den** *irr* **I** *tr a. fig* find out; **II** *itr* find one's way out.

Her·aus·for·de·rer *m* challenger; **her·aus|for·dern** *tr* **1.** *a. sport* challenge (*zu* to); **2.** *(provozieren)* provoke (*zu etw* to do s.th.); **3.** *(trotzen)* defy; **4.** *(zurückfordern)* reclaim; ▶ **die** (*od* **zur**) **Kritik ~** invite criticism; **jdn zum Duell ~** challenge s.o. to a duel; **her·aus·for·dernd** *adj* **1.** *(frech)* provoking; **2.** *(provokativ)* provocative; **3.** *(trotzig)* defiant; **Her·aus·for·de·rung** *f* **1.** *a. sport* challenge; **2.** *(Provokation)* provocation.

her·aus|ge·ben *irr* **I** *tr* **1.** *(zurückgeben)* return; *(Gefangene)* give up (*jdm jdn* s.o. to s.o.); *(aushändigen)* hand over (*jdm etw* s.th. to s.o.); **2.** *com (Ware)* deliver, hand out; *(Wechselgeld)* give change; **3.** *(herausreichen)* pass out; **4.** *(Buch als Hrsg.)* edit; *(als Verleger)* publish; ▶ **ich kann auf 50 DM nicht ~** I haven't got change for 50 DM; **Sie haben mir zu wenig herausgegeben** you gave me too little change; **II** *itr* *(Wechselgeld)* give change (*auf* for); ▶ **können Sie mir (auf 50 DM) ~?** can you give me change (for 50 DM)? **Her·aus·ge·ber(in)** *m* (*f*) **1.** *(Verfasser)* editor; **2.** *(Verleger)* publisher.

her·aus|ge·hen *irr itr* **1.** *(ins Freie etc)* go (*od* walk) out; **2.** *(von Flecken)* come out; ▶ **aus sich ~** come out of one's shell; *(munter werden)* liven up; **her·aus|grei·fen** *irr tr* pick (*od* single) out; **her·aus|gucken (k·k)** *itr fam* peep out; **her·aus|hal·ten** *irr refl* keep out (*aus etw* of s.th.); **her·aus|he·ben** *irr* **I** *tr* **1.** lift out; **2.** *fig (betonen)* set off; **II** *refl fig* stand out (*aus etw* against s.th.); **her·aus|kom·men** *irr itr* **1.** *(a. fig: entdeckt werden)* come out; **2.** *(weg-*

kommen, weggehen, a. fig) get out; **3.** fig (Buch) be published, come out; **4.** fig (als Resultat) come (bei etw of s.th.); (bei Rechenaufgaben) be the result; **5.** fig fam (gestehen) admit (mit etw s.th.); ▶ **es kommt auf eins** (od **aufs gleiche) heraus** it comes (down) to the same thing; **groß ~** fig be a big hit; **was wird dabei ~?** what will come of it? **dabei kommt nichts ~** that doesn't get us anywhere; **sie kamen aus dem Lachen nicht ~** they just couldn't stop laughing; **her·aus|neh·men** irr tr a. med take out; ▶ **sich etw ~** fig take liberties pl; **sich jdm gegenüber zuviel ~** make too free with s.o.; **er nahm sich die Frechheit heraus, mir zu erzählen, ...** he had the nerve to tell me ...; **sich den Blinddarm ~ lassen** have one's appendix out; **her·aus|ra·gen** itr **1.** (hervorstehen) jut out; **2.** (höher sein) tower (aus etw above s.th.); **3.** fig stand out; **her·aus|re·den** refl: ▶ **sich ~** make excuses; **sich aus etw ~** talk one's way out of s.th.; **her·aus|rei·ßen** irr tr pull (od tear) out; ▶ **jdn aus etw ~** fig tear s.o. away from s.th.; (aus Schwierigkeiten) save s.o. from s.th.; **her·aus|rücken (k·k) I** itr ⟨sein⟩ fig: ▶ **mit etw ~** (mit der Wahrheit etc) come out with s.th.; (mit Geld) Br fork (Am shell) s.th. out; **II** tr ⟨h⟩ fig fam **1.** (hergeben) let go of ...; (Geld) Br fork (Am shell) out; **2.** typ flush (nach links, an den Rand to the left, to the margin); **her·aus|rut·schen** ⟨sein⟩ itr slip out; **her·aus|schla·gen** irr **I** tr ⟨h⟩ **1.** (Nagel etc) pound out; **2.** (Zähne) knock out; ▶ **e-n Vorteil aus etw ~** make a profit out of s.th.; **II** itr ⟨sein⟩ (von Flammen) leap out; **her·aus|sprit·zen** ⟨sein⟩ tr itr squirt out; **her·aus|stel·len I** tr **1.** (Gegenstände) put out; **2.** sport (e-n Spieler) turn out; **3.** fig (darstellen) present; (betonen) emphasize; ▶ **jdn groß ~** fig feature s.o.; **II** refl (sich zeigen) turn out; **her·aus|strei·chen** irr **I** tr **1.** (durchstreichen) strike out; **2.** fig (betonen) emphasize; (loben) crack up; **II** refl fig praise o.s.; **her·aus|tröp·feln** itr trickle out; **her·aus|wach·sen** irr itr grow out (aus of); **her·aus|wer·fen** irr tr fling (od throw) out; **her·aus|zie·hen** irr tr **1.** draw (od pull) out; **2.** (entfernen) remove (aus from); **3.** fig fam (herausschreiben) extract, take (aus from).

herb [hɛrp] adj **1.** (scharf) sharp; **2.** fig (bitter) bitter; (streng a. von Schönheit) austere; (Worte, Kritik etc) harsh; ▶ **ein ~es Parfum** a tangy perfume; **~er Wein** dry wine.

her·bei [hɛrˈbaɪ] adv here; **her·bei|eilen** ⟨sein⟩ itr come running (up); **her·bei|füh·ren** tr **1.** fig (bewirken) bring

about; (verursachen) cause; **2.** (nach sich ziehen) give rise to; **3.** (veranlassen) induce; **4.** (Begegnung etc arrangieren) arrange for; ▶ **die Entscheidung ~** sport decide the match; **her·bei|ru·fen** irr tr call (for); **her·bei|ziehen** irr tr draw (od pull) near; ▶ **an den Haaren herbeigezogen** fig far-fetched.

Her·ber·ge [ˈhɛrbɛrgə] ⟨-, -n⟩ f **1.** (Obdach) shelter; **2.** (Gasthof) inn; **3.** (Jugend~) (youth) hostel, **Her·bergs·mut·ter** f, **Her·bergs·va·ter** m warden.

Her·bi·zid ⟨-(e)s, -e⟩ n chem herbicide.

Herbst [hɛrpst] ⟨-(e)s, -e⟩ m a. fig Br autumn, Am fall; ▶ **im ~** Br in autumn, Am in the fall; **der ~ des Lebens** fig poet the autumn of (one's) life; **herbstlich** adj autumnal; (attributiv) autumn; **Herbst·zeit·lo·se** ⟨-, -n⟩ f bot meadow saffron.

Herd [he:ət] ⟨-(e)s, -e⟩ m **1.** (Küchen~) kitchen stove; (Elektro~) electric range; **2.** fig (Ausgangspunkt) centre; ▶ **Heim u. ~** hearth and home; **am heimischen ~** by the fireside; **eigener ~ ist Goldes wert** prov there's no place like home; **~ e-s Erdbebens** fig Br epicentre, Am epicenter.

Her·de [ˈhe:ədə] ⟨-, -n⟩ f **1.** (Vieh~) herd; (von Schafen) flock; **2.** fig (Haufe) crowd; **Her·den·mensch** m pej man of the crowd; **Her·den·trieb** m a. fig herd instinct.

her·ein [hɛˈraɪn] adv in, into; **~!** interj come in! ▶ **immer nur ~!** roll up! **hier ~, bitte!** this way in, please! **von draußen ~** from outside; **her·ein|be·kommen** irr tr **1.** (Waren) get in; **2.** radio (bestimmten Sender) get; **her·ein|brechen** ⟨sein⟩ irr itr **1.** (eindringen) gush in; **2.** fig (von Dunkelheit) close in; (von Nacht, Dämmerung) fall; (von Unwetter etc) break (über over); **3.** fig (von Unglück) befall (über jdn, etw s.o., s.th.); **her·ein|fal·len** ⟨sein⟩ irr itr **1.** (in Loch etc) fall in (in -to); **2.** fig (betrogen werden) be taken in (auf by); ▶ **mit jdm (etw) ~** fig have a bad deal with s.o. (s.th.); **her·ein|ho·len** tr **1.** (von draußen) fetch in; **2.** com (Aufträge) canvass; **3.** fig (aufholen: Verluste etc) make up for; **her·ein|kom·men** ⟨sein⟩ irr itr come in(side); ▶ **wie bist du bloß hier hereingekommen?** how on earth did you get in here? **her·ein|las·sen** irr tr let in (in -to); **her·ein|le·gen** tr **1.** (in Kiste etc) put in (in -to); **2.** fig fam: ▶ **jdn ~** take s.o. for a ride; **her·ein|plat·zen** ⟨sein⟩ itr burst in.

her|fal·len irr itr: ▶ **über jdn ~** (angreifen) fall upon s.o.; fig (mit Fragen) pitch into s.o.; fig (kritisieren) pull s.o. to pieces; **über etw ~** fig (über Geschenke *etc)* pounce upon s.th.; **Her·gang** *m* 1. *(Ablauf)* course of events; 2. *(Umstände)* details *pl;* **her·ge·bracht** *adj* *(alt~)* traditional; **her|ge·hen** *irr itr* 1. *fam imp:* ► **es ging hoch her** *(wild)* there were wild goings-on; **es ging lustig her** we had lots of fun; 2. *:* ► **hinter (neben, vor)** jdm ~ walk behind (beside, ahead of) s.o.; **her·ge·lau·fen** *adj fam pej:* ► **ein ~er Kerl** a bum; **her|hal·ten** *irr itr:* ► **immer ~ müssen** be always in for it; **her|ho·len** *tr* fetch, (go and) get; **her|hö·ren** *itr* listen; ► **hört mal her!** listen here!

He·ring ['heːrɪŋ] ‹-s, -e› *m* 1. *zoo* herring; 2. *(Zeltpflock)* (tent-)peg; 3. *fig fam hum (dünner Mensch)* shrimp.

her|kom·men ‹sein› *irr itr* 1. come here; *(sich nähern)* approach; 2. *(abstammen)* come *(von* from); **her·kömm·lich** ['heːkœmlɪç] *adj* conventional; **Her·kunft** ['heːkʊnft] ‹-› *f* 1. *(Abstammung)* descent; *(soziale ~)* background; 2. *(Ursprung)* origin; ► **britischer** ~ of British origin *(od* descent); **von vornehmer** ~ of gentle birth; **von unbekannter** ~ of obscure origin; **Her·kunfts·land** *n* country of origin; **her|lei·ten** I *tr* 1. *(bringen)* bring (here); 2. *fig (ableiten)* derive *(aus* from); II *refl* be derived *(von* from); **her|ma·chen** *fam* I *refl:* ► **sich ~ über etw** *(in Angriff nehmen)* get stuck into s.th.; *(über Essen etc)* pitch into s.th.; **sich über jdn ~** lay into s.o.; II *tr:* ► **viel ~** be impressive; **wenig von sich ~** be pretty modest.

Her·me·lin [hɛrməˈliːn] ‹-s, -e› *m* 1. *zoo* ermine; 2. *(Pelz)* ermine (fur).

her·me·tisch [hɛrˈmeːtɪʃ] *adj (adv)* hermetic(ally).

her·nach [hɛrˈnaːx] *adv* afterward(s).

her|neh·men *irr tr* 1. *(beschaffen)* get; 2. *fam (tadeln)* give a (good) talking-to; 3. *(fordern, belasten):* ► **jdn richtig ~** make s.o. sweat.

He·ro·in [heroˈiːn] ‹-s› *n* heroine.

he·ro·isch [heˈroːɪʃ] *adj* heroic; **He·ro·is·mus** [heroˈɪsmʊs] *m* heroism.

He·rold ['heːrɔlt] ‹-(e)s, -e› *m* 1. *a. fig* herald; 2. *fig (Vorbote)* harbinger.

Her·pes ‹-› *m med* herpes.

Herr [hɛr] ‹-/(-en)n, -en› *m* 1. *(Mann)* gentleman; 2. *(Gebieter)* lord, master; 3. *(Anrede ohne Namen)* sir; 4. *(Anrede mit Namen)* Mr (= Mister); ► **~ Professor (Maier)** professor (Professor Maier); **meine (Damen u.)** ~**en!** (ladies and) gentlemen! **sehr geehrter** ~ **Maier** dear Mr Maier; **sehr geehrte** ~**en** dear Sirs; ~**en** *(Toilette)* Gentlemen, Men('s room); **die** ~**en X u. Y** Messrs. X and Y; **Ihr** ~ **Vater** *obs* your father; ~ **sein über etw** have the command of s.th.; **sein eigener** ~ **sein** be one's own boss;

~ **über seine Leidenschaften sein** control one's passions; ~ **der Lage** master of the situation; ~ **über Leben u. Tod sein** have the power of life and death; **e-r Sache** ~ **werden** master s.th.; **des Feuers** ~ **werden** get the fire under control; **Her·ren·be·klei·dung** *f* men's wear; **Her·ren(·fahr)·rad** *n* man's bicycle; **Her·ren·haus** *n* mansion; **her·ren·los** *adj jur (Sache)* ownerless; *(verlassen)* abandoned; *(Tier)* stray; **Her·ren·sa·lon** *m* barber's; **Her·ren·toi·let·te** *f* (gentle-) men's lavatory *(od* toilet); **Herr·gott** ‹-s› *m* God, Lord; ~**!** ['-'-] *interj fam* good Lord! ► ~ **noch mal!** *interj fam* damn it all! **Her·rin** ['hɛrɪn] *f* mistress; **her·risch** *adj* 1. *(gebieterisch)* domineering, imperious; 2. *(hochmütig)* lordly; 3. *(anmaßend)* overbearing.

herr·lich *adj* 1. *(großartig)* magnificent; 2. *(wunderbar)* marvel(l)ous; 3. *(glänzend, prächtig)* splendid; **Herr·lich·keit** *f fig:* ► **die ganze** ~ the whole setout.

Herr·schaft *f* 1. *(Staatsgewalt)* rule; *(e-s Fürsten)* reign; 2. *(Macht)* power; *(Kontrolle)* control; 3. *(Herr u. Herrin)* master and mistress; ► **meine** ~**en!** *(Anrede)* ladies and gentlemen! **die** ~ **der Vernunft** *fig* the supremacy of reason; **die** ~ **über etw (jdn) ausüben** rule s.th. (s.o.); **herr·schaft·lich** *adj* 1. *(e-m hohen Herrn gehörig)* belonging to a *(od* the) lord *(od* master); 2. *(vornehm)* elegant, grand; **herr·schen** ['hɛrʃən] *itr* 1. *(die Macht haben)* rule; 2. *(regieren)* govern; *(als König)* reign; 3. *fig (vor~)* prevail; 4. *fig (bestehen)* be; ► **hier** ~ **ja Zustände!** *fam* things are in a pretty state round here! **herr·schend** *adj* 1. *(Klasse, Partei etc)* ruling; *(König)* reigning; 2. *fig (vor~)* prevailing; *(augenblicklich)* present; *(Mode, Trend etc)* current; **Herr·scher·fa·mi·lie** *f* reigning family; **Herr·scher·haus** *n* dynasty; **Herr·scher(in)** *m (f) allg* ruler *(über* of); *(Fürst)* sovereign; **Herrsch·sucht** *f* domineering behaviour; **herrsch·süch·tig** *adj* domineering.

her|rüh·ren *itr* come *(von* from), be due *(von* to); **her|sa·gen** *tr* 1. *(aufsagen)* recite; 2. *(herunterleiern)* reel off; **her|stel·len** *tr* 1. *fam (hierher stellen)* put (over) here; 2. *tele (Verbindung)* put through; 3. *fig (zuwegebringen)* establish; 4. *com (erzeugen)* make, produce; **Her·stel·ler(in)** *m (f)* 1. *com (Produzent)* producer; 2. *typ (Buch~)* production manager; **Her·stel·lung** *f com typ* production; manufacture; **Her·stel·lungs·ko·sten** *pl* production costs.

her·über [hɛˈryːbə] *adv* over (here);

(über Grenze etc) across.
her·um [hɛˈrʊm] *adv* about, (a)round;
► **um ... ~** around ...; **oben ~** round
the top; **unten ~** underneath; **immer
um jdn ~ sein** be always hanging about
s.o.; **es kostet so um die 10 Mark ~** *fam*
it costs somewhere round 10 marks;
her·um|är·gern *refl* keep struggling
(mit with); **her·um|bum·meln** *itr fam*
1. *(herumlungern)* loiter; 2. *(faulenzen)*
loaf about; 3. *(trödeln)* mess about; **her·
um|dre·hen** I *tr* 1. turn round; 2. *(wen-
den)* turn over, ► **jdm das Wort im
Munde ~** *fig* twist someone's words *pl;*
II *itr* twiddle *(an etw* with s.th.); III *refl*
1. *(im Kreis)* rotate; *(um sich selbst)*
spin (a)round; 2. *(sich (um)wenden)*
turn round *(zu jdm* toward(s) s.o.); **her·
um|fah·ren** ⟨sein⟩ I *tr* ⟨h⟩ drive
about, take around; II *itr* ⟨sein⟩ 1. *(um-
herfahren)* drive *(od* sail) around; 2.
(sich schnell umdrehen) turn round
quickly; **her·um|fuch·teln**
[hɛˈrʊmfʊxtəln] *itr fam* wave one's
hands about; **her·um|füh·ren** I *tr* 1.
(Tiere, Menschen etc) lead around *(um
etw* s.th.); 2. *(bei Besichtigung)* show
around *(in etw* s.th.); ► **etw um etw ~**
(herumbauen) build s.th. around s.th.;
jdn an der Nase ~ *fig* lead s.o. up the
garden path; II *itr* go around *(um etw*
s.th.); **her·um|ge·hen** *irr itr* 1. *(umher-
gehen)* go around *(in etw* s.th.); 2. *(um
etw ~)* walk around *(um etw* s.th.); 3.
(zirkulieren) be passed around; 4. *(zu
Ende gehen)* pass; ► **etw ~ lassen** *(wei-
terreichen)* circulate s.th.; **diese Melo-
die geht mir im Kopf ~** *fig* that tune
goes round and round in my head; **das
Gerücht geht herum, daß ...** there's a
rumour around that ...; **her·um|hor-
chen** *itr fam* 1. *(aus Neugier)* eaves-
drop; 2. *(sich umhören)* keep one's ears
open; **her·um|kom·man·die·ren** *tr itr*
order around; **her·um|kom·men**
⟨sein⟩ *irr itr* 1. *(reisen)* get around; 2.
fig: ► **um etw ~** get out of s.th.; **er ist
weit herumgekommen** he has seen a
lot of the world; **Sie kommen um die
Tatsache nicht herum, daß ...** you
cannot overlook the fact that ...; **her·
um|kra·men** *itr fam* rummage around;
her·um|krie·gen *tr fam* 1. *a. fig fam*
get round; 2. *fig (Zeit)* get through;
her·um|lau·fen ⟨sein⟩ *irr itr fam* run
around; ► **frei ~** *(Verbrecher)* be at
large; *(Hund)* run free; **her·um|lie·gen**
irr itr fam lie around; *(verstreut)* be
scattered about; *(faul)* laze around;
her·um|lun·gern [-'-lʊŋən] *itr fam*
loaf about; **her·um|rei·chen** I *tr (zir-
kulieren lassen)* hand round; ► **jdn ~**
fig introduce s.o. to one's friends; II *itr*
reach round *(um etw* s.th.); **her·um|rei-
ten** ⟨sein⟩ *irr itr* 1. *fam (umherreiten)*

ride about; 2. *(um Hindernis etc ~)* ride
(a)round *(um etw* s.th.); ► **auf etw ~** *fig
(dauernd von etw reden)* harp upon
s.th.; **her·um|schla·gen** *irr refl fam* 1.
(sich prügeln) scuffle about; 2. *fig (mit
Personen)* battle; *(mit Problemen etc)*
struggle *(mit* with); **her·um|schlep-
pen** *tr fam* drag about; **her·
um|schnüf·feln** *itr fig fam* snoop
about *(od* around); **her·um|ste·hen** *irr
itr fam* 1. *(Sachen: herumliegen)* be
lying around; 2. *(Menschen u. Sachen)*
stand around *(um jdn, etw* s.o., s.th.);
her·um|su·chen *itr fam* ferret about
(nach for); **her·um|trei·ben** *irr refl
fam* 1. *(herumziehen)* knock around
(mit jdm with s.o.); 2. *(herumhängen)*
hang around; **her·um|wer·fen** *irr* I *tr*
1. *(Lenkrad, Hebel etc)* throw around;
2. *(den Kopf etc schnell herumdrehen)*
turn quickly; ► **das Steuer ~** *fig* alter
course; II *refl* toss about; **her·um|zie-
hen** *irr* I *itr* ⟨sein⟩ 1. *(umherziehen)*
wander about; 2. *fam* ⟨h⟩ *(zerren)* pull
around *(an etw* at s.th.); **In der Weltge-
schichte ~** *fam* roam the world; II *tr*
⟨h:⟩ ► **etw mit sich ~** take s.th. around
with one; III *refl* ⟨h⟩ *(von Hecke, Zaun
etc)* run around *(um etw* s.th.).
her·un·ter [hɛˈrʊntə] I *adv* down;
► **von oben ~** from above; **vom Berg ~**
down the mountain; **gerade ~** straight
down; **~ damit!** down with it! II *prp*
down; ► **die Treppe (den Berg) ~**
down the stairs (the mountain); **her·un·
ter|fal·len** *irr itr* fall down; **her·un·
ter|ge·hen** *irr itr* 1. go down; *(e-e Trep-
pe)* go downstairs; 2. *aero* descend; 3.
fig (Preise) go down, fall.
her·un·ter·ge·kom·men *adj* 1. down-
and-out; 2. *(äußerlich)* dowdy; 3. *(fi-
nanziell)* run-down; 4. *(moralisch)* de-
generated; 5. *(verfallen)* dilapidated.
her·un·ter|han·deln *tr (Preis)* beat
down; **her·un·ter|hau·en** *irr tr fam:*
► **jdm e-e ~** give s.o. a clip on the ear;
her·un·ter|ho·len *tr* 1. fetch down; 2.
mil aero (abschießen) shoot down;
her·un·ter|klap·pen *tr (Kragen)* turn
down; *(Sitz)* fold down; **her·un·
ter|kom·men** *irr itr* 1. *(nach unten
kommen)* come down; 2. *fig (gesund-
heitlich)* get run down; *(wirtschaftlich)*
go to pot; 3. *(moralisch)* degenerate; 4.
(verfallen) decay; **her·un·ter|ma-
chen** *tr fig fam* 1. *(kritisieren)* tear to
pieces; *(schlechtmachen)* run down; 2.
(abmachen, wegmachen) take down;
her·un·ter|pur·zeln ⟨sein⟩ *itr* tumble
down; **her·un·ter|put·zen** *tr fam:*
► **jdn ~** tear strips off someone; **her·
un·ter|schlucken (k·k)** *tr* swallow;
her·un·ter|schrau·ben *tr fig:* ► **s-e
Ansprüche ~** lower one's demands;
her·un·ter|wirt·schaf·ten *tr fam* run

down.

her·vor [hɛrˈfoːɐ] *adv:* ▶ **aus etw** ~ out from s.th.; **unter etw** ~ from under s.th.; **her·vor|brin·gen** *irr tr* **1.** *(produzieren)* bring forth, produce; **2.** *(Worte etc äußern)* get out; **her·vor|ge·hen** ⟨sein⟩ *irr itr* **1.** *(als Sieger etc)* come out; **2.** *(entstehen)* develop, spring *(aus* from); **3.** *(folgen, sich ergeben)* follow *(aus* from); *(herrühren)* result *(aus* from); **4.** *(stammen)* come *(aus* from); **her·vor|he·ben** *irr tr* **1.** *(betonen)* emphasize, stress; **2.** *fig (herausstreichen)* point out; **3.** *typ (im Druck etc)* set off; **her·vor|ho·len** *tr* get out, produce; **her·vor|locken (k·k)** *tr* lure out *(aus* from, *hinter* from behind); **her·vor|ra·gen** *itr* **1.** *(hervorstehen)* jut out, *fam* stick out; *(höher sein)* tower *(aus etw* above s.th.); **2.** *fig (hervorstechen)* stand out; **her·vor·ra·gend** *adj* **1.** *(vorstehend)* projecting; *(Körperteile auch)* protruding; **2.** *fig (ausgezeichnet)* excellent, outstanding; **her·vor|ru·fen** *irr tr* **1.** *(verursachen)* cause, give rise to; **2.** *fig (Bewunderung)* arouse; **her·vor·ste·chend** *adj (auffallend)* striking; **her·vor|tre·ten** ⟨sein⟩ *irr itr* **1.** *(heraustreten)* step out; *(von Augen, Adern)* protrude; *(auftauchen)* emerge *(from* behind); **2.** *fig (vor die Öffentlichkeit treten)* come to the fore; **3.** *fig (Farben, Umrisse etc)* stand out; *(sichtbar werden)* become evident; ▶ ~ **lassen** set off *(vor* against); **her|vor·tun** *irr refl (auszeichnen)* distinguish o.s.; **her·vor|wa·gen** *refl* venture (to come) out. **Herz** [hɛrts] ⟨-ens, -en⟩ *n* **1.** *allg a. fig* heart; **2.** *in Zssg* ~- heart-, of the heart; *med anat* cardiac; **3.** *(beim Kartenspiel: Farbe* ~*)* hearts *pl;* *(einzelne Spielkarte)* heart; **4.** *(als Kosewort)* love, sweetheart; ▶ **ein hartes (gutes)** ~ **haben** be hard-hearted (good-hearted); **jdm sein** ~ **ausschütten** pour out one's heart to s.o.; **jdm das** ~ **brechen** break someone's heart; **sein** ~ **ist angegriffen** his heart is affected; **mein** ~ **klopft** my heart is beating *(od* pounding); **jdm sein** ~ **schenken** *poet* give s.o. one's heart; ~ **spielen** *(beim Kartenspiel)* play hearts *pl;* **sein** ~ **verlieren** lose one's heart; **das liegt mir (sehr) am** ~**en** I am (very) concerned about that; **jdm etw ans** ~ **legen** recommend s.th. warmly to s.o.; **Hand aufs** ~, **hast du wirklich ...?** did you honestly ...? **jdm ans** ~ **gewachsen sein** be very dear to s.o.; **etw auf dem** ~**en haben** have s.th. on one's mind; **aus tiefstem** ~**en** from the bottom of one's heart; **im tiefsten** ~**en** in one's heart of hearts; **im** ~**en der Stadt** in the heart of the city; **jdn ins** ~ **schließen** take s.o. to one's heart; **ich kann es nicht übers** ~ **bringen** I haven't got the heart to do it;

jdm das ~ **schwer machen** grieve s.o.; **schweren** ~**ens** with a heavy heart; **von** ~**en (gern)** with all one's heart; **jdn auf** ~ **u. Nieren prüfen** *fig fam* put s.o. to the acid test; **mit ganzem** ~ wholeheartedly; **aus ganzem** ~**en lachen** laugh heartily; **jdm zu** ~**en gehen** touch someone's heart; **sich etw zu** ~**en nehmen** take s.th. to heart; **sich ein** ~ **fassen** take heart; **ein** ~ **u. e-e Seele sein** be of one and the same mind; **jdm aus dem** ~**en sprechen** voice someone's innermost thoughts.

Herz·an·fall *m* heart attack; **Herz·beu·tel** *m med* pericardium.

her·zen [ˈhɛrtsən] *tr obs* **1.** *(umarmen)* embrace, hug; **2.** *(liebkosen)* cuddle.

her·zens·gut [ˈ--ˈ-] *adj* kind-hearted, very kind; **Her·zens·lust** *f:* ▶ **nach** ~ to one's heart's content; **herz·er·grei·fend** *adj* heart-rending; **Herz·feh·ler** *m med* cardiac defect.

herz·haft *adj* **1.** *(mutig)* bold, *fam* plucky; **2.** *(kräftig)* hearty; *(Händedruck etc)* firm.

her|zie·hen *irr* I *tr* ⟨h⟩ **1.** *(näher heran ziehen)* draw closer; **2.** : ▶ **jdn (etw) hinter sich** ~ drag s.o. (s.th.) along behind one; II *itr* ⟨sein⟩ **1.** *(in neue Wohnung ziehen)* move here; **2.** *(gehen, marschieren)* march along *(vor* in front of, *neben* beside, *hinter* behind); ▶ **über jdn (etw)** ~ *fig* rail at s.o. (s.th.).

her·zig [ˈhɛrtsɪç] *adj* delightful, sweet, *fam* cute.

Herz·in·farkt *m* heart attack; **Herz·kam·mer** *f med* ventricle; **Herz·klap·pe** *f med* cardiac valve; **Herz·klap·pen·feh·ler** *m med* valvular defect of the heart; **Herz·klop·fen** *n med* palpitation *(od* throbbing) of the heart; ▶ **ich bekam** ~ my heart started pounding; **herz·krank** *adj* suffering from a heart condition; **Herz·krank·heit (Herz·lei·den)** *f (n)* heart condition; *med* cardiopathy; **Herz-Kreis·lauf-Sy·stem** *n med* heart circulation system.

herz·lich I *adj* **1.** *(Empfang)* warm; **2.** *(Lachen etc)* hearty; **3.** *(Bitte)* sincere; **4.** *(eher formelhaft)* cordial; ▶ ~**e Grü·ße** kind regards; ~**en Dank!** thank you very much indeed! ~**es Beileid!** have my heartfelt sympathy! II *adv* **1.** *(sehr)* very; **2.** *(äußerst)* utterly; ▶ ~ **wenig** precious little; ~ **gern** with all one's heart; **Herz·lich·keit** *f* **1.** *(Wärme)* warmth; **2.** *(Herzhaftigkeit)* heartiness; **herz·los** *adj* heartless.

Herz-Lun·gen-Ma·schi·ne *f med* heart-lung machine; **Herz·mit·tel** *n* cardiac drug; **Herz·mus·kel** *m med* cardiac muscle.

Her·zog(in) [ˈhɛrtsoːk] *m (f)* duke (duchess); **Her·zog·tum** *n* **1.** *(Land)*

duchy; **2.** *(Würde)* dukedom.
Herz·rhyt·mus·stö·rung *f med* palpitation; **Herz·schlag¹** *m* **1.** *(einzelner Schlag des Herzens)* heartbeat; **2.** *(Herztätigkeit)* pulse rate; **Herz·schlag²** *m med (Stillstand des Herzens)* heart failure; **Herz·schritt·ma·cher** *m med* cardiac pacemaker; **Herz·still·stand** ['-'--] *m med* cardiac arrest; **Herz·tä·tig·keit** *f med* cardiac activity; **Herz·trans·plan·ta·tion** ['-transplanta'tsio:n] ‹-, -en› *f med* heart transplant, **herz·zer·rei·ßend** *adj* heart-rending.
Hes·se (Hes·sin) ['hɛsə] ‹-n, -n› *m (f)* Hessian; **hes·sisch** *adj* Hessian.
he·te·ro·gen *adj* heterogeneous.
Het·ze ['hɛtsə] ‹-, (-n)› *f* **1.** *fam (Eile)* hurry, rush; **2.** *fig* agitation, campaign *(gegen* against); **het·zen** *tr* ‹h› *itr* ‹sein› **1.** *(jagen)* chase, hunt; **2.** *(eilen, antreiben)* hurry, rush; **3.** *fig (aufreizen)* agitate, stir up hatred *(gegen* against); ▶ **zu Tode** ~ hunt to death; *fig* hound; **die Hunde auf jdn** ~ set the dogs on s.o.; **Het·ze·rei** *f (Eile)* rush; **Hetz·kam·pa·gne** *f* inflammatory campaign.
Heu [hɔɪ] ‹-(e)s› *n* hay; ▶ ~ **machen** make hay; **Geld wie** ~ **haben** *fig fam* have pots of money; **Heu·bo·den** *m* hayloft.
Heu·che·lei [hɔɪçə'laɪ] *f* hypocrisy; **heu·cheln** ['hɔɪçəln] **I** *itr (sich verstellen)* play the hypocrite; **II** *tr (vortäuschen)* feign; **Heuch·ler(in)** *m (f)* **1.** hypocrite; **2.** *(Frömmler(in))* canter; **heuch·le·risch** *adj* **1.** hypocritical; **2.** *(frömmelnd)* canting.
heu·er ['hɔɪɐ] *adv* this year.
heu·len ['hɔɪlən] *itr* **1.** *allg (a. Weinen)* howl, *fam* bawl; *(laut)* yell; **2.** *fig* roar; **3.** *(Tiere)* howl, yelp; **4.** *fig (Sirene)* wail; ▶ **das ~de Elend** *fam* the blues *pl;* **es ist einfach zum H~** *fam* it's enough to make you weep.
Heu·schnup·fen *m* hay fever.
Heu·schrecke (k·k) ['hɔɪʃrɛkə] ‹-, -n› *f zoo* grasshopper, locust.
heu·te ['hɔɪtə] *adv* today, this day; ▶ ~ **abend** this evening, tonight; ~ **früh,** ~ **morgen** this morning; ~ **mittag** *Br* today at twelve o'clock, *Am* today noon; ~ **in 8 Tagen** this day week, today week; ~ **in e-m Jahr** a year from today; ~ **vor 8 Tagen** a week ago today; **den wievielten haben wir** ~? what date is it today? **bis** ~ till today *(od* this day); **noch** ~ **muß das geschehen** it has to be done this very day; **von** ~ **an** from this day on; **der Mensch von** ~ modern man; **die Jugend von** ~ the young people of today.
heu·tig *adj* **1.** of this day, today's; **2.** *(gegenwärtig)* contemporary; *(neuzeit-*

lich) modern; ▶ **der ~e Tag** today; **bis zum ~en Tag** to this very day; **vom ~en Tag** *com (Brief)* of today('s date).
heut·zu·ta·ge *adv* nowadays, these days, today.
he·xen ['hɛksən] *itr hist* practise witchcraft; *(Wunder wirken)* work miracles; ▶ **ich kann doch nicht** ~! *fig fam* I am not a magician! **He·xen·kes·sel** *m fig* pandemonium.
He·xen·schuß *m med* lumbago.
He·xe(r) ['hɛksə ('hɛksɐ)] ‹-, -n (-s, -)› *f (m)* witch, (wizard), ▶ **alte Hexe** *fam pej (alte Frau)* old hag; **He·xe·rei** *f* **1.** *(das Hexen)* sorcery, witchcraft; **2.** *(von Zaubertrick)* magic; ▶ **das ist doch keine** ~ *fig fam* that's no magic.
Hick·hack ‹-s› *n fam* squabbling.
Hi-Fi-Anlage ['haɪfaɪ-/'haɪfi-] *f* hi-fi (set).
Hieb [hi:p] ‹-(e)s, -e› *m* **1.** *(Schlag)* blow; *(Streich)* stroke; **2.** *sport (beim Fechten)* slash; ▶ ~**e bekommen** get a thrashing *(od* licking).
hier [hi:ɐ] *adv* **1.** *(räumlich)* here; *(in diesem Land)* in this country; **2.** *(zeitlich)* now; ▶ **der Herr** ~ this gentleman; **sind Sie von** ~ are you a local (man *(od* woman))? ~ **u. da** *(örtlich)* here and there; *(zeitlich)* now and then; ~ **oben** up here; ~ **unten** down here; ~ **ist** *(od* ▶ **spricht) Frau W.!** *tele* this is Mrs. W. (speaking)! ~ **bin ich** here I am! **es steht mir bis** ~ *fig sl (ich hab's satt)* I'm fed up to here; **hier·an** ['--/-'-] *adv* ▶ ~ **läßt sich erkennen,** ... you can see from this ...; **wenn ich** ~ **denke** when I think of this; ~ **kann es keinen Zweifel geben** there can be no doubt about that; ~ **erkenne ich es** I recognize it by this; **hier·auf** *adv (zeitlich)* then; **hier·aus** *adv* from this; **hier·bei** *adv* **1.** *(währenddessen)* doing this; **2.** *fig (bei dieser Gelegenheit)* on this occasion; *(in diesem Zus.-hang)* in this connection; **hier·durch** *adv* **1.** *(hier hindurch)* through here; **2.** *fig (hiermit)* by this means, hereby, herewith; **3.** *jur (kraft)* by virtue of the present; **hier·für** *adv* for it, for this; **hier·her** *adv* here, over here, this way; ▶ ~! come here! ~ *(zeitlich)* so far, up to now; *(räumlich)* up to here; **bis** ~ **u. nicht weiter** this far and no further; **mir steht es bis** ~ *fig sl* I'm fed up to here; **hier·in** *adv a. fig* in this; **hier·mit** *adv* herewith, with this; **hier·über** *adv* **1.** *(nach hier)* over here; **2.** *(oberhalb dieser Stelle)* over it; **3.** *fig (betreffend)* about this; **hier·un·ter** *adv* **1.** *(unter diesem hier)* beneath this, under this; **2.** *fig* by this *(od* that); *(in dieser Kategorie)* among these; **hier·von** *adv* **1.** *(örtlich)* from here; **2.** *(von diesem)* from this; **hier·zu** *adv* **1.** *(dafür)* for this;

(dazu) with this; **2.** *(außerdem)* in addition to this, moreover; **3.** *(zu diesem Punkt)* about this.

hie·sig ['hi:zɪç] *adj* local; ▶ **die ~e Bevölkerung** the population here.

high *adj sl (von Drogen)* high; ▶ **~ werden von etw** get a kick from *(od* out of) s.th.; **High·life** ['haɪlaɪf] ⟨-s⟩ *n fam* high life; ▶ **~ machen** live it up; **High-Tech** ['haɪ'tɛk] ⟨-(s)⟩ *n od* ⟨-⟩ *f* high-tech, hi tech.

Hil·fe ['hɪlfə] ⟨-, -n⟩ *f* **1.** *allg* help; **2.** *(fin. ~stellung)* aid; *(Beistand)* assistance; **3.** *(für Notleidende)* relief; **4.** *(Hilfskraft)* help; ▶ **erste ~e** first aid; **mit ~ des Lineals** with the help of the ruler; **ohne ~ sein** stand alone; **zu ~!** help! help! **jdm seine ~ anbieten** offer one's aid to s.o.; **jdn um ~ bitten** ask for someone's help; **jdm zu ~ kommen** come to someone's aid; **jede ~ kam zu spät** it was too late to help; **jdm ~ leisten** help s.o.; **etw zu ~ nehmen** make use of s.th.; **um ~ rufen** cry for help; **Hil·fe·lei·stung** *f* assistance, help; **Hil·fe·ruf** *m* **1.** cry for help; **2.** *fig* urgent appeal.

hilf·los *adj* helpless; **Hilf·lo·sig·keit** *f* helplessness; **hilf·reich** *adj* **1.** helpful; **2.** *(nützlich)* useful.

Hilfs·ak·tion *f* relief action; **Hilfs·arbei·ter(in)** *m (f)* unskilled worker; **hilfs·be·dürf·tig** *adj* **1.** *(Hilfe benötigend)* in need of help; **2.** *(notleidend)* needy; **hilfs·be·reit** *adj* **1.** *(helfend, hilfreich)* helpful; **2.** *(entgegenkommend)* obliging; ▶ **er ist stets ~** he is always ready to help; **Hilfs·da·tei** *f EDV* scratch file; **Hilfs·dienst** *m* **1.** *(Aus~)* auxiliary service; **2.** *(Notdienst)* emergency service; **3.** *mot (bei Autopannen)* breakdown *(Am a.* wrecker) service; **Hilfs·kraft** *f* **1.** *(Assistent)* assistant, help(er); **2.** *(Aus~)* temporary worker; **Hilfs·mit·tel** *n* **1.** *(Hilfe)* aid; **2.** *(Maßnahme)* means, measure; **3.** *pl (Mittel)* resources; **4.** *(Werkzeug)* device; **Hilfs·mo·tor** *m:* ▶ **Fahrrad mit ~** motor-assisted bicycle; **Hilfs·werk** *n* relief organization; **Hilfs·zeit·wort** *n gram* auxiliary verb.

Him·bee·re ['hɪmbeːrə] ⟨-, -n⟩ *f bot* raspberry; **Him·beer·saft** *m* raspberry juice.

Him·mel ['hɪməl] ⟨-s, -⟩ *m* **1.** *(der sichtbare ~)* sky; **2.** *rel (Sitz der Gottheit)* heaven; *(Paradies)* paradise; *fig (Gott, Schicksal)* Heaven; **3.** *(Decke e-s ~bettes)* canopy; ▶ **bewölkter ~** cloudy *(od* overcast) sky; **Am ~** in the sky; **aus heiterem ~** *fig* out of the blue; **um ~s willen!** for Heaven's sake! **dem ~ sei Dank!** thank Heaven! **du lieber ~!** great Heavens! **unter freiem ~ schlafen** sleep in the open air; **~ u. Erde in Bewegung setzen** move heaven and

earth; **jdn in den ~ heben** *fig* praise s.o. to the skies *pl;* **das Blaue vom ~ herunterlügen** *fam* lie a blue streak; **jdm das Blaue vom ~ versprechen** promise s.o. everything under the sun.

Him·mel·bett *n* four-poster; **him·mel·blau** ['---] *adj* azure, sky-blue; **Him·mel·fahrt** *f rel* **1.:** ▶ **Christi ~** the Ascension of Christ; **2.** *(~stag)* Ascension Day; ▶ **Mariä ~** the Assumption of the Virgin Mary; **Him·mel·reich** *n rel* Kingdom of Heaven; **him·mel·schrei·end** *adj fig* **1.** *(Unrecht)* outrageous; *(Verhältnisse)* appalling; **2.** *(Unsinn)* utter; **3.** *(Schande, Skandal etc)* crying; **Him·mels·kör·per** *m astr* celestial body; **Him·mels·rich·tung** *f* direction; **him·mel·weit** ['---] *adj fig* tremendous; ▶ **es ist ein ~er Unterschied** it makes all the difference in the world.

himm·lisch ['hɪmlɪʃ] **1.** *(zum Himmel gehörig)* heavenly; *poet* celestial; **2.** *fig (wunderbar)* divine; *(grenzenlos)* infinite.

hin [hɪn] **I** *adv* **1.** *(dort~)* there; *(zu)* towards; **2.** *(entlang)* along; ▶ **nichts wie ~!** *fam* let's go then! **~ u. her** *(auf u. ab)* to and fro; *(~ u. zurück)* there and back; **das H~ u. Her** the comings and goings *pl;* **auf die Gefahr ~, mißverstanden zu werden** at the risk of being misunderstood; **auf s-n Rat ~** on his advice; **~ u. wieder** (every) now and again; **~ u. zurück** there and back; **e-e Fahrkarte** *(od* **Flugkarte) ~ u. zurück** *Br* a return ticket, *Am* a round-trip ticket; **Sonntag ~, Sonntag her** Sunday or not *(od* or no Sunday); **über die Jahre ~** as years go by; **nach außen ~** *fig* outwardly; **wo sind sie ~?** *fam* where have they gone? **etw ~ u. her überlegen** think about s.th. over and over (again); **II** *adj pred fam* **1.** *(Ruf etc: ruiniert)* ruined; **2.** *(kaputt)* broken; **3.** *fig (erschöpft)* done in; **4.** *fig (begeistert)* carried away; **5.** *fig (tot)* dead; ▶ **sie war ganz ~** *fig fam (~gerissen)* she was really carried away; **dein Ruf ist ~** *fam* your reputation is ruined.

hin·ab [hɪ'nap] *adv* down, downward(s); ▶ **~ mit dir!** down with you! down you go! **den Berg ~** down the hill, downhill; **den Strom ~** down the river, downstream.

hin|ar·bei·ten *itr* aim *(auf* at).

hin·auf [hɪ'nauf] *adv* up; ▶ **da ~** up there; ▶ **die Straße ~** up the street; **hin·auf|fah·ren** *irr* **I** *itr* go *(mot* drive) up; **II** *tr* take *(mot* drive) up; **hin·auf|ge·hen** *irr itr* **1.** go up; *(Treppe)* go upstairs; **2.** *fig (von Preisen etc)* rise; **hin·auf|stei·gen** *irr itr* climb up.

hin·aus [hɪ'naus] *adv* **1.** *(räumlich)* out; ▶ **über ... ~** beyond ...; **2.** *(zeitlich)*

über ... ~ until after ...; **3.** *fig:* ▶ **über** ... ~ on top of ...; *(jenseits)* beyond ...; ~ **(mit Ihnen)!** (get) out! **hier** ~ this way out; **sie wohnt nach hinten (vorn)** ~ she is living towards the back (the front); **zum Fenster** ~ out of the window; **zur Tür** ~ out through the door; **auf Jahre** ~ for years to come; **darüber** ~ on top of this; **über das Grab** ~ beyond the grave; **er will zu hoch** ~ *fig* he aims too high; **hin·aus|be·för·dern** *tr* kick out, throw out; **hin·aus|be·glei·ten** *tr* see out *(aus of)*; **hin·aus|ekeln** *tr* winkle out, *sl* freeze out; **hin·aus|ge·hen** *irr itr* **1.** *(Raum etc verlassen)* go out; **2.** *(Tür, Zimmer, Fenster)* open *(auf* onto); **3.** *fig (überschreiten)* go beyond *(über etw* s.th.); **4.** *fig (übertreffen, übersteigen)* exceed *(über etw* s.th.); **hin·aus|lau·fen** *irr itr* **1.** *(hinausrennen)* run out; **2.** *fig:* ▶ **auf etw** ~ come *(od* amount) to s.th.; **hin·aus|leh·nen** *refl* lean out; **hin·aus|schicken (k·k)** *tr* send out; **hin·aus|schie·ben** *irr tr* put off, postpone; **hin·aus|schie·ßen** ⟨sein⟩ *irr itr fig:* ▶ **über das Ziel** ~ overshoot the mark; **hin·aus|wer·fen** *irr tr* **1.** *(aus Fenster etc)* cast *(od* throw) out; **2.** *fam (entfernen)* chuck *(od* kick out); *(entlassen)* fire, *sl* sack; ▶ **e-n Blick** ~ take a glance outside; **Geld zum Fenster** ~ *fig fam* pour money down the drain; **hin·aus|wol·len** *irr itr fig (hinzielen, beabsichtigen)* be driving at ...; ▶ **hoch** ~ aim high.

hin|ble·gen *irr tr fig fam* sort out.

Hin·blick *m:* ▶ **im** *(od* in) ~ **auf** ... *(in bezug auf)* with regard to ...; *(angesichts)* in view of ...

hin|brin·gen *irr tr* **1.** *(begleiten)* take there; **2.** *fig (Zeit)* pass, spend.

hin·der·lich ['hɪndəlɪç] *adj* **1.** *(im Weg)* in the way; **2.** *(lästig)* restricting; *(störend)* embarrassing; ▶ **jdm** ~ **sein** *(jdm im Wege stehen)* stand in someone's way; *jds Fortkommen* ~ **sein** be an obstacle to someone's advancement.

hin·dern **I** *tr* **1.** *(aufhalten)* hinder; *(hemmen)* hamper, impede; **2.** *(ganz abhalten)* prevent *(an* from); **II** *itr (stören)* be a hindrance *(bei* to); **Hin·der·nis** ['hɪndɐnɪs] ⟨-ses, -se⟩ *n* **1.** *a. fig* obstacle; **2.** *(Erschwernis)* hindrance; **3.** *(Behinderung)* handicap; ▶ **jdm** ~**se in den Weg legen** *fig* put obstacles in someone's way; **alle** ~**se aus dem Wege räumen** remove all obstacles; **auf** ~**se stoßen** run into obstacles; **Hin·der·nis·ren·nen** *n sport (auf Pferden)* steeplechase.

hin|deu·ten *itr* **1.** *(zeigen)* point *(auf* at); **2.** *fig (anzeigen)* indicate.

Hin·du ['hɪndu] ⟨-(s), -(s)⟩ *m* Hindu.

hin·durch [hɪn'dʊrç] *adv* **1.** *(räumlich)* through; **2.** *(zeitlich)* throughout; ▶ **das**

ganze Jahr ~ all the year round, throughout the year; **den ganzen Tag** ~ all day (long); **mitten** ~ right *(od* straight) through; **lange Zeit** ~ for a long time.

hin·ein [hɪ'naɪn] *adv* **1.** *(räumlich)* in, inside, into; **2.** *(zeitlich)* into; ▶ ~ **mit Ihnen!** in you go! **da** ~ in there; **in etw** ~ into s.th.; **bis tief in die Nacht** ~ well into the night; **hin·ein|fin·den** *irr refl:* ▶ **sich** ~ **in** ... *(vertraut werden mit)* get familiar with ...; *(sich abfinden)* come to terms with ...; **hin·ein|ge·hen** ⟨sein⟩ *irr itr* **1.** go in *(in* -to); **2.** *(hineinpassen):* ▶ **in dieses Faß gehen 20 Liter hinein** this barrel holds 20 liters; **hin·ein|le·gen** *tr a. fig* put in *(od* into); **hin·ein|pas·sen** *itr:* ▶ **in etw** ~ fit into s.th.; *fig (in Schema etc)* fit in with s.th.; **hin·ein|re·den** *itr* **1.** *(unterbrechen)* interrupt *(jdm* s.o.); **2.** *fig (sich einmischen)* interfere *(jdm* in someone's affairs); ▶ **sich in s-e Wut** ~ talk o.s. into a rage; **hin·ein|stecken (k·k)** *tr* put in *(in* -to); ▶ **viel Mühe in etw** ~ put a lot of effort into s.th.; **s-e Nase in alles** ~ *fig* poke one's nose into everything; **hin·ein|stei·gern** *refl* work o.s. up *(in e-n Zustand* into a state); ▶ **sich in s-e Wut** ~ work o.s. up into a rage; **sich in s-n Kummer** ~ let o.s. be completely taken up with one's worries *pl;* **sich in e-e Rolle** ~ become completely caught up in a role; **hin·ein|ver·set·zen** *refl* put o.s. in the position *(in jdn* of s.o.).

hin|fah·ren *irr* **I** *tr* ⟨h⟩ take *(od* drive) there; **II** *itr* ⟨sein⟩ go *(mot auch* drive, *mar* sail) there; **Hin·fahrt** *f* journey there; *mar* voyage out; *rail* outward journey; ▶ **auf der** ~ on the way there; **nur** ~ *rail Br* single, *Am* one way.

hin|fal·len *irr itr* fall (down); **hin·fäl·lig** *adj* **1.** *(schwach)* frail; **2.** *fig (unhaltbar)* untenable; **3.** *fig (ungültig)* invalid; **Hin·fäl·lig·keit** *f* **1.** *(Schwäche)* frailness; **2.** *fig (Ungültigkeit)* invalidity.

Hin·flug *m aero* outward flight.

hin|füh·ren *tr itr a. fig* lead there; ▶ **wo soll das** ~? *fig* where is this leading to?

Hin·ga·be ⟨-⟩ *f fig* **1.** *(Ergebenheit)* devotion; **2.** *(Begeisterung)* dedication; **hin|ge·ben** *irr* **I** *tr* **1.** *(aufgeben)* give up; **2.** *(opfern)* sacrifice; **II** *refl:* ▶ **sich e-r Sache** ~ *(e-r positiven Sache)* devote o.s. to s.th.; *(e-r negativen Sache)* abandon o.s. to s.th.; **sich jdm** ~ give o.s. to s.o.; **hin·ge·bungs·voll** devoted.

hin·ge·gen [-'---] *conj (jedoch)* however; *(andererseits)* on the other hand.

hin|ge·hen *irr itr* **1.** go there; **2.** *(von Zeit)* go by, pass; ▶ **etw** ~ **lassen** *fig (hinnehmen)* let s.th. pass.

hin|hal·ten *irr tr* **1.** *(reichen)* hold out *(jdm* to s.o.); **2.** *fig:* ▶ **jdn** ~ put s.o. off; **Hin·hal·te·tak·tik** *f* stalling tactics *pl.*

hin|hau·en *irr* I *tr sl* 1. *(hinschmeißen)* plonk down; 2. *(hinschmieren)* knock off; II *itr sl* 1. *(ausreichen)* do; 2. *(klappen)* work; III *refl sl (sich schlafen legen)* turn in.

hin·ken ['hɪŋkən] *itr* 1. *(lahmen)* limp; 2. *fig (unpassend sein)* be inappropriate; ▶ **mit dem rechten Bein** ~ have a limp in one's right leg; **der Vergleich hinkt** *fig* that's a lame *(od* poor) comparison.

hin|knien *itr refl* kneel down.

hin·läng·lich *adj* 1. *(ausreichend)* sufficient; 2. *(angemessen)* adequate.

hin|le·gen I *tr* 1. *(niederlegen)* put down; *(flach* ~) lay down; 2. *fam (Rede, Vortrag, Leistung)* perform effortlessly; 3. *fam (bezahlen müssen)* fork out; II *refl (sich niederlegen)* lie down; ▶ **sich der Länge nach** ~ *fig fam* be taken aback.

hin|neh·men *irr tr* accept, take; ▶ **etw als selbstverständlich** ~ take s.th. for granted.

hin|raf·fen *tr poet* carry off.

hin·rei·chend *adj* 1. *(ausreichend)* sufficient; 2. *(angemessen)* adequate.

Hin·rei·se *f* journey there; *mar* voyage out; *rail* outward journey; ▶ **auf der** ~ on the way there; **Hin- u. Rückreise** journey there and back.

hin|rei·ßen *irr tr fig* 1. *(entzücken)* enrapture, thrill; 2. *(überwältigen)* force *(jdn zu etw* s.o. into s.th.); ▶ **sich** ~ **lassen** let o.s. be carried away *(zu e-r Entscheidung* into making a decision); **hin·rei·ßend** *adj (phantastisch)* fantastic; *(bezaubernd)* enchanting; *(Schönheit)* ravishing.

hin|rich·ten *tr (Verbrecher)* execute; ▶ **jdn durch den Strang** ~ hang s.o.; **Hin·rich·tung** *f* execution.

hin|schmei·ßen *irr tr* 1. *fam (hinwerfen)* fling down; 2. *fig fam (aufgeben)* chuck in.

hin|se·hen *irr itr* look; ▶ **vor sich** ~ look straight ahead.

hin|set·zen I *tr (Gegenstände)* set down; *(Personen)* seat; II *refl* sit down; ▶ **sich gerade** ~ sit up straight.

Hin·sicht *f:* ▶ **in jeder** ~ in every respect; **in** ~ **auf ...** *(bezüglich)* with regard to ...; *(angesichts)* in view of ...; **in dieser** ~ in this regard; **hin·sicht·lich** *prp (bezüglich)* with regard to; *(angesichts)* in view of.

hin|stel·len I *tr* 1. *(hinsetzen od -legen)* put (down); 2. *fam (Häuser etc)* put up; ▶ **jdn (etw) als jdn (etw)** ~ *fig* make s.o. (s.th.) out to be s.o. (s.th.); II *refl* 1. stand; 2. *mot (parken)* park.

hin·ten ['hɪntən] *adv* behind; *(am Hinterende, auf der Rückseite)* at the back; ▶ ~ **im Buch** at the end of the book; ~ **im Bild** in the back of the picture; **nach** ~ to the back; **von** ~ **anfangen** begin from the back; **ein Blick nach** ~ a look

behind; ~ **bleiben** stay behind; *fig* lag behind; **von** ~ **(her)** from behind, from the back; **von weit** ~ from the very back; **weit** ~ far behind, far back; **jdn am liebsten von** ~ **sehen** *fig fam* be glad to see the back of s.o.; **jdn** ~ **u. vorne bedienen** wait on s.o. hand and foot; **es jdm** ~ **u. vorne reinstecken** *fig fam* spoon-feed s.o.; **ich weiß nicht mehr, wo** ~ **u. vorn ist** *fig fam* I don't know whether I'm coming or going; **das langt** ~ **u. vorn nicht** *fig fam* that's not enough to make ends meet.

hin·ter ['hɪntə] *prp* 1. *(räumlich)* behind; 2. *(zeitlich)* after; ▶ ~ **dem Haus** at the back of *(od* behind) the house; ~ **mir (her)** *(räumlich)* behind me; *(um mich zu kriegen)* after me; ~ **meinem Rükken** behind my back; **sich hinter jdn stellen** stand behind s.o.; *fig* support s.o.; ~ **Schloß u. Riegel** under lock and key; ~ **etw kommen** *fig* get to the bottom of s.th.; ~ **etw hervor** from behind s.th.; ~ **etw stecken** *fig* be at the bottom of s.th.; **etw** ~ **sich bringen** get s.th. over (and done with); *(Entfernung)* cover s.th.; **etw** ~ **sich haben** *(überstanden)* have got over s.th.; *(Krankheit, schlimme Zeit)* have been through s.th.; *(zurückgelegt)* have covered s.th.; ~ **sich lassen** leave behind.

Hin·ter·ach·se *f mot* rear axle.

Hin·ter·backe (k·k) *f* buttock.

Hin·ter·bein *n* hind leg; ▶ **sich auf die** ~**e stellen** *(Pferd etc)* rear up; *fig fam (sich widersetzen)* kick up a fuss.

Hin·ter·blie·be·ne [hɪntə'bli:bənə] *m f jur* surviving relative; ▶ **die** ~**n** *pl* the bereaved.

hin·ter·brin·gen *irr tr* inform *(jdm etw* s.o. of s.th.).

hin·te·re ['hɪntərə] *adj* back; ▶ **der (die)** ~ the one at the back.

hin·ter·ein·an·der ['---'--] *adv* 1. *(zeitlich)* one after the other *(od* another); 2. *(räumlich)* one behind the other; ▶ **drei Tage** ~ three days running; **dicht** ~ *(zeitlich)* close behind; *(räumlich)* close on one another.

Hin·ter·ge·da·nke *m* ulterior motive.

hin·ter·ge·hen ⟨h⟩ *irr tr (betrügen)* deceive.

Hin·ter·grund *m* 1. *(von Zimmer, Gemälde, a. fig)* background; 2. *theat* back; **Vor diesem** ~ *a. fig* against this background; **im** ~ **bleiben** *a. fig* stay in the background; **Hin·ter·grund·pro·gramm** *n EDV* background program.

Hin·ter·halt *m mil a. fig* ambush; ▶ **in e-n** ~ **locken** draw into an ambush; **im** ~ **liegen** lie in ambush; **jdn aus dem** ~ **angreifen** ambush s.o.; **jdm im** ~ **auflauern** wait in ambush for s.o.; **hin·ter·häl·tig** ['hɪntəhɛltɪç] *adj* underhand.

Hin·ter·hand *f:* ▶ **noch etw in der** ~

haben have s.th. up one's sleeve.

hin·ter·her [--'-] *adv* **1.** *(räumlich)* behind; **2.** *(zeitlich)* afterward(s); **hinter|her·lau·fen** ⟨sein⟩ *irr itr* **1.** run behind; **2.** *fig fam* run after (*jdm s.o.*).

Hin·ter·hof *m* backyard.

Hin·ter·kopf *m* back of one's head; ▶ etw im ~ haben *fam* have s.th. in the back of one's mind.

Hin·ter·land ⟨-(e)s⟩ *n* hinterland.

hin·ter·las·sen *irr tr* **1.** *(zurücklassen)* leave; **2.** *(testamentarisch)* bequeath (*jdm etw* s.th. to s.o.); **Hin·ter·las·sen·schaft** *f* **1.** *jur* estate; **2.** *fig* legacy.

Hin·ter·lauf *m* hind leg.

hin·ter·le·gen *tr* **1.** *(verwahren lassen)* deposit (*bei* with); **2.** *(als Pfand)* leave.

Hin·ter·list *f* **1.** *(Tücke)* craftiness; *(Verschlagenheit)* cunning; **2.** *(in Betrugsabsicht)* deceitfulness; **3.** *(List)* trick; **hinter·li·stig** *adj* **1.** *(tückisch)* crafty; *(verschlagen)* cunning; **2.** *(betrügerisch)* deceitful; **3.** *(falsch)* false, perfidious.

Hin·ter·mann ⟨-(e)s, ⁻er⟩ *m* **1.** *(hinter e-m Stehender)* person behind (one); **2.** *fig* backer.

Hin·tern ['hɪntən] ⟨-s, -⟩ *m fam* backside, bottom; ▶ sich auf den ~ setzen *fam (hinfallen)* fall on one's bottom; *fig fam (energisch arbeiten)* buckle down to work; ein Tritt in den ~ *fam* a kick up the backside; was auf den ~ kriegen *fam* get one's bottom smacked.

Hin·ter·rad *n rail* back wheel; *mot (a. Fahrrad)* rear wheel; **Hin·ter·rad·an·trieb** *m mot* rear wheel drive.

hin·ter·rücks ['hɪntərʏks] *adv* **1.** *(von hinten)* from behind; **2.** *fig (heimtückisch)* behind someone's back.

Hin·ter·sitz *m mot* backseat.

hin·ter·ste *adj* backmost, very back; ▶ das ~ Ende the very end.

Hin·ter·tref·fen *n:* ▶ ins ~ kommen *(od* geraten*)* lose ground; im ~ sein be under a handicap.

hin·ter·trei·ben *irr tr (vereiteln)* foil, thwart.

Hin·ter·trep·pe *f* back stairs *pl.*

Hin·ter·tür *f* **1.** *(Tür nach hinten heraus)* back door; **2.** *fig (Ausweg)* loophole; ▶ sich ein ~chen offenhalten leave o.s. a loophole.

Hin·ter·wäld·ler ['hɪntəvɛltlə] *m fam* backwoodsman; *Am a.* hillbilly.

hin·ter·zie·hen *irr tr:* ▶ Steuern ~ evade tax(es).

hin·über [hɪ'nyːbə] *adv* over; *(durch Überqueren)* across; **hin·über|sein** *irr itr fam* **1.** *(verdorben)* be off; **2.** *(kaputt, tot)* have had it; **3.** *(betrunken)* be (well) away.

hin·un·ter [hɪ'nuntə] *adv prp* down; ▶ die Straße ~ down the street; bis ~ nach ... down to ...; **hin·un·ter|fahren** *irr* I *itr* ⟨sein⟩ go down; II *tr* ⟨h⟩ (e-n

Passagier *etc)* take down; *(ein Auto etc)* drive down; **hin·un·ter|ge·hen** ⟨sein⟩ *irr itr allg* go down; *(zu Fuß)* walk down; **hin·un·ter|kip·pen** *tr* **1.** tip down; **2.** *fam (Getränk)* knock back.

hin·un·ter|schlucken (k·k) *tr a. fig* swallow.

hin·un·ter|spü·len *tr* **1.** wash down; **2.** *fig (Ärger)* soothe; **hin·un·ter|werfen** *irr tr* throw down; ▶ e-n Blick ~ glance down; jdn die Treppe ~ kick s.o. downstairs.

hin·weg [hɪn'vɛk] *adv* **1.** *(fort)* away; **2.** *(zeitlich):* ▶ über 10 Jahre ~ over a period of 10 years; über jdn *(od* jds Kopf)* ~ over someone's head; **hin·weg|ge·hen** *irr itr:* ▶ über etw ~ *(nicht beachten)* pass over s.th.; **hin·weg|kom·men** *irr itr fig:* get over; ▶ er kann nicht darüber ~ he can't get over it; **hin·weg|se·hen** *irr itr fig:* ▶ über jdn *(od* etw*)* ~ see over s.o. *(od* s.th.); *fig (ignorieren)* ignore s.o. *(od* s.th.); *(außer acht lassen)* overlook s.o. *(od* s.th.); **hin·weg|set·zen** I *itr:* ▶ über etw ~ *(springen)* jump over s.th.; II *refl fig:* ▶ sich ~ über etw disregard s.th.

Hin·weis ['hɪnvaɪs] ⟨-es, -e⟩ *m* **1.** *(Anhaltspunkt)* indication (*auf* to); *(bes. für Polizei)* clue; **2.** *(Anspielung)* allusion (*auf* to); **3.** *(amtlicher ~)* notice; *(Rat)* tip; **4.** *(Verweisung)* reference (*auf* to); **hin|wei·sen** *irr* I *tr* point (*jdn auf etw* s.th. out to s.o.); II *itr* **1.** *(zeigen)* point (*auf* to); **2.** *(verweisen)* refer (*auf* to); **3.** *(betonen)* emphasize (*auf etw* s.th.).

hin|wer·fen *irr* I *tr* **1.** throw down (*jdm etw* s.th. to s.o.); **2.** *fig (flüchtige Bemerkung)* drop casually; **3.** *fam (Arbeit, Stelle)* chuck; II *refl* throw o.s. down (*auf die Knie* on one's knees).

hin|zie·hen *irr* I *tr* ⟨h⟩ γ. draw (*zu* towards); **2.** *fig (anziehen)* attract (*zu* to); **3.** *fig (in die Länge ziehen)* drag out; II *itr* ⟨sein⟩ *(über das Land etc)* move (*über* across, *zu, nach* towards); III *refl* ⟨h⟩ **1.** *(sich erstrecken)* stretch (*bis, nach* to); **2.** *(zeitlich)* drag on.

hin·zu [hɪn'tsuː] *adv* **1.** *(örtlich)* there; **2.** *(außerdem)* besides, in addition; **hinzu|fü·gen** *tr* **1.** add (*e-r Sache* to s.th.); **2.** *(beilegen in Briefen etc)* enclose; **hin·zu|kom·men** *irr itr* **1.** *(herbeikommen)* arrive; **2.** *(sich anschließen)* join (*bei od zu etw* s.th.); **3.** *(beigefügt werden)* be added (*zu etw* to s.th.); ▶ es kommt noch hinzu, daß ... add to this that ...; kommt sonst noch etw ~? will there be anything else? **hin·zu|zäh·len** *tr* add; **hin·zu|zie·hen** *irr tr (Arzt etc)* consult.

Hirn [hɪrn] ⟨-(e)s, -e⟩ *n* **1.** *anat* brain; **2.** *fam (Verstand, Intelligenz)* brains *pl;* **Hirn·ge·spinst** ['hɪrngəʃpɪnst] ⟨-(e)s,

-e⟩ n pej fantasy; **Hirn·haut·ent·zün-dung** f med meningitis; **Hirn·tod** m med brain (od cerebral) death; **hirn-ver·brannt** adj fig fam crackbrained; ▶ **du bist völlig ~!** you're really cracked!

Hirsch [hɪrʃ] ⟨-(e)s, -e⟩ m zoo (Rot~) stag; **Hirsch·fän·ger** m hunting-knife; **Hirsch·ge·weih** n antlers pl; **Hirsch-kä·fer** m zoo stag-beetle; **Hirsch·kalb** n zoo fawn; **Hirsch·keu·le** f haunch of venison; **Hirsch·kuh** f zoo hind.

Hir·se ['hɪrzə] ⟨-⟩ f bot millet.

Hir·te ['hɪrtə] ⟨-n, -n⟩ m herdsman; (Schaf~, a. fig eccl: Seelsorger) shepherd; **Hir·ten·brief** m eccl pastoral.

His [hɪs] ⟨-, -⟩ n mus B sharp.

his·sen ['hɪsən] tr hoist (up).

Hi·sto·rie [hɪs'to:riə] ⟨-, -n⟩ f 1. (Welt~) history; 2. (Erzählung) story; **Hi·sto·ri·ker(in)** m (f) historian; **hi·sto·risch** adj 1. (geschichtlich) historical; 2. fig (sehr bedeutsam) historic.

Hit·pa·ra·de ⟨-, -n⟩ f charts pl.

Hit·ze ['hɪtsə] ⟨-⟩ f 1. allg heat; (Wetter) hot weather; 2. fig (Leidenschaft) passion; ▶ **drückende ~** oppressive heat; **in der ~ des Gefechts** fig in the heat of the moment; **hit·ze·be·stän-dig** adj heat-resistant; **hit·ze·emp-find·lich** adj sensitive to heat; **Hit·ze-schutz·schild** m (bei Raumfahrt) heat shield; **Hit·ze·wel·le** f heat wave.

hit·zig ['hɪtsɪç] adj 1. fig (aufbrausend) hot-headed; 2. fig (Wortstreit, Debatte) heated; 3. med (Fieber) high; (Gesichts-farbe) fevered; ▶ **~ werden** (Person) flare up; (Debatte) grow heated.

HIV [ha:i:'fau] ⟨-(s), -(s)⟩ n Abk von **Hu-man Immunodeficiency Virus** HIV; **HIV-in·fi·ziert** adj HIV(-)infected; **HIV-po·si·tiv** adj HIV(-)positive, tested positive for aids; **HIV-Po·si·ti-ve(r)** f m HIV-positive person; **HIV-Vi·rus** m HIV virus.

Hitz·kopf m hothead; **Hitz·schlag** m med heat-stroke.

hm [hm] interj hm, hum.

H-Milch f UHT-milk.

Hob·by ['hɔbi] ⟨-s, -s⟩ n hobby; **Hob-by·fe·ri·en** pl activity holiday sing.

Ho·bel ['ho:bəl] ⟨-s, -⟩ m tech plane; **Ho·bel·bank** f joiner's bench; **ho-beln** tr itr plane; ▶ **wo gehobelt wird, da fallen Späne** prov you can't make an omelette without breaking eggs.

Hoch [ho:x] ⟨-s, -s⟩ n 1. (~ruf) cheer (auf, für for); 2. (in Meteorologie, a. fig) high; ▶ **ein dreifaches ~ für ...** three cheers pl for ...

hoch [ho:x] ⟨höher, höchst⟩ I adj 1. allg high; (groß, ~ gewachsen) tall; 2. fig (Preise) dear, high; 3. fig (Ehre) great; (Geburt) noble; (Strafe) heavy, severe; ▶ **ein hohes Alter erreichen** live to a

ripe old age; **~ u. niedrig** rich and poor; **in hohem Ansehen stehen** be highly esteemed; **in hoher Blüte stehen** fig (Handel etc) be flourishing; (Kultur etc) be at its zenith; **e-e hohe Geldstrafe** a heavy fine; **das hohe C** mus top C; **ein hohes Tier** fam fig a big fish; **im hohen Norden** in the far North; **auf dem ho-hen Roß sitzen** fig be on one's high horse; **auf hoher See** on the high seas pl; **in hohem Maße** to a high degree; II adv 1. : ▶ **~ oben** high up; 2. (nach oben) up; 3. (Qualität etc) highly; 4. math: ▶ **2 ~ 3** (= 2³) 2 to the power of 3; **~ zu Roß** on horseback; **~ u. heilig versprechen** promise faithfully; **Hände ~!** hands up! **Kopf ~!** chin up! **jdm etw ~ anrechnen** think highly of s.o. for s.th.; **~ hinauswollen** aim high; **es geht ~ her** things are pretty lively; **~ lebe der König!** long live the king! **den Kopf ~ tragen** hold one's head high; **die Nase ~ tragen** fam go around with one's nose in the air.

Hoch·ach·tung f deep respect; ▶ **mit vorzüglicher ~** abs (im Brief) yours faithfully; **meine ~!** well done! **hoch-ach·tungs·voll** adv (in Briefen) yours faithfully; **hoch·ak·tu·ell** ['---'-] adj highly topical; **Hoch·al·tar** m eccl high altar; **Hoch·amt** n eccl High Mass; **hoch|ar·bei·ten** refl work one's way up; **hoch·auf·lö·send** adj EDV TV high-resolution. **Hoch·bahn** f Br elev-ated railway (Am railroad); **Hoch·bau** ⟨-(e)s⟩ m 1. tech building construction, surface engineering; 2. arch high-rise building; **hoch·be·gabt** ['--'-] adj high-ly talented (od gifted); **Hoch·be·gab-te(r)** f m gifted person; gifted child; **hoch·be·rühmt** ['--'-] adj very fa-mous; **hoch·be·tagt** ['--'-] adj aged; pred advanced (od well on) in years; **Hoch·be·trieb** m 1. (in Geschäft) peak period; 2. (im Verkehr) rush hour; 3. (Hochsaison) high season; **hoch·be-zahlt** ['--'-] adj highly paid; **Hoch·burg** f fig stronghold; **hoch·deutsch** adj High (od standard) German; **Hoch-druck** [-(e)s] m 1. (Wetter, a. phys) high pressure; 2. typ (Verfahren) relief printing; 3. (Ergebnis) relief print; 4. med (Blut~) high blood pressure; ▶ **mit ~ arbeiten** work at full stretch; **Hoch·ebe·ne** f plateau; **hoch·ent-wickelt (k·k)** ['--'--] adj tech highly advanced (od developed); **hoch·er-freut** ['--'-] adj overjoyed (über at); **hoch·ex·plo·siv** adj a. fig highly ex-plosive; **hoch·fah·rend** adj fig (über-heblich) arrogant; **Hoch·fi·nanz** ⟨-⟩ f high finance; **hoch·flie·gend** adj fig 1. (hochgesteckt) ambitious; 2. (übertrie-ben) high-flown; **Hoch·form** ⟨-⟩ f sport a. fig top form; **Hoch·for·mat** n vertical format; **Hoch·fre·quenz** *f el* high frequency; **Hoch·ga·ra·ge** *f mot* multi stor(e)y car park; **Hoch·ge·birge** *n* high mountains *pl;* **Hoch·ge·fühl** *n* elation.

hoch|ge·hen ⟨sein⟩ *irr itr* 1. *(steigen)* rise; 2. *fam (hinaufgehen)* go up; 3. *fig fam (zornig werden)* hit the ceiling; *fam (explodieren)* blow up; 4. *fam (gefaßt werden)* get nabbed.

Hoch·ge·nuß *m* real treat; **Hoch·ge·schwin·dig·keits·com·pu·ter** *m* high-speed computer; **Hoch·ge·schwin·dig·keits·zug** *m* high-speed train; **hoch·ge·spannt** *adj fig (groß)* great, high; **Hoch·glanz** *m* high-polish; ▶ **etw auf ~ bringen** polish s.th. until it gleams; **hoch·gra·dig** *adj* 1. extreme; 2. *fig (Unsinn)* absolute, utter; **hoch|hal·ten** *irr tr* 1. *(hochheben)* hold up; 2. *fig (achten)* uphold; **Hoch·haus** *n* high-rise building; *(Wolkenkratzer)* skyscraper; **hoch|he·ben** *irr tr (Hand, Arm)* lift raise, hold up; *(Kind, Last)* lift up.

hoch·kant ['ho:xkant] *adv* end up, on end.

Hoch·kon·junk·tur *f com fin* boom; **Hoch·land** ⟨-(e)s⟩ *n* highland; ▶ **das schottische ~** the Scottish Highlands *pl;* **Hoch·lohn·land** *n* country with high wage costs; **hoch·mo·dern** ['--'-] *adj* very modern; **Hoch·moor** *n* moor; **Hoch·mut** *m* arrogance; ▶ **~ kommt vor dem Fall** *prov* pride comes before a fall; **hoch·mü·tig** ['ho:xmy:tɪç] *adj* haughty, arrogant; **hoch·nä·sig** *adj fam pej* stuck-up, snooty; **Hoch·ofen** *m* (blast) furnace; **hoch·pro·zen·tig** *adj (Alkohol)* high-proof; **hoch·qua·li·fi·ziert** ['-----'-] *adj* highly qualified; **Hoch·rech·nung** *f* (computer) projection, projected result; **hoch|rü·sten** I *tr tech* upgrade; II *itr mil* increase the weaponry (of a country); rearm; **Hoch·rü·stung** ⟨-⟩ *f mil* arms build-up; **Hoch·sai·son** *f* high season; **Hoch·schrank** *m* 1. *(Einbau~)* floor-to-ceiling wardrobe; 2. *(hoher Schrank)* high wardrobe; **Hoch·schu·le** *f* college; *(Universität)* university; **Hoch·schul·leh·rer(in)** *m (f)* 1. *allg* college (*od* university) teacher; 2. *(Professor)* professor; **Hoch·schul·rei·fe** *f* matriculation standard; **hoch·schwan·ger** ['-'--] *adj* well advanced in pregnancy; **Hoch·see** *f* high sea; **Hoch·see·fi·sche·rei** *f* deep-sea fishing; **hoch·sen·si·bel** *adj (Apparat, Person)* highly sensitive; **Hoch·si·cher·heits·trakt** *m (Gefängnis)* high-security wing; **Hoch·som·mer** *m* midsummer; **Hoch·span·nung** *f el* high-voltage (*a. fig)* high-tension *(Abk* H. T.*);* **Hoch·span·nungs·lei·tung** *f el* high-ten-

sion (*od* power) line; **Hoch·span·nungs·mast** *m el* (high-tension) pylon; **Hoch·spra·che** *f* standard language; **Hoch·sprung** *m sport* high jump.

höchst [høːçst/høːkst] *adv* highly, most; **Höchstalter** *n* maximum age.

Hoch·stap·ler *m (Schwindler)* confidence trickster, *fam* con-man.

Höchst·be·trag *m* maximum amount; *(Limit)* limit.

höch·ste *adj* 1. *allg* highest; 2. *(größte)* tallest; *(längste)* longest; 3. *(äußerste)* utmost; *(extrem)* extreme; 4. *(maximal)* maximum *(nur attr);* 5. *(schwerste)* heaviest; ▶ **die ~ Instanz** *jur* the supreme court (of appeal); **im ~n Maße** to the highest degree; **im ~n Fall** at the most; **aufs ~ erfreut** highly pleased; **Am ~n** highest; **~ Zeit** high time; **das ist aber das ~ der Gefühle** *fig fam* and that's the end of it.

höch·stens *adv* 1. *(bestenfalls)* at best, at (the) most; 2. *(nicht mehr)* not more than ...

Höchst·fall *m:* ▶ **im ~** at the most; **Höchst·form** *f sport a. fig* top form; **Höchst·ge·bot** *n* highest bid; **Höchst·ge·schwin·dig·keit** *f* maximum *(od* top) speed; ▶ **zulässige ~** speed limit; **Höchst·gren·ze** *f* upper limit; **Höchst·lei·stung** *f* 1. *(Bestleistung)* best performance; 2. *sport* record; 3. *(Produktions~)* maximum output; **Höchst·maß** *n* maximum amount *(an* of*);* **höchst·per·sön·lich** *adv* in person; **Höchst·preis** *m com* maximum price; **höchst·wahr·schein·lich** ['--'--] *adv* in all probability, most likely.

hoch·sty·len *tr fam* give style to; *pej (Person)* hype *sl;* ▶ **hochgestyltes Produkt** stylish product.

höchst·zu·läs·sig *adj* maximum (permissible); ▶ **~er Wert** maximum value.

Hoch·tech·no·lo·gie *f* high-technology; **Hoch·tem·pe·ra·tur·re·ak·tor** *m* high temperature reactor.

hoch·tra·bend *adj fam (aufgeblasen)* pompous; *(geschwollen)* high-falutin(g).

Hoch·ver·rat *m* high treason.

Hoch·wald *m* timber forest; **Hoch·was·ser** *n* 1. *(zu hoher Wasserstand)* high water; *(Überschwemmung)* flood; 2. *(Höchststand von Flut)* high tide; ▶ **s-e Hose hat ~** *hum fam* his trousers are at half-mast; **Hoch·was·ser·stand** *m* high water level; *(bei Überschwemmung)* flood stage.

hoch·wer·tig *adj pred* of high quality; *attr* high-quality; *(Lebensmittel: nahrhaft)* highly nutritious.

Hoch·zahl *f math* exponent.

Hoch·zeit[1] ['ho:xtsaɪt] *f (Blüteperiode)* golden age.

Hoch·zeit[2] ['hɔxtsaɪt] *f* marriage, wedding; ▶ **diamantene (goldene, silber-**

ne) ~ diamond (golden, silver) wedding; **auf allen ~en tanzen** have a finger in every pie; **Hoch·zeits·fei·er** f wedding celebration; **Hoch·zeits·gast** m wedding guest; **Hoch·zeits·nacht** f wedding night; **Hoch·zeits·rei·se** f honeymoon; **Hoch·zeits·tag** m 1. *(Tag der Hochzeit)* wedding day; 2. *(Jahrestag)* wedding anniversary.

Hocke (k·k) ['hɔkə] ⟨-, -n⟩ f *(beim Turnen)* squat; ▶ **in die ~ gehen** squat; **hocken (k·k)** itr 1. squat; 2. *fam (sitzen)* sit (around); ▶ **über s-n Büchern ~** pore over one's books; **Hocker (k·k)** m *(Schemel)* stool; ▶ **das reißt mich nicht vom ~** *fig sl* that doesn't bowl me over.

Höcker (k·k) ['hœkə] ⟨-s, -⟩ m *zoo (a. kleiner Hügel)* hump.

Ho·de(n) ['ho:dən] ⟨-s, -⟩ f *(m) anat* testicle; *(in Zssg)* **Hoden-** scrotal; **Hoden·sack** m *anat* scrotum.

Hof [ho:f, *pl* 'hø:fə] ⟨-(e)s, ⁻e⟩ m 1. *(Platz)* yard; *(Innen~)* courtyard; *(Hinter~)* backyard; 2. *(Bauern~)* farm; 3. *(Fürsten~)* court; 4. *astr (Ring um Mond, Sonne)* halo; ▶ **bei** *(od* **am)** **~e** at court; **am ~e Heinrichs VIII** at the court of Henry VIII; **e-m Mädchen den ~ machen** *obs* court a girl.

hof·fen ['hɔfən] I *tr* hope for; II *itr* hope *(auf etw* for s.th.); set one's hopes *(auf jdn* on s.o.); ▶ **das Beste ~** hope for the best; **ich hoffe es** I hope so; **es ist sehr zu ~** it is much to be hoped; **ich will nicht ~, daß das wahr ist** I hope that it is not true; **auf Gott ~** trust in God; **hof·fent·lich** ['hɔfəntlɪç] *adv* hopefully, I hope so, it is to be hoped; ▶ **~ nicht** I hope not; **~ kommt sie** I hope she will come; **Hoff·nung** ['hɔfnʊŋ] f hope *(auf* in); ▶ **die ~ aufgeben (verlieren)** abandon (lose) hope; **jdm ~en machen** raise someone's hopes; **jdm keine ~en machen** not hold out any hopes for s.o.; **sich ~ machen** have hopes *(auf etw* of getting s.th.); **sie ist meine einzige ~** my only hope is in her; **s-e ~en setzen auf ...** pin one's hope on ...; **in der ~, zu ...** hoping to ...; **guter ~ sein** *euph (schwanger)* be expecting; **hoff·nungs·los** *adj* hopeless; **Hoff·nungs·lo·sig·keit** f hopelessness; **Hoff·nungs·schim·mer** m glimmer of hope; **Hoff·nungs·strahl** ⟨-(e)s⟩ m ray of hope; **Hoff·nungs·träger(in)** m *(f)* carrier of hope; **hoff·nungs·voll** I *adj (voller Hoffnung)* hopeful; *(vielversprechend)* promising; II *adv* full of hope.

Hof·hund m watchdog.

hö·fisch ['hø:fɪʃ] *adj* courtly.

höf·lich ['hø:flɪç] *adj allg* polite; *(zuvorkommend)* courteous; *(respektvoll)* respectful; **Höf·lich·keit** f 1. *(das Höf-*

lichsein) courteousness, politeness; 2. *meist pl (Komplimente)* compliments.

Höf·ling m courtier.

Hof·narr m court jester; **Hof·tor** n yard gate.

ho·he ['ho:ə] *adj attr (s.* hoch: Beispiele).

Hö·he ['hø:ə] ⟨-, -n⟩ f 1. *allg* height; 2. *math astr aero* altitude; 3. *(Gipfel)* summit; *(An~)* hill; 4. *(Ausmaß, Größenordnung, Niveau)* level; *(Umfang, Wert, Betrag)* amount; 5. *(geographische ~)* latitude; 6. *mus (Ton~)* pitch; *radio (Ton~)* treble; ▶ **das ist doch wohl die ~!** *fig fam* that's the limit! **auf der ~ sein** *fig fam (der Zeit)* be up-to-date; *(der Leistungskraft)* be at one's best; *(gesundheitlich)* be fighting fit; **auf gleicher ~** level with each other; **auf der ~ von Liverpool** *mar* off Liverpool; **an ~ gewinnen** *aero* gain height; **aus der ~** from above; **die Preise in die ~ treiben** *fig* force up the prices; **bis zur ~ von 5 $** up to the amount of $ 5; **ein Betrag in ~ von ...** an amount of ...; **in der ~** on high, up in the air; **in die ~** into the air, up, upwards; **die ~n u. Tiefen des Lebens** the ups and downs of life; **in e-r ~ von 1.000 Fuß** *aero* at an altitude of 1.000 feet; **in die ~ fahren** start up; **in die ~ gehen** *fig (Preise)* go up.

Ho·heit ['ho:haɪt] f 1. *(Erhabenheit)* sublimity; 2. *(Staats~)* sovereignty *(über* over); 3. *(Titel)* Highness; ▶ **S-e (Ihre) Königliche ~** His (Her) Royal Highness *(Abk* H.R.H.); **Ho·heits·gebiet** n sovereign territory; **Ho·heits·ge·wäs·ser** *pl* territorial waters; **ho·heits·voll** *adj* majestic; **Ho·heits·zei·chen** n national emblem.

Hö·hen·an·ga·be f altitude reading; *(auf Karte)* height marking; **Hö·hen·mes·ser** m *aero* altimeter; **Hö·hen·son·ne** f *el* sunray lamp; **Hö·hen·un·ter·schied** m difference in altitude; **hö·hen·ver·stell·bar** *adj (Sitz etc)* vertically adjustable; **Hö·hen·zug** m mountain range, ridge of hills; **Hö·he·punkt** m 1. *(höchster Punkt)* highest point; 2. *fig (e-r Entwicklung)* apex, summit; *(des Tages, e-r Veranstaltung)* high spot; *(der Karriere, der Macht)* peak, pinnacle; *(e-s Dramas, a. Orgasmus)* climax; 3. *med (Krise)* crisis; 4. *astr a. fig* zenith.

hö·her ['hø:ə] *adj a. fig* higher; *(von Macht)* superior; *(von Klasse)* upper; ▶ **~e Gewalt** an act of God; **~e Instanz** *jur* higher court; *(Behörde)* higher authority; **~e Mathematik** higher mathematics; **~e Schule** *Br* secondary *(Am* high) school; **mein Herz schlägt ~** my heart beats faster.

hohl [ho:l] *adj* 1. *a. fig* hollow; *(Wangen, Augen)* sunken; 2. *(gedämpft klingend)*

dull, hollow; **3.** *fig (leer)* empty; *(schal, seicht)* shallow.
Höh·le ['høːlə] ⟨-, -n⟩ *f* **1.** cave, cavern; *(Loch)* hole; *(Tier~)* den, hole; **2.** *fig fam (Bude, Verbrecher~)* hole; **3.** *anat* cavity; *(Augen~)* socket; **Höh·len·for·scher(in)** *m (f)* speleologist.
Hohl·heit *f fig (Leere)* emptiness, shallowness; **Hohl·kopf** *m pej* dunce, num(b)skull; **Hohl·kör·per** *m* hollow body; **Hohl·maß** *n* measure of capacity; **Hohl·raum** *m* hollow space; *(Höhlung)* cavity; **Hohl·raum·ver·sie·ge·lung** *f mot* cavity seal; **Hohl·spie·gel** *m* concave mirror.
Höh·lung ['høːlʊŋ] *f* cavity, hollow.
Hohl·weg *m* narrow pass.
Hohn [hoːn] ⟨-(e)s⟩ *m (Geringschätzung)* scorn; *(Spott)* derision, mockery; ▶ **nur ~ u. Spott ernten** get nothing but scorn and derision; **das ist der reinste ~** it's a sheer mockery; **höh·nen** ['høːnən] **I** *tr* mock; **II** *itr* sneer *(über* at); **Hohn·ge·läch·ter** *n* scornful laughter; **höh·nisch** ['høːnɪʃ] *adj* mocking, scornful, sneering; **Hohn·lä·cheln** *n* sneer.
Ho·kus·po·kus [hoːkʊsˈpoːkʊs] ⟨-⟩ *m* **1.** *(Zauberformel)* hey presto; **2.** *fig fam (Täuschung)* hocus-pocus; **3.** *fig fam (Drumherum)* fuss.
hold [hɔlt] **I** *adj lit obs (lieblich, anmutig)* lovely, sweet; **II** *pred (gehoben: zugeneigt)* well-disposed *(jdm* to s.o.); ▶ **das Glück war ihr ~** *poet* fortune smiled upon her.
ho·len ['hoːlən] *tr* fetch, get; *(Person ab~)* take away; *(erringen, gewinnen)* win; ▶ **jdn ~ lassen** send for s.o.; **sich e-e Erkältung ~** catch a cold; **sich den Tod ~** *fam* catch one's death; **sich bei jdm Rat ~** ask someone's advice; **Atem ~** draw (a) breath; **da ist nichts zu ~** *fam* there's nothing in it; **bei ihr ist nichts zu ~** *fam* you won't get anything out of her; **hol's der Teufel** *(od* **Henker)!** *sl* confound it! **hol dich der Teufel!** *sl* go to hell!
Hol·land ['hɔlant] ⟨-s⟩ *n* Holland.
Hol·län·der¹ ['hɔlɛndɐ] ⟨-s⟩ *m (Käse)* Dutch cheese.
Hol·län·der² ⟨-s, -⟩ *m* Dutchman; **Hol·län·de·rin** *f* Dutchwoman; **hol·län·disch** *adj* Dutch.
Höl·le ['hœlə] ⟨-⟩ *f* hell; ▶ **fahr** *(od* **scher dich) zur ~!** *sl* go to hell! **die ~ auf Erden haben** have a hellish time; **jdm die ~ heiß machen** *fam* give s.o. hell; **jdm das Leben zur ~ machen** *fam* make someone's life a hell; **Höl·len·lärm** ['--'-] *m fam* infernal noise; **Höl·len·stein** *m chem* lunar caustic, silver nitrate; **höl·lisch** *adj* **1.** *(aus od von der Hölle)* infernal; **2.** *fam (sehr, riesig)* hellish; ▶ **~ aufpassen** keep one's eyes skinned; **e-e ~e Angst haben** *fam* be

scared stiff; **~ weh tun** *fam* hurt like hell; **~ schwer** *fam* hellish(ly) difficult.
Ho·lo·caust ⟨-s⟩ *m* holocaust.
Ho·lo·gramm [holoˈgram] ⟨-(e)s, -e⟩ *n opt TV* holograph; **Ho·lo·gra·phie** *f opt TV* holography.
hol·pern ['hɔlpɐn] ⟨sein⟩ *itr (von Wagen etc)* bump, jolt; **holp·rig** ['hɔlprɪç] *adj* **1.** *(Weg)* bumpy; **2.** *fig (Stil)* clumsy.
Ho·lun·der [hoˈlʊndɐ] ⟨-s, -⟩ *m bot* elder.
Holz [hɔlts, *pl* 'hœltsə] ⟨-es, ⸗er⟩ *n* wood; *(Bau~)* Br timber, Am lumber; ▶ **aus ~** made of wood; **aus demselben ~ geschnitzt sein** *fig* be cast in the same mo(u)ld; **aus hartem ~ geschnitzt sein** *fig* be made of stern stuff; **holz·ar·tig** *adj* woodlike, woody; **Holz·be·ar·bei·tung** *f* woodworking.
höl·zern ['hœltsɐn] *adj a. fig* wooden.
Holz·fäl·ler *m* lumberjack, woodcutter; **Holz·fa·ser** *f Br* wood fibre *(Am* fiber); **holz·frei** *adj (Papier)* wood-free; **Holz·hacker (k·k)** *m* woodchopper; **Holz·ham·mer** *m* mallet; ▶ **jdm etw mit dem ~ beibringen** *fig fam* hammer s.th. into s.o.; **Holz·ham·mer·me·tho·de** *f fig fam* sledgehammer method; **Holz·han·del** *m Br* timber *(Am* lumber) trade.
hol·zig ['hɔltsɪç] *adj* **1.** *(holzartig)* woody; **2.** *(bei Rettich, Spargel etc)* stringy.
Holz·klotz *m* block of wood; **Holz·koh·le** *f* charcoal; **Holz·la·ger** *n Br* timberyard, *Am* lumberyard; **Holz·schnitt** *m* wood engraving; **Holz·schnit·zer(in)** *m (f)* wood carver; **Holz·schuh** *m (hölzerner Schuh)* wooden shoe; *(Pantine)* clog, sabot; **Holz·schutz·mit·tel** *n* wood preservative; **Holz·stich** *m* wood engraving; **Holz·stoß** *m* woodpile; **Holz·weg** *m fig fam:* ▶ **auf dem ~ sein** be on the wrong track; **Holz·wol·le** *f Br* woodwool, *Am* excelsior; **Holz·wurm** *m zoo* woodworm.
Home·trai·ner *m sport* home exercise machine.
Ho·mo ['hoːmo] ⟨(-s), -s⟩ *m fam* queer.
ho·mo·gen [homoˈgeːn] *adj* homogeneous; **ho·mo·ge·ni·sie·ren** *tr* homogenize; **Ho·mo·ge·ni·tät** *f* homogeneity.
Ho·möo·pa·thie [homøopaˈtiː] *f med* hom(o)eopathy; **ho·möo·pa·thisch** *adj* hom(o)eopathic.
Ho·mo·se·xua·li·tät [-zɛksualiˈtɛːt] *f* homosexuality; **ho·mo·se·xu·ell** *adj* homosexual, *fam* gay; **Ho·mo·se·xu·el·le(r)** *f m* homosexual, *fam* gay.
Ho·nig ['hoːnɪç] ⟨-s⟩ *m* honey; **Ho·nig·bie·ne** *f* honey-bee.
Ho·nig·ku·chen·pferd *n fig fam:* ▶ **wie ein ~ grinsen** grin like a Chesh-

ire cat.

Ho·nig·me·lo·ne f honeydew melon; **ho·nig·süß** ['--'-] adj 1. as sweet as honey; 2. fig honeyed; **Ho·nig·wa·be** f honeycomb.

Ho·no·rar [hono'ra:ɐ] ⟨-s, -e⟩ n fee; *(für Autor)* royalty.

Ho·no·ra·tio·ren [honora'tsjo:rən] pl dignitaries.

ho·no·rie·ren tr 1. com remunerate; *(Wechsel, Scheck)* honour; 2. fig reward.

Hop·fen ['hɔpfən] ⟨-s, -⟩ m bot hop; *(Brau~)* hops pl; ▶ **an ihm ist ~ u. Malz verloren** fig fam he's a dead loss.

hopp·hopp ['-'-] I interj ~! (be) quick! II adv fam: ▶ **alles muß ~ gehen** everything has to be done double-quick; **hopp·la** ['hɔpla] interj: ~! (wh)oops! ▶ **~, jetzt komm' ich!** look out, here I come!

Hops [hɔps] ⟨-es, -e⟩ m fam hop; **hops**[1] interj: ▶ **~ war er weg** with a jump he was gone; **hops**[2] adj pred fam: ▶ **~ gehen** *(verlorengehen)* get lost; *(kaputtgehen)* get broken; sl *(sterben)* kick the bucket; **hop·sen** ⟨sein⟩ itr fam hop, skip.

Hör·ap·pa·rat m tech med hearing aid; **hör·bar** adj audible; **Hör·bril·le** f earglasses pl.

hor·chen ['hɔrçən] itr 1. *(hören)* listen *(auf* to); 2. *(an der Tür etc)* eavesdrop; ▶ **horch!** listen! hark!; **Hor·cher(in)** m (f) *(an der Tür)* eavesdropper; **Horch·po·sten** m mil listening post.

Hor·de ['hɔrdə] ⟨-, -n⟩ f a. fig horde.

hö·ren ['hø:rən] tr itr 1. allg hear; *(hin~, lauschen)* listen *(auf* to); *(Vorlesung)* go to; 2. *(erfahren)* hear *(von* about, of); 3. *(gehorchen)* obey; ▶ **Radio ~** listen to the radio; **etw im Radio ~** hear s.th. on the radio; **~ Sie mich?** radio are you receiving me? **mit meinem Radio kann ich Radio Peking ~** I can get Radio Peking with my radio; **auf jdn ~** listen to s.o.; **auf den Namen Bello ~** *(meist von Tieren)* answer to the name of Bello ...; **hört! hört!** interj *(bei Zustimmung)* hear! hear! *(bei Mißfallen)* listen to that! **er will auch gehört werden** he wants to be heard too; **soviel man hört** from what one hears; **nichts ~ wollen von etw** not want to know anything about s.th.; **gut ~** hear well; **schwer** *(od* **schlecht) ~** be hard of hearing; **das läßt sich ~** fig that doesn't sound bad; **von sich ~ lassen** keep in touch *(jdm gegenüber* with s.o.); **ihr verging H~ u. Sehen** fam she didn't know whether she was coming or going; **Sie werden noch von mir ~!** fam *(als Drohung)* you'll be hearing from me!

Hö·ren·sa·gen n hearsay; ▶ **vom ~** by *(od* from) hearsay.

Hö·rer[1]**(in)** m (f) 1. radio listener; 2. *(Student)* student.

Hö·rer[2] m 1. tele receiver; 2. *(Kopf~)* headphone; ▶ **den ~ abnehmen (auflegen)** tele lift (put down) the receiver, (hang up); **Hö·rer·schaft** f 1. radio listeners pl; 2. *(Studenten)* (number of) students pl; **Hör·feh·ler** m med hearing defect; **Hör·ge·rät** n hearing aid.

hö·rig adj enslaved; sexually dependent *(jdm* on s.o.); ▶ **sie ist ihm völlig ~** she is in complete bondage to him; **Hö·rig·keit** f *(Sklaverei)* bondage; *(geschlechtlich)* sexual dependence.

Ho·ri·zont [hori'tsɔnt] ⟨-(e)s, -e⟩ m a. fig horizon; ▶ **am ~** on the horizon; **das geht über meinen ~** that's beyond me; **ho·ri·zon·tal** adj horizontal; ▶ **das ~e Gewerbe** fam hum the oldest profession in the world; **Ho·ri·zon·ta·le** ⟨-, -n⟩ f math horizontal (line); ▶ **sich in die ~ begeben** hum *(ins Bett gehen)* hit the sack.

Hor·mon [hɔr'mo:n] ⟨-s, -e⟩ n med chem hormone.

Hör·mu·schel f tele earpiece.

Horn [hɔrn, pl 'hœrnə] ⟨-(e)s, ⁓er⟩ n 1. horn; 2. *(Fühler)* feeler; 3. mus *(Instrument)* horn; mil mus bugle; mot *(Hupe)* horn; ▶ **jdm ⁓er aufsetzen** fig fam cuckold s.o.; **in das gleiche ~ stoßen** fig chime in; **den Stier bei den ⁓ern fassen** fig take the bull by the horns; **sich die ⁓er abstoßen** fig sow one's wild oats; **Horn·bril·le** f horn-rimmed spectacles pl.

Hörn·chen ['hœrnçən] ⟨-s, -⟩ n *(Gebäck)* croissant, French roll.

Hör·nerv m anat auditory nerve.

Horn·ge·stell n *(Brille)* tortoiseshell frame; **Horn·haut** f 1. horn skin; 2. *(im Auge)* cornea.

Hor·nis·se [hɔr'nɪsə] ⟨-, -n⟩ f zoo hornet.

Horn·och·se m fig fam *(als Schimpfwort)* blockhead; **Horn·vieh** n 1. *(Vieh mit Hörnern)* horned cattle; 2. fig fam *(Dummkopf)* blockhead.

Ho·ro·skop [horo'sko:p] ⟨-s, -e⟩ n horoscope; ▶ **jdm das ~ stellen** cast someone's horoscope.

Hör·rohr n ear-trumpet; med stethoscope.

Hor·ror·sze·ne f scene of horror, horrific scene; **Hor·ror·trip** m fam horror trip.

Hör·saal m lecture room; **Hör·spiel** n radio radio play.

Horst [hɔrst] ⟨-(e)s, -e⟩ m 1. *(Nest)* nest; *(Adler~)* eyrie; 2. fig aero *(Flieger~)* airbase.

Hör·sturz m med *(plötzlicher Hörverlust)* hearing loss.

Hort [hɔrt] ⟨-(e)s, -e⟩ m 1. *(Schatz)* hoard, treasure; 2. *(Zufluchtsort)* refuge; 3. *(Kinder~)* day nursery for children of school age; ▶ **ein ~ der Freiheit** a stronghold of liberty; **hor·ten** *tr* hoard.

Hör·ver·mö·gen *n* (capacity of) hearing; **Hör·wei·te** *f* hearing range; ▶ **in ~ within** hearing (*od* earshot); **außer ~** out of hearing.

Ho·se ['hoːzə] ⟨-, -n⟩ *f (lang) Br* trousers, *Am* pants *pl; (kurz)* shorts *pl; (Unter~)* (under)pants *pl;* ▶ **e-e ~** a pair of *Br* trousers (*Am* pants); **die ~n anhaben** *fig fam* wear the trousers (*od* pants); **das Herz rutschte ihm in die ~** *fig fam* his heart was in his mouth *sing;* **die ~n voll haben** *fam (in die ~ gemacht haben)* have made a mess in one's pants; *fig fam (sehr ängstlich sein)* be wetting o.s.; **in die ~ gehen** *fig sl* be a complete flop; **tote ~ sein** *fam (langweilig)* be a drag; *(erfolglos)* be a dead loss; **Hös·chen·win·del** *f* disposable nappy; **Ho·sen·an·zug** *m Br* trouser suit, *Am* pantsuit; **Ho·sen·auf·schlag** *m Br* turn-up, *Am* cuff; **Ho·sen·bein** *n* trouser leg; **Ho·sen·bund** *m* waistband; **Ho·sen·klam·mer** *f (für Radfahrer)* trouser clip; **Ho·sen·rock** *m* culottes *pl*, pantskirt; **Ho·sen·schei·ßer** *m* 1. *fam (Dreikäsehoch)* mucky pup; 2. *sl (Feigling)* chicken; **Ho·sen·schlitz** *m* fly; **Ho·sen·ta·sche** *f* trousers pocket; **Ho·sen·trä·ger** *m (pl) Br* braces, *Am* suspenders *pl.*

Hos·pi·tal [hɔspi'taːl, *pl* hɔspi'tɛːlə] ⟨-s, -e/⁻er⟩ *n* hospital, infirmary.

Hos·pi·ta·tion *f päd* sitting in on lectures (*od* classes).

Ho·stie ['hɔstiə] ⟨-, -n⟩ *f eccl* host.

Ho·tel [ho'tɛl] ⟨-s, -s⟩ *n* hotel; **Ho·tel·boy** *m* bellboy; **Ho·tel·ge·wer·be** *n* hotel business; **Ho·te·lier** [hota'liːe] ⟨-s, -s⟩ *m* hotelkeeper, hotelier; **Ho·tel·ver·zeich·nis** *n* hotel register.

hott [hɔt] *interj* gee up! *(nach rechts)* gee!

hü [hyː] *interj (beim Antreiben der Pferde)* gee up! *(nach links)* wo hi! ▶ **einmal ~, einmal hott** *fam* always chopping and changing.

Hub·raum *m mot* cubic capacity.

hübsch [hypʃ] *adj* 1. *(gutaussehend)* pretty; *(nett)* nice; 2. *fam (ironisch)* fine, nice, pretty; 3. *fam (beträchtlich)* pretty, tidy; 4. *fam (als adv: ziemlich)* pretty; **Ihr zwei H~en** *fam* the two of you; **e-e ~e Summe Geld** a tidy sum of money; **sei ~ artig!** be a good boy (*od* girl)! **ganz ~!** rather pretty! **das wirst du ~ bleiben lassen!** *fam* you're not going to do anything of the kind! **da hast du dir etw H~es eingebrockt!** *fam* now you've got yourself into a fine (*od* pretty) mess!

Hub·schrau·ber *m* helicopter; **Hub·schrau·ber·lan·de·platz** *m* heliport.

Hucke (k·k) ['hʊkə] *f fam:* ▶ **die ~ vollkriegen** get a thrashing; **hucke·pack (k·k)** ['hʊkəpak] *adv* pick-a-back; ▶ **jdn ~ tragen** carry s.o. pick-a-back; **Hucke·pack·ver·fah·ren (k·k)** *n aero rail* piggy-back system.

Huf [huːf] ⟨-(e)s, -e⟩ *m* hoof; **Huf·ei·sen** *n* horseshoe; **huf·ei·sen·för·mig** *adj* horseshoe-shaped; **Huf·ei·sen·mag·net** *m* horseshoe magnet; **Huf·na·gel** *m* horseshoe-nail; **Huf·schmied** *m* farrier.

Hüft·bein *n* hip-bone; **Hüf·te** ['hyftə] ⟨-, -n⟩ *f* hip; **Hüft·hal·ter** *m* (panty-) girdle, suspender belt.

Hü·gel ['hyːgəl] ⟨-s, -⟩ *m* hill; *(kleiner)* hillock; **hü·ge·lig** *adj* hilly.

Huhn [huːn, *pl* 'hyːnər] ⟨-(e)s, ⁻er⟩ *n* 1. *allg* fowl; 2. *(Henne)* hen; 3. *(Federvieh)* poultry; ▶ **mit den ~ern aufstehen** *fam* get up with the lark; **da lachen ja die ~er!** *fig fam* it's enough to make a cat laugh! **ein verrücktes ~** *fig fam* a queer fish; **dummes ~!** *fig fam* silly goose!

Hühn·chen ['hyːnçən] ⟨-s, -⟩ *n* chicken; *(Brat~)* (roast) chicken; ▶ **mit jdm ein ~ zu rupfen haben** *fig fam* have a bone to pick with s.o.

Hüh·ner·au·ge *n med* corn; **Hüh·ner·brü·he** *f* chicken broth; **Hüh·ner·ei** *n* hen's egg; **Hüh·ner·farm** *f* chicken farm; **Hüh·ner·fut·ter** *n* chicken feed; **Hüh·ner·stall** *m* chicken-coop, henhouse; **Hüh·ner·stan·ge** *f* perch, roost; **Hüh·ner·sup·pe** *f* chicken soup; **Hüh·ner·zucht** *f* chicken farming.

Huld [hʊlt] ⟨-⟩ *f obs (Güte)* grace; *(Gunst)* favour; **hul·di·gen** ['hʊldɪgən] *itr* 1. *(e-n Menschen ehren)* do (*od* pay) homage (*jdm* to s.o.); 2. *(e-m Laster)* indulge (*e-r Sache* in s.th.); **Hul·di·gung** *f* homage.

Hül·le ['hʏlə] ⟨-, -n⟩ *f* 1. *allg* cover; 2. *(Brief~, Ballon~)* envelope; *(Schallplatten~)* sleeve; ▶ **in ~ u. Fülle** in abundance; **die sterbliche ~** *(gehoben)* the mortal frame (*od* shell); **die ~n fallen lassen** strip off; ... **in ~ u. Fülle** ... galore; **hül·len** *tr (einwickeln)* wrap; *(bedecken)* cover; ▶ **in Dunkel gehüllt** shrouded in darkness; **sich (über etw) in Schweigen ~** remain silent (on s.th.); **hül·len·los** *adj (nackt)* unclothed.

Hül·se ['hʏlzə] ⟨-, -n⟩ *f* 1. *(Schale)* hull, husk; *(Schote)* pod; 2. *tech* case, shell; *(von Geschoß)* case; *(Kapsel)* capsule; **Hül·sen·frucht** *f bot* legume(n).

hu·man [hu'maːn] *adj* 1. humane; 2. *(verständnisvoll)* considerate (*gegenüber* to(wards)); **Hu·man·ge·ne·ti·ker(in)** *m (f)* human geneticist; **Hu·ma·nis·mus** *m* humanism; **hu·ma·ni-**

tär *adj* humanitarian; **Hu·ma·ni·tät** *f* humaneness.

Hum·mel ['hʊməl] ⟨-, -n⟩ *f zoo* bumblebee.

Hum·mer ['hʊmɐ] ⟨-s, -⟩ *m zoo* lobster.

Hu·mor [hu'moːɐ] ⟨-s⟩ *m* (sense of) humour; ▶ etw mit ~ (auf)nehmen take s.th. in good humour; **(Sinn für)** ~ **haben** have a sense of humour; **so langsam verliere ich den** ~ it's getting beyond a joke; **hu·mo·ri·stisch** *adj* humorous; **hu·mor·los** *adj* humourless; **hu·mor·voll** *adj* humorous.

hum·peln ['hʊmpəln] ⟨h *od* sein⟩ *itr* 1. hobble; 2. *fam (hinken)* limp.

Hum·pen ['hʊmpən] ⟨-s, -⟩ *m* tankard.

Hu·mus ['huːmʊs] ⟨-⟩ *m* humus.

Hund [hʊnt] ⟨-(e)s, -e⟩ *m* 1. *zoo* dog; *(Jagd~)* hound; 2. *fig sl (als Schimpfwort)* bastard, swine; ▶ **armer** ~ *fig* poor devil; **da wird ja der** ~ **in der Pfanne verrückt!** *fig fam* that's really enough to drive you round the bend! **auf den** ~ **kommen** *fam* go to the dogs *pl;* **da liegt der** ~ **begraben** *fam* that's why! there's the rub! **er ist vor die** ~**e gegangen** *sl (heruntergekommen)* he's gone to the dogs; *sl (krepiert)* he kicked the bucket; **wie** ~ **u. Katze leben** lead a cat-and-dog life; **das ist ein dicker** ~**!** *sl* that's a bit much! **er ist bekannt wie ein bunter** ~ *fam* he's well-known by sight; **damit kann man keinen** ~ **hinterm Ofen hervorlocken** *fam* that won't tempt anybody; **Hun·de·hüt·te** *f a. fig fam* (dog-)kennel; **Hun·de·käl·te** ['--'--] *f fam* freezing cold; **Hun·de·ku·chen** *m* dog biscuit; **Hun·de·le·ben** *fig fam* dog's life; **Hun·de·lei·ne** *f* dog leash; **hun·de·mü·de** ['--'--] *adj* dog-tired.

hun·dert ['hʊndɐt] *num* a *(od* one) hundred; **Hun·dert**[1] ⟨-⟩ *f (Zahl)* hundred; **Hun·dert**[2] ⟨-s, -e⟩ *n* hundred; ▶ **zu** ~**en** by the hundred, in hundreds; **fünf von**~ five per cent; **Hun·der·ter** *m* 1. *math* hundred; 2. *fin fam (Geldschein)* hundred-pound *(od* -dollar *etc)* note.

hun·der·ter·lei *adj* a hundred and one; **hun·dert·fach** I *adj* hundredfold; II *adv* a hundred times; **Hun·dert·jahr·fei·er** *f Br* centenary, *Am* centennial; **hun·dert·jäh·rig** *adj* 1. *attr (hundert Jahre alt)* (one-)hundred-year-old; *pred* a hundred years old; 2. *(hundert Jahre lang)* of a hundred years; **hun·dert·pro·zen·tig** *adj* a hundred per cent; **hun·dert·ste** *adj* hundredth; **Hun·dert·stel** ⟨-s, -⟩ *n* hundredth.

Hun·de·steu·er *f* dog tax.

Hün·din ['hʏndɪn] *f zoo* bitch; **hün·disch** *adj* 1. *(hundeartig)* doglike; 2. *fig attr (kriecherisch)* fawning; *pred* sycophantic.

Hü·ne ['hyːnə] ⟨-n, -n⟩ *m (Riese)* giant;

hü·nen·haft *adj* gigantic.

Hun·ger ['hʊŋɐ] ⟨-s⟩ *m* 1. *allg a. fig* hunger *(nach* for); 2. *fig (Verlangen, Sehnsucht)* craving, yearning *(nach* for); ▶ ~ **haben** be hungry; **auf etw** ~ **haben** feel like s.th.; ~ **leiden** go hungry, starve; **s-n** ~ **stillen** satisfy one's hunger; **ich sterbe vor** ~ *fam* I'm starving; **Hun·ger·kur** *f* starvation diet; **Hun·ger·land** *n* famine-stricken country; **Hun·ger·lohn** *m pej* starvation *(od* rotten) wages *pl,* pittance; ▶ **für e-n** ~ **arbeiten** work for a mere pittance.

hun·gern ['hʊŋɐn] I *itr* 1. *(Hunger leiden)* go hungry, starve; 2. *(fasten)* go without food; 3. *fig (verlangen)* hunger *(nach* for); II *refl:* ▶ **sich zu Tode** ~ starve o.s. to death.

Hun·gers·not *f* famine; **Hun·ger·streik** *m* hunger strike; **Hun·ger·tuch** *n fig:* ▶ **am** ~ **nagen** *fam* be on the breadline.

hung·rig ['hʊŋrɪç] *adj a. fig* hungry *(nach* for).

Hu·pe ['huːpə] ⟨-, -n⟩ *f mot* horn; **hu·pen** *itr* hoot, sound one's horn.

hüp·fen ['hʏpfən] ⟨sein⟩ *itr* hop; *(springen)* jump, skip; *(Ball)* bounce; ▶ **vor Freude** ~ jump for joy.

Hür·de ['hʏrdə] ⟨-, -n⟩ *f* 1. *sport a. fig* hurdle; 2. *(Schaf~)* fold, pen; *(Pferde~)* corral; **Hür·den·lauf** *m sport* hurdling.

Hu·re ['huːrə] ⟨-, -n⟩ *f pej* whore; **Hu·ren·sohn** *m vulg Br* bastard, *Am* son of a bitch.

hur·ra [hʊ'raː] *interj* hurray, hurrah; **Hur·ra** ⟨-s, -s⟩ *n* cheer; ▶ **ein dreifaches** ~ three cheers; **Hur·ra·pa·trio·tis·mus** *m pej obs* jingoism.

husch [hʊʃ] *interj* come on! quickly now! **hu·schen** ['hʊʃən] ⟨sein⟩ *itr* dart, flash.

hü·steln ['hyːstəln] *itr* cough slightly.

Hu·sten ['huːstən] ⟨-s⟩ *m* cough; ▶ ~ **haben** have a cough; **hu·sten** *tr itr* cough; ▶ **dem werd' ich was** ~**!** *fam* I'll tell him where he can get off! **Hu·sten·an·fall** *m* fit of coughing; **Hu·sten·bon·bon** *m od n* cough drop; **Hu·sten·mit·tel** *n* cough medicine; **Hu·sten·reiz** *m* irritation of the throat; **Hu·sten·saft** *m* cough mixture.

Hut[1] [huːt] ⟨-⟩ *f:* ▶ **auf der** ~ **sein** be on one's guard *(vor* against).

Hut[2] [huːt, *pl* 'hyːtə] ⟨-(e)s, ⸚e⟩ *m* hat; *(von Pilz)* cap; ▶ ~ **ab!** *interj* hat(s) off! *fig (vor jds Leistung etc)* I take my hat off to you (him, that *etc*); **den** ~ **abnehmen** take off one's hat (*a. fig* **Vor jdm** to s.o.); **das kannst du dir an den** ~ **stecken!** *fig fam* you can keep it! **mir geht der** ~ **hoch** *fig fam* I blow my top; **unter e-n** ~ **bringen** *fig (widerstreitende Meinungen etc)* reconcile (conflicting opinions *etc*); **das ist ein alter** ~ *fig fam* that's old hat; **Hut·ab·la·ge** *f* hat shelf.

hü·ten ['hy:tən] **I** *tr* **1.** look after, tend; **2.** *(Geheimnisse)* keep; ▶ **das Bett** ~ stay in bed; **seine Zunge** ~ *fig* guard one's tongue; **II** *refl* be on one's guard (*vor* against); ▶ **sich hüten, etw zu tun** take care not to do s.th.; **ich werde mich** ~! I'll do nothing of the kind! **Hü·ter(in)** *m (f)* guardian; *(Aufseher)* custodian; *(Wärter)* keeper.

Hut·ge·schäft *n* hatter's (shop); *(für Damenhüte)* milliner's (shop); **Hutkrem·pe** *f* brim (of a hat); **Hutschnur** *f:* ▶ **das geht mir über die** ~ *fig fam* that's going too far.

Hüt·te ['hʏtə] ⟨-, -n⟩ *f* **1.** *allg* hut; *(kleines Häuschen, auch Landhaus)* cottage; *(Holz~, Block~)* cabin; *(Hunde~)* kennel; **2.** *tech (Eisen~)* iron and steel works *pl* **Hüt·ten·schuh** *m* slippersock.

Hyä·ne [hy'ɛ:nə] ⟨-, -n⟩ *f zoo* hyena.

Hya·zin·the [hya'tsɪntə] ⟨-, -n⟩ *f bot* hyacinth.

Hy·drant [hy'drant] ⟨-en, -en⟩ *m* hydrant.

Hy·drau·lik [hy'draʊlɪk] *f tech* hydraulics *pl; (~anlage)* hydraulic system; **hydrau·lisch** *adj* hydraulic.

hy·drie·ren [hy'dri:rən] *tr chem* hydrogenate.

Hy·dro·dy·na·mik ['hydrody'na:mɪk] *f tech* hydrodynamics *pl.*

Hy·dro·kul·tur *f bot* hydroponics *sing.*

Hy·dro·the·ra·pie *f med* hydrotherapy.

Hy·gie·ne [hy'gje:nə] ⟨-⟩ *f* hygiene; **Hygie·ne·pa·pier** *n* toilet tissue; **hy·gienisch** *adj* hygienic.

Hym·ne ['hʏmnə] ⟨-, -n⟩ *f allg* hymn.

Hy·per·bel [hy'pɛrbəl] ⟨-, -n⟩ *f* **1.** *math* hyperbola; **2.** *(als rhetorischer Begriff)* hyperbole.

Hyp·no·se [hʏp'no:zə] ⟨-, -n⟩ *f* hypnosis; ▶ **in** (*od* **unter**) ~ under hypnosis; **Hyp·no·ti·seur(in)** *m (f)* hypnotist; **hyp·no·ti·sie·ren** [hʏpnoti'zi:rən] *tr* hypnotize.

Hy·po·te·nu·se [hypote'nu:zə] ⟨-, -n⟩ *f math* hypotenuse.

Hy·po·thek [hypo'te:k] ⟨-, -en⟩ *f* **1.** *fin* mortgage; **2.** *fig (Belastung)* burden; ▶ **e-e** ~ **abtragen** (*od* **abzahlen**) pay off a mortgage; **e-e** ~ **aufnehmen** raise a mortgage; **etw mit e-r** ~ **belasten** mortgage s.th.; **Hy·po·the·ken·brief** *m fin* mortgage *Br* deed (*Am* note); **hy·po·the·ken·frei** *adj fin* unmortgaged; **Hy·po·the·ken·gläu·bi·ger** *m fin* mortgagee; **Hy·po·the·kenpfand·brief** *m fin* mortgage bond.

Hy·po·the·se [hypo'te:zə] ⟨-, -n⟩ *f* hypothesis; **hy·po·the·tisch** *adj* hypothetical.

Hys·te·rie [hystɛ'ri:] *f* hysteria; **hys·terisch** [hʏs'te:rɪʃ] *adj* hysteric; ▶ **e-n** ~**en Anfall bekommen** go into hysterics.

I

I, i [i:] ⟨-, -⟩ *n* I, i; **I** *n* ▶ **das Tüpfelchen auf dem** ~ *fig* the final touch; **i!** [i:] *interj fam* ugh! ~ **wo!** not a bit of it! ~**gitt** ~**gitt!** ugh!

IC ⟨-, -s⟩ *m rail Abk von* **Intercity(-Zug)** intercity; **IC-Be·treu·er(in)** *m (f)* intercity steward (stewardess).

ICE ⟨-, -s⟩ *m Abk von* **Intercity Express** intercity express train.

Ich ⟨-(s), -(s)⟩ *n* self; *psych* ego; ▶ **das eigene** ~ one's (own) self (*od* ego); **das eigene** ~ **verleugnen** deny the self; **mein zweites** ~ my alter ego; **ich** [ɪç] *prn 1. pers sing* I; ~ **nicht!** not I! *fam* not me! ~ **selbst** I myself; ~ **bin es** it is I; *fam* it is me; ~ **Armer!** poor me! **immer** ~**!** it's always me! ~ **Idiot!** what an idiot I am!

IC-Zu·schlag *m* intercity supplement.

Ide·al [ide'a:l] ⟨-s, -e⟩ ideal; **ide·al** *adj* ideal; **idea·li·sie·ren** [ideali'zi:rən] *tr* idealize; **Idea·lis·mus** ⟨-⟩ *m* idealism; **Idea·list** ⟨-en, -en⟩ *m* idealist.

idea·li·stisch *adj* idealistic.

Idee [i'de:] ⟨-, -n⟩ *f (Einfall)* idea (*zu* for); ▶ **du kommst wirklich manchmal auf seltsame** ~**n!** you do have some strange ideas! **das ist e-e fixe** ~ **von ihr** it's an obsession with her; **wie kommst du denn auf die** ~**?** whatever gave you that idea? **e-e** ~ **zu kurz** *fam* a trifle too short; **auf die** ~ **kommen, etw zu tun** have the idea of doing s.th.; **ide·en·reich** *adj 1. (einfallsreich)* full of ideas; *2. (reich an Vorstellungskraft)* imaginative.

Iden·ti·fi·ka·tions·fi·gur *f* role model; **iden·ti·fi·zie·ren** [idɛntifi'tsi:rən] *tr refl* identify (*mit* with); **Iden·ti·fi·zie·rung** *f* identification.

iden·tisch *adj* identical (*mit* with).

Iden·ti·tät *f* identity; **Iden·ti·täts·kri·se** *f psych* identity crisis.

Ideo·lo·gie [ideolo'gi:] *f* ideology; **ideo·lo·gisch** *adj* ideological.

Idiom *n ling* idiom; **idio·ma·tisch** [idio'ma:tɪʃ] *adj* idiomatic.

Idi·ot [i'djo:t] ⟨-en, -en⟩ *m a. pej* idiot; **Idio·tie** [idio'ti:] *f* idiocy; **idio·tisch** *adj* idiotic.

Idol [i'do:l] ⟨-s, -e⟩ *n* idol.

Idyl·l(e) [i'dyl] ⟨-s, -e (-, -n)⟩ *n (f)* idyll; **idyl·lisch** *adj* idyllic.

Igel ['i:gəl] ⟨-s, -⟩ *m zoo* hedgehog.

Igno·rant(in) [ɪgno'rant] ⟨-en, -en⟩ *m (f)* ignoramus; **Igno·ranz** *f* ignorance;

igno·rie·ren *tr* ignore.

ihm [i:m] *prn 3. pers sing dat m n (für Person)* (to) him; *(für Sache)* (to) it.

ihn [i:n] *prn 3. pers sing acc m (für Person)* him; *(für Sache)* it.

Ih·nen *prn 2. pers sing u. pl dat (Anrede)* (to) you.

ih·nen ['i:nən] *prn 3. pers pl dat* (to) them; ▶ **ein Freund von** ~ a friend of theirs.

Ihr *prn sing u. pl (Anrede)* your; ▶ ~ **...** *(Briefschluß)* yours, ...; **meine An·schauungen u.** ~**e** my opinions and yours; **ist das** ~**es?** is this yours?

ihr [i:ɐ] **I** *prn 1. 3. pers sing dat f (für Person)* (to) her; *(für Sache)* (to) it; *2. 2. pers pl nom* you; **II** *possessivum 1. sing f (von Person)* her; *(von Sache)* its; *2. pl* their; ▶ **meine u.** ~**e Anschauungen** my opinions and *sing f* hers *(pl* theirs); **ist das** ~**(e)s?** is this hers *(pl* theirs)?

Ih·rer *prn 2. pers gen sing u. pl (Anrede)* of you; ▶ **wir werden** ~ **gedenken** we will remember you.

ih·rer ['i:ɐ] *prn 3. pers gen 1. sing f (für Person)* of her; *(für Sache)* of it; *2. pl* of them; ▶ **wir werden** ~ **gedenken** we will remember *sing f* her *(pl* them).

Ih·rer·seits *adv (Anrede) sing u. pl* for your part; *(von Ihrer Seite)* on your part.

ih·rer·seits *adv 1. f sing* for her part; *(von ihrer Seite)* on her part; *2. pl* for their part; *(von ihrer Seite)* on their part.

Ih·res·glei·chen *prn (unveränderlich: Anrede) sing u. pl* people like you.

ih·res·glei·chen ['-'--] *prn (unveränderlich) 1. f sing (von e-r Person)* people like her; *(von e-r Sache)* similar ones; *2. pl (von Personen)* people like them; *(von Sachen)* similar ones.

Ih·ret·hal·ben (Ih·ret·we·gen, Ih·ret·wil·len) *adv (Anrede) sing u. pl* because of you; *(Ihnen zuliebe)* for your sake.

ih·ret·hal·ben (ih·ret·we·gen, ih·ret·wil·len) *adv 1. f sing (bei Person)* because of her; *(ihr zuliebe)* for her sake; *(bei Sache)* because of it; *2. pl* because of them; *(ihnen zuliebe)* for their sake.

il·le·gal ['ɪlega:l] *adj* illegal; **Il·le·ga·li·tät** *f* illegality.

il·le·gi·tim ['ɪlegiti:m] *adj* illegitimate.

Il·lu·mi·na·tion [ɪlumina'tsjo:n] *f (gehoben)* illumination; **il·lu·mi·nie·ren**

tr a. fig illuminate; ► **eine nicht sehr ~de Bemerkung** not a very enlightening comment.
Il·lu·sion [ɪluˈzjoːn] *f* illusion; ► **sich ~en machen** have illusions.
il·lu·so·risch *adj* illusory.
Il·lu·stra·tion [ɪlustraˈtsjoːn] *f* illustration; **il·lu·strie·ren** *tr* illustrate (*jdm etw* s.th. for s.o.); **Il·lu·strier·te** ⟨-n, -n⟩ *f* magazine, *fam* mag.
Il·tis [ˈɪltɪs] ⟨-ses, -se⟩ *m zoo* polecat.
im [ɪm] (*meist:* in dem) in the ...
Image [ˈɪmɪt] ⟨-(s), -s⟩ *n* image; **Image·ver·lust** *m* damage to one's image.
ima·gi·när [imagiˈnɛːɐ] *adj* imaginary.
Im·biß [ˈɪmbɪs] ⟨-sses, -sse⟩ *m* snack; (*Imbißstube*) snack bar; **Im·biß·stu·be** *f* snack bar; (*Cafeteria*) cafeteria.
Imi·ta·tion [imitaˈtsjoːn] *f* imitation; **imi·tie·ren** *tr* imitate.
Im·ker [ˈɪmkɐ] ⟨-s, -⟩ *m* beekeeper.
Im·ma·tri·ku·la·tion [ɪmatrikulaˈtsjoːn] *f* matriculation; **im·ma·tri·ku·lie·ren** *tr refl* register (*an* at).
im·mer [ˈɪmɐ] *adv* 1. (*häufig, ständig*) always, all the time; 2. ► **~ mehr** more and more; 3. *fam* (*jeweils*) at a time; ► **~ wieder** (*od* again) and again; **für ~** for ever; **wie ~** as usual; **schon ~** always; **~ noch** still; **~ noch nicht** still not (yet); **~ größer** bigger and bigger; **~ diese Gören!** *fam pej* these wretched brats! **~ geradeaus!** keep straight ahead! **~ weiter, ~ zu!** keep on! **~ ruhig Blut!** *fam* don't get excited! **~ schön langsam!** *fam* take your time! **~ drei auf einmal** three at a time; **was auch ~** what(so)ever; **wer auch ~** who(so)ever; **wie auch ~** how(so)ever; **wo auch ~** where(so)ever.
Im·mer·grün ⟨-(s), ⟩ *n bot* periwinkle.
im·mer·grün *adj* evergreen.
im·mer·hin [ˈ--ˈ-] *adv* 1. (*wenigstens*) at least; 2. (*schließlich*) after all.
im·mer·zu [ˈ--ˈ-] *adv* all the time.
Im·mis·sio·nen [ɪmɪˈsjoːnən] *f pl* (*Gase, Stäube*) airborne substances; **Im·mis·sions·scha·den** *m* pollution damage; **Im·mis·sions·schutz** *m* pollution protection; **Im·mis·sions·schutz·ge·biet** *n* air pollution control area; **Im·mis·sions·schutz·ge·setz** *n* air pollution laws *pl.*
Im·mo·bi·lien [ɪmoˈbiːljən] *f pl* real estate *sing;* **Im·mo·bi·lien·mak·ler(in)** *m (f) Br* (real) estate agent, *Am* realtor.
im·mun [ɪˈmuːn] *adj* immune (*gegen* to); ► **dagegen bin ich ~** *fig fam* that doesn't bother me; **Im·mun·ab·wehr** *f med* immune defense; **im·mu·ni·sie·ren** [ɪmuniˈziːrən] *tr* immunize (*gegen* against); **Im·mu·ni·sie·rung** *f* immunization (*gegen* against); **Im·mu·ni·tät** *f med pol* immunity (*gegen* to); **Im·mu·no·lo·ge (Im·mu·no·lo·gin)** *m (f)*

immunologist; **im·mu·no·lo·gisch** *adj* immunological; **Im·mun·schwä·che** *f med* immunodeficiency; **Im·mun·schwä·che·krank·heit** *f* immunodeficiency syndrome; **Im·mun·sy·stem** *n* immune system.
Im·pe·ra·tiv [ˈɪmperatiːf] ⟨-s, -e⟩ *m gram a. philos* imperative.
Im·per·fekt [ˈɪmpɛrfɛkt] ⟨-s, -e⟩ *n gram* imperfect (*od* past) tense.
Im·pe·ria·lis·mus [ɪmperiaˈlɪsmʊs] *m pol* imperialism; **im·pe·ria·li·stisch** *adj pol* imperialistic.
imp·fen [ˈɪmpfən] *tr* inoculate, vaccinate (*gegen* against).
Impf·schein *m* certificate of vaccination; **Impf·stoff** *m* vaccine; **Imp·fung** *f* inoculation, vaccination; **Impf·zwang** *m* compulsory vaccination.
im·po·nie·ren [ɪmpoˈniːrən] *itr* impress (*jdm* s.o.); **im·po·nie·rend** *adj* impressive; **Im·po·nier·ge·ha·be** *n* 1. *zoo* display behaviour; 2. *fig pej* exhibitionism.
Im·port [ɪmˈpɔrt] ⟨-(e)s, -e⟩ *m* import(s); **Im·por·teur** ⟨-s, -e⟩ *m* importer; **im·por·tie·ren** *tr* import.
im·po·sant [ɪmpoˈzant] *adj* imposing.
im·po·tent [ˈɪmpotɛnt] *adj a. fig* impotent. **Im·po·tenz** ⟨-⟩ *f a. fig* impotence.
im·prä·gnie·ren [ɪmprɛˈgniːrən] *tr* 1. (*gegen Zerfall etc schützen*) impregnate; 2. (*Stoffe wasserdicht machen*) waterproof.
Im·pres·sio·nis·mus *m* impressionism; **im·pres·sio·ni·stisch** *adj* impressionistic.
im·pro·vi·sie·ren [ɪmproviˈziːrən] *tr itr allg* improvise; *mus* extemporize; *fam* (*Rede*) ad-lib.
Im·puls [ɪmˈpʊls] ⟨-es, -e⟩ *m* impulse; ► **aus e-m ~ heraus** on impulse.
im·pul·siv [ɪmpʊlˈziːf] *adj* impulsive.
im·stan·de [ɪmˈʃtandə] *adv* 1. (*fähig*) ► **~ sein** be able (*etw zu tun* to do s.th.), be capable (*zu etw* of s.th.); 2. (*in der Lage*) be in a position (*etw zu tun* to do s.th.); ► **er ist ~ und vergißt es** I wouldn't put it past him to forget it.
in [ɪn] I *prp* 1. (*räumlich*) in; (*bei kleineren Ortschaften*) at; (*hinein ~*) into; (*zu, nach*) to; 2. (*zeitlich*) in; (*bis*) into; (*innerhalb*) within; ► **sind Sie schon einmal ~ London gewesen?** have you ever been to London? **im ersten Stock** on the first floor; **die Kinder sind ~ der Schule** the children are at school; **~ die Schule gehen** go to school; **komm, wir gehen ~s Kino!** let's go to the movies! **komm, wir gehen ~s Haus!** let's go into the house! **im vorigen Jahr** last year; **bis ~s 19. Jahrhundert (hinein)** into the 19th century; **~ der Nacht** at night; **bis ~ die späte Nacht** far into the night; **~ tiefster Nacht** at dead of night; **im**

Alter von ... at the age of ...; **dieser Whisk(e)y hat's aber ~ sich!** *fam* that's quite a whisk(e)y, isn't it? **~ Englisch ist er ziemlich schwach** he's rather weak at English; **II** *adj fam:* ▶ **~ sein** be in.
in·ak·tiv ['ɪnaktiːf] *adj* inactive.
In·an·spruch·nah·me [-'----] ⟨-, -n⟩ *f* 1. *(Beanspruchung)* demands *(od* claims) *pl (jds* on s.o.); 2. *(Benutzung von Einrichtungen etc)* utilization.
In·be·griff ['ɪnbəgrɪf] ⟨-(e)s⟩ *m* 1. *(eigentliches Wesen)* epitome; 2. *(Verkörperung)* embodiment, perfect example.
in·be·grif·fen *adj* included.
In·be·trieb·nah·me [--'---] ⟨-, -n⟩ *f* 1. *(von Bauwerk)* inauguration; 2. *tech (von Maschinen)* putting into operation.
In·brunst ['ɪnbrʊnst] ⟨-⟩ *f* ardour, fervour; **in·brün·stig** ['ɪnbrʏnstɪç] *adj* ardent, fervent.
in·dem [ɪn'deːm] *conj* 1. *(während)* while, whilst; *(in dem Augenblick)* as; 2. *(dadurch, daß: mit gerund)* by.
In·der(in) ['ɪndə] ⟨-s, -⟩ *m (f)* Indian.
in·des(·sen) [ɪn'dɛs(ən)] **I** *adv* 1. *(zeitlich)* meanwhile, (in the) meantime; 2. *(jedoch)* however; **II** *conj* 1. *(zeitlich)* while; 2. *(jedoch)* however; 3. *(hingegen, andererseits)* whereas.
In·dex ['ɪndɛks, *pl* 'ɪnditseːs] ⟨-(es), -e/ indizes⟩ *m* index *(pl* indexes, indices).
In·di·aner(in) [ɪndi'anə] ⟨-s, -⟩ *m (f)* (Red) Indian.
In·di·en ['ɪndiən] ⟨-s⟩ *n* India.
in·dif·fe·rent ['ɪndɪfɛrɛnt/---'-] *adj* 1. *(gehoben: gleichgültig)* indifferent *(gegenüber* to); 2. *chem pys* inert.
In·di·ka·tiv ['ɪndikatiːf] ⟨-s, -e⟩ *m gram* indicative.
in·di·rekt ['ɪndɪrɛkt] *adj* indirect; ▶ ~e Rede *gram* indirect speech.
in·disch ['ɪndɪʃ] *adj* Indian; ▶ **I~er Ozean** Arabian Sea.
in·dis·kret ['ɪndɪskreːt] *adj* indiscreet.
In·dis·kre·tion *f* indiscretion.
In·di·vi·dua·lis·mus ⟨-⟩ *m* individualismus; **In·di·vi·dua·list(in)** [ɪndividua'lɪst] *m (f)* individualist; **in·di·vi·dua·li·stisch** *adj* individualistic; **In·di·vi·dua·li·tät** *f* 1. *(eigene Persönlichkeit)* individuality; 2. *(Charakterzug)* individual characteristic; **In·di·vi·du·al·ver·kehr** *m* private transport; **in·di·vi·du·ell** *adj* individual; ▶ ~e Note personal note; **~ verschieden sein** differ from person to person *(od* from case to case).
In·di·vi·du·um [ɪndi'viːduʊm] ⟨-s, -duen⟩ *n* individual.
In·diz [ɪn'diːts] ⟨-es, -ien⟩ *n* 1. *jur (Beweismittel)* piece of circumstantial evidence; 2. *(Hinweis)* indication *(für* of); **In·di·zi·en·be·weis** *m jur* circum-

stantial evidence.
In·do·chi·na [ɪndo'çiːna] *n* Indochina.
in·do·ger·ma·nisch ['---'--] *adj* Indo-European.
In·do·ne·si·en [ɪndo'neːziən] *n* Indonesia; **in·do·ne·sisch** *adj* Indonesian.
In·dos·sa·ment *n com fin* endorsement; **in·dos·sie·ren** [ɪndo'siːrən] *tr com fin* endorse.
In·duk·ti·on [ɪndʊk'tsjoːn] *f phys* induction.
in·du·stria·li·sie·ren [ɪndustriali'ziːrən] *tr* industrialize; **In·du·stria·li·sie·rung** *f* industrialization.
In·du·strie [ɪndʊs'triː] *f* industry; **In·du·strie- u. Han·dels·kam·mer** *(Abk* **IHK)** *f* chamber of industry and commerce; **In·du·strie·ab·was·ser** *n* industrial waste water; **In·du·strie·be·trieb** *m* industrial plant; **In·du·strie·er·zeug·nis** *n* industrial product; **In·du·strie·ge·biet** *n* industrial area; **In·du·strie·ge·werk·schaft** *f* industrial (trade) union; **In·du·strie·land** *n* industrialized country; **In·du·strie·land·schaft** *n* industrial landscape; **in·du·stri·ell** [ɪndustri'ɛl] *adj* industrial; **In·du·stri·el·le(r)** [ɪndustri'ɛlə] ⟨-n, -n⟩ *f m* industrialist; **In·du·strie·mes·se** *f* industries fair; **In·du·strie·müll** *m* industrial waste; **In·du·strie·staat** *m* industrial country *(od* nation); **In·du·strie·stadt** *f* industrial town; **In·du·strie·zen·trum** *n* industrial centre; **In·du·strie·zweig** *m* branch of industry.
in·ein·an·der [ɪnaɪ'nandə] *adv* in(to) one another, in(to) each other; **in·ein·an·der|grei·fen** *irr itr* 1. *tech* mesh (with each other); 2. *fig (sich überschneiden)* overlap; **in·ein·an·der|schie·ben** *irr tr refl* telescope.
in·fam [ɪn'faːm] *adj* infamous.
In·fan·te·rie ['ɪnfantri/--'-] *f mil* infantry; **In·fan·te·rist** ⟨-en, -en⟩ *m mil* infantryman.
in·fan·til [ɪnfan'tiːl] *adj* infantile.
In·fek·tion [ɪnfɛk'tsjoːn] *f med* infection; **In·fek·tions·herd** *m* focus of infection; **In·fek·tions·krank·heit** *f* infectious disease.
in·fil·trie·ren [ɪnfɪl'triːrən] *tr* infiltrate.
In·fi·ni·tiv ['ɪnfinitiːf] ⟨-s, -e⟩ *m gram* infinitive.
in·fi·zie·ren [ɪnfi'tsiːrən] **I** *tr* infect; **II** *refl* be infected *(bei* by).
In·fla·ti·on [ɪnfla'tsjoːn] *f fin* inflation; **In·fla·tions·ra·te** *f fin* rate of inflation; **in·fla·to·risch** *adj fin* inflationary.
In·fo ⟨-, -s⟩ *f fam* info.
in·fol·ge [ɪn'fɔlgə] *prp* as a result of, owing to; **in·fol·ge·des·sen** [---'--] *adv* as a result (of that), because of that, consequently.
In·for·ma·tik [ɪnfɔrma'tik] *f* informa-

tion (*od* computer) science; **In·for·ma·ti·ker(in)** *m (f)* information (*od* computer) scientist.

In·for·ma·tion [ınfɔrma'tsjo:n] *f* information (*über* on, about); **in·for·ma·tio·nell** *adj* informational; **In·for·ma·tions·dienst** *m (in Zeitschriftenform)* news letter; **In·for·ma·tions·fluß** *m* flow of information; **In·for·ma·tions·ge·sell·schaft** *f* information society; **In·for·ma·tions·stand** *m* information stand; **In·for·ma·tions·tech·no·lo·gie** *f* information technology; **In·for·ma·tions·vor·sprung** *m:* ▶ einen ~ haben be better informed; **in·for·ma·tiv** [---'-] *adj* informative; **in·for·mie·ren** I *tr* inform (*über, von* about, of); II *refl* inform o.s. (*über* about).

in·fra·rot [ınfra'ro:t] *adj phys* infra-red; **In·fra·rot·schein·wer·fer** *m* blackout service headlight; **In·fra·schall** *m* infrasound; **In·fra·struk·tur** ['----] ⟨-⟩ *f* infrastructure; **In·fra·struk·tur·maß·nah·me** ['---'----] *f* provision of infrastructure.

In·ge·nieur(in) *m (f)* engineer; **In·ge·nieur·bü·ro** *n* engineering office.

Ing·wer ['ıŋvɐ] ⟨-s⟩ *m* ginger.

In·ha·ber(in) ['ınha:bɐ] *m (f)* 1. (*Geschäfts~, Firmen~*) owner; (*Besitzer*) proprietor (proprietress); 2. (*von Konto, Rekord, Patent etc*) holder; (*von Wertpapier, Urkunde*) bearer.

in·haf·tie·ren [ınhaf'ti:rən] *tr* take into custody.

In·ha·la·tion [ınhala'tsjo:n] *f* inhalation; **in·ha·lie·ren** *tr itr* inhale.

In·halt ['ınhalt] ⟨-(e)s, -e⟩ *m* 1. *allg* contents *pl;* 2. *fig* (*von Buch, Film etc*) content; (*Sinn, Bedeutung: des Lebens etc*) meaning; 3. *math* (*Flächen~*) area; (*Raum~*) volume; **in·halt·lich** *adj* as regards content; **In·halts·an·ga·be** *f* (*Zus.fassung*) précis, summary; **in·halts·los** *adj* 1. (*leer*) empty; 2. *fig* (*bedeutungslos*) meaningless; **In·halts·ver·zeich·nis** *n* table of contents.

In·iti·ale [initsi'a:lə] ⟨-, -n⟩ *f* initial.

In·iti·al·zün·dung *f tech* booster detonation.

In·itia·tion [initsia'tsıo:n] ⟨-, -en⟩ *f a. lit* initiation.

In·itia·ti·ve [initsia'ti:və] ⟨-, -n⟩ *f* initiative; ▶ die ~ ergreifen take the initiative; aus eigener ~ on one's own initiative; auf jds ~ hin on someone's initiative.

In·jek·tion [ınjɛk'tsjo:n] *f* injection; **In·jek·tions·sprit·ze** *f* hypodermic (syringe).

in·ji·zie·ren [ınji'tsi:rən] *tr* inject (*jdm etw* s.o. with s.th.).

In·kas·so [ın'kaso] ⟨-s, -s/(-kassi)⟩ *n fin* collection; **In·kas·so·bü·ro** *n* debt-

collecting agency.

in·klu·si·ve [ınklu'zi:və] I *prp* inclusive of; II *adv* inclusive.

in·kom·pe·tent ['ınkɔmpetɛnt] *adj* incompetent; inefficient; **In·kom·pe·tenz** ['ınkɔmpetɛnts] *f* inefficiency.

in·kon·se·quent ['ınkɔnzekvɛnt] *adj* inconsistent; **In·kon·se·quenz** *f* inconsistency.

In·kraft·tre·ten [-'---] ⟨-s⟩ *n* coming into force (*od* effect); ▶ bei ~ von etw when s.th. comes into force.

In·ku·ba·tions·zeit *f med* [ınkuba'--] incubation period.

In·land ['ınlant] ⟨-(e)s⟩ *n* 1. (*das Landesinnere*) inland; 2. (*im Gegensatz zum Ausland*) home; **in·län·disch** ['ınlɛndıʃ] *adj* domestic, home (*nur attributiv*); (*von Ware*) home-made; **In·lands·flug** *m* internal flight.

In·lands·markt *m* home market.

in·mit·ten [ın'mıtən] I *prp* in the midst of; II *adv:* ▶ ~ von ... amongst ...

in·ne|ha·ben *irr tr* hold; **in·ne|hal·ten** *irr itr* (*aufhören*) pause, stop.

in·nen ['ınən] *adv* inside; (*im Haus*) indoors; (*auf Innenseite*) on the inside; ▶ nach ~ inward(s); von ~ from within; ~ u. außen within and without.

In·nen·an·sicht *f* interior (view); **In·nen·an·ten·ne** *f* indoor aerial; **In·nen·ar·chi·tekt(in)** *m (f)* interior designer; **In·nen·auf·nah·me** *f phot* indoor photo(graph); *film* indoor shot; **In·nen·dienst** *m* office duty; ▶ im ~ sein work in the office; **In·nen·le·ben** *n fam* 1. (*seelisch*) inner life; 2. (*körperlich*) insides *pl;* **In·nen·mi·ni·ste·rium** *n Br* Home Office, *Am* Department of the Interior; (*bei anderen Ländern*) ministry of the interior; **In·nen·po·li·tik** *f* domestic policy; **in·nen·po·li·tisch** *adj* domestic, internal; **In·nen·raum** *m* interior; **In·nen·sei·te** *f* inside; **In·nen·spie·gel** *m mot* interior mirror; **In·nen·stadt** *f Br* centre (*Am* center) of town (*od, bei Großstadt* of the city); **In·nen·ver·klei·dung** *f mot* interior trim.

in·ner·be·trieb·lich *adj Br* internal, *Am* in-plant.

In·ne·re ['ınərə] ⟨-n⟩ *n* 1. inside, interior; 2. *fig (Herz)* heart; ▶ Minister des ~n *Br* Home Secretary, *Am* Secretary of the Interior; (*bei anderen Ländern*) minister of the interior; ins ~ des Landes into the heart of the country; im tiefsten ~n *fig* in one's heart of hearts.

in·ne·re *adj allg a. fig* inner; (*im Körper*) internal; ▶ vor meinem ~n Auge in my mind's eye; ~e Angelegenheit *pol* internal affair; I~e Mission Home Mission; ~r Monolog interior monolog(ue); ~e Werte *pl* inner worth *sing.*

in·ner·halb ['ɪnɛhalp] **I** *prp* within; **II** *adv* inside.

in·ner·lich *adj* **1.** *(körperlich)* internal; **2.** *fig (nach innen)* inward; *(von innen heraus)* inner.

In·ner·lich·keit *f* inwardness.

In·ner·ste ⟨-n⟩ *n* **1.** *(innerstes Teil)* innermost part; **2.** (very) heart; ▶ **tief im ~n** in one's heart of hearts; **bis ins ~ getroffen** deeply hurt.

in·ne|woh·nen *itr (gehoben)* be inherent in ...

in·nig ['ɪnɪç] *adj* **1.** *(herzlich)* heartfelt, hearty; **2.** *(vertraut)* intimate; **3.** *(tief)* deep, profound; **In·nig·keit** *f* **1.** *(Wärme)* warmth; *(Aufrichtigkeit)* sincerity; *(Intensität)* intensity; **2.** *(Vertrautheit)* intimacy; **3.** *(Tiefe)* depth.

In·no·va·tion *f* innovation; **in·no·va·tiv** *adj* innovative; **in·no·va·to·risch** *adj* innovatory.

In·nung ['ɪnʊŋ] *f* guild.

in·of·fi·ziell ['ɪnɔfitsjɛl] *adj* unofficial.

ins [ɪns] (= in das) in(to) the.

In·sas·se (In·sas·sin) ['ɪnzasə] ⟨-n, -n⟩ *m (f) (e-r Anstalt)* inmate; *(Fahrgast)* passenger; **In·sas·sen·un·fall·ver·si·che·rung** *f mot* passenger cover.

ins·be·son·de·re [ɪnsbə'zɔndərə] *adv* (e)specially, in particular, particularly.

In·schrift *f* inscription; *(auf Münzen)* legend; *(auf Grabstein)* epitaph.

In·sekt [ɪn'zɛkt] ⟨-(e)s, -en⟩ *n* insect; **In·sek·ten·be·kämp·fungs·mit·tel** *n Br* insecticide, *Am* pesticide; **In·sek·ten·kun·de** *f* entomology; **In·sek·ten·pul·ver** *n* insect powder; **In·sek·ten·stich** *m* (insect) sting; **In·sek·ti·zid** [ɪnzɛkti'tsi:t] ⟨-(e)s, -e⟩ *n (s.* Insektenbekämpfungsmittel).

In·sel ['ɪnzəl] ⟨-, -n⟩ *f* island, isle; ▶ **künstliche ~** man-made island; **die Britischen ~n** the British Isles.

In·se·rat [ɪnze'ra:t] ⟨-(e)s, -e⟩ *n* advertisement, *fam Br* advert, *Am* ad; ▶ **ein ~ aufgeben** put an advertisement in a paper; **In·se·ra·ten·teil** *m* advertisement section, *fam Br* adverts, *Am* ads *pl.*

In·se·rent ⟨-en, -en⟩ *m* advertiser.

in·se·rie·ren *tr itr* advertise (*etw* s.th., *in* in).

ins·ge·heim ['--'-] *adv* secretly.

ins·ge·samt ['--'-] *adv* altogether; ▶ ... **beläuft sich auf ~ 10 000 DM** ... amounts to a total of DM 10,000.

In·si·der(in) ['ɪnsaɪdə] ⟨-s, -⟩ *m (f)* insider.

in·so·fern (in·so·weit) [--'-/-'--] *conj* **1.** *(was dies betrifft)* in this respect; **2.** *(falls)* if; ▶ **~ ..., als** ...... inasmuch as ...

In·spek·tion [ɪnʃpɛk'tsjo:n] *f* inspection; *mot* service; **In·spek·tions·rei·se** *f* tour of inspection.

In·spek·tor(in) *m (f)* inspector; *(Aufseher, Verwalter)* superintendent.

In·stal·la·teur(in) [ɪnʃtala'tø:ɐ] ⟨-s, -e⟩ *m (f) (Klempner)* plumber; *(Monteur)* fitter; *(für Gas)* gas-fitter; **In·stal·la·tion** *f* installation.

in·stal·lie·ren *tr a. fig* install.

in·stand [ɪn'ʃtant] *adj:* **etw ~ halten** *(in Ordnung)* maintain s.th.; *(funktionsfähig)* keep s.th. in working order; **etw ~ setzen** *(funktionstüchtig machen)* get s.th. into working order; *(reparieren)* repair s.th.; **in·stand|be·set·zen** *tr:* ▶ **ein Haus ~** squat in a house (and do it up).

in·stän·dig ['ɪnʃtɛndɪç] *adj* urgent; ▶ **~ bitten** beseech, implore; **~ hoffen** hope fervently.

In·stand·set·zung [-'---] *f (Überholung)* overhaul; *(Reparatur)* repair.

In·stanz [ɪn'stan(t)s] ⟨-, -en⟩ *f* **1.** *jur* court; **2.** *jur (Stadium der Revision)* instance; **3.** *(Behörde)* authority; ▶ **in erster ~** *jur* in the first instance; **höhere ~** *jur* appellate court; *(höhere Verwaltungsbehörde)* higher authority; **in letzter ~** *jur* in the last instance, without further appeal; **von e-r ~ zur nächsten gehen** *jur* go through all the courts *pl;* *(von Behörde zu Behörde)* go from one department to the next; **In·stan·zen·weg** *m* **1.** *(bei Behörden)* official channels *pl;* **2.** *jur* stages of appeal *pl;* ▶ **auf dem ~** through the official channels; *jur* through the various stages of appeal.

In·stinkt [ɪn'stɪŋkt] ⟨-(e)s, -e⟩ *m* instinct; ▶ **aus ~** by instinct; **in·stink·tiv** [ɪnstɪŋ'ti:f] *adj* instinctive; ▶ **~ handeln** act on (*od* by *od* from) instinct.

In·sti·tut [ɪnsti'tu:t] ⟨-(e)s, -e⟩ *n* **1.** institute; **2.** *jur* institution.

In·sti·tu·tion *f* institution.

in·stru·ie·ren [ɪnstru'i:rən] *tr* instruct.

In·struk·tion [ɪnstruk'tsjo:n] *f* instruction.

In·stru·ment [ɪnstru'mɛnt] *n* **1.** *allg* instrument; **2.** *tech (Werkzeug)* implement, tool; **In·stru·men·tal·stück** *n mus* instrumental piece.

In·su·la·ner(in) [ɪnzu'la:nɐ] *m (f)* islander.

In·su·lin ⟨-s⟩ *n* insulin.

in·sze·nie·ren [ɪnstse'ni:rən] *tr* **1.** *theat* put on the stage; **2.** *film (produzieren)* produce; *(Regie führen)* direct; **3.** *fig (Streit, Skandal etc)* stage.

In·sze·nie·rung *f* production.

in·takt [ɪn'takt] *adj* intact.

In·tar·sie [ɪn'tarzjə] *f* inlay, marquetry.

In·te·gral [ɪnte'gra:l] ⟨-s, -e⟩ *n math* integral; **In·te·gral·helm** *m* full-face helmet; **In·te·gral·rech·nung** *f math* integral calculus.

In·te·gra·tion *f* integration; **In·te·gra·tions·fi·gur** *f* unifying figure; **in·te·**

gra·tiv *adj (Erziehung, Zusammenarbeit etc)* integrated; **in·te·grie·ren** *tr a. math* integrate; ▶ **ein integrierter Bestandteil** an integral part; **integrierte Gesamtschule** comprehensive (school); **integrierte Schaltung** *el* integrated circuit; **In·te·grie·rung** *f* integration.

In·tel·lekt [ɪntɛ'lɛkt] ‹-(e)s› *m* intellect.

in·tel·lek·tu·ell [ɪntɛlɛktu'ɛl] *adj* intellectual; **In·tel·lek·tu·el·le(r)** *f m* intellectual, *fam* highbrow.

in·tel·li·gent [ɪntɛli'gɛnt] *adj* intelligent; **In·tel·li·genz** ‹-, -en› *f* 1. *(Denkfähigkeit)* intelligence; 2. *(als Kollektivbezeichnung für Intellektuelle)* intelligentsia; **In·tel·li·genz·quo·tient** *m* intelligence quotient.

In·ten·dant(in) [ɪntɛn'dant] ‹-en, -en› *m (f) theat* director, manager.

In·ten·si·tät [ɪntɛnzi'tɛːt] *f* intensity.

in·ten·siv [ɪntɛn'ziːf] *adj* 1. *(Gefühl, Blick, Farbe)* intense; 2. *(Arbeit)* intensive; **In·ten·siv·be·hand·lung** *f med* intensive care; **in·ten·si·vie·ren** *tr* intensify; **In·ten·siv·kurs** *m päd* intensive course; **In·ten·siv·sta·tion** *f med* intensive care unit.

in·ter·ak·tiv *adj allg a. EDV* interactive.

In·ter·ci·ty ‹-s, -s› *m (s. IC).*

in·ter·es·sant [ɪnt(ə)rɛ'sant] *adj* interesting; ▶ **er will sich doch nur ~ machen** he just wants to attract everybody's attention; **das ist für uns nicht mehr ~** we are no more interested in it.

In·ter·es·se [ɪn'trɛsə] ‹-s, -n› *n* interest *(für, an* in); ▶ **~ haben an ...** be interested in ...; **es liegt in meinem ureigenen ~** it is in my very own interest; **aus ~** for interest; **für jdn nicht von ~ sein** be of no interest to s.o.; **jds ~n vertreten** *(od* **wahrnehmen)** look after someone's interests; **von allgemeinem ~** of general interest; **im öffentlichen ~** in the public interest; **Fragen von öffentlichem ~** questions of public interest; **in·ter·es·se·hal·ber** *adv* for interest; **in·ter·es·se·los** *adj* indifferent; **In·ter·es·sen·ge·mein·schaft** *f* 1. *(Interessengleichheit)* community of interests; 2. *(Personengruppe)* group of people sharing interests; *com* syndicate; **In·ter·es·sen·kon·flikt** conflict of interests; **In·ter·es·sent(in)** *m (f)* interested person *(od* party).

in·ter·es·sie·ren I *tr* interest *(für, an* in); II *refl* be interested *(für* in).

In·ter·face ['ɪntəfeɪs] ‹-, -s› *n EDV (Schnittstelle)* interface.

In·ter·mez·zo [ɪntɛ'mɛtso] ‹-s, -s/ ...zzi› *n* 1. *mus* intermezzo; 2. *fig (Zwischenspiel)* interlude.

in·tern [ɪn'tɛrn] *adj* internal.

In·ter·nat ‹-(e)s, -e› *n* boarding school.

in·ter·na·tio·nal ['ɪntɛnatsio'naːl] *adj*

international; ▶ **~er Währungsfonds** *(Abk* IWF) International Monetary Fund *(Abk* IMF).

in·ter·nie·ren [ɪntɛ'niːrən] ‹ohne ge-› *tr* intern; **In·ter·nier·te(r)** *f m* internee; **In·ter·nie·rung** *f* internment.

in·ter·po·lie·ren [ɪntɛpo'liːrən] *tr math* interpolate.

In·ter·pre·ta·tion [ɪntɛpreta'tsjoːn] *f* interpretation; **in·ter·pre·tie·ren** *tr* interpret; ▶ **etw falsch ~** misinterpret s.th; **In·ter·pret(in)** *m (f)* interpreter.

In·ter·punk·tion *f* punctuation; **In·ter·punk·tions·zei·chen** *n* punctuation mark.

In·ter·rail-Kar·te *f* inter-rail ticket.

In·ter·vall [ɪntɛ'val] ‹-s, -e› *n a. mus* interval; **In·ter·vall·schal·tung** *f el* interval switch.

in·ter·ve·nie·ren [-ve'niːrən] *itr* intervene *(bei jdm* with s.o., *bei etw* in s.th.).

In·ter·ven·tion [ɪntɛvɛn'tsjoːn] ‹-, -en› *f mil pol* intervention *(bei* with, *für* for).

In·ter·view [ɪntɛ'vjuː/'ɪntɛvju] ‹-s, -s› *n* interview.

in·ter·view·en [ɪntɛ'vjuːən] ‹ohne ge-› *tr* interview *(jdn zu od über etw* s.o. on *od* about s.th.).

in·tim [ɪn'tiːm] *adj* intimate *(mit* with); ▶ **mit jdm ~ werden** become intimate with s.o.; **ein ~er Kenner von etw sein** have an intimate knowledge of s.th.; **in ~em Kreise** with one's most intimate friends; **In·tim·be·reich** *m* privacy; **In·ti·mi·tät** *f* intimacy *(mit* with); **In·tim·part·ner(in)** *m (f)* sexual partner; **In·tim·spray** *n* intimate deodorant.

in·to·le·rant ['----] *adj* intolerant *(gegenüber jdm* toward(s) s.o., *gegenüber e-r Sache* of s.th.); **In·to·le·ranz** *f* intolerance.

in·tran·si·tiv ['----] *adj gram* intransitive.

in·tri·gant [ɪntri'gant] *adj (gehoben)* plotting, scheming.

In·tri·gant(in) ‹-en, -en› *m (f)* intriguer, plotter, schemer.

In·tri·ge [ɪn'triːgə] ‹-, -n› *f* intrigue.

in·tri·gie·ren *itr* intrigue, plot, scheme.

in·tro·ver·tiert ['ɪntroverti:ət] *adj* introverted.

In·va·li·de [ɪnva'liːdə] ‹-n, -n› *m* invalid; ▶ **~ sein** be disabled *(od* invalid); **In·va·li·di·tät** *f* disability.

In·va·sion [ɪnva'zjoːn] *f mil, a. fig* invasion.

In·ven·tar [ɪnvɛn'taːɐ] ‹-s, -e› *n com* 1. *(Warenliste)* inventory; 2. *(Einrichtung)* fittings *pl;* ▶ **lebendes ~** livestock; **totes ~** fixtures and fittings *pl; das ~* **aufnehmen** do the inventory; **er gehört schon zum ~** *fig fam* he's part of the furniture.

In·ven·tur *f com Br* stocktaking, *Am* inventory; ▶ **~ machen** *Br* stocktake,

Am make an inventory.
In·ver·sions·wet·ter·la·ge *f mete weather situation comprising temperature inversion.*
in·ve·stie·ren [ɪnvɛsˈtiːrən] *tr itr com fin a. fig* invest (*in* in); **In·ve·sti·ti·on** *f com fin* investment; **In·ve·sti·tions-gut** *n meist pl fin com* item of capital expenditure.
In·vi·tro-Fer·ti·li·sa·tion *f med* in vitro fertilization.
in·wen·dig [ˈɪnvɛndɪç] *adj* inside; ► **in-u. auswendig** inside out.
in·wie·fern (in·wie·weit) [-ˈ-/-ˈ--] *adv* (in) how far; (*als Frage*) in what way?
In·zucht ⟨-⟩ *f* inbreeding.
in·zwi·schen [-ˈ--] *adv* (in the) meantime, meanwhile.
Ion [ioːn] ⟨-s, -en⟩ *n chem phys* ion.
Irak [iˈraːk] ⟨-s⟩ *m:* ► **der** ~ Iraq; **Ira-ker(in)** *m (f)* Iraqi.
Iran [iˈraːn] ⟨-s⟩ *m:* ► **der** ~ Iran; **Ira-ner(in)** *m (f)* Iranian.
ir·den [ˈɪrdən] *adj* earthen; ► **~es Ge-schirr** earthenware.
ir·disch *adj* earthly, terrestrial; ► **der Weg alles I~en** the way of all flesh.
Ire [ˈiːrə] ⟨-n, -n⟩ *m* Irishman.
ir·gend [ˈɪrgənt] *adv* 1. (*überhaupt*) at all; 2. : ► ~ **jemand** somebody; (*in vernein., frag. od beding. Sätzen*) anybody; ~ **etw** s.th.; (*in vernein., frag. od beding. Sätzen*) anything; **wo es** ~ **geht** where it's at all possible; **ich bin nicht** ~ **jemand** I'm not just anybody; **ir·gend-ein** *prn* some; (*in vern. frag. od beding. Sätzen*) any; **ir·gend·eine(r, s)** *prn f (m, n) (substantivisch)* 1. (*bei Personen*) s.o., somebody; (*in vernein., frag. od beding. Sätzen*) anyone, anybody; 2. (*bei Sachen*) s.th.; (*in vernein., frag. od beding. Sätzen*) anything.
ir·gend·wann *adv* sometime; (*fragend od bedingend*) ever.
ir·gend·wie *adv* somehow (or other); ► **das habe ich** ~ **schon einmal gese-hen** I've got a feeling I've seen it before.
ir·gend·wo *adv* somewhere; (*fragend, vern. od beding.*) anywhere; **ir·gend-wo·her** *adv* from somewhere; (*fra-gend, vern. od beding.*) from anywhere.
ir·gend·wo·hin *adv* somewhere; (*fra-gend, vern. od beding.*) anywhere.
Irin [ˈiːrɪn] *f* Irishwoman; **irisch** *adj* Irish; **Ir·land** [ˈɪrlant] ⟨-s⟩ *n* Ireland; (*auf gä-lisch*) Eire.
Iro·nie [iroˈniː] *f* irony.
iro·nisch *adj* ironic(al).
ir·ra·tio·nal [ˈ----] *adj a. math* irrational.
irr(e) [ˈɪr(ə)] I *adj* 1. (*verrückt*) crazy, insane, mad; 2. *fam* (*wild*) wild; ► **wie** ~ *fig fam* like crazy; **du machst mich noch ganz** ~! you're going to drive me mad! **~er Typ** *sl* groover; **das ist ja echt ~e!** *sl* that's really mind-bending! II *adv*

1. (*verrückt*) in a mad way; 2. *sl* (*sehr*) incredibly; ► ~ **gut** *sl* way-out.
Ir·re[1] ⟨-n, -n⟩ *m f med fam pej* lunatic.
Ir·re[2] ⟨-⟩ *f:* ► **jdn in die** ~ **führen** *a. fig* lead s.o. astray.
ir·re·al [ˈ---] *adj* unreal.
ir·re|füh·ren *tr* 1. (*falschen Weg zeigen*) mislead; 2. (*täuschen*) deceive; ► **sich durch jdn** ~ **lassen** let s.o. mislead (*od* deceive) one.
ir·re·füh·rend *adj* misleading.
ir·re·le·vant [ˈ----] *adj* irrelevant (*für* for *od* to).
ir·re|ma·chen *irr tr* confuse.
ir·ren [ˈɪrən] I *itr* 1. ⟨sein⟩ (*herum~*) roam, wander; 2. ⟨h⟩ (*sich täuschen*) be mistaken; II *refl* ⟨h⟩ be mistaken (*in jdm* in s.o., *in etw* about s.th.); ► **ich habe mich in der Nummer geirrt** I made a mistake about the number; **Sie haben sich um drei Mark geirrt** You've made a mistake of three marks; **I~ ist menschlich** *prov* to err is human; **jeder kann sich mal** ~ anyone can make a mistake.
Ir·ren·an·stalt (Ir·ren·haus) *f (n) fam pej* lunatic asylum, *fam* loony-bin; **hier geht's ja zu wie im Irrenhaus!** *fam* this place is an absolute madhouse! **reif fürs Irrenhaus sein** *fam* have gone loony.
Ir·ren·arzt *m fam pej* shrink.
Irr·fahrt *f* odyssey, wandering.
Irr·gar·ten *m* maze.
ir·rig *adj* erroneous; ► **in der ~en An-nahme** under the wrong assumption.
ir·ri·tie·ren [ɪriˈtiːrən] *tr* 1. (*ärgern*) irri-tate; 2. (*verwirren*) confuse.
Irr·läu·fer *m* 1. (*Brief*) misdirected let-ter; 2. *mil* stray bullet.
Irr·licht ⟨-(e)s, -er⟩ *n a. fig* jack-o'-lan-tern, will-o'-the-wisp.
Irr·sinn ⟨-(e)s⟩ *m* insanity, madness; ► **das ist doch** ~! *fig fam* that's sheer madness! **auf den** ~ **verfallen, etw zu tun** have the mad idea of doing s.th.
irr·sin·nig *adj* 1. (*verrückt*) crazy, in-sane, mad; 2. *fam* (*stark, klasse*) groovy, terrific.
Irr·tum *m* (*schuldhafter* ~) error; (*Fe-hler, Versehen*) mistake; ~! that's where you're wrong! ► **sehr im** ~ **sein** be greatly mistaken; **im** ~ **sein, sich im** ~ **befinden** be in error; ~ **vorbehalten!** *com* errors excepted! **e-n** ~ **zugeben** admit an error (*od* a mistake); **da muß ein** ~ **vorliegen** there must be some mistake; ~, **mein Lieber!** you're wrong there, my dear boy!
irr·tüm·lich [ˈɪrtyːmlɪç] I *adj* erroneous, mistaken; II *adv* erroneously; (*aus Ver-sehen*) by mistake.
ISBN ⟨-⟩ *f Abk von* **Internationale Stan-dardbuchnummer** ISBN.
Is·chi·as [ˈɪʃias] ⟨-⟩ *f med* sciatica.
Is·lam [ɪsˈlaːm] ⟨-s⟩ *m rel* Islam; **is·la-**

misch *adj* Islamic; **Is·la·mi·sie·rung** *f pol rel* Islamization.
Is·land ['i:slant] ‹-s› *n* Iceland; **Is·län-der(in)** ['i:slɛndə] *m (f)* Icelander; **is-län·disch** *adj* Icelandic.
Iso·la·tion [izola'tsjo:n] *f* 1. *allg a. med* isolation; *(von Häftlingen)* (solitary) confinement; 2. *tech el* insulation; **Iso-la·tions·haft** *f* solitary confinement.
Iso·la·tor *m el* insulator.
Iso·lier·band *n el* insulating tape.
iso·lie·ren I *tr* 1. *(absondern, a. med)* isolate; 2. *el (a. Häuser, Fenster etc)* insulate; II *refl* isolate o.s. (from the world).
Iso·lier·kan·ne *f* Thermos flask, insulated flask; **Iso·lier·mas·se** *f* insulating compound; **Iso·lier·ma·te·rial** *n* insulating material.

Iso·mat·te *f Wz* karrimat, thermomat.
Iso·ther·me [izo'tɛrmə] ‹-, -n› *f* isotherm.
Iso·top [izo'to:p] ‹-s, -e› *n chem phys* isotope.
Is·ra·el ['israɛl] *n* Israel; **Is·ra·eli** [isra'e:li] ‹-(s), -(s)› *m* Israeli; **is·ra-elisch** *adj* Israeli; **Is·ra·elit(in)** [israe'li:t] ‹-en, -en› *m (f) hist* Israelite; **is·ra·elitisch** *adj hist* Israelite.
Ist·be·stand ['istbəʃtant] ‹-(e)s *m com fin (an Geld)* cash in hand; *(an Waren)* actual stock.
Ita·li·en [i'ta:liən] *n* Italy; **Ita·lie-ner(in)** [ita'lje:ne] *m (f)* Italian; **ita·lie-nisch** *adj* Italian.
IWF *m Abk von* **Internationaler Wäh-rungsfonds** IMF.

J

J, j [jɔt] ⟨-, -⟩ *n* J, j.
ja [ja:] *adv* **1.** *(zustimmend)* yes, *fam*
yeah; **2.** *(feststellend):* ▶ ~ **doch** *od*
aber ~ yes, of course; **3.** *(Frage: wirk-lich?)* really? **4.** *(tatsächlich)* just; **5.**
(schließlich) after all; **6.** *(sogar)* even;
▶ ~? *(richtig?)* right? **zu etw** ~ **sagen**
say yes to s.th.; **nun** ~ ... well ...; **sei** ~
vorsichtig! be careful! **tu es** ~ **nicht!** I
warn you, don't do it! **das ist** ~ **schreck-lich!** that's just terrible! **es schneit** ~!
goodness, it's snowing! **es ist** ~ **nicht so**
schlimm after all it's not that bad; **ich**
sehe Sie also morgen, ~? I'll see you
tomorrow, right *(od* OK)? **ich habe es**
Ihnen ~ **gesagt!** I told you so! **es muß**
sich ~ **e-s Tages bessern** don't worry,
it'll have to improve one day; **~, was Sie**
nicht sagen! you don't say! **sie ist** ~
meine Schwester! why, she is my sister!
ich komm' ~ **schon!** all right, all right,
I'm coming!
Jacht [jaxt] ⟨-, -en⟩ *f mar sport* yacht.
Jacke (k·k) ['jakə] ⟨-, -n⟩ *f* jacket; **das**
ist ~ **wie Hose** *fig fam* that's six of one
and half a dozen of the other; **die** ~ **voll**
kriegen *fam* cop a packet; **Jackett**
(k·k) [ʒa'kɛt] ⟨-(e)s, -e/-s⟩ *n Br* jacket,
Am coat.
Jagd [ja:kt] ⟨-, -en⟩ *f* **1.** *(a. fig: Verfol-gung)* hunt *(nach* for); *(das Jagen)*
hunting; **2.** *fig* chase *(nach* after); ▶ **auf**
die ~ **gehen** go hunting; ~ **machen auf**
... *a. fig* hunt for ...; **die** ~ **aufs Geld**
the pursuit of money; **Jagd·auf·se-her(in)** *m (f)* gamekeeper; **Jagd·beu-te** *f* bag; **Jagd·bom·ber** *m mil aero*
fighter-bomber; **Jagd·flug·zeug** *n mil*
aero fighter plane *(od* aircraft); **Jagd-ge·wehr** *n* hunting rifle; **Jagd·haus** *n*
hunting lodge; **Jagd·hund** *m* hound;
(Vorstehhund) pointer; **Jagd·re·vier** *n*
shoot; **Jagd·schein** *m* hunting license.
ja·gen ['ja:gən] **I** *tr* **1.** *allg (a. Menschen)*
hunt; **2.** *(verfolgen, hetzen)* chase;
▶ **sich e-e Kugel durch den Kopf** ~
fam blow one's brains out; **jdn zum**
Teufel ~ *fig fam* send s.o. to the devil;
ein Unglück jagte das andere one mis-fortune followed hard upon the other;
damit kann man mich ~ *fig fam* I
wouldn't touch that (kind of) thing with
a ten-foot pole; **II** *itr* **1.** *(auf die Jagd*
gehen) go hunting; **2.** ⟨sein⟩ *fig (rasen)*
race; ▶ **nach etw** ~ *fig* chase after s.th.;
III *refl:* ▶ **die Ereignisse** ~ **sich** things
happen one after the other.

Jä·ger ['jɛ:gə] ⟨-s, -⟩ *m* **1.** hunter, hunts-man; **2.** *mil* rifleman; **3.** *mil aero (Jagd-flugzeug)* fighter (plane); **Jä·ge·rin** *f*
huntress; **Jä·ger·zaun** *m* rustic fence.
Ja·gu·ar ['ja:gua:ɐ] ⟨-s, -e⟩ *m zoo* jaguar.
jäh [jɛ:] *adj* **1.** *(steil)* steep; **2.** *(plötzlich)*
sudden; *(unvermittelt)* abrupt; **3.** *(über-stürzt)* headlong, precipitous.
Jahr [ja:ɐ] ⟨-(e)s, -e⟩ *n* year; ▶ **ein hal-bes** ~ six months; **alle** ~e every year;
alle fünf ~e every five years; ~ **für** ~
year after year; **das ganze** ~ **hindurch**
(od über) all the year round; **im** ~e **1991**
in (the year) 1991; **in den besten** ~en in
the prime of one's life *sing;* **in den**
neunziger ~en in the nineties; **im Alter**
von zehn ~en at the age of ten; **mit den**
~en over the years; **übers** ~ a year
hence; **viele** ~e **lang** for many years;
pro ~ a year, per annum; **von** ~ **zu** ~
from year to year; **vor e-m** ~ a year ago.
jahr·aus [ja:ɐ'aʊs] *adv:* ▶ ~, **jahrein**
year in, year out.
Jahr·buch *n* **1.** *(statistisches* ~ *etc)* year-book; **2.** *(Almanach)* almanac.
jah·re·lang **I** *adj attr* lasting for years;
II *adv* for years.
jäh·ren ['jɛ:rən] *refl:* ▶ **es jährt sich**
heute (zum zehnten Mal), daß ... it is
a year (ten years) ago today that ...
Jah·res·abon·ne·ment *n* annual sub-scription; **Jah·res·ab·schluß** *m* **1.**
end of the year; **2.** *com* annual state-ment of account; **Jah·res·an·fang** *m*
beginning of a *(od* the) (new) year; **Jah-res·bei·trag** *m* annual subscription;
Jah·res·be·richt *m* annual report;
Jah·res·durch·schnitt *m* annual av-erage; **Jah·res·ein·kom·men** *n* an-nual income; **Jah·res·frist** ⟨-⟩ *f* year's
time; ▶ **binnen** *(od* noch vor) ~ within
a year's time; **Jah·res·tag** *m* anniver-sary; **Jah·res·ur·laub** *m* annual vaca-tion; **Jah·res·wech·sel (Jah·res-wen·de)** *m (f)* turn of the year; *(Neu-jahr)* New Year; **Jah·res·zahl** *f* date,
year; **Jah·res·zeit** *f* season; **jah·res-zeit·lich** *adj* seasonal; ▶ ~e **Schwan-kungen** seasonal variations *(od* fluc-tuations).
Jahr·gang *m* **1.** *(Altersklasse)* age-group; **2.** *(von Zeitschrift)* volume; **3.**
(von Wein) vintage.
Jahr·hun·dert [-'--] ⟨-s, -e⟩ *n* century;
jahr·hun·der·te·lang **I** *adj* lasting for
centuries; **II** *adv* for centuries; **Jahr-hun·dert·wen·de** *f* turn of the cen-

tury.
jähr·lich ['jɛ:elɪç] I *adj* annual, yearly; II *adv* annually, every year, yearly; *com fin* per annum; ▶ **einmal** ~ once a year.
Jahr·markt *m* fair.
Jahr·tau·send [-'--] ⟨-s, -e⟩ *n* millenium.
Jahr·zehnt [ja:ɐ'tse:nt] ⟨-(e)s, -e⟩ *n* decade; **jahr·zehn·te·lang** I *adj* decades of ..., lasting for decades; II *adv* for decades.
Jäh·zorn ['jɛ:tsɔrn] *m* irascibility, violent temper; **jäh·zor·nig** *adj* irascible, violent-tempered.
Ja·lou·sie [ʒalu'zi:] *f Br* (Venetian) blind, *Am* window shades *pl*.
Jam·mer ['jamɐ] ⟨-s⟩ *m* 1. *(Klage)* lamentation, wailing; 2. *(Elend)* misery, wretchedness; ▶ **es ist ein** ~ it is awful; **ein Bild des ~s bieten** *fig* be the picture of misery; **jäm·mer·lich** ['jɛmɐlɪç] I *adj* 1. *(elend, erbärmlich)* wretched; 2. *(mitleiderregend)* pitiful; 3. *(beklagenswert)* lamentable; 4. *fam (schlecht, mies)* pathetic; II *adv fam (sehr)* terribly; **jam·mern** ['jamɐn] *itr* wail *(über* over, *um* for); **jam·mer·scha·de** ['--'--] *adj fam:* ▶ **es ist ~, daß** ... it's a crying shame that ...
Ja·nu·ar ['januaɐ] ⟨-(s), -e⟩ *m* January.
Ja·pan ['ja:pan] *n* Japan; **Ja·pa·ner(in)** [ja'pa:nɐ] *m (f)* Japanese; **ja·pa·nisch** *adj* Japanese.
Jar·gon [ʒar'gõ:] ⟨-s, -s⟩ jargon.
Jas·min [jas'mi:n] ⟨-s, -e⟩ *m bot* jasmine.
jä·ten ['jɛ:tən] *tr itr* weed.
Jau·che ['jauxə] ⟨-, -n⟩ *f* liquid manure; *(Abwasser)* sewage; **Jau·che·gru·be** *f* cesspool.
jauch·zen ['jauxtsən] *itr* exult, rejoice.
jau·len ['jaulən] *itr a. fig* howl.
Ja·wort *n* consent.
Jazz [dʒɛs/jats] ⟨-⟩ *m mus* jazz.
je[1] [je:] *interj:* ▶ ~ **nun** ... well now ...; **o ~!** oh dear!
je[2] I *prp (pro)* per; ▶ ~ **Kopf der Bevölkerung** per head of population; II *adv* 1. *(~weils)* each, every; 2. *(~mals)* ever; ▶ **für** ~ **zehn Wörter** for every ten words; **schlimmer denn** ~ worse than ever; III *conj:* ▶ ~ **eher, desto besser** the sooner the better; ~ **nachdem** that depends; ~ **nach** ... depending on ...
Jeans [dʒi:ns] *pl* jeans, denims; **Jeans·an·zug** *m* denim suit; **Jeans·rock** *m* denim skirt.
je·den·falls *adv* 1. *(auf jeden Fall)* in any case; 2. *(zumindest)* at least.
jede(r, s) ['je:də] I *prn (substantivisch)* 1. *(~ einzelne, ~ für sich)* each; 2. *(~ von allen)* everyone, everybody; 3. *(~ beliebige)* anyone, anybody; II *adj* 1. *(einzeln, für sich)* each; *(~ von zweien)* either; 2. *(~ von allen)* every; 3. *(~ beliebige)* any.

je·der·mann *prn* 1. *(ein jeder)* everyone, everybody; 2. *(jeder beliebige)* anyone, anybody.
je·der·zeit ['--'-] *adv* (at) any time.
je·des·mal *adv* each time, every time; ▶ ~, **wenn** ... whenever ...
je·doch [je'dɔx] *adv conj* however.
Jeep [dʒi:p] ⟨-s, -s⟩ *m (Wz)* jeep.
je·her ['je:he:ɐ/'-'-] *adv:* ▶ **von** *(od* **seit)** ~ always.
je·mals ['je:ma:ls] *adv* ever.
je·mand ['je:mant] *prn* somebody, someone; *(in frag., verotein. od. bedingend. Sätzen)* anybody, anyone; ▶ **sonst** ~, ~ **anders** somebody *(od: irgend* ~ anybody) else.
je·ne(r, s) ['je:nə] *prn* I *f (m, n) (substantivisch)* that one; *pl* those ones; ▶ **bald dieser, bald jener** first one, then the other; **jener** *(letzterer)* the latter; **dies u. jenes** this and that; II *(adjektivisch)* that; *pl* those.
jen·sei·tig *adj* opposite, on the other side; **Jen·seits** ⟨-⟩ *n* next world; ▶ **jdn ins** ~ **befördern** *fam* send s.o. to kingdom come; **jen·seits** ['je:nzaɪts] *prp (adv:* ~ *von)* on the other side of; ▶ **er ist** ~ **von Gut und Böse** *hum fam* he's past it.
Je·su·it [jezu'i:t] ⟨-en, -en⟩ *m eccl* Jesuit; **Je·su·iten·or·den** *m eccl* Jesuit Order.
Je·sus ['je:zus] *m* Jesus.
Jet-set ['dʒɛtsɛt] ⟨-s⟩ *m fam* jet-set.
jet·ten ['dʒɛtn] *itr fam* jet.
jet·zig ['jɛtsɪç] *adj (im Augenblick)* present; *(laufend)* current; ▶ **in der** ~**en Zeit** in present times *pl;* ~**e Preise** current prices.
jetzt [jɛtst] *adv* now; ▶ **gerade** ~ this very moment; **bis** ~ so far, up to now; ~ **eben** just now; **von** ~ **an** from now on; **für** ~ for the present, for now; **gleich** ~, ~ **gleich** right now; **erst** ~ only now; ~ **oder nie!** (it's) now or never!
Jetzt·zeit *f* present time.
je·wei·lig ['je:vaɪlɪç] *adj* 1. *(derzeitig)* of the day; *(vorherrschend)* prevailing; 2. *(betreffend)* respective.
je·weils ['je:vaɪls] *adv* 1. *(zur gleichen Zeit)* at a time; 2. *(jedesmal)* each time; *(jeder einzelne)* each; ▶ **die** ~ **erfolgreichsten Kandidaten der beiden Wahlgänge** the most successful candidates of each of the two ballots.
Job [dʒɔp/dʒɔb] ⟨-s, -s⟩ *m a. EDV* job.
Job-hop·ping *n* job hopping; **Job-sharing** *n* job sharing.
Joch [jɔx] ⟨-(e)s, -e⟩ *n* 1. *a. fig* yoke; 2. *(Berg~)* ridge; 3. *arch* truss; ▶ **sein** ~ **abschütteln** *fig* shake off one's yoke; **sich e-m** ~ **beugen** *fig* submit to a yoke.
Jockei (Jockey) (k·k) ['jɔki/dʒɔki] ⟨-s, -s⟩ *m* jockey.
Jod [jo:t] ⟨-(e)s⟩ *n* iodine.

jo·deln ['jo:dəln] *tr itr* yodel.
Jod·ler[1] *m (Jodelruf)* yodel; **Jod·ler**[2] **(in)** *m (f) (jodelnde Person)* yodeller.
Jod·tink·tur *f* iodine tincture.
Jo·ga ['jo:ga] ⟨-(s)⟩ *m* yoga.
jog·gen ['dʒɔgn] *itr* jog; **Jog·ger(in)** ⟨-s, -⟩ *m (f)* jogger; **Jog·ging** ⟨-s⟩ *n* jogging; **Jog·ging·an·zug** *m* jogging suit.
Jo·ghurt ['jo:gʊrt] ⟨-s, -s⟩ *m* od *n* yog(h)urt.
Jo·han·nis·bee·re [jo'hanɪsbe:rə] *f bot* ▶ **rote (schwarze)** ~ redcurrant (blackcurrant).
Jo·han·nis·tag *m* Midsummer's Day.
joh·len ['jo:lən] *itr* bawl, howl.
Joint [dʒɔɪnt] ⟨-s, -s⟩ *m sl (Haschischzigarette)* joint.
Joint-ven·ture ['dʒɔɪnt'vɛntʃə] ⟨-(s), -s⟩ *n com* joint venture.
Jo·jo ⟨-s, -s⟩ *n* yo-yo.
Jon·gleur(in) [ʒɔ̃'glø:ə] ⟨-s, -e⟩ *m (f)* juggler; **jon·glie·ren** *itr a. fig* juggle.
Joule [dʒu:l] ⟨-(s), -⟩ *n* joule.
Jour·nal [ʒɔr'na:l] ⟨-s, -e⟩ *n* 1. *(Tagebuch)* diary; 2. *com* daybook; 3. *(Fach~)* journal.
Jour·na·lis·mus *f* journalism; **Journa·list(in)** *m (f)* journalist.
jo·vi·al [jo'vja:l] *adj* jovial.
Joy·stick ['dʒɔɪstɪk] ⟨-s, -s⟩ *m EDV* joystick.
Ju·bel ['ju:bəl] ⟨-s⟩ *m* jubilation; **Ju·bel·jahr** *n* jubilee year; ▶ **alle** ~e **einmal** *fam* once in a blue moon; **ju·beln** *itr* rejoice, shout with joy.
Ju·bi·lar(in) [jubi'la:ə] *m (f)* man *(od* woman) celebrating an anniversary.
Ju·bi·lä·um [jubi'lɛ:ʊm] ⟨-s, -leen⟩ *n* jubilee; *(Jahrestag)* anniversary.
jucken (k·k) ['jʊkən] **I** *itr* itch; ▶ **mir juckt die Nase** my nose itches; **das juckt mich doch nicht!** *fig fam* I don't care (a damn)! **es juckt mir in den Fingern (od es juckt mich), zu ...** I'm itching to ...; **II** *tr (kratzen)* scratch; **Jucken (k·k) (Juck·reiz)** *n (m)* itching.
Ju·de ['ju:də] ⟨-n, -n⟩ *m* Jew; **Ju·dentum** *n* Judaism; Jewry; **Ju·den·verfol·gung** *f* persecution of the Jews; **Jü·din** ['jy:dɪn] *f* Jewess; **jü·disch** *adj* Jewish.
Ju·do ['ju:do] ⟨-(s)⟩ *n sport* judo.
Ju·gend ['ju:gənt] ⟨-⟩ *f* 1. *(~zeit)* youth; 2. *(~lichkeit)* youthfulness; 3. *(junge Menschen)* young people *pl,* youth; ▶ **frühe** ~ early youth; **von** ~ **an** *(od* **auf)** from one's youth; **in meiner** ~ when I was young; **die heutige** ~ the youth of today, young people of today; **Ju·gend·amt** *n* youth welfare department; **Ju·gend·ar·beits·lo·sig·keit** *f* youth unemployment; **Ju·gend·er·in·ne·rung** *f* memory of one's youth; **Ju-**

gend·freund(in) *m (f)* friend of one's youth; **Ju·gend·her·ber·ge** *f* youth hostel; **Ju·gend·her·bergs·aus·weis** *m* youth hostelling card, YHA card; **Ju·gend·kri·mi·na·li·tät** *f* juvenile crime *(od* delinquency).
ju·gend·lich 1. *(jung)* young; 2. *(jung wirkend)* youthful; 3. *jur* juvenile; **Ju·gend·li·che(r)** *f m* 1. *allg* young person, teenager; 2. *jur* juvenile; 3. *(Minderjährige)* minor; **Ju·gend·lich·keit** *f* youthfulness.
Ju·gend·schutz *m jur* protection of children and young people; **Ju·gend·zeit** *f* youth.
Ju·go·sla·we(-win) [jugo'sla:və] *m (f)* Yugoslav; **Ju·go·sla·wien** *n* Yugoslavia; **ju·go·sla·wisch** *adj* Yugoslav(ian).
Ju·li ['ju:li] ⟨-(s), -s⟩ *m* July.
jung [jʊŋ] ⟨j?nger, j?ngst⟩ *adj a. fig* young.
Jun·ge[1] ['jʊŋə] ⟨-n, -n(s)⟩ *m* boy; ▶ ~, ~! *fam* oh boy! **alter** ~ *fig fam (als Anrede)* old pal; **ein schwerer** ~ *fam* a bad egg.
Jun·ge[2] ⟨-n, -n⟩ *n zoo allg* young one; *(von Hund)* puppy; *(von Katze)* kitten; *(von Raubtier)* cub; *(von Vogel)* nestling; ▶ **die** ~n the young.
Jün·ger *m a. fig* disciple.
jün·ger ['jʏŋɐ] *adj* 1. *(Komparativ von jung)* younger; 2. *(Entwicklung, Geschichte etc)* recent; ▶ **sie ist fünf Jahre** ~ **als ich** she is my junior by five years *(od* five years my junior); **er sieht** ~ **aus, als er ist** he does not look his age; **die** ~**e Steinzeit** the New Stone Age.
Jung·fer ['jʊŋfɐ] ⟨-, -n⟩ *f hum:* ▶ **alte** ~ old maid, spinster; **Jung·fern·fahrt** *f mar* maiden voyage; **Jung·fern·häut·chen** *n anat* hymen, maidenhead.
Jung·fil·mer(in) *m (f)* young film maker.
Jung·frau *f* 1. *(sexuell unberührt)* virgin; 2. *astr* Virgo; **jung·fräu·lich** ['jʊŋfrɔɪlɪç] *adj a. fig* virgin.
Jung·ge·sel·le *m* bachelor; ▶ **eingefleischter** ~ confirmed *(fam* regular) bachelor; **Jung·ge·sel·lin** *(f)* bachelor girl, single woman.
Jüng·ling ['jʏŋlɪŋ] *m a. fam hum* youth.
jüngst [jʏŋst] *adv* lately, recently; **jüng·ste** *adj* 1. *(Superlativ von jung)* youngest; 2. *(letzte)* latest; *(Zeit, Vergangenheit)* recent; ▶ **der J~ Tag, (das J~ Gericht)** Doomsday, (the Last Judg(e)ment); **sein** ~**er Roman** his latest novel; **sie ist nicht mehr die J~** *fam* she's no (spring) chicken any more; **mein J~r** my youngest; **in der** ~**n Zeit** recently; **die** ~**n Ereignisse** the latest events.
Ju·ni ['ju:ni] ⟨-(s), -s⟩ *m* June.

ju·ni·or ['ju:nior] *adj (unveränderlich)* junior (*Abk* jun. *od* jr.); ▶ **Sammy Davis** ~ Sammy Davis jr; **Ju·nior(in)** ⟨-s, -en⟩ *m (f)* junior; **Ju·ni·or-Paß** *m rail* junior rail-pass.

Jun·kie ['dʒaŋki] ⟨-s, -s⟩ *m sl* junkie.

Ju·ra¹ ['ju:ra] ⟨-⟩ *m geog* Jura Mountains *pl.*

Ju·ra² *n pl jur* law *sing;* ▶ ~ **studieren** study (the) law.

Ju·ris·pru·denz [jurispru'dɛnts] ⟨-⟩ *f* jurisprudence.

Ju·ri·oto·roi *f (fam)* law; **Ju·riot(in)** *m (f)* 1. *(ausgebildete(r) ~)* jurist; 2. *(Jurastudent(in))* law student; **ju·ri·stisch** *adj* legal; ▶ ~e **Person** body corporate, corporation, legal entity; ~es **Studium** law studies *pl;* ~e **Fakultät** *Br* faculty of law, *Am* law school; ~er **Beistand** counsel; ~er **Kommentar** legal commentary.

Ju·ry [ʒy'ri:/'ʒy:ri] ⟨-, -s⟩ *f* jury.

just [jʊst] *adv* exactly, just.

ju·stie·ren [jʊs'ti:rən] *tr (einstellen, einrichten)* adjust; *typ* justify.

Ju·stiz [jʊs'ti:ts] ⟨-⟩ *f* justice; ▶ **jdn der** ~ **überantworten** hand s.o. over to the law; **Ju·stiz·be·am·te(r) (-be·am·tin)** *m (f)* judicial officer; **Ju·stiz·ge·bäu·de** *n* courthouse; **Ju·stiz·irr·tum** *m* error (*od* miscarriage) of justice; **Ju·stiz·mi·ni·ster(in)** *m (f) Br* Lord (High) Chancellor, *Am* Attorney General; *(anderer Länder)* minister of justice; **Ju·stiz·mi·ni·ste·rium** *n Br (u. von anderen Ländern außer USA)* Ministry (*Am* Department) of Justice; **Ju·otiz·mord** *m* judicial murder.

Ju·wel [ju've:l] ⟨-s, -en/*fig* -e⟩ *n a. fig* gem, jewel; **Ju·we·len·han·del** *m* jewel(l)er's trade; **Ju·we·lier(in)** [juve'li:e] ⟨-s, -e⟩ *m (f)* jewel(l)er; **Ju·we·lier·ge·schäft** *n* jewel(l)er's (shop).

Jux [jʊks] ⟨-es, -e⟩ *m fam* lark; ▶ **das war doch nur ein** ~! it was only a joke! **sich e-n** ~ **aus etw machen** make a joke out of s.th.; **aus** ~ for a lark; **ju·xig** *adj fam* funny.

K

K, k [ka:] ⟨-, -⟩ n k.
Ka·ba·rett [kaba'rɛt/kaba're:] ⟨-s, -s/-e⟩ n 1. *(Kleinkunst(bühne))* cabaret; 2. *(~programm)* floor show; ▶ **politisches** ~ satirical political revue.
Ka·bel ['ka:bəl] ⟨-s, -⟩ n 1. *el* wire; *tele* flex; 2. *(Drahtseil)* cable; **Ka·bel·an·schluß** m *el* cable connection; **Ka·bel·fern·se·hen** n cable television.
Ka·bel·jau ['ka:bəljaʊ] ⟨-s, -e/-s⟩ m *zoo* cod.
Ka·bel·klem·me f *el* 1. *(Kfz)* cable clamp; 2. *(an Zündkerze)* plug terminal; **ka·beln** ['ka:bəln] tr itr cable; **Ka·bel·netz** n cable network.
Ka·bi·ne [ka'bi:nə] ⟨-, -n⟩ f 1. *(Umkleide~, Dusch~ etc)* cubicle; *tele* booth; *aero mar* cabin; 2. *(von Drahtseilbahn)* car.
Ka·bi·nett [kabi'nɛt] ⟨-s, -e⟩ n *pol* cabinet; **Ka·bi·netts·kri·se** f *pol* ministerial crisis; **Ka·bi·netts·sit·zung** f *pol* cabinet meeting; **Ka·bi·netts·um·bil·dung** f *pol* cabinet reshuffle.
Ka·brio·lett [kabrio'lɛt/'kabriole:] ⟨-s, -s⟩ n *mot* convertible.
Ka·chel ['kaxəl] ⟨-, -n⟩ f (glazed) tile; **Ka·chel·ofen** m tiled stove.
Kacke (k·k) ['kakə] ⟨-⟩ f *vulg* crap, shit; **kacken** tr itr *vulg* crap, shit.
Ka·da·ver [ka'da:vɐ] ⟨-s, -⟩ m carcass; **Ka·da·ver·ge·hor·sam** m *pej* blind obedience.
Ka·der ['ka:dɐ] ⟨-s, -⟩ m *mil pol* cadre.
Kad·mi·um n *(s. Cadmium)*.
Kä·fer ['kɛ:fɐ] ⟨-s, -⟩ m 1. *(a. mot: VW ~)* beetle, *fam* bug; 2. *sl (Mädchen)* bird, chick.
Kaff [kaf] ⟨-s, -s/-er⟩ n *fam pej* dump.
Kaf·fee ['kafe/ka'fe:] ⟨-s⟩ m 1. *(Getränk)* coffee; 2. *obs (Café)* café; ▶ ~ **mit Milch** *Br* white coffee, *Am* coffee with milk; ~ **kochen** make coffee; **das ist doch alles kalter ~!** *fig fam* that's all old stuff! **zwei ~, bitte!** two coffees, please! **Kaf·fee·boh·ne** f coffee bean; **Kaf·fee·fil·ter** m coffee filter; **Kaf·fee·haus** n café; **Kaf·fee·kan·ne** f coffeepot; **Kaf·fee·klatsch (Kaf·fee·kränz·chen)** m (n) *Br* hen party, *Am* coffee klatsch; **Kaf·fee·löf·fel** m coffee spoon; **Kaf·fee·ma·schi·ne** f coffee machine, (coffee) percolator; **Kaf·fee·müh·le** f coffee grinder; **Kaf·fee·pau·se** f coffee break; **Kaf·fee·satz** m coffee grounds *pl*; **Kaf·fee·ser·vice** n coffee set; **Kaf·fee·strauch** m coffee tree.

Kä·fig ['kɛ:fɪç] ⟨-s, -e⟩ m cage; **Kä·fig·hal·tung** f caging.
kahl [ka:l] adj 1. *(Mensch)* bald; 2. *(Landschaft)* barren, bleak; 3. *(Bäume)* bare; **kahl·ge·scho·ren** ['ka:lgə[o:rən] adj *(Mensch)* shaven; *(Schaf)* shorn; **Kahl·heit** f 1. *(von Mensch)* baldness; 2. *(von Landschaft)* barrenness, bleakness; 3. *(von Bäumen)* bareness; **Kahl·kopf** m 1. *(Glatze)* bald head; 2. *(Mensch mit Glatze)* bald man *(od* woman); **kahl·köp·fig** ['ka:lkœpfɪç] adj bald-headed; **Kahl·schlag** m 1. *(Abholzen)* deforestation; 2. *fig (Abriß)* demolition; 3. *fig fam (radikale Kürzung etc)* axing.
Kahn [ka:n, *pl* 'kɛ:nə] ⟨-(e)s, ⁀e⟩ m *allg* boat; *(Last~)* barge. ▶ ~ **fahren** go boating; **Kahn·fahrt** f row.
Kai [kaɪ] ⟨-s, -e/-s⟩ m quay; **Kai·mau·er** f quay wall.
Kai·ser ['kaɪzɐ] ⟨-s, -⟩ m emperor; *(Deutscher ~)* Kaiser; **Kai·se·rin** f empress; **Kai·ser·kro·ne** f 1. imperial crown; 2. *bot* crown imperial; **kai·ser·lich** adj imperial; **Kai·ser·reich** n empire; **Kai·ser·schnitt** m *med* Caesarean (section); **Kai·ser·tum** n 1. *(Kaiserreich)* empire; 2. *(Kaiserwürde)* imperial dignity.
Ka·jü·te [ka'jy:tə] ⟨-, -n⟩ f cabin.
Ka·ka·du ['kakadu] ⟨-s, -s⟩ m *zoo* cockatoo.
Ka·kao [ka'kaʊ] ⟨-s⟩ m cocoa; ▶ **jdn durch den ~ ziehen** *fig fam (auf den Arm nehmen)* take the mickey (out of s.o.); *(heruntermachen)* run s.o. down; **Ka·kao·boh·ne** f cocoa bean.
Ka·ker·la·ke [ka(:)kɐ'la(:)kə] ⟨-, -n⟩ f *zoo* cockroach.
Kaktee (Kaktus) [kak'te: ('kaktʊs)] ⟨-, -n⟩ f *(m) bot* cactus.
Ka·lau·er ['ka:laʊɐ] ⟨-s, -⟩ m *(Wortspiel)* corny pun; *(fauler Witz)* old chestnut.
Kalb [kalp, *pl* 'kɛlbɐ] ⟨-(e)s, ⁀er⟩ n *zoo* calf; **kal·ben** ['kalbən] itr calve; **Kalb·fleisch** n veal; **Kalb(s)·le·der** n calf(skin); **Kalbs·schnit·zel** n veal cutlet.
Ka·lei·do·skop [kalaɪdo'sko:p] ⟨-s, -e⟩ n kaleidoscope.
Ka·len·der [ka'lɛndɐ] ⟨-s, -⟩ m calendar; *(Taschen~)* diary; **Ka·len·der·jahr** n calendar year.
Ka·li ['ka:li] ⟨-s, -s⟩ n *chem* potash, potassium oxide; **Ka·li·ab·wäs·ser** *pl* pot-

ash mine waste water.
Ka·li·ber [ka'li:bə] ⟨-s, -⟩ *n tech (a. fig: Format) Br* calibre, *Am* caliber.
Ka·li·for·ni·en [kali'fɔrniən] *n* California.
Ka·li·um ['ka:lium] ⟨-s⟩ *n chem* potassium; **Ka·li·um·chlo·rid** *n chem* potassium chloride; **ka·li·um·hal·tig** *adj* potassic; **Ka·li·um·per·man·ga·nat** [-pɛrmaŋga'na:t] ⟨-s⟩ *n chem* potassium permanganate.
Kalk [kalk] ⟨-(e)s, -e⟩ *m* lime; ▶ **gebrannter** ~ quicklime; **gelöschter** ~ slaked lime; **Kalk·bo·den** *m* calcareous soil; **Kalk·bren·ne·rei** *f* lime works *pl;* **kal·ken** *tr* 1. *(tünchen)* whitewash; 2. *(mit Kalk düngen)* lime; **kalk·hal·tig** *adj (Boden)* chalky; *(Wasser)* hard; **Kalk·man·gel** ⟨-s⟩ *m med* calcium deficiency; **Kalk·ofen** *m* lime kiln; **Kalk·sand·stein** *m* calcareous sandstone; **Kalk·stein** ⟨-(e)s⟩ *m* limestone.
Kal·ku·la·tion [kalkula'tsjo:n] *f* 1. *(Berechnung)* calculation; 2. *(Kostenvoranschlag)* estimate; **kal·ku·lier·bar** *adj* calculable; **kal·ku·lie·ren** *tr* calculate.
Ka·lo·rie [kalo'ri:] *f* calorie; **ka·lo·rien·arm** *adj pred* low in calories; *attr* low-calorie; **Ka·lo·rien·bom·be** *f fam* mass of calories; **Ka·lo·rien·ge·halt** *m* calorie content.
kalt [kalt] ⟨kälter, kältest⟩ *adj* 1. *allg a. fig* cold; 2. *fig (frigide)* frigid; ▶ **K~er Krieg** *hist* Cold War; **~er Schweiß brach ihm aus** he broke out in a cold sweat; **~e Platte** cold meal; **es überlief mich** ~ cold shivers were running through me; **mir ist** ~ I am cold; **das läßt mich** ~ that leaves me cold; ~ **bleiben** *fig (besonnen bleiben)* keep cool; *(unbewegt bleiben)* remain unmoved; **~e Füße kriegen** *fig fam* get cold feet; **jdm die ~e Schulter zeigen** *fig* give s.o. the cold shoulder; **kalt·blü·tig** ['kaltbly:tɪç] I *adj fig (Mensch)* cold-blooded; *(lässig, gelassen)* cool; II *adv fig* coolly, in cold blood; **Kalt·blü·tig·keit** *f fig* cold-bloodedness, coolness.
Käl·te ['kɛltə] ⟨-⟩ *f* 1. *allg* cold; 2. *mete (~periode)* cold spell; 3. *fig* coldness; ▶ **zehn Grad** ~ ten degrees of frost; **bei dieser** ~ in this cold; **die** ~ **läßt nach** the cold is breaking up; **käl·te·be·stän·dig** *adj* cold-resistant; **käl·te·emp·find·lich** *adj* sensitive to cold; **Käl·te·grad** *m fam (Maßgröße f. Minustemperaturen)* degree of frost; **Käl·te·mi·schung** *f* freezing-mixture; **Käl·te·schutz·mit·tel** *n mot* anti-freeze; **Käl·te·wel·le** *f* cold spell.
kalt·lächelnd ['-'--] *adv fam pej* cool as you please.
Kalt·luft·front *f mete* cold front.

kalt|ma·chen *tr sl* do in.
Kalt·scha·le *f* cold sweet (*od* iced fruit) soup.
kalt·schnäu·zig ['kaltʃnɔɪtsɪç] *adj fam* 1. *(gefühllos)* callous, cold; 2. *(frech, unverschämt)* insolent.
Kalt·start *m EDV* cold start; **Kalt·start·au·to·ma·tik** *f* cold start device.
kalt|stel·len *tr* 1. chill; 2. *fig* demote.
Kal·zi·um ⟨-s⟩ *n chem* Calcium.
Ka·mel [ka'me:l] ⟨-(e)s, -e⟩ *n* 1. *zoo* camel; 2. *fig fam (Trottel)* dope; **Ka·mel·haar** *n Br* camel-hair, *Am* camel's-hair.
Ka·me·lie [ka'me:liə] *f bot* camellia.
Ka·me·ra ['kamərə] ⟨-, -s⟩ *f phot* camera.
Ka·me·rad [kamə'ra:t] ⟨-en, -en⟩ *m* 1. *mil* comrade; *(Gefährte)* companion; 2. *fam (Freund)* buddy, chum; **Ka·me·rad·schaft** *f* comradeship; **ka·me·rad·schaft·lich** *adj* comradely; *(Gemeinschaft, Ehe etc)* companionate; **Ka·me·rad·schafts·geist** *m* spirit of comradeship.
Ka·me·ra·frau ⟨-, -en⟩ *f* camerawoman; **Ka·me·ra·füh·rung** *f* camera work; **Ka·me·ra·mann** ⟨-(e)s, -männer/-leute⟩ *m film* cameraman; **ka·me·ra·scheu** *adj* camera-shy.
Ka·mil·le [ka'mɪlə] ⟨-, -n⟩ *f bot* camomile; **Ka·mil·len·tee** *m* camomile tea.
Ka·min [ka'mi:n] ⟨-s, -e⟩ *m* 1. *(Schornstein, a. von Berg)* chimney; 2. *(im Zimmer)* fireplace, fireside; **Ka·min·auf·satz** *m* mantelpiece; **Ka·min·fe·ger(in)** *m (f)* chimney sweep.
Kamm [kam, *pl* 'kɛmə] ⟨-(e)s, ·'e⟩ *m* 1. *(Haar~)* comb; 2. *(von Vögeln, Wellen)* crest; 3. *(von Berg)* crest, ridge; 4. *(von Rind)* neck; ▶ **über e-n** ~ **scheren** *fig* lump together; **der** ~ **schwillt ihm** *fig fam (er wird übermütig)* he is getting swollen-headed; *(er wird wütend)* he is bristling up with anger.
käm·men ['kɛmən] I *tr (Haare)* comb; *(Wolle)* card; II *refl* comb one's hair.
Kam·mer ['kamə] ⟨-, -n⟩ *f* 1. *(kleines Zimmer)* small room; 2. *fig (Behörde, parl)* chamber; *(Ärzte~ etc)* association; **Kam·mer·die·ner** *m* valet; **Kam·mer·zo·fe** *f* chambermaid.
Kam·pa·gne [kam'panjə] ⟨-, -n⟩ *f* campaign.
Kampf [kampf, *pl* 'kɛmpfə] ⟨-(e)s, ·'e⟩ *m* 1. *allg a. fig* fight (*um* for); 2. *mil (Schlacht)* battle; 3. *(Wettkampf, Wettstreit)* contest; ▶ **im** ~ **für die Freiheit** in the struggle for freedom; **schließlich kam es zum** ~ finally fighting broke out; ~ **auf Leben u. Tod** life and death struggle; ~ **ums Dasein** struggle for existence; ~ **bis aufs Messer** *fig* fight to the finish; **ein heißer** ~ a ding-dong

fight; **jdm (e-r Sache) den ~ ansagen** *fig* declare war on s.o. (s.th.); **im ~ fallen** be killed in action; **Kampf·an·sa·ge** *f fig* declaration of war; **Kampfbahn** *f sport* arena, sports stadium; **kampf·be·reit** *adj* ready for action; **Kampf·ein·satz** *m mil* combat mission.

kämp·fen ['kɛmpfən] *tr itr* fight (*um, für* for, *gegen jdn od etw* against s.o. od s.th.); ▶ **um sein Leben ~** fight for one's life; **mit den Tränen ~** *fig* fight back one's tears; **mit Schwierigkeiten ~** contend with difficulties; **mit sich selber ~** have a battle with o.s.

Kamp·fer ['kampfɐ] ⟨-s⟩ *m chem* camphor.

Kämp·fer(in) *m (f)* fighter; (*Krieger*) warrior; **kämp·fe·risch** *adj* aggressive.

kampf·er·probt *adj* battle-tried; **kampf·fä·hig** *adj mil* fit for action; **Kampf·gas** *n mil* war gas; **Kampfgeist** ⟨-(e)s⟩ *m* fighting spirit; **Kampfgrup·pe** *f mil* combat group; (*Spezialeinheit*) task force; **Kampf·hahn** *m a. fig* fighting cock; **Kampf·hand·lung** *f* action, engagement; **Kampf·kraft** *f* fighting strength; **kampf·lu·stig** *adj* pugnacious; ▶ **er ist ganz schön ~** he's quite eager for the fray; **Kampf·maß·nah·me** *f* offensive measure; ▶ **~n er·greifen** go on the offensive; **Kampfplatz** *m* 1. *mil* (*Schlachtfeld*) battle field; 2. *sport* (*Arena*) arena; **Kampfrich·ter(in)** *m (f) sport allg* referee; (*beim Tennis*) umpire; **Kampf·sport** *m* martial art; **kampf·un·fä·hig** *adj* 1. *mil* unfit for fighting; 2. *sport* (*von Boxer etc*) unfit.

kam·pie·ren [kam'piːrən] *itr* camp.

Ka·na·da ['kanada] *n* Canada; **Ka·na·dier(in)** [ka'naːdiɐ] *m (f)* Canadian; **ka·na·disch** *adj* Canadian.

Ka·nal [ka'naːl, *pl* ka'nɛːlə] ⟨-s, ⁝·e⟩ *m* 1. (*natürlicher*) channel; (*Ärmel~*) Channel; (*künstlicher*) canal; 2. (*Entwässerungs~*) drain; (*Abwasser~*) sewer; 3. *radio TV* channel; ▶ **die haben den ~ aber ganz schön voll** *sl* (*sie sind ziemlich betrunken*) they're pretty canned, aren't they?; **Ka·nal·deckel (k·k)** *m* drain cover; **Ka·nal·in·seln** *f pl* Channel Islands; **Ka·na·li·sa·tion** [kanaliza'tsjoːn] *f* 1. (*für Abwässer*) sewerage system; 2. (*Flußbegradigung*) canalization; **Ka·na·li·sa·tions·netz** *n* sewerage system; **ka·na·li·sie·ren** *tr* 1. (*mit Kanalröhren versehen*) install sewers (*e-e Stadt etc* in a town); 2. (*e-n Fluß*) canalize; 3. *fig* (*Energie, Gefühle etc*) channel; **Ka·na·li·sie·rung** *f* 1. (*von Fluß*) canalization; 2. *fig channelization*; **Ka·nal·rohr** *n* sewer pipe; **Ka·nal·tun·nel** *m* Channel Tunnel.

Ka·na·ri·en·vo·gel [ka'naːriənfoːgəl] *m zoo* canary.

Kan·di·dat(in) [kandi'daːt] ⟨-en, -en⟩ *m (f) (Anwärter(in))* candidate; (*Bewerber(in)*) applicant; **Kan·di·da·tur** *f Br* candidature, *Am* candidacy (*um* for); **kan·di·die·ren** *itr pol* run, stand (*für* for); ▶ **für das Amt des Präsidenten ~** run for president.

kan·diert [kan'diːɐt] *adj (Früchte etc)* candied.

Kan·dis(·zucker) ['kandɪs] ⟨-⟩ *m* (sugar)candy.

Kän·gu·ruh ['kɛŋguru] ⟨-s, -s⟩ *n zoo* kangaroo.

Ka·nin·chen [ka'niːnçən] ⟨-s, -⟩ *n zoo* rabbit; **Ka·nin·chen·bau** *m* rabbit burrow.

Ka·ni·ster [ka'nɪstɐ] ⟨-s, -⟩ *m* can.

Känn·chen ['kɛnçən] ⟨-s, -⟩ *n (für Milch)* jug; (*für Kaffee*) pot.

Kan·ne ['kanə] ⟨-, -n⟩ *f allg* can; (*Tee~, Kaffee~*) pot; (*Milch~*) churn.

Kan·ni·ba·le (Kan·ni·ba·lin) [kani'baːlə] ⟨-n, -n⟩ *m (f)* cannibal; **kan·ni·ba·lisch** *adj* cannibal.

Ka·no·na·de [kano'naːdə] ⟨-, -n⟩ *f* 1. *mil* cannonade; 2. *fig (Schimpf~)* tirade.

Ka·no·ne [ka'noːnə] ⟨-, -n⟩ *f* 1. *allg* gun; *hist* cannon; 2. *fig fam (As, Könner)* ace; 3. *sl (Revolver)* gat, rod; ▶ **das ist einfach unter aller ~** *fam* that simply defies description; **Ka·no·nen·boot** *n* gunboat; **Ka·no·nen·boot·po·li·tik** *f* gunboat diplomacy; **Ka·no·nen·fut·ter** *n fam* cannon fodder; **Ka·no·nen·ku·gel** *f* cannon ball; **Ka·no·nen·rohr** *n* gun barrel; ▶ **heiliges ~!** *fam interj* good grief!

Ka·no·nier [kano'niːɐ] ⟨-s, -e⟩ *m mil* gunner.

Kan·te ['kantə] ⟨-, -n⟩ *f* 1. (*bei Gegenstand, Fläche etc*) edge; 2. (*Rand*) border; ▶ **etw (Geld) auf die hohe ~ legen** *fam* put some money by; **etw (Geld) auf der hohen ~ haben** *fam* have some money put by; **kan·ten** *tr* 1. (*kippen*) tilt; 2. (*mit Kanten versehen*) trim; **Kant·holz** *n* squared timber; **kan·tig** *adj* 1. (*Holz etc*) edged; 2. (*Gesicht*) angular.

Kan·ti·ne [kan'tiːnə] ⟨-, -n⟩ *f allg* canteen; *mil Br* Naafi.

Kan·ton [kan'toːn] ⟨-s, -e⟩ *m* canton; **Kan·to·nist** *m obs* canton.

Ka·nu ['kaːnu/ka'nuː] ⟨-s, -s⟩ *n* canoe; ▶ **~ fahren** canoe.

Ka·nü·le [ka'nyːlə] ⟨-, -n⟩ *f med* needle.

Kan·zel ['kantsəl] ⟨-, -n⟩ *f* 1. *eccl* pulpit; 2. *aero* cockpit; ▶ **auf der ~** *eccl* in the pulpit; **von der ~ herab** *eccl* from the pulpit.

Kanz·lei [kants'laɪ] *f* 1. (*Dienststelle*) office; (*Rechtsanwalts~*) chambers *pl*; 2. *hist pol* chancellery.

Kanz·ler(in) [ˈkantslə] *m (f)* chancellor; **Kanz·ler·amt** *n* chancellory.

Kap [kap] ⟨-s, -s⟩ *n* cape.

Ka·paun [kaˈpaʊn] ⟨-s, -e⟩ *m* capon.

Ka·pa·zi·tät [kapatsiˈtɛːt] *f* 1. *(Volumen)* capacity; 2. *fig (Experte)* authority.

Ka·pel·le [kaˈpɛlə] ⟨-, -n⟩ *f* 1. *eccl* chapel; 2. *mus* band; **Ka·pell·mei·ster** *m mus (Leiter e-r Musikkapelle)* bandmaster; *(Dirigent)* conductor.

Ka·per [ˈkaːpə] ⟨-, -n⟩ *f bot* caper.

ka·pern [ˈkaːpən] *tr mar* capture, seize.

ka·pie·ren [kaˈpiːrən] *tr fam* get; ▶ **kapiert?** got it? **sie kapiert aber schnell** she really catches on quick.

Ka·pi·tal [kapiˈtaːl, *pl* kapiˈtaːliən] ⟨-s, -e/-ien⟩ *n* 1. *fin* capital; 2. *fig* asset *(an etw* in s.th.); ▶ **angelegtes ~** capital investments *pl;* **~ anlegen, ~ hineinstecken** invest capital; **~ aus etw schlagen** *fig* capitalize on s.th; **Ka·pi·tal·ab·fluß** ⟨-sses⟩ *m fin* capital outflow; **Ka·pi·tal·an·la·ge** *f fin* capital investment; **Ka·pi·tal·an·la·ge·ge·sell·schaft** *f fin* investment fund; **Ka·pi·tal·be·tei·li·gungs·ge·sell·schaft** *f fin* capital investment company; **Ka·pi·tal·er·trag** *m fin* capital gains *pl;* **Ka·pi·ta·lis·mus** *m* capitalism; **Ka·pi·ta·list(in)** *m (f)* capitalist; **ka·pi·ta·li·stisch** *adj* capitalist(ic); **Ka·pi·tal·man·gel** ⟨-s⟩ *m fin* lack of capital; **Ka·pi·tal·markt** *m fin* money market. **Ka·pi·tal·ver·bre·chen** *n jur* serious crime.

Ka·pi·tän [kapiˈtɛːn] ⟨-s, -e⟩ *m mar aero* captain; ▶ **~ zur See** *Br* captain R.N., *Am* commodore; **Ka·pi·tän·leut·nant** *m* lieutenant-commander.

Ka·pi·tel [kaˈpɪtəl] ⟨-s, -⟩ *n a. fig* chapter; ▶ **das ist ein ~ für sich** *fig* that's another story.

Ka·pi·tell [kapiˈtɛl] ⟨-s, -e⟩ *n arch* capital.

Ka·pi·tu·la·tion [kapitulaˈtsjoːn] *f* surrender; *a. fig* capitulation *(vor to, angesichts* in the face of); **ka·pi·tu·lie·ren** *itr* surrender; *a. fig* capitulate *(vor to, angesichts* in the face of).

Ka·plan [kaˈplaːn, *pl* kaˈplɛːnə] ⟨-s, ⁒e⟩ *m eccl* chaplain.

Kap·pe [ˈkapə] ⟨-, -n⟩ *f* 1. *(Kopfbedeckung)* cap; 2. *(von Flaschen etc)* top; ▶ **alles auf s-e ~ nehmen** *fig fam* take the full responsibility; **das geht auf meine ~** *fig fam (auf meine Rechnung)* that's on me.

kap·pen [ˈkapən] *tr a. fig* cut.

Kap·pes [ˈkapəs] ⟨-, (-se)⟩ *m fam* 1. *bot (Kohl)* cabbage; 2. *fig (Blödsinn)* rubbish.

Ka·prio·le [kapriˈoːlə] ⟨-, -n⟩ *f* caper.

Kap·sel [ˈkapsəl] ⟨-, -n⟩ *f allg* capsule.

ka·putt [kaˈpʊt] *adj fam* 1. *(zerbrochen)* broken, *sl* kaput; *(Beziehungen, Ehe etc)* on the rocks; 2. *(übermüdet)* done in, shattered; 3. *(Gesundheit)* ruined; ▶ **~er Typ** *sl* bum; **mußt du denn immer alles ~ machen?** do you have to break everything? **dieses ewige Theater macht mich noch ganz ~** this never-ending fuss will be the death of me; **mach dich doch nicht ~!** *(überanstrenge dich nicht)* don't wear yourself out! **ka·putt|ge·hen** ⟨sein⟩ *irr itr fam (entzweigehen)* break, *sl* go kaput; *(Maschinen, Geräte etc)* break down, *(Beziehungen etc)* go on the rocks *(an* because of); **ka·putt|la·chen** *refl fam* die laughing; ▶ **er hat sich kaputtgelacht** he was killing himself (laughing); **da lachst du dich kaputt!** this one'll kill you!; **ka·putt|ma·chen** *tr* 1. break; 2. *fig (Person)* exhaust, wear out.

Ka·pu·ze [kaˈpuːtsə] ⟨-, -n⟩ *f* hood; *(von Mönch)* cowl.

Ka·pu·zi·ner [kapuˈtsiːnə] *m eccl* Capuchin (monk); **Ka·pu·zi·ner·kres·se** *f bot* nasturtium.

Ka·ra·bi·ner [karaˈbiːnə] ⟨-s, -⟩ *m* 1. *(Gewehr)* carbine; 2. *(Haken)* karabiner snap link.

Ka·raf·fe [kaˈrafə] ⟨-, -n⟩ *f* carafe; *(für Wein)* decanter.

Ka·ram·bo·la·ge [karamboˈlaːʒə] ⟨-, -n⟩ *f* collision, crash; **ka·ram·bo·lie·ren** *itr* 1. *mot* crash *(mit* into); 2. *(beim Billard) Br* cannon, *Am* carom.

Ka·rat [kaˈraːt] ⟨-(e)s, -e⟩ *n* carat.

Ka·ra·te [kaˈraːtə] ⟨-(s)⟩ *n* karate; **Ka·ra·te·kämp·fer(in)** *m (f)* karateka.

Ka·ra·wa·ne [karaˈvaːnə] ⟨-, -n⟩ *f* caravan.

Kar·bid [karˈbiːt] ⟨-(e)s, -e⟩ *n chem* carbide.

Kar·di·nal [kardiˈnaːl, *pl* kardiˈnɛːlə] ⟨-s, ⁒e⟩ *m eccl* cardinal.

Kar·di·nal·zahl *f math* cardinal number.

Ka·renz·zeit [kaˈrɛntstsaɪt] *f* waiting period.

Kar·frei·tag [kaːeˈfraɪtaːk] *m eccl* Good Friday.

karg [kark] *adj* 1. *(mager, spärlich)* meagre, sparse; *(unfruchtbar)* barren; 2. *(geizig)* mean *(mit* with); **kärg·lich** [ˈkɛrklɪç] *adj* meagre, sparse.

Ka·ri·bik [kaˈriːbɪk] ⟨-⟩ *f* Caribbean.

ka·riert [kaˈriːət] *adj* 1. *(Stoff) Br* checked, *Am* checkered; 2. *(Papier)* squared.

Ka·ri·es [ˈkaːriɛs] ⟨-⟩ *f med* caries.

Ka·ri·ka·tur [karikaˈtuːe] *f* caricature; **Ka·ri·ka·tu·rist(in)** *m (f)* cartoonist; **ka·ri·kie·ren** *tr* caricature.

Karl [karl] *m* Charles; ▶ **~ der Große** Charlemagne.

Kar·ne·val [ˈkarnəval] ⟨-s, -e/-s⟩ *m* carnival.

Kärn·ten ['kɛrntən] n Carinthia.
Ka·ro ['ka:ro] ⟨-s, -s⟩ n 1. (Quadrat) square; (Raute) lozenge; (quadratisches Stoffmuster) check; 2. (Kartenfarbe) diamonds pl.
Ka·ros·se [ka'rɔsə] ⟨-, -n⟩ f state coach.
Ka·ros·se·rie [---'-] f mot bodywork.
Ka·rot·te [ka'rɔtə] ⟨-, -n⟩ f bot carrot.
Kar·pa·ten [kar'pa:tən] pl Carpathians.
Karp·fen ['karpfən] ⟨-s, -⟩ m zoo carp; **Karp·fen·teich** m carp pond.
Kar·re(n) ['karən] ⟨-s, -⟩ f (m) 1. (Wagen) cart; (Schub~) (wheel-)barrow; 2. fam mot crate; ▶ jdm wegen e-r Sache an den Karren fahren fig fam take s.o. to task for s.th.; **Sie haben den Karren gründlich in den Dreck gefahren!** fig fam you got things in a complete mess! **jetzt ziehen Sie den Karren auch wieder aus dem Dreck!** fig fam now get things sorted out again (od now clear up the mess again)!
Kar·rie·re [ka'rjɛ:rə] ⟨-, -n⟩ f career; ▶ ~ machen get to the top; make a career for o.s.; **Kar·rie·re·be·ra·ter(in)** m (f) careers adviser; **Kar·rie·re·frau** f career woman; **Kar·rie·re·knick** m hiccup in one's career; **Kar·rie·re·ma·cher(in)** m (f) pej careerist.
Karst [karst] ⟨-(e)s, -e⟩ m geol chalky formation.
Kar·te ['kartə] ⟨-, -n⟩ f 1. (Land~) map; (See~) chart; 2. (Fahr~, Theater~) ticket; 3. (Post~, Spiel~, Besuchs~, Loch~) card; 4. (Speise~) menu; ▶ kannst du ~n lesen? can you map-read? **ein Spiel ~n** a Br pack (Am deck) of cards; **decken Sie Ihre ~n auf!** fig show your hand! sing; **alle ~n in der Hand haben** fig hold all the trumps; **~n geben** deal cards; **~ mischen** give the cards a shuffle; **~n spielen** play cards; **jdm die ~n legen** tell someone's fortune from the cards; **er läßt sich nicht in die ~n gucken** fig he's playing it close to his chest; **alles auf e-e ~ setzen** fig put all one's eggs in one basket.
Kar·tei [kar'tai] f card file; **Kar·tei·kar·te** f file card; **Kar·tei·ka·sten** m file-card box; **Kar·tei·lei·che** f fig hum: ▶ das sind doch bloß ~n they're just names on the files.
Kar·tell [kar'tɛl] ⟨-s, -e⟩ n com cartel; **Kar·tell·amt** n Monopolies Commission (Br).
Kar·ten·haus n 1. fig house of cards; 2. mar chart house; **Kar·ten·kunststück** n card trick; **Kar·ten·le·ger(in)** m (f) fortune-teller; **Kar·ten·spiel** n 1. (das ~en) card-playing; 2. (einzelnes Spiel) card game; 3. (die Karten) Br pack (Am deck) of cards; **Kar·ten·spie·ler(in)** m (f) card-player; **Kar·ten·te·le·phon** n cardphone; **Kar·ten·vor·ver·kauf** ['--'---] m theat

advance sale of tickets; **Kar·ten·vor·ver·kaufs·stel·le** f ticket agency.
kar·tie·ren tr (Gebiet) map out.
Kar·tof·fel [kar'tɔfəl] ⟨-, -n⟩ f bot potato; ▶ ~n schälen peel potatoes; **man ließ ihn fallen wie e-e heiße ~** fig fam they dropped him like a hot potato; **Kar·tof·fel·brei** m mashed potatoes pl; **Kar·tof·fel·chips** m meist pl crisps pl; **Kar·tof·fel·ern·te** f (Ernteergebnis) potato crop; **Kar·tof·fel·kä·fer** m zoo Colorado (od potato) beetle; **Kar·tof·fel·puf·fer** m potato fritter; **Kar·tof·fel·sa·lat** m potato salad; **Kar·tof·fel·scha·le** f 1. (Haut der Kartoffelknolle) potato-skin; 2. (als Abfall) potato peel.
Kar·ton [kar'tɔŋ] ⟨-s, -s/(-e)⟩ m 1. (Pappe) cardboard; 2. (Schachtel) cardboard box; **kar·to·nie·ren** [karto'ni:rən] tr (Buch mit Pappeinband versehen) bind in boards.
Ka·rus·sell [karu'sɛl] ⟨-s, -s/-e⟩ n car(r)ousel, merry-go-round, Br roundabout.
kar·zi·no·gen [kartsino'ge:n] adj med carcinogenic; ▶ ~e Stoffe carcinogenic agents; **Kar·zi·nom** [kartsi'no:m] ⟨-s, -e⟩ n med carcinoma, malignant growth.
ka·schie·ren [ka'ʃi:rən] tr 1. (überdecken) conceal; 2. (Bucheinband) laminate.
Kä·se ['kɛ:zə] ⟨-s, -⟩ m 1. (Nahrungsmittel) cheese; 2. fig fam (Quatsch) rubbish; **Kä·se·blatt** n fam pej (Zeitung) (local) rag; **Kä·se·glocke** (k·k) f cheese cover; **Kä·se·ku·chen** m cheesecake; **Kä·se·plat·te** f cheese board; **Kä·se·rei** f (~betrieb) cheese-dairy.
Ka·ser·ne [ka'zɛrnə] ⟨-, -n⟩ f mil barracks pl; **Ka·ser·nen·hof** m barrack square; **Ka·ser·nen·hof·ton** m: ▶ im ~ sagte er ... in his sergeant-major's voice he said ...; **ka·ser·nie·ren** tr quarter in barracks.
kä·sig ['kɛ:zɪç] adj 1. (käseartig) cheesy; 2. fig fam (Gesichtsfarbe) pale, pasty.
Ka·si·no [ka'zi:no] ⟨-s, -s⟩ n 1. (Spiel~) casino; 2. mil (officers') mess.
Kas·ko·ver·si·che·rung ['kasko-] f mot (Teil~) third-party insurance; (Voll~) fully comprehensive insurance.
Kas·per ⟨-s, -⟩ m Punch; fig clown; **Kas·per·le·thea·ter** ['kaspələ-] n Punch and Judy (Spiel show, Gestell Br theatre, Am theater).
Kas·se ['kasə] ⟨-, -n⟩ f 1. (Geldkasten) cashbox; 2. (Zahlstelle im Laden) cash point, till; (im Supermarkt) check-out; (Theater~) box office; (in Bank) cash-desk; 3. (Bargeld) cash; ▶ **knapp bei ~ sein** fam be short of cash; **gut bei ~ sein** fam be well-off; **bei ~ sein** fam be flush; **bei mir stimmt die ~** I'm all right for the money; **gegen ~** for cash; **netto**

~ no discount allowed; ~ **bei Lieferung** cash on delivery; **zahlen Sie bitte an der** ~ *(im Laden)* please pay at the till *(od* desk); **sie wurde beim Griff in die** ~ **ertappt** she was caught with her hands in the till; **jdn zur** ~ **bitten** *fig* make s.o. pay up; ~ **machen** count the money; **Kas·sen·ab·schluß** *m com* cashing-up; **Kas·sen·arzt (-ärz·tin)** *m (f) Br* panel doctor; **Kas·sen·au·to·mat** *m* cash dispenser; **Kas·sen·be·leg** *m* sales receipt, *Am* sales check; **Kas·sen·be·stand** *m com* cash balance; **Kas·sen·bon** *m com Br* sales slip, *Am* sales check; **Kas·sen·pa·tient(in)** *m (f) Br* panel patient; **Kas·sen·sturz** *m com* cashing-up; **Kas·sen·ter·mi·nal** *n* sales point; **Kas·sen·zet·tel** *m* sales slip.

Kas·set·te [ka'sɛtə] ⟨-, -n⟩ *f* 1. *(Kästchen)* case; 2. *com (Buchkasten)* box; *(Verkaufspackung für mehrere Produkte)* pack, set; 3. *(Musik~, Film~, Video~)* cassette; **Kas·set·ten·deck** *n* cassette deck; **Kas·set·ten·re·cor·der** *m* cassette recorder.

kas·sie·ren I *tr* 1. *fin* collect *(bei jdm* from s.o.); *fam (einstecken, verdienen)* pick up *(bei etw* on s.th.); 2. *jur (Urteil einziehen)* quash; 3. *fam (wegnehmen)* take away; 4. *fig fam (schnappen, einlochen)* nab; II *itr* 1. *fin* collect money *(bei jdm* from s.o.); 2. *fam (Geld machen, verdienen)* make money; *(Kapital aus etw schlagen)* cash in *(bei etw* on s.th.); ▶ **darf ich bitte** ~? would you like to pay now? **er hat dabei ganz hübsch kassiert** *fam* he really cashed in on it; **Kas·sie·rer(in)** *m (f) com allg* cashier; *(bei Bank)* clerk, teller; *(bei Verein)* treasurer.

Ka·sta·gnet·te [kasta'njɛtə] ⟨-, -n⟩ *f mus* castanet.

Ka·sta·nie [kas'ta:niə] ⟨-, -n⟩ *f bot* chestnut; ▶ **für jdn die** ~**n aus dem Feuer holen** *fig* pull someone's chestnuts out of the fire; **Ka·sta·nienbaum** *m* chestnut tree; **ka·sta·nienbraun** *adj* maroon; *(Haarfarbe)* chestnut.

Käst·chen ['kɛstçən] ⟨-s, -⟩ *n* 1. *(kleiner Kasten)* small box; 2. *(Karo)* square.

Ka·ste ['kastə] ⟨-, -n⟩ *f* caste.

ka·stei·en [kas'taɪən] ⟨ohne ge-⟩ *refl* castigate o.s.

Ka·sten ['kastən, *pl* 'kɛstən] ⟨-s, ⸚/(-)⟩ *m* 1. *allg* box; *(Kiste)* case; *(Truhe)* chest; 2. *fig fam mot (Auto)* crate; 3. *fig fam (häßliches Gebäude)* ugly building; 4. *fig fam mar (verrottetes Schiff)* tub.

Ka·strat [ka'stra:t] ⟨-en, -en⟩ *m obs* eunuch; **ka·strie·ren** [kas'tri:rən] *tr a. fig* castrate.

Ka·ta·kom·ben [kata'kɔmbən] *f pl* catacombs.

Ka·ta·log [kata'lo:k] ⟨-(e)s, -e⟩ *m Br* catalogue, *Am* catalog; **ka·ta·lo·gi·sie·ren** *tr Br* catalogue, *Am* catalog.

Ka·ta·ly·sa·tor [kataly'za:tɔr] ⟨-s, -en⟩ *m* 1. *chem phys a. fig* catalyst; 2. *mot* catalytic converter; **Ka·ta·ly·sa·torwa·gen** *m* car (fitted) with a catalytic converter, cat-car *fam*.

Ka·ta·pult [kata'pʊlt] ⟨-(e)s, -e⟩ *m od n* catapult; **ka·ta·pul·tie·ren** *tr aero* catapult.

Ka·tarrh [ka'tar] ⟨-s, -e⟩ *m med* catarrh.

Ka·ta·ster [ka'tastɐ] ⟨-s, -⟩ *m od n* land register; **Ka·ta·ster·amt** *n* land registry.

ka·ta·stro·phal [katastro'fa:l] *adj* catastrophic; **Ka·ta·stro·phe** [katas'tro:fə] ⟨-, -n⟩ *f* catastrophe; **Ka·ta·stro·phen·alarm** *m* disaster warning signal; **Ka·ta·stro·phen·hil·fe** *f* disaster relief; **Ka·ta·stro·phen·op·fer** *n* disaster victim; **Ka·ta·strophen·schutz** *m* 1. *(zur Verhütung)* disaster prevention; 2. *(zur Eindämmung)* disaster control.

Ka·te·chis·mus [katɛ'çɪsmʊs] ⟨-, -men⟩ *m eccl* catechism.

Ka·te·go·rie [katego'ri:] *f* category; **ka·te·go·risch** *adj* categorical.

Ka·ter ['ka:tɐ] ⟨-s, -⟩ *m* 1. *zoo (männl. Katze)* tomcat; 2. *(Katzenjammer)* hangover.

Ka·the·der [ka'te:dɐ] ⟨-s, -⟩ *n (in der Schule)* teacher's desk; *(im Hörsaal)* lectern.

Ka·the·dra·le [kate'dra:lə] ⟨-, -n⟩ *f* cathedral.

Ka·tho·de [ka'to:də] ⟨-, -n⟩ *f phys* cathode.

Ka·tho·lik(in) [kato'li:k] ⟨-en, -en⟩ *m (f) eccl* (Roman) Catholic; **ka·tho·lisch** *adj* (Roman) Catholic.

katz·buckeln ['---] *itr fig pej* grovel *(vor jdm* before s.o.).

Kätz·chen ['kɛtsçən] *n* kitten.

Kat·ze ['katsə] ⟨-, -n⟩ *f zoo allg* cat, *fam* pussy; **bei Nacht sind alle** ~**n grau** all cats are grey at night; **die** ~ **aus dem Sack lassen** *fig fam* let the cat out of the bag; **die** ~ **im Sack kaufen** *fig* buy a pig in a poke; **wenn die** ~ **aus dem Haus ist, tanzen die Mäuse** *prov* when the cat's away the mice will play; **es war alles für die Katz** *fam* it was a sheer waste of time; **nun schleich doch nicht wie die** ~ **um den heißen Brei herum!** *fig* stop beating about the bush! **kat·zen·ar·tig** *adj* cat-like, feline.

Kat·zen·au·ge *n* 1. *(Rückstrahler)* reflector; 2. *(Fahrbahnmarkierung)* cat's-eye.

kat·zen·freund·lich ['--'--] *adj fam pej* overfriendly.

Kat·zen·jam·mer *m fam* 1. *(depressive Stimmung)* the blues *pl;* 2. *(Kater nach*

Rausch) hangover.

Kat·zen·sprung *m fam* stone's throw; short journey.

Kat·zen·streu *f* cat litter.

Kat·zen·wä·sche *f hum fam* a lick and a promise.

Katz-und-Maus-Spiel *n* cat-and-mouse game.

Kau·der·welsch ['kaʊdevɛlʃ] ⟨-(s)⟩ *n fam* 1. *(Sprachgemisch)* hotch potch; 2. *(unverständliche Ausdrucksweise)* double dutch; 3. *(Fachjargon)* lingo, jargon.

kau·en ['kaʊən] *tr itr* chew; ▶ **an den Nägeln** ~ chew one's nails; **daran kaue ich immer noch** *fig fam* I still can't get over it.

kau·ern ['kaʊən] *itr refl allg* crouch; *(vor Angst in der Ecke)* cower.

Kauf [kaʊf, *pl* 'kɔɪfə] ⟨-(e)s, ⁻e⟩ *m* 1. *(das Ein~en)* buying, purchase; 2. *(das Einge~te)* buy; ▶ **ein guter** ~ a good buy; **etw zum** ~ **anbieten** offer s.th. for sale; **e-n** ~ **tätigen** complete a purchase; **etw in** ~ **nehmen** *fig* accept s.th., put up with s.th.; **Kauf·ab·sicht** *f markt* purchase intention; **Kauf·be·reit·schaft** *f markt* disposition to buy.

kau·fen ['kaʊfən] I *tr* 1. *(erwerben)* buy; 2. *fam (bestechen)* buy off; 3. *fam:* ▶ **sich jdn** ~ fix s.o.; *(ihm gehörig die Meinung sagen)* give s.o. a piece of one's mind; ▶ **jdm etw** ~ buy s.th. for s.o.; **ich habe (mir) eine neue Schreibmaschine gekauft** I bought (myself) a new typewriter; II *itr* 1. *(~ im Gegensatz zu ver~)* buy; 2. *(ein~, Einkäufe machen)* shop.

Käu·fer(in) ['kɔɪfə] *m (f)* buyer, purchaser; *(Kunde)* customer.

Kauf·haus *n* department store; **Kaufhaus·de·tek·tiv(in)** *m (f)* store detective.

Kauf·kraft *f* 1. *markt* spending power; 2. *fin* buying *(od* purchasing*)* power; **kauf·kräf·tig** *adj* 1. *markt:* ▶ ~e **Kundschaft** customers with money to spend *(od* with considerable spending power); 2. *fin:* ▶ ~e **Währung** currency with good buying power; **Kauf·kraften·kung** *f fin pol* control of consumer spending; **Kauf·la·den** *m* shop, store; *(Spielzeug)* toy shop.

käuf·lich ['kɔɪflɪç] *adj* 1. *(angeboten)* on *(od* for*)* sale, purchasable; 2. *fig (bestechlich)* venal; ▶ **er ist nicht** ~ *fig* one can't buy him (off); **etw** ~ **erwerben** acquire s.th. by purchase; ~e **Liebe** prostitution; **Käuf·lich·keit** *f fig* venality.

Kauf·mann ⟨-(e)s, -leute⟩ *m* 1. *(Einzelhandels~)* small shopkeeper; *(für Lebensmittel)* grocer; 2. *(Händler)* trader; *(Geschäftsmann)* businessman; **kaufmän·nisch** *adj* commercial; *(ge-*

schäftsmäßig) businesslike; ▶ ~er **Angestellter** clerk; ~e **Ausbildung** business training; **Kauf·preis** *m com* selling price; **Kauf·rausch** *m* spending spree; ▶ **im** ~ **sein** be on a spending spree; **Kauf·sum·me** *f com* (purchase) money; **Kauf·ver·trag** *m com* contract of sale, sales contract; **Kauf·zwang** *m com* obligation to buy; ▶ **kein** ~ no obligation.

Kau·gum·mi *m* chewing gum.

Kaul·quap·pe ['kaʊlkvapə] ⟨-, -n⟩ *f zoo* tadpole.

kaum [kaʊm] I *adv* 1. *(mit Mühe)* hardly, scarcely; 2. *(wahrscheinlich nicht)* hardly, scarcely; ▶ ~ **zehn Mark** hardly ten marks; **ich glaube** ~ I hardly think so; **das wird wohl** ~ **passieren** that's scarcely likely to happen; II *conj* hardly, scarcely; ~ **hatte er das gesagt, als ...** hardly had he said this when ...

Kau·ta·bak *m* chewing tobacco.

Kau·tion [kaʊˈtsjoːn] *f* 1. *jur* bail; 2. *(Miet~)* deposit; ▶ **e-e** ~ **stellen** stand bail; **gegen** ~ on bail; **jdn gegen** ~ **freibekommen** bail s.o. out; **e-e** ~ **hinterlegen** *(für Mietwohnung)* leave a deposit.

Kau·tschuk ['kaʊtʃʊk] ⟨-s, -e⟩ *m* india rubber.

Kauz [kaʊts, *pl* 'kɔɪtsə] ⟨-es, ⁻e⟩ *m orn* screech owl; ▶ **komischer** ~ *fig* odd bird.

Ka·va·lier [kavaˈliːɐ] ⟨-s, -e⟩ *m* gentleman; **Ka·va·liers·de·likt** *n* peccadillo.

Ka·val·le·rie [kavaləˈriː, '----] *f mil hist* cavalry; **Ka·val·le·rist** *m mil hist* cavalry man.

Ka·vi·ar ['kaːviar] ⟨-s, -e⟩ *m* caviar.

Kbyte ['kabaɪt] *n EDV* kilobyte.

keck [kɛk] *adj* 1. *(kühn)* bold; 2. *(flott)* pert; 3. *(frech)* cheeky, saucy; **Keckheit** *f* 1. *(Kühnheit)* boldness; 2. *(Flottheit)* pertness; 3. *(Frechheit)* cheekiness, sauciness.

Ke·gel ['keːgəl] ⟨-s, -⟩ *m* 1. *math* cone; 2. *(Figur beim ~n)* ninepin, skittle; *(beim Bowling)* pin; 3. *typ* body; ▶ ~ **schieben** play at ninepins; **mit Kind u.** ~ *hum fam* with the whole lot; **Ke·gelbahn** *f* skittle-alley; *(für Bowling)* bowling alley; **ke·gel·för·mig** *adj* conic(al); **ke·geln** ['keːgəln] *itr* play ninepins *(beim Bowling* bowls*)*; **Ke·gel·schnitt** *m math* conic section.

Keh·le ['keːlə] ⟨-, -n⟩ *f* 1. *anat (Gurgel)* throat; 2. *tech (Rille)* groove; ▶ **mir ist die** ~ **wie zugeschnürt** I've got a lump in my throat; **jdm das Messer an die** ~ **setzen** *a. fig* hold a knife to someone's throat; **die Worte blieben mir in der** ~ **stecken** *fig* the words stuck in my throat; **jdn an der** ~ **packen** seize s.o. by the throat; **jdm die** ~ **durchschneiden** cut someone's throat; **Kehl·kopf**

m anat larynx; **Kehl·laut** *m* guttural (sound).

Keh·re ['ke:rə] ‹-, -n› *f* **1.** *(Kurve)* (sharp) bend *(od* turn); **2.** *sport (beim Turnen)* rear vault.

keh·ren[1] **I** *tr itr (drehen, wenden)* turn; ▶ **jdm (e-r Sache) den Rücken** ~ *a. fig* turn one's back on s.o. (s.th.); **in sich gekehrt** *fig (still, verschlossen)* introverted; *(nachdenklich)* pensive; **das Oberste zuunterst** ~ turn everything upside down; **II** *refl* **1.** *(sich drehen, wenden)* turn; **2.** *(sich kümmern)* mind *(an etw* s.th.); **3.** *(zurückfallen auf, sich wenden gegen)* rebound *(gegen jdn* on s.o.).

keh·ren[2] ['ke:rən] *tr itr (fegen)* sweep.

Keh·richt ['ke:rɪçt] ‹-s› *m* sweepings *pl.*

Kehr·ma·schi·ne *f* **1.** *(Straßen~)* roadsweeper; **2.** *(Teppich~)* carpet-sweeper.

Kehr·reim *m* chorus, refrain.

Kehr·sei·te *f* **1.** *fam hum (Rücken)* back; *(Gesäß)* backside; **2.** *(von Münze)* reverse; **3.** *fig (Nachteil)* drawback; *(Schattenseite)* other side.

kehrt|ma·chen ['ke:ɐt-] *itr* **1.** *mil* about-turn; **2.** *(umkehren)* turn back; **Kehrt-wen·dung** *f mil a. fig* about-turn.

Kehr·wert *m math* reciprocal value.

kei·fen ['kaɪfən] *itr* **1.** *(meckern)* nag; **2.** *(giftig zanken)* bicker.

Keil [kaɪl] ‹-(e)s, -e› *m tech a. fig* wedge.

Kei·le ‹-› *pl fam* thrashing; **kei·len I** *tr tech* wedge; **II** *refl fam (sich schlagen)* brawl, fight.

Kei·ler *m zoo (männl. Wildschwein)* wild boar.

Kei·le·rei *f fam (Schlägerei)* brawl, *Br* punch-up.

keil·för·mig *adj* wedge-shaped; **Keil-rie·men** *m mot* fan belt; **Keil·schrift** *f hist* cuneiform (writing).

Keim [kaɪm] ‹-(e)s, -e› *m* **1.** *(Krankheits~)* germ; **2.** *bot (Schößling)* shoot, sprout; **3.** *fig* seed; ▶ **etw im** ~ **ersticken** nip s.th. in the bud; **den** ~ **zu etw legen** *fig* sow the seeds of s.th. *pl;* **Keim·drü·se** *f anat* gonad; **kei·men** *itr* **1.** *a. fig* germinate; *bot (treiben)* shoot, sprout; **2.** *fig (von Verdacht, Hoffnung etc)* be aroused; **keim·frei** *adj med a. fig* sterile; **Keim·ling** *m* **1.** *med (Embryo)* embryo; **2.** *bot (Sproß)* sprout; **keim·tö·tend** *adj* antiseptic, germicidal; **Kei·mung** *f* germination; **Keim·zel·le** *f* germ cell; *fig* nucleus.

kein(e) [kaɪn] *prn m n (f) (adjektivisch)* **1.** no; *(vor Subst. im Sing a.)* not a; *(vor Subst. im Pl a.)* not any; **2.** *(kaum, nicht einmal)* less than; ▶ **sie ist kein Kind mehr** she is no longer a child; **kein Wort mehr!** not another word! **kein bißchen ...** absolutely no ... **kein einziges Mal** not a single time; **kein anderer als Bismarck** no-one else but Bis-

marck; **keine(r, s)** *prn f (m, s) (substantivisch)* **1.** *(von Menschen: als Subjekt)* no-one, nobody; *(als Subjekt od Objekt)* not anyone, not anybody; **2.** *(von Gegenständen: als Subjekt)* not one *nur sing,* none *sing u. pl; (als Subjekt od Objekt)* not any, none; ▶ **keiner von uns** none of us; **keiner von uns beiden** neither of us; **kei·ner·lei** *adj attr* not ... at all, no ... whatever; **kei·nes·falls** ['-'-'-] *adv* on no account, under no circumstances; **kei·nes·wegs** ['-'-'-] *adv* **1.** *(keinesfalls)* by no means, not at all; **2.** *(nicht im geringsten)* not in the least.

Keks [ke:ks] ‹-(es), -(e)› *m Br* biscuit, *Am* cookie; ▶ **jdm auf den** ~ **gehen** *fam* get on s.o.'s wick.

Kelch [kɛlç] ‹-(e)s, -e› *m* **1.** *(Trinkgefäß)* goblet; **2.** *bot* calyx; **3.** *eccl* communion cup; ▶ **der** ~ **ist noch einmal an ihm vorübergegangen** *fig* he has been spared again.

Kel·le ['kɛlə] ‹-, -n› *f* **1.** *(Schöpf~)* ladle; **2.** *(Maurer~)* trowel; **3.** *rail (Zugführer~)* signalling disc.

Kel·ler ['kɛlə] ‹-s, -› *m* cellar; **Kel·leras·sel** [-'asəl] ‹-, -n› *f zoo* wood-louse; **Kel·ler·ge·schoß** *n* basement; **Keller·woh·nung** *f* basement flat.

Kell·ner(in) *m (f)* waiter (waitress).

Kel·te ['kɛltə] ‹-n, -n› *m* Celt.

Kel·ter ['kɛltə] ‹-, -n› *f* winepress; *(Obstr~)* press; **kel·tern** *tr* press.

Kenn·da·ten *pl* characteristics.

ken·nen ['kɛnən] *irr tr* know; *(bekannt sein mit)* be acquainted with; ▶ **oh, ich kenne dich doch!** *(... was du für einer bist!)* oh, I know what you're like! **das Leben** ~ know the ways of the world; ~ **Sie mich denn nicht mehr?** well, don't you remember me? **ich kenne ihn nur dem Namen nach** I know him only by name; **nur oberflächlich** ~ know but slightly; **aber so** ~ **wir ihn gar nicht!** but we've never known him like this before! **etw in- u. auswendig** ~ know s.th. inside out; **ken·nen|ler·nen** *tr* become acquainted with, get to know; *(zum ersten Mal sehen)* meet; ▶ **Sie werden mich noch** ~! *fam* I'll show you! you'll have me to reckon with! **jdn näher** ~ get to know s.o. better.

Ken·ner(in) *m (f)* **1.** *(Wein~ etc)* connoisseur; **2.** *(Experte)* expert *(von* in, on); *(Autorität)* authority *(von* on); **Ken·ner·blick** *m* expert's eye.

Kenn·kar·te *f* identity card; **Kennnum·mer** *f* identification number.

kennt·lich *adj* **1.** *(erkennbar)* recognizable *(an* by); **2.** *(unterscheidbar)* distinguishable *(an* by); **3.** *(klar)* clear; ▶ **etw** ~ **machen** *(kennzeichnen)* mark s.th.; *(klar bezeichnen)* indicate s.th. clearly.

Kennt·nis ['kɛntnɪs] ‹-, -se› *f (Wissen)*

knowledge; ▶ **jdn von etw in** ~ **setzen** advise s.o. about s.th.; **etw zur** ~ **nehmen** take note of s.th.; **nehmen Sie bitte zur** ~**, daß** ... please note that ...; ~ **erhalten von etw** hear *od* learn about s.th.; **ohne** ~ **von etw** without any knowledge of s.th; **Kennt·nis·nah·me** *f:* ▶ **zu Ihrer** ~ for your information; **Kennt·nis·se** *f pl* 1. *(Talente)* attainments *pl;* 2. *(Fertigkeiten)* accomplishments *pl;* 3. *(Wissen)* knowledge *sing (in* of); ▶ **jdm** ~ **vermitteln** impart knowledge to s.o.

Kenn·wort *n* 1. *(Chiffre)* code name; 2. *mil (Parole)* password; 3. *bes. EDV* password, keyword; **Kenn·zei·chen** *n* 1. *(Charakteristikum)* characteristic *(für, von* of); 2. *(Anzeichen, a. med)* symptom *(für* of); 3. *(Merkmal, Markierung)* (distinguishing) mark; 4. *(~ für Qualität)* hallmark *(für, von* of); 5. *mot Br* number plate, *Am* license plate; **kenn·zeich·nen** *tr* 1. *(markieren)* mark *(als zerbrechlich etc* fragile etc); 2. *(charakterisieren)* characterize; **Kenn·zif·fer** *f* 1. *math* characteristic; 2. *com* reference number; 3. *(bei Chiffreanzeige)* box number.

ken·tern ['kɛntɐn] ⟨sein⟩ *itr mar* capsize.

Ke·ra·mik [ke'ra:mɪk] *f* 1. *(Kunst)* ceramics *pl;* 2. *(Tonwaren)* ceramics *pl,* pottery.

Ker·be ['kɛrbə] ⟨-, -n⟩ *f* notch; ▶ **in die gleiche** ~ **hauen** *fig fam* take the same line; **ker·ben** *tr* notch.

Kerb·holz *n fig fam:* ▶ **er hat einiges auf dem** ~ he has quite a record; **etw auf dem** ~ **haben** have done s.th. wrong.

Kerl [kɛrl] ⟨-(e)s, -e/(-s)⟩ *m fam* chap, fellow, *Br* bloke, *Am* guy; ▶ **ein anständiger** ~ a decent sort of a fellow; **feiner** ~ fine fellow; **sie ist ein netter** ~ she's a nice lass; **ein ganzer** ~ a real man, a stout fellow; **gemeiner** ~**!** mean thing!

Kern [kɛrn] ⟨-(e)s, -e⟩ *m* 1. *(Obst~)* pip; *(Kirsch~)* stone; 2. *tech el* core; *phys* nucleus *(pl* nuclei); 3. *fig (Hauptsache)* core, heart.

Kern·ar·beits·zeit *f* core time. **Kern·brenn·stoff** *m* nuclear fuel; **Kern·ener·gie** *f* nuclear energy; **Kern·ex·plo·sion** *f* nuclear explosion; **Kern·for·schung** *f* nuclear research; **Kern·for·schungs·zen·trum** *n* nuclear research centre *(Am* center); **Kern·fu·sion** *f* 1. *phys* nuclear fusion; 2. *biol* karyogamy. **Kern·ge·häu·se** *n* core.

kern·ge·sund ['--'-] *adj* as fit as a fiddle. **ker·nig** ['kɛrnɪç] *adj* 1. *(voller Kerne)* full of pips; 2. *(kräftig)* robust; 3. *sl (klasse)* groovy.

Kern·kraft *f* nuclear power; **Kern-**

kraft·be·für·wor·ter(in) *m (f)* supporter of nuclear power; **Kern·kraft-geg·ner(in)** *m (f)* opponent of nuclear power, anti-nuke activist, antinuclear; **Kern·kraft·werk** *n* nuclear power station; **Kern·la·dung** *f chem phys* nuclear charge.

kern·los *adj* pipless; **Kern·obst** *n bot* pome.

Kern·phy·sik *f* nuclear physics *pl.*

Kern·punkt *m fig* essential *(od* central) point.

Kern·re·ak·tion *f phys* nuclear reaction; **Kern·re·ak·tor** *m* nuclear reactor.

Kern·schat·ten *m astr opt* complete shadow.

Kern·schmel·ze ⟨-, -n⟩ *f phys* meltdown; **Kern·spal·tung** *f phys* nuclear fission.

Kern·spei·cher *m EDV* core memory.

Kern·stück *n fig* principal item.

Kern·tech·nik *f phys tech* nucleonics *pl;* **kern·techn·nisch:** ▶ ~**e Anlage** nuclear plant; **Kern·tei·lung** *f biol* nuclear division; **Kern·ver·schmel·zung** *f* 1. *phys* nuclear fusion; 2. *biol* cell union; **Kern·waf·fe** *f* nuclear weapon.

Ker·ze ['kɛrtsə] ⟨-, -n⟩ *f* 1. *(Wachs~)* candle; 2. *mot (Zünd~)* plug; **ker·zen·ge·ra·de** ['---'--] *adj* straight as a die; **Ker·zen·licht** *n* candlelight; **Ker·zen·stän·der** *m* candle holder.

keß [kɛs] *adj fam (keck)* pert, saucy; *(fesch)* jaunty.

Kes·sel ['kɛsəl] ⟨-s, -⟩ *m* 1. *(Tee~)* kettle; 2. *(Dampf~)* boiler; 3. *geog (Tal~)* basin; 4. *mil* encircled area; **Kes·sel·stein** *m* fur, scale.

Kes·sel·trei·ben *n* 1. *(Treibjagd, a. fig)* battue; 2. *fig* witchhunt.

Ketch·up ['kɛtʃap] ⟨-s⟩ *m od n* ketchup.

Ket·te ['kɛtə] ⟨-, -n⟩ *f* 1. *allg (a. Laden~)* chain; 2. *(Hals~)* necklace; 3. *(Berg~)* range; 4. *fig (Serie)* series, string; ▶ **an die** ~ **legen** chain up; **jdn in** ~**n legen** put s.o. in chains; **e-e** ~ **von Ereignissen** a chain *(od* series) of events.

ket·ten *tr (an~)* chain *(an* to); ▶ **sich an jdn** (**etw**) ~ *fig* bind o.s. to s.o. (s.th.); **jdn an sich** ~ *fig* bind s.o. to o.s; **Ket·ten·fahr·zeug** *n* tracked vehicle; **Ket·ten·glied** *n* (chain-)link.

Ket·ten·rau·cher(in) *m (f)* chainsmoker.

Ket·ten·re·ak·tion *f* chain reaction.

Ket·ze·rei [kɛtsə'raɪ] *f eccl* heresy; **Ket·zer(in)** *m (f) eccl a. fig* heretic; **ket·ze·risch** *adj eccl a. fig* heretical.

keu·chen ['kɔɪçən] *itr* pant; **Keuch·hu·sten** *m* whooping-cough.

Keu·le ['kɔɪlə] ⟨-, -n⟩ *f* 1. *(Schlagwerkzeug)* club, cudgel; 2. *(Fleisch~)* leg; ▶ **chemische** ~ chemical mace.

keusch [kɔɪʃ] *adj a. fig* chaste; **Keusch-heit** *f* 1. *(Tugendhaftigkeit)* chasteness; 2. *(sexuelle Unberührtheit)* chastity.
Key·board ['ki:bɔ:d] ⟨-s, -s⟩ *mus* keyboards *pl.*
ki·chern ['kıçɐn] *itr* giggle.
Kick·down ['kıkdaʊn] ⟨-s, -s⟩ *n od m* *mot* kickdown.
kid·nap·pen *tr* kidnap.
Kie·bitz ['ki:bıts] ⟨-es, -e⟩ *m* 1. *orn* peewit; 2. *fam (Kartengucker)* kibitzer.
Kiefer¹ ['ki:fɐ] ⟨-s, -⟩ *m anat* jaw.
Kiefer² ⟨-, -n⟩ *f bot* pine.
Kiel¹ [ki:l] ⟨-(e)s, -e⟩ *m (Feder~)* quill.
Kiel² *m mar* keel; **kiel·ho·len** ['----] *tr mar* 1. *(von Schiff)* careen; 2. *(als Strafe)* keelhaul; **Kiel·raum** *m mar* bilge; **Kiel·was·ser** *n mar a. fig* wake; ▶ **in jds ~ segeln** *fig* follow in someone's wake.
Kie·me ['ki:mə] ⟨-, -n⟩ *f* gill.
Kies [ki:s] ⟨-es, (-e)⟩ *m* 1. *(Geröll, Schotter)* gravel; 2. *sl (Geld)* dough.
Kie·sel·er·de *f chem* silica.
Kie·sel(·stein) ['ki:zəl] ⟨-s, -(-s, -e)⟩ *m* pebble.
Kies·ge·win·nung *f* gravel working; **Kies·gru·be** *f* gravel pit.
kif·fen *itr fam* smoke (pot).
Ki·ke·ri·ki ['kıkəri'ki:] ⟨-(s), (-s)⟩ *n* cock-a-doodle-doo.
kil·len ['kılən] *tr sl* bump off; **Kil·ler** ⟨-s, -⟩ *m sl* killer; *(bezahlter Mörder)* hitman.
Ki·lo·byte *n (s.* Kbyte*)*.
Ki·lo(·gramm) ['ki:lo] ⟨-s, -(s)⟩ *n* kilogram(me).
Ki·lo·hertz *n radio* kilocycle.
Ki·lo·joule *n* kilojoule.
Ki·lo·me·ter [--'--/'----] *m Br* kilometre, *Am* kilometer; **Ki·lo·me·ter·fres·ser** [--'----] *m mot fam* long-haul driver; **Ki·lo·me·ter·geld** *n* mileage allowance; **Ki·lo·me·ter·stand** *m mot* mileage; **Ki·lo·me·ter·stein** *m* milestone; **Ki·lo·me·ter·zä·hler** *m mot Br* mil(e)ometer, *Am* odometer.
Ki·lo·watt·stun·de *f el* kilowatt hour.
Kind [kınt] ⟨-(e)s, -er⟩ *n* child, *fam* kid; *(Klein~)* baby; ▶ **von ~ auf** from childhood; **mit ~ u. Kegel** *hum fam* with the whole lot; **~er u. Kindeskinder** children and grandchildren; **an ~es Statt annehmen** adopt; **das ~ mit dem Bade ausschütten** *prov* throw out the baby with the bathwater; **sich wie ein ~ freuen** be as pleased as Punch; **sie bekommt ein ~** she's going to have a baby; **sie kann keine ~er mehr bekommen** she is past child-bearing; **ein ~ erwarten** be expecting a baby; **wir werden das ~ schon schaukeln** *fig fam* don't worry, we'll get along somehow; **das ~ beim Namen nennen** call a spade a spade; **sich bei jdm lieb ~ machen** *fam* soft-soap

s.o.
Kind·bett *n* childbed; ▶ **im ~** in confinement.
Kin·der·dorf *n* children's village; **Kinde·rei** *f* childishness; **Kin·der·fahr·kar·te** *f rail* child's ticket, half; **Kin·der·funk** *radio* children's radio; ~ nursery school; **Kin·der·gar·ten** *m* kindergarten; **Kin·der·gärt·ner(in)** *m (f)* nursery-school teacher; **Kin·der·geld** *n* family allowance; **Kin·der·hort** *m* day nursery; **Kin·der·krank·heit** *f* 1. *med* children's disease; 2. *fig* teething troubles *pl*; **Kin·der·läh·mung** *f med* polio(myelitis); **kin·der·leicht** ['--'-] *adj* childishly simple, dead easy; **kin·der·lieb** *adj* fond of children; **kin·der·los** *adj* childless; **Kin·der·mäd·chen** *n* nanny; **Kin·der·narr** *m* great lover of children; ▶ **ein ~ sein** adore children; **Kin·der·pro·gramm** *n* children's programme; **kin·der·reich** *adj (Familie)* large, with a lot of children; **Kin·der·reich·tum** *m* abundance of children; **Kin·der·rei·se·bett** *n* collapsible cot; **Kin·der·schuh** *m* child's shoe; ▶ ~e *pl* children's shoes; **den ~en entwachsen sein** *fig (erwachsen sein)* have grown up; **noch in den ~en stecken** *fig* be still in its infancy; **kin·der·si·cher** *adj* child-proof; **Kin·der·sitz** *m mot* child's safety seat; **Kin·der·spiel** *n* 1. *(Spiel für Kinder)* children's game, 2. *fig* child's play; **Kin·der·spiel·platz** *m* children's playground; **Kin·der·spra·che** *f* 1. *(Sprache von Kindern)* children's language; 2. *(Babysprache, imitierend)* baby talk; **Kin·der·sterb·lich·keit** *f* infant mortality; **Kin·der·stu·be** *f fig* upbringing; ▶ **ihm fehlt die ~** he hasn't got any upbringing; **Kin·der·ta·ges·stät·te** *f* day nursery; **Kin·der·tel·ler** *m (in Restaurant)* children's portion; **Kin·der·wa·gen** *m Br* pram, *Am* (baby-)carriage; **Kin·der·zim·mer** *n* child's *(bzw* children's*)* room.
Kin·des·al·ter *n* infancy; **Kin·des·bei·ne** *n pl*: ▶ **von ~n an** from (early) childhood.
kind·ge·recht *adj* child-orient(at)ed.
Kind·heit *f* childhood.
kin·disch *adj* childish.
kind·lich I *adj* childlike; II *adv* like a child.
Kind·tau·fe *f* christening.
Kinn [kın] ⟨-(e)s, -e⟩ *n* chin; **Kinn·bart** *m* goatee (beard); **Kinn·ha·ken** *m (beim Boxen)* hook to the chin; **Kinn·la·de** *f anat* jaw(-bone).
Ki·no ['ki:no] ⟨-s, -s⟩ *n* cinema; ▶ **ins ~ gehen** go to the *Br* pictures (*Am* movies); **Ki·no·cen·ter** *n* cinema complex; **Ki·no·gän·ger(in)** *m (f)* cinemagoer; **Ki·no·hit** *m* blockbuster; **Ki·no-**

pro·gramm n film programme; *(Übersicht)* film guide; **Ki·no·vor·stel·lung** f performance.

Ki·osk [ki'ɔsk/'kiːɔsk] ⟨-(e)s, -e⟩ m kiosk.

Kip·pe ['kɪpə] ⟨-, -n⟩ f 1. *sport* spring; 2. *(Müll~)* tip; 3. *fam (Zigaretten~)* stub; ▶ **es steht auf der ~** *fig fam* it's touch and go.

kip·pen I *tr* ⟨h⟩ *(um~)* tilt; II *itr* ⟨sein⟩ tip over; *(Mensch)* topple; *(Fahrzeug)* overturn; ▶ **aus den Latschen ~** *fig fam (vor Staunen etc) fam* fall through the floor; *(ohnmächtig werden)* pass out; **Kipp·schal·ter** m *tech* toggle switch; **Kipp·wa·gen** m *mot* dump truck, tipper.

Kir·che ['kɪrçə] ⟨-, -n⟩ f *allg* church; ▶ **in der ~** at church; **in die** *(od* **zur)** **~ gehen** go to church.

Kir·chen·be·such m church-going; **Kir·chen·buch** n parish register; **Kirchen·chor** m church choir; **kir·chen·feind·lich** adj anticlerical; **Kir·chen·fen·ster** n church window; **Kir·chen·fürst** m prince of the Church; **Kir·chen·ge·mein·de** f parish; **Kir·chen·ge·schich·te** f church history; **Kir·chen·jahr** n ecclesiastical year; **Kir·chen·maus** f: ▶ **so arm wie e-e ~** as poor as a church mouse; **Kir·chen·recht** n canon(ical) law; **Kir·chen·staat** ⟨-(e)s⟩ m *hist* Papal State(s *pl*); *(Vatikanstaat)* Vatican City; **Kir·chen·steu·er** f church tax; **Kir·chen·va·ter** m Father of the Church.

Kirch·gän·ger(in) m *(f)* churchgoer; **Kirch·hof** m 1. churchyard; 2. *(Friedhof)* graveyard.

kirch·lich adj *(attributiv)* church; *(institutionell)* ecclesiastical; *(religiös)* religious; ▶ **sich ~ trauen lassen** get married in church; **~es Begräbnis** religious funeral.

Kirch·turm m church steeple; **Kirch·weih** ⟨-⟩ f *(Volksfest) Br* fair, *Am* kermis.

kir·re ['kɪrə] adj *fam* tame; ▶ **jdn ~ machen** soften s.o. up.

Kirsch·baum m *bot* cherry tree.

Kir·sche ['kɪrʃə] ⟨-, -n⟩ f *bot* cherry; ▶ **mit ihm ist nicht gut ~n essen** *fig* it's best not to tangle with him; **Kirsch·kern** m cherry stone; **Kirsch·ku·chen** m cherry cake; **Kirsch·was·ser** n kirsch.

Kis·sen ['kɪsən] ⟨-s, -⟩ n cushion; *(Kopf~)* pillow; **Kis·sen·be·zug** m cushion cover.

Ki·ste ['kɪstə] ⟨-, -n⟩ f 1. *(Behälter)* box; *(Truhe)* chest; *(Wein~)* case; 2. *fam (Auto, Flugzeug)* crate; *(Fernseher)* box.

Kitsch [kɪtʃ] ⟨-(e)s⟩ m kitsch; **kit·schig** adj kitschy.

Kitt [kɪt] ⟨-(e)s, -e⟩ m *(Spachtel a. fig)* cement; *(Glaser~)* putty.

Kitt·chen ['kɪtçən] ⟨-s, -⟩ n *fam* clink; ▶ **ins ~ kommen** be sent to clink.

Kit·tel ['kɪtəl] ⟨-s, -⟩ m smock; *(Arbeits~)* overall; *(Arzt~ etc)* coat.

kit·ten *tr a. fig* cement; *(Fenster)* putty.

Kitz [kɪts] ⟨-es, -e⟩ n *zoo (Zicklein)* kid; *(Reh~)* fawn.

Kit·zel ['kɪtsəl] ⟨-s, -⟩ m 1. tickle; 2. *fig* thrill; **kit·ze·lig** ['kɪts(ə)lɪç] adj *a. fig* ticklish; **kit·zeln** *tr itr a. fig* tickle.

Ki·wi ['kiːvi] ⟨-, -s⟩ f *(Frucht)* kiwi.

KKW ⟨-s, -s⟩ n *Abk von* **Kernkraftwerk** nuclear power station.

Klacks [klaks] m *fam:* ▶ **das ist doch nur ein ~** *(wenig Geld)* that's just peanuts *pl; (sehr einfach)* that's but a piece of cake; **wozu habe ich e-en Assistenten, wenn ich jeden ~ allein machen muß?** why do I have an assistant, if I have to do every little chore myself?

klaf·fen ['klafən] *itr* gape.

kläf·fen ['klɛfən] *itr* yap.

Kla·ge ['klaːgə] ⟨-, -n⟩ f 1. *jur (zivilrechtlich)* action, suit; *(strafrechtlich)* charge; 2. *(Beschwerde)* complaint *(über* about); 3. *(Weh~)* lament *(um, über* for); ▶ **e-e ~ abweisen** *jur* dismiss a case; **e-e ~ gegen jdn anstrengen** *(od* **einreichen)** *jur* institute proceedings against s.o; **Kla·ge·laut** m plaintive cry; **Kla·ge·lied** n lament; ▶ **ein ~ anstimmen** *fig* start to moan *(über* about).

kla·gen ['klaːgən] I *itr* 1. *(sich be~)* complain *(über* about); 2. *(trauern)* lament *(um jdn od etw* s.o. od s.th.); 3. *(weh~)* moan; 4. *jur* sue *(auf* for); ▶ **auf Schadenersatz ~** *jur* sue for damages *pl; ***wir können nicht ~** *fam* we've got nothing to grumble about; II *tr:* ▶ **jdm sein Leid ~** pour out one's sorrow to s.o.

Klä·ger(in) ['klɛːgə] m *(f)* *jur* plaintiff; ▶ **wo kein ~ ist, ist auch kein Richter** *prov* well, if no-one complains …

Kla·ge·schrift f *jur* charge.

kläg·lich ['klɛːklɪç] I adj 1. *(mitleiderregend)* pitiful; 2. *(dürftig)* pathetic; 3. *(klagend)* plaintive; II adv *(in ~er Weise)* miserably.

klamm [klam] adj 1. *(feuchtkalt)* clammy; 2. *(erstarrt)* numb.

Klam·mer ['klamə] ⟨-, -n⟩ f 1. *(Haar~)* (hair)grip; *(Büro~, Hosen~, Wund~)* clip; *(Heft~)* staple; *(Wäsche~)* peg; 2. *(Satzzeichen, a. math)* bracket; **In ~n setzen** put in brackets; **~ auf (zu)** open (close) brackets; **klam·mern** I *tr (Wäsche)* peg; *(Papier)* staple; II *itr sport* clinch; III *refl a. fig* cling *(an* to).

klamm·heim·lich ['-'---] adj adv *fam* on the quiet.

Kla·mot·ten [kla'mɔtən] *pl fam (Kleider etc)* gear *sing; (Zeug)* stuff *sing.*

Klang [klaŋ, *pl* 'klɛŋə] ⟨-(e)s, ¨-e⟩ m

sound; *mus (Tonqualität)* tone; **Klang-far·be** *f* tone colour; **Klang·fül·le** *f* sonority.

klang·lich *adj* tonal.

klang·voll *adj* 1. *(sonor)* sonorous; 2. *fig (Namen etc)* fine-sounding.

klapp·bar *adj* 1. *(zusammen~)* collapsible, folding; 2. *(nach unten od oben ~)* hinged, tipping.

Klapp·bett *n* folding bed.

Klap·pe ⟨-, -n⟩ *f* 1. *allg* flap; *(Deckel)* lid; 2. *mus (von Blasinstrument)* key; 3. *tech (Ventil, a. med. Herz~)* valve, 4. *sl (Mund)* trap; ▶ **zwei Fliegen mit e-r ~ schlagen** *fig fam* kill two birds with one stone; **die ~ halten** *sl* pipe down.

klap·pen ['klapən] I *itr fig fam (in Ordnung sein)* work; *(gutgehen)* work out; ▶ **wenn das bloß klappt!** I hope that'll work out! **es hat alles geklappt** everything clicked; **es klappt nichts** everything is going wrong; **alles klappte wie am Schnürchen** everything went like clock-work; II *tr* fold *(nach oben, unten, vorn, hinten up, down, forward, back)*.

Klap·per ['klapə] ⟨-, -n⟩ *f* rattle.

klap·per·dürr ['--'-] *adj fam* (as) thin as a rake.

klap·p(e)·rig ['klapərɪç] *adj* 1. rickety; 2. *fig fam (Mensch)* shaky.

Klap·per·ki·ste *f mot hum fam* boneshaker, rattletrap; **klap·pern** *itr* clatter, rattle; *(mit den Zähnen)* chatter; *(Absatz, Mühle)* clack; **Klap·per·schlan-ge** *f zoo* rattlesnake.

Klapp(·fahr)·rad *n* folding bicycle; **Klapp·mes·ser** *n* jack-knife; **Klapp-sitz** *m* folding seat; **Klapp·stuhl** *m* folding chair; **Klapp·tisch** *m* folding table; **Klapp·ver·deck** *n mot* collapsible *(od* folding) hood.

Klaps [klaps] ⟨-es, -e⟩ *m (leichter Schlag)* slap, smack; ▶ **e-n ~ haben** *fig fam* be off one's rocker; **Klaps·müh-le** *f fam pej Br* loony bin, *Am* bughouse.

klar [klaːə] *adj* 1. *(deutlich, offensichtlich)* clear; 2. *(fertig)* ready; ▶ **~er Fall!** *fam* sure thing! **na ~!** *fam* sure! **alles ~?** *fam* everything OK? **~ u. deutlich** distinctly, plainly; **~e Antwort** plain answer; **sich darüber im ~en sein, daß ...** realize that ...; **sich über etw im ~ sein** be aware of s.th.; **jdm etw ~ zu verstehen geben** make s.th. plain to s.o.; **ist das ~?** do I make myself plain? **~ wie Kloßbrühe** *fig fam* clear as mud.

Klär·an·la·ge *f* sewage plant; **Klär-becken (k·k)** *n* clarification basin, clarifier.

klä·ren ['klɛːrən] I *tr allg (klar machen)* clear; *(Sachlage)* clarify; *(Angelegenheit, Problem)* settle; *(Luft etc reinigen)* purify; II *refl* 1. *(Himmel)* clear; *(Wetter)* clear up; 2. *(klar, deutlich werden)* become clear; *(aufgeklärt, gelöst wer-*

den) be clarified; *(bereinigt werden)* be settled.

klar|ge·hen *irr itr fam* be OK; ▶ **das geht schon klar** that's hunky-dory anyway.

Klar·heit *f* 1. *(Reinheit, Schärfe)* clearness; 2. *fig (Deutlichkeit)* clarity; **Ich möchte Ihnen in aller ~ sagen, daß ...** I'd like to make it perfectly plain to you that ...; **sich über etw ~ verschaffen** get clear about s.th.

Kla·ri·net·te [klari'nɛtə] ⟨-, -n⟩ *f mus* clarinet.

klar|kom·men *irr itr fam* get by; ▶ **mit jdm (etw)** ~ cope with s.o. (s.th.); **klar|le·gen** *tr* make clear, explain; **klar|ma·chen** *tr* 1. *(erklären)* make clear; 2. *mar (Schiff)* make ready; ▶ **sich etw ~** realize s.th.

Klär·schlamm *m* sludge.

klar|se·hen *irr itr* see clearly.

Klar·sicht·fo·lie *f* clear film; **Klar-sicht·hül·le** *f* clear plastic folder.

Klar·text *m* uncoded text; ▶ **im ~** *fig fam* in plain English; **mit jdm ~ reden** *fig fam* give s.o. a piece of one's mind.

Klas·se ['klasə] ⟨-, -n⟩ *f* 1. *allg (Kategorie)* class; *sport (Spiel~)* league; *com (Güter~)* grade; 2. *(Schul~)* class, form; *(~nzimmer)* classroom; ▶ **das ist ja große ~!** *fam (großartig)* that's really great! that's a real smasher! **das ist einsame ~!** *fam* that's a class by itself! **untere, höhere, arbeitende ~** lower, upper, working class(es *pl*); **in ~n einteilen** classify.

Klas·sen·ar·beit *f* class test; **Klas-sen·be·wußt·sein** *n* class-consciousness; **Klas·sen·buch** *n* (class-)register; **Klas·sen·ka·me·rad(in)** *m (f)* classmate; **Klas·sen·kampf** *m pol* class struggle; **Klas·sen·leh·rer(in)** *m (f)* class teacher; **Klas·sen·zim·mer** *n* classroom.

klas·si·fi·zie·ren [klasifi'tsiːrən] *tr* classify.

Klas·sik ['klasɪk] ⟨-⟩ *f* 1. *(Kunstperiode)* classical period; 2. *(klassische Musik)* classical music; **Klas·si·ker(in)** *m (f)* classic; **klas·sisch** *adj* 1. *(die Klassik betreffend)* classical; 2. *(typisch)* classic.

Klatsch [klatʃ] ⟨-(e)s, -(e)⟩ *m* 1. *(klatschendes Geräusch)* splash; 2. *fam (Gerede)* gossip; **Klatsch·ba·se** *f fam pej* 1. *(Quasselstrippe)* chatterbox; 2. *(Lästermaul)* gossip, scandalmonger.

klat·schen I *tr* 1. *(Takt, Beifall etc)* clap; 2. *(knallen, schlagen)* slap, smack; ▶ **jdm Beifall ~** clap s.o.; II *itr* 1. *(mit den Händen)* clap; 2. *(schlagen, klapsen)* slap; 3. *(platschen, spritzen etc)* splash; 4. *fam (tratschen)* gossip *(über about)*; ▶ **er klatschte sich auf die Schenkel** he slapped his thighs; **sie klatschte in die Hände** she clapped her

hands; **Regen klatschte an mein Fenster** rain was splashing against my window; **sie klatscht gern** *fam (tratscht gern)* she likes to (spread) gossip.
Klatsch·maul *n sl pej* scandalmonger.
Klatsch·mohn *m bot* poppy.
klatsch·naß ['-'-] *adj fam* sopping wet.
Klatsch·spal·te *f* gossip column.
Klaue ['klauə] ⟨-, -n⟩ *f* 1. *(von Raubtier)* claw; *(von Raubvogel)* talon; 2. *fig fam (schlechte Schrift)* scrawl.
klau·en *sl* I *tr* nick, pinch *(jdm etw* s.th. from s.o.); II *itr* pinch things.
Klau·se ['klauzə] ⟨-, -n⟩ *f* 1. *(von Einsiedler)* hermitage; *(Mönchszelle)* cell; 2. *(Schlucht)* chasm.
Klau·sel ['klauzəl] ⟨-, -n⟩ *f jur allg* clause; *(Bedingung)* stipulation; *(Vorbehalt)* proviso.
Klau·sur ⟨-, -en⟩ *f* 1. *päd* exam, paper; 2. *nur sing (Abgeschlossenheit)* seclusion.
Kla·vier [kla'vi:ə] ⟨-s, -e⟩ *n* piano; ▶ ~ **spielen** play the piano; **Kla·vier·spiel** ⟨-(e)s⟩ *n* piano-playing; **Kla·vier·spieler(in)** *m (f)* piano-player; **Kla·vier·stim·mer(in)** *m (f)* piano-tuner.
Kle·be·band *n* adhesive tape; **Kle·be·bin·dung** *f typ* adhesive binding; **Kle·be·flä·che** *f* surface to be glued.
kle·ben ['kle:bən] I *tr* glue, paste; ▶ **jdm e-e ~** *fig fam* paste s.o. one; **Bilder in ein Album ~** paste pictures into an album; II *itr* 1. *(anhaften)* stick *(an* to); 2. *fig (festhalten)* cling *(an* to); 3. *fam obs (Versicherungsmarken)* pay stamps.
kleb·rig ['kle:brɪç] *adj* sticky.
Kleb·stoff *m* adhesive; **Kleb·stoff·tu·be** *f* tube of glue; **Kleb(e)·strei·fen** *m* adhesive tape.
kleckern (k·k) ['klɛkən] *itr* 1. *(beim Essen etc)* make a mess; 2. *fig fam (stückchenweise tun)* fiddle about.
klecker·wei·se (k·k) *adv fam pej* in dribs and drabs; ▶ **das Geld kommt nur ~ herein** the money ist only dribbling in.
Klecks [klɛks] ⟨-es, -e⟩ *m (Tinten~)* blot; *(Farb~)* blob; **kleck·sen** *itr* 1. blot; 2. *fig (schlecht malen)* daub.
Klee [kle:] ⟨-s⟩ *m bot* clover; ▶ **über den grünen ~ loben** praise to the skies; **Klee·blatt** *n* 1. *bot* cloverleaf; 2. *fig* threesome, trio.
Kleid [klaɪt] ⟨-(e)s, -er⟩ *n* dress; ▶ ~**er** *(Kleidung)* pl clothes; ~**er machen Leute** *prov* fine feathers make fine birds; **klei·den** ['klaɪdən] I *tr* 1. *(mit Kleidung ausstatten, a. fig)* clothe, dress; 2. *(kleidsam sein)* suit *(jdn* s.o.); II *refl (sich anziehen)* dress (o.s.). **Klei·der·ab·la·ge** *f (Garderobe) Br* cloakroom, *Am* checkroom; **Klei·der·bü·gel** *m* clothes *(od* coat) hanger; **Klei·der·bür·ste** *f* clothes brush; **Klei·der·**

ha·ken *m* coat hook; **Klei·der·schrank** *m* 1. wardrobe; 2. *fig fam (großer Mensch)* great hulk (of a man); **kleid·sam** *adj* becoming, flattering; **Klei·dung** *f* clothes *pl,* clothing; **Kleidungs·stück** *n* garment.
Kleie ['klaɪə] ⟨-, -n⟩ *f bot* bran.
klein [klaɪn] *adj* 1. *(unbedeutend, gering)* little; 2. *(an Umfang, Wert, Anzahl)* small; 3. *(kurz, ~ von Wuchs)* short; ▶ ~ **beigeben** eat humble pie; **bis ins ~ste** in minute detail; **ein ~ bißchen, ein ~ wenig** *fam* a tiny *(od* little) bit; ~**er Buchstabe** small letter; ~**er Fehler** trifling error; **haben Sie es nicht etw ~er?** do you not have anything smaller? **einige ~ere Fehler** some minor mistakes; ~**er Gauner** petty crook; ~**er Beamter** minor official; **im ~en** in miniature; **von ~ auf ist er daran gewöhnt** he's been used to it from his childhood; ~ **anfangen** start off in a small way; **er ist e-n Kopf ~er als ich** he is a head shorter than I; **das ~ere Übel** the lesser evil.
Klein·an·zei·ge *f* classified ad; small ad; want ad *(fam).*
Klein·asien [-'---] *n* Asia Minor.
Klein·bau·er *m* small farmer; **Klein·be·trieb** *m* small business; **Klein·bür·ger** *m* petty bourgeois; **Klein·bür·ger·tum** *n* petty bourgeoisie; **Klein·bus** *m* minibus; **Klein·for·mat** *n* small size; **Klein·geld** ⟨-(e)s⟩ *n* small coin *(od* change); ▶ **das nötige ~ haben** *fig fam* have the necessary wherewithal.
klein·gläu·big *adj* 1. *rel* doubting; 2. *(ängstlich)* timid.
klein|hacken (k·k) *tr* chop up small.
Klein·heit *f* smallness, small size; **Klein·hirn** *n anat* cerebellum; **Klein·holz** ⟨-es⟩ *n* firewood, kindling; ▶ ~ **aus jdm machen** *fig fam* make mincemeat out of s.o.; ~ **aus etw machen** *fig fam* smash s.th. to pieces.
Klei·nig·keit ['klaɪnɪçkaɪt] *f* 1. *(kleines Ding)* little thing; *(Bagatelle)* trifling matter; *(Detail)* minor detail; 2. *(ein bißchen)* a little, a trifle; ▶ **nur e-e ~ essen** eat but a little s.th.; **das ist e-e ~** that's nothing; **sich nicht mit ~en abgeben** not bother over details; **wegen** *(od* **bei) jeder ~ for** the slightest reason; **das wird Sie aber e-e ~ kosten** *fam iro* but that'll cost you a pretty penny; **die ~ von 50 000 DM** *fam iro* the small matter of DM 50.000; **Klei·nig·keits·krä·mer(in)** *m (f) pej* pedant, stickler (for detail).
Klein·ka·li·ber·ge·wehr *n* small-bore rifle.
klein·ka·riert *adj fig fam* small-time; ▶ **sei doch nicht so ~!** *(engstirnig)* don't be so small-minded! ~ **denken** think small; **Klein·kind** *n* infant; **Klein·**

kram *m fam* odds and ends *pl;* **Kleinkrieg** *m fig* battle; ▶ **e-n ~ mit jdm führen** be fighting a running battle with s.o.

klein|krie·gen *tr* 1. *(zerhacken)* chop up; *(zerteilen, aufteilen)* break up; 2. *fam (unterkriegen)* get down; 3. *fam (kaputtmachen)* smash.

klein·laut *adj* abashed, meek, subdued.

klein·lich *adj* 1. *(pedantisch)* petty; *(knauserig)* mean; 2. *(engstirnig)* smallminded; **Klein·lich·keit** *f* 1. *(Pedanterie)* pettiness; 2. *(Engstirnigkeit)* smallmindedness.

klein·mü·tig *adj* fainthearted, timid.

Klein·od [ˈklaɪnoːt, *pl* ˈklaɪnoːdə/klaɪˈnoːdɪən] ⟨-(e)s, -e/-dien⟩ *n a. fig* gem, jewel.

Klein·staat *m* small state; **Klein·stadt** *f* small town; **klein·städ·tisch** *adj* *(meist pej)* provincial.

Kleinst·ka·me·ra *f* subminiature camera; **Kleinst·wa·gen** *m* midget car, minicar.

Klein·vieh *n:* ▶ **~ macht auch Mist** *prov* many a mickle makes a muckle.

Klein·wa·gen *m mot* small car.

Klei·ster [ˈklaɪstə] ⟨-s, -⟩ *m* paste; **kleistern** *tr itr* paste.

Klem·me [ˈklɛmə] ⟨-, -n⟩ *f* 1. *(Klammer)* clip; 2. *fig fam* fix, jam, tight spot; **In e-e ~ geraten** *fig fam* get into a jam; **tief in der ~ sitzen** be deep in a fix.

klem·men I *tr* 1. *(Draht etc)* clamp, clip; *(verkeilen, fest~)* wedge; 2. *fam (klauen)* pinch; ▶ **ich habe mir den Finger in der Tür geklemmt** I caught my finger in the door; II *itr (Tür etc)* jam, stick; III *refl fig fam:* ▶ **sich hinter jdn (etw) ~** get on to s.o. (get stuck into s.th.).

Klemp·ner(in) [ˈklɛmpnə] ⟨-s, -⟩ *m (f)* plumber; **Klemp·ne·rei** *f* 1. *(das Klempnern)* plumbing; 2. *(Werkstatt)* plumber's workshop.

Klep·per [ˈklɛpə] ⟨-s, -⟩ *m zoo* nag.

Kle·ri·ker ⟨-s, -⟩ *m eccl* cleric.

Kle·rus [ˈkleːrʊs] ⟨-⟩ *m eccl* clergy.

Klet·te [ˈklɛtə] ⟨-, -n⟩ *f* 1. *bot* burdock; 2. *fig fam (Nervensäge)* nuisance; *(lästige Person)* barnacle.

Klet·ter·ge·rüst *n* climbing frame; **klet·tern** [ˈklɛtən] ⟨sein⟩ *itr* climb; **Klet·ter·pflan·ze** *f bot* climbing plant; **Klet·ter·stan·ge** *f* climbing pole.

Klett·ver·schluß *m* Velcro *Wz.*

Kli·ma [ˈkliːma] ⟨-s, (-s/-ta)⟩ *n a. fig* climate; **Kli·ma·an·la·ge** *f* air-conditioner; **Kli·ma·for·scher(in)** *m (f)* climatologist; **Kli·mak·te·ri·um** ⟨-s⟩ *n* change of life.

kli·ma·tisch *adj* climatic; **kli·ma·tisiert** *adj* air-conditioned; **Kli·ma·ti·sie·rung** *f* air-conditioning; **Kli·ma·wech·sel** *m* change of air.

klim·men [ˈklɪmən] *irr itr* clamber.

Klimm·zug *m sport* pull-up; ▶ **geistige ~e machen** *fig* do intellectual acrobatics.

klim·pern [ˈklɪmpən] *tr itr* tinkle; *mus (schlecht spielen)* plonk away.

Klin·ge [ˈklɪŋə] ⟨-, -n⟩ *f* blade.

Klin·gel [ˈklɪŋəl] ⟨-, -n⟩ *f* bell; **klin·geln** *itr* 1. *(läuten)* ring *(nach* for); 2. *mot* knock; ▶ **es hat geklingelt!** somebody just rang the door bell! *tele* the phone just rang! **na, hat's geklingelt?** *fig* has the penny dropped?

klin·gen [ˈklɪŋən] *irr itr* 1. *(tönen, sich anhören)* sound *(nach etw* like s.th.); 2. *(Glocke, Ohr)* ring; *(Metall)* clang; *(Glas)* clink; ▶ **das klingt mir wie Musik in den Ohren** *fig* that is music to my ears.

Kli·nik [ˈkliːnɪk] *f med* clinic; **Kli·ni·kum** *n* 1. *(Teil der med. Prüfung)* clinical curriculum; 2. *(Großkrankenhaus)* clinical complex.

Klin·ke [ˈklɪŋkə] ⟨-, -n⟩ *f (Tür~)* handle; **Klin·ken·put·zer** *m fam pej (Hausierer)* hawker.

Klin·ker [ˈklɪŋkə] ⟨-s, -⟩ *m* clinker.

klipp [klɪp] *adv:* ▶ **~ u. klar** *(offen)* frankly; *(deutlich)* plainly; **er sagte mir ~ u. klar, daß** . . . he told me flat that . . .

Klip·pe [ˈklɪpə] ⟨-, -n⟩ *f* 1. *(am Steilufer)* cliff; *(im Meer)* rock; 2. *fig* obstacle, hurdle.

klir·ren [ˈklɪrən] *itr allg* clink; *(von Waffen)* clash; *(von Ketten)* jangle; *(von Fensterscheiben)* rattle; **Klirr·fak·tor** *m radio (bei HiFi-Verstärker etc)* distortion factor.

Kli·schee [kliˈʃeː] ⟨-s, -s⟩ *n* 1. *typ* block; 2. *fig* cliché; **kli·schie·ren** *tr typ* stereotype.

Kli·to·ris [ˈkliːtɔrɪs] ⟨-⟩ *f anat* clitoris.

Klit·sche [ˈklɪtʃə] ⟨-, -n⟩ *f fam* tumbledown shanty.

klitsch·naß [ˈklɪtʃˈnas] *adj fam* sopping wet.

Klo [kloː] ⟨-s, -s⟩ *n fam Br* loo, *Am* john.

Kloa·ke [kloˈaːkə] ⟨-, -n⟩ *f* 1. *(Abwasserkanal)* sewer; 2. *fig* cesspool; **Kloa·ken·jour·na·lis·mus** *m* gutter press *(od* journalism).

klo·big [ˈkloːbɪç] 1. bulky; *(Mensch)* hulking great; 2. *fig (ungehobelt)* boorish.

Klo·nen [ˈkloːnən] ⟨-s⟩ *n biol* cloning; **klo·nen** *tr* clone.

klö·nen [ˈkløːnən] *itr fam Br* have a chinwag *(od* a natter).

klop·fen [ˈklɔpfən] I *itr* 1. *(an der Tür etc)* knock *(an* at); *(sanft)* tap *(an, auf* at, on); 2. *(Herz)* beat; *(stärker)* pound; 3. *mot (Motor)* knock, pink; ▶ **es klopft** there is a knock at the door; **jdm auf die Finger ~** *fig* rap s.o. on the knuckles; II *tr (Steine etc)* knock down; *(Fleisch, Teppich etc)* beat; ▶ **den Takt ~** beat

time; **klopf·fest** *adj mot* anti-knock.
Klöp·pel ['klœpəl] ⟨-s, -⟩ *m 1. (von Glocke)* clapper, tongue; *2. (Spitzen~)* bobbin; **klöp·peln** *itr* make lace.
klop·pen ['klɔpən] *refl fam* scrap.
Klops [klɔps] ⟨-es, -e⟩ *m fam* meatball.
Klo·sett [klo'zɛt] ⟨-s, -e/-s⟩ *n* lavatory, toilet; **Klo·sett·pa·pier** *n* toilet paper.
Kloß [klo:s, *pl* 'klø:sə] ⟨-es, ⁻e⟩ *m 1. (Erd~)* clod; *2. (Knödel)* dumpling; *(Fleisch~)* meatball.
Klo·ster ['klo:stɐ, *pl* 'klø:stɐ] ⟨-s, ⁻⟩ *n (Mönchs~)* monastery; *(Frauen~)* convent.
Klotz [klɔts, *pl* 'klœtsə] ⟨-es, ⁻e⟩ *m 1. (Holz~)* block (of wood); *2. fam (häßliches Haus)* monstrosity; *3. fam (grober Kerl)* great lump; ▶ **auf e-n groben ~ gehört ein grober Keil** *prov* rudeness must be met with rudeness; *sich e-n ~ ans Bein binden fig* tie a millstone around one's neck; **klot·zen** *itr sl (hart arbeiten)* slog (away); *(angeben)* show off.
Klub [klʊp] ⟨-s, -s⟩ *m* club; **Klub·sessel** *m* club chair.
Kluft [klʊft, *pl* klyftə] ⟨-, ⁻e⟩ *f 1. (Lücke, a. fig)* gap; *2. (Abgrund)* chasm; *(Spalte)* cleft; *(Schlucht)* ravine; *3. sl (Kleidung)* gear; ▶ **e-e ~ überbrücken** *fig* bridge a gulf.
klug [klu:k] ⟨klї?ger, klї?gst⟩ *adj* clever, intelligent; *(aufgeweckt)* bright; *(verständig)* sensible, wise; *(geschickt)* shrewd; ▶ **daraus kann ich nicht ~ werden** I cannot make head or tail of it; *durch Schaden wird man ~* one learns by one's mistakes; *aus dem kann ich nicht ~ werden* I wonder what makes him tick; *der Klügere gibt nach prov* discretion is the better part of valour; *das Klügste wäre wohl, zu …* it would probably be best to …; **Klug·heit** *f (Verstand)* cleverness, intelligence; *(Weisheit)* wisdom.
Klum·pen ['klʊmpən] ⟨-s, -⟩ *m allg* lump; *(Erd~)* clod; *(Gold~)* nugget.
klum·pen *itr (Sauce)* go lumpy.
Klump·fuß *m* club-foot.
Klün·gel ['klʏŋəl] ⟨-s, -⟩ *m fam pej (Clique)* clique.
knab·bern ['knaben] *tr itr* nibble; ▶ **daran wirst du noch zu ~ haben!** *fig fam* you won't get over it so easily!
Kna·be ['kna:bə] ⟨-n, -n⟩ *m obs (gehoben)* boy, lad; ▶ **alter ~** *fam* old chap.
Knäcke·brot (k·k) *n* crispbread.
knacken (k·k) ['knakən] *I itr 1. (reißen)* crack; *2. sl (pennen)* (have a) kip; *II tr 1. (Nüsse, a. fig fam: Rätsel)* crack; *2. sl (Autos, Tresor)* break into.
Knacker (k·k) *m sl:* ▶ **alter ~** old geezer.
Knacki (k·k) *m sl (ehem. Häftling)* jailbird.

Knack·punkt *m fam* critical point, crucial point.
Knacks [knaks] ⟨-es, -e⟩ *m 1. (Riß, Sprung)* crack; *2. fam (leichter Defekt):* ▶ **mein Kasettenrecorder hat e-n ~** there's s.th. wrong with my cassette recorder; ▶ **eure Ehe hat doch schon lange e-n ~** *fig fam* your marriage has been cracking up for along time; *er hat einen ~ weg fig fam* he's a bit screwy; *(gesundheitlich)* his health isn't too good; *e-n ~ bekommen fig fam (e-n Rückschritt erleiden)* suffer a setback.
Knall [knal] ⟨-(e)s, (-e)⟩ *m 1. (von Peitsche)* crack; *(von Tür)* bang; *(von Sektkorken)* pop; *2. fam (Krach)* trouble; ▶ **e-en ~ haben** *fig fam* be off one's rocker; *~ auf Fall fam* all of a sudden; *jdn ~ auf Fall entlassen fam* dismiss s.o. completely out of the blue; **Knall·bon·bon** *n* cracker; **Knall·ef·fekt** *m fam* surprise (*od* spectacular) effect.
knal·len *I tr* bang, slam; ▶ **ich knalle dir gleich e-e!** *fam* I'll clout you one in a minute! *II itr 1. allg* bang; *(Tür)* bang, slam; *(Sektkorken etc)* (go) pop; *(Peitsche)* crack; *2. fam (Sonne)* blaze down; ▶ **mit der Peitsche ~** crack the whip.
Knall·erb·se *f* toy torpedo; **Knall·gas** *n chem* oxyhydrogen.
knall·rot ['-'-] *adj fam* as red as a beetroot.
knapp [knap] *adj 1. (spärlich)* scarce; *(Kleidung)* scanty; *(Geld)* tight; *(dürftig)* Br meagre, Am meager; *2. (kaum ausreichend)* barely sufficient; *3. (Stil)* concise; *(Geste)* terse; *4. (gerade noch, so eben)* just; ▶ **~ bei Kasse sein** *fam* be short of money; *mit ~er Mehrheit* with a narrow majority; *sein ~es Auskommen haben* only just get by; *mit ~er Not entkommen* only just escape; *seit e-m ~en Jahr* for almost a year; *etw wird bei jdm ~ s.o.* is running short of s.th.; ▶ **…, aber nicht zu knapp!** *fam (gehörig, und wie!)* …, and good and proper!
Knap·pe ['knapə] ⟨-n, -n⟩ *m 1. hist (Schild~)* squire; *2. min (Berg~)* qualified miner.
Knapp·heit *f 1. (Mangel)* scarcity, shortage; *(von Zeit)* shortness; *2. fig (von Stil etc)* conciseness.
Knapp·schaft *f min* miners' guild.
Knar·re ['knarə] ⟨-, -n⟩ *f 1. sl (Gewehr)* shooter; *2. tech (~nschlüssel)* ratchet wrench.
knar·ren *itr* creak.
Knast [knast] ⟨-(e)s, -e⟩ *m sl (Gefängnis)* clink, jug, Am a. can; ▶ **im ~ in** clink; *~ schieben sl* do time.
knat·tern ['knaten] *itr (rattern)* rattle; *(Motor)* roar.
Knäu·el ['knɔiəl] ⟨-s, -⟩ *m od n (Garn~)* ball.

Knauf [knaʊf, pl 'knɔɪfə] ‹-(e)s, ⁀e› m (Tür~) knob; (Degen~) pommel.

knau·se·rig adj fam stingy (mit with); **knau·sern** itr fam be stingy (mit with).

knaut·schen ['knaʊtʃən] tr itr fam crumple (up); **Knautsch·zo·ne** f mot crumple zone.

Kne·bel ['kne:bəl] ‹-s, -› m gag; **Kne·bel·knopf** m (an Mantel etc) toggle fastening; **kne·beln** tr (a. fig: die Presse etc) gag.

Knecht [knɛçt] ‹-(e)s, -e› m 1. (Bauern~) farm hand, (Diener) (man) servant; 2. fig (Sklave) slave (jds to s.o.); **knech·ten** tr enslave; **Knecht·schaft** f servitude.

knei·fen ['knaɪfən] irr I tr itr pinch (jdn s.o.); ▶ jdn in den Arm ~ pinch someone's arm; II itr fam (sich drücken) chicken out (vor of); ▶ K~ gilt nicht! there's no shirking it!

Knei·pe ['knaɪpə] ‹-, -n› f fam Br pub, Am saloon; **Knei·pen·bum·mel** m pub crawl.

Kne·te f 1. sl (Geld) dough; 2. (Knetgummi) plasticine; **kne·ten** ['kne:tən] tr allg knead; **Knet·gum·mi** m od n plasticine; **Knet·mas·se** f modelling clay.

Knick [knɪk] ‹-(e)s, -e› m 1. (Biegung) sharp bend; 2. (Falte) crease; **knicken** (k·k) tr itr snap; (falten) fold.

knick(e)·rig adj fam (geizig) stingy.

Knicks [knɪks] ‹-es, -e› m curts(e)y; ▶ vor jdm e-n ~ machen (drop a) curts(e)y to s.o.; **knick·sen** itr curts(e)y (vor jdm to s.o.).

Knie [kni:, pl 'kni:ə] ‹-s, -› n 1. anat knee; 2. (von Fluß) bend; 3. tech (Rohr~ etc) angle; ▶ etw übers ~ brechen fig rush at s.th.; in die ~ sinken drop to one's knees; das ~ beugen vor jdm bend the knee to s.o.; schließlich ging er doch in die ~ fig at last he was brought to his knees; ich lege ihn gleich übers ~ I'll put him over my lap in a minute; jdn in die ~ zwingen fig force s.o. to his knees; **Knie·beu·ge** f sport knee-bend; **Knie·bund·ho·se** f knee-breeches; **Knie·ge·lenk** n anat knee joint; **Knie·keh·le** f anat hollow of the knee.

knien ['kni:ən] itr refl kneel (vor before).

Knies [kni:s] m fam: ▶ ~ haben have a tiff.

Knie·schei·be f anat kneecap; **Knie·schüt·zer** m kneepad.

Knie·strumpf m knee-length sock.

Knie·stück n tech elbow joint.

Kniff [knɪf] ‹-(e)s, -e› m 1. fam (Trick) knack, trick; 2. (Falte) crease, fold; 3. (Kneifen) pinch; ▶ den ~ bei etw heraushaben fam have the knack of s.th.; ist ein besonderer ~ dabei? fam is there a special knack to it? **kniff·lig** adj fiddly; (heikel) tricky.

Knilch [knɪlç] ‹-s, -e› m fam pej bloke, Am a. guy, sl nut.

knip·sen ['knɪpsən] I tr 1. phot fam snap; 2. (lochen) punch; II itr phot fam take pictures; ▶ mit den Fingern ~ fig snap one's fingers.

Knirps [knɪrps] ‹-es, -e› m 1. (kleiner Junge) whippersnapper; squirt pej; 2. (Faltschirm Wz) folding umbrella.

knir·schen ['knɪrʃən] itr (Schnee) crunch; (Getriebe) grind; ▶ mit den Zähnen ~ gnash (od grind) one's teeth.

kni·stern ['knɪstən] itr (Feuer) crackle; (Kleid, Papier, Seide) rustle.

knit·ter·frei adj crease-resistant; **knittern** ['knɪten] tr itr crease.

kno·beln ['kno:bəln] itr 1. (würfeln) play dice; 2. (grübeln, nachdenken) puzzle (an over); ▶ (mit jdm) um etw ~ toss (s.o.) for s.th.

Knob·lauch ['kno:blaʊx] ‹-(e)s› m bot garlic; **Knob·lauch·pres·se** f garlic press.

Knö·chel ['knœçəl] ‹-s, -› m (von Fuß) ankle; (von Hand) knuckle.

Kno·chen ['knɔxən] ‹-s, -› m bone; ▶ naß bis auf die ~ soaked to the skin; er hat einfach keinen Mumm in den ~ fam he just has no guts; mir tun alle ~ weh fam every bone in my body is aching; sich einen ~ brechen break a bone; **Kno·chen·ar·beit** f hard graft; **Kno·chen·bau** m bone structure; **Kno·chen·bruch** m fracture; **Kno·chen·ge·rüst** n skeleton; **Kno·chen·lei·den** n osteopathy; **Kno·chen·mark** n bone marrow; **Kno·chen·schin·ken** m ham on the bone.

knö·chern ['knœçen] adj (Material) osseous.

kno·chig ['knɔxɪç] adj bony.

Knö·del ['knø:dəl] ‹-s, -› m dumpling.

Knol·le ['knɔlə] ‹-, -n› f 1. bot nodule; (von Kartoffel) tuber; 2. fig fam (dicke Nase) conk.

Knol·len·blät·ter·pilz [--'---] m bot deathcup.

Knopf [knɔpf, pl 'knœpfə] ‹-(e)s, ⁀e› m 1. (an Kleidern) button; 2. (an Geräten) (push-)button; ▶ auf den ~ drücken press (od push) the button; **knöp·fen** ['knœpfən] tr button (up); **Knopf·loch** n buttonhole; **Knopf·zel·le** f round cell battery.

Knor·pel ['knɔrpəl] ‹-s, -› m anat cartilage; (an Bratenstücken etc) gristle; **knor·pe·lig** adj anat cartilaginous; (Fleisch) gristly.

knor·rig ['knɔrɪç] adj 1. (Holz) knotty; (Baum) gnarled; 2. fig (eigenwillig) surly.

Knos·pe ['knɔspə] ‹-, -n› f bud; **knospen** itr bud.

Kno·ten ['kno:tən] ‹-s, -› m 1. allg (a. Haar~) knot; astr bot math node; med

lump; **2.** *fig (Verwicklung)* plot; ▶ **(in etw) e-n ~ machen** tie a knot (in s.th.); **e-n ~ lösen** undo a knot; *fig* solve a difficulty; **Kno·ten·punkt** *m mot rail* junction.
kno·tig *adj* knotty; *(Hände, Zweige)* gnarled.
Know-how [nou'hau] ⟨-(s)⟩ *n* know-how.
knül·le *adj fam (betrunken)* tight.
knül·len ['knʏlən] *tr itr* crumple.
Knül·ler ['knʏlə] ⟨-s, -⟩ *m fam* **1.** *(Sensation)* big hit; **2.** *(sensationelle Zeitungsmeldung)* scoop.
knüp·fen ['knʏpfən] **I** *tr* **1.** *(Knoten, Band etc)* knot, tie; *(Netz)* mesh; **2.** *fig (Freundschaft)* form; ▶ **e-e Bedingung an etw ~** add a condition to s.th.; **II** *refl* be linked *(an etw* with s.th.).
Knüp·pel ['knʏpəl] ⟨-s, -⟩ *m* **1.** *(Waffe)* cudgel; *(Polizei~)* truncheon; **2.** *aero (Steuer~)* control stick; *mot (an Gangschaltung)* gear stick; ▶ **jdm (e-n) ~ zwischen die Beine werfen** *fig* put a spoke in someone's wheel.
knüp·pel·dick ['--'-] *adj fam:* ▶ **wenn's mal losgeht, dann kommt's auch gleich ~** it never rains but it pours; **Knüp·pel·schal·tung** *f mot* gear shift.
knur·ren ['knurən] *tr itr* **1.** *(Hund)* growl; *(wütend ~)* snarl; **2.** *(Magen)* rumble; **3.** *fig (nur itr) (sich beklagen)* groan, moan *(über* about); **knur·rig** *adj (brummig, grantig)* grumpy; *(verstimmt)* disgruntled.
knus·pern ['knuspən] *tr itr* crunch; **knusp·rig** *adj (Brötchen, Braten)* crisp.
knut·schen ['knu:tʃən] *tr itr refl fam* neck, pet, smooch *(jdn od mit jdm* with s.o.); **Knutsch·fleck** *m fam* love bite.
Ko·ali·tion [koali'tsjo:n] *f pol* coalition; **Ko·ali·tions·part·ner** *m* coalition partner; **Ko·ali·tions·re·gie·rung** *f pol* coalition government.
Ko·balt ['ko:balt] ⟨-s⟩ *n* cobalt.
Ko·bold ['ko:bɔlt] ⟨-(e)s, -e⟩ *m* goblin, imp.
Koch [kɔx, *pl* 'kœçə] ⟨-(e)s, ⁻e⟩ *m* cook; ▶ **viele ⁻e verderben den Brei** *prov* too many cooks spoil the broth; **Kochbuch** *n* cookbook, cookery book; **ko·chen** ['kɔxən] **I** *itr* **1.** *(Wasser)* boil; **2.** *(Mahlzeiten)* cook; ▶ **vor Wut ~** *fig fam* be boiling with rage; **er kocht gut** he ist a good cook; **II** *tr* **1.** *(Essen)* cook; **2.** *(Wasser, Suppe)* boil; *(Kaffee)* make.
Ko·cher *m* **1.** *(Herd)* cooker; *(Camping~)* stove; **2.** *(Heizplatte)* hotplate.
Kö·cher ['kœçe] ⟨-s, -⟩ *m (für Pfeile)* quiver.
Koch·feld *n* ceramic hob; **Koch·ge·le·gen·heit** *f* cooking facilities *pl;* **Koch·ge·schirr** *n (im Haushalt)* pots and

pans *pl; mil* mess tin.
Kö·chin ['kœçɪn] ⟨-, -nen⟩ *f* cook.
Koch·kunst *f* culinary art; **Koch·löffel** *m* cooking spoon; **Koch·ni·sche** *f* kitchenette; **Koch·plat·te** *f* boiling ring, hotplate; **Koch·re·zept** *n* recipe; **Koch·salz** *n* common salt, sodium chloride; **Koch·topf** *m* pot; *(mit Stiel)* saucepan.
Ko·die·rung [ko'di:rʊŋ] *f* coding.
Kö·der ['kø:de] ⟨-s, -⟩ *m a. fig* bait; **kö·dern** *tr* **1.** lure; **2.** *fig* entice; ▶ **sich ~ lassen** *fig* swallow the bait.
Kof·fe·in [kɔfe'i:n] ⟨-s⟩ *n* caffeine; **kof·fe·in·frei** *adj* decaffeinated.
Kof·fer ['kɔfe] ⟨-s, -⟩ *m* case, bag; ▶ **s-e ~ packen** *a. fig* pack one's bags.
Kof·fer·ra·dio *m* portable radio; **Koffer·raum** *m mot Br* boot, *Am* trunk.
Kohl ⟨-(e)s⟩ *m* **1.** *(Gemüse)* cabbage; **2.** *fig fam (Quatsch)* rubbish; ▶ **aufgewärmter ~** *fig fam* old stuff; **das macht den ~ auch nicht fett** *fig fam* you *(od* I *od* they *etc)* won't get fat on that; **Kohl·dampf** *m fam:* ▶ **~ schieben** be starving.
Koh·le ['ko:lə] ⟨-, -n⟩ *f* **1.** *(Stein~)* coal; **2.** *tech* carbon; **3.** *sl (Geld)* dough; ▶ **auf heißen ~n sitzen** *fig* be on tenterhooks; **Hauptsache, die ~n stimmen** *sl* the main thing is that the money's right; **Koh·le·fil·ter** *m* carbon filter; **Kohle·kraft·werk** *n* coal(-fired) power station; **koh·len**[1] *itr* **1.** *(karbonisieren)* carbonize; **2.** *mar* take on coal.
koh·len[2] *itr fam (lügen)* tell lies.
Koh·len·becken *n* coal basin; **Kohlen·berg·bau** *m* coal-mining; **Kohlen·berg·werk** *n* coalmine; **Kohlen·di·oxid** *n chem* carbon dioxide; **Kohlen·flöz** [-flø:ts] ⟨-es, -e⟩ *n* layer of coal; **Koh·len·hal·de** *f* pile of coal; **Koh·len·händ·ler** *m* coal merchant; **Koh·len·hand·lung** *f* coal-merchant's business; **Koh·len·herd** *m* range; **Koh·len·hy·drat** *n chem* carbohydrate; **Koh·len·ka·sten** *m* coal-box; **Koh·len·kel·ler** *m* coal cellar; **Kohlen·mon·oxid** *n chem* carbon monoxide; **Koh·len·säu·re** *f chem* carbonic acid; **Koh·len·staub** *m* coaldust; **Kohlen·stoff** ⟨-(e)s⟩ *m chem* carbon; **Kohlen·wa·gen** *m* **1.** *mot* coal truck; **2.** *rail (Tender)* tender; **Koh·len·was·ser·stoff** [-'--'---] *m chem* hydrocarbon.
Koh·le·pa·pier ⟨-s⟩ *n* carbon paper.
Köh·ler ['kø:le] ⟨-s, -⟩ *m* charcoal burner.
Koh·le·ver·flüs·si·gung *f tech* carbohydrate metabolism; **Koh·le·zeich·nung** *f* charcoal drawing.
Kohl·kopf *m* cabbage; **Kohl·mei·se** *f orn* great tit; **kohl·ra·ben·schwarz** ['--'-'-] *adj* **1.** *(Haar, Augen)* jet black; **2.** *fam (sehr schmutzig)* (as) black as coal;
Kohl·ra·bi [ko:l'ra:bi] ⟨-, -⟩ *m bot* koh-

lrabi; **Kohl·rou·la·de** f stuffed cabbage; **Kohl·rü·be** f bot swede; **Kohl·weiß·ling** [-'--] m zoo cabbage white.

Ko·itus ['ko:itʊs] ⟨-⟩ m coition, coitus; ▶ ~ **interruptus** coitus interruptus.

Ko·je ['ko:jə] ⟨-, -n⟩ f 1. mar berth, bunk; 2. (Messestand) stand; ▶ **sich in die ~ hauen** sl hit the sack.

Ko·jo·te [ko'jo:tə] ⟨-n, -n⟩ m zoo coyote.

Ko·ka·in [koka'i:n] ⟨-s⟩ n cocaine.

Ko·ke·rei [ko:kə'raɪ] f coking plant, coke works pl.

ko·kett [ko'kɛt] adj coquettish; **Ko·ket·te·rie** [kokɛtə'ri:] f coquetry; **ko·ket·tie·ren** itr a. fig flirt; ▶ **mit e-m Gedanken ~** fig flirt with an idea.

Ko·ko·lo·res [koko'lo:rəs] ⟨-⟩ m fam 1. (Kram) shebang; 2. (Unsinn, Unfug) rubbish; 3. (viel Aufhebens, Getue) palaver.

Ko·kon [ko'kõ:] ⟨-s, -s⟩ m zoo cocoon.

Ko·kos ['ko:kɔs] ⟨-⟩ n coconut; **Ko·kos·fa·ser** f coco Br fibre, (Am fiber); **Ko·kos·fett** n coconut oil; **Ko·kos·flocken (k·k)** pl desiccated coconut sing; **Ko·kos·mat·te** f coconut matting; **Ko·kos·milch** f coconut milk; **Ko·kos·nuß** f coconut; **Ko·kos·pal·me** f coconut palm.

Koks[1] [ko:ks] ⟨-⟩ m 1. (Brennstoff) coke; 2. fam (Unsinn, Unfug) rubbish; 3. sl (Geld) dough.

Koks[2] m od n sl (Kokain) coke.

Kol·ben ['kɔlbən] ⟨-s, -⟩ m 1. (Gewehr~) butt; 2. bot spadix; (Mais~) cob; 3. mot piston; 4. chem (Destillier~) retort; **Kol·ben·fres·ser** m mot fam piston seizure.

Kol·chos(e) [kɔl'ço:zə] ⟨-, -n⟩ m (f) kolkhoz.

Ko·li·bri ['ko:libri] ⟨-s, -s⟩ m orn colibri.

Ko·lik ['ko:lɪk/ko:'li:k] f med colic.

Kol·la·bo·ra·teur(in) [kɔlabora'tø:ə] m (f) pol collaborator.

Kol·laps [ko'laps/fam 'kɔlaps] m med collapse.

Kol·leg [kɔ'le:k] ⟨-s, -s/-ien⟩ n 1. (Reihe von Vorlesungen) course of lectures; 2. (einzelne Vorlesung) lecture.

Kol·le·ge (Kol·le·gin) [ko'le:gə] ⟨-n, -n⟩ m (f) colleague; (Arbeits~) (work)mate; **kol·le·gial** [kole'gja:l] adj 1. (als Kollege) like a good colleague; 2. (kooperativ, hilfsbereit) cooperative.

Kol·le·gi·um [ko'le:giʊm] n (Lehrer~ etc) staff.

Kol·leg·map·pe f document case.

Kol·lek·te [kɔ'lɛktə] ⟨-, -n⟩ f eccl offertory.

Kol·lek·tiv [kɔlɛk'ti:f] ⟨-s, -e/(-s)⟩ n collective; **kol·lek·tiv** adj collective; **Kol·lek·tiv·schuld** f collective guilt; **Kol·lek·tiv·wirt·schaft** f pol collective economy.

Kol·lek·tor ⟨-s, -en⟩ m el collector.

Kol·ler ['kɔle] ⟨-s, -⟩ m fam: ▶ **e-n ~ kriegen** fly into a rage.

kol·li·die·ren [kɔli'di:rən] ⟨sein od h⟩ itr a. fig collide (mit with); (zeitlich) clash.

Kol·li·sion [kɔli'zjo:n] ⟨-, -en⟩ f a. fig collision; (zeitlich) clash; **Kol·li·sions·kurs** m a. fig collision course; ▶ **auf ~ laufen** a. fig be heading on a collision course.

Kol·lo·qui·um [kɔ'lo:kviʊm] n colloquium.

Köln [kœln] n Cologne.

ko·lo·nial [kolo'nja:l] adj colonial; **Ko·lo·nial·herr·schaft** f: ▶ **die britische ~ über ...** British colonial supremacy over ...; **in den Zeiten britischer ~** during the times of British colonial power; **Ko·lo·nial·sy·stem** n colonial system; **Ko·lo·nie** [kolo'ni:] f colony; **Ko·lo·ni·sa·tion** f colonization; **ko·lo·ni·sie·ren** tr colonize; **Ko·lo·nist(in)** m (f) colonist; (Siedler) settler.

Ko·lon·na·de [kolo'na:də] ⟨-, -n⟩ f arch colonnade.

Ko·lon·ne [ko'lɔnə] ⟨-, -n⟩ f allg a. typ column; mil convoy; mot (Autoschlange) line; (Arbeiter~) gang; ▶ **Fünfte ~** hist fifth column.

ko·lo·rie·ren [kolo'ri:rən] tr arch colour.

Ko·lo·rit [kolo'ri:t] ⟨-(e)s, -e⟩ n 1. mus colour; (bei Malerei) colouring; 2. fig (Lokal~) atmosphere.

Ko·loß [ko'lɔs] ⟨-sses, -sse⟩ m colossus.

ko·los·sal [kolo'sa:l] I adj 1. allg colossal; 2. fam (Fehler etc) crass; II adv fam tremendously.

Ko·lum·ne [ko'lʊmnə] ⟨-, -n⟩ f typ column; **Ko·lum·nist(in)** m (f) columnist.

Ko·ma ['ko:ma] ⟨-s, -s/-ta⟩ n med coma.

Kom·bi·na·tion [kɔmbina'tsjo:n] f 1. (Zusammenstellung) combination; 2. sport (Zus.-spiel) concerted move; 3. (Schlußfolgerung) deduction; 4. (von Kleidung) ensemble, suit; aero (Flieger~) flying suit; **Kom·bi·na·tions·ga·be** f power of deduction.

kom·bi·nie·ren I tr combine; II itr 1. (folgern) deduce; 2. (vermuten) suppose.

Kom·bi·wa·gen m mot Br estate car, Am station wagon.

Kom·bü·se [kɔm'by:zə] ⟨-, -n⟩ f mar galley.

Ko·met [ko'me:t] ⟨-en, -en⟩ m astr comet.

Kom·fort [kɔm'fo:ə] ⟨-s⟩ m (Luxus) luxury; (Bequemlichkeiten) comfort; **kom·for·ta·bel** [kɔmfɔr'ta:bəl] adj 1. (mit Komfort) luxurious; 2. (bequem) comfortable; **Kom·fort·haus** n luxury home.

Ko·mik ['ko:mɪk] f 1. (das Komische) comic; 2. (komisches Moment etc) comic element; ▶ **die Situation ent-**

behrte nicht e-r gewissen ~ the situation was not without an element of comedy; **Ko·mi·ker(in)** *m (f)* comedian; ▶ Sic ~! *fig fam* you must be joking!

ko·misch *adj* 1. *(lächerlich, spaßig)* comic(al), funny; 2. *(merkwürdig)* funny, strange; ▶ das K~e daran ist, daß ... the funny thing about it is that ...

Ko·mi·tee [komi'te:] ⟨-s, -s⟩ *n* committee.

Kom·ma ['kɔma] ⟨-s, -s/-ta⟩ *n* comma; *math (Dezimal~)* decimal point; ▶ zwanzig ~ fünf (20,5) twenty point five (20.5); null ~ vier (0,4) point 4 (.4).

Kom·man·dant(in) [kɔman'dant] ⟨-en, -en⟩ *m (f)* commanding officer; **Kom·man·dan·tur** *f* head quarters *pl.*

Kom·man·deur(in) *m (f)* commander; *mil* commanding officer *(Abk* C.O.); *mar* captain.

kom·man·die·ren I *tr* 1. *(Truppen etc)* command; 2. *(befehlen)* order *(jdm etw* s.o. to do s.th.); II *itr* 1. *(Kommandeur sein)* be in command; 2. *(Befehle erteilen)* give the orders.

Kom·man·dit·ge·sell·schaft [--'dit-] *f com (Abk KG)* limited partnership. **Kom·man·di·tist** *m com* limited partner.

Kom·man·do [kɔ'mando] ⟨-s, -s⟩ *n* 1. *(Befehl)* command, order; 2. *(Befehlsgewalt)* command *(über* of); 3. *mil (Abteilung)* commando; ▶ das ~ führen be in command; das ~ übernehmen take command; **Kom·man·do·brücke** *f mar* bridge.

kom·men ['kɔmən] *irr* I *itr* 1. *allg* come; *(an~)* arrive; *(her~)* come over; 2. *(gelangen, hin~)* get *(nach, zu* to); *((er)reichen)* reach; ▶ das kommt überhaupt nicht in Frage! that's absolutely out of the question! ich komme ja schon! I'm just coming! da kommt sie ja! there she is *(od* here she comes)! ich komme gleich I'll be there right away; ~ Sie mir bloß nicht mit der Tour! *fam* don't come that (game) with me! komme, was wolle come what may; wie kommt's (, daß du immer so knapp bei Kasse bist)? *fam* how come (you're always that short of money)? was (wer) kommt als nächstes? what's (who's) next? das kommt davon, wenn ... that's what happens when ...; das kommt von ... that's because of ...; das kommt davon, daß ... that's because ...; das kommt davon! see what happens! los, komm! come on! komm, komm, es ist doch alles nicht so schlimm! come, come, it's not all that bad! aber das Schlimmste kommt noch ..., but the worst is yet to come; sie kommt so langsam in das Alter, in dem ... she's just reaching the age when ...; ich komme nicht auf den richtigen Ausdruck I can't think of the right expression; es kam alles ziemlich überraschend it all came as quite a surprise; alles zusammen kommt das auf 500 DM *fam* that comes to DM 500 all together; auf wieviel Geld ~ Sie pro Monat? *fam* how much money do you get a month? mir kommt gerade ein Gedanke I just had an idea; das haben wir ~ sehen we saw it coming; ~ Sie mir bloß nicht so! *fam* don't try that on me! er ließ e-n Arzt ~ he sent for a doctor; die Kupplung ~ lassen *fam mot* let the clutch in; nach London ~ get to London; an die frische Luft ~ get out into the fresh air; endlich ~ die Dinge in Bewegung things start to move at last; ins Gefängnis ~ go to prison; wer zuerst kommt, mahlt zuerst *prov* first come first served *(od* first in first out); ~ Sie bloß nicht an diese Vase! just don't touch this vase! wie sind wir bloß darauf ge~? *(zu sprechen* ge~) how on earth did we get onto that? ich lasse auf diese Frau nichts ~ I won't have a word against this woman; darauf wäre ich nie ge~ that would never have occurred to me; wie sind Sie dahinter ge~? how did you find that out? um s-n Schlaf ~ not to get any sleep; gelaufen ~ come running; dazu kommt (~) noch ... then there is (are) ...; ich bin noch nicht dazu ge~ I haven't yet got round to it; wie sind Sie denn nur zu Ihrem neuen Haus ge~? how on earth did you get *(od* come by) your new house? ins Gerede ~ get o.s. talked about; zu sich ~ *(aus Ohnmacht erwachen)* come to one's senses; *fig (sich über sich selbst klar werden)* sort o.s. out; soweit ist es ge~! it has come to that! es kommt noch so weit, daß ... it will get to the point where ... ums Leben ~ lose one's life; (zu etw) zu spät ~ be late (for s.th.); zu kurz ~ come off badly; zu e-r Entscheidung ~ come to a decision; II *tr fam:* das wird Sie teuer zu stehen ~! that'll cost you dear!

kom·mend *adj* coming; ▶ ~e Woche next week; in den ~en Jahren in the years to come.

Kom·men·tar [kɔmɛn'ta:ɐ] ⟨-s, -e⟩ *m* commentary; *(Statement gegenüber Presse etc)* comment; ▶ kein ~ no comment; e-n ~ zu etw abgeben (make a) comment on s.th.; **Kom·men·ta·tor(in)** *m (f)* commentator; **kom·men·tie·ren** *tr* comment on.

kom·mer·zia·li·sie·ren *tr (vermarkten)* commercialize; **kom·mer·ziell** [kɔmɛr'tsjɛl] *adj* commercial; ▶ rein ~ denken think purely in commercial terms.

Kom·mi·li·to·ne (Kom·mi·li·to·nin)

[kɔmili'toːnə] ⟨-n, -n⟩ *m (f)* fellow student.

Kom·miß [kɔ'mɪs] ⟨-sses⟩ *m fam* 1. *(~leben)* barrack-room life; 2. *(Heer)* army.

Kom·mis·sar [kɔmɪ'saːɐ] ⟨-s, -e⟩ *m* 1. *pol* commissioner; 2. *(Polizei~)* inspector; **Kom·mis·sa·ri·at** [kɔmɪsari'aːt] ⟨-(e)s, -e⟩ *n* 1. *pol* commissioner's department; 2. *(Polizeidienststelle)* superintendent's department; **kom·mis·sa·risch** *adj (vorläufig)* temporary.

Kom·mis·sion *f* 1. *(Komitee)* committee; *(Untersuchungsausschuß)* commission; 2. *com* commission; ▶ **in ~** *com* on commission; **Kom·mis·sio·när** ⟨-s, -e⟩ *m com* 1. commission agent; 2. *(im Buchhandel: Großhändler)* wholesale bookseller.

Kom·mo·de [kɔ'moːdə] ⟨-, -n⟩ *f* chest of drawers.

kom·mu·nal [kɔmu'naːl] *adj pol* local; *(die Stadt betreffend)* municipal; **Kom·mu·nal·po·li·tik** *f pol* local government politics *pl;* **Kom·mu·nal·wah·len** *f pl pol* local *(od* municipal) elections.

Kom·mu·ne [kɔ'muːnə] ⟨-, -n⟩ *f* 1. *(Gemeinde, Ortschaft)* community; 2. *(Wohngemeinschaft)* commune; ▶ **die Pariser ~** *pol hist* the Paris Commune.

Kom·mu·ni·ka·tion *f* communication; **Kom·mu·ni·ka·tions·mit·tel** *n* means of communication; **Kom·mu·ni·ka·tions·sa·tel·lit** *m* communications satellite.

Kom·mu·ni·on [kɔmu'njoːn] *f eccl* Communion.

Kom·mu·ni·qué [kɔmyni'keː] ⟨-s, -s⟩ *n* communiqué.

Kom·mu·nis·mus [kɔmu'nɪsmʊs] *m* communism; **Kom·mu·nist(in)** *m (f)* Communist; **kom·mu·ni·stisch** *adj* communist; ▶ **~e Partei** Communist Party; **~e Internationale** Communistic International; **das K~e Manifest** the Communist Manifesto.

Ko·mö·diant(in) [komø'djant] *m (f)* 1. *theat* actor (actress); 2. *fig (Heuchler(in))* play-actor.

Ko·mö·die [ko'møːdiə] ⟨-, -n⟩ *f* 1. *theat* comedy; 2. *fig* farce; ▶ **~ spielen** *fig* put on an act.

Kom·pa·gnon ['kɔmpanjɔŋ/-'jõː] ⟨-s, -s⟩ *m com* partner.

kom·pakt *adj* comact; **Kom·pakt·ka·me·ra** *f phot* compact camera.

Kom·pa·nie [kɔmpa'niː] *f* 1. *mil* company; 2. *com* trading company *(Abk* Co); **Kom·pa·nie·chef (-füh·rer)** *m mil* company commander.

Kom·pa·ra·tiv ['kɔmparatiːf] ⟨-s, -e⟩ *m gram* comparative.

Kom·par·se [kɔm'parzə] ⟨-n, -n⟩ *m film*

extra; *theat* super(numerary).

Kom·paß ['kɔmpas] ⟨-sses, -sse⟩ *m* compass; ▶ **nach dem ~** by the compass; **Kom·paß·na·del** *f* compass needle.

kom·pa·ti·bel *adj* compatible; **Kom·pa·ti·bi·li·tät** *f* compatibility.

Kom·pen·sa·tion [kɔmpɛnza'tsjoːn] compensation; **kom·pen·sie·ren** *tr* compensate for …

kom·pe·tent [kɔmpe'tɛnt] *adj* 1. *(zuständig)* competent; 2. *(befugt)* authorized; **Kom·pe·tenz** ⟨-, -en⟩ *f* competence, authority; *jur (~bereich e-s Gerichts)* jurisdiction; **Kom·pe·tenz·strei·tig·keit** *f* demarcation dispute.

kom·plett [kɔm'plɛt] *adj* complete.

Kom·plex [kɔm'plɛks] ⟨-es, -e⟩ *m* complex; *fam (Minderwertigkeits~)* hangup; ▶ **er hat ~e wegen s-r großen Nase** he has a complex about his big nose; **kom·plex** *adj* complex.

Kom·pli·ka·tion *f* complication.

Kom·pli·ment [kɔmpli'mɛnt] ⟨-(e)s, -e⟩ *n* compliment; ▶ **jdm für etw ~e machen** compliment s.o. on s.th.

Kom·pli·ze (Kom·pli·zin) [kɔm'pliːtsə] ⟨-n, -n⟩ *m (f)* accomplice.

kom·pli·ziert *adj* complicated.

Kom·plott [kɔm'plɔt] ⟨-(e)s, -e⟩ *n* conspiracy, plot; ▶ **ein ~ (zur Ermordung des Königs) schmieden** hatch a plot (to murder the King).

kom·po·nie·ren [kɔmpo'niːrən] *tr itr* compose; **Kom·po·nist(in)** *m (f)* composer; **Kom·po·si·tion** *f* composition.

Kom·post [kɔm'pɔst] ⟨-(e)s, -e⟩ *m* compost; **Kom·post·hau·fen** *m* compost heap; **Kom·po·stier·an·la·ge** *f* composting plant; **kom·po·stie·ren** *tr* compost; **kom·po·stier·bar** *adj* degradable; **Kom·po·stier·bar·keit** *f* degradability; **Kom·po·stie·rung** *f* biological degradation; **Kom·post·werk** *n* composting plant.

Kom·pott [kɔm'pɔt] ⟨-(e)s, -e⟩ *n* compote, stewed fruit.

Kom·pres·se [kɔm'prɛsə] ⟨-, -n⟩ *f* compress.

Kom·pres·sor ⟨-s, -en⟩ *m tech* compressor.

kom·pri·mie·ren [kɔmpri'miːrən] *tr* 1. *tech* compress; 2. *fig* condense.

Kom·pro·miß [kɔmpro'mɪs] ⟨-sses, -sse⟩ *m* compromise; **e-n ~ schließen** *(od* **eingehen)** (make a) compromise; **kom·pro·miß·be·reit** *adj* willing to compromise; **Kom·pro·miß·lö·sung** *f* compromise solution.

kom·pro·mit·tie·ren I *tr* compromise; II *refl* compromise o.s.

Kon·den·sat *n* condensate.

Kon·den·sa·tor [kɔndɛn'zaːtɔr] ⟨-s, -en⟩ *m chem el mot* condenser.

kon·den·sie·ren *tr itr a. fig* condense.

Kon·dens·milch [kɔn'dɛn(t)s-] *f* con-
densed milk; **Kon·dens·strei·fen** *m*
aero vapour trail; **Kon·dens·was·ser**
n condensation.
Kon·di·tion [kɔndi'tsio:n] ⟨-, -en *(sport
kein pl)*⟩ *f sport (a. jur pol: Bedingung)*
condition.
Kon·di·tor(in) [kɔn'di:tɔr] ⟨-s, -en⟩ *m (f)*
pastry-cook; **Kon·di·to·rei** *f* cake
shop; **Kon·di·tor·wa·ren** *pl* cakes and
pastries.
Kon·dom [kɔn'do:m] ⟨-s, -e⟩ *n* condom.
Kon·fekt [kɔn'fɛkt] ⟨-(e)s, -e⟩ *n* confec-
tionery.
Kon·fek·tion [kɔnfɛk'tsio:n] *f* (manu-
facture of) ready-made clothes; **Kon-
fek·tions·klei·dung** *f* ready-made
clothing.
Kon·fe·renz [kɔnfe'rɛnts] ⟨-, -en⟩ *f* con-
ference; *(Zusammenkunft)* meeting;
► e·e ~ **abhalten** hold a meeting; **Kon-
fe·renz·schal·tung** *f* 1. *radio TV* link-
up; 2. *tele* conference circuit; **Kon·fe·
renz·zim·mer** *n* conference room;
kon·fe·rie·ren *itr* confer *(über* on *od*
about).
Kon·fes·sion [kɔnfe'sjo:n] *f rel* de-
nomination; ► **welcher ~ sind Sie?**
what denomination are you? **kon·fes·
sio·nell** *adj rel* denominational; **kon·
fes·sions·los** *adj rel* non-denomina-
tional.
Kon·fet·ti [kɔn'fɛti] ⟨-(s)⟩ *n* confetti.
Kon·fir·mand(in) [kɔnfir'mant] ⟨-en,
-en⟩ *m (f) eccl* candidate for confirma-
tion; **Kon·fir·ma·tion** *f eccl* confirma-
tion; **kon·fir·mie·ren** *tr eccl* confirm.
kon·fis·zie·ren [kɔnfis'tsi:rən] *tr* confis-
cate.
Kon·fi·tü·re [kɔnfi'ty:rə] ⟨-, -n⟩ *f* jam.
Kon·flikt [kɔn'flɪkt] ⟨-(e)s, -e⟩ *m* conflict.
kon·form [kɔn'fɔrm] *adj* concurring;
► **mit jdm (in etw) ~ gehen** agree with
s.o. (about s.th.).
Kon·fron·ta·tion [kɔnfrɔnta'tsio:n] *f*
confrontation; **kon·fron·tie·ren** *tr*
confront *(mit* with).
kon·fus [kɔn'fu:s] *adj* confused, mud-
dled; ► ~ **machen** confuse; **Sie ma-
chen mich noch ganz ~!** you're really
quite confusing me!
Kon·greß [kɔŋ'grɛs] ⟨-sses, -sse⟩ *m* 1.
pol congress; *(Fach~)* convention; 2.
Am parl Congress; **Kon·greß·hal·le** *f*
congress hall.
kon·gru·ent [kɔŋgru'ɛnt] *adj* 1. *math*
congruent; 2. *fig (übereinstimmend)*
concurring.
Kö·nig ['kø:nɪç] ⟨-(e)s, -e⟩ *m* king; **Kö·
ni·gin** ['kø:nɪgɪn] *f* queen; **kö·nig·lich**
[kø:nɪklɪç] *adj* royal; ► **sie hat sich ~
amüsiert** *fam* she had the time of her
life *(od* a jolly good time); **Kö·nig·
reich** *n* kingdom; **Kö·nig·tum** *n* king-
ship.

Kon·ju·ga·tion [kɔnjuga'tsjo:n] *f gram*
conjugation; **kon·ju·gie·ren** *tr gram*
conjugate.
Kon·junk·tion [kɔnjuŋk'tsjo:n] *f gram*
a. astr conjunction; **Kon·junk·tiv**
['kɔnjuŋkti:f] ⟨-s, -e⟩ *m gram* sub-
junctive.
Kon·junk·tur *f com* 1. *allg (Wirt-
schaftslage)* economic situation; 2.
(Hoch~) boom; ► **steigende (fallende)
~** upward (downward) economic trend;
Kon·junk·tur·ab·schwung *m com*
economic down-turn; **Kon·junk·tur·
ein·bruch** *m com* slump; **kon·junk-
tu·rell** *adj com* economic; ► ~ **be-
dingt** due to economic factors; **Kon·
junk·tur·kri·se** *f com* economic crisis;
Kon·junk·tur·rück·gang *m com*
slowdown in the economy; **Kon·junk-
tur·tief** *n* trough; **Kon·junk·tur·zy-
klus** *m* economic cycle, trade cycle,
business cycle.
kon·kav *adj math phys* concave.
kon·kret [kɔŋ'kre:t] *adj* concrete.
Kon·kur·rent [kɔŋku'rɛnt] ⟨-en, -en⟩ *m*
1. *com* competitor; 2. *(Rivale)* rival;
Kon·kur·renz *f* 1. *com (Wettbewerb)*
competition; *(Rivalität)* rivalry; 2. *(die
Konkurrenten)* competitors *(od* rivals);
► **scharfe ~** keen competition; **jdm ~
machen** compete with s.o.; **sich gegen-
seitig ~ machen** be in competition with
each other; **Kon·kur·renz·druck** *m*
pressure of competition; **kon·kur-
renz·fä·hig** *adj* competitive; **Kon·
kur·renz·kampf** *m* 1. *com* competi-
tion; 2. *(Rivalität)* rivalry; **kon·kur-
renz·los** *adj* unrival(l)ed, without com-
petition; **kon·kur·rie·ren** *itr* compete
(mit with).
Kon·kurs [kɔŋ'kurs] ⟨-es, -e⟩ *m com*
bankruptcy; ► ~ **anmelden** declare o.s.
bankrupt; **in ~ gehen** go bankrupt;
Kon·kurs·mas·se *f com* bankrupt's
estate; **Kon·kurs·ver·fah·ren** *n com
jur* bankruptcy proceedings *pl;* **Kon·
kurs·ver·wal·ter(in)** *m (f) com jur*
(official) receiver.
Kön·nen *n* 1. *(Fähigkeit)* ability; 2.
(Kenntnisse) knowledge.
kön·nen ['kœnən] *irr tr itr* 1. *(beherr-
schen, verstehen)* know *(etw* s.th.); 2.
(vermögen) be able to; 3. *(dürfen)* be
allowed to, may; 4. *(wahrscheinlich od
möglich sein)* be likely to, may; ► **ich
kann kein (Wort) Deutsch** I have *(Br a.*
have got) no German; **sie kann sehr
gut Englisch** she knows a lot of English;
tanzen (etc) ~ know how to dance (etc);
Klavier spielen ~ know how to play the
piano; **jd kann etw tun** s.o. can *(od* is
able to) do s.th.; **ich kann nicht mehr**
(mehr kann ich nicht aushalten) I can't
take any more; *(ich kann nicht weiter-
machen etc)* I can't go on; *(essen)* I

can't eat any more; **die Polizei kann mir nichts (anhaben)** the police can't touch me; **er kann einfach nichts** *(ist unfähig)* he's just incapable; *(er versteht sich auf nichts)* he just doesn't know a thing; **das hätte ich Ihnen gleich sagen ~** I could have told you that straight away; **Sie ~ jetzt gehen** you can *(od* are allowed to) go now; **Sie ~ sich doch wohl nicht beklagen, oder?** you certainly can't complain, can you? **das kann man wohl sagen!** you could well say that! **das kann doch nicht wahr sein!** but that's impossible! *(od* that can't possibly be true!); **ich kann nichts dafür** *(od* dazu) *fam* it's not my fault *(od* I'm not to blame for that); **kann ich das Fenster öffnen?** may I open the window? **ich kann das Fenster nicht öffnen** I can't open the window; **ich kann mich irren** I may be mistaken; **kann schon sein** maybe; **das könnte durchaus stimmen** that's quite likely to *(od* that may well) be true; **dieser Spinner kann mich mal!** *sl* that crank can get stuffed!

kon·se·quent [kɔnze'kvɛnt] *adj* consistent; ▶ **etw ~ einhalten** *(od* beachten) observe s.th. strictly.

Kon·se·quenz *f* 1. *(Folgerichtigkeit)* consistency; *(Härte, Strenge)* rigourousness; 2. *(Folge)* consequence, result; ▶ **~en ziehen** cut one's losses.

kon·ser·va·tiv [kɔnzɛrva'ti:f/'----] *adj* conservative; *Br pol parl* Conservative, Tory.

Kon·ser·ve [kɔn'zɛrvə] ⟨-, -n⟩ *f* preserved food; *(in ~nbüchse) Br* tinned *(Am* canned) food; **Kon·ser·ven·büch·se (-do·se)** *f Br* tin, *Am* can; **Kon·ser·ven·fa·brik** *f Br* tinning factory, *Am* cannery; **kon·ser·vie·ren** *tr* conserve, preserve; **Kon·ser·vie·rung** *f* preservation; **Kon·ser·vie·rungs·mit·tel** *n* preservative.

Kon·so·le [kɔn'zo:lə] ⟨-, -n⟩ *f* console.

kon·so·li·die·ren [kɔnzoli'di:rən] *tr* consolidate.

Kon·so·nant [kɔnzo'nant] ⟨-en, -en⟩ *m* consonant.

kon·spi·ra·tiv [kɔnspira'ti:f] *adj* conspiratorial.

kon·stant [kɔn'stant] *adj* constant; **Kon·stan·te** ⟨-, -n⟩ *f* constant.

kon·sta·tie·ren [kɔnsta'ti:rən] *tr* notice, see.

Kon·sti·tu·tion [kɔnstitu'tsjo:n] *f pol med* constitution; **kon·sti·tu·tio·nell** *adj pol med* constitutional.

kon·stru·ie·ren [kɔnstru'i:rən] *tr* 1. *math (a. fig: philos)* construct; 2. *(entwerfen)* design; **Kon·struk·teur(in)** [kɔnstrʊk'tø:ɐ] ⟨-s, -e⟩ *m (f)* engineer, designer; **Kon·struk·tion** *f* 1. *math a. fig* construction; 2. *(Entwurf, Bauweise)*

design; **Kon·struk·tions·feh·ler** *m* 1. *(fehlerhafter Entwurf)* design fault; 2. *(struktureller Fehler)* structural defect.

kon·struk·tiv *adj* constructive.

Kon·sul ['kɔnzʊl] ⟨-s, -n⟩ *m pol* consul; **Kon·su·lat** ⟨-(e)s, -e⟩ *n pol* consulate.

kon·sul·tie·ren *tr* consult.

Kon·sum [kɔn'zu:m] ⟨-s⟩ *m (Verbrauch)* consumption; **Kon·su·ment(in)** ⟨-en, -en⟩ *m (f)* consumer; **Kon·sum·ge·sell·schaft** *f* consumer society; **Kon·sum·gü·ter** *n pl* consumer goods; **kon·su·mie·ren** *tr* consume; **Kon·sum·tem·pel** *m pej* shrine to consumerism.

Kon·takt [kɔn'takt] ⟨-(e)s, -e⟩ *m allg a. el* contact; ▶ **mit jdm in ~ stehen (kommen)** be in (come into) contact with s.o.; **Kon·takt·an·zei·ge** *f* lonely hearts ad; **Kon·takt·bild·schirm** *m EDV* touch-sensitive screen; **kon·takt·freu·dig** *adj* sociable; **Kon·takt·lin·sen** *f pl opt* contact lenses; **Kon·takt·per·son** *f* contact.

kon·tern *tr itr* counter.

Kon·ter·re·vo·lu·tion *f* counter-revolution.

Kon·ti·nent ['kɔntinɛnt/--'-] ⟨-(e)s, -e⟩ *m* continent; **kon·ti·nen·tal** *adj* continental.

Kon·tin·gent [kɔntɪŋ'gɛnt] ⟨-(e)s, -e⟩ *n* 1. *com* quota; 2. *mil (Truppen~)* contingent; 3. *(Zuteilung)* allotment; **kon·tin·gen·tie·ren** *tr* fix the quotas *(etw* of s.th.).

kon·ti·nu·ier·lich *adj* continuous; **Kon·ti·nui·tät** [kɔntinui'tɛ:t] *f* continuity.

Kon·to ['kɔnto] ⟨-s, -ten/(-s/-ti)⟩ *n* account; ▶ **das geht auf mein ~** *fig fam (es ist meine Schuld)* I am to blame for this; *(es geht auf meine Rechnung)* this is on me; **Kon·to·aus·zug** *m* statement (of account); **Kon·to·be·we·gung** *f* transaction; **Kon·to·füh·rung** *f* running of an account; **Kon·to·in·ha·ber(in)** *m (f)* account holder; **Kon·to·num·mer** *f* account number.

Kon·tor [kɔn'to:ɐ] ⟨-s, -e⟩ *n com* office; **Kon·to·rist(in)** *m (f) com* clerk (clerkess).

Kon·to·stand *m* bank balance.

Kon·tra ['kɔntra] ⟨-s⟩ *n (Ansage beim Kartenspiel)* double; ▶ **jdm ~ geben** *(beim Kartenspiel)* double; *fig (widersprechen)* contradict s.o.

Kon·tra·hent(in) [kɔntra'hɛnt] ⟨-en, -en⟩ *m (f)* 1. *(Gegenspieler)* opponent; 2. *com (Vertragspartner)* contracting party.

Kon·tra·in·di·ka·tion *f med* contra-indication.

kon·tra·pro·duk·tiv *adj* counterproductive.

Kon·tra·punkt *m mus* counterpoint.

kon·trär [kɔn'trɛːə] *adj* contrary, opposite.

Kon·trast [kɔn'trast] ‹-(e)s, -e› *m* contrast; **kon·tra·stie·ren** *itr* contrast (*mit* with); **Kon·trast·mit·tel** *n med* contrast medium; **Kon·trast·pro·gramm** *n* alternative program(me); **Kon·trast·reg·ler** *m* TV contrast control; **kon·trast·reich** *adj* rich in contrast.

Kon·tri·bu·tion [kɔntribu'tsjoːn] *f* contribution.

Kon·troll·ab·schnitt *m com* counterfoil; **Kon·trol(l·)lam·pe** *f allg* pilot lamp; *mot* warning light; **Kon·trol·le** [kɔn'trɔlə] ‹-, -n› *f* 1. *(Überprüfung)* check (*bei jdm od etw, jds od e-r Sache* on s.o. *od* s.th.); 2. *(Kontrollpunkt, -stelle)* checkpoint; 3. *(Kontrolleur(in))* inspector; 4. *(Beherrschung, Gewalt, Regulation)* control (*über jdn od etw* of s.o. *od* s.th.); ▶ **regelmäßige ~n** (bei **jdm** *od* etw) **durchführen** make regular checks (on s.o. *od* s.th.); **jdn (etw) unter ~ haben** have s.o. (s.th.) under control; **Kon·trol·leur(in)** *m (f)* inspector; **Kon·troll·funk·tion** *f* controlling function; **Kon·troll·ge·rät** *n* controlling device.

kon·trol·lier·bar *adj* 1. *(beherrschbar)* controllable; 2. *(überprüfbar)* verifiable.

kon·trol·lie·ren *tr* 1. *(nachprüfen)* check (*nach, auf etw* for s.th.); *(überwachen)* supervise; 2. *(beherrschen, lenken)* control.

Kon·trol(l·)li·ste *f* check-list; **Kon·troll·turm** *m aero* control tower; **Kon·troll·uhr** *f* time clock; **Kon·troll·zen·trum** *n* control Br centre (*Am* center), mission control.

Kon·tro·ver·se [kɔntro'vɛrzə] ‹-, -n› *f* controversy.

Kon·tur [kɔn'tuːə] ‹-, -en› *f* contour, outline.

Kon·ven·tion [kɔnvɛn'tsjoːn] *f* convention; **Kon·ven·tio·nal·stra·fe** *f com* penalty for breach of contract; **kon·ven·tio·nell** *adj* conventional.

Kon·ver·sa·tion [kɔnvɛrza'tsjoːn] *f* conversation; **Kon·ver·sa·tions·le·xi·kon** *n* encyclop(a)edia.

kon·ver·tier·bar *adj fin* convertible; **kon·ver·tie·ren** [kɔnvɛr'tiːrən] I *tr* convert (*in* into); II *itr* be converted; **Kon·ver·tit(in)** *m (f) rel* convert.

kon·vex [kɔn'vɛks] *adj math phys* convex.

Kon·voi [kɔn'vɔɪ/'--] ‹-s, -s› *m* convoy; ▶ **im ~** in convoy.

kon·ze·die·ren [kɔntse'diːrən] *tr itr* concede (*jdm etw* s.th.).

Kon·zen·trat [kɔntsɛn'traːt] ‹-(e)s, -e› *n* 1. *chem* concentrate; 2. *fig* condensed extract.

Kon·zen·tra·tion *f* concentration (*auf* on); **Kon·zen·tra·tions·fä·hig·keit** *f* power of concentration; **Kon·zen·tra·tions·la·ger** *n* concentration camp; **Kon·zen·tra·tions·schwä·che** *f* concentration failure.

kon·zen·trie·ren *tr refl* concentrate (*auf* on).

kon·zen·trisch *adj math* concentric.

Kon·zept [kɔn'tsɛpt] ‹-(e)s, -e› *n* 1. *(für Essay, Aufsatz etc)* rough copy; *(Rohentwurf)* draft; 2. *(Begriff, Vorstellung)* concept; ▶ **jdn aus dem ~ bringen** put s.o. off; *fam (aus dem Gleichgewicht)* upset s.o; **sich aus dem ~ bringen lassen** be put off one's stroke; **das paßte ihm ganz u. gar nicht ins ~** that did not at all fit in with his plans; **Kon·zep·tion** *f* conception.

Kon·zern [kɔn'tsɛrn] ‹-s, -e› *m com* combine, trust; ▶ **multinationaler ~** multinational company; *fam* multinational.

Kon·zert [kɔn'tsɛrt] ‹-(e)s, -e› *n* 1. *(~vorstellung)* concert; 2. *(musikalische Gattung)* concerto; **Kon·zert·flü·gel** *m* concert grand.

kon·zer·tie·ren *itr mus* give a concert. **Kon·zert·mei·ster(in)** *m (f) mus* Br leader, Am concertmaster; **Kon·zert·pa·vil·lon** *m* bandstand; **Kon·zert·saal** *m* concert hall.

Kon·zes·sion [kɔntsɛ'sjoːn] *f* 1. *(Zugeständnis)* concession (*an* to); 2. *(Lizenz)* Br licence, Am franchise; **kon·zes·sio·nie·ren** *tr* license.

Kon·zil [kɔn'tsiːl] ‹-s, -e/-ien› *n eccl* council.

kon·zi·li·ant *adj* [kɔntsili'ant] 1. *(beschwichtigend)* conciliatory; 2. *(großzügig)* generous.

kon·zi·pie·ren *tr* conceive.

Ko·ope·ra·tion *f* cooperation.

Ko·or·di·na·tion [koɔrdina'tsjoːn] ‹-› *f* coordination; **ko·or·di·nie·ren** *tr* coordinate.

Kopf [kɔpf, *pl* 'kœpfə] ‹-(e)s, ·· e› *m* 1. *allg (a. Brief~)* head; *(oberster Teil)* top; 2. *fig (Verstand)* brain; 3. *(leitende Persönlichkeit)* leader; 4. *(einzelner Mensch)* person; **Von ~ bis Fuß** from top to toe; **mit bloßem ~** bare-headed; **~ an ~** shoulder to shoulder; *sport* neck to neck; **~ hoch!** *fam* chin up! **aus dem ~** by heart; **Hals über ~** head over heels; **jdm den ~ waschen** *fig fam* give s.o. a piece of one's mind; **e-n dicken ~ haben** *fam (e-n Kater haben)* have a thick head; **sein Sohn ist ihm über den ~ gewachsen** his son has outgrown him; **s-e Probleme wachsen ihm über den Kopf** *fig* he can't cope with his problems any more; **es will ihr nicht in den ~, daß** ... she won't get it into her head that ...; **er ist ein heller ~** he has a good head on his shoulders; **der ~ e-r Bewegung sein** be the head of a movement; **etw über jds ~ hinweg tun** go over someone's head; **~ u. Kragen riskieren** *fig fam* risk one's neck; **…, und wenn Sie sich auf den ~ stellen** *fig fam* …, you can say or do what you like; **~ oder Zahl?** heads or tails? **sie war wie vor den ~ geschlagen** she was dumbfounded; **pro ~** per capita (*od* head *od* person); **wir bekamen zehn Mark pro ~** we got ten marks each; **das hältst du ja im ~ nicht aus!** *sl* it's absolutely incredible! **jdn e-n ~ kürzer machen** *fam* cut someone's head off; **jds ~ fordern** *a. fig* demand someone's head; **nicht auf den ~ gefallen sein** *fig fam* be no fool; **sich etw durch den ~ gehen lassen** think about s.th.; **den ~ hängenlassen** hang one's head; *fig* be downcast; **dieser Gedanke geht mir immer im ~ herum** I can't get that thought out of my head; **muß denn immer alles nach deinem ~ gehen?** do you always have to get your own way? **er hat s-n eigenen ~** *fig* he's got a mind of his own; **sich etw aus dem ~ schlagen** get s.th. out of one's head; **ich habe andere Dinge im ~** I have other things on my mind; **nicht richtig im ~ sein** *fam* be not quite right up top; **sich etw in den ~ setzen** take s.th. into one's head; **e-m in den ~ steigen** go to one's head; **ich weiß nicht, wo mir der ~ steht** I don't know whether I'm coming or going; **etw auf den ~ stellen** *a. fig* turn s.th. upside down; **die Tatsachen auf den ~ stellen** *fig* stand the facts on their heads; **jdn vor den ~ stoßen** *fig* offend s.o.; **jdm den ~ verdrehen** *fig fam* turn someone's head; **den ~ (nicht) verlieren** *fig* lose (keep) one's head; **sich (über etw) den ~ zerbrechen** rack one's brains over s.th.; **jdm etw auf den ~ zusagen** say s.th. straight out to s.o.; **Kopf·ar·bei·ter(in)** *m (f)* brainworker; **Kopf·be·deckung (k·k)** *f* headgear.

Köpf·chen ['kœpfçən] *n fig fam hum:* ▶ **~ haben** have brains *pl.*

köp·fen ['kœpfən] *tr itr* 1. (*hinrichten*) behead; *hum fam* (*Flasche*) crack; 2. *sport* (*beim Fußball*) head (*ins Tor* a goal).

Kopf·en·de *n* head; **Kopf·geld·jä·ger** *m* head-hunter; **Kopf·haar** *n* hair on one's head; **Kopf·haut** *f* scalp; **Kopf·hö·rer** *m* radio headphones *pl;* **Kopf·kis·sen** *n* pillow.

kopf·la·stig *adj* 1. *a. fig* top-heavy; 2. *aero* nose-heavy.

Kopf·laus *f zoo* head louse; **kopf·los** *adj fig* panicky; ▶ **~ werden** *fig* lose one's head; **Kopf·rech·nen** *n* mental arithmetic; **Kopf·sa·lat** *m bot* lettuce;

kopf·scheu *adj* shy, timid; ▶ **jdn ~ machen** intimidate s.o.; **Kopf·schmerz (Kopf·weh)** *m (n)* headache; ▶ **rasende ~en haben** have a splitting headache *sing;* **Kopf·schmerz·ta·blet·te** *f* headache tablet; **Kopf·sprung** *m* header; ▶ **e-n ~ machen** take a header.

kopf|ste·hen *irr itr* 1. (*auf dem Kopf stehen*) stand on one's head; 2. *fig* (*„wild" werden*) go wild (*vor* with).

Kopf·stim·me *f mus* falsetto; **Kopf·stüt·ze** *f* headrest; **Kopf·tuch** *n* scarf; **kopf·über** [-'--] *adj a. fig* headlong; **Kopf·ver·let·zung** *f* head injury.

Ko·pie [ko'pi:] ⟨-, -n⟩ *f* 1. *allg* copy; (*Durchschlag*) carbon copy; 2. *phot film* print; 3. (*Imitation*) imitation; **ko·pie·ren** *tr itr* 1. *a. fig* copy; (*durchpausen*) trace; 2. *phot film* print; ▶ **oft kopiert, nie erreicht** often imitated, but never equalled; **Ko·pie·rer** *m,* **Ko·pier·ge·rät** *n* photocopier, copier; **Ko·pier·schutz** *m EDV* copy protection; **Ko·pier·sper·re** *f EDV* anti-copy device.

Kop·pel[1] ['kɔpəl] ⟨-s, -⟩ *n mil* belt. **Kop·pel**[2] ⟨-, -n⟩ *f* (*Weide*) paddock. **Kop·pel**[3] ⟨-, -n⟩ *f* (*Hunde~*) pack; (*Pferde~*) string.

kop·peln *tr* 1. (*Pferde*) string together; (*Hunde*) leash together; 2. (*verbinden*) couple, join (*etw an etw* s.th. to s.th.); 3. *fig* link (*etw an etw* s.th. with s.th.).

Kop·pe·lung *f allg* coupling; (*von Raumschiffen*) link-up.

Ko·pro·duk·tion ['----] *f film* co-production.

Ko·ral·le [ko'ralə] ⟨-, -n⟩ *f* coral; **Ko·ral·len·hals·band** *n* coral necklace.

Ko·ran [ko'ra:n] ⟨-s⟩ *m rel* Koran.

Korb [kɔrp, *pl* 'kœrbə] ⟨-(e)s, ¨e⟩ *m* 1. *allg* basket; (*Bienen~*) hive; *min* (*Förder~*) cage; 2. (*~geflecht*) wicker; ▶ **jdm e-n ~ geben** *fig* turn s.o. down; **e-n ~ bekommen** *fig* get a refusal; **Korb·ball** *m sport* basket-ball; **Körb·chen** ['kœrpçən] *n* (*kleiner Korb*) little basket; ▶ **ab ins ~!** *fam* (*ins Bett*) time for bye-byes! **Korb·fla·sche** *f* demijohn; **Korb·flech·te·rei** *f* (*das Korbflechten*) basket-making; **Korb·flech·ter(in)** *m* (*f*) basket-maker; **Korb·mö·bel** *n pl* wicker furniture; **Korb·stuhl** *m* wicker chair.

Kord [kɔrt] ⟨-(e)s, -e⟩ *m* corduroy.

Ko·rea [ko're:a] *n* Korea.

Ko·rin·the [ko'rɪntə] ⟨-, -n⟩ *f* currant.

Kork [kɔrk] ⟨-(e)s, -e⟩ *m bot* cork; **Kork·ei·che** *f* cork oak; **Kor·ken** ['kɔrkən] ⟨-s, -⟩ *m* cork; (*Plastik~*) stopper; **Kor·ken·zie·her** *m* corkscrew.

Korn[1] [kɔrn, *pl* 'kœrnə] ⟨-(e)s, ¨er⟩ *n* 1. (*Samen~*) seed; (*Salz~, Sand~, a. phot*) grain; (*Pfeffer~*) corn; 2. (*Getreide*)

grain, *Br a.* corn.
Korn² ‹-(e)s, › *m fam (Kornbranntwein)*
corn schnapps.
Korn³ ‹-(e)s› *n (am Gewehr)* bead, front
sight; ▶ **jdn (etw) aufs ~ nehmen** draw
a bead on s.o. (s.th.); *fig* hit out at s.o.
(s.th.); **die Flinte ins ~ werfen** *fig* throw
in the sponge.
Korn·blu·me *f* cornflower.
kör·nen ['kœrnən] *tr* granulate; *(aufrau-
hen)* roughen.
Korn·kam·mer *f a. fig* granary.
Kör·per ['kœrpə] ‹-s, -› *m allg* body;
(Schiffs~) hull; **Kör·per·bau** *m* build,
physique; **kör·per·be·hin·dert** *adj*
physically handicapped; **Kör·per·be-
hin·der·te(r)** *f m* disabled *(od* handi-
capped) (person); **kör·per·ei·gen** *adj
med biol:* ▶ **~e Abwehrstoffe** endo-
genous antibodies *(od* antitoxins); **Kör-
per·ge·wicht** *n* weight; **Kör·per·grö-
ße** *f* height; **Kör·per·hal·tung** *f* bear-
ing, posture; **Kör·per·kraft** *f* physical
strength; **Kör·per·län·ge** *f* body
length.
kör·per·lich *adj* 1. *(physisch)* physical;
2. *(materiell)* material; ▶ **~e Züchti-
gung** corporal punishment.
Kör·per·lo·tion *f* body lotion; **Kör·per-
pfle·ge** *f* personal hygiene; **Kör·per-
pu·der** *m* talcum powder; **Kör·per-
schaft** *f* corporation;
▶ **gesetzgebende ~** legislative body;
Kör·per·schaft(s)·steu·er *f* corpor-
ation tax; **Kör·per·spra·che** *f* body
language; **Kör·per·teil** *m* part of the
body; **Kör·per·ver·let·zung** *f jur*
bodily injury; **Kör·per·wär·me** *f* body
heat.
Korps [ko:ɐ] ‹-(s), -s› *n mil* corps.
kor·pu·lent [kɔrpu'lɛnt] *adj* corpulent;
Kor·pu·lenz *f* corpulence.
kor·rekt [kɔ'rɛkt] *adj* correct; **Kor-
rekt·heit** *f* correctness.
Kor·rek·tor(in) *m (f) typ* proof-reader.
Kor·rek·tur [kɔrɛk'tu:ɐ] ‹-, -en› *f* 1. *allg
(Berichtigung)* correction; 2. *typ (das
~lesen)* proof-reading; 3. *typ (~fahne)*
proof; ▶ **~ lesen** read the proofs *pl;*
Kor·rek·tur·band *n* correction tape;
Kor·rek·tur·fah·ne *f typ* galley proof;
Kor·rek·tur·flüs·sig·keit *f* correc-
tion fluid; **Kor·rek·tur·spei·cher** *m
typ EDV* correction memory; **Kor·rek-
tur·ta·ste** *f* correction key; **Kor·rek-
tur·zei·chen** *n typ* proofreader's mark.
Kor·re·spon·dent(in) [kɔrɛspɔn'dɛnt]
‹-en, -en› *m (f)* correspondent; **Kor·re-
spon·denz** *f* correspondence; ▶ **mit
jdm in ~ stehen** be in correspondence
with s.o.; **kor·re·spon·die·ren** *itr* cor-
respond *(mit jdm* with s.o., *mit etw* to
s.th.).
Kor·ri·dor ['kɔrido:ɐ] ‹-s, -e› *m* corridor;
(Hausflur) hall.

kor·ri·gie·ren [kɔri'gi:rən] *tr* 1. *(berich-
tigen)* correct; *typ* read the proofs;
(Aufsätze) mark; 2. *(nachstellen)* alter.
Kor·ro·sion [kɔro'zio:n] ‹-, -en› *f* cor-
rosion; **kor·ro·sions·be·stän·dig** *adj*
corrosion-resistant.
kor·rum·pie·ren *tr* corrupt.
kor·rupt [kɔ'rupt] *adj* corrupt; **Kor-
rup·tion** *f* corruption.
Kor·se (Kor·sin) ['kɔrzə] ‹-n, -n› *m (f)*
Corsican.
Kor·sett [kɔr'zɛt] ‹-(e)s, -e/-s› *n* corset.
kor·sisch *adj* Corsican.
Kor·vet·te [kɔr'vɛtə] ‹-, -n› *f mar* corv-
ette; **Kor·vet·ten·ka·pi·tän** *f mar*
lieutenant commander.
Ko·ry·phäe [kory'fɛ:ə] ‹-, -n› *f* cory-
phaeus *(pl:* coryphaei).
ko·scher ['ko:ʃə] *adj rel a. fig fam* ko-
sher.
ko·sen ['ko:zən] *tr itr poet* caress, fondle
(jdn od mit jdm s.o.); **Ko·se·na·me** *m*
pet name; **Ko·se·wort** *n* term of en-
dearment.
Ko·si·nus ['ko:zinus] ‹-, -/(-se)› *f math*
cosine.
Kos·me·tik [kɔs'me:tɪk] ‹-› *f* 1. *(Körper-
pflege)* beauty treatment; 2. *(das kos-
metische Mittel)* cosmetic; 3. *fig (Tün-
che)* cosmetics *pl;* **Kos·me·ti·ka**
[kɔs'me:tika] *n pl* cosmetics; **Kos·me-
ti·ker(in)** *m (f)* beautician, cosmetician;
Kos·me·tik·tuch *n* paper tissue; **kos-
me·tisch** *adj a. fig* cosmetic; *(Chirur-
gie)* plastic.
kos·misch ['kɔsmɪʃ] *adj* cosmic.
Kos·mo·naut(in) [kɔsmo'naut] ‹-en,
-en› *m (f)* cosmonaut.
Kos·mo·po·lit(in) [kɔsmopo'li:t] ‹-en,
-en› *m (f)* cosmopolitan.
Kos·mos ['kɔsmɔs] ‹-› *m* cosmos.
Kost [kɔst] ‹-› *f* 1. *(Essen, Nahrung)* fare,
food; 2. *(Beköstigung, Pension)* board;
▶ **magere ~** meagre fare; *med* low
diet; **leichte ~** *fig* easy going; **in ~ sein
bei jdm** board with s.o.; **jdn in ~ neh-
men** take s.o. as a boarder; **~u. Logis**
board and lodging.
kost·bar *adj (wertvoll)* precious, valu-
able; *(kostspielig, luxuriös)* sumptuous;
Kost·bar·keit *f* 1. *(das Kostbarsein)*
preciousness, sumptuousness; 2. *(kost-
barer Gegenstand)* treasure; *(Lecker-
bissen)* delicacy.
Ko·sten ['kɔstən] *pl allg (Preis)* cost(s
pl); *(Ausgaben)* expenses; *(Auslagen)*
outlay *sing;* ▶ **auf jds ~** *a. fig* at some-
one's expense; **auf ~ s-r Gesundheit** *fig*
at the cost of his health; **die ~ bestrei-
ten** defray the expenses; **die ~ für etw
tragen** bear the costs of s.th.; **die ~ auf
DM 1000 veranschlagen** estimate the
cost at DM 1,000; **jdm s-e ~ zurücker-
statten** refund someone's expenses; **das
ist aber mit ~ verbunden** that involves

costs, you know? **keine ~ scheuen** spare no expense; **weder ~ noch Mühe scheuen** spare neither trouble nor expense; **auf s-e ~ kommen** *(s-e Kosten decken)* cover one's expenses; *fig* get one's money's worth.

ko·sten[1] *tr itr* **1.** *fin a. fig* cost; **2.** *(erfordern)* take; ► **koste es, was es wolle** cost what it may *(od* whatever the cost); **was** *(od* **wieviel) kostet das?** what *(od* how much) does it cost? **Zeit u. Mühe ~** take time and trouble; **Höflichkoit koetot niohte** *fig* politeneee doesn't cost anything.

ko·sten[2] *tr itr (probieren, a. fig)* taste *((von) etw* s.th.).

Ko·sten·be·tei·li·gung *f* sharing of costs; **ko·sten·deckend (k·k)** *adj* cost-effective; **Ko·sten·er·spar·nis** *f* cost saving; **Ko·sten·fak·tor** *m* cost factor; **Ko·sten·fra·ge** *f* question of cost(s); **ko·sten·los** *adj adv* free; **Ko·sten-Nut·zen-Ana·ly·se** *f com fin* cost-benefit analysis; **ko·sten·pflich·tig** *adj:* ► **das ist ~** there is a charge (on it); **Ko·sten·rah·men** *m* budgeted costs *pl;* **Ko·sten·rech·nung** *f* cost accounting; **Ko·sten·vor·an·schlag** *m* cstimate.

köst·lich ['kœstlɪç] *adj* **1.** *(wohlschmeckend)* delicious; *(erlesen)* choice, exquisite; **2.** *(amüsant)* priceless; ► **sich ~ amüsieren** have a marvellous time.

Kost·pro·be *f* **1.** *(Geschmacksprobe)* taste; **2.** *fig* sample.

kost·spie·lig *adj* costly, expensive.

Ko·stüm [kɔs'tyːm] ⟨-s, -e⟩ *n (Jackenkleid)* costume; *(Masken~)* fancy dress; **Ko·stüm·fest** *n* fancy dress ball; **ko·stü·mie·ren** *tr refl* dress up *(als* as); **Ko·stüm·pro·be** *f theat* dress rehearsal.

Kost·ver·äch·ter *m:* ► **kein ~ sein** *hum* be a ladies' man.

Kot [koːt] ⟨-(e)s⟩ *m* excrement, faeces *pl.*

Ko·te·lett [kot(ə)'lɛt/'kɔtlɛt] ⟨-(-e)s, -s/(e)⟩ *n* chop; **Ko·te·let·ten** *f pl* sideburns, sidewhiskers.

Kö·ter ['køːtə] ⟨-s, -⟩ *m pej* cur.

Kot·flü·gel *m mot Br* wing, *Am* fender.

Kot·ze ['kɔtsə] ⟨-⟩ *f vulg* puke; **kot·zen** *itr vulg (sich erbrechen)* puke *sl;* ► **das ist ja zum K~!** it really makes you sick!

kotz·übel ['-'--] *adj sl:* ► **mir ist ~ I** feel like I could puke my guts up *sl.*

Krab·be ['krabə] ⟨-, -n⟩ *f zoo* **1.** *(Taschenkrebs)* crab; **2.** *(Garnele)* shrimp.

krab·beln ['krabəln] ⟨sein⟩ *itr (kriechen)* crawl.

Krach [krax, *pl* 'krɛçə] ⟨-(e)s, ⁻e⟩ *m* **1.** *(Lärm)* din, noise; *(Schlag)* bang, crash; **2.** *fam (Streit)* quarrel, row; *(Krawall, Aufruhr)* racket; ► **~ machen** make a noise *(od* racket); **wegen e-r Sache ~ schlagen** *fig fam* kick up a fuss about

s.th.; **mit jdm ~ kriegen** have a row with s.o.; **sie haben ~** they're not on speaking terms; **mit Ach u. ~** *fig fam* by the skin of one's teeth; **kra·chen** *itr* **1.** *(Krach machen)* crash; *(Schuß)* crack out; *(Holz)* creak; **2.** *fam (zusammenstoßen)* crash; *(aufplatzen)* rip; ► **..., sonst kracht's!** *fam* ... or there'll be trouble! **auf dieser Kreuzung hat es schon wieder gekracht** *fam* there was another crash on this crossing; **Kracher** *m fam (Feuerwerkskörper) Br* banger, *Am* fire-cracker.

kräch·zen ['krɛçtsən] *itr (a. von Menschen)* croak.

Kraft [kraft, *pl* 'krɛftə] ⟨-, ⁻e⟩ *f* **1.** *(Körper~)* strength; **2.** *(bewirkende, treibende ~)* force, power; **3.** *(Arbeits~)* employee, worker; **4.** *jur (Gültigkeit)* force; ► **mit letzter ~** with one's last ounce of strength; **mit aller ~** with all one's strength; **aus eigener ~** by o.s.; **nach (besten) Kräften** to the best of one's ability; **mit frischer ~** with renewed strength; **s-e ~** *(od* **Kräfte) an jdm (etw) messen** pit one's strength against s.o. (s.th.); **die ~ aufbringen, zu ... (für etw)** find the strength to ... (for s.th.); **er war am Ende s-r Kräfte** he couldn't take any more; **es ging über s-e Kräfte** it was too much for him; **wieder zu Kräften kommen** regain one's strength; **volle ~ voraus!** *mar* full speed ahead! **treibende ~** *fig* driving force; **Gleichgewicht der Kräfte** *pol* balance of power; **in ~ treten (sein)** *jur* come into (be in) force; **außer ~ treten (sein)** *jur* cease (have ceased) to be in force; **(zeitweilig) außer ~ setzen** *jur* annul (suspend).

kraft *prp* by virtue of *(od* on the strength of); ► **~ meines Amtes (meiner Befugnisse)** by virtue of my office (my authority *sing).*

Kraft·akt *m* **1.** strong-man act; **2.** *fig* show of strength; **Kraft·auf·wand** *m* effort; **Kraft·aus·druck** *m* swearword; ⁻e *pl* strong language *sing.*

Kräf·te·spiel *n* power play; **Kräf·te·ver·fall** *m* loss of strength.

Kraft·fah·rer(in) *m (f) mot (a. als Berufsbezeichnung)* driver.

Kraft·fahr·zeug *n* motor vehicle; **Kraft·fahr·zeug·brief** *m mot (vehicle)* registration document *(od* book); **Kraft·fahr·zeug·kenn·zei·chen** *n* vehicle registration; **Kraft·fahr·zeug·steu·er** *f* motor vehicle tax; **Kraft·fahr·zeug·ver·si·che·rung** *f* car insurance.

Kraft·feld *n phys* force field.

Kraft·fut·ter *n* concentrated feed.

kräf·tig ['krɛftɪç] **I** *adj* **1.** *allg* strong; **2.** *(mächtig, kraftvoll)* powerful; *(Händedruck)* firm; **3.** *(nahrhaft)* nourishing; ► **~e Gegenwehr** strong resistance; **e-e**

~e **Tracht Prügel** a sound thrashing (*od* hiding); **II** *adv* **1.** *allg* strongly; **2.** *(als Verstärkung: viel, stark, sehr)* really; ► ~ **regnen** rain heavily; ~ **schütteln** shake vigorously; **die Preise sind aber** ~ **gestiegen** prices have really gone up.

kräf·ti·gen ['krɛftɪgən] *tr* invigorate.

kraft·los *adj (machtlos)* powerless; *(schwach)* feeble, weak.

Kraft·pro·be *f a. fig* trial of strength; **Kraft·rad** *n mot* motor-cycle; **Kraft·re·ser·ve** *f* power reserve; **Kraft·stoff** *m* fuel; **Kraft·stoff·ge·misch** *n* fuel mixture; **kraft·strot·zend** *adj* vigorous; **Kraft·über·tra·gung** *f tech* power transmission; **kraft·voll** *adj* powerful; *(tatkräftig)* energetic; **Kraft·wa·gen** *m* motor car; **Kraft·werk** *n el* power station.

Kra·gen ['kra:gən] ⟨-s, ⸚⟩ *m* collar; ► **jdn beim** ~ **packen** grab s.o. by the collar; *fig fam* collar s.o.; **er riskiert s-n** ~ *fig fam* he's risking his neck; **es geht um Kopf und** ~! *fig fam* all is at stake! **das kann ihn den** ~ **kosten** *fig* that could be his downfall; **jetzt platzt mir aber der** ~! *fig fam* that's the real last straw! **schließlich platzte ihr der** ~ *fig fam* at last she blew her top; **jetzt endlich geht's ihm an den** ~ *fig fam* now at last he's in for it; **Kra·gen·knopf** *m Br* collar stud, *Am* collar button; **Kra·gen·wei·te** *f* collar size; ► **das ist nicht meine** ~ *fig fam* that's not my cup of tea; **das ist genau meine** ~! *fig fam* that's right up my street! **dieser Job ist e-e** ~ **zu groß für mich** *fig fam* this job's too much for me to handle.

Krä·he ['krɛ:ə] ⟨-, -n⟩ *f orn* crow.

krä·hen *itr* crow.

Krä·hen·fü·ße *m pl fig* **1.** *(Runzeln)* crow's-feet *pl;* **2.** *(krakelige Schrift)* scrawl *sing.*

kra·kee·len [kra'ke:lən] ⟨ohne ge-⟩ *itr fam pej* kick up a racket (*od* row).

Kral·le ['kralə] ⟨-, -n⟩ *f* **1.** claw; *(Raubvogel~)* talon; **2.** *sl (Hand)* paw *fam,* mauler *sl;* ► **jdm die** ~**n zeigen** *fig* show s.o. one's claws.

kral·len I *tr* **1.** : ► **die Finger in etw** ~ claw at, clutch s.th.; **2.** *sl (klauen)* pinch; **II** *refl:* ► **sich an jdn (etw)** ~ *fig* cling to s.o. (s.th.).

Kram [kra:m] ⟨-s⟩ *m fam* **1.** *(Zeug)* stuff; *(Plunder)* junk; **2.** *(Sache, Angelegenheit)* business; ► **das paßt mir überhaupt nicht in den** ~ *fam* that's a bloody nuisance, really; **den ganzen** ~ **hinschmeißen** *fam* chuck the whole business; **mach doch deinen** ~ **selber!** *fam* why don't you do that yourself? **er kennt s-n** ~ he knows what's what (*Br a.* he knows his onions); **kra·men** *fam* **I** *itr* rummage about (*in* in, *nach* for); **II**

tr: ► **etw aus etw** ~ fish s.th. out of s.th.

Krä·mer ['krɛ:mɐ] ⟨-s, -⟩ grocer; **Krä·mer·see·le** *f pej* petty-minded man *(od* woman).

Kram·la·den *m fam pej* tatty little shop.

Krampf [krampf, *pl* 'krɛmpfə] ⟨-(e)s, ⸚⟩ *m* **1.** cramp; *med (einzelner)* spasm; *(wiederholter)* convulsion; **2.** *fam (Getue)* palaver; *(Blödsinn)* nonsense; **Krampf·ader** *f anat* varicose vein; **krampf·fen** *tr (Finger, Hand etc)* clench (*um etw* around s.th.); **krampf·haft** *adj* **1.** *(krampfartig)* convulsive; **2.** *fam (verzweifelt)* desperate, frantic; *(gezwungen, angestrengt)* forced.

Kran [kra:n, *pl* 'krɛ:nə] ⟨-(e)s, ⸚e/(-e)⟩ *m* crane; **Kran·füh·rer(in)** *m (f)* crane operator.

Kra·nich ['kra:nɪç] ⟨-s, -e⟩ *m orn* crane.

krank [kraŋk] *adj* **1.** *allg* ill, sick; *(Organ)* diseased; *(Zahn, Bein etc)* bad; **2.** *fig (leidend)* ailing; ► ~ **werden** be taken sick, fall ill; **jdn** ~ **schreiben** file s.o. a medical certificate; **sie ist schon seit drei Monaten** ~ **geschrieben** she's been off sick for three months; **sich** ~ **melden** report (*od telephonisch:* phone in) sick; **dieses Warten macht mich ganz** ~ *fig fam* this waiting really drives me round the bend; **sich** ~ **lachen** *fig fam* split one's sides (laughing), laugh o.s. sick; **Kran·ke(r)** *f m* patient, sick person; ► **die** ~**en** *pl* the ill, the sick.

krän·keln ['krɛŋkəln] *itr* be sickly; *(a. fig: Wirtschaft etc)* be ailing.

kran·ken ['kraŋkən] *itr a. fig* suffer (*an* from).

krän·ken ['krɛŋkən] *tr* hurt (*jdn* s.o. *od* someone's feelings); ► **sie war tief gekränkt** she was deeply hurt; **jdn in seiner Ehre** ~ offend someone's pride.

Kran·ken·ak·te *f* medical file; **Krankken·be·richt** *m* medical report; **Kran·ken·be·such** *m* **1.** *(Besuch bei jdm im Krankenhaus)* visit (to a sick person); **2.** *(Arztbesuch)* (sick) call; **Kran·ken·bett** *n* sick-bed; **Kran·ken·geld** *n* sickness benefit; *(von Firma)* sickpay; **Kran·ken·haus** *n* hospital; ► **jdn in ein** ~ **einliefern** put s.o. in a hospital, hospitalize s.o.; **jdn in ein** ~ **aufnehmen** admit s.o. to a hospital; **Kran·ken·kas·se** *f* **1.** *(Krankenversicherung)* health insurance; **2.** *(Versicherungsunternehmen)* health insurance company; **Kran·ken·kost** *f* sick diet; **Kran·ken·pfle·ge** *f* nursing; **Kran·ken·pfle·ger** *m* male nurse, orderly; **Kran·ken·pfle·ge·rin** *f* nurse; **Kran·ken·schein** *m* medical insurance record card; **Kran·ken·schwe·ster** *f* nurse; **Kran·ken·trans·port** *m* **1.** *(Transport Kranker)* transportation of sick people; **2.** *(Rettungsdienst)* ambulance service; **Kran-**

ken·ver·si·che·rung f health insurance; **Kran·ken·wa·gen** m ambulance; **Kran·ken·zim·mer** n *(Zimmer mit Krankem)* sickroom; *(Krankenhauszimmer)* hospital room.
krank|fei·ern itr fam be off sick.
krank·haft adj 1. a. fig morbid; 2. *(seelisch)* pathological.
Krank·heit f 1. allg a. fig illness, sickness; 2. *(bestimmte)* disease; ▶ ansteckende ~ contagious disease; e-e ~ durchmachen suffer from an illness; sich e-e ~ zuziehen contract a disease; e-e ~ vortäuschen pretend to be ill; diese Karre ist e-e ~! fig fam this crate's just a joke! **krank·heits·er·re·gend** adj pathogenic; **Krank·heits·er·re·ger** m med disease-causing agent, pathogene; **Krank·heits·keim** m med germ of a *(od the)* disease; **Krank·heits·ver·lauf** m med course of a *(od the)* disease.
krank|la·chen refl crease up (laughing).
kränk·lich ['krɛŋklɪç] adj in poor health, sickly.
Krank·mel·dung f notification of illness (to one's employer).
Krän·kung ['krɛŋkʊŋ] f insult, offence.
Kranz [krants, pl 'krɛntsə] ⟨-es, ‒e⟩ m 1. wreath; 2. *(ringförmig Eingefaßtes)* ring; 3. fig *(Zyklus)* cycle.
krän·zen ['krɛntsən] tr adorn (with garlands).
kraß [kras] adj 1. *(auffallend)* glaring; *(Unterschied etc)* extreme; 2. *(unerhört)* blatant, crass; 3. *(unverblümt)* stark.
Kra·ter ['kra:tə] ⟨-s, -⟩ m crater.
Kratz·bür·ste f fig fam crosspatch.
Krät·ze ['krɛtsə] ⟨-⟩ f med scabies.
krat·zen ['kratsən] tr 1. *(a. itr)* scratch; *(ab~)* scrape *(von off)*; 2. fam *(stören)* bother; ▶ es kratzt mich im Hals *(od* ▶ mein Hals kratzt)* my throat feels rough; das kratzt mich nicht fig fam I don't give a damn (about that); **Krat·zer** m *(Schramme)* scratch; **kratz·fest** adj mar-resistant.
krau·len[1] ['kraʊlən] ⟨sein⟩ I itr sport *(Kraulschwimmen)* do the crawl; II tr: ▶ C. hat die 100 m in 85 sec gekrault C. did the 100 metres in 85 seconds.
krau·len[2] ⟨h⟩ tr *(liebkosen)* fondle; ▶ jdn am Kinn ~ chuck s.o. under the chin.
kraus [kraʊs] adj 1. crinkly; *(Haar)* frizzy; *(Stirn)* wrinkled; 2. fig *(konfus)* muddled; ▶ die Stirn ~ ziehen knit one's brow; *(mißbilligend)* frown.
kräu·seln ['krɔʏzəln] I tr *(Haar)* make frizzy; *(Wasseroberfläche)* ruffle; *(Lippen)* pucker; II refl *(Haare)* go frizzy; *(Wasser)* ripple; *(Rauch)* curl (up).
Kraus·kopf m 1. *(Frisur)* frizzy hair; 2. *(wirrer Mensch)* curly-head.

Kraut [kraʊt, pl 'krɔʏtə] ⟨-(e)s, ‒er⟩ n 1. bot herb; 2. *(Kohlgemüse)* cabbage; 3. pej *(Tabak)* tobacco; ▶ ins ~ schießen run to seed; fig run wild; wie ~ u. Rüben durcheinander higgledy-piggledy; dagegen ist kein ~ gewachsen fig fam there is no remedy for that.
Kräu·ter·tee m herb tea.
Kraut·kopf m *(Kohl)* head of cabbage.
Kra·wall [kra'val] ⟨-s, -e⟩ m 1. *(Aufruhr)* riot; 2. *(f) (Krach, Lärm)* racket; ▶ ~ machen fam *(randalieren)* go on the rampage; ~ schlagen fam *(sich beschweren)* kick up a fuss.
Kra·wat·te [kra'vatə] ⟨-, -n⟩ f (neck)tie; **Kra·wat·ten·na·del** f tie-pin.
kra·xeln ['kraksəln] ⟨sein⟩ itr fam clamber.
krea·tiv [krea'ti:f] adj creative; **Krea·ti·vi·tät** f creativity.
Krea·tur [krea'tu:ə] ⟨-, -en⟩ f a. creature.
Krebs [kre:ps] ⟨-es, -e⟩ m 1. zoo *(Fluß~)* Br crayfish, Am crawfish; *(Taschen~)* crab; 2. astr Cancer; 3. med cancer; **krebs·ar·tig** adj 1. zoo crustaceous; 2. med cancerous; **Krebs·ent·ste·hung** f cancerogenesis; **krebs·er·re·gend** adj med carcinogenic; **Krebs·for·schung** f cancer research; **Krebs·früh·er·ken·nung** f early detection of cancer; **Krebs·ge·schwulst** f med cancerous growth *(od tumour)*; **Krebs·ge·schwür** n 1. med carcinoma; 2. fig cancer; **Krebs·kli·nik** f cancer clinic; **krebs·krank** adj suffering from cancer; **Krebs·vor·sor·ge(·un·ter·su·chung)** f cancer check-up.
Kre·dit [kre'di:t] ⟨-(e)s, -e⟩ m 1. *(Anleihe)* credit, loan; 2. fig *(Ruf)* (good) repute, standing; ▶ auf ~ on credit; e-n ~ aufnehmen raise a loan; jdm ~ einräumen grant s.o. a credit; ~ haben fin enjoy credit; fig have standing; **Kre·dit·brief** m fin letter of credit; **Kre·dit·ge·ber** m com fin creditor; **Kre·dit·hai** m pej loan shark; **kre·di·tie·ren** tr com fin ▶ jdm e-n Betrag ~ credit s.o. with an amount; **Kre·dit·in·sti·tut** n financial institution; **Kre·dit·kar·te** f credit card; **Kre·dit·li·nie** f fin line of credit; **Kre·dit·neh·mer** m com fin borrower; **kre·dit·wür·dig** adj fin credit-worthy.
Krei·de ['kraɪdə] ⟨-, -n⟩ f 1. chem chalk; 2. geol *(Erdzeitalter)* Cretaceous (period); ▶ bei jdm tief in der ~ stehen fig fam be deep in debt to s.o.; **krei·de·bleich** (krei·de·weiß) ['--'-] adj (as) white as chalk; **Krei·de·fel·sen** m chalk cliff; **Krei·de·zeich·nung** f chalk drawing.
kre·ie·ren [kre'i:rən] tr create.
Kreis [kraɪs] ⟨-es, -e⟩ m 1. allg circle; 2. *(Sphäre, Wirkungs~)* sphere; 3. *(Stadt~, Land~)* district; 4. el *(Strom~)*

circuit; **5.** *fig (Zirkel)* circle; ▶ **sich im ~(e) drehen** turn round in a circle; *fig* go round in circles *pl;* **e-n ~ beschreiben** describe a circle; **in weiten ~en der Bevölkerung** in wide sections of the population; **weite ~e ziehen** *fig* have wide repercussions; **Kreis·bahn** *f astr* orbit; **Kreis·be·we·gung** *f* gyration; **Kreis·bo·gen** *m allg* arc (of a circle); *arch* circular arch.

krei·schen ['kraɪʃən] *itr* shriek, screech.
Krei·sel ['kraɪzəl] ⟨-s, -⟩ *m* **1.** *(Spielzeug)* spinning top; **2.** *tech* gyroscope; **Krei·sel·pum·pe** *f* centrifugal pump.
krei·sen ⟨sein⟩ *itr* **1.** *(um e-e Achse, a. fig)* revolve *(um* around); *(Satellit etc)* orbit *(um etw* s.th.); **2.** *(Blut, a. fig)* circulate *(in* through); ▶ **die Arme ~ lassen** swing one's arms around.
Kreis·dia·gramm *n* pie chart.
Kreis·flä·che *f* **1.** *(der Kreis)* circle; **2.** *math (~ninhalt)* area of a *(od* the) circle; **kreis·för·mig** *adj* circular; **Kreis·lauf** *m* **1.** *allg (Blut~, Öl~, Geld~ etc)* circulation; **2.** *(Zyklus, ewiger ~ der Natur etc)* cycle; **Kreis·lauf·stö·run·gen** *f pl med* circulatory disorders; **Kreis·sä·ge** *f* circular saw.
Kreiß·saal *m* delivery room.
Kreis·stadt *f* district *(od Br* county) town; **Kreis·um·fang** *m math* circumference; **Kreis·ver·kehr** *m Br* round-about *(Am* rotary) traffic.
Kre·ma·to·rium [krema'to:rɪʊm] *n Br* crematorium, *Am* crematory.
Kreml ['krɛml: ⟨-(s)⟩ *pol* Kremlin.
Krem·pe ['krɛmpə] ⟨-, -n⟩ *f* brim.
Krem·pel ['krɛmpəl] ⟨-s⟩ *m fam pej (Zeug)* stuff; *(Gerümpel)* junk; ▶ **ich werfe den ganzen ~ hin!** *fig* I'm really going to chuck the whole business in!
kre·pie·ren [kre'pi:rən] ⟨sein⟩ *itr* **1.** *(eingehen)* die; **2.** *sl (sterben)* croak (it); **3.** *mil (platzen)* explode.
Krepp [krɛp] ⟨-s, -s/-e⟩ *m* crepe; **Krepp·pa·pier** *n* crepe paper; **Krepp·soh·le** *f* crepe sole.
Kres·se ['krɛsə] ⟨-, -n⟩ *f bot* cress.
Kreuz [krɔɪts] ⟨-es, -e⟩ *n* **1.** *allg a. fig* cross; **2.** *(Kartenfarbe)* clubs *pl; (einzelne ~karte)* club; **3.** *anat* small of the back; **4.** *mus* sharp; ▶ **das ~ schlagen** *(sich bekreuzigen)* cross o.s.; **jdn ans ~ schlagen** nail s.o. to the cross; **aufs ~ fallen** *(hinfallen)* fall on one's back; *fig fam* fall through the floor; **jdn aufs ~ legen** *fig fam* take s.o. for a ride; **zu ~e kriechen** *fig fam* eat humble pie; **es ist ein ~ mit ihr** *fig fam* she's a real plague; **sein ~ auf sich nehmen** *fig* take up one's cross; **ich hab's im ~** *fam* I have back trouble.
kreuz *adv:* ▶ **~ u. quer** *(durcheinander)* all over (the place).
kreu·zen **I** *tr refl* ⟨h⟩ *a. fig biol* cross;

▶ **die Klingen mit jdm ~** *a. fig* cross swords with s.o.; **werden sich unsere Wege jemals wieder ~?** will our ways ever cross again? **II** *itr* ⟨sein⟩ **1.** *(Zickzack-fahren)* tack; **2.** *mar* cruise.
Kreu·zer *m mar mil* cruiser.
Kreuz·fahrt *f* **1.** *hist (Kreuzzug)* crusade; **2.** *mar* cruise; ▶ **e-e ~ machen** *mar* go on a cruise; **Kreuz·feu·er** *n mil a. fig* crossfire; ▶ **im ~ stehen** *fig* be caught in the crossfire; **kreuz·fi·del** ['-'-] *adj fam* (as) merry as a cricket; **Kreuz·gang** *m arch* cloister.
kreu·zi·gen ['krɔɪtsɪgən] *tr* crucify; **Kreu·zi·gung** *f* crucifixion.
Kreuz·ot·ter *f zoo* adder; **Kreuz·schlitz·schrau·be** *f tech* recessed head screw; **Kreuz·schlitz·schrauben·zie·her** *m tech* Phillips screwdriver *(Wz);* **Kreuz·schlüs·sel** *m mot* wheel brace; **Kreuz·schmer·zen** *m pl* backache *sing;* **Kreu·zung** *f* **1.** *(Straßen~) Br* crossroads *pl, Am* intersection; **2.** *biol (Vorgang)* cross-breeding; **3.** *(Ergebnis)* cross-breed, hybrid; **Kreuz·ver·hör** *n* cross-examination; ▶ **jdn ins ~ nehmen** cross-examine s.o.; **Kreuz·weg** *m* **1.** *(Wegkreuzung, a. fig)* crossroads *pl;* **2.** *eccl* way of the cross.
kreuz·wei·se *adv* crosswise; ▶ **du kannst mich ~!** *sl* get stuffed!
Kreuz·wort·rät·sel *n* crossword puzzle; **Kreuz·zug** *m a. fig* crusade.
krib·beln ['krɪbəln] *itr* **1.** *(herumkrabbeln)* scurry (around); **2.** *(jucken)* itch, tickle; *(prickeln)* prickle, tingle.
krie·chen [kri:çən] *irr itr* **1.** crawl, creep; **2.** *fig (unterwürfig sein)* grovel *(vor* before); **Krie·cher(in)** *m (f) fig* groveller; **Kriech·spur** *f mot fam* slow *(od* crawler) lane; **Kriech·tem·po** *n mot fam (Geschwindigkeit)* creeping speed.
Krieg [kri:k] ⟨-(e)s, -e⟩ *m* war; ▶ **im ~** *(im Gegensatz zum Frieden)* in war; *(als Soldat)* away in the war; **~ sein** **mit ...** be at war with ...; **~ anfangen mit ...** start a war with ...; **~ führen (mit** *od* **gegen) ...** wage war (on); **~ der Sterne** *pol mil* Star Wars.
krie·gen ['kri:gən] *tr fam (bekommen)* get.
Krie·ger ['kri:gɐ] ⟨-s, -⟩ warrior; **Krie·ger·denk·mal** ⟨-s, ⁻er⟩ *n* war memorial.
krie·ge·risch *adj* warlike; ▶ **~e Auseinandersetzung** military conflict.
Krie·ger·wit·we *f* war-widow.
krieg·füh·rend *adj* belligerent; **Kriegfüh·rung** *f* warfare.
Kriegs·aus·bruch *m* outbreak of war; **Kriegs·beil** *n* tomahawk; ▶ **das ~ begraben** *fig* bury the hatchet; **Kriegs·be·richt·er·stat·ter(in)** *m (f)* war

correspondent; **kriegs·be·schä·digt** *adj* war-disabled; **Kriegs·dienst·ver·wei·ge·rer** *m* conscientious objector; **Kriegs·er·klä·rung** *f* declaration of war; **Kriegs·fall** *m* war.

Kriegs·fuß *m fig fam:* ► mit jdm auf ~ stehen be at loggerheads with s.o.; **mit der deutschen Sprache auf ~ stehen** find the German language rather heavy going.

Kriegs·ge·fan·ge·ne(r) *f m* prisoner of war; **Kriegs·ge·fan·gen·schaft** *f* captivity; ► in ~ sein be a prisoner of war; **Kriegs·ge·richt** *n mil* court-martial; ► vor das ~ kommen be tried by court-martial; **jdn wegen etw vors ~ stellen** court-martial s.o. for s.th.; **Kriegs·ha·fen** *m* naval port; **Kriegs·ka·me·rad** *m* fellow soldier; **Kriegs·list** *f* stratagem; **Kriegs·ma·ri·ne** *f* navy; **Kriegs·pfad** *m* war-path; **Kriegs·recht** *n mil* martial law; **Kriegs·schau·platz** *m Br* theatre (*Am* theater) of war; **Kriegs·spiel·zeug** *n* war toy(s); **Kriegs·schiff** *n* man-of-war, warship; **Kriegs·teil·neh·mer** *m* combatant; *(nach Kriegsende) Br* ex-serviceman, *Am* veteran; **Kriegs·trei·ber** *m pej* war-monger; **Kriegs·ver·bre·cher** *m* war criminal; **kriegs·ver·sehrt** *adj* war-disabled; **Kriegs·zu·stand** *m* state of war; ► im ~ at war.

Kri·mi [ˈkrɪmi] ⟨-s, -s⟩ *m fam* thriller.

Kri·mi·nal·be·am·te(-be·am·tin) [krimiˈnaːl-] *m (f)* detective; **Kri·mi·na·li·tät** *f* 1. *(Verbrechertum)* crime; 2. *(~srate)* crime rate; **Kri·mi·nal·po·li·zei** *f Br* criminal investigation department, *Am* detective force; **Kri·mi·nal·ro·man** *m* (crime) thriller, detective novel; **kri·mi·nell** *adj a. fig fam* criminal; **Kri·mi·nel·le(r)** *f m* criminal.

Krims·krams [ˈkrɪmskrams] ⟨-(es)⟩ *m fam* 1. *(Nippes)* knickknacks *pl;* 2. *(Zeug)* odds and ends *pl.*

Krip·pe [ˈkrɪpə] ⟨-, -n⟩ *f* 1. *(Weihnachts~)* crib; *(biblisch: im NT)* manger; 2. *(Futter~)* haybox, rack; 3. *(Kinder~)* creche; **Krip·pen·tod** *m med* cot death.

Kri·se [ˈkriːzə] ⟨-, -n⟩ *f* crisis (*pl* crises); **kri·seln** [ˈkriːzəln] *itr fam:* ► es kriselt there is a crisis looming.

kri·sen·an·fäl·lig *adj* crisis-prone; **kri·sen·fest** *adj* crisis-proof; **Kri·sen·herd** *m* flashpoint, trouble spot; **Kri·sen·ma·nage·ment** *n com pol* crisis management; **Kri·sen·stab** *m* action committee; **Kri·sen·zeit** *f* time of crisis.

Kri·stall [krɪsˈtal] *m* crystal; **kri·stal·len** *adj* crystal; **Kri·stall·glas** *n* crystal glass; **kri·stal·lin(isch)** [krɪstaˈliːn(ɪʃ)] *adj* crystalline; **kri·stal·li·sie·ren** *itr refl a. fig* crystallize; **Kri·stall·wa·ren** *pl* crystalware; **Kri·stall·zucker (k·k)** *m* refined sugar in crystals.

Kri·te·ri·um *n* 1. *allg* criterion; 2. *(Radsport)* circuit race.

Kri·tik [kriˈtiːk] *f* 1. criticism; 2. *(Besprechung, Rezension)* review; 3. *(die ~er)* critics *pl;* 4. *philos (kritische Analyse)* critique; ► unter aller ~ *fam* beneath contempt; **Kri·ti·ker(in)** *m (f)* critic; **kri·tik·los** *adj* uncritical; **kri·tisch** *adj* critical; ► etw ~ prüfen scan s.th.; **dann wird es kritisch!** it could be critical!

kri·ti·sie·ren *tr itr* criticize; ► du hast aber auch an allem etw zu ~ you really always have s.th. to criticize.

krit·teln [ˈkrɪtəln] *itr pej* find fault (*an* with).

Krit·ze·lei [krɪtsəˈlaɪ] *f* scribble; *(an Wänden)* graffiti.

krit·zeln *tr itr* scribble.

Kro·ko·dil [krokoˈdiːl] ⟨-s, -e⟩ *n zoo* crocodile; **Kro·ko·dils·trä·nen** *f pl fig* crocodile tears; **Kro·ko·le·der** *n fam* alligator (*od* crocodile) skin.

Kro·kus [kroːkʊs] ⟨-, -se⟩ *m bot* crocus.

Kro·ne [ˈkroːnə] ⟨-, -n⟩ *f* 1. *(Königs~ etc)* crown; 2. *(Zahn~)* cap, crown; 3. *(Baum~)* top; 4. *(Währungseinheit) (ČSFR)* crown; *(Schweden)* krona; ► das setzt doch wirklich allem die ~ auf! that really beats everything! e-n in der ~ haben *fig fam* have had a drop too much; die ~ der Schöpfung *fig* the pride of creation.

krö·nen [ˈkrøːnən] *tr a. fig* crown (jdn zum König s.o. king); ► s-e Bemühungen waren von Erfolg gekrönt *fig* his efforts were crowned with success.

Kron·kor·ken *m* crown cork; **Kron·leuch·ter** *m* chandelier.

Kron·prinz *m* crown prince; *(im Vereinigten Königreich)* Prince of Wales; **Kron·prin·zes·sin** *f* crown-princess; *(im Vereinigten Königreich)* Princess Royal.

Krö·nung [ˈkrøːnʊŋ] *f* 1. *(Königs~ etc)* coronation; 2. *fig (Kulmination)* culmination.

Kron·zeu·ge *m jur:* ► als ~ auftreten turn *Br* King's (*od* Queen's, *Am* State's) evidence.

Kropf [krɔpf, *pl* ˈkrœpfə] ⟨-(e)s, ¨e⟩ *m* 1. *(bei Taube etc)* crop; 2. *med* goitre.

Krö·te [ˈkrøːtə] ⟨-, -n⟩ *f* 1. *zoo* toad; 2. *pl sl (Geld):* ~n dough; ► freche ~! *fig fam* cheeky minx!

Krücke (k·k) [ˈkrʏkə] ⟨-, -n⟩ *f* 1. *(Gehhilfe)* crutch; 2. *fig* prop; 3. *sl (Flasche, Versager)* dead loss.

Krug¹ [kruːk, *pl* ˈkryːgə] ⟨-(e)s, ¨e⟩ *m* jug; *(Bier~)* mug.

Krug² ⟨-s⟩ *(Wirtshaus)* inn.

Kru·me [ˈkruːmə] ⟨-, -n⟩ *f* 1. *(Brot~)*

crumb; 2. *(Acker~)* soil.

Krü·mel ['kry:məl] ⟨-s, -⟩ *m (Krume)*
crumb; **krü·me·lig** *adj* crumbly; **krü-
meln** *tr itr* crumble; *(beim Essen)* make
crumbs.

krumm [krʊm] *adj* 1. crooked; *(verbo-
gen)* bent; *(Rücken)* hunched; 2. *fig fam
(nicht ganz legal)* crooked; ► ~e **Wege**
fig fam crooked ways; ~e **Nase** hooked
nose; **keinen Finger (für jdn)** ~ **ma-
chen** *fig fam* not lift a finger (for s.o.);
auf die ~e **Tour** *fig fam* by dishonest
means; **etw auf die** ~e **Tour versuchen**
fig fam try to fiddle s.th.; **krumm·bei-
nig** *adj* bandy-legged.

krüm·men ['krʏmən] **I** *tr* bend; **II** *refl* 1.
(Straße, Fluß) wind; 2. *(Wurm)* writhe;
► **sich vor Schmerzen** ~ writhe with
pain.

krumm|neh·men *irr tr fam:* ► **(jdm)**
etw ~ take s.th. amiss.

Krüm·mung ['krʏmʊŋ] *f (Biegung)*
bend, turn; *med (von Rückgrat, a. math
u. opt)* curvature.

Krup·pe ['krʊpə] ⟨-, -n⟩ *f zoo* croup,
crupper.

Krüp·pel ['krʏpəl] ⟨-s, -⟩ *m a. fig* cripple;
► **jdn zum** ~ **machen** cripple s.o.;
krüp·pe·lig *adj* 1. *med (verkrüppelt)*
crippled; 2. *(mißgestaltet: Baum etc)*
deformed.

Kru·ste ['krʊstə] ⟨-, -n⟩ *f* crust; *med*
scurf; *(Braten~)* crackling; **Kru·sten-
tier** *n zoo* crustacean.

Kru·zi·fix ['kru:tsifɪks/krutsi'fɪks] ⟨-es,
-e⟩ *n eccl* crucifix.

Kryp·ta ['krʏpta] ⟨-, -ten⟩ *f* crypt.

Ku·ba ['ku:ba] *n* Cuba; **Ku·ba·ner(in)**
[ku'ba:nɐ] *m (f)* Cuban; **ku·ba·nisch**
adj Cuban.

Kü·bel ['ky:bəl] ⟨-s, -⟩ *m (Eimer)* bucket,
pail; ► **es gießt wie aus** ~**n** it's really
bucketing down.

Ku·bik·wur·zel [ku'bi:k-] *f math* cube
root; **Ku·bik·zahl** *f math* cube
number; **Ku·bik·zen·ti·me·ter** *m* cu-
bic *Br* centimetre *(Am* centimeter).

Kü·che ['kʏçə] ⟨-, -n⟩ *f* 1. *(Raum)*
kitchen; 2. *(Kochkunst)* cooking, cui-
sine; 3. *fig (Essen, Speisen)* dishes,
meals *pl.*

Ku·chen ['ku:xən] ⟨-s, -⟩ *m* cake.

Kü·chen·ab·fall *m* kitchen slops *pl.*

Ku·chen·blech *n* baking tin.

Kü·chen·chef *m* chef.

Ku·chen·form *f* cake tin.

Kü·chen·herd *m* kitchen range; **Kü-
chen·ma·schi·ne** *f* 1. *allg* food pro-
cessor; 2. *(Mixer)* mixer; **Kü·chen-
scha·be** *f zoo* cockroach; **Kü·chen-
schrank** *m* (kitchen)cupboard.

Ku·chen·teig *m* cake mixture.

Kü·chen·tuch *n* kitchen towel; **Kü-
chen·zet·tel** *m* menu.

Kuckuck (k·k) ['kʊkʊk] ⟨-s, -e⟩ *m* 1. *zoo*

cuckoo; 2. *fam (Pfandsiegel)* bailiff's
seal; ► **zum** ~ **noch mal!** hell's bells!
hol's der ~! botheration! **weiß der** ~!
heaven knows! **Kuckucks·uhr (k·k)** *f*
cuckoo clock.

Ku·fe ['ku:fə] ⟨-, -n⟩ *f (Schlitten~)* run-
ner; *aero* skid.

Ku·gel ['ku:gəl] ⟨-, -n⟩ *f* 1. *allg* ball; 2.
math sphere; 3. *(Bleigeschoß)* bullet;
► **sich e-e** ~ **durch den Kopf jagen**
blow one's brains out; **e-e ruhige** ~
schieben *fig fam (faulenzen)* swing the
lead; **Ku·gel·blitz** *m* ball-lightning;
Ku·gel·fang *m* butt; **ku·gel·för·mig**
adj spherical; **Ku·gel·kopf** *m* golf ball;
Ku·gel·kopf·schreib·ma·schi·ne *f*
golf-ball typewriter; **Ku·gel·la·ger** *n*
ball bearing; **ku·geln** ['ku:gəln] *tr itr*
refl roll; ► **ich könnte mich kugeln!**
fig fam it's killingly funny! **es war zum
Kugeln!** *fig fam* I nearly split with
laughing! **ku·gel·rund** ['--'-] *adj* 1. as
round as a ball; 2. *fam (fett)* barrel-
shaped; **Ku·gel·schrei·ber** *m* ball-
point pen, Biro *(Wz);* **ku·gel·si·cher**
adj bullet-proof; **Ku·gel·sto·ßen** *n*
sport putting the shot.

Kuh [ku:, *pl* ky:ə] ⟨-, ¨e⟩ *f* cow; ► **blinde**
~ blind-man's-buff; **heilige** ~ *a. fig*
sacred cow; **Kuh·han·del** *m fig fam*
horse-trading; **Kuh·haut** *f* cow-hide;
► **das geht auf keine** ~! *fam* that's
absolutely staggering! **Kuh·hir·te** *m*
cowherd.

kühl [ky:l] *adj* 1. chilly, cool; 2. *fig* cool;
(abweisend) cold; ► **mir wird etw** ~
I'm getting rather chilly; **abends wird es**
~ in the evening it gets chilly; **Kühl·an-
la·ge** *f* cooling *(od* refrigerating) plant;
Kühl·becken (k·k) *n (für Brennele-
mente)* cooling pond; **Kühl·box** *f* cold
box, cooler; **Küh·le** ['ky:lə] ⟨-⟩ *f a. fig*
coolness; *(Abweisung)* coldness.

küh·len *tr itr* cool; *tech* refrigerate;
► **sein Mütchen an jdm** ~ *fig fam* take
it out on s.o.

Küh·ler *m mot* 1. radiator; 2. *fam
(~haube) Br* bonnet, *Am* hood; **Küh-
ler·grill** *m mot* radiator grille; **Küh-
ler·hau·be** *f mot Br* bonnet, *Am* hood.

Kühl·ge·blä·se *n* cooling air fan; **Kühl-
haus** *n* cold-storage depot; **Kühl-
man·tel** *m tech* cooling jacket; **Kühl-
raum** *m* cold-storage room; **Kühl-
schlan·ge** *f tech* refrigerating coil;
Kühl·schrank *m* refrigerator, *Br fam*
fridge, *Am* icebox; **Kühl·turm** *m* cool-
ing tower; **Kühl·lung** *f* 1. *(das Kühlen)*
cooling; 2. *(Kühle)* coolness; **Kühl·wa-
gen** *m* 1. *rail* refrigerator waggon *(od
Am* car); 2. *mot (Lastwagen)* refriger-
ator truck; **Kühl·was·ser** *n* cooling
water.

Kuh·milch *f* cow's milk.

kühn [ky:n] *adj a. fig* bold; ► **die Vor-**

stellung übertraf meine ~sten Erwartungen the performance surpassed my wildest hopes (od dreams); **Kühn·heit** f boldness.
Kuh·stall m byre, cowshed.
Kü·ken ['ky:kn] ⟨-s, -⟩ n chicken.
ku·lant adj obliging.
Ku·li ['ku:li] ⟨-s, -s⟩ m **1.** (Lastträger) coolie; **2.** fam (Kugelschreiber) ballpoint.
ku·li·na·risch [kuli'na:rɪʃ] adj culinary.
Ku·lis·se [ku'lɪsə] ⟨-, -n⟩ f **1.** theat (a. Landschafts-) scenery; **2.** fig (Hintergrund) background; ► **was geht hinter den ~n vor?** what's going on backstage? **e-n Blick hinter die ~n tun** fig have a glimpse behind the scenes.
Kult [kʊlt] ⟨-(e)s, -e⟩ m cult; (Verehrung) worship; **Kult·fi·gur** f cult figure; **Kult·film** m cult film.
kul·ti·vie·ren [kʊlti'vi:rən] tr a. fig cultivate; **kul·ti·viert** adj a. fig cultivated; (verfeinert, anspruchsvoll) sophisticated; ► **eine ~e Unterhaltung** a refined conversation.
Kult·stät·te f place of worship.
· **Kul·tur** [kʊl'tu:ɐ] ⟨-, -en⟩ f **1.** (Geistesleben) culture; **2.** (Lebensform) civilization; **3.** (Bakterien~, Pilz~, Bienen~ etc) culture; **Kul·tur·aus·tausch** m cultural exchange; **Kul·tur·beu·tel** m washbag, toilet bag; **Kul·tur·ba·nau·se** m fam philistine; **kul·tu·rell** [kʊltu'rɛl] adj cultural; **Kul·tur·film** m documentary film; **Kul·tur·ge·schich·te** f history of civilisation; **Kul·tur·land·schaft** f **1.** (bebautes Land) agricultural landscape; **2.** fig cultural landscape; **Kul·tur·na·tion** f cultural nation; **Kul·tur·po·li·tik** f politics of culture; **Kul·tur·re·fe·rent(in)** m (f) convenor responsible for cultural affairs in a community; **Kul·tur·stu·fe** f stage of civilisation; **Kul·tur·volk** n civilized nation (od people); **Kul·tur·zen·trum** n **1.** (kultureller Mittelpunkt) cultural Br centre (Am center); **2.** (Institution, Anlage) arts centre.
Kul·tus·mi·ni·ste·rium ['kʊltus-] n ministry of education and the arts.
Küm·mel ['kʏməl] ⟨-s, -⟩ m **1.** (Gewürz) caraway; **2.** fam (~branntwein) kümmel.
Kum·mer ['kʊmɐ] ⟨-s⟩ m (Betrübtheit) grief, sorrow; (Ärger) trouble, worry; ► **ist das Ihr einziger ~?** don't you have any other problems pl? **jdm ~ bereiten** cause s.o. worry; **wir sind ~ gewöhnt** fig fam it happens all the time.
küm·mer·lich ['kʏmɐlɪç] adj **1.** (karg, armselig) miserable, wretched; (spärlich, kläglich) scanty; **2.** (schwächlich, mickrig) puny.
küm·mern I tr (betreffen) concern; ► **was kümmert mich das?** what's that

to me? what do I care about that? II refl **1.** (sorgen): ► **sich um jdn (etw) ~** look after (od take care of) s.o. (s.th.); **2.** (sich befassen) mind (um etw s.th.); ► **~ Sie sich darum, daß ...** see to it that ...; **~ Sie sich nicht um ...** don't worry about ...; **~ Sie sich um Ihre eigenen Angelegenheiten!** mind your own business! **ich muß mich um ein Geschenk für sie ~** I have to see about a present for her.
kum·mer·voll adj sorrowful.
Kum·pan [kʊm'pa:n] ⟨-s, -e⟩ m fam pal; pej accomplice.
Kum·pel ['kʊmpəl] ⟨-s, -(s)⟩ m **1.** min pitman; **2.** fam (Freund, Arbeitskollege) Br mate, Am buddy.
künd·bar ['kʏntba:ɐ] adj (Vertrag) terminable; (Anleihe) redeemable.
Kun·de (Kun·din) ['kʊndə] ⟨-n, -n⟩ m (f) customer; (für Dienstleistung) client.
Kun·de[1] ⟨-⟩ f obs (gehoben: Nachricht) news pl; ► **der Welt von etw ~ geben** proclaim s.th. to the world; **von etw ~ ablegen** bear witness to s.th.
Kun·den·dienst m **1.** (Service) after-sales service; **2.** (~abteilung) service department; **Kun·den·dienst·sach·be·ar·bei·ter(in)** m (f) customer service representative; **Kun·den·dienst·scheck·heft** n service coupon book; **Kun·den·kreis** m clientaıele; **Kun·den·num·mer** f client code, customer number; **Kun·den·stamm** m (Kundenschaft) clientèle; (Stammkundschaft) regular customers pl.
kund|ge·ben irr tr **1.** (bekanntmachen) make known; **2.** (zum Ausdruck bringen) express; **Kund·ge·bung** f **1.** pol rally; **2.** (Erklärung) declaration; **kun·dig** adj (informiert) well-informed; (erfahren, sach~) expert.
kün·di·gen ['kʏndɪgən] I tr **1.** (Wohnung, Arbeit) hand in one's notice for ...; **2.** (Vertrag) terminate; (Mitgliedschaft, Kredite etc) cancel; II tr **1.** (vom Arbeitnehmer, Mieter etc aus) give in one's notice to s.o.; **2.** (vom Arbeitgeber aus) give s.o. his notice (zum 1. Juli for od as of July 1st); (vom Vermieter aus) give s.o. notice to quit; **3.** (bei Mitgliedschaft) cancel one's membership; **Kün·di·gung** f **1.** (von Stellung, Wohnung) notice; **2.** (von Vertrag, Mitgliedschaft etc) cancellation; ► **mit monatlicher ~** with a month's notice; **Kün·di·gungs·frist** f period of notice; **Kün·di·gungs·schutz** m protection against unlawful dismissal.
Kund·schaft f customers pl; (von Dienstleistungsbetrieb) clients pl.
kund·schaf·ten ['---] tr mil reconnoitre; **Kund·schaf·ter** m mil scout.
künf·tig ['kʏnftɪç] I adj future; II adv in future.

Kunst [kʊnst, pl 'kʏnstə] ⟨-, ⸚e⟩ f 1. allg (Malerei, Bildhauerei etc) art; 2. (Geschicklichkeit) skill; 3. (Kniff) trick; ▶ die bildenden ⸚e the plastic arts pl; die schönen ⸚e the fine arts pl; das ist keine ~! fig it doesn't take much! mit s-r ~ am Ende sein be at one's wits' end; die ~ besteht darin, zu ... the knack is in ... -ing ...; ärztliche ~ medical skill; das ist e-e brotlose ~ fam there's no money in that; was macht die ~? fam (wie steht's?) how are things? **Kunst·aka·de·mie** f academy of art; **Kunst·aus·stel·lung** f art exhibition; **Kunst·dün·ger** m artificial fertilizer; **Kunst·fa·ser** f synthetic fibre; **kunst·fer·tig** adj skillful; **Kunst·fer·tig·keit** f skill; **Kunst·ge·gen·stand** m object of art; **kunst·ge·recht** adj proficient; **Kunst·ge·schich·te** f history of art; **Kunst·ge·wer·be (-hand·werk)** n arts and crafts pl; **Kunst·griff** m trick; **Kunst·händ·ler(in)** m (f) art dealer; **Kunst·hand·lung** f fine-art repository; **Kunst·harz** m chem artificial resin; **Kunst·herz** n artificial heart; **Kunst·ken·ner(in)** m (f) connoisseur; **Kunst·kri·ti·ker(in)** m (f) art-critic; **Kunst·le·der** n artificial (od imitation) leather.

Künst·ler(in) ['kʏnstlɐ] ⟨-s, -⟩ m (f) 1. (Kunstschaffende(r)) artist; 2. fig (Könner) genius (in at); **künst·le·risch** ['kʏnstlərɪʃ] adj artistic; **Künst·ler·na·me** m (von Schauspieler) stage name; (von Schriftsteller) pen name.

künst·lich adj artificial; (synthetisch) synthetic; (Haar, Zähne etc) false; ▶ jdn ~ ernähren feed s.o. artificially; sich ~ aufregen fam get all worked up about nothing; ~e Intelligenz EDV (Abk KI) artificial intelligence (Abk AI).

Kunst·lieb·ha·ber(in) m (f) art lover; **kunst·los** adj unsophisticated; **Kunst·ma·ler(in)** m (f) painter; **Kunst·pau·se** f (spannungssteigernde Pause) pause for effect; (ironisch für: Steckenbleiben im Text) awkward pause; **Kunst·rei·ter(in)** m (f) trick rider; **Kunst·samm·lung** f art collection; **Kunst·sei·de** f artificial silk; **Kunst·stoff** m synthetic material, synthetics pl; **kunst·stoff·be·schich·tet** adj synthetic-coated; **Kunst·stoff·ka·ros·se·rie** f mot Br fibre (Am fiber) glass body; **Kunst·stoff·müll** m plastic waste; **Kunst·stück** n stunt, trick; ▶ ~! (ironisch: kein Wunder!) small wonder! **Kunst·tur·nen** n gymnastics sing; **Kunst·werk** n work of art.

kun·ter·bunt ['kʊntɐbʊnt] adj motley; (vielfarbig) many-coloured; (abwechslungsreich) varied.

Kup·fer ['kʊpfɐ] ⟨-s⟩ n copper; **Kup·fer-**

draht m copper wire; **Kup·fer·schmied(in)** m (f) coppersmith; **Kup·fer·stich** m 1. (das Kupferstechen) copper engraving; 2. (~Karte etc) copperplate.

Kup·pe ['kʊpə] ⟨-, -n⟩ f 1. (Berg~) rounded hilltop; 2. (Finger~) tip.

Kup·pel ['kʊpəl] ⟨-, -n⟩ f cupola, dome.

Kup·pe·lei f jur procuring.

kup·peln ['kʊpəln] I itr 1. (sich als Kuppler(in) betätigen) match-make; jur procure; 2. mot operate the clutch; II tr tech (verbinden) couple, join.

Kupp·ler(in) m (f) matchmaker; jur procurer.

Kupp·lung f 1. tech (Wellen~, a. das Koppeln) coupling; 2. mot clutch; ▶ die ~ treten mot disengage the clutch; die ~ kommen lassen mot let the clutch in.

Kur [kuːɐ] ⟨-, -en⟩ f 1. med cure; 2. (Haar~) treatment.

Kür [kyːɐ] ⟨-, -en⟩ f (Eiskunstlauf) free skating.

Ku·ra·to·rium [kura'toːriʊm] ⟨-s, -rien⟩ n 1. (Gremium) board of trustees; 2. (Komitee, Vereinigung) comittee.

Kur·bel [kʊrbəl] ⟨-, -n⟩ f tech crank; **Kur·bel·ge·häu·se** n mot crankcase; **kur·beln** tr itr turn, wind; **Kur·bel·wel·le** f mot crankshaft.

Kür·bis ['kʏrbɪs] ⟨-ses, -se⟩ m 1. bot pumpkin; 2. fig fam (Kopf) nut.

ku·ren ['kuːrən] itr fam take a cure.

Kur·fürst m hist Elector; **Kur·fürsten·tum** n hist electorate.

Kur·gast m visitor to (od patient at) a health resort; **Kur·haus** n spa rooms pl.

Ku·rie ['kuːriə] ⟨-, -n⟩ f eccl Curia.

Ku·rier [ku'riːɐ] ⟨-s, -e⟩ m courier; **Ku·rier·dienst** m parcel delivery service.

ku·rie·ren tr cure.

ku·ri·os [kuri'oːs] adj (seltsam) curious, odd; **Ku·rio·si·tät** f 1. (einzelner Gegenstand) curiosity; 2. (Merkwürdigkeit) oddity.

Kur·ort m health resort, spa; **Kur·packung (k·k)** f (für Haare) hair repair kit; **Kur·pfu·scher(in)** m (f) fam quack; **Kur·pfu·sche·rei** f fam quackery.

Kurs [kʊrs] ⟨-es, -e⟩ m 1. mar aero a. fig course; pol line; 2. com fin (Wechsel~) rate of exchange; (Aktien~) price; 3. (Lehrgang) course (für, in in); ▶ vom ~ abkommen aero mar a. fig deviate from one's course; den ~ ändern (beibehalten) mar aero a. fig alter (hold) one's course; ~ nehmen auf ... set course for ...; zum ~ von ... fin at the rate of ...; im ~ fallen fall, go down; im ~ steigen go up, rise; hoch im ~ stehen (Aktien) be high; fig be popular (bei with); **Kurs·be·richt** m fin stock market report; **Kurs·buch** n rail Br

timetable, *Am* railroad guide.
Kürsch·ner(in) [ˈkyrʃnə] ⟨-s, -⟩ *m (f)*
furrier.
kur·sie·ren *itr* circulate.
kur·siv [kʊrˈziːf] *adj* italic; ▶ etw ~
drucken print s.th. in italics.
Kurs·no·tie·rung *f fin* quotation;
Kurs·ri·si·ko *n fin* market risk; **Kurs-
rück·gang** *m fin* fall in prices; **Kurs-
schwan·kung** *f fin* fluctuation in rates
of exchange; **Kurs·sturz** *m fin* sharp
fall in prices; **Kurs·teil·neh·mer(in)**
m (f) student.
Kur·sus [ˈkʊrzʊs, *pl* ˈkʊrzə] ⟨-, ôurse⟩ *m*
(Lehrgang) course.
Kurs·ver·lust *m fin* loss on the stock
exchange; **Kurs·wa·gen** *m rail*
through coach; **Kurs·wech·sel** *m pol*
change of policy; **Kurs·zet·tel** *m fin*
stock exchange list.
Kur·ve [ˈkʊrvə] ⟨-, -n⟩ *f allg a. math*
curve; *(Biegung)* bend; *aero* turn;
▶ weiter vorn macht die Straße e-e ~
further ahead the road bends; **die ~
kratzen** *fig fam* make tracks *pl;* **die ~
raushaben** *fig fam* have the hang of it;
kur·ven·reich *adj (Straße)* bendy.
Kur·ver·wal·tung *f* spa authorities *pl.*
kurz [kʊrts] **I** *adj* 1. *allg (räumlich u.
zeitlich)* short; 2. *(bündig)* brief; 3.
(rasch) quick; ▶ **mach's ~!** make it
brief! **in kürzester Frist** before very
long; **binnen ~em** before long; **seit
~em** for a short while; **über ~ od lang**
sooner or later; **(bis) vor ~em** (until)
recently; **vor ~er Zeit** lately; **~e Zeit
nachher** shortly after; **den kürzeren
ziehen** *fig fam* get the worst of it; **~er
machen** shorten; **II** *adv* 1. *(nicht lang,
nicht weit)* just, shortly; 2. *(für e-e ~e
Zeit)* briefly; ▶ **~ u. gut** in a word, in
short; **~ u. bündig** concisely; **~ vor
London** just before London; **etw ~ u.
klein schlagen** smash s.th. to pieces; **zu
~ kommen** come off badly; **Kurz·ar·
beit** *f* short time; **kurz|ar·bei·ten** *itr*
be on short time; **Kurz·ar·bei·ter-
geld** *n* short time allowance; **kurz·är·
me·lig** *adj* short-sleeved; **kurz·at·mig**
adj 1. *med* short-winded; 2. *fig* feeble;
Kurz·brief *m* memo letter.
Kür·ze [ˈkyrtsə] ⟨-⟩ *f* 1. *allg* shortness;
(von Aufsatz, Bericht etc) briefness; 2.
fig (Barschheit) curtness; *(Bündigkeit)*
conciseness; ▶ **in aller ~** very briefly;
der ~ halber for the sake of brevity; **in
der ~ liegt die Würze** *prov* brevity is
the soul of wit; **kür·zen** *tr* 1. *(kürzer
machen)* shorten; *(Buch)* abridge; 2. *fig
(beschneiden)* cut (back) (back); 3.
math (e-n Bruch) cancel (down).
kur·zer·hand [ˈkʊrtsəˈhant] *adv* 1. *(oh-
ne Umschweife)* without further ado; 2.
(auf der Stelle) on the spot.
Kurz·fas·sung *f* abridged version;

Kurz·film *m* filmlet, short; **kurz·fri·
stig I** *adj* short-term; **II** *adv* 1. *(fürs
erste)* for the short term; 2. *(für kurze
Zeit)* for a short time; **Kurz·ge·
schich·te** *f* short story; **kurz·le·big**
adj short-lived.
kürz·lich [ˈkyrtslɪç] *adv* lately, recently.
Kurz·nach·richt *f* brief account *(od
statement)*; ▶ **~en** *pl* the news headli-
nes *pl;* **Kurz·park·zo·ne** *f* short-stay
parking zone; **Kurz·reise** *f* short trip;
Kurz·schluß *m el* short-circuit; ▶ **e-n
~ haben (bekommen)** be short-circuit-
ed (short-circuit); **Kurz·schluß·hand-
lung** *f fig* rash action; **Kurz·schrift** *f*
shorthand; **kurz·sich·tig** *adj a. fig*
short-sighted; **Kurz·sich·tig·keit** *f a.
fig* short-sightedness; **Kurz·strecken-
flug (k·k)** *m* short-haul flight; **Kurz-
strecken·ra·ke·te (k·k)** *f mil* short-
range missile.
Kür·zung [ˈkyrtsʊŋ] *f* 1. *(das Kürzerma-
chen)* shortening; *(bei Buch etc)*
abridgement; 2. *(von Gehältern, Ausga-
ben etc)* cut *(bei etw od Genitiv: e-r
Sache in s.th.).*
Kurz·wa·ren *pl Br* haberdashery, *Am*
notions *pl.*
Kurz·weil [ˈkʊrtsvaɪl] ⟨-⟩ *f* pastime;
kurz·wei·lig *adj* entertaining.
Kurz·wel·le *f radio* short wave; **Kurz-
zeit·ge·dächt·nis** *n* short-term mem-
ory; **Kurz·zeit·spei·cher** *m EDV* reg-
ister.
Ku·si·ne [kuˈziːnə] ⟨-, -n⟩ *f* cousin.
Kuß [kʊs, *pl* ˈkʏsə] ⟨-sses, ⁻sse⟩ *m* kiss;
kuß·echt *adj* kiss-proof.
küs·sen [ˈkʏsən] *tr itr refl* kiss *(refl a.
each other).*
Kü·ste [ˈkʏstə] ⟨-, -n⟩ *f* coast; **Kü·sten-
ge·biet** *n* coastal area; **Kü·sten·ge-
wäs·ser** *n pl* coastal waters; **Kü·sten-
land·schaft** *f* coastal landscape; **Kü-
sten·schif(f·)fahrt** *f* coastal shipping;
Kü·sten·schutz *m* 1. *(Erhaltung)*
coastal preservation; 2. *(Küstenwache)*
coastguard; **Kü·sten·strich** *m* stretch
of coast; **Kü·sten·ver·schmut·zung**
f coastal pollution.
Kü·ster [ˈkʏstə] ⟨-s, -⟩ *m eccl* sexton,
verger.
Kut·sche [ˈkʊtʃə] ⟨-, -n⟩ *f* 1. carriage,
coach; 2. *fam (Auto)* jalopy; **Kut-
scher** *m* coachman.
Kut·te [ˈkʊtə] ⟨-, -n⟩ *f* habit.
Kut·teln *pl (Speise: saurer Rinderma-
gen)* tripes.
Ku·vert [kuˈvɛrt/kuˈveːə] ⟨-(e)s, -e/-s⟩ *n*
(Briefumschlag) envelope.
Ky·ber·ne·tik [kybɛrˈneːtɪk] *f* cybernet-
ics *pl;* **ky·ber·ne·tisch** *adj* cybernetic.
ky·ril·lisch [kyˈrɪlɪʃ] *adj* Cyrillic.
KZ [kaːˈtsɛt] ⟨-s, -s⟩ *n Abk von* **Konzen-
trationslager** concentration camp.

L

L, l [ɛl] ⟨-, -⟩ *n* L, l.
la·ben ['laːbən] *tr refl (gehoben)* feast (*an* on); *(erfrischen)* refresh (*jdn* s.o., *sich mit od an etw* o.s. with s.th.); ▶ **sie ~ sich an dem Anblick** they feast their eyes on the view.
la·bern ['laːbən] *tr itr fam* drivel, jabber.
la·bil [laˈbiːl] **1.** *(physisch, gesundheitlich)* delicate; **2.** *(psychisch)* weak.
La·bor [laˈboːɐ] ⟨-s, -s/(-e)⟩ *n fam* (= Laboratorium) lab; **La·bo·rant(in)** [laboˈrant] *m (f)* lab(oratory) technician; **La·bor·be·fund** *m* laboratory findings *pl;* **La·bo·ra·to·rium** *n* laboratory, *fam* lab.
la·bo·rie·ren *itr fam* labour (*an etw* at s.th.).
La·by·rinth [labyˈrɪnt] ⟨-(e)s, -e⟩ *n* **1.** *(Irrgarten)* labyrinth; **2.** *fig* maze.
La·che¹ ['laxə] ⟨-, -n⟩ *f (Pfütze)* puddle, pool.
La·che² ['laxə] ⟨-⟩ *f fam* laugh, way of laughing.
lä·cheln ['lɛçəln] *itr* smile (*über* at); ▶ **lächle doch mal!** give me (*od* us) a smile!
La·chen *n* laughing, laughter; ▶ **brüllen vor ~** roar with laughter; **können vor ~!** *fam* if only I knew how! **das ist nicht zum ~** that's not funny; **sich das ~ verbeißen** keep a straight face; **Ihnen wird das ~ noch vergehen!** you'll soon be laughing on the other side of your face!
la·chen ['laxən] *tr itr* laugh (*über* at); ▶ **aus vollem Halse ~** roar with laughter; **daß ich nicht lache!** *fam* don't make me laugh! my eye! **(bei jdm) nichts zu ~ haben** *fig fam* have a tough time of it (with s.o.); **er hat gut ~** it's all right (*od* very well) for him to laugh; **das Glück lacht ihm** fortune smiles on him; **sich ins Fäustchen ~** laugh up one's sleeve; **sich halbtot ~** split one's sides laughing; **wer zuletzt lacht, lacht am besten** *prov* he who laughs last laughs longest; **sie lachte u. lachte** she was laughing away.
La·cher *m* **1.** *(Lachender)* laugher; **2.** *fam (die Lache)* laugh; ▶ **die ~ auf s-r Seite haben** *(am Ende recht behalten, triumphieren)* have the last laugh.
lä·cher·lich ['lɛçɐlɪç] *adj* **1.** *(zum Lachen)* ridiculous; *(komisch)* comical; **2.** *(unbedeutend)* petty; ▶ **zu e-m ~en Preis** at an absurdly low price; **sich (vor jdm) ~ machen** make a fool of o.s. (in

front of s.o.); **jdn ~ machen** expose s.o. to ridicule; **er hat mich vor ihnen ~ gemacht** he made me look stupid in front of them; **etw ins L~e ziehen** make fun of s.th.; **Lä·cher·lich·keit** *f* absurdity.
Lach·gas *n* laughing gas.
lach·haft *adj* laughable.
Lachs [laks] ⟨-es, -e⟩ *m zoo* salmon; **lachs·far·ben** *adj* salmon-coloured; **Lachs·fo·rel·le** *f zoo* salmon trout; **Lachs·schin·ken** *m* smoked ham.
Lack [lak] ⟨-(e)s, -e⟩ *m* lacquer, varnish; *mot (Auto~)* paint.
lackie·ren (k·k) *tr itr* varnish; *(Fingernägel)* paint; *(Auto)* spray.
Lack·le·der *n* patent leather.
Lack·mus ['lakmʊs] ⟨-⟩ *n od m chem* litmus; **Lack·mus·pa·pier** *n* litmus paper.
Lack·pfle·ge·mit·tel *n* lacquer preservative; **Lack·schuh** *m* patent-leather shoe.
La·de·ge·rät *n* battery charger; **La·de·hem·mung** *f mil* jam; ▶ **~ haben** jam.
La·den¹ ['laːdən, *pl* 'lɛːdən] ⟨-s, ⸚⟩ *m (Fenster~)* shutter.
La·den² *m* **1.** *(~geschäft) Br* shop, *Am* store; **2.** *fam ("Verein", Betrieb)* outfit; ▶ **na, wie läuft der ~?** *fam* well, how's business? **das ist ja ein feiner ~ hier!** *fam (ironisch gemeint)* a nice outfit you've got here! **den ~ dichtmachen** *fam* shut up shop; **den (ganzen) ~ schmeißen** *sl* run the (whole) show; **den ganzen ~ hinschmeißen** *sl* chuck the whole lot in.
la·den¹ *irr tr* **1.** *(Gäste etc ein~)* invite; **2.** *jur (vor~)* summon.
la·den² *irr tr itr* **1.** *(mit Fracht etc be~)* load; **2.** *el phys* charge; **3.** *(Feuerwaffe)* load; ▶ **sich etw auf den Hals ~** *fig fam* saddle o.s. with s.th.; **schwere Schuld auf sich ~** *fig fam* place o.s. under a heavy burden of guilt.
La·den·be·sit·zer(in) *m (f)* shopkeeper; **La·den·dieb(in)** *m (f)* shoplifter; **La·den·dieb·stahl** *m* shoplifting; **La·den·ein·rich·tung** *f* shopfittings *pl;* **La·den·hü·ter** *m* non-seller, non-selling line; **La·den·ket·te** *f* chain of *Br* shops (*Am* stores); **La·den·preis** *m* retail price; *((fester) ~ von Druckerzeugnissen)* publishing price; **La·den·schild** *n Br* shop (*Am* store) sign; **La·den·schluß** *m* closing time; **La·den·schluß·zei·ten** *f pl* closing hours; **La-**

den·tisch *m* (sales) counter.
La·de·ram·pe *f* loading ramp; **La·de·raum** *m* load room; *mar aero* hold.
lä·die·ren [lɛ'diːrən] *tr (beschädigen)* damage; ▶ **lädiert sein** *fam hum* be the worse for wear.
La·dung¹ *f jur (Vor~)* summons *sing*.
La·dung² *f* 1. *allg a. fig* cargo load; 2. *el phys (a. Sprengstoff~)* charge.
La·ge ['laːgə] ⟨-, -n⟩ *f* 1. *(Situation)* situation; 2. *(Position)* position; 3. *(örtliche ~, das Gelegensein)* location; 4. *(Schicht)* layer; 5. *fam (Runde Bier, Schnaps etc)* round; ▶ **Herr der ~ sein** be master of the situation; **die ~ der Nation** the state of the nation; **die ~ der Dinge** the situation; **nach ~ der Dinge** as things stand; **die ~ peilen** *fam* see how the land lies; **sich in jds ~ versetzen** put o.s. in someone's place; **jdn in die ~ versetzen, etw zu tun** put s.o. in a position to do s.th.; **dazu bin ich nicht in der ~** I'm not in a position to do that; **in günstiger ~** *(günstig gelegen)* well-situated; **das Haus hat e-e ruhige ~** the house is in a peaceful location; **La·ge·be·richt** *m* situation report; **La·ge·plan** *m* general *(od* layout *od* site) plan.
La·ger ['laːgə] ⟨-s, -⟩ *n* 1. *(Unterkunft; a. fig: Partei)* camp; 2. *com (Waren~)* store; *(~haus)* warehouse; *(Vorrat)* stock(s *pl)*; 3. *geol (Ab~ung, ~stätte)* deposit; 4. *mot tech* bearing; ▶ **ans ~ gefesselt sein** *fig (im Bett liegen müssen)* be confined to bed; **das ~ abbrechen** strike *(od* break) camp; **ein ~ aufschlagen** pitch camp; **das sozialistische ~** *fig pol* the socialist camp; **etw am ~ haben** have s.th. in stock; **etw auf ~ haben** *fig fam (e-n Witz etc)* have s.th. on tap; **La·ger·be·stand** *m* stock, inventory; **La·ger·feu·er** *n* campfire; **La·ger·ge·bühr** *f* storage charge; **La·ger·hal·tung** *f* storekeeping; **La·ger·haus** *n* warehouse, store; **La·ge·rist(in)** *m (f)* storeman (storewoman); **La·ger·lei·ter(in)** *m (f)* camp commander.
la·gern ['laːgən] **I** *tr* 1. *(hinlegen)* lay down; 2. *com (auf Lager nehmen)* store; **II** *itr* 1. *(liegen)* lie; 2. *com (am Lager sein)* be stored; 3. *(Menschen) a. mil* camp; **III** *refl* settle o.s.
La·ger·platz *m (Rastplatz)* resting-place; **La·ger·raum** *m* storeroom; **La·ge·rung** *f* storage; ▶ **~ von Abfällen** dumping of refuse; **La·ger·ver·wal·ter(in)** *m (f) com* stores supervisor.
La·gu·ne ⟨-, -n⟩ *f* lagoon.
lahm [laːm] *adj* 1. *(gelähmt)* lame; 2. *fig fam* dreary, dull; ▶ **e-e ~e Entschuldigung** *fig fam* a poor *(od* lame) excuse; **e-e ~e Ente sein** *fig fam* have no zip; **Lahm·arsch** *m sl Br* slowcoach, *Am* slowpoke; **lahm·ar·schig** *adj sl* damn

slow; ▶ **sei doch nicht so ~!** get your *Br* arse *(Am* ass) in gear!
lah·men *itr* be lame *(auf* in).
läh·men ['lɛːmən] *tr a. fig* paralyse; ▶ **vor Angst wie gelähmt sein** be paralysed with fear.
lahm|le·gen *tr* paralyse, bring to a standstill.
Läh·mung ['lɛːmʊŋ] *f a. fig* paralysis.
Laib [laɪp] ⟨-(e)s, -e⟩ *m* loaf.
Laich [laɪç] ⟨-(e)s, -e⟩ *m zoo* spawn; **lai·chen** *itr zoo* spawn.
Laie ['laɪə] ⟨-n, -n⟩ *m* 1. *eccl a. fig* layman; 2. *fig* amateur; ▶ **da staunt der ~, und der Fachmann wundert sich** *fam* that's a real turn-up for the book; **ein blutiger ~ sein** *fig fam (ein Anfänger) Br* be an absolute amateur, *Am a.* be a real tyro; **Lai·en·dar·stel·ler(in)** *m (f)* amateur actor (actress); **lai·en·haft** *adj* 1. *(amateurhaft)* amateurish; 2. *(unfachmännisch)* lay *(nur attr)*.
La·kai [la'kaɪ] ⟨-en, -en⟩ *m a. fig* lackey.
La·ken ['laːkən] ⟨-s, -⟩ *n* sheet.
La·kritz(e) [la'krɪts] ⟨-, -n⟩ *m (f)* liquorice.
lal·len ['lalən] *tr itr (Säugling)* babble; *(Betrunkener)* slur.
La·ma¹ ['laːma] ⟨-(s), -s⟩ *n zoo* llama.
La·ma² *m rel (buddhistischer Priester in Tibet)* lama.
La·ma·is·mus ⟨-⟩ *m rel* Lamism.
La·mel·le [la'mɛlə] ⟨-, -n⟩ *f* 1. *bot* lamella; 2. *(von Jalousien)* slat.
La·met·ta [la'mɛta] ⟨-s⟩ *f* 1. tinsel; 2. *fam hum (Orden)* gongs *pl*.
la·mi·nie·ren [lami'niːrən] *tr tech* laminate.
Lamm [lam, *pl* 'lɛmə] ⟨-(e)s, ⁻er⟩ *n zoo* lamb; **Lamm·fell** *n* lambskin.
Lam·pe ['lampə] ⟨-, -n⟩ *f* lamp; **Lam·pen·fie·ber** *n theat* stage fright; **Lam·pen·schirm** *m* lamp-shade.
Lam·pi·on [lam'pjoːn] ⟨-s, -s⟩ *m* Chinese lantern.
LAN *n EDV Abk von* **local area network** LAN, lan.
lan·cie·ren [lãˈsiːrən] *tr* launch.
Land [lant, *pl* 'lɛndə] ⟨-(e)s, ⁻er⟩ *n* 1. *allg (Fest~, Gelände)* land; 2. *(im Gegensatz zur Stadt)* country; 3. *(Staat)* country; *(Bundesland der BRD)* Land; *(in Österreich)* province; ▶ **an ~ gehen (setzen)** go (put) ashore; **(das) ~ bebauen** work on *(od* cultivate) the land; **~ sichten** *mar* sight land; **wieder ~ sehen** *fig* be back on dry land again; **~ in Sicht!** *mar* land ahoy! **zu ~ u. zu Wasser** by land and by sea; **sich jdn (etw) an ~ ziehen** *fig fam ("angeln")* land s.o. (s.th.); **auf dem ~(e)** in the country; **aufs ~ gehen** go (in)to the country; **außer ~s gehen** leave the country; **aus aller Herren ~er** from the four corners of the earth.
Land·adel *m* landed gentry; **Land·ar-**

bei·ter(in) *m (f)* farm (*od* agricultural) worker; **Land·be·sitz** *m* land, landed property (*od* estate); ▶ ~ **haben** own land; **Land·be·sit·zer(in)** *m (f)* landowner; **Land·be·völ·ke·rung** *f* rural population.

Lan·de·an·flug *m aero* approach; **Lan·de·bahn** *f aero* runway, landing-strip.

land·ein·wärts [-'--] *adv* inland.

lan·den ['landǝn] **I** *tr* ⟨h⟩ *a. fig* land; ▶ **e-n Coup (gegen ̣dn (etw))** ~ *fam* pull off a coup (against s.o. (s.th.)); **bei jdm e-n Kinnhaken** ~ *sport fam* land s.o. a hook to the chin; **II** *itr* ⟨sein⟩ **1.** land; **2.** *fig fam (enden)* land up; **3.** *fig fam (bei jdm „ankommen")* get somewhere; (*mit etw bei jdm* with s.o. by s.th.); ▶ **weich** ~ *aero* soft-land; **mit deinen krummen Touren wirst du noch im Gefängnis** ~! *fig fam* those crooked means of yours will land you in jail! **(sofort) im Papierkorb** ~ *fig fam* go (straight) into the wastepaper basket; **glaub' nur nicht, daß du damit bei mir** ~ **kannst!** *fig fam* don't think to get anywhere with me by that!

Land·en·ge *f* isthmus.

Lan·de·platz *m mar* landing place; *aero (ausgebauter* ~*)* landing strip; *(nicht ausgebauter Platz zum Landen)* place to land.

Län·de·rei·en [lɛndǝ'raıǝn] *pl* estates.

Lan·des·ar·beits·amt ['--'---] *n Br* Regional Labour Exchange, *Am* Regional Labor Office; **Lan·des·ar·beits·ge·richt** ['--'----] *n Br* Labour Court, *Am* Higher Labor Court.

Lan·de·schein·wer·fer *m aero* landing light; **Lan·de·steg** *m* landig-stage.

Lan·des·far·ben *f pl* **1.** (e-r Nation) national colours *pl;* **2.** (e-s Bundeslandes der Bundesrepublik D.) state colours *pl;* ▶ **Trikots in den** ~ *sport* jersey in national colours; **Lan·des·gren·ze** *f* **1.** (e-s Staates) national boundary; **2.** (e-s Bundeslandes der Bundesrepublik D.) state boundary; **Lan·des·in·ne·re** *n* inland region; ▶ **tief ins** ~ **vorstoßen** penetrate into the heart of the country; **Lan·des·re·gie·rung** *f (in der Bundesrepublik D.)* government of a Land; *(in Österreich)* provincial government; **Lan·des·so·zial·ge·richt** ['---'---] *n* Higher Social Court; **Lan·des·spra·che** *f* national language; **Lan·des·tracht** *f* national costume; **Lan·des·trau·er** *f* national mourning; **lan·des·üb·lich** *adj* customary; **Lan·des·ver·rat** *m* high treason; **Lan·des·ver·tei·di·gung** *f* national *Br* defence (*Am* defense); **Lan·des·wäh·rung** *f* national currenc.

Land·flucht *f* migration (*od* drift) from the land; **Land·gang** *m mar* shore leave; **Land·ge·mein·de** *f* country community; **land·ge·stützt** *adj mil (Raketen)* land-based; **Land·gut** *n* estate; **Land·haus** *n* country house; **Land·kar·te** *f* map; **Land·kreis** *m* administrative district; ▶ **X, Landkreis Y** X, county (of) Y; **land·läu·fig** *adj* popular; ▶ **nach** ~**er Meinung** according to popular opinion; **Land·le·ben** *n* country life; **Land·leu·te** *pl* country people.

länd·lich ['lɛntlıç] *adj* rural.

Land·ma·schi·nen *pl* agricultural machinery *sing;* **Land·pla·ge** *f fig fam* pest; **Land·rat·te** *f hum* landlubber; **Land·re·gen** *m* steady rain.

Land·schaft *f* **1.** (ländl. Gegend) countryside; **2.** (auf Fotos, Gemälden) landscape; ▶ **in der** ~ **herumstehen** *fam hum* stand around; **land·schaft·lich** *adj* **1.** *allg* scenic; **2.** (regional) regional; ▶ **die** ~**e Schönheit dieser Gegend** the beauty of the scenery; **Land·schafts·gärt·ner(in)** *m (f)* landscape gardener; **Land·schafts·pfle·ge** *f* landscape management (*od* planning); **Land·schafts·schutz·ge·biet** *n allg* landscape protection area; *Br* Area of Outstanding Natural Beauty (*Abk* AONB).

Lands·knecht *m hist* (Söldner) mercenary.

Lands·mann(-män·nin) ⟨-(e)s, -leu·te/(-männer)⟩ *m (f)* compatriot, fellow countryman; ▶ **was für ein** ~ **sind Sie?** where do you come from?

Land·stra·ße *f* road; *(im Gegensatz zur Autobahn)* ordinary road; **Land·strei·cher(in)** *m (f)* tramp, *Am* hobo; **Land·streit·kräf·te** *pl* land forces; **Land·strich** *m* area; **Land·tag** *m (in Deutschland)* Landtag (regional parliament); **Land·tags·wah·len** *pl* German regional elections.

Lan·dung ['landʊŋ] *f mar aero mil* landing; ▶ **weiche** ~ soft landing; **Lan·dungs·boot** *n mil* landing craft; **Lan·dungs·brücke (k·k)** *f* jetty, landing-stage.

Land·ver·mes·ser(in) *m (f)* land surveyor; **Land·ver·mes·sung** *f* land surveying; **Land·weg** *m:* ▶ **auf dem** ~ by land; **Land·wirt(in)** *m (f)* farmer; **Land·wirt·schaft** *f* **1.** (Agrikultur) agriculture, farming; **2.** (Hof) farm; **3.** (die Landwirte) farmers *pl;* **land·wirt·schaft·lich** *adj* agricultural; ▶ ~**e Maschinen** agricultural machinery *sing;* **Land·wirt·schafts·mi·nis·te·rium** *n allg* ministry of agriculture; *Br* Board of Agriculture, *Am* Department of Agriculture; **Land·wirt·schafts·schu·le** *f* agricultural college; **Land·zun·ge** *f* spit of land.

lang [laŋ] ⟨lenger, lengst⟩ **I** *adj* **1.** *allg* long; **2.** *fam (groß, hoch aufgeschossen)* tall; ▶ **das weiß ich seit** ~**em I**

have known that (for) a long time; **das habe ich ~e Zeit nicht gewußt** I haven't known that for a long time; **das ist schon ~ her** that's a long time ago; **in nicht allzu ~er Zeit** before too long; **ich fahre für ~ere Zeit weg** I'm going away for a long time; **zehn Fuß ~** ten feet long; **auf ~e Sicht** *fig* in the long term; **Sie müssen das auf ~e Sicht betrachten** *fig* you must take the long view; **ein ~es Gesicht machen** pull a long face; **e-n ~en Hals machen** *fam* crane one's neck; **die Zeit wurde uns ~** time began to hang heavy on our hands; **etw ~ und breit erklären** go to great lengths to explain s.th.; **mir wird die Zeit nie ~** I never get bored; **etw auf die ~e Bank schieben** *fig* put s.th. off; **etw von ~er Hand vorbereiten** *fig* prepare s.th. carefully; **II** *adv:* ► **drei Tage (Wochen** *etc)* **~** for three days (weeks *etc*); **sein ganzes Leben ~** all his life; **~ ersehnt** longed-for; **~ erwartet** long-awaited; **über kurz od ~** sooner or later; **~ u. breit** *fig* at great length; **lang·ar·mig** *adj* long-armed; **lang·at·mig** *adj fig* long-winded; **lang·bei·nig** *adj* long-legged.

lan·ge ['laŋə] *adv* **1.** *(e-e ~ Zeit)* a long time; *(in Frage- od Verneinungssätzen)* long; **2.** *fam (bei weitem):* **~ nicht so ... not** nearly as ...; **noch ~ nicht** not by any means; **das ist schon ~ her** it's a long time ago; **es ist noch gar nicht ~ her, daß ...** it's not long since ...; **er macht es nicht mehr ~** *fam* he won't last long *(od* much longer); **je ~er, je lieber** *fam* the longer the better; **das ist noch ~ kein Beweis** *fam* that's far from being evidence; **was du kannst, das kann ich schon ~** *fam* the things you can do are but child's play to me.

Län·ge ['lɛŋə] <-, -n> *f* **1.** *(zeitlich, räumlich, a. sport)* length; **2.** *fig (langatmige Stelle)* long-drawn-out passage; **3.** *astr geog math* longitude; **4.** *fam (Größe e-s Menschen)* height; ► **der ~ nach** *(längs)* lengthwise; **der ~ nach hinfallen** fall flat; **etw in die ~ ziehen** protract s.th.; **sich in die ~ ziehen** go on and on; **mit e-r ~ (Vorsprung) gewinnen** *sport* win by a length.

lan·gen ['laŋən] *fam* **I** *tr (reichen)* give, hand, pass *(jdm etw* s.o. s.th.); ► **jdm e-e ~** smack someone's face; **II** *itr* **1.** *(genügen)* be enough, do, suffice; **2.** *(sich (er)strecken)* reach *(bis zu od an etw* s.th., *nach* for); ► **mir langt's!** I'm fed up with it! **~ Sie zu!** *fam (bei Tisch)* help yourself! **es langt hinten u. vorn nicht** *fam* it's nowhere near enough; **das Geld langt einfach nicht** *fam* there just isn't enough money.

Län·gen·grad *m geog* longitude; **Län·gen·maß** *n* linear measure.

län·ger·fri·stig **I** *adj* longer-term; ► **~es Darlehen** loan taken at relatively long terms; **II** *adv* in the longer term; ► **~ planen** plan for the longer term.

Lan·ge·wei·le ['laŋəvailə/--'--] <-> *f* boredom; ► **~ haben** be bored.

Lang·fin·ger *m fig fam hum* pickpocket.

lang·fri·stig **I** *adj* long-term; **II** *adv* in the long term; ► **~ planen** plan for the long term.

lang·ge·streckt *adj* long.

lang·jäh·rig **I** *adj* **1.** *(viele Jahre dauernd)* many years of ...; **2.** *(seit vielen Jahren (bestehend))* long-standing, of many years' standing; ► **unser ~er Mitarbeiter** our long-standing employee; **II** *adv* for many years.

Lang·lauf <-(e)s> *m sport (Ski~)* cross-country skiing; **Lang·läu·fer(in)** *m (f)* cross-country skier; **Lang·lauf·ski** *m* cross-country ski.

lang·le·big *adj* **1.** *(haltbar)* long-lasting; **2.** *(Gerücht)* long-lived; **Lang·le·big·keit** *f* **1.** *(Haltbarkeit)* long-lastingness; **2.** *(Zähigkeit, langes Leben)* long life.

läng·lich ['lɛŋlɪç] *adj* elongated, long.

Lang·mut <-> *f* forbearance, patience; **lang·mü·tig** *adj* forbearing, patient.

längs [lɛŋs] **I** *prp* along; **II** *adv* lengthways, lengthwise.

Längs·ach·se *f* longitudinal axis.

lang·sam ['laŋzaːm] **I** *adj* slow; **II** *adv* **1.** *allg* slowly; **2.** *fam (allmählich, endlich)* just about; ► **~(er) fahren** drive slowly (slow down); **es wird ~ Zeit, daß etw geschieht** *fam* it's about time s.th. happened; **es wurde aber auch ~ Zeit!** *fam* it was really high time! *(od* and about time too!); **~ reicht es mir** *fam* I'm just about fed up with it; **so ~ sollte er kommen!** *fam* it's just about time he was here! **immer schön ~!** *fam* easy does it! **Lang·sam·keit** *f* slowness.

Lang·schlä·fer(in) *m (f)* late riser.

Lang·spiel·plat·te *f* long-playing record.

Längs·schnitt *m* longitudinal section.

längst [lɛŋst] *adv (schon lange)* for a long time; *(vor langer Zeit)* long ago; ► **~ nicht so ...** not nearly as ...; **noch ~ nicht** by any means; **das weiß ich schon ~** I've known that for ages ..., **aber der Zug war ~ weg ...**, but the train had long since gone.

läng·stens *adv* **1.** *(spätestens)* at the latest; **2.** *(höchstens)* at the most; ► **ich kann es dir längstens für drei Tage leihen** I can lend it to you for three days at the longest.

Lang·strecken·flug (k·k) *m aero* long-haul flight, long-distance flight; **Lang·strecken·ra·ke·te (k·k)** *f mil aero* long-range missile *(od* rocket); **Lang·strecken·waf·fe (k·k)** *f mil*

long-range weapon.
Lan·gu·ste [laŋˈgʊstə] ⟨-, -n⟩ f crayfish, Am crawfish.
lang·wei·len [ˈlaŋvaɪlən] **I** tr bore; **II** itr be boring; **III** refl be (od get) bored; ▶ **sich zu Tode** ~ be bored to death.
lang·wei·lig adj 1. boring, tedious; 2. fam (langsam, lahm) slow; ▶ **er ist so** ~ **mit allem** fam he's such a Br slow-coach (Am slowpoke) at everything.
Lang·wel·le f radio long wave.
lang·wie·rig [ˈlaŋviːrɪç] adj lengthy.
Lang·zeit- (in Zssgn) long-term; **Lang·zeit·ar·beits·lo·se(r)** f m long-term unemployed person; **Lang·zeit·ri·si·ko** n long-term risk; **Lang·zeit·spei·cher** m EDV long-term storage; **Lang·zeit·stu·die** f long-term study; **Lang·zeit·test** m long-term test; **Lang·zeit·wir·kung** f long-term effect.
Lan·ze [ˈlantsə] ⟨-, -n⟩ f lance; ▶ **für jdn e-e** ~ **brechen** fig take up the cudgels for s.o.
La·os [ˈlaːɔs] ⟨-⟩ n Laos; **La·ote (La·otin)** [laˈoːtə] m (f) Laotian; **la·otisch** adj Laotian.
Lap·pa·lie [laˈpaːliə] ⟨-, -n⟩ f fam mere nothing, trifle.
Lap·pen [ˈlapən] ⟨-s, -⟩ m (Stück Stoff) cloth; (Wisch~) duster; (Wasch~) flannel; ▶ **jdm durch die** ~ **gehen** fam (entwischen) slip through someone's fingers.
läp·pisch [ˈlɛpɪʃ] adj 1. (dumm) silly; 2. (sehr gering) mere; ▶ **das ist doch** ~! that's silly! ~**e zwanzig Mark** a mere twenty marks.
Lap·sus [ˈlapsʊs pl ˈlapsuːs] ⟨-, -⟩ m (gehoben) slip.
Lär·che [ˈlɛrçə] ⟨-, -n⟩ f bot larch.
Lärm [lɛrm] ⟨-(e)s⟩ m 1. allg noise; 2. (Radau) row; 3. (Aufsehen) fuss; ▶ ~ **schlagen** give the alarm; fig kick up a fuss; **viel** ~ **um nichts machen** make a lot of fuss about nothing; **Lärm·be·kämp·fung** f noise prevention; **Lärm·be·lä·sti·gung** f noise disturbance; **Lärm·be·la·stung** f noise pollution; **Lärm·ein·wir·kung** f effect of noise; **lärm·emp·find·lich** adj sensitive to noise.
lär·men itr be noisy, make a noise; **lär·mend** adj noisy.
Lärm·ku·lis·se f acoustic environment; **Lärm·min·de·rung** f noise level reduction; **Lärm·pe·gel** m noise level; **Lärm·quel·le** f source of noise; **Lärm·schutz** m noise prevention; **Lärm·schutz·be·reich** m noise prevention zone; **Lärm·schutz·maß·nah·men** f pl noise prevention measures; **Lärm·schutz·wall (Lärm·schutz·wand)** m (f) sound (od noise) barrier.
Lar·ve [ˈlarfə] ⟨-, -n⟩ f 1. biol larva; 2. (Maske) mask.

lasch [laʃ] adj 1. (schlaff) limp; 2. (zu nachgiebig) lax; 3. (Geschmack) fam tasteless.
La·sche [ˈlaʃə] ⟨-, -n⟩ f (Schuh~) tongue; (Schlaufe) loop.
La·ser [ˈleːzə] ⟨-s, -⟩ m laser; **La·ser·drucker (k·k)** m EDV laser printer; **La·ser·strahl** m laser beam; **La·ser·tech·nik** f laser technology; **La·ser·waf·fe** f mil laser weapon.
las·sen [ˈlasən] irr **I** tr 1. (zulassen, erlauben) let; 2. (veranlassen): ▶ **etw tun** ~ have (od get) s.th. done; **jdn etw tun** ~ have (od make) s.o. do s.th.; 3. (be~) leave; (gewähren ~) let; 4. (unter~) omit; 5. (über~): ▶ **jdm etw** ~ let s.o. have s.th.; 6. (zurück~) leave; 7. (hinaus~, hinein~) let (aus out of, in into); ▶ **laßt uns gehen!** let's go! **er ließ sich nicht überreden** he would not be persuaded; **er ließ sich nicht überzeugen** he would not be convinced; **ich lasse mir von dem Jungen helfen** I have the boy help me; **ich lasse meinen Anzug reinigen** I have my suit cleaned; **sich e-n Bart wachsen** ~ grow a beard; **er ließ mich (e-e Stunde) warten** he kept me waiting (for an hour); ~ **Sie die Dinge, wie sie sind!** leave things as they are! ~ **Sie das!** stop it! **laß mich in Ruhe!** leave me alone! ~ **wir das jetzt mal!** let's leave this now! **dann** ~ **wir's eben!** let's drop the whole idea! ~ **wir es dabei (bewenden)!** let's leave it at that! ~ **Sie mir e-e Woche Zeit!** give me a week! **höflich ist er, das muß man ihm** ~ he's polite, you must admit (od you've got to give him that); **tu, was du nicht** ~ **kannst!** do what you think you must! **jdn rufen** (od kommen) ~ send for s.o.; ~ **Sie es sich doch schicken!** have it sent to you! **ich habe mir sagen** ~, ... I've been told ...; ~ **Sie sich das gesagt sein!** take it from me! **jdm etw mitteilen** ~ let s.o. know s.th.; **von etw** ~ keep away from s.th.; **sie kann's einfach nicht** ~ she just can't help it; **das läßt sich machen!** that's possible! **laß mich nur machen!** leave it to me! **die Tür läßt sich nicht öffnen** the door doesn't open; **II** itr (ab~, aufgeben) give up (von etw s.th.).
läs·sig [ˈlɛsɪç] adj 1. (nach~) careless; 2. (ungezwungen) casual; 3. sl (mit Leichtigkeit, cool) cool.
Las·so [ˈlaso] ⟨-s, -s⟩ m od n lasso.
Last [last] ⟨-, -en⟩ f 1. allg a. fig burden, load; 2. mar aero cargo; 3. pl fig: ~**en** (Kostenbe~ung)) charges, costs pl; ▶ **jdm zur** ~ **fallen** be a burden on s.o.; (ihm lästig sein) trouble s.o.; **jdm etw zur** ~ **legen** lay s.th. to someone's charge, charge s.o. with s.th.; **la·sten** [ˈlastən] itr weigh (heavily) (auf oɪɪ); ▶ **alle Verantwortung lastet auf mir**

all the responsibility rests on me; **La·sten·auf·zug** *m* goods *Br* lift (*Am* elevator); **La·sten·ta·xi** *n* goods taxi.

La·ster[1] ⟨-s, -⟩ *m fam* (*LKW*) *Br* lorry, *Am* truck.

La·ster[2] ⟨-s, -⟩ *n* (*Untugend, Unsitte*) vice.

Lä·ste·rer ['lɛstərə] ⟨-s, -⟩ *m* 1. (*Gottes~*) blasphemer; 2. *fam* (*Schandmaul*) malicious tongue; ▶ **ein ~ sein** have a malicious tongue.

la·ster·haft *adj* depraved; **La·ster·haf·tig·keit** *f* depravation.

Lä·ster·maul *n fam* (*Person*) scandalmonger.

lä·stern ['lɛstən] I *tr* (*Gott etc*) blaspheme against; II *itr fam* make nasty remarks (*über* about).

lä·stig ['lɛstɪç] *adj* (*belästigend*) troublesome; (*ärgerlich*) annoying; ▶ **jdm ~ fallen** (*od sein*) molest (*od* pester) s.o.; **du kannst wirklich ~ sein** you can be a real nuisance; **er wird langsam ~** he's about becoming a nuisance.

Last·kahn *m* barge; **Last·kraft·wa·gen** *m mot* heavy goods vehicle.

Last·schrift *f com* 1. (*~anzeige*) debit note; 2. (*Buchung*) debit entry.

Last·tier *n* pack animal; **Last·trä·ger** *m* porter; **Last·wa·gen** *m Br* lorry, *Am* truck; **Last·zug** *m mot* trailer, truck.

La·sur [la'zu:ɐ] *f* glaze.

La·tein [la'taɪn] ⟨-s⟩ *n* Latin; ▶ **ich bin mit meinem ~ am Ende** *fig fam* I'm at my wits' end; **La·tein·ame·ri·ka** *n* Latin America; **la·tei·nisch** *adj* Latin.

la·tent [la'tɛnt] *adj* latent.

La·ter·ne [la'tɛrnə] ⟨-, -n⟩ *f* lantern; (*Straßen~*) streetlight; **La·ter·nen·pfahl** *m* lamp post.

Lat·sche ['la:tʃə] ⟨-, -n⟩ *f bot* mountain pine.

Lat·schen ['la:tʃən] ⟨-s, -⟩ *m fam* 1. (*Hausschuh*) slipper; 2. (*alter Schuh*) worn-out shoe; **lat·schen** ⟨sein⟩ *itr fam* 1. (*herumlaufen*) traipse; 2. (*schlurfen*) slouch along.

Lat·te ['latə] ⟨-, -n⟩ *f* 1. (*Brett*) slat; 2. *sport* (*beim Hochsprung*) bar; (*beim Fußball*) crossbar; ▶ **e-e ganze ~ von** ... *fig* a whole string of ...; **du hast sie doch nicht alle auf der ~!** *sl* you've got a screw loose! **Lat·ten·rost** *m* bed-lattice; **Lat·ten·ver·schlag** *m* crate; **Lat·ten·zaun** *m* wooden fence.

Latz [lats, *pl* 'lɛtsə] ⟨-es, ⁔e⟩ *m* 1. (*Kleider~*) bib; 2. (*Hosen~*) flap; ▶ **jdm eins vor den ~ knallen** *sl* clobber (*od* sock) s.o. one; **Latz·ho·se** *f* dungarees *pl*.

lau [laʊ] *adj* 1. (*~warm: Flüssigkeit; a. fig*) lukewarm; 2. (*mild*) mild.

Laub [laʊp] ⟨-(e)s⟩ *n* leaves *pl;* **Laub·baum** *m* deciduous tree.

Lau·be ['laʊbə] ⟨-, -n⟩ *f* 1. (*~ngang*) arbour; 2. (*Gartenhäuschen*) summerhouse.

Laub·frosch *m zoo* treefrog; **Laub·sä·ge** *f* fretsaw; **Laub·wald** *m* deciduous forest.

Lauch [laʊx] ⟨-(e)s, -e⟩ *m bot* leek; **Lauch·zwie·bel** *f* spring onion.

Lau·er ['laʊə] ⟨-⟩ *f:* ▶ **auf der ~ liegen** (*od* **sein**) lie in wait.

lau·ern *itr a. fig* lie in wait (*auf* for).

Lauf [laʊf, *pl* 'lɔɪfə] ⟨-(e)s, ⁔e⟩ *m* 1. (*schneller Schritt*) run; 2. (*~ e-r Maschine, Gang*) operation, running, 3. *EDV* run; 4. *sport* (*Wett~*) race; 5. (*Gewehr~*) barrel; 6. (*Bein von Tieren*) leg; 7. (*Flußver~, a. astr:* ~ **der Gestirne**) course; 8. *fig* (*Ver~, Ab~ von Ereignissen etc*) course; ▶ **der ~ der Dinge** the way things go; **den Dingen ihren** (*od* **freien**) **~ lassen** let things take their course; **s-n Gefühlen freien ~ lassen** give way to one's feelings; **im ~e des Gesprächs** in the course of the conversation; **im ~e der Jahre** in the course of the years; **Lauf·bahn** *f* (*Beruf*) career; ▶ **e-e ~ einschlagen** enter on a career; **Lauf·bur·sche** *m obs* errand-boy.

lau·fen ['laʊfən] *irr* I *itr* 1. *allg* run; 2. (*zu Fuß gehen*) walk; 3. (*Maschine, Uhr*) go; (*funktionieren*) work; 4. (*undicht sein, lecken; Nase*) leak; 5. (*ver~, Fluß*) run; (*Weg*) go; 6. *fig* (*im Gange sein*) go on; *film* be on; ▶ **was läuft im Kino?** what's on at the cinema? **mal sehen, wie die Sache läuft!** *fam* let's see how things go! **die Sache ist ge~** *sl* (*unter Dach und Fach, erledigt*) it's all wrapped up; **kann Ihr Kind schon ~?** can your child already walk? **wie ~ die Geschäfte?** how's business? **die Geschäfte ~ schlecht** business is going badly; **unter dem Namen ... ~** *fam* (... *heißen*) go by the name of ...; **das läuft unter der Rubrik ...** *fam* that comes under the category ...; **die Versicherung läuft auf meinen Namen** the insurance is in my name; II *tr* 1. *allg* (*rennen, a. sport: e-e Rekordzeit*) run; 2. (*zu Fuß gehen*) walk; 3. *mot* (*fahren*) do; ▶ **Gefahr ~, etw zu tun** run the risk of doing s.th.; **Ski** (**Rollschuh, Schlittschuh**) **~** ski (rollerskate, skate); III *refl:* ▶ **sich warm ~** warm up; **sich e-e Blase ~** give o.s. a blister; **es läuft sich gut in diesen Schuhen** these shoes are good for walking.

lau·fend I *adj* 1. (*Monat, Jahr*) current; 2. (*ständig*) regular; (*regelmäßig*) routine; ▶ **~e Nummer** serial number; **am ~en Band** *fig* continuously; **auf dem ~en bleiben** keep o.s. up-to-date; **jdn auf dem ~en halten** keep s.o. up-to-date; **seid ihr mit eurer Arbeit auf dem ~en?** are you up-to-date on your work? II *adv* continually.

lau·fen|las·sen *irr tr* let go.
Läu·fer[1]**(in)** ['lɔɪfə] ⟨-s, -⟩ *m (f) sport*
runner.
Läufer[2] ⟨-s, -⟩ *m* **1.** *(beim Schachspiel)*
bishop; **2.** *(Treppen~)* runner; *(in der
Wohnung)* rug; **3.** *tech (Laufkatze)*
crab.
Lauf·feu·er *n:* ▶ **die Nachricht ver-
breitete sich wie ein ~** the news spread
like wildfire; **Lauf·flä·che** *f tech* **1.**
(von Reifen) tread; **2.** *mot (bei Zylin-
der)* working surface; **3.** *mot (in Lager)*
raceway; **Lauf·git·ter** *n* playpen;
Lauf·kat·ze *f tech* crab; **Lauf·kran** *m*
travelling crane; **Lauf·kund·schaft** *f*
occasional customers *pl;* **Lauf·ma-
sche** *f (im Strumpf) Br* ladder, *Am* run;
Lauf·paß *m fam:* ▶ **jdm den ~ geben**
give s.o. his marching orders *pl;* **sie gab
mir den ~** she told me we were
through; **Lauf·rich·tung** *f* direction of
movement; **Lauf·schie·ne** *f tech*
guide rail, track; **Lauf·schritt** ⟨-(e)s⟩ *m*
1. *allg (schneller Schritt)* trot; **2.** *mil*
double-quick; ▶ **im ~** *allg* trotting; *mil*
at the double; **Lauf·stall** *m* playpen;
Lauf·steg *m (für Mannequins)* cat-
walk; **Lauf·werk** *n EDV* drive; **Lauf-
zeit** *f* **1.** *(von Brief, Telegramm etc)*
transmission time; **2.** *(Dauer)* duration;
(Lebensdauer) life; **3.** *(von Vertrag,
Wechsel etc)* period of validity; **4.** *sport*
time; **Lauf·zet·tel** *m* docket; *(Rund-
schreiben)* circular.
Lau·ge ['laʊɡə] ⟨-, -n⟩ *f* **1.** *chem* leach,
lye; **2.** *(Seifen~)* soapy water.
Lau·heit (Lau·ig·keit) *f* **1.** *(von Flüssig-
keit, a. fig)* lukewarmness; **2.** *(Mildheit
von Wind, Abend etc)* mildness.
Lau·ne ['laʊnə] ⟨-, -n⟩ *f* **1.** *(Grille, Ein-
fall)* whim; **2.** *(Stimmung)* mood;
(schlechte ~) (bad) temper; ▶ **er hat
mal wieder e-e seiner ~n** he's in one of
his moods; **guter ~ sein, gute ~ haben**
be in a good mood; **schlechter ~ sein,
schlechte ~ haben** be in a (bad) mood;
man muß ihn nur bei ~ halten *fam*
you've only got to keep him happy; **aus
e-r ~ heraus** on a whim; **lau·nen·haft**
adj **1.** *(launisch)* moody; **2.** *(unbere-
chenbar)* capricious; **Lau·nen·haf-
tig·keit** *f* **1.** moodiness; **2.** *(Unbere-
chenbarkeit)* capriciousness.
lau·nig *adj (witzig)* witty.
lau·nisch *adj pej* **1.** *(launenhaft)*
moody; **2.** *(unberechenbar)* capricious.
Laus [laʊs, *pl* 'lɔɪzə] ⟨-, ⸚e⟩ *f zoo* louse, *pl*
lice; ▶ **e-e ~ ist ihm über die Leber
gelaufen** *fig fam* something's biting
him.
lau·schen ['laʊʃən] *itr* **1.** *(zuhören)* lis-
ten *(jdm* to s.o., *auf etw* to s.th.); **2.**
(heimlich) eavesdrop; **Lau·scher** *m* **1.**
(heimlicher Zuhörer) eavesdropper; **2.**
(in Jägersprache: Ohr) ear.

lau·schig *adj (gemütlich)* cosy, snug.
Lau·se·jun·ge *m* rascal, scamp.
lau·sen ['laʊzən] *tr (ent~)* delouse;
▶ **mich laust der Affe!** blow me down!
lau·sig *fam* **I** *adj* lousy; **II** *adv* awfully;
▶ **~ schwer** bloody *(od* damn) difficult.
Laut [laʊt] ⟨-(e)s, -e⟩ *m* sound; ▶ **keinen
~ von sich geben** not to make a sound;
~ geben *(Hund)* give tongue.
laut[1] *adj* **1.** *allg* loud; **2.** *(hörbar, ver-
nehmlich)* audible; **3.** *(lärmend)* noisy;
▶ **~er!** *(als Aufforderung an Redner)
Br* speak up! *Am* louder! **mit ~er Stim-
me** at the top of one's voice; **~ lesen**
read aloud; **~ vorlesen** read out; **stell
mal das Radio etw ~er!** turn the radio
up! **etw ~ sagen** *(mit ~er Stimme)* say
s.th. out loud; **das solltest du besser
nicht ~ sagen** *fig* you had better not
shout that from the rooftops; **~ werden**
fig (bekannt) become known; **mußt du
denn immer gleich ~ werden?** *(los-
brüllen)* do you always have to get
obstreperous? **~es Gelächter** roars *pl*
of laughter.
laut[2] *prp* according to ...
lau·ten *itr allg* be; *(These, Rede etc)* go;
(Inhalt e-s Schreibens etc) go, read;
▶ **auf den Inhaber ~** be payable to
bearer; **die Anklage lautet auf Mord**
the charge is (one of) murder.
läu·ten ['lɔɪtən] *tr itr* ring; ▶ **hat es
nicht eben geläutet?** hasn't the bell just
rung? **ich habe davon etw ~ hören** *fig
fam* I've heard s.th. about it.
lau·ter ['laʊtə] **I** *adj* **1.** *(rein)* pure; **2.**
(aufrichtig, ehrbar) honourable; ▶ **~e
Wahrheit** honest truth; **II** *adv (nur)*
nothing *(od bei Personen:* nobody) but;
das sind ~ Freunde they're friends, all
of them; **man konnte vor ~ Krach
nichts verstehen** you couldn't under-
stand a word for all the noise; **~ Lügen!**
nothing but lies!
läu·tern ['lɔɪtən] *tr* **1.** *rel* purify; **2.** *fig
(reformieren)* reform; **Läu·te·rung** *f*
1. *rel* purification; **2.** *fig* reformation.
laut·hals *adv* at the top of one's voice.
Laut·leh·re *f* phonetics *pl.*
laut·lich *adj* phonetic.
Laut·spre·cher(·box) *m (f) radio TV*
(loud)speaker; **Laut·spre·cher·wa-
gen** *m* loudspeaker car.
Laut·stär·ke *f* loudness; *radio TV* vol-
ume; **Laut·stär·ke·reg·ler** *m radio
TV* volume control.
lau·warm *adj* **1.** *(Flüssigkeit, a. fig)*
lukewarm; **2.** *(nicht heiß)* slightly warm.
La·va ['la:va] ⟨-, (-ven)⟩ *f* lava.
La·ven·del [la'vɛndəl] ⟨-s, -⟩ *m* lavender.
la·vie·ren [la'vi:rən] *itr* **1.** *mar* tack; **2.**
fig Br manoeuvre, *Am* maneuver.
La·wi·ne [la'vi:nə] ⟨-, -n⟩ *f a. fig* ava-
lanche; **La·wi·nen·ge·fahr** *f* danger
of avalanches; **la·wi·nen·si·cher** *adj*

(Ort) secure from avalanches; **La·wi·nen·ver·bau·ung** *f* avalanche barrier.
lax [laks] *adj* lax.
La·za·rett [latsaˈrɛt] ⟨-(e)s, -e⟩ *n mil* 1. *(Militärkrankenhaus)* military hospital; 2. *(Krankenstation)* sick bay; **La·za·rett·schiff** *n mil* hospital ship; **La·za·rett·zug** *m mil* hospital train.
LCD *Abk von* **liquid crystal display** LCD; **LCD-An·zei·ge (-Dis·play)** *f (n)* LCD-display.
Le·be·mann ⟨-(e), ⁼er⟩ *m* rake, roué.
Le·ben ⟨-s, -⟩ *n* 1. *ullg* life; 2. *(Lebhaftigkeit, Betriebsamkeit)* activity, life; ▶ **so ist das ~** such is life; **er liebt das gute ~** he is fond of good living; **jdm das ~ zur Hölle machen** make someone's life hell; **am ~ bleiben (sein)** stay (be) alive; **sich durchs ~ schlagen** struggle through life; **du hast doch noch das ganze ~ vor dir** you've still got all your life in front of you; **eine Sache auf ~ u. Tod** a matter of life and death; **~ in die Bude bringen** make things hum; **sich das ~ nehmen** take one's (own) life; **Kampf auf ~ u. Tod** life-and-death struggle; **etw ins ~ rufen** bring s.th. into being; **e-m Kind das ~ schenken** give birth to a child; **etw für sein ~ gern haben (tun)** be mad about (doing) s.th.; **überall herrschte reges ~** a lot of activity was all around; **jdn ums ~ bringen** kill someone; **ums ~ kommen** lose one's life; **im ~ stehen** know what life is all about.
le·ben [ˈleːbən] *tr itr* live; ▶ **lebt er noch?** is he still alive? **na, du lebst also auch noch?** *hum fam* well, so you're still among the living? **von etw ~ live on** s.th.; **~ u. ~ lassen** live and let live; **lang (od es) lebe die Königin!** long live the Queen! **man lebt nur einmal!** *prov* you only live once! **hier läßt es sich wohl ~** life's not too bad here; **er lebt sehr bescheiden (zurückgezogen)** he leads a very modest (retired) life.
lebend *adj attr* live; *pred* alive; ▶ **er ist der ~e Beweis für . . .** he is living proof of . . .; **~es Inventar** livestock; **~e Sprachen** modern languages; **die L~en** the living; **Le·bend·ge·burt** *f med* livebirth; **Le·bend·ge·wicht** *n a. hum* live weight.
le·ben·dig [leˈbɛndɪç] *adj* 1. *(nicht tot)* *attr* live; *pred* alive; 2. *fig (lebhaft)* lively; *(Erinnerung etc)* vivid; ▶ **die Ölgesellschaften nehmen's von den L~en!** *hum fam* the oil companies will really have the shirt off your back! **Le·ben·dig·keit** *f fig* liveliness, vividness.
Le·bens·abend *m* old age; **Le·bens·ab·schnitt** *m* period of life; **Le·bens·ader** *f fig* lifeline; **Le·bens·ar·beits·zeit** *f* working life; **Le·bens·ar·beits·zeit·ver·kür·zung** *f* shortening of

one's working life; **Le·bens·art** *f* 1. *(Lebensweise)* way *(od* manner) of living; 2. *fig (Benehmen)* manners *pl; (Lebensstil, Savoir-vivre)* style, lifestyle, way of live; **Le·bens·auf·ga·be** *f* life's work; **Le·bens·be·din·gun·gen** *pl* living conditions; **le·bens·be·dro·hend** *adj* life-threatening; **Le·bens·dau·er** *f* life; **Le·bens·en·de** *n* end of someone's *(od* one's) life; ▶ **bis an sein (mein) ~** till the end of his (my) life; **Le·bens·er·fah·rung** *f* experience of life; **le·bens·er·hal·tend** *adj med* life-support; **Le·bens·er·hal·tungs·system** [---ˈ----] *n* life-support system; **Le·bens·er·war·tung** *f* life expectancy.
le·bens·fä·hig *adj* 1. *med* capable of living; 2. *fig* equipped for life.
Le·bens·freu·de *f* zest for life; **le·bens·froh** *adj* full of the joys of life; **Le·bens·ge·fahr** *f* (mortal) danger; ▶ **unter ~** at the risk of one's life; **Vorsicht! ~!** Caution! Danger! **es besteht ~** there is danger to life; **in ~ sein** be in danger of one's life; **außer ~ sein** be out of danger; **le·bens·ge·fähr·lich** *adj* highly dangerous; *(Verletzung)* critical; **Le·bens·ge·fähr·te (Le·bens·ge·fähr·tin)** *m(f)* companion through life; **Le·bens·ge·fühl** *n* awareness of life.
Le·bens·hal·tungs·in·dex *m* cost of living *Br* index *(Am* figure); **Le·bens·hal·tungs·ko·sten** *pl* cost of living *sing.*
le·bens·klug *adj* canny; **Le·bens·la·ge** *f* situation; ▶ **in jeder ~** in any situation; **le·bens·läng·lich** *adj (lebenslang)* lifelong; *(Haft) attr* life; *pred* for life; ▶ **~ hinter Gittern sitzen** *fam* be behind bars for life; **er hat ~ bekommen** *fam* he got life; **Le·bens·lauf** *m* 1. *(Lauf des Lebens, Leben)* life; 2. *(geschriebener) Br* curriculum vitae, *Am* résumé; **le·bens·lu·stig** *adj* lively, fond of life; **Le·bens·mit·tel** *n pl* food *sing;* **Le·bens·mit·tel·ge·schäft** *n Br* grocer's (shop), *Am* grocery (store); **Le·bens·mit·tel·ver·gif·tung** *f* food poisoning; **Le·bens·mit·tel·ver·sor·gung** *f* food supply.
le·bens·müde *adj* tired *(od* weary) of life.
Le·bens·mut *m* vital energy; **Le·bens·nerv** *m fig* mainspring; **Le·bens·qua·li·tät** *f* quality of life; **Le·bens·raum** *m* 1. *biol* habitat; *allg* environment; 2. *pol* lebensraum; **Le·bens·ret·ter(in)** *m (f)* rescuer; **Le·bens·rhyth·mus** *m* macrobiotic rhythm; **Le·bens·stan·dard** *m* standard of living, living standards; **Le·bens·stel·lung** *f* job for life; **Le·bens·un·ter·halt** *m* living, livelihood; ▶ **sich s-n ~ verdienen** earn *(od* make) a living; **Le·bens·ver·si-**

che·rung f life assurance, *bes. Am* life insurance; ▶ **e-e ~ abschließen** take out a life assurance (*od* insurance); **Le·bens·wan·del** m (way of) life; ▶ **lockerer ~** loose living; **Le·bens·wei·se** f way of life, habits *pl;* **Le·bens·weis·heit** f 1. (*Lebenserfahrung*) wisdom; 2. (*Maxime fürs Leben*) maxim; **le·bens·wert** *adj* worth living; **le·bens·wich·tig** *adj* essential, vital; **Le·bens·zei·chen** n sign of life; ▶ **er gab kein ~ mehr von sich** he showed no signs of life any more; **Le·bens·zeit** f lifetime; ▶ **auf ~** for life; **Beamter auf ~** permanent civil servant.

Le·ber ['le:bɐ] ⟨-, -n⟩ f *anat* liver; ▶ **frisch von der ~ weg reden** *fam* speak frankly, speak one's mind; **was ist ihm über die ~ gelaufen?** *fam* what's biting him? **Le·ber·fleck** m mole; **Le·ber·krank·heit (Le·ber·lei·den)** f (n) liver disorder; **Le·ber·pa·ste·te** f liver pâté; **Le·ber·tran** m cod-liver oil; **Le·ber·wurst** f Br liver sausage, *Am* liverwurst; ▶ **spiel doch nicht immer die beleidigte ~!** *fam* must you always get into a huff?

Le·be·we·sen n living thing (*od* creature).

Le·be·wohl [--'-] ⟨-(e)s, -s/-e⟩ n farewell; ▶ **jdm ~ sagen** bid s.o. farewell.

leb·haft *adj* 1. (*voller Leben, a. fig: kräftig*) lively; (*temperamentvoll*) vivacious; 2. *com* (*Geschäft*) brisk; ▶ **~e Farben** bright colours; **~er Handel** brisk trade; **~e Phantasie** vivid imagination; **es geht hier recht ~ zu** things are pretty lively here; **etw ~ bedauern** regret s.th. deeply; **Leb·haf·tig·keit** f 1. (*Lebendigkeit*) liveliness; (*von Temperament*) vivaciousness; 2. *com* briskness.

Leb·ku·chen m gingerbread.

leb·los *adj* 1. (*ohne Leben*) lifeless; (*unbeseelt, com: flau*) inanimate; 2. *fig* (*leer, verlassen*) deserted, empty.

Leb·lo·sig·keit f 1. lifelessness; 2. *fig* (*Leere*) emptiness; **Leb·tag** m *fam:* ▶ **das habe ich mein ~ noch nicht gesehen** I've never seen that like (of it) in all my life; **Leb·zei·ten** f *pl:* ▶ **zu s-n ~** (*als er noch lebte*) in his lifetime; (*zu s-r Zeit*) in his day.

lech·zen ['lɛçtsən] *itr fig* thirst, crave, long (*nach* for).

Le·ci·thin [letsi'ti:n] ⟨-s⟩ n lecithin.

Leck [lɛk] ⟨-(e)s, -s⟩ n leak; **leck** *adj* leaky; ▶ **~ sein** leak; **~ schlagen** hole.

lecken[1] (k·k) *itr* (*undicht sein*) leak.

lecken[2] (k·k) *tr itr* (*schlecken*) lick; ▶ **s-e Wunden ~** *a. fig* lick one's wounds; **sich die Finger nach etw ~** *fig fam* be panting for s.th.; **leck mich am Arsch!** *vulg* fuck off! (*verdammt noch mal!*) fuck it!

lecker (k·k) ['lɛkɐ] *adj* (*köstlich*) delicious; **Lecker·bis·sen** (k·k) m 1. (*Speise*) titbit; 2. *fig* (*Juwel*) gem; **Lecke·rei** (k·k) f (*Süßigkeit*) dainty; **Lecker·maul** (k·k) n *fig fam:* ▶ **ein ~ sein** have a sweet tooth.

Le·der ['le:dɐ] ⟨-s, -⟩ n 1. leather; 2. *sport fig fam (der Fußball)* ball; ▶ **am ~ bleiben** *sport fig fam* stick with the ball; **jdm ans ~ wollen** *fig fam* want to get one's hand on s.o.; **zäh wie ~** *fam* as tough as old boots; **Le·der·be·satz** m leather trimming; **Le·der·ein·band** m leather binding; **Le·der·hand·schuh** m leather glove; **Le·der·ho·se** f (*von Tracht*) leather shorts *pl;* **Le·der·jacke** (k·k) f leather jacket.

le·dern I *adj* 1. (*aus Leder*) leather; 2. (*zäh*) leathery.

Le·der·pfle·ge·mit·tel n leather conditioner; **Le·der·rie·men** m leather strap; **Le·der·wa·ren** *pl* leather goods.

le·dig ['le:dɪç] *adj* 1. (*unverheiratet*) single; 2. (*frei von*) free; ▶ **~e Mutter** unmarried mother; **aller Pflichten ~ sein** be free of all commitments.

Le·di·ge(r) ⟨-n, -n⟩ f m single person.

le·dig·lich ['le:dɪklɪç] *adv* merely.

Lee [le:] ⟨-⟩ f *mar* lee; ▶ **nach ~ (zu)** leeward.

leer [le:ɐ] *adj* 1. *allg* empty; 2. (*~stehend, Wohnung, Haus etc*) vacant; (*unmöbliert*) unfurnished; 3. (*unbeschrieben*) blank; 4. (*eitel*) vain; ▶ **~es Gerede** idle talk; **~e Versprechungen** vain promises; **mit ~en Händen** *fig* empty-handed; **~ ausgehen** come away empty-handed; **es waren alles nur ~e Worte** it was all just talk; **~ stehen** stand empty.

Lee·re ['le:rə] ⟨-⟩ f *a. fig* emptiness; ▶ **geistige ~** a mental vacuum; **gähnende ~** a yawning void.

lee·ren *tr* empty.

Leer·for·mel f empty phrase; **leer·ge·fegt** *adj fig:* ▶ **die Straßen waren wie ~** the streets were deserted; **Leer·ge·wicht** n unladen weight; **Leer·gut** ⟨-(e)s⟩ n *com* empties *pl;* **Leer·lauf** m 1. *tech* idle (*od* lost) motion; 2. *mot* (*Gang*) neutral; 2. *fig* slack; **Leer·ta·ste** f space bar.

Lee·rung f emptying; ▶ **nächste ~** (*e-s Briefkastens*) next collection.

le·gal [le'ga:l] *adj* legal, lawful; **le·ga·li·sie·ren** *tr* legalize; **Le·ga·li·tät** f legality; ▶ **(etw) außerhalb der ~** *euph* (*illegal*) (slightly) outside the law.

Le·ga·sthe·nie [legaste'ni:] ⟨-⟩ f *päd* dyslexia; **Le·ga·sthe·ni·ker(in)** m (f) dyslexic.

Le·gat[1] [le'ga:t] ⟨-en, -en⟩ m (*päpstlicher Gesandter*) legate.

Le·gat[2] ⟨-(e)s, -e⟩ n *jur* (*Vermächtnis*) legacy.

Le·ge·bat·te·rie f hen battery.

le·gen ['le:gən] I *tr* 1. *allg* lay, put; 2. *(an e-n bestimmten Platz)* place; ▶ **jdn in Ketten** ~ put s.o. in chains; **s-e Stirn in Falten** ~ frown; **e-n Brand** ~ start a fire; **etw beiseite** ~ put s.th. aside; **jdm etw ans Herz** ~ entrust s.th. to someone; **Wert auf etw** ~ set great store by s.th.; **Eier** ~ lay eggs; **jdm das Handwerk** ~ *fig* put a stop to someone's game; II *refl* 1. *allg (hin~)* lie down; 2. *(an e-n best. Platz)* settle *(auf* on); 3. *fig (aufhören, abklingen)* abate, die down, subside; *(Zorn, Begeisterung)* wear off, ▶ **sich in die Sonne** ~ lie in the sun; **sich in die Kurve** ~ lean into the corner; **das legt sich** *fam* that'll sort itself out; **ihr Fieber hat sich gelegt** her fever has come down.

Le·gen·de [le'gɛndə] ⟨-, -n⟩ *f* legend.

le·ger [le'ʒɛ:ɐ] *adj* casual.

le·gie·ren [le'gi:rən] *tr (Metalle)* alloy.

Le·gie·rung *f* 1. *(Verfahren)* alloying; 2. *(Ergebnis)* alloy.

Le·gion [le'gjo:n] *f* legion; **Le·gio·när** *m* legionary.

Le·gis·la·t·ive ['legɪslati:və] ⟨-, -n⟩ *f pol* legislative body, legislature; **Le·gis·la·tur·pe·ri·ode** *f pol Br (u. andere Länder)* parliamentary (*Am* congressional) term.

le·gi·tim [legi'ti:m] *adj* legitimate; **Le·gi·ti·ma·tion** *f* legitimation; **le·gi·ti·mie·ren** I *tr* 1. *(legitim machen)* legitimize; 2. *(berechtigen)* entitle; II *refl (sich ausweisen)* show proof of one's identity; **Le·gi·ti·mi·tät** *f* legitimacy.

Le·hen ['le:ən] ⟨-s, -⟩ *n hist* feoff, fief; **Leh(e)ns·herr** *m hist* feudal lord; **Leh(e)ns·mann** *m hist* vassal.

Lehm [le:m] ⟨-(e)s, -e⟩ *m* loam; *(Ton)* clay; **Lehm·bo·den** *m* loamy soil; *(Tonboden)* clayey soil; **leh·mig** *adj* loamy.

Leh·ne ['le:nə] ⟨-, -n⟩ *f (Rücken~)* back(rest); *(Arm~)* arm(rest); **leh·nen** I *tr* lean (*an* against); II *itr* be leaning (*an* against); III *refl* lean (*an* against, *auf* on); ▶ **nicht aus dem Fenster** ~! *rail* do not lean out! **Leh·nen·ver·stel·lung** *f* backrest adjustment; **Lehn·ses·sel (Lehn·stuhl)** *m* easy-chair.

Lehn·wort *n ling* loan-word.

Lehr·amt *n:* ▶ **das** ~ the teaching profession; **ein** ~ **a** teaching post; **Lehr·amts·stu·di·um** *n* teacher training; **Lehr·an·stalt** *f* educational establishment; **Lehr·be·auf·trag·te(r)** *f m Br* assistant (*Am* associate) lecturer; **Lehr·be·ruf** *m* 1. *(Beruf e-s Lehrers)* teaching profession; 2. *(Beruf mit Lehrzeit)* skilled trade; **Lehr·brief** *m* 1. *(Zeugnis)* certificate of apprenticeship; 2. *(Lektion bei Fernkurs)* correspondence lesson; **Lehr·buch** *n* textbook.

Leh·re ['le:rə] ⟨-, -n⟩ *f* 1. *(Lektion)* lesson;

2. *(Lehrmeinung)* doctrine; *(Inhalt des ~ns)* teachings *pl; (Theorie)* theory; 3. *(Berufsausbildung)* apprenticeship; 4. *tech (Meß~) Br* gauge, *Am* gage; ▶ **in die** ~ **gehen** serve one's apprenticeship (*bei jdm* with s.o.); **die christliche** ~ Christian doctrine; **das soll dir e-e** ~ **sein!** let that be a lesson to you!

leh·ren *tr itr* teach; *(an e-r Universität)* lecture; ▶ **er lehrt Wirtschaftswissenschaft** he lectures in economics; **ich werde dich** ~, **zu** ... I'll teach you to ...

Leh·rer(in) *m (f)* 1. *allg* teacher; 2. *(Privat~, Nachhilfe~)* tutor; 3. *(Fahr~ etc)* instructor (instructress).

Lehr·film *m* educational film; **Lehr·gang** *m* course (*für* in); ▶ **e-n** ~ **besuchen** take a course; **Lehr·geld** *n hist* (apprenticeship) premium; ▶ ~ **zahlen für etw** *fig* pay dearly for s.th.; **Lehr·jahr** *n* year as an apprentice; ▶ ~**e sind keine Herrenjahre** *prov* life's not easy at the bottom; **Lehr·kör·per** *m* teaching staff.

Lehr·ling *m* apprentice; trainee.

Lehr·mit·tel *n pl päd* teaching materials; **Lehr·plan** *m päd* (teaching) curriculum; *(e-r Klasse(nstufe))* syllabus; **lehr·reich** *adj* 1. *(informativ)* instructive; 2. *(von erzieherischem Wert)* educational; **Lehr·satz** *m math* theorem; *eccl* dogma; **Lehr·stel·le** *f* position as an apprentice; **Lehr·stück** *n* 1. *theat* didactic play; 2. *fig (Paradebeispiel)* prime example (*in* of); **Lehr·stuhl** *m* chair (*für* of); **Lehr·zeit** *f* apprenticeship.

Leib [laɪp] ⟨-(e)s, -er⟩ *m* 1. *anat (Körper)* body; 2. *(Unter~)* abdomen, belly; ▶ **jdm wie auf den** ~ **geschrieben sein** *fig* be tailor-made for s.o.; **am ganzen** ~**e zittern** tremble all over; **mit** ~ **u. Seele** heart and soul; **er war mit** ~ **u. Seele bei der Sache** he put his heart and soul into it; **bleiben Sie mir damit vom** ~**e!** *fam* stop pestering me with it! **halt ihn mir vom** ~! keep him away from me; **jdm auf den** ~ **rücken** *(ihm zu nahe kommen)* crowd s.o.; *(sich jdn vorknöpfen)* get on at s.o.; *hum (besuchen)* move in on s.o.; **ich habe es am eigenen** ~**e erfahren** I experienced it for myself; **er hat keinen Funken Anstand im** ~**e** he hasn't got a spark of decency in him; **Leib·arzt** *m* personal physician.

lei·ben ['laɪbən] *itr:* ▶ **wie er leibt u. lebt** to a T.

Lei·bes·er·zie·hung *f (Sport)* physical training (*Abk* P.T.); **Lei·bes·kräf·te** *f pl:* ▶ **aus** ~**n** with all one's might; **Lei·bes·übun·gen** *pl (Schulfach)* physical training (*od* education).

Leib·gar·de *f* bodyguard; **Leib·ge·richt** *n* favourite dish; **leib·haf·tig**

[-'--] **I** *adj* incarnate, personified; **II** *adv* in person.
leib·lich *adj* **1.** *(körperlich)* bodily, physical; **2.** *(Mutter, Vater)* natural; ▶ ~es **Wohlbefinden** material well-being; **die** ~en **Genüsse** the pleasures of the flesh.
Leib·wäch·ter(in) *m (f)* bodyguard; **Leib·wä·sche** *f* underwear.
Lei·che ['laıçə] ⟨-, -n⟩ *f* body, corpse; ▶ **über** ~n **gehen** *fig fam* stop at nothing; **nur über meine** ~! *fam* not over my dead body! **wie e-e** ~ **auf Urlaub aussehen** *fig fam* look like death warmed up.
Lei·chen·be·gräb·nis *n* funeral; **lei·chen·blaß** ['--'-] *adj* as pale as death; **Lei·chen·gift** *n med* ptomaine; **Lei·chen·hal·le (Lei·chen·haus)** *f (n)* mortuary; **Lei·chen·schän·dung** *f* desecration of corpses; **Lei·chen·schau·haus** *n* morgue; **Lei·chen·star·re** *f med* rigor mortis; **Lei·chen·tuch** *n* shroud; **Lei·chen·ver·bren·nung** *f* cremation; **Lei·chen·wa·gen** *m* hearse; **Lei·chen·zug** *m* funeral procession.
Leich·nam ['laıçna:m] ⟨-(e)s, -e⟩ *m* body.
leicht [laıçt] **I** *adj* **1.** *(von geringem Gewicht, a. fig)* light; **2.** *einfach)* easy; **3.** *(geringfügig)* slight; ▶ **man hat's nicht** ~ life isn't easy; **das geht nicht so** ~ that's not so easy; **mit** ~**er Hand** *fig (ohne Mühe)* effortlessly; ~**er Tabak** mild tobacco; ~ **wie e-e Feder** as light as a feather; ~ **gekleidet sein** be dressed in light clothes; ~ **bekleidet** scantily dressed; **e-e** ~**e Erkältung** a slight cold; **keinen** ~**en Stand haben** not to have an easy time of it; ~**es Spiel haben** have a walkover; **Sie werden mit ihm** ~**es Spiel haben** he'll be no problem; **das ist** ~ **zu verstehen** that's easy to understand (*od* easily understood); ~**er gesagt als getan** easier said than done; ~**es Mädchen** *fig fam* tart; ~**en Herzens** with a light heart; **etw zu** ~ **nehmen, etw auf die** ~**e Schulter nehmen** take s.th. too lightly; **II** *adv (unversehens, schnell)* easily; **das werde ich so** ~ **nicht vergessen** I won't forget that in a hurry; **das ist** ~ **möglich** that's quite possible; **das kann man sich** ~ **vorstellen** one can easily imagine that.
Leicht·ath·le·tik *f sport* athletics *pl;* **Leicht·ath·let(in)** *m (f) sport* athlete.
leicht|fal·len ⟨sein⟩ *irr itr* be easy (*jdm* for s.o.).
leicht·fer·tig *adj* **1.** *(gedankenlos)* thoughtless; **2.** *(moralisch)* easygoing.
Leicht·ge·wicht *n sport a. fig* lightweight.
leicht·gläu·big *adj* credulous; **Leicht-**

gläu·big·keit *f* credulity.
leicht·hin ['-'-] *adv* lightly.
Leich·tig·keit *f fig (Mühelosigkeit)* ease; ▶ **mit** ~ with no trouble at all.
Leicht·kraft·rad *n* moped.
leicht·le·big *adj* easy-going.
leicht|ma·chen *tr:* ▶ **es sich** ~ make things easy for oneself.
Leicht·me·tall *n* light metal.
Leicht·sinn ⟨-(e)s⟩ *m* **1.** *(Gedankenlosigkeit)* thoughtlessness; **2.** *(Unvorsichtigkeit)* foolishness; ▶ **sträflicher** ~ criminal negligence; **so** (*od* **was für**) **ein** ~! how silly! **leicht·sin·nig** *adj* **1.** *(gedankenlos)* thoughtless; **2.** *(töricht)* foolish; **leicht·ver·dau·lich** *adj attr* easily digestible; **leicht·ver·derb·lich** *adj* perishable; **leicht·ver·wun·det** *adj* slightly wounded.
Leicht·was·ser·re·ak·tor *m tech* light-water reactor.
Leid [laıt] ⟨-(e)s⟩ *n* **1.** *(Sorge, Betrübnis)* grief, sorrow; **2.** *(Schaden)* harm; ▶ **jdm sein** ~ **klagen** tell s.o. one's troubles *pl;* **jdm ein** ~ **antun** harm s.o.; **in Freud' u.** ~ come rain, come shine; **Freude u.** ~ **mit jdm teilen** share one's joys and sorrows with s.o.
leid *adv:* ▶ **es tut mir** ~**, daß** ... I regret that ...; **(das) tut mir** ~! (I'm) sorry (about *od* for it)! **es tut mir** ~ **um sie** (*od* **sie tut mir** ~) I'm sorry for her; **das wird dir noch** ~**tun!** you'll regret it! **ich bin (habe) es** ~ *fam* I'm tired of it; **ich bin Ihr ewiges Gerede** ~ *fam* I'm fed up with your eternal chatter.
Lei·den *n* **1.** *allg* suffering; **2.** *(Krankheit)* illness; *(Beschwerden)* complaint; ▶ **die Freuden u.** ~ **des Lebens** the ups and downs of life; **das ist ja eben das** ~! *fam* that's just the trouble! **wie das** ~ **Christi aussehen** *fam* look like death warmed up.
lei·den ['laıdən] *irr* **I** *tr* **1.** *(er~)* suffer; **2.** *(zulassen)* allow, permit; ▶ ~ **können, gern** ~ **mögen** like; **Not** ~ be in want; **ich kann ihn nicht** ~ I don't like him (*od* can't stand him); **bei jdm wohl gelitten sein** *(gehoben)* be held in high regard by s.o.; **II** *itr* suffer *(an, unter* from); **lei·dend** *adj* **1.** *(er~)* suffering; **2.** *(kränklich)* ailing.
Lei·den·schaft *f* passion; ▶ **e-e** ~ **für etw haben** have a passion for s.th.; **ein Ausbruch der** ~ an outburst of passion; **Lesen ist ihre** ~ reading is a passion with her; **lei·den·schaft·lich** *adj* passionate; ▶ **etw** ~ **gern tun** be passionately fond of doing s.th.; **Lei·den·schaft·lich·keit** *f* passion; **lei·den·schafts·los** *adj* dispassionate.
Lei·dens·ge·nos·se (-ge·nos·sin) *m* fellow-sufferer.
lei·der ['laıdɐ] *adv* unfortunately; ▶ ~ **sehe ich, daß** ... I am sorry to see that

...; ~ **muß ich gehen** I'm afraid I have to go; **ja ~!** *interj* I'm afraid so! ~ **läßt sich das nicht machen** unfortunately that can't be done.

lei·dig *adj* tiresome.

leid·lich *adj* reasonable; ▶ **es geht ihr so ~** *fam* she is so-so; **er ist noch so ~ davongekommen** he did not come out of it too badly.

Leid·tra·gen·de(r) *f m (Benachteiligte(r))* sufferer, the one to suffer.

leid·voll *adj* grievous.

Leid·we·sen *n:* ▶ **(sehr) zu meinem ~** (much) to my disappointment.

Lei·er ['laɪɐ] ⟨-, -n⟩ *f mus* lyre; ▶ **es ist immer die alte ~** *fig fam* it's always the same old story; **Lei·er·ka·sten** *m* hurdy-gurdy; **Lei·er·ka·sten·frau (-mann)** *f (m)* hurdy-gurdy woman (man).

lei·ern *tr itr* 1. *(auf der Drehorgel)* grind *(itr:* a barrel organ); 2. *fig fam (herunter~: Gedicht etc)* drone.

Leih·ar·beit *f* casual labour; **Leih·ar·bei·ter(in)** *m (f)* casual worker; **Leih·bi·blio·thek** *f* lending library.

lei·hen ['laɪən] *irr tr* 1. *(aus~)* lend; 2. *(von jdm ent~, borgen)* borrow; ▶ **ich habe es mir geliehen** I've borrowed it; **jdm sein Ohr** *(s-e Aufmerksamkeit etc)* ~ *fig* lend s.o. one's ear (one's attention *etc).*

Leih·ga·be *f* loan; **Leih·ge·bühr** *f* rental charge; *(für Bücher)* lending fee; **Leih·haus** *n* pawnshop; **Leih·mut·ter** *f* surrogate mother; **Leih·mut·ter·schaft** *f* surrogate motherhood, surrogacy; **Leih·schein** *m* paun ticket; *(für Buch)* borrowing slip; **Leih·schwan·ger·schaft** *f* surrogate pregnancy; **Leih·wa·gen** *m* hire(d) car; **leih·wei·se** *adv* on loan.

Leim [laɪm] ⟨-(e)s, -e⟩ *m* glue; ▶ **jdm auf den ~ gehen** *fig fam* fall for someone's line; **jdn auf den ~ führen** *fig fam* take s.o. in; **aus dem ~ gehen** *fam (auseinanderfallen)* fall apart; **lei·men** *tr* 1. *(zusammen~)* glue (together); 2. *fig fam (hereinlegen)* take for a ride; **Leim·far·be** *f* distemper.

Lei·ne ['laɪnə] ⟨-, -n⟩ *f (Wäsche~)* line; *(Schnur)* cord; *(Hunde~)* leash, lead.

Lei·nen ['laɪnən] ⟨-s, -⟩ *n* linen; *(Bucheinband)* cloth; ▶ **in ~ gebunden** clothbound; **lei·nen** *adj* linen.

Lein·sa·men *m bot* linseed.

Lein·tuch *n (Bettuch)* sheet; **Lein·wand** *f* 1. *(für Zelte, a. zum Bemalen)* canvas; 2. *film* screen.

lei·se ['laɪzə] *adj* 1. *(still)* quiet; *(nicht laut)* low; 2. *(schwach, gering, von fern)* faint; 3. *(weich, sanft)* soft; ▶ **sei doch ~!** don't make such a noise! **stell doch mal das Radio ~r!** turn the radio down! **ich habe nicht die ~ste Ahnung** I

haven't got the slightest *(od* faintest) idea; **sprechen Sie doch bitte etw ~r!** please keep your voice down a bit!

Lei·se·tre·ter(in) *m (f) fig fam* pussyfooter.

Lei·ste ['laɪstə] ⟨-, -n⟩ *f* 1. *(Holz~)* strip; *(Umrandung)* border; 2. *anat* groin.

Lei·sten ['laɪstən] ⟨-s, -⟩ *m:* **alles über e-n ~ schlagen** *fig fam* measure everything by the same yardstick.

lei·sten ['laɪstən] *tr* 1. *(tun)* do; 2. *(vollbringen)* achieve; ▶ **sich etw ~** *(erlauben)* allow o.s. sth.; *(gönnen)* treat o.s. to s.th.; **sich etw ~ können** be able to afford s.th.; **jdm Beistand ~** lend s.o. one's support; **jdm e-n Dienst ~** render s.o. a service; **e-n Eid ~** take an oath; **jdm Hilfe ~** help s.o.; **gute Arbeit ~** do a good job; **Ersatz ~** provide a replacement; **jdm Genugtuung ~** give s.o. satisfaction; **jdm Gesellschaft ~** keep s.o. company; **Großes ~** achieve great things *pl;* **das kann ich mir nicht ~** I can't afford that; **er leistete sich die Frechheit, zu ...** he had the cheek to ...; **da hat er sich aber etw (Schönes) geleistet!** *(ironisch)* that was really brilliant of him!

Lei·sten·bruch *m med* hernia; **Leisten·ge·gend** *f anat* inguinal region.

Lei·stung *f* 1. *(Geleistetes)* performance; *(geleistete Arbeit)* work; 2. *(~sfähigkeit)* capacity; *mot* power; 3. *(Zahlung durch Versicherung, Krankenkasse)* benefit; 4. *(betriebliche ~, Ausstoß)* output; ▶ **nach ~ bezahlt werden** be paid on results *pl;* **die ~en sind besser geworden** the levels of performance have improved; **schwache ~!** *fam* poor show! **Lei·stungs·ab·fall** *m tech el* power diminution; *päd:* ▶ **er hat e-n ~** his work has deteriorated; **Lei·stungs·auf·nah·me** *f tech el* power consumption *(od* input); **Lei·stungs·be·wer·tung** *f* efficiency measurement; **Lei·stungs·bi·lanz** *f* balance of goods and services; **Lei·stungs·druck** *m* pressure (to do well), stress of performance; **Lei·stungs·fach** *m päd* special subject; **lei·stungs·fä·hig** *adj* 1. *(fähig)* able, capable; *(tüchtig)* efficient; 2. *com (produktiv)* productive; *(konkurrenzfähig)* competitive; 3. *mot* powerful; 4. *fin (zahlungskräftig)* solvent; **Lei·stungs·fä·hig·keit** *f* 1. *(Fähigkeit)* ability; *(Tüchtigkeit)* efficiency; 2. *com (Produktivität)* productive power; *(Konkurrenzfähigkeit)* competitiveness; 3. *mot* power; 4. *fin (Zahlungskraft)* solvency; **Lei·stungs·ge·sell·schaft** *f* performance-oriented society; **Lei·stungs·knick** *m* bend in efficiency; **Lei·stungs·min·de·rung** *f* 1. *(körperlich, geistig)* drop in efficiency; 2. *el* power drop; 3. *tech* drop in output;

Lei·stungs·prü·fung *f* performance test; **Lei·stungs·test** *m* 1. *allg* performance test; 2. *päd* achievement test; **Lei·stungs·wil·le** *m* motivation; **Leistungs·zu·la·ge** *f* productivity bonus.
Leit·ar·ti·kel *m Br* leader, *Am* editorial; **Leit·ar·tik·ler(in)** *m (f) Br* leaderwriter, *Am* editorial-writer; **Leit·bild** *n* model.
lei·ten ['laɪtən] *tr* 1. *allg (führen)* lead; 2. *fig (lenken)* guide; 3. *(verantwortlich sein)* be in charge of; *com (als Manager)* direct, manage; 4. *phys el* conduct; ▶ **(etw) gut** ~ *phys el* be a good conductor (of s.th.); **etw an die zuständige Stelle** ~ pass s.th. on to the proper authority; **sich von jdm (etw)** ~ **lassen** *a. fig* let o.s. be guided by s.o. (s.th.); **leitend** *adj* 1. *allg (führend)* leading; 2. *(Stellung)* managerial; 3. *phys el* conductive; ▶ **nicht** ~ *el* non-conductive; ~**e(r) Angestellte(r)** executive; **der** ~**e Ingenieur** the engineer in charge.
Lei·ter¹(in) *m (f)* 1. *allg* leader; *(Chef(in), Abteilungs~)* head; *(Geschäftsführer(in))* manager (manageress); *(Schul~) Br* headmaster (headmistress), *Am* principal; 2. *phys el (nur m)* conductor.
Lei·ter² ⟨-, -n⟩ *f a. fig* ladder; ▶ **die** ~ **zum Erfolg** the stairway to success.
Lei·ter·plat·te *f* circuit board.
Leit·fa·den *m* 1. guide; *(einführendes Handbuch)* introduction; 2. *fig (in Handlung etc)* main connecting thread; **leit·fä·hig** *adj phys el* conductive; **Leit·ge·dan·ke** *m* central idea; **Leit·ham·mel** *m a. fig fam* bellwether; **Leit·mo·tiv** *n* leitmotiv; **Leit·plan·ke** *f mot* crash-barrier; **Leit·satz** *m* guiding principle; **Leit·stern** *m a. fig* lodestar.
Lei·tung *f* 1. *(das Führen)* leading; 2. *fig (das Lenken, Steuern)* guiding; 3. *(Vorsitz)* leadership; *com (Management)* management; *(Schul~) Br* headship, *Am* principalship; 4. *(~spersonen, Leiter)* leaders *pl; com (Manager)* management *sing od pl;* 5. *(Telefon~, Strom~)* wire; *(Gas~, Wasser~ im Haus)* pipe; *(Zuführungs~ für Gas u. Wasser)* main; 6. *tele (Verbindung)* line; ▶ **wer hat die** ~ **dieses Projekts?** who is in charge of this project? **die** ~ **des Marketingbereichs** *com* the management of the marketing division; **unter der** ~ **von . . .** *mus* conducted by . . .; **die** ~ **ist besetzt** *tele* the line is *Br* engaged (*Am* busy); **er hat e-e ziemlich lange** ~ *fig fam* he's rather dense (*od* slow on the uptake); **Lei·tungs·netz** *n* 1. *el* grid; 2. *(für Wasser, Gas)* mains system; 3. *tele* network; **Lei·tungs·rohr** *n* main; *(im Haus)* pipe; **Lei·tungs·was·ser** *n* tapwater; **Lei·tungs·wi·der·stand** *m el*

resistance.
Leit·ver·mö·gen *n el* conductivity; **Leit·werk** *n aero* tail unit; **Leit·zins** *m fin* prime rate.
Lek·tion [lɛk'tsjoːn] *f a. fig* lesson; ▶ **das wird ihm e-e** ~ **sein** *fig* that'll teach him a lesson.
Lek·tor(in) *m (f) (in e-m Verlag)* editor.
Lek·tü·re [lɛk'tyːrə] ⟨-, -n⟩ *f (Lesen)* reading; *(Lesestoff)* reading matter.
Lem·ming ⟨-s, -e⟩ *m zoo* lemming.
Len·de ['lɛndə] ⟨-, -n⟩ *f anat* loin; **Len·den·bra·ten** *m* loin roast; **Len·den·ge·gend** *f anat* lumbar region; **Len·den·schurz** *m* loincloth; **Len·den·stück** *n (Fleischstück)* piece of loin; **Len·den·wir·bel** *m anat* lumbar vertebra.
lenk·bar *adj (steuerbar)* steerable; *(Rakete)* guided.
Lenk·com·pu·ter *m* guide computer.
len·ken ['lɛŋkən] *tr* 1. *(führen, leiten)* direct, guide; 2. *(a. itr) (Fahrzeuge etc steuern)* steer; 3. *(verwalten)* manage; 4. *fig (Schritte, Gedanken, Gespräche etc)* direct *(auf* to); ▶ **jds Aufmerksamkeit auf jdn (etw)** ~ draw someone's attention to s.o. (s.th.); **den Blick auf etw** ~ turn one's eyes to s.th.; **gelenkte Wirtschaft** planned economy.
Len·ker¹(in) *m (f)* 1. *(Fahrer(in))* driver; 2. *fig (Führer(in))* guide.
Len·ker² *m mot (Steuerrad)* steering wheel; *(Lenkstange beim Fahrrad, Motorrad)* handlebars *pl;* **Len·ker·ar·ma·tu·ren** *pl (beim Motorrad)* handlebar fittings.
Lenk·rad *n mot (Steuerrad)* steering wheel; **Lenk·rad·schal·tung** *f mot* column gear *Br* change (*Am* shift); **Lenk·rad·schloß** *n mot* steering-wheel lock.
Lenk·stan·ge *f (an Motorrad, Fahrrad)* handlebars *pl.*
Len·kung *f* 1. *(das Leiten, Führen)* directing; *(das Steuern)* steering; 2. *mot (Lenkvorrichtung)* steering.
Lenk·waf·fe *f mil* guided missile.
Lenz [lɛnts] ⟨-es, -e⟩ *m lit obs (Frühling, a. fig:* ~ **des Lebens)** springtime; ▶ **sich e-n faulen** ~ **machen** *sl pej* laze about; **25** ~**e zählen** *hum* have seen 25 summers.
Leo·pard [leo'part] ⟨-en, -en⟩ *m zoo* leopard.
Le·pra ['leːpra] ⟨-⟩ *f med* leprosy; **Le·pra·kran·ke(r)** *f m* leper.
Ler·che ['lɛrçə] ⟨-, -n⟩ *f orn* lark.
lern·be·gie·rig *adj* eager to learn; **lern·be·hin·dert** *adj* educationally handicapped; **Lern·dis·ket·te** *f* didactic disk.
ler·nen ['lɛrnən] I *tr allg* learn *(etw von jdm* s.th. from s.o., *etw zu tun* to do s.th., *von od aus etw* from s.th.); ▶ **schwimmen (Schreibmaschine)** ~

learn to swim (to type); **du lernst es nie!** you'll never learn! **er lernt Bäcker** he's learning the baker's trade, he's training as a baker; **tja, alles will gelernt sein** well, it's all a question of practice; **II** *itr* **1.** *(sich Wissen aneignen)* learn; **2.** *(ausgebildet werden: in Lehrberuf)* train; *(zur Schule gehen)* go to school; *(studieren)* study; ▶ **von dem kannst du nur ~!** he could really teach you a thing or two! **III** *refl:* **sich leicht (schwer** *etc)* **~** be easy (hard *etc)* to learn.

Ler·ner(in) *m (f)* learner.

Lern·mit·tel·frei·heit *f* free means *pl* of study. **Lern·tech·nik** *f* mnemonics *pl;* **Lern·ziel** *n päd* learning objective.

Les·art ['le:sa:ɐt] *f a. fig* version.

les·bar *adj* **1.** *(leserlich)* legible; **2.** *(lesenswert)* readable.

Les·be ['lɛsbə] ⟨-, -n⟩ *f sl Br* dyke, *Am* dike; **Les·bie·rin** ['lɛsbiərɪn] *f* lesbian; **les·bisch** *adj* lesbian.

Le·se·buch *n* reader; **Le·se·ge·rät** *n* **1.** *(Mikrofilm~)* film reader; **2.** *EDV* reading device; **Le·se·lam·pe** *f* reading lamp; **Le·se·map·pe** *f* magazine-sharing club folder.

le·sen¹ ['le:zən] *irr tr* **1.** *(auf~, sammeln)* pick, gather; **2.** *(ver~, sortieren)* sort.

le·sen² *irr* **I** *tr itr* **1.** *allg a. EDV* read; **2.** *(nur itr) päd (Vorlesung halten)* lecture *(über* on); ▶ **s-e Handschrift ist kaum zu ~** his handwriting is hardly legible; **..., u. da stand zu ~, daß ......** and it said there that ...; **II** *refl* read; **dieses Buch liest sich gut** this book reads well.

le·sens·wert *adj* worth reading.

Le·se·pro·be *f* **1.** *theat* reading; **2.** *(Buchausschnitt)* excerpt; **Le·se·rat·te** *f fig fam* bookworm.

Le·ser(in) *m (f) (Buch~)* reader; **Leser·brief** *m* reader's letter; **Le·ser·kreis** *m* readership; **le·ser·lich** *adj* legible; **Le·ser·schaft** *f* readers *pl.*

Le·se·saal *m* reading room; **Le·se·spei·cher** *m EDV* read only memory *(Abk* ROM); **Le·se·stoff** *m* reading (matter); **Le·se·zei·chen** *n (in Buch)* bookmark; **Le·se·zir·kel** *m* magazine subscription club.

Le·sung *f parl (a. Dichter~)* reading.

Let·te (Let·tin) ['lɛtə] ⟨-n, -n⟩ *m (f)* Latvian.

Let·ter ['lɛtɐ] ⟨-, -n⟩ *f typ* character.

let·tisch *adj* Latvian.

Lett·land ⟨-s⟩ *n* Latvia.

Letzt [lɛtst] *f:* ▶ **zu guter ~** in the end; **das ist ja wohl das ~e!** *fam* that's the real last straw! **sein ~es (her)geben** do one's utmost.

letz·te *adj* **1.** *(zeitlich, räumlich)* last; *(abschließend, endgültig)* final; **2.** *(äußerste)* extreme; **3.** *(neueste)* latest; **4.**

fam (schlechteste) most terrible; ▶ **bis aufs ~** completely; **bis ins ~** down to the last detail; **er ging als ~r** he was the last to go; **~r Ausweg** last resort; **~n Endes** after all; **jdm die ~ Ehre erweisen** pay one's last respects to s.o.; **~ Meldungen, ~ Nachrichten** latest news; **~ Runde** *sport* final round; **L~r Wille** last will and testament; **an ~r Stelle liegen** *sport (bei Rennen)* be last; *(am Tabellenende)* be bottom; **in den ~n Zügen liegen** *fam* be at one's last gasp *sing;* **in ~r Zeit** recently; **das ist der ~ Dreck** *fam* that's absolute trash; **jdn wie den ~n Dreck behandeln** *fam* treat s.o. like dirt; **letz·tens** ['lɛtstəns] *adv* recently; **letz·te·re** *adj* the latter.

letzt·jäh·rig *adj* last year's; **letzt·lich** *adv* in the end; **letzt·wil·lig** *adj:* **~e Verfügung** last will and testament.

Leucht·an·zei·ge *f* illuminated display; **Leucht·bo·je** *f* light-buoy; **Leucht·bom·be** *f aero mil* flare; **Leucht·di·ode** *f* light-emitting diode *(Abk* LED); **Leucht·di·oden·an·zei·ge** *f* LED-display.

Leuch·te ['lɔɪçtə] ⟨-, -n⟩ *f* **1.** *(Licht)* light; *(Lampe)* lamp; **2.** *fig fam (begabter Mensch)* genius, shining star.

leuch·ten *itr* **1.** *(glänzen, scheinen)* shine; *(glühen)* glow; **2.** *(mit einer Lampe)* shine a (od the) lamp *(in* into, *auf* onto, *für jdn, jdm* for); **leuch·tend** *adj a. fig* shining; ▶ **ein ~es Beispiel** a shining example; **mit ~en Augen** with shining eyes; **etw in den ~sten Farben schildern** paint s.th. in glowing colours.

Leuch·ter *m (Kerzen~)* candlestick; *(Kron~)* chandelier.

Leucht·far·be *f* fluorescent paint (*od* colour); **Leucht·feu·er** *n* navigational light; **Leucht·kä·fer** *m zoo* glowworm; **Leucht·kraft** *f* brightness; **Leucht·ku·gel** *f* flare; **Leucht·pi·sto·le** *f* flare pistol; **Leucht·ra·ke·te** *f* signal rocket; **Leucht·re·kla·me** *f* neon sign; **Leucht·schrift** *f* illuminated letters *pl;* **Leucht·spur·mu·ni·tion** *f mil* tracer bullets *pl;* **Leucht·stift** *m* highlighter; **Leucht·stoff·lampe** *f* fluorescent lamp; **Leucht·strei·fen** *m tech* fluorescent strip; **Leucht·turm** *m* lighthouse; **Leucht·wer·bung** *f* illuminated advertising; **Leucht·zei·chen** *n* flare signal; **Leucht·zif·fer·blatt** *n* luminous dial.

leug·nen ['lɔɪgnən] *tr itr (a. itr:* everything, **etw getan zu haben** having done s.th.); ▶ **es ist nicht zu ~, daß ...** it cannot be denied that ...

Leu·kä·mie [lɔɪkɛ'mi:] *f med* leukaemia.

Leu·mund ['lɔɪmʊnt] *m jur* reputation.

Leu·te ['lɔɪtə] *pl* **1.** *allg* people; **2.** *(als pl von Mann)* men; ▶ **meine ~** *(Mannschaft, Arbeiter)* my men (*od* staff); *fam* *(meine Familie)* my folks; **etw unter die ~ bringen** *fam* spread s.th. around; **ich kenne doch meine ~!** *fam (ich kenne euch Brüder)* I know you lot! **unter die ~ kommen** *fam (Gerüchte)* do the rounds; *(Menschen)* meet people; **was werden die ~ dazu sagen?** what will people say?

Leut·nant ['lɔɪtnant] ⟨-e, -s/(-e)⟩ *m mil (beim Heer)* second lieutenant; *(Flieger~) Br* pilot officer, *Am* second lieutenant; ▶ **~ zur See** *Br* sub-lieutenant, *Am* lieutenant junior grade.

leut·se·lig *adj* affable; **Leut·se·lig·keit** *f* affability.

Le·vi·ten [le'vi:tən] *pl fam:* ▶ **jdm die ~ lesen** lecture s.o.

Le·xem [lɛ'kse:m] ⟨-s, -e⟩ *n ling* lexeme.

le·xi·ka·lisch [lɛksi'ka:lɪʃ] *adj* lexical.

Le·xi·ko·lo·gie *f* lexicology; **le·xi·ko·lo·gisch** *adj* lexicological.

Le·xi·kon ['lɛksikɔn] ⟨-s, -ka/(-ken)⟩ *n* 1. *(Konversations~)* encyclop(a)edia; 2. *obs (Wörterbuch)* dictionary.

Li·ba·ne·se (Li·ba·ne·sin) [liba'ne:zə] ⟨-n, -n⟩ *m (f)* Lebanese; **li·ba·ne·sisch** *adj* Lebanese; **Li·ba·non** ['li:banɔn] *m:* ▶ **der ~** the Lebanon.

Li·bel·le [li'bɛlə] ⟨-, -n⟩ *f* 1. *zoo* dragonfly; 2. *tech (an Wasserwaage)* spirit level.

li·be·ral [libe'ra:l] *adj* liberal; **li·be·ra·li·sie·ren** *tr* liberalize; **Li·be·ra·li·sie·rung** *f* liberalization.

Li·be·ro ['li:bero] ⟨-s, -s⟩ *m sport* sweeper.

Li·by·en ['li:byən] *n* Libya; **Li·by·er(in)** *m (f)* Libyan; **li·bysch** *adj* Libyan.

Licht [lɪçt] ⟨-(e)s, -er⟩ *n* 1. *a. fig* light; 2. *fig (Könner)* genius; ▶ **mach mal das ~ an (aus)!** turn on (switch off) the light! **etw ans ~ bringen** *fig* bring s.th. out into the open; **etw gegen das ~ halten** hold s.th. up to the light; **bei ~ betrachtet** *(am Tage)* in the daylight; *fig* in the cold light of day; **jdn hinters ~ führen** *fig* pull the wool over someone's eyes; **etw ins rechte ~ setzen** *fig (richtigstellen)* show s.th. in its true colours *pl;* **in ein schiefes ~ geraten** *fig* be seen in the wrong light; **du stehst mir im ~** you're standing in my light; **plötzlich ging ihm ein ~ auf** *fig* suddenly it began to dawn on him; **wir müssen ~ in diese Angelegenheit bringen** *fig* we must cast some light on this matter; **man sollte nicht gegen das ~ photographieren** one shouldn't take a photograph into the light.

licht *adj* 1. *(hell)* light; 2. *(gelichtet: von Haar)* thin; *(von Wald)* sparse; ▶ **ein ~er Augenblick** a lucid moment; **am ~en Tag** in broad daylight; **~e Weite** internal diameter.

Licht·an·la·ge *f* 1. *(die Beleuchtung)*

lights *pl;* 2. *(das Beleuchtungssystem)* lighting system; **Licht·bild** *n (Diapositiv)* slide; **Licht·bil·der·vor·trag** *m* slide-illustrated lecture; **Licht·blick** *m fig* cheering prospect; **Licht·bo·gen** *m* arc; **Licht·bre·chung** *f* refraction; **Licht·druck** *m* 1. *typ* phototype; 2. *phys* light pressure; **licht·durch·läs·sig** *adj* light-transmissive; **licht·echt** *adj* non-fade; **Licht·ein·wir·kung** *f* effect *(od* action) of light; **licht·emp·find·lich** *adj allg* sensitive to light; *tech* photosensitive.

lich·ten[1] **I** *tr (ausdünnen)* thin out; **II** *refl* 1. *(spärlicher werden)* thin out; *(schwinden, schrumpfen)* dwindle; 2. *(Nebel)* clear; *(Wolken, Dunkel)* lift; 3. *fig (aufgeklärt werden)* be cleared up.

lich·ten[2] *tr:* ▶ **den Anker ~** weigh anchor.

lich·ter·loh ['lɪçtɐ'lo:] *adv:* ▶ **~ brennen** be ablaze.

Licht·fleck *m* light spot; **Licht·ge·schwin·dig·keit** *f phys* speed of light; ▶ **mit ~** at the speed of light; **Licht·grif·fel** *m EDV* light pen; **Licht·hof** *m* 1. *arch* air well; 2. *astr a. phot* halo; **Licht·hu·pe** *f mot* flasher; **Licht·jahr** *n* light year; **Licht·lei·tung** *f* lighting wire; **Licht·ma·schi·ne** *f mot Br* alternator, *Am* generator; **Licht·mast** *m* lamp post; **Licht·meß** *f eccl:* **Mariä ~** Candlemas; **Licht·mes·ser** *m phot* photometer; **Licht·or·gel** *f* 1. *(in Discothek etc)* clavilux; 2. *film theat* lighting console; 3. *(~effekt)* light show; **Licht·pau·se** *f* blueprint; **Licht·quelle** *f* source of light; **Licht·re·kla·me** *f* neon sign; **Licht·satz** ⟨-es⟩ *m typ* filmsetting, photocomposition; **Licht·schacht** *m* 1. *(in Haus)* air shaft; 2. *phot (bei Spiegelreflexkamera)* focussing hood; **Licht·schal·ter** *m el* light switch; **Licht·schein** *m* gleam of light; **licht·scheu** *adj* 1. averse to light; 2. *fig* shady; **Licht·schutz·fak·tor** *m* protection factor; **Licht·si·gnal** *n* light signal; **licht·stark** *adj opt* intense; *phot* fast; **Licht·stär·ke** *f* 1. *(e-r Birne)* wattage; 2. *phot* speed; *opt* luminous intensity; **Licht·strahl** *m* beam of light.

Lich·tung *f* clearing, glade.

licht·un·durch·läs·sig *adj* opaque; **Licht·ver·hält·nis·se** *pl* lighting conditions; **Licht·wel·le** *f phys* light wave; **Licht·zei·chen·an·la·ge** *f (im Straßenverkehr)* set of lights.

Lid [li:t] ⟨-(e)s, -er⟩ *n anat* eyelid; **Lid·schat·ten** *m* eye-shadow; **Lid·strich** *m* eye-liner.

lieb [li:p] *adj* 1. *(teuer, geschätzt)* dear; *(ge~t)* beloved; 2. *(angenehm)* pleasant; *(nett)* nice; *(~enswürdig)* kind; 3. *(artig, brav)* good; ▶ **ich bin ihr von allen der ~ste** I'm her favourite; **es wäre sehr ~,**

wenn Sie ... it would be sweet of you if you ...; **es wäre mir ~, zu** ... I'd like to ...; **ich würde ~er nach Hause gehen** I'd rather go home; **Sie hätten ~er nicht kommen sollen** it would have been better if you hadn't come; **am ~sten würde ich** ... what I'd like most would be to ...; **den ~en langen Tag** the whole livelong day; **s-e ~e Not haben** have no end of trouble (*mit* with); **er hatte s-e ~e Not damit** it was very difficult for him; **um des ~en Friedens willen** *fam* for the sake of peace and quiet; **ach, du ~e Zeit** (*od* ~es **bißchen**)! *interj fam* goodness (gracious) me!

lieb·äu·geln ['li:pɔɪgəln] *itr:* ▶ **mit etw ~** have an eye on s.th.; **mit dem Gedanken ~, etw zu tun** be toying with the idea of doing s.th.

Lieb·chen ['li:pçən] *n obs* sweetheart.

Lie·be ['li:bə] ⟨-⟩ *f allg* love (*zu jdm* of *od* for s.o., *zu etw* of s.th.); ▶ **ein Kind der ~** a love-child; **~ macht blind** *prov* love is blind; **sie ist meine große ~** she's the love of my life; **~ machen** *sl* make love; **Lie·be·lei** *f fam* flirtation.

lie·ben *tr itr* **1.** (*sehr gern haben*) love; **2.** (*koitieren*) make love (*jdn* to s.o.); ▶ **etw nicht ~** not to like s.th.; **das würde ich ~d gern tun** I'd love to do so.

lie·bens·wert *adj* lovable.

lie·bens·wür·dig *adj* **1.** (*liebenswert*) amiable; **2.** (*freundlich*) kind; ▶ **wären Sie wohl so ~,** ...? would you be so kind as to ...?; **Lie·bens·wür·dig·keit** *f* kindness.

lie·ber ['li:bə] **I** *adj* (*Komparativ*) dearer; ▶ **er mag Pop ~ als Rock** he prefers pop to rock (*od* likes pop better than rock); **nichts ~ als das** there's nothing I'd rather do; **II** *adv* **1.** (*eher*) rather; **2.** (*besser*) better; ▶ **je länger, je ~** the longer the better; **ich möchte ~ nach Hause gehen** I'd (*od* I would) rather go home; **du bleibst ~ da** (*besser*) you'd (*od* you had) better stay there; **du hättest ~ nachgeben sollen** you'd have done better to have given in.

Lie·bes·brief *m* love letter; **Lie·bes·dienst** *m fig* (*Gefallen*) favour; **Lie·bes·ent·zug** ⟨-s⟩ *m* withdrawal of favours; **Lie·bes·er·klä·rung** *f* declaration of love; ▶ **jdm e-e ~ machen** declare one's love to s.o.; **Lie·bes·ga·be** *f* alms *pl*; **Lie·bes·kum·mer** *m* lovesickness; ▶ **~ haben** be lovesick; **Lie·bes·lied** *n* love song; **Lie·bes·mü·he** *f fig:* ▶ **alles vergebliche ~** it's all futile; **Lie·bes·paar** *n* lovers *pl*, courting couple.

lie·be·voll *adj* loving.

lieb|ge·win·nen *irr tr* grow fond of.

lieb|ha·ben *irr tr* be fond of, love.

Lieb·ha·ber(in) *m* (*f*) **1.** (*Geliebte(r)*)

lover; **2.** (*Enthusiast(in)*) enthusiast; (*Kenner(in)*) connoisseur; **Lieb·ha·be·rei** [li:pha:bə'raɪ] *f fig* (*Steckenpferd*) hobby; ▶ **aus ~** as a hobby; **Lieb·ha·ber·stück** *n* collector's item; **Lieb·ha·ber·wert** *m* collector's value.

lieb·ko·sen [li:p'ko:zən] ⟨ohne ge-⟩ *tr* caress, fondle.

lieb·lich *adj* (*anmutig*) lovely; (*süß*) sweet; (*reizend*) charming; (*köstlich*) delightful.

Lieb·ling *m* **1.** (*Günstling*) favourite; **2.** (*Geliebte(r)*) darling.

lieb·los *adj* **1.** (*unfreundlich*) unkind; **2.** (*ohne Liebe*) unloving; **3.** (*unaufmerksam, rücksichtslos*) inconsiderate.

Lieb·lo·sig·keit *f* **1.** (*Charakterzug*) unkindness; **2.** (*Äußerung, Tat etc*) unkind remark (*od* act *etc*).

Lieb·schaft *f* (love)affair.

Lieb·ste(r) ['li:pstə] *f m* sweetheart.

Lied [li:t] ⟨-(e)s, -er⟩ *n* song; ▶ **es ist immer das alte ~** *fig fam* it's always the same old story; **davon kann ich auch ein ~ singen** *fig fam* I could tell you a thing or two about that myself; **das ist dann das Ende vom ~** *fig fam* it always ends like that; **Lie·der·buch** *n* songbook.

lie·der·lich ['li:dəlɪç] *adj* **1.** (*schlampig*) slovenly; (*nachlässig a.*) sloppy; **2.** *pej* (*unmoralisch: Mann*) dissolute, dissipated; (*Frau*) loose.

Lie·der·lich·keit *f* **1.** (*Schlampigkeit*) slovenliness; **2.** (*Lebenswandel*) dissoluteness, looseness.

Lie·der·ma·cher(in) *m* (*f*) singer-songwriter.

Lie·fer·ab·kom·men *n* supply (*od* delivery) contract.

Lie·fe·rant(in) ⟨-en, -en⟩ *m* (*f*) supplier.

lie·fer·bar *adj* (*vorrätig*) available; ▶ **die Ware ist sofort ~** the article can be supplied at once; **diese Waren sind auch kurzfristig ~** these goods can be supplied at short notice.

Lie·fer·be·din·gun·gen *f pl* terms of delivery; **Lie·fer·fir·ma** *f* **1.** (*Versorgungsfirma*) supplier; **2.** (*Zustellerfirma*) delivery firm.

lie·fern ['li:fən] *tr itr* **1.** (*versorgen mit*) supply; (*aus~*) deliver; **2.** (*zur Verfügung stellen*) furnish, provide; (*Beweis*) produce; (*Ertrag, Ernte*) yield; ▶ **jdm e-e Schlacht ~** do battle with s.o.; **jetzt ist er geliefert** *fam* now he's had it; **wir können nicht ins Ausland ~** we do not supply the foreign market; **ein spannendes Spiel ~** *sport* put on an exciting game.

Lie·fer·schein *m* delivery note; **Lie·fer·ter·min** *m* delivery date.

Lie·fe·rung *f* **1.** (*Versorgung*) supply; **2.** (*Aus~*) delivery; ▶ **Bezahlung bei ~, zahlbar bei ~** payable on delivery; **~**

frei Haus free delivery.
Lie·fer·wa·gen *m mot Br* van, *Am* panel truck; *(offener)* pick-up; **Lie·fer·zeit** *f* time of delivery, delivery time.
Lie·ge ['li:gə] ⟨-, -n⟩ *f (Chaiselongue)* couch.
lie·gen ['li:gən] *irr itr* 1. *allg* lie; 2. *(gelegen sein)* be situated; *(sein, sich befinden)* be; 3. *(sich verhalten)* be; 4. *(passen, zusagen)* suit *(jdm s.o.),* appeal *(jdm to s.o.);* ▶ **er liegt mir nicht** *fam* he's not my type; **das liegt mir absolut nicht** *fam* that's absolutely not my line; **mir liegt viel daran** it means a lot to me; **daran liegt mir wenig (nichts)** that doesn't matter much (at all) to me; **das liegt nicht an mir** *(das ist nicht meinetwegen so)* that's not because of me; *(das ist nicht meine Schuld)* that's not my fault; **woran liegt es?** what's the cause of it? **an mir soll's nicht ~** *fam (ich habe nichts dagegen)* it's all right by *(od* with) me; **es liegt bei Ihnen, ob ...** it rests with you whether ...; **laß es da ~** leave it there; **der deutsche Läufer liegt weit hinter dem Amerikaner** the German runner is a long way behind the American; **das liegt gar nicht in meiner Absicht** that's not at all my intention; **sein neues Auto liegt sehr gut auf der Straße** his new car holds the road very well; **unser Haus liegt sehr ruhig** our house is in a very peaceful location; **wo liegt Herford?** where is H. situated? **wie die Dinge momentan ~** as things are at the moment.
lie·gen|blei·ben ⟨sein⟩ *irr itr* 1. *(nicht aufstehen)* remain lying; *(im Bett)* stay *(od* remain) in bed; 2. *(Briefe)* not be sent off; *(unerledigt bleiben)* be left undone; 3. *(steckenbleiben: Zug, Auto etc)* break down; 4. *(nicht verkauft werden)* not to sell; 5. *(vergessen werden)* be left behind.
lie·gen|las·sen *irr tr* 1. *(vergessen)* leave behind; 2. *(Arbeit etc unerledigt lassen)* leave; 3. *(herum~)* leave lying around; ▶ **jdn links ~** *fig fam* ignore *(od* disregard) s.o.; **alles stehen- u. ~** *(auf der Stelle aufhören)* drop everything; *(alles hinter sich lassen, zurücklassen)* leave everything behind.
Lie·gen·schaf·ten *pl* real estate *sing;* **Lie·gen·schafts·amt** *n* property register.
Lie·ge·platz *m mar* berth; **Lie·ge·sitz** *m* reclining seat; **Lie·ge·stuhl** *m* deckchair, *fam* loafer; **Lie·ge·wa·gen** *m* rail couchette *Br* coach *(Am* car).
Lift [lɪft] ⟨-(e)s, -e/-s⟩ *m Br* lift, *Am* elevator; **Lift·boy** *m Br* liftboy, *Am* elevator boy.
Lift-off-Kor·rek·tur·band *n typ* lift-off correction tape.
Li·ga ['li:ga] ⟨-, -gen⟩ *f* league.

Li·kör [li'kø:ɐ] ⟨-s, -e⟩ *m* liqueur.
li·la ['li:la] *adj* purple, lilac.
Li·lie ['li:liə] *f bot* lily.
Li·li·pu·ta·ner(in) [lilipu'ta:nə] *m (f)* 1. *poet (Bewohner(in) von Liliput)* Liliputian; 2. *(kleiner Mensch)* dwarf, midget.
Li·mo·na·de [limo'na:də] ⟨-, -n⟩ *f* lemonade.
Li·mou·si·ne [limu'zi:nə] ⟨-, -n⟩ *f mot Br* saloon, *Am* sedan.
Lin·de ['lɪndə] ⟨-, -n⟩ *f* 1. *bot* linden tree; 2. *(~nholz)* limewood.
lin·dern ['lɪndɐn] *tr* 1. *(erleichtern)* ease, alleviate, relieve; 2. *(mildern)* soothe.
Lin·de·rung 1. *(Erleichterung)* easing, alleviation, relief; 2. *(Milderung)* soothing.
Li·ne·al [line'a:l] ⟨-s, -e⟩ *n* ruler.
Li·nie ['li:niə] *f* 1. *allg* line; 2. *(Straßenbahn~)* number; *rail (Eisenbahn~, a. Bus~)* line; ▶ **fahren Sie mit ~ zehn!** take number ten! **auf der ganzen ~** *fig* all along the line; **in erster ~** first of all; **~n ziehen** draw lines; **die vorderste ~** *mil* the front line; **auf die schlanke ~ achten** watch one's waistline; **e-e klare ~** *fig* a clear line; **Li·ni·en·bus** *m* public service bus, regular bus; **Li·ni·en·flug** *m aero* scheduled flight; **Li·ni·en·rich·ter(in)** *m (f) sport* linesperson; **Li·ni·en·schiff** *n* liner; **li·ni·en·treu** *adj pol* loyal to the party line; **Li·ni·en·ver·kehr** *m* regular traffic; *aero* scheduled traffic.
li·nie·ren *tr* draw lines on *(od* rule); **li·niert** *adj* ruled.
link *adj sl:* ▶ **ein ganz ~r Hund** *sl* an absolutely crooked son-of-a-bitch; **ein ganz ~s Ding drehen** *sl* get up to s.th. real crooked.
Lin·ke ⟨-n, -n⟩ *f* 1. *(Hand)* left hand; *(Seite)* left side; *(beim Boxen)* left; 2. *pol* left.
linke ['lɪŋkə] *adj* 1. left; 2. *pol* left-wing; ▶ **~ Masche** *(beim Stricken)* purl (stitch); **~ Seite** left-hand side; *(Tuchseite)* wrong side; **mein ~r Nebenmann** my left-hand neighbour; **~r Hand, zur ~n Hand** on *(od* to) the left; **ein ~r Politiker** a left-wing politician; **der ~ Flügel von Labour** Labour's left wing.
lin·ken *tr fam:* ▶ **jdn ~** *(hereinlegen)* con s.o., take s.o. for a ride.
lin·kisch *adj (ungeschickt)* awkward, clumsy.
links [lɪŋks] *adv a. pol* left; *(auf der Linken)* on the left; *(nach, zur Linken)* to the left; ▶ **~ sein** *pol fam* be left-wing; **jdn ~ liegenlassen** *fig fam* ignore *(od* disregard) s.o.; **~ von etw** to the left of s.th.; **links von mir** to *(od* on) my left; *pol* left of me; **von ~** from the left; **sich ~ einordnen** *mot* move into the left-hand lane; **Sie haben den Pullover auf ~ an** you have your pullover

on inside out; **ganz ~ stehen** *pol* be an extreme leftist; **das mach' ich mit ~** *fig fam* that's kid's stuff for me.

Links·au·ßen [-'--] *m* 1. *sport (Fußball)* outside left; 2. *pol* extreme left-winger; **Links·drall** *m* 1. *sport (von Ball)* swerve to the left; 2. *fig pol* leftist leaning; ▶ **e-m Ball e-n ~ geben** *sport* hook a ball; **Links·hän·der(in)** *m (f)* left-handed person; **links·hän·dig** ['lɪŋkshɛndɪç] *adj adv* left-handed; **Links·kur·ve** *f* left-hand bend; **links·ra·di·kal** *adj pol* extreme left-wing; ▶ **er ist ein L~er** he is a left-wing radical; **Links·steu·erung** *f mot* left-hand drive (*Abk* LHD); **Links·ver·kehr** *m* driving on the left.

Lin·ole·um [li'no:leʊm] ⟨-s⟩ *n* lino(leum).

Lin·ol·schnitt *m* linocut.

Lin·se ['lɪnzə] ⟨-, -n⟩ *f* 1. *bot* lentil; 2. *opt* lens; *phot (Objektiv)* objective.

lin·sen *itr fam (gucken)* peek (*nach* at).

lin·sen·för·mig *adj* lenticular.

Lin·sen·sup·pe *f* lentil soup.

Lip·pe ['lɪpə] ⟨-, -n⟩ *f anat* lip; ▶ **sie brachte kein Wort über die ~n** she could not say a word; **e-e (dicke) ~ riskieren** *sl* be (damn) brazen; **an jds ~n hängen** *fig* hang on someone's every word *sing;* **Lip·pen·be·kennt·nis** *n* lip-service; **Lip·pen·stift** *m* lipstick.

li·qui·die·ren [likvi'di:rən] *tr* 1. *com* put into liquidation, wind up; 2. *(Honorar)* charge; 3. *euph (töten)* liquidate.

Li·qui·di·tät *f com fin* liquidity.

lis·peln ['lɪspəln] *itr tr* lisp.

List [lɪst] ⟨-, -en⟩ *f* 1. *(Schlauheit, Verschlagenheit)* artfulness, cunning; 2. *(Trick, Kunstgriff)* ruse, trick; ▶ **zu e-r ~ greifen** resort to a ruse; **mit etw ~ u. Tücke** *hum fam* with a little coaxing.

Li·ste ['lɪstə] ⟨-, -n⟩ *f (Aufstellung)* list; *(Register)* register; ▶ **e-e ~ aufstellen** draw up a list; **etw in e-e ~ eintragen** put s.th. down on a list; **sich in e-e ~ einschreiben** put o.s. on a list; **jdn auf die schwarze ~ setzen** blacklist s.o.; **Li·sten·preis** *m com* list price.

li·stig *adj* cunning.

Li·ta·nei [lita'naɪ] *f eccl a. fig* litany; ▶ **die alte ~** *fam* the same old story; **e-e ganze ~ von Klagen** a long list of complaints.

Li·tau·en ['lɪtaʊən] ⟨-s⟩ *n* Lithuania; **Li·tau·er(in)** *m (f)* Lithuanian; **li·tau·isch** *adj* Lithuanian.

Li·ter ['li:tə] ⟨-s, -⟩ *m od n Br* litre, *Am* liter.

li·te·ra·risch [lɪtə'ra:rɪʃ] *adj* literary.

Li·te·rat(in) ⟨-en, -en⟩ *m (f)* man (woman) of letters.

Li·te·ra·tur ⟨-, -en⟩ *f* literature; **Li·te·ra·tur·ge·schich·te** *f* history of literature; **Li·te·ra·tur·preis** *m* award for literature.

Li·ter·fla·sche *f* litre (*Am* liter) bottle.

Lit·faß·säu·le ['lɪtfaszɔɪlə] *f (für Reklame)* advertizing column.

Li·tho·gra·phie [litogra'fi:] *f typ* 1. *(Verfahren)* lithography; 2. *(Ergebnis)* lithograph; **li·tho·gra·phisch** *adj typ* lithographic.

Li·tur·gie [litʊr'gi:] *f eccl* liturgy.

Lit·ze ['lɪtsə] ⟨-, -n⟩ *f* 1. braid; *(an Uniform)* braiding; 2. *el* flex.

live [laɪf] *adj pred, adv radio TV* live; **Live-Be·richt** *m radio TV* live report; **Live-Sen·dung** *f radio TV* live broadcast.

Liv·land ['li:flant] ⟨-s⟩ *n hist* Livonia.

Li·vree [li'vre:] ⟨-, -n⟩ *f* livery.

Li·zenz [li'tsɛnts] ⟨-, -en⟩ *f Br* licence, *Am* license; ▶ **in ~** under *Br* licence (*Am* license); **Li·zenz·ge·ber(in)** ⟨-s, -⟩ *m (f)* licensor; **Li·zenz·ge·bühr** *f Br* licence (*Am* license) fee; *(im Verlagswesen)* royalty; **Li·zenz·neh·mer(in)** *m (f)* licensee; **Li·zenz·spie·ler(in)** *m (f) sport* professional player.

Lob [lo:p] ⟨-(e)s⟩ *n* praise; ▶ **über alles ~ erhaben** beyond praise; **er singt gern sein eigenes ~** *fam* he likes to blow his own trumpet.

Lob·by ['lɔbi] ⟨-, -ies⟩ *f pol parl* lobby.

lo·ben ['lo:bən] *tr* praise; ▶ **da lob' ich mir doch ...!** I always say nothing can beat ...! **das lob' ich mir** that's what I like; **lo·bend** *adj* commendatory; ▶ **jdn (etw) ~ erwähnen** commend s.o. (s.th.).

lo·bens·wert *adj* praiseworthy.

löb·lich ['lø:plɪç] *adj (meist ironisch)* commendable, laudable, praiseworthy.

Lob·lied *n* hymn of praise; ▶ **ein ~ auf jdn anstimmen** *fig* sing someone's praises *pl;* **Lob·re·de** *f* eulogy; ▶ **e-e ~ auf jdn (etw) halten** eulogize s.o. (s.th.); **Lob·red·ner(in)** *m (f) fig* eulogist.

Loch [lɔx, *pl* 'lœçə] ⟨-(e)s, ⁻er⟩ *n* 1. *allg* hole; *(im Reifen)* puncture; *(im Käse)* eye; *(Lücke)* gap; *(beim Billard)* pocket; 2. *fig fam (schlechte Wohnung)* dump; 3. *fig sl (Gefängnis)* jug; ▶ **auf (aus) dem letzten ~ pfeifen** *fig fam (kaputt sein)* be on one's last legs *pl; (finanziell am Ende sein)* be on one's beam ends *pl;* **jdm ein ~ in den Bauch fragen** *fig fam* pester the living daylights out of s.o.; **er säuft wie ein ~** *fig fam* he drinks like a fish.

lo·chen *tr* 1. *(perforieren)* perforate; 2. *rail (Fahrkarten)* clip.

Lo·cher *m (Gerät zum Lochen)* punch.

Loch·fraß *m (Korrosion)* pitting; **Loch·kar·te** *f EDV* punch card; **Loch·strei·fen** *m EDV* punch tape.

Lo·chung *f* 1. *(Perforation)* perforation; 2. *(Loch in Lochkarte)* punching; **Loch·zan·ge** *f tech* punch.

Locke (k·k) ['lɔkə] ⟨-, -n⟩ f curl, lock;
▶ ~n **haben** have curly hair.
locken[1] **(k·k)** tr lure, tempt, entice;
▶ **jdn in e·n Hinterhalt** ~ lure s.o. into
a trap; **Ihr Angebot lockt mich schon
. . .** well, I'm really tempted by your
offer . . .
locken[2] **(k·k)** tr refl (kräuseln) curl.
Locken·kopf (k·k) m 1. (lockiges
Haar) curly hairstyle; 2. fig (Mensch
mit ~) curlyhead; **Locken·stab (k·k)**
m curling tongs pl; **Locken·wick·ler
(k·k)** m curler.
locker (k·k) ['lɔkə] adj 1. (lose, a. fig)
loose; (nicht straff) slack; 2. fig fam
(gelöst, entspannt) relaxed; 3. sl (lässig,
cool) cool; ▶ **etw** ~ **machen** loosen (od
slacken) s.th.; **bei ihm sitzt die Hand
recht** ~**, er hat e-e** ~**e Hand** fig fam
he's quick to hit out; **so etw mache ich
ganz** ~ fig fam I manage such things
just like that; **ein ganz schön** ~**er Vogel**
fam quite a bit of a lad; **ein** ~**er Le-
benswandel** fig a loose life.
locker|las·sen (k·k) irr itr fam:
▶ **nicht** ~ not to let up; **er ließ nicht
locker, bis man ihm das Geld zurück-
erstattete** he didn't let up until he got
his money back.
locker|ma·chen (k·k) tr fam (Geld etc
auftreiben) fork (od shell) out, Am a.
jar loose with.
lockern (k·k) I tr 1. (locker machen)
loosen, slacken; 2. fig (entspannen) re-
lax; II refl 1. sport loosen up; 2. fig
(abklingen) ease off; 3. fig (gelöst, ent-
spannter werden) get more relaxed.
lockig (k·k) adj curly.
Lock·mit·tel n lure; **Lock·ruf** m call;
Lock·spit·zel m pej agent provo-
cateur, fam stool-pigeon.
Lockung (k·k) f (a. fig: Ver~) lure.
Lock·vo·gel m a. fig decoy, lure;
Lock·vo·gel·wer·bung f markt Br
loss leader advertising, Am bait and
switch tactics pl.
lo·dern ['lo:dən] itr a. fig blaze.
Löf·fel ['lœfəl] ⟨-s, -⟩ m 1. (Eß~ etc)
spoon; 2. (~voll) spoonful; 3. (Hasen-
ohr) ear; 4. tech (von ~bagger) shovel;
▶ **du glaubst wohl, du hast die Weis-
heit mit** ~**n gefressen** fig fam you think
you know it all; **er hat die Weisheit
nicht gerade mit** ~**n gefressen** fig fam
he's not so bright after all; **sperr doch
deine** ~ **auf!** fam why don't you damn
well listen? **du kriegst von mir gleich
ein paar hinter die** ~! fam I'll give you
a clout round the ear in a minute! **sich
etw hinter die** ~ **schreiben** get s.th. into
one's thick head; **den** ~ **abgeben** fig
fam (sterben) kick the bucket; **Löf·fel-
bag·ger** m power-shovel, shovel
dredger.
löf·feln tr spoon.

löf·fel·wei·se adv by the spoonful.
Lo·ga·rith·men·ta·fel [loga'rɪtmən-] f
math log(arithm) table.
Lo·ge ['lo:ʒə] ⟨-, -n⟩ f 1. theat box; 2.
(Pförtner~, a. fig: Freimaurer~) lodge.
lo·gie·ren itr lodge, stay.
Lo·gik ['lo:gɪk] ⟨-⟩ f logic; ▶ **du hast
(vielleicht) e-e** ~! your logic is a bit
quaint!
Lo·gis [lo'ʒi:] ⟨-, -⟩ n 1. allg lodgings pl; 2.
mar crew's quarters pl; ▶ **Kost u.** ~
board and lodging.
lo·gisch ['lo:gɪʃ] I adj 1. (der Logik ent-
sprechend) logical; 2. fam (selbstver-
ständlich) natural; II adv (natürlich) of
course.
Lo·gi·stik [lo'gɪstɪk] ⟨-⟩ f mil logistics pl.
Lo·go ['lo:go] ⟨-s, -s⟩ n od m logo.
Lo·go·pä·de (-pä·din) [logo'pɛ:dɪn] m
(f) logopedist.
Lohn [lo:n, pl 'lø:nə] ⟨-(e)s, ⁝e⟩ m 1.
(Arbeits~) pay, wage(s pl); 2. fig (Be-
~ung) reward; 3. (Strafe) punishment.
Lohn·ab·bau m reduction of wages;
Lohn·ab·kom·men n wages agree-
ment; **Lohn·ab·rech·nung** f pay slip.
Lohn·aus·fall m loss of earnings;
Lohn·aus·gleich m wage adjustment;
▶ **bei vollem** ~ with full pay; **Lohn-
bü·ro** n wages office; **Lohn·emp·fän-
ger(in)** m (f) wage earner.
loh·nen ['lo:nən] I tr 1. (be~) reward
(jdm etw s.o. for s.th.); 2. (wert sein) be
worth; ▶ **etw (jdm etw) mit Undank** ~
repay s.th. (s.o. for s.th.) with ingrati-
tude; II refl be worth it (od worth-
while); ▶ **ein Besuch dort lohnt sich**
it's worth visiting.
löh·nen ['lø:nən] itr fam (zahlen) fork
(od shell) out.
loh·nend adj 1. (einträglich) profitable;
2. (nutzbringend) worthwhile.
Lohn·er·hö·hung f wage increase;
Lohn·for·de·rung f wage claim;
Lohn·fort·zah·lung f continued pay-
ment of wages; **Lohn·ge·fäl·le** n pay
differential; **Lohn·ko·sten** pl wage
costs; **Lohn·kür·zung** f wage cut;
Lohn·ni·veau n wage levels pl; **Lohn-
Preis-Spi·ra·le** f com wage-price spi-
ral; **Lohn·run·de** f wage round; **Lohn-
steu·er** f income tax; **Lohn·steu·er-
jah·res·aus·gleich** ['---'----] m annual
adjustment of income tax; **Lohn·steu-
er·kar·te** f (income) tax card; **Lohn-
stopp** m wage freeze; **Lohn·tü·te** f
wage packet.
Loi·pe ['lɔɪpə] ⟨-, -n⟩ f sport cross-
country ski run.
Lo·kal [lo'ka:l] ⟨-(e)s, -e⟩ n 1. (Kneipe)
Br pub, Am saloon; 2. (Restaurant) res-
taurant.
lo·kal adj local.
Lo·kal·blatt n local paper.
lo·ka·li·sie·ren tr 1. (Ort feststellen)

locate; **2.** med *(Krankheitsherd)* local-ize; *(örtlich beschränken)* limit *(auf* to).

Lo·ka·li·tät *f* **1.** *(Gegend)* locality; **2.** *(Räumlichkeit)* facilities *pl;* **3.** *hum fam (Lokal) Br* pub, *Am* saloon.

Lo·kal·nach·rich·ten *f pl* local news; **Lo·kal·pa·trio·tis·mus** *m* local patriotism; **Lo·kal·ra·dio** *n* local radio, community radio; **Lo·kal·sen·der** *m* local radio *(od* TV) station.

Lo·ko·mo·ti·ve [lokomo'ti:və] ⟨-, -n⟩ *f* rail *(Abk* Lok) engine, locomotive; **Lo·ko·mo·tiv·füh·rer(in)** *m (f)* rail *Br* engine driver, *Am* engineer; **Lo·ko·mo·tiv·schup·pen** *m rail* engine-shed.

Lo·kus ['lo:kus] ⟨-ses, -se⟩ *m fam Br* loo, *Am* john.

Loo·ping ['lu:pɪŋ] ⟨-s, -s⟩ *m aero* loop.

Lor·beer ['lɔrbe:ɐ] ⟨-s, -en⟩ *m* **1.** *(Gewürz)* bayleaf; **2.** *fig pl:* ~en laurels *pl;* ▶ **(sich) auf s-n ~en ausruhen** *fig* rest on one's laurels.

Lo·re ['lo:rə] ⟨-, -n⟩ *f rail* truck, wagon.

Los [lo:s] ⟨-es, -e⟩ *n* **1.** *(Schicksal)* lot; **2.** *(Lotterie~)* lottery ticket; ▶ **etw durch das ~ entscheiden** decide s.th. by casting lots; **das große ~ (ziehen)** *a. fig* (hit) the jackpot; **das ~ fiel auf mich** it fell to my lot; **sie hat ein schweres ~** her lot is hard.

los [lo:s] **I** *adj pred* **1.** *(locker)* loose; **2.** *fam:* **jdn (etw) ~ sein** be *(od* have got(ten)) rid of s.o. (s.th.); **3.** *fam:* **~ sein** *(vor sich gehen)* be going on; *(nicht in Ordnung sein)* be the matter *(od* wrong); ▶ **was ist ~?** *fam* what's up *(od* the matter *od* wrong)? **hier ist nichts ~** *fam* there's nothing going on here; **mit ihm ist aber auch gar nichts ~!** *fam* he's a dead loss, he is! **was ist denn mit dir ~?** *fam* what's the matter with you? **dann war aber der Teufel ~** *fam* ..., but then it was as if all hell had been let loose; **der Hund ist ~** the dog's got(ten) loose; **II** *adv* **~!** *(vorwärts, komm)* come on! *(weiter, geh)* go on! *(~, beweg dich)* get going! ▶ **von jdm (etw) ~ wollen** want to break away from s.o. (s.th.); **nun aber ~!** *interj* off we *(od* you *etc)* go! **warum wollt ihr denn schon so früh ~?** *fam* why only do you want to be off so early?

lös·bar *adj* soluble.

los|bin·den *irr tr* untie *(von* from).

los|bre·chen *irr* **I** *tr* ⟨h⟩ break off; **II** *itr* ⟨sein⟩ break out.

Lösch·blatt *n* sheet of blotting paper.

lö·schen¹ ['lœʃən] **I** *tr* **1.** *(Feuer)* extinguish; *el (Licht)* switch out; **2.** *(Durst)* quench; **3.** *(Kalk)* slake; **4.** *(Daten, Tonband)* erase; *(Speicher, Bildschirm)* clear; *(Information)* cancel; **5.** *(Schuld)* pay off; **6.** *(ausstreichen)* strike off; *(Eintragung)* delete; **7.** *(mit Löschpa-*

pier aufsaugen) blot; ▶ **sein Konto ~ close** one's account; **II** *itr* **1.** *(Feuerwehr)* put out a *(od* the) fire; **2.** *(aufsaugen)* blot.

lö·schen² *tr itr mar (entladen)* unload.

Lösch·fahr·zeug *n* fire engine; fire boat; **Lösch·ge·rät** *n* fire extinguisher; **Lösch·mann·schaft** *f* team of firemen; **Lösch·pa·pier** *n* blotting paper; **Lösch·ta·ste** *f EDV* erase key.

Lö·schung¹ *f* **1.** *(Namens~)* striking off; **2.** *(e-s Kontos)* closing; **3.** *(Tilgung, Abzahlung)* paying off.

Lö·schung² *f mar (von Ladung)* unloading.

lo·se ['lo:zə] *adj* **1.** *(a. fig: von Lebenswandel)* loose; *(locker)* slack; **2.** *fig (lax, nachlässig)* lax; ▶ **etw ~ verkaufen** sell s.th. loose.

Lö·se·geld *n* ransom.

lo·sen ['lo:zən] *itr* draw *(od* cast) lots *(um* for).

lö·sen ['lø:zən] **I** *tr* **1.** *(entfernen, losmachen)* remove *(von* from); **2.** *(lockern)* loosen; **3.** *fig* solve; **4.** *chem a. fig jur pol* dissolve; **5.** *(Fahrkarte)* buy; **II** *refl* **1.** *(sich losmachen, a. fig)* detach *(von* from); **2.** *(losgehen: Schuß)* go off; **3.** *(locker werden)* loosen; **4.** *fig (sich lockern)* come loose; *(sich entspannen)* relax; **5.** *fig (sich trennen)* break away *(von* from); **6.** *(sich aufklären, auf~)* be solved; **7.** *chem a. fig jur pol* dissolve *(in* in); ▶ **Salz löst sich in Wasser** salt dissolves in water; **der Mordfall XY hat sich von selbst gelöst** the XY *Br* murder *(Am* homicide) solved itself.

los|fah·ren *irr* ⟨sein⟩ *irr itr mot* drive off; **los|ge·hen** *irr itr* **1.** *fam (sich lösen, abgehen)* come off; **2.** *(weggehen, aufbrechen)* set off; **3.** *(Gewehr, Bombe etc)* go off; **4.** *fam (anfangen)* start; ▶ **auf jdn ~** go for s.o.; **gleich geht's los!** *fam* it's just about to start! **geht das schon wieder los?** *fam (das Gemekkere etc)* here we go again! **ich glaub', es geht los!** *sl* have you gone mad? **los|ha·ben** *irr tr fam:* ▶ **etw (nichts) ~** be pretty clever (stupid); **er hat ganz schön was los** he's really got what it takes; **los|kau·fen** *tr (Entführten)* ransom, pay ransom for; **los|kom·men** *irr itr a. fig* get away *(von* from); **los|las·sen** *irr tr* **1.** *(nicht mehr festhalten)* let go of; **2.** *fig fam;* ▶ **jdn auf jdn ~** let s.o. loose on s.o.; **3.** *fig fam (vortragen, vom Stapel lassen)* come out with; ▶ **laß mich los!** **~!** let me go! **laß den Brief los!** let go of the letter! **er ließ die Hunde auf mich los** he set the dogs on me; **wehe, wenn sie losgelassen ...** *hum fam* oh dear, once they're on the loose ...; **dieser Gedanke läßt mich nicht mehr los** *fig* that thought is always haunting me; **dieses Buch läßt e-n**

nicht mehr los *fig* one can't put this book down.
lös·lich ['lø:slıç] *adj* soluble.
los|ma·chen I *tr* **1.** *(lösen)* unfasten; *(Handbremse)* let off; **2.** *(freimachen)* free; II *itr* **1.** *mar (ablegen)* cast off; **2.** *fam (sich beeilen)* get a move on; III *refl (wegkommen, sich befreien)* get away *(von* from); *(Hund)* get loose; **los|rei·ßen** *irr* I *tr* tear off *(von jdm od etw* s.o. *od* s.th.); II *refl* **1.** *(Hund)* break free; **2.** *fig* tear o.s. away *(von* from); **los|sa·gen** *refl:* ▶ **sich von jdm (etw)** ~ break with s.o. (s.th.).
Lo·sung ['lo:zʊŋ] *f* **1.** *mil* password; **2.** *(Devise)* watchword, motto.
Lö·sung ['lø:zʊŋ] *f* **1.** *(Annullierung)* cancellation; **2.** *(e-es Rätsels) a. math chem* solution; **Lö·sungs·mit·tel** *n* solvent.
los|wer·den *irr tr* **1.** *(sich befreien von)* get rid of; **2.** *(verlieren)* lose; ▶ **gestern bin ich beim Kartenspiel mein ganzes Geld losgeworden** *fam* I got cleaned out gambling at cards yesterday; **los|zie·hen** ⟨*sein*⟩ *irr tr* **1.** *(aufbrechen)* set out *(nach* for); **2.** *fig pej:* ▶ **gegen jdn (etw)** ~ *(herausziehen)* lay into s.o. (s.th.).
Lot [lo:t] ⟨-(e)s, -e⟩ *n* **1.** *(Senkblei)* plumbline; **2.** *math* perpendicular; ▶ **ein** ~ **fällen** *math* drop a perpendicular; **wir werden die Sache schon wieder ins (rechte)** ~ **bringen** *fig* don't worry, we'll sort it out *(od* put matters straight).
lo·ten *tr itr* **1.** *tech* plumb; **2.** *mar* sound.
lö·ten ['lø:tən] *tr itr* solder.
Loth·rin·gen ['lo:trıŋən] ⟨-s⟩ *n* Lorraine; **Lo·thrin·ger(in)** *m (f)* Lorrainer; **loth·rin·gisch** *adj* Lorrainese.
Löt·kol·ben *m* soldering iron; **Löt·lam·pe** *f* blowtorch.
Lo·tos ['lo:tos] ⟨-s⟩ *m bot* lotus.
lot·recht *adj math* perpendicular.
Lot·rech·te *f math* perpendicular.
Löt·rohr *n* blowpipe.
Lot·se ['lo:tsə] ⟨-n, -n⟩ *m* **1.** *mar* pilot; *aero (Flug~)* flight controller; **2.** *fig (Führer)* guide.
lot·sen *tr* pilot.
Löt·stel·le *f* soldered point.
Lot·te·rie [lotə'ri:] *f* lottery; **Lot·te·rie·los** *n* lottery ticket.
lot·te·rig ['lot(ə)rıç] *adj fam (schlampig)* slovenly.
Lot·ter·le·ben *n fam pej* dissolute life.
Lö·we ['lø:və] ⟨-n, -n⟩ *m* **1.** *zoo* lion; **2.** *astr* Leo; ▶ **sich in die Höhle des** ~**n wagen** *fig* beard the lion in his den; **Lö·wen·an·teil** *m fig fam* lion's share; **Lö·wen·maul** *n bot* snapdragon; **Lö·wen·zahn** *m bot* dandelion; **Lö·win** ['lø:vın] *f zoo* lioness.
loy·al [loa'ja:l] *adj* loyal *(jdm gegenüber* to s.o.); **Loya·li·tät** *f* loyalty *(jdm ge-*

genüber to s.o.).
Luchs [lʊks] ⟨-es, -e⟩ *m zoo* lynx.
Lücke (k·k) ['lʏkə] ⟨-, -n⟩ *f a. fig* gap; *(Gesetzes~, Schlupfloch)* loophole; **Lücken·bü·ßer(in) (k·k)** *m (f) fam* stopgap; **Lücken·fül·ler (k·k)** *m* filler; **lücken·haft (k·k)** *adj* **1.** *(voller Lükken)* full of gaps; **2.** *fig (unvollständig)* defective, incomplete; *(fragmentarisch)* fragmentary; **lücken·los (k·k)** *adj fig* **1.** *(vollständig)* complete; **2.** *(ununterbrochen)* unbroken; **3.** *(vollkommen)* perfect.
Lu·der ['lu:də] ⟨-s, -⟩ *n fam pej (Biest)* minx; ▶ **du dummes** ~! you stupid creature! **so ein freches kleines** ~! such a cheeky little minx!
Lu·es *f med (Syphilis)* lues.
Luft [lʊft, *pl* 'lʏftə] ⟨-, ⸚e⟩ *f* **1.** *allg* air; *(Atem)* breath; **2.** *tech (Spiel)* room, space; ▶ **an die frische** ~ **gehen** get out in the fresh air; **jdn an die** ~ **setzen** *fig fam* give s.o. the push; **dicke** ~! *fig fam* a pretty bad atmosphere! **die** ~ **ist rein!** *fig fam* the coast is clear! **ich kriege keine** ~ **mehr** I can't breathe; **für mich ist er** ~ he doesn't exist as far as I am concerned; **das ist völlig aus der** ~ **gegriffen** *fig fam* that's pure invention; **jdn (etw) in der** ~ **zerreißen** *fig fam* shoot s.o. (s.th.) down; **ich hänge völlig in der** ~ *fig fam* I'm in a real sort of limbo; **es liegt etw in der** ~ *fig fam* s.th. is in the air; **sich** ~ **machen, s-m Herzen** ~ **machen** give vent to one's feelings; **tief** ~ **holen** *a. fig fam* take a deep breath; **in die** ~ **fliegen, in die** ~ **jagen** blow up; **halt doch endlich mal die** ~ **an!** *fig fam (halt den Mund)* won't you put a sock in it? **jetzt halt aber mal die** ~ **an!** *fig fam (laß das Übertreiben)* now, come off it! **Luft·ab·wehr** *f mil* anti-aircraft *Br* defence *(Am* defense), air-raid; **Luft·an·griff** *m* air-raid *(auf* on); **Luft·bal·lon** *m* balloon; **Luft·be·la·stung** *f* atmospheric pollution; **Luft·bild** *n* aerial picture; **Luft·bla·se** *f* air bubble; **Luft·brücke (k·k)** *f* airlift; **luft·dicht** *adj* airtight; **Luft·druck** *m* air pressure.
lüf·ten ['lʏftən] I *tr* **1.** *(mit Luft versorgen)* air; **2.** *(hochheben)* lift, raise; II *itr (Luft hereinlassen)* let some air in; ▶ **e-n Anzug zum L~ hinaushängen** put a suit out to air.
Luft·fahrt *f* aviation; **Luft·fe·de·rung** *f* **1.** *tech* air cushioning; **2.** *mot* air suspension; **Luft·feuch·tig·keit** *f* atmospheric humidity; **Luft·flot·te** *f* air fleet; **Luft·fracht** *f* air freight; **luft·ge·kühlt** *adj mot* air-cooled; **luft·ge·stützt** *adj (Flugkörper)* air-launched; **Luft·ge·wehr** *n* airgun; **Luft·hül·le** *f* mantle of air.
luf·tig *adj* **1.** *(mit od von Luft)* airy;

(windig) breezy; **2.** *fig (dünn)* flimsy, thin.

Luft·kampf *m* air fight; **Luft·kis·sen·boot** *n* hovercraft; **Luft·krieg** *m* aerial warfare; **Luft·küh·lung** *f mot* air-cooling; **Luft·kur·ort** *m* (climatic) health resort; **Luft·lan·de·trup·pen** *pl mil* airborne troops; **luft·leer** *adj:* ▶ ~er Raum vacuum; **Luft·li·nie** *f (direkte Verbindung)* bee-line; ▶ ~ 100 km 100 km bee-line *(od* as the crow flies); **Luft·loch** *n* **1.** *tech* airhole; **2.** *aero* airpocket; **Luft-Luft-Ra·ke·te** *f mil* air-to-air missile; **Luft·ma·trat·ze** *f* airbed, lilo *(Wz);* **Luft·pi·rat(in)** *m (f) Br* hijacker, *Am* skyjacker; **Luft·post** *f* airmail; **Luft·pum·pe** *f* pneumatic pump; **Luft·raum** *m* airspace; **Luft·rein·hal·tung** *f* air-purity maintenance prevention of air pollution; **Luft·ret·tungs·dienst** *m* air rescue service; **Luft·röh·re** *f anat* windpipe; **Luft·sack** *m mot* air bag; **Luft·schacht** *m* air shaft; **Luft·schicht** *f* atmospheric layer, layer of air; **Luft·schiff** *n* airship; **Luft·schif(f·)fahrt** *f* aeronautics *pl;* **Luft·schlan·ge** *f* paper streamer; **Luft·schlauch** *m mot Br* inner *(Am* air) tube; **Luft·schleu·se** *f* air lock; **Luft·schloß** *n fig* castle in the air; **Luft·schrau·be** *f* airscrew, propeller; **Luft·schutz** *m* **1.** *(~maßnahmen)* air-raid precautions *pl;* **2.** *(~truppe) Br* Civil Defence Service; **Luft·schutz·bun·ker** *m* concrete air-raid shelter; **Luft·schutz·kel·ler** (**Luft·schutz·raum**) *m* air-raid shelter; **Luft·sprung** *m* jump in the air; ▶ er machte vor Freu·de e-n ~ he jumped for joy; **Luft·strö·mung** *f* current of air; **Luft·stütz·punkt** *m aero mil* air-base; **Luft·ta·xi** *f* air taxi; **Luft·tem·pe·ra·tur** *f* air temperature; **Luft·trans·port** *m* air transport; **Luft·tüch·tig·keit** *f aero (Flugtüchtigkeit)* airworthiness; **Luft·über·wa·chung** *f* air monitoring.

Lüf·tung [ˈlʏftʊŋ] *f* airing; *(Be~, Ventilation)* ventilation; **Lüf·tungs·schacht** *m* ventilation shaft.

Luft·ver·än·de·rung *f* change of air; **Luft·ver·kehr** *m* air traffic; **Luft·ver·kehrs·ge·sell·schaft** *f* airline; **Luft·ver·kehrs·li·nie** *f (Route)* air route; **Luft·ver·pe·ster** *m pej* air polluter; **Luft·ver·schmut·zung** *f* air pollution; **Luft·ver·tei·di·gung** *f* air *Br* defence *(Am* defense); **Luft·waf·fe** *f ae·ro mil* air force; **Luft·weg 1.** *m aero* air route; **2.** *anat* respiratory tract; ▶ auf dem ~ *aero* by air; **Luft·wi·der·stand** *m phys* air resistance; **Luft·zu·fuhr** *f* air supply; **Luft·zug** *m Br* draught, *Am* draft.

Lü·ge [ˈlyːgə] ⟨-, -n⟩ *f* lie; ▶ jdn (etw) ~n strafen belie s.o. (s.th.); ~n haben kurze

Beine *prov* truth will out.

lü·gen *irr itr* lie, tell a lie *(od* stories); *(flunkern)* fib; ▶ ~ wie gedruckt *fam* lie like mad; ich müßte ~, wenn ... I would be lying if ...; das ist erstunken u. erlogen! *fam* that's a pack of lies!

Lü·gen·de·tek·tor *m* lie detector.

lü·gen·haft *adj* made-up, mendacious.

Lüg·ner(in) [ˈlyːgnə] *m (f)* liar.

lüg·ne·risch [ˈlyːgnərɪʃ] *adj* mendacious, untruthful.

Lu·ke [ˈluːkə] ⟨-, -n⟩ *f* **1.** *allg* hatch; **2.** *(Dach~)* skylight.

lu·kra·tiv [lukraˈtiːf] *adj* lucrative.

Lu·latsch [ˈluːlatʃ] *m hum fam:* ▶ langer ~ beanpole.

Lüm·mel [ˈlʏməl] ⟨-s, -⟩ *m fam (Flegel)* oaf, lout; **Lüm·me·lei** *f fam* **1.** *(Flegelei)* rudeness; **2.** *(Herumlümmeln)* lolling around.

lüm·meln *refl* lounge (about).

Lump [lʊmp] ⟨-en, -en⟩ *m (Schuft)* rogue.

Lum·pen [ˈlʊmpən] ⟨-s, -⟩ *m* rag.

lum·pen *itr fam:* ▶ sich nicht ~ lassen splash out; das Essen war ausgezeichnet, er hat sich wahrlich nicht ~ lassen the dinner was excellent, he certainly splashed out (on it).

Lum·pen·ge·sin·del *pej n* rabble, riffraff *pl;* **Lum·pen·händ·ler(in)** *m (f)* rag-and-bone man (woman).

Lunch [lantʃ] ⟨-(s), -(s)⟩ *m* lunch.

lunchen *itr* lunch.

Lun·ge [ˈlʊŋə] ⟨-, -n⟩ *f anat* lungs *pl; (einzelner ~nflügel)* lung; ▶ eiserne ~ *med* iron lung; der Hyde Park ist die grüne ~ Londons *fig* Hyde Park is London's lung; rauchen Sie auf ~? do you inhale? **Lun·gen·bläs·chen** *n anat* pulmonary alveolus; **Lun·gen·flü·gel** *m anat* (lobe of the) lung; **Lun·gen·heil·stät·te** *f* tuberculosis *Br* sanatorium *(Am* sanitarium); **lun·gen·krank** *adj* tubercular; ▶ ~ sein have a lung disease; **Lun·gen·krank·heit** *f* lung disease; **Lun·gen·krebs** *m med* lung cancer; **Lun·gen·tu·ber·ku·lo·se** *f* tuberculosis (of the lung).

Lun·te [ˈlʊntə] ⟨-, -n⟩ *f* **1.** *hist (Zündschnur)* fuse; **2.** *(Schwanz des Fuchses)* brush; ▶ ~ riechen *fig fam (Verdacht schöpfen)* smell a rat; *(Gefahr wittern)* smell danger.

Lu·pe [ˈluːpə] ⟨-, -n⟩ *f opt* magnifying glass; ▶ jdn (etw) unter die ~ nehmen *fig fam* scrutinize *(od* examine) s.o. (s.th.) closely.

Lu·pi·ne [luˈpiːnə] ⟨-, -n⟩ *f bot Br* lupin, *Am* lupine.

Lurch [lʊrç] ⟨-(e)s, -e⟩ *m zoo* batrachian.

Lust [lʊst] *pl* ˈlʏstə ⟨-, -̈e⟩ *f* **1.** *(Freude)* joy, pleasure; **2.** *(Neigung)* inclination; **3.** *(sinnliche Begierde)* desire; *(Sinnes~)* lust; ▶ er ging mit ~ u. Liebe an die

Arbeit he set to work enthusiastically; s-e ~ **an etw haben** take a delight in s.th.; **wenig ~ haben zu etw** not be keen about s.th.; **ich habe keine ~ dazu** I don't feel like it; **alle ~ an etw verlieren** lose all interest in s.th.; **hast du ~, ins Kino zu gehen?** do you feel like going to the movies? **ich hätte fast ~, zu ...** I've half a mind to ...; **mir ist die ~ vergangen** I no longer feel like it.
Lust·bar·keit *f* festivity.
Lü·ster ['lʏste] ⟨-s, -⟩ *m* 1. *(Stoff, Glanzüberzug)* lustre; 2. *(Kronleuchter)* chandelier.
Lü·ster·klem·me *el* connector.
lü·stern ['lʏsten] *adj* lecherous; ▶ **nach etw ~ sein** lust after s.th.
Lü·stern·heit *f* lecherousness.
lu·stig ['lʊstɪç] *adj* 1. *(munter)* jolly, merry; 2. *(komisch, erheiternd)* amusing, funny; ▶ **es wurde später noch ganz ~** later on things got quite merry; **sich über jdn ~ machen** make fun of s.o.
Lüst·ling ['lʏstlɪŋ] *m pej* debauchee, lecher.
lust·los *adj* 1. *(ohne Begeisterung)* unenthusiastic; 2. *com fin (Markt, Börse)* dull, slack; **Lust·molch** *m hum fam* sex maniac; **Lust·mord** *m* sex murder; **Lust·prin·zip** *n psych* pleasure principle; **Lust·schloß** *n* summer resi-

dence; **Lust·spiel** *n theat* comedy.
Lu·the·ra·ner(in) [lʊtə'ra:ne] *m (f) eccl* Lutheran; **lu·the·risch** ['lʊtərɪʃ, lʊ'te:rɪʃ] *adj* Lutheran.
lut·schen ['lʊtʃən] *tr itr* suck *(an etw* s.th.).
Lut·scher *m fam (Dauer~)* lollipop.
Lutsch·ta·blet·te *f* lozenge.
Luv [lu:f] ⟨-⟩ *f mar* windward.
Lu·xem·burg *n* Luxembourg; **Lu·xembur·ger(in)** *m (f)* Luxembourger; **lu·xem·bur·gisch** *adj* Luxembourgian.
lu·xu·ri·ös [lʊksuri'ø:s] *adj* luxurious; ▶ **ein ~es Leben** a life of luxury.
Lu·xus ['lʊksʊs] ⟨-⟩ *m* luxury; *pej (Überfluß, Verschwendung)* extravagance; **Lu·xus·ar·ti·kel** *m pl* luxury goods; **Lu·xus·aus·füh·rung** *f* de luxe model; **Lu·xus·hotel** *n* luxury hotel; **Lu·xus·steu·er** *f* tax on luxuries.
Lu·zer·ne [lu'tsɛrnə] ⟨-, -n⟩ *f bot (Kleeart) Br* lucerne, *Am* alfalfa.
Lymph·drai·na·ge *f med* lymphatic drainage; **Lym·phe** ['lʏmfə] ⟨-, -n⟩ *f anat* lymph; **Lymph·kno·ten** *m anat* lymph node.
lyn·chen ['lʏnçən] *tr* lynch.
Lynch·ju·stiz *f* lynch-law; **Lynchmord** *m* lynching.
Ly·rik ['ly:rɪk] *f* lyric poetry; **Ly·riker(in)** *m (f)* lyricist; **ly·risch** *adj a. fig* lyrical; ▶ **ein ~es Gedicht** a lyric poem.

M

M, m [ɛm] ⟨-, -⟩ *n* M, m.
M-und-S-Reifen *m mot* winter tyre.
Mach-Zahl *f aero* Mach number.
Mach·art *f* 1. *(Fabrikat)* make; 2. *(Muster)* design.
Ma·che ⟨-⟩ *f fam (Täuschung)* sham; ▶ etw in der ~ haben be working on s.th.; **nur ~ sein** be kidding.
ma·chen ['maxən] *tr* 1. *(tun)* do; 2. *(verursachen)* make; 3. *fig (ausmachen)* matter; ▶ **mach's gut! so long! ich mache mir nichts aus** ... I don't care much for ...; **ich mach' mir nichts daraus** I'm not keen on it; **er macht sich** he's getting good; **nun mach aber mal 'n Punkt!** come off it! **gemacht!** O.K.! right! **ich mache das schon** I'll see to that; **was machst du da?** what are you doing there? **was machst du denn hier?** what on earth are you doing here? **ich kann da nichts ~** I can't do anything about it; **was machst du Samstag?** what are you doing on Saturday? **wie macht man das?** how do you do it? **macht dich das an?** *sl* does that do anything for you? **das Essen ~** do the cooking; **er wird's nicht mehr lange ~** he won't last long; **das macht nichts!** that doesn't matter! **macht das was?** does that matter? **mach mal!** get a move on! **in die Hosen ~** wet o.s.
Ma·chen·schaf·ten *f pl* machinations, wheelings and dealings.
Ma·cher ⟨-s, -⟩ *m fam* doer.
Ma·cho [matʃo] ⟨-s, -s⟩ *fam* macho.
Macht [maxt, *pl* 'mɛçtə] ⟨-, ˙·e⟩ *f* power; ▶ **die Partei, die im Augenblick an der ~ ist** the party now in power; **an die ~ kommen** come into power; **mit aller ~** with might and main; **ich habe getan, was in meiner ~ stand** I did all in my power; **Macht·be·reich** *m* sphere of influence; **Macht·er·grei·fung** *f* seizure of power; **Macht·ha·ber(in)** *m (f)* ruler.
mäch·tig ['mɛçtɪç] *adj* 1. *(gewaltig)* powerful; 2. *fam (sehr groß)* mighty; ▶ **ein ~er Schlag** a powerful punch; **ein ~er Krieger** a mighty warrior; **~ Hunger haben** have a tremendous appetite; **sich ~ anstrengen** make a tremendous effort.
Macht·kampf *m* struggle for power; **macht·los** *adj* powerless; **Macht·lo·sig·keit** *f* powerlessness; **Macht·pro·be** *f* trial of strength; **Macht·stel·lung** *f* position of power; **Macht-**

über·nah·me *f* takeover; **Macht·wort** *n:* ▶ **ein ~ sprechen** exercise one's authority.
Mach·werk *n pej* sorry effort.
Macker (k·k) ['makɐ] ⟨-s, -⟩ *m sl* guy.
Mäd·chen ['mɛːtçən] ⟨-s, -⟩ *n* girl; ▶ **~ für alles sein** be the general dogsbody; **mäd·chen·haft** *adj* girlish; ▶ **~ aus·sehen** look like a girl; **Mäd·chen·na·me** *m* 1. *(Vorname)* girl's name; 2. *(e-r verheirateten Frau)* maiden-name.
Ma·de ['maːdə] ⟨-, -n⟩ *f* maggot; **ma·dig** *adj* worm-eaten; ▶ **jdm etw ~ machen** put s.o. off s.th.; **jdn ~ machen** run s.o. down.
Ma·don·na [ma'dɔna] *f* Madonna.
Ma·ga·zin [maga'tsiːn] ⟨-s, -e⟩ *n* 1. *mil (Waffen~)* magazine; 2. *(Zeitschrift)* magazine; 3. *(Lager)* storeroom.
Magd [maːkt, *pl* 'mɛːkdə] ⟨-, ˙·e⟩ *f* maid(servant) *(auf Bauernhof)* farm lass.
Ma·gen ['maːgən, *pl* 'mɛːgən] ⟨-s, ˙-/-⟩ *m* stomach; ▶ **auf nüchternen ~** on an empty stomach; **Ma·gen·be·schwer·den** *pl* stomach trouble *sing;* **Ma·gen·bit·ter** ⟨-s, -⟩ *m* bitters *pl;* **Ma·gen·Darm·grip·pe** *f* gastro-enteritis; **Ma·gen·ge·gend** *f* stomach region; **Ma·gen·ge·schwür** *n* gastric ulcer; **Ma·gen·knur·ren** *n* stomach rumbles *pl;* **Ma·gen·lei·den** *n* stomach disorder; **Ma·gen·säu·re** *f* gastric acid; **Ma·gen·schleim·haut** *f* stomach lining.
Ma·gen·schmer·zen *pl* stomachache; ▶ **ich habe ~** I have a pain in my stomach.
ma·ger ['maːgɐ] *adj* 1. *(dünn)* lean, thin; 2. *fig fam (dürftig)* meagre, poor; ▶ **das war aber ~!** *fig fam* that was a poor do! **Ma·ger·keit** *f* leanness, thinness; **Ma·ger·milch** *f* skimmed milk; **Ma·ger·quark** *m* low-fat curd cheese; **Ma·ger·sucht** *f med* anorexia.
Ma·gie [ma'giː] *f* magic; **Ma·gier(in)** ['maːgiɐ] *m (f)* magician; **ma·gisch** *adj* magic(al); ▶ **mit ~er Gewalt** as if by magic.
Ma·gi·strat [magɪs'traːt] ⟨-(e)s, -e⟩ *m* municipal authorities *pl.*
Ma·gne·si·um [ma'gneːziʊm] ⟨-s⟩ *n chem* magnesium.
Ma·gnet [ma'gneːt] ⟨-(e)s/-en, -e(n)⟩ *m* magnet; **Mag·net·bahn** *f* magnetic railway; **Ma·gnet·band** *n* magnetic tape; **Ma·gnet·feld** *n* magnetic field.
ma·gne·tisch *adj* magnetic; ▶ **~e Bild-**

aufzeichnung magnetic video recording.

Ma·gnet·kar·te *f* magnetic card; **Magnet·kopf** *m radio* magnetic head; **Ma·gnet·na·del** *f* magnetic needle; **Ma·gnet·plat·te** *f EDV* magnetic disk; **Ma·gnet·schal·ter** *m mot* solenoid switch; **Ma·gnet·spu·le** *f* magnetic coil; **Ma·gnet·strei·fen** *m* magnetic strip.

Ma·ha·go·ni [maha'go:ni] ‹-› *n* mahogany.

Mäh·bin·der *m* reaper-binder; **Mähdre·scher** *m* combine.

mä·hen ['mɛ:ən] *tr (Rasen)* mow; *(Gras)* cut; **Mä·her(in)** *m (f)* 1. *(Person)* mower; 2. *(Rasen~, nur m)* mower; 3. *(Erntemaschine, nur m)* reaper.

Mahl [ma:l] ‹-(e)s, -e/(-̈er)› *n* meal.

mah·len ['ma:lən] I *tr (Korn)* grind; II *itr* 1. *mot (Getrieberäder)* grind; 2. *mot (Räder im Schlamm)* spin.

Mahl·zeit *f* meal; ▶ **na dann prost ~!** *fig fam iro* that's just great!

Mahn·brief *m* reminder.

Mäh·ne ['mɛ:nə] ‹-, -n› *f* mane.

mah·nen ['ma:nən] *tr* 1. *(er~)* admonish *(wegen* on account of); 2. *com (wegen Schulden)* demand payment from; *(schriftlich ~)* send a reminder *(jdn* to s.o.).

Mahn·mal ‹-(e)s, -e/ (-̈er)› *n* memorial.

Mah·nung *f* 1. *com (Mahnbrief)* reminder; 2. *(Er~)* admonition.

Mahn·ver·fah·ren *n:* ▶ **ein ~ einleiten gegen ...** institute collection proceedings *pl* against ...; **Mahn·wa·che** *f pol* picket.

Mai [maɪ] ‹-(e)s/-, -e› *m* May; ▶ **der Erste ~** May Day; **Mai·fei·er** *f pol* May-Day celebrations *pl;* **Mai·glöckchen** *n bot* lily of the valley; **Mai·käfer** *m* cockchafer.

Mai·land ['maɪlant] *n* Milan.

Mail·box ['meɪlbɔks] ‹-, -en› *f EDV* mailbox.

Mais [maɪs] ‹-es, (-e)› *m bot Br* maize, *Am* corn; **Mais·kol·ben** *m* corn cob.

Ma·je·stät [majɛs'tɛ:t] *f* majesty; ▶ **S-e ~** His Majesty; **ma·je·stä·tisch** *adj* majestic.

Ma·jor(in) [ma'jo:ɐ] ‹-s, -e› *m (f) mil* major.

Ma·jo·ran ['ma:joran] ‹-s, -e› *m* marjoram.

Ma·jo·ri·tät [majori'tɛ:t] *f* majority; ▶ **die ~ haben** have a majority.

ma·ka·ber [ma'ka:bɐ] *adj* macabre.

Make-up ['me:k'ap] *n* make-up.

Ma·kel ['ma:kəl] ‹-s, -› *m* 1. *com (Defekt)* fault; 2. *fig (Fehler)* blemish; **ma·kellos** *adj* 1. *(Haus, Zimmer)* spotless; 2. *(Ware)* faultless; ▶ **~er Ruf** impeccable reputation; **~es Benehmen** immaculate behaviour.

mä·keln ['mɛ:kəln] *itr* carp, cavil *(an* at).

Mak·ka·ro·ni [maka'ro:ni] *pl* macaroni *sing.*

Mak·ler(in) ['ma:klɐ] ‹-s, -› *m (f)* 1. *(Wohnungs~) Br* estate agent, *Am* real estate agent; 2. *(Börsen~)* broker; **Mak·ler·ge·bühr** *f* brokerage, broker's commission.

Ma·kre·le [ma'kre:lə] ‹-, -n› *f zoo* mackerel.

Ma·kro·kli·ma *n* macro climate.

Ma·kro·ne [ma'kro:nə] ‹-, -n› *f* macaroon.

Ma·ku·la·tur [makula'tu:ɐ] ‹-, -en› *f* wastepaper.

mal *adv fam (einmal):* ▶ **besuch mich doch ~!** come and see me sometime! **sieh ~ her!** now look here! **laß ihn ~ machen!** just let him try! **komm ~ her!** can you come here for a moment! **geh ~ hin, er wird dir sicher helfen** go ahead and see him, I'm sure he'll help you; **sag ~, ist das wahr?** tell me is that true? **ich bin nun ~ so** that's the way I am.

Mal¹ ‹-(e)s, -e› *n (zeitlich):* ▶ **ein einziges ~** once; **das vorige ~** the time before; **das letzte ~** last time; **beim ersten ~** the first time; **mit e-m ~** all at once; **ein für alle ~** once and for all.

Mal² [ma:l, *pl* 'mɛ:lə] ‹-(e)s, -e/(-̈er)› *n* 1. *(Zeichen)* mark; 2. *(Mahn~)* memorial.

ma·lai·isch [ma'laɪʃ] *adj* Malayan.

Ma·la·ria [ma'la:ria] ‹-› *f med* malaria.

Ma·lay·sia [ma'laɪzia] *n* Malaysia.

Mal·buch *n* colouring book.

malen ['ma:lən] *itr (mit Farbe)* paint; *(zeichnen)* draw; ▶ **sich ~ lassen** have one's portrait painted.

Ma·ler(in) *m (f)* painter; **Ma·le·rei** *f* 1. *(Kunst)* painting; 2. *(Gemälde)* picture.

ma·le·risch *adj* picturesque.

Mal·heur [ma'lø:ɐ] ‹-s, -s/-e› *n* mishap; ▶ **das ist doch kein ~!** that's not serious!

Mal·ka·sten *m* paintbox.

ma·lo·chen [ma'lo:xən] ‹ohne ge-› *itr sl* drudge, slave.

Ma·lo·cher(in) ‹-s, -› *m (f) sl* grafter.

Mal·stift *m* crayon.

Mal·ta ['malta] *n* Malta.

Mal·ve ['malvə] ‹-, -n› *f bot* hollyhock, mallow.

Malz [malts] ‹-es› *n* malt; **Malz·bier** *n* malt beer; **Malz·bon·bon** *n* malt lozenge; **Malz·kaf·fee** *m* malt coffee.

Ma·ma ['mama] ‹-, -s› *f fam Br* mum(my), *Am* mom; **Ma·ma·söhnchen** ['mamazø:nçən] *n fam pej* mummy's darling.

Mam·mo·gra·phie [mamogra'fi:] *f med* mammography.

Mam·mon ['mamɔn] ‹-s› *m:* ▶ **der schnöde ~** filthy lucre.

Mam·mut ['mamut] ‹-s, -e/-s› *n zoo hist* mammoth; **Mam·mut·baum** *m bot* giant redwood.

mamp·fen ['mam(p)fən] *itr fam* chomp.

man [man] *prn* one; ▶ **hat mir gesagt** I was told; ~ **kann nie wissen** you never can tell; **das tut** ~ **nicht** that's not done; ~ **munkelt schon lange davon** it's been rumoured for some time.

Ma·na·ger·krank·heit ['mɛnɪdʒe-] *f* stress disease.

manche(r, s) ['mançə] *prn f (m, n)* many a; ▶ **manch einer** many a person; **manche Leute** quite a few people; **manch anderer** many another.

man·cher·lei *adj* various; ▶ ~ **Dinge** a number of things.

man·ches *adj (vieles)* a good many things; ▶ **in manchem hat sie ja recht** she's right about a lot of things.

manch·mal *adv* sometimes.

Man·dant(in) [man'dant] ⟨-en, -en⟩ *m (f) jur* client.

Man·da·ri·ne [manda'ri:nə] ⟨-, -n⟩ *f bot* mandarin, tangerine.

Man·dat [man'da:t] ⟨-(e)s, -e⟩ *n* 1. *pol (Auftrag)* mandate; 2. *jur (Anwalts~)* brief; 3. *parl (Parlamentssitz)* seat; ▶ **sein** ~ **niederlegen** *parl* resign one's seat; **Man·dats·trä·ger(in)** *m (f)* mandate holder.

Man·del ['mandəl] ⟨-, -n⟩ *f* 1. *bot (Frucht)* almond; 2. *anat (Drüse)* tonsil; ▶ **gebrannte** ~**n** sugared almonds; **Man·del·baum** *m bot* almond tree; **Man·del·ent·zün·dung** *f med* tonsillitis; **man·del·för·mig** *adj* almond-shaped; **Man·del·klele** *f* almond meal.

Man·do·li·ne [mando'li:nə] ⟨-, -n⟩ *f mus* mandolin.

Man·dschu·rei [mantʃu'raɪ] *f* Manchuria.

Ma·ne·ge [ma'ne:ʒə] ⟨-, -n⟩ *f* arena, ring.

Man·gan [maŋ'ga:n] ⟨-s⟩ *n chem* manganese.

Mangel¹ ['maŋəl] ⟨-, -n⟩ *f* mangle; *(Heiß~)* rotary iron; ▶ **jdn durch die** ~ **drehen** *fig fam* put s.o. through the mill; **jdn in die** ~ **nehmen** *fig fam* give s.o. a grilling.

Mangel² ['maŋəl, *pl* 'mɛŋəl] ⟨-s, ⁻⟩ *m* 1. *(Fehlen)* lack; *(Knappheit)* shortage *(an* of*)*; 2. *(Fehler)* fault; *tech* defect; ▶ ~ **an Arbeitskräften** shortage of staff; **aus** ~ **an ... for want of ...**; **Man·gel·er·schei·nung** *f med* deficiency symptom.

man·gel·haft *adj (Schulnote)* unsatisfactory; *(unzureichend)* insufficient; *(fehlerhaft)* defective, faulty.

Man·gel·krank·heit *f med* deficiency disease.

man·geln¹ ['maŋəln] *tr (Wäsche)* press.

man·geln² *itr (fehlen, unzureichend vorhanden sein)* want; ▶ **es mangelt an etw** there is lack of s.th.; **es mangelt ihr an nichts** she lacks for nothing.

man·gels ['maŋəls] *prp* for lack of ...

Man·gel·wa·re *f* scarce commodity; ▶ ~ **sein** *fig* be a rare thing.

Man·go ['maŋgo] ⟨-, -s *pl* **-nen**⟩ *f bot* mango.

Ma·nie [ma'ni:] *f* mania.

Ma·nier [ma'ni:ɐ] ⟨-, -en⟩ *f* manner; ▶ **höfliche** ~**en** *pl* (good) manners.

ma·nier·lich *adj (Kind)* well-mannered; *(Aussehen etc)* respectable; ▶ **sich** ~ **benehmen** behave properly.

Ma·ni·fest [mani'fɛst] ⟨-es, -e⟩ *n* manifesto.

Ma·ni·kü·re [mani'ky:rə] ⟨-, -n⟩ *f* 1. *(Hand- u. Nagelpflege)* manicure; 2. *(Person)* manicurist.

ma·ni·kü·ren ⟨ohne ge-⟩ *tr* manicure.

Ma·ni·pu·la·tion *f* manipulation; *(Trick)* manoeuvre, *(Am* manoeuver*)*.

ma·ni·pu·lie·ren [manipu'li:rən] *tr* manipulate.

ma·nisch ['ma:nɪʃ] *adj* manic; **ma·nisch-de·pres·siv** *adj med* manic-depressive.

Man·ko ['maŋko] ⟨-s, -s⟩ *n* 1. *fig (Fehler)* shortcoming; 2. *com (Fehlbetrag)* deficit.

Mann [man, *pl* 'mɛnə] ⟨-(e)s, ⁻er⟩ *m* 1. *allg* man; 2. *(Gatte)* husband; ▶ **etw an den** ~ **bringen** get rid of s.th.; **s-n** ~ **stehen** hold one's own; **pro** ~ per head; ~**, o** ~**!** oh boy! **den starken** ~ **markieren** *fam* act big.

Männ·chen ['mɛnçən] ⟨-s, -⟩ *n* 1. *(kleiner Mann)* mannikin; 2. *zoo (Tier~)* male; *(Vogel~)* cock; ▶ ~ **machen** sit up and beg.

Man·ne·quin [manə'kɛ̃:] ⟨-s, -s⟩ *n* fashion model.

Män·ner·be·ruf *m* male profession; **Män·ner·ge·sell·schaft** *f* male dominated society.

Man·nes·al·ter *n:* ▶ **im besten** ~ **sein** be in one's prime.

man·nig·fach ['manıçfax] *adj* manifold.

man·nig·fal·tig *adj* diverse.

männ·lich ['mɛnlıç] *adj* 1. *biol* male; 2. *gram* masculine; 3. *fig (mannhaft)* manly; **Männ·lich·keit** *f* 1. *fig (Mannhaftigkeit)* manliness; 2. *euph (männliche Geschlechtsteile)* manhood.

Mann·schaft *f sport* team; *aero mar* crew; **Mann·schafts·füh·rer(in)** *m (f) sport* captain; **Mann·schafts·wa·gen** *m (Polizei)* police van; *mil* troop carrier.

manns·hoch ['-'-] *adj* as high as a man.

manns·toll *adj fam* man-mad.

Ma·no·me·ter [mano'me:tə] ⟨-s, -⟩ *n tech* pressure *Br* gauge (*Am* gage); ▶ ~**!** *fig fam interj* boy oh boy!

Ma·nö·ver [ma'nø:vɐ] ⟨-s, -⟩ *n* 1. *mil Br* manoeuvre, *Am* maneuver; 2. *(List)* trick; ▶ **ins** ~ **gehen** *mil* go on *Br* manoeuvres (*Am* maneuvers) *pl.*

ma·nö·vrie·ren [manø'vri:rən] *tr Br* manoevre, *Am* maneuver.

ma·nö·vrier·un·fä·hig *adj* disabled.

Man·sar·de [man'zardə] ⟨-, -n⟩ *f* garret; *(Boden)* attic; **Man·sar·den·woh·nung** *f* attic flat.

Man·schet·te [man'ʃɛtə] ⟨-, -n⟩ *f* 1. *(an Hemd)* cuff; 2. *tech (Dichtungs~)* sleeve; ▶ ~n haben *fig fam* be in a funk; **Man·schet·ten·knopf** *m* cufflink.

Man·tel ['mantəl, *pl* 'mɛntəl] ⟨-s, ⁀⟩ *m* 1. *(Kleidungsstück)* coat; 2. *tech (Rohr~)* jacket; 3. *(Reifen~)* casing; ▶ den ~ nach dem Wind hängen *fig* set one's sails to the wind; **Man·tel·auf·schlag** *m* lapel.

Man·tel·ta·rif·ver·trag *m* general agreement concerning conditions of employment.

ma·nu·ell [manu'ɛl] *adj* manual.

Ma·nu·skript [manu'skript] ⟨-(e)s, -e⟩ *n* manuscript.

Map·pe ['mapə] ⟨-, -n⟩ *f* 1. *(Aktentasche)* brief-case; 2. *(Hefter)* folder; 3. *(Feder~)* pencil case.

Ma·ra·cu·ja [mara'kɖuja] ⟨-, -s⟩ *bot* maracuja.

Ma·ra·thon ['maratɔn] ⟨-s, -s⟩ *m* marathon; **Ma·ra·thon·lauf** *m sport* marathon race.

Mär·chen ['mɛ:eçən] ⟨-s, -⟩ *n* 1. fairytale; 2. *fig fam* tall story; **Mär·chen·buch** *n* book of fairytales; **mär·chen·haft** *adj* 1. *(in der Art e-s Märchens) attr* fairytale; *pred* like a fairytale; 2. *fig (phantastisch)* fabulous; **Mär·chen·land** *n* fairyland; **Mär·chen·prinz** *m fig* Prince Charming.

Mar·der ['mardə] ⟨-s, -⟩ *m zoo* marten.

Mar·ga·ri·ne [marga'ri:nə] ⟨-⟩ *f* margarine.

Mar·ge·ri·te [margə'ri:tə] ⟨-, -n⟩ *f bot* marguerite.

Ma·ria [ma'ri:a] *f* Mary.

Ma·rien·kä·fer *m zoo* ladybird.

Ma·ri·hu·ana [marihu'a:na] ⟨-(s)⟩ *n* marijuana; **Ma·ri·hu·ana·zi·ga·ret·te** *f* joint, reefer.

Ma·ri·ne [ma'ri:nə] ⟨-, -n⟩ *f* navy; **Ma·ri·ne·flie·ger** *m* naval pilot; **Ma·ri·ne·in·fan·te·rie** *f* marines *pl;* **Ma·ri·ne·of·fi·zier** *m* naval officer; **Ma·ri·ne·stütz·punkt** *f* naval base.

ma·ri·nie·ren *tr* marinate; ▶ **marinierter Hering** pickled herring.

Ma·rio·net·te [mario'nɛtə] ⟨-, -n⟩ *f* 1. *(Holzpuppe)* marionette; 2. *fig* puppet; **Ma·rio·net·ten·the·ater** *n* puppet *Br* theatre (*Am* theater).

Mark¹ [mark] ⟨-(e)s⟩ *n anat* marrow; ▶ **das geht mir durch ~ u. Bein** that goes right through me.

Mark² ⟨-, ⟨⁀er⟩⟩ *f (Währung)* mark; ▶ **mit jeder ~ rechnen müssen** have to count every penny.

mar·kant [mar'kant] *adj (ausgeprägt)* clear-cut; *(auffallend)* striking.

Mar·ke ['markə] ⟨-, -n⟩ *f* 1. *mot (Auto~)* make; 2. *com (Warensorte)* brand; 3. *(Brief~)* stamp; *(Rabatt~)* trading-stamp; *(Essens~)* ticket; **Mar·ken·ar·ti·kel** *m* proprietary article; **Mar·ken·but·ter** *f* best quality butter; **Mar·ken·na·me** *m* brand name; **Mar·ken·zei·chen** *n* 1. *(Warenzeichen)* trademark; 2. *mot (Firmenzeichen)* badge.

mar·kie·ren [mar'ki:rən] *tr* 1. *(mit Markierung versehen)* mark; 2. *fig fam (simulieren)* play; ▶ **den Dummen** ~ play the fool; **er markiert doch nur** he's only acting; **komm, markier' nicht!** stop putting it on! **Mar·kier·stift** *m* highlighter; **Mar·kie·rung** *f* 1. *(das Markieren)* marking; 2. *(Zeichen)* mark.

mar·kig *adj* 1. *(kernig)* pithy; 2. *(bombastisch)* bombastic.

Mar·ki·se [mar'ki:zə] ⟨-, -n⟩ *f* blind.

Mark·kno·chen *m* marrowbone.

Mark·stein *m* 1. *(Grenzstein)* boundary-stone; 2. *fig* milestone.

Mark·stück *n* one-mark piece.

Markt [markt, *pl* 'mɛrktə] ⟨-(e)s, ⁀e⟩ *m* 1. *(~handel)* market; 2. *(~platz)* marketplace; ▶ **auf dem** ~ at the market; **auf den** ~ **gehen** go to the market; **auf dem** ~ **sein** *com* be on the market; **auf den** ~ **kommen** *com* come on the market; **auf den** ~ **bringen** *com* put on the market; **wann ist wieder** ~? when is the next market?

Markt·ana·ly·se *f markt* market investigation; **Markt·an·teil** *m com* share of the market; **Markt·bu·de** *f* stall; **Markt·for·schung** *f* market research; **Markt·füh·rer** *m com* market leader; **Markt·hal·le** *f* covered market; **Markt·la·ge** *f* state of the market; **Markt·lücke (k·k)** *f com* gap in the market, opening; ▶ **in e-e** ~ **stoßen** fill a gap in the market; **Markt·platz** *m* marketplace; **Markt·preis** *m* market price, market rate; **markt·reif** *adj com (Produkt)* ready for the market; **Markt·sät·ti·gung** *f markt* market saturation; **Markt·wert** *m* market value; **Markt·wirt·schaft** *f* market economy; ▶ **freie** ~ free-market economy; **markt·wirt·schaft·lich** *adj* free-enterprise.

Mar·me·la·de [marmə'la:də] ⟨-, -n⟩ *f* jam.

Mar·mor ['marmɔr] ⟨-s, -e⟩ *m* marble; **mar·mo·rie·ren** *tr* marble; **Mar·mor·ku·chen** *m* marble cake; **mar·morn** ['marmɔrn] *adj* marble; **Mar·mor·säu·le** *f* marble column.

Ma·rok·ka·ner(in) [marɔ'ka:nɐ] *m (f)* Moroccan; **ma·rok·ka·nisch** *adj* Moroccan; **Ma·rok·ko** [ma'rɔko] *n* Mo-

rocco.
Ma·ro·ne¹ [ma'ro:nə] ⟨-, -n⟩ *f bot (Eßka-stanie)* sweet (*od* edible) chestnut.
Ma·ro·ne² *f bot (Pilz)* chestnut boletus.
Ma·rot·te [ma'rɔtə] ⟨-, -n⟩ *f* quirk.
Mars¹ [mars] ⟨-⟩ *m astr* Mars.
Mars² *n mar (Segel)* top.
marsch *interj* ~! march!
Marsch¹ [marʃ, *pl* 'mɛrʃə] ⟨-(e)s, ⁼e⟩ *m mus mil* march; ▶ **jdm den ~ blasen** *fig* give s.o. a piece of one's mind; **sich in ~ setzen** move off.
Marsch² ⟨-, on⟩ *f (Landschaft)* fen, marsh.
Mar·schall ['marʃal, *pl* 'marʃələ] ⟨-s, ⁼e⟩ *m mil* marshal.
Marsch·be·fehl *m mil* marching orders *pl;* **Marsch·flug·kör·per** *m mil* cruise missile; **Marsch·ge·päck** *n* pack.
mar·schie·ren *itr* march.
Marsch·ko·lon·ne *f* column; **Marsch·kom·paß** *m* compass; **Marsch·mu·sik** *f* military marches *pl;* **Marsch·rich·tung** *f* 1. *(Richtung des Marsches)* route of march; 2. *fig* line of approach; **Marsch·ver·pfle·gung** *f* rations *pl.*
Mars·mensch *m* Martian.
Mar·ter ['martɐ] ⟨-, -n⟩ *f* torture; **martern** *tr* torment, torture; **Mar·ter·pfahl** *m* stake; **Mar·ter·werk·zeug** *n* instrument of torture.
Mär·ty·rer(in) [mɛr'ty:rɐ] ⟨-s, -⟩ *m (f) a. fig* martyr; ▶ **jdn zum ~ machen** *fig* make a martyr of s.o.; **sich als ~ aufspielen** make a martyr of o.s.
Mar·xis·mus [mar'ksɪsmʊs] *m pol* Marxism; **Mar·xist(in)** *m (f) pol* Marxist; **mar·xi·stisch** *adj pol* Marxist.
März [mɛrts] ⟨-es/*poet* -en, -e⟩ *m* March; ▶ **Anfang (Mitte, Ende) ~** at the beginning (in the middle, at the end) of March.
Mar·zi·pan [martsi'pa:n] ⟨-s, -e⟩ *n* marzipan.
Ma·sche ['maʃə] ⟨-, -n⟩ *f* 1. *(Strick~)* stitch; 2. *(Netzschlinge)* hole, mesh; 3. *fig fam (Trick)* trick; ▶ **immer die alte ~!** the same old trick! **jdm durch die ~n gehen** slip through someone's fingers; **das ist die große ~!** it's all the fad!
Ma·schen·draht *m* wire netting; **Ma·schen·wei·te** *f* mesh size.
Ma·schi·ne [ma'ʃi:nə] ⟨-, -n⟩ *f* 1. *tech* machine; 2. *mot* engine; 3. *aero (Flugzeug)* plane; ▶ **etw mit der ~ schreiben** type s.th.
ma·schi·nell *adj* mechanical.
Ma·schi·nen·bau *m* mechanical engineering; **Ma·schi·nen·bau·in·ge·nieur(in)** *m (f)* mechanical engineer; **Ma·schi·nen·code** *m* machine code; **Ma·schi·nen·fa·brik** *f* engineering works *pl;* **Ma·schi·nen·ge·wehr** *n mil* machine gun; **ma·schi·nen·les·bar** *adj EDV (Ausweis etc)* machine

readable; **Ma·schi·nen·les·bar·keit** *f* machine readability; **Ma·schi·nen·öl** *n* lubricating oil; **Ma·schi·nen·park** *m* plant; **Ma·schi·nen·pi·sto·le** *f mil* submachine gun; **Ma·schi·nen·raum** *m* 1. *mar* engine-room; 2. *(in Werk)* plant room; **Ma·schi·nen·scha·den** *m* mechanical fault; **Ma·schi·nen·schlos·ser(in)** *m (f)* engine fitter; **Ma·schi·nen·schrift** *f* typescript.
Ma·schi·ne·rie [maʃinə'ri:] *f a. fig* machinery.
Ma·cohi·niot(in) *m (f)* onginoor.
Ma·ser ['ma:zɐ] ⟨-, -n⟩ *f (in Holz)* grain, vein.
Ma·sern ['ma:zɐn] *pl med* measles.
Ma·se·rung *f* grain.
Mas·ke ['maskə] ⟨-, -n⟩ *f* 1. *(Gesichts~) a. EDV* mask; 2. *theat* make-up; ▶ **sie ließ ihre ~ fallen** *fig* she slipped her mask; **das ist nur ~** *fig* that's all just *Br* pretence (*Am* pretense); **jdm die ~ vom Gesicht reißen** *fig* unmask s.o.; **Mas·ken·ball** *m* masked ball; **Mas·ken·bild·ner(in)** *m (f)* make-up artist; **Mas·ke·ra·de** [maskə'ra:də] ⟨-, -n⟩ *f (Verkleidung)* costume.
mas·kie·ren I *tr* disguise; II *refl* disguise o.s.
Maß¹ [ma:s] ⟨-es, -e⟩ *n* 1. *(~einheit)* measure (*für* of); 2. *(~band)* tape measure; 3. *(gemessene Größe)* measurement; 4. *(Aus~)* degree, extent; ▶ **das ~ ist voll!** that's going too far! **ein gewisses ~ an ...** a certain degree of ...; **in höchstem ~e** extremely; **in ~en** in moderation.
Maß² ⟨-, -(e)⟩ *f (Biermaß: Liter) Br* litre (*Am* liter) of beer.
Mas·sa·ge [ma'sa:ʒə] ⟨-, -n⟩ *f* massage; ▶ **~n bekommen** get massage treatment; **Mas·sa·ge·sa·lon** *m* massage parlour.
Maß·ar·beit *f fig* neat piece of work.
Mas·se ['masə] ⟨-, -n⟩ *f* 1. *(ungeformter Stoff)* mass; 2. *(Menge)* lots (*od* heaps) of; 3. *(bei Speisenzubereitung)* mixture; 4. *(Menschenmenge)* crowd; 5. *el* mass; ▶ **die breite ~** *(von Menschen)* the masses *pl;* **e-e ganze ~ von ...** a great deal of ...; **Mas·se·ka·bel** *n el* ground cable.
Mas·sen·an·drang *m* crush; ▶ **es herrschte ~** there was a terrible crush; **Mas·sen·ar·beits·lo·sig·keit** *f* mass unemployment; **Mas·sen·ar·ti·kel** *m* mass-produced article; **Mas·sen·ent·las·sung** *f* mass redundancy; **Mas·sen·grab** *n* mass grave; **Mas·sen·gü·ter** *n pl* bulk goods.
mas·sen·haft I *adj* on a massive scale; II *adv fam (sehr viel)* masses of ...
Mas·sen·ka·ram·bo·la·ge *f mot* pile-up; **Mas·sen·me·dien** *n pl* mass media *pl;* **Mas·sen·mensch** *m* mass

man; **Mas·sen·mord** *m* mass murder; **Mas·sen·pro·duk·tion** *f* mass production; **Mas·sen·ster·ben** *n* mass of deaths; **Mas·sen·tier·hal·tung** *f* intensive livestock farming; **Mas·sen·ver·nich·tungs·waf·fe** *f* weapon of mass destruction.

Mas·seur(in) [ma'sø:ɐ] ⟨-s, -e⟩ *m (f)* masseur (masseuse).

Mas·seu·se [ma'sø:zə] ⟨-, -n⟩ *f obs (Masseurin), euph (Prostituierte)* masseuse.

maß·ge·bend (maß·geb·lich) *adj* authoritative; ▶ **deine Meinung ist für mich nicht ~** I won't accept your opinion as authoritative; **das ist ein ~es Buch über Archäologie** this is a definitive book on archeology.

maß|hal·ten *irr itr* be moderate.

mas·sie·ren[1] *tr* massage.

mas·sie·ren[2] *tr mil (Truppen)* mass.

mas·sig I *adj* massive; II *adv fam* ▶ **~ viel** stacks of …

mä·ßig ['mɛ:sɪç] *adj* 1. *(gemäßigt)* moderate, temperate; 2. *(mittel~)* indifferent; 3. *(gering)* moderate; **mä·ßi·gen** ['mɛ:sɪgən] I *tr (mindern)* moderate; II *refl* restrain o.s.; **Mä·ßig·keit** *f* 1. *(das Maßhalten)* moderation; 2. *(Mittel~)* mediocrity; **Mä·ßi·gung** *f* moderation, restraint.

Mas·siv [ma'si:f] ⟨-s, -e⟩ *n* massif.

mas·siv *adj* 1. *(fest, stabil)* solid; 2. *fig (grob)* gross.

Maß·klei·dung *f Br* made-to-measure clothing, *Am* custom clothing.

Maß·krug *m Br* litre (*Am* liter) beer mug.

maß·los I *adj* 1. *(unmäßig)* immoderate; 2. *(gewaltig)* extreme; ▶ **~e Übertreibung** extreme exaggeration; II *adv (äußerst)* extremely; **Maß·lo·sig·keit** *f* lack of moderation.

Maß·nah·me ⟨-, -n⟩ *f* measure; ▶ **~n ergreifen, um etw zu tun** take measures to do s.th.; **nicht vor ~n zurückschrecken** not shrink from taking action.

Maß·re·gel *f* rule; **maß·re·geln** ['---] *tr* 1. *(Strafe verhängen)* discipline; 2. *(tadeln)* reprimand; ▶ **er wurde für s-e unfreundlichen Worte gemaßregelt** he was rebuked for having spoken unkindly.

maß|schnei·dern *tr* make to measure.

Maß·stab *m* 1. *fig (Richtlinie)* standard; 2. *(Zollstock)* rule; 3. *(maßstäbliches Verhältnis)* scale; ▶ **hier ist e-e Karte mit kleinem ~** this is a small-scale map; **das ist für mich kein ~** I don't take that as my yardstick; **~e setzen** set a good standard *sing*.

maß·voll *adj* moderate.

Mast[1] [mast] ⟨-(e)s, -en/(-e)⟩ *m* 1. *el (Strom~)* pylon; 2. *mar (a. Antennen~)*

mast.

Mast[2] ⟨-, -en⟩ *f (das Mästen)* fattening.

Mast·baum *m mar* mast.

Mast·darm *m anat* rectum.

mä·sten ['mɛstən] I *tr* fatten; II *refl hum* stuff o.s.

Mast·schwein *n* fattened pig.

ma·stur·bie·ren [mastʊr'bi:rən] *tr itr* masturbate.

Match [metʃ] ⟨-es⟩ *n sport* match; **Match·ball** *m sport (beim Tennis)* match point.

Ma·te·ri·al [materi'a:l] ⟨-s, -ien⟩ *n* 1. *(Stoff, Substanz)* material; 2. *(Gerätschaften)* materials *pl;* **Ma·te·ri·al·feh·ler** *m* material defect.

ma·te·ria·li·sie·ren *refl* materialize.

Ma·te·ria·lis·mus *m a. philos* materialism; **Ma·te·ria·list(in)** *m (f) a. philos* materialist; **ma·te·ria·li·stisch** *adj a. philos* materialistic.

Ma·te·ri·al·ko·sten *pl* cost *sing* of materials.

Ma·te·rie [ma'te:riə] ⟨-, -n⟩ *f* 1. matter; 2. *(Gegenstand, Thema)* subject-matter; ▶ **die ~ beherrschen** know one's stuff.

ma·te·ri·ell *adj* 1. *(die Materie betreffend, a. fig: gewinnsüchtig)* material; 2. *(geldlich)* financial.

Ma·the·ma·tik [matema'ti:k] *f* mathematics; **Ma·the·ma·ti·ker(in)** *m (f)* mathematician; **ma·the·ma·tisch** *adj* mathematical.

Mat·jes·he·ring ['matjəshe:rɪŋ] *m* young herring.

Ma·trat·ze [ma'tratsə] ⟨-, -n⟩ *f* mattress; ▶ **an der ~ horchen** *hum fam (ein Nickerchen machen)* turn in.

Mä·tres·se [mɛ'trɛsə] ⟨-, -n⟩ *f hist* mistress.

Ma·tri·kel [ma'tri:kəl] ⟨-, -n⟩ *f (Universitäts~)* matriculation register; **Ma·tri·kel·num·mer** *f* registration number.

Ma·trix·drucker (k·k) *m EDV* dot-matrix printer.

Ma·tri·ze [ma'tri:tsə] ⟨-, -n⟩ *f (Schablone)* stencil; ▶ **etw auf ~ schreiben** stencil s.th.

Ma·tro·ne [ma'tro:nə] ⟨-, -n⟩ *f* matron; **ma·tro·nen·haft** *adj* matronly.

Ma·tro·se [ma'tro:zə] ⟨-n, -n⟩ *m mar* 1. *(Seemann)* sailor; 2. *(Dienstgrad)* rating.

Matsch [matʃ] ⟨-(e)s⟩ *m (breiweiche Masse)* mush; *(Schlamm)* mud; *(Schnee~)* slush.

mat·schig *adj (breiig)* mushy; *(schlammig)* muddy; *(Schnee~)* slushy.

matt [mat] *adj* 1. *(glanzlos)* dull; 2. *(schwach)* weak; 3. *(beim Schach)* mate; ▶ **~es Papier** mat paper; **~e Glühbirne** opal bulb; **jdn ~ setzen** *a. fig* checkmate s.o.

Mat·te ['matə] ⟨-, -n⟩ *f (Decke)* mat; ▶ **jdn auf die ~ legen** *sport* floor s.o;

auf der ~ stehen *fam* be there and ready for action.
Matt·glanz *m* dull finish; **Matt·glas** ‹-es› *n* frosted (*od* ground) glass; **Matt·lack** *m* mat varnish; **Matt·schei·be** *f* *fam* TV screen, *Br* telly, *Am* tube; ► **er hat ~** *fig fam* he's soft in the head.
Mätz·chen ['mɛtsçən] *n* *pl:* ► **mach keine ~!** don't try anything funny!
mau *adj* *fam* poor, bad; *(Geschäft)* slack; ► **mir ist ~** I feel poorly.
Mau·er ['mauə] ‹-, -n› *f* wall.
mau·ern I *tr* build; lay bricks, II *itr* *(beim Kartenspiel)* hold back.
Mau·er·seg·ler *f* *orn* swift; **Mau·er·vor·sprung** *m* projection on the wall; **Mau·er·werk** *n* masonry, stonework.
Maul [maul, *pl* 'mɔilə] ‹-(e)s, ⁀er› *n* mouth; *(Tierrachen)* jaws *pl;* ► **halt's ~!** *vulg* shut your gob! **jdm das ~ stopfen** *(derb)* muzzle s.o., shut s.o. up; **ein großes ~ haben** *(derb)* be a big-mouth; **nimm das ~ nicht so voll!** *(derb)* don't be too cocksure!
Maul·beer·baum *m* *bot* mulberry.
mau·len ['maulən] *itr* moan.
Maul·esel *m* *zoo* mule.
maul·faul *adj* *fam:* ► **sei nicht so ~!** haven't you got a tongue in your head?
Maul·korb *m* *a. fig* muzzle.
Maul·ta·schen *f pl* pasta squares.
Maul·tier *n* *zoo* mule; **Maul- und Klau·en·seu·che** *f* foot-and-mouth disease; **Maul·wurf** *m* *zoo* mole; **Maul·wurfs·hau·fen** *m* molehill.
Mau·rer(in) ['maurə] ‹-s, -› *m* *(f)* bricklayer; **Mau·rer·kel·le** *f* trowel; **Mau·rer·ko·lon·ne** *f* bricklaying gang; **Mau·rer·mei·ster(in)** *m* *(f)* master builder.
Maus [maus, *pl* 'mɔizə] ‹-, ⁀e› *f* *zoo* a. *EDV* mouse (*pl* mice); ≈e *sl* *(Geld)* dough *sing;* ► **weiße ≈e sehen** *fig* see pink elephants.
Mäu·se·bus·sard *m* *orn* buzzard.
Mau·se·fal·le *f* 1. mousetrap; 2. *fig* deathtrap; **Mau·se·loch** *n* mouse-hole.
Mau·ser ['mauzə] ‹-› *f* *orn* moult; ► **in der ~ sein** be moulting; **mau·sern** *refl* 1. *orn* moult; 2. *fig* blossom out.
mau·se·tot *adj fam* stone dead.
Maus·steue·rung *f* *EDV* mouse control.
Maut·stel·le *f* toll gate (*od* barrier); **Maut·stra·ße** ['maut-] *f* toll-road.
ma·xi·mal [maksi'maːl] I *adj* maximum; II *adv* at most.
Ma·xi·me [ma'ksiːmə] ‹-, -n› *f* maxim.
Ma·xi·mum ['maksimum] ‹-s, -ma› *n* maximum.
Ma·xi·rock *m* maxi-skirt.
Ma·yon·nai·se [majɔ'nɛːzə] ‹-, -n› *f* mayonnaise.
Ma·ze·do·nien [matse'doːniən] *n* Macedonia.

Mä·zen [mɛ'tseːn] ‹-s, -e› *m* patron.
Me·cha·nik [me'çaːnɪk] *f* mechanics *pl;* **Me·cha·ni·ker(in)** *m* *(f)* mechanic; **me·cha·nisch** *adj* mechanical.
me·cha·ni·sie·ren *tr* mechanize; **Me·cha·ni·sie·rung** *f* mechanization; **Me·cha·ni·sie·rungs·pro·zeß** *m* process of mechanization.
Me·cha·nis·mus ‹-, -men› *m* mechanism.
Mecke·rei (k·k) *f* grumbling, grousing; **meckern** (k·k) ['mɛkɐn] *itr* 1. *(Ziege)* bleat, 2. *fig fam* *(Mensch. nörgeln)* bleat, grouse (*über* at).
Me·dail·le [me'daljə] ‹-, -n› *f* medal; **Me·dail·len·ge·win·ner(in)** *m* *(f)* medallist.
Me·dail·lon [medal'jõː] ‹-s, -s› *n* locket.
Me·di·en ['meːdiən] *pl* media; **Me·dien·for·schung** *f* media research; **Me·di·en·kon·zern** *m* media concern; **Me·di·en·land·schaft** *f* ‹-› *fig* media landscape; **Me·di·en·rum·mel** *m* media excitement; **Me·di·en·ver·bund** *m* 1. *päd* multimedia system; 2. *com* media syndicate; **me·di·en·wirk·sam** *adj* *(Person)* mediagenic.
Me·di·ka·ment [medika'mɛnt] ‹-(e)s, -e› *n* medicine; **Me·di·ka·men·ten·sucht** *f* ‹-› drug dependency; **me·di·ka·men·tös** *adj* medicinal.
Me·di·ta·tion *f* meditation.
me·di·tie·ren [medi'tiːrən] *itr* meditate; ► **über etw ~** ponder over s.th.
Me·di·zin [medi'tsiːn] ‹-, -en› *f* 1. *(Arznei)* medicine; 2. *(Wissenschaft)* medicine.
Me·di·zi·nal·as·si·stent(in) *m* *(f)* *Br* houseman, *Am* intern.
Me·di·zin·ball *m* medicine ball.
Me·di·zi·ner(in) *m* *(f)* 1. *(Arzt)* doctor; 2. *(Medizinstudent)* medic.
me·di·zi·nisch *adj:* ► **jdn ~ behandeln** give s.o. medical treatment; **~e Fakultät** faculty of medicine.
Me·di·zi·nisch-Tech·ni·sche(r) As·si·stent(in) *m* *f* *(Abk* MTA) medical assistant.
Me·di·zin·mann ‹-(e)s, ⁀er› *m* medicine man; **Me·di·zin·stu·dent(in)** *m* *(f)* medical student.
Meer [meːɐ] ‹-(e)s, -e› *n* sea; ► **die ~e** the oceans; **eine Stadt am ~** a town by the sea; **als ich aufs ~ hinausblickte** as I looked out to sea; **Meer·bu·sen** *m* bay, gulf; **Meer·en·ge** *f* straits *pl.*
Mee·res·al·ge *f* sea alga; **Mee·res·arm** *m* arm of the sea; **Mee·res·bio·lo·gie** *f* marine biology; **Mee·res·bo·den** *m* seabed; **Mee·res·for·schung** *f* oceanography; **Mee·res·grund** *m* bottom of the sea; **Mee·res·hö·he** *f:* (*s.* Meeresspiegel) **Mee·res·kun·de** *f* oceanography; **mee·res·kund·lich** *adj* oceanographic; **Mee·res·spie·gel**

m sea-level; ▶ **über/unter dem** ~ above/below sea-level; **Mee·res·strö·mung** *f* ocean current.
Meer·kat·ze *f zoo* guenon.
Meer·ret·tich *m bot* horseradish.
Meer·schwein·chen *n zoo* guineapig.
Meer·was·ser *n* sea water; **Meer·was·ser·ent·sal·zungs·an·la·ge** *f* desalination plant.
Me·ga·byte ['megabaɪt] *EDV n* mega-byte.
Me·ga·hertz ['megahɛrts] *n phys* megahertz.
Me·ga·phon [mega'foːn] ⟨-s, -e⟩ *n* megaphone.
Mehl [meːl] ⟨-(e)s, -e⟩ *n* 1. *(Getreide~)* flour; *(grobes)* meal; 2. *(Pulver)* powder; ▶ **mit** ~ **bestreuen** flour; **meh·lig** *adj* 1. *(mehlbestäubt)* floury; 2. *(Früchte etc)* mealy.
Mehl·tau *m bot (Blattpilz)* mildew.
Mehr ⟨-(s)⟩ *n (Zunahme)* increase *(an* of).
mehr [meːɐ] *prn adv* more; ▶ **ich will viel** ~ I want a lot more; **immer** ~ more and more; **etw** ~ a little more; **viel(e)** ~ much (many) more; **nicht** ~ **viel(e)** not much (many) more; **nichts** ~ no more; **noch** ~? any more? **noch** ~ even more; ~ **gibt es nicht** there isn't *(od* aren't) any more; **gibt es noch** ~? is *(od* are) there any more? **reden wir nicht** ~ **darüber!** let's say no more about it! ~ **kann man sich doch nicht wünschen** what more could one want? **zum Kin·dererziehen gehört** ~ **als nur ...** there's more to bringing up children than just ...; **um so** ~ all the more; **je** ~ **du ihnen gibst, desto** ~ **verlangen sie** the more you give them, the more they want; **das beschämt mich um so** ~ that makes me all the more ashamed; **er hält sich für** ~ he thinks he's something more; **es ist kein Wein** ~ **da** there isn't any more wine; **ich bin** ~ **als zufrieden** I'm more than satisfied; **kein Wort** ~! not another word! **es war niemand** ~ **da** everyone had gone; **nicht** ~ **lange** not much longer.
Mehr·ar·beit *f* overtime; **Mehr·auf·wand** *m* additional expenditure; **Mehr·be·la·stung** *f* 1. *allg* excess load; 2. *fig* additional burden; **Mehr·be·reichs·öl** *n mot* multigrade oil; **Mehr·be·trag** *m* surplus.
mehr·deu·tig ['meːdɔɪtɪç] *adj* ambiguous.
Mehr·ein·nah·me *f* additional revenue.
meh·ren ['meːrən] *tr (ver~)* augment, increase.
meh·re·re ['meːrərə] *prn adj* several.
mehr·fach ['meːfax] **I** *adj* 1. *(vielfach)* multiple; 2. *(wiederholt)* repeated; **II** *adv (mehrere Male)* several times.
Mehr·fach·fahr·schein *m* multi-jour-

ney ticket; **Mehr·fach·stecker (k·k)** *m el* multiple adaptor; **Mehr·fach·tä·ter(in)** *m (f)* serial offender.
Mehr·fa·mi·li·en·haus *n* multiple dwelling *(gehoben);* house for several families.
mehr·far·big *adj* multicoloured.
Mehr·heit *f* majority; ▶ **in der** ~ **sein** be in a majority; **e-e** ~ **von drei Stimmen haben** be in a majority of three; **mit knapper** ~ by a small majority; **Mehr·heits·be·schluß** *m* majority decision; ▶ **durch** ~ by a majority of votes; **mehr·heits·fä·hig** *adj* capable of winning a majority; **Mehr·heits·wahl·recht** *n pol* majority votes system.
mehr·jäh·rig *adj* of several years; ▶ ~**e ... several years of ...**
Mehr·ko·sten *pl* additional costs.
mehr·mals *adv* several times.
mehr·mo·to·rig *adj aero* multi-engined; **mehr·platz·fä·hig** *adj EDV* multi-station, capable of supporting multi-user operation; **Mehr·platz·rech·ner** *m EDV* multi-user *(od* multistation) system, networked system; **Mehr·preis** *m* extra; surcharge; **mehr·sil·big** *adj* polysyllabic; **mehr·spra·chig** *adj* multilingual; **mehr·stim·mig** *adj mus* for several voices; **mehr·stün·dig** *adj:* ▶ **sie trafen mit** ~**er Verspätung ein** they arrived several hours late; **mehr·tä·gig** *adj:* ▶ **ein** ~**er Aufenthalt** a stay of several days; **Mehr·ver·brauch** *m* additional consumption; **Mehr·weg-** *(in Zss)* reusable; **Mehr·weg·fla·sche** *f* deposit bottle, returnable bottle; **Mehr·weg·ver·packung (k·k)** *f* reusable packaging; **Mehr·wert·steu·er** *f* value added tax *(Abk* VAT); **Mehr·zahl** ⟨--⟩ *f* 1. *gram* plural; 2. *(Mehrheit)* majority; ▶ **die** ~ **der Fälle** the majority of cases; **Mehr·zweck·fahr·zeug** *n* multi-purpose vehicle.
mei·den ['maɪdən] *irr tr* avoid.
Mei·le ['maɪlə] *f* mile; ▶ **e-e Fahrt von 50** ~**n** a 50-mile journey; **Mei·len·stand** *m* mileage; **Mei·len·stein** *m a. fig* milestone; **mei·len·weit** *adv* miles and miles; ▶ **sie wohnen** ~ **weg** they live miles away; **vom Thema** ~ **entfernt sein** be miles off the subject.
Mei·ler ['maɪlə] ⟨-s, -⟩ *m* charcoal-kiln.
mein [maɪn] *prn* my; ▶ **ich habe** ~**e eigene Wohnung** I've got a flat of my own; ~**es Wissens** as far as I know; ~**e Damen u. Herren!** Ladies and Gentlemen! **e-r** ~**er Lieblingsausdrücke** a favourite expression of mine.
Mein·eid ['maɪnaɪt] ⟨-(e)s, -e⟩ *m jur* perjury; ▶ **e-n** ~ **leisten** commit perjury; **zum** ~ **verleiten** suborn to perjury; **mein·ei·dig** *adj jur* perjured; ~ **wer-**

den perjure o.s.

mei·nen ['maɪnən] *tr itr* 1. *(denken, glauben)* think; 2. *(sagen wollen)* mean; ▶ **das habe ich nicht gemeint** I didn't intend that; **was ~ Sie?** what do you think? **~ Sie nicht auch?** don't you agree? **~ Sie?** do you think so? **das will ich ~** I should think so; **~ Sie das im Ernst?** do you really think it? **ich meine nur so . . .** I was only thinking . . .; **damit bin ich gemeint** that's meant for me; **so war das nicht gemeint** it wasn't meant like that; **wenn du meinst** if you like, I don't mind; **sie meint, sie sei intelligent** she thinks herself intelligent.

mei·ner ['maɪnə] *prn gen* of me.

meine(r, s) *prn f (m, n) (substantivisch)* mine; ▶ **s-e Freunde sind nicht meine** his friends are not mine; **das ist dein Schirm, u. wo ist meiner?** this is your umbrella, and where is mine?

mei·ner·seits *adv* as far as I am concerned, for my part; ▶ **ganz ~!** the pleasure's mine!

mei·nes·glei·chen ['--'--] *prn* 1. *(mir Ebenbürtige)* my equals *pl*; 2. *(Leute wie ich)* people *pl* like me.

mei·net·we·gen ['--'--] *adv* 1. *(von mir aus)* for my part; 2. *(um meinetwillen)* for my sake; ▶ **er kann ~ sofort gehen** as far as I'm concerned he can leave at once; **kann ich gehen? — ~!** may I go? — All right!

mei·ni·ge ['maɪnɪgə] *prn:* ▶ **der (die, das) ~** mine.

Mei·nung *f* opinion; ▶ **der ~ sein, daß . . .** be of the opinion that . . .; **meiner ~ nach** in my opinion; **s-e ~ äußern** express an opinion; **jdn nach s-r ~ fragen** ask someone's opinion; **keine gute ~ über jdn haben** have a poor opinion of s.o.; **jdm s-e ~ sagen** give s.o. a piece of one's mind; **s-e ~ ändern** change one's opinion; **e-e vorgefaßte ~** a preconceived view.

Mei·nungs·äu·ße·rung *f* opinion; **Mei·nungs·aus·tausch** *m* exchange of views *(über* on); **Mei·nungs·bil·dung** *f* formation of opinion; **Mei·nungs·for·scher(in)** *m (f)* canvasser, pollster; **Mei·nungs·for·schung** *f* public opinion research; **Mei·nungs·um·fra·ge** *f* opinion poll, canvassing; **Mei·nungs·um·schwung** *m* swing of opinion; **Mei·nungs·ver·schie·den·heit** *f* disagreement; difference of opinion.

Mei·se ['maɪzə] ⟨-, -n⟩ *f orn* titmouse; ▶ **e-e ~ haben** *fig fam* be nuts.

Mei·ßel ['maɪsəl] ⟨-s, -⟩ *m* chisel; **mei·ßeln** *tr itr* chisel.

meist *adv (s.* meistens) **meist·bie·tend** *adj* highest bidding; ▶ **~ versteigern** sell to the highest bidder.

mei·sten *adv:* ▶ **am ~** 1. *(Superlativ von* sehr*)* most of all; 2. *(Superlativ von viel)* the most.

mei·stens *adv* mostly, most of the time.

Mei·ster(in) ['maɪstə] ⟨-s, -⟩ *m (f)* 1. *(Handwerk)* master; 2. *sport* champion; ▶ **s-n ~ finden** meet one's match; **s-n ~ machen** take one's master craftsman's diploma.

meiste(r, s) *prn f(m, n):* ▶ **die ~n** most people; **das hat mir die meiste Freude gemacht** that gave me the most pleasure; **die meiste Zeit** most of the time; **die meisten sind Studenten** they are mostly students.

mei·ster·haft I *adj* masterly; II *adv* in a masterly manner.

Mei·ster·lei·stung *f* masterly performance.

mei·stern *tr* master; ▶ **Schwierigkeiten ~** overcome difficulties.

Mei·ster·prü·fung *f* examination for master craftsman's diploma; **Mei·ster·schaft** *f* 1. *(meisterliches Können)* mastery; 2. *sport* championship; **Mei·ster·stück (Mei·ster·werk)** *n fig* masterpiece.

Me·lan·cho·lie [melaŋko'li:] *f* melancholy; **me·lan·cho·lisch** *adj* melancholy.

Mel·de·amt *n* registration office; **Mel·de·frist** *f* registration period; **Mel·de·schein** *m* certificate of registration.

mel·den ['mɛldən] I *tr* 1. *(ankündigen)* announce; 2. *(benachrichtigen)* report; ▶ **er meldete mir, daß . . .** he reported to me that . . .; **du hast hier nichts zu ~!** you have no say in this! II *refl* 1. *(in der Schule)* put one's hand up; 2. *(sich zur Verfügung stellen)* report *(zu* for); 3. *tele* answer; 4. *(wieder von sich hören lassen)* get in touch *(bei* with); ▶ **melde dich mal wieder!** keep in touch! **sich krank ~** report sick; **wenn Sie den Fehler gefunden haben, ~ Sie sich bitte!** when you've found the defect please let me know!

Mel·de·pflicht *f* compulsory registration; **mel·de·pflich·tig** *adj* 1. *(Person)* obliged to register; 2. *(Krankheit)* notifiable.

Mel·dung *f* 1. *radio TV* report *(über* on); 2. *sport* entry; 3. *(dienstlich)* report; ▶ **s-e ~ zurückziehen** withdraw.

me·liert *adj* mottled, speckled.

mel·ken ['mɛlkən] *irr tr* 1. milk; 2. *fig fam (anpumpen)* fleece; **Mel·ker(in)** *m (f)* milker.

Me·lo·die [melo'di:] *f* melody; **me·lo·disch** *adj* melodic, tuneful.

Me·lo·ne [me'lo:nə] ⟨-, -n⟩ *f* 1. *bot (Frucht)* melon; 2. *(Hut) Br* bowler, *Am* derby.

Mem·bra·n(e) [mɛm'bra:n(ə)] ⟨-, -en⟩ *f* 1. *tech tele* diaphragm; 2. *anat* membrane.

Mem·me ['mɛmə] ⟨-, -n⟩ *f fam pej* cissy.
Me·moi·ren [memo'a:rən] *pl* memoirs.
Me·mo·ran·dum [memo'randʊm] ⟨-s, -den/-da⟩ *n* memorandum.
Men·ge ['mɛŋə] ⟨-, -n⟩ *f* 1. *(bestimmte Anzahl)* quantity; 2. : e-e ~ *(viele)* a great many, lots of; 3. *(Menschen~)* crowd; 4. *math* set; ▶ e-e ziemliche ~ Essen quite an amount of food; ich will jede ~ *fam* I want lots and lots; sich e-e ~ einbilden think a lot of o.s.; **Men·gen·an·ga·be** *f* statement of quantity; **Men·gen·leh·re** *math* set theory; **men·gen·mä·ßig** *adj* quantitative; **Men·gen·ra·batt** *m* bulk discount.
Men·sa ['mɛnza] ⟨-, -s/-sen⟩ *f* canteen.
Mensch [mɛnʃ] ⟨-en, -en⟩ *m* 1. *(menschliches Wesen)* man, person; 2. *pl* ~en *(Leute)* people; ▶ die ~en mankind; der ~ ist ein denkendes Wesen man is a creature of thought; ~! *interj fam* wow! ~, daran habe ich gar nicht mehr gedacht! boy, I forgot all about that! ~, habe ich einen Hunger! boy, am I hungry! sei ein ~! don't be so hard! ich bin auch nur ein ~ I'm only human after all; ~en gibt's! the people you meet! er ist ein guter ~ he's a good soul; kein ~ war da nobody was there; so spricht heutzutage kein ~ (mehr) nobody speaks like that nowadays.
Men·schen·af·fe *m zoo* ape; **Men·schen·al·ter** *n* generation; **Men·schen·feind(in)** *m (f)* misanthrope; **Men·schen·fleisch** *n* human flesh; **Men·schen·fres·ser** *m* cannibal; **Men·schen·freund** *m* philanthropist; **Men·schen·ge·den·ken** ['---'--] *n:* ▶ seit ~ within living memory; **Men·schen·han·del** *m* slave trade; **Men·schen·ken·ner(in)** *m (f)* judge of human nature; **Men·schen·kennt·nis** *f* knowledge of human nature; ▶ ~ haben know human nature; **Men·schen·ket·te** *f* human chain; **Men·schen·le·ben** *n* human life; ▶ ~ waren nicht zu beklagen no fatalities were reported; der Unfall hat mehrere ~ gefordert the accident claimed several lives; **men·schen·leer** ['--'-] *adj* deserted.
Men·schen·lie·be *f:* ▶ aus reiner ~ from the sheer goodness of one's heart; **men·schen·men·ge** *f* crowd; **men·schen·mög·lich** *adj* humanly possible; ▶ das ist doch nicht ~! but that's ridiculous! **Men·schen·rech·te** *n pl* human rights; **men·schen·scheu** *adj* afraid of people; **Men·schen·rechts·kom·mis·sion** *f* Commission on Human Rights; **Men·schen·rechts·ver·let·zung** *f* violation of human rights; **Men·schen·see·le** ['--'--] *f:* ▶ keine ~ war da not a soul was there.
Men·schens·kind ['--'-] *n interj:* ▶ ~!

heavens above!
men·schen·un·wür·dig ['--'---] *adj* beneath human dignity; ▶ ~e Behausung dwelling unfit for human habitation; **men·schen·ver·ach·tend** *adj* inhuman; **Men·schen·ver·stand** *m:* ▶ gesunder ~ common sense; **Men·schen·ver·su·che** *m pl* medical tests on men; **Men·schen·wür·de** *f* human dignity.
Mensch·heit *f:* ▶ die ~ humanity, mankind.
mensch·lich *adj* 1. *(nicht tierisch)* human; 2. *(human)* humane; ▶ die ~e Gesellschaft the society of man.
Mensch·lich·keit *f* humanity.
Men·strua·tion [mɛnstrua'tsjo:n] *f* menstruation.
Men·ta·li·tät [mɛntali'tɛ:t] *f* mentality.
Me·nü [me'ny:] ⟨-s, -s⟩ *n a. EDV* menu; **Me·nü·an·zei·ge** *f* menu display; **Me·nü·füh·rung** *f* menu-driven operation; **me·nü·ge·steu·ert** *adj* menu-driven; **Me·nü·zei·le** *f* menu line.
Mer·gel ['mɛrgəl] ⟨-s⟩ *m geol* marl.
Me·ri·di·an [meri'dja:n] ⟨-s, -e⟩ *m astr* meridian.
Merk·blatt *n* leaflet.
mer·ken ['mɛrkən] I *tr* 1. *(wahrnehmen)* notice; 2. *(spüren)* feel; ▶ merkst du was? can you feel anything? woran hast du das gemerkt? how could you tell that? II *refl (im Gedächtnis behalten)* remember; ~ Sie sich das für die Zukunft! remember that in future! das werd' ich mir ~! I won't forget that!
merk·lich *adj* marked, noticeable.
Merk·mal ⟨-s, -e⟩ *n* characteristic; ▶ irgendwelche besonderen ~e? any distinguishing marks?
Merk·satz *m* mnemotechnic verse.
Mer·kur [mɛr'ku:ɐ] ⟨-(s)⟩ *m astr* Mercury.
merk·wür·dig *adj (seltsam)* curious, strange; **merk·wür·di·ger·wei·se** ['----'--] *adv* oddly enough, strange to say.
me·schug·ge [me'ʃʊgə] *adj sl* meshugge, nuts; ▶ dieser Krach macht mich ganz ~ this row is driving me silly.
meß·bar *adj* measurable.
Meß·be·cher *m* measuring jug; **Meß·da·ten** *pl* readings.
Meß·die·ner(in) *m (f) eccl* server.
Mes·se[1] ['mɛsə] ⟨-, -n⟩ *f eccl* mass.
Mes·se[2] *f mar (Offiziers~)* mess.
Mes·se[3] *f com (Ausstellung)* fair; **Mes·se·ge·län·de** *n com* exhibition centre.
mes·sen ['mɛsən] *irr* I *tr* measure; ▶ können Sie meinen Blutdruck ~? could you take my blood pressure? jds Zeit ~ *sport* time s.o.; II *refl* compete *(mit* with).
Mes·ser ['mɛsɐ] ⟨-s, -⟩ *n* knife; ▶ ein Kampf bis aufs ~ a fight to the finish;

unter's ~ kommen *fam med* go under the knife; **jdm das ~ an die Kehle setzen** put a knife to someone's throat; **jdn ans ~ liefern** *fig* shop s.o.; **Mes·ser·spit·ze** *f* knife point; *(in Rezept)* pinch; **Mes·ser·ste·cher** *m* knifer.

Mes·se·stand *m Br* exhibition stand, *Am* booth.

Meß·ge·rät *n Br* gauge, *Am* gage.

Mes·si·as [mɛ'siːas] *m rel* Messiah.

Mes·sing ['mɛsɪŋ] ⟨-s⟩ *n* brass; ▶ **mit ~ beschlagen** brass-bound.

Meß·in·stru·ment *n* measuring instrument; **Meß·tech·nik** *f* measuring technique; **Meß·tisch·blatt** *n* ordnance survey map.

Mes·sung *f* 1. *(das Abmessen)* measuring; 2. *(das Abgelesene)* reading; 3. *(Meßergebnis)* measurement.

Meß·wert *m* measurement.

Me·sti·ze [mɛs'tiːtsə] ⟨-n, -n⟩ *m* mestizo; **Me·sti·zin** *f* mestiza.

Me·tall [me'tal] ⟨-s, -e⟩ *n* metal; **aus ~ metallic**; **Me·tall·ar·bei·ter(in)** *m (f)* metalworker; **me·tal·lic** *adj* metallic; **me·tal·lisch** *adj* 1. *(aus Metall)* metal; 2. *fig (Klang etc)* metallic; **Me·tall·ver·ar·bei·tung** *f* metal processing.

Me·ta·pher [me'tafɐ] ⟨-, -n⟩ *f ling* metaphor.

Me·ta·phy·sik *f* metaphysics; *sing;* **me·ta·phy·sisch** [meta'fyːzɪʃ] *adj* metaphysical.

Me·ta·sta·se [meta'staːzə] ⟨-, -n⟩ *f med* metastasis.

Me·te·or [mete'oːɐ] ⟨-s, -e⟩ *n astr* meteor; **Me·teo·rit** [meteo'riːt] ⟨-en, -en⟩ *m astr* meteorite.

Me·teo·ro·lo·ge (-lo·gin) [meteoro'loːgə] ⟨-n, -n⟩ *m (f)* meteorologist, *fam* weatherman (weather lady).

Me·ter ['meːtɐ] ⟨-s, -⟩ *n (m) Br* metre, *Am* meter; ▶ **nach ~n** by the metre; **Me·ter·maß** *n* 1. *(Zollstock) Br* metre *(Am* meter) rule; 2. *(Bandmaß)* tapemeasure.

Me·tho·de [me'toːdə] ⟨-, -n⟩ *f* method; ▶ **was sind denn das für (neue) ~n?** what sort of way is that to behave? **me·tho·disch** *adj* methodical.

Me·thyl·al·ko·hol [me'tyːl-] *m chem* methyl alcohol.

me·trisch ['meːtrɪʃ] *adj* metric.

Me·tro·po·le [metro'poːlə] ⟨-, -n⟩ *f* metropolis.

Met·ze·lei [mɛtsə'laɪ] *f pej* butchery.

Metz·ger(in) [mɛtsgɐ] ⟨-s, -⟩ *m (f)* butcher; **Metz·ge·rei** *f* butcher's.

Meu·chel·mord *m* (treacherous) murder; **Meu·chel·mör·der(in)** *m (f)* (treacherous) assassin.

meuch·le·risch ['mɔɪçlərɪʃ] *adj* murderous, treacherous.

Meu·te ['mɔɪtə] ⟨-, -n⟩ *f* 1. *(Jagdhunde)* pack of hounds; 2. *fig (Pöbel)* mob.

Meu·te·rei [mɔɪtə'raɪ] *f* mutiny; **Meu·te·rer (Meu·t(r)e·rin)** *m (f)* mutineer; **meu·tern** *itr* 1. *(rebellieren)* mutiny; 2. *fam (aufmucken)* moan.

Me·xi·ka·ner(in) [mɛksi'kaːnɐ] *m (f)* Mexican; **me·xi·ka·nisch** *adj* Mexican; **Me·xi·ko** ['mɛksiko] *n* Mexico.

mi·au·en [mi'aʊən] ⟨ohne ge-⟩ *itr* miaow.

mich [mɪç] *prn* me; *refl* myself.

mick(e)·rig ['mɪk(ə)rɪç] *adj fam* 1. *(kläglich)* pathetic; 2. *(lumpig)* mingy; 3. *(klein, schwächlich)* puny.

Mie·der ['miːdɐ] ⟨-s, -⟩ *n* 1. *(Leibchen)* bodice; 2. *(~gürtel)* girdle; **Mie·der·slip** *m* pantie briefs *pl;* **Mie·der·wa·ren** *pl* corsetry *sing.*

Mief [miːf] ⟨-(e)s⟩ *m fam (muffige Luft)* fug; **mie·fen** *itr fam:* ▶ **hier mieft's** there's a pong in here.

Mie·ne ['miːnə] ⟨-, -n⟩ *f* expression, face; ▶ **gute ~ zum bösen Spiel machen** grin and bear it; **ohne e-e ~ zu verziehen** without moving a muscle.

mies [miːs] *adj fam* lousy; ▶ **mach nicht alles ~!** don't run everything down! **Mies·ma·cher(in)** *m (f) fam* kill-joy; **Mies·ma·che·rei** *f fam* bellyaching.

Miet·au·to *m* hire(d) car.

Mie·te ['miːtə] ⟨-, -n⟩ *f* rent; ▶ **zur ~ wohnen** live in rented accommodation.

mie·ten *tr* rent.

Miet·er·hö·hung *f* rent increase.

Mie·ter(in) *m (f)* tenant; **Mie·ter·schutz** *m* rent control.

miet·frei *adj* rent-free; **Miet·rück·stän·de** *m pl* rent arrears.

Miets·haus *n* tenement, block of flats, *Am* apartment house; **Miets·ka·ser·ne** *f fam* tenement house.

Miet·spie·gel *m* rent level; **Miet·ver·trag** *m* lease; **Miet·wa·gen** *m* hire(d) car; **Miet·wert** *m fin* letting value; **Miet·woh·nung** *f Br* rented flat, *Am* apartment.

Mie·ze ['miːtsə] ⟨-, -n⟩ *f* 1. *fam (Katze)* pussy; 2. *sl (Mädchen)* chick.

Mi·grä·ne [mi'grɛːnə] ⟨-, -n⟩ *f med* migraine.

Mi·ka·do [mi'kaːdo] ⟨-⟩ *n (Spiel)* pick-a-stick.

Mi·kro ['mikro] ⟨-s, -s⟩ *m fam Abk von* **Mikrophon** mike.

Mi·kro·be [mi'kroːbə] ⟨-, -n⟩ *f biol* microbe.

Mi·kro·chip *m EDV* microchip; **Mi·kro·com·pu·ter** *m* micro(computer); **Mi·kro·elek·tro·nik** *f* microelectronics *sing;* **Mi·kro·film** *m* microfilm; **Mi·kro·kli·ma** *n* micro climate; **Mi·kro·or·ga·nis·mus** *m biol* microorganism.

Mi·kro·phon [mikro'foːn] ⟨-s, -e⟩ *n* microphone.

Mi·kro·pro·zes·sor *m EDV* microprocessor.

Mi·kro·skop [mikro'sko:p] ⟨-s, -e⟩ *n* microscope; **mi·kro·sko·pisch** *adj* microscopic; ► **etw** ~ **untersuchen** examine s.th. under the microscope.

Mi·kro·wel·le *f* microwave; **Mi·kro·wel·len·herd** *m* microwave (oven).

Mil·be ['mɪlbə] ⟨-, -n⟩ *f zoo* mite.

Milch [mɪlç] ⟨-⟩ *f* 1. *(Kuh~ etc)* milk; 2. *(Fischsamen)* milt, soft roe; ► **dicke** ~ curds; **Milch·bart** *m* 1. downy beard; 2. *fig* milksop; **Milch·ge·schäft** *n* dairy; **Milch·glas** ⟨-es⟩ *n* frosted glass.

mil·chig ['mɪlçɪç] *adj* milky.

Milch·kaf·fee *m* white coffee; **Milch·kan·ne** *f* milk can; **Milch·kuh** *f a. fig* milk cow.

Milch·mäd·chen·rech·nung *f fig* naïve fallacy.

Milch·pro·duk·te *n pl* dairy *(od* milk) products; **Milch·pul·ver** *n* powdered milk; **Milch·quo·te** *f (EG)* milk quota; **Milch·reis** *m* rice pudding; **Milch·stra·ße** *f astr* Milky Way; **Milch·sup·pe** *f fig fam (dichter Nebel)* peasouper; **Milch·tü·te** *f* milk carton; **Milch·wirt·schaft** *f* dairy farming; **Milch·zahn** *m* milk tooth.

mild [mɪlt] *adj* 1. *(sanft)* mild; 2. *(nachsichtig)* lenient; ► ~**e gesagt** to put it mildly; ~**e Luft** gentle air.

Mil·de ['mɪldə] ⟨-⟩ *f* 1. *(Sanftheit)* gentleness, mildness; 2. *(Nachsichtigkeit)* leniency; ► ~ **walten lassen** be lenient.

mil·dern ['mɪldən] *tr* 1. *(Schmerz)* ease, soothe; 2. *(mäßigen)* moderate; ► ~**de Umstände** *allg a. jur* extenuating circumstances; **Mil·de·rung** *f* 1. *(von Schmerz)* soothing; 2. *(Mäßigung)* mitigation, moderation; **Mil·de·rungsgrund** *m jur* mitigating cause.

Mi·lieu [mi'ljø:] ⟨-s, -s⟩ *n* 1. background; *(Umwelt)* environment; 2. *(örtliche Atmosphäre)* atmosphere; **mi·lieu·geschä·digt** *adj psych* maladjusted.

Mi·li·tär [mili'tɛ:ɐ] ⟨-s⟩ *n* armed forces *pl*; ► **beim** ~ **sein** be in the forces; **zum** ~ **gehen** join up; **Mi·li·tär·bünd·nis** *n* military alliance; **Mi·li·tär·dienst** *m* military service; ► **s-n** ~ **ableisten** do national service; **Mi·li·tär·dik·ta·tur** *f* military dictatorship; **Mi·li·tär·gericht** *n* military court, court martial; ► **vor ein** ~ **gestellt werden** be tried by a court martial.

mi·li·tä·risch *adj* military; ► **hier geht's aber sehr** ~ **zu!** it's very regimented here! ~**es Ziel** *aero* strategic target.

Mi·li·ta·ris·mus [milita'rɪsmʊs] *m* militarism.

Mi·li·tär·zeit *f* army days *pl.*

Mi·liz [mi'li:ts] ⟨-, -en⟩ *f* militia; **Mi·li·zio·när** [militsjo'nɛ:ɐ] *m* militiaman.

Mil·liar·där(in) *m (f)* multi-millionaire(ss); **Mil·liar·de** [mɪ'ljardə] ⟨-, -n⟩ *f Br* thousand millions *pl, Am* billion; ► **sieben** ~**n Menschen** seven thousand million people; **Mil·liard·stel** *n Br* thousand millionth, *Am* billionth.

Mil·li·me·ter ['mɪli-] *n Br* millimetre, *Am* millimeter; **Mil·li·me·ter·pa·pier** [--'----] *n* graph paper.

Mil·lion [mɪ'ljo:n] *f* million; ► **drei** ~**en Tote** three million casualties.

Mil·lio·när(in) *m (f)* millionaire(ss); **mil·lio·nen·fach** I *adj* millionfold; II *adv* a million times; **Mil·lio·nen·ge·winn** *m* 1. *(Lotto etc)* prize of a million; 2. *com* profit of millions; **Mil·lio·nen·stadt** *f* town with over a million inhabitants.

Mil·li·rem ['mɪli-] *n* millirem.

Milz [mɪlts] ⟨-, -en⟩ *f anat* spleen.

mi·men ['mi:mən] *tr* 1. *theat* mime; 2. *(heucheln)* pretend; ► **den Ahnungslosen** ~ act the innocent.

Mi·mik ['mi:mɪk] *f* facial expression.

mi·misch *adj* mimic.

Mi·mo·se [mi'mo:zə] ⟨-, -n⟩ *f bot* mimosa; ► **die reinste** ~ **sein** *fig* be oversensitive.

min·der ['mɪndɐ] *adv* less; ► **das ist nicht** ~ **wichtig** that's no less important; **mehr od** ~ more or less; **min·der·begabt** *adj* less gifted; **min·der·be·mittelt** *adj* 1. *(finanziell)* less well-off; 2. *fig pej (geistig)* mentally less gifted; **min·de·re** *adj (geringere)* lesser; **Minder·ein·nah·men** *f pl* decrease *sing* in receipts; **Min·der·heit** *f* minority; ► **in der** ~ **sein** be in the minority; **Min·der·hei·ten·fra·ge** *f pol* minorities problem; **Min·der·heits·re·gierung** *f* minority government; **min·derjäh·rig** *adj:* ► ~ **sein** be a minor; **Minder·jäh·ri·ge(r)** *f m* minor; **Min·derjäh·rig·keit** *f* minority.

min·dern *tr* 1. *(ver~)* lessen; 2. *(beeinträchtigen)* detract from; 3. *fin (herabsetzen)* reduce.

Min·de·rung *f* 1. *jur* erosion; 2. *(~ des Wertes)* depreciation.

min·der·wer·tig *adj* 1. *allg* inferior; 2. *com* low-quality; **Min·der·wer·tigkeit** *f* 1. *allg* inferiority; 2. *com* low quality; **Min·der·wer·tig·keits·gefühl** *n* feeling of inferiority; ► ~**e haben** feel inferior; **Min·der·wer·tigkeits·kom·plex** *m* inferiority complex; **Min·der·zahl** ⟨-⟩ *f:* ► **in der** ~ **sein** be in the minority.

Min·dest·ab·stand *m* minimum distance; **Min·dest·al·ter** *n* minimum age; **Min·dest·an·for·de·rung** *f* minimum requirement; **Min·dest·betrag** *m* minimum amount.

min·de·ste ['mɪndəstə] I *adj* least, slightest; ► **das wäre ja wohl das** ~ **gewesen!** that's the least you could have done! II *adv:* ▶ **nicht im ~n** not in the least; **min·de·stens** *adv* at least.

Min·dest·ge·halt *n* 1. *fin* minimum salary; 2. *(Menge)* minimum content; **Mindest·halt·bar·keits·da·tum** *n* shelf life, sell-by date; **Min·dest·lohn** *m* minimum wage; **Min·dest·maß** *n* minimum; ▶ **sich auf ein ~ beschränken** limit o.s. to the minimum; **Mindest·preis** *m* minimum price; **Mindest·um·tausch** *m hist* minimum obligatory exchange.

Mi·no ['miːnə] ⟨-, -n⟩ *f* 1. *mil* mine, 2. *(Bleistift~)* lead; *(Kugelschreiber~)* refill; 3. *min* mine; ▶ **auf e-e ~ laufen** hit a mine; **Mi·nen·feld** *n* minefield; **Mi·nen·such·boot** *n* mine-sweeper; **Mi·nen·wer·fer** *m* trench mortar.

Mi·ne·ral [mineˈraːl] ⟨-s, -e/-ien⟩ *n* mineral; **Mi·ne·ral·bad** *n* 1. *(Badeort)* spa; 2. *(Wannenbad)* mineral bath; **mi·ne·ra·lisch** *adj* mineral; **Mi·ne·ral·öl** *n* oil; **Mi·ne·ral·öl·steu·er** *f* tax on oil; **Mi·ne·ral·was·ser** *n* mineral water.

Mi·nia·tur [miniaˈtuːɐ] ⟨-, -en⟩ *f* miniature; **Mi·nia·tur·aus·ga·be** *f* 1. *allg* miniature version; 2. *(von Buch)* miniature edition.

Mi·ni·bar *f (in Hotel etc)* mini-bar; **Mi·ni·cas·set·te** *f* mini-cassette.

Mi·ni·golf *n* crazy golf.

mi·ni·mal [miniˈmaːl] *adj* minimal; **Mi·ni·mal·for·de·rung** *f* minimum demand.

Mi·ni·mum ['miːnimʊm] ⟨-s, -ma⟩ *n* minimum.

Mi·ni·rock *m* miniskirt.

Mi·ni·spi·on *m* miniaturized bugging device.

Mi·ni·ster(in) [miˈnɪstɐ] ⟨-s, -⟩ *m (f)* minister, secretary.

Mi·ni·ste·ri·al·rat *m* assistant head of government department.

Mi·ni·ste·rium [minɪsˈteːrium] *n Br* ministry, *Am* department.

Mi·ni·ster·prä·si·dent(in) *m (f)* prime minister; ▶ **der ~ von Hessen** the chief minister of Hessen.

Min·na ['mɪna] *f fam:* ▶ **die grüne ~** *Br* the Black Maria, *Am* the paddy wagon; **jdn zur ~ machen** come down on s.o. like a ton of bricks.

Mi·nus ['miːnʊs] ⟨-, -⟩ *n* 1. *fin* deficit; 2. *fig (~punkt)* bad point; 3. *fig (Nachteil)* disadvantage.

mi·nus *adv:* ▶ **zehn ~ vier ist sechs** ten minus four are six; **bei 20 Grad ~** at 20 degrees below zero.

Mi·nus·punkt *m* 1. *sport (Strafpunkt)* penalty point; 2. *fig* minus point; ▶ **das ist ein ~ für dich** that counts against you; **Mi·nus·zei·chen** *n math* minus sign.

Mi·nu·te [miˈnuːtə] ⟨-, -n⟩ *f* minute; ▶ **in**

letzter ~ at the last moment; **es dauert keine fünf ~n** it won't take five minutes; **mi·nu·ten·lang** I *adv* for several minutes; II *adj* several minutes of; **Mi·nu·ten·zei·ger** *m* minute-hand.

Min·ze ['mɪntsə] ⟨-, -n⟩ *f bot* mint.

mir [miːɐ] *prn* to me; ▶ **ich habe ~ den Arm verletzt** I've hurt my arm; **diese Jacke gehört ~** this jacket is mine; **ein Freund von ~** a friend of mine; **von ~ aus!** I don't mind! **~ nichts, dir nichts** just like that.

Mi·ra·bel·le [miraˈbɛlə] ⟨-, -n⟩ *f bot* mirabelle.

Misch·ar·beits·platz *m EDV* mixed work station; **Misch·bat·te·rie** *f (an Waschbecken etc)* mixer tap; **Mischbrot** *n* bread made from more than one kind of flour; **Misch·ehe** *f* mixed marriage.

mi·schen ['mɪʃən] I *tr* 1. *(vermengen)* mix; 2. *(Karten ~)* shuffle; II *refl (sich ~ lassen)* mix; ▶ **sich unters Volk ~** mingle with the crowd.

Misch·ge·we·be *n* mixed fibres *pl*.

Misch·ling *m* 1. *(Tier)* half-breed; 2. *(Mensch)* half-caste; **Misch·lings·kind** *n* half-caste child.

Misch·masch ['mɪʃmaʃ] ⟨-(e)s, -e⟩ *m fam* hotchpotch.

Misch·ma·schi·ne *f tech* cement-mixer.

Mi·schung *f* 1. *(Mixtur)* mixture; *(von Kaffee, Tee, Tabak etc)* blend; 2. *fig (Kombination)* combination *(aus* of); **Mi·schungs·ver·hält·nis** *n* ratio (of a mixture).

Misch·wald *m* mixed woodland.

mi·se·ra·bel [mizeˈraːbəl] *adj* 1. *(mies)* lousy; 2. *(gemein)* wretched.

Mi·se·re [miˈzeːrə] ⟨-, -n⟩ *f* plight; ▶ **das ist e-e schöne ~!** what a mess!

Mis·pel ['mɪspəl] ⟨-, -n⟩ *f bot* medlar.

miß·ach·ten [mɪsˈaxtən] *tr* 1. *(kränken)* despise; 2. *(vernachlässigen)* disregard, ignore; **Miß·ach·tung** [-'--/'---] *f* 1. *(Verachtung)* disdain (of); 2. *(Geringschätzung)* disregard.

Miß·be·ha·gen ['----] *n* uneasiness; ▶ **das bereitet mir ein gewisses ~** that causes me a certain uneasiness of mind.

Miß·bil·dung ['---] *f* deformity, malformation.

miß·bil·li·gen [mɪsˈbɪlɪgən] *tr* disapprove of ...; ▶ **~des Gemurmel** murmur of disapproval; **Miß·bil·li·gung** [-'---/'----] *f* disapproval.

Miß·brauch ['--] *m* abuse; *(von Notbremse etc)* improper use; **miß·brauchen** [-'--] *tr* abuse; ▶ **jdn für etw ~** use s.o. for s.th.; **miß·bräuch·lich** *adj* improper.

miß·deu·ten [mɪsˈdɔɪtən] *tr* misinterpret; **Miß·deu·tung** [-'--/'---] *f* misinterpretation.

mis·sen ['mɪsən] *tr:* ▶ **ich möchte das nicht ~** I wouldn't do without it.
Miß·er·folg ['---] *m* failure, *fam* flop.
Miß·ern·te ['---] *f* crop failure.
Mis·se·tat ['mɪsəta:t] *f* misdeed; **Mis·se·tä·ter(in)** *m (f)* criminal, scoundrel *fam;* ▶ **der jugendliche ~** the young offender.
Miß·fal·len ['--/'---] ⟨-s⟩ *n:* ▶ **jds ~ erre-gen** incur someone's displeasure; **miß·fal·len** [mɪs'falən] *irr itr* displease; ▶ **es mißfällt mir, wenn du rauchst** I dislike your smoking cigarettes.
Miß·ge·burt ['---] *f med* **1.** deformed child; **2.** *fig (Schimpfwort)* freak.
miß·ge·launt *adj* bad-tempered.
Miß·ge·schick *n* mishap; ▶ **ihm ist ein kleines ~ passiert** he's had a slight mishap.
miß·glücken (k·k) [mɪs'glʏkən] *itr* fail; ▶ **sein Versuch mißglückte** he failed in his attempt.
miß·gön·nen [mɪs'gœnən] *tr:* ▶ **jdm etw ~** begrudge s.o. s.th.
Miß·griff ['--] *m* mistake.
Miß·gunst ['--] *f* resentment; envy (*ge-genüber jdm* of s.o.); **miß·gün·stig** *adj* resentful; envious.
miß·han·deln [mɪs'handəln] *tr* ill-treat, maltreat; **Miß·hand·lung** [-'---] *f* mal-treatment.
Mis·sion [mɪ'sjo:n] *f eccl pol a. fig* mission; ▶ **innere ~** home mission; **Mis·sio·nar(in)** *m (f) eccl* missionary; **mis·sio·na·risch** *adj* missionary; **Mis·sions·schu·le** *f* mission school.
Miß·klang ['--] *m* **1.** *mus* dissonance; **2.** *fig* discordant note.
Miß·kre·dit ['---] *m:* ▶ **etw in ~ brin-gen** bring s.th. into discredit.
miß·lich ['mɪslɪç] *adj* awkward.
Miß·lin·gen [-'--] *n* failure; **miß·lin·gen** [mɪs'lɪŋən] *irr itr* fail.
Miß·ma·na·ge·ment ⟨-s⟩ *n* misman-agement.
Miß·mut ['--] *m* displeasure; **miß·mu·tig** *adj* morose.
miß·ra·ten [mɪs'ra:tən] *irr itr* go wrong.
Miß·stand ['--] *m* **1.** *(Mangel)* defect; **2.** *(Ungerechtigkeit)* abuse; ▶ **~e abstel-len** remedy abuses.
Miß·trau·en ['---] ⟨-s⟩ *n* **1.** distrust, mis-trust (*gegenüber* of); **2.** *(Verdacht)* sus-picion; ▶ **~ gegen jdn hegen** mis-trust s.o.; **miß·trau·en** [mɪs'trauən] *itr* mistrust; **Miß·trau·ens·an·trag** *m parl* motion of 'no confidence'; **Miß·trau·ens·vo·tum** *n parl* vote of 'no confidence'.
miß·trau·isch ['mɪstrauɪʃ] *adj* distrust-ful; ▶ **Sie sind aber ~!** you do have a suspicious mind!
Miß·ver·hält·nis ['----] *n* discrepancy, disparity.
miß·ver·ständ·lich ['----] *adj* unclear.

Miß·ver·ständ·nis ['----] *n* **1.** *(Nicht-od Falschverstehen)* misunderstanding; **2.** *(leichter Streit)* disagreement.
miß·ver·ste·hen ['----] *irr tr* misunder-stand; ▶ **ich glaube, Sie haben mich mißverstanden** I think you've mis-understood me; **Sie dürfen mich nicht ~** don't misunderstand me.
Miß·wirt·schaft ['---] ⟨-⟩ *f* maladminis-tration, mismanagement.
Mist [mɪst] ⟨-(e)s⟩ *m* **1.** *(Dung)* dung; *(Dünger)* manure; **2.** *(Misthaufen)* muck heap; **3.** *fig fam (Blödsinn, Quatsch)* rubbish; ▶ **~!** blast! **was soll der ~!** what a nuisance! **da hast du ~ gemacht!** you've boobed there! **das ist nicht auf s-m ~ gewachsen** he didn't do that off his own bat, that wasn't his doing.
Mi·stel ['mɪstəl] ⟨-, -n⟩ *f bot* mistletoe.
Mist·ga·bel *f* pitchfork; **Mist·hau·fen** *m* manure heap; **Mist·kä·fer** *m zoo* dung beetle; **Mist·stück** *n fig sl* **~!** bastard! *(Frau)* bitch! **Mist·wet·ter** *n fam* lousy weather.
mit [mɪt] **I** *prp* with; ▶ **was ist ~ dir los?** what's the matter with you? **bring ein Buch ~** bring a book with you; **ich hab' mein Scheckheft nicht ~** I haven't got my cheque book with me; **da komm' ich nicht ~** *fig* I'm not with you; **~ dem Auto** by car; **komm ~!** come along! **~ e-m Wort** in a word; **~ e-m Mal** all at once; **~ der Zeit** in time; **II** *adv (eben-falls)* as well; **das kommt noch ~ dazu** that's part and parcel of it.
Mit·an·ge·klag·te(r) *f m* co-defendant.
Mit·ar·beit *f* cooperation, collab-oration; *(Teilnahme a. päd)* participa-tion; ▶ **unter ~ von ...** in collaboration with ...; **mit|ar·bei·ten** *itr (bei Projekt etc)* collaborate (*an* on); *(mithelfen)* co-operate (*bei* on); ▶ **im Unterricht ~** take an active part in lessons; **Mit·ar·bei·ter(in)** *m (f)* **1.** *(Angestellte)* em-ployee; **2.** *(Kollege)* colleague; **Mit·ar·bei·ter·stab** *m* staff.
mit|be·kom·men *irr tr* **1.** *(verstehen)* get; **2.** *(als Gabe)* get to take with one; ▶ **hast du den Unfall ~?** did you notice the accident?
mit|be·nut·zen *tr* share.
mit|be·stim·men **I** *itr* have a say (*bei* in); **II** *tr* have an influence on; **Mit·be·stim·mung** *f* **1.** participation in decision-making; **2.** *pol* co-determina-tion; **Mit·be·stim·mungs·ge·setz** *n* worker participation law; **Mit·be·stim·mungs·recht** *n* right of partici-pation.
Mit·be·wer·ber(in) *m (f)* **1.** *com* com-petitor; **2.** *(für Stelle)* fellow applicant.
Mit·be·woh·ner(in) *m (f)* fellow occu-pant.
mit|brin·gen *irr tr* **1.** *(Geschenk)* bring;

2. *(Person)* bring along; **3.** *fig (besitzen)* have, possess; ▶ **kannst du mir etw ~ (aus der Stadt)?** can you bring s.th. for me (from town)? **Mit·bring·sel** ⟨-s, -⟩ *n* **1.** *(Geschenk)* small present; **2.** *(Andenken)* souvenir.

Mit·bür·ger(in) *m (f)* fellow citizen.

Mit·ei·gen·tü·mer(in) *m (f)* joint owner.

mit·ein·an·der [mɪtaɪˈnandə/'----] *adv* **1.** with each other; **2.** *(gemeinsam)* together; ▶ **alle ~** one and all; **gut ~ auskommen** get along well.

Mit·er·be (Mit·er·bin) *m (f)* joint heir.

mit|er·le·ben *tr* see, witness.

Mit·es·ser *m (Haut~)* blackhead.

mit|fah·ren *irr itr* go with; ▶ **kann ich ~?** can you give me a lift? **Mit·fah·rer·zen·tra·le** *f* agency for arranging lifts; **Mit·fahr·ge·le·gen·heit** *f* lift.

mit|füh·len *tr:* ▶ **ich kann dir das ~** I can feel for you; **mit·füh·lend** *adj* sympathetic.

mit|füh·ren *tr* **1.** *(Fluß)* carry along; **2.** *(Papiere, Ware)* carry.

mit|ge·ben *irr tr:* ▶ **jdm etw ~** give s.o. s.th. to take with.

Mit·ge·fan·ge·ne(r) *f m* fellow prisoner.

Mit·ge·fühl *n* sympathy.

mit|ge·hen *irr itr* **1.** *(mit jdm fortgehen)* go along; **2.** *fig (sich mitreißen lassen)* respond *(mit* to); ▶ **etw ~ lassen** *fam* lift s.th.

mit·ge·nom·men *adj* run-down, worn-out; ▶ **du siehst ~ aus** you look the worse for wear.

Mit·gift ⟨-, -en⟩ *f* dowry.

Mit·glied *n* member *(bei* of); **Mit·glieds·aus·weis** *m* membership card; **Mit·glieds·bei·trag** *m* membership subscription *(od* fee); **Mit·glied·schaft** *f* membership.

mit|ha·ben *tr* have got s.th.

mit|hal·ten *irr itr* **1.** *(beim Essen od Trinken)* keep pace; **2.** *(beim Bieten: Versteigerung)* stay in the bidding.

mit|hel·fen *irr itr* help; **Mit·hil·fe** *f* help, assistance; ▶ **unter ~ von ...** with the aid of ...

mit|hö·ren **I** *tr* **1.** *(belauschen)* listen in on ...; **2.** *(mitbekommen)* hear; **II** *itr* **1.** *(bei etw lauschen)* listen in *(bei* on); **2.** *(etw zufällig mitbekommen)* overhear.

Mit·in·ha·ber(in) *m (f)* com joint-proprietor.

mit|kom·men *irr itr* **1.** *(begleiten)* come along *(mit* with); **2.** *fig (geistig folgen)* keep up; ▶ **ich bin nicht ganz mitgekommen** I didn't catch what you said; **da komm' ich nicht mehr mit** that beats me; **kommst du mit?** *(kommst du auch?)* are you coming too? **ich kann nicht ~** I can't come.

Mit·läu·fer(in) *m (f) pol pej* fellow

traveller.

Mit·leid ⟨-(e)s⟩ *n* sympathy; compassion, pity *(mit* for); ▶ **mit jdm ~ haben** have pity on s.o.

Mit·lei·den·schaft *f:* ▶ **in ~ ziehen** affect.

mit·lei·dig *adj* pitying; **mit·leid(s)·los** *adj* **1.** *(ohne Mitleid)* pitiless; **2.** *fig (schonungslos)* ruthless.

mit|ma·chen *tr itr* **1.** *(sich beteiligen)* join in, take part in *(etw od bei etw* s.th.); **2.** *(leiden)* go through; ▶ **e-n Kurs ~** do a course; **das mache ich nicht länger mit** I've had quite enough of that.

Mit·mensch *m* fellow creature; **mit·mensch·lich** *adj* human.

mit|mi·schen *itr fam:* ▶ **ich wollte da nicht ~** I didn't want to get involved.

mit|müs·sen *itr* have to go too.

Mit·nah·me·markt *m* cash and carry.

mit|neh·men *irr tr* **1.** take along; **2.** *(erschöpfen)* exhaust, wear out; **3.** *(in Mitleidenschaft ziehen)* affect; ▶ **kannst du mich ~?** can you give me a lift?

mit|re·den *tr itr:* ▶ **ich habe da auch ein Wörtchen mitzureden** I'd like to have some say in this too; **da kann ich natürlich nicht ~** I wouldn't know anything about that.

mit|rei·sen *itr* travel *(od* go) too; ▶ **mit jdm ~** travel *(od* go) with s.o.

Mit·rei·sen·de(r) *f m* fellow passenger.

mit|rei·ßen *irr tr* **1.** *(mitschleppen)* drag along; **2.** *fig* carry away.

mit·samt [mɪtˈzamt] *adv* together with.

mit|schicken (k·k) *tr* **1.** *(auch schikken)* send along; **2.** *(e-r Sendung beifügen)* enclose.

mit|schnei·den *tr radio TV* tape-record.

mit|schrei·ben *irr* **I** *tr* take down; **II** *itr* take notes.

Mit·schuld ⟨-⟩ *f* **1.** *(Mitverantwortung)* responsibility *(an* for); **2.** *(kriminell)* complicity *(an* in); **mit·schul·dig** *adj* partly to blame *(an* for); **Mit·schul·di·ge(r)** *f m jur (Komplize)* accomplice.

Mit·schü·ler(in) *m (f)* **1.** *(Klassenkamerad(in))* class-mate; **2.** *(Schulkamerad(in))* school-friend.

mit|spie·len *itr* **1.** *allg* play too, join in; **2.** *sport* play *(bei* in); **3.** *fig (mitmachen)* play along; **4.** *fig (Gewicht haben)* be involved *(bei* in); ▶ **jdm übel ~** play s.o. a nasty trick.

Mit·spra·che *f* a say; **Mit·spra·che·recht** *n* right to a say (in a matter); ▶ **jdm ein ~ einräumen** allow s.o. a say *(bei* in).

Mit·tag [ˈmɪtaːk] *m* midday, noon, lunchtime; ▶ **gegen ~** at noon; **zu ~ essen** have dinner; **ich mache jetzt ~** I'm having my lunch-break; **was gibt's zum ~?** what's for lunch? **Mit·tag·es·sen** *n* lunch.

mit·tags *adv* at lunchtime.
Mit·tags·pau·se *f* lunch-hour (*od* -break); **Mit·tags·ru·he** *f* period of quiet; **Mit·tags·schlaf** *m* afternoon nap; **Mit·tags·tisch** *m* dinner-table; ► den ~ decken lay the table for lunch; **Mit·tags·zeit** *f* lunch-time.
Mit·tä·ter(in) *m (f)* accomplice.
Mit·te ['mɪtə] ⟨-, -n⟩ *f* middle; ► ab durch die ~! *fam* be off with you! ~ Mai in the middle of May; **Vertreter der** ~ *pol* middle-of-the-roader; **links von der** ~ *pol* left of centre; **zur** ~ spielen *sport (Fußball)* centre; ~ vierzig in the middle forties; ~ des Jahres half-way through the year; in die ~ nehmen take between.
mit|tei·len I *tr* tell; ► wir freuen uns (bedauern), Ihnen mitzuteilen ... we are pleased (regret) to inform you ...; II *refl* communicate (*jdm* with s.o.); **mit·teil·sam** *adj* communicative; **Mit·tei·lung** *f* notification; (*Notiz*) memo; ► jdm e-e ~ von etw machen inform s.o. of s.th., communicate s.th. to s.o.
Mit·tel ['mɪtəl] ⟨-s, -⟩ *n* 1. (*Präparat, Zubereitung*) preparation; (*Medizin*) medicine; 2. (*Hilfs~*) means; (*Maßnahme, Methode*) method; 3. *math* average; 4. *pl fin* funds, resources; ► ein ~ zum Zweck a means to an end; ► welches ~ nimmst du? what do you use? ~ u. Wege finden find ways and means; mir ist jedes ~ recht I don't care how I do it; etw mit allen ~n versuchen try one's utmost to do s.th.; sich ein ~ verschreiben lassen gegen ... get the doctor to prescribe s.th. for ...; aus öffentlichen ~n from public funds; **Mit·tel·al·ter** *n* Middle Ages *pl;* **mit·tel·al·ter·lich** *adj* medieval; **Mit·tel·ame·ri·ka** ['---'---] *n* Central America.
mit·tel·bar ['mɪtlba:ɐ] *adj* indirect.
Mit·tel·bau *m* 1. *arch* central block; 2. *päd (Uni-Lehrkörper)* non-professorial teaching staff; **Mit·tel·ding** *n fig fam* something in between (*zwischen diesem u. jenem* this and that); **Mit·tel·eu·ro·pa** ['---'--] *n* Central Europe; **mit·tel·eu·ro·pä·isch** *adj* Central European; **Mit·tel·feld** *n* 1. *sport* midfield; 2. *fig* centre-field; **Mit·tel·fin·ger** *m* middle finger; **mit·tel·fri·stig** *adj* medium-term; **Mit·tel·ge·bir·ge** *n* low mountain range; **Mit·tel·ge·wicht** *n sport* middleweight; **Mit·tel·klas·se·wa·gen** *m* middle-market car; **Mit·tel·läu·fer** *m sport* centre-half; **Mit·tel·li·nie** *f* centre line.
mit·tel·los *adj* without means; **Mit·tel·lo·sig·keit** *f* lack of means.
mit·tel·mä·ßig *adj* mediocre; **Mit·tel·mä·ßig·keit** *f* mediocrity.
Mit·tel·meer *n* Mediterranean; **mit·tel·präch·tig** *adj fam:* ► wie geht's?

— ~ how are you? — middling; **Mit·tel·punkt** *m* centre; ► im ~ stehen *fig* be in the centre of attention.
mit·tels ['mɪtəls] *prp* by means of ...
Mit·tel·schiff *n arch* nave.
Mit·tels·mann ⟨-(e)s, -leute/-männer⟩ *m* intermediary.
Mit·tel·stand *m* middle classes *pl;* **mit·tel·stän·disch** *adj* middle-class; **Mit·tel·stel·lung** *f tech* neutral position; **Mit·tel·strecken·ra·ke·te** (k·k) *f mil* medium-range (*od* intermediate-range) missile; **Mit·tel·strei·fen** *m (auf Straße) Br* central reservation, *Am* median strip; **Mit·tel·stu·fe** *f päd Br* middle school, *Am* junior high school; **Mit·tel·stür·mer(in)** *m (f) sport* centre-forward; **Mit·tel·weg** ⟨-(e)s⟩ *m fig* middle course; ► e-n ~ einschlagen steer a middle course; **Mit·tel·wel·le** *f radio* medium wave; **Mit·tel·wert** *m* mean, average value.
mit·ten ['mɪtən] *adv:* ► ~ auf (in, unter) ... in the midst of ...; ~ durch ... right across (*od* through) ...; ~ in der Nacht in the middle of the night; ~ im Winter in the depth of winter; **mit·ten·drin** ['--'-] *adv* right in the middle (*in etw* of s.th.); **mit·ten·durch** ['--'-] *adv* right through the middle.
Mit·ter·nacht [mɪtənaxt] *f* midnight.
Mitt·ler(in) ['mɪtlɐ] ⟨-s, -⟩ *m (f)* mediator; (*lit: Ideen, Sprache etc*) medium.
mitt·le·re ['mɪtlərə] *adj attr* 1. (*in der Mitte befindlich*) middle; 2. (*durchschnittlich*) average; 3. (*mittelmäßig*) mediocre, middling; 4. *math* (~*r Wert etc*) mean; 5. (*mittelschwer*) intermediate; ► von ~m Alter middle-aged; ~ Entfernung middle distance; der (die, das) M~ the one in the middle.
mitt·ler·wei·le ['--'--] *adv* in the meantime, meanwhile.
mit|trin·ken *irr tr:* ► trink e-n mit! have a drink with me!
Mitt·woch ['mɪtvɔx] ⟨-(e)s, -e⟩ *m* Wednesday; **mitt·wochs** *adv* on Wednesdays.
mit·un·ter [mɪt'ʊntɐ] *adv* from time to time, now and then, occasionally.
mit·ver·ant·wort·lich *adj* jointly responsible; **Mit·ver·ant·wor·tung** *f* share of the responsibility; ► die ~ für etw übernehmen assume a share of the responsibility for s.th.; die ~ für etw tragen bear a share of the responsibility for s.th.
Mit·ver·fas·ser(in) *m (f)* co-author.
mit|ver·si·chern *tr* include in the insurance.
mit|wir·ken *itr* 1. (*mitarbeiten*) collaborate (*an, bei* on), contribute (*bei* to); 2. (*beteiligt sein*) be involved (*an, bei* in); 3. (*mitspielen*) take part (*an, bei* in); 4. *fig (mit im Spiel sein)* play a part (*an,*

bei in); **5.** *(auftreten bei Aufführung)* perform *(an, bei* in); **Mit·wir·kung** *f:* ▶ **unter ~ aller Mitglieder** with the cooperation of all members; **unter ~ von . . .** with the assistance of . . .

Mit·wis·sen *n:* ▶ **ohne mein ~** unknown to me; **Mit·wis·ser(in)** *m (f) jur* accessory (to); ▶ **jdn zum ~ machen** tell s.o. all about it; *jur* make s.o. an accessory.

mit|wol·len *itr:* ▶ **willst du mit?** do you want to come along?

mit|zäh·len I *tr (einrechnen)* count in; **II** *itr fig (eingeschlossen werden)* be included.

Mix·be·cher *m* shaker.

mi·xen ['mıksən] *tr* mix; **Mi·xer** *m* **1.** *(Bar~)* cocktail waiter; **2.** *(Mixgerät)* blender; *(zum Rühren)* mixer.

Mix·ge·tränk *n* mixed drink.

Mix·tur [mıks'tu:ɐ] *f* mixture.

Mö·bel ['mø:bəl] ⟨-s, -⟩ **1.** *pl* furniture *sing;* **2.** *n (~stück)* piece of furniture; **Mö·bel·po·li·tur** *f* furniture polish; **Mö·bel·spe·di·tion** *f* removal firm; **Mö·bel·stück** *n* piece of furniture; **Mö·bel·tisch·ler(in)** *m (f)* cabinet-maker; **Mö·bel·wa·gen** *m Br* removal van, *Am* furniture truck.

mo·bil [mo'bi:l] *adj* **1.** *(beweglich)* movable; mobile; **2.** *(flink)* nimble.

Mo·bi·le ['mo:bile] ⟨-s, -s⟩ *n* mobile.

Mo·bi·li·ar [mobi'lja:ɐ] ⟨-s, -e⟩ *n* furnishings *pl.*

mo·bi·li·sie·ren [mobili'zi:rən] *tr a. fig* mobilize.

Mo·bi·li·tät [mobili'tɛ:t] *f* mobility.

mo·bil·ma·chen *itr mil* mobilize; **Mo·bil·ma·chung** *f mil* mobilization.

mö·blie·ren [mø'bli:rən] *tr* furnish; ▶ **möbliertes Zimmer** furnished room.

Mo·da·li·tä·ten [modali'tɛ:tən] *pl* modalities.

Mo·de ['mo:də] ⟨-, -n⟩ *f* **1.** *(Kleider~)* fashion; **2.** *(Brauch)* custom; ▶ **wie es so ~ ist** as custom has it; **die neue(ste) ~** all the latest style; **in ~** modern; **es ist große ~** it's all the fashion; **aus der ~ kommen** go out of fashion; **Mo·de·ar·ti·kel** *m* fashion accessory; **Mo·de·aus·druck** *m* trendy expression; **Mo·de·far·be** *f* fashionable colour; **Mo·de·ge·schäft** *n* fashion shop; **Mo·de·heft** *n* fashion magazine.

Mo·dell [mo'dɛl] ⟨-s, -e⟩ *n* **1.** *allg* model; **2.** *mot tech (Nachbildung)* mock-up; **3.** *(Photo~ etc)* model; *(Mannequin)* fashion model; ▶ **jdm ~ stehen** sit for s.o.; **mo·del·lie·ren** *tr itr* model; **Mo·dell·ver·such** *m* experiment.

Mo·dem ['mo:dɛm] ⟨-s, -s⟩ *n EDV* modem.

Mo·den·schau *f* fashion parade; **Mo·de·pup·pe** *f fam pej* model type.

Mo·de·ra·tor(in) [modə'ra:to:ɐ] *m (f)*

radio TV presenter.

mo·de·rie·ren *tr itr radio TV* present.

mo·de·rig ['mo:dərıç] *adj* musty.

mo·dern [mo'dɛrn] *adj* **1.** *(zeitgemäß)* modern, up-to-date; **2.** *(modisch)* fashionable.

mo·dern ['mo:dən] *itr (faulen)* moulder.

Mo·der·ne [mo'dɛrnə] ⟨-⟩ *f:* ▶ **Vertreter der ~** modernist.

mo·der·ni·sie·ren [modɛrnı'zi:rən] *tr* bring up to date.

Mo·de·schmuck *m* fashion jewellery; **Mo·de·schöp·fer(in)** *m (f)* stylist; **Mo·de·wort** *n* in-word; **Mo·de·zeich·ner(in)** *m (f)* fashion illustrator.

mo·disch ['mo:dıʃ] *adj* fashionable, stylish.

Mo·dul [mo'du:l] ⟨-s, -e⟩ *n el* module; **mo·du·lar** *adj* modular; **Mo·dul·tech·nik** *f el* modular technique.

Mo·dus ['mɔdʊs] ⟨-, nodi⟩ *m* **1.** *(Methode)* method; **2.** *gram* mood; **3.** *EDV* mode.

Mo·fa ['mo:fa] ⟨-(s), -s⟩ *n* small moped; **Mo·fa·fah·rer(in)** *m (f)* autocyclist.

mo·geln ['mo:gəln] *itr* cheat.

mö·gen ['mø:gən] *irr* **I** *tr (gern haben)* like; ▶ **ich mag ihn nicht** I don't like him; **was möchten Sie gern?** what would you like? **II** *itr* **1.** *(können)* may; **2.** *(wollen)* want; ▶ **da ~ Sie recht haben** you may be right; **das mag ja sein (, aber . . .)** that's as may be . . . **man möchte meinen . . .** you would think . . . **ich möchte es nicht** I do not wish it; **ich möchte allein sein** I wish to be alone; **das mag ja sein** that may be so.

mög·lich ['mø:klıç] *adj* **1.** *allg* possible; **2.** *(eventuell, potentiell)* potential; ▶ **nicht ~!** never! **schon ~** may be; **~ ist alles** anything is possible; **sein ~stes tun** do one's utmost; **mög·li·cher·wei·se** ['---'--] *adv* possibly; ▶ **kann das ~ stimmen?** can that possibly be true?

Mög·lich·keit *f* **1.** *(das Möglichsein)* possibility; **2.** *(Aussicht)* chance; ▶ **die ~, etw zu tun** the possibility of doing s.th.; **es besteht die ~, daß . . .** there is a possibility that . . .; **besteht die ~, daß er sich verirrt hat?** is there any chance he might be lost? **ist es die ~!** it's impossible! **mög·lichst** *adv:* ▶ **~ . . .** as . . . as possible.

Mo·ham·me·da·ner(in) [mohame-'da:nɐ] *m (f)* Mohammedan; **mo·ham·me·da·nisch** *adj* Mohammedan.

Mohn [mo:n] ⟨-(e)s, (-e)⟩ *m bot* **1.** *(Pflanze)* poppy; **2.** *(Samen)* poppy seed; **Mohn·ku·chen** *m* poppy-seed cake.

Möh·re ['mø:rə] ⟨-, -n⟩ *f* carrot.

Mo·kick ['mo:kık] ⟨-(s), -s⟩ *n* light motorcycle.

mo·kie·ren [mo'ki:rən] *refl* sneer *(über*

at).
Mok·ka ['mɔka] ‹-s, -s› *m* mocha.
Molch [mɔlç] ‹-(e)s, -e› *m zoo* newt.
Mo·le ['mo:lə] ‹-, -n› *f mar* mole.
Mo·le·kül [mole'ky:l] ‹-s, -e› *n chem phys* molecule.
mo·le·ku·lar [moleku'la:e] *adj* molecular; **Mo·le·ku·lar·bio·lo·gie** *f* molecular biology; **Mo·le·ku·lar·gewicht** *n chem phys* molecular weight.
Mol·ke ['mɔlkə] ‹-, -n› *f* whey; **Mol·kerei** [mɔlkə'raɪ] *f* dairy.
Moll [mɔl] ‹-› *n mus* minor.
mol·lig ['mɔlɪç] *adj* 1. (~ *warm*) cosy; 2. *(dick)* plump.
Mo·lo·tow-Cock·tail ['mɔlotɔf-] *m* Molotow Cocktail.
Mo·ment[1] [mo'mɛnt] ‹-(e)s, -e› *m (Augenblick)* moment; ▶ **e-n ~!** one moment! **im ~** at the moment; **im ersten ~** for a moment.
Mo·ment[2] ‹-(e)s, -e› *n* 1. *phys* moment; 2. *fig (Element)* element.
mo·men·tan I *adj* momentary; II *adv* at the moment.
Mo·narch(in) [mo'narç] ‹-s/-en, -en› *m (f)* monarch; **Mon·ar·chie** [monar'çi:] *f* monarchy; **Mon·ar·chist(in)** *m (f)* monarchist.
Mo·nat ['mo:nat] ‹-(e)s, -e› *m* month; ▶ **wieviel verdient er im ~?** how much does he earn a month? **zweimal im ~** twice a month, twice monthly; **mo·nate·lang** *adv* for months; ▶ **es hat sich ~ hingezogen** it went on for months.
mo·nat·lich *adj* monthly.
Mo·nats·an·fang *m:* ▶ **am ~** at the beginning of the month; **Mo·nats·bin·de** *f med* sanitary towel; **Monats·blu·tung** *f* menstrual period; **Mo·nats·en·de** *n* end of the month; **Mo·nats·ge·halt** *n* monthly salary; **Mo·nats·kar·te** *f Br* monthly ticket, *Am* commutation(-ticket); **Mo·nats·ra·te** *f* monthly instalment; **Mo·nats·schrift** *f* monthly.
Mönch [mœnç] ‹-(e)s, -e› *m* monk.
Mond [mo:nt] ‹-(e)s, -e› *m* 1. *(der Erde)* moon; 2. *astr* satellite; ▶ **scheint heute der ~?** is there a moon tonight? **die ist hinter dem ~** *fig fam* she's out of touch; **du lebst wohl hinter dem ~!?** *fig fam* where have you been!? **Mondbahn** *f* 1. *(von Erdmond)* moon's orbit; 2. *astr* lunar orbit; **Mond·fäh·re** *f astr* lunar module; **Mond·fin·ster·nis** *f* eclipse of the moon; **mond·hell** *adj* moonlit; **Mond·lan·dung** *f* lunar (*od* moon) landing; **Mond·licht** ‹-(e)s› *n* moonlight; **Mond·ra·ke·te** *f* mooncraft; **Mond·schein** ‹-(e)s› *m* moonlight; **Mond·si·chel** *f* crescent moon; **Mond·son·de** *f tech* lunar probe; **Mond·stein** *m (Halbedelstein)* moonstone; **mond·süch·tig** *adj:* ▶ **~ sein**

sleepwalk.
Mo·ne·ten [mo'ne:tən] *pl fam* dough *sing.*
Mon·go·le (Mon·go·lin) [mɔŋ'go:lə] *m (f)* Mongol; **Mon·go·lei** *f:* ▶ **die ~** Mongolia; **mon·go·lisch** *adj* Mongolian.
mo·nie·ren [mo'ni:rən] *tr (beanstanden):* ▶ **etw ~** complain about s.th.; **~, daß ...** complain that ...
Mo·ni·tor ['mo:nitɔr] ‹-s, -en› *m TV EDV* monitor.
Mo·no·gramm [mono'gram] ‹-s, -e› *n* monogram.
Mo·no·gra·phie *f* monograph.
Mon·okel [mo'nɔkəl] ‹-s, -› *n* monocle.
Mo·no·kul·tur *f* monoculture.
Mo·no·log [mono'lo:k] ‹-(e)s, -e› *m* monologue; ▶ **e-n ~ sprechen** hold a monologue.
Mo·no·pol [mono'po:l] ‹-s, -e› *n* monopoly *(auf, für* on); **Mo·no·pol·stellung** *f* monopoly.
mo·no·ton [mono'to:n] *adj* monotonous; **Mo·no·to·nie** *f* monotony.
Mon·ster ['mɔnste] ‹-s, -› *n* monster; **Mon·ster·film** *m* 1. *(aufwendiger Film a. pej)* mammoth production; 2. *(Film mit Ungeheuern)* monster film.
Mon·stranz [mɔn'strants] ‹-, -en› *f eccl* monstrance.
mon·strös *adj* 1. *(ungeheuerlich)* monstrous; 2. *(ungeheuer groß)* monster.
Mon·sun [mɔn'zu:n] ‹-s, -e› *m* monsoon.
Mon·tag ['mo:nta:k] ‹-(e)s, -e› *m* Monday.
Mon·ta·ge [mɔn'ta:ʒə] ‹-, -n› *f* 1. *tech (Errichtung)* installation; 2. *tech (Montieren)* assembly; *(Einbauen)* fitting; ▶ **auf ~ sein** be away on a job; **Mon·ta·ge·band** *n* assembly line; **Mon·ta·ge·hal·le** *f* assembly shop.
Mon·tan·in·du·strie [mɔn'ta:n-] *f* coal and steel industry; **Mon·tan·uni·on** *f* European Coal and Steel Community.
Mon·teur(in) [mɔn'tø:e] ‹-s, -e› *m (f)* tech fitter; *mot* mechanic; *el* electrician.
mon·tie·ren [mɔn'ti:rən] *tr* 1. *tech (aufbauen)* install; 2. *(zusammenbauen)* assemble; 3. *typ* mount.
Mon·tur [mɔn'tu:e] ‹-, -en› *f* uniform; *fam* gear.
Mo·nu·ment [monu'mɛnt] ‹-s, -e› *n* monument; **mo·nu·men·tal** *adj* monumental.
Moor [mo:e] ‹-(e)s, -e› *n* bog; *(Hoch~)* moor.
Moos[1] *n sl (Geld)* dough.
Moos[2] [mo:s] ‹-es, -e› *n bot* moss; **moos·be·deckt** *adj* moss-covered.
Mop [mɔp] ‹-s, -s› *m* mop.
Mo·ped ['mo:pɛt] ‹-s, -s› *n* moped.
Mops [mɔps, *pl* 'mœpsə] ‹-es, ¨e› *m* 1. *zoo* pug; 2. *fig fam* dumpling.
mop·sen ['mɔpsn] *tr fam* pinch (*jdm*

etw someone s.th. *od* s.th. from s.o.).

Mo·ral [mo'ra:l] ‹-› *f* moral standards *pl;* *(e-r Geschichte)* moral; ► **e-e lockere** **~** loose morals *pl;* **e-e doppelte ~** double standards *pl;* **mo·ra·lisch** *adj* moral; ► **kannst du das ~ vertreten?** do your morals allow you to do that? **sich über etw ~ entrüsten** moralize about s.th.; **Mo·ral·pre·digt** *f;* ► **jdm** **e-e ~ halten** give s.o. a sermon.

Mo·rä·ne [mo'rɛ:nə] ‹-, -n› *f geol* moraine.

Mo·rast [mo'rast, *pl* mo'rɛstə] ‹-(e)s, -e/'.'e› *m a. fig* morass, mire.

Mor·chel ['mɔrçəl] ‹-, -n› *f bot* morel.

Mord [mɔrt] ‹-(e)s, -e› *m* murder; ► **e-n ~ begehen** commit a murder; **das gibt ~ u. Totschlag!** there'll be hell to pay! **Mord·an·kla·ge** *f;* ► **~ erheben** *Br* lay a murder charge, *Am* lay a charge of homicide; **Mord·an·schlag** *m;* ► **e-n ~ auf jdn verüben** carry out an assassination attempt on s.o.; **Mord·dro·hung** *f* murder threat.

mor·den ['mɔrdən] *tr itr* kill, murder.

Mör·der(in) ['mœrdə] *m (f)* murderer (murderess); **Mör·der·ban·de** *f* gang of killers.

mör·de·risch *adj* 1. *(gräßlich)* murderous; 2. *(rücksichtslos)* cutthroat.

Mord·fall *m Br* murder *(Am* homicide) case; **Mord·kom·mis·sion** *f Br* murder squad, *Am* homicide division.

Mords·glück *n fam* amazing luck; **Mords·kerl** ['-'-] *m fam* hell of a guy; **Mords·krach** ['-'-] *m fam* terrible din; **mords·mä·ßig** *adj fam* incredible; **Mords·wut** ['-'-] *f fam:* ► **e-e ~ im Bauch haben** be in a hell of a rage.

Mord·ver·dacht *m;* ► **unter ~ stehen** be suspected of murder; **Mord·ver·such** *m* murderous attempt; **Mord·waf·fe** *f* murder weapon.

mor·gen ['mɔrgən] *adv* 1. tomorrow; 2.: **heute (gestern) ~** this (yesterday) morning; ► **~ in e-r Woche** a week tomorrow; **~ ist er e-e Woche da** he'll have been here a week tomorrow; **von ~ an** as from tomorrow; **reicht es noch bis ~?** will tomorrow do? **bis ~!** see you tomorrow!

Mor·gen¹ *m (Feldmaß)* acre.

Mor·gen² ‹-s, -› *m (Tageszeit)* morning; ► **am ~** in the morning; **der ~ däm·merte** morning dawned; **am frühen ~** early in the morning; **früh um 7 am ~** at 7 in the morning; **am nächsten ~** the morning after; **Mor·gen·däm·me·rung** *f* dawn.

mor·gend·lich ['mɔrgəntlɪç] *adj* morning.

Mor·gen·grau·en *n* daybreak; ► **im ~** in the first light of dawn; **Mor·gen·gym·na·stik** *f;* ► **~ machen** do one's morning exercises *pl;* **Mor·gen·luft** ‹-›

f early morning air; ► **~ wittern** *fig* *fam* see one's chance; **Mor·gen·man·tel** *m* dressing gown; **Mor·gen·muf·fel** *m fam:* ► **ein ~ sein** be terribly grumpy in the morning; **Mor·gen·rock** *m* housecoat; **Mor·gen·rot** *n* dawn.

mor·gens *adv* in the morning.

Mor·gen·zug *m rail* early train.

mor·gig ['mɔrgɪç] *adj* 1. *(von morgen)* tomorrow's; 2. *(am nächsten Tag)* tomorrow; ► **unser ~er Ausflug** our trip tomorrow; **der ~e Tag** tomorrow.

Mor·phi·um ['mɔrfiʊm] ‹-s› *n* morphine; **mor·phi·um·süch·tig** *adj* addicted to morphine.

morsch [mɔrʃ] *adj* rotten.

Mor·se·al·pha·bet *n* Morse code; **Mor·se·ap·pa·rat** *m* Morse telegraph.

mor·sen ['mɔrzən] **I** *tr* send in Morse; **II** *itr* send a message in Morse (code).

Mör·ser ['mœrzə] ‹-s, -› *m a. mil* mortar.

Mor·se·zei·chen *n* Morse signal.

Mör·tel ['mœrtəl] ‹-s› *m* mortar; **Mör·tel·kel·le** *f* trowel.

Mo·sa·ik [moza'i:k] ‹-s, -en/(-e)› *n* mosaic; **Mo·sa·ik·fuß·bo·den** *m* mosaic floor.

Mo·schee [mɔ'ʃe:] ‹-, -n› *f* mosque.

Mo·schus ['mɔ:ʃʊs] ‹-› *m* musk.

Mö·se ['mø:zə] ‹-, -n› *f Br* twat, *Am* snatch.

mo·sern ['mo:zɐn] *itr fam* gripe.

Mos·kau ['mɔskaʊ] *n* Moscow.

Mos·ki·to [mɔs'ki:to] ‹-s, -s› *m zoo* mosquito; **Mos·ki·to·netz** *n* mosquito-net.

Mos·lem ['mɔslɛm] ‹-s, -s› *m* Muslim.

Most [mɔst] ‹-(e)s, -e› *m* 1. *(Saft)* fruit juice; 2. *(Wein~)* must.

Mo·tel ['mo:tɛl] ‹-s,-s› *n* motel.

Mo·tiv [mo'ti:f] ‹-s, -e› *n* 1. *(Beweggrund)* motive; 2. *(Gegenstand)* subject; 3. *(Malerei, mus)* motif, theme; ► **ohne ~** motiveless; **Mo·ti·va·tion** [motiva'tsio:n] ‹-, -en› *f* motivation.

mo·ti·vie·ren [moti'vi:rən] *tr* 1. *(anregen)* motivate; 2. *(begründen)* give reasons *(etw* for s.th.); **Mo·ti·vie·rung** *f* 1. *(Motiv)* motive; 2. *(Vorgang)* motivation.

Mo·tor ['mo:tɔr/mo'to:ɐ] ‹-s, -en› *m mot* engine; **Mo·tor·block** *m mot* engine block; **Mo·tor·boot** *n* motorboat; **Mo·to·ren·ge·räusch** *n* sound of an *(od* the) engine; **Mo·tor·hau·be** *f mot Br* bonnet, *Am* hood.

mo·to·ri·sie·ren [motori'zi:rən] **I** *tr* motorize; **II** *refl* get motorized.

Mo·tor·lei·stung *f* engine performance; **Mo·tor·rad** *n* motorbike; **Mo·tor·rad·fah·rer(in)** *m (f)* motorcyclist; **Mo·tor·rad·ren·nen** *n* motorcycle race; **Mo·tor·raum** *m* engine compartment; **Mo·tor·rol·ler** *m* scooter; **Mo·tor·sä·ge** *f* power saw; **Mo·tor·scha·den** *m* engine trouble; **Mo·tor·schlit·ten** *m* motorized sleigh.

Mot·te ['mɔtə] ⟨-, -n⟩ *f* zoo moth; ► **von ~ zerfressen;** moth-eaten; **Mot·ten·ku·gel** *f* mothball.

Mot·to ['mɔto] ⟨-s, -s⟩ *n* 1. *(persönlicher Wahlspruch)* motto; 2. *(Wahlspruch in Buch, für Gedicht)* epigraph.

mot·zen ['mɔtsən] *itr sl* beef; ► **was hast du zu ~?** what are you beefing about?

Mö·we ['mø:və] ⟨-, -n⟩ *f orn* seagull.

Mücke (k·k) ['mʏkə] ⟨-, -n⟩ *f zoo* gnat, midge; **Mücken·stich (k·k)** *m* gnat bite.

Mucks [mʊks] *m fam:* ► **keinen ~ sagen** not to make a sound; **ohne e-n ~** without a murmur; **muck·sen** *refl fam:* ► **sich nicht ~** not budge; **mucks·mäus·chen·still** ['mʊks'mɔɪsçən'ʃtɪl] *adj fam* as quiet as a mouse.

mü·de ['my:də] *adj* 1. *(schläfrig)* tired; 2. *fig (überdrüssig)* tired, weary; ► **mit ~r Stimme** tiredly; **er wird es nie ~, über Politik zu sprechen** he never tires of talking about politics; **Mü·dig·keit** *f* tiredness.

Muff[1] [mʊf] ⟨-(e)s, -s⟩ *m (Handwärmer)* muff.

Muff[2] ⟨-s⟩ *m fam (muffiger Geruch)* musty smell.

Muf·fe ['mʊfə] ⟨-, -n⟩ *f tech* sleeve; ► **~ haben** *fig sl* have the shits *pl.*

Muf·fel ['mʊfəl] ⟨-s, -⟩ *m fam* drip, wet blanket.

Muf·fen·sau·sen *n sl:* ► **~ haben** be scared stiff.

muf·fig *adj* 1. *(Geruch)* musty; 2. *(mürrisch)* grumpy.

Mü·he ['my:ə] ⟨-, -n⟩ *f* trouble; ► **mit Müh und Not** with great difficulty; **er machte sich nicht die ~, höflich zu sein** he made no effort to be polite; **es kostet einige ~, ...** it's an effort ...; **sich ~ geben, etw zu tun** be at pains to do s.th.; **das hast du nun für deine ~!** see what you get for your pains! **das ist nicht der ~ wert** it's not worth the trouble; **jdm viel ~ machen** put s.o. to a lot of trouble; **mü·he·los** *adj* effortless; **mü·he·voll** *adj* laborious.

Müh·le ['my:lə] ⟨-, -n⟩ *f* 1. mill; 2. *(Kaffee~)* grinder; 3. *(Spiel)* nine men's morris; 4. *aero fam* bus, crate; **Mühl·rad** *n* mill wheel; **Mühl·stein** *m* millstone.

müh·sam I *adj* arduous; **II** *adv* with difficulty.

müh·se·lig *adj* toilsome.

Mu·lat·te (Mu·lat·tin) [mu'latə] ⟨-n, -n⟩ *m (f)* mulatto.

Mul·de ['mʊldə] ⟨-, -n⟩ *f* hollow.

Mull [mʊl] ⟨-(e)s, -e⟩ *m* muslin; *med* gauze.

Müll [mʏl] ⟨-(e)s⟩ *m Br* refuse, rubbish, *Am* garbage; ► **etw in den ~ werfen** throw s.th. out; **Müll·ab·fuhr** *f Br* refuse *(Am* garbage) collection; **Müll·ab·la·de·platz** *m* rubbish dump; **Müll·auf·be·rei·tung** *f* waste treatment; **Müll·auf·be·rei·tungs·an·la·ge** *f* waste-treatment plant; **Müll·berg** *m* rubbish heap; **Müll·be·sei·ti·gung** *f Br* refuse *(Am* garbage) disposal.

Mull·bin·de *f med* gauze bandage.

Müll·con·tai·ner *m* waste container, rubbish *(Am* garbage) container; **Müll·de·po·nie** *f Br* waste disposal site, *Am* sanitary landfill; **Müll·ei·mer** *m Br* rubbish bin, *Am* garbage can.

Mül·ler(in) ['mʏlə] ⟨-s, -⟩ *m (f)* miller.

Müll·hau·fen *m Br* rubbish *(Am* garbage) heap; **Müll·kom·po·stie·rung** *f* waste composting; **Müll·schlucker (k·k)** *m Br* refuse chute, *Am* garbage disposal unit; **Müll·sor·tier·an·la·ge** *f* refuse-sorting plant; **Müll·ton·ne** *f Br* dustbin, *Am* ashcan *(od* trashcan); **Müll·ver·bren·nungs·an·la·ge** *f* incinerating plant; **Müll·ver·wer·tung** *f Br* refuse *(Am* garbage) utilization; **Müll·ver·wer·tungs·an·la·ge** *f* waste reprocessing plant; **Müll·wa·gen** *m Br* dust-cart, *Am* garbage truck.

mul·mig ['mʊlmɪç] *adj fam:* ► **mir wird ganz ~ zumute** I'm feeling queasy.

Mul·ti ⟨-s, -s⟩ *m com fam* multinational; **mul·ti·kul·tu·rell** *adj (Gesellschaft etc)* multicultural, multiracial.

mul·ti·na·tio·nal [mʊltinatsio'naːl] *adj* multinational; ► **~er Konzern** multinational company; **~e Friedenstruppe** *pol* multinational peace-keeping force.

Mul·ti·pli·ka·tion [mʊltiplika'tsjoːn] *f* multiplication; **mul·ti·pli·zie·ren** *tr a. fig* multiply *(mit* by).

Mul·ti·ta·lent *n* all-rounder.

Mu·mie ['mu:miə] ⟨-, -n⟩ *f* mummy.

Mumm [mʊm] ⟨-s⟩ *m fam:* ► **die hat ~ (in den Knochen)** she's got guts *pl.*

Mumps [mʊmps] ⟨-⟩ *m med* mumps.

Mund [mʊnt, *pl* 'mʏndə] ⟨-(e)s, ⁻er⟩ *m* mouth; ► **halt den ~!** shut up! **jdm den ~ verbieten** order s.o. to be quiet; **jdm nach dem ~ reden** say what s.o. wants to hear; **du nimmst den ~ ganz schön voll!** you're talking pretty big! **da läuft e-m ja das Wasser im ~e zusammen!** that looks *(od* smells) really mouthwatering! **den ~ auftun** *fam* speak out; **jdm etw in den ~ legen** *fig* put s.th. into someone's head; **sich etw vom ~e absparen** stint o.s. for s.th.; **sich den ~ fusselig reden** *fam* talk o.s. blue in the face; **Mund·art** *f* dialect; **Mund·du·sche** *f* water jet.

mun·den ['mʊndən] *itr:* ► **sich etw ~ lassen** savour s.th.

mün·den ['mʏndən] *itr* **1.** *(Wasserlauf)* flow (*in* into); **2.** *(Weg etc) a. fig* lead (to).

Mund·ge·ruch ⟨-(e)s⟩ *m* bad breath.

Mund·har·mo·ni·ka *f mus* mouth organ.

mün·dig ['mʏndɪç] *adj.* **1.** *jur* of age; **2.** *(verantwortungsbewußt)* responsible; ▶ jdn für ~ erklären declare s.o. of age; **Mün·dig·keit** *f* majority.

münd·lich ['mʏntlɪç] *adj* verbal; ▶ ~e Prüfung oral examination (*od* test); **alles weitere ~!** I'll tell you the rest when I see you!

Mund·pro·pa·gan·da *f* verbal propaganda; **Mund·stück** *n* **1.** *(von Zigarette)* tip; **2.** *mus (von Blasinstrument)* mouthpiece; **mund·tot** *adj:* ▶ jdn ~ machen muzzle s.o.

Mün·dung ['mʏnduŋ] *f* mouth; *(von Schußwaffe)* muzzle; **Mün·dungs·feu·er** *n* flash from the muzzle.

Mund·was·ser *n* mouthwash; **Mund·werk** *n:* ▶ ein großes ~ haben have a big mouth; **Mund·win·kel** *m* corner oft the mouth; **Mund-zu-Mund-Be·at·mung** *f* mouth-to-mouth resuscitation.

Mu·ni·ti·on [muni'tsjoːn] *f a. fig* ammunition; **Mu·ni·tions·nach·schub** *m* ammunition supply.

mun·keln ['muŋkəln] *itr;* ▶ man munkelt, daß … there is a rumour that …

Mun-Sek·te *f* Moonies *pl.*

Mün·ster ['mʏnstə] ⟨-s, -⟩ *n arch eccl* cathedral, minster.

mun·ter ['muntə] *adj* **1.** *(lebhaft)* lively; *(lustig)* cheerful, merry; **2.** *(wach)* awake; ▶ gesund u. ~ safe and sound; **Mun·ter·keit** *f (Lebendigkeit)* liveliness; **Mun·ter·ma·cher** *m med fam* stimulant; pick-me-up *fam.*

Münz·au·to·mat *m* slot machine.

Mün·ze ['mʏntsə] ⟨-, -n⟩ *f* **1.** *(Geldstück)* coin; **2.** *(Prägestätte)* mint; ▶ Worte für bare ~ nehmen take words at their face value; **jdm etw mit gleicher ~ heimzahlen** pay s.o. back in his own coin for s.th.; **Münz·ein·wurf** *m* coin slot.

mün·zen *tr* coin, mint; ▶ das ist auf dich gemünzt that's aimed at you.

Münz·fern·spre·cher *m tele* **1.** *(Gerät)* pay phone; **2.** *(Zelle)* callbox; **Münz·samm·lung** *f* coin *(od* numismatic) collection; **Münz·tank** *m mot* coin-operated *Br* petrol (*Am* gas) pump; **Münz·wechs·ler** *m* change machine.

mür·be ['mʏrbə] *adj* **1.** *(krümelig)* crumbly; **2.** *(zart)* tender; **3.** *(brüchig)* brittle; **4.** *fig* worn-down; ▶ jdn ~ machen *fig* wear s.o. down; ~ werden *fig* be worn down; **Mür·be·teig** *m* short pastry.

mur·meln ['murməln] *itr* murmur; *(unverständlich)* mumble, mutter.

Mur·mel·tier *n zoo* marmot; ▶ wie ein ~ schlafen *fig fam* sleep like a top.

mur·ren ['murən] *itr* grumble (*über* at).

mür·risch ['mʏrɪʃ] *adj* **1.** *(übelgelaunt)* grumpy; **2.** *(abweisend)* morose, sullen.

Mus [muːs] ⟨-es, -e⟩ *n* mush.

Mu·schel ['muʃəl] ⟨-, -n⟩ *f* **1.** *zoo* mussel; **2.** *(~schale)* shell; **3.** *tele* mouthpiece.

Mu·se ['muːzə] ⟨-, -n⟩ *f* Muse.

Mu·se·um [mu'zeːum] ⟨-s, -seen⟩ *n* museum.

Mu·sik [mu'ziːk] ⟨-, -en⟩ *f* music; ▶ ~ machen play some music; **Mu·sik·aka·de·mie** *f* academy of music.

mu·si·ka·lisch *adj* musical.

Mu·si·kant(in) *m (f)* musician.

Mu·sik·be·glei·tung *f:* ▶ mit ~ accompanied by music; **Mu·sik·box** *f* juke box; **Mu·sik·cas·set·te** *f* music cassette; **Mu·sik·hoch·schu·le** *f* college of music; **Mu·sik·in·stru·ment** *n* musical instrument; **Mu·sik·ka·pel·le** *f* band; **Mu·sik·leh·rer(in)** *m (f)* music teacher; **Mu·sik·stück** *n* piece of music; **Mu·sik·un·ter·richt** *m* musical lessons *pl.*

mu·si·zie·ren [muzi'tsiːrən] *itr* play instruments.

Mus·ka·tel·ler [muska'tɛlə] ⟨-s, -⟩ *m (Weinsorte)* muscatel.

Mus·kat·nuß [mus'kaːt-] *f* nutmeg.

Mus·kel ['muskəl] ⟨-s, -n⟩ *m anat* muscle; **Mus·kel·ka·ter** *m fam* aching muscles *pl;* ▶ ~ haben be stiff; **Mus·kel·protz** *m fam* muscleman; **Mus·kel·zer·rung** *f* pulled muscle.

mus·ku·lös [musku'løːs] *adj* muscular; ▶ ~ gebaut sein have a muscular build.

Muß [mus] ⟨-⟩ *n:* ▶ es ist kein ~ it's not a must.

Mu·ße ['muːsə] ⟨-⟩ *f* leisure; ▶ dafür habe ich keine ~ I don't have the time (for it).

Muß·ehe ['mus,eːə] *f fam* shot-gun wedding.

müs·sen ['mʏsən] ⟨muß, mußte, gemußt⟩ *itr* **1.** *(gezwungen sein)* have to, must; **2.** *(eigentlich sollen)* ought to, should; ▶ ich muß es nicht tun I don't have to do it; **mußt du jetzt unbedingt gehen?** have you got to go now? **wir mußten diese Woche schon zweimal zu ihm** we've had to go and see him twice this week; **das muß leider sein** I'm afraid it has to be; **ich muß es wohl verloren haben** I must have lost it; **es ~ fünf gewesen sein** there must have been five of them; **natürlich mußte sie gerade jetzt kommen** she must come just now; **das hätte man tun ~** this ought to have been done; **sein Gesicht hätten Sie sehen ~** you ought to have seen his face; **ich hätte es tun ~** I should have done it; **das müßte eigentlich reichen** this should be enough.

Mu·ße·stun·den *pl* leisure hours.

mü·ßig ['my:sıç] *adj* 1. *(untätig)* idle; 2. *(überflüssig)* pointless.

Mu·ster ['mʊstə] ⟨-s, -⟩ *n* 1. *(Probe- stück)* sample; 2. *(Stoff~)* pattern; 3. *fig (Vorbild)* model *(an* of); ▶ **als ~ die- nen** serve as a model; **Mu·ster·bei- spiel** *n* classic example; **Mu·ster·ex- em·plar** *n* fine specimen; **mu·ster- gül·tig** *adj* exemplary; **Mu·ster·haus** *n* show house; **Mu·ster·kna·be** *m* paragon.

mu·stern ['mʊstən] *tr* 1. *(kritisch be- trachten)* scrutinize; 2. *mil (auf Wehr- diensttauglichkeit prüfen):* ▶ **jdn ~** give s.o. his medical.

Mu·ster·packung (k·k) *f* sample pack; **Mu·ster·schü·ler** *m* star pupil.

Mu·ster·ung *f* 1. *(Wehrdienst~)* medi- cal examination for military service; 2. *(Durchsicht)* examinaton; ▶ **nach ein- gehender ~** on thorough inspection.

Mut [muːt] ⟨-(e)s⟩ *m* courage; ▶ **ich ha- be einfach nicht den ~, nein zu sagen** I don't have the courage to refuse; **den ~ verlieren** lose one's courage; **nur ~!** take courage! **jdm ~ machen** encour- age s.o.

mu·tig *adj* brave, courageous.

mut·los *adj* discouraged; ▶ **jdn ~ ma- chen** discourage s.o.; **Mut·lo·sig·keit** *f* discouragement.

mut·ma·ßen ['muːtmaːsən] *tr itr* con- jecture; ▶ **über das, was folgt, kann man nur ~** what will come next is a matter of conjecture; **mut·maß·lich** *adj attr* most probable.

Mut·pro·be *f* test of courage.

Mut·ter[1] ⟨-, -n⟩ *f tech* nut.

Mut·ter[2] ['mʊtɐ, *pl* 'mʏtɐ] ⟨- ⸚⟩ *f (El- ternteil)* mother; ▶ **wie e-e ~ zu jdm sein** be like a mother to s.o.

Müt·ter·chen ['mʏtɐçən] *n (alte Frau)* granny.

Mut·ter·er·de *f* 1. *(Mutterboden)* top- soil; 2. *fig (Heimaterde)* native soil; **Mut·ter·ge·sell·schaft** *f com* parent company; **Mut·ter·got·tes** ['--'--] ⟨-⟩ *f rel* Mother of God; **Mut·ter·kom- plex** *m psych* mother complex; **Mut- ter·land** *n* mother country.

müt·ter·lich ['mʏtelıç] *adj* maternal, motherly; **müt·ter·li·cher·seits** *adv* on someone's *(od* one's) mother side; ▶ **meine Großeltern ~** my maternal grandparents.

Mut·ter·mal ⟨-s, -e⟩ *n* birthmark, mole; **Mut·ter·milch** *f* mother's milk; **Mut- ter·schaft** *f* motherhood, maternity; **Mut·ter·schafts·geld** *n* maternity grant; **Mut·ter·schafts·ur·laub** *m* maternity leave; **Mut·ter·schutz** *m* maternity regulations *pl.*

mut·ter·see·len·al·lein ['-----'-] *adj adv* all alone.

Mut·ter·söhn·chen *n fam pej* mummy's boy; **Mut·ter·spra·che** *f* mother tongue, native language; **Mut- ter·sprach·ler(in)** *m (f)* native speaker; **Mut·ter·tag** *m* Mother's Day.

Mut·ti ['mʊti] ⟨-, (s)⟩ *f fam Br* mummy, *Am* mommy.

mut·wil·lig ['muːtvılıç] *adj* 1. *(übermü- tig)* mischievous; 2. *(in böser Absicht)* malicious.

Müt·ze ['mʏtsə] ⟨-, -n⟩ *f* cap; ▶ **was auf die ~ kriegen** *fam* get a ticking-off.

Mwst *f fin Abk von* **Mehrwertsteuer** VAT.

Myr·te ['mʏrtə] ⟨-, -n⟩ *f bot* myrtle.

my·ste·ri·ös [mʏsteri'øːs] *adj* mysteri- ous.

My·stik *f* mysticism.

My·tho·lo·gie [mytolo'giː] *f* mythology.

My·thos ['myːtɔs] ⟨-, -then⟩ *m* 1. *(Ge- rücht)* myth; 2. *(Sage)* story, legend.

N

N, n [ɛn] ⟨-, -⟩ *n* N, n.
na [na(:)] *interj fam* well; ▶ ~ **also!** ~
eben! ~ **bitte!** there you are! ~, **wenn**
schon even so; ~ **und?** so what? ~, **und**
ob! you bet! ~, **dann nicht!** all right,
have it your way! ~ **warte!** just you
wait! ~ **so was!** well, I never! ~, **wird's**
bald? well, how much longer are you
going to take?
Na·be ['na:bə] ⟨-, -n⟩ *f (Rad~)* hub.
Na·bel ['na:bəl] ⟨-s, -⟩ *m* 1. *anat* navel,
umbilicus; 2. *fig (Zentrum)* hub; **Na-**
bel·schnur *f med* umbilical cord.
nach [na:x] **I** *prp* 1. *(zeitlich, a. der*
Reihenfolge ~) after; 2. *(die Richtung*
angebend) to; 3. *(gemäß)* according to;
(in Anlehnung an) after; ▶ ~ **jdm**
(etw) suchen look for s.o. (s.th.); **sich**
sehnen ~ ... long for ...; **riechen**
(schmecken)
~ ... smell (taste) of ...; ~ **zwanzig Mi-**
nuten after twenty minutes; **sieben Mi-**
nuten ~ **neun** seven minutes *Br* past
(*Am* after) nine; **zahlbar** ~ **Empfang**
payable on receipt; **e-r** ~ **dem anderen**
one after the other; **gehen Sie bitte** ~
hinten (vorn) please go to the back
(front); **der Zug** ~ **Manchester** the train
for Manchester; **ich ziehe** ~ **München**
I'll move to Munich; ~ **Hause** home; ~
dem Gesetz according to the law; ~
e-m alten chinesischen Märchen ac-
cording to an old Chinese fairy-tale; **jdn**
(etw) ~ **jdm benennen** name s.o. (s.th.)
Br after (*Am* for) s.o.; **aller Wahr-**
scheinlichkeit ~ in all probability; **es**
sieht ~ **Regen aus** it looks like rain; **II**
adv 1. *(zeitlich):* ▶ ~ **u.** ~ little by little;
~ **wie vor** still; 2. *(räumlich):* ▶ **wir**
müssen ihm ~ we must follow him.
nach|äf·fen ['na:xɛfən] *tr (etw nachma-*
chen) ape; *(jdn karikieren)* mimic.
nach|ah·men ['na:xa:mən] *tr* imitate;
nach·ah·mens·wert *adj* exemplary;
Nach·ah·mung *f* imitation; **Nach-**
ah·mungs·trieb *m* imitative impulse.
Nach·bar(in) ['na:xba:ɐ] ⟨-n/-s, -n⟩ *m (f)*
neighbour; **Nach·bar·haus** *n* neigh-
bouring house, house next door; **nach-**
bar·lich *adj* 1. *(benachbart)* neigh-
bouring; 2. *(nachbarschaftlich)* neigh-
bourly; **Nach·bar·schaft** *f* neighbour-
hood; **Nach·bar·staat** *m* neighbour-
ing state.
Nach·be·hand·lung *f a. med* after-
treatment.
nach|be·stel·len *tr* order some more,

reorder; **Nach·be·stel·lung** *f* 1. *(Wie-*
derholungsbestellung) repeat order; 2.
(nachträgliche Bestellung) later order.
nach|be·ten *tr fig fam* parrot; ▶ **mußt**
du ihm denn immer alles ~? do you
have to repeat everything he says par-
rot-fashion?
nach|bezahlen I *tr* pay later; **II** *itr* pay
the rest.
nach|bil·den *tr* copy; **Nach·bil·dung** *f*
imitation, copy.
nach|da·tie·ren *tr* postdate.
nach·dem [na:x'de:m] *conj* after; ▶ **je**
~ it (all) depends; **je** ~, **wie** ... depend-
ing on how ...
nach|den·ken *irr itr* think *(über* about);
nach·denk·lich *adj* pensive, thought-
ful.
Nach·druck[1] ⟨-(e)s⟩ *m* 1. *(Tatkraft)* en-
ergy, vigour; 2. *(Betonung)* emphasis,
stress; ▶ **besonderen** ~ **auf etw legen**
emphasize (*od* stress) s.th. particularly;
mit ~ **arbeiten** work with vigour.
Nach·druck[2] ⟨-(e)s, -e⟩ *m typ* 1. *(das*
~*en)* reprinting; 2. *(das Nachge-*
druckte) reprint; ▶ ~ **verboten** no part
of this publication may be reproduced
without the prior permission of the pub-
lisher; **nach|drucken (k·k)** *tr* reprint.
nach·drück·lich ['na:xdrʏklɪç] *adj* em-
phatic.
nach|ei·fern *itr:* ▶ **jdm** ~ emulate s.o.
nach|ei·len ⟨sein⟩ *itr* run after (*jdm* s.o.,
e-r Sache s.th.).
nach·ein·an·der ['--'--] *adv* 1. *(räum-*
lich) one after another; 2. *(zeitlich)* in
succession.
nach|emp·fin·den *irr tr* 1. *(nachfüh-*
len) feel; 2. *(anpassen, nachgestalten)*
adapt (*etw e-r Sache* s.th. from s.th.);
▶ **können Sie meine Wut** ~? can you
really feel my rage? **das kann ich Ihnen**
~ I can understand your feelings.
nach|er·zäh·len *tr* retell; **Nach·er-**
zäh·lung *f* retelling; *päd (e-r Ge-*
schichte) reproduction.
Nach·fol·ge *f* 1. *(Amts~ etc)* suc-
cession; 2. *fig (das Nacheifern)* emula-
tion; 3. *(im Zssgn)* follow-up; ▶ **die**
(jds) ~ **antreten** succeed (s.o.); ~ **Christi**
imitation of Christ; **Nach·fol·ge·mo-**
dell *n (von Produkt, Auto)* successor,
follow-up model; **nach|fol·gen** ⟨sein⟩
itr a. fig follow (*jdm* s.o.); **Nach·fol-**
ger(in) *m (f)* 1. *(Amts~)* successor; 2.
fig (Nacheiferer) follower.
nach|for·dern *tr* demand an extra;

Nach·for·de·rung *f* subsequent demand.

nach|for·schen *itr* investigate, try to find out; **Nach·for·schung** *f Br* enquiry, *Am* inquiry; *(amtliche ~)* investigation; ▶ ~**en anstellen** make *Br* enquiries (*Am* inquiries) (*bezüglich* into).

Nach·fra·ge *f* 1. *(Erkundigung) Br* enquiry, *Am* inquiry; 2. *com* demand (*nach od in* for); **Nach·fra·ge·in·fla·tion** *f* demand inflation; **nach|fra·gen** I *itr* ask, *Br* enquire, *Am* inquire; II *tr com* ask for …; **Nach·fra·ge·schub** *m* surge in demand; **Nach·fra·ge·über·hang** *m* surplus demand.

Nach·frist *f* extension.

nach|füh·len *tr* feel; ▶ **das kann ich dir ~** I can understand your feelings.

nach|fül·len *tr* 1. *(Leeres wieder vollmachen)* refill; 2. *(auf~)* top up.

nach|ge·ben *irr itr* 1. *mot tech (federn)* give; 2. *fig* give way (*jdm od e-r Sache* to s.o. *od* s.th.); 3. *com fin (Kurse)* drop, fall.

Nach·ge·bühr *f* excess postage.

Nach·ge·burt *f med* afterbirth.

nach|ge·hen *irr itr* 1. *(folgen)* follow (*jdm* s.o.); 2. *(ausüben)* practise (*e-r Sache* s.th.); *(verfolgen: Studium, Interessen etc)* pursue (*e-r Sache* s.th.); 3. *(erforschen)* investigate, look into (*e-r Sache* s.th.); 4. *(nicht aus dem Sinn gehen)* haunt (*jdm* s.o.); 5. *(Uhr)* be slow; ▶ **meine Uhr geht zehn Minuten nach** my watch is ten minutes slow.

Nach·ge·schmack *m a. fig* aftertaste.

nach·ge·wie·se·ner·maßen ['-----'--] *adv* as has been proved; ▶ **er ist ~ schuldig** he has been proved guilty.

nach·gie·big ['na:xgi:biç] *adj* 1. *fig (weich)* soft; *(entgegenkommend)* compliant; 2. *(biegsam, elastisch)* pliable; **Nach·gie·big·keit** *f* 1. *fig (Weichheit)* softness; *(Entgegenkommen, Konzilianz)* compliance; 2. *(Biegsamkeit)* pliability.

nach|grü·beln *itr* muse (*über* about).

Nach·hall *m* 1. reverberation; 2. *fig (Anklang)* response (*auf* to); **nach|hal·len** *itr* reverberate.

nach·hal·tig ['na:xhaltiç] *adj* 1. *(andauernd)* lasting; 2. *(ausdauernd)* sustained.

nach|hän·gen *irr itr:* ▶ **s-n Erinnerungen ~** indulge in one's memories.

nach|hel·fen *irr itr:* ▶ **jdm (e-r Sache) ~** give s.o. (s.th.) a helping hand.

nach·her [na:x'he:e/'--] *adv (danach)* afterwards; *(später)* later; ▶ **bis ~!** *interj* so long! see you later!

Nach·hil·fe *f* 1. *(Hilfe)* assistance, help; 2. *(~unterricht)* extra (*od* private) tuition; **Nach·hil·fe·stun·de** *f* private lesson.

nach|hin·ken ⟨sein⟩ *itr fig fam* lag behind (*hinter jdm od etw* s.o. *od* s.th.).

Nach·hol·be·darf *m* pent-up demand (*an* for), need to catch up (*an* on), need to make up (*an* for).

nach|ho·len *tr* 1. *(Versäumtes etc aufholen)* make up (for), catch up (on); 2. *(später holen)* get over; ▶ **ein Jahr später holte er s-e Familie nach** a year later he got his family over.

Nach·hut ⟨-⟩ *f mil* rearguard.

nach|ja·gen ⟨sein⟩ *itr* 1. chase after (*jdm od etw* s.o. *od* s.th.); 2. *fig* pursue (*e-r Sache* s.th.).

nach|kau·fen *tr* 1. *(zeitl.)* buy later; 2. *(als Ersatz)* buy replacements (for); **Nach·kauf·ga·ran·tie** *f* availability guarantee.

Nach·kom·me ['na:xkɔmə] ⟨-n, -n⟩ *m* descendant; **nach|kom·men** ⟨sein⟩ *irr itr* 1. *(später kommen)* come later; *(folgen)* follow (*jdm* s.o.); 2. *(Schritt halten)* keep up (*mit* with); 3. *fig (erfüllen)* comply with, fulfil (*e-r Sache* s.th.); **Nach·kom·men·schaft** *f* descendants *pl.*

Nach·kömm·ling ['na:xkœmlɪŋ] ⟨-s, -e⟩ *m* 1. *(Nachkomme)* descendant; 2. *hum (Nachzügler(in))* latecomer.

Nach·kriegs·deutsch·land *n* postwar Germany; **Nach·kriegs·zeit** *f* postwar period.

Nach·laß ['na:xlas] ⟨-sses, -sse/⁻sse⟩ *m* 1. *com (Preis~)* discount, reduction (*auf* on); 2. *(Erbe)* estate; **nach|las·sen** *irr* I *tr* 1. *(Preise)* reduce; 2. *(lockern)* slacken; ▶ **20 % vom Verkaufspreis ~** give a 20 % discount on the retail price; II *itr* 1. *(abnehmen, zurückgehen)* decrease; 2. *(sich abschwächen, abklingen)* ease off; *(von Kälte)* abate; 3. *(fallen: von Preisen)* drop, fall.

nach·läs·sig ['na:xlɛsiç] *adj* careless, negligent; **Nach·läs·sig·keit** *f* carelessness, negligence.

nach|lau·fen ⟨sein⟩ *irr itr:* ▶ **jdm (e-r Sache) ~** *a. fig* run after s.o. (s.th.).

Nach·le·se *f* 1. *(Ähren~)* gleaning; 2. *fig (literarische ~)* further selection.

nach|lö·sen *rail* I *tr:* ▶ **eine Fahrkarte im Zug ~** buy a ticket on the train; II *itr (zwecks Weiterfahrt)* pay the excess fare.

nach|ma·chen *tr* 1. *(nachahmen)* copy, imitate; 2. *(fälschen)* forge; *(kopieren)* copy; 3. *(parodieren)* mimic; ▶ **das soll mir mal jem ~!** I'd like to see anybody else do that!

nach|mes·sen *irr tr* 1. *(zur Überprüfung)* check; 2. *(noch einmal messen)* measure again.

Nach·mit·tag *m* afternoon; ▶ **am ~** in the afternoon; **am ~ des 10. März** on the afternoon of March 10th; **nach·mit·tag** *adv:* ▶ **heute ~** this afternoon; **gestern (morgen, Freitag etc) ~**

yesterday (tomorrow, Friday *etc*) afternoon; **nach·mit·tags** *adv* in the afternoon; **Nach·mit·tags·vor·stel·lung** *f* matinée.

Nach·nah·me *f Br* cash (*Am* collect) on delivery (*Abk* C.O.D.); ▶ **etw per ~ schicken** send s.th. C.O.D.; **Nach·nah·me·ge·bühr** *f* C.O.D. charge.

Nach·na·me *m* last name, surname.

Nach·por·to *n* excess postage.

nach|prü·fen *tr* 1. (*nochmals prüfen*) re-examine; 2. (*überprüfen*) check; (*auf Richtigkeit*) verify; **Nach·prü·fung** *f* 1. (*Überprüfung*) check (*e-r Sache* on s.th.); 2. (*nochmalige Prüfung*) re-examination; (*spätere Prüfung*) later examination.

nach|rech·nen *tr itr* check.

Nach·re·de *f jur:* ▶ **üble ~** defamation of character; **nach|re·den** *tr* (*wiederholen*) repeat.

Nach·richt ['na:xrıçt] ⟨-, -en⟩ *f* 1. (*Mitteilung*) message; 2. (*Meldung*) (piece of) news *pl;* 3. (*Bestätigung*) confirmation; ▶ **e-e ~ a** message (*od* a piece of news); **die ~en** *pl* radio TV the news; **Nach·rich·ten·agen·tur** *f* news agency; **Nach·rich·ten·dienst** *m* 1. radio TV news service; 2. *mil pol* intelligence (service); **Nach·rich·ten·sa·tel·lit** *m* communications satellite; **Nach·rich·ten·sen·dung** *f* radio TV newscast; **Nach·rich·ten·sper·re** *f* news blackout; **Nach·rich·ten·spre·cher(in)** *m (f)* radio TV Br newsreader, *Am* newscaster; **Nach·rich·ten·tech·nik** *f* telecommunications *sing;* **Nach·rich·ten·we·sen** *n* communications *pl.*

nach|rücken (k·k) *itr* ⟨sein⟩ move up.

Nach·ruf *m* obituary.

nach|rü·sten I *tr* (*Gerät, Auto*) refit; II *itr mil* rearm, deploy new arms; **Nach·rü·stung** *f* 1. (*von Gerät, Auto*) refitting; 2. *mil* rearmament, deployment of new arms.

nach|sa·gen *tr* (*nachsprechen, wiederholen*) repeat; **jdm etw ~** (*behaupten*) say s.th. of s.o.

Nach·sai·son *f* off-season, low season.

nach|schau·en I *tr* have a look at; II *itr* 1. (*hinterhersehen*) gaze after (*jdm s.o., e-r Sache* s.th.); 2. (*nachschlagen*) have a look.

nach|schicken (k·k) *tr* (*Briefe etc*) forward.

nach|schla·gen *irr* I *tr* (*Wort etc*) look up; II *itr* (*ähneln*): ▶ **jdm ~** take after s.o.; **Nach·schla·ge·werk** *n* reference book.

Nach·schlüs·sel *m* 1. (*weiterer Schlüssel*) duplicate key; 2. (*Dietrich*) skeleton key.

Nach·schrift *f* 1. (*im Brief*) postscript (*Abk* P.S.); 2. (*Abschrift*) transcript.

Nach·schub ⟨-(e)s⟩ *m mil* 1. (*Verstärkung*) reinforcements *pl;* 2. (*Verpflegung*) supplies *pl* (*an* of).

Nach·se·hen *n:* ▶ **das ~ haben** be left standing; **der allzu Bescheidene hat immer das ~** *prov* modesty will never get you what you deserve; **nach|sehen** *irr* I *tr* 1. (*nachschlagen*) look up; 2. (*nachsichtig sein*) forgive (*jdm etw* s.o. for s.th.); 3. (*überprüfen*) give a check; II *itr* 1. (*hinterhersehen*) gaze after (*jdm s.o., e-r Sache* s.th.); 2. (*nachschlagen*) have a look; 3. (*überprüfen*) check.

Nach·sen·de·an·schrift *f* forwarding adress.

nach|sen·den *irr tr* (*Briefe etc*) forward; ▶ **bitte ~!** please forward! **nicht ~!** not to be forwarded!

Nach·sicht *f* (*Geduld*) forbearance, leniency; ▶ **~ haben (mit jdm)** be lenient (towards s.o.) *od* be forbearing (with s.o.); **nach·sich·tig** *adj* 1. (*geduldig*) forbearing (*gegen od mit* with); 2. (*mild*) lenient (*gegen od mit* towards).

Nach·sil·be *f ling* suffix.

nach|sit·zen *irr itr päd* be kept in, get detention; ▶ **jdn ~ lassen** keep s.o. in, give s.o. detention.

Nach·sor·ge *f med* after-care; **Nach·sor·ge·kli·nik** *f* after-care clinic.

Nach·spei·se *f* dessert, sweet.

Nach·spiel ⟨-s⟩ *n* 1. *theat* epilogue; 2. *mus* closing section; 3. *fig* sequel; ▶ **ein tragisches ~ haben** *fig* have a tragic sequel.

nach|spie·len I *tr* play; II *itr sport* play extra time.

nach|spre·chen *irr tr itr* repeat (*jdm etw* s.th. after s.o., *jdm* what s.o. says).

nächst [nɛ:çst] *prp* 1. (*am ~en*) next to; 2. (*außer*) aside from; **nächst·be·ste** ['-'--] *adj* first; **Näch·ste(r)** *f m* 1. (*in der Reihenfolge*) next one; 2. *fig* (*Mitmensch*) neighbour; **näch·ste** *adj* 1. (*am ~n gelegen*) nearest; 2. (*zeitlich od räumlich folgend*) next; 3. *fig* (*eng: von Verwandtschaft etc*) closest; ▶ **aus ~r Nähe** from close by; **die ~ Umgebung** the immediate vicinity; **~n Mittwoch** next Wednesday; **in ~r Zukunft** in the near future; **Näch·sten·lie·be** *f* love for one's fellow men.

nach|ste·hen *irr itr* 1. (*nachgestellt sein*) come after; 2. *fig* (*geringer sein*): ▶ **jemandem (in etw) ~ be** inferior to s.o. (in s.th.); **jdm in nichts ~ be** someone's equal in every aspect.

nach|stel·len I *tr* 1. (*nachstehen, folgen lassen*) put after; 2. *tech* (*neu justieren*) re-adjust; (*Uhr*) put back; II *itr:* ▶ **jdm ~** (*ihn verfolgen*) pursue s.o.; (*ihn belästigen*) pester s.o.

Näch·sten·lie·be *f* 1. (*Barmherzigkeit*) charity; 2. (*Liebe zum Nächsten*)

brotherly love.
näch·stens *adv* 1. *(bald)* before long, soon; 2. *(nächstes Mal)* next time.
nächst·lie·gend *adj attr fig* most obvious; ▶ **das N~e** the most obvious thing.
nach|su·chen *itr* 1. *(suchen)* look (and see); 2. *(ersuchen)* apply *(bei jdm um etw* to s.o. for s.th.).
Nacht [naxt, *pl* 'nɛçtə] ⟨-, ⁚e⟩ *f a. fig* night; ▶ **bei ~, des ~s, in der ~** at night; **es wird ~** it's getting dark; **bei ~ u. Nebel** *fig fam* at dead of night; **e-s ~s** one night; **in tiefster ~** at dead of night; **die ganze ~ hindurch** all night (long); **in e-r dunklen ~** on a dark night; **über ~** *a. fig* overnight; **diese ~** *(heute n~)* tonight; **vergangene ~** last night; **über ~ bleiben** stay the night; **gute ~!** good night; **na, dann gute ~!** *fam (ironisch)* nice prospects!
nacht *adv:* ▶ **heute ~** *(letzte N~)* last night; *(kommende N~)* tonight; **Dienstag ~** Tuesday night.
Nacht·ar·beit *f* night-work; **Nacht·blind·heit** *f* night blindness; **Nacht·creme** *f* night cream; **Nacht·dienst** *m* night duty.
Nach·teil *m* 1. *(Gegenteil von Vorteil)* disadvantage; 2. *(Schaden)* detriment; ▶ **jdm gegenüber im ~ sein** be at a disadvantage with s.o.; **zu jds ~** to someone's disadvantage *(od* detriment); **es soll bestimmt nicht dein ~ sein!** you certainly won't lose by it! **sich zu s-m ~ ändern** change for the worse; **nach·tei·lig** *adj* 1. *(von Nachteil)* disadvantageous; 2. *(ungünstig)* unfavourable.
näch·te·lang ['nɛçtəlaŋ] *adv* for nights on end.
Nacht·eu·le *f fig fam* night-bird; **Nacht·fal·ter** *m zoo* moth; **Nacht·flug·ver·bot** *n* ban on night flights; **Nacht·frost** *m* night frost; **Nacht·hemd** *n (Damen~)* nightdress, *fam* nightie; *(Herren~)* nightshirt.
Nach·ti·gall ['naxtɪgal] ⟨-, -en⟩ *f orn* nightingale.
Nach·tisch *m* dessert.
Nacht·klub *m* night club; **Nacht·la·ger** *n* place for the night; **Nacht·le·ben** *n* night life.
nächt·lich ['nɛçtlɪç] *adj attr* 1. *(jede Nacht)* nightly; 2. *(in der Nacht)* night; *(gehoben)* nocturnal.
Nacht·lo·kal *n* night spot; **Nacht·por·tier** *m* night porter.
Nach·trag ['naːxtraːk, *pl* 'naːxtrɛːgə] ⟨-(e)s, ⁚e⟩ *m* 1. *(zu e-m Buch)* supplement; *(zu e-m Manuskript)* addendum; 2. *(zu e-m Brief)* postscript; **nach|tra·gen** *irr tr* 1. *(hinterhertragen)* carry after; 2. *(hinzufügen)* add; 3. *fig:* ▶ **jdm etw ~** bear s.o. a grudge for s.th.; **nach·tra·gend** *adj* unforgiving.
nach·träg·lich ['naːxtrɛːklɪç] *adj* 1. *(zu-*

sätzlich) additional; 2. *(später)* later; 3. *(verspätet)* belated; ▶ **~ herzlichen Glückwunsch** belated best wishes *pl.*
Nach·trags·haus·halt *m* supplementary budget.
nach|trau·ern *itr:* ▶ **jdm/e-r Sache ~** mourn the loss of s.o./s.th.
Nacht·ru·he *f* 1. *(Schlaf in der Nacht)* sleep, night's rest; 2. *(Schlafenszeit)* lights-out.
nachts ['naxts] *adv Br* at night, *Am* nights; ▶ **bis 2 Uhr ~** till two in the morning.
Nacht·schal·ter *m* night desk; **Nacht·schicht** *f* nightshift; ▶ **~ haben** be on nightshift; **nacht·schla·fend** *adj fam:* ▶ **zu ~er Zeit** in the very middle of the night; **aber doch nicht zu dieser ~en Zeit!** but not at this time of night!
Nacht·schwe·ster *f* night nurse; **Nacht·spei·cher·ofen** *m el* storage heater; **Nacht·ta·rif** *m* night tariff; off-peak tariff; **Nacht·tisch** *m* bedside table; **Nacht·topf** *m* chamber pot; **Nacht·tre·sor** *m Br* night safe *(Am* depository); **Nacht-und-Ne·bel-Ak·tion** *f fam* cloak-and-dagger operation; **Nacht·vor·stel·lung** *f* late-night performance; **Nacht·wa·che** *f* 1. *allg* night-watch; 2. *(im Krankenhaus)* night duty; **Nacht·wäch·ter** *m (Wachmann)* night watchman; **Nacht·zeit** *f* night-time.
Nach·un·ter·su·chung *f med* check-up.
nach|voll·zie·hen *irr tr* comprehend.
nach|wach·sen ⟨sein⟩ *irr itr (wieder wachsen)* grow again.
Nach·wahl *f pol Br* by-election, *Am* special election.
Nach·we·hen *pl* 1. *med* after-pains; 2. *fig* after-effects, painful aftermath *sing.*
nach|wei·nen *itr* shed tears *(jdm od e-r Sache* over s.o. *od* s.th.).
Nach·weis ['naːxvaɪs] ⟨-es, -e⟩ *m* 1. *(Beweis)* proof *(für, über* of); 2. *(Bescheinigung)* certificate; ▶ **den ~ für etw führen** furnish proof of s.th.; **nach·weis·bar** *adj* 1. *(beweisbar)* provable; 2. *tech (auffindbar)* detectable; **nach|weisen** *irr tr* 1. *(beweisen)* prove; 2. *tech (Fehler etc auffinden)* detect; **nach·weis·lich** *adj* provable; ▶ **ein ~er Irrtum** a demonstrable error.
Nach·welt *f:* ▶ **die ~** posterity.
nach|wer·fen *irr tr:* ▶ **jdm etw ~** throw s.th. after s.o.; *fig fam* give s.o. s.th. on the cheap.
nach|win·ken *itr:* ▶ **jdm ~** wave (goodbye) to s.o.
nach|wir·ken *itr* go on to have an effect; **Nach·wir·kung** *f* 1. *(weitere, spätere Wirkung)* after-effect; 2. *fig (Auswirkung)* consequence.
Nach·wort ⟨-(e)s, -e⟩ *n* epilogue.

Nach·wuchs m 1. *fig (beruflich)* young people *pl;* 2. *hum (Nachkommen)* offspring *pl.*
nach|zah·len *tr itr* 1. *(mehr zahlen)* pay extra; 2. *(später zahlen)* pay later.
nach|zäh·len *tr itr* check.
Nach·zah·lung *f* additional payment.
nach|zeich·nen *tr* 1. *(Umrisse)* go over; 2. *(kopieren)* copy.
nach|zie·hen *irr* I *tr* 1. *(Bein)* drag behind one; 2. *(Striche)* go over; *(Augenbrauen)* pencil over; 3. *(Schraube)* tighten up; II *itr* ⟨sein⟩ *(hinterherziehen)* follow *(jdm s.o.).*
Nach·zug m: ▶ ~ **von Familienangehörigen** reuniting of family members, family reunification.
Nach·züg·ler(in) ['naːxtsyːglɐ] *m (f) a. fig* latecomer.
Nacken (k·k) ['nakən] ⟨-s, -⟩ *m* neck; ▶ **jdn im ~ haben** *fig fam* have s.o. on one's tail; **die Furcht saß ihr im ~** *fig fam* she was frightened out of her wits.
nackt [nakt] *adj* 1. *(Mensch)* naked, nude; 2. *(entblößt, a. fig: unbewachsen etc)* bare; ▶ **jdn ~ ausziehen** strip s.o. naked; **Nackt·heit** *f* 1. *(von Mensch)* nakedness, *(gehoben)* nudity; 2. *fig (Kahlheit)* bareness.
Na·del ['naːdəl] ⟨-, -n⟩ *f* 1. *allg (a. Näh~)* needle; 2. *(Ansteck~, etc)* pin; **Na·del·baum** *m bot* conifer; **Na·del·drucker (k·k)** *m EDV* dot-matrix printer; **Na·del·filz** *m* needle felting; **Na·del·höl·zer** *pl* conifers; **Na·del·kis·sen** *n* pincushion; **Na·del·la·ger** *n tech* needleroller bearing; **Na·del·öhr** ['naːdəlœːɐ] ⟨-s, (-e)⟩ *n* eye of a *(od* the*)* needle; **Na·del·stich** *m* 1. *(Wunde)* prick; 2. *(beim Nähen, a. med)* stitch; 3. *fig* pinprick; **Na·del·wald** *m* coniferous forest.
Na·gel ['naːgəl, *pl* 'nɛːgəl] ⟨-s, ∺⟩ *m allg* nail; *(großer)* spike; *(hölzerner)* peg; ▶ **den ~ auf den Kopf treffen** *fig* hit the nail on the head; ≈ **mit Köpfen machen** *fig* do the job properly; **etw an den ~ hängen** *fig fam* chuck s.th. in; **sich etw unter den ~ reißen** *fig fam* pinch s.th.; **an den ∺n kauen** bite one's nails; **dieses Problem brennt mir unter den ∺n** *fig* this problem is preying on my mind; **Na·gel·bür·ste** *f* nailbrush; **Na·gel·fei·le** *f* nailfile; **Na·gel·lack** *m* nail varnish; **Na·gel·lack·ent·fer·ner** *m* nail polish *(od* varnish*)* remover; **na·geln** *tr* nail *(an, auf* (on)to*)*; **na·gel·neu** ['--'-] *adj fam* brand-new; **Na·gel·sche·re** *f* nail-scissors *pl.*
na·gen ['naːgən] *itr tr* 1. *a. fig* gnaw *(an* at*)*; *(knabbern)* nibble *(an* at*)*; 2. *(zerfressen)* eat *(an* into*)*; **na·gend** *adj* 1. *(Hunger)* gnawing; 2. *fig (Zweifel etc)* nagging; **Na·ger (Na·ge·tier)** *m (n) zoo* rodent.

nah [naː] ⟨neher, nechst⟩ I *adj* 1. *(räumlich) pred* close, near; *attr* nearby; 2. *(zeitlich)* approaching, *pred a.* near; 3. *fig (eng, befreundet etc)* close; ▶ **jdm ~e sein** be near to s.o.; **der N~e Osten** the Middle East; **die ~e Zukunft** the near future; **von ~em** from close up; II *adv* 1. *(räumlich)* close, near *(an, bei* to*)*; 2. *(zeitlich)* close; 3. *fig (eng, intim etc)* closely; ▶ **~e liegend** nearby; **jdm zu ~e treten** *fig* offend s.o.; **~ bevorstehen** be approaching; **ich war ~e daran zu gehen** *fig* I was on the point of leaving; III *prp* close to, near; ▶ **ich war den Tränen ~e** I was on the verge of tears; **Nah·auf·nah·me** *f* close-up.
Nä·he ['nɛːə] ⟨-⟩ *f* 1. *(räumlich)* nearness, proximity; *(Nachbarschaft)* neighbourhood, vicinity; 2. *(zeitlich)* closeness; ▶ **es ist ganz in der ~** it is quite near; **ich habe ihn gern in meiner ~** I like to have him around; **in unmittelbarer ~** *(jds od* e-r Sache*)* in close proximity *(to* s.o. *od* s.th.*)*; **in der (unserer) ~** close by (us); **aus der ~** from close up.
na·he·bei ['naːəˈbai] *adv* nearby.
na·he|brin·gen *irr tr:* ▶ **jdm etw ~** bring s.th. home to s.o.
na·he|ge·hen *irr itr fig* affect *(jdm* s.o.*)*.
na·he|kom·men *irr itr fig:* ▶ **einander** *(od* sich*)* ~ become close; **jdm (e-r Sache)** ~ *(fast gleichen)* come close to s.o. (s.th.).
na·he|le·gen *tr fig* suggest *(jdm etw* s.th. to s.o.*)*; **na·he|lie·gen** *irr itr fig* stand to reason, suggest itself; **na·he·lie·gend** *adj fig* manifest, obvious.
na·hen ['naːən] *itr* ⟨sein⟩ *refl* ⟨h⟩ approach *(jdm* s.o., *e-r Sache* s.th.*)*.
nä·hen ['nɛːən] *tr itr* 1. *allg* sew; 2. *med* suture.
nä·her ['nɛːɐ] I *adj* 1. *(räumlich)* nearer *(jdm* to s.o., *e-r Sache* to s.th.*)*; 2. *(zeitlich)* closer; 3. *fig (eingehender)* more detailed; ▶ **können Sie das näher beschreiben?** could you explain that in more detail? 4. *fig (enger)* closer; ▶ **~e Umgebung** immediate vicinity; II *adv* 1. *(räumlich, zeitlich)* closer, nearer; 2. *fig (genauer)* more closely; 3. *fig (eingehender)* in more detail; ▶ **das müssen wir uns einmal ~ ansehen** we ought to go into it; **~ kennenlernen** get to know better; **bitte treten Sie ~!** please step up! **~ kommen** come nearer.
Nä·he·re *n* details *pl;* ▶ **ich möchte Näheres darüber erfahren** I would like to know more about it.
Nah·er·ho·lung *f* local recreation; **Nah·er·ho·lungs·ge·biet** *n* recreational area (close to a town).
Nä·he·rin ['nɛːərɪn] *f* seamstress.
nä·her|kom·men *irr itr fig:* ▶ **jdm ~** get closer to s.o.; **das kommt der Sache schon näher** that's nearer the mark.

nä·hern ['nɛ:ən] **I** *refl* approach (*jdm s.o., e-r Sache* s.th.); **II** *tr* bring closer.

Nä·he·rungs·wert *m math* approximate value.

na·he|ste·hen *irr itr fig* 1. (*e-m Menschen, e-r Idee*) be close to ...; 2. *pol* (*sympathisieren*) sympathize with ...

na·he·zu ['na:ə'tsu:] *adv* almost, nearly.

Näh·garn *m* (*n*) (sewing) thread.

Nah·kampf *m* 1. *mil* close combat; 2. *sport* clinch.

Näh·ka·sten *m* sewing box; **Näh·korb** *m* work-basket; **Näh·ma·schi·ne** *f* sewing machine; **Näh·na·del** *f* (sewing) needle.

Nähr·bo·den *m* 1. *chem* nutrient medium; 2. *fig* breeding ground.

näh·ren ['nɛ:rən] **I** *tr* 1. (*er~*) feed; 2. *fig* cherish, foster; **II** *itr* (*nahrhaft sein*) be nourishing; **III** *refl* feed o.s.

nahr·haft ['na:ɛhaft] *adj* 1. (*Essen*) nourishing, nutritious; 2. (*Boden*) fertile.

Nähr·lö·sung *f* nutrient solution, substrate; **Nähr·salz** *n* nutritive salt; **Nähr·stoff** *m* nutrient; **nähr·stoff·arm** *adj* 1. (*Gewässer*) oligotrophic; 2. (*Nahrung*) low in calories; **nähr·stoff·reich** *adj* 1. (*Gewässer*) eutrophic; 2. (*Nahrung*) nutritious.

Nah·rung ['na:rʊŋ] *f* food; **Nah·rungs·ket·te** *f biol* food chain; **Nah·rungs·mit·tel** *n* foodstuff; **Nah·rungs·mit·tel·in·du·strie** *f* food industry; **Nah·rungs·mit·tel·ver·gif·tung** *f* food poisoning; **Nah·rungs·su·che** *f* search for food.

Nähr·wert *m* nutritional value.

Näh·sei·de *f* sewing-silk.

Naht [na:t, *pl* 'nɛ:tə] ⟨-, ⁼e⟩ *f* 1. (*Saum*) seam; 2. *med bot* suture; 3. *tech* joint.

naht·los *adj* 1. (*ohne Nähte*) seamless; 2. *fig* imperceptible, smooth; ▶ *~er Übergang fig* smooth transition.

Nah·ver·kehr *m* local traffic; **Nah·ver·kehrs·zug** *m* local train, commuter train.

Näh·zeug *n* sewing kit.

na·iv [na'i:f] *adj* naive; **Nai·vi·tät** [naivi'tɛ:t] *f* naivety.

Na·me ['na:mə] ⟨-ns, -n⟩ *m* 1. (*Benennung*) name; 2. *fig* (*Ruf*) name, reputation; ▶ **unter dem ~n XY** under the name of XY; **im ~n der Gerechtigkeit** in the name of justice; **ich gebe meinen ~n für e-e solche Schweinerei nicht her!** I'll not lend my name to such a mean trick! **das Kind beim ~n nennen** *fig fam* call a spade a spade; **in Gottes ~n, ja!** *fam* for heaven's sake, yes! **dem ~n nach** by name; **s-n ~n nennen** give one's name.

na·men·los I *adj* (*ohne Namen*) nameless; (*anonym*) anonymous; **II** *adv* (*äußerst*) unutterably.

na·mens I *adv* (*genannt*) by the name

of, named; **II** *prp* (*im Auftrag von*) in the name of ..., on behalf of ...

Na·mens·tag *m* name day, Saint's day; **Na·mens·ver·zeich·nis** *n* list of names; **Na·mens·vet·ter** *m* namesake; **Na·mens·zug** *m* (*Unterschrift*) signature.

na·ment·lich I *adj* by name; ▶ *~e Abstimmung* roll call vote; **II** *adv* (*besonders*) especially, particularly.

nam·haft *adj* 1. (*bekannt*) renowned, well-known; 2. (*beträchtlich*) considerable.

näm·lich ['nɛ:mlɪç] **I** *adj* same; **II** *adv* 1. (*und zwar*) namely; 2. *fam* (*weil*) you see; ▶ **ich kann nicht kommen, ich habe ~ noch zu tun** I can't come because I've still got some work to do, you see; **die Sache ist ~ die ...** it's like this you see ...

na·nu [na'nu:] *interj:* ~! well I never! ▶ **~, wer kommt denn da?** hello, who's this?

Napf [napf, *pl* 'nɛpfə] ⟨-(e)s, ⁼e⟩ *m* bowl.

Nar·be ['narbə] ⟨-, -n⟩ *f* 1. *a. fig* scar; 2. (*Leder~*) grain; 3. *bot* stigma; **nar·big** *adj* 1. *allg* scarred; 2. (*Leder*) grained.

Nar·ko·se [nar'ko:zə] ⟨-, -n⟩ *f med* an(a)esthesia; **nar·ko·ti·sie·ren** *tr a. fig* drug.

Narr [nar] ⟨-en, -en⟩ *m* 1. (*Dummkopf*) fool; 2. *hist* (*Hof~*) jester; ▶ **jdn zum ~en halten** make a fool of s.o.; **e-n ~en an jdm (etw) gefressen haben** dote on s.o. (s.th.); **sei kein ~!** don't be foolish! **Nar·ren·haus** *n* madhouse; **Nar·ren·kap·pe** *f* fool's cap; **Narr·heit** *f* 1. (*das Närrischsein*) folly; 2. (*närrische Tat*) foolish thing to do.

När·rin *f* fool; **när·risch** ['nɛrɪʃ] *adj* foolish, crazy.

Nar·zis·se [nar'tsɪsə] ⟨-, -n⟩ *f bot* narcissus; ▶ **gelbe ~** daffodil.

Na·sal(·laut) [na'za:l] ⟨-s, -e⟩ *m ling* nasal (sound).

na·schen ['naʃən] **I** *itr* 1. (*Süßigkeiten essen*) eat titbits; 2. (*verstohlen probieren*) pinch a bit; ▶ **gern ~** have a sweet tooth; **II** *tr* nibble; **nasch·haft** *adj* fond of sweet things; **Nasch·kat·ze** *f fam:* ▶ **eine ~ sein** have a sweet tooth.

Na·se ['na:zə] ⟨-, -n⟩ *f allg a. fig* nose; ▶ **auf der ~ liegen** *fig fam* (*hingefallen sein*) be flat on one's face; (*krank sein*) be laid up; **jdn vor die ~ gesetzt bekommen** *fam* have s.o. plonked in front of one; **pro ~** *fig fam* (*pro Kopf*) per head; **der ~e nach gehen** follow one's nose; **jdm etw unter die ~ reiben** *fig fam* rub someone's nose in s.th.; **jdm auf der ~ herumtanzen** *fig fam* play s.o. up; **ich lasse mir (von dir) nicht auf der ~ herumtanzen!** *fig fam* I won't stand any cheek (from you)! **jdm etw**

auf die ~ binden *fig fam* spill the beans about s.th. to s.o.; **s-e ~ in anderer Leute Angelegenheiten stecken** *fig fam* poke one's nose into other people's business; **jdn an der ~ herumführen** *fig fam* lead s.o. by the nose; **jdm die Tür vor der ~ zuschlagen** *fam* slam the door in someone's face; **jdm die Würmer aus der ~ ziehen** *fig fam* drag it all out of s.o.; **er hat die richtige ~ dafür** *fig fam* he's got the nose for it; **e-e gute ~ für etw haben** *fig fam* have a good nose for s.th.; **die ~ voll haben von . . .** *fig fam* be fed up with . . .

nä·seln ['nɛːzəln] *itr* speak through one's nose.

Na·sen·bein *n anat* nasal bone; **Na·sen·blu·ten** *n* nosebleed; ▶ **er hat ~** his nose is bleeding; **Na·sen·flü·gel** *m anat* side of the nose; **Na·sen·loch** *n anat* nostril; **Na·sen·rücken (k·k)** *m anat* bridge of the nose; **Na·sen·schei·de·wand** *f anat* nasal septum; **Na·sen·schleim·haut** *f anat* mucous membrane; **Na·sen·spit·ze** *f* tip of the nose; ▶ **man sieht es ihm an der ~** an you can tell by his face; **Na·sen·spray** *n* nose spray; **Na·sen·trop·fen** *pl* nose drops.

Na·se·weis ['naːzəvaɪs] ⟨-es, -e⟩ *m* **1.** *(Besserwisser)* know-all; **2.** *(vorlauter Mensch)* precocious brat; **na·se·weis** *adj* cheeky, saucy.

Nas·horn *n zoo* rhinoceros.

naß [nas] *adj* wet; ▶ **~ bis auf die Haut** wet to the skin; **wie ein nasser Sack** *fig fam* like a wet rag.

Näs·se ['nɛsə] ⟨-⟩ *f* wetness; ▶ **vor ~ schützen** keep dry.

naß·kalt *adj* chilly and damp.

Naß·ra·sur *f* wet shave; **Naß·zel·le** *f arch* sanitary unit.

Na·tion [naˈtsjoːn] *f* nation; **na·tio·nal** [natsioˈnaːl] *adj* national; **Na·tio·nal·hym·ne** *f* national anthem; **Na·tio·na·list(in)** *m (f) pol* nationalist; **na·tio·na·li·stisch** *adj pol* nationalist(ic).

NATO [naˈto] *f pol mil Abk von* **North Atlantic Treaty Organization (Nordatlantikpakt-Organisation)** NATO.

Na·tio·na·li·tät *f* nationality; **Na·tio·nal·mann·schaft** *f* national team; **Na·tio·nal·so·zia·lis·mus** *m* national socialism.

Na·tri·um ['naːtriʊm] ⟨-s⟩ *n chem* sodium.

Na·tron ['naːtron] ⟨-s⟩ *n chem:* ▶ **kohlensaures ~** sodium carbonate.

Nat·ter ['nate] ⟨-, -n⟩ *f zoo a. fig* adder, viper.

Na·tur [naˈtuːe] *f* **1.** *allg (a. ~zustand)* nature; **2.** *(freie ~, Land)* countryside; ▶ **die** *(od* **Gottes) freie ~** the open countryside; **von ~ aus schüchtern** shy by nature; **das liegt in der ~ der Dinge**

that's in the nature of things; **das geht mir wider die ~** that goes against the grain (with me).

Na·tu·ra·li·en [natuˈraːliən] *pl* natural produce *sing;* ▶ **in ~ bezahlt werden** be paid in kind.

na·tu·ra·li·si·eren *tr jur pol* naturalize.
Na·tu·ra·lis·mus *m* naturalism.
Na·tu·ral·lohn *m* payment in kind.
Na·tu·rell [natuˈrɛl] ⟨-s, -e⟩ *n* disposition, temperament.

Na·tur·er·eig·nis *n* (**Na·tur·er·schei·nung**) *f* natural phenomenon; **na·tur·far·ben** *adj* natural-coloured; **Na·tur·fa·ser** *f* natural fibre; **Na·tur·for·scher(in)** *m (f)* natural scientist; **Na·tur·freund(in)** *m (f)* nature-lover; **na·tur·ge·mäß I** *adj* natural; **II** *adv* naturally; **Na·tur·ge·setz** *n* law of nature; **na·tur·ge·treu** *adj* **1.** *(wie in der Realität)* lifelike, true to life; **2.** *(lebensgroß)* full-scale, life-size; **Na·tur·haus·halt** *m* ecosystem; **Na·tur·heil·kun·de** *f* nature healing; **Na·tur·ka·ta·stro·phe** *f* natural disaster; **Natur·kost·la·den** *m* health food shop; **Na·tur·kraft** *f* natural power; **~e** *pl* physical agents; **Na·tur·kun·de** *f* natural history; **Na·tur·lehr·pfad** *m* nature trail.

na·tür·lich [naˈtyːelɪç] **I** *adj* natural; **II** *adv* **1.** *(der Natur entsprechend)* naturally; **2.** *(selbstverständlich)* of course; ▶ **~!** of course! sure! **Na·tür·lich·keit** *f* naturalness.

na·tur·nah *adj* close to nature; **Na·tur·pro·dukt** *n* natural product; **na·tur·rein** *adj* natural, pure; **Na·tur·schön·heit** *f* beauty spot; **Na·tur·schutz** *m* protection of nature; **Na·tur·schutz·be·auf·trag·te(r)** *f m* commissioner for nature preservation; **Na·tur·schutz·ge·biet** *n* nature reserve; **Na·tur·volk** *n* primitive people; **Na·tur·wis·sen·schaft(en)** *f (pl)* natural sciences *pl;* **Na·tur·wis·sen·schaft·ler(in)** *m (f)* scientist.

Na·vel·oran·ge *f* navel orange.
Na·vi·ga·tion [navigaˈtsjoːn] *f mar* navigation; **na·vi·gie·ren** *tr itr* navigate.

Nazi ['naːtsi] ⟨-s, -s⟩ *m* Nazi.

Ne·bel ['neːbəl] ⟨-s, -⟩ *m* **1.** fog; *(dünn)* mist; **2.** *fig* haze; **3.** *astr* nebula; **ne·bel·haft** *adj fig* nebulous; **Ne·bel·horn** *n mar* foghorn; **ne·b(e)·lig** *adj* foggy, misty; **Ne·bel·krä·he** *f orn* hooded crow; **Ne·bel·schein·wer·fer** *m mot* fog *Br* lamp *(Am* light); **Ne·bel·schluß·leuch·te** *f mot* rear fog-light; **Ne·bel·schwa·den** [-ʃvaːdən] ⟨-s, -⟩ *m* waft of mist.

ne·ben ['neːbən] *prp* **1.** *(örtlich)* beside, next to . . .; **2.** *(außer) Br* apart *(Am* aside) from . . .; **3.** *(im Vergleich zu)* compared with ...; **ne·ben·an** [--'-] *adv* next door.

Ne·ben·an·schluß *m tele* extension; **Ne·ben·aus·ga·ben** *pl* incidentals; **Ne·ben·be·deu·tung** *f* secondary meaning.

ne·ben·bei [--'-] *adv* **1.** *(zu gleicher Zeit)* at the same time; **2.** *(außerdem)* besides, moreover; **3.** *(beiläufig)* incidentally; ▶ ~ **bemerkt** by the way; ~ **arbeiten** work on the side; **das ist kein Problem, so etw mache ich ~!** *fam* that's no problem, I'll do that (with) no bother!

Ne·ben·be·ruf (Ne·ben·be·schäf·ti·gung) *m (f)* sideline; **Ne·ben·buh·ler(in)** ['ne:bənbu:lɐ] *m (f)* rival; **Ne·ben·ein·an·der** ⟨-s⟩ *n* juxtaposition; **ne·ben·ein·an·der** *adv* **1.** *(räumlich)* side by side; **2.** *(zeitlich)* at the same time; **Ne·ben·ein·gang** *m* side entrance; **Ne·ben·ein·nah·men** *pl* additional income *sing;* **Ne·ben·er·schei·nung** *f* side effect; **Ne·ben·fach** *n Br* subsidiary subject, *Am* minor; **Ne·ben·fluß** *m* tributary; **Ne·ben·ge·bäu·de** *n* **1.** *(benachbartes Haus)* adjacent building; **2.** *(Anbau)* annex(e); **Ne·ben·gleis** *n rail Br* siding, *Am* sidetrack; **Ne·ben·ge·räusch** *n tele radio TV* interference.

ne·ben·her ['--'-] *adv* **1.** *(gleichzeitig)* at the same time; **2.** *(nebenbei, beiläufig)* by the by(e).

Ne·ben·kla·ge *f jur* incidental action; **Ne·ben·klä·ger(in)** *m (f) jur* joint plaintiff; **Ne·ben·ko·sten** *pl* additional costs, extra charges; **Ne·ben·li·nie** *f (in Genealogie)* collateral line; **Ne·ben·mann** ⟨-(e)s, -mɛnner/-leute⟩ *m* neighbour; **Ne·ben·nie·re** *f anat* suprarenal capsule; **Ne·ben·pro·dukt** *n* by-product; **Ne·ben·rol·le** *f* minor part; **Ne·ben·sa·che** *f* minor matter, trifle; **ne·ben·säch·lich** *adj* minor, unimportant; **Ne·ben·sai·son** *f* dead season, off-season; **Ne·ben·satz** *m gram* subordinate clause; **ne·ben·ste·hend** *adv* in the margin; ▶ ~**e Abbil·dung** illustration opposite; **Ne·ben·stel·le** *f* **1.** *tele* extension; **2.** *com (Ver·tretung)* agency; *(Filiale)* branch; **Ne·ben·stel·len·an·la·ge** *f tele* switchboard with extensions; **Ne·ben·stra·ße** *f* **1.** *(innerhalb e·r Stadt)* side street; **2.** *(außerhalb der Stadt)* minor road; **Ne·ben·strecke (k·k)** *f rail* branch line; **Ne·ben·ver·dienst** *m* side income; **Ne·ben·wir·kung** *f* side effect; **Ne·ben·zim·mer** *n* next (*od* adjoining) room; ▶ **in e-m** ~ in an adjoining room.

nebst [ne:pst] *prp* together with ...

necken (k·k) ['nɛkən] **I** *tr* tease (*jdn mit etw* s.o. about s.th.); **II** *refl* have a tease;

neckisch (k·k) *adj* **1.** *(neckend)* teasing; **2.** *fam (keß)* saucy.

Nef·fe ['nɛfə] ⟨-n, -n⟩ *m* nephew.

Ne·ga·tiv ⟨-s, -e⟩ *n phot* negative.

ne·ga·tiv ['ne(:)gati:f] *adj* negative.

Ne·ger(in) ['ne:gɐ] ⟨-s, -⟩ *m (f)* negro (negress).

ne·gie·ren *tr* **1.** *(verneinen)* negate; **2.** *(bestreiten)* deny.

neh·men ['ne:mən] *irr tr itr* take; ▶ **etw in die Hand** ~ pick s.th. up; *fig* take s.th. in hand; **wieviel** ~ **Sie dafür?** how much do you take for that? **die** ~'s **von den Lebendigen** *fam* they make you pay through the nose; **die Dinge** ~, **wie sie kommen** take things as they come; **sie weiß ihn zu** ~ she knows how to take him; **ein Hindernis** ~ take an obstacle; **man nehme ...** take ...; **sich e-n Anwalt** ~ get a lawyer; **jdn zu sich** ~ take s.o. in; **etw zu sich** ~ take (*od* have) s.th.; **etw auf sich** ~ take s.th. upon o.s.; **wie man's nimmt** *fam* that depends (on your point of view); **es sich nicht** ~ **lassen, etw zu tun** insist on doing s.th.; **das nahm ihm alle Hoffnung** that took away all his hope.

Neid [naɪt] ⟨-(e)s⟩ *m* envy (*auf jdn* of s.o.); ▶ **vor** ~ **platzen** *fam* be eaten up with envy; **aus** ~ out of envy; **der blanke** ~ sheer envy; **vor** ~ **erblassen** grow pale with envy; **nei·den** ['naɪdən] *tr:* ▶ **jdm etw** ~ envy s.o. s.th.; **Nei·der(in)** *m (f)* envious person; ▶ **viele** ~ **haben** be much envied; **nei·disch** *adj* envious, jealous (*auf* of).

Nei·ge ['naɪgə] ⟨-, -n⟩ *f* **1.** *(im Glas)* dregs *pl;* **2.** *(Reste)* remains *pl;* ▶ **bis zur bitteren** ~ *fig* right to the bitter end; **zur** ~ **gehen** draw to an end.

nei·gen I *tr (beugen)* bend; *(senken)* lower; *(kippen)* tilt; **II** *itr fig:* ▶ **zu etw** ~ tend (*od* have a tendency) to s.th.; **III** *refl* **1.** *(Ebene)* slope; **2.** *(Person)* bend; **3.** *(sich ver~)* bow.

Nei·gung *f* **1.** *(Gefälle)* incline; **2.** *fig (Tendenz)* tendency; *(Hang)* inclination.

Nein [naɪn] ⟨-s⟩ *n* no; ▶ **zwei Ja gegen fünf** ~ *parl* two ayes to five *Br* noes (*Am* nays); **mit** ~ **antworten** answer in the negative; **nein** *adv* no; ▶ **da sage ich nicht** ~ I wouldn't say no; ~ **u. nochmals** ~**!** for the last time: no! ~, **wie kann man bloß!** fancy doing that! ~, **so was!** well I never! **Nein·sa·ger(in)** *m (f) fig* engrained obstructionist.

Nek·tar ['nɛktaɐ] ⟨-s⟩ *m* nectar.

Nek·ta·ri·ne [nɛktaˈriːnə] ⟨-, -n⟩ *f bot* nectarine.

Nel·ke ['nɛlkə] ⟨-, -n⟩ *f* **1.** *bot* pink, *(gehoben)* carnation; **2.** *(Gewürz)* clove.

nen·nen ['nɛnən] *irr* **I** *tr* **1.** *(be~)* call; **2.** *(aufzählen, angeben)* name; **3.** *(erwähnen)* mention; ▶ **jdn (etw) nach jdm** ~

name s.o. (s.th.) *Br* after (*Am* for) s.o.; ~ **Sie mir bitte e-n guten Arzt** please give me the name of a good doctor; **II** *refl* call o.s.; ▶ **und so was nennt sich Liebe** and that's what they call love; **nen‑nens·wert** *adj* worth mentioning; **Nen·ner** *m math* denominator; ▶ **etw auf e-n gemeinsamen ~ bringen** *a. fig* reduce s.th. to a common denominator; **Nenn·wert** *m fin* nominal value; ▶ **zum ~** at par.

Ne·on ['neːɔn] ⟨-s⟩ *n chem* neon.

Neo·na·zi *m* Neo-Nazi; **Neo·na·zis‑mus** *m* Neo-Nazi(l)sm; **neo·na·zls‑tisch** *adj* Neo-Nazi.

Ne·on·licht *n* neon light; **Ne·on·röh‑re** *f* neon tube.

Nepp [nɛp] *m fam:* ▶ **so was von ~!** that's daylight robbery! **nep·pen** *tr fam* fleece.

Nerv [nɛrf] ⟨-s, -en⟩ *m* nerve; ▶ **jdm auf die ~en gehen** *fam* get on someone's nerves; **die ~en verlieren** lose one's head; **die ~en nicht verlieren** not to lose one's cool; **Sie haben ~en!** *fam* you've got a nerve! *sing:* **~en wie Drahtseile** *fig* nerves of steel.

ner·ven *tr fam* irritate; ▶ **jdn ~** get on s.o.'s nerves.

Ner·ven·arzt (-ärz·tin) *m (f) med* neurologist; **ner·ven·auf·rei·bend** *adj* nerve-racking; **Ner·ven·bün·del** *m fig fam* bundle of nerves; **Ner·ven·gift** *n* nerve poison; **Ner·ven·heil·an‑stalt** *f* psychiatric clinic; **Ner·ven‑krank·heit** *f* nervous disease; **Ner‑ven·krieg** *m fig* war of nerves; **Ner‑ven·sä·ge** *f fam pej* pain in the arse; **ner·ven·stär·kend** *adj* tonic; **Ner‑ven·sy·stem** *n anat* nervous system; **Ner·ven·zel·le** *f anat* nerve cell; **Ner‑ven·zen·trum** *n physiol* nerve centre; **Ner·ven·zu·sam·men·bruch** *m* nervous breakdown.

ner·vös [nɛrˈvøːs] *adj* nervous; **Ner‑vo·si·tät** [nɛrvoziˈtɛːt] *f* nervousness.

nerv·tö·tend *adj* nerve-racking; *(Ge‑räusch)* irritating.

Nerz [nɛrts] ⟨-es, -e⟩ *m zoo* mink.

Nes·sel ['nɛsəl] ⟨-, -n⟩ *f bot* nettle; ▶ **sich in die ~n setzen** *fig fam* put o.s. in a spot.

Nest [nɛst] ⟨-(e)s, -er⟩ *n* **1.** *allg* nest; **2.** *fam (Kleinstadt)* little place; *pej (Dorf)* dump; ▶ **das eigene ~ beschmutzen** *fig* foul one's own nest; **Nest·wär·me** *f fig* love and security.

nett [nɛt] *adj* **1.** *(freundlich)* nice; **2.** *(hübsch)* cute, pretty.

net·to ['nɛto] *adv com* net; **Net·to‑ein·kom·men** *n* net income; **Net·to‑ge·wicht** *n* net weight; **Net·to·lohn** *m* net wage.

Netz [nɛts] ⟨-es, -e⟩ *n* **1.** *allg* net; *(Spin‑nen~)* web; **2.** *rail radio TV EDV* net‑work; *el* grid; **3.** *(Gepäck~)* rack; ▶ **ans ~ gehen** *(Kraftwerk)* go into service, join up with the national grid; **jdm ins ~ gehen** *fig* fall into someone's trap; **der Ball ging ins ~** *sport* the ball went into the net; **Netz·an·schluß** *m el* mains connection; **netz·ar·tig** *adj* reticular; **Netz·au·ge** *n* compound eye; **Netz‑ge·rät** *n el* mains receiver; **Netz·haut** *f anat* retina; **Netz·hemd** *n* string *Br* vest (*Am* undershirt); **Netz·strümp·fe** *m pl* fish-net stockings.

neu [nɔi] *adj* **1.** *allg* new; **2.** *(frisch)* fresh; **3.** *(kürzlich)* recent; ▶ **aufs ~e**, **von ~em** anew; **wieder ~ anfangen** start all over again; **die ~este Mode** the latest fashion; **~este Nachrichten** latest news; **was gibt es N~es?** *Br* what's the news? *Am* what's new? **das ist mir nichts N~es** that's no news to me; **das ist mir ~** that's new to me.

Neu·an·kömm·ling *m* newcomer; **Neu·an·schaf·fung** *f* new purchase; **neu·ar·tig** *adj* new; **Neu·auf·la·ge** *f* **1.** *(verbesserte, erweiterte etc Auflage)* new edition; **2.** *(unveränderter Nach‑druck)* reprint; **Neu·bau** *m* new build‑ing; **Neu·bau·ge·biet** *n* development area; **Neu·bau·woh·nung** *f* newly-built *Br* flat (*Am* apartment); **Neu·be‑ar·bei·tung** *f (von Buch)* revised edi‑tion; **Neu·bil·dung** *f* **1.** *ling* neologism; **2.** *(Regierung)* restructuring.

neu·er·dings ['nɔiɐˈdɪŋs] *adv* recently.

Neu·er·schei·nung *f (Buch)* new book.

Neue·rung *f* **1.** *(Innovation, neues Pro‑dukt etc)* innovation; **2.** *(Reform)* re‑form.

Neu·fund·land [nɔiˈfʊntlant] ⟨-s⟩ *n* Newfoundland.

neu·ge·bo·ren [ˈ--ˈ--] *adj* newborn; ▶ **ich fühle mich wie ~** I feel like a new man (od woman); **Neu·ge·stal‑tung** *f* rearrangement; **Neu·gier(·de)** ⟨-⟩ *f* curiosity; ▶ **aus ~** out of curiosity; **neu·gie·rig** *adj* curious (*auf* about); **da bin ich aber ~!** I can hardly wait! ~ **sein, ob . . .** wonder if (*od* whether) . . .; **sei doch nicht immer so ~!** curiosity killed the cat! **Neu·heit** *f* novelty.

Neu·ig·keit *f* (piece of) news.

Neu·in·sze·nie·rung *f theat film* new production; **Neu·jahr** *n* New Year; ▶ **jdm zu ~ gratulieren** wish s.o. a Happy New Year; **Prost ~!** here's to the New Year!

Neu·ka·le·do·nien *n* New Caledonia.

Neu·land ⟨-(e)s⟩ *n fig* new ground.

neu·lich *adv* recently, the other day.

Neu·ling *m* newcomer; **neu·mo·disch** *adj fam* new-fangled; **Neu·mond** *m* new moon.

neun [nɔin] *num* nine; ▶ **alle ~e!** strike!

Neun·tel ⟨-s, -⟩ *n* ninth; **neun·zehn** *num* nineteen; **neun·zehn·te** *adj* nine-

teenth; **neun·zig** *num* ninety.
Neu·ori·en·tie·rung *f* reorientation;
Neu·phi·lo·lo·ge (**-lo·gin**) *m* (*f*)
modern linguist.
Neur·al·gie [nɔıral'giː] *f med* neuralgia;
neur·al·gisch *adj med* neuralgic;
▶ ein ~er Punkt *fig* a trouble spot.
Neur·asthe·nie [nɔıraste'niː] *f med*
neurasthenia.
Neu·re·ge·lung *f* revision; **Neu·rei·che(r)** *f m* nouveau riche.
Neu·ro·chir·urg(in) ['nɔıroçırʊrk] ⟨-en,
-en⟩ *m* (*f*) neurosurgeon.
Neu·ro·se [nɔı'roːzə] ⟨-, -n⟩ *f med* neur-
osis; **Neu·ro·ti·ker(in)** *m* (*f*) *psych*
neurotic; **neu·ro·tisch** *adj psych* neur-
otic.
Neu·schnee *m* fresh snow.
Neu·see·land [-'--] ⟨-s⟩ *n* New Zealand;
Neu·see·län·der(in) *m* (*f*) New Zea-
lander; **neu·see·län·disch** *adj* New
Zealand.
neu·tral [nɔı'traːl] *adj* neutral; **neu·tra·li·sie·ren** *tr* neutralize; **Neu·tra·li·tät**
f neutrality.
Neu·tron [nɔı'troːn] ⟨-s, -en⟩ *n phys* neu-
tron; **Neu·tro·nen·bom·be** *f mil* neu-
tron bomb; **Neu·tro·nen·strah·lung**
f neutron radiation.
Neu·trum ['nɔıtrʊm] ⟨-s, -tra⟩ *n gram a.*
fig neuter.
Neu·ver·schul·dung *f fin* new bor-
rowings *pl*; **Neu·wa·gen** *m* new car;
Neu·wahl *f pol* re-election; **Neu·wert**
m purchase price.
Neu·zeit *f* modern times *pl*.
nicht [nıçt] *adv* not; ▶ ~ einmal das not
even that; ~ **doch!** (*gewiß* ~) certainly
not! (*hör auf*) don't! stop it! **durchaus** ~
(**ganz u. gar** ~) not at all (by no means);
schön, ~? nice, ain't it? ~ **mehr** (*od*
länger) no longer; ~ **mehr als** ... no
more than ...; **noch** ~ not yet; **du**
kommst (liebst mich) doch, ~ **wahr?**
you're coming, aren't you? (you love me,
don't you?); **es ist** ~ **zu glauben** it is
unbelievable; ~, **daß ich wüßte** not that
I know of.
Nicht·ach·tung *f* disregard (*jds od jdm*
gegenüber for s.o., *e-r Sache gegenüber*
for s.th.).
Nicht·an·er·ken·nung *f* non-recogni-
tion.
Nicht·an·griffs·pakt *m pol* non-ag-
gression pact.
Nicht·be·ach·tung *f* non-observance.
Nich·te ['nıçtə] ⟨-, -n⟩ *f* niece.
Nicht·ein·hal·tung *f* non-compliance
(*e-r Sache* with s.th.).
Nicht·ein·mi·schung *f pol* non-inter-
vention (*in* in).
Nicht·er·schei·nen *n jur* non-appear-
ance; (*zum Dienst*) non-attendance (*zu,*
bei at); **nicht·eß·bar** *adj* non-edible.
nich·tig *adj* **1.** *jur* invalid, void; **2.** *fig*

(*leer*) empty; (*unbedeutend*) trifling;
Nich·tig·keit *f* **1.** *jur* (*Ungültigkeit*)
invalidity, voidness; **2.** *fig* (*Leere, Eitel-
keit*) emptiness, vanity; (*Kleinigkeit*)
trifle; **Nich·tig·keits·er·klä·rung** *f*
jur annulment.
nicht·lei·tend *adj el* non-conducting;
Nicht·lei·ter *m el* non-conductor.
Nicht·rau·cher(in) *m* (*f*) non-smoker.
nicht·ro·stend *adj* rust-proof; (*Stahl*)
stainless.
Nichts ⟨-⟩ *n* **1.** *philos* nothingness; **2.**
(*Geringfügigkeit*) trifle; **3.** (*unbedeuten-
der Mensch*) nobody.
nichts [nıçts] *prn* nothing; (*in fragen-
den od bedingenden Sätzen*) not any-
thing; ▶ ~ **als** ... nothing (*od* not any-
thing) but ...; **ganz u. gar** ~ nothing at
all; **um** (*od* **für**) ~ for nothing; **es macht**
~ it doesn't matter; ~ **zu danken!** don't
mention it! ~ **da!** (~ *zu machen*) no
chance! (*weg da!*) no you don't! ~ **zu**
machen! nothing doing! **soviel wie** ~
next to nothing; **wenn es weiter** ~ **ist!** if
that's all there is to it! **das hat** ~ **zu**
bedeuten that doesn't mean anything;
das ist ~ **für mich** that's not my kind of
thing.
Nicht·schwim·mer(in) *m* (*f*) non-
swimmer.
nichts·de·sto·we·ni·ger *adv* never-
theless.
Nichts·nutz ['nıçtsnʊts] ⟨-, (-e)⟩ *m*
good-for-nothing.
nichts·sa·gend *adj* **1.** (*bedeutungslos*)
meaningless; **2.** (*ausdruckslos*) express-
ionless, vacant; **3.** (*trivial*) trivial.
Nichts·tuer(in) *m* (*f*) loafer; **Nichts-
tun** *n* **1.** (*Faulenzen*) idleness; **2.** (*Mu-
ße*) leisure.
Nicht·wei·ter·ga·be *f* (*von Atomwaf-
fen etc*) non-proliferation.
Nicht·zah·lung *f:* ▶ **bei** ~ in default of
payment.
Nicht·zu·tref·fen·de *n:* ▶ ~s (**bitte**)
streichen delete where non-applicable.
Nickel (k·k) ['nıkəl] ⟨-s⟩ *n chem* nickel.
nicken (k·k) ['nıkən] *itr* **1.** *a. fig* nod; **2.**
fam (*schlafen*) snooze; **Nicker·chen**
(k·k) ['nıkeçən] *n fam* nap, snooze;
▶ ein ~ **machen** have a nap.
nie [niː] *adv* never; ▶ **fast** ~ hardly ever;
jetzt oder ~ now or never; ~ **u. nimmer**
never ever; ~ **wieder** never again.
nie·der ['niːdə] **I** *adj attr* **1.** (*niedrig*)
low; **2.** (*minderbedeutend*, ~**en Ranges**)
lower; **3.** *fig* (*Triebe etc*) base; **II** *adv*
down; ▶ **auf u.** ~ up and down; ~ **mit**
...! down with ...!
nie·der|beu·gen *tr refl* bend down; **nie-
der|bren·nen** *irr tr itr* burn down.
nie·der·deutsch *adj* **1.** *ling* Low
German; **2.** *geog* (*norddeutsch*) North
German.
nie·der|drücken (k·k) *tr* **1.** press down;

2. *fig (bedrücken)* depress; **nie·der|fal·len** ⟨sein⟩ *irr itr* fall down.
Nie·der·fre·quenz *f el radio* low frequency.
Nie·der·gang *m fig (Verfall)* decline.
nie·der|ge·hen *irr itr* **1.** *(Regen)* fall; **2.** *aero (a. allg: sinken)* descend.
nie·der·ge·schla·gen *adj* dejected, depressed; **Nie·der·ge·schla·gen·heit** *f* dejection.
nie·der|ho·len *tr (Flagge)* lower; **nie·der|kni·en** ⟨sein⟩ *itr* kneel down; **nie·der|kom·men** ⟨sein⟩ *irr itr obs* be delivered *(mit* of).
Nie·der·kunft ['niːdəkʊnft] ⟨-, ⁀e⟩ *f obs* delivery.
Nie·der·la·ge *f mil sport a. fig* defeat; ▶ e-e ~ erleiden *(od* einstecken müssen) suffer a defeat; **jdm e-e ~ beibringen** inflict a defeat on s.o.
Nie·der·lan·de ['niːdelandə] *pl:* ▶ **die** ~ **the Netherlands** *sing od pl;* **Nie·der·län·der(in)** ['niːdelɛndɐ] *m (f)* Dutch; **nie·der·län·disch** *adj* Dutch.
nie·der|las·sen *irr refl* **1.** *(sich setzen)* sit down; **2.** *(s-n Wohnsitz nehmen)* settle down; **3.** *(Geschäft etc eröffnen)* establish o.s.; **4.** *(Arzt, Anwalt)* set up a practice; ▶ **die niedergelassenen Ärzte** the general practitioners.
Nie·der·las·sung *f* **1.** *(das Sich-Niederlassen)* settling; *(e-s Rechtsanwaltes etc)* establishment; **2.** *com (Geschäfts~)* registered office; *(Zweig~)* branch; **3.** *(Siedlung)* settlement; **Nie·der·las·sungs·frei·heit** *f* right of establishment.
nie·der|le·gen I *tr* **1.** *(hinlegen)* lay down; **2.** *fig (Amt)* resign from; **3.** *fig:* ▶ **die Arbeit ~** stop work; II *refl (sich hinlegen)* lie down; **Nie·der·le·gung** *f* **1.** *(von Kranz)* laying; **2.** *fig (von Amt etc)* resignation *(e-r Sache* from s.th.); **3.** *fig (von Gedanken etc)* setting-out.
nie·der·ma·chen *fam (niedermetzeln) tr* butcher, massacre; **nie·der|rei·ßen** *irr tr* **1.** pull down; **2.** *fig (Grenzen etc)* tear down; **nie·der|schie·ßen** *irr tr itr* shoot down.
Nie·der·schlag *m* **1.** *chem* precipitate; **2.** *(Regen, Schnee etc)* precipitation; **3.** *fig (Ergebnis)* result; **nie·der|schla·gen** *irr* I *tr* **1.** *(beim Boxen etc)* knock down; **2.** *(Augen)* cast down; **3.** *(unterdrücken)* suppress; **4.** *jur (Verfahren)* dismiss; II *refl* **1.** *chem* precipitate; **2.** *(ergeben)* result *(in* in); **Nie·der·schlags·men·ge** *f mete* (amount of) precipitation.
nie·der|schmet·tern *tr* **1.** smash down; **2.** *fig* shatter; **nie·der·schmet·ternd** *adj fig* shattering; **nie·der|schrei·ben** *irr tr* write down; **Nie·der·schrift** *f* **1.** *(das Niederschreiben)* writing down; **2.** *(Ergebnis des Niederschreibens, Noti-*

zen) notes *pl; (Protokoll)* minutes *pl;* **nie·der|set·zen** I *tr* set down; II *refl* sit down; **Nie·der·span·nung** *f el* low tension *(od* voltage); **nie·der|sto·ßen** *irr* I *tr* knock down; II *itr (von Raubvogel)* shoot down; **nie·der|strecken (k·k)** I *tr* lay low; II *refl* stretch out.
Nie·der·tracht ⟨-⟩ *f* despicableness, vileness; **nie·der·träch·tig** *adj* despicable, vile, mean.
nie·der|tre·ten *irr tr* trample down.
Nie·de·rung *f* **1.** *(Grasland, Sumpf)* marsh; **2.** *(Senke)* depression.
nie·der|wer·fen *irr* I *tr* **1.** *(hinwerfen)* throw down; **2.** *fig (unterdrücken)* suppress; *(besiegen)* overcome; II *refl* prostrate o.s.
nied·lich ['niːtlɪç] *adj* cute, sweet *fam.*
nied·rig ['niːdrɪç] *adj (a. fig: gering, gemein)* low; **Nied·rig·keit** *f a. fig* lowness; **Nie·drig·strah·lung** *f phys* low-level radiation.
nie·mals ['niːmaːls] *adv* never.
Nie·mand ⟨-s, (-e)⟩ *m* nobody; **nie·mand** ['niːmant] *prn* nobody, no-one; ▶ **ich sehe ~en** I don't see anybody; ~ **anders** nobody else; ~ **als er** nobody but he; **Nie·mands·land** ⟨-(e)s⟩ *n* no man's land.
Nie·re ['niːrə] ⟨-, -n⟩ *f anat* kidney; ▶ **es geht mir an die ~n** *fig fam* it gets me down; **nie·ren·för·mig** *adj* kidney-shaped; **Nie·ren·lei·den** *n* kidney disease; **Nie·ren·scha·le** *f med* kidney dish; **Nie·ren·schüt·zer** *m* kidney belt; **Nie·ren·stein** *m* kidney stone, *med* renal calculus; **Nie·ren·tisch** *m* kidney-shaped table.
nie·seln ['niːzəln] *itr* drizzle; **Nie·sel·re·gen** *m* drizzle.
nie·sen ['niːzən] *itr* sneeze.
Nieß·brauch ['niːsbraʊx] ⟨-(e)s⟩ *m jur* usufruct; **Nieß·brau·cher(in)** *m (f) jur* usufructuary.
Niet [niːt] ⟨-(e)s, -e⟩ *m (Stift)* rivet; *(an Hosen etc)* stud; **niet- und na·gel·fest** *adj fam* nailed down; **Nie·te** ⟨-, -n⟩ *f* **1.** *(Los)* blank; **2.** *fig fam (Versager(in))* dead loss failure; *(Reinfall)* flop; **nie·ten** *tr* rivet.
Ni·ko·laus ['nɪkolaʊs] ⟨-, ⁀e⟩ *m* **1.** *(Name)* Nicholas; **2.** *eccl* St. Nicholas; **3.** *eccl (Fest)* St. Nicholas' Day.
Ni·ko·tin [niko'tiːn] ⟨-s⟩ *n* nicotine; **ni·ko·tin·arm** *adj* low-nicotine; **Ni·ko·tin·frei** *adj* nicotine-free; **Ni·ko·tin·ge·halt** *m* nicotine content; **Ni·ko·tin·ver·gif·tung** *f* nicotine poisoning.
Nil·pferd *n zoo* hippopotamus.
Nim·bus ['nɪmbʊs] ⟨-, -se⟩ *m* **1.** *(Heiligenschein)* halo; **2.** *fig (Aura)* aura.
nim·mer ['nɪmɐ] *adv* never; **Nim·mer·satt** ⟨-(e)s, (-e)⟩ *m Br* glutton, *Am* grab-all; **nim·mer·satt** *adj* insatiable; **Nim·mer·wie·der·se·hen** ['--'----] *n:*

▶ **auf** ~! I never want to see you again!
auf ~ **verschwinden** disappear never to
be seen again.
nip·pen ['nɪpən] *itr* sip (*an* at).
Nip·pes (Nipp·sa·chen) ['nɪpəs] ⟨-⟩ *pl*
knick-knacks *pl.*
nir·gends (nir·gend·wo) ['nɪrgənts]
adv nowhere, not ... anywhere.
Ni·sche ['niːʃə] ⟨-, -n⟩ *f* niche.
ni·sten ['nɪsten] *itr* 1. nest; 2. *fig* lodge;
Nist·ka·sten *m* nesting box; **Nist-
platz** *m* nesting site.
Ni·trat [ni'traːt] ⟨-(e)s, -e⟩ *n chem* ni-
trate.
Ni·trit [ni'triːt] ⟨-(e)s, -e⟩ *m chem* nitrite.
Ni·tro·lack ['niːtro-] *m* cellulose; **Ni-
tro·lackie·rung (k·k)** *f* cellulose
painting; **Ni·tro·ver·dün·nung** *f* cel-
lulose thinner.
Ni·veau [ni'voː] ⟨-s, -s⟩ *n a. fig* level;
▶ **er hat** ~ he is a man of culture; **das
Theaterstück hat** ~ the play is of a high
standard; **das ist unter meinem** ~ that's
beneath me.
ni·vel·lie·ren [nivɛ'liːrən] ⟨ohne ge-⟩ *tr
a. fig* level out; **Ni·vel·lie·rung** *f* 1.
(*beim Vermessen*) levelling; 2. *fig* level-
ling out.
Ni·xe [nɪksə] ⟨-, -n⟩ *f (Märchen-, Sagen-
figur)* water-sprite.
no·bel ['noːbəl] *adj* 1. (*edelmütig*) noble;
2. *fam* (*großzügig*) generous; (*elegant,
kostspielig* posh; **No·bel·her·ber·ge** *f
fam pej* posh hotel.
No·bel·preis [no'bɛlpraɪs] *m* Nobel
prize.
noch [nɔx] I *conj:* **weder A,** ~ **B** neither
A nor B; II *adv* 1. (*weiterhin, immer* ~)
still; 2. (*außerdem, sonst*) else; 3. (*sogar*
~) even; 4. (*irgendwann*) one day; 5.
(*gerade* ~) (only) just; 6. *fam:* **Geld** ~ **u.**
~ heaps and heaps of money; ▶ ~ **e-n
Kaffee, bitte** another cup of coffee
please; (**wünschen Sie**) ~ **etw?** (do you
wish) anything else? **wie war doch** ~ **Ihr
Name?** what was your name again? ~
vor zwei Tagen no more than two days
ago; ~ **nicht** not yet; **ich möchte gern** ~
bleiben I'd like to stay on longer; **du
wirst es schon** ~ **verstehen** you'll
understand it one day; ~ **am selben Tag**
on the very same day; ~ **heute** this very
day; **dumm u. frech** ~ **dazu** stupid and
cheeky with it; ~ **obendrein** on top of
everything; **ich habe nur** ~ **e-n Freund**
I have only one friend left; **noch·ma-
lig** *adj* renewed; **noch·mals** *adv* again.
Nocken·wel·le (k·k) *f tech* camshaft.
No·ma·de (No·ma·din) [no'maːdə]
⟨-n, -n⟩ *m (f)* nomad; **No·ma·den·tum**
n nomadism.
No·men·kla·tur [nomɛnkla'tuːɐ] *f*
nomenclature.
No·mi·nal·wert *m* face value, nominal
value.

No·mi·na·tiv ['nominatiːf] *m gram*
nominative.
no·mi·nie·ren *tr* nominate; **No·mi-
nie·rung** *f* nomination.
Non·kon·for·mis·mus ['---'--] *m* non-
conformism; **Non·kon·for·mist(in)** *m*
(f) nonconformist.
Non·ne ['nɔnə] ⟨-, -n⟩ *f* 1. *eccl* nun; 2.
zoo (Falter) nun moth; **Non·nen-
klo·ster** *n* convent.
Nord·ame·ri·ka *n* North America.
**Nord·at·lan·ti·sches Ver·tei·di-
gungs·bünd·nis** *n pol mil* NATO Al-
liance.
Nor·den ['nɔrdən] ⟨-s⟩ *m geog* north;
▶ **von** ~ from the north; **nach** ~ to the
north; **das Zimmer liegt nach** ~ the
room faces north.
Nord·halb·ku·gel *f* Northern Hemis-
phere.
Nord·ir·land *n* Northern Ireland.
nor·disch *adj* 1. (*nördlich*) northern; 2.
(*skandinavisch*) nordic.
nörd·lich ['nœrtlɪç] I *adj* northern;
▶ ~**er Polarkreis** Arctic Circle; II *adv*
north (*von* of); III *prp* to the north of ...
Nord·licht *n* northern lights *pl;* **Nord-
osten** [-'--] *m* north-east; **nord·öst-
lich** I *adj* north-eastern; II *adv* north-
east (*von* of); III *prp* to the north-east
of; **Nord·pol** *m* North Pole; **Nord·see**
f North Sea; **Nord·Süd·Ge·fäl·le** *n
pol* North-South divide; **Nord·we-
sten** [-'--] *m* north-west; **nord·west-
lich** I *adj* north-western; II *adv* north-
west (*von* of); III *prp* to the north-west
of ...; **Nord·wind** *m* north wind.
Nör·ge·lei ⟨-, -en⟩ *f* grumbling; **nör-
geln** ['nœrgəln] *itr* 1. (*murren, knur-
ren*) grumble; 2. (*herum~, kritisieren*)
carp (*an* about); **Nörg·ler(in)** *m (f)* 1.
(*stets Murrender*) grumbler; 2. (*Mecke-
rer*) carper.
Norm [nɔrm] ⟨-, -en⟩ *f* standard; ▶ **die** ~
sein (*normal sein*) be the usual thing.
nor·mal [nɔr'maːl] *adj* 1. *allg* normal; 2.
(*von Maß, Gewicht*) standard; **Nor-
mal·ben·zin** *n* regular (petrol); **Nor-
mal·fall** *m* normal case; ▶ **im** ~ nor-
mally; **Nor·mal·grö·ße** *f* standard
size.
nor·ma·li·sie·ren I *tr* normalize; II *refl*
get back to normal.
Nor·mal·maß *n* standard measure;
Nor·mal·null *f (Abk* NN) sea-level;
Nor·mal·ver·brau·cher *m* average
consumer; ▶ **Otto** ~ *fam* Mr. Average;
Nor·mal·zeit *f* standard time; **nor-
men (nor·mie·ren)** *tr* standardize;
Nor·mie·rung (Nor·mung) *f* stan-
dardization.
Nor·we·gen ['nɔrveːgən] *n* Norway;
Nor·we·ger(in) *m (f)* Norwegian;
Nor·we·ger·pull·over *m* Norwegian
pullover; **nor·we·gisch** *adj* Nor-

wegian.

Nost·al·gie [nɔstal'giː] ⟨-⟩ nostalgia; **nost·al·gisch** *adj* nostalgic.

Not [noːt, *pl* 'nøːtə] ⟨-, ˌʧe⟩ *f* 1. *(Mangel)* want; *(Elend)* neediness; 2. *(Zwang, ~wendigkeit)* necessity; 3. *(Schwierigkeit)* difficulty, trouble; 4. *(Bedrängnis)* distress; ▶ **zur** ~ *(falls nötig)* if necessary; *(so eben noch)* at a pinch; **aus** ~ out of poverty; **s-e liebe** ~ **haben mit ...** have a hard time with ...; **ich helfe dir, wenn** ~ **am Mann ist** *fam* I'll help you if you're short; **aus der** ~ **e-e Tugend machen** *prov* make a virtue of necessity; ~ **leiden** suffer deprivation; **in der** ~ **frißt der Teufel Fliegen** *prov* beggars can't be choosers; ~ **macht erfinderisch** *prov* necessity is the mother of invention; **ich bin in großer** ~ I'm in great distress; **not** *adj:* ▶ ~ **tun** be necessary.

No·tar(in) [no'taːɐ] *m (f)* notary; **No·ta·ri·at** [notari'aːt] ⟨-(e)s, -e⟩ *n* notary's office; **no·ta·ri·ell** *adj* notarial; ▶ ~ **beglaubigen lassen** have attested by a notary.

Not·arzt (-ärz·tin) *m (f)* emergency doctor; **Not·arzt·wa·gen** *m* emergency doctor's car; **Not·auf·nah·me** *f* casualty (unit); **Not·aus·gang** *m* emergency exit; **Not·be·helf** *m* makeshift; **Not·be·leuch·tung** *f* emergency lighting; **Not·brem·se** *f rail* emergency brake; **Not·dienst** *m:* ▶ ~ **haben** *(Apotheke)* be open 24 hours; *(Arzt)* be on call; **Not·durft** ['noːtdurft] *f euph:* ▶ **s-e** ~ **verrichten** relieve o.s.; **not·dürf·tig** *adj* 1. *(behelfsmäßig)* makeshift; 2. *(armselig)* poor; ▶ **etw** ~ **ausbessern** repair s.th. in a rough-and-ready way; **sich** ~ **verständigen können** be able to just about (*od* at least) communicate.

No·te ['noːtə] ⟨-, -n⟩ *f* 1. *päd* mark; 2. *pol (Schriftstück)* note; 3. *mus* note; 4. *(Eigenart)* touch; ▶ **nach** ~**n singen** (spielen) sing (play) from music; **ganze** ~ *mus Br* semibreve, *Am* whole note; **halbe** ~ *mus Br* minim, *Am* half note; ~**n** *pl mus* music *sing;* **e-r Sache e-e persönliche** ~ **geben** give s.th. a personal touch; **No·ten·bank** *f fin* issuing bank, central bank; **No·ten·blatt** *n mus* sheet of music; **No·ten·pa·pier** *n mus* manuscript paper; **No·ten·stän·der** *m mus* music stand.

Not·fall *m* emergency; ▶ **im** ~ if needs be; **bei e-m** ~ in case of emergency; **not·falls** *adv* if need be; **not·gedrun·gen** ['--'--] I *adj* imperative; II *adv* perforce; **Not·gro·schen** *m* nest egg.

no·tie·ren [no'tiːrən] *tr itr* 1. *(Notizen machen)* make a note of ..., note (down); 2. *fin (an der Börse)* quote (*mit*

at); 3. *com (vormerken)* note; **No·tierung** *f* 1. *fin (an der Börse)* quotation; 2. *com (Auftrags~)* note.

nö·tig ['nøːtɪç] I *adj* necessary; ▶ **etw** (bitter) ~ **haben** need s.th. (badly); **habe ich es eigentlich** ~, **zu ...?** do I really need to ...? **Sie haben's gerade** ~, **sich zu beschweren!** *fam* you're a fine one to complain! **nur das N~ste** only the bare necessities *pl;* II *adv (dringend)* urgently; ▶ **ich muß mal ganz** ~ *euph (zur Toilette)* I'm dying to go; **nö·tigen** ['nøːtɪgən] *tr* 1. *(zwingen)* compel; 2. *(auffordern)* urge; ▶ **er läßt sich** (*od* **man muß ihn**) **immer erst** ~ he always needs prompting; **nö·ti·gen·falls** *adv* if necessary; **Nö·ti·gung** *f* 1. *(Zwang)* compulsion; 2. *jur* coercion.

No·tiz [no'tiːts] ⟨-, -en⟩ *f* 1. *(Zeitungs~)* item; 2. *(Vermerk)* note; ▶ **(keine)** ~ **nehmen von** take (no) notice of ...; **sich** ~**en machen** take notes; **No·tiz·block** ⟨-(e)s, -s⟩ *m* notepad, memo pad; **No·tiz·buch** *n* notebook; **No·tiz·zet·tel** *m* piece of paper.

Not·la·ge *f (Elend)* plight; ▶ **in e-r** ~ **sein** be in serious difficulties *pl;* **not|lan·den** ⟨sein⟩ *itr aero* make a forced landing; **Not·lan·dung** *f aero* forced (*od* emergency) landing; **not·leidend** *adj* needy; **Not·lö·sung** *f* temporary solution; **Not·lü·ge** *f* white lie.

no·to·risch [no'toːrɪʃ] *adj* notorious.

Not·ruf *m tele* emergency call; **Not·ruf·säu·le** *f* emergency telephone; **Not·rut·sche** *f aero* escape chute; **Not·sig·nal** *n* signal of distress; **Not·sitz** *m mot* foldaway seat; **Not·stand** *m* 1. *pol* state of emergency; 2. *(Krise)* crisis; ▶ **den** ~ **ausrufen** declare a state of emergency; **e-n** ~ **beheben** put an end to a crisis; **Not·stands·ge·biet** *n* 1. *(wirtschaftliches)* depressed area; 2. *(Katastrophenregion)* disaster area; **Not·stands·ge·setz** *n* emergency law; **Not·strom·ag·gre·gat** *n* emergency generating set; **Not·strom·versor·gung** *f* emergency power supply; **Not·un·ter·kunft** *f* emergency accommodation; **Not·ver·band** *m med* first-aid dressing; **Not·ver·kauf** *m* forced sale; **Not·wehr** *f Br* self-defence (*Am* defense).

not·wen·dig *adj* necessary; ▶ ~ **brauchen** need urgently; **das N~ste** *(das Nötigste)* the bare necessities *pl; (das Wesentliche)* the essentials *pl;* **Not·wen·dig·keit** *f* necessity.

Not·zucht ⟨-⟩ *f jur* rape (*an on*).

Nou·gat ['nuːgat] ⟨-s, -s⟩ *m* nougat.

No·vel·le [no'vɛlə] ⟨-, -n⟩ *f* 1. *(Erzählung)* novella; 2. *pol parl (Gesetzes~)* amendment.

No·vem·ber [no'vɛmbɐ] ⟨-(s), -⟩ *m* November.

Nu [nu:] *m:* ▶ **im** ~ in a flash (*od* a jiffy).

nüch·tern ['nʏçten] *adj* 1. *(nicht betrunken)* sober; 2. *fig (vernünftig)* down-to-earth, rational; 3. *fig (fade, trocken)* dry, insipid; ▶ **mit ~em (auf ~en) Magen** with (on) an empty stomach; **die ~en Tatsachen** the plain facts; **Nüch·tern·heit** *f* 1. *(Abstinenz)* sobriety; 2. *fig (Vernunft)* rationality; 3. *fig (Fadheit)* insipidity; 4. *fig (von Tatsachen)* plainness.

Nu·del ['nu:dəl] ⟨-, -n⟩ *f* 1. *(flache ~)* noodle; *(Faden~n) pl* vermicelli; 2. *fam:* ▶ **komische ~** funny character; **Nu·del·sup·pe** *f* noodle soup.

nu·kle·ar [nukle'aːɐ] *adj* nuclear; **Nu·kle·ar·in·du·strie** *f* nuclear industry; **Nu·kle·ar·me·di·zin** *f* nuclear medicine; **Nu·kle·ar·park** *m* nuclear arsenal; **Nu·kle·ar·test** *m* nuclear test.

Nu·kle·in·säu·re [nukle'iːn-] *f chem* nucleid acid.

Null [nʊl] ⟨-, -en⟩ *f* 1. *(Ziffer)* nought; *(auf Skalen, Thermometer etc)* zero; *tele Br* O [əʊ], *Am* zero; 2. *fig fam (Versager(in))* wash-out; ▶ **in ~ Komma nichts** *fam* in no time at all.

null *num (a. adj sl: kein)* zero; *tele Br* O [əʊ], *Am* zero; *sport* nil; *(beim Tennis)* love; ▶ **es ist ~ Uhr zwanzig** it's twenty *Br* past (*Am* after) midnight; **~ u. nichtig** null and void; **für ~ u. nichtig erklären** annul; **~ Komma zwei fünf** *math (0,25)* point two five (.25); **~ Ahnung haben von etw** *sl* be zero-rated at s.th.

Null·di·ät *f fam* calorie-free diet; **Null·lö·sung** *f pol* zero option; **Null·punkt** ⟨-(e)s⟩ *m* zero; ▶ **die Stimmung sank unter den ~** *fig* the atmosphere froze; **den** (*od* s-n) **~ erreicht haben** *fig* have reached rock-bottom; **Null·ta·rif** *m fam (kostenloses Fahren)* free travel; *(freier Eintritt)* free admission; ▶ **zum ~** free (of charge).

nu·me·rie·ren [nume'riːrən] *tr* number.

nu·me·risch [nu'meːrɪʃ] *adj* numerical.

Nu·me·rus ['nu:mərʊs] ⟨-, ɲumeri⟩ *m:* ▶ **~ clausus** *univ* restricted entry.

Num·mer ['nʊmɐ] ⟨-, -n⟩ *f* 1. *allg (a. von Zeitung)* number (*Abk* no., *pl* nos.); 2. *(Größe)* size; 3. *fam hum (Typ)* character; ▶ **auf ~ Sicher gehen** *fam* play it safe; **zieh doch deine ~ woanders ab!** *fam* put on your show somewhere else! **laufende ~** serial number; **e-e ~ wählen** *tele* dial a number; **Num·mern·kon·to** *n* numbered account; **Num·mern·schei·be** *f tele* dial; **Num·mern·schild** *n mot Br* number plate, *Am* license plate.

nun [nu:n] *adv* 1. *(jetzt)* now; 2. *(dann)* then; 3. *interj (los!)* come on! ▶ **er will ~ mal nicht** he simply doesn't want to; **~ ja, aber ...** all right, but ...; **~ also** well, then; **von ~ an** from now on; **~, da**

... now that ...; **was ~?** what now? **das habe ich ~ davon** serves me right; **~ erst recht!** just for that! **nun·mehr** *adv* now.

Nun·ti·us ['nʊntsiʊs] ⟨-, -tien⟩ *m eccl* nuncio.

nur [nu:ɐ] *adv* 1. *(einschränkend)* only; 2. *(eben)* just; ▶ **schon recht, ~ solltest du ...** all right, only you should ...; **wenn ~ ...** if only ...; **nicht ~ ..., sondern auch ...** not only .., but also ...; **warum tut er das ~?** why on earth does he do that? **~ zu!** *interj* go on! **du brauchst es ~ zu sagen** just say the word; **sollen sie ~ alle lachen!** let them all laugh! **was hat er ~?** I wonder what's wrong with him?

nu·scheln ['nʊʃəln] *tr itr fam* mumble.

Nuß [nʊs, *pl* 'nʏsə] ⟨-, ⁒sse⟩ *f bot a. fig* nut; ▶ **e-e harte ~ zu knacken haben** *fig* have a tough nut to crack; **er ist e-e harte ~** *fig* he's a tough nut to crack; **Nuß·baum** *m* 1. *bot* walnut tree; 2. *(Holz des ~s)* walnut; **Nuß·knacker** **(k·k)** *m* nutcrackers *pl;* **Nuß·scha·le** *f* 1. nutshell; 2. *fig (Boot)* cockleshell.

Nü·ster ['nʏstɐ] ⟨-, -n⟩ *f* nostril.

Nu·te [nu:t(ə)] ⟨-, -en⟩ *f* chase, flute, groove.

Nut·te ['nʊtə] ⟨-, -n⟩ *f sl pej Br* pro, *Am* hooker.

nutz·bar *adj* utilizable; ▶ **~ machen** utilize; **Nutz·bar·ma·chung** *f* utilization; **nutz·brin·gend** *adj* profitable; ▶ **etw ~ anwenden** turn s.th. to good account.

nüt·ze ['nʏtsə] *adj pred:* ▶ **zu etw (nichts) ~ sein** be useful for s.th. (be of no use for anything).

Nutz·ef·fekt *m* efficiency.

Nut·zen ['nʊtsən] ⟨-s⟩ *m* 1. *(Vorteil)* advantage, benefit; *(Gewinn)* profit; 2. *(Nützlichkeit)* usefulness; ▶ **zum ~ von ...** for the benefit of ...; **jdm von ~ sein** be useful to s.o.; **wer hat den ~ davon?** who reaps the benefits of it?

nut·zen (nüt·zen) I *tr (gebrauchen)* make use of ..., use; II *itr* be of use (*jdm* to s.o., *zu etw* for s.th.); ▶ **es nützt nichts** it's no use; **das nützt wenig** that's not much use; **das nützt doch niemandem** but that's of no use to anyone.

Nutz·fahr·zeug *n com* commercial vehicle; **Nutz·flä·che** *f* 1. *(in Geschäft etc)* usable floor-space; 2. *(in Landwirtschaft)* productive land; **Nutz·holz** *n Br* timber, *Am* lumber; **Nutz·last** *f* maximum load; **Nutz·lei·stung** *f tech* useful power; **Nutz·pflan·ze** *f* useful plant.

nütz·lich ['nʏtslɪç] *adj* 1. *(nutzbringend)* useful; 2. *(hilfreich)* helpful; **Nütz·lich·keit** *f* 1. *(Nutzen)* utility; 2. *(Vorteilhaftigkeit)* advantage; 3. *(Dienlichkeit)* helpfulness; **Nütz·lich·keits·den·ken**

n utilitarian thinking.
nutz·los *adj* useless; **Nutz·lo·sig·keit**
f uselessness.
Nutz·nie·ßer(in) ['nʊtsniːsə] *m (f) allg*
beneficiary; *jur* usufructuary.
Nut·zung *f* 1. *(Gebrauch)* use; 2. *(das
Ausnutzen)* exploitation; **Nut·zungs-**

recht *n jur* usufruct.
Ny·lon ['naɪlon] *n chem (Wz)* nylon.
Nym·phe ['nʏmfə] *f* nymph.
Nym·pho·ma·nie [nʏmfomaˈniː] *f*
nymphomania; **Nym·pho·ma·nin** *f*
nymphomaniac.

O

O, o [o:] ⟨-, -⟩ *n* O, o.

o *interj* oh! ▶ ~ **ja!** oh yes! ~ **nein!** oh no! ~ **weh!** oh dear!

O-Bei·ne *pl fam* bandy legs, bowlegs; **o-bei·nig** *adj* bandy-legged.

Oa·se [oˈaːzə] ⟨-, -n⟩ *f a. fig* oasis.

ob [ɔp] *conj* 1. *(Frage einleitend)* if, whether; 2. *(vergleichend):* **als ~** as if; 3. *fam:* **und ~!** you bet! ▶ **~ sie mich wohl liebt?** I wonder if she loves me; **ich weiß nicht, ~ sie kommen** I don't know whether or not they're coming; **und ~ ich stärker bin!** *fam* you bet I'm stronger! **tu doch nicht so, als ~ (dich das interessiert)!** *fam* stop pretending (to be interested)!

Ob·dach *n* shelter; **ob·dach·los** *adj* homeless; ▶ **~ werden** be made homeless; **Ob·dach·lo·se(r)** *f m* homeless person; **Ob·dach·lo·sen·asyl** *n* shelter for the homeless.

Ob·duk·ti·on [ɔpdʊkˈtsjoːn] *f* postmortem (examination).

oben [ˈoːbən] *adv* 1. *(vorher: in Brief)* above; 2. *(in der Höhe)* up; 3. *(hoch ~, am oberen Ende)* at the top; 4. *(die Treppe hinauf)* upstairs; 5. *(an der Oberfläche)* on the surface; ▶ **ganz ~** *a. fig* right at the top; **hier (dort) ~** up here (there); **von ~ bis unten** from top to bottom; *(bei Person)* from head to toe; **nach ~** upwards; *(im Haus)* upstairs; **der Befehl kommt von ~** *fig* it's orders from above; **der Weg nach ~ ist hart** *a. fig* it's hard to get to the top; **siehe ~** see above; **wie ~ erwähnt** as mentioned above; **von ~ herab** *fig* condescendingly; **~ ohne (gehen)** *fam* (be) topless; **mit dem Gesicht nach ~** face uppermost; **oben·an** [ˈ--ˈ-] *adv* at the top; **oben·auf** [ˈ--ˈ-] *adv* on the top; ▶ **wieder ~ sein** *fig fam (wieder gesund sein)* be back on form; **obendrein** [ˈ--ˈ-] *adv fam* on top of everything; **oben·er·wähnt** *adj* above-mentioned.

Ober [ˈoːbɐ] ⟨-s, -⟩ *m* waiter; ▶ **Herr ~!** waiter!

Ober·arm *m* upper arm; **Ober·arzt (-ärz·tin)** *m (f)* senior physician; **Ober·be·fehl** ⟨-s⟩ *m mil* supreme command *(über of)*; ▶ **den ~ haben** be in supreme command; **Ober·be·fehls·ha·ber** *m mil* commander-in-chief *(Abk fam* cominch); **Ober·be·klei·dung** *f* outer clothing; **Ober·bett** *n* quilt; **Ober·bür·ger·mei·ster(in)** *m*

(f) Lord Mayor.

Obe·re ⟨-n⟩ *n* top; **obe·re** [ˈoːbərə] *adj attr* upper; ▶ **die ~n Zehntausend** *fam* the upper crust.

Ober·feld·we·bel *m mil* 1. *(beim Heer)* Br staff *(Am* first*)* sergeant; 2. *(bei der Luftwaffe)* Br flight *(Am* master*)* sergeant; **Ober·flä·che** *f* 1. *a. fig* surface; 2. *math* surface area; ▶ **an die ~ kommen** (come to the) surface; *fig* emerge; **ober·fläch·lich** *adj a. fig* superficial; **ober·gä·rig** *adj (Altbier etc)* top-fermented; **Ober·ge·schoß** *n* upper floor; ▶ **im dritten ~** on the *Br* third *(Am* fourth*)* floor.

ober·halb *adv prp* above.

Ober·hand *f fig:* ▶ **die ~ (über jdn) gewinnen** get the better (of s.o.).

Ober·haupt *n* head; **Ober·haus** *n pol* 1. *allg* upper house; 2. *Br* House of Lords; **Ober·hemd** *n* shirt.

Obe·rin [ˈoːbərɪn] *f* 1. *eccl* Mother Superior; 2. *(im Krankenhaus)* matron.

ober·ir·disch *adj* above ground; *el* overhead.

Ober·kell·ner(in) *m (f)* head waiter (waitress); **Ober·kie·fer** *m* upper jaw; **Ober·kom·man·do** *n mil* 1. *(Oberbefehl)* supreme command; 2. *(~stab)* headquarters *pl;* **Ober·kör·per** *m* upper part of the body; **Ober·lauf** *m (e-s Flusses)* headwaters *pl,* upper course *(od* reaches *pl);* **Ober·le·der** *n* uppers *pl;* **Ober·lei·tung** *f* 1. *(Führung)* direction; 2. *el* overhead cable; **Ober·lei·tungs·om·ni·bus** *m (Abk* Obus*)* trolleybus; **Ober·leut·nant** *m mil* 1. *(beim Heer) (Am* first*) Br* lieutenant; 2. *(bei der Luftwaffe) Br* flying officer, *Am* first lieutenant; 3. *mar:* **~ zur See** lieutenant; **Ober·licht** *n* 1. *(Fenster)* high window; 2. *(an Tür)* fanlight; **Ober·lip·pe** *f* upper lip; **Ober·ma·te·ri·al** ⟨-s, -ien⟩ *n (von Schuh)* upper; **Ober·pri·ma** *f obs Br* upper sixth, *Am* senior grade; **Ober·schen·kel** *m* thigh; **Ober·schicht** *f fig* upper strata *pl;* **Ober·schwe·ster** *f* senior nursing officer; **Ober·sei·te** *f* top side.

Oberst [ˈoːbest] ⟨-en/-s, -en/(-e)⟩ *m mil* 1. *(beim Heer)* colonel; 2. *(Luftwaffen~) Br* group captain, *Am* colonel.

Ober·staats·an·walt (-an·wäl·tin) [ˈ--ˈ---] *m (f) jur Br* public prosecutor, *Am* district attorney.

ober·ste *adj* 1. topmost, uppermost; 2. *fig* supreme; ▶ **das O~ zuunterst keh-**

ren turn everything upside down; **O~r Gerichtshof** *allg a. Am* Supreme Court, *Br* High Court of Justice.
Ober·trot·tel *m fam* prize idiot.
Ober·ver·wal·tungs·ge·richt ['---'----] *n jur* Higher Administrative Court.
Ober·was·ser *n (bei Schleuse)* backwater; ► ~ **haben** *fig fam* have the upper hand.
ob·gleich [-'-] *conj* although, even though.
Ob·hut ['ɔphuːt] ‹-› *f* care; ► **jdn in (s-e) ~ nehmen** take care of s.o.
obi·ge *adj attr* above.
Ob·jekt [ɔp'jɛkt] ‹-(e)s, -e› *n a. gram* object.
Ob·jek·tiv ‹-s, -e› *n phot* lens, objective.
ob·jek·tiv *adj* objective.
Ob·jek·ti·vi·tät *f* objectivity; ► **sich um größtmögliche ~ bemühen** try to be as objective as possible.
Ob·jekt·satz *m ling* object clause.
ob·lie·gen [-'--] ‹ohne ge-› *irr itr:* ► **jdm ~** be incumbent upon s.o.; **Ob·lie·gen·heit** *f* incumbency.
ob·li·gat [ɔbli'gaːt] *adj* obligatory; **Ob·li·ga·tion** *f a. fin* obligation; **ob·li·ga·to·risch** *adj* obligatory; *päd (von Pflichtfächern)* compulsory.
Ob·mann *m* representative; ► ~ **der Geschworenen** foreman of the jury.
Oboe [o'boːə] ‹-, -n› *f mus* oboe.
Ob·rig·keit ['oːbrɪçkaɪt] *f:* ► **die ~** *(die Behörden)* the authorities *pl;* **ob·rig·keit·lich** *adj* authoritarian; **Ob·rig·keits·staat** *m* authoritarian state.
ob·schon [-'-] *conj* although.
Ob·ser·va·to·rium [ɔpzɛrva'toːriʊm] *n* observatory.
Obst [oːpst] ‹-(e)s› *n* fruit; **Obst·bau** *m* fruit-growing; **Obst·baum** *m* fruit-tree; **Obst·ern·te** *f* fruit-crop; **Obst·gar·ten** *m* orchard; **Obst·hand·lung** *f Br* fruiterer's (shop), *Am* fruit-store; **Obst·mes·ser** *n* fruit-knife; **Obst·pflücker(in) (k·k)** *m (f)* fruit-gatherer; **Obst·sa·lat** *m* fruit-salad; **Obst·tor·te** *f Br* tart, *Am* fruit pie.
ob·szön [ɔps'tsøːn] *adj* obscene; **Ob·szö·ni·tät** *f* obscenity.
O-bus ['oːbus] ‹-ses, -se› *m fam* trolley.
ob·wohl [-'-] *conj* (al)though.
Och·se ['ɔksə] ‹-n, -n› *m* 1. *zoo* bullock, ox; 2. *fig (Schimpfwort)* blockhead, dope; **och·sen** *itr fam* mug, swot; **Och·sen·schwanz·sup·pe** *f* oxtail soup.
Ocker (k·k) ['ɔkɐ] ‹-s› *m od n* ochre.
Ode ['oːdə] ‹-, -n› *f* ode.
Öde ['øːdə] ‹-, -n› *f* 1. *(öde Gegend)* desert, waste(land); 2. *fig (Langweiligkeit)* dreariness, monotony; **öde** *adj* 1. *(leer, verlassen)* abandoned, empty; *(unbewohnt)* bleak, desolate; *(unbebaut)* waste; 2. *fig (langweilig)* dreary,

dull.
oder ['oːdə] *conj* or; ► ~ **aber** ... or else ...; ~ **auch** or perhaps; **entweder** ... ~ either ... or; **Sie kommen doch,** ~? you're coming, aren't you? **sie kommt nicht,** ~ **doch?** she won't come, or will she?
Oder-Neiße-Linie *f* Oder-Neisse-Line.
Öd·land *n* wasteland.
Ofen ['oːfən] *pl* '**ɔːfən** ‹-s, -› *m* 1. *(Herd)* stove; 2. *(Back~)* oven; 3. *(Brenn~)* kiln; *el (Heiz~)* heater; 4. *(Hoch~)* furnace; ► **jetzt ist der ~ aus!** *fig fam* now it's curtains for you *(od* us *od* them *etc)!* **Ofen·rohr** *n* stovepipe; **Ofen·schirm** *m* firescreen.
Off ‹-› *n theat TV film* offstage.
of·fen ['ɔfən] *adj* 1. *allg (a. fig: freimütig)* open; 2. *fig (frei, vakant)* vacant; 3. *fig (unerledigt, a. fin com: ~stehend)* outstanding; ► **auf ~er See** on the open sea; **Überfall auf ~er Straße** mugging; **~er Wein** wine by the carafe; **Tag der ~en Tür** open day; **ich bin Vorschlägen gegenüber stets ~** I am always open to suggestions; **~er Widerstand** open resistance; **wir ließen die Angelegenheit ~** we left the matter open; **zu jdm ~ sein** be open with s.o.; ~ **gesagt** ... to tell you the truth ..., to be honest ...; **s-e Meinung ~ sagen** speak one's mind; **ein ~es Wort mit jdm reden** have a frank talk with s.o.; **mit ~em Mund dastehen** *fig* stand gaping; **~e Türen einrennen** *fig* kick at an open door *sing;* **~e Handelsgesellschaft** *(Abk* **OHG)** *com* general partnership; **~e Stelle** vacant post, vacancy; **ein ~es Geheimnis** an open secret.
of·fen·bar ['ɔfən'baːə] I *adj* obvious; II *adv (vermutlich)* apparently; **of·fen·ba·ren** [--'--] ‹ohne ge-› I *tr* reveal; II *refl:* ► **sich jdm ~** reveal o.s. to s.o.; **Of·fen·ba·rung** *f* revelation; **Of·fen·ba·rungs·eid** *m jur* oath of manifestation.
of·fen|blei·ben ‹sein› *irr itr a. fig* remain open.
of·fen|hal·ten *irr tr a. fig* keep open; ► **die Ohren ~** keep one's ear open.
Of·fen·heit *f* candour, frankness, openness.
of·fen·her·zig *adj* 1. *(frank, freimütig)* candid, frank, open-hearted; 2. *hum fam (tief ausgeschnitten)* revealing.
of·fen·kun·dig ['--'--] *adj* clear, obvious; ► **~e Lüge** downright lie.
of·fen|las·sen *irr tr a. fig* leave open.
of·fen·sicht·lich ['-'--] *adj* obvious.
of·fen·siv [ɔfɛn'ziːf] *adj* offensive; **Of·fen·si·ve** ‹-, -n› *f* offensive; ► **in die ~ gehen** take the offensive.
of·fen|ste·hen *irr itr* 1. *(Fenster, Tür etc)* be open; 2. *com (Rechnung)* be outstanding; 3. *fig (zugänglich, erreich-*

bar sein) be open *(jdm* to s.o.).

öf·fent·lich ['œfəntlɪç] *adj* public; ▶ ~es Ärgernis erregen cause public annoyance; etw ~ bekanntmachen make s.th. public; ~e Toilette *Br* public convenience, *Am* public comfort station; ~e Betriebe public utilities *pl;* ~e Verkehrsmittel means of public transport; Persönlichkeit des ~en Lebens person in public life; die ~e Meinung public opinion; ~es Recht *jur* public law; Anstalt ~en Rechts public institution; **Öf·fent·lich·keit** *f* public; ▶ mit etw an die ~ treten bring s.th. before the public; unter Ausschluß der ~ tagen meet behind closed doors *(od jur* in camera); in aller ~ in public; an die ~ gelangen become known; die ~ scheuen shun publicity; **Öf·fent·lich·keits·ar·beit** *f* public relations *pl;* **öf·fent·lich-recht·lich** *adj* under public law.

of·fi·zi·ell [ɔfi'tsjɛl] *adj* official.

Of·fi·zier [ɔfi'tsi:ɐ] ⟨-s, -e⟩ *m mil* officer; ▶ ~ werden *(zum ~ ernannt werden)* be commissioned; mein Sohn will ~ werden *(die ~slaufbahn einschlagen)* my son wants to be an officer; dienstthabender ~ officer of the day; **Of·fi·ziers·an·wär·ter** *m mil* officer cadet.

Off·line-Be·trieb *m EDV* off-line mode.

öff·nen ['œfnən] *tr itr refl* open; **Öffner** *m* opener; **Öff·nung** *f* opening; **Öff·nungs·po·li·tik** *f* policy of openness; **Öff·nungs·win·kel** *m phot tech* aperture angle; **Öff·nungs·zei·ten** *pl* hours of business.

Off·set·druck ['ɔfsɛt-] *m typ* offset printing.

oft (oft·mals) [ɔft] *adv* frequently, often; ▶ je öfter . . ., desto . . . the more often . . . the . . .; des öfteren quite often.

öf·ter ['œftə] *adv (gelegentlich)* (every) once in a while.

oh [o:] *interj* oh!

oh·ne ['o:nə] **I** *prp* without; ▶ ~ weiteres just like that; so ~ weiteres geht das nicht it doesn't work that easily; das kann man ~ weiteres sagen it's quite all right to say that; die Sache ist nicht ~ *fam (nicht schlecht)* it's by no means bad; er ist gar nicht so ~ *fam* he's pretty hot indeed; sei ~ Sorge don't worry; **II** *conj:* ▶ ~ etw zu tun without doing s.th.; ~ daß ich es bemerkte, . . . without my noticing it . . .; **oh·ne·dies (oh·ne·hin)** [--'-/'---] *adv* anyway; **oh·ne·glei·chen** ['--'--] *adj* unparalleled; ▶ ein Sieg ~ an unparalleled victory.

Ohn·macht ⟨-, -en⟩ *f* **1.** *(Bewußtlosigkeit)* faint, swoon; **2.** *fig (Machtlosigkeit)* powerlessness; ▶ in ~ fallen faint *(vor* from); **ohn·mäch·tig** *adj* **1.** *(bewußtlos)* unconscious; **2.** *fig (machtlos)* powerless; ▶ werden faint *(vor* from);

sie ist ~ ! she's fainted! ~e Wut *fig* helpless rage; e-r Sache ~ gegenüberstehen *fig* be helpless in the face of s.th.

Ohr [o:ɐ] ⟨-(e)s, -en⟩ *n* ear; ▶ sich aufs ~ legen *fam* turn in; ganz ~ sein *hum fam* be all ears *pl;* auf dem linken ~ taub sein be deaf in the left ear; jdm etw um die ~en hauen *fam* hit s.o. over the head with s.th.; viel um die ~en haben *fig fam* have a lot on one's plate; jdm zu ~en kommen reach someone's ears; sitzt du auf deinen ~en? *fam* are you deaf or s.th.? jdn übers ~ hauen *fig fam* pull a fast one on s.o.; bis über die ~en in Schulden stecken *fig fam* be up to one's ears in debt; bis über beide ~en in jdn verliebt sein *fig fam* be head over heels in love with s.o.; jdm mit etw in den ~en liegen *fig fam* badger s.o. for s.th.; die ~en steif halten *fig fam* keep a stiff upper lip; die ~en spitzen *fig fam* prick up one's ears; es geht zum e-n ~ hinein u. zum anderen heraus *fam* it goes in one ear and out the other; auf dem ~ bin ich taub! *fig fam* nothing doing!

Öhr [ø:ɐ] ⟨-(e)s, -e⟩ *n (Nadel~)* eye.

oh·ren·be·täu·bend *adj fig* deafening; **Oh·ren·sau·sen** *n* buzzing in one's ears; **Oh·ren·schmalz** *n* earwax; **Oh·ren·schüt·zer** *m pl* earmuffs; **Oh·ren·zeu·ge (-zeu·gin)** *m (f)* earwitness.

Ohr·fei·ge *f* box on the ears; ▶ jdm e-e ~ geben slap someone's face; **ohr·fei·gen** *tr* slap; **Ohr·läpp·chen** ['o:ɐlɛpçən] *n* (ear)lobe; **Ohr·muschel** *f* outer ear, *anat* auricle; **Ohr·ring** *m* earring; **Ohr·wurm** *m* **1.** *zoo* earwig; **2.** *mus fam* earcatcher.

ok·kult [ɔ'kʊlt] *adj* occult; **Ok·kul·tis·mus** *m* occultism.

Ok·ku·pant [ɔku'pant] *m mil* occupying power; **Ok·ku·pa·tion** *f pol* occupation; **ok·ku·pie·ren** *tr* occupy.

Öko- *pref* ecological; **Öko·lo·ge (Öko·lo·gin)** [øko'lo:gə] *m (f)* ecologist; **Öko·lo·gie** *f* ecology; **Öko·lo·gie·be·we·gung** *f* ecology movement.

Öko·nom (Öko·no·min) [øko'no:m] ⟨-en, -en⟩ *m (f)* economist; **Öko·no·mie** *f* **1.** *(Wirtschaftlichkeit)* economy; **2.** *(Wirtschaft)* economy; **3.** *(Wirtschaftswissenschaft)* economics *sing;* **öko·no·misch** *adj* **1.** *(auf die Wirtschaft(lichkeit) bezogen)* economic; **2.** *(sparsam)* economical.

Öko·par·tei *f* ecology party.

Öko·sy·stem *n* eco-system.

Ok·ta·eder [ɔkta'e:də] ⟨-s, -⟩ *m math* octahedron.

Ok·tav·band *m* octavo volume.

Ok·ta·ve [ɔk'ta:və] ⟨-, -n⟩ *f mus* octave.

Ok·to·ber [ɔk'to:bə] ⟨-(s), ⟩ *m* October.

Oku·lar [oku'la:ɐ] ⟨-s, -e⟩ *n* eyepiece, ocular.

oku·lie·ren *tr bot* graft.
Öku·me·ne [øku'me:nə] *f eccl* ecumenical movement; **öku·me·nisch** *adj eccl* ecumenical.
Ok·zi·dent [ɔktsi'dɛnt] ⟨-s⟩ *m* occident.
Öl [ø:l] ⟨-(e)s, -e⟩ *n* oil; ▶ ~ ins Feuer gießen *fig* add fuel to the fire; in ~ malen paint in oils *pl;* auf ~ stoßen strike oil; **Öl·ab·schei·der** *m (an Garage etc)* oil separator; **Öl·baum** *m bot* olive tree; **Öl·bild (Öl·ge·mäl·de)** *n* oil painting.
Old·tl·mer ['o:ltˌtaimə] ⟨-s, -⟩ *m mot* 1. *(Sammlerfahrzeug)* classic car; 2. *hum (altes Auto)* veteran car.
ölen *tr* oil; ▶ wie ein geölter Blitz *fig fam* like greased lightning.
Öl·far·be *f* oil paint *(od* colour); **Öl·fleck** *m* oilstain; **Öl·ge·mäl·de** *n* oil painting; **Öl·ge·win·nung** *f* oil production; **Öl·ha·fen** *m* oil terminal; **öl·hal·tig** *adj (Öl enthaltend)* containing oil; **Öl·hei·zung** *f* oil(-fired) heating.
ölig *adj a. fig* oily.
Oli·ve [o'li:və] ⟨-, -n⟩ *f bot* olive; **Oli·ven·baum** *m* olive tree; **Oli·ven·öl** *n* olive oil; **oliv·grün** *adj* olive-green.
Öl·jacke (k·k) *f mar* oilskin jacket; **Öl·ka·ni·ster** *m* oil can; **Öl·kon·zern** *m* oil company; **Öl·kri·se** *f* oil crisis.
oll [ɔl] *adj fam* old; ▶ je ~, je doller the older, the sillier; wo habe ich nur das ~e Ding hingetan? I wonder where I've put that silly old thing?
Öl·la·che *f* pool of oil; **Öl·lei·tung** *f* 1. *(Pipeline)* pipeline; 2. *mot* oil lead; **Öl·lie·fe·rant** *m* oil supplier; **Öl·meß·stab** *m mot* dipstick; **Öl·pest** *f* oil pollution; **Öl·platt·form** *f* oil rig; **Öl·pum·pe** *f mot* oil pump; **Öl·quel·le** *f* oil well; **Öl·raf·fi·ne·rie** *f* oil refinery; **Öl·sar·di·ne** *f* sardine; ▶ wie die ~n dasitzen *fam* be crammed in like sardines; **Öl·scheich** *m hum* oil sheikh; **Öl·schicht** *f* oil film; **Öl·stand** *m mot* oil level; **Öl·stands·mes·ser** *m mot* oil pressure gauge; **Öl·tan·ker** *m* oil tanker; **Öl·tep·pich** *m* oil slick.
Ölung *f* oiling; ▶ die Letzte ~ *eccl* the extreme unction.
Öl·ver·brauch *m mot* oil consumption; **Öl·ver·knap·pung** *f* oil shortage; **Öl·vor·kom·men** *n* oil deposit; **Öl·wan·ne** *f mot Br* sump, *Am* oil pan; **Öl·wech·sel** *m mot* oil change; ▶ e-n ~ machen do an oil change.
Olym·pia·de [olʏm'pja:də] ⟨-, -n⟩ *f* Olympics *pl.*
olym·pisch *adj* 1. *rel* Olympian; 2. *(die O~en Spiele angehend)* Olympic; ▶ die O~en Spiele the Olympic Games.
Oma ['o:ma] ⟨-, -s⟩ *f fam* grandma, granny.
Ome·let·te [ɔm(ə)'lɛt] ⟨-, -n⟩ *f* om-elet(te).
Omen ['o:mən] ⟨-s, -⟩ *n* omen; **omi·nös** [omi'nø:s] *adj* ominous.
Om·ni·bus ['ɔmnibʊs] ⟨-ses, -se⟩ *m* bus; ▶ mit dem ~ fahren go by bus; **Om·ni·bus·hal·te·stel·le** *f* bus stop; **Om·ni·bus·li·nie** *f* bus line.
Ona·nie [ona'ni:] *f* masturbation.
On·kel ['ɔŋkəl] ⟨-s, -⟩ *m* uncle; ▶ der ~ Doktor *fam* the nice doctor.
On-line-Be·trieb *m EDV* on-line mode.
Onyx ['o:nʏks] ⟨-(es)⟩ *m* onyx.
Opa ['o:pa] ⟨-s, -s⟩ *m fam* grandad, grandpa.
Opal [o'pa:l] ⟨-s, -e⟩ *m* opal.
Oper ['o:pɐ] ⟨-, -n⟩ *f* 1. *mus (als Gattung)* opera; 2. *(~nhaus)* opera house; ▶ in die ~ gehen go to the opera.
Ope·ra·teur(in) [opəra'tø:ɐ] ⟨-s, -e⟩ *m (f) med* surgeon; **Ope·ra·tion** *f* operation; ▶ sich e-r ~ unterziehen undergo an operation; **Ope·ra·tions·saal** *m med* operating *Br* theatre *(Am* room); **Ope·ra·tions·tisch** *m* operating table.
ope·ra·tiv *adj* 1. *med* operative; 2. *mil* operational.
Ope·ret·te [opə'rɛtə] ⟨-, -n⟩ *f mus* operetta.
ope·rie·ren I *tr* operate on *(jdn am Magen etc* someone's stomach *etc);* II *itr a. mil u. fig* operate; ▶ sich ~ lassen have an operation.
Opern·glas *n* opera glasses *pl;* **Opern·haus** *n* opera house; **Opern·sän·ger(in)** *m (f)* opera singer.
Op·fer ['ɔpfɐ] ⟨-s, -⟩ *n* 1. *(~gabe, a. fig)* sacrifice; 2. *(Geopferter, Geschädigter)* victim; ▶ ein ~ (für jdn) bringen make a sacrifice (for s.o.); kein ~ scheuen consider no sacrifice too great; jdm etw zum ~ bringen offer s.th. as a sacrifice to s.o.; jdm (e-r Sache) zum ~ fallen fall a victim to s.o. (s.th.); **op·fern** I *tr itr a. fig* sacrifice; II *refl* 1. *(sich auf~)* sacrifice o.s.; 2. *hum fam (sich hergeben)* be a martyr; **Op·fer·stock** *m eccl* offertory box; **Op·fe·rung** *f* 1. *(das Opfern)* sacrifice; 2. *eccl* offertory; **op·fer·wil·lig** *adj* willing to make sacrifices.
Opi·um ['o:piʊm] ⟨-s⟩ *n* opium.
op·po·nie·ren [ɔpo'ni:rən] *itr* oppose *(gegen jdn od etw* s.o. *od* s.th.).
op·por·tun [ɔpɔr'tu:n] *adj* opportune; **Op·per·tu·nis·mus** *m* oppertunism; **Op·por·tu·nist(in)** *m (f)* opportunist; **op·por·tu·ni·stisch** *adj* opportunist(ic).
Op·po·si·tion *f* opposition; **Op·po·si·tions·füh·rer(in)** *m (f) parl* opposition leader.
Op·tik ['ɔptɪk] *f* 1. optics *pl;* 2. *phot* lens system; ▶ nur der ~ wegen *fig* for visual effect only; **Op·ti·ker(in)** *m (f)*

optician.

op·ti·mal [ɔpti'ma:l] *adj* optimal; ▶ **das ist nicht ~** *fam* that's not ideal; **op·ti·mie·ren** *tr* optimize; **Op·ti·mis·mus** *m* optimism; **Op·ti·mist(in)** *m (f)* optimist; **op·ti·mi·stisch** *adj* optimistic.

op·tisch *adj* visual; *opt* optical; ▶ **~e Täuschung** optical illusion; **rein ~** *fam* visually.

Ora·kel [o'ra:kəl] ⟨-s, -⟩ *n* oracle; **ora·keln** ⟨ohne ge-⟩ *itr* **1.** *(in dunklen Worten reden)* speak in riddles; **2.** *hum (über Zukünftiges)* prognosticate.

Orang-Utan ['o:raŋ'u:tan] ⟨-s, -s⟩ *m zoo* orang-outang.

Oran·ge¹ [o'ranʒə] ⟨-, -n⟩ *f bot* orange.

Orange² ⟨-⟩ *n (Farbe)* orange.

oran·ge·far·ben *adj* orange.

Oran·gen·mar·me·la·de *f* marmelade; **Oran·gen·scha·le** *f* orange-peel.

Oran·ge·rie [---'-] *f* orangery.

Ora·to·ri·um [ora'to:riʊm] ⟨-s, -rien⟩ *n mus* oratorio.

Or·che·ster [ɔr'kɛstə] ⟨-s, -⟩ *n mus* orchestra; **Or·che·ster·gra·ben** *m* orchestra pit.

Or·chi·dee [ɔrçi'de:] ⟨-, -n⟩ *f bot* orchid.

Or·den ['ɔrdən] ⟨-s, -⟩ *m* **1.** *rel (Mönchs~ etc)* order; **2.** *(Auszeichnung)* decoration; ▶ **jdm e-n ~ für etw verleihen** decorate s.o. for s.th.; **Or·dens·band** *n* **1.** *allg* ribbon; **2.** *mil* medal ribbon; **Or·dens·geist·liche(r)** *m (f) eccl* priest in a religious order.

or·dent·lich ['ɔrdəntlıç] *adj* **1.** *(aufgeräumt)* orderly, tidy; **2.** *(anständig)* decent; *(achtbar)* respectable; **3.** *(annehmbar, vernünftig)* reasonable; **4.** *fam (tüchtig, gehörig)* proper, real; ▶ **ein ~es Frühstück** a proper breakfast; **e-e ~e Tracht Prügel** a proper hiding; **~er Professor** full professor; **sie haben ihn ~ über's Ohr gehauen** they cheated him properly.

Or·der ['ɔrdə] ⟨-, -s/-n⟩ *f (Anweisung; a. com: Auftrag)* order; ▶ **an die ~ von . . . com** to the order of . . .; **sich an s-e ~ halten** stick to one's orders *pl.*

or·dern *tr com* order.

or·di·när [ɔrdi'nɛ:ɐ] *adj* **1.** *(vulgär)* vulgar; **2.** *(alltäglich)* ordinary.

Or·di·na·rius [ɔrdi'na:riʊs] ⟨-, -rien⟩ *m* professor *(für of).*

ord·nen ['ɔrdnən] **I** *tr* **1.** *(organisieren)* order, organize; **2.** *(in Ordnung bringen)* put in order; **3.** *(an~, sortieren)* arrange; **II** *refl* **1.** *(in (e-e) Ordnung kommen)* get into order; **2.** *(sich an~, bilden)* form *(zu etw s.th.);* **Ord·ner** *m* **1.** *(bei Versammlung etc)* steward; **2.** *(Akten~)* file.

Ord·nung *f* **1.** *(das Ordnen)* ordering; **2.** *(Ergebnis des Ordnens)* order; **3.** *(Regelung)* rules *pl;* **4.** *(Gesetzmäßigkeit)* routine; **5.** *(Rang, a. math u. biol)* order;

▶ **~ halten (schaffen)** keep (put) things in order; **(er ist) in ~** (he's) all right *(fam* OK); **jdn zur ~ rufen** call s.o. to order; **das bringen Sie wieder in ~!** you'll sort this out! **können Sie diese Maschine wieder in ~ bringen?** can you fix this machine? **die Maschine ist (wieder) in ~** the machine is fixed (again); **mit meinem CD-Spieler ist etwas nicht in ~** there's s.th. wrong with my CD-player; **klar, geht in ~!** *fam* sure, that's OK! **~ muß sein!** we must have order! **man muß sich an die ~ halten** one must stick to the rules; **nur der ~ halber** only as a matter of form; **er ist ein Genie erster ~** he is a genius of the first order.

ord·nungs·ge·mäß *adj* according to the rules; ▶ **~ ablaufen** take its proper course.

Ord·nungs·ruf *m parl* call to order; **Ord·nungs·stra·fe** *f* fine; ▶ **jdn mit e-r ~ belegen** fine s.o.; **ord·nungs·wid·rig** *adj jur* irregular; ▶ **~ handeln** infringe regulations; **Ord·nungs·wid·rig·keit** *f jur* infringement; **Ord·nungs·zahl** *f* **1.** *math* ordinal number; **2.** *phys* atomic number.

Or·gan [ɔr'ga:n] ⟨-s, -e⟩ *n* **1.** *med anat (Körper~)* organ; **2.** *fam (Stimme)* voice; **3.** *fig (Zeitung)* organ; **4.** *fig (Amt, Stelle)* instrument, organ.

Or·gan·spen·de *f* organ donation.

Or·ga·ni·sa·tion [ɔrganiza'tsjo:n] *f* organization; **Or·ga·ni·sa·tions·ta·lent** *n* organizing ability; **Or·ga·ni·sa·tor(in)** *m (f)* organizer; **or·ga·ni·sa·to·risch** *adj* organizational; ▶ **~es Talent besitzen** have a gift for organization.

or·ga·nisch *adj* **1.** *chem a. fig* organic; **2.** *med (körperlich)* physical.

or·ga·ni·sie·ren I *tr itr* **1.** organize; **2.** *sl (klauen)* lift; **II** *refl* organize; ▶ **das organisierte Verbrechen** organized crime.

Or·ga·nis·mus *m* organism.

Or·ga·nist(in) *m (f) mus* organist.

Or·gan·spen·der(in) *m (f) med* (organ) donor; **Or·gan·trans·plan·ta·tion** *f med* transplantation.

Or·gas·mus [ɔr'gasmʊs] *m* orgasm; **or·ga·stisch** *adj* orgasmic.

Or·gel ['ɔrgəl] ⟨-, -n⟩ *f mus* organ; **Or·gel·kon·zert** *n* organ recital; **or·geln** *itr (Orgel spielen)* play the organ; **Or·gel·pfei·fe** *f* organ pipe.

Or·gie ['ɔrgiə] *f* orgy; ▶ **~n feiern** have orgies; *fig* go wild.

Ori·ent ['o:riɛnt/ori'ɛnt] ⟨-⟩ *m* Orient; **Ori·en·ta·le (Or·ien·ta·lin)** *m (f)* man (woman) from the Middle East; **ori·en·ta·lisch** *adj* Middle Eastern.

ori·en·tie·ren I *refl* **1.** *(sich zurechtfinden)* orientate o.s. *(an od nach by);* **2.** *(sich ausrichten, anpassen)* orientate (*an* to); **3.** *(sich informieren)* inform o.s. *(über* about); **II** *tr itr* **1.** *(ausrichten, a. fig)* orientate *(auf od nach* towards); **2.** *(informieren)* inform *(über* about); ▶ **s-e Ideen am Liberalismus** ~ orientate one's ideas to liberalism. **Ori·en·tie·rung** *f* **1.** *(das Zurechtfinden, Ausrichten)* orientation; **2.** *(Informierung)* information; ▶ **die** ~ **verlieren** *a. fig* lose one's bearings; **Ori·en·tie·rungs·sinn** *m* sense of direction. **Ori·gi·nal** [or(i)giˈnaːl] ⟨-s, -e⟩ *n* **1.** original; **2.** *fig (origineller Mensch)* character, original person. **ori·gi·nal** *adj* original; ▶ **etw** ~ **übertragen** *radio TV* broadcast s.th. live. **Ori·gi·na·li·tät** *f* **1.** *(Ursprünglichkeit, Urtümlichkeit)* originality; **2.** *(Echtheit)* authenticity. **Ori·gi·nal·fas·sung** *f* original (version); ▶ **in der englischen** ~ in the original English version. **ori·gi·nell** *adj* **1.** *(geistvoll, witzig)* witty; **2.** *(neu)* novel; **3.** *(original, selbständig)* original. **Or·kan** [orˈkaːn] ⟨-(e)s, -e⟩ *m* **1.** hurricane; **2.** *fig* storm; **or·kan·ar·tig** *adj* hurricanelike. **Or·na·ment** [ornaˈmɛnt] ⟨-(e)s, -e⟩ *n* ornament; **or·na·men·tal** *adj* ornamental. **Or·nat** [orˈnaːt] ⟨-(e)s, -e⟩ *m* **1.** *allg* regalia *pl;* **2.** *eccl* vestments *pl.* **Oro·pax** ⟨-⟩ *n Wz* ear plugs *pl.* **Ort**[1] [ort] ⟨-(e)s, -e⟩ *m* **1.** *(Platz, Stelle)* place; **2.** *(~schaft)* place; **3.** *math* locus; ▶ **am** ~ **des Verbrechens** in the locality of the crime; ~ **der Handlung** *theat film* scene of the action; **an** ~ **u. Stelle** *(sofort, od vor* ~*)* on the spot; **an** ~ **u. Stelle ankommen** arrive at one's destination; **ein abgelegener** ~ a remote spot; **von** ~ **zu** ~ from place to place; **der nächste** ~ the next village *(od* town). **Ort**[2] ⟨-(e)s⟩ *m min* coal face; ▶ **vor** ~ at the coal face. **Ört·chen** [ˈœrtçən] *n hum euph* ▶ **das stille** ~ the smallest room. **or·ten** *tr aero mar* locate. **or·tho·dox** [ortoˈdoks] *adj rel a. fig* orthodox. **Or·tho·gra·phie** [ortograˈfiː] *f* orthography; **or·tho·gra·phisch** *adj* orthographic(al). **Or·tho·pä·de (-pä·din)** [ortoˈpɛːdə] *m (f) med* orthop(a)edist; **Or·tho·pä·die** [---ˈ-] *f med* orthopaedics *pl;* **or·tho·pä·disch** *adj med* orthopaedic. **ört·lich** [ˈœrtlıç] *adj* local; **Ört·lich·keit** *f* locality; ▶ **sich mit der** ~ **vertraut machen** familiarize o.s. with the locality. **Orts·an·ga·be** *f* **1.** *(bei Briefen)* town; **2.** *(bei Büchern etc)* place of publica-

tion; **orts·an·säs·sig** *adj* local; ▶ **die O~en** the local residents; **Orts·be·sich·ti·gung** *f* local survey, site inspection; **Orts·be·stim·mung** *f* position fixing. **Ort·schaft** *f (Stadt)* town; *(Dorf)* village; ▶ **geschlossene** ~ built-up area. **orts·fremd** *adj* non-local; **Orts·ge·spräch** *n tele* local call; **Orts·kran·ken·kas·se** *f (in Deutschland)* compulsory medical assurance scheme; **orts·kun·dig** *adj:* ~ **sein** know one's way around *(od* know the place); **Orts·na·me** *m* place name; **Orts·netz** *n* **1.** *tele* local exchange area; **2.** *el* local grid; **Orts·netz·kenn·zahl** *f tele* STD code; **Orts·schild** *n* place name sign; **Orts·sinn** ⟨-(e)s⟩ *m* sense of direction; **Orts·ta·rif** *m tele* charge for local phonecall; **orts·üb·lich** *adj* ▶ **es ist hier** ~ it's local custom here; **Orts·ver·band** *m* local committee; **Orts·zeit** *f* local time; **Orts·zu·schlag** *m Br* local weighting allowance. **Or·tung** *f mar aero* locating. **Öse** [ˈøːzə] ⟨-, -n⟩ *f* eyelet. **Os·si** [ˈɔsi] ⟨-s, -s⟩ *m fam citizen of the former East Germany.* **Ost** [ɔst] *m* **1.** *(Himmelsrichtung)* East; **2.** *(~wind)* East wind. **Ost·afri·ka** [ˈ-ˈ---] *n* East Africa; **Ost·asien** [ˈ-ˈ---] *n* Eastern Asia; **Ost·Ber·lin** *n* East Berlin; **Ost·block** ⟨-s⟩ *m pol* Eastern Bloc; **ost·deutsch** *adj* East German; **Ost·deutsch·land** *n* **1.** *(geographisch)* Eastern Germany; **2.** *pol hist* East Germany; **Osten** ⟨-s⟩ *m* **1.** *(Himmelsrichtung)* East; **2.** *pol (Ostblock):* **der** ~ the East; ▶ **der Nahe (Ferne)** ~ the Near (Far) East; **der Mittlere** ~ the Middle East; **im (in den)** ~ in (to) the East. **osten·ta·tiv** [ɔstɛntaˈtiːf] *adj* pointed. **Oster·ei** *n* Easter egg; **Oster·feu·er** *n bonfire lit on Easter Saturday;* **Oster·glo·cke** *f bot* daffodil; **Oster·ha·se** *m* Easter Bunny. **öster·lich** [ˈøːstɛlıç] *adj* (of) Easter. **Oster·marsch** *m* peace march. **Ostern** [ˈoːstɛn] ⟨-, -⟩ *n* Easter; ▶ **frohe** ~**!** *pl* Happy Easter! *sing.* **Öster·reich** [ˈøːst(ə)raıç] *n* Austria; **Öster·rei·cher(in)** *m (f)* Austrian; **öster·rei·chisch** *adj* Austrian. **Ost·frie·se (Ost·frie·sin)** ⟨-n, -n⟩ *m (f)* East Frisian; **ost·frie·sisch** *adj* East Frisian; **Ost·fries·land** *n* East Frisia. **Ost·go·te** *m hist* Ostrogoth. **ost·in·disch** [ˈ-ˈ--] *adj* East Indian. **öst·lich** [ˈœstlıç] **I** *adj* easterly; **II** *adv:* ▶ ~ **von . . .** (to the) east of . . .; **III** *prp* (to the) east of . . . **Östro·gen** [œstroˈgeːn] ⟨-s, -e⟩ *n* estrogen. **ost·rö·misch** *adj* Byzantine.

Ost·see *f:* die ~ the Baltic (Sea); **Ost-staa·ten** *pl (der USA)* Eastern states; **Ost·ver·trä·ge** *pl pol* treaties with Eastern Bloc states.

ost·wärts *adv* eastwards.

Ost-West-Beziehungen *pl pol* East-West relations.

Ot·ter[1] ['ɔtɐ] ⟨-, -n⟩ *f zoo (Schlange)* adder, viper.

Ot·ter[2] ⟨-s, -⟩ *m zoo (Fisch~)* otter.

Ot·to ['ɔto] *m hum fam* ▶ **den flotten** ~ **haben** *(Durchfall)* have the runs *pl.*

Ot·to·mo·tor *m* otto engine.

Ou·ver·tü·re [ovɛr'ty:rə] ⟨-, -n⟩ *f mus* overture.

oval [o'va:l] *adj* oval.

Over·all ['ouvərɔ:l] ⟨-s, -s⟩ *m* overalls *pl.*

Oxid [ɔ'ksi:t] ⟨-(e)s, -e⟩ *n chem* oxide; **Oxi·da·tion** *f chem* oxidation.

oxi·die·ren *tr itr chem* oxidise.

Oze·an ['o:tsea:n] ⟨-s, -e⟩ *m* ocean; **Ozean-damp·fer** *m* ocean steamer; **ozea-nisch** *adj* oceanic.

Oze·lot ['o:tselɔt] ⟨-s, -e⟩ *m zoo* ocelot.

Ozon [o'tso:n] ⟨-s⟩ *n chem* ozone; **Ozon-loch** *n* hole in the ozone layer; **Ozon-schicht** *f* ozone layer, ozonosphere; **Ozon·schild** *m* ozone shield.

P

P, p [pe:] ⟨-, -⟩ *n* P, p.
Paar [paːe] ⟨-(e)s, -e⟩ *n* pair; *(zwei Menschen)* couple; ▶ **ein ~ Schuhe** a pair of shoes; **die beiden sind ein ungleiches ~** the two of them are an odd couple.
paar *adj:* ▶ **ein ~** a few; *(zwei, drei)* a couple of ...; **vor ein ~ Tagen** a few days ago; **die ~ Leute, die da waren** the few people who were there; **kannst du mir ein ~ Zeilen schreiben?** can you drop me a line?
paa·ren I *tr* 1. *zoo* mate; 2. *fig* combine; II *refl* 1. *zoo* mate; 2. *fig* be combined.
paa·rig *adj* in pairs.
Paar·lauf *m sport* pair scating.
paar·mal *adv:* ▶ **ein ~** a few times; *(zwei-, dreimal)* a couple of times.
Paa·rung *f* 1. *zoo* mating; 2. *sport* match; 3. *fig* combination.
paar·wei·se *adv* in pairs.
Pacht [paxt] ⟨-, -en⟩ *f* 1. *(~verhältnis)* lease; 2. *(Entgelt)* rent; ▶ **etw in ~ geben** let (out) s.th. on lease; ▶ **etw in ~ nehmen (haben)** take (have) s.th. on lease; **pach·ten** *tr* lease; **etw für sich gepachtet haben** *fig fam* have the *(od* a) monopoly on s.th.; **Päch·ter(in)** ['pɛçte] *m (f)* tenant; **Pacht·ver·trag** *m* lease.
Pack[1] [pak] ⟨-(e)s⟩ *m* 1. *(Haufen)* stack; 2. *(Bündel)* bundle; ▶ **mit Sack u. ~** *fam* with bag and baggage.
Pack[2] *n (Gesindel)* rabble, riffraff.
Päck·chen ['pɛkçən] ⟨-s, -⟩ *n* 1. *allg* package; 2. *(Packung, Schachtel)* packet; 3. *(Post~)* small parcel.
Pack·eis *n* pack ice.
packen (k·k) I *tr itr* 1. *(festhalten)* grab, seize; 2. *fig (begeistern, ergreifen)* grip, thrill; 3. *(ein~, verstauen)* pack; *(Päckchen, Pakete)* make up; 4. *sl (hinkriegen, schaffen)* manage; ▶ **jdn beim Arm ~** grab someone's arm; **jdn am Kragen ~** grab s.o. by the collar; **der Zug geht in zehn Minuten, ~ wir das noch?** *sl* the train leaves in ten minutes, can we still make it? II *refl fam (sich davonmachen)* clear off; **packend (k·k)** *adj fig (fesselnd)* gripping, thrilling; **Packer(in) (k·k)** *m (f)* packer; **Pack·esel** *m* 1. *(Lastesel)* pack-ass; 2. *fig* packhorse; **Pack·pa·pier** *n* wrapping paper; **Pack·sat·tel** *m* pack-saddle.
Packung (k·k) *f* 1. *(Päckchen, Schachtel)* packet; 2. *med* compress; 3. *tech*

gasket; ▶ **e-e ~ Zigaretten** a *Br* packet (*Am* pack) of cigarettes.
Pack·wa·gen *m rail Br* luggage van, *Am* baggage car.
Päd·ago·ge (-gin) [pɛda'goːgə] *m (f)* education(al)ist; **Päd·ago·gik** [--'--] *f* education; **päd·ago·gisch** *adj* educational, pedagogical; ▶ **P~e Hochschule** teacher-training college.
Pad·del ['padəl] ⟨-s, -⟩ *n* paddle; **Pad·del·boot** *n* canoe; **pad·deln** *itr* canoe, paddle.
paf·fen ['pafən] *fam* I *tr* 1. *(viel rauchen)* puff away at ...; 2. *(nicht inhalieren)* puff at ...; II *itr* 1. *(viel rauchen)* puff away; 2. *(nicht inhalieren)* puff.
Pa·ge ['paːʒə] ⟨-n, -n⟩ *m* 1. *hist* page; 2. *(Hotel~) Br* bellboy, *Am* bellhop.
pa·gi·nie·ren [pagi'niːrən] *tr typ* paginate.
Pai·let·te *f* sequin.
Pa·ket [pa'keːt] ⟨-(e)s, -e⟩ *n* 1. *(Post~)* parcel; 2. *(Packung)* packet; 3. *fig* package; ▶ **ein ~ aufgeben** mail a parcel; **etw als ~ schicken** send s.th. by parcel post; **Pa·ket·an·nah·me** *f* parcels office; **Pa·ket·aus·ga·be** *f* parcel-delivery; **Pa·ket·kar·te** *f* dispatch form; **Pa·ket·schal·ter** *m* parcels counter.
Pakt [pakt] ⟨-(e)s, -e⟩ *m* agreement, pact; **pak·tie·ren** *itr* make a pact.
Pa·last [pa'last, *pl* pa'lɛstə] ⟨-es, ⁻e⟩ *m a. fig* palace.
Pa·lä·sti·na [palɛs'tiːna] *n* Palestine; **Pa·lä·sti·nen·ser(in)** [palɛsti'nɛnze] *m (f)* Palestinian; **pa·lä·sti·nen·sisch** *adj* Palestinian.
Pa·la·ver [pa'laːve] ⟨-s, -⟩ *n a. fig fam* palaver; **pa·la·vern** ⟨ohne ge-⟩ *itr a. fig fam* palaver.
Pa·let·te [pa'lɛtə] ⟨-, -n⟩ *f* 1. *(Maler~)* palette; 2. *(Transport~)* pallet; 3. *fig markt (Produkt ~ etc)* range.
Pa·li·sa·de [pali'zaːdə] ⟨-, -n⟩ *f* palisade.
Pal·me ['palmə] ⟨-, -n⟩ *f bot* palm (tree); ▶ **so etw bringt mich wirklich auf die ~!** *fam* such a thing really makes me see red! **Palm·öl** *n* palm oil; **Palm·we·del (Palm·zweig)** *m* palm leaf.
Pam·pe ['pampə] ⟨-⟩ *f fam* slop.
Pam·pel·mu·se ['pampəlmuːzə] ⟨-, -n⟩ *f* grapefruit.
Pam·phlet [pam'fleːt] ⟨-(e)s, -e⟩ *n* lampoon.
pam·pig *adj fam* 1. *(matschig)* gooey; 2. *(frech)* stroppy.
pa·nie·ren [pa'niːrən] *tr* coat with

breadcrumbs; **Pa·nier·mehl** *n* bread-crumbs *pl.*

Pa·nik ['pa:nɪk] *f* panic; ▶ **in** ~ **geraten** get into a panic; **nach dem Erdbeben brach e-e** ~ **aus** after the earthquake panic broke out; **Pa·nik·ma·che** *f fam* panicmongering; **pa·nisch** *adj* panic-stricken; ▶ ~**e Angst** panic-stricken fear; **e-e** ~**e Angst vor etw haben (sich** ~ **vor etw fürchten)** be terrified of s.th.

Pan·ne ['panə] ⟨-, -n⟩ *f* 1. *allg, bes mot (Schaden, Betriebsstörung)* breakdown; 2. *(Reifen~)* puncture; 3. *fig fam (Schnitzer) Br* boob, *Am* goof; ▶ **er hatte e-e** ~ *(mit dem Auto)* his car broke down; *(e-e Reifen~)* he had a puncture; **da ist mir wohl e-e** ~ **passiert** *fig fam* I must have *Br* boobed *(Am* goofed) there; **Pan·nen·dienst** *m mot* breakdown service.

Pa·no·ra·ma [pano'ra:ma] ⟨-s, -men⟩ *n* panorama.

pan·schen ['pan(t)ʃən] *tr (s.* pan(t)-schen).

Pan·sen ['panzən] ⟨-s, -⟩ *m zoo* rumen.

Pan·ther ['pantɐ] ⟨-s, -⟩ *m zoo* panther.

Pan·ti·ne [pan'ti:nə] ⟨-, -n⟩ *f* clog.

Pan·tof·fel [pan'tɔfəl] ⟨-s, -n⟩ *m* slipper; ▶ **unterm** ~ **stehen** *fig fam* be hen-pecked; **Pan·tof·fel·held** *m fam* hen-pecked husband; **Pan·tof·fel·ki·no** *n fam obs Br* goggle-box, *Am* tube.

Pan·to·mi·me¹ [panto'mi:mə] ⟨-, -n⟩ *f (Kunst)* (panto)mime.

Pan·to·mi·me² (Pan·to·mi·min) *m(f)* mime; **pan·to·mi·misch** *adj* in mime.

pan(t)·schen ['pan(t)ʃən] I *tr (Wein, Whisky etc)* adulterate.

Pan·zer ['pantsɐ] ⟨-s, -⟩ *m* 1. *hist (Rüstung)* armour; 2. *mil* tank; 3. *zoo (von Schildkröte etc)* shell; 4. *fig* shield; **Pan·zer·ab·wehr** *f mil (~truppe)* anti-tank unit; **Pan·zer·ab·wehr·ka·no·ne** *f mil (Abk* Pak*)* anti-tank gun; **Pan·zer·faust** *f mil* bazooka; **Pan·zer·glas** ⟨-es⟩ *n* bulletproof glass; **Pan·zer·gra·na·te** *f mil* armour-piercing shell.

pan·zern I *tr* armour-plate; II *refl fig* arm o.s. *(gegen* against).

Pan·zer·schrank *m* safe; **Pan·zer·späh·wa·gen** [--'---] *m mil* armoured scout car; **Pan·zer·wa·gen** *m* ar-moured car.

Papa (Papi) ['papa/pa'pa:] ⟨-(s), -s⟩ *m fam Br* dad(dy), *Am* pa, pop.

Pa·pa·gei [papa'gaɪ] ⟨-en/-s, -en/(-e)⟩ *m zoo* parrot; **Pa·pa·gei·en·krank·heit** *f med* parrot fever, psittacosis.

Pa·per·back ['pe:pɛbɛk] ⟨-s, -s⟩ *n* pa-perback.

Pa·pier [pa'pi:ɐ] ⟨-s, -e⟩ *n* 1. *allg (a. Schriftstück)* paper; 2. *fin (Wert~)* security; ▶ ~**e** *pl (Ausweis~)* (identity)

papers; *(Dokumente)* documents; **ein Blatt** ~ a sheet of paper; **nur auf dem** ~ **existieren** exist on paper only; **etw zu** ~ **bringen** put s.th. down on paper; **er verlangte s-e** ~**e** *(die Entlassungs~e)* he asked for his cards; **Pa·pier·ein·zug** *m (bei Drucker, Schreibmaschine)* paper feed; **Pa·pier·fa·brik** *f* paper mill; **Pa·pier·geld** *n* paper money; **Pa·pier·korb** *m Br* wastepaper basket, *Am* wastebasket; **Pa·pier·kram** *m fam* red tape, *Br a.* bumph; **Pa·pier·krieg** ⟨-(e)s⟩ *m fam* red tape; ▶ **e-n endlosen** ~ **mit den Behörden führen** go through an endless red tape with the authorities; **Pa·pier·ta·schen·tuch** *n* paper handkerchief; **Pa·pier·ti·ger** *m fig* paper tiger; **Pa·pier·tra·ge·ta·sche** *f* paper carrier; **Pa·pier·tü·te** *f* paper bag; **Pa·pier·wa·ren** *f pl* stationery *sing.*

Papp·band *m* 1. *(Einband)* pasteboard; 2. *(Buch)* hardback.

Papp·be·cher *m* paper cup.

Pap·pe ['papə] ⟨-, -n⟩ *f* cardboard; ▶ **nicht von** ~ **sein** *fig fam* not to be sneezed at.

Pap·pel ['papəl] ⟨-, -n⟩ *f bot* poplar.

päp·peln ['pɛpəln] *tr fam* nourish.

Pap·pen·hei·mer *pl fam:* ▶ **ich kenne meine** ~ I know you *(od, bei Urteil über Dritte* that) lot.

Pap·pen·stiel *m fig fam:* ▶ **etw für e-n** ~ **kriegen** get s.th. for a song; **hundert Mark sind kein** ~ a hundred marks isn't chicken-feed.

pap·per·la·papp ['papəla'pap] *interj fam* rubbish.

pap·pig *adj* sticky.

Papp·kar·ton (Papp·schach·tel) *m (f)* cardboard box; **Papp·ma·ché** ['papmaʃe:] ⟨-s, -s⟩ *n* papier-mâché; **Papp·na·se** *f* false nose.

Papp·schnee *m* sticky snow.

Papp·tel·ler *m* paper plate.

Pa·pri·ka ['paprika] ⟨-s, -(s)⟩ *m* 1. *(Gewürz)* paprika; 2. *(~schote)* red *(od* green) pepper.

Papst [pa:pst, *pl* 'pɛ:pstə] ⟨-es, ⸚ e⟩ *m* 1. *eccl* pope; 2. *fig (Literatur~, Kritiker~ etc)* high priest; **päpst·lich** ['pɛ:pstlɪç] *adj* papal; ▶ ~**er als der Papst sein** be more Catholic than the Pope; **Papst·tum** ⟨-s⟩ *n eccl* papacy.

Pa·ra·bel [pa'ra:bəl] ⟨-, -n⟩ *f* 1. *(Gleichnis)* parable; 2. *math* parabola.

Pa·ra·bol·an·ten·ne *f radio TV* satel-lite dish, parabolic receiving dish.

Pa·ra·de [pa'ra:də] ⟨-, -n⟩ *f* 1. *mil* par-ade, review; 2. *sport (Abwehr)* parry; *(Torwart~) beim Fußball)* save; **Pa·ra·de·bei·spiel** *n* outstanding *(od* prime) example; **Pa·ra·de·schritt** ⟨-(e)s⟩ *m mil (Stechschritt)* goose-step; **Pa·ra·de·uni·form** *f mil* dress uniform.

pa·ra·die·ren *itr* parade.
Pa·ra·dies [para'diːs] ⟨-es, -e⟩ *n rel a.*
fig paradise; **pa·ra·die·sisch** *adj* **1.** *rel*
paradisiac(al); **2.** *fig* heavenly; ▶ ~
schön sein *fig* be like paradise.
pa·ra·dox [para'dɔks] *adj* paradoxical;
Pa·ra·dox(on) [pa'radɔksoːn] ⟨-es, -e⟩
n paradox.
Par·af·fin [para'fiːn] ⟨-s, -e⟩ *n chem*
paraffin.
Pa·ra·graph [para'graːf] ⟨-en, -en⟩ *m*
(Abschnitt) paragraph; *jur* section; **Pa·**
ra·gra·phon·dcohun·gol *m* vorbiago;
▶ **sich im ~ zurechtfinden** wade one's
way through the verbiage.
par·al·lel [para'leːl] *adj math a. fig* par-
allel *(zu* to); **Par·al·le·le** ⟨-, -n⟩ *f math*
a. fig parallel *(zu* to); **Par·al·le·lo·**
gramm [paralelo'gram] ⟨-s, -e⟩ *n math*
parallelogram.
Pa·ral·lel·schwung *m sport* parallel
turn.
Pa·ral·lel·zu·griff *m EDV* parallel ac-
cess.
pa·ra·mi·li·tä·risch ['paːra-] *adj* para-
military.
Pa·ra·me·ter [pa'raːmetə] ⟨-, -⟩ *m* par-
ameter.
Pa·ra·nuß *f* Brazil nut.
pa·ra·phie·ren [para'fiːrən] *tr pol* initial.
Pa·ra·psy·cho·lo·gie ['paːra-] *f* para-
psychology.
Pa·ra·sit [para'ziːt] ⟨-en, -en⟩ *m biol a.*
fig parasite.
pa·rat [pa'raːt] *adj* ready; ▶ **etw ~ ha-**
ben (halten) have (keep) s.th. ready.
Par·fum (Par·füm) [par'fœ:/(par'fyːm)]
⟨-s, -s/-e⟩ *n* perfume, scent; **Par·fü-**
me·rie [---'-] *f* perfumery; **Par·füm-**
fla·sche *f* perfume bottle; **par·fü-**
mie·ren I *tr* perfume, scent; **II** *refl* put
perfume on.
Pa·ria ['paːria] ⟨-s, -s⟩ *m a. fig* pariah.
pa·rie·ren [pa'riːrən] I *tr* **1.** *(e-n Stoß, a.*
fig) parry; **II** *itr (gehorchen)* obey.
Pa·ri·ser [pa'riːze] ⟨-s, -⟩ I *m (Einwoh-*
ner von Paris) Parisian; **II** *adj* Parisian;
Pa·ri·se·rin *f* Parisienne.
Pa·ri·tät [pari'tɛːt] *f fin pol* parity.
Park [park] ⟨-s, -s/(-e)⟩ *m* park.
Par·ka ['parka] ⟨-(s), -s⟩ *m* parka.
Park·bank *f* park bench.
Park·deck *n mot* parking level.
par·ken *tr itr* park; ▶ **P~ verboten!** no
parking!
Par·kett [par'kɛt] ⟨-(e)s, -e⟩ *n* **1.** *(~fuß-*
boden) parquet (flooring); **2.** *theat Br*
stalls *pl, Am* parquet; ▶ **er legte e-e**
tolle Nummer aufs ~ *fam* he put on a
great show; **er kann sich auf jedem ~**
bewegen *fig* he can move in any so-
ciety; **Par·kett·bo·den** *m* parquet
floor.
Park·flä·che *f* parking place; **Park·ge-**
bühr *f* parking tax; **Park·haus** *n* multi-

stor(e)y covered car park; **Park·kral·le**
f wheel clamp; **Park·land·schaft** *f*
parkland; **Park·licht** ⟨-s⟩ *n mot* parking
light; **Park·lücke (k·k)** *f* parking gap;
Park·platz *m* parking lot; **Park·platz-**
not *f* dearth of parking spaces; **Park-**
schei·be *f* parking disc; **Park·strei-**
fen *m* lay-by; **Park·sün·der(in)** *m (f)*
parking offender; **Park·uhr** *f* parking
meter; **Park·ver·bot** *n* "no parking";
Park·wäch·ter(in) *m (f)* **1.** *(in Park-*
anlage) park keeper; **2.** *(auf Parkplatz)*
car park attendant.
Par·la·ment [parla'mɛnt] ⟨-(e)s, -e⟩ *n*
parliament; ▶ **er wurde ins ~ gewählt**
he was elected to parliament; **Par·la-**
men·ta·rier(in) *m (f)* parliamentarian;
par·la·men·ta·risch *adj* parliamen-
tary; **Par·la·ments·aus·schuß** *m*
parliamentary committee; **Par·la-**
ments·be·schluß *m* vote of parlia-
ment; **Par·la·ments·fe·rien** *pl* recess;
Par·la·ments·mit·glied *n* member of
parliament; **Par·la·ments·sit·zung** *f*
sitting (of parliament); **Par·la·ments-**
wahl *f* parliamentary election.
Pa·ro·die [paro'diː] *f* parody *(von* of,
auf on); **pa·ro·die·ren** *tr* parody.
Pa·ro·le [pa'roːlə] ⟨-, -n⟩ *f* **1.** *mil* pass-
word; **2.** *fig pol* slogan; **3.** *fig (Wahl-*
spruch) motto.
Par·sing *n EDV* parsing.
Par·tei [par'taɪ] ⟨-, -en⟩ *f* **1.** *pol* party; **2.**
(Mieter) tenant; **3.** *jur* party; ▶ **die ~**
wechseln change parties *pl; ~* **sein** *fig*
be bias(s)ed; **jds ~** *(od* **für jdn ~)** ergrei-
fen *fig* take someone's part; **gegen jdn**
~ ergreifen *fig* take sides against s.o.;
nicht beteiligte ~ *jur* third party; **schul-**
dige ~ party in fault; **die vertragschlie-**
ßenden ~en *pl jur* the contracting par-
ties; **Par·tei·ap·pa·rat** *m pol* party
machinery; **Par·tei·buch** *n pol* party
membership book; ▶ **er hat schon im-**
mer das richtige ~ gehabt he's always
been in the right party; **Par·tei·en·fi-**
nan·zie·rung *f* party financing; **Par·**
tei·füh·rer(in) *m (f) pol* party leader;
Par·tei·füh·rung *f* party leadership;
Partei·ge·nos·se (-ge·nos·sin) *m*
(f) pol party member.
par·tei·isch *adj* bias(s)ed.
Par·tei·lich·keit *f* partiality; **par·tei·**
los *adj parl* independent; **Par·tei·mit-**
glied *n pol* party member; **Par·tei·**
nah·me *f* partisanship; **Par·tei·po·li-**
tik *f pol* party politics *pl;* **par·tei·po-**
li·tisch *adj pol* party political; **Par·tei-**
pro·gramm *n pol Br* (party) manifesto,
Am platform; **Par·tei·spen·de** *f* party
donation; **Par·tei·spen·den·af·fä·re**
f party donations scandal; **Par·tei·tag**
m pol party convention; **Par·tei·vor-**
sit·zen·de(r) *f m pol* party leader;
Par·tei·zu·ge·hö·rig·keit *f pol* party

membership.
Par·terre [par'tɛr] ⟨-s, -s⟩ *n* **1.** *arch Br* ground (*Am* first) floor; **2.** *theat Br* pit, *Am* parterre.
Par·tie [par'ti:] *f* **1.** *(Teil)* part; *(Ausschnitt)* section; **2.** *sport (Spiel)* game; *(Tennis)* set; **3.** *fam (Glücksgriff)* catch; **4.** *com (von Waren)* lot; ▶ **e-e ~ Schach spielen** play a game of chess; **sie ist e-e gute ~ (für ihn)** *fam* she's a good catch (for him); **sie hat e-e gute ~ gemacht** *fam* she has married well; **ich bin mit von der ~** you can count me in.
par·ti·ell [par'tsjɛl] *adj* partial.
Par·ti·san(in) [parti'za:n] ⟨-s/-en, -en⟩ *m (f)* partisan.
Par·ti·tur [parti'tu:e] *f mus* score.
Par·ti·zip [parti'tsi:p] ⟨-s, -ien⟩ *n gram* participle; ▶ **~ Präsens (Perfekt)** present (past) participle.
Part·ner(in) ['partnɐ] *m (f)* partner; **Part·ner·schaft** *f* partnership; **Part·ner·stadt** *f* twin town.
Par·ty-Ser·vice *m* party catering service.
Par·zel·le [par'tsɛlə] ⟨-, -n⟩ *f Br* plot, *Am* lot; **par·zel·lie·ren** *tr* parcel out.
Pa·scha ['paʃa] ⟨-s, -s⟩ *m* pasha.
Paß [pas, *pl* 'pɛsə] ⟨-sses, ⸚sse⟩ *m* **1.** *(Gebirgs~)* pass; **2.** *(Reise~)* passport; **3.** *sport (beim Fußfall)* pass.
pas·sa·bel *adj (leidlich)* passable.
Pas·sa·ge [pa'sa:ʒə] ⟨-, -n⟩ *f* **1.** *allg a. mar* passage; **2.** *(Einkaufs~)* arcade.
Pas·sa·gier [pasa'ʒi:e] ⟨-s, -e⟩ *m* passenger; ▶ **blinder ~** *mar* stowaway; **Pas·sa·gier·damp·fer** *m* passenger steamer; **Pas·sa·gier·flug·zeug** *n* airliner.
Pas·sant(in) *m (f)* passer-by.
Pas·sat(·wind) [pa'sa:t] ⟨-(e)s, -e⟩ *m* trade wind.
Paß·bild *n* passport photo(graph).
pas·sé [pa'se:] *adj pred* out, passé.
pas·sen ['pasən] I *tr* **1.** *(ein~)* fit (*in* in(to)); **2.** *sport (e-n Paß schlagen)* pass; II *itr* **1.** *(von der Größe od Form her)* fit; **2.** *(harmonieren)* go (*zu etw* with s.th.); be suited (*zu jdm* to s.o.) **3.** *((an)genehm sein)* suit (*jdm* s.o.); **4.** *sport (e-n Paß schlagen)* pass; **5.** *(beim Kartenspiel, a. beim Quiz)* pass; ▶ **~ Ihnen die Schuhe?** do the shoes fit you? **das Kleid paßt wie angegossen** the dress fits like a glove; **die Zeugenaussagen ~ nicht zusammen** the witnesses' reports don't fit; **diese Farben ~ nicht gut zueinander** these colours don't go together well; **sie ~ gut zueinander** they are well suited to each other; **paßt es Ihnen am Montag?** is Monday all right for you? **wann paßt es Ihnen?** what time would suit you? **pas·send** *adj* **1.** *(von der Größe od Form her)* fitting; **2.** *(von Farbe, Stil etc her)* matching; **3.**

((an)genehm) suitable; **4.** *(treffend)* appropriate, fitting; ▶ **dazu ~de Schuhe** shoes to match; **haben Sie es ~?** *(Geldbetrag)* have you got the right money?
Passe·par·tout [paspar'tu:] ⟨-s, -s⟩ *n* passe-partout.
pas·sier·bar *adj* passable.
pas·sie·ren [pa'si:rən] I *tr* **1.** *(vorbeifahren)* pass; **2.** *(durch Sieb ~ lassen)* strain; II *itr* ⟨sein⟩ *(sich ereignen)* happen (*mit* to); **Pas·sier·schein** *m* pass, permit.
Pas·sion [pa'sjo:n] *f* passion; **pas·sio·niert** *adj* enthusiastic, passionate.
Pas·siv ['pasi:f] ⟨-s, -(e)⟩ *n gram* passive (voice); **pas·siv** *adj* passive; ▶ **~er Wortschatz** passive vocabulary; **~es Mitglied** non-active member; **das ~e Wahlrecht** *pol* eligibility; **~er Widerstand** passive resistance.
Pas·si·va [pa'si:va] *pl com* liabilities.
Pas·si·vi·tät *f* passivity.
Pas·siv·rau·chen *n* passive smoking.
Paß·kon·trol·le *f* passport control; **Paß·stel·le** *f* passport office.
Paß·stück *n tech* adapter.
Paß·wort *n EDV* password.
Pa·ste ['pastə] ⟨-, -n⟩ *f* paste.
Pa·stell ⟨-(s)⟩ *n* pastel; **Pa·stell·far·be** *f* pastel; **Pa·stell·stift** *m* pastel crayon.
Pa·ste·te [pas'te:tə] ⟨-, -n⟩ *f* pie.
pa·steu·ri·sie·ren [pastøri'zi:rən] *tr* pasteurize.
Pa·stil·le [pa'stɪlə] ⟨-, -n⟩ *f* lozenge, pastille.
Pa·stor ['pastor] ⟨-s, -en⟩ *m eccl (anglikanisch)* vicar; *(freikirchlich)* minister.
Pa·te ['pa:tə] ⟨-n, -n⟩ *m eccl (Tauf~)* godfather; ▶ **bei dieser Entwicklung hat er ~ gestanden** *fig* he sponsored this development; **Pa·ten·kind** *n* godchild; **Pa·ten·schaft** *f a. fig* sponsorship; *(für Täufling)* godparenthood.
Pa·tent [pa'tɛnt] ⟨-(e)s, -e⟩ *n* **1.** patent; **2.** *hist mil* commission; ▶ **ein ~ anmelden** apply for a patent (*auf* on).
pa·tent *adj* **1.** *(glänzend, klug)* ingenious; **2.** *fam (praktisch, handlich)* handy; **3.** *fam (prima, klasse)* great.
Pa·tent·amt *n* patent office; **Patent·an·walt (-an·wäl·tin)** *m (f) Br* patent agent (*Am* attorney); **pa·ten·tie·ren** *tr* patent; ▶ **(sich) etw ~ lassen** take out a patent on s.th.; **Pa·tent·in·ha·ber(in)** *m (f)* patentee; **Pa·tent·lö·sung (Patent·re·zept)** *f (n fig)* patent remedy; **Pa·tent·recht** *n* patent law; **Pa·tent·re·gi·ster** *n* patent rolls *pl*.
Pa·ter ['pa:tɐ, *pl* 'patre:s] ⟨-s, -/-tres⟩ *m eccl* Father.
pa·the·tisch [pa'te:tɪʃ] *adj* emotive; *(übertrieben ~)* histrionic.
pa·tho·gen [pato'ge:n] *adj* pathogenous.

pa·tho·lo·gisch [pato'lo:gɪʃ] *adj* pathological.
Pa·thos ['pa:tɔs] ⟨-⟩ *n* pathos.
Patient(in) [pa'tsjɛnt] ⟨-en, -en⟩ *m (f)* patient; **Pa·tien·ten·kar·tei** *f* patients file.
Pa·tin ['pa:tɪn] *f eccl (Tauf~)* godmother.
Pa·ti·na ['pa:tina] ⟨-⟩ *f a. fig* patina; **pa·ti·nie·ren** *tr* patinate.
Pa·tri·arch [patri'arç] ⟨-en, -en⟩ *m a. fig* patriarch; **pa·tri·ar·cha·lisch** *adj a. fig* patriarchal.
Pa·tri·ot(in) [patri'o:t] *m (f)* patriot; **pa·tri·otisch** *adj* patriotic; **Pa·trio·tis·mus** *m* patriotism.
Pa·tri·zier(in) [pa'tri:tsie] *m (f)* patrician.
Pa·tron(in) [pa'tro:n] ⟨-s, -e⟩ *m (f)* **1.** *hist (Schirmherr(in))* patron (patroness); **2.** *fig fam:* ▶ **ein schlauer (unangenehmer)** ~ a shrewd (tough) customer; **Pa·tro·nat** ⟨-(e)s, -e⟩ *n* patronage *(über* of).
Pa·tro·ne [pa'tro:nə] ⟨-, -n⟩ *f mil film* cartridge.
Pa·trouil·le [pa'trʊljə] ⟨-, -n⟩ *f* patrol; **pa·trouil·lie·ren** [patrʊ'li:rən] *itr* patrol.
patsch *interj (bei Schlag)* smack.
Pat·sche ['patʃə] ⟨-, -n⟩ *f fam* **1.** *(Hand)* paw; **2.** *(Matsch)* mud; **3.** *fig* fix, jam; ▶ **in der** ~ **sitzen** *fig* be in a fix; **jdm aus der** ~ **helfen** *fig* get s.o. out of a jam; **pat·schen** *itr* **1.** *(spritzen)* splash; **2.** *(schlagen)* smack; **Patsch·händchen** *f fam (von Kindern)* (tiny) hand; **patsch·naß** ['-'-] *adj fam* soaking wet.
Patt [pat] ⟨-s, (-s)⟩ *n a. fig pol* stalemate; **Patt·si·tua·ti·on** *f fig* stale mate.
Pat·zer ['patsɐ] *m fam (Schnitzer) Br* boob, *Am* goof.
patzig *adj fam* snotty.
Pau·ke ['paʊkə] ⟨-, -n⟩ *f mus* kettledrum; ▶ **mit** ~**n u. Trompeten durchfallen** *fig fam* fail miserably; **auf die** ~ **hauen** *fam* **1.** *(überschwenglich feiern)* paint the town red; **2.** *(übermäßig angeben)* blow one's own trumpet; **pau·ken I** *tr fam (büffeln)* swot up; **II** *itr* **1.** *mus* drum; **2.** *fam (büffeln)* swot; **Pau·ken·schlag** *m mus* drum beat; ▶ **wie ein** ~ *fig* like a thunderbolt; **Pau·ken·wir·bel** *m mus* roll on the kettledrum; **Pau·ker** *m* **1.** *mus* drummer; **2.** *fam (Lehrer)* crammer.
paus·bäckig (k·k) ['paʊsbɛkɪç] *adj* chubby-cheeked.
pau·schal [paʊ'ʃa:l] *adj* **1.** *(geschätzt)* estimated, overall; **2.** *(alles einbegriffen)* inclusive; **3.** *(einheitlich)* flat-rate *(nur attr);* **4.** *fig (in Bausch u. Bogen)* sweeping, wholesale; ▶ **etw** ~ **bezahlen** pay s.th. in a lump sum; **jdm etw** ~ **berechnen** charge s.o. a flat rate for

s.th.; ~**e Lohnerhöhung** flat-rate wage increase; **ein Volk** ~ **verdammen** *fig* condemn a people sweepingly *(od* wholesale); **Pau·scha·le·trag** *m* flat sum; **Pau·scha·le** ⟨-, -n⟩ *f* **1.** *(Einheitspreis)* flat rate; **2.** *(Schätzbetrag)* estimated amount; **pau·scha·lie·ren** *tr com* estimate at a flat rate; **pau·scha·li·sie·ren I** *tr* lump together; **II** *itr* lump things together; **Pau·schal·preis** *m* **1.** *(Zirkapreis)* estimated price; **2.** *(Inklusivpreis)* inclusive price; **3.** *(Einheitspreis)* flat rate; **Pau·schal·rei·se** *f* package tour; **Pau·schal·ur·laub** *m* package holiday.
Pau·se¹ ['paʊzə] ⟨-, -n⟩ *f* **1.** *(Erholungs~ etc)* break; *(kurzes Innehalten)* pause; *(Unterbrechung, a. theat)* interval; *(Rast)* rest; **2.** *mus* rest; ▶ **e-e** ~ **machen** *(zur Erholung, Entspannung)* make a break; *(rasten)* have a rest; *(innehalten)* (make a) pause; **die große** ~ *(in der Schule) Br* break, *Am* recess.
Pau·se² *f (Durchzeichnung)* tracing.
pau·sen *tr* trace.
Pau·sen·fül·ler *m* stop gap; **pau·sen·los** *adj* incessant, non-stop; ▶ ~ **arbeiten** work incessantly *(od* non-stop); **Pau·sen·pfiff** *m sport* time-out whistle; **Pau·sen·stand** *m sport* half-time score; **Pau·sen·zei·chen** *n* **1.** *radio TV* call sign; **2.** *mus* rest.
pau·sie·ren *itr* have a break.
Paus·pa·pier ⟨-s⟩ *n* tracing paper.
Pa·vi·an ['pa:via:n] ⟨-s, -e⟩ *m zoo* baboon.
Pa·vil·lon ['pavɪljɔŋ] ⟨-s, -s⟩ *m* pavilion.
Pa·zi·fik [pa'tsi:fɪk] ⟨-s⟩ *m* Pacific.
Pa·zi·fis·mus [patsi'fɪsmʊs] *m* pacifism; **Pa·zi·fist(in)** *m (f)* pacifist; **pa·zi·fi·stisch** *adj* pacifist.
PC *m* ⟨-s, -s⟩ *Abk von* **Personalcomputer** PC.
Pech [pɛç] ⟨-(e)s, (-e)⟩ *n* **1.** *(Material)* pitch; **2.** *fig fam (Mißgeschick)* tough luck; ▶ **wie** ~ **und Schwefel zusammenhalten** be as thick as thieves; **bei etw** ~ **haben** *fig fam* have tough luck in s.th.; ~ **gehabt!** *fig fam* tough! **vom** ~ **verfolgt sein** *fig fam* be dogged by bad luck; **pech·schwarz** ['-'-] *adj* pitch-black; **Pech·sträh·ne** *f fig fam* run of bad luck; **Pech·vo·gel** *m fig fam* unlucky thing.
Pe·dal [pe'da:l] ⟨-s, -e⟩ *n* pedal; ▶ **fest in die** ~**e treten** pedal hard.
Pe·dant(in) [pe'dant] ⟨-en, -en⟩ *m (f)* pedant; **Pe·dan·te·rie** [pedantə'ri:] *f* pedantry; **pe·dan·tisch** *adj* pedantic.
Pe·dell [pe'dɛl] ⟨-s, -e⟩ *m obs (an Schule)* janitor; *(an Uni)* porter.
Pe·gel ['pe:gəl] ⟨-s, -⟩ *m* **1.** *(Wasserstand)* water-depth gauge; **2.** *radio* level recorder; **Pe·gel·stand** *m* water level.

Peil·an·la·ge f aero direction finder; mar sounding device; **pei·len** ['paɪlən] tr 1. mar (ausloten) sound; 2. (e-n Standort, ein U-Boot etc) take the bearings of …; ▶ **die Lage ~** fig fam see how the land lies; **über den Daumen ~** fig fam guess (od estimate) roughly; **Peil·funk** m radio direction finder; **Peil·ge·rät** n direction finder; **Peil·stab** m mot 1. (Öl~) dipstick; 2. (Einparkhilfe) side marker, width indicator; **Peil·sta·tion** f direction finding station.

Pein [paɪn] ‹-› f agony; **pei·ni·gen** ['paɪnɪgən] tr 1. torture; 2. fig torment; **Pei·ni·ger(in)** m (f) 1. torturer; 2. fig tormentor.

pein·lich adj 1. (unangenehm) embarrassing; 2. (genau, gewissenhaft) meticulous; ▶ **es ist mir sehr ~, aber ich muß es Ihnen einmal sagen** I don't know how to put it, but you really ought to know; **er vermied es ~st, zu …** he was at great pains not to …; **er achtet ~st auf sein Äußeres** he takes great pains over his appearance.

Peit·sche ['paɪtʃə] ‹-, -n› f whip; **peit·schen** tr itr whip; ▶ **der Regen peitschte gegen die Fensterscheiben** rain was dashing against the window panes; **Peit·schen·hieb** m lash, stroke.

Pe·le·ri·ne [pelə'ri:nə] ‹-, -n› f pelerine.

Pe·li·kan ['pe:lika:n] ‹-s, -e› m zoo pelican.

Pel·le ['pɛlə] ‹-, -n› f fam skin; ▶ **jdn auf der ~ haben** have got s.o. on one's back; **geh mir endlich von der ~!** get off my back! **pel·len I** tr fam peel, skin; **II** refl peel; **Pell·kar·tof·feln** f pl jacket potatoes.

Pelz [pɛlts] ‹-es, -e› m 1. (gegerbt) fur; 2. (ungegerbtes Fell) hide, skin; 3. (~mantel etc) fur; ▶ **jdm auf den ~ rücken** fig fam crowd s.o.; **pelz·be·setzt** adj fur-trimmed; **pelz·ge·füt·tert** adj fur-lined; **Pelz·händ·ler(in)** m (f) fur trader; **Pelz·kra·gen** m fur collar; **Pelz·man·tel** m fur coat; **Pelz·müt·ze** f fur hat; **Pelz·tier** n fur-bearing animal.

Pen·del ['pɛndəl] ‹-s, -› n pendulum; **Pen·del·be·we·gung** f pendular movement; **pen·deln** itr 1. (schwingen) swing (hin und her to and fro); (gehoben) oscillate; 2. (von Personen) commute; **Pen·del·tür** f swing door; **Pen·del·ver·kehr** m aero rail 1. shuttle service; 2. (Vorort ~) commuter traffic. **Pend·ler(in)** m (f) commuter.

pe·ne·trant [pene'trant] adj 1. (Gestank etc) penetrating; 2. fig (aufdringlich) pushing.

pe·ne·trie·ren tr penetrate.

peng [pɛŋ] interj ~! bang.

pe·ni·bel [pe'ni:bəl] adj pernickety.

Pe·nis ['pe:nɪs] ‹-, -se› m penis.

Pe·ni·zil·lin [penitsɪ'li:n] ‹-s, -e› n penicillin.

Pen·nä·ler(in) [pɛ'nɛ:lɐ] m (f) (Gymnasiast(in)) grammar-school boy (girl).

Penn·bru·der m fam Br bum, Am hobo.

Pen·ne ['pɛnə] ‹-, -n› f sl (Schule) school; **pen·nen** itr fam doss down, kip; **Pen·ner(in)** m (f) fam 1. (Nichtseßhafte(r)) Br bum, Am hobo; 2. (Schlafmütze) sleepyhead.

Pen·si·on [pɛn'zio:n/pã'zio:n] f 1. (Ruhegehalt) pension; 2. (Ruhestand) retirement; 3. (Gästehaus) pension; 4. (Verpflegung) board; ▶ **in ~ sein** (p~iert sein) be retired (od in retirement); **Pen·sio·när(in)** m (f) 1. (Ruheständler(in)) pensioner; 2. (Dauergast) boarder; **Pen·sio·nat** ‹-(e)s, -e› n boarding school; **pen·sio·nie·ren** tr pension off; ▶ **sich ~ lassen** retire; **pen·sio·niert** adj retired; **pen·sions·be·rech·tigt** adj entitled to a pension; **Pen·sions·kas·se** f pension fund.

Pen·sum ['pɛnzʊm] ‹-s, -sen/-sa› n 1. allg workload; 2. päd obs syllabus; ▶ **tägliches ~** daily quota.

pep·pig adj fam lively, upbeat.

per [pɛr] prp 1. (mittels, a. com: bis, am) by; 2. com (pro) per; ▶ **~ Adresse** care of (Abk c/o); **~ Post** by post; **sie sind ~ du miteinander** fam they're on first-name terms with each other; **~ se** per se; **~ pedes** hum on Shank's pony.

Per·fekt ['--] ‹-(e)s, -e› n gram perfect (tense).

per·fekt [pɛr'fɛkt] adj 1. (vollkommen) perfect; 2. pred (abgemacht) settled; ▶ **etw ~ machen** (abschließen, endgültig vereinbaren) settle s.th.

per·fid [pɛr'fi:t] adj perfidious; **Per·fi·die** [--'-] f perfidy.

per·fo·rie·ren [pɛrfo'ri:rən] ‹ohne ge-› tr perforate.

Per·for·manz [pɛrfor'mants] ‹-, -en› f ling performance.

Per·ga·ment [pɛrga'mɛnt] n parchment; ▶ **in ~ gebunden** vellum-bound; **Per·ga·ment·pa·pier** n greaseproof paper.

Pe·ri·o·de [peri'o:də] ‹-, -n› f 1. (Zeitabschnitt) period; 2. med (Menstruation) period; 3. el cycle; ▶ **sie bekam ihre ~ nicht** she missed a period; **4,36 ~** math 4.36 recurring; **pe·ri·odisch** adj periodic(al); ▶ **~er Dezimalbruch** math recurring decimal fraction.

Pe·ri·phe·rie [perife'ri:] f 1. (Außenrand) periphery; math (von Kreis) circumference; 2. (von Stadt) outskirts pl.

Pe·ri·phe·rie·ge·rät n EDV peripheral.

Pe·ri·skop [perɪ'sko:p] ‹-(e)s, -e› n periscope.

Per·le ['pɛrlə] ‹-, -n› f 1. (von Auster etc) pearl; (aus Holz, Glas etc) bead; 2. fig gem; **3.** *(Wasser~, Schweiß~)* bead; **4.** *(Luftblase)* bubble; **per·len** *itr* **1.** *(von Gasen in Flüssigkeit)* sparkle; *(gehoben)* effervesce; **2.** *(rinnen, herab~, fallen)* trickle; **Perl·huhn** *n zoo* guinea fowl; **Perl·mu·schel** *f zoo* pearl oyster; **Perl·mutt** ⟨-s⟩ *n* mother-of-pearl.

per·ma·nent [pɛrmaˈnɛnt] *adj* permanent; **Per·ma·nenz** ⟨-⟩ *f* permanence.

per·plex [pɛrˈplɛks] *adj* dumbfounded.

Per·ser(in) [ˈpɛrzə] *m (f)* Persian; **Per·cor·top·pioh** *m* Persian carpet.

Per·si·aner [pɛrziˈaːnə] ⟨-s, -⟩ *m* **1.** *(Pelz)* Persian lamb; **2.** *(Mantel)* Persian lamb coat.

Per·sien [ˈpɛrziən] *n* Persia; **per·sisch** *adj* Persian.

Per·son [pɛrˈzoːn] ⟨-, -en⟩ *f* **1.** *(Mensch)* person; **2.** *(Einzelwesen)* individual; **3.** *theat film* character; **4.** *gram* person; ▶ **ich für meine** ~ I for my part; **in eigener** ~ **erscheinen** appear in person; **die Geduld in** ~ **sein** be patience personified.

Per·so·nal ⟨-s⟩ *n* **1.** *(die Angestellten)* personnel, staff; **2.** *(Dienerschaft)* servants *pl*; **Per·so·nal·ab·tei·lung** *f* personnel department; **Per·so·nal·ak·te** *f* personal file; **Per·so·nal·aus·weis** *m* identity card; **Per·so·nal·chef(in)** *m (f)* personnel manager; **Per·so·nal·com·pu·ter** *m* personal computer; **Per·so·na·lien** [pɛrzoˈnaːliən] *pl* particulars; **per·so·na·li·sie·ren** *tr itr* personalize; **Per·so·nal·pro·no·men** *n* personal pronoun; **Per·so·nal·un·ion** *f hist* personal union.

Per·so·nen·auf·zug *m Br* lift, *Am* elevator; **Per·so·nen·be·för·de·rung** *f* carrying of passengers; **Per·so·nen(·kraft)·wa·gen** *m Br* motorcar, *Am* automobile; **Per·so·nen·kult** *m* personality cult; **Perso·nen·scha·den** *m* injury to persons; **Per·so·nen·schutz** *m* personal security; **Per·so·nen·ver·kehr** *m* passenger services *pl*; **Per·so·nen·waa·ge** *f* scales *pl*; **Per·so·nen·zug** *m* stopping train, passenger train; **per·so·ni·fi·zie·ren** [pɛrzonifiˈtsiːrən] *tr* personify.

per·sön·lich [pɛrˈzøːnlɪç] **I** *adj* personal; **II** *adv* personally; ▶ **ich** ~ **meine ...** I for my part think ...; **nehmen Sie doch nicht immer alles** ~! don't always take everything personally! **der Kaiser** ~ **the** Emperor himself; **sich für jdn (etw)** ~ **interessieren** take a personal interest in s.o. (s.th.); ~! *(auf Brief)* private! **Per·sön·lich·keit** *f* **1.** *(persönliche Eigenschaften)* personality; **2.** *(bedeutender Mensch)* personality; ▶ **e-e** ~ **des öffentlichen Lebens** a public figure; **Per·sön·lich·keits·ent·fal·tung** *f* per-

sonality development; **Per·sön·lich·keits·merk·ma·le** *n pl* personal characteristics, personality traits.

Per·spek·ti·ve [pɛrspɛkˈtiːvə] ⟨-, -n⟩ *f* **1.** *(optisch)* perspective; **2.** *fig (Aussichten)* prospects *pl*; **3.** *fig (Blick-, Gesichtspunkt)* angle; ▶ **neue** ~**n eröffnen** *fig* open new horizons; **aus meiner** ~ *fig* from my angle.

per·spek·tiv·los *adj* without prospects; **Per·spek·tiv·lo·sig·keit** *f* lack of prospects.

Pe·ru [pɛˈruː] *n* Peru; **Pe·rua·ner(in)** [peruˈaːnə] *m (f)* Peruvian; **pe·rua·nisch** *adj* Peruvian.

Pe·rü·cke [pɛˈrʏkə] ⟨-, -n⟩ *f* wig.

per·vers [pɛrˈvɛrs] *adj* perverted; **Per·ver·sion** *f* perversion; **Per·ver·si·tät** *f* perversity.

Pes·si·mis·mus [pɛsiˈmɪsmʊs] *m* pessimism; **Pes·si·mist(in)** *m (f)* pessimist; **pes·si·mi·stisch** *adj* pessimistic; ▶ **da bin ich ziemlich** ~ I'm rather pessimistic about it; **ich sehe das recht** ~ I view that rather pessimistically.

Pest [pɛst] ⟨-⟩ *f* plague; ▶ **jdn hassen wie die** ~ *fam* hate someone's guts; **etw hassen wie die** ~ *fam* loathe s.th. like hell; **stinken wie die** ~ *fam* stink like hell.

Pe·ter [ˈpeːtə] *m* Peter.

Pe·ter·si·lie [petəˈziːliə] ⟨-⟩ *f bot* parsley.

Pe·tro·le·um [peˈtroːleʊm] ⟨-s⟩ *n Br* paraffin, *Am* kerosene; **Pe·tro·le·um·lam·pe** *f Br* paraffin *(Am* kerosene) lamp.

Pe·trus *m* Peter.

pet·to [ˈpɛto] *adv fam:* ▶ **etw in** ~ **haben** have s.th. up one's sleeve.

Pet·ze(r) *f (m) fam* telltale; **pet·zen** [ˈpɛtsən] *itr fam* tell tales.

Pfad [pfaːt] ⟨-(e)s, -e⟩ *m* path; **Pfad·fin·der** *m* boy scout; **Pfad·fin·de·rin** *f* girl *Br* guide (*Am* scout).

Pfaf·fe [ˈpfafə] ⟨-n, -n⟩ *m pej* cleric.

Pfahl [pfaːl, *pl* ˈpfɛːlə] ⟨-(e)s, ˬe⟩ *m (Zaun~)* stake; *(Pfosten)* post; **Pfahl·bau** *m* **1.** *(Haus)* pile dwelling; **2.** *(Bauweise)* building on stilts; **Pfahl·wur·zel** *f* tap root.

Pfalz [pfalts] ⟨-, -en⟩ *f* **1.** *hist (Kaiser~)* imperial palace; **2.** *geog:* **die** ~ the Palatinate.

Pfand [pfant, *pl* ˈpfɛndə] ⟨-(e)s, ˬer⟩ *n* **1.** *a. fig* pledge; **2.** *(Flaschen~)* deposit; ▶ **etw als** ~ **geben** *a. fig* pledge s.th.; **ein** ~ **einlösen** redeem a pledge; **auf dieser Flasche sind 50 Pf** ~ there's a deposit of 50 Pf on this bottle.

pfänd·bar *adj jur* distrainable.

Pfand·brief *m fin* bond.

pfän·den [ˈpfɛndən] *tr jur (beschlagnahmen)* distrain upon; ▶ **jdn** ~ impound someone's possessions; **jdn** ~ **lassen** get the bailiffs onto s.o.

Pfand·fla·sche *f* returnable bottle.
Pfand·haus *n* pawnshop.
Pfand·schein *m fin* pawn ticket.
Pfän·dung *f jur* distraint.
Pfan·ne ['pfanə] ⟨-, -n⟩ *f* 1. (*Brat~*) pan;
2. *anat* socket; 3. (*Dach~*) pantile;
▶ jdn in die ~ hauen *fig sl* (*herunter-putzen, vernichtend schlagen*) slam s.o.;
(*verreißen, zusammenstauchen*) slate s.o.; (*hereinlegen*) do the dirty on s.o.
Pfann·ku·chen *m* pancake.
Pfarr·amt *n* priest's office; **Pfarr·be-zirk** *m* parish; **Pfar·re (Pfar·rei)**
['pfarə] ⟨-, -n⟩ *f* 1. (*Gemeinde*) parish; 2.
(*Pfarramt*) priest's office; **Pfar·rer** *m*
(*anglikanisch*) vicar; (*von Freikirchen u. Am*) minister; (*katholisch*) parish
priest; **Pfarr·ge·mein·de** *f* parish;
Pfarr·haus *n* (*anglikanisch*) vicarage;
(*katholisch*) presbytery; **Pfarr·kir·che**
f parish church.
Pfau [pfaʊ] ⟨-(e)s/-en, -en⟩ *m zoo* pea-cock; **Pfau·en·au·ge** *n zoo* 1. (*Tag~*)
peacock butterfly; 2. (*Nacht~*) peacock
moth; **Pfau·en·fe·der** *f* peacock
feather.
Pfef·fer ['pfɛfɐ] ⟨-s⟩ *m* pepper; ▶ er
kann bleiben, wo der ~ wächst! *fam* he
can take a running jump! **Pfef·fer-korn** *n* peppercorn.
Pfef·fer·ku·chen *m* gingerbread.
Pfef·fer·minz(bon·bon) *n* pepper-mint; **Pfef·fer·min·ze** [pfɛfɐ'mɪntsə]
⟨-, -n⟩ *f bot* peppermint; **Pfef·fer-minz·ge·schmack** *m* peppermint fla-vour; ▶ mit ~ peppermint-flavoured.
Pfef·fer·müh·le *f* pepper-mill.
pfef·fern *tr* 1. (*mit Pfeffer würzen*)
pepper; 2. *fam* (*schmeißen*) hurl.
Pfei·fe ['pfaɪfə] ⟨-, -n⟩ *f* 1. (*zum ~n*)
whistle; (*Quer~*) fife; (*Orgel~*) pipe; 2.
(*Tabaks~*) pipe; 3. *fam* (*Versager*)
wash-out; ▶ nach jds ~ tanzen *fig*
dance to someone's tune; ~ rauchen
smoke a pipe.
pfei·fen *irr tr itr* 1. *allg* whistle; 2. *sport
fam* (*als Schiedsrichter*) ref; 3. (*Wind,
radio*) howl; ▶ ich pfeife darauf! *fig
fam* I couldn't care less! aus dem letz-
ten Loch ~ *fig fam* be on one's last
legs; **Pfei·fen·kopf** *m* bowl; **Pfei·fen-stop·fer** *m* tamper.
Pfei·fer *m mus* piper; *mil mus* fifer.
Pfeil [pfaɪl] ⟨-(e)s, -e⟩ *m* 1. arrow; 2.
(*Wurf~*) dart; ▶ wie ein ~ davonschie-
ßen *fig* be off like a shot; ~ u. Bogen
bow and arrow.
Pfei·ler ['pfaɪlɐ] ⟨-s, -⟩ *m a. fig* pillar.
Pfeil·gift *n* arrow poison; **pfeil·schnell**
['-'-] *adj* as swift as an arrow; **Pfeil-spit·ze** *f* arrowhead.
Pfen·nig ['pfɛnɪç] ⟨-(e)s, -e⟩ *m fig*
penny; **Pfen·nig·fuch·ser** *m fam pej*
skinflint.
Pferch [pfɛrç] ⟨-(e)s, -e⟩ *m* fold, pen.

Pferd ['pfeːɐt] ⟨-(e)s, -e⟩ *n* 1. *zoo a. sport*
horse; 2. (*Schachfigur*) knight; ▶ zu ~e
on horseback; immer langsam mit den
jungen ~en! *fig fam* hold your horses!
keine zehn ~e bringen mich dahin *fig
fam* wild horses won't drag me there;
man kann mit ihm ~e stehlen *fam* he's
a real sport! das ~ beim Schwanz auf-
zäumen *fig* put the cart before the
horse; aufs falsche ~ setzen *a. fig* back
the wrong horse; er arbeitet wie ein ~
fig fam he works like a Trojan; **Pfer-de·fleisch** *n* horseflesh; **Pfer·de·fuß**
m fig ▶ die Sache hat e-n ~ there's
just one snag; **Pfer·de·renn·bahn** *f*
race course; **Pfer·de·ren·nen** *n* horse-race; (*Sportart*) horse racing; **Pfer·de-schwanz** *m* horse's tail; (*Frisur*) pony-tail; **Pfer·de·stall** *m* stable; **Pfer·de-stär·ke** *f* (*Abk PS*) horsepower (*Abk*
hp); **Pfer·de·zucht** *f* 1. (*das Züchten*)
horse-breeding; 2. (*Gestüt*) studfarm.
Pfiff [pfɪf] ⟨-(e)s, -e⟩ *m* 1. (*Pfeifen*)
whistle; 2. (*Flair*) flair.
Pfif·fer·ling ['pfɪfɐlɪŋ] ⟨-s, -e⟩ *m bot*
chanterelle; ▶ keinen ~ wert *fig fam*
not worth a straw.
pfif·fig *adj* cute, sharp, sly; **Pfif·fig-keit** *f* cuteness, sharpness; **Pfif·fi·kus**
['pfɪfɪkʊs] ⟨-/-ses, -se⟩ *m fam* sly fellow.
Pfing·sten ['pfɪŋstən] *n* Whitsun;
Pfingst·fe·rien *pl* Whit *Br* holidays *pl*
(*Am* vacation *sing*); **Pfingst·mon·tag**
[-'--] *m* Whit Monday; **Pfingst·ro·se** *f*
bot peony; **Pfingst·sonn·tag** [-'--] *m*
Whit Sunday; *eccl* Pentecost.
Pfir·sich ['pfɪrzɪç] ⟨-s, -e⟩ *m bot* peach.
Pflan·ze ['pflantsə] ⟨-, -n⟩ *f* plant.
pflan·zen *tr* plant.
Pflan·zen·be·stand *m* plant formation;
Pflan·zen·decke (k·k) *f* plant (*od*
vegetation) cover; **Pflan·zen·fa·ser** *f*
plant *Br* fibre (*Am* fiber); **Pflan·zen-fett** *n* vegetable fat; **Pflan·zen·fres-ser** *m* phytophage; **Pflan·zen·gift** *n* 1.
(*für Pflanze*) vegetable poison; 2. (*aus
Pflanze*) plant poison; **Pflan·zen·kun-de** *f* botany; **Pflan·zen·öl** *n* vegetable
oil; **Pflan·zen·schutz·mit·tel** *n* pesti-cide; **Pflan·zer(in)** *m* (*f*) planter;
Pflan·zung *f* (*Plantage*) plantation.
Pfla·ster ['pflastɐ] ⟨-s, -⟩ *n* 1. (*Straßen~*)
pavement; 2. (*Heft~*) sticking-plaster;
▶ ein teures ~ *fig fam* a pricey place;
ein heißes ~ *fig fam* a dangerous place;
Pfla·ster·ma·ler(in) *m* (*f*) pavement
artist; **pfla·stern** *tr* (*Straße*) pave; (*mit
Kopfsteinpflaster*) cobble; **Pfla·ster-stein** *m* paving-stone; (*Kopfstein*)
cobble.
Pflau·me ['pflaʊmə] ⟨-, -n⟩ *f* 1. *bot* plum;
(*getrocknete ~*) prune; 2. *fam* (*Blöd-mann*) dope.
Pflau·men·baum *m* plum(tree); **Pflau-men·mus** *n* plum jam.

Pfle·ge ['pfle:gǝ] ⟨-, -n⟩ f 1. allg care; 2. (Kranken~) nursing; 3. (von Kunst, Garten) cultivation; 4. tech (Instandhaltung) maintenance; ▶ in ~ nehmen look after; jdn (etw) in ~ geben have s.o. (s.th.) looked after; **pfle·ge·be·dürf·tig** adj needing (od in need of) care; **Pfle·ge·el·tern** pl foster parents; **Pfle·ge·fall** m person in need of care; **Pfle·ge·kind** n foster child; **Pfle·ge·ko·sten** f pl nursing fees; **pfle·ge·leicht** adj (von Kleidung, a. fig) easycare; **Pfle·ge·mut·ter** f foster mother.

pfle·gen I tr 1. care for, look after; (Garten etc) tend; (Kranken) nurse; 2. fig (Kunst, Beziehungen etc) cultivate; 3. tech (instandhalten) maintain; II itr (gewohnt sein) be accustomed (zu to); III refl (sein Äußeres ~) care about one's appearance.

Pfle·ge·not·stand m shortage of nursing staff and facilities; **Pfle·ge·per·so·nal** n nursing staff; **Pfle·ger(in)** m (f) nurse; **Pfle·ge·satz** m hospital charges pl; **Pfle·ge·se·rie** f (Kosmetik) line of cosmetic products; **Pfle·ge·va·ter** m foster father.

pfleg·lich adj careful.
Pfleg·schaft f jur 1. (Vormundschaft) tutelage; 2. (Vermögensverwaltung) trusteeship.
Pflicht [pflɪçt] ⟨-, -en⟩ f 1. (Ver~ung) duty; 2. sport compulsory exercises pl; ▶ s-e ~ (gegenüber jdm) erfüllen do one's duty (by s.o.); seine ~ verletzen (vernachlässigen) fail in (neglect) one's duty; **pflicht·be·wußt** adj conscious of one's duties; **Pflicht·er·fül·lung** f fulfilment of one's duty; **Pflicht·fach** n (in der Schule) compulsory subject; **Pflicht·ge·fühl** n sense of duty; **Pflicht·teil** m od n jur legal portion; **pflicht·ver·ges·sen** adj irresponsible.
Pflock [pflɔk] pl 'pflœkǝ⟩ ⟨-(e)s, ⸚e⟩ m peg.
pflücken (k·k) ['pflʏkǝn] tr pick, pluck; (sammeln) gather.
Pflug [pflu:k] pl 'pfly:gǝ⟩ ⟨-(e)s, ⸚e⟩ m Br plough, Am plow; **Pflug·bo·gen** m sport Br snowplough turn, Am snowplow turn.
pflü·gen ['pfly:gǝn] tr itr a. fig Br plough, Am plow.
Pfor·te ['pfɔrtǝ] ⟨-, -n⟩ f gate.
Pfört·ner¹ ['pfœrtnǝ] ⟨-s, -⟩ m anat pylorus.
Pfört·ner(in)² m (f) porter; (in Industriebetrieb) gateman; **Pfört·ner·lo·ge** f porter's office; (in Industriebetrieb) gatehouse.
Pfo·sten ['pfɔstǝn] ⟨-s, -⟩ m post; (Tür~) doorpost; (Mittel~ an Fenstern) jamb; (von Fußballtor) (goal)post.
Pfo·te ['pfo:tǝ] ⟨-, -n⟩ f 1. (Tier~) paw; 2.

sl (Hand) mitt; ▶ jdm eins auf die ~n geben fam rap someone's knuckles; sich die ~n verbrennen fig fam burn one's fingers; er hat überall s-e ~n drin fig fam he's got a finger in every pie.
Pfriem [pfri:m] ⟨-(e)s, -e⟩ m awl.
Pfrop·fen ['pfrɔpfǝn] ⟨-s, -⟩ m (Stöpsel) stopper; (Korken) cork; (Holz~, Watte~) plug; med (Blut~) thrombus.
pfrop·fen tr 1. fam (stopfen) cram (in into); 2. bot graft.
Pfrün·de ['pfrʏndǝ] ⟨-, -n⟩ f 1. hist eccl church living, prebend; 2. fig sinecure.
Pfuhl [pfu:l] ⟨-(e)s, -e⟩ m obs 1. (Schlamm~) mudhole; 2. fig mire.
pfui [pfʊi] interj 1. (Ausdruck des Ekels) ugh; 2. (der Empörung: P~ruf) boo; 3. (der Mißbilligung: ts ts) tut tut.
Pfund [pfʊnt] ⟨-(e)s, -e⟩ n pound (Abk lb, pl lbs); ▶ ~ Sterling pound (sterling), Abk £.
pfun·dig adj fam (erstklassig) Br great, Am swell.
pfu·schen itr fam 1. (in Schule, beim Spiel) cheat; 2. (bei Arbeit) bungle; (nachlässig ausführen) scamp (bei etw s.th.); ▶ jdm ins Handwerk ~ fig fam interfere with s.o.'s work; **Pfu·scher(in)** m (f) fam botcher, bungler; **Pfu·sche·rei** f fam bungling, botchup.
Pfüt·ze ['pfʏtsǝ] ⟨-, -n⟩ f puddle.
Phä·no·men [fɛno'me:n] ⟨-s, -e⟩ n phenomenon; **phä·no·me·nal** adj phenomenal.
Phan·ta·sie [fanta'zi:] f fantasy, imagination; **Phan·ta·sie·ge·bil·de** n (Einbildung) figment of the (od one's) imagination; **phan·ta·sie·ren** I itr 1. (sich vorstellen) fantasize (über about); 2. med (delirieren) be delirious; II tr (sich ausdenken) dream up.
Phan·tast [fan'tast] ⟨-en,-en⟩ m dreamer, visionary; **Phan·ta·ste·rei** f fantasy; **phan·ta·stisch** adj 1. fantastic; 2. (großartig) excellent; fam (bes Am) swell; 3. (unglaublich) incredible.
Phan·tom [fan'to:m] ⟨-s, -e⟩ n phantom; ▶ e-m ~ nachjagen fig tilt at windmills; **Phan·tom·bild** n identikit (picture).
Pha·ri·sä·er [fari'zɛ:e] ⟨-s, -⟩ m 1. hist rel Pharisee; 2. fig (Heuchler) hypocrite.
Phar·ma·in·du·strie f pharmaceutical industry; **Phar·ma·ko·lo·ge (Phar·ma·ko·lo·gin)** [farmako'lo:gǝ] m (f) pharmacologist; **Phar·ma·ko·lo·gie** f pharmacology; **Phar·ma·re·fe·rent(in)** m (f) medical representative.
Phar·ma·zeut(in) [farma'tsɔit] m (f) pharmacist; **phar·ma·zeu·tisch** adj pharmaceutical.
Pha·se ['fa:zǝ] ⟨-, -n⟩ f phase.

Phi·lan·trop(in) [filan'tro:p] *m (f)* philanthropist; **phi·lan·tro·pisch** *adj* philanthropic(al).

Phi·la·te·lie [filate'li:] *f* philately; **Phi·la·te·list(in)** *m (f)* philatelist.

Phil·har·mo·nie *f mus* 1. *(philharmonisches Orchester)* philharmonia; 2. *(Konzertsaal)* philharmonic hall.

Phi·lip·pi·ne (Phi·lip·pi·nin) *m (f)* Filipino; **Phi·lip·pi·nen** [filɪ'pi:nən] *pl* ▶ **die** ~ the Philippines; **phi·lip·pi·nisch** *adj* Philippine.

Phi·li·ster [fi'lɪstɐ] ⟨-s, -⟩ *m* 1. *hist* Philistine; 2. *fig* philistine; **phi·li·ster·haft** *fig* I *adj* philistine; II *adv* like a philistine.

Phi·lo·lo·ge (Phi·lo·lo·gin) [filo'lo:gə] *m (f)* philologist; **Phi·lo·lo·gie** *f* philology.

Phi·lo·so·phie [filozo'fi:] *f* philosophy; **phi·lo·so·phie·ren** *itr* philosophize *(über* about); **Phi·lo·soph(in)** *m (f)* philosopher; **phi·lo·so·phisch** *adj* philosophical.

Phleg·ma·ti·ker(in) *m (f)* phlegmatic person; **phleg·ma·tisch** *adj* phlegmatic.

Phon [fo:n] ⟨-s, -(s)⟩ *n phys* phon.

Pho·nem [fo'ne:m] ⟨-s, -e⟩ *n ling* phoneme.

Pho·ne·tik [fo'ne:tɪk] *f ling* phonetics *pl;* **Pho·ne·ti·ker(in)** *m (f) ling* phonetician; **pho·ne·tisch** *adj ling* phonetic.

Pho·no·bran·che *f* hifi industry.

Pho·no·ty·pi·st(in) [fonoty'pɪstɪn] *m (f)* audio-typist.

Phos·phat [fɔs'fa:t] ⟨-(e)s, -e⟩ *n chem* phosphate; **Phos·phat·dün·ger** *m* phosphate fertilizer; **pho·spat·frei** *adj* phosphate-free; **phos·phat·hal·tig** *adj* containing phosphates.

Phos·phor ['fɔsfɔr] ⟨-s⟩ *m chem* phosphorus; **phos·pho·res·zie·ren** [fɔsfɔrɛs'tsi:rən] *itr* phosphoresce.

Pho·to ['fo:to] ⟨-s, -s⟩ *n* photo; ▶ **ein** ~ **(von jdm (etw)) machen** take a photo (of s.o. (s.th.)); **Pho·to·ap·pa·rat** *m* camera; **pho·to·gen** [foto'ge:n] *adj* photogenic; **Pho·to·gra·phie** *f* 1. *(Kunst der* ~*)* photography; 2. *(Photo)* photograph; **pho·to·gra·phie·ren** I *tr* (take a) photograph (of); ▶ **sich** ~ **las·sen** have one's photo(graph) taken; II *itr* take photo(graph)s; *(bes Am a.* pictures); **Pho·to·graph(in)** [foto'gra:f] *m (f)* photographer; **pho·to·gra·phisch** I *adj* photographic; II *adv* photographically.

Pho·to·ko·pie *f* photocopy; **pho·to·ko·pie·ren** *tr* photocopy; **Pho·to·ko·pie·rer** *m* photocopier; **Pho·to·ko·pier·ge·rät** *n* photocopying machine.

Pho·to·mon·ta·ge *f* photomontage; **Pho·to·re·por·ter(in)** *m (f)* press

photographer; **Pho·to·satz** ⟨-es⟩ *m typ* photo composition; **Pho·to·syn·the·se** *f biol chem* photosynthesis.

Phra·se ['fra:zə] ⟨-, -n⟩ *f* phrase; ▶ **e-e abgedroschene** ~ a hackneyed phrase; ~**n dreschen** *fam* churn out one cliché after another; **Phra·sen·dre·scher(in)** *m (f)* phrasemonger.

pH-Wert *m chem* pH-value.

Phy·sik [fy'zi:k] ⟨-⟩ *f* physics *pl;* **phy·si·ka·lisch** *adj* physical; ▶ ~**e** Experimente experiments in physics; **Phy·si·ker(in)** *m (f)* physicist.

Phy·sio·gno·mie [fyziogno'mi:] *f* physiognomy.

Phy·sio·lo·gie *f* physiology; **phy·sio·lo·gisch** *adj* physiological.

Phy·sio·the·ra·peut(in) *m (f) med* physiotherapist; **Phy·sio·the·ra·pie** *f med* physiotherapy.

phy·sisch ['fy:zɪʃ] *adj* physical.

Pi [pi:] ⟨-(s)⟩ *n math* pi.

Pia·nist(in) [pia'nɪst] *m (f)* pianist.

Pickel¹ (k·k) ['pɪkəl] ⟨-s, -⟩ *m tech (Spitzhacke)* pickaxe.

Pickel² (k·k) *m (im Gesicht etc)* pimple; **picke·lig (k·k)** ['pɪk(e)lɪç] *adj* pimply.

picken (k·k) ['pɪkən] *tr itr* peck *(nach* at).

Pick·nick ['pɪknɪk] ⟨-s, -e/-s⟩ *n* picnic; ▶ ~ **machen** have a picnic.

piek·fein ['pi:k'faɪn] *adj fam* posh.

piek·sau·ber ['-'--] *adj fam* spotless.

Piep *m fam* ▶ **keinen** ~ **sagen** not to say a word; **der sagt (od macht) keinen** ~ **mehr!** he's really had it!

piep [pi:p] *interj* chirp.

piep·e(gal) *adj pred fam* all one; ▶ **mir ist alles** ~ it's all one to me.

pie·pen *itr (Vögel)* cheep; *(Mäuse, a. Kinder)* squeak; ▶ **zum P~ sein** *fam* be a scream; **bei dir piept's doch!** *fam* you're really off your head!

Pier [pi:ɐ] ⟨-s, -e⟩ *m od f mar* jetty, pier.

pie·sacken (k·k) ['pi:zakən] *tr fam* 1. *(belästigen)* pester; 2. *(peinigen)* torment.

Pie·tät [pie'tɛ:t] *f* 1. *rel* piety; 2. *(Respekt)* respect *(gegenüber* for); *(Ehrfurcht)* reverence *(gegenüber* for); **pie·tät·los** *adj* irreverent; **pie·tät·voll** *adj* reverent.

Pig·ment [pɪ'gmɛnt] ⟨-(e)s, -e⟩ *n* pigment.

Pik¹ [pi:k] ⟨-(s), -⟩ *n (Karten)farbe)* spade; ▶ ~**-As** ace of spades.

Pik² ⟨-s, -e⟩ *m (Groll)* grudge *(auf jdn* against s.o.).

Pi·ke ['pi:kə] ⟨-, -n⟩ *f* pike; ▶ **etw von der** ~ **auf lernen** *fig* learn s.th. starting from the bottom.

pi·kiert *adj fam* put out *(über* by); ▶ **ein** ~**es Gesicht machen** look put out.

Pik·ko·lo ['pɪkolo] ⟨-s, -s⟩ *m* quarter

bottle (of champagne).
Pik·ko·lo·flö·te *f mus* piccolo.
pik(·s)en ['pɪːk(s)ən] *tr itr fam* prick.
Pik·to·gramm *n* pictogram.
Pil·ger(in) ['pɪlgɐ] *m (f)* pilgrim; **Pil·ger·fahrt** *f* pilgrimage.
pil·gern ⟨sein⟩ *itr* 1. *(e-e Pilgerfahrt machen)* go on a pilgrimage; 2. *fam (gehen, „marschieren")* wend one's way.
Pil·le ['pɪlə] ⟨-, -n⟩ *f (a. Antibaby~)* pill; ▶ e-e bittere ~ *fig* a bitter pill; **Pil·len·knick** *m fam* slump in the birth-rate.
Pi·lot(in) [pi'loːt] ⟨-en, -en⟩ *m (f) aero* pilot; **Pi·lot·an·la·ge** *f* pilot plant; **Pi·lot·pro·jekt** *n* pilot scheme.
Pilz [pɪlts] ⟨-es, -e⟩ *m* 1. *bot allg* fungus; *(eßbarer)* mushroom; *(Gift~)* toadstool; 2. *med* ringworm; ▶ wie ~e aus der Erde schießen spring up like mushrooms; **Pilz·ver·gif·tung** *f* fungus poisoning.
pin·ge·lig ['pɪŋəlɪç] *adj fam* pernickety.
Pin·gu·in ['pɪŋguiːn] ⟨-s, -e⟩ *m zoo* penguin.
Pi·nie ['piːniə] *f bot* pine (tree).
pin·keln ['pɪŋkəln] *itr fam* pee.
Pin·ke(·pin·ke) ['pɪŋkə] ⟨-⟩ *f sl (Geld)* dough.
Pinn·wand *f* notice board.
Pin·scher ['pɪnʃɐ] ⟨-s, -⟩ *m* 1. *zoo* pinscher; 2. *fig fam* pipsqueak.
Pin·sel ['pɪnzəl] ⟨-s, -⟩ *m* 1. *(Maler~)* brush; 2. *fam:* ▶ ein eingebildeter ~ a jumped-up so-and-so; **pin·seln** *tr itr fam* 1. *(anstreichen)* paint; 2. *(schmieren)* daub.
Pin·te ['pɪntə] ⟨-, -n⟩ *f fam (Kneipe) Br* boozer, *Am* beer joint, dive.
Pin·zet·te [pɪn'tsɛtə] ⟨-, -n⟩ *f* a (pair of) tweezers *pl.*
Pio·nier [pio'niːɐ] ⟨-s, -e⟩ *m* 1. *mil* engineer; 2. *fig (Bahnbrecher)* pioneer; **Pionier·geist** *m* pioneering spirit.
Pipi·fax *fam hum m* nonsense.
Pi·rat [pi'raːt] ⟨-en, -en⟩ *m* pirate; **Pi·raten·sen·der** *m* pirate radio station; **Pi·ra·te·rie** [pɪratə'riː] *f a. fig* piracy.
Pi·rol [pi'roːl] ⟨-s, -e⟩ *m orn* oriole.
Pirsch [pɪrʃ] ⟨-⟩ *f* stalk; ▶ auf die ~ gehen go stalking.
Pis·se ['pɪsə] ⟨-, (-n)⟩ *f vulg* piss.
pis·sen *itr vulg* 1. *(urinieren)* piss; 2. *(regnen)* piss down.
Pi·sta·zie [pɪs'taːtsiə] ⟨-, -n⟩ *f bot* pistachio.
Pi·ste ['pɪstə] ⟨-, -n⟩ *f* 1. *aero* runway; *mot* circuit; 2. *sport (Ski~)* piste; **Pisten·rau·pe** *f* piste caterpillar.
Pi·sto·le [pɪs'toːlə] ⟨-, -n⟩ *f* pistol; ▶ jdm die ~ auf die Brust setzen *fig* hold a pistol to someone's head; wie aus der ~ geschossen *fig* like a shot; er wurde mit vorgehaltener ~ gezwungen, den Safe zu öffnen he was forced to open the safe at gunpoint; **Pi·sto-**

len·schüt·ze (-schüt·zin) *m (f)* pistol shot; **Pi·sto·len·ta·sche** *f* holster.
Pla·ce·bo [pla'tseːbo] ⟨-s, -s⟩ *n med* placebo; **Pla·ce·bo·ef·fekt** *m med* placebo effect.
placken (k·k) ['plakən] *refl fam (sich mühen)* drudge, slave away; **Placke·rei (k·k)** *f fam* drudgery, grind.
plä·die·ren [plɛ'diːrən] *itr jur a. fig* plead *(auf, für* for).
Plä·doy·er [plɛdoa'jeː] ⟨-s, -s⟩ *n* 1. *jur Br* address to the jury, *Am* summation; 2. *fig* plea *(für* for).
Pla·ge ['plaːgə] ⟨-, -n⟩ *f* 1. *(Seuche)* plague; 2. *fig* nuisance; ▶ es ist wirklich e-e ~ mit ihm *fig* he's a real nuisance; **pla·gen** I *tr* 1. *(quälen)* harass, plague; *(belästigen)* bother; 2. *fig (heimsuchen)* haunt; ▶ von Zweifeln geplagt werden be plagued by doubts; II *refl* 1. *(sich herumschlagen)* be bothered *(mit* by); 2. *(sich abmühen)* slog away.
Pla·gi·at [plagi'aːt] ⟨-(e)s, -e⟩ *n* plagiarism; ▶ ein ~ begehen plagiarize.
Pla·kat [pla'kaːt] ⟨-(e)s, -e⟩ *n* 1. *(zum Ankleben od Anheften)* bill, poster; 2. *(zum Aufstellen)* placard; ▶ ~e ankleben verboten! bill posters will be prosecuted! **pla·ka·tie·ren** *tr* placard; **Plakat·säu·le** *f* advertisement pillar.
Pla·ket·te [pla'kɛtə] ⟨-, -n⟩ *f* 1. *(Ansteckknopf)* badge; 2. *(amtliche ~, a. Tafel an Häusern)* plaque.
plan [plaːn] *adj (eben)* flat, level.
Plan¹ [plaːn, *pl* 'plɛːnə] ⟨-(e)s, ⁓e⟩ *m* 1. *(Vorhaben)* plan; 2. *(Zeit~, Fahr~, Stunden~)* schedule, timetable; 3. *geog (Stadt~)* map; 4. *arch (Bau~, Grundriß etc)* plan; ▶ e-n ~ (für etw) machen make plans (for s.th.); sie hat große ⁓e mit ihrem Sohn she has great plans for her son; schließlich faßten sie den ~, zu ... finally they planned to ...
Plan² ⟨-es⟩ *m gehoben (ebene Fläche, freier Platz)* plain; ▶ auf den ~ treten *fig (in Erscheinung treten)* arrive on the scene.
Pla·ne ['plaːnə] ⟨-, -n⟩ *f* 1. *(wasserdichter Stoff)* tarpaulin; 2. *(~ndach)* awning; 3. *(LKW-~)* hood.
pla·nen *tr itr* plan.
Pla·net [pla'neːt] ⟨-en, -en⟩ *m* planet; **Pla·ne·ta·rium** *n* planetarium.
Plan·fest·stel·lungs·ver·fah·ren *n* plan approval procedure.
pla·nie·ren *tr* 1. *(Erdboden)* level; 2. *tech (Werkstück)* planish; **Pla·nier·rau·pe** *f* bulldozer.
Plan·ke ['plaŋkə] ⟨-, -n⟩ *f* board, plank; *(Leit~)* crash barrier.
Plän·ke·lei [plɛŋkə'laɪ] *f* 1. *mil hist* skirmish; 2. *fig (Zank(erei))* squabble.
plän·keln ['plɛŋkəln] *itr* 1. *mil hist* skirmish; 2. *fig (zanken)* squabble.

Plank·ton ['plaŋktɔn] ⟨-s⟩ *n* plankton.
plan·los *adj* **1.** *(ohne Plan)* unsystematic; **2.** *(ohne Ziel)* random; **Plan·lo·sig·keit** *f* lack of planning; **plan·mä·ßig** *adj* **1.** *(wie geplant)* according to plan; **2.** *aero mar rail (fahr~)* on schedule; **Plan·soll** *n com* output target; **Plan·stel·le** *f* (established) post.
Plan·ta·ge [plan'ta:ʒə] ⟨-, -n⟩ *f* plantation.
Plan(t)sch·bec·ken *n* paddling pool.
plan·(t)schen *itr* splash around.
Pla·nung *f* planning; ▶ **(noch) in ~ sein** be (still) being planned.
plan·voll *adj* systematic.
Plan·wa·gen *m* covered wag(g)on.
Plan·wirt·schaft *f* planned economy; **Plan·ziel** *n* target.
Plap·per·maul *n fam* babbler; **plappern** ['plapən] *itr* blab.
plär·ren ['plɛrən] *tr itr fam* **1.** *(heulen, weinen)* howl; **2.** *(schlecht singen)* screech; **3.** *(von Schallplatte, Radio, Musik)* blare.
Pla·stik¹ ['plastɪk] *f* **1.** *(Skulptur)* sculpture; **2.** *(Bildhauerkunst)* plastic art; **3.** *med* plastic surgery.
Pla·stik² ⟨-(s)⟩ *n (Kunststoff)* plastic; **Pla·stik·be·cher** *m* plastic beaker; **Pla·stik·beu·tel** *m* plastic bag; **Pla·stik·bom·be** *f* plastic bomb; **Pla·stik·fo·lie** *f* plastic foil; **Pla·stik·geld** *n fam (Kreditkarten)* plastic money; **Pla·stik·tü·te** *f* plastic bag; carrier bag; **pla·stisch** *adj* **1.** *(formbar)* plastic; **2.** *fig (anschaulich)* vivid; **3.** *(bildhauerisch)* plastic; **4.** *med (Chirurgie)* plastic.
Pla·ta·ne [pla'ta:nə] ⟨-, -n⟩ *f bot* plane tree.
Pla·tin ['pla:ti:n] ⟨-s⟩ *n chem* platinum.
Pla·ti·tü·de [plati'ty:də] ⟨-, -n⟩ *f* platitude.
pla·to·nisch [pla'to:nɪʃ] *adj* platonic.
plät·schern ['plɛtʃən] *itr (Bach, Quelle)* ripple, splash.
platt [plat] *adj* **1.** *(eben, flach)* flat; **2.** *fig (abgeschmackt)* flat; *(gewöhnlich)* dull; **3.** *fig fam pred (überrascht)* flabbergasted; ▶ **e-n P~en haben** *mot fam* have a flat; **ich war ~, ihn nach zehn Jahren zu treffen** *fig fam* I was flabbergasted to see him again after ten years.
platt·deutsch *adj* Low German.
Plat·te ['platə] ⟨-, -n⟩ *f* **1.** *(Metall~, Glas~ etc)* sheet; *(Tisch~)* (table-)top; *(Stein~, Fliese)* flag(stone); *(Holz~)* board; *(Felsen~, Stein~)* ledge, slab; **2.** *phot* plate; **3.** *(Schall~)* record *Br* disc, *Am* disk; **4.** *(Gericht)* dish; *(Servierteller)* platter; **5.** *fam (Glatze)* bald head; ▶ **kalte ~** cold dish; **die ~ hat e-n Sprung** the record's stuck; **etw auf ~ aufnehmen** record s.th.; **die ~ kenne ich schon!** *fig fam* I know that line! not that again! **leg mal e-e neue ~ auf!** *a.*

fig fam could you please change the record?
Plätt·ei·sen *n obs* (smoothing)iron.
plät·ten ['plɛtən] *tr* iron, press.
Plat·ten·fir·ma *f* record firm; **Platten·la·bel** *n* record label; **Plat·ten·lauf·werk** *n EDV* disk drive.
Plat·ten·spie·ler *m* record-player.
Plät·te·rin ['plɛtərɪn] *f obs* ironer.
Platt·form ⟨-, -en⟩ *f* **1.** platform; **2.** *fig (Basis)* basis.
Platt·fuß *m* **1.** *anat med* flat foot; **2.** *mot fam (Reifenpanne)* flat.
plat·tie·ren *tr (bei Metallverarbeitung)* plate.
Platz [plats, *pl* 'plɛtsə] ⟨-es, ‥e⟩ *m* **1.** *(Stelle, Ort, Arbeits~, Position, Rang, a. sport)* place; **2.** *(freier Raum)* room, space; **3.** *(öffentlicher ~)* square; **4.** *(Sitz~)* seat; **5.** *sport (Spielfeld)* playing field; *(Tennis~, Handball~)* court; *(Fußball~)* field, pitch; ▶ **etw (wieder) an s-n ~ stellen** put s.th. (back) in its place; **fehl am ~e sein** be out of place; **auf die Plätze, fertig, los!** *sport* ready, steady, go! **~ nehmen** take a seat; **~ machen** make room *(für* for); *(aus dem Wege gehen)* get out of the way; **das erste Haus am ~** *com (das beste Warenhaus der Stadt)* the best store in town; **ist hier noch ein ~ frei?** is there a free seat here? **dieser ~ ist besetzt** this seat's taken; **der Schiedsrichter stellte den Mittelstürmer vom ~** *sport* the referee sent the centre-forward off; **das nächste Spiel ist auf eigenem (gegnerischem) ~** *sport* the next match will be at home (away); **Platz·angst** ⟨-⟩ *f med psych* agoraphobia; **Platz·an·wei·ser(in)** *m (f)* usher(ette).
plat·zen ⟨sein⟩ *itr* **1.** *(bersten)* burst; **2.** *(aufreißen)* split; **3.** *fig fam (fehlschlagen)* fall through; *(zerbrechen: von Freundschaft etc)* break up; **4.** *com fig fam (von Wechsel)* bounce; ▶ **vor** Neugierde (Stolz, Wut *etc*) ~ be bursting with curiosity (pride, rage *etc*); **vor** Lachen ~ *fig fam* burst one's sides with laughter; **er platzte ins Zimmer** *fam* he burst into the room; **die Party ist geplatzt** the party is off; **e-n Termin ~ lassen** *fig fam* bust up an appointment; **e-n Plan ~ lassen** *fig fam* make a plan fall through.
Platz·kar·te *f rail* seat reservation ticket; ▶ **sich e-e ~ bestellen** get a seat reservation; **Platz·man·gel** *m* lack of space.
Platz·pa·tro·ne *f* blank cartridge.
Platz·re·gen *m* downpour.
Platz·re·ser·vie·rung *f* seat reservation.
platz·spa·rend *adj attr* space-saving; *pred* saving space.
Plau·de·rei *f* chat; *(über Nichtssagen-*

des) small talk; **Plau·de·rer (Plau-d(r)e·rin)** *m (f)* conversationalist.
plau·dern ['plaʊdən] *itr* 1. *(plauschen)* chat *(über, von* about); 2. *(aus~)* talk; ▶ **aus der Schule** ~ *fig* tell tales out of school.
Play·back ['pleːbɛk] ⟨-s, -s⟩ *n (bei Schallplattenaufnahme)* double-track-ing; *(bei Fernsehaufnahme)* miming.
Play·boy ['pleːbɔɪ] ⟨-s, -s⟩ *m* playboy.
pla·zie·ren [plaˈtsiːrən] **I** *tr* 1. *(hinstel-len, -setzen, -legen)* put; 2. *sport (zielen)* place; ▶ **ein plazierter Schuß** *sport* a well-placed shot; **plaziert schießen** *sport* place one's shots well; **II** *refl* 1. *sport* be placed; 2. *fam (sich stellen, setzen, legen)* plant o.s.
Ple·bis·zit [plebɪsˈtsiːt] ⟨-s, -e⟩ *n pol* plebiscite.
Plei·te ['plaɪtə] ⟨-, -n⟩ *f fam* 1. *com* bankruptcy; 2. *fig* flop; ▶ ~ **machen** *com* go bust; **die ganze Sache war e-e** ~ *fig* the whole affair was a flop; **plei-te** *adj fam* broke, bust; ▶ ~ **gehen** go bust; **ich bin** ~ I'm broke; **Plei·te·gei-er** *m fig fam* 1. *(bevorstehender Bank-rott)* vulture; 2. *(Bankrotteur)* bankrupt.
Ple·nar·saal *m* [pleˈnaːˌ-] *parl* plenary assembly hall; **Ple·nar·sit·zung** *f parl* plenary session.
Ple·num ['pleːnʊm] ⟨-s⟩ *n parl* plenum.
Pleu·el·stan·ge ['plɔɪəl-] *f mot* con-necting rod.
Plis·see [plɪˈseː] ⟨-s, -s⟩ *n* pleats *pl;* **plis-sie·ren** *tr* pleat.
Plom·be ['plɔmbə] ⟨-, -n⟩ *f* 1. *(Verplom-bung)* lead seal; 2. *(Zahn~)* filling; **plom·bie·ren** *tr* 1. *com (versiegeln)* seal; 2. *(Zähne)* fill.
Plot·ter ⟨-s, -⟩ *m EDV* plotter.
plötz·lich ['plœtslɪç] **I** *adj* sudden; **II** *adv* all of a sudden, suddenly.
plump [plʊmp] *adj* 1. *(ungeschickt)* awkward; *(unbeholfen)* clumsy; 2. *(taktlos, roh)* crude; 3. *(unschön, unan-sehnlich)* ungainly; **Plump·heit** *f* 1. *(Ungeschicklichkeit)* awkwardness; *(Unbeholfenheit)* clumsiness; 2. *(Takt-losigkeit, Roheit)* crudeness; 3. *(der Fi-gur, des Aussehens)* ungainliness.
plumps *interj* bang!
plump·sen ['plʊmpsən] ⟨sein⟩ *itr fam* fall.
Plun·der ['plʊndə] ⟨-s⟩ *m* junk.
Plün·de·rer(in) ['plʏndərə] *m (f)* looter, plunderer; **plün·dern** *tr* 1. *itr* loot, plun-der; 2. *fig hum* raid; **Plün·de·rung** *f* looting, pillage.
Plu·ral ['pluːraːl] ⟨-s, -e⟩ *m gram* plural.
Plu·ra·lis·mus *m pol* pluralism; **plu·ra-li·stisch** *adj* pluralistic.
Plus ⟨-, -⟩ *n* 1. *math (~zeichen)* plus; 2. *com (Mehrumsatz etc)* increase; *(Über-schuß)* surplus; *(„schwarze Zahlen")* profit; 3. *fig (~punkt)* advantage.

plus [plʊs] *adv prp* plus; ▶ **wir haben** ~ **15 Grad** it's 15 degrees above zero.
Plüsch [plyːʃ] ⟨-(e)s, -e⟩ *m* plush; **Plüsch·tier** *n* soft toy.
Plus·punkt *m fig* advantage; ▶ **etw als** ~ **für sich buchen** count s.th. to one's credit; **das ist noch ein** ~ **für Sie** that's another point in your favour.
Plus·quam·per·fekt [-kvampɛrfɛkt] ⟨-s, -e⟩ *n gram* past perfect, pluperfect.
Plus·zei·chen *n* plus sign.
Plu·to·ni·um·wirt·schaft *f* plutonium industry.
pneu·ma·tisch [pnɔɪˈmaːtɪʃ] *adj* pneu-matic.
Po [poː] ⟨-(s), -s⟩ *m fam (~po)* botty.
Pö·bel ['pøːbəl] ⟨-s⟩ *m* mob, rabble; **pö-bel·haft** *adj* vulgar.
po·chen ['pɔxən] *itr* 1. *(klopfen)* knock *(an* at); *(leicht, leise)* rap; 2. *(Herz)* pound; *(Blut, Schläfen)* throb; ▶ **auf etw (sein gutes Recht)** ~ *fig* insist on s.th (one's rights).
Pocke (k·k) ['pɔkə] ⟨-, -n⟩ *f* pock; ▶ **die** ~**n** *pl med* smallpox; **Pocken·imp-fung (k·k)** *f med* smallpox vaccination; **pocken·nar·big (k·k)** *f* pockmarked.
Po·dest [poˈdɛst] ⟨-(e)s, -e⟩ *n* 1. *(Red-nerbühne)* platform; 2. *(Sockel)* ped-estal; 3. *(Treppenabsatz)* landing.
Po·di·um ['poːdiʊm] *n a. fig* platform; **Po·di·ums·dis·kus·sion** *f* panel dis-cussion.
Poe·sie [poeˈziː] *f* poetry.
Po·et(in) [poˈeːt] ⟨-en, -en⟩ *m (f)* poet; **poe·tisch** [poˈeːtɪʃ] *adj* poetic.
Poin·te ['poɛ̃tə] ⟨-, -n⟩ *f* 1. *(von Witz)* punch-line; 2. *(Hauptsache)* (main) point; **poin·tiert** *adj* pithy.
Po·kal [poˈkaːl] ⟨-s, -e⟩ *m* 1. *(Trink~)* goblet; 2. *sport* cup.
Pö·kel ['pøːkəl] ⟨-s, -⟩ *m* brine, pickle; **Pö·kel·fleisch** *n* salt meat; **pö·keln** *tr* pickle, salt.
Po·ker ['poːkə] ⟨-s⟩ *n* poker; **Po·ker·ge-sicht** *n* poker face; **po·kern** *itr* 1. *(Po-ker spielen)* play poker; 2. *fig (feil-schen)* haggle *(um* over).
Pol [poːl] ⟨-s, -e⟩ *m a. el* pole.
po·lar *adj* polar; ▶ ~**e Kaltluft** an arctic cold front; **Po·lar·eis** *n* polar ice; **Po-lar·for·scher(in)** *m (f)* polar explorer; **po·la·ri·sie·ren** *tr* polarize; **Po·la-ri·tät** *f* polarity; **Po·lar·kreis** *m* polar circle; ▶ **nördlicher (südlicher)** ~ Arc-tic (Antarctic) circle; **Po·lar·licht** *n* polar lights *pl;* **Po·lar·stern** *m* Pole Star.
Po·le (Po·lin) ['poːlə] ⟨-n, -n⟩ *m (f)* Pole.
Po·le·mik [poˈleːmɪk] *f* polemics *pl;* **po-le·misch** *adj* polemic; **po·le·mi·sie-ren** *itr* polemicize; ▶ ~ **gegen ...** in-veigh against ...
Po·len ['poːlən] ⟨-s⟩ *n* Poland.
Po·len·te [poˈlɛntə] ⟨-⟩ *f sl* cops *pl.*

Po·li·ce [po'li:s(ə)] ⟨-, -n⟩ *f* policy.
Po·lier [po'li:ɐ] ⟨-s, -e⟩ *m* site foreman.
po·lie·ren *tr* polish; **Po·lier·tuch** *n* polishing cloth; **Po·lier·wachs** *n* wax polish.
Po·li·kli·nik ['po:likli:nɪk] *f* 1. *(Krankenhaus für ambulante Fälle)* clinic; 2. *(Krankenhausabteilung)* outpatients.
Po·lit·bü·ro [po'li:t-] *n pol* Politburo.
Po·li·tes·se [poli'tɛsə] ⟨-, -n⟩ *f* (woman) traffic warden; *fam* meter maid.
Po·li·tik [poli'ti:k] ⟨-, (-en)⟩ *f* 1. *allg* politics *pl;* 2. *(bestimmte Richtung)* policy; 3. *(politischer Standpunkt)* politics *pl;* ▶ e-e ~ der Eindämmung betreiben pursue a policy of containment; **das ist nicht meine** ~ these are not my politics; ~ **ist etw Faszinierendes** politics is a fascinating thing.
Po·li·ti·ker(in) *m (f)* politician; **Po·li·ti·kum** *n* political issue; **po·li·tisch** *adj* 1. *(zur Politik gehörig)* political; 2. *(diplomatisch, klug)* politic.
po·li·ti·sie·ren I *itr* talk politics; II *tr* 1. ▶ jdn ~ make s.o. politically aware; 2. ▶ etw ~ politicize s.th.; **Po·li·ti·sie·rung** *f* politicization.
Po·li·to·lo·ge (Po·li·to·lo·gin) *m(f)* political scientist; **Po·li·to·lo·gie** *f* political science.
Po·li·tur [poli'tu:ɐ] ⟨-, -en⟩ *f* 1. *(das Polieren)* polishing; 2. *(Poliermittel)* polish.
Po·li·zei [poli'tsaɪ] *f* police *pl;* ▶ dümmer als die ~ erlaubt *sl* as thick as a brick; **Po·li·zei·auf·sicht** *f* police supervision; ▶ unter ~ stehen have to report regularly to the police; **Po·li·zei·dienst·stel·le** *f* police station; **Po·li·zei·kel·le** *f* police *Br* signalling disc (*Am* signaling disk).
po·li·zei·lich *adj attr* police, of the police; ▶ ~ angeordnet by order of the police; ~ gesucht wanted by the police; **Rauchen ~ verboten!** No smoking! By order of the police! **Parken ~ verboten!** police notice — no parking.
Po·li·zei·prä·si·dent(in) *m (f) Br* chief constable, *Am* chief of police; **Po·li·zei·prä·si·dium** *n* police headquarters *pl;* **Po·li·zei·re·vier** *n* 1. *(Wache) Br* police station, *Am* station house; 2. *(Bezirk) Br* police district, *Am* precinct; **Po·li·zei·spit·zel** *m* police informer, *Br sl* nark; **Po·li·zei·staat** *m* police state; **Po·li·zei·stern** *m* police badge; **Po·li·zei·strei·fe** *f* police patrol; **Po·li·zei·stun·de** *f* closing time; **Po·li·zei·wa·che** *f Br* police station, *Am* station house.
Po·li·zist(in) *m (f)* policeman (police woman).
Pol·kap·pe *f* polar ice cap.
Pol·len·flug *m* pollen count; **Pol·len·flug·vor·her·sa·ge** *f* pollen count forecast.
pol·nisch ['pɔlnɪʃ] *adj* Polish.
Pol·ster ['pɔlstɐ] ⟨-s, -⟩ *n* 1. *(~ung)* upholstery; 2. *(Wattierung bei Kleidung)* pad(ding); 3. *(Kissen)* cushion; 4. *fig (Geldreserven)* reserves *pl;* **Pol·ster·gar·ni·tur** *f* suite; **Pol·ster·mö·bel** *n pl* upholstered furniture *sing;* **pol·stern** *tr* 1. *(Möbel)* upholster; 2. *(aus~, ausstopfen: Kleidung, Türen etc)* pad; **Pol·ster·ses·sel** *m* easy chair; **Pol·ste·rung** *f* upholstery.
Pol·ter·abend *m Br* eve-of-wedding ceremony, *Am* shower.
pol·tern ['pɔltɐn] *itr* 1. *(laut sein, sich laut bewegen)* bang (about); 2. *(rumpeln)* rumble.
Po·lya·mid [polya'mi:t] ⟨-s, -e⟩ *n chem* polyamide.
Po·ly·äthy·len [polyɛty'le:n] ⟨-s, -e⟩ *n chem* polyethylene, *Br a.* polythene.
Po·ly·ester [poly'ɛstɐ] ⟨-s, -⟩ *m chem* polyester.
po·ly·gam *adj* [poly'ga:m] polygamous; **Po·ly·ga·mie** [---'-] *f* polygamy.
Po·lyp [po'ly:p] ⟨-en, -en⟩ *m* 1. *zoo* polyp; 2. *med:* ~en *pl* adenoids; 3. *sl (Polizist)* cop.
Po·ly·tech·ni·kum [poly'tɛçnikʊm] ⟨-s, -ka⟩ *n* polytechnic.
Po·ma·de [po'ma:də] ⟨-, -n⟩ *f* pomade.
Po·me·ran·ze [pomə'rantsə] ⟨-, -n⟩ *f bot* bitter orange.
Pommes frites ['pɔmfrɪts/pɔm'fri:t(s)] *pl Br* chips, *Am* French fries.
Pomp [pɔmp] ⟨-(e)s⟩ *m* pomp; **pompös** *adj* 1. *(grandios)* grandiose; 2. *(aufgeblasen)* pompous.
Pon·tius ['pɔntsiʊs] *m:* ▶ von ~ zu Pilatus from pillar to post.
Pon·ton [pɔn'tõ:] ⟨-s, -s⟩ *m* pontoon; **Pon·ton·brüc·ke** *f* pontoon bridge.
Po·panz ['po:pants] ⟨-es, -e⟩ *m* 1. *(Schreckgespenst)* bog(e)y; 2. *(Mensch)* puppet.
Po·pel ['po:pəl] ⟨-s, -⟩ *m fam (Rotz)* bog(e)y; **po·pe·lig** *adj fam* 1. *(knauserig)* stingy; 2. *(armselig)* crummy.
po·peln *itr fam* pick one's nose.
Po·po [po'po:] ⟨-(s), -s⟩ *m fam* botty.
Pop·per ['pɔpɐ] ⟨-s, -⟩ *m fam* preppie.
po·pu·lär [popu'lɛ:ɐ] *adj* popular *(bei* with); **po·pu·la·ri·si·eren** *tr* popularize; **Po·pu·la·ri·tät** *f* popularity; **po·pu·lär·wis·sen·schaft·lich** I *adj* popular science; II *adv* in a popular scientific way.
Po·re ['po:rə] ⟨-, -n⟩ *f* pore.
Por·no ['pɔrno] ⟨-s, -s⟩ *m* porn; ▶ harter ~ hardcore (porn); **Por·no·film** *m* blue movie; **Por·no·gra·phie** *f* pornography; **por·no·gra·phisch** *adj* pornographic.
po·rös [po'rø:s] *adj* 1. *(mit Poren)* porous; 2. *(brüchig)* perished.

Por·ree ['pɔre] ⟨-s, -s⟩ *m bot* leek.
Por·tal [pɔr'ta:l] ⟨-s, -e⟩ *n* portal.
Porte·mon·naie [pɔrtmɔ'ne:] ⟨-s, -s⟩ *n* purse.
Por·tier [pɔr'tje:] ⟨-s, -s⟩ *m* porter.
Por·ti·on [pɔr'tsjo:n] *f* 1. *(beim Essen)* portion; 2. *fig fam (Anteil)* amount; ► e-e ~ **Kaffee** a pot of coffee; **e-e halbe** ~ *fig (Schwächling)* a half-pint; **e-e ganz schöne** ~ **Frechheit** *fig fam* quite a fair amount of cheek.
Por·to ['pɔrto] ⟨-s, (-ti)⟩ *n* postage; *(Paket~)* carriage *(für* on); **por·to·frei** *adj* postage paid, post free; **por·to·pflich·tig** *adj* liable *(od* subject) to postage.
Por·trait [pɔr'trɛ:] ⟨-s, -s⟩ *n a. fig* portrait; **por·trai·tie·ren** *tr* 1. *(ein Portrait machen)* paint a portrait *(jdn* of s.o.); 2. *fig (schildern)* portray.
Por·tu·gal ['pɔrtugal] *n* Portugal; **Por·tu·gie·se (-sin)** [pɔrtu'gi:zə] ⟨-n, -n⟩ *m (f)* Portuguese; **por·tu·gie·sisch** *adj* Portuguese.
Por·zel·lan [pɔrtsɛ'la:n] ⟨-s, -e⟩ *n* china; *(dünnes ~)* porcelain; **Por·zel·lan·ge·schirr** *n* china.
Po·sau·ne [po'zaunə] ⟨-, -n⟩ *f mus* trombone.
Po·se ['po:zə] ⟨-, -n⟩ *f* pose; **po·sie·ren** *itr* pose; **Po·si·tion** *f* 1. *allg* position; 2. *com (auf e-r Liste)* item; **Po·si·tions·licht** *n mar* navigation light.
po·si·tiv ['po:ziti:f] *adj* positive.
Po·si·tur *f* ► **sich in** ~ **setzen** take up a posture.
Pos·se ['pɔsə] ⟨-, -n⟩ *f theat a.fig* farce.
Pos·sen ⟨-s, -⟩ *m (Unfug, Streich, Schabernack)* prank, tomfoolery; **pos·sen·haft** *adj* farcical.
pos·sier·lich [pɔ'si:ɐlɪç] *adj* comical, funny.
Post [pɔst] ⟨-⟩ *f* 1. *allg* mail, post; 2. *(~gebäude, ~wesen)* post office; ► **zur** ~ **gehen** go to the post office; **die** ~ **war noch nicht da** the post has not yet come; **mit gleicher (getrennter)** ~ *com* by the same post (under separate cover); **e-n Brief auf die** ~ **geben** *Br* post *(Am* mail) a letter; **po·sta·lisch** [pɔs'ta:lɪʃ] *adj* postal; **Post·amt** *n* post office; **Post·an·wei·sung** *f* money order *(Abk* M.O.), postal order *(Abk* P.O.); ► **telegraphische** ~ money telegram; **Post·au·to** *n (LKW)* mail *Br* van *(Am* truck); **Post·be·am·te(r) (-be·am·tin)** *m (f)* post office official; **Post·be·zug** *m* mail-order; **Post·bo·te (-bo·tin)** *m (f) Br* postman (postwoman), *Am* mailman (mailwoman).
Po·sten ['pɔstən] ⟨-s, -⟩ *m* 1. *(Anstellung)* job, position; 2. *com (~ e-r Aufstellung)* item; 3. *com (Warenmenge)* lot, quantity; 4. *(Streik~)* picket; 5. *mil (Wacht~)* guard, sentry; ► **auf dem** ~ **sein** *(wachsam sein)* be awake; *fig fam*

(fit, gesund sein) be fit; **auf verlorenem** ~ **stehen** *fig* be fighting a lost cause; ~ **aufstellen** *(Wacht~)* post guards; *(Streik~)* set up pickets; **auf** ~ **stehen** be on guard; **ich bin heute noch nicht ganz auf dem** ~ *fig fam* I'm not feeling quite up to par today; **e-n** ~ **neu besetzen** fill a vacancy.
Post·fach *n* post-office box *(Abk* P.O. box); **Post·ge·heim·nis** *n* secrecy of the post. **Post·gi·ro·amt** *n Br* National Giro office; **Post·gi·ro·kon·to** *n Br* Post Office Giro account.
po·stie·ren I *tr* post; II *refl* position o.s.
Post·kar·te *f Br* postcard, *Am* postal card; **Post·kut·sche** *f hist* mail-coach; **post·la·gernd** I *adj* to be called for; II *adv* poste restante; **Post·leit·zahl** *f Br* post *(Am* zip) code.
post·mo·dern *adj* postmodern; **Post·mo·derne** *f* postmodernism.
Post·pa·ket *n* parcel; **Post·scheck** *m Br* Post Office Giro cheque.
Post·skrip·tum [pɔst'skrɪptʊm] ⟨-s, -ta⟩ *n* postscript *(Abk* PS).
Post·spar·kas·se *f* Post Office savings bank; **Post·spar·buch** *n* Post Office savings book; **Post·stem·pel** *m* postmark; **Post·über·wei·sung** *f* Girobank transfer; **Post·ver·triebs·stück** ['--'--] *n* post-delivered publication.
post·wen·dend ['-'--] *adv Br* by return of post *(Am* mail).
Post·wert·zei·chen *n* postage stamp; **Post·wurf·sen·dung** *f* postal door-to-door delivery.
Po·ten·tial [potɛn'tsja:l] ⟨-s, -e⟩ *n* potential.
po·ten·tiell *adj* potential.
Po·tenz ⟨-, -en⟩ *f* 1. *med a. fig* potency; 2. *math* power; ► **in höchster** ~ *fig* to the highest degree; **die dritte** ~ **zu vier ist vierundsechzig** *math* four to the power of three is sixty-four.
Pot·pour·ri ['pɔtpʊri] ⟨-s, -s⟩ *n mus a. fig* medley, potpourri *(aus* of).
PR *Abk von* **Public Relations** PR.
Prä·am·bel [prɛ'ambəl] ⟨-, -n⟩ *f* preamble *(zu e-r Sache* to s.th.).
Pracht [praxt] ⟨-⟩ *f a. fig* splendour; **Pracht·aus·ga·be** *f* de luxe edition; **präch·tig** ['prɛçtɪç] *adj* splendid.
Pracht·kerl *m fam* 1. *(großartiger Kerl)* great guy; 2. *(Prachtexemplar)* beauty; **Pracht·stück** *n fam* beauty; **pracht·voll** *adj* magnificent, splendid.
Prä·di·kat [prɛdi'ka:t] ⟨-(e)s, -e⟩ *n* 1. *gram* predicate; 2. *(Titel, Rang)* title; 3. *(Schulzensur)* grade; **Prä·di·kats·no·men** *n gram* complement.
Prä·fix [prɛ'fɪks] ⟨-es, -e⟩ *n gram ling* prefix.
Prag [pra:k] ⟨-s⟩ *n* Prague.
prä·gen ['prɛ:gən] *tr* 1. *allg* stamp *(auf*

on); *(Münzen, a. fig: Begriffe, Wörter)* coin; **2.** *fig (formen)* shape; *(kennzeichnen)* characterize; ▶ **dieses Bild hat sich ihm ins Gedächtnis geprägt** *fig* this picture is engraved on his memory. **Prag·ma·tik** [prak'ma:tɪk] ⟨-⟩ *phil ling* pragmatics; **Prag·ma·ti·ker(in)** *m (f)* pragmatist; **prag·ma·tisch** *adj* pragmatic.

prä·gnant [prɛ'gnant] *adj* succinct, terse.

Prä·gnanz ⟨-⟩ *f* succinctness, terseness.

Prä·gung *f* **1.** *(das Prägen)* stamping; *(von Münzen, a. fig: von Begriffen)* coining; **2.** *fig (das Formen)* shaping; **3.** *(auf Münzen)* strike.

prä·hi·sto·risch *adj* prehistoric.

prah·len ['pra:lən] *itr* show off *(mit etw* s.th., *vor jdm* to s.o.); **Prah·ler(in)** *m (f)* boaster; **Prah·le·rei** *f* **1.** *(Großsprecherei)* bragging; **2.** *(Angeberei)* showing-off; **prah·le·risch** *adj* boastful, bragging *attr;* **Prahl·hans** ⟨-es, -hänse⟩ *m fam* show-off.

Prak·tik ['praktɪk] *f* method; ▶ **undurchsichtige** ~**en** shady practices.

Prak·ti·kant(in) *m (f)* trainee.

Prak·ti·ker(in) *m (f)* practical man (woman).

Prak·ti·kum ['praktɪkʊm] ⟨-s, -ka⟩ *n* practical (training).

prak·tisch I *adj* practical; ▶ ~**er Arzt** general practitioner *(Abk* GP); II *adv* **1.** *(in der Praxis)* in practice; **2.** *(geschickt, praxisbezogen)* practically; **3.** *(fast, so gut wie)* virtually.

prak·ti·zie·ren I *itr Br* practise, *Am* practice; II *tr (handhaben) Br* practise, *Am* practice.

Prä·lat [prɛ'la:t] ⟨-en, -en⟩ *m eccl* prelate.

Pra·li·ne [pra'li:nə] ⟨-, -n⟩ *f Br* chocolate, *Am* chocolate candy.

prall *adj* **1.** *(Backen)* chubby; *(Hüften etc)* well-rounded; **2.** *(straff, fest)* firm, tight; *(voll)* full; **3.** *(Sonne)* blazing.

pral·len ⟨sein⟩ *itr* **1.** *(von Ball)* bounce *(gegen* against); **2.** *(zusammen~)* collide *(gegen* with); **3.** *(von Sonne)* blaze down *(auf* on).

Prä·mie ['prɛ:miə] ⟨-, -n⟩ *f* **1.** *(Preis)* award, prize; **2.** *(Vergütung)* bonus; **3.** *(Versicherungs~ etc)* premium; **prä·mi·ie·ren** [prɛ'mi:rən/prɛmi'i:rən] *tr* **1.** *(mit e-m Preis)* give an award; **2.** *(mit e-m Bonus)* give a bonus *(etw* for s.th.).

pran·gen ['praŋən] *itr* be *(od* hang *etc)* resplendent.

Pran·ger ⟨-s, -⟩ *m hist* pillory; ▶ **jdn (etw) an den** ~ **stellen** *fig* pillory s.o. (s.th.).

Pran·ke ['praŋkə] ⟨-, -n⟩ *f (a. fam: Hand)* paw.

Prä·pa·rat [prɛpa'ra:t] ⟨-(e)s, -e⟩ *n med*

chem **1.** *(vorbereitete Substanz)* preparation; **2.** *(für Mikroskop)* slide; **prä·pa·rie·ren** I *tr* **1.** *(konservieren)* preserve; **2.** *med (sezieren)* dissect; **3.** *(vorbereiten)* prepare; II *refl* prepare *(auf, für* for).

Prä·po·si·tion *f gram* preposition.

Prä·rie [prɛ'ri:] *f* prairie.

Prä·sens ['prɛ:zɛns] ⟨-, -tia/-zien⟩ *n gram* present (tense); **prä·sen·tie·ren** I *tr* present *(jdm etw* s.o. with s.th.); II *refl* present o.s.; **Prä·senz·bi·blio·thek** *f* reference library.

Prä·ser·va·tiv [prɛzɛrva'ti:f] ⟨-s, -e⟩ *n* condom.

Prä·si·dent(in) [prɛzi'dɛnt] *m (f)* president; **Herr Präsident (Frau Präsidentin)** Mister (Madam) President; **prä·si·die·ren** *itr* preside *(e-r Sache* over s.th.); **Prä·si·di·um** *n* **1.** *(Vorsitz)* presidency; **2.** *(Partei~ etc)* committee; **3.** *(Amtssitz, Hauptquartier etc)* headquarters *pl.*

pras·seln ['prasəln] *itr* **1.** ⟨h⟩ *(Feuer)* crackle; **2.** ⟨sein⟩ *(Regen)* drum; **3.** ⟨sein⟩ *fig (Vorwürfe etc)* rain down.

pras·sen ['prasən] *itr* **1.** *(schlemmen)* feast; **2.** *(schwelgen)* revel.

Prä·teri·tum [prɛ'tɛritʊm] *n gram* preterite.

Pra·xis ['praksɪs] ⟨-, -xen⟩ *f* **1.** *allg (a. Arzt~, Rechtsanwalts~)* practice; **2.** *(Sprechzimmer, Sprechstunde e-s Arztes) Br* surgery, *Am* doctor's office; **3.** *(e-s Rechtsanwalts)* office.

pra·xis·fern (pra·xis·fremd) *adj* impractical; **pra·xis·nah** *adj* practical.

Prä·ze·denz·fall [prɛtse'dɛnts-] *m* precedent; ▶ **e-n** ~ **schaffen** create a precedent.

prä·zis [prɛ'tsi:s] *adj* precise; **prä·zi·sie·ren** *tr* render more precisely; **Prä·zi·sion** *f* precision; **Prä·zi·sions·in·stru·ment** *n* precision instrument.

pre·di·gen ['pre:dɪgən] I *tr* **1.** *rel* preach; **2.** *fig fam* lecture *(jdm etw* s.o. on s.th.); II *itr a. fig* preach; **Pre·di·ger(in)** *m (f)* (woman) preacher; **Pre·digt** ['pre:dɪçt] ⟨-, -en⟩ *f a. fig* sermon; ▶ **jdm e-e** ~ **halten über etw** *fig* give s.o. a sermon on s.th.

Preis [praɪs] ⟨-es, -e⟩ *m* **1.** *a. fig* price *(für* of); **2.** *(bei Wettbewerb)* prize; **3.** *(Lob)* praise *(auf* of); **4.** *(Belohnung)* reward; ▶ **der** ~ **dieses Grundstücks (od für dieses Grundstück) beträgt 260 000 Mark** the price of this piece of land is 260,000 marks; **um jeden (keinen)** ~ *fig* (not) at any price; **im** ~ **steigen (fallen)** go up (down) in price; **zum** ~ **von...** at a price of...; **alles hat s-n** ~ *fig* everything has its price; **gepfefferte** ~ *fig fam* hefty price; **Preis·ab·bau** *m* price reduction; **Preis·an·ga·be** *f* price quotation; **Preis·an-**

stieg *m* rise in prices; **Preis·auf·schlag** *m* supplementary charge; **Preis·aus·schrei·ben** *n* competition; **Preis·aus·zeich·nung** *f* price marking; **Preis·bil·dung** *f* price fixing; **Preis·bin·dung** *f* (~ *der zweiten Hand*) retail price maintenance; **Preis·druck** ⟨-(e)s⟩ *m* downward pressure of prices; **Preis·ein·bruch** *m* collapse of prices.

Prei·sel·bee·re ['praɪzlbeːrə] ⟨-, -n⟩ *f* cranberry.

Proio·omp·foh·lung *f:* ▶ unverbindliche ~ recommended price; **Preis·ent·wick·lung** *f* price trend; **Preis·er·hö·hung** *f* price increase; **Preis·er·mä·ßi·gung** *f* price cut; **Preis·fra·ge** *f* 1. (*Frage des Preises*) question of price; 2. (*Quizfrage*) prize question; 3. *fam* (*großes Problem*) big question.

Preis·ga·be *f* 1. (*Übergabe, Aufgabe*) surrender; 2. (*von Geheimnis*) betrayal.

preis|ge·ben *irr tr* 1. (*übergeben*) surrender; (*aufgeben*) abandon; 2. *fig* (*aussetzen, ausliefern*) expose; 3. (*verraten*) betray.

Preis·ge·fü·ge *n* price structure; **preis·ge·krönt** *adj* award-winning; ▶ dieser Film wurde ~ this film was given an award; **Preis·ge·richt** *n* (*Jury*) jury; **preis·gün·stig** *adj* inexpensive, low-priced; **Preis·in·dex** *m* price index; **Preis·la·ge** *f* price range; **Preis-Lei·stungs·ver·hält·nis** *n* cost effectiveness.

preis·lich I *adj attr* price; II *adv* in price. **Preis·li·ste** *f* price list; **Preis·nach·laß** *m* price reduction; **Preis·ni·veau** *n* price level; **Preis·po·li·tik** *f* prices policy; **Preis·rück·gang** *m* price recession; **Preis·schild** *n* price-tag; **Preis·schwan·kun·gen** *f pl* price fluctuations; **Preis·sen·kung** *f* price cut; **Preis·sta·bi·li·tät** *f* stability of prices; **Preis·stei·ge·rung** *f* price increase; **Preis·stopp** *m* price freeze; **Preis·trä·ger(in)** *m (f)* prizewinner; **Preis·trei·be·rei** ['---'-] *f* forcing up of prices; **preis·wert** *adj* 1. (*preisgünstig*) inexpensive, low-priced; 2. (*s-n Preis wert*) good value *pred;* ▶ ein ~es Hemd a shirt which is good value; **kann man bei ... ~ einkaufen?** do you get good value at ...?

pre·kär [prɛ'kɛːɐ] *adj* 1. (*heikel*) precarious; 2. (*peinlich*) awkward.

Prell·bock *m* 1. *rail* buffer-stop; 2. *fig* (*Sündenbock*) scapegoat.

prel·len ['prɛlən] I *tr* 1. *fig fam* cheat, swindle (*jdm um etw* s.o. out of s.th.); 2. (*Körperteil*) bruise; II *refl* bruise o.s.

Prel·lung *f med* bruise, contusion.

Pre·mie·re [prə'mjeːrə] *f* premiere.

Pre·mier·mi·ni·ster(in) *m (f) pol* prime minister.

pre·schen ['prɛʃən] ⟨sein⟩ *itr fam* dash.

Pres·se ['prɛsə] ⟨-, -n⟩ *f allg* press; **Pres·se·agen·tur** *f* press agency; **Pres·se·aus·weis** *m* press card; **Pres·se·chef(in)** *m (f)* press chief; **Pres·se·frei·heit** *f* freedom of the press; **Pres·se·kon·fe·renz** *f* press conference; **Pres·se·mel·dung** *f* press report.

pres·sen *tr* 1. press, squeeze; 2. *fig* (*zwingen, zwängen*) force (*in* into).

Pres·se·no·tiz *f* paragraph in the press; **Pres·se·pho·to·graph(in)** *m (f)* press photographer; **Pres·se·recht** *n* press laws *pl;* **Pres·se·stel·le** *f markt* public relations (*od* press) office; **Pres·se·stim·me** *f* press commentary; **Pres·se·zen·sur** *f* press curb.

pres·sie·ren *itr imp fam* be urgent; ▶ es pressiert nicht there's no hurry (*od* it's not urgent).

Pres·sion *f* pressure; ▶ ~en auf jdn ausüben put pressure on s.o.

Preß·koh·le *f* briquette; **Preß·luft** *f* compressed air; **Preß·luft·boh·rer** *m* pneumatic drill; **Preß·luft·ham·mer** *m* air hammer.

Pre·sti·ge [prɛs'tiːʒ(ə)] ⟨-s⟩ *n* prestige; **Pre·sti·ge·den·ken** *n* status thinking.

Preu·ße (Preu·ßin) ['prɔɪsə] ⟨-n, -n⟩ *m(f)* Prussian; **Preu·ßen** *n* ⟨-s⟩ Prussia; **preu·ßisch** *adj* Prussian.

prickeln (k·k) ['prɪkəln] *itr* (*kribbeln*) tingle; **prickelnd (k·k)** *adj* 1. (*kribbelnd*) tingling; 2. *fig* (*pikant*) piquant; (*erregend*) thrilling.

Priem [priːm] ⟨-(e)s, -e⟩ *m* quid of tobacco; **prie·men** *itr* chew tobacco.

Prie·ster(in) ['priːstɐ] *m (f) rel* priest (ess); **Prie·ster·amt (-tum)** *n rel* priesthood; **Prie·ster·wei·he** *f eccl* ordination (as a priest).

pri·ma *adj fam* 1. *com* (*erstklassig*) first-class; 2. (*klasse, dufte*) fantastic, great, *bes. Am* swell.

pri·mär *adj* primary.

Pri·mat[1] ⟨-en, -en⟩ *m zoo* primate. **Pri·mat**[2] *m od n* ⟨-(e)s, -e⟩ (*Priorität, Vorherrschaft*) primacy (*über* over).

Pri·mel ['priːməl] ⟨-, -n⟩ *f bot* primrose; ▶ eingehen wie e-e ~ *fam* be completely flattened.

pri·mi·tiv [primi'tiːf] *adj* primitive; **Pri·mi·ti·vi·tät** *f* primitiveness; **Pri·mi·tiv·ling** *m fam pej* peasant.

Prim·zahl ['priːm-] *f math* prime number.

Prinz [prɪnts] ⟨-en, -en⟩ *m* prince; **Prin·zes·sin** [prɪn'tsɛsɪn] *f* princess; **Prinz·ge·mahl** *m* prince consort.

Prin·zip [prɪn'tsiːp] ⟨-s, -ien/(-e)⟩ *n* principle; ▶ im ~ in principle; aus ~ as a matter of principle, on principle; so etw ginge gegen s-e ~ien such a thing would be against his principles; er ist

ein Mann mit ~ien he's a man of principle(s); **prin·zi·pi·ell** *adv* 1. *(aus Prinzip)* on principle; 2. *(grundsätzlich, im Prinzip)* in principle; **Prin·zi·pien·reiter(in)** *m (f) pej* stickler for one's principles; **prin·zi·pien·treu** *adj* true to one's principles.

Prio·ri·tät [priori'tɛːt] *f* priority *(vor, gegenüber over)*; ▶ **~en setzen** establish one's priorities; **höchste ~ haben** be of prime importance.

Pri·se ['priːzə] ⟨-, -n⟩ *f* 1. *(kleines bißchen)* pinch; ▶ **e-e ~ Salz** a pinch of salt; 2. *mar* prize.

Pris·ma ['prɪsma] ⟨-s, -men⟩ *n phys a. fig* prism.

Prit·sche ['prɪtʃə] ⟨-, -n⟩ *f* 1. *(Liegestatt)* plank bed; 2. *(LKW-Ladefläche)* platform.

pri·vat [pri'vaːt] *adj* private; ▶ **~ versichert sein** be privately insured; **Pri·vat·adres·se** *f* home address; **Pri·vat·be·sitz** *m* private property; ▶ **in ~** privately owned; **in ~ übergehen** pass into private hands; **~! Betreten verboten!** Private property! No trespassing *(od* Keep out)! **Pri·vat·de·tek·tiv(in)** *m (f)* private detective; *fam* private eye; **Pri·vat·fern·se·hen** *n* commercial television; **Pri·vat·grund·stück** *n* private property; ▶ **~ kein Zutritt!** private property keep out! **Pri·va·ti·sie·rung** *f pol* transfer into private ownership.

Pri·vat·kli·nik *f* private hospital; **Pri·vat·le·ben** *n* private life; **Pri·vat·pa·tient(in)** *m (f)* paying patient, private patient; **Pri·vat·per·son** *f* private person; **Pri·vat·recht** *n* civil law; **Pri·vat·recht·lich** *adj attr* civil law; **Pri·vat·sa·che** *f* private matter; **Pri·vat·schu·le** *f* private school; **Pri·vat·se·kre·tär(in)** *m (f)* private secretary; **Pri·vat·sphä·re** *f* privacy; **Pri·vat·un·ter·richt** *m* private tuition; **Pri·vat·ver·gnü·gen** *n fam* private pleasure; **Pri·vat·ver·mö·gen** *n* private fortune; **Pri·vat·weg** *m* private way; **Pri·vat·wirt·schaft** *f* private industry.

Pri·vi·leg [privi'leːk] ⟨-(e)s, -ien⟩ *n* privilege; **pri·vi·le·gie·ren** *tr* privilege; ▶ **e-e privilegierte Kaste** a privileged caste.

Pro *n* ▶ **das ~ u. Kontra** the pros and cons *pl.*

pro¹ [proː] *prp* per; ▶ **~ Kopf (Person)** per capita (person); **drei Mark ~ Stück** three marks each.

pro² *(in Zssgn)* pro-: ▶ **~amerikanisch** pro-American.

pro·bat [pro'baːt] *adj* proved, tried.

Pro·be ['proːbə] ⟨-, -n⟩ *f* 1. *(Versuch, Prüfung)* test; 2. *(Muster)* pattern; *(Waren~, Beispiel, Kost~)* sample; 3. *theat* rehearsal; ▶ **die ~ aufs Exempel ma-**

chen put it to the test; **jdn (etw) auf die ~ stellen** put s.o. (s.th.) to the test; **auf *(od* zur) ~** on test; **auf ~ angestellt** employed for a probationary period; **jds Geduld auf e-e harte ~ stellen** try someone's patience sorely; **die ~ machen** *math* (make a) check; **e-e ~ abhalten** *theat* rehearse; **Pro·be·ab·zug** *m typ* proof; **Pro·be·alarm** *m* practice alarm; **Pro·be·boh·rung** *f* exploratory boring, test drill; **Pro·be·ent·nah·me** *f* taking of samples; **Pro·be·fahrt** *f* test drive, trial run; **Pro·be·lauf** *m* trial run.

pro·ben *tr itr* rehearse.

Pro·be·num·mer *f* trial copy; **Pro·be·packung (k·k)** *f* trial package; **Pro·be·sei·te** *f* specimen page; **pro·be·wei·se** *adv* on trial; *com* on approval; **Pro·be·zeit** *f* probationary period.

pro·bie·ren *tr itr (versuchen, a. kosten)* try.

Pro·blem [pro'bleːm] ⟨-s, -e⟩ *n* problem; ▶ **ein ~ in Angriff nehmen** get down to a problem; **sich mit e-m ~ auseinandersetzen** work on a problem; **Pro·ble·ma·tik** [--'--] *f (Schwierigkeit)* set of difficulties *(od* problems) *(jds* with s.o., *e-r Sache* with s.th.); **pro·ble·ma·tisch** *adj* 1. *(problembeladen)* problematic; 2. *(fragwürdig)* questionable; 3. *(schwierig)* difficult; ▶ **die Lage ist ~** the situation is grave; **pro·blem·los I** *adj* problem-free; **II** *adv* without any difficulties.

Pro·ce·de·re [pro'tseːdərə] ⟨-, -⟩ *n* (method of) procedure.

Pro·dukt [pro'dʊkt] ⟨-(e)s, -e⟩ *n a. fig* product; **Pro·duk·ten·han·del** *m com* produce trade.

Pro·dukt·haf·tung *f* product liability.

Pro·duk·tion *f* production; **Pro·duk·tions·aus·fall** *m* loss of production; **Pro·duk·tions·ko·sten** *pl* production costs; **Pro·duk·tions·mit·tel** *n pl* means *pl* of production; **Pro·duk·tions·rück·gang** *m* drop in production; **Pro·duk·tions·stei·ge·rung** *f* increase in production.

pro·duk·tiv [prodʊk'tiːf] *adj* productive; **Pro·duk·ti·vi·tät** *f* productivity.

Pro·dukt·ma·na·ger(in) *m (f)* product manager.

Pro·dukt·pa·let·te *f markt* product range.

Pro·du·zent(in) *m (f)* producer; **pro·du·zie·ren I** *tr* produce; **II** *refl (angeben)* show off.

pro·fan [pro'faːn] *adj* 1. *rel (weltlich)* profane; 2. *(gewöhnlich, banal)* mundane.

Pro·fes·sio·na·li·tät *f* professionalism. **pro·fes·sio·nell** [profesio'nɛl] *adj* professional.

Pro·fes·sor(in) *m (f)* professor; ▶ **~**

für Biologie professor of Biology; **zerstreuter ~** absent-minded professor.
Pro·fes·sur f chair (für in).
Pro·fi ['pro:fi] ‹-s, -s› m fam pro; sport (Rad~, Schwimm~) professional (cyclist, swimmer).
Pro·fil [pro'fi:l] ‹-s, -e› n 1. (Seitenansicht von Gesicht) profile; 2. geog section; 3. (Quer~) cross-section; (Längs~) vertical section; 4. aero wing profile; 5. (Reifen~) tread; 6. fig (Ansehen) image; **pro·fi·lie·ren** I tr 1. (Reifen etc) put a tread on; 2. fig (abgrenzen) define; II refl 1. (sich auszeichnen) distinguish o.s.; 2. (sich ein Image verleihen) give o.s. a personal image; **pro·fi·liert** adj fig 1. (klar, scharf) clear-cut; 2. (hervorragend) outstanding; (hervorstechend) distinctive; **Pro·fil·neu·ro·se** f psych image complex.
Pro·fit [pro'fi:t] ‹-(e)s, -e› m profit; ▶ ~ **aus etw schlagen** a. fig profit from s.th.; **Pro·fi·den·ken** n profit orientation; **Pro·fit·gier** f greed for profit; **pro·fi·tie·ren** itr a. fig profit (von from, by); **Pro·fit·jä·ger(in)** m (f) fam profiteer.
pro for·ma [pro'forma] adv as a matter of form; **Pro·for·ma-Rech·nung** f com pro forma invoice.
Pro·gno·se [pro'gno:zə] ‹-, -n› f 1. (Wetter~) forecast; 2. allg a. med prognosis.
Pro·gramm [pro'gram] ‹-s, -e› n 1. allg Br programme, Am program; 2. EDV (Computer~) program; 3. (beim Rennen) card; 4. theat bill; 5. radio TV (Sendefolge) program(me)s pl; 6. (Sendekanal) channel; 7. (~heft) program(me) guide; 8. com (Sortiment, Produktions~) range; 9. (Tagesordnung) agenda; ▶ **was steht für heute auf dem ~?** (was haben wir vor?) what's the program(me) for today? (was steht auf der Tagesordnung?) what's on today's agenda? **was läuft im andern ~?** radio TV what's on the other channel? **Pro·gramm·fol·ge** f radio TV order of program(me)s; **Pro·gramm·hinweis** m radio TV program(me) note.
pro·gram·mier·bar adj programmable.
pro·gram·mie·ren I tr 1. EDV program(me); 2. fig (konditionieren) condition (auf to); ▶ **programmierter Unterricht** programmed course; **auf Erfolg programmiert sein** be conditioned to success, II itr EDV program(me); **Pro·gram·mie·rer(in)** m (f) EDV programmer; **Pro·gramm·mier·spra·che** f EDV programming language.
Pro·gramm·ki·no n repertory cinema; **Pro·gramm·punkt** m (Tagesordnungspunkt) item on the agenda; **Pro·gramm·steue·rung** f EDV program control; **Pro·gramm·vor·schau** f 1. TV program(me) round-up; 2. film trail-

er(s pl); **Pro·gramm·wahl** f 1. el cycle selection; 2. TV channel selection; **Pro·gramm·zeit·schrift** f program(me) guide.
Pro·gres·si·on [progrɛ'sio:n] f a. fin progression.
pro·gres·siv [--'-] adj a. fin progressive.
Pro·hi·bi·tion [prohibi'tsjo:n] f Prohibition.
Pro·jekt [pro'jɛkt] ‹-(e)s, -e› n project; **Pro·jekt·grup·pe** f project team; **pro·jek·tie·ren** tr project.
Pro·jek·tion f projection; **Pro·jektions·ge·rät (Pro·jek·tor)** n (m) film projector.
pro·ji·zie·ren [proji'tsi:rən] tr project.
Pro·kla·ma·tion [proklama'tsjo:n] f proclamation; **pro·kla·mie·ren** tr proclaim.
Pro-Kopf-Ein·kom·men n per capita income.
Pro·ku·ra [pro'ku:ra] ‹-, -ren› f com procuration; ▶ **per ~** (Abk ppa.) by proxy, per procurationem (Abk per pro., p.p.); **jdm ~ erteilen** grant s.o. procuration; **Pro·ku·rist(in)** m (f) com attorney.
Pro·let [pro'le:t] ‹-en, -en› m pej prole.
Pro·le·ta·ri·at [proletari'a:t] ‹-s› n proletariat; **Pro·le·ta·rier(in)** [--'--] m (f) proletarian; **pro·le·ta·risch** adj proletarian.
Pro·log [pro'lo:k] ‹-s, -e› m prolog(ue).
Pro·me·na·de [promə'na:də] ‹-, -n› f promenade; **pro·me·nie·ren** itr promenade.
Pro·mil·le [pro'mɪlə] ‹-(s), › n 1. (Tausendstel) thousandth; 2. fam (Blutalkohol) alcohol level; ▶ **er hatte 2,6 ~** he had an alcohol level of 260 Br millilitres (Am milliliters); **Pro·mil·le·gren·ze** f highest permitted level of alcohol in the bloodstream; **Pro·mil·le·mes·ser** m breathalyzer.
pro·mi·nent [promi'nɛnt] adj prominent; **Pro·mi·nen·te(r)** ‹-n, -n› f (m) prominent figure, VIP; **Pro·mi·nenz** ‹-› f prominent figures, VIP's pl.
Pro·mo·tion[1] [prə'mouʃən] f markt com promotion.
Pro·mo·tion[2] [promo'tsio:n] f päd doctorate.
pro·mo·vie·ren [promo'vi:rən] I tr confer a doctorate on . . .; II itr do a doctorate (über in).
prompt [prɔmpt] I adj prompt; II adv 1. (sofort) promptly; 2. (selbstverständlich) of course.
Pro·no·men [pro'no:mən] ‹-s, -mina› n gram pronoun.
Pro·pa·gan·da [propa'ganda] ‹-› f 1. pol propaganda; 2. markt publicity; **Pro·pa·gan·da·feld·zug** m 1. pol propaganda campaign; 2. markt publicity campaign; **Pro·pa·gan·dist(in)** m

(f) **1.** *pol* propagandist; **2.** *markt* demonstrator; **pro·pa·gan·di·stisch** *adj* propagandist(ic); ▶ etw ~ **ausnutzen** usc s.th. as propaganda.

pro·pa·gie·ren *tr* propagate.

Pro·pan [pro'pa:n] ⟨-s⟩ *n chem* propane; **Pro·pan·gas** *n* propane gas.

Pro·pel·ler [pro'pɛlɐ] ⟨-s, -⟩ *m* propeller; ▶ **ein Flugzeug mit ~antrieb** a propeller-driven plane.

pro·per ['prɔpɐ] *adj fam* neat, trim.

Pro·phet(in) [pro'fe:t] ⟨-en, -en⟩ *m (f)* prophet; **pro·phe·tisch** *adj* prophetic; **pro·phe·zei·en** [profe'tsaɪən] ⟨ohne ge-⟩ *tr (vorhersagen)* foretell; *bes rel* prophesy; **Pro·phe·zei·ung** *f* prophecy.

Pro·por·tion [propɔr'tsjo:n] *f* proportion; **pro·por·tio·nal** *adj* proportional; ▶ ~ **mit** *(od* **zu)** ... in proportion to ...; **umgekehrt** ~ *math* in inverse proportion; **pro·por·tio·niert** *adj* proportioned.

Pro·porz [pro'pɔrts] ⟨-es⟩ *m (bes. pol)* proportional representation.

prop·pe(n)·voll ['prɔpə(n)'fɔl] *adj fam* jam-packed.

Propst [pro:pst, *pl* 'prø:pstə] ⟨-es, ¨e⟩ *m eccl* provost.

Pro·sa ['pro:za] ⟨-⟩ *f* prose; **pro·sa·isch** [pro'za:ɪʃ] *adj (a. fig: nüchtern)* prosaic.

pro·s(i)t ['pro:st ('pro:zɪt)] *interj* cheers! here's to you! your health! *(beim Niesen)* bless you! ▶ ~ **Neujahr!** here's to the New Year! ~ **allerseits!** cheers to everyone! *(als Aufforderung zum Trinken)* bottoms up! **na, denn prost!** *od* **prost Mahlzeit!** *(ironisch)* that's really great!

Pro·spekt [pro'spɛkt] ⟨-(e)s, -e⟩ *m* **1.** *(Aussicht)* prospect; **2.** *com (Werbe~)* brochure; *(einzelner Zettel)* leaflet.

Pro·sta·ta ['prostata] ⟨-⟩ *f anat* prostate gland.

pro·sti·tu·ie·ren [prostitu'i:rən] *refl a. fig* prostitute o.s.; **Pro·sti·tu·ier·te** ⟨-n, -n⟩ *f* prostitute; **Pro·sti·tu·tion** *f* prostitution.

Pro·te·gé [prote'ʒe:] ⟨-s, -s⟩ *m* protégé. **pro·te·gie·ren** *tr* sponsor.

Pro·tek·tion [protɛk'tsjo:n] *f* **1.** *(Schutz)* protection; **2.** *(Förderung, Begünstigung)* patronage; ▶ **unter jds ~ stehen** *(von ihm beschützt werden)* be under someone's protection; *(von ihm begünstigt werden)* be someone's protégé *(od* under someone's patronage); **Pro·tek·tio·nis·mus** *m com pol* protectionism.

Pro·tek·to·rat ⟨-(e)s, -e⟩ *n* **1.** *pol (Schutzgebiet)* protectorate; **2.** *fig (Schutz-, Schirmherrschaft)* patronage.

Pro·test [pro'tɛst] ⟨-(e)s, -e⟩ *m* protest; ▶ **aus ~** in protest; **unter ~** *(gezwungenermaßen)* under protest; *(protestie-*

rend) protesting; **gegen jdn (etw)** ~ **einlegen** make a protest against s.o. (s.th.); **Pro·test·ak·tion** *f* protest.

Pro·te·stant(in) *m (f)* Protestant; **pro·te·stan·tisch** *adj* Protestant; **Pro·te·stan·tis·mus** *m* Protestantism.

pro·te·stie·ren *itr* protest *(gegen* against).

Pro·test·kund·ge·bung *f* protest rally; **Pro·test·no·te** *f pol* note of protest.

Pro·the·se [pro'te:zə] ⟨-, -n⟩ *f med* prothesis, artificial limb; *(Zahn~)* dentures; *fam* false teeth.

Pro·to·koll [proto'kɔl] ⟨-s, -e⟩ **1.** *allg (Niederschrift)* record; **2.** *(Sitzungs~)* minutes *pl;* **3.** *(Polizei~ e-r Aussage)* statement; **4.** *(Strafzettel)* ticket; **5.** *(diplomatisches ~ bei Staatsbesuchen etc)* protocol; ▶ ~ **führen** *(Sitzungs~)* keep the minutes; *(Gerichts~)* keep a record of the proceedings; *(Unterrichts~)* write a report; **etw zu ~ nehmen** take s.th. down; **etw zu ~ geben** have s.th. put on record; *(bei der Polizei)* say s.th. in one's statement; **pro·to·kol·la·risch** *adj* **1.** *allg (protokolliert)* on record; *(im Sitzungsprotokoll festgehalten)* in the minutes; **2.** *(gemäß dem diplomatischen Protokoll, das Zeremoniell betreffend)* ▶ ~**e Mindestforderungen** minimum demands of protocol; ~ **gesehen** as regards protocol; **Pro·to·koll·füh·rer(in)** *m (f)* keeper of the minutes; *(amtlich)* recording clerk; *jur* clerk of the court; **pro·to·kol·lie·ren I** *tr* **1.** *allg (schriftlich festhalten)* take down; **2.** *(Konferenz)* minute; **3.** *(Unterrichtsverlauf)* write a report of ...; **II** *itr* **1.** *(bei Sitzung etc)* take the minutes down; **2.** *(bei Aussage vor der Polizei)* take a *(od* the) statement down; **3.** *(im Unterricht)* write the report.

Pro·ton [pro'to:n] ⟨-s, -en⟩ *n phys* proton.

Pro·to·typ ['pro:toty:p] ⟨-(e)s, -en⟩ *m* prototype.

Protz [prɔts] ⟨-en/-es, -e(n)⟩ *m fam* swank; **prot·zen** *itr fam* show off; ▶ **vor jdm mit etw ~** show s.th. off to s.o.; **prot·zig** *adj fam* showy, swanky.

Pro·vi·ant [provi'ant] ⟨-(e)s, (-e)⟩ *m* provisions *pl;* ▶ **sich mit ~ versehen** provide o.s. with food.

Pro·vinz [pro'vɪnts] ⟨-, -en⟩ *f* **1.** *(Teil e-s Landes)* province; **2.** *(kulturell zweitrangige Gebiete):* **die ~** the provinces *pl;* **pro·vin·zi·ell** *adj* provincial; **Pro·vinz·ler(in)** *m (f)* provincial; **Pro·vinz·stadt** *f* provincial town.

Pro·vi·sion [provi'zjo:n] *f com* commission; ▶ **auf ~** on commission.

pro·vi·so·risch *adj* provisional, temporary; **Pro·vi·so·rium** *n* provisional arrangement.

Pro·vo·ka·teur(in) [provoka'tø:ɐ] *m*

(f) troublemaker; **Pro·vo·ka·tion** *f* provocation; **pro·vo·zie·ren** *tr itr* provoke.

Pro·ze·dur [protse'du:ɐ] *f* 1. *(Vorgehen(sweise))* procedure; 2. *fam ("Theater")* carry-on.

Pro·zent [pro'tsɛnt] ‹-(e)s, -e› *n* per cent; ▶ **wieviel ~?** what percentage? **zehn ~** *fam* ten per cent; **ich bekomme hier ~e** I get a discount here *sing;* **in ~en ausgedrückt** expressed as a percentage *sing;* **Pro·zent·satz** *m* percentage; **pro·zen·tu·al** *adj attr* percentage; ▶ **~ ausgedrückt** expressed as a percentage.

Pro·zeß [pro'tsɛs] ‹-sses, -sse› *m* 1. *jur (Gerichtsverfahren)* trial; *(Rechtsfall)* case; 2. *(Vorgang, a. tech: Verfahren)* process; ▶ **er hat s-n ~ gewonnen (verloren)** *jur* he won (lost) his case; **gegen jdn e-n ~ anstrengen** *jur* bring an action against s.o.; **in e-n ~ verwickelt sein** be involved in a lawsuit; **jdm den ~ machen** *jur* bring s.o. to trial; **mit jdm (etw) kurzen ~ machen** *fig fam* make short work of s.o. (s.th.); **Pro·zeß·ak·ten** *f pl* case files; **Pro·zeß·geg·ner(in)** *m (f) jur* opposing party. **pro·zes·sie·ren** *itr* take legal proceedings *(gegen* against).

Pro·zes·si·on *f* procession.

Pro·zeß·ko·sten *pl* legal costs; **Pro·zeß·la·wi·ne** *f* spate of trials.

Pro·zes·sor *m EDV* processor.

Pro·zeß·ord·nung *f* rules *pl* of procedure.

prü·de ['pry:də] *adj* prudish; **Prü·de·rie** [pry:də'ri:] *f* prudery.

Prüf·ab·zug *m typ* proof.

prü·fen ['pry:fən] *tr* 1. *(Kenntnisse abfragen)* examine; 2. *(proben, ausprobieren, auf die Probe stellen)* test; 3. *(besichtigen, mustern)* inspect; 4. *(nach~, über~)* check *(auf* for, *ob* to see if); *com (Bücher, Bilanz etc)* audit; 5. *(erwägen, betrachten)* consider; 6. *(heimsuchen)* afflict, try; **Prü·fer(in)** *m (f)* 1. *(bei Examen)* examiner; 2. *com (Wirtschafts~, Buch~)* auditor; **Prüf·ge·rät** *n* 1. *(Einzelgerät)* testing apparatus; 2. *(Gesamtheit der ~e)* testing equipment; **Prüf·ling** *m* examinee; **Prüf·stand** *m* mot test bed; **Prüf·stein** *m fig* touchstone *(für* of, for).

Prü·fung *f* 1. *(Examen)* exam(ination); 2. *(Erprobung, Ausprobieren, Auf-die-Probe-stellen)* testing; 3. *(Besichtigung, Musterung)* inspection; 4. *(Nach~, Über~)* check(ing); *com (Wirtschafts~)* audit; 5. *(Erwägung, Betrachtung)* consideration; 6. *(Heimsuchung)* trial; ▶ **sich e-r ~ unterziehen (e-e ~ machen)** take an exam(ination); **e-e ~ bestehen** pass an exam(ination); **Prüfungs·angst** *f* exam nerves *pl;* **Prü-**

fungs·aus·schuß *m* 1. *päd* board of examiners; 2. *(bei Sachen)* board of inspectors; **Prü·fungs·er·geb·nis** *n* result of an *(od* the) examination; **Prü·fungs·ge·büh·ren** *f pl* examination fee *sing;* **Prü·fungs·kom·mis·sion** *f* 1. *päd* board of examiners; 2. *(bei Sachen)* board of inspectors; **Prü·fungs·zeug·nis** *n* exam(ination) certificate.

Prüf·ver·fah·ren *n* 1. *allg* test procedure; 2. *markt (Signifikanztest)* test of significance.

Prü·gel¹ ['pry:gəl] ‹-s, -› *m fam (Knüppel)* cudgel.

Prü·gel² *pl (Tracht ~)* thrashing; **Prü·ge·lei** *f* brawl, fight; **Prü·gel·kna·be** *m fig* whipping boy; **prü·geln I** *tr itr* beat; **II** *refl* fight *(mit jdm* s.o., *um* for); **Prü·gel·stra·fe** *f* corporal punishment.

Prunk [prʊŋk] ‹-(e)s› *m* splendour; **prun·ken** *itr* be resplendent; ▶ **mit etw ~** make a show of s.th.

pru·sten ['pru:stən] *itr* snort; ▶ **vor Lachen ~** snort with laughter.

Psalm [psalm] ‹-s, -en› *m rel* psalm.

Pseudo-Krupp ['psɔydokrʊp] *m med* pseudo croup.

Pseud·onym [psɔydo'ny:m] ‹-s, -e› *n* pseudonym.

pst [pst] *interj* ~! hush!

Psy·che ['psy:çə] ‹-, -n› *f* psyche.

Psych·ia·ter(in) [psy'çja:tɐ] ‹-s, -› *m (f)* psychiatrist, *fam* shrink; **Psych·ia·trie** [psyçia'tri:] *f* psychiatry; **psych·ia·trisch** *adj* psychiatric; ▶ **sich in ~er Behandlung befinden** be under psychiatric treatment.

psy·chisch *adj* 1. *(die Psyche betreffend)* psychic; 2. *(psychologisch)* psychological; ▶ **ein ~es Phänomen** a psychic phenomenon; **~e Erkrankung** mental illness; **~ bedingt** psychologically determined.

Psy·cho·ana·ly·se ['----'--] *f* psychoanalysis; **Psy·cho·ana·ly·ti·ker(in)** *m (f)* psychoanalyst; **Psy·cho·Dro·ge** ['psyço-] *f chem* psychoactive drug; **psy·cho·gen** [psyço'ge:n] *adj* psychogenic; **Psy·cho·gramm** *n* 1. *med* psychograph; 2. *fig* profile; **Psy·cho·lo·ge (Psy·cho·lo·gin)** *m (f)* psychologist; **psy·cho·lo·gisch** *adj* psychological; **Psy·cho·path(in)** [psyço'pa:t] ‹-en, -en› *m (f)* psychopath; **Psy·cho·phar·ma·ka** [-'farmaka] *pl chem med* psychopharmacological *(od* psychotropic) drugs; **Psy·cho·se** [psy'ço:zə] ‹-, -n› *m med* psychosis; **psy·cho·so·ma·tisch** : ▶ **~e Krankheit** psychosomatic illness; **Psy·cho·ter·ror** *m* psychological terror; **Psy·cho·the·ra·peut(in)** ‹-en, -en› *m (f)* psychotherapist; **Psy·cho·the·ra·pie** [----'-] *f med* psychotherapy.

Pu·ber·tät [pubɛr'tɛːt] *f* puberty.
Pu·bli·ka·tion [publika'tsjoːn] *f* publication.
Pu·bli·kum ['puːblikʊm] ⟨-s⟩ *n* 1. *(Öffentlichkeit)* public; 2. *(Zuhörerschaft, Zuschauer)* audience; **Pu·bli·kums·er·folg** *m* success with the public; **Pu·bli·kums·lieb·ling** *m* darling of the public; **Pu·bli·kums·ma·gnet** *m* crowd-puller.
pu·bli·zie·ren [publi'tsiːrən] *tr itr* publish.
Pub·li·zist(in) *m (f)* publicist; **Pu·bli·zi·stik** *f* journalism; **Pu·bli·zi·tät** *f* publicity.
Pud·ding ['pʊdɪŋ] ⟨-s, -e/-s⟩ *m* blancmange; *(Kaltrühr~)* instant whip.
Pu·del ['puːdəl] ⟨-s, -⟩ *m zoo* poodle; ▶ **das also war des ~s Kern!** *fig* so that's it was all about! **was stehst du da wie ein begossener ~?** *fig fam* why are you looking so sheepish? **pu·del·naß** ['--'-] *adj* soaking wet; **pu·del·wohl** ['--'-] *adj fam:* ▶ **sich ~ fühlen** feel really good.
Pu·der ['puːdɐ] ⟨-s, -⟩ *m* powder; **Pu·der·do·se** *f* powder tin; **pu·dern** I *tr* powder; **Pu·der·qua·ste** *f* powder puff; **Pu·der·zucker (k·k)** *m* icing sugar.
Puff[1] [pʊf, *pl* 'pʏfə] ⟨-(e)s, ⁚e/-e⟩ *m* 1. *(Stoß)* thump; *(leichter, vertraulicher Stoß in die Seite)* nudge; 2. *(Knall)* bang.
Puff[2] ⟨-s, -s⟩ *m sl (Bordell)* cathouse.
puf·fen I *tr* 1. *(stoßen)* thump; *(leicht, vertraulich in die Seite)* nudge; 2. *(Abgase, Rauch etc)* puff; II *itr* 1. *(von Lokomotive)* puff; 2. *fam (puff machen)* go phut.
Puf·fer[1] *m (Kartoffel~)* potato fritter.
Puf·fer[2] *m rail* buffer; **Puf·fer·staat** *m fig pol* buffer state.
Pul·le ['pʊlə] ⟨-, -n⟩ *f fam (Flasche)* bottle; ▶ **volle ~** *fig fam* at full pelt.
Pul·li ['pʊli] ⟨-s, -s⟩ *m fam* jersey, sweater; **Pull·over** [pʊ'loːvɐ] ⟨-s, -⟩ *m* jersey, *Br a.* jumper, pullover, sweater; **Pull·un·der** [pʊ'lʊndɐ] ⟨-s, -⟩ *m* tank top.
Puls [pʊls] ⟨-es, -e⟩ *m a. fig* pulse; ▶ **jdm den ~ fühlen** feel someone's pulse; **Puls·ader** *f* artery.
pul·sie·ren *itr a. fig* pulsate, throb.
Puls·schlag *m* 1. *anat* pulse-beat; 2. *fig* pulse; **Puls·wär·mer** *m* wristlet.
Pult [pʊlt] ⟨-(e)s, -e⟩ *n* desk.
Pul·ver ['pʊlvɐ] ⟨-s, -⟩ *n* 1. *allg* powder; 2. *(Schieß~)* gunpowder; ▶ **er hat sein ~ verschossen** *fig* he's shot his bolt; **Pul·ver·faß** *n a. fig* powder keg; **pul·ve·ri·sie·ren** *tr* powder, pulverize; **Pul·ver·kaf·fee** *m* instant coffee; **Pul·ver·schnee** *m* powder snow.
Pu·ma ['puːma] ⟨-s, -s⟩ *m zoo* puma.

Pum·mel(·chen) ['pʊməl] ⟨-s, -⟩ *m (n) fam (Dickerchen)* roly-poly; **pum·me·lig** *adj fam* chubby.
Pump ⟨-s⟩ *m fam* tick; ▶ **etw auf ~ kaufen** buy s.th. on tick.
Pum·pe ['pʊmpə] ⟨-, -n⟩ *f* 1. *(Wasser~ etc)* pump; 2. *fam (Herz)* ticker; **pum·pen**[1] *tr itr (Wasser etc)* pump.
pum·pen[2] *tr itr fam* 1. *(verleihen)* give on tick; 2. *(entleihen)* take on tick.
Pump·sta·tion *f* pumping station.
Punkt [pʊŋkt] ⟨-(e)s, -e⟩ *m* 1. *(zur Bewertung, a. sport)* point; *(beim Kartenspiel)* pip; 2. *typ (Satzzeichen) Br* full stop, *Am* period; *(i-Punkt, a. TV)* dot; 3. *(Ort)* point, spot; 4. *(bei Bericht, Liste, Diskussion etc)* item, point; ▶ **ein kleiner ~ in der Ferne** a small dot *(od* spot*)* in the distance; **Sieger nach ~en** *sport* winner on points; **~ 10 Uhr** at ten sharp; **e-n wunden ~ berühren** *fig* touch a sore spot; **bis zu e-m gewissen ~** up to a certain point; **in allen ~en** in every respect; **~ für ~** point by point; **ein strittiger ~** a disputed point; **der springende ~** *fig* the salient *(od* crucial*)* point; **nun mach aber mal e-n ~!** *fam* come off it!
punk·tie·ren *tr* 1. *(tüpfeln)* dot; 2. *med* aspirate.
pünkt·lich ['pʏŋktlɪç] I *adj* 1. *(zur verabredeten Zeit)* punctual; 2. *(exakt)* precise; II *adv* 1. *(zur verabredeten Zeit)* on time; 2. *(exakt)* precisely.
Pünkt·lich·keit *f* 1. *(zeitliche ~)* punctuality; 2. *(Exaktheit)* precision.
Punkt·rich·ter(in) *m (f) sport* judge; **Punkt·sieg** *m sport* win on points; **Punkt·sie·ger(in)** *m (f) sport* winner on points.
punk·tu·ell I *adj* selective; II *adv* ▶ **sich mit etw nur ~ befassen** deal with selected points of s.th. only.
Punsch [pʊnʃ] ⟨-(e)s, -e⟩ *m* punch.
Pu·pil·le [pu'pɪlə] ⟨-, -n⟩ *f anat* pupil.
Pup·pe ['pʊpə] ⟨-, -n⟩ *f* 1. *(Kinderspielzeug)* doll; *(Marionette)* puppet; *(Schaufenster~)* dummy; 2. *zoo* pupa; 3. *sl (Mädchen)* doll; **Pup·pen·haus** *n* doll's house; **Pup·pen·wa·gen** *m* doll's pram.
pur [puːɐ] *adj* 1. pure; 2. *fig (völlig)* sheer; ▶ **~er Unsinn** utter nonsense.
Pü·ree ⟨-s, -s⟩ *n* puree.
Pur·pur ['pʊrpʊr] ⟨-s⟩ *m* purple; **pur·purn (pur·pur·rot)** *adj* crimson.
Pur·zel·baum *m* somersault; ▶ **e-n ~ machen** do a somersault.
pur·zeln ['pʊrtsəln] ⟨sein⟩ *itr* tumble *(über* over*)*.
Pu·ste ['puːstə] ⟨-⟩ *f fam* puff; ▶ **außer ~ sein** be out of puff.
Pu·ste·ku·chen *m:* **~!** *interj* fiddlesticks! no chance! nothing doing! that's what you think!

Pu·stel ['pʊstəl] ⟨-, -n⟩ *f (Pickel)* pimple; *med* pustule.

pu·sten ['puːstən] *itr tr fam* blow, puff.

Pu·te(r) ['puːtə] ⟨-, -n⟩ *f (m) zoo* turkey.

pu·ter·rot ['--'-] *adj* scarlet *(od* as red as a beetroot).

Putsch [pʊtʃ] ⟨-(e)s, -e⟩ *m pol* coup d'état, revolt; **put·schen** *itr pol* rebel, revolt; **Put·schist(in)** *m (f)* rebel.

Putz [pʊts] ⟨-es⟩ *m* 1. *(Staat, Kleid)* finery; *(Besatz)* trimming; 2. *arch (Ver~)* plaster; *(Rauh~)* roughcast; ▶ **auf den ~ hauen** *fig fam (groß feiern)* have a rave-up; *(prahlen)* show off; *(Krach schlagen)* kick up a fuss; **unter ~** under the plaster.

put·zen ['pʊtsən] **I** *tr* 1. *(reinigen)* clean; *(abwischen)* wipe; *(Nase)* blow, wipe; *(Zähne)* brush; *(Schuhe) Br* polish, *Am* shine; 2. *(schmücken)* decorate; **II** *refl* 1. *(sich reinigen)* clean o.s.; 2. *(sich schmücken)* do o.s. up.

Putz·frau *f Br* cleaning lady, cleaner, *Am* scrubwoman.

put·zig *adj fam* 1. *(komisch, merkwürdig)* funny; 2. *(süß, niedlich)* cute.

Putz·ko·lon·ne *f* team of cleaners; **Putz·lap·pen** *m* (polishing) cloth; **Putz·ma·che·rin** *f obs* milliner; **Putz·mit·tel** *n* cleanser; **Putz·sucht** *f obs* obsession with dressing up; **Putz·teu·fel** *m fig fam* housework maniac;

Putz·tuch *n* 1. *(Putz- od Wischlappen)* cloth; 2. *(Staubtuch)* duster; **Putz·wol·le** *f* steel wool; **Putz·zeug** *n* cleaning things *pl.*

puz·zeln [pʌzəln] *itr* do a jigsaw puzzle; **Puz·zle** [pʌzəl] ⟨-s, -s⟩ *n* jigsaw puzzle.

Pyg·mäe (Pyg·mäin) [py'gmɛːə] ⟨-n, -n⟩ *m (f)* Pygmy; **pyg·mä·en·haft** *adj* pygmy-like.

Py·ja·ma [py'(d)ʒaːma] ⟨-s, -s⟩ *m Br* pyjamas, *Am* pajamas *pl;* **Py·ja·ma·ho·se** *f Br* pyjama *(Am* pajama) trousers *pl.*

Py·ra·mi·de [pyra'miːdə] ⟨-, -n⟩ *f* pyramid; **py·ra·mi·den·för·mig I** *adj* pyramid-shaped; **II** *adv* in the shape of a pyramid.

Py·re·nä·en [pyrə'nɛːən] *pl* ▶ **die ~** the Pyrenees; **Py·re·nä·en·halb·in·sel** *f* Iberian Peninsula.

Py·ro·ma·ne (Py·ro·ma·nin) [pyro'maːnə] *m(f)* pyromaniac; **Py·ro·ma·nie** [---'-] *f* pyromania; **Py·ro·tech·nik** ['----] *f* pyrotechnics *pl.*

Pyr·rhus·sieg ['pʏrʊs-] *m* Pyrrhic victory.

py·tha·go·re·isch [pytago're:ɪʃ] *adj math* Pythagorean; ▶ **~er Lehrsatz** Pythagoras' theorem.

Python(schlange) ['pyːtɔn(-)] *m (f) zoo* python.

Q

Q, q [ku:] ⟨-, -⟩ *n* Q, q.
Quack·sal·ber ['kvakzalbɐ] ⟨-s, -⟩ *m* quack; **Quack·sal·be·rei** *f* quackery.
Qua·der ['kva:dɐ] ⟨-s, -⟩ *m* **1.** *arch* ashlar; **2.** *math* cuboid; **Qua·der·stein** *m* square stone.
Qua·drant *m* quadrant.
Qua·drat [kva'dra:t] ⟨-(e)s, -e⟩ *n* square; ▶ e-e **Zahl ins ~ erheben** square a number; **sechzehn zum ~** sixteen squared; **25 m im ~** 25 m square; **qua·dra·tisch** *adj* **1.** *math (Gleichung)* quadratic; **2.** *(quadratförmig)* square; **Qua·drat·ki·lo·me·ter** *n* square *Br* kilometre (*Am* kilometer); **Qua·drat·me·ter** *n* square *Br* metre (*Am* meter); **Qua·drat·wur·zel** *f* *math* square root; ▶ **die ~ aus 25 ziehen** work out the square root of 25; **Qua·drat·zahl** *f* *math* square number; **Qua·drat·zen·ti·me·ter** *n* square *Br* centimetre (*Am* centimeter).
qua·drie·ren *tr* *math* square.
Qua·dro·pho·nie ['kvadrofo'ni:] *f* quadrophonic sound; **qua·dro·pho·nisch** *adj* quadrophonic.
qua·ken ['kva:kən] *itr* **1.** *(Ente)* quack; *(Frosch)* croak; **2.** *fam (Menschen)* squawk.
quä·ken ['kvɛ:kən] *tr* *itr* *fam* screech.
Quä·ker(in) ⟨-s, -⟩ *m* (*f*) *rel* Quaker.
Qual ['kva:l] ⟨-, -en⟩ *f* pain; *(Seelen~)* anguish.
quä·len ['kvɛ:lən] **I** *tr* **1.** *allg* torment; *(foltern)* torture; **2.** *(belästigen)* pester; **II** *refl* **1.** *(sich mühen, abarbeiten)* struggle; **2.** *(seelisch)* torture o.s.
Quä·le·rei *f* **1.** *(physisch)* torture; *(psychisch)* torment; **2.** *(Mühseligkeit)* struggle.
Quäl·geist *m* *fam* nuisance, pest.
Qua·li·fi·ka·tion [kvalifika'tsjo:n] *f* qualification.
qua·li·fi·zie·ren **I** *tr* qualify; **II** *refl* *a.* *sport* qualify *(für* for).
Qua·li·tät *f* quality; ▶ **hervorragende ~** excellent (*od* top) quality; **schlechte ~** poor quality; **von der ~ her** as far as quality is concerned.
qua·li·ta·tiv [kvalita'ti:f/'----] *adj* qualitative.
Qua·li·täts·ar·beit *f* quality work; **Qua·li·täts·er·zeug·nis** *n* quality product; **Qua·li·täts·stei·ge·rung** *f* *Br* quality improvement (*Am* enhancement); **Qua·li·täts·ver·bes·se·rung** *f* upgrading; **Qua·li·täts·wa·re** *f*

quality goods *pl.*
Qual·le ['kvalə] ⟨-, -n⟩ *f* *zoo* jellyfish.
Qualm [kvalm] ⟨-(e)s⟩ *m* dense smoke; **qual·men** **I** *tr* *fam (Zigaretten etc rauchen)* puff away at …; **II** *itr* **1.** *allg* smoke; **2.** *fam (Zigaretten etc rauchen)* puff away; **qual·mig** *adj* smoky.
qual·voll ['kva:lfɔl] *adj* agonizing, painful.
Quant [kvant] ⟨-s, -en⟩ *n* *phys* quantum; **Quan·ten·phy·sik** *f* quantum physics *sing;* **Quan·ten·theo·rie** *f* *phys* quantum theory.
Quan·ti·tät *f* quantity; **quan·ti·ta·tiv** [kvantita'ti:f/'----] *adj* quantitative.
Quan·tum ['kvantʊm] *n* **1.** *(Anzahl, Menge)* quantity, quantum; **2.** *(Anteil)* quota *(an* of).
Qua·ran·tä·ne [karan'tɛ:nə] ⟨-, -n⟩ *f* quarantine; ▶ **unter ~ stellen** put in quarantine; **Qua·ran·tä·ne·sta·tion** *f* quarantine ward.
Quark [kvark] ⟨-s⟩ *m* **1.** curd (s *pl*); **2.** *fam (Quatsch)* rubbish.
Quart [kvart] ⟨-s⟩ *n* *typ (~format)* quarto.
Quar·tal [kvar'ta:l] ⟨-s, -e⟩ *n* quarter; **Quar·tal·säu·fer(in)** *m* (*f*) periodic heavy drinker; **quar·tals·wei·se** *adj* *adv* quarterly.
Quar·te ['kvartə] ⟨-, -n⟩ *f* *mus* fourth.
Quar·tett [kvar'tɛt] ⟨-(e)s, -e⟩ *n* *mus* quartet(te).
Quar·tier [kvar'ti:ɐ] ⟨-s, -e⟩ *n* **1.** *(Stadtteil)* district, quarter; **2.** *(Unterkunft)* accomodation; *mil* billet, quarters *pl.*
Quarz [kva:ɐts] ⟨-es, -e⟩ *m* quartz; **Quarz·uhr** *f* *allg* quartz clock; *(Armbanduhr)* quartz watch.
qua·si ['kva:zi] *adv* virtually; ▶ **er arbeitet hier ~ als Manager** he works here in a quasi-managerial function.
quas·seln ['kvasəln] *tr* *itr* *fam* blether.
Quas·sel·strip·pe *f* *fam* *pej* chatterbox.
Qua·ste ['kvastə] ⟨-, -n⟩ *f* **1.** *(Troddel)* tassel; **2.** *(Pinsel~)* brush.
Quatsch [kvatʃ] ⟨-es⟩ *m* *fam* **1.** *(Unsinn, dummes Geschwätz)* rubbish, twaddle; **2.** *(Unüberlegtheiten, Dummheiten)* nonsense; ▶ **ach, ~!** rubbish! **so ein ~!** what a load of rubbish! **red doch nicht so e-n ~!** don't talk such a twaddle! **laß den ~!** stop that nonsense! **mach keinen ~!** don't be silly!
quat·schen *fam* **I** *tr* *(dummes Zeug reden):* ▶ **Blödsinn ~** talk twaddle; **II**

itr **1.** *(dumm daherreden)* gab; **2.** *(plaudern, quasseln)* blether; **3.** *(salopp: reden, sich unterhalten)* have a chat *(über* about); **4.** *sl (petzen)* squeal *(bei jdm* to s.o.); ▶ **mußt du denn immer stundenlang ~?** do you have to blether for hours on end?
Quat·sche·rei *f fam* blethering.
Quatsch·kopf *m fam* **1.** *(Schwätzer)* bletherer, windbag; **2.** *(Blödmann)* fool.
Quecke (k·k) ['kvɛkə] ⟨-, -n⟩ *f bot* couch grass.
Quook·oil·bor ['kvok] *n chem* mercury, quicksilver; **Queck·sil·ber·säu·le** *f* column of mercury; **Queck·sil·ber·ver·gif·tung** *f* mercury poisoning.
Quell [kvɛl] ⟨-(e)s, -e⟩ *m poet* spring; **Quel·le** ⟨-, -n⟩ *f* **1.** *(e-s Flusses etc)* spring; **2.** *(Öl~ etc)* well; **3.** *fig (Ursprung)* source; ▶ **e-e ~ erschließen** develop a source; **aus zuverlässiger ~** *fig* from a reliable source; **an der ~ sitzen** *fig* be well-placed.
quel·len *irr itr* **1.** *(heraus~)* well; **2.** *(auf~, anschwellen)* swell.
Quel·len·an·ga·be *f* reference; **Quellen·for·schung** *f* source research; **Quel·len·steu·er** *f* tax at source; **Quel·len·text** *m* source material.
Quell·ge·biet *n* head(water) of a river; **Quell·was·ser** *n* spring water.
Quen·ge·lei *f fam* whining; **quen·ge·lig** *adj fam* whining; ▶ **~ werden** start to whine; **~ sein** whine.
quen·geln ['kvɛŋəln] *itr fam* whine.
quer [kve:ɐ] *adv* crossways, crosswise; ▶ **kreuz u. ~ (durchs Land)** all over (the country); **die Schienen verlaufen ~ zur Straße** the rails run at right angles to the road.
Quer·ach·se *f tech mot* transverse axis; **Quer·bal·ken** *m* crossbeam.
Que·re ['kve:rə] ⟨-⟩ *f:* ▶ **der ~ nach** breadthways; **jdm in die ~ kommen** get in someone's way.
quer·feld·ein [--'-] *adv* across country; **Quer·feld·ein·ren·nen** *n* cross-country (race).
Quer·flö·te *f* (transverse) flute.
Quer·for·mat *n* oblong format.
quer·ge·streift *adj* cross-striped; **Quer·kopf** *m fam* awkward customer; **quer·köp·fig** *adj* wrongheaded; **Quer·lei·ste** *f* crosspiece; **Querschiff** *n arch* transept; **Quer·schlä·ger** *m mil* ricochet; **Quer·schnitt** *m a. fig* cross-section.
quer·schnitt(s)·ge·lähmt *adj* paraplegic, paralysed below the waist.
quer|stel·len *refl fig fam* be awkward.
Quer·stra·ße *f (Seitenstraße)* side street; ▶ **Queensborough Terrace ist**

e-e **~ zur Bayswater Road** Queensborough Terrace runs at right angles to Bayswater Road; **zwei ~n entfernt wohnen** live two blocks from here *(od* there); **bei der zweiten ~** at the second turning; **Quer·strich** *m* line; *(Gedankenstrich)* dash; **Quer·sum·me** *f math* total of the digits of a number; ▶ **die ~ von 23 bilden** add the digits in 23; **Quer·trei·ber(in)** *m (f)* troublemaker; **Quer·trei·be·rei** *f* troublemaking.
Que·ru·lant(in) [kveru'lant] *m (f)* griper, grumbler.
Quer·ver·bin·dung *f* **1.** connection, link; **2.** *tech* cross *(od* transverse) section; ▶ **e-e ~ zu etw herstellen** make a connection with s.th.; **Quer·ver·weis** *m* cross-reference.
quet·schen ['kvɛtʃən] **I** *tr* **1.** *(drücken)* squeeze; **2.** *(zer~)* crush, squash; **3.** *med* crush; ▶ **sich den Finger ~** squash one's finger; **II** *refl* **1.** *(sich klemmen)* be crushed; **2.** *(sich zwängen)* squeeze *(in etw* into s.th.).
Quetsch·fal·te *f* inverted pleat.
Quet·schung *f med* bruise, contusion.
quie·ken ['kvi:kən] *itr* squeak, squeal.
quiet·schen ['kvi:tʃən] *itr* **1.** *(knarren)* creak, squeak; **2.** *(von Reifen, a. von Menschen)* squeal.
quietsch·fi·del ['kvi:tʃfi'de:l] **(quietsch·ver·gnügt)** *adj fam* as happy as a sandboy.
Quietsch·ge·räusch *n* squealing.
Quin·te ['kvɪntə] ⟨-, -en⟩ *f mus* fifth.
Quint·es·senz ['kvɪntɛsɛnts] ⟨-, -en⟩ *f* quintessence.
Quin·tett [kvɪn'tɛt] ⟨-(e)s, -e⟩ *n mus* quintet(te).
Quirl [kvɪrl] ⟨-(e)s, -e⟩ *m* **1.** *(Küchengerät)* beater, whisk; **2.** *bot* whorl.
quir·len *tr* beat, whisk.
quitt [kvɪt] *adj:* ▶ **jetzt sind wir ~** now we're even.
Quit·te ['kvɪtə] ⟨-, -n⟩ *f bot* quince.
quit·tie·ren *tr* **1.** *(bescheinigen)* give a receipt for …; **2.** *(Dienst)* quit.
Quit·tung *f* receipt; ▶ **gegen ~** on production of a receipt; **e-e ~ ausstellen (über etw)** give a receipt (for s.th.); **s-e (od die) ~ kriegen** *fig fam* get one's come-uppance; **Quit·tungs·block** *n* receipt book.
Quiz [kvɪs] ⟨-, -⟩ *n* quiz; **Quiz·ma·ster** ['kvɪsma:stə] ⟨-s, -⟩ *m* quizmaster.
Quo·te ['kvo:tə] ⟨-, -n⟩ *f* **1.** *com (Quantum)* quota; **2.** *(statistischer Anteil)* proportion; **Quo·ten·re·ge·lung** *f pol* quota system.
Quo·ti·ent [kvo'tsjɛnt] *m math* quotient.

R

R, r [ɛr] ⟨-, -⟩ *n* [ɛr] R, r.
Ra·batt [ra'bat] ⟨-(e)s, -e⟩ *m com* discount; ► ~ **bei Barzahlung** discount for cash; **5 %** ~ **auf etw geben** give a 5 % discount on s.th.
Ra·be ['ra:bə] ⟨-n, -n⟩ *m* raven; ► **stehlen wie ein** ~ thieve like a magpie; **ra·ben·schwarz** ['--'-] *adj* pitchblack.
ra·bi·at [rabi'a:t] *adj* 1. *(wild)* wild; 2. *(gewalttätig)* violent.
Ra·che ['raxə] ⟨-⟩ *f* revenge; *(Vergeltung)* vengeance; ► ~ **nehmen an jdm für etw** take revenge on s.th. for s.th.; **sie tötete ihn aus** ~ she killed him in revenge; **als** ~ **für . . .** in revenge for . . .; **die** ~ **des kleinen Mannes** *hum* the underdog's revenge; **Ra·che·akt** *m* act of revenge.
Ra·chen ['raxən] ⟨-s, -⟩ *m* 1. throat; 2. *(Maul)* jaws *pl;* 3. *fig (Schlund)* abyss.
rä·chen ['rɛçən] I *tr* avenge; II *refl* take revenge *(an jdm für etw* on s.o. for s.th.); ► **sich für etw** ~ be revenged for s.th.
Ra·chen·höh·le *f* pharynx.
Rä·cher(in) *m (f)* avenger.
Ra·chi·tis [ra'xi:tɪs] ⟨-⟩ *f* rickets *pl.*
Rach·sucht *f* vindictiveness; **rach·süch·tig** *adj* vindictive.
Rad [ra:t, *pl* 'rɛ:də] ⟨-(e)s, ⁝er⟩ *n* 1. wheel; 2. *(Fahr~)* bicycle, *fam* bike; 3. *sport (Übung)* cartwheel; ► **das fünfte** ~ **am Wagen sein** *fig* be out of place; **ein** ~ **schlagen** turn a cartwheel.
Ra·dar [ra'da:ɐ] ⟨-s⟩ *n* radar; **Ra·dar·fal·le** *f* radar trap; **Ra·dar·ge·rät** *n* radar unit; **Ra·dar·kon·trol·le** *f* radar speed check; **Ra·dar·schirm** *m* radar screen; **Ra·dar·sta·tion** *f mil* radar station.
Ra·dau [ra'dau] ⟨-s⟩ *m fam* din, row; ► ~ **machen** kick up a row.
Rad·damp·fer *m* paddle-steamer.
ra·de·bre·chen ['ra:dəbrɛçən] *itr:* ► **sie versuchte, zu** ~**, daß . . .** she tried to say in broken (English *etc)* that . . .; **ra·deln** ['ra:dəln] ⟨sein⟩ *itr fam* bike, pedal.
Rä·dels·füh·rer(in) ['rɛ:dəls-] *m (f)* ringleader.
rä·dern ['rɛ:dən] *tr hist* break (up)on the wheel.
Rä·der·werk *n* 1. *tech* mechanism; 2. *fig* machinery.
rad|fah·ren *irr itr* 1. *(Fahrrad fahren)* ride a bike; 2. *pej fam (kriechen)* suck

up; **Rad·fah·rer(in)** *m (f)* 1. *(Fahrradfahrer)* cyclist; 2. *pej fam* crawler; **Rad·fahr·weg** *m* cycle track.
Rad·ga·bel *f* fork.
ra·die·ren [ra'di:rən] *itr* 1. *(mit Gummi)* erase, rub out; 2. *(Graphiktechnik)* etch; **Ra·dier·gum·mi** *m Br* rubber, *Am* eraser.
Ra·die·rung *f (Graphik)* etching.
Ra·dies·chen [ra'di:sçən] ⟨-s, -⟩ *n bot* radish.
ra·di·kal [radi'ka:l] *adj* radical; ► **etw** ~ **ablehnen** deny s.th. categorically; **Ra·di·ka·le(r)** *f (m)* radical; **ra·di·ka·li·sie·ren** I *tr* radicalize; II *refl* become radical; **Ra·di·ka·lis·mus** *m* radicalism; **Ra·di·kal·kur** [--'--] *f* drastic remedy; ► **e-e** ~ **machen** effect a radical cure.
Ra·dio ['ra:dio] ⟨-s, -s⟩ *n* radio; ► **das kam gestern im** ~ that was on the radio yesterday; ~ **hören** listen to the radio; **etw im** ~ **hören** hear s.th. on the radio.
ra·dio·ak·tiv ['---'-] *adj* radioactive; ► ~**er Niederschlag** fall-out; **Endlagerung von** ~**en Abfallprodukten** final *(od* ultimate) storage of radioactive wastes; **Ra·dio·ak·ti·vi·tät** *f* radioactivity.
Ra·dio·ge·rät *m* radio set; **Ra·dio·re·cor·der** [-re'kordə] ⟨-s, -⟩ *m* radio recorder; **Ra·dio·te·le·skop** *n astr* radio telescope.
Ra·di·um ['ra:diʊm] ⟨-s⟩ *n chem* radium.
Ra·di·us ['ra:diʊs] ⟨-, -dien⟩ *m* radius.
Rad·kap·pe *f mot* hub cap; **Rad·ka·sten** *m mot* wheel casing; **Rad·la·ger** *n mot* wheel bearing.
Rad·renn·bahn *f* cycling track; **Rad·ren·nen** *n* cycle race; **Rad·renn·fah·rer(in)** *m (f)* racing cyclist; **Rad·sport** *m* cycling.
Rad·stand *m mot* wheelbase.
Rad·tour *f* cycle tour.
Rad·wech·sel *m:* ► **e-n** ~ **machen** do a wheel change.
RAF *f Abk von* **Rote Armee Fraktion** Red Army Faction; RAF; **RAF-Mitglied** *n* RAF member.
raf·fen ['rafən] *tr* 1. *(etw auf~)* snatch up; 2. *(anhäufen)* heap; 3. *(verstehen) sl* cotton on *(etw* to s.th.).
Raff·gier *f* greed; **raff·gie·rig** *adj* grasping.
Raf·fi·ne·rie [rafinə'ri:] *f* refinery.
Raf·fi·nes·se [rafi'nɛsə] ⟨-, -n⟩ *f* artfulness, cunning; ► **mit allen** ~**n** with all

refinements.
raf·fi·nie·ren *tr* refine; **raf·fi·niert** *adj*
1. *(Zucker, Öl)* refined; 2. *fig* cunning; 3.
fig (ausgesucht) stylish.
Raff·ke *m fam pej* money-grubber.
Ra·ge ['ra:ʒə] ⟨-, -n⟩ *f:* ▶ **in ~ kommen**
get furious.
ra·gen ['ra:gən] *itr* loom, tower *(über
over)*.
Ra·gout [ra'gu:] ⟨-s, -s⟩ *n* ragout.
Ra·he ['ra:ə] ⟨-, -n⟩ *f mar* yard.
Rahm [ra:m] ⟨-(e)s⟩ *m* cream.
Rah·men ['ra:mən] ⟨-s, -⟩ *m* 1. *allg*
frame; *(für Dias)* mount; 2. *fig (Bereich
etc)* framework; ▶ **im ~ des Mögli-
chen** within the bounds of possibility; **in
großem ~** on a big scale; **aus dem ~
fallen** be out of keeping with the rest;
rah·men *tr (Bilder)* frame; *(Dias)*
mount; **Rah·men·hand·lung** *f* back-
ground story; **Rah·men·richt·li·nien**
pl guidelines.
Rahm·so·ße *f* cream(y) sauce.
Ra·ke·te [ra'ke:tə] ⟨-, -n⟩ *f* rocket; *mil*
missile; ▶ **e-e ~ abfeuern** launch *(od
shoot)* a rocket *(od missile)*; **mit ~n
beschießen** rocket; **Ra·ke·ten·ab·
schuß·ba·sis** *f mil* missile base; *(für
Raumfahrt)* rocket launching site; **Ra-
ke·ten·ab·wehr·ra·ke·te** *f mil* anti-
missile missile; **Ra·ke·ten·ab·wehr·
sy·stem** *n* missile defence system; **Ra-
ke·ten·an·trieb** *m* rocket propulsion;
▶ **mit ~** rocket-propelled; **ra·ke·ten·
be·stückt** *adj mil* missile-equipped.
Ral·lye ['rɛli] ⟨-, -s⟩ *f* rally.
RAM ⟨-s, -s⟩ *n EDV Abk von* **Random
Access Memory** RAM.
Ram·ba·zam·ba ⟨-s⟩ *n fam:* ▶ **~ ma-
chen** kick up a fuss.
Ram·me ['ramə] ⟨-, -n⟩ *f tech* rammer;
(Pfahl~) pile-driver; **ram·men** *tr* ram.
Ram·pe ['rampə] ⟨-, -n⟩ *f* 1. *(Verlade~)*
ramp; 2. *theat* apron; 3. *mil (Raketen~)*
missile base; **Ram·pen·licht** *n:* ▶ **im
~ stehen** *fig* be in the limelight.
ram·po·nie·ren [rampo'ni:rən] *tr fam*
bash, ruin; ▶ **ramponiert aussehen**
(Mensch) look the worse for wear.
Ramsch [ramʃ] ⟨-(e)s⟩ *m* junk, rubbish;
Ramsch·la·den *m* junk shop.
Rand [rant, *pl* 'rɛndə, ¨er⟩ *m* 1. *(~
des Abgrundes, a. fig)* brink; 2. *(Saum)*
border; 3. *(um runde Gegenstände, Hut,
Tasse usw.)* brim, rim; *(Teller~)* edge; 4.
(von Buch) margin; ▶ **etw an den ~
schreiben** write s.th. in the margin; **voll
bis zum ~** full to the brim; **am ~e des
Waldes** at the edge of the forest; **mit
etw zu ~e kommen** cope with s.th.; **mit
etw nicht zu ~e kommen** not to be able
to manage s.th.
Ran·da·le *f fam* riot; ▶ **~ machen** riot,
go on a riot; **Rand·be·mer·kung** *f*
marginal note; **Rand·ge·biet** *n* 1. *geog*

fringe; 2. *fig* subsidiary; **Rand·grup·pe**
f fringe group; **rand·los** *adj (Brille)*
rimless; **Rand·strei·fen** *m (an Straße)*
shoulder, verge; **Rand·zo·ne** *f* mar-
ginal zone.
Rang [raŋ, *pl* 'rɛŋə] ⟨-(e)s, ¨e⟩ *m* 1.
(Rangstufe) rank; *(Stellung)* position; 2.
theat circle; ▶ **von hohem ~** of high
standing; **Rang·ab·zei·chen** *n* badge
of rank, insignia.
Ran·ge·lei *f* 1. *sport etc* scrapping; 2. *fig*
wrangling.
ran·geln *itr fig* wrangle *(um for)*.
Ran·gier·bahn·hof *m Br* marshalling
yard, *Am* switchyard; **ran·gie·ren**
[raŋ'ʒirən] **I** *itr (Stellung einnehmen)*
rank; ▶ **sie rangiert an siebter Stelle**
she takes seventh place; **II** *tr rail Br*
shunt, *Am* switch; **Ran·gier·gleis** *n Br*
siding, *Am* sidetrack.
Rang·li·ste *f sport* table; **Rang·ord-
nung** *f (Hierarchie)* hierarchy.
Ran·ke ['raŋkə] ⟨-, -n⟩ *f* 1. *bot (Halte~)*
tendril; *(Rebe)* (vine-)shoot; 2. *(Trieb)*
branch.
Rän·ke *f pl:* ▶ **~ schmieden** intrigue.
ran·ken *refl* 1. *(Pflanze)* entwine itself
(um around); 2. *fig (sich um etw spin-
nen)* have grown up around s.th.
Ran·k(en)·ge·wächs *n* climber.
Rän·ke·schmied(in) *m (f)* intriguer.
ran|kom·men *irr itr fam:* ▶ **an jdn ~**
get at s.o.; **an den kommst du nicht
ran!** you won't get anywhere with him!
niemanden an sich ~ lassen keep to
o.s.
ran|ma·chen *tr fam:* ▶ **der macht sich
an jede ran** he makes up to everyone.
Ran·zen ['rantsən] ⟨-s, -⟩ *m (Schulmap-
pe)* satchel.
ran·zig ['rantsɪç] *adj* rancid.
Rap·pe ['rapə] ⟨-n, -n⟩ *m* black horse.
Rap·pel ['rapəl] ⟨-s, -⟩ *m fam:* ▶ **den ~
kriegen** get one of one's crazes; **rap-
peln** *itr* rattle; ▶ **bei dir rappelt's
wohl?** *fig fam* are you crazy?
Raps [raps] ⟨-es, (-e)⟩ *m bot* rape.
rar [ra:ɐ] *adj* 1. *(selten)* rare, scarce; 2.
(vorzüglich) exquisite; ▶ **sich ~ ma-
chen** make o.s. scarce.
Ra·ri·tät *f* 1. *(Seltenheit)* rarity; 2.
(Sammlerstück) collector's item.
ra·sant [ra'zant] *adj* 1. *(sehr schnell)*
fast; 2. *fig* meteoric; 3. *fig (attraktiv)*
vivacious; ▶ **die ~e Entwicklung des
Computers** the rapid development of
the computer.
rasch [raʃ] *adj* speedy, swift; ▶ **mach
mal 'n bißchen ~!** get a move on!
ra·scheln ['raʃəln] *itr* rustle; ▶ **mit etw
~** rustle s.th.
Ra·sen ['ra:zən] ⟨-s, -⟩ *m* 1. *(Grasfläche)*
grass, lawn; 2. *sport (Feld)* field.
ra·sen ['ra:zən] *itr* 1. ⟨sein⟩ *(sich schnell
dahinbewegen)* race, tear; 2. ⟨h⟩ *(toben)*

rave; ► ~ **gegen** ... crash into ...; **mußt du so** ~? do you have to go so fast?

Ra·sen·ban·kett n *(an Straße)* grass verge.

ra·send I *adj* 1. *(sehr schnell)* tearing; 2. *(sehr wütend)* furious, raging; ► **du machst mich noch** ~! you'll be driving me crazy! **ich habe** ~**e Kopfschmerzen** I've got a splitting headache; *sing;* II *adv* like mad.

Ra·sen·mä·her m lawn-mower; **Ra·sen·spren·ger** m (lawn)sprinkler.

Ra·ser(in) m *(f) fam mot* speeder; **Ra·se·rei** f 1. *(das Schnellfahren)* speeding; 2. *(irres Wüten)* frenzy, fury.

Ra·sier·ap·pa·rat m razor; **Ra·sier·creme** f shaving cream.

ra·sie·ren [ra'zi:rən] *tr* shave; ► **sich** ~ **(lassen)** have a shave; **ich rasiere mich naß** I have a wet shave.

Ra·sier·klin·ge f razorblade; **Ra·sier·mes·ser** n razor; **Ra·sier·pin·sel** m shaving brush; **Ra·sier·schaum** m shaving lather, shaving foam; **Ra·sier·sei·fe** f shaving soap; **Ra·sier·was·ser** n after-shave; **Ra·sier·zeug** n shaving-things *pl.*

Ras·pel ['raspəl] ⟨-, -n⟩ f *(Gemüse*~*)* grater; **ras·peln** *tr* rasp.

Ras·se ['rasə] ⟨-, -n⟩ f 1. *(Menschen*~*)* race; 2. *(von Tieren)* breed; ► **sie hat** ~ she's a hot-blooded girl.

Ras·sel ['rasəl] ⟨-, -n⟩ f rattle; **ras·seln** *itr* rattle; ► **durch e-e Prüfung** ~ *fig fam* flunk an exam.

Ras·sen·dis·kri·mi·nie·rung f racial discrimination; **Ras·sen·kra·wall** m racial riot; **Ras·sen·tren·nung** f racial segregation; **Ras·sen·un·ru·hen** *pl* racial disturbances.

ras·sig *adj* 1. *(heißblütig)* hot-blooded; 2. *(schnittig)* sleek.

ras·sisch *adj* racial.

Ras·sis·mus m racialism, racism; **Ras·sist(in)** m *(f)* racialist, racist; **ras·si·stisch** *adj* racist.

Rast [rast] ⟨-, -en⟩ f rest; *(gehoben)* repose; *mil* halt; ► ~ **machen** stop; **mach mal** ~! take a rest! **ohne** ~ without respite; **ra·sten** *itr* rest.

Ra·ster n 1. *TV* raster; 2. *typ* raster screen.

Ra·ster·fahn·dung f screen search, computer search.

Rast·hof m *(an Autobahn)* service area; **rast·los** *adj* 1. *(unermüdlich)* untiring; 2. *(innerlich unruhig)* restless; **Rast·lo·sig·keit** f *(Ruhelosigkeit)* restlessness.

Rast·platz m parking place, picnic area. **Rast·stüt·ze** f *(beim Motorrad)* prop stand.

Ra·sur [ra'zu:ɐ] ⟨-, -en⟩ f shave.

Rat [ra:t, *pl* 'rɛ:tə] ⟨-(e)s, ⸚e⟩ m 1. *nur*

sing (Ratschlag) advice; 2. *(Versammlung)* council; ► **jdm e-n** ~ **geben** give s.o. a piece of advice; **jdn um** ~ **fragen** ask someone's advice; **jdn** *(od* **etw)** **zu** ~**e ziehen** consult s.o. *(od* s.th.); **er ist** ~ *(Regierungs*~ *etc)* he is a senior official; *(Stadt*~*)* he is a councillor.

Ra·te ⟨-, -n⟩ f *Br* instalment, *Am* installment; ► **auf** ~**n kaufen** buy on the instalment plan; **in** ~**n zahlen** pay in instalments.

ra·ten *irr itr* 1. *(e-n Rat geben)* advise, give advice; 2. *(erraten)* guess; ► **ich würde nicht dazu** ~ I wouldn't advise it; **wozu würden Sie mir** ~? what would you advise me to do? **ich werde tun, was Sie mir** ~ I shall do as you advise; **zur Vorsicht** ~ advise caution; **ich habe nur geraten** it was just a guess; **dreimal darfst du** ~ I'll give you three guesses; **ich kann auch nur** ~! your guess is as good as mine!

Ra·ten·zah·lung f 1. *(Zahlung e-r Rate)* payment of an instalment; 2. *(Zahlung in Raten)* payment by instalments.

Rat·ge·ber(in) m *(f)* 1. *nur* m *(Nachschlagewerk)* reference work; 2. *(Berater(in))* adviser; **Rat·haus** n town hall; *(von größerer Stadt)* city hall.

ra·ti·fi·zie·ren [ratifi'tsi:rən] *tr* ratify. **Ra·ti·on** [ra'tsjo:n] f ration; ► **eiserne** ~ iron rations *pl.*

ra·tio·nal *adj* rational.

ra·tio·na·li·sie·ren *itr* rationalize; **Ra·tio·na·li·sie·rung** f rationalization. **Ra·tio·na·li·sie·rungs·maß·nah·men** *pl* rationalization measures.

Ra·tio·na·lis·mus m *philos* rationalism.

ra·tio·nell *adj (wirksam)* efficient.

ra·tio·nie·ren *tr* ration; **Ra·tio·nie·rung** f rationing.

rat·los I *adj* helpless; II *adv* at a loss; ► **wir stehen diesem Problem** ~ **gegenüber** we are at a loss with this problem; **Rat·lo·sig·keit** f helplessness; ► **in ihrer** ~ ... not knowing what to do ...

Rä·to·ro·ma·nisch(e) n Rhaeto-Romanic.

rat·sam *adj* 1. *(rätlich)* advisable; 2. *(förderlich)* expedient; ► **etw für** ~ **halten** believe s.th. advisable.

Rat·schlag m piece of advice.

Rät·sel ['rɛ:tsəl] ⟨-s, -⟩ n 1. *(*~ *zur Lösung)* riddle; 2. *(Kreuzwort*~*)* puzzle; 3. *fig (Geheimnis)* mystery, riddle; ► **das ist mir ein** ~ it baffles me; **sie ist mir ein** ~ she is a mystery to me; **des** ~**s Lösung** the solution *(od* answer*)* of the riddle; **rät·sel·haft** *adj* mysterious; *(undurchschaubar)* enigmatic.

Rats·herr m *Br* councillor, *Am* councilman; **Rats·sit·zung** f council meeting; **Rats·ver·samm·lung** f 1. *(s.* Ratssit-

zung); **2.** *(der versammelte Rat)* council board.
Rat·tan ['ratan] ⟨-s⟩ *n* rattan.
Rat·te ['ratə] ⟨-, -n⟩ *f* rat; ▶ **du dreckige ~!** *vulg* you dirty rat! **Rat·ten·fal·le** *f* rat trap; **Rat·ten·gift** *n* rat poison.
rat·tern ['ratən] *itr* clatter, rattle.
rat·ze·kahl ['ratsə'ka:l] *adj fam* totally.
Raub [raʊp] ⟨-(e)s⟩ *m* **1.** *(Räuberei)* robbery; **2.** *(Geraubtes)* booty; ▶ **ein ~ der Flammen werden** fall victim to the flames; **Raub·bau** *m* overexploitation; ▶ **mit etw ~ treiben** overexploit s.th.; **mit s-r Gesundheit ~ treiben** ruin one's health; **Raub·druck** *m* pirate edition.
rau·ben I *tr* **1.** rob *(jdm etw* s.o. of s.th.); **2.** *(Person entführen)* abduct, kidnap; ▶ **jdm die Unschuld ~** *fig* take someone's virginity; **II** *itr* plunder, rob.
Räu·ber(in) ['rɔɪbə] ⟨-s, -⟩ *m (f)* robber; **Räu·ber·ban·de** *f* **1.** *(Bande von Räubern)* band of robbers; **2.** *(Diebsgesindel)* thieving riffraff.
räu·be·risch *adj* rapacious; ▶ **~e Erpressung** *jur* armed robbery.
Raub·kat·ze *f* big cat; **Raub·ko·pie** *f* bootleg; **Raub·mord** *m* robbery with murder; **Raub·mör·der(in)** *m (f)* robber and murderer; **Raub·pres·sung** *f* pirate(d) copy; **Raub·rit·ter** *m* robberbaron; **Raub·tier** *n* beast of prey; **Raub·über·fall** *m Br* robbery, *Am* holdup; ▶ **e-n ~ auf jdn begehen** hold s.o. up; **Raub·vo·gel** *m* bird of prey.
Rauch [raʊx] ⟨-(e)s⟩ *m* smoke; **Rauch·be·kämp·fung** *f* smoke control; **Rauch·be·lä·sti·gung** *f* smoke nuisance.
Rau·chen *n* smoking; ▶ **~ verboten!** no smoking!
rau·chen¹ *tr itr (Tabak~)* smoke; ▶ **hast du was zu ~?** have you got a smoke? **dieser Tabak raucht sich gut!** it's a nice smoke, this tobacco! **e-e ~ haben** a smoke; **ich muß unbedingt e-e ~!** I'm dying for a smoke!
rau·chen² *itr (dampfen)* give off smoke, smoke; ▶ **~der Schlot** smoky chimney.
Rauch·ent·wick·lung *f* formation of smoke.
Räu·cher·aal *m* smoked eel.
Rau·cher(in) *m (f)* smoker; **Raucher(·ab·teil)** *n* rail smoker, smoking compartment; **Rau·cher·bein** *n* hardening of the arteries (caused by smoking); **Rau·cher·hu·sten** *m* smoker's cough.
Räu·cher·lachs *m* smoked salmon; **räu·chern** ['rɔɪçən] **I** *tr (Fleisch)* smoke; **II** *itr (mit Räucherstäbchen etc)* burn incense; **Räu·cher·speck** *m* smoked bacon; **Räu·cher·stäb·chen** *n* joss stick.
Rauch·fah·ne *f* smoke trail; ▶ **das Flugzeug zieht e-e ~ hinter sich her**

the plane is leaving a smoke trail behind it; **Rauch·fleisch** *n* smoked meat; **Rauch·ga·se** *pl* flue gases; **Rauchgas·ent·schwe·fe·lung** *f* flue gas desulphurization; **Rauch·glocke (k·k)** *f* pall of smoke.
rau·chig *adj* smoky.
rauch·los *adj* smokeless; **Rauch·säu·le** *f* column of smoke; **Rauch·schwa·den** *pl* drifts of smoke; **Rauch·ver·bot** *n* smoking ban; ▶ **hier herrscht ~** there's no smoking here; **Rauch·ver·gif·tung** *f* fume poisoning; ▶ **e-e ~ erleiden** be overcome by fumes; **Rauch·wa·ren¹** *pl (Tabakwaren)* tobacco *sing.*
Rauch·wa·ren² *pl (Pelzwaren)* furs.
Rauch·wol·ke *f* smoke cloud.
Räu·de ['rɔɪdə] ⟨-, -n⟩ *f* mange; **räu·dig** *adj* mangy.
rau·fen ['raʊfən] *refl* ▶ **sich mit jdm ~** have a scrap with s.o.; **sich die Haare ~** *a. fig* tear one's hair; **Rau·fe·rei** *f* scrap; ▶ **in e-e ~ mit jdm geraten** get into a scrap with s.o.
rauh [raʊ] *adj* **1.** *(uneben)* rough; **2.** *fig (Hals)* sore; *(Haut)* raw; **3.** *fig (Stimme)* hoarse; **4.** *fig (Sitten)* rude; **5.** *(Klima, Wetter)* harsh, raw; ▶ **in ~en Mengen** lots and lots of …; **die ~e Wirklichkeit** the hard facts *pl;* **Rau·heit** *f* **1.** *(Unebenheit)* roughness; **2.** *fig (von Stimme)* hoarseness; **3.** *fig (Sitten)* coarseness, rudeness.
Rauh·fa·ser·ta·pe·te *f* woodchip paper.
Rauh·reif *m* hoarfrost, white frost.
Raum [raʊm, *pl* 'rɔɪmə] ⟨-(e)s, ⁝ e⟩ *m* **1.** *astr* space; **2.** *(Zimmer)* room; **3.** *(Gebiet)* area; **4.** *fig (Spiel~)* scope; ▶ **~ schaffen** make some space; **der ~ Frankfurt** the Frankfurt area.
Raum·auf·tei·lung *f* floor plan.
räu·men ['rɔɪmən] **I** *itr (umräumen)* rearrange things; **II** *tr* **1.** *(beiseiteräumen)* clear away; **2.** *(evakuieren)* clear, evacuate; **3.** *(Zimmer, Wohnung)* vacate; ▶ **das Feld ~** *fig* quit the field; **jdn aus dem Weg ~** get rid of s.o.
Raum·fäh·re *f (Welt~)* space shuttle; **Raum·fah·rer(in)** *m (f)* spaceman (spacewoman); **Raum·fahrt** *f* space-travel; ▶ **bemannte ~** manned space travel; **Raum·fahrt·be·hör·de** *f* space authority; **Raum·fahrt·zen·trum** *n Br* space centre, *Am* space center; **Raum·fahr·zeug** *n* spacecraft.
Räum·fahr·zeug *n (für Schnee)* snowclearer.
Raum·flug *m* space flight.
Raum·in·halt *m* volume.
Raum·kap·sel *f* space capsule; **Raumla·bor** *n* space lab.
räum·lich ['rɔɪmlɪç] *adj:* ▶ **~ beengt wohnen** live in cramped conditions;

Räum·lich·keit *f* 1. *(Zimmer)* room; 2. *pl* ~en premises.
Raum·man·gel *m* lack of room *(od* space); **Raum·me·ter** *f (Holz)* cubic metre; **Raum·ord·nung** *f* environmental planning.
Raum·schiff *n* space ship; **Raum·station** *f* space station.
Raum·tei·ler *m (Möbel)* partition.
Räu·mung ['rɔɪmʊŋ] *f* 1. *com* clearance; 2. *(e-r Wohnung)* vacation; 3. *(Evakuierung)* evacuation; **Räu·mungs·kla·ge** *f* action for eviction; **Räu·mungs·verkauf** *m* clearance sale.
rau·nen ['raunən] *itr tr* whisper; ▶ **man raunt, daß ...** it's being whispered that...
Rau·pe ['raupə] ⟨-, -n⟩ *f zoo a. tech* caterpillar; **Rau·pen·fahr·zeug** *n* caterpillar vehicle.
raus|be·kom·men *irr* I *tr (zurückerhalten):* ▶ **e-n Moment, Sie bekommen noch was raus!** just a moment, you have some change coming! II *itr (herausfinden):* **haben Sie rausbekommen, wer es war?** have you found out who did it?
Rausch [rauʃ, *pl* 'rɔɪʃə] ⟨-(e)s, ⁻e⟩ *m* 1. *(Trunkenheit)* intoxication; 2. *fig (Ekstase)* ecstasy; ▶ **er hat e-n** ~ he is drunk; **s-n** ~ **ausschlafen** sleep it off; **die Fans steigerten sich in e-n (wahren)** ~ **hinein** the fans worked themselves into a frenzy.
rau·schen ['rauʃən] *itr* 1. *(Wasser, Gewässer)* roar; 2. *(Wind)* murmur; 3. *(Stoff)* rustle; ▶ ~**der Beifall** resounding applause.
rausch·frei *adj* radio low-noise.
Rausch·gift *n* drugs *pl;* ▶ ~ **nehmen** take drugs; **Rausch·gift·han·del** *m* drug trafficking; **Rausch·gift·händler(in)** *m (f)* drug trafficker; **Rauschgift·sucht** *f* drug addiction; **rausch·gift·süch·tig** *adj:* ▶ ~ **sein** be a drug addict; **Rausch·gift·süch·ti·ge(r)** *f (m)* drug addict.
raus|ekeln *vt fam* freeze out.
raus|flie·gen *irr itr fam* 1. *(entlassen werden)* get one's marching orders *(od* walking papers); 2. *(herausgeworfen werden)* be chucked out.
raus|ge·ben *irr tr:* ▶ **Sie haben mir zu wenig rausgegeben!** you've given me too little change! **haben Sie es nicht kleiner? — auf zwanzig Mark kann ich nicht** ~ haven't you anything smaller? — I haven't change for twenty marks.
räus·pern ['rɔɪspən] *refl* clear one's throat.
raus·schmei·ßen *tr* chuck *(od* kick *od* sling) out; ▶ **das ist rausgeschmissenes Geld!** that's money down the drain!
Raus·schmei·ßer(in) *m (f) fam*

bouncer.
Rau·te ['rautə] ⟨-, -n⟩ *f* 1. *bot* rue; 2. *math* rhomb; *(in Wappenkunde)* lozenge.
Raz·zia ['ratsia, *pl* 'ratsiən] ⟨-, -ien/(-s)⟩ *f* bust, raid; ▶ **e-e** ~ **machen in ...** make a raid on ...
Rea·genz·glas *n chem* test-tube; **Reagenz·pa·pier** *n* test paper.
rea·gie·ren [rea'giːrən] *itr* react *(auf* to).
Re·ak·tion [reak'tsjoːn] *f* reaction; **Re·ak·tions·fä·hig·keit** *f* reactions *pl.*
Re·ak·tor ⟨-s, -en⟩ *m* reactor; **Re·aktor·block** *m* reactor block; **Re·ak·tor·kern** *m* reactor core; **Re·ak·tor·si·cher·heit** *f* safety of the reactor; **Re·ak·tor·un·glück** *n* nuclear disaster.
re·al [re'aːl] *adj* real; **Re·al·ein·kommen** *n* real income.
rea·li·sie·ren *tr* 1. *(verwirklichen)* carry out.
rea·li·stisch *adj* realistic.
Rea·li·tät *f* reality; **rea·li·täts·fern** *adj* unrealistic; **Rea·li·täts·ferne** *f* lack of content with reality; **rea·li·täts·nah** *adj* realistic; **Rea·li·täts·nähe** *f* realism.
Re·al·schu·le *f Br* secondary modern school.
Re·be ['reːbə] ⟨-, -n⟩ *f* 1. *(Rebstock)* vine; 2. *(Weinranke)* shoot.
re·bel·lie·ren *itr* rebel, revolt; **Rebell(in)** [re'bɛl] *m (f)* rebel; **Re·bellion** ⟨-,-en⟩ *f* rebellion; **re·bel·lisch** *adj* rebellious.
Reb·huhn ['reːp-] *n* partridge.
Reb·sor·te *f* type of vine; **Reb·stock** *m* vine.
Re·chaud [rɛ'ʃoː] ⟨-(s), -s⟩ *m (Spiritusbrenner)* spirit burner.
Re·chen ['rɛçən] ⟨-s, -⟩ *m* rake; **re·chen** *tr* rake.
Re·chen·art *f* type of calculation; **Re·chen·auf·ga·be** *f* (arithmetical) problem, sum; **Re·chen·buch** *n* arithmetic book; **Re·chen·feh·ler** *m* arithmetical error, miscalculation; **Re·chen·funk·tion** *f EDV* computational function; **Re·chen·ma·schi·ne** *f* adding machine.
Re·chen·schaft *f:* ▶ **jdn zur** ~ **ziehen** call s.o. to account; **über etw** ~ **ablegen müssen** be held to account for s.th.; **dafür bin ich dir keine** ~ **schuldig** I don't have to account to you for that; **Re·chen·schafts·be·richt** *m* report.
Re·chen·schie·ber *m* slide-rule; **Re·chen·zen·trum** *n EDV* computer centre.
Re·cher·che [re'ʃɛrʃə] ⟨-, -n⟩ *f* investigation; ▶ ~**n anstellen über ...** make enquiries about ...; **re·cher·chie·ren** *tr itr* investigate.
Rech·nen *n* arithmetic, sums *pl.*

rech·nen ['rɛçnən] **I** *tr* **1.** *math* calculate, work out; **2.** *(einrechnen)* estimate, reckon; ▶ **die Kinder nicht gerechnet** not counting the children; **ich hatte mit e-r Woche gerechnet** I was reckoning on one week; **II** *itr* **1.** *math* do sums; **2.** *fig (gelten)* count *(als* as); **3.** *(haushalten)* economize; ▶ **ich hatte damit gerechnet, diese Woche fertigzuwerden** I had calculated on finishing by this week; **von heute an gerechnet** counting from today; **er rechnet zu den Reichen** he is reckoned a rich man; **damit hatte ich nicht gerechnet** I wasn't expecting that.
rech·ner·ge·steu·ert *adj EDV* computer-controlled; **rech·ner·ge·stützt** *adj EDV* computer-aided.
rech·ne·risch *adj* arithmetic; ▶ ~**er Wert** book value; **rein** ~ as far as the figures go.
Rech·ner·ver·bund *m EDV* computer network.
Rech·nung *f* **1.** *(Abrechnung) Br* bill, *Am* check; *com* invoice; **2.** *fig (Schätzung)* calculation; ▶ **das geht auf meine** ~ *(zum Ober)* I'm paying; *(zum Bewirteten)* this one's on me; **auf** ~ **kaufen** by on account; **nach deiner** ~ **müßte er Sonntag ankommen** by your calculations he will arrive on Sunday.
Rech·nungs·jahr *n com* financial year; **Rech·nungs·prü·fer(in)** *m (f)* auditor.
Recht [rɛçt] ⟨-(e)s, -e⟩ *n* **1.** *(Anspruch)* right *(auf* to); **2.** *(Gesetz)* law; ▶ **im** ~ **sein** be in the right; **ein** ~ **auf etw haben** have a right to s.th.; **das** ~ **haben, etw zu tun** have the right to do s.th.; **mit welchem** ~ **sagen Sie das?** what right have you to say that? **mit welchem** ~**?** by what right? **das ist mein gutes** ~ I'm within my rights *pl;* **von** ~**s wegen** by rights *pl;* **die** ~**e für etw haben** *com* have the rights for s.th.; **nach französischem** ~ in *(od* under) French law; ~ **und Ordnung** law and order.
recht I *adj* **1.** *(Richtung)* right; **2.** *(richtig)* right; ▶ **du bist auf dem** ~**en Weg** *fig* you're on the right track; **zur** ~**en Zeit** at the right time; ~**er Hand sehen Sie die Brücke** on your right hand you see the bridge; **es ist nur** ~ **und billig** ... it's only right ...; **die** ~**e Hand des Direktors** the director's right-hand man; **II** *adv* **1.** *(richtig)* properly; **2.** *(ganz, ziemlich)* quite; **3.** *(sehr)* very; ▶ **es war** ~ **nett, aber** ... it was quite nice but ...; **Sie haben ganz** ~ you're quite right; **wenn ich mich** ~ **erinnere** ... if I remember correctly ...; **jetzt erst** ~ now more than ever; **wenn ich Sie** ~ **verstehe** ... if I get you right ...; **geschieht dir** ~**!** serves you right! **ich weiß nicht** ~ I don't really know.

Rech·te ['rɛçtə] ⟨-n, -n⟩ *f* **1.** *(Hand)* right hand; *(beim Boxen)* right; **2.** *parl* the right.
Recht·eck *n* rectangle; **recht·eckig** (k·k) *adj* rectangular.
recht·fer·ti·gen ['----] **I** *tr* justify; ▶ **das ist durch nichts zu** ~ that can in no way be justified; **II** *refl* justify o.s.; **Recht·fer·ti·gung** *f* justification; ▶ **zur** ~ **s-r Handlungsweise** as a justification for his action; **ihre einzige** ~ **war** ... her only defence was ...
recht·gläu·big *adj* orthodox; **recht·ha·be·risch** *adj* know-all; **recht·lich** *adj* legal; ▶ **jdn** ~ **belangen** take s.o. to court; **rein** ~ from a legal point of view; **recht·los** *adj* without rights; **Recht·lo·sig·keit** *f* **1.** *(Gesetzlosigkeit)* lawlessness; **2.** *(von Personen)* lack of rights; **recht·mä·ßig** *adj* lawful, legitimate; ▶ **das steht mir** ~ **zu** I'm legally entitled to it; **der** ~**e Besitzer** the rightful owner; **Recht·mä·ßig·keit** *f* **1.** legality; **2.** *(Legitimität)* legitimacy.
rechts [rɛçts] *adv* on the right; ▶ **nach** ~ to the right; ~ **eingestellt sein** *pol* be a rightist; ~ **überholen** overtake on the right; **zweite Straße** ~ second turn to your right; ~ **von** ... to the right of ...; **sich** ~ **halten** keep right.
Rechts·ab·bie·ger *m:* ▶ ~ **sein** be on the right-hand turn-off lane; **Rechts·ab·bie·ger·spur** *f mot* right-hand turn-off lane.
Rechts·an·spruch *m* legal right; ▶ **e-n** ~ **auf etw haben** be legally entitled to s.th.; **Rechts·an·walt (-an·wäl·tin)** *m (f) Br* lawyer, *Am* attorney; ▶ **sich e-n** ~ **nehmen** get a lawyer (attorney); **Rechts·aus·kunft** *f* legal advice.
Rechts·au·ßen [rɛçts'ausən] ⟨-(s), -⟩ *m sport* outside-right.
Rechts·bruch *m* infringement of the law.
rechts·bün·dig *adj* type ranged right.
recht·schaf·fen *adj* honest, upright; **Recht·schaf·fen·heit** *f* honesty, uprightness.
Recht·schreib·feh·ler *m* spelling mistake; **Recht·schreib·re·form** *f* spelling reform; **Recht·schrei·bung** *f* spelling.
Rechts·emp·fin·den *n* sense of justice.
Rechts·ex·tre·mis·mus *m pol* right-wing extremism; **Rechts·ex·tre·mist(in)** *pol m (f)* right-wing extremist; **rechts·ge·rich·tet** *adj pol* orientated towards the right.
Rechts·ge·win·de *n tech* right-handed thread.
Rechts·grund·lage *f* legal basis.
rechts·gül·tig *adj* legal; **Rechts·gut·ach·ten** *n* legal report.
Rechts·hän·der ⟨-s, -⟩ *m (beim Boxen)* right-hander.

Rechts·kraft ⟨-⟩ *f* legal validity; ► ~ erlangen become law; **rechts·kräf·tig** *adj* 1. *(Urteil)* final; 2. *(Abmachung etc)* legally valid.

Rechts·kur·ve *f* right-hand bend.

Rechts·la·ge *f* legal situation; **Rechts·mit·tel** *n* means of legal redress; ► ein ~ einlegen bei ... lodge an appeal at ...; **Rechts·nach·fol·ger(in)** *m (f)* legal successor; **Rechts·norm** *f* legal standard.

Recht·spre·chung *f* 1. *(Durchführung)* administration of justice; 2. *(Gerichtsbarkeit)* jurisdiction; 3. *(bisherige* ~*)* precedents *pl.*

rechts·ra·di·kal *adj* radical right-wing.

Rechts·schutz *m* legal protection; **Rechts·schutz·ver·si·che·rung** *f* legal costs insurance; **Rechts·staat** *m* constitutional state; **rechts·staat·lich** *adj* constitutional.

Rechts·steue·rung *f mot* right-hand drive.

Rechts·streit *m* lawsuit; **Rechts·ver·dre·her** *m pej* shyster.

Rechts·ver·kehr *m mot* driving on the right; **Rechts·weg** *m:* ► den ~ be·schreiten take legal action; **rechts·wid·rig** *adj* illegal; **Rechts·wis·sen·schaft** *f* jurisprudence.

recht·wink·lig *adj* right-angled.

recht·zei·tig I *adj* 1. *(günstig)* timely; II *adv* 1. *(früh genug)* in due *(od* good) time; 2. *(pünktlich)* punctually.

Reck ⟨-(e)s, -e⟩ *n sport* horizontal bar.

recken (k·k) I *tr* stretch; ► die Glieder ~ stretch one's limbs; **den Hals** ~ crane one's neck *(nach* at); II *refl* stretch o.s.; ► sich ~ und strecken have a good stretch.

re·cy·celn [ri'saikln] *tr* recycle; **Re·cy·cling** ⟨-s⟩ *n* recycling; **Re·cy·cling·pa·pier** *n* recycled paper.

Re·dak·teur(in) [redak'tø:ɐ] ⟨-s, -e⟩ *m (f)* editor; **Re·dak·tion** *f* 1. *(die Redakteure)* editorial staff; 2. *(Büro)* editorial office; 3. *(Schriftleitung)* editing; **re·dak·tio·nell** *adj* editorial.

Re·de ['re:də] ⟨-, -n⟩ *f* 1. *(Vortrag)* speech; *(Ansprache)* address; 2. *(Gespräch)* talk; ► e-e ~ halten make a speech; **der führt bloß große** ~n he's all talk *sing;* **ihre** ~ **über ...** her talk on ...; **es ist die** ~ **davon, daß er zurücktreten will** there is some question of him resigning; **davon kann keine** ~ **sein** that's out of the question; **nicht der** ~ **wert!** don't mention it! **jdn zur** ~ **stellen** take s.o. to task; **wovon ist die** ~? what are you talking about? **vergiß deine** ~ **nicht!** don't forget what you were going to say! **Re·de·frei·heit** *f* freedom of speech; **re·de·ge·wandt** *adj* eloquent.

re·den *itr tr* speak, talk *(mit jdm* with *od*

to s.o., *über* about); ► **mit dir rede ich nicht (mehr)** I'm not speaking to you; **ich werde ein Wörtchen mit ihm** ~ I'll speak to him about it; **antworte, wenn man mit dir redet!** speak when you're spoken to! **lauter** ~ speak up; **rede keinen Stuß!** *fam* don't talk silly! **du hast gut** ~! it's easy for you to talk! **wie redest du denn mit mir!** don't talk to me like that! **du kannst gerade** ~! you should talk! **wir wollen jetzt mal in Ruhe darüber** ~ let's talk it over quietly; **komm, red' nicht!** *fam* come off it! ~ **wir nicht mehr davon!** let's drop it! **darüber läßt sich** ~ that's a possibility; **er läßt nicht mit sich** ~ he's adamant.

Re·dens·art *f:* ► **bloße** ~**en** empty talk *sing;* **das ist nur so e-e** ~ it's just a way of speaking.

Re·de·wen·dung *f* idiomatic expression.

re·di·gie·ren [redi'gi:rən] *tr* edit.

red·lich ['re:tlɪç] *adj* honest; ► **das hat er sich** ~ **verdient** he has really earned it.

Red·ner(in) ['re:dnɐ] ⟨-s, -⟩ *m (f)* speaker; **Red·ner·büh·ne** *f* platform.

red·se·lig *adj* talkative; **Red·se·lig·keit** *f* talkativeness.

re·du·zie·ren [redu'tsi:rən] *tr* reduce *(auf* to).

Ree·de ['re:də] ⟨-, -n⟩ *f mar* roadstead; ► **auf** ~ **liegen** be lying in the roads *pl;* **Ree·der(in)** *m (f)* shipowner; **Ree·de·rei** *f* shipping company.

re·ell [re'ɛl] *adj* 1. *com (solide)* solid; 2. *(anständig)* honest; ► ~**e Preise** realistic prices.

Reet ['re:t] ⟨-(e)s⟩ *n* reed; **Reet·dach** *n* thatched roof; **reet·ge·deckt** *adj* thatched.

Re·fe·rat [refə'ra:t] ⟨-(e)s, -e⟩ *n* 1. *päd (schriftliches Seminar*~*)* seminar paper; *päd (Bericht in Schule)* project; 2. *(Abteilung)* department; 3. *(Ressort)* department, section; ► **ein** ~ **halten** present a paper *(od* project).

Re·fe·ren·dar(in) [refərɛn'da:ɐ] ⟨-s, -e⟩ *m (f)* 1. *jur* articled clerk; 2. *päd* student teacher; 3. *(Anwärter(in) für höheren Dienst)* trainee.

Re·fe·rent(in) *m (f)* 1. *(Berichterstatter(in))* speaker; 2. *(Fach*~*)* consultant.

Re·fe·renz *f* reference; ► **jdn als** ~ **angeben** give s.o. as a reference.

re·fe·rie·ren *tr itr* give a talk *(über* on).

re·flek·tie·ren [reflɛk'ti:rən] I *tr opt* reflect; II *itr* reflect *(über* upon s.th.); ► **auf etw** ~ *fig* have one's eye on s.th.; ~**des Kennzeichen** *mot* reflectorized sign.

Re·flex [re'flɛks] ⟨-es, -e⟩ *m* 1. *(Nerven*~*)* reflex; 2. *phys* reflection.

Re·fle·xion *f phys (a. Überlegung)* reflection; **Re·flex·be·we·gung** *f* reflex

action.
re·fle·xiv [reflɛˈksiːf] *adj gram* reflexive; **Re·fle·xiv·pro·no·men** *n* reflexive pronoun.
Re·form [reˈfɔrm] ⟨-, -en⟩ *f* reform.
Re·for·ma·tion *f* reformation.
re·form·be·dürf·tig *adj* in need of reform; **re·form·freu·dig** *adj* avid for reform.
Re·form·haus *n* health foods shop.
re·for·mie·ren *tr* reform.
Re·form·kost *f* health food.
Re·gal [reˈgaːl] ⟨ ɛ, o⟩ *n (Bücher ~)* shelves *pl.*
Re·gat·ta [reˈgata] ⟨-, -tten⟩ *f sport* regatta; **Re·gat·ta·strecke (k·k)** *f* regatta course.
re·ge [ˈreːgə] *adj* 1. *(betriebsam)* active; 2. *(flink)* agile; ▶ ~ **Beteiligung** lively participation; ~**r Besuch** high attendance.
Re·gel [ˈreːgəl] ⟨-, -n⟩ *f* 1. *(Vorschrift)* rule; 2. *(Menstruation)* period; ▶ **in der** ~ as a rule; **sich etw zur** ~ **machen** make a habit of s.th.; **Re·gel·ar·beits·zeit** *f* core working hours *pl;* **re·gel·bar** *adj* 1. *tech (einstellbar)* adjustable; 2. *fig (klärbar)* easily arranged; **re·gel·los** *adj* 1. *(unregelmäßig)* irregular; 2. *(unordentlich)* disorderly; **re·gel·mä·ßig** *adj* regular; ▶ **fährt der Bus** ~? is the bus regular? ~ **spazierengehen** take regular walks; **Re·gel·mä·ßig·keit** *f* regularity; ▶ **in schöner** ~ persistently.
re·geln *tr* 1. *(einstellen)* regulate; 2. *fig (in Ordnung bringen)* settle; ▶ **es ist noch nichts geregelt** nothing has been arranged yet.
re·gel·recht I *adj* real; II *adv* really; ▶ **sie wurde** ~ **frech** she was getting downright cheeky.
Re·ge·lung *f* 1. *(Abmachung)* arrangement; 2. *(Vorschrift)* regulation; 3. *tech* controls *pl;* ▶ **e-e** ~ **finden** come to an arrangement; **Re·gel·ven·til** *n* control valve.
Re·gen [ˈreːgən] ⟨-s ⟩ *m* rain; ▶ **es sieht nach** ~ **aus** it looks like rain; **jdn im** ~ **stehen lassen** *fig* leave s.o. out in the cold; **im** ~ in the rain; **dieser** ~! some rain!
re·gen [ˈreːgən] *tr refl (Person a. fig)* move, stir; ▶ **ich kann mich kaum noch** ~ I'm hardly able to move.
Re·gen·bo·gen *m* rainbow.
re·ge·ne·ra·tiv *adj* regenerative.
Re·gen·fäl·le *pl* rains; **Re·gen·ge·biet** *n* rainfall area; **Re·gen·man·tel** *m* raincoat; **Re·gen·rin·ne** *f* 1. *(an Hausdach)* gutter; 2. *mot (an Autodach)* roofrail; **Re·gen·schau·er** *m* shower; **Re·gen·schirm** *m* umbrella.
Re·gent(in) [reˈgɛnt] ⟨-en, -en⟩ *m (f) (Herrscher(in))* ruler, sovereign.
Re·gen·trop·fen *m* raindrop.

Re·gent·schaft *f* 1. *(Statthalterschaft)* regency; 2. *(Herrschaft)* reign; ▶ **die** ~ **übernehmen** take over as regent.
Re·gen·was·ser *n* rainwater; **Re·gen·wet·ter** *n* rainy weather; **Re·gen·wol·ke** *f* raincloud; **Re·gen·wurm** *m* earthworm; **Re·gen·zeit** *f* rainy season.
Re·gie [reˈʒiː] ⟨-, -n⟩ *f* 1. *fig (Verwaltung)* management; 2. *theat film* direction, production; ▶ **ich mache das in eigener** ~ I do it myself; **unter der** ~ **von ...** directed by ...
re·gie·ren [reˈgiːrən] I *itr (Herrscher)* reign; *(beherrschen)* rule; II *tr (beherrschen)* govern, rule (over).
Re·gie·rung *f* 1. *(Kabinett)* government; 2. *(Herrschaft)* rule; *(von Monarch)* reign; ▶ **an die** ~ **kommen** come to office; **Re·gie·rungs·an·tritt** *m* taking of office; ▶ **beim** ~ when the government took office; **Re·gie·rungs·be·zirk** *m (in Deutschland)* administrative district; *Br* region, *Am* county; **Re·gie·rungs·bil·dung** *f* formation of a government; **Re·gie·rungs·chef(in)** *m (f)* head of the government; **Re·gie·rungs·fä·hig·keit** *f* ability to govern; **Re·gie·rungs·ge·schäfte** *pl* government business *sing;* **Re·gie·rungs·par·tei** *f* ruling party; **Re·gie·rungs·spre·cher(in)** *m (f)* government spokesperson; **Re·gie·rungs·wech·sel** *m* change of government.
Re·gime [reˈʒiːm] ⟨-s, -(s)⟩ *n* regime.
Re·gi·ment [regiˈmɛnt] ⟨-(e)s, -er⟩ *n mil* regiment.
Re·gi·on [reˈgjoːn] *f* region; **re·gio·nal** *adj* regional; ▶ ~ **verschieden** varying from region to region; **Re·gio·nal·plan** *m* regional plan.
Re·gis·seur(in) [reʒɪˈsøːɐ] ⟨-s, -e⟩ *m (f)* director.
Re·gi·ster [reˈgɪste] ⟨-s, -⟩ *n* 1. *(Buchindex)* index; 2. *allg (Verzeichnis)* register; 3. *(Orgel~)* stop; ▶ **führen Sie ein** ~? do you keep a register? **alle** ~ **spielen lassen** *fig* pull out all the stops.
Re·gi·stra·tur [regɪstraˈtuːɐ] *f* 1. *(Tätigkeit)* registry; 2. *(~büro)* records; 3. *(bei Orgel)* stops *pl.*
re·gi·strie·ren *tr* 1. *(verzeichnen)* register; 2. *fig (bemerken, sich merken)* note; **Re·gi·strier·kas·se** *f* cash register; **Re·gi·strie·rung** *f* registration.
Reg·ler [ˈreːgle] ⟨-s, -⟩ *m* 1. *el* control; 2. *mot el* governor.
reg·nen [ˈreːgnən] *itr* rain; ▶ **es regnet in Strömen** it's pouring; **es regnete Proteste** protests were pouring in; **reg·ne·risch** *adj* rainy.
Re·greß [reˈgrɛs] ⟨-sses, -sse⟩ *m* recourse; ▶ **jdn in** ~ **nehmen** have recourse against s.o.; **re·greß·pflich·tig**

adj liable for compensation.
re·gu·lär [regu'lɛ:ɐ] *adj (normal)* normal.
re·gu·lie·ren *tr* 1. *tech (einstellen)* adjust; 2. *(Rechnung, Schaden)* settle. **Regu·lie·rung** *f tech* regulation.
Re·gung ['re:gʊŋ] *f (sachte Bewegung)* movement; ▶ **ohne jede ~** without a flicker; **re·gungs·los** *adj* motionless.
Reh [re:] ⟨-(e)s, -e⟩ *n* deer.
Re·ha·bi·li·ta·tions·zen·trum *n Br* rehabilitation centre, *Am* rehabilitation center; **re·ha·bi·li·tie·ren** [rehabili'ti:rən] *tr* rehabilitate; **Re·ha·bi·li·tie·rung** *f* rehabilitation.
Reh·bock *m* roebuck; **Reh·bra·ten** *m* roast venison; **Reh·keu·le** *f* haunch of venison; **Reh·rücken (k·k)** *m* saddle of venison.
Rei·bach ['raɪbax] *m sl:* ▶ **e-n ~ ma·chen** make a killing.
Rei·be ['raɪbə] ⟨-, -n⟩ *f* grater; **Reib·ei·sen** *n* (s. Reibe): ▶ **wie ein ~** *fig* like sandpaper.
rei·ben *irr* I *tr* rub; ▶ **an etw ~** rub s.th.; **jdm etw unter die Nase ~** *fig* rub someone's nose in s.th.; **sich die Hände ~** rub one's hands; II *refl* rub o.s. (*an* on, against); ▶ **sie ~ sich ständig aneinan·der** *fig* there's a lot of friction between them.
Rei·be·rei·en *f pl* friction *sing.*
Rei·bung *f phys* friction; **Rei·bungs·flä·che** *f fig:* **das bietet viele ~n** that's a potential cause of friction *sing;* **rei·bungs·los** *adj* 1. *phys* frictionless; 2. *fig* trouble-free; ▶ **das verläuft ja ~** that's going off smoothly.
Rei·bungs·ver·lust *m* friction loss; **Rei·bungs·wi·der·stand** *m* frictional resistance.
Reich [raɪç] ⟨-(e)s, -e⟩ *n* 1. *(Kaiser~, a. allg.)* empire; *(König~)* kingdom; 2. *fig (Bereich)* realm.
reich [raɪç] *adj* 1. *(Reichtümer habend)* rich, wealthy (*an* in); 2. *fig (umfassend)* large; ▶ **e-e ~e Auswahl an ...** a wide choice of ...
rei·chen I *tr (geben)* hand; *(herüber~)* pass; II *itr* 1. *(genügen)* be enough, do, suffice; 2. *(sich erstrecken)* stretch (*bis* to), reach (*bis zu etw* s.th.); ▶ **danke, das reicht!** thanks, that's sufficient! **jetzt reicht's mir aber!** that's the last straw! **diese Packung Kaffee reicht mir e-e Woche** this pack of coffee will last me one week; **soweit das Auge reicht** as far as the eye can see; **reicht die Milch?** is there milk enough? **mir reicht's, ich gehe jetzt nach Hause!** I've had enough, I'm going home!
reich·hal·tig *adj (Essen)* rich.
reich·lich I *adj (umfangreich)* ample; *(reichlich vorhanden)* plentiful; ▶ **~ Zeit haben** have plenty of time; II *adv*

1. *(überreich)* amply; 2. *fam (ziemlich)* pretty; ▶ **vorhanden sein** be in plentiful supply; **das ist ja ~ wenig!** that's rather little! **~ ausfallen** *(von Kleidung)* be on the big side.
Reich·tum *m* 1. *(Wohlstand)* wealth, riches *pl;* 2. *(Überfluß)* abundance (*an* of); ▶ **zu ~ gelangen** become rich.
Reich·wei·te *f* 1. *radio a. mil* range; 2. *(nächste Nähe)* reach; ▶ **außer ~ sein** be out of reach; **große ~** long range.
Reif¹ [raɪf] ⟨-(e)s⟩ *m (Rauhreif)* hoar (*od* white) frost.
Reif² ⟨-(e)s, -e⟩ *m* 1. *(Arm~)* bangle; 2. *(Faß~)* hoop.
reif *adj* 1. *(Früchte, Alter)* ripe; 2. *fig (gereift)* mature; ▶ **wenn die Zeit da·für ~ ist** when the time is ripe; **Rei·fe** ⟨-⟩ *f* 1. *(das Reifsein)* ripeness; 2. *fig* maturity; ▶ **ihm fehlt die nötige ~** he's somewhat lacking in maturity.
Rei·fen ⟨-s, -⟩ *m* 1. *(Gummi~)* *Br* tyre, *Am* tire; 2. *(Arm~)* bangle; 3. *(Faß~, Spiel~)* hoop.
rei·fen *itr* 1. ripen; 2. *fig* mature; ▶ **die Jahre ließen ihn ~** his character matured during the years.
Rei·fen·druck *m mot Br* tyre pressure, *Am* tire pressure; **Rei·fen·pan·ne** *f* flat, puncture.
Rei·fe·prü·fung (s. Abitur); **Rei·fe·zeug·nis** *n* 1. *(in Deutschland)* 'Abitur' certificate; 2. *Br* A-level certificate, *Am* high-school graduation certificate.
reif·lich *adj* careful, thorough; ▶ **nach ~er Überlegung** after careful consideration; **etw ~ überlegen** consider s.th. carefully.
Rei·gen ['raɪgən] ⟨-s, -⟩ *m* round dance.
Rei·he ['raɪə] ⟨-, -n⟩ *f* 1. *(Aufreihung)* line, row; 2. *theat* tier; 3. *(Anzahl)* number; *(Serie)* series; ▶ **aus der ~ tanzen** *fig* step out of line; **in e-r Reihe** in a line; **John ist als nächster mit der Beförderung an der ~** John is next in line for promotion; **das erste Taxi in der ~** the taxi at the head of the rank; **stell sie in ~n auf!** arrange them in rows! **in ~ geschaltet** *el* series-wound; **arithmetische ~** arithme·:al progression; **du bist an der ~!** it's your turn! **sie kommt immer außer der ~** she always comes just when she pleases.
rei·hen I *tr:* ▶ **auf e-e Schnur ~** string on a thread; II *refl fig:* ▶ **sich ~ an etw** follow after s.th.
Rei·hen·fol·ge *f* order; ▶ **sind sie in der richtigen ~?** are they in the right order? **etw in der logisch richtigen ~ tun** do s.th. in logical sequence; **Rei·hen·haus** *n* terraced house; **Rei·hen·haus·sied·lung** *f* estate of terraced houses; **rei·hen·wei·se** *adv* 1. *(in Reihen)* in rows; 2. *(in Mengen)* by the dozen; ▶ **in der Innenstadt wurden**

Grundstücke ~ aufgekauft plots of land in the city centre were being bought up by the dozen.
Rei·her ['raɪɐ] ⟨-s, -⟩ m heron.
rei·hern itr sl puke.
reih·um [raɪ'ʊm] adv: ▶ etw ~ gehen lassen pass s.th. round.
Reim [raɪm] ⟨-(e)s, -e⟩ m rhyme; ▶ **darauf kann ich mir keinen ~ machen** I can't make head or tail of it; **rei·men** I tr rhyme (auf, mit with); II refl rhyme (auf, mit with); ▶ **das reimt sich irgendwie nicht (zusammen)** somehow that doesn't make sense; **Reim·sche·ma** n rhyme scheme.
rein[1] [raɪn] adv fam (s. herein, hinein).
rein[2] I adj 1. (sauber) clean; 2. fig (völlig) pure; ▶ **~es Gewissen** clear conscience; **~e Bosheit** malice pure and simple; **ein Kleid aus ~er Wolle** a pure wool dress; **der ~ste Blödsinn!** sheer nonsense! II adv 1. (lediglich) purely; 2. (völlig) absolutely; ▶ **~ zufällig** by sheer chance; **ist die Luft ~?** fig is it all clear now?
rein(e)|ma·chen tr fam do the cleaning.
Rein·er·lös m net proceeds.
Rein·fall m disaster, fam flop; **rein|fallen** irr itr be taken in (auf etw by s.th.); ▶ **auf jdn ~** fall for someone's line.
Rein·ge·winn m com net profit.
Rein·hal·tung f: ▶ **~ der Luft** prevention of air pollution; **Rein·heit** f 1. (Sauberkeit) cleanness; 2. fig (Lauterkeit) purity.
rei·ni·gen ['raɪnɪgən] I tr clean; (chem ~) dry-clean; II refl 1. (Sache) clean itself; 2. (Person) cleanse o.s.; **Rei·ni·gung** f 1. (Vorgang) cleaning; 2. (Anstalt) dry cleaner's; ▶ **in der ~** (von Kleidungsstück) at the cleaner's; **zur ~ geben** send to the cleaner's; **Rei·ni·gungs·milch** f cleansing milk, cleanser; **Rei·ni·gungs·mit·tel** n detergent.
rein·lich adj 1. (Mensch: sauber) cleanly; 2. (Kleidung) neat; (Zimmer) tidy.
Rein·ma·che·frau f cleaning lady.
rein·ras·sig adj 1. (Pferd) thoroughbred; 2. (Hund) pedigree; 3. fig: ▶ **dies ist ein ~er Sportwagen** this is a genuine sports car.
Rein·schrift f fair copy; ▶ **etw in ~ schreiben** write out a fair copy of s.th.
rein|wa·schen irr I tr clear (von of); II refl fig: ▶ **sich, s-n Namen ~** clear one's name.
rein·zie·hen tr fam: ▶ **sich etw ~** (Drogen) take s.th.; (Musik) listen to s.th.; (Film) watch s.th.; (Getränk) Knock s.th. back; (essen) guzzle s.th. down.
Reis[1] ⟨-es, -er⟩ n (kleiner Zweig) sprig.
Reis[2] [raɪs] ⟨-es, (-e)⟩ m rice; **Reis·brei** m creamed rice.
Rei·se ['raɪzə] ⟨-, -n⟩ f (mit festem Ziel) journey; (Schiffs~) voyage; (kurze) trip; ▶ **e-e ~ machen** go on a journey; **e-e ~ antreten** set out on a journey; **gute ~!** have a pleasant journey! (od a nice trip!); **wir gehen jeden Sommer auf ~n** we go away every summer; **e-e ~ um die Welt machen** travel round the world; **Rei·se·an·den·ken** n souvenir; **Rei·se·apo·the·ke** f first aid kit; **Rei·se·bü·ro** n travel agency; **rei·se·fer·tig** adj ready to leave; **Rei·se·füh·rer**[1] (in) m (f) (Führer auf Reise) courier; **Rei·se·füh·rer**[2] m (Buch) guidebook; **Rei·se·ge·fähr·te** (-gefähr·tin) m (f) travelling companion; **Rei·se·ge·päck** n Br luggage, Am baggage; **Rei·se·ge·sell·schaft** f 1. (Personen) party; 2. (Veranstalter) tour operator; **Rei·se·ko·sten** pl travelling expenses; **Rei·se·ko·sten·ab·rech·nung** f claim for travel expenses; **Rei·se·krank·heit** f travel sickness; **Rei·se·land** n holiday destination.
rei·sen ⟨sein⟩ itr travel; **gerne ~** be fond of travelling.
Rei·sen·de(r) f (m) Br traveller, Am traveler; com (Handels~) (commercial) travel(l)er.
Rei·se·ne·ces·saire ['raɪzənɛsɛsɛːɐ] ⟨-s, -s⟩ n travelling manicure set; **Rei·se·paß** m passport; **Rei·se·plä·ne** m pl plans for one's journey; **Rei·se·pro·spekt** m travelling brochure; **Rei·se·scheck** m traveller's cheque; **Rei·se·ta·sche** f grip, travel(l)ing bag; **Rei·se·ver·an·stal·ter** m tour operator; **Rei·se·ver·kehr** m holiday traffic; **Rei·se·ver·si·che·rung** f travel insurance; **Rei·se·wel·le** f wave of holiday makers; **Rei·se·wet·ter·be·richt** m holiday weather forecast; **Rei·se·ziel** n destination.
Reis·feld n paddy-field.
Rei·sig ['raɪzɪç] ⟨-s⟩ n brushwood.
Reiß·aus [raɪs'aʊs] m: ▶ **~ nehmen** clear off (od take to one's heels).
Reiß·brett n drawing-board.
rei·ßen ['raɪsən] irr I tr 1. (zerren) drag; (fort~) pull, tear (etw von etw s.th. off s.th.); 2. (zer~) tear; ▶ **an sich ~** seize hold of; **er riß es mir aus der Hand** he tore it out of my hand; **jdm die Maske vom Gesicht ~** a. fig tear away someone's mask; II itr break, tear; ▶ **ich habe mir ein Loch in die Hose gerissen** I tore a hole in my trousers; **sich um etw ~** fig scramble for s.th.; **er reißt sich um jede Gelegenheit, sie zu sehen** he jumps at every chance of seeing her; **ich reiße mich nicht darum, ihn kennenzulernen** I'm not exactly dying to make his acquaintance; **wenn alle Stricke ~** fig if all else fails; **rei·ßend** adj 1. (Fluß) torrential; 2. (Schmerz) searing, violent; ▶ **~en Absatz finden** sell like

hot cakes.
Rei·ßer *m film fam* thriller.
Reiß·ver·schluß *m* zip(per); ▶ **mach mal den ~ auf (zu)** can you (unzip it) zip it up? **Reiß·ver·schluß·prin·zip** *n mot* principle of alternation; **Reißwolf** *m* shredder.
Reit·an·zug *m* riding habit.
rei·ten ['raɪtən] *irr itr tr* ride; ▶ **~ gehen** go for a ride; **auf e-m Pferd ~** ride a horse; **bei e-m Rennen ~** ride a race.
Rei·ter(in) *m (f)* horseman (horsewoman), rider; **Rei·te·rei** *f* cavalry; **Rei·ter·stand·bild** *n* equestrian statue; **Reit·ger·te** *f* riding crop; **Reitho·se** *f* riding-breeches *pl;* **Reit·peitsche** *f* riding whip; **Reit·pferd** *n* saddle-horse; **Reit·stie·fel** *m* ridingboot; **Reit·weg** *m* bridle-path.
Reiz [raɪts] ⟨-es, -e⟩ *m* 1. *(Anziehung)* attraction; 2. *(Anreiz)* stimulus; ▶ **der ~ des Neuen** the charm of novelty; **e-n ~ auf etw ausüben** act as a stimulus on s.th.; **e-n ~ auf jdn ausüben** hold great attractions for s.o.; **reiz·bar** *adj* sensitive, touchy; ▶ **er ist leicht ~** he is very irritable.
rei·zen *tr* 1. *(Haut)* irritate; 2. *(verlokken)* appeal to ...; 3. *(provozieren)* provoke; ▶ **das könnte mich noch ~** that would appeal to me; **rei·zend** *adj (charmant)* charming, delightful; ▶ **das ist ja ~!** *(ironisch)* that's just dandy!
Reiz·schwel·le *f* 1. *med* stimulus threshold; 2. *markt* sales resistances *pl;* **Reiz·the·ma** *n* controversial issue; **Reiz·über·flu·tung** *f:* ▶ **bei der heutigen ~** with today's over-stimulation; **Rei·zung** *f med* irritation; **reiz·voll** *adj* attractive, charming; **Reiz·wäsche** *f* sexy underwear.
re·keln ['re:kəln] *refl* loll about.
Re·kla·ma·tion [reklama'tsjo:n] *f com* complaint.
Re·kla·me [re'kla:mə] ⟨-, -n⟩ *f* 1. *(Reklamewesen)* advertising; 2. *(Anzeige)* advertisement; ▶ **~ machen für ...** advertise ...; **die Zeitung besteht zu 70 % aus ~** 70 % of the magazine is advertisement.
re·kla·mie·ren I *tr (bemängeln)* query; II *itr* make a complaint.
re·kon·stru·ie·ren [rekɔnstru'i:rən] *tr* reconstruct.
Re·kord [re'kɔrt] ⟨-(e)s, -e⟩ *m* record; ▶ **e-n ~ aufstellen** establish a record; **~e-n ~ brechen** break a record; **e-n ~ einstellen** equal a record; **Re·kord·inha·ber(in)** *m (f)* record holder; **Rekord·zeit** *f* record time.
Re·krut [re'kru:t] ⟨-en, -en⟩ *m* recruit.
Rek·tor(in) ['rektor] ⟨-s, -en⟩ *m (f)* 1. *(an Universität) Br* vice-chancellor, *Am* rector; 2. *(an Schule)* headmaster (headmistress), *Am* principal; **Rek·to·rat**

⟨-(e)s, -e⟩ *n* 1. *(Büro: Universität) Br* vice-chancellor's office, *Am* rector's office; *(Büro: Schule) Br* headmaster's study, *Am* principal's room; 2. *(Amtszeit: Universitätsrektor) Br* vice-chancellorship, *Am* rectorship.
Re·lais [rə'lɛ:] ⟨-, -⟩ *n el* relay.
Re·la·ti·on [rela'tsio:n] *f* ▶ **das steht in keiner ~ zu ...** that bears no relation to ...
re·la·tiv [rela'ti:f/'---] I *adj* relative; II *adv* relatively.
Re·la·ti·vi·täts·theo·rie *f phys* theory of relativity.
Re·li·ef [re'ljef] ⟨-s, -s/(-e)⟩ *n* relief.
Re·li·gion [reli'gjo:n] *f* 1. *rel* religion; 2. *päd (Schulfach)* religious instruction; **Re·li·gions·ge·mein·schaft** *f* religious community; **Re·li·gions·geschich·te** *f* history of religion; **re·ligions·los** *adj (atheistisch)* non-denominational; **Re·li·gions·un·terricht** *m* religious instruction.
re·li·giös [reli'gjø:s] *adj* religious.
Re·ling ['re:lɪŋ] ⟨-, -s/(-e)⟩ *f mar* rail.
Re·li·quie [re'li:kviə] ⟨-, -n⟩ *f* relic.
Re·nais·sance [rənɛ'sã:s] ⟨-, -n⟩ *f* renaissance.
Ren·dez·vous [rãde'vu:/'---] ⟨-, -⟩ *n* rendez-vous.
re·ni·tent [reni'tɛnt] *adj* obstinate, refractory.
Renn·bahn *f* track.
Ren·nen ⟨-s, -⟩ *n* ▶ **zum ~ gehen** *(Pferde~)* go to the races *pl; (Auto~)* go to the racing; **gut im ~ liegen** be well placed; **das ~ aufgeben** drop out; **das ~ machen** win the race.
ren·nen ['rɛnən] *irr* I *itr* 1. *(laufen)* run; 2. *mot* race; ▶ **um die Wette ~** have a race; **gegen jdn ~** bump into s.o.
Ren·ner *m com* winner.
Renn·fah·rer(in) *m (f)* 1. *(Fahrrad~)* racing cyclist; 2. *mot* racing driver; **Renn·pferd** *n* racehorse; **Renn·rad** *n* racing bike; **Renn·sport** *m* racing; **Renn·stall** *m* stable; **Renn·strec·ke** *f* 1. *mot* track; 2. *sport* course; *(für Läufer)* distance; **Renn·wa·gen** *m* racing car.
Re·nom·mee [rɛnɔ'me:] ⟨-s, -s⟩ *n (Ruf)* reputation; **re·nom·mie·ren** *itr* show off; **re·nom·miert** *adj* renowned *(wegen* for).
re·no·vie·ren [reno'vi:rən] *tr* renovate; **Re·no·vie·rung** *f* renovation.
ren·ta·bel [rɛn'ta:bəl] *adj* profitable; ▶ **das ist e-e rentable Sache** it will pay; **Ren·ta·bi·li·tät** *f* profitability.
Ren·te ['rɛntə] ⟨-, -n⟩ *f* 1. *(Alters~)* (old age) pension; 2. *(Zinseinkünfte)* income; **Ren·ten·al·ter** *n* retirement age; **Ren·ten·emp·fän·ger(in)** *m (f)* pensioner; **Ren·ten·fi·nan·zie·rung** *f* financing of pensions; **Ren·ten·wer-**

te *pl fin* fixed interest securities.
Ren·tier ['rɛntiːɐ] ⟨-s, -e⟩ *m zoo* reindeer.
ren·tie·ren *refl:* ► **es rentiert sich nicht, das zu tun** it's not worthwhile doing it; **das rentiert sich nicht** it's not worth it.
Rent·ner(in) ['rɛntnɐ] ⟨-s, -⟩ *m (f)* (old age) pensioner.
Re·pa·ra·tur [repaɐa'tuːɐ] *f* repair; ► **in** ~ being repaired; **etw in** ~ **geben** have s.th. repaired; **re·pa·ra·tur·be·dürf·tig** *adj* in need (*od* in want) of repair, **Re·pa·ra·tur·ko·sten** *pl* repair costs; **Re·pa·ra·tur·werk·statt** *f allg* workshop; *mot* garage.
re·pa·rie·ren [repa'riːrən] *tr* repair; *(ausbessern)* mend.
Re·per·toire [repɛr'toaːɐ] ⟨-s, -s⟩ *n* repertoire.
Re·por·t(a·ge) [repɔr'taːʒə] ⟨-, -n⟩ *m (f) (Bericht)* report; **Re·por·ter(in)** [re'pɔrtɐ] *m (f)* reporter.
Re·prä·sen·tant(in) [reprɛzɛn'tant] ⟨-en, -en⟩ *m (f)* representative; **Re·prä·sen·tan·ten·haus** *n parl Am* House of Representatives; **re·prä·sen·ta·tiv** [----'-] *adj* **1.** *(typisch)* representative *(für* of); **2.** *(prestigehaft)* prestigious; **re·prä·sen·tie·ren** *tr (darstellen)* represent.
Re·pres·sa·lien [reprɛ'saːliən] *f pl* reprisals; ► ~ **ergreifen** take reprisals.
re·pres·siv [--'-] *adj* repressive.
Re·pro·duk·tion *f* reproduction; **re·pro·du·zie·ren** *tr* reproduce.
Rep·til [rɛp'tiːl] ⟨-s, -ien/-e⟩ *n* reptile.
Re·pu·blik [repu'bliːk] ⟨-, -en⟩ *f* republic; **Re·pu·bli·ka·ner(in)** *m (f) pol* republican; **re·pu·bli·ka·nisch** *adj* republican.
re·qui·rie·ren [rekvi'riːrən] *tr mil* requisition.
Re·qui·si·ten [rekvi'ziːtən] *n pl theat* properties.
Re·ser·vat *n* **1.** *(für Menschen)* reservation **2.** *(für Tiere)* reserve.
Re·ser·ve [re'zɛrvə] ⟨-, -n⟩ *f* reserve *(an* of); *(Geld~)* reserve fund; ► **in** ~ **ha·ben** have in reserve; **jdn aus der** ~ **locken** *fig* bring s.o. out of his shell; **Re·ser·ve·ka·ni·ster** *m mot* spare tank; **Re·ser·ve·of·fi·zier** *m* reserve officer; **Re·ser·ve·rad** *n mot* spare wheel; **Re·ser·ve·spie·ler(in)** *m (f) sport* reserve.
re·ser·vie·ren *tr* reserve; **re·ser·viert** *adj* reserved.
Re·ser·vist *m mil* reservist.
Re·ser·voir [rezɛr'voaːɐ] ⟨-s, -e⟩ *n* reservoir.
Re·si·denz [rezi'dɛn(t)s] *f* **1.** *(Wohnung)* residence; **2.** *(~stadt)* royal capital.
re·si·die·ren *itr* reside.
Re·si·gna·tion [rezɪgna'tsjoːn] *f* resig-

nation; ► **in** ~ **verfallen** become resigned.
re·si·gnie·ren *itr* resign.
re·so·lut [rezo'luːt] *adj (entschlossen)* decisive.
Re·so·nanz [rezo'nants] ⟨-, -en⟩ *f:* ► **(keine) große** ~ **finden** meet with (little) good response.
Re·spekt [re'spɛkt] ⟨-(e)s⟩ *m* respect; ► **bei allem** ~ with all due respect; **allen** ~! well done! **re·spek·tie·ren** *tr* respect; **re·spekt·los** *adj* disrespectful; **re·spekt·voll** *adj* respectful.
Res·sort [rɛ'soːɐ] ⟨-s, -s⟩ *n (Abteilung)* department; ► **das gehört nicht zu meinem** ~ *fig* that's out of my line; **das fällt in sein** ~ *fig* that's his department.
Rest [rɛst] ⟨-(e)s, -e⟩ *m* rest; *math* remainder; *(Stoff~)* remnant; ► **der** ~ **ist für Sie!** *(Trinkgeld)* keep the change! **jdm den** ~ **geben** *fig fam* finish s.o. off; **der letzte** ~ the last bit; **den** ~ **mache ich** I'll do the rest; **Rest·be·trag** *m* remaining sum.
Re·stau·rant [rɛsto'rãː] ⟨-s, -s⟩ *n* restaurant.
re·stau·rie·ren *tr* restore.
Rest·be·stand *m* remaining stock; **Rest·be·trag** *m* remaining sum.
rest·lich *adj* remaining.
rest·los **I** *adj* complete; **II** *adv* entirely, completely.
Re·sul·tat [rezul'taːt] ⟨-(e)s, -e⟩ *n (Ergebnis)* result; ► **zu e-m** ~ **kommen** arrive at a conclusion; ~**e erzielen** get results.
re·sul·tie·ren *itr* result *(aus* from).
Re·tor·te [re'tɔrtə] ⟨-, -n⟩ *f* retort; ► **aus der** ~ *pej* synthetic; **Re·tor·ten·ba·by** *n* test-tube baby.
ret·ten ['rɛtən] *tr* **I** *(er~)* save *(vor etw* from s.th.); *(befreien)* rescue; ► **bist du noch zu** ~? are you out of your mind? **II** *refl* escape; **sich vor etw nicht** ~ **können** *fig* be swamped with s.th.
Ret·ter(in) *m (f)* rescuer, saviour; *lit* deliverer.
Ret·tich ['rɛtɪç] ⟨-s, -e⟩ *m bot* radish.
Ret·tung *f* rescue; ► **jds letzte** ~ **sein** be someone's last hope; **Ret·tungs·boot** *n* lifeboat; **Ret·tungs·flug·wacht** *f* air rescue service; **Ret·tungs·hub·schrau·ber** *m* rescue helicopter; **Ret·tungs·in·sel** *f mar* inflatable life raft; **ret·tungs·los** **I** *adj:* ► **die Lage ist** ~ the situation is hopeless; **II** *adv:* ► ~ **verloren sein** be hopelessly lost; **Ret·tungs·mann·schaft** *f* rescue team; **Ret·tungs·ring** *m* lifebelt.
re·tu·schie·ren [retu'ʃiːrən] *tr a. fig* retouch, touch up.
Reue ['rɔɪə] ⟨-⟩ *f* remorse, repentance *(über* of); **reu·en** *tr:* ► **jdn reut es, etw getan zu haben** s.o. regrets having done

s.th.
Reu·se ['rɔɪzə] ⟨-, -n⟩ f fish trap.
Re·van·che [re'vãːʃ(ə)] ⟨-, -n⟩ f 1. *allg*
revenge; 2. *(Spiel)* return match; ▶ **jdm**
~ **geben** let s.o. have his (her) return
match; **Re·van·che·spiel** n return-
match; **re·van·chie·ren** refl 1. *(sich
rächen)* take one's revenge *(bei jdm für
etw* on s.o. for s.th.); 2. *(sich erkenntlich
zeigen):* ▶ **ich revanchiere mich gele-
gentlich!** I'll return the compliment
some time!
re·vi·die·ren [revi'diːrən] tr revise.
Re·vier [re'viːɐ] ⟨-s, -e⟩ n 1. *fig hum*
district; 2. *(Jagd~)* hunting ground; 3.
(Polizei~) Br beat, *Am* precinct; 4. *(Po-
lizeistation) Br* police station, *Am* sta-
tion house; 5. *mil (Kranken~)* sick-bay.
Re·vi·sion f 1. *(Überprüfung)* revision;
2. *jur* appeal; ▶ ~ **einlegen** lodge an
appeal *(bei* with).
Re·vol·te [re'vɔltə] ⟨-, -n⟩ f revolt; **re-
vol·tie·ren** itr revolt.
Re·vo·lu·ti·on [revolu'tsjoːn] f re-
volution; **re·vo·lu·tio·när** adj revolu-
tionary; **Re·vo·lu·tio·när(in)** m (f) re-
volutionary.
Re·vol·ver [re'vɔlvɐ] ⟨-s, -⟩ m *Br* re-
volver, *Am* gun; **Re·vol·ver·lauf** m
barrel.
Re·vue [re'vyː] ⟨-, -n⟩ f *theat* revue;
▶ **etw ~ passieren lassen** *fig* pass s.th.
in review.
Re·zen·sent(in) [retsɛn'zɛnt] m (f) re-
viewer; **re·zen·sie·ren** tr review; **Re-
zen·sion** f review; **Re·zen·sions·ex-
em·plar** f review copy.
Re·zept [re'tsɛpt] ⟨-(e)s, -e⟩ n 1. *med*
prescription; 2. *(Koch~)* recipe; 3. *fig*
cure *(für, gegen* for).
Re·zep·tion f *(in Hotel)* reception.
re·zept·pflich·tig adj available on pre-
scription.
Re·zes·sion [retsɛ'sjoːn] f recession.
re·zi·tie·ren [retsi'tiːrən] tr itr recite.
Rha·bar·ber [ra'barbɐ] ⟨-s⟩ m rhubarb.
Rhein [raɪn] ⟨-(e)s⟩ m Rhine; **Rhein·ar-
mee** f *mil* British Army on the Rhine.
Rhe·sus·fak·tor m *med* rhesus factor.
Rhe·to·rik [re'toːrɪk] ⟨-, -en⟩ f rhetoric;
rhe·to·risch adj rhetorical.
Rheu·ma ['rɔɪma] ⟨-s⟩ n rheumatism;
Rheu·ma·mit·tel n cure for rheum-
atics; **rheu·ma·tisch** adj rheumatic;
Rheu·ma·tis·mus m rheumatism.
Rhi·no·ze·ros [ri'noːtserɔs] ⟨-/-ses, -se⟩
n *zoo* rhinoceros.
Rhom·bus ['rɔmbʊs] ⟨-, -ben⟩ m
rhomb(us).
rhyth·misch adj rhythmical.
Rhyth·mus ['rʏtmʊs] ⟨-, -men⟩ m
rhythm.
Richt·an·ten·ne f radio
directional aerial.
rich·ten[1] ['rɪçtən] I tr 1. *(lenken)* direct

(auf towards); *(Lichtstrahl)* turn *(auf*
on); *(zielen)* point *(auf* at); 2. *(in Ord-
nung bringen)* fix; 3. *(zubereiten, vorbe-
reiten)* prepare; II refl 1. *(sich wenden)*
be directed *(auf* towards); 2. *fig (heran-
treten an)* consult; 3. *fig (gemeint sein
gegen)* be aimed at ...; ▶ **ich richte
mich ganz nach dir** I'll fit in with you.
rich·ten[2] itr *(urteilen)* judge *(über jdn*
s.o.).
Rich·ter(in) m (f) judge; ▶ **vor den ~
bringen** take to court; **Rich·ter-
spruch** m *jur* judgment.
Richt·funk·ver·bin·dung f radio di-
rectional radio link.
Richt·ge·schwin·dig·keit f *mot* re-
commended speed.
rich·tig ['rɪçtɪç] I adj 1. *(nicht falsch)*
correct, right; 2. *(wirklich)* proper, real;
▶ **es ist nicht ~ zu lügen** it is not right
to lie; **du bist wohl nicht ganz ~!** *fam*
you must be out of your mind! **bin ich
hier ~ nach Coventry?** is this the right
road to Coventry? **etw ~ machen** do
s.th. the right way; **das ist die ~e Ein-
stellung!** that's the right way of looking
at it! II adv 1. *(korrekt)* correctly, right;
2. *fig (geradezu)* really; ▶ **geht deine
Uhr ~?** is your watch right? **~!**
(stimmt!) that's right! **wenn ich mich ~
erinnere ...** if I remember correctly ...;
wenn man es ~ nimmt ... properly
speaking ...; **rich·tig·ge·hend** I adj
(echt) veritable; II adv *(wirklich)* really;
Rich·tig·keit f accuracy, correctness;
▶ **das hat schon s-e ~** it's right enough;
rich·tig|stel·len tr *(berichtigen)* cor-
rect; **jdn ~** put s.o. right.
Richt·li·nien f pl guidelines; **Richt-
preis** m: ▶ **unverbindlicher ~** recom-
mended price; **Richt·schnur** ⟨-⟩ f guid-
ing principle.
Rich·tung f 1. direction; 2. *fig (Ansicht,
Meinung, Tendenz)* trend; ▶ **ich fahre
~ Frankfurt** I'm heading for Frankfort;
in jeder ~ each way; **etw in dieser ~** *fig*
something along these lines; **die herr-
schende ~** the prevailing trend.
rich·tung·wei·send adj *fig* guiding.
Richt·wert m guide value, guideline.
rie·chen ['riːçən] *irr* tr itr smell; ▶ **nach
etw ~** smell of s.th.; **an etw ~** smell at
s.th.; **gut (schlecht) ~** smell good (bad);
er kann mich nicht ~ *fig fam* he hates
my guts; **(das) kann ich doch nicht ~!**
fig fam I'm not psychic!
Rie·cher m: ▶ **e-en guten ~ für etw
haben** have a nose for s.th.
Rie·ge ⟨-, -n⟩ f *sport* team, squad.
Rie·gel ['riːgəl] ⟨-s, -⟩ m 1. *(Schloß~)*
bolt; 2. *(Stück)* bar; ▶ **den ~ vorlegen**
bolt the door; **e-r Sache e-n ~ vorschie-
ben** *fig* put a stop to s.th.
Rie·men[1] m *(Ruder~)* oar; ▶ **sich in
die ~ legen** a. *fig* put one's back into it.

Rie·men[2] ['ri:mən] ⟨-s, -⟩ *m (Gürtel~)* strap; *(Schuh~)* leather shoelace; *(Peitschen~)* thong; *(Treib~)* belt; ▶ **den ~ enger schnallen** *a. fig* tighten one's belt; **sich am ~ reißen** *fig* get a grip on o.s.

Rie·se ['ri:zə] ⟨-n, -n⟩ *m* giant; ▶ **nach Adam ~ bleiben noch 20 Mark übrig** that will leave 20 marks as my arithmetic tells me.

Rie·sel·fel·der *pl* sewage farm *sing.*

rie·seln ['ri:zəln] ⟨sein⟩ *itr* **1.** *(Flüssigkeit)* trickle; **2.** *(Schnee)* float down.

rie·sen·groß *adj* gigantic; **rie·senhaft** *adj* colossal, gigantic; **Rie·senrad** *n* Ferris wheel; **Rie·sen·schlange** *f* boa; **Rie·sen·schrit·te** *pl* giant strides; ▶ **sich mit ~n nähern** *fig* be drawing on apace.

Riff [rɪf] ⟨-(e)s, -e⟩ *n* reef.

ri·go·ros [rigo'ro:s] *adj* rigorous.

Ril·le ['rɪlə] ⟨-, -n⟩ *f* groove.

Rind [rɪnt] ⟨-(e)s, -er⟩ *n* **1.** *(Tier)* cow; **2.** *(~fleisch)* beef; ▶ **~er** *pl* cattle.

Rin·de ['rɪndə] ⟨-, -n⟩ *f (von Käse)* rind; *(Baum~)* bark; *(Brot~)* crust.

Rin·der·bra·ten *m* **1.** *(Bratstück)* joint of beef; **2.** *(Speise)* roast beef; **Rin·derfi·let** *n* fillet of beef; **Rind·fleisch** *n* beef; **Rinds·le·der** *n* leather; **Rindvieh** *n* **1.** cattle; **2.** *fig (Schimpfwort)* ass.

Ring [rɪŋ] ⟨-(e)s, -e⟩ *m* ring; ▶ **in den ~ steigen** *sport* climb into the ring.

Ring·buch *n* ring binder.

Rin·gel·blu·me *f* marigold.

rin·geln ['rɪŋəln] **I** *tr refl* curl; *(Schlange)* wriggle; ▶ **sich um etw ~** curl itself around s.th.

Rin·gel·nat·ter *f* grass snake.

rin·gen ['rɪŋən] *irr itr* **1.** *sport (Ringkampf machen)* wrestle *(mit* with); **2.** *fig (kämpfen)* struggle *(um* for); ▶ **die Hände ~** wring one's hands; **nach Atem ~** gasp for breath; **Rin·ger(in)** *m (f)* wrestler.

Ring·fin·ger *m* ring finger.

ring·för·mig *adj* ring-like; ▶ **~ umschließen** encircle.

Ring·kampf *m sport* wrestling match.

Ring·lei·tung *f tech* circular main.

rings [rɪŋs] *adv* all around; ▶ **sich ~ im Kreis aufstellen** make a circle.

Ring·stra·ße *f* ring road.

rings·um·her ['--'-] *adv* around.

Rin·ne ['rɪnə] ⟨-, -n⟩ *f* **1.** *(Rille)* groove; **2.** *(Abfluß~)* channel; **rin·nen** ⟨sein⟩ *irr itr (fließen)* run.

Rinn·sal ['rɪnza:l] ⟨-(e)s, -e⟩ *n* rivulet.

Rinn·stein *m* gutter; ▶ **im ~ enden** *fig* come to a sorry end.

Ripp·chen ['rɪpçən] ⟨-s, -⟩ *pl (Speise)* spare ribs.

Rip·pe ['rɪpə] ⟨-, -n⟩ *f* **1.** *anat* rib; **2.** *tech (Metallsegment)* fin; ▶ **nichts auf den**

~n haben *fig* be just skin and bones.

Rip·pen·fell·ent·zün·dung *f* pleurisy.

Ri·si·ko ['ri:ziko] ⟨-s, -s/-ken⟩ *n* risk; ▶ **ein ~ eingehen** take a risk; **das ~ eingehen, etw zu tun** take the risk of doing s.th.; **etw auf eigenes ~ tun** do s.th. at one's own risk.

Ri·si·ko·fak·tor *m* risk factor; **Ri·si·ko·grup·pe** *f* (high) risk group.

ris·kant [rɪs'kant] *adj* risky.

ris·kie·ren *tr:* ▶ **das riskiere ich!** I'll risk it! **sie wird es heute nicht ~ zu kommen** she won't risk coming today; **du riskierst deine Stelle** you'll risk losing your job.

Riß [rɪs] ⟨-sses, -sse⟩ *m* **1.** *(in Stoff etc)* rip, tear; **2.** *(Sprung)* crack; **3.** *(Spalt)* crevice.

ris·sig *adj* cracked; *(Haut)* chapped; ▶ **~ werden** crack.

Rist [rɪst] ⟨-es, -e⟩ *m* **1.** *(des Fußes)* instep; **2.** *(der Hand)* back of the hand; **3.** *(Pferde~)* withers *pl.*

Ritt [rɪt] ⟨-(e)s, -e⟩ *m* ride; ▶ **e-n ~ machen** go for a ride.

Rit·ter ['rɪte] ⟨-s, -⟩ *m hist* knight; ▶ **jdn zum ~ schlagen** knight s.o.; **Rit·terkreuz** *n mil* Knight's Cross; **rit·terlich** *adj* **1.** knightly; **2.** *fig* chivalrous; **Rit·ter·rü·stung** *f hist* knight's armour.

ritt·lings ['rɪtlɪŋs] *adv* astride *(auf etw* s.th.).

Ri·tu·al [ritu'a:l] ⟨-s, -e/-ien⟩ *n* ritual.

ri·tu·ell *adj* ritual.

Ri·tus ['ri:tus] ⟨-, -ten⟩ *m* rite.

Ritz [rɪts] ⟨-es, -e⟩ *m* **1.** *(Ritzer)* scratch; **2.** *(Spalte)* crack.

Rit·ze ⟨-, -n⟩ *f (Spalt)* crack; *(Fuge)* join, gap.

rit·zen I *tr* **1.** *(kratzen)* scratch; **2.** *(ein~)* carve; **II** *refl (sich verletzen)* scratch o.s.

Ri·va·le (Ri·va·lin) [ri'va:lə] ⟨-n, -n⟩ *m (f)* rival; **ri·va·li·sie·ren** *itr:* ▶ **mit jdm ~** compete with s.o.; **ri·va·li·sierend** *adj* rival; **Ri·va·li·tät** *f* rivalry.

Ri·zi·nus ['ri:tsinus] ⟨-, -/-se⟩ *n* **1.** *(~öl)* castor-oil; **2.** *(~pflanze)* castor-oil plant.

RNS *Abk von* **Ribonukleinsäure** RNA.

Rob·be ['rɔbə] ⟨-, -n⟩ *f* seal.

rob·ben ⟨sein⟩ *itr mil* crawl.

Ro·be ['ro:bə] ⟨-, -n⟩ *f* **1.** *(Amts~)* robe; **2.** *(Abendkleid)* gown.

Ro·bo·ter ['rɔbɔte] ⟨-s, -⟩ *m* robot.

ro·bust [ro'bust] *adj* **1.** *(widerstandsfähig)* robust; **2.** *(kräftig gebaut)* rough.

Rö·cheln ['rœçəln] *n* groan.

rö·cheln *itr* groan.

Ro·chen ['rɔxən] ⟨-s, -⟩ *m* zoo ray.

Rock [rɔk, *pl* 'rœkə] ⟨-(e)s, ·· e⟩ *m* **1.** *(Kleidungsstück)* skirt; **2.** *(Musik)* rock.

Rocker (k·k) ['rɔke] ⟨-s, -⟩ *m (f)* rocker; **Rocker·ban·de (k·k)** *f* gang of rockers.

Rock·fe·sti·val *n mus* rock festival.

rockig (k·k) *adj mus* rocky.
Ro·del ['ro:dəl] ⟨-s, -⟩ *m* sleigh, toboggan; **Ro·del·bahn** *f* toboggan-run; **rodeln** ⟨sein⟩ *itr* sledge, toboggan.
ro·den ['ro:dən] *tr* clear; **Ro·dung** *f* clearing.
Ro·gen ['ro:gən] ⟨-s, -⟩ *m* roe.
Rog·gen ['rɔgən] ⟨-s, (-)⟩ *m* rye.
roh [ro:] *adj* **1.** *(unfertig)* raw; **2.** *(unbearbeitet)* rough; ▶ **jdn wie ein ~es Ei behandeln** *fig* kid-glove s.o.; **~e Gewalt** brute force; **Roh·bau** *m* shell; ▶ **im ~ fertig sein** be structurally complete; **Ro·heit** ['ro:haɪt] *f* **1.** *(Grobheit)* rudeness; **2.** *(Brutalität)* brutality; **Roh·erz** *n* raw ore; **Roh·kost** *f* raw food and vegetables.
Roh·ling *m* **1.** *(brutaler Mensch) Br* brute, ruffian, *Am* thug; **2.** *tech (Rohblock)* blank.
Roh·öl *n* crude oil.
Rohr [ro:ɐ] ⟨-(e)s, -e⟩ *n* **1.** *(Röhre)* pipe; **2.** *bot (Schilf)* reed; **Rohr·bruch** *m* burst pipe.
Röh·re ['rø:rə] ⟨-, -n⟩ *f* **1.** *(Rohr)* tube; **2.** *(Tiergang)* gallery; ▶ **in die ~ gucken** *(leer ausgehen)* not get one's dues; *fam (TV schauen) Br* watch telly (*Am* the tube).
rö(h)·ren ['rø:rən] *itr (Hirsch)* bell.
Rohr·lei·tung *f* pipe.
Rohr·mat·te *f (als Sichtschutz)* reed mat.
Rohr·mö·bel *pl* cane furniture *sing.*
Rohr·netz *n* service system; **Rohr·post** *f* pneumatic dispatch system; **Rohrschel·le** *f tech* pipe clip.
Rohr·stuhl *m* wickerwork chair.
Rohr·zucker (k·k) *m* cane sugar.
Roh·sei·de *f* wild silk; **Roh·stoff** *m* raw material; **Roh·stoff·man·gel** *m* shortage of raw materials; **Roh·stoffpreis** *m* commodity price; **Roh·stoffver·knap·pung** *f* scarcity of resources; **Roh·zu·stand** *m:* ▶ **im ~** in its rough state.
Ro·ko·ko ['rɔkoko] ⟨-(s)⟩ *n* rococo.
Rol·la·den *m* shutters *pl.*
Roll·bahn *f* **1.** *aero (Startbahn)* runway; **2.** *aero (Zubringer~)* taxiway.
Roll·bra·ten *m* roast.
Roll·brett *n* skateboard.
Rol·le ['rɔlə] ⟨-, -n⟩ *f* **1.** *(Gerolltes)* roll; **2.** *(Garn~)* reel; **3.** *tech (Möbelroller)* castor; **4.** *sport* forward roll; **5.** *film theat* part, role; ▶ **spielt keine ~!** never mind! **das spielt hier keine ~!** that doesn't concern us now! **e-e ~ machen** *sport* do a forward roll.
rol·len ⟨h⟩ **I** *tr* **1.** roll; **2.** *(auf~)* roll up; **II** *refl* curl up; **III** *itr* **1.** roll; **2.** *fig (Donner)* rumble; **3.** *mar (schlingern)* roll; ▶ **den Stein ins R~ bringen** *fig* start the ball rolling.
Rol·len·bild *n* role model; **Rol·len-**

spiel *n* role play.
Rol·ler ⟨-s, -⟩ *m* **1.** *(Spielzeug)* scooter; **2.** *(Motor~)* motor scooter.
Roll·feld *n aero* runway; **Roll·film** *m* rollfilm; **Roll·geld** *n* carriage; **Rollhand·tuch** *n* roll towel.
Roll·kra·gen·pul·li *m* polo-neck, roll-neck sweater; **Roll·schrank** *m* roll-fronted cupboard; **Roll·schuh** *m* roller skate; ▶ **~ laufen** rollerskate; **Rollstuhl** *m* wheel-chair; ▶ **an den ~ gefesselt** confined to a wheelchair; **Rollstuhl·fah·rer(in)** *m (f)* spastic; **rollstuhl·ge·recht** *adj* suitable for wheel chairs; **Roll·trep·pe** *f* escalator.
ROM ⟨-s, -s⟩ *EDV Abk von* **Read Only Memory** ROM.
Roma ['ro:ma] *pl* Romany.
Ro·man [ro'ma:n] ⟨-s, -e⟩ *m* novel; **ro·man·haft** *adj* like a novel.
ro·ma·nisch *adj:* ▶ **~e Sprachen** Romance languages; **~er Stil** Romanesque style.
Ro·man·schrift·stel·ler(in) *m (f)* novelist.
Ro·man·tik [ro'mantɪk] *f* Romanticism; **ro·man·tisch** *adj* romantic.
Rö·mer(in) [rø:me] ⟨-s, -⟩ *m (f)* Roman; **rö·misch** *adj* Roman; ▶ **12** twelve in Roman numerals.
rönt·gen ['rœntgən] *tr* X-ray; **Röntgen·auf·nah·me** *f n* X-ray; **Röntgen·ge·rät** *n* X-ray equipment.
Ro·sé [ro'ze:] ⟨-(s), (-s)⟩ *m (Wein)* rosé.
Ro·sa [ro'za] *n* pink.
ro·sa *adj* pink; ▶ **etw durch die ~ Brille sehen** *fig* see s.th. through rose-coloured glasses.
Ro·se ['ro:zə] ⟨-, -n⟩ *f* rose.
Ro·sen·kohl *m* Brussels sprouts *pl.*
Ro·sen·mon·tag *m* Shrove Monday.
Ro·sen·stock *m* rose tree.
Ro·set·te [ro'zɛtə] ⟨-, -n⟩ *f* rosette.
ro·sig *adj* rosy; ▶ **~e Aussichten** *fig* rosy prospects; **die Lage sieht nicht sehr ~ aus** *fig* things don't look too rosy.
Ro·si·ne [ro'zi:nə] ⟨-, -n⟩ *f* raisin.
Ros·ma·rin ['ro:smari:n] ⟨-s⟩ *n* rosemary.
Roß [rɔs] ⟨-sses, -sse⟩ *n* horse; *poet* stccd; ▶ **auf dem hohen ~ sitzen** *fig* be on one's high horse; **Roß·ka·sta·nie** *f* horse chestnut; **Roß·kur** *f* kill-or-cure remedy; ▶ **e-e ~ machen** follow a drastic cure.
Rost[1] [rɔst] ⟨-(e)s, -e⟩ *m (auf Metall)* rust; ▶ **~ ansetzen** start to rust.
Rost[2] ⟨-es⟩ *m (Brat~)* grill; **Rost·bra·ten** *m* roast.
ro·sten *itr* get rusty, rust.
rö·sten ['rœstən] *tr (Brot)* toast; *(Kaffee)* roast.
rost·frei *adj* stainless.
Rö·sti ⟨-, -⟩ fried grated potatoes.

ro·stig *adj* rusty.
Rost·schutz·far·be *f* anti-rust paint; **Rost·schutz·mit·tel** *n* rust-proofer; **Rost·um·wand·ler** *m mot* rust converter.
Rot ⟨-(s), -(s)⟩ *n* red; ▶ **bei ~ über die Ampel fahren** go through on red.
rot [ro:t] *adj* red; ▶ **~ sehen** *fig* see red; **~ werden** blush; **da habe ich vielleicht e-n ~en Kopf bekommen!** was my face red! **Fehler ~ unterstreichen** underline mistakes in red.
Ro·ta·tions·prin·zip *n pol* rota system.
rot·blond *adj* strawberry blonde; **~es Haar** sandy hair; **rot·braun** *adj* reddish brown; **Rot·dorn** ⟨-(e)s, -e⟩ *m bot* pink hawthorn.
Rö·te ['rø:tə] ⟨-⟩ *f* red, redness.
Ro·te-Ar·mee-Frak·tion *f* Red Army Faction.
Rö·tel ['rø:təl] ⟨-s, -⟩ *m* red chalk.
Rö·teln ['rø:təln] *pl med* German measles *sing.*
rö·ten I *tr* redden; II *refl* turn red.
rot·glü·hend *adj* red-hot; **rot·haa·rig** *adj* red-haired.
ro·tie·ren [ro'ti:rən] *itr* rotate; ▶ **am R~ sein** *fig fam* be rushing around like a mad thing.
Rot·käpp·chen ['ro:tkɛpçən] *n poet* Little Red Riding-hood.
Rot·kehl·chen *n orn* robin.
Rot·kohl *m* red cabbage.
röt·lich ['rø:tlɪç] *adj* reddish.
Rot·licht·vier·tel *n* red-light district.
Rot·stift *m* red pencil; ▶ **dem ~ zum Opfer fallen** be scrapped.
Rot·te ['rotə] ⟨-, -n⟩ *f (Bande)* gang.
Rot·wein *m* red wine; **Rot·wild** *n* red deer.
Rotz [rots] ⟨-es⟩ *m fam* snot; **rot·zen** *itr fam* blow one's nose; **Rotz·fah·ne** *f sl* snot-rag; **rot·zig** *adj* snotty.
Rou·la·de [ru'la:də] ⟨-, -n⟩ *f* beef olive.
Rou·leau [ru'lo:] ⟨-s, -s⟩ *n* roller blind.
Rou·lette [ru'lɛt] ⟨-s, -s⟩ *f* roulette.
Rou·ti·ne [ru'ti:nə] ⟨-⟩ *f* routine; ▶ **zur ~ werden** become routine; **Rou·ti·ne·prü·fung** *f* routine check; **rou·ti·niert** *adj* experienced.
Row·dy ['raʊdi] ⟨-s, -s/(-dies)⟩ *m* hooligan.
Rub·bel·mas·sa·ge *f* body scrub.
Rü·be ['ry:bə] ⟨-, -n⟩ *f* **1.** *bot:* ▶ **gelbe ~** carrot; **weiße ~** turnip; **2.** *sl (Kopf)* nut; ▶ **jdm eins über die ~ geben** give s.o. a crack on the nut.
Ru·bel ['ru:bəl] ⟨-s, -⟩ *m* rouble.
Ru·bin [ru'bi:n] ⟨-s, -e⟩ *m* ruby.
Ru·brik [ru'bri:k] ⟨-, -en⟩ *f* **1.** *(Zeitungsspalte)* column; **2.** *(Kategorie)* category.
ruch·los [ru:xlo:s] *adj* dastardly.
Ruck [rʊk] ⟨-(e)s, -e⟩ *m* **1.** *(Stoß)* jerk, start; *(von Fahrzeugen)* jolt; **2.** *fig pol* swing; ▶ **mit e-m ~** at one go; **e-n ~**

geben give a start; **sich e-n ~ geben** make an effort; **die Arbeit war r~-zuck erledigt** the work was done before you could say Jack Robinson; **ruck·ar·tig** *adj* jerky.
Rück·ant·wort *f* reply; ▶ **um ~ wird gebeten** please reply.
Rück·blick *m:* ▶ **im ~ auf etw** looking back on s.th.; **rück·blickend (k·k)** *adj:* ▶ **~ läßt sich sagen, daß ...** looking back we can say that ...
Rücken (k·k) ['rʏkən] ⟨-s, -⟩ *m* back; ▶ **jdm den ~ zuwenden** turn one's back on s.o.; **mit dem ~ in Fahrtrichtung** with one's back to the engine; **hinter jds ~** *fig* behind someone's back; **jdm in den ~ fallen** *fig* stab s.o. in the back.
rücken (k·k) ['rʏkən] I *itr* ⟨sein⟩ move; ▶ **können Sie etw ~?** could you move over a bit? **in weite Ferne ~** *fig* recede into the distance; **an etw ~** move s.th.; **näher ~** come closer; II *tr* ⟨h⟩ move.
Rücken·deckung (k·k) *f fig* backing; ▶ **jdm ~ geben** back s.o.; **Rücken·leh·ne (k·k)** *f* back-rest; **Rücken·mark (k·k)** *n* spinal cord; **Rücken·schmer·zen (k·k)** *pl:* ▶ **~ haben** have got a backache; **Rücken·schwim·men (k·k)** *n* backstroke; **Rücken·wind (k·k)** *m* tail wind.
Rück·fahr·kar·te *f Br* return ticket, *Am* round-trip ticket; **Rück·fahr·schein·wer·fer** *m* reversing light; **Rück·fahrt** *f* return journey.
Rück·fall *m med a. fig* relapse; **rück·fäl·lig** *adj:* ▶ **~ werden** relapse; *jur* lapse back into crime.
Rück·fen·ster *n mot* rear window.
Rück·flug *m aero* return flight; **Rück·flug·ticket (k·k)** *n* return air ticket.
Rück·fra·ge *f:* ▶ **e-e ~ halten bei ...** check s.th. with ...
Rück·ga·be *f* return; **Rück·ga·be·recht** *n* right of return.
Rück·gang *m:* ▶ **e-n ~ zu verzeichnen haben an ...** have to report a drop in ...; **rück·gän·gig** *adj:* ▶ **~ machen** *com, a. Termin* cancel; *(absagen)* call off.
Rück·ge·bäu·de *n* rear building.
Rück·ge·win·nung *f* **1.** *allg* recovery; **2.** *(von Rohstoffen)* recycling.
Rück·grat ['rʏkra:t] ⟨-(e)s, (-e)⟩ *n* backbone, spine; ▶ **jdm das ~ brechen** *fig* ruin s.o.
Rück·halt ⟨-(e)s⟩ *m:* ▶ **an jdm ~ haben** find a support in s.o.; **rück·halt·los** *adj* **1.** *(uneingeschränkt)* complete; **2.** *(offen)* frank.
Rück·kaufs·recht *n* right of repurchase; **Rück·kaufs·wert** *m* repurchase value.
Rück·kehr ⟨-⟩ *f* return; ▶ **bei jds ~** on someone's return.

Rück·la·ge *f* 1. *fin* reserves *pl;* 2. *(Erspartes)* savings *pl.*
Rück·lauf *m* *tech* return pipe; **rückläu·fig** *adj* *com* dropping; ▶ ~e Tendenz downward tendency.
Rück·licht ‹-(e)s, -er› *n* *mot* rear light.
rück·lings ['rʏklɪŋs] *adv* 1. *(rückwärts)* backwards; 2. *(auf dem Rücken)* on one's back.
Rück·marsch *m* march back; *(Rückzug)* retreat.
Rück·mel·de·frist *f (für das Semester)* re-registration period; **Rück·mel·de·ge·büh·ren** *pl (für das Semester)* re-registration fee *sing.*
Rück·por·to *n* return postage; **Rückrei·se** *f* return journey; **Rück·rei·se·ver·kehr** *m* homebound traffic; **Rückruf·ak·tion** *f com* call-back.
Ruck·sack *m* rucksack; **Ruck·sacktou·rist(in)** *m (f)* backpacker.
Rück·schau *f:* ▶ ~ auf etw halten look back on s.th; **Rück·schlag** *m* 1. *(von Schußwaffe)* recoil; 2. *fig* set-back; 3. *med (Rückfall)* relapse; ▶ e-n ~ erleiden suffer a set-back; **Rück·schlagven·til** *n* backflow preventer, check (*od* reflux) valve; **Rück·schluß** *m:* ▶ s-e Rückschlüsse ziehen aus ... draw one's own conclusions from ...; **Rückschritt** *m fig* step backwards; **Rücksei·te** *f (von Blatt, Zeitung)* back page; *(von Banknote)* reverse; *(von Gebäude)* rear.
Rück·sicht ‹-, -en› *f* consideration; ▶ mit ~ auf jdn out of consideration for s.o.; keine ~ auf jdn nehmen show no consideration for s.o.; **rück·sichtslos** *adj* 1. *(unüberlegt)* inconsiderate; 2. *(skrupellos)* ruthless; ▶ ~es Verhalten reckless behaviour; **Rück·sichts·lo·sig·keit** *f* inconsiderateness; **rücksichts·voll** *adj* considerate, thoughtful (*gegen* towards).
Rück·sitz *m* 1. *mot* backseat; 2. *(von Zweirad)* pillion; ▶ auf dem ~ mitfahren ride pillion; **Rück·sitz·bank** *f mot:* ▶ umlegbare ~ folding-down back seat; **Rück·spiel** *n sport* return match; **Rück·spra·che** *f* consultation; ▶ ~ nehmen mit jdm confer with s.o.
Rück·spul·au·to·ma·tik *f (von Kamera, Video etc)* automatic rewind.
Rück·stand *m* 1. *(Schuld)* arrears *pl;* 2. *(Verzug)* delay; 3. *chem* residue; ▶ seine Miete ist 3 Monate im ~ his rent is 3 months in arrears; mit drei Punkten im ~ sein *sport* be three points down; **rück·stän·dig** *adj* 1. *(überfällig)* overdue; 2. *(zurückgeblieben)* backwards; **Rück·stän·dig·keit** *f* backwardness.
Rück·stau *m (von Wasser)* backwater; *mot* tailback; **Rück·stoß** *m* 1. *(Schub)* thrust; 2. *(e-r Schußwaffe)* recoil;

Rück·strah·ler *m* *Br* reflector, *Am* bull's eye; **Rück·ta·ste** *f* 1. *(an Schreibmaschine)* back spacer; 2. *(an Tonbandgerät)* rewind key; **Rück·tritt** *m* 1. *(vom Amt)* resignation; 2. *(vom Vertrag)* withdrawal; ▶ seinen ~ einreichen hand in one's resignation; **Rück·tritt·brem·se** *f* coaster brake; **Rück·tritts·recht** *n com* right of withdrawal; ▶ das ~ besagt, daß ... the cancellation terms say that ...
rück·ver·gü·ten ['----] ‹ohne ge-› *tr* refund (*jdm etw* s.o. s.th.); **Rück·ver·gü·tung** *f* refund.
rück·wär·tig ['rʏkvɛrtɪç] *adj* rear.
rück·wärts *adv* backwards; ▶ ~ fahren back up, reverse; **Rück·wärts·gang** *m mot* reverse gear.
Rück·weg *m* way back; ▶ sich auf den ~ machen head back.
ruck·wei·se *adj* jerkily.
rück·wir·kend *adj* 1. *fin (Zahlung)* backdated; 2. *jur (Gesetz)* retrospective; **Rück·wir·kung** *f (Auswirkung)* repercussion; ▶ die Gehaltszahlung erfolgt mit ~ vom ... salary payment will be backdated to ...; **rück·zahl·bar** *adj* repayable; **Rück·zah·lung** *f* 1. *(von Schulden)* repayment; 2. *(Rückvergütung)* refund.
Rück·zie·her *m:* ▶ e-n ~ machen *fig* climb down.
Rück·zug *m* retreat; ▶ auf dem ~ in the retreat.
Rü·de ['ry:də] ‹-n, -n› *m zoo* male.
rü·de ['ry:də] *adj* impolite, rude.
Ru·del ['ru:dəl] ‹-s, -› *n (Hunde, Wölfe)* pack; *(Wild)* herd.
Ru·der ['ru:də] ‹-s, -› *n* 1. *(Boots~)* oar; 2. *aero mar (Steuer~)* rudder; ▶ die ~ einziehen ship oars; ans ~ kommen *fig* take over the helm; **Ru·der·boot** *n Br* rowing-boat, *Am* row boat; **Ru·de·rer** *m* oarsman, rower; **ru·dern** *itr* row; ▶ mit den Armen ~ wave one's arms about; **Ru·der·re·gat·ta** *f* rowing regatta.
Ruf [ru:f] ‹-(e)s, -e› *m* 1. call; *(Schrei)* cry, shout; 2. *fig (Ansehen)* reputation; ▶ e-n guten ~ haben have a good reputation; jdn in schlechten ~ bringen give s.o. a bad name.
ru·fen *irr* I *tr (herbei~)* call; ▶ ins Gedächtnis ~ call to mind; ~ lassen send for ...; II *itr (schreien)* cry, shout; ▶ um Hilfe ~ cry for help; wie gerufen kommen be just what one needed.
Ruf·mord *m* character assassination; **Ruf·na·me** *m* forename; **Ruf·num·mer** *f tele* telephone number; **Ruf·wei·te** *f:* ▶ in ~ within earshot; **Ruf·zei·chen** *n tele* ringing tone.
Rü·ge ['ry:gə] ‹-, -n› *f (leichter Tadel)* rebuke; ▶ jdm e-e ~ erteilen rebuke s.o. *(wegen* for); **rü·gen** *tr* reprimand

(wegen for).
Ru·he ['ru:ə] ⟨-⟩ *f* **1.** *(Schweigen)* quiet; *(Stille)* silence; **2.** *(innere* ~*)* calm, calmness; **3.** *(Erholung)* rest; ▶ **in** ~ **lassen** let alone; **er ist immer die** ~ **selbst** he's as cool as a cucumber; **er hat die** ~ **weg** *fam* he takes his time; **immer mit der** ~**! keep calm!** ~**, bitte!** quiet, please! **ich brauche meine** ~ I need a bit of peace; **laß mich in** ~**!** stop bothering me! **zur** ~ **kommen** get some peace; **die** ~ **weghaben** *fam* be unflappable; **immer mit der** ~**! I** don't panic!
Ru·he·ge·halt *n* pension; **ru·he·los** *adj* restless; **Ru·he·lo·sig·keit** *f* restlessness.
ru·hen *itr* **1.** rest; **2.** *jur* be suspended.
Ru·he·pau·se *f* break; ▶ **e-e** ~ **einlegen** have a break; **Ru·he·stand** *m* retirement; ▶ **jdn in den** ~ **versetzen** retire s.o.; **Ru·he·ständ·ler(in)** *m (f)* *fam* retired person; **Ru·he·stel·lung** *f* resting position; **Ru·he·stö·rung** *f jur* disturbance of the peace; **Ru·he·tag** *m (von Restaurant etc)* closing day.
ru·hig *adj* **1.** *(gelassen)* calm; **2.** *(geräuschlos)* quiet; ▶ **da kannst du ganz** ~ **sein,** . . . I can assure you . . .; **bleib** ~**!** keep calm! **er sprach mit** ~**er Stimme** he spoke calmly; **ihr könnt** ~ **dableiben** feel free to stay here.
Ruhm [ru:m] ⟨-(e)s⟩ glory; ▶ ~ **erlangen** come to fame.
rüh·men ['ry:mən] **I** *tr (loben)* praise; **II** *refl:* ▶ **sich e-r Sache** ~ boast of s.th.
rühm·lich *adj* praiseworthy; ▶ **e-e** ~**e Ausnahme sein** be a notable exception.
ruhm·los *adj* inglorious; **ruhm·reich** *adj* glorious.
Ruhr [ru:ɐ] ⟨-, (-en)⟩ *f med* dysentery.
Rühr·ei *n* scrambled eggs *pl.*
rüh·ren ['ry:rən] **I** *tr* **1.** *(um~)* stir; **2.** *fig (innerlich)* move, touch; ▶ **das rührt mich nicht im mindesten** that leaves me cold; **II** *itr (um~)* stir; **III** *refl* stir; ▶ **hier kann man sich ja nicht** ~**!** you can't move in here! **rüh·rend** *adj fig (bewegend)* touching; ▶ **das ist** ~ **von dir!** that's sweet of you!
rüh·rig *adj* active, agile.
Rühr·löf·fel *m* mixing spoon.
rühr·se·lig *adj* sentimental.
Rüh·rung *f* emotion; ▶ **vor** ~ **nicht sprechen können** be choked with emotion.
Ru·in [ru'i:n] ⟨-s⟩ *m* ruin; ▶ **vor dem** ~ **stehen** be on the brink of ruin; **Ru·ine** [ru'i:nə] ⟨-, -n⟩ *f* **1.** *(Gebäude)* ruin; **2.** *fig (Mensch)* wreck; **rui·nie·ren I** *tr* **1.** *(Menschen)* ruin; **2.** *(Kleider)* spoil; **II** *refl* ruin o.s.
rülp·sen ['rʏlpsən] *itr* belch; **Rülp·ser** *m* belch, burp.
Rum [rum] ⟨-s, -s⟩ *m* rum.
Ru·mä·ne (Ru·mä·nin) [ru'mɛ:nə] ⟨-n,

-n⟩ *m (f)* Romanian; **Ru·mä·nien** ⟨-s⟩ *n* Rumania; **ru·mä·nisch** *adj* Romanian; **Ru·mä·nisch(e)** *n* Romanian.
rum|krie·gen *tr fam:* ▶ **jdn** ~ talk s.o. round.
Rum·mel ['rumɘl] ⟨-s⟩ *m (Betriebsamkeit)* bustle; ▶ **großen** ~ **um etw machen** make a great fuss about s.th.; **Rum·mel·platz** *m* fairground.
ru·mo·ren [ru'mo:ren] ⟨ohne ge-⟩ *itr* **1.** *(lärmen)* rumble about; **2.** *fig (Vorstellungen)* float about; ▶ **es rumort in meinem Bauch** my stomach is rumbling.
Rum·pel·kam·mer *f* junk room.
rum·peln ['rumpəln] *itr* rumble.
Rumpf [rumpf, *pl* 'rympfə] ⟨-(e)s, -̈e⟩ *m* **1.** *(Körper, Leib)* trunk; *(Torso)* torso; **2.** *mar (e-s Schiffes)* hull; *aero* fuselage.
Rump·steak ['rumpste:k] ⟨-s, -s⟩ *n* rump steak.
rum·trei·ben *refl* bum around; **Rumtrei·ber(in)** *m (f)* lay-about.
rund [runt] **I** *adj* round; ▶ **ein** ~**es Dutzend** a good round dozen; **II** *adv* **1.** *(~herum)* around; **2.** *(etwa)* about; ▶ **heute nacht geht's** ~ *(ist viel los)* there'll be a lot on tonight; **Rund·bau** *m (mit Kuppeldach)* rotunda; **Rundblick** *m* panorama; **Rund·brief** *m* circular.
Run·de ['rundə] ⟨-, -n⟩ *f* **1.** *(im Rennsport)* lap; **2.** *(Polizeirundgang)* round; **3.** *(beim Boxen)* round; **4.** *(~ Bier)* round; ▶ **über die** ~**n kommen** *fig* barely make it, scrape by; *sport* go the distance; **e-e** ~ **ausgeben** stand a round; **etw über die** ~**n bringen** get s.th. through; **e-e** ~ **um etw machen** ride round s.th.
run·den I *tr* round; **II** *refl* become round.
rund·er·neu·ern ['----] ⟨ohne ge-⟩ *tr (Reifen)* remould.
Rund·fahrt *f* tour; ▶ **e-e** ~ **machen** go on a tour; **Rund·flug** *m* sightseeing flight.
Rund·funk *m* broadcasting; ▶ **im** ~ on the radio; **Rund·funk·an·stalt** *f Br* broadcasting company, *Am* radio station; **Rund·funk·ge·büh·ren** *pl* radio licence fee *sing;* **Rund·funk·programm** *n* **1.** *(ausgestrahltes* ~*)* radio programme; **2.** *(Programmzeitschrift)* radio programme guide; **Rund·funk·sen·der** *m* radio station; **Rund·funk·sen·dung** *f* radio programme.
Rund·gang *m* **1.** *(Besichtigung)* tour *(durch* of); **2.** *(Spaziergang)* walk; **3.** *(Inspektions~)* rounds *pl;* ▶ **s-n** ~ **machen** do one's rounds.
rund·her·aus ['--'-] *adv* bluntly, flatly.
rund·her·um ['--'-] *adv* all round.
rund·lich *adj* plump.
Rund·rei·se *f* tour *(durch* of); **Rundschrei·ben** *n* circular.

Rund·um·schlag *m a. fig* sweeping blow.
Run·dung *f* curve.
Rund·wan·der·weg *m* circular route.
rund·weg *adv* bluntly, flatly; ► jdm etw ~ abschlagen give s.o. a flat refusal.
Ru·ne ['ruːnə] ⟨-, -n⟩ *f* rune; **Ru·nen-schrift** *f* runic writing; **Ru·nen·zei-chen** *n* runic character.
Run·zel ['rʊntsəl] ⟨-, -n⟩ *f* wrinkle; ► ~n bekommen get wrinkles; **run·ze·lig** *adj* wrinkled; **run·zeln** *tr:* ► die Stirn ~ frown.
Rü·pel ['ryːpəl] ⟨-s, ⟩ *m* lout; **Rü·pe·lei** *f* (*Verhalten*) loutishness; **rü·pel·haft** *adj* loutish.
rup·fen ['rʊpfən] *tr:* ► Unkraut ~ pull up weeds *pl;* Geflügel~ pluck (chickens, geese etc).
rup·pig ['rʊpɪç] *adj* gruff.
Rü·sche ['ryːʃə] ⟨-, -n⟩ *f* (*an Kleidung*) frill, ruche.
Ruß [ruːs] ⟨-es⟩ *m* soot; **Ruß·bil·dung** *f* soot formation.
Rus·se (Rus·sin) ['rʊsə] ⟨-n, -n⟩ *m* (*f*) Russian.
Rüs·sel ['rʏsəl] ⟨-s, -⟩ *m* snout; (*von Elefant*) trunk; (*von Insekten*) proboscis.
ru·ßen ['ruːsən] *itr* smoke; **ru·ßig** *adj* sooty.
rus·sisch ['rʊsɪʃ] *adj* Russian; **Ruß-land** ['rʊslant] ⟨-s⟩ *n* Russia.

rü·sten ['rʏstən] *itr mil* arm.
Rü·ster ['ryːstə] ⟨-, -n⟩ *f* (*Ulme*) elm.
rü·stig ['rʏstɪç] *adj* sprightly.
Rü·stung[1] *f* (*Ritter~*) armour.
Rü·stung[2] *f mil* (*Auf~*) armament.
Rü·stungs·be·gren·zung *f* arms limitation; **Rü·stungs·ex·port** *m* export of armaments; **Rü·stungs·geg-ner(in)** *m* (*f*) supporter of disarmament; **Rü·stungs·in·du·strie** *f* armaments industry; **Rü·stungs·kon·trol-le** *f* arms control; **Rü·stungs·kon-troll·ver·hand·lungen** *pl* arms control talks.
Ru·te ['ruːtə] ⟨-, -n⟩ *f* 1. (*Stock*) rod; (*Gerte*) switch; 2. (*zoo: Penis*) penis; 3. (*Tierschwanz*) tail; (*Fuchs~*) brush; **Ru-ten·gän·ger(in)** *m* (*f*) dowser; **Ru-ten·ge·hen** *n* dowsing.
Rutsch [rʊtʃ] ⟨-(e)s, -e⟩ *m* 1. (*Ab~*) slide; 2. (*Erd~*) landslide; 3. *pol* shift; ► guten ~! Happy New Year! **Rutsch·bahn** *f* (*für Kinder*) slide; **Rut·sche** *f a. tech* slide; **rut·schen** ⟨sein⟩ *itr* 1. (*gleiten*) slide; 2. (*aus~*) slip; *mot* skid; ► rutsch mal'n Stück! *fam* shove up a bit! **rutsch·fest** *adj* non-slip; **rut·schig** *adj* slippery.
rüt·teln ['rʏtəln] *itr* (*wackeln, zittern*) shake; (*Fahrzeug*) jolt; ► an etw ~ rattle at s.th.; **daran gibt's nichts zu ~!** *fig fam* there's no doubt about that!
Rüt·tel·sieb *n tech* vibrating screen.

S

S, s [ɛs] ⟨-, -⟩ *n* S, s.
S-Bahn *f* 1. *(Zug)* suburban train; 2. *(System)* suburban train system.
Saal [za:l, *pl* 'zɛ:lə] ⟨-(e)s, Säle⟩ *m* hall; *(Theater-)* auditorium.
Saat [za:t] ⟨-, -en⟩ *f* 1. *(das Säen, die Aussaat)* sowing; 2. *(das Ausgesäte)* seed; 3. *(Getreide auf dem Halm)* young crops *pl;* ▶ **die ~ für etw legen** *fig* sow the seed of s.th.; **Saat·gut** *n* seeds *pl.*
Sab·bat ['zabat] ⟨-s, -e⟩ *m rel* Sabbath.
sab·bern *itr fam* slobber.
Sä·bel ['zɛ:bəl] ⟨-s, -⟩ *m Br* sabre, *Am* saber; ▶ **krummer ~** scimitar; **mit dem ~ rasseln** *fig* rattle the sabre.
Sa·bo·ta·ge [zabo'ta:ʒə] ⟨-, -n⟩ *f* sabotage; **Sa·bo·ta·ge·akt** *m* act of sabotage; **Sa·bo·teur(in)** *m (f)* saboteur; **sa·bo·tie·ren** *tr* sabotage.
Sach·be·ar·bei·ter *m (auf Ämtern)* official in charge *(für* of); **Sach·be·ar·bei·te·rin** *f (in Büro)* clerical assistant; **Sach·be·schä·di·gung** *f* damage to property; **Sach·buch** *n* non-fiction; **sach·dien·lich** *adj* useful; ▶ **es ist nicht ~, wenn ...** it won't help the matter, if ...; **~er Hinweis** useful clue.
Sa·che ['zaxə] ⟨-, -n⟩ *f* 1. *(Ding)* thing; *(Gegenstand)* object; 2. *(Angelegenheit)* matter; ▶ **~n** *pl (Besitz)* things; *(Kleider)* clothes; **kommen wir zur ~!** let's get to the point! **das ist Ihre ~** that's your problem; **das gehört nicht zur ~** that's beside the point; **das tut nichts zur ~** it's of no account; **das ist nicht jedermanns ~** that's not to everybody's taste; **mit 120 ~n** *fam* at 120 kilometres per hour; **mach keine ~n!** don't be silly! **da ist noch die ~ mit meinen Ausgaben ...** there's the matter of my expenses ...; **die ~ ist ernst** it's a serious matter; **s-e ~ verstehen** know one's business; **das ist meine ~!** that's my business! **sie mag süße ~n** she likes sweet things; **ich muß mir die ~ überlegen** I must think things over *pl;* **bei der ~ sein** be on the ball; **sich s-r ~ sicher sein** be sure of one's grounds *pl.*
Sach·ge·biet *n* area; **sach·ge·mäß** *adj* appropriate, proper; ▶ **bei ~er Anwendung** if used properly; **Sach·kennt·nis** *f* 1. *allg (Fachwissen)* knowledge of the subject; 2. *(Kenntnis der Sachlage)* knowledge of the facts; **sach·kun·dig** *adj* well-informed; **Sach·la·ge** *f* situation, state of affairs.

sach·lich *adj* 1. *(sachbezogen)* relevant; 2. *(objektiv)* objective; 3. *arch* functional; 4. *(unparteiisch)* impartial; ▶ **bleib mal ~!** don't get personal!
säch·lich ['zɛçlıç] *adj gram* neuter.
Sach·lich·keit *f (Objektivität)* objectivity.
Sach·män·gel *pl* material defects; **Sach·scha·den** *m* damage to property.
Sach·se ['zaksə] ⟨-n, -n⟩ *m* Saxon; **Sach·sen** *n* Saxony; **Säch·sin** ['zɛksın] ⟨-, -nen⟩ *f* Saxon; **säch·sisch** ['zɛksıʃ] *adj* Saxon.
sacht(e) *adj* 1. *(sanft)* gentle; 2. *(vorsichtig)* cautious; ▶ **nun mal ~!** take it easy! **~, ~!** come, come!
Sach·ver·halt *m* facts *pl;* **Sach·verstän·di·ge(r)** ⟨-n, -n⟩ *f m* expert, specialist; *jur* expert witness; **Sach·verstän·di·gen·gut·ach·ten** *n* specialist report; **Sach·wert** *m* 1. real *od* intrinsic value; 2. *pl* material assets; **Sach·zwang** *m* practical constraint, situational requirement.
Sack [zak, *pl* 'zɛkə] ⟨-(e)s, ⁝ e⟩ *m* 1. *(aus Jute)* sack; *(aus Papier etc)* bag; 2. *vulg (Hoden)* balls *pl;* ▶ **fauler ~!** *fig fam* lazy bugger! **jdn in den ~ stecken** *fig fam* put s.o. in the shade; **die Katze im ~ kaufen** *fig fam* buy a pig in a poke; **Sack·bahn·hof** *m* terminus.
Säck·chen ['zɛkçən] *n* little bag.
Säckel (k·k) *m (Beutel)* bag; *(Geld~)* moneybag.
Sack·gas·se *f* 1. blind alley, dead end; 2. *fig* dead end; ▶ **in e-e ~ gelangen** *a. fig* finish up a blind alley; *pol* reach an impasse; **wir stecken in e-r ~** *fig* we've come to a dead end; **Sack·hüp·fen** *n* sack-race; **Sack·kar·re** *f* handcart.
Sa·dis·mus [za'dısmus] ⟨-⟩ *m* sadism; **Sa·dist(in)** *m (f)* sadist; **sa·di·stisch** *adj* sadistic.
sä·en ['zɛ:ən] *tr* sow; ▶ **dünn gesät** *fig* few and far between.
Sa·fa·ri [za'fa:ri] ⟨-, -s⟩ *f* safari.
Saf·fi·an ['zafia(:)n] ⟨-s⟩ *m (Leder)* morocco.
Saft [zaft, *pl* 'zɛftə] ⟨-(⁝ *(Obst~)* juice; *(Pflanzen~)* sap, *(Flüssigkeit)* liquid; 2. *sl (Strom, Kraftstoff)* juice; 3. *vulg (Sperma)* come; **saf·tig** *adj* 1. *(voll von Saft)* juicy; 2. *fig* lush; ▶ **e-e ~e Rechnung** a hefty bill.
Saft·la·den *m sl pej* dump.
Saft·sack *sl (Schimpfwort)* sod.

Sa·ge ['za:gə] ⟨-, -n⟩ *f* legend; ▶ **es geht die ~, daß** ... rumour has it that ...
Sä·ge ['zɛ:gə] ⟨-, -n⟩ *f* saw; **Sä·ge·blatt** *n* saw blade; **Sä·ge·bock** *m Br* sawhorse, *Am* sawbuck; **Sä·ge·mehl** *n* sawdust.
sa·gen ['za:gən] *tr* **1.** *(äußern)* say; *(mitteilen)* tell; **2.** *(bedeuten)* mean; ▶ **sagen wir** ... suppose, say ... **das Bild sagt mir zu** I like the picture; **Ich habe ihm ~ lassen** ... I had word sent to him ...; **ich habe mir ~ lassen** ... as far as I've heard ...; **er läßt sich nichts ~** he won't listen to reason; **sie hat nichts zu ~** she has no say in the matter; **das hat nichts zu ~** it's of no account; **sage und schreibe** ... really and truly ...; **sag mal** ... say, ...; **sag bloß!** you don't say! **wem ~ Sie das!** you don't need to tell me that! **das kann man wohl ~!** you're telling me! **sag bloß nicht, daß du nicht kommen kannst!** don't tell me you can't come! **das sagt mir alles** that tells me all I need to know; **Sie haben mir nicht zu ~, was ich tun soll!** don't you tell me what to do!
sä·gen *itr* **1.** *(Holz~)* saw; **2.** *fig fam (schnarchen) Br* snore, *Am* saw wood.
sa·gen·haft *adj* **1.** *(legendär)* legendary; **2.** *fig fam (enorm)* terrific.
Sä·ge·spä·ne *pl* wood shavings; **Sä·ge·werk** *n* sawmill.
Sah·ne ['za:nə] ⟨-⟩ *f* cream; ▶ **die ~ abschöpfen** skim the cream off.
Sai·son [zɛ'zõ(:)/zɛ'zɔŋ] ⟨-, -s⟩ *f* season; **Sai·son·ar·bei·ter(in)** *m (f)* seasonal worker; **sai·son·be·dingt** *adj* seasonal.
Sai·te ['zaɪtə] ⟨-, -n⟩ *f* string; ▶ **andere ~n aufziehen** *fig* get tough; **Sai·ten·in·stru·ment** *n* stringed instrument.
Sak·ko ['zako] ⟨-s, -s⟩ *m Br* sports jacket *(Am* coat).
Sa·kra·ment [zakra'mɛnt] ⟨-(e)s, -e⟩ *n rel* sacrament.
Sa·kri·stei [zakrɪs'taɪ] *f* sacristy.
Sa·la·man·der [zala'mandə] ⟨-s, -⟩ *m zoo* salamander.
Sa·la·mi [za'la:mi] ⟨-, -(s)⟩ *f* salami; **Sa·la·mi·tak·tik** *f pol* piecemeal tactics *pl.*
Sa·lat [za'la:t] ⟨-(e)s, -e⟩ *m* **1.** *(Speise)* salad; **2.** *(Pflanze)* lettuce; ▶ **da haben wir den ~!** *fig fam* what did I tell you! **Sa·lat·be·steck** *n* salad-servers *pl;* **Sa·lat·gur·ke** *f* cucumber; **Sa·lat·schleu·der** *f* salad drainer; **Sa·lat·schüs·sel** *f* salad bowl; **Sa·lat·so·ße** *f* salad dressing.
Sal·be ['zalbə] ⟨-, -n⟩ *f* ointment.
Sal·bei ['zalbaɪ] ⟨-s⟩ *m bot* sage.
sal·bungs·voll *adj* unctuous.
Sal·do ['zaldo] ⟨-s, -den/-s/-di⟩ *m fin* balance; ▶ **per ~** on balance.

Sa·li·ne [za'li:nə] ⟨-, -n⟩ *f* salt-works *pl.*
Salm [zalm] ⟨-(e)s, -e⟩ *m zoo* salmon.
Sal·miak ['zalmjak] ⟨-s⟩ *m* sal ammoniac; **Sal·miak·geist** ⟨-(e)s⟩ *m* ammonia.
Sal·mo·nel·len [zalmo'nɛlən] *pl* salmonellae *pl;* **Sal·mo·nel·len·ver·gif·tung** *f* salmonellae poisoning.
Sa·lon [za'lõ:/za'lɔŋ] ⟨-s, -s⟩ *m* **1.** *(Gesellschaftszimmer) obs Br* drawing-room, *Am* parlor; **2.** *mar* saloon; **3.** *com (Friseur~ etc)* salon; **sa·lon·fä·hig** *adj:* ▶ **der Witz ist nicht ~** it's a naughty joke.
sa·lopp [za'lɔp] *adj (nachlässig)* sloppy, slovenly; *(Ausdruck, Sprache)* slangy; ▶ **~e Kleidung** casual wear.
Sal·pe·ter [zal'pe:tɐ] ⟨-s⟩ *n chem* nitre.
Sal·pe·ter·säu·re *f* nitric acid.
Sal·to ['zalto] ⟨-s, -s/-ti⟩ *m* somersault; ▶ **e-n ~ machen** do a somersault.
Sa·lut [za'lu:t] ⟨-(e)s, -e⟩ *m* salute; ▶ **~ schießen** fire a salute; **sa·lu·tie·ren** *tr itr* salute.
Sal·ve ['zalvə] ⟨-, -n⟩ *f mil* volley; ▶ **e-e ~ auf jdn abschießen** fire a salvo at s.o.
Salz [zalts] ⟨-es, -e⟩ *n* salt; **salz·arm** *adj* low-salt; ▶ **~ leben** live on a low-salt diet.
sal·zen *tr* salt.
Salz·fäß·chen *n* salt-cellar; **Salz·ge·halt** *m* salt content; **salz·hal·tig** *adj (Gestein)* saline.
sal·zig *adj* salty.
Salz·kar·tof·feln *pl* boiled potatoes; **Salz·säu·re** *f* hydrochloric acid; **Salz·stan·ge** *f* pretzel stick; **Salz·streu·er** *m Br* salt-sprinkler, *Am* salt-shaker; **Salz·was·ser** *n* saltwater.
Sa·me(n) ['za:mən] ⟨-s, ⟩ *m* **1.** *bot a. fig* seed; **2.** *zoo* sperm; **3.** *(Sperma)* semen; **Sa·men·bank** *f* sperm bank; **Sa·men·er·guß** *m* ejaculation; **Sa·men·korn** *n* seed; **Sa·men·spen·der** *m* sperm donor; **Sa·men·strang** *m anat* spermatic cord.
Sam·mel·an·schluß *m tele* private exchange; **Sam·mel·band** *m* **1.** *(Anthologie)* anthology; **2.** *(Hefter für Broschüren etc)* bound volume; **Sam·mel·becken (k·k)** *n* **1.** *(Behälter)* collecting tank; **2.** *fig* melting pot *(von* for); **Sam·mel·be·griff** *m* collective name; **Sam·mel·be·stel·lung** *f* collective order; **Sam·mel·büch·se** *f* collecting box.
sam·meln ['zaməln] **I** *tr* **1.** *(auf~, ernten)* gather; **2.** *(an~)* collect; ▶ **E. A. Poe's gesammelte Werke** the collected works of E.A. Poe; **Kräfte ~** gather one's strength; **II** *refl* **1.** *(sich ver~)* gather; **2.** *(sich an~)* collect; ▶ **sich ~** *(sich konzentrieren)* collect one's thoughts.
Sam·mel·num·mer *f tele* switchboard number; **Sam·mel·su·ri·um**

[-'zu:riʊm] *n fam* conglomeration; **Sam·mel·tank** *m* collection tank.

Samm·ler *m* collector; **Samm·ler-stück** *n* collector's item.

Samm·lung *f* 1. *(~ von Sammelstükken)* collection; 2. *(Anthologie)* anthology; 3. *fig (innere Fassung)* composure; ▶ **e-e ~ für etw durchführen** hold a collection for s.th.

Sams·tag ['zamsta:k] *m* Saturday; ▶ **~s** on Saturdays *pl.*

Samt [zamt] ⟨-(e)s, -e⟩ *m* velvet; ▶ **in ~ u. Seide** in silks and satin.

samt [zamt] I *prp fam (zusammen mit)* complete with ...; II *adv:* ▶ **ich hab' die Nase von euch ~ und sonders voll!** I'm fed up with you lot!

Samt·hand·schuh *m* velvet glove; ▶ **jdn mit ~en anfassen** *fig* kid-glove s.o.

sämt·lich ['zɛmtlɪç] *adj (alle)* all; ▶ **~e Kinder** all the children; **~e Anwesenden** all those present.

Sa·na·to·r·ium [zana'to:riʊm] *n* sanatorium.

Sand [zant] ⟨-(e)s, -e⟩ *m* sand; ▶ **etw in den ~ setzen** *fig fam* muck s.th. up; **im ~e verlaufen** *fig* come to nothing; **jdm ~ in die Augen streuen** *fig* throw sand into someone's eyes.

San·da·le *f* sandal.

San·da·let·te [zanda'lɛtə] ⟨-, -n⟩ *f* high-heeled sandal.

Sand·bank *f* sandbank, sandbar; **Sand-dorn** *m* sea buckthorn; **Sand·hau·fen** *m* pile of sand.

san·dig *adj* sandy.

San·di·nist(in) *m (f)* sandinista.

Sand·ka·sten *m* 1. *Br* sandpit, *Am* sand box; 2. *mil* sand table; **Sand·korn** *n* grain of sand.

Sand·ku·chen *m* Madeira cake.

Sand·mann ⟨-(e)s⟩ *m* sandman.

Sand·pa·pier *n* sandpaper.

Sand·sack *m* sandbag; *sport (beim Boxen)* punchbag; **Sand·stein** *m* sandstone; **sand·strah·len** ['---] *tr* sandblast; **Sand·strand** *m* sandy beach; **Sand·sturm** *m* sandstorm; **Sand·uhr** *f* hourglass; **Sandwü·ste** *f* (sandy) desert.

sanft [zanft] *adj* 1. *(weich)* soft; 2. *(leicht)* gentle; 3. *fig (mild)* mild; ▶ **mit jdm ~ umgehen** be gentle with s.o.

Sänf·te ['zɛnftə] ⟨-, -n⟩ *f* sedan-chair; **Sänf·ten·trä·ger** *m* sedan-bearer.

sanft·mü·tig *adj* meek.

sang- und klang·los *adv fig* without any ado.

Sän·ger(in) *m (f) Br* singer, *Am* vocalist.

sa·nie·ren [za'ni:rən] *tr* 1. *(Stadtgebiet)* redevelop; 2. *com* put on it's feet; **Sa·nie·rung** *f* 1. *(von Stadtgebiet)* redevelopment; 2. *com* rehabilitation; 3.

med sanitation; **Sa·nie·rungs·ge·biet** *n* renewal area; **Sa·nie·rungs·maß-nah·me** *f* sanitation measures *pl.*

sa·ni·tär [zani'tɛ:ɐ] *adj:* ▶ **~e Verhält-nisse** sanitary conditions; **~e Anlagen** sanitation facilities.

Sa·ni·tä·ter *m (zivil)* first-aid attendant; *mil* medical orderly.

Sa·ni·täts·dienst *m mil:* ▶ **er ist im ~** he's in the medical corps; **Sa·ni·täts-we·sen** *n* medical services *pl.*

Sank·tion [zaŋk'tsjo:n] *f* sanction; ▶ **~en gegen jdn verhängen** take sanctions against s.o.

sank·tio·nie·ren *tr* sanction; ▶ **etw ~** give one's sanction to s.th.

Sa·phir [za'fi:ɐ] ⟨-s, -e⟩ *m* sapphire.

Sar·del·le [zar'dɛlə] ⟨-, -n⟩ *f* anchovy; **Sar·del·len·pa·ste** *f* anchovy paste.

Sar·di·ne [zar'di:nə] ⟨-, -n⟩ *f* sardine; **Sar·di·nen·büch·se** *f* sardine-tin.

Sar·di·nien [zar'di:niən] *n* Sardinia; **sar·disch** *adj* Sardinian.

Sarg [zark, *pl* 'zɛrgə] ⟨-(e)s, ¨e⟩ *m Br* coffin, *Am* casket.

Sar·kas·mus [zar'kasmʊs] ⟨-ses, -men⟩ *m* sarcasm; **sar·ka·stisch** *adj* sarcastic.

Sar·ko·phag [zarko'fa:k] ⟨-s, -e⟩ *m* sarcophagus.

Sa·tan ['za:tan] ⟨-s, -e⟩ *m* Satan; **sa·ta-nisch** *adj* satanic.

Sa·tel·lit [zatɛ'li:t] ⟨-en, -en⟩ *m* satellite; **Sa·te·li·ten·bild** *n* TV satellite picture; **Sa·tel·li·ten·fern·se·hen** *n* satellite television; **Sa·tel·li·ten·staat** *m* satellite state; **Sa·tel·li·ten·stadt** *f* satellite town.

Sa·tin [sa'tɛ̃:] ⟨-s, -s⟩ *m* satin.

Sa·ti·re [za'ti:rə] ⟨-, -n⟩ *f* satire *(auf* on); **Sa·ti·ri·ker(in)** ⟨-s, -⟩ *m (f)* satirist; **sa·ti·risch** *adj* satirical.

satt [zat] *adj* 1. *(gesättigt)* full; 2. *fig (kräftig)* rich; ▶ **ich bin ~** I've had enough; **etw ~ haben** be fed up with s.th.; **sich (an etw) ~ essen** eat one's fill (of s.th.); **ich kann mich nicht daran ~ sehen** I can't see enough of it.

Sat·tel ['zatəl, *pl* 'zɛtəl] ⟨-s, ¨⟩ *m* saddle; ▶ **jdn in den ~ heben** *a. fig* give s.o. a leg up; **fest im ~ sitzen** *fig* be firmly in the saddle; **Sat·tel·dach** *n* saddle roof; **sat·tel·fest** *adj:* ▶ **~ sein in ...** *fig* have a firm grasp of ...

sat·teln *tr* saddle.

Sat·tel·schlep·per *m Br* articulated lorry, *Am* semitrailer; **Sat·tel·ta·sche** *f* 1. *(an Pferdesattel)* saddlebag; 2. *(an Zweiradsattel)* pannier.

sät·ti·gen ['zɛtɪgən] I *tr* 1. *(Person)* make replete; 2. *fig (stillen)* satisfy; 3. *chem* saturate; II *itr* be filling; **sät·ti-gend** *adj* filling; **Sät·ti·gung** *f* 1. *(Sattsein)* repletion; 2. *com chem (a. von Farbe)* saturation.

Satt·ler(in) *m* *(f)* 1. *(Sattelmacher)* saddler; 2. *(Polsterer)* upholsterer.

Satz [zats, *pl* 'zɛtsə] ⟨-es, ⁀ e⟩ *m* 1. *gram* sentence; 2. *typ (das Gesetzte)* type; 3. *sport (Tennis~)* set; 4. *(Boden~)* dregs *pl; (Kaffee~)* grounds *pl;* 5. *mus* movement; 6. *(Sprung)* jump, leap; 7. *fin (Gebühr)* charge; ▶ e-n ~ **machen** jump, leap; **Satz·bau** *m gram* sentence construction; **Satz·be·fehl** *m typ* typographical command; **Satz·her·stel·lung** *f typ* typesetting; **Satz·leh·re** *f gam* syntax; **Satz·spie·gel** *m typ* type area; **Satz·teil** *m gram* constituent (of a sentence).

Sat·zung *f* 1. *(von Körperschaften)* statutes *pl;* 2. *(von Vereinen, Gesellschaften etc)* rules *pl;* **sat·zungs-gemäß** *adj* according to the statutes *(od* rules).

Satz·ver·lust *m sport* loss of a set.

Satz·zei·chen *n* *gram* punctuation mark.

Sau [zaʊ, *pl* 'zɔɪə] ⟨-, ⁀ e⟩ *f* 1. *zoo* sow; 2. *fig (Schimpfwort)* dirty swine; ▶ **zur ~ machen** *fam* smash up; **das war unter aller ~!** *fam* that was bloody awful! **Sau·ban·de** *f fam* gang of hoodlums.

sau·ber ['zaʊbə] *adj* 1. *(rein)* clean; 2. *fig fam (nicht übel)* great; 3. *(gut gearbeitet)* accurate; ▶ e-e ~e **Bescherung** a fine *(od* pretty *od* nice) mess; **ist der Hund auch ~?** is the dog housetrained? **sauber|halten** *tr* keep clean; **Sau·ber·keit** *f* 1. *(Reinheit)* cleanness; 2. *fig (Sauberkeit im Hause)* cleanliness; **Sau·ber·keits·fim·mel** *m fam* mania for cleanliness; ▶ **einen ~ haben** have a thing about cleanliness.

säu·ber·lich ['zɔɪbəlɪç] *adv* ▶ **fein ~** neatly and tidily.

Sau·ber·mann *m fig* Mr. Clean.

säu·bern ['zɔɪbən] *tr* 1. *(reinigen)* clean *(etw von etw* s.th. off s.th.); 2. *mil (ein Gebiet von Feindtruppen ~)* clear *(von* of); **Säu·be·rung** *f* 1. *(Reinigung)* cleaning; 2. *fig pol* purge.

Sau·boh·ne *f bot* broad bean.

Sau·ce ['zo:sə] ⟨-, -n⟩ *f* sauce.

Sau·di-Ara·bien ['zaʊdi-] *n* Saudi-Arabia; **sau·di-ara·bisch** *adj* Saudi-Arabian.

sau·dumm ['-'-] *adj fam* damn stupid.

sau·er ['zaʊɐ] *adj* 1. *(nicht süß)* sour; 2. *chem* acidic; 3. *fig fam (ärgerlich)* cross *(auf* with); ▶ ~ **auf etw reagieren** *fig* take s.th. amiss; **saure Gurken** pickled cucumber; ▶ **saurer Regen** acid rain; **Sau·er·amp·fer** *m bot* sorrel; **Sau·er·bra·ten** *m Br* braised beef, *Am* sauerbraten.

Saue·rei [zaʊə'raɪ] *f fam:* ▶ **so 'ne ~!** it's a bloody scandal! **e-e schöne ~ ist das hier drin!** it's a mess in here!

Sau·er·kir·sche *f* sour cherry; **Sau·er-**

kraut *n* pickled cabbage, sauerkraut.

säu·er·lich ['zɔɪəlɪç] *adj* sour.

Sau·er·milch *f* sour milk.

Sau·er·stoff *m* oxygen; **Sau·er·stoff-ge·rät** *n* 1. *med* respirator; 2. *(für Taucher)* oxygen cylinder; **Sau·er·stoff-man·gel** *m* 1. *med* oxygen deficiency; 2. *(~ der Luft)* lack of oxygen; **Sau·er-stoff·mas·ke** *f* oxygen mask.

Sau·er·teig *m* leaven.

sau·fen ['zaʊfən] *irr tr itr sl* booze.

Säu·fer ['zɔɪfə] ⟨-s, -⟩ *m* boozer.

Sau·fe·rei *f sl* booze-up.

Saug·bag·ger *m* suction dredge(r).

sau·gen ['zaʊɡən] *irr itr tr* 1. *(ein~)* suck; 2. *(mit Staubsauger)* vacuum, *fam* hoover; ▶ **an etw ~** suck s.th.; **sich etw aus den Fingern ~** *fig* dream s.th. up.

säu·gen ['zɔɪɡən] *tr* suckle.

Sau·ger *m* 1. *(auf Flasche) Br* teat, *Am* nipple; 2. *fam (Staub~)* vacuum, Hoover *Wz.*

Säu·ge·tier *n* mammal.

saug·fä·hig *adj* absorbent.

Säug·ling ['zɔɪklɪŋ] *m* baby; **Säug-lings·ba·de·wan·ne** *f* baby bath; **Säug·lings·pfle·ge** *f* babycare; **Säug·lings·schwe·ster** *f* infant nurse.

Sau·käl·te ['-'--] *f fam* ▶ **was für e-e ~!** it's bloody freezing!

Säu·le ['zɔɪlə] ⟨-, -n⟩ *f* column; **Säu·len-gang** *m* colonnade; *(Innenhof)* perystile; **Säu·len·hal·le** *f* 1. *(Halle mit Säulen)* columned hall; 2. *(am Eingang)* portico.

Saum [zaʊm, *pl* 'zɔɪmə] ⟨-(e)s, ⁀ e⟩ *m* 1. *(Näh~)* seam; 2. *(Einfassung)* hem.

sau·mä·ßig *adj fam* lousy.

säu·men[1] ['zɔɪmən] *tr (einfassen)* hem.

säu·men[2] *itr (zaudern)* tarry; **säu·mig** *adj:* ▶ ~**er Zahler** defaulter.

Sau·na ['zaʊna] ⟨-, -s/Saunen⟩ *f* sauna; **sau·nie·ren** *itr* have a sauna.

Säu·re ['zɔɪrə] ⟨-, -n⟩ *f* 1. *(von Frucht, Speise)* sourness; 2. *chem* acid; **säu·re-be·stän·dig** *adj* acid-proof; **säu·re-hal·tig** *adj* acidic.

Sau·re·gur·ken·zeit [--'---] *f fig fam* silly season.

Saus [zaʊs] *m:* ▶ **in ~ und Braus leben** live like a lord.

säu·seln ['zɔɪzəln] *itr* 1. *(Blätter im Wind)* rustle; 2. *(Wind in den Bäumen)* whisper; 3. *(Stimme)* purr; ▶ **mit ~der Stimme** in a purring voice.

sau·sen ['zaʊzən] ⟨sein⟩ *itr* 1. *(Mensch: eilen)* tear; *(Fahrzeug)* roar; 2. *(durch die Luft ~)* whistle; ▶ **etw ~ lassen** *fam* drop s.th.

Sau·stall *m fam* pigsty; **Sau·wet·ter** *n fam* bloody weather; **sau·wohl** ['-'-] *adj fam:* ▶ **sich ~ fühlen** feel bloody good.

Sa·van·ne [za'vanə] ⟨-, -n⟩ *f* savanna(h).

Sa·xo·phon [zakso'fo:n] ‹-s, -e› n saxophone; **Sa·xo·pho·nist** m saxophone player.
SB (in Zssgn) self-service.
S-Bahn f rail suburban railway.
Scha·be ['ʃaːbə] ‹-, -n› f zoo cockroach.
scha·ben ['ʃaːbən] tr scrape.
Scha·ber·nack ['ʃaːbenak] ‹-(e)s, -e› m: ▶ jdm e-n ~ spielen play a prank on s.o.
schä·big ['ʃɛːbɪç] adj 1. (fadenscheinig) shabby; 2. fig (gemein) Br mean, Am tacky.
Scha·blo·ne [ʃaˈbloːnə] ‹-, -n› f (Wachs~) stencil; ▶ ich laß' mich nicht gern in e-e ~ zwängen fig I don't like being stereotyped; **scha·blo·nen·haft** adj: ▶ er kann nur ~ denken he can only think in stereotypes.
Schach [ʃax] ‹-s, -s› n 1. (Spiel) chess; 2. (Spielstellung) check; ▶ jdn in ~ halten fig stall s.o.; (mit Waffe) keep s.o. covered; spielst du ~? can you play chess? **Schach·brett** n chessboard; **Schach·brett·mu·ster** n checkered pattern; **Schach·fi·gur** f 1. chessman; 2. fig pawn; fig pol figurehead; **schach·matt** ['-'-] adj 1. (im Spiel) mated; 2. fig (erledigt) knackered; **Schach·par·tie** f game of chess; **Schach·spie·ler(in)** m (f) chessplayer.
Schacht [ʃaxt, pl 'ʃɛçtə] ‹-(e)s, ⁻e› m 1. (Bergwerks~) shaft; 2. (Kanal~) drain; 3. (Einstiegs~) manhole.
Schach·tel ['ʃaxtəl] ‹-, -n› f box; ▶ alte ~! fig fam pej old frump! e-e ~ Zigaretten a packet of cigarettes; **Schach·tel·halm** m horsetail.
Schach·zug m a. fig move.
scha·de ['ʃaːdə] adj: ▶ wie ~! that's a shame! es ist sehr ~ it's a great pity; es ist ~ um ihn it is a pity about him; um den ist es nicht ~ he's no great loss; es ist ~ um das schöne Geld what a shame that such money should go to waste; sich für etw zu ~ sein consider oneself too good für s.th. das Buch ist für ein so kleines Kind zu ~ the book is too valuable to be given to such a young child.
Schä·del ['ʃɛːdəl] ‹-s, -› m 1. anat skull; 2. (Toten~) death's head; ▶ jdm den ~ einschlagen knock out someone's brains pl; mir brummt der ~ my head is throbbing; **Schä·del·bruch** m fractured skull; **Schä·del·decke (k·k)** f top of the skull.
Scha·den ['ʃaːdən, pl 'ʃɛːdən] ‹-s, ⁻› m damage (durch caused by, an to); ▶ jdm ~ zufügen do harm to s.o.; gro-ßen ~ anrichten do a lot of damage; den ~ wiedergutmachen make good the damage.
scha·den itr 1. (Schaden zufügen) dam-

age; 2. (schädlich sein) harm; ▶ das hat s-m Ruf sehr geschadet that did a lot of damage to his reputation; **Rauchen schadet der Gesundheit** smoking can damage your health; es wird mehr ~ als nützen it will do more harm than good; was kann denn das ~? where's the harm in that? das schadet dir gar nichts it serves you right.
Scha·den·er·satz m compensation; ▶ jdn auf ~ verklagen claim compensation from s.o.; ~ leisten pay compensation; **scha·den·er·satz·pflich·tig** adj liable for damages; **Scha·den·frei·heits·ra·batt** m no-claims bonus; **Scha·den·freu·de** f malicious joy; **scha·den·froh** adj gloating; ▶ ein ~er Blick a gloating look in her (od his) eyes; **Scha·dens·be·gren·zung** f damage containment.
schad·haft adj (beschädigt) damaged; (Material) defective, faulty.
schä·di·gen ['ʃɛːdɪɡən] tr 1. fig damage; 2. (verletzen) hurt, injure; ▶ sich auf etw ~d auswirken be damaging to s.th.; **Schä·di·gung** f 1. fig damage; 2. (Verletzung) harm; ▶ die ~ s-s Rufes the damage to his reputation.
schäd·lich adj damaging, harmful (für to); **Schäd·lich·keit** f harmfulness.
Schäd·ling m zoo pest; **Schäd·lings·be·kämp·fung** f pest control; **Schäd·lings·be·kämp·fungs·mit·tel** n pesticide.
schad·los adv: ▶ sich an jdm ~ halten take advantage of s.o.
Schad·stoff m pollutant; **schad·stoff·arm** adj low pollution; **Schad·stoff·be·la·stung** f pollution; **Schad·stoff·kon·zen·tra·tion** f concentration of pollutants pl.
Schaf [ʃaːf] ‹-(e)s, -e› n sheep; ▶ du dummes ~! (Schimpfwort) silly twit! das schwarze ~ der Familie the black sheep of the family; **Schaf·bock** m ram.
Schäf·chen ['ʃɛːfçən] n lamb, little sheep; ▶ sein(e) ~ ins trockene bringen fig feather one's own nest; sein ~ im trockenen haben fig be out of the wood; **Schäf·chen·wol·ken** pl cirrus clouds pl.
Schä·fer(in) m (f) shepherd(ess); **Schä·fer·hund** m Br alsatian, Am German Shepherd.
Schaf·fell n sheepskin.
schaf·fen¹ ['ʃafən] irr tr (erzeugen) create; ▶ wie geschaffen sein für ... be made for ...
schaf·fen² tr (erreichen) manage; ▶ ~ wir es allein? can we manage to do it alone? ich schaffe es! I'm gonna make it! das wäre geschafft! there, that's done!
schaf·fen³ itr (süddeutsch) (arbeiten)

work; ► **er macht sich im Garten zu ~** he's pottering about in the garden; **jdm zu ~ machen** give s.o. trouble; **damit habe ich nichts zu ~** I have nothing to do with it; **sich an etw zu ~ machen** fiddle about with s.th.

schaf·fen[4] *tr (bringen):* ► **kannst du das Paket zur Post ~?** can you get this parcel to the post office? **etw aus der Welt ~** settle s.th.

Schaf·fens·drang *m* creative urage; energy; **Schaf·fens·kraft** *f* creativity.

Schaff·ner(in) ['ʃafnə] *m (f)* 1. *(Bus~)* conductor; 2. *rail Br* guard, *Am* conductor.

Schaf·her·de *f* flock of sheep.

Scha·fott [ʃa'fɔt] ⟨-(e)s, -e⟩ *n hist* scaffold; ► **das ~ besteigen** mount the scaffold.

Schafs·kä·se *m* sheep's milk cheese; **Schafs·kopf** *m (Schimpfwort):* ~! blockhead! **Schafs·pelz** *m* sheepskin.

Schaft [ʃaft, *pl* 'ʃɛftə] ⟨-(e)s, ˸e⟩ *m* 1. *(Flinten~)* stock; 2. *bot* stalk; 3. *(Stiefel~)* leg; **Schaft·stie·fel** *m pl* high boots.

Schaf·zucht *f* sheepbreeding.

Schah [ʃa:] ⟨-s, -s⟩ *m* shah.

Scha·kal [ʃa'ka:l] ⟨-s, -e⟩ *m* jackal.

schä·kern ['ʃɛːkən] *itr* dally, flirt.

Schal [ʃa:l] ⟨-s, -e/-s⟩ *m* scarf.

schal [ʃa:l] *adj (abgestanden) a. fig* stale.

Schäl·chen ['ʃɛːlçən] ⟨-s, -⟩ *n* small bowl.

Scha·le[1] *f (Gefäß)* bowl.

Scha·le[2] [ʃa:lə] ⟨-, -n⟩ *f* 1. *bot (äußere Hülle)* skin; 2. *zoo* shell; 3. *bot (geschälte Hülle)* peel; ► **sich in ~ werfen** *fig* get dressed up.

schä·len ['ʃɛːlən] **I** *tr (Äpfel)* pare; *(Orangen)* peel; *(Kartoffeln)* skin; *(Eier)* shell; **II** *refl (Haut)* peel.

Scha·len·sitz *m mot* bucket seat.

Schall [ʃal, *pl* 'ʃɛlə] ⟨-(e)s, (-e/˸e)⟩ *m* sound; **schall·däm·men** *tr* soundproof; **Schall·däm·mung** *f* sound insulation; **Schall·dämp·fer** *m* 1. *mot Br* silencer, *Am* muffler; 2. *(an Waffe)* silencer; **schall·dicht** *adj* soundproof; ► **~ machen** soundproof.

schal·len *itr (tönen)* sound; *(er~)* ring out; *(widerhallen)* resound; ► **~des Gelächter** ringing laughter.

Schall·ge·schwin·dig·keit *f* speed of sound; **Schall·iso·lie·rung** *f* soundproofing; **Schall·mau·er** *f* sound barrier; **Schall·pe·gel** *m* noise level; **Schall·plat·te** *f* record; **schallschluckend (k·k)** *adj* noise absorbing; **Schall·schluck·hau·be** *f EDV* noise reducer; **Schall·schutz** *m* soundproofing; **Schall·schutz·fen·ster** *n* soundproof window; **Schall·wel·le** *f* sound wave.

Schalt·bild *n el* wiring diagram;

Schalt·brett *n* 1. *el* switchboard; 2. *mot* instrument panel.

schal·ten ['ʃaltən] *itr* 1. *mot* change gear; 2. *el* switch *(auf* to); 3. *fig (reagieren)* react; ► **in den dritten (Gang) ~** change *(Am* shift) into third (gear).

Schal·ter[1] *m el* switch.

Schal·ter[2] *m (Ausgabefenster)* counter; *(Fahrkarten~)* ticket window; **Schalter·be·am·te(r) (-be·am·tin)** *m (f)* *rail* ticket clerk; *(in Bank, Post)* counter clerk; **Schal·ter·hal·le** *f rail* booking hall; *(in Bank, Post)* hall.

Schalt·ge·trie·be *n Br* manual transmission, *Am* stick shift.

Schalt·jahr *n* leap year; **Schalt·knüppel** *m mot* gearstick; **Schalt·kreis** *m el* (switching) circuit; **Schalt·plan** *m el* wiring diagram (od scheme); **Schaltpult** *el* control desk; **Schalt·stel·le** *f a. fig* switch point; **Schalt·ta·fel** *f el* switchboard; **Schalt·tag** *m* leap day.

Schal·tung *f* 1. *mot* gear-change; 2. *el* wiring.

Scha·lung *f tech* formwork, shuttering; **Scha·lungs·brett** *n* form board.

Scham [ʃa:m] ⟨-⟩ *f* 1. *(~haftigkeit)* shame; 2. *(Schande)* disgrace; ► **nur keine falsche ~!** no need for embarassment! **Scham·bein** *n anat* pubic bone.

schä·men ['ʃɛːmən] *refl* be ashamed *(über* of); ► **er sollte sich was ~!** he ought to be ashamed of himself! **schäm dich!** shame on you! **sich vor jdm ~** feel ashamed in front of s.o.

Scham·ge·fühl *n* sense of shame; **Scham·haar** *n* pubic hair; **schamhaft** *adj* bashful; **Scham·lip·pen** *f (pl)* labium (labia); **scham·los** *adj a. fig* shameless.

Schan·de ['ʃandə] ⟨-⟩ *f* disgrace; ► **jdm ~ machen** put s.o. to shame; **zu meiner ~...** to my eternal shame...; **mach uns keine ~!** don't disgrace us!

schän·den ['ʃɛndən] *tr* violate.

Schand·fleck *m fig:* ► **ein ~ für jdn sein** be a blot for s.o.

schänd·lich *adj* shameful; ► **es ist ~, daß sich niemand um diese Leute kümmert** it's a disgrace that nobody cares for these people.

Schand·tat *f* scandalous deed; ► **zu jeder ~ bereit sein** *fig* be always ready for a lark.

Schän·dung *f* violation.

Schan·ker ['ʃaŋkə] ⟨-s, -⟩ *m med* chancre.

Schan·ze ['ʃantsə] ⟨-, -n⟩ *f* 1. *mil* entrenchment; 2. *sport (Sprung~)* jump.

Schar [ʃa:ə] ⟨-, -en⟩ *f* 1. *(Menge)* crowd; 2. *(Gruppe)* band; **scha·ren** *refl:* ► **sich um jdn ~** gather around s.o.; **scha·ren·wei·se** *adv* in droves.

scharf [ʃarf] ⟨scherfer, scherfst⟩ *adj* 1. *(schneidend)* sharp; 2. *fig (~ gewürzt)* hot; **3.** *fig (beißend)* caustic; **4.** *fig (streng)* severe; **5.** *fig (klar)* sharp; **6.** *fig sl (sexuell)* horny, randy; ▶ **ich bin nicht gerade ~ darauf** I'm not exactly keen on it; **jdn ganz ~ auf etw machen** make s.o. quite keen on doing s.th.; **~er Verstand** keen intellect; **~ nachdenken** think hard; **~ nach links abbiegen** turn sharp left; **~ durchgreifen gegen jdn** get tough with s.o.; **~er Hund** fierce dog; **~ schießen** shoot with live ammunition; **jdn ~ machen** *fig* turn s.o. on; **Scharf·blick** *m* penetration.

Schär·fe ['ʃɛrfə] ⟨-, -n⟩ *f* **1.** *(von Schneide)* sharpness; **2.** *phot* focus; **3.** *fig (Strenge)* severity; **schär·fen** *tr a. fig* sharpen; **Schär·fen·ein·stel·lung** *f phot* focusing control.

scharf·kan·tig *adj* sharp-edged.

scharf|ma·chen *tr:* ▶ **jdn ~** stir s.o. up.

Scharf·rich·ter *m* executioner; **Scharf·schüt·ze** *m mil* marksman; **scharf·sich·tig** *adj* **1.** *(mit scharfen Augen)* sharp-sighted; **2.** *fig* clear-sighted; **Scharf·sinn** *m* acumen, keen perception; **scharf·sin·nig** *adj* astute, sharp-witted.

Schar·lach ['ʃarlax] ⟨-s, -e⟩ *m* **1.** *(Farbe)* scarlet; **2.** *med* scarlet fever.

Schar·la·tan ['ʃarlataːn] ⟨-s, -e⟩ *m* charlatan.

Schar·nier [ʃar'niːɐ] ⟨-s, -e⟩ *n* hinge.

Schär·pe ⟨-, -en⟩ *f* sash.

schar·ren ['ʃarən] *itr* scrape; *(Vogel)* scratch; *(Pferd)* paw.

Schar·te ['ʃartə] ⟨-, -n⟩ *f* nick; ▶ **e-e ~e auswetzen** *fig* make amends; **schar·tig** *adj* jagged, notched.

schar·wen·zeln [ʃar'vɛntsəln] ⟨ohne ge-⟩ ⟨sein⟩ *itr fam* dance attendance *(um* on).

Schasch·lik ⟨-s, -s⟩ *m od n* shashlik.

Schat·ten ['ʃatən] ⟨-s, -⟩ *m* **1.** *(sonnengeschützt)* shade; **2.** *(Schlag~, a. fig)* shadow; ▶ **im ~** in the shadow; **in jds ~ stehen** *fig* be in someone's shadow; **30° im ~** 30 degrees in the shade; **jdn in den ~ stellen** *fig* put s.o. in the shade; **Schat·ten·mo·rel·le** *f bot* morello cherry; **Schat·ten·sei·te** *f* **1.** shady side; **2.** *fig (Nachteil)* draw-back.

schat·tie·ren *tr* shade; **Schat·tie·rung** *f a. fig* shade.

schat·tig *adj* shady.

Scha·tul·le [ʃa'tʊlə] ⟨-, -n⟩ *f (Geld~)* coffer.

Schatz [ʃats, *pl* 'ʃɛtsə] ⟨-es, ⸚e⟩ *m* **1.** treasure; **2.** *fig (Liebste(r)) Br* sweetheart, *Am* cutie; ▶ **mein ~** love; **⸚e** *pl (Reichtümer)* riches.

Schätz·chen [ʃɛtsçən] ⟨-s, -⟩ *n fam* darling, love.

schät·zen ['ʃɛtsən] *tr* **1.** *(hochachten)* think highly of ...; *(ehren)* respect; **2.** *(ein~)* assess, estimate *(auf* at); **3.** *(mei-*

nen) think; ▶ **schätz mal!** have a guess! **£ 100 ist nur geschätzt** £ 100 is just an estimate; **grob geschätzt** at a rough estimate; **es läßt sich schwer ~** it's hard to estimate; **ich schätze, daß ...** my guess is that ...; **ich schätze, ja** I guess so; **etw zu ~ wissen** appreciate s.th.; **wie alt schätzt du ihn?** how old would you say he is?

schät·zen|ler·nen *tr* learn to appreciate.

Schatz·grä·ber *m* treasure-hunter; **Schatz·kam·mer** *f* **1.** treasure vault; **2.** *fig* storehouse.

Schät·zung *f (Veranschlagung)* estimate; *(Wertein~)* valuation; ▶ **meiner ~ nach** in my estimation; **schät·zungs·wei·se** *adv* approximately, roughly.

Schätz·wert *m* estimated value.

Schau [ʃaʊ] ⟨-, -en⟩ *f (Vorführung)* show; ▶ **das ist nur ~** *fig fam* it's just for show; **es war alles nur ~** *fig fam* it was all show; **e-e ~ abziehen** *fig fam* put on a show; **etw zur ~ stellen** exhibit s.th. *fig* parade s.th.; **Schau·bild** *n* diagram; **Schau·bu·de** *f* (show-)booth.

Schau·der ['ʃaʊdɐ] ⟨-s, -⟩ *m* shiver, shudder; ▶ **ein ~ überlief sie** a shudder ran through her body; **schau·der·haft** *adj* **1.** *(gräßlich)* horrible; **2.** *fig fam (schlimm)* awful, terrible; **schau·dern** *itr* shudder, shiver *(vor* with, *bei* at); ▶ **mich schaudert bei dieser Vorstellung** it gives me the creeps to think of that.

schau·en ['ʃaʊən] *itr* look; ▶ **schau, schau!** what do you know! **aus dem Fenster ~** look out of the window.

Schau·er¹ *m (Regenguß)* shower.

Schau·er² ['ʃaʊɐ] ⟨-s, -⟩ *m (s. Schauder);* **Schau·er·ge·schich·te** *f* horror story; **schau·er·lich** *adj* **1.** *(gräßlich)* horrific; **2.** *fig fam (schlimm)* dreadful.

Schau·fel ['ʃaʊfəl] ⟨-, -n⟩ *f* **1.** *(Grabe~)* shovel; **2.** *tech (Turbinen~ etc)* vane; ▶ **e-e ~ Kohle** a shovel(ful) of coal; **schau·feln** *tr itr* shovel.

Schau·fen·ster *n* shop-window; ▶ **im ~ ausstellen** display in the window; **Schau·fen·ster·aus·la·ge** *f* window display; **Schau·fen·ster·bum·mel** *m:* ▶ **e-n ~ machen** go window-shopping; **Schau·fen·ster·de·ko·ra·teur(in)** *m (f)* window-dresser; **Schau·ka·sten** *m* showcase.

Schau·kel ['ʃaʊkəl] ⟨-, -n⟩ *f* swing.

schau·keln *tr itr* **1.** *(auf Schaukel)* swing; **2.** *(auf Stuhl)* rock; **3.** *(pendeln)* sway to and fro; ▶ **wir werden das (Kind) schon ~!** *fam* we'll manage it! **Schau·kel·pferd** *n* rocking horse; **Schau·kel·po·li·tik** *f* seesaw policy; ▶ **e-e ~ betreiben** pursue a fickle policy; **Schau·kel·stuhl** *m* rocking chair.

schau·lu·stig adj curious; **Schau·lu·sti·ge** pl onlookers.

Schaum [ʃaʊm, pl 'ʃɔɪmə] ⟨-(e)s, ∵e⟩ m allg foam; (Seifen~ etc) lather; (Bier~) froth; **Schaum·bad** n bubble bath.

schäu·men ['ʃɔɪmən] itr foam, froth; (Seife etc) lather; (Sekt, Sprudel) bubble; ▶ **vor Wut ~** fig foam with rage.

Schaum·fe·sti·ger m (styling) mousse; **Schaum·gum·mi** m foam rubber; **schau·mig** adj foamy, frothy; ▶ **etw ~ schlagen** whip s.th. until frothy; **Schaum·kel·le** f skimmer; **Schaum·löf·fel** m skimmer; **Schäum·mit·tel** n foaming agent; **Schaum·schlä·ger** m fig hot-air merchant; **Schaum·schlä·ge·rei** ['---'-] f fig hot-air; **Schaum·stoff** m foam material; **Schaum·wein** m sparkling wine.

Schau·platz m scene; ▶ **am ~ sein** be on the spot; **Schau·pro·zeß** m show trial.

schau·rig ['ʃaʊrɪç] adj 1. (entsetzlich) gruesome; 2. fig fam (schlimm) dreadful.

Schau·spiel n 1. theat drama, play; 2. fig (Anblick) sight, spectacle; **Schau·spie·ler** m 1. actor, player; 2. fig actor; **Schau·spie·le·rin** f a. fig actress; **schau·spie·lern** ['---] itr a. fig act; **Schau·spiel·haus** n Br playhouse, theatre, Am theater; **Schau·spiel·schu·le** f drama school; **Schau·stel·ler** m showman.

Scheck [ʃɛk] ⟨-s, -s/(-e)⟩ m Br cheque, Am check; ▶ **ein ~ über ...** a cheque for ...; **e-n ~ ausstellen** draw a cheque; **ein ungedeckter ~** a bounced cheque; **e-n ~ einlösen** cash a cheque; **mit ~ bezahlen** pay by cheque; **Scheck·be·trug** m cheque fraud.

Schecke ['ʃɛkə] ⟨-, -n⟩ f (scheckiges Pferd) dappled horse.

Scheck·heft n Br chequebook, Am checkbook.

scheckig (k·k) ['ʃɛkɪç] adj (bunt~) spotted; (Pferd) dappled.

Scheck·kar·te f cheque card.

scheel [ʃe:l] adj: ▶ **jdn ~ ansehen** give s.o. a dirty look.

Schef·fel ['ʃɛfl] ⟨-s, -⟩ m bushel; **schef·feln** ['ʃɛfəln] tr fig: ▶ **Geld ~** rake in money.

schef·fel·wei·se adv by the sackful.

Schei·be ['ʃaɪbə] ⟨-, -n⟩ f 1. allg disc; 2. tech (Unterleg~) washer; 3. (Schieß~) target; 4. (Glas~) pane; 5. (Brot~) slice; ▶ **von der könntest du dir e-e ~ abschneiden!** fig you could take a leaf out of her book! **Schei·ben·brem·se** f mot disc brake; **Schei·ben·gar·di·ne** f net curtain; **Schei·ben·schie·ßen** n target shooting; **Schei·ben·wasch·an·la·ge** f Br windscreen (Am wind-shield) washer unit; **Schei·ben·wi·scher** m Br windscreen (Am windshield) wiper; **Schei·ben·wi·scher·gum·mi** n Br windscreen (Am windshield) wiper blade.

Scheich [ʃaɪç] ⟨-s, -s/-e⟩ m sheik(h); **Scheich·tum** n sheik(h)dom.

Schei·de ['ʃaɪdə] ⟨-, -n⟩ f 1. (Messer~) sheath; 2. anat vagina.

schei·den ['ʃaɪdən] irr I tr (Eheleute) divorce; ▶ **sich ~ lassen** get divorced; **sie läßt sich nicht von ihm ~** she won't give him a divorce; **sich von jdm ~ lassen** want to get a divorce from s.o.; II refl: ▶ **da ~ sich aber unsere Meinungen!** that's where we begin to differ!

Schei·de·wand f partition.

Schei·de·weg m: ▶ **am ~ stehen** fig (gehoben) be at a crossroads.

Schei·dung f jur divorce; ▶ **die ~ einreichen** file a petition for divorce; **Schei·dungs·grund** m 1. (Gründe) grounds for divorce; 2. (Person) reason for (one's) divorce; **Schei·dungs·kla·ge** f petition for divorce; **Schei·dungs·pro·zeß** m divorce proceedings pl.

Schein [1] ⟨-(e)s, -e⟩ m 1. (Bescheinigung) certificate; 2. (Geld~) Br note, Am bill.

Schein [2] ['ʃaɪn] ⟨-(e)s⟩ m 1. fig (An~) appearances pl; 2. (Licht~) light; (Schimmer) gleam; ▶ **ihre Ehe besteht nur noch zum ~** their marriage has become a sham; **den ~ der Demokratie wahren** maintain a pretence of democracy; **um den ~ zu wahren** for the sake of appearances pl; **den äußeren ~ wahren** keep up appearances pl; **der ~ trügt** oft appearances are often deceptive pl; **zum ~** in pretence; **Schein·asyl·ant(in)** m (f) phoney asylum-seeker fam; **schein·bar** adv 1. (anscheinend) apparent, seeming; 2. (vorgeblich) feigned.

schei·nen irr itr 1. (leuchten) shine; 2. (den Anschein haben) appear, seem; ▶ **es scheint mir, daß ...** it appears to me that ...; **mir scheint ...** it seems to me ...; **wie es scheint** as it seems; **es scheint fast so, als ob ...** it would seem that ...; **so will es ~** so it would appear.

Schein·fir·ma f dummy firm; **schein·hei·lig** adj hypocritical; **Schein·tod** m apparent death; **schein·tot** adj in a state of suspended animation.

Schein·wer·fer m 1. mot headlamp, light; 2. (zur Beleuchtung) floodlight; **Schein·wer·fer·licht** n light of headlamps; ▶ **im ~ der Öffentlichkeit** fig in the glare of publicity.

Scheiß m sl: ▶ **red kein' ~!** don't talk crap! **mach kein' ~!** stop messing about! **Scheiß·dreck** m: vulg ▶ **(das) geht dich e-n ~ an!** that's none of your bloody business! **Schei·ße** ['ʃaɪsə] ⟨-⟩ *f vulg (a. interj)* shit; ► **in der ~ sitzen** *fig* be up shit creek; **scheiß·egal** ['-'--] *adv:* ► **das ist mir (doch) ~** I couldn't care less; **schei·ßen** *irr itr vulg* shit; ► **auf etw ~** *fig vulg* not give a shit about s.th; **Schei·ßer** *m vulg* bugger; **scheiß·freund·lich** ['-'--] *adj fam* as nice as pie; **Scheiß·haus** *n vulg* shit-house.

Scheit [ʃaɪt] ⟨-(e)s, -e⟩ *n (Holz~)* log.

Schei·tel ['ʃaɪtəl] ⟨-s, -⟩ *m Br* parting, *Am* part; ► **vom ~ bis zur Sohle** from top to toe; **schei·teln** *tr* part; **Schei·tel·punkt** *m* vertex.

Schei·ter·hau·fen *m* 1. *hist (als Hinrichtung)* stake; 2. *hist (zur Leichenverbrennung)* pyre; ► **auf dem ~ verbrannt werden** be burned at the stake.

Schei·tern ⟨-s⟩ *n* 1. *(Fehlschlagen)* failure; 2. *(von Verhandlung etc)* breakdown; ► **zum ~ verurteilt** doomed to failure; **etw zum ~ bringen** make s.th. break down.

schei·tern ['ʃaɪtən] ⟨sein⟩ *itr* 1. *(fehlschlagen)* fail (*an* because of); 2. *sport (Mißerfolg haben)* be defeated (*an* by); ► **sein Versuch scheiterte** he failed in his attempt; **die Verhandlungen sind gescheitert** the negotiations have broken down.

Schel·le[1] *f tech (Rohr~)* clamp.

Schel·le[2] ['ʃɛlə] ⟨-, -n⟩ *f (Türklingel)* bell; **schel·len** *itr:* ► **bei jdm ~** ring at someone's door; **es hat geschellt** there was a ring at the door.

Schell·fisch *m* haddock.

Schelm [ʃɛlm] ⟨-(e)s, -e⟩ *m (Spaßvogel)* rogue; **schel·misch** *adj* mischievous.

Schel·te ['ʃɛltə] ⟨-⟩ *f:* ► **~ bekommen** get a scolding; **schel·ten** *irr tr* chide (*wegen* for); ► **mit jdm ~** scold s.o.

Sche·ma ['ʃeːma, *pl* 'ʃeːmata] ⟨-s, -s/-mata⟩ *n* 1. *(Muster)* pattern; 2. *(Plan)* scheme; 3. *(Diagramm)* diagram; ► **nach ~ F gehen** *fig* go off pat; **sche·ma·tisch** *adj* 1. *(nach Schema)* schematic; 2. *fig (mechanisch)* mechanical.

Sche·mel ['ʃeːməl] ⟨-s, -⟩ *m* stool.

Schen·ke ['ʃɛŋkə] ⟨-, -n⟩ *f* ale-house, tavern.

Schen·kel ['ʃɛŋkəl] ⟨-s, -⟩ *m* 1. *(Ober~)* thigh; 2. *(Unter~)* shank; 3. *math (von Winkel)* side; ► **sich auf den ~ klopfen** slap one's thigh.

schen·ken ['ʃɛŋkən] I *tr* give; ► **das habe ich geschenkt bekommen** I got it as a present; **sie schenkte ihm e-n Sohn** *fig* she presented him with a son; **das ist geschenkt!** *fig (sehr billig)* that's a give-away! **geschenkt!** *fig fam* forget it! II *refl fig (sein lassen):* ► **sich etw ~** skip s.th.

Schen·kung *f jur* gift; **Schen·kungs·steu·er** *f* gift tax.

Scher·be ['ʃɛrbə] ⟨-, -n⟩ *f* fragment, piece; ► **~n machen** break s.th.; **die ~n zusammenfegen** sweep up the pieces; **~n bringen Glück** *prov* broken crockery brings you luck.

Sche·re ['ʃeːrə] ⟨-, -n⟩ *f* 1. scissors *pl*; *(große ~e)* shears *pl*; 2. *(Krebs~)* claw.

sche·ren[1] *irr tr (beschneiden)* crop; *(Schafe, Teppich)* shear; ► **kurz geschoren** cropped; **kurz geschorenes Haar** hair cropped short.

sche·ren[2] *refl (sich kümmern):* ► **was schert's (mich)?** what do I care? **sie hat sich nicht im geringsten darum geschert** she couldn't have cared less.

sche·ren[3] *refl (sich von dannen machen):* ► **scher dich fort!** beat it! get lost!

Sche·ren·schlei·fer(in) *m (f)* knife-grinder; **Sche·ren·schnitt** *m* silhouette.

Sche·re·rei·en *pl* trouble *sing;* ► **jdm viel ~ machen** cause (*od* give) s.o. a lot of trouble.

Scherz [ʃɛrts] ⟨-es, -e⟩ *m* joke; ► **zum ~** for a joke; **im ~** jokily; **mach keinen ~!** *fam* you're joking! **ich bin nicht zu ~en aufgelegt** I'm not in a joking mood; **~ beiseite!** no kidding! **Scherz·ar·ti·kel** *m pl* joke articles; **scher·zen** *itr* jest, joke; ► **Sie ~!** you can't be serious! **mit ihr ist nicht zu ~** she is not to be trifled with; **er läßt nicht mit sich ~** he is not a man to be trifled with; **Scherz·fra·ge** *f* conundrum; **scherz·haft** *adv (aus Spaß)* jokingly; ► **etw ~ meinen** mean s.th. as a joke; **Scherz·keks** *m hum fam* joker.

Scheu [ʃɔɪ] ⟨-⟩ *f (Schüchternheit)* shyness; ► **ohne jede ~** without any inhibition; **s-e ~ verlieren** lose one's inhibitions *pl;* **scheu** *adj* shy; *(zaghaft)* timid.

scheu·chen *tr* scare (off).

scheu·en I *tr* 1. *(fürchten)* shy away from ...; 2. *(vermeiden)* shun; ► **keine Mühe ~** go to endless trouble; **keine Kosten ~** spare no expense; **er scheut die Verantwortung** he shies away from responsibilities *pl;* II *refl (zurückschrecken):* ► **sich nicht ~, etw zu tun** not be afraid of doing s.th.; III *itr (von Pferden)* shy (*vor* at).

Scheu·er·bür·ste *f* scrubbing brush; **Scheu·er·lap·pen** *m* floorcloth.

scheu·ern ['ʃɔɪən] *tr* 1. *(putzen)* scour; *(schrubben)* scrub; 2. *(reiben)* chafe (*an* at); ► **sich wund~** chafe o.s.; **jdm e-e ~** *fig fam* clout s.o. one.

Scheu·klap·pe *f:* ► **~n haben** be blinkered.

Scheu·ne ['ʃɔɪnə] ⟨-, -n⟩ *f* barn.

Scheu·sal ['ʃɔɪzaːl] ⟨-s, -e⟩ *n* monster; ► **ein wahres ~** a perfect fright.

scheuß·lich ['ʃɔɪslɪç] *adj (schlimm)* dreadful; *(ekelhaft)* hideous; ► **~es**

Wetter awful weather.
Schicht¹ [ʃɪçt] ⟨-, -en⟩ *f* 1. *(Lage, Sand~, Staub~ etc)* layer; 2. *(auf Flüssigkeiten)* film; *(Farb~)* coat; 3. *fig (Gesellschafts~)* (social) class; ▶ **Leute aus allen ~en** people from all walks of life; **e-e ~ Farbe auftragen** give s.th. a coat.
Schicht² *f* 1. *(Arbeitsabschnitt)* shift; 2. *(Arbeitsgruppe)* gang; ▶ **zur ~ gehen** go on shift; **Schicht·ar·beit** *f* shiftwork; **Schicht·ar·bei·ter(in)** *m (f)* shift-worker.
schich·ten *tr* 1. *(in Schichten legen)* layer; 2. *(stapeln)* stack; **Schicht·unter·richt** *m päd* instruction in shifts; ▶ **~ haben** be taught in shifts; **Schicht·wech·sel** *m* change of shift.
schicht·wei·se *adv:* ▶ **~ Farbe auftragen** apply *(od* put on) paint in coats.
Schick [ʃɪk] ⟨-(e)s⟩ *m (Eleganz in der Kleidung)* style; **schick** *adj (elegant)* elegant; *(modisch reizvoll)* stylish; ▶ **ein ~es Kleid** a smart dress; **o, ~!** *fam* oh, super!
schicken (k·k) [ʃɪkən] *tr* send; ▶ **jdn zu e-m Kurs ~** send s.o. on a course; **jdn einkaufen ~** send s.o. to do the shopping.
Schicke·ria (k·k) ⟨-⟩ *f fam* trendy set.
Schicki(·micki) (k·k) ⟨-s, -s⟩ *m fam* trendy.
schick·lich *adj* proper, fitting.
Schick·sal [ʃɪkzaːl] ⟨-s, -e⟩ *n* fate; ▶ **das ist ~!** *fam* such is life! **jdn s-m ~ überlassen** leave s.o. to his fate; **Schick·sals·schlag** *m* stroke of fate.
Schie·be·dach *n mot* sunroof; **Schie·be·fen·ster** *n* sliding window.
schie·ben [ʃiːbən] *irr tr itr (stoßend ~)* push; *(mit größerer Kraftanstrengung)* shove; ▶ **er schob die Hand in die Tasche** he put his hand in his pocket; **sich an die Spitze ~** *sport* push one's way to the front.
Schie·ber¹ *m tech* slide.
Schie·ber² *m (Schwarzmarkthändler)* black marketeer.
Schie·be·tür *f* sliding door.
Schie·bung *f fig (Begünstigung)* string-pulling; *sport* rigging; **~! fix!**
Schieds·ge·richt *n* court of arbitration, arbitration tribunal.
Schieds·rich·ter(in) [ʃiːts-] *m (f)* 1. *sport* referee; *(bei Ballspielen, Hockey)* umpire; 2. *(Preisrichter)* judge.
schieds·rich·ter·lich *adj:* ▶ **~e Entscheidung** referee's *(od* umpire's) decision.
Schieds·spruch *m* arbitration award.
schief [ʃiːf] *adj* 1. *(krumm)* crooked; 2. *(geneigt)* tilted; ▶ **dein Hut sitzt ~!** your hat's crooked! **das Bild hängt ~** the picture isn't straight.
Schie·fer [ʃiːfɐ] ⟨-s, -⟩ *m* slate; **Schie·fer·dach** *n* slate roof; **Schie·fer·ta-**

fel *f* slate.
schief|ge·hen *irr itr irr:* ▶ **keine Sorge, wird schon ~!** don't worry, it'll go wrong nicely! **irgendwas muß schief gegangen sein!** s.th. must have gone wrong!
schief·ge·wickelt (k·k) *adj fam:* ▶ **wenn du glaubst, ich helfe dir, bist du (aber) ~!** if you think I'm going to help you you've got another think coming!
schief·la·chen *refl* double up with laughter.
schie·len [ʃiːlən] *itr* squint; ▶ **nach etw ~en** *(verstohlen)* sneak a look at s.th.; *(offen)* eye s.th. up.
Schien·bein *n* shin; ▶ **jdn vor's ~ tre·ten** kick s.o. on the shin.
Schie·ne [ʃiːnə] ⟨-, -n⟩ *f* 1. *rail* rail; 2. *med* splint; **schie·nen** *tr med* put in splints, splint.
Schie·nen·bus *m* rail bus; **Schie·nen·netz** *n* rail network; **Schie·nen·strang** *m* track.
schier I *adj* 1. *(Fleisch)* lean and boneless; 2. *fig* sheer; II *adv* nearly, almost.
Schieß·be·fehl *m* order to shoot.
Schieß·bu·de *f* shooting gallery; **Schieß·bu·den·fi·gur** *f fig fam* clown; ludicous figure.
schie·ßen [ʃiːsən] *irr* I *tr* 1. *allg* shoot; *(Kugel)* fire; 2. *sport (Ball)* kick; *(Tor)* score; II *itr* 1. *allg* shoot *(auf, nach* at); *(mit Schußwaffe)* fire *(auf* at); 2. *(sein) fam (sich schnell bewegen)* shoot; 3. *(sein) (Flüssigkeit)* shoot; *(spritzen)* spurt; ▶ **in die Höhe ~** *fig (sein)* shoot up.
Schie·ße·rei *f* shoot-out.
Schieß·hund *m:* ▶ **aufpassen wie ein ~** *fam* watch like a hawk; **Schieß·platz** *m* range; **Schieß·pul·ver** *n* gunpowder; **Schieß·schar·te** *f* embrasure; **Schieß·schei·be** *f* target; **Schieß·stand** *m* shooting range.
Schiff [ʃɪf] ⟨-(e)s, -e⟩ *n* ship; ▶ **an Bord des ~es** on board ship.
Schif(f·)fahrt *f* 1. *(Navigation)* navigation; 2. *(das Schiffahren)* shipping; **Schif(f·)fahrts·li·nie** *f* 1. *(als Unternehmen)* shipping line; 2. *(Schiffahrtsweg)* shipping route; **Schif(f·)fahrts·weg** *m* 1. *(Kanal)* waterway; 2. *(Schiffahrtslinie)* shipping route.
schiff·bar *adj* navigable.
Schiff·bau ⟨-(e)s⟩ *m* shipbuilding; **Schiff·bruch** ⟨-(e)s⟩ *m* shipwreck; ▶ **~ erleiden** be shipwrecked; *fig (scheitern)* fail; **schiff·brü·chig** *adj* shipwrecked; **Schiff·brü·chi·ge(r)** *f m* shipwrecked person.
Schiff·chen [ʃɪfçən] *n* 1. *(kleines Schiff)* little ship, small boat; 2. *mil (Kopfbedeckung)* forage cap; 3. *(Weber~)* shuttle.

Schif·fer *m* 1. *(Seemann)* sailor; 2. *(Käpt'n)* skipper; **Schif·fer·kla·vier** *n* accordion; **Schif·fer·müt·ze** *f* yachting cap.

Schiffs·arzt *m* ship's doctor; **Schiffs·jun·ge** *m* cabin-boy; **Schiffs·koch** *m* ship's cook; **Schiffs·kü·che** *f* caboose, galley; **Schiffs·la·dung** *f* shipload; **Schiffs·pa·pie·re** *pl* ship's papers; **Schiffs·rumpf** *m* hull; **Schiffs·schrau·be** *f* propeller; **Schiffs·zwie·back** *m* ship's biscuit.

Schi·it [ʃiˈiːt] ‹-en, -en› *m* shiite; **shii·tisch** *adj* shiite.

Schi·ka·ne [ʃiˈkaːnə] ‹-, -n› *f* 1. harassment; 2. *sport* chicane; ▶ **eine Wohnung mit allen ~n** a flat with all the contemporary gadgets; **das war reine ~** it was sheer bloody-mindedness; **schi·ka·nie·ren** *tr* harass; *(tyrannisieren)* bully.

Schild¹ [ʃɪlt] ‹-(e)s, -e› *m* 1. *(Schutz~)* shield; 2. *(Tierpanzer)* shell; ▶ **etw im ~e führen** *fig* be up to s.th.

Schild² ‹-(e)s, -er› *n* 1. *allg (Zeichen)* sign; *(an Tür)* nameplate; 2. *(Aufkleber)* label; *(Preis~)* ticket.

Schil·da [ˈʃɪlda] *n (in Literatur)* Gotham.

Schild·bür·ger *m* 1. *(in Literatur)* Gothamite; 2. *fig (Schwachkopf)* dimwit; **Schild·bür·ger·streich** *m:* ▶ **das war (ja) wirklich ein ~!** that was a piece of first-class stupidity!

Schild·drü·se *f* thyroid gland.

schil·dern [ˈʃɪldən] *tr* describe; *(umreißen)* sketch; **Schil·de·rung** *f* 1. *(Beschreibung)* description; 2. *(Bericht)* account; ▶ **nach ihrer (eigenen) ~** by your own account.

Schild·krö·te *f (See~)* turtle; *(Land~)* tortoise; **Schild·krö·ten·sup·pe** *f* turtle soup.

Schilf [ʃɪlf] ‹-(e)s, -e› *n* 1. *(~pflanze)* reed; 2. *(~fläche)* reeds *pl.*

schil·lern [ˈʃɪlən] *itr* shimmer; **schillernd** *adj* shimmering; *(in allen Farben)* opalescent; ▶ **e-e ~e Persönlichkeit** *fig* an enigmatic character.

Schim·mel¹ [ˈʃɪməl] ‹-s, -› *m (weißes Pferd)* white horse.

Schimmel² ‹-s, -› *m (~pilz)* mould; **schim·me·lig** *adj* 1. *(verschimmelt)* mouldy; 2. *(moderig)* mildewed; **schim·meln** *itr* go mouldy; **Schim·mel·pilz** *m* mould.

Schim·mer [ˈʃɪmɐ] ‹-s, (-)› *m* gleam, glimmer, glitter; ▶ **keinen (blassen) ~ von etw haben** *fig fam* not have an inkling of s.th.; **schim·mern** *itr (Licht)* glimmer; *(Gegenstände)* shimmer.

Schim·pan·se [ʃɪmˈpanzə] ‹-n, -n› *m zoo* chimpanzee.

Schimpf [ʃɪmpf] ‹-(e)s, -e› *m:* ▶ **mit ~ und Schande** in disgrace; **schimp·fen** *itr* curse *(auf* at); ▶ **mit jdm ~** tell s.o. off; **wie schimpfst du dich?** *hum fam* what do you call yourself? **Schimpf·wort** ‹-(e)s, -e/⁻er› *n* swearword.

Schin·del [ˈʃɪndəl] ‹-, -n› *f* shingle; **Schin·del·dach** *n* shingle roof.

schin·den [ˈʃɪndən] *irr* I *tr* 1. *(peinigen)* maltreat; 2. *(Arbeitskräfte ausbeuten)* sweat; 3. *fig fam (herausschlagen)* get, make; ▶ **Zeit ~** play for time; **Eindruck ~** try to impress; II *refl (sich abquälen):* ▶ **sich mit etw ~** slave away at s.th.; **Schin·der(in)** *m (f) (Antreiber)* slavedriver; **Schin·de·rei** *f* 1. *fig (Plackerei)* drudgery; 2. *(Antreiberei)* sweating; **Schind·lu·der** *n:* ▶ **mit jdm ~ treiben** *fig* make cruel sport of s.o.

Schin·ken [ˈʃɪŋkən] ‹-s, -› *m* 1. *(Speise)* ham; 2. *fig hum (dickes Buch)* tome; 3. *fig hum (großes Bild)* great daub; **Schin·ken·bröt·chen** *n* ham roll; **Schin·ken·speck** *m* gammon.

Schip·pe [ˈʃɪpə] ‹-, -n› *f (Schaufel)* shovel, spade; ▶ **jdn auf die ~ nehmen** *fig* take someone for a ride; **schip·pen** *tr itr (schaufeln)* shovel; ▶ **Schnee ~** clear the snow.

schip·pern [ˈʃɪpɐn] ‹sein› *itr fam* bob (along).

Schirm [ʃɪrm] ‹-(e)s, -e› *m* 1. *(Regen~)* umbrella; *(Sonnen~)* parasol, sunshade; 2. *(Pilzkappe)* cap; **Schirm·herr(in)** *m (f)* patron(ess), protector; **Schirm·herr·schaft** *f* ▶ **unter der ~ von ...** *(Leitung)* under the auspices of ... *pl;* **Schirm·müt·ze** *f* peaked cap; **Schirm·stän·der** *m* umbrellastand.

Schiß [ʃɪs] *m sl:* ▶ **~ haben** be in a blue funk; **~ vor etw haben** be shit scared of s.th.

schi·zo·phren *adj* schizophrenic.

Schlacht [ʃlaxt] ‹-, -en› *f* battle; ▶ **die ~ bei ...** the battle of .. ; **e-e regelrechte ~** *fig* a pitched battle.

schlach·ten [ˈʃlaxtən] *tr* slaughter; *(hinschlachten)* butcher.

Schlach·ten·bumm·ler *m sport* away supporter.

Schlach·ter *m* butcher; **Schlach·te·rei** *f* butcher's (shop).

Schläch·te·rei [ʃlɛçtəˈraɪ] *f fig* massacre.

Schlacht·feld *n* battle-field; ▶ **das ~ räumen** leave the battle-field; *fig* clear the field.

Schlacht·hof *m* slaughter-house.

Schlacht·plan *m* 1. *mil* battle plan; 2. *fig* plan of action; **Schlacht·ruf** *m* battle cry, war cry; **Schlacht·schiff** *n* battleship.

Schlacht·vieh *n* animals for slaughter.

Schlacke (k·k) [ˈʃlakə] ‹-, -n› *f* 1. *(Metall~)* slag; 2. *(Aschen~)* cinders *pl;* ▶ **~n** *med* waste products.

Schlaf [ʃlaːf] ‹-(e)s› *m* sleep; ► im ~ **sprechen** talk in one's sleep; **keinen** ~ **finden** be unable to sleep; **e-n festen (leichten)** ~ **haben** be a sound (light) sleeper; **Schlaf·an·zug** *m Br* pyjamas, *Am* pajamas *pl.*

Schläf·chen [ˈʃlɛːfçən] *n:* ► **ein** ~ **machen** have a nap.

Schlä·fe [ˈʃlɛːfə] ‹-, -n› *f* temple.

schla·fen *irr itr* sleep; ► **er saß da und schlief** he was sitting there, asleep; **versuche, etw zu** ~! try and get some sleep! **in dem Zelt können 10 Leute** ~ the tent sleeps 10; ~ **wir erst einmal darüber!** let's sleep on it! **bei jdm** ~ stay overnight with s.o.; **mit jdm** ~ sleep with s.o.; **sich** ~**d stellen** pretend to be asleep.

schlaff [ʃlaf] *adj* **1.** *(herabhängend)* slack; **2.** *(welk, matt)* flabby; **3.** *(kraftlos)* limp; **4.** *fig (Grundsätze)* lax; ► ~**er machen, ~er werden** slacken. **Schlaff·heit** *f* slackness, limpness; exhaustion.

Schlaf·ge·le·gen·heit *f* place to sleep; ► **ich habe fünf** ~**en** I can put up five people; **Schlaf·krank·heit** *f* sleeping sickness; **Schlaf·lied** *n* lullaby; **schlaflos** *adj* sleepless; ► **eine** ~**e Nacht verbringen** have a sleepless night; **Schlaf·lo·sig·keit** *f* sleeplessness; *med* insomnia; **Schlaf·mit·tel** *n* **1.** sleeping drug; **2.** *fig* soporific; **Schlafmüt·ze** *f fig fam* dope, sleepyhead.

schläf·rig [ˈʃlɛːfrɪç] *adj* drowsy, sleepy.

Schlaf·saal *m* dorm(itory); **Schlafsack** *m* sleeping-bag; **Schlaf·stadt** *f* dormitory town; **Schlaf·stö·rung** *f* sleeplessness, insomnia; **Schlaf·tablet·te** *f* sleeping pill; **schlaf·trunken** [ˈʃlaːftrʊŋkən] *adj* drowsy; **Schlafwa·gen** *m* sleeping-car, sleeper; **Schlaf·wa·gen·platz** *m* berth; **Schlaf·wand·ler(in)** *m (f)* sleepwalker; **Schlaf·zim·mer** *n* bedroom; **Schlaf·zim·mer·blick** *m hum fam* come-to-bed eyes *pl.*

Schlag [ʃlaːk, *pl* ˈʃlɛːgə] ‹-(e)s, ̈e› *m* **1.** *allg* blow; **2.** *(Herz~)* beat; **3.** *med* stroke; **4.** *el* shock; **5.** *(Tauben~)* pigeon-loft; ► **ein** ~ **ins Gesicht** a slap in the face; **mit e-m** ~**e** *fig* all at once; **auf** ~ *fig* one after the other; **ein** ~ **ins Wasser** *fig fam* a let-down; **ich dachte, mich trifft der** ~! I was as if struck by lightning! **̈e kriegen** get a hiding; **vom gleichen** ~ **sein** *fig* be cast in the same mould; **das ist ein harter** ~ that's a hard blow; **Schlag·ab·tausch** *m (Boxen)* exchange of blows, *fig* clash; **Schlagader** *f* artery; **Schlag·an·fall** *m* stroke; ► **e-n** ~ **bekommen** have a stroke; **schlag·ar·tig I** *adj* **1.** *(unvermutet)* sudden; **2.** *(heftig)* violent; **II** *adv* suddenly; **Schlag·baum** *m* barrier;

Schlag·bohr·ma·schi·ne *f* percussion drill.

schla·gen *irr* **I** *tr* **1.** *(einmal)* strike; **2.** *(prügeln)* beat; **3.** *(treffen)* hit; **4.** *(mit Werkzeug)* knock; **5.** *(besiegen)* beat, defeat; ► **jdn im Tennis** ~ beat s.o. at tennis; **gegen die Tür** ~ beat on the door; **er schlägt hart** he hits hard; **jdn auf den Kopf** ~ knock s.o. on the head; **jdn bewußtlos** ~ knock s.o. unconscious; **jdn ins Gesicht** ~ slap someone's face; **II** *itr* **1.** *(von Herz)* beat; **2.** *(von Turmuhr)* strike; ► **ich gebe mich geschlagen** I'm beat; **nach jdm** ~ take after s.o.; **mit dem Kopf gegen etw** ~ hit one's head against s.th.; **III** *refl* have a fight *(mit jdm* with s.o.); ► **sich gut** ~ *fig* do well; **schla·gend** *adj fig (treffend):* ► ~**es Argument** cogent argument; ~**er Beweis** convincing proof.

Schla·ger [ˈʃlaːgə] ‹-s, -› *m* **1.** *(~melodie)* pop-song; **2.** *(Hit)* hit; **3.** *fig com (Buch)* bestseller.

Schlä·ger[1] [ˈʃlɛːgə] *m (bei Ballspiel) Br* racquet, *Am* racket; *(für Hockey)* stick; *(für Tischtennis)* bat.

Schlä·ger[2] *m (Rauflustiger)* thug.

Schlä·ge·rei *f* brawl, fight.

Schla·ger·fe·sti·val *n* pop-song festival.

schlag·fer·tig *adj* quick-witted; ► ~**e Antwort** ready answer; **Schlag·fer·tig·keit** *f* ready wit.

Schlag·in·stru·ment *n mus* percussion instrument.

Schlag·kraft *f allg a. fig* power; *mil* striking power; **schlag·kräf·tig** *adj a. fig* powerful; **Schlag·loch** *n* pothole; **Schlag·sah·ne** *f* whipped cream; **Schlag·sei·te** *f:* ► ~ **haben** *mar* be listing; *fig fam (betrunken sein)* be half-seas over; **Schlag·stock** *m (von Polizei)* truncheon; **Schlag·werk** *n (von Uhr)* striking mechanism; **Schlagwet·ter** *n (im Bergwerk)* firedamp; **Schlag·wort** ‹-(e)s, -e/(̈ er)› *n (Slogan)* slogan; **Schlag·wort·ka·ta·log** *m (in Bibliothek)* subject catalogue; **Schlag·zei·le** *f* headline; ► ~**n machen** hit the headlines; **Schlag·zeug** *n* drums *pl*; **Schlag·zeu·ger(in)** *m (f)* drummer.

Schla·mas·sel [ʃlaˈmasəl] ‹-s› *m fam* mess; ► **wir sitzen ganz schön im** ~ now we're in a pretty mess.

Schlamm [ʃlam, *pl* (ˈʃlɛmə)] ‹-(e)s, (-e/ ̈e)› *m* mud; **schlam·mig** *adj* muddy.

Schlam·pe [ˈʃlampə] ‹-, -n› *f fam* slut; **schlam·pen** *itr fam* be sloppy; **Schlam·pe·rei** *f* **1.** *(Unordnung)* mess; **2.** *(Nachlässigkeit)* sloppiness; ► **schöne** ~! what a mess! **schlam·pig** *adj* **1.** *(unordentlich)* untidy; **2.** *(Arbeit, Tätigkeit)* slipshod.

Schlan·ge[1] [ˈʃlaŋə] ‹-, -n› *f zoo* snake.

Schlan·ge² f (Menschen~) Br queue, Am line; ▶ ~ **stehen** Br queue up, Am stand in line.

schlän·geln ['ʃlɛŋəln] refl 1. (von Weg) wind its way; 2. (von Schlange) wriggle.

Schlan·gen·biß m snakebite; **Schlan·gen·le·der** n snakeskin; **Schlan·gen·li·nie** f: ▶ in ~n **fahren** swerve about.

schlank [ʃlaŋk] adj 1. (Wuchs) slim; 2. (Körperteil, Gegenstand) slender; **Schlank·heits·kur** f: ▶ e-e ~ **ma·chen** be on a diet.

schlank·weg adv: ▶ ~ **ablehnen** refuse flatly.

schlapp [ʃlap] adj 1. (erschöpft) shattered, worn out; 2. fig (feige, weich) yellow; ▶ ~ **machen** (nachlassen) wilt, droop; (ohnmächtig werden) collapse, faint; **Schlap·pe** ⟨-, -n⟩ f 1. mil sport (Niederlage) defeat; 2. fig (Rückschlag) set-back; ▶ e-e ~ **erleiden** suffer a defeat (od setback); **Schlapp·hut** m slouch hat; **Schlapp·schwanz** m fam pej sissy, weakling.

Schla·raf·fen·land [ʃlaˈrafən-] n land of milk and honey.

schlau [ʃlau] adj (verschlagen) cunning, wily; (klug) clever, smart; ▶ **können Sie daraus** ~ **werden?** can you make this out? what do you make of this?; **Schlau·ber·ger** m fam smart alec.

Schlauch [ʃlaux, pl 'ʃloiçə] ⟨-(e)s, ¨e⟩ m 1. (Wasser~) hose; 2. (Reifen~) tube; 3. fam (Strapaze) slog, grind; **Schlauch·boot** n rubber dinghy.

schlau·chen I tr fag (s.o.) out; II itr wear one out.

Schläue ['ʃloiə] ⟨-⟩ f cunning.

Schlau·fe ['ʃlaufə] ⟨-, -n⟩ f 1. (Schleife) loop; 2. (Aufhänge~) hanger; **Schlau·fen·ver·schluß** m (an Jacke) loop fastening.

Schlau·mei·er m fam clever-dick.

schlecht [ʃlɛçt] I adj 1. (nicht gut) bad; (übel) poor; 2. (verdorben: Milch etc) off; ▶ **die Milch ist** ~ the milk is (od has gone) off; **mir ist** ~ I feel sick; II adv badly; ▶ ~ **für jdn sein** be bad for s.o.; **er spielt** ~ **Tennis** he's bad at tennis; **ich kann** ~ **lügen** I'm very bad at telling lies; **ziemlich** ~ baddish; **mehr** ~ **als recht** after a fashion; ~ **über jdn reden** speak ill of s.o.; **er kann es sich** ~ **leisten, abzulehnen** he can ill afford to refuse; **sie war immer** ~ **in Sprachen** she was always poor at languages; **das geht** ~ fam that's not really possible; **das kann man** ~ **machen** one can't very well do that; **schlecht·ter·dings** ['ʃlɛçtɐˈdɪŋs] adv: ▶ ~ **unmöglich** utterly impossible; **schlecht·ge·launt** adj bad-tempered; **Schlecht·heit** f badness; **schlecht·hin** adv ▶ **der Dramatiker** ~ THE playwright; **Schlech·tig·keit** f 1. (Niederträchtigkeit) baseness,

vileness; 2. (üble Tat) misdeed.

schlecht|ma·chen tr run down, disparage.

schlecken (k·k) ['ʃlɛkən] tr lick; ▶ **sie schleckt gerne** she likes eating sweets.

Schlecker·maul (k·k) n sweet tooth.

Schleh·dorn m bot blackthorn, sloe tree.

Schle·he ['ʃleːə] ⟨-, -n⟩ f bot sloe.

schlei·chen ['ʃlaiçən] irr I itr 1. (langsam gehen) creep; (im Dunkeln herum~) prowl about; 2. (Zeit etc) drag; II refl creep (od sneak); **schlei·chend** ▶ ~es **Gift** slow poison; **Schleich·han·del** m illicit trading (mit in); **Schleich·weg** m secret (od hidden) path; ▶ **auf** ~en fig on the quiet; **Schleich·wer·bung** f background advertising.

Schleie ['ʃlaiə] ⟨-, -n⟩ f zoo tench.

Schlei·er ['ʃlaiɐ] ⟨-s, -⟩ m veil; ▶ **den** ~ **lüften** fig lift the veil of secrecy; **Schlei·er·eu·le** f barn owl; **schlei·er·haft** adj (rätselhaft) mysterious; ▶ **es ist mir völlig** ~, **wie** ... it's a complete mystery to me how ...

Schlei·er·kraut n bot gypsophila.

Schlei·fe ⟨-, -n⟩ f 1. (Schlaufe) loop; (Schuh~) bow; 2. (Wegkurve) bend; (Fluß~) bow.

schlei·fen¹ ['ʃlaifən] irr I tr (~d ziehen) drag; ▶ **etw hinter sich her**~ drag s.th. behind one; II itr drag, trail; ▶ **alles** ~ **lassen** fig drag one's feet; **die Kupplung** ~ **lassen** slip the clutch.

schlei·fen² tr 1. (zu~) cut; 2. (schärfen) sharpen, whet.

schlei·fen³ tr mil (brutal drillen) drill hard.

Schleif·ge·räusch n grinding noise.

Schleim [ʃlaim] ⟨-(e)s, -e⟩ m 1. allg slime; med mucus; 2. (Hafer~) gruel.

Schlei·mer(in) [ʃlaimɐ] ⟨-s, -⟩ m (f) fam pej crawler.

Schleim·haut f mucous membrane; **schlei·mig** adj a. fig slimy.

schlem·men ['ʃlɛmən] itr feast; **Schlem·mer(in)** m (f) gourmet; **Schlem·me·rei** f feasting.

schlen·dern ['ʃlɛndɐn] ⟨sein⟩ itr saunter, stroll; **Schlend·ri·an** ['ʃlɛndriaːn] ⟨-(e)s⟩ m fam inefficiency.

schlen·kern ['ʃlɛŋkɐn] tr itr dangle, swing; ▶ **mit den Beinen** ~ dangle one's legs.

Schlepp·damp·fer m mar tug.

Schlep·pe ⟨-, -n⟩ f (Kleider~) train.

schlep·pen ['ʃlɛpən] I tr 1. (schwer tragen) lug; 2. (hinter sich her~) drag along; (ab~) tow; II refl drag o.s.; **schlep·pend** adj 1. (schleifend) dragging; 2. fig (zögernd) sluggish; ▶ ~ **in Gang kommen** be very slow to start; **Schlep·per** m 1. mot tractor; 2. mar tug; 3. com (Kunden~) tout; **Schlepp-**

kahn *m* barge, lighter; **Schlepp·lift** *m* ski tow; **Schlepp·netz·fahn·dung** *f* dragnet; **Schlepp·tau** *n* 1. *mar* tow rope; 2. *(bei Segelfliegerei)* trail rope; ▶ **ins ~ nehmen** take in tow.

Schle·sien ['ʃleːziən] *n* Silesia; **Schle·sier(in)** *m (f)* Silesian; **schle·sisch** *adj* Silesian.

Schleu·der ['ʃlɔɪdə] ⟨-, -n⟩ *f* 1. *(Stein~)* *Br* sling, *Am* slingshot; 2. *tech (Zentrifuge)* centrifuge; *(Wäsche~)* spin-drier.

Schleu·der·ge·fahr *f mot* risk of skidding.

Schleu·der·ho·nig *m* extracted honey.

schleu·dern I *tr* 1. *(werfen, stoßen)* hurl; *(mit Schleuder)* sling; 2. *(zentrifugieren)* centrifuge, spin; II *itr mot* skid; ▶ **ins S~ kommen** go into a skid; *fig* run into trouble.

Schleu·der·preis *m* throwaway price; ▶ **zu ~en** dirt-cheap; **Schleu·der·sitz** *m* 1. *aero* ejector seat; 2. *fig* hot seat.

schleu·nig ['ʃlɔɪnɪç] *adj (schnell)* hasty, speedy; **schleu·nigst** *adv* right away; ▶ **verschwinde, aber ~!** scram, on the double!

Schleu·se ['ʃlɔɪzə] ⟨-, -n⟩ *f* 1. *(Kanal~)* lock; 2. *(Wehr~)* sluice; **schleu·sen** *tr fam* *(Menschen einschmuggeln)* smuggle.

Schlich [ʃlɪç] ⟨-(e)s, -e⟩ *m (Kunstgriff)* trick; ▶ **alle ~e kennen** know all the wheezes; **hinter jds ~e kommen** get on to s.o.

schlicht [ʃlɪçt] *adj* simple; ▶ **~ und einfach** plain and simple.

schlich·ten *tr:* ▶ **e-n Streit ~** settle a dispute.

Schlich·tungs·ver·hand·lun·gen *pl* arbitration negotiations; **Schlichtungs·ver·such** *m* attempt at mediation.

Schlick [ʃlɪk] ⟨-(e)s, -e⟩ *m* ooze, silt.

Schlie·ße ⟨-, -n⟩ *f* fastening.

schlie·ßen ['ʃliːsən] *irr* I *tr* 1. *(zumachen)* close, shut; 2. *(beenden)* close, conclude; ▶ **Frieden ~** make peace; **e-e Lücke ~** close a gap; II *itr* 1. *(zumachen)* close *(od shut)* down; 2. *(schlußfolgern)* infer; ▶ **tut uns leid, wir haben geschlossen** sorry, we're closed; **aus etw auf etw ~** infer s.th. from s.th.

Schließ·fach *n (Post~)* post-office box *(Abk* P.O. Box); *(Bank~)* safe-deposit box; *(Gepäck~)* left-luggage locker.

schließ·lich *adv* 1. *(endlich)* eventually, finally; 2. *(immerhin)* after all; ▶ **~ u. endlich** at long last.

Schließ·mus·kel *m anat* sphincter.

Schlie·ßung *f* 1. *(Betriebseinstellung)* shut-down; 2. *(~ e-r Versammlung)* breaking-up.

Schliff [ʃlɪf] ⟨-(e)s, -e⟩ *m* 1. *(Diamant, Glas)* cut; 2. *(das Schleifen)* cutting; ▶ **e-r Sache den letzten ~ geben** *fig*

put the finishing touches to s.th.

schlimm [ʃlɪm] *adj (böse) a. fig* bad; ▶ **e-e ~e Zeit durchmachen** go through a bad time; **es wird immer ~er** things are going from bad to worse; **es hätte ~er kommen können** it could have been worse; **um so ~er!** so much the worse! **es könnte ~er sein** *fam* worse things happen at sea; **ist doch halb so ~** it's not as bad as all that; **es kommt noch ~er** there is worse to come; **das S~ste ist vorbei** the worst is over; **das S~ste daran ist ...** the worst of it is ...; **schlimm·sten·falls** *adv* at worst.

Schlin·ge ⟨-, -n⟩ *f* 1. *(Schleife, Öse)* loop; 2. *(zum Fangen)* snare; 3. *med (Binde)* sling; ▶ **sich aus der ~ ziehen** *fig* get out of a tight spot.

Schlin·gel ['ʃlɪŋəl] ⟨-s, -⟩ *m* rascal.

schlin·gen[1] ['ʃlɪŋən] *irr* I *tr* 1. *(binden)* tie; 2. *(um~)* wrap; II *refl:* ▶ **sich ~ um etw** coil itself around s.th.

schlin·gen[2] *tr (herunter~):* ▶ **schling nicht so!** don't bolt your food like that!

schlin·gern ['ʃlɪŋən] *itr (Schiff)* roll; *(Fahrzeug)* lurch.

Schling·pflan·ze *f* creeper.

Schlips [ʃlɪps] ⟨-es, -e⟩ *m Br* tie, *Am* necktie; ▶ **sich auf den ~ getreten fühlen** *fig fam* feel offended.

Schlit·ten ['ʃlɪtən] ⟨-s, -⟩ *m* 1. *Br* sledge, *Am* sled; 2. *sl (Wagen)* motor; ▶ **~ fahren** go tobogganing; **mit jdm ~ fahren** *fig fam* give s.o. a ticking-off; **Schlit·ten·fahrt** *f* sledge ride.

schlit·tern ['ʃlɪtən] ⟨sein *od* h⟩ *itr* 1. *(auf Rutschbahn)* slide; 2. *mot (bei Glatteis)* skid.

Schlitt·schuh *m* (ice-) skate; **Schlittschuh·bahn** *f* ice-rink; **Schlittschuh·läu·fer(in)** *m (f)* skater; **Schlitt·schuh·schritt** *m sport* skating step.

Schlitz [ʃlɪts] ⟨-es, -e⟩ *m* slit; *(Einwurf~)* slot; **Schlitz·au·ge** *n* 1. *(schlitzförmiges Auge)* slit eye; 2. *(Schimpfwort)* chink; **schlitz·äu·gig** *adj* slant-eyed; **schlit·zen** *tr* slit; **Schlitz·ohr** *n fig fam* sly fox.

schloh·weiß ['ʃloːˈvaɪs] *adj* snow-white.

Schloß[1] [ʃlɔs, *pl* 'ʃlœsə] ⟨-sses, ¨ sser⟩ *n (Burg)* castle; *(Palast)* palace.

Schloß[2] *n (Verschluß)* lock; *(Koffer~)* fastener; ▶ **hinter ~ u. Riegel sitzen** be locked up.

Schlos·ser ['ʃlɔsə] ⟨-s, -⟩ *m* locksmith; *(Bau~)* fitter; **Schlos·se·rei** *f* metalworking shop.

Schloß·herr *m* lord of the castle; **Schloß·hund** *m:* ▶ **heulen wie ein ~** howl one's head off; **Schloß·park** *m* castle grounds *pl.*

Schlot [ʃloːt] ⟨-es, -e⟩ 1. *(Schornstein)* chimney; *(Fabrik~)* smokestack; **2.**

(Vulkanöffnung) vent; ▶ **rauchen wie ein** ~ smoke like a chimney.
schlot·t(e·)rig ['ʃlɔt(ə)rɪç] *adj (lose)* baggy.
schlot·tern ['ʃlɔtən] *itr* 1. *(lose hängen)* hang loose; 2. *(zittern)* shake, tremble; ▶ **mit** ~**den Knien** with trembling knees; ~ **vor Angst** tremble with fear.
Schlucht [ʃlʊxt] ⟨-, -en⟩ *f* gorge, ravine.
Schluch·zen *n* sobs *pl.*
schluch·zen ['ʃlʊxtsən] *itr* sob.
Schluck [ʃlʊk] ⟨-(e)s, -e⟩ *m* gulp; *(Mundvoll)* oip; **Schluok·brun·nen** *m (für Grundwasserwärmepumpe)* drain(age) well; **Schluck·auf** ⟨-s⟩ *m* hiccups *pl;* **schlucken (k·k)** I *tr* 1. *a. fig* swallow; *(herunterwürgen)* gulp down; 2. *(aufsaugen) fam* suck up; II *itr* swallow; **Schlucker (k·k)** *m:* ▶ **armer** ~ *fam* poor devil; **Schluck·imp·fung** *f* oral vaccine; **Schluck·specht** *m fam* boozer; **schluck·weise** *adv* by draughts.
schlu·dern ['ʃluːdən] *itr fam* work sloppily; **schlu·drig** *adj fam (Arbeit)* slipshod, (Person) slapdash.
Schlum·mer ['ʃlʊmə] ⟨-s⟩ *m* slumber; **schlum·mern** *itr* 1. slumber; 2. *fig* be latent, lie dormant.
Schlund [ʃlʊnt, *pl* 'ʃlʏndə] ⟨-(e)s, ⁀e⟩ *m* 1. *anat* gullet; 2. *(Abgrund)* abyss, chasm.
schlüp·fen ['ʃlʏpfən] ⟨sein⟩ *itr* 1. slip; 2. *(Jungvögel)* hatch out; ▶ **in die** *(od aus den)* **Kleider(n)** ~ slip on *(od off)* one's clothes.
Schlüp·fer *m* panties *pl.*
Schlupf·loch *n* 1. *(Durchlaß für Tiere)* hole; 2. *(Gaunerversteck)* hideout; 3. *fig* loophole.
schlüpf·rig ['ʃlʏpfrɪç] *adj* 1. *(glatt)* slippery; 2. *fig (anstößig)* lewd.
Schlupf·win·kel *m* hiding place.
schlur·fen ['ʃlʊrfən] ⟨sein⟩ *itr* shuffle along.
schlür·fen ['ʃlʏrfən] *tr itr* slurp.
Schluß [ʃlʊs, *pl* 'ʃlʏsə] ⟨-sses, ⁀sse⟩ *m* 1. *(Ende, Halt)* end; 2. *(Abschluß)* ending; ▶ ~ **jetzt!** that's the end now! ~ **damit!** stop it! ~ **für heute!** that's it for today! ~ **machen** *(mit der Arbeit)* call it a day; *(Selbstmord begehen)* end it all; **mit jdm** ~ **machen** finish with s.o.; **zum** ~ in the end; **welchen** ~ **ziehen Sie daraus?** what conclusion do you draw from all this? **ein voreiliger** ~ a rash conclusion; **Schluß·ab·rech·nung** *f* final account; **Schluß·ak·te** *f pol* closing agreement; **Schluß·be·mer·kung** *f* concluding remark.
Schlüs·sel¹ ['ʃlʏsəl] ⟨-s, -⟩ *m* 1. *(Tür~)* key; 2. *tech (Schrauben~) Br* spanner, *Am* wrench.
Schlüs·sel² *m mus* clef.
Schlüs·sel³ *m (Verteilungsquote)* ratio.

Schlüs·sel·an·hän·ger *m* keyring pendant; **Schlüs·sel·bein** *n* collarbone; **Schlüs·sel·blu·me** *f* cowslip; **Schlüs·sel·bund** *m* bunch of keys; **Schlüs·sel·dienst** *m* key cutting service; emergency locksmith; **Schlüs·sel·er·leb·nis** *n psych* crucial experience; **schlüs·sel·fer·tig** *adj* ready for occupancy; ▶ **ein** ~**es Haus** a new house ready for moving in; **Schlüs·sel·in·du·strie** *f* key industry; **Schlüs·sel·kind** *n* latchkey child; **Schlüs·sel·loch** *n* keyhole; ▶ **durchs** ~ **gucken** spy through the keyhole; **Schlüs·sel·stel·lung** *f* key position; ▶ **Beamter in** ~ key official.
Schluß·fol·ge·rung *f:* ▶ ~**en ziehen aus** ... draw conclusions from ...
schlüs·sig ['ʃlʏsɪç] *adj* conclusive; ▶ **sich über etw** ~ **sein** have made up one's mind about s.th.
Schluß·licht ⟨-(e)s, -er⟩ *n* 1. *mot* taillight, tail lamp; 2. *fig* back marker; ▶ **das** ~ **bilden** *fig* bring up the rear; **Schluß·run·de** *f sport (beim Boxen)* final round; *(beim Rennen)* final lap; **Schluß·strich** *m fig* final stroke; ▶ **e-n** ~ **unter etw ziehen** consider s.th. finished; **Schluß·ver·kauf** *m* sale; **Schluß·wort** ⟨-(e)s, -e⟩ *n* 1. *(in Rede)* closing remarks *pl;* 2. *(in Buch)* postscript.
Schmach [ʃmaːx] ⟨-⟩ *f:* ▶ **etw als** ~ **empfinden** see s.th. as a disgrace.
schmach·ten ['ʃmaxtən] *itr obs (vor Entbehrung)* languish; ▶ **nach etw** ~ pine for s.th; **schmach·tend** *adj:* ▶ **ein** ~**er Blick** a languishing glance.
schmäch·tig ['ʃmɛçtɪç] *adj* frail, slight.
schmach·voll *adj* humiliating.
schmack·haft ['ʃmakhaft] *adj* tasty; ▶ **jdm etw** ~ **machen** *fig* make s.th. palatable to s.o.
schmä·hen ['ʃmɛːən] *tr* abuse; **schmäh·lich** *adj (schändlich)* shameful; *(demütigend)* humiliating.
schmal [ʃmaːl] *adj* 1. *(eng)* narrow; 2. *(schlank)* slender, slim; ▶ ~**e Lippen** thin lips.
schmä·lern ['ʃmɛːlən] *tr* 1. *(beeinträchtigen)* diminish, lessen; 2. *(herabsetzen)* belittle; **Schmä·le·rung** *f* detraction from.
Schmal·film *m* cine-film; **Schmal·film·ka·me·ra** *f* cine-camera.
Schmal·spur- *(in Zss.)* small-time ...
Schmalz [ʃmalts] ⟨-es, -e⟩ *n* lard.
schmal·zig *adj fig fam* slushy.
schma·rot·zen [ʃma'rɔtsən] ⟨ohne ge-⟩ *itr* 1. *(Mensch)* sponge *(bei on);* 2. *bot zoo* be parasitic *(bei on);* **Schma·rot·zer** *m* 1. *fig (Mensch) Br* sponger, *Am* freeloader; 2. *bot zoo* parasite.
Schmar·ren¹ ⟨-s, -⟩ *m* pancake *cut up into small pieces.*

Schmar·ren[2] *m fam (Unsinn):* ► **er versteht e-n ~ davon** he doesn't know a thing about it; **das geht Sie e-n ~ an!** that's none of your bloody business!

schmat·zen ['ʃmatsən] *itr* eat noisily; munch.

Schmaus [ʃmaʊs, *pl* 'ʃmɔɪzə] ⟨-es, ˑse⟩ *m* feast; **schmau·sen** *itr* feast.

schmecken ['ʃmɛkən] **I** *itr (Geschmack haben)* taste *(nach* of); ► **das schmeckt mir nicht** I don't like the taste of it; **das Essen schmeckt nach nichts!** the cooking has no taste! **gut ~** taste good *(od* nice); **das schmeckt nicht schlecht** it tastes all right to me; **das hat geschmeckt!** that was good! **wie schmeckt's?** how do you like it? **II** *tr* taste; **ich kann nichts ~** *(feststellen)* I can't taste anything wrong.

Schmei·che·lei *f* flattery; ► **mit ~en kommst du nicht weit** flattery will get you nowhere.

schmei·chel·haft *adj a. fig* flattering.

schmei·cheln ['ʃmaɪçəln] *itr* flatter *(jdm* s.o.); ► **er fühlte sich von ihrer Rede sehr geschmeichelt** he was very flattered by her speech; **Schmeichler(in)** *m (f)* flatterer; **schmeich·le·risch** *adj* flattering.

schmei·ßen ['ʃmaɪsən] *irr tr fam* chuck, fling; ► **e-e Sache** *(od* **den Laden) ~** *fig* run the show.

Schmeiß·flie·ge *f* bluebottle.

Schmelz [ʃmɛlts] ⟨-es, -e⟩ *m* 1. *(Email, Zahn~)* enamel; 2. *(Glanz, Glasur)* glaze; 3. *fig (der Stimme)* mellowness; **Schmel·ze** ⟨-, -n⟩ *f* 1. *(von Metall)* melt; 2. *(Schmelzhütte)* smelting works *pl.*

schmel·zen ['ʃmɛltsən] *irr tr* ⟨h⟩ *itr* ⟨sein⟩ *a. fig* melt; **Schmelz·hüt·te** *f* smelting works *pl*; **Schmelz·kä·se** *m Br* processed *(Am* process) cheese; **Schmelz·ofen** *m (für Metallerz)* melting furnace; **Schmelz·punkt** *m* melting point; **Schmelz·tie·gel** *m a. fig* melting pot; **Schmelz·was·ser** *n* snow water.

Schmer·bauch ['ʃmeːɐ-] *m fam* paunch.

Schmerz [ʃmɛrts] ⟨-es, -en⟩ *m* pain; ► **hast du noch ~en?** is it still hurting? **das ist gut gegen die ~en** this will help the pain; **~en haben** be in pain; **er schrie vor ~en** he screamed in pain; **ich habe ~en im Bein** I have a pain in my leg; **schmer·zen** *itr (weh tun)* hurt; ► **mein Arm fing an zu ~** my arm was becoming painful; **sein Arm schmerzt noch immer** his arm is still paining him; **schmerz·em·pfind·lich** *adj* sensitive to pain; **Schmer·zens·geld** *n jur* damages *pl*; **Schmer·zens·schrei** *m* scream of pain; **Schmerz·gren·ze** *f* pain barrier; **schmerz·haft** *adj* 1. painful; 2. *fig (betrüblich)* sad; **schmerz·lich** *adj fig (traurig)* sad; ► **ein ~er Verlust** a severe loss; **ihm wurde ~ bewußt, daß ...** he became painfully aware that ...; **schmerz·los** *adj* painless; ► **kurz und ~** quite painless; **Schmerz·mit·tel** *n* pain-killer; **schmerz·stil·lend** *adj* pain-killing; ► **~es Mittel** pain-killer *fam; med* analgetic.

Schmet·ter·ling ['ʃmɛtɛlɪŋ] *m* butterfly.

schmet·tern ['ʃmɛtɛn] **I** *tr (heftig werfen)* smash; **II** *itr* 1. *sport (Tennisball)* smash; 2. *mus (Trompete)* blare; 3. *(Stimme)* bellow.

Schmied [ʃmiːt] ⟨-(e)s, -e⟩ *m* smith.

Schmie·de ['ʃmiːdə] ⟨-, -n⟩ *f* forge, smithy. **schmie·de·ei·sern** *adj* wrought-iron; **schmie·den** *tr* forge *(zu* into); ► **Pläne ~** *fig* hatch plans.

schmie·gen ['ʃmiːgən] *refl* nestle, snuggle *(an* to); ► **sich an jdn ~** nestle up to s.o.; **sich an jds Schulter ~** nestle against someone's shoulder; **schmiegsam** *adj* supple.

Schmie·re ['ʃmiːrə] ⟨-, -n⟩ *f* grease; ► **~ stehen** *fig fam* be the look-out.

schmie·ren I *tr* 1. *(auf~)* smear; 2. *(Maschinen)* lubricate; ► **jdn ~** *fig fam (bestechen)* grease someone's palms; **du kriegst gleich e-e geschmiert!** *fam* I'll clout you one in a minute! **II** *itr* 1. *(sudeln, schlecht schreiben)* scrawl; 2. *(schmierig sein)* smear; ► **es läuft wie geschmiert** it's going like clockwork; **Schmie·re·rei** *f* 1. *(Sudelei)* scrawl; 2. *(schlechte Malerei)* daubing; 3. scribbling; **Schmier·fett** *n* grease; **Schmier·fink** *m* 1. *(mieser Schreiberling)* muckraker *fam;* 2. *(Schüler)* messy fellow; **Schmier·geld(er)** *n (pl)* bribe *sing;* **als ~ as a bribe;** ► **~(er) nehmen** take a bribe; **schmie·rig** *adj* 1. *(fettig)* greasy; 2. *fig (widerlich)* dirty, filthy; 3. *fig fam (kriecherisch)* smarmy; **Schmier·mit·tel** *n* lubricant; **Schmier·sei·fe** *f* soft soap; **Schmier·zet·tel** *m* piece of rough paper.

Schmin·ke ['ʃmɪŋkə] ⟨-, -n⟩ *f* make-up; **schmin·ken I** *tr* make up; **II** *refl* put on make-up; **Schmink·täsch·chen** *n* make-up bag.

schmir·geln ['ʃmɪrgəln] *tr* sand; **Schmir·gel·pa·pier** *n* sandpaper.

schmis·sig *adj fam* dashing.

schmö·kern ['ʃmøːkən] *itr:* ► **in e-m Buch ~** bury o.s. in a book.

Schmoll·ecke (k·k) *f* ► **sich in seine ~ zurückziehen** withdraw to one's corner to sulk. **schmol·len** ['ʃmɔlən] *itr* sulk; ► **mit jdm ~** be annoyed with s.o; **Schmoll·mund** *m* pout; ► **e-n ~ zie·hen** pout.

Schmor·bra·ten *m* pot-roast.

schmo·ren ['ʃmoːrən] *tr itr* braise;

▶ **jdn ~ lassen** *fig* leave s.o. to stew.
Schmuck [ʃmʊk] ⟨-(e)s, (-e)⟩ *m* **1.** *(Juwelen) Br* jewellery, *Am* jewelry; **2.** *(Dekoration)* decoration.
schmücken (k·k) [ˈʃmʏkən] **I** *tr* adorn, decorate; **II** *refl* adorn o.s.
Schmuck·käst·chen *n* jewellery box; **schmuck·los** *adj fig* plain, simple; **Schmuck·stück** *n* **1.** *(Juwel)* piece of jewellery; **2.** *fig* gem.
Schmud·del·kind *n fam* (street) urchin.
Schmug·gel [ˈʃmʊgəl] ⟨-s⟩ *m* smuggling; **schmug·goln** *tr itr* smuggle; ▶ **mit etw ~** smuggle s.th.; **Schmugg·ler(in)** *m (f)* smuggler.
schmun·zeln [ˈʃmʊntsəln] *itr* smile.
schmu·sen [ˈʃmuːzən] *itr* have a cuddle; ▶ **mit jdm ~** cuddle s.o.; **Schmu·se·pup·pe** *f* cuddly toy.
Schmutz [ʃmʊts] ⟨-es⟩ *m* dirt; ▶ **jds Namen durch den ~ ziehen** drag someone's name through the mud; **schmutzen** *itr* get dirty; **Schmutz·fink** *m fam (Kind)* mucky pup; ▶ **Sie ~!** *fig* don't be filthy! **Schmutz·fleck** *m* dirty mark; **schmut·zig** *adj* dirty; ▶ **~ werden** get dirty; **etw ~ machen** get s.th. dirty; **e-e ~e Phantasie haben** have a dirty mind; **Schmutz·kam·pa·gne** *f* smear campaign; **Schmutz·schicht** *f* layer of dirt; **Schmutz·ti·tel** *m typ* half-title.
Schna·bel [ˈʃnaːbəl, *pl* ˈʃnɛːbəl] ⟨-s, ¨⟩ *m* **1.** *orn* beak, bill; **2.** *fam (Mund)* gob, trap; ▶ **darüber hältst du den ~!** keep your gob shut about this! **halt den ~!** shut your trap!
Schna·ke [ˈʃnaːkə] ⟨-, -n⟩ *f* gnat, midge.
Schnal·le [ˈʃnalə] ⟨-, -n⟩ *f* **1.** *(Schuh~, Gürtel~)* buckle; **2.** *(Schließe)* clasp; **schnal·len** *tr* strap *(an* to); ▶ **etw auf etw ~** strap s.th. onto s.th.; **hast du das jetzt geschnallt?** *(begriffen) fig fam* have you got it now?
schnal·zen [ˈʃnaltsən] *itr (mit der Zunge)* click one's tongue; *(mit den Fingern)* snap one's fingers.
Schnäpp·chen [ˈʃnɛpçən] *n fam* bargain.
schnap·pen [ˈʃnapən] **I** *tr* **1.** *(etw ergreifen, erwischen)* grab, snatch; **2.** *fam (fangen)* nab; ▶ **er schnappte mich am Armel** he grabbed my sleeve; **die Polizei hat ihn dabei geschnappt, wie er ... the police nabbed him when he ...**; **II** *itr:* ▶ **nach etw ~** make a snap at s.th.; **nach Luft ~** gasp for air; **Schnapp·schuß** *m phot* snapshot.
Schnaps [ʃnaps, *pl* ˈʃnɛpsə] ⟨-es, ¨e⟩ *m Br* booze, *Am* liquor; **Schnaps·idee** *f fam* crackpot idea.
schnar·chen [ˈʃnarçən] *itr* snore.
schnar·ren [ˈʃnarən] *itr* **1.** *(knarren)* creak; **2.** *(summen, a. tele)* buzz; ▶ **~de Geräusche** a series of creaks.

schnat·tern [ˈʃnatən] *itr* **1.** *(Gänse, Enten)* quack; **2.** *(durcheinanderschwatzen) pej* gabble, prattle.
schnau·ben [ˈʃnaʊbən] *itr tr (bes. von Pferd)* snort; *(pusten)* blow, puff; ▶ **vor Wut ~** snort with rage.
schnau·fen [ˈʃnaʊfən] *itr* puff, wheeze.
Schnauz·bart *m* moustache.
Schnau·ze [ˈʃnaʊtsə] ⟨-, -n⟩ *f* **1.** *(Tier~)* muzzle; **2.** *vulg (Mund)* trap; **3.** *(Spitze, bes. Flugzeugspitze)* nose; *mot (Vorderteil)* front; ▶ **halt die ~!** *vulg* shut your trap! **e-e große ~ haben** *vulg* be a bigmouth; **schnau·zen** *itr fam* shout.
Schnecke (k·k) [ˈʃnɛkə] ⟨-, -n⟩ *f* snail; ▶ **jdn zur ~ machen** *fig fam* give s.o. a ticking-off; **schnecken·för·mig (k·k)** *adj* spiral; **Schnecken·haus (k·k)** *n* snail-shell; **Schnecken·tem·po (k·k)** *n:* ▶ **im ~** at a snail's pace.
Schnee [ʃneː] ⟨-s⟩ *m (a. fig: Heroin, Kokain)* snow; ▶ **der ewige ~** the eternal snows *pl;* **Schnee·an·zug** *m* snow suit; **Schnee·ball** *m* **1.** snowball; **2.** *bot (~strauch)* guelder rose; **Schnee·ball·ef·fekt** *m* snowball effect; **Schnee·ball·schlacht** *f* snowball fight; ▶ **e-e ~ machen** have a snowball fight; **Schnee·be·sen** *m* whisk; **Schnee·bril·le** *f* snow goggles *pl;* **Schnee·fall** *m* snowfall; **Schnee·flocke (k·k)** *f* snowflake; **Schnee·ge·stö·ber** *n* snowstorm; **Schnee·glöck·chen** *n bot* snowdrop; **Schnee·gren·ze** *f* snow-line; **Schnee·ka·no·ne** *f* snow cannon; **Schnee·ket·te** *f mot* snow chain; **Schnee·mann** ⟨-(e)s, ¨er⟩ *m* snowman; **Schnee·matsch** *m* slush; **Schnee·mo·bil** *n* snow mobile; **Schnee·pflug** *m Br* snowplough, *Am* snowplow; **Schnee·schau·er** *m* snow shower; **Schnee·schau·fel** *f Br* snowshovel, *Am* snowpusher; **Schnee·schmel·ze** *f* thaw; **Schnee·sturm** *m Br* snowstorm, *Am* blizzard; **Schnee·trei·ben** *n* driving snow; **Schnee·ver·we·hung** *f* snowdrift; **schnee·weiß** [ˈ-ˈ-] *adj* snowy-white; **Schnee·witt·chen** *n* Snow White.
Schneid [ʃnaɪt] ⟨-(e)s⟩ *m* guts *pl;* **Schneid·bren·ner** *m tech* cutting torch.
Schnei·de [ˈʃnaɪdə] ⟨-, -n⟩ *f* **1.** *(Schärfe, Kante)* edge; **2.** *(Klinge)* blade; ▶ **auf (des) Messers ~ stehen** *fig* be on the razor's edge.
schnei·den [ˈʃnaɪdən] *irr* **I** *tr a. fig* cut; ▶ **sich die Nägel ~** cut one's nails; **sich am Finger ~** cut one's finger; **deine Haare könnten mal wieder geschnitten werden!** your hair could do with a cut! **sich die Haare ~ lassen** have one's hair cut; **etw in zwei Teile ~** cut s.th. in half; **II** *refl* **1.** *(mit Messer)* cut o.s.; **2.** *math (Linien)* intersect; **schnei·dend** *adj fig* **1.** *(bei-*

ßend) biting; **2.** *(durchdringend)* piercing.

Schnei·der(in) *m (f)* tailor; *(Damen~)* dressmaker; **Schnei·de·rei** *f* tailor's *(od* dressmaker's); **schnei·dern** *tr (anfertigen)* make.

Schnei·de·zahn *m* incisor.

schnei·dig *adj* dashing.

schnei·en ['ʃnaiən] *itr imp* snow.

Schnei·se ['ʃnaizə] ⟨-, -n⟩ *f* **1.** *(Wald~)* aisle; **2.** *aero (Flug~)* path.

schnell [ʃnɛl] *adj (~fahrend)* fast; *(rasch)* quick; ▶ **mach ~!** be quick! **~**, **~!** quick, quick! **das ging ja ~** you were (he was *etc*) quick; **etw ganz ~ tun** be quick to do s.th.; **wie komme ich am ~sten zum Bahnhof?** what's the quickest way to the station? **laß mich mal ~ sehen** let me have a quick look; **wir haben ~ etw gegessen** we had a quick meal; **ich schreibe ihm ~ mal** I'll just drop him a line or two; **er arbeitet ~** he is a fast worker.

Schnel(l·)la·der *m mot (für Batterie)* fast charger; **Schnell·bahn** *f* highspeed railway; **Schnell·bau·wei·se** *f* high-speed building methods *pl;* **Schnell·boot** *n mil* motor-torpedo boat *(Abk* MTB); **Schnell·drucker (k·k)** *m* high-speed printer; **schnel(l·)le·big** *adj* fast-moving.

schnel·len ['ʃnɛlən] ⟨sein⟩ *itr:* ▶ **in die Höhe ~** shoot up, tip up.

Schnell·feu·er·waf·fe *f* automatic weapon; **Schnell·hef·ter** *m* spring folder.

Schnel·lig·keit *f* speed; ▶ **mit großer ~** at fast speed; **die ~ der Strömung** the rapidity of the current.

Schnell·im·biß *f* snack-bar; **Schnellkoch·plat·te** *f* high-speed ring; **Schnell·koch·topf** *m* pressure cooker; **Schnell·rei·ni·gung** *f* express cleaner's; **Schnell·rück·lauf** *m* fast rewind; **Schnell·stra·ße** *f* expressway; **Schnell·such·lauf** *m* rapid search; **schnell·trock·nend** *adj* quick-drying; **Schnell·ver·fah·ren** *n* **1.** *tech* highspeed processing; **2.** *jur* summary trial; ▶ **im ~ abgeurteilt werden** be sentenced by a summary trial; **Schnellvor·lauf** *m* fast forward; **Schnell·zug** *m* fast train.

Schnep·fe ['ʃnɛpfə] ⟨-, -n⟩ *f orn* snipe.

schneu·zen ['ʃnɔitsən] *refl* blow one's nose.

schnie·fen ['ʃni:fən] *itr fam* sniffle.

Schnipp·chen ['ʃnɪpçən] *n fam:* ▶ **jdm ein ~ schlagen** outsmart s.o.

schnip·pisch *adj* pert, saucy.

Schnip·sel *m n* scrap; **schnip·seln** *tr* snip *(an* at).

Schnitt [ʃnɪt] ⟨-(e)s, -e⟩ *m* **1.** *allg* cut; **2.** *(Längs~, Quer~)* section; ▶ **e-n ~ mit etw machen** *fig fam* make a profit by

s.th; **im ~** *fig* on average.

Schnitt·blu·men *pl* cut flowers.

Schnit·te ⟨-, -n⟩ *f* **1.** *(Scheibe)* slice; **2.** *(belegtes Brot)* sandwich; ▶ **e-e ~ Brot** a slice of bread; **schmier mir mal 'ne ~!** make me a sandwich!

Schnitt·flä·che *f* section.

schnit·tig *adj* smart.

Schnitt·lauch *m* chives *pl.*

Schnitt·men·ge *f math* intersection; **Schnitt·mu·ster** *n* paper pattern; **Schnitt·punkt** *m (von Linien)* point of intersection; **Schnitt·stel·le** *f EDV* interface.

Schnitt·wun·de *f* cut; *(tiefe ~)* gash.

Schnitzel[1] *n (Speise)* pork *(od* veal) cutlet.

Schnitzel[2] ['ʃnɪtsəl] ⟨-s, ⟩ *n m (Papier~)* scrap of paper; **Schnit·zel·jagd** *f* paper-chase.

schnit·zen ['ʃnɪtsən] *tr* carve; **Schnitzer**[1] *m (Holz~)* wood carver.

Schnit·zer[2] *m fam (Fehler) Br* blunder, *Am* howler.

Schnitz·mes·ser *n* woodcarving knife.

schnö·de ['ʃnø:də] *adj:* ▶ **der ~e Mammon** filthy lucre.

Schnor·chel ['ʃnɔrçəl] ⟨-s, -⟩ *m* snorkel.

Schnör·kel ['ʃnœrkəl] ⟨-s, -⟩ *m (bogenförmige Verzierung)* flourish; **schnörkel·los** *adj* without frills.

schnor·ren *tr itr* scrounge, cadge *(etw bei jdm* s.th. off s.b.); **Schnor·rer(in)** *m (f)* scrounger, sponger.

Schnüf·fe·lei *f* **1.** *(Schnuppern)* sniffling; **2.** *fig (Herumspionieren)* snooping.

schnüf·feln ['ʃnʏfəln] *itr* **1.** *(schnuppern)* sniff *(an* at); **2.** *fig* snoop around.

Schnul·ler ['ʃnʊlə] ⟨-s, -⟩ *m* **1.** *(für Säugling) Br* dummy, *Am* pacifier; **2.** *(Fläschchenaufsatz) Br* teat, *Am* nipple.

Schnul·ze ['ʃnʊltsə] ⟨-, -n⟩ *f fam pej* tearjerker; **Schnul·zen·sän·ger(in)** *rh (f) fam pej* crooner.

Schnup·fen ['ʃnʊpfən] ⟨-s, -⟩ *m* cold (in the head); ▶ **~ haben** have a cold; **~ bekommen** catch cold.

schnup·pe ['ʃnʊpə] *adj fam:* ▶ **das ist mir ~** it's all the same to me.

schnup·pern ['ʃnʊpən] *itr* sniff; ▶ **an etw ~** sniff s.th.

Schnur [ʃnu:ɐ, *pl* 'ʃny:rə] ⟨-, ⸚e⟩ *f* string; *(Kordel)* cord; *el (Leitungs~)* flex.

Schnür·band *n* lace.

Schnür·chen ['ʃny:eçən] *n:* ▶ **das klappt ja wie am ~** it's really going like clockwork.

schnü·ren ['ʃny:rən] **I** *tr* tie up; **II** *itr (zu fest sein)* be too tight.

schnur·ge·ra·de ['--'--] *adv* dead straight.

schnur·los *adj (Telefon)* cordless.

Schnurr·bart *m Br* moustache, *Am* mustache; **schnurr·bär·tig** *adj* mustachioed.

schnur·ren ['ʃnʊrən] *itr* 1. *(surren)* whir; 2. *(Katze)* purr.

Schnurr·haa·re *pl* whiskers.

Schnür·sen·kel *m* shoelace; **Schnür-stie·fel** *m* laced boot.

schnur·stracks ['ʃnuː'eʃtraks] *adv* straight away.

Scho·ber ['ʃoːbɐ] ‹-s, -› *m (Scheune)* barn.

Schock [ʃɔk] ‹-s, -s› *m* shock; **Schock-far·be** *f Br* blaze colour, electric colour, *Am* blaze color, electric color; **schockie·ren (k·k)** *tr* shock.

Schöf·fe (Schöf·fin) ['ʃœfə] ‹-n, -n› *m (f) jur* juror.

Scho·ko·la·de [ʃokoˈlaːdə] ‹-, -n› *f* chocolate; **Scho·ko·(la·den·)rie·gel** *m* chocolate bar.

Scho·ko·la·den·sei·te *f fig* attractive side of things.

Schol·le¹ ['ʃɔlə] ‹-, -n› *f* 1. *(Fisch)* plaice; 2. *(auf Speisekarten)* sole.

Schol·le² *f (Erd~)* clod; *(Eis~)* floe.

schon [ʃoːn] *adv* 1. *(bereits)* already; 2. *(jemals)* ever; 3. *(bloß)* just; ▶ **ich lebe ~ seit 2 Jahren in Berlin** I have been living in B. for 2 years; **sind Sie ~ (mal) in Spanien gewesen?** have you ever been to Spain? **das habe ich ~ oft gehört** I've heard that often; **ich bin ~ lange fertig** I've been ready for ages; **wartest du ~ lange?** have you been waiting long? **~ immer** always; **wenn ich das ~ höre!** if I even hear that! **na, wenn ~!** so what! **was ist das ~!** that's nothing! **ja, ~ ...** yes, well ...; **das ist ~ möglich** that's quite possible; **mach ~!** get a move on! **morgen ~ gar nicht** tomorrow least of all.

schön [ʃøːn] **I** *adj* 1. *(hübsch)* beautiful, lovely; 2. *(angenehm)* nice; ▶ **heute nachmittag wird es ~** it's going to be fine this afternoon; **wir gehen, wenn das Wetter ~ ist** we'll go if it's fine; **e-s ~en Tages** one fine day; **das ist ja e-e ~e Ausrede** that's a fine excuse; **du bist mir ein ~er Freund!** a fine friend you are! **das ist ja alles ~ und gut, aber ...** that's all very well, but ...; **ich hab' mich ~ ausgeruht** I had a nice rest; **immer ~ sachte!** nice and easy does it! **das sind ja ~e Zustände!** here's a nice state of affairs! **II** *adv* 1. *(gut)* well; 2. *(ziemlich)* pretty; ▶ **schlaf ~!** sleep well! **ganz ~ lange** quite a while.

scho·nen ['ʃoːnən] **I** *tr* 1. *(verschonen)* spare; 2. *(sorgfältig behandeln)* look after, take care of ...; **II** *refl* take care of o.s; **scho·nend** *adj* 1. *(vorsichtig)* gentle; 2. *(mild)* mild; ▶ **etw ~ behandeln** treat s.th. with care; **jdm etw ~ beibringen** break s.th. to s.o. gently.

Schon·gang *f (Waschen)* gentle action wash.

Schön·heit *f* 1. beauty; 2. *(schöne Frau)* beautiful woman, beauty; **Schön-heits·farm** *f* health farm; **Schön-heits·feh·ler** *m (von Menschen)* blemish; *(von Sachen)* flaw; **Schön·heits-ope·ra·tion** *f* cosmetic surgery.

Schön·schreib·drucker (k·k) *m EDV* letter-quality printer.

schöntun *irr itr:* ▶ **jdm ~** soft-soap s.o.

Scho·nung¹ *f (vorsichtige Behandlung)* saving (of); **zur ~ der Möbel** for the protection of the furniture; **Scho-nung²** *f (Jungwald)* forest plantation area; **scho·nungs·los** **I** *adj (ohne Gnade)* merciless; **II** *adv* bluntly.

Schon·zeit *f Br* close (*Am* closed season).

Schopf [ʃɔpf, *pl* 'ʃœpfə] ‹-(e)s, ⸚e› *m (Haar~)* shock of hair; *(Vogel~, Feder~)* crest; ▶ **die Gelegenheit beim ~e fassen** *fig* seize (on) the opportunity.

schöp·fen ['ʃœpfən] *tr itr* scoop (*aus* out of, from); ▶ **neuen Mut ~** *fig* draw new courage (*aus* from).

Schöp·fer(in) *m (f)* creator; **schöp·fe-risch** *adj* creative.

Schöpf·kel·le *f* scoop; **Schöpf·löf·fel** *m* ladle.

Schöp·fung *f* 1. *(Creation, Werk)* creation; 2. *(Erfindung)* invention; **Schöp-fungs·ge·schich·te** *f rel* Genesis.

Schorf [ʃɔrf] ‹-(e)s, -e› *(Wundkruste)* scab.

Schorn·stein ['ʃɔrnʃtaɪn] ‹-(e)s, -e› *m* chimney; *mar rail* funnel; *(Fabrik~)* (smoke-) stack; **Schorn·stein·auf-satz** *m* chimney top; *(aus Blech)* chimney cowl; **Schorn·stein·fe·ger** *m* (chimney-) sweep.

Schoß¹ *m bot (Trieb)* shoot, sprout.

Schoß² ['ʃoːs, *pl* 'ʃøːsə] ‹-es, ⸚e› *m* lap; ▶ **auf dem ~ on** one's lap; **Schoß-hund** *m* lap-dog.

Scho·te ['ʃoːtə] ‹-, -n› *f bot* pod.

Schott [ʃɔt] ‹-(e)s, -en/-s› *n mar* bulkhead.

Schot·te ['ʃɔtə] ‹-n, -n› *m* Scot, Scotsman; ▶ **die ~en** the Scottish.

Schot·ter ['ʃɔtɐ] ‹-s› *m (Straßen~)* road-metal; *rail* ballast; **schot·tern** *tr* metal.

Schot·tin *f* Scotswoman; ▶ **die ~nen** Scottish women; **schot·tisch** *adj* Scottish; ▶ **das ~e Hochland** the Scottish Highlands; **~er Whisky** Scotch Whisky; **Schott·land** *n* Scotland.

schraf·fie·ren [ʃraˈfiːrən] *tr* hatch; **Schraf·fur** *f* hatching.

schräg [ʃrɛːk] **I** *adj* 1. *(ungerade)* oblique; 2. *(geneigt)* sloping; 3. *(quer laufend)* diagonal; **II** *adv* 1. *(nicht parallel)* obliquely; 2. *(diagonal)* diagonally; ▶ **~ gegenüber** diagonally opposite; **jdn ~ ansehen** look down on s.o.; **Schrä·ge** ['ʃrɛːgə] ‹-, -n› *f* incline;

Schräg·heck n *(am Auto)* coupé back, *(Auto)* coupé; **Schräg·schrift** f typ *(Kursivdruck)* italics pl; **Schräg·strich** m oblique stroke.

Schram·me ['ʃramə] ⟨-, -n⟩ f scratch; **schram·men** tr scratch.

Schrank [ʃraŋk, pl 'ʃrɛŋkə] ⟨-(e)s, ⁚e⟩ m Br cupboard, Am closet; *(Kleider~)* wardrobe; **Schrank·bett** n fold-away bed.

Schran·ke ['ʃraŋkə] ⟨-, -n⟩ f a. fig barrier; ▶ **das hält sich noch in ~n** that keeps within reasonable limits; **sein Ehrgeiz kennt keine ~n** there are no bounds to his ambition; **schran·ken·los** adj unrestrained; **Schran·ken·wär·ter(in)** m (f) level crossing attendant.

Schrank·fach n shelf; **Schrank·wand** f wall unit.

Schrap·nell [ʃrap'nɛl] ⟨-s, -e/-s⟩ n shrapnel.

Schrau·be ['ʃraubə] ⟨-, -n⟩ f 1. *(ohne Mutter, Holz~)* screw; *(~ mit Mutter)* bolt; 2. aero mar propeller; ▶ **e-e ~ anziehen** tighten a screw; **bei ihm ist e-e ~ los** fig fam he has a screw loose; **schrau·ben** tr itr screw; ▶ **etw höher (niedriger, fester) ~** screw s.th. up (down, tighter); **Schrau·ben·dre·her** m screwdriver; **Schrau·ben·schlüs·sel** m spanner; **Schrau·ben·zie·her** (s. Schraubendreher).

Schraub·fas·sung f screw fixture; **Schraub·stock** m Br vice, Am vise; ▶ **etw wie ein ~ umklammern** clasp s.th. in a vice-like grip; **Schraub·ver·schluß** m screw top, screw cap.

Schre·ber·gar·ten ['ʃre:bɐ-] m allotment.

Schreck [ʃrɛk] ⟨-(e)s, -e(n)⟩ m fright, scare; ▶ **e-n ~ bekommen** have a fright; **jdm e-n ~ einjagen** give s.o. a fright; **mit dem ~en davonkommen** get off with no more than a fright.

schrecken (k·k) tr frighten, scare; **Schreckens·bot·schaft (k·k)** f alarming piece of news; **Schreckens·herr·schaft (k·k)** f reign of terror.

Schreck·ge·spenst n fig bugaboo; spectre.

schreck·haft adj easily frightened.

schreck·lich I adj *(furchtbar)* terrible; ▶ **du bist wirklich ~!** you're awful! **II** adv fam *(sehr)* awfully; ▶ **ist nicht so ~ wichtig** it's not awfully important; ~ **gerne!** I'd absolutely love to!

Schreck·schuß m: ▶ **e-n ~ abgeben** fire a warning shot; **Schreck·schuß·pi·sto·le** f blank gun; **Schreck·se·kun·de** f mot reaction time.

Schrei [ʃrai] ⟨-(e)s, -e⟩ m cry; *(lauter)* shout; *(gellend)* yell; *(kreischend)* scream, screech, shriek; ▶ **der letzte ~** *(Mode etc)* the latest thing; **e-n ~ aus-**

stoßen utter a cry.

Schreib·block m (writing-) pad.

Schrei·be f fam writing.

Schrei·ben ⟨-s, -⟩ n letter.

schrei·ben ['ʃraibən] irr tr itr write; ▶ **er schrieb 5 Seiten voll** he wrote five sheets of paper; ~ **Sie Ihren Namen in Druckschrift!** print your name! **wie schreibt man das?** how do you spell that? **jdm ~** write to s.o.; **wir ~ uns** we write to each other; **ich habe ihm geschrieben, er solle kommen** I wrote to him to come.

Schrei·ber m 1. *(Brief~, etc)* writer; 2. *(Amts~)* clerk; 3. tech *(Registrierapparat)* recorder.

schreib·faul adj ▶ ~ **sein** be no great letter-writer; **Schreib·fe·der** f *(Stahl~)* nib; **Schreib·feh·ler** m (spelling) mistake; **Schreib·heft** n exercise-book; **Schreib·kraft** f typist; **Schreib·map·pe** f portfolio; **Schreib·ma·schi·ne** f typewriter; ▶ ~ **schreiben** type; **mit ~ geschrieben** typewritten; **Schreib·ma·schi·nen·pa·pier** n typing paper; **Schreib·pa·pier** n writing paper; **Schreib·pult** n (writing) desk; **Schreib·schrift** f 1. *(von Hand)* cursive writing; 2. typ script; **Schreib·tisch** m desk; **Schreib·tisch·tä·ter** m pej brains behind the scenes.

Schrei·bung f *(Orthographie)* spelling; ▶ **falsche ~** misspelling.

Schreib·un·ter·la·ge f desk pad; **Schreib·wa·ren** pl writing materials; **Schreib·wa·ren·händ·ler** m stationer; **Schreib·wa·ren·hand·lung** f stationer's; **Schreib·wei·se** f spelling; way of writing; **Schreib·zeug** ⟨-(e)s⟩ n writing things pl.

schrei·en ['ʃraiən] irr itr shout; *(laut ~)* scream; ▶ **sich die Lunge aus dem Halse ~** fig scream one's head off; **sich heiser ~** scream o.s. hoarse; **sie schrie nach jdm** she cried for s.o. to come; **schrei·end** adj: ▶ **e-e ~e Ungerechtigkeit** a crying scandal; ~**e Farben** loud colours; **Schreie·rei** f fam bawling; **Schrei·hals** m bawler.

Schrein [ʃrain] ⟨-(e)s, -e⟩ m rel shrine.

Schrei·ner m carpenter; **Schrei·ne·rei** f carpenter's workshop; **schrei·nern I** itr do carpentry; **II** tr *(fertigen)* make.

schrei·ten ['ʃraitən] irr itr stride; ▶ **im Zimmer auf u. ab~** pace up and down the room; **zur Abstimmung ~** come to the vote.

Schrift [ʃrift] ⟨-, -en⟩ f 1. *(Hand~)* handwriting; 2. typ type; 3. *(Broschüre)* leaflet; ▶ **die Heilige ~** the Holy scriptures pl; **s-e ~en** his writings; **sie hat e-e gute ~** she has a good handwriting; **Schriftart** f 1. *(von Hand~)* script; 2. typ type; **Schrift·deutsch** n written (od stan-

dard) German; **Schrift·füh·rer(in)** *m*
(f) secretary; **Schrift·grad** *m typ*
typesize; **Schrift·lei·tung** *f* editorship.
schrift·lich I *adj* written; ▶ ~e Be-
weise evidence in writing; **II** *adv* in
writing; **etw ~ festhalten** commit s.th.
to writing; **das kann ich dir ~ geben!**
fig fam I can tell you that for free!
Schrift·satz *m* 1. *typ* type; 2. *jur* plead-
ings *pl;* **Schrift·set·zer(in)** *m (f)* com-
positor, typesetter; **Schrift·spra·che** *f*
written language; **Schrift·stel·ler(in)**
m (f) author(ess), writer; **schrift·stel-
le·risch** *adj* literary; ▶ ~ begabt sein
have a literary talent; **Schrift·stück** *n*
paper; *(amtlich)* document; **Schrift·
wech·sel** *m* correspondence.
schrill [ʃrɪl] *adj* shrill.
Schritt [ʃrɪt] ⟨-(e)s, -e⟩ *m* 1. *a. fig* step;
(langer ~) stride; 2. *(Gang)* gait, walk;
3. *(e-r Hose)* crotch; ▶ ~ halten mit ...
keep up with ... **e-n ~ machen** take a
step; **~ für ~** step by step; **~ fahren** go
at crawl; **er beobachtete mich auf ~
und Tritt** he watched my every step; **es
sind nur ein paar ~e** it's only a few
steps; **den ersten ~ tun** make the first
move; **ein entscheidender ~** a decisive
step; **Schrit(t·)tem·po** *n* ▶ **im ~ fah-
ren** crawl along; **Schritt·ma·cher** *m*
(a. med) pacemaker; **schritt·wei·se**
adv gradually.
schroff [ʃrɔf] *adj* 1. *(steil abfallend)*
steep; *(jäh)* precipitous; 2. *(zerklüftet)*
rugged; 3. *fig (barsch)* curt; ▶ ~e Ge-
gensätze sharp contrasts; ~er Wider-
spruch downright contradiction.
schröp·fen [ˈʃrœpfən] *tr fig:* ▶ jdn ~
fleece s.o.
Schrot [ʃroːt] ⟨-(e)s, -e⟩ *m, n* 1. *(Blei~)*
shot; 2. *(grob gemahlenes Getreide) Br*
wholemeal, *Am* wholewheat; ▶ **von al-
tem ~ u. Korn** of the good old type;
Schrot·brot *n Br* wholemeal *(Am*
wholewheat) bread; **Schrot·flin·te** *f*
shotgun.
Schrott [ʃrɔt] ⟨-(e)s, -e⟩ *m* scrap metal;
Schrott·hal·de *f* scrap heap;
Schrott·händ·ler(in) *m (f)* scrap
dealer; **Schrott·hau·fen** *m* 1. *(Hau-
fen von Schrott)* scrap heap; 2. *fig fam*
(rostiges Auto) pile of scrap; **Schrott·
platz** *m* scrap yard; **schrott·reif** *adj*
ready for the scrap heap; **Schrott·
wert** *m* scrap value.
schrub·ben [ˈʃrʊbən] **I** *tr* scrub; **II** *refl*
scrub o.s.; **Schrub·ber** *m* scrubbing
brush.
Schrul·le [ˈʃrʊlə] ⟨-, -n⟩ *f fam* quirk;
schrul·lig *adj* odd.
schrump·fen [ˈʃrʊmpfən] ⟨sein⟩ *itr a. fig*
shrink; *com* decline; **Schrumpf·kopf**
m shrunken head; **Schrump·fung** *f a.
fig* shrinking; *com* decline.
Schub [ʃuːp, *pl* ˈʃyːbə] ⟨-(e)s, ˸e⟩ *m* 1.

phys (Vorschub) thrust; 2. *(Stoß)* push;
Schu·ber *m* slipcase; **Schub·fach** *n*
drawer; **Schub·kar·re(n)** *m* wheelbar-
row; **Schub·kraft** *f* thrust; **Schub·la-
de** *f* drawer; **Schubs** [ʃups] ⟨-es, -e⟩ *m*
fam push, shove; ▶ **jdm e-n ~ geben**
give s.o. a shove; **schub·sen** *tr itr fam*
push, shove.
schüch·tern [ˈʃʏçtən] *adj* shy; ▶ **~ sein**
feel shy; **Schüch·tern·heit** *f* shyness.
Schuft [ʃuft] ⟨-(e)s, -e⟩ *m* heel, scoun-
drel.
schuf·ten *itr* slave away; **Schuf·te·rei**
f fam graft; **schuf·tig** *adj* mean, vile.
Schuh [ʃuː] ⟨-(e)s, -e⟩ *m* shoe; ▶ **jdm
etw in die ~e schieben** *fig* put the
blame for s.th. on s.o.; **wo drückt der
Schuh?** what's the trouble? **die ~e put-
zen** clean *(Am* shine) the shoes;
Schuh·an·zie·her *m* shoehorn;
Schuh·band ⟨-(e)s, ˸er⟩ *n* shoelace;
Schuh·bür·ste *f* shoe-brush; **Schuh-
creme** *f* shoe polish; **Schuh·ge-
schäft** *n* shoe shop; **Schuh·grö·ße** *f*
shoe size; **Schuh·löf·fel** *m* shoehorn;
Schuh·ma·cher(in) *m (f)* cobbler;
Schuh·putz·mit·tel *n* shoe polish;
Schuh·soh·le *f* sole; **Schuh·span-
ner** *m* shoetree.
Schu·ko·stecker (k·k) [ˈʃuːko-] *m*
safety plug.
Schul·ar·bei·ten (Schul·auf·ga·ben)
pl homework *sing;* ▶ **~ aufhaben** have
got homework to do; **Schul·arzt** *m*
(-ärz·tin) *f* school doctor; **Schul·aus-
flug** *m* school outing; **Schul·bank** *f*
school desk; **Schul·bei·spiel** *n fig*
classic example *(für* of); **Schul·bil-
dung** *f* education; ▶ **e-e gute ~** a thor-
ough schooling; **Schul·buch** *n* school
book; **Schul·buch·ver·lag** *m* educa-
tional publishing company.
Schuld [ʃult] ⟨-, -en⟩ *f* 1. *(moralische ~)*
guilt; 2. *fin* debt; ▶ **jdm die ~ an etw
geben** blame s.o. for s.th.; **e-r Sache die
~ an etw geben** blame s.th. on s.th.; **du
bist ganz allein s~** you only have your-
self to blame; **daran bin ich s~** I'm to
blame for this; **wer ist s~ an dem Un-
fall?** who is to blame for this accident?
**du bist s~, wenn wir den Zug versäu-
men** it's your fault if we miss the train;
die ~ auf sich nehmen take the blame;
er ist s~ the blame lies with him; **wir
sind beide s~** we share the blame; **ihn
trifft keine ~** he can't be blamed, he's
not to blame; **ich bin nicht s~, wenn ...**
it won't be my fault if ...; **wer ist s~?**
whose fault is it? **du bist selbst s~** it's all
your own fault; **£ 100 ~en haben bei ...**
be £ 100 in debt to ...; **er hat ~en bei
mir** he is in my debt; **~en machen** get
(od run) into debt; **aus den ~en heraus-
kommen** get out of debt; **e-e ~ beglei-
chen** *a. fig* repay a debt; **schuld·be-**

wußt *adj* feeling guilty; ▶ ~es Gesicht guilty face; **schul·den** *tr itr a. fig* owe (*jdm etw* s.o. s.th.); **was schulde ich dir?** how much do I owe you? **ich glaube, du schuldest mir e-e Erklärung!** I think you owe me an explanation!; **schulden·frei** *adj* free of debts; ▶ ~es Haus unmortgaged house; **Schuld·fra·ge** *f* question of guilt; **Schuld·ge·fühl** *n* feeling of guilt; **schuld·haft** *adj* culpable.

Schul·dienst *m* teaching; ▶ **im ~ sein** be a teacher.

schul·dig ['ʃuldɪç] *adj* 1. *jur (a. moralisch ~)* guilty; 2. (*verantwortlich*) to blame (*an* for); ▶ **jdm nichts ~ bleiben** *fig* give s.o. as good as one gets; **jdn für ~ befinden** find s.o. guilty; **was bin ich (Ihnen) ~?** what do I owe you? **kann ich dir den Rest ~ bleiben?** can I owe you the rest? **Ich bin dir noch ein Essen ~** I owe you a meal; **du bist mir noch mehr ~** you owe me more than that; **Schul·di·ge(r)** *f m jur* guilty person; **Schul·dig·keit** *f:* ▶ **s-e ~ tun** do one's duty.

Schuld·kom·plex *m psych* guilt complex; **schuld·los** *adj:* ▶ **an e-m Verbrechen ~ sein** be innocent of a crime; **an e-m Unfalle ~ sein** be not to blame for an accident; **Schuld·ner(in)** *m (f)* debtor; **Schuld·ner·staat** *m* debtor nation; **Schuld·schein** *m* promissory note, I.O.U. (= I owe you); **Schuld·spruch** *m* verdict of guilty; **Schuld·un·fä·hig·keit** *f jur* incapacity; **Schuld·ver·schrei·bung** *f fin* debenture bond; **Schuld·zu·wei·sung** *f* accusation, assignment of guilt.

Schu·le ['ʃuːlə] ⟨-, -n⟩ *f a. fig* school; ▶ **in der ~** at school; **in die ~ gehen** go to school; **morgen ist keine ~** there's no school tomorrow; **durch e-e harte ~ gehen** *fig* learn in a tough school; **~ machen** become the accepted thing; **schu·len** *tr* school, train; **Schul·eng·lisch** *f:* ▶ **mein ~** the English I learnt at school.

Schü·ler(in) ['ʃyːlə] *m (f)* schoolboy (schoolgirl); ▶ **alle ~ dieser Schule** all the pupils of this school; **Schü·ler·aus·tausch** *m* school exchange; **Schü·ler·aus·weis** *m* school pupils' pass; **Schü·ler·kar·te** *f* school season-ticket; **Schü·ler·mit·ver·wal·tung** [-·'----] *f participation of pupils in school (administrative) affairs;* **Schü·ler·zei·tung** *f* school magazine.

Schul·fe·ri·en *pl Br* school holidays *Am* vacation *sing;* **Schul·fern·se·hen** *n* educational television; **Schul·fest** *n* school function; **schul·frei** *adj:* ▶ **morgen ist ~** there's no school tomorrow; **Schul·freund** *m* school friend; **Schul·funk** *m* school's radio;

Schul·geld *n* school fees *pl;* **Schul·heft** *n* exercise book; **Schul·hof** *m* school playground, schoolyard.

schu·lisch *adj:* ▶ **jds ~e Leistungen** one's progress at school.

Schul·jahr *n* 1. school year; 2. (*Jahrgang*) year; **Schul·ka·me·rad** *m* schoolmate; **Schul·kennt·nis·se** *pl* knowledge acquired at school *sing;* **Schul·kind** *n* schoolchild; **Schul·klas·se** *f* class; **Schul·lei·ter(in)** *m (f) Br* headmaster (headmistress), *Am* principal; **Schul·map·pe** *f* schoolbag; **Schul·mei·nung** *f* received opinion.

schul·mei·stern ['----] *tr (kritisieren)* censure.

Schul·pflicht *f* compulsory school attendance; **schul·pflich·tig** *adj* required to attend school; **Schul·ran·zen** *m* satchel; **Schul·rat** ⟨-(e)s, ⁖ e⟩ *m* schools inspector; **Schul·re·form** *f* educational reform; **Schul·schiff** *n* training ship; **Schul·schluß** ⟨-sses⟩ *m* end of school; ▶ **um 13 Uhr ist ~** school finishes at 13:00; **Schul·spei·sung** *f* free school meals *pl;* **Schul·spre·cher(in)** *m (f)* head boy (head girl); **Schul·streß** *m:* ▶ **unter ~ leiden** be under stress at school; **Schul·stun·de** *f* lesson, period; **Schul·ta·sche** *f* schoolbag.

Schul·ter ['ʃultə] ⟨-, -n⟩ *f* shoulder; ▶ **~ an ~** shoulder to shoulder; (*dichtgedrängt*) closely packed; **breite ~n haben** be broad-shouldered; *fig* have a broad back; **mit den ~n zucken** shrug one's shoulders; **auf die ~ nehmen** shoulder; **jdn auf den ~n tragen** carry s.o. shoulder-high; **jdm bis an die ~n reichen** stand shoulder-high to s.o.; **nimm das nicht auf die leichte ~!** don't take it lightly! **Schul·ter·blatt** *n* shoulder blade; **Schul·ter·brei·te** *f* breadth of the shoulders; **schul·ter·frei** *adj* strapless; **Schul·ter·ge·lenk** *n* shoulder joint; **Schul·ter·klap·pe** *f mil* 1. (*von Mannschaft*) shoulder-strap; 2. (*von Offizieren*) epaulette; **schul·ter·lang** *adj* shoulder-length.

schul·tern *tr* shoulder.

Schul·ter·rie·men *m mil* shoulder strap; **Schul·ter·schluß** ⟨-sses⟩ *m* shoulder-to-shoulder stance, solidarity; **Schul·ter·stück** *n* 1. *mil* (*Offiziers~*) epaulette; 2. (*Fleischstück*) piece of shoulder.

Schu·lung ['ʃuːlʊŋ] *f* training; ▶ **politische ~** political instruction; **Schu·lungs·dis·ket·te** *f EDV* training diskette, didactic disk; **Schu·lungs·kurs** *m* training course.

Schul·un·ter·richt *m* school lessons *pl;* ▶ **im ~** in school; **Schul·wan·de·rung** *f* school hike; **Schul·weg** *m* way to school; ▶ **ich habe 25 Minuten ~** it takes me 25 minutes to get to school; **Schul·weis·heit** _f_ book learning; **Schul·we·sen** _n_ educational system; **Schul·wör·ter·buch** _n_ school dictionary; **Schul·zeit** _f_ school days _pl;_ **Schul·zei·tung** _f_ school magazine; **Schul·zeug·nis** _n_ school report; **Schul·zwecke (k·k)** _pl:_ ▶ für ~ for school.

schum·meln ['ʃʊməln] _itr fam_ cheat.

schum·m(e)·rig ['ʃʊm(ə)rɪç] _adj_ dim.

Schund [ʃʊnt] ⟨-(e)s⟩ _m_ rubbish, trash; **Schund·ro·man** _m pej_ trashy novel.

schun·keln ['ʃʊŋkəln] _itr (sich wiegen)_ move to and fro.

Schup·pe ['ʃʊpə] ⟨-, -n⟩ _f_ 1. _zoo_ scale; 2. _(Kopf~en)_ dandruff; 3. _bot_ squama; ▶ es fiel mir wie ~n von den Augen _fig_ the scales fell from my eyes.

Schup·pen ['ʃʊpən] ⟨-s, -⟩ _m_ 1. _(Verschlag) Br_ shed, _Am_ shack; 2. _sl (Lokal)_ dive.

schup·pen _refl_ scale off; **schup·pen·ar·tig** _adj_ scale-like; **Schup·pen·tier** _n zoo_ scaly ant-eater; **schup·pig** _adj_ scaly; ▶ deine Haut ist ~ your skin is flaking off.

Schur [ʃuː∂] ⟨-, -en⟩ _f_ shearing.

schü·ren ['ʃyːrən] _tr_ 1. _(Feuer im Ofen)_ poke, rake; 2. _fig (Streit, Zwietracht)_ stir up.

schür·fen ['ʃʏrfən] I _tr_ 1. _(schrammen)_ scratch; 2. _min_ mine; II _itr_ prospect _(nach_ for); III _refl_ graze o.s.; **Schürf·wun·de** _f_ abrasion, graze.

Schur·ha·ken _m_ poker.

Schur·ke ['ʃʊrkə] ⟨-n, -n⟩ _m_ rascal, rogue; **Schur·ken·streich** _m_ dirty trick.

Schurz [ʃʊrts] ⟨-es, -e⟩ _m_ 1. _(Arbeitsschürze)_ apron; 2. _(Lenden~)_ loincloth.

Schür·ze ['ʃʏrtsə] ⟨-, -n⟩ _f_ apron; ▶ sich e-e ~ umbinden put an apron on; **Schür·zen·jä·ger** _m fam_ ladies' man.

Schuß [ʃʊs, _pl_ 'ʃyzə] ⟨-sses, ¨sse⟩ _m_ 1. _(mit e-r Waffe)_ shot; 2. _(Schußwunde)_ bullet wound; 3. _(Fußball, Tor~)_ shot; 4. _(kleine Menge e-r Flüssigkeit zum Zugießen)_ (a) dash; 5. _sl (Heroininjektion)_ fix, hit; ▶ zum ~ kommen _sport_ get a chance to shoot; ein ~ in den Ofen sein _fig fam_ go off at half-cock; weit vom ~ sein _fam_ be miles from where the action is; etw gut in ~ haben have s.th. in perfect condition; etw in ~ bringen knock s.th. into shape; sich e-n ~ setzen _sl (fixen)_ give o.s. a fix; ein ~ Whisky a shot of whisky.

Schüs·sel ['ʃʏsəl] ⟨-, -n⟩ _f_ 1. _(Küchengefäß)_ bowl; 2. _(Toiletten~)_ pan.

Schuß·fahrt _f (beim Skifahren)_ schuss.

Schuß·li·nie _f_ line of fire; ▶ in die ~ geraten come under fire; **Schuß·rich·tung** _f_ direction of fire; **Schuß·waf·fe** _f_ firearm; **Schuß·wech·sel** _m_ ex-

change of shots; **Schuß·wei·te** _f_ range of fire; ▶ außer (in) ~ within (out of) range; **Schuß·wun·de** _f_ bullet wound.

Schu·ster ['ʃuːstɐ] ⟨-s, -⟩ _m_ cobbler; **schu·stern** _tr_ cobble shoes.

Schutt [ʃʊt] ⟨-(e)s⟩ _m_ rubble; ▶ ~ abladen deposit rubble; ~ abladen verboten! No tipping! in ~ und Asche liegen lie in ruins; in ~ und Asche legen reduce to rubble; **Schutt·ab·la·de·platz** _m_ refuse dump, tip.

Schüt·tel·frost _m med_ shivering fit; **Schüt·tel·läh·mung** _f med_ Parkinson's disease.

schüt·teln ['ʃʏtəln] I _tr_ shake; ▶ jdn kräftig ~ give s.o. a good shake; jdm die Hand ~ shake hands with s.o.; e-e Flasche ~ shake up a bottle; II _refl_ shiver; ▶ sich vor Lachen ~ shake with laughter.

schüt·ten ['ʃʏtən] _tr_ 1. tip; 2. _(gießen)_ pour; ▶ es schüttet _(regnet)_ it is pouring with rain.

schüt·ter ['ʃʏtɐ] _adj (spärlich)_ thin.

Schutt·hal·de _f_ 1. _(Schuttplatz)_ rubble tip; 2. _(Schutthaufen)_ rubble heap.

Schutz [ʃʊts] ⟨-es⟩ _m_ 1. protection _(gegen_ from); 2. _(Obdach, Zuflucht)_ shelter _(gegen, vor_ from); ▶ ich will ihn nicht in ~ nehmen, aber ... I hold no brief for him but ...; jdn in ~ nehmen stand up for s.o.; im ~ des Felsens under the shelter of the rock; jdn gegen Vorwürfe in ~ nehmen shelter s.o. from blame; im ~ der Dunkelheit under cover of darkness; **Schutz·an·strich** _m_ protective coating; **Schutz·an·zug** _m_ protective clothing; **schutz·be·dürf·tig** _adj_ in need of protection; **Schutz·be·haup·tung** _f jur_ lie to cover o.s.; **Schutz·blech** _n mot_ mudguard; **Schutz·brief** _m (für Autofahrer)_ international travel cover; **Schutz·bril·le** _f_ protective goggles _pl;_ **Schutz·dach** _n_ 1. _(schützendes Dach)_ protective roof; 2. _(Unterstand)_ shelter.

Schüt·ze ['ʃʏtsə] ⟨-n, -n⟩ _m_ 1. marksman; 2. _mil (Dienstgrad)_ private; 3. _astr_ Sagittarius; **schüt·zen** ['ʃʏtsən] I _tr_ protect _(gegen_ against); II _itr (Schutz bieten)_ offer protection _(vor, gegen_ from, against); III _refl_ protect o.s.; ▶ ich werde mich (schon) zu ~ wissen! I know how to look after myself! **schüt·zend** _adj_ protective; ▶ s-e Hand ~ über jdn halten take s.o. under one's wing.

Schutz·en·gel _m_ guardian angel.

Schüt·zen·gra·ben _m mil_ trench; **Schüt·zen·hil·fe** _f fam:_ ▶ jdm ~ geben back up s.o.; **Schüt·zen·pan·zer** _m mil_ armoured personnel carrier.

Schutz·frist _f_ term of copyright; **Schutz·ge·bühr** _f_ token fee; **Schutz-**

geld *n* protection money; **Schutz·git·ter** *n* 1. *(Barriere)* protective barrier; 2. *arch tech* protective grille; **Schutz·hand·schuh** *m* protective glove; **Schutz·helm** *m* safety helmet; **Schutz·hül·le** *f* protective cover; **Schutz·hüt·te** *f* refuge, shelter; **Schutz·impf·stoff** *m* protective vaccine; **Schutz·imp·fung** *f* vaccinataion, inoculation; **Schutz·kap·pe** *f* cap; **Schutz·lei·ste** *f* protective strip.

Schütz·ling [ˈʃʏtslɪŋ] *m* 1. *(Protégé)* protégé; 2. *(Schutzbefohlener)* charge.

schutz·los *adj* 1. *(ungeschützt)* unprotected; 2. *(wehrlos)* defenceless; ► **e-r Sache ~ ausgeliefert sein** be defenceless against s.th.; **jdm ~ ausgeliefert sein** be at the mercy of s.o; **Schutz·mar·ke** *f* trademark; ► **eingetragene ~ registered** trademark; **Schutz·mas·ke** *f* mask; **Schutz·maß·nah·me** *f* precaution; *(Vorsichtsmaßnahme)* preventive measure; **Schutz·mit·tel** *n* 1. *(äußerlich)* means of protection; 2. *(innerlich)* protective substance; **Schutz·po·li·zei** *f* police force; **Schutz·raum** *m* shelter; **Schutz·schicht** *f* protective layer; **Schutz·um·schlag** *m (von Buch)* dust cover, jacket; **Schutz·vor·rich·tung** *f* safety device.

Schwa·be [ˈʃvaːbə] ⟨-n, -n⟩ *m* Swabian; **Schwa·ben** *n* Swabia; **Schwä·bin** *f* Swabian; **schwä·bisch** [ʃvɛːbɪʃ] *adj* Swabian.

schwach [ʃvax] *adj* 1. *(körperlich)* weak; 2. *(gering, schlecht)* poor; ► **mir ist ganz ~** I feel a bit faint; **mir ist ganz ~ vor Hunger** I feel faint with hunger; **mit ~er Stimme** in a feeble voice; **ein ~er Witz** a poor joke; **das ist (aber) ein ~es Bild!** *fam* that's a poor show! **ein ~er Trost** a poor consolation; **~ auf den Beinen sein** feel weak at the knees; **sie ist ~ in Mathematik** her maths is weak; **das ~e Geschlecht** the weaker sex; **mach mich nicht ~!** *fam* don't say that! **Schwä·che** [ˈʃvɛçə] ⟨-, -n⟩ *f* 1. *a. fig.* weakness; 2. *fig (Geringwertigkeit)* poorness; ► **das ist e-e ~ von ihr** that is her weak side; **e-e ~ haben für ...** have a weakness for ...; **Schwä·che·an·fall** *m* sudden feeling of weakness; **schwä·chen** I *tr a. fig* weaken; II *refl* weaken o.s.

Schwach·kopf *m fam* dimwit.

schwäch·lich *adj* weakly.

Schwäch·ling *m* weakling.

Schwach·punkt *m* weak point.

Schwach·sinn *m* 1. *med* mental deficiency; 2. *fam (Handlung)* rubbish; ► **das ist doch ~!** *fam* that's a mug's game! **schwach·sin·nig** *adj* 1. *med* mentally deficient; 2. *fam* daft; **Schwach·sin·ni·ge(r)** ⟨-n, -n⟩ *f m* 1. *med* mental defective; 2. *fam* idiot;

Schwach·stel·le *f* weak point; **Schwach·strom** ⟨-(e)s⟩ *m el* low-voltage *(od weak)* current.

Schwä·chung *f* weakening.

Schwa·de [ˈʃvaːdə] ⟨-, -n⟩ *f* swathe; ► **~n** *pl* cloud *sing.*

Schwa·dron [ʃvaˈdroːn] ⟨-, -en⟩ *f mil hist* squadron.

schwa·feln [ˈʃvaːfəln] *itr pej* blether on.

Schwa·ger [ˈʃvaːgə] ⟨-s, ⟩ *m* brother-in-law; **Schwä·ge·rin** [ˈʃvɛːgərɪn] *f* sister-in-law.

Schwal·be [ˈʃvalbə] ⟨-, -n⟩ *f* swallow; ► **e-e ~ macht noch keinen Sommer** *prov* one swallow doesn't make a summer; **Schwal·ben·nest** *n* 1. swallow's nest; 2. *mil aero (M.G.-Stand)* blister, gun turret.

Schwall [ʃval] ⟨-(e)s, -e⟩ *m* flood; ► **ein ~ von Worten** *fig* a torrent of words.

Schwamm [ʃvam, *pl* ˈʃvɛmə] ⟨-(e)s, ¨e⟩ *m* 1. sponge; 2. *(Haus~)* dry rot; ► **~ drüber!** *fig fam* let's forget about it! **etw mit dem ~ abwischen** sponge s.th.; **schwam·mig** *adj* 1. spongy; 2. *(aufgedunsen)* bloated; ► **~e Formulierung** woolly phrase.

Schwan [ʃvaːn, *pl* ˈʃvɛːnə] ⟨-(e)s, ¨e⟩ *m* swan.

schwa·nen [ˈʃvaːnən] *itr imp fam:* ► **mir schwant, daß ...** I sense that ...; **mir schwant nichts Gutes** I don't like it; **mir schwant etw!** now, I understand!

Schwang [ʃvaŋ] *m:* ► **im ~e sein** *fam* be in.

schwan·ger [ˈʃvaŋə] *adj* pregnant; ► **~ sein** be pregnant; **Schwan·ge·re** ⟨-n, -n⟩ *f* pregnant woman.

schwän·gern [ˈʃvɛŋən] *tr* make pregnant; ► **geschwängert sein mit ...** *fig* be impregnated with ...

Schwan·ger·schaft *f* pregnancy; **Schwan·ger·schafts·ab·bruch** *m* abortion; **Schwan·ger·schafts·gym·na·stik** *f* antenatal exercises *pl;* **Schwan·ger·schafts·test** *m* pregnancy test.

Schwank [ʃvaŋk, *pl* ˈʃvɛŋkə] ⟨-(e)s, ¨e⟩ *m* 1. *(lustige Geschichte)* merry tale; 2. *theat* farce.

Schwanken *n* 1. *(von Mensch)* staggering; 2. *(Preise, Kurse)* fluctuation; 3. *fig (Zaudern, Zögern)* hesitation; *(Unbeständigkeit)* inconstancy; ► **der Kran geriet ins ~ und stürzte um** the crane began to sway and fell over.

schwan·ken [ˈʃvaŋkən] *itr* 1. *(wanken)* stagger; 2. *mar (rollen)* roll; 3. *fig (zögern)* hesitate; 4. *fig (fluktuieren)* fluctuate; ► **er schwankte lange, ob er annehmen sollte oder nicht** he vacillated so long about accepting; **der Preis schwankt von Geschäft zu Geschäft** the price varies from shop to shop; **schwan·kend** *adj* 1. *(wankend)* staggering; **2.** *fig (zögernd)* hesitant; ▶ **sich auf ~em Boden bewegen** *fig* be on shaky ground; **Schwan·kung** *f fig (Fluktuation)* fluctuation.

Schwanz [ʃvants, *pl* 'ʃvɛntsə] ‹-es, ¨e› *m* **1.** *(Tier~)* tail; **2.** *aero* tail; *(Ende)* end; **3.** *sl (Penis)* cock, dick, prick; ▶ **den ~ hängen lassen** let its tail droop; *fig* be down in the dumps.

schwän·zeln ['ʃvɛntsəln] *itr* **1.** wag one's tail; **2.** *fig* crawl.

schwän·zen ['ʃvɛntsən] **I** *tr fam* skip; **II** *itr fam Br* play truant, *Am* play hooky.

Schwarm [ʃvarm, *pl* 'ʃvɛrmə] ‹-(e)s, ¨e› *m* **1.** *(Flug~)* swarm; **2.** *fig (Idol)* idol, *fam* crush.

schwär·men ['ʃvɛrmən] *itr* **1.** ‹sein› *(Bienen)* swarm; **2.** ‹h› ▶ **für jdn ~** be crazy about s.o.; **ins S~ geraten** go into raptures; **Schwär·mer(in)** *m (f)* **1.** *(Träumer, Phantast)* dreamer, visionary; **2.** *zoo (Abendschmetterling)* hawkmoth, sphinx-moth; **3.** *(Feuerwerk)* squib; **Schwär·me·rei** *f* enthusiasm.

Schwar·te ['ʃvaːrtə] ‹-, -n› *f* **1.** *(Speck~)* rind; **2.** *fig fam (Buch)* tome.

schwarz [ʃvarts] *adj* **1.** *allg* black; **2.** *fig (illegal)* illegal, illicit; ▶ **sieht für unser Vorhaben ziemlich ~ aus!** things are looking black for our project! **es steht ~ auf weiß geschrieben** it's written down in black and white; **in den ~en Zahlen** *fin* in the black; **sich das Gesicht ~ machen** blacken one's face; **~ werden** blacken; **ihm wurde ~ vor Augen** he had a blackout; **~ erworben** *fam* illicitly acquired; **etw ~ verdienen** *fam* earn s.th. on the side; **da kannst du warten, bis du ~ wirst!** *fig fam* you can wait till the cows come home!

Schwarz·afri·ka Black Africa.

Schwarz·ar·beit *f* illicit work; **schwarz|ar·bei·ten** *itr fam* work on the side; **Schwarz·ar·bei·ter(in)** *m (f)* moonlighter *fam;* **Schwarz·brot** *n* black bread; **Schwar·ze(r)** *f m (Neger, Negerin)* black.

Schwär·ze ['ʃvɛrtsə] ‹-, (-n)› *f* **1.** *fig (Düsterkeit)* blackness; **2.** *(Farbe)* black dye; **schwär·zen** *tr* blacken.

Schwarze Loch *n astr* black hole.

schwarz|fah·ren *irr itr* **1.** *(mit PKW)* drive without licence; **2.** *(mit öffentlichen Verkehrsmitteln)* dodge paying the fare *fam;* **Schwarz·geld** *n* illegal earnings; **schwarz·haa·rig** *f* blackhaired; **Schwarz·han·del** *m* black marketeering; **Schwarz·kunst** *f obs* black magic.

schwärz·lich *adj* blackish; *(Haut)* dusky.

Schwarz·markt *m* black market; **schwarz|se·hen** *irr itr:* ▶ **ich sehe schwarz für die Zukunft** I'm not very optimistic about the future; **dafür sehe**

ich ~ I'm pessimistic about it; **Schwarz·se·her(in)** *m (f) (Pessimist)* pessimist; **Schwarz·sen·der** *m* pirate station; **Schwarz·wald** *m* Black Forest; **Schwarz·wäl·der Kirsch·tor·te** *f* Black Forest gateau; **Schwarzweiß·fern·se·her** ['-'----] *m TV* monochrome set; **Schwarz·weiß·film** ['-'--] *m* black-and-white film; **Schwarzwild** *n* wild boars *pl;* **Schwarz·wur·zeln** *pl* black salsify *sing.*

Schwatz [ʃvats] ‹-es, -e› *m* chat; ▶ **e-n ~ machen** have a chinwag; **schwat·zen** *itr* **1.** *(sich unterhalten)* talk; **2.** *pej (plappern)* prattle; ▶ **dummes Zeug ~** blether on; **Schwät·zer(in)** ['ʃvɛtse] *m (f)* **1.** *(von Kind)* chatterbox; **2.** *(von Erwachsenen)* bletherer; **schwatz·haft** *adj* **1.** *(redselig)* talkative; **2.** *pej (klatschsüchtig)* gossipy; **Schwatz·haf·tig·keit** *f* **1.** *(Redseligkeit)* talkativeness; **2.** *pej (Klatschsucht)* gossipy nature.

Schwe·be ['ʃveːbə] ‹-› *f:* ▶ **in der ~ sein** be undecided; *jur* be pending; **Schwe·be·bahn** *f* suspension railway; **Schwe·be·bal·ken** *m sport* balance beam; **schwe·ben** *itr* **1.** *(an etw ~)* be suspended; *(hängen)* hang; **2.** *(in der Luft)* float; *(auf der Stelle in der Luft)* hover; **3.** *fig (noch unentschieden)* be undecided; ▶ **die Sache schwebt noch** *jur* the matter is still pending; **in Gefahr ~** be in danger; **Schwe·be·stof·fe** *pl phys* suspended matter *sing (od* solids).

Schwe·de ['ʃveːdə] ‹-n, -n› *m* Swede; **Schwe·den** *n* Sweden; **Schwe·din** *f* Swede, Swedish woman; **schwe·disch** *adj* Swedish.

Schwe·fel ['ʃveːfəl] ‹-s› *m Br* sulphur, *Am* sulfur; **Schwe·fel·di·oxid** *n* sulphur dioxide; **schwe·fel·hal·tig** *adj* containing sulphur, sulphur(e)ous; **Schwe·fel·säu·re** *f* sulphuric acid; **Schwe·fel·was·ser·stoff** *m* hydrogen sulphide.

Schweif [ʃvaɪf] ‹-(e)s, -e› *m poet* tail.

schwei·fen ‹sein› *itr* roam, rove, wander about; ▶ **den Blick ~ lassen** let one's eye travel; **durch die Straßen ~** roam about the streets.

Schwei·ge·geld *n* hush-money; **Schwei·ge·marsch** *m* silent march.

Schwei·gen *n* silence; ▶ **jdm zum ~ bringen** silence s.o.; **sein ~ brechen** break one's silence.

schwei·gen ['ʃvaɪgən] *irr itr (still sein)* be silent; ▶ **ganz zu ~ von ...** let alone ..., to say nothing of ...; **zu etw ~** remain silent; **~de Mehrheit** silent majority.

Schwei·ge·pflicht *f* pledge of secrecy; ▶ **unter ~ stehen** be bound to observe confidentiality; **ärztliche ~** medical secrecy.

schweig·sam *adj* 1. *(still)* quiet silent; 2. *(wortkarg)* taciturn; 3. *(verschwiegen)* discreet; **Schweig·sam·keit** *f* 1. *(Wortkargheit)* taciturnity; 2. *(Verschwiegenheit)* discretion.

Schwein [ʃvaɪn] ⟨-(e)s, -e⟩ *n* 1. *zoo Br* pig, *Am* hog *(pl* swine); 2. *sl* bastard; ▶ ~ **haben** *fig fam* be lucky; **armes** ~! *fig fam* poor sod! **Schwei·ne·ban·de** *f fig fam* pack; **Schwei·ne·bra·ten** *m* roast pork; **Schwei·ne·fett** *n* pig fat; **Schwei·ne·fleisch** *n* pork; **Schwei·ne·hund** *m sl pej* stinker, swine; **Schwei·ne·ko·te·lett** *n* pork chop.

Schwei·ne·rei *f* 1. *(Unordnung)* dirty mess; 2. *(Gemeinheit)* dirty trick; ▶ **e-e** ~ **machen** make a mess.

Schwei·ne·schmalz *n* lard; **Schwei·ne·stall** *m a. fig Br* pigsty, *Am* pig pen; **Schweins·äug·lein** [ˈʃvaɪnsˌɔɪɡlaɪn] *pl* piggy eyes; **Schweins·le·der** *n* pigskin.

Schweiß [ʃvaɪs] ⟨-es, (-e)⟩ *m* sweat; *(gehoben)* perspiration; ▶ **der** ~ **stand ihm auf der Stirn** drops of perspiration stood on his forehead; **in** ~ **gebadet** wet with perspiration; **im** ~**e seines Angesichts** *fig* in the sweat of his brow; **Schweiß·aus·bruch** *m* sweating; **schweiß·be·deckt** [ˈ--ˈ-] *adj* covered in sweat.

Schweiß·bren·ner *m tech* welding torch.

Schweiß·drü·se *f anat* sweat gland.

schwei·ßen [ˈʃvaɪsən] *tr tech* weld.

Schweiß·fü·ße *pl* sweaty feet; **schweiß·ge·ba·det** [ˈ--ˈ--] *adj* bathed in sweat.

Schweiß·naht *f tech* welded seam; **Schweiß·stel·le** *f* weld.

schweiß·trei·bend *adj med* sudorific; ▶ ~**es Mittel** sudorific; **schweiß·trie·fend** [ˈ-ˈ--] *adj* dripping with sweat; **Schweiß·trop·fen** *m* bead of perspiration, drop of sweat.

Schweiz [ʃvaɪts] ⟨-⟩ *f:* ▶ **die** ~ Switzerland; **Schwei·zer** *m* Swiss; ▶ ~ **Käse** *m* Swiss cheese; **Schwei·zer·deutsch** *n* Swiss-German; **Schwei·ze·rin** *f* Swiss woman *(od* girl); **schwei·ze·risch** *adj* Swiss.

Schwel·brand *m* smouldering fire; **schwe·len** [ˈʃveːlən] *itr a. fig* smoulder.

schwel·gen [ˈʃvɛlɡən] *itr* indulge o.s. *(in* in); ▶ **im Luxus** ~ wallow in luxury; **schwel·ge·risch** *adj* 1. *(prachtvoll)* sumptuous; 2. *fig (maßlos)* self-indulgent.

Schwel·le [ˈʃvɛlə] ⟨-, -n⟩ *f* 1. *(Tür~) a. fig* threshold; 2. *rail Br* sleeper, *Am* tie; ▶ **an der** ~ on the threshold; **an der** ~ **zu einer großen Entdeckung stehen** *fig* be on the threshold of a great discovery.

schwel·len [ˈʃvɛlən] *irr tr itr* 1. *(an~)*

swell; 2. *(Wasser)* rise.

Schwel·len·angst *f fear of embarking on something new;* **Schwel·len·land** *n fast-developing nation; advanced developing country;* **Schwel·len·wert** *m* threshold value.

Schwell·kör·per *m anat* erectile tissue.

Schwel·lung *f* swelling.

Schwem·me [ˈʃvɛmə] ⟨-, -n⟩ *f (Überfluß)* glut *(an* of); **schwem·men** *tr (an~)* wash up; **Schwemm·land** *n geol* alluvial land.

Schwen·gel [ˈʃvɛŋəl] ⟨-s, -⟩ *m* 1. *(Glocken~)* clapper; 2. *(Pumpen~)* handle; **Schwen·gel·pum·pe** *f* handle pump.

Schwenk·arm *m tech* pivoting arm.

schwenk·bar *adj* swivelling; *mil* traversable.

schwen·ken [ˈʃvɛŋkən] **I** *tr* 1. *(schwingen)* wave; 2. *(herum~) a. tech* swing; ▶ **s-n Hut** ~ wave one's hat; **sie schwenkte drohend ihren Schirm nach ihm** she waved her umbrella threateningly at him; **II** *itr mil* wheel; **die Kamera schwenkte auf das Haus** the camera panned in to the house; **Schwen·kung** *f* swing.

schwer [ʃveːɐ] **I** *adj* 1. *(von Gewicht)* heavy; 2. *fig (drückend, lästig)* oppressive; 3. *fig (schwierig)* difficult, hard; 4. *fig (schwerwiegend)* serious; ▶ ~**en Herzens** with a heavy heart; **ich weiß, es ist** ~ **für sie, aber . . .** I know it's hard on you, but . . .; **es ist** ~, **mit ihm auszukommen** he is hard to get on with; **es fällt mir** ~, **das zu glauben** I find it difficult to believe that; **es war nicht allzu** ~, **ihn zu finden** there was not much difficulty in finding him; **das Buch liest sich** ~ the book is heavy going; ~ **bewaffnet** heavily armed; ~ **zu sagen** difficult to say; **II** *adv fam (sehr)* really; ▶ **ich muß** ~ **aufpassen** I must be very careful; **der hat** ~ **Geld** he is stinking rich; **da hast du dich aber** ~ **getäuscht!** you are seriously mistaken there! **ich werd' mich** ~ **hüten!** there's no way!

Schwer·ar·beit *f* heavy labour; **Schwer·ar·bei·ter** *m* labourer; **Schwer·be·hin·der·te(r)** *f m* seriously handicapped person; **Schwer·be·schä·dig·te(r)** *f m* disabled person; **schwer·be·waff·net** [ˈ--ˈ-] *adj* heavily armed.

Schwe·re [ˈʃveːrə] ⟨-⟩ *f* 1. *(Gewicht)* heaviness; 2. *fig (Schwierigkeit)* difficulty; 3. *phys (Gravität)* gravity; **Schwe·re·feld** *n phys* gravitational field; **schwe·re·los** *adj* weightless; **Schwe·re·lo·sig·keit** *f* weightlessness.

Schwe·re·nö·ter [-nøːtɐ] ⟨-s, -⟩ *m fam* ladies' man.

schwer·er·zieh·bar [ˈ--ˈ--] *adj* maladjusted; **schwer|fal·len** *irr itr:* ▶ **es**

fällt mir schwer, ... it's hard for me to ...; **das dürfte dir doch nicht ~** you shouldn't find that too difficult; **schwer·fäl·lig** *adj* 1. *(körperlich)* heavy; 2. *(geistig)* dull, slow; ▶ **~er Stil** awkward style; **sich ~ bewegen** move cumbersomely; **Schwer·fäl·lig·keit** *f* 1. *(körperlich)* heaviness; 2. *(geistig)* dullness; 3. *(Ungeschicktheit)* clumsiness; **Schwer·ge·wicht** *n* 1. *sport* heavyweight; 2. *fig* emphasis; ▶ **das ~ auf etw legen** put the emphasis on s.th. (*od* lay great stress on s.th.); **Schwer·ge·wicht·ler** *m sport (Boxer)* heavyweight; **schwer·hö·rig** *adj* hard of hearing; **Schwer·hö·rig·keit** *f* hardness of hearing; **Schwer·in·du·strie** *f* heavy industry; **Schwer·kraft** ⟨-⟩ *f* gravity; **schwer·krank** ['-'-] *adj* seriously ill.

schwer·lich *adv* hardly; ▶ **nur ~** only with difficulty.

schwer·lös·lich ['-'--] *adj* not easily dissoluble; **schwer|ma·chen** *tr:* ▶ **jdm das Leben ~ machen** make life difficult for s.o; **Schwer·me·tall** *m* heavy metal; **Schwer·mut (Schwer·mü·tig·keit)** *m* melancholy; **schwer·mü·tig** *adj* melancholy; **schwer|neh·men** *irr tr* take s.th. hard; **Schwer·punkt** *m* 1. *phys* centre of gravity; 2. *fig* main emphasis, stress; ▶ **den ~ auf etw legen** put the main emphasis (*od* lay great stress) on s.th; **Schwer·punkt·pro·gramm** *n* programme of emphasis; **Schwer·punkt·streik** *m* pinpoint strike.

Schwert [ʃveːɐt] ⟨-(e)s, -er⟩ *n* 1. *(Waffe)* sword; 2. *mar (am Schiffskiel)* centreboard.

Schwert·li·lie *f bot* iris.

Schwer·ver·bre·cher(in) *m (f)* criminal, serious offender; *jur* felon; **schwer·ver·dau·lich** ['--'--] *adj* indigestible; **schwer·ver·letzt** *adj* seriously injured; **Schwer·ver·letz·te(r)** *f m* serious casualty; **schwer·ver·ständ·lich** *adj* difficult to understand; **Schwer·ver·wun·de·te(r)** *f m* major casualty; **Schwer·was·ser·re·ak·tor** *m tech* heavy water reactor; **schwer·wie·gend** *adj* serious.

Schwe·ster ['ʃvɛstə] ⟨-, -n⟩ *f* 1. sister; 2. *(Kloster~)* nun; 3. *(Kranken~)* nurse; **Schwe·ster·fir·ma** *f* associate firm, associate company; **Schwe·stern·hel·fe·rin** *f Br* nursing auxiliary (*Am* assistant).

Schwie·ger·el·tern ['ʃviːge-] *pl* parents-in-law; **Schwie·ger·mut·ter** *f* mother-in-law; **Schwie·ger·sohn** *m* son-in-law; **Schwie·ger·toch·ter** *f* daughter-in-law; **Schwie·ger·va·ter** *m* father-in-law.

Schwie·le ['ʃviːlə] ⟨-, -n⟩ *f* callus;

schwie·lig *adj* callused.

schwie·rig ['ʃviːrɪç] *adj* difficult; ▶ **es ist ~, mit ihm auszukommen** he is difficult to get on with; **das ist nicht ~** there's nothing difficult about it; **Schwie·rig·keit** *f* difficulty; ▶ **die ~ liegt darin ...** the difficult thing is ...; **er will nur ~en machen** he's just trying to be difficult; **er hatte ~en dabei** he had difficulty in doing that *sing;* **in ~en geraten** get into difficulties; **~en überwinden** get out of difficulties.

Schwimm·bad *n* swimming pool, **Schwimm·bag·ger** *m* dredger; **Schwimm·bahn** *f sport* lane; **Schwimm·becken (k·k)** *n* pool; **Schwimm·dock** *n mar* floating dock.

schwim·men ['ʃvɪmən] *irr itr* 1. swim; 2. *(Sachen)* drift, float; 3. *fam (unter Wasser stehen)* be swimming; 4. *fig fam (ratlos sein)* be all at sea; ▶ **~ gehen** go for a swim (*od* swimming); **nachdem ich 2 km geschwommen war** after a 2 km swim; **ich geh' gern ~** I like a swim; **ins S~ geraten** *(unsicher werden)* begin to flounder; **mir schwimmt's vor den Augen** everything's going round.

Schwim·mer(in) *m (f)* swimmer.

Schwimm·flos·se *f (Fisch)* fin, *(Taucher, Wal, Robben)* flipper; **Schwimm·gür·tel** *m* swimming belt; **Schwimm·kran** *m* floating crane; **Schwimm·leh·rer(in)** *m (f)* swimming instructor; **Schwimm·sport** *m* swimming; **Schwimm·ver·ein** *m* swimming club; **Schwimm·we·ste** *f* life jacket.

Schwin·del ['ʃvɪndəl] ⟨-s, -⟩ *m* 1. *med* dizziness; 2. *fig (Täuschung)* swindle; *(Betrug, Schwindelei)* fraud; ▶ **den ~ kennen** *fig* know the racket; **glaub doch diesen ~ nicht!** *fam* don't be taken in! **das ganze war reiner ~** the whole thing was a fraud; **das ist ~!** it's a swindle! **auf den ~ falle ich nicht herein!** it's an old trick! **Schwin·del·an·fall** *m* dizzy turn.

Schwin·de·lei *f:* ▶ **das ist alles eine große ~!** it's all a big fib!

schwin·del·er·re·gend *adj* causing giddiness.

schwin·del·frei *adj:* ▶ **~ sein** have a good head for heights; **schwind(e)lig** *adj* dizzy, giddy; ▶ **mir ist ~** I feel dizzy; **davon wird mir ~** it makes me feel giddy; **mir wird leicht ~** I get dizzy easily.

schwin·deln[1] *itr (aus Schwindelgefühl):* ▶ **mir schwindelt** I feel dizzy; **in ~der Höhe** at a dizzy height.

schwin·deln[2] *itr fam (lügen)* fib.

schwin·den ['ʃvɪndən] *irr itr* 1. *(weniger werden)* dwindle; 2. *(vergehen)* fade.

Schwind·ler(in) ⟨-s, -⟩ *m (f)* 1. *(Gauner(in))* swindler; 2. *fam (Lügner(in))* fibber.

Schwind·sucht ⟨-, ⟩ f consumption;
schwind·süch·tig adj consumptive.

Schwin·ge [ˈʃvɪŋə] ⟨-, -n⟩ f (Flügel)
wing, poet pinion.

schwin·gen [ˈʃvɪŋən] irr I tr swing; ▶ er
schwang sich in den Sattel he swung
himself into the saddle; II itr 1. (Pendel
etc) swing; 2. (vibrieren) vibrate;
Schwin·gung f phys 1. (Vibration)
vibration; 2. (Welle) oscillation; ▶ etw
in ~ versetzen start s.th. vibrating.

Schwips [ʃvɪps] ⟨-es, -e⟩ m fam: ▶ e-n
~ haben be tipsy.

schwir·ren [ˈʃvɪrən] ⟨sein⟩ itr 1. (sausen)
whizz; 2. (surren) buzz; ▶ mir schwirrt
der Kopf my head is whirling.

Schwitz·bad n Turkish bath.

schwit·zen [ˈʃvɪtsən] itr sweat, (geho-
ben) perspire; ▶ wegen etw ins S~
geraten fig get into a sweat about s.th.;
die Wände ~ fig the walls are damp
with condensation; beim Graben
kommt man leicht ins S~ digging is
sweaty work.

schwö·ren [ˈʃvøːrən] irr tr itr swear;
▶ jdn ~ lassen, daß er nichts verrät
swear s.o. to secrecy; ich könnte ~, daß
... I could swear to it that ...; sich etw
~ swear s.th. to o.s.

schwul [ʃvuːl] adj fam gay, queer.

schwül [ʃvyːl] adj close, sultry.

Schwu·le ⟨-n, -n⟩ m Br queer, Am fag.

Schwü·le [ˈʃvyːlə] ⟨-⟩ f sultriness; e-e
furchtbare ~ heute! an awfully sultry
weather today!

schwül·stig [ˈʃvyːlstɪç] adj (Stil, Rede)
bombastic.

Schwund [ʃvʊnt] ⟨-(e)s⟩ m 1. (Schwin-
den) decline, decrease; 2. (Material~)
shrinkage.

Schwung [ʃvʊŋ, pl ˈʃvʏŋə] ⟨-(e)s, ⸚e⟩ m
1. fig (Elan) zest; 2. (Bewegung) swing;
3. fig fam (Haufen) pile; ▶ etw in ~
bringen get s.th. going; jdm ~ geben
give s.o. momentum; **Schwung·fe·der**
f orn wing feather; **schwung·haft** adj
1. (Handel) flourishing, roaring; 2. (Re-
de) emphatic.

Schwung·rad n tech mot flywheel;
schwung·voll adj sweeping; ▶ ~e
Rede sweeping speech.

Schwur [ʃvuːɐ, pl ˈʃvyːrə] ⟨-(e)s, ⸚e⟩ m
oath; ▶ e-n ~ leisten take an oath;
Schwur·ge·richt n court with a jury.

sechs [zɛks] num six; **Sechs·eck** n
hexagon; **sechs·fach** adj sixfold;
sechs·jäh·rig adj six-year-old;
sechs·mal adv six times; **Sechs·ta-
ge·ren·nen** [-ˈ----] n sport six-day (cyc-
ling) race; **sech·ste** adj sixth; **Sech-
stel** ⟨-s, ⟩ n sixth part; **sech·stens** adv
in the sixth place, sixthly.

sech·zehn [ˈzɛçtseːn] num sixteen;
sech·zehn·te adj sixteenth; **Sech-**

zehn·tel ⟨-s, -⟩ n sixteenth part.

sech·zig [ˈzɛçtsɪç] num sixty; **Sech·zi-
ger(in)** m (f) sexagenarian; ▶ in den
sechziger Jahren in the sixties; **sech-
zig·jäh·rig** adj sixty-year old; **sech-
zig·ste** adj sixtieth; **Sech·zig·stel** ⟨-s,
-⟩ n sixtieth part.

Se·cond·hand·la·den m secondhand
shop.

See¹ [zeː] ⟨-s, -n⟩ m (Binnen~) lake.

See² ⟨-⟩ f (Weltmeer) sea; ▶ e-e Stadt
an der ~ a town by the sea; auf ~ at
sea; zur ~ gehen go to sea; in ~ ste-
chen put to sea; **See·ad·ler** m sea
eagle; **See·bad** n (Ort) seaside resort;
See·bär m fam: ▶ (alter) ~ sea-dog;
See·be·ben n seaquake; **See·fah·rer**
m seafarer; **See·fahrt** f 1. (Seereise)
voyage; 2. (Kreuzfahrt) cruise; 3. (als
Gewerbe) navigation; **See·fisch** m
salt-water fish; **See·fracht·brief** [ˈ-ˈ--]
m com bill of lading (Abk B./L.); **See-
gang** ⟨-(e)s⟩ m: ▶ hoher ~ rough seas
pl; **See·ge·fecht** n naval battle; **See-
gras** ⟨-es⟩ n 1. (Tang) eelgrass; 2. (zum
Polstern) sea-grass; **See·ha·fen** m sea-
port; **See·han·del** m maritime trade;
See·herr·schaft f naval supremacy;
See·hund m zoo seal; **See·igel** m zoo
sea urchin; **See·kar·te** f nautical chart;
See·kli·ma n maritime climate; **see-
krank** adj seasick; ▶ leicht ~ werden
be a bad sailor; nicht ~ werden be a
good sailor; **See·krank·heit** f seasick-
ness; **See·krieg** m naval warfare; **See-
lachs** m pollack.

See·le [ˈzeːlə] ⟨-, -n⟩ f 1. rel soul; 2. tech
(bei Feuerwaffen) bore; ▶ von ganzer
~ with all one's heart; sich die ~ aus
dem Leibe reden fig fam talk until one
is blue in the face; nun hat die arme ~
Ruh! fam that'll put her (od him etc) out
of her (his etc) misery! **See·len·heil** n
spiritual welfare; **See·len·le·ben** n
inner life; **See·len·ru·he** [ˈ----/ˈ--ˈ--] f
calmness; ▶ in aller ~ calmly; **see·len-
ru·hig** adj (innerlich ~) calmly; fam
(eiskalt) as cool as a cucumber.

See·leu·te pl sailors, seamen.

see·lisch adj mental; ▶ ~e Grausam-
keit mental cruelty; ~ bedingt sein
have psychological causes.

See·lö·we m zoo sea lion.

Seel·sor·ge ⟨-⟩ f spiritual welfare; **Seel-
sor·ger(in)** m (f) pastor.

See·luft ⟨-⟩ f sea air; **See·macht** f
naval (od sea) power; **See·mann**
⟨-(e)s, -leute⟩ m sailor, seaman; **See-
mei·le** f (= 1,852 km) nautical (od sea)
mile; **See·not** ⟨-⟩ f distress; ▶ in ~
geraten get into distress; **See·not-
kreu·zer** m lifeboat; **See·not·ruf** m
distress signal; **See·pferd·chen** n sea-
horse; **See·räu·ber** m pirate; **See-
räu·be·rei** f piracy; **See·räu·ber-**

schiff *n* pirate (ship); **See·recht** *n jur* maritime law; *(Kriegsrecht)* law of naval warfare; **See·rei·se** *f* voyage; *(Kreuzfahrt)* cruise; **See·ro·se** *f bot* waterlily; **See·schif(f·)fahrt** *f* ocean shipping; **See·schlacht** *f* naval battle; **See·schlan·ge** *f* sea serpent; **See·stern** *m zoo* starfish; **See·tang** *m* seaweed; **See·teu·fel** *m zoo* monkfish; **see·tüch·tig** *adj com* seaworthy; **See·ufer** *n* lakeside; **See·vo·gel** *m* sea bird; **See·war·te** *f* naval observatory; **See·weg** *m Br* sea-route, *Am* sea-road; ▶ **auf dem ~** *com* by sea, per sea; **auf dem ~ reisen** travel by sea; **See·wind** *m* sea breeze; **Seezun·ge** *f zoo* sole.

Se·gel ['ze:gəl] ⟨-s, -⟩ *n mar* sail; ▶ **mit vollen ~n** under full sail; **~ setzen** make sail; **die ~ streichen** *mar* strike sail; *fig (einlenken)* give in; **Se·gel·boot** *n Br* sailingboat, *Am* sailboat; **Se·gel·fliegen (Se·gel·flie·ge·rei)** *n* gliding; **Se·gel·flie·ger(in)** *m (f)* glider pilot; **Se·gel·flug** *m* glider flight; **Se·gel·flug·platz** *m* gliding field; **Se·gel·flug·zeug** *n* glider; **Se·gel·klub** *m* sailing club; **se·geln** ⟨sein⟩ *itr* sail; ▶ **von hier aus segelt man 3 Tage** it's 3 days' sail from here; **~ gehen** go for a sail; **mit jdm ~ gehen** take s.o. for a sail; **sie segelten nach Athen** they sailed the ship to Athens; **durch ein Examen ~** *fam* flop in an exam; **Se·gel·ohren** *pl fig fam* flappy ears; **Se·gel·re·gat·ta** *f* sailing regatta; **Se·gel·schiff** *n* sailing ship *(od* vessel); **Se·gel·törn** *m* cruise; **Se·gel·tuch** ⟨-(e)s⟩ *n* canvas.

Se·gen ['ze:gən] ⟨-s, -⟩ *m a. fig* blessing; ▶ **ein wahrer ~** a real boon; **kein reiner ~ sein** be a mixed blessing; **meinen ~ hast du!** you have my blessing! **se·gens·reich** *adj fig* beneficent.

Seg·ler *m* 1. *(Sport~)* yachtsman; 2. *(Schiff)* sailing vessel; **Seg·le·rin** *f* yachtswoman.

Seg·ment [zɛ'gmɛnt] *n* segment.

seg·nen ['ze:gnən] *tr* bless; ▶ **das Zeitliche ~** *fig* depart this life.

Sehen *n (Sehkraft)* eyesight; ▶ **ich kenne sie nur vom ~** I know her only by sight.

se·hen ['ze:ən] *irr tr itr* see; ▶ **~, wie jem etw macht** see s.o. do s.th.; **Ich habe ihn noch nie schwimmen ~** I've never seen him swim(ming); **man hat ihn gesehen, wie er das Gebäude betrat** he was seen entering the building; **ich habe gesehen, wie es passiert ist** I saw it happen; **das habe ich schon dreimal gesehen** I've seen it done three times; **Ich kann es nicht ~, wenn Menschen schlecht behandelt werden** I don't like to see people mistreated; **es war nichts zu ~** there was nothing to be

seen; **wir ~ sie zur Zeit nur selten** we don't see much of them nowadays; **sie will mich nicht mehr ~** she doesn't want to see me anymore; **du siehst wohl Gespenster!** you must be seeing things! **seh' ich richtig, ist das nicht ...?** am I seeing things or is ...? **Ich sehe mich nicht in der Lage, das zu tun** I can't see my way to doing that; **Ich sah mich gezwungen, zu ...** I saw myself obliged to ...; **mal ~, ob wir helfen können** we'll see if we can help; **wir werden ja bald ~, wer recht hat** we'll soon see who is right; **wollen wir mal ~, was passiert** let's just see what happens; **ich sehe nicht, wie ich da helfen kann** I don't see any way I can help; **mal ~, ob ich nicht was Besseres finden kann** let me see, if I can't find a better way; **wie ich sehe, hast du das immer noch nicht gemacht** I see you still haven't done that; **er sah kurz auf die Uhr** he had a quick look at his watch; **darf ich mal ~?** can I have a look? **laß mal ~!** let's have a look! **sieh doch, wer da ist!** look who's there! **sieh mal!** just look! **so gesehen** seen *(od* looked at) in this way; **sich ~ lassen** appear; **laß dich mal wieder ~!** do come again! **nach jdm ~** come to see s.o.; **se·hens·wert** *adj* 1. *(interessant)* worth seeing; 2. *(bemerkenswert)* remarkable; **Se·hens·wür·dig·keit** *f* sight; ▶ **die ~en e-r Stadt besichtigen** see the sights of a town.

Se·her(in) *m (f)* seer; **Se·her·blick** *m* prophetic look.

Seh·feh·ler *m* visual defect; **Seh·kraft** ⟨-⟩ *f* (eye)sight, vision.

Seh·ne ['ze:nə] ⟨-, -n⟩ *f* 1. *anat* sinew, tendon; 2. *(Bogen~)* string; 3. *math* chord.

seh·nen ['ze:nən] *itr:* ▶ **sich nach etw (jdm) ~** long for s.th. (s.o.); **ich ~e mich danach, meine Mutter wiederzusehen** I am longing to see my mother again.

Seh·nerv *m* optic nerve.

seh·nig *adj* 1. *(von Fleisch)* stringy; 2. *(von Person)* sinewy.

sehn·lich *adj* eager; *(glühend)* ardent.

Sehn·sucht ⟨-, ¨e⟩ *f* longing; *(stärker)* yearning *(nach* for); ▶ **~ haben** have a longing *(od* yearning); **sehn·suchts·voll (sehn·süch·tig)** *adj* longing; *(stärker)* yearning; *(glühend)* ardent; ▶ **sehnsüchtige Blicke auf etw. werfen** look longingly at s.th.

sehr [ze:ɐ] *adv* very; *(nur beim Verb)* very much; ▶ **es ist ~ gut geschrieben** it's very well written; **~ gut möglich** very possible; **~ wenig Milch!** very little milk! **~ viel größer** very much bigger; **Ich bin nicht ~ musikalisch** I'm not much of a musician; **~ verlegen** much embarassed; **so ~ (zu ~)** so much (too much); **Ich kann ihn nicht ~ leiden** I don't like him too much; **wie ~ er sich auch bemüht** however much he tries; **~ zu meinem Erstaunen** much to my astonishment.

Seh·schär·fe *f* keenness of sight, visual acuity; **Seh·stö·rung** *f* visual disorder; **Seh·test** *m* eye-test; **Seh·ver·mö·gen** *n* powers of vision *pl.*

seicht [zaıçt] *adj* 1. *(flach, nicht tief)* shallow; 2. *fig* trivial.

Sei·de ['zaıdə] ⟨-, -n⟩ *f* silk; ▶ **reine ~** real silk; **in Samt u. ~** *fig* in silks and satins *pl;* **das Kleid ist aus ~** the dress is silk.

Sei·del ['zaıdəl] ⟨-s, -⟩ *n* *(Bier~)* mug.

sei·den *adj* silk, *(gehoben)* silken; **Sei·den·band** *n* silk ribbon; **Sei·den·pa·pier** *n* tissue paper; **Sei·den·rau·pe** *f* silkworm; **Sei·den·strumpf** *m* silk stocking; **sei·den·weich** ['--'-] *adj* silky soft; **sei·dig** *adj* silky.

Sei·fe ['zaıfə] ⟨-, -n⟩ *f* soap; ▶ **ein Stück ~** a cake of soap; **sei·fen** *tr* soap; **Sei·fen·bla·se** *f* 1. soap-bubble; 2. *fig* bubble; ▶ **~n machen** blow soap-bubbles; **die ~ zum Platzen bringen** *fig* dash someone's hopes *pl;* **Sei·fen·lau·ge** *f* soap suds *pl;* **Sei·fen·oper** *f fam* soap opera; **Sei·fen·pul·ver** *n* soap powder; **Sei·fen·scha·le** *f* soap dish; **Sei·fen·schaum** *m* lather; **Sei·fen·spen·der** *m* soap dispenser; **Sei·fen·was·ser** *n* suds *pl.*

sei·hen ['zaıən] *tr* sieve.

Seil [zaıl] ⟨-(e)s, -e⟩ *n* rope; *(Kabel)* cable; **Seil·bahn** *f* cable railway; **Sei·ler** *m* ropemaker; **seil|hüp·fen (seil|sprin·gen)** *itr* skip; **Seil·tän·zer(in)** *m (f)* tightrope walker; **Seil·win·de** *f* winch.

Seim [zaım] ⟨-(e)s⟩ *m obs* viscous substance.

Sein ⟨-s⟩ *n* being; *philos* existence.

sein [zaın] *irr itr* be; ▶ **ist was?** is s.th. wrong? **was ist?** what's the matter? **er ist Deutscher** he is a German; **wer ist das?** who is that? **ich bin's** it's me; **sei mir nicht böse, aber ...** don't be angry with me but ...; **sei so nett und ...** be so kind as to ...; **das kann schon ~** that may well be; **das wär's!** that's it! **es sind fast 3 Wochen, daß ...** it's almost 3 weeks since ...

sein [zaın] *prn (männlich)* his; *(weiblich)* her; *(Dinge, Tiere)* its; *(auf 'man' bezogen)* Br one's, Am his; ▶ **er raucht ~e 50 Zigaretten pro Tag** he smokes his 50 cigarettes per day; **er ist gut ~e 3 Zentner schwer** he weighs a good 200 pounds; **sei·ner·seits** *adv:* ▶ **er ~** he for his part; **sei·ner·zeit** *adv (früher)* in those days; **sei·nes·glei·chen** ['--'--] *prn* his equals; ▶ **jdn wie ~ behandeln** treat s.o. like one's equal; **er**

hat nicht ~ there is no one like him; **er und ~** he and the like of him; **sei·net·we·gen** *adv* 1. *(wegen ihm)* on account of him, on his account; 2. *(für ihn)* on his behalf; **sei·net·wil·len** *adv:* ▶ **um ~** for his sake; **sie hat es um ~ getan** she did it for him; **sei·ni·ge** *prn m* his; *n* its; ▶ **das ~ tun** do one's bit; **die S~n** his people.

Seis·mo·graph *m* ⟨-en, -en⟩ *tech* seismograph.

seit [zaıt] *prp* 1. *(Zeitpunkt)* since; 2. *(Zeitraum)* for; ▶ **erst ~ kurzem** not long since; **er lebte da schon ~ 1900** he had been living there since 1900; **ich komme schon ~ 1970 hierher** I've been coming here since 1970; **Ich habe sie ~ 2 Jahren nicht gesehen** I haven't seen her for 2 years; **Ich kenne ihn schon ~ Jahren** I've known him for years; **~ langem** for a long while; **~ neuestem** lately; **~ wann?** *(von wann an?)* since when? *(wie lange?)* how long?

seit·dem [-'-/'--] **I** *conj* since; **II** *adv* since then.

Sei·te ['zaıtə] ⟨-, -n⟩ *f* 1. *allg* side; 2. *(Flanke)* flank; 3. *(Richtung)* direction; 4. *(Druck~)* page; ▶ **rechte (linke) ~** *(von Kleidungsstück)* right (wrong) side; **auf der anderen ~ Londons** on the other side of London; **er trat zur ~** he moved (*od* stood) to one side; **etw auf die ~ legen** put s.th. on one side; **~ an ~** side by side; **jdm zur ~ stehen** *fig* be by someone's side; **von väterlicher ~** on the paternal side; **alles hat s-e zwei ~n** *fig* there are always two sides to every story; **etw von der positiven ~ betrachten** look on the bright side; **er ist auf unserer ~** he's on our side; **die ~n wechseln** *sport* change sides; **etw von dritter ~ erfahren** hear s.th. from a third party; **von meiner ~ aus** *fig* on my part; **beschreiben Sie beide ~n** write on both sides of the page; **auf ~ 17** on page 17.

Sei·ten·an·ga·be *f* page reference; **Sei·ten·an·sicht** *f* side-view; *arch tech* side-elevation; **Sei·ten·aus·gang** *m* side exit; **Sei·ten·blick** *m* sidelong glance; ▶ **jm einen ~ zuwerfen** give s.o. a knowing glance, exchange a knowing glance with s.o.; **Sei·ten·ein·gang** *m* side-entrance; **Sei·ten·flü·gel** *m* 1. *arch* side wing; 2. *(Altar)* wing; **Sei·ten·gang** *m mar* side strake; *rail* corridor; **Sei·ten·ge·bäu·de** *n* annex; **Sei·ten·ge·wehr** *n mil* bayonet; **Sei·ten·hieb** *m fig* side-swipe; **Sei·ten·la·ge** *f* side position; ▶ **in ~ schlafen** sleep on one's side; **sei·ten·lang** *adj* going on for pages; ▶ **sich ~ über etw auslassen** go on for pages about s.th; **Sei·ten·leh·ne** *f* arm rest; **Sei·ten·li·nie** *f* 1. *(genealogisch)* collateral line; 2.

sport (Fußball) touchline; *(Tennis)* sideline; **Sei·ten·ru·der** *f aero* rudder.
sei·tens ['zaɪtəns] *prep* on the part of ...
Sei·ten·schiff *n arch* aisle; **Sei·ten·sprung** *m* ▶ e-n ~ **machen** have a bit on the side *fam;* **Sei·ten·ste·chen** *n:* ▶ ~ **haben** have a stitch (in one's side); **Sei·ten·stra·ße** *f* side-street (*od* -road); **Sei·ten·strei·fen** *m* 1. *(von Straße)* verge; 2. *(an Autobahn) Br* hard shoulder, *Am* shoulder; **Sei·ten·ta·sche** *f* side pocket; **sei·ten·ver·kehrt** *adj* the wrong way round; **Sei·ten·wand** *f* side wall; **Sei·ten·wech·sel** *m sport* changeover; **Sei·ten·wind** *m* crosswind; **Sei·ten·zahl** *f* 1. *(Zahl auf der Seite)* page number; 2. *(Gesamtzahl)* number of pages.
seit·lich I *adj* lateral; ▶ **bei** ~em **Wind** in a crosswind; II *adv:* ▶ ~ **von** ... at the side of ...; **ein Schiff** ~ **rammen** ram the side of a ship; **der Weg führt** ~ **am Haus entlang** the path goes down the side of the house.
seit·wärts *adv* sideways.
Se·kret [ze'kreːt] ⟨-(e)s, -e⟩ *n med* secretion.
Se·kre·tär[1] **(Se·kre·tä·rin)** *m (f) (Beruf)* secretary.
Se·kre·tär[2] *m (Schreibschrank)* bureau.
Se·kre·ta·ri·at [zekreta'riˈaːt] ⟨-(e)s, -e⟩ *n* 1. *(Büro)* office; 2. *pol* secretariate.
Sekt [zɛkt] ⟨-(e)s, -e⟩ *m* sparkling wine.
Sek·te ['zɛktə] ⟨-, -n⟩ *f rel* sect.
Sekt·kelch *m* champagne flute.
Se·kun·dant [zekun'dant] ⟨-en, -en⟩ *m hist* second.
se·kun·där *adj* secondary.
Se·kun·de [ze'kundə] ⟨-, -n⟩ *f* second; ▶ e-e ~, **bitte!** just one second, please! **auf die** ~ **genau** to the second; **im Bruchteil e-r** ~ in a split second; **Se·kun·den·schnel·le** *f:* ▶ **in** ~ in a matter of seconds; **Se·kun·den·zei·ger** *m* second hand.
se·kun·die·ren *itr* second.
selbst [zɛlpst] I *prn:* ▶ **ich** ~ I myself; ~ **kommen** come personally; **das versteht sich von** ~ that goes without saying; **von** ~ on one's own accord; **etw** ~ **tun** do s.th. o.s.; **das funktioniert von** ~ it works automatically; II *adv (sogar)* even; ▶ ~ **wenn** ... even if (*od* though) ...
Selbst·ach·tung *f* self-esteem, self-respect.
selb·stän·dig *adj* independent; ▶ **sich** ~ **machen** *com* set up for o.s.; *(verloren gehen)* grow legs *hum;* ~ **handeln** act on one's own; **Selb·stän·dig·keit** *f* independence.
Selbst·aus·lö·ser *m phot* delay timer, delayed-action shutter release; **Selbst·be·die·nung** *f* self-service; **Selbst·**

be·die·nungs·la·den *m* self-service shop; **Selbst·be·frie·di·gung** *f* masturbation; **Selbst·be·haup·tung** *f* self-assertion; **Selbst·be·herr·schung** *f:* ▶ **die** ~ **verlieren (wahren)** lose (keep) one's self-control; **Selbst·be·stä·ti·gung** *f:* ▶ e-e ~ **brauchen** need s.th. to boost one's ego; **Selbst·be·stim·mung** *f* self-determination; **Selbst·be·stim·mungs·recht** *n* right of self-determination; **Selbst·be·trug** *m* self-deception; **selbst·be·wußt** *adj* self assured, self confident; **Selbst·er·fah·rungs·grup·pe** *f* encounter group; **Selbst·er·hal·tung** *f* self-preservation, survival; **Selbst·er·hal·tungs·trieb** *m* survival instinct; **Selbst·er·kennt·nis** *f* self-knowledge; **selbst·ge·fäl·lig** *adj* complacent, self-satisfied; **Selbst·ge·fäl·lig·keit** *f* complacency, self-satisfaction; **Selbst·ge·spräch** *n* soliloquy; ▶ ~e **führen** talk to oneself; **selbst·ge·strickt** *adj a. hum:* ▶ ~er Pullover hand-knitted pullover; **selbst·herr·lich** *adj* autocratic; **Selbst·hil·fe** *f* self-help; ▶ **zur** ~ **greifen** take matters *pl* in one's own hands; **Selbst·hil·fe·grup·pe** *f* self-help group; **Selbst·ju·stiz** *f* arbitrary law; ▶ ~ **üben** take the law into one's own hands *pl;* **selbst·kle·bend** *adj* self-adhesive; **Selbst·kle·be·eti·kett** *n* self-adhesive label; **Selbst·ko·sten** *pl com* prime costs; **Selbst·ko·sten·be·tei·li·gung** *f* first amount, deductible sum; **Selbst·ko·sten·preis** *m* cost price; **Selbst·kri·tik** *f* self-criticism; **Selbst·laut** *m* vowel; **selbst·los** *adj* unselfish; **Selbst·lo·sig·keit** *f* unselfishness.
Selbst·mord *m* suicide; ▶ ~ **begehen** commit suicide; **Selbst·mör·der(in)** *m (f)* suicide; ▶ **ich bin doch kein** ~! I have no desire to commit suicide! **selbst·mör·der·isch** *adj* suicidal; **selbst·mord·ge·fähr·det** *adj* suicidal; **Selbst·mord·kom·man·do** *n* suicide squad; **Selbst·mord·ver·such** *m* suicide attempt.
selbst·re·dend ['-'--] *adj* naturally, of course; **Selbst·rei·ni·gungs·ver·mö·gen** *n (von Gewässern)* self-purification capacity; **Selbst·schuß** *m* spring-gun; **Selbst·schutz** *m* self-protection; **selbst·sicher** *adj* self-confident; **Selbst·sucht** *f* egoism; **selbst·süch·tig** *adj* selfish; **selbst·tä·tig** *adj tech* automatic; **Selbst·täu·schung** *f* self-deception; **Selbst·über·schät·zung** *f* over-estimation of one's abilities; **Selbst·über·win·dung** *f* willpower; **selbst·ver·dient** *adj:* ▶ ~es **Geld** money one has earned o.s; **Selbst·ver·leug·nung** *f* self-denial; **Selbst·ver·sor·ger(in)** *m (f):* ▶ ~ **sein**

be self-sufficient; *(im Urlaub)* be self-caterer.
selbst·ver·ständ·lich ['--'--] I *adj (offenbar)* natural, obvious; ▶ **es ist ~ it goes without saying; etw für ~ halten** take s.th. for granted; II *adv* of course; **Selbst·ver·ständ·lich·keit** *f:* ▶ **das war e-e ~** it was only natural; **es für e-e ~ erachten** take it as a matter of course.
Selbst·ver·tei·di·gung *f* self-defence; **Selbst·ver·trau·en** *n* self-confidence; **Selbst·ver·wal·tung** *f* 1. *pol* self-administration; 2. *(von Körperschaft)* self-governing body; **Selbst·wähl·fern-dienst** *m tele* subscriber trunk dialling; **Selbst·wert·ge·fühl** *n* feeling of one's own worth; **Selbst·zer·stö-rung** *f* autodestruction; **Selbst·zweck** *m* end in itself; ▶ **als ~** as an end in itself.
Se·len [ze'le:n] ⟨-s⟩ *n chem* selenium.
se·lig ['ze:lɪç] *adj* 1. *rel* blessed; 2. *(wonnig)* blissful; ▶ **meine ~e Mutter** my late mother; **Se·lig·keit** *f* 1. *rel* salvation; 2. *(großes Glücksgefühl)* bliss.
Sel·le·rie ['zɛləri] ⟨-s, (-s)⟩ *m od f* 1. *(~knolle)* celeriac; 2. *(Stangen~)* celery.
sel·ten ['zɛltən] I *adj* 1. *(nicht häufig)* rare; 2. *(knapp)* scarce; 3. *(ungewöhnlich)* unusual; ▶ **~es Exemplar** *(e-s Buches)* scarce copy; II *adv (nicht oft)* rarely, seldom; ▶ **höchst ~** hardly ever; **~ so gelacht!** *fam* what a laugh!; **Selten·heit** *f* 1. *(seltenes Vorkommen)* rareness; 2. *(Rarität)* rarity; **Sel·ten-heits·wert** *m* rarity value.
selt·sam ['zɛltza:m] *adj* strange; *(sonderbar)* odd, queer; **Selt·sam·keit** *f* 1. *(~ einer Sache)* strangeness; 2. *(seltsames Ding)* oddness.
Se·me·ster [ze'mɛstɐ] ⟨-s, -⟩ *n Br* term, *Am* semester; ▶ **im 10. ~ sein** be in one's fifth year.
Se·mi·ko·lon [zemi'ko:lɔn] ⟨-s, -s/-kola⟩ *n* semicolon.
Se·mi·nar [zemi'na:ɐ] ⟨-s, -e⟩ *n* 1. *(Fakultätsabteilung)* department; 2. *(Kurs)* seminar; 3. *eccl (Priester~)* seminary; 4. *päd (Studien~)* teacher training college; **Se·mi·nar·ar·beit** *f* seminar paper.
Se·mit(in) [ze'mi:t] ⟨-en, -en⟩ *m (f)* Semite; **se·mi·tisch** *adj* Semitic.
Sem·mel ['zɛməl] ⟨-, -n⟩ *f* roll; ▶ **wie warme ~n weggehen** sell like hot cakes.
Se·nat [ze'na:t] ⟨-(e)s, -e⟩ *m* senate; **Se·na·tor(in)** *m (f)* senator; **Se·nats-aus·schuß** *m* senate committee.
Send·bo·te *m* emissary.
Sen·de·an·la·ge *f* transmitting installation; **Sen·de·an·ten·ne** *f* radio transmitting aerial; **Sen·de·be·reich** *m* transmission range; **Sen·de·fol·ge** *f* 1. *(Serie)* series; 2. *(Teil e-r Serie)* episode; 3. *(Programme)* programmes *pl;* **Sen-**

de·ge·biet *n* area; **Sen·de·lei·ter** *m* producer.
sen·den[1] ['zɛndən] *irr tr (schicken)* send *(an* to); ▶ **jdm etw ~** send s.o. s.th.; **sen·den**[2] *itr tr radio TV* broadcast; *(Funksignal)* transmit; **Sen·de-pau·se** *f radio TV* intermission; **Sen-der** *m radio TV* 1. *(Anlage)* transmitter; 2. *(Kanal) Br* channel, *Am* station; **Sen·de·raum** *m* studio; **Sen·de·rei-he** *f radio TV* series; **Sen·de·schluß** *m* closedown, end of broadcasts; **Sen-de·zei·chen** *n* callsign; **Sen·de·zeit** *f radio TV* broadcasting time.
Sen·dung *f* 1. *com* shipment; 2. *fig (Mission)* mission; 3. *radio TV* programme; **Sen·dungs·be·wußt·sein** *n* sense of mission.
Senf [zɛnf] ⟨-(e)s, -e⟩ *m* mustard; ▶ **seinen ~ dazu geben** *fig fam* have one's say; **Senf·gas** *n mil* mustard gas.
sen·gen ['zɛŋən] I *tr* singe; II *itr* scorch.
se·nil [ze'ni:l] *adj* senile; **Se·ni·li·tät** *f* senility.
Se·nior [ze'njo:ɐ] ⟨-s, -en⟩ *m allg:* ▶ **der ~** the senior; *fam (Chef)* boss; **~en** *(ältere Mitbürger)* senior citizens; **Se·nio·ren·heim** *n* old people's home; **Se·nio·ren·paß** *f rail* senior citizens' travel pass; **Se·nio·rin** ⟨-, -nen⟩ *f* senior citizen.
Sen·ke ⟨-, -n⟩ *f geog* valley.
senken ['zɛŋkən] I *tr* 1. *(niedriger lassen)* lower; 2. *com fin* decrease; 3. *tech* sink; II *refl (sinken)* sink; *(absacken)* sag; ▶ **die Nacht senkte sich über alles** night was descending on everything; **Senk·fuß** *m med* fallen arches *pl;* **Senk·gru·be** *f* cesspit.
senk·recht *adj* vertical; *math* perpendicular; **Senk·rech·te** *f math* perpendicular; **Senk·recht·star·ter** *m* 1. *aero* vertical take-off aircraft; 2. *fig fam* whizz kid.
Sen·kung *f* 1. *geog (Vertiefung)* valley; 2. *(von Lohn, Preisen)* cut; 3. *(das Absacken)* sag; 4. *med (Blut~)* sedimentation of the blood.
Sen·ne ['zɛnə] ⟨-n, -n⟩ *f* Alpine pasture; **Sen·ner(in)** *m (f)* dairyman (dairymaid); **Senn·hüt·te** *f* Alpine dairy hut.
Sen·sa·tion [zɛnza'tsjo:n] *f* sensation; **sen·sa·tio·nell** *adj* sensational; **Sen-sa·tions·gier** *f* sensation-seeking; **Sen·sa·tions·nach·richt** *f* sensational news *sing;* **Sen·sa·tions·pro-zeß** *m* sensational trial.
Sen·se ['zɛnzə] ⟨-, -n⟩ *f* scythe; ▶ **damit ist's ~!** *fam* that's off!
sen·si·bel [zɛn'zi:bəl] *adj* sensitive; **sen·si·bi·li·sie·ren** *tr* sensitize; **Sen-si·bi·li·tät** *f* sensitivity.
Sen·sor *m el* sensor; **Sen·sor·au·ge** *n el* sensor eye; **Sen·sor·ta·ste** *f* touch

panel.

sen·ti·men·tal [zɛntimɛn'taːl] *adj* sentimental; **Sen·ti·men·ta·li·tät** *f* sentimentality.

se·pa·rat [zepa'raːt] *adj* separate; ▶ ~es **Zimmer** self-contained room; **Se·pa·ra·tis·mus** *m pol* separatism; **Se·pa·ra·tist(in)** *m (f) pol* separatist.

Sé·pa·rée [zepa'reː] ‹-s, -s› *n* 1. *(Nische)* private booth; 2. *(Raum)* private room.

Sep·tem·ber [zɛp'tɛmbə] ‹-(s), › *m* September.

Ser·be ['zɛrbə] ‹-n, -n› *m* Serbian; **Ser·bien** ['zɛrbiən] *n* Serbia; **Ser·bin** ‹-, -en› *f* Serbian; **ser·bisch** *adj* Serbian; **Ser·bo·kroa·tisch** ['zɛrbokro'aːtɪʃ] *n* (= *adj)* Serbo-Croat.

Se·re·na·de [zere'naːdə] ‹-, -n› *f mus* serenade.

Se·rie ['zeːriə] ‹-, -n› *f* 1. *(Folge, a. TV)* series; 2. *com* line; ▶ **in** ~ **gehen** go into production; **se·rien·mä·ßig** *adj:* ▶ ~e **Ausrüstung** standard equipment; ~ **hergestellt werden** be mass-produced; **Se·rien·num·mer** *f* serial number; **Se·rien·pro·duk·tion** *f* series production; ▶ **in** ~ **gehen** go onto the production line; **Se·rien·schal·tung** *f el* series connection; **se·rien·wei·se** *adv* one after another.

se·ri·ös [zeri'øːs] *adj* serious; ▶ ~e **Fir·ma** sound firm.

Ser·mon [zɛr'moːn] *m:* ▶ **jdm e-n lan·gen** ~ **halten** give s.o. a long lecture.

Ser·pen·ti·ne [zɛrpɛn'tiːnə] ‹-, -n› *f* 1. *(Straßenkehre)* double bend; 2. *(gewundene Straße)* winding road.

Se·rum ['zeːrʊm] ‹-s, -ren/-ra› *n* serum.

Ser·vice¹ ['søːɐvis] *m com* service.

Ser·vice² [zɛr'viːs] ‹-, -s› *n (Geschirr)* dinner *(etc* service); *(Gläser~)* set.

Ser·vier·brett *n* tray; **ser·vie·ren** [zɛr'viːrən] *tr* serve *(jdm etw* s.o. s.th.); ▶ **jdm den Ball** ~ *fam (Tennis)* hit the ball right to s.o; **Ser·vie·re·rin** *f* waitress; **Ser·vier·tisch** *m* serving table; **Ser·vier·wa·gen** *m* trolley.

Ser·viet·te [zɛr'vjɛtə] ‹-, -n› *f* napkin, *(gehoben)* serviette; **Ser·viet·ten·ring** *m* napkin ring.

ser·vil [zɛr'viːl] *adj* servile.

Ser·vo·brem·se ['zɛrvo-] *f mot* power *(od* servo-assisted) brake; **Ser·vo·len·kung** *f mot* power-assisted steering; **Ser·vo·mo·tor** *m* servomotor.

Ser·vus! ['zɛrvʊs] *interj fam* so long!

Ses·sel ['zɛsəl] ‹-s, -› *m* easy-chair; *(a. Lehnstuhl)* arm-chair; **Ses·sel·lift** *m* chairlift.

seß·haft ['zɛshaft] *adj* 1. *(stationär)* settled; 2. *(ansässig)* resident; ▶ **sich** ~ **machen** settle down.

set·zen ['zɛtsən] I *tr* 1. *(hinstellen)* set; *(plazieren)* place; *(legen)* put; 2. *(Frist*

etc festlegen) fix; 3. *(Baum: pflanzen)* plant; 4. *typ* set; 5. *(Geld beim Spiel)* stake; ▶ **ein Kind auf die Knie** ~ sit a child on one's knees; **etw an s-n Platz** ~ put s.th. in its place; **sich den Hut auf den Kopf** ~ put one's hat on one's head; **jdn über e-n Fluß** ~ put s.o. across a river; **s-e Unterschrift unter ein Schriftstück** ~ put one's signature to a document; **etw auf die Tagesordnung** ~ put s.th. on the agenda; **ein Verb in die Vergangenheit** ~ put a verb into the past tense; **jdm ein Messer an die Kehle** ~ place a knife at someone's throat; II *itr* 1. *(springen)* jump *(über* over); 2. *(bei Wette)* bet *(auf* on); III 1. *refl* sit down; *(von Vögeln)* perch; 2. *chem (Schwebstoffe)* settle; ▶ **darf ich mich zu Ihnen** ~? may I join you? **setz dich zu mir (neben mich)!** sit by (with) me! **sich auf e-n Stuhl** ~ sit down in a chair; **Set·zer** *m typ* compositor, typesetter; **Set·ze·rei** *f typ* 1. *(in Verlag)* composing room; 2. *(als Firma)* typesetters *pl;* **Setz·feh·ler** *m* printer's error; **Setz·ka·sten** *m typ* case; **Setz·ling** *m (Ableger)* seedling; **Setz·ma·schi·ne** *f typ* typesetting machine.

Seu·che ['zɔɪçə] ‹-, -n› *f* epidemic; ▶ **es ist wie e-e** ~ it's like an epidemic; **seu·chen·ar·tig** *adj:* ▶ **sich** ~ **ausbreiten** spread like the plague; **Seu·chen·be·kämp·fung** *f* control of epidemics; **Seu·chen·er·re·ger** *m* agent of epidemics; **Seu·chen·herd** *m* centre of an epidemic.

seuf·zen ['zɔɪftsən] *itr* sigh *(vor* with); ▶ ~d with a sigh; **Seuf·zer** *m* groan, sigh; ▶ **e-n** ~ **ausstoßen** heave a sigh, utter a groan.

Sex [zɛks] ‹-(es)› *m* sex; **Se·xis·mus** *m* sexism; **Se·xist(in)** ‹-en, -en› *m (f);* **se·xi·stisch** *adj* sexist; **Sex·or·gie** *f* sex orgy; **Sex·shop** *m* sex shop.

Sex·tant [zɛks'tant] ‹-en, -en› *m mar* sextant.

Se·xu·al·er·zie·hung *f* sex education; **Se·xu·al·hor·mon** *n* sex hormone; **Se·xua·li·tät** *f* sexuality; **Se·xu·al·kun·de** *f päd* sexual education; **Se·xu·al·le·ben** *n* sex life; **Se·xu·al·mo·ral** *f* sexual morals; **Se·xu·al·mord** *m* sex killing; **Se·xu·al·mör·der** *m* sex murderer; **Se·xu·al·part·ner** *m* sex partner; **se·xu·ell** [zɛksu'ɛl] *adj* sexual.

Se·zes·si·ons·krieg [zetsɛ'sjoːns-] *m hist* American Civil War.

se·zie·ren [ze'tsiːrən] *tr anat* dissect, *fam* cut up.

Sham·poo ['ʃampoː] ‹-(s), -s› *n* shampoo.

Shet·land·po·ny ['ʃɛtlantpoːni] ‹-s, -s› *n zoo* shetland pony.

Show [ʃoː] ‹-, (-s)› *f* show; ▶ **e-e** ~ **abziehen** *fam* put on a show; **Show-**

ma·ster *m Br* compère, *Am* emcee.
Si·am ['ziːam] *n (Thailand)* Siam; **sia·me·sisch** [ziaˈmeːzɪʃ] *adj* Siamese; ▶ ~e **Zwillinge** Siamese twins; **Si·am·kat·ze** *f* Siamese.
Si·bi·rien [ziˈbiːriən] *n* Siberia; **si·bi·risch** *adj* Siberian; ▶ ~ **Kälte** *fam* arctic temperatures.
sich [zɪç] *refl prn* 1. *(acc: 3. pers sing)* himself *(m)*, herself *(f)*, itself *(n)*; *(3. pers pl)* themselves; 2. *(dat: 3. pers sing)* to himself *(m)*, to herself *(f)*, to itself *(n)*; *(3. pers pl)* to themselves; ▶ **an** ~ in itself; **an u. für** ~ considered by itself; **außer** ~ **sein** be beside o.s; **das spricht für** ~ **selbst** that speaks for itself; **das ist e-e Sache für** ~ that is another story; **wieder zu** ~ **kommen** recover consciousness; **sie haben** ~ **sehr gern** they are very fond of each other; **sie hat** ~ **das Bein gebrochen** she has broken her leg; **nur an** ~ **denken** think only of o.s.; **dieses Auto fährt** ~ **gut** this car drives well.
Si·chel ['zɪçəl] ⟨-, -n⟩ *f* 1. sickle; 2. *(Mond~)* crescent; **si·chel·för·mig** *adj* sickle-shaped.
si·cher ['zɪçɐ] *adj* 1. *(vor Gefahr)* safe; *(geborgen)* secure; 2. *(gewiß)* certain, sure; 3. *(selbstbewußt)* self-assured; ▶ **sind Sie sich (dessen)** ~? are you certain of that? **wissen Sie das** ~? are you certain? **ganz** ~ for certain; **Ich bin mir nicht ganz** ~, **aber**... I don't know for certain, but...; **es ist absolut** ~, **daß**... it's an absolute certainty that...; **es ist** ~, **daß er kommt** it is sure that he will come; **der Erfolg ist dir** ~ you're sure of success; ~ **ist** ~ it's best to make sure; **ich bin mir da ganz** ~ I'm perfectly sure; **da bin ich nicht so** ~ I'm not so sure about that; **sich s-r Sache** ~ **sein** be sure of o.s.; **das meinst du doch** ~ **nicht so?** surely you don't mean it? **das ist so** ~ **wie nur was** that is as sure as anything; **aber** ~! take it from me! **vor etw** ~ **sein** be safe from s.th.; **etw** ~ **aufbewahren** keep s.th. safe; **es ist so gut wie** ~ it's a safe guess; **die Stelle** ~ **bekommen** be safe to get the job; **etw an e-m** ~**en Ort verwahren** put s.th. away safely; ~ **auf den Beinen** steady on one's feet; **ich weiß aus** ~**er Quelle, daß**... I'm reliably informed that...
Si·cher·heit *f* 1. *(vor Gefahr)* safety; 2. *com (Geld)* security; 3. *(Gewißheit)* certainty; 4. *(Auftreten, Überzeugung)* self-assurance; ▶ **mit tödlicher** ~ with absolute certainty; **mit** ~ **wissen, daß**... know for a certainty that...; **er wird mit** ~ **Erfolg haben** his success is a certainty; **wird das passieren? - ja, mit** ~ will it happen? - yes, it's a certainty; **zur** ~ for security; **Geld gegen** ~ **leihen** lend money on security; **auf** ~ **spielen**

sport play for safety; **sich in** ~ **bringen** leap to safety; **das ist mit** ~ **richtig** that's definitely right; **Si·cher·heits·ab·stand** *m* safe distance; **Si·cher·heits·aus·schuß** *m* committee of public safety; **Si·cher·heits·be·ra·ter(in)** *m (f)* safety adviser; **Si·cher·heits·bin·dung** *f (von Ski)* safety binding; **Si·cher·heits·glas** *n* safety glass; **Si·cher·heits·gurt** *m mot (aero)* safety (seat) belt; **si·cher·heits·hal·ber** *adv* to be on the safe side; **Si·cher·heits·ket·te** *f (an Tür)* safety chain; **Si·cher·heits·na·del** *f* safety pin; **Si·cher·heits·rat** *m (der UNO)* Security Council; **Si·cher·heits·schloß** *n* safety lock; **Si·cher·heits·ver·schluß** *m* safety clasp; **Si·cher·heits·vor·keh·rung** *f* safety precaution.
si·cher·lich *adj Br* certainly, *Am* sure.
si·chern I *tr* 1. *(sicher machen)* secure; 2. *(schützen)* safeguard; 3. *EDV* back up; 4. *(Gewehr)* put the safety catch on; ▶ **sich etw** ~ secure s.th. for o.s.; **II** *refl* 1. *(sich schützen)* protect o.s.; 2. *(beim Bergsteigen)* secure o.s.; ▶ **sich gegen etw** ~ guard o.s. against s.th.
si·cher|stel·len *tr* 1. *(garantieren)* guaranty; 2. *jur* take possession of ...
Si·che·rung *f* 1. *fig (Sicherstellung)* safeguarding; 2. *tech* safety mechanism; 3. *EDV* back up; 4. *el* fuse; 5. *(an Schußwaffe)* safety-catch; ▶ **die** ~ **ist durchgebrannt** I've fused the lights; **Si·che·rungs·ko·pie** *f EDV* back-up copy.
Sicht [zɪçt] ⟨-⟩ *f* 1. *(Sehen)* view; 2. *(Sichtverhältnisse)* visibility; ▶ **in** ~ **kommen** come into view; **(gute) schlechte** ~ (good) poor visibility; **die** ~ **beträgt nur 100 Meter** visibility is down to only 100 metres; **zahlbar bei** ~ *com* payable at sight; **in** ~ **sein** be within sight; **die Küste kam in** ~ we came in sight of the coast; **auf lange** ~ in the long run; **sicht·bar** *adj* visible; ▶ ~ **werden** appear; *fig* become apparent; **Sicht·bar·keit** *f* visibility.
sich·ten *tr* 1. *mar (sehen)* sight; *fam (erblicken)* catch sight of ...; 2. *(prüfen)* examine; 3. *(aussuchen)* sift, sort out.
Sicht·ge·rät *n* 1. *allg* monitor; 2. *EDV* visual display unit *(Abk* VDU); **Sicht·gren·ze** *f* visibility limit; **Sicht·kon·takt** *m* eye contact.
sicht·lich *adj (offenkundig)* obvious.
Sich·tung *f* 1. *(das Sehen)* sighting; 2. *(Prüfung)* inspection; 3. *(Trennung, Aussortierung)* sifting, sorting.
Sicht·ver·hält·nis·se *pl* visibility *sing*; **Sicht·ver·merk** *m* endorsement; **Sicht·wei·te** *f*: ▶ **außer** ~ out of sight; **in** ~ **kommen** come into sighting distance.

Sicker·gru·be (k·k) *f* soakaway.
sickern (k·k) ['zɪkən] ⟨sein⟩ *itr* seep;
▶ **nach außen ~** *fig* leak out.
Side·board ['saɪdbɔːd] ⟨-s, -s⟩ *n* sideboard.
Sie *prn* you; ▶ **gehen ~!** go! **wissen ~ was ...?** do you know what ...?
sie [ziː] *prn nom sing* she; *acc* her; *(sächlich)* it; *nom pl* they; *acc pl* them;
▶ **wenn ich ~ wäre** if I were her; **~ war's nicht, ich war's** it wasn't her, it was me; **~ sind es** it is they.
Sieb [ziːp] ⟨-(e)s, -e⟩ *n* sieve; *(Tee~)* strainer; *(Durchschlag)* colander;
▶ **ein Gedächtnis wie ein ~** a memory like a sieve; **sie·ben** *tr* 1. *(Speisen)* sieve, sift; 2. *fig (aussortieren)* weed;
▶ **es wird sehr gesiebt** *fig fam* they are very selective.
sie·ben ['ziːbən] *num* seven.
Sie·ben·bür·gen [-'byrgən] *n geog* Transylvania; **sie·ben·fach** *adj* sevenfold; **Sie·ben·ge·stirn** *n astr* Pleiades *pl;* **sie·ben·hun·dert** *num* seven hundred; **sie·ben·jäh·rig** *adj* seven-year-old; ▶ **der S~e Krieg** *hist* the Seven Years' War; **sie·ben·mal** *adv* seven times; **Sie·ben·me·ter** [-'--] *m sport* penalty; **Sie·ben·sa·chen** ['--'--] *pl* belongings; **Sie·ben·schlä·fer** *m zoo* dormouse.
sie·b(en)·tens *adv* in the seventh place; **sieb·te** *adj* seventh; ▶ **im ~n Himmel sein** be in seventh heaven; **Sieb·tel** ⟨-s, -⟩ *n* seventh part.
sieb·zehn ['ziːptseːn] *num* seventeen; **sieb·zehn·te** *adj* seventeenth; **Sieb·zehn·tel** ⟨-s, -⟩ *n* seventeenth.
sieb·zig ['ziːptsɪç] *num* seventy; **Sieb·zi·ger(in)** *m (f)* septuagenarian; **sieb·zig·jäh·rig** *adj* seventy-year-old; **sieb·zig·ste** *adj* seventieth.
sie·deln ['ziːdəln] *itr* settle.
sie·den ['ziːdən] *irr itr* boil; ▶ **~d heiß** boiling hot; **Sie·de·punkt** *m* boiling-point; **Sie·de·was·ser·re·ak·tor** *m* boiling water reactor.
Sied·ler(in) *m (f)* settler.
Sied·lung *f* 1. *(An~)* settlement; 2. *(Wohn~)* housing estates *pl.*
Sieg [ziːk] ⟨-(e)s, -e⟩ *m* victory *(über* over); ▶ **den ~ davontragen** win the day; **den ~ erringen** be victorious.
Siegel ['ziːgəl] ⟨-s, -⟩ *n* seal; ▶ **unter dem ~ der Verschwiegenheit** under the seal of secrecy; **Sie·gel·lack** *m* sealing wax; ▶ **e-e Stange ~** a stick of sealing wax; **siegeln** *tr* 1. *(Urkunde)* affix a seal to ...; 2. *(ver~)* seal; **Sie·gel·ring** *m* signet ring.
siegen ['ziːgən] *itr* be victorious; *sport* win; **Sie·ger(in)** *m (f)* victor; *sport* winner; ▶ **zweiter ~** runner-up; **Sie·ger·eh·rung** *f sport* presentation ceremony; **Sie·ger·po·se** *f* victory pose;

Sie·ger·stra·ße *f fig* road to victory; **Sie·ger·ur·kun·de** *f sport* winner's certificate.
sie·ges·be·wußt *adj* confident of victory; **sie·ges·ge·wiß** *adj* sure of victory; **sie·ges·trun·ken** *adj* drunk with victory; **Sie·ges·zug** *m* 1. *(Triumphzug)* triumphal march; 2. *fig (e-r Laufbahn)* victorious career.
sieg·reich *adj* victorious.
Si·gnal [zɪ'gnaːl] ⟨-s, -e⟩ *n* 1. *(das ~ für etwas)* signal; 2. *(Zeichen)* sign; ▶ **ein ~ geben** give a signal; ▶ **~ setzen** *fig* blaze a trail *sing;* **Si·gnal·an·la·ge** *f* set of signals *pl;* **Si·gnal·flag·ge** *f* signal flag; **si·gna·li·sie·ren** *tr* signal; **Si·gnal·lam·pe** *f* signal lamp; **Si·gnal·mast** *m* signal mast; **Si·gnal·pi·sto·le** *f* Very pistol; **Si·gnal·wir·kung** *f* signal effect.
Si·gna·tur [zɪgna'tuːɐ] 1. *(Unterschrift)* signature; 2. *(auf Karten)* symbol; 3. *(Buch~)* shelf mark.
si·gnie·ren *tr* sign.
Sil·be ['zɪlbə] ⟨-, -n⟩ *f* syllable; ▶ **keine ~ sagen** not breathe a word; **ich verstehe keine ~** *fam* I don't understand a word; **Sil·ben·tren·nung** *f* syllabication.
Sil·ber ['zɪlbə] ⟨-s⟩ *n* 1. *(das Metall)* silver; 2. *(~zeug)* silverware; **Sil·ber·be·steck** *n* silver cutlery; **sil·ber·far·ben** *adj* silver; **Sil·ber·fisch·chen** *n zoo* silverfish; **Sil·ber·fuchs** *m* silverfox; **Sil·ber·ge·halt** *m* silver content; **Sil·ber·ge·schirr** *n* silverware; **sil·ber·hal·tig** *adj* silver-bearing; **Sil·ber·lö·we** *m zoo* puma; **Sil·ber·me·dail·le** *f* silver medal; **Sil·ber·mün·ze** *f* silver coin; **Sil·ber·pa·pier** *n (Stanniol)* tinfoil; **Sil·ber·strei·fen** *m fig:* ▶ **es zeichnet sich ein ~ am Horizont ab** one can see the end of the tunnel; **Sil·ber·wa·ren** *pl* silver *sing.*
Sil·hou·et·te [zilu'ɛtə] ⟨-, -n⟩ *f* silhouette; ▶ **sich als ~ abzeichnen gegen ...** be silhouetted against ...
Si·li·zi·um [zi'liːtsiʊm] ⟨-s⟩ *n chem* silicon.
Si·lo ['ziːlo] ⟨-s, -s⟩ *m* silo.
Sil·ve·ster [zɪl'vɛstə] ⟨-s, -⟩ *m od n* New Year's Eve.
Si·mi·li(·stein) ['ziːmili] *m* artificial stone.
Sim·pel *m* simpleton; **sim·pel** ['zɪmpəl] *adj* 1. *(einfach)* plain, simple; 2. *(dumm)* stupid.
Sims [zɪms] ⟨-es, -e⟩ *m od n (Fenster~)* sill; *arch (vorspringender Rand)* ledge; *(Kamin~)* mantelpiece.
Si·mu·lant(in) [zimu'lant] ⟨-en, -en⟩ *m (f)* malingerer; **si·mu·lie·ren** *itr tr* 1. *(vortäuschen)* feign, sham; 2. *phys* simulate.
si·mul·tan [zimʊl'taːn] *adj* simultaneous; **Si·mul·tan·dol·met·-**

scher(in) *m (f)* simultaneous interpreter.

Si·nai·halb·in·sel *f* Sinai Peninsula.

Sin·fo·nie [zɪnfo'niː] *f* symphony; **Sin·fo·nie·kon·zert** *n* symphony concert; **Sin·fo·nie·or·che·ster** *n* symphony orchestra.

Sin·ga·pur ['zɪŋgapuːə] ‹-s› *n* Singapore.

Sin·gen *n* singing; *(im Chor)* chanting; **sin·gen** ['zɪŋən] *irr tr itr* 1. sing; 2. *sl (gestehen)* squeal; **Sing·sang** ‹-(e)s› *m* 1. *(monotones Singen)* monotonous singing; 2. *(Aussprache)* singsong; **Sing·spiel** *n* lyrical drama.

Sin·gu·lar ['zɪŋgulaːə] ‹-s, -e› *m* singular.

Sing·vo·gel *m* song-bird.

sin·ken ['zɪŋkən] *irr itr allg* 1. sink; 2. *fig (fallen, bes. der Preise)* drop, fall; ▶ **im Wert** ~ decline in value; **in e-n Sessel** ~ drop into an armchair; **in jds Achtung** ~ sink in someone's eyes.

Sink·stof·fe *pl chem* settleable solids.

Sinn [zɪn] ‹-(e)s, -e› *m* 1. *(~esorgan)* sense; 2. *(Verstand)* mind; 3. *(Bedeutung)* meaning; ▶ **von** ~**en sein** be out of one's senses; **das hat keinen** ~ there is no sense in that; **was für e-n** ~ **soll das haben?** what's the sense of doing this? **es hat keinen** ~ **zu weinen** there is no sense in crying; **e-n** ~ **ergeben** make sense; **in gewissem** ~**e** in a sense; **das geht mir nicht aus dem** ~ I can't get it out of my mind; **im** ~ **haben, etw zu tun** have in mind to do s.th.; **mein Leben hat keinen** ~ my life is meaningless; **Sinn·bild** *n* symbol; **sinn·bild·lich** *adj* symbolic(al).

Sin·nen ['zɪnən] *n:* ▶ **in** ~ **versunken** lost in meditation; **sin·nen** *irr itr:* ▶ **über etw** ~ brood over s.th.; **auf Unheil** ~ plot mischief; **auf Rache** ~ meditate revenge; **Sin·nen·lust** *f* sensuality.

sinn·ent·leert *adj* bereft of content; **sinn·ent·stel·lend** *adj* distorting the meaning.

Sin·nes·än·de·rung *f* change of mind; **Sin·nes·ein·drücke (k·k)** *m pl* sensory impressions; **Sin·nes·or·gan** *n* sense organ; **Sin·nes·stö·rung** *f* sensory disorder; **Sin·nes·täu·schung** *f* illusion; **Sin·nes·wahr·neh·mung** *f* sensory perception; **Sin·nes·wan·del** *m* change of mind.

sinn·fäl·lig *adj* obvious; **sinn·ge·mäß** *adj:* ▶ **etw** ~ **wiedergeben** give the gist of s.th; **etw** ~ **anwenden** *jur* apply s.th. by analogy; **sinn·ge·treu** *adj* faithful.

sin·nig *adj* 1. *(vernünftig)* sensible; *(sinnreich)* apt; 2. *(zweckmäßig)* practical.

sinn·lich *adj* 1. *(auf die Sinne bezüglich)* sensuous; 2. *(den Sinnengenuß betreffend)* sensual; ▶ **ein** ~**er Mensch** a

sensualist; **die** ~**e Welt** the material world; **Sinn·lich·keit** *f* sensuality.

sinn·los *adj* 1. *(zwecklos)* useless; 2. *(absurd, verrückt)* absurd; 3. *(ohne Bedeutung)* meaningless; ▶ ~ **betrunken** dead drunk; **es ist einfach** ~ it just doesn't make sense; **Sinn·lo·sig·keit** *f* 1. *(Zwecklosigkeit)* uselessness; 2. *(Absurdität)* absurdity; **sinn·reich** *adj* 1. *(klug ersonnen)* ingenious; 2. *(geistreich)* witty; **sinn·ver·wandt** *adj* synonymous; ▶ ~**es Wort** synonym; **sinn·voll** *adj* 1. *(zweckmäßig)* convenient; 2. *(klug)* ingenious; **sinn·wid·rig** *adj* absurd, senseless.

Sint·flut ['zɪntfluːt] ‹-› *f* 1. *rel (in Bibel, Gilgamesch-Epos etc)* the Flood; 2. *fig* deluge.

Sip·pe ['zɪpə] ‹-, -n› *f* 1. *(von Menschen)* family; 2. *zoo* species; **Sipp·schaft** *f (ironisch)* clique, lot, set; ▶ **die ganze** ~ every mother's son of them; **mit der ganzen** ~ with kith and kin.

Si·re·ne [zi'reːnə] ‹-, -n› *f a. fig* siren; **Si·re·nen·ge·heul** *n* wail of sirens.

Si·rup ['ziːrʊp] ‹-s, -e› *m (Zuckersaft)* treacle; *(Fruchtsaft mit Zucker)* syrup.

Sit·te ['zɪtə] ‹-, -n› *f* custom; ▶ **es ist** ~ ... custom demands ...; **wie es** ~ **ist** as custom has it; **Sit·ten·de·zer·nat** *n* vice squad; **Sit·ten·ge·schich·te** *f* history of life and customs; **Sit·ten·leh·re** *f* ethics *pl*; **sit·ten·los** *adj* immoral; **Sit·ten·lo·sig·keit** *f* immorality; **Sit·ten·pre·di·ger** *m fig* sermonizer; **sit·ten·streng** *adj* puritanical; **Sit·ten·strolch** *n fam* sex fiend; **Sit·ten·ver·fall** *m* decline in moral standards.

Sit·tich ['zɪtɪç] ‹-s, -e› *m orn* parakeet.

sitt·lich *adj* moral.

Sitt·lich·keit *f* morality; **Sitt·lich·keits·ver·bre·chen** sex crime.

sitt·sam *adj* decent; **Sitt·sam·keit** *f* decency.

Si·tua·tion [zitua'tsjoːn] *f* situation; ▶ **Herr der** ~ **sein** be master of the situation.

Sitz [zɪts] ‹-es, -e› *m* 1. *allg* seat; 2. *(Wohnsitz)* residence; 3. *(von Kleidern)* fit; ▶ **verstellbarer** ~ adjustable seat; **mit** ~ **in Berlin** *com* with the place of business and legal seat in Berlin; **Sitz·bad** *n* hipbath; **Sitz·blockade (k·k)** sit-in.

sit·zen *irr itr* 1. *allg* sit; 2. *(Hieb)* go home; 3. *(wohnen)* dwell, live; 4. *(von Kleidern)* fit; 5. *fam (im Gefängnis)* be doing time; ▶ **auf dem trockenen** ~ be left high and dry; *fig (kein Geld haben)* be in low water; **er hat e-n** ~ *fam* he is a little high; ~ **bleiben** remain seated; **bleiben Sie (bitte)** ~**!** please don't get up! **über e-r Arbeit** ~ be occupied with a task; **diese Beleidigung lasse ich**

nicht auf mir ~! I am not going to take that insult lying down! **das Kleid sitzt nicht** the dress doesn't hang properly; **die Bemerkung saß** the remark was very apt; **sit·zen|blei·ben** *irr itr* 1. *(in der Schule)* stay down; 2. *com* be left *(auf* with); **sit·zen|las·sen** *irr tr* 1. *(bei Verabredung)* leave in the lurch; 2. *(im Stich lassen)* Br let s.o. down, Am walk out on s.o.

Sitz·fleisch ► kein ~ haben *fig* not have the staying power, not be able to sit still.

Sitz·ge·le·gen·heit *f* seat(s *pl)*, seating accomodation; **Sitz·kis·sen** *n* cushion; **Sitz·leh·ne** *f* seat back; **Sitz·platz** *m* seat.

Sit·zung *f* 1. *(Konferenz)* meeting; 2. *jur* session; **Sit·zungs·be·richt** *m* minutes *pl;* **Sit·zungs·saal** *m* 1. *(für Konferenz)* conference hall; 2. *jur* court room.

Si·zi·lien [zi'tsi:liən] *n* Sicily.

Ska·la ['ska:la] ⟨-, -len⟩ *f* 1. *el* scale; 2. *fig* range; **Ska·len·be·leuch·tung** *f* instrument lighting; **Ska·len·ein·tei·lung** *f* graduation; **Ska·len·strich** *m* grading line.

Skalp [skalp] ⟨-s, -e⟩ *m* scalp.

Skal·pell [skal'pɛl] ⟨-s, -e⟩ *n med* scalpel.

skal·pie·ren *tr* scalp.

Skan·dal [skan'da:l] ⟨-s, -e⟩ *m* 1. scandal; 2. *(Lärm)* fuss, row; ► **es ist ein ~, daß sich niemand darum kümmert** it's a disgrace that nobody cares about that; **skan·da·lös** *adj* scandalous; **Skandal·pro·zeß** *m* sensational case; **skan·dal·träch·tig** *adj* potentially scandalous.

Skan·di·na·vien [skandi'na:viən] *n* Scandinavia; **skan·di·na·visch** *adj* Scandinavian.

Skat [ska:t] ⟨-(e)s, -e/-s⟩ *m* skat.

Skate·board ['skeɪtbɔːd] ⟨-s, -s⟩ *n* skateboard; **Skate·board·fah·rer(in)** *m (f)* skateboarder.

Ske·lett [ske'lɛt] ⟨-(e)s, -e⟩ *n* skeleton.

Skep·sis ['skɛpsɪs] ⟨-⟩ *f* scepticism; **Skep·ti·ker(in)** *m (f)* sceptic; **skeptisch** *adj* sceptical.

Ski [ʃi:] ⟨-(s)⟩ *m* ski; ► **die ~er anschnallen** put on the skis; ~ **fahren**, ~ **laufen** ski; **Ski·an·zug** *m* ski suit; **Ski·aus·rü·stung** *f* skiing gear; **Ski·fahrer(in)** *m (f)* skier; **Ski·gym·na·stik** *f* skiing exercises *pl;* **Ski·ho·se** *f* ski-pants *pl;* **Ski·lau·fen** *n* skiing; **Ski·läu·fer(in)** *m (f)* skier; **Ski·leh·rer(in)** *m (f)* instructor; **Ski·lift** *m* ski-lift.

Skin·head ⟨-s, -s⟩ *m* skinhead.

Ski·pi·ste *f* ski-run; **Ski·sprin·gen** *n* ski jumping; **Ski·sprin·ger(in)** *m (f)* ski-jumper; **Ski·stock** *m* ski-stick; **Ski·trä·ger** *m* ski rack.

Skiz·ze ['skɪtsə] ⟨-, -n⟩ *f* 1. *(Abriß)* sketch; 2. *(Entwurf)* draft; *(Plan)* outline; **Skiz·zen·buch** *n* sketchbook; **skiz·zen·haft** *adj fig* in broad outline; **skiz·zie·ren** [skɪ'tsi:rən] *tr* 1. *(umreißen)* sketch; 2. *fig (Plan)* outline.

Skla·ve (Skla·vin) ['skla:və] ⟨-n, -n⟩ *m (f)* slave; ► **jdn zum ~n machen** make a slave of s.o; **Skla·ven·han·del** *m* slave-trade; **Skla·ven·trei·ber(in)** *m (f) a. fig* slave-driver; **Skla·ve·rei** *f* slavery; **skla·visch** *adj* slavish.

Skon·to ['skɔnto] ⟨-s, -s/-ti⟩ *m n com* cash discount; ► **bei Barzahlung 5%178% geben** allow 5% discount for cash.

Skor·but [skɔr'bu:t] ⟨-(e)s⟩ *m med* scurvy.

Skor·pi·on [skɔrpi'o:n] ⟨-s, -e⟩ *m* 1. *zoo* scorpion; 2. *astr* Scorpio.

Skru·pel ['skru:pəl] ⟨-s, -⟩ *m* scruple; ► **keine ~ haben, etw zu tun** have no scruples to do s.th.; **ohne jeden ~** without the slightest scruple; **skru·pel·los** *adj* unscrupulous; **Skru·pel·lo·sig·keit** *f* unscrupulousness.

Skulp·tur [skʊlp'tu:ɐ] ⟨-, -en⟩ *f* sculpture.

Sla·we (Sla·win) ['sla:və] ⟨-n, -n⟩ *m (f)* Slav; **sla·wisch** *adj* Slavonic; **Sla·wi·stik** *f* Slavonic studies *pl;* **Sla·wist(in)** *m (f)* Slavist.

Slip ⟨-s, -s⟩ *m* briefs *pl;* **Slip·ein·la·ge** *f* panty-liner.

Slo·wa·ke (Slo·wa·kin) [slo'va:kə] ⟨-n, -n⟩ *m (f)* Slovak; **Slo·wa·kei** *f* Slovakia; **slo·wa·kisch** *adj* Slovak(ian).

Slo·we·nien [slo've:niən] *n* Slovenia.

Slum [slam] ⟨-s, -s⟩ *m* slum.

Sma·ragd [sma'rakt] ⟨-(e)s, -e⟩ *m* emerald; **sma·ragd·grün** [-'-'-] *adj* emerald-green.

Smog ['smɔk] ⟨-s⟩ *m* smog; **Smog·alarm** *m* smog alert.

Smo·king ['smo:kɪŋ] ⟨-s, -s⟩ *m Br* dinner-jacket, *Am* tuxedo.

so [zo:] I *adv* 1. so; 2. *(auf diese Art)* like this, thus; ► ~! *(da!)* there you are! ~? is that so? **ach ~!** oh, I see! ~ **od ~** one way or another; **so ... wie** as ... as; **na, ~ was!** what do you know! well, did you ever! ~ **hören Sie doch!** now, do listen! **ich will mal nicht ~ sein** all right, but just this once; ~ **siehst du aus!** *fam* that's what you think! ~ **viel Tee** so much tea; **er war ~ dumm und hat es ihnen gesagt** he was so stupid as to tell them; **ich bin ja ~ müde** I'm so very tired; ~ **kam es, daß ...** so it was that ...; **wie lange dauert das? - ~ e-e Woche** how long will it take? - a week or so; II *conj:* ► ~ **daß ...** so that ...; ~ **reich er auch ist** however rich he may be.

so·bald [zo'balt] *conj* as soon as.

Socke (k·k) ['zɔkə] ⟨-, -n⟩ f sock; ▶ sich auf die ~n machen fam take to one's heels.

Sockel (k·k) ['zɔkəl] ⟨-s, -⟩ m base; (von Statue etc) pedestal; **Sockel·be·trag (k·k)** m (tariflicher ~) flat cash supplement; ▶ ein ~ von £ 3.50 a basic rate of £ 3.50.

So·da ['zo:da] ⟨-⟩ f soda; **So·da·was·ser** n soda water.

Sod·bren·nen ['zo:t-] n heartburn.

so·eben [zo'e:bən] adv just, this minute.

So·fa ['zo:fa] ⟨-s, -s⟩ n sofa; (kleines ~) settee; **So·fa·kis·sen** n sofa cushion.

so·fort [zo'fɔrt] adv at once, immediately; ~! (komme ~!) coming! **So·fort·bild·ka·me·ra** f Polaroid camera Wz.; **So·fort·hil·fe** f emergency aid (od relief); **so·for·tig** adj immediate, instant; **So·fort·maß·nah·me** f immediate measure.

Sof·ti [zɔftɪ] ⟨-s, -s⟩ m fam caring type.

Soft·ware·pa·ket n EDV Software package; **Soft·ware·pi·ra·te·rie** f software piracy.

Sog [zo:k] ⟨-(e)s, -e⟩ m 1. (Explosions~) suction; 2. (Wasser~) undertow.

so·gar [zo'ga:ɐ] adv even; ▶ sie ist ~ gekommen she even came.

so·ge·nannt ['zo(:)gənant] adj so-called.

so·gleich [zo'glaɪç] adv at once.

Soh·le ['zo:lə] ⟨-, -n⟩ f 1. (Fuß~) sole; 2. min bottom.

Sohn [zo:n, pl 'zø:nə] ⟨-(e)s, ⁻e⟩ m son; ▶ der verlorene ~ the prodigal son.

so·lang(e) [zo'laŋə] adv as long as, so long as.

So·lar·ener·gie f solar energy.

So·la·ri·um [zo'la:rɪʊm] ⟨-s, -en⟩ n solarium.

So·lar·tech·nik [zo'la:ɐ-] f solar technology; **So·lar·zel·le** f solar cell.

solch [zɔlç] adj such; ▶ Ich hätte gerne ~e I'd like some of those; ~ ein Glück such luck; Ich hab' ~en Durst! I'm so thirsty!

Sold [zɔlt] ⟨-(e)s, -e⟩ m mil pay; **Sol·dat** [zɔl'da:t] ⟨-en, -en⟩ m soldier; ▶ der unbekannte ~ the Unknown Warrior; **Sol·da·tes·ka** [zɔlda'tɛska] ⟨-, -ken⟩ f band of soldiers; **sol·da·tisch** adj 1. (soldatengemäß) soldierlike; 2. (militärisch) military; **Söld·ner** ['zœldnɐ] ⟨-s, -⟩ m mercenary.

So·le ['zo:lə] ⟨-, -n⟩ f brine, saltwater.

so·li·da·risch [zoli'da:rɪʃ] adj: ▶ ~ sein mit ... show solidarity with ...; sich mit jdm ~ erklären declare one's solidarity with s.o; **so·li·da·ri·sie·ren** refl: ▶ sich mit jdm ~ show one's solidarity with s.o; **So·li·da·ri·tät** f solidarity.

so·lid(e) [zo'li:də] adj 1. (festgebaut) a. com solid; 2. fig (ansehnlich) sound; 3. fig (anständig) respectable; **So·li·di·tät** f 1. (Stärke) solidity; 2. fig (Ansehnlichkeit) soundness.

So·list m soloist.

Soll [zɔl] ⟨-(s), -(s)⟩ n com 1. debit; 2. (Sollseite) debit side; 3. (Planvorsatz) target; ▶ ~ u. Haben debit and credit; ins ~ eintragen (im ~ verbuchen) debit (enter on the debit side).

sol·len ['zɔlən] itr shall; (pret u. konjunktivisch) should; (subjunktivisch) be to ...; (angeblich) be supposed to ...; (Gerücht) be said; ▶ er soll sehr reich sein he is said to be very rich; was soll das (bedeuten)? what's that supposed to mean? was soll (denn) das? what do you think you're doing? (he), was soll das? (Vorwurf) what's the point of that? was soll das denn? what's that for? was soll ich hier? what am I here for? was soll's? so what? fam what the heck! was soll das heißen? what does that mean? was soll ich tun? what am I to do? wer soll das sein? who is that supposed to be? man sollte meinen ... one would think ...; sollte er es vergessen haben? can he have forgotten it? sollte das möglich sein? can this be possible? man sollte sie auch einladen she ought to be invited too; das hätten Sie nicht glauben ~ you shouldn't have believed it; sie weiß nicht, was sie tun soll she doesn't know what to do; die Abreise soll heute stattfinden the departure is to take place to-day; wenn ich sterben sollte if I come to die; so etw soll es geben these things happen.

So·lo ['zo:lo] ⟨-s, -s/-li⟩ n solo.

sol·vent [zɔl'vɛnt] adj fin solvent.

so·mit ['--/-'-] adv consequently, therefore.

Som·mer ['zɔmɐ] ⟨-s, -⟩ m summer; ▶ im ~ in (the) summer; im nächsten ~ next summer; **Som·mer·fri·sche** f obs: ▶ in die ~ fahren go away for a summer holiday; **Som·mer·halb·jahr** n summer semester (Br term); **Som·mer·klei·dung** f 1. (in eigener Garderobe) summer clothing; 2. com (als Artikel) summerwear; **som·mer·lich** adj 1. (~ warm) summery; 2. (~er Tag etc) summer..; **Som·mer·loch** n fam silly season; **Som·mer·man·tel** m summer coat; **Som·mer·pau·se** f pl summer recess; **Som·mer·rei·fen** m mot normal tyre; **Som·mer·spros·sen** [-ʃprosən] f pl freckles; **som·mer·spros·sig** adj freckled; **Som·mer·zeit** f summer time.

So·na·te [zo'na:tə] ⟨-, -n⟩ f mus sonata.

Son·de ['zɔndə] ⟨-, -n⟩ f 1. med (a. Raum~) probe; (Wetter~) sonde; 2. mar plummet.

Son·der·an·ge·bot n special offer; **Son·der·aus·füh·rung** f special model; **Son·der·aus·ga·be** f 1. (Ex-

trablatt) special edition; *(Buch)* separate edition; **2.** *fin* extraordinary expenses *pl.*

son·der·bar *adj* odd, strange; ▶ **was ist daran ~?** what's strange about it?; **son·der·ba·rer·wei·se** ['----'--] *adv* strange to say.

Son·der·bei·la·ge *f com* special supplement; *(in Zeitung)* inset; **Son·der·be·richt** *m* special report; **Son·der·fall** *m* **1.** *(besonderer Fall)* special case; **2.** *(Ausnahme)* exception.

son·der·glei·chen ['--'--] *adv* unequalled, unparallelled; ▶ **das ist e-e Frechheit ~** that's the height of cheek!

Son·der·in·te·res·se(n) *n (pl)* private *(od particular)* interest *sing;* **Son·der·kom·man·do** *n* special unit; **Son·der·ling** *m* eccentric; **Son·der·müll** *m* special waste; **Son·der·müll·de·po·nie** *f* special waste depot.

son·dern *tr (abtrennen)* separate *(von from).*

son·dern ['zɔndɐn] *conj* but; ▶ **~ was?** what then? **~ wer?** what who? **~wo(hin)?** what where? **nicht nur ..., ~ auch ...** not only ..., but also ...

Son·der·num·mer *f* special edition; **Son·der·re·ge·lung** *f* special provision; **Son·der·schu·le** *f* school for educationally subnormal children; **Son·der·stel·lung** *f* special position; **Son·der·ur·laub** *m* special leave; **Son·der·zei·chen** *n* special character; **Son·der·zug** *m* special train.

son·die·ren [zɔn'di:rən] **I** *tr* sound out; ▶ **die Lage ~** *fam* find out how the land lies; **II** *itr* sound things out; ▶ **~, ob ...** try to sound out, whether ...

So·nett [zo'nɛt] ⟨-(e)s, -e⟩ *n* sonnet.

Sonn·abend ['zɔnaːbənt] ⟨-s, -e⟩ *m* Saturday; ▶ **~s** on a Saturday; *(immer ~s)* on Saturdays.

Son·ne ['zɔnə] ⟨-, -n⟩ *f* sun; ▶ **an die ~ gehen** go out in the sun.

son·nen *refl* **1.** sun o.s.; **2.** *fig* bask *(in etw* in s.th.).

Son·nen·auf·gang *m* sunrise; ▶ **bei ~** at sunrise; **Son·nen·bad** *n* sunbathing; **son·nen·be·schie·nen** *adj* sunlit; **Son·nen·be·strah·lung** *f* solar irradiation; **Son·nen·blu·me** *f* sunflower; **Son·nen·brand** *m* sunburn; **Son·nen·bril·le** *f* sunglasses *pl;* **Son·nen·dach** *n* **1.** *(vor Fenstern)* sun-blind; **2.** *mot* sunshine roof; **Son·nen·ein·strah·lung** *f* insolation; **Son·nen·ener·gie** *f* solar energy; **Son·nen·fin·ster·nis** *f* eclipse of the sun; **Son·nen·fleck** *m astr* sunspot; **Son·nen·kol·lek·tor** *m* solar panel; **Son·nen·kraft·werk** *n* solar power station; **Son·nen·licht** ⟨-(e)s⟩ *n* sunlight; **Son·nen·milch** *f* sun tan lotion; **Son·nen·schein** *m* sunshine; **Son·nen·schirm**

m (für Garten etc) sunshade; *(für Straße)* parasol; **Son·nen·sei·te** *f* sunny side; **Son·nen·stich** *m* sunstroke; ▶ **du hast wohl e-n ~!** *fam* you must have been out in the sun too long! **Son·nen·strahl** *m* sunbeam; **Son·nen·sy·stem** *n* solar system; **Son·nen·uhr** *f* sundial; **Son·nen·un·ter·gang** *m Br* sunset, *Am* sundown; **Son·nen·wen·de** *f* solstice.

son·nig *adj* sunny.

Sonn·tag *m* Sunday; **sonn·täg·lich** *adj attr* Sunday ...; ▶ **~ gekleidet** dressed in one's Sunday best.

sonn·tags *adv* on Sundays.

Sonn·tags·ar·beit *f* Sunday working; **Sonn·tags·aus·flug** *m* Sunday trip; **Sonn·tags·bei·la·ge** *f* Sunday supplement; **Sonn·tags·dienst** *m:* ▶ **~ haben** *(Arzt)* be on Sunday duty; *(Apotheke)* be open on Sundays; **Sonn·tags·fah·rer(in)** *m (f) mot hum* Sunday driver; **Sonn- und Feiertage** *pl* sundays and bank holidays.

sonst [zɔnst] *adv* **1.** *(im übrigen)* otherwise; **2.** *(außerdem)* else; **3.** *(gewöhnlich, üblicherweise)* usually; **4.** *(ehemals)* formerly; ▶ **~ etw** anything else; **~ nichts** nothing else; **~ nirgends** nowhere else; **~ jem** anybody else; **wenn es ~ nichts ist** if that is all; **wie ~** as usual.

son·stig *adj* other.

sonst·wem *prn:* ▶ **das kannst du ~ erzählen!** *fam* tell that to the marines!

So·pran [zo'praːn] ⟨-s, -e⟩ *m mus* soprano.

Sor·ge ['zɔrgə] ⟨-, -n⟩ *f (Kummer)* care; *(quälende ~e)* worry; *(Ungelegenheit)* trouble; ▶ **keine ~!** don't worry! **~n haben** have problems; **~n haben, daß ...** be worried that ...; **jdm ~n machen** worry s.o; **sich ~n machen über (um) ...** worry about ..., fret about ...; **sich keine ~n machen über ...** not bother about ..., not trouble o.s. about ...; **in ~ sein, daß ...** be afraid lest ...; **das ist meine geringste ~** that is the least of my worries; **laß das meine ~ sein!** leave that to me! **du hast ~n!** *(ironisch)* you think you've got problems! **mach dir deshalb keine ~n!** don't worry about that! **sor·gen I** *tr (Sorge tragen, sich kümmern um)* take care *(für* of *od* for); ▶ **bitte ~ Sie dafür, daß ...** please, see that ..., make sure that ..; **dafür werde ich ~** leave that to me; **dafür ist gesorgt** that has been seen to; **II** *refl* worry; ▶ **sich ~ (um) wegen ...** be worried about ..; **Sor·gen·fal·te** *f* worry line; **sor·gen·frei** *adj* **1.** *(frei von Sorgen)* free of care; **2.** *(unbekümmert)* carefree; **Sor·gen·kind** *n* problem child; **sor·gen·voll** *adj* **1.** *(voll von Sorgen)* full of worries; **2.**

(besorgt) worried.

Sorge·recht *n jur* custody.

Sorg·falt ['zɔrkfalt] ‹-› *f* care; ▶ **viel** ~ **verwenden auf etw** put a lot of care into s.th; **sorg·fäl·tig** *adj* careful; **sorg·los** *adj* 1. *(unachtsam)* careless; 2. *(unbekümmert)* carefree; **Sorg·lo·sig·keit** *f* 1. *(Achtlosigkeit)* carelessness; 2. *(Unbekümmertheit)* carefreeness; **sorg·sam** *adj* careful.

Sor·te ['zɔrtə] ‹-, -n› *f* 1. *(Art)* kind, sort; *(Klasse)* grade; 2. *(Marke)* brand; 3. *fin meist pl* foreign currency; ▶ **von allen** ~**n** of all sorts; **erste** ~ best quality, A 1; **schlechtere** ~ inferior quality; **du bist vielleicht 'ne** ~! *fam* you're a fine one!

sor·tie·ren *tr* sort; ▶ **etw in ein Regal** ~ sort s.th. and put it in shelves; **Sor·tier·lauf** *m EDV* sort run; **Sor·tier·ma·schi·ne** *f* sorting machine.

Sor·ti·ment ‹-(e)s, -e› *n* 1. *(Auswahl)* assortment; 2. *com* collection; ▶ **das** ~ *(der Buchhandel)* the retail book trade.

So·ße ['zo:sə] ‹-, -n› *f* 1. *(= Sauce)* sauce; *(Braten~)* gravy; 2. *fam (schmierige Substanz)* gunge.

Souff·leur (Souff·leu·se) [zuˈfløːɐ (zuˈfløːzə)] *m (f) theat* prompter.

souf·flie·ren *itr theat* prompt.

Sou·ter·rain [zutɛˈrɛ̃ː/ˈ---] ‹-s, -s› *n* basement.

Sou·ve·nir [zuvəˈniːɐ] *n* souvenir; **Sou·ve·nir·la·den** *m* souvenir shop.

Sou·ve·rän [zuvəˈrɛːn] ‹-s, -e› *m* sovereign; **sou·ve·rän** *adj* 1. *(selbständig)* sovereign; 2. *fig* superior; ▶ **die Lage** ~ **meistern** deal with the situation supremely well; ~ **über etw hinweggehen** ignore s.th. blithely; **Sou·ve·rä·ni·tät** *f* sovereignty.

so·viel [-ˈ-/ˈ--] I *adv* so much; ▶ ~ **du willst** as much as you like; **halb** ~ half as much; ~ **wie gestern** as much as yesterday; II *conj* as far as; ▶ ~ **er auch arbeitete** however much he worked.

so·weit [-ˈ-/ˈ--] I *adv:* ▶ ~ **fertig sein** be more or less ready; ~ **als möglich** as far as possible; **es ist gleich** ~ it'll soon be time; II *conj:* ▶ ~ **ich sehe** as far as I can tell.

so·we·nig [-ˈ--/ˈ---] I *adv (eben~)* no more; II *conj (wie wenig ... auch)* however little ...

so·wie [-ˈ-] *conj* 1. *(sobald als)* as soon as ...; 2. *(und auch)* as well as ...

so·wie·so [--ˈ-/ˈ---] *adv* anyhow, in any case; ▶ **ich gehe** ~ **hin** I'm going there anyhow.

So·wjet [zɔˈvjɛt/ˈ--] ‹-s, -s› *m* Soviet; ▶ **der Oberste** ~ the Supreme Soviet; **unter dem Einfluß der** ~**s** Soviet-oriented; **so·wje·tisch** [zɔˈvjɛtɪʃ] *adj* Soviet; **So·wjet·sy·stem** *n* sovietism; **So·wjet·uni·on** *f* Soviet Union.

so·wohl [-ˈ-] *conj:* ▶ ~ ... **als auch** as

well ... as, both ... and ...

so·zial [zoˈtsjaːl] *adj* social; ▶ ~**e Fürsorge** *(od* **Wohlfahrt)** social welfare; **die** ~**en Verhältnisse** social conditions; ~ **denken** be socially minded; ~**es Jahr** *year spent by young person as voluntary assistant in hospitals, social services etc.;* **So·zial·ab·ga·ben** *pl* welfare contributions; **So·zial·amt** *n* social welfare office; **So·zial·ar·bei·ter(in)** *m (f)* social worker; **So·zial·de·mokrat(in)** *m (f)* social democrat; **so·zial·de·mo·kra·tisch** *adj* socialdemocratic; **So·zial·ge·richt** *n* welfare tribunal; **So·zial·hil·fe** *f* welfare aid; **So·zial·hil·fe·emp·fänger(in)** *m (f) person receiving supplementary benefit, Am welfare (aid).*

So·zia·li·sa·tion *f päd* socialization; **so·zia·li·sie·ren** *tr* 1. *päd* socialize; 2. *pol* nationalize.

So·zia·lis·mus *m* socialism; **So·zialist(in)** *m (f)* socialist; **so·zia·li·stisch** *adj* socialist; ▶ ~**e Einheitspartei** Socialist Unity Party.

So·zial·po·li·tik *f* social policy; **sozial·schwach** *adj:* ▶ **er stammt aus e-m** ~**en Milieu** he comes from an antisocial environment; **So·zial·staat** *m* welfare state; **So·zial·sta·tion** *f* health and advice centre; **So·zial·versiche·rung** *f* social insurance; **So·zialwis·sen·schaf·ten** *pl* social sciences.

so·zio·kul·tu·rell *adj* socio-cultural.

So·zio·lekt *m ling* sociolect.

So·zio·lo·gie [zotsioloˈgiː] *f* sociology.

So·zio·öko·no·misch *adj* socio-economic.

So·zi·us ['zoːtsiʊs] ‹-, -se› *m* 1. *com* partner; 2. *mot* pillion rider; **So·zi·ussitz** *m mot* pillion seat; ▶ **auf dem** ~ **mitfahren** ride pillion.

so·zu·sa·gen [--ˈ--/ˈ----] *adv* as it were, so to speak.

Spach·tel ['ʃpaxtəl] ‹-s, -› *m f* 1. *(Werkzeug)* spatula; 2. *(Kitt)* filler; **spachteln** *tr* fill.

Spa·ghet·ti [ʃpaˈgɛti] *pl* spaghetti *sing.*

spä·hen ['ʃpɛːən] *itr* 1. *(kundschaften)* reconnoitre, scout; 2. *(verstohlen)* peer; ▶ **nach jdm** ~ look out for s.o.; **Späher** *m (Kundschafter)* scout; **Spähtrupp** *m mil* patrol.

Spa·lier [ʃpaˈliːɐ] ‹-s, -e› *n* 1. *(am Haus)* trellis; 2. *(Reihe von Leuten)* line; ▶ **ein** ~ **bilden** *a. mil* form a lane.

Spalt [ʃpalt] ‹-(e)s, -e› *m* 1. *(Fels~)* crevice, fissure; 2. *(Riß)* crack; 3. *(Öffnung)* opening; 4. *fig* split; ▶ **die Tür e-n** ~ **öffnen** open the door slightly; **spaltbar** *adj* 1. *(Holz)* cleavable; 2. *phys* fissionable; ▶ ~**er Stoff** fissionable material; **Spalt·bar·keit** *f* 1. *(von Holz)* cleavability; 2. *phys (von Atomen)* fissionability.

Spal·te ⟨-, -n⟩ *f* 1. *typ* column; 2. *(Gletscher~)* crevasse; *(in Holz, Wand)* crack; **spal·ten** ⟨gespaltet *od* gespalten⟩ *tr* 1. *allg* split; *(Holz ~)* chop, cleave; 2. *chem* crack; ▶ **die Partei hat sich ge~** the party has split; **die Meinungen über diese Frage sind ge~** opinions are divided on this question; **Spalt·ma·te·ri·al** *n phys* fission material; **Spalt·pro·dukt** *n (nukleares ~)* product of fission; **Spal·tung** *f* 1. *allg a. fig* splitting; 2. *phys (Atom)* fission; 3. *fig pol* split.

Span [ʃpaːn, *pl* 'ʃpɛːnə] ⟨-(e)s, ⁀e⟩ *m (Holz~)* shaving; *(Metall~)* filing.

Span·fer·kel *n* sucking pig.

Span·ge ['ʃpaŋə] ⟨-, -n⟩ *f* 1. *(an Buch, Schließe)* clasp; 2. *(Arm~)* bracelet; 3. *(Haar~) Br* hair slide, *Am* barrette; 4. *(Schuh~)* bar.

Spa·ni·en ['ʃpaːniən] *n* Spain; **Spanier(in)** *m, (f)* Spaniard; **spa·nisch** *adj* Spanish; ▶ **~e Wand** folding screen; **das kommt mir ~ vor** *fig* that seems fishy to me.

Spann [ʃpan] ⟨-(e)s, -e⟩ *m (Fußrist)* instep.

Spann·be·ton *m* prestressed concrete.

Spann·bet(t·)tuch *n* fitted sheet.

Span·ne ['ʃpanə] ⟨-, -n⟩ *f* 1. *(Zeit~)* while; 2. *(kurze Entfernung)* short distance; 3. *(Reichweite)* range; 4. *com (Verdienst~, Preis~)* margin.

span·nen I *tr* 1. *(strecken)* stretch; *(Saiten)* tighten; 2. *(Feder)* tension; *(Bogen)* draw; 3. *(Flinte)* cock; ▶ **den Verschluß ~** *phot* cock the shutter; II *itr* 1. *(zu eng sein)* be too tight; *(Kleider)* fit tightly; 2. *sl (mitbekommen)* get, grasp; III *refl (Haut)* go tout; ▶ **sich über etw ~** span s.th; **span·nend** *adj fig* exciting; *(aufregend)* thrilling; **Span·ner** *m* 1. *(Schuh~)* shoetree; 2. *zoo (~falter)* geometer moth; 3. *fig pej (Voyeur)* peeping Tom; **Spann·kraft** *f* 1. *(von Muskel)* tonus; 2. *tech* tension; 3. *fig* vigour; **Spann·schrau·be** *f* clamp bolt.

Span·nung *f* 1. *tech* tension; 2. *el* tension voltage; 3. *fig (Erregung)* excitement; *(Ungewißheit)* suspense; ▶ **~en** *pol* tension *sing*; **jdn in ~ halten** keep s.o. in suspense; **voller ~ warten** wait in suspense; **unter ~ stehen** *el* be live; **Span·nungs·ge·biet** *n pol* flashpoint; **Span·nungs·mes·ser** *m el* voltmeter; **Span·nungs·prü·fer** *m el* voltage detector.

Spann·wei·te *f* 1. *(Flügel~)* wingspread; 2. *(Brücken~)* span width.

Span·plat·te *f* chip board.

Spar·brief *m fin* savings certificate; **Spar·buch** *n* savings book; **Sparbüch·se** *f* moneybox; **Spar·ein·la·ge** *f* savings deposit.

spa·ren ['ʃpaːrən] I *tr* save; ▶ **dadurch ~ Sie £ 12 die Woche** that will save you £ 12 a week; **spar dir deine Ratschläge!** keep your advice! *sing;* II *itr* 1. *(Geld)* save; 2. *(sparsam sein)* economize; ▶ **an etw ~** be sparing with s.th.; **auf etw ~** save up for s.th; **Spa·rer(in)** *m (f)* saver; **Spar·flam·me** *f fig:* ▶ **auf ~** just ticking over.

Spar·gel ['ʃpargəl] ⟨-s, -⟩ *m bot* asparagus.

Spar·gut·ha·ben *n* savings account; **Spar·kas·se** *f* savings bank; **Sparkon·to** *n* savings account.

spär·lich ['ʃpɛːrlɪç] *adj* 1. *(dürftig)* scanty; 2. *(zerstreut)* sparse; ▶ **~ bekleidet** scantily dressed; **~ bevölkert** sparsely populated; **~er Gewinn** meagre profit; **~e Nachrichten** meagre news; **~ vorhanden** scarce.

Spar·maß·nah·me *f* economy measure; **Spar·packung (k·k)** *f com* economy size; **Spar·preis** *m* economy price.

Spar·ren ['ʃparən] ⟨-s, -⟩ *m* rafter.

Spar·rings·part·ner ['ʃparɪŋs-] *m sport* sparring partner.

spar·sam *adj* 1. *fin* thrifty; 2. *(haushaltend)* economical; ▶ **~ umgehen mit** etw use s.th. sparingly; **Spar·sam·keit** *f* 1. *fin* thrift; 2. *(sparsame Lebensführung)* economizing.

Spar·schwein *n* piggy bank.

Spar·te ['ʃpartə] ⟨-, -n⟩ *f com* line of business.

Spaß [ʃpaːs, *pl* 'ʃpɛːsə] ⟨-es, ⁀e⟩ *m* 1. *(Scherz)* joke; 2. *(Vergnügen)* fun; ▶ **aus ~** for fun; **Schwimmen macht mir ~** I enjoy swimming; **es hat mir überhaupt keinen ~ gemacht** I didn't enjoy it at all; **viel ~!** enjoy yourself! **viel ~ an etw haben** have a great fun doing s.th.; **es macht ~** it's fun; **den ~ verderben** spoil the fun; **das nimmt e-m den ~ an der Arbeit** it takes all the fun out of work; **es macht nicht gerade ~,** **pleite zu sein** it's no fun being broke; **es macht keinen ~ mehr, mit ihm zusammen zu sein** he's no fun to be with any more; **ich hab' doch nur ~ gemacht** I was just having a bit of fun; **er versteht keinen ~** he can't take a joke; **das ist kein ~ mehr** it's beyond a joke; **ich bin nicht zu ~en aufgelegt** I'm not in a joking mood; **~ beiseite!** joking apart! **mach keine ~e!** some hope! **ich sag' das nicht nur zum ~** I'm not saying it for the fun of it.

spa·ßen *itr* jest, joke; ▶ **Sie ~ wohl!** you must be joking! **er läßt nicht mit sich ~** he is not to be joked with; **damit ist nicht zu ~** that is no joking matter.

spa·ßes·hal·ber *adv* for the fun of it.

spaß·haft (spa·ßig) *adj* droll, funny; **Spaß·ver·der·ber(in)** *m (f)* killjoy, spoilsport; **Spaß·vo·gel** *m* joker.

Spat [ʃpaːt, *pl* 'ʃpɛːtə] ⟨-(e)s, -e/∺e⟩ *m min* spar.

spät [ʃpɛːt] *adj adv* late; ▶ **zu etw zu ~ kommen** be late for s.th.; **Ich bin heute morgen zu ~ aufgestanden** I was late in getting up this morning; **er bezahlt s-e Miete immer zu ~** he is always late with his rent; **dadurch bin ich zu ~ zur Schule gekommen** that made me late for school; **es ist schon ~** it's getting late; **er geht sehr ~ ins Bett** he keeps very late hours; **~ zu Abend essen** have a late dinner.

Spät·aus·sied·ler(in) *n (f) emigrant of German origin from East European state.*

Spa·tel ['ʃpaːtəl] ⟨-s, -⟩ *m (s. Spachtel).*

spä·ter *adj comp* later; ▶ **bis ~!** see you later! **früher od ~** sooner or later; **komm um 6 und keine Minute ~** come at 6 and no later; **~ als ...** later than ... **spä·te·stens** *adv* at the latest; ▶ **~ in e-r Stunde** in one hour at the latest.

Spät·fol·ge *f meist pl* delayed effect.

Spät·go·tik *f arch* late Gothic; **Spät·herbst** *m Br* late autumn (*od Am* fall); **Spät·obst** *n* late fruit; **Spät·scha·den** *m meist pl* long-term damage; **Spät·schicht** *f* late shift; **Spät·som·mer** *m* late summer; **Spät·vor·stel·lung** *f* late show.

Spatz [ʃpats] ⟨-en/(-es), -en⟩ *m* sparrow; ▶ **das pfeifen die ~en von den Dächern** *fig* that is the talk of the town (*od* the story is in everyone's mouth); **Spat·zen·hirn** *n fig pej* birdbrain.

Spät·zün·der *m:* ▶ **er ist ein ~** *fam* he's slow on the uptake; **Spät·zün·dung** *f mot* retarded ignition.

spa·zie·ren [ʃpa'tsiːrən] *itr* stroll; (*~ge·hen*) go for a walk; **spa·zie·ren|fah·ren** [ʃpa'tsiːrən] *irr itr (im Auto)* go for a drive; (*auf Zweirad*) go for a ride; **spa·zie·ren|füh·ren** *itr* take out for a walk; **spa·zie·ren|ge·hen** *irr itr* go for a walk.

Spa·zier·fahrt *f (im Auto)* drive; (*auf Zweirad*) ride; **Spa·zier·gang** *m* stroll, walk; ▶ **e-n ~ machen** go for a stroll (*od* walk); **Spa·zier·gän·ger(in)** *m (f)* stroller; **Spa·zier·stock** *m* walking stick; **Spa·zier·weg** *m* walk.

Specht [ʃpɛçt] ⟨-(e)s, -e⟩ *m orn* woodpecker.

Speck [ʃpɛk] ⟨-(e)s, -e⟩ *m (Schweine~)* bacon; ▶ **geräucherter ~** smoked bacon; **mit ~ fängt man Mäuse** *prov* good bait catches fine fish; **~ ansetzen** *fig fam* put it on; **speckig (k·k)** *adj* 1. (*fettig*) lardy; 2. (*schmutzig*) dirty, greasy; **Speck·schei·be** *f* rasher; **Speck·sei·te** *f* flitch of bacon.

Speck·stein *m min* soapstone, steatite.

Spe·di·teur [ʃpedi'tøːə] *m com (Fuhr-*

unternehmer) forwarding agent; (*Schiffsfracht~*) shipping agent; (*Mö·bel~*) furniture remover.

Spe·di·tion(s·fir·ma) *f com (Fuhrun·ternehmen)* forwarding agency; (*Schiffsfracht~*) shipping agency; (*Mö·bel~*) removal firm; **Spe·di·tions·ko·sten** *pl* haulage costs.

Speer [ʃpeːə] ⟨-(e)s, -e⟩ *m (Waffe)* spear; *sport* javelin; **Speer·wer·fen** *n sport* throwing the javelin.

Spei·che ['ʃpaɪçə] ⟨-, -n⟩ *f* 1. spoke; 2. *anat* radius.

Spei·chel ['ʃpaɪçəl] ⟨-s⟩ *m* spittle, *med* saliva; **Spei·chel·drü·se** *f* salivary gland; **Spei·chel·lecke·rei (k·k)** *f pej* bootlicking, toadying; **Spei·chel·lecker(in) (k·k)** *m (f) pej* bootlicker, toady.

Spei·chen·rad *n mot* wire wheel.

Spei·cher ['ʃpaɪçə] ⟨-s, -⟩ *m* 1. (*Lager~*) storehouse; (*Boden~*) attic, loft; 2. (*Wasser~*) reservoir; 3. *EDV* memory; ▶ **auf dem ~** in the loft; **Spei·cher·funk·tion** *f EDV* memory function; **spei·chern** I *tr* 1. (*Waren etc*) store; 2. *fig* store up; II *refl* accumulate; **Spei·cher·platz** *m EDV* storage space; **Spei·cher·schreib·ma·schi·ne** *f* typewriter with memory; **Spei·cher·schutz** *EDV* memory protection; **Spei·che·rung** *f* 1. *allg (Auf~)* storing; 2. *EDV (von Daten)* storage.

spei·en ['ʃpaɪən] *irr itr tr* 1. (*spucken*) spit; 2. (*sich erbrechen*) vomit.

Spei·se ['ʃpaɪzə] ⟨-, -n⟩ *f* 1. (*Nahrung* food; 2. (*Gericht*) dish; **Spei·se·eis** *n* ice cream; **Spei·se·kam·mer** *f* pantry; **Spei·se·kar·te** *f* menu; ▶ **Herr Ober, bitte die ~!** waiter, may I have the menu, please! **spei·sen** I *tr (essen)* eat; ▶ **zu Mittag ~** have lunch; **zu Abend ~** have dinner; II *tr* 1. (*beköstigen*) board, feed; 2. *tech* feed; **Spei·sen·auf·zug** *m* service lift; **Spei·sen·fol·ge** *f* order of the menu; **Spei·se·quark** *m* curd cheese, quark; **Spei·se·röh·re** *f anat* gullet, oesophagus; **Spei·se·wa·gen** *m rail Br* dining car, *Am* diner.

Spei·sung *f* 1. (*Beköstigung*) feeding; 2. *tech* supply.

Spek·ta·kel [ʃpɛk'taːkəl] ⟨-s, -⟩ *m (Ra·dau)* row, shindy; ▶ **e-n großen ~ ma·chen über ...** make a great fuss about ...

Spek·tral·ana·ly·se *f phys* spectrum analysis; **Spek·tral·far·ben** *f pl* colours of the spectrum.

Spek·trum ['ʃpɛktrʊm] ⟨-s, -tren/-tra⟩ *n* spectrum.

Spe·ku·lant [ʃpeku'lant] *m* speculator; **Spe·ku·la·tion** *f* 1. *fin* speculation; 2. (*Vermutung*) speculation; ▶ **~en an·stellen** make speculations; **Spe·ku·la-**

tions·ob·jekt *n* object of speculation.
spe·ku·la·tiv *adj* speculative.
spe·ku·lie·ren *itr* 1. *fin* speculate *(mit* in); 2. *(vermuten)* speculate; ▶ ~ **auf** ... *fig* have hopes of ...
Spe·lun·ke [ʃpe'luŋkə] ⟨-, -n⟩ *f fam* dive.
spen·da·bel [ʃpɛn'daːbəl] *adj* open-handed.
Spen·de ['ʃpɛndə] ⟨-, -n⟩ *f* 1. *(Stiftung)* donation; 2. *(Almosen)* alms *pl;* ▶ **e-e ~ machen** donate s.th; **spen·den** *tr* donate; ▶ **für e-n guten Zweck ~** give for charity; **Spen·den·samm·ler(in)** *m (f)* fund-raiser; **Spen·der(in)** *m (f)* 1. donator; 2. *med (Blut~, Organ~)* donor; **spen·die·ren** *tr:* ▶ **jdm etw ~** buy s.th. for s.o.; **seinen Freunden e-e Runde Bier ~** treat one's friends to a round of beer.
Sper·ber ['ʃpɛrbə] ⟨-s, -⟩ *m orn* sparrow-hawk.
Spe·ren·zien [ʃpe'rɛntsiən] *pl fam:* ▶ **mach keine ~!** don't be difficult!
Sper·ling ['ʃpɛrlɪŋ] *m orn* sparrow.
Sper·ma ['ʃpɛrma] ⟨-s, -en/-mata⟩ *n* sperm.
sper·mi·zid *adj* spermicidal.
sperr·an·gel·weit ['-'--'-] *adv:* ▶ **~ of·fen** gaping wide open.
Sper·re ['ʃpɛrə] ⟨-, -n⟩ *f* 1. *tech* catch, stop; 2. *(Straßen~)* roadblock; 3. *(Bahn·hofs~) Br* barrier, *Am* gate; 4. *fig (Blok·kierung)* blockade; *(Verbot)* ban.
sper·ren I *tr* 1. *(Licht, Gas ~)* cut off; 2. *(Straße)* close; 3. *sport* disqualify; 4. *typ* space out; ▶ **etw für jdn ~** close s.th. for s.o.; **e-n Scheck ~** stop a cheque; II *refl fig:* ▶ **sich ~ gegen** ... jib at ...
Sperr·feu·er *n mil* barrage; ▶ **ins ~ der Kritik geraten** *fig* run into a bar·rage of criticism; **Sperr·frist** *f sport* suspension; **Sperr·ge·biet** *n* prohi·bited area; **Sperr·gut** *n (~güter pl) Br* bulky goods *pl, Am* bulk freight; **Sperr·holz** *n* plywood.
sper·rig *adj* bulky.
Sperr·kon·to *n com* blocked account; **Sperr·müll** *m* bulky refuse; **Sperr·müll·ab·fuhr** *f* removal of bulky re·fuse; **Sperr·sitz** *m (in Kino)* back seats *pl;* **Sperr·stun·de** *f* 1. *(in Lokal) Br* closing time; 2. *mil* curfew; **Sperr·rung** *f* 1. *allg* closing; 2. *el tele* cutting off; 3. *com (Konto~)* blocking; *com (Scheck~)* stopping; **Sperr·ver·merk** *m* notice of non-negotiability.
Spe·sen ['ʃpeːzən] *pl* expenses; ▶ **außer ~ nichts gewesen** that was a complete waste of time (money, effort).
Spe·zi·al·aus·bil·dung *f* specialized training; **Spe·zi·al·aus·füh·rung** *f* special version; **Spe·zi·al·ge·biet** [ʃpe'tsja:l-] *n* special subject; **spe·zia·li·sie·ren** *refl:* ▶ **sich auf Geschichte** ~ *Br* specialize in history, *Am* major in history; **Spe·zia·li·sie·rung** *f* special·ization.
Spe·zia·li·tät *f Br* speciality, *Am* spe·cialty; **Spe·zia·li·tä·ten·re·stau·rant** *n* speciality restaurant.
spe·zi·ell [ʃpe'tsjɛl] *adj* special.
spezi·fisch [ʃpe'tsiːfɪʃ] *adj* specific; ▶ **~es Gewicht** *phys* specific gravity; **spe·zi·fi·zie·ren** *tr* specify.
Sphä·re ['sfɛːrə] ⟨-, -n⟩ *f* sphere; **sphä·risch** 1. *math* spherical; 2. *fig (himm·lisch)* celestial.
Sphinx [sfɪŋks] ⟨-, -en⟩ *f* sphinx.
spicken (k·k) ['spɪkən] I *tr* 1. *(Braten)* lard; 2. *fig fam (bestechen)* square; II *itr sl (abschreiben)* crib *(bei* from).
Spie·gel ['ʃpiːgəl] ⟨-s, -⟩ *m* 1. mirror; 2. *(Wasser~)* surface; *(Meeres~)* level; 3. *typ (Satz~)* type area; ▶ **in den ~ se·hen** look in the mirror; **Spie·gel·bild** *n* 1. reflected image; *(Luftspiegelung)* mi·rage; 2. *fig* reflection; **spie·gel·blank** ['--'-] *adj* bright as a mirror, shining; **Spie·gel·ei** *n* fried egg; **spie·gel·glatt** ['--'-] *adj* as smooth as glass; *(Wasser)* glassy.
spie·geln I *tr* reflect; II *itr* glitter, shine; III *refl* be reflected.
Spie·gel·re·flex·ka·me·ra *f* reflex camera; **Spie·gel·schrank** *m (in Bad)* mirrored bathroom cabinet; **Spie·gel·schrift** *f* mirror writing.
Spie·ge·lung *f* reflection; *(Luft~)* mi·rage.
Spiel [ʃpiːl] ⟨-(e)s, -e⟩ *n* 1. *(das Spielen)* play; 2. *(Karten, Billard, Sport)* game; *sport (Wettkampf)* match; 3. *(~ Karten) Br* pack *(Am* deck) of cards; *(Schach~, Kegel~)* set; 4. *tech (Maßunterschied)* play; *(von Pedalen)* free travel; *(von Lagern)* clearance; ▶ **ein ~ spielen** play a game; **im ~ sein** *fig* be at work; **leichtes ~ mit jdm haben** have an easy job of it with s.o.; **das ~ ist aus!** *fig* the game's up! **jdn aus dem ~ lassen** *fig* keep s.o. out of it; **das ~ abbrechen** *sport* abandon play; **ins ~ kommen** *fig* come into play; **etw ins ~ bringen** *fig* bring s.th. up; **auf dem ~ stehen** be at stake; **aufs ~ setzen** risk s.th.; **jdm das ~ verderben** *fig* spoil someone's little game; **Spiel·art** *f zoo bot (Abart)* var·iety; **Spiel·au·to·mat** *m* slot machine; **Spiel·ball** *m fig* plaything; **Spiel·bank** *f* casino.
spie·len I *tr* 1. *(ein Spiel~)* play; 2. *(von Schauspieler)* act, play; 3. *film* show; 4. *(simulieren)* play; ▶ **spiel nicht die Unschuldige!** don't play the innocent! **was wird hier gespielt?** *fig fam* what's going on here? II *itr* 1. *(ein Spiel~)* play; 2. *(simulieren)* feign, simulate; ▶ **rausgehen und ~ go** out to play; **mit dem Gedanken ~, etw zu tun** toy with

the idea of doing s.th.; **s-e Freude war gespielt** he was pretending to be happy; **um Geld** ~ play for money; **auf dem Platz spielt es sich gut** *sport* the pitch plays well; **spie·lend I** *adj* playing; **II** *adv* easily.

Spie·ler(in) *m* 1. player; 2. (*Glücks~*) gambler; **Spie·le·rei** *f* 1. (*Zeitvertreib*) pastime; 2. (*Kinderei*) silly trick; 3. *fig* (*Leichtigkeit*) child's play, trifle; **spie·le·risch I** *adj* 1. (*verspielt*) playful; 2. (*mit Leichtigkeit*): ▶ **er tat es mit ~er Leichtigkeit** he did it with the greatest of ease; **die ~e Leistung** *sport* (*theat*) the playing (acting); **II** *adv* with the greatest of ease; **Spie·ler·wech·sel** *sport* substitution.

Spiel·feld *n* field; (*für Schlag~ u. Wurfball*) court; **Spiel·film** *m* feature film; **Spiel·hal·le** *f* amusement arcade; **Spiel·ka·me·rad** *m* playfellow, playmate; **Spiel·kar·te** *f* playing card; **Spiel·lei·ter** *m* 1. *theat* (*Regisseur*) director; *film radio* producer; 2. *sport* organizer; 3. *TV* emcee *fam*; **Spiel·ma·cher** *m sport* key player; **Spiel·mann** ‹-(e)s, -leute› *m* 1. *hist* minstrel; 2. *mil* bandsman; **Spiel·mar·ke** *f* chip, counter; **Spiel·plan** *m theat radio TV* program(me); ▶ **vom ~ absetzen** drop a play; **Spiel·platz** *m* (*von Schule*) playground; *sport* playfield.

Spiel·raum *m* 1. *fig* scope; (*zeitlich*) time; 2. *com* margin; 3. *tech* play; (*Lager~*) clearance; ▶ **~ lassen** leave a margin.

Spiel·re·gel *f* rule (of a game); **sich an die ~n halten** *a. fig* stick to the rules; **Spiel·sa·chen** *f pl* playthings, toys; **Spiel·schuld** *f* gambling debt; **Spiel·sucht** *f* addiction to gambling; **Spiel·süch·ti·ge(r)** *f m* gambling addict; **Spiel·trieb** ‹-(e)s› *m* play instinct; **Spiel·uhr** *f Br* musical (*Am* music) box; **Spiel·ver·bot** *n sport* ban; ▶ **~ haben** be banned; **Spiel·ver·der·ber(in)** *m* (*f*) spoilsport; **Spiel·wa·ren** *f pl* toys; **Spiel·wei·se** *f* way of playing; **Spiel·zeit** *f theat sport* season; **Spiel·zeug** ‹-(e)s, -e› *n* toy.

Spieß[1] [ʃpiːs] ‹-es, -e› *m* 1. (*Waffe*) spear; 2. (*Brat~*) spit; ▶ **am ~ braten** *Br* roast on a spit, *Am* barbecue; **den ~ umkehren** *fig* turn the tables *pl*.

Spieß[2] *m mil sl Br* kissem, *Am* topkick.

Spieß·bür·ger(in) *m* (*f*) low-brow; **spieß·bür·ger·lich** *adj* low-brow, narrow-minded.

spie·ßen *tr*: ▶ **etw auf etw ~** (*Nadel*) pin s.th. on s.th.

Spie·ßer *m fam* (*s.* Spießbürger); **Spieß·ge·sel·le** *m* accomplice; **spie·ßig** *adj* narrow-minded; **Spieß·ru·te** *f fig*: ▶ **~n laufen** run the gauntlet.

Spi·nat [ʃpiˈnaːt] ‹-(e)s, -e› *m* spinach.

Spind [ʃpɪnt] ‹-(e)s, -e› *m mil sport* (*Schrank*) locker.

Spin·del [ˈʃpɪndəl] ‹-, -n› *f* 1. spindle; 2. (*Hydrometer*) hydrometer; **spin·del·dürr** [ˈ-ˈ-] *adj* lean as a rake.

Spi·nett [ʃpiˈnɛt] ‹-(e)s, -e› *n mus* spinet.

Spin·ne [ˈʃpɪnə] ‹-, -n› *f* spider; **spin·ne·feind** [ˈ--ˈ-] *adj*: ▶ **jdm ~ sein** be bitterly hostile to s.o.

spin·nen [ˈʃpɪnən] *irr* **I** *tr* (*Garn*) spin; **II** *itr fig fam* be nutty; ▶ **spinnst du?** are you crazy? **du spinnst wohl!** you must be kidding!

Spin·nen·ge·we·be *n* cobweb.

Spin·ner(in) *m* (*f*) 1. (*Garn~*) spinner; 2. *fig fam Br* nutcase, *Am* screwball; 3. *zoo* silkworm moth; **Spin·ne·rei** *f* 1. (*Fabrik*) spinning mill; 2. *fig fam* (*Blödsinn*) rubbish.

Spinn·rad *n* spinning-wheel; **Spinn·we·be** *f* spider's web.

Spi·on [ʃpiˈoːn] ‹-s, -e› *m* 1. *mil* spy; 2. *fig* (*Tür~*) spy-hole; **Spio·na·ge** [ʃpioˈnaːʒə] ‹-› *f* espionage; **Spio·na·ge·ab·wehr** *f Br* counter-espionage (*Am* -intelligence); **Spio·na·ge·netz** *n* spy network; **Spio·na·ge·ring** *m* spy-network; **spio·nie·ren** *itr* 1. *mil* spy; 2. *fig* snoop about.

Spi·ra·le [ʃpiˈraːlə] ‹-, -n› *f* 1. (*abstrakt*) spiral; 2. (*Draht~, a. med*) coil; **Spi·ral·fe·der** *f* coil spring; **Spi·ral·ne·bel** *m astr* spiral nebula.

Spi·ri·tis·mus [ʃpiriˈtɪsmʊs] *m* spiritism, spiritualism; **Spi·ri·tist(in)** *m* (*f*) spiritualist; **spi·ri·ti·stisch** spiritualist.

Spi·ri·tu·osen [ʃpirituˈoːzən] *f pl* spirits.

Spi·ri·tus [ˈʃpiritʊs] ‹-, -se› *m* spirit; **Spi·ri·tus·ko·cher** *m* spirit stove; **Spi·ri·tus·lam·pe** *f* spirit lamp.

Spitz ‹-es, -e› *m zoo* (*Hund*) Pomeranian, Spitz.

spitz [ʃpɪts] *adj* 1. pointed; 2. *fig* (*beißend*) pointed; 3. *sl* (*lüstern*) horny; ▶ **~ auslaufen** end in a point, taper; **~er Winkel** acute angle; **etw ~ kriegen** *fam* get wise to s.th.; **Spitz·bart** *m Br* goatee; **spitz|be·kom·men** *irr tr fam*: ▶ **etw ~** get the point of s.th. get wise on s.th.; **Spitz·bo·den** *m arch* pitched roof; **Spitz·bo·gen** *m* pointed arch; **Spitz·bu·be** *m* 1. (*Schurke*) knave, rascal, rogue; 2. *fam* (*frecher Bengel*) scamp; **spitz·bü·bisch** [-byːbɪʃ] *adj* mischievous.

Spit·ze[1] [ˈʃpɪtsə] ‹-, -n› *f* 1. (*von Gegenständen*) point; (*von Fingern*) tip; (*von Gebäuden*) top; 2. *fig* (*Führungsschicht*) head; 3. (*Zigaretten~*) holder; ▶ **das ist ~!** *fig fam* that's groovy! **etw auf die ~ treiben** *fig* carry s.th. too far; **an der ~ von etw stehen** be at the head of s.th.

Spit·ze[2] *f* (*scharfe Bemerkung*): ▶ **das war e-e ~ gegen dich** that was aimed at

you.
Spit·ze³ *f (an Geweben)* lace.
Spit·zel [ˈʃpɪtsəl] ⟨-s, -⟩ *m fam (Schnüffler)* snooper; *(Polizei~)* police-informer; **spit·zeln** *itr* act as an informer.
spit·zen *tr (schärfen)* sharpen; ▶ **die Ohren ~** *fig* prick up; **die Lippen ~** *fig* pucker one's lips.
Spit·zen·ge·halt *n* top salary; **Spit·zen·ge·schwin·dig·keit** *f* top speed; **Spit·zen·kan·di·dat** *m* favourite candidate; **Spit·zen·klas·se** *f fig* top rate; **Spit·zen·kloid** *n* lace dress; **Spit·zen·lei·stung** *f* 1. *fig* top-rate performance; 2. *mot* peak performance; **Spit·zen·lohn** *m* maximum pay; **Spit·zen·rei·ter** *m* 1. *(Hit)* hit; 2. *sport* leader; 3. *com* top seller; **Spit·zen·tech·no·lo·gie** *f* state-of-the-art technology; **Spit·zen·ver·die·ner(in)** *m (f)* top earner.
spitz·fin·dig *adj* over-subtle; **Spitz·fin·dig·keit** *f* 1. subtlety; 2. *(Haarspalterei)* hairsplitting; **Spitz·hacke (k·k)** *f* pick-axe; **Spitz·maus** *f* shrew; **Spitz·na·me** *m* nickname; **spitz·wink·lig** *adj* acute-angled.
Spleen [ʃpliːn] ⟨-s, -e/-s⟩ *m fam* craze; ▶ **du hast wohl 'n ~!** you must be round the bend!
Splitt [ʃplɪt] ⟨-(e)s, -e⟩ *m* grit.
Split·ter [ˈʃplɪtɐ] ⟨-s, -⟩ *m (Holz~)* splinter; *(Bruchstück)* fragment; *(Metall~)* scale; **split·ter(·fa·ser)·nackt** [ˈ--(ˈ--)ˈ-] *adj* stark naked; **Split·ter·grup·pe** *f pol* splinter group; **split·tern** ⟨sein⟩ *itr* splinter; **Split·ter·par·tei** *f* splinter party.
spon·sern [ˈʃpɔnzɐn] *tr* sponser; **Spon·sor(in)** [ˈʃpɔnzɔ] ⟨-s, -en⟩ *m (f)* sponsor.
spon·tan [ʃpɔnˈtaːn] *adj* spontaneous.
spo·ra·disch [ʃpoˈraːdɪʃ] *adj* sporadic.
Spo·re [ˈʃpoːrə] ⟨-, -n⟩ *f bot* spore.
Sporn [ˈʃpɔrn, *pl* ˈʃpoːrən] ⟨-(e)s, ʃporen⟩ 1. *(pl Sporen) m* spur; 2. *bot* spur; 3. *aero* tail skid; ▶ **e-m Pferd die Sporen geben** spur a horse; **sich die Sporen verdienen** win one's spurs; **spor·nen** *tr* spur.
Sport [ʃpɔrt] ⟨-(e)s⟩ *m* sport; ▶ **~ trei·ben** go in for sports; **~ treibend** sporting; **gut im ~ sein** be good at sports; **Sport·ab·zei·chen** *n* sports certificate; **Sport·an·zug** *m* sports clothes *pl;* **Sport·art** *f* kind of sport; **Sport·arzt** *m* sports physician; **Sport·bei·la·ge** *f (in Zeitung)* sport section; **Sport·be·richt** *m* sports report; **Sport·ge·schäft** *n Br* sports shop *(Am* store); **Sport·hal·le** *f* sports hall; **Sport·leh·rer** *m* sports instructor; *päd* physical education teacher *(Abk* PE).
Sport·ler *m* sportsman; **Sport·le·rin** *f* sportswoman.

sport·lich *adj* 1. *(trainiert)* athletic; 2. *fig (sportliebend)* sporting; 3. *mot* sporty; ▶ **~e Kleidung** casual wear.
Sport·ma·schi·ne *f aero* sporting plane; **Sport·nach·rich·ten** *pl (Zeitung)* sporting news; **Sport·platz** *m Br* sports field, *Am* sporting ground; *päd* playing field; **Sport·ver·an·stal·tung** *f* sport(ing) event; **Sport·ver·ein** *m* sports club; **Sport·wa·gen** *m* 1. *mot* sports car; *(Zweisitzer) Br* open two-seater, *Am* roadster; 2. *(Kinderwagen)* folding pram, **Sport·zei·tung** *f* sports paper.
Spott [ʃpɔt] ⟨-(e)s⟩ *m* mockery; *(Verachtung ausdrückend)* derision; ▶ **voller ~** mockingly; **Spott·bild** *n* travesty; **spott·bil·lig** [ˈ-ˈ--] *adj* dirt-cheap.
Spöt·te·lei [ʃpœtəˈlaɪ] *f* 1. *(Spott)* mockery; 2. *(spöttische Bemerkung)* taunt; **spöt·teln** *itr* mock *(über etw* s.th.); **spot·ten** *itr* mock; ▶ **spotte nicht!** don't mock! **über jdn ~** mock s.o., poke fun at s.o; **Spöt·ter(in)** [ˈʃpœtɐ] *m (f) (Satiriker)* satirist; **spöt·tisch** *adj* 1. *(spottend)* mocking; 2. *(satirisch)* satirical; **Spott·preis** *m* ridiculously low price.
sprach·be·gabt *adj* good at languages; **Sprach·be·ga·bung** *f* talent for languages.
Spra·che [ˈʃpraːxə] ⟨-, -n⟩ *f* 1. *allg* language; 2. *(Sprechweise)* speech; ▶ **heraus mit der ~!** out with it! **etw zur ~ bringen** mention s.th.; **die ~ brin·gen auf ...** bring the conversation round to ...; **mit der ~ herausrücken** speak freely; **zur ~ kommen** be mentioned; **es verschlägt einem die ~** it takes your breath away; **Sprach·er·werb** *m* language acquisition; **Sprach·feh·ler** *m med* speech defect; **Sprach·for·scher(in)** *m (f)* linguist; **Sprach·füh·rer** *m* guide; **Sprach·ge·brauch** *m* usage; ▶ **der heutige ~** the language of the present day; **Sprach·ge·fühl** *n* feeling for language; **Sprach·gren·ze** *f* linguistic boundary; **Sprach·kennt·nis·se** *f pl* linguistic proficiency *sing;* ▶ **Bewerber mit deutschen ~n** applicants with a knowledge *sing* of German; **Sprach·kom·pe·tenz** *f ling* linguistic competence; **sprach·kun·dig** *adj* proficient in languages; **Sprach·kurs** *m* language course; **Sprach·la·bor** *n* language laboratory; **Sprach·leh·re** *f* grammar; **Sprach·leh·rer(in)** *m (f)* language teacher.
sprach·lich I *adj (sprachbezüglich)* linguistic; *(grammatisch)* grammatical; II *attr* language.
sprach·los *adj:* ▶ **einfach ~ sein** be simply speechless; **jdn ~ machen** strike s.o. dumb; **Sprach·rohr** *n fig* mouthpiece; ▶ **sich zum ~ von ... machen**

become the mouthpiece of .. ; **Sprach·stö·rung** f speech disorder; **Sprach·stu·dium** n linguistic studies pl, study of languages; **Sprach·ur·laub** m language-learning holiday; **Sprach·wis·sen·schaft** f linguistics pl; ▶ deutsche ~ German philology; vergleichende ~ comparative linguistics.

spre·chen ['∫prɛçən] irr tr itr speak (mit to, a. with, über of, about); (sich unterhalten) talk (mit with, to, von about, of); ▶ **sprich doch endlich!** do say s.th.! **es spricht vieles dafür, daß** ... there's every reason to believe that ...; **was spricht dagegen?** what's there to be said against it? **kann ich dich e-n Moment ~?** can I see you for a moment? **wir ~ uns noch!** you haven't heard the last of this! **mit dir spreche ich nicht mehr!** I'm not speaking to you! **antworte, wenn man mit dir spricht!** speak when you're spoken to! **Ich spreche im Namen aller** I speak for all of us; **kann ich bitte Herrn X. ~?** could I talk to Mr. X. please? **er hat davon gesprochen, daß er ins Ausland fahren will** he's been talking of going abroad; **er ist nicht zu ~** he's not in; **spre·chend** adj: ▶ ~e Blicke knowing glances.

Spre·cher(in) m (f) 1. (Redner) speaker; 2. (offizieller ~) spokesman; 3. radio (Ansager) announcer; ▶ **sich zum ~ von etw machen** become the spokesman of s.th.

Sprech·funk·ge·rät n radiotelephone; **Sprech·funk·ver·kehr** m local radio traffic; **Sprech·stun·de** f (Arzt~) consulting hours pl; ▶ **~ samstags von ... bis ...** there will be a surgery from ... to ... on Saturdays; **Sprech·stun·den·hil·fe** f doctor's receptionist; **Sprech·übung** f speech exercise; **Sprech·wei·se** f manner of speaking; **Sprech·zim·mer** n 1. (Arzt) Br consulting room, Am doctor's office; (Zahnarzt) Br dental surgery (Am parlor); 2. (in Kloster) locutory.

sprei·zen ['∫praitsən] I tr spread; II refl 1. (sich zieren) kick up; 2. (vornehm tun) put on airs.

Spreng·bom·be f aero mil high explosive bomb.

spren·gen[1] ['∫prɛŋən] tr 1. (mit Sprengstoff) blow up; 2. (aufbrechen) force; (Fesseln) break; ▶ **e-e Versammlung ~** fig break up a meeting.

spren·gen[2] tr (be~) sprinkle.

Spreng·kom·man·do n demolition squad; **Spreng·kopf** m warhead; **Spreng·kör·per** m explosive device; **Spreng·kraft** ⟨-⟩ f explosive force; **Spreng·la·dung** f explosive charge; **Spreng·satz** m blasting composition; **Spreng·stoff** m explosive; **Spreng·stoff·an·schlag** m bomb attack; ▶ es

wurde ein ~ auf ... verübt ... was the subject of a bomb attack.

Spren·gung f blowing up; (Fels~) blasting.

Spreng·wa·gen m (für Wasser) street sprinkler.

Spreng·wir·kung f explosive effect.

Spreu [∫prɔi] ⟨-⟩ f chaff; ▶ **die ~ vom Weizen trennen** separate the wheat from the chaff.

Sprich·wort ['∫priç-] n proverb; ▶ **wie es im ~ heißt** as the saying goes; **sprich·wört·lich** adj proverbial.

sprie·ßen ['∫pri:sən] irr itr 1. (Triebe etc) sprout; 2. (aus dem Boden ~) shoot, spring up.

Spring·brun·nen m fountain; **sprin·gen** ['∫priŋən] irr itr 1. sport a. fig jump; (mit e-m Satz) leap; (von Ball) bounce; (ins Wasser) dive; 2. (von Wasser) gush, spout; 3. (platzen) burst; (Risse bekommen) crack; ▶ **etw ~ lassen** fig fam fork s.th. out; **in die Bresche ~** throw oneself into the breach; **die Lokomotive sprang aus den Schienen** the engine jumped the track; **dünnes Glas springt leicht** thin glass cracks easily; **sprin·gend** adj: ▶ **der ~e Punkt** the crucial (od salient) point; **Sprin·ger(in)** m (f) 1. jumper; (bei Stabhochsprung) vaulter; 2. m (beim Schach) knight; **Spring·flut** f spring tide.

Sprink·ler·an·la·ge ['∫priŋkle-] f sprinkler system.

Sprit [∫prit] ⟨-(e)s, -e⟩ m 1. (Alkohol) spirit; 2. fam (Benzin, Betriebstoff) juice.

Sprit·ze ['∫pritsə] ⟨-, -n⟩ f 1. med (Instrument) syringe; 2. med (Einspritzung) injection; 3. (Feuer~) fire-engine; ▶ **e-e ~ geben** give an injection; **e-e ~ bekommen** have an injection.

sprit·zen I tr 1. med (Medikament) inject; 2. (Injektion geben) give an injection; 3. mot (lackieren) spray; 4. (Wasser ver~) splash; 5. sl (Heroin) shoot; II itr (sprühen) spray; (heraus~) spurt (out od forth).

Sprit·zen·haus f fam firestation.

Sprit·zer m splash.

sprit·zig 1. fig (lebendig) lively; 2. (Wein) tangy.

Spritz·ku·chen m Br fritter, Am cruller; **Spritz·lackie·rung** (k·k) n spraying; **Spritz·pi·sto·le** f spray gun; **Spritz·tour** f fam spin.

sprö·de ['∫prø:də] adj 1. (brüchig) brittle; 2. (Haut) rough; 3. fig (verschlossen) aloof; **Sprö·dig·keit** f 1. (Brüchigkeit) brittleness; 2. (der Haut) roughness; 3. fig (von Personen) aloofness.

Sproß [∫prɔs] ⟨-sses, -sse⟩ m 1. bot shoot, sprout; 2. fig (Abkömmling) offspring.

Spros·se ['ʃprɔsə] ⟨-, -n⟩ f 1. (Leiter~) rung, step; 2. (Fenster~) mullion; 3. (Geweih~) branch, tine; **spros·sen** ⟨sein⟩ itr 1. (Triebe: sprießen) sprout; 2. (aus dem Boden schießen) shoot up; **Sprossen·wand** f sport wall bars pl.

Spröß·ling ['ʃprœslɪŋ] m fig hum (Abkömmling) offspring.

Sprot·te ['ʃprɔtə] ⟨-, -n⟩ f zoo sprat.

Spruch [ʃprʊx, pl 'ʃpryçə] ⟨-(e)s, ⁀e⟩ m 1. (Ausspruch) saying; (Lehrspruch, Sentenz) aphorism; 2. jur (Strafsachenurteil) sentence; (Richter~) judg(e)ment; (Entscheidung) decision; 3. (Geschworenen~) verdict; (Schieds~) ruling; ▶ e-n ~ fällen jur pronounce a sentence; **mach keine ⁀e!** fam come off it! **⁀e klopfen** fam talk fancy; **Spruch·band** n banner.

spruch·reif adj 1. jur ripe for decision; 2. fig fam definite.

Spru·del ['ʃpru:dəl] ⟨-s, -⟩ m 1. (Mineralwasser) mineral water; 2. (Mineralquelle) spring; **spru·deln** ⟨sein od h⟩ itr 1. (auf~) bubble 2. (vor Kohlensäure) fizz; 3. fig ⟨h⟩ (überstürzt reden) pour out.

Sprüh·do·se f aerosol.

sprü·hen ['ʃpry:ən] I itr 1. ⟨sein⟩ (Flüssigkeit) spray; 2. ⟨sein⟩ (Funken) fly; II tr ⟨h⟩ (a. lackieren) spray; **sprü·hend** adj fig (überschäumend) bubbling; **Sprüh·ne·bel** m mist; **Sprüh·re·gen** m drizzle.

Sprung [ʃprʊŋ, pl 'ʃprʏŋə] ⟨-(e)s, ⁀e⟩ m 1. jump; (~ ins Wasser) dive; 2. (Riß) crack; ▶ **bei jdm auf e-n ~ vorbeikommen** fam drop in to see s.o.; **ein großer ~ nach vorn** fig a great leap forward; **ein ~ ins Ungewisse** fig a leap in the dark; **(na,) dir werd' ich auf die ⁀e helfen!** fig fam I'll show you what's what! **er kann keine großen ⁀e machen** fig fam he can't make a big splash; **Sprung·brett** n a. fig diveboard; **Sprung·gru·be** f sport pit; **sprung·haft** adj 1. (unbeständig) volatile; 2. (sehr rasch) rapid; **Sprunghaf·tig·keit** f 1. (Unbeständigkeit) volatile nature; 2. (rasches Ansteigen) rapidity; **Sprung·schan·ze** f ski-jump; **Sprung·tuch** n (von Feuerwehr) Br jumping sheet, Am life net; **Sprungturm** m sport diving platform.

Spucke (k·k) ['ʃpʊkə] ⟨-⟩ f spittle; ▶ **mir bleibt die ~ weg!** well, I never did! **spucken** (k·k) itr 1. (speien) spit; 2. euph (sich erbrechen) puke; 3. mot sputter; ▶ **spuck's aus!** fig fam cough it up! spit it out! **große Töne ~** fig fam talk big; **Spuck·napf** n spittoon.

Spuk [ʃpu:k] ⟨-(e)s,(-e)⟩ m 1. (Erscheinung, Gespenst) apparition; 2. fam (Ärger) fuss; **spu·ken** itr haunt; ▶ **hier spukt's** this place is haunted; **bei dir**

spukt's! fig fam you must be round the bend!

Spu·le ['ʃpu:lə] ⟨-, -n⟩ f 1. (Web~) spool; (Nähmaschinen~) bobbin; (Nähfaden~) Br reel, Am spool; 2. el coil.

Spü·le ['ʃpy:lə] ⟨-, -n⟩ m sink unit.

spu·len ['ʃpu:lən] tr reel, spool.

spü·len tr itr 1. (WC) flush; 2. (Geschirr) wash up; 3. (Waschmaschine) rinse; 4. (Vagina) douche; **Spül·ka·sten** m (bei Toilette) cistern; **Spül·lap·pen** m dishcloth; **Spül·ma·schi·ne** f dishwasher; **spül·ma·schi·nen·fest** adj dishwasher-proof; **Spül·mit·tel** n washing-up liquid; **Spül·stein** m sink; **Spü·lung** f 1. (Toilette) flush; 2. (Scheiden~) douche; **Spül·was·ser** n dishwater.

Spul·wurm m med roundworm.

Spur [ʃpu:ɐ] ⟨-, -en⟩ f 1. (Bodenabdruck) trace; (Fährte) track; 2. (winzige Menge) trace; (von Gewürz) touch; 3. (Fahrbahn~) lane; 4. mot (Rad~) tracking; ▶ **keine ~ davon!** there's no trace of it! **jdm auf der ~ sein** be on someone's track; **s-e ~en verwischen** cover up one's tracks; **nicht die ~!** fam not in the slightest! **wird die Operation ~en hinterlassen?** will the operation leave a mark sing? **auf der richtigen ~ sein** be on the right track; **auf der rechten ~ fahren** drive in the right-hand lane; **auf der falschen ~ sein** fig be barking up the wrong tree.

spu·ren itr fam (gehorchen) toe the line.

spü·ren ['ʃpy:rən] tr (fühlen) feel; ▶ **es zu ~ bekommen, daß ...** feel the effects of the fact that ...; **ich spürte, wie es sich bewegte** I felt it move; **ich spürte, daß er wütend wurde** I could feel him getting angry.

Spu·ren·ele·ment n trace element.

Spu·ren·si·che·rung f 1. (polizeiliche Tätigkeit) securing of evidence; 2. (Polizeiabteilung) the forensic people.

Spür·hund m bloodhound.

spur·los adv without (leaving) a trace; ▶ **~ an jdm vorübergehen** have no effect on s.o.

Spür·na·se f fig prying fellow; ▶ **eine ~ für etwas haben** have a nose for s.th; **Spür·sinn** m: ▶ **~ für etw haben** have a scent (od flair) for s.th.

spur·ten ['ʃpʊrtən] ⟨sein od h⟩ itr sport make a final spurt.

Spür·trupp m mil (für Radioaktivität) radiac detection team.

Spur·wei·te f 1. mot (von Fahrgestell) track; 2. rail (des Geleises) ga(u)ge.

spu·ten ['ʃpu:tən] refl make haste.

Squash ['skvɔʃ] ⟨-, -⟩ n sport squash; **Squash·hal·le** f squash courts pl.

Staat [ʃta:t] ⟨-(e)s, -en⟩ m 1. (Staatswesen) state; (Land) country; 2. fig (Prunk) pomp; ▶ **Vater ~** hum the

state; **damit kann man nicht viel** ~
machen that is nothing to write home
about; **zum Wohle des** ~**es** in the na-
tional interest; **Staa·ten·bund** *m* con-
federation; **staa·ten·los** *adj:* ~ **sein** be
a stateless person; **Staa·ten·lo·se(r)** *f*
m stateless person.
staat·lich *adj attr* 1. *(staatsbezüglich)*
state ..; *(national)* national; 2. *(öffent-*
lich) public; ▶ ~ **anerkannt** state-
approved; ~**es Hoheitsgebiet** state ter-
ritory; ~**e Unterstützung** state allow-
ance; **staat·li·cher·seits** *adv* on a
governmental level.
Staats·akt *m* state occasion; **Staats-**
ak·tion *f fig* major operation; **Staats-**
an·ge·hö·ri·ge *m f:* ▶ **ein deutscher**
~**r sein** be a German national; **Staats-**
an·lei·he *f* government bond; **Staats-**
an·walt *m Br* public prosecutor, *Am*
district attorney; **Staats·an·walt-**
schaft *f Br* public prosecutor's office,
Am district attorney's office; **Staats-**
ap·pa·rat *m* apparatus of state;
Staats·be·am·te (Staats·be·am-
tin) *m (f)* civil servant; **Staats·be-**
gräb·nis *n* state funeral; **Staats·bür-**
ger(in) *m (f)* citizen; **staats·bür·ger-**
lich *adj* civic; ▶ ~**e Rechte** civil rights;
Staats·dienst *m Br* civil (*Am* public)
service; ▶ **im** ~ in the service of the
state; **Staats·ei·gen·tum** *n* state
property; **Staats·exa·men** *n* state
exam(ination); **Staats·feind** *m* public
enemy; **Staats·form** *f* type of state;
Staats·ge·biet *n* national territory;
Staats·ge·heim·nis *n* official secret;
Staats·ge·walt *f* authority of the
state; **Staats·haus·halt** *m* national
budget; **Staats·kas·se** *f* treasury;
Staats·kir·che *f* state church;
Staats·ko·sten *pl:* ▶ **auf** ~ at public
expense *sing;* **Staats·mann** ‹-(e)s,
-männer› *m* statesman; **staats·män-**
nisch ['ʃtaːtsmɛnɪʃ] *adj* statesmanlike;
Staats·mi·ni·ster *m* state minister;
Staats·ober·haupt *n* head of a state;
Staats·prä·si·dent(in) *m (f)* presi-
dent; **Staats·rat** *m* 1. *(Institution)*
council of state; 2. *(Person: hist)* coun-
cillor of state; **Staats·recht** *n* constitu-
tional law; **Staats·schuld** *f* national
debt; **Staats·se·kre·tär(in)** *m (f) Br*
permanent secretary, *Am* undersecret-
ary; **Staats·si·cher·heits·dienst**
['-'----] *m (in ehemaliger DDR)* state
security service; **Staats·streich** *m*
coup d'état; **Staats·the·ater** *n* state
theatre; **Staats·ver·trag** *m*
international treaty.
Stab[1] *m* 1. *(leitende Gruppe)* panel; 2.
mil (~sabteilung) staff; 3. *mil (Haupt-*
quartier) headquarters *pl.*
Stab[2] [ʃtaːp, *pl* 'ʃtɛːbə] ‹-(e)s, ¨e› *m*
(Stange) rod; *(Stock)* stick; **Stab-**

hoch·sprin·ger *m* pole-vaulter; **Stab-**
hoch·sprung *m* pole-vault.
sta·bil [ʃta'biːl] *adj* 1. *(nicht schwan-*
kend) stable; 2. *(fest)* firm; *(kräftig)*
sturdy; **Sta·bi·li·sa·tor** *m mot* anti-
roll bar; **sta·bi·li·sie·ren** *tr* 1. *allg* sta-
bilize; 2. *pol (Macht)* consolidate; **Sta-**
bi·li·sie·rung *f* 1. *allg* stabilization; 2.
pol (von Macht) consolidation; **Sta·bi-**
li·tät *f* 1. *(Schwankungsfreiheit)* stabil-
ity; 2. *(Steifheit: von Bau etc)* rigidity.
Stab·reim *m ling* alliterative rhyme.
Stabs·arzt *m mil* captain (Medical
Corps); *mar mil* staff-surgeon; **Stabs-**
chef *m* chief of staff; **Stabs·feld·we-**
bel *m Br* warrant officer class II, *Am*
master sergeant.
Stab·wech·sel *m sport (bei Staffel-*
lauf) baton change.
Sta·chel ['ʃtaxəl] ‹-s, -n› *m* prickle;
(Dorn) thorn; *(bei Insekten)* sting; *bot*
spine; *(des Igels)* spine; **Sta·chel·bee-**
re *f* gooseberry; **Sta·chel·beer-**
strauch *m* gooseberry bush; **Sta-**
chel·draht *m* barbed wire; **Sta·chel-**
draht·ver·hau *m* barbed-wire en-
tanglement; **Sta·chel·draht·zaun** *m*
barbed-wire fence.
sta·che·lig ['ʃtax(ə)lɪç] *adj allg* prickly;
bot thorny; *zoo* spiny.
Sta·chel·schwein *n* porcupine.
Sta·di·on ['ʃtaːdiɔn] ‹-s, -dien› *n sport*
stadium.
Sta·di·um ['ʃtaːdiʊm] ‹-s, -dien› *n* stage;
▶ **in vorgerücktem** ~ *med* at an ad-
vanced stage.
Stadt [ʃtat, *pl* 'ʃtɛ(ː)tə] ‹-, ¨e› *f* town;
(Groß~) city; ▶ **in die** ~ **gehen** go into
town; **in der** ~ **wohnen** live in town;
raten Sie mal, wer zur Zeit in der ~
ist? guess who's in town? **er ist nicht in**
der ~ he's out of town; **die** ~ **Manche-**
ster the city of Manchester; **Stadt·au-**
to·bahn *f* urban motorway; **stadt·be-**
kannt ['--'-] *adj* well-known; ▶ **es ist**
~**, daß ...** it is the talk of the town that
.. ; **Stadt·be·zirk** *m* municipal district;
Stadt·bib·lio·thek *f* city library;
Stadt·bild *n (von Kleinstadt)* town-
scape; *(von Großstadt)* urban features
pl.
Städt·chen ['ʃtɛ(ː)tçən] ‹-s, -› *n* small
town.
Städ·te·bau ‹-(e)s› *m* urban develop-
ment.
Städ·te·part·ner·schaft *f* town twinn-
ing.
Städ·ter(in) *m (f)* city dweller.
Stadt·flucht *f* exodus from the cities;
Stadt·ge·biet *n (von Kleinstadt)* mu-
nicipal area; *(von Großstadt)* city zone;
Stadt·ge·spräch *n:* ▶ **das** ~ **sein** be
the talk of the town; **Stadt·gue·ril·la**
m urban guerilla.
städ·tisch ['ʃtɛ(ː)tɪʃ] *adj* 1. *(aus der*

Stadt) town (city) *attr;* **2.** *(nach Art der Stadt) a. fig* urban; ▶ **~e Bevölkerung** the town *(od* city) population; **~e Lebensweise** the urban way of life.

Stadt·kom·man·dant *m mil* military governor of a town *(od* city); **Stadt·mau·er** *f* city wall; **Stadt·mit·te** ['-'--] *f* town *(od* city) centre; **Stadt·plan** *m* (town) map; **Stadt·pla·nung** *f* town *(od* city) planning; **Stadt·rand** *m* outskirts of a town *(od* city); **Stadt·rand·sied·lung** *f* suburban housing scheme; **Stadt·rat** <-(e)s, ⁻e> *m* 1. *(Gremium)* town *(od* city) council; **2.** *(Person)* town *(od* city) councillor; **Stadt·rund·fahrt** *f* town *(od* city) sightseeing tour; **Stadt·strei·cher(in)** *m (f)* town *(od* city) vagrant; **Stadt·teil** *m* district, part of town; **Stadt·tor** *n* town *(od* city) gate; **Stadt·vä·ter** *pl hum* city fathers; **Stadt·ver·kehr** *m* city traffic; **Stadt·ver·wal·tung** *f* municipal authority, town council; **Stadt·wer·ke** *pl* town's *(od* city's) department of works.

Staf·fa·ge [ʃta'faːʒə] <-, -n> f decoration.

Staf·fel ['ʃtafəl] <-, -n> *f* 1. *mil aero (Flug~)* squadron; **2.** *mil aero (Kompanie)* company; **3.** *sport* relay; ▶ **~ lau·fen** run in a relay.

Staf·fe·lei *f* easel.

Staf·fel·lauf *m sport* relay race.

staf·feln *tr Br* graduate, *Am* grade; **Staf·fe·lung** *f (der Gehälter, etc) Br* graduation, *Am* grading.

Stag·na·tion [ʃtagna'tsjoːn] *f* stagnancy, stagnation; **sta·gnie·ren** *itr* stagnate.

Stahl [ʃtaːl, *pl* 'ʃtɛːlə] <-(e)s, ⁻e/(-e)> *m* 1. *(Metall)* steel; **2.** *poet (Schwert, Dolch)* blade; ▶ **Nerven aus ~** *fig* iron nerves; **so hart wie ~** as hard as steel; **Stahl·be·ton** *m* reinforced concrete; **Stahl·blech** *n* 1. *(stählernes Blech)* sheet-steel; **2.** *(Stück ~)* steel sheet.

stäh·len ['ʃtɛːlən] I *tr (abhärten)* toughen; II *refl* 1. *(sich abhärten)* toughen o.s.; **2.** *(sich innerlich vorbereiten)* steel o.s.

Stahl·fe·der *f* 1. *(Schreib~)* steel nib; **2.** *(Sprungfeder)* steel spring; **Stahl·ge·rüst** *n* tubular steel scaffolding; **stahl·hart** ['-'-] *adj* as hard as steel; **Stahl·helm** *m* steel helmet; **Stahl·in·du·strie** *f* steel industry; **Stahl·ko·cher** *m* steelworker; **Stahl·rohr·mö·bel** *pl* tubular steel furniture; **Stahl·trä·ger** *m* steel girder; **Stahl·wa·ren** *f pl* steelware *sing;* **Stahl·werk** *n* steelworks.

Sta·ke ['ʃtaːkə] <-, -n> *f mar (Bootshaken)* grappling hook; **sta·ken** ['ʃtaːkən] *itr* pole, punt.

stak·sen ['ʃtaːksən] <sein> *itr* stalk.

Stall [ʃtal, *pl* 'ʃtɛlə] <-(e)s, ⁻e> *m (Pferde~)* stable; *(Kuh~) Br* cowshed, *Am* cow barn; *(Schweine~) Br* pigsty, *Am* pen; ▶ **in den ~ bringen** put in stable; **wir sind aus dem gleichen ~** *fig* we're out of the same stable; **s-e Pferde stehen im ~ des Trainers** he stables his horses with the trainer; **Stall(l·)la·ter·ne** *f* stable lamp; **Stall·knecht** *m* stableman; **Stall·magd** *f* milkmaid; **Stal·lung** *f* stables *pl.*

Stamm [ʃtam, *pl* 'ʃtɛmə] <-(e)s, ⁻e> *m* 1. *(Baum~)* trunk; **2.** *ling* stem; **3.** *com (Kundschaft)* regulars *pl;* **4.** *mil (Stammannschaft)* permanent staff; **5.** *(Volks-, Eingeborenen~)* tribe; **6.** *bot zoo* phylum; **Stamm·ak·tie** *f Br* ordinary *(Am* common) share; **Stamm·baum** *m* 1. *(Abstammung)* family *(od* genealogical) tree; *(von Tieren)* pedigree; *(von Pferden)* stud-book; **2.** *bot zoo* phylogenetic tree; **Stamm·buch** *n (Familien~)* family bible.

stam·meln ['ʃtaməln] *tr itr* stammer.

stam·men *itr* 1. *(ab~) a. fig* come *(od* stem) *(aus, von* from); **2.** *(zeitlich)* date *(aus, von* from); ▶ **das Rezept stammt von meiner Tante** I've got this recipe from my aunt; **woher ~ Sie?** where do you come from? **der Kupferstich stammt noch von meinem Vater** the copper-engraving belonged to my father.

Stamm·form *f* base form; **Stamm·gast** *m* regular; **Stamm·hal·ter** *m* son and heir; **Stamm·haus** *n* 1. *(Familien~)* ancestral mansion; **2.** *fig (in Fürstengeschlecht)* principal line; **3.** *com* parent branch.

stäm·mig ['ʃtɛmɪç] *adj (kräftig) Br* sturdy, *Am* husky.

Stamm·ka·pi·tal *n com Br* ordinary share capital, *Am* common stack capital; **Stamm·knei·pe** *f* local (pub); **Stamm·kun·de (-kun·din)** *m (f)* regular customer; **Stamm·lo·kal** *n* favourite restaurant; **Stamm·per·so·nal** *n* permanent staff; **Stamm·platz** *m* usual seat; **Stamm·rol·le** *f mil* muster roll; **Stamm·tisch** *m:* ▶ **er ist zum ~ gegangen** he's gone off for a drink with his mates (to the local); **Stamm·va·ter** *m* progenitor; **stamm·ver·wandt** *adj ling* cognate; **Stamm·vo·kal** *m ling* root vowel; **Stamm·wäh·ler(in)** *m (f) pol* staunch supporter, loyal voter.

stamp·fen ['ʃtampfən] I *itr* 1. *(mit dem Fuß)* stamp; **2.** *(von Schiff)* pitch; **3.** *(Kolbengeräusch von Schiffsdiesel)* pound; **4.** *(stapfen)* trudge; II *tr (fest~)* stamp; ▶ **Kartoffeln ~** mash potatoes; **Stamp·fer** *m* 1. *tech* pounder; **2.** *fam pl (dicke Beine)* tree-trunks.

Stand [ʃtant, *pl* 'ʃtɛndə] <-(e)s, ⁻e> *m* 1. *(das Stehen)* standing position; **2.** *(~ für den Fuß, fester Halt)* foothold, footing;

3. *(Bude, Markt~)* booth, stand; **4.** *(Wasser~)* level; *astr (der Gestirne)* position; *(der Sonne)* height position; *(von Barometer)* height; *(von Thermometer etc)* reading; **5.** sport *(Spiel~)* score; *(Tabellen~)* standings *pl;* **6.** *(Zustand)* condition, state; **7.** *(Beruf, Gewerbe)* profession, trade; **8.** *(soziale Stellung)* status; ► **e-n schweren ~ haben** have a tough job; **nach ~ der Dinge** as things stand; **beim jetzigen ~ der Dinge** the way things stand at the moment; **etw auf den neuesten ~ bringen** bring s.th. up to date.

Stan·dard ['ʃtandart] ⟨-s, -s⟩ *m* standard; **Stan·dard·aus·füh·rung** *f* standard design; **stan·dar·di·sie·ren** *tr* standardize; **Stan·dar·di·sie·rung** *f* standardization.

Stan·dar·te [ʃtan'dartə] ⟨-, -n⟩ *f* standard.

Stand·bild *n* statue.

Ständ·chen ['ʃtɛntçən] ⟨-s, -⟩ *n* serenade; ► **jdm ein ~ bringen** serenade s.o.

Stän·der ['ʃtɛndə] *m (Gestell)* stand.

Stan·des·amt *n* registry office; **stan·des·amt·lich** *adj:* ► **~e Trauung** *Br* registry office wedding, *Am* civil wedding; **~ trauen** perform a *Br* registry office *(Am* civil wedding); **Stan·des·be·am·te** *m* registrar.

stan·des·ge·mäß *adv* befitting one's rank; ► **~ leben** live according to one's rank.

stand·fest *adj* **1.** *(stabil)* stable; **2.** *fig* steadfast; **Stand·fe·stig·keit** *f* **1.** *(Stabilität)* stability; **2.** *fig* steadfastness; **Stand·ge·richt** *n mil jur* court martial; **stand·haft** *adj* steadfast; ► **sich ~ weigern** refuse staunchly; **Stand·haf·tig·keit** *f* steadfastness; *(Entschlossenheit)* resolution; **stand|halten** *irr itr* **1.** *(Bauwerk)* hold; **2.** *fig (widerstehen)* stand firm; ► **der Versuchung ~** resist temptation.

Stand·hei·zung *f mot* stationary heating.

stän·dig ['ʃtɛndıç] *adj* **1.** *(dauernd)* permanent; **2.** *(laufend)* constant, continual; ► **~es Einkommen** regular income; **~es Mitglied** full member; **~ krank sein** be always ill; **~ zu spät kommen** be constantly late; **~er Wohnsitz** permanent address.

Stand·licht *n mot* sidelights *pl;* ► **mit ~ fahren** drive on sidelights; **Stand·ort** *m* **1.** *(Ort des Aufenthaltes)* location, site; **2.** *aero mar* position; **3.** *mil (Garnison)* garrison; **4.** *fig* position; **5.** *bot* habitat; **Stand·ort·wahl** *f* choice of location; **Stand·pau·ke** *f fam:* ► **jdm eine ~ halten** give s.o. a telling-off; **Stand·punkt** *m* **1.** *(Beobachtungspunkt)* point of view; **2.** *fig (Ansicht)* standpoint; *(Gesichtspunkt)* point of

view; ► **jdm s-n ~ klarmachen** give s.o. a piece of one's mind; **auf dem ~ stehen, daß ...** take the view that ...; **von meinem ~ aus ...** from my point of view ..; **Stand·recht** *n mil* martial law; ► **das ~ verhängen** establish martial law; **stand·recht·lich** *adj:* ► **~ erschießen** shoot by sentence of the courtmartial; **Stand·spur** *f* hard shoulder; **Stand·uhr** *f* grandfather clock.

Stan·ge ['ʃtaŋə] ⟨-, -n⟩ *f* **1.** *(Stab)* pole; *(Gardinen~, Gitter~)* bar, rod; **2.** *(Geweih~)* branch; ► **bei der ~ bleiben** stick at it; **jdm die ~ halten** stand up for s.o.; **jdn bei der ~ halten** *fig* bring s.o. up to scratch; **e-e ~ Geld** *fig* a mint of money; **ein Anzug von der ~** a suit off the peg; **e-e ~ Zigaretten** a carton of cigarettes; **Stan·gen·brot** *n* French loaf *(od* stick).

stän·kern ['ʃtɛŋkən] *itr fam* stir things up.

Stan·ni·ol [ʃta'njoːl] ⟨-s, -e⟩ *n* silver foil; **Stan·ni·ol·pa·pier** *n* silver paper.

Stan·ze ['ʃtantsə] ⟨-, -n⟩ *f tech* **1.** *(Loch~)* punch; **2.** *(Präge~)* die; **stan·zen** *tr* **1.** *(aus~)* punch; **2.** *(ein~)* stamp.

Sta·pel ['ʃtaːpəl] ⟨-s, -⟩ *m* **1.** *(Haufen)* pile, stack; **2.** *(Woll~)* staple; ► **auf ~ legen** *mar* lay down; **vom ~ lassen** *mar* launch; *fig* come out with ...; **vom ~ laufen** *mar* be launched; **Sta·pel·ka·sten** *m* crate; **Sta·pel·lauf** *m mar* launching; **sta·peln I** *tr* stack up; **II** *refl* pile up.

stap·fen ['ʃtapfən] ⟨sein⟩ *itr* plod, trudge.

Star[1] ⟨-s, -e⟩ *m orn* starling.

Star[2] ⟨-(e)s⟩ *m med* cataract; ► **grüner ~** glaucoma.

Star[3] [ʃtaːɛ] ⟨-(e)s, -s/-e⟩ *m (Film~)* star.

Star·al·lü·ren *pl:* ► **sich ~ geben** give o.s. airs.

Sta·ren·ka·sten *m (Nistkasten)* nesting box.

stark [ʃtark] ⟨stärker, stärkst⟩ **I** *adj* **1.** *allg* strong; *(mächtig)* powerful; **2.** *(beleibt)* large; **3.** *(heftig, schwer)* heavy; **4.** *sl (großartig)* groovy; ► **das ist ja ein ~es Stück!** that's really a bit thick! **sich für etw ~ machen** *fig* stand up for s.th.; **~er Motor** powerful engine; **der ~e Mann** *pol* strongman; **~er werden** increase in strength; **II** *adv* **1.** *(beträchtlich)* greatly; **2.** *(sehr: mit Verb)* a lot; *(mit adj)* very; **3.** *sl (hervorragend)* groovy; ► **~ befahrene Straße** busy road; **ich bin ~ erkältet** I have a bad cold; **~ gefragt** *com* in great demand; **~ gesalzen** very salty.

Stär·ke[1] *f (Speise~)* starch.

Stär·ke[2] ['ʃtɛrkə] ⟨-, -n⟩ *f* **1.** *(Kraft)* strength; **2.** *(Intensität)* intensity; **3.** *(Macht)* power; **4.** *(Dicke von Werkstoffen)* thickness; **5.** *mil a. sport (An-*

zahl) size; **6.** *fig (starke Seite)* strong point; ▶ **nicht die volle** ~ **haben** *mil* be below strength; **stär·ken** ['ʃtɛrkən] **I** *tr* **1.** *(kräftigen)* strengthen; **2.** *(erfrischen)* fortify; **3.** *(Wäsche)* starch; ▶ **jds Selbstvertrauen** ~ give a boost to someone's confidence; **II** *refl (sich erfrischen)* fortify o.s.

Stark·strom *m el* power *(od* heavy) current; **Stark·strom·lei·tung** *f* power line.

Stär·kung *f* **1.** *(das Starkmachen)* strengthening; *(Kräftigung)* invigoration; **2.** *(Erfrischung)* refreshment; ▶ **eine kleine** ~ **zu sich nehmen** have a light snack; **Stär·kungs·mit·tel** *n med* tonic.

starr [ʃtar] *adj* **1.** *(steif)* stiff; *(unbeweglich)* rigid; **2.** *(bewegungslos)* motionless; **3.** *(unbeugsam)* obstinate, stern; ▶ ~ **vor Schrecken** paralysed with terror; **jdn** ~ **ansehen** stare at s.o.; **Star·re** ‹-› *f* stiffness.

star·ren *itr* **1.** *(starr blicken)* stare *(auf* at); **2.** *(strotzen):* ▶ ~ **vor ...** be thick with ...; **vor Löchern** ~ be riddled with holes.

Starr·heit *f* **1.** *tech* stiffness, rigidity; **2.** *fig* obstinacy, stubbornness; **Starr·kopf** *m* obstinate mule; **Starr·krampf** *m* lockjaw, *med* tetanus; **Starr·sinn** *m* obstinacy, stubbornness; **starr·sin·nig** *adj* stubborn.

Start [ʃtart] ‹-(e)s, -s/(-e)› *m* **1.** *allg a. sport* start; **2.** *aero* take-off; *(von Rakete)* launch; ▶ **gut vom** ~ **wegkommen** get off to a good start; **jdm zu e-m** ~ **im Geschäftsleben verhelfen** start s.o. in business; **fliegender** ~ flying start; **stehender** ~ dead *(od* standing) start; **zum** ~ **rollen** *aero* taxi to the take-off point; **Start·bahn** *f aero* runway; **start·be·reit** *adj* **1.** *sport* ready to start; **2.** *aero* ready for take off.

star·ten I *itr* ‹sein› **1.** *allg a. sport* start off; **2.** *aero* take off; **3.** *fam (abreisen)* set off; **II** *tr* ‹h› **1.** *(Rakete)* launch; **2.** *fig (in Gang setzen)* start.

Start·er·laub·nis *f* **1.** *sport* permission to take part; **2.** *aero* take-off clearance; **Start·hil·fe** *f fig:* ▶ **die richtige** ~ **bekommen** get off to a flying start; **jdm e-e gute** ~ **geben** give s.o. a good start in life; **Start·hil·fe·ka·bel** *n mot* jump leads *pl;* **Start·ka·pi·tal** *n* starting capital; **start·klar** *adj (s.* startbereit); **Start·schuß** *m sport* starting signal; **Start·zei·chen (Start·si·gnal)** *n a. fig* start signal *(zu* for).

Sta·tik ['ʃtaːtık] *f* **1.** *phys* statics *pl;* **2.** *arch* structural engineering; **Sta·ti·ker** *m* structural engineer.

Sta·tion [ʃta'tsjoːn] *f* **1.** *fig (Abschnitt)* stage; **2.** *rail* station; **3.** *radio* station; **4.** *(im Krankenhaus)* ward; ▶ **wir haben** **in Berlin zwei Tage** ~ **gemacht** we stopped over in Berlin for two days; **sta·tio·när** *adj* **1.** *(fest eingerichtet)* stationary; **2.** *med* in-patient; ▶ ~ **behandeln** treat in hospital; **sta·tio·nie·ren** *tr mil* station; **Sta·tio·nie·rung** *f mil* stationing; **Sta·tions·arzt** *m* ward doctor; **Sta·tions·schwe·ster** *f* ward sister; **Sta·tions·vor·ste·her** *m rail Br* station-master, *Am* station agent.

sta·tisch ['ʃtaːtıʃ] *adj* statical.

Sta·tist [ʃta'tɪst] *m theat* supernumerary; *film* extra; **Sta·ti·stik** *f* statistics *pl;* **sta·ti·stisch** *adj* statistical; ▶ ~**e** **Angaben** statistical returns.

Sta·tiv [ʃta'tiːf] ‹-s, -e› *n phot* tripod.

Statt ‹-› *f:* ▶ **an jds** ~ in someone's place.

statt [ʃtat] **I** *prp:* ▶ ~ **dessen** instead; ~ **meiner** in my place; **II** *conj* instead of; ▶ ~ **zur Schule zu gehen ...** instead of going to school ...

Stät·te ['ʃtɛtə] ‹-, -n› *f (gehoben)* place.

statt|fin·den *irr itr* take place; *(sich ereignen)* occur; **statt|ge·ben** *irr itr* grant; **statt·haft** *adj* allowed, *(gehoben)* permitted.

Statt·hal·ter *m* governor.

statt·lich ['ʃtatlıç] *adj* **1.** *(Gebäude)* stately; *(ansehnlich)* imposing; *(prächtig)* magnificent; **2.** *(beträchtlich)* considerable; **Statt·lich·keit** *f* **1.** *(von Gebäude)* stateliness; **2.** *(Ansehnlichkeit)* imposingness; *(Pracht)* magnificence.

Sta·tue ['ʃtaːtuə] ‹-, -n› *f* statue.

Sta·tur [ʃta'tuːr] ‹-, -en› *f* build, stature.

Sta·tus ['ʃtaːtus] ‹-› *m* status; **Sta·tus·sym·bol** *n* status symbol.

Sta·tut [ʃta'tuːt] ‹-(e)s, -en› *n* statute; ▶ ~**en** *pl (e-r Gesellschaft)* articles.

Stau [ʃtau] ‹-(e)s, -e› *m* **1.** *(Verkehrs~)* traffic jam; **2.** *(Wasser~)* build-up.

Staub [ʃtaup] ‹-(e)s› *m* dust; ▶ ~ **wischen** dust; **sich aus dem** ~ **machen** *fam* decamp, make off; **viel** ~ **aufwirbeln** *fig* cause a big stir; **diese Angelegenheit hat viel** ~ **aufgewirbelt** *fig* this affair has raised quite a dust; **Staub·beu·tel** *m* **1.** *bot* anther; **2.** *(von Staubsauger)* dust bag.

Stau·becken (k·k) *n* reservoir.

stau·ben *itr* **1.** *(staubig sein)* be dusty; **2.** *(Staub machen)* make dust.

Staub·fa·den *bot* filament; **Staub·fän·ger** ['ʃtaupfɛŋə] *m* dust collector; **Staub·flocke (k·k)** *f* fluff; **Staub·ge·fäß** *n bot* stamen.

stau·big *adj* dusty.

Staub·korn ‹-s, ¨er› *n* dust particle; **Staub·nie·der·schlag** *m* deposition of airborne solid matter; **staub·sau·gen** ['---] *itr* vacuum; *fam* hoover; **Staub·sau·ger** *m* vacuum cleaner; *fam* Hoover *Wz;* **Staub·tuch** ‹-(e)s, ¨er› *n* duster; **Staub·wol·ke** *f* cloud of dust.

stau·chen [ˈʃtaʊxən] *tr tech* upset; **Stau·chung** *f* 1. *tech* upsetting; 2. *med* compression.

Stau·damm *m* dam.

Stau·de [ˈʃtaʊdə] ⟨-, -n⟩ *f bot* perennial herb.

stau·en I *tr* 1. *(Wasser)* dam up; 2. *(Waren)* stow; **II** *refl* 1. *(Verkehr)* get jammed; *(Menschen)* crowd; 2. *(Wasser)* build up; ▶ **der Verkehr staut sich** there is a tailback.

Stau·er *m mar* stevedore.

Stau·ge·fahr *f* risk of congestion.

Stau·mau·er *f* dam wall.

Stau·nen *n* astonishment, amazement.

stau·nen [ˈʃtaʊnən] *itr* be astonished *(od* amazed) *(über* at); ▶ **da staunst du, was?** you didn't expect that, did you? **nein, wirklich? — da staune ich aber!** no, really? — you amaze me! **sie sah mich ~d an** she looked at me in astonishment.

Stau·pe [ˈʃtaʊpə] ⟨-, -n⟩ *f (Hundekrankheit)* distemper.

Stau·raum *m mot* storage capacity *(od* space); *mar* stowage room.

Stau·see *m* reservoir.

Stau·ung *f* 1. *(Verkehrs~)* traffic-jam, tailback; 2. *(Stockung)* pile-up.

Stea·rin [ʃteaˈriːn] ⟨-s, -e⟩ *n chem* stearin.

Stech·ap·fel *m bot* thorn-apple.

ste·chen [ˈʃtɛçən] *irr* **I** *itr tr* 1. *(Dorn)* prick; *(Biene)* sting; *(Mücke)* bite; 2. *(mit Waffe)* stab *(nach* at); 3. *fig (im Kartenspiel)* take; ▶ **Torf ~** cut peat; **in See ~** put to sea; **das sticht!** that's prickly! *(tut weh)* that hurts! **es sticht mich in der Seite** I have stitches in my side; **II** *refl* prick o.s. *(an* on); **ich hab mich in den Daumen gestochen!** I've pricked my thumb! **ste·chend** *adj* 1. *fig (Blick)* piercing; 2. *(Schmerz)* sharp; 3. *(Geruch)* pungent; **Stech·gin·ster** *m bot* furze, gorse; **Stech·kar·te** *f* clocking-in card; **Stech·mücke** (k·k) *f* gnat, mosquito; **Stech·pal·me** *f bot* holly; **Stech·uhr** *f* time-clock; **Stech·zir·kel** *m* dividers *pl.*

Steck·brief *m* warrant of arrest; ▶ **s~lich gesucht werden** be on the wanted list.

Steck·do·se *f el* socket.

Stecken (k·k) [ˈʃtɛkən] ⟨-s, -⟩ *m* stick.

stecken (k·k) **I** *tr* 1. put; 2. *(befestigen)* pin *(an* onto); **II** *itr* 1. *(sein)* be; 2. *(fest~)* be stuck; ▶ **steckt der Schlüssel?** is the key in the lock? **was steckt dahinter?** *fig* what's behind it? **Ich werd' ihm zeigen, was in mir steckt!** I'll show him what I'm made of! **jdm etw ~** *sl (verraten)* tell s.o. s.th.; **sich Watte in die Ohren ~** stuff cotton wool in one's ears; **stecken|blei·ben** (k·k) *irr itr* 1.

get stuck, stick fast; 2. *(in e-r Rede)* falter; ▶ **die Kugel blieb stecken** the bullet was lodged; **stecken|las·sen** (k·k) *irr tr:* ▶ **den Schlüssel ~** leave the key in the lock.

Stecken·pferd (k·k) *n* hobby-horse.

Stecker (k·k) *m el* plug.

Steck·kon·takt *m el* plug; **Steck·na·del** *f* pin; ▶ **jdn wie e-e ~ suchen** look for s.o. high and low; **Steck·rü·be** *f* swede, turnip; **Steck·schlüs·sel** *m tech Br* box spanner, *Am* socket wrench.

Steg [ʃteːk] ⟨-(e)s, -e⟩ *m* 1. *(Weg) Br* foothpath, *Am* walkway; 2. *(Fußgänger-brücke)* footbridge; 3. *aero (Holm)* web; 4. *(Geigen~)* bridge.

Steg·reif [ˈʃteːkˌraɪf] *m:* ▶ **aus dem ~ sprechen** make an off-the-cuff speech.

Steh·auf·männ·chen [ˈʃteːaʊfˌmɛnçən] *n* tumbler.

Ste·hen [ˈʃteːən] *n* standing; ▶ **zum ~ bringen** stop.

ste·hen *irr* **I** *itr* 1. stand; 2. *(von Kleidern: gut passen)* suit; **II** *tr (Wache)* stand; **III** *refl:* **sich gut ~** be well-off; ▶ **auf etw (jdn) ~** *sl (gern mögen)* dig s.th. (s.o.); **darauf steht Gefängnis** that's punishable by imprisonment; **darauf steht eine Belohnung** there's a reward for it; **das steht dir** *(paßt)* that suits you; **wie stehst du dazu?** what's your opinion on that? **wie stehst du mit ihr?** how do you get on with her? **wie steht's?** how's things? **wo steht das?** where does it say that? **was steht im Brief?** what does the letter say? **mir steht's bis hier** *fam* I'm sick and tired of it; **wo stehst du?** *(mit dem Auto)* where have you parked? **es steht nicht gut für ihn** things don't look too bright for him; **mit diesem Mantel stehst du dich gut** this coat's a bargain.

ste·hen|blei·ben *irr itr* 1. *(Fahrzeuge, Kolonne)* come to a standstill; *(Personen)* stop; 2. *(nicht umfallen)* remain standing; 3. *mot (Motor)* cut out; ▶ **ich bin auf Seite 16 stehengeblieben** I left off on page 16.

ste·hend *adj:* ▶ **~er Ausdruck** stock phrase; **~en Fußes** instanter; **~es Heer** regular army; **~er Satz** *typ* standing matter; **~es Wasser** stagnant water.

ste·hen|las·sen *irr tr* 1. *(dalassen)* leave; 2. *(vergessen)* leave behind; ▶ **er ließ die Suppe stehen** he left the soup untouched; **jdn draußen ~** leave s.o. standing outside.

Steh·kra·gen *m* stand-up collar; ▶ **ich hab's satt bis zum ~!** *fig fam* I'm fed up to the back-teeth with it! **Steh·lam·pe** *f Br* standard lamp, *Am* floor lamp; **Steh·lei·ter** *f* stepladder.

steh·len [ˈʃteːlən] *irr tr itr* steal; ▶ **er kann mir gestohlen bleiben** *fig fam!* I couldn't care less about him! **jdm die Zeit** ~ *fig fam* make s.o. lose his time. **Steh·lo·kal** *n* stand-up café **Steh·platz** *m (in Verkehrsmittel)* standing room; ► **einen** ~ **haben** have to stand. **Stei·er·mark** ['ʃtaɪemark] *f* Styria. **steif** [ʃtaɪf] *adj* **1.** *(straff, starr, unbeweglich)* stiff; *(Penis)* erect; *(erstarrt)* numb; **2.** *(Flüssigkeit, Teig etc)* thick; **3.** *fig (geziert)* strained; *(förmlich)* formal; ► ~ **u. fest behaupten, daß** ... swear up and down that ...; **die Ohren** ~ **halten** *fig* keep a stiff upper lip, ~ **machen,** ~ **werden** stiffen; **~e Brise** stiff breeze; **Steif·heit** *f* **1.** stiffness; *(Starrheit)* numbness; **2.** *fig* formality. **Steig** [ʃtaɪk] ⟨-(e)s, -e⟩ *m* steep track; **Stei·ge** ⟨-, -n⟩ *f* **1.** *dial (steile Stiege, Treppe)* staircase; **2.** *(steiler Weg)* steep track; **Steig·ei·sen** *n* **1.** *(zum Klettern)* crampon; **2.** *(Eisentritt in Mauer)* rung. **stei·gen** ['ʃtaɪgən] *irr itr* **1.** *(hinaufklettern, aero)* climb; **2.** *(sich nach oben bewegen: Barometer, Temperatur, Preise, Wasser etc)* rise; *(anwachsen, zunehmen)* increase; *(Wasser)* rise, swell; **3.** *(Preise)* go up, rise; ► **ins Auto** ~ get into one's car; **Drachen** ~ **lassen** fly kites; **aus dem Bett** ~ get out of bed; **stei·gend** *adj:* ► **~e Tendenz** upward tendency; **Stei·ger** *m min* foreman. **stei·gern** ['ʃtaɪgən] **I** *tr* **1.** *(a. Preise)* increase; **2.** *(intensivieren)* intensify; **II** *itr* **1.** *gram* compare; **2.** *(bei Auktionen)* bid *(um* for); **III** *refl* **1.** *(anwachsen)* increase; **2.** *(sich verbessern)* improve; **Stei·ge·rung** *f* **1.** *(a. Preise)* increase; **2.** *(Intensivierung)* intensification; **3.** *gram* comparison; **4.** *(Verbesserung)* improvement. **Steig·rie·men** *m* stirrup-strap. **Stei·gung** *f* **1.** *(Hang)* slope; **2.** *(e-r Straße, Bahn etc)* Br gradient, *Am* grade. **steil** [ʃtaɪl] *adj* steep; ► ~ **abfallen** plunge; **~es Dach** high roof; **~es Ufer** steep coast; **e-e ~e Karriere machen** have a rapid rise; **Steil·hang** *m* steep slope; **Steil·heck** *n mot* hatchback; **Steil·heit** *f* steepness; **Steil·kü·ste** *f* cliff; **Steil·paß** *m sport (Fußball)* through ball; **Steil·ufer** *n* steep bank. **Stein** [ʃtaɪn] ⟨-(e)s, -e⟩ *m* **1.** stone; **2.** *(Spiel~)* piece; **3.** *bot* stone; ► **da fällt mir ein** ~ **vom Herzen!** *fig fam* that's a load off my mind! ~ **und Bein schwören** *fam* swear blind; **jdm ~e in den Weg legen** *fig* put obstacles in someone's way; **den** ~ **ins Rollen bringen** *fig* start the ball rolling; **ich hab' bei ihr einen** ~ **im Brett** *fig fam* I'm well in with her; **ein Herz aus** ~ *fig* a heart of stone; **Stein·ad·ler** *m orn* golden eagle; **stein·alt** ['-'-] *adj* as old as the hills; **Stein·bock** *m* **1.** *zoo* ibex; **2.** *astr* Capricorn; **Stein·bruch** *m* quarry; **Stein-**

butt *m zoo* turbot. **stei·nern** ['ʃtaɪnen] *adj* **1.** stone; **2.** *fig* stony. **Stein·gut** *n* stoneware; **stein·hart** ['-'-] *adj* hard as stone. **stei·nig** *adj* stony. **stei·ni·gen** ['ʃtaɪnɪgən] *tr* stone; **Stei·ni·gung** *f* stoning; **Stein·koh·le** *f* hard coal; **Stein·koh·len·berg·werk** *n* coal mine, colliery; **Stein·mar·der** *m zoo* beech-marten; **Stein·metz** ['ʃtaɪnmɛts] ⟨-(es), -e(n)⟩ *m* stonemason; **Stein·pilz** *m bot* yellow boletus; **stein·reich¹** ['-'-] *adj fam (sehr reich)* stinking rich; **steinreich²** ['--] *(steinig)* stony; **Stein·salz** ⟨-es⟩ *n* rock salt; **Stein·schlag** *m* rockfall; **Stein·schüt·tung** *f (an Flußufer)* riprap; **Stein·zeit** *f* Stone Age; **Stein·zeug** *n* stoneware. **Steiß** [ʃtaɪs] ⟨-es, -e⟩ *m* buttocks *pl; (von Vögeln)* rump; **Steiß·bein** *n* coccyx. **Stell·dich·ein** ['ʃtɛldɪçaɪn] ⟨-(s), -(s)⟩ *n obs Br* rendezvous, *Am* date; ► **ein** ~ **mit jdm nicht einhalten** *Br* stand s.o. up *fam, Am* break a date. **Stel·le** ['ʃtɛlə] ⟨-, -n⟩ *f* **1.** *(Ort)* place; **2.** *(Fleck)* patch; **3.** *(Anstellung)* job; **4.** *(Buch~)* passage; *(Zitat)* quotation; **5.** *(Behörde) Br* authority, *Am* agency; **6.** *math* digit; ► **an erster** ~ in the first place; **an meiner** ~ in my place; **an dieser** ~ in this place; **wenn ich an Ihrer** ~ **wäre** ... if I were you ...; **an** ~ **von** ... in place of ..., instead of ...; **auf der** ~ *(sofort)* on the spot; **an Ort u.** ~ **sein** be on the spot; **an jds** ~ **treten** take the place of s.o.; **sich um e-e** ~ **bewerben** apply for a vacancy; **zur** ~ **sein** be at hand, be present; **offene ~, freie** ~ vacancy. **stel·len** ['ʃtɛlən] **I** *tr* **1.** *(setzen, hin~)* put; **2.** *(besorgen, zur Verfügung ~)* provide; **3.** *(regulieren, ein~)* set *(auf* at); **4.** *(Feind ~)* engage; *(in die Enge treiben)* corner; ► **die Heizung kleiner** ~ turn the heating down; **e-e Frage** ~ ask a question; **e-e Uhr** ~ set a watch *(od* clock); **sich schlafend** ~ pretend to be asleep; **das Radio leiser (lauter)** ~ turn the radio down (up); **auf sich selbst gestellt sein** be dependent on o.s.; **jdm etw auf den Tisch** ~ put s.th. on the table for s.o.; **II** *refl* **1.** *(sich hin~)* stand up; **2.** *(sich der Polizei ~)* give o.s. up to the police; ► **wie stellst du dich dazu?** what's your opinion on that? **Stel·len·an·ge·bot** *n* job offer; **Stel·len·aus·schrei·bung** *f* job advertisement; **Stel·len·be·schrei·bung** *f* job description; **Stel·len·ge·such** *n* application for a job; **Stel·len·ver·mitt·lung** *f* employment agency; **stel·len·wei·se** *adv* here and there, in places; **Stel·len·wert** *m fig* rank, rating; ► **einen**

hohen ~ haben play an important role.
Stell·ma·cher *m* 1. *(für Wagen)* cart-
wright; 2. *(Radmacher)* wheelwright.
Stell·platz *m (für Auto)* parking space.
Stel·lung *f* 1. *(Körper~)* position; 2. *mil*
position; 3. *mil (Geschütz~)* emplace-
ment; 4. *(Ansehen)* standing; *(Rang)*
status; 5. *(Beruf)* employment, job, situ-
ation; ► **seine ~ behaupten** stand one's
ground; **~ beziehen** *mil* move into posi-
tion; **die ~ halten** hold one's position;
fig hum hold the fort; **in ~ bringen**
(bring into) position; **~ nehmen zu ...**
express one's opinion on ...; **für jdn ~
beziehen** *fig* come out in favour of s.o;
Stel·lung·nah·me ⟨-, -n⟩ *f* 1. *(Entgeg-
nung)* statement (*zu* on); 2. *(Haltung)*
attitude; ► **s-e ~ zu etw abgeben** make
a statement on s.th.
Stel·lungs·be·fehl *m mil Br* call-up,
Am draft papers *pl;* **Stel·lungs·krieg**
m positional warfare.
stel·lungs·los *adj* unemployed, without
a job.
stell·ver·tre·tend *adj* 1. *(vorüberge-
hend)* acting; 2. *(amtlich)* deputy;
► **~er Vorsitzender** vice-chairman; **~er
Geschäftsführer** deputy managing di-
rector; **~ für etw stehen** stand in for
s.th; **Stell·ver·tre·ter(in)** *m (f)* 1. *(vor-
übergehender)* representative; *(von
Arzt)* locum; 2. *(amtlicher)* deputy; *mil*
second in command; **Stell·ver·tre-
tung** *f:* ► **in ~ von ...** for ...; **die ~
von jdm übernehmen** stand in for s.o.
Stell·werk *n rail Br* signal box, *Am*
switchtower.
Stel·ze ['ʃtɛltsə] ⟨-, -n⟩ *f* stilt; **stel·zen**
⟨sein⟩ *itr* 1. *(auf Stelzen gehen)* walk on
stilts; 2. *fam (lang ausschreiten)* stalk
along; **Stelz·vö·gel** *m pl* waders.
Stemm·ei·sen *n* crowbar.
stem·men ['ʃtɛmən] *tr* 1. *(hoch~)* lift; 2.
(aufmeißeln) chisel; ► **die Hände in
die Seiten ~** set one's arms akimbo;
sich ~ gegen ... *(dagegendrücken)*
brace o.s. against ...; *(sich auflehnen)*
oppose ...
Stem·pel ['ʃtɛmpəl] ⟨-s, -⟩ *m* 1. *(Gum-
mi~)* stamp; 2. *(Präge~, Münz~)* die; 3.
min (Stütz~) prop; 4. *(~abdruck* stamp;
(eingebrannter ~) brand; *(Post~)* post-
mark; *(Echtheits~ auf Gold, Silber)*
hallmark; **Stem·pel·far·be** *f* stamping
ink; **Stem·pel·kis·sen** *n* ink pad;
stem·peln *tr* stamp; *(postalisch)* post-
mark; ► **~ gehen** *fam* be on the dole.
Sten·gel ['ʃtɛŋəl] ⟨-s, -⟩ *m bot* stalk, stem.
Ste·no·block *m* shorthand pad; **Ste-
no·gramm** [ʃteno'gram] ⟨-s, -e⟩ *n*
shorthand dictation; ► **ein ~ aufneh-
men** take down in shorthand; **Ste·no-
gra·phie** *f* shorthand; **ste·no·gra-
phie·ren** I *itr* do shorthand; II *tr* take
down in shorthand; **Ste·no·graph(in)**

[ʃteno'graːf] ⟨-en, -en⟩ *m (f) (Bureau~)*
shorthand writer; *(Amts~)* stenogra-
pher; **ste·no·gra·phisch** I *adj* short-
hand; II *adv* in shorthand; **Ste·no·ty-
pist(in)** [ʃtenoty'pɪst] *m (f)* shorthand
typist.
Stepp·ano·rak *m* quilted anorak;
Stepp·an·zug *m* quilted suit; **Stepp-
decke (k·k)** *f Br* quilt, *Am* comforter.
Step·pe ['ʃtɛpə] ⟨-, -n⟩ *f* steppe.
step·pen[1] *itr (step-tanzen)* step-dance.
step·pen[2] ['ʃtɛpən] *tr (wattieren)* quilt;
(ab~) stitch; **Stepp·we·ste** *f* quilted
waistcoat.
Ster·be·bett *n* death-bed; **Ster·be·fall**
m death; **Ster·be·geld** *n* death benefit;
Ster·be·hil·fe active euthanasia;
Ster·be·kas·se *f* death benefit fund.
Ster·ben *n* death; ► **die Angst vorm ~**
fear of death; **im ~ liegen** be dying;
zum ~ langweilig *fig* deadly boring.
ster·ben ['ʃtɛrbən] *irr itr* die (*an* of);
► **daran wirst du nicht ~!** *fig fam* it
won't kill you! **e-s gewaltsamen Todes
~** die a violent death; **e-s natürlichen
Todes ~** die a natural death; **vor Lange-
weile ~** *fig* be bored to death; **die ist
für mich gestorben!** *fig fam* she might
as well be dead!
Ster·bens·wört·chen ['--'vœrtçən] *n:*
► **kein ~ verraten** not breathe a syl-
lable.
Ster·be·ort *m* deathplace; **Ster·be·ra-
te** *f* death rate, mortality; **Ster·be·sa-
kra·men·te** *pl* last sacraments; **Ster-
be·ur·kun·de** *f* death certificate.
sterb·lich *adj* mortal; ► **jds ~e Überre-
ste** someone's mortal remains; **Sterb-
lich·keit** *f* mortality.
Ste·reo ['ʃte:reo] ⟨-(s)⟩ *n* stereo; ► **in ~**
in stereo; **Ste·reo·an·la·ge** *f* hi-fi unit;
Ste·reo·auf·nah·me *f* 1. stereo re-
cording; 2. *phot* stereoscopic picture;
Ste·reo·me·trie [ʃtereome'tri:] *f*
math solid geometry, stereometry; **Ste-
reo·skop** [ʃtereo'sko:p] ⟨-s, -e⟩ *n*
stereoscope.
Ste·reo·turm *m* hi-fi stack.
ste·reo·typ [ʃtereo'ty:p] I *adj* 1. *typ*
stereotype; 2. *fig* stereotyped; ► **~e
Wendung** *ling* cliché; II *adv* imperso-
nally, stiffly.
Ste·reo·ty·pie [---'-] *f typ* stereotype
printing.
ste·ril [ʃte'ri:l] *adj* sterile; **Ste·ri·li·sa-
tion** [ʃteriliza'tsjo:n] *f* sterilization; **ste-
ri·li·sie·ren** *tr* sterilize; **Ste·ri·li·sie-
rung** *f* sterilization; **Ste·ri·li·tät** *f* ste-
rility.
Stern [ʃtɛrn] ⟨-(e)s, -e⟩ *m astr (a. ~för-
miges Zeichen)* star; ► **mit ~en besät**
starry; **es steht in den ~en** it's all in the
stars; **~e sehen** *hum fam* see stars;
Stern·bild *n* 1. *astr* constellation; 2. *(in
der Astrologie)* sign; **Ster·nen·ban-**

ner *n* Star-Spangled Banner, Stars and Stripes *pl;* **ster·nen·klar** ['--'-] *adj* starlit; **Ster·nen·zelt** *n poet* starry firmament.

Stern·fahrt *f mot* rally.

stern·ha·gel·voll ['---'-] *adj fam* dead drunk.

Stern·hau·fen *m* star cluster; **stern-hell** ['-'-] *adj* starlit; **Stern·kar·te** *f* celestial chart; **Stern·kun·de** *f* astronomy; **Stern·schnup·pe** *f* shooting star; **Stern·sin·ger** *pl* Carol singers; **Stern·stun·de** 1. great moment; 2. *astr (im Horoskop)* sidereal hour; **Stern·sy·stem** *n astr* galaxy; **Stern-war·te** *f* observatory; **Stern·zeit** *f (im Horoskop)* sidereal time.

Sterz [ʃtɛrts] ‹-es, -e› *f* 1. *(Schwanz, Steiß)* rump; 2. *(Pflug~)* handle.

stet [ʃteːt] *adj* constant; ▶ ~er Tropfen höhlt den Stein *prov* constant dripping wears away the stone; **ste·tig** *adj* steady; ▶ ~e Funktion *math* steady function; **Ste·tig·keit** *f* steadiness; *(Beständigkeit)* constancy; *(Kontinuität)* continuity; **stets** [ʃteːts] *adv (immer)* always; ▶ ~ zu Diensten ever at your service.

Steu·er¹ ['ʃtɔɪə] ‹-s, -› *n* 1. *mar* helm; 2. *mot* steering wheel; 3. *aero* controls *pl;* ▶ am ~ stehen (sitzen) be at the helm *(od* wheel, *od* controls); das ~ übernehmen take over; jdn ans ~ lassen let someone drive.

Steu·er² ‹-, -n› *f* 1. *fin* tax; 2. *fam (Behörde)* the tax people; ▶ nach (vor) Abzug der ~n after (before) tax; ~n eintreiben collect taxes; ~n erheben levy taxes; ~n hinterziehen evade taxes; ~n zahlen pay tax *sing;* **Steu·er-auf·kom·men** *n Br* tax yield, *Am* internal revenue; **steu·er·be·gün·stigt** *adj* tax-deductible; **Steu·er·be·la·stung** *f* tax load; **Steu·er·be·ra·ter(in)** *m (f)* tax consultant; **Steu·er-be·scheid** *m* tax assessment.

steu·er·bord *adj mar* starboard.

Steu·er·er·hö·hung *f* tax increase; **Steu·er·er·klä·rung** *f* tax return; ▶ die ~ abgeben file a return; **Steu·er·er·laß** *m* tax exemption; **Steu·er·er·leich·te·rung** tax relief; **Steu·er·er·mä·ßi·gung** *f* tax allowance; **Steu·er·er·stat·tung** *f* tax rebate *(od* refund); **Steu·er·for·mu·lar** *n* tax form; **steu·er·frei** *adj* exempt from tax; **Steu·er·gel·der** *pl* taxes; **Steu·er-ge·rät** *n* 1. *tech* controller; 2. *radio* tuner; **Steu·er·hin·ter·zie·hung** *f* tax evasion.

Steu·er·klas·se *f* tax group.

Steu·er·knüp·pel *m aero Br* control column *(Am* stick).

steu·er·lich *adj:* ▶ aus ~en Gründen for tax purposes.

Steu·er·mann ‹-(e)s, -menner/-leute› *m* 1. *(eingeteilter* ~) helmsman; 2. *(Schiffsoffizier)* first mate; **Steu·er-manns·pa·tent** *n mar* mate's ticket.

Steu·er·mar·ke *f (für Hunde) Br* dog license disc, *Am* dog tag.

steu·ern *tr* 1. *mar* navigate, steer; *aero* pilot; *mot* drive; 2. *(regulieren a. fig)* control.

Steu·er·pa·ra·dies *n* tax haven; **steu·er·pflich·tig** *adj* liable to tax; **Steu·er·pflich·ti·ge(r)** *f m* tax-payer; **Steu·er·po·li·tik** *f* fiscal policy; **Steu·er·prü·fer(in)** *m (f)* tax inspector; **Steu·er·prü·fung** *f* tax inspector's investigation.

Steu·er·pult *n tech* control desk.

Steu·er·rad *n mot* (steering) wheel; ▶ das ~ übernehmen take over.

Steu·er·re·form *f* tax reform.

Steu·er·ru·der *n* rudder.

Steu·er·satz *m* rate of taxation; **Steu·er·schrau·be** *f fig:* ▶ die Regierung zieht die ~ an the government is putting the screws on the taxpayer; **Steu·er·schuld** *f* tax owing; **Steu·er·sen·kung** *f* tax cut.

Steu·er·sün·der(in) *m (f)* tax evader.

Steue·rung *f* 1. *mar (das Steuern)* steering; *aero* piloting; 2. *fig* control; 3. *(Mechanismus e-r* ~) steering gear; *aero* controls *pl.*

Steu·er·ver·an·la·gung *f* tax assessment; **Steu·er·zah·ler** *m* taxpayer.

Steu·er·zei·chen *n EDV* control character.

Ste·ward(eß) ['stuːət(-dɛs) --'-] ‹-, -ssen› *m (f)* steward (stewardess).

sti·bit·zen [ʃtiˈbɪtsən] ‹ohne ge-› *tr fam* pilfer, swipe.

Stich [ʃtɪç] ‹-(e)s, -e› *m* 1. *(Nadel~)* prick; *(Messer~)* stab; 2. *(Mücken~)* bite; *(Insekten~)* sting; 3. *(Näh~)* stitch; 4. *(Schmerz)* piercing pain; *(Seitenstechen)* stitch; 5. *(Kupfer~, Stahl~)* engraving; ▶ e-n ~ haben *(Speisen)* be off; *fig fam (etw verrückt sein)* be round the bend; jdn im ~ lassen let s.o. down; ein ~ ins Grüne a tinge of green; ich hab' ~ e I have a stitch *sing.*

Sti·che·lei *f fig* sneering remarks *pl.*

sti·cheln ['ʃtɪçəln] *itr* 1. *(nähen)* sew; 2. *fig* make sneering remarks *(gegen* at).

Stich·flam·me *f* tongue of flame.

stich·hal·tig *adj* sound, valid; ▶ ~e Gründe sound arguments; **Stich·hal·tig·keit** *f* soundness, validity.

Stich·ling *m zoo* stickleback.

Stich·pro·be *f* spot check; ~n machen make spot checks; **Stich·sä·ge** *f* fretsaw; **Stich·tag** *m* qualifying date; **Stich·waf·fe** *f* stabbing weapon; **Stich·wahl** *f Br* final ballot, *Am* runoff; **Stich·wort** ‹-(e)s, ¨ er› *n* 1. *(im Wörterbuch)* head-word; 2. *fig theat* cue; **3.** *(schriftliches* ~*)* keyword; **stich·wort·ar·tig** *adj:* ▶ **geben Sie es nur** ~ **wieder!** recount the main points of it! **Stich·wort·ka·ta·log** *m (Bibliothek)* classified catalogue; **Stich·wun·de** *f* stab wound.

sticken (k·k) ['ʃtɪkən] *tr itr* embroider; **Sticke·rei (k·k)** *f* embroidery; **Stick- garn** *n* embroidery silk.

stickig (k·k) ['ʃtɪkɪç] *adj* **1.** *(muffig)* close, stuffy; **2.** *(erstickend)* suffocating; **3.** *fig* stifling.

Stick·mu·ster *n* embroidery pattern; **Stick·na·del** *f* embroidery needle.

Stick·oxid *n* nitric oxide.

Stick·stoff *m* nitrogen; **Stick·stoff- dün·ger** *m* nitrogen fertilizer.

stie·ben ['ʃtiːbən] *irr itr* **1.** *(Funken)* fly; **2.** *(rennen)* flee.

Stief·bru·der *m* stepbrother.

Stie·fel ['ʃtiːfəl] ‹-s, -› *m* boot; **Stie·fel- knecht** *m* boot-jack.

Stief·kind *n* stepchild; **Stief·mut·ter** *f* stepmother.

Stief·müt·ter·chen *n bot* pansy.

Stief·schwe·ster *f* stepsister; **Stief- sohn** *m* stepson; **Stief·toch·ter** *f* stepdaughter; **Stief·va·ter** *m* step- father.

Stie·ge ['ʃtiːgə] ‹-, -n› *f* staircase.

Stieg·litz ['ʃtiːglɪts] ‹-es, -e› *m orn* gold- finch.

Stiel [ʃtiːl] ‹-(e)s, -e› *m* **1.** *(Griff)* handle; *(Besen~)* stick; **2.** *bot* stalk; *(Stengel)* stem; ▶ **mit Stumpf u.** ~ **ausrotten** extirpate, root out; **Stiel·au·gen** *pl:* ▶ ~ **machen** *fam fig* be pop-eyed; **stiel·äu·gig** ['ʃtiːlɔɪgɪç] *adj fam* stalk- eyed; **Stiel·kamm** *m* tail comb; **Stiel- topf** *m* saucepan.

Stier [ʃtiːɐ] ‹-(e)s, -e› *m* **1.** *zoo* bull; **2.** *astr* Taurus.

stier [ʃtiːɐ] *adj (Blick, Augen: glasig)* glassy; *(leer)* vacant; **stie·ren** *itr* stare *(auf* at).

Stier·kampf *n* bull-fight; **Stier·kämp- fer** *m* bull-fighter.

Stift[1] [ʃtɪft] ‹-(e)s, -e› *m* **1.** *(Holz~)* peg; *(Nagel)* tack; **2.** *(Blei~)* pencil; *(Kugel- schreiber)* ball-point.

Stift[2] *n* **1.** *eccl (Diözese)* diocese; **2.** *(Anstalt)* home; **3.** *eccl (Domkapitel)* chapter.

Stift[3] *m fam (Lehrling)* apprentice boy.

stif·ten ['ʃtɪftən] *tr* **1.** *(schenken, geben)* donate; **2.** *(gründen)* found; **3.** *(verursa- chen)* bring about, cause; ▶ **Frieden** ~ make peace; **Unfrieden** ~ sow discord.

stif·ten|ge·hen *irr itr fam* beat a hasty retreat, make off.

Stif·ter(in) *m (f)* **1.** *(Schenkende(r))* donator; **2.** *(Gründer(in))* founder.

Stift·schlüs·sel *m tech* **1.** *allg* pin spanner; **2.** *(Sechskant~)* socket screw key.

Stifts·kir·che *f* collegiate church.

Stif·tung *f* **1.** *(Schenkung)* donation; **2.** *(Gründung)* foundation; **3.** *jur* founda- tion; **4.** *(Stipendium aus* ~*)* endowment.

Stift·zahn *m* post crown.

Stil [ʃtiːl] ‹-(e)s, -e› *m* style; ▶ **ein Ge- dicht im** ~ **der Romantik** a poem in the Romantic style; **so ein Haus ist nicht mein** ~ that house is not my style; **alles in großem** ~ **tun** do things in style; **Stil·blü·te** *f fam* howler.

Sti·lett [ʃtiˈlɛt] ‹-s, -e› *n* stiletto.

Stil·ge·fühl *n* sense of style; **stil·ge- treu** *adj* in original style; **sti·li·sie·ren** *tr* stylize; **Sti·li·stik** *f* stylistics *pl;* **sti- li·stisch** stylistic.

still [ʃtɪl] *adj* **1.** *(ruhig, schweigend)* quiet, silent; **2.** *(unbewegt)* still; ▶ **halt das Glas** ~**!** hold your glass steady! **~er Teilhaber** *com Br* sleeping *(Am* silent) partner; **sei** ~**!** be quiet! **im** ~**en** without saying anything; **sich im** ~**en denken** think to o.s.; **Stil·le** ['ʃtɪlə] ‹-› **1.** *(Ruhe)* quietness; **2.** *(Unbewegtheit)* stillness; ▶ **sie haben im** ~**n darüber gelacht** they had a quiet laugh over it; **sich in aller** ~ **davonmachen** make off se- cretly; **er wurde in aller** ~ **begraben** he was given a quiet burial; **Stil·le·ben** *n (Malerei)* still life; **stil(l·)le·gen** *tr* **1.** *(Betrieb)* close *(od* shut) down; **2.** *(Ver- kehr einstellen)* suspend; **3.** *(Fahrzeug)* lay up; *(Schiff)* put out of service; **Stil(l·)le·gung** *f* **1.** *(von Betrieb)* closure, shut-down; **2.** *(Verkehrseinstel- lung)* stoppage; **3.** *(von Fahrzeug)* lay- ing up.

stil·len *tr* **1.** *(befriedigen)* satisfy; *(Durst)* quench; **2.** *(Schmerz)* allay, ease; **3.** *(Zorn)* appease; **4.** *(Blut)* staunch; **5.** *(Kind)* breast-feed.

Still·hal·te·ab·kom·men *n* mora- torium; **still‖hal·ten** *irr itr* **1.** keep still; **2.** *fig* keep quiet; **stil(l·)‖lie·gen** *irr itr* **1.** *(Verkehr etc)* have come to a stand- still; **2.** *tech (eingestellt sein)* be at a standstill; **3.** *(Fabrik)* be closed *(od* shut) down.

stil·los ['ʃtiːlˌloːs] *adj* **1.** *(nicht zusam- menpassend)* incongruous; **2.** *fig* having no sense of style.

Still·schwei·gen *n* silence; ▶ **über etw** ~ **bewahren** maintain silence about s.th; **still‖schwei·gen** *irr itr* remain silent; **zu etw** ~ remain silent in the face of it; **still·schwei·gend** *adj fig:* ▶ ~**es Ein- vernehmen (Übereinkommen)** tacit understanding (agreement); **still‖sit- zen** *irr itr* sit still; **Still·stand** ‹-(e)s› *m* **1.** *(Halt)* standstill; **2.** *(Unterbrechung)* interruption; ▶ **zum** ~ **bringen** bring to a stop; **die Produktion zum** ~ **bringen** bring production to a standstill; **zum** ~ **kommen** come to a standstill; *(von Mo- tor)* stop; **still‖ste·hen** *irr itr* **1.** be at a standstill; *mil* stand at attention; **2.** *(stehenbleiben)* stop.

Stil·mö·bel *n pl* period furniture; **stilvoll** *adj* stylish.

Stimm·ab·ga·be *f* voting; **Stimmbän·der** *pl* vocal cords; **stimm·berech·tigt** *adj* entitled to vote; ▶ **nicht ~** non-voting; **Stimm·be·rech·tigte(r)** *f m* person entitled to vote; **Stimm·bruch** ⟨-(e)s⟩ *m:* ▶ **er ist im ~** his voice is breaking.

Stim·me ['ʃtɪmə] ⟨-, -n⟩ *f* **1.** voice; **2.** *parl (Wahl~)* vote; **3.** *mus* part; **4.** *(Presse~)* comment; ▶ **ich habe keine ~ mehr** I have lost my voice; **sie hat keine besonders gute ~** she hasn't got much of a voice; **mit tiefer ~** in a deep voice; **jdm s-e ~ geben** *parl* give one's vote to a person; **Mehrheit von e-r Stimme** *parl* single-vote majority; **er gewann mit e-r Mehrheit von 150 ~n** he won by 150 votes.

stim·men I *itr* **1.** *(richtig sein)* be right; **2.** *parl (ab~)* vote *(für/gegen* for/ against); ▶ **stimmt das?** is that true *(od* right *od* correct)? **stimmt's?** right? **stimmt so!** *(beim Geben von Trinkgeld)* keep the change! **das stimmt nicht** that's wrong; **II** *tr (ein Instrument ~)* tune *(höher/niedriger* up/down); ▶ **jdn gegen etw ~** *fig* turn s.o. against s.th.

Stim·men·aus·zäh·lung *f parl* count of votes; **Stim·men·ge·win·ne** *pl parl* votes gained; **Stim·men·ge·wirr** *n* confused din of voices; **Stim·men·gleich·heit** *f parl* tie; ▶ **bei ~ den Ausschlag geben** give the casting vote; **bei ~ entscheidet die Stimme des Vorsitzenden** the vote of the chairman shall be decisive in the event of a tie; **Stim·men·mehr·heit** ['----/--'--] *f Br* majority *(Am* plurality) of votes; ▶ **einfache ~** bare *(od* mere) majority; **Stimm·ent·hal·tung** ['----/--'--] *f* abstention; **Stim·men·ver·lu·ste** *pl parl* votes lost.

Stimm·ga·bel *f* tuning fork; **stimmhaft** *adj ling* voiced; **stim·mig** *adj (Argumente)* coherent; **Stim·mig·keit** *f* coherence; **Stimm·la·ge** *f mus* register; **stimm·los** *adj ling* voiceless; **Stimm·recht** *n* right to vote; ▶ **~ haben** have a vote; **Stimm·rit·ze** *f anat* glottis.

Stim·mung ['ʃtɪmʊŋ] *f* **1.** *(Gemüts~)* mood; **2.** *(öffentliche Meinung)* public opinion; ▶ **ich bin nicht in der ~ für diese Musik** I'm not in the mood for this type of music; **ich bin nicht in der richtigen ~** I'm not in the mood; **~ für (gegen) etw machen** stir up public opinion in favour of (against) s.th; **Stim·mungs·um·schwung** *m* **1.** *allg* change of atmosphere; *pol* swing; **2.**

com (Börse, Markt) change of tendency; **stim·mungs·voll** *adj (idyllisch)* idyllic.

Stimm·zet·tel *m* ballot paper.

Sti·mu·la·tion [ʃtimula'tsjo:n] *f a. fig* stimulation; **sti·mu·lie·ren** *tr med a. fig* stimulate.

Stink·bom·be *f* stink bomb.

stin·ken ['ʃtɪŋkən] *irr itr* stink; ▶ **hier stinkt's!** it stinks in here! **die ganze Sache stinkt!** *fig fam* the whole business stinks! **die ganze Angelegenheit stinkt mir!** *fig fam* I'm fed up to the back teeth! **stin·kend** *adj* stinking; **stink·faul** ['-'-] *adj fam* bone-lazy; **stink·lang·wei·lig I** *adj* deadly boring; **II** *adv* in a deadly boring way; **Stink·tier** *n zoo* skunk; **Stink·wut** ['-'-] *f fam:* ▶ **e-e ~ haben** be furious.

Sti·pen·di·um [ʃti'pɛndium] ⟨-s, -dien⟩ *n* **1.** *(als Auszeichnung)* scholarship; **2.** *(Studienbeihilfe)* grant.

Stipp·vi·si·te ['ʃtɪp-] *f fam* flying visit.

Stirn [ʃtɪrn] ⟨-, -en⟩ *f* forehead, *(gehoben)* brow; ▶ **hohe (niedrige) ~** high (low) forehead; **die ~ bieten** defy; **er hatte die ~, mir das zu sagen** he had the cheek to tell me that; **die ~ runzeln** frown; **Stirn·band** *n* **1.** *(Band um die Stirn)* headband; **2.** *(Schweißband in Hut)* sweatband; **Stirn·bein** *n anat* frontal bone; **Stirn·höh·le** *f* frontal sinus; **Stirn·höh·len·ver·ei·te·rung** *f med* sinusitis; **Stirn·rad** *n tech* spurwheel; **Stirn·run·zeln** ⟨-s⟩ *n* frown(ing); **Stirn·sei·te** *(von Gebäude)* gable-end.

stö·bern ['ʃtø:bən] *itr* rummage *(nach* for).

sto·chern ['ʃtoxən] *itr* poke *(in* at); ▶ **in den Zähnen ~** pick one's teeth.

Stock [ʃtɔk, *pl* 'ʃtœkə] ⟨-(e)s, ⁀e⟩ *m* **1.** *allg* stick; *(Stab)* staff; *(Spazier~)* cane; *(Billard~)* cue; **2.** *(Baum~)* roots *pl;* **3.** *(~werk) Br* floor, storey, *Am* story; ▶ **am ~ gehen** walk with a stick; **im ersten ~** *Br* on the first *(Am* on the second) floor; **über ~ u. Stein** up hill and down dale.

stock·be·sof·fen ['--'--] *adj sl* pissed; **stock·dumm** ['-'-] *adj fam* thick; **stock·dun·kel** ['-'--] *adj* pitch-dark.

stöckeln (k·k) ['ʃtœkəln] ⟨sein⟩ *itr* mince, trip.

Stöckel·schuh (k·k) *m* stiletto.

stocken (k·k) ['ʃtɔkən] *itr* **1.** *(innehalten)* break off, stop short; **2.** *fig (nicht weitergehen)* make no progress; **3.** *(Verkehr)* be halted; ▶ **ins S~ geraten** *fig* begin to flag; **stockend (k·k)** *adj* hesitant.

stock·fin·ster ['-'--] *adj* pitch-dark.

Stock·fisch *m* **1.** *zoo* dried cod; **2.** *fig fam* stuffed shirt.

stock·kon·ser·va·tiv *adj* ▶ **er ist ~**

he is a dyed-in-the-wool conservative.
stock·steif ['-'-] *adj* stiff as a poker.
Stockung (k·k) *f* 1. *(von Verhandlungen)* break-down; 2. *(Unterbrechung)* interruption; 3. *(Verkehrs~)* traffic-jam.
Stock·werk *n Br* floor, storey, *Am* story; ▶ **im oberen** ~ upstairs.
Stoff [ʃtɔf] ⟨-(e)s, -e⟩ *m* 1. *(Gewebe)* fabric, material; *com (Kleider~)* cloth; 2. *(Materie)* matter; 3. *sl (Rauschgift)* dope, stuff; 4. *(Gesprächs~)* subject; ▶ ~ **für ein Buch** material for a book; **e-e Medizin mit schädlichen ~en** a medicine with harmful substances; ~ **zu etw geben** furnish matter for s.th.; **sich** ~ **beschaffen** *(Rauschgift)* score some stuff; **Stoff·bahn** *f* length of material; **Stoff·bal·len** *m* roll of cloth.
Stof·fel ['ʃtɔfəl] ⟨-s, -⟩ *m fam* boor, yokel.
Stoff·tier *n* soft toy.
Stoff·wech·sel *m med* metabolism; **Stoff·wech·sel·pro·dukt** *n* metabolic product.
Stöh·nen ['ʃtøːnən] *n* 1. *(Seufzer)* groan; 2. *(Gestöhne)* groaning; **stöh·nen** *itr* groan.
Stol·len¹ ['ʃtɔlən] ⟨-s, -⟩ *m (Kuchen) Br* fruit loaf, *Am* stollen.
Stol·len² *m* 1. *min* gallery; 2. *mil (bombensicherer Unterstand)* underground shelter.
stol·pern ['ʃtɔlpən] ⟨sein⟩ *itr* stumble, trip *(über* over).
Stolz ⟨-es⟩ *m* pride; ▶ **jdn mit** ~ **erfüllen** be a source of pride to s.o.; **ihr ganzer** ~ her pride and joy.
stolz [ʃtɔlts] *adj* 1. proud *(auf* of); 2. *(anmaßend)* arrogant; 3. *(großartig)* majestic, stately; ▶ ~ **sein auf ...** be proud of ...; **zu** ~ **sein, etw zu tun** have too much pride to do s.th.; **das ist nichts, worauf man** ~ **sein kann** that's nothing to be proud of.
stol·zie·ren *itr (hochmütig)* stalk; *(angeberisch)* strut.
Stopf·ei *n* darner; **Stop·fen** *m (s.* Stöpsel 1. *)*.
stop·fen ['ʃtɔpfən] I *tr* 1. *(Pfeife* ~, *Loch füllen)* fill; *(hinein~)* stuff; 2. *(Strümpfe etc ausbessern)* darn, mend; 3. *(mit Stöpsel etc zu~, Leck* ~) plug, stop up; ▶ **jdm den Mund** ~ *fig* silence s.o.; **er stopfte es in s-e Tasche** he stuffed it away in his pocket; II *itr med* be constipating; **Stopf·garn** *n* darning cotton, mending thread; **Stopf·na·del** *f* darning needle.
Stopp [ʃtɔp] ⟨-s, -s⟩ *m (Halt)* halt, stop.
Stop·pel ['ʃtɔpəl] ⟨-, -n⟩ *f* stubble; **Stop·pel·bart** *m* stubbly beard; **Stop·pel·feld** *n* stubble-field.
stop·pe·lig ['ʃtɔp(ə)lɪç] *adj* stubbly.
stop·pen ['ʃtɔpən] I *tr* 1. *(anhalten)* stop; 2. *(mit der Uhr ab~)* time; II *itr*

stop; ▶ **halt! stopp!** stop right there!
Stopp·schild *n* stop sign; **Stopp·uhr** *f* stop-watch.
Stöp·sel ['ʃtœpsəl] ⟨-s, -⟩ *m* 1. *(Pfropfen)* stopper; *(für Wasserbecken etc)* plug; 2. *fam (kleiner Junge) Br* runt, *Am* shortie.
Stör [ʃtøːɐ] ⟨-(e)s, -e⟩ *m zoo* sturgeon.
Storch [ʃtɔrç, *pl* 'ʃtœrçə] ⟨-(e)s, ⁀e⟩ *m* stork; ▶ **da brat' mir e-r e-n** ~! *fig* that beats everything! **Stor·chen·nest** *n* stork's nest.
stö·ren ['ʃtøːrən] I *tr* 1. *(beeinträchtigen)* disturb; 2. *(lästig sein)* bother; 3. *(unterbrechen)* disrupt; ▶ **eins stört mich noch ...** one thing is still bothering me ...; **ich hoffe, ich störe (Sie) nicht** I hope I'm not disturbing you; II *itr (im Weg sein)* be in the way; ▶ **störe ich?** am I intruding? **etw als** ~**d empfinden** find s.th. bothersome; **du hast mich im Schlaf gestört** you disturbed my sleep; **,bitte nicht** ~' 'please do not disturb'; **Stö·ren·fried** *m* trouble-maker; **Stör·fak·tor** *m* source of irritation; **Stör·fall** *m* disruptive incident, malfunction; **Stör·ge·räusch** *n radio* interference; **Stör·ma·nö·ver** *n* disruptive action.
stor·nie·ren [ʃtɔr'niːrən] *tr:* ▶ **e-n Auftrag** ~ cancel an order; **e-e Buchung** ~ reverse an entry.
stör·risch ['ʃtœrɪʃ] *adj* obstinate, stubborn; ▶ **ein** ~**es Kind** a refractory child; ~**e Haare** unmanageable hair; **ein** ~**es Pferd** a restive horse.
Stör·sen·der *m radio* jammer.
Stö·rung *f* 1. *(Beeinträchtigung)* disturbance; 2. *(Unterbrechung)* disruption; 3. *radio* interference; 4. *el tech* trouble; *(Fehler)* fault; ▶ **ohne** ~ without accident; **entschuldigen Sie bitte die** ~! pardon the intrusion! **e-e** ~ **beseitigen** *el tech* clear a fault.
Stö·rungs·dienst *m tech* fault-complaint service; **stö·rungs·frei** *adj* 1. *allg* trouble-free; 2. *radio* free from interference.
Stoß [ʃtoːs, *pl* 'ʃtøːsə] ⟨-es, ⁀e⟩ *m* 1. push, shove; *(leichter Schlag)* nudge; 2. *(Erschütterung)* shock; 3. *(Stich)* stab; 4. *(Fecht~)* thrust; 5. *(Schwimm~)* stroke; 6. *(Trompeten~)* blast, sound; 7. *(Haufen)* pile; *(Akten~)* file (of deeds); *(Papier~)* bundle; ▶ **jdm e-n** ~ **versetzen** deal s.o. a blow; **geben Sie Ihrem Herzen e-n** ~! *fig* come on! get a move on! **jdm e-n** ~ **in die Rippen geben** poke s.o. in the ribs; **Stoß·dämp·fer** *m mot* shock absorber.
Stö·ßel ['ʃtøːsəl] ⟨-s, -⟩ *m* 1. *(in Mörser)* pestle; 2. *mot (Ventil~)* tappet.
sto·ßen *irr* I *tr* 1. *(e-n Stoß geben)* push; *(leicht)* poke; *(mit der Faust)* punch; 2. *(mit e-r Waffe)* thrust; 3. *(Stich)* stab;

▶ **sich den Kopf** ~ hit one's head; **jdn vor den Kopf** ~ *fig* offend s.o.; **II** *itr* **1.** *:* ▶ **an etw** ~ hit s.th.; **2.** *(angrenzen an)* border on ...; ▶ **gegen etw** ~ run into s.th.; **auf Widerstand** ~ meet with resistance; **zu jdm** ~ *fig* join s.o.; **III** *refl (sich wehtun)* bump *(od knock)* o.s.; ▶ **sich an etw** ~ *fig* bump against s.th.; take offence at s.th; **stoß·fest** *adj* shock-proof; **Stoß·ge·bet** *n* quick prayer; **Stoß·seuf·zer** *m* deep sigh; **Stoß·stan·ge** *f* *mot* bumper; ▶ **hintere** *(vordere)* ~ rear *(front)* bumper; **Stoß·trupp** *m* *mil* raiding party; **Stoß·ver·kehr** *m* rush-hour traffic; **stoß·wei·se** *adv* by fits and starts, spasmodically; *(Blut)* in gushes; **Stoß·zahn** *m* tusk; **Stoß·zeit** *f* *(im Verkehr)* rush hour.

stot·tern ['ʃtɔtən] *itr* **1.** stutter; **2.** *mot* splutter.

stracks [ʃtraks] *adv* **1.** *(direkt)* direct; **2.** *(geradeaus)* straight; **3.** *(sofort)* immediately.

Straf·an·dro·hung *f* *jur:* ▶ **unter** ~ under threat of penalty; **Straf·an·stalt** *f* penal institution; **Straf·an·trag** *m:* ▶ **einen** ~ **stellen** institute legal proceedings *pl;* **Straf·an·zei·ge** *f:* ▶ ~ **gegen jdn erstatten** bring a charge against s.o; **Straf·ar·beit** *f* *päd Br* punishment exercise, *fam* lines *pl, Am* extra work; **Straf·auf·schub** *m* suspension of the sentence; *(von Hinrichtung)* reprieve; **Straf·bank** *f* *sport* penalty bench.

straf·bar *adj* punishable; ~ **nach** ... punishable under ...; ▶ ~ **sein** be an offence; ~e **Handlung** *Br* offence, *Am* offense; **sich** ~ **machen** commit an offence.

Straf·be·fehl *m* *jur* order of summary punishment.

Stra·fe ['ʃtraːfə] ⟨-, -n⟩ *f* **1.** *(Bestrafung)* punishment; **2.** *(Geld~)* fine; *(Gefängnis~)* sentence; **3.** *sport* penalty; ▶ **zur** ~ **als a punishment; du weißt, welche** ~ **darauf steht** you know the penalty; **das ist die** ~ **dafür, daß** ... that's the penalty you pay for ...; **seine gerechte** ~ **bekommen** get one's just deserts; **sie mußte £ 50** ~ **dafür zahlen** she had to pay a £ 50 fine for it.

stra·fen *tr* punish; ▶ **er ist genug gestraft worden** he has been punished enough; **jdn für etw** ~ punish s.o. for s.th.; **jdn Lügen** ~ give the lie to s.o.; **jdn mit Verachtung** ~ treat s.o. with contempt.

Straf·er·laß *m* **1.** *(Amnestie)* amnesty; **2.** *(Strafnachlaß)* remission *(of a sentence).*

straff [ʃtraf] *adj* **1.** *(Seil: gespannt)* taut; **2.** *(eng sitzend)* close-fitting, tight; **3.** *(aufrecht, stramm)* erect; **4.** *fig (strikt,*

exakt) strict; ▶ ~e **Haltung** straight military carriage; ~ **sitzen** *(Kleidung)* fit tightly; ~ **spannen** tighten; ~e **Haut** smooth skin.

straf·fäl·lig *adj:* ▶ ~ **werden** commit a criminal offence.

straf·fen ['ʃtrafən] **I** *tr* **1.** *(enger machen)* tighten; **2.** *(Seil: spannen)* tauten; **II** *refl* **1.** *(enger werden)* tighten; **2.** *(sich spannen)* become taut; **3.** *(sich aufrichten)* become erect.

Straff·heit *f* **1.** *(von Kleidung etc)* tightness; *(Spannung: von Seil etc)* tautness; **2.** *(von Haltung)* erectness; **3.** *fig* strictness.

straf·frei *adj:* ▶ ~ **ausgehen** *(od bleiben)* go unpunished; **Straf·frei·heit** *f* *jur* exemption from punishment; *(Straflosigkeit)* impunity; **Straf·ge·fan·ge·ne(r)** *f m* prisoner; **Straf·ge·richt** *n:* ▶ **ein** ~ **über jdn abhalten** *fig* sit in judgment on s.o; **Straf·ge·setz** *n* criminal *(od* penal*)* law; **Straf·ge·setz·buch** *m* Criminal Code; **Straf·ju·stiz** *f* criminal justice.

sträf·lich ['ʃtrɛːflɪç] *adj* **1.** *(zu bestrafend)* criminal; **2.** *(unverzeihlich)* unpardonable; ▶ **es ist** ~, **bei so schönem Wetter drinnen zu bleiben** it's criminal to stay indoors in such lovely weather.

Sträf·ling *m* prisoner; *(Zuchthäusler)* convict; **Sträf·lings·klei·dung** *f* prison clothing.

straf·los *adj:* ▶ ~ **ausgehen** come off clear; **Straf·maß** *n* sentence; **straf·mil·dernd** ['-'--] *adj* extenuating; **straf·mün·dig** *adj:* ▶ ~ **sein** be of the age of criminal responsibility; **noch nicht** ~ **sein** be under the age of criminal responsibility; **Straf·por·to** *n* excess postage; **Straf·pre·digt** *f:* ▶ **jdm eine** ~ **halten** give s.o. a dressing-down; **Straf·pro·zeß** *m* criminal case, criminal proceedings *pl;* **Straf·punkt** *m* *sport* penalty point; **Straf·raum** *m* *sport* penalty area; **Straf·recht** *n* criminal law; **straf·recht·lich** *adj* criminal; **Straf·re·gi·ster** *n* criminal records *pl;* ▶ **Auszug aus dem** ~ excerpt from the criminal records; **Straf·stoß** *m* *sport* penalty kick; **Straf·tat** *f* *Br* criminal offence *(Am* offense*);* **straf·ver·schär·fend** ['--'--] *adj* aggravating; ▶ **als** ~ **kam hinzu, daß** ... the crime was compounded by the fact that ..; **Straf·ver·set·zung** *f* disciplinary transfer; **Straf·voll·zug** *m* penal system; **Straf·wurf** *m* *sport* penalty throw; **Straf·zet·tel** *m* ticket.

Strahl [ʃtraːl] ⟨-(e)s, -en⟩ *m* **1.** *(Licht~)* ray; **2.** *(Elektronen~)* beam; **3.** *(Wasser~)* jet.

Strah·le·mann *m* *fam* golden boy.

strah·len *itr* **1.** *(Wärme)* radiate; *(scheinen)* shine; **2.** *(Radioaktivität)* be radio-

active; **3.** *fig (Gesicht)* beam; ▶ **sie
strahlte übers ganze Gesicht** her face
was beaming with joy.
Strah·len·be·la·stung *f (radioaktive)*
radiation exposure; **Strah·len·bio·lo·
gie** *f* radiobiology; **Strah·len·bre·
chung** *f* refraction; **Strah·len·bün·
del** *n* pencil of rays.
strah·lend *adj:* ▶ ~ **es Gesicht** beaming face; ~**er Tag** bright day; ~**er Abfall**
radioactive waste.
Strah·len·do·sis *f* dose of radiation;
Strah·len·schutz *m* radiation protection; **Strah·len·schutz·pla·ket·te** *f*
film badge; **Strah·len·the·ra·pie** *f
med* raditherappy; **strah·len·ver·
seucht** *adj* contaminated (with radiation).
Strah·ler ⟨-s, -⟩ *m* **1.** *(Heiz~)* electric
wall heater; **2.** *(Punkt~)* spotlight.
Strah·lung *f* radiation; **Strah·lungsener·gie** *f* radiation energy; **Strah·
lungs·in·ten·si·tät** *f* dose of radiation; **Strah·lungs·wär·me** *f* radiant
heat.
Sträh·ne ['ʃtrɛːnə] ⟨-, -n⟩ *f* strand; **sträh·
nig I** *adj* straggly; **II** *adv* in strands.
stramm [ʃtram] **I** *adj* **1.** *(engsitzend)*
close-fitting, tight; *(Seil: gespannt)* taut;
2. *fam (stark)* strapping; ▶ ~ **sitzen**
(Kleidung) fit tightly; **jdm die Hosen** ~
ziehen give s.o. a good hiding; ~ **stehen**
mil stand at attention.
stram·peln ['ʃtrampəln] *itr* **1.** thrash
about; **2.** *fig (sich abmühen)* drudge.
Strand [ʃtrant, *pl* 'ʃtrɛndə] ⟨-(e)s, ⏑e⟩ *m*
(Ufer) shore; *(sandiger* ~, *Bade~)*
beach; ▶ **am** ~ on the beach; **Strandan·zug** *m* beach suit; **stran·den** ⟨sein⟩
itr **1.** be stranded, run aground; **2.** *fig
(scheitern)* fail; **Strand·gut** *n (angespültes* ~*)* jetsam; *(treibendes* ~*)* flotsam; **Strand·ha·fer** *m* marram;
Strand·ho·tel *n* seaside hotel;
Strand·korb *m* canopied beach-chair;
Strand·läu·fer *m orn* sandpiper.
Strang [ʃtraŋ, *pl* 'ʃtrɛŋə] ⟨-(e)s, ⏑e⟩ *m* **1.**
(Strick) rope; **2.** *anat* cord; ▶ **am glei·
chen** ~ **ziehen** *fig* be in the same boat;
stran·gu·lie·ren [ʃtraŋguˈliːrən] *tr*
strangle.
Stra·pa·ze [ʃtraˈpaːtsə] ⟨-, -n⟩ *f* hardship, strain; **stra·pa·zie·ren** *tr* **1.** *(erschöpfen, fertigmachen)* knock up; **2.**
(abnützen) wear hard; ▶ **seine Nerven**
~ strain one's nerves; **stra·pa·zier·fä·
hig** *adj* hard-wearing; ▶ ~**e Schuhe**
sturdy shoes; **stra·pa·zi·ös** *adj* tiring,
wearing.
Straps [ʃtraps] ⟨-es, -e⟩ *m Br* suspender
(Am garter) belt *sing.*
Stra·ße ['ʃtraːsə] ⟨-, -n⟩ *f* **1.** street;
(Landstraße) road; **2.** *(Meerenge)*
Straits *pl;* ▶ **auf die** ~ **setzen** *fig* turn
out; *(fristlos kündigen)* sack; **auf die** ~

gehen *(demonstrieren)* take to the
streets; **in e-r** ~ **wohnen** live in a street;
die ~ **nach London** the London road;
über die ~ **gehen** cross the road; **der
Mann auf der** ~ the man in the street.
Stra·ßen·bahn *n:* ▶ **mit der** ~ **fahren**
Br go by tram *(Am* streetcar); **Stra·
ßen·bah·ner(in)** *m (f) Br* tramway
official, *Am* streetcar employee; **Stra·
ßen·bahn·hal·te·stel·le** *f* tram *(Am*
streetcar) stop; **Stra·ßen·bahn·li·nie**
f Br tram route, *Am* streetcar line;
Stra·ßen·bahn·netz *n Br* tramway
(Am streetcar) system.
Stra·ßen·bau *m* road construction;
Stra·ßen·be·lag *m* road surfacing;
Stra·ßen·be·leuch·tung *f* street
lighting; **Stra·ßen·be·nut·zungs·ge·
bühr** *f* toll; **Stra·ßen·decke (k·k)** *f*
road surface; **Stra·ßen·fe·ger** *m Br*
road sweeper, *Am* street cleaner; **Sta·
ßen·fest** *n* street party; **Stra·ßen·
gra·ben** *m* (road) ditch; **Stra·ßen·
haf·tung** *f mot* **1.** *(von Kfz)* roadability; **2.** *(von Reifen)* road adhesion;
Stra·ßen·händ·ler *m Br* streetvendor, *Am* corner facer; **Stra·ßen·
jun·ge** *f Br* street urchin, *Am* dead-end
kid; **Stra·ßen·kampf** *m mil* street
fight; **Stra·ßen·kar·te** *f* road map;
Stra·ßen·kehr·ma·schi·ne *f Br*
street-sweeper, *Am* street cleanser;
Stra·ßen·kreu·zer *m fam* big limousine; **Stra·ßen·kreu·zung** *f* crossroads *pl;* **Stra·ßen·la·ge** *f mot* road
holding; **Stra·ßen·lärm** *m* road noise;
Stra·ßen·la·ter·ne *f* street lamp;
Stra·ßen·mar·kie·rung *f (Mittellinie
etc)* road marking; *(größere* ~*en)* traffic
zoning; **Stra·ßen·mei·ste·rei** *f* road
maintenance department; **Stra·ßen·
netz** *n* road network *(od* system); **Stra·
ßen·rei·ni·gung** *f* street cleaning;
Stra·ßen·samm·lung *f* street collection; **Stra·ßen·sän·ger(in)** *m (f)*
street singer; **Stra·ßen·schild** *n* street
sign; **Stra·ßen·schlacht** *f* street
battle; **Stra·ßen·sper·re** *f* raodblock;
Stra·ßen·trans·port *m* road
transport; **Stra·ßen·tun·nel** *m* vehicular tunnel; **Stra·ßen·über·füh·
rung** *f* **1.** *(für Fahrzeuge) Br* flyover,
Am overpass; **2.** *(für Fußgänger)* pedestrian bridge, viaduct; **Stra·ßen·un·
ter·füh·rung** underpass, subway;
Stra·ßen·ver·hält·nis·se *pl* road
conditions; **Stra·ßen·ver·kehr** *m*
traffic; **Stra·ßen·ver·kehrs·amt**
['---'---] *n* Road Traffic Licensing Department; **Stra·ßen·ver·kehrs·ord·
nung** ['---'---] *f* Highway Code; **Stra·
ßen·zu·stand** *m* street condition;
Stra·ßen·zu·stands·be·richt *m*
road report.
Stra·te·ge (Stra·te·gin) [ʃtraˈteːgə]

⟨-n, -n⟩ *m (f)* strategist; **Stra·te·gie** [-'-] *f* strategy; **stra·te·gisch** *adj* strategical.

Stra·to·sphä·re [ʃtrato'sfɛːrə] ⟨-⟩ *f* stratosphere.

sträu·ben ['ʃtrɔɪbən] *refl* 1. *(Haare)* stand on end; 2. *(sich widersetzen)* struggle *(od* strive) against; *(sich innerlich ~)* be reluctant.

Strauch [ʃtraux, *pl* 'ʃtrɔɪçə] ⟨-(e)s, ˙·er⟩ *m* shrub; *(Busch)* bush.

strau·cheln ['ʃtrauxəln] ⟨sein⟩ *itr* 1. *(stolpern)* stumble, trip *(über* over); 2. *fig* go astray.

Strauch·werk *n* shrubs *pl; (Unterholz)* brushwood, underwood.

Strauß¹ [ʃtraus, *pl* 'ʃtrɔɪsə] ⟨-es, ˙·e⟩ *m* *(Blumen~)* bunch of flowers.

Strauß² ⟨-es, -e⟩ *m orn* ostrich; **Strau·ßen·ei** *n* ostrich egg; **Strau·ßen·fe·der** *f* ostrich feather.

Stre·be ['ʃtreːbə] ⟨-, -n⟩ *f* 1. *(Stütze, Pfeiler)* prop; 2. *(Verstrebung)* strut; **Stre·be·bo·gen** *m arch* flying buttress.

Stre·ben *n* 1. *(Trachten)* striving *(nach* for); 2. *(Bestrebung)* movement; **stre·ben** *itr (sich mühen um)* strive *(nach* for *od* after); ► **in die Höhe ~** *(emporschweben)* rise aloft.

Stre·be·pfei·ler *m arch* buttress.

Stre·ber(in) *m (f) päd fam Br* swot, *Am* grind; **Stre·be·rei** *f päd fam Br* swotting, *Am* grinding; **stre·ber·haft** *adj* over-ambitious, pushing; **streb·sam** *adj (fleißig)* industrious; *(eifrig)* zealous; **Streb·sam·keit** *f (Tüchtigkeit, Energie)* strenuousness; *(Eifer)* zeal; *(Fleiß)* industry.

Strecke¹ (k·k) ['ʃtrɛkə] ⟨-, -n⟩ *f* 1. *(Distanz)* distance; *math* line; 2. *(Streckenabschnitt)* stretch; 3. *(Route)* route; 4. *rail a. sport* track; ► **auf der ~ bleiben** *fig* fall by the wayside; **es hat auf der ganzen ~ geregnet** it rained all the way there.

Str·ecke² (k·k) *f (Jagdbeute)* bag; ► **zur ~ bringen** *(Jagd)* bag; *fig (Menschen)* hunt down.

strecken (k·k) I *tr* 1. *(dehnen)* stretch; 2. *fig (verlängern)* eke out; *(Speisen verdünnen)* thin down; ► **jdn zu Boden ~** knock s.o. to the ground; **die Waffen ~** lay down one's arms; **die Zunge aus dem Mund ~** stick out one's tongue; II *refl* have a stretch.

Strecken·ab·schnitt (k·k) *m rail* track section; **Strecken·ar·bei·ter (k·k)** *m Br* plate-layer, *Am* construction laborer; **Strecken·netz (k·k)** *n rail* rail network; **Strecken·netz·plan (k·k)** *m rail* railway (*Am* railroad) map; **Strecken·still·le·gung (k·k)** *f rail* railway closure; **Strecken·wär·ter (k·k)** *m rail Br* linesman, *Am* trackwalker; **strecken·wei·se (k·k)** *adv* here and there.

Streck·mus·kel *m anat* extensor (muscle); **Streck·ver·band** *m med* traction bandage.

Street·worker [striːtwɜːkə] ⟨-s, -⟩ *m* community worker.

Streich [ʃtraɪç] ⟨-(e)s, -e⟩ *m* 1. *(Hieb, Schlag)* blow; 2. *fig (Possen, Schabernack)* prank, trick; ► **jdm e-n ~ spielen** take s.o. for a ride.

Strei·chel·ein·hei·ten *pl* TLC *sing Abk von* tender loving care; caresses *pl.*

strei·cheln ['ʃtraɪçəln] *tr* 1. *(liebkosen)* caress; 2. *(streichen)* stroke.

strei·chen *irr* I *tr* 1. *(mit Hand, Gegenstand)* stroke; 2. *(Farbe etc)* paint; 3. *(löschen)* delete; 4. *com (Auftrag)* cancel; *sport (von Liste, Meldung)* scratch; ► **sich ein Brot ~** butter o.s. a slice of bread; II *itr* 1. *(fliegen)* sweep; 2. *(umher~)* ramble; ► **über etw ~** *(mit der Hand)* stroke s.th.

Strei·cher *pl mus* strings.

streich·fä·hig *adj* easy to spread; **Streich·holz** *n* match; **Streich·holz·schach·tel** *f Br* matchbox, *Am* matchsafe; *(flache Packung mit Ziehzünder)* match folder; **Streich·in·stru·ment** *n mus* string(ed) instrument.

Streich·kä·se *m* cheese spread.

Streich·or·che·ster *n* string orchestra; **Streich·quar·tett** *n* string quartet; **Strei·chung** *f* 1. *fin* cut; 2. *(Aus~)* deletion.

Streich·wurst *f* meat paste, pâté.

Streif·band *n* wrapper; ► **unter ~** by book post; **Streif·band·zei·tung** *f* wrappered newspaper.

Strei·fe ['ʃtraɪfə] *f* patrol; ► **~ gehen** do one's rounds *pl;* **Strei·fen** ['ʃtraɪfən] ⟨-s, -⟩ *m* 1. *(Strich)* stripe; *(breiter Strich)* streak; 2. *(Stück)* strip; *(Klebe~)* tape.

strei·fen I *tr* 1. *(leicht berühren)* brush, touch; 2. *(hinweg~)* glide *(über* over); 3. *fig (im Gespräch)* touch *(etwas upon);* ► **die Kugel streifte ihn nur** the bullet only grazed him; **den Ring vom Finger ~** slip the ring off one's finger; II *itr* 1. *fig (angrenzen)* border *(an* upon); 2. *(umher~)* ramble, roam; ► **jdn mit einem Blick ~** glance fleetingly at s.o.

Strei·fen·wa·gen *m Br* patrol car, *Am* squad car.

Streif·licht *n:* ► **ein ~ auf etw werfen** *fig* highlight s.th; **Streif·schuß** *m* graze; ► **e-n ~ bekommen** be grazed by a bullet; **Streif·zug** *m* 1. *(Erkundungszeit)* expedition; *mil* raid; 2. *fig* brief survey *(durch* of).

Streik [ʃtraɪk] ⟨-(e)s, -s⟩ *m* strike; ► **e-n ~ abbrechen** call off a strike; **e-n ~ ausrufen** call a strike; **in den ~ treten** go on strike; **jdn zum ~ veranlassen** bring s.o. out on strike; **wilder ~** wildcat strike; **Streik·bre·cher(in)** *m* *(f)* strikebreaker; **strei·ken** *itr* 1. be on strike, strike; 2. *tech hum* pack up; **Strei·ken·de(r)** *f m* striker; **Streik·po·sten** *m* picket; ▶ ~ **aufstellen** put up pickets; ~ **stehen** picket; **Streik·recht** *n* freedom to strike; **Streik·wel·le** *f* series of strikes.

Streit [ʃtraɪt] ⟨-(e)s, -e⟩ *m* 1. *(Wort~)* dispute; *(Gezänk, bes. zwischen Kindern)* squabble; 2. *(Kampf)* fight; ▶ **mit jdm einen** ~ **anfangen** pick a quarrel with s.o; **einen** ~ **vom Zaune brechen** kick up a row; ~ **anfangen** start an argument; **streit·bar** 1. *(streitlustig)* pugnacious; 2. *(kriegerisch)* warlike.

strei·ten *irr I itr* 1. *(zanken)* quarrel; *(mit Worten ~)* argue *(mit jdm über* with s.o. about); 2. *(kämpfen)* fight; *sport* compete *(um* for); ▶ **er muß immer** ~ he is always arguing; **darüber läßt sich** ~ this is open to argument; II *refl (sich* ~*)* quarrel; *(mit Worten)* argue; ▶ **wir wollen uns nicht darüber** ~ let's not have a quarrel about it; **Strei·ter** *m* 1. *(Kämpfer)* fighter; 2. *fig (Verfechter)* champion; **Strei·te·rei** *f (Zank)* quarrelling; *(Wortgefecht)* arguing; *(Auseinandersetzung)* argument; **Streit·fall** *m* dispute; *jur* case at issue; **Streit·fra·ge** *f Br* point at issue, *Am* issue.

strei·tig *adj:* ▶ ~ **sein** *jur* be under dispute; **jdm ein Recht** ~ **machen** contest someone's right to do s.th.

Streit·kräf·te *pl* forces; **streit·lu·stig** *adj* pugnacious; *(aggressiv)* aggressive; **Streit·schrift** *f* polemic; **streit·süch·tig** *adj* quarrelsome, *(gehoben)* litigious; **Streit·wert** *m jur* amount in dispute.

streng [ʃtrɛŋ] *adj* 1. *(unnachsichtlich)* severe; *(unnachgiebig, ernst)* stern; 2. *(Kälte)* intense; 3. *(bestimmt)* strict; *(Regeln)* stringent; 4. *(Charakter, Sitten)* austere; 5. *(Geschmack)* sharp; ▶ **mit** ~**er Miene** with a stern face; ~**er Arrest** close confinement; **es wird** ~ **auf Pünktlichkeit geachtet** they are very strict about time-keeping; ~**e Maßnahmen ergreifen** take stringent measures; **jdn** ~ **bestrafen** punish s.o. severely; ~ **verboten!** strictly forbidden! ~ **geheim** top secret.

Stren·ge ⟨-⟩ *f* 1. *(Unnachsichtigkeit)* severity; *(Ernst)* sternness; 2. *(Sitten, Charakter)* austerity; 3. *(Bestimmtheit)* strictness.

streng·ge·nom·men *adv* strictly speaking.

Streß [ʃtrɛs] ⟨-(es)⟩ *m med* stress; **stressen** *tr* stress, put under stress; **streß·frei** *adj* stress-free; **stres·sig** *adj fam* stressful; **Streß·si·tua·tion** *f* stress situation.

Streu [ʃtrɔɪ] ⟨-, -en⟩ *f* 1. *(für das Vieh)* litter; 2. *(Strohlager)* bed of straw; **streu·en I** *tr (ver~)* scatter *(etw mit etw* s.th. with s.th.); *(Materialien* ~*)* spread; *(in der Küche)* sprinkle; ▶ **jdm Sand in die Augen** ~ *fig* pull the wool over someone's eyes; **II** *itr (z. B. Schußwaffe)* scatter.

streu·nen [ˈʃtrɔɪnən] ⟨sein⟩ *itr (Menschen)* roam *(umher* about); *(Tiere)* stray.

Streu·salz *n* road salt; **Streu·sand** *m* grit.

Streu·sel [ˈʃtrɔɪzəl] *n* crumble mixture; **Streu·sel·ku·chen** *m* crumble-topping cake.

Streu·ung *f* 1. *el phys* scattering; 2. *fig (Streubreite)* mean variation; 3. *mil (von Geschütz)* dispersion.

Strich [ʃtrɪç] ⟨-(e)s, -e⟩ *m* 1. *(Pinsel~, Feder~, Feilen~)* stroke; *(Linie)* line; *(kurzer* ~, *Gedanken~)* dash; 2. *(von Teppich)* pile; ▶ **unter dem** ~ *fig (insgesamt)* in total; *(tatsächlich)* in actual fact; **nach** ~ **u. Faden betrügen** to sell s.o. down the river; **es geht mir gegen den** ~ *fig* it goes against the grain; **auf den** ~ **gehen** *sl (sich prostituieren)* go on the game; **e-n** ~ **unter etw machen** underline s.th.; *fig* put an end to s.th.; **jdm e-n** ~ **durch die Rechnung machen** *fig* put a spoke in someone's wheel.

Strich·code *m* bar code.

stri·cheln [ˈʃtrɪçəln] *tr* 1. sketch in; 2. *(schraffieren)* hatch; ▶ **eine gestrichelte Linie** a dotted line.

Stri·cher [ˈstrɪçə] *sl* rent boy.

Stich·jun·ge *m,* **Strich·mäd·chen** *n fam* streetwalker; **Strich·punkt** *m* semicolon; **strich·wei·se** *adv* here and there.

Strick [ʃtrɪk] ⟨-(e)s, -e⟩ *m* cord; *(dicker)* rope; ▶ **jdm e-n** ~ **aus etw drehen** *fig fam* trip s.o. up with s.th.; **wenn alle** ~**e reißen** *fig fam* if all else fails; **Strick·bund** *m* knitted welt.

stricken (k·k) [ˈʃtrɪkən] *tr itr* knit.

Strick·garn *n* knitting wool; **Strick·hemd** *n* knitted shirt; **Strick·jacke (k·k)** *f* cardigan; **Strick·kra·gen** *m* knitted collar; **Strick·lei·ter** *f* rope ladder; **Strick·ma·schi·ne** *f* knitting machine; **Strick·na·del** *f* knitting needle; **Strick·wa·ren** *pl* knitwear *sing;* **Strick·we·ste** *f* cardigan.

Strie·gel [ˈʃtriːgəl] ⟨-s, -⟩ *m (Pferde~)* currycomb; **strie·geln** *tr (Pferd)* curry.

Strie·me [ˈʃtriːmə] ⟨-, -n⟩ *f* weal.

strikt [ʃtrɪkt] *adj* strict.

strin·gent *adj* stringent, *(Handlung)* tight.

Strip·pe [ˈʃtrɪpə] ⟨-, -n⟩ *f fam* 1. *(Faden)* string; 2. *fam (Telephon)* blower; ▶ **an der** ~ **hängen** be on the blower; **jdn an**

der ~ haben have s.o. on the blower.
strit·tig ['ʃtrɪtɪç] controversial, debatable.
Stroh [ʃtroː] ⟨-(e)s⟩ n straw; ▶ ~ im Kopfe haben *fig fam Br* have sawdust between one's ears, *Am* be dead from the neck up; **stroh·blond** ['-'-] *adj* straw-coloured; ▶ sie ist ~ she is flaxen-haired; **Stroh·blu·me** *f* straw-flower; **Stroh·dach** *n* thatched roof; **Stroh·feu·er** *n fig:* ▶ ein ~ sein be a short-lived passion; **Stroh·halm** *m* straw; ▶ sich an e-n ~ klammern *fig* clutch at any straw; **Stroh·hut** *m* straw hat.
Stroh·kopf *m fam* blockhead; **Stroh·mann** ⟨-(e)s, ⸚er⟩ *m fig Br* front man, *Am* stooge; **Stroh·sack** *m* palliasse; ▶ heiliger ~! *interj* Great Scott! **Stroh·wit·we** *f Br* grass widow, *Am* sod widow; **Stroh·wit·wer** *m* grass widower.
Strolch [ʃtrɔlç] ⟨-(e)s, -e⟩ *m Br* scamp, rogue, *Am* bum.
Strom[1] [ʃtroːm, *pl* ʃtrøːmə] ⟨-(e)s, ⸚e⟩ 1. *(Fluß)* large river; 2. *(Strömung)* current; 3. *(Menschen~)* stream; ▶ mit (gegen) den ~ with (against) the current; gegen den ~ schwimmen *fig* go against the tide (of opinion, fashion); in ⸚en fließen stream down; es gießt in ⸚en it's pouring.
Strom[2] *el* current; ▶ mit ~ versorgen power; den ~ einschalten (ausschalten) turn on (turn off) the current; unter ~ stehen be live; *fig (high sein)* be high; **Strom·ab·neh·mer** *m* 1. *el* pantograph; 2. *(Stromkunde)* consumer of electricity.
strom·ab(·wärts) ['-'-] *adv* downstream; **strom·auf(·wärts)** ['-'-] *adv* upstream.
Strom·aus·fall *m el* power failure.
strö·men ['ʃtrøːmən] ⟨sein⟩ *itr* stream; ▶ Menschen strömten heraus people came streaming out; Schweiß strömte ihm übers Gesicht his face was covered in sweat; Blut strömte aus der Wunde the wound was streaming with blood; ~der Regen pouring rain.
Strom·er·zeu·ger *m* electrical generator set; **Strom·er·zeu·gung** *f* generation of current; **strom·füh·rend** *adj:* ▶ ~es Kabel live wire.
Strom·ge·biet *n (Flußeinzugsgebiet)* river-basin.
Strom·ka·bel *n* power cable; **Strom·kreis** *m el* circuit.
strom·li·ni·en·för·mig *adj* streamlined.
Strom·netz *n* power supply system; **Strom·quel·le** *f* source of power; **Strom·rech·nung** *f* electricity bill.
Strom·schnel·le *f* rapids *pl.*
Strom·sper·re *f* power cut; **Strom-**

stär·ke *f* strength of the electric current; **Strom·stoß** *m* electric shock.
Strö·mung ['ʃtrøːmʊŋ] *f* 1. current; 2. *fig (Tendenz, Richtung)* trend.
Strom·ver·brauch *m* power consumption; **Strom·ver·sor·gung** *f* power supply; **Strom·zäh·ler** *m* electricity meter.
Stro·phe ['ʃtroːfə] ⟨-, -n⟩ *f (in Lied)* verse; *(in Gedicht)* stanza.
strot·zen ['ʃtrɔtsən] *itr* abound *(vor* with); ▶ vor Gesundheit/Kraft ~ be bursting with health/strength; vor Ungeziefer ~ be teeming with vermin.
Stru·del ['ʃtruːdəl] ⟨-s, -⟩ *m* 1. whirlpool; 2. *fig* whirl; 3. *(Gebäck)* strudel.
Struk·tur [ʃtrʊkˈtuːɐ] ⟨-, -en⟩ *f* structure; *(von Gewebe)* texture; **struk·tu·rell** *adj* structural; **Struk·tu·rie·rung** *f* structuring; **struk·tur·schwach** *adj* lacking in infrastructure; **Struk·tur·wan·del** *m* structural change.
Strumpf [ʃtrʊmpf, *pl* 'ʃtrʏmpfə] ⟨-(e)s, ⸚e⟩ *m (Herren~)* sock; *(Damen~)* stocking; ▶ die ⸚e anziehen (ausziehen) put on (take off) one's socks *(od* stockings); **Strumpf·band** ⟨-(e)s, ⸚er⟩ *n* garter; **Strumpf·fa·bri·kant** *m* hosiery manufacturer; **Strumpf·hal·ter** *m Br* suspender, *Am* garter; **Strumpf·ho·se** *f Br* pair of tights, *Am* pantyhose; **Strumpf·wa·ren** *pl* hosiery.
strup·pig *adj* unkempt; *(Tier)* shaggy.
Stu·be ['ʃtuːbə] ⟨-, -n⟩ *f* room; ▶ gute ~ parlour; **Stu·ben·äl·te·ste(r)** *m mil* senior soldier of a barrack room; **Stu·ben·ar·rest** *m Br* confinement to one's room *(mil* quarters), *Am* arrest in quarters; ▶ ~ haben be confined to quarters; **Stu·ben·hocker(in)** (k·k) *m (f) fam* stay-at-home; **stu·ben·rein** *adj (Hund etc) Br* house-trained, *Am* housebroke.
Stuck [ʃtʊk] ⟨-(e)s⟩ *m arch* stucco.
Stück [ʃtʏk] ⟨-(e)s, -e⟩ *n* 1. piece; 2. *(Abschnitt)* part; *(Bruch~)* fragment; 3. *(Theater~)* play; 4. *mus* piece; ▶ ein starkes ~ *fig fam* a bit thick; ein ~ Seife a bar *(od* cake) of soap; er kam ein ~ mit he came along part of the way; jdn ein ~ im Wagen mitnehmen give s.o. a lift; 2 DM das ~ 2 DM each; ~ für ~ piece by piece; aus freien ~en voluntarily; in ~e gehen break in pieces; große ~e auf jdn halten think highly of s.o.; ein ~ spazierengehen go for a walk; ein schönes ~ Geld a pretty penny; ich möchte drei ~ von diesen I'll take three of these; du mieses ~! you rotten bastard! ein freches ~ sein be a cheeky devil; **Stück·ar·beit** *f* piecework; **Stück·gut** *n* parcel service; **Stück·lohn** *m* piece rate; **Stück·preis** *m* price for one; **Stück·werk** *n fig pej* imperfect work; **Stück·zahl** *f*

number of pieces.
Stu·dent(in) [ʃtuˈdɛnt] ⟨-en, -en⟩ m (f) student; **Stu·den·ten·aus·weis** m student card; **Stu·den·ten·heim** n Br student's hostel, Am dormitory; **Stu·den·ten·schaft** f students pl; **stu·den·tisch** adj student.
Stu·die [ˈʃtuːdiə] ⟨-, -n⟩ f 1. (Malerei) study; 2. (literarisch) essay (über on).
Stu·dien·an·fän·ger(in) m (f) first year student; **Stu·dien·bei·hil·fe** f educational grant; **Stu·dien·di·rek·tor** m deputy principal; **Stu·dien·fach** n subject; **Stu·dien·fahrt** f päd educational trip; **Stu·dien·ge·bühr** f tuition fee; **stu·dien·hal·ber** adv for the purpose of studying; **Stu·dien·jahr** n academic year; **Stu·dien·rat (-rä·tin)** m teacher at a secondary school; **Stu·dien·rei·se** f study trip.
stu·die·ren I itr study; ▶ **sie studiert noch** she's still a student; **bei jdm ~** study under s.o.; II tr study; ▶ **Medizin ~** study for the medical profession; **etw genau ~** (prüfend betrachten) look closely at s.th; **Stu·die·ren·de(r)** f m (s. Student); **stu·diert** adj educated; ▶ **ein S~er** fam an intellectual.
Stu·dio [ˈʃtuːdio] ⟨-s, -s⟩ n studio.
Stu·di·um [ˈʃtuːdiʊm] ⟨-s, -dien⟩ n study; ▶ **ein ~ aufnehmen** begin one's studies pl.
Stu·fe [ˈʃtuːfə] ⟨-, -n⟩ f 1. (Treppen~) step; 2. fig (Stadium) stage; (Rang) grade; 3. (Raketen~) stage; ▶ **auf gleicher ~ stehen mit . . .** be on a level with . . .; **sich mit jdm auf eine ~ stellen** fig place o.s. on a level with s.o.; **Vorsicht ~!** Mind the step! **Stu·fen·bar·ren** m sport asymmetric bars pl; **stu·fen·för·mig** adj 1. allg stepped; 2. geog terraced; 3. fig in stages; **Stu·fen·heck** n mot notchback; **Stu·fen·lei·ter** f fig: ▶ **e-e ~ zum Erfolg** a ladder to success; **stu·fen·los** adj direct; ▶ **~ einstellbar** steplessly adjustable; **Stu·fen·schnitt** m (Haarschnitt) layered cut; **stu·fen·wei·se** adv step by step.
Stuhl[1] ⟨-(e)s⟩ m med (~gang) stool: ▶ **ich habe heute noch keinen ~ gehabt** I haven't had a bowel movement today.
Stuhl[2] [ʃtuːl, pl ˈʃtyːlə] ⟨-(e)s, ⁝e⟩ m (Sitz~) chair; ▶ **ist der ~ noch frei?** is this chair taken? **der Heilige ~** eccl the Holy See; **auf dem elektrischen ~ hinrichten** Am electrocute; **sich zwischen zwei Stühle setzen** fig fall between two stools; **das haut e-n ja vom ~!** fam it knocks you sideways! **Stuhl·bein** n chair leg; **Stuhl·leh·ne** f back of a chair.
Stul·le [ˈʃtʊlə] ⟨-, -n⟩ f fam sandwich.
Stul·pe [ˈʃtʊlpə] ⟨-, -n⟩ f 1. (am Stiefel) (boot-) top; 2. (Ärmelaufschlag) cuff; 3.

(Handschuh~) gauntlet.
stül·pen [ˈʃtʏlpən] tr: ▶ **etw über etw ~** put s.th. over s.th.
stumm [ʃtʊm] adj 1. (sprechunfähig) dumb; 2. ling mute; 3. fig (schweigend) silent; ▶ **jdn ~ machen** fam (töten) silence s.o; **Stum·me(r)** f m dumb person.
Stum·mel [ˈʃtʊməl] ⟨-s, -⟩ m stub.
Stumm·film m silent movie.
Stüm·per(in) [ˈʃtʏmpɐ] m (f) botcher, bungler; **Stüm·pe·rei** f botching, bungling; **stüm·per·haft** adj bungled; ▶ **~e Arbeit** a botchy job; **stüm·pern** itr fam: ▶ **er kann nur ~** he's just a bungler.
Stumpf [ʃtʊmpf, pl ˈʃtʏmpfə] ⟨-(e)s, ⁝e⟩ m (Arm~, Baum~) stump; ▶ **mit ~ u. Stiel ausrotten** eradicate root and branch.
stumpf [ʃtʊmpf] adj 1. (ohne Ecke) blunt; 2. math (Winkel) obtuse; 3. fig (geistig abgestumpft) dull; ▶ **~er Kegel** truncated cone; **~ werden** grow blunt; **Stumpf·heit** f 1. bluntness; 2. fig (Dummheit) dullness; **Stumpf·sinn** m 1. (Sinnlosigkeit) mindlessness; 2. (Langweiligkeit) tedious business; **stumpf·sin·nig** 1. (geistig ~) mindless; 2. (elend langweilig) tedious; **stumpf·wink·lig** adj math obtuse.
Stun·de [ˈʃtʊndə] ⟨-, -n⟩ f 1. hour; 2. (Unterrichts~) lesson; ▶ **e-e halbe ~** half an hour; **e-e dreiviertel ~** three quarters of an hour; **von hier geht man 3 ~n** it's three hours' walk from here; **jede volle ~** every hour on the hour; **er kriegt 30 Mark die ~** he is paid 30 marks an hour; **meine ~ ist gekommen** my hour has come.
stun·den tr: ▶ **jdm etw ~** give s.o. time to pay s.th.; com **e-e Zahlung ~** grant delay for payment; **können Sie mir den Betrag bis zum nächsten Ersten ~?** can you give me until the first of next month to repay the amount?
Stun·den·ge·schwin·dig·keit f speed per hour; **Stun·den·ki·lo·me·ter** pl kilometers per hour; **stun·den·lang** [ˈ---] adv lasting for hours; **Stun·den·lohn** m hourly wage; **Stun·den·plan** m päd Br time-table, Am schedule; **stun·den·wei·se** adv 1. (alle paar Stunden) for an hour at a time; 2. (stündlich) every hour; ▶ **~ Beschäftigung** part-time job; **Stun·den·zei·ger** m hour-hand.
Stünd·lein [ˈʃtʏntlaɪn] n (dim von Stunde) short hour; ▶ **sein letztes ~ hatte geschlagen** his last hour had come.
stünd·lich [ˈʃtʏntlɪç] I adj hourly; II adv every hour.
Stunk [ʃtʊŋk] ⟨-s⟩ m: ▶ **~ machen** fam kick up (od create) a stink.
stu·pide [ʃtuˈpiːdə] adj (geistlos) mind-

less.
Stups [ʃtʊps] ⟨-es, -e⟩ m nudge; **stup-sen** tr nudge; **Stups·na·se** f snub nose.
stur [ʃtuːɐ] adj fam (eigensinnig) stubborn; (unnachgiebig) obdurate; **Stur-heit** f (Eigensinn) stubbornness; (Unnachgiebigkeit) obdurateness.
Sturm [ʃtʊrm, pl ʃtʏrmə] ⟨-(e)s, ⁻e⟩ m 1. (Unwetter) storm; 2. mil (Angriff) assault; 3. sport (beim Fußball) forward line; ▶ ~ laufen gegen ... fig be up in arms against ...; ~ läuten ring the alarm; im ~ nehmen take by storm; **die Ruhe vor dem** ~ a. fig the calm before the storm; **Sturm·an·griff** m mil assault (auf on).
stür·men [ʃtʏrmən] I itr 1. ⟨h⟩ (Wind: blasen) blow; 2. ⟨h⟩ (im Sturme toben) rage; 3. ⟨sein⟩ fig (eilen) storm; ▶ es stürmt! it's blowing a gale! II tr mil a. fig storm.
Stür·mer(in) m (f) sport forward.
Sturm·flut f storm tide; **sturm·ge-peitscht** adj storm-lashed.
stür·misch [ʃtʏrmɪʃ] adj 1. (Wetter) stormy; 2. fig (ungestüm) impetuous; (unruhig) turbulent; (wild) wild; ▶ ~er Jubel tumultuous applause; ~e See rough sea; ~er Liebhaber ardent lover; nicht so ~! take it easy!
Sturm·schä·den m pl storm damage sing; **Sturm·vo·gel** m orn petrel; **Sturm·war·nung** f gale warning.
Sturz [ʃtʊrts, pl ʃtʏrtsə] ⟨-es, ⁻e⟩ m 1. (Fall a. fig) fall; 2. mot camber; 3. arch lintel; ▶ ~ e-r Regierung overthrow of a government.
stür·zen [ʃtʏrtsən] I tr ⟨h⟩ 1. (kippen) turn upside down; 2. parl (Regierung etc) overthrow; ▶ ins Wasser ~ plunge into the water; II itr ⟨sein⟩ 1. (fallen) fall (down), tumble; 2. (rennen) come bursting; 3. parl fall; III refl: ▶ sich auf jdn ~ rush upon s.o; sich in Schulden ~ plunge into debt sing; sich ins Unglück ~ plunge into misery; sich in Unkosten ~ go to a lot of expense sing; sich auf die Zeitung ~ grab the newspaper.
Sturz·flug m aero nose-dive; **Sturz-helm** m crash helmet; **Sturz·see** f breaker; **Sturz·wel·le** f breakers pl.
Stuß [ʃtʊs] m fam: ▶ red keinen ~! don't talk such rubbish!
Stu·te [ʃtuːtə] ⟨-, -n⟩ f mare.
Stüt·ze [ʃtʏtsə] ⟨-, -n⟩ f 1. allg support; (Pfeiler) pillar; 2. fig (Hilfe) aid, help; ▶ er ist meine größte ~ he is my mainstay.
Stut·zen [ʃtʊtsən] ⟨-s, -⟩ m tech (Verbindungsstück) connecting piece.
stüt·zen [ʃtʏtsən] I tr 1. allg support; (ab~) shore up; 2. fin back; 3. fig back up; ▶ e-n Verdacht durch etw ~ base a suspicion on s.th.; II refl 1. lean (auf on);

2. fig (basieren) be base (auf on).
stut·zen[1] [ʃtʊtsən] tr (beschneiden) trim; (Flügel, Hecke) clip.
stut·zen[2] itr 1. (zögern) hesitate; 2. (plötzlich stehenbleiben) stop short; ▶ über etw ~ be startled at s.th.
stut·zig adj: ▶ jdn ~ machen make s.o. suspicious; ~ werden begin to wonder.
Stütz·mau·er f supporting wall; **Stütz-punkt** m base.
sty·len [ˈstaɪln] ⟨h⟩ tr (Auto, Wohnung) design.
Sty·ro·por [ʃtyroˈpoːɐ] ⟨-s, -⟩ Wz. n polystyrene.
Sub·jekt [zʊpˈjɛkt] ⟨-(e)s, -e⟩ n 1. gram subject; 2. (Kerl) pej creature; **sub·jek-tiv** adj subjective; **Sub·jek·ti·vi·tät** f subjectivity.
Sub·kul·tur f subculture.
Sub·skri·bent [zʊpskriˈbɛnt] ⟨-en, -en⟩ m subscriber; **sub·skri·bie·ren** tr subscribe (etw to s.th.); **Sub·skrip·tion** f subscription.
sub·stan·ti·ell [zʊpstanˈtsjɛl] adj substantial.
Sub·stan·tiv [ˈzʊpstantiːf] ⟨-s, -e⟩ n noun.
Sub·stanz ⟨-, -en⟩ f 1. (Stoff) substance; 2. (innerer Gehalt) essence; 3. fin capital assets pl.
sub·til [zʊpˈtiːl] adj 1. (zart) delicate; 2. (spitzfindig) subtle.
sub·tra·hie·ren [zʊptraˈhiːrən] tr subtract; **Sub·trak·tion** [zʊptrakˈtsjoːn] f subtraction.
Sub·tro·pen pl geog subtropics; **sub-tro·pisch** [ˈ-ˈ--] adj subtropical.
Sub·un·ter·neh·mer m sub-contractor.
Sub·ven·tion [zʊpvɛnˈtsjoːn] f (von privater Seite) subvention; (vom Staat) subsidy; **sub·ven·tio·nie·ren** tr subsidize; ▶ staatlich subventioniert state-subsidized.
Such·ak·tion f search operation; **Such·dienst** m missing persons tracing service.
Su·che [ˈzuːxə] ⟨-, (-n)⟩ f search (nach for); ▶ vergebliche ~ wild goose chase; auf der ~ nach etw sein be looking for s.th.; auf die ~ gehen nach ... go in search of ...; bei meiner Suche habe ich ein interessantes Buch gefunden I found an interesting book in my search.
su·chen [ˈzuːxən] I tr 1. look for; (intensiv ~) search for; 2. (danach streben) seek; ▶ ich habe den Streit nicht gesucht the quarrel is not of my seeking; II itr search (nach etw for s.th.); **Su-cher** m 1. (Mensch) searcher, seeker; 2. phot view-finder; **Such·funk·tion** f EDV search function; **Such·ge·rät** n locating equipment; **Such·lauf** m (Hifi-Geräte) search.
Sucht [zʊxt, pl ˈzʏçtə] ⟨-, ⁻e⟩ f 1. med addiction (nach to); 2. fig obsession

(*nach* with); **sucht·er·zeu·gend** *adj* addictive; **Sucht·ge·fahr** *f* danger of addiction.

süch·tig ['zʏçtıç] *adj* addicted (*nach* to); ► **davon wirst du ~!** that's addictive! **Süch·ti·ge(r)** *f m* addict; **Sucht·kran·ke(r)** *f m* addict.

Süd·afri·ka ['-'---] *n* South Africa.

Süd·ame·ri·ka ['--'---] *n* South America; **süd·ame·ri·ka·nisch** *adj* South American.

Su·dan [zu'da:n] *m* Sudan.

Süd·deutsch South German; **Süd·deut·sche(r)** *f m* South German; **Süd·deutsch·land** *n* South Germany.

Su·de·lei *f* 1. (*Malerei*) daubing; (*beim Schreiben*) scribbling; 2. (*schlampige Arbeit*) botch.

su·deln ['zu:dəln] *itr* 1. (*Malerei*) daub; (*beim Schreiben*) scribble; 2. (*schlampen*) botch, bungle.

Süden ['zy:dən] <-s> *m* south; ► **im ~ von ...** to the south of ...; **aus dem ~** from the south.

Süd·eng·land ['-'---] *n* the South of England; **Süd·früch·te** *pl* citrus and tropical fruit; **Süd·halb·ku·gel** *f* southern hemisphere.

süd·lich I *adj* southern; ► **Wind aus ~er Richtung** southerly wind; II *adv:* ► **~ von ...** to the south of ...; **weiter ~ sein** be further south.

Süd·ost(en) ['-'-] *m* southeast; **süd·öst·lich** *adj* southeast; ► **~ von ...** to the southeast of ..; **Süd·pol** *m* South Pole; **Süd·see** *f* South Pacific; **Süd·staa·ten** *pl* Southern States; **Süd·staat·ler(in)** *m (f) fam* Southerner; **süd·wärts** *adv* southward(s); **Süd·we·sten** ['-'---] *m* south-west; ► **aus ~** from the south-west; **süd·west·lich** *adj* 1. *geog* south-western; 2. (*Wind*) south-west; **Süd·wind** *m* south wind.

Suff [zʊf] <-(e)s> *m fam:* ► **dem ~e verfallen sein** be on the bottle.

süf·fig ['zʏfıç] *adj* light and sweet; ► **der Wein ist ~** the wine is nice to drink.

sug·ge·rie·ren [zʊge'ri:rən] *tr* suggest; ► **jdm etw ~** influence s.o. by suggesting s.th.; **Sug·ge·stion** [zʊgɛs'tjo:n] <-, -en> *f* suggestion; **sug·ge·stiv** [---'] *adj* suggestive; **Sug·ge·stiv·fra·ge** *f* suggestive question.

Suh·le ['zu:lə] <-, -n> *f* muddy pool; **suh·len** *refl* wallow.

Süh·ne ['zy:nə] <-, -n> *f eccl* atonement; (*Buße*) expiation; ► **als ~ für ...** to atone for ..; **süh·nen** *tr:* ► **seine Schuld ~** atone for one's wrongs *pl;* **ein Verbrechen ~** atone for a crime.

suk·zes·siv [zʊktsɛ'si:f] *adj* gradual.

Sul·fat [zʊl'fa:t] <-(e)s, -e> *n chem* sulphate.

Sul·fid [zʊl'fi:t] <-(e)s, -e> *n chem* sul-

phide.

Sul·fit [zʊl'fıt] <-s, -e> *n chem* sulphite.

Sul·tan ['zʊlta:n] <-s, -e> *m* sultan.

Sul·ta·ni·ne [zʊlta'ni:nə] *f Br* sultana, *Am* seedless raisin.

Sül·ze ['zʏltsə] <-, -n> *f* brawn.

sum·ma·risch [zu'ma:rıʃ] *adj* summary; (*kurz*) brief; ► **etw ~ darstellen** summarize s.th.

Sum·me ['zʊmə] <-, -n> *f* sum; ► **die ~ meiner Wünsche** the total of my ambitions.

sum·men ['zʊmən] I *tr* hum; II *itr* (*Insekt, Motor*) buzz; **Sum·mer** *m el* buzzer.

sum·mie·ren *refl:* ► **sich ~ auf ...** amount to ..., run up to ...

Sumpf [zʊmpf, *pl* 'zʏmpfə] <-(e)s, ∵e> *m* 1. marsh; (*in den Tropen*) swamp; 2. *mot* (*Ölsumpf*) sump; ► **ein ~ des Lasters** a den of vice; **Sumpf·fie·ber** *n* malaria; **Sumpf·gas** *n* marsh-gas; **Sumpf·ge·biet** *n* marshy (*od* swampy) district, wetlands *pl;* **sump·fig** *adj* marshy; (*in den Tropen*) swampy; **Sumpf·fplan·ze** *f* marsh plant.

Sün·de ['zʏndə] <-, -n> *f* sin; ► **e-e ~ begehen** sin; **sie haßte ihn wie die ~** she hated him like poison; **Sün·den·bock** *m* scapegoat; **Sün·den·fall** *m eccl* Fall; **Sün·der(in)** *m (f)* sinner; **sün·dig** *adj* sinful; **sün·di·gen** ['zʏndıgən] *itr* 1. *rel* sin; 2. *fig* (*fehlen*) trespass.

su·per ['zu:pɐ] *adj fam* great, super; **Su·per·ben·zin** *n mot* 4-star petrol; **Su·per·chip** *m EDV* superchip; **Su·per·ding** *n fam* super job; **Su·per·la·tiv** ['zu:pɐlati:f] <-s, -e> *m* superlative; **Su·per·macht** *f* superpower; **Su·per·markt** *m* supermarket; **Su·per·tan·ker** *m* supertanker.

Sup·pe ['zʊpə] <-, -n> *f* (*dünne ~*) soup; (*dicke ~*) broth; ► **die ~ auslöffeln müssen** *fig* have to face the music; **jdm e-e schöne ~ einbrocken** *fig* get s.o. into a nice mess; **jdm die ~ versalzen** *fig* queer someone's pitch; **Sup·pen·fleisch** *n* stewing meat; **Sup·pen·grün** <-s> *n* herbs and vegetables *pl;* **Sup·pen·huhn** *n* boiling fowl; **Sup·pen·kü·che** *f* soup kitchen; **Sup·pen·schüs·sel** *f* tureen; **Sup·pen·tel·ler** *m* soup plate; **Sup·pen·wür·fel** *m* meat cube.

su·pra·lei·tend *adj* (*Physik*) superconductive.

Surf·brett ['sœ:ɐf-] *n* surfboard; **sur·fen** ['sœ:fən] *itr* surf; **Sur·fer(in)** *m (f)* surfer.

sur·ren ['zʊrən] *itr* buzz.

Sur·ro·gat [zʊro'ga:t] <-(e)s, -e> *n* surrogate.

su·spekt [zʊ'spɛkt] *adj* suspicious; ► **das ist mir ~** that seems fishy to me *fam.*

sus·pen·die·ren [zʊspɛn'di:rən] *tr* suspend.

süß [zy:s] *adj* 1. *(Geschmack)* sweet; 2. *fig (lieblich)* lovely; 3. *(lieb)* sweet; **Sü·ße** ⟨-, (-n)⟩ *f* sweetness; **sü·ßen** *tr* sweeten; **Süß·holz** *n* liquorice; ▶ **jdn ~ raspeln** *fig* soft-soap s.o.; **Sü·ßig·kei·ten** *f pl Br* sweets *pl, Am* candy; **Süß·kir·sche** *f* sweet cherry. **süß·lich** *adj* 1. *(von Geschmack)* sweetish; 2. *fig (widerlich)* mawkish; *(rührselig) Br* maudlin, *Am* sugar-coated. **süß·sau·er** *adj* 1. *(von Geschmack)* sweet-and-sour; 2. *fig (Lächeln etc)* forced; **Süß·spei·se** *f Br* sweetdish, *Am* dessert; **Süß·stoff** *m* sweetener; **Süß·wa·ren** *pl Br* sweets, *Am* candy; **Süß·wa·ren·ge·schäft** *m Br* sweetshop, *Am* candy store; **Süß·was·ser** ⟨-s⟩ *n* freshwater; **Süß·wein** *m* dessert wine.

Sym·bol [zʏm'bo:l] ⟨-s, -e⟩ *n* symbol; **sym·bo·lisch** *adj* symbolic *(für* of); **sym·bo·li·sie·ren** *tr* symbolize. **Sym·me·trie** [zʏme'tri:] *f* symmetry; **sym·me·trisch** *adj* symmetrical. **Sym·pa·thie** [zʏmpa'ti:] *f* sympathy; **Sym·pa·thi·sant(in)** *m (f)* sympathizer; **sym·pa·thisch** *adj:* ▶ **ein ~es Lächeln** a pleasant smile; **das ~e Nervensystem** the sympathetic nervous system; **er war mir gleich ~** I liked him at once; **sie ist ein ~es Mädchen** she is a nice girl; **sym·pa·thi·sie·ren** *itr* sympathize *(mit* with). **Sym·pho·nie** [zʏmfo'ni:] *f* symphony. **Sym·ptom** [zʏmp'to:m] ⟨-s, -e⟩ *n* symptom; **sym·pto·ma·tisch** *adj* symptomatic *(für* of). **Sy·na·go·ge** [zyna'go:gə] ⟨-, -n⟩ *f* synagogue. **syn·chron** [zʏŋ'kro:n] *adj allg* synchronous; *ling* synchronic; **syn·chro-**

ni·sie·ren *tr* 1. *tech a. fig* synchronize; 2. *film* dub; **Syn·chro·ni·sie·rung** *f* 1. *tech* synchronization; 2. *film* dubbing. **Syn·di·kat** [zyndi'ka:t] ⟨-(e)s, -e⟩ *n* syndicate. **Syn·di·kus** ['zyndikʊs] ⟨-, -sse/-dizi⟩ *m:* ▶ **der ~ der Firma** *Br* the company *(Am* the corporation) lawyer. **Sy·no·de** [zy'no:də] ⟨-, -n⟩ *f eccl* synod. **Sy·no·nym** [zyno'nʏːm] ⟨-s, -e⟩ *n* synonym; **sy·no·nym** *adj* synonymous. **syn·tak·tisch** [zʏn'taktɪʃ] *adj* syntactic(al); **Syn·tax** ['zʏntaks] ⟨-, -en⟩ *m* syntax. **Syn·the·se** [zʏn'te:zə] ⟨-, -n⟩ *f* synthesis; **syn·the·tisch** *adj* synthetic; **syn·the·ti·sie·ren** ⟨h⟩ *tr chem* syntheticize. **Sy·phi·lis** ['zʏfilɪs] ⟨-⟩ *f* syphilis. **Sy·rien** ['zy:riən] *n* Syria; **Sy·rier(in)** *m (f)* Syrian; **sy·risch** *adj* Syrian. **Sy·stem** [zʏs'te:m] ⟨-s, -e⟩ *n* 1. *(Anlage)* system; 2. *(Methode)* method; ▶ **dahinter steckt ~!** there's method behind it! **Sy·stem·ana·ly·se** *f EDV* systems analysis; **Sy·ste·ma·tik** [zyste'ma:tɪk] *f* 1. *(systematische Anordnung)* system; 2. *(Wissenschaft)* systematology; **sy·ste·ma·tisch** *adj* systematic; ▶ **~er Katalog** classed catalogue; **sy·ste·ma·ti·si·eren** *tr* systematize; **sy·stem·be·dingt** *adj* determined by the system; **Sy·stem·feh·ler** *m EDV* system error; **Sy·stem·kri·ti·ker(in)** *m (f) pol* critic of the system; **Sy·stem·zwang** *m* obligation to conform to the system. **Sze·ne** ['stse:nə] ⟨-, -n⟩ *f* 1. *(Bühne)* stage; 2. *(Auftritt)* scene; 3. *(Milieu) fam* scene; ▶ **in ~ setzen** stage a play; **jdm e·e ~ machen** make a scene in front of s.o.; **sich in der ~ auskennen** *sl* know the scene; **Sze·nen·wech·sel** *m* scene change.; **Sze·ne·rie** *f* 1. *(Theater)* set; 2. *(Schauplatz)* scene.

T

T, t [te:] ⟨-, -⟩ *n* T, t.
T-Trä·ger *m* T-girder, T-bar.
Ta·bak ['tabak] ⟨-s, -e⟩ *m* tobacco; **Ta·bak·händ·ler** *m* tobacconist; **Ta·baks·beu·tel** *m* tobacco pouch; **Ta·baks·do·se** *f* tobacco tin; **Ta·bak(s)·pfei·fe** *f* pipe; **Ta·bak·steu·er** *f* duty on tobacco; **Ta·bak·wa·ren** *pl* tobacco *sing.*
ta·bel·la·risch [tabε'la:rɪʃ] *adj* tabular.
Ta·bel·le [ta'bεlə] ⟨-, -n⟩ *f allg* table; *(als Graphik)* chart; **Ta·bel·len·form** *f:* ▶ **in** ~ in tabular form; **Ta·bel·len·füh·rer** *m sport* league leaders *pl;* ▶ ~ **sein** be at the top of the league table; **Ta·bel·len·platz** *m sport* place *(od* position) in the league; **Ta·bel·len·stand** *m sport* league situation.
Ta·ber·na·kel [tabεr'na:kl] ⟨-s, -⟩ *m* tabernacle.
Ta·blett [ta'blεt] ⟨-(e)s, -s/(-e)⟩ *n* tray.
Ta·blet·te [ta'blεtə] ⟨-, -n⟩ *f* pill, tablet; **Ta·blet·ten·miß·brauch** *m* pill abuse; **Ta·blet·ten·süch·ti·ge(r)** *f m* pill addict.
ta·bu [ta'bu:] *adj* taboo.
Ta·bu·la·tor ⟨-s, -en⟩ *m* tabulator, tab.
Ta·cho(·me·ter) ['taxo'me:tɐ] ⟨-s, -⟩ *m* speedo(meter); **Ta·cho·me·ter·an·trieb** *m* speedo drive.
Ta·del ['ta:dəl] ⟨-s, -⟩ *m* 1. *(Vorwurf)* reproach; *(Verweis)* reprimand; *(Rüge)* censure; 2. *(Schule: Klassenbuch)* black mark; **ta·del·los** *adj* 1. *(Benehmen)* irreproachable; 2. *(vollkommen)* perfect; **ta·deln** *tr (zurechtweisen)* rebuke, reprimand; *(kritisieren)* criticize; **ta·delnd** *adj:* ▶ **ein** ~**er Blick** a reproachful look; **ta·delns·wert** *adj* blameworthy, reprehensible.
Ta·fel ['ta:fəl] ⟨-, -n⟩ *f* 1. *(Schul~)* blackboard; *(Platte)* slab; *(Schiefer~)* slate; *(Schokoladen~)* bar; *(Holz~)* panel; 2. *(Illustration)* plate; *(Tabelle)* index, list; 3. *(Tisch)* (dinner-) table; ▶ **die** ~ **aufheben** officially end the meal; **ta·feln** *itr* feast; ▶ **mit jdm** ~ dine with s.o.
tä·feln ['tɛ:fəln] *tr (Decke)* panel; *(Wand)* wainscot.
Ta·fel·obst *n* (dessert) fruit; **Ta·fel·run·de** *f* company at table; **Ta·fel·sil·ber** *n Br* silver, *Am* flatware, flat silver.
Tä·fe·lung *f* panelling, wainscoting.
Ta·fel·wein *m* table wine.
Ta·fel·zeich·nung *f päd* blackboard drawing.
Taft [taft] ⟨-(e)s, -e⟩ *m* taffeta.

Tag [ta:k] ⟨-(e)s, -e⟩ *m* 1. day; 2. *(Tageslicht)* daylight; ▶ **s-e** ~**e haben** *euph* have one's period; **bei** ~**e** in the daytime; **es ist** ~ it is light; **es wird** ~ it is getting light; ~ **für** ~ day after day; **in acht** ~**en** a week today, in a week's time; **er kommt in 3** ~**en** he's coming in 3 days; **er muß jeden** ~ **kommen** he will arrive any day now; **welcher** ~ **ist heute?** what day is it today? **zweimal am** ~ twice a day; **von dem** ~ **an** from that day on; **den ganzen** ~ all day; **irgendwann im Laufe des** ~**es** some time during the day; **den andern** ~, **am folgenden** ~ the next day; **eines** ~**es** one day; **e-s schönen** ~**es** one fine day; **guten** ~! *(morgens)* good morning! *(nachmittags)* good afternoon! *(allgemein)* how do you do? **schönen** ~ **noch!** have a nice day! ~**s darauf** the next day; ~**s zuvor** the day before; **an den** ~ **bringen (kommen)** *fig* bring (come) to light; **es ist noch nicht aller** ~**e Abend** *fig* it's early days yet.
tag·aus [-'-] *adv:* ▶ ~, **tagein** day in, day out.
Ta·ge·bau ⟨-(e)s⟩ *m min* open-cast mining; **Ta·ge·buch** *n* diary; **Ta·ge·dieb** *m* idler, loafer; **Ta·ge·geld** *n* daily allowance; **ta·ge·lang** *adj* lasting for days (on end); **Ta·ge·löh·ner** *m* daylabourer.
ta·gen ['ta:gən] *itr* 1. *(Tag werden)* dawn; 2. *(beraten)* sit.
Ta·ges·ab·lauf *m* course of the day; **Ta·ges·an·bruch** *m:* ▶ **bei** ~ at daybreak; **Ta·ges·be·fehl** *m mil* Order of the Day; **Ta·ges·creme** *f* day cream; **Ta·ges·geld** *n fin* overnight money; **Ta·ges·ge·sche·hen** *n* events *pl* of the day; **Ta·ges·ge·spräch** *n* talk of the town; **Ta·ges·kar·te** *f* 1. *(für Bus, Straßenbahn)* day ticket; 2. *(Speisekarte)* menu of the day; **Ta·ges·ki·lo·me·ter·zäh·ler** *m mot* mileage recorder, odometer; **Ta·ges·licht** ⟨-(e)s⟩ *n* daylight; ▶ **das** ~ **scheuen** shun the daylight; **ans** ~ **kommen** *fig* come to light; **Ta·ges·licht·pro·jek·tor** *m* overhead projector; **Ta·ges·mut·ter** *f* child minder; **Ta·ges·ord·nung** *f* agenda; ▶ **auf die** ~ **setzen** put on the agenda; **zur** ~ **übergehen** *fig (an die Arbeit gehen)* get down to business; **Ta·ges·preis** *m com* current price; **Ta·ges·pro·duk·tion** *f* daily production; **Ta·ges·ra·tion** *f* daily rations *pl;*

Ta·ges·satz *m* daily rate; **Ta·ges·stun·den** *f pl* hours of daylight; **Ta·ges·sup·pe** *f* soup of the day; **Ta·ges·zeit** *f* time of day; ► **zu jeder** ~ at any hour; **Ta·ges·zel·tung** *f* daily paper.

Ta·ge·werk *n* day's work.

tag·hell ['-'-] *adj* as light as day.

täg·lich ['tɛːklıç] I *adj* daily; II *adv* every day.

tags·über *adv* during the day.

tag·täg·lich ['-'--] I *adj* daily; II *adv* every single day.

Ta·gung *f* conference; *parl jur* sitting.

Tai·fun [taɪ'fuːn] ⟨-s, -e⟩ *m mete* typhoon.

Tail·le ['taljə] ⟨-, -n⟩ *f* waist.

Takt [takt] ⟨-(e)s, -e⟩ *m* 1. *mus (Rhythmus)* time; 2. *mot* stroke; 3. *fig (~gefühl)* tact; ► **im** ~ in time; **den** ~ **halten** keep time, play in time; **aus dem** ~ **kommen** play out of time; **den** ~ **schlagen** beat time; **Takt·ge·fühl** *n* tact.

tak·tie·ren *itr* manoeuvre; **Tak·tik** ['taktık] *f* tactics *pl;* **Tak·ti·ker(in)** *m (f)* tactician; **tak·tisch** *adj* tactical.

takt·los *adj* tactless; **Takt·lo·sig·keit** *f* tactlessness.

Takt·stock *m* baton; **Takt·strich** *m mus* bar(-line).

takt·voll *adj* tactful.

Tal [taːl, *pl* 'tɛːlə] ⟨-(e)s, ∵er⟩ *n* valley, *poet* vale; **tal(·ab)·wärts** *adv* 1. down into the valley; 2. *(flußabwärts)* downstream.

Ta·lar [ta'laːɐ] ⟨-s, -e⟩ *m (von Professor an Universität)* gown; *jur* robe.

tal·auf·wärts [-'--] *adv* 1. up the valley; 2. *(flußaufwärts)* upstream.

Ta·lent [ta'lɛnt] ⟨-(e)s, -e⟩ *n* 1. *(Begabung)* gift, talent *(zu* for); 2. *(Person)* talented person; **ta·len·tiert** *adj* gifted, talented.

Tal·fahrt *f* descent; ► ~ **der Preise** *fig* downward trend of prices.

Talg [talk] ⟨-(e)s, (-e)⟩ *m* 1. *(roh)* suet; *(ausgelassen)* tallow; 2. *anat* sebum; **Talg·drü·se** *f anat* sebaceous gland.

Ta·lis·man ['taːlısman] ⟨-s, -e⟩ *m* (lucky) charm.

Tal·kes·sel (Tal·mul·de) *m (f)* basin, hollow.

Talk·show ['tɔːkʃou] ⟨-, -s⟩ *f* talkshow.

Tal·mi·gold ['talmi-] *n* pinchbeck gold.

Tal·soh·le *f* 1. bed *(od* bottom) of a/the valley; 2. *com (wirtschaftliches Tief)* trough; **Tal·sper·re** *f* 1. *(Stau(mauer))* river dam; 2. *(Speichersee)* storage reservoir; **Tal·sta·tion** *f (von Skilift)* station at the bottom end; **tal·wärts** *adv* down to the valley.

Tam·pon ['tampɔn] *m* tampon; *(für Wunde)* plug.

Tand [tant] ⟨-(e)s⟩ *m* knicknacks *pl,* trinkets *pl.*

Tän·de·lei *f* 1. *(Herumtrödelei)* dallying, trifling; 2. *(Liebelei)* dalliance.

tän·deln ['tɛndəln] *itr* 1. *(trödeln)* dillydally; 2. *(flirten)* dally.

Tang [taŋ] ⟨-(e)s, (-e)⟩ *m* seaweed.

Tan·gen·te [taŋ'gɛntə] ⟨-, -n⟩ *f math* tangent.

tan·gie·ren *tr* 1. *(berühren)* touch; 2. *fig (kümmern)* affect, bother.

Tan·go ['taŋgo] ⟨-s, -s⟩ *m* tango.

Tank [taŋk] ⟨-s, -s/(-e)⟩ *m (Behälter, a. Panzer)* tank; **Tank·deckel (k·k)** *m* filler cap.

tan·ken *tr itr* tank *(od* fill) up; ► **ich muß noch** ~ I have to get some petrol *(Am* gas); **wo kann man hier** ~? where can I get petrol *(Am* gas) round here?

Tan·ker *m* tanker; **Tank·füll·stut·zen** *m* tank filler neck; **Tank·in·halt** *m* tank capacity *(od* volume); **Tank·la·ger** *n (in Hafen etc)* petrol depot; **Tank·last·zug** *m* tanker; **Tank·stel·le** *f Br* service *(od* filling *od* petrol) station, *Am* gas station; **Tank·wa·gen** *m* 1. *mot* tanker; 2. *rail* tank car; **Tank·wart(in)** *m (f) Br* petrol pump attendant, *Am* gas station attendant.

Tan·ne ['tanə] ⟨-, -n⟩ *f* fir, pine; **Tan·nen·baum** *m* fir *(od* pine-) tree; **Tan·nen·na·deln** *f pl* fir-needles; **Tan·nen·wald** *m* fir-wood, pine forest; **Tan·nen·zap·fen** *m* fir *(od* pine) cone.

Tan·te ['tantə] ⟨-, -n⟩ *f* aunt.

Tan·tie·me [tɑ̃'tjɛːmə] ⟨-, -n⟩ *f (für Autoren, Erfinder)* royalty.

Tanz [tants, *pl* 'tɛntsə] ⟨-es, ∵e⟩ *m* dance; ► **darf ich Sie um den nächsten** ~ **bitten?** may I have the next dance? **zum** ~**en gehen** go to a dance; **Tanz·bein** *n* ► **das** ~ **schwingen** *hum* shake a leg.

tän·zeln ['tɛntsəln] *itr (Mensch)* mince; *(Pferd)* step delicately.

tan·zen *itr tr* dance.

Tän·zer(in) ['tɛntsə] *m (f)* dancer; *(Ballet~)* ballet dancer.

Tanz·flä·che *f* dance floor; **Tanz·kurs** *m* dancing course; **Tanz·lo·kal** *n* café with dancing; **Tanz·mu·sik** *f* dance music; **Tanz·or·che·ster** *n* dance orchestra; **Tanz·schu·le** *f* dancing school; **Tanz·stun·de** *f* dancing lesson; **Tanz·tee** *m* tea-dance; **Tanz·tur·nier** *n* dancing contest.

Ta·pet [ta'peːt] *n:* ► **etw aufs** ~ **bringen** *fam* bring s.th. up.

Ta·pe·te [ta'peːtə] ⟨-, -n⟩ *f* wallpaper; **Ta·pe·ten·mu·ster** *n* design; **Ta·pe·ten·rol·le** *f* roll of wallpaper; **Ta·pe·ten·wech·sel** *m fig* change of scenery.

ta·pe·zie·ren [tape'tsiːrən] *tr* paper; **Ta·pe·zier·tisch** *m* trestle table.

tap·fer ['tapfə] *adj* brave; *(mutig)* bold, courageous; **Tap·fer·keit** *f* bravery; *(Mut)* boldness, courage.

tap·pen ['tapən] *itr* ⟨sein⟩ go (*od* come) falteringly; ▶ **im Dunkeln** ~ grope in the dark.

täp·pisch ['tɛpɪʃ] *adj* awkward, clumsy.

Ta·ra ['taːra] ⟨-, -ren⟩ *f com* tare.

Ta·ran·tel [ta'rantəl] ⟨-, -n⟩ *f* tarantula; ▶ **wie von der** ~ **gestochen** as if stung by a bee.

Ta·rif [ta'riːf] ⟨-s, -e⟩ *m* **1.** (*Lohn*~) rate; **2.** (*Zoll*~) tariff; **Ta·rif·ab·schluß** *m* wage settlement; **Ta·rif·be·zirk** *m* collective-agreement area; **Ta·rif·ge·halt** *n* union rates *pl;* **Ta·rif·grup·pe** *f* grade; **Ta·rif·kom·mis·sion** *f* joint working party on pay; **ta·rif·lich** *adj* agreed; **Ta·rif·lohn** *m* standard wage; **Ta·rif·part·ner** *pl:* ▶ **die** ~ union and management; **beide** ~ ... both parties to the wage agreement ...; **Tarif·run·de** *f* round of wage talks, wage negotiations *pl;* **Ta·rif·strei·tig·keit** *f* wage dispute; **Ta·rif·ver·hand·lun·gen** *f pl* salary (*od* wage) negotiations; **Ta·rif·ver·trag** *m* wage agreement; **Ta·rif·zo·ne** *f* (*Verkehr*) fare zone.

tar·nen ['tarnən] *tr* **1.** camouflage; **2.** *fig* (*Absichten*) disguise.

Tarn·far·be *f* camouflage colour (*od* paint).

Tar·nung *f* **1.** *mil* camouflage; **2.** *fig (von Agenten)* disguise.

Ta·sche ['taʃə] ⟨-, -n⟩ *f* **1.** (*bei Kleidungsstücken*) pocket; **2.** (*Beutel*) pouch; (*Hand*~) *Br* bag, *Am* purse; (*Akten*~) briefcase; ▶ **in die** ~ **stecken** pocket; **jdn in die** ~ **stecken** *fig* put s.o. in the shade; **jdm auf der** ~ **liegen** be living off s.o.; **nimm die Hände aus der** ~! take your hands out of your pockets! **Ta·schen·buch** *n* paperback; **Ta·schen·dieb** *m* pickpocket; ▶ **vor** ~**en wird gewarnt!** beware of pickpockets! **Ta·schen·geld** *n* pocket-money; **Ta·schen·krebs** *m* common crab; **Ta·schen·lam·pe** *f Br* torch, *Am* flashlight; **Ta·schen·mes·ser** *n Br* pocketknife, *Am* jackknife; (*kleines*) penknife; **Ta·schen·rech·ner** *m* pocket calculator; **Ta·schen·schirm** *m* collapsible umbrella; **Ta·schen·spie·gel** *m* pocket mirror; **Ta·schen·spie·ler·trick** *m* sleight of hand; **Ta·schen·tuch** ⟨-(e)s, ⁚er⟩ *n* handkerchief, *fam* hanky; **Ta·schen·uhr** *f* pocket watch; **Ta·schen·wör·ter·buch** *n* pocket dictionary.

Tas·se ['tasə] ⟨-, -n⟩ *f* cup; ▶ **e-e** ~ **Tee** a cup of tea; **sie hat nicht alle** ~**n im Schrank!** *fig fam* she's off her rocker!

tas·sen·fer·tig *adj* instant.

Ta·sta·tur [tasta'tuːɐ] *f* keyboard.

Ta·ste ['tastə] ⟨-, -n⟩ *f (von Klavier, Schreibmaschine, Computer)* key; (*Telefon, Radio etc.*) button; ▶ **auf die** ~**n hauen** *fig fam* hammer away at the keyboard.

ta·sten I *itr* feel; ▶ **nach etw** ~ grope for s.th.; **sich** ~ feel one's way; II *tr tele* key; (*drücken*) press.

Ta·sten·te·le·fon *n* push-button telephone.

Tast·sinn ⟨-(e)s⟩ *m* sense of touch.

Tat [taːt] ⟨-, -en⟩ *f* **1.** (*das Handeln*) action; **2.** (*Helden*~, *Un*~) act, deed; (*Leistung*) feat; ▶ **auf frischer** ~ **ertappen** catch in the act; **ein Mann der** ~ a man of action; **in der** ~ indeed; **in die** ~ **umsetzen** put into action; **gute** ~ good deed; **meine erste** ~ **war, ihn anzurufen** the first thing I did was phone him; **Tat·be·stand** *m jur* facts *pl* of the case; (*Sachlage*) facts *pl;* **Ta·ten·drang** *m* thirst for action; **ta·ten·los** *adj* idle; ▶ **ich konnte nur** ~ **zusehen** I could only stand and watch.

Tä·ter(in) ['tɛːtɐ] *m (f) jur* perpetrator; ▶ **unbekannte** ~ *pl* persons unknown; **Tä·ter·schaft** *f* guilt; ▶ **die** ~ **leugnen** deny one's guilt.

tä·tig ['tɛːtɪç] *adj* active; ▶ **in e-r Sache** ~ **werden** take action in a matter; **tä·ti·gen** ['tɛːtɪgən] *tr com* (*Geschäft*) effect; (*Abschluß*) conclude; **Tä·tig·keit** *f* **1.** (*Aktivität*) activity; **2.** (*Beruf*) job; (*Beschäftigung*) occupation; (*Arbeit*) work; ▶ **die** ~ **einstellen** *fam* close up shop; **Tä·tig·keits·be·reich** *m* field of activity; **Tä·tig·keits·merk·ma·le** *pl* job description *sing.*

Tat·kraft *f* drive, energy, vigour; **tat·kräf·tig** *adj* energetic; ▶ ~**e Hilfe** active help.

tät·lich ['tɛːtlɪç] *adj* violent; ▶ ~ **werden** come to blows; **jdn** ~ **angreifen** assault s.o.; **Tät·lich·keit** *f* violence; ▶ **sich zu** ~**en hinreißen lassen** get violent.

Tat·ort *m* scene of the crime.

tä·to·wie·ren [teto'viːrən] *tr* tattoo; ▶ **sich** ~ **lassen** have o.s. tattooed; **Tä·to·wie·rung** *f* tattooing.

Tat·sa·che *f* fact; ▶ **den** ~**n ins Auge blicken** face the facts; **Tat·sa·chen·be·richt** *m* documentary; **tat·säch·lich** I *adj* actual, real; II *adv* (*in Wirklichkeit*) actually, really; ▶ **ich weiß** ~ **nicht, was ich davon halten soll** I really don't know what to think.

tät·scheln ['tɛtʃəln] *tr* pat.

Tat·ze ['tatsə] ⟨-, -n⟩ *f* paw.

Tau¹ [tau] ⟨-(e)s, -e⟩ *n* (*Seil*) rope.

Tau² ⟨-(e)s⟩ *m* (*Niederschlag*) dew.

taub [taup] *adj* **1.** (*ohne Gehör*) deaf; **2.** *fig (leer)* empty, hollow; (*Gestein*) dead; **3.** (*betäubt*) numb; ▶ **für** (*od* **gegen**) **etw** ~ **sein** be deaf to s.th.; **sich** ~ **stellen** pretend not to hear; **sich jdm gegenüber** ~ **stellen** turn a deaf ear to s.o.; **meine Hände waren** ~ **vor Kälte** my hands were numb with cold.

Tau·be ['taʊbə] ⟨-, -n⟩ f dove, pigeon; **Tau·ben·schlag** m dovecot; *(für Brieftauben)* pigeon loft.

Täu·be·rich ['tɔɪbərɪç] ⟨-s, -e⟩ m cockpigeon.

Taub·heit f 1. *(Gehörlosigkeit)* deafness; 2. *(Erstarrung von Körperteil)* numbness.

taub·stumm adj deaf and dumb; **Taubstum·me(r)** f m deaf-mute.

tau·chen ['taʊxən] I itr 1. ⟨sein od h⟩ dive *(nach* for); 2. *(U-Boot)* submerge; II tr⟨h⟩ 1. *(kurz ~)* dip; 2. *(Menschen ~)* duck.

Tau·cher(in) m (f) diver.

Tau·cher·an·zug m diving suit; **Taucher·aus·rü·stung** f diving equipment; **Tau·cher·bril·le** f diver's goggles pl; **Tau·cher·flos·sen** f pl fins; **Tau·cher·glocke (k·k)** f diving bell; **Tau·cher·krank·heit** f diver's paralysis; **Tau·cher·mas·ke** f diving mask.

Tauch·sie·der m el portable immersion heater.

Tauch·tie·fe f mar navigable depth.

tau·en ['taʊən] ⟨sein od h⟩ itr melt, thaw.

Tauf·becken (k·k) (Tauf·stein) n (m) font.

Tau·fe ['taʊfə] ⟨-, -n⟩ f 1. *(das Sakrament)* baptism; 2. *(Vorgang)* christening; ▶ **ein Kind aus der ~ heben** stand sponsor to a child; **etw aus der ~ heben** fig start s.th. up; **tau·fen** tr 1. baptize; 2. *(nennen)* christen; ▶ **sich ~ lassen** be baptized.

Tauf·ka·pel·le f baptistry; **Tauf·pa·te (Tauf·pa·tin)** ⟨-n, -n⟩ m (f) godfather (godmother); **Tauf·re·gi·ster** n parish register; **Tauf·schein** m certificate of baptism.

tau·gen [taʊgən] itr 1. *(wert sein)* be good; 2. *(geeignet sein)* be suitable *(zu, für* for); ▶ **zu etw ~** be fit for s.th; **er taugt nichts** he is no good; **ob das wohl was taugt?** I wonder whether it is any good? **Tau·ge·nichts** ['taʊgənɪçts] ⟨-/-es, -e⟩ m good-for-nothing.

taug·lich adj *(geeignet)* suitable *(zu, für* for); mil fit (for service); **Taug·lichkeit** f allg suitability; mil fitness.

Tau·mel ['taʊməl] ⟨-s⟩ m 1. *(Schwindel)* giddiness; 2. fig frenzy; **tau·me·lig** adj *(schwindlig)* giddy; **tau·meln** ⟨h od sein⟩ itr stagger; ▶ **er taumelte über die Straße** he staggered across the street; **~d** staggering.

Tausch [taʊʃ] ⟨-(e)s, -e⟩ m exchange; *(~handel)* barter; ▶ **im ~ gegen . . .** in exchange for . . .; **e-n ~ machen** effect an exchange; **e-n guten ~ machen** get a good deal; **tau·schen** ['taʊʃən] tr exchange *(gegen* for); *(Güter)* barter.

täu·schen ['tɔɪʃən] I tr *(jdn)* deceive; ▶ **so leicht können Sie mich nicht ~!** you won't fool me so easily! II itr *(irreführend sein)* be deceptive; III refl be wrong, be mistaken *(über* about); ▶ **sich ~ lassen** let o.s. be deceived *(od* fooled); **ich glaube ja, ich kann mich aber auch ~** I think so, but I may be wrong; **wir haben uns in ihr sehr getäuscht** she was a great disappointment to us; **täu·schend** adj 1. *(Nachahmung)* remarkable; 2. *(Ähnlichkeit)* striking.

Tausch·ge·schäft n barter deal; **Tausch·han·del** m barter; **Tausch·ob·jekt** n barter object.

Täu·schung f 1. *(das Täuschen)* deception; 2. *(Irrtum)* mistake; ▶ **gib dich nur keiner ~ hin!** you must not delude yourself! **Täu·schungs·ma·nö·ver** n 1. mil deception tactics pl; 2. fam ploy; **Täu·schungs·ver·such** m päd attempted cheating.

tau·send ['taʊzənt] num a *(od* one) thousand; ▶ **viele T~e** thousands of . . .; **ich habe ~ Dinge zu tun** fig I have a thousand and one things to do; **~ Ängste ausstehen** fig fam die a thousand deaths; **Tau·sen·der** ⟨-s, -⟩ m *(a. Geldschein)* thousand; **tau·sen·der·lei** ['taʊzəndə'laɪ] adj a thousand kinds of . . .; **tau·send·fach** I adj thousandfold; II adv in a thousand ways; **Tau·sendfüß(·l)er** ['taʊzəntfy:slə] ⟨-s, -⟩ m millipede; **tau·send·jäh·rig** adj 1. *(Alter)* thousand year old; 2. *(Dauer)* thousand year long; **tau·send·mal** adv a thousand times; **tau·send·ste** adj thousandth; **Tau·send·stel** ⟨-s, -⟩ n thousandth.

Tau·trop·fen m dewdrop; **Tau·wetter** n thaw.

Tau·zie·hen n sport a. fig tug-of-war.

Ta·xa·me·ter [taksa'me:tə] ⟨-s, -⟩ m taximeter.

Ta·xi ['taksi] ⟨-(s), -(s)⟩ n cab, taxi(cab); ▶ **ein ~ nehmen** take a taxi.

ta·xie·ren [ta'ksi:rən] tr value; ▶ **~ auf** . . . estimate at . . .

Ta·xi·fah·rer(in) m (f) taxi *(od* cab-) driver; **Ta·xi·fahrt** f taxi ride; **Ta·xistand** m taxi rank.

Team [ti:m] ⟨-s, -s⟩ n team; **Team·arbeit** f teamwork.

Tech·nik ['tɛçnɪk] f 1. *(Technologie)* technology; 2. *(Funktionsweise)* mechanics pl; 3. *(Ingenieurwissenschaft)* engineering; 4. *(Verfahren)* technique; **tech·nik·be·ses·sen** adj obsessed with new technologies; **Tech·niker(in)** m (f) 1. (technical) engineer; 2. sport technician; **tech·nik·feind·lich** adj hostile to new technologies; **Tech·ni·kum** ['tɛçnɪkum] ⟨-s, -ka/-ken⟩ n college of technology.

tech·nisch adj 1. *(technologisch)* technological; 2. *(die Ausführung betref-*

fend) technical; ▶ ~e **Daten** specifications; ~e **Hochschule** institute of technology; **er ist ~ begabt** he is technically minded; ~e(r) **Zeichner(in)** engineering draughtsperson; **Tech·ni·scher Über·wa·chungs·ver·ein** *m* Technical Control Board.

Tech·no·krat(in) [tɛçnoˈkraːt] *m (f)* technocrat; **tech·no·kra·tisch** *adj* technocratic.

Tech·no·lo·gie *f* technology; **Tech·no·lo·gie·park** *m* technology park; **Tech·no·lo·gie·trans·fer** *m* transfer of technology; **tech·no·lo·gisch** *adj* technological.

Tee [teː] ⟨-s, -s⟩ *m* tea; ▶ **Fünf-Uhr-~** five o'clock tea; ~ **machen** make tea; **e-e Tasse ~** a cup of tea; **Tee·beu·tel** *m* tea bag; **Tee-Ei** *n Br* infuser, *Am* tea ball; **Tee·fil·ter** *m* tea filter; **Tee·ge·bäck** *n* biscuits *pl;* **Tee·kan·ne** *f* teapot; **Tee·löf·fel** *m* teaspoon.

Tee·ny [ˈtiːni] ⟨-s, -s⟩ *m fam* teeny bopper.

Teer [teːɐ] ⟨-(e)s, -e⟩ *m* tar; **tee·ren** *tr* tar; **Teer·pap·pe** *f* tarboard.

Tee·ser·vice *n* tea-set; **Tee·sieb** *n* tea-strainer; **Tee·stu·be** *f* tea-room; **Tee·wa·gen** *m* tea-trolley.

Teich [taɪç] ⟨-(e)s, -e⟩ *m* pond; **Teich·ro·se** *f* yellow water-lily.

Teig [taɪk] ⟨-(e)s, -e⟩ *m (Brot~)* dough; *(Blätter~)* pastry; **tei·gig** *adj* doughy; **Teig·wa·ren** *pl* pasta *sing.*

Teil [taɪl] ⟨-(e)s, -e⟩ *m* 1. *(Bruchteil, Teil von etw)* part; 2. *(Anteil)* share; ▶ **zum ~** partly; **der größte ~ davon ist fertig** the greater part of it is done; **zum größten ~** for the most part; **ich für meinen ~** I, for my part; **ich habe e-n ~ davon für mich behalten** I kept part of it for myself; **5 ~e Sand auf einen ~ Zement** 5 parts of sand to 1 of cement; **sich seinen ~ denken** draw one's own conclusions *pl;* **ein ~ der Leute** some of the people; **in zwei ~e zerschneiden** cut in two; **Teil·ab·schnitt** *m* section, segment; **Teil·auf·la·ge** *f markt* split run; **teil·bar** *adj* divisible *(durch* by); **Teil·bar·keit** *f* divisibility; **Teil·be·trag** *m* partial amount; *(auf Rechnung)* item; *(Abzahlung)* instal(l)ment.

Teil·chen [ˈtaɪlçən] *n* 1. *a. phys* particle.

tei·len I *tr* 1. *(zerlegen)* divide *(in* into, *unter* among, *durch* by); 2. *(auf ~)* share *(unter* amongst, *mit* with); 3. *(teilhaben)* share; II *refl* 1. *(Straße, Fluß etc)* fork; *(Vorhang)* part; 2. *(in Gruppen)* split up; 3. *(auseinandergehen)* diverge; ▶ **geteilter Meinung sein** be of different opinions.

Teil·er·folg *m* partial success; **Teil·er·geb·nis** *n* partial result; **Teil·ge·biet** *n* *(räumlich)* area; *(Bereich)* branch.

teil‖ha·ben *irr itr* participate *(an* in).

Teil·ha·ber *m com (Gesellschafter)* partner; ▶ **stiller ~** *Br* sleeping *(Am* silent) partner.

Teil·kas·ko·ver·si·che·rung *f* partial coverage insurance.

teil·mö·bliert *adj* partially furnished.

teil·nah·me ⟨-⟩ *f* 1. *(Beteiligung)* participation *(an* in); 2. *(Anwesenheit)* attendance *(an* at); 3. *(Interesse)* interest *(an* in); *(Mitgefühl)* sympathy; *(Beileid)* condolence (s *pl);* **teil·nahms·los** *adj (gleichgültig)* apathetic, indifferent *(gegen* towards); **Teil·nahms·lo·sig·keit** *f* apathy, indifference; **teil·nahms·voll** *adj* sympathetic.

teil‖neh·men *irr itr* 1. *(sich beteiligen)* participate *(od* take part) *(an* in); 2. *(anwesend sein)* attend s.th; 3. *(sich interessieren)* take an interest *(für* in); ▶ **an e-m Lehrgang ~** do a course; **an e-m Wettbewerb ~** take part in *(od* enter for) a competition; **Teil·neh·mer(in)** *m (f)* 1. *(Beteiligte(r))* participant; 2. *tele* subscriber; 3. *sport* competitor; ▶ **der ~ meldet sich nicht** *tele* there is no reply; **Teil·neh·mer·ver·zeich·nis** *n tele* telephone directory.

teils *adv* partly; ▶ **wie geht's dir?** — ~, ~ how are you? — so-so.

Teil·strecke (k·k) *f* 1. *rail* stretch; 2. *(bei Reise)* stage.

Teil·strich *m auf (Skala)* secondary graduation line.

Tei·lung *f* division.

teil·wei·se I *adv* partly; *(manchmal)* sometimes; ▶ **der Roman ist ~ gut** the novel is good in parts; II *adj* partial.

Teil·zah·lung *f* 1. *(~skauf)* hire-purchase; 2. *(Rate)* instal(l)ment; ▶ **auf ~ kaufen** buy on hire-purchase.

Teil·zeit·ar·beit *f* part-time employment; **teil·zeit·be·schäf·tigt** *adj* part-time employed; **Teil·zeit·kraft** *f* part-time worker.

Teint [tɛ̃ː] ⟨-s⟩ *m* complexion.

Te·le·brief *m* telemessage, *Am* mailgram.

Te·le·fax *n* fax; **te·le·fa·xen** *tr* fax, send by fax; **Te·le·fax·ge·rät** *n* fax machine *(od* terminal); **Te·le·fax·teil·neh·mer** *m* fax subscriber.

Te·le·fon [teleˈfoːn] ⟨-s, -e⟩ *n* (tele)phone; ▶ **ans ~ gehen** answer the phone; **Te·le·fon·an·ruf** *m* phone call; **Te·le·fon·an·schluß** *m* telephone-connection; ▶ **~ haben** be on the (tele)phone; **Te·le·fon·aus·kunft** *f Br* directory enquiries *pl; Am* directory information; **Te·le·fon·buch** *n* (tele)phone book; **Te·le·fon·ge·bühr** *f* 1. *(Gesprächsgebühr)* call charge; 2. *(Grundgebühr)* telephone rental; **Te·le·fon·ge·spräch** *n* 1. *(Anruf)* (tele)phone call; 2. *(Unterhaltung am Telefon)* telephone conversation.

te·le·fo·nie·ren *itr* make a telephone call; ► **sie telefoniert den ganzen Tag** she's on the phone all day long; **mit jdm** ~ speak to s.o. on the phone; **kann ich mal (bei dir)** ~? can I use your phone?

te·le·fo·nisch *adj* telephonic; ► ~ **anfragen** inquire by telephone; **e-e** ~e **Mitteilung** a telephone message; **er ist** ~ **erreichbar** he can be contacted by phone.

Te·le·fo·nist(in) *m (f)* (tele)phone operator.

Te·le·fon·kar·te *f* phonecard; **Te·le·fon·lei·tung** *f* telephone line; **Te·le·fon·netz** *n* telephone network; **Te·le·fon·num·mer** *f* telephone number; ► **e-e** ~ **wählen** dial a number; **Te·le·fon·rech·nung** *f* (tele)phone bill; **Te·le·fon·ver·bin·dung** *f* telephone connection; **Te·le·fon·ver·zeich·nis** *n* telephone directory; **Te·le·fon·zel·le** *f Br* telephone box (*Am* -booth); **Te·le·fon·zen·tra·le** *f* telephone exchange.

te·le·gen [tele'ge:n] *adj* telegenic.

Te·le·gramm [tele'gram] ⟨-s, -e⟩ *n Br* telegram, *Am* wire; (*Kabel~*) cable; ► **ein** ~ **aufgeben** hand in a telegram; **Te·le·gramm·adres·se** *f* telegraphic address; **Te·le·gramm·for·mu·lar** *n* telegram form; **Te·le·gramm·stil** *m* telegram style.

Te·le·graph [tele'gra:f] *m* telegraph; **Te·le·gra·phen·amt** *n* telegraph office; **Te·le·gra·phen·lei·tung** *f* telegraph circuit; **Te·le·gra·phen·mast** *m* telegraph pole; **Te·le·gra·phen·netz** *n* telegraph network.

Te·le·gra·phie *f* telegraphy; ► **drahtlose** ~ radio (*od* wireless) telegraphy; **te·le·gra·phie·ren** *tr itr* telegraph, wire; (*kabeln*) cable; **te·le·gra·phisch** *adj* telegraphic; ► **jdm** ~ **Geld überweisen** wire s.o. money.

Te·le·ki·ne·se [teleki'ne:zə] *f* telekinesis.

Te·le·kol·leg ['te:ləkole:k] *n TV päd* course of television lectures, *Br* Open University.

Te·le·kom·mu·ni·ka·tion *f* telecommunications *pl;* **Te·le·ko·pie** *f* fax.

Te·le·ob·jek·tiv ['te:lə-] *n phot* telephoto lens.

Te·le·pa·thie [telepa'ti:] *f* telepathy.

Te·le·skop [tele'sko:p] ⟨-s, -e⟩ *n* telescope.

Te·le·spiel ['te:lə-] *n TV* **1.** (*Fernsehspiel*) television play; **2.** (*Computerspiel*) video game.

Te·lex ['te:lɛks] ⟨-, -(e)⟩ *n* telex; **Te·lex·an·schluß** *m tele* telex link; **te·le·xen** *tr* telex.

Tel·ler ['tɛlə] ⟨-s, -⟩ *m* plate; **Tel·ler·ge·richt** *n* one course meal; **Tel·ler·mi·ne** *f mil* flat anti-tank mine; **Tel·ler·wä·scher(in)** *m (f)* dishwasher.

Tem·pel ['tɛmpəl] ⟨-s, -⟩ *m* temple.

Tem·pe·ra(·far·be) ['tɛmpəra] *f* tempera.

Tem·pe·ra·ment [temp(ə)ra'mɛnt] *n* **1.** (*Wesen*) temper, temperament; **2.** (*Lebhaftigkeit*) vivacity; **3.** (*Wesensart*) character, constitution, disposition, frame of mind; (*Gemütsart*) humour; **tem·pe·ra·ment·voll** *adj* lively, vivacious.

Tem·pe·ra·tur [tempəra'tu:ɐ] *f* temperature; ► **jds** ~ **messen** take someone's temperature; **erhöhte** ~ **haben** have a temperature; **Tem·pe·ra·tur·füh·ler** *m tech el* temperature senser; **Tem·pe·ra·tur·rück·gang** *m* fall in temperature; **Tem·pe·ra·tur·schwan·kung** *f* variation in temperature.

Tem·po ['tɛmpo] ⟨-s, -s/-pi⟩ *n* **1.** (*Geschwindigkeit*) speed; **2.** *mus* time; ► **das** ~ **angeben** *fig* set the pace; ~! *interj* hurry up! ~ **zulegen** *mot* speed up; **Tem·po·li·mit** *n mot* speed limit.

tem·po·rär *adj* temporary.

Tem·po·sün·der *m* speeder.

Tem·po(ta·schen·tuch) *n Wz* paper handkerchief.

Ten·denz [tɛn'dɛnts] ⟨-, -en⟩ *f* trend; (*Neigung*) tendency; ► **die** ~ **haben zu** ... tend to ...; **ten·den·zi·ös** *adj* tendentious; (*voreingenommen*) bias(s)ed, prejudiced.

ten·die·ren *itr* tend (*zu* towards).

Ten·ne ['tɛnə] ⟨-, -n⟩ *f* threshing floor.

Ten·nis ['tɛnɪs] ⟨-⟩ *n* tennis; **Ten·nis·hal·le** *f* indoor tennis centre; **Ten·nis·platz** *m* tennis court; **Ten·nis·schlä·ger** *m* tennis racket; **Ten·nis·spiel** *n* game of tennis.

Te·nor[1] ['te:nɔr] ⟨-s⟩ *m* (*Essenz*) tenor.

Te·nor[2] [te'no:ɐ, *pl* te'nø:rə] ⟨-s, ⸚e⟩ *m mus* tenor; **Te·nor·stim·me** *f mus* tenor.

Tep·pich ['tɛpɪç] ⟨-s, -e⟩ *m* carpet; ► **etw unter den** ~ **kehren** *fig* sweep s.th. under the carpet; **Tep·pich·bo·den** *m* fitted carpet; **Tep·pich·kehr·ma·schi·ne** *f* carpet-sweeper; **Tep·pich·klop·fer** ⟨-s, -⟩ *m* carpet beater; **Tep·pich·schaum** *m* carpet foam.

Ter·min [tɛr'mi:n] ⟨-s, -e⟩ *m* **1.** (*für Fertigstellung*) date, deadline; *com* (*Liefertag*) delivery date; (*bei Verabredung*) appointment; **2.** *jur* hearing; ► **e-n** ~ **anberaumen für** ... set a day (*od* date) for ...; **e-n** ~ **einhalten** keep (to) a date; **schon e-n anderen** ~ **haben** have a prior engagement.

Ter·mi·nal ['tø:ɛmɪnəl] ⟨-s, -s⟩ *n EDV aero* terminal.

ter·min·ge·mäß *adj* on schedule; **Ter·min·ka·len·der** *m* (appointments) diary.

Ter·mi·no·lo·gie [tɛrminolo'gi:] *f* ter-

minology.
Ter·min·pla·nung *f* time scheduling.
Ter·mi·te [tɛr'mi:tə] ⟨-, -n⟩ *f* termite, white ant.
Ter·pen·tin [tɛrpɛn'ti:n] ⟨-s, -e⟩ *n* turpentine.
Ter·rain [tɛrɛ̃:] *n* 1. land, terrain; 2. *fig* territory; ▶ **sich auf unsicheres ~ begeben** *fig* get onto shaky ground.
Ter·ras·se [tɛ'rasə] ⟨-, -n⟩ *f* terrace; **Ter·ras·sen·dach** *n* platform roof; **ter·ras·sen·för·mig** *adj* terraced.
Ter·ri·ne [tɛ'ri:nə] ⟨-, -n⟩ *f* tureen.
Ter·ri·to·ri·um ⟨-s, -rien⟩ *n* territory.
Ter·ror ['tɛro:ɐ] ⟨-s⟩ *m* terror; **Ter·ror·an·schlag** *m* terrorist attack; **ter·ro·ri·sie·ren** *tr* terrorize; **Ter·ro·ris·mus** *m* terrorism; **Ter·ro·ris·mus·be·kämp·fung** *f* counter terrorism; **Ter·ro·rist(in)** *m (f)* terrorist; **ter·ro·ri·stisch** *adj* terrorist; ▶ **~e Vereinigung** terrorist organization.
Terz [tɛrts] ⟨-, -en⟩ *m* 1. *mus* third; 2. *(beim Fechten)* tierce.
Ter·zett [tɛr'tsɛt] ⟨-(e)s, -e⟩ *n mus* trio.
Te·sa·film ['te:za-] *m Wz Br* Sellotape *Wz, Am* Scotch tape *Wz.*
Test [tɛst] ⟨-(e)s, -s/(-e)⟩ *m* test; **te·sten** *tr* test *(auf* for); **Test·pro·gramm** *n EDV* test program.
Te·sta·ment [tɛsta'mɛnt] ⟨-(e)s, -e⟩ *n* 1. *jur* will; 2. *fig (Vermächtnis)* legacy; ▶ **Altes (Neues) ~** *eccl* Old (New) Testament; **eigenhändiges ~** holograph *(od* handwritten) will; **gemeinschaftliches ~** joint will; **sein ~ machen** make one's will; **te·sta·men·ta·risch** *adj* testamentary; ▶ **~ festgelegt** written in the will; **~e Verfügung** instruction in the will; **Te·sta·ments·er·öff·nung** *f* reading of the will; **Te·sta·ments·voll·strecker (k·k)** *m* executor.
Test·bild *f TV* testcard.
te·stie·ren *tr (bescheinigen)* certify; ▶ **jdm etw ~** certify s.th. for s.o.
Test·per·son *f* subject; **Test·pi·lot** *m* test pilot.
Te·ta·nus·schutz·imp·fung *f med* tetanus vaccination.
Tête-à-tête [tɛta'tɛ:t] ⟨-, -s⟩ *n* tête-à-tête.
teu·er ['tɔɪɐ] ⟨teurer, teuerst⟩ *adj* 1. *kostspielig)* expensive; 2. *fig (lieb)* dear; ▶ **das wird ihn ~ zu stehen kommen** that will cost him dear; **wie ~ ist es?** how much is it? **da ist guter Rat ~** it's hard to know what to do; **Öl ist schon wieder teurer!** oil has gone up again! **Teue·rung** *f* rise in prices; **Teue·rungs·ra·te** *f* rate of price increases.
Teu·fel ['tɔɪfəl] ⟨-s, -⟩ *m* devil; ▶ **pfui ~!** how disgusting! **des ~s sein** *fig* have taken leave of one's senses; **in ~s Küche kommen** *fig* get into trouble; **mal' den ~ nicht an die Wand!** *(schwarzma-*

len) don't think the worst! *(Unheil heraufbeschwören)* don't tempt fate! **zum ~!** blast! damn! **mein Mantel ist zum ~** *fig* my coat is ruined; **wer zum ~ ...?** who the devil ...? **jdn zum ~ wünschen** wish s.o. in hell; **Teu·fels·aus·trei·bung** *f* exorcism; **Teu·fels·kerl** *m* devil of a fellow; **Teu·fels·kreis** *m fig* vicious circle.
teuf·lisch *adj* devilish, diabolical, fiendish.
Text [tɛkst] ⟨-(e)s, -e⟩ *m* 1. *(Buch~)* text; *(Lied)* words *pl; (von Schlager)* lyrics *pl;* 2. *(unter Bild)* caption; ▶ **weiter im ~!** go on! **Text·buch** *n* 1. *film* script; 2. *(für Lieder)* songbook; **Text·dich·ter(in)** *m (f) (Oper)* librettist; *film* scenario writer; **tex·ten** *tr* 1. *mus* write the lyrics *(od* words *od* text); 2. *markt* copywrite; **Tex·ter(in)** *m (f) markt* ad writer, copywriter.
Tex·til·fa·brik *f* textile factory *(od* mill); **Tex·til·fa·ser** *f* spun rayon; **Tex·til·ge·schäft** *n* clothes shop; **Tex·ti·lien (Tex·til·wa·ren)** [tɛks'ti:liən] *pl* textiles; **Tex·til·in·du·strie** *f* textile industry.
Text·kri·tik *f* textual criticism; **Text·stel·le** *f* passage; **Text·ver·ar·bei·tung** *f EDV* word processing; **Text·ver·ar·bei·tungs·an·la·ge** *f EDV* word processing set-up; **Text·ver·ar·bei·tungs·pro·gramm** *n EDV* word processing program, word processor.
Thea·ter [te'a:tɐ] ⟨-s, -⟩ *n* 1. *theat Br* theatre, *Am* theater; 2. *fig fam (Aufheben)* fuss; ▶ **mach kein ~!** don't make a fuss! **ins ~ gehen** go to the theatre; **~ spielen** *fig* put on an act; **das ist doch alles bloß ~!** *fig* it's all just play-acting! **Thea·ter·auf·füh·rung** *f* performance; **Thea·ter·be·such** *m* visit to the theatre; **Thea·ter·be·su·cher(in)** *m (f)* theatregoer; **Thea·ter·kar·te** *f* ticket; **Thea·ter·kas·se** *f Br* box-office, *Am* ticket-office *(od* window); **Thea·ter·pro·be** *f* rehearsal; **Thea·ter·stück** *n* (stage) play; **Thea·ter·vor·stel·lung** *f* performance.
thea·tra·lisch [tea'tra:lɪʃ] *adj* theatrical.
The·ke ['te:kə] ⟨-, -n⟩ *f (im Lokal)* bar; *(im Laden)* counter.
The·ma ['te:ma, *pl* 'te:mən] ⟨-s, -men/-mata⟩ *n* 1. *(Gegenstand)* subject, topic; 2. *(Leitgedanken)* theme; ▶ **kommen wir zum ~!** let's get to the point! **das Wetter ist ein beliebtes ~** the wheather is a popular topic of conversation; **kein ~ sein** be no subject for discussion; **das ~ wechseln** change the subject; **The·ma·tik** [te'ma:tɪk] *f* topic.
Them·se ['tɛmzə] *f* Thames.
Theo·lo·ge (Theo·lo·gin) [teo'lo:gə] ⟨-n, -n⟩ *m (f)* theologian; **Theo·lo·gie** *f* theology; **theo·lo·gisch** *adj* theologi-

cal.

Theo·re·ti·ker(in) [teo're:tɪke] *m (f)* theorist; **theo·re·tisch** *adj* theoretical; **theo·re·ti·sie·ren** *itr* theorize.

Theo·rie [teo'ri:] *f* theory.

The·ra·peut(in) ⟨-en, -en⟩ *m (f)* therapist; **The·ra·peu·tik** [tera'pɔɪtɪk] *f* therapeutics *pl.*

The·ra·pie [--'-] *f* therapy; **the·ra·pie·ren** *tr* give therapy to, treat.

Ther·mal·bad [tɛr'ma:l-] *n* thermal bath; **Ther·mal·quel·le** *f* thermal spring.

Ther·men ['tɛrmən] *pl (Mineralquellen)* thermal springs.

ther·misch *adj* thermal; ▶ ~e Belastung heat level; ~es Kraftwerk thermal power station.

Ther·mo·drucker (k·k) *m EDV* thermal printer.

ther·mo·dy·na·misch *adj* thermodynamic; **ther·mo·elek·trisch** *adj* thermoelectric; **Ther·mo·ho·se** *f* insulated trousers *pl.*

Ther·mo·me·ter [tɛrmo'me:te] ⟨-s, -⟩ *n* thermometer; **Ther·mo·me·ter·stand** *m* thermometer reading.

ther·mo·nu·kle·ar *adj* thermonuclear.

Ther·mos·fla·sche ['tɛrmɔs-] *f Br* thermos *(od vacuum)* flask *(Am bottle)*; **Ther·mos·kan·ne** *f* thermos jug.

Ther·mo·stat [tɛrmo'sta:t] ⟨-(e)s/-en, -e(n)⟩ *m* thermostat.

The·se ['te:zə] ⟨-, -n⟩ *f* thesis.

Throm·bo·se [trɔm'bo:zə] ⟨-, -n⟩ *f med* thrombosis.

Thron [tro:n] ⟨-(e)s, -e⟩ *m* throne; ▶ den ~ besteigen ascend the throne; **Thron·be·stei·gung** *f* accession to the throne; **thro·nen** *itr* 1. *(auf dem Thron sitzen)* sit enthroned; 2. *fig* sit in state; **Thron·fol·ge** *f* line of succession; **Thron·fol·ger(in)** *m (f)* heir to the throne; **Thron·re·de** *f parl* King's *(od* Queen's) speech.

Thun·fisch ['tu:n-] *m* tuna(fish).

Thü·rin·gen ['ty:rɪŋən] *n* Thuringia; **Thü·rin·ger(in)** *m (f)* Thuringian; **thü·rin·gisch** *adj* Thuringian.

Thy·mi·an ['ty:mia:n] ⟨-s, -e⟩ *m* thyme.

Tick [tɪk] ⟨-(e)s, -s⟩ *m* 1. *med* tic; 2. *fam (Schrulle)* quirk; ▶ der Kerl hat doch e-n ~! that fellow's just crazy!

ticken (k·k) *itr (Uhr etc)* tick; ▶ du tickst (ja) nicht richtig! *fig fam* you're off your rocker! you must be mad!

Tick·tack *n* tick-tock.

Tie·break ['taɪbreɪk] ⟨-s, -s⟩ *m (Tennis)* tiebreaker.

Tief ⟨-s, -s⟩ *n* 1. *mete* depression; 2. *fig* low.

tief [ti:f] *adj* 1. *allg* deep; 2. *(~gründig)* profound; 3. *(niedrig)* low; 4. *fig (dunkel)* deep; 5. *fig (Schlaf)* deep, sound; ▶ der Teich war 3 Meter ~ the pond

was 3 metres deep; 10 Meter ~ unter Wasser 10 metres deep in water; ~ in jds Schuld stehen be deeply indebted to s.o.; ~ in die Nacht hinein far into the night; im ~sten Afrika in darkest Africa; im ~sten Winter in the depths of winter; ~ atmen draw a deep breath; ~ im Innern in one's heart of hearts.

Tief·bau *m* civil engineering; **tief·be·trübt** ['--'-] *adj* deeply distressed; **tief·be·wegt** ['--'-] *adj* deeply moved; **Tief·druck** ⟨-s, -e⟩ *m mete* low pressure; **Tief·druck·ge·biet** *n mete* low-pressure area.

Tie·fe ['ti:fə] ⟨-, -n⟩ *f* 1. depth; 2. *fig (Tiefgründigkeit)* deepness, profundity; 3. *fig (Stärke, Größe)* intensity; ▶ in der ~ versinken sink into the depths *pl.*

Tief·ebe·ne *f* lowland(s *pl*), plain.

Tie·fen·psy·cho·lo·gie *f* depth psychology; **Tie·fen·schär·fe** *f phot* depth of focus *(od* field); **Tie·fen·wir·kung** *f phot* depth effect.

Tief·flie·ger *m mil* low-flying aircraft; **Tief·flug** *m* low-level flight; **Tief·gang** ⟨-(e)s⟩ *m* 1. *mar* draught; 2. *fig* depth; **tief·ge·kühlt** *adj* quick-frozen; **tief·grei·fend** *adj* far-reaching; **tief·grün·dig** ['ti:fɡrʏndɪç] *adj* deep, profound; **Tief·kühl·fach** *n* deep-freeze compartment; **Tief·kühl·kost** *f* frozen food; **Tief·kühl·tru·he** *f* freezer; **Tief·land** ⟨-(e)s, -e/-̈er⟩ *n* lowland(s *pl*); **Tief·punkt** *m* low; **Tief·schlag** *m a. fig* hit below the belt; **tief·schür·fend** *adj* in-depth, profound; **Tief·see** *f* deep sea; **Tief·see·for·schung** *f* deep sea exploration; **Tief·see·ka·bel** *n* deep-sea cable; **tief·sin·nig** *adj* profound; **Tief·stand** ⟨-(e)s⟩ *m a. fig* low; **tief·sta·peln** *vi* be overmodest; **tief·ste·hend** *adj a. fig* inferior.

Tie·gel ['ti:ɡəl] ⟨-s, -⟩ *m* 1. *(zum Kochen)* saucepan; 2. *(Schmelz~)* crucible; 3. *typ (Druck~)* platen.

Tier [ti:ɐ] ⟨-(e)s, -e⟩ *n* 1. animal; *(großes ~)* beast; 2. *fig (brutale Person)* brute; ▶ hohes ~ *fig fam* big shot; **Tier·art** *f* species of animal; **Tier·arzt (-ärz·tin)** *m (f) Br* vet, veterinary surgeon, *Am* veterinarian; **Tier·chen** ['ti:ɛçən] *n* little animal; ▶ jdm ~ sein Pläsierchen *prov* each to his own.

tie·risch *adj* 1. animal; 2. *fig (roh)* bestial; 3. *fig sl (unerträglich)* beastly; ▶ er gibt sich ~ viel Mühe *fam* he goes to a hell of a lot of trouble.

Tier·kreis *m* zodiac; **Tier·kreis·zei·chen** *n astr* sign of the zodiac; ▶ welches ~ bist du? what sign are you? *fam;* **Tier·kun·de** *f* zoology; **tier·lie·bend** *adj* fond of animals; **Tier·me·di·zin** *f* veterinary science; **Tier·nah·rung** *f* pet food; **Tier·park** *m* zoo; **Tier·quä·le·rei** ['----'-] *f* cruelty to animals; **Tier·schutz** *m* prevention of cruelty to animals; **Tier·schüt·zer(in)** *m (f)* animal conservationist; **Tier·schutz·ver·ein** *m Br* Royal Society for the prevention of cruelty to animals (*Abk* RSPCA); **Tier·ver·such** *m* animal experiment; **Tier·welt** ⟨-⟩ *f* animal kingdom; **Tier·zucht** *f* stock-breeding.

Ti·ger ['ti:gɐ] ⟨-s, -⟩ *m* tiger.

Til·de ['tɪldə] ⟨-, -n⟩ *f typ* tilde.

tilg·bar *adj (Schuld)* redeemable.

til·gen ['tɪlgən] *tr* 1. *(beseitigen)* wipe out; 2. *(Schuld)* pay off; **Til·gung** *f (von Schulden)* repayment.

ti·men ['taɪmən] *tr* time; **Ti·ming** ['taɪmɪŋ] ⟨-s⟩ *n* timing.

Tink·tur [tɪŋk'tu:ɐ] *f* tincture.

Tin·nef ['tɪnɛf] ⟨-s⟩ *m fam* junk, rubbish.

Tin·te ['tɪntə] ⟨-, -n⟩ *f* ink; **in der ~ sitzen** *fig fam* be in the soup; **Tin·ten·faß** *n* inkpot; **Tin·ten·fisch** *m* cuttlefish, octopus, squid; **Tin·ten·fleck** *m (auf Papier)* ink-blot; *(auf Kleidung)* ink-stain; **Tin·ten·strahl·drucker (k·k)** *m EDV* ink-jet printer.

Tip [tɪp] ⟨-s, -s⟩ *m (Rat)* tip; *(Andeutung)* hint; *(~ an Polizei)* tip-off; ► **ein todsicherer ~** a dead cert; **gib mir e-n ~, wie ich ...** give me a tip how to ...; **können Sie mir nicht e-n ~ geben, an welchen der Herren ich mich wenden muß?** couldn't you advise me which of the gentlemen I should approach?

Tip·pel·bru·der *m fam* gentleman of the road.

tip·peln ['tɪpəln] ⟨sein⟩ *itr (kurze Schritte machen)* trip; *(von Kindern)* patter.

tip·pen ['tɪpən] **I** *tr* 1. *(auf Schreibmaschine)* type (*etw* s.th.); 2. *(leicht berühren)* tap, touch lightly; **II** *itr* 1. *(raten)* bet, guess; 2. *(Tippzettel ausfüllen)* fill in the pools (*od* lottery) coupon; ► **jdm auf die Schulter ~** tap s.o. on the shoulder; **auf etw ~** *fig* reckon; **ich tippe im Lotto** I do the lottery.

Tipp-Ex ['tɪpɛks] ⟨-⟩ *n Wz Br* Tipp-Ex, *Am* whiteout.

Tipp·feh·ler *m* typing mistake; **Tipp·schein** *m* pool (*od* lottery) ticket.

tipp·topp ['tɪp'tɔp] *adj fam* 1. *(blitzsauber)* immaculate; 2. *(prima)* first-class; ► **~ sauber** spotless.

Ti·rol [ti'ro:l] *n* the Tyrol; **Ti·ro·ler(in)** *m (f)* Tyrolese, Tyrolean.

Tisch [tɪʃ] ⟨-(e)s, -e⟩ *m* 1. *allg* table; 2. *fig (Mahlzeit)* meal; ► **am ~** at the table; **sich zu ~ setzen** sit down at table; **wer saß bei Ihnen am ~?** who was at your table? **jdn unter den ~ trinken** drink s.o. under the table; **den ~ decken** set (*od* lay) the table, lay the cloth; **unter den ~ fallen** *fig fam* go by the board; **etw unter den ~ fallen lassen** *fig* drop

s.th.; **reinen ~ machen** *fig* get things straight; **am grünen ~** from a bureaucratic ivory tower; **bitte zu ~!** dinner/lunch is served! **Tisch·bein** *n* table-leg; **Tisch·decke (k·k)** *f* tablecloth; **tisch·fer·tig** *adj* ready-to-serve; **Tisch·feu·er·zeug** *f* table-lighter; **Tisch·fuß·ball** *n* table football; **Tisch·ge·sell·schaft** *f* dinner party; **Tisch·kar·te** *f* place card; **Tisch·lam·pe** *f* table lamp.

Tisch·ler(in) *m (f)* joiner; *(Möbel~)* cabinet-maker; *(Bau~)* carpenter; **Tisch·le·rei** *f* joiner's workshop.

Tisch·nach·bar(in) *m (f)* neighbour at table; **Tisch·plat·te** *f* tabletop; **Tisch·rech·ner** *m EDV* desktop calculator; **Tisch·re·de** *f* after-dinner speech; **Tisch·ten·nis** *n* table tennis; **Tisch·ten·nis·plat·te** *f* table-tennis table; **Tisch·ten·nis·schlä·ger** *m* table-tennis bat; **Tisch·tuch** *n* tablecloth; **Tisch·wä·sche** *f* table linen; **Tisch·wein** *m* table wine.

Ti·tel ['ti:təl] ⟨-s, -⟩ *m* title; ► **e-n ~ führen** have a title; **Ti·tel·bild** *n* cover; **Ti·tel·blatt** *n* title page; **Ti·tel·rol·le** *f* title role; **Ti·tel·ver·tei·di·ger** *m sport* title holder; **Ti·tel·vor·spann** *m film* opening credits (*od* titles) *pl.*

Tit·ten ['tɪtən] *f pl vulg* tits.

ti·tu·lie·ren [titu'li:rən] *tr* call; *(anreden)* address (*mit* as).

Toast¹ [to:st] ⟨-(e)s, -s⟩ *m (Trinkspruch)* toast; ► **e-n ~ auf jdn ausbringen** propose a toast to s.o.

Toast² *m (Toastbrot)* toast; **Toa·ster** ⟨-s, -⟩ *m* toaster.

to·ben ['to:bən] *itr* 1. *(wüten)* rage; 2. *(Kinder)* rollick about.

Tob·sucht ⟨-⟩ *f* mad rage; **tob·süch·tig** raving mad, maniacal; **Tob·suchts·an·fall** *m* maniacal fit.

Toch·ter ['tɔxtɐ, *pl* 'tœçtə] ⟨-, ⸚⟩ *f* daughter; **Toch·ter·ge·sell·schaft** *f com* subsidiary company.

Tod [to:t] ⟨-(e)s, -e⟩ *m* death; ► **sich vor dem ~ fürchten** be afraid of death; **sich zu ~e schämen** be utterly ashamed of o.s.; **des ~es sein** *obs* be doomed; **jdn zu ~e erschrecken** *fig* scare the daylights out of s.o.; **zu ~e erschrocken sein** be frightened to death; **zu ~e betrübt** in the depths of despair; **zu ~e langweilen** *fig* bore to death; **zum ~e verurteilen** sentence to death; **jdn auf den ~ nicht leiden können** *fam* not to be able to stand s.o.; **sich den ~ holen** *(vor Kälte)* catch one's death of cold; **tod·brin·gend** *adj (Krankheit)* fatal; *(Gift)* deadly; **tod·ernst** ['-'-] **I** *adj* deadly serious; **II** *adv* in dead earnest.

To·des·angst *f* mortal agony; ► **~ ausstehen** be scared to death; **To·des·an·zei·ge** *f* obituary; **To·des·fall** *m* death; **To·des·fal·le** *f* death-trap; **To-**

des·kampf *m* death throes *pl;* **To·des·kan·di·dat** *m (Verurteilter)* condemned man; **To·des·kom·man·do** *n* death squad; **To·des·op·fer** *n* casualty, death; **To·des·stoß** *m* deathblow; ▶ e-r Sache den ~ versetzen *fig* deal the deathblow to s.th.; jdm den ~ versetzen deal s.o. a mortal blow; **To·des·stra·fe** *f* death penalty; **To·des·strei·fen** *m (an Grenzen)* death strip; **To·des·tag** *m* 1. *(Sterbetag)* day of someone's death; 2. *(Jahrestag)* anniversary of someone's death; **To·des·ur·sa·che** *f* cause of death; **To·des·ur·teil** *n* death sentence; **To·des·ver·ach·tung** *f:* ▶ mit ~ *fig fam* with utter disgust.

Tod·feind(in) *m (f)* deadly enemy.

tod·krank ['-'-] *adj* dangerously ill.

töd·lich ['tø:tlıç] *adj* deadly, mortal; *(Waffe, Dosis)* lethal; *(Unfall)* fatal; ▶ ~ verunglücken be killed in an accident.

tod·mü·de ['-'--] *adj* dead tired *fam;* **tod·schick** ['-'-] *adj fam* dead smart; **tod·si·cher** ['-'--] *adj* dead certain; *(Methode)* sure-fire; **Tod·sün·de** *f* mortal sin.

Toi·let·te [toa'lεtə] ⟨-, -n⟩ *f* 1. *(WC)* lavatory, toilet; 2. *(Körperpflege)* toilet; ▶ auf die ~ gehen go to the toilet; auf der ~ sein be in the toilet; **Toi·let·ten·ar·ti·kel** *m pl* toiletries; **Toi·let·ten·gar·ni·tur** *f* bathroom set; **Toi·let·ten·pa·pier** *n* toilet paper; **Toi·let·ten·sei·fe** *f* toilet soap.

toi, toi, toi ['tɔy 'tɔy 'tɔy] *interj* touch wood.

To·kio ['to:kio] ⟨-s⟩ *n* Tokyo.

to·le·rant [tole'rant] *adj* tolerant *(gegen* of); **To·le·ranz** *f* tolerance *(gegen* of); **To·le·ranz·gren·ze** *f* limit of tolerance.

to·le·rie·ren *tr* tolerate.

toll [tɔl] *adj* 1. *fam (herrlich)* groovy, terrific; 2. *(verrückt)* crazy; mad; ▶ es kommt noch ~er! there's more to come! er treibt es (etwas) zu ~ he's carrying on (a little) too much; das war ein ~es Ding! that was madness! es ging ~ her it was a riot; das ist das T~ste, was ich je gehört habe! that beats everything I've heard! das T~ste dabei ist ... the most incredible part about it is ...

Tol·le ['tɔlə] ⟨-, -n⟩ *f* quiff.

Toll·kir·sche *f* belladonna, deadly nightshade.

toll·kühn *adj* daring; **Toll·kühn·heit** *f* daring; **Toll·wut** *f med* rabies.

Tol·patsch ['tɔlpatʃ] ⟨-(e)s, -e⟩ *m fam* clumsy creature.

Töl·pel ['tœlpəl] ⟨-s, ⟩ -*m* fool; **töl·pel·haft** *adj* foolish, silly.

To·ma·te [to'ma:tə] ⟨-, -n⟩ *f* tomato; **To·ma·ten·ketch·up** *m* tomato

ketchup; **To·ma·ten·mark** *n* tomato puree.

Tom·bo·la ['tɔmbola] ⟨-, -s/(-len)⟩ *f* tombola.

To·mo·gra·phie *f med* tomography.

Ton¹ [to:n] ⟨-(e)s, (-e)⟩ *m (Erdart)* clay.

Ton² [to:n, *pl* 'tø:nə] ⟨-(e)s, ⁝e⟩ *m* 1. *(Laut)* sound; 2. *(Betonung)* stress; 3. *fig (Atmosphäre)* atmosphere; 4. *fig (Farb~)* tone; ▶ laß keinen ~ darüber verlauten! don't say a word about it! keinen ~ von sich geben not to utter a sound, das gehört zum guten ~ *fig* that's how the best people do it; der ~ macht die Musik it's not what you say but the way you say it; ich verbitte mir diesen ~! I won't be spoken to like that! den richtigen ~ finden strike the right note; den ~ angeben give the note; *fig* set the tone; große ⁝~e spucken *fig fam* talk big; etw in den höchsten ⁝~en loben praise s.th. to high heaven; hast du ⁝~e ...! *fam* did you ever ...! sich im ~ vergreifen *fig* hit the wrong note; **Ton·ab·neh·mer** *m* pick-up; **ton·an·ge·bend** *adj:* ▶ ~ sein set the tone; **Ton·arm** *m (von Plattenspieler)* pickup arm; **Ton·arm·lift** *m* tone arm lift; **Ton·art** *f* 1. *mus* key; 2. *fig (Tonfall)* tone; ▶ e-e andere ~ anschlagen *fig* change one's tune; **Ton·band** *n* 1. *(Magnetband)* tape; 2. *(~gerät)* tape recorder; ▶ auf ~ aufnehmen record on tape; **Ton·band·auf·nah·me** *f* tape recording.

tö·nen ['tø:nən] I *itr* 1. *(erklingen)* sound; *(schallen)* resound; 2. *fig sl (großspurig reden)* hold forth, sound off; II *tr (färben)* tint.

Ton·er·de *f* aluminium oxide; ▶ essigsaure ~ aluminium acetate.

tö·nern ['tø:nən] *adj* clay.

Ton·fall *m* tone of voice; *(Intonation)* intonation; **Ton·film** *m* sound film.

Ton·ge·fäß *n* earthenware vessel; **Ton·ge·schirr** *n* earthenware.

Ton·hö·he *f* pitch; **Ton·kopf** *m* recording head; **Ton·la·ge** *f* pitch (level); **Ton·lei·ter** *f* scale; **ton·los** *adj* toneless; *(Stimme)* flat.

Ton·na·ge [tɔ'na:ʒə] ⟨-, -n⟩ *f mar* tonnage.

Ton·ne ['tɔnə] ⟨-, -n⟩ *f* 1. *(Behälter)* cask, barrel; 2. *(Gewicht: mar)* ton; 3. *fig fam* fatty; **Ton·nen·ge·wöl·be** *n arch* barrel vaulting; **ton·nen·wei·se** *adj* by the ton.

Ton·spur *f tech* sound track; **Ton·stö·rung** *f* sound interference; **Ton·stu·dio** *n* recording studio.

Ton·sur [tɔn'zu:e] *f* tonsure.

Ton·tau·be *f* clay pigeon; **Ton·tau·ben·schie·ßen** *n* clay pigeon shooting.

Ton·tech·ni·ker(in) *m (f)* sound tech-

nician; **Ton·trä·ger** *m* sound carrier.
Tö·nung *f* 1. *(das Tönen)* tinting; 2. *(Farbton)* shade, tone.
To·pas [to'pa:s] ⟨-es, -e⟩ *m* topaz.
Topf [tɔpf, *pl* 'tœpfə] ⟨-(e)s, ⁓e⟩ *m* 1. *(Gefäß)* pot; 2. *fam (Toilette) Br* loo, *Am* john; ► **alles in e-n ⁓ werfen** *fig* lump everything together.
Töp·fer(in) ['tœpfe] *m (f)* potter; **Töp·fe·rei** *f* pottery; **Töp·fer·schei·be** *f* potter's wheel; **Töp·fer·wa·ren** *pl* earthenware *sing.*
Topf·gucker (k·k) *n* *fig fam* nosy parker; **Topf·lap·pen** *m* ovencloth; **Topf·pflan·ze** *f* potted plant.
To·po·gra·phie [topogra'fi:] *f* topography; **to·po·gra·phisch** *adj* topographical.
Tor[1] ⟨-en, -en⟩ *m (Narr)* fool.
Tor[2] [to:ɐ] ⟨-(e)s, -e⟩ *n* 1. *(Zugang a. fig)* gate; *(Durchfahrt)* gateway; 2. *sport (bei Fußball)* goal; ► **das ⁓ öffnen (schließen)** open (shut) the gates *pl;* **ein ⁓ erzielen** score a goal; **im ⁓ stehen** be in goal.
Tor·bo·gen *m* archway; **Tor·ein·fahrt** *f* entrance gate.
Torf [tɔrf] ⟨-(e)s⟩ *m* peat; ► **⁓ stechen** cut peat; **Torf·bo·den** *m* peat; **Torf·moor** *n* peat bog.
Tor·heit *f* 1. *(törichte Art)* foolishness; 2. *(törichte Handlung)* foolish action.
tö·richt ['tø:rɪçt] *adj* 1. *(dumm)* foolish, stupid; 2. *(nutzlos, unerfüllbar)* idle.
tor·keln ['tɔrkəln] ⟨sein⟩ *itr* reel, stagger.
Tor·li·nie *f sport* goal-line.
Törn ['tœrn] ⟨-s, -s⟩ *m mar* cruise.
Tor·na·do [tɔr'na:do] ⟨-s, -s⟩ *m* tornado.
Tor·ni·ster [tɔr'nɪstɐ] ⟨-s, -⟩ *m mil* knapsack; *(Schulranzen)* satchel.
tor·pe·die·ren [tɔrpe'di:rən] *tr mil mar a. fig* torpedo; **Tor·pe·do** [tɔr'pe:do] ⟨-s, -s⟩ *m* torpedo; **Tor·pe·do·boot** *n* torpedo-boat.
Tor·pfo·sten *m* 1. gatepost; 2. *sport* goalpost; **Tor·raum** *m sport* goal area; **Tor·schluß** *m:* ► **kurz vor ⁓** at the eleventh hour; **Tor·schluß·pa·nik** *f psych* fear of being left on the shelf; **Tor·schüt·ze (-schüt·zin)** *m (f) sport* scorer.
Tor·so ['tɔrzo] ⟨-s, -s/-si⟩ *m* torso.
Tor·te ['tɔrtə] ⟨-, -n⟩ *f (Sahne⁓)* gâteau; *(Obst⁓)* flan; **Tor·ten·he·ber** *m* cake slice; **Tor·ten·plat·te** *f* cake plate.
Tor·tur [tɔr'tu:ɐ] *f* 1. *(Folter)* torture; 2. *fig* ordeal.
Tor·wart(in) ['to:ɐvart] ⟨-(e)s, -e⟩ *m (f)* goalkeeper.
to·sen ['to:zən] *itr (Meer)* roar; *(Sturm)* rage.
tot [to:t] *adj* dead; ► **er ist seit zwei Jahren ⁓** he has been dead for two years; **⁓es Kapital** dead capital; **⁓er Punkt** *fig (in Verhandlungen)* dead-

lock; *(Stillstand)* standstill; **⁓er Winkel** blind spot; **das T⁓e Meer** the Dead Sea; **⁓ umfallen** drop dead.
to·tal [to'ta:l] *adj* 1. *(völlig)* total; 2. *(Staat)* totalitarian; **To·tal·aus·verkauf** *m* clearance sale; **to·ta·li·tär** *adj* totalitarian; **To·ta·li·tät** *f* totality; **To·tal·scha·den** *m* write-off.
tot|ar·bei·ten *refl fig* work o.s. to death.
To·te(r) ['to:tə] *f m* deceased, dead person; *mil* casualty; ► **es gab 50 ⁓** fifty people were killed.
tö·ten ['tø:tən] *tr* 1. *(umbringen)* kill; 2. *fig (Nerv)* deaden.
To·ten·bett *n* deathbed; **to·ten·blaß** ['--'-] *adj* deathly pale; **To·ten·fei·er** *f* funeral ceremony; **To·ten·grä·ber** *m* grave-digger; **To·ten·hemd** *n* shroud; **To·ten·kopf** *m* 1. *(Schädel)* death's head, skull; 2. *(Symbol)* skull and crossbones; **To·ten·mas·ke** *f* death mask; **To·ten·mes·se** *f* mass for the dead; **To·ten·schein** *m* death certificate; **to·ten·still** ['--'-] *adj* deathly silent; **To·ten·stil·le** *f* deathly silence; **To·ten·tanz** *m* danse macabre; **To·ten·wa·che** *f* wake.
tot|fah·ren *irr tr* knock down and kill; **tot·ge·bo·ren** *adj* still-born; **Tot·ge·burt** *f* stillbirth; **tot|la·chen** *refl fig* die laughing. **sich e-n Ast lachen** laugh one's head off; **tot|lau·fen** *irr refl fig* peter out.
To·to ['to:to] ⟨-s, -s⟩ *m (Fußball⁓)* football pools *pl;* ► **ich spiele ⁓** I do the pools; **To·to·schein** *m* pools coupon.
tot|schie·ßen *irr tr* shoot dead; **Tot·schlag** *m jur Br* manslaughter, *Am* homicide; **tot|schla·gen** *irr tr* kill; **Tot·schlä·ger** *m* 1. *(Mörder)* killer, murderer; 2. *(Knüppel) Br* cudgel, *Am* blackjack; **tot|schwei·gen** *irr tr* hush up; **tot|stel·len** *refl* play dead; **tot|tre·ten** *tr (Mensch, Tier)* trample to death; *(Insekt)* tread on and kill.
Tö·tung *f* killing; ► **fahrlässige ⁓** *jur* manslaughter through culpable negligence.
Tou·pet [tu'pe:] *n* toupee; **tou·pie·ren** *tr* back-comb.
Tour [tu:ɐ] ⟨-, -en⟩ *f* 1. *(Ausflug)* tour; *(Fahrt)* trip; 2. *mot (Umdrehung)* revolution; 3. *fig fam (Art und Weise)* play; ► **in einer ⁓** *fam* incessantly; **er macht es auf die gemütliche ⁓** *fam* he does it the easy way; **jdm die ⁓ vermasseln** *fam* mess up someone's plans *pl;* **auf ⁓en kommen** *mot* reach top speed; *fig fam* get into top gear; **krumme ⁓en** sharp practices; **auf vollen ⁓en laufen** *fig* go at full speed; **Tou·ren·ski** *m sport* cross-country ski; **Tou·ren·zahl** *f mot* number of revolutions.
Tou·ris·mus *m* tourism; **Tou·rist(in)** *m (f)* tourist; **Tou·ri·sten·klas·se** *f aero* tourist class; **Tou·ri·sten·vi·sum** *n*

tourist visa; **Tou·ri·stik·un·ter·neh-men** *n* tour company.

Tour·nee [tur'ne:] ⟨-, -s/-n⟩ *f theat* tour; ▶ **auf ~ gehen** go on tour.

To·xi·ko·lo·ge (**To·xi·ko·lo·gin**) [tɔksiko'lo:gə] ⟨-n, -n⟩ *m (f)* toxicologist; **to·xisch** ['tɔksɪʃ] *adj* toxic.

Trab [tra:p] ⟨-(e)s⟩ *m* trot; ▶ **im ~ at a trot; jdn auf ~ bringen** *fig fam* make s.o. get a move on; **jdn in ~ halten** keep s.o. on the go.

Tra·bant [tra'bant] ⟨-en, -en⟩ *m astr* satellite; **Tra·ban·ten·stadt** *f* satellite town.

Trab·bi ['trabɪ] ⟨-s, -s⟩ *m fam* East German Trabant car.

tra·ben ['tra:bən] ⟨sein⟩ *itr* trot.

Tracht [traxt] ⟨-, -en⟩ *f (Kleidung)* dress, garb; *(Schwestern~)* uniform; ▶ **e-e ~ Prügel** a good hiding.

Trach·ten *n (Streben)* endeavour; **trach·ten** ['traxtən] *itr (streben)* strive *(nach* for, after); ▶ **jdm nach dem Le-ben ~** seek to kill s.o.

träch·tig ['trɛçtɪç] *adj (von Tieren: schwanger)* pregnant.

Tra·di·tion [tradi'tsjo:n] *f* tradition; **tra-di·tio·nell** *adj* traditional.

Trag·bah·re *f* stretcher; **trag·bar** *adj* 1. *(Gerät)* portable; 2. *fig (erträglich)* bearable; 3. *fig (annehmbar)* acceptable *(für* to).

trä·ge ['trɛ:gə] *adj* 1. *(antriebsschwach)* sluggish; 2. *phys (Masse)* inert.

Tra·gen *n:* ▶ **zum ~ kommen** have an effect.

tra·gen ['tra:gən] *irr* I *tr* 1. carry; 2. *(Namen, Kosten, Schulden, Früchte)* bear; 3. *(hervorbringen)* bear, yield, produce; 4. *(Kleider)* wear; *(anhaben)* have on; 5. *fig (erdulden)* endure; 6. *(stützen)* support; ▶ **etw bei sich ~** carry s.th. (with one); **viele Früchte ~** produce a good crop of fruit; **der Brief trägt das Datum von ...** the letter is dated ...; II *itr* 1. *(Eis)* bear; 2. *(Baum, Acker etc)* crop; III *refl (Kleid, Stoff)* wear; ▶ **sich mit dem Gedanken ~, etw zu tun** entertain the idea of doing s.th.

Trä·ger ['trɛgə] ⟨-s, -⟩ *m* 1. *(Gepäck~)* porter; 2. *(von Namen)* bearer; 3. *(von Kleidung)* wearer; 4. *(Balken)* beam; *(Eisen~)* girder; 5. *(an Kleidung)* strap; *(Hosen~)* braces *pl;* 6. *fig (Kultur~, Staat etc)* representative; *(Veranstal-tungs~)* sponsor; **trä·ger·los** *adj (Kleid)* strapless; **Trä·ger·ra·ke·te** *f* carrier rocket.

Tra·ge·ta·sche *f* carrier bag.

trag·fä·hig *adj* able to take a load; **Trag·fä·hig·keit** *f* 1. *mot* load-capacity; 2. *(Brücke)* maximum load; **Trag-flä·che** *f aero* wing; **Trag·flü·gel-boot** *n* hydrofoil.

Träg·heit ['trɛ:khaɪt] *f* 1. *(Antriebslosig-keit)* sluggishness; *(Faulheit)* idleness, laziness; 2. *phys* inertia; **Träg·heits-mo·ment** *n phys* moment of inertia.

Tra·gik ['tra:gɪk] *f* tragedy.

tra·gi·ko·misch ['tra:giko:mɪʃ] *adj* tragicomic.

tra·gisch *adj* tragic; ▶ **das ist nicht so ~** that's not the end of the world.

Trag·last *f* load; *(Gepäck) Br* heavy luggage *(Am* baggage).

Tra·gö·die [tra'gø:diə] ⟨-, -n⟩ *f a. fig* tragedy.

Trag·wei·te *f* 1. *mil (Reichweite)* range; 2. *fig* scope; consequences *pl.*

Trag·werk *n* wing assembly.

Trai·ner(in) ['trɛ:nə] ⟨-s, -⟩ *m (f) sport* coach, trainer.

trai·nie·ren I *tr* train; *(e-e Mannschaft)* coach *(zu* for); II *itr:* ▶ **da mußt du schon noch etw ~!** you'll have to prac-tise that a bit more!

Trai·ning ['trɛ:nɪŋ] ⟨-s, -s⟩ *n* 1. training; 2. *fig (Übung)* practice; **Trai·nings·an-zug** *m* tracksuit; **Trai·nings·ho·se** *f* tracksuit trousers *pl.*

Trakt [trakt] ⟨-(e)s, -e⟩ *m (Gebäude~)* part, wing.

trak·tie·ren *tr (schlecht behandeln)* maltreat.

Trak·tor ['trakto:ə] ⟨-s, -en⟩ *m* tractor.

tram·peln ['trampəln] *tr itr* trample; ▶ **die Zuschauer ~ mit den Füßen** the audience are stamping their feet.

Tram·pel·pfad *m* path, track.

tram·pen ['trɛmpən] ⟨sein⟩ *itr* hitchhike.

Tram·po·lin [trampo'li:n] ⟨-s, -s/(-e)⟩ *n sport* trampoline.

Tran [tra:n] ⟨-(e)s, (-e)⟩ *m* 1. train-oil; 2. *fig fam:* ▶ **er läuft wie im ~ herum** he's running around in a daze.

tran·chie·ren [trã'ʃi:rən] *tr* carve; **Tran-chier·mes·ser** *n* carving-knife.

Trä·ne ['trɛ:nə] ⟨-, -n⟩ *f* tear; ▶ **in ~n ausbrechen** burst into tears; **unter ~n** in tears; **~n vergießen** shed tears; **ihr standen ~n in den Augen** there were tears in her eyes; **~ lachen** laugh till one cries; **trä·nen** *itr* water; **Trä·nen·drü-se** *f* lachrymal gland; **Trä·nen·gas** *n* tear gas; **Trä·nen·sack** *m* lachrymal sac.

Trank [traŋk, *pl* 'trɛŋkə] ⟨-(e)s, ¨e⟩ *m* beverage, drink.

Trän·ke ['trɛŋkə] ⟨-, -n⟩ *f* watering-place; **trän·ken** *tr* 1. *(Tiere)* water; 2. *fig (durchnässen)* soak.

Trans·ak·tion [transak'tsjo:n] *f* trans-action.

trans·at·lan·tisch *adj* transatlantic.

Trans·fer [trans'fe:ə] ⟨-s, -s⟩ *m* transfer; **trans·fe·rie·ren** *tr* transfer.

Trans·for·ma·tor [transfɔr'ma:to:ə] ⟨-s, -en⟩ *m* transformer.

trans·for·mie·ren *tr* transform.

Trans·fu·sion f med transfusion.
Tran·si·stor [tran'zɪstoːɐ] ⟨-s, -en⟩ m transistor; **Tran·si·stor·zün·dung** f mot transistorized ignition system.
Tran·sit [tran'zɪt/ tran'ziːt] ⟨-s, -e⟩ m transit; **Tran·sit·gü·ter** n pl transit goods.
tran·si·tiv ['tranziːf] adj gram transitive.
Tran·sit·ver·kehr m transit traffic; (Handel) transit trade; **Tran·sit·vi·sum** n transit visa.
Trans·mis·sion f transmission.
Trans·pa·rent [transpa'rɛnt] ⟨-(e)s, -e⟩ n (Spruchband) banner; **trans·pa·rent** adj 1. (durchscheinend) transparent; 2. fig (Argument etc) lucid.
tran·spi·rie·ren [transpi'riːrən] itr (gehoben) perspire; (Pflanzen) transpire.
Trans·plan·ta·tion [transplanta'tsjoːn] f transplantation.
Trans·port [trans'pɔrt] ⟨-(e)s, -e⟩ m transport; **trans·por·ta·bel** [transpɔr'taːbəl] adj transportable; **Trans·port·band** n conveyer belt; **Trans·por·ter** m 1. mar cargo ship; 2. aero transport plane; 3. mot van; **trans·port·fä·hig** adj moveable; **Trans·port·flug·zeug** n transport aircraft; **trans·por·tie·ren** I tr 1. (Güter) transport; 2. (Patienten) move; II itr (Förderband) move; (Kamera) wind on; **Trans·port·ko·sten** pl carriage sing; **Trans·port·mit·tel** n means of transport; **Trans·port·schiff** n cargo ship; mil transport ship.
Trans·ve·stit [transvɛs'tiːt] ⟨-en, -en⟩ m transvestite.
tran·szen·den·tal [transtsɛndɛn'taːl] adj transcendental; ► ~e **Meditation** (Abk TM) transcendental meditation.
Tra·pez [tra'peːts] ⟨-es, -e⟩ n 1. math trapezium; 2. (im Zirkus) trapeze.
Tras·se ['trasə] ⟨-, -n⟩ f marked-out route.
Tratsch [traːtʃ] ⟨-(e)s⟩ m fam gossip, tittle-tattle; **trat·schen** itr gossip.
Trat·te ['tratə] ⟨-, -n⟩ f com draft.
Trau·al·tar m altar.
Trau·be ['traʊbə] ⟨-, -n⟩ f 1. (ganzer Fruchtstand) bunch of grapes; (einzelne Beere) grape; 2. fig (Haufen, Gruppe) bunch, cluster; **Trau·ben·saft** f grape juice; **Trau·ben·zucker (k·k)** m dextrose, glucose.
trau·en ['traʊən] I tr (verheiraten) marry; ► sich ~ lassen get married; II itr (vertrauen) trust; ► ich traute meinen Ohren nicht I couldn't believe my ears; jdm nicht über den Weg ~ not to trust s.o. an inch; III refl (wagen) dare.
Trau·er ['traʊɐ] ⟨-⟩ f 1. (Gram) grief, sorrow; 2. (um e-n Toten) mourning; ► in tiefer ~ ... (Traueranzeige) much loved and sadly missed by ...; **Trau·er·**

an·zei·ge f death notice; **Trau·er·bin·de** f mourning armband; **Trau·er·fall** m death, (gehoben) bereavement; **Trau·er·flor** [-floːɐ] ⟨-(e)s, (-e)⟩ m black ribbon; **Trau·er·jahr** n year of mourning; **Trau·er·klei·dung** f mourning; **Trau·er·kloß** m fam wet blanket; **Trau·er·marsch** m funeral march.
trau·ern itr mourn (um jdn for s.o.).
Trau·er·spiel n a. fig tragedy.
Trau·er·wei·de f bot weeping willow.
Trau·fe ['traʊfə] ⟨-, -n⟩ f eaves pl; ► vom Regen in die ~ kommen prov jump out of the frying pan into the fire.
träu·feln ['trɔɪfəln] I tr ⟨h⟩ dribble; II itr ⟨sein⟩ trickle.
Traum [traʊm, pl 'trɔɪmə] ⟨-(e)s, ⁓ e⟩ m dream; ► der ~ ist ausgeträumt! fig the honeymoon is over! aus der ~! fig well, that was that! mein ~ ging in Erfüllung my dream came true; ich denke nicht im ~ daran! I wouldn't dream of it! das ging wie im ~ fig fam it worked like a dream.
Trau·ma ⟨-s, -men od -ta⟩ a. fig trauma; **trau·ma·tisch** adj a. fig traumatic.
Traum·be·ruf m dream job; **Traum·deu·ter(in)** m (f) interpreter of dreams.
träu·men ['trɔɪmən] I itr dream; ► das hätte ich mir nicht ~ lassen I'd never have thought it possible; schlecht ~ have a bad dream; davon ~, reich zu werden dream of becoming rich; von etw ~ dream about s.th.; ich hätte mir nie ~ lassen, daß sie kommen würde I never dreamt she would come; II tr dream; ► etw Schönes ~ have a pleasant dream; **Träu·me·rei** f 1. (das Träumen) (day)dreaming; 2. (die Vorstellung) daydream, reverie; **Träu·mer(in)** m (f) (day)dreamer; **träu·me·risch** adj 1. (verträumt) dreamy; 2. (schwärmerisch) wistful.
traum·haft adj 1. (wie im Traume) dreamlike; 2. fig (phantastisch) fantastic; **Traum·land·schaft** f dreamscape; **Traum·paar** n fam perfect couple; **Traum·tän·ze·r(in)** m (f) fam dreamer, sl space cadet.
trau·rig ['traʊrɪç] adj 1. sad; 2. (beklagenswert) sorry; ► ein ~er Anblick a sorry sight; **Trau·rig·keit** f sadness.
Trau·ring m wedding ring; **Trau·schein** m marriage certificate.
traut [traʊt] adj 1. (gemütlich) cosy; 2. (vertraut) familiar; ► ~es Heim Glück allein prov home sweet home.
Trau·ung f marriage ceremony, wedding; **Trau·zeu·ge (-zeu·gin)** m (f) witness.
Treck [trɛk] ⟨-s, -s⟩ m trek.
Trecker (k·k) m tractor.
Treff ⟨-s, -s⟩ m fam 1. (Treffen) meeting;

2. *(Treffpunkt)* haunt; ▶ **konspirativer** ~ conspiratorial meeting; **Tref·fen** ⟨-s, -⟩ *n* meeting; *sport* encounter.
tref·fen ['trɛfən] *irr* I *tr itr* 1. *(schlagen)* hit, strike *(an,* in, on); 2. *(begegnen)* meet; *(stoßen auf)* hit upon, run into; 3. *fig (kränken)* hurt; 4. *(Maßnahmen etc)* take; II *itr (Schlag etc)* hit; ▶ **nicht** ~ miss; **auf etw (jdn)** ~ meet s.th. (s.o.); **getroffen!** a hit! III *refl* 1. *(geschehen)* happen; 2. *(zusammen~)* meet; ▶ **es trifft sich gut, daß** ... it is convenient (*od* good) that ...; **sich getroffen füh·len** to feel hurt; **tref·fend** *adj (passend)* apt.
Tref·fer *m a. fig* hit; *(in Lotterie)* winner; *sport (Tor)* goal; ▶ **e-n** ~ **erzielen** score a hit; *(im Fußball)* shoot a goal.
treff·lich *adj* excellent, splendid.
Treff·punkt *m* meeting place; *(auf Flughafen, Bahnhof)* meeting point.
Treib·eis *n* drift-ice.
Trei·ben *n (Getriebe)* hustle and bustle; ▶ **ich beobachte ihr** ~ **schon lange** I've been watching what they've been getting up to for a long time.
trei·ben ['traɪbən] *irr* I *tr* ⟨h⟩ 1. *(in Bewegung setzen, a. fig)* drive; 2. *(Geschäfte, Handel etc)* do; 3. *(Blüten, Knospen)* sprout; ▶ **du treibst mich noch zum Wahnsinn!** *fig fam* you're driving me mad! **etw auf die Spitze** ~ carry s.th. too far; **zur Verzweiflung** ~ drive to despair; II *itr* 1. ⟨sein⟩ *(sich fortbewegen, a. fig)* drift; 2. ⟨h⟩ *bot* sprout; 3. ⟨h⟩ *med* have a diuretic effect; ▶ **na, was treibt er denn so?** well, what's he been up to lately? **es zu weit** ~ go too far; **es mit jdm** ~ *(sexuell)* have it off with s.o. *sl;* **trei·bend** *adj:* ▶ **die** ~**e Kraft** the driving force *(bei etw* behind s.th.).
Trei·ber *m (Vieh~)* drover; *(Jagd~)* beater.
Treib·gas *n* propellant; **Treib·haus** *n* hothouse; **Treib·haus·ef·fekt** *m* greenhouse effect; **Treib·holz** ⟨-es⟩ *n* driftwood; **Treib·jagd** *f* battue; **Treib·sand** *m* quicksand; **Treib·satz** *m (von Rakete)* rocket composition; **Treib·stoff** *m* fuel; *(Raketen~)* propellant.
Trend [trɛnt] ⟨-s, -s⟩ *m* trend; **Trend·set·ter** ⟨-s, -⟩ *m* trendsetter.
trenn·bar *adj* separable.
tren·nen ['trɛnən] I *tr* 1. *(entfernen)* separate *(von* from); 2. *(Naht etc)* undo; 3. *el tele* disconnect, interrupt; 4. *fig (unterscheiden)* distinguish *(zwischen* between); ▶ **uns kann nichts** ~ nothing can come between us; II *refl* 1. part *(von jdm* from, with; *von etw* with); 2. *(auseinandergehen)* separate; ▶ **von der Uhr kann ich mich nicht** ~ I can't bear to part with this watch (*od* clock).
Tren·nung *f* 1. *(Getrenntsein, -werden)* separation; 2. *gram (Silben~)* division;

3. *(Auflösung)* dissolution; 4. *(Abschied)* parting; **Tren·nungs·strich** *m* hyphen.
Trenn·wand *f* partition wall.
trepp·ab [-'-] *adv:* ▶ **treppauf,** ~ up and down stairs.
Trep·pe ['trɛpə] ⟨-, -n⟩ *f Br* staircase, stairs *pl, Am* stairway; ▶ **die** ~ **herauf·gehen** go upstairs; **die** ~ **hinunterge·hen** go downstairs, go down the stairs; **oben an der** ~ at the top of the stairs; **Trep·pen·ab·satz** *m* landing; **Trep·pen·ge·län·der** *n* banister; **Trep·pen·haus** *n* stairwell, staircase; **Trep·pen·stu·fe** *f* stair, step.
Tre·sen ['tre:zən] ⟨-s, -⟩ *m (Theke)* bar; *(Ladentisch)* counter.
Tre·sor [tre'zo:ɐ] ⟨-s, -e⟩ *m* 1. *(Raum)* vault; 2. *(Schrank)* safe.
Tret·boot *n* pedal boat.
tre·ten ['tre:tən] *irr* I *itr* ⟨sein⟩ 1. *(in Pfütze, auf etw etc)* step, tread; 2. *(Radfahrer)* pedal; 3. *(mit Fuß anstoßen)* kick *(gegen etw* s.th., *nach* out at); ▶ **treten Sie näher!** move closer! **jdm auf die Füße** ~ *fig* tread on someone's toes; **er ist mir auf den Fuß getreten!** he stepped on my foot! **in den Streik** ~ go on strike; II *tr* ⟨h⟩ *(Fußtritt geben)* kick; ▶ **nach jdm (etw)** ~ take a kick at s.o. (s.th.); **er trat mit Wucht gegen den Ball** he gave the ball a tremendous kick; **gegen das Bein getreten werden** get kicked in the leg.
Tret·müh·le *f a. fig* treadmill.
treu [trɔɪ] *adj (Ehegatte, Hund etc)* faithful; *(Freund, Sohn etc)* loyal; *(Diener)* devoted; ▶ **seinem Vorsatz** ~ **bleiben** keep to one's resolution; **zu** ~**en Händen** in trust.
Treu·bruch *m* breach of faith.
Treue ['trɔɪə] ⟨-⟩ *f* faith; *(eheliche* ~*)* fidelity; *(Ergebenheit)* loyalty; ▶ **jdm die** ~ **halten** keep faith with s.o., remain faithful to s.o.; **Treu(e)·eid** *m* oath of allegiance.
Treu·hän·der *m* fiduciary, trustee; **Treu·hand·ge·sell·schaft** *f* trust company; **treu·her·zig** *adj* innocent; *(vertrauensselig)* trusting; **Treu·her·zig·keit** *f* innocence; **treu·los** *adj* faithless, disloyal; **Treu·lo·sig·keit** *f* faithlessness.
Tri·bü·ne [tri'by:nə] ⟨-, -n⟩ *f (Redner~)* platform, rostrum; *(Zuschauer~)* gallery, stand.
Tri·but [tri'bu:t] ⟨-(e)s, -e⟩ *m* tribute; ▶ **jdm** ~ **zollen** *a. fig* pay tribute to s.o.; **tri·but·pflich·tig** *adj obs* tributary.
Tri·chi·ne [tri'çi:nə] ⟨-, -n⟩ *f* trichina.
Trich·ter ['trɪçtɐ] ⟨-s, -⟩ *m* funnel; *(Granat~)* crater; **trich·ter·för·mig** *adj* funnel-like.
Trick [trɪk] ⟨-s, -s/(-e)⟩ *m* trick; ▶ **ich kenne da noch e-n viel besseren** ~ I

know a much better trick; **er steckt voller** ~s he is full of tricks; **ein ganz gemeiner** ~ a dirty trick; **da ist ein ~ dabei** there's a special trick to it; **wenn du erst einmal den ~ heraushast, wie man das einstellt** once you get the trick of adjusting it; **Trick·auf·nah·me** *f* fake photo; **Trick·be·trü·ger(in)** *m (f)* confidence trickster; **Trick·film** *m* trick film; *(Zeichen~)* cartoon; **Trick·ki·ste** *f fig fam* bag of tricks; **trick·reich** *adj fam* tricky.

trick·sen ['trɪksən] *itr fam* fiddle, trick.

Trieb [tri:p] ⟨-(e)s, -e⟩ *m* 1. *(Natur~)* drive; *(Drang, Verlangen)* desire, urge; *(Selbsterhaltungs~)* instinct; 2. *bot* shoot; **Trieb·fe·der** *f fig* motivating force; **trieb·haft** *adj (von Handlung)* compulsive; *(von Menschen)* ruled by one's physical urges; **Trieb·kraft** *f* 1. *phys* motive power; 2. *fig* driving force; **Trieb·tä·ter(in)** *m (f)* sex offender; **Trieb·wa·gen** *m rail* railcar; **Trieb·werk** *n aero* engine.

trie·fen ['tri:fən] *irr itr* 1. *(~d sein)* be dripping wet; 2. *(rinnen)* drip; ▶ **vor Nässe** ~ be soaking wet.

trif·tig ['trɪftɪç] *adj (Argument)* convincing; *(Grund)* good.

Tri·go·no·me·trie [trigonome'tri:] *f* trigonometry.

Tri·kot *n* jersey; *(Turnanzug)* leotard, *(e-s Fußballspielers)* shirt; **Tri·kot·wer·bung** *f sport* shirt advertising.

Tril·ler ['trɪlɐ] *m mus* trill; *(Vogel~)* warble; **tril·lern** *itr tr* trill; *(Vögel)* warble; **Tril·ler·pfei·fe** *f* whistle.

trim·men ['trɪmən] **I** *tr mar aero (a. Hund)* trim; **II** *refl fam* do keep-fit exercises; **Trimm·pfad** *m fam* keep-fit trail.

trink·bar *adj* drinkable.

trin·ken ['trɪŋkən] *irr tr itr* drink; *(Tee, Kaffee)* have; ▶ **kann ich 'was zu ~ haben?** may I have something to drink? **jdm etw zu ~ geben** give s.o. a drink; **trink doch 'was!** have a drink! **~ wir 'was!** let's have a drink! **ich brauche 'was zu ~!** I need a drink! **zu ~ anfangen** *(Alkohol)* take to drink; **e-n ~ gehen** go out drinking; **möchtest du etwas zu ~?** would you like s.th. to drink? **darauf trinke ich** I'll drink to that.

Trin·ker(in) *m (f)* drinker.

trink·fest *adj* hard-drinking; **Trink·ge·la·ge** *n* drinking session; **Trink·geld** *n* tip; ▶ **jdm ein ~ geben** tip s.o.; **Trink·glas** *n* drinking glass; **Trink·hal·le** *f* 1. *(in Kurort)* pump-room; 2. *(an Straße)* refreshment kiosk; **Trink·halm** *m* (drinking) straw; **Trink·spruch** *m* toast; **Trink·was·ser** ⟨-s⟩ *n* drinking water; **Trink·was·ser·auf·be·rei·tung** *f* drinking water preparation; **Trink·was·ser·knapp·heit** *f* drinking

water shortage; **Trink·was·ser·ver·sor·gung** *f* drinking water supply.

trip·peln ['trɪpəln] ⟨sein⟩ *itr* trip; *(geziert gehen)* mince.

Trip·per ['trɪpɐ] ⟨-s, -⟩ *m* gonorrh(o)ea, *sl* clap.

Tritt [trɪt] ⟨-(e)s, -e⟩ *n* 1. *(Schritt)* step; 2. *(Gang)* tread; 3. *(Fußspur)* footprint; 4. *(Stufe)* step; 5. *(Fuß~)* kick; ▶ **jdm e-n ~ geben** give s.o. a kick; *fig (herauswerfen)* kick s.o. out; **~e hören** hear footsteps; **~ fassen** *fig* get off the mark; **Tritt·blech** *n mot* running board; **Tritt·hocker (k·k)** *m* step stool; **Tritt·lei·ter** *f* stepladder.

Tri·umph [tri'ʊmf] ⟨-(e)s, -e⟩ *m* triumph; **Tri·umph·bo·gen** *m* triumphal arch; **Tri·umph·ge·schrei** *n* howl of triumph; **tri·um·phie·ren** *itr (frohlocken)* exult; **tri·um·phie·rend** *adj* triumphant; **Tri·umph·zug** *m* triumphal procession.

tri·vi·al [trivi'a:l] *adj* trivial.

Tri·vi·al·li·te·ra·tur *f* light fiction.

trocken (k·k) ['trɔkən] *adj* 1. *(nicht feucht)* a. *fig* dry; *(dürr)* arid; 2. *fig (Husten)* hacking; ▶ **~ werden** dry off *(od* out); **auf dem ~en sitzen** *fig* be in a tight spot.

Trocken·au·to·mat (k·k) *m (für Wäsche)* automatic dryer; **Trocken·dock (k·k)** *n* dry dock; **Trocken·eis (k·k)** *n* dry ice; **Trocken·ge·stell (k·k)** *n* drying rack; **Trocken·hau·be (k·k)** *f tech* hairdryer; **Trocken·heit (k·k)** *f* dryness; *(Dürre)* drought; **trocken|le·gen (k·k)** 1. *(Land)* drain; 2. *(Kind)* change; 3. *fig fam (Trinker)* dry out; **Trocken·milch (k·k)** *f* dried milk; **Trocken·sham·poo (k·k)** *n* dry shampoo; **Trocken·spi·ri·tus (k·k)** *m* solid fuel; **Trocken·zeit (k·k)** *f* 1. *(von Wäsche etc)* drying time; 2. *(Jahreszeit)* dry season.

trock·nen ['trɔknən] *tr itr* dry.

Trö·del ['trø:dəl] ⟨-s⟩ *m fam* junk.

Trö·de·lei *f* dawdling.

trö·deln *itr* dawdle.

Tröd·ler(in) *m (f)* 1. *(Händler)* junkdealer; 2. *fam (Bummler)* dawdler.

Trog [tro:k, 'trø:gə] ⟨-(e)s, ¨e⟩ *m* trough; *(Wasch~)* tub.

trol·len ['trɔlən] *refl fam* push off, take o.s. off *fam*.

Trom·mel ['trɔməl] ⟨-, -n⟩ *f* 1. *mus* drum; 2. *tech* barrel; 3. *(in Revolver)* revolving breech; ▶ **die ~ schlagen** play the drum; **die ~ für etw rühren** *fig* drum up support for s.th; **Trom·mel·fell** *n* eardrum; **Trom·mel·feu·er** *n* drumfire; **trom·meln** *itr tr* 1. *(auf Trommel)* (beat the) drum; 2. *fig (Regen)* beat down; **Trom·mel·re·vol·ver** *m* revolver; **Trom·mel·wir·bel** *m* drumroll; **Tromm·ler** *m* drummer.

Trom·pe·te [trɔm'pe:tə] ⟨-, -n⟩ *f* trumpet; **trom·pe·ten** ⟨ohne ge-⟩ I *itr* trumpet; II *tr (ein Stück ~)* play on the trumpet; **Trom·pe·ter** *m* trumpeter.

Tro·pen ['tro:pən] *pl* tropics; **Tro·pen·an·zug** *m* tropical suit; **Tro·pen·helm** *m* sun-helmet; **Tro·pen·krank·heit** *f* tropical disease.

Tropf[1] [trɔpf] ⟨-(e)s⟩ *m med* drip; ▶ **am ~ hängen** *fam* be on a drip.

Tropf[2] [*pl* 'trœpfə] ⟨-(e)s, ⸚e⟩ *m fam:* ▶ **armer ~** poor devil.

Trop·fen ⟨-s, -⟩ *m* drop; *(Schweiß-)* bead; ▶ **ein ~ Blut** a drop of blood; **ein ~ auf den heißen Stein** *fig* a drop in the ocean; **ein guter ~** *(Wein)* a good wine; **steter ~ höhlt den Stein** *prov* constant dripping wears away the stone.

trop·fen ['trɔpfən] *itr* drip; ▶ **deine Nase tropft!** your nose is running! **paß auf mit dem Bier, es tropft!** careful with that beer, you're dripping! **paß auf, die Farbe tropft mir auf den Mantel!** careful, you're dripping paint over my coat! **von s-n Kleidern tropfte Wasser** his clothes were dripping water; **trop·fen·wei·se** *adv* drop by drop.

Tropf·in·fu·sion *f med* intravenous drip; **tropf·naß** ['-'-] *adj* dripping wet; **Tropf·stein** *m (hängend)* stalactite; *(aufsteigend)* stalagmite; **Tropf·stein·höh·le** *f* stalactite cave.

Tro·phäe [tro'fɛ:ə] ⟨-, -n⟩ *f* trophy.

tro·pisch ['tro:pɪʃ] *adj* tropical.

Troß [trɔs] ⟨-sses, -sse⟩ *m mil* baggage, train.

Trost [tro:st] ⟨-(e)s⟩ *m* comfort, consolation; ▶ **das ist ein schwacher ~** *(ironisch)* some comfort that is; **nicht recht bei ~ sein** be out of one's mind.

trö·sten ['trø:stən] I *tr* comfort, console; II *refl* cheer up, console o.s. *(mit* with); ▶ **~ Sie sich!** *fig* never mind! **tröstlich** *adj* comforting; ▶ **das ist ja sehr ~!** *iro* that's some comfort!

trost·los 1. *(hoffnungslos)* hopeless; 2. *(freudlos)* cheerless; 3. *(elend)* wretched; 4. *(öde)* dreary; **Trost·lo·sig·keit** *f* dreariness, hopelessness; **Trost·preis** *m* consolation prize; **trost·reich** *adj* comforting.

Trö·stung *f* 1. *(Trost)* comfort, consolation; 2. *(das Trösten)* comforting.

Trott [trɔt] ⟨-(e)s, -e⟩ *m* 1. *(Gangart)* trot; 2. *fig* routine, rut.

Trot·tel ['trɔtəl] ⟨-s, -⟩ *m fam* fool, idiot, dope.

trot·ten ⟨sein⟩ *itr* trot along.

Trotz [trɔts] ⟨-es⟩ *m* 1. defiance; 2. *(trotziges Verhalten)* contrariness; ▶ **jdm zum ~** in defiance of s.o.; **aus ~** for spite.

trotz *prp:* despite ..., in spite of ...; ▶ **~ alledem** for all that.

Trotz·al·ter *n:* ▶ **er befindet sich gera-de im ~** he's going through a defiant phase.

trotz·dem ['--/-'-] *adv* nevertheless.

trot·zen *itr* 1. *(die Stirne bieten)* defy *(jdm* s.o.); *(Gefahren)* brave; 2. *(trotzig sein)* be awkward *(od* contrary); **trot·zig** *adj* 1. *(die Stirne bietend)* defiant; *(Kind)* awkward; 2. *(trotzköpfig)* contrary; **Trotz·kopf** *m fam* contrary person; **Trotz·re·ak·tion** *f* act of defiance.

trü·be ['try:bə] *adj* 1. *(glanzlos)* dim, dull; *(Flüssigkeit)* muddy; *(Himmel)* cloudy, overcast; 2. *fig (Stimmung)* gloomy, pretty bleak; ▶ **~ Tasse** *fig fam* drip.

Tru·bel ['tru:bəl] ⟨-s⟩ *m* hurly-burly.

trü·ben ['try:bən] I *tr* 1. *(verdunkeln)* dim; *(stumpf machen a. fig)* dull; *(Wasseroberfläche)* ruffle; 2. *fig (Freude, Verhältnis)* mar, spoil; *(Beziehungen)* strain; II *refl* grow cloudy *(od* gloomy *od* dull).

Trüb·sal ['try:pza:l] ⟨-, -e⟩ *f* afflictions *pl;* *(Kummer)* sorrow; ▶ **~ blasen** *fam* mope; **trüb·se·lig** *adj* 1. *(betrübt)* gloomy; 2. *(trostlos)* bleak, depressing.

trüb·sin·nig *adj* gloomy, melancholy.

Trü·bung *f* 1. *(das Trübwerden)* dulling, ruffling; 2. *fig* spoiling, straining.

tru·deln ['tru:dəln] ⟨sein⟩ *itr aero* spin.

Trüf·fel ['trʏfəl] ⟨-, -n⟩ *f* truffle.

Trug ['tru:k] ⟨-(e)s, ⟩ *m* deception; *(Phantasiegebilde)* delusion; **Trug·bild** *n* delusion.

trü·gen ['try:gən] *irr* I *tr* deceive; ▶ **wenn mich nicht alles trügt** unless I am very much mistaken; II *itr* be deceptive; ▶ **der Schein trügt** appearances are deceptive; **trü·ge·risch** ['try:gərɪʃ] *adj* 1. *(betrügerisch)* deceitful; 2. *(irreführend)* deceptive.

Trug·schluß *m* fallacy; ▶ **e-m ~ unterliegen** be labouring under a misapprehension.

Tru·he ['tru:ə] ⟨-, -n⟩ *f* chest, trunk.

Trüm·mer ['trʏmə] *pl* 1. rubble *sing;* *(Ruinen, a. fig)* ruins *pl;* 2. *(Überreste)* remnants *pl;* ▶ **in ~n liegen** be in ruins; **in ~ gehen** be ruined; **Trüm·mer·feld** *n* 1. expanse of rubble; 2. *fig* scene of devastation; **Trüm·mer·hau·fen** *m* heap of rubble.

Trumpf [trʊmpf, *pl* 'trʏmpfə] ⟨-(e)s, ⸚e⟩ *m a. fig* trump, trump-card; ▶ **Herz ist ~** hearts are trumps *pl;* **alle ⸚e in der Hand haben** *fig* hold all the trumps.

Trunk [trʊŋk, *pl* 'trʏŋkə] ⟨-(e)s, (⸚e)⟩ *m (Getränk)* drink.

trun·ken *adj* 1. *(gehoben: be~)* intoxicated; 2. *fig (vor Freude etc)* drunk *(vor* with); **Trun·ken·bold** ⟨-(e)s, -e⟩ *m* drunkard; **Trun·ken·heit** *f* drunkenness, intoxication; ▶ **~ am Steuer** *jur* drunken driving.

Trunk·sucht ‹-› *f* alcoholism; **trunksüch·tig** *adj* alcoholic.
Trupp [trʊp] ‹-s, -s› *m* bunch; *mil* squad; *(beritten)* troop.
Trup·pe ['trʊpə] ‹-, -n› *f* **1.** *(Schauspieler)* company, troupe; **2.** *mil* troops *pl;* *(Einheit)* unit; ▶ **kämpfende** ~ combat element; **er ist nicht gerade von der schnellen** ~ *fig fam* he's pretty slow on the uptake; **Trup·pen** *pl* troops; **Truppen·ab·zug** *m* withdrawal of troops; **Trup·pen·an·samm·lung** *f* concentration of troops; **Trup·pen·be·wegun·gen** *f pl* troop movements; **Truppen·teil** *m* unit; **Trup·pen·übung** *f* field exercise; **Trup·pen·übungs-platz** *m* military training area; **Truppen·ver·schie·bung** *f* moving of troops.
Trust [trast/trʊst] ‹-(e)s, -e/-s› *m com* trust.
Trut·hahn ['truːt-] *m* turkey(-cock); **Trut·hen·ne** *f* turkey(-hen).
Tschad [tʃat] ‹-› *m* Chad.
Tsche·che (Tsche·chin) ['tʃɛçə] *m (f)* Czech; **tsche·chisch** *adj* Czech.
Tsche·cho·slo·wa·kei [-slovaˈkaɪ] *f* Czechoslovakia; **tsche·cho·slo·wa·kisch** *adj* Czechoslovak(ian).
T-Shirt ['tiːʃəːt] ‹-s, -s› *n* T-Shirt.
Tu·be ['tuːbə] ‹-, -n› *f* tube; ▶ **auf die** ~ **drücken** *fig fam* put one's foot down.
Tu·ber·ku·lo·se [tubɛrkuˈloːzə] ‹-, -n› *f* tuberculosis.
Tuch [tuːx, *pl* 'tyːçə] ‹-(e)s, ¨er› *n* cloth; ▶ **wie ein rotes** ~ **wirken** be like a red rag to a bull *(auf jdn* to s.o.); **Tuch·ballen** *m* bale of cloth; **Tuch·füh·lung** *f* physical contact; ▶ **auf** ~ **gehen** move closer *(mit jdm* to s.o.; *miteinander* together); ~ **haben mit jdm** be in close touch with s.o.
tüch·tig ['tʏçtɪç] **I** *adj* **1.** *(fähig)* capable; *(leistungsfähig)* efficient; **2.** *(fleißig)* good; **3.** *fam (groß)* big, huge; **4.** *fam (fest: Schlag)* hard; **II** *adv* **1.** *(fleißig)* hard; **2.** *fam (sehr)* good and proper; ▶ ~ **arbeiten** work hard; ~ **essen** eat heartily; **Tüch·tig·keit** *f* ability, efficiency.
Tücke (k·k) ['tʏkə] ‹-, -n› *f* **1.** *(Bosheit)* malice, spite; **2.** *(Gefahr)* peril; **3.** *(Unberechenbarkeit: med)* perniciousness; ▶ **das ist die** ~ **des Objekts!** *fam* things have a will of their own! **tükkisch** *adj* **1.** *(boshaft)* malicious; **2.** *(gefährlich)* treacherous; **3.** *(unberechenbar: med)* pernicious.
Tüf·te·lei *f* fiddly job; **tüf·teln** ['tʏftəln] *itr:* ▶ **über etw** ~ puzzle over s.th.
Tu·gend ['tuːgənt] ‹-, -en› *f* virtue; ▶ **aus der Not e-e** ~ **machen** *fig* make a virtue of necessity; **tu·gend·haft** *adj* virtuous; **Tu·gend·haf·tig·keit** *f* virtuousness.

Tüll [tʏl] ‹-(e)s, (-s/-e)› *m* tulle.
Tül·le ['tʏlə] ‹-, -n› *f (e-r Kanne)* spout.
Tul·pe ['tʊlpə] ‹-, -n› *f* tulip.
tum·meln ['tʊməln] *refl* **1.** *(sich beeilen)* hurry up, make haste; **2.** *(umhertollen)* romp about; **Tum·mel·platz** *m* **1.** *(Spielplatz)* playground; **2.** *fig* hotbed.
Tüm·pel ['tʏmpəl] ‹-s, -› *m* pool.
Tu·mult [tuˈmʊlt] ‹-(e)s, -e› *m* **1.** *(Bewegung in Menschenmenge)* commotion; **2.** *fig (innerer Aufruhr)* tumult, turmoil.
Tun ‹-s› *n* conduct, doings *pl;* ▶ **mein ganzes** ~ everything I do.
tun [tuːn] *irr tr itr* **1.** *allg* do; **2.** *(legen, stellen)* put; ▶ **wir müssen da etw** ~ we'll have to do s.th. about it; **und was soll ich da** ~? and what do you want me to do about it? **alle Hände voll zu** ~ **haben mit etw** have one's hands full with s.th.; **sie tut nur so** she's only pretending; **nichts mit ... zu** ~ **haben wollen** want nothing to do with ...; **jdm Unrecht** ~ do s.o. an injustice; **sein möglichstes** ~ do one's best *(od* utmost); **20 Mark** ~'s **auch!** 20 marks should do! **es zu** ~ **bekommen mit ...** get into trouble with ...; **tu mir bloß den (e-n) Gefallen und halt den Mund!** do me a favour and shut up! **etw noch einmal** ~ do s.th. again; **zu** ~ **haben** have things to do; **er tut es ungern** he hates to do it; **es tut mir sehr leid** I am very sorry; **er tut mir leid** I am sorry for him; **tut mir leid, (ist) ausgeschlossen** sorry, it's impossible; **es tut sich was** something is going on; **gesagt, getan** no sooner said than done; **was tut's?** what does it matter? **das Auto tut's nicht mehr** *fam* the car has had it.
Tün·che ['tʏnçə] ‹-, -n› *f* **1.** whitewash; **2.** *fig* veneer; **tün·chen** *tr* whitewash.
Tu·nen (Tu·ning) ‹-› *n* tuning; **tu·nen** *tr* tune.
Tu·ner ['tjuːnæ] ‹-s, -› *m el* tuner-amplifier.
Tu·ne·sien [tuˈneːziən] *n* Tunisia; **Tune·sier(in)** *m (f)* Tunisian; **tu·ne·sisch** *adj* Tunisian.
Tu·nicht·gut ['tuːnɪç(t)guːt] ‹-s, -e› *m* *fam* good-for-nothing.
Tun·ke ['tʊŋkə] ‹-, -n› *f* sauce; *(Braten~)* gravy; **tun·ken** *tr* dip.
tun·lich ['tuːnlɪç] *adj (ratsam)* advisable; ▶ **etw für** ~ **halten** think s.th. advisable; **tun·lichst** *adv:* ▶ **ich werde es** ~ **vermeiden ...** I'll do my best to avoid ...
Tun·nel ['tʊnəl] ‹-s, -/-s› *m* tunnel.
Tun·te ['tʊntə] ‹-, -n› *f* **1.** *sl (Homosexueller)* fairy *fam;* **2.** *pej (alte Frau)* old hag.
Tüp·fel(·chen) ['tʏpfəl] ‹-s, -› *m (n)* dot; ▶ **das** ~ **auf dem i** the icing on the cake; the finishing touch.
tüp·feln *tr* dot, spot.

Tup·fen ['tʊpfən] ⟨-s, ⟩ *m* spot; *(kleiner ~)* dot; **tup·fen** *tr* dab; **Tup·fer** *m med* swab.

Tür [ty:ɐ] ⟨-, -en⟩ *f* door; ▸ **da ist jem an der ~** there's s.o. at the door; **in der ~ stehen** stand in the doorway; **vor der ~** at the door; **zwischen ~ und Angel** in passing; **vor der ~ stehen** be on the doorstep; *fig (bevorstehen)* be just around the corner; **offene ~en einrennen** *fig* kick at an open door *sing;* **~ und Tor öffnen für …** *fig* leave the way open for …; **mit der ~ ins Haus fallen** *fig* blurt things out; **jdm die ~ vor der Nase zuschlagen** slam the door in someone's face; **~ an ~ mit jdm leben** live next door to s.o.; **Weihnachten steht vor der ~** Christmas is almost upon us; **Tür·an·gel** *f* door hinge.

Tur·bi·ne [tʊr'bi:nə] ⟨-, -n⟩ *f* turbine; **Tur·bi·nen·an·trieb** *m* turbine drive.

Tur·bo·la·der *m mot* turbocharger; **Tur·bo·mo·tor** *m mot* turbo engine.

tur·bu·lent [tʊrbu'lɛnt] *adj* turbulent.

Tür·griff *m* door handle; **Tür·griff·si·che·rung** *f mot* door handle lock.

Tür·ke (Türkin) ['tʏrkə] *m (f)* Turk; **Tür·kei** [-'-] ⟨-⟩ *f* Turkey.

Tür·kis [tʏr'ki:s] ⟨-(es), -e⟩ *m* turquoise.

tür·kisch *adj* Turkish; ▸ **T~er Honig** Turkish delight.

Tür·klin·ke *f* door handle; **Tür·klop·fer** *m* doorknocker.

Turm [tʊrm, *pl* 'tʏrmə] ⟨-(e)s, ⸚e⟩ *m* 1. tower; *(Kirch~)* steeple; 2. *(Schachfigur)* castle, rook.

Türm·chen ['tʏrmçən] *n* turret.

tür·men ['tʏrmən] ⟨h⟩ I *tr* pile up; II *itr fig fam (flüchten)* take to one's heels; III *refl* tower.

turm·hoch ['-'-] *adj* lofty, towering.

Turm·sprin·gen *n sport* high diving.

Turm·uhr *f (Kirch~)* church clock.

Tur·nen ['tʊrnən] ⟨-s⟩ *n* gymnastics *pl; (Schulfach) fam* PE (*od* PT); **tur·nen** *itr* 1. do gymnastics; 2. *(herum~)* climb about; *(von Kindern)* romp; **Tur·ner(in)** *m (f)* gymnast; **Turn·ge·rät** *n* 1. *(Reck etc)* gymnastic apparatus; 2. *(Medizinbälle etc)* gymnastic equipment; **Turn·hal·le** *f* gym(nasium); **Turn·ho·se** *f* gym shorts *pl.*

Tur·nier [tʊr'ni:ɐ] ⟨-s, -e⟩ *m* 1. *sport (a. hist)* tournament; 2. *(Tanz~)* competition; **Tur·nier·pferd** *n* competition horse; **Tur·nier·rei·ter(in)** *m (f)* competition rider.

Turn·leh·rer(in) *m (f)* gym (*od* PE *od* PT) teacher; **Turn·schu·he** *m pl* gymshoes; **Turn·stun·de** *f* gym (*od* PE *od* PT) lesson; **Turn·übung** *f* gymnastic exercise; **Turn·un·ter·richt** *m* gym-

nastic instruction; *(Turnstunde)* gym, PE, PT; **Turn·ver·ein** *m* gymnastics club.

Tür·öff·ner *m el* buzzer; **Tür·rah·men** *m* door frame; **Tür·schild** *n* doorplate.

Tusch [tʊʃ] ⟨-es, -e⟩ *m mus* flourish.

Tu·sche ['tʊʃə] ⟨-, -n⟩ *f* Indian ink.

tu·scheln ['tʊʃəln] *itr* whisper; ▸ **hinter jds Rücken ~** talk behind someone's back.

Tusch·ka·sten *m* paintbox; **Tusch·zeich·nung** *f* pen-and-ink drawing.

Tus·si ⟨-, -s⟩ *f sl pej* female; ▸ **so elne blöde ~!** *sl* what a silly cow!

Tü·te ['ty:tə] ⟨-, -n⟩ *f* bag; ▸ **in ~n verpacken** put in bags; **kommt nicht in die ~!** *fig fam* no way!

Tu·ten ⟨-s⟩ *n* tooting; *(von Autohupe)* hooting; ▸ **von ~ und Blasen keine Ahnung haben** *fig fam* not to have a clue; **tu·ten** ['tu:tən] *itr* toot.

TÜV ['tyf] ⟨-s, -s⟩ *m Abk von* **Technischer Überwachungsverein** MOT; **TÜV-Pla·ket·te** *f* German MOT *sticker.*

TV-Mo·de·ra·tor(in) *m (f)* TV presenter.

Twen [tvɛn] ⟨-s, -s⟩ *person in her/his twenties.*

Twist[1] [tvɪst] ⟨-(e)s, -e⟩ *m (Garn)* twist.

Twist[2] ⟨-s, -s⟩ *m (Tanz)* twist.

Typ [ty:p] ⟨-s, -en⟩ *m* 1. *(Modell)* model; 2. *(Menschenart)* type; 3. *fam (Kerl)* bloke; ▸ **nicht mein ~** not my type; **vom ~ her völlig verschiedene Menschen sein** be totally different types of person; **dein ~ wird verlangt!** *hum fam* you're wanted! **sie ist mein ~** she's my type; **dufter ~** *fam* great guy; **kaputter ~** *sl* bum.

Ty·pe ['ty:pə] ⟨-, -n⟩ *f* 1. *(Schreibmaschinen~)* type; 2. *fam (Mensch)* character; ▸ **der ist eine komische ~** he's a strange character; **Ty·pen·be·zeich·nung** *f tech* type designation; **Ty·pen·rad** *n (bei Schreibmaschine)* daisy wheel; **Ty·pen·rad·drucker (k·k)** *m EDV* daisy-wheel printer; **Ty·pen·rad·schreib·ma·schine** *f* daisy-wheel typewriter.

Ty·phus ['ty:fʊs] ⟨-⟩ *m* typhoid fever.

ty·pisch *adj* typical *(für* of).

ty·pi·sie·ren *tr* 1. *(Produkte)* standardize; 2. *(Charakter)* stylize.

Ty·po·gra·phie [typogra'fi:] *f* typography; **ty·po·gra·phisch** *adj* typographic(al).

Ty·pus ['ty:pʊs] ⟨-, -pen⟩ *m* type.

Ty·rann [ty'ran] ⟨-en, -en⟩ *m* tyrant; **Ty·ran·nei** *f* tyranny; **ty·ran·nisch** *adj* tyrannical; **ty·ran·ni·sie·ren** *tr* tyrannize.

U

U, u [u:] ⟨-, -⟩ *n* U, u.
U-Bahn *f allg* underground, *Am* subway,
Br (in London) tube; ▶ **mit der ~ fah-
ren** go by underground (*od* subway,
tube); **U-Bahn·hof** *m* underground
station.
U-Boot *n* submarine, *fam* sub; **U-Boot-
Krieg** *m* submarine warfare.
U-Ei·sen *n tech* E-channel; **U-Pro·fil** *n*
tech channel section.
Übel ⟨-s, -⟩ *n* (*Mißstand, Plage*) evil;
▶ **das kleinere ~ sein** be the lesser
evil; **zu allem ~** ... to make matters
worse ...
übel ['y:bəl] **I** *adj* **1.** (*körperlich ~*) bad,
nasty; **2.** (*böse, schlecht*) wicked; ▶ **in
e-e üble Lage geraten** fall on evil days
pl; **jdm etw ~ auslegen** take s.th. amiss;
nicht ~ not bad; **ein übler Bursche** a
bad lot *fam;* **~ dran sein** be in a bad
way; **davon kann e-m ja ~ werden!** it's
enough to make you feel sick! **II** *adv*
(*schlecht, schlimm*) badly; ▶ **das wäre
gar nicht so ~** that wouldn't be such a
bad thing; **übler Trick** nasty trick; **mir
ist ~** I feel sick; **wohl od ~** willy-nilly; **er
wird es wohl od ~ tun müssen** he'll
have to do it whether he likes it or not;
etw ~ aufnehmen take s.th. badly; **das
schmeckt gar nicht so ~** it doesn't taste
so bad; **ich hätte nicht ~ Lust** ... I
wouldn't mind ...
übel·ge·launt *adj* bad-tempered, ill-hu-
moured; **Übel·keit** *f a. fig* nausea;
übel·keits·er·re·gend *adj* nauseat-
ing; **übel|neh·men** *irr tr* take amiss (*od*
in bad part); ▶ **nehmen Sie es mir
nicht ~, aber** ... don't take it amiss but
...; **ich nehme es Ihnen nicht ~** I do
not blame you for it; **übel·rie·chend**
adj evil-smelling; **Übel·stand** *m* (so-
cial) evil (*od* ill); **Übel·tat** *f* misdeed,
wicked deed; **Übel·tä·ter(in)** *m (f)*
wrongdoer; **übel|wol·len** *irr itr:*
▶ **jdm ~** wish s.o. ill.
üben ['y:bən] **I** *tr* practise; *mil* drill;
▶ **Geduld ~** be patient; **Kritik an etw
(jdm) ~** criticize s.th. (s.o.); **II** *refl:*
▶ **sich in etw ~** practise s.th.; **III** *itr*
practise.
über ['y:bɐ] **I** *prp* **1.** (*räumlich*) over;
(*oberhalb*) above, on top of; (*darüber
hinaus*) across, beyond; (*auf*) on, upon;
2. (*während, bei, länger als*) over; **3.**
(*betreffend*) about, on; **4.** (*bei Zahlen-
angaben: in Höhe von*) for; (*mehr als*)
over; **5.** (*auf dem Wege, vermittels*) via;

▶ **Fehler ~ Fehler** one mistake after
another; **jdm ~ sein in** ... beat s.o. in
...; **~ fünfzig Jahre alt** past fifty; **bis ~
die Ohren** up to one's ears; **~ all der
Aufregung** what with all the excite-
ment; **~ Bord** overboard; **~ jdn lachen**
laugh at s.o.; **es geht nichts ~** ... there
is nothing better than ...; **Literatur
geht ihr ~ alles** she loves literature
more than anything else; **~ Frankfurt**
via Frankfort; **ein Scheck ~ 1000 Mark**
a cheque for 1000 marks; **ein Buch ~**
... a book on ...; **~ Nacht** during the
night; **~ den Dingen stehen** be above it
all; **~ Mittag bleiben** stay over lunch; **~
kurz od lang** sooner or later; **II** *adv:*
▶ **~ u. ~** all over.
über·all ['y:bɐ'al] *adv Br* everywhere,
Am all over; ▶ **~ u. nirgends** here,
there and everywhere; **~ u. nirgends
zuhause sein** be at home everywhere
and nowhere; **über·all·her** ['---'-] *adv*
from all over; **über·all·hin** ['---'-] *adv*
everywhere.
über·al·tert [--'--] *adj* superannuated.
Über·an·ge·bot *n* surplus (*an* of).
über·ängst·lich *adj* over-anxious.
über·an·stren·gen *tr refl* overexert,
overstrain; ▶ **überanstrenge dich bloß
nicht!** (*ironisch*) don't strain yourself!
Über·an·stren·gung *f* overexertion;
▶ **nervliche ~** nervous strain.
über·ar·bei·ten **I** *tr* go over; (*Buch*)
revise; **II** *refl* overwork; **Über·ar·bei-
tung** *f* **1.** (*von Text*) revision, (*Neufas-
sung*) revised version; **2.** (*körperliche
~*) overwork.
über·aus ['---/--'-] *adv* exceedingly, ex-
tremely.
über·backen (k·k) *tr* put in the oven;
(*bräunen*) brown.
Über·bau *m philos* superstructure.
über·be·an·spru·chen ['------] *tr* **1.**
(*Materialien*) overstrain; (*gewichtmä-
ßig*) overload; **2.** (*den Körper*) overtax;
Über·be·an·spru·chung *f* **1.** (*Mate-
rialien*) overstraining; **2.** (*von Körper*)
overtaxing.
Über·bein *n med* ganglion.
über·be·la·sten ['-----] *tr* overload.
über·be·legt ['----] *adj* overcrowded.
über·be·lich·ten ['-----] *tr phot* overex-
pose.
Über·be·schäf·ti·gung *f* overemploy-
ment.
über·be·to·nen ['-----] *tr* **1.** *fig* over-
stress; **2.** (*bestimmte Körperteile*) over-

accentuate.
über·be·völ·kert *adj* overpopulated; **Über·be·völ·ke·rung** *f* overpopulation.
über·be·wer·ten ['-----] *tr* 1. *fin* overvalue; 2. *fig* overrate; ▶ **wollen wir das doch nicht ~!** let's not attach too much importance to this! **Über·be·wer·tung** *f* overvaluation, overrating.
Über·be·zah·lung *f* overpayment.
über·bie·ten *irr* I *tr* 1. *(bei Auktion)* outbid *(um* by); 2. *fig* outdo; ▶ **cinander ~** vie with each other *(in etw* in s.th.); **das ist nicht mehr zu ~!** *fig fam* that beats everything! **e-n Rekord ~** break a record; II *refl (sich selbst)* surpass o.s.
Über·bleib·sel ['y:beblaıpsl] ⟨-s, -⟩ *n* 1. *(Rest)* remnant; *(Restbestände)* remainder; *(Speiserest)* leftover; 2. *(Brauch)* survival.
Über·blick ['---] *m* 1. *(freie Sicht)* view; 2. *(Abriß)* survey; *(Übersicht, Zusammenstellung)* summary; ▶ **sich e-n ~ verschaffen über** ... get a general idea of ...; **den ~ verlieren** lose track; **überblicken (k·k)** *tr* 1. *(Stadt etc)* overlook; 2. *fig* have a view of ...; ▶ **etw läßt sich leicht ~** *fig* s.th. can be seen at a glance; **das läßt sich noch nicht ~** I cannot say as yet; **die Entwicklung läßt sich leicht ~** the development can be seen at a glance.
über·brin·gen *irr tr* deliver; **Über·bringer(in)** *m (f)* bearer.
über·brücken (k·k) *tr* bridge; ▶ **die Gegensätze zwischen** ... **u.** ... **~** bridge the gap between ... and ...; **Über·brückungs·kre·dit (k·k)** *m* bridging loan.
über·da·chen *tr* roof over.
über·dau·ern *tr* survive.
über·den·ken *irr tr* consider, think over; ▶ **etw noch einmal ~** reconsider s.th.
über·dies [--'-] *adv* 1. *(außerdem)* moreover; 2. *(ohnehin)* anyway.
über·di·men·sio·nal *adj* oversize.
über·do·sie·ren ['-----] *tr* overdose; **Über·do·sis** *f med* overdose; ▶ **e-e ~ Schlaftabletten nehmen** take an overdose of sleeping pills.
über·dre·hen *tr* 1. *(Uhr)* overwind; 2. *(Gewinde)* strip; 3. *(Motor)* overrev; **über·dreht** *adj fig fam* wound up.
Über·druck¹ ⟨-(e)s, -e⟩ *m typ* overprint.
Über·druck² ⟨-(e)s⟩ *m tech phys* excess pressure.
Über·druß ['y:bedrʊs] ⟨-sses⟩ *m (Widerwille)* aversion *(an* to); *(Übersättigung)* surfeit *(an* of); ▶ **bis zum ~** ad nauseam; **über·drüs·sig** ['y:bedrʏsıç] *adj:* ▶ **~ werden, ~ sein** grow *(od* be) tired *(jds* of s.o., *e-r Sache* of s.th.).
über·dün·gen *tr* over-fertilize; **Über-**

dün·gung *f* over-fertilization.
über·durch·schnitt·lich *adj* above-average.
über·eif·rig *adj* overzealous, overenthusiastic.
über·eig·nen *tr* transfer *(jdm etw* s.th. to s.o.).
über·ei·len *tr:* ▶ **nur nichts ~!** don't rush things! **über·eilt** *adj* 1. *(zu eilig)* hasty, rash; 2. *fig (unbedacht)* thoughtless; premature.
über·ein·an·der ['---'--] *adv* 1. *(räumlich)* on top of each other; 2. *(einander betreffend)* about each other; **über·ein·der|le·gen** *tr* put on top of each other; **über·ein·an·der|schlagen** *irr tr (Beine)* cross; *(Arme)* fold.
über·ein|kom·men [y:be'aın-] *irr itr* agree; **Über·ein·kom·men (Über·ein·kunft)** ⟨-s, - (-, ⸚e)⟩ *n (f)* agreement, arrangement; ▶ **stillschweigendes Übereinkommen** tacit agreement; **ein Übereinkommen erzielen** come to *(od* reach) an agreement.
über·ein|stim·men [y:be'aın-] *itr* 1. *(Personen)* agree *(mit jdm in etw* with s.o. on s.th.); 2. *(Meßdaten, Rechnungen etc)* correspond; *(zusammenpassen)* match; **über·ein·stim·mend** I *adj* 1. *(Meinungen)* concurring; 2. *(einander entsprechend)* corresponding; II *adv* unanimously; **Über·ein·stim·mung** *f* 1. *(von Meinungen)* agreement; 2. *(Einklang)* correspondence; ▶ **in ~ mit jdm** in agreement with s.o.; *(mit etw)* in accordance with s.th.; **in ~ bringen** accommodate, conform.
über·emp·find·lich *adj* oversensitive *(gegen* to); *med* hypersensitive; **Über·emp·find·lich·keit** *f* oversensitivity; *med* hypersensitivity.
über·es·sen *irr refl:* ▶ **sich an etw** gorge o.s. on.
über·fah·ren¹ *irr tr* 1. *(e-n Menschen, ein Tier)* run over; 2. *(übersehen: Ampel)* go through; 3. *fam (übertölpeln)* stampede *(jdn* s.o. into it).
über·fah·ren² I *tr (mit e-m Boot etc)* take across; II *itr* ⟨sein⟩ cross over.
Über·fahrt ['---] *f* crossing.
Über·fall ['---] *m* 1. *(Angriff)* attack *(auf* on); *(Bank~)* holdup; 2. *fam (unerwartetes Auftauchen)* invasion; ▶ **keine Bewegung, dies ist ein ~!** freeze, this is a holdup! **über·fal·len** *irr tr* 1. *(angreifen)* attack; *(Bank)* hold up; 2. *fig (Schlaf etc)* come over; 3. *fig fam (unerwartet ~)* descend upon; ▶ **heftiges Fieber überfiel mich** I had a bad attack of fever; **jdn mit Fragen ~** bombard s.o. with questions; **über·fäl·lig** *adj:* ▶ **seit drei Tagen ~** three days overdue; **Über·fall·kom·man·do** *n Br* flying squad, *Am* riot-squad.
über·flie·gen *irr tr* 1. fly over; 2. *fig*

glance over.

Über·flie·ger(in) *m (f) fam* high-flyer.

über|flie·ßen ⟨sein⟩ *irr itr* overflow.

über·flü·geln *tr fig* outdo, outstrip, surpass.

Über·fluß ⟨-sses⟩ *m* abundance, plenty *(an of);* ▶ **zu allem** ~ superfluously; *(obendrein)* into the bargain; **im ~ leben** live in luxury; **im ~ vorhanden** in plentiful supply; **Über·fluß·ge·sellschaft** *f* affluent society; **über·flüssig** *adj* superfluous; *(unnötig)* unnecessary; ▶ **~ zu sagen, daß ...** it goes without saying that ...

über·flu·ten *tr a. fig* flood.

über·for·dern *tr* overtax; ▶ **damit ist sie überfordert** that's asking too much of her.

über·frach·ten *tr* 1. overload; 2. *fig* overcharge.

über·fra·gen *tr:* ▶ **tut mir leid, aber da bin ich überfragt** sorry, but I don't know *od* I'm afraid you've got me there.

Über·frem·dung *f (e-r Sprache, Kultur)* foreign infiltration.

über·frie·ren ⟨sein⟩ ⟨ohne -ge-⟩ *irr itr* freeze over; ▶ **~de Nässe** black ice.

über·füh·ren *tr* 1. transfer; *(Kfz etc)* drive; *(Leiche)* transport; 2. *jur (Täter)* convict *(e-r Sache* of s.th.*);* **Über·führung** *f* 1. *(Transport)* transport; 2. *(Brücke)* bridge; *(Fußgänger~)* footbridge; 3. *jur* conviction.

über·füt·tern *tr a. fig* overfeed.

Über·fül·le ['----] *f* superabundance.

über·füllt [--'-] *adj* overcrowded; *com (Lager)* overstocked; *päd (Kurs)* oversubscribed; **Über·fül·lung** *f* overcrowding; *(von Kurs)* oversubscription.

Über·ga·be ['----] *f* handing over; *mil* surrender; *(von Neubau)* opening.

Über·gang ['---] *m* 1. *(das Überqueren)* crossing; 2. *(Fußgänger~)* Br crossing, Am crosswalk; *(Brücke)* footbridge; 3. *(Grenz~)* checkpoint; 4. *(Bahn~)* Br level *(Am* grade*)* crossing; 5. *fig (Wechsel)* transition; **Über·gangs·be·stimmung** *f* interim regulation; **Über·gangs·er·schei·nung** *f* transitory phenomenon; **Über·gangs·lö·sung** *f* provisional solution, temporary arrangement; **Über·gangs·man·tel** *m* between-seasons coat; **Über·gangs·sta·dium** *n* stage of transition; **Über·gangs·zeit** *f* transitional period.

Über·gar·di·nen *pl Br* curtains, *Am* drapes.

über·ge·ben *irr* I *tr* 1. *(abliefern)* hand over; 2. *mil* surrender; 3. *(Amt, Würde)* hand over; ▶ **e-e Sache e-m Anwalt ~** place a matter in the hands of a lawyer; **e-e Straße dem Verkehr ~** open a road to traffic; II *refl (erbrechen)* vomit.

über|ge·hen[1] ⟨sein⟩ *irr itr* 1. *(zu e-r Partei)* go over; 2. *(sich verändern)*

change *(od)* turn (into); *(Farben)* merge (into); 3. *(übernommen werden)* pass *(auf jdn* to s.o.*);* ▶ **die Augen gingen ihm über** his eyes were almost popping out of his head; **es geht nichts über ein gutes Glas Wein** there's nothing better than a glass of good wine; **ein gutes Glas Wein geht mir über alles** I like nothing better than a glass of good wine; **zum nächsten Punkt ~** go on to the next point; **in andere Hände ~** pass into other hands; **in jds Besitz ~** become someone's property; **zum Angriff ~** take the offensive.

über·ge·hen[2] ⟨h⟩ *tr* 1. *(auslassen)* skip; 2. *(übersehen)* overlook, pass over *(od* by*);* ▶ **jds Einwände ~** ignore someone's objections.

über·ge·nau *adj* overprecise.

über·ge·nug ['--'-] *adv* more than enough.

Über·ge·päck *n aero* excess baggage.

Über·ge·wicht *n* 1. overweight; 2. *fig* predominance; ▶ **das ~ bekommen** *fig* become predominant; **an ~ leiden** be overweight; **militärisches ~** military dominance; **über·ge·wich·tig** *adj* overweight.

über·glück·lich ['--'--] *adj* overjoyed.

über|grei·fen *irr itr* 1. *(ineinander ~)* overlap; 2. *(unberechtigt eindringen)* encroach *(od* infringe*) (auf* on*);* 3. *(sich verbreiten)* spread *(auf* to*);* **über·greifend** *adj* predominant; **Über·griff** *m* encroachment, infringement *(auf* on*).*

Über·grö·ße *f (von Kleidung)* outsize; *(von Reifen)* oversize.

über·hand|neh·men [y:be'hant-] *irr itr* get out of hand.

Über·hang *m* 1. *fin (von Geld)* surplus money; 2. *(von Fels)* overhang; ▶ **~ an Aufträgen** *com* backlog; **über|hän·gen** *irr* I *tr* overhang; II *refl:* ▶ **sich e-n Mantel ~** put a coat round one's shoulders; **sich ein Gewehr ~** sling a rifle over one's shoulders.

über·ha·sten *tr* rush; ▶ **nur nichts ~!** don't rush things! **über·ha·stet** *adj* overhasty.

über·häu·fen *tr* overwhelm *(mit* with*); (Schreibtisch etc)* pile high; ▶ **überhäuft werden von Arbeit** be snowed under with work; **jdn mit Vorwürfen ~** heap reproaches upon someone's head.

über·haupt [y:be'haupt/'---] *adv* 1. *(sowieso)* in general; 2. *(außerdem)* anyway; 3. *(eigentlich)* actually; ▶ **ich denke ~ nicht daran ...** I've no intention whatsoever of ...; **weißt du ~, ...?** do you realize...? **wer sind Sie ~?** who do you think you are?

über·heb·lich [y:be'he:plɪç] *adj* arrogant; **Über·heb·lich·keit** *f* arrogance.

über·hei·zen *tr* overheat.

über·hit·zen *tr* overheat.
über·höht [--'-] *adj* 1. *(Kurve) Br* super-elevated, *Am* banked; 2. *(Preise etc)* excessive.
über|ho·len[1] *mar (Schiff)* keel over.
über·ho·len[2] I *tr* 1. *mot* overtake; 2. *(ausbessern)* overhaul; *(Motor)* recondition; II *itr* overtake; ▶ ~ **verboten!** no passing! **Über·hol·ma·nö·ver** *n mot* overtaking *(Am* passing) manœuvre; **Über·hol·spur** *f* overtaking lane.
über·holt *adj* 1. out-dated; 2. *mot* re-conditioned.
Über·hol·ver·bot *n* 1. *(Schild)* "No Passing" sign; 2. *(Verbot)* ban on passing *(od* overtaking).
über·hö·ren *tr* not to hear; *(absichtlich)* ignore; ▶ **sie überhörte meine Anspielungen geflissentlich** she studiously ignored my hints; **das möchte ich überhört haben!** I didn't hear that!
Über-Ich ⟨-s⟩ *n psych* super-ego.
über·ir·disch *adj fig* celestial, heavenly; *(übernatürlich)* supernatural.
über·kan·di·delt ['y:bekandidəlt] *adj fam* eccentric.
Über·ka·pa·zi·tät *f* overcapacity.
über·kle·ben *tr:* ▶ **etw mit ... ~** stick ... over s.th.
über|ko·chen ⟨sein⟩ *itr a. fig* boil over.
über·kom·men *irr* I *tr (befallen)* come over; II *itr* ⟨sein⟩ *(überliefert werden)* be handed down *(jdm* to s.o.); ▶ **mich überkam Furcht** I was overcome with fear.
über·la·den *irr tr* 1. *(zu stark belasten)* overload; 2. *(zu voll packen, a. fig)* clutter; **über·la·den** *adj* 1. *(Fahrzeug)* overloaded; 2. *fig (Stil)* ornate; 3. *fig (Bild)* cluttered.
über·la·gern I *tr* 1. *radio TV* blot out; 2. *(Thema etc)* eclipse; II *refl* overlap.
Über·land·bus *m* coach; **Über·land·lei·tung** *f el* overhead power line.
über·lap·pen [y:bε'lapən] *refl* overlap.
über·las·sen[1] *irr tr* 1. *(jdm etw ~)* let s.o. have s.th.; 2. *(jdm anheimstellen)* leave it up to s.o.; 3. *(preisgeben)* abandon; ▶ **das bleibt Ihnen ~** that's up to you; **jdn sich selbst ~** leave s.o. to his own devices; **über|las·sen**[2] *irr tr (übriglassen)* leave *(jdm etw* s.th. for s.o.).
über·la·sten *tr* 1. *allg* put too great a strain on; *(Mensch)* overtax; 2. *el tele* overload; **Über·la·stung** *f* 1. *(von Mensch)* overtaxing; *(zu großer Streß)* overstress; *(Zustand)* strain; 2. *el tele* overloading; *tech* overload; **Über·la·stungs·schutz** *m el* overload protection.
Über·lauf ['---] *m tech* overflow; **über·lau·fen** [--'--] *adj (sehr überfüllt)* overcrowded.
über·lau·fen[1] *irr itr (gegnerische Ab-*

wehr) overrun.
über|lau·fen[2] ⟨sein⟩ *irr itr* 1. *(Wasser)* overflow; 2. *mil* desert; ▶ **zum ~ voll** full to overflowing; **Über·läu·fer** *m mil* deserter; *parl* turncoat.
über·le·ben *tr itr* 1. *(länger leben als)* outlive, survive *(um* by); 2. *(durchstehen)* live through; ▶ **das hat sich überlebt** that's had it's day; **das überlebe ich nicht!** *fig fam* that'll be the death of me! **du wirst es schon ~** *(ironisch)* it won't kill you; **Über·le·ben·de(r)** *f m* survivor; **über·le·bens·groß** [--'---] *adj* larger than life; **Über·le·bens·trai·ning** *n* survival training.
über·le·gen[1] I *itr (nachdenken)* think; ▶ **laß mich mal ~** now let me think; II *tr (durchdenken)* think over *(od* about); ▶ **das werde ich mir ~** I'll give it some thought; **hin und her ~** deliberate; **das wäre zu ~** it's worth thinking about; **es wäre (noch) zu ~** it should be considered; **sie hat es sich anders überlegt** she's changed her mind.
über·le·gen[2] [--'--] *adj* superior *(jdm* to s.o.); ▶ **ein ~er Sieg** a convincing victory.
Über·le·gen·heit *f* superiority.
über|legt *adj* (well-)considered; **Über·le·gung** *f* consideration, reflection; ▶ **~en anstellen** make observations *(zu* about); **das wäre wohl e-e ~ wert** that is worth thinking about.
über|lei·ten *itr fig* lead up *(zu etw* to s.th.); **Über·lei·tung** *f* transition.
über·le·sen *irr tr* overlook, miss.
über·lie·fern *tr (der Nachwelt)* hand down; **Über·lie·fe·rung** *f* 1. tradition; 2. *(Brauch)* custom; ▶ **an der ~ festhalten** hold on to tradition; **nach alter ~** according to tradition.
über·li·sten *tr* outwit.
Über·macht ⟨-⟩ *f* 1. superior strength; 2. *fig (von Gefühlen etc)* predominance; **über·mäch·tig** *adj* 1. *(durch Gewalt)* superior; *(Feind)* powerful; 2. *fig pol* all-powerful.
über·ma·len *tr* paint over.
über·man·nen *tr* overcome.
Über·maß ⟨-es⟩ *n* excess; ▶ **im ~** excessively, to excess; **über·mä·ßig** *adj* excessive; ▶ **sich ~ anstrengen** overdo things.
Über·mensch *m* superman; **über·mensch·lich** *adj* superhuman.
über·mit·teln *tr* convey, transmit.
über·mor·gen ['----] *adv* the day after tomorrow.
über·mü·det [--'--] *adj* overtired; **Über·mü·dung** *f* overtiredness.
Über·mut *m* 1. *(Ausgelassenheit)* high spirits *pl;* 2. *(Mutwille)* mischief; **über·mü·tig** *adj* 1. *(ausgelassen)* high-spirited; 2. *(anmaßend)* arrogant.
über·nächst *adj* next ... but one; ▶ **~e**

Woche the next week but one, the week after next; **am ~en Tag** two days later.

über·nach·ten *itr* sleep; ▶ **bei jdm ~** stay at someone's place; **wie viele Leute können bei Ihnen ~?** how many people can you put up? **wo haben Sie übernachtet?** where did you sleep? **über·näch·tigt** [y:be'neçtıçt] *adj* tired, sleepy; **Über·nach·tung** *f* overnight stay; ▶ **~ mit Frühstück** bed and breakfast; **was berechnen Sie für die ~?** what do you charge for the night? **Über·nach·tungs·mög·lich·keit** *f* overnight accommodation.

Über·nah·me ['----] ⟨-, -n⟩ *f* 1. *(das Übernehmen)* taking over; *(als Ergebnis)* takeover; 2. *(Ausdruck, Meinung)* adoption; 3. *(Amt)* assumption; ▶ **er hat sich zur ~ der Kosten verpflichtet** he has undertaken to pay the costs; **durch ~ dieser Aufgabe ...** by undertaking this task ...

über·na·tür·lich ['-----] *adj* supernatural.

über·neh·men *irr* I *tr* 1. *(a. jdn ablösen)* take over; 2. *(Arbeit)* take on, undertake; 3. *(Amt, Verantwortung)* assume; ▶ **das ~ wir!** we'll take care of that! II *refl* overreach o.s.; take on too much; *(sich überanstrengen)* overdo it; *(im Essen)* overeat.

über|ord·nen *tr:* ▶ **jdn jdn ~** put *(od* place) s.o. over s.o.; **etw e-r Sache ~** give s.th. precedence over s.th.

Über·pro·duk·tion *f* overproduction.

über·prü·fen *tr* 1. check *(auf* for); *pol (Person)* screen; *(untersuchen)* scrutinize; 2. *(Maschine)* inspect; **Über·prü·fung** *f* 1. checking; *(von Person)* screening; 2. *tech* inspection; *(Kontrolle)* check.

über·que·ren *tr* cross.

über·ra·gen[1] *tr* 1. *(größer sein)* tower above; 2. *fig (übertreffen)* outshine *(an* in).

über|ra·gen[2] *itr (senkrecht)* protrude; *(waagerecht)* jut out.

über·ra·schen [y:be'raʃən] *tr* surprise; ▶ **wir wurden von e-m Gewitter ~** we were caught in a storm; **lassen wir uns ~!** let's wait and see! **über·ra·schend** *adj* surprising; **Über·ra·schung** *f* surprise; **Über·ra·schungs·ef·fekt** *m* shock effect.

Über·re·ak·tion *f* overreaction.

über·re·den *tr* persuade *(jdn etw zu tun* s.o. to do s.th.); **Über·re·dung** *f* persuasion.

über·re·gio·nal *adj* nationwide.

über·reich *adj* abundant *(an* in).

über·rei·chen *tr* hand over; *(feierlich)* present.

über·reif *adj* overripe.

über·rei·zen I *tr (Phantasie)* overexcite; *(Nerven)* overstrain; II *refl (beim Kar-*

tenspiel) overbid; **über·reizt** *adj* overwrought.

über·ren·nen *irr tr* 1. *allg* run down; *mil* overrun; 2. *fig* overwhelm.

Über·reste *m* remains *pl,* remnants *pl.*

Über·roll·bü·gel *m* mot roll bar.

über·rum·peln *tr* take by surprise; ▶ **jdn mit e-r Frage ~** throw s.o. with a question.

über·run·den *tr* 1. *sport* lap; 2. *fig* outstrip.

über·sät [--'-] *adj:* ▶ **~ mit** strewn with.

über·sät·ti·gen *tr* satiate.

Über·schall·flug·zeug *n* supersonic jet; **Über·schall·ge·schwin·dig·keit** *f* supersonic speed.

über·schät·zen *tr* overrate; *(Entfernung etc)* overestimate.

über·schau·en *tr* 1. *(Ortschaft, Platz)* overlook; 2. *fig* see.

über|schäu·men ⟨sein⟩ *itr* 1. foam over; 2. *fig* brim over *(vor* with); ▶ **~de Begeisterung** effervescent enthusiasm.

über·schla·fen *irr tr* sleep on ...

Über·schlag ['---] *m* 1. *(Purzelbaum)* somersault; *aero* loop; 2. *(ungefähre Berechnung)* estimate; ▶ **e-n ~ machen** do a somersault.

über·schla·gen[1] *irr* I *tr (berechnen)* estimate roughly; II *refl* 1. *(Fahrzeug)* turn over; 2. *fig (Ereignisse)* come thick and fast; 3. *(Stimme)* crack.

über|schla·gen[2] *tr:* ▶ **s-e Beine ~** cross one's legs.

über|schnap·pen ⟨sein⟩ *itr* 1. *(Stimme)* crack; 2. *fam* crack up.

über·schnei·den *irr refl* 1. *(Linien)* intersect; 2. *fig* overlap; *(gleichzeitig geschehen)* coincide, overlap; **Über·schnei·dung** *f* 1. *(Linien)* intersection; 2. *fig* overlap; *(Gleichzeitigkeit)* coincidence.

über·schrei·ben *irr tr* 1. *(mit Überschrift versehen)* head; 2. *(übertragen)* sign *(etw* s.th.) over *(jdm* to s.o.).

über·schrei·ten *irr tr* 1. *(überqueren)* cross; 2. *fig (Maß)* exceed, *(Grenze)* transgress; ▶ **er hat die Sechzig schon überschritten** he's past sixty already.

Über·schrift ['---] *f* heading; *(Kopfzeile)* headline.

Über·schuß *m* surplus *(an* of); **über·schüs·sig** ['y:beʃysıç] *adj* surplus; **Über·schuß·pro·duk·tion** *f* surplus production.

über·schüt·ten *tr* 1. *(bedecken)* cover *(mit* with); 2. *fig (mit Geschenken)* shower *(mit* with).

Über·schwang ['y:beʃvaŋ] ⟨-(e)s⟩ *m* exuberance; ▶ **im ersten ~(e)** in the first flush of excitement.

über|schwap·pen ⟨sein⟩ *itr* slop *(od* splash) over.

über·schwem·men *tr a. fig* flood; **Über·schwem·mung** *f* 1. *(Flut)* flood; **2.** *(das Überschwemmte)* flooding, inundation; **Über·schwemmungs·ge·biet** *n* flood area.

über·schweng·lich ['y:beʃvɛŋlɪç] *adj* effusive.

Über·see ['---] ⟨-⟩ *f* overseas *pl;* ► **nach/in** ~ overseas; **Über·see·damp·fer** *m* ocean liner; **Über·see·han·del** *m* overseas trade; **über·see·isch** *adj:* ► ~e **Besitzungen** overseas territories.

über·seh·bar [--'--] *adj* **1.** visible at a glance; **2.** *fig (erkennbar)* clear, *(absehbar)* assessable; ► **der Schaden ist noch nicht** ~ the damage cannot be assessed yet; **über·se·hen**[1] *irr tr* **1.** *(Gegend)* look over; **2.** *fig (erkennen)* see clearly; *(Bescheid wissen über)* have an overall view of . . .; **3.** *(ignorieren)* overlook; *(nicht bemerken)* fail to notice; ► **die Lage** ~ be in full command of the situation.

über|se·hen[2] *irr tr:* ► **sich (an) etw** ~ get tired of seeing s.th.

über·sen·den *irr tr* send; *(Geld)* remit; ► **anbei** ~ **wir Ihnen** . . . *com* enclosed please find . . .

über|set·zen[1] **I** *tr (mit Fähre)* ferry across; **II** ⟨sein⟩ *itr* cross (over).

über·set·zen[2] *tr itr* **1.** translate *(aus dem . . . ins . . .* from . . . into . . .); **2.** *tech (übertragen)* transmit; ► **etw falsch** ~ *(Sprache)* mistranslate s.th.; **dieses Gedicht läßt sich nur schwer** ~ this poem is hard to translate.

Über·set·zer(in) *m (f)* translator; **Über·set·zung** *f* **1.** *(sprachlich)* translation; **2.** *tech* transmission ratio.

Über·sicht ['---] ⟨-, (-en)⟩ *f* **1.** *(Überblick)* overall view; **2.** *(Zusammenfassung)* survey; *(in Tabellenform)* table; ► **die** ~ **verlieren** lose track of things; **über·sicht·lich** *adj* **1.** *(erfaßbar, klar)* clear; **2.** *(Gelände)* open; **Über·sicht·lich·keit** *f* clarity.

über|sie·deln ⟨sein⟩ *itr* move *(nach* to); **Über·sied·ler(in)** *m (f)* migrant.

über·sinn·lich 1. supersensory; **2.** *(übernatürlich)* supernatural; ► ~e **Wahrnehmung** extrasensory perception.

über·span·nen *tr* **1.** *(Brücke etc)* span; **2.** *(zu stark spannen)* put too much strain on . . .; **3.** *fig (Forderungen)* push too far; ► **den Bogen** ~ *fig* overstep the mark; **über·spannt** *adj (exaltiert)* eccentric; *(Ideen)* extravagant.

über·spitzt [--'-] *adj fig* oversubtle; *(übertrieben)* exaggerated.

über·sprin·gen[1] ⟨sein⟩ *irr itr a. fig* jump *(auf* to); ► **zwischen ihnen sprang der Funke über** s.th. clicked between them; **über·sprin·gen**[2] *irr tr* **1.** *(Hindernis)* jump; **2.** *(auslassen)* skip.

über·staat·lich *adj* supra-national.

über|ste·hen[1] *itr* jut out, project.

über·ste·hen[2] *irr tr* **1.** *(durchstehen)* get through; **2.** *(überwinden)* overcome; **3.** *(überleben)* survive; ► **das wäre überstanden!** thank heavens that's over!

über·stei·gen *irr tr* **1.** *(überklettern)* climb over; **2.** *fig (hinausgehen über)* exceed; ► **jds Erwartungen** ~ exceed someone's expectations.

über·stim·men *tr* outvote; *(e-n Antrag)* outvote, vote down.

über·strah·len *tr* **1.** illuminate; **2.** *fig* outshine.

Über·stun·den *f pl* overtime; ► ~ **ma·chen** work overtime; **fünf** ~ **machen** *fam* do five hours overtime.

über·stür·zen I *tr* rush into; ► **man soll nichts** ~! look before you leap! **II** *refl (Ereignisse)* happen in a rush; **über·stürzt** *adj* overhasty, precipitate; **Über·stür·zung** *f* rush.

über·töl·peln [y:bɛ'tœlpəln] *tr* dupe, take in.

über·tö·nen *tr* drown (out).

Über·trag ['y:betra:k *pl* 'y:bɛtrɛgə] ⟨-(e)s, ⁻e⟩ *m (Summe)* sum carried forward; **über·trag·bar** *adj* **1.** *allg* transferable; **2.** *med* communicable *(auf* to); **über·tra·gen** *irr* **I** *tr* **1.** *(übersetzen)* render *(in* into); **2.** *(an andere Stelle schreiben)* transfer; *(abschreiben)* copy out; **3.** *(auf anderen Anwendungsbereich* ~*)* apply *(auf* to); **4.** *(an jdn übergeben)* transfer; *med (Krankheit)* communicate *(auf* to); **5.** *tech (Kraft* ~*)* transmit; **6.** *(verleihen)* confer *(jdm on* s.o.); *(auftragen)* assign *(jdm to* s.o.); **7.** *radio TV* broadcast; **8.** *mus (in andere Tonart)* transpose; ► **etw im Fernsehen** ~ broadcast s.th. on television; **II** *refl* **1.** *(Krankheit)* be communicated *(auf* to); **2.** *tech* be transmitted *(auf* to); ► **ihre Fröhlichkeit hat sich auf uns** ~ we were infected by their happiness; **über·tra·gen** *adj* figurative; **Über·tra·gung** *f* **1.** *(Übersetzung)* rendering; **2.** *med (von Krankheit)* communication; **3.** *com (von Auftrag)* assignment; **4.** *radio TV* broadcast.

über·tref·fen *irr tr* surpass *(an in, bei weitem* by far); ► **alle Erwartungen** ~ exceed all expectations; **das übertrifft alles** that beats everything; **nicht zu** ~ **sein** be unsurpassable.

über·trei·ben *irr tr* **1.** exaggerate; **2.** *(zu weit treiben)* overdo; ► **man kann's auch** ~ you can overdo things; **Über·trei·bung** *f* exaggeration; ► **man kann ohne** ~ **feststellen** . . . it's no exaggeration to state . . .

über|tre·ten[1] *irr itr* **1.** *(Fluß)* break its banks; **2.** *(zu e-r anderen Partei)* go over *(to)*; **3.** *sport* overstep; ► **zum Protestantismus** ~ turn Protestant.

über·tre·ten[2] *irr tr* **1.** *(Grenze etc)*

cross; **2.** *fig (Gesetz, Verbot etc)* break, violate; **Über·tre·tung** *f (von Gesetz)* violation.

über·trie·ben [--'--] *adj* **1.** exaggerated; **2.** *(unmäßig)* excessive.

Über·tritt ['---] *m* **1.** *(Grenz~)* crossing *(über* of); **2.** *rel* conversion; **3.** *pol* defection.

über·trump·fen *tr* **1.** *(beim Kartenspiel)* overtrump; **2.** *fig* outdo.

über·tün·chen *tr* **1.** whitewash; **2.** *fig* cover up.

über·völ·kert [--'--] *adj* overpopulated; **Über·völ·ke·rung** *f* overpopulation.

über·voll ['--'-] *adj* overfull; ▶ ~ **von Menschen** crammed with people.

über·vor·tei·len *tr* cheat.

über·wa·chen *tr* **1.** *(kontrollieren)* supervise; **2.** *(beobachten)* keep a watch on …; **3.** *(auf Monitor)* monitor; **Über·wa·chung** *f* **1.** *(Kontrolle)* supervision; **2.** *(Beobachtung)* observation; *(von Verdächtigen)* surveillance; **Über·wa·chungs·staat** *m* police state.

über·wäl·ti·gen [y:bɛ'vɛltɪgən] *tr* **1.** overpower; **2.** *fig (Angst etc)* overcome; *(Schönheit)* overwhelm; **über·wäl·ti·gend** *adj (überragend)* overwhelming; *(Schönheit)* stunning.

über|wech·seln ⟨sein⟩ *tr* change over *(zu* to).

über·wei·sen *irr tr* **1.** *fin (Geld)* transfer; **2.** *(Patienten)* refer *(an* to); **Über·wei·sung** *f com* **1.** *fin (Geld~)* transfer; **2.** *(von Patienten)* referral.

über|wer·fen[1] *irr tr (Kleidungsstück)* throw on.

über·wer·fen[2] *irr refl:* ▶ **sich mit jdm ~** fall out with s.o.

über·wie·gen *irr* **I** *tr* outweigh; **II** *itr* predominate; **über·wie·gend** *adj* predominant; ▶ **~e Mehrheit** vast majority.

über·win·den *irr* **I** *tr* **1.** overcome; *(Schwierigkeiten)* get over; **2.** *(hinter sich lassen)* outgrow; **II** *refl* overcome one's inclinations; ▶ **sich ~, etw zu tun** bring o.s. to do s.th.; **Über·win·dung** *f* **1.** overcoming; *(von Schwierigkeiten)* surmounting; **2.** *(Selbst~)* will power; ▶ **das hat mich viel ~ gekostet** that took me a lot of will-power; **auch unter größter ~ könnte ich so etw nicht tun** I simply couldn't bring myself to do a thing like that.

über·win·tern *itr* winter; *(Tiere)* hibernate.

über·wu·chern *tr* overgrow.

Über·zahl *f:* ▶ **in der ~ sein** be superior in numbers, outnumber s.o.; **in der ~ sein** be in the majority; **über·zäh·lig** ['y:bɛtsɛːlɪç] *adj* **1.** *(überschüssig)* surplus; **2.** *(überflüssig)* superfluous; **3.** *(übrig)* spare.

über·zeu·gen **I** *tr* **1.** convince; **2.** *(überreden)* persuade; **II** *itr* be convincing; **III** *refl:* ▶ ~ **Sie sich selbst davon!** go and see for yourself! **über·zeu·gend** *adj* convincing; **Über·zeu·gung** *f* **1.** *(das Überzeugen)* convincing; **2.** *(das Überzeugtsein)* conviction; ▶ **es ist meine feste ~** it's my firm conviction; **der ~ sein, daß …** be convinced that …; **Über·zeu·gungs·kraft** *f* persuasive power.

über·zie·hen[1] *irr* **I** *tr* **1.** *(bedecken)* cover; *(mit Belag)* coat; **2.** *fin (Konto)* overdraw *(um* by); **II** *itr fin* overdraw one's account; **III** *refl (sich bedecken)* become overcast.

über|zie·hen[2] **1.** *fig (jdm eins ~)* give s.o. a clout *fam;* **2.** *(sich etw ~)* put s.th. on; **Über·zie·her** ['----] ⟨-s, -⟩ *m (Übermantel)* greatcoat, overcoat; *(leichter ~) Br* topcoat, *Am* duster; **Über·zie·hung** [--'--] *f fin (Konto~)* overdraft; **Über·zie·hungs·kre·dit** *m* overdraft provision.

Über·zug ['---] *m* **1.** *(Beschichtung)* coating; *(metallener ~)* plating; **2.** *(Bett~, Sofa~)* cover.

üb·lich ['y:plɪç] *adj* **1.** *allg* usual; **2.** *(herkömmlich)* customary; **3.** *(normal)* normal; ▶ **nicht ~** unusual; **das ist bei uns so ~** that's usual for us; **allgemein ~ sein** be common practice; **~e Größe** standard size.

üb·rig ['y:brɪç] *adj* left, remaining; ▶ **die ~e** the remainder; **ein ~es tun** do one more thing; **im Ü~en** by the way; **hast du e-e Zigarette ~?** could you spare me a cigarette? **für jdn etw ~ haben** *fig fam* have a soft spot for s.o.; **für jdn nichts ~ haben** *fig fam* have no time for s.o; **üb·rig|blei·ben** *irr itr* be left (over); ▶ **es bleibt ihm nichts anderes ~** he has no other choice; **was blieb mir anderes ~, als …?** what choice did I have but …?

üb·ri·gens ['y:brɪgəns] *adv* by the way, incidentally.

üb·rig|las·sen *irr tr* leave *(jdm* for s.o.); ▶ **zu wünschen ~** leave s.th. to be desired.

Übung ['y:bʊŋ] *f* **1.** *mil sport etc (a. ~saufgabe)* exercise; **2.** *(praktische Ausübung)* practice; ▶ ~ **macht den Meister** *prov* practice makes perfect; **in der ~ bleiben** keep in practice; **aus der ~** out of practice; **das ist alles nur ~** it all comes with practice; **Übungs·buch** *n* exercise-book.

UdSSR *f Abk von* **Union der Sozialistischen Sowjetrepubliken** USSR.

Ufer ['u:fɐ] ⟨-s, -⟩ *n (Fluß~)* bank; *(See~)* shore; ▶ **direkt am ~** right on the waterfront; **etw ans ~ spülen** wash s.th. ashore; **das rettende ~ erreichen** reach terra firma; **Ufer·bö·schung** *f* embankment; **ufer·los** *adj fig (grenzen-los)* boundless; ▶ ... **sonst geraten wir ins U~e** ... otherwise things will get out of hands; **die Debatte ging ins U~e** the debate went on and on; **die Kosten gehen ins U~e** the costs are going up and up.

Ufo ⟨-(s), -s⟩ *n Abk von* **unbekanntes Flugobjekt** Ufo.

Uhr [uːɐ] ⟨-, -en⟩ *f* 1. *(Wand~, Stand~)* clock; *(Armband~, Taschen~)* watch; 2. *(Anzeigeinstrument)* gauge; ▶ **wieviel ~ ist es?** what time is it? **um wieviel ~?** at what time? **meine ~ geht vor (nach)** my watch is fast (slow); **meine ~ geht genau** my watch keeps exact time; **nach meiner ~** by my watch; **Uhr·arm·band** *n* watch strap; **Uhren-in·du·strie** *f* watch-and-clock-making industry; **Uhr·ket·te** *f* watch chain; **Uhr·ma·cher** *m* watchmaker; **Uhr-werk** *n* clockwork; **Uhr·zei·ger** *m* hand; **Uhr·zei·ger·sinn** *m:* **im ~ clockwise;** ▶ **im entgegengesetzten ~** anti-clockwise; **Uhr·zeit** *f* time; ▶ **haben sie die genaue ~?** do you have the correct time?

Uhu [ˈuːhu] ⟨-s, -s⟩ *m* eagle-owl.

Ukrai·ne [uˈkraɪnə] *f* Ukraine; **Ukrainer(in)** *m (f)* Ukrainian; **ukrai·nisch** *adj* Ukrainian.

Ulk [ʊlk] ⟨-(e)s, -e⟩ *m* lark; ▶ **etw aus ~ tun** do s.th. as a joke; **ul·ken** *itr* clown around; **ul·kig** *adj fam* funny.

Ul·me [ˈʊlmə] ⟨-, -n⟩ *f* elm.

Ul·ti·ma·tum [ʊltiˈmaːtʊm] ⟨-s, -en⟩ *n* ultimatum.

Ul·tra·kurz·wel·le [--ˈ---] *f radio* ultra-high frequency, ultra-short wave; **Ul·tra·kurz·wel·len·sen·der** *m radio* UHF station; **Ul·tra·schall** *m phys* ultrasound; **Ul·tra·schall·bild** *n med* ultrasound picture; **Ul·tra·schall·ge·rät** *n med* ultrasonic receiver; **Ul·tra-schall·un·ter·su·chung** *f med Br* scan; **ul·tra·vio·lett** [ˈ----ˈ-] *adj phys* ultra-violet; ▶ **~e Strahlen** ultra-violet rays.

um [ʊm] **I** *prp* 1. *(räumlich)* round; *(unbestimmter)* about, around; ▶ **~ die Ecke** round the corner; **~ die Welt** round the world; **die Erde dreht sich ~ die Sonne** the earth goes round the sun; **~ e-n Tisch sitzen** sit round a table; **besorgt sein ~ ...** feel anxious about ...; **sich ängstigen ~ ...** be worried about ...; 2. *(Maße)* about, at, by, for, toward(s); **~ 6 Uhr** at six (o'clock); **~ jeden Preis** at any rate, at any price; **~ keinen Preis** not at any price; **~ alles in der Welt** for anything in the world; **~ diese Zeit** by this time; **~ e-n Kopf größer** taller by a head; **~ ein Haar** by a hair; **etwa ~ 6 Uhr** towards six; **~ so besser** all the better, so much the bet-

ter; **~ so weniger** the more ... the less; 3. *(~ ... willen)* because of ..., for ...; *(wegen)* for the sake of ...; **~ Himmels willen!** for heaven's sake! **darf ich Sie ~ ein Streichholz bitten?** may I trouble you for a match? **ich beneide sie ~ ihren Erfolg** I envy them their success; **es tut mir leid ~ ihn!** I'm sorry for him! **II** *conj* 1. *(final)* (in order) to; 2. *(je ... ~ so)* the ... the; **III** *adv (ungefähr)* about; ▶ **so ~ Ostern** about Easter; **deine Zeit ist ~** your time is up.

um|adres·sie·ren *tr* readdress.

um|än·dern *tr* alter; *(modifizieren)* modify.

um|ar·bei·ten *tr allg* alter; *(Buch)* revise; *(Schriftstück)* rewrite; ▶ **e-n Roman zu e-m Drehbuch ~** adapt a novel for the screen.

um·ar·men *tr* embrace; *(fester)* hug; **Um·ar·mung** *f* embrace; *(festere ~)* hug.

Um·bau [ˈ--] ⟨-s, -e/-ten⟩ *m* 1. *arch* rebuilding; 2. *fig (organisatorischer ~)* reorganization; **um|bau·en**[1] *tr* 1. *(Gebäude)* rebuild; *(Kulissen)* change; 2. *(Organisation)* reorganize.

um·bau·en[2] *tr* enclose; ▶ **umbauter Raum** enclosed area.

um|be·nen·nen *irr tr* ▶ **etw in etw ~** rename s.th. s.th.

um|be·set·zen *tr theat* recast; *(Posten)* reassign; *(Mannschaft)* reorganize; *pol (Kabinett)* reshuffle.

um|bie·gen *irr* **I** *tr* ⟨h⟩ bend; **II** *itr* ⟨sein⟩ 1. *(Weg)* bend; 2. *(umkehren)* turn round; **III** *refl* ⟨h⟩ curl.

um|bil·den *tr* 1. *(Verwaltung)* reorganize; 2. *pol (Regierung) Br* reshuffle, *Am* shake up.

um|bin·den *irr tr* put on; tie on.

um|blät·tern *tr itr* turn over.

um|blicken (k·k) *refl* look round; ▶ **sich nach jdm (etw) ~** turn round to look at s.o. (s.th.).

um|brin·gen *irr tr* kill; ▶ **dieses endlose Warten bringt mich noch um!** *fig fam* this endless waiting will be the death of me! **sich vor Höflichkeit fast ~** *fig* fall over o.s. to be polite.

Um·bruch *m* 1. *(Erneuerung)* radical change; 2. *typ* makeup.

um|bu·chen *tr itr* 1. *fin com (Betrag)* transfer *(auf* to); 2. *(Reise)* alter one's booking *(auf* for).

um|den·ken *itr* change one's views.

um|dis·po·nie·ren *itr* change one's arrangements *pl.*

um|dre·hen **I** *tr* 1. *(auf andere Seite)* turn over; *(auf den Kopf stellen)* turn up; 2. *(um die Achse)* turn round; *(Schlüssel)* turn; 3. *(Hals)* wring; **den Spieß ~** *fig* turn the tables *pl;* **II** *refl* 1. *(sich umsehen)* turn round *(nach* to look at); 2. *(im Bett)* turn over; **Um-**

dre·hung [-'--] *f* **1.** *allg* turn; **2.** *phys* rotation; **3.** *mot* revolution; **Um·dre·hungs·zahl** *f mot (pro Minute)* revolutions per minute.

um·ein·an·der [--'--] *adv* about each other; *(räumlich)* round each other.

um|er·zie·hen *tr* re-educate.

um·fah·ren¹ *irr tr mot* drive round ...; *mar* sail round ...; *mot (um etw zu vermeiden)* make a detour round ...

um|fah·ren² *irr tr (niederfahren)* run down.

um|fal·len ⟨sein⟩ *irr itr* **1.** *allg Br* fall down (*Am* over); **2.** *fig fam (nachgeben)* give in (*od* way); **3.** *fam (ohnmächtig werden)* pass out; ▶ **vor Müdigkeit fast ~** be almost dead on one's feet.

Um·fang *m* **1.** *(Kreis~)* perimeter; *(Leibes~)* girth; **2.** *(Fläche)* area; *(Größe)* size; **3.** *(Anzahl)* amount; **4.** *fig (Ausmaß)* extent; *(von Arbeit etc)* scope; ▶ **in großem ~** on a large scale; **in vollem ~** fully; **solchen ~ annehmen, daß ...** assume such proportions that ...; **dieses Buch hat e-n ~ von 500 Seiten** this book has 500 pages; **um·fang·reich** *adj* extensive.

um·fas·sen *tr* **1.** clasp, grasp; *(umarmen)* embrace; **2.** contain; *(Zeitperiode)* cover; **um·fas·send** *adj* **1.** *(vieles enthaltend)* comprehensive; **2.** *(weitreichend)* extensive; **3.** *(vollständig)* complete, full.

Um·feld *n* (associated) area (*od* field).

um|for·men *tr* **1.** remodel (*in* into); **2.** *el* convert; **Um·for·mer** *m el* converter; **Um·for·mung** *f allg* remodelling; **2.** *el* conversion.

Um·fra·ge *f* survey; *(zur Erforschung der öffentlichen Meinung)* poll; ▶ **e-e ~ machen** carry out at survey; **e-e ~ unter Schülern machen** ask (around) pupils.

um|fül·len *tr* decant.

um|funk·tio·nie·ren *tr:* ▶ **etw zu etw ~** turn s.th. into s.th.

Um·gang ['--] ⟨-(e)s⟩ *m* **1.** *(gesellschaftlicher ~)* contact; **2.** *(Bekanntenkreis)* acquaintances *pl;* ▶ **im ~ mit ... muß man ...** in dealing with ... one must ...; **ich habe so gut wie keinen ~ mit ihm** I have little to do with him; **um·gänglich** ['umgɛŋlɪç] *adj* **1.** *(gesellig)* sociable; **2.** *(verträglich)* affable; **3.** *(entgegenkommend)* obliging; **Um·gangsfor·men** *pl* manners; **Um·gangssprache** *f* colloquial speech; **Um·gangs·ton** *m* tone, ray of speaking.

um·ge·ben *irr tr* surround; **Um·ge·bung** *f* **1.** *(Umwelt)* surroundings *pl;* **2.** *(von Stadt)* environs *pl;* **3.** *(Nachbarschaft)* neighbourhood; **4.** *(Milieu)* background; ▶ **London und ~** London and the London area; **in s-r ~ fühle ich**

mich unwohl I feel uneasy in his company.

um|ge·hen¹ ⟨sein⟩ *irr itr* **1.** *(Gerücht etc)* circulate; **2.** *(Gespenst)* walk; **3.** *(behandeln)* handle (*mit jdm, etw* s.o., s.th.); ▶ **hier geht ein Gespenst um** this place is haunted; **mit jdm grob ~** treat s.o. roughly.

um·ge·hen² **1.** *irr tr (um etw herumgehen)* go round; **2.** *(Hindernis)* by-pass; **3.** *jur* evade; *(Verordnung)* circumvent; **um·ge·hend** ['---] *adj* immediate.

Um·ge·hung [-'--] *f* **1.** *(das Umgehen)* going round; *mil* outflanking; **2.** *(Straße)* detour; ▶ **unter ~ der Vorschriften** by circumventing the regulations; **Um·ge·hungs·stra·ße** *f* by-pass.

um·ge·kehrt I *adj* **1.** reversed; *(Reihenfolge)* reverse; **2.** *(gegenteilig)* contrary; **3.** *(anders herum)* the other way round; ▶ **mit ~em Vorzeichen** *fig* with the roles reversed; **II** *adv* **1.** *(am Satzanfang: dagegen)* conversely; **2.** *(anders herum)* the other way round; ▶ **gerade ~!** quite the contrary!

um|ge·stal·ten *tr (ändern)* alter; *(Verwaltung)* reorganize; *(umbilden)* remodel.

um|gra·ben *irr tr* dig over; *(Boden)* turn over.

um|grup·pie·ren *tr* rearrange; *(auf andere Gruppen verteilen)* regroup.

um|gucken (k·k) *refl fam* look about *(nach etw* for s.th.); ▶ **du wirst dich noch ~!** *fig fam* you've got another think coming!

Um·hang *m* cape; **um|hän·gen** *tr* **1.** put on; *(Gewehr)* sling on; **2.** *(Bild)* rehang; ▶ **sich etw ~** put s.th. on; **jdm etw ~** drape s.th. around s.o.; **Um·hän·ge·tasche** *f* shoulder-bag.

um|hau·en *irr tr* **1.** *allg* cut down, fell; **2.** *fig fam (erstaunen)* bowl over.

um·her [ʊm'he:ɐ] *adv* about, around; ▶ **rings ~** all around; **um·her|blicken (k·k)** *itr* glance round, look about; **um·her|ge·hen** *irr itr* walk about; **um·her|ir·ren** ⟨sein⟩ *itr* **1.** *(von Person)* wander; **2.** *(Blicke)* roam about; **um·her|schlen·dern** *itr* stroll about *(in* s.th.).

um·hin [ʊm'hɪn] *adv:* ▶ **ich kann nicht ~ zu lachen** *(etc)* I cannot but laugh, I can't help laughing.

um·hö·ren *refl* ask around.

um·hül·len *tr* wrap *(mit* in).

um·ju·beln *tr* cheer.

Um·kehr ⟨-⟩ *f* **1.** turning back; **2.** *fig (Änderung)* change; **um·kehr·bar** *adj* reversible; **um|keh·ren I** *itr* ⟨sein⟩ **1.** turn back; **2.** *fig* change one's ways; **II** *tr* ⟨h⟩ **1.** *(Kleidungsstück)* turn inside out; **2.** *(Verhältnisse)* overturn; **3.** *math mus* invert; **III** ⟨h⟩ *refl fig (Verhältnisse)* become inverted; **Um·kehr·schluß** *m*

inversion of an argument; **Um·keh-rung** f 1. allg reversal; 2. math mus inversion; ▶ **die ~ der Gesellschafts-ordnung** turning society upside down.
um|kip·pen I tr ⟨h⟩ allg tip over; (Vase) knock over; **II** ⟨sein⟩ itr **1.** tip over; (Getränk) be spilled; **2.** fam (ohnmächtig werden) pass out; **3.** (Gewässer) be (od become) polluted.
um·klam·mern tr clasp; (Boxen) clinch; **Um·klam·me·rung** f 1. allg clutch; (beim Boxen) clinch; 2. mil pincer movement.
um|klap·pen tr fold down.
um·klei·den[1] tr (beziehen: mit Stoff etc) cover.
um|klei·den[2] refl (sich umziehen) change one's clothes.
Um·klei·de·raum ['----] m changing room; theat dressing-room.
um|kom·men ⟨sein⟩ irr itr be killed, die; ▶ **ich komme um vor Hitze!** fig fam the heat is killing me! **vor Langeweile ~** fig fam be bored to death.
Um·kreis ['--] ⟨-es⟩ m (Umgebung) surroundings pl; ▶ **im ~ von ...** within a radius of ...; **in näherem ~** in the vicinity.
um·krei·sen tr circle; astr revolve round; (Raumfahrt) orbit.
um|krem·peln ['ʊmkrɛmpəln] tr (Hose, Ärmel) turn up; (umwenden) turn inside out; ▶ **jdn ~** fig fam change someone's ways.
um|la·den irr tr reload; mar transship.
um·la·gern[1] tr (umgeben) surround.
um|la·gern[2] tr (anders lagern) re-store.
Um·lauf m 1. astr (Erd~) revolution; 2. fin (Geld~) circulation; 3. (Rundschreiben) circular; ▶ **in ~ bringen** circulate, put into circulation; (Gerüchte) spread; **im ~ sein** be circulating; **Um-lauf·bahn** f astr orbit; ▶ **~ um die Sonne** solar orbit; **um|lau·fen I** tr (umrennen) knock over; **II** ⟨sein⟩ itr a. fin (zirkulieren) circulate.
Um·laut m ling umlaut, vowel mutation.
um|le·gen tr 1. (umhängen) put round; 2. (Leitungen, Schienen) re-lay; (Kranke) move; 3. (Termin) change (auf to); 4. sl (töten) bump off.
um|lei·ten tr (Verkehr) divert; **Um·lei·tung** f (Verkehrs~) detour, diversion.
um|ler·nen itr 1. retrain; 2. fig (Ansichten ändern) change one's views.
um·lie·gend adj surrounding; ▶ **die ~e Gegend** the environs pl.
um·man·teln tr tech jacket.
um|mo·deln ['ʊmˌmoːdəln] tr fam change.
Um·nach·tung f (mental) derangement.
um|packen (k·k) tr repack.
um|pflü·gen tr plough up.
um|po·len tr el a. fig change the polarity.

um·quar·tie·ren tr re-accomodate.
um·rah·men tr frame.
um·ran·den tr border, edge.
um|räu·men I tr (anders anordnen) rearrange; (an anderen Platz bringen) shift; **II** itr (Möbel) rearrange the furniture.
um|rech·nen tr fin convert (in into); **Um·rech·nungs·kurs** m fin rate of exchange.
um|rei·ßen[1] ⟨h⟩ irr tr (niederreißen) tear down; (umstoßen) knock over.
um·rei·ßen[2] ⟨h⟩ irr tr (grob darstellen) outline.
um|ren·nen irr tr run into and down.
um·rin·gen tr surround.
Um·riß ['--] m outline; (Kontur) contour; **um·ris·sen** [ʊm'rɪsən] adj: ▶ **scharf ~** well defined.
um·rüh·ren tr stir.
um|rü·sten tr 1. mil re-equip (auf to); 2. tech re-set; 3. el convert.
um|sat·teln itr fig change jobs pl; (an Universität) change courses; ▶ **von etw auf etw ~** switch from s.th. to s.th.
Um·satz m com turnover; **Um·satz-plus** n com increase in turnover; **Um·satz·sta·ti·stik** f sales statistics pl; **Um·satz·steu·er** f sales tax.
um·säu·men tr 1. (beim Nähen) edge; 2. (Platz: umgeben) line.
um|schal·ten I tr el switch over; **II** itr 1. radio TV (auf anderen Sender) change over (auf to); 2. fig (in Denken) change (auf to); 3. mot shift (in to); **Um-schalt·ta·ste** f 1. tele reversing key; 2. (bei Schreibmaschine) shift-key.
Um·schau ⟨-⟩ f review; **um|schau·en** refl look around (nach for); (nach hinten) look back.
Um·schich·tung f regrouping, shifting; ▶ **gesellschaftliche ~** social upheaval.
um·schif·fen tr sail round; (Kap) double.
Um·schlag m 1. (Brief~) envelope; (Hülle) cover; 2. (Buch~) jacket; 3. (Hose) turn-up, (Ärmel) cuff; 4. (Veränderung) (sudden) change (von etw in s.th., in etw into s.th.); 5. med compress; 6. com (Waren~) volume of traffic; **um|schla·gen** irr **I** tr 1. (Seite) turn over; 2. (Saum) turn up; 3. (Ärmel) tuck up; (Kragen) turn down; 4. com (umladen) transfer; 5. com (umsetzen) turn over; **II** itr 1. (Wetter) change; 2. (Wind) veer round; 3. (Boot) capsize; **Um·schlag·platz** m com trade centre (Am center).
um·schlie·ßen irr tr enclose, surround.
um·schlin·gen irr tr 1. (Pflanze) twine round; 2. (umarmen) embrace.
um|schmei·ßen irr tr 1. fam (umwerfen) knock flying; 2. fig fam (erstaunen) bowl over; ▶ **das schmeißt meine Pläne um** that mucks my plans up.

um|schnal·len *tr* buckle on.

um|schrei·ben[1] *irr tr* 1. *(Text)* rewrite; 2. *(bearbeiten)* adapt *(für* for); 3. *(Besitz)* transfer; 4. *com (Wechsel)* alter *(auf* for).

um·schrei·ben[2] *irr tr* 1. *(mit anderen Worten ausdrücken)* paraphrase; 2. *(darlegen)* outline; 3. *(abgrenzen)* circumscribe; 4. *(nicht beim Namen nennen)* refer to obliquely; **Um·schreibung** [-'---] *f* 1. *fig* paraphrase; 2. *(euphemistisch)* oblique reference *(von* to).

Um·schrift ['--] *f* 1. *(auf Münze)* inscription; 2. *ling (phonetische ~)* transcription.

Um·schul·dung *f* funding.

um|schu·len *tr* 1. *(auf andere Schule)* transfer to another school; 2. *(auf etw Neues)* retrain; **Um·schu·lungs·kurs** *m* course for retraining.

um|schüt·ten *tr* 1. *(ausschütten)* spill; 2. *(in ein anderes Gefäß)* decant.

um·schwär·men *tr fig* idolize; ▶ **von Verehrern umschwärmt** besieged by admirers.

Um·schwei·fe *pl*: ▶ **ohne ~** without beating about the bush.

um·schwir·ren *tr a. fig* buzz round.

Um·schwung *m (Änderung)* drastic change; *(zum Besseren* for the better); *(ins Gegenteil)* reversal.

um|se·hen *irr refl* look around *(nach* for); *(zurück)* look back; ▶ **sich in der Welt ~** see s.th. of the world; **sich in der Stadt ~** have a look around the town.

um·sei·tig *adj* overleaf; ▶ **die ~e Abbildung** the illustration overleaf.

um|set·zen I *tr* 1. *(Personen)* move to another seat; 2. *com (Waren)* turn over; 3. *(umwandeln)* convert *(etw in etw* s.th. into s.th.); *mus* transpose; 4. *(Pflanze)* transplant; 5. *typ* reset; ▶ **etw in die Tat ~** translate s.th. into action; **sein Geld in Kleidung ~** spend all one's money on clothes; **II** *refl* 1. *(Personen)* change seats; 2. *(sich umwandeln)* be converted *(in etw* into s.th.).

Um·sicht *f* circumspection, prudence; **um·sich·tig** *adj* circumspect, prudent.

um|sie·deln *tr* ⟨h⟩ *itr* ⟨sein⟩ resettle; **Um·sied·ler(in)** *m (f)* resettler; **Um·siedlung** *f* resettlement.

um|sin·ken *irr itr* sink to the ground; ▶ **vor Müdigkeit ~** drop with exhaustion.

um·sonst [um'zɔnst] *adv* 1. *(vergeblich)* in vain; 2. *(erfolglos)* without success; 3. *(ohne Bezahlung)* for nothing, free of charge; ▶ **das hast du nicht ~ getan!** *fam* you'll pay for that! **~ ist der Tod** *prov* you don't get anything for nothing in the world.

um·sor·gen *tr* care for.

um·span·nen[1] *tr a. fig* encompass; ▶ **etw mit beiden Armen ~** get both

arms all the way round s.th.

um·span·nen[2] *tr* 1. *el (Strom)* transform; 2. *(Pferde)* change; **Um·spannwerk** ['---] *n el* transformer station.

um|sprin·gen *irr itr (Wind)* veer round *(nach* to); ▶ **mit jdm grob ~** treat s.o. roughly; **so können Sie mit mir nicht ~!** you can't push me around like that!

Um·stand *m* circumstance; *(Tatsache)* fact; ▶ **ein unvorhergesehener ~** s.th. unforeseen.

Um·stän·de ['umʃtɛndə] *m pl* 1. circumstances *pl*; 2. *(Förmlichkeiten)* fuss *sing*; 3. *(Schwierigkeiten)* trouble *sing*; ▶ **es geht ihr den ~n entsprechend gut** she is as well as can be expected under the circumstances; **ohne große ~** without much fuss; **unter ~n** circumstances permitting; **unter keinen ~n** under no circumstances; **unter allen ~n** at all costs; **mildernde ~** *jur* extenuating circumstances; **in anderen ~n sein** *euph (schwanger)* be pregnant; **machen Sie sich meinetwegen keine ~!** don't trouble yourself on my account!

um·ständ·lich *adj* 1. *(Arbeitsweise)* awkward and involved; 2. *(Vorbereitung)* elaborate; 3. *(Erklärung)* longwinded; ▶ **sei doch nicht so ~!** don't make such heavy weather of everything!

Um·stands·kleid *n* maternity dress; **Um·stands·klei·dung** *f* maternity clothes; **Um·stands·wort** *n gram* adverb.

um·ste·hend *adj* 1. *(umseitig)* overleaf; 2. *(in der Nähe stehend)* standing round about; ▶ **die U~en** the bystanders.

um|stei·gen ⟨sein⟩ *irr itr* 1. *(Bahn, Bus)* change *(nach* for); 2. *fig fam* switch *(auf* to).

um·stel·len[1] *tr (umringen)* surround.

um|stel·len[2] **I** *tr itr* 1. *(Möbel etc)* rearrange; 2. *(Betrieb, Hebel)* switch over; ▶ **auf Computer ~** computerize; **II** *refl (im Lebensstil)* get used to a different lifestyle; ▶ **sich auf etw ~** adjust to s.th.; **Um·stel·lung** ['---] *f* 1. *allg* rearrangement; 2. *(von Gerät, Hebel etc)* switch-over; 3. *(Anpassung)* adjustment *(auf* to); ▶ **~ auf Computer** computerization; **~ auf Erdgas** conversion to natural gas; **das wird eine große ~ für ihn sein** it will be a big change for him.

um|stim·men *tr fig*: ▶ **jdn ~** change someone's mind; **er läßt sich nicht ~** he's not to be persuaded.

um|sto·ßen *irr tr* 1. *allg* knock over; 2. *fig (Pläne etc)* upset.

um·strit·ten [-'---] *adj* 1. *(noch nicht ausdiskutiert)* disputed; 2. *(fraglich)* controversial.

um|struk·tu·rie·ren *tr* change the structure of ...; **Um·struk·tu·rie·rung** *f* restructure.

um|stül·pen ['ʊmʃtʏlpən] *tr* turn upside down (*od* inside out); (*Tasche*) turn out.
Um·sturz *m pol* coup d'état; **um|stür·zen** I *tr* ⟨h⟩ 1. overturn; 2. *pol* overthrow; II *itr* ⟨sein⟩ (*umfallen*) fall; (*Fahrzeug*) overturn; **Um·sturz·ver·such** *m* attempted coup (*od* putsch).
Um·tausch *m* exchange; **um|tau·schen** *tr* exchange; (*Geld*) change (*in* into); ▶ **kann ich das ~?** is it possible to exchange this?
um·tun *irr refl fam:* ▶ **sich nach etw ~** be looking for s.th.
um|wäl·zen *tr* 1. *allg* roll round; 2. *fig* (*revolutionieren*) revolutionize; **um·wäl·zend** *adj* (*revolutionär*) revolutionary; **Um·wälz·pum·pe** *f* circulating pump; **Um·wäl·zung** *f* 1. *tech* circulation; 2. *fig* (*Revolutionierung*) radical change.
um|wan·deln *tr* change (*in* into); *jur* (*Strafe*) commute; *com* convert; ▶ **sie ist wie umgewandelt** she's a different person.
um|wech·seln *tr* (*Geld*) change (*in* into).
Um·weg *m* 1. detour; 2. *fig* roundabout way; ▶ **auf ~en** indirectly; **e·n ~ ma·chen** (*unabsichtlich*) go the long way round; (*absichtlich*) make a detour.
Um·welt *f* environment; **Um·welt·be·la·stung** *f* pressure on the environment; ecological damage; **Um·welt·be·wußt·sein** *n* environmental awareness; **Um·welt·bun·des·amt** *n* department of the environment; **Um·welt·ein·flüs·se** *m pl* environmental influences; **um·welt·feind·lich** *adj* ecologically harmful; **um·welt·freund·lich** *adj* non-polluting; ecologically beneficial; **um·welt·ge·fähr·dend** *adj* endangering the environment; **Um·welt·ge·fähr·dung** *f* endangering the environment; **Um·welt·ge·fah·ren** *pl* environmental hazards; **Um·welt·gift** *n* environmental pollutant; **Um·welt·ka·ta·stro·phe** *f* ecological disaster; **Um·welt·mi·ni·ste·rium** *n* Ministry of the environment; **Um·welt·po·li·tik** *f* environment(al) policy; **Um·welt·pro·gramm** *n* environmental policies *pl;* **Um·welt·qua·li·tät** *f* quality of the environment; **Um·welt·schä·den** *pl* environmental damage *sing;* **Um·welt·schutz** *m* environmental conservation; **Um·welt·schutz·pa·pier** *n* recycled paper; **Um·welt·schutz·tech·nik** *f* conservation technology; **Um·welt·schüt·zer(in)** *m (f)* environmentalist, conservationist; **Um·welt·steu·er** *f* ecology tax; **Um·welt·ver·gif·tung** *f* contamination of the environment; **Um·welt·ver·schmut·zer** *m* polluter; **Um·welt·ver·schmut·zung** *f* pollu-

tion of the environment; **um·welt·ver·träg·lich** (*Produkte, Stoffe*) *adj* ecologically compatible.
um|wen·den *irr* I *tr* turn over; II *refl* turn round (*nach* to).
um·wer·ben *irr tr* court.
um|wer·fen *irr tr* 1. *allg* overturn; 2. *fig* (*ändern*) upset; ▶ **ein Bier wird dich nicht gleich ~** one beer won't knock you out.
um·wickeln (k·k) *tr* (*mit Stoff etc*) wrap round; ▶ **etw mit Draht ~** wind wire round s.th.
um·zäu·nen *tr* fence round; **Um·zäu·nung** *f* fence.
um|zie·hen ⟨sein⟩ *irr* I *refl* change one's clothes; II *itr* move (to).
um·zin·geln *tr* encircle, surround.
Um·zug *m* 1. (*Festzug*) procession; 2. (*Wohnungswechsel*) move, removal; **Um·zugs·kar·ton** *m* packing case; **Um·zugs·ko·sten** *pl* removal costs.
un·ab·än·der·lich ['--'---] *adj* 1. (*unwiderruflich*) unalterable; 2. (*ewig*) immutable.
un·ab·ding·bar *adj* (*Voraussetzung*) indispensable.
un·ab·hän·gig *adj* indepedent (*von* of); **~ davon, was Sie meinen** irrespective of what you think; **Un·ab·hän·gig·keit** *f* independence.
un·ab·kömm·lich *adj* engaged.
un·ab·läs·sig *adj* incessant, unceasing.
un·ab·seh·bar ['--'--] *adj* (*Schaden*) immeasurable; (*Folgen*) unforeseeable; ▶ **der Schaden ist noch ~** the amount of damage is not yet known.
un·ab·sicht·lich *adj* unintentional.
un·ab·wend·bar ['--'--] *adj* inevitable.
un·acht·sam *adj* 1. (*unaufmerksam*) inattentive; 2. (*nicht sorgsam*) careless; **Un·acht·sam·keit** *f* 1. (*Unaufmerksamkeit*) inattentiveness; 2. (*Achtlosigkeit*) carelessness.
un·ähn·lich *adj* dissimilar, unlike; **Un·ähn·lich·keit** *f* dissimilarity.
un·an·fecht·bar ['--'--] *adj* incontestable.
un·an·ge·bracht *adj* 1. (*unzweckmäßig*) inappropriate; 2. (*unpassend*) unsuitable; ▶ **diese Bemerkung war ~** that remark was uncalled-for.
un·an·ge·foch·ten *adj* unchallenged.
un·an·ge·mel·det *adj* 1. (*nicht vorangemeldet*) unannounced; (*Besucher*) unexpected; 2. (*polizeilich*) unregistered.
un·an·ge·mes·sen 1. (*unvernünftig*) unreasonable; 2. (*unzulänglich*) inadequate.
un·an·ge·nehm *adj allg* unpleasant; ▶ **er kann ~ werden** he can get quite nasty; **es ist mir ~, daß ich Sie gestört habe** I feel bad about having disturbed you; **~ berührt sein von etw** be embarrassed by s.th.

un·an·ge·paßt *adj* nonconformist.
un·an·ge·ta·stet *adj* untouched.
un·an·greif·bar ['--'--] *adj* unassailable.
un·an·nehm·bar ['--'--] *adj* unacceptable.
Un·an·nehm·lich·keit *f* trouble; ▶ ~en haben (bekommen) be in (get into) trouble *sing.*
un·an·sehn·lich *adj* unsightly; *(Person)* plain.
un·an·stän·dig *adj* 1. *(Kleidung)* indecent; 2. *(obszön)* dirty; **Un·an·stän·dig·keit** *f* 1. *(von Kleidung)* indecency; 2. *(Obszönität)* dirtiness; *(Ungehörigkeit)* rudeness.
un·an·tast·bar ['--'--] *adj* 1. *(über jeden Zweifel erhaben)* unimpeachable; 2. *(nicht verletzbar)* unviolable.
un·ap·pe·tit·lich *adj a. fig* unappetizing.
Un·art *f* bad habit; **un·ar·tig** *adj* naughty.
un·äs·the·tisch *adj* unappetizing.
un·auf·fäl·lig *adj* inconspicuous; *(unscheinbar)* unobtrusive.
un·auf·find·bar ['--'--] *adj* nowhere to be found.
un·auf·ge·for·dert I *adj* unsolicited; II *adv* without being asked.
un·auf·halt·sam ['--'--] *adj* 1. *(nicht aufzuhalten)* unstoppable; 2. *(unerbittlich)* inexorable.
un·auf·hör·lich ['--'--] *adj* incessant.
un·auf·lös·lich ['--'--] *adj allg* indissoluble; *chem* insoluble.
un·auf·merk·sam *adj* inattentive; **Un·auf·merk·sam·keit** *f* inattentiveness.
un·auf·rich·tig *adj* insincere.
un·auf·schieb·bar ['--'--] *adj* urgent; ▶ die Angelegenheit ist ~ the matter can't be put off.
un·aus·bleib·lich ['--'--] *adj* inevitable.
un·aus·ge·füllt *adj* 1. *(Formular)* blank; 2. *fig (Mensch)* unfulfilled.
un·aus·ge·gli·chen *adj* 1. *allg* unbalanced; 2. *fig (Mensch)* moody; **Un·aus·ge·gli·chen·heit** *f* 1. unbalance; 2. *fig* moodiness; ▶ die ~ seines Wesens the unevenness of his temper.
un·aus·ge·go·ren *adj fig* immature; *fam (Plan)* half-baked.
un·aus·lösch·lich ['--'--] *adj a. fig* indelible.
un·aus·sprech·lich ['--'--] *adj* 1. *(Wort)* unpronounceable; 2. *fig (unerhört)* unspeakable.
un·aus·steh·lich ['--'--] *adj* intolerable.
un·aus·weich·lich ['--'--] *adj* unavoidable.
un·bän·dig *adj* 1. *(ausgelassen)* boisterous; 2. *(ungezügelt)* unrestrained; ▶ ich habe ~en Hunger my hunger is enormous.
un·barm·her·zig *adj* merciless; **Un·barm·her·zig·keit** *f* mercilessness.

un·be·ab·sich·tigt *adj* unintentional.
un·be·ach·tet *adj* unnoticed; ▶ das dürfen wir nicht ~ lassen we mustn't leave that out of account; etw ~ lassen let s.th. pass.
un·be·an·stan·det *adj* not objected to.
un·be·baut *adj* 1. *(Grundstück)* vacant; 2. *(Feld)* uncultivated.
Un·be·stimmt·heit *f* 1. *allg* uncertainty; 2. *(Unklarheit)* vagueness.
un·be·dacht *adj (unüberlegt)* thoughtless; *(übereilt)* rash.
un·be·deckt *adj* bare.
un·be·denk·lich *adj* completely harmless.
un·be·deu·tend *adj* 1. *(unwichtig)* insignificant, unimportant; 2. *(geringfügig)* minor.
un·be·dingt ['---/--'-] I *adj* 1. *(absolut)* absolute; 2. *(bedingungslos)* unconditional; II *adv* 1. *(auf jdn Fall)* really; 2. *(erforderlich)* absolutely; ▶ das ist nicht ~ nötig that's not absolutely necessary; er wollte sie ~ sehen be was hell-bent on seeing her; das Buch mußt du ~ lesen you really must read that book; Sie müssen ~ kommen! you really must come!
un·be·fan·gen *adj* 1. *(natürlich)* natural; *(ungehemmt)* uninhibited; 2. *(unparteiisch)* impartial; **Un·be·fan·gen·heit** *f* 1. *(Natürlichkeit)* naturalness; 2. *(Unparteilichkeit)* impartiality.
un·be·frie·di·gend *adj* unsatisfactory.
un·be·fugt *adj* unauthorized.
un·be·gabt *adj* untalented.
un·be·greif·lich ['--'--] *adj* 1. *(unverständlich)* incomprehensible; 2. *(unergründlich)* inscrutable; ▶ das ist mir ~ I can't understand that.
un·be·grenzt *adj* unlimited.
un·be·grün·det *adj* groundless, unfounded.
un·be·haart *adj* hairless.
Un·be·ha·gen *n* 1. *(körperlich)* discomfort; 2. *(gefühlsmäßig)* uneasiness; **un·be·hag·lich** *adj* 1. *(körperlich)* uncomfortable; 2. *(gefühlsmäßig)* uneasy.
un·be·hel·ligt *adj* unmolested.
un·be·hol·fen *adj* awkward, clumsy; **Un·be·hol·fen·heit** *f* awkwardness.
un·be·irr·bar ['--'--] *adj* unwavering.
un·be·kannt *adj* unknown; ▶ das ist mir ~ I don't know that; er ist hier ~ he is a stranger here; ~es Flugobjekt unidentified flying object *(Abk* UFO).
Un·be·kann·te(r) *f m* 1. unknown person; 2. *f math* unknown (quantity).
un·be·klei·det *adj* bare.
un·be·küm·mert *adj* 1. *(unbesorgt)* unconcerned; 2. *(sorglos)* happy-go-lucky; ▶ seien Sie ganz ~ don't worry.
un·be·la·stet *adj* 1. *(Grundstück)* unencumbered; 2. *pol hist* guiltless; 3. *(oh-*

ne Last) unloaded; **4.** *fig (unbeschwert)* free from worries.

un·be·lehr·bar ['--'--] *adj* fixed in one's views; ▶ **er ist einfach ~** you just can't tell him anything.

un·be·leuch·tet *adj (z. B. Straße)* unlit.

un·be·liebt *adj* unpopular (*bei* with); **Un·be·liebt·heit** *f* unpopularity.

un·be·mannt *adj* **1.** *(Raumflug)* unmanned.

un·be·merkt *adj* unnoticed; ▶ **~ bleiben** go unnoticed.

un·be·nom·men ['--'--] *adj:* ▶ **es bleibt Ihnen ~, zu ...** you are quite at liberty to ...

un·be·ob·ach·tet *adj* unobserved; ▶ **in einem ~en Augenblick** when nobody was looking.

un·be·quem *adj* **1.** *(lästig)* inconvenient; **2.** *(ungemütlich)* uncomfortable. **Un·be·quem·lich·keit** *f* **1.** *(Lästigkeit)* inconvenience; **2.** *(Ungemütlichkeit)* discomfort.

un·be·re·chen·bar ['--'---] *adj* unpredictable.

un·be·rührt ['--'-] *adj* **1.** untouched; **2.** *fig (sexuell unerfahren):* ▶ **~ sein** be a virgin; **3.** *(Natur)* unspoiled.

un·be·scha·det *prp* regardless of ...

un·be·schä·digt *adj* undamaged.

un·be·schol·ten *adj* **1.** *(Person)* respectable; **2.** *(Ruf)* spotless.

un·be·schränkt *adj* unrestricted; *(Macht)* absolute; ▶ **jdm ~e Vollmacht geben** give s.o. carte blanche.

un·be·schreib·lich ['--'--] *adj* indescribable.

un·be·schrie·ben *adj (Papier)* blank.

un·be·schwert *adj* **1.** unweighted; **2.** *fig (sorglos)* carefree; *(Lektüre etc)* light-hearted.

un·be·se·hen ['--'--] *adv* indiscriminately; ▶ **das glaube ich dir ~** I believe it if you say so; **das glaube ich nicht ~** I'll believe that when I see it.

un·be·sieg·bar ['--'--] *adj* invincible.

un·be·siegt *adj* undefeated.

un·be·son·nen *adj* rash; **Un·be·sonnen·heit** *f* rashness.

un·be·sorgt ['--'-] *adj* unconcerned; ▶ **seien Sie ~!** don't worry! **Sie können ganz ~ sein** you can set your mind at ease.

un·be·stän·dig *adj* **1.** *(Wetter)* changeable; **2.** *(Mensch)* unsteady; **Un·bestän·dig·keit** *f* **1.** *(von Wetter)* changeability; **2.** *(von Mensch)* unsteadiness.

un·be·stä·tigt *adj* unconfirmed.

un·be·stech·lich *adj* **1.** *(Person)* incorruptible; **2.** *fig (Urteil)* unerring; **Unbe·stech·lich·keit** *f* **1.** *(von Person)* incorruptibility; **2.** *(von Urteil)* unerringness.

un·be·stimmt *adj* **1.** *(ungewiß)* uncertain; **2.** *(unklar)* vague; **3.** *gram* indefinite; ▶ **auf ~e Zeit** for an indefinite period; **etw ~ lassen** leave s.th. open.

un·be·streit·bar ['--'--] *adj (Tatsache)* indisputable; *(Verdienste)* unquestionable.

un·be·strit·ten ['--'--] *adj* undisputed; ▶ **es ist ~, daß ...** nobody denies that ...

un·be·tei·ligt *adj* **1.** *(gleichgültig)* indifferent, unconcerned; **2.** *(nicht teilnehmend)* uninvolved *(an od bei* in).

un·be·tont *adj ling* unstressed

un·beug·sam ['---/'---] *adj* uncompromising.

un·be·wacht *adj* unguarded; *(Parkplatz)* unattended.

un·be·waff·net *adj* unarmed.

un·be·weg·lich *adj* **1.** *(nicht bewegbar)* immovable; **2.** *fig (geistig ~)* inflexible; ▶ **~e Habe** *jur* immovable property; **Un·be·weg·lich·keit** *f* immovableness.

un·be·wohn·bar ['--'--] *adj* uninhabitable.

un·be·wohnt *adj (Gegend)* uninhabited; *(Haus)* unoccupied.

un·be·wußt *adj* unconscious.

un·be·zahl·bar ['--'--] *adj* **1.** *(zu teuer)* prohibitive; **2.** *(sehr nützlich)* invaluable.

un·be·zahlt *adj* **1.** *(Urlaub)* unpaid; **2.** *(Rechnung)* unsettled.

un·be·zwing·lich ['--'--] *adj* **1.** *allg* unconquerable; **2.** *(Drang)* invincible, uncontrollable.

un·blu·tig **I** *adj* bloodless; **II** *adv* without bloodshed.

un·bot·mä·ßig *adj* insubordinate.

un·brauch·bar ['---/'---] *adj* of no use, useless; *(nicht zu verwenden)* unusable.

un·bü·ro·kra·tisch *adj* unbureaucratic.

un·christ·lich *adj:* ▶ **eine ~e Zeit** *hum fam* an ungodly hour.

und [ʊnt] *conj* and; *(konzessiv):* ▶ **~ wenn ... even if ... ~ selbst ... even ... ~?** so what? **~ so weiter** and so forth *(od* and so on); **~ dann?** *(danach)* and then? *(was dann)* then what? **~ wenn du noch so bettelst** no matter how much you beg; **~ das tat ich auch** which I did; **seien Sie so gut ~ ...** be so kind as to ... **ich ~ ihm Geld leihen?** *fam* me, lend him money? **ich konnte ~ konnte nicht aufhören** I simply couldn't stop.

Un·dank *m* ingratitude; ▶ **~ ernten** get little thanks *pl;* **un·dank·bar** *adj* **1.** *(Mensch)* ungrateful *(gegen* to); **2.** *(Aufgabe etc)* thankless; **Un·dank·barkeit** *f* **1.** *(menschliche ~)* ingratitude; **2.** thanklessness.

un·da·tiert ['--'-] *adj* undated.

un·de·fi·nier·bar ['---'--] *adj* indefinable.

un·denk·bar ['---/-'--] *adj* unthinkable.

un·denk·lich ['---/-'--] *adj:* ▶ seit ~en Zeiten since time immemorial.

un·deut·lich *adj* indistinct.

un·dicht *adj (gegen Luft)* not air-tight; *(gegen Wasser)* not water-tight; ▶ ~ sein leak; ~e Stelle *a. fig* leak.

un·dif·fe·ren·ziert *adj* undifferentiated.

Un·ding ⟨-(e)s, -e⟩ *n* absurdity; ▶ es ist ein ~, zu ... it is preposterous to ...

un·dis·zi·pli·niert *adj* undisciplined.

un·duld·sam *adj* intolerant; **Un·duld·sam·keit** *f* intolerance.

un·durch·dring·lich ['--'--] *adj* 1. impenetrable *(für* to); 2. *(Miene)* inscrutable.

un·durch·führ·bar ['--'--] *adj* impracticable.

un·durch·läs·sig *adj* impermeable, impervious *(für* to).

un·durch·sich·tig *adj* 1. opaque; 2. *fig (obskur)* obscure.

un·eben *adj* uneven; *(rauh)* rough.

un·echt *adj* false; *(vorgetäuscht)* fake; *(künstlich)* artificial.

un·ehe·lich *adj* illegitimate.

un·ehren·haft *adj* dishonourable.

un·ehr·lich *adj* dishonest; **Un·ehr·lich·keit** *f* dishonesty.

un·ei·gen·nüt·zig *adj* unselfish.

un·ein·ge·schränkt *adj* unlimited, unrestricted.

un·ein·ge·weiht *adj* uninitiated.

un·ein·heit·lich *adj* non-uniform.

un·ei·nig (un·eins) *adj* divided; ▶ mit jdm ~ sein disagree with s.o.; **ich bin mit mir selbst noch uneins** I haven't made up my mind yet; **Un·ei·nig·keit** *f* disagreement.

un·ein·nehm·bar ['--'--] *adj* impregnable.

un·emp·fäng·lich *adj* unsusceptible *(für* to).

un·emp·find·lich *adj* insensitive *(gegen* to); **Un·emp·find·lich·keit** *f* insensitiveness.

un·end·lich [-'--] *adj* infinite; *(zeitlich)* endless; ▶ ~ klein *math* infinitesimal; ~ viele no end of *(Dinge* things, *Leute* people); auf ~ eingestellt *phot* focused at infinity; **Un·end·lich·keit** *f* infinity; *(zeitlich)* endlessness.

un·ent·behr·lich ['--'--] *adj (Person)* indispensable; *(Wissen)* essential.

un·ent·gelt·lich ['--'--] *adj* free (of charge).

un·ent·schie·den *adj* 1. *(noch nicht entschieden)* undecided; 2. *(unentschlossen)* indecisive; 3. *(Spiel)* drawn; ▶ ~ enden end in a draw; ~ spielen draw.

un·ent·schlos·sen *adj* indecisive; ▶ ich bin noch ~ I haven't decided yet; **Un·ent·schlos·sen·heit** *f* indecision.

un·ent·schuld·bar ['--'--] *adj* inexcusable; ▶ das ist ~ it allows of no excuse.

un·ent·wegt ['--'-] *adj* incessant.

un·ent·wirr·bar ['--'--] *adj* inextricable.

un·er·bitt·lich ['--'--] *adj* inexorable.

un·er·fah·ren *adj* inexperienced.

un·er·find·lich ['--'--] *adj (unverständlich)* incomprehensible; ▶ aus ~en Gründen for some obscure reason *sing.*

un·er·freu·lich *adj* unpleasant.

un·er·gie·big *adj* unproductive.

un·er·gründ·lich ['--'--] *adj* unfathomable.

un·er·heb·lich *adj* insignificant.

un·er·hört ['--'-] **I** *adj* 1. *(ungeheuer)* enormous; 2. *(empörend)* outrageous; ▶ er weiß ~ viel he knows a tremendous amount; ~ talentiert exceedingly gifted; **II** *adv* incredibly; ▶ ~! honestly ...! das ist ja ~! that's the limit!

un·er·kannt *adj* unrecognized.

un·er·klär·lich ['--'--] *adj* inexplicable.

un·er·läß·lich ['--'--] *adj* imperative.

un·er·laubt *adj* forbidden; *(ungesetzlich)* illegal; ▶ ~e Entfernung von der Truppe *mil* absence without leave; ~e Handlung *jur* tort.

un·er·le·digt *adj* unsettled.

un·er·meß·lich ['--'--] *adj* immense, immeasurable.

un·er·müd·lich ['--'--] *adj* tireless, untiring.

un·er·quick·lich *adj* 1. *(unerfreulich)* unedifying; 2. *(nutzlos)* fruitless.

un·er·reich·bar ['--'--] *adj* 1. *fig* unattainable; 2. *(unzugänglich)* inaccessible.

un·er·reicht *adj* 1. *fig* unequalled; 2. *(Ziel)* unattained.

un·er·sätt·lich ['--'--] *adj* insatiable.

un·er·schöpf·lich ['--'--] *adj* inexhaustible.

un·er·schüt·ter·lich ['--'---] *adj* unshakeable.

un·er·schwing·lich ['--'--] *adj (Preis)* exorbitant, prohibitive; ▶ für jdn ~ sein be beyond someone's means.

un·er·setz·lich ['--'--] *adj* irreplaceable.

un·er·träg·lich ['--'--] *adj* unbearable; *(Frechheit)* insufferable.

un·er·wähnt ['---/--'-] *adj* unmentioned.

un·er·war·tet ['----/--'--] *adj* unexpected.

un·er·wi·dert ['----/--'--] *adj* 1. *(Brief etc)* unanswered; 2. *(Liebe)* unrequited.

un·er·wünscht *adj* unwelcome; *(Kind)* unwanted.

un·fä·hig *adj* 1. *(untüchtig)* incompetent; 2. *(nicht fähig)* incapable (of); ▶ er ist einfach ~ he is simply incompetent; **Un·fä·hig·keit** *f* 1. incapacity; 2. *(mangelndes Können)* inability (for).

un·fair *adj* 1. *(unschön)* unfair; 2. *sport* foul.

Un·fall *m* accident; **Un·fall·an·zei·ge** *f*

notice of accident; **Un·fall·arzt** *m* specialist for accident injuries; **Un·fall·be·tei·lig·te(r)** *f m* person involved in an (*od* the) accident; **Un·fall·flucht** *f* hit-and-run (driving); **Un·fall·ren·te** *f* accident benefits *pl;* **Un·fall·ri·si·ko** *n* risk of accident; **Un·fall·scha·den** *m* accident damage; **Un·fall·schutz** *m* 1. *(im Betrieb)* prevention of accidents; 2. *(durch Versicherung)* accident insurance cover; **Un·fall·sta·tion** *f* first aid station; **Un·fall·stel·le** *f* scene of the accident; **un·fall·träch·tig** *adj* accident-prone; **Un·fall·ver·hü·tung** *f* accident prevention; **Un·fall·ver·si·che·rung** *f* accident insurance; **Un·fall·wa·gen** *m* 1. *(verunglückter Wagen)* crash car; 2. *(unfallbeteiligter Wagen)* car involved in the accident.
un·faß·bar (un·faß·lich) [-'--] *adj* incomprehensible.
un·fehl·bar [-'--] *adj* infallible; **Un·fehl·bar·keit** *f* infallibility.
un·fein *adj* indelicate; ▶ **das ist mehr als ~** that's most ungentlemanly (*od bei Damen* unladylike).
un·flä·tig ['ʊnflɛːtɪç] *adj* offensive; *(Sprache)* obscene.
un·för·mig *adj* 1. *(formlos)* shapeless; 2. *(nicht elegant)* inelegant; 3. *(groß)* cumbersome.
un·frei·wil·lig *adj* 1. *(unbeabsichtigt)* unintentional; 2. *(gezwungen)* compulsory.
un·freund·lich *adj* 1. *(Person)* unfriendly; 2. *(Wetter)* inclement.
Un·frie·de *m* strife; ▶ **in ~n mit jdm leben** live in conflict with s.o.
un·frucht·bar *adj* 1. *allg* barren, sterile, infertile; 2. *fig (fruchtlos)* fruitless; **Un·frucht·bar·keit** *f* 1. *allg* barrenness, sterility, infertility; 2. *fig (Fruchtlosigkeit)* fruitlessness.
Un·fug ['ʊnfuːk] ⟨-(e)s⟩ *m* nonsense; ▶ **~ treiben** get up to mischief; **laß den ~!** stop that nonsense!
Un·gar(in) ['ʊŋgar] ⟨-n, -n⟩ *m* (*f*) Hungarian; **un·ga·risch** ['ʊŋgarɪʃ] *adj* Hungarian; **Un·garn** *n* Hungary.
un·gast·lich *adj* inhospitable.
un·ge·ach·tet [-'--] *prp* despite, in spite of; ▶ **~ dessen, daß es regnet** in spite of it raining; **~ aller Ermahnungen** despite all warnings.
un·ge·ahnt [-'-] *adj* undreamt-of.
un·ge·be·ten *adj* uninvited; ▶ **~er Gast** intruder.
un·ge·bil·det *adj* 1. *(ohne Bildung)* uneducated; 2. *(unkultiviert)* uncultured.
un·ge·bo·ren [-'--] *adj* unborn.
un·ge·bräuch·lich *adj* uncommon.
un·ge·bühr·lich *adj* improper.
un·ge·bun·den *adj* 1. *(Buch)* unbound; 2. *(frei)* free; *(unabhängig)* fancy-free; ▶ **frei u. ~** footloose and fancy-free.

un·ge·deckt ['--'-] *adj* 1. *(schutzlos)* unprotected; 2. *sport (Spieler)* unmarked; 3. *com (Scheck)* uncovered; 4. *(Tisch)* unlaid.
Un·ge·duld *f* impatience; ▶ **vor ~** with impatience; **un·ge·dul·dig** *adj* impatient.
un·ge·eig·net *adj* unsuitable (*für* to *od* for).
un·ge·fähr ['ʊngəfɛː(r)/--'-] I *adv* approximately, roughly; ▶ **~ 10 Uhr** about 10 o'clock; **kannst du mir ~ sagen, wie ...?** can you give me a rough idea of how ...? **ich sage das nicht von ~** I have my reasons for saying this; **nach ~en Schätzungen** at a rough guess *sing;* II *adj* approximate; ▶ **es hat sich ~ so abgespielt ...** it happened s.th. like this ...
un·ge·fähr·lich *adj* 1. *(sicher)* safe; 2. *(harmlos)* harmless.
un·ge·färbt *adj* undyed.
un·ge·hal·ten *adj* indignant (*über* about).
Un·ge·heu·er ['ʊngəhɔɪɐ] ⟨-s, -⟩ *n* monster.
un·ge·heu·er ['----/--'--] I *adj* 1. *(riesig)* enormous, immense; 2. *(genial, kühn)* tremendous; 3. *(vermessen)* outrageous; 4. *(monströs)* monstrous; ▶ **~e Ausmaße annehmen** take on enormous dimensions; II *adv* 1. *(sehr)* enormously; 2. *(negativ)* terribly.
un·ge·heu·er·lich *adj* 1. *allg* monstrous; 2. *(Verdacht)* dreadful; 3. *(Leichtsinn, Verleumdung)* outrageous.
un·ge·hin·dert ['--'--] *adj* unhindered.
un·ge·ho·belt *adj fig* uncouth.
un·ge·hö·rig *adj* impertinent; **Un·ge·hö·rig·keit** *f* impertinence.
un·ge·hor·sam *adj* disobedient; **Un·ge·hor·sam** *m* disobedience; *mil* insubordination; ▶ **ziviler ~** civil disobedience.
un·ge·klärt ['--'-] *adj (Frage, Verbrechen)* unsolved.
un·ge·kün·digt *adj:* ▶ **in ~er Stellung** not under notice.
un·ge·künstelt *adj* unaffected.
un·ge·kürzt *adj (Buch)* unabridged; *(Film)* uncut.
un·ge·la·den ['--'--] *adj* 1. *(Gäste)* uninvited; 2. *(Gewehr)* unloaded.
un·ge·le·gen *adj* inconvenient; ▶ **das kommt mir ~** that's inconvenient for me; **komme ich ~?** is this an inconvenient time for you? **Un·ge·le·gen·heit** *f:* ▶ **jdm ~en machen** inconvenience s.o.
un·ge·leh·rig *adj* unteachable.
un·ge·lenk *adj* awkward.
un·ge·lernt *adj* unskilled.
un·ge·liebt *adj* unloved.
un·ge·lo·gen ['--'--] *adv* honestly; ▶ **dafür hab' ich ~ 2 Stunden ge-**

braucht! this took me 2 hours, and that's the honest truth!

un·ge·mein ['--'-] **I** *adj* immense; **II** *adv* exceedingly.

un·ge·müt·lich *adj* 1. *(örtlich)* uncomfortable; 2. *(Person)* uncomfortable to be with; 3. *(Wetter etc)* unpleasant; ▶ **ich kann auch ~ werden!** I can be very unpleasant if I choose! **es kann hier gleich sehr ~ werden!** things could get very nasty here in a moment! **sei doch nicht so ~!** don't be so unsociable!

un·ge·nau *adj* 1. *(nicht fehlerlos)* inaccurate; 2. *(nicht wahrheitsgetreu)* inexact; 3. *(ungefähr)* rough.

Un·ge·nau·ig·keit *f* 1. *(durch Fehler)* inaccuracy; 2. *(durch Abweichung von Tatsachen)* inexactitude.

un·ge·niert ['ʊnʒe'niːet] *adj* 1. *(frei, ungehemmt)* free and easy; 2. *(taktlos)* uninhibited; ▶ **greifen Sie bitte ~ zu!** please feel free to help yourself!

un·ge·nieß·bar ['--'--] *adj* 1. *(nicht eßbar)* inedible; *(nicht trinkbar)* undrinkable; 2. *fig fam (Angelegenheit)* unpalatable; 3. *fig fam (Mensch)* unbearable.

un·ge·nü·gend *adj* 1. *allg* insufficient; 2. *päd (Schulnote)* unsatisfactory.

un·ge·nutzt ['--'-] *adj* unused; ▶ **e-e Gelegenheit ~ vorübergehen lassen** let an opportunity slip; **~e Energien** unexploited energies.

un·ge·ord·net *adj a. fig* disordered; ▶ **~e Verhältnisse** disorder *sing.*

un·ge·pflegt *adj (Hände, Rasen etc)* neglected; *(Mensch)* untidy.

un·ge·ra·de *adj (Zahl)* odd.

un·ge·recht *adj* unfair, unjust; **un·ge·recht·fer·tigt** **I** *adj* unjustified; **II** *adv* unjustly; **Un·ge·rech·tig·keit** *f* injustice; ▶ **so eine ~!** how unjust!

un·ge·re·gelt *adj* irregular; ▶ **ein ~es Leben führen** lead a disorderly life.

un·ge·reimt *adj* 1. *(ohne Reim)* unrhymed; 2. *fig (unzusammenhängend)* inconsistent.

un·gern *adv* unwillingly, reluctantly; ▶ **das tue ich nur höchst ~!** if I really have to do! **das tue ich gar nicht einmal ~** I don't mind doing that at all.

un·ge·sal·zen *adj* unsalted.

un·ge·sche·hen *adj* undone; ▶ **etw ~ machen** undo s.th.

un·ge·schickt *adj* 1. *allg* clumsy; 2. *(undiplomatisch)* undiplomatic; **Un·ge·schick(·lich·keit)** *n (f)* clumsiness.

un·ge·schlif·fen *adj* 1. *(Edelstein)* uncut; *(Messer)* blunt; 2. *fig (Benehmen)* uncouth.

un·ge·schminkt *adj* 1. without make-up; 2. *fig (Wahrheit)* ▶ **die ~e Wahrheit** the unvarnished truth.

un·ge·scho·ren ['--'--] *adj* 1. unshorn; 2. *fig* spared; ▶ **jdn ~ lassen** *fig* spare s.o.; **jdn ~ davonkommen lassen** *fig* let

s.o. off scot-free.

un·ge·se·hen ['--'--] *adj* unseen.

un·ge·sel·lig *adj* unsociable.

un·ge·setz·lich *adj* illegal, unlawful.

un·ge·stillt ['--'-] *adj* 1. *(Hunger)* unappeased; *(Durst)* unquenched; 2. *(Neugier)* unsatisfied; *(Verlangen)* unfulfilled.

un·ge·stört ['--'-] *adj* undisturbed.

un·ge·straft ['--'-] *adv* with impunity.

Un·ge·stüm ['ʊngəʃtyːm] ⟨-(e)s⟩ *n* impetuousness; **un·ge·stüm** *adj* impetuous.

un·ge·sund *adj* unhealthy.

un·ge·trübt ['--'-] *adj* 1. *(Wasser etc)* clear; 2. *fig (Verhältnis etc)* unspoilt.

Un·ge·tüm ['ʊngətyːm] ⟨-(e)s, -e⟩ *n* monster.

un·ge·übt *adj* unpracticed.

un·ge·wiß *adj* uncertain; ▶ **jdn (über etw) im Ungewissen lassen** leave s.o. in the dark (about s.th.); **eine Reise ins Ungewisse** a journey into the unknown; **Un·ge·wiß·heit** *f* uncertainty.

un·ge·wöhn·lich *adj* unusual.

un·ge·wohnt *adj* 1. *(fremd)* unfamiliar; 2. *(unüblich)* unusual; ▶ **das ist ~ für mich** I am not used to it.

un·ge·wollt *adj* unintentional.

un·ge·zählt ['--'-] *adj* 1. *(zahllos)* countless; 2. *(nicht gezählt)* uncounted.

Un·ge·zie·fer ['ʊngətsiːfe] ⟨-s⟩ *n* pests, vermin *pl.*

un·ge·zo·gen *adj (Kind)* naughty; **Un·ge·zo·gen·heit** *f* 1. naughtiness; 2. *(ungezogene Handlungen)* bad manners *pl.*

un·ge·zü·gelt ['--'--] *adj fig* unbridled.

un·ge·zwun·gen *adj fig* natural; ▶ **sich ~ bewegen** feel quite free; **Un·ge·zwun·gen·heit** *f fig* casualness.

Un·glau·be *m* 1. *(Mißtrauen)* unbelief; 2. *rel* infidelity; **un·gläu·big** *adj* 1. *allg* unbelieving; 2. *rel* infidel; ▶ **~er Thomas** doubting Thomas.

un·glaub·lich [-'--/'---] *adj* incredible.

un·glaub·wür·dig *adj* 1. *(Sache)* implausible; 2. *(Mensch)* unreliable; ▶ **sich ~ machen** lose credibility.

un·gleich *adj* 1. *(nicht gleichwertig)* unequal; 2. *(unähnlich)* dissimilar, unlike; 3. *(verschieden)* different; **Un·gleich·ge·wicht** *n* imbalance; **un·gleich·mä·ßig** *adj* uneven.

Un·glück ⟨-(e)s, -e⟩ *n* 1. *(Unheil)* misfortune; 2. *(Unfall)* accident; *(Mißgeschick)* mishap; 3. *(Schicksalsschlag)* disaster; 4. *(Pech)* bad luck; 5. *(seelisch)* unhappiness; ▶ **du hast Glück im ~ gehabt** it could have been a great deal worse for you; **du stürzt mich noch ins ~!** you'll be my undoing! **sich ins ~ stürzen** rush headlong into disaster; **so ein ~!** what a disaster! **un·glück·lich** *adj* 1. *(bedauerlich)* unfortunate; 2.

(glücklos) unlucky; **3.** *(traurig)* unhappy; *(Liebe)* unrequited; ▶ ~ **ausgehen** turn out badly; **e-e** ~**e Figur abgeben** cut a sorry figure; ~ **verliebt** crossed in love; **un·glück·li·cher·wei·se** ['----'--] *adv* unfortunately; **Un·glücks·fall** *m* accident.

Un·gna·de ⟨-⟩ *f:* ▶ **bei jdm in** ~ **fallen** fall out of favour with s.o.; **un·gnä·dig** *adj* ungracious; ▶ **etw** ~ **aufnehmen** take s.th. with bad grace.

un·gül·tig *adj* **1.** *(nichtig)* void; **2.** *(nicht gültig)* invalid; *sport (Tor)* disallowed; ▶ **etw für** ~ **erklären** declare s.th. null and void; ~ **werden** *(Paß)* expire.

un·gün·stig *adj (Situation etc)* unfavourable; *(Termin)* inconvenient.

un·gut *adj:* ▶ **ein** ~**es Gefühl haben** have an uneasy feeling; **nichts für** ~! no offence!

un·halt·bar [-'--/'---] *adj* **1.** *(Behauptung etc)* untenable; **2.** *(Zustand)* intolerable; **3.** *(Torschuß)* unstoppable.

un·hand·lich *adj* unwieldy.

un·har·mo·nisch *adj* unharmonious.

Un·heil *n* disaster.

un·heil·bar [-'--/'---] *adj* incurable; ▶ ~ **krank sein** have a terminal illness.

un·heil·voll *adj* disastrous.

un·heim·lich I *adj* **1.** *(beängstigend)* frightening; *(nicht geheuer)* uncanny; **2.** *fam (hervorragend)* tremendous; ▶ **mir ist** ~ I'm afraid; **er ist mir** ~ he gives me the creeps; **II** *adv fam (sehr)* incredibly; ▶ ~ **viele Menschen** *fam* an incredible number of people.

un·höf·lich *adj* impolite; **Un·höf·lich·keit** *f* impoliteness.

un·hy·gie·nisch *adj* unhygienic.

Uni·form [uni'form] ⟨-, -en⟩ *f* uniform.

Uni·kum ['u:nikum, *pl* 'u:nika] ⟨-s, -ka/ -s⟩ *n* **1.** *(Einzigartiges)* unique object; **2.** *fam (Mensch)* real character.

un·in·ter·es·sant *adj* uninteresting; ▶ **das ist doch völlig** ~! that's of absolutely no interest!

un·in·ter·es·siert *adj* **1.** *(nicht interessiert)* uninterested; **2.** *(gleichgültig)* disinterested.

Uni·ver·si·tät [univɛrzi'tɛ:t] *f* university; **Uni·ver·si·täts·kli·nik** *f* university hospital; **Uni·ver·si·täts·stadt** *f* university town.

Uni·ver·sum [uni'vɛrzʊm] ⟨-s, -sen⟩ *n* universe.

Un·ke ['ʊŋkə] ⟨-, -n⟩ *f* **1.** *zoo* toad; **2.** *fig (Schwarzseher)* Jeremiah.

un·kennt·lich *adj* unrecognizable.

Un·kennt·nis ⟨-⟩ *f* ignorance; ▶ ~ **schützt vor Strafe nicht** ignorance is no excuse; **über etw in** ~ **sein** be ignorant about s.th.

un·klar *adj* **1.** *(unverständlich)* unclear; **2.** *(ungeklärt)* unclarified; **3.** *(undeutlich)* indistinct; ▶ **über etw im** ~**en sein** be in the dark about s.th.; **Un·klar·heit** *f* **1.** *allg* lack of clarity; **2.** *(Ungewißheit)* uncertainty; ▶ **darüber herrscht noch** ~ it is still uncertain.

un·klug *adj* unwise.

un·kom·pli·ziert *adj* straightforward.

un·kon·trol·lier·bar ['---'--] *adj* uncontrollable.

un·kon·zen·triert lacking in concentration; ▶ ~ **arbeiten** lack concentration in one's work.

Un·ko·sten *pl (Ausgaben)* costs, expenses; ▶ **laufende** ~ running costs; **sich in** ~ **stürzen** go to a lot of expense *sing;* **das ist mit großen** ~ **verbunden** that involves a great deal of expense *sing.*

Un·kraut *n* weeds *pl;* ▶ ~ **vergeht nicht** *prov* it would take more than that to finish me (him *etc*).

un·künd·bar *adj (Stellung)* permanent.

un·längst *adv* recently.

un·lau·ter *adj* dishonest; *(Wettbewerb)* unfair.

un·le·ser·lich *adj* unreadable.

un·leug·bar [-'--/'---] *adj* undeniable.

un·lieb·sam *adj* unpleasant; ▶ **das ist mir noch in** ~**er Erinnerung** that's still an unpleasant memory.

un·li·niert ['--'-] *adj* unruled.

un·lo·gisch *adj* illogical.

un·lös·bar [-'--/'---] *adj fig* **1.** *(nicht lösbar)* insoluble; **2.** *(untrennbar)* indissoluble.

un·lös·lich *adj chem* insoluble.

Un·lust ⟨-⟩ *f* **1.** *(Lustlosigkeit)* listlessness; **2.** *(Widerwille)* reluctance.

un·maß·geb·lich *adj* **1.** *(unwichtig)* inconsequential; **2.** *(nicht entscheidend)* unauthoritative.

un·mä·ßig *adj* immoderate; ▶ ~ **essen (trinken)** eat (drink) to excess.

Un·men·ge *f* **1.** vast amount; **2.** *(Unzahl)* vast number.

Un·mensch *m* brute; **un·mensch·lich** *adj allg* inhuman; **Un·mensch·lich·keit** *f* inhumanity.

un·merk·lich [-'--/'---] *adj* imperceptible.

un·miß·ver·ständ·lich ['---'--] *adj* unequivocal.

un·mit·tel·bar ['---'-] *adj* **1.** *(direkt)* direct; **2.** *(Nachbarschaft etc)* immediate; ▶ **in** ~**em Zusammenhang** in direct relationship (*mit* to).

un·mo·dern *adj* old-fashioned.

un·mög·lich [-'--/'---] *adj* **1.** *allg* impossible; **2.** *fam (lächerlich)* ridiculous; ▶ **das ist mir** ~ that's impossible for me; **jdn (sich)** ~ **machen** make s.o. (o.s.) (look) ridiculous.

un·mo·ra·lisch *adj* immoral.

un·mo·ti·viert I *adj* unmotivated; **II** *adv* without motivation.

un·mün·dig *adj* **1.** underage; **2.** *fig (unreif)* sheeplike; **Un·mün·dig·keit** *f* **1.**

allg minority; **2.** *fig (geistige Unreife)* mental immaturity.

un·mu·si·ka·lisch *adj* unmusical.

Un·mut *m* ill-humour.

un·nach·ahm·lich ['--'--] *adj* inimitable.

un·nach·gie·big *adj* **1.** *(Material etc)* inflexible; **2.** *fig* intransigent, unyielding.

un·nach·sich·tig *adj (streng)* severe; *(gnadenlos)* unrelenting.

un·nah·bar *adj* unapprochable.

un·na·tür·lich *adj* unnatural.

un·nö·tig ['---/-'--] *adj* unnecessary; ► **sich ~ aufregen** get unnecessarily excited.

un·nütz *adj* useless.

un·or·dent·lich *adj* **1.** *(Lebenswandel)* disorderly; **2.** *(Zimmer)* untidy; **Un·ord·nung** *f* disorder; *(Durcheinander)* mess; ► **in ~** in a mess; **in ~ brin·gen** mess up; **in ~ sein** be in a muddle.

un·or·tho·dox *adj* unorthodox.

un·par·tei·isch *adj* impartial; **Un·par·tei·ische(r)** *f m* umpire, referee; ► **die Meinung e-s ~n** an impartial opinion.

un·pas·send *adj* inappropriate, unsuitable; *(Zeitpunkt a.)* inopportune.

un·per·sön·lich *adj* impersonal.

un·po·li·tisch *adj* unpolitical.

un·prak·tisch *adj* **1.** *(Mensch)* unpractical; **2.** *(Maschine)* impractical.

un·pro·duk·tiv *adj* unproductive.

un·pünkt·lich *adj (Mensch)* unpunctual; *(Zug)* not on time.

un·ra·siert *adj* unshaven.

Un·recht ⟨-(e)s⟩ *n* injustice, wrong; *jur* tort; ► **im ~ sein** be the wrong; **nicht zu ~** not without good reason; **jdm ~ geben** contradict s.o.; **sich ins ~ setzen** put o.s. in the wrong; **zu ~** unjustly; **ihr ist viel ~ geschehen** she has often been wronged; **un·recht** *adj* wrong; ► **das ist mir gar nicht mal ~** I don't really mind; **jdm ~ tun** do wrong by s.o; **un·recht·mä·ßig** *adj* illegitimate.

un·red·lich *adj* dishonest.

un·re·ell *adj (unlauter)* unfair; *(unehrlich)* dishonest.

un·re·gel·mä·ßig *adj* irregular; **Un·re·gel·mä·ßig·keit** *f* irregularity.

un·reif *adj* **1.** unripe; **2.** *fig* immature.

un·rein 1. *(schmutzig)* dirty; **2.** *fig (Gedanken, Töne etc)* impure.

un·ren·ta·bel *adj* unprofitable.

un·rett·bar [-'--/'---] *adj:* ► **~ verloren** irretrievably lost; *(aus Krankheitsgründen)* beyond all hope.

un·rich·tig *adj* incorrect.

Un·ru·he *f* **1.** *(innere ~)* restlessness; **2.** *(Unfrieden)* unrest; **3.** *(Lärm)* disturbance; *(Geschäftigkeit)* bustle; ► **~ stiften** create unrest; *(zu Hause od in der Schule)* make trouble; **~n** *pl pol* unrest *sing;* **~n auslösen** *pol* create a disturbance *sing;* **un·ru·hig** *adj* **1.** *(oh-*

ne Ruhe) restless; **2.** *(laut)* noisy; **3.** *(Meer, Schlaf, Zeit etc)* troubled; **4.** *(nervös)* fidgety.

uns [ʊns] **I** *prn acc* us; *dat* (to) us; **II** *refl* (to) ourselves.

un·sach·ge·mäß *adj* improper.

un·sach·lich *adj (nicht objektiv)* unobjective; ► **nun werden Sie mal nicht ~!** now, don't become personal!

un·sag·bar (un·säg·lich) [-'--/'---] *adj* unspeakable, unutterable.

un·sanft *adj* ungentle.

un·sau·ber *adj* **1.** *(schmutzig)* dirty; **2.** *(unordentlich)* untidy; **3.** *fig (unlauter)* unfair.

un·schäd·lich *adj* harmless, innocuous; ► **~ machen** render s.o. *od* s.th. harmless.

un·scharf *adj* **1.** *(Bild)* blurred; **2.** *(Munition)* blank; **3.** *fig (Begriff)* poorly defined.

un·schätz·bar [-'--/'---] *adj allg* inestimable; ► **von ~em Wert** invaluable; *(Schmuck etc)* priceless.

un·schein·bar *adj* inconspicuous; *(unattraktiv)* unprepossessing.

un·schlag·bar *adj* unbeatable.

un·schlüs·sig *adj* undecided; ► **sich über etw ~ sein** be undecided about s.th.; **Un·schlüs·sig·keit** *f* indecision.

Un·schuld ⟨-⟩ *f* **1.** *allg* innocence; **2.** *fig (Jungfräulichkeit)* virginity; ► **die ~ vom Lande** *fig fam* a real innocent; **ich wasche meine Hände in ~** *fig* I wash my hands of it; **un·schul·dig** *adj* **1.** *allg* innocent; **2.** *(jungfräulich)* virginal; ► **an etw ~ sein** not to be guilty of s.th.; **an dem Unfall bin ich völlig ~** I am completely without blame in the accident; **~ tun** act the innocent.

un·selb·stän·dig *adj* dependent; ► **sei doch nicht immer so ~!** show a bit of independence once in a while! **Einkommen aus ~er Arbeit** income from salaried employment; **Un·selb·stän·dig·keit** *f* dependence.

un·ser ['ʊnzɐ] *prn* **1.** *poss* our; *(substantiv. gebr.)* ours; **2.** *(1. pers pl)* of us; **un·ser·ei·ner (un·ser·eins)** *prn fam* the likes of us; **un·se·res·glei·chen** ['---'--] *prn* people like us; **un·s(e)·ri·ge** ['ʊnz(ə)rɪgə] *prn* ours; ► **die U~n** our people; **wir haben das U~ getan** we have done our part; **un·sert·we·gen** *adv* on our behalf.

un·si·cher *adj* **1.** *(gefährlich)* unsafe; **2.** *(Hand)* unsteady; **3.** *(Kenntnisse)* shaky; **4.** *(verunsichert)* shaky, unsure; **5.** *(zweifelhaft)* uncertain; ► **~ auf den Beinen** unsteady on one's feet; **er macht die Gegend ~** *fam* he is up to no good; **Un·si·cher·heit** *f* **1.** *(Gefahr)* danger; **2.** *(Ungeübtheit, Verunsicherung)* unsureness; **3.** *(Ungewißheit)* uncertainty; **Un·si·cher·heits·fak·tor**

m element of uncertainty.

un·sicht·bar *adj* invisible.

Un·sinn ⟨-(e)s⟩ *m* nonsense, rubbish; ~! nonsense! ▶ **laß den ~!** stop fooling about! ~ **reden** talk nonsense; **un·sin·nig** *adj* 1. *(sinnlos)* nonsensical; 2. *(ungerechtfertigt)* absurd.

Un·sit·te *f* 1. *(üble Angewohnheit)* bad habit; 2. *(lästiger Brauch)* silly custom; **un·sitt·lich** *adj* immoral.

un·so·li·de *adj* 1. *(Lebenswandel)* free-living; 2. *com* unreliable; ▶ **er lebt ziemlich ~** he has a rather unhealthy life-style.

un·so·zial *adj (Maßnahme)* unsocial; *(Einstellung)* antisocial.

un·sport·lich *adj* 1. *(ungelenkig)* unathletic; 2. *fig (unfair)* unsporting.

un·sterb·lich [-'---] I *adj* immortal; ▶ **~e Liebe** *fig* undying love; II *adv* utterly; ▶ **sich ~ blamieren** make a complete fool of o.s.; **sich ~ verlieben** fall in love head over heels; **Un·sterb·lich·keit** *f* immortality.

un·stet *adj (Entwicklung)* unsteady; *(Gefühl, Glück)* fickle.

un·still·bar [-'--/'---] *adj* 1. *(Durst, a. fig)* unquenchable; *(Hunger, a. fig)* insatiable; 2. *(Blutung)* uncontrollable.

Un·stim·mig·keit *f* discrepancy; *(innerer Widerspruch)* inconsistency.

Un·sum·me ['-'--] *f* enormous sum.

un·sym·me·trisch *adj* assymetrical.

un·sym·pa·thisch *adj* disagreeable, unpleasant; ▶ **der ist mir ~** I don't like him.

Un·tat *f* atrocity.

un·tä·tig *adj* 1. idle; 2. *(nicht handelnd)* passive.

un·taug·lich *adj* 1. *mil* unfit; *(Person)* incompetent; 2. *(unpassend)* unsuitable.

un·teil·bar [-'--/'---] *adj* indivisible.

un·ten ['untən] *adv* below, underneath; *(im Hause)* downstairs; *(am unteren Ende, im unteren Teil)* at the bottom; ▶ **er ist bei mir ~ durch** *fam* I've finished with him; **von ~ nach oben** from the bottom toward the top; **von oben bis ~** from top to bottom; **von ~ her** from underneath; **ich weiß schon nicht mehr, was oben u. ~ ist** *fig* I don't know whether I'm coming or going; **hier ~** down here; **wie ~** as below.

un·ter ['untə] *prp* 1. under; *(unterhalb)* below, underneath; 2. *(zwischen)* among, amongst, between; 3. *(weniger als)* below, under; ▶ **~ dem Durchschnitt** below average; **~ Freunden** among friends; **wir sind ~ uns** we are by ourselves; **~ anderem** among other things *pl;* **~ uns gesagt** between you and me; **~ etw leiden** suffer from s.th.

Un·ter·arm *m* forearm.

Un·ter·bau ⟨-(e)s, -ten⟩ *m* 1. *(von Gebäude)* foundations *pl;* 2. *fig* substruc-

ture.

un·ter·be·lich·tet *adj phot* underexposed.

un·ter·be·setzt *adj* understaffed.

un·ter·be·wer·ten ['-----] *tr* undervalue.

Un·ter·be·wußt·sein *n* subconscious; ▶ **im ~** subconsciously.

un·ter·be·zahlt *adj* underpaid.

un·ter·bie·ten *irr tr* undercut.

un·ter·bin·den *irr tr* 1. prevent, stop; 2. *med (Blutung)* ligature.

un·ter·blei·ben ⟨sein⟩ *irr itr* 1. *(nicht geschehen)* not happen; 2. *(aufhören)* cease; 3. *(versäumt werden)* be omitted; ▶ **die letzte Bemerkung wäre besser unterblieben** your final remark would have been better left unsaid; **das hat in Zukunft zu ~** that will have to stop in the future.

Un·ter·bo·den·schutz *m mot* underseal.

un·ter·bre·chen *irr* I *tr* interrupt; *(Stille etc)* break; *tele* disconnect; ▶ **wir sind unterbrochen worden** *tele* we've been cut off; **verzeihen Sie, daß ich Sie unterbreche** forgive me for interrupting; II *itr* break off; **Un·ter·bre·chung** *f allg* interruption; *(von Stille etc)* break; *tele* disconnection; ▶ **mit ~en** with a few breaks in between; **ohne ~** without a break.

un·ter·brei·ten *tr* present; ▶ **darf ich Ihnen einen Vorschlag ~?** may put a suggestion to you?

un·ter|brin·gen *irr tr* 1. *(verstauen)* put; 2. *(beherbergen)* accommodate; *(in Haus, Hotel, Krankenhaus)* put up; 3. *(Arbeitslose)* fix up *(bei* with); ▶ **wie sind Sie untergebracht?** what's your accomodation like? **ich kann Sie im Augenblick nirgends ~** *fig fam (einordnen)* I can't place you at the moment; **etw ~** find room for s.th.; **jdn ~** put s.o. up.

un·ter·des·sen ['--'--] *adv* in the meantime, meanwhile.

Un·ter·druck ⟨-(e)s, ⁒ e⟩ *m* 1. *phys* below atmospheric pressure; *mot (in Reifen)* underinflation; 2. *med* low blood pressure.

un·ter·drücken (k·k) *tr* 1. *(beherrschen)* oppress; *(Aufstand, Freiheit)* suppress; 2. *(Bemerkung, Gefühl, Tränen)* hold back; *(Lachen, Neugierde)* suppress; **Un·ter·drückung (k·k)** *f* oppression, suppression.

un·ter·durch·schnitt·lich *adj* below average.

un·te·re *adj* lower.

un·ter·ein·an·der *adv* 1. *(räumlich)* one below the other; 2. *(gegenseitig)* each other; *(miteinander)* among one another.

un·ter·ent·wickelt (k·k) *adj* underdeveloped.

un·ter·er·nährt *adj* undernourished; **Un·ter·er·näh·rung** *f* malnutrition.

Un·ter·füh·rung [--'--] *f* underpass.

Un·ter·gang ⟨-(e)s, (¨e)⟩ *m* **1.** *astr* setting; **2.** *(von Schiff)* sinking; **3.** *(Zugrundegehen)* decline; ▶ **dem ~ geweiht** doomed; **du bist noch mal mein ~!** *hum fam* you'll be the death of me!

Un·ter·ge·be·ne(r) [--'---] *f m* subordinate.

un·ter|ge·hen ⟨sein⟩ *irr itr* **1.** *astr* set; **2.** *(Schiff)* sink; **3.** *(zugrundegehen)* decline; *(von e-m Menschen)* perish; ▶ **davon geht die Welt nicht unter!** *fig* that isn't the end of the world! **hier mußt du deine Ellenbogen gebrauchen, oder du gehst unter!** *fig* you must use your elbows here or you'll go under!

un·ter·ge·ord·net *adj* **1.** *(Stellung)* subordinate; **2.** *(Bedeutung)* secondary.

Un·ter·ge·schoß *n* basement.

Un·ter·ge·wicht *n:* ▶ **~ haben** be underweight.

un·ter·gra·ben *irr tr* undermine.

Un·ter·grund *m* **1.** *(Farbschicht)* undercoat; **2.** *(Erdschicht)* subsoil; **3.** *fig pol* underground; ▶ **in den ~ gehen** *fig pol* go underground; **im ~ leben** *fig pol* live underground; **Un·ter·grund·bahn** *f* underground, *Br* tube, *Am* subway.

un·ter|ha·ken *tr fam:* ▶ **jdn ~** take someone's arm; **sich bei jdm ~** link arms with s.o.

un·ter·halb *adv prp* below; *(bei Fluß)* downstream.

Un·ter·halt ⟨-(e)s⟩ *m* *(Lebens~)* maintenance; ▶ **sie muß für seinen ~ aufkommen** she must pay for his keep; **s-n ~ verdienen** earn one's living.

un·ter·hal·ten *irr* **I** *tr* **1.** *(Gebäude, Kontakte)* maintain; **2.** *(Geschäft)* run; **3.** *(Gäste etc)* entertain; **4.** *(versorgen)* support; **II** *refl* **1.** *(sprechen)* talk *(mit* to, with); **2.** *(sich vergnügen)* amuse o.s., enjoy o.s.; ▶ **ich würde mich gern mal mit dir ~** I should like to have a little talk with you; **man kann sich (sehr) gut mit ihr ~** she's (really) easy to talk to; **sich mit jdm ~** have a talk with s.o.; **sich mit etw ~** amuse o.s. with s.th. **ich hoffe, daß Sie sich gut ~** I hope you'll have a good time; **un·ter·hal·tend (un·ter·halt·sam)** *adj* entertaining.

un·ter·halts·be·rech·tigt *adj* entitled to maintenance; **Un·ter·halts·geld** *n* maintenance; **Un·ter·halts·pflicht** *f* obligation to pay maintenance.

Un·ter·hal·tung [--'--] *f* **1.** *(Amüsement)* entertainment; **2.** *(Gespräch)* conversation; **3.** *(Erhaltung)* maintenance, upkeep; ▶ **mit jdm e-e ~ führen** have a talk *(od* conversation) with s.o.; **Un·ter·hal·tungs·elek·tro·nik** *f* entertainment electronics *pl;* **Un·ter·hal-**

tungs·in·du·strie *f* entertainment industry; **Un·ter·hal·tungs·li·te·ra·tur** *f* light fiction: **Un·ter·haltungs·wert** ⟨-s⟩ *m* entertainment value.

un·ter·han·deln *itr* negotiate *(über etw* on s.th.); *mil* parley; **Un·ter·händ·ler** ['----] *m* negotiator; *mil* parliamentary.

Un·ter·haus *n Br* House of Commons, Lower House; ▶ **Mitglied des ~es** *Br* member of parliament *(Abk* MP); **Un·ter·haus·wahl** *f pol (in Großbritannien)* Commons vote.

Un·ter·hemd *n Br* vest, *Am* undershirt.

un·ter·höh·len *tr* **1.** hollow out; **2.** *fig (unterminieren)* undermine.

Un·ter·holz ⟨-es⟩ *n* undergrowth.

Un·ter·ho·se *f* (pair of) pants *(od* briefs).

un·ter·ir·disch *adj* subterranean.

un·ter·jo·chen *tr* subjugate.

un·ter·kel·lern *tr* provide with a cellar; ▶ **das Gebäude ist nicht unterkellert** the building doesn't have a cellar.

Un·ter·kie·fer *m* lower jaw.

Un·ter·klei·dung *f* underwear.

un·ter|kom·men ⟨sein⟩ *irr itr* **1.** *(Unterkunft finden)* find lodgings *(od* accommodation); **2.** *fam (Beschäftigung)* find a job *(als* at, *bei* at, with); ▶ **so etw ist mir (ja) noch nie untergekommen!** *fam* I've never come across anything like this!

un·ter|krie·gen *tr fam* get down; ▶ **laß dich nicht von denen ~!** don't let them get you down!

Un·ter·küh·lung [--'--] *f* undercooling.

Un·ter·kunft ['ʊntəkʊnft, *pl* -kʏnftə] ⟨-, ¨e⟩ *f* **1.** *(Wohnung)* accommodation; **2.** *mil* quarters *pl; (bei Privatleuten)* billet; ▶ **~ u. Verpflegung** board and lodging.

Un·ter·la·ge *f* **1.** *(Schreib~)* pad; **2.** *(Schriftstück)* document.

Un·ter·laß ['ʊntəlas] *m:* ▶ **ohne ~** incessantly.

un·ter·las·sen *irr tr (versäumen)* omit; *(nicht durchführen)* not carry out; *(nicht tun)* refrain from ...; ▶ **~ Sie das!** stop that! **~e Hilfeleistung** *jur* failure to give assistance; **er hat es ~, mich zu benachrichtigen** he omitted to notify me; **~ Sie alles, was ... you** should refrain from doing anything which ...

Un·ter·lauf *m (von Fluß)* lower stretches *pl.*

un·ter·le·gen [--'--] *adj* **1.** *(schwächer)* inferior; **2.** *(im Kampfe)* defeated; ▶ **jdm ~ sein** be inferior to s.o.

un·ter·le·gen[1] *tr (etw verstärken)* underlay; *(mit Stoff etc)* line; ▶ **e-r Melodie e-n Text ~** put words to a tune.

un·ter·le·gen[2] *tr typ* underlay.

un·ter|le·gen[3] *tr (darunterlegen)* put

underneath; **Un·ter·leg·schei·be** ['-----] *f tech* shim, washer.

Un·ter·leib *m* abdomen; **Un·ter·leibs-** *(in Zssgn)* abdominal.

un·ter·lie·gen ⟨sein⟩ *irr itr* 1. be defeated; 2. *fig* succumb to; 3. *(unterworfen sein)* be subject to ...; ▶ **Luxusartikel ~ e-r hohen Steuer** luxury goods are liable to a high tax.

Un·ter·lip·pe *f* lower lip.

un·ter·mau·ern *tr* 1. *(Gebäude)* underpin; 2. *fig* back up, underpin.

Un·ter·me·nü *n EDV* submenu.

Un·ter·mie·te *f:* ▶ **zur ~ wohnen** be a subtenant *(od* lodger); **Un·ter·mie·ter(in)** *m (f) Br* lodger, *Am* roomer.

Un·ter·neh·men [--'--] *n (Firma, a. Vorhaben)* enterprise; *mil (Operation)* operation; **un·ter·neh·men** *irr tr (tun)* do, *(gehoben)* undertake; ▶ **Schritte gegen jdn ~** take steps against s.o.; **dagegen müssen wir etw ~** we must take some action against that; **Un·ter·neh·mens·be·ra·ter(in)** *m (f)* management consultant; **Un·ter·neh·mens·spit·ze** *f* top management; **Un·ter·neh·mer(in)** [--'--] *m (f)* enterpreneur; *(Arbeitgeber(in))* employer; **un·ter·neh·me·risch** *adj* enterprising; **Un·ter·neh·mungs·geist** *m* enterprise; **un·ter·neh·mungs·lu·stig** *adj* enterprising.

Un·ter·of·fi·zier *m* 1. *(Funktion)* noncommissioned officer, N.C.O., *Am* noncom; 2. *(Dienstgrad: Armee)* sergeant; *(Luftwaffe) Br* corporal, *Am* airman first class.

un·ter|ord·nen I *tr* subordinate to ...; II *refl* subordinate o.s. (to).

un·ter·pri·vi·le·giert *adj* underprivileged.

Un·ter·re·dung [--'--] *f* discussion; *pol* talks *pl.*

Un·ter·richt ['untarıçt] *m* 1. *päd* classes *pl,* lessons *pl;* 2. *päd (Lehren)* teaching; ▶ **am ~ teilnehmen** attend classes; **theoretischer ~** theoretical instruction; **~ geben** teach.

un·ter·rich·ten I *tr* 1. *(Schüler)* teach *(jdn in etw* s.o. s.th.); 2. *(informieren)* inform *(von, über* about); II *itr* teach; ▶ **gut unterrichtete Kreise** well-informed circles; III *refl:* ▶ **sich über etw ~** inform o.s. about s.th.; **sich von jdm über etw ~ lassen** be informed by s.o. about s.th.; **Un·ter·richts·stoff** *m* subject matter; **Un·ter·richts·stun·de** *f Br* lesson, *Am* period; **Un·ter·rich·tung** *f* 1. *(Informierung)* information; 2. *(Belehrung)* instruction; ▶ **nur zur ~** for information only.

Un·ter·rock *m* slip, petticoat.

un·ter·sa·gen *tr* forbid *(jdm etw* s.o. s.th.).

Un·ter·satz *m* mat; *(für Blumentopf)*

saucer; ▶ **fahrbarer ~** *fam* wheels *pl.*

un·ter·schät·zen *tr* underestimate.

un·ter·schei·den *irr* I *tr* distinguish; *(auseinanderhalten)* tell apart; ▶ **können Sie die beiden ~?** can you tell which is which? **man kann John einfach nicht von Paul ~** you simply can't tell John from Paul; II *refl* differ *(von* from); ▶ **worin ~ sich die beiden?** what is the difference between the two of them? **Un·ter·schei·dung** *f* differentiation; ▶ **e-e ~ treffen** make a distinction.

Un·ter·schen·kel *m* lower leg.

un·ter|schie·ben[1] *irr tr* 1. *(darunterschieben)* push *(etw* s.th.) underneath *(unter etw* s.th.); 2. *fig* foist *(jdm etw* s.th. on s.o).

un·ter·schie·ben[2] *irr tr fam (unterstellen):* ▶ **jdm etw ~** attribute s.th. to s.o.; **Sie ~ meiner Äußerung e-n völlig anderen Sinn!** you twist the meaning of my statement completely!

Un·ter·schied ['unteʃi:t] ⟨-(e)s, -e⟩ *m* difference; *(Unterscheidung)* distinction; ▶ **im ~ zu jdm (etw)** unlike s.o. (s.th.); **das ist kein großer ~** that makes no difference; **e-n ~ machen zwischen ... u. ...** make a distinction between ... and ...; **un·ter·schied·lich** *adj* 1. *allg* different; 2. *(veränderlich)* variable; ▶ **das ist sehr ~** it varies a lot; **Beiträge von ~er Qualität** features of varying quality; **un·ter·schieds·los** *adj* indiscriminate.

un·ter·schla·gen *irr tr fin (beiseiteschaffen)* embezzle; *(Brief, Beweise)* withhold; *(Testament)* suppress; ▶ **wollten Sie mir diese Nachricht ~?** did you want to keep quiet about this news? **Un·ter·schla·gung** *f fin* embezzlement; *(von Dokumenten)* interception.

Un·ter·schlupf ['unteʃlupf, *pl* -ʃlypfə] ⟨-(e)s, ¨e⟩ *m* 1. *(Obdach)* shelter; 2. *(Versteck)* hiding-place.

un·ter·schrei·ben *irr tr* sign; ▶ **der Brief ist mit ... unterschrieben** the letter is signed ...; **das kann ich nur ~!** *fig* I'll subscribe to that!

un·ter·schrei·ten *irr tr* fall short *(od, bei Betrag, Temperatur,* below) of ...

Un·ter·schrift ['---] *f* signature; ▶ **s-e ~ unter etw setzen** put one's signature to s.th.

un·ter·schwel·lig *adj* subliminal.

Un·ter·see·boot *n (s. a.* U-Boot) submarine.

Un·ter·sei·te *f* underside; ▶ **an der ~** on the underside; **mit der ~ nach oben** upside down.

un·ter·set·zen *tr tech (Getriebe)* reduce speed; **un·ter·setzt** [--'-] *adj* 1. *(Mensch)* stocky; 2. *tech (Getriebe)* reduced; **Un·ter·set·zungs·ver·hält-**

nis *n tech* reduction ratio.
un·ter·spü·len *tr* undermine, wash away the base of …
un·ter·ste *adj* lowest; ▶ **die ~ Schublade** the bottom drawer.
un·ter·ste·hen *irr itr* I *itr* be subordinate (*jdm* to s.o.), be under someone's control; ▶ **alle Bürger ~ dem Gesetz** all citizens are subject to the law; **ihm ~ acht Arbeiter** he is in charge of eight workers; II *refl (sich trauen)* dare; ▶ **untersteh dich bloß nicht!** don't you dare! **was ~ Sie sich!** how dare you!
un·ter|stel·len[1] I *tr (unterbringen)* keep; II *refl* take shelter.
un·ter·stel·len[2] I *tr* 1. *(unterordnen)* subordinate (*jdn jdm* s.o. to s.o.); 2. *(annehmen)* suppose; 3. *(unterschieben)* insinuate (*jdm, daß* … that s.o. …); II *refl* subordinate o.s. (*jdm* to s.o.); ▶ **ich bin Herrn … direkt unterstellt** I am directly under Mr. …; **14 Mitarbeiter sind mir unterstellt** I'm in charge of 14 employees; **wollen Sie mir Fahrlässigkeit ~?** do you want to insinuate that I was negligent? **Un·ter·stel·lung** [--'--] *f* 1. *(Unterordnung)* subordination; 2. *(Andeutung)* insinuation; 3. *(falsche Behauptung)* misrepresentation; 4. *(Annahme)* assumption.
un·ter·strei·chen *irr tr a. fig* underline.
Un·ter·stu·fe *f (in Schule)* lower grade.
un·ter·stüt·zen *tr a. fig* support; *(finanziell)* subsidize; *(fördern)* sponsor; ▶ **jdn moralisch ~** give s.o. moral support; **Un·ter·stüt·zung** *f* 1. *(Tätigkeit)* support; 2. *(Zuschuß)* aid, assistance; *(Beihilfe)* benefit payment.
un·ter·su·chen *tr* 1. examine *(auf* for); *(genau prüfen)* scrutinize; *(erforschen)* investigate; 2. *(wissenschaftlich)* survey; 3. *jur* try; 4. *chem tech* test *(auf* for); 5. *(nachprüfen)* check, verify.
Un·ter·su·chung [--'--] *f* 1. *allg* examination; *(genau)* investigation *(über* into); 2. *(wissenschaftliche ~)* survey; 3. *jur Br* trial, *Am* probe; 4. *chem tech* test; ▶ **ärztliche ~** medical examination; **bei näherer ~** on investigation; **Un·ter·su·chungs·aus·schuß** *m* committee of inquiry; **Un·ter·su·chungs·ge·fan·ge·ne(r)** *f m* prisoner awaiting trial; **Un·ter·su·chungs·haft** *f* detention while awaiting trial; ▶ **in ~ nehmen** commit for trial; **in ~ sein** *(od* sitzen) be in detention awaiting trial; **Un·ter·su·chungs·rich·ter** *m* examining magistrate.
Un·ter·tan ⟨-s/(-en), -en⟩ *m hist* subject.
un·ter·tan ['untɛtaːn] *adj:* ▶ **jdm ~ sein** be subject to s.o.; **un·ter·tä·nig** ['untɛtɛːnɪç] *adj* submissive, subservient; ▶ **Ihr ~ster Diener** your most humble servant.

Un·ter·tas·se *f* saucer; ▶ **fliegende ~** *fig fam* flying saucer.
un·ter|tau·chen I *tr* ⟨h⟩ *(etw ~)* immerse; *(jdn ~)* duck; II *itr* ⟨sein⟩ 1. dive; *(U-Boot)* submerge; 2. *fig (verschwinden)* disappear.
un·ter·tei·len *tr* subdivide *(in* into); **Un·ter·tei·lung** *f* subdivision *(in* into).
Un·ter·ti·tel *m* 1. subtitle; 2. *film (Bildunterschrift)* caption.
un·ter·trei·ben *itr* understate; **Un·ter·trei·bung** *f* understatement.
un·ter·tun·neln *tr* tunnel; **Un·ter·tun·ne·lung** *f* tunnelling.
un·ter·ver·mie·ten ['-----] *tr* sublet.
un·ter·ver·si·chert *adj* underinsured.
un·ter·wan·dern *tr pol* infiltrate; **Un·ter·wan·de·rung** *f pol* infiltration.
Un·ter·wä·sche *f* underwear, *fam* undies.
un·ter·wegs [untɛˈveːks] *adv* on the (*od* one's *bzw* its) way; ▶ **ist bei euch ein Kind ~?** have you got a child on the way? **schreib mir mal von ~!** drop me a line while you're away!
un·ter·wei·sen *irr tr* instruct *(in* in).
Un·ter·welt *f a. fig* underworld.
un·ter·wer·fen *irr* I *tr* 1. *(unterziehen)* subject to; 2. *(Land, Volk)* subjugate; II *refl* submit (to); **un·ter·wor·fen** *adj:* ▶ **die ~en Völker** the subjugated nations; **dem Zeitgeschmack ~** subject to prevailing tastes *pl;* **un·ter·wür·fig** [untɛˈvʏrfɪç] *adj* submissive; *(kriecherisch)* obsequious, servile; **Un·ter·wür·fig·keit** *f* submissiveness; *(Kriecherei)* obsequiousness.
un·ter·zeich·nen *tr* sign; **Un·ter·zeich·ner(in)** *m (f)* signatory; **Un·ter·zeich·ne·te(r)** *f m* undersigned.
un·ter·zie·hen *irr* I *refl* undergo (*e-r Sache* s.th.); ▶ **sich der Mühe ~, etw zu tun** take the trouble to do s.th.; **sich e-r Operation ~** undergo an operation; **sich e-r Prüfung ~** take an examination; II *tr* subject (to); ▶ **jdn (etw) e-r Prüfung ~** subject s.o. (s.th.) to an examination.
Un·tie·fe *f* shallow, shoal.
Un·tier *n* monster.
un·trag·bar [-'--] *adj* intolerable, unbearable.
un·trenn·bar [-'--/'---] *adj* inseparable.
un·treu *adj* unfaithful; ▶ **bin ich dir jemals ~ gewesen?** have I ever been unfaithful to you? **sich selbst ~ werden** be untrue to o.s.; **Un·treue** *f* disloyalty, unfaithfulness.
un·tröst·lich [-'--] *adj* inconsolable *(über* about).
un·trüg·lich [-'--/'---] *adj* 1. *allg* infallible; 2. *(unmißverständlich)* unmistakable.
un·ty·pisch *adj* atypical *(für* of).
un·über·hör·bar *adj* unmistakable.

un·über·legt *adj* ill-considered; *(übereilt)* rash.

un·über·seh·bar ['---'--] *adj* **1.** *(nicht übersehbar)* immense, vast; **2.** *(nicht abschätzbar)* incalculable; **3.** *(offensichtlich)* obvious.

un·über·setz·bar ['-----/'---'--] *adj* untranslatable.

un·über·sicht·lich *adj* **1.** *(Kurve etc)* blind; **2.** *(Organisation etc)* confused.

un·über·treff·lich ['---'--] **I** *adj* unsurpassable; **II** *adv* superbly.

un·über·trof·fen [' '] *adj* unsurpassed.

un·über·wind·lich ['---'--] *adj* **1.** *(Gegner)* invincible; **2.** *(Schwierigkeiten)* insurmountable.

un·um·gäng·lich ['--'--] *adj* **1.** *(wesentlich)* essential; **2.** *(unvermeidlich)* inevitable.

un·um·schränkt ['--'-] *adj* unlimited; *pol (Macht)* absolute.

un·um·stöß·lich ['--'--] *adj (Entschluß)* irrevocable; *(Tatsache)* irrefutable.

un·um·strit·ten ['--'--] *adj* undisputed.

un·un·ter·bro·chen ['---'--] *adj* **1.** *(nicht unterbrochen)* uninterrupted; **2.** *(unaufhörlich)* continuous, incessant.

un·ver·än·der·lich ['--'---] *adj* **1.** *(unwandelbar)* unchangeable; **2.** *(gleichbleibend)* invariable.

un·ver·än·dert ['--'--] *adj* unchanged.

un·ver·ant·wort·lich ['--'---] *adj* irresponsible.

un·ver·äu·ßer·lich *adj (Rechte)* inalienable.

un·ver·bes·ser·lich ['--'---] *adj* incorrigible.

un·ver·bind·lich *adj* **1.** *(nicht bindend)* not binding, without obligation; **2.** *(allgemein gehalten)* noncommittal; **3.** *(kein Entgegenkommen zeigend)* curt; ▶ **lassen Sie es sich ~ zuschicken!** have it sent to you without obligation!

un·ver·bleit *adj* lead-free, unleaded.

un·ver·blümt *adj* blunt, open.

un·ver·däch·tig *adj* **1.** *(nicht verdächtigt)* unsuspected; **2.** *(harmlos)* unsuspicious.

un·ver·dau·lich *adj* indigestible.

un·ver·dien·ter·wei·se ['----'--] *adv* undeservedly.

un·ver·dor·ben ['----/--'--] *adj a. fig* unspoilt.

un·ver·dros·sen ['--'--] *adj (unermüdlich)* indefatigable; *(unverzagt)* undaunted.

un·ver·ein·bar ['--'--] *adj* incompatible; ▶ **miteinander ~ sein** be incompatible.

un·ver·fälscht *adj* unadulterated.

un·ver·fäng·lich *adj* harmless.

un·ver·fro·ren *adj* insolent.

un·ver·gäng·lich ['--'--] *adj* imperishable.

un·ver·ges·sen *adj* unforgotten.

un·ver·geß·lich ['--'--] *adj* unforgettable; ▶ **das bleibt mir ~** I'll always remember that.

un·ver·gleich·lich ['--'--] *adj* incomparable.

un·ver·hält·nis·mä·ßig *adv* **1.** disproportionately; **2.** *(übermäßig)* excessively.

un·ver·hei·ra·tet *adj* single, unmarried.

un·ver·hofft ['--'-] *adj* unexpected; ▶ **völlig ~** out of the blue.

un·ver·hoh·len ['--'--] *adj* unconcealed.

un·ver·käuf·lich *adj* unmarketable; ▶ **~es Muster** free sample; **"~"** "not for sale".

un·ver·kenn·bar ['--'--] *adj* unmistakable.

un·ver·letz·lich ['--'--] *adj fig* inviolable.

un·ver·letzt *adj* unhurt, uninjured; *(Körperteil)* undamaged.

un·ver·meid·lich ['--'--] *adj* inevitable; *(nicht zu umgehen)* unavoidable.

un·ver·min·dert ['--'--] *adj* undiminished.

Un·ver·mö·gen *n* inability.

un·ver·mö·gend *adj* without means.

un·ver·mu·tet ['--'--] *adj* unexpected.

Un·ver·nunft *f* **1.** *(Uneinsichtigkeit)* unreasonableness; **2.** *(Torheit)* stupidity; **3.** *(Irrationalität)* irrationality; **un·ver·nünf·tig** *adj* **1.** unreasonable; **2.** *(töricht)* stupid.

un·ver·packt *adj* loose, unpackaged.

un·ver·rich·te·ter·din·ge ['-----'--] *adv* without having achieved anything.

un·ver·schämt ['ʊnfɛrʃɛːmt] *adj* **1.** *(Benehmen)* impertinent, impudent; **2.** *(Lüge)* blatant; **3.** *(Preis)* exorbitant; ▶ **grinse nicht so ~!** take that cheeky grin off your face! **Un·ver·schämt·heit** *f (Benehmen)* impertinence, impudence; ▶ **die ~ haben, zu ...** have the face to ...; **so e-e ~!** it's outrageous!

un·ver·schul·det ['--'--] *adj* **1.** *(ohne Schulden)* free from debt; *(Grundstück)* unencumbered; **2.** *(ohne Schuld)* through no fault of one's own.

un·ver·se·hens *adv* **1.** *(plötzlich)* all of a sudden; **2.** *(überraschenderweise)* unexpectedly.

un·ver·sehrt ['--'-] *adj (Mensch)* unscathed; *(Sache)* undamaged.

un·ver·söhn·lich ['--'--] *adj* irreconcilable.

un·ver·ständ·lich ['--'--] *adj* **1.** *(unbegreifbar)* incomprehensible; **2.** *(kaum zu hören)* inaudible.

un·ver·steu·ert *adj* untaxed.

un·ver·sucht ['--'-] *adj:* ▶ **nichts ~ lassen** try everything.

un·ver·träg·lich *adj* **1.** *(streitsüchtig)* quarrelsome; **2.** *med (unbekömmlich)* intolerable.

un·ver·wandt **I** *adj:* ▶ **~en Blickes**

with a steadfast gaze; **II** *adv* fixedly, steadfastly.

un·ver·wech·sel·bar ['--'---] *adj* unmistakable.

un·ver·wund·bar ['--'--] *adj* invulnerable.

un·ver·wüst·lich ['--'--] *adj* **1.** *(strapazierfähig)* indestructible; *(Gesundheit)* robust; **2.** *fig (Humor)* irrepressible.

un·ver·zagt ['--'-] *adj* undaunted.

un·ver·zeih·lich ['--'--] *adj* unpardonable.

un·ver·zollt *adj* duty-free.

un·ver·züg·lich ['--'--] *adj* immediate.

un·voll·en·det ['----/--'--] *adj* unfinished; ▶ **die U~e von Schubert** *mus* Schubert's unfinished symphony.

un·voll·kom·men *adj* **1.** *(mangelhaft)* imperfect; **2.** *(unvollständig)* incomplete; **Un·voll·kom·men·heit** *f* **1.** *(Mangelhaftigkeit)* imperfection; **2.** *(Unvollständigkeit)* incompleteness.

un·voll·stän·dig *adj* incomplete; ▶ **tut mir leid, aber Sie haben das Formular ~ ausgefüllt!** sorry, but you didn't fill the form out properly!

un·vor·be·rei·tet *adj* unprepared *(auf* for).

un·vor·ein·ge·nom·men *adj* unbiased, unprejudiced.

un·vor·her·ge·se·hen ['--'----] *adj* unforeseen; *(Besuch)* unexpected.

un·vor·schrifts·mä·ßig *adj* contrary to regulations; ▶ **~ parken** park improperly!

un·vor·sich·tig *adj* **1.** *allg* careless; **2.** *(voreilig)* rash; **Un·vor·sich·tig·keit** *f* **1.** *allg* carelessness; **2.** *(Voreiligkeit)* rashness; ▶ **so eine ~ von dir!** how reckless of you!

un·vor·stell·bar *adj* inconceivable.

un·vor·teil·haft *adj* disadvantageous; ▶ **du siehst heute wirklich ~ aus!** you really don't look your best today!

un·wahr *adj* untrue.

un·wahr·schein·lich ['----/--'--] **I** *adj* **1.** *allg* improbable, unlikely; **2.** *fam (groß)* incredible; **II** *adv fam (sehr)* incredibly.

un·wan·del·bar [-'---/'----] *adj* **1.** *(unveränderlich)* immutable; **2.** *(Gefühlshaltung)* unwavering.

un·weg·sam *adj* rough.

un·wei·ger·lich [-'---/'----] **I** *adj* inevitable; **II** *adv* **1.** *(grundsätzlich)* invariably; **2.** *(unvermeidlich)* inevitably.

un·weit *prp* not far from ...

Un·we·sen *n:* ▶ **sein ~ treiben** do mischief.

un·we·sent·lich *adj* **1.** *(nichts zur Sache tuend)* irrelevant; **2.** *(unwichtig)* unimportant; *(unbedeutend)* insignificant; ▶ **das ist ~** that doesn't matter.

Un·wet·ter *n* thunderstorm.

un·wich·tig *adj* **1.** *allg* unimportant; *(unbedeutend)* insignificant; **2.** *(ohne*

Belang) irrelevant.

un·wi·der·leg·bar ['---'--] *adj* irrefutable.

un·wi·der·ruf·lich ['---'--] *adj* irrevocable; ▶ **~ die letzte Warnung** positively the last warning.

un·wi·der·steh·lich ['---'--] *adj* irresistible.

un·wie·der·bring·lich ['---'--] *adj* irretrievable.

Un·wil·le *m* **1.** *allg* indignation *(über* at); **2.** *(Widerwille)* reluctance; **3.** *(Ungeduld)* irritation; ▶ **jds ~ erregen** incur someone's indignation; **s-m ~n Luft machen** give vent to one's indignation; **un·wil·lig** *adj* **1.** indignant *(über* about); **2.** *(widerstrebend)* reluctant, unwilling; **un·will·kom·men** *adj* unwelcome; **un·will·kür·lich** ['--'--] *adj* **1.** *(spontan)* spontaneous; **2.** *(instinktiv)* instinctive; ▶ **ich mußte ~ lachen** I couldn't help laughing.

un·wirk·lich *adj* unreal.

un·wirk·sam *adj* **1.** *(wirkungslos)* ineffective; **2.** *jur (nichtig)* null, void.

un·wirsch ['ʊnvɪrʃ] *adj* gruff; *(verdrießlich)* morose.

un·wirt·lich *adj* inhospitable.

un·wirt·schaft·lich *adj* uneconomic.

un·wis·send *adj* ignorant; **Un·wis·sen·heit** *f* ignorance; ▶ **~ schützt vor Strafe nicht** ignorance is no excuse.

un·wis·sen·schaft·lich *adj* **1.** *(Vorgehensweise)* unscientific; **2.** *fig (Ausdrucksweise)* unacademic.

un·wis·sent·lich *adv* unwittingly.

un·wohl *adj* **1.** *(unpäßlich)* indisposed, unwell; **2.** *(unbehaglich)* uneasy; ▶ **ich fühle mich ~** I don't feel well; **Un·wohl·sein** *n* indisposition.

un·wür·dig *adj* unworthy (of).

Un·zahl *f* huge number; **un·zäh·lig** *adj* countless, innumerable.

Un·ze ['ʊntsə] ⟨-, -n⟩ *f* ounce.

Un·zeit *f:* ▶ **zur ~** at an inopportune moment, inopportunely; **un·zeit·ge·mäß** *adj* **1.** *(nicht zur Zeit passend)* untimely; **2.** *(altmodisch)* old-fashioned.

un·zer·brech·lich ['--'--] *adj* unbreakable.

un·zer·kaut *adj* whole; ▶ **~ schlucken!** *(auf Medikamentenbeipackzettel)* to be swallowed whole!

un·zer·stör·bar ['--'--] *adj* indestructible.

un·zer·trenn·lich ['--'--] *adj* inseparable.

Un·zucht *f jur* sexual offence; ▶ **~ mit Kindern** illicit sexual relations with children; **un·züch·tig** *adj jur* indecent; *(obszön)* obscene.

un·zu·frie·den *adj* discontented, dissatisfied; *(unglücklich)* unhappy; **Un·zu·frie·den·heit** *f* discontent, dissatisfaction.

un·zu·gäng·lich *adj* 1. *(örtlich)* inaccessible; 2. *fig (verschlossen)* inapproachable.

un·zu·läng·lich *adj* 1. *(nicht ausreichend)* insufficient; 2. *(unangemessen)* inadequate.

un·zu·läs·sig *adj* 1. *jur (verboten)* inadmissible; 2. *(Anwendung, Verwendung)* improper; *tech (Belastung etc)* excessive.

un·zu·mut·bar *adj* unreasonable; **Un·zu·mut·bar·keit** *f* unreasonableness.

un·zu·rech·nungs·fä·hig *adj* not responsible for one's actions; ▶ **er wurde für ~ erklärt** he was certified insane; **Un·zu·rech·nungs·fä·hig·keit** *f* unsoundness of mind; ▶ **er machte ~ geltend** he put forward a plea of insanity.

un·zu·rei·chend *adj* insufficient.

un·zu·sam·men·hän·gend *adj* disjointed, incoherent.

un·zu·ver·läs·sig *adj* unreliable.

un·zweck·mä·ßig *adj* 1. *(nicht ratsam)* inexpedient; 2. *(ungeeignet)* unsuitable; 3. *(unpraktisch)* impractical.

un·zwei·deu·tig *adj* unambiguous, unequivocal.

un·zwei·fel·haft [-'---/'----] I *adj* undoubted; II *adv* undoubtedly, without doubt.

üp·pig ['ʏpɪç] *adj* 1. *(Lebensstil)* luxurious; 2. *(Phantasie)* rich; 3. *(Ausstattung, Essen)* sumptuous; 4. *(weibliche Formen)* voluptuous; 5. *(Vegetation, Wachstum)* luxuriant; **Üp·pig·keit** *f* 1. *(von Lebensstil)* luxury; 2. *(von Ausstattung, Essen)* sumptuousness; 3. *(weiblicher Formen)* voluptuousness; 4. *(der Vegetation)* luxuriance.

Ur·ab·stim·mung ['u:ɐ-] *f* strike ballot.

ur·alt ['u:ɐ'alt] *adj* ancient, very old; ▶ **aus ~en Zeiten** from longlong ago; **das Problem ist ~** the problem is age-old.

Uran [u'ra:n] ⟨-s, -e⟩ *n* uranium; **Uran·vor·kom·men** *n* uranium deposit.

ur·auf·füh·ren ['u:ɐˌaʊfyːrən] ⟨uraufgeführt⟩ *tr theat* play for the first time; *film* première; **Ur·auf·füh·rung** *f theat* first night *(od* performance), première; *film* first showing.

ur·bar ['u:ɐba:ɐ] *adj:* ▶ ~ **machen** *(Wald)* clear; *(Land)* cultivate.

Ur·bild *n* prototype; **Ur·ein·woh·ner(in)** *m (f)* native, original inhabitant; **Ur·en·kel(in)** *m (f)* great-grandchild; **Ur·en·ke·lin** *f* great-granddaughter.

ur·ge·müt·lich ['--'--] *adj* really comfortable.

Ur·ge·schich·te *f* prehistory; **Ur·groß·el·tern** *pl* great-grandparents; **Ur·groß·mut·ter** *f* great-grandmother; **Ur·groß·va·ter** *m* great-grandfather.

Ur·he·ber(in) *m (f) allg* originator; *jur*

(Verfasser) author; **Ur·he·ber·ge·bühr** *f* copyright fee; **Ur·he·ber·recht** *n* copyright *(an* on).

urig ['u:rɪç] *adj fam* 1. *(Mensch)* earthy; 2. *(Atmosphäre, Pub etc)* ethnic.

Urin [u'ri:n] ⟨-s, -e⟩ *m* urine; **uri·nie·ren** *itr* urinate.

ur·ko·misch *adj fam* incredibly funny.

Ur·kun·de ['u:ɐkʊndə] ⟨-,-n⟩ *f* document; *(e-s Kaufes)* deed; *(Bescheinigung etc)* certificate; ▶ **e-e ~ ausfertigen** *jur* draw up a document *(über* about); **Ur·kun·den·fäl·schung** *f* falsification *(od* forgery) of a document *(pl* of documents).

Ur·laub ['u:ɐlaup] ⟨-(e)s, -e⟩ *m* 1. *(Ferien)* Br holiday(s), Am vacation; 2. *mil* leave of absence; ▶ **im ~** Br on holiday *(Am* vacation); *mil* on leave; ~ **haben** Br have holiday *(Am* vacation); *mil* have leave; ~ **nehmen** Br take a holiday *(Am* vacation); *mil* take a leave; **drei Wochen ~** Br three weeks' holiday *(Am* vacation); *mil* three weeks' leave; **in ~ fahren** go on holiday *(Am* vacation); **letztes Jahr haben wir in Spanien ~ gemacht** last year we were on holiday *(Am* vacation) in Spain; **nächste Woche nehme ich mir einen Tag ~** next week I'll take a day off; **Ur·lau·ber(in)** *m (f)* Br holidaymaker, Am vacationist; **Ur·laubs·an·spruch** *m* holiday entitlement; **Ur·laubs·geld** *n* Br holiday pay, Am leave pay.

Ur·ne ['ʊrnə] ⟨-, -n⟩ *f* 1. *(für Asche)* urn; 2. *parl (für Wahlzettel)* ballot-box; ▶ **an die ~n gehen** *parl fam* go to the polls.

Ur·sa·che *f* 1. *allg* cause; 2. *(Grund)* reason; 3. *(Beweggrund)* motive; ▶ **keine ~!** *(sich zu entschuldigen)* that's all right! *(sich zu bedanken)* Br don't mention it! Am you're welcome! **alle ~ haben, etw zu tun** have every reason to do s.th.; **ich habe dazu keine ~** I have no reason for that; **ohne jede ~** for no reason at all; **und was ist die ~ dafür?** and what's the cause of it? ~ **und Wirkung** cause and effect.

Ur·sprung *m* 1. origin; 2. *fig* source; 3. *(Herkunft)* extraction; ▶ **seinen ~ haben in** originate in; **ur·sprüng·lich** ['u:ɐʃprʏŋlɪç/-'--] I *adj* 1. *allg* original; *(anfänglich)* first; 2. *(urwüchsig)* natural; II *adv* originally; *(anfänglich)* at first.

Ur·teil ['ʊrtaɪl] ⟨-s, -e⟩ *n* 1. judgement; 2. *(Ansicht)* opinion; 3. *jur (Spruch)* verdict; *(Strafmaß)* sentence; *(von Schiedsgericht)* award; ▶ **darüber können Sie sich überhaupt kein ~ erlauben!** you're in no position to judge that! **sich ein ~ bilden** form an opinion *(über* of *od* on *od* about); **das ~ sprechen** pronounce judgement *(über* on);

ein ~ **fällen** pass judgement (*über* on); ein ~ **vollstrecken** enforce (*od* execute) a judgement; **nach dem ~ von Sachverständigen** according to expert opinion; **ur·tei·len** *itr* judge (*über etw* s.th. *nach* by); ▶ **man sollte nie vorschnell ~** one should never make a hasty judgement; ~ **Sie nicht zu hart über ihn** don't judge him too harshly; **wie ~ Sie über den Fall?** give us your opinion on the case; **Ur·teils·be·grün·dung** *f jur* opinion; **Ur·teils·kraft** *f* power of judgement; **Ur·teils·spruch** *m jur (von Strafgericht)* sentence; *(von Geschworenen)* verdict; *(von Schiedsgericht)* award; **Ur·teils·ver·mö·gen** *n* faculty of judgement; **Ur·teils·vollstreckung (k·k)** *f* execution of the sentence.
Ur·text *m* original text.
Ur·ur·groß·va·ter ['-'----] *m* greatgreat-grandfather.
Ur·viech ['u:fi:ç] ⟨-s, -er⟩ *n hum fam*

real character.
Ur·wald ['u:evalt, *pl* 'u:evɛldə] ⟨-(e)s, ⁖er⟩ *m* jungle.
ur·welt·lich *adj* primeval.
ur·wüch·sig *adj* **1.** *(ursprünglich)* native, original; **2.** *(unverbildet)* natural, unspoilt; **3.** *(derb)* sturdy; **4.** *(urgewaltig)* elemental.
Ur·zeit *f* primeval times *pl;* ▶ **seit ~en** *fam* for donkey's years; **vor ~en** ages ago.
Ur·zu·stand *m* original state.
USA *pl* USA *sing.*
Usur·pa·tor [uzur'pa:to:ɐ] *m* usurper; **usur·pie·ren** *tr* usurp.
Usus ['u:zus] ⟨-⟩ *m fam* custom.
Uten·si·lien [uten'zi:liən] *pl* utensils.
Uti·li·ta·ris·mus [utilita'rısmus] ⟨-s⟩ *m philos* utilitarianism; **uti·li·ta·ri·stisch** *adj philos* utilitarian.
Uto·pie [uto'pi:] *f* utopia; **uto·pisch** [u'to:pɪʃ] *adj* utopian.
UV-Strah·len *pl phys* UV rays.

V

V, v [faʊ] ⟨-, -⟩ *n* V, v.
V-Aus·schnitt *m* V-neck; ▶ **ein Pullover mit** ~ a V-neck sweater.
V-Mann *m* agent.
Va·banque·spiel [va'baŋk-] ⟨-(e)s⟩ *n fig* dangerous game.
Va·ga·bund [vaga'bʊnt] ⟨-en, -en⟩ *m* vagabond; **va·ga·bun·die·ren** *itr* 1. *(als Vagabund leben)* live as a vagabond *(pl:* as vagabonds); 2. *(umherstreifen)* rove.
va·ge [va:gə] *adj* vague.
Va·gi·na ['va:gina] ⟨-⟩ *f anat* vagina.
va·kant [va'kant] *adj* vacant.
Va·ku·um ['va:kuʊm] ⟨-s, -en/-a⟩ *n* vacuum; ▶ **im** ~ in a vacuum; **va·ku·um·ver·packt** *adj* vacuum-packed.
Va·len·tins·tag ['valənti:ns-] *m* Valentine's Day.
Va·lenz [va'lɛnts] ⟨-, -en⟩ *f ling, chem* valency.
Va·lu·ta [va'lu:ta] ⟨-, -ten⟩ *f* 1. *com (Datum)* value date; 2. *fin (Währung)* foreign currency.
Vam·pir [vam'pi:ɐ] ⟨-s, -e⟩ *m* vampire.
Van·da·le [van'da:lə] ⟨-n, -n⟩ *m* 1. vandal, hooligan; 2. *hist* Vandal; ▶ **hausen** *(od* **sich benehmen) wie die** ~**n** act like vandals; **Van·da·lis·mus** [vanda'lɪsmʊs] *m* vandalism.
Va·nil·le [va'nɪl(j)ə] ⟨-⟩ *f* vanilla; **Va·nil·le·eis** *n* vanilla ice-cream; **Va·nil·le·sau·ce** *f* custard.
va·ri·a·bel [vari'a:bəl] *adj* variable.
Va·ri·an·te [vari'antə] ⟨-, -n⟩ *f* variant *(zu* on).
Va·ria·tion *f* variation *(zu* on).
Va·rie·tät [varie'tɛ:t] ⟨-, -en⟩ *f* variety.
Va·rie·té [varie'te:] ⟨-(s), -s⟩ *n Br* variety, *Am* vaudeville; **va·ri·ie·ren** [vari'i:rən] *tr itr* vary.
Va·sall [va'zal] ⟨-en, -en⟩ *m a. fig* vassal.
Va·se ['va:zə] ⟨-, -en⟩ *f* vase.
Va·ter ['fa:tɐ, *pl* 'fɛ:tɐ] ⟨-s, ⁚⟩ *m* father; ▶ **vom** ~ **auf den Sohn** from father to son; ~ **Staat** *hum fam* the State; **Va·ter·land** *n* fatherland, native *(od* mother) country; ▶ **mein** ~ **my** country; **Va·ter·lands·lie·be** *f* patriotism.
vä·ter·lich ['fɛ:tɐlɪç] *adj* 1. *(wie ein Vater)* fatherly; 2. *(dem Vater gehörig)* paternal; ▶ ~**es Erbteil** patrimony; **vä·ter·li·cher·seits** *adv* on one's father's side; ▶ **meine Großmutter** ~ my paternal grandmother.
va·ter·los *adj* fatherless; **Va·ter·mord**

m patricide; **Va·ter·mör·der(in)** *m (f)* patricide; **Va·ter·schaft** *f* fatherhood, *jur* paternity; **Va·ter·schafts·kla·ge** *f* paternity suit; **Va·ter·stadt** *f* home town; **Va·ter·stel·le** *f:* ▶ **bei jdm** ~ **vertreten** be a father to s.o.; **Va·ter·un·ser** ['--'--] ⟨-s, -⟩ *n* Lord's Prayer.
Va·ti ['fa:ti] ⟨-s, -s⟩ *m fam* dad(dy), *Am a.* pa.
Va·ti·kan [vati'ka:n] *m* vatican; **Va·ti·kan·stadt** ⟨-⟩ *f* Vatican City.
Ve·ge·ta·rier(in) [vege'ta:riɐ] *m (f)* vegetarian; **ve·ge·ta·risch** *adj* vegetarian.
Ve·ge·ta·tion *f* vegetation.
ve·ge·ta·tiv *adj med* vegetative; ▶ ~**es Nervensystem** autonomic nervous system; **ve·ge·tie·ren** *itr* 1. vegetate; 2. *(kümmerlich leben)* eke out a miserable existence.
Ve·he·menz [vehe'mɛnts] ⟨-⟩ *f* vehemence.
Veil·chen ['faɪlçən] *n* 1. *bot* violet; 2. *fig fam (blaues Auge)* shiner; **veil·chen·blau** ['--'-] *adj* violet.
Vek·tor ['vɛktɔr] ⟨-s, -en⟩ *m math* vector.
Ve·lours [ve'lu:ɐ] ⟨-, -⟩ *m (Textilgewebe)* velours; **Ve·lours(·le·der)** *n* suede.
Ve·ne ['ve:nə] ⟨-, -n⟩ *f* vein; **Ve·nen·ent·zün·dung** *f* phlebitis.
ve·ne·risch [ve'ne:rɪʃ] *adj med* venereal.
Ve·ne·zi·aner(in) [venetsi'a:nə] *m (f)* Venetian; **ve·ne·zi·anisch** *adj* Venetian.
Ve·ne·zo·la·ner(in) [venetso'la:nə] *m (f)* Venezuelan; **ve·ne·zo·la·nisch** *adj* Venezuelan.
Ven·til [vɛn'ti:l] ⟨-s, -e⟩ *n* 1. *mot tech* valve; 2. *fig* outlet.
Ven·ti·la·tion *f* 1. *(das Lüften)* ventilation; 2. *(die Anlage)* ventilation system.
Ven·ti·la·tor *m* ventilator.
ven·ti·lie·ren *tr* 1. *(belüften)* ventilate; 2. *(sorgfältig erwägen)* consider carefully.
ver·ab·re·den [fɛr'apre:dən] **I** *tr (arrangieren)* arrange; *(Zeitpunkt)* fix; ▶ **verabredet sein** have a date *(mit jdm* with s.o.); **II** *refl* arrange to meet; *(mit jdm)* arrange to meet s.o; **Ver·ab·re·dung** *f* 1. *com* appointment; 2. *(Vereinbarung)* arrangement; 3. *(Treffen)* engagement; *(mit Freund(in))* date; ▶ **ich habe heute e-e** ~ I'm meeting s.o. today.

ver·ab·rei·chen *tr:* ▶ **jdm Medizin ~** administer medicine to s.o.

ver·ab·scheu·en *tr* abhor, detest, loathe.

ver·ab·schie·den I *tr* **1.** say goodbye to ...; **2.** *(entlassen)* discharge; **3.** *pol (Gesetz)* pass; *fin (Etat)* adopt; **II** *refl* say good-by(e) *(von jdm* to s.o.*); (formell)* take one's leave *(von jdm* of s.o.*).*

ver·ach·ten *tr* **1.** despise; *(Tod, Gefahr etc)* scorn; **2.** *(verschmähen)* disdain; ▶ **das ist nicht zu ~** *fam* that's not to be sneezed at; **ver·ächt·lich** [fɛɛˈɛçtlıç] *adj* **1.** contemptuous, scornful; **2.** *(verachtenswert)* contemptible, despicable; ▶ **etw ~ machen** belittle s.th.; **jdn ~ machen** run s.o. down; **Ver·ach·tung** *f* contempt, disdain, scorn; **sie strafen ihn mit ~** they treat him with contempt.

ver·all·ge·mei·nern [---'--] *tr* generalize; **Ver·all·ge·mei·ne·rung** *f* generalization.

ver·al·ten *itr (ungebräuchlich werden)* become obsolete; *(Ansichten)* become antiquated; *(Mode)* go out of date; **ver·al·tet** *adj (ungebräuchlich)* obsolete; *(Ansichten)* antiquated; *(aus der Mode)* out-of-date.

Ve·ran·da [veˈranda] ⟨-, -den⟩ *f* porch, veranda.

ver·än·der·lich *adj (Mensch, Wetter etc)* changeable; *math* variable; **Ver·än·der·lich·keit** *f* changeability, variability; **ver·än·dern I** *tr* change; **II** *refl* change *(beruflich* one's job*);* **Ver·än·de·rung** *f* change *(beruflich* of job*);* ▶ **an etw ~en vornehmen** make changes to s.th.

ver·äng·stigt [fɛrˈɛŋstıçt] *adj* **1.** *(eingeschüchtert)* intimidated; **2.** *(erschreckt)* scared.

ver·an·kern *tr* **1.** *mar* anchor; **2.** *fig* establish *(in* in*).*

ver·an·la·gen *tr fin (zu Steuern)* assess *(mit* at*);* **ver·an·lagt** *adj:* ▶ **künstlerisch ~ sein** have an artistic bent; **er ist eben so ~** that's just the way he is; **Ver·an·la·gung** *f* **1.** *fin (steuerlich)* assessment; **2.** *(charakterlich)* disposition; **3.** *(körperlich)* predisposition; **4.** *(Hang)* tendency; **5.** *(Talent)* bent.

ver·an·las·sen *tr* **1.** *(bewegen)* cause *(jdn, etw zu tun* s.o. to do s.th.*);* **2.** *(anordnen)* arrange *(etw* for s.th.*);* ▶ **das Nötige ~** take the necessary steps *pl;* **bitte ~ Sie, daß ...** please see to it that ...; **sich veranlaßt sehen, etw zu tun** feel prompted to do s.th.

Ver·an·las·sung *f* **1.** *(Beweggrund)* cause, reason; **2.** *(Betreiben)* instigation; ▶ **auf ~ von ...** at the instigation of ...; **~ geben** give cause *(zu etw* for s.th.*);* **ich habe keine ~ dazu** I have no reason for doing it.

ver·an·schau·li·chen *tr* illustrate *(jdm etw an etw* s.th. to s.o. with s.th.*).*

ver·an·schla·gen *irr tr* estimate *(auf* at*);* ▶ **zu hoch ~** overestimate; **zu niedrig ~** underestimate.

ver·an·stal·ten *tr* **1.** *(organisieren)* arrange, organize; **2.** *(Empfang etc: abhalten, geben)* give; *(Wahlen)* hold; ▶ **e-e Sammlung ~** take up a collection; **Ver·an·stal·ter(in)** *m (f) (Organisator)* organizer; *(von Konzerten, Shows etc)* promoter.

Ver·an·stal·tung *f* event *(von* organized by*);* **Ver·an·stal·tungs·ka·len·der** *m* calendar of events.

ver·ant·wor·ten I *tr* **1.** accept the responsibility for ...; **2.** *(die Folgen tragen)* answer for *(etw vor jdm* s.th. to s.o.*);* **II** *refl* justify *(für etw* s.th., *vor jdm* to s.o.*);* **ver·ant·wort·lich** *adj* **1.** responsible; **2.** *(haftbar)* liable; ▶ **jdm gegenüber für etw ~ sein** be responsible to s.o. for s.th.; **jdn für etw ~ machen** hold s.o. responsible for s.th. **Ver·ant·wort·lich·keit** *f* **1.** responsibility; **2.** *(Haftbarkeit)* liability; **Ver·ant·wor·tung** *f* responsibility *(für* for*);* ▶ **die volle ~ für etw übernehmen** take full responsibility for s.th.; **zur ~ ziehen** call to account; **auf Ihre ~!** you take the responsibility! **ich habe es auf eigene ~ getan** I did it on my own responsibility; **jdm die ~ für etw übertragen** put the responsibility for s.th. on s.o.; **ver·ant·wor·tungs·be·wußt** *adj* responsible; **Ver·ant·wor·tungs·be·wußt·sein** *n* sense of responsibility; **ver·ant·wor·tungs·los** *adj* irresponsible; **ver·ant·wor·tungs·voll** *adj* responsible.

ver·ar·bei·ten *tr* **1.** use *(zu etw* to make s.th.*);* **2.** *tech (Rohstoffe, Daten etc)* process *(zu* into*);* **3.** *(verbrauchen)* consume; **4.** *fig (geistig ~)* assimilate, digest.

ver·är·gern *tr* annoy, vex.

ver·ar·men ⟨sein⟩ *itr* become impoverished; **Ver·ar·mung** *f* impoverishment; *a. fig* pauperization.

ver·ar·schen *tr fam:* ▶ **jdn ~** take the piss out of s.o.

ver·arz·ten *tr fam (versorgen)* fix up.

ver·äs·teln [fɛrˈɛstəln] *refl* **1.** *(Zweige)* branch out; **2.** *fig (Adern, Probleme etc)* ramify; **Ver·äste·lung** *f* **1.** *(von Gezweig)* branching; **2.** *fig* ramifications *pl.*

ver·aus·ga·ben *refl* **1.** *(finanziell)* overspend; **2.** *(Kräfte)* overtax o.s.

ver·äu·ßern *tr* dispose of ...; **Ver·äu·ße·rung** *f* disposal.

Verb [vɛrp] ⟨-s, -en⟩ *n* verb; **ver·bal** *adj* verbal; **Ver·bal·phra·se** *f ling* verbal phrase.

ver·ball·hor·nen [fɛrˈbalhornən] *tr* **1.** *(e-n Text etc „verschlimmbessern")* corrupt; **2.** *(parodieren)* parody.

Ver·band ⟨-(e)s, ⁻e⟩ *m* **1.** *med* dressing; *(mit Binden)* bandage; **2.** *mil (Einheit)* unit; *aero mar (Formation)* formation; **3.** *(Vereinigung)* association, federation; **Ver·band(s)·ka·sten** *m* first-aid box; **Ver·band·stoff** *m* dressing; **Verband·zeug** *n* first-aid supplies *pl.*

ver·ban·nen *tr a. fig* banish, exile *(aus* from, *nach* to); **Ver·bann·te(r)** *f m* exile; **Ver·ban·nung** *f* **1.** *(das Verbannen)* banishment; **2.** *(Exil)* exile.

ver·bar·ri·ka·die·ren I *tr* barricade; II *refl* barricade o.s. in *(in etw s.th.).*

ver·bau·en *tr* **1.** *(versperren)* obstruct; **2.** *(falsch bauen)* construct badly; **3.** *(als Material verbrauchen)* use in building; ▶ **sich (jdm) den Weg** ~ *fig* bar one's (someone's) way *(zu* to); **jdm den Aufstieg** ~ *fig* wreck someone's chances in life.

ver·be·am·ten *tr* ▶ **jdn** ~ give the status of civil servant to s.o.

ver·ber·gen *irr* I *tr* conceal, hide *(vor* from); II *refl* conceal o.s., hide *(vor* from).

ver·bes·sern I *tr* **1.** *(Lage etc)* improve; *(Leistung)* improve on ...; **2.** *(berichtigen)* correct; II *refl* **1.** *(Lage etc)* get better, improve; **2.** *(Mensch in s-r Leistung)* do better; **3.** *(durch berufl. Aufstieg)* better o.s.; **4.** *(sich berichtigen)* correct o.s.; **Ver·bes·se·rung** *f* **1.** improvement *(der Lage etc in, von Kenntnissen, Leistungen* on); **2.** *(durch berufl. Aufstieg)* betterment; **3.** *päd* correction; **ver·bes·se·rungs·fä·hig** *adj* open to improvement; **Ver·bes·se·rungs·vor·schlag** *m* suggestion for improvement.

ver·beu·gen *refl* bow *(vor* to); **Ver·beu·gung** *f* bow.

ver·beu·len *tr* dent; **ver·beult** *adj* battered.

ver·bie·gen *irr tr* I bend; II *refl* bend; *(Holz)* warp.

ver·bie·stert *adj fam* grumpy.

ver·bie·ten *irr tr* forbid; *(vor allem amtlicherseits)* prohibit *(jdm etw* s.o. from doing s.th.); ▶ **viele Ärzte** ~ **ihren Patienten das Rauchen** many doctors forbid their patients to smoke; **solche Dinge** ~ **sich von selbst** such things must be ruled out; **jdm den Mund** ~ *fig* forbid s.o. to sneak.

ver·bil·li·gen I *tr* **1.** *(Preis)* reduce the price of ...; **2.** *(Kosten)* reduce the cost of ...; II *refl* get cheaper.

ver·bin·den *irr tr* I *tr* **1.** *(verknüpfen a. fig)* connect, link; **2.** *(gefühlsmäßig)* join together, unite; **3.** *tele* put through *(mit jdm Br* to, *Am* with s.o.); **4.** *med* dress; *(mit Binden)* bandage; **5.** *(kombinieren)* combine; ▶ **jdm die Augen** ~ blindfold s.o.; **Sie haben mich falsch verbunden!** you gave me the wrong number! II *refl* **1.** *(gefühlsmäßig)* join together *(zu etw* in *od* to form s.th.; *in etw* in s.th.); **2.** *(vereinigen, a. chem)* combine *(mit* with, *zu* to form); III *itr* *(gefühlsmäßig)* form a bond *(od* bonds).

ver·bind·lich *adj* **1.** *(entgegenkommend)* obliging; **2.** *(verpflichtend)* obligatory; *(bindend)* binding; ▶ ~**sten Dank!** my best thanks! thank you ever so much! ~ **zusagen** accept definitely.

Ver·bind·lich·keit *f* **1.** *(Entgegenkommen)* obligingness; **2.** *(e-s Vertrags, e-r Rechnung)* obligatory *(od binding)* nature; **3.** *(Verläßlichkeit)* reliability; **4.** *com jur:* ▶ ~**en** *(Verpflichtungen allg.)* obligations *pl; (fin)* liabilities *pl;* ▶ **seinen** ~**en nachkommen** *allg* fulfil one's obligations; *fin* meet one's liabilities; **e-e** ~ **eingehen** incur a liability.

Ver·bin·dung *f* **1.** *(Kombination, a. chem Prozeß)* combination; **2.** *(Vereinigung)* association; **3.** *(Beziehung, Kontakt)* contact *(zu, mit* with); **4.** *(Funk~, tele)* communication; **5.** *(tele rail Anschluß, tech verbindender Teil)* connection *(nach* to); **6.** *chem (Prozeßergebnis)* compound *(aus* of); ▶ **sich in** ~ **setzen mit ...** *Br* get in touch with ..., *Am* contact ...; **in** ~ **stehen mit jdm (etw)** be in touch with s.o. (s.th.); **mit jdm in** ~ **bleiben** keep in touch with s.o.; **e-e** ~ **eingehen** *chem* form a compound *(mit etw* with s.th.); **e-e** ~ **herstellen zwischen ...** establish a connection between ...; **Ihr Name wird mit dem Skandal in** ~ **gebracht** your name is mentioned in connection with the scandal; **ich werde meine** ~**en spielen lassen** I'll use my connections; **in** ~ **mit ...** *(im Zus.-hang mit)* in connection with ...; *(zus. mit)* in conjunction with ...; **studentische** ~ fraternity.

Ver·bin·dungs·mann ⟨-(e)s, -männer/ -leute⟩ *m com (Agent)* contact; *mil* liaison man; *(Mittelsmann)* intermediary; **Ver·bin·dungs·of·fi·zier** *m mil* liaison officer; **Ver·bin·dungs·stück** *n* connecting piece.

ver·bis·sen [fɛrˈbɪsən] *adj* dogged, grim; **Ver·bis·sen·heit** *f* doggedness, grimness.

ver·bit·ten *irr refl:* ▶ **ich verbitte mir diesen Ton!** I refuse to be talked to like that! **das verbitte ich mir!** I won't have it!

ver·bit·tern I *tr* embitter; II *itr* become embittered; **ver·bit·tert** *adj* embittered; **Ver·bit·te·rung** *f* bitterness.

ver·blas·sen *itr a. fig* fade, pale.

Ver·bleib [fɛrˈblaɪp] ⟨-(e)s⟩ *m* whereabouts *pl;* **ver·blei·ben** ⟨sein⟩ *irr itr* remain; ▶ **es dabei** ~ **lassen** let the matter rest; **wir sollten so** ~**, daß ...** we should agree to ...

ver·blei·en *tr (Benzin)* lead; **ver·bleit**

adj (Benzin) leaded.

ver·blen·den *tr* 1. *arch (mit Verblendsteinen)* face; 2. *(blind machen)* blind; **Ver·blend·stein** *m arch* facing brick; **Ver·blen·dung** *f* blindness.

ver·bli·chen [fɛr'blɪçən] *adj* 1. *(verbleicht)* faded; 2. *(gehoben: gestorben)* deceased.

ver·blö·den ⟨sein⟩ *itr fam* become a zombie.

ver·blüf·fen [fɛr'blʏfən] *tr* 1. *(erstaunen)* amaze, stun; 2. *(verwirren)* baffle, stupefy; **Ver·blüf·fung** *f* 1. *(Erstaunen)* amazement, stupefaction; 2. *(Verwirrung)* bafflement.

ver·blü·hen ⟨sein⟩ *itr a. fig* fade, wither.

ver·blu·ten ⟨sein⟩ *itr* bleed to death.

ver·bocken (k·k) *tr fam (verpfuschen)* botch.

ver·boh·ren *refl:* ► sich in etw ~ become obsessed with s.th.; **ver·bohrt** *adj* 1. *(eigensinnig)* obdurate, stubborn; 2. *(unflexibel)* inflexible; **Ver·bohrtheit** *f* inflexibility.

ver·bor·gen *tr* lend out *(an* to).

ver·bor·gen [fɛr'bɔrgən] *adj* hidden; ► im ~en secretly; im ~en leben live hidden away; im ~en blühen *fig* flourish in obscurity; **sich ~ halten** hide. **Ver·bor·gen·heit** *f* seclusion, secrecy.

Ver·bot [fɛr'boːt] ⟨-(e)s, -e⟩ *n* ban, prohibition; *jur eccl* interdiction; ► **trotz ärztlichen ~es** in spite of doctor's orders *pl;* **gegen ein ~ verstoßen** ignore a ban; **ein ~ aufheben** lift a ban. **ver·bo·ten** *adj* forbidden; *(amtlich)* prohibited; *(ungesetzlich)* illegal; ► **Eintritt ~!** keep out! no admittance! **Zutritt ~** off limits; **du siehst wirklich ~ aus!** *fam* you look a real sight! **Verbots·schild** *n* prohibitive sign.

Ver·brauch ⟨-(e)s⟩ *m* consumption *(von, an* of); *(Geld~)* expenditure; ► **sparsam im ~** *mot* economical; **ver·brau·chen** *tr* 1. consume; *(aufbrauchen)* use up; 2. *(abnutzen)* wear out; 3. *(erschöpfen)* exhaust; ► **wir verbrauchen ein Pfund Kaffee in der Woche** we use up 500 g of coffee a week; **verbrauchte Luft** stale air; **Ver·brau·cher(in)** ⟨-s, -⟩ *m (f)* consumer; **ver·brau·cher·feindlich** *adj* anti-consumer; **ver·braucher·freund·lich** *adj* consumer-friendly; **Ver·brau·cher·markt** *m* superstore, hypermarket; **Ver·braucher·schutz** *m* protection of the consumer; **Ver·brau·cher·ver·band** *m* consumers' association; **Ver·braucher·zen·tra·le** *f* consumer advice centre; **Ver·brauchs·gü·ter** *n pl* consumer goods; **ver·braucht** used up, finished, *(Luft)* stale; *(Mensch)* worn-out.

Ver·bre·chen ⟨-s, -⟩ *n a. fig* crime *(gegen, an* against); **ver·bre·chen** *irr tr* 1. *(Straftat)* commit, perpetrate; 2. *fam*

(anstellen) do (wrong) …; ► **was habe ich denn nun schon wieder verbrochen?** *fam* what on earth have I done now? **wer hat denn dieses Gedicht verbrochen?** *fam hum* who's the perpetrator of this poem? **Ver·brecher(in)** *m (f)* criminal; **Ver·bre·cherban·de** *f* gang of criminals; **ver·breche·risch** *adj* criminal.

ver·brei·ten I *tr* 1. *allg* spread; 2. *radio TV (ausstrahlen)* radiate; 3. *(Zeitung)* distribute; II *refl* 1. *(Nachricht, Krankheit)* spread; 2. *(über ein Thema etc)* hold forth on …

ver·brei·tern I *tr* broaden, widen; II *refl* widen out; **Ver·brei·te·rung** *f* widening.

ver·brei·tet *adj* common; ► **e-e ~e Zeitung** a newspaper with a wide distribution; **Ver·brei·tung** *f* 1. *allg* spreading; 2. *radio TV* radiation; 3. *(Verteilung)* distribution; **Ver·breitungs·ge·biet** *n markt* circulation area.

ver·bren·nen *irr* I *tr* 1. burn; *(Leiche)* cremate; 2. *(versengen)* scorch; ► **sich die Finger ~** *a. fig* burn one's fingers; II *itr* ⟨sein⟩ burn *(Mensch:* to death); III *refl* burn o.s.; **Ver·bren·nung** *f* 1. *(das Verbrennen)* burning; *(von Treibstoff)* combustion; *(Leichen~)* cremation; 2. *med* burn; ► **sie trug nur leichte ~en davon** she was not seriously burned; **~en zweiten Grades** second degree burns; **Ver·bren·nungs·mo·tor** *m* internal combustion engine; **Ver·brennungs·ofen** *m* combustion furnace; **Ver·bren·nungs·wär·me** *f* heat of combustion.

ver·brieft *adj:* ► **~es Recht** vested interest *(od* right).

ver·brin·gen *irr tr* pass, spend.

ver·brü·dern [fɛr'bryːdən] *refl* 1. *(sich zus.-tun)* ally o.s. *(mit* with); 2. *(fraternisieren)* fraternize *(mit* with); **Ver·brüde·rung** *f* 1. *(Zus. Arbeit)* alliance; 2. *(Fraternisierung)* fraternization.

ver·brü·hen I *tr* scald; II *refl* scald o.s.; **Ver·brü·hung** *f* scald.

ver·bu·chen *tr fin* enter in the books; ► **diesen Erfolg kann ich immerhin für mich ~** *fig* anyhow I can credit myself with this success.

ver·bum·meln *tr fam* 1. *(vertrödeln)* idle away; 2. *(verlieren)* lose; 3. *(verpassen)* miss.

Ver·bund [fɛr'bʊnt] ⟨-(e)s⟩ *m com* combine; **ver·bun·den** *adj* 1. *(verknüpft)* connected; 2. *(verpflichtet)* obliged *(jdm für etw* to s.o. for s.th.); ► **damit sind Gefahren (Kosten) ~** that involves dangers (costs); **falsch ~!** *tele* sorry, wrong number!

ver·bün·den [fɛr'bʏndən] *refl* ally o.s. *(mit* with).

Ver·bun·den·heit *f* 1. *(zwischen Personen)* closeness *(mit* to); 2. *(mit Bräuchen, Heimat etc)* attachment *(mit* to).
Ver·bün·de·te(r) *f m* ally.
Ver·bund·fahr·aus·weis travel pass *(valid for all forms of public transport).*
Ver·bund·glas *n* laminated glass; **Ver·bund·netz** *n el* grid system; **Ver·bund·stein** *m* interlocking paving stone; **Ver·bund·stein·pfla·ster** *n* interlocking pavement; **Ver·bund·sy·stem** *n* 1. *com* compound system; 2. *el* grid *(od* interconnected) system; **Ver·bund·wer·bung** *f markt* joint advertising; **Ver·bund·werk·stoff** *m* composite material.
ver·bür·gen *tr refl* guarantee; ▶ **sich für etw (jdn)** ~ vouch for s.th. (s.o.); **ver·bürgt** *adj* authentic; ▶ **ein ~es Recht** an established right.
ver·bü·ßen *tr:* ▶ **s-e Strafe** ~ serve one's sentence.
ver·chromt *adj* chromium-plated; **Ver·chro·mung** *f* chrome plating.
Ver·dacht [fɛr'daxt] ⟨-(e)s⟩ *m* suspicion; ▶ ~ **erregen** arouse suspicion; **in** ~ **haben** suspect; **den** ~ **auf jdn lenken** cast suspicion on s.o.; **der** ~, **daß ...,** **wäre mir nie gekommen** I had no suspicion that ...; **ich habe den** ~, **daß ...** I have a suspicion that ...; **auf** ~ *fam* on spec; **es besteht** ~ **auf ... ...** is suspected; **mein** ~ **hat sich bestätigt** I was right in my suspicion; **über jeden** ~ **erhaben sein** be above all suspicion; **unter** ~ **stehen** be under suspicion; **der** ~ **fiel auf ihn** suspicion fell on him; **ver·däch·tig** [fɛr'dɛçtɪç] *adj* suspicious; ▶ **sich** ~ **machen** lay o.s. open to suspicion; **der V~e** the suspect; **er ist des Mordes** ~ he is suspected of murder; **das sieht mir** ~ **nach Masern aus** *fam* it looks suspiciously like measles to me; **ver·däch·ti·gen** *tr* suspect *(e-r Sache* of s.th.); **Ver·däch·ti·gung** *f* suspicion; ▶ **falsche** ~ false charge; **Ver·dachts·mo·ment** *n* suspicious circumstance.
ver·dam·men [fɛr'damən] *tr* 1. *(verurteilen)* condemn; 2. *rel (verfluchen)* damn; **ver·dam·mens·wert** *adj* damnable; **Ver·damm·nis** *f rel* damnation; **ver·dammt** *fam* **I** *interj:* ▶ ~ **(nochmal)!** damn (it all)! blast! **II** *adj* damned; *sl Br* bloody, fucking; ▶ **die sieht** ~ **gut aus!** *fam* she looks damned good! **das tut** ~ **weh!** *fam* that hurts like hell!
ver·damp·fen *tr* ⟨h⟩ *itr* ⟨sein⟩ vaporize.
ver·dan·ken *tr:* ▶ **jdm etw zu** ~ **haben** *(od* **jdm etw** ~) owe s.th. to s.o.; **das haben wir nur dir zu** ~ *(als Vorwurf)* we've got you to thank for it.
ver·dat·tert [fɛr'datət] *adj adv fam* flabbergasted.

ver·dau·en [fɛr'dauən] **I** *tr a. fig* digest; **II** *itr* digest one's food; **verdau·lich** *adj* digestible; ▶ **leicht** ~ easy to digest, **schwer** ~ hard to digest; **Ver·dau·ung** *f* digestion; ▶ **schlechte (gute)** ~ poor (good) digestion; **Ver·dau·ungs·be·schwer·den** *pl* digestive trouble *sing;* **Ver·dau·ungs·stö·run·gen** *f pl* indigestion *sing.*
Ver·deck [fɛr'dɛk] ⟨-(e)s, -e⟩ *n* 1. *mot* hood; 2. *mar (Sonnendeck)* sundeck; **ver·decken (k·k)** *tr* 1. *(zudecken)* cover; 2. *(verstecken)* hide; 3. *fig (Absichten etc)* conceal; **ver·deckt** *adj* 1. *(versteckt)* concealed; 2. *fig (verborgen)* hidden.
ver·den·ken *irr tr:* ▶ **jdm etw** ~ blame s.o. for s.th.
Ver·derb [fɛr'dɛrp] ⟨-(e)s⟩ *m* ruin; ▶ **jdm auf Gedeih u.** ~ **ausgeliefert sein** be completely and utterly at someone's mercy; **Ver·der·ben** ⟨-s⟩ *n* 1. *(Ruin, Untergang)* ruin; 2. *(von Nahrung)* going off; 3. *(von Material)* spoiling; ▶ **jdn ins** ~ **stürzen** bring disaster on s.o.; **er rennt in sein** ~ he's rushing headlong towards ruin; **ver·der·ben** *irr* **I** *tr* ⟨h⟩ 1. *(Geschäft, Spaß)* spoil; 2. *(ruinieren)* ruin; 3. *(sittlich)* corrupt, deprave; ▶ **an diesem Essen ist sowieso nichts mehr zu** ~! this meal is absolutely ruined anyway! **sich den Magen** ~ upset one's stomach; **es sich mit jdm** ~ fall out with s.o.; **sich die Augen** ~ ruin one's eyesight; **jdm die Freude** ~ spoil someone's enjoyment *(an etw* of s.th.); **II** *itr* ⟨sein⟩ 1. *(Nahrungsmittel)* go off; 2. *(Ernte)* be ruined; 3. *(Material)* become spoiled; **ver·derb·lich** *adj* 1. *(schädlich)* pernicious; *(charakterschädigend)* corrupting; 2. *(Nahrungsmittel)* perishable.
ver·deut·li·chen *tr* show clearly; *(klarmachen)* clarify; *(erklären)* explain.
ver·deut·schen *tr* 1. *(ins Deutsche übertragen)* translate into German; 2. *fig (in einfachen Worten sagen)* translate into normal English.
ver·dich·ten **I** *tr* 1. *phys* compress; 2. *(komprimieren)* condense; **II** *refl* 1. *(dichter werden)* thicken; *phys* become compressed; 2. *fig (sich häufen)* increase; *(sich vertiefen)* deepen; **Ver·dich·tung** *f* 1. *phys* compression; 2. *(das Dichterwerden, a. fig: das Verwikkelterwerden)* thickening *(e-r Handlung* of a plot).
ver·die·nen **I** *tr* 1. *(einnehmen)* earn; *(Gewinn machen)* make; 2. *fig (wert sein)* deserve; ▶ **damit verdiente er sich viel Geld** this earned him a lot of money; **das hat er sich verdient** *fig* he's earned it; **er verdient es, bestraft zu werden** he deserves to be punished; **er bekam, was er verdiente** he got what

he deserved; **II** *itr (einnehmen)* earn; *(Gewinn machen)* make a profit *(an* on), profit *(an* from); **Ver·dienst¹** *n* 1. *(Anspruch auf Anerkennung)* merit; *(Anspruch auf Dank)* credit; 2. *(Beitrag)* contribution *(um etw* to s.th.); *(Dienst)* service *(um jdn od etw* to s.o. *od* s.th.); ▶ **Ihnen allein gebührt das ~** the credit is entirely yours; **Russells ~e um die Mathematik** Russell's contribution to mathematics; **Nelsons ~e um England** Nelson's services to England; **nach s-n ~en** according to one's deserts; **Ver·dienst²** ⟨-(e)s, -e⟩ *m* 1. *(Gewinn)* profit; 2. *(Einkommen)* earnings *pl;* **Ver·dienst·aus·fall** *m* loss of earnings *pl;* **Ver·dienst·aus·fall·ent·schä·di·gung** *f* compensation for loss of earnings; **Ver·dienst·mög·lich·kei·ten** *pl* earning capacity *sing;* **Ver·dienst·span·ne** *f* profit margin; **ver·dienst·voll** *adj* deserving.

ver·dient *adj* 1. *(Lob, Strafe)* well-deserved; 2. *(Staatsmann, Wissenschaftler etc)* of great merit; ▶ **sich um etw ~ machen** render a great contribution *(od* great services) to s.th.; **ver·dien·ter·ma·ßen** [-'--'--] *adv* deservedly.

ver·dop·peln I *refl* double; **II** *tr fig (Anstrengungen etc)* redouble; *allg* double.

Ver·dop·pe·lung *f* 1. doubling; 2. *fig* redoubling.

ver·dor·ben [fɛr'dɔrbən] *adj* 1. *(Laune, Freude, Party etc)* spoiled; 2. *(Lebensmittel)* tainted; 3. *(Magen)* upset; 4. *(moralisch)* corrupt; **Ver·dor·ben·heit** *f* depravity.

ver·dor·ren [fɛr'dɔrən] ⟨sein⟩ *itr* wither.

ver·drah·ten *tr el* wire.

ver·drän·gen *tr* 1. *(ersetzen)* supersede; 2. *(vertreiben)* drive out; *(ausbooten)* oust; 3. *phys (Luft, Wasser etc)* displace; 4. *fig (Sorgen)* drive away; *psych (ins Unterbewußtsein)* repress; **Ver·drän·gung** *f* 1. *(das Ersetzen)* superseding; 2. *(das Vertreiben)* driving out; 3. *phys* displacement; 4. *fig* driving away; *psych* repression.

ver·dre·hen *tr* 1. *allg* twist; 2. *(Augen)* roll; *(Glieder)* contort; 3. *fig (Tatsache)* distort; ▶ **jdm den Kopf ~** *fig* turn someone's head.

ver·drei·fa·chen *tr refl* triple.

ver·drie·ßen [fɛr'dri:sən] *irr tr* annoy, irritate; ▶ **es verdrießt mich** I'm sick and tired of it; **ver·drieß·lich** *adj* 1. *(Person)* morose; 2. *(Arbeit)* irksome, unpleasant.

ver·dros·sen [fɛr'drɔsən] *adj* 1. *(lustlos)* unwilling; 2. *(verdrießlich)* morose; **Ver·dros·sen·heit** *f* 1. *(Lustlosigkeit)* unwillingness; 2. *(Verdrießlichkeit)* moroseness.

ver·drüc·ken I *tr fam (Essen)* polish off; **II** *fam refl* slink away; ▶ **~ wir uns!** let's beat it!

Ver·druß [fɛr'drʊs] ⟨-sses⟩ *m* annoyance; ▶ **zu meinem ~** to my annoyance; **er tut es nur mir zum ~** he just does it to spite me.

ver·duf·ten ⟨sein⟩ *itr fig fam* beat it, slip away.

ver·dum·men *tr (dumm machen)* dull someone's mind.

ver·dun·keln I *tr* 1. *allg* darken; *theat mil* black out; 2. *fig (Beweggründe)* obscure; **II** *refl* 1. *allg* darken; 2. *fig (Verstand)* become dulled; **Ver·dun·ke·lung** *f* 1. *allg* darkening; *theat mil* blacking out; 2. *fig* dulling, obscuring; 3. *jur* suppression of evidence.

ver·dün·nen *tr* thin down; *chem (Lösung)* dilute; *(Getränk mit Wasser ~)* water down; **Ver·dün·ner** *m (Farb~)* thinner.

ver·dün·ni·sie·ren *refl hum fam* clear off.

ver·dun·sten ⟨sein⟩ *itr* evaporate; **Ver·dun·ster** *m tech* humidifier; **Ver·dun·stung** *f* evaporation.

ver·dur·sten ⟨sein⟩ *itr* die of thirst.

ver·dü·stern [fɛr'dy:stən] *tr refl* darken.

ver·dutzt [fɛr'dʊtst] *adj fam* 1. *(erstaunt)* taken aback; 2. *(verwirrt)* baffled.

ver·edeln *tr* 1. *(Industrieprodukte)* finish; 2. *(weiterverarbeiten: Rohstoffe)* refine.

ver·eh·ren *tr* 1. *eccl (anbeten)* honour; 2. *(bewundern)* admire; 3. *fam (schenken)* present *(jdm etw* s.o. with s.th.); ▶ **Verehrtester** *hum* dear Sir! **verehrte Anwesende!** Ladies and Gentlemen! **Ver·eh·rer(in)** *m (f)* admirer; **Ver·eh·rung** *f* 1. *(anbetende Liebe)* adoration; 2. *eccl (e-s Heiligen etc)* worship; 3. *(Hochachtung)* admiration; **ver·eh·rungs·wür·dig** *adj (ehrwürdig)* venerable.

ver·ei·di·gen [fɛr'aɪdɪɡən] *tr* swear in; ▶ **jdn auf die Bibel ~** make s.o. swear on the Bible; **ver·ei·digt** *adj* sworn; **Ver·ei·di·gung** *f* swearing in.

Ver·ein [fɛr'aɪn] ⟨-(e)s, -e⟩ *m* 1. *(Gesellschaft)* association; *(Sport~)* club; 2. *fam hum* bunch; ▶ **eingetragener ~** registered society.

ver·ein·bar *adj* compatible; *(logisch)* consistent; **ver·ein·ba·ren** *tr* 1. *(absprechen)* agree; *(Termin, Treffen etc)* arrange; 2. *fig (in Einklang bringen)* reconcile *(etw mit etw* s.th. with s.th.); **Ver·ein·ba·rung** *f* agreement, arrangement; ▶ **e-e ~ treffen** make an agreement; **laut** *(od* **nach) ~** by arrangement.

ver·ei·nen I *tr* unite; **II** *refl* join together; ▶ **in diesem Plan ~ sich ... u. ...** this plan combines ... with ...

ver·ein·fa·chen *tr* simplify; *math* reduce; **Ver·ein·fa·chung** *f* simplification; *math* reduction.
ver·ein·heit·li·chen *tr* standardize.
ver·ei·ni·gen *tr refl* 1. unite; 2. *(verbinden)* combine; 3. *com (fusionieren)* merge *(zu into, mit with)*; ▶ **die beiden Flüsse** ~ **sich bei** ... the two rivers meet at ...; **wir müssen unsere Kräfte** ~ we must combine our forces; **Ihr Plan vereinigt die Vorzüge der beiden anderen** your plan combines the merits of the other two; **ver·ein(ig)t** *adj* united; ▶ **die Vereinigten Staaten** *(von Amerika)* the United States; **das Vereinigte Königreich Großbritannien und Nordirland** United Kingdom (of Great Britain and Northern Ireland); **die Vereinten Nationen** the United Nations; **Ver·ei·ni·gung** *f* 1. *(das Vereinigen) allg* uniting; *(Verbinden)* combining; *com (Fusionieren)* merging; 2. *(Bund, körperl. od ehel.* ~*)* union; 3. *(Organisation)* organization.
ver·ein·sa·men ⟨sein⟩ *itr* become isolated *(od lonely)*; **ver·ein·samt** *adj* isolated, lonely; **Ver·ein·sa·mung** *f* isolation, loneliness.
Ver·eins·mit·glied *n* club member.
ver·eint *adj* united.
ver·ein·zelt *adj* occasional, sporadic.
ver·ei·sen [fɛr'aɪzən] ⟨sein⟩ *itr (Gegenstand)* freeze; *(Straße)* freeze over; *(Scheibe)* ice over; *aero (Tragfläche)* ice up.
ver·ei·teln [fɛr'aɪtəln] *tr* foil, frustrate, thwart.
ver·ei·tern *itr* go septic; ▶ **vereitert sein** be septic; **Ver·ei·te·rung** *f* sepsis.
ver·en·den ⟨sein⟩ *itr (von Tieren)* die, perish.
ver·en·gen I *tr* 1. make narrower; 2. *(zus.-ziehen)* contract; 3. *fig (Horizont)* narrow; II *refl* 1. become narrow; 2. *(sich zus.-ziehen)* contract; 3. *fig (Horizont)* narrow.
ver·er·ben I *tr* 1. *(Eigentum)* leave, bequeath *(jdm* to s.o.*)*; 2. *(Krankheit)* transmit; *(Eigenschaften)* pass on *(jdm od auf jdn* to s.o.*)*; II *refl* be transmitted *od* passed on *(auf jdn* to s.o.*)*; **ver·erb·lich** *adj med* hereditary; **Ver·er·bung** *f* 1. *(das Vererben)* bequeathing; 2. *(von Krankheit)* transmission; *(von Eigenschaften)* passing on; 3. *med (das Phänomen)* heredity; ▶ **das ist** ~ it's a matter of heredity *(od* it's hereditary*)*; **Ver·er·bungs·leh·re** *f* genetics *pl.*
ver·ewi·gen I *tr* 1. *(unsterblich machen)* immortalize; 2. *(System, Verhältnisse)* perpetuate; II *refl (sich unsterblich machen)* immortalize o.s.
Ver·fah·ren ⟨-s, -⟩ *n* 1. *(Methode)* method; 2. *jur* proceedings; *(als Einrichtung)* procedure; 3. *tech* process,

technique; ▶ **ein** ~ **einleiten** *jur* initiate legal proceedings *pl (gegen jdn* against s.o.*)*; **das** ~ **einstellen** *jur* quash *(od* drop*)* the proceedings.
ver·fah·ren[1] *adj fam* bungled, muddled; ▶ **e-e** ~**e Angelegenheit** a bungle, a muddle.
ver·fah·ren[2] ⟨sein⟩ *irr itr (vorgehen)* proceed; ▶ **schlecht mit jdm** ~ deal badly with s.o.
ver·fah·ren[3] ⟨h⟩ *irr* I *tr* 1. *(Benzin)* use up; 2. *(Zeit, Geld)* spend in driving about, II *refl* lose one's way.
Ver·fah·rens·fra·gen *pl* procedural questions; **Ver·fah·rens·tech·nik** *f* process engineering.
Ver·fall ⟨-(e)s⟩ *m* 1. *(Zerfall)* decay; *(von Häusern)* dilapidation; 2. *(Niedergang)* decline; 3. *com fin (Ungültigwerden von Wechsel etc)* expiry, maturity; ▶ **in** ~ **geraten** decay, go to ruin; **dem** ~ **preisgeben** let go to ruin; **bei** ~ *com fin* at maturity *(od* when due*)*; **ver·fal·len** ⟨sein⟩ *irr itr* 1. *(zerfallen)* decay, go to ruin; *(körperlich, geistig, kulturell)* decline; 2. *com fin (Wechsel)* fall due, mature; *(Scheck, a. Fahrkarte etc)* expire; *(Banknoten, Briefmarken etc)* become invalid; 3. *(abhängig werden)* become a slave *(jdm od e-r Sache* to s.o. *od* to s.th.*)*; 4. *(an etw denken)* think *(auf etw* of s.th.*)*; ▶ **wir wollen nicht in denselben Fehler** ~! let's not make the same mistake! **dem Alkohol** ~ become addicted to alcohol; **wie bist du nur darauf** ~? whatever gave you that idea?
ver·fal·len *adj* 1. *(Häuser etc)* dilapidated; *(abgezehrt)* emaciated; *(senil)* senile; 2. *com fin (Banknoten etc)* invalid; *(Scheck)* expired; 3. *(e-m Laster)* addicted to ...; ▶ **er ist ihr völlig** ~ he's completely under her spell.
Ver·falls·da·tum *n* best-before date; **Ver·falls·er·schei·nung** *f* symptom of decline *(bei* in*)*; **Ver·falls·tag** *m* 1. *com fin* expiry date; 2. *(bei Lebensmitteln a.)* eat-by date.
ver·fäl·schen *tr* 1. *allg* falsify; 2. *(Wein, Geschmack etc)* adulterate; **Ver·fäl·schung** *f* falsification.
ver·fan·gen *irr* I *itr refl* become entangled, get caught.
ver·fäng·lich [fɛr'fɛŋlɪç] *adj* 1. *(heimtückisch)* insidious; 2. *(gefährlich)* dangerous; 3. *jur (belastend)* incriminating.
ver·fär·ben *refl* 1. *(Kleidung etc)* change colour; 2. *(erblassen)* grow pale; *(erröten)* flush.
ver·fas·sen *tr* write; **Ver·fas·ser(in)** *m (f)* author, writer.
Ver·fas·sung *f* 1. *pol (Staats~)* constitution; 2. *(Zustand)* state *(gesundheitl.* of health, *gemütsmäßig* of mind*)*; ▶ **ich bin nicht in der** ~, **zu** ... I'm in no fit

state to …; **ver·fas·sung·ge·bend** *adj* constituent; **Ver·fas·sungs·be·schwer·de** *f* complaint of unconstitutionality; **Ver·fas·sungs·ge·richt** *n jur* constitutional court; **Ver·fas·sungs·kla·ge** *f jur* complaint of unconstitutionality; **ver·fas·sungs·mä·ßig** *adj* constitutional; **Ver·fas·sungs·re·form** *f* constitutional reform; **Ver·fas·sungs·rich·ter(in)** *m (f)* judge of the constitutional court; **Ver·fas·sungs·schutz** *m (Amt für ~)* Office for the Protection of the Constitution; **ver·fas·sungs·wid·rig** *adj* unconstitutional.

ver·fau·len ⟨sein⟩ 1. decay, rot; 2. *fig* degenerate.

ver·fech·ten *irr tr* defend, maintain, stand up for; **Ver·fech·ter(in)** *m (f)* advocate, champion.

ver·feh·len *tr (nicht treffen)* miss; **verfehlt** *adj (nicht angebracht)* inappropriate; **Ver·feh·lung** *f* 1. *(Sünde)* transgression; *(Vergehen)* misdemeanour; 2. *(Ziel~)* missing.

ver·fein·den *refl:* ▶ sich mit jdm ~ make an enemy of s.o.

ver·fei·nern I *tr* refine; *(verbessern)* improve; **II** *refl* become refined; *(sich verbessern)* improve; **ver·fei·nert** *adj (Geschmack, Verfahren etc)* sophisticated.

Ver·fet·tung *f med (des Körpers)* obesity; *(einzelner Organe)* adiposity.

ver·feu·ern *tr* 1. *(Munition)* fire; 2. *(Brennmaterial)* burn.

ver·fil·men *tr* make a film of; **Ver·fil·mung** *f* 1. *(Vorgang)* filming; 2. *(Ergebnis)* film version.

ver·filzt *adj* 1. *fig pol* entangled; 2. *(Wolle etc)* felted, matted.

ver·fin·stern I *tr allg* darken; *astr (Gestirne)* eclipse; **II** *refl a. fig* darken.

ver·fla·chen ⟨sein⟩ *itr fig (Diskussion etc)* become shallow.

Ver·flech·tung *f fig* interconnection.

ver·flie·gen *irr* **I** *itr* ⟨sein⟩ 1. *fig (vergehen)* pass, vanish; 2. *chem (sich verflüchtigen)* vanish; *(Geruch)* fade away; **II** *refl* ⟨h⟩ *aero* lose one's bearings.

ver·flie·ßen ⟨sein⟩ *irr itr* 1. *(Zeit)* go by, pass; 2. *(Farben)* run.

ver·flixt [fɛr'flɪkst] **I** *adj* 1. *fam* darned; 2. *(schwierig)* tricky; **II** *adv* darned; **III** *interj:* ▶ ~ **(noch mal)**! blast (it)! darn! ~ **u. zugenäht**! damn and blast!

ver·flos·sen [fɛr'flosən] *adj (vergangen)* past, former; ▶ s-e V~e *hum* his ex-girlfriend *od* exfiancée *od* exwife.

ver·flu·chen *tr* curse; **ver·flucht I** *adj adv fam* damn, *Br* bloody, fucking; **II** *interj:* ▶ ~! damn (it)! ~ **noch mal**! fucking hell! ~ **viel** a hell of a lot; **wir haben ~ geschuftet** we toiled like hell.

ver·flüch·ti·gen *refl* 1. *(verdampfen)* evaporate; 2. *fig fam (Person)* vanish; 3. *fig (Bedenken)* be dispelled.

ver·flüs·si·gen *tr refl* liquefy; **Ver·flüs·si·gung** *f* liquefaction.

ver·fol·gen *tr* 1. *allg (a. Ziel, Idee etc)* pursue; 2. *(Entwicklung, Spur, Unterricht, Person)* follow; 3. *pol* persecute; *jur (gerichtlich)* prosecute; 4. *(heimsuchen)* haunt; **Ver·fol·ger(in)** *m (f)* 1. pursuer; 2. *rel pol* persecutor; **Ver·folg·te(r)** *f m rel pol* victim of persecution; **Ver·fol·gung** *f* 1. *(das Nachjagen)* pursuit; 2. *rel pol* persecution; *jur* prosecution; ▶ **die ~ aufnehmen** take up the chase; **Ver·fol·gungs·jagd** *f* chase, pursuit; **Ver·fol·gungs·kam·pa·gne** *f* persecution campaign; **Ver·fol·gungs·wahn** *m med* persecution mania.

ver·for·men I *tr* distort, make go out of shape (*zu* into); **II** *refl* go out of shape.

ver·frach·ten *tr* 1. *(transportieren)* transport; *mar* ship; 2. *fam (Person)* bundle off.

ver·fran·sen [fɛr'franzən] *refl* 1. *aero fam* lose one's bearings; 2. *fig fam* get in a muddle.

ver·frem·den *tr* defamiliarize; **Ver·frem·dung** *f* defamiliarization.

ver·fres·sen *adj fam pej* greedy.

ver·früht *adj* premature.

ver·füg·bar *adj* available, disposable.

ver·fü·gen I *tr (anordnen)* order; *(per Gesetz)* decree; **II** *itr (zur Verfügung haben):* ▶ **über etw ~** have s.th. at one's disposal; *(bestimmen)* be in charge of s.th.; **er kann über s-e Zeit nicht frei ~** he is not master of his time; **~ Sie über mich!** I am at your disposal! **Ver·fü·gung** *f (Erlaß)* decree; *(Anordnung)* order; *(~srecht)* disposal; ▶ **sich jdm zur ~ halten** be available to s.o.; **zu Ihrer ~** at your disposal; **einstweilige ~** *jur* temporary injunction; **jdm zur ~ stehen** be at someone's disposal; **jdm etw zur ~ stellen** put s.th. at someone's disposal; **Ver·fü·gungs·ge·walt** *jur* right of disposal.

ver·füh·ren *tr* 1. *(in Versuchung führen)* tempt; 2. *(sexuell verleiten)* seduce; ▶ **jdn zu etw ~** encourage s.o. to do s.th.; **Ver·füh·rer(in)** *m (f)* seducer (seductress); **ver·füh·re·risch** *adj (verlockend)* enticing; **Ver·füh·rung** *f* 1. *(sexuell)* seduction; 2. *(Verlockung)* enticement.

Ver·ga·be *f:* ▶ ~ **von Aufträgen** placing of orders; ~ **von Verträgen** award of contracts.

ver·gäl·len [fɛr'gɛlən] *tr fig* embitter; *(Freude)* spoil; *(Leben etc schwermachen)* sour.

ver·ga·lop·pie·ren *refl fig fam* 1. *(irren)* blunder; 2. *(zu weit vorpreschen)* go too far.

ver·gam·meln *fam* I *itr* ⟨sein⟩ 1. *(verfaulen)* go bad, rot; 2. *fig (Person)* go to seed; II *tr* ⟨h:⟩ ▶ **seine Zeit** ~ idle away one's time; **e-n Tag** ~ have a day doing nothing; **ver·gam·melt** *adj fam pej* scruffy.

ver·gan·gen [fɛrˈɡaŋən] *adj* 1. *(früher)* bygone, past; 2. *(letzte)* last; ▶ ~**es Jahr** last year; ~**e Größe** former greatness; **Ver·gan·gen·heit** *f* 1. past; 2. *gram* past tense; 3. *(Geschichte)* history; **Vergan·gen·heits·be·wäl·ti·gung** *f* process of coming to terms with the past; **ver·gäng·lich** [fɛrˈɡɛŋlɪç] *adj* transient, transitory; **Ver·gäng·lich·keit** *f* transitoriness.

ver·ga·sen *tr* 1. *(durch Gas töten)* gas; 2. *(Kohle)* gasify; **Ver·ga·ser** *m mot* carburettor.

ver·ge·ben *irr tr* 1. *(Auftrag, Preis etc)* award *(an* to); 2. *(verzeihen)* forgive *(jdm etw* s.o. for s.th.), pardon *(jdm etw* s.o. s.th.); 3. *(Chancen etc)* throw away; ▶ **ist die Stelle schon** ~? has the vacancy been filled already? **sind diese Plätze** ~? have these seats been taken? **ich bin schon** ~ *fam* I'm already spoken for; **er würde sich nichts vergeben, wenn er sich einmal bedanken würde** it wouldn't hurt him to say thank you once in a while.

ver·ge·bens *adv* in vain, vainly.

ver·geb·lich I *adj* futile; II *adv* in vain; **Ver·geb·lich·keit** *f* futility.

Ver·ge·bung *f* forgiveness, pardon.

ver·ge·gen·wär·ti·gen [---ˈ---] *refl* 1. *(vorstellen)* imagine; 2. *(vor Augen rufen)* visualize; 3. *(erinnern)* recall.

Ver·ge·hen ⟨-s, -⟩ *n* 1. *(das Schwinden)* fading; 2. *jur* offence; **ver·ge·hen** *irr* I *itr* 1. *(vorbeigehen)* pass; *(Liebe etc)* die; 2. *(dahinschwinden)* fade, waste away; *(nachlassen)* wear off; ▶ **das vergeht!** *fam* it'll pass! **vor Neugier** ~ be dying of curiosity; **mir verging Hören und Sehen** *fam* I didn't know whether I was coming or going; **wie die Zeit vergeht!** how time flies! II *refl* *(eine Untat begehen)* commit an offence; ▶ **sich an jdm** ~ do s.o. wrong; **sich gegen etw** ~ commit an offence against s.th.

ver·gei·stigt *adj* spiritual.

ver·gel·ten *irr tr* repay *(jdm etw* s.o. for s.th.); ▶ **Gleiches mit Gleichem** ~ give tit for tat; **Gutes mit Bösem** ~ return good for evil; *(Rache)* retaliation; **Ver·gel·tung** *f* retribution; *(Rache)* retaliation; **Ver·gel·tungs·maß·nah·me** *f* retaliatory measure; **Ver·gel·tungs·schlag** *m* act of reprisal.

ver·ges·sen [fɛrˈɡɛsən] *irr* I *tr itr* 1. forget; 2. *(liegenlassen)* leave; ▶ **das werde ich Ihnen nie** ~ *(Gutes)* I will

always remember you for that; *(Schlechtes)* I will never forget that; II *refl* forget o.s.; **Ver·ges·sen·heit** *f:* ▶ **in** ~ **geraten** fall into oblivion; **ver·geß·lich** *adj* forgetful; **Ver·geß·lich·keit** *f* forgetfulness.

ver·geu·den [fɛrˈɡɔɪdən] *tr* waste; **Ver·geu·dung** *f* waste.

ver·ge·wal·ti·gen [fɛrɡəˈvaltɪɡən] I *tr* 1. *(sexuell)* rape; 2. *fig (Sprache, Kunst etc)* mutilate; **Ver·ge·wal·ti·ger** *m* rapist; **Ver·ge·wal·ti·gung** *f* 1. *(sexuell)* rape, 2. *fig* mutilation.

ver·ge·wis·sern [fɛrɡəˈvɪsɛrn] *refl* make sure *(e-r Sache* of s.th.).

ver·gie·ßen *irr tr (Blut, Tränen)* shed; *(Flüssigkeit)* spill.

ver·gif·ten *tr a. fig* poison; **Ver·gif·tung** *f* poisoning.

ver·gilbt [fɛrˈɡɪlpt] *adj* yellowed.

Ver·giß·mein·nicht [fɛrˈɡɪsmaɪnɪçt] ⟨-(e)s, -(e)/(s)⟩ *n* forget-me-not.

ver·git·tern *tr* put a grate over ...; **Ver·git·te·rung** *f* grating.

ver·gla·sen [fɛrˈɡlaːzən] *tr* glaze; **Ver·gla·sung** *f* glazing.

Ver·gleich ⟨-(e)s, -e⟩ *m* 1. comparison; 2. *jur* settlement; ▶ **im** ~**zu** ... compared to ..., in comparison with ...; **e-n** ~ **anstellen** make a comparison *(zwischen* between); **e-m** ~ **standhalten** bear comparison; **sein Wagen ist überhaupt kein** ~ **zu meinem Jaguar** his car can't be compared to my Jag; **es schneidet im** ~ **überhaupt nicht gut ab** it doesn't compare very well at all; **e-n gütlichen** ~ **schließen** *jur* reach an amicable settlement; **ver·gleich·bar** *adj* comparable; **ver·glei·chen** *irr* I *tr* compare *(mit* to, with); ▶ **ein Sonett mit e-m anderen** ~ compare one sonnet with another; II *refl* 1. *allg* compare o.s. *(mit jdm* with *od* to s.o.); 2. *jur (sich verständigen)* settle *(mit jdm* with s.o.); ▶ **wollen Sie sich etwa mit ihm** ~? don't tell me you mean to compare yourself to him! **in Punkto Geschwindigkeit läßt sich der alte Wagen nicht mit dem neuen** ~ the old car can't be compared for speed with the new one; **ver·gleichs·wei·se** *adv* comparatively; ▶ **es schneidet** ~ **schlecht (gut) ab** it compares badly (well).

Ver·gnü·gen ⟨-s, -⟩ *n (Genuß)* pleasure; *(Freude)* joy; *(Amüsement)* amusement; *(Spaß)* fun; ▶ **(nur) zum** ~ (just) for fun; **mit** ~ with pleasure; **das macht mir** ~ I enjoy it; **das wird ein teures** ~ thats going to be an expensive bit of fun; **na dann viel** ~! *(ironisch)* I wish you joy! **viel** ~! enjoy yourself! have a good time! **an etw** ~ **finden** take pleasure in s.th.; **etw zu s-m** ~ **tun** do s.th. for one's own amusement; **ich mache das nicht zu meinem** ~ I'm not doing it for the

fun of it; **er fand großes ~ daran, Vögel zu beobachten** he got a lot of enjoyment from bird-watching.
ver·gnü·gen [fɛr'gny:gən] ⟨ohne ge⟩ *refl* amuse o.s., enjoy o.s.; ▶ **sich mit jdm** *od* **etw** *od* **e-r Tätigkeit ~** amuse o.s. with s.o. *od* with s.th. *od* by doing s.th.; **ver·gnüg·lich** *adj* enjoyable, pleasureable; **ver·gnügt** enjoyable; *(freudig, heiter)* cheerful; **Ver·gnü·gung** *f* 1. *(Amüsement, Freude)* pleasure; 2. *(~sveranstaltung)* entertainment; **Ver·gnü·gungs·park** *m* amusement park; **Ver·gnü·gungs·rei·se** *f* pleasure trip; **Ver·gnü·gungs·steu·er** *f Br* entertainment *(Am* admission) tax; **ver·gnü·gungs·süch·tig** *adj* pleasure-craving.
ver·gol·den *tr* 1. *(mit Farbe)* paint gold; 2. *(mit Blattgold)* gild; 3. *(feuervergolden)* gold-plate.
ver·gön·nen *tr* not begrudge *(jdm etw* s.o. s.th.); ▶ **es war ihm vergönnt, den König zu sehen** he was granted the privilege of seeing the King.
ver·göt·tern [fɛr'gœtən] *tr fig* idolize.
ver·gra·ben *irr* I *tr* bury; II *refl fig (sich zurückziehen)* hide o.s. away; **sie vergräbt sich in ihren Büchern** *fig* she buries herself in her books.
ver·grämt [fɛr'grɛ:mt] *adj obs* griefstricken.
ver·grei·fen *irr refl (daneben greifen)* take the wrong; ▶ **sich an jdm ~** *(angreifen)* lay hands on s.o.; *(sexuell)* assault s.o.; **sich an etw ~** *(unterschlagen)* embezzle s.th.; **Sie ~ sich im Ton!** that's the wrong tone to speak to me in!
ver·grei·sen *itr* become senile.
ver·grif·fen [fɛr'grɪfən] *adj (Ware allg)* sold out, out of stock; *(Buch)* out of print.
ver·grö·ßern [fɛr'grø:sən] I *tr* 1. *(an Fläche, Umfang)* enlarge; 2. *(an Zahl, Umfang)* increase; 3. *(ausdehnen)* extend; *com (Absatzmärkte)* expand; 4. *opt* magnify; *phot* blow up; II *refl* 1. be enlarged; 2. *(anwachsen)* increase; 3. *(sich ausdehnen)* be extented, expand; 4. *(Pupille, Blutgefäße)* dilate; *(Leber, Niere etc)* become enlarged; III *itr opt* magnify; **Ver·grö·ße·rung** *f* 1. *(flächenmäßig)* enlargement; *(nach Ausdehnung)* extension; *com markt* expansion; 2. *(zahlenmäßig)* increase; 3. *opt* magnification; *phot* enlargement; 4. *(von Pupille, Blutgefäßen)* dilation; *(von Organ)* enlargement; **Ver·grö·ße·rungs·glas** *n* magnifying glass.
ver·gucken (k·k) *refl fam* see wrong; ▶ **sich in etw (jdn) ~** fall for s.th. (s.o.).
ver·gün·stigt *adj:* ▶ **etw ~ kaufen** buy s.th. at a reduced price; **Ver·gün·sti·gung** *f* 1. *(preislich)* reduction; 2. *(Vorrecht)* favour, privilege.

ver·gü·ten [fɛr'gy:tən] *tr* 1. *(Verlust ersetzen)* compensate *(jdm etw* s.o. for s.th.); 2. *(Auslagen)* reimburse *(jdm etw* s.o. for s.th.); 3. *(Arbeitsleistung)* recompense, remunerate *(jdm etw* s.o. for s.th.); 4. *tech (Stahl)* temper; 5. *phot (Linse)* coat; **Ver·gü·tung** *f* 1. *(Kompensation)* compensation; 2. *(Auslagenersatz)* reimbursement; 3. *(Lohn)* recompense, remuneration; 4. *tech (von Stahl)* tempering; 5. *phot (Linsenbeschichtung)* coating.
ver·haf·ten [fɛr'haftən] *tr* arrest; ▶ **Sie sind verhaftet!** you are under arrest! **Ver·haf·tung** *f* arrest; **Ver·haf·tungs·wel·le** *f* wave of arrests.
ver·hal·len ⟨sein⟩ *itr* die *(od* fade) away; ▶ **ungehört ~** *fig* go unheeded.
Ver·hal·ten ⟨-s⟩ *n* 1. *(Benehmen)* behaviour; 2. *(Haltung)* attitude; 3. *(Vorgehen)* conduct.
ver·hal·ten *irr* I *tr* 1. *(unterdrücken)* keep back; *(Zorn)* retain; *(Atem)* hold; II *refl* 1. *(sich benehmen)* behave; *(handeln)* act; 2. *(sein)* be, be the case; 3. *math* be; ▶ **a verhält sich zu b wie c zu d** a ist to b as c to d; 4. *chem (reagieren)* react; ▶ **sich ruhig ~** keep quiet; **wenn sich das so verhält ...** if that is the case ...; **die Sache verhält sich anders** the matter is different; **wie ~ Sie sich dazu?** what is your attitude to that?
Ver·hal·tens·for·schung *f* behavioural research; **ver·hal·tens·ge·stört** *adj* disturbed, maladjusted; **Ver·hal·tens·maß·re·gel** *f* rule of conduct; **Ver·hal·tens·stö·rung** *f* behavioural disorder; **Ver·hal·tens·wei·se** *f* behaviour.
Ver·hält·nis [fɛr'hɛltnɪs] ⟨-ses, -se⟩ *n* 1. *(Relation)* proportion, relation; 2. *(Liebes~)* (love-)affair; 3. *pl (Lage)* conditions *pl,* situation; *(Umstände)* circumstances *pl;* 4. *(menschl. Beziehung)* relationship *(mit jdm od etw* with s.o. *od* to s.th.); *(zwischen Staaten)* relations *pl (zu* with); ▶ **mit jdm ein ~ haben** have an affair with s.o.; **in keinem ~ zu etw stehen** be out of all proportion to s.th.; **bei den derzeitigen ~sen** under present conditions; **er hat kein ~ zur Dichtung** he cannot relate to poetry; **wir müssen klare ~se schaffen** we must get things straight; **ich bin für klare ~se** I want to know how we stand; **umgekehrtes ~** *math* inverse ratio; **in gesicherten ~sen** in easy circumstances; **er lebt über seine ~se** he lives beyond his means; **ver·hält·nis·mä·ßig** *adj* 1. *(proportional)* proportional; *jur (angemessen)* proportionate; 2. *fam (ziemlich)* reasonable; **Ver·hält·nis·mä·ßig·keit** *f* ▶ **die ~ der Mittel** the appropriateness of the means; **Ver·hält·nis·wahl·recht** *n*

proportional representation; **Ver·hält-nis·wort** *n gram* preposition.
ver·han·deln I *tr* **1.** negotiate; **2.** *jur* hear; II *itr* **1.** negotiate (*über* about); **2.** *jur* hear a (*od* the) case; **Ver·hand-lung** *f* **1.** negotiations *pl;* **2.** *jur* hearing; *(in Strafsache)* trial; ▶ ~en aufnehmen enter into negotiations (*mit jdm* with s.o.); **da lasse ich mich auf keine ~en ein** *fam* I don't propose to enter into any long debates! **Ver·hand-lungs·ba·sis** *f* basis for negotiations; **ver·hand·lungs·be·reit** *adj* ready to negotiate; **Ver·hand·lungs·be·reit-schaft** *f* readiness to negotiate.
ver·hän·gen *tr* **1.** *(mit Stoff etc)* cover (*mit* with); **2.** *(Strafe)* impose (*über jdn* on s.o.).
Ver·häng·nis ⟨-ses, -se⟩ *n (Unglück)* disaster; ▶ **jdm zum ~ werden** be s.o.'s undoing; **ver·häng·nis·voll** *adj (fatal)* fatal, fateful; *(katastrophal)* disastrous.
ver·harm·lo·sen *tr* belittle, play down; **Ver·harm·lo·sung** *f* belittlement.
ver·härmt [fɛrˈhɛrmt] *adj* careworn.
ver·har·ren *itr* pause, remain; ▶ **auf s-m Standpunkt ~** persist in one's viewpoint.
ver·har·schen [fɛrˈharʃən] ⟨sein⟩ *itr (Schnee)* crust.
ver·has·peln [fɛrˈhaspəln] *refl* get into a tangle.
ver·haßt *adj* hated; ▶ **sich (bei jdm) ~ machen** make o.s. hated (by s.o.); **wie mir so was ~ ist!** how much I hate such things!
ver·hät·scheln *tr* pamper; *(verderben)* spoil.
Ver·hau [fɛrˈhaʊ] ⟨-(e)s, -e⟩ *m* barrier.
ver·hau·en *irr* I *tr* **1.** *fam (prügeln)* beat up; *(Kind)* lick, thrash; **2.** *fig fam (schlecht od völlig falsch machen)* muff; II *refl fig fam (sich irren)* slip up; *(e-n Fehler machen)* make a mistake.
ver·he·ben *irr refl* hurt o.s. lifting s.th.
ver·hed·dern [fɛrˈhɛdən] *refl* get into a tangle.
ver·hee·ren [fɛrˈheːrən] *tr* devastate; **ver·hee·rend** *adj* **1.** devastating; **2.** *fam (schrecklich)* frightful, ghastly.
ver·heh·len [fɛrˈheːlən] *tr* conceal, hide (*jdm etw* s.th. from s.o.).
ver·hei·len ⟨sein⟩ *itr a. fig* heal.
ver·heim·li·chen *tr* conceal, keep secret (*jdm etw od etw vor jdm* s.th. from s.o.); **Ver·heim·li·chung** *f* concealment.
ver·hei·ra·ten I *tr* marry (*mit* to); ▶ **er ist mit s-m Job verheiratet** *hum fam* he's married to his job; II *refl* get married (*mit jdm* to s.o.), marry (*mit jdm* s.o.).
ver·hei·ßen *irr tr* promise; **Ver·hei-ßung** *f* promise; ▶ **das Land der ~** *eccl*

the Promised Land; **ver·hei·ßungs-voll** *adj* promising.
ver·hel·fen *irr tr:* ▶ **jdm zu etw ~** help s.o. to (get) s.th.
ver·herr·li·chen *tr* glorify; **Ver·herr·li-chung** *f* glorification.
ver·het·zen *tr* incite.
ver·he·xen *tr* bewitch; ▶ **das ist doch wie verhext!** *fig fam* there must be a jinx on it!
ver·hin·dern *tr* prevent; *(Unheil)* avert; ▶ **das ließ sich leider nicht ~** it couldn't be helped; **ein verhinderter Schriftsteller** a would-be author; **Ver·hin·de·rung** *f* avertion, prevention; ▶ **im Falle Ihrer ~ ...** should you be unable to come ...
ver·höh·nen *tr* deride, scoff at ...; **Ver·höh·nung** *f* deriding, scoffing.
Ver·hör [fɛrˈhøːɐ] ⟨-(e)s, -e⟩ *n (Befragung)* interrogation, questioning; *(vor Gericht)* examination; **ver·hö·ren** I *tr (befragen)* interrogate, question; *(vor Gericht)* examine; II *refl* mishear.
ver·hül·len *tr* cover, veil.
ver·hun·gern ⟨sein⟩ *itr* **1.** die of starvation, starve; **2.** *fig fam (großen Hunger haben)* be starving; ▶ **jdn ~ lassen** let s.o. starve to death.
ver·hun·zen [fɛɛˈhʊntsən] *tr fam* ruin, spoil.
ver·hü·ten *tr* prevent; ▶ **das möge Gott ~!** God forbid! ~**de Maßnahmen** preventive measures; **Ver·hü·tung** *f* **1.** *(Verhinderung)* prevention; **2.** *med* prophylaxis; **3.** *(Empfängnis~)* contraception; **Ver·hü·tungs·mit·tel** *n* contraceptive.
ve·ri·fi·zie·ren *tr* verify; **Ve·ri·fizie-rung** *f* verification.
ver·in·ner·li·chen *tr* internalize (*etw* s.th.).
ver·ir·ren *refl* **1.** lose one's way; **2.** *fig* go astray.
ver·ja·gen *tr a. fig* chase away.
ver·jäh·ren [fɛrˈjɛːrən] ⟨sein⟩ *itr jur* fall under the statute of limitation; *(Anspruch)* be in lapse; **ver·jährt** *adj* **1.** *jur* statute-barred; **2.** *fam:* ▶ **das ist schon längst ~** that's all over and done with; **Ver·jäh·rung** *f jur* **1.** *(von Straftat)* limitation; **2.** *(von Anspruch)* lapse.
ver·ju·beln *tr fam* blue (*für etw* on s.th.).
ver·jün·gen [fɛrˈjʏŋən] I *tr* rejuvenate; II *refl (nach oben od unten dünner werden)* narrow, taper.
ver·ka·beln *tr el tele* **1.** *(Drähte etc)* cable; **2.** *(Apparate)* connect up; **3.** *radio TV* link up to the cable network; **Ver·ka·be·lung** *f el tele* cabling.
ver·kal·ken ⟨sein⟩ *itr* **1.** *(Kalk ansetzen)* calcify; *(Arterien)* get hardened; *(Wasserleitung)* fur up; **2.** *fam (Person)* become senile.

ver·kal·ku·lie·ren *refl* miscalculate.
Ver·kal·kung *f* 1. *(das Kalkansetzen)* calcification; *(von Wasserleitung)* furring; 2. *fam (Vergreisung)* senility.
ver·kannt *adj* unappreciated.
ver·kappt *adj* disguised.
ver·ka·tert *adj fam* hung-over.
Ver·kauf ⟨-(e)s, ⁚ e⟩ *m* 1. sale; *(das ~en)* selling; 2. *(~sabtlg.)* sales *pl mit sing;* ▶ etw zum ~ anbieten put s.th. up for sale; steht es zum ~? is it up for sale? **ver·kau·fen** I *tr* 1. *a. fig* sell *(für* for); ▶ verraten u. verkauft *fam* well and truly sunk; zu ~ for sale; gegen bar ~ sell for cash; von dem Buch wurden 300 Exemplare verkauft this book sold 300 copies; sein Leben teuer ~ *fig* sell one's life dearly; ihr Produkt läßt sich nicht ~ nothing will sell this product; II *refl* 1. *(Ware)* sell; 2. *fig (Person)* sell o.s.
Ver·käu·fer(in) *m (f)* 1. seller; 2. *(im Ladengeschäft) Br* shop assistant, *Am* clerk; 3. *(im Außendienst) Br* salesman *od* saleswoman, salesperson; 4. *jur* vendor; **ver·käuf·lich** *adj* 1. *com markt (verkaufbar)* marketable, sal(e)able; 2. *(kaufbar)* for sale; ▶ leicht (schwer) ~ easy (hard) to sell.
Ver·kaufs·aus·stel·lung *f* sales exhibition; **Ver·kaufs·lei·ter** *m com* sales manager; **Ver·kaufs·preis** *m* retail price; **Ver·kaufs·schla·ger** *m* big seller.
Ver·kehr [fɛr'ke:ɐ] ⟨-(e)s⟩ *m* 1. *(Straßen~)* traffic; 2. *(Verbindung)* communication; 3. *com* circulation; 4. *(sexuell)* intercourse; ▶ im brieflichen ~ stehen mit ... be corresponding with ...; dem ~ übergeben open to traffic; den ~ umleiten divert the traffic; etw aus dem ~ ziehen *com fin* withdraw s.th. from circulation; *(aus dem Straßen~)* withdraw s.th. from service.
ver·keh·ren I *tr:* ▶ etw ins Gegenteil ~ reverse s.th.; II *itr* 1. *(fahren)* run; *(fliegen)* fly; 2. *(gesellschaftl.)* associate *(mit jdm* with s.o.), frequent *(bei jdm* someone's house, *in e-m Lokal* a pub *od* restaurant); 3. *(sexuell)* have (sexual) intercourse *(mit jdm* with s.o.); III *refl:* ▶ sich ins Gegenteil ~ become reversed.
Ver·kehrs·ader *f* arterial road; **Ver·kehrs·am·pel** *f* traffic lights *pl;* **Ver·kehrs·amt** *n* 1. traffic office; 2. *(Verkehrsbüro)* tourist information office; **Ver·kehrs·auf·kom·men** *n* traffic volume; **ver·kehrs·be·ru·higt** *adj mot* traffic-calmed; **Ver·kehrs·be·ru·hi·gung** *f* traffic calming; traffic reduction; **Ver·kehrs·cha·os** *n* traffic chaos; **Ver·kehrs·de·likt** *n* traffic offence; **Ver·kehrs·dich·te** *f* traffic density; **Ver·kehrs·durch·sa·ge** *f*

traffic announcement; **Ver·kehrs·er·zie·hung** *f* traffic education; **Ver·kehrs·fluß** *m* traffic flow; **Ver·kehrs·funk** *m* radio traffic service; **ver·kehrs·gün·stig** *adj* convenient; **Ver·kehrs·hin·weis** *m* traffic announcement; **Ver·kehrs·in·sel** *f Br* traffic island, *Am* safety isle; **Ver·kehrs·kno·ten·punkt** *m* railroad *(od* traffic) junction; **Ver·kehrs·kon·trol·le** *f* traffic control; bei jdm e-e ~ machen stop s.o.; **Ver·kehrs·mi·ni·ster** *m* Minister of Transport; **Ver·kehrs·mit·tel** *n Br* means *sing* of transport, *Am* transportation; **Ver·kehrs·pla·nung** *f* transport planning; **Ver·kehrs·po·li·zei** *f* traffic police; **Ver·kehrs·po·li·zist** *m Br* traffic policeman, *Am fam* speed-cop; **Ver·kehrs·re·gel** *f* traffic regulation; **Ver·kehrs·re·ge·lung** *f* traffic control; **ver·kehrs·reich** *adj (Gegend)* busy; ▶ ~e Zeit peak time; **Ver·kehrs·schild** *n* traffic sign; **ver·kehrs·schwach** *adj* 1. *(Gegend)* with little traffic; 2. *(Zeit)* off-peak; ▶ in ~en Zeiten *Br* during slack periods, *Am* during light hours; **Ver·kehrs·si·cher·heit** *f* 1. *(von Straßen)* road safety; 2. *(von Fahrzeugen)* roadworthiness; **Ver·kehrs·stau·ung** *f* traffic jam; **Ver·kehrs·stö·rung** *f Br* traffic hold-up, *Am* tie-up; **Ver·kehrs·sün·der(in)** *m (f)* traffic offender; **ver·kehrs·tech·nisch** I *adj:* ▶ ~e Schwierigkeiten technical difficulties involved in traffic engineering; II *adv:* ▶ ~ gesehen from the technical viewpoint of traffic engineering; **Ver·kehrs·teil·neh·mer(in)** *m (f)* road user; **Ver·kehrs·to·te** *pl* road casualties; ▶ die Zahl der ~n the toll of the road; **Ver·kehrs·tüch·tig·keit** *f* 1. *(von Kfz)* roadworthiness; 2. *(von Person)* driving fitness; ▶ Beeinträchtigung der ~ handicap to driving fitness; **Ver·kehrs·un·fall** *m* road accident; **Ver·kehrs·un·ter·richt** *m* traffic instruction; **Ver·kehrs·ver·bund** *m* combined transport authority; **Ver·kehrs·ver·ein** *m* tourist information office; **Ver·kehrs·vor·schrift** *f* traffic regulation; **Ver·kehrs·wacht** *f* road patrol; **Ver·kehrs·wert** *m com fin* market value; **Ver·kehrs·we·sen** *n* transport and communications *pl;* **ver·kehrs·wid·rig** *adj* contrary to road traffic regulations; ▶ sich ~ verhalten break the road traffic regulations; **Ver·kehrs·zäh·lung** *f* traffic census; **Ver·kehrs·zei·chen** *n* road sign, traffic sign.
ver·kehrt I *adj (falsch)* wrong; ▶ e-e ~e Welt a topsy-turvy world; II *adv* wrongly; ▶ etw ~ machen do s.th. the wrong way; du kannst gar nichts ~ machen you can't go wrong; etw ~ rum

anhaben *fam* have s.th. on back to front; *(innen nach außen)* inside out; **gar nicht (so)** ~! *fam* that can't be bad! **du hältst das Bild ~ rum** you're holding the picture the wrong way round; **das V~este, was du tun konntest** the worst thing you could do.

ver·ken·nen *irr tr* misjudge; *(unterschätzen)* underestimate; ▶ **deine Absichten sind nicht zu ~** your intentions are unmistakable; **wir ~ ja nicht, daß ... we do not deny that ...;** **Ver·kennung** *f* misjudg(e)ment; *(Unterschätzung)* underestimation.

ver·ket·ten *tr fig* link together; ▶ **verkettet sein** be interlinked.

ver·kit·ten *tr* cement; *(Fenster)* putty.

ver·kla·gen *tr jur* sue *(wegen* for), take to court *(jdn auf etw* s.o. for s.th.).

ver·klap·pen *tr (Abfallstoffe)* dump (in the sea); **Ver·klap·pung** *f (Abfallstoffe)* dumping (into the sea); **ver·klärt** *adj* transfigured.

ver·klau·su·lie·ren [fɛrklauzuˈliːrən] *fam (Text) tr* hedge in with clauses.

ver·kle·ben *tr* 1. *(zus.kleben)* stick together; 2. *(zukleben)* cover *(mit* with).

ver·klei·den I *tr* 1. *a. fig* disguise; *(kostümieren)* dress up; 2. *(Wand: mit Stoff)* line; *(täfeln)* wainscot; II *refl* disguise o.s., dress up; **Ver·klei·dung** *f* 1. *(das Verkleiden)* disguising; *(das Kostümieren)* dressing up; 2. *(als Ergebnis)* disguise; 3. *(Stoff~)* lining; *(Täfelung)* wainscoting.

ver·klei·nern I *tr* make smaller; *(Maßstab)* scale down; *phot* reduce; II *itr opt* make everything (seem) smaller; III *refl* 1. become smaller; 2. *(sich verringern)* decrease; 3. *fig* become less; **ver·klei·nert** *adj* reduced; *(Maßstab)* scaled down; **Ver·klei·ne·rung** *f* 1. *(das Verkleinern)* making smaller; *(Maßstab)* scaling down; 2. *(von Bild)* reduced size reproduction; *phot* reduction; **Ver·klei·ne·rungs·form** *f ling* diminutive form.

ver·klem·men *refl* become *(od* get) stuck; **ver·klemmt** *adj fig (Person)* inhibited.

ver·klickern (k·k) [fɛrˈklɪkən] *tr fam:* ▶ **jdm etw ~** make s.th. clear to s.o.

ver·klin·gen ⟨sein⟩ *irr itr* 1. *(Ton etc)* die away; 2. *fig* fade.

ver·klop·pen [fɛrˈklɔpən] *tr fam* 1. *(verprügeln):* ▶ **jdn ~** give s.o. what-for; 2. *(verkaufen):* **etw ~** flog s.th.

ver·knal·len *refl fam:* ▶ **sich in jdn ~** fall for s.o.

ver·knaut·schen [fɛrˈknautʃən] *fam* I *tr* crumple, crush; II *refl* crease.

ver·knei·fen *irr refl fam:* ▶ **sich etw ~** stop o.s. from doing *(od* saying) s.th.

ver·knif·fen [fɛrˈknɪfən] *adj* 1. *(angestrengt: Gesicht)* strained; 2. *(verbissen: Gesicht)* pinched.

ver·knit·tern *tr* crumple.

ver·knö·chert [fɛrknœçət] *adj fig* ossified.

ver·kno·ten *tr* 1. *(Schnur etc)* knot; 2. *(Paket)* tie up.

ver·knüp·fen *tr* 1. *(Schnur etc)* knot, tie together; 2. *fig* combine; *(assoziieren)* associate.

ver·koh·len I *tr fig fam* have s.o. on; II *itr* char; *(Braten)* burn to a cinder.

ver·kom·men ⟨sein⟩ *irr itr* 1. *(zugrunde gehen)* go to the dogs; *(sittlich)* become dissolute; *(Kind)* run wild; 2. *(Gebäude etc)* become dilapidated; 3. *(Lebensmittel)* go off; **ver·kom·men** *adj* 1. *(Person)* depraved; 2. *(Gebäude etc)* dilapidated; **Ver·kom·men·heit** *f* 1. *(von Person)* depravity; 2. *(von Gebäude etc)* dilapidation.

ver·kom·pli·zie·ren *tr* complicate.

ver·kon·su·mie·ren *tr fam* get through.

ver·kor·ken *tr* cork (up).

ver·kork·sen [fɛrˈkɔrksən] *tr fam* mess up; ▶ **jdm etw ~** mess s.th. up for s.o.; **sich den Magen ~** upset one's stomach; **ver·korkst** *adj fam:* ▶ **die Sache ist völlig ~** it's a real mess.

ver·kör·pern *tr* 1. *(personifizieren)* embody; 2. *theat* portray; **Ver·kör·pe·rung** *f* 1. *(Personifizierung)* embodiment, personification; 2. *theat* portrayal.

ver·kra·chen *refl fam:* ▶ **sich mit jdm ~** fall out with s.o; **ver·kracht** *adj fam (ruiniert)* ruined; ▶ **~er Typ** dead-beat type; **~e Existenz** failure.

ver·kraf·ten *tr* come to terms with, cope with.

ver·kral·len *refl:* ▶ **sich in etw ~** *(Katze)* dig its claws into s.th.; *(Mensch)* sink one's fingers into s.th.; *fig* get stuck into s.th.

ver·krampft *adj* 1. *(Sitzhaltung etc)* cramped; 2. *fig* tense.

ver·krie·chen ⟨h⟩ *irr refl fig* hide o.s. away.

ver·krü·meln [fɛrˈkryːməln] *tr refl fig fam* make off.

ver·krüm·men *tr refl* bend; **Ver·krümmung** *f med* curvature.

ver·krüp·pelt *adj* crippled.

ver·kru·sten *itr* ⟨sein⟩ *refl* ⟨h⟩ become encrusted; **ver·kru·stet** *adj* 1. *(Wunde)* scabby; 2. *fig (Strukturen)* decrepit.

ver·küh·len *refl* catch a chill.

ver·küm·mern ⟨sein⟩ *itr* 1. *(Instinkt)* become stunted; *(Person)* waste away; *(Talent)* go to waste; 2. *med* atrophy.

ver·kün·d(i·g)en *tr* 1. *(bekanntmachen)* proclaim; *(ankündigen)* announce; 2. *eccl (predigen)* preach; 3. *jur (Urteil)* pronounce; 4. *fig (Unheil)* forebode; **Ver·kün·d(i·g)ung** *f* 1. *(Bekanntmachung)* proclamation; *(Ankündigung)* announcement; 2. *eccl (Predi-*

gen) preaching; **3.** *jur (Urteils~)* pronouncement.

ver·kup·fern *tr* copper-plate.

ver·kup·peln *tr pej* procure (*jdn an jdn* s.o. for s.o.).

ver·kür·zen I *tr* **1.** shorten; **2.** *(beschränken, herabsetzen)* cut down, reduce; **II** *refl* **1.** *(kürzer werden)* be shortened; **2.** *fig (abkürzen: Aufenthalt etc)* be reduced; **Ver·kür·zung** shortening.

ver·la·chen *tr* deride, laugh at.

Ver·la·de·bahn·hof *m* loading station; **Ver·la·de·brücke (k·k)** *f* loading bridge; **ver·la·den** *irr tr* load (on to); *mar* embark; *aero* emplane; **Ver·la·de·ram·pe** *f* loading platform; **Ver·la·dung** *f* loading; *mar* embarkation; *aero* emplaning.

Ver·lag [fɛr'la:k] ⟨-(e)s, -e⟩ *m* publishing house, publishers *pl;* ▶ **bei welchem ~ ist das erschienen?** who published it? **im ~ von ...** published by ...

ver·la·gern I *tr* shift; *(Interessen)* transfer; **II** *refl* **1.** shift; **2.** *mete* move; **Ver·la·ge·rung** *f* **1.** shift; *(Interessen~)* transfer; **2.** *mete* movement, moving.

Ver·lags·buch·hand·lung *f* publishing firm; **Ver·lags·haus** *n Br* publishing house, *Am* book concern; **Ver·lags·ka·ta·log** *m* publisher's catalogue; **Ver·lags·lei·ter(in)** *m (f)* publishing manager; **Ver·lags·recht** *n* copyright; **Ver·lags·re·dak·teur(in)** *m (f)* (publishing) editor; **Ver·lags·ver·tre·ter(in)** *m (f)* advertisement representative.

Ver·lan·gen ⟨-s⟩ *n* **1.** *(Forderung)* demand; *(Wunsch)* desire, wish; **2.** *(Erfordernis)* request; **3.** *(Sehnsucht)* longing, yearning; *(Begierde)* craving *(nach* for); ▶ **auf ~** by request, on demand; **auf ~ der Lehrer** at the request of the teachers; **ich habe kein ~, ihn zu sehen** I have no desire to see him; **ver·lan·gen** [fɛr'laŋən] **I** *tr* **1.** *(fordern)* demand; **2.** *(wünschen)* desire; **3.** *(haben wollen)* ask for, want; **4.** *(erfordern)* require; **5.** *(beanspruchen)* claim; ▶ **verlangt werden** be wanted; **II** *itr* **1.** ask *(nach* for); **2.** *(sich sehnen)* long *(nach* for); ▶ **er verlangte zu wissen, was passiert war** he demanded to know what had happened; **das ist zu viel verlangt** that's asking too much; **es verlangt mich nach ihr** I'm yearning for her; **ver·lan·gend** *adj (sehnsüchtig)* longing.

ver·län·gern [fɛr'lɛŋən] **I** *tr* **1.** *(länger machen)* lengthen; **2.** *(Frist)* extend, prolong; **3.** *com (Wechsel)* renew; **4.** *sport (Ball)* play *(od* touch) on *(zu jdm* to s.o.); **II** *refl* **1.** *(räumlich)* be lengthened; **2.** *(zeitlich)* be prolonged; **Ver·län·ge·rung** *f* **1.** *(das Längermachen)*

lengthening; **2.** *(von Frist)* prolongation; **3.** *sport (e-s Passes)* play-on *(zu* to); **4.** *(von Spielzeit) Br* extra time, *Am* overtime; **Ver·län·ge·rungs·schnur** *f* el extension lead.

ver·lang·sa·men I *tr* slow down; *(Geschwindigkeit a.)* reduce; **II** *refl* slow down.

Ver·laß [fɛr'las] ⟨-sses⟩ *m:* ▶ **es ist kein ~ auf ihn** there is no relying on him.

ver·las·sen *irr* **I** *tr* **1.** leave; **2.** *fig (im Stich lassen)* abandon, desert, forsake; ▶ **und da verließen sie ihn** *fig fam hum* that's as far as I got; **II** *refl:* ▶ **sich ~ auf ...** count *(od* rely) on ...; **Sie können sich darauf ~** you can count on it; **ver·las·sen** *adj* **1.** *(im Stich gelassen)* deserted, forsaken; **2.** *(einsam)* lonely; **3.** *(öde)* desolate; ▶ **wer sich auf ihn verläßt, ist ~** if you rely on him, you've had it; **Ver·las·sen·heit** *adj (Einsamkeit)* loneliness.

ver·läß·lich [fɛr'lɛslıç] *adj* reliable.

Ver·laub [fɛr'laup] *m:* ▶ **mit ~** *hum* by your leave, if you will pardon my saying so.

Ver·lauf *m* **1.** *(von Zeit)* course; **2.** *(Ausgang)* end; ▶ **im ~ des Gesprächs** in the course of the conversation; **e-n guten (schlechten) ~ nehmen** go well (badly); **im weiteren ~ der Angelegenheit ...** as things developed ...; **ver·lau·fen** *irr* **I** *itr* ⟨sein⟩ **1.** *(Zeit)* pass; **2.** *(vor sich gehen)* proceed, run; **3.** *(sich entwickeln)* develop; **4.** *(sich erstrekken)* run; ▶ **im Sande ~** *fig* peter out; **die Spuren ~ im Sande** the tracks disappear in the sand; **II** *refl* **1.** *(verschwinden)* disperse; *(sich verlieren)* disappear; **2.** *(den Weg verlieren)* get lost, lose one's way.

Ver·laufs·form *f ling* progressive form, continuous form; **ver·laust** *adj* liceridden.

ver·laut·ba·ren [fɛr'lautba:rən] *tr:* ▶ **etw ~ lassen** let s.th. be announced.

ver·lau·ten ⟨sein⟩ *itr:* ▶ **etw (nichts) ~ lassen** give an (no) indication; **der Minister hat ~ lassen, daß ...** the minister indicated that ...

ver·le·ben *tr (verbringen)* spend; **ver·lebt** *adj (Person)* dissipated.

ver·le·gen I *tr* **1.** *(an falschen Platz legen)* mislay, misplace; **2.** *(Platz verändern)* move, shift; *mil Br* transfer, *Am* redeploy; **3.** *(zeitlich)* postpone *(auf* until); **4.** *(Buch)* publish; **5.** *(Kabel, Fliesen etc)* lay; **6.** *(Straße)* relocate; **II** *refl* **1.** ▶ **sich ~ auf ...** *(beginnen mit)* take up; **2.** *(als Ausweg)* resort to ...

ver·le·gen *adj* embarrassed; ▶ **um etw ~ sein** be at a loss for s.th.; **um Geld ~ sein** be short of money; **Ver·le·gen·heit** *f* **1.** *(Befangensein)* embarrassment; **2.** *(Klemme)* embarrassing situ-

ation, *fam* fix; ▶ **in ~ sein** be at a loss (*um* for); **jdn in ~ bringen** embarrass s.o.; **in ~ kommen** get embarrassed; **Ver·le·gen·heits·lö·sung** *f* stop-gap.
Ver·le·ger(in) *m (f)* publisher.
Ver·le·gung *f* 1. *(Platzveränderung)* moving, shifting; *mil (Truppen~)* transfer; 2. *(von Kabel)* laying; 3. *(zeitl. Verschiebung)* postponement.
ver·lei·den *tr:* ▶ **jdm etw ~** put s.o. off s.th.
Ver·leih ⟨-(e)s, -e⟩ *m* 1. *allg* hire service, 2. *film (~firma)* distributor(s *pl*); 3. *(Auto~)* car rental; **ver·lei·hen** *irr tr* 1. *(verborgen)* Br lend (out), Am loan; *(gegen Entgelt)* rent (out) *(an jdn* to s.o.); 2. *(Amt, Titel)* bestow, confer *(jdm* on s.o.); 3. *(Auszeichnung)* award *(jdm* to s.o.); 4. *(geben, verschaffen)* give; **Ver·lei·hung** *f* 1. *(von Geld) Br* lending, Am loaning; *(von Gegenstand gegen Entgelt)* renting; 2. *(von Amt, Titel)* bestowal, conferring; 3. *(von Auszeichnung)* award(ing).
ver·lei·ten *tr* 1. *(verlocken)* tempt; *(verführen)* lead astray; 2. *(veranlassen)* lead *(jdn zu etw* s.o. to s.th.).
ver·ler·nen *tr* forget, unlearn.
ver·le·sen *irr* I *tr* 1. read out; *(Namen)* call out; 2. *(auslesen)* sort; II *refl* read wrong.
ver·letz·bar *adj a. fig* vulnerable; **ver·let·zen** [fɛr'lɛtsən] I *tr* 1. hurt, injure; 2. *fig* hurt (someone's) feelings, wound; 3. *(Gesetz)* break; *(Rechte, Intimsphäre)* violate; ▶ **sich am** *(od das)* **Bein ~** injure one's leg; **er wurde bei dem Unfall nicht verletzt** he was not injured in the crash; **es verletzte ihn sehr** *fig* it was very hurtful to him; **seine Pflicht ~** fail in one's duty; **den guten Geschmack ~** offend against good taste; II *refl* get hurt; ▶ **wenn ihr so weitermacht, verletzt sich bestimmt noch jem!** if you go on like that someone is bound to get hurt! **mit der Axt können Sie sich ~!** you could do yourself harm with that axe! **ver·let·zend** *adj (Bemerkung etc)* hurtful, offending; ▶ **... sagte sie in ~em Ton** ... she said hurtfully.
Ver·letz·te(r) ⟨-n, -n⟩ *f m* injured person; *(bei Unfall)* casualty; *(bei Kampf)* wounded man; **Ver·let·zung** *f* 1. *(Wunde)* injury; *(das Verletzen)* injuring, wounding; 2. *fig* hurting, wounding.
ver·leug·nen *tr* deny; ▶ **sich ~ lassen** pretend not to be there.
ver·leum·den [fɛr'lɔɪmdən] *tr* calumniate, slander; **Ver·leum·der(in)** *m (f)* slanderer; **ver·leum·de·risch** *adj* slanderous; **Ver·leum·dung** *f* 1. *(das Verleumden)* slandering; 2. *(Wort, Bemerkung)* calumny, slander.
ver·lie·ben *refl* fall in love *(in* with);

ver·liebt *adj* amorous; ▶ **in jdn** *od* **etw ~** in love with s.o. *od* s.th.; **bis über beide Ohren ~** head over heels in love; **Ver·liebt·heit** *f* being in love.
ver·lie·ren [fɛr'liːrən] *irr* I *tr* 1. lose; 2. *(Blätter, Haare)* shed; ▶ **den Verstand ~** get out of one's mind; II *itr* lose; ▶ **wir wollen kein Wort mehr darüber ~** let's not waste another word on it; **du kannst nichts ~** *fig* you can't lose; III *refl* 1. *(sich verirren)* lose one's way; 2. *(verschwinden)* disappear; 3. *fig (abschweifen)* lose one's train of thought; ▶ **er verliert sich gern in Erinnerungen** he likes to lose himself in his memories; **er hatte sich bald in der Menge verloren** he was soon lost in the crowd; **Ver·lie·rer(in)** *m (f)* loser; ▶ **ein schlechter ~ sein** be a bad loser.
Ver·lies [fɛr'liːs] ⟨-es, -e⟩ *n* dungeon.
ver·lo·ben *refl* become engaged *(mit jdm* to s.o.); **Ver·lob·te(r)** *f m* fiancé (fiancée); **Ver·lo·bung** *f* engagement.
ver·locken (k·k) *tr* entice; *(versuchen)* tempt; **ver·lockend** (k·k) *adj* enticing; *(verführerisch)* tempting; **Ver·lockung** (k·k) *f* enticement; *(Versuchung)* temptation.
ver·lo·gen [fɛr'loːgən] *adj* 1. *(Person)* mendacious; 2. *(Moral etc)* hypocritical; **Ver·lo·gen·heit** *f* 1. *(von Person)* mendacity; 2. *(Heuchelei von Moral etc)* hypocrisy.
ver·lo·ren [fɛr'loːrən] *adj* 1. lost; 2. *(hilflos)* forlorn; ▶ **~e Partie** losing game; **auf ~em Posten stehen** *fig* be fighting a lost cause; **ver·lo·ren|ge·hen** *itr* be lost; ▶ **an dir ist ein Schauspieler verlorengegangen** you would have made a good actor; **Ver·lo·ren·heit** *f* forlornness.
ver·lo·sen *tr* draw lots for ..., raffle off; **Ver·lo·sung** *f* draw, raffle.
ver·lö·ten *tr* solder.
ver·lot·tern [fɛr'lɔtən] ⟨sein⟩ *itr fam* 1. *(Mensch)* go to the dogs; 2. *(Lokal, Stadtteil etc)* get run down; **ver·lottert** *adj fam (moralisch)* dissolute; *(Erscheinung)* scruffy; *(heruntergewirtschaftet)* run-down.
Ver·lust [fɛr'lʊst] ⟨-es, -e⟩ *m* loss; **~e** *pl mil* casualties; ▶ **mit ~ verkaufen** sell at a loss; **beträchtliche ~e erleiden** suffer heavy losses; **ver·lust·bringend** *adj* loss-making; **ver·lu·stig** *adj:* ▶ **e-r Sache ~ gehen** lose *(od* forfeit) s.th.; **Ver·lust·mel·dung** *f* report of the loss; ▶ **e-e ~ machen** report the loss; **ver·lust·reich** *adj* 1. *com (Firma)* heavily loss-making; *(Jahr, Geschäft etc)* of heavy losses; 2. *mil* involving heavy casualties.
ver·ma·chen *tr* bequeath *(jdm etw* s.th. to s.o.); **Ver·mächt·nis** [fɛr'mɛçtnɪs] ⟨-ses, -se⟩ *n* bequest; *a. fig* legacy.

ver·mäh·len [fɛrˈmɛːlən] *tr refl* marry, wed (*jdn od sich mit jdm* s.o.); **Ver·mäh·lung** *f* marriage.

ver·mark·ten *tr* 1. *markt* market; 2. *fig* commercialize.

ver·mas·seln [fɛrˈmasəln] *tr fam* mess up (*jdm etw* s.th. for s.o.).

ver·meh·ren *tr refl* 1. *allg* increase; 2. (*fortpflanzen*) breed; **Ver·meh·rung** *f* 1. increase; 2. (*durch Fortpflanzung*) breeding, reproduction.

ver·mei·den *irr tr* avoid; ▶ **es läßt sich nicht ~** it cannot be helped.

ver·meint·lich [fɛrˈmaɪntlɪç] *adj* putative, supposed.

Ver·merk ⟨-(e)s, -e⟩ *m* note, remark; **ver·mer·ken** *tr* note down; (*in Personalausweis, Kartei etc*) record.

ver·mes·sen *irr* I *tr* 1. measure; 2. (*Land*) survey; II *refl* (*falsch messen*) measure wrongly.

ver·mes·sen *adj* (*sehr kühn*) presumptuous; **Ver·mes·sen·heit** *f* (*Anmaßung*) presumption.

Ver·mes·sung *f* measurement; (*von Land*) survey; **Ver·mes·sungs·amt** *n* land survey office; **Ver·mes·sungs·in·ge·nieur(in)** *m* (*f*) land surveyor.

ver·mie·sen [fɛrˈmiːzən] *tr fam:* ▶ **jdm etw ~** spoil things for s.o.; **ich werde mir die Reise von keinem ~ lassen!** I won't have anyone spoil the journey for me!

ver·mie·ten *tr itr Br* let, *Am* rent; ▶ **Zimmer zu ~** *Br* rooms to let, *Am* rooms for rent; **Ver·mie·ter(in)** *m* (*f*) landlord (landlady); *jur* lessor; **Ver·mie·tung** *f Br* letting out, *Am* renting out.

ver·min·dern I *tr* lessen, reduce; ▶ **verminderte Zurechnungsfähigkeit** *jur* diminished responsibility; II *refl* decrease.

ver·mi·nen *tr* mine.

ver·mi·schen I *tr* mix; (*Whisky, Tee, Tabak*) blend; II *refl* 1. *allg* mix; 2. *fig* mingle; **Ver·misch·te(s)** *n* miscellany.

ver·mis·sen [fɛrˈmɪsən] *tr* miss; ▶ **jdn als vermißt melden** report s.o. missing; **vermißt werden** be missing; **er wurde sehr vermißt** his absence was a real lack; **Ver·miß·te(r)** ⟨-n, -n⟩ *f m* missing person.

ver·mit·tel·bar *adj* 1. (*Idee, Gefühl*) communicable; 2. (*Arbeitsloser*) easy to place, employable.

ver·mit·teln I *tr* 1. (*Vertrag, Anleihe*) arrange, negotiate (*jdm* for s.o.); 2. (*Wissen*) impart (*jdm* to s.o.); 3. *tele* connect, put through; ▶ **jdm etw ~** (*besorgen*) get s.th. for s.o.; II *itr* mediate (*bei* in); **Ver·mitt·ler(in)** *m* (*f*) 1. mediator; 2. *com* agent; 3. *fin* (*a. Heirats~*) broker; **Ver·mitt·lung** *f* 1. (*Schlichtung*) mediation; 2. (*Stellen~*) employ-

ment agency; (*Wohnungs~*) *Br* estate agency, *Am* realtor; 3. *tele* (*Amt*) exchange; 4. *tele* (*Telephonistin*) operator; ▶ **etw durch ~ von Freunden bekommen** get s.th. via friends; **Ver·mitt·lungs·aus·schuß** *m a. parl* mediation committee.

ver·mö·beln [fɛrˈmøːbəln] *tr fam* (*verprügeln*) give (s.o.) a good hiding; (*bei Schlägerei*) beat (s.o.) up.

ver·mo·dern [fɛrˈmoːdən] ⟨sein⟩ *itr* decay, moulder.

Ver·mö·gen ⟨-s, -⟩ *n* 1. *fin* (*Mittel*) means *pl;* *fin* (*Reichtum*) fortune; 2. (*Fähigkeit*) capability; ▶ **nach bestem ~** to the best of one's ability; **ein ~ kosten** cost a fortune; **ver·mö·gen** *irr tr:* ▶ **~, etw zu tun** be capable of doing s.th.; **es nicht ~, etw zu tun** be unable to do s.th.; **ver·mö·gend** *adj* (*reich*) wealthy, well-off.

ver·mö·gens·bil·dend *adj fin* wealth-creating; **Ver·mö·gens·steu·er** *f* wealth tax; **Ver·mö·gens·ver·hält·nis·se** *pl* pecuniary circumstances; **ver·mö·gens·wirk·sam** *adj:* ▶ **~ anlegen** save under the employees' savings scheme; **~e Leistung** *employer's capital-forming payment under the employees' savings scheme.*

ver·mum·men I *tr* (*warm anziehen*) wrap up warm; II *refl* 1. (*sich warm anziehen*) wrap up warm; 2. (*sich verkleiden*) cloak, disguise; **ver·mummt** *adj* 1. (*verkleidet*) cloaked, disguised; 2. (*eingemummt*) muffled-up; **Ver·mummungs·ver·bot** (*bei Demonstrationen*) *n* ban on face coverings.

ver·murk·sen *tr fam:* ▶ **etw ~** muck s.th. up.

ver·mu·ten [fɛrˈmuːtən] *tr* (*annehmen*) *Br* presume, suppose, *Am* reckon; (*mutmaßen*) *Br* suspect, *Am* guess; **vermut·lich** I *adj* presumable; (*Täter*) suspected; II *adv* presumably; **Ver·mu·tung** *f* 1. (*Annahme*) assumption, supposition; (*Mutmaßung*) conjecture; 2. (*Verdacht*) suspicion; ▶ **die ~ liegt nahe, daß** ... there are grounds for the assumption that ...; **das ist e-e reine ~ von dir** you're only guessing.

ver·nach·läs·si·gen [fɛrˈnaːxlɛsɪgən] I *tr* 1. neglect; 2. (*nicht berücksichtigen*) ignore; II *refl* (*sein Äußeres*) neglect one's appearance; **Ver·nach·läs·si·gung** *f* 1. neglect; 2. (*Nichtberücksichtigung*) ignoring.

ver·na·geln *tr* nail up.

ver·nä·hen *tr* (*Stoffe*) neaten; (*Wunde*) stitch up.

ver·nar·ben ⟨sein⟩ *itr* heal up.

ver·narrt *adj Br* infatuated (*in* with), *Am sl* stuck (*in* on).

ver·na·schen *tr fam* (*ein Mädchen, e-n Mann*) make it with ...

Ver·neh·men ⟨-s⟩ *n:* ▶ **dem ~ nach** according to rumour, from what I (*od* we *etc*) hear.
ver·neh·men *irr tr* 1. *(hören)* hear; 2. *(erfahren)* learn, understand; 3. *jur (vor Gericht)* examine; *(verhören)* question; ▶ **dem V~ nach** from what I/we hear; **ver·nehm·lich** *adj* audible, clear; **Ver·neh·mung** *f jur (vor Gericht)* examination; *(Verhör)* questioning.
ver·nei·gen *refl* 1. bow (*vor* to); 2. *fig* (*~ vor*) bow down before ...; **Ver·nei·gung** *f* bow.
ver·nei·nen *tr* 1. *(leugnen)* deny; 2. *(Frage)* answer in the negative; **ver·nei·nend** *adj* negative; **Ver·nei·nung** 1. *(Leugnung)* denial; 2. *(verneinte Form)* negative; 3. *gram* negation.
ver·net·zen *tr* 1. connect (*mit* up to); 2. *EDV* network, integrate into a network; **Ver·net·zung** *f EDV* networking.
ver·nich·ten [fɛr'nɪçtən] *tr* 1. *(ausrotten, a. fig)* exterminate; 2. *(zerstören)* destroy; **ver·nich·tend** *adj* 1. *(zerstörerisch)* devastating; 2. *(Niederlage)* crushing; ▶ **~e Kritik** scathing criticism; **jdn ~ schlagen** *sport* beat s.o. hollow; *mil* destroy s.o. utterly; **jdm e-n ~en Blick zuwerfen** *fig* look devastatingly at s.o.; **Ver·nich·tung** *f* 1. *(Ausrottung, a. fig)* extermination; 2. *(Zerstörung)* destruction; **Ver·nich·tungs·waf·fe** *f mil* destructive weapon.
ver·nickeln (k·k) *tr* nickel-plate.
ver·nied·li·chen *tr* trivialize.
ver·nie·ten *tr* rivet.
Ver·nunft [fɛr'nʊnft] ⟨-⟩ *f* good sense, reason; ▶ **~ annehmen** see reason; **zur ~ bringen** bring s.o. to his senses *pl;* **ver·nünf·tig** [fɛr'nʏnftɪç] **I** *adj* 1. *(einsichtig)* sensible; 2. *(rational)* rational; 3. *(akzeptabel)* reasonable; ▶ **sei doch ~!** be reasonable! **II** *adv fam (akzeptabel)* reasonably well; **ver·nunft·orientiert** *adj* rational.
ver·öden I *itr* ⟨sein⟩ *(wüst werden)* become desolate; **II** *tr* ⟨h⟩ *med (Krampfadern)* atrophy, obliterate.
ver·öf·fent·li·chen *tr itr* publish; **Ver·öf·fent·li·chung** *f* publication.
ver·ord·nen *tr* 1. *(anordnen, befehlen)* order; 2. *med* prescribe (*jdm etw* s.th. for s.o.); 3. *(gesetzlich)* decree; **Ver·ord·nung** *f* 1. *med* prescription; 2. *(gesetzliche ~)* decree.
ver·pach·ten *tr* lease (*an* to); ▶ **verpachtet sein** be under lease.
ver·packen (k·k) *tr* 1. pack; *(einwickeln)* wrap; 2. *fig (Gedanken etc)* package; **Ver·packung** (k·k) *f* 1. packing; *(Papier~)* wrapping; 2. *fig* packaging; **Ver·packungs·in·du·strie** (k·k) *f* packaging industry; **Ver·packungs·ma·te·rial** (k·k) *n* packaging; **Ver·packungs·müll** (k·k) *m* waste

packaging.
ver·pas·sen *tr* 1. *(versäumen)* miss; 2. *fam (geben)* give; ▶ **jdm e-e ~ fam** clout s.o. one; **jdm e-n Denkzettel ~ fam** give s.o. s.th. to think about.
ver·pat·zen *tr fam* make a mess of; mess up.
ver·pen·nen I *itr fam* oversleep; **II** *tr fam* miss by oversleeping.
ver·pe·sten *tr* contaminate, pollute; **Ver·pe·stung** *f* contamination, pollution.
ver·pet·zen *tr fam* sneak on (*bei* to).
ver·pfän·den *tr* 1. pawn; 2. *jur (Hypothek)* mortgage.
ver·pfei·fen *irr tr sl* grass on (*bei* to).
ver·pflan·zen *tr med bot a. fig* transplant; **Ver·pflan·zung** *f med bot a. fig* transplantation.
ver·pfle·gen *tr* 1. feed; 2. *mil* ration; **Ver·pfle·gung** *f* 1. *(das Verpflegen)* catering; *mil* rationing; 2. *(Essen)* food; *mil* rations *pl;* **Ver·pfle·gungs·ko·sten** *pl* cost of food.
ver·pflich·ten I *tr* 1. *(moralisch)* oblige; 2. *(binden)* commit; 3. *(einstellen)* engage; ▶ **sich verpflichtet fühlen, etw zu tun** feel obliged to do s.th.; **sich jdm verpflichtet fühlen** feel under an obligation to s.o.; **jdm zu Dank verpflichtet sein** be obliged to s.o.; **II** *itr (moralisch)* carry an obligation (*zu etw* to do s.th.); **III** *refl (durch Vertrag)* commit o.s.; **Ver·pflich·tung** 1. *(moralische ~)* obligation (*zu etw* to do s.th.); *(Aufgabe)* duty; 2. *(Einstellung)* engagement; ▶ **dienstliche ~en haben** have official duties; **s-n ~en nachkommen** fulfil one's obligations.
ver·pfu·schen *tr* make a mess of, bungle.
ver·plap·pern *refl fam* open one's mouth too wide.
ver·plem·pern [fɛr'plɛmpən] *tr fam* fritter away, waste.
ver·pönt [fɛɛ'pøːnt] frowned on (*bei* by).
ver·pras·sen *tr* dissipate, squander (*für* on).
ver·prel·len *tr* put off.
ver·prü·geln *tr* thrash.
ver·puf·fen ⟨sein⟩ *itr* 1. go pop; 2. *fig (Wirkung etc)* fall flat.
Ver·putz ⟨-es⟩ *m* plasterwork; **ver·put·zen** *tr* 1. *(mit Verputz)* plaster; *(Rauhputz)* roughcast; 2. *fig fam (aufessen)* polish off.
ver·qual·men *tr (verräuchern)* fill with smoke; **ver·qualmt** *adj* filled with (*od* full of) smoke.
ver·quat·schen *tr fam:* ▶ **s-e Zeit ~** chat away one's time.
ver·quicken (k·k) [fɛr'kvɪkən] *tr fig* bring together; *(vermischen)* mix.
ver·quol·len [fɛr'kvɔlən] *adj* 1. *(Holz)* warped; 2. *(Gesicht)* bloated; *(Augen)*

puffy.

ver·ram·meln [fɛr'ramǝln] *tr* barricade.
ver·ram·schen *tr com* sell off cheap; *fam Br* flog.
Ver·rat ⟨-(e)s⟩ *m* betrayal (*an* of); *jur* treason (*an* against); **ver·ra·ten** *irr* I *tr* 1. (*Geheimnis, Freunde, Land etc*) betray; 2. (*ausplaudern*) tell; 3. *fig* (*zeigen*) reveal; ▶ **verrate nichts!** don't say a word! **hast du das etwa ~?** did you let it out? **~ und verkauft sein** *fig fam* be done for, have had it; II *refl* give o.s. away; **Ver·rä·ter(in)** [fɛr'rɛːtǝ] *m* (*f*) traitor (traitress); **ver·rä·te·risch** *adj* 1. treacherous; 2. (*heimtückisch*) perfidious; 3. (*aufschlußreich*) revealing; (*verdächtig*) telltale.
ver·rau·chen I *itr* ⟨sein⟩ *fig* cool down; II *tr* ⟨h⟩ spend on smoking.
ver·räu·chert *adj fam* smoky.
ver·rech·nen I *tr* 1. *com* (*gegeneinander aufrechnen*) set off against ...; 2. *com* (*Scheck einziehen*) clear; II *refl* 1. miscalculate; 2. *fig fam* (*sich täuschen*) be mistaken; ▶ **da hast du dich aber schwer verrechnet!** *fig fam* you're very much mistaken there! **wenn du denkst, ich helfe dir, hast du dich verrechnet!** if you think I'm going to help you, you've got another think coming! **Ver·rech·nung** *f com* 1. (*Ausgleich*) settling of account; 2. (*Einzug von Scheck*) clearing; **Ver·rech·nungs·scheck** *m Br* crossed cheque, *Am* voucher check.
ver·recken (k·k) [fɛr'rɛkǝn] ⟨sein⟩ *itr sl* croak.
ver·reg·net *adj* 1. (*regnerisch*) rainy; 2. (*Urlaub etc*) spoiled by rain.
ver·rei·sen *itr* go out of town (*od* away, *od* on a journey); ▶ **verreist sein** be away.
ver·rei·ßen *irr tr fam* (*kritisieren*) tear to pieces.
ver·ren·ken [fɛr'rɛŋkǝn] I *tr* dislocate; II *refl* contort o.s.; **Ver·ren·kung** *f* 1. (*e-s Akrobaten etc*) contortion; 2. *med* dislocation; ▶ **geistige ~en** *fig* mental contortions.
ver·ren·nen ⟨h⟩ *refl:* ▶ **sich in etw ~** get stuck on s.th.
ver·rich·ten *tr* perform; **Ver·rich·tung** *f:* ▶ **ihre täglichen ~en** her daily (*od* routine) tasks.
ver·rie·geln *tr* bolt.
ver·rin·gern [fɛr'rɪŋǝn] I *tr* reduce; II *refl* 1. (*abnehmen*) decrease; 2. (*sich verschlechtern*) deteriorate; **Ver·rin·ge·rung** *f* 1. reduction; 2. (*Abnahme*) decrease; 3. (*Verschlechterung*) deterioration.
ver·rin·nen ⟨sein⟩ *irr itr* 1. (*Wasser*) trickle away; 2. *fig* (*Zeit*) elapse.
ver·ro·hen I *tr* brutalize; II *itr* ⟨sein⟩ become brutalized.
ver·ro·sten ⟨sein⟩ *itr* rust; **ver·ro·stet**

adj rusty.
ver·rot·ten [fɛr'rɔtǝn] ⟨sein⟩ *itr* 1. (*verfaulen*) rot; 2. (*zu Kompost werden*) decompose; **ver·rot·tet** *adj* rotten.
ver·rucht [fɛr'ruːxt] *adj* despicable, loathsome.
ver·rücken (k·k) *tr* (*verschieben*) shift.
ver·rückt *adj* 1. (*geisteskrank*) insane, mad; 2. *fam* crazy (*nach* about); ▶ **jdn ~ machen** drive s.o. mad; **so was V~es!** what a crazy idea! **du bist wohl ~!** you must be crazy! **ich werd' ~!** *fig fam* I'll be blowed! **bist du total ~ geworden?** are you raving mad? **es ist ~, darauf zu hoffen** it's a mad hope; **Ver·rückt·heit** *f fam* 1. (*Zustand*) craziness, madness; 2. (*Handlung*) crazy thing; **Ver·rückt·wer·den** *n:* ▶ **es ist zum ~!** *fam* it's enough to drive you round the bend!
Ver·ruf *m:* ▶ **in ~ geraten/bringen** fall/ bring into disrepute; **ver·ru·fen** *adj* disreputable.
ver·rüh·ren *tr* mix.
ver·ru·ßen ⟨sein⟩ *itr* get sooty; **ver·rußt** *adj* sooty.
ver·rut·schen ⟨sein⟩ *itr* slip.
Vers [fɛrs] ⟨-es, -e⟩ *m* 1. (*Lied, Strophe*) verse; 2. (*Zeile*) line; ▶ **in ~e bringen** put into verse *sing*.
ver·sach·li·chen *tr* de-emotionalize.
Ver·sa·gen ⟨-s⟩ *m* 1. (*Fehlschlag*) failure; 2. (*von Maschine*) *Br* breakdown, *Am* slip-up; ▶ **menschliches ~** human error; **ver·sa·gen** I *tr* 1. (*verweigern*) refuse; ▶ **jdm etw ~** deny s.o. s.th.; II *itr* 1. (*Person*) fail; 2. (*Maschine*) break down; (*Bremse*) fail; (*Gewehr*) fail to go off; **Ver·sa·ger(in)** *m* (*f*) failure.
ver·sal·zen *irr tr* 1. (*Speisen*) oversalt; 2. *fig fam* (*verderben*) spoil.
ver·sam·meln I *tr* assemble; ▶ **vor versammelter Mannschaft** before the assembled company; II *refl* assemble; (*Parlament*) sit; (*Mitglieder e-s Vereins etc*) meet; **Ver·samm·lung** *f* 1. (*Veranstaltung*) meeting; 2. (*versammelte Menschen*) assembly; ▶ **e-e ~ abhalten** hold a meeting; **e-e ~ einberufen (vertagen)** convene (adjourn) a meeting; **Ver·samm·lungs·frei·heit** *f* freedom of assembly.
Ver·sand [fɛr'zant] ⟨-(e)s⟩ *m* 1. (*das Versenden*) dispatch; 2. (*~abtlg.*) dispatch department; **Ver·sand·an·schrift** *f* dispatch note, parcel address.
ver·san·den ⟨sein⟩ *itr* 1. silt up.
Ver·sand·han·del *m* mail order; **Ver·sand·ta·sche** *f* (padded) envelope.
ver·sau·en *tr fam* mess up.
Ver·sau·e·rung (**Ver·säu·e·rung**) (*von Gewässer, Boden*) acidification.
ver·sau·fen *irr tr fam* (*Geld*) spend on booze.
ver·säu·men [fɛɛ'zɔymǝn] *tr* 1. (*vernachlässigen*) neglect; 2. (*Unterricht*)

miss; **3.** *(Zeit)* lose; ▶ ~, **etw zu tun** fail to do s.th.; **Ver·säum·nis** ⟨-ses, -se⟩ *n* **1.** *(Unterlassung)* omission; **2.** *(Nachlässigkeit, Fehler)* failing.

ver·scha·chern [-'ʃaxən] *tr fam* barter away.

ver·schaf·fen I *tr* procure *(jdm etw s.o.* with s.th. *od s.th.* for s.o.); **II** *refl* get, obtain; ▶ **sich Klarheit** ~ clarify the *(od* a) matter.

ver·scha·len *tr (Heizung etc)* encase; *(Wand)* panel; **Ver·scha·lung** *f tech* casing, panelling; *(aus Brettern)* framework.

ver·schämt *adj* embarrassed.

ver·schan·deln [fɛr'ʃandəln] *tr fam* disfigure, spoil.

ver·schan·zen *refl (Deckung suchen)* entrench o.s. *(hinter* behind).

ver·schär·fen I *tr* **1.** *(erhöhen)* increase; *(intensivieren)* intensify; **2.** *(verschlimmern)* aggravate; **3.** *(Vorschriften)* tighten up; ▶ **Spannungen** ~ heighten tensions; **II** *refl* **1.** *(sich steigern)* increase; **2.** *(sich verschlimmern)* become aggravated, heighten.

ver·schar·ren *tr* bury.

ver·schau·keln *tr fam:* ▶ **jdn** ~ have s.o. for a sucker.

ver·schei·den ⟨sein⟩ *irr itr euph* expire, pass away.

ver·schei·ßern *tr fam:* ▶ **jdn** ~ take the piss out of s.o.

ver·schen·ken *tr a. fig* give away; ▶ **sein Herz an jdn** ~ *fig poet* give s.o. one's heart.

ver·scher·beln [fɛr'ʃɛrbəln] *tr fam:* ▶ **etw** ~ get rid of s.th.

ver·scher·zen *refl* forfeit, lose; ▶ **sich Sympathien** ~ lose popularity.

ver·scheu·chen [fɛr'ʃɔɪçən] *tr* **1.** frighten *(od* scare) away; **2.** *fig (Sorgen etc)* drive away.

ver·scheu·ern [fɛr'ʃɔɪɐn] *tr fam* sell off.

ver·schicken (k·k) *tr* **1.** *(versenden)* dispatch; **2.** *(zur Erholung etc)* send away.

ver·schieb·bar *adj (Hebel etc)* sliding; *(Möbel)* movable.

Ver·schie·be·bahn·hof *m Br* marshalling *(od* shunting) yard, *Am* switchyard.

ver·schie·ben *irr* **I** *tr* **1.** *(verrücken)* move, shift; **2.** *(aufschieben)* defer, postpone, put off *(um* for); **3.** *fam (Devisen, Waren etc)* traffic in; **II** *refl* **1.** move out of place; **2.** *(Blickwinkel)* shift; **3.** *(aufgeschoben werden)* be postponed; **Ver·schie·bung** *f (Aufschiebung)* postponement.

ver·schie·den [fɛr'ʃiːdən] **I** *adj* **1.** *(unterschiedlich)* different *(von* from); *(auseinandergehend)* differing; **2.** *(mehrere, einige)* several, various; **3.** *jur* sundry; ▶ ~ **sein** differ, vary; ~**es** several things *pl;* **V**~**s** miscellaneous; **II** *adv*

differently; ▶ **das ist** ~ *(hängt davon ab)* that depends; **ver·schie·den·ar·tig** *adj* **1.** *(unterschiedlich)* different; **2.** *(mannigfaltig)* various; **Ver·schieden·ar·tig·keit** *f* **1.** *(Unterschiedlichkeit)* different nature; **2.** *(Vielfalt)* variety; **Ver·schie·den·heit** *f* **1.** *(Unterschiedlichkeit)* difference (in, of); *(Unähnlichkeit)* dissimilarity; *(in der Meinung)* discrepancy; **2.** *(Mannigfaltigkeit)* diversity, variety; **ver·schiedent·lich** *adv* **1.** *(gelegentlich)* occasionally; **2.** *(mehrmals)* several times.

ver·schie·ßen *irr* **I** *tr* **1.** *mil (Munition)* use up; **2.** *sport (Ball etc)* miss; **II** *itr (Stoff)* fade.

ver·schif·fen *tr* ship.

ver·schim·meln ⟨sein⟩ *itr* get mouldy.

ver·schla·fen *irr* **I** *tr* **1.** *(Termin)* miss by oversleeping; **2.** *(Tag)* sleep through; **3.** *fig (Leben)* sleep away; **II** *itr* oversleep.

ver·schla·fen *adj* **1.** *(beim Aufwachen)* drowsy, sleepy; **2.** *(trottelig)* dozy.

Ver·schlag ⟨-(e)s, ⁓e⟩ *m (Schuppen)* shack, shed.

ver·schla·gen *irr tr (Ball)* mishit; ▶ **auf e-e einsame Insel** ~ **werden** be cast up on a desert island; **irgendwohin** ~ **werden** end up somewhere; **jdm den Atem** ~ take someone's breath away.

ver·schla·gen *adj* sly, wily; **Ver·schlagen·heit** *f* slyness.

ver·schlam·pen I *tr fam (verlieren)* go and lose.

ver·schlech·tern [fɛr'ʃlɛçtɐn] **I** *tr* **1.** *allg* make worse; **2.** *(Qualität)* impair; **3.** *(verschlimmern)* aggravate; **II** *refl* deteriorate, get worse; ▶ **ich will mich nicht** ~ *(finanziell)* I won't be worse off financially; **Ver·schlech·te·rung** *f* deterioration.

ver·schlei·ern I *tr* **1.** veil; **2.** *fig (Absichten etc)* cover up; **II** *refl* **1.** *(Frau)* veil o.s.; **2.** *fig (Blick)* become blurred; **3.** *(Himmel)* become hazy; **ver·schleiert** *adj* **1.** *(Frau)* veiled; **2.** *fig (Blick)* blurred; **3.** *(Himmel)* hazy; **Ver·schleie·rungs·tak·tik** *f fam* cover-up.

Ver·schleiß [fɛr'ʃlaɪs] ⟨-es, -e⟩ *m* **1.** *(Abnutzung)* wear and tear; **2.** *(Verbrauch)* consumption; **ver·schlei·ßen** *irr tr itr refl* wear out; **Ver·schleiß·festig·keit** *f tech* wear resistance; **Verschleiß·teil** *n tech* wearing part.

ver·schlep·pen *tr* **1.** *(Menschen)* abduct; **2.** *(ausbreiten)* spread; **3.** *(verzögern)* draw out; *(Gesetzesvorlagen etc)* delay; *(Krankheit)* protract; **Ver·schlep·pung** *f* **1.** *(von Personen)* abduction; **2.** *(Ausbreiten)* spreading; **3.** *(Verzögern)* delay; *(von Krankheit)* delay.

ver·schleu·dern *tr* **1.** *(vergeuden)*

squander; **2.** *com* sell dirt cheap.

ver·schließ·bar *adj (Flaschen etc)* closeable; *(Tür, Zimmer etc)* lockable; **ver·schlie·ßen** *irr* I *tr* **1.** *(abschließen)* lock; **2.** *wegschließen)* lock away; **3.** *(zumachen)* close; **II** *refl fig (Person)* shut o.s. off *(vor* from); ▶ **sich e-r Sache ~** shut one's mind to s.th.

ver·schlim·mern I *tr* aggravate, make worse; **II** *refl* get worse, worsen; **Ver·schlim·me·rung** *f* worsening.

ver·schlin·gen *irr tr* **1.** *(verknoten)* entwine; **2.** *(verschlucken)* devour, swallow; *(gierig)* gobble up; ▶ **jds Worte ~** *fig* lap up someone's words.

ver·schlis·sen [fɛrˈʃlɪsən] *adj* worn-out; *(fadenscheinig)* threadbare.

ver·schlos·sen [fɛrˈʃlɔsən] *adj* **1.** *(zu)* closed, shut; *(mit Schlüssel)* locked up; **2.** *fig (reserviert)* reserved; ▶ **vor ~er Tür stehen** be left standing on the doorstep; **Ver·schlos·sen·heit** *f fig* reserve.

ver·schlucken (k·k) I *tr* swallow; **II** *refl* swallow the wrong way.

ver·schlu·dern *tr fam* **1.** *(verlieren)* go and lose; **2.** *(verlegen)* mislay.

ver·schlun·gen [fɛrˈʃlʊŋən] *adj a. fig* sinuous, twisted.

Ver·schluß [fɛrˈʃlʊs] ⟨-sses, ̈-sse⟩ **1.** *(Schloß)* lock; *(Deckel)* top; *(von Flasche)* stopper; **2.** *phot* shutter; **3.** *(an Waffe)* breechblock; ▶ **unter ~** under lock and key; **Ver·schluß·deckel (k·k)** *m mot (Tank~)* filler cap.

ver·schlüs·seln *tr* (en)code.

ver·schmach·ten ⟨sein⟩ *itr* **1.** *(hinsterben)* be dying *(vor* of thirst, *vor Hitze* of heat); **2.** *fig* languish *(vor* for).

ver·schmä·hen *tr* **1.** *(nicht wollen)* spurn; **2.** *fam (nein sagen zu ...)* say no to.

ver·schmel·zen *irr tr itr (Metalle)* fuse.

ver·schmer·zen *tr* get over.

ver·schmie·ren *tr* **1.** *(Löcher, Risse etc)* fill in; **2.** *(verstreichen)* spread *(in* over); **3.** *(schmierig machen)* smear.

ver·schmitzt [fɛrˈʃmɪtst] *adj* mischievous; **Ver·schmitzt·heit** *f* mischievousness.

ver·schmo·ren ⟨sein⟩ *itr el (Kontakte)* glaze, pit.

ver·schmut·zen I *tr* soil; **II** *itr* **1.** *(Gegenstand, Person)* get dirty; **2.** *(Umwelt)* become polluted; **ver·schmutzt** *adj* **1.** *(Gegenstand, Person)* dirty, soiled; **2.** *(Umwelt)* polluted.

ver·schnau·fen *itr refl fam* take a breather.

ver·schneit *adj* snow-covered.

Ver·schnitt *m* **1.** *(Schnapsmischung)* blend; **2.** *(Abfall)* clippings *pl.*

ver·schnör·kelt *adj* ornate.

ver·schnupft *adj:* ▶ **~ sein** *(erkältet)* have a cold; *fig* be piqued *(über* at).

ver·schnü·ren [fɛrˈʃnyːrən] *tr* tie up; **Ver·schnü·rung** *f* string.

ver·schol·len [fɛrˈʃɔlən] *adj* missing; *(Kunstwerk)* forgotten; *jur* presumed dead.

ver·scho·nen *tr* spare *(jdn von etw* s.o. s.th.); ▶ **verschont bleiben** escape (s.th.).

ver·schö·nern [fɛrˈʃøːnən] *tr* beautify, embellish.

ver·schrän·ken [fɛrˈʃrɛŋkən] *tr (Arme)* fold; *(Beine)* cross.

ver·schrei·ben *irr* I *tr* **1.** *(verordnen)* prescribe; **2.** *(Papier)* use up; ▶ **s-e Seele dem Teufel ~** sign away one's soul to the devil; **II** *refl* **1.** *(falsch schreiben)* make a slip of the pen; **2.** *(sich widmen)* dedicate o.s. *(e-r Sache* to s.th.); **ver·schrei·bungs·pflich·tig** *adj med* only available on prescription.

ver·schrien [fɛrˈʃriː(ə)n] *adj* notorious.

ver·schro·ben [fɛrˈʃroːbən] *adj* eccentric, odd.

ver·schrot·ten *tr* scrap; **Ver·schrot·tung** *f* scrapping.

ver·schüch·tert [fɛrˈʃʏçtet] *adj* intimidated, timid.

Ver·schul·den ⟨-s⟩ *n* fault; ▶ **ohne mein ~** through no fault of my own; **ver·schul·den** I *tr* be to blame for ...; **II** *itr refl (Schulden machen)* get into debt; **ver·schul·det** *adj* indebted *(bei jdm* to s.o.); **Ver·schul·dung** *f* **1.** *(Schuld)* blame *(e-r Sache* for s.th.); **2.** *(Schulden)* indebtedness.

ver·schüt·ten *tr* **1.** *(Flüssigkeit)* spill; **2.** *(Menschen)* bury alive.

ver·schwä·gert [fɛrˈʃvɛːget] *adj* related by marriage *(mit* to).

ver·schwei·gen *irr tr* conceal, hide *(jdm etw* s.th. from s.o.).

ver·schwei·ßen *tr* weld together.

ver·schwen·den [fɛrˈʃvɛndən] *tr* waste; *(Geld sinnlos verbrauchen)* squander *(an, für* on); **Ver·schwen·der(in)** *m (f)* spendthrift, squanderer; **ver·schwen·de·risch** *adj* **1.** spendthrift, wasteful; **2.** *(extravagant)* extravagant; **Ver·schwen·dung** *f* dissipation, wastefulness; **Ver·schwen·dungs·sucht** *f* extravagance, lavishness.

ver·schwie·gen [fɛrˈʃviːgən] *adj* **1.** *(Person)* discreet; **2.** *(Ort: heimlich)* secluded; **Ver·schwie·gen·heit** *f* **1.** *(von Person)* discretion, secrecy; **2.** *(von Ort)* seclusion.

ver·schwim·men ⟨sein⟩ *irr itr (undeutlich werden)* become blurred.

Ver·schwin·den ⟨-s⟩ *n* disappearance; **ver·schwin·den** ⟨sein⟩ *irr itr* disappear, vanish; ▶ **verschwinde!** *fam* clear off! **~d klein** minute.

ver·schwit·zen *tr* **1.** *(durchschwitzen)* make sweaty; **2.** *fig fam (vergessen)* forget; **ver·schwitzt** *adj* **1.** *(Kleidung)*

sweat-stained; **2.** *(Mensch)* sweaty.
ver·schwom·men [fɛr'ʃvɔmən] **1.** *(vage)* vague; **2.** *(ohne scharfe Konturen)* blurred; ▶ **ich sehe nur ~** everything looks hazy to me.
ver·schwö·ren *irr refl* conspire, plot *(mit* with, *gegen* against); **Ver·schwo·re·ne(r)** *f m* **1.** *(Verschwörer)* conspirator; **2.** *fig (Komplize)* accomplice; **Ver·schwö·rer(in)** *m (f)* conspirator, plotter; **Ver·schwö·rung** *f* conspiracy, plot; ▶ **e-e ~ anzetteln** hatch a plot.
Ver·se·hen ⟨-s, -⟩ *n* mistake, slip; *(Irrtum)* error; ▶ **aus ~** by mistake.
ver·se·hen *irr* **I** *tr* **1.** *(ausstatten)* provide, supply; **2.** *(Amt)* occupy; *(Dienst)* perform; **3.** *(geben)* give; ▶ **mit etw ~ sein** have s.th.; **etw mit s-r Unterschrift ~** affix one's signature to s.th.; **II** *refl* **1.** *(sich irren)* be mistaken; **2.** *(sich versorgen)* provide o.s. *(mit* with); ▶ **ehe man sich's versieht** before you could say Jack Robinson *fam*.
ver·se·hent·lich **I** *adj* inadvertent; *(irrtümlich)* erroneous; **II** *adv* by mistake, inadvertently.
Ver·sehr·te(r) [fɛr'ze:ətə] ⟨-n, -n⟩ *f m* disabled person.
ver·sen·den *irr tr* send, *com* forward; *(verfrachten)* ship.
ver·sen·gen *tr* scorch; *(anbrennen)* singe.
ver·sen·ken **I** *tr* **1.** *(Schiff etc)* send to the bottom, sink; **2.** *tech* lower; *(Armlehne)* fold; **II** *refl fig* become absorbed *(in* in); **Ver·sen·kung** *f* **1.** *(das Versenken)* sinking; **2.** *theat* trap-door; **3.** *fig (das Sichversenken)* immersion; ▶ **in der ~ verschwinden** *(vergessen werden)* sink into oblivion; **aus der ~ auftauchen** *fig* re-emerge on the scene.
ver·ses·sen [fɛr'zɛsən] *adj fig:* ▶ **auf etw ~** keen on s.th., mad about s.th; **Ver·ses·sen·heit** *f* keenness *(auf* on).
ver·set·zen **I** *tr* **1.** *(von e-r Stelle zu e-r andern)* move, shift; *(Pflanze)* transplant; **2.** *(Person)* transfer; *päd (in höhere Schulklasse)* move up; **3.** *(verpfänden)* pawn; **4.** *(vermischen)* mix; **5.** *(Schlag: geben)* give; **6.** *(erwidern)* retort; **7.** *fam (nicht kommen)* stand up; ▶ **ihr Freund hat sie versetzt** her friend stood her up; **in den vorzeitigen Ruhestand ~** pension off; **in Wut ~** send s.o. into a rage; **jdn in die Lage ~, etw zu tun** put s.o. in a position to do s.th.; **in Angst ~** terrify; **II** *refl* ▶ **~ Sie sich in meine Lage!** put yourself in my place! **Ver·set·zung** *f* **1.** *(beruflich)* transfer; *(Höher~)* promotion; **2.** *päd (schulisch)* moving up; **Ver·setzungs·zeug·nis** *n* end-of-year report.
ver·seu·chen [fɛr'zɔɪçən] *tr* **1.** *(infizieren)* infect; **2.** *(vergiften, a. fig)* contaminate; **Ver·seu·chung** *f* **1.** *(Infektion)* infection; **2.** *(mit Giftstoff)* contamination.
Vers·fuß *m* foot.
Ver·si·che·rer *m* insurer; **ver·si·chern** **I** *tr* **1.** *(beteuern)* affirm; *(bestätigen)* assure *(etw* s.th., *jdn e-r Sache* s.o. of s.th.); **2.** *(sein Leben)* assure; *(Sache)* insure; **II** *refl* **1.** *(sich vergewissern)* make sure (of); **2.** *(Versicherung abschließen)* insure o.s.; *(Lebensversicherung)* take out a life assurance policy; **Ver·si·cher·te(r)** ⟨-n, -n⟩ *f m* insured *(od* assured) party; **Ver·si·che·rung** *f* **1.** *(des Eigentums)* insurance; *(des Lebens)* assurance; **2.** *(Bekräftigung)* affirmation; *(Bestätigung)* assurance; **Ver·si·che·rungs·be·trug** *m* insurance fraud; **Ver·si·che·rungs·ge·sell·schaft** *f* insurance *(od* assurance) company; **Ver·si·che·rungs·kauf·mann (-kauf·frau)** *m (f)* insurance broker; **Ver·si·che·rungs·po·li·ce** *f* insurance policy; **Ver·si·che·rungs·prä·mie** *f* insurance premium; **Ver·si·che·rungs·sum·me** *f* sum insured *(od* assured); **Ver·si·che·rungs·ver·tre·ter(in)** *m (f)* insurance agent.
ver·sickern (k·k) ⟨sein⟩ *itr* **1.** seep away; **2.** *fig (Unterhaltung etc)* dry up.
ver·sie·geln *tr* seal.
ver·sie·gen ⟨sein⟩ *itr a. fig* dry up.
ver·siert [vɛr'zi:ət] *adj (fachmännisch erfahren)* experienced; ▶ **sie ist sehr ~ in Latein** she is well-versed in Latin.
ver·sil·bern *tr* **1.** silver-plate; **2.** *fig fam (verkaufen) Br* flog; **Ver·sil·be·rung** *f* **1.** *(Silberschicht)* silver-plate; **2.** *(das Versilbern)* plating.
ver·sin·ken ⟨sein⟩ *irr itr* **1.** *(untergehen)* sink; *(Schiff)* founder; **2.** *fig* lose o.s. *(in etw* in s.th.); ▶ **in Gedanken versunken sein** be lost in thought; **die Sonne versank am Horizont** the sun sank beneath the horizon.
ver·sinn·bild·li·chen [fɛr'zɪnbɪltlɪçən] *tr* symbolize.
Ver·sion [vɛr'zjoːn] *f* version.
ver·skla·ven *tr a. fig* enslave.
Vers·maß *n* metre.
ver·snobt [fɛr'snɔpt] *adj* snobbish.
ver·sof·fen [fɛr'zɔfən] *adj sl* boozy.
ver·soh·len *tr fam* belt.
ver·söh·nen [fɛr'zøːnən] **I** *tr a. fig* reconcile *(mit* to); *(besänftigen)* appease; **II** *refl* get reconciled *(mit* to); **ver·söhn·lich** *adj* conciliatory; *(vergebend)* forgiving; ▶ **~ stimmen** placate; **Ver·söh·nung** *f* reconciliation; *(Besänftigung)* appeasement.
ver·son·nen [fɛr'zɔnən] *adj (gedankenverloren)* lost in thought; *(träumerisch)* dreamy.
ver·sor·gen **I** *tr* **1.** *(sich kümmern um)* look after, take care of; **2.** *(beliefern)* provide *(od* supply) *(mit* with); **3.** *(unter-*

halten) provide for; **II** *refl* provide o.s. (*mit etw* with s.th.); ▶ **sich selbst** ~ take care of o.s.; **Ver·sor·gung** *f* **1.** *(das Sichkümmern)* care; **2.** *com (Belieferung, Bestückung)* supply; **3.** *(Unterhalt: von Familie etc)* providing *(jds* for s.o.); ▶ ~ **mit Energie** power supply; **öffentliche** ~ provision of public utilities; **versor·gungs·be·rech·tigt** *adj* entitled to maintenance; **Ver·sor·gungs·leitung** *f* supply line; **Ver·sor·gungsnetz** *n* **1.** *(öffentliches* ~*)* supply grid; **2.** *com (Waren*~*)* supply network; **Ver·sor·gungs·schwie·rig·kei·ten** *pl* supply problems.

ver·spach·teln *tr (mit Spachtel verschmieren)* fill in.

ver·span·nen *refl (Muskel)* tense up.

ver·spä·ten *refl* **1.** *(zu spät kommen)* be late; **2.** *(aufgehalten werden)* be delayed; **ver·spä·tet** *adj* belated, late; **Ver·spä·tung** *f* rail aero delay; *(von Person)* late arrival; ▶ **alle Züge haben** ~ there are delays to all trains; **(15 Minuten)** ~ **haben** be (15 minutes) late.

ver·spei·sen *tr* consume.

ver·spe·ku·lie·ren **I** *tr (Geld)* lose through speculation; **II** *refl* **1.** *fin* ruin o.s. by speculation; **2.** *fig* be out in one's calculations.

ver·sper·ren *tr* **1.** *(blockieren)* bar, block; *(verschließen)* lock up; **2.** *fig (Zukunftsaussichten etc)* obstruct; ▶ **Sie** ~ **mir die Sicht!** you're obstructing my view!

ver·spie·len **I** *tr a. fig* gamble away; **II** *itr fig:* ▶ **(bei jdm) verspielt haben** have had it (as far as s.o. is concerned).

ver·spon·nen *adj* eccentric, *(Idee)* odd.

ver·spot·ten *tr* mock.

ver·spre·chen *irr* **I** *tr* **1.** promise *(jdm etw* s.o. s.th.); **II** *refl* **1.** *(erwarten)* expect to gain *(etw von etw* by s.th.); **2.** *(Nichtgemeintes sagen)* make a slip of the tongue; **Ver·spre·chen (Ver·spre·chung)** *n (f)* promise.

ver·sprit·zen *tr* **1.** *(versprühen)* spray; **2.** *(durch Planschen)* spatter, splash.

ver·spü·ren *tr* feel.

ver·staat·li·chen *tr* nationalize; **Ver·staat·li·chung** *f* nationalization.

Ver·städ·te·rung *f* urbanization.

Ver·stand [fɛrˈʃtant] ⟨-(e)s⟩ *m (Intellekt)* intellect, mind; *(Denkfähigkeit)* reason; *(Vernunft)* (common) sense; *(Urteilsfähigkeit)* judgement; ▶ **ein scharfer** ~ a keen mind; **er hat nicht für fünf Pfennig** ~ *fig* he hasn't the sense he was born with; **nicht bei** ~ **sein** be out of one's mind; **den** ~ **verlieren** go out of one's mind; **mehr Glück als** ~ **haben** have more luck than brains; **ver·standes·mä·ßig** *adj* rational, intellectual; **Ver·stan·des·mensch** *m* rational person.

ver·stän·dig [fɛrˈʃtɛndɪç] *adj* **1.** *(einsichtig)* understanding; **2.** *(vernünftig)* reasonable, sensible; **ver·stän·di·gen** **I** *tr* inform, notify *(von* of); **II** *refl* **1.** *(kommunizieren)* communicate *(mit jdm* with s.o.); **2.** *(sich einigen)* come to an understanding *(mit jdm* with s.o.); **Ver·stän·di·gung** *f* **1.** *(Informierung)* information, notification; **2.** *(Kommunikation)* communication; **3.** *(Übereinkunft)* agreement, understanding; **4.** *tele* audibility.

ver·ständ·lich *adj* **1.** *(einsichtig)* intelligible; **2.** *(begreiflich)* understandable; *(begreifbar)* comprehensible; **3.** *(hörbar)* audible; ▶ **jdm etw** ~ **machen** make s.o. understand s.th.; **sich** ~ **machen** make o.s. understood; **Ver·ständ·lich·keit** *f* **1.** comprehensibility; **2.** *(Hörbarkeit)* audibility.

Ver·ständ·nis [fɛrˈʃtɛntnɪs] ⟨-ses, (-se)⟩ *n* **1.** *(Begreifen)* comprehension, understanding *(für* of); **2.** *(Mitgefühl)* sympathy *(für* for); **3.** *(Sinn für etw)* appreciation *(für* of); ▶ **dafür habe ich kein** ~ I have no time for that kind of thing; **ver·ständ·nis·los** *adj* **1.** *(nicht verstehend)* uncomprehending; **2.** *(ohne Einfühlungsvermögen)* unsympathetic *(für* towards); **3.** *(ohne Sinn für etw)* unappreciative *(für* of); **ver·ständ·nisvoll** *adj* **1.** *(verstehend)* understanding; **2.** *(mitfühlend)* sympathetic *(für* towards).

ver·stär·ken **I** *tr* **1.** *(stärker machen) a. fig* reinforce, strengthen; **2.** *el* amplify; **3.** *(steigern)* intensify; **4.** *(vermehren)* increase; ▶ **s-e Anstrengungen** ~ increase one's efforts; **II** *refl* **1.** *(sich vermehren)* increase; **2.** *fig (intensiver werden)* intensify, strengthen; **Ver·stär·ker** *m radio* amplifier; **Ver·stär·kung** *f* **1.** reinforcement, support; **2.** *radio* amplification; **3.** *(Intensivierung) a. phot* intensification; **4.** *(Vermehrung)* increase; *mil a. fig* reinforcements *pl.*

ver·stau·ben ⟨sein⟩ *itr* get dusty; **ver·staubt** *adj* dusty.

ver·stau·chen [fɛrˈʃtauxən] *tr* sprain; ▶ **ich habe mir die Hand verstaucht** I've sprained my hand.

ver·stau·en *tr* **1.** *(Gepäck)* pack *(in* into); **2.** *mar* stow.

Ver·steck [fɛrˈʃtɛk] ⟨-(e)s, -e⟩ *n* hiding-place; ▶ ~ **spielen** play hide-and-seek; **aus dem** ~ **auftauchen** come out of concealment; **ver·stecken (k·k)** **I** *tr* conceal, hide *(vor* from); **II** *refl Br* conceal o.s., hide, *Am* hide up; ▶ **Sie brauchen sich vor ihm nicht zu** ~ *fig* you do not need to fear comparison with him; **er hat etw in s-r Tasche versteckt** he's hiding s.th. in his pocket; **Ver·steckspiel** *n Br* hide-and-seek, *Am* hide-and-coop; **ver·steckt** *adj* **1.** *(verborgen)*

concealed, hidden; **2.** *fig (verstohlen)* furtive; ▶ **sich ~ halten** stay in concealment.
ver·ste·hen *irr* I *tr itr* **1.** understand; **2.** *(deuten)* interpret; **3.** *(einsehen)* see; **4.** *(können)* know (*etw zu tun* how to do s.th., *etw* s.th., *von etw* about s.th.); ▶ **das kann ich eben nicht ~** that's what I can't understand; **was ~ Sie unter „exzentrisch"?** what do you understand by "eccentric"? **wie ~ Sie s-e Bemerkungen?** what do you understand from his remarks? **ich verstehe die Situation so, daß ...** my understanding of the situation is that ...; **falsch ~** misunderstand; **jdm zu ~ geben, daß ...** give s.o. to understand that ...; **verstanden?** do you understand me? *fam* got the idea? *Am sl* O.K.? **ich verstehe!** I see! II *refl* **1.** understand each other; **2.** *(miteinander auskommen)* get along with each other; ▶ **er versteht sich als Künstler** he sees himself as an artist; **das versteht sich von selbst** that goes without saying; **sich auf etw ~** be an expert at s.th.
ver·stei·fen I *tr* **1.** *(verstärken)* reinforce, strengthen; **2.** *tech* strut; II *refl* **1.** stiffen up; **2.** *(sich verhärten)* harden; ▶ **sich auf etw ~** *fig* become set on s.th.
ver·stei·gen ⟨h⟩ *irr refl fig* have the presumption (*zu* to).
ver·stei·ge·rer *m* auctioneer; **ver·stei·gern** *tr* auction (off); ▶ **etw ~ lassen** put s.th. up for auction; **Ver·stei·ge·rung** *f* auction.
ver·stei·nern *itr* petrify, turn (in)to stone; **Ver·stei·ne·rung** *f* **1.** *(Vorgang)* petrifaction; **2.** *(Fossil)* fossil.
ver·stell·bar *adj* adjustable; **ver·stel·len** I *tr* **1.** *(in Unordnung bringen)* misplace, put in the wrong place; **2.** *(Möbel etc)* shift; **3.** *(versperren)* block; **4.** *(Stimme, Handschrift)* disguise; II *refl fig* dissemble, hide one's true feelings; **Ver·stell·schrau·be** *f* *mot* adjusting screw; **Ver·stel·lung** *f* *(Vortäuschung)* pretending; **Ver·stel·lungs·künst·ler(in)** *m (f) fam* phoney.
ver·step·pen *itr* turn into desert; **Ver·step·pung** *f* desertification.
ver·steu·ern *tr* pay on ...; **Ver·steue·rung** *f* taxation.
ver·stim·men *tr fig* disgruntle, put out; **ver·stimmt** *adj* **1.** *mus* out of tune; **2.** *fig (verärgert)* put out; **3.** *(Magen)* upset; **Ver·stim·mung** *f* ill-feeling.
ver·stockt [fɛr'ʃtɔkt] *adj* **1.** *(widerspenstig)* obstinate, stubborn; **2.** *(unbußfertig)* unrepentant; **Ver·stockt·heit** *f* **1.** *(Widerspenstigkeit)* obstinacy, stubbornness; **2.** *(Unbußfertigkeit)* unrepentance.
ver·stoh·len [fɛr'ʃtoːlən] *adj* furtive, surreptitious.

ver·stop·fen *tr* **1.** *(Loch etc)* stop up; **2.** *(Straße)* block, jam; **ver·stopft** *adj* **1.** *(blockiert)* blocked; **2.** *med* constipated; **3.** *(Nase)* stuffed up; **Ver·stop·fung** *f* **1.** *(Blockierung)* blockage; **2.** *med* constipation.
ver·stor·ben [fɛr'ʃtɔrbən] *adj* deceased, *(attr)* late.
ver·stört [fɛr'ʃtøːɛt] *adj* *(verwirrt)* disconcerted.
Ver·stoß *m* offence (*gegen* against), violation (*gegen* of); **ver·sto·ßen** *irr* I *tr (vertreiben)* expel (*aus* from); II *itr* offend (*gegen etw* against s.th.).
ver·strahlt *adj* contaminated by radiation.
Ver·stre·bung *f* *tech* support.
ver·strei·chen *irr* I *itr* ⟨sein⟩ *(Zeit)* elapse, pass (by); *(Frist)* expire; II *tr* ⟨h⟩ **1.** *(Farbe, Salbe)* put on (*auf* to); **2.** *(Mauerrisse: verspachteln)* fill in.
ver·streu·en *tr* scatter.
ver·stricken (k·k) *refl fig* become entangled.
ver·stüm·meln [fɛr'ʃtʏməln] *tr* **1.** mutilate; **2.** *fig (Nachricht etc)* distort; **Ver·stüm·me·lung** *f* **1.** mutilation; **2.** *fig (Verzerrung)* distortion.
ver·stum·men ⟨sein⟩ *itr* **1.** *(Ton etc, a. fig)* become silent; **2.** *(Person)* fall silent.
Ver·such [fɛr'zuːx] ⟨-(e)s, -e⟩ *m* **1.** attempt (*etw zu tun* at doing *od* to do s.th.); **2.** *(Experiment)* experiment; *(Test)* test; **3.** *(Essay)* essay; ▶ **es ist e-n ~ wert** it's worth a try; **beim ersten ~** at the first try; **er unternahm keinen ~, uns zu helfen** he made no attempt to help us; **das kommt auf e-n ~ an** we'll have to have a try; **e-n ~ anstellen** carry out an experiment; **alle ~e scheiterten** all attempts were defeated.
ver·su·chen I *tr* **1.** attempt, try; **2.** *(sich bemühen)* strive; **3.** *(kosten)* taste; **4.** *(in Versuchung führen)* tempt; ▶ **~, etw zu tun** attempt (*od* try) to do s.th.; **es ~ have a try; laß mich mal ~!** let me have a try! **versuch's noch mal!** have another try! **ich werd' es mal ~** I'll give it a try; **bitte versuche doch zu verstehen!** do try to understand! II *refl:* ▶ **sich an etw ~** try one's hand at s.th.; **Ver·su·cher(in)** *m (f)* tempter (temptress); **Ver·suchs·an·la·ge** *f* experimental *(od* pilot) plant; **Ver·suchs·bal·lon** *m* sounding balloon; ▶ **e-n ~ steigen lassen** *fig* fly a kite; **Ver·suchs·boh·rung** *f* test boring; *(Erdöl~)* test drilling; **Ver·suchs·er·geb·nis** *n* result of experiments; **Ver·suchs·ka·nin·chen** *n fam* guinea-pig; **Ver·suchs·per·son** *f* test subject; **Ver·suchs·rei·he** *f* series of experiments; **Ver·suchs·tier** *n* experimental animal; **ver·suchs·wei·se** *adv (als Versuch)* on a trial basis; **Ver·such·ung** *f a. rel* temp-

tation; ▶ **in** ~ **führen** lead into tempta-
tion; **in** ~ **kommen** be tempted.
ver·sump·fen ⟨sein⟩ *itr* 1. become
boggy (*od* marshy); 2. *fig fam (ver-
wahrlosen)* go to pot; 3. *(sich in Lokal
betrinken)* get involved in a booze-up.
ver·sün·di·gen *refl* sin (*an* against).
ver·sun·ken [fɛr'zuŋkən] *adj* 1. *(gesun-
ken)* sunken; 2. *fig (Kultur)* submerged;
3. *fig (vertieft)* absorbed, immersed.
ver·sü·ßen *tr fig* make more pleasant
(*jdm etw* s.th. for s.o.).
Ver·tä·fe·lung *f* paneling.
ver·ta·gen I *tr* adjourn; *(verschieben)*
postpone (*auf* until, till); *parl Br* pro-
rogue, *Am* table; II *refl* be adjourned;
jur adjourn; **Ver·ta·gung** *f* adjourn-
ment; *parl* prorogation.
ver·tau·schen *tr* 1. *(tauschen)* ex-
change (*gegen, mit* for); *(auswechseln)*
interchange; 2. *(verwechseln)* mix up.
ver·tei·di·gen [fɛr'taɪdɪgən] I *tr itr* de-
fend; II *refl* defend o.s.; **sich selbst** ~
(vor Gericht) conduct one's own de-
fence; **Ver·tei·di·ger(in)** *m (f)* 1. *allg*
defender; 2. *(Befürworter)* advocate; 3.
jur Br counsel for the defence, *Am*
attorney for the defense; 4. *sport (beim
Fußball)* back; **Ver·tei·di·gung** *f Br*
defence, *Am* defense; **Ver·tei·di-
gungs·fä·hig·keit** *f mil* defensive ca-
pability; **Ver·tei·di·gungs·krieg** *m*
defensive war; **Ver·tei·di·gungs·mi-
ni·ster** *m* Minister of Defence; **Ver-
tei·di·gungs·mi·ni·ste·rium** *n* Min-
istry of Defence; **Ver·tei·di·gungs-
re·de** *f* 1. *jur* speech for the defence; 2.
fig apologia; **Ver·tei·di·gungs-
zweck** *m:* ▶ **für** ~e for defence pur-
poses.
ver·tei·len I *tr* 1. distribute (*an* to, *unter*
among); 2. *(ausstreuen)* spread (*über*
over); ▶ **verteilen Sie die Farbe
gleichmäßig!** spread the paint evenly!
II *refl (Personen)* spread out; *med (Vi-
ren etc)* spread; *(zeitlich)* be spread
(*über* over); **Ver·tei·ler** *m* 1. *mot* dis-
tributor; 2. *(~schlüssel auf Rundschrei-
ben)* list of people to receive a copy;
Ver·tei·ler·ka·sten *m el tele* distribu-
tor box; **Ver·tei·lung** *f* 1. *(Austeilung)*
distribution; 2. *(Zuteilung)* allocation.
ver·teu·ern I *tr* make dearer; II *refl*
become dearer; **Ver·teu·erung** *f* in-
crease (*od* rise) in price.
ver·teu·feln *tr* condemn; **ver·teu·felt** I
adj fam devilish; II *adv* damned; ▶ **das
war vielleicht** ~**, ich konnte überhaupt
nichts sehen!** I couldn't see a darn
thing! **Ver·teu·fe·lung** *f* condemna-
tion.
ver·tie·fen *tr refl a. fig* deepen; ▶ **sich
in etw** ~ become absorbed in s.th.; **Ver-
tie·fung** *f* 1. deepening; 2. *fig (Vertieft-
sein)* absorption.

ver·ti·kal [vɛrti'ka:l/'---] *adj* vertical.
ver·til·gen *tr* 1. *(ausrotten)* exterminate;
2. *(Unkraut etc: vernichten)* destroy; 3.
fam (verzehren) devour; **Ver·til·gung**
f 1. *(Ausrottung)* extermination; 2. *(Un-
kraut etc: Vernichtung)* destruction;
Ver·til·gungs·mit·tel *n (Insekten~)*
pesticide; *(Unkraut~)* weed-killer.
ver·tip·pen *refl (mit Schreibmaschine)*
make a typing error.
ver·to·nen *tr* set to music; **Ver·to-
nung** *f* setting.
ver·trackt [fɛr'trakt] *adj fam* con-
founded.
Ver·trag [fɛr'tra:k, *pl* fɛr'trɛ:gə] ⟨-(e)s, ⸚
e⟩ *m (Arbeits~ etc)* contract; *(Abkom-
men)* agreement; *pol* treaty.
ver·tra·gen *irr* I *tr* 1. *(ertragen)* endure,
stand, tolerate; ▶ **er kann keinen
Fisch** ~ fish does not agree with him; **er
kann viel** ~ *fam (Alkohol)* he's able to
hold his drink; **Spaß** ~ take a joke; **ich
kann alles** ~, **nur keine Schlamperei** I
can tolerate anything except sloppiness;
die Wand könnte noch e-n Anstrich ~
fam the wall could stand another coat
of paint; **ich glaub, ich kann noch ein
Stück Kuchen** ~ I think I can manage
another cake; II *refl* 1. get along (*mit
jdm* with s.o.); 2. *(vereinbar sein)* be
consistent (*mit etw* with s.th.); **ver-
trag·lich** I *adj* contractual; II *adv* by
contract.
ver·träg·lich [fɛr'trɛ:klɪç] *adj* 1. *(um-
gänglich)* amicable, peaceable; 2. *(be-
kömmlich)* wholesome; *(Speisen)* di-
gestible; 3. *(vereinbar)* compatible
(with).
Ver·trags·ab·schluß *m* completion of
a contract. **Ver·trags·bruch** *m* breach
of contract; **ver·trags·brü·chig** *adj:*
▶ ~ **werden** break a contract; **ver-
trag·schlie·ßend** *adj:* ▶ ~e **Partei**
contracting party; **Ver·trags·ent-
wurf** *m* draft contract (*od* agreement
od treaty); **Ver·trags·händ·ler** *m* ap-
pointed dealer; **Ver·trags·part·ner** *m*
partner to a contract (*od* treaty); **Ver-
trags·stra·fe** *f* penalty of breach of
contract; **Ver·trags·ver·let·zung** *f*
violation of contract; **ver·trags·wid-
rig** I *adj* contrary to the agreement; II
adv in breach of contract.
Ver·trau·en ⟨-s⟩ *n* confidence, trust (*zu,
in, auf* in); ▶ **im** ~ **(gesagt)** strictly in
confidence; **im** ~ **auf . . .** relying on . . .,
trusting to . . .; **zu jdm** ~ **haben** be
confident in s.o.; **jds** ~ **besitzen** enjoy
someone's confidence; **jdn ins** ~ **ziehen**
admit (*od* take) s.o. into one's confi-
dence; **ich habe volles** ~ **zu ihm** I have
every trust in him; **ver·trau·en** *itr* trust
(*jdm od e-r Sache* s.o. *od* s.th., *auf jdn
od etw* in s.o. *od* s.th.), have confidence
(*jdm* in s.o.); **ver·trau·en·er-**

weckend (k·k) *adj* inspiring confidence; ▶ **er ist ein ~er Mensch** he is a person inspiring confidence; **ver·trau·ens·bil·dend** *adj* confidence building, **Ver·trau·ens·bruch** *m* breach of trust; **Ver·trau·ens·fra·ge** *f parl* question of confidence; **Ver·trau·ens·kri·se** *f pol* confidence crisis; **Ver·trau·ens·leh·rer(in)** *m (f) päd* liaison teacher; **Ver·trau·ens·mann** ⟨-(e)s, -männer/-leute⟩ *m* intermediary agent; *(gewerkschaftlich)* union representative; **Ver·trau·ens·sa·che** *f* 1. *(vertrauliche Sache)* confidential matter; 2. *(Sache des Vertrauens)* matter of trust; **Ver·trau·ens·schwund** *m* loss of confidence; **Ver·trau·ens·stel·lung** *f* position of trust; **ver·trau·ens·voll** *adj* trusting; **Ver·trau·ens·vo·tum** *n parl* vote of confidence; **ver·trau·ens·wür·dig** *adj* trustworthy; **Ver·trau·ens·wür·dig·keit** *f* trustworthiness.
ver·trau·lich *adj* 1. *(geheim)* confidential; 2. *(plump~)* familiar; **Ver·trau·lich·keit** *f* 1. *(vertrauliche Haltung)* confidentiality; 2. *(vertrauliche Mitteilung)* confidence; 3. *(plumpe ~)* familiarity.
ver·träu·men *tr* dream away; **ver·träumt** *adj* 1. *(träumerisch)* dreamy; 2. *(idyllisch)* sleepy.
ver·traut *adj* 1. intimate; 2. *(bekannt)* familiar; ▶ **sich mit dem Gedanken ~ machen, daß ...** get used to the idea that ...; **sich mit etw ~ machen** acquaint o.s. with s.th.; **Ver·trau·te(r)** *f m* intimate friend; **Ver·traut·heit** *f* 1. *(Intimität)* intimacy; 2. *(Bekanntheit)* familiarity.
ver·trei·ben *irr tr* 1. drive away; *(aus Land)* expel (from); 2. *com (verkaufen)* sell; ▶ **sich die Zeit ~** while *(od* pass) away one's time; **jdm die Zeit ~** help s.o. pass the time; **Ver·trei·bung** *f* expulsion.
ver·tret·bar *adj* justifiable; ▶ **nicht ~** *(unhaltbar)* untenable.
ver·tre·ten *tr* 1. *(als Bevollmächtigter)* represent; 2. *(zeitweilig ersetzen)* replace; 3. *(einstehen)* answer for ...; 4. *jur* plead *(jdn* someone's case); 5. *(Interessen)* attend to; 6. *(Ansicht)* take; ▶ **sich die Beine ~** *fam* stretch one's legs; **er vertritt die Firma in London** he represents the firm in London; **Ver·tre·ter(in)** 1. *m (f) (Repräsentant)* representative; 2. *(Stell~)* deputy; *(bei Ärzten, Geistlichen)* locum tenens; 3. *(Fürsprecher)* advocate; 4. *com (Handels~) Br* agent, *Am* solicitor; **Ver·tre·tung** *f* 1. *(Repräsentanz)* representation; 2. *(Ersatz)* replacement; 3. *(im Amt)* substitution; 4. *com (Agentur)* agency; ▶ **in ~** *(bei Briefen)* on behalf of ...; **die ~ übernehmen für ...** take the

place of ...
Ver·trieb [fɛrˈtriːp] *m* 1. sales, *pl* marketing; 2. *(Abteilung)* sales department.
Ver·trie·be·ne(r) *f m* exile.
Ver·triebs·ab·tei·lung *f com* sales department; **Ver·triebs·er·lös** *m com* circulation revenue; **Ver·triebs·ge·sell·schaft** *f markt* marketing organization; **Ver·triebs·lei·ter(in)** *m (f) markt* circulation manager; **Ver·triebs·po·li·tik** *f markt* distribution policy.
ver·trin·ken *tr* spend on drink.
ver·trock·nen ⟨sein⟩ *itr* 1. *(Quelle)* dry up; 2. *(Pflanze)* wither; *(Lebensmittel)* go dry.
ver·trö·deln *tr* fritter away.
ver·trö·sten *tr:* ▶ **jdn von e-m Tag zum anderen ~** put s.o. off from day to day.
ver·tu·schen [fɛrˈtuʃən] *tr* hush up.
ver·übeln *tr:* ▶ **jdm etw ~** blame s.o. for s.th.
ver·üben *tr* commit, perpetrate.
ver·ul·ken *tr fam* make fun of, tease.
ver·un·glimp·fen [fɛrˈʊnɡlɪmpfən] *tr* disparage.
ver·un·glücken (k·k) ⟨sein⟩ *itr* 1. *(Person)* have an accident; *(Flugzeug)* crash; 2. *fig fam (mißlingen)* go wrong; ▶ **mit dem Auto ~** have a car accident; **mit dem Flugzeug ~** be in a plane crash; **tödlich ~** be killed in an accident; **ver·un·glückt** *adj fam (nicht gelungen)* unsuccessful.
ver·un·rei·ni·gen [fɛrˈʊnraɪnɪɡən] *tr* 1. *(Kleidung etc)* soil; 2. *(Umwelt)* pollute; **Ver·un·rei·ni·gung** *f* 1. *(von Kleidung etc)* soiling; 2. *(von Umwelt)* pollution.
ver·un·si·chern *tr* make uncertain *(in* of); **ver·un·si·chert** *adj* uncertain; **Ver·un·si·che·rung** *f* uncertainty.
ver·un·stal·ten [fɛrˈʊnʃtaltən] *tr* disfigure.
ver·un·treu·en [fɛrˈʊntrɔɪən] *tr* embezzle; **Ver·un·treu·ung** *f* embezzlement.
ver·ur·sa·chen *tr* cause; ▶ **Beschwerden ~** *med* give rise to trouble; **Ver·ur·sa·cher(in)** *m (f)* cause.
ver·ur·tei·len *tr a. fig* condemn; *jur (zu Strafe)* sentence; *(zu e-r Geldstrafe)* fine *(von 100 £* 100 £); ▶ **der zum Tode Verurteilte** the condemned man; **Ver·ur·tei·lung** *f a. fig* condemnation; *jur (Schuldspruch)* conviction.
ver·viel·fa·chen *tr* multiply.
ver·viel·fäl·ti·gen [fɛrˈfiːlfɛltɪɡən] *tr* 1. *(kopieren)* copy; 2. *(hektographieren)* mimeograph; **Ver·viel·fäl·ti·gung** *f* 1. *(das Kopieren)* copying; *(das Hektographieren)* mimeographing; 2. *(die Hektographie)* mimeograph; 3. *(Kopie)* copy.

ver·vier·fa·chen *tr refl* quadruple.

ver·voll·komm·nen [fɛr'fɔlkɔmnən] I *tr* perfect; II *refl* perfect o.s.; **Ver·voll·komm·nung** *f* perfection.

ver·voll·stän·di·gen *tr* complete; **Ver·voll·stän·di·gung** *f* completion.

ver·wackeln (k·k) *tr (Foto)* blur.

ver·wäh·len *refl tele* dial the wrong number; ▶ **Verzeihung, habe mich verwählt!** sorry, wrong number!

ver·wah·ren I *tr* have in safekeeping, keep (safe); ▶ **etw an e-m sicheren Ort ~** put s.th. away safely; II *refl:* ▶ **sich ~ gegen** ... protest against ...

ver·wahr·lost [fɛr'va:elo:st] *adj* 1. *(vernachlässigt)* neglected; *(Äußeres e-r Person)* unkempt; 2. *(moralisch)* decadent; **Ver·wahr·lo·sung** *f* 1. *(von Person: Vernachlässigung)* neglect of o.s.; *(von Gebäude etc)* dilapidation; 2. *(moralisch)* depravity.

Ver·wah·rung *f (von Geld etc)* keeping; *(von Straftäter)* custody; ▶ **jdm etw in ~ geben** give s.th. to s.o. for safekeeping; **jdn in ~ nehmen** take into custody; **etw in ~ nehmen** take s.th. into safekeeping.

ver·waist [fɛr'vaɪst] *adj* 1. *(ohne Eltern)* orphaned; 2. *fig (verlassen)* deserted.

ver·wal·ten *tr* 1. *(Erbe, Vermögen)* administer; 2. *(Fabrik)* manage, run; *pol (leiten)* govern; 3. *(Amt)* hold; **Verwal·ter(in)** *m (f)* administrator; *(Treuhänder)* trustee; **Ver·wal·tung** *f* 1. *(Administration)* administration; 2. *com (Firmenleitung)* management; **Ver·wal·tungs·ap·pa·rat** *m* administrative machinery; **Ver·wal·tungs·beam·te (-be·am·tin)** *m (f)* civil servant; **Ver·wal·tungs·be·zirk** *m* administrative district; **Ver·wal·tungs·ge·richt** *n* Administrative Court; **Ver·wal·tungs·ge·richts·hof** *m* Higher Administrative Court; **ver·wal·tungs·tech·nisch** *adj:* ▶ **aus ~en Gründen** for administrative reasons.

ver·wan·del·bar *adj* 1. *allg* transformable; 2. *tech* convertible.

ver·wan·deln *tr refl* change, turn *(in* into); **Ver·wand·lung** *f* change, transformation; **Ver·wand·lungs·sze·ne** *f theat* transformation scene.

ver·wandt [fɛr'vant] *adj* 1. related *(mit* to); 2. *fig* kindred *(mit* to); ▶ **einander sehr ~ sein** *fig* be very much akin to each other; **Ver·wand·te(r)** *f m* relation, relative; **Ver·wandt·schaft** *f* 1. *(Verwandtsein)* relationship; 2. *(die Verwandten)* relations *pl;* 3. *fig* affinity, kinship; **ver·wandt·schaft·lich** *adj* family.

ver·war·nen *tr* caution, warn; ▶ **er ist oft genug verwarnt worden** he had plenty of warning; **Ver·war·nung** *f* caution, warning; ▶ **jdm e-e ~ geben** give s.o. a warning; *(gebührenpflichtig)* fine s.o.

ver·wa·schen *adj* 1. *(verblichen)* faded; 2. *fig fam* wishy-washy.

ver·wäs·sern *tr* 1. water down; 2. *fig* dilute.

ver·wech·seln *tr* mix up; ▶ **jdn mit jdm ~** take s.o. for s.o. else; **zwei Probleme miteinander ~** confuse two problems; **zum V~ ähnlich** as like as two peas; **Ver·wechs·lung** *f* 1. confusion; 2. *(Irrtum)* mistake.

ver·we·gen [fɛr've:gən] *adj* daring, bold; **Ver·we·gen·heit** *f* daring, boldness.

ver·we·hen I *tr* 1. blow away; *(Schnee)* drift; 2. *(zudecken)* cover over; II *itr (Rauch: zerstreut werden)* drift away.

ver·weh·ren *tr* 1. *(verhindern)* bar *(jdm, etw zu tun* s.o. from doing s.th.); 2. *(verweigern)* refuse *(jdm etw* s.o. s.th.).

Ver·we·hung *f (Schnee~, Sand~ etc)* drift.

ver·weich·li·chen I *tr* ⟨h⟩ make soft; II *refl* ⟨sein⟩ grow soft; **Ver·weich·li·chung** *f* softness.

Ver·wei·ge·rer *m* refusenik; **ver·wei·gern** *tr* deny, refuse *(jdm etw* s.o. s.th.); **Ver·wei·ge·rung** *f* denial, refusal.

ver·wei·len *itr* 1. linger, stay; 2. *fig:* ▶ **bei etw ~** dwell on s.th.

ver·weint *adj* 1. *(Gesicht)* tear-stained; 2. *(Augen)* tear-swollen.

Ver·weis ⟨-es, -e⟩ *m* 1. *(Rüge)* rebuke, reprimand; 2. *(Hinweis)* reference *(auf* to); ▶ **jdm e-n ~ erteilen** reprimand *(od* rebuke) s.o.

ver·wei·sen *irr tr* 1. *(hinweisen)* refer *(jdn auf etw* od *an jdn* s.o. to s.th. *od* s.o.); 2. *(des Landes, von der Schule)* expel; ▶ **auf etw ~** refer to s.th.

ver·wel·ken ⟨sein⟩ *itr* 1. *(Blumen)* wilt; 2. *fig (Schönheit etc)* fade.

ver·wend·bar *adj* usable *(zu* for).

ver·wen·den *irr* I *tr* use; *(benutzen)* employ; *(verwerten)* utilize; ▶ **Fleiß auf etw ~** put hard work into s.th.; **viel Zeit ~ auf** ... spend *(od fam* put in) a lot of time on ...; II *refl (fürsprechen)* intercede *(bei jdm für jdn* with s.o. on someone's behalf); **Ver·wen·dung** *f* employment, use; *(von Geld, Zeit etc)* expenditure *(auf* on); **Ver·wendungs·zweck** *m* purpose, use.

ver·wer·fen *irr* I *tr* 1. *(ablehnen)* reject; *(Antrag etc)* dismiss; 2. *(verdammen)* condemn; II *refl* 1. *(Holz)* warp; 2. *geol* fault; **ver·werf·lich** *adj* reprehensible.

ver·wer·ten *tr* make use of ..., utilize; *com* exploit; **Ver·wer·tung** *f* using, utilization.

ver·we·sen [fɛr've:zən] ⟨sein⟩ *itr (in Fäulnis übergehen)* decay; *(Fleisch)* rot; **Ver·we·sung** *f* decomposition; ▶ **in ~ übergehen** start to decay.

ver·wickeln (k·k) I *tr* **1.** *(Fäden etc)* tangle up; **2.** *fig* involve *(jdn in etw* s.o. in s.th.); **II** *refl* **1.** become tangled; **2.** *fig (in Widersprüche etc)* get o.s. tangled up *(in etw* in s.th.); **ver·wickelt (k·k)** *adj fig* complicated, intricate; **Ver·wick·lung** *f* involvement *(in* in); *(Komplikation)* complication.

ver·wil·dern ⟨sein⟩ *itr* **1.** *(Gärten)* overgrow; **2.** *(Tier)* become wild; **3.** *fig fam (Person)* run wild; **ver·wil·dert** *adj* **1.** *(Tier)* wild; **2.** *(Garten)* overgrown; **3.** *fig fam (Aussehen)* unkempt.

ver·win·den *irr tr* get over.

ver·win·kelt *adj* full of corners.

ver·wir·ken *tr* forfeit.

ver·wirk·li·chen I *tr* realize; **II** *refl* **1.** *(in Erfüllung gehen)* be realized, come true; **2.** *(von Person)* fulfil o.s.; **Ver·wirk·li·chung** *f* **1.** *(Realisierung)* realization; **2.** *(Selbst~)* fulfilment.

ver·wir·ren [fɛrˈvɪrən] **I** *tr* **1.** *(Haare)* ruffle; *(Fäden)* tangle up; **2.** *(durcheinanderbringen)* confuse; ▶ **verwirrt dich das?** am I confusing you? **II** *refl fig* become confused; **Ver·wirr·spiel** *n* confusion; **ver·wirrt** *adj* **1.** *(durcheinander)* confused; **2.** *(verlegen)* embarrassed; **Ver·wir·rung** *f (Durcheinander)* confusion; ▶ **jdn in ~ bringen** confuse s.o.

ver·wi·schen I *tr a. fig* blur; **II** *refl a. fig* become blurred.

ver·wit·tern [fɛrˈvɪtɐn] ⟨sein⟩ *itr (Stein)* weather; **ver·wit·tert** *adj* weathered; **Ver·wit·te·rung** *f* weathering.

ver·wit·wet *adj* widowed; ▶ **Frau X, ~e Y** Mrs X, the widow of Mr Y.

ver·wöh·nen [fɛrˈvøːnən] *tr* spoil; *(verzärteln)* pamper; **ver·wöhnt** *adj* **1.** *(Kind)* spoiled; **2.** *(Geschmack)* discriminating; ▶ **vom Schicksal ~** smiled upon by fate.

ver·wor·fen [fɛrˈvɔrfən] *adj* depraved; **Ver·wor·fen·heit** *f* depravity.

ver·wor·ren [fɛrˈvɔrən] *adj* **1.** *(Lage: kompliziert)* complicated, intricate; **2.** *(Gedanken)* confused.

ver·wund·bar *adj a. fig* vulnerable; **ver·wun·den** *tr* injure, wound.

ver·wun·der·lich *adj* **1.** *(erstaunlich)* amazing, surprising; **2.** *(sonderbar)* strange; ▶ **es ist nicht ~, daß ...** it is small wonder that ...; **das ist kaum ~** it's hardly to be wondered at; **ver·wun·dern I** *tr* astonish; **II** *refl* be surprised, wonder *(über* at); **Ver·wun·de·rung** *f* astonishment; ▶ **zu meiner ~** to my astonishment.

ver·wun·det *adj a. fig* wounded; **Ver·wun·de·te(r)** *f m* wounded *(od* injured*)* person; ▶ **die ~n** the wounded; *mil a.* the casualties; **Ver·wun·dung** *f* wound, injury.

ver·wun·schen [fɛrˈvʊnʃən] *adj* en-

chanted.

ver·wün·schen *tr* **1.** *(verzaubern)* cast a spell on ...; **2.** *(verfluchen)* curse; **ver·wünscht** *adj* **1.** *(verflucht)* cursed; **2.** *(verhext)* bewitched.

ver·wur·zelt *adj fig* deeply rooted *(in od mit etw* in s.th.).

ver·wü·sten *tr* devastate, ravage; **Ver·wü·stung** *f* devastation.

ver·za·gen ⟨sein⟩ *itr* lose courage *(od* heart); ▶ **an etw ~** despair of s.th.; **ver·zagt** *adj* despondent, disheartened.

ver·zäh·len *refl* count wrong(ly), miscount.

ver·zahnt *fig* linked together; **Ver·zah·nung** *f (a. fig)* dovetailing; *tech (von Zahnrädern)* gearing.

ver·zap·fen *tr fam:* ▶ **Blödsinn ~** come out with rubbish.

ver·zau·bern *tr* **1.** put a spell on ...; **2.** *fig (bezaubern)* enchant; ▶ **jdn in etw ~** turn s.o. into s.th.

ver·zehn·fa·chen *tr refl* increase tenfold.

Ver·zehr ⟨-(e)s⟩ *m* consumption; **Ver·zehr·bon** *m* meal voucher; **ver·zeh·ren I** *tr a. fig* consume; **II** *refl* eat one's heart out; *(vor Kummer etc)* be consumed *(vor* with); *(vor Sehnsucht)* pine *(nach jdm* for s.o.).

ver·zeich·nen *tr* **1.** *(aufzeichnen)* record; **2.** *(falsch zeichnen)* draw wrongly; **Ver·zeich·nis** ⟨-ses, -se⟩ *n (Liste)* list; *(Register)* register; *tele* directory.

ver·zei·hen [fɛrˈtsaɪən] *irr tr* **1.** *(vergeben)* forgive; **2.** *(entschuldigen)* excuse, pardon; ▶ **~ Sie!** excuse me! (I) beg your pardon! **ver·zeih·lich** *adj* **1.** forgivable; **2.** *(entschuldbar)* excusable, pardonable; **Ver·zei·hung** *f* **1.** *(Vergebung)* forgiveness; **2.** *(Entschuldigung)* pardon; ▶ **~!** excuse me! sorry! **jdn um ~ bitten** apologize to s.o., beg someone's pardon.

ver·zer·ren I *tr* **1.** *(~d zeigen a. fig)* distort; *(Gesicht)* contort; **2.** *(Muskel etc)* strain; **II** *refl* become contorted *(od* distorted) *(zu* in); **ver·zerrt** *adj:* ▶ **ein ~es Bild von der Wirklichkeit** a distorted view of life; **er sieht die Ereignisse völlig ~** he has a distorted impression of what is happening; **Ver·zer·rung** *f a. fig* distortion.

ver·zet·teln I *tr (s-e Kräfte)* dissipate; **II** *refl* waste a lot of time; *(in Details)* get bogged down.

Ver·zicht [fɛrˈtsɪçt] ⟨-(e)s, -e⟩ *m* renunciation *(auf* of); **ver·zich·ten** *itr (auskommen ohne)* do without; ▶ **~ auf ...** *(Erbschaft, Eigentum)* renounce; *(Anspruch)* waive.

ver·zie·hen *irr* **I** *tr* ⟨h⟩ **1.** *(Kind)* spoil; **2.** *(Mund)* twist *(zu* into); **II** *refl* ⟨h⟩ **1.** *(Holz)* warp; **2.** *fam (verschwinden)* disappear; *(Gewitter)* pass; *(Wolken)* disperse; *fam (schlafengehen)* be off to bed; **III** *itr* ⟨sein⟩ *(umziehen)* move *(nach* to); ▶ **das Gesicht** ~ pull a face.

ver·zie·ren *tr* decorate; **Ver·zie·rung** *f* decoration; *arch (Ornamentik)* ornamentation.

ver·zin·sen I *tr* pay interest on ...; **mit 8 % verzinst sein** bear interest at 8 %; **verzinstes Darlehen** loan with interest; **II** *refl* bear *(od* yield) interest; **ver·zins·lich** *adj:* ▶ ~es Darlehen loan on interest.

ver·zo·gen [fɛr'tso:gən] *adj* **1.** *tech (Holz)* warped; **2.** *(Kind)* spoiled; **3.** *(aus Wohnung)* moved away; ▶ ‚Empfänger ~' 'no longer at this address'.

ver·zö·gern I *tr* delay; *(verlangsamen)* slow down; **II** *refl* be delayed; ▶ **der Beginn des Spiels verzögerte sich wegen Regens** *sport* rain delayed play; **Ver·zö·ge·rung** *f* **1.** delay; **2.** *(das Verzögern)* delaying; **3.** *(Verlangsamung)* slowing down; ▶ **e-e** ~ **um den Bruchteil e-r Sekunde** a split-second's delay; **Ver·zö·ge·rungs·tak·tik** *f* delaying tactics *pl.*

ver·zol·len *tr:* ▶ **etw** ~ pay duty on s.th.; **haben Sie etw zu** ~? have you anything to declare? **ver·zollt** *adj* duty-paid.

ver·zückt [fɛr'tsʏkt] *adj (ekstatisch)* ecstatic, enraptured; **Ver·zückung (k·k)** *f:* ▶ **in** ~ **über etw geraten** go into raptures over s.th.

Ver·zug [fɛr'tsu:k] ⟨-(e)s⟩ *m* delay; **ohne** ~ without delay; ▶ **in** ~ **geraten** fall behind *(mit etw* with s.th.); **es ist Gefahr im** ~ there is danger ahead; **Ver·zugs·zin·sen** *m pl com* interest *sing* on arrears.

ver·zwei·feln ⟨h *od* sein⟩ *itr* despair *(an* of); ▶ **es ist zum V~!** it's enough to drive one to despair! **ver·zwei·felt** *adj* **1.** *(von Situation)* despairing; **2.** *(aussichtslos)* desperate; ▶ ~ **sein** *(von Person)* be in despair; ~ **kämpfen** fight with desperation; **die Lage wird allmählich** ~ things are getting desperate; **Ver·zweif·lung** *f* **1.** *(als Gemütszustand)* despair; **2.** *(Ratlosigkeit)* desperation; ▶ **aus reiner** ~ in sheer desperation; ~ **überkam ihn** he was filled with despair; **sie tötete ihn aus** ~ in despair, she killed him; **s-e** ~ **darüber, vielleicht nie mehr nach Hause zurückkehren zu können** his despair of ever being able to return home; **in** ~ **geraten** despair; **jdn zur** ~ **bringen** be the despair of s.o.; **Ver·zweif·lungs·tat** *f* act of desperation; ▶ **sich zu e-r** ~ **hinreißen lassen** do s.th. desperate.

ver·zwei·gen *refl* **1.** *(Bäume)* branch out; *(Straße)* branch off; **2.** *fig* ramify; **ver·zweigt** *adj a. fig* ramified; **Ver·zwei·gung** *f* **1.** *(von Bäumen)*

branching; **2.** *fig* ramification.

ver·zwickt [fɛr'tsvɪkt] *adj fam* knotty, tricky, complicated.

Ve·te·ran [vetə'ra:n] ⟨-en, -en⟩ *m mil a. fig* veteran.

Ve·te·ri·när [vetəri'nɛ:ɐ] *m Br* veterinary surgeon, *Am* veterinarian.

Ve·to ['ve:to] ⟨-s, -s⟩ *n* veto; ▶ **sein** ~ **einlegen gegen etw** veto s.th.; **wenn sie ihr** ~ **einlegen** ... if they veto it ...; **Ve·to·recht** *n* power of veto; ▶ **das** ~ **haben** have a veto; **von s-m** ~ **Gebrauch machen** use one's veto.

Vet·ter ['fɛtɐ] ⟨-s, -n⟩ *m* cousin; **Vet·tern·wirt·schaft** *f* nepotism.

VHS *f Abk von* **Volkshochschule** adult education centre.

via [vi:a] *prp* via.

Via·dukt [via'dʊkt] ⟨-(e)s, -e⟩ *m* viaduct.

Vi·bra·tion [vibra'tsjo:n] ⟨-, -en⟩ *f* vibration; **vi·bra·tions·frei** *adj* free from vibration.

Vi·bra·tor [vi'bra:to:ɐ] ⟨-s, -en⟩ *m* vibrator; **vi·brie·ren** [vi'bri:rən] *itr* vibrate; *(Stimme)* tremble.

Vi·deo·auf·zeich·nung ['vi:deo-] *f* video recording; **Vi·deo·band** *n* video tape; **Vi·deo·clip** *m* video clip; **Vi·deo·ge·rät** *m* video set; **Vi·deo·ka·me·ra** *f* video camera; **Vi·deo·kas·set·te** *f* video cassette; **Vi·deo·kas·set·ten·re·cor·der** *m* video cassette recorder; **Vi·deo·re·cor·der** *m* video recorder; **Vi·deo·thek** [video'tɛ:k] ⟨-, -en⟩ *f* video-tape library.

Vieh [fi:] ⟨-(e)s⟩ *n* **1.** *zoo* livestock; **2.** *fig fam (tierischer Mensch)* bastard, swine; ▶ **500 Stück** ~ 500 head of cattle; **Vieh·be·stand** *m* livestock; **Vieh·fut·ter** *n* fodder; **Vieh·han·del** *m* cattle trade; **Vieh·händ·ler** *m* cattle *(od* livestock) dealer; **vie·hisch** ['fi:ɪʃ] *adj pej* brutish; **Vieh·seu·che** *f* livestock disease; **Vieh·trän·ke** *f* cattle watering place; **Vieh·zucht** *f* cattle *(od* stock) breeding.

viel [fi:l] *prn adj* a great deal, a lot of, much; *fam* lots of; ▶ ~**e** a lot of, many; **so viel(e)** so much (so many); **sehr** ~**(e)** very much (a great many); **ein bißchen** ~ a little too much; **davon gibt es nicht mehr** ~**e** there aren't a lot left; **die Straße ist** ~ **befahren** this street is very busy; **noch einmal so** ~ as much again; ~ **besser** much better; **ziemlich** ~ a good deal (of); **ziemlich** ~**e** a good many; **sich nicht** ~ **aus etw machen** not to make much of s.th.; ~ **Vergnügen!** have a good time! ~ **Glück!** good luck! ~**en Dank!** thanks a lot! **viel·be·schäf·tigt** *adj* very busy; **viel·deu·tig** *adj* ambiguous; **Viel·eck** *n* polygon.

vie·ler·lei ['fi:lɐ'laɪ] *adj* **1.** *(substantivisch)* all kinds of things; **2.** *(attributiv)* all sorts of, various.

viel·fach ['fi:lfax] **I** *adj* manifold; *(attributiv)* multiple; **II** *adv (mehrfach)* many times; *(in vielen Fällen)* in many cases; ▶ **ich habe diese alte Geschichte ~ gehört** many's the time I've heard this old story.
Viel·falt ['fi:lfalt] ⟨-, -en⟩ *f* great variety; ▶ **e-e ~ an Vogelarten** a large variety of birds; **viel·fäl·tig** ['fi:lfɛltɪç] *adj* diverse, varied; **Viel·fraß** ['fi:lfra:s] ⟨-es, -e⟩ *m zoo a. fig* glutton; **viel·ge·kauft** *adj* frequently bought, much purchased; **viol·go·liebt** *adj* much beloved.
viel·leicht [fi'laɪçt] *adv* **1.** maybe, perhaps; **2.** *fam (verstärkend: wirklich)* really; ▶ **könnten Sie mir ~ behilflich sein?** could you by any chance be able to help? **der ist ~ ein Idiot!** he really is an idiot!
viel·mal(s) *adv* **1.** *(viele Male)* many times; **2.** *(sehr)* a lot, very much; ▶ **ich bitte ~ um Entschuldigung** I'm awfully sorry; **ich danke Ihnen ~** many thanks.
viel·mehr ['--/-'-] *conj* **1.** rather; **2.** *(sondern, nur)* just; ▶ **dies soll Ihnen ~ zeigen, wie es funktioniert** this is just to show you how it works; **er ist, vielmehr war, Soldat** he is, or rather was, a soldier.
viel·po·lig *adj el* multipolar; **viel·sa·gend** *adj* meaningful, significant; ▶ **jdn ~ ansehen** give s.o. a meaningful look; **viel·sei·tig** *adj* **1.** *(mit vielen Seiten)* many-sided; **2.** *fig (Mensch)* versatile; *(Interessen)* varied; *(Bildung, Können)* all-round; ▶ **auf ~en Wunsch** by popular request; **viel·ver·spre·chend** *adj* (very) promising; **Viel·zahl** *f* **1.** *(Menge)* multitude; **2.** *fig (Fülle)* abundance.
vier [fi:ɐ] *num* four; ▶ **unter ~ Augen** face to face; **jdn unter ~ Augen sprechen** speak to s.o. privately; **wir sind zu ~t** there are four of us; **zu je ~en** in fours; **auf allen ~** on all fours; **alle ~e von sich strecken** *fam* stretch out full length; **die V~** the four; **Vier-Au·gen-Ge·spräch** *n* face-to-face discussion; **vier·bän·dig** ['fi:rbɛndɪç] *adj* four-volume; **vier·di·men·sio·nal** *adj* four-dimensional; **Vier·eck** *n* quadrangle, square; **vier·eckig (k·k)** *adj* quadrangular, square.
vier·ein·halb ['--'-] *num* four and a half.
Vie·rer ['fi:rɐ] ⟨-s, -⟩ *m (Ruderboot)* four; **Vie·rer·bob** *m* four-man bob; **vie·rer·lei** ['fi:rəlaɪ] *adj* **1.** *(substantivisch)* four different sorts; **2.** *(attributiv)* four kinds of …
vier·fach I *adj* fourfold, quadruple; ▶ **in ~er Ausfertigung** in quadruplicate; **II** *adv* fourfold, four times.
Vier·far·ben·druck [-'---] ⟨-(e)s, -e⟩ *m* **1.** *(Verfahren)* four-colour printing; **2.** *(Ergebnis)* four-colour print.
Vier·gang·ge·trie·be *n mot* four-speed

gearbox.
vier·ge·schos·sig *adj* four-storey.
vier·hän·dig ['fi:ɐhɛndɪç] *adj mus* four-handed; ▶ **~ spielen** play s.th. for four hands.
vier·hun·dert *num* four hundred.
Vier·jah·res·plan ['-'---] *m* four-year plan.
vier·jäh·rig *adj* **1.** *(vier Jahre alt)* four-year-old; **2.** *(vier Jahre lang)* four-year.
Vier·kant·ei·sen *n* square steel bar; **vier·kan·tig** *adj* square (-headed).
Vier·lin·ge ['fi:ɐlɪŋə] *m pl* quadruplets, *fam* quads.
Vier·mäch·te·ab·kom·men ['-'------] *n pol* Quadripartite agreement.
vier·mal *adv* four times; ▶ **~ so viele** four times as many; **vier·ma·lig** *adj* done four times.
vier·mo·to·rig *adj aero* four-engined.
Vier·rad·an·trieb *m* four-wheel drive; **vier·rä·d(e·)rig** ['fi:ɐɛd(ə)rɪç] *adj* four-wheeled; **vier·spu·rig** *adj* **1.** *(Straße)* four-lane; **2.** *(Tonband)* four-track; **vier·stel·lig** *adj* four-figure; ▶ **~e Zahl** four-figure number; **Vier·ster·ne·ho·tel** *n* 4-star hotel; **Vier·takt·mo·tor** *m* four-stroke engine.
vier·te *adj* fourth; ▶ **im ~n Gang fahren** drive in fourth; **wir brauchen noch e-n V~n zum Bridge** we need a fourth for our game of bridge.
vier·tei·lig *adj:* ▶ **~er Roman** a four-part novel; **~es Service** a four piece set.
vier·tel *adj* quarter; ▶ **ein ~ Pfund** a quarter of a pound.
Vier·tel[1] ['fɪrtəl] ⟨-s, -⟩ *n (Maß)* fourth (part); ▶ **~ nach elf** (a) quarter past eleven; **~ vor zwölf** (a) quarter to twelve; **ein ~** *fam (¹/₄ ltr Wein)* a quarter.
Vier·tel[2] *n (Stadtteil)* district, quarter.
Vier·tel·jahr ['---'-] *n* quarter (of a year), three months; **Vier·tel·jah·res·schrift** ['---'---] *f* quarterly; **vier·tel·jähr·lich I** *adj* quarterly; **II** *adv* every three months, quarterly; **Vier·tel·no·te** *f mus Br* crotchet, *Am* quarter note; **Vier·tel·pau·se** *f mus Br* crotchet-rest, *Am* quarter-note rest; **Vier·tel·stun·de** ['--'--] *f Br* quarter of an hour, *Am* quarter hour; **vier·tel·stünd·lich I** *adj* quarter-hour; **II** *adv* every quarter of an hour.
Vier·tü·rer *m mot* four-door model.
vier·zehn ['fɪrtse:n] *num* fourteen; ▶ **~ Tage** *Br* a fortnight, *Am* two weeks; **vier·zehn·tä·gig** *adj* fortnightly; **vier·zehn·te** *adj* fourteenth; **Vier·zehn·tel** *n* fourteenth.
vier·zig ['fɪrtsɪç] *num* forty; **vier·zig·ste** *adj* fortieth.
Vier·zim·mer·woh·nung ['-'----] *f* four-room flat (*Am* apartment).
Vi·et·nam [viət'na(:)m] *n* Vietnam; **Vi-**

et·na·me·se (**Vi·et·na·me·sin**) [viətna'me:zə] *m (f)* Vietnamese; **vi·et·na·me·sisch** *adj* Vietnamese; **Vi·et·na·mi·sie·rung** *f pol* Vietnamization.
Vi·kar [vi'ka:ɐ] ⟨-s, -e⟩ *m eccl* curate.
Vil·la ['vɪla] ⟨-, -len⟩ *f* villa; **Vil·len·vier·tel** *n* exclusive residential district (*od* area).
vio·lett [vio'lɛt] *adj* violet.
Vio·li·ne [vio'li:nə] ⟨-, -n⟩ *f* violin; **Vio·li·nist(in)** *m (f)* violinist; **Vio·lin·schlüs·sel** *m mus* treble clef; **Vio·lon·cel·lo** [violɔn'tʃɛlo] ⟨-s, -s⟩ *n* (vi·olon)cello.
V.I.P. ⟨-, -s⟩ *m Abk von* **Very Important Person** VIP.
Vi·per ['vi:pɐ] ⟨-, -n⟩ *f zoo* adder, viper; **Vi·pern·nat·ter** *f zoo* 1. *(in Europa)* viperine snake; 2. *(in Nordamerika)* garter snake.
Vir·tu·ose (Vir·tu·osin) *m (f)* virtuoso.
Vi·rus ['vi:rʊs] ⟨-, -ren⟩ *n* virus; ▶ **schleichender ~** slow virus; **Vi·rus·krank·heit** *f* viral disease.
Vi·sa·ge [vɪ'za:ʒə] ⟨-, -n⟩ *f fam pej* face, mug.
Vi·sa·gist(in) *m (f)* make-up artist.
Vi·sier [vi'zi:ɐ] ⟨-s, -e⟩ *n* 1. *(von Helm)* visor; 2. *(von Gewehr)* sight; ▶ **ins ~ bekommen** get in one's sights; **ins ~ nehmen** train one's sights on …
Vi·sion [vi'zjo:n] ⟨-, -en⟩ *f* vision; **Vi·sio·när(in)** *m (f)* visionary.
Vi·si·ta·tion [vizita'tsjo:n] ⟨-, -en⟩ *f* 1. *(Durchsuchung)* search; 2. *(Besichtigung)* inspection; **Vi·si·te** [vi'zi:tə] ⟨-, -n⟩ *f med (Patientenbesuch)* 1. *(im Krankenhaus)* round; 2. *(zu Hause)* house call, visit; ▶ **~ machen** do one's rounds *pl;* **zur ~ kommen** come on a visit; **Vi·si·ten·kar·te** *f a. fig Br* visiting (*Am* calling) card; **vi·si·tie·ren** *tr (durchsuchen)* search.
Vis·ko·se [vɪs'ko:zə] ⟨-⟩ *f chem* viscose.
Vis·ko·si·tät *f tech* viscosity.
vi·su·ell [vizu'ɛl] *adj* visual.
Vi·sum ['vi:zʊm] ⟨-s, -sa/-sen⟩ *n* visa.
vi·tal [vi'ta:l] *adj* vigorous; **Vi·ta·li·tät** *f* vitality.
Vit·amin [vita'mi:n] ⟨-s/(-), -e⟩ *n* vitamin; **Vi·ta·min·man·gel** ⟨-s⟩ *m* vitamin deficiency; **vit·amin·reich** *adj* rich in vitamins; **Vi·ta·min·ta·blet·ten** *f pl* vitamin tablets.
Vi·tri·ne [vi'tri:nə] ⟨-, -n⟩ *f* 1. *com (Schaukasten)* show-case; 2. *(Glasschrank)* glass cabinet.
Vi·ze·kö·nig *m* viceroy.
Vi·ze·prä·si·dent(in) *m (f)* 1. *pol* vice-president; 2. *com* deputy chairman (chairwoman).
Vo·gel ['fo:gəl, *pl* 'føgəl] ⟨-s, ⸚⟩ *m a. fig* bird; ▶ **der ~ ist ausgeflogen** *fig* the bird has flown; **e-n ~ haben** *fam* be off one's rocker; **den ~ abschießen** *fig fam*

(ironisch) surpass everyone; **jdm den ~ zeigen** tap one's forehead; **~ friß od stirb!** do or die! **Vo·gel·bau·er** *n* birdcage; **Vo·gel·beer·baum** *m* mountain ash, rowan; **Vo·gel·bee·re** *f* rowan-berry.
Vö·gel·chen ['fø:gəlçən] *n* birdie.
Vo·gel·ei *n* bird's egg; **vo·gel·frei** *adj* outlawed; ▶ **für ~ erklären** outlaw; **Vo·gel·fut·ter** *n* bird-seed; **Vo·gel·haus** *n (im Garten)* bird-house; **Vo·gel·kir·sche** *f* wild cherry; **Vo·gel·mil·be** *f zoo* chicken mite.
vö·geln ['fø:gəln] *itr tr vulg* screw.
Vo·gel·nest *n* bird's nest; **Vo·gel·per·spek·ti·ve** *f* bird's-eye view; ▶ **Hamburg aus der ~** a bird's-eye view of H; **Vo·gel·scheu·che** ⟨-, -n⟩ *f a. fig fam* scarecrow; **Vo·gel·war·te** *f* ornithological station; **Vo·gel·zug** *m* (bird) migration.
Vo·ge·sen [vo'ge:zn] *pl* Vosges.
Vo·ka·bel [vo'ka:bəl] ⟨-, -n⟩ *f* word; **Vo·ka·bu·lar** [vokabu'la:ɐ] ⟨-s, -e⟩ *n* vocabulary.
Vo·kal [vo'ka:l] ⟨-s, -e⟩ *m* vowel.
Volk [fɔlk, *pl* 'fœlke] ⟨-(e)s, ⸚er⟩ *n* 1. people; *(Nation)* nation; 2. *(~smenge)* crowd; 3. *(die unteren Schichten)* the lower classes *pl;* ▶ **das litauische ~** the Lithuanian people; **das einfache ~** the common people; **das gemeine ~** *pej* the mob, the rabble; **ein Mann aus dem ~** a man of the people; **die Stimme des ~es** the voice of the nation; **zum ~ sprechen** address the nation; **viel ~** lots of people; **das ist ein ~ für sich** they're a race apart.
Völ·ker·bund *m hist pol* League of Nations; **Völ·ker·ge·mein·schaft** *f* community of nations; **Völ·ker·kun·de** *f* ethnology; **Völ·ker·kun·de·mu·se·um** *n* museum of ethnology; **Völ·ker·mord** *m* genocide; **Völ·ker·recht** *n* international law; **völ·ker·recht·lich** *adj* 1. *(das Völkerrecht betreffend)* according to international law; 2. *(dem Völkerrecht unterliegend)* under international law; **Völ·ker·ver·stän·di·gung** *f* international understanding; **Völ·ker·wan·de·rung** *f* 1. *hist* migration of the people; 2. *hum* mass migration.
Volks·ab·stim·mung *f* plebiscite; **Volks·be·fra·gung** *f* public opinion poll; **Volks·be·geh·ren** *n* petition for a referendum; **Volks·cha·rak·ter** *m* national character; **Volks·de·mo·kra·tie** *f* people's democracy; **volks·ei·gen** *adj* nationally-owned; **Volks·emp·fin·den** *n* public feeling; **Volks·ent·scheid** *m* referendum; **Volks·fest** *n* public festival; *(Kirmes)* funfair; **Volks·front** *f pol* popular front; **Volks·ge·sund·heit** *f* health of the

nation, public health; **Volks·held** m popular hero; **Volks·hoch·schu·le** f 1. *allg* university extension; 2. *(in Deutschland)* adult education centre; **Volks·krank·heit** f widespread disease; **Volks·kun·de** f folklore; **volks·kund·lich** *adj* folkloristic; **Volks·lied** n folk song; **Volks·mär·chen** n folk tale; **Volks·re·pu·blik** f People's Republic; **Volks·schu·le** f *obs Br* elementary (*od* primary) school, *Am* grade school; **Volks·stamm** m tribe; **Volks·tanz** m folk dance; **Volks·tracht** f *(Nationaltracht)* national costume; **Volks·tum** ‹-(e)s› n national traditions *pl;* **volks·tüm·lich** ['fɔlkstyːmlɪç] *adj* 1. *(traditionell)* traditional; 2. *(beim Volk beliebt)* popular; **Volks·ver·het·zung** f incitement of the people; **Volks·ver·tre·ter(in)** m (f) representative of the people; **Volks·ver·tre·tung** f representative body (of the people); **Volks·wirt(in)** m (f) economist; **Volks·wirt·schaft** f 1. *(die Nationalökonomie)* national economy; 2. *(~slehre)* economics *pl;* **Volks·zäh·lung** f *(national)* census.

voll [fɔl] **I** *adj* 1. full *(von* of); *(gedrängt)* crowded; 2. *(ganz)* complete, entire, whole; 3. *(~zählig)* complete; 4. *(gefüllt)* filled; 5. *fig fam (betrunken)* plastered; ▶ **die ~e Summe** the entire sum; **die ~e Wahrheit** the whole truth; **mit ~em Mund** with one's mouth full; **in ~er Fahrt** at full speed; **so, daß Maß ist ~!** *fig* so that's enough of that! **mit ~em Recht etw tun** be perfectly right to do s.th.; **aus dem ~en schöpfen** draw on unlimited resources *pl;* **jdn für ~ nehmen** take s.o. seriously; **II** *adv* 1. fully; 2. *(vollkommen)* completely; ▶ **den Mund ~ nehmen** *fig* overdo it; **~ dahinterstehen** be fully behind s.th.; **~ dabeisein** *fam* be totally involved. **Vol(l·)last** f *mot* full load; **voll·auf** ['-'-] *adv* completely, fully; **voll·au·to·ma·tisch** ['---'--] *adj* fully automatic; **voll·au·to·ma·ti·siert** ['-----'-] *adj* fully automated; **Voll·bad** n (proper) bath; **Voll·bart** m (full) beard; **Voll·be·schäf·ti·gung** ‹-› f full employment; **Voll·blut** ‹-(e)s, -e› n *(Pferde~)* Br thorough-bred (horse), *Am* blooded horse; **Voll·brem·sung** f emergency stop; ▶ **e-e ~ machen** do an emergency stop; **voll·brin·gen** *irr tr* accomplish, achieve; ▶ **ein Wunder ~** perform a miracle; **voll·bu·sig** *adj* full-bosomed; **Voll·dampf** m: ▶ **mit ~** *fig fam* flat out; **mit ~ voraus** *fig fam* full tilt.

voll·elek·tro·nisch ['---'--] *adj* fully-electronic.

voll·en·den I *tr* 1. *(abschließen)* complete; 2. *(vervollkommnen)* make complete; ▶ **mein Roman ist noch nicht vollendet** my novel is not yet complete; **II** *refl* 1. *(zum Abschluß kommen)* come to an end; 2. *(vollkommen werden)* be completed; **voll·en·det** *adj* 1. *(vollkommen)* completed; 2. *(Schönheit etc)* perfect; 3. *(Person)* accomplished; ▶ **das Design erscheint ~** the design has a sense of completeness about it; **es war ~e Zeitverschwendung** it was altogether a waste of time.

voll·ends ['fɔlɛnts] *adv (völlig)* completely; *(gänzlich)* altogether.

Voll·en·dung f 1. completion; 2. *(Vervollkommnung, Vollkommenheit)* perfection; ▶ **vor ~ des 30. Lebensjahres** before completion of the 30th year of one's life.

Völ·le·rei [fœlə'raɪ] f gluttony.

Vol·ley·ball ['vɔlibal] ‹-› m *sport* volleyball.

voll·füh·ren *tr* execute, perform.

voll|fül·len *tr* fill up.

Voll·gas n: ▶ **mit ~ mot** at full throttle, *fig fam* full tilt; **~ geben** open it right up, *fam* step on the gas.

voll·ge·pfropft *adj* crammed, *fam* packed.

völ·lig ['fœlɪç] *adj* complete; ▶ **~er Blödsinn!** utter nonsense!

voll·jäh·rig *adj* of age; **Voll·jäh·rig·keit** f majority.

Voll·ju·rist(in) m (f) fully qualified lawyer.

voll·kas·ko·ver·si·chert *adj:* ▶ **ich bin ~** I have fully comprehensive insurance; **Voll·kas·ko·ver·si·ch·erung** f fully comprehensive insurance.

voll·kli·ma·ti·siert ['----'-] *adj* fully air-conditioned.

voll·kom·men [-'--/'---] *adj* 1. *(perfekt)* perfect; 2. *(völlig)* complete; **Voll·kom·men·heit** f perfection.

Voll·korn·brot n wholemeal bread.

voll|ma·chen I *tr* 1. *(Gefäß)* fill up; 2. *(vervollständigen)* complete; 3. *fam (Windeln)* fill.

Voll·macht ‹-, -en› f power *(od* authority); *jur* power of attorney; ▶ **jdm e-e ~ ausstellen** *(od* erteilen) give s.o. power of attorney.

Voll·milch f full-cream milk.

Voll·mond m full moon.

Voll·pen·sion f full board.

voll|pum·pen *tr* fill up.

voll·schlank *adj euph* full-figured.

voll|schmie·ren I *tr* mess up; **II** *refl* mess o.s. up.

voll|schrei·ben *tr* fill.

voll·stän·dig *adj* complete, entire; ▶ **~ machen** complete; **Voll·stän·dig·keit** f completeness; ▶ **der ~ halber** to complete the picture.

voll|stop·fen *tr* cram full.

voll·strecken (k·k) *tr* carry out, execute; **Voll·streckung (k·k)** *f* execution; **Voll·streckungs·be·fehl (k·k)** *m jur* writ of execution.

voll·syn·chro·ni·siert *adj mot* fully synchronized.

voll|tan·ken *tr itr* fill up; ▶ bitte ~! fill her up, please!

Voll·tref·fer *m a. fig* bull's eye.

Voll·ver·samm·lung *f* plenary meeting.

Voll·wasch·mit·tel *n* detergent,

voll·wer·tig *adj* 1. *(Kost)* full; 2. *(Ersatz)* fully adequate; **Voll·wert·kost** *f* whole-foods *pl.*

voll·zäh·lig ['fɔltsɛːlıç] *adj* complete; ▶ wir sind ~ erschienen everyone of us came.

voll·zie·hen *irr* I *tr* carry out, execute; II *refl (stattfinden)* take place; **Voll·zug** ⟨-(e)s⟩ *m* 1. *(Ausführung)* carrying out, execution; 2. *(Straf~)* penal system; **Voll·zugs·an·stalt** *f* penal institution.

Vo·lon·tär(in) [volɔn'tɛːe] *m (f)* trainee; **vo·lon·tie·ren** *itr* work as a trainee.

Volt [vɔlt] ⟨-/-(e)s, ⟩ *n el* volt.

Vo·lu·men [vo'luːmən] ⟨-s, -/-mina⟩ *n a. fig* volume.

von [fɔn] *prp* 1. *allg* of; 2. *(durch)* by; 3. *(~ ... (weg))* from; ▶ ~ ... an from ... on; ~ nun an henceforth; ~ morgen an from tomorrow; ~ hinten from behind; ~selbst automatically; ~ wegen! *fam* no way! ~ mir aus! I don't mind! ~ vornherein from the (very) beginning; ~ Zeit zu Zeit from time to time; ~ klein auf from childhood; dieses Gedicht ist von Milton this poem is by Milton; das hängt vom Wetter ab that depends on the weather; sich ~ ... ernähren feed on ...; wimmeln ~ ... crawl with ...; sie haben ~ dir gesprochen they were talking about you; grüßen Sie ihn ~ mir my best regards to him; **von·ein·an·der** ['----/--'--] *adv* from *(od* of) each other; **von·nö·ten** [fɔn'nøːtən] *adj:* ▶ ~ sein be necessary; **von·stat·ten** [fɔn'ʃtatən] *adv:* ▶ ~ gehen *(stattfinden)* take place; wie geht so etw ~? what is the procedure for that?

vor [foːɐ] I *prp* 1. *(örtlich, zeitlich)* before; 2. *(Zeit)* before, prior to; *(nachgestellt)* ago; *(bei Uhrzeit)* to; 3. *(Ort)* in front of; 4. *(ursächlich)* with; ▶ ~ allem above all, first of all; nicht ~ ... not till ...; ~ der Zeit *Br* before time, *Am* ahead of time; fünf Minuten ~ zehn five minutes to *(Am* of) ten; ~ 3 Wochen three weeks ago; warnen ~ ... warn against ...; ~ Aufregung for excitement; sich fürchten ~ ... be afraid of ...; ~ Schmerz schreien cry out with pain; ~ Freude hüpfen jump for joy; ~ Zeugen in presence of witnesses; ~ unserem Hause in front of

our house; ~ sich hin to o.s.; ~ sich gehen take place; II *adv:* ▶ ~ u. zurück backwards and forwards; nach wie ~ still; **vor·ab** [foːe'ap] *adv* first of all, to begin with.

Vor·abend *m* 1. *(der vorhergehende Abend)* evening before; 2. *fig* eve.

Vor·ah·nung *f* premonition, presentiment.

vor·an [fo'ran] *adv* 1. *(vorn)* first, in front of; 2. *(vorwärts)* forwards; **vor·an|ge·hen** ⟨sein⟩ *irr itr* 1. go in front; 2. *fig* precede; ▶ mit gutem Beispiel ~ set a good example; jdm ~ go ahead of s.o.; **vor·an|kom·men** ⟨sein⟩ *irr itr* 1. get on; 2. *fig (Fortschritte erzielen)* make progress.

Vor·an·mel·dung *f* 1. *(terminlich)* appointment; 2. *tele* booking.

Vor·an·schlag *m* estimate.

Vor·an·zei·ge *f* 1. *theat* advance notice; 2. *film Br* trailer, *Am* preview.

Vor·ar·beit *f* groundwork, preparatory work; ▶ die ~ leisten für ... prepare the ground for ...; **vor|ar·bei·ten** I *itr* work in advance; II *refl* work one's way forward; **Vor·ar·bei·ter(in)** *m (f)* foreman (forewoman).

vor·aus [fo'raus] *adv* 1. *(voran)* in front *(jdm* of s.o.); *mar a. fig* ahead; 2. *(vorher):* ▶ im ~ in advance; Joyce war s-r Zeit ~ Joyce was ahead of his time.

vor·aus|ah·nen *tr* anticipate.

vor·aus|ei·len ⟨sein⟩ *itr a. fig* hurry on ahead (of).

vor·aus|ge·hen ⟨sein⟩ *irr itr* 1. go in front; 2. *fig* precede.

vor·aus·ge·setzt *(s. voraus|setzen).*

vor·aus|ha·ben *irr tr:* ▶ jdm etw (viel) ~ have the advantage of (a great advantage over) s.o.

Vor·aus·sa·ge *f* prediction; *(Wetter~)* forecast; **vor·aus|sa·gen** *tr* predict *(jdm etw* s.th. for s.o.); **vor·aus·schau·end** [--'--] I *adj* foresighted; II *adv* with regard to the future.

vor·aus|schicken (k·k) *tr* 1. *(Sachen)* send on ahead; 2. *fig (einleitend sagen)* say in advance.

vor·aus·seh·bar *adj* foreseeable; **vor·aus|se·hen** *irr tr* foresee.

vor·aus|set·zen *tr* presuppose; ▶ als selbstverständlich ~ take for granted; vorausgesetzt, daß ... provided that ..., **Vor·aus·set·zung** *f* 1. *(Vorbedingung)* prerequisite; 2. *(Annahme)* premise; 3. *(Qualifikation)* qualification; ▶ unter der ~, daß ... on condition that ...

Vor·aus·sicht [-'--] ⟨-⟩ *f* foresight; ▶ aller ~ nach in all probability; in weiser ~ with great foresight; **vor·aus·sicht·lich** I *adj (vorauszusehend)* expected; II *adv (wahrscheinlich)* probably.

vor·aus|zah·len *tr* pay in advance; **Vor·aus·zah·lung** [-'---] *f* advance payment; ▶ **(nur) gegen** ∼**!** cash in advance!

Vor·bau *m* porch; *(Balkon)* balcony.

Vor·be·dacht *m:* ▶ **mit** ∼ deliberately, on purpose.

Vor·be·deu·tung *f* portent.

Vor·be·halt ⟨-(e)s, -e⟩ *m* reservation; ▶ **geheimer** *(od* **innerer)** ∼ mental reservation; **unter dem** ∼**, daß ...** with the reservation that ...; **vor|be·hal·ten** *irr tr* 1. reserve *(sich etw s.th.* for o.s.); 2. leave *(jdm etw* s.th. up to s.o.); ▶ **alle Rechte** ∼ all rights reserved; **Irrtümer** ∼ errors excepted; **vor·be·halt·lich** subject to ...; ▶ ∼ **anderer Regelungen** unless otherwise provided; **vor·be·halt·los** *adj* unconditional.

Vor·be·hand·lung *f* pretreatment.

vor·bei [for'baɪ/fo:ɐ'baɪ] *adv* 1. *(räumlich)* past; 2. *(zeitlich)* gone, over, past; ▶ **das ist jetzt alles** ∼ all that is now past; **was** ∼ **ist, ist** ∼ what's past, is past; ∼**!** *(nicht getroffen)* missed!

vor·bei|fah·ren ⟨sein⟩ *irr itr* go *od* drive *od* sail past *(an jdm od etw* s.o. *od* s.th.).

vor·bei|ge·hen ⟨sein⟩ *irr itr* 1. *a. fig* go past, pass by *(an jdm* s.o.); 2. *(aufhören)* pass; ▶ **e-e Gelegenheit** ∼ **lassen** let an opportunity slip by; **im V**∼ *a. fig* in passing; **ich gehe nachher mal bei ihm vorbei** I'll look in on him later on the day.

vor·bei|kom·men ⟨sein⟩ *irr itr fam (besuchen)* drop in *(bei jdm* on s.o.); ▶ **ich komme nicht daran vorbei ...** I have no alternative but ...

vor·bei|las·sen *irr tr* let pass.

Vor·bei·marsch *m Br* march-past, *Am* street parade; **vor·bei|mar·schie·ren** *itr* march past *(an jdm* s.o.).

vor·bei|re·den *itr:* ▶ **aneinander** ∼ talk at cross purposes; **an etw** ∼ talk round s.th.

vor·bei|schie·ßen *irr* I *itr* ⟨sein⟩ *(schnell* ∼*)* shoot past *(an jdm od etw* s.o. *od* s.th.); II *tr* ⟨h⟩ *(am Ziel)* miss *(an etw* s.th.).

vor·be·la·stet *adj* handicapped; ▶ **da ist er erblich** ∼ it runs in the family.

Vor·be·mer·kung *f* preliminary note *(od* remark).

vor·be·rei·ten I *tr* prepare; II *refl* prepare o.s. *(auf* for); **vor·be·rei·tend** *adj* preparatory; **Vor·be·rei·tung** *f* preparation; **Vor·be·rei·tungs·dienst** *m päd (Referendarzeit)* teaching practice.

Vor·be·sit·zer(in) *m (f)* previous possessor.

vor|be·stel·len *tr* order in advance; *(Zimmer, Tisch etc)* book; **Vor·be·stel·lung** *f* advance order; *(Zimmer*∼*) Br* booking, *Am* reservation.

vor·be·straft *adj* previously convicted; ▶ **nicht V**∼**er** *jur (bei erster Verurteilung)* first offender.

Vor·beu·ge·haft *f* preventive detention; **vor|beu·gen** I *itr (vermeiden)* prevent; *(ausschließen)* preclude *(e-r S.* s.th.); II *refl* bend forward; **vor·beu·gend** *adj* preventive, prophylactic; **Vor·beu·gung** *f* prevention *(von, gegen* of); *med* prophylaxis; ▶ **zur** ∼ **gegen ...** for the prevention of ...

Vor·bild *n* model; *(Beispiel)* example; ▶ **jdn als** ∼ **hinstellen** hold s.o. up as a model; **dieses Gedicht nimmt Shakespeare's Sonette zum** ∼ this poem is modelled on Shakespeare's sonnets; **sich jdn zum** ∼ **nehmen** model o.s. on s.o.; **vor·bild·lich** *adj* exemplary; **Vor·bil·dung** *f (schulisch)* educational background.

Vor·bo·te *m* harbinger.

vor|brin·gen *irr tr* 1. *(sagen)* say; *(Meinung, Forderung)* express; 2. *(Beweise)* bring forward.

vor·christ·lich *adj* pre-Christian.

Vor·dach *n* canopy; *(von Zelt)* awning.

vor|da·tie·ren *tr* antedate.

Vor·den·ker(in) *m (f)* mentor.

Vor·der·ach·se ['fordǝ-] *f* front axle.

Vor·der·an·sicht *f* front view.

Vor·der·asi·en ['--'--] *n* Near East.

Vor·der·bein *n* foreleg.

Vor·der·deck *n* fore deck.

vor·de·re ['fordǝrǝ] *adj* front.

Vor·der·front *f* frontage; **Vor·der·grund** *m* foreground; **im** ∼ in the foreground; **sich in den** ∼ **schieben** *fig* push o.s. to the fore; ▶ **im** ∼ **stehen** *fig* be to the fore; **vor·der·grün·dig** ['fordǝgryndɪç] *adj fig (oberflächlich)* superficial.

Vor·der·mann ⟨-(e)s, ⸚er⟩ *m* person in front; ▶ **jdn auf** ∼ **bringen** *fam* make s.o. toe the line.

Vor·der·rad *n* front wheel; **Vor·der·rad·an·trieb** *m* front-wheel drive.

Vor·der·schin·ken *m* shoulder ham.

Vor·der·sei·te *f* front; *(von Münze)* obverse; *(von Buch)* odd page.

Vor·der·sitz *m* front seat.

vor·der·ste *adj* frontmost.

Vor·der·teil *n od m* front, front part; *tech* head, nosepiece; *(von Schiff)* prow.

Vor·di·plom *n* intermediate exam.

vor|drän·gen *refl* push to the front; ▶ **sich in e-r Schlange** ∼ *Br* jump a queue, *Am* push to the front of a line; **vor|drin·gen** ⟨sein⟩ *irr itr* advance; *(in den Weltraum etc)* penetrate *(in* into); **vor·dring·lich** *adj* urgent.

Vor·druck ⟨-(e)s, -e⟩ *m (Formular) Br* form, *Am* blank.

vor·ehe·lich *adj* premarital.

vor·ei·lig *adj* rash; ▶ ∼**e Schlüsse zie-**

hen jump to conclusions; **es war ~ von ihm, das zu versprechen** it was rash of him to promise that.

vor·ein·ge·nom·men *adj* biased, prejudiced (*für* in favour of, *gegen* against).

vor|ent·hal·ten *irr tr* withhold (*jdm* from s.o.).

Vor·ent·schei·dung *f* preliminary decision; ▶ **e-e ~ fällen** make (*od* come to) a preliminary decision; **Vor·ent·schei·dungs·run·de** *f sport* preliminary round.

Vor·ent·wurf *m* project investigations *pl.*

vor·erst [foːʔeˈʔɛst/ˈ--] *adv* for the time being.

vor·ex·er·zie·ren *tr fam* demonstrate.

Vor·fahr [ˈfoːʔefaːʔe] ⟨-en, -en⟩ *m* ancestor, forefather.

vor|fah·ren ⟨sein⟩ *irr itr* 1. (*ankommen*) drive up (*bei* to); 2. (*an die Spitze fahren*) drive in front; **Vor·fahrt** ⟨-⟩ *f* right of way; ▶ **die ~ (nicht) beachten** observe (ignore) the right of way; **vor·fahrts·be·rech·tigt** *adj*: ▶ **ich war ~** I had the right of way; **Vor·fahrts·stra·ße** *f* major road; **Vor·fahrt(s)·zei·chen** *n Br* give way sign, *Am* yield sign.

Vor·fall *m* 1. (*Geschehnis*) incident, occurrence; 2. *med* prolapse; **vor|fal·len** *irr itr* 1. (*geschehen*) happen, occur; 2. (*fallen*) fall forward; ▶ **in dem Haus sind seltsame Dinge vorgefallen** there have been some peculiar happenings in that house.

vor|fin·den *irr tr* discover, find.

Vor·form *f* early form.

Vor·freu·de *f* anticipation.

Vor·früh·ling *m* early spring.

vor|füh·len *itr fig* put out a few feelers; ▶ **bei jdm ~** sound s.o. out.

vor|füh·ren *tr* 1. *film* show; 2. (*präsentieren*) present; (*Mode*) model; 3. (*Angeklagten: hereinbringen*) bring forward; **Vor·führ·ge·rät** *n* projector; **Vor·führ·raum** *m* projection; **Vor·füh·rung** *f* 1. *film* show; 2. *theat* (*a. Varieté*) performance; 3. (*Mode~*) presentation; **Vor·führ·wa·gen** *m* demonstration car.

Vor·ga·be *f sport* handicap.

Vor·gang *m* 1. (*Ereignis*) event; 2. (*Hergang*) course of events; 3. *biol chem tech* (*Prozeß*) process; 4. *jur* (*Akten*) file; ▶ **erzählen Sie uns den ~** tell us how it happened; **Vor·gän·ger(in)** *m* (*f*) predecessor.

Vor·gar·ten *m Br* front garden, *Am* dooryard.

vor|ge·ben *irr tr* 1. *sport* give; 2. *fig* (*vortäuschen*) pretend; 3. (*nach vorne reichen*) pass forward.

Vor·ge·bir·ge *n* foothills *pl*; (*am Meer*)

cape.

vor·geb·lich I *adj* (*sogenannt*) so-called; II *adv* (*angeblich*) supposedly.

vor·ge·faßt *adj* preconceived; ▶ **~e Meinung** prejudice.

vor·ge·fer·tigt *adj* prefabricated.

Vor·ge·fühl ⟨-(e)s⟩ *n* anticipation; (*Vorahnung*) presentiment.

vor·ge·heizt *adj* preheated.

Vor·ge·hen *n* (*Verfahren*) procedure; ▶ **gemeinsames ~** concerted action; **vor|ge·hen** ⟨sein⟩ *irr itr* 1. (*nach vorn gehen*) go forward; 2. (*früher gehen*) go on ahead; (*als erster gehen*) go first; 3. (*handeln*) act, proceed; 4. *jur* take legal proceedings (*gegen* against); 5. (*wichtiger sein*) have priority; 6. (*sich ereignen*) go on, happen; 7. (*Uhr*) be fast (*um 3 Minuten* 3 minutes); ▶ **wir gehen schon vor und treffen euch dann am Bahnhof** we'll leave now and we'll see you at the station; **was geht hier vor?** what's going on here? **die Arbeit geht vor** work comes first.

Vor·ge·schich·te *f* 1. (*Urgeschichte*) prehistory; 2. (*e-r Person od e-s Falles*) antecedents *pl*.

Vor·ge·schmack ⟨-(e)s⟩ *m fig* foretaste.

Vor·ge·setz·te(r) ⟨-n, -n⟩ *f m* superior.

vor·ge·stern *adv* the day before yesterday; ▶ **das ist doch von ~!** *fig fam* that's antiquated! **vor·gest·rig** *adj* of the day before yesterday.

vor|grei·fen *irr itr* (*e-r Sache*) anticipate (s.th.); ▶ **jdm ~** forestall s.o.; **Vor·griff** *m* anticipation (*auf* of); (*beim Erzählen*) leap ahead.

Vor·ha·ben ⟨-s, -⟩ *n* 1. (*Plan*) plan; 2. (*Absicht*) intention; **vor|ha·ben** *irr tr* 1. (*beabsichtigen*) have in mind, intend; (*geplant haben*) have planned; 2. (*im Begriff sein*) be about to; ▶ **haben Sie morgen (schon) etw vor?** do you have any plans for tomorrow? **wenn Sie nichts anderes ~** unless you are otherwise engaged; **mit jdm Großes ~** have great plans for s.o.; **wir hatten es nicht vor** we weren't planning to.

Vor·hal·le *f* entrance hall, vestibule; (*im Parlament*) lobby.

vor|hal·ten *irr* I *tr* 1. : ▶ **jdm jdn ~** (*als Beispiel*) hold s.o. up to s.o.; 2. *fig* (*vorwerfen*) reproach (*jdm etw* s.o. with s.th.); ▶ **jdm e-n Fehler ~** reproach s.o. for his mistake; II *itr* (*ausreichen*) last; **Vor·hal·tun·gen** *f pl* reproaches; ▶ **jdm ~ dafür machen, daß er etw getan hat** reproach s.o. for having done s.th.

Vor·hand ⟨-⟩ *f* (*Tennis*) forehand.

vor·han·den [foːʔeˈhandən] *adj* 1. (*verfügbar*) available; 2. (*existierend*) existing; ▶ **ein Bad war nicht ~** there was no bathroom; **Vor·han·den·sein** *n* existence.

Vor·hang *m Br* curtain, *Am* shade.
Vor·hän·ge·schloß *n* padlock.
Vor·haut *f anat* foreskin, prepuce.
vor·her [foːeˈheːe/'--] *adv (früher)* before now; ▶ **am Tag** ~ the day before *(od* the previous day); **kurz** ~ a short time before; **weitermachen wie** ~ continue as before; **konntest du das nicht** ~ **sagen?** couldn't you have said that earlier?
vor·her·be·stimmt *adj* predestined;
Vor·her·be·stim·mung *f* predestination.
vor·her|ge·hen [-'---] ⟨sein⟩ *irr itr* 1. *(vorangehen)* go first; 2. *fig* precede.
vor·he·rig [foːeˈheːrɪç] *adj* 1. *(früher)* previous; 2. *(ehemalig)* former.
Vor·herr·schaft *f* predominance; *pol (Hegemonie)* hegemony; **vor|herr-schen** *itr (überwiegen)* prevail; *(Ton angeben)* predominate; **vor·herr-schend** *adj* 1. *(tonangebend)* predominant; 2. *(weitverbreitet)* prevailing.
Vor·her·sa·ge ⟨-, -n⟩ *f* prediction; *(von Wetter)* forecast; **vor·her|sa·gen** [-'---] *tr* foretell, predict; *(Wetter)* forecast; ▶ **das hab' ich dir doch vorhergesagt!** I told you so!
vor·her·seh·bar *adj* foreseeable; **vor-her|se·hen** [-'---] *irr tr* foresee.
vor|heu·cheln *tr:* ▶ **jdm etw** ~ feign *(od* pretend) s.th. to s.o.
vor·hin [foːeˈhɪn] *adv* just now.
Vor·hof *m* 1. *arch* forecourt; 2. *anat (Herz~)* vestibule.
Vor·hut ['foːehuːt] ⟨-, (-en)⟩ *f mil* vanguard.
vo·rig *adj* 1. *(früher)* previous; 2. *(vergangen)* last; ▶ **~en Monat habe ich das letzte Mal von ihm gehört** I last heard from him a month ago.
Vor·jahr *n* previous year; **vor·jäh·rig** *adj* last year's.
Vor·kämp·fer(in) *m (f)* champion *(für* of), pioneer.
Vor·kaufs·recht *n* option of purchase.
Vor·keh·rung ['foːekeːrʊŋ] ⟨-, -en⟩ *f* precaution; ▶ **die nötigen ~en treffen** take the necessary precautions.
Vor·kennt·nis·se *pl* 1. *(Wissen)* previous knowledge; 2. *(Erfahrung)* previous experience; ▶ ~ **nicht erforderlich** no previous experience necessary.
vor|knöp·fen *tr fam:* ▶ **sich jdn** ~ button s.o.
Vor·kom·men ⟨-s⟩ *n* 1. *(das Auftreten)* occurrence; 2. *min* deposit; **vor|kom-men** *irr itr* 1. *(geschehen)* happen; 2. *(den Anschein haben)* seem; ▶ **es kommt mir so vor** it seems to me like that; **so etw ist mir noch nicht vorgek-ommen** I've never heard of such a thing; **so was soll** ~! that's life! **das kann schon mal** ~ that can happen to

anybody; **das Wort kommt sechsmal auf e-r Seite vor** the word appears six times on one page; **ich komme mir dumm vor** I feel stupid; **das kommt dir nur so vor** it only seems to you like that; **Vor·komm·nis** ⟨-sses, -sse⟩ *n* incident, occurrence.
Vor·kriegs·zeit *f* prewar days *pl.*
vor|la·den *irr tr jur* summon; ▶ **jdn** ~ **lassen** take out a summons against s.o.; **Vor·la·dung** *f jur* summons.
Vor·la·ge *f* 1. *(das Vorlegen)* presenta-tion; 2. *(Muster)* model, pattern; 3. *(Ent-wurf)* draft; *parl* bill; 4. *sport (von Fuß-ball)* through-ball; ▶ **jdm e-e** ~ **unter-breiten** make a submission to s.o.
vor|las·sen *irr tr* 1. *(vorgehen lassen)* let go in front; 2. *(zulassen)* admit, allow in.
Vor·lauf *m* 1. *mot (Rad~)* caster; 2. *tech (Pumpen~)* flow pipe.
Vor·läu·fer *m* precursor.
vor·läu·fig I *adj* temporary; *(proviso-risch)* provisional; II *adv (einstweilig)* temporarily; *(fürs erste)* for the time being; ▶ **weil es nur** ~ **ihr Zuhause war** because of the temporariness of her home.
vor·laut *adj Br* cheeky, pert, *Am sl* fresh; ▶ ~**es Wesen** pertness.
Vor·le·ben *n* former life, past.
Vor·le·ge·be·steck *n* carvers *pl;* **vor|le·gen** *tr* 1. *(bei Tisch)* serve *(jdm etw* s.o. with s.th.); 2. *(zeigen)* produce, show; *(Schriftstück)* submit; 3. *(unter-breiten)* present.
vor|le·sen *irr tr Br* read aloud, *Am* read out loud; ▶ **jdm etw** ~ read s.th. to s.o.;
Vor·le·sung *f* 1. *(einzelne akademi-sche* ~) lecture; 2. *(Reihe von* ~*en)* lectures *pl;* ▶ ~**en halten** give lectures *(über etw* on s.th.); **e-e** ~ **hören** go to lectures *pl;* **Vor·le·sungs·ver·zeich-nis** *n* lecture timetable.
vor·letzt *adj* last but one, penultimate; ▶ ~**es Jahr** the year before last.
Vor·lie·be ⟨-, -n⟩ *f* preference; ▶ **etw mit** ~ **tun** particularly like doing s.th.; **ich habe e-e** ~ **für Gorgonzola** I like G. a lot; **er redet mit** ~ **über Politik** he loves talking politics; **vor·lieb|neh-men** [foːeˈliːp-] *irr itr* put up *(mit* with), make do *(mit* with).
vor|lie·gen *irr itr* 1. *(zur Verfügung ste-hen)* be available; 2. *(eingereicht sein)* be in; *pol (Gesetzesvorlage)* be before the house; 3. *(vorhanden sein)* be, exist; ▶ **da muß ein Irrtum** ~ there must be some mistake; **was liegt hier vor?** *(was ist los?)* what's up here then? **vor·lie-gend** *adj* 1. *(Akten)* on hand; 2. *(Grün-de)* existing; ▶ **im** ~**en Fall(e)** in the present case.
vor|lü·gen *irr tr:* ▶ **jdm etw** ~ tell s.o. lies *pl.*
vor|ma·chen *tr:* ▶ **jdm etw** ~ *(zeigen)*

show s.o. how to do s.th.; *fig (täuschen)* humbug s.o.; **machen Sie sich nichts vor!** don't fool (*od Am fam* kid) yourself! **wir wollen uns doch nichts ~!** let's stop pretending (*od* let's be honest about this)!

Vor·macht(·stel·lung) *f* supremacy (*gegenüber* over).

vor·ma·lig *adj* former; **vor·mals** *adv* formerly.

Vor·mann *m* foreman.

Vor·marsch ⟨-(e)s⟩ *m mil* advance; ▶ **auf dem ~ sein** be on the advance; **im ~ sein** *fig* be gaining ground.

vor|mer·ken *tr* make a note of ..., note down; ▶ **e-n Platz ~** book (*od Am* reserve) a seat.

Vor·mit·tag *m* morning; **vor·mit·tags** *adv* in the morning; *(bei Uhrzeit)* a.m.

Vor·mund ⟨-(e)s, -e/⁻er⟩ *m* guardian; **Vor·mund·schaft** *f* guardianship, tutelage.

vorn [forn] *adv* 1. in front; 2. *(am Anfang)* at the beginning; 3. *(am Vorderende)* at the front; ▶ **nach ~** forward; **ganz ~** right in the front; **~ in ...** at the front of ...; **blicken Sie nach ~!** look in front of you! **von ~** from the beginning; **noch einmal von ~** all over again; **von ~ anfangen** *(neues Leben)* start afresh; **sich von ~ und hinten bedienen lassen** be waited on hand and foot; **nach ~ rücken** move up front; **weit ~** a long way ahead.

Vor·na·me *m Br* Christian name, *Am* first name.

vor·nehm ['fo:ene:m] *adj* 1. *(kultiviert)* distinguished; 2. *(edel)* noble; 3. *(sozial hochgestellt)* high-ranking; *(adlig)* aristocratic; 4. *(elegant)* fashionable, *fam* posh; ▶ **~e Gesinnung** high mind; **die ~e Gesellschaft** high society; **~ tun** *fam* act posh; **die ~ste Pflicht** the first (*od* foremost) duty.

vor|neh·men *irr tr* 1. *(durchführen)* carry out; *(Änderungen)* make; 2. *(in Angriff nehmen)* get to work (*sich etw* on s.th.); 3. *(planen)* intend (*sich etw* to do s.th.); ▶ **sich jdn ~** *fam* have a word with s.o.; **vor·nehm·lich** *adv* 1. *(hauptsächlich)* especially, principally; 2. *(vorzugsweise)* first and foremost.

vor|nei·gen *refl* lean forward.

vorn·her·ein ['--'-] *adv:* ▶ **von ~** from the start.

vorn·über ['-'--] *adv* forwards.

Vor-Ort- [---'-] *(in Zssgn)* on-site.

Vor·ort ⟨-(e)s, -e⟩ *m* suburb; **Vor·ort(s)·zug** *m Br* suburban (*Am* shuttle) train.

Vor·platz *m* forecourt.

Vor·po·sten *m mil* outpost.

vor|pre·schen ⟨sein⟩ *itr* hurry ahead, shoot forward.

vor·pro·gram·miert *adj* 1. *(automa-*

tisch) automatic; 2. *(vorbestimmt)* predetermined.

Vor·rang ⟨-(e)s⟩ *m* 1. *(Vordringlichkeit)* priority; 2. *(Reihenfolge)* precedence *(gegenüber* over); ▶ **den ~ vor jdm haben** have precedence over s.o.; **vor·ran·gig** *adj* primary, (having) priority; **Vor·rang·stel·lung** *f:* ▶ **e-e ~ einnehmen** (*od* haben) **in ...** have a position of importance in ...

Vor·rat ['fo:era:t, *pl* 'fo:erɛ:tə] ⟨-(e)s, ⁻e⟩ *m* stock, supply; ▶ **e-n ~ anlegen** lay in stocks; **auf ~ haben** *com* keep in stock; **mein Wein ist fast alle, ich muß meinen ~ auffüllen** I must stock up on wine, I've almost run out; **vor·rä·tig** ['fo:erɛ:tɪç] *adj (auf Lager)* in stock; *(verfügbar)* available; ▶ **nicht ~** out of stock; **Vor·rats·be·häl·ter** *m* storage tank; **Vor·rats·raum** *m* store room; *(in Ladenlokal)* stock room.

Vor·raum *m* anteroom; *theat film (Foyer)* foyer.

vor|rech·nen *tr* 1. reckon up (*jdm etw* s.th. for s.o.); 2. *fig (aufzählen)* enumerate.

Vor·recht *n* prerogative; *(Privileg)* privilege.

Vor·re·de *f* 1. *(Vorwort)* preface; 2. *theat* prologue; 3. *(einleitende Rede)* introductory speech; **Vor·red·ner(in)** *m (f)* previous speaker; ▶ **mein ~** the previous speaker.

Vor·rei·ter(in) *m (f)* forerunner.

Vor·rich·tung *f* device, gadget.

vor|rücken (k·k) I *tr* ⟨h⟩ move forward; *(Schachfiguren)* move on; II *itr* ⟨sein⟩ move forward; *mil* advance; *(im Beruf etc)* move up.

Vor·ru·he·stand *m* early retirement; **Vor·ru·he·stands·re·ge·lung** *f* early retirement scheme.

Vor·run·de *f sport* preliminary round.

vor|sa·gen *tr* tell (*jdm etw* s.o. s.th., *jdm* s.o. the answer).

Vor·sai·son *f* early season.

Vor·satz[1] *n (von Buch)* endpaper.

Vor·satz[2] *m* intention; ▶ **mit ~** *jur* with intent; **mit guten ~en** with good intentions; **er hat immer gute ~e, aber er führt sie selten aus** his intentions are good, but he seldom carries them out; **mit dem ~ zu ...** with the intention of ...; **den ~ fassen, etw zu tun** resolve to do s.th.; **vor·sätz·lich** ['fo:ezɛtslɪç] *adj* deliberate, intentional; *(willentlich)* wilful; *bes. jur* premeditated; ▶ **etw ~ tun** do s.th. with intent.

Vor·satz·lin·se *f phot* ancillary lens.

Vor·schau *f* 1. *allg Br* preview, *Am* prevue; 2. *film* trailer.

Vor·schein *m:* ▶ **zum ~ kommen** *(wörtlich: sichtbar werden)* appear; *fig (ans Licht kommen)* come to light.

vor|schicken (k·k) *tr* send forward.

vor|schie·ben *irr* I *tr* 1. *(davorschieben)* push in front; 2. *(nach vorn schieben)* push forward; 3. *mil (Truppen)* move forward; 4. *fig (vorschützen)* put forward as a pretext; II *refl (Personen)* press forward; *(Wolken etc)* move forward.

vor|schie·ßen *irr* I *tr* ⟨h⟩ *(Geld)* advance; II *itr* ⟨sein⟩ shoot forward.

Vor·schlag *m Br* proposal, *Am* proposition; *(Anregung)* suggestion; ▶ **auf meinen ~** at my suggestion; **das soll ein ~ sein!** *fam* that's an idea! **mein ~ lautet ...** my suggestion is ...; **~e sind willkommen** I'm open to suggestions; **vor|schla·gen** *irr tr* propose, suggest; *(nominieren)* nominate *(jdn für etw* s.o. for s.th.); ▶ **ich schlage vor, wir gehen** I suggest going; **was schlagen Sie vor?** what do you suggest we do?

Vor·schlag·ham·mer *m* sledge-hammer.

Vor·schlag·we·sen *n:* ▶ **innerbetriebliches ~** suggestionbook system.

vor·schnell *adj* rash.

vor|schrei·ben *irr tr* 1. *(Text etc)* write out *(jdm* for s.o.); 2. *(anordnen)* stipulate; *(diktieren)* dictate; *med (Dosis)* prescribe.

Vor·schrift *f* 1. *(Bestimmung)* regulation; 2. *(Anweisung)* instruction, order; ▶ **laut ~** according to regulation; **das verstößt gegen die ~en** that is contrary to the regulations; **welche ~en hatten Sie?** what were your instructions? **ich lasse mir von niemandem ~en machen** I don't take orders from anyone; **Dienst nach ~** work-to-rule; **vor·schriftsmä·ßig** I *adj* regulation; *(korrekt)* correct; *med (Dosis)* prescribed; II *adv* according to (the) regulations, as instructed.

Vor·schub *m:* ▶ **~ leisten** encourage *(jdm od e-r Sache* s.o. *od* s.th.).

Vor·schul·al·ter *n* pre-school age; **Vor·schu·le** *f* nursery school; **Vor·schul·er·zie·hung** *f* pre-school education.

Vor·schuß *m fin* advance; ▶ **jdm e-n ~ geben** give s.o. an advance.

vor|schüt·zen *tr* plead as an excuse; ▶ **nur keine Müdigkeit ~!** *fam* don't you tell us you're tired!

vor|schwe·ben *itr:* ▶ **jdm ~** be in someone's mind.

vor|schwin·deln *tr:* ▶ **jdm etw ~** lie to s.o.

vor|se·hen *irr* I *tr* 1. *(planen) Br* plan, *Am* schedule; 2. *(einplanen)* provide for ...; 3. *(zuweisen)* intend *(etw für etw* s.th. for s.th.); 4. *(bestimmen)* designate *(jdn für etw* s.o. for s.th.); ▶ **der Vertrag sieht vor, daß ...** the contract *(od pol* treaty) stipulates that ...; **wie vorge-**

sehen according to plan; **so war das nicht vorgesehen** it wasn't planned to happen that way; II *refl* beware *(vor* of), take care; ▶ **sieh dich vor, daß du nicht fällst!** beware of falling! **sieh dich vor, was du sagst!** beware of how you speak! **sieh dich vor, daß er dich nicht betrügt!** take care he doesn't cheat you!

Vor·se·hung *f* Providence.

vor|set·zen *tr* 1. *(nach vorn)* put forward; *(davorsetzen)* put in front; 2. *(anbieten)* offer *(jdm etw* s.o. s.th.); 3. *fig fam (Lügen etc ~)* dish *(jdm etw* s.th. up to s.o.).

Vor·sicht ⟨-⟩ *f* care; *(bei Gefahr)* caution; *(Umsicht)* prudence; *(Behutsamkeit)* wariness; **~!** beware! take care! *(auf Kisten)* with care! ▶ **~ Stufe!** mind the step! **es ist trotz aller ~ kaputtgegangen** it got broken despite all the care we took; **vor·sich·tig** *adj* careful; *(besonnen)* cautious; ▶ **sei ~ mit den Gläsern!** be careful with the glasses! **sei ~, daß sie dich nicht hören!** be careful they don't hear you! **vor·sichts·hal·ber** *adv* as a precaution; ▶ **etw ~ tun** take the precaution of doing s.th.; **Vor·sichts·maß·nah·me** *f* precaution; ▶ **es ist e-e reine ~** it's purely precautionary; **~n treffen** take precautions.

Vor·sil·be *f gram* prefix.

vor|sin·gen *irr* I *tr* sing *(jdm etw* s.th. to s.o.); II *itr theat (als Probe vor Engagement)* audition.

vor·sint·flut·lich *adj hum fam* antediluvian.

Vor·sitz ⟨-es⟩ *m* chairmanship; *(Präsidentenamt)* presidency; ▶ **den ~ führen** be the chairman *(bei etw* of s.th.); **den ~ übernehmen** take the chair; **unter dem ~ von ...** under the chairmanship of ...; **Vor·sit·zen·de** *m (f)* chairman (chairwoman); *(Präsident, Vereins~)* president; ▶ **der ~ Deng** Chairman Deng.

Vor·sor·ge ⟨-⟩ *f* 1. *(Fürsorge)* provision; 2. *(Vorsichtsmaßnahme)* precaution; ▶ **~e treffen** take precautions; *(fürs Alter)* make provisions; **vor|sor·gen** *itr* provide (for), make provisions *(für* for, *daß* so that); **Vor·sor·ge·un·ter·su·chung** *f med* preventive medical check-up; **vor·sorg·lich** I *adj* precautionary; II *adv* as a precaution.

Vor·spann ['fo:∫pan] ⟨-(e)s, -e⟩ *m* 1. *(Vorlauf von Tonband, Film etc)* leader; 2. *film* opening credits *pl*.

Vor·spei·se *f* appetizer, hors d'oevre, starter; ▶ **was nehmen wir als ~?** what do we have for a starter?

Vor·spie·ge·lung *f:* ▶ **unter ~ von etw** under the pretence of s.th.; **unter ~ falscher Tatsachen** under false pretences.

Vor·spiel n 1. mus prelude; 2. theat prologue; 3. (bei Geschlechtsverkehr) foreplay; **vor|spie·len** I tr 1. mus play (jdm etw s.th. for s.o.); 2. theat act (jdm etw s.th. for s.o.); 3. fig act out a sham (jdm etw of s.th. in front of s.o.); ▶ **spiel mir doch nichts vor!** fig don't try and pretend to me! II itr 1. allg play; 2. theat mus (als Probe vor Engagement) audition (jdn ~ lassen s.o.); ▶ **jdm e-e Komödie ~** fig play out a farce in front of s.o.

vor|spre·chen irr I tr pronounce (jdm etw s.th. for s.o.); II itr 1. (besuchen) call (bei jdm on s.o.); 2. theat (zur Probe) audition.

vor|sprin·gen ⟨sein⟩ irr itr 1. leap forward; 2. (hervorragen) jut out, project, protrude; **vor·sprin·gend** adj projecting; (Nase, Kinn etc) prominent.

Vor·sprung m 1. arch projection; 2. (Vorteil) advantage (über of); 3. sport lead (vor over); ▶ **er hat 10 m ~** he is in the lead by ten meters; **jdm 15 Minuten ~ geben** give s.o. a 15-minute start.

Vor·stadt f suburb; **Vor·städ·ter(in)** m (f) suburban(ite); **vor·städ·tisch** adj suburban.

Vor·stand m 1. (Gremium) board; (von Verein) committee; 2. (Person) chairman (of the board), managing director; **Vor·stands·eta·ge** f boardroom; **Vor·stands·mit·glied** n member of the executive (od board); (von Verein) committee member; **Vor·stands·vor·sit·zen·de(r)** f m chairperson, chairman (chairwoman) of the board of directors.

vor|ste·hen irr itr 1. (hervorragen) project, protrude; 2. (leiten): ▶ **e-r Sache ~** (od Schule) be the Br head, Am principal of s.th. (e-m Haushalt) preside over ...; (e-m Geschäft) manage s.th.; (e-r Abtlg) be in charge of s.th.; **vor·ste·hend** adj 1. (Zähne, Nase, Ecken etc) prominent, protruding; 2. (in Brief: obenstehend) above; **Vor·ste·her(in)** m (f) (Büro~) Br chief clerk, Am manager; (Bahnhofs~) station-master; **Vor·ste·her·drü·se** f anat prostate gland.

vor|stel·len I tr 1. (Uhr) put on (um by); 2. (einführen) introduce (jdn jdm s.o. to s.o.); 3. (darstellen) respresent; (bedeuten) mean, signify; 5. (vorführen, bekanntmachen) present, show (jdm etw s.o. s.th.); ▶ **darf ich Ihnen Herrn X. ~?** Br allow me to introduce Mr. X., Am I'd like you to meet Mr. X.; II refl 1. (in der Phantasie) imagine (etw s.th.); (sich ausmalen) picture (etw s.th.); 2. (sich bekannt machen) introduce o.s. (jdm to s.o.); 3. (bei Bewerbung) go for an interview; ▶ **stell dir vor!** fancy that! **stell dir mal vor, du seiest reich** imagine yourself rich; **du kannst dir nicht ~ wie** ... you can't imagine how ...; **vor·stel·lig** adj: **bei jdm ~ werden** go to s.o; (sich beschweren) lodge a complaint with s.o.; **Vor·stel·lung** f 1. theat performance; (Film~) showing; 2. (Gedanke) idea, notion; (~skraft) imagination; 3. (Einführung: von Person) introduction; (von Martkneuheiten etc) presentation; ▶ **wenn das deine ~ von Spaß ist** ... if that's your idea of fun ...; **du hast manchmal merkwürdige ~en** you have some strange ideas; **sich e-e ~ von etw machen** form an idea of s.th.; **Vor·stel·lungs·ge·spräch** n interview; **Vor·stel·lungs·kraft** f imagination; **Vor·stel·lungs·ver·mö·gen** n powers of imagination.

Vor·stoß m 1. (Vordringen) venture; 2. mil advance, push; 3. fig (Versuch) attempt; **vor|sto·ßen** irr I tr ⟨h⟩ push forward; II itr ⟨sein⟩ venture; mil advance.

Vor·stra·fe f previous conviction; **Vor·stra·fen·re·gi·ster** n criminal record.

vor|strecken (k·k) tr 1. (Gegenstand) stretch forward; (Arme, Hände) stretch out; (Krallen) put out; 2. (Geld) advance (jdm s.o.).

Vor·stu·fe f preliminary stage.

Vor·tag m day before.

vor|täu·schen tr feign; **Vor·täu·schung** f pretence; ▶ **unter ~ falscher Tatsachen** under false pretences.

Vor·teil ['fɔrtaɪl] m advantage; ▶ **~e bringen** be advantageous; **die Vor- u. Nachteile** the pros and cons; **sich zu s-m ~ ändern** change for the better; **damit sind Sie mir gegenüber im ~** that gives you an advantage over me; **sich durch etw jdm gegenüber e-n ~ verschaffen** get the advantage of s.o. by doing s.th.; **für jdn von ~ sein** be advantageous to s.o.; **jdm gegenüber im ~ sein** have the advantage over s.o.; **~e aus etw ziehen** benefit from s.th.; **vor·teil·haft** adj advantageous; ▶ **es ist ~ für mich** ... it is to my advantage to ...; **es wirkte sich ~ für uns aus** it worked out advantageously for us.

Vor·trag ['foːɛtraːk, pl 'foːɛtrɛːgə] ⟨-(e)s, -̈e⟩ m 1. (Bericht, Lesung) lecture; 2. fin balance carried forward; ▶ **~ e-n ~ hal·ten** give a lecture; **ich wollte nur e-e kurze Erklärung und bekam e-n Vortrag zu hören** I asked for a short explanation and got a lecture; **vor|tra·gen** irr tr 1. (berichten) report; (darlegen) present; 2. fin carry forward; ▶ **ein Gedicht ~** recite a poem; **Vor·trags·abend** m lecture evening; **Vor·trags·rei·he** f series of lectures.

vor·treff·lich [foːɛ'trɛflɪç] adj excellent, splendid; **Vor·treff·lich·keit** f excellence.

vor|trei·ben irr tr (Bergbau): ▶ **e-n**

Stollen ~ drive a gallery on.
vor|tre·ten ⟨sein⟩ *irr itr* **1.** step forward; **2.** *(hervorragen)* jut out, project.
Vor·tritt ⟨-(e)s⟩ *m* precedence; ▶ **jdm den ~ lassen** let s.o. go first; **den ~ haben** have precedence *(in etw* in s.th., *vor* over).
vor·über [vo'ry:bə] *adv* over, past; **vor·über|ge·hen** ⟨sein⟩ *irr itr* **1.** *(räumlich)* go past, pass by *(an jdm od etw* s.o. od s.th.); **2.** *(zeitlich)* pass; **3.** *(zu Ende gehen)* be over; **4.** *fig (ignorieren)* ignore *(an jdm od etw* s.o. od s.th.); ▶ **das ging nicht spurlos an ihr vorüber** it left its mark on her; **vor·über·ge·hend** *adj* **1.** *(momentan)* momentary; **2.** *(zeitweilig)* temporary; ▶ **sich ~ aufhalten** stay for a short time; **Vor·über·ge·hen·de(r)** *f m* passer by.
Vor·übung *f* preliminary exercise.
Vor- und Zu·na·me *m* first and second name.
Vor·un·ter·su·chung *f jur* preliminary investigation.
Vor·ur·teil *n* bias, prejudice; ▶ **das ist ein ~** it's prejudice; **ein ~ haben gegen ...** be prejudiced against, have a prejudice against ...; **es gibt e-e Menge ~e hinsichtlich ...** there's a lot of prejudice about ...; **vor·ur·teils·frei** *(vor·ur·teils·los)* I *adj* unprejudiced; *(Entscheidung)* unbiased; II *adv* without prejudice *(od* bias).
Vor·vä·ter ['fo:ɐ̯fɛ:tɐ] *pl* ancestors, forefathers.
Vor·ver·kauf *m theat sport* advance booking; **Vor·ver·kaufs·stel·le** *f* advance booking office.
vor|ver·le·gen *tr* **1.** *(Termin)* bring forward; **2.** *mil (Front)* push forward.
Vor·ver·stär·ker *m el radio* pre-amplifier.
vor·vor·ge·stern *adv* three days ago.
vor|wa·gen *refl* venture forward.
Vor·wahl *f* **1.** *Br* preliminary election, *Am* primary; **2.** *tele Br* dialling *(Am* area) code.
Vor·wand ⟨-(e)s, ¨e)⟩ *m* pretext; ▶ **unter dem ~, daß ...** under the pretext that ...; **unter dem ~, etw zu tun** under the pretext of doing s.th.; **er sucht nur nach e-m ~** he's only making excuses *pl.*
vor·wärts ['fɔrvɛrts] *adv* forward, onward; ~! let's go! *mil* forward march! **vor·wärts|brin·gen** *irr tr fig* advance; ▶ **jdn ~** help s.o. to get on; **Vor·wärts·gang** *m mot* forward gear; **vor·wärts|ge·hen** ⟨sein⟩ *irr fig fam* come on, progress; **vor·wärts|kom·men** ⟨sein⟩ *irr itr* make progress *(in* in, *mit* with); *fig* get on; ▶ **wir kamen im Schlamm nur langsam ~** we made slow progress through the mud; **sie kamen im offenen Gelände gut ~** they made

good progress across the open co...
Vor·wä·sche *f* prewash; **vor|** **schen** *irr tr* pre-wash.
vor·weg [fo:ɐ̯'vɛk] *adv* **1.** *(vorher)* be fore; **2.** *(an der Spitze)* at the front; **3.** *(von vornherein)* at the outset; **vor·weg|neh·men** *irr tr* anticipate.
vor|wei·sen *irr tr* produce, show; ▶ **etw ~ können** *fig* have s.th.
vor|wer·fen *irr tr* **1.** *(hinwerfen)* throw *(jdm etw* s.th. down for s.o.); **2.** *fig (tadeln)* reproach *(jdm etw* s.o. for s.th.); *(beschuldigen)* accuse *(jdm etw* s.o. of s.th.); ▶ **sich nichts vorzuwerfen haben** have nothing to reproach o.s. with.
vor·wie·gend I *adj* predominant; II *adv* chiefly, mainly, predominantly.
Vor·wis·sen *n:* ▶ **ohne mein ~** without my previous knowledge.
Vor·witz ⟨-es⟩ *m obs* **1.** *(Vorlautheit)* forwardness, pertness; **2.** *(Keckheit)* cheek; **vor·wit·zig** *adj* **1.** *(vorlaut)* forward, pert; **2.** *(keck)* cheek.
Vor·wort ⟨-(e)s, -e)⟩ *n* foreword, preface.
Vor·wurf *m* reproach; *(Beschuldigung)* accusation; ▶ **jdm etw zum ~ machen** reproach s.o. with s.th.; **jdm den ~ der ... machen** accuse s.o. of ...; **vor·wurfs·voll** *adj* reproachful.
Vor·zei·chen *n* **1.** *(Omen)* omen; **2.** *med* preliminary symptom; **3.** *mus (vor Einzelnote)* accidental; *(Kreuz)* sharp sign; *(b)* flat sign; **4.** *math* plus *(od* minus) sign; ▶ **mit umgekehrtem ~** *fig* the other way round; **unter gleichem ~** *fig* under the same circumstances *pl.*
vor·zeig·bar *adj* presentable; **Vor·zei·ge·frau** *f* token woman; **vor|zei·gen** *tr* produce, show; **Vor·zei·ge·ob·jekt** *n* showpiece.
Vor·zeit *f* **1.** *(Urzeit)* prehistoric times *pl;* **2.** *(weit zurückliegende Zeit)* dim and distant past; **vor·zei·tig** *adj (zu früh)* early; *(Altern, Tod)* premature.
vor|zie·hen ⟨h⟩ *irr tr* **1.** *(hervorziehen)* pull out; *(Vorhänge)* draw; **2.** *(lieber mögen)* prefer *(etw e-r anderen Sache* s.th. to s.th. else); *(bevorzugen)* favour; **3.** *(bevorzugt abfertigen)* give priority to ...; ▶ **was ziehen Sie vor?** which do you prefer? **ich ziehe das Leben auf dem Land vor** my preference is for country life; **er zog es vor, in der Heimat zu bleiben, statt ins Ausland zu gehen** he chose to stay at home in preference to going abroad.
Vor·zim·mer *n* anteroom; *(von Büro)* outer office; **Vor·zim·mer·da·me** *f* receptionist.
Vor·zug *m* **1.** *(gute Eigenschaft)* merit; **2.** *(Vorliebe)* preference; **3.** *(Vorteil)* advantage; ▶ **e-r Sache den ~ geben** prefer s.th.; *(Vorrang geben)* give s.th. precedence *(über* over); **den ~ haben,**

daß ... have the advantage that ...;
vor·züg·lich [foːˈɛtsyːklɪç] *adj* excellent, superb; *(Qualität)* exquisite; **Vor-**
zugs·preis *m* special discount price;
vor·zugs·wei·se *adv* 1. by preference, preferably; 2. *(hauptsächlich, vorwiegend)* chiefly, mainly.
Vo·tum [ˈvoːtʊm] ⟨-s, -ten/-ta⟩ *n* vote.

vul·gär [vʊlˈgɛːɐ] *adj* vulgar.
Vul·kan [vʊlˈkaːn] ⟨-s, -e⟩ *m* volcano;
Vul·kan·aus·bruch *m* volcanic eruption; **vul·ka·nisch** *adj* volcanic.
Vul·ka·ni·sier·an·stalt *f* recapping shop; **vul·ka·ni·sie·ren** *tr* vulcanize;
(Reifen runderneuern) recap.

W

W, w [ve:] ⟨-, -⟩ n W, w.
WAA ⟨-⟩ f Abk von **Wiederaufberei-tungsanlage** reprocessing plant.
Waa·ge ['va:gǝ] ⟨-, -n⟩ f 1. (Gerät) bal-ance, (pair of) scales pl; (Brücken~ für Lastwagen etc) weighbridge; 2. astr (Sternbild) Libra; ▶ sich die ~ halten fig counterbalance each other; **waa-ge·recht** adj horizontal, level.
Waag·scha·le f pan, scale; ▶ er legt jedes Wort auf die ~ fig he weighs every word; **s-n Einfluß in die ~ wer-fen** fig bring one's influence to bear.
wab·be·lig ['vab(ǝ)lɪç] adj 1. (Pudding) wobbly; 2. (Person) flabby.
Wa·be ['va:bǝ] ⟨-, -n⟩ f honeycomb; **wa-ben·för·mig** adj honeycombed; **Wa-ben·ho·nig** m comb honey.
wach [vax] adj 1. pred awake; 2. fig (aufgeweckt) alert, wide-awake; ▶ ~ liegen lie awake; ~ werden wake up.
Wa·che ['vaxǝ] ⟨-, -n⟩ f 1. (Wachdienst) guard; 2. (Wachlokal) guard-house, guardroom; 3. (Polizei~) police station; 4. mil (Posten) sentinel, sentry; 5. mar watch; ▶ ~ haben be on watch (od on guard duty); **auf ~** on guard; **bei jdm ~ halten** keep watch over s.o.; **die ~ ablö-sen** relieve the guard; **wa·chen** itr 1. (wach sein) be awake; (nicht schlafen können) lie awake; 2. (aufpassen) watch (über over); 3. (Wache halten) keep watch (bei jdm by someone's bed-side).
Wa·chol·der [va'xɔldǝ] ⟨-s, -⟩ m juni-per; **Wa·chol·der·schnaps** m gin.
Wach·po·sten m (s. Wachtposten).
wach|ru·fen irr tr fig (Erinnerungen etc) call to mind, evoke.
Wachs [vaks] ⟨-es, -e⟩ n wax; ▶ **wie ~ in jds Händen sein** fig be like wax in someone's hands.
wach·sam adj 1. vigilant, watchful; 2. (vorsichtig) on one's guard; ▶ **ein ~es Auge auf etw (jdn) haben** keep a watchful eye upon s.th. (s.o.); **die Zoll-beamten haben stets ein ~es Auge auf Drogenhändler** the customs officers are ever vigilant for drug traffickers; **Wach·sam·keit** f 1. vigilance; 2. (Vor-sichtigkeit) guardedness.
wachs·ar·tig adj cereous.
wach·sen¹ ['vaksǝn] ⟨sein⟩ irr itr 1. (größer werden) grow; 2. fig (zuneh-men) increase, mount; ▶ **er ist mir ans Herz gewachsen** I've got fond of him; **in die Höhe ~** grow taller; **jdm ge-**

wachsen sein be a match for s.o.; **e-r Sache gewachsen sein** be equal to s.th.; **er ist mir über den Kopf gewachsen** he's become too much for me; **gut ge-wachsen** (Mensch) with a good figure; (Baum) well-grown; **sich e-n Bart ~ lassen** grow a beard; **sich die Haare ~ lassen** let one's hair grow.
wach·sen² ⟨h⟩ tr (mit Wachs versehen) wax.
wäch·sern ['vɛksǝn] adj a. fig waxen.
Wachs·fi·gur f wax work; **Wachs·fi-gu·ren·ka·bi·nett** n waxworks pl; **Wachs·tuch** n oilcloth.
Wachs·tum ['vakstu:m] n 1. growth; 2. fig increase; **Wachs·tums·ak·tie** f fin growth stock; **Wachs·tums·bran-che** ⟨-, -n⟩ f growth industry; **wachs-tums·för·dernd** adj growth-promo-ting; **wachs·tums·hem·mend** adj growth-inhibiting; **Wachs·tums·in-du·strie** f growth industry; **wachs-tums·ori·en·tiert** adj growth-orien-ted; **Wachs·tums·ra·te** f growth rate.
Wäch·ter ['vɛçtɐ] ⟨-s, -⟩ m 1. guardian; 2. (Aufseher) attendant.
Wacht·mei·ster m Br constable, Am patrolman; **Wacht·po·sten** m 1. mil guard, sentry; 2. (bei Diebstahl etc) look-out.
Wach·traum m daydream.
Wach·turm m watch-tower.
Wach·wech·sel m mil a. fig changing of the guard.
wack(e)·lig ['vak(ǝ)lɪç] adj 1. wobbly; (Zahn) loose; (Möbel) rickety; 2. fig (Wirtschaft, Unternehmen etc) shaky; ▶ **~ auf den Beinen sein** be shaky on one's legs.
Wackel·kon·takt (k·k) m el loose con-nection.
wackeln (k·k) ['vakǝln] itr 1. wobble; (zittern) shake; (Zahn, Schraube etc) be loose; 2. fig (Herrschaft) totter; 3. ⟨sein⟩ (unsicher gehen) totter; ▶ **der Stuhl wackelt** the chair has a wobble; **mit dem Kopf ~** wag one's head.
wacker (k·k) ['vakɐ] adj 1. (tapfer) brave; 2. (tüchtig) upright; ▶ **sich ~ halten** hold one's ground.
Wa·de ['va:dǝ] ⟨-, -n⟩ f calf; **Wa·de-n·bein** n fibula; **Wa·den·krampf** m cramp in the od one's calf.
Waf·fe ['vafǝ] ⟨-, -n⟩ f a. fig weapon; (Schuß~) gun; ▶ **zu den ~n!** to arms! **~n tragen** carry arms; **gegen jdn zu**

den ~n greifen take up arms against
s.o.
Waf·fel ['vafəl] ⟨-, -n⟩ *f* 1. *(in Fett gebak-
ken)* waffle; 2. *(Eis~)* wafer; **Waf·fel-
ei·sen** *n* waffle iron.
Waf·fen·be·sitz *m* possession of arms;
Waf·fen·em·bar·go *n* arms em-
bargo; **Waf·fen·gat·tung** *f* arm of the
service; **Waf·fen·ge·walt** *f:* ► mit ~
by force of arms; **Waffenhandel** *m*
arms traffic; **Waf·fen·kam·mer** *f mil
Br* armoury, *Am* armory; **Waf·fen·la-
ger** *n* 1. *mil (von regulärer Armee)*
ordnance depot; 2. *(von Terroristen)*
cache; **Waf·fen·lie·fe·rung** *f* supply
of arms; **Waf·fen·ru·he** *f* ceasefire;
Waf·fen·schein *m Br* fire-arms li-
cence, *Am* gun-license; **Waf·fen·
schmug·gel** *m* gun-running; **Waf-
fen·still·stand** *m* armistice; **Waf-
fen·sy·stem** *n* weapons system.
Wa·ge·mut *m* daring; **wa·ge·mu·tig**
adj daring.
Wa·gen ['va:gən] ⟨-s, -⟩ *m* 1. *(PKW)* car;
(Liefer~) van; 2. *(LKW) Br* lorry, *Am*
truck; 3. *(Taxi)* cab, taxi; 4. *(Karren)*
cart; 5. *(Kutsche)* coach; 6. *(Fracht~,
Plan~)* wag(g)on; 7. *rail Br* carriage,
Am car; 8. *tech (Schreibmaschinen~)*
carriage; 9. *astr:* der Große (Kleine) ~
the Big (Little) Dipper; ► jdm an den ~
fahren *fig fam* pick holes in s.o.; sich
nicht an den ~ fahren lassen *fig fam*
not to stick s.th.; mit dem ~ fahren go
by car.
wa·gen ['va:gən] I *tr* 1. venture; 2. *(aufs
Spiel setzen)* risk; 3. *(sich getrauen)*
dare; II *refl* dare; ► es ~ *(es darauf
ankommen lassen)* take a chance; ich
wage sogar zu behaupten ... I venture
to say that ...; sich vor die Tür ~
venture out of doors; wer wagt, ge-
winnt *prov* nothing ventured, nothing
gained; ~ Sie nicht, zu ...! don't you
dare (to) ...! das wagt er nicht! he
daren't do it! wie kannst du es ~, sol-
che Dinge zu sagen! how dare you say
such things!
Wa·gen·dach *n mot* body ceiling; **Wa-
gen·he·ber** *m* jack; **Wa·gen·ko·lon-
ne** *f* vehicular convoy; **Wa·gen·la-
dung** *f* 1. *rail* wag(g)onload; 2. *mot
(Last~)* truckload; **Wa·gen·park** *m*
fleet of cars *(od vans od trucks etc)*;
Wa·gen·rad *n* cart wheel; **Wa·gen-
schmie·re** *f* cart-grease; **Wa·gen-
wä·sche** car washing.
Wag·gon [va'gõ:] ⟨-s, -s⟩ *m* 1. *rail (Fahr-
zeug) Br* wag(g)on, *Am* freight car; 2.
(Ladung) Br wag(g)onload, *Am* carload;
wag·gon·wei·se *adv Br* by the
wag(g)onload, *Am* by the carload.
wag·hal·sig *adj* daredevil.
Wag·nis ⟨-ses, -se⟩ *n* 1. *(Risiko)* risk; 2.
(waghalsiges Unternehmen) hazardous

business; ► ein ~ auf sich nehmen run
risks *pl.*
Wahl [va:l] ⟨-, -en⟩ *f* 1. *parl* election; 2.
(Auswahl) choice; ► keine andere ~
haben, als ... have no alternative but
...; jdm die ~ lassen leave s.o. to
choose; erste ~ top quality; zweite ~
second quality; welchen Verlauf nimmt
die ~? which way is the voting going?
bei der ~ führen head the poll; zur ~
gehen go to the polls; er erhielt bei der
~ wenige Stimmen he polled badly in
the election.
Wähl·au·to·ma·tik *tele* automatic dial-
ling.
wähl·bar ['vɛ:lba:ɐ] *adj* eligible; **Wähl-
bar·keit** *f* eligibility.
wahl·be·rech·tigt *adj* entitled to vote;
Wahl·be·rech·tig·te(r) *f m* person
entitled to vote; **Wahl·be·tei·li·gung**
f poll; ► e-e hohe ~ a heavy poll;
Wahl·be·zirk *m* ward.
wäh·len ['vɛ:lən] I *itr* 1. *parl (abstim-
men)* vote; 2. *parl (Wahl abhalten)*
hold elections; 3. *(aus~)* choose; 4. *tele*
dial; ► ~ gehen go to the polls; II *tr* 1.
parl elect, vote for ...; 2. *(aus~)* choose;
3. *tele* dial; ► er wurde zum Vorsitzen-
den gewählt he was elected chairman;
jdn in den Bundestag ~ elect s.o. to the
B.; vom Volk gewählt elected by the
vote of the people.
Wahl·er·geb·nis *n* election result.
Wäh·ler(in) *m (f)* 1. *pol* elector, voter;
m 2. *tech* selector.
wäh·le·risch *adj* discriminating, par-
ticular.
Wäh·ler·schaft *f (die Wähler)* elector-
ate; *(~ e-s Abgeordneten)* constituents
pl; **Wäh·ler·schicht** *f* section of the
electorate.
Wahl·fach *n päd* optional subject;
Wahl·ge·heim·nis *n parl* election se-
crecy; **Wahl·ge·schenk** *n parl* pre-
election promise.
Wahl·hei·mat *f* country of one's choice;
Wahl·ka·bi·ne *f* polling booth; **Wahl-
kampf** *m* election campaign; **Wahl-
kreis** *m Br* constituency, *Am* district;
Wahl·lo·kal *n* polling station.
wahl·los I *adj* indiscriminate; II *adv* 1.
(nicht wählerisch) indiscriminately; 2.
(zufällig) at random, haphazardly.
Wahl·nie·der·la·ge *f* election defeat;
Wahl·pflicht·fach ['-'--] *n päd* com-
pulsory optional subject; **Wahl·pla-
kat** *n* election poster; **Wahl·pro-
gramm** *n parl Br* platform, *Am* ticket;
Wahl·pro·pa·gan·da *f* election
propaganda; **Wahl·recht** ⟨-(e)s⟩ *n* 1.
(aktives) right to vote; *(passives)* eligi-
bility; 2. *(Gesetzeswerk)* electoral law;
► allgemeines ~ universal suffrage.
Wahl·re·de *f Br* election *(Am* cam-
paign) speech; **Wahl·red·ner(in)** *m (f)*

stump speaker.
Wähl·schei·be *f tele* dial.
Wahl·schein *m* polling card; **Wahl-
sieg** *m* electoral victory; **Wahl-
spruch** *m* motto; **Wahl·tag** *m* election
day.
Wähl·ton *m tele* dialling tone.
Wahl·ur·ne *f* ballot box; **Wahl·ver-
samm·lung** *f Br* election meeting, *Am*
caucus; **Wahl·ver·spre·chen** *n* pre-
election promise; **wahl·wei·se** *adv* al-
ternatively; **Wahl·zet·tel** *m* ballot-
paper.
Wahn [va:n] ⟨-(e)s⟩ *m* 1. delusion, illu-
sion; 2. *med (Manie)* mania; ▶ **in e-m
~ leben** labour under a delusion; **in dem
~ leben, daß ...** labour under the de-
lusion that ...; **Wahn·sinn** ⟨-(e)s⟩
['va:nzɪn] *m* 1. *med* insanity; 2. *fam
(Verrücktheit)* madness; ▶ **das ist rei-
ner ~!** it's sheer madness! **das ist doch
~!** what madness! **wahn·sin·nig** I *adj*
1. *med* insane; 2. *fam (verrückt)* crazy,
mad (*vor* with); 3. *fam (herrlich)* ter-
rific; 4. *fam (sehr viel)* awful, dreadful;
▶ **jdn ~ machen** drive s.o. crazy (*od*
mad); **~ werden** go crazy (*od* mad); **du
bist ja ~!** you must be mad! **sich ~
freuen** be mad with joy; **wie ~** like mad;
es ist mir ~ peinlich I feel dreadful
about it; II *adv fam* incredibly; **Wahn-
sin·ni·ge(r)** *f m* lunatic.
wahr [va:ɐ] *adj* 1. *(nicht falsch)* true; 2.
(echt, wirklich) genuine, real; 3. *(eigent-
lich)* real, veritable; ▶ **nicht ~?** is it not
so? **das ist nicht das W~e** *fam* it's not
the real thing; **das ist ein ~es Wunder**
it's a real miracle; **wie ~!** too true! **die
~e Liebe** true love; **das ist das W~e!**
fam that's the genuine article!
wah·ren ['va:rən] *tr* 1. *(bewahren)* keep,
preserve; 2. *(wahrnehmen: Interessen,
Rechte etc)* look after, protect; ▶ **den
Schein ~** keep up appearances *pl.*
wäh·ren ['vɛːrən] *itr* last; ▶ **was lange
währt, wird endlich gut** *prov* a happy
outcome is worth waiting for.
wäh·rend ['vɛːrənt] I *prp* during; II *conj*
while; *(bei Gegensätzen)* whereas;
▶ **sie schlief ~ des Lesens ein** she fell
asleep while reading.
wahr·ha·ben ['---] *irr tr:* ▶ **etw nicht ~
wollen** not want to admit s.th.
wahr·haft ['va:ɐhaft/-'-] I *adj* 1. *(ehr-
lich)* truthful; 2. *(echt)* real, true; 3.
(wirklich) veritable; II *adv* really, truly;
wahr·haf·tig [-'--] I *adj* 1. *(ehrlich)*
truthful; 2. *(aufrichtig)* honest; 3.
(wahr) true; II *adv* 1. really; 2. *(tatsäch-
lich)* actually.
Wahr·heit *f* truth; ▶ **die ~ sagen** tell
the truth; **die ~ sieht etw anders aus**
reality is somewhat different; **um die ~
zu sagen, ...** to tell the truth ...; **die ~
ist, daß ...** the truth of it is that ...; **in ~**

in reality; **wahr·heits·ge·treu** *adj*
truthful.
wahr·nehm·bar *adj* noticeable, percep-
tible; ▶ **nicht ~** imperceptible;
wahr|neh·men *irr tr* 1. *(sinnlich)* per-
ceive; *(bemerken)* be aware of ...; 2.
(Gelegenheit) take; *(Termin, Frist etc)*
observe; 3. *(Interessen)* look after;
Wahr·neh·mung *f* 1. *(sinnlich)* per-
ception; 2. *(von Gelegenheit)* taking;
(von Termin etc) observing; 3. *(von
Interessen)* looking after; ▶ **außersinn-
liche ~** extrasensory perception.
wahr·|sa·gen ['---] *tr itr* predict the fu-
ture *(jdm* to s.o.); *(aus Karten)* read
cards; ▶ **sich ~ lassen** have one's for-
tune told; **Wahr·sa·ger(in)** *m (f)* for-
tune-teller; **Wahr·sa·ge·rei** *f* fortune-
telling.
Wahr·sa·gung *f* prediction.
wahr·schein·lich [va:ɐ'ʃaɪnlɪç] I *adj*
likely, probable; *(plausibel)* plausible;
▶ **das ist nicht ~** there is no likelihood
of that; II *adv* probably; ▶ **es ist nicht
sehr ~, daß er kommt** he is not likely to
come; **es ist ~, daß er sich hier aufhält**
this is a likely place for him to stay; **~
wird er weggehen** the probability is
that he will leave; **Wahr·schein·lich-
keit** *f* likelihood, probability; *(Plausibi-
lität)* plausibility; ▶ **aller ~ nach** in all
probability; **wie groß ist die ~, daß die
beiden heiraten?** what's the likelihood
of their getting married? **Wahr-
schein·lich·keits·grad** *m* degree of
probability; **Wahr·schein·lich·keits-
rech·nung** *f* probability calculus.
Wah·rung *f (Erhaltung)* preservation.
Wäh·rung ['vɛːruŋ] *f* currency; **Wäh-
rungs·ein·heit** *f* monetary unit; **Wäh-
rungs·re·form** *f* currency (*od* monet-
ary) reform; **Wäh·rungs·sy·stem** *n*
currency (*od* monetary) system.
Wahr·zei·chen *n* emblem.
Wai·se ['vaɪzə] ⟨-, -n⟩ *f* orphan; **Wai-
sen·haus** *n* orphanage; **Wai·sen-
kna·be** *m:* ▶ **ich bin ein ~ gegen ihn**
fig fam I'm a beginner compared with
him; **Wai·sen·ren·te** *f* orphan's allow-
ance.
Wal [va:l] ⟨-(e)s, -e⟩ *m* whale.
Wald [valt, *pl* 'vɛldə] ⟨-(e)s, ¨er⟩ *m allg*
wood; *(Forst)* forest; ▶ **den ~ vor lau-
ter Bäumen nicht sehen** *fig fam* miss
the wood for the trees; **ich glaub' ich
steh' im ~!** *fig fam* I must be seeing (*od*
hearing) things! **Wald·be·stand** *m*
forest cover; **Wald·brand** *m* forest
fire; **Wald·erd·bee·re** *f* wild straw-
berry; **Wald·horn** *n mus* French horn.
wal·dig *adj* wooded, woody.
Wald·lauf *m* cross-country run; **Wald-
lehr·pfad** ['-'--] *m* nature trail; **Wald-
mei·ster** *m bot* woodruff; **Wald·rand**
m edge of the forest; **wald·reich** *adj*

densely wooded; **Wald·scha·den** m damage to woods (od forests); **Wald·ster·ben** n dying of the forests.

Wal·dung f woodland.

Wald·weg m forest path; **Wald·wie·se** f glade; **Wald·wirt·schaft** f forestry.

Wal·fang m whaling.

Wa·li·ser(in) m (f) Welshman (Welsh woman); ▶ die ~ the Welsh pl; **wa·li·sisch** adj Welsh.

Walk·man ['wɔːkmən] ⟨-s, -s⟩ m radio walkman.

Wall [val, pl 'vɛlə] ⟨-(e)s, ¨e⟩ m 1. (Erd~) embankment; 2. fig (Schutzwall) rampart.

Wal·lach ['valax] ⟨-(e)s, -e⟩ m gelding.

wal·len ['valən] itr 1. (Dämpfe etc: aufsteigen) surge; 2. (brodeln) seethe; ▶ ~des Haar (Kleid) flowing hair (dress).

Wall·fah·rer(in) m (f) pilgrim; **Wallfahrt** f pilgrimage; **Wall·fahrts·ort** m place of pilgrimage.

Wal·nuß f walnut.

Wal·roß n walrus.

wal·ten ['valtən] itr: ▶ über etw ~ rule over s.th.; Gnade ~ lassen show mercy; jdn frei schalten u. ~ lassen give s.o. a free hand; Vernunft ~ lassen let reason prevail.

Walz·blech n sheet metal.

Wal·ze ['valtsə] ⟨-, -n⟩ f 1. (Rolle) roller; 2. (Schreibmaschinen~) platen; 3. (in Musikinstrumenten) barrel; (in Spieluhr) cylinder, drum.

wal·zen ['valtsən] I tr roll; II itr (tanzen) waltz.

wäl·zen ['vɛltsən] I tr 1. (rollen) roll; (in Butter) toss; 2. fam (Akten, Bücher etc) pore over ...; ▶ Probleme ~ fig turn over problems in one's mind; II refl 1. (sich rollen) roll; 2. (vor Schmerzen) writhe (vor with); 3. fig (Menschenmenge etc) surge; ▶ die Schuld auf jdn ~ shift the blame onto s.o.

wal·zen·för·mig adj cylindrical.

Wal·zer ['valtsə] ⟨-s, -⟩ m mus waltz.

Wäl·zer ['vɛltsə] ⟨-s, -⟩ m fam (dickes Buch) heavy tome.

Walz·stra·ße f rolling train; **Walzwerk** n rolling mill.

Wam·pe ['vampə] ⟨-,-n⟩ f fam paunch.

Wams [vams, pl 'vɛmzə] ⟨-es, ¨er⟩ n hist jerkin.

Wand [vant, pl 'vɛndə] ⟨-, ¨e⟩ f 1. allg a. anat wall; 2. (Scheide~) partition; 3. (von Gefäß) side; ▶ spanische ~ folding screen; mit dem Kopf gegen die ~ rennen fig be banging one's head against a brick wall; weiß wie die ~ sein be as white as a sheet; die Wände haben Ohren walls have ears; die Wände hochgehen fig fam go up the walls; **Wand·be·hang** m wall hanging.

Wan·del ['vandəl] ⟨-s⟩ m 1. allg (Änderung) change; 2. (Lebens~) mode of life; ▶ im ~ der Zeiten throughout the ages; **Wan·del·an·lei·he** f fin convertible loan; **wan·del·bar** adj changeable.

Wan·del·gang m covered walk; **Wan·del·hal·le** f theat foyer; (im Kurhaus) pump room.

wan·deln[1] ⟨sein⟩ itr (sich ergehen) stroll, walk; ▶ ein ~des Wörterbuch fig a walking dictionary.

wan·deln[2] refl (ändern) change.

Wan·der·aus·stel·lung f touring (od travelling) exhibition; **Wan·der·büh·ne** f touring company; **Wan·der·dü·ne** f drifting dune.

Wan·de·rer (Wan·de·rin) m (f) hiker.

Wan·der·kar·te f trail map.

wan·dern ['vanden] ⟨sein⟩ itr 1. (gehen) roam, wander; (reisen) travel; 2. (als Freizeitgestaltung) hike, ramble; 3. (umherschweifen) roam; 4. (sich bewegen) move, travel; (treiben) drift; ▶ das wandert in den Papierkorb! fam that's for the waste-paper basket!

Wan·der·po·kal m challenge cup; **Wan·der·rat·te** f brown rat; **Wander·schaft** f travels pl; ▶ auf ~ gehen go off on one's travels; auf ~ sein be on one's travels.

Wan·der·tag m päd day in German schools on which pupils go on an outing.

Wan·de·rung f 1. (Ausflug) walk; 2. (von Vögeln, Völkern etc) migration; ▶ e-e ~ machen go on a walk, hike; **Wan·de·rungs·be·we·gung** f migration.

Wan·der·vo·gel m 1. (passionierter Wanderer) hiker; 2. fig fam (unsteter Mensch) rolling stone.

Wand·ka·len·der m wall calendar; **Wand·kar·te** f wall map; **Wand·lam·pe** f wall lamp (od light).

Wand·lung ['vandluŋ] f 1. change; (Um~) transformation; 2. eccl transubstantiation; 3. jur cancellation; ▶ e-e ~ zum Besseren a change for the better.

Wand·schrank m wall cupboard; **Wand·ta·fel** f blackboard; **Wand·tep·pich** m tapestry; **Wand·uhr** f wall clock; **Wand·ver·klei·dung** f (aus Holz) panelling.

Wan·ge ['vaŋə] ⟨-, -n⟩ f 1. anat cheek; 2. (von Treppe) stringboard; ▶ ~ an ~ tanzen dance cheek to cheek; (auch noch) die andere ~ hinhalten turn the other cheek.

Wan·kel·mo·tor ['vaŋkəl-] m rotary piston (od Wankel) engine.

Wan·kel·mut ['vaŋkəlmuːt] m fickleness, inconstancy; **wan·kel·mü·tig** adj fickle, inconstant.

wan·ken ['vaŋkən] itr 1. ⟨h⟩ (schwan-

ken) sway; *(Knie)* shake; *(Boden)* rock; **2.** *fig* ⟨h⟩ *(unsicher sein od werden)* waver; *(Regierung, Herrschaft)* totter; *(unentschieden sein)* vacillate; **3.** ⟨sein⟩ *(~d gehen)* stagger; ▶ **ins W~ bringen** cause to rock *(od* sway); **ins W~ geraten** begin to rock *(od* sway); **das brachte ihren Entschluß ins W~** that made her waver in her decision.

wann [van] *adv* when; ▶ **~ kommen Sie?** when are you coming? **Ich weiß nicht, ~ sie kommt** I don't know when she is coming; **bis ~ ist das Visum gültig?** until when is the visa valid? **von ~ bis ~?** during what times? **seit ~?** *(zeitlich)* how long? *(entrüstet od bezweifelnd etc)* since when?

Wan·ne ['vanə] ⟨-, -n⟩ *f* **1.** *(Bade~)* tub; **2.** *mot (Öl~) Br* sump, *Am* oil pan; **Wan·nen·bad** *n* bath.

Wanst [vanst, *pl* 'vɛnstə] ⟨-es, ⁓e⟩ *m fam (dicker Bauch)* belly, paunch; ▶ **sich den ~ vollschlagen** *pej* stuff o.s.

Wan·ze ['vantsə] ⟨-, -n⟩ *f zoo (a. fig fam: Minispion)* bug.

Wap·pen ['vapən] ⟨-s, -⟩ *n* **1.** *(Familien~)* (coat of) arms; **2.** *(auf Münze)* heads *pl;* **Wap·pen·kun·de** *f* heraldry; **Wap·pen·schild** *m* shield; **Wap·pentier** *n* heraldic animal.

wapp·nen ['vapnən] *refl* prepare (o.s.) *(gegen etw* for s.th.).

Wa·re ['va:rə] ⟨-, -n⟩ *f* **1.** *(als Produkt)* product; **2.** *(Artikel)* article; **3.** *(als Verkaufs~)* merchandise; ▶ **~n** *pl* goods; **s-e ~n anpreisen** cry one's wares; **Waren·an·ge·bot** *n* range of goods for sale; **Wa·ren·auf·zug** *m* goods hoist; **Wa·ren·be·stand** *m* stocks *pl* of goods; **Wa·ren·haus** *n* (department) store; **Wa·ren·haus·ket·te** *f* chain of department stores; **Wa·ren·korb** *m com* basket of goods; **Wa·ren·la·ger** *n* **1.** *(Vorrat)* stocks *pl;* **2.** *(Raum)* warehouse; **Wa·ren·pro·be** *f* trade sample; **Wa·ren·zei·chen** *n* trade-mark.

warm [varm] ⟨wermer, wermst⟩ *adj* **1.** *a. fig* warm; *(Wetter, Essen, Trinken)* hot; **2.** *fig fam (homosexuell)* queer; ▶ **das hält ~** it keeps you warm; **mir ist (zu) ~** I'm warm; **bist du ~ angezogen?** are you dressed up warmly? **das Essen ~ stellen** keep the food warm; **mir wird ganz ~ ums Herz, wenn ...** it warms my heart to ...; **~ werden** warm up.

Wär·me ['vɛrmə] ⟨-, (-n)⟩ *f* **1.** *allg a. fig* warmth; **2.** *phys* heat; ▶ **ist das e-e ~!** isn't it warm! **die Wintersonne hat nicht viel ~** there isn't much warmth in the winter sun; **die ~ regulieren** regulate the heat; **Wär·me·ab·lei·tung** *f (in Gewässer)* thermal water discharge; **Wär·me·be·la·stung** *f (der Umwelt)* calefaction, thermal pollution; **Wärme·däm·mung** *f* (heat) insulation;

wär·me·emp·find·lich *adj* sensitive to heat; **Wär·me·haus·halt** *m (der Umwelt)* heat *(od* thermal) level; **Wär·me·iso·lie·rung** *f* heat insulation; **Wär·me·kraft·werk** *n* thermal power station, thermo-electric station; **Wär·me·leh·re** *f* theory of heat; **Wär·me·lei·ter** *m* heat conductor; **Wär·me·lei·tung** *f mot (Weiterleitung)* heat conduction.

wär·men ['vɛrmən] **I** *tr* warm; *(Speisen, Getränke etc)* heat up; **II** *refl* warm o.s.; **III** *itr (Kleidung)* be warm.

Wär·me·pum·pe *f* heat pump; **Wär·me·reg·ler** *m* thermostat; **Wär·me·rück·ge·win·nung** *f* heat recovery; **Wär·me·spei·cher** *m* heat accumulator; **Wär·me·strah·lung** *f* thermal radiation; **Wär·me·tau·scher** *m* heat exchanger.

Wärm·fla·sche *f* hot-water bottle.

warm|hal·ten *irr refl fig fam:* ▶ **sich jdn ~** keep in with s.o.; **warm·her·zig** *adj* warm-hearted; **warm|lau·fen** *irr itr mot* warm up; **Warm·luft** ⟨-⟩ *f* warm air; **Warm·start** *m EDV* warm start; **Warm·was·ser·be·rei·ter** [-'-----] *m* water heater; **Warm·was·ser·spei·cher** [-'-----] *m* hot-water tank.

Warn·blink·an·la·ge *f mot* warning flasher device; **Warn·drei·eck** *n mot* warning triangle.

war·nen ['varnən] *tr itr* warn; ▶ **jdn davor ~, etw zu tun** warn s.o. not to do s.th.; **ich warne dich!** I'm warning you! **sag nicht, ich hätte dich nicht gewarnt!** you have been warned! **er hat mich davor gewarnt** he warned me off.

Warn·kreuz *n rail* warning cross; **Warn·licht** *n* warning light; **Warn·licht·schal·ter** *m mot* hazard flasher switch; **Warn·mel·dung** *f* warning (announcement); **Warn·ruf** *m* warning cry; **Warn·schild** *n* warning sign; **Warn·schuß** *m* warning shot; **Warn·si·gnal** *n* **1.** *allg* warning signal; **2.** *rail* level-crossing signal; **Warn·streik** *m* token strike.

War·nung *f* warning *(vor etw* about s.th., *vor Gefahr* of danger); ▶ **laß dir das e-e ~ sein!** let this be a warning to you! **sich etw e-e ~ sein lassen** take warning from s.th.

Warn·zei·chen *n* warning sign.

War·schau ['varʃau] *n* Warsaw; **War·schau·er Pakt** *m pol mil* Warsaw pact.

War·te·frist *f* waiting period; **War·te·hal·le** *f aero* departure lounge; **War·te·li·ste** *f* waiting list.

war·ten[1] ['vartən] *itr (harren)* wait *(auf* for); ▶ **darauf ~, daß jem etw tut** wait for s.o. to do s.th.; **es hat sich wirklich gelohnt, darauf zu ~** it was definitely worth waiting for; **da kannst du lange**

~! *fam* I wouldn't dream of it! **worauf wartest du denn noch?** well, what are you waiting for? **wart's ab, gleich wird er wütend!** wait for it, now he's going to get mad! **warte mal ...** wait a minute ...; ~, **bis man an der Reihe ist** wait one's turn; **warte mit dem Abendessen nicht auf mich!** don't wait supper for me!

war·ten[2] *tr (pflegen)* service, maintain.
Wär·ter(in) ['vɛrtə] *m (f)* **1.** *allg* attendant; **2.** *(in psychiatrischer Anstalt)* orderly; **3.** *(Gefängnis~) Br* warder (wardress), *Am* guard.
War·te·saal *m rail* waiting-room; **War·te·schlei·fe** *f aero:* ► **~n ziehen** circle; **War·te·zeit** *f* waiting period; ► **lange ~** long wait; **War·te·zim·mer** *n* waiting-room.
War·tung *f* **1.** *tech* maintenance; **2.** *mot* servicing; **war·tungs·arm** *adj* low-maintenance; **war·tungs·frei** *adj* maintenance- (*od* service-)free.
war·um [va'rʊm] *adv* why; ► **das W~ u. Weshalb** the whys and wherefores *pl;* ~ **nicht gleich so?!** that's better!
War·ze ['vartsə] ⟨-, -n⟩ *f* **1.** *(Haut~)* wart; **2.** *(Brust~)* nipple.
was[1] [vas] *prn* **1.** *(Frage)* what; **2.** *fam (wieso)* what ... for, why; ► **was brauchen Sie?** what can I get you? ~ **ist denn?** what is it now? ~ **du nicht sagst!** you don't say! ~ **hast du da grade gesagt?** what's that you said? ~ **geht dich das an?** what's that to you? ~ **macht das schon!** what does it matter! **weißt du ~, ...** tell you what, ...; **und ~ weiß ich ...** and what have you ...
was[2] *prn (Abk von etwas)* is ~? something the matter? ► **na, so ~!** *fam* well, I never! **ich muß dir ~ sagen ...** let me tell you something ...
Wasch·an·la·ge *f mot* **1.** *(Auto~)* car wash; **2.** *(Scheiben~) Br* windscreen (*Am* windshield) washer; **Wasch·au·to·mat** *m* automatic washing machine; **wasch·bar** *adj* washable; **Wasch·bär** *m* raccoon; **Wasch·becken (k·k)** *n* washbasin; **Wasch·be·ton** *m* exposed aggregate concrete; **Wasch·be·ton·plat·te** *f* exposed aggregate panel.
Wä·sche ['vɛʃə] ⟨-, -n⟩ *f* **1.** *(Bett~)* linen; **2.** *(das Waschen)* washing; ► **schmutzige ~ waschen** *fig* wash one's dirty linen in public; **in der ~ sein** be in the wash; **dumm aus der ~ gucken** *fam* look stupid; ~ **waschen** do the washing.
wasch·echt *adj* **1.** *(Farbe)* fast; **2.** *fig (echt)* genuine, pukka.
Wä·sche·ge·schäft *n* draper's; **Wä·sche·klam·mer** *f* clothes-peg; **Wä·sche·korb** *m* dirty clothes basket; **Wä·sche·lei·ne** *f* (clothes-)line.
wa·schen ['vaʃən] *irr* **I** *tr* **1.** wash; **2.** *(Wäsche)* do the washing; ► **sich die**

Haare ~ wash one's hair; **das nennst du dich ~!** call that a wash!; **II** *refl* have a wash; ► **du kriegst e-e Ohrfeige, die sich gewaschen hat!** you'll get a hand box on the ears!
Wä·sche·rei [vɛʃə'raɪ] *f* laundry.
Wä·sche·schleu·der *f* spin-drier; **Wä·sche·schrank** *m* linen cupboard; **Wä·sche·stän·der** *m* clothes-horse; **Wä·sche·trock·ner** *m el* tumble-drier.
Wasch·kü·che *f* **1.** laundry; **2.** *sl (Nebel)* pea-souper; **Wasch·lap·pen** *m* **1.** *Br* flannel, *Am* washrag; **2.** *fam pej (Feigling)* sissy, softy; **Wasch·ma·schi·ne** *f* washing machine; **Wasch·mit·tel** *n* detergent; **Wasch·pul·ver** *n* washing powder; **Wasch·raum** *m* washroom; **Wasch·sa·lon** *m Br* launderette, *Am* laundromat; **Wasch·schüs·sel** *f* wash-basin; **Wasch·stra·ße** *f mot* car-wash plant; **Wasch·tisch** *m* washstand; **Wasch·was·ser** *n* washing water; **Wasch·weib** *n fam pej* gossip; **Wasch·zet·tel** *m typ* blurb; **Wasch·zeug** ⟨-(e)s⟩ *n* toilet things *pl.*
Was·ser ['vasə] ⟨-s, -⟩ *n* water; ► **unter ~ stehen** be under water; **der Ausflug ist ins ~ gefallen** *fig* the excursion is off; **zu Lande und zu ~** on land and water; ~ **lassen** *(urinieren)* pass water; **sich über ~ halten** stay above water; **mir lief das ~ im Munde zusammen** *fig* my mouth watered; **ein Boot zu ~ lassen** launch a boat; **der kocht auch nur mit ~!** *fig* he's only human after all! **jdm das ~ abgraben** *fig* steal someone's thunder; **Was·ser·an·schluß** *m* water connection; **Was·ser·auf·be·rei·tung** *f* treatment of water; **Was·ser·ball** *m* **1.** *(Ball)* beach ball; water-polo ball; **2.** *(Spiel)* water polo; **Was·ser·bett** *n* water bed.
Wäs·ser·chen ['vɛsəçən] *n:* ► **er sieht aus, als ob er kein ~ trüben könnte** he looks as if butter wouldn't melt in his mouth.
Was·ser·dampf *m* steam; **was·ser·dicht** *adj* **1.** *a. fig* waterproof; **2.** *(wasserundurchlässig)* watertight; **Was·ser·ei·mer** *m* bucket, pail; **Was·ser·fall** *m* waterfall; ► **reden wie ein ~** *fig fam* talk nineteen to the dozen; **Was·ser·far·be** *f* water-colour; **Was·ser·floh** *m* water-flea; **Was·ser·flug·zeug** *n* seaplane; **was·ser·ge·kühlt** *adj mot* water-cooled; **Was·ser·glas** *n* tumbler, water glass; **Was·ser·gra·ben** *m* **1.** *(um Burg)* moat; **2.** *sport* water-jump; **Was·ser·hahn** *m Br* water tap, *Am* faucet; **Was·ser·haus·halt** *m* water balance.
wäs·se·rig ['vɛsərɪç] *adj* watery; ► **~e Lösung** *chem* aqueous solution; **jdm den Mund ~ machen** make someone's

mouth water.
Was·ser·kes·sel *m* 1. *tech* boiler; 2.
(im Haushalt) kettle; **Was·ser·kopf**
m med hydrocephalus; **Was·ser·kraft**
f water-power; **Was·ser·kraft·werk**
n hydro-electric power station; **Was·ser·kreis·lauf** *m* water cycle; **Was·ser·küh·lung** *f mot* water-cooling;
Was·ser·lauf *m* watercourse; **Was·ser·lei·che** *f* corpse found in water;
Was·ser·lei·tung *f* 1. *(Rohr)* water
pipe; 2. *(Anlagen)* plumbing; **Was·ser·li·lie** *f* water-lily; **Was·ser·man·gel**
⟨-s⟩ *m* water shortage; **Was·ser·mann**
⟨-(e)s⟩ *m* 1. *poet* water sprite; 2. *astr*
Aquarius; **Was·ser·me·lo·ne** *f* watermelon.
was·sern ['vasǝn] ⟨h *od* sein⟩ *itr aero*
land on water (*od* the sea).
wäs·sern ['vɛsǝn] *tr* 1. *(Erbsen etc)*
soak; 2. *(bewässern)* water.
Was·ser·nut·zungs·recht *n* water
right; **Was·ser·pflan·ze** *f* aquatic
plant; **Was·ser·pi·sto·le** *f* water-pistol; **Was·ser·rad** *n* water-wheel;
Was·ser·rat·te *f* 1. *zoo* water-rat; 2.
fig fam (Kind) water-baby; **was·ser·reich** *adj* 1. *(Fluß)* containing a lot of
water; 2. *(Gegend)* abounding in water;
Was·ser·rohr *n* water-pipe; **Was·ser·scha·den** *m* water damage; **was·ser·scheu** *adj* scared of water; **Was·ser·schutz·ge·biet** *n* protected water
gathering grounds *pl;* **Was·ser·ski** *m*
water-ski; ▶ ~ **fahren** go (*od* do)
water-skiing; **Was·ser·spei·cher** *m*
reservoir; **Was·ser·spei·er** *m* gargoyle; **Was·ser·spie·gel** *m* 1. *(Wasserstand)* water-level; 2. *(Wasseroberfläche)* surface of the water; **Was·ser·sport** *m* water sports *pl;* **Was·ser·spü·lung** *f* flush; **Was·ser·stand** *m*
water-level; ▶ **hoher (niedriger)** ~
high (low) water.
Was·ser·stoff ⟨-(e)s⟩ *m* hydrogen;
Was·ser·stoff·bom·be *f* hydrogen
bomb, H-bomb; **Was·ser·stoff·su·per·oxyd** ['---'----] *n* hydrogen peroxide.
Was·ser·strahl *m* jet of water; **Was·ser·stra·ße** *f* waterway; **Was·ser·trop·fen** *m* water-drop; **Was·ser·turm** *m* water-tower; **Was·ser·uhr** *f*
water meter.
Was·se·rung *f aero* alighting on water.
Was·ser·ver·brauch *m* water consumption; **Was·ser·ver·drän·gung** *f*
mar displacement of water; **Was·ser·ver·sor·gung** *f* water supply; **Was·ser·ver·un·rei·ni·gung** *f* water pollution; **Was·ser·vo·gel** *m* waterfowl;
Was·ser·waa·ge *f* spirit-level; **Was·ser·weg** *m* waterway; ▶ **auf dem** ~
by water (*od* sea); **Was·ser·wel·le** *f*
shampoo and set; **Was·ser·wer·fer** *m*

water cannon; **Was·ser·werk** *n*
waterworks *pl;* **Was·ser·wirt·schaft**
f water engineering; **Was·ser·zei·chen** *n* watermark.
wa·ten ['va:tǝn] ⟨sein⟩ *itr* wade.
wat·scheln ['vatʃǝln] ⟨sein⟩ *itr* waddle.
Watt[1] [vat] ⟨-(e)s, -en⟩ *n* (~landschaft)
mud-flats *pl.*
Watt[2] ⟨-s, -⟩ *n el* watt.
Wat·te ['vatǝ] ⟨-, -n⟩ *f Br* cotton wool,
Am cotton; ▶ **jdn in** ~ **packen** *fig*
wrap s.o. in cotton wool; **Wat·te·bausch** *m* cotton wool ball, **Wat·te·stäb·chen** *n* cotton-wool tip.
wat·tie·ren *tr* 1. *(füttern)* line with padding; 2. *(absteppen)* quilt.
we·ben ['ve:bǝn] *irr tr itr* weave; **We·be·rei** *f* 1. *(Betrieb)* weaving-mill; 2.
(das Weben) weaving; **We·ber(in)** *m*
(f) weaver; **Web·feh·ler** *m* weaving
flaw; **Web·stuhl** *m* loom.
Wech·sel ['vɛksǝl] ⟨-s, -⟩ *m* 1. *(Änderung)* change; 2. *(abwechselnder ~)* alternation; 3. *fin (Geld~)* exchange; 4.
com fin bill (of exchange); 5. *sport
(beim Staffellauf)* baton change; ▶ **ein**
~ **der Regierung** a change in government; **im** ~ alternately; **e-n** ~ **ausstellen**
com draw a draft; **Wech·sel·be·zie·hung** *f* correlation, interrelation; ▶ **in**
~ **zueinander stehen** be correlated;
Wech·sel·fäl·le *m pl* vicissitudes;
Wech·sel·geld ⟨-(e)s⟩ *n* change;
wech·sel·haft *adj* changeable;
(Mensch: launisch) fickle; **Wech·sel·jah·re** *pl* menopause; ▶ **in den** ~**n**
sein be suffering from the menopause;
in die ~ **kommen** start the menopause;
Wech·sel·kurs *m* rate of exchange.
wech·seln ['vɛksǝln] **I** *tr* 1. change (*in*
into); 2. *(austauschen)* exchange;
▶ **können Sie mir ein £** ~? can you
give me change for a pound? **ich kann
auf £ 5 nicht** ~ I haven't got change for
£ 5; **ein Rad** ~ change a wheel; **den
Besitzer** ~ change hands *pl;* **ich habe
von Philosophie zu Mathematik
gewechselt** I changed to maths from
philosophy; **DM in £** ~ exchange DM
for pounds; **wech·selnd** *adj* 1. changing; *(ab~)* alternating; 2. *(unterschiedlich)* variable; 3. *fig (wechselhaft)*
changeable; ▶ ~**e Winde** variable
winds.
wech·sel·sei·tig *adj* reciprocal; *(gegenseitig)* mutual; ▶ **die** ~**e Beziehung**
zwischen ... the reciprocal relationship
between ...
Wech·sel·spiel *n* interplay; **Wech·sel·strom** *m* alternating current (*Abk*
A.C.); **Wech·sel·stu·be** *f* exchange
office; **wech·sel·voll** *adj* varied;
wech·sel·wei·se *adv* alternately, in
turn; **Wech·sel·wir·kung** *f* interaction; ▶ **in** ~ **stehen** interact.

Wecken (k·k) *n:* ▶ **Ausgang bis zum ~ haben** *mil* have overnight leave.

wecken (k·k) ['vɛkən] *tr* 1. wake (up), waken; 2. *fig* arouse; ▶ **sich ~ lassen** have s.o. wake one up; **Wecker (k·k)** *m* alarm-clock; ▶ **jdm auf den ~ gehen** *fam* get on someone's nerves, give s.o. the needle; **Weck·mit·tel** *n med* cerebral stimulant.

We·del ['ve:dəl] ⟨-s, -⟩ *m* 1. *(Fächer)* fan; 2. *(Staub~)* duster; 3. *bot (Blatt~)* frond; **we·deln** *itr* 1. *:* ▶ **mit etw ~** *(winken)* wave s.th.; **mit e-m Fächer ~** wave a fan; **mit dem Schwanz ~** wag one's tail; 2. *(beim Skifahren)* wedel.

weder ['ve:də] *conj:* ▶ **~ ... noch ...** neither ... nor, not ... either ... or; **sie weiß es weder, noch will sie es wissen** she neither knows nor cares; **weder in dem e-n, noch in dem anderen Fall(e)** in neither case.

Weg [ve:k] ⟨-(e)s, -e⟩ *m* 1. *(Pfad, a. fig)* path; 2. *(Route)* way; 3. *fig (Art u. Weise)* way; 4. *fam (Besorgung)* errand; ▶ **der ~ zum Bahnhof** the way to the station; **auf dem ~ hierher** on the way here; **es gibt da ein kleines Cafè auf dem ~ nach Hause** there's a little cafe on the way home; **jdn aus dem ~ räumen** get s.o. out of the way; **jdm aus dem ~ gehen** keep out of someone's way; **jetzt steht uns nichts mehr im ~e** *fig* now nothing stands in our way; **ich will dir nicht im ~e stehen** *fig* don't let me stand in your way; **es gibt viele ~e, das Problem zu lösen** there are many ways of solving this problem; **wir nahmen den ~ über das Feld** we took a path across the fields; **wir müssen uns auf den ~ machen** we must be making tracks; **du bist auf dem richtigen ~** *fig* you're on the right track.

weg [vɛk] *adv:* ▶ **ich muß ~** I must be off; **er ist schon ~** he has already gone; **meine Uhr ist ~** my watch is gone; **er war ~, bevor ich den Mund auftun konnte** he was away before I could say a word; **~ mit euch!** scram! **los, ~ von hier!** let's scram! **~ da!** out of the way! **~ vom Fenster sein** *fig fam* be out of the game; **ich kann jetzt nicht ~** I can't leave now.

Weg·be·rei·ter(in) ['ve:k-] *m (f)* forerunner, precursor; ▶ **~ für etw sein** pave the way for s.th.; **~ für jdn sein** prepare the way for s.o.

weg|bla·sen *irr tr* blow away; ▶ **wie weggeblasen sein** *fig* have vanished.

weg|blei·ben *irr itr* 1. stay away; 2. *(nicht mehr kommen)* stop coming; 3. *(ausgelassen werden)* be omitted; ▶ **mir bleibt die Spucke weg!** *fig fam* I'm absolutely flabbergasted!

weg|brin·gen *irr tr* 1. take away; 2. *(zur Reparatur)* take in; 3. *fam (Flecken)*

get off *(von* from).

We·ge·la·ge·rer ['ve:gəla:gərə] *m* highwayman.

we·gen ['ve:gən] *prp* because of, on account of; *(infolge)* due to; ▶ **jdn ~ etw bestrafen** punish s.o. for s.th.; **~ s-r Mutter** on account of his mother; **hat er dir geholfen? - von ~! Rausgeworfen hat er mich!** did he help you? - nothing of the sort! He threw me out! **von ~!** *fam* no way!

We·ge·rich ['ve:gərɪç] ⟨-s, -e⟩ *m bot* plantain.

weg|fah·ren *irr* I *itr* ⟨sein⟩ *(abfahren)* leave; *(mit Auto)* drive away; *(verreisen)* go away; II *tr* ⟨h⟩ *(wegschaffen)* take away; *(Auto)* drive away.

weg|fal·len ⟨sein⟩ *irr itr* 1. *(ausgelassen werden)* be omitted; 2. *(abgeschafft werden)* cease to apply; 3. *(überflüssig werden)* become no longer necessary; ▶ **etw ~ lassen** discontinue s.th.; **wir lassen das Mittagessen morgen ~** we'll do without lunch tomorrow.

weg|fe·gen *tr a. fig* sweep away.

weg|flie·gen ⟨sein⟩ *irr itr* fly away; *(Hut)* fly off; *aero* fly out *(von* of).

weg|füh·ren *tr* 1. lead away; 2. *fig (vom Thema etc)* lead off.

Weg·gang ['vɛkgaŋ] *m* leaving, departure.

weg|ge·ben *irr tr* 1. *(verschenken)* give away; 2. *(in Pflege geben)* have looked after; 3. *(zum Reparieren bringen)* take in.

weg|ge·hen ⟨sein⟩ *irr itr* 1. go, leave; *(ausgehen)* go out; 2. *fam (Fleck)* come off; 3. *fam (Waren)* sell; ▶ **geh mir bloß damit weg!** *fig fam* don't talk to me about that!

weg|gie·ßen *irr tr* pour away.

weg|ha·ben *irr tr fam (erledigt haben)* have got done; ▶ **e-n ~** *(betrunken sein)* be tight; *(verrückt sein)* be off one's head.

weg|ho·len *tr* take away; ▶ **sich was ~** *fig fam (Krankheit etc)* catch s.th.

weg|ja·gen *tr* chase *(od* drive) away.

weg|kom·men ⟨sein⟩ *irr itr fam* 1. *(weggehen können)* get away; 2. *(abhanden kommen)* disappear, get lost; ▶ **gut bei etw ~** come off well with s.th.; **mach, daß du wegkommst!** make yourself scarce!

weg|las·sen *irr tr* 1. *fam (gehen lassen)* let go; 2. *(auslassen)* leave out.

weg|lau·fen ⟨sein⟩ *irr itr* run away *(vor* from).

weg|le·gen *tr* put away; *(zur Seite)* put aside.

weg|müs·sen *irr itr* 1. *(fortgehen müssen)* have to be off; 2. *(entfernt werden müssen)* have to be removed; ▶ **der Schrank muß hier weg!** *fam* we'll have to move the cupboard!

weg|neh·men *irr tr* take away; ▶ **Gas**
~ *mot* ease off the *Br* accelerator (*Am*
gas).

weg|ra·tio·na·li·sie·ren *tr* (*Arbeits-plätze*) rationalize away.

weg|räu·men *tr* clear away.

weg|schaf·fen *tr* 1. (*beseitigen*) get rid
of ...; 2. (*wegräumen*) clear away.

weg|sche·ren *refl fam* shove off.

weg|schicken (k·k) *tr* 1. (*um etw zu
holen*) send off; 2. (*abschicken, hinaus-schicken*) send away.

weg|schie·ben *irr tr* shove away

weg|schlep·pen I *tr* drag away; II *refl*
haul o.s. away.

weg|schmei·ßen *irr tr fam* chuck
away.

weg|schüt·ten *tr* pour away.

weg|se·hen *irr itr* look away.

weg|set·zen *refl* (*woandershin*) move
away.

weg|stecken (k·k) *tr* put away.

weg|stel·len *tr* 1. (*fortstellen*) put away.

weg|sto·ßen *irr tr* push away; (*mit Fuß*)
kick away.

Weg·strecke (k·k) ['ve:k-] *f* stretch of
road; ▶ **schlechte** ~ poor road surface.

weg|tra·gen *irr tr* carry away.

weg|tre·ten ⟨sein⟩ *irr itr mil* fall out;
▶ **du bist wohl geistig weggetreten!**
fam you must be not all there!

weg|tun *irr tr fam* 1. (*fortlegen*) put
away; 2. (*wegwerfen*) throw away.

Weg·wei·ser ['ve:k-] *m* sign(post).

weg|wer·fen *irr tr* throw away; ▶ **du
wirfst wirklich dein Geld weg!** *fig*
you're pouring money down the drain!
Weg·werf·packung (k·k) *f* throw-away (*od* one-way) pack; **Weg·werf-win·del** *f Br* disposable nappy, *Am*
diaper.

weg|wi·schen *tr* 1. wipe off; 2. *fig* dis-miss.

weg|zie·hen *irr* I *tr* ⟨h⟩ 1. (*Mensch: fort-ziehen*) pull away (*jdm* from s.o.); 2.
(*beiseite ziehen*) draw back; II *itr* ⟨sein⟩
(*die Wohnung wechseln*) move away;
(*von Vögeln*) migrate.

Weh [ve:] ⟨-(e)s, -e⟩ *n* woe; ▶ **ich habe
die Behandlung überstanden, aber nur
mit Ach und** ~ I had the treatment but
I screamed blue murder *fam*; **weh** I
interj: o ~! oh dear! II *adj* (*wund*) sore;
▶ **mir tut der Magen** ~ my stomach
aches; **davon tun mir die Augen** ~ it
makes my eyes ache; **mir tut alles** ~ I'm
aching all over; **es tut mir** ~, **zu** ... *fig*
it grieves me to ...; **we·he** ['ve:ə]
interj: ▶ ~ **dir, wenn** ... you'll be sorry
if ...; ~! (*bloß nicht!*) you dare! ~, **du
gehst dahin!** watch out if you go there!

We·he¹ *f* 1. (*Geburts*~): ~**n** *pl* labour
pains; 2. *fig* birth pangs.

We·he² ⟨-, -n⟩ *f* (*Schnee*~) drift; **we-hen** ['ve:ən] I *itr* 1. (*Wind*) blow; 2.

(*Fahne*) wave; 3. (*Haare*) blow about;
4. *fig* (*Geruch, Klang etc*) drift; ▶ **es
wehte ein starker Wind** the wind was
blowing hard; II *tr* blow; (*sanft*) waft.

Weh·kla·ge *f* lament(ation); **weh·kla-gen** ['---] *itr* lament (*über* over); **weh-lei·dig** *adj* 1. (*überempfindlich*) over-sensitive to pain; 2. (*voller Selbstmit-leid*) self-pitying; 3. (*jammernd*) snivel-ling; **Weh·mut** ⟨-⟩ *f* 1. (*Melancholie*)
melancholy; 2. (*Sehnsucht*) wistfulness;
weh·mü·tig *adj* 1. (*melancholisch*)
melancholy; 2. (*sehnsüchtig*) wistful.

Wehr¹ [ve:e] ⟨-(e)s, -e⟩ *n* (*Wasser*~)
weir.

Wehr² ⟨-, -en⟩ *f* (*Feuer*~) *Br* fire brigade
(*Am* department); ▶ **sich zur** ~ **setzen**
defend o.s.

Wehr·be·auf·trag·te(r) *m* ombudsman
for the Armed Forces; **Wehr·dienst**
⟨-(e)s⟩ *m* military service; ▶ **jdn zum** ~
einberufen *Br* call s.o. up, *Am* draft s.o.;
Wehr·dienst·ver·wei·ge·rer *m* con-scientious objector; **Wehr·dienst·ver-wei·ge·rung** *f* conscientious objection.

weh·ren ['ve:rən] I *refl* 1. (*sich widerset-zen*) (put up a) fight; 2. (*sich verteidi-gen*) defend o.s.; ▶ **sich s-r Haut** ~
defend o.s. vigorously; **dagegen werde
ich mich** ~! I know how to deal with
that! II *itr* (*Einhalt gebieten*) check;
▶ **wehret den Anfängen!** these things
must be nipped in the bud! **Wehr·ex-per·te (-ex·per·tin)** *m* (*f*) defense ex-pert; **wehr·haft** *adj* 1. (*kampfesbereit*)
able to put up a fight; 2. (*befestigt*) well-fortified; **wehr·los** *adj* 1. defenceless;
2. *fig* (*hilflos*) helpless; ▶ **jdm** ~ **ausge-liefert sein** be at someone's mercy;
Wehr·lo·sig·keit *f* 1. defencelessness;
2. *fig* (*Hilflosigkeit*) helplessness;
Wehr·macht ⟨-⟩ *f*: ▶ **die** ~ *hist* The
German Armed Forces *pl*; **Wehr·paß**
m service-record book; **Wehr·pflicht**
⟨-⟩ *f* conscription; ▶ **allgemeine** ~ con-scription; **wehr·pflich·tig** *adj* liable
for military service; **Wehr·pflich·ti-ge(r)** *m* 1. (*vor der Erfassung*) person
liable for military service; 2. (*Eingezoge-ner*) *Br* conscript, *Am* draftee; **Wehr-sold** *m* (military) pay; **Wehr·sport-grup·pe** *f* para-military group; **wehr-taug·lich** *adj* fit for military service;
Wehr·tech·nik *f* defence engineering;
Wehr·übung *f* reserve duty training
exercise.

Weib [vaip] ⟨-(e)s, -er⟩ *n obs* (*Frau*)
woman; female; **Weib·chen** ['vaipçən]
n (*Tier*~) female, mate; **Wei·ber·feind**
m sl misogynist, woman-hater; **Wei-ber·held** *m pej* lady-killer, womanizer;
Wei·ber·volk ⟨-s⟩ *n pej* females *pl*,
womenfolk; **wei·bisch** *adj* effeminate;
weib·lich *adj* 1. (*das Geschlecht be-zeichnend*) female; 2. (*feminin*) femi-

nine; **Weib·lich·keit** *(Eigenschaft)* femininity; ▶ **die holde** ~ *hum* the fair sex; **Weibs·bild** *n pej* female.

weich [vaɪç] *adj* **1.** *(nicht hart) a. fig* soft; **2.** *(Fleisch: zart)* tender; ▶ ~ **wer·den** soften; *(nachgeben)* give in; *fig (gerührt werden)* be moved; **ich bekam** ~**e Knie** my knees turned to jelly; **ein** ~**es Ei** a soft-boiled egg.

Wei·che[1] ['vaɪçə] ⟨-, -n⟩ *f rail Br* points *pl*, *Am* switch; ▶ **die** ~**n stellen** switch the points; *fig* set the course.

Wei·che[2] *f* **1.** *(Weichheit)* softness; **2.** *anat (Flanke)* side.

wei·chen ['vaɪçən] *irr itr* **1.** *(Platz machen, a. fig: nachgeben)* give way; **2.** *(zurück*~*)* retreat *(vor jdm* from s.o.); **3.** *(nachlassen)* ease; **4.** *(verschwinden)* go; ▶ **jdm nicht von der Seite** ~ not leave someone's side.

weich·ge·kocht *adj (Ei)* soft-boiled.

Weich·heit *f* **1.** *allg* softness; **2.** *(Zartheit)* tenderness; **3.** *(Schwachheit)* weakness; **4.** *(Weichherzigkeit)* soft-heartedness; **weich·her·zig** *adj* soft-hearted; **Weich·her·zig·keit** *f* soft-heartedness; **Weich·kä·se** *m* soft cheese.

weich·lich *adj* **1.** *(weich)* soft; **2.** *fig (schwächlich)* weak; *(verweichlicht)* effeminate; **Weich·lich·keit** *f fig* weakness; **Weich·ling** *m pej* softy, weakling; **Weich·sel** ['vaɪksəl] ⟨-⟩ *f* Vistula.

Weich·spü·ler *m (Wäsche*~*)* softener.

Wei·de[1] *f bot* willow.

Wei·de[2] ['vaɪdə] ⟨-, -n⟩ *f (Vieh*~*)* pasture; **wei·den** **I** *itr* graze; **II** *tr* graze, put out to pasture; **III** *refl fig:* ▶ **sich an etw** ~ revel in s.th.; *(sadistisch)* gloat over s.th.

Wei·den·ge·büsch *n* willow bush; **Wei·den·ge·flecht** *n* wicker-work; **Wei·den·ru·te** *f* willow rod *od* switch.

Weid·mann ['vaɪtman] ⟨-(e)s, ⁻er⟩ *m* huntsman; **weid·män·nisch** ['vaɪt-mɛnɪʃ] **I** *adj* huntsman's; **II** *adv* in a huntsman's manner; **weid·manns·heil** ['--'-] *interj* ~! good hunting!

wei·gern ['vaɪgən] *refl* refuse; **Wei·ge·rung** *f* refusal.

Weih·bi·schof *m eccl* suffragan bishop.

Wei·he[1] *f orn* harrier.

Wei·he[2] ['vaɪə] ⟨-, -n⟩ *f* **1.** *eccl* consecration; **2.** *(Feierlichkeit)* solemnity; **wei·hen** *tr eccl* consecrate; ▶ **dem Untergang geweiht sein** be doomed to disaster.

Wei·her ['vaɪə] ⟨-s, -⟩ *m* pond.

Weih·nach·ten ['vaɪnaxtən] *n* Christmas, *Abk* Xmas; ▶ **fröhliche** ~! merry Christmas! **das ist ein Gefühl wie** ~ *fam* it's an odd feeling; **weih·nacht·lich** *adj* **1.** Christmassy; **2.** *(festlich)* festive; **Weih·nachts·abend** ['--'--/'----] *m* Christmas Eve; **Weih-**

nachts·baum *m* Christmas tree; **Weih·nachts·ein·käu·fe** *pl:* ▶ **s-e** ~ **erledigen** do one's Christmas shopping *sing;* **Weih·nachts·fei·er·tag** *m:* ▶ **zweiter** ~ Boxing Day; **Weih·nachts·fest** *n* Christmas; **Weih·nachts·geld** *n* Christmas bonus; **Weih·nachts·ge·schenk** *n* Christmas present *(Am* gift); **Weih·nachts·gra·ti·fi·ka·tion** *f* Christmas gratuity; **Weih·nachts·lied** *n* carol; **Weih·nachts·mann** ⟨-(e)s, ⁻er⟩ *m* **1.** Father Christmas, Santa Claus; **2.** *fam pej* clown; **Weih·nachts·markt** *m* Christmas fair.

Weih·rauch *m* incense; **Weih·was·ser** *n* holy water.

weil [vaɪl] *conj* because.

Weil·chen ['vaɪlçən] *n* little while.

Wei·le ⟨-⟩ *f* while; ▶ **e-e ganze** ~ a good while; **vor e-r ganzen** ~ a long while ago.

wei·len *itr* **1.** *(bleiben)* stay; **2.** *(sein)* be.

Wei·ler ['vaɪlə] ⟨-s, -⟩ *m* hamlet.

Wein [vaɪn] ⟨-(e)s, -e⟩ *m* **1.** wine; **2.** *(Pflanze)* vine; ▶ **wilder** ~ Virginia creeper; **jdm reinen** ~ **einschenken** *fig* tell s.o. the plain truth; **Wein·bau** ⟨-(e)s⟩ *m* wine-growing; **Wein·bee·re** *f* grape; **Wein·berg** *m* vineyard; **Wein·berg·schnecke (k·k)** *f* **1.** *zoo* snail; **2.** *(als Speise)* escargot; **Wein·brand** *m* brandy.

wei·nen ['vaɪnən] *tr itr* cry; *(aus Kummer)* weep *(um* for, *über* over, *aus od vor* with); ▶ **ich weinte, als ich die Nachricht hörte** I wept to hear the news; **nachdem er geweint hatte, fühlte er sich besser** after a weep he felt better; **wei·ner·lich** *adj* whining.

Wein·es·sig *m* vinegar; **Wein·faß** *n* wine cask; **Wein·fla·sche** *f* wine bottle; **Wein·glas** *n* wineglass; **Wein·gut** *n* wine-growing estate; **Wein·händ·ler(in)** *m (f)* wine dealer; **Wein·hand·lung** *f* wine shop; **Wein·kar·te** *f* wine list; **Wein·kel·ler** *m* **1.** *(Kellerei)* wine-cellar; **2.** *(Lokal)* wine tavern; **Wein·ken·ner(in)** *m (f)* connoisseur of wine; **Wein·le·se** *f* grape harvest, vintage; **Wein·pro·be** *f* wine-tasting; **Wein·re·be** *f* vine; **wein·rot** *adj* wine-red; **Wein·sor·te** *f* sort of wine; **Wein·stock** ⟨-(e)s, ⁻e⟩ *m* vine; **Wein·stu·be** *f* wine tavern; **Wein·trau·be** *f* grape.

Wei·se ['vaɪzə] ⟨-, -n⟩ *f* **1.** *(Verfahren)* fashion, manner, way; **2.** *(Melodie)* melody, tune; ▶ **mach es auf diese** ~! do it this way! **jdm zeigen, auf welche Art u.** ~ **etw gemacht wird** show s.o. the way to do s.th.; **man kann mit ihm nur auf e-e Art u.** ~ **reden** there's only one way to speak to him; **auf irgendeine Art u.** ~ in one way or another; **in gewisser** ~

in a way.
wei·se ['vaɪzə] *adj* wise.
wei·sen ['vaɪzən] *irr* **I** *tr:* ▶ jdm den Weg ~ show s.o. the way; **II** *itr (zeigen)* point (*auf* at, *nach* to).
Weis·heit *f* **1.** wisdom; **2.** *(weiser Spruch, Lebens~)* wise saying; ▶ das ist auch nicht der ~ letzter Schluß! that's not exactly the ideal solution! **Weis·heits·zahn** *m* wisdom tooth.
weis|ma·chen *tr:* ▶ jdm etw ~ make s.o. believe s.th.; lassen Sie sich nichts ~! don't be taken in! das kannst du wem anders ~! pull the other one! *fam.*
weiß [vaɪs] *adj* **1.** white; **2.** *(unbeschrieben)* blank; ▶ die Tennisspieler spielten in W~ the tennis players were wearing white; das W~e Haus the White House; ~ werden turn white.
weis·sa·gen ['---] *tr* foretell, prophesy; **Weis·sa·gung** *f* prophecy.
Weiß·blech *n* tinplate; **Weiß·brot** *n* **1.** *(Brotart)* white bread; **2.** *(Laib)* white loaf; **Weiß·buch** *n pol* white paper; **Weiß·dorn** ⟨-(e)s, -e⟩ *m bot* hawthorn.
wei·ßen ['vaɪsən] *tr (tünchen)* whitewash.
weiß·glü·hend *adj* incandescent, white-hot; **Weiß·glut** ⟨-⟩ *f* incandescence, white heat; ▶ jdn zur ~ bringen *fig* make s.o. livid; **Weiß·gold** *n* white gold; **weiß·haa·rig** *adj* white-haired; **Weiß·kohl** *m* white cabbage.
weiß·lich *adj* whitish.
Weiß·wand·rei·fen *m mot* whitewall tyre (*Am* tire); **Weiß·wein** *m* white wine.
Wei·sung *f* direction; ▶ auf ~ on instructions *pl;* **wei·sungs·ge·mäß** *adj* as instructed.
weit [vaɪt] **I** *adj* **1.** *allg* wide; **2.** *(breit)* broad; **3.** *fig (lang)* long; ▶ im ~eren Sinne in the broader sense; das liegt noch in ~er Ferne it's still in the distant future; **II** *adv (Entfernung: weit, a. fig: erheblich)* far; ▶ ziemlich ~ am (An·fang) Ende fairly near the (beginning) end; von ~em from a long way off; ~ gefehlt! far from it! wie ~ bist du? how far have you got? wie ~ ist das Essen? how far have you got with the meal? wie ~ fahren Sie? how far are you going? ist es noch ~? is it far? kommen Sie von ~ her? have you come far? so ~ ich mich erinnern kann as far (back) as I can remember; so ~ ist es noch nicht it has not come to that yet; das geht zu ~ that's going too far; das würde zu ~ führen that would be taking things too far.
weit·ab *adv* far away (*von* from); **weitaus** ['--/-'-] *adv* far; ▶ ~ der beste ... by far the best ...; **Weit·blick** ⟨-(e)s, -e⟩ *m fig* far-sightedness; **weit·blickend (k·k)** *adj fig* far-sighted.

Wei·te¹ *f (Entfernung)* distance; ▶ das ~ suchen *fam* take to one's heels.
Wei·te² ['vaɪtə] ⟨-, -n⟩ *f* **1.** *(als Maß)* width; **2.** *(Größe)* expanse; ▶ s-e Hose in der ~ ändern alter the width of one's trousers; das Hemd paßt in der ~ nicht the shirt doesn't fit as regards width; **wei·ten I** *tr* widen; *(Schuhe)* stretch; **II** *refl* widen; *a. fig* broaden.
wei·ter ['vaɪtə] **I** *comp (von* weit*)* farther; **II** *adj fig (zusätzlich)* further; ▶ es besteht keine ~e Gefahr there is no further danger; ~e Informationen further information *sing;* **III** *adv* **1.** *(zudem)* furthermore; **2.** *(noch hinzu)* further; **3.** *(sonst)* otherwise; ▶ das ist ~ kein Unglück that presents no great problem; sie hat nicht ~ geweint she didn't really cry much; es besteht ~ keine Gefahr there is no real danger; ~ nichts? is that all? ich brauche ~ nichts als ... all I need is ...; immer ~ on and on; und ~? and then? und so ~ and so on.
wei·ter|be·han·deln *tr med* **1.** *allg* give further treatment; **2.** *(mit Arznei)* carry on medication.
wei·ter|bil·den *refl* continue one's education; **Wei·ter·bil·dung** *f* continuation of one's education, further education.
wei·ter|brin·gen *irr tr* advance, take further.
Wei·te·re *n* **1.** *(das Weitere)* the rest; **2.** *(Genaueres):* ~s further details *pl;* ▶ ohne ~s just like that; bis auf ~s for the time being; alles ~ everything else.
wei·ter|emp·feh·len *irr tr* recommend.
wei·ter|ent·wickeln (k·k) *irr tr refl* develop (*zu* into).
Wei·ter·fahrt *f* continuation of one's journey; ▶ vor meiner ~ ... before continuing my journey ...
wei·ter|füh·ren I *tr (fortsetzen)* carry on, continue; **II** *itr* lead on; ▶ ~de Schularten secondary schools; das führt uns nicht weiter that doesn't get us anywhere.
Wei·ter·ga·be *f* **1.** *(das Weiterreichen)* passing on; **2.** *fig (Übermittlung)* transmission; **wei·ter|ge·ben** *irr tr* **1.** *(weiterreichen)* pass on; **2.** *fig (übermitteln)* transmit.
wei·ter|ge·hen ⟨sein⟩ *irr itr* go on; ▶ ~! move on! so kann es nicht ~ *fig* things can't go on like this; wie soll es nun ~? what's going to happen now?
wei·ter|hel·fen *irr itr:* ▶ jdm ~ help s.o. along.
wei·ter·hin *adv* furthermore.
wei·ter|kom·men ⟨sein⟩ *irr itr* **1.** *(auf dem Wege)* get further; **2.** *(Fortschritte machen)* make headway; ▶ hier kommen wir nicht weiter we're just not getting anywhere.

wei·ter|lei·ten *tr* pass on (*an* to); *(weiterbefördern)* forward.

wei·ter|ma·chen *itr* carry on (*etw* with s.th.).

Wei·ter·rei·se *f* continuation of one's journey; ▶ **gute** ~! hope the rest of your journey goes well!

wei·ter|sa·gen *tr* pass on.

weit·ge·hend I *adj* far-reaching; ▶ ~**e** Übereinstimmung erzielen reach a large degree of consensus; II *adv* largely, to a large extent.

weit·ge·reist *adj* widely travelled.

weit·her ['--/'-'-] *adv* from far away; **weit·her·ge·holt** *adj* far-fetched.

weit·her·zig ['vaɪthɛrtsɪç] *adj* charitable, understanding.

weit·hin ['--/'-'-] *adv* **1.** *(weit im Umkreis)* for a long way; **2.** *(bekannt, beliebt)* widely; **3.** *(weitgehend)* to a large extent; ▶ ~ **unbekannt** largely unknown.

weit·läu·fig *adj* **1.** *(Gebäude)* spacious; **2.** *(verzweigt)* rambling; **3.** *(Verwandte)* distant.

weit·ma·schig *adj* *(Strickware)* loose knit; *(Netz)* wide-meshed.

weit·rei·chend *adj* **1.** *mil (Waffen)* long-range; **2.** *fig* far-reaching.

weit·schwei·fig *adj* circuitous, lengthy; ▶ ~ **werden** grow lengthy.

weit·sich·tig *adj* **1.** *med Br* long-sighted, *Am* far-sighted; **2.** *fig* far-sighted; **Weit·sich·tig·keit** *f* **1.** *med Br* long-sightedness, *Am* far-sightedness; **2.** *fig* far-sightedness.

Weit·sprung *m Br* long (*Am* broad) jump.

weit·ver·brei·tet *adj* widespread; *(Zeitung)* with a wide circulation.

weit·ver·zweigt *adj* with many branches; *el tele (Netz etc)* branching out in all directions.

Weit·win·kel·ob·jek·tiv *n phot* wide-angle lens.

Wei·zen ['vaɪtsən] ⟨-s, -⟩ *m* wheat; **Wei·zen·mehl** *n* wheaten flour.

welch [vɛlç] *prn:* ▶ ~ **ein** ... what ...; **wel·che(r, s)** *prn* **1.** *(interrogativ)* which; **2.** *(relativ)* that, which, who; ▶ ~**s Kleid soll ich heute anziehen?** which dress shall I wear today? ~**r von den beiden?** which of the two? **diejenigen,** ~ ... those who ...; **derjenige,** ~**r** ... he who ...

welk [vɛlk] *adj* **1.** *(Blume)* faded, wilted; *(Blatt)* dead; **2.** *fig (Schönheit)* wilting; ▶ ~**e Haut** *fig* flaccid skin; **wel·ken** ⟨sein⟩ *itr a. fig* fade, wilt.

Well·blech *n* corrugated iron; **Well·blech·hüt·te** *f* corrugated-iron shelter.

Wel·le ['vɛlə] ⟨-, -n⟩ *f* **1.** *allg a. phys* wave; **2.** *radio* wavelength; **3.** *tech* shaft; **4.** *fig (Mode)* craze; ▶ ~**n schlagen** *fig* create a stir *sing;* **die Neue** ~

the nouvelle vogue; **die** ~**n schlagen gegen die Felsen** the waves are beating against the rocks; **grüne** ~ *mot Br* traffic pacer, *Am* linked (*od* synchronized) traffic lights *pl.*

wel·len I *refl* become wavy.

Wel·len·be·reich *m phys* frequency range; *radio* waveband; **Wel·len·berg** *m* giant wave; **Wel·len·bre·cher** *m* breakwater; **wel·len·för·mig** I *adj* wave-like, wavy; II *adv* in the form of waves; **Wel·len·gang** ⟨-(e)s⟩ *m* waves *pl;* **Wel·len·län·ge** *f phys* wavelength; ▶ **auf gleicher** ~ **liegen** (*od* sein) *fig* be on the same wavelength; **Wel·len·li·nie** *f* wavy line; **Wel·len·rei·ten** *n sport* surfing; **Wel·len·schlag** ⟨-(e)s⟩ *m* breaking of the waves; **Wel·len·sit·tich** *m* budgerigar, *fam* budgie; **Wel·len·tal** *n* wave trough.

wel·lig *adj* *(Oberfläche)* undulating; *(Haar)* wavy.

Well·pap·pe *f* corrugated cardboard.

Wel·pe ['vɛlpə] ⟨-n, -n⟩ *m* whelp.

Wels [vɛls] ⟨-es, -e⟩ *m zoo* catfish.

Welt [vɛlt] ⟨-, -en⟩ *f* world; ▶ **alle** ~ all the world, everybody; **auf der** ~ on earth; **in aller** ~ all over the world; **auf die** ~ **kommen** come into the world; **nicht um alles in der** ~ not for anything on earth; **aus der** ~ **schaffen** do away with, eliminate, settle; **in die** ~ **setzen, zur** ~ **bringen** bring into the world, give birth to; **in der** ~ **herumgekommen sein** have been all over the world; **das kostet doch nicht die** ~! it won't cost the earth! **die** ~ **ist klein!** *fam* it's a small world! **in etw in der** ~ **führend sein** lead the world in s.th.; **davon geht die** ~ **nicht unter!** *fam* it's not the end of the world! **Welt·all** *n* universe; **Welt·an·schau·ung** *f* philosophy of life; **Welt·aus·stel·lung** *f* world exhibition; **welt·be·rühmt** ['--'-] *adj* world-famous; **Welt·be·ste(r)** *f m sport Br* world (*Am* world's) record holder; **Welt·be·völ·ke·rung** *f* world population; **Welt·bild** *n* view of life; **Wel·ten·bumm·ler(in)** *m (f)* globetrotter.

welt·fremd *adj* unworldly; **Welt·ge·schich·te** *f* universal history; **Welt·han·del** *m* world trade; **Welt·herr·schaft** *f* world domination; **Welt·kar·te** *f* map of the world; **Welt·krieg** *m* World War; ▶ **der erste (zweite)** ~ World War one (two) *Abk I (II).*

welt·läu·fig *adj* cosmopolitan.

welt·lich *adj* mundane, worldly; *(diesseitig)* secular.

Welt·li·te·ra·tur *f* world literature; **Welt·macht** *f* world power; **welt·män·nisch** ['vɛltmɛnɪʃ] *adj* sophisticated, urbane; **Welt·markt** ⟨-(e)s⟩ *m* world market; **Welt·meer** *n* ocean;

Welt·mei·ster(in) *m (f) Br* world (*Am* world's) champion; **Welt·mei·ster·schaft** *f Br* world (*Am* world's) championship; **Welt·öf·fent·lich·keit** *f* world public; **Welt·po·li·tik** *f* world politics *pl;* **Welt·rang** *m:* ▶ **von ~** world-famous; **Welt·rang·li·ste** *f sport* world ranking.

Welt·raum ⟨-(e)s⟩ *m* space; **Welt·raum·be·hör·de** *f* space agency; **Welt·raum·fäh·re** *f* space shuttle; **Welt·raum·fahrt** *f* space travel; **Welt·raum·for·schung** *f* space research; **Welt·raum·la·bor** *n* space laboratory; **Welt·raum·rü·stung** *f* space armament; **Welt·raum·waf·fe** *f* space weapon.

Welt·rei·se *f* journey round the world; ▶ **e-e ~ machen** go round the world; **Welt·rei·sen·de(r)** *f m* globetrotter; **Welt·re·kord** *m Br* world (*Am* world's) record; **Welt·re·kord·ler(in)** *m (f) Br* world (*Am* world's) record holder; **Welt·schmerz** ⟨-es⟩ *m* world-weariness; **Welt·si·cher·heits·rat** [-'----] *m* U.N. Security Council; **Welt·spra·che** *f* world language; **Welt·stadt** *f* metropolis; **Welt·unter·gang** *m a. fig* end of the world; **Welt·un·ter·gangs·stim·mung** *f* apocalyptic mood; **welt·weit** ['-'-] *adj* global, world-wide; **Welt·wirt·schaft** *f* world economy; **Welt·wirt·schafts·kri·se** *f* world economic crisis; **Welt·wun·der** *n:* ▶ **die sieben ~** the Seven Wonders of the World; **Welt·zeit** *f* universal time; **Welt·zeit·uhr** *f* world clock.

wem [ve:m] *prn dat* to whom; ▶ **~ von euch soll ich das Geld geben?** to which of you should I give the money? **~ . . . auch (immer)** no matter who . . . to.

wen [ve:n] *prn acc* whom; ▶ **~ von diesen hast du gestern gesehen?** which of these did you see yesterday? **~ auch immer . . .** whoever . . .

Wen·de ['vɛndə] ⟨-, -n⟩ *f* 1. (*Wendung*) turn; 2. (*Änderung*) change; 3. *sport* face vault; **Wen·de·flä·che** *f mot* turning area; **Wen·de·jacke** (k·k) *f* reversible jacket; **Wen·de·kreis** *m* 1. *geog* tropic; 2. *mot* turning circle. **Wen·del·trep·pe** ['vɛndəl-] *f* spiral staircase.

wen·den *a. irr* **I** *tr* turn (*in entgegengesetzte Richtung* round, *auf die andere Seite* over); ▶ **du kannst es drehen oder ~, wie du willst, . . .** *fig* whichever way you look at it . . .; **II** *itr* 1. *mar* (*gieren*) yaw; 2. (*umkehren*) turn round; **III** *refl* turn round; ▶ **sich ~ an . . .** (*um Hilfe*) turn to . . .; (*um Auskunft*) consult . . .; **sich ~ gegen . . .** come out against . . .; **sich zum Guten ~** take a turn for the better; **bitte ~!** (*Abk* b. w.) (please) turn over! (*Abk* P.T.O.).

Wen·de·punkt *m* turning point.

wen·dig *adj* 1. (*behende*) agile, nimble; 2. *mot* (*leicht zu handhaben*) manoeuvrable; 3. (*Person*) agile; **Wen·dig·keit** *f* 1. (*Behendigkeit*) nimbleness; 2. *mot* manoeuvrability; 3. (*von Person*) agility.

Wen·dung *f* 1. turn; 2. (*Änderung*) change; 3. (*Rede~*) expression, phrase; ▶ **die Dinge nahmen e-e neue ~** things took a new turn; **die Dinge nahmen e-e tragische ~** events took a tragic turn.

we·nig ['ve:nıç] *adj adv* little; ▶ **~e** few, some; **das ~e, was ich von s-m Buch gelesen habe** the little of that book that I have read; **er tat das W~e, das er tun konnte** he did what little he could; **ein ~ besser** a little better; **das ist ~** that isn't much; **ich habe zu ~ Geld** I don't have enough money; **mit ~en Ausnahmen** with few exceptions; **wie ~ das sind!** how few they are! **gar nicht so ~e** some few; **genauso ~ wie du** as few as you; **ich habe sowieso schon zu ~** I've got too few (*od* too little) as it is; **ihr seid zu ~e** there are too few of you.

we·ni·ger I *adj prn* (*comp von* **wenig**) less; *pl* fewer; ▶ **es wird immer ~** it's getting less and less; **~ bedeutend** of less importance; **nichts ~ als . . .** no fewer than . . .; **II** *adv* less; ▶ **noch ~** even less; **ich finde den Film nicht ~ interessant** I don't find the film any the less interesting; **je mehr . . . desto ~ . . .** the more . . . the less . . .; **das finde ich ~ schön** that's not so nice.

we·nig·ste *adj sing* least; *pl* fewest; ▶ **am ~n** fewest; **er hat am ~n Geld** he has the least money; **darüber mache ich mir die ~n Sorgen** that's the least of my worries; **und das ist noch das ~!** and that's the least of it!

we·nig·stens *adv* at least; ▶ **wir können es ~ versuchen** we can at least try; **du könntest dich ~ entschuldigen** at the very least you could apologize.

wenn [vɛn] *conj* 1. (*bedingend*) if, in case; 2. (*zeitlich*) when; ▶ **~ er auch noch so dumm sein mag . . .** however stupid he may be . . .; **na, ~ das so ist!** well, in that case! **na, ~ schon!** *fam* so what of it! **immer ~ . . .** whenever . . .; **~ man bedenkt, daß . . .** considering . . .; **außer ~** unless . . .; **~ es nicht anders geht** if there's no other way; **wenn·gleich** [-'-] *conj* although, even though.

wer [ve:ɐ] *prn* 1. (*relativ*) he who, the person who; 2. (*interrogativ*) who; (*auswählend*) which; 3. *fam* (*jemand*) somebody, s.o.; (*in Fragen, Konditionalsätzen*) anybody, anyone; ▶ **~ auch immer . . .** whoever . . .; **da ist ~ für dich** there's s.o. to see you; **ist ~ gekommen?** did anyone come? **~ da?** *mil* who

goes there? ~ **von** . . . which (one) of . . .;
ist da ~? *fam* is anybody there? ~ **sein**
fam be somebody.

Wer·be·ab·tei·lung *f* advertising *(od*
publicity) department; **Wer·be·agen·
tur** *f* advertising agency; **Wer·be·auf·
wen·dun·gen** *pl* gross advertising ex-
penditure *sing;* **Wer·be·fach·mann** *m*
advertising man; **Wer·be·fern·se·
hen** *n* television commercials *pl;* **Wer·
be·film** *m* advertising film; *(Werbe-
spot)* commercial; **Wer·be·flä·che** *f*
advertising space; **Wer·be·funk** *m*
commercials *pl;* **Wer·be·ge·schenk** *n*
promotional gift; **Wer·be·kam·pa·
gne** *f* advertising campaign; **Wer·be·
ko·sten** *pl* advertising expenses; **Wer·
be·lei·ter(in)** *m (f)* advertising *(od*
publicity) manager; **Wer·be·ma·te·ri·
al** *n* advertising material; **Wer·be·mit·
tel** *n* means of advertising.

wer·ben ['vɛrbən] *irr* I *itr* 1. *com* adver-
tise *(für etw* s.th.); ▶ **um junge Wähler**
~ try to attract young voters; **um ein
Mädchen** ~ court *(od* woo) a girl; II *tr:*
▶ **Kunden** ~ win customers; **neue Le·
ser** ~ attract new readers.

Wer·be·schrift *f pol* publicity leaflet;
com advertising leaflet; **Wer·be·spot**
['vɛrbespɔt/-ʃpɔt] ⟨-s, -s⟩ *m* advertising
spot, commercial; **Wer·be·text** *m* ad-
vertising copy; **Wer·be·trä·ger** *m
markt* (advertising) medium; **Wer·be·
trom·mel** *f:* ▶ **die** ~ **rühren** *fig fam*
beat the big drum *(für etw* for s.th.);
wer·be·wirk·sam *adj* effective (for
advertising purposes); **Wer·be·wir·
kung** *f* advertising effect.

Wer·bung *f* 1. *com (Propaganda)* ad-
vertising; 2. *(Werbeabteilung)* publicity
department; 3. *(das Hinzuwerben)* at-
tracting, winning; 4. *(Liebes~)* courting
(um of); ▶ ~ **machen für etw** advertise
s.th.; **ich habe die** ~ **für X im Fernse·
hen gesehen** I've seen X advertised on
television; **die** ~ **im Fernsehen** the TV
advertisements *pl;* **die Zeitschrift be·
steht zu 90 % aus** ~ 90 % of the maga-
zine is advertisements *pl;* **sie ist in der**
~ she's in advertising.

Wer·de·gang ⟨-(e)s⟩ *m* 1. *(Entwicklung)*
development; 2. *(beruflich)* career.

Wer·den *n* 1. *(Entwicklung)* develop-
ment; 2. *(philosophisch)* Becoming;
▶ **im** ~ **sein** be in the making.

wer·den ['veː*ə*dən] *irr itr* 1. *(futurisch,
konjunktivisch)* will *(od* shall); 2. *(zu
etw* ~) become, get; 3. *(sein* ~) be going
to be; 4. *(sich verwandeln in)* turn into
. . .; ▶ **anders** ~ change; **wer wird denn
gleich!** *fam* come on, now! **es wird
gleich regnen** it's going to rain; **ver·
rückt** ~ go crazy; **kalt** ~ turn cold; **wird
schon** ~! it'll turn out all right! **was soll
das** ~? what's that going to be? **wird**

Zeit, daß du kommst it's time you
came; **das Stück wurde verfilmt** the
play was turned into a film; **nichts wird
ihn von s-m Vorhaben abbringen** no-
thing will turn him from his purpose; **alt**
~ become old; **Arzt** ~ become a doctor;
er wird zum Problem he's becoming a
problem; **ich weiß nicht, was aus ihm
noch werden soll** I don't know what
will become of him.

wer·fen ['vɛrfən] *irr* I *tr itr* 1. throw
(nach at); 2. *(Junge kriegen)* have;
▶ **e-n Blick auf etw** ~ cast one's eyes
over s.th.; **e-n Schatten werfen auf** . . .
throw a shadow on . . .; **e-n Brief in den
Kasten** ~ drop a letter in the postbox;
sich in e-n Sessel ~ drop into an arm-
chair; **e-n Ball 50 m weit** ~ throw a ball
50 metres; **sich auf jdn** ~ throw o.s. at
s.o.; **sie warf ihm e-n eisigen Blick zu**
she threw him an icy look; II *itr:* ▶ **mit
etw** ~ throw s.th.; **mit Fremdwörtern
um sich** ~ bandy foreign words about;
hat die Katze geworfen? has the cat
had its youngs? III *refl tech (Holz etc:
sich ver~)* warp; *(Metall)* buckle.

Werft [vɛrft] ⟨-, -en⟩ *f mar* shipyard;
aero hangar; **Werft·ar·bei·ter(in)** *m
(f)* shipyard worker; **Werft·kran** *m*
quayside crane.

Werg [vɛrk] ⟨-(e)s⟩ *n* tow; ▶ **mit** ~ **ver·
stopfen** tow.

Werk [vɛrk] ⟨-(e)s, -e⟩ *n* 1. *(hergestelltes*
~) work; 2. *(Gesamt~)* works *pl;* 3.
(Fabrik) works *pl;* 4. *tech (Mechanis-
mus)* mechanism; ▶ **das ist mein** ~ this
is my doing; **ab** ~ *com* ex works *pl;* **am**
~ **sein** be at work; **es sind Kräfte am** ~,
die . . . there are forces at work which
. . .; **ein literarisches** ~ a work of liter-
ature.

Werk·bank ⟨-, ⁔ e⟩ *f* workbench.

wer·keln ['vɛrkəln] *itr:* ▶ **ich muß dar·
an noch ein wenig** ~ it still needs a bit
of fixing.

Werk·kunst·schu·le *f* arts and crafts
school; **Werk·mei·ster** *m* foreman;
Werks·an·ge·hö·ri·ge(r) *f m* works
(od factory) employee; **Werk·schutz**
m works *(od* factory) security service.

werks·ei·gen *adj* company; **Werks·
ge·län·de** *n* factory premises *pl;*
werk·ge·treu *adj* true to the original;
Werks·lei·ter(in) *m (f)* works *(od* fac-
tory) manager.

Werk·statt *f* workshop; *mot (Auto~)*
garage; *(e-s Künstlers)* studio; **Werk·
statt·wa·gen** *m* repair *(od* workshop)
truck; **Werk·stoff** *m* material; **Werk·
stück** *n tech* workpiece.

Werks·ver·trag *m* contract of manu-
facture; **Werks·woh·nung** *f Br* com-
pany flat *(Am* apartment).

Werk·tag *m* work(ing) day; **werk·tags**
adv on workdays.

werk·tä·tig *adj* working; ▶ ~e Bevölkerung working classes *pl;* die W~en the working people.

Werk·zeug ⟨-(e)s, -e⟩ *n a. fig* tool; **Werk·zeug·ka·sten** *m* toolbox; **Werk·zeug·ma·cher(in)** *m (f)* toolmaker; **Werk·zeug·ma·schi·ne** *f* machine tool; **Werk·zeug·schrank** *f* tool cabinet; **Werk·zeug·ta·sche** *f* tool bag.

Wer·mut ['veːᵊmuːt] ⟨-(e)s⟩ *m* 1. *bot* wormwood; 2. *(Wein)* vermouth; ▶ ein ~stropfen *fig* a drop of bitterness.

Wert [veːɐt] ⟨-(e)s, -e⟩ *m* 1. *(Geld~, Bedeutung)* value; 2. *(~gegenstand)* article of value; ▶ ~e *pl (Ergebnis~, Test~)* results; **e-n ~ von £ 10 haben** be worth £ 10; **von ~ sein** be of value; **ich lege keinen großen ~ darauf** I don't attach great importance to it; **sie kennen ihren wahren ~ nicht** they don't appreciate her real value; **sittliche ~e** *pl* moral standards; **wenn Sie ~ auf meine Meinung legen** ... if you value my opinion ...; **Bücher im ~ von £ 500** £ 500 worth of books; **s-n wahren ~ zeigen** show one's true worth; **im ~ steigen** increase in worth.

wert [veːɐt] *adj:* ▶ **was ist der Wagen ~?** what's the value of the car? **was ist er gebraucht ~?** what's it's second-hand value? **es ist sein Geld ~!** it's good value! **der ist sein Geld nicht ~!** it doesn't give you value for money! **was ist das ~?** what's this worth? **soviel kann es unmöglich ~ sein!** it can't be worth that! **ob es der Mühe ~ ist?** is it worth the trouble? **wieviel ist das momentan ~?** what's the current worth of this?

Wert·an·ga·be *f* declaration of value; **Wert·ar·beit** *f* workmanship; **wertbe·stän·dig** *adj* stable in value; **Wertbe·stän·dig·keit** *f* stability of value; **Wert·brief** *m* registered letter.

wer·ten *tr* 1. *(beurteilen)* judge *(als* to be); 2. *(einstufen)* rate *(als* as); 3. *sport (Punkte geben)* give a score; *(als gültig ~)* allow; ▶ **ein Tor nicht ~** *sport* disallow a goal.

Wer·te·sy·stem *n* system of values; **Wer·te·wan·del** *m* change in values.

wert·frei *adj fig* unbiased, without prejudice; **Wert·ge·gen·stand** *m* object of value; ▶ ¨~e *pl* valuables.

Wer·tig·keit *f chem ling* valency.

wert·los *adj* valueless, worthless; **Wert·maß·stab** *m* standard; **Wertmin·de·rung** *f* reduction in value; **Wert·pa·pier** *n* bond, security; **Wertschät·zung** *f* esteem, high regard.

Wer·tung *f* assessment, evaluation; *(Beurteilung)* judging; *sport (nach Punkten)* scoring.

Wert·ur·teil *n* value judgement; **wert-**

voll *adj* 1. precious, valuable; 2. *(ethisch)* worthy; **Wert·vor·stel·lung** *f* moral concept; **Wert·zu·wachs** *m* increase in value.

We·sen ['veːzən] ⟨-s, -⟩ *n* 1. *fig (Natur)* nature; 2. *(Kreatur)* creature; ▶ **ein menschliches ~** a human being; **sie ist ein armes ~** she's a poor creature; **ein fröhliches ~ haben** have a happy nature; **es entspricht nicht meinem ~, so etw zu sagen** it is not my nature to say things like that; **we·sen·haft** *adj* essential, intrinsic; **we·sen·los** *adj* insubstantial; **We·sens·zug** *m* characteristic feature, trait.

we·sent·lich I *adj* 1. *(essentiell)* essential; 2. *(grundlegend)* fundamental; 3. *(eigentlich)* intrinsic; 4. *(beträchtlich)* substantial; 5. *(wichtig)* important; ▶ **das W~e** the essential part; *(Kern)* the gist; II *adv* 1. *(beträchtlich)* considerably; 2. *(grundlegend)* fundamentally; ▶ **es ist mir ~ lieber, wenn** ... I'd much rather we ...; **im ~en** essentially.

wes·halb (wes·we·gen) [-'-] *adv* 1. *(Frage)* why; 2. *(relativ)* for which reason; ▶ **der Grund, ~** ... the reason why ...

Wes·pe ['vɛspə] ⟨-, -n⟩ *f* wasp; **Wespen·nest** *n* wasps' nest; ▶ **in ein ~ stechen** *fig* stir up a hornets' nest.

wes·sen ['vɛsən] *prn* 1. *(von wem)* whose; 2. *(wovon)* of what; ▶ **in ~ Auto bist du gefahren?** whose car did you go in? **~** ... **das auch immer ist** ... no matter whose ... it may be ...

West·deutsch·land *n* Western Germany.

We·ste ['vɛstə] ⟨-, -n⟩ *f Br* waistcoat, *Am* vest; ▶ **e-e reine ~ haben** *fig* have a clean slate.

We·sten ['vɛstən] ⟨-s⟩ *m* West; ▶ **im ~ von** ... to the west of ...; **der Wind kommt von ~** the wind is blowing from the west; **nach ~ unterwegs** westbound.

We·sten·ta·sche *f Br* waistcoat *(Am* vest) pocket; ▶ **etw wie s-e ~ kennen** *fig fam* know s.th. like the palm of one's hand.

We·stern ['vɛstən] ⟨-s, -⟩ *m film* western.

West·fa·len [vɛst'faːlən] ⟨-s⟩ *n* Westphalia.

West·geld *n fam* Western currency.

west·in·disch ['-'-] *adj* West Indian; ▶ **die ~en Inseln** the West Indies.

West·kü·ste *f* west coast.

west·lich I *adj* 1. *geog* western; 2. *pol* Western; 3. *mete* westerly; ▶ **~ ausgerichtet** *fig* westernized; **am weitesten ~** westernmost; II *adv* to the west *(von* of); III *prp* west of ...

West·mäch·te ['vɛstmɛçtə] *f pl pol* Western Powers.

west·wärts *adv* westward(s), (to the) west.

West·wind *m* west wind.

Wett·an·nah·me *f* betting office.

Wett·be·werb ['vɛtbəvɛrp] ⟨-(e)s, -e⟩ *m* competition; ▶ in ~ treten enter into competition (*mit jdm* with s.o.); **Wett·be·wer·ber(in)** *m* (*f*) competitor; **Wett·be·werbs·fä·hig·keit** *f* competitiveness; **Wett·be·werbs·ver·zer·rung** *f* competitive distortions *pl*.

Wet·te ['vɛtə] ⟨-, -n⟩ *f* bet; ▶ ich gehe jede ~ ein, daß ... I'll bet you anything that ...; mit jdm um die ~ laufen race s.o.; laß uns um die ~ laufen! let's run race! darauf gehe ich jede ~ ein! I'll bet you anything you like! mit jdm e-e ~ eingehen have a bet with s.o.; was gilt die ~? what will you bet me?

Wett·ei·fer *m* competitive zeal; **wett·ei·fern** ['---] *itr* vie (*mit jdm um etw* with s.o. for s.th.).

wet·ten *tr itr* bet (*auf etw* on s.th., *mit jdm* with s.o., *mit jdm um etw* s.o. s.th.); ▶ ich habe mit ihm gewettet, daß ... I have a bet with him that ...; ich habe mit ihm um £ 5 gewettet I bet him £ 5; zehn gegen eins ~ bet ten to one; ~, daß er kommt! I bet he'll come! ~, daß du das nicht tust! bet you won't do it! ~, daß ich das tue! bet you I do!

Wet·ter ['vɛtə] ⟨-s, -⟩ *n* mete 1. weather; 2. (*Un~*) storm, tempest; ▶ bei (die·sem) kalten ~ in (this) cold weather; was für ein ~! what weather! wie ist das ~? what's the weather like? bei jedem ~ in all weathers *pl;* bei jdm gut ~ machen *fig* make up to s.o.; schla·gende ~ *pl min* fire-damp *sing*.

Wet·ter·amt *n* weather office; **Wet·ter·aus·sich·ten** *pl* weather outlook *sing* (*od* prospects *pl*); **Wet·ter·be·richt** *m* weather report; **wet·ter·be·stän·dig** *adj* weatherproof; **Wet·ter·dienst** *m* meteorological (*od* weather) service; **Wet·ter·fah·ne** *f* weather vane; **wet·ter·fest** *adj* weatherproof; **wet·ter·füh·lig** *adj* sensitive to changes in the weather; **Wet·ter·füh·lig·keit** *f* sensitivity to the weather; **Wet·ter·hahn** *m* weathercock; **Wet·ter·kar·te** *f* weather chart (*od* map); **Wet·ter·la·ge** *f* weather situation; **Wet·ter·leuch·ten** *n* 1. sheet lightning; 2. *fig* storm clouds *pl*.

wet·tern ['vɛtən] *itr* 1. (*unwetterhaft sein*): ▶ es wettert there's a thunderstorm; 2. *fig (schimpfen)* curse and swear; ▶ gegen *od* auf etw ~ rail against s.th.

Wet·ter·sa·tel·lit *m* weather satellite; **Wet·ter·um·schwung** *m* sudden change in the weather; **Wet·ter·vor·her·sa·ge** *f* weather forecast; **Wet·ter·war·te** *f* meteorological (*od*

weather) station; **Wet·ter·wol·ke** *f* storm cloud.

Wett·kampf *m* competition; **Wett·kämp·fer(in)** *m* (*f*) competitor; **Wett·lauf** *m* race; ▶ e-n ~ machen run a race; **wett·lau·fen** ['---] *itr* run a race; **Wett·läu·fer(in)** *m* (*f*) runner.

wett|ma·chen *tr* make up for ...; (*Verluste*) make good; (*Rückstand*) make up.

Wett·ren·nen *n* race; **Wett·rü·sten** ⟨-s⟩ *n* arms race; **Wett·streit** *m* competition, contest; ▶ mit jdm in ~ liegen compete with s.o.; mit jdm in ~ treten enter into competition with s.o.

wet·zen ['vɛtsən] I *tr* ⟨h⟩ (*schärfen*) sharpen, whet; II *itr* ⟨sein⟩ *fam (rennen)* scoot; **Wetz·stein** *m* whetstone.

WG ⟨-, -s⟩ *f fam Abk von* **Wohngemeinschaft** shared flat.

Whirl·pool ['wɜːlpuːl] ⟨-s, -s⟩ *m* whirlpool bath.

Wich·se ['vɪksə] ⟨-, -n⟩ *f* 1. (*Schuh~*) shoe polish; 2. *fam (Prügel)* hiding; ▶ du kriegst gleich ~! you'll get a good hiding! **wich·sen** I *itr vulg (onanieren)* jerk off; II *tr:* ▶ s-e Schuhe ~ *Br* polish (*Am* shine) one's shoes.

Wicht [vɪçt] ⟨-(e)s, -e⟩ *m* 1. (*kleines Geschöpf*) creature; 2. *poet (Gnom)* goblin; ▶ armer ~ poor wretch; **Wich·tel·männ·chen** ['vɪçtəlmɛnçən] *n* brownie.

wich·tig ['vɪçtɪç] *adj* important; ▶ ich verstehe nicht, warum das ~ sein soll I don't see the importance of that; nicht (besonders) ~ sein be of no (great) importance; sie will sich nur ~ machen she just wants to get attention; sich ~ vorkommen be full of o.s.; **Wich·tig·keit** *f* importance; **Wich·tig·tu·er(in)** *m* (*f*) pompous ass, stuffed shirt; **Wich·tig·tue·rei** *f* pomposity, pompousness.

Wicke (k·k) ['vɪkə] ⟨-, -n⟩ *f bot* garden pea.

Wickel (k·k) ['vɪkəl] ⟨-s, -⟩ *m* 1. *med* compress; 2. (*Locken~*) curler; ▶ beim ~ kriegen *fam* grab by the scruff of the neck; *fig* have someone's guts for garters; **Wickel·kind (k·k)** *n* 1. (*Säugling*) babe-in-arms; 2. *fig* baby; **Wickel·kom·mo·de** *f* baby's changing unit.

wickeln (k·k) I *tr* 1. (*ein~*) wrap (*in* in); 2. (*schlingen*) wind (*um* round); 3. *el* (*Spule etc*) coil; ▶ jdn um den Finger ~ *fig* twist s.o. round one's finger; da bist du aber schief gewickelt! *fig fam* you've got another think coming! e-n Säugling ~ put on a baby's nappy (*Am* diaper); II *refl* wrap o.s. (*od* itself) (*in* in, *um* around).

Wickel·raum (k·k) *m* nursing room.

Wid·der ['vɪdə] ⟨-s, -⟩ *m* 1. *zoo* ram; 2. *astr* Aries.

wi·der ['viːdɐ] *prp:* ▶ ~ Erwarten contrary to expectations *pl;* ~ meinen Willen against my will; das Für u. ~ the pros and cons *pl;* **wi·der·fah·ren** ⟨sein⟩ *irr itr* happen (*jdm* to s.o.); (*Unglück etc*) befall (*jdm* s.o.); ▶ jdm Gerechtigkeit ~ lassen do s.o. justice.

Wi·der·ha·ken *m (an Angel, Pfeil)* barb.

Wi·der·hall *m* 1. echo, reverberation; 2. *fig* response; ▶ bei jdm keinen ~ finden *fig* meet with no response from s.o.; **wi·der|hal·len** *itr* echo, reverberate (*von* with).

wi·der·le·gen *tr* 1. (*Argumente*) disprove, refute; 2. (*Person*) prove wrong.

wi·der·lich ['viːdəlɪç] *adj* 1. (*eklig*) disgusting; 2. (*Person*) repulsive; 3. *fam (schlimm)* nasty.

wi·der·na·tür·lich *adj* 1. (*unnatürlich*) unnatural; 2. (*pervers*) perverted.

wi·der·recht·lich *adj* illegal, unlawful; ▶ sich etw ~ aneignen misappropriate s.th.

Wi·der·re·de *f* contradiction; ▶ keine ~! don't argue! ich dulde keine ~ I will not have any arguments about it; ohne ~ without protest.

Wi·der·ruf *m* revocation; *com (von Bestellung)* cancellation; ▶ bis auf ~ until revoked; ~ leisten recant; **wi·der·ru·fen** *irr tr (Erlaubnis)* revoke; (*Befehl*) countermand; (*Aussage, Geständnis*) retract.

Wi·der·sa·cher(in) *m (f)* adversary, antagonist, opponent.

Wi·der·schein *m* reflection.

wi·der·set·zen *refl* oppose (*jdm, e-r Sache* s.o., s.th.).

Wi·der·sinn ⟨-(e)s⟩ *m* absurdity; **wi·der·sin·nig** *adj* absurd, nonsensical.

wi·der·spen·stig ['viːdəʃpɛnstɪç] *adj* 1. (*aufsässig*) unruly, wilful; (*eigensinnig*) stubborn; 2. *fig* unmanageable; ▶ „Der W~en Zähmung" (*Drama v. Shakespeare*) "The Taming of the Shrew"; ~e Haare unruly hair; **Wi·der·spen·stig·keit** *f* 1. (*Aufsässigkeit*) unruliness; (*Eigensinn*) stubbornness; 2. *fig* unmanageableness.

wi·der|spie·geln I *tr a. fig* reflect; II *refl* be reflected.

wi·der·spre·chen *irr* I *itr* contradict (*jdm, e-r Sache* s.o., s.th.); ▶ da muß ich aber ~! I've got to contradict you there! er widersprach mir bei jedem Wort he contradicted every word I said; rundheraus ~ give a flat contradiction; II *refl* 1. (*von Person*) contradict (*sich selbst* o.s., *einander* each other); 2. (*Aussagen*) be inconsistent; **wi·der·spre·chend** *adj (Aussagen)* inconsistent, contradictory.

Wi·der·spruch *m* contradiction; ▶ im ~ stehen zu etw be contradictory to

s.th.; er duldet keinen ~ he dislikes any contradiction of his view; auf ~ stoßen meet with opposition (*bei* from); zu etw im ~ stehen be contradictory to s.th.; es ist kein ~, zu behaupten ... it is not contradictory to say ...; **wi·der·sprüch·lich** *adj* contradictory; ▶ ~es Verhalten inconsistent behaviour; **Wi·der·spruchs·geist** *m* spirit of opposition; ▶ er war voller ~ he was in a contradictory mood; **wi·der·spruchs·los** *adv* without arguing.

Wi·der·stand *m* 1. (*Widersetzung*) resistance; 2. *el* resistor; ▶ zum ~ aufrufen call upon people to resist; auf ~ stoßen meet with resistance; jdm (gegen etw) keinen ~ leisten offer no resistance to s.o. (s.th.); es erhebt sich ~ there is resistance; **Wi·der·stands·be·we·gung** *f* resistance movement; **wi·der·stands·fä·hig** *adj med tech* resistant (*gegen* to); (*robust*) robust; **Wi·der·stands·fä·hig·keit** *f med tech* resistance (*gegen* to); (*Robustheit*) robustness; **Wi·der·stands·kämp·fer(in)** *m (f)* resistance fighter; **Wi·der·stands·kraft** *f* power of resistance; **wi·der·stands·los** *adj adv* without resistance.

wi·der·ste·hen *irr itr* resist; (*standhalten*) withstand.

Wi·der·stre·ben [--'--] *n* reluctance; **wi·der·stre·ben** *itr* 1. oppose (*jdm, e-r Sache* s.o., s.th.); 2. (*zuwider sein*): ▶ es widerstrebt mir, so etw zu tun I am reluctant to do anything like that; **wi·der·stre·bend** *adj* 1. (*widerwillig*) reluctant; 2. (*gegensätzlich*) conflicting; ▶ etw ~ tun do s.th. with reluctance.

Wi·der·streit *m* conflict (*zu* with).

wi·der·wär·tig ['viːdɐvɛrtɪç] *adj* 1. (*ekelhaft*) disgusting; 2. (*unangenehm*) objectionable; **Wi·der·wär·tig·keit** *f* 1. offensiveness; (*Ekelhaftigkeit*) disgusting nature; 2. (*Unannehmlichkeit*) objectionable nature.

Wi·der·wil·le *m* 1. (*Abscheu*) disgust (*gegen* for); 2. (*Abneigung*) distaste (*gegen* for); 3. (*Widerstreben*) reluctance; ▶ mit ~n reluctantly; etw mit ~n tun do s.th. with reluctance; **wi·der·wil·lig** *adj* reluctant, unwilling; ▶ er ist nur ~ Soldat he is a reluctant soldier; etw ~ tun do s.th. with reluctance.

wid·men ['vɪtmən] I *tr (zueignen)* dedicate (*jdm etw* s.th. to s.o.); (*schenken, verwenden auf*) devote (*jdm etw* s.th. to s.o.); II *refl (hingeben)* devote o.s. to ...; (*e-m Problem, Gästen etc*) attend to ...; **Wid·mung** ⟨-, -en⟩ *f* dedication (*an* to).

wid·rig ['viːdrɪç] *adj* adverse; (*ungünstig*) unfavourable.

wie [viː] *adv conj* 1. (*fragend*) how; (*welcher Art, was*) what; 2. (*vergleichend bei adj od adv*) as; (*vergleichend*

bei Substantiv) like; ▶ **so groß, ~ er ist
... as big as he is ...; ~ dem auch sei
... be that as it may ...; ich habe es ~
er gemacht** I did it as he did; **~ Sie
selbst gesagt haben** as you yourself
said; **~ kommt denn das?** how come? **~
kommt es, daß ...?** how is it that ...? **~
ist das möglich?** how can that be? **~
viele?** how many? **~ geht's?** how are
you? **~ wäre es damit?** how about it? **~
wär's mit e-m Spaziergang?** how about
going for a walk? **~ geht's im Betrieb?**
how are things at the office? **na, und ~!**
and how! **~ sie nun mal ist ...** the way
she is ...; **~ noch nie** as never before; **~
ist er?** what's he like? **~ ein Mann** like
a man; **~ verrückt** *fam* like anything;
mach es so ~ ich do it like I do; **~
findest du das?** how do you like that? **~
bitte?** pardon? **~ man's nimmt** that
depends.
Wie·de·hopf ['vi:dəhɔpf] ⟨-(e)s, -e⟩ *m
zoo* hoopoe.
wie·der ['vi:dɐ] *adv* again; ▶ **da sieht
man mal ~ ...** it just shows ...; **immer
~** time and again; **schon ~!** not again!
schon ~ Eier! not eggs again! **da bin
ich ~** it's me again; **du schon ~?** you
again! **da wären wir ~!** here we are
again! **wie·der-** *(in Zssgn)* re-.
Wie·der·auf·bau ⟨-(e)s⟩ *m a. fig* re-
building, reconstruction; **wie·der-
auf|bau·en** [--'---] *tr itr* rebuild, recon-
struct.
wie·der·auf|be·rei·ten [--'----] *tr* recy-
cle; *(Kernbrennstoff)* reprocess; **Wie-
der·auf·be·rei·tung** *f* 1. recycling; 2.
(von Atommüll) reprocessing; **Wie-
der·auf·be·rei·tungs·an·la·ge** *f (für
Kernbrennstoff)* reprocessing plant.
wie·der·auf|la·den *tr el* recharge.
Wie·der·auf·nah·me *f* 1. *(von Ge-
spräch etc)* resumption; *(von Ideen)* re-
adoption; 2. *jur* reopening; **Wie·der-
auf·nah·me·ver·fah·ren** *n jur (im
Strafrecht)* retrial; *(im Zivilrecht)* re-
hearing; **wie·der·auf|neh·men** [--'---]
irr 1. *(Gespräch etc)* resume; *(Ideen,
Hobbies etc)* take up again; 2. *jur* re-
open; 3. *(in Gemeinschaft etc)* readmit.
wie·der|be·kom·men *irr tr* get back.
wie·der|be·le·ben *tr a. fig* revive; **Wie-
der·be·le·bung** *f a. fig* revival; *med*
resuscitation; **Wie·der·be·le·bungs-
ver·such** *m* 1. *med* attempt at resu-
scitation; 2. *fig* attempt at revival; ▶ **~e
bei jdm anstellen** attempt to revive s.o.
Wie·der·be·schaf·fung *f* replacement.
wie·der|brin·gen *irr tr* bring back.
wie·der·ein|füh·ren *tr* 1. *allg* reintro-
duce; 2. *com (re-importieren)* reimport;
Wie·der·ein·füh·rung *f* reintroduc-
tion.
wie·der·ein|glie·dern [--'---] *tr* 1. *allg*
reintegrate *(in* into); 2. *(Straftäter)* re-

socialize; **Wie·der·ein·glie·de·rung** *f*
1. *allg* reintegration; 2. *(von Straftä-
tern)* rehabilitation.
wie·der·ein|set·zen [--'---] I *tr* rein-
state *(in* in); ▶ **jdn in s-n Besitz ~**
restore someone's possessions to him; II
itr (Regen) start up again; *med (Wehen
etc)* recur.
wie·der·ein|stel·len [--'---] *tr* re-em-
ploy; **Wie·der·ein·stel·lung** *f* re-em-
ployment.
Wie·der·ein·tritt *m* re-entry *(in* into).
wie·der|er·hal·ten *irr tr* recover.
wie·der|er·ken·nen *irr tr* recognize.
wie·der|er·lan·gen *tr* regain; *(Eigen-
tum)* recover.
wie·der|er·öff·nen *tr itr* reopen; **Wie-
der·er·öff·nung** *f* reopening.
wie·der|er·stat·ten *tr* refund, reim-
burse *(jdm etw* s.o. for s.th.).
wie·der|er·zäh·len *tr* retell.
wie·der|fin·den *irr* I *tr* 1. find again; 2.
(zurückfinden zu) regain; ▶ **einander
~** find each other again.
Wie·der·ga·be *f* 1. *(von Bild)* repro-
duction; 2. *fig a. theat* rendering; 3.
(Übersetzung) translation; ▶ **bei der ~**
in reproduction; **getreue ~** *(von Bild,
Ton)* high fidelity.
wie·der|ge·ben *irr tr* 1. *(zurückgeben)*
give back; 2. *(beschreiben)* describe; 3.
(reproduzieren) reproduce; ▶ **was ich
empfinde, läßt sich nicht ~** words can-
not convey what I feel.
Wie·der·ge·burt *f* rebirth, reincarna-
tion.
wie·der|ge·win·nen *irr tr a. fig* regain;
(Person) win back.
wie·der·gut|ma·chen [--'---] *tr* make
good, *pol* make reparations for ...;
(Schaden) compensate for ...; **Wie-
der·gut·ma·chung** *f* compensation,
pol reparations *pl; jur* redress; ▶ **als ~
für ...** *fam* to make up for ...
wie·der|ha·ben *irr tr fam* have got
back; ▶ **etw ~ wollen** want s.th. back.
wie·der·her|stel·len [--'---] *tr* restore;
(reparieren) repair; *(Beziehungen)* re-
establish; ▶ **wiederhergestellt sein** *(ge-
sundheitlich)* have recovered; **Wie-
der·her·stel·lung** *f* 1. *allg* re-estab-
lishment, repair, restoration; 2. *(gesund-
heitlich)* restoration of one's health.
wie·der|ho·len[1] *tr (zurückholen)* get
back.
wie·der·ho·len[2] I *tr itr (noch einmal
tun)* repeat; *(mehrmals)* reiterate; II
refl 1. *(Person)* repeat o.s.; 2. *(noch
einmal geschehen)* recur; **wie·der-
holt** *adj* repeated; ▶ **zum ~en Male**
once again; **~e Male** repeatedly; **Wie-
der·ho·lung** *f* repetition; *(mehrmalige
~)* reiteration; *radio TV* repeat; *päd
(von Lernstoff)* revision; *sport (von
Spiel)* replay; *(von Strafstoß)* retake.

Wie·der·hö·ren *n:* ▶ **auf ~!** *tele* goodbye! *radio* goodbye for now!
Wie·der·in·stand·set·zung [---'---] *f* repair(s *pl*) (*e-r Sache* to s.th.).
wie·der|käu·en ['vi:dekɔɪən] **I** *tr* **1.** *(von Tier)* ruminate; **2.** *fig fam* go over and over again; **II** *itr* **1.** ruminate; **2.** *fig fam* harp on; **Wie·der·käu·er** *m* ruminant.
Wie·der·kehr ['vi:deke:e] ⟨-⟩ *f* **1.** *(Rückkehr)* return; **2.** *(ständiges Vorkommen)* recurrence; ▶ **bei meiner ~** on my return; **wie·der|keh·ren** ⟨sein⟩ *itr* **1.** *(sich wiederholen)* be repeated; **2.** *(immer wieder vorkommen)* recur; **3.** *(zurückkehren)* return.
wie·der|kom·men ⟨sein⟩ *irr itr* come back; ▶ **komm doch mal wieder!** you must come again!
Wie·der·se·hen *n* meeting; reunion; ▶ **auf ~!** *Br* goodby! so long!, *Am* see you again! **wie·der|se·hen** *irr tr* **1.** *(erneut sehen)* see again; **2.** *(wieder treffen)* meet again; **Wie·der·se·hens·freu·de** *f* pleasure of seeing each other again.
wie·der·um ['vi:dərʊm] *adv* **1.** *(nochmals)* again, anew; **2.** *(hingegen)* on the other hand; ▶ **sie ~ sagte, ...** she, for her part, said ...
wie·der|ver·ei·ni·gen *tr refl* reunite.
Wie·der·ver·ei·ni·gung *f* reunification.
Wie·der·ver·hei·ra·tung *f* remarriage.
Wie·der·ver·käu·fer *m* reseller; *(Einzelhändler)* retailer; **Wie·der·ver·kaufs·wert** *m* resale value.
Wie·der·ver·wen·dung *f* reuse; **Wie·der·ver·wer·tung** *f* reutilization.
Wie·der·vor·la·ge ['--'---] *f* renewed submission.
Wie·der·wahl *f* re-election; **wie·der|wäh·len** *tr* re-elect.
Wie·der·zu·las·sung ['--'---] *f* re-admission; *mot* relicensing.
Wie·ge ['vi:gə] ⟨-, -n⟩ *f* cradle.
Wie·ge·mes·ser *n* chopping knife.
wie·gen¹ ['vi:gən] *irr tr itr (Gewicht feststellen)* weigh; ▶ **~ lassen** *(Gepäck)* weigh in.
wie·gen² *I tr* **1.** *(schaukeln)* rock; *(Hüften)* sway; *(Kopf)* shake slowly; **2.** *(zerkleinern)* chop up; **II** *refl (Boot etc)* rock gently; *(Bäume, Personen)* sway; ▶ **sich in trügerischen Hoffnungen ~** nurture false hopes; **Wie·gen·lied** *n* cradle song, lullaby.
wie·hern ['vi:ɐn] *itr* **1.** *(von Pferd)* neigh; **2.** *fam (lachen)* bray.
Wien [vi:n] *n* Vienna; **Wie·ner(in)** *m (f)* Viennese; ▶ **~ Schnitzel** veal cutlet, Wiener schnitzel; **~ Würstchen** *Br* frankfurter, *Am* wiener.
Wie·se ['vi:zə] ⟨-, -n⟩ *f* meadow.
Wie·sel ['vi:zəl] ⟨-s, -⟩ *n* weasel.
wie·so [vi'zo:] *adv* why; ▶ **~ weißt du**

das? how do you know that?
wie·viel [vi:'fi:l/'--] *adv* how much; *pl (wie viele)* how many; ▶ **den ~ten haben wir heute?** what day of the month is it? **um ~ größer** how much bigger; **der ~te Kunde ist das?** how many customers have come before this one?
Wild [vɪlt] ⟨-(e)s⟩ *n* **1.** *(~tiere)* game; *(Rot~)* deer; **2.** *(Fleisch vom Rot~)* venison.
wild *adj* **1.** wild; **2.** *(unzivilisiert)* savage; **3.** *(heftig)* fierce, furious; ▶ **den ~en Mann markieren** *fam* come the heavy; **~ durcheinanderliegen** be strewn all over the place; **sei nicht so ~!** *fam* calm down a bit! **das ~e Durcheinander im Zimmer** the wild disorder of the room; **das ist doch halb so ~!** *fam* it's not all that bad!
Wild·bach *m* torrent; **Wild·bret** ['vɪltbret] ⟨-s⟩ *n (Fleisch vom Rotwild)* venison; **Wild·dieb** *m* poacher.
Wil·de(r) ⟨-n, -n⟩ *f m* **1.** savage; **2.** *fig (Übergeschnappte(r))* madman (madwoman).
Wild·en·te *f* wild duck.
Wil·de·rer (Wil·de·rin) *m (f)* poacher; **wil·dern** ['vɪldən] *itr* **1.** *(vom Menschen)* poach; **2.** *(von Hund etc)* kill game.
wild·fremd *adj fam* completely strange.
Wild·heit *f allg* wildness; *(Kampf, Blicke)* fierceness; *(von Eingeborenen)* savagery; **Wild·hü·ter(in)** *m (f)* gamekeeper; **Wild·le·der** *n* suede.
Wild·nis ⟨-⟩ *f* wilderness.
Wild·park *m* game *(od, für Rotwild* deer) park.
wild·reich *adj* abounding in game.
Wild·sau *f* **1.** *zoo* wild sow; **2.** *fig sl* pig; **Wild·scha·den** *m* damage caused by game; **Wild·schwein** *n* wild boar (*od* pig); **wild·wach·send** *adj* wild(-growing); **Wild·was·ser·fahrt** *f* rapid-river canoeing; **Wild·wech·sel** *m* deer pass.
Wild·west·film [-'--] *m* western.
Wil·le ['vɪlə] ⟨-ns, (-n)⟩ *m* **1.** will; **2.** *(Absicht)* intention; ▶ **s-n ~n durchsetzen** have one's own way; **e-n eigenen ~n haben** have a will of one's own; **gegen s-n ~n handeln** go against one's will; **aus freiem ~n** of one's own free will; **beim besten ~n nicht** not with all the will; **das geschah gegen meinen ~n** that was done against my will; **ich kann mich beim besten ~n nicht erinnern** I can't for the life of me remember; **wil·len·los** *adj* spineless, weak-willed; ▶ **er ist völlig ~** he has no will of his own; **jds ~es Werkzeug sein** *fig* be someone's mere tool.
wil·lens ['vɪləns] *adj* ▶ **~ sein** be willing.
Wil·lens·frei·heit *f* freedom of will; **Wil·lens·kraft** *f* strength of mind,

will-power; **wil·lens·schwach** *adj*
weak-willed; **wil·lens·stark** *adj*
strong-willed; **wil·lent·lich** ['vɪləntlɪç]
adj deliberate, wilful.
will·fäh·rig ['vɪlfɛːrɪç/-'--] *adj:* ▶ **jdm ~**
sein submit to s.o.
wil·lig *adj* willing.
Will·kom·men [-'--/'---] *n* welcome;
▶ **jdm ein ~ bieten** bid s.o. welcome;
will·kom·men [-'---] *adj* welcome;
▶ **Sie sind uns jederzeit ~!** you'll al-
ways be welcome here! **herzlich ~!** wel-
come home! **jdn bei sich ~ heißen**
welcome s.o. to one's house.
Will·kür ['vɪlkyːɐ] ⟨- ⟩ *f* arbitrariness;
▶ **jds ~ ausgeliefert sein** be complete-
ly at someone's mercy; **will·kür·lich**
adj 1. *(despotisch)* arbitrary; 2. *(vor-
sätzlich)* at will.
wim·meln ['vɪməln] *itr* swarm, teem
(von with); ▶ **die Bahnhofshalle wim-
melte von Leuten** the station was
swarming with people.
wim·mern ['vɪmɐn] *itr* whimper.
Wim·pel ['vɪmpəl] ⟨-s, -⟩ *m* pennant.
Wim·per ['vɪmpɐ] ⟨-, -n⟩ *f* eyelash;
▶ **ohne mit der ~ zu zucken** *fig* with-
out batting an eyelid; **Wim·pern·tu-
sche** *f* mascara.
Wind [vɪnt] ⟨-(e)s, -e⟩ *m allg* wind;
▶ **der ~ kommt von Westen** the wind
is from the west; **hart am ~ segeln** sail
close to the wind; **jetzt weht hier ein
frischerer ~** *fig* now there's a wind of
change here; **sehen, woher der ~ weht**
fig see which way the wind blows; **jdm
den ~ aus den Segeln nehmen** *fig* take
the wind out of someone's sails; **von etw
~ bekommen** *fig* get wind of s.th.; **jds
Bedenken in den ~ schlagen** *fig* cast
someone's caution to the winds; **mach
nicht soviel ~!** *fig fam* don't make such
fuss!
Wind·beu·tel *m* 1. *(Gebäck)* cream
puff; 2. *fig fam (Person)* rake; **Wind-
bö(e)** *f* gust of wind.
Win·de¹ ['vɪndə] ⟨-, -n⟩ *f tech* winch,
windlass.
Win·de² *f bot* bindweed.
Wind·ei *n fig fam* non-starter.
Win·del ['vɪndəl] ⟨-, -n⟩ *f Br* nappy, *Am*
diaper; **Win·del·hös·chen** *n* dispos-
able nappy *(Am* diaper).
win·del·weich ['--'-] *adj fig fam:* ▶ **jdn
~ schlagen** beat the shit out of s.o.
win·den *irr* I *tr* 1. *(wickeln)* wind; 2.
(hoch~) hoist, winch; 3. *(Kranz)* bind; 4.
(ent~) wrest *(jdm etw aus der Hand*
s.th. out of someone's hand); II *refl* 1.
(Pflanze, Schlange) wind *(itself)*; 2. *(vor
Verlegenheit)* squirm *(vor* with, in); *(vor
Schmerz)* writhe *(vor* with, in); 3. *(Fluß)*
meander; *(Weg)* wind.
Wind·ener·gie *f* wind energy.
Win·des·ei·le *f:* ▶ **sich mit ~ verbrei-**
ten spread like wildfire; **etw in ~ tun** do
s.th. in no time at all.
Wind·fang *m arch* 1. *(als Vorflur)* Br
draught- *(Am* draft-)excluder; 2. *(als
Vorbau)* porch; **wind·ge·schützt** I
adj sheltered (from the wind); II *adv:*
▶ **das Haus liegt ~** the house lies in a
sheltered place; **Wind·hauch** *m* breath
of wind; **Wind·ho·se** *f* vortex; **Wind-
hund** *m* 1. *zoo* greyhound; 2. *fig (Per-
son)* rake.
win·dig *adj* 1. windy; 2. *fig (unsicher)*
dubious.
Wind·jacke (k·k) *f* windcheater;
Wind·kraft·werk *n* wind power sta-
tion; **Wind·licht** *n* storm lantern;
Wind·müh·le *f* windmill; **Wind·müh-
len·flü·gel** *m* windmill vane; **Wind-
pocken** (k·k) *pl* chicken-pox *sing;*
Wind·rad *n tech* wind turbine; **Wind-
rich·tung** *f* wind direction; **Wind·ro-
se** *f* 1. *mar* compass card; 2. *mete* wind
rose; **Wind·schat·ten** ⟨-s⟩ *m* lee; *(von
Fahrzeugen)* slipstream; **wind·schief**
adj crooked; **Wind·schutz·schei·be**
f Br windscreen, *Am* windshield; **Wind-
schutz·strei·fen** *m* shelter belt, wind-
break; **Wind·stär·ke** *f* wind-force;
wind·still *adj* windless; ▶ **es ist völlig
~** there's no wind at all; **Wind·stil·le** *f*
calm; **Wind·stoß** *m* gust of wind.
Wind·sur·fen *n sport* windsurfing;
wind·sur·fen *itr sport* go windsurfing;
Wind·sur·fer(in) *m (f)* windsurfer.
Win·dung *f* 1. *el (Spulen~)* coil; 2.
(Fluß~) meander; 3. *tech (Schrauben~)*
thread; ▶ **die Straße hat viele ~en** the
road is full of twists and turns.
Wink [vɪŋk] ⟨-(e)s, -e⟩ *m* 1. *(Hinweis)*
hint, tip; 2. *(Zeichen)* sign; ▶ **jdm e-n ~
geben** *(Tip)* drop s.o. a hint; **jdm e-n
leisen ~ geben . . .** give s.o. a gentle hint
. . .; **e-n ~ verstehen** know how to take
a hint; **er gab mir durch e-n ~ zu
verstehen, ich solle bleiben** he made
me a sign to stay.
Win·kel ['vɪŋkəl] ⟨-s, -⟩ *m* 1. *math* angle;
2. *tech (Werkzeug)* square; 3. *fig (Stelle,
Ecke)* corner; ▶ **spitzer, stumpfer,
rechter ~** acute, obtuse, right angle;
toter ~ dead angle *(od* space); **Win-
kel·ad·vo·kat** *m* shyster; **Win·kel·ei-
sen** *n* angle iron.
win·k(e)lig *adj* 1. *(Gäßchen)* twisty; 2.
(Städtchen) full of nooks and crannies.
Win·kel·li·ne·al *n* triangle; **Win·kel-
mes·ser** *m* protractor; **Win·kel·zug**
m dodge, trick.
win·ken ['vɪŋkən] *irr* I *tr itr:* ▶ **jdm ~**
wave one's hands to s.o.; **jdm zum Ab-
schied ~** wave s.o. goodbye; **jdn zu sich
~ beckon** *(od* wave) s.o. over to one; **er
winkte mich zu sich** he waved me over;
mit dem Taschentuch ~ wave one's
handkerchief; **e-m Taxi ~** hail a taxi; II

itr (in Aussicht stehen) be in store; ▶ **dem Gewinner winkt e-e Reise nach London** the winner will receive a trip to London.

win·seln ['vɪnzəln] *itr (Hund)* whine; *(Mensch) pej* whimper; *(um Gnade)* grovel.

Win·ter ['vɪntɐ] ⟨-s, -⟩ *m* winter; ▶ **durch den ~ bringen** winter; **es wird ~ winter** is coming; **im ~** in winter; **mitten im ~** in the depth of winter; **Win·ter·dienst** *m mot* winter road clearance; **Win·ter·fell** *n* winter coat; **Win·ter·gar·ten** *m* winter garden; **Win·ter·ge·trei·de** *n* winter crop; **Win·ter·klei·dung** *f* winter clothing.

win·ter·lich *adj* wintry; ▶ **~ gekleidet** dressed for winter.

Win·ter·man·tel *m* winter overcoat; **Win·ter·rei·fen** *m mot* winter tyre *(Am* tire); **Win·ter·ru·he** *f* winter rest period; **Win·ter·schlaf** *m (von Tieren)* hibernation; ▶ **~ halten** hibernate; **Win·ter·schluß·ver·kauf** *m* winter (clearance) sale; **Win·ter·se·me·ster** *m* winter semester; **Win·ter·son·nen·wen·de** *f* winter solstice; **Win·ter·sport** *m* winter sports *pl;* **Win·ters·zeit** *f (literarisch, gehoben)* wintertime.

Win·zer(in) ['vɪntse] *m (f)* wine-grower.

win·zig ['vɪntsɪç] *adj* 1. *(sehr klein)* tiny; 2. *fig (unbedeutend)* petty; ▶ **ein ~es Bißchen** a tiny little bit; **~ klein** minute.

Winz·ling ['vɪntslɪŋ] ⟨-, -e⟩ *m fam* mite.

Wip·fel ['vɪpfəl] ⟨-s, -⟩ *m* treetop.

Wip·pe ['vɪpə] ⟨-, -n⟩ *f* seesaw; **wip·pen** *itr* 1. *(auf Wippe)* seesaw; 2. *(auf u. ab ~)* bob up and down; *(hin u. her ~)* teeter; ▶ **mit dem Fuß ~** jiggle one's foot; **in den Knien ~** give at the knees.

wir [viːɐ] *prn* we; ▶ **~ beide (drei)** the two (three) of us; **wer war das? — ~ nicht!** who was that? — it wasn't us! **wer ist da? — ~ sind's!** who's there? — it's us!

Wir·bel ['vɪrbəl] ⟨-s, -⟩ *m* 1. *a. fig* whirl; 2. *(Wasser~)* eddy, whirlpool; 3. *anat (Rücken~)* vertebra; 4. *(am Scheitel)* crown; ▶ **mach nicht so 'n ~!** *fig fam* don't make such a to-do! **das hat e-n ganz schönen ~ gemacht!** *fam* that caused a lot of commotion! **wir·bel·los** *adj (Lebewesen)* invertebrate.

wir·beln ⟨sein⟩ *tr itr* 1. *allg* whirl; *(Staub, Laub)* swirl; 2. *(Trommel)* roll.

Wir·bel·säu·le *anat* spinal column; **Wir·bel·sturm** *m* whirlwind; **Wir·bel·tier** *n* vertebrate.

Wir·ken ⟨-s⟩ *n* work; ▶ **am ~ sein** be at work.

wir·ken¹ ['vɪrkən] I *itr* 1. *(wirksam sein)* have an effect *(auf* on); 2. *(so erscheinen)* appear, seem; 3. *(zur Geltung kommen)* be effective; 4. *(am Werk sein)* be at work; ▶ **wirkt die Pille**

schon? is the pill taking effect? **sie wirkt jünger, als sie ist** she seems younger than she is; **das wirkt nur so** it only seems like it; II *tr:* ▶ **Wunder ~** work wonders.

wir·ken² *tr (weben)* weave.

wirk·lich I *adv* really; ▶ **ach ~?** not really! **ich weiß ~ nicht, was ich davon halten soll** I really don't know what to think; **sie ist ~ blöd** *fam* she is really an idiot; **hat er das ~ gesagt?** did he actually say that? **wenn du ~ e-n Jaguar hast . . .** if you actually own a Jaguar . . .; II *adj (tatsächlich)* real; ▶ **ein ~er Freund** a true friend; **Wirk·lich·keit** *f* reality; ▶ **~ werden** come true.

wirk·sam *adj* effective; ▶ **~ werden** take effect; **~ bleiben** remain in effect; **Wirk·sam·keit** *f* effectiveness.

Wirk·stoff *m* active agent *(od* substance).

Wir·kung *f* effect *(bei, auf* on); ▶ **unsere Warnung hatte keine ~** our warning was to no effect; **s-e ~ verfehlen** not have the desired effect; **zur ~ kommen** *fig* come into effect; **Wir·kungs·be·reich** *m* 1. *mil* effected area; 2. *(Tätigkeitsbereich)* domain; **Wir·kungs·grad** *m tech* (degree of) effectiveness; **Wir·kungs·kreis** *m* sphere of activity; **Wir·kungs·los** *adj* ineffective; **Wir·kungs·lo·sig·keit** *f* ineffectiveness; **wir·kungs·voll** *adj* effective, efficacious; **Wir·kungs·wei·se** *f* (mode of) action; ▶ **die ~ e-s . . .** the way a . . . works.

wirr [vɪr] *adj* 1. *(durcheinander)* confused; 2. *(unordentlich)* tangled; 3. *(verworren)* weird; *(verstiegen)* wild; ▶ **~e Gedanken** weird thoughts; **er ist ein ~er Kopf** he has crazy ideas; **Wir·ren** *pl pol* confusion *sing;* **Wirr·kopf** *m* muddle-head; **Wirr·warr** ['vɪrvar] ⟨-s⟩ *m* 1. *(Durcheinander)* confusion; 2. *(Stimmen~)* hubbub.

Wir·sing(·kohl) ['vɪrzɪŋ] ⟨-s⟩ *m* savoy.

Wirt [vɪrt] ⟨-(e)s, -e⟩ *m (Gast~)* landlord; ▶ **ich hatte die Rechnung ohne den ~ gemacht** *fig fam* there was one thing I hadn't reckoned with; **Wir·tin** *f (Gast~, Vermieterin)* landlady.

Wirt·schaft ['vɪrtʃaft] *f* 1. *(Volks~)* economy; 2. *(Industrie)* business world; 3. *(Gast~) Br* pub, *Am* saloon; ▶ **das ist ja e-e saubere ~ hier!** *fig fam* that's a fine state of affairs! **die ~ ankurbeln** improve economies *pl;* **in der freien ~ tätig sein** work in industry; **wirt·schaf·ten** *itr* 1. *(sparsam sein)* economize; 2. *(sich beschäftigen)* potter about; **Wirt·schaf·te·rin** *f* housekeeper.

wirt·schaft·lich *adj* 1. *(volks~)* economic; 2. *(sparsam) a. mot* economical; ▶ **mit etw ~ umgehen** use s.th. economically; **man muß ~ denken** one has to be economically minded; **in ~er Hinsicht schon, aber ...** economically yes, but ...; **~ vertretbar** economically defendable; **Wirt·schaft·lich·keit** *f* economy.

Wirt·schafts·ab·kom·men *n* trade agreement; **Wirt·schafts·be·reich** *m* economic sector; **Wirt·schafts·be·zie·hun·gen** *f pl* business relations; **Wirt·schafts·ent·wick·lung** *f* commercial development; **Wirt·schafts·flücht·ling** *m* economic refugee; **Wirt·schafts·ge·bäu·de** *n* working quarters *pl;* **Wirt·schafts·geld** *n* housekeeping money; **Wirt·schafts·gym·na·sium** *n* commercial high school; **Wirt·schafts·hil·fe** *f* economic aid; **Wirt·schafts·jahr** *n* financial year; **Wirt·schafts·kraft** *f* economic power; **Wirt·schafts·kri·mi·na·li·tät** *f* business delinquency; **Wirt·schafts·kri·se** *f* economic crisis; **Wirt·schafts·la·ge** *f* economic situation; **Wirt·schafts·le·ben** *n* business; **Wirt·schafts·macht** *f* economic power; **Wirt·schafts·mi·ni·ster(in)** *m (f)* minister of trade and commerce; **Wirt·schafts·mi·ni·ste·rium** *n Br* Ministry of Trade and Commerce, *Am* Department of Commerce; **Wirt·schafts·ord·nung** *f* economic system; **Wirt·schafts·pla·nung** *f* economic planning; **Wirt·schafts·po·li·tik** *f* economic policy; **Wirt·schafts·prü·fer(in)** *m (f)* accountant; **Wirt·schafts·raum** *m* economic region; **Wirt·schafts·sy·stem** *n* economic system; **Wirt·schafts·teil** *m (in Zeitung)* financial (*od* business) section; **Wirt·schafts·wachs·tum** *n* economic growth; **Wirt·schafts·wis·sen·schaft** *f* economics *pl;* **Wirt·schafts·wun·der** *n* economic miracle; **Wirt·schafts·zweig** *m* branch of industry.

Wirts·haus *n (Lokal) Br* pub, *Am* saloon; *(Gasthof)* inn; **Wirts·leu·te** *pl* landlord and landlady.

Wisch [vɪʃ] ⟨-(e)s, -e⟩ *m fam pej* 1. *(Zettel)* piece of paper; 2. *(mit Gedrucktem)* scrap of bumph.

wi·schen ['vɪʃən] *tr itr* 1. wipe; *(reinigen)* wipe clean; 2. *fig fam (sich schnell bewegen)* whisk; ▶ **jdm e-e ~** *fam* clout s.o. one; **e-n gewischt bekommen** *el fam* get a shock.

Wi·scher·blatt *n mot* wiper blade.

Wisch·lap·pen *m* cloth.

Wi·sent ['viːzɛnt] ⟨-s, -e⟩ *m* bison.

Wis·mut ['vɪsmuːt] ⟨-(e)s⟩ *n* bismuth.

wis·pern ['vɪspən] *tr itr* whisper.

Wiß·be·gier(·de) *f* thirst for knowledge; **wiß·be·gie·rig** *adj* eager to learn.

wis·sen ['vɪsən] *irr tr* 1. *(informiert sein,*

kennen) know *(von* about); 2. *(sich erinnern)* remember; 3. *(sich vor Augen führen)* realize; ▶ **von jdm (etw) nichts ~ wollen** not be interested in s.o. (s.th.); **nicht daß ich wüßte** not that I know; **als ob ich das wüßte!** how should I know! **Bescheid ~** *fig fam* know a thing or two; **das hättest du doch ~ müssen!** you ought to have known that! **das möchte ich auch ~** that's what I'd like to know; **was weiß ich?** who knows? **weiß ich doch nicht!** I wouldn't know! **man kann nie ~ ...** you never know...; **er weiß, was gut ist** he knows a good thing when he sees it; **weiß der Teufel!** *fam* God knows! **wenn ich das wüßte!** goodness knows! **jdn etw ~ lassen** tell s.o. s.th.; **er hält sich für wer weiß wie schlau** he thinks he's ever so smart; **Wis·sen** ⟨-s⟩ *n* knowledge; ▶ **meines ~s** to the best of my knowledge; **ohne ihr ~** without her knowledge; **ohne ~ s-r Mutter** without the knowledge of his mother.

Wis·sen·schaft *f* science; **Wis·sen·schaft·ler(in)** *m (f)* scientist; *(Geistes~)* academic; **wis·sen·schaft·lich** *adj* scientific; *(geistes~)* arts; ▶ **~arbeiten** work scientifically; **Wis·sen·schafts·mi·ni·ster(in)** *m (f)* minister of science; **Wis·sens·drang (Wissens·durst)** *m* thirst for knowledge; **Wis·sens·ge·biet** *n* field (of knowledge); **wis·sens·wert** *adj* worth knowing.

wis·sent·lich ['vɪsəntlɪç] **I** *adj* deliberate, intentional; **II** *adv* deliberately, intentionally, knowingly.

wit·tern ['vɪtən] **I** *tr a. fig* scent; **II** *itr (von Wild)* sniff the air.

Wit·te·rung *f* 1. *(Wetter)* weather; 2. *(Geruchswahrnehmung)* scent *(von* of); ▶ **bei günstiger ~** if the weather is good; **Wit·te·rungs·ver·hält·nis·se** *pl* weather conditions.

Wit·we ['vɪtvə] ⟨-, -n⟩ *f* widow; ▶ **~ werden** be widowed; **Wit·wen·ren·te** *f* widow's pension; **Wit·wer** ⟨-s, -⟩ *m* widower.

Witz [vɪts] ⟨-es, -e⟩ *m* 1. *(Scherz, Spaß)* joke; 2. *fig (geistvolle Schärfe)* wit; ▶ **das ist kein ~!** it's no joke! **das ist kein ~ mehr!** it's beyond a joke! **e-n ~ über etw machen** make a joke about s.th.; **das soll wohl ein ~ sein!** you must be joking! **mach keine ~e!** you're joking! **und das ist der ganze ~ dabei!** and that's all there is to it! **Witz·blatt** *n* joke book; **Witz·blatt·fi·gur** *f a. fig* joke figure; **Witz·bold** ['vɪtsbɔlt] ⟨-(e)s, -e⟩ *m* joker; ▶ **du ~!** *fam* you're a great one!

Wit·ze·lei *f* teasing.

wit·zeln ['vɪtsəln] *itr* joke *(über* about).

wit·zig *adj* 1. *(spaßig)* funny; 2. *(geist-*

reich) witty; ▶ **sehr** ~! *fig fam* you're a great one!
WM ⟨-, -s⟩ *f Abk von* **Weltmeisterschaft** world championship.
wo [vo:] **I** *adv* where; ▶ **ach** ~! *fam* nonsense! ~ **gehst du hin?** where are you going to? **II** *conj:* ▶ ~ ... **doch** *(Gegensatz)* when ...; **warum machst du es denn auf diese Art,** ~ **es doch so viel einfacher wäre?** why do you do it that way when it would be much easier like this? **wo·an·ders** [-'--] *adv* elsewhere, somewhere else.
wo·bei [-'-] *prn* 1. *(Frage)* how? *(bei was)* at what? 2. *(relativ)* in which; ▶ ~ **ist das passiert?** how did that happen? ~ **habt ihr ihn beobachtet?** at what did you watch him? ... ~ **mir einfällt,** ... ... which reminds me ...
Wo·che ['vɔxə] ⟨-, -n⟩ *f* week; ▶ **das ist e-e** ~ **Arbeit** *fam* that's a week's work; **in e-r** ~ in a week; ~ **für** ~ week in, week out; **dreimal die** ~ three times a week; **heute in e-r** ~ this day week; **morgen in e-r** ~ a week tomorrow; **zwei** ~**n Ferien** two weeks' holiday; **Wo·chen·ar·beits·zeit** *f* working week; **Wo·chen·be·richt** *m* weekly report; **Wo·chen·bett** *n obs* lying-in; ▶ **im** ~ **liegen** be lying in; **Wo·chen·blatt** *n* weekly; **Wo·chen·end·bei·la·ge** *f (in Zeitung)* weekly supplement; **Wo·chen·en·de** ⟨-(e)s, -en⟩ *n* weekend; ▶ **zum** ~ for the weekend; **schönes** ~! have a nice weekend! **übers** ~ **verreisen** go away for the weekend; **ein langes** ~ **machen** take a long weekend; **er verbringt die** ~**n auf dem Lande** he spends his weekends in the country; **Wo·chen·end·haus** *m* weekend house.
wo·chen·lang *adj adv* for weeks.
Wo·chen·lohn *m* weekly wage; **Wo·chen·schau** *f film* newsreel; **Wo·chen·tag** *m* 1. *(im Gegensatz zum Sonntag)* weekday; 2. *(bestimmter)* day of the week; **wo·chen·tags** *adv* on weekdays.
wö·chent·lich ['vœçəntlɪç] **I** *adj* weekly; ▶ **der** ~**e Großeinkauf** the weekly shopping expedition; **II** *adv* weekly; ▶ **einmal** ~ once a week; ~ **bezahlen** pay by the week; **sich** ~ **abwechseln** take turns every week.
Wöch·ne·rin ['vœçnərɪn] *f* woman in childbed.
wo·durch [-'-] *prn* 1. *(Frage)* how; 2. *(relativ)* which.
wo·für [-'-] *prn* 1. *(Frage)* for what? what ... for? *(warum auch)* why; 2. *(relativ)* for which, which ... for; ▶ ~ **ist das gut?** what is that good for? ~ **halten Sie mich?** what do you take me for? ..., ~ **er jetzt zahlen muß** ... which he has to pay for now.

Wo·ge ['vo:gə] ⟨-, -n⟩ *f* wave; ▶ **wenn sich die** ~**n geglättet haben** *fig* when things have calmed down.
wo·ge·gen [-'--] *adv* 1. *(gegen was?)* against what? 2. *(relativ)* against which, which ... against.
wo·gen ['vo:gən] *itr a. fig* surge; *(Getreide)* wave; *(Busen)* heave.
wo·her [-'-] *prn* 1. *(Frage)* from where? where ... from? 2. *(wie)* how; 3. *(relativ)* from which, where ... from; ▶ ~ **wissen Sie das?** how do you know that? *fam* how come you know that? **ach,** ~! *fam* nonsense!
wo·hin [-'-] *prn* 1. *(Frage)* where (to)? 2. *(relativ)* where; ▶ ~ **du auch siehst** wherever you look; **ich muß mal** ~ *euph (zur Toilette)* I've got to go somewhere.
Wohl [vo:l] ⟨-(e)s⟩ *n* well-being; ▶ **auf Ihr** ~! here's to you! your health! **zum** ~! cheers!
wohl I *adv* 1. *(gut, gesund)* well; 2. *(zwar, freilich)* all right, it is true, to be sure; 3. *(vielleicht)* perhaps; 4. *(wahrscheinlich)* probably; ▶ **ich fühle mich nicht** ~ I don't feel well; ~ **bekomm's!** I hope you like it! ~ **oder übel** like it or not; **das ist** ~ **das Beste** I suppose it's the best thing; **was er** ~ **hat?** I wonder what's wrong with him? **du bist** ~ **verrückt!** you must be mad! **das mag** ~ **sein** that may well be; **das ist doch** ~ **nicht dein Ernst!** you can't be serious! **II** *conj:* ▶ **ich habe es** ~ **gewußt, aber was konnte ich machen?** it's true that I knew but what could I do? **sie hat es** ~ **gesagt, aber** ... she may have promised, but ...
wohl·an [-'-] *interj* well now!
wohl·auf [-'-] **I** *interj* well then! **II** *adj* in good health, well; ▶ ~ **sein** be in good health.
wohl·aus·ge·wo·gen *adj* balanced.
wohl·be·dacht *adj* well considered.
Wohl·be·fin·den *n* well-being.
wohl·be·grün·det ['--'--] *adj* well-founded.
Wohl·be·ha·gen *n* comfort, ease.
wohl·be·hal·ten *adj* 1. *(Person)* safe and sound; 2. *(Gegenstand)* intact.
wohl·be·kannt *adj* well-known.
wohl·durch·dacht *adj* carefully thought out.
Wohl·er·ge·hen ⟨-s⟩ *n* welfare.
wohl·er·wo·gen *adj* carefully considered.
wohl·er·zo·gen *adj (Erwachsene)* well-bred; *(Kind)* well-mannered.
Wohl·fahrt ⟨-⟩ *f* welfare; **Wohl·fahrts·ein·rich·tun·gen** *pl* social services; **Wohl·fahrts·staat** *m* welfare state.
Wohl·ge·fal·len ⟨-s⟩ *n* pleasure, satisfaction; ▶ **sein** ~ **an etw haben** take pleasure in s.th.; **sich in** ~ **auflösen** *fig*

hum vanish into thin air; **wohl·ge·fäl·lig** *adj* 1. *(gefallend)* pleasing; 2. *(erfreut, zufrieden)* well-pleased.
wohl·ge·meint *adj* well-meant.
wohl·ge·merkt *adv* mark you, mind (you).
wohl·ge·nährt *adj* well-fed.
wohl·ge·ord·net *adj* well-ordered.
wohl·ge·ra·ten *adj* 1. *(Werk)* successful; 2. *(Kind)* fine.
Wohl·ge·ruch *m* fragrance.
Wohl·ge·schmack *m* pleasant taste.
wohl·ge·sinnt *adj* well-disposed *(jdm* towards s.o.).
wohl·ha·bend *adj* prosperous, well-to-do.
woh·lig *adj* pleasant; *(heimelig)* cosy.
Wohl·klang *m* melodious sound.
wohl·mei·nend *adj* well-meaning.
wohl·rie·chend *adj* fragrant.
wohl·schmeckend (k·k) *adj* palatable.
Wohl·sein *n:* ▶ **zum ~!** your health!
Wohl·stand ⟨-(e)s⟩ *m* affluence, prosperity; **Wohl·stands·ge·sell·schaft** *f* affluent society.
Wohl·tat *f:* ▶ **das ist e-e wahre ~!** that's a real comfort! **jdm e-e ~ erweisen** do s.o. a good turn; **Wohl·tä·ter(in)** *m (f)* benefactor (benefactress); **wohl·tä·tig** *adj* charitable; **Wohl·tä·tig·keit** *f* charity; **Wohl·tä·tig·keits·ver·an·stal·tung** *f* charity performance.
wohl·tu·end *adj* most agreeable; **wohl|tun** *irr tr* 1. *(angenehm sein)* do good *(jdm* s.o.); 2. *(Gutes tun)* benefit *(jdm* s.o.).
wohl·über·legt ['---'-] *adj* well-considered; ▶ **etw ~ tun** do s.th. after careful consideration.
wohl·ver·dient ['--'-] *adj* well-deserved.
Wohl·ver·hal·ten *n* good conduct.
wohl·ver·stan·den I *adj* well-understood; II *adv* mark you, mind (you).
wohl·weis·lich *adv* very wisely.
Wohl·wol·len ⟨-s⟩ *n* benevolence, goodwill; ▶ **selbst mit dem größten ~ ...** with the best will in the world ...;
wohl|wol·len *irr itr:* ▶ **jdm ~ wish s.o.** well; **wohl·wol·lend** *adj* benevolent; ▶ **jdm gegenüber ~ sein** be kindly disposed towards s.o.
Wohn·an·hän·ger *m Br* caravan, *Am* (house-)trailer; **Wohn·an·la·ge** *f* housing development *(Br* estate); **Wohn·be·völ·ke·rung** *f* residential population; **Wohn·block** ⟨-s, -s⟩ *m* block of flats; **Wohn·con·tai·ner** *m* portacabin; **Wohn·dich·te** *f* housing *(od* residential) density.
woh·nen ['vo:nən] *itr* live, stay *(bei* with); ▶ **er wohnt bei s-n Eltern** he lives with his parents; **ein Haus, in dem man nicht ~ kann** a house not fit to live in; **im Hotel ~** stay at a hotel.

Wohn·flä·che *f* living space; **Wohn·ge·biet** *n* residential district *(od* area); **Wohn·geld** *n* public housing allowance; **Wohn·ge·mein·schaft** *f* flat-sharing community; **Wohn·haus** *n Br* residential building, *Am* apartment house; **Wohn·heim** *n* 1. *allg Br* residential home, *Am* rooming house; 2. *(Studenten~)* hostel; **Wohn·kom·fort** *m* home comfort; **Wohn·kü·che** *f* kitchen-cum-living room; **Wohn·la·ge** *f* residential area; ▶ **ein Haus in schöner ~** a nicely situated house.
wohn·lich *adj* cosy; ▶ **es sich ~ machen** make o.s. comfortable.
Wohn·mo·bil ⟨-s, -e⟩ *n mot* dormobile *Wz,* mobile home *(Am* RV).
Wohn·ort *m* (place of) residence; **Wohn·qua·li·tät** *f* quality of housing; **Wohn·recht** *n jur* right of residence; **Wohn-Schlafzimmer** *n* bed-sitting room; **Wohn·sied·lung** *f* housing estate; **Wohn·si·lo** *m* concrete block; **Wohn·sitz** *m* domicile; ▶ **ständiger ~** permanent residence; **ohne festen ~** of no fixed abode.
Woh·nung *f Br* flat, *Am* apartment; ▶ **neue ~en bauen** build new homes; **freie ~ haben** have free lodging; **Woh·nungs·amt** *n* housing office; **Woh·nungs·an·ge·bot** *n* housing stock; **Woh·nungs·bau** ⟨-(e)s⟩ *m* house building; **Woh·nungs·bau·pro·gramm** *n* housing programme; **Woh·nungs·be·darf** *m* housing need; **Woh·nungs·be·set·zer(in)** *m (f)* squatter; **Woh·nungs·in·ha·ber(in)** *m (f)* householder, occupant; **Woh·nungs·man·gel** ⟨-s⟩ *m* housing shortage; **Woh·nungs·markt** ⟨-(e)s⟩ *m* housing market; **Woh·nungs·markt·an·zei·ge** *f* residential property advertisement; **Woh·nungs·nach·fra·ge** *f* housing demand; **Woh·nungs·nach·weis** *m* accomodation registry; **Woh·nungs·not** *f* (serious) housing shortage; **Woh·nungs·su·che** *f:* ▶ **auf ~ sein** be flat-hunting; **Woh·nungs·su·chen·de(r)** *f m* home-seeker; **Woh·nungs·wech·sel** *m* change of address.
Wohn·vier·tel *n* residential quarter *(Am* section *od* district); **Wohn·wa·gen** *m Br* caravan, *Am* trailer; **Wohn·wert** ⟨-(e)s⟩ *m* residential amenity; **Wohn·zim·mer** *n* living-room.
wöl·ben ['vœlbən] *refl allg* curve; *(Straße: durch Winterschaden)* buckle.
Wöl·bung *f allg* curvature; *arch (bogenförmig)* arch; *arch (kuppelförmig)* dome.
Wolf [vɔlf, *pl* 'vœlfə] ⟨-(e)s, ¨ e⟩ *m* 1. *zoo* wolf; 2. *med* intertrigo; 3. *tech (Fleisch~) Br* mincer, *Am* grinder; *(für Schrott etc)* shredder; ▶ **~ im Schafspelz** *fig* wolf in a sheep's clothing; **jdn**

durch den ~ drehen *fig* put s.o. through his paces; **Wöl·fin** ['vœlfɪn] *f* she-wolf.
Wolf·ram ['vɔlfram] ⟨-s⟩ *n chem* tungsten, wolfram.
Wolfs·hun·ger ['-'--] *m fig fam* ravenous hunger; ▶ **e-n ~ haben** be ravenous.
Wol·ke ['vɔlkə] ⟨-, -n⟩ *f a. fig* cloud; ▶ **aus allen ~n fallen** *fig* be flabbergasted; **Wol·ken·bruch** *m* cloudburst; **Wol·ken·decke (k·k)** ⟨-⟩ *f* cloud cover (*od* pall); **Wol·ken·krat·zer** *m* skyscraper; **wol·ken·los** *adj* cloudless.
wol·kig *adj* cloudy.
Woll·decke (k·k) *f* (woollen) blanket.
Wol·le ['vɔlə] ⟨-, -n⟩ *f* wool; ▶ **reine ~** pure wool; **sich mit jdm in der ~ haben** *fam* be at loggerheads with s.o.; **sich mit jdm in die ~ kriegen** *fig fam* start squabbling with s.o.; **wol·len** *adj (aus Wolle)* woollen.
wol·len ['vɔlən] *irr* **I** *itr (Willen haben):* ▶ **da ist nichts zu ~** there's nothing I (*od* we *etc*) can do about it; **er will es nicht gewesen sein** he maintains that it wasn't him; **na, dann ~ wir mal!** all right, let's get started! **wenn du willst, kannst du gehen** you can go if you want; **ich will nicht** I don't want to; **will sie es wirklich?** does she really want to? **tu, was du willst** do as you want; **willst du jetzt wohl ruhig sein!** will you be quiet! **das will nichts heißen!** that doesn't mean anything! **die Schnittwunde will nicht heilen** the cut won't heal; **du kannst sagen, was du willst ...** *fam* say what you will ...; **das ist, wenn du so willst, ...** it is, if you will, ...; **ich will unbedingt ins Kino!** I'm set on going to the cinema! **II** *tr (bezwecken, wünschen)* want; ▶ **etw tun ~** want to do s.th.; **ich will zu Herrn Y.** I want to see Mr. Y.; **ich will, daß du herkommst** I want you to come here; **ich will das sofort erledigt haben** I want it done now; **was will er von dir?** what does he want with you? **sonst willst du nichts?** *(ironisch)* you don't want much; **er will nicht unterschreiben** he won't sign; **ich wollte nur helfen** I only meant to help; **willst du damit sagen, daß du nicht kommst?** do you mean to say you're not coming? **er wollte niemand beleidigen** he meant no offence.
wol·lig *adj* wooly; **Woll·jacke (k·k)** *f* cardigan; **Woll·stoff** *m* woollen material.
Woll·lust ['vɔlʊst] ⟨-⟩ *f* **1.** *(Sinnlichkeit)* voluptuousness; **2.** *(Lüsternheit)* lust; **wol·lü·stig** ['vɔlʏstɪç] *adj* **1.** *(sinnlich)* sensual; voluptuous; **2.** *(lüstern)* lusty; ▶ **jdn ~ ansehen** give s.o. a lascivious look.
Woll·wa·ren *pl* woollen goods; **Woll-**

wä·sche *f* washing woollens.
wo·mit [-'-] *prn* **1.** *(Frage)* with what? what ... with? **2.** *(relativ)* with which; *(bei Bezug auf ganzen Satz)* by which; ▶ **~ kann ich dienen?** what can I do for you? **~ ich nicht sagen will, daß ...** which doesn't mean to say that ...
wo·mög·lich [-'--] *adv* possibly.
wo·nach [-'-] *prn* **1.** *(Frage)* after what? what ... after? **2.** *(relativ: zufolge)* according to which; ▶ **~ ich mich sehne, ist ...** what I am longing for is ...; **das Land, ~ ich mich sehne** the country which I am longing for; **~ riecht das?** what does it smell of?
Won·ne ['vɔnə] ⟨-, -n⟩ *f* bliss; ▶ **aber mit ~!** with great pleasure! **das ist e-e wahre ~** it's a sheer delight.
wor·an [vo'ran] *prn* **1.** *(Frage)* by what? **2.** *(relativ, mit Bezug auf vorausgehenden Satz)* by which; ▶ **~ denken Sie?** what are you thinking of (*od* about)? **~ arbeiten Sie?** what are you working at? **~ erinnert Sie das?** what does that remind you of? **man weiß bei ihm nie, ~ man ist** with him you never know where you are at; **..., ~ man sieht ...** ... by which is shown ...
wor·auf [vo'rauf] *prn* **1.** *(Frage)* (up)on what? **2.** *(relativ: zeitlich)* whereupon; ▶ **~ du dich verlassen kannst!** ... of which you can be sure! **~ wartest du?** what are you waiting for?
wor·aus [vo'raus] **1.** *prn (Frage)* (out) of what? what ... of? **2.** *(relativ)* out of which, from which; ▶ **~ schließen Sie das?** from what do you deduce that? **..., ~ ich schließe, daß ...** ... from which I conclude that ...
wor·in [vo'rɪn] *prn* **1.** *(Frage)* in what? what ... in? **2.** *(relativ)* in which, which ... in, wherein; ▶ **~ besteht der Unterschied?** what is the difference?
Wort [vort, *pl* 'vœrtə] ⟨**1.** -(e)s, ¨er, **2.** -es, -e⟩ *n* **1.** *allg* word; **2.** *(Ausspruch)* saying; ▶ **~ für ~** word for word; **so·was kann man mit ~en nicht beschreiben** words cannot describe it; **mir fehlen die ~e** words fail me; **mit e-m ~** in a word; **mit anderen ~en** in other words; **ein paar ~e sprechen** say a few words; **jdn beim ~ nehmen** take s.o. at his word; **du hast mir das ~ aus dem Munde genommen** you took the words out of my mouth; **für jdn ein gutes ~ einlegen** put in a word for s.o.; **sein ~ halten** keep one's word; **ich gebe dir mein ~** I give you my word; **sein ~ brechen** break one's word; **ich habe sein ~** I have his word for it; **das ist ein ~!** wonderful! **davon hat man mir kein ~ gesagt** they didn't tell me anything about it; **dein ~ in Gottes Ohr!** let us hope so! **jdm ins ~ fallen** interrupt s.o.; **jdm das ~ abschneiden** cut s.o. short;

zu ~ **kommen** get a chance to speak; **jdm das** ~ **erteilen** allow s.o. to speak; **in** ~**e fassen** put into words; **Wort·art** *f gram* part of speech; **wort·brü·chig** *adj* false; ► ~ **werden** break one's word.

Wör·ter·buch *n* dictionary; **Wör·ter·ver·zeich·nis** *n* glossary.

Wort·füh·rer(in) *m (f)* spokesman (spokeswoman), spokesperson; **Wortge·fecht** *n* battle of words; **wortge·treu** *adj adv* verbatim; **wort·karg** *adj* taciturn; **Wort·klau·be·rei** ['vɔrtklaubə'raɪ] *f* cavilling, quibbling; **Wort·laut** ⟨-(e)s⟩ *m* wording; ► **im** ~ verbatim; **nach dem** ~ **des Vertrages** by the terms of the contract.

wört·lich ['vœrtlɪç] *adj (Bedeutung)* literal; *(Wiedergabe)* word-for-word; ► ~**e Rede** direct speech; **etw** ~ **übersetzen** translate s.th. literally.

wort·los I *adj* silent; II *adv* without saying a word; **Wort·mel·dung** *f* request to speak; ► ~**en liegen nicht vor** there is nobody who asked leave to speak; **wort·reich** *adj (Rede)* verbose, wordy; *(Protest)* voluble; **Wort·schatz** ⟨-es, ⁼e)⟩ *m* vocabulary; **Wortschwall** ⟨-(e)s⟩ *m* torrent of words; **Wort·spiel** *n* play upon words, pun; **Wort·stel·lung** *f gram* word order; **Wort·wech·sel** *m* verbal exchange; ► **e-n** ~ **haben** have a quarrel; **wortwört·lich** ['-'---] I *adj* word-for-word, verbatim; II *adv* word for word, verbatim.

wor·über [vo'ry:bə] *adv* 1. *(Frage)* about what? what … about? 2. *(örtlich)* over what? what … over? 3. *(relativ)* about which, which … about; *(örtlich)* over which, which … over; *(bei Bezug auf vorausgehenden Satz)* which.

wor·um [vo'rʊm] *adv* 1. *(Frage)* about what? what … about? 2. *(relativ)* about which, which … about; ► ~ **handelt es sich?** what's it all about?

wor·un·ter [vo'rʊntə] *adv* 1. *(Frage)* under what? what … under? 2. *(relativ)* under which, which … under; ► ~ **leidest du denn?** what are you suffering from?

wo·von [-'-] *adv* 1. *(Frage)* from what? what … from? 2. *(relativ)* from which, which … from; *(bei Bezug auf vorausgehenden Satz)* about which, which … about; ► ~ **sprechen Sie?** what are you talking about? ~ **hat er das abgeleitet?** what did he derive that from? ~ **auch immer Sie sprechen** whatever you're talking about.

wo·vor [-'-] *adv* 1. *(Frage)* before what? what … before? 2. *(relativ)* before which, which … before; ► ~ **fürchtest du dich?** what are you afraid of? **etw,** ~ **ich euch schon immer gewarnt habe**

s.th. I have always warned you about. **wo·zu** [-'-] *adv* 1. *(Frage)* to what? what … to? *(warum)* why? 2. *(relativ)* to which, which … to; ► ~ **soll das gut sein?** what is that supposed to be good for? ~ **denn?** why should I *(od he etc)?*

Wrack [vrak] ⟨-(e)s, -s/(-e)⟩ *n a. fig* wreck.

wrin·gen ['vrɪŋən] *irr tr* wring.

Wu·cher ['vu:xə] ⟨-s⟩ *m* profiteering; *(bei Geldverleih)* usury; ► **das ist doch der reinste** ~! that's daylight robbery! **Wu·che·rer** (**Wu·che·rin**) *m (f)* profiteer; *(Geldverleiher(in))* usurer; **wu·che·risch** *adj* profiteering; *(Zinsen)* usurious; **Wu·cher·mie·te** *f* extortionate rent.

wu·chern ['vu:xən] ⟨sein⟩ *itr* 1. *(aus~, empor~, a. bot med)* proliferate; 2. *(von Haaren)* grow profusely; **wu·chernd** *adj* proliferous; **Wu·che·rung** *f* 1. *med* growth, tumour; 2. *bot* proliferation.

Wu·cher·zins *m* usurious interest.

Wuchs [vu:ks] ⟨-es⟩ *m* 1. *(Wachstum)* growth; 2. *(Körper~)* stature.

Wucht [vʊxt] ⟨-⟩ *f* 1. force; *(Stoßkraft)* momentum; 2. *fam (e-e ganze Menge)* load; 3. *fam (Prügel)* good hiding; ► **Cornelia ist e-e** ~! *fig fam* C. is smashing! **wuch·ten** *tr itr (hochheben)* heave; **wuch·tig** *adj* 1. *(schwer, a. fig)* heavy; 2. *(kräftig)* powerful.

wüh·len ['vy:lən] I *itr tr* 1. dig *(nach* for); *(von Nager)* burrow; 2. *(stöbern)* root, rummage *(nach* etw *nach* s.th.); 3. *fig (Schmerzen etc)* gnaw *(in* at); 4. *fig (zersetzend tätig sein)* stir things up; ► **in den Haaren** ~ run one's fingers through one's hair; II *refl (durch Akten etc)* burrow one's way (through).

Wühl·maus *f* 1. *zoo* vole.

Wulst [vʊlst, *pl* 'vʏlstə] ⟨-(e)s, ⁼e⟩ *m* bulge; *(Flaschen~, Glas~)* lip; *mot (Reifen~)* bead; *(Falte)* fold; **wul·stig** *adj* bulged; *(Lippen)* thick.

wund [vʊnt] *adj* sore; ► ~**er Punkt** *fig* sore point; **sich** ~ **reiben** make o.s. sore (by chafing); **sich die Füße** ~ **laufen** walk one's legs off.

Wun·de ['vʊndə] ⟨-, -n⟩ *f a. fig* wound; ► **alte** ~**n wieder aufreißen** *fig* open up old sores.

Wun·der ['vʊndə] ⟨-s, -⟩ *n* 1. *(überraschendes Ereignis)* wonder; 2. *rel (Übernatürliches)* miracle; 3. *fig (Person)* marvel; ► **das ist kein** ~ no wonder; ~ **tun** work wonders; **er wird sein blaues** ~ **erleben** *fam* he won't know what's hit him; **es geschehen noch Zeichen u.** ~ *hum* wonders will never cease; **sich w**~ **was einbilden** think one is too wonderful for words; **wun·der·bar** *adj* 1. *(schön)* marvellous, wonderful, *fam* smashing; 2. *(über-*

natürlich) miraculous; **wun·der·ba·rer·wei·se** ['----'--] *adv* miraculously; **Wun·der·kind** *n* child prodigy; **Wun·der·land** ‹-(e)s› *n* wonderland.

wun·der·lich *adj* 1. *(merkwürdig)* odd, strange; 2. *(wundersam)* wondrous.

wun·dern I *tr* surprise; ▶ **das wundert mich aber!** you amaze me! **es würde mich nicht ~, wenn ...** I wouldn't be surprised if ...; **es wundert mich, daß du nicht daran gedacht hast** I'm surprised you didn't think of that; **II** *refl* be surprised *(od astonished) (über* at)*.

wun·der·schön ['--'-] *adj* lovely, wonderful; **wun·der·voll** *adj* marvellous, wonderful.

wund|lie·gen *irr refl* get bedsore; **Wund·sal·be** *f* ointment; **Wundstarr·krampf** *m* tetanus.

Wunsch [vunʃ, *pl* 'vynʃə] ‹-(e)s, ·· e› *m* 1. wish; *(sehnliches Verlangen)* desire; 2. *(Bitte)* request; ▶ **es ging alles nach ~** everything was going smoothly; **ich lese ihr jeden ~ von den Augen ab** I anticipate her every wish; **dein ~ sei mir Befehl** your wish is my command; **dein ~ soll in Erfüllung gehen** you shall have your wish; **haben Sie noch e-n ~?** is there anything else you'd like? **da war der ~ der Vater des Gedankens** the wish was father to the thought; **Wunsch·den·ken** *n* wishful thinking.

Wün·schel·ru·te ['vynʃəlru:tə] *f* dowsing rod; **Wün·schel·ru·ten·gän·ger(in)** *m (f)* dowser.

wün·schen [vynʃən] *tr itr* wish *(sich etw* s.th.; *jdm etw* s.o. s.th.); *(im stillen)* wish *(sich etw* for s.th.); *(bitten)* ask *(sich etw* for s.th.); *(begehren, verlangen)* want; ▶ **ich wünschte, du wärest still** I wish you'd be quiet; **jdm alles Gute ~** wish s.o. well; **jdm frohe Weihnachten ~** wish s.o. a happy Christmas; **es war genauso wie ich es mir gewünscht hatte** it was everything I had wished; **sie hat alles, was man sich nur ~ kann** she has everything she could wish; **das läßt zu ~ übrig** that leaves s.th. to be desired; **wün·schens·wert** *adj* desirable.

wunsch·ge·mäß *adv* as planned *(od* requested)*; **Wunsch·kind** *n* wanted *(od* planned) child; **Wunsch·kon·zert** *n* request progamme; **Wunsch·traum** *m* dream; *(Illusion)* illusion; **Wunschzet·tel** *m* list of things desired.

Wür·de ['vyrdə] ‹-, -n› *f* 1. dignity; 2. *(Ehre)* honour; 3. *(Titel)* title; ▶ **in Amt u. ~n** in an exalted position; **unter jds ~** beneath someone's dignity; **unter aller ~** *fam* beneath contempt; **wür·de·los** *adj* undignified; **Wür·den·trä·ger(in)** *m (f)* dignitary; **wür·de·voll** *adj* dignified.

wür·dig *adj* 1. *(wert)* worthy; 2. *(würde

voll) dignified; ▶ **du bist ihrer nicht ~** you are unworthy of her.

wür·di·gen ['vyrdɪgən] *tr* 1. *(einschätzen)* appreciate; 2. *(respektieren)* respect; 3. *(für würdig befinden)* deem *(jdn e-r Sache* s.o. worthy of s.th.); ▶ **etw zu ~ wissen** appreciate s.th.; **sie ~te ihn keines Blickes** she did not deign to look at him.

Wür·di·gung *f* 1. *(Anerkennung)* appreciation; 2. *(Ehrung)* honour.

Wurf [vurf, *pl* 'vyrfə] ‹-(e)s, ·· e› *m* 1. throw, *sport (beim Handball)* shot; 2. *(das Werfen)* throwing; 3. *zoo (Jungtiere)* litter; *(das Werfen)* birth; ▶ **mit dieser Platte ist ihm ein großer ~ gelungen!** *fig* this record is a great hit for him! **e-n guten ~ tun** *fig (Glück haben)* hit the jackpot; **zum ~ ausholen** get ready to throw.

Wür·fel ['vyrfəl] ‹-s, -› *m* 1. *(Spiel~)* die *(pl* dice)*; 2. *math* cube; ▶ **die ~ sind gefallen** the die is cast *pl;* **~ spielen** play at dice; **Wür·fel·be·cher** *m* shaker; **wür·fel·för·mig** *adj* cube-shaped, cubic; **Wür·fel·spiel** *n* 1. *(als Spielart)* dice; 2. *(e-e Partie ~)* game of dice; **Wür·fel·zucker (k·k)** *m* cube sugar.

Wurf·ge·schoß *m* missile, projectile; **Wurf·pfeil** *m* dart; **Wurf·sen·dung** *f* circular; mailing piece; **Wurf·spieß** *m* javelin.

wür·gen ['vyrgən] I *tr* 1. *(Luft ab~)* strangle, throttle; 2. *fig (schlucken)* choke; II *itr* 1. *(mühsam schlucken)* choke; 2. *(hoch~)* retch; ▶ **mit Hängen und W~** *fig* by the skin of one's teeth.

Wurm [vurm, 'vyrmə] ‹-(e)s, ·· er› *m* 1. worm; *(Made, Larve)* maggot; 2. *fam (kleines od armes Kind)* (little) mite; ▶ **da ist der ~ drin!** *fam* there's s.th. wrong somewhere! **jdm die ~er aus der Nase ziehen** *fig fam* drag it all out of s.o.

Würm·chen ['vyrmçən] *n* 1. *(kleiner Wurm)* small worm; 2. *fig fam (Kind)* (poor) little mite.

wur·men ['vurmən] *tr fam:* ▶ **es wurmt mich** I'm rankling with it.

wurm·för·mig *adj* vermiform, wormshaped; **Wurm·fort·satz** *m anat* vermiform appendix; **wurm·sti·chig** *adj (Obst)* maggoty; *(Holz)* full of wormholes.

Wurst [vurst, 'vyrstə] ‹-, ·· e› *f* sausage; ▶ **das ist mir ~** *fam Br* it is all the same to me, *Am* I don't give a hang; **jetzt geht's um die ~!** *fig fam* here we go! now for it!

Würst·chen ['vyrstçən] *n* 1. *(small)* sausage; 2. *fig fam (ein Niemand)* squirt; ▶ **heiße ~** hot sausages; **armes ~** poor devil; **Würst·chen·stand** *m Br* sausage *(Am* hot-dog)stand.

wur·steln ['vʊrstəln] *itr fam* muddle along.

Wurst·fa·brik *f* sausage factory.

wur·stig *adj fam* couldn't-care-less; **Wur·stig·keit** *f fam* couldn't-care-less attitude.

Wurst·kon·ser·ve *f* tinned sausages *sing;* **Wurst·ver·gif·tung** *f* sausage poisoning; **Wurst·wa·ren** *pl* sausages.

Wür·ze ['vʏrtsə] ⟨-, -n⟩ *f* 1. *(Gewürz)* seasoning, spice; 2. *fig (Reiz)* spice; ▶ **in der Kürze liegt die ~** *prov* brevity is the soul of wit.

Wur·zel ['vʊrtsəl] ⟨-, -n⟩ *f a. fig u. math* root; *ling* radical, stem; ▶ **~n schlagen** root; *fig (sich einleben)* put down roots; *fig (irgendwo hängenbleiben)* grow roots; **etw mit der ~ ausrotten** *fig* eradicate s.th.; **die ~ aus e-r Zahl ziehen** *math* find the root of a number; **Wur·zel·be·hand·lung** *f med* root treatment.

wur·zeln *itr a. fig* be rooted; *(verursacht worden sein)* have its *(od their etc)* roots *(in etw* in s.th.).

Wur·zel·zei·chen *n math* radical sign.

wür·zen ['vʏrtsən] *tr* 1. season; 2. *fig* add spice to ...

wür·zig *adj* 1. *(Speisen)* tasty; *(scharf)* spicy; 2. *(aromatisch)* aromatic; 3. *(Luft)* fragrant.

Würz·mit·tel *n* condiment; **Würzstoff** *m* flavouring.

Wust [vuːst] ⟨-(e)s⟩ *m* 1. *(unordentlicher Haufen)* heap; 2. *(Menge)* pile; 3. *(Durcheinander)* jumble.

wüst [vyːst] *adj* 1. *(öde)* desert, waste; *(verlassen)* deserted, desolate; 2. *(unordentlich)* chaotic; *(wild)* wild; 3. *(liederlich, ausschweifend)* dissolute, wild; 4. *(rüde)* vile; 5. *(schlimm, schrecklich)* awful; ▶ **~ aussehen** look a real mess.

Wü·ste ['vyːstə] ⟨-, -n⟩ *f* 1. desert; 2. *(Öde, a. fig)* wilderness; ▶ **jdn in die ~ schicken** *fig fam* send s.o. packing; **Wü·sten·sand** *m* desert sand.

Wüst·ling ['vyːstlɪŋ] *m* lecher.

Wut [vuːt] ⟨-⟩ *f* 1. *(Zorn)* fury, rage; 2. *(Verbissenheit)* frenzy; ▶ **jdn in ~ bringen** infuriate s.o.; **er kochte vor ~** *fig fam* he was boiling with rage; **wenn ihn die ~ packt ...** when he gets in(to) a rage ...; **s-e ~ in sich hineinfressen** *fig fam* lump it; **er schäumte vor ~** he foamed with rage; **er ließ seine ~ an mir aus** he vented his rage on me; **in ~ geraten** fly into a rage; **der hat vielleicht 'ne ~ im Bauch!** *fam* he's hopping mad! **Wut·an·fall** *m* fit of rage; **Wut·aus·bruch** *m* outburst of rage.

wü·ten ['vyːtən] *itr* 1. *(toben)* rage; 2. *(Zerstörungen anrichten)* cause havoc; 3. *(mit Worten)* storm *(gegen* at); **wütend** *adj* 1. *(erzürnt)* enraged, furious; *(Menschenmenge)* angry, rioting; 2. *(Sturm)* raging; 3. *(heftig)* fierce; ▶ **auf jdn ~ sein** be mad at s.o.; **über etw ~ sein** be furious about s.th.; **~ sein** be in a rage; **jdn ~ machen** put s.o. into a rage.

wut·ent·brannt ['--'-] *adj* enraged, furious; **wut·schnau·bend** *adj* snorting with rage; **Wut·schrei** *m* yell of rage; **wut·ver·zerrt** ['--'-] *adj* distorted with rage.

X

X, x [ɪks] ⟨-, -⟩ *n* X, x.
X *n:* ► **jdm ein ~ für ein U vormachen**
fam put one over on s.o.
x *adj fam:* ► **sie lebt hier schon seit ~
Jahren** she has lived here since the year
dot *sing.*
x-Ach·se *f math* x-axis.
X-Bei·ne *pl* knock-knees; ► **~ haben**
be knock-kneed; **x-bei·nig** *adj* knock-
kneed.
x-be·lie·big ['--'--] *adj fam* any old …;
► **das würde ich nicht für jeden ~en
tun** I wouldn't do that for just anyone.
x-fach *adj fam:* ► **trotz ~er Ermah-
nungen** in spite of umpteen warnings.

x-mal *adv fam:* ► **ich hab' dir ~ gesagt**
… I've told you umpteen times …
x-te *adj fam:* ► **zum ~n Mal** for the
umpteenth time.
Xan·thip·po [ksanˈtɪpə] ⟨-, -n⟩ *f fig*
shrew.
Xe·non [ˈkseːnɔn] ⟨-s⟩ *n chem* xenon.
xe·no·phob [ksenoˈfoːp] *adj* xenopho-
bic; **Xe·no·pho·bie** ⟨-⟩ *f* xenophobia.
Xe·ro·gramm [kseːroˈgram] *n typ* xer-
ographic copy; **Xe·ro·gra·phie** *f typ*
xerography; **Xe·ro·ko·pie** *f* xero-
graphic print, *fam* Xerox.
Xy·lo·phon [ksyloˈfoːn] ⟨-s, -e⟩ *n* xylo-
phone.

Y

Y, y ['ypsilɔn] ⟨-, -⟩ *n* Y, y.
y-Ach·se ⟨-, -n⟩ *f math* y-axis.
Yacht *f* (*s.* Jacht) yacht.
Yak [jak] ⟨-s, -s⟩ *m zoo* yak.
Yo·ga ['joːga] ⟨-s⟩ *m od n* yoga; **Yo·ga-
sitz** *m* lotus position.
Yo·ghurt ['joːgʊrt] ⟨-s, -s⟩ *m od n* yo-
ghurt, yogurt.

Yo·gi ['joːgi] ⟨-(s), -s⟩ *m* yogi.
Yp·si·lon *n* 1. *(Buchstabe)* y; 2. *(griechi-
scher Buchstabe)* upsilon.
Ytong ['yːtɔŋ] ⟨-s, -s⟩ *m Wz* breezeblock.
Yuc·ca ['jʊka] ⟨-, -s⟩ *f* yucca.
Yup·pie ['jʊpɪ] ⟨-s, -s⟩ *m fam Kurzform
für* **young urban professional** yup-
pie.

Z

Z, z [tsɛt] ⟨-, -⟩ *n* Z, z.
z. A. *Abk von* **zur Anstellung** on probation.
Zack [tsak] *m fam:* ▶ **auf ~ sein** be on the ball; **jdn auf ~ bringen** knock s.o. into shape; **jdn auf ~ halten** keep s.o. on his toes; **zack** *interj:* ~, ~! chop, chop! **Zacke(n) (k·k)** ⟨-s, -⟩ *f (m)* point; *(Auszackung)* indentation; *(von Gabel)* prong; *(von Kamm)* tooth; ▶ **ihm würde kein ~ aus der Krone fallen, wenn er sich einmal bedanken würde** it wouldn't hurt him to say thankyou for once; **zackig (k·k)** *adj* **1.** *(gezackt)* jagged; *(Blätter)* serrated; **2.** *fam (Mensch)* smart; **3.** *fam (Rhythmus)* brisk.
za·gen ['tsa:gən] *itr* be apprehensive, hesitate; **zag·haft** *adj* timid; **Zag·haf·tig·keit** *f* timidity.
zäh [tsɛ:] *adj* **1.** *(~flüssig)* glutinous; **2.** *(hart, widerstandsfähig)* tough; ▶ **~ wie Leder** *fam* as tough as leather; **~ werden** toughen up; **sie hielt ~ an ihren Prinzipien fest** she held tenaciously to her principles; **sein ~er Lebenswille** his tenacity of life; **~er Verkehr** slow-moving traffic; **zäh·flüs·sig** *adj* **1.** thick, viscous; **2.** *fig (Verhandlung etc)* slow-moving; **Zäh·flüs·sig·keit** *f* thickness, viscosity; **Zä·hig·keit** *f* *(Strapazierfähigkeit)* toughness; *(Hartnäckigkeit)* tenacity.
Zahl [tsa:l] ⟨-, -en⟩ *f math gram* number; *(Ziffer)* figure, numeral; *(Zahlzeichen)* cipher; ▶ **e-e große ~ von Leuten** large numbers of people; **dreistellige ~** three-figure number; **der ~ nach** in number; **an ~ übertreffen** outnumber; **haben Sie die ~en vom Vorjahr gesehen?** *com* have you seen last year's figures?
zahl·bar *adj* payable (*an* to); ▶ **~ bei Erhalt** payable on receipt; **~ bei Lieferung** cash on delivery.
zah·len ['tsa:lən] *tr itr* pay; ▶ **auf Rechnung ~** pay on account; **ich zahle!** I'm paying; **dieses Mal zahle ich!** I'll pay for you this time! **Herr Ober, bitte ~!** *Br* waiter, the bill, (*Am* check) please! **Kinder ~ die Hälfte** children half-price; **sie zahlten ihm die Reise nach England** they paid for him to go to England; **e-e Rate für etw ~** make a payment on s.th.
zäh·len ['tsɛ:lən] *tr itr (a. fig: gehören zu)* count; ▶ **bis zehn ~** count to ten; **jdn zu s-n Freunden ~** count s.o. among

one's friends; **die Kinder ~ nicht** the children don't count; **du kannst auf s-e Hilfe ~** you can count on him to help; **Picasso zählt zu den bekanntesten Malern unserer Zeit** Picasso ranks as one of the best-known painters of our time; **man kann ihn nicht zu den Punks ~** one cannot number (*od* count) him among the punks.
Zah·len·fol·ge *f* order of numbers; **Zah·len·ma·te·rial** *n* figures *pl;* **Zah·len·schloß** *n* combination lock; **Zah·len·ver·hält·nis** *n* ratio.
Zah·ler *m* payer; ▶ **pünktlicher ~** prompt payer; **säumiger ~** slow payer.
Zäh·ler *m* **1.** *math* numerator; **2.** *(Ablesegerät)* meter; **Zäh·ler·stand** *m* meter reading.
Zahl·kar·te *f* giro transfer form.
zahl·los *adj* countless, innumerable.
Zahl·mei·ster *m mil* paymaster; *mar* purser.
zahl·reich *adj* numerous.
Zahl·tag *m* pay day.
Zah·lung *f* payment; ▶ **in ~ geben** trade in; **in ~ nehmen** take as a trade-in; **e-e ~ leisten** make a payment; **etw zur ~ vorlegen** present s.th. for payment; **die ~en einstellen** stop payments.
Zäh·lung *f* count; *tech* metering; *(Volks~)* census.
Zah·lungs·ab·kom·men *n* payments agreement; **Zah·lungs·an·wei·sung** *f (durch Bank)* giro transfer order; *(durch Post)* post-office order (*Abk* P.O.O.); **Zah·lungs·auf·schub** *m* extension of credit; *jur* moratorium; **Zah·lungs·be·din·gun·gen** *pl* terms *pl* of payment; **Zah·lungs·be·fehl** *m* order to pay; **zah·lungs·fä·hig** *adj* solvent; **Zah·lungs·fä·hig·keit** *f* ability to pay; **Zah·lungs·frist** *f* time allowed for payment; **zah·lungs·kräf·tig** *adj* wealthy; **Zah·lungs·mit·tel** *n (gesetzliches ~)* *Br* (legal) tender, *Am* lawful money; *(Währung)* currency; **Zah·lungs·schwie·rig·kei·ten** *pl* financial difficulties; **Zah·lungs·un·fä·hig·keit** *f* inability to pay; **zah·lungs·un·wil·lig** *adj* unwilling to pay; **Zah·lungs·ver·kehr** *m* payments system, transfers *pl;* ▶ **bargeldloser ~** cashless transfer system; **Zah·lungs·ver·pflich·tun·gen** *pl* liabilities to pay; **Zah·lungs·ver·zug** *m* arrears *pl,* default; **Zah·lungs·ziel** *n* period allowed for pay-

ment.
Zähl·werk *n* counter.
Zahl·wort ⟨-(e)s, ∵er⟩ *n* numeral; **Zahl-zei·chen** *n* numerical symbol.
zahm [tsa:m] *adj a. fig* tame.
zäh·men ['tsɛ:mən] *tr* 1. tame; 2. *fig (Leidenschaft etc)* control; **Zahm·heit** *f* tameness; **Zäh·mung** *f* taming.
Zahn [tsa:n, *pl* 'tsɛ:nə] ⟨-(e)s, ∵e⟩ *m* 1. *anat* tooth, *pl* teeth; 2. *tech (von Zahn-rad)* cog; 3. *(von Briefmarke)* perfor-ation; ▶ **ein steiler ~ sl** a smasher; **falsche ∼e** false teeth; **jdm auf den ~ fühlen** *(aushorchen)* sound s.o. out; *(scharf befragen)* grill s.o.; **Haare auf den ∼en haben** *fig* be a Tartar; **sich e-n ~ ziehen lassen** have a tooth out; **bis an die ∼e bewaffnet sein** be armed to the teeth; **die ∼e zeigen** *a. fig* show one's teeth; **sich die ∼e putzen** brush one's teeth; **der ~ der Zeit** the ravages *pl* of time; **e-n ~ zulegen** *sl* get a move on.
Zahn·arzt (-ärz·tin) *m (f)* dentist; **Zahn·arzt·hel·fer(in)** *m (f)* dentist's assistant; **Zahn·be·hand·lung** *f* dental treatment; **Zahn·bein** *n* dentine; **Zahn·be·lag** ⟨-(e)s⟩ *m* film *(od* crusts) on the teeth; **Zahn·bür·ste** *f* tooth brush.
Zäh·ne·flet·schen *n* snarling; **Zäh·ne-klap·pern** *n* chattering of teeth.
zah·nen ['tsa:nən] *itr* cut one's teeth, teethe.
Zahn·er·satz *m* dentures *pl;* **Zahn·fäu·le** ⟨-⟩ *f* caries; **Zahn·fleisch** *n* gum; ▶ **auf dem ~ gehen** *fam* be all-in; **Zahn·fleisch·blu·ten** *n* bleeding of the gums; **Zahn·fül·lung** *f* filling; **Zahn·kli·nik** *f* dental clinic; **zahn·los** *adj* toothless; **Zahn·lücke (k·k)** *f* gap between one's teeth; **Zahn·me·di·zin** *f* dental medicine; **Zahn·nerv** *m* dental nerve; **Zahn·pa·sta** ['tsa:npasta] ⟨-, (-s)⟩ *f* tooth paste; **Zahn·pfle·ge** *f* dental hygiene; **Zahn·pro·the·se** *f* dental prothesis, denture; **Zahn·putz-glas** *n* toothbrush glass; **Zahn·rad** *n tech* cogwheel, gear; **Zahn·rad·bahn** *f* Br rack-railway, *Am* rack-railroad; **Zahn·schmelz** *m* (tooth) enamel; **Zahn·schmer·zen** *pl:* ▶ **ich hab' ~** I have a toothache *sing;* **Zahn·sei·de** *f* dental floss; **Zahn·span·ge** *f* brace; **Zahn·stan·ge** *f tech* gear rack; **Zahn-stein** ⟨-(e)s⟩ *m* tartar; **Zahn·sto·cher** *m* tooth pick; **Zahn·tech·ni·ker(in)** *m (f)* dental technician; **Zahn·wur·zel** *f* root of a *(od* the) tooth.
Zam·pa·no [tsam'pa:no] ⟨-s, -s⟩ *m hum fam:* ▶ **der große ~** the big cheese.
Zan·ge ['tsaŋə] ⟨-, -n⟩ *f* 1. *tech (Kneif~, Flach~)* pliers *pl;* *(Beiß~, a. von Tier)* pincers *pl; (Feuer~)* tongs *pl; (medizini-sche ~)* forceps *pl;* 2. *sport (~ beim*

Ringkampf) double lock; ▶ **e-e ~ a pair of pincers; jdn in die ~ nehmen** *fig fam (fertigmachen)* give s.o. a pasting; *(in die Enge treiben)* put the screws on s.o.; *sport (beim Ringkampf)* put a double lock on s.o.; **jetzt habe ich dich in der ~!** *fig* I've got you now! **zan-gen·för·mig** *adj* pincer-shaped; **Zan-gen·ge·burt** *f* forceps delivery.
Zank [tsaŋk] ⟨-(e)s⟩ *m* quarrel, row; **Zank·ap·fel** *m fig* bone of contention.
zan·ken I *itr (schimpfen)* scold *(mit jdm* s.o.); II *refl* quarrel, row, squabble; ▶ **sich ~ mit ...** have a row with ...; **sie haben sich gezankt** they've had a quarrel.
Zän·ke·rei [tsɛŋkə'raɪ] *f* quarrelling, squabbling.
zän·kisch ['tsɛŋkɪʃ] *adj (streitlustig)* quarrelsome; ▶ **e-e ~e Frau** a shrewish woman.
Zank·sucht ⟨-⟩ *f* quarrelsomeness.
Zäpf·chen ['tsɛpfçən] *n* 1. *med (Einführ~)* suppository; 2. *anat (Gaumen~)* uvula; 3. *tech* small plug.
Zap·fen ['tsapfən] ⟨-s, -⟩ *m* 1. *(Nadel-baum~)* cone; 2. *tech (Lager~)* journal; 3. *tech (Möbelholz~)* tenon; 4. *tech (in Dreh~lager~)* pin; 5. *(Eis~)* icicle.
zap·fen *tr* tap.
Zap·fen·streich *m mil Br* tattoo, *Am* taps *sing.*
Zapf·ge·schwin·dig·keit *f* delivery rate; **Zapf·hahn** *m* tap; **Zapf·pi·sto-le** *f* nozzle; **Zapf·säu·le** *f Br* petrol *(Am* gas)pump; **Zapf·ven·til** *n* delivery nozzle.
zap·pe·lig *adj* fidgety, wriggly; ▶ **jdn ~ machen** give s.o. the fidgets *pl; ~* wer-den get the fidgets *pl.*
zap·peln ['tsapəln] *itr (herum~)* fidget; *(sich winden)* wriggle; ▶ **zappel nicht so rum!** don't fidget! **jdn ~ lassen** *fig* keep s.o. in suspense.
Zap·pel·phi·lipp *m fam* fidget; ▶ **was bist du für ein ~!** have you got the fidgets?
zap·pen·du·ster ['tsapən'du:stə] *adj fam:* ▶ **nun ist es aber ~!** now we're really in the soup!
Zar [tsa:ɐ] ⟨-s/-en, -en⟩ *m̃ hist* czar; **Za·rin** *f hist* czarina.
zart [tsa:ɐt] *adj* 1. *(schwächlich, a. lieb-lich)* tender; *(Gesundheit)* delicate; *(zerbrechlich)* fragile, frail; 2. *(feinfüh-lig)* sensitive; 3. *(Farbe)* pale; ▶ **~ be-saitet sein** *fig* be highly sensitive; **~e Haut (~es Fleisch)** soft skin (soft meat); **zart·be·sai·tet** ['--'--] *adj* highly sensi-tive; **zart·füh·lend** *adj* sensitive; **Zart-ge·fühl** *n* delicacy of feeling, sensitiv-ity; **zart·grün** ['-'-] *adj* pale green.
zärt·lich ['tsɛ:ɐtlɪç] *adj* loving, tender; *(streichelnd)* caressing; **Zärt·lich·keit** *f* 1. *(Zärtlichsein)* tenderness; 2. *(Lieb-*

kosung) caress.
Zau·ber ['tsaʊbɐ] ⟨-s, -⟩ *m* **1.** *(Magie)* magic; **2.** *fig (Reiz)* charm; **3.** *(~spruch)* (magic) spell; ▶ **fauler ~** *fam Br* humbug, *Am* punk; **was soll der ganze ~?** *fam* why all the fuss? **Zau·be·rei** *f* **1.** *(Magie)* magic, sorcery, witchcraft; **2.** *(Zauberkunststück)* conjuring trick; ▶ **ein Buch über ~** a book on witchcraft; **wie durch ~** as if by magic.
Zau·be·rer (Zau·be·rin) *m (f)* **1.** *(Magier(in))* magician; *(Hexer(in))* sorcerer, wizard; **2.** *(Taschenspieler(in))* conjurer; ▶ **ein ~ mit dem Ball** *sport* a wizard with the ball.
Zau·ber·for·mel *f* magic formula; **zau·ber·haft** *adj* enchanting; **Zau·ber·kunst** *f* **1.** *(Magie)* magic; **2.** *(Taschenspielerei)* conjuring; **Zau·ber·künst·ler(in)** *m (f)* conjurer; **Zau·ber·kunst·stück** *n* conjuring trick; ▶ **er unterhielt sie mit ein paar ~en** he entertained them with a display of magic; **Zau·ber·land·schaft** *f* fairytale scene.
zau·bern ['tsaʊbɐn] **I** *itr* **1.** *(Magie ausüben)* do magic; **2.** *(Zauberkunststücke zeigen)* do conjuring tricks; ▶ **ich kann doch nicht ~!** *fam* I'm not a magician! **II** *tr* produce as if by magic; ▶ **er zauberte die Taube in s-n Hut** he made the dove disappear in his hat by magic.
Zau·ber·spruch *m* (magic) spell; **Zau·ber·stab** *m* (magic) wand; **Zau·ber·trank** *m* magic potion; **Zau·ber·wort** *n* magic word.
Zau·de·rer *m* vacillator.
zau·dern ['tsaʊdɐn] *itr (schwanken)* vacillate; *(zögern)* hesitate; ▶ **ohne auch nur e-n Augenblick zu ~** without the slightest hesitation.
Zaum [tsaʊm, *pl* 'tsɔɪmə] ⟨-(e)s, ⁻e⟩ *m* bridle; ▶ **im ~(e) halten** *fig* bridle, keep a tight rein on ...
zäu·men ['tsɔɪmən] *tr* bridle.
Zaun [tsaʊn, *pl* 'tsɔɪnə] ⟨-(e)s, ⁻e⟩ *m* fence; ▶ **e-n Streit vom ~e brechen** pick a quarrel; **Zaun·gast** *m fam Br* deadhead, *Am* fence-rider; **Zaun·kö·nig** *m zoo* wren; **Zaun·lat·te** *f* pale, stake; **Zaun·pfahl** *m* (fencing) post; **ein Wink mit dem ~** a broad hint.
zau·sen ['tsaʊzən] *tr* ruffle.
z. B. *Abk von* **zum Beispiel** e. g.
Ze·bra ['tse:bra] ⟨-s, -s⟩ *n zoo* zebra; **Ze·bra·strei·fen** *m Br* zebra crossing, *Am* crosswalk.
Ze·che ['tsɛçə] ⟨-, -n⟩ *f* **1.** *(Wirtshausrechnung)* Br bill, *Am* check; **2.** *(Bergwerk)* (coal-)mine; **3.** *(Bergwerksgesellschaft)* mining company; ▶ **die ~ bezahlen** *a. fig* foot the bill; **ze·chen** *itr (ein Zechgelage machen)* carouse; *fam (sich betrinken)* booze; **Ze·cher(in)** *m (f) (bei Trinkgelage)* carouser, revel-

ler; *fam (Säufer)* boozer; **Zech·ge·la·ge** *n* carouse; **Zech·kum·pan** *m fam* drinking-mate.
Zecke (k·k) ['tsɛkə] ⟨-, -n⟩ *f zoo* tick.
Ze·der ['tse:dɐ] ⟨-, -n⟩ *f bot* cedar; **Ze·dern·holz** *n* cedar wood.
Ze·he ['tse:ə] ⟨-, -n⟩ *f* **1.** anat toe; **2.** *(Knoblauch~)* clove; ▶ **große ~** big toe; **jdm auf die ~n treten** *a. fig fam* tread on someone's toes; **Ze·hen·na·gel** *m* toe nail; **Ze·hen·spit·ze** *f* tip of the toe; ▶ **auf (den) ~n gehen** (walk on) tiptoe.
zehn [tse:n] *adj* ten; ▶ **etwa ~** about ten; **ich wette ~ zu eins, daß sie nicht kommt** ten to one she won't come; **neun von ~ Leuten würden mir zustimmen** nine out of ten people would agree with me.
Zeh·ner ⟨-s, -⟩ *m* **1.** *math* ten; **2.** *fam (Geldschein)* tenner; **Zeh·ner·kar·te** *f (für Schwimmbad etc)* 10-visit-ticket; **zeh·ner·lei** *adj* of ten different sorts; **Zeh·ner·packung (k·k)** *f* packet of ten.
Zehn·fin·ger·sy·stem [-'----] *n* touchtyping method; **zehn·jäh·rig** *adj* tenyear-old; **Zehn·kampf** *m sport* decathlon; **zehn·mal** *adv* ten times; **Zehn·mark·schein** ['-'--] *m* ten-mark note.
zehn·tau·send *adj* ten thousand; ▶ **die oberen Z~** *Br* the upper ten, *Am* the four hundred; **Z~e von Menschen** tens of thousands of people.
zehn·te *adj* tenth; **Zehn·tel** ⟨-s, -⟩ *n* tenth; **zehn·tens** *adv* in the tenth place, tenthly.
zeh·ren ['tse:rən] *itr* **1.** *(leben)* live (*von etw* on s.th.); **2.** *fig* feed (*von etw* on s.th.); **3.** *(entkräften)* wear (*an jdm* s.o.) out; **4.** *(nagen: Kummer, etc)* gnaw (*an jdm* at s.o.); *(an Gesundheit)* undermine (*an etw* s.th.).
Zei·chen ['tsaɪçən] ⟨-s, -⟩ *n* **1.** sign; *(Hinweis, Signal)* signal; **2.** *(Merkmal)* token; *(An~)* indication; *(Erkennungs~)* identification; **3.** *(Schrift~)* character; *(Karten~, Symbol)* symbol; *(Satz~)* punctuation mark; ▶ **ein ~ geben** give a sign (*od* signal); **er nickte zum ~, daß er mich erkannt hatte** he nodded as a sign of recognition; **jdm ein ~ machen** make a sign to s.o.; **er gab mir durch ein ~ zu verstehen, ich solle bleiben** he made me a sign to stay; **jdm ein ~ geben, etw zu tun** sign to s.o. to do s.th.; **als ~ der Verehrung** as a token of respect; **zum ~, daß ...** to show that ...; **seines ~s Tischler** *obs* a joiner by trade.
Zei·chen·block ⟨-(e)s, -s/⁻e⟩ *m* drawing-pad; **Zei·chen·brett** *n* drawingboard; **Zei·chen·drei·eck** *n* setsquare; **Zei·chen·er·klä·rung** *f (auf Landkarte)* legend; *(auf Fahrplänen*

etc) key to the symbols; **Zei·chen·kunst** *f* (art of) drawing; **Zei·chen·leh·rer(in)** *m (f)* art teacher; **Zei·chen·pa·pier** *n* drawing paper; **Zei·chen·saal** *m* art-room; **Zei·chen·set·zung** *f* punctuation; **Zei·chen·spra·che** *f* sign language; **Zei·chen·stift** *m* drawing pencil; **Zei·chen·stun·de** *f* art lesson; **Zei·chen·tisch** *m* drawing table; **Zei·chen·trick·film** *m* animated cartoon; **Zei·chen·un·ter·richt** *m* 1. *(Unterrichtsstunde)* drawing lesson; 2. *(Schulfach)* art.

zeich·nen ['tsaiçnən] **I** *itr* draw; ▶ **gezeichnet: xy** signed, xy; **II** *tr* 1. *(ab~)* draw; 2. *fin (Anleihe etc)* subscribe to ...; ▶ **e-e Kurve ~** map a graph, plot a curve.

Zeich·ner(in) *m (f)* 1. *Br* draughtsman, *Am* draftsman (-woman); *(technische(r) ~)* engineering draughtsman (-woman); 2. *(Künstler)* artist.

Zeich·nung *f* 1. *(Darstellung, Entwurf)* drawing; *(Skizze)* sketch; 2. *fig (Schilderung)* depiction; 3. *fin (e-r Anleihe)* subscription; 4. *(Struktur von Fell etc)* markings *pl;* ▶ **zur ~ auflegen** *fin* invite subscriptions for ...; **das Gefieder hat e-e hübsche ~** the plumage has attractive markings; **zeich·nungs·be·rech·tigt** *adj* authorized to sign.

Zei·ge·fin·ger *m* forefinger, index finger.

zei·gen ['tsaigən] **I** *tr* show; ▶ **ohne irgendwelche Gefühle zu ~** without any show of emotion *sing;* **jdm etw ~** show s.th. to s.o.; **zeig mir, wie man das macht!** show me how to do it! **dir werd' ich's ~!** *fam* I'll show you! **dem hab' ich's aber gezeigt!** *fam* that showed him! **ihnen wurde die Fabrik gezeigt** they were shown over the factory; **II** *itr (anzeigen, deuten)* point (*auf* at); ▶ **der Zeiger zeigt auf Rot, wenn ...** the dial will show red if ...; **zeig nicht mit dem Finger!** don't point! **er zeigte mit dem Stock auf das Haus** he pointed his stick in the direction of the house; **in welche Richtung zeigt es?** in which direction is it pointing? **kannst du mir ~, wer er ist?** could you point him out to me? **III** *refl* 1. *(offensichtlich werden, a. sichtbar sein, a. fig)* appear; 2. *fig (sich herausstellen)* prove, turn out; ▶ **wie sich gleich ~ wird** as will presently appear; **da zeigt sich mal wieder, daß ...** it all goes to prove that ...; **es zeigte sich, daß er selbst der Mörder war** he turned out to be the murderer himself; **sich dankbar ~** show one's gratitude.

Zei·ger *m (Instrumenten~)* indicator, pointer; *(Uhren~)* hand.

Zei·ge·stock *m* pointer.

Zei·le ['tsailə] ⟨-, -n⟩ *f* 1. *(Text~)* line; 2. *TV* scanning line; 3. *(Reihe, Häuser~)*

row; **Zei·len·ab·stand** *m* line spacing; **Zei·len·län·ge** *f* length.

Zei·sig ['tsaiziç] ⟨-s, -e⟩ *m orn* siskin.

Zeit ['tsait] ⟨-, -en⟩ *f* 1. time; 2. *(Ära, Epoche)* age; 3. *gram* tense; ▶ **es ist ~, daß wir gehen** it's time we went; **seit einiger ~** for some time past; **das wird aber auch ~!** about time too! **von ~ zu ~** from time to time; **morgen um diese ~** this time tomorrow; **von der ~ an** from that time on; **wie die ~ vergeht!** how time flies! **es ist an der ~** the time has come; **das braucht s-e ~** it takes time to do that; **sich bei etw ~ lassen** take one's time over s.th.; **keine ~ für jdn haben** have no time for s.o.; **sich ~ für etw nehmen** make time for s.th.; **Ich fahre längere ~ weg** I'm going away for a long time; **die ganze ~** all the time; **zur ~** at present; **welche ~ hatte er?** *sport* what was his time? **es wird langsam ~, daß sie kommt** it's about time she was here; **alles zu s-r Zeit!** there's a time and a place for everything! **dies ist wohl kaum die rechte ~, um ...** this is hardly the time to ...; **jetzt ist die richtige ~, es zu tun** now's the time to do it; **es ist an der ~, etw zu tun** the time has come to do s.th.; **jds ~ auf 100 m stoppen** *sport* time s.o. over 100 metres; **das war genau zur rechten ~** that was very timely; **das waren noch ~en!** those were the days! **die ~ drängt** time is pressing; **das hat ~** there's no hurry about it; **damit hat es ~ bis morgen** that can wait until tomorrow; **wir sind die längste ~ Freunde gewesen** this is the end of our friendship.

zeit *prp:* ▶ **~ meines (s-s *etc)* Lebens** in my (his *etc*) lifetime.

Zeit·ab·schnitt *m* period (of time); **Zeit·ab·stand** *m* time interval; **Zeit·al·ter** ⟨-s, -⟩ *n* age; **Zeit·an·ga·be** *f* 1. *(Datum)* date; 2. *(Uhrzeit)* time (of day); **Zeit·an·sa·ge** *f* 1. *radio* time check; 2. *tele* speaking clock; **Zeit·bom·be** *f* time bomb; **Zeit·dau·er** *f* duration; **Zeit·druck** ⟨-(e)s⟩ *m* pressure of time; ▶ **unter ~** under pressure; **Zeit·ein·heit** *f* unit of time; **Zeit·ein·tei·lung** *f* timing; **Zeit·er·spar·nis** *f* saving of time; **Zeit·fah·ren** *n sport* time trial.

zeit·ge·bun·den *adj* 1. *(abhängig von der Zeit)* dependent on a particular time; 2. *(vorübergehend)* temporary.

Zeit·geist ⟨-es⟩ *m* spirit of the times; **zeit·ge·mäß** *adj* up-to date; ▶ **~ sein** be keeping with the times; **Zeit·ge·nos·se** (-ge·nos·sin) *m (f)* contemporary; ▶ **seltsamer ~** *(ironisch)* oddball; **zeit·ge·nös·sisch** *adj* contemporary; **Zeit·ge·schich·te** *f* contemporary history; **Zeit·ge·schmack** *m* prevailing taste; **Zeit·ge·winn** *m* gain in time; **Zeit·hi·sto·ri·ker(in)** *m (f)*

contemporary historian.
zei·tig *adj adv* early.
zei·ti·gen ['tsaɪtɪgən] *tr (hervorbringen)* bring about.
Zeit·kar·te *f Br* season (*Am* commutation) ticket; **Zeit·lang** *f:* ▶ e-e ~ (for) a while.
zeit·le·bens [tsaɪt'le:bəns] *adv* all one's life.
zeit·lich I *adj* 1. *(auf die Zeit bezogen)* temporal; 2. *(chronologisch)* chronological; II *adv* 1. timewise; 2. *(chronologisch)* chronologically; ▶ paßt dir das ~? is the time convenient for you? ~ zusammenfallen coincide; das Z~e segnen *fam (Mensch)* depart this life; *fig fam (Ding)* bite the dust; **Dinge** ~ aufeinander abstimmen synchronize things.
zeit·los *adj* timeless.
Zeit·lu·pe *f:* ▶ etw in ~ zeigen show s.th. in slow motion; **Zeit·lu·pen·tempo** *n* slow motion; ▶ im ~ *fig* at a snail's pace; **Zeit·man·gel** ⟨-s⟩ *m* lack of time; **Zeit·ma·schi·ne** *f* time machine; **Zeit·neh·mer(in)** *m (f) sport* timekeeper; **Zeit·punkt** *m* 1. *(Termin)* time; 2. *(Augenblick)* moment; **Zeit·raf·fer** *m phot film* time-lapse photography; **zeit·rau·bend** *adj* time-consuming; **Zeit·raum** *m* period of time; **Zeit·rech·nung** *f* calendar; ▶ die christliche ~ the Christian calendar; nach (vor) unserer ~ A.D. (B.C.); **Zeit·rei·se** *f* time travel; **Zeit·rei·sen·de(r)** *f m* time traveller; **Zeit·schalt·uhr** *f* time switch; **Zeit·schrift** *f* magazine; *(wissenschaftlich)* journal, periodical; **Zeit·sol·dat** *m mil* regular soldier; **Zeit·span·ne** *f* period of time; **zeit·spa·rend** *adj* time-saving; **Zeit·ta·fel** *f* chronological table; **Zeit·takt** *m tele* unit length.
Zei·tung ['tsaɪtuŋ] *f* (news)paper; ▶ e-e ~ abonnieren *(beziehen)* subscribe to (*od* take in) a newspaper; **Zei·tungs·an·zei·ge (Zei·tungs·in·se·rat)** *f (n)* newspaper advertisement; announcement in the (news)paper; **Zei·tungs·ar·ti·kel** *m* newspaper article; *(kurzer ~)* item; **Zei·tungs·aus·schnitt** *m* newspaper cutting; **Zei·tungs·aus·trä·ger(in)** *m (f)* newspaper carrier; **Zei·tungs·bei·la·ge** *f* newspaper supplement; **Zei·tungs·en·te** *f fam* canard; **Zei·tungs·jar·gon** *m pej* journalese; **Zei·tungs·ki·osk** *m* newsstand; **Zei·tung·le·sen** *n:* ▶ beim ~ sein be reading the newspaper; **Zei·tung·le·ser(in)** *m (f)* newspaper reader; **Zei·tungs·mel·dung** *f* (piece of) news; **Zei·tungs·pa·pier** *n* newsprint; *(als Altpapier, zum Einwickeln etc)* newspaper; **Zei·tungs·re·kla·me** *f* newspaper adver-

tising; **Zei·tungs·ver·käu·fer(in)** *m (f)* newsvendor; **Zei·tungs·ver·le·ger** *m* newspaper publisher; **Zei·tungs·we·sen** ⟨-s⟩ *n* newspaper world, press; **Zei·tungs·zar** *m fam* press baron.
Zeit·ver·lust *m* loss of time; **Zeit·ver·schie·bung** *f* time lag; **Zeit·ver·schwen·dung** *f* waste of time; **Zeit·ver·treib** *m (Hobby)* pastime; ▶ zum ~ to pass the time; **Zeit·ver·zö·ge·rung** *f* time delay.
zeit·wei·lig *adj* temporary.
zeit·wei·se *adv* at times.
Zeit·wort *n* verb; **Zeit·zei·chen** *n* time signal; **Zeit·zeu·ge (-zeu·gin)** *m (f)* contemporary witness; **Zeit·zün·der** *m* time fuse.
ze·le·brie·ren [tsele'bri:rən] *tr* celebrate.
Zel·le ['tsɛlə] ⟨-, -n⟩ *f* 1. *(kleiner Raum)* cell; 2. *el* cell; 3. *tele* booth.
Zell·ge·we·be *n* cell tissue; **Zell·kern** *m* (cell) nucleus.
Zel·lo·phan [tsɛlo'fa:n] ⟨-s, (-e)⟩ *n Wz* cellophane.
Zell·stoff *m* cellulose; **Zell·tei·lung** *f* cell division.
Zel·lu·li·tis [tsɛlu'li:tɪs] ⟨-⟩ *f med* cellulitis.
Zel·lu·loid [tsɛlu'lɔɪt] ⟨-(e)s⟩ *n* celluloid.
Zel·lu·lo·se [tsɛlu'lo:zə] ⟨-, (-n)⟩ *f* cellulose.
Zell·wand *f* cell wall; **Zell·wol·le** *f* spun rayon.
Zelt [tsɛlt] ⟨-(e)s, -e⟩ *n* tent; *(Indianer~)* tepee, wigwam; *(Zirkus~)* big top; ▶ s-e ~e abbrechen *fig* pack one's bags; s-e ~e aufschlagen *fig* settle down; **Zelt·bahn** *f* strip of canvas; **Zelt·dach** *n* 1. *(Dach e-s Zeltes)* tent-roof; 2. *arch (Hausdachform)* pyramid roof.
zel·ten *itr* camp.
Zelt·la·ger *n* camp; **Zelt·lei·ne** *f* guy (line); **Zelt·lein·wand** *f* canvas; **Zelt·stan·ge** *f* tent pole.
Ze·ment [tse'mɛnt] ⟨-(e)s, -e⟩ *m a. med* cement; **ze·men·tie·ren** *tr a. fig* cement.
Ze·nit [tse'ni:t] ⟨-(e)s⟩ *m a. fig* zenith; ▶ die Sonne steht im ~ the sun is at its zenith.
zen·sie·ren *tr* 1. *(der Zensur unterziehen)* censor; 2. *päd (beurteilen, benoten)* give marks for ...
Zen·sor(in) *m (f)* censor.
Zen·sur [tsɛn'zu:ɐ] *f* 1. *(Kontrolle)* censorship; 2. *(~stelle)* board of censors; 3. *päd (Note)* mark; ▶ der ~ unterliegen be censored; gute ~en *päd* a good report *sing.*
Zen·ti·me·ter ['tsɛnti-] *n Br* centimetre, *Am* centimeter.
Zent·ner ['tsɛntnɐ] ⟨-s, -⟩ *m* hundred-

weight; **Zent·ner·last** *f fig* heavy burden; ▶ **mir fiel e-e ~ vom Herzen** *fig* it was a great weight off my mind; **zentner·wei·se** *adv* by the hundredweight.
zen·tral [tsɛn'traːl] *adj a. fig* central.
Zen·tra·le ⟨-, -n⟩ *f* 1. *(Zentralbüro)* head office; 2. *(Taxi~)* headquarters *pl;* 3. *tech (Schalt~)* central office; *tele (Amt)* exchange; *tele (in Firma)* switchboard.
Zen·tral·ein·heit *f EDV* central processing unit *(Abk* CPU); **Zen·tral·heizung** *f* central heating.
zen·tra·li·sie·ren *tr* centralize; **Zentra·lis·mus** ⟨-⟩ *m* centralism; **zen·trali·stisch** *f* centralistic.
Zen·tral·kom·mit·tee *n* central committee; **Zen·tral·rech·ner** *m EDV* mainframe; **Zen·tral·stel·le** *f:* ▶ ~ **für die Vergabe von Studienplätzen** *(Abk* ZVS) *Br* UCCA, *Am* SAT center; **Zentral·ver·rie·ge·lung** *f mot* central door locking.
zen·trie·ren *tr Br* centre, *Am* center.
Zen·tri·fu·gal·kraft *f* centrifugal force.
Zen·tri·fu·ge [tsɛntri'fuːgə] ⟨-, -n⟩ *f* centrifuge.
zen·tri·pe·tal [tsɛntripe'taːl] *adj* centripetal.
Zen·trum ['tsɛntrʊm] ⟨-s, -tren⟩ *n a. fig Br* centre, *Am* center; ▶ **im ~ New Yorks** *Br* in the centre of New York, *Am* in downtown New York.
Zep·ter ['tsɛptə] ⟨-s, -⟩ *n* sceptre; ▶ **das ~ führen** *fig fam* wield the sceptre.
zer·bei·ßen *irr tr* chew; *(auseinanderbeißen)* chew through.
zer·bom·ben *tr* bomb out; **zer·bombt** *adj* bombed out.
zer·bre·chen *irr tr* ⟨h⟩ *itr* ⟨sein⟩ break into pieces; ▶ **sich den Kopf ~** rack one's brains *pl;* **am Leben ~** be destroyed by life; **zer·brech·lich** *adj* fragile; ▶ **„Vorsicht, ~!"** "fragile, handle with care".
zer·bröckeln (k·k) *tr* ⟨h⟩ *itr* ⟨sein⟩ crumble.
zer·drücken (k·k) *tr* 1. crush; *(zerquetschen)* mash; 2. *(Stoff: zerknittern)* crease.
Ze·re·mo·nie [tseremo'niː/tsere'moːnɪə] ⟨-, -n⟩ *f* ceremony; **Ze·re·mo·ni·ell** ⟨-s, -e⟩ *n* ceremonial; **ze·re·mo·ni·ell** *adj* ceremonial.
zer·fah·ren *adj* 1. *(Weg)* rutted; 2. *fig (unkonzentriert)* distracted; **Zer·fahren·heit** *f* 1. *(Unkonzentriertheit)* distraction; 2. *(Schusseligkeit)* scattiness.
Zer·fall ⟨-(e)s⟩ *m* 1. *(Auflösung)* disintegration; *(Gebäude~)* decay; 2. *fig* decline; 3. *(Fäulnis)* decomposition; **zer·fal·len** ⟨sein⟩ *irr itr* 1. *(Häuser)* decay, fall into ruin; 2. *(verwesen)* decompose; 3. *fig* decline; 4. *(sich gliedern)* fall *(in* into); ▶ **zu Staub ~** crumble into dust; **zer·fal·len** *adj (Gebäude)* tumble-

down; **Zer·falls·pro·dukt** *n phys* daughter product; **Zer·falls·pro·zeß** *m* decomposition.
zer·fet·zen *tr a. fig* tear to pieces; **zerfetzt** *adj (Kleidung)* ragged, tattered; *(Körper)* lacerated.
zer·flei·schen *tr* tear to pieces; ▶ **sich gegenseitig ~** *fig* tear each other apart; **sich mit Selbstvorwürfen ~** *fig* torment o.s. with self-reproaches.
zer·flie·ßen ⟨sein⟩ *irr (Tinte, Make-up etc)* run; *(schmelzen, a. fig)* melt away; ▶ **vor Mitleid ~** be overcome with pity.
zer·fres·sen *irr tr* 1. *chem* corrode; 2. *fig* consume; ▶ **von Motten ~** motheaten.
zer·furcht *adj* furrowed.
zer·ge·hen ⟨sein⟩ *irr itr (sich auflösen)* dissolve; ▶ **auf der Zunge ~** *(Eis)* melt in the mouth; *(Fleisch)* fall apart.
zer·glie·dern *tr* 1. *biol* dissect; 2. *fig (analysieren)* analyse.
zer·hacken (k·k) *tr* chop up.
zer·hau·en *irr tr* chop in two; *(Knoten)* cut.
zer·klei·nern *tr* reduce to small pieces; *(Holz)* chop; *(zermahlen)* crush.
zer·klüf·tet [tsɛr'klʏftət] *adj* fissured.
zer·knautscht *adj* creased.
zer·knirscht *adj* remorseful; **Zer·knirschung** *f* remorse.
zer·knit·tern *tr* crease, crumple.
zer·knül·len *tr* crumple *(od* scrunch) up.
zer·ko·chen *tr itr* ⟨sein⟩ cook to a pulp; *(zu lange kochen)* overcook.
zer·krat·zen *tr* scratch to pieces.
zer·krü·meln *tr* crumble.
zer·las·sen *irr tr* melt.
zer·leg·bar *adj:* ▶ **etw ist ~** s.th. can be taken apart.
zer·le·gen *tr* 1. *(auseinandernehmen)* take apart; *mot (Getriebe etc)* strip down; 2. *(Braten)* carve up; *biol* dissect; 3. *gram* analyse; 4. *math* reduce *(in* to); ▶ **e-e Zahl in ihre Faktoren ~** *math* factorize a number; **e-n Satz ~** *gram* parse a sentence; **etw in s-e Einzelteile ~** take s.th. to pieces; **Zer·le·gung** *f* 1. *(das Auseinandernehmen)* taking apart; *mot* stripping down; 2. *(von Braten)* carving up; 3. *biol* dissection; 4. *gram* analysis; 5. *math* reduction.
zer·lumpt *adj* ragged, tattered.
zer·mal·men [tsɛr'malmən] *tr a. fig* crush; *(mit den Zähnen)* crunch.
zer·mar·tern *tr:* ▶ **sich den Kopf ~** rack one's brains *(über* over).
zer·mür·ben *tr fig:* ▶ **jdn ~** wear s.o. down; **zer·mür·bend** *adj* trying.
zer·na·gen *tr* gnaw to pieces.
zer·pflücken (k·k) *tr a. fig* pick to pieces.
zer·quet·schen *tr* crush, squash.
Zerr·bild *n* 1. *fig* caricature; 2. *(in Spiegelkabinett)* distorted image.

zer·re·den *tr fam (Problem)* flog to death.
zer·rei·ben *irr tr a. fig* crumble, crush; *(im Mörser etc)* grind.
zer·rei·ßen *irr* I *tr* ⟨h⟩ *(versehentlich)* tear; *(absichtlich)* tear up; *(zerstükkeln)* dismember; *(zerfleischen)* tear apart; ▶ **es zerreißt mir das Herz** it breaks my heart; II *itr* ⟨sein⟩ *(Papier, Stoff)* tear; *(Faden, Seil etc)* break; III *refl* ⟨h⟩ *fig:* ▶ **man kann sich doch nicht** ~! one can't be in two places at once! **ich könnte mich vor Wut** ~! I'm hopping mad!
Zer·reiß·pro·be *f* 1. pull test; 2. *fig* crucial test *(für* of).
zer·ren ['tsɛrən] I *tr* 1. *(fort~)* drag; 2. *(Muskel)* pull, strain; *(reißen)* tear *(an* at); ▶ **hinter sich her** ~ drag along *(od* pull behind one); **sich den Muskel** ~ tear a muscle; **er zerrte sie an den Haaren** he pulled her hair; **an etw** ~ tug at s.th.
zer·rin·nen ⟨sein⟩ *irr itr a. fig* melt away; ▶ **wie gewonnen so zerronnen** *prov* easy come easy go.
Zer·rung *f med* pulling.
zer·rüt·ten [tsɛr'rytən] *tr* destroy, ruin; *(Nerven, Gesundheit)* shatter; ▶ **in zerrüttetem Zustand** in a very bad way.
zer·sä·gen *tr* saw up.
zer·schel·len [tsɛr'ʃɛlən] ⟨sein⟩ *itr* be dashed *(od* smashed) to pieces; *(Schiff)* be wrecked.
zer·schla·gen *irr* I *tr* 1. *(in Stücke* ~) smash; *(zerschmettern)* shatter; 2. *(auseinanderschlagen)* break up; 3. *fig* crush; II *refl fig (fehlschlagen)* fall through.
zer·schla·gen *adj (erschöpft)* washed out; ▶ **sich wie** ~ **fühlen** feel washed-out.
zer·schmet·tern *tr itr a. fig* shatter; *(Gegner)* crush.
zer·schnei·den *irr tr* cut; *(entzweischneiden)* cut in two; *(in Stücke)* cut up.
zer·set·zen I *tr* 1. *(verfaulen lassen)* decompose; 2. *(zerätzen)* corrode; 3. *fig (unterminieren)* undermine; II *refl* 1. *(verfaulen)* decompose; 2. *(zerätzt werden)* corrode; **zer·set·zend** *adj fig* subversive; **Zer·set·zung** *f* 1. *(Fäulnis)* decomposition; 2. *(Zerätzung)* corrosion; 3. *fig (Unterminierung)* undermining; **Zer·set·zungs·pro·dukt** *n* educt; **Zer·set·zungs·pro·zeß** *m* breakdown *(od* decomposition) process.
zer·sie·deln *tr* spoil (by development); **Zer·sie·de·lung** *f:* ▶ ~ **der Landschaft** despoliation of the landscape, uncontrolled urban spread.
zer·split·tern *tr itr refl (in Stücke* ~) shatter; *(Holz)* splinter; ▶ **sich** ~ *pol* fragment.

zer·sprin·gen ⟨sein⟩ *irr itr* 1. *(in Stücke gehen)* shatter; 2. *(Sprünge bekommen)* crack; 3. *(Saite: reißen)* break; ▶ **vor Ungeduld** ~ burst with impatience.
zer·stamp·fen *tr* 1. *(zerstoßen)* grind, pound; 2. *(zerquetschen)* mash.
zer·stäu·ben [tsɛr'ʃtɔɪbən] *tr* spray; **Zer·stäu·ber** *m (Spray)* spray; *(Parfüm~)* atomizer.
zer·ste·chen *tr* 1. *(Material: durchstechen)* puncture; 2. *(Insekten: beißen)* bite; ▶ **von Mücken zerstochen** bitten all over by midges.
zer·stö·ren *tr a. fig* destroy; *(ruinieren)* ruin; ▶ **jds Hoffnungen** ~ wreck someone's hopes; **Zer·stö·rer** *m mar mil* destroyer; **zer·stö·re·risch** *adj* destructive; **Zer·stö·rung** *f* destruction; *(Ruin)* ruin; **Zer·stö·rungs·wahn** *m med* detrimental delusion; **Zer·stö·rungs·wut** *f med* destructive mania.
zer·sto·ßen *irr tr* 1. *(Gewürz etc)* grind, pound; 2. *(abwetzen)* scuff.
zer·streu·en I *tr* 1. *fig (auflösen, vertreiben)* disperse; 2. *(verstreuen)* scatter *(über* over); 3. *fig (unterhalten)* divert; ▶ **jds Zweifel** *fig* ~ dispel someone's doubts; II *refl* 1. *(auseinandergehen)* disperse; 2. *(sich ablenken)* amuse o.s.; **zer·streut** *adj fig* absent-minded; **Zer·streut·heit** *f* absent-mindedness; **Zer·streu·ung** *f* 1. *(Ablenkung)* diversion; 2. *(Zerstreutheit)* absent-mindedness; 3. *(Auflösung: von Zweifel etc)* dissipation.
zer·stückeln (k·k) *tr* 1. *(Leiche* ~) dismember; 2. *(Bauland* ~) carve up; **Zer·stücke·lung** (k·k) *f (Leichen*~) dismemberment.
zer·tei·len *tr* 1. *(aufteilen)* split up; 2. *(zerschneiden)* cut up; ▶ ~ **Sie das Blatt in 4 Teile** divide the piece of paper into 4 parts.
zer·tram·peln *tr* trample on ...
zer·tre·ten *irr tr* crush.
zer·trüm·mern *tr* smash, destroy, wreck.
Zer·ve·lat·wurst [tsɛrvə'la:t-] *f* cervelat.
zer·wüh·len *tr* 1. *(zerknautschen)* ruffle up; 2. *(Erde: aufwühlen)* churn up.
Zer·würf·nis [tsɛr'vyrfnɪs] ⟨-ses, -se⟩ *n* disagreement, row.
zer·zau·sen *tr* dishevel, tousle; **zer·zaust** *adj* windswept.
Ze·ter ['tse:tə] *n:* ▶ ~ **und Mordio schreien** scream blue murder; raise a hue and cry; **ze·tern** *itr* 1. *(schreien)* clamour; *(keifen)* nag; 2. *(jammern)* moan.
Zet·tel ['tsɛtəl] ⟨-s, -⟩ *m (Stück Papier)* piece of paper; *(beschriebener)* note; *(Kassen~, Beleg)* receipt; *(Formular)* Form; **Zet·tel·ka·sten** *m* 1. *(Kasten für Zettel)* file-card box; 2. *(Kartei)*

card index.
Zeug [tsɔik] ⟨-(e)s, -e⟩ n 1. *fam allg*
stuff; 2. *fam (Kleider)* things *pl;* 3. *fam
(Dinge, Getier)* things *pl;* 4. *fam
(Quatsch)* rubbish; ▶ **red kein dum-
mes** ~! don't talk drivel! **das ~ zu etw
haben** have got what it takes to be s.th.;
mach kein dummes ~! don't be stupid!
jdm etw am ~e flicken *fig* tell s.o. what
to do; **sich ins ~ legen** put one's shoul-
der to the wheel.
Zeu·ge ['tsɔɪɡə] ⟨-n, -n⟩ m *jur a. fig*
witness (*e-r Sache* to s.th.); ▶ **als ~
aussagen** (bear) witness; **unter ~n** in
front of witnesses.
zeu·gen[1] *itr:* ▶ **von etw ~** show s.th.;
für (gegen) jdn ~ testify for (against
s.o.).
zeu·gen[2] *tr:* ▶ **ein Kind ~** father a
child.
Zeu·gen·aus·sa·ge *f* testimony; **Zeu-
gen·stand** *m Br* witness-box (*Am*
stand); **Zeu·gen·ver·neh·mung** *f*
examination of the witness(es).
Zeug·nis ⟨-ses, -se⟩ n 1. *päd* report; 2.
(Arbeits~) reference; ▶ **gute ~se ha-
ben** *fig* have good qualifications; **jdm
ein ~ ausstellen** give s.o. a. reference;
gegen jdn ~ ablegen give evidence
against s.o.
Zeu·gung *f* fathering; **Zeu·gungs·akt**
m act of procreation; **zeu·gungs·fä-
hig** *adj* fertile; **zeu·gungs·un·fä·hig**
adj sterile.
z. H. *Abk von* **zu Händen (von)** att.;
▶ **~ Frau Müller** att.: Mrs. Müller.
Zick·zack ['tsɪktsak] ⟨-(e)s, -e⟩ m zig-
zag; ▶ **im ~ fahren** (*od gehen od lau-
fen*) zigzag; **zick·zack·för·mig** *adj*
zigzag; ▶ **~ verlaufen** zigzag.
Zie·ge ['tsiːɡə] ⟨-, -n⟩ *f* goat; ▶ **blöde ~!**
fig fam silly bitch!
Zie·gel ['tsiːɡəl] ⟨-s, -⟩ m 1. *(~stein)*
brick; 2. *(Dach~)* tile; **Zie·gel·dach** n
tiled roof; **Zie·gel·ei** *f* brickworks *pl;
(für Dachziegel)* tile-making works *pl;*
zie·gel·rot *adj* brick-red; **Zie·gel-
stein** *m* brick.
Zie·gen·bock *m* billy goat; **Zie·gen-
kä·se** *m* goat's milk cheese; **Zie·gen-
le·der** *n* kid(-leather), kidskin; **Zie-
gen·pe·ter** *m fam (Krankheit)* mumps
sing.
Zie·hen *n (Schmerz)* dragging pain.
zie·hen ['tsiːən] *irr* **I** *tr* 1. pull; *(zerren)*
tug; *(schleppen)* drag; 2. *fig (züchten:
bot)* grow; 3. *fig (züchten: zoo)* breed;
▶ **er zog sie an sich** he pulled her
towards him; **e-n Revolver ~** pull a gun
on s.o.; **sie zog es ihm aus den Händen**
she pulled it away from him; **e-n Zahn
~** pull out a tooth; **nach oben ~** pull up;
e-n Graben ~ dig a ditch; **er zog sich
den Hut übers Gesicht** he drew his hat
over his eyes; **die Blicke auf sich ~**

attract attention; **den Kürzeren ~** *fig
fam* come off worst, get the worst of it;
II *itr* 1. *(zerren)* pull; 2. *(Luftzug):* ▶ **es
zieht** there's a draught; 3. *fig* ⟨sein⟩ *(Tee
etc)* draw; 4. *fig* ⟨sein⟩ *(ein~)* penetrate
(*in etw* s.th.); 5. ⟨sein⟩ *(wandern)* go,
move; ▶ **laß mich mal ~!** *(an Ziga-
rette)* give me a drag! **sich in die Länge
~** *fig* drag; **etw nach sich ~** lead to (*od*
entail) s.th.; **er zog sie an den Haaren**
he gave her hair a pull; **der Wagen
zieht nicht richtig** the car isn't pulling
very well; **nach rechts ~** *mot* pull to the
right; **an s-r Zigarette ~** pull at one's
cigarette; **er zog auf die linke Spur** *mot*
he pulled across to the left-hand lane;
das zieht bei mir nicht! *fig fam* I don't
like that sort of thing! **so was zieht
immer!** *fig fam* that sort of thing al-
ways goes down well! **zieht's dir?**
(durch Luftzug) are you in a draught?
zu jdm ~ move in with s.o.; **mir zieht's
in der Schulter** my shoulder hurts; **was
zieht dich denn nach Chicago?** what is
drawing you to Chicago?
Zieh·har·mo·ni·ka *f* concertina.
Zie·hung *f (von Lotterie)* draw.
Ziel [tsiːl] ⟨-(e)s, -e⟩ n 1. *(Reise~)* desti-
nation; *(Zweck, Absicht)* aim, goal, ob-
jective; 2. *(~ der Wünsche, ~ der Kri-
tik)* object; 3. *(im Rennsport)* finish; 4.
(~scheibe, etc) target; 5. *com (Zah-
lungs~)* credit period; ▶ **durchs ~ ge-
hen** *sport* cross the finishing line; *(Pfer-
desport)* pass the winning-post; **sein ~
verfehlen** miss one's aim; **mit dem ~,
etw zu tun** with the aim of doing s.th.;
sich hohe ~e setzen *fig* aim high; **zum
~ gelangen** *fig* reach one's goal; **ins ~
treffen** hit the target; **Ziel·band** ⟨-(e)s,
⁻er⟩ n *sport* finishing-tape; **ziel·be-
wußt** *adj* purposeful.
zielen *itr* 1. aim (*auf* at); 2. *fig (Bemer-
kung etc)* be aimed (*auf* at); ▶ **mit dem
Revolver auf jdn ~** aim a pistol at s.o.
Ziel·fern·rohr *n* telescopic sight; **ziel-
ge·ra·de** *f sport* home straight; **ziel-
ge·rich·tet** *adj* purposeful, purposive;
Ziel·grup·pe *f markt* target audience
(*od* group); **Ziel·grup·pen·for-
schung** *f markt* target group research;
Ziel·li·nie *f sport* finishing-line; **ziel-
los** *adj* aimless, purposeless; **Ziel-
schei·be** *f* 1. target; 2. *fig (von Angrif-
fen etc)* object; **Ziel·set·zung** *f* objec-
tive, target; **ziel·si·cher** 1. *(Mensch)*
unerring; 2. *(Planen, Handeln)* pur-
poseful; **Ziel·spra·che** *f* target lan-
guage; **ziel·stre·big** **I** *adj* determined;
II *adv* full of determination; **Ziel·vor-
stel·lung** *f* objective.
zie·men ['tsiːmən] *refl:* ▶ **das ziemt
sich nicht** it isn't proper.
ziem·lich **I** *adv* 1. *(beträchtlich)* quite,
fam pretty; 2. *fam (fast)* almost, nearly;

► **das ist so ~ dasselbe** it's pretty much the same; **~ viele Leute** quite a few people; **so ~ fertig** pretty well finished; **II** *adj (beträchtlich)* considerable; **mit ~er Sicherheit** fairly certainly; **e-e ~e Enttäuschung** quite a disappointment.

Zier·de ['tsi:edə] ⟨-, -n⟩ *f* **1.** *(Schmuck)* decoration; **2.** *fig (Ehre)* honour; ► **zur ~ for** decoration.

zie·ren ['tsi:rən] **I** *tr* **1.** *(schmücken)* adorn; **2.** *fig (auszeichnen)* grace; **II** *refl* **1.** *(Umstände machen)* make a fuss; *(beim Essen)* need a lot of pressing; **2.** *(Frau)* act coyly; **3.** *(sich gekünstelt benehmen)* be affected; ► **ohne sich zu ~** without having to be pressed.

Zier·gar·ten *m* ornamental garden; **Zier·lei·ste** *f* **1.** *allg* edging; **2.** *typ* vignette; **3.** *mot Br* moulding, *Am* molding.

zier·lich *adj (niedlich)* dainty; *(fein, zerbrechlich)* delicate; **Zier·lich·keit** *f (Niedlichkeit)* daintiness; *(Feinheit, Zerbrechlichkeit)* delicateness.

Zier·naht *f* decorative stitching; **Zierpflan·ze** *f* ornamental plant; **Zierschrift** *f* ornamental lettering; **Zierstrauch** *m* ornamental shrub.

Zif·fer ['tsɪfɐ] ⟨-, -n⟩ *f* **1.** *(Zahl)* figure, number; *(Zahlzeichen)* digit; *(Schriftzeichen)* cipher; **2.** *(e-s Paragraphen)* clause; ► **in ~n schreiben** write in figures; **Zif·fer·blatt** *n (an Uhr)* dial, face.

zig *adj fam* umpteen; ► **ich habe dir ~mal gesagt ...** I've told you umpteen times ...

Zi·ga·ret·te [tsiga'rɛtə] ⟨-, -n⟩ *f* cigarette; ► **e-e ~ drehen** make a cigarette; **Zi·ga·ret·ten·an·zün·der** *m* cigarette lighter; **Zi·ga·ret·ten·au·to·mat** *m* cigarette machine; **Zi·ga·ret·ten·etui** *n* cigarette case; **Zi·ga·ret·ten·packung (k·k)** *f* cigarette package; **Zi·ga·ret·ten·spit·ze** *f* cigarette-holder; **Zi·ga·ret·ten·stum·mel** *m Br* cigarette-end, *Am* cigarette-butt; *Br fam* fag-end.

Zi·ga·ril·lo [tsiga'rɪlo] ⟨-s, -s⟩ *m* cigarillo.

Zi·gar·re [tsi'garə] ⟨-, -n⟩ *f* cigar; **Zi·gar·ren·ki·ste** *f* cigar-box; **Zi·gar·ren·spit·ze** *f* cigar-holder; **Zi·gar·ren·stum·mel** *m* cigar-butt.

Zi·geu·ner(in) [tsi'gɔɪnɐ] *m (f)* gipsy.

Zi·ka·de [tsi'ka:də] ⟨-, -n⟩ *f zoo* cicada.

Zim·bab·we [zɪm'bapve] ⟨-s⟩ *n* Zimbabwe; **zim·bab·wisch** *adj* Zimbabwean.

Zim·mer ['tsɪmɐ] ⟨-s, -⟩ *n* room; ► „**~ frei**" vacancies"; **alle im ~ lachten** the whole room laughed; **Zim·mer·an·ten·ne** *f radio* indoor aerial; **Zim·mer·decke (k·k)** *f* ceiling; **Zim·mer·ein·rich·tung** *f* furniture; **Zim·mer·**

flucht *f* suite (of rooms); **Zim·mer·kell·ner** *m* room-waiter; **Zim·mer·laut·stär·ke** *f:* ► **können Sie ihren Apparat auf ~ stellen?** could you turn it down a bit? **Zim·mer·mäd·chen** *n* chambermaid; **Zim·mer·mann** ⟨-(e)s, -leute⟩ *m* carpenter.

zim·mern ['tsɪmɐn] **I** *tr* **1.** make *(od* construct) from wood; **2.** *fig (konstruieren)* construct; **II** *itr* do carpentry; ► **an etw ~** make s.th. from wood; *fig* work on s.th.

Zim·mer·nach·weis *m* accomodation service; **Zim·mer·pflan·ze** *f* indoor plant; **Zim·mer·tem·pe·ra·tur** *f* room temperature; **Zim·mer·ver·mitt·lung** *f* **1.** *(als Einrichtung)* accomodation agency; **2.** *(als Tätigkeit)* accomodation service.

zim·per·lich ['tsɪmpɐlɪç] *adj* **1.** *(überempfindlich)* nervous *(gegen* about); *(zartbesaitet)* squeamish; **2.** *(geziert)* affected; **3.** *(prüde)* prissy; ► **sei doch nicht so ~!** don't be so silly! **Zim·per·lich·keit** *f* **1.** *(Überempfindlichkeit)* nervousness; **2.** *(Wehleidigkeit)* softness.

Zimt [tsɪmt] ⟨-(e)s, -e⟩ *m (Gewürz)* cinnamon.

Zink [tsɪŋk] ⟨-(e)s⟩ *n* zinc.

Zin·ke ['tsɪŋkə] ⟨-, -n⟩ *f (an Gabel)* prong; *(am Kamm)* tooth.

zin·ken *adj (aus Zink)* zinc.

zin·ken *tr sl (Karten markieren)* mark.

Zinn [tsɪn] ⟨-(e)s⟩ *n* tin; **Zinn·be·cher** *m* pewter tankard.

Zin·ne ['tsɪnə] ⟨-, -n⟩ *f* **1.** *(von Burgmauer):* ► **~n** *pl* battlements; **2.** *(Berg~)* pinnacle.

zin·ne(r)n *adj* pewter.

Zinn·ge·schirr *m* pewter ware.

Zin·no·ber [tsɪ'no:bɐ] ⟨-s, -⟩ *m* **1.** *(Farbe)* cinnabar, vermilion; **2.** *fam (Unsinn)* rubbish; *(Getue)* fuss; **zin·no·ber·rot** *adj* vermilion.

Zinn·sol·dat *m* tin soldier.

Zin·sen ['tsɪnzən] *pl* interest *sing;* ► **~ tragen** bear interest; **das werd' ich dir mit ~ heimzahlen!** *fig* I'll pay you back with interest! **ein Darlehen zu 15 % a** loan at 15 % interest; **Zins·er·trag** *m* interest proceeds *pl;* **Zin·ses·zins** *m* compound interest; **zins·gün·stig** *adj* at a favourable rate of interest; **zinslos** *adj* interest-free; **Zins·satz** *m* interest rate, rate of interest; **Zins·ver·lust** *m* loss of interest.

Zio·nis·mus [tsio'nɪsmʊs] ⟨-⟩ *m* Zionism; **Zio·nist(in)** *m (f)* Zionist; **zio·ni·stisch** Zionist.

Zip·fel ['tsɪpfəl] ⟨-s, -⟩ *m* **1.** *(Stoff~)* corner; **2.** *(Wurstendchen)* end; **3.** *(Mützen~)* point; **Zip·fel·müt·ze** *f* pointed cap.

Zir·bel·drü·se ['tsɪrbəl-] *f anat* pineal

gland.
zir·ka ['tsɪrka] *adv* about, circa.
Zir·kel ['tsɪrkəl] ⟨-s, -⟩ *m* 1. *(Gerät)* compasses *pl;* 2. *(Personenkreis)* circle.
Zir·ku·la·tion [tsɪrkula'tsjoːn] *f* circulation.
zir·ku·lie·ren ⟨h *u.* sein⟩ *itr* circulate.
Zir·kus ['tsɪrkʊs] ⟨-, -se⟩ *m* 1. circus; 2. *fam (Theater, Getue)* to-do; **Zir·kus·zelt** *n* big top.
zir·pen ['tsɪrpən] *itr* cheep, chirp.
zisch *interj* hiss; **zi·scheln** ['tsɪʃəln] *itr* whisper.
zi·schen ['tsɪʃən] I *itr* 1. hiss; *(brutzeln: Fett)* sizzle; 2. *fam* ⟨sein⟩ *(verschwinden)* whizz; II *tr (sprechen)* hiss; **Zisch·laut** *f ling* sibilant.
zi·se·lie·ren [tsizə'liːrən] *tr (Schwert, Messer etc)* chase.
Zi·ster·ne [tsɪs'tɛrnə] ⟨-, -n⟩ *f* cistern, well.
Zi·ta·del·le [tsita'dɛlə] ⟨-, -n⟩ *f* citadel.
Zi·tat [tsi'taːt] ⟨-(e)s, -e⟩ *n* quotation; ▶ **falsches ~** misquotation.
Zi·ther ['tsɪtɐ] ⟨-, -n⟩ *f mus* zither.
zi·tie·ren *tr* 1. *(Zitat angeben)* quote; 2. *(vorladen)* summon *(vor* before).
Zi·tro·nat ⟨-(e)s, -e⟩ *n* candied lemon peel.
Zi·tro·ne [tsi'troːnə] ⟨-, -n⟩ *f* lemon; ▶ **jdn wie e-e ~ auspressen** squeeze s.o. until the pips squeak; **Zi·tro·nen·fal·ter** *m zoo* brimstone butterfly; **Zi·tro·nen·saft** *m* 1. *(purer Saft)* lemon juice; 2. *(Mischgetränk)* lemon squash; **Zi·tro·nen·sch·ale** *f* lemon peel.
Zi·trus·frucht ['tsiː·trus-] *f* citrus fruit.
zit·t(e)·rig *adj* shaky.
zit·tern ['tsɪtɐn] *itr* 1. *(Wut, Furcht)* tremble *(vor* with); *(Schwäche)* shake *(vor* with); *(Kälte)* shiver *(vor* with); 2. *(vibrieren)* quiver; ▶ **am ganzen Kör·per ~** be all of a shake; **mit ~der Stim·me** with a shaky voice; **ich zittere, wenn ich daran denke, was hätte geschehen können** I tremble to think what might have happened; **Zit·tern** *n* trembling; ▶ **das große ~ haben** *fig fam* be all of a tremble; **das große ~ kriegen** *fig fam* tremble in one's shoes.
Zit·ter·pap·pel *f bot* aspen.
Zit·ze ['tsɪtsə] ⟨-, -n⟩ *f zoo* teat.
Zi·vil [tsi'viːl] ⟨-s⟩ *n:* ▶ **in ~** in civilian clothes, *fam* in civvies; **zi·vil** *adj* 1. *(nicht mil)* civilian; 2. *fam (anständig, angemessen)* civil; *(Preise)* reasonable; ▶ **~er Bevölkerungsschutz** *Br* civil defence *(Am* defense); **Zi·vil·be·völ·ke·rung** *f* civilian population; **Zi·vil·cou·ra·ge** *f* courage (to stand up for one's beliefs); **Zi·vil·dienst** *m* civilian *(od* community) service; **Zi·vil·dienst·lei·sten·de(r)** *m person doing social work instead of military service.*
Zi·vi·li·sa·tion [tsiviliza'tsjoːn] *f* civili-

zation;   **Zi·vi·li·sa·tions·er·schei·nung** *f* phenomenon of civilization; **Zi·vi·li·sa·ti·ons·krank·heit** *f* illness caused by civilization.
zi·vi·li·sa·to·risch I *adj* of civilization; II *adv* in terms of civilization.
zi·vi·li·sie·ren *tr* civilize.
Zi·vi·list(in) *m (f)* civilian.
Zi·vil·le·ben *n* civilian life, *fam* civvy street; **Zi·vil·pro·zeß** *m* civil action; **Zi·vil·pro·zeß·ord·nung** *f jur Br* Civil Practice Act, *Am* Rules of Civil Procedure; **Zi·vil·recht** *n* civil law; **zi·vil·recht·lich** *adj* (of) civil law; **Zi·vil·schutz** *m* civil defence *(Am* defense).
Zo·bel ['tsoːbəl] ⟨-s, -⟩ *m zoo* sable.
Zocken (k·k) ['tsɔkn] *itr sl* gamble.
Zoff ['tsɔf] ⟨-s⟩ *m fam (Ärger)* trouble.
Zö·gern *n* hesitation; ▶ **ein Augenblick des ~s** a moment's hesitation.
zö·gern ['tsøːgɐn] *itr* hesitate; ▶ **wir sollten nicht länger ~** we should not hesitate any longer; **ohne auch nur einen einzigen Augenblick zu ~** without the slightest hesitation.
Zög·ling ['tsøːklɪŋ] *m obs* pupil.
Zö·li·bat [tsøli'baːt] ⟨-(e)s⟩ *m od n eccl* celibacy; ▶ **im ~ leben** be celibate.
Zoll[1] ⟨-, -⟩ *m (altes Längenmaß)* inch.
Zoll[2] [tsɔl, *pl* 'tsœlə] ⟨-(e)s, ⁝e⟩ *m* 1. *(Waren~)* customs duty; 2. *(Amt, Behörde)* customs *pl;* ▶ **~ auf etw zahlen** pay duty on s.th.; **Zoll·ab·fer·ti·gung** *f* 1. *(Vorgang)* customs clearance; 2. *(Dienststelle)* checkpoint; **Zoll·amt** *n* customs house; **Zoll·be·am·te(r) (-be·am·tin)** *m (f)* customs officer *(od* official); **Zoll·be·gleit·pa·pie·re** *n pl* customs documents.
zol·len ['tsɔlən] *tr:* ▶ **jdm Beifall ~** applaud s.o.; **jdm Tribut ~** pay tribute to s.o.; **jdm Achtung ~** respect s.o.
Zoll·er·klä·rung *f* customs declaration; **Zoll·fahn·der(in)** *m (f)* customs investigator; **Zoll·fahn·dung** *f* customs investigation department; **zoll·frei** *adj* duty-free; **Zoll·ge·biet** *n* customs district; **Zoll·ge·bühr** *f* (customs) duty; **Zoll·gren·ze** *f* customs frontier; **Zoll·in·halts·er·klä·rung** [-'-----] *f* customs declaration; **Zoll·kon·trol·le** *f* customs check; **zoll·pflich·tig** *adj Br* dutiable, *Am* customable; **Zoll·schran·ke** *f* customs barrier.
Zoll·stock *m* inch, rule, ruler.
Zoll·ta·rif *m* customs tariff; **Zoll·uni·on** *f* customs union.
Zom·bie ['tsɔmbɪ] ⟨-(s), -s⟩ *m a. fig* zombie.
Zo·ne ['tsoːnə] ⟨-, -n⟩ *f* 1. *(Gebiet)* zone; 2. *(Geltungsbereich von Verkehrsmittel)* fare stage; **Zo·nen·gren·ze** *f hist* zonal border.
Zoo *m* zoo; ▶ **in den ~ gehen** go to the zoo; **Zoo·lo·ge (Zoo·lo·gin)**

[tso:o'lo:gə] *m (f)* zoologist; **Zoo·lo·gie** *f* zoology; **zoo·lo·gisch** *adj* zoological.

Zoom ['zu:m] ⟨-s⟩ *n phot* zoom lens; **zoo·men I** *tr phot* zoom in on ...; **II** *itr phot* zoom.

Zopf [tsɔpf, *pl* 'tsœpfə] ⟨-(e)s, ⁻e⟩ *m* 1. *(Haar~)* pigtail; 2. *(Gebäck)* plaited loaf; ▶ **sein Haar in ⁻e flechten** plait one's hair; **ein alter ~ sein** *fig* be a hoary relic.

Zorn [tsɔrn] ⟨-(e)s⟩ *m* anger; *(Wut)* rage; ▶ **was man im ~ sagt** words spoken in anger; **in großem ~** in great anger; **s-n ~ auslassen an ...** vent one's anger on ...; **Zor·nes·aus·bruch** *m* fit of anger; **Zor·nes·rö·te** *f* flush of anger.

zor·nig *adj* angry; ▶ **auf jdn ~ sein** be angry (*od* furious) with s.o.

Zo·te ['tso:tə] ⟨-, -n⟩ smutty joke.

Zot·tel ['tsɔtəl] ⟨-s, -n⟩ *m* rat's tail; **zot·te·lig** *adj (Haar)* shaggy.

zu [tsu:] **I** *prp* 1. *(örtlich: ~ ... hin)* to; 2. *(örtlich: Lage)* at; 3. *(zeitlich)* at; 4. *(für)* for; ▶ **~ Spottpreisen** dirt cheap; **~ Weihnachten** at Christmas; **~m Fenster hinaus** out of the window; **~m Arzt gehen** go to the doctor's; **jdn ~m Freund haben** have s.o. as a friend; **was sollen wir ~m Essen trinken?** what shall we drink with our meal? **etw ~ etw legen** put s.th. with s.th.; **sich ~ jdm setzen** sit with s.o.; **~ nichts ~ gebrauchen sein** be no use at all; **jdm ~ etw gratulieren** congratulate s.o. on s.th.; **~r Belohnung** as a reward; **~r Probe** on approval; **jdn ~ etw machen** make s.o. s.th.; **~ etw werden** turn into s.th.; **es steht 3 : 1** *sport* the score is three-one; **II** *adv* 1. *(allzu)* too; 2. *(geschlossen)* closed, shut; 3. *(örtlich: hin)* towards; ▶ **keineswegs ~ früh** none too soon; **das ist wirklich ~ nett von dir!** *(ironisch)* too kind of you! **wir haben ~!** *(Laden)* we're closed! **ihre Augen fielen ~** her eyes closed; **~ Ende gehen** come to a close; **III** *conj* 1. *(mit Infinitiv)* to; ▶ **ich habe noch ~ arbeiten** I have some work to do; 2. *(mit Partizip)*: **das ist noch ~ prüfen** that's still to be checked; **es ist ~m Verrücktwerden!** it's enough to lose your sanity!

zu·al·ler·erst [-'---'-] *adv* first of all.

zu·al·ler·letzt [-'---'-] *adv* last of all.

Zu·be·hör ['tsu:bəhø:ɐ] ⟨-(e)s, (-e)⟩ *n* accessories *pl*; ▶ **ohne ~** bare, plain; **mit ~** with all conveniences; **Zu·be·hör·teil** *n* accessory, attachment.

zu|bei·ßen *irr itr* bite; *(Hund)* snap.

Zu·ber ['tsu:bɐ] ⟨-s, -⟩ *m* tub.

zu|be·rei·ten *tr* prepare; *(Getränk)* mix; **Zu·be·rei·tung** *f* preparation.

zu|bil·li·gen *tr* grant *(jdm etw* s.o. s.th.).

zu|bin·den *irr tr* tie up; *(Schuhe)* lace up.

zu|blei·ben ⟨sein⟩ *irr itr fam* stay shut.

zu|blin·zeln *itr* wink *(jdm* at s.o.).

zu|brin·gen *irr tr* 1. *(verbringen: Zeit etc)* pass, spend; 2. *fam (zumachen können)* get shut.

Zu·brin·ger *m* 1. *(~straße)* feeder road; 2. *aero (~bus)* airport bus; **Zu·brin·ger·dienst** *m* shuttle service.

Zuc·chi·ni [tsu'ki:ni] *f pl Br* courgettes, *Am* zucchini.

Zucht [tsʊxt] ⟨-⟩ *f* 1. *(Auf~, Züchten)* breeding; *(von Pflanzen)* cultivation; 2. *(~ generation)* breed; *(von Pflanzen)* stock; 3. *(Disziplin)* discipline; ▶ **~ u. Ordnung** discipline; **in ~ halten** keep in hand; **Tiere zur ~ halten** keep animals for breeding; **Zucht·bul·le** *m* breeding bull.

züch·ten ['tsʏçtən] *tr* 1. *(Tiere)* breed; *(Bienen)* keep; 2. *(Pflanzen)* cultivate; **Züch·ter(in)** *m (f)* 1. *(von Tieren)* breeder; 2. *(von Pflanzen)* cultivator.

Zucht·haus *n Br* prison, *Am* penitentiary; **Zucht·häus·ler** *m* convict, *sl* con; **Zucht·haus·stra·fe** *f* prison sentence.

Zucht·hengst *m* stud horse.

züch·ti·gen ['tsʏçtɪgən] *tr (prügeln)* beat, flog; **Züch·ti·gung** *f (Prügel)* beating, flogging; ▶ **körperliche ~** corporal punishment.

zucht·los *adj* undisciplined; **Zucht·lo·sig·keit** *f* lack of discipline.

Zucht·vieh *n* breeding cattle.

zucken (k·k) ['tsʊkən] **I** *itr* 1. *(nervös, krampfhaft)* twitch; *(zusammenfahren)* jerk; 2. ⟨sein⟩ *(Blitz: aufleuchten)* flash; ▶ **es zuckt mir in der Schulter** I have a twinge in my shoulder; **ohne mit der Wimper zu ~** without batting an eyelid; **II** *tr*: ▶ **die Achseln ~** shrug one's shoulders.

zücken (k·k) ['tsʏkən] *tr* 1. *(Messer etc)* draw; 2. *fam (Brieftasche etc)* pull out.

Zucker (k·k) ['tsʊkɐ] ⟨-s, (-)⟩ *m* sugar; **Zuckerbrot** (k·k) *n*: ▶ **mit ~ u. Peitsche** *fig* with a stick and a carrot; **Zucker·do·se** (k·k) *f* sugar bowl; **Zucker·guß** (k·k) *m Br* icing, *Am* frosting; **Zucker·hut** (k·k) *m* sugar loaf.

zucke·rig (k·k) *adj* sugary.

zucker·krank (k·k) *adj* diabetic; **Zuk·ker·kran·ke(r)** *f m* diabetic; **Zucker·krank·heit** (k·k) *f* diabetes.

zuckern (k·k) *tr* sugar; ▶ **der Kaffee ist zu stark gezuckert** the coffee has too much sugar in it.

Zucker·rohr (k·k) *n* sugar-cane; **Zuk·ker·rü·be** *f* sugar beet; **Zucker·streu·er** (k·k) *m* sugar sprinkler; **zucker·süß** (k·k) *adj a. fig* sugar-sweet, (as) sweet as sugar.

Zuckung (k·k) *f*: ▶ **nervöse ~en** nervous twitches.

zu|decken (k·k) *tr* cover (up) *(mit etw*

with s.th.).
zu·dem [tsu'de:m] *adv* in addition, moreover.
zu|den·ken *irr tr:* ▶ jdm etw zugedacht haben have s.th. in store for s.o.
zu|dre·hen I *tr* 1. *(Wasserhahn)* turn off; 2. *(zuwenden)* turn; ▶ jdm den Rücken ~ turn one's back upon s.o.; II *refl (sich zuwenden)* turn (to).
zu·dring·lich *adj* intrusive; ▶ ~ werden *(sexuell)* make advances *pl* (*zu jdm* to s.o.); **Zu·dring·lich·keit** *f* intrusiveness; *(sexuell)* advances *pl.*
zu|drücken (k·k) *tr* press shut; ▶ ein Auge ~ *fam* turn a blind eye; jdm die Kehle ~ throttle s.o.
zu|ei·len ⟨sein⟩ *itr* rush *(auf jdn od etw* towards s.o. *od* s.th.).
zu·ein·an·der *adv* 1. *(gegenseitig)* to each other; 2. *(zusammen)* together; ▶ ~ passen *(Farben, etc)* go together; *(Personen)* suit each other.
zu|er·ken·nen *irr tr (belohnen)* award *(jdm etw* s.th. to s.o.); ▶ jdm e-e Aus-zeichnung ~ bestow a decoration on s.o.
zu·erst [-'-] *adv* 1. *(als erster)* first; 2. *(zunächst)* at first; 3. *(zum ersten Male)* first, for the first time; ▶ wer ~ kommt, mahlt ~ first come, first served; ~ hast du etw anderes gesagt that's not what you said first; ~ gehe ich schwimmen first of all I'm going swimming.
zu|er·tei·len *tr* award *(jdm etw* s.th. to s.o.).
zu|fä·cheln *tr:* ▶ sich (jdm) Kühlung ~ fan o.s. (s.o.).
zu|fah·ren ⟨sein⟩ *irr itr* 1. *:* ▶ auf jdn ~ drive towards s.o.; 2. *(los-, weiterfah-ren) fam* get a move on; **Zu·fahrt** *f* 1. *(Hinfahrt)* approach; 2. *(Einfahrt)* en-trance; 3. *(~ zu e-m Haus)* drive(way); **Zu·fahrts·stra·ße** *f* access road; *(zur Autobahn)* approach road.
Zu·fall *m* accident, chance; ▶ durch ~ by chance; das ist ~! it's pure chance! es war reiner ~, daß ... it was pure acci-dent that ...; es ist kein ~, daß ... it's no accident that ...; die Dinge dem ~ überlassen leave things to chance; welch (ein) ~! what a coincidence!
zu|fal·len ⟨sein⟩ *irr itr* 1. *(Tür)* close, shut; 2. *(zuteil werden: Aufgabe, Rolle)* fall *(jdm* to *od* upon s.o.); *(Preis)* go *(jdm* to s.o.); ▶ die Augen fallen ihr ja schon zu! she can scarcely keep her eyes open!
zu·fäl·lig I *adj* chance; *(Ergebnis, Zus.-treffen)* accidental; ▶ e-e ~e Begeg-nung a chance meeting; II *adv* by chance; ▶ das war rein ~ it was pure chance; ich war ~ da I happened to be there; könnten Sie mir ~ helfen? would you by any chance be able to help?

Zu·falls·be·kannt·schaft *f* chance ac-quaintance; **Zu·falls·tref·fer** *m* 1. fluke; 2. *sport* lucky goal.
zu|fas·sen *itr* 1. *(zugreifen)* take hold of it *(od* them *etc)*; 2. *fig (Gelegenheit ergreifen)* seize an *(od* the) opportunity; 3. *(helfen)* lend a hand.
zu|flie·gen ⟨sein⟩ *irr itr* 1. *fam (Tür)* slam shut; 2. *:* ▶ ihm fliegen die Sym-pathien zu he wins everyone's affec-tion; 3. *(Vogel: Menschen ~)* fly to ...
zu|flie·ßen ⟨sein⟩ *irr itr* flow towards; ▶ jdm Geld ~ lassen *fig* pour money into someone's coffers.
Zu·flucht ⟨-⟩ *f a. fig* refuge, shelter *(vor* from); ▶ seine ~ zu etw nehmen *fig* resort to s.th.; du bist meine letzte ~ you are my last hope.
Zu·fluß *m* 1. *a. fig* influx; 2. *(Nebenfluß)* tributary; *(zu e-m See)* inlet.
zu|flü·stern *tr itr* whisper *(jdm etw* s.th. to s.o.).
zu·fol·ge [tsu'folgə] *prp* 1. *(gemäß)* ac-cording to ...; 2. *(aufgrund)* as a conse-quence of ...
zu·frie·den [tsu'fri:dən] *adj* con-tent(ed); ▶ mit etw ~ sein be satisfied with s.th.; **zu·frie·den|ge·ben** *irr refl* be content *(mit etw* with s.th.); **Zu·frie-den·heit** *f* 1. contentedness; 2. *(Befrie-digtsein)* satisfaction; **zu·frie·den|las-sen** *irr tr* let alone, leave in peace; **zu·frie·den|stel·len** *tr* satisfy; ▶ schwer zufriedenzustellen difficult to please; **zu·frie·den·stel·lend** *adj* satisfactory.
zu|frie·ren ⟨sein⟩ *irr itr* freeze up *(od* over).
zu|fü·gen *tr* 1. *fam (dazutun)* add; 2. *(antun)* cause, do; *(Böses)* inflict (upon).
Zu·fuhr ['tsu:fu:ɐ] ⟨-, -en⟩ *f* 1. *(Versor-gung)* supply *(nach* to); *mil (Nach-schub)* supplies *pl;* 2. *mete (~ von Luft-strom)* influx; ▶ jdm die ~ abschnei-den cut off supplies to s.o.; die ~ von Lebensmitteln the supply of provisions;
zu|füh·ren *tr* 1. *(versorgen)* supply *(jdm etw* s.o. with s.th.); 2. *(bringen, zur Verfügung stellen)* bring; ▶ etw s-r Be-stimmung ~ put s.th. to its intended use; jdn der gerechten Strafe ~ give s.o. the punishment he *(od* she) deserves.
Zug[1] [tsu:k, *pl* 'tsy:gə] ⟨-(e)s, ⁚e⟩ *m* rail train; ▶ mit dem ~ fahren go by train; im ~ on the train; der ~ hat Verspä-tung the train is late.
Zug[2] *m* 1. *(Charakter~)* characteristic, trait; 2. *(Gesichts~)* feature; ▶ das war kein schöner ~ von dir! that wasn't nice of you! er hat e-n ~ zur Extrava-ganz he tends to be extravagant; es war ein netter ~, sie einzuladen it was a nice touch inviting them.
Zug[3] *m* 1. *(~luft)* Br draught, Am draft; 2. *(an Zigarette etc)* drag, pull; 3. *(lang-*

gezogene Gruppe) procession; **4.** *mil (Kompaniegruppe)* platoon; **5.** *(Spielstein setzen)* move; **6.** *(Schluck)* gulp, mouthful; **7.** *tech (~kraft)* tension; ▶ **du bist am ~!** it's your move! **~ um ~** step by step; **e-n ~ machen** *(an Zigarette etc)* take a pull; **(nicht) zum ~(e) kommen** *fig* (not) get a look-in; **in den letzten ~en liegen** be at one's last gasps; **etw in vollen ~en genießen** enjoy, s.th. to the full.

Zu·ga·be *f (Zuschlag)* extra; *(Bonus)* bonus; *com (Werbegeschenk)* free gift; *mus theat* encore; ▶ **als ~** *com* into the bargain.

Zug·ab·teil *n* railway compartment.

Zu·gang *m* **1.** *(Zutritt, a. fig)* access; **2.** *(Eingang, Einfahrt)* entrance; **3.** *com (Neueingang von Waren)* receipt; *(von Schülern)* intake; *(von Patienten)* admission; ▶ **~ haben zu etw** have access to s.th.; **zu·gäng·lich** ['tsuːɡɛŋlɪç] *adj* **1.** *(erreichbar)* accessible; *(benutzbar)* available; *(öffentl. Bibliotheken etc)* open; **2.** *fig (Personen)* approachable; ▶ **der Allgemeinheit ~** open to the public; **sie ist Komplimenten leicht ~** she is quite amenable to compliments.

Zug·brücke (k·k) *f* drawbridge.

zu|ge·ben *irr tr* **1.** *(eingestehen)* admit; **2.** *(hinzufügen)* add; ▶ **gib's zu!** admit it! **~, daß etw wahr ist** admit the truth of s.th.; **ich gebe zu . . .** I have to admit . . .; **gibst du zu, das Geld gestohlen zu haben?** do you admit having stolen the money?

zu·ge·gen [-'--] *adv* present *(bei* at).

zu|ge·hen ⟨sein⟩ *irr itr* **1.** *(schließen) fam* shut; **2.** *(erreichen: Nachricht)* reach *(jdm* s.o.); ▶ **auf jdn ~** approach *(od* go towards) s.o.; **ist Ihnen mein Brief schon zugegangen?** have you already received my letter? **es geht auf den Winter zu** winter is drawing near; **hier geht es nicht mit rechten Dingen zu** there's something fishy around here; **dort ging's sehr lustig zu** we had a great time there.

zu|ge·hö·ren *itr* belong *(jdm* to s.o.); **zu·ge·hö·rig** *adj (dazugehörend)* accompanying; **Zu·ge·hö·rig·keit** *f* **1.** *(Mitgliedschaft)* membership *(zu* of); *(zu Konfession, Nation etc)* affiliation; **2.** *(~sgefühl)* sense of belonging.

zu·ge·knöpft *adj fig fam* reserved, uncommunicative.

Zü·gel ['tsyːɡəl] ⟨-s, -⟩ *m a. fig* rein; ▶ **die ~ anziehen** draw in the reins; *fig* keep a tighter rein *(bei* on); **die ~ schießen lassen** *fig* give free rein to one's rage *(od* feelings *etc).*

zu·ge·las·sen *adj* **1.** *mot* licensed; **2.** *(autorisiert)* authorized.

zü·gel·los *adj a. fig* unbridled; *(ausschweifend)* licentious; **Zü·gel·lo·sig-**

keit *f* lack of restraint, licentiousness.

zü·geln **I** *tr* **1.** *(Pferd)* rein in; **2.** *fig* check, curb; **II** *refl (sich zurückhalten)* restrain o.s.

zu·ge·stan·de·ner·ma·ßen ['-----'--] *adv Br* admittedly, *Am* concededly.

Zu·ge·ständ·nis *n* concession *(an* to); **zu|ge·ste·hen** *irr tr* **1.** *(einräumen)* concede, grant; **2.** *(zugeben)* admit.

zu·ge·tan ['tsuː·gəta:n] *adj* fond (of).

Zug·füh·rer(in) *m (f)* **1.** *rail Br* chief guard, *Am* conductor; **2.** *mil* platoon *(od* section) commander.

zu|gie·ßen *irr tr* **1.** *(mit Zement etc)* fill; **2.** *(hin~)* add; ▶ **darf ich Ihnen noch (etwas Kaffee) ~?** may I pour you a little more (coffee)?

zu·gig *adj Br* draughty, *Am* drafty.

Zug·kraft *f* **1.** *tech* tractive power; **2.** *fig* appeal, attraction; **zug·kräf·tig** *adj fig* catchy, eye-catching.

zu·gleich [-'-] *adv* **1.** *(ebenso)* both; **2.** *(zur gleichen Zeit)* at the same time; ▶ **sie lachte und weinte ~** she was both laughing and crying.

Zug·luft *f Br* draught, *Am* draft.

Zug·ma·schi·ne *f (von Sattelschlepper)* traction engine, tractor.

Zug·per·so·nal *n rail* train personnel.

Zug·pferd *n* **1.** *Br* draught *(Am* draft) horse; **2.** *fig (Zugnummer)* crowd puller.

zu|grei·fen *irr itr* **1.** *(schnell nehmen)* grab it *(od* them); *(bei Tisch)* help o.s.; **2.** *fig (schnell handeln)* act fast; ▶ **greifen Sie zu!** help yourself!

Zug·re·stau·rant *n rail* dining car.

Zu·griff *m* **1.** *(das Zugreifen):* ▶ **durch raschen ~** by acting quickly; **2.** *EDV* access; **Zu·griffs·zeit** *f EDV* access time.

zu·grun·de *adv:* ▶ **etw ~ legen** base s.th. on s.th.; **etw ~ liegen** be based on s.th.; **~ richten** ruin, destroy.

Zug·schaff·ner(in) *m (f) rail* train conductor; **Zug·se·kre·ta·ri·at** *n rail* secretarial compartment.

zu·gun·sten [-'--] *prp (von od mit Genitiv)* in favour of . . .

zu·gu·te [-'--] *adv:* ▶ **jdm etw ~ halten** make allowances for s.th.; **jdm ~ kommen** be of benefit to s.o.; **jdm etw ~ kommen lassen** let s.o. have s.th.

Zug·ver·bin·dung *f* train connection; **Zug·ver·kehr** *m Br* railway *(Am* railroad) traffic.

Zug·vo·gel *m* **1.** *zoo* migratory bird; **2.** *fig* bird of passage.

zu|ha·ben *irr* **I** *itr (Laden)* be closed; **II** *tr:* ▶ **sie hatte die Augen zu** her eyes were closed.

zu|hal·ten *irr* **I** *tr* keep closed *(od* shut); ▶ **jdm den Mund ~** cover someone's mouth with one's hands; **sich die Ohren ~** put one's hands over one's ears; **II** *itr:*

▶ **auf etw** ~ make straight for ...
Zu·häl·ter ['tsu:hɛltə] *m* pimp, ponce.
zu‖hau·en *irr* I *tr* 1. *(Stein)* pare; *(Baumstamm)* hew; 2. *fam (Tür)* slam; II *itr (zuschlagen)* strike out.
zu·hauf [-'-] *adv poet* in throngs.
Zu·hau·se [tsu'hauzə] ⟨-s, -⟩ *n* home; ▶ **hast du kein** ~? haven't you got a home to go to? **zu·hau·se** *adv* at home.
zu‖hei·len ⟨sein⟩ *itr* heal up (*od* over).
Zu·hil·fe·nah·me [-'----] *f:* ▶ **unter (ohne)** ~ **von ...** with (without) the help of ...
zu‖hö·ren *itr* listen (*jdm* to s.o.); ▶ **nun hören Sie mal zu!** now listen! **ich höre sehr genau zu!** I'm all ears! **Zu·hö·rer(in)** *m (f)* listener; *pl a.* audience *sing;* **Zu·hö·rer·schaft** *f* audience.
zu‖ju·beln *itr* cheer (*jdm* s.o.).
zu‖keh·ren *tr:* ▶ **jdm das Gesicht** ~ turn to face s.o.; **jdm den Rücken** ~ *a. fig* turn one's back (up)on s.o.
zu‖klap·pen *tr* ⟨h⟩ *itr* ⟨sein⟩ snap shut; *(Fenster, Tür)* click shut.
zu‖kle·ben *tr (Briefumschlag)* stick down; *(Loch)* stick up.
zu‖knöp·fen *tr* button up.
zu‖kom·men ⟨sein⟩ *irr itr* 1. *(gebühren)* become, befit; 2. *(hingehen)* come towards *(auf jdn* s.o.); ▶ **jdm etw** ~ **lassen** *(schenken)* give s.o. s.th.; *(senden)* send s.o. s.th.; **dieser Titel kommt ihm nicht zu** he has no right to this title; **diesem Treffen kommt große Bedeutung zu** this meeting is of great importance; **etw auf sich** ~ **lassen** wait and see.
zu‖kor·ken *tr* cork (up).
Zu·kunft ['tsu:kunft] ⟨-⟩ *f* 1. future; 2. *gram* future tense; ▶ **in** ~ in future; **in naher** ~ in the near future; **das liegt noch in weiter** ~ that is still very much in the future; **e-e große** ~ **haben** have a great future.
zu·künf·tig I *adj* future; ▶ **mein Z**~**er, meine Z**~**e** *hum* my intended; II *adv* in future.
Zu·kunfts·aus·sich·ten *f pl* future prospects; **Zu·kunfts·be·ruf** *m* job for the future; **Zu·kunfts·bran·che** *f* new industry; **Zu·kunfts·forscher(in)** *m (f)* futurist, futurologist; **Zu·kunfts·for·schung** *f* futurology; **Zu·kunfts·mu·sik** *f fig fam* a pie in the sky; **Zu·kunfts·per·spek·ti·ve** *f* future prospects *pl;* **Zu·kunfts·plä·ne** *m pl* plans for the future; **Zu·kunftstech·no·lo·gie** *f* new technology.
Zu·kurz·ge·kom·me·ne(r) *f m* one who came off badly, one who missed out.
zu‖lä·cheln *itr* smile (*jdm* at s.o.).
Zu·la·ge *f* 1. *(Geld*~*)* extra pay; *(Gefahren*~*)* danger-money; 2. *(Gehaltserhö-*

hung) Br rise, *Am* raise.
zu‖lan·gen *itr (bei Tisch)* help o.s.
zu‖las·sen *irr tr* 1. *(Tür)* leave shut; 2. *(Zugang gewähren)* admit; 3. *(dulden)* allow, permit; 4. *(amtlich)* authorize; *(Arzt, Heilpraktiker)* register; *(Kfz)* license; ▶ ~, **daß etw geschieht** allow s.th. to happen; **zu·läs·sig** ['tsu:lɛsɪç] *adj* allowed, permissible, permitted; *(amtlicherseits)* authorized; ▶ ~**es Gesamtgewicht** *mot* maximum laden weight; **Zu·las·sung** *f* 1. *mot* papers *pl;* 2. *(amtliche Autorisierung)* authorization; *(von Kfz)* licensing; ▶ **Antrag auf** ~ **zur Prüfung** application to enter the examination; **Zu·las·sungs·beschrän·kung** *f* restriction of admissions.
Zu·lauf ⟨-(e)s⟩ *m:* ▶ **großen** ~ **haben** *(gut besucht sein)* be very popular; *film theat* draw large crowds; **zu‖lau·fen** *irr itr* 1. *:* ▶ **auf jdn zugelaufen kommen** come running towards s.o.; 2. *:* ▶ **spitz** ~ run to a point; 3. *(Wasser: nachlaufen)* run in; ▶ **die Katze ist zugelaufen** it's a stray cat.
zu‖le·gen I *tr* 1. *(da*~*)* put on; 2. *(hinzufügen)* add; *(bei Verlustgeschäft)* lose; ▶ **e-n Zahn** ~ *fig fam* get a move on; II *itr fam (an Gewicht)* put on weight; III *refl fam:* ▶ **sich etw** ~ get o.s. s.th., treat o.s. to s.th.
zu·lei·de [-'--] *adv:* ▶ **jdm etw** ~ **tun** do s.o. harm, harm s.o.; **er tut keiner Fliege was** ~ he wouldn't hurt a fly.
zu‖lei·ten *tr* 1. *(durch Leitung zuführen)* let in, supply; 2. *(zusenden)* forward, send on; **Zu·lei·tung** *f tech* supply; *el* conductor; **Zu·lei·tungs·rohr** *n* feed pipe.
zu·letzt [-'-] *adv* 1. *(als letzter)* last; 2. *(endlich)* in the end; ▶ **damit hatte ich** ~ **gerechnet** that was the last thing I expected.
zu·lie·be [-'--] *adv:* ▶ **jdm** ~ for someone's sake.
Zu·lie·fe·rer (Zu·lie·fer·be·trieb) *m com* supplier.
Zu·lu ['tsu:lu] *m* Zulu.
zum [tsʊm] (= **zu dem**): ▶ ~ **Beispiel** for instance; ~ **Glück** fortunately; ~ **Teil** partially; ~ **Essen gehen** go to lunch.
zu‖ma·chen I *tr allg (schließen)* close, shut; *(Loch)* stop up; *(Brief)* seal; *(Weinflasche)* cork up; II *itr* 1. *fam (sich beeilen)* get a move on; 2. *fam (den Laden* ~*)* close down.
zu·mal [-'-] I *conj* especially (*od* particularly) as; II *adv* especially, particularly.
zu‖mau·ern *tr* brick (*od* wall) up.
zu·meist [-'-] *adv* for the most part, mostly.
zu‖mes·sen *irr tr:* ▶ **e-r Sache Bedeutung** ~ attach importance to s.th.

zu·min·dest [-ˈ--] *adv* at least.

zu·mu·te [-ˈ--] *adv:* ▶ **mir ist nicht zum Lachen** ~ I am not in the mood for laughing; **wie ist dir** ~? how do you feel?

zu|mu·ten ['tsuːmuːtən] *tr:* ▶ **jdm etw** ~ expect s.th. of s.o.; **jdm zuviel** ~ expect too much of s.o.; **sich zuviel** ~ take on too much; **s-m Körper zuviel** ~ overtax o.s.; **Zu·mu·tung** *f* unreasonable demand; *(Frechheit)* cheek; ▶ **das ist e-e** ~! that's a bit much!

zu·nächst [-ˈ-] *adv* 1. *(vor allem)* first, first of all; 2. *(vorläufig)* for the time being.

zu|nä·hen *tr* sew up.

Zu·nah·me *f* increase; *(Ansteigen)* rise.

Zu·na·me *m Br* surname, *Am* last name.

Zünd·ein·stel·lung *f mot* ignition *(od* timing) adjustment.

zün·den ['tsyndən] I *itr* 1. *(Feuer fangen)* catch fire; 2. *mot* fire; II *tr* 1. *(Rakete)* fire; 2. *(Bombe)* detonate; **zün·dend** *adj fig (Rede)* stirring; *(Vorschlag)* exciting.

Zün·der ['tsyndɐ] ⟨-s, -⟩ *m mil* fuse.

Zünd·flam·me *f (in Gasbrenner)* pilot flame *(od* light); **Zünd·holz** *n* match; ▶ **ein** ~ **anreißen** strike a match; **Zünd·holz·schach·tel** *f* match-box; **Zünd·hüt·chen** ['tsynhyːtçən] *n* percussion cap; **Zünd·ka·bel** *n mot* plug lead; **Zünd·ker·ze** *f mot Br* sparking-plug, *Am* spark-plug; **Zünd·schlüs·sel** *m mot* ignition key; **Zünd·schnur** *f* fuse; **Zünd·spu·le** *f mot* ignition *(od* spark) coil; **Zünd·stoff** *m fig* dynamite; **Zün·dung** *f mot* ignition; ▶ **die** ~ **einstellen** adjust the timing; **Zünd·ver·tei·ler** *m mot* distributor.

zu|neh·men *irr* I *tr* 1. *(Person: an Gewicht)* gain weight; 2. *(anwachsen)* increase *(an* in); ▶ **5 Kilo** ~ gain 5 kilos; ~**der Mond** waxing moon.

zu|nei·gen I *itr* be inclined towards; ▶ **ich neige zu der Ansicht, daß** ... I'm inclined to think that ...; II *refl* lean towards; ▶ **sich dem Ende** ~ be drawing to a close; *(knapp werden)* be running out; **Zu·nei·gung** *f* affection; ▶ ~ **zu jdm fassen** take a liking to s.o.; ~ **für jdn empfinden** feel affection for s.o.

Zunft [tsunft, *pl* 'tsynftə] ⟨-, ̈-e⟩ *f* guild.

zünf·tig ['tsynftıç] *adj* 1. *fam (geziemend)* proper; 2. *(professionell)* professional; ▶ **eine** ~**e Anglerkluft** a proper angler's outfit.

Zun·ge ['tsuŋə] ⟨-, -n⟩ *f* 1. *anat* tongue; 2. *zoo (See~)* sole; ▶ **jdm die** ~ **herausstrecken** stick one's tongue out at s.o.; **e-e scharfe** ~ **haben** *fig* have a sharp tongue; **dabei bricht man sich ja die** ~ **ab!** *fig fam* I can't get my tongue round it! **auf der** ~ **brennen** burn the tongue; **ich hab's auf der** ~! *fig fam* I have it on

the tip of my tongue!

zün·geln ['tsyŋəln] *itr* 1. *(Schlange)* dart its tongue in and out; 2. *fig* ⟨sein⟩ *(Flamme)* lick; ▶ **die Flamme züngelte an dem Gebäude empor** a tongue of fire licked the building.

Zun·gen·bre·cher *m (Wort)* tongue-twister; **Zun·gen·fer·tig·keit** *f* eloquence, volubility; **Zun·gen·kuß** *m* French kiss; **Zun·gen·spit·ze** *f* tip of the tongue.

Züng·lein ['tsyŋlaın] *n:* ▶ **das** ~ **an der Waage sein** *fig* tip the scales; *fig pol* hold the balance of power.

zu·nich·te [-ˈ--] *adv:* ▶ ~ **machen** *(zerstören)* destroy, ruin; *(vereiteln)* frustrate.

zu|nicken (k·k) *itr* nod *(jdm* to *od* at s.o.).

zu·nut·ze [-ˈ--] *adv:* ▶ **sich etw** ~ **machen** *(verwenden)* utilize s.th.; *(ausnutzen)* take advantage of s.th.

zu·oberst [-ˈ--] *adv* right on *(od* at) the top.

zu|ord·nen *tr* assign to ...

zu|packen (k·k) *itr fam* 1. *(bei e-r Gelegenheit)* grasp; 2. *(bei der Arbeit)* get down to it; 3. *(helfen)* lend a hand.

zup·fen ['tsupfən] *tr (Unkraut, Fäden, Maschen)* pull; *(Wolle)* pick; ▶ **jdn am Ärmel** ~ tug at someone's sleeve.

zur [tsuːɐ] (= **zu der**): ▶ ~ **Ansicht** *com* on approval; ~ **Zeit** at the moment; ~ **See fahren** go to sea.

zu|ra·ten *irr itr* advise (strongly) *(jdm, etw zu tun* s.o. to do s.th.); *(empfehlen)* recommend; ▶ **auf ihr Z**~ (hin) on her advice.

zu·rech·nungs·fä·hig *adj* of sound mind; **Zu·rech·nungs·fä·hig·keit** *f* soundness of mind; ▶ **verminderte** ~ diminished responsibility; **an jds** ~ **zweifeln** *fig fam* wonder if s.o. is compos mentis.

zu·recht|fin·den *irr refl* find one's way *(in* around); ▶ **findest du dich damit zurecht?** can you get the hang of it?

zu·recht|kom·men ⟨sein⟩ *irr itr* 1. *(rechtzeitig)* come in time; 2. *(auskommen)* manage *(mit £ 10.* — on £ 10.—); 3. *fig (bewältigen)* cope *(mit* with); ▶ **mit jdm** ~ get on (well) with s.o.; **mit etw** ~ cope with s.th.

zu·recht|le·gen *tr* get out ready; ▶ **sich etw** ~ get s.th. out ready; *fig* work s.th. out.

zu·recht|ma·chen *tr* 1. *(Zimmer, Essen etc) Br* prepare, *Am* fix; 2. *(anziehen)* dress; 3. *(schminken)* make up; ▶ **sich** ~ get dressed; *(sich schminken)* put on one's make-up.

zu·recht|wei·sen *irr tr (tadeln)* reprimand; **Zu·recht·wei·sung** *f* reprimand.

Zu·re·den *n:* ▶ **auf mein** ~ (hin) with

my encouragement; *(Überreden)* with my persuasion; **freundliches** ~ friendly persuasion; **zu|re·den** *itr* 1. *(überreden)* keep on *(jdm at s.o.)*; 2. *(ermutigen)* encourage *(jdm s.o.)*.

zu|rei·ten *irr* I *tr ⟨h⟩ (Pferd)* break in; II *itr ⟨sein⟩ (hinreiten)* ride *(auf jdn od etw towards s.o. od s.th.)*.

zu|rich·ten *tr* 1. *tech (zubereiten)* dress, finish; 2. *(beschädigen)* make a mess of ...; 3. *(verletzen)* injure; ▶ **jdn übel** ~ beat s.o. up.

zu|rie·geln *tr* bolt.

zür·nen ['tsʏrnən] *itr* be angry *(jdm with s.o.)*.

Zur·schau·stel·lung [-'---] *f* display, parading.

zu·rück [tsu'rʏk] *adv* 1. back; 2. *com (im Rückstand)* behind; ▶ **hin u.** ~ there and back; **bis ins 16. Jahrhundert** ~ as far back as the 16th century; **hinter s-r Zeit** ~ **sein** *fig* be behind the times *pl*.

zu·rück|be·hal·ten *irr tr* keep back.

zu·rück|be·kom·men *irr tr* get back.

z_·rück|be·zah·len *tr* pay back, repay.

zu·rück|blei·ben *⟨sein⟩ irr itr* 1. stay *(od* remain*)* behind; 2. *(nicht Schritt halten, a. fig)* fall behind; *(entwicklungsmäßig)* be backward; 3. *(übrigbleiben)* be left *(behind); (als Krankheitsfolge, Schaden etc)* remain; ▶ **das bleibt hinter meinen Erwartungen zurück** that doesn't come up to my expectations.

zu·rück|blicken (k·k) *itr* look back.

zu·rück|brin·gen *irr tr* 1. *(wieder herbringen)* bring back; 2. *(wieder wegbringen)* take back.

zu·rück|da·tie·ren *tr* backdate.

zu·rück|den·ken *irr itr* think back *(an* to*)*.

zu·rück|drän·gen *tr* 1. drive *(od* force *od* push*)* back; 2. *fig* repress.

zu·rück|er·obern *tr mil* reconquer.

zu·rück|er·stat·ten *tr* refund; *(Ausgabe)* reimburse.

zu·rück|fah·ren *irr* I *itr ⟨sein⟩* 1. drive *(od* go*)* back; 2. *fig (plötzlich zurückweichen)* start back; II *tr ⟨h⟩* drive back.

zu·rück|fal·len *⟨sein⟩ irr itr* 1. *(in e-n Fehler, in ein Laster etc)* relapse *(in* into*)*; 2. *sport* drop back; 3. *com (Umsätze)* drop; 4. *fig (an Besitzer)* revert *(an* to*)*; 5. *(leistungsmäßig)* fall behind; 6. *(Schande, Untat etc)* reflect *(auf jdn* on s.o.*)*.

zu·rück|fin·den *irr itr* find one's way back.

zu·rück|flie·ßen *⟨sein⟩ irr itr* flow back.

zu·rück|for·dern *tr* demand back.

zu·rück|füh·ren I *tr* 1. lead back; 2. *math* reduce; *(ableiten, erklären)* put down to ...; 3. *(zurückverfolgen)* trace back; II *itr* lead back.

zu·rück|ge·ben *irr tr* 1. give back; 2. *fig (erwidern)* return; ▶ **jdm die Freiheit** ~ restore s.o. to freedom.

zu·rück·ge·blie·ben *adj* retarded.

zu·rück|ge·hen *⟨sein⟩ irr itr* 1. go back *(nach, in* to*)*; 2. *(zurückweichen)* retreat; 3. *fig (Geschäft)* fall off; *(Preise, Vorräte etc)* go down; *(Schmerz, Sturm)* die down; ▶ ~ **auf** ... go back to ...; ~ **lassen** *(Warensendung)* return, send back.

zu·rück·ge·zo·gen I *adj* 1. *(Leben)* secluded; 2. *(Person)* withdrawn; II *adv* in seclusion; **Zu·rück·ge·zo·gen·heit** *f* seclusion.

zu·rück|grei·fen *irr itr* fall back *(auf* upon*)*.

zu·rück|hal·ten *irr* I *tr* 1. *(nicht fortlassen)* hold *od* keep back; 2. *(aufhalten)* hold up; 3. *(Zensur: nicht freigeben)* withhold; 4. *fig (unterdrücken)* repress; 5. *(hindern)* keep *(jdn von etw* s.o. from s.th.*)*; II *itr (verheimlichen)* hold back *(mit etw* s.th.*)*; III *refl* 1. *(reserviert sein)* be reserved; 2. *(sich beherrschen)* contain o.s.; 3. *(bescheiden sein)* keep in the background; **zu·rück·hal·tend** *adj* 1. *(beherrscht)* restrained; 2. *(vorsichtig)* cautious; 3. *(reserviert)* reserved; **Zu·rück·hal·tung** *f* 1. *(Beherrschtheit)* restraint; 2. *(Vorsicht)* caution.

zu·rück|ho·len *tr* fetch back; ▶ **jdn** ~ *fig* ask s.o. to come back.

zu·rück|keh·ren *⟨sein⟩ itr* 1. come back, return *(von, aus* from*)*; 2. *(fortgehen)* go back, return *(nach, zu* to*)*.

zu·rück|kom·men *⟨sein⟩ irr itr* 1. *a. fig* come back, return; 2. *fig (Bezug nehmen)* refer *(auf* to*)*.

zu·rück|las·sen *irr tr* 1. *(hinterlassen)* leave; 2. *(liegenlassen)* leave behind; allow back; ▶ **e-e Nachricht** ~ leave word.

zu·rück|le·gen I *tr* 1. *(an s-n Platz)* put back; *(Kopf)* lay back; 2. *(aufbewahren, reservieren)* put aside; *(Geld)* lay aside; 3. *(Strecke)* cover; ▶ **können Sie es mir** ~? could you put it aside for me? **ein gutes Stück Weg** ~ cover quite a distance; II *refl* lie back.

zu·rück|lie·gen *irr itr* 1. *(örtlich)* be behind; 2. *(zeitlich)* be ... ago; ▶ **das liegt zehn Jahre zurück** that was ten years ago.

Zu·rück·nah·me *⟨-, -n⟩ f* 1. *(das Zurücknehmen)* taking back; 2. *(e-r Bestellung, e-r Beleidigung, jur: e-er Klage)* withdrawal; *(e-r Anordnung od Zustimmung)* revocation; *(e-r Beschuldigung)* retraction.

zu·rück|neh·men *irr tr* 1. take back; 2. *(Behauptung)* withdraw; *(Gesetz, Anordnung)* revoke; *com (Auftrag)* cancel; *(Vorwurf)* retract; ▶ **sein Wort** ~ go back on one's promise.

zu·rück|pfei·fen *tr fig* bring s.o. back

into line.

zu·rück|pral·len ⟨sein⟩ *itr* bounce back; *(Geschoß)* ricochet; *(Strahlen, Hitze)* be reflected; ► **von etw ~** be bounced back *(etc)* off s.th.

zu·rück|rei·sen ⟨sein⟩ *itr* return, travel back.

zu·rück|ru·fen *irr tr* 1. *a. tele* call back; 2. *(zurückbeordern)* recall; ► **sich etw ins Gedächtnis ~** call s.th. to mind.

zu·rück|schal·ten *tr mot* change back.

zu·rück·schau·dern ⟨sein⟩ *itr* shrink back *(vor* from).

zu·rück|schau·en *itr a. fig* look back *(auf at od fig:* on).

zu·rück|schicken (k·k) *tr* send back.

zu·rück|schie·ben *irr tr* push back.

zu·rück|schla·gen *irr* I *tr* 1. *(Angriff, Feind)* beat back, repulse; 2. *(Ball)* return; 3. *(umschlagen)* fold back; *(Buchseiten)* leaf back; *(Schleier)* lift; II *itr* 1. *a. fig* hit back; *mil a. fig* strike back; 2. *(Pendel)* swing back.

zu·rück|schrecken (k·k) ⟨sein⟩ *irr itr* shrink *(od* start) back *(vor* from); ► **vor nichts ~** stop at nothing.

zu·rück|seh·nen I *refl* long to return *(nach* to); II *tr* long for the return *(jdn od etw* of s.o. *od* s.th.).

zu·rück|sen·den *irr tr* send back.

zu·rück|set·zen I *tr* 1. *(an frühere Stelle)* put back; 2. *(nach hinten)* move back; *mot (Wagen)* reverse; 3. *fig (benachteiligen)* neglect; ► **sich zurückgesetzt fühlen** feel neglected; II *itr mot (mit Wagen)* reverse.

zu·rück|sprin·gen ⟨sein⟩ *irr tr* jump *(od* leap) back.

zu·rück|stecken (k·k) I *tr* 1. *(Gegenstand)* put back; II *itr fig* 1. *(anspruchsmäßig)* lower one's expectations; *(weniger ausgeben)* cut back; 2. *(nachgeben)* backtrack.

zu·rück|ste·hen *irr tr* 1. *fig (hintanstehen)* take second place; 2. *fig (unberücksichtigt bleiben)* be left out.

zu·rück|stel·len *tr* 1. *(allg a. Uhr)* put back; 2. *(beiseite stellen)* put aside; 3. *fig (hintanstellen)* defer; 4. *fig (beiseiteschieben)* put aside; ► **s-e Pläne ~** shelve one's plans.

zu·rück|sto·ßen *irr tr* 1. push back; 2. *fig* reject.

zu·rück|strö·men ⟨sein⟩ *itr* 1. *(Fluß)* flow back; 2. *(Menschen)* stream back.

zu·rück|stu·fen *tr* downgrade.

zu·rück|trei·ben *irr tr* drive back.

zu·rück|tre·ten *irr itr* 1. ⟨sein⟩ *(sich zurückstellen)* step back; 2. ⟨h⟩ *sport (beim Fußball)* kick back; 3. ⟨sein⟩ *fig (Regierung etc)* resign; 4. ⟨sein⟩ *fig (von e-m Vertrag)* withdraw *(von* from); 5. ⟨sein⟩ *fig (an Bedeutung verlieren)* fade; ► **bitte ~!** stand back, please! **hinter jdm (etw) ~** *fig* come second to s.o.

(s.th.).

zu·rück|ver·lan·gen *tr* demand back.

zu·rück|ver·set·zen I *tr* 1. *(zurückverwandeln)* restore *(in* into); 2. *päd (Schüler in alte Klasse)* move down *(in* into); II *refl (sich zurückdenken)* think o.s. back *(in* to).

zu·rück|wei·chen ⟨sein⟩ *irr itr* 1. *mil* fall back; *(erschrocken)* shrink back *(vor* from); 2. *fig* retreat.

zu·rück|wei·sen *irr tr* 1. *(Gegenstand) a. fig* reject; 2. *(abweisen)* turn away; *(zurückschicken)* turn back; ► **e-n Angriff ~** repel an attack; **e-n Antrag ~** reject *(od* turn down) an application; **Zu·rück·wei·sung** *f* 1. *(von Gegenstand) a. fig* rejection; 2. *(Abweisung)* turning away; 3. *(Abschlagen von Angriff)* repulsion.

zu·rück|wer·fen *irr tr* 1. *(Ball etc)* throw back; 2. *mil (Feind)* repulse; 3. *fig (reflektieren)* reflect; 4. *fig (wirtschaftlich)* set back *(um* by).

zu·rück|wir·ken *itr* react *(auf* upon).

zu·rück|wol·len *itr* want to go back.

zu·rück|zah·len *tr* pay back, repay; ► **wann soll ich das Geld ~?** when do you want me to pay back the money?

zu·rück|zie·hen *irr* I ⟨h⟩ *tr* 1. pull *(od* draw) back; 2. *fig (zurücknehmen)* withdraw; II *refl* ⟨h⟩ 1. retire, withdraw *(von, aus* from); 2. *mil* retreat; III *itr* ⟨sein⟩ 1. move back; 2. *(Vögel)* fly back.

Zu·ruf *m* call, shout; **zu|ru·fen** *irr tr itr* shout *(jdm etw* s.th. at s.o.).

Zu·sa·ge ⟨-, -n⟩ *f* 1. *(Versprechen)* promise; 2. *(Zustimmung)* assent, consent; 3. *(Annahme)* acceptance; 4. *(Bestätigung)* confirmation; **zu|sa·gen** I *tr* 1. *(versprechen)* promise; 2. *(bestätigen)* confirm; ► **jdm etw auf den Kopf ~** tell s.o. s.th. outright; II *itr* 1. *(auf Einladung)* accept, promise to come; 2. *(behagen, gefallen)* appeal *(jdm* s.o.).

zu·sam·men [tsu'zamən] *adv* together; ► **etw ~ tun** do s.th. together; **nur wir beide ~** just you and me together.

Zu·sam·men·ar·beit *f* co-operation; *(mit dem Feind)* collaboration; *(e-r Gemeinschaft)* team work; ► **im Geiste freundschaftlicher ~** in a spirit of friendship and collaboration; **in ~ mit ...** in co-operation with ...; **zu·sam·men|ar·bei·ten** *itr* co-operate, work together; *(mit dem Feind)* collaborate.

zu·sam·men|bal·len I *tr (zus.kneten)* make into a ball; *(zus.knüllen)* screw up into a ball; II *refl (sich ansammeln)* accumulate; *(Menschenmenge)* mass (together).

zu·sam·men|bau·en *tr* put together; *tech mot* assemble; ► **etw wieder ~** reassemble s.th.

zu·sam·men|bei·ßen *irr tr:* ► **die Zähne ~** grit one's teeth.

zu·sam·men|bin·den *irr tr* bind (*od* tie) together.

zu·sam·men|blei·ben ⟨sein⟩ *itr* stay together.

zu·sam·men|bre·chen ⟨sein⟩ *irr itr* (*zus.fallen*) cave in; (*Wirtschaft*) collapse; (*Mensch*) break down; ▶ **der Verkehr ist völlig zusammengebrochen** traffic has come to a complete standstill.

zu·sam·men|brin·gen *irr tr* **1.** (*sammeln*) bring together, collect; (*Geld*) raise; **2.** (*Leute*) bring together (*od* into contact with each other); **3.** *fam* (*zustande bringen*) manage; (*Gedanken, Worte, Sätze*) put together.

Zu·sam·men·bruch *m* breakdown, collapse.

zu·sam·men|drän·gen *tr refl* **1.** (*Menschen*) crowd (*od* huddle) together; **2.** *fig* (*Ereignisse, Schilderung*) condense.

zu·sam·men|drücken (k·k) *tr* press together; (*verdichten*) compress.

zu·sam·men|fah·ren *irr* I *itr* ⟨sein⟩ **1.** (*erschrecken*) start; **2.** *mot* (*zus.stoßen*) collide; II *tr* ⟨h⟩ **1.** *mot fam* (*überfahren*) run over; **2.** *mot fam* (*Kfz kaputtfahren*) wreck.

zu·sam·men|fal·len ⟨sein⟩ *irr itr* **1.** (*einstürzen, in sich ~*) collapse; **2.** *fig* (*sich decken*) coincide; **3.** (*sich senken*) go down.

zu·sam·men|fal·ten *tr* fold (up).

zu·sam·men|fas·sen I *tr* **1.** (*kombinieren*) combine (*zu* to); **2.** (*vereinigen*) unite; **3.** *math* sum; **4.** (*in Bericht*) summarize; II *itr* (*als Fazit*) sum up; ▶ **lassen Sie mich kurz** ~ ... just to sum up ...; **Zu·sam·men·fas·sung** *f* **1.** (*Kombinierung*) combination; **2.** (*Vereinigung*) union; **3.** (*Abriß, Auszug*) abstract; (*e-s Textes*) résumé, summary.

zu·sam·men|flie·ßen ⟨sein⟩ *irr itr* (*Wasserläufe*) flow together; (*Farben*) run together; **Zu·sam·men·fluß** *m* confluence.

zu·sam·men|fü·gen *tr refl* fit together.

zu·sam·men|füh·ren *tr* bring together; (*Familien*) reunite.

zu·sam·men|ge·hö·ren *itr* **1.** belong together; **2.** (*Gegenstände: zus.-passen*) go together; **zu·sam·men·ge·hö·rig** *adj* **1.** (*Kleidungsstück*) matching; **2.** (*Menschen*) related; **Zu·sam·men·ge·hö·rig·keit** *f* identity, unity; **Zu·sam·men·ge·hö·rig·keits·ge·fühl** *n* **1.** (*e-r Gruppe*) communal spirit; (*e-r Mannschaft*) team spirit; **2.** *pol* feeling of solidarity.

zu·sam·men·ge·setzt *adj* composed (*aus etw* of s.th.); ▶ ~ **sein aus** ... be composed of ..., consist of ...

zu·sam·men·ge·wür·felt *adj* (*bunt* ~) motley, oddly assorted.

Zu·sam·men·halt ⟨-(e)s⟩ *m* **1.** *fig* (*das Zus.halten*) cohesion; **2.** *tech* (*Kohäsion*) cohesive strength; **zu·sam·men|hal·ten** *irr* I *tr* hold together; (*Geld*) hold on to ...; II *itr* **1.** hold together; **2.** (*als Freunde*) stick together.

Zu·sam·men·hang ⟨-(e)s, ¨e⟩ *m* connection (*von, zwischen* between); (*Text~*) context; (*Wechselbeziehung*) correlation (*von, zwischen* between); (*Verflechtung*) interrelation (*von, zwischen* between); (*innerhalb e-r Erzählung*) coherence; ▶ **etw aus dem** ~ **reißen** detach s.th. from its context; **im** ~ **mit** ... in connexion with ...; **im** ~ **stehen mit** ... be connected with ...; **in diesem** ~ in this context; **zu·sam·men|hän·gen** *irr itr* **1.** (*Gegenstände*) be joined; **2.** *fig* be connected; ▶ **wie hängt das** ~? how is that? **zu·sam·men·hän·gend** *adj* coherent; (*ununterbrochen*) continous; **zu·sam·men·hang(s)·los** *adj* (*nicht zus.hängend*) incoherent; (*weitschweifig*) rambling; **Zu·sam·men·hang(s)·lo·sig·keit** *f* incoherence.

zu·sam·men·klapp·bar *adj* folding; (*Stuhl, Tisch*) collapsible; **zu·sam·men|klap·pen** I *tr* ⟨h⟩ (*Messer, Stuhl*) fold up; (*Schirm*) shut; II *itr* ⟨sein⟩ **1.** (*Stuhl etc*) collapse; **2.** *fig fam* (*Person*) flake out.

zu·sam·men|kle·ben *tr* ⟨h⟩ *itr* ⟨sein⟩ stick together.

zu·sam·men|knül·len *tr* crumple up.

zu·sam·men|kom·men ⟨sein⟩ *irr itr* **1.** come together; (*sich treffen*) meet (*mit jdm* s.o.); (*Umstände*) combine; **2.** *fam* (*sich ansammeln*) accumulate.

zu·sam·men|kra·chen ⟨sein⟩ *itr fam* **1.** (*Gebäude*) break down with a crash; **2.** *fam* (*Fahrzeuge*) crash into each other.

zu·sam·men|krat·zen *tr a. fig* rake (*od* scrape) together.

Zu·sam·men·kunft [tsu'zamənkunft, *pl* -kynftə] ⟨-, ¨e⟩ *f* gathering, meeting.

zu·sam·men|lau·fen ⟨sein⟩ *irr itr* **1.** (*Flüssigkeit: sich sammeln*) collect; **2.** (*Farben: ineinanderlaufen*) run together; **3.** (*Menschen: sich sammeln*) gather.

Zu·sam·men·le·ben *n* living together; ▶ **im** ~ **mit** ... living together with ...

zu·sam·men·leg·bar *adj* collapsible, foldable; **zu·sam·men|le·gen** I *tr* **1.** (*zus.falten*) fold; **2.** *fig* (*kombinieren*) combine; **3.** (*stapeln*) pile together; II *itr* (*Geld*) club together.

zu·sam·men|neh·men *irr* I *refl* **1.** (*sich anstrengen*) make an effort; **2.** (*im Benehmen*) control o.s., pull o.s. together; ▶ **nimm dich** ~! pull yourself together! II *tr* (*Gegenstände*) gather up; ▶ **alles zusammengenommen** all in all.

zu·sam·men|packen (k·k) *tr* I pack

up; II *itr fig fam (aufgeben)* pack it all in.

zu·sam·men|pas·sen *itr* 1. *(Personen)* suit each other; 2. *(Dinge)* go together.

zu·sam·men|pfer·chen *tr* 1. *(Tiere)* herd together; 2. *fig (Personen)* pack together.

Zu·sam·men·prall *m* 1. *(Kollision)* collision; 2. *fig* clash; **zu·sam·men|pral·len** ⟨sein⟩ *itr* 1. *(kollidieren)* collide; 2. *fig* clash.

zu·sam·men|pres·sen *tr* squeeze together; *(verdichten)* compress.

zu·sam·men|raf·fen I *tr* 1. *(Dinge: aufraffen)* bundle together; 2. *fig (aufhäufen)* amass, pile up; 3. *(Rock)* gather up.

zu·sam·men|rech·nen *tr* add *(od* total) up; ▶ **alles zusammengerechnet** all together; *fig* all in all.

zu·sam·men|rei·men I *tr fam:* ▶ **sich den Rest ~** put two and two together; **das kann ich mir nicht ~** I can't make head or tail of it; II *refl* make sense; ▶ **wie reimt sich das zusammen?** that doesn't make any sense!

zu·sam·men|rei·ßen *irr refl* pull o.s. together.

zu·sam·men|rol·len ⟨h⟩ I *tr* roll up; II *refl* curl up; *(Schlange)* coil up; *(Igel)* roll up into a ball.

zu·sam·men|rot·ten *refl* band together *(gegen* against).

zu·sam·men|rücken (k·k) I *tr* ⟨h⟩ 1. *(Möbel etc)* move closer together; 2. *(Wörter)* close up; II *itr* ⟨sein⟩ move up closer.

zu·sam·men|ru·fen *irr tr* call together.

zu·sam·men|schei·ßen *irr tr sl:* ▶ **jdn ~** give s.o. a bollocking.

zu·sam·men|schie·ßen *irr tr (niederschießen)* shoot down; *(mit Kanonen)* batter down, pound to pieces.

zu·sam·men|schla·gen *irr* I *tr* 1. *(zerschlagen)* smash up; 2. *(aneinanderschlagen)* knock together; *(die Hände)* clap; *(Hacken)* click; 3. *(verprügeln)* beat up; II *itr* 1. *(von Wasser)* close *(od* dash) *(über jdm od etw* over s.o. *od* s.th.).

zu·sam·men|schlie·ßen *irr refl* combine, join together; *com (fusionieren)* amalgamate; **Zu·sam·men·schluß** *m* 1. combining, joining together; 2. *com* amalgamation.

zu·sam·men|schnü·ren *tr* tie up; ▶ **jdm das Herz ~** *fig* make someone's heart bleed.

zu·sam·men|schrau·ben *tr* bolt *(od* screw) together.

zu·sam·men|schrei·ben *irr tr* 1. *(Wörter)* write together; 2. *(schlechte Romane etc)* scribble down; ▶ **er hat sich ein Vermögen zusammengeschrieben** he made a fortune with his writing.

zu·sam·men|schrump·fen ⟨sein⟩ *itr* 1.

shrivel up; 2. *fig* dwindle *(auf* to).

zu·sam·men|schwei·ßen *tr a. fig* weld together.

Zu·sam·men·sein ⟨-s⟩ *n* get-together.

zu·sam·men|set·zen I *tr* 1. put together; *(aus Teilen)* assemble *(zu* to make); 2. *(Personen nebeneinander setzen)* seat together; II *refl* 1. sit together; 2. *(zwecks Konferenz etc)* get together; 3. *(bestehen aus)* consist of ..., be composed of ...; **Zu·sam·men·set·zung** *f (Aufbau)* composition; *(Kombination)* combination.

Zu·sam·men·spiel ⟨-(e)s⟩ *n* 1. *mus* ensemble playing; 2. *theat* ensemble acting; 3. *sport* teamwork; 4. *fig* co-operation; *(von Kräften etc)* interaction.

zu·sam·men|stecken (k·k) I *tr* fit together; ▶ **die Köpfe ~** *(flüstern)* whisper to each other; II *itr fam* be together.

zu·sam·men|stel·len *tr* 1. put together; 2. *(arrangieren)* arrange; 3. *(kompilieren)* compile; *(Liste etc: aufstellen)* draw up; 4. *(Gruppe: aufstellen)* assemble; ▶ **e-e Mannschaft ~** *sport* pick a team; **Zu·sam·men·stel·lung** *f* 1. *(Arrangement)* arrangement; 2. *(Kompilierung)* compilation; 3. *(Übersicht: Liste)* survey; 4. *(Zusammensetzung)* composition.

Zu·sam·men·stoß *m* 1. *(Auto, Zug, Schiff etc, a. fig)* collision, crash; 2. *mil (a. fig: ~ der Meinungen)* clash; **zu·sam·men|sto·ßen** *irr* I *tr* ⟨h⟩ knock together; II *itr* ⟨sein⟩ 1. *(kollidieren)* collide; 2. *mil (a. fig: streiten)* clash; 3. *(sich treffen)* meet.

zu·sam·men|strei·chen *irr tr (Budget)* cut down.

zu·sam·men|stür·zen ⟨sein⟩ *itr (zus.fallen)* collapse, tumble down.

zu·sam·men|tra·gen *irr tr a. fig* collect.

Zu·sam·men·tref·fen *n* 1. *(Treffen)* meeting; 2. *mil (Kampf)* encounter; 3. *(zeitlich)* coincidence; **zu·sam·men|tref·fen** ⟨sein⟩ *irr itr* 1. meet *(mit jdm* s.o.); 2. *(feindlich)* encounter; 3. *(gleichzeitig geschehen)* coincide.

zu·sam·men|tre·ten *irr* I *tr* ⟨h⟩ *(zertreten)* crush underfoot; II *itr* ⟨sein⟩ *(sich treffen: Konferenz)* meet; *parl* assemble; *jur (Gericht)* sit.

zu·sam·men|tun *irr* I *tr fam* 1. put together; 2. *(mischen)* mix; II *refl* combine forces, get together.

Zu·sam·men·wir·ken *n* combination, interaction; **zu·sam·men|wir·ken** *itr* act in combination, combine.

zu·sam·men|zäh·len *tr* add *(od* sum) up.

zu·sam·men|zie·hen *irr* I *tr* ⟨h⟩ 1. draw together; *(enger machen)* narrow; 2. *(kürzen)* shorten; 3. *math (addieren)* add together; 4. *math (reduzieren)* re-

duce; **5.** *fig (Truppen etc)* assemble,
concentrate; ▶ **s-e Augenbrauen ~**
knit one's eyebrows; **II** *itr* ⟨sein⟩ *(in e-e
Wohnung)* move in together *(mit jdm
with s.o.)*; **III** *refl* ⟨h⟩ **1.** *(sich kontrahie-
ren)* contract; *(enger werden)* narrow;
2. *(Gewitter, a. fig)* be brewing.
Zu·satz *m* **1.** *allg* addition; **2.** *(zusätzl.
Bemerkung)* additional remark, post-
script; **3.** *(Gewürz~ etc, mot: Additiv)*
additive; ▶ **unter ~ von** ... with the
addition of ...; **Zu·satz·aus·rü·stung**
f extra equipment; **Zu·satz·ge·rät** *n* **1.**
allg attachment; **2.** *tech* additional im-
plement; **Zu·satz·ko·sten** *pl* addi-
tional costs.
zu·sätz·lich ['tsuːzɛtslɪç] **I** *adj* addi-
tional; *(ergänzend)* supplementary; **II**
adv in addition.
zu|schan·zen ['tsuːʃantsən] *tr:* ▶ **jdm
etw ~** make sure s.o. gets s.th.
zu|schau·en *itr* watch *(jdm s.o., bei etw
s.th., jdm bei etw s.o. doing s.th.)*; ▶ **ich
schaue nur zu** I'm only looking on.
Zu·schau·er(in) *m (f) sport* spectator;
theat one *(od* member) of the audience;
(Fernseh~) viewer; *(neugieriger ~)* by-
stander, onlooker; **Zu·schau·er·be-
fra·gung** *f TV* audience survey; **Zu-
schau·er·raum** *m theat* auditorium;
Zu·schau·er·tri·bü·ne *f* stand; **Zu-
schau·er·zahl** *f* attendance figure.
zu|schicken (k·k) *tr* send *(jdm etw* s.th.
to s.o.); ▶ **sich etw ~ lassen** send for
s.th.
zu|schie·ben *irr tr* **1.** *(schließen)* slide
shut; *(Schublade)* push shut; **2.** *(heim-
lich)* slip s.o. s.th.; ▶ **jdm die Schuld ~**
put *(od* lay) the blame on s.o.; **jdm die
Verantwortung ~** saddle the responsi-
bility upon s.o.
zu|schie·ßen *irr* **I** *itr* ⟨sein⟩ rush *(auf
jdn, etw* up to s.o., s.th.); **II** *tr* ⟨h⟩ *(beitra-
gen)* contribute; ▶ **jdm den Ball ~** kick
the ball to s.o.
Zu·schlag *m* **1.** *rail* supplement; **2.** *com
(Preis~)* surcharge; **3.** *(bei Auktion):*
▶ **jdm den ~ erteilen** knock down the
lot to s.o.; *(bei Ausschreibung)* award
the contract to s.o.; **zu|schla·gen** *irr*
I *tr (Tür)* slam; *(Buch)* shut;
▶ **Elsaß-Lothringen wurde Frank-
reich zugeschlagen** Alsace-Lorraine
was annexed to France; **II** *itr* **1.** *(Fen-
ster, Tür)* bang shut; **2.** *(schlagen)*
strike; **3.** *fig fam (zugreifen)* get in
quickly.
zu|schlie·ßen *irr tr* lock; ▶ **den Laden
~** lock up the shop.
zu|schnap·pen *itr* ⟨sein⟩ *(Schloß)* snap
shut.
zu|schnei·den *irr tr* cut to size; ▶ **auf
jdn (etw) genau zugeschnitten sein** *a.
fig* be tailor-made for s.o. (s.th.).
Zu·schnitt *m* **1.** *(Vorgang)* cutting; **2.** *fig*

(Kaliber) Br calibre, *Am* caliber.
zu|schnü·ren *tr* **1.** *(Paket etc)* tie up; **2.**
(Schuhe) lace up; ▶ **die Angst schnür-
te ihm die Kehle zu** he was choked
with fear.
zu|schrau·ben *tr* **1.** *(Ventil etc)* screw
shut; **2.** *(Schraubdeckel)* screw on.
zu|schrei·ben *irr tr fig* ascribe *(jdm etw
s.th. to s.o.)*; ▶ **das hat er nur sich
selbst zuzuschreiben** he's got himself
to blame.
Zu·schrift *f (Brief)* letter; *(auf Anzeige
etc)* reply.
zu·schul·den [-'--] *adv:* ▶ **sich etw ~
kommen lassen** do s.th. wrong.
Zu·schuß *m* **1.** *(Unterstützungszahlung)*
grant, subsidy; *(Extrageld)* something to
it; **2.** *typ* overplus; **Zu·schuß·be·trieb**
m subsidized establishment.
zu|schüt·ten *tr* **1.** *(zufüllen)* fill up; **2.**
(dazugießen) add, pour (on);
zu|se·hen *irr itr* **1.** *(beobachtend)* watch
*(jdm s.o., bei etw s.th., jdm bei etw s.o.
doing s.th.)*; *(unbeteiligt)* look on; **2.**
(Sorge tragen): ▶ **~, daß** ... see to it
that ...; ▶ **mir blieb nichts übrig, als
zuzusehen** I could only stand by and
watch; **ich kann doch nicht (einfach)
~, wie sie** ... I can't sit back and watch
her ...; **zu·se·hends** *adv (offensicht-
lich)* visibly; *(merklich)* noticeably;
(rasch) rapidly.
zu|sen·den *irr tr* forward, send.
zu|set·zen **I** *tr* **1.** *(hinzufügen)* add; **2.**
fam (Geld) shell out; **II** *itr* **1.** *:* ▶ **jdm ~**
lean on s.o.; **2.** *(Kälte, Krankheit etc)*
take a lot out of s.o.
zu|si·chern *tr* assure *(jdm etw s.o. of
s.th.)*.
Zu·spät·kom·men·de(r) [-'----] *f m*
latecomer.
zu|sper·ren *tr (zuschließen)* lock; *(ver-
riegeln)* bolt.
zu|spie·len *tr* **1.** *sport* pass (to); **2.** *fig:*
▶ **jdm etw ~** play s.th. on to s.o.
zu|spit·zen **I** *refl fig (Lage etc)* come to
a crisis, get critical, worsen; **II** *tr (spitz
machen)* sharpen.
zu|spre·chen *irr* **I** *itr* **1.** *(e-m Getränk)*
drink copiously; *(dem Essen)* eat heart-
ily; **2.** *(e-m Menschen)* talk *(jdm to s.o.)*;
II *tr* **1.** *jur (gerichtlich)* adjudge; **2.**
(Preis, Gewinn) award; ▶ **jdm Mut ~**
encourage s.o.; **jdm Trost ~** comfort
s.o.; **das Kind wurde der Mutter zuge-
sprochen** the mother was granted cus-
tody of the child.
Zu·spruch ⟨-(e)s⟩ *m* **1.** *(Aufmunterung)*
words *pl* of encouragement; *(Trost)*
words *pl* of comfort; **2.** *(Anklang):* ▶ **~
finden** be popular; *theat film* meet with
general acclaim.
Zu·stand *m* **1.** *(Beschaffenheit)* condi-
tion, state; **2.** *(Lage)* situation; *(rechtli-
che, politische Lage, Stand)* status; **3.**

(Entwicklungsstufe) phase; **4.** *pl:* ~e *(Umstände)* state of affairs; ▶ **der gegenwärtige** ~ the status quo; **in gutem (schlechtem)** ~ in good (bad) shape; *(Gebäude)* in good (bad) repair; **in angetrunkenem** ~ under the influence of alcohol; **das sind ja schöne ~e!** *(ironisch)* that's a fine state of affairs! ~e **kriegen** *fam* hit the roof.

zu·stan·de [-'--] *adv:* ▶ ~ **bringen** achieve, manage; ~ **kommen** *(geschehen)* come about; *(erreicht werden)* be achieved; **Zu·stan·de·kom·men** *(Geschehen)* taking place; *(Erreichen)* achievement, achieving.

zu·stän·dig *adj (kompetent)* competent; *(verantwortlich)* responsible; *jur (Gericht)* having jurisdiction; ▶ **nicht** ~ incompetent; **dafür bin ich nicht** ~ that's not in my department; ~ **sein** *jur* have jurisdiction; **Zu·stän·dig·keit** *f* **1.** *(Kompetenz)* competence; *(des Gerichts)* jurisdiction; **2.** *(~sbereich)* area of responsibility.

zu·stat·ten [-'--] *adv:* ▶ **jdm** ~ **kommen** come in useful for s.o.

zu|stecken (k·k) *tr:* ▶ **jdm etw (heimlich)** ~ slip s.o. s.th.; **sie steckte ihm etw Geld zu** she slipped him some money.

zu|ste·hen *irr itr:* ▶ **etw steht jdm zu** s.o. is entitled to s.th.; **es steht ihm nicht zu, darüber zu urteilen** he has no right to judge that.

zu|stel·len *tr* **1.** *(Brief)* deliver *(jdm etw* s.th. to s.o.); *jur* serve *(jdm etw* s.o. with s.th.); **2.** *(verbarrikadieren)* block (up); **Zu·stel·ler** *m* **1.** *(Briefträger)* postman; **2.** *(Speditionsfirma)* delivery agent; **Zu·stell·ge·bühr** *f* delivery charge; **Zu·stel·lung** *f (Post~)* delivery; *jur* service (of a writ).

zu|stim·men *itr* agree (*e-r Sache* to s.th.); *(einwilligen)* consent (to s.th.); *(billigen)* approve (of s.th.); **Zu·stimmung** *f (Einverständnis)* agreement, assent; *(Einwilligung)* consent; *(Billigung)* approval; ▶ **allgemeine** ~ **finden** meet with general approval.

zu|sto·ßen *irr* **I** *tr (heftig schließen)* push shut; **II** *itr* **1.** *(zustechen):* ▶ **mit dem Messer** ~ plunge one's knife in ...; **2.** *(geschehen)* happen *(jdm* to s.o.).

zu|stre·ben ⟨sein⟩ *itr* **1.** head *(od* make) *(auf* for); **2.** *fig* strive *(auf* for).

Zu·strom ⟨-(e)s⟩ *m fig (hineinströmende Menschenmenge)* influx; *(Andrang)* crowd, throng; ▶ **großen** ~ **(zu** verzeichnen) **haben** be very popular.

zu|stür·zen ⟨sein⟩ *itr* rush *(auf* up to).

zu·ta·ge [-'--] *adv:* ▶ ~ **fördern** unearth; *fig* bring to light; ~ **kommen,** ~ **treten** *a. fig* come to light.

Zu·tat *f* **1.** *(meist pl: ~en)* ingredient *(s pl)*; **2.** *fig* accessories *pl*, extras *pl*.

zu·teil [-'-] *adv:* ▶ **jdm wird etw** ~ s.th.

falls to someone's share; **jdm etw** ~ **werden lassen** bestow s.th. (up)on s.o.; **ihm wurde die Ehre** ~, **zu** ... he was given the honour of ...

zu|tei·len *tr (zuweisen)* allocate; allot; ▶ **mir wurde die fünfte Klasse zugeteilt** I was assigned the fifth class *(od* form); **Zu·tei·lung** *f* **1.** *(Zuweisung)* allocation; **2.** *(das Zugewiesene)* allotment.

zu·tiefst [-'-] *adv* deeply.

zu|tra·gen *irr* **I** *tr fig (Neuigkeiten)* report *(jdm* to s.o.); **II** *refl (geschehen)* happen, take place.

zu·träg·lich ['tsuːtrɛːklɪç] *adj* good (for); *(förderlich)* conducive (to).

Zu·trau·en *n* confidence *(zu* in); ▶ ~ **zu jdm haben,** ~ **in jdn setzen** trust s.o.; ~ **zu jdm fassen** begin to trust s.o.; **zu|trau·en** *tr:* ▶ **jdm etw** ~ credit s.o. with s.th.; *(für fähig halten)* believe s.o. capable of s.th.; **jdm nicht viel** ~ have no high opinion of s.o.; **sich zuviel** ~ *(sich übernehmen)* take on too much; **das hätte ich dir nie zugetraut!** I never thought you had it in you! **dem ist alles zu~!** I can well believe it of him! **das trau' ich mir zu** I think I can do it; **zu·trau·lich** *adj (Mensch)* trusting; *(Tier)* friendly.

zu|tref·fen *irr itr* **1.** *(richtig sein)* be correct; *(wahr sein)* be true; **2.** *(gelten)* apply *(für* to); ▶ **das trifft besonders auf Sie zu!** that applies especially to you! **zu·tref·fend** **1.** *(richtig)* correct, right; **2.** *(auf etw ~)* applicable; ▶ **Z~es bitte ...** ... where applicable.

zu|trin·ken *irr itr* drink *(jdm* to s.o.); *(mit Trinkspruch)* toast *(jdm* s.o.).

Zu·tritt ⟨-(e)s⟩ *m (Einlaß)* admission (to), admittance; *(Zugang)* (free) access; ▶ **kein** ~! ~ **verboten!** no admittance! no entry! **sich** ~ **verschaffen zu** ... gain admission to ...; ~ **für Unbefugte verboten** no admittance except on business.

Zu·tun *n* assistance.

zu|tun *irr tr:* ▶ **kein Auge** ~ *(nicht schlafen können)* not sleep a wink.

zu·un·gun·sten [-'---] *prp:* ▶ ~ **von** ... to the disadvantage of ...

zu·ver·läs·sig ['tsuːfɛrlɛsɪç] *adj* reliable; *(vertrauenswürdig)* trustworthy; ▶ **ich weiß aus ~er Quelle, daß** ... I am reliably informed that ...; **Zu·ver·läs·sig·keit** *f* reliability, trustworthiness.

Zu·ver·sicht ['tsuːfɛrzɪçt] ⟨-⟩ *f* confidence; ▶ **ich teile Ihre** ~ **nicht, daß** ... I don't share your confidence that ...; **zu·ver·sicht·lich** *adj* confident; ▶ **ich bin** ~, **daß ich gewinne** I'm confident of succeeding; **wir schauen** ~ ... we look with confidence ...; **ich bin ganz** ~, **daß** ... I have every confidence

zu·viel [-'-] *adv* too much; ▶ **er hat ~ getrunken** he's had too much to drink; **mach dir nicht ~ Sorgen!** don't worry too much!

zu·vor [-'-] *adv* before; *(zuerst)* beforehand; ▶ **kurz ~** shortly before; **im Jahr ~** in the previous year; **am Tag ~** the day before; **zu·vor|kom·men** ⟨sein⟩ *irr itr* anticipate; *(verhindern)* forestall; ▶ **man ist ihm bei s-r Erfindung zuvorgekommen** he was anticipated in his invention; **zu·vor·kom·mend** *adj (hilfsbereit)* helpful; *(höflich)* courteous; **Zu·vor·kom·men·heit** *f (Hilfsbereitschaft)* helpfulness; *(Höflichkeit)* courtesy.

Zu·wachs ['tsu:vaks] ⟨-es⟩ *m* increase *(an* of); ▶ **~ bekommen** *fam (ein Kind)* have an addition to the family; **zu|wach·sen** ⟨sein⟩ *irr itr* **1.** *(Loch)* grow over; *hum (mit Haaren)* become overgrown; **2.** *(Wunde)* heal (over); **3.** *fin (zufallen)* accrue *(jdm* to s.o.); **Zu·wachs·ra·te** *f* rate of increase.

zu|wan·dern ⟨sein⟩ *itr* immigrate; **Zu·wan·de·rung** *f* immigration.

zu·we·ge [-'--] *adv:* ▶ **~ bringen** manage; *(erreichen)* accomplish.

zu·wei·len [-'--] *adv* from time to time, now and then.

zu|wei·sen *irr tr* allot, assign *(jdm etw* s.th. to s.o.); ▶ **Geld für ein Projekt ~** allocate money for a project.

zu|wen·den *irr* **I** *tr* **1.** *a. fig* turn towards; **2.** *fig (zuteilen)* give *(jdm etw* s.o. s.th.); **II** *refl* **1.** turn to face *(jdm, e-r Sache* s.o., s.th.); **2.** *fig (sich widmen)* devote o.s. *(jdm, e-r Sache* to s.th.); **Zu·wendung** *f* **1.** *(Geldbetrag)* sum; *(Schenkung)* donation; **2.** *(liebevolle Aufmerksamkeit)* care.

zu|wer·fen *irr tr* **1.** *(Tür etc)* slam; **2.** *(hinwerfen zu jdm)* throw *(jdm etw* s.th. to s.o.); ▶ **jdm e-n Blick ~** cast a glance at s.o.; **jdm e-n bösen Blick ~** look daggers *pl* at s.o.

zu·wi·der [-'--] *adv* **1.** *(entgegen)* contrary *(e-r Sache* to s.th.); **2.** *(ungünstig)* unfavourable to ...; ▶ **das ist mir ~** I detest that; **Zu·wi·der·han·deln·de(r)** *f m Br* offender, *Am* violator; **Zu·wi·der·hand·lung** *f* contravention, violation; **zu·wi·der·lau·fen** *irr itr* go directly against.

zu|win·ken *itr* wave *(jdm* to s.o.).

zu|zah·len **I** *itr* pay extra; **II** *tr:* ▶ **£ 50 ~** pay another £ 50.

zu|zie·hen *irr* **I** *tr* ⟨h⟩ **1.** *(Vorhang etc)* draw; **2.** *(schließen)* close; **3.** *(Schlinge etc)* tighten; ▶ **sich jds Haß ~** incur someone's hatred; **II** *itr* ⟨sein⟩ *(in Ortschaft)* move in; **III** *refl* ⟨h⟩ *(Schlinge etc)* pull tight.

Zu·zug ⟨-(e)s⟩ *m* **1.** *(Umzug)* move *(nach*

to); **2.** *(Zustrom)* influx.

zu·züg·lich ['tsu:tsy:klıç] *prp* plus.

Zwang [tsvaŋ, *pl* 'tsvɛŋə] ⟨-(e)s, ⁀e⟩ *m* **1.** *(Notwendigkeit)* compulsion; **2.** *(moralischer)* constraint; *(Verpflichtung)* obligation; **3.** *(Gewalt)* force; ▶ **tu dir keinen ~ an!** feel free! **etw unter ~ tun** be forced to do s.th.; **sich keinen ~ antun** feel free and easy.

zwän·gen ['tsvɛŋən] *tr* force; ▶ **sich durch etw ~** squeeze through s.th.

zwang·los *adj (locker)* casual; *(ungezwungen)* free and easy; *(ohne Förmlichkeit)* informal; **Zwang·lo·sig·keit** *f (Unbekümmertheit)* casualness.

Zwangs·ar·beit *f* forced labour, penal servitude; **Zwangs·ein·wei·sung** *f* compulsory hospitalization; **zwangs·er·näh·ren** *tr* force-feed; **Zwangs·er·näh·rung** *f* forced feeding; **Zwangs·hand·lung** *f psych* compulsive act; **Zwangs·jacke (k·k)** *f a. fig* straitjacket; ▶ **jdm e-e ~ anlegen** put s.o. in a straitjacket; **Zwangs·la·ge** *f* dilemma, predicament.

zwangs·läu·fig *adj* inevitable; ▶ **das war wohl ~** it was inevitable that that would happen.

Zwangs·maß·nah·me *f* compulsory measure; *pol (Sanktion)* sanction; **Zwangs·räu·mung** *f* compulsory evacuation; **zwangs·um·sie·deln** ['----] ⟨zwangsumgesiedelt⟩ *tr* displace by force; **Zwangs·ver·kauf** *m* forced sale; **Zwangs·ver·stei·ge·rung** *f* compulsory auction; **Zwangs·voll·streckung (k·k)** *f* execution; **Zwangs·vor·stel·lung** *f* obsession; **zwangs·wei·se** **I** *adj* compulsory; **II** *adv* compulsorily.

zwan·zig ['tsvantsıç] *num* twenty; **Zwan·zi·ger** *m* **1.** *(Zwanzigjähriger)* twenty-year-old; **2.** *fam (Geldschein)* twenty (mark, pound *etc*) note, *Am* bill; **Zwan·zi·ger·packung (k·k)** *f Br* packet *(Am* pack) of twenty; **zwanzig·fach** *adj* twentyfold; **zwan·zig·jäh·rig** *adj* twenty-year-old; **Zwan·zig·mark·schein** ['--'--] *m* twenty mark note; **zwan·zig·ste** *adj* twentieth; **Zwan·zig·stel** ⟨-s, -⟩ *n* twentieth part.

zwar [tsva:ɐ] *adv* **1.** *(erklärend)* it is true, to be sure; **2.** *(wohl ..., aber):* ▶ **... ~ ..., aber... ...,** but ... **u. ~** namely *(od* that is); **ich wollte ~ etw arbeiten, aber ...** I meant to do some work, but ...; **es wird ~ nicht einfach sein** it won't be easy, in fact; **tut's weh?** — **ja, und ~ ganz schön!** does it hurt? — as a matter of fact it's very painful!

Zweck ['tsvɛk] ⟨-(e)s, -e⟩ *m* **1.** *(Verwendung)* purpose; **2.** *(Ziel)* aim; **3.** *(Sinn, Nutzen)* point; ▶ **sich für e-n guten ~ einsetzen** work in a good cause; **zu**

welchem ~? to what end? **der ~ heiligt die Mittel** the end justifies the means; **es hat keinen ~ zu bleiben** there's no point in staying; **Sinn und ~ ist** ... the point is that ...; **jds ~en dienen** serve someone's purposes; **für unsere ~e** for our purposes; **es hat keinen ~!** it's no use! **es hat keinen ~, wenn man protestiert** it's no use protesting; **zweck·be·dingt** *adj* determined by its function; **zweck·dien·lich** *adj (förderlich)* expedient; *(nützlich)* useful; ▶ **~e Hinweise** relevant information *sing.*

Zwecke (k·k) ['tsvɛkə] ⟨-, -n⟩ *f (Heft~)* Br drawing-pin, Am thumbtack.

zweck·ent·frem·den ['----] ⟨ohne ge-⟩ *tr* misuse; **zweck·ent·spre·chend** *adj* appropriate; **Zweck·ge·mein·schaft** *f* partnership of convenience; **zweck·los** *adj (unnütz)* useless; *(sinnlos)* pointless; **zweck·mä·ßig** *adj (passend)* suitable; *(ratsam, förderlich)* expedient; *(nützlich)* useful; *(wirksam)* effective; **Zweck·op·ti·mis·mus** *m* calculated optimism.

zwecks [tsvɛks] *prp* for the purpose of. **Zweck·spa·ren** *n* target saving; **Zweck·ver·band** *m* ad hoc authority, joint body; **zweck·wi·drig** *adj* inappropriate.

zwei [tsvaɪ] *num* two; ▶ **zu ~en** in twos, in pairs, two by two; **(nur) wir ~** (just) the two of us; **dazu gehören ~** *fam* it takes two; **zwei·ar·mig** *adj tech* with two branches; **Zweibettka·bi·ne** *f mar* double berth; **Zwei·bett·zim·mer** *n* twin room; **zwei·deu·tig** ['tsvaɪdɔɪtɪç] *adj* 1. ambiguous, equivocal; 2. *(obszön)* suggestive; **Zwei·deu·tig·keit** *f* 1. ambiguity, equivocalness; 2. *(Obszönität)* suggestiveness; **zwei·di·men·sio·nal** *adj* two-dimensional; **Zwei·drit·tel·mehr·heit** [-'----] *f parl* two-thirds majority.

Zwei·er ['tsvaɪɐ] ⟨-s, -⟩ *m fam (Schulnote)* good; **Zwei·er·bob** *m sport* two-man bob; **Zwei·er·ka·jak** *m sport* double kayak.

zwei·er·lei *adj (Brot, Käse etc)* two kinds, two kinds of ...; *(Möglichkeiten, Meinungen, Fälle etc)* two different; ▶ **aus ~ Leder** of two kinds of leather; **das ist ~** *fam* that's two different things; **~ Sorten** two different kinds.

zwei·fach 1. *(doppelt)* double; 2. *(zweimal)* twice; ▶ **in ~er Ausfertigung** in duplicate.

Zwei·fa·mi·lien·haus [--'---] *n Br* two-family house, *Am* duplex house.

zwei·far·big *adj* two-colour, two-tone.

Zwei·fel ['tsvaɪfəl] ⟨-s, -⟩ *m* doubt *(an* about); ▶ **ich habe so meine ~, ob** ... I am in doubt as to whether ...; **etw in ~ ziehen** cast doubt on s.th.; **daran gibt's keinen ~** there's no doubt about it; **es steht außer ~, daß** ... it's beyond doubt that ...; **ohne jeden ~** without question; **er ist ohne ~** ... without question he is ...; **jdm gegenüber ~ hegen** be doubtful about s.o.; **zwei·fel·haft** *adj* doubtful; *(verdächtig)* dubious; ▶ **es ist ~, ob er starten wird** *sport* he's a doubtful starter; **zwei·fel·los** I *adj (unbezweifelbar)* undisputed; II *adv* without doubt; *(als Antwort)* undoubtedly.

zwei·feln *itr* doubt *(an etw od jdm* s.th. *od* s.o.); ▶ **ich zweifle nicht daran** I don't doubt it, **ich zweifle noch, wie ich** ... I am still in two minds about how ...

Zwei·fels·fall *m* doubtful case; ▶ **im ~** in case of doubt; *fam (gegebenenfalls)* if necessary.

zwei·fels·frei I *adj* unequivocal; II *adv* beyond all doubt.

Zweif·ler(in) *m (f)* sceptic.

Zweig [tsvaɪk] ⟨-(e)s, -e⟩ *m a. fig* branch; *(kleiner)* twig; ▶ **auf keinen grünen ~ kommen** *fig fam* get nowhere; **Zweig·ge·schäft** *n* branch; **Zweig·ge·sell·schaft** *f* subsidiary.

zwei·glei·sig *adj rail* double-track; ▶ **~ fahren** *fig fam* have two strings to one's bow.

Zweig·nie·der·las·sung *f* subsidiary; **Zweig·stel·le** *f* branch.

zwei·hän·dig ['tsvaɪhɛndɪç] *adj* two-handed; *mus* for two hands.

zwei·hun·dert *num* two hundred.

zwei·jäh·rig *adj* 1. *(zwei Jahre alt)* two-year-old; 2. *bot* biennial.

Zwei·kampf *m* single combat; *(Duell)* duel.

zwei·mal *adv* twice; ▶ **sich etw nicht ~ sagen lassen** not have to be told s.th. twice; **zwei·ma·lig** *adj* done twice; *(wiederholt)* repeated.

Zwei·ma·ster *m mar* two-master.

zwei·mo·to·rig *adj* twin-engined; ▶ **~es Düsenflugzeug** twin-jet.

Zwei·par·tei·en·sy·stem [--'----] *n pol* two-party system.

zwei·po·lig *adj el* bipolar.

Zwei·rad *n (Fahrrad)* bicycle, *fam* bike; **zwei·räd·rig** ['tsvaɪrɛːdrɪç] *adj* two-wheeled.

zwei·rei·hig I *adj* 1. *(in zwei Reihen)* double-row, in two rows; 2. *(Jacke)* double-breasted; II *adv* in two rows.

zwei·schnei·dig *adj a. fig* double-edged; ▶ **das ist ein ~es Schwert** *fig* it cuts both ways.

zwei·sei·tig I *adj* 1. *pol (Vertrag, Beziehungen)* bilateral; 2. *(Stoff)* reversible; II *adv* on two sides.

zwei·sit·zig *adj* two-seat(er).

zwei·spal·tig *adj typ* double-columned, in double columns.

Zwei·spän·ner ['tsvaɪʃpɛnɐ] *m* carriage and pair.

zwei·spra·chig *(Wörterbuch, Land)* bilingual; *(Dokument, Vertrag)* in two languages.

zwei·stim·mig *adj mus* for two voices.

zwei·stöckig (k·k) *adj* two-storeyed.

zwei·stu·fig *adj* two-stage; ▶ ~er Scheibenwischer two-stage windscreen *(Am* windshield) wiper.

zwei·stün·dig *adj* of two hours, two hour.

zweit [tsvaɪt] *adv:* ▶ **zu** ~ *(in Paaren)* in twos; **das Leben zu** ~ living with s.o.; **wir sind zu** ~ we are two of us.

Zwei·tak·ter (Zwei·takt·mo·tor) *m* two-stroke (engine).

zweit·äl·te·ste *adj* second eldest.

Zweit·aus·fer·ti·gung *f* duplicate.

zweit·be·ste *adj* second best.

zwei·te *adj* second; *(nächster)* next; ▶ **Z~r** *m sport* runner-up; **an** ~**r Stelle** in second place; ~**r Klasse fahren** *rail* go second; **ich sage dir das kein** ~**s Mal!** I won't tell you a second time! **als** ~**s machte sie** ... the second thing she did was ...; **e-n guten** ~**n Platz belegen** *sport* come a good second; **ein** ~**r John Donne** another John Donne.

Zwei·tei·ler *m (Badeanzug)* bikini; **zwei·tei·lig** *adj (Kleidungsstück)* two-piece; *(Plan)* two-stage; *(Fernsehserie etc)* two-part.

zwei·tens ['tsvaɪtəns] *adv* secondly.

zweit·klas·sig *adj fig* second-rate; **zweit·letz·te** *adj* last but one; **zweit·ran·gig** *adj* second-rate; **Zweit·schrift** *f* copy; **Zweit·stim·me** *f pol* second vote.

Zwei·tü·rer *m mot* two-door.

Zweit·wa·gen *m* second car; **Zweit·woh·nung** *f* second home.

zwei·zei·lig *adj* 1. *(mit zwei Zeilen)* two-lined; 2. *typ (mit* ~*em Abstand)* double-spaced.

Zwerch·fell ['tsvɛrçfɛl] *n anat* dia-phragm.

Zwerg·be·trieb *m* dwarf enterprise.

zwer·gen·haft *adj* 1. dwarfish; 2. *fig* diminutive.

Zwerg·huhn *n* bantam.

Zwerg(in) *m (f)* 1. dwarf; *(Garten~)* gnome; 2. *(Knirps)* midget; 3. *fig (verächtlich)* squirt; **Zwerg·schu·le** *f* village school; **Zwerg·staat** *m* mini-state; **Zwerg·volk** *n* pygmy tribe; **Zwerg·wuchs** *m* stunted growth, dwarfism.

Zwetsch·ge ['tsvɛtʃgə] ⟨-, -n⟩ *f* plum; **Zwetsch·gen·was·ser** *n* plum brandy.

Zwickel (k·k) ['tsvɪkəl] ⟨-s, -⟩ *m* 1. *(Stoffkeileinsatz)* gusset; *mar (am Segel)* gore; 2. *arch* spandrel.

zwicken (k·k) ['tsvɪkən] *itr tr* 1. *(kneifen)* pinch; 2. *(schmerzen)* hurt; **Zwik·ker** ⟨-s, -⟩ *m opt* pince-nez; **Zwick·müh·le** *f (beim Mühlespiel)* double-

mill; ▶ **in der** ~ **sitzen** *fig* be in a dilemma.

Zwie·back ['tsvi:bak] ⟨-(e)s, -e⟩ *m Br* rusk, *Am* cracker.

Zwie·bel ['tsvi:bəl] ⟨-, -n⟩ *f* onion; *(Blumen~)* bulb; **zwie·bel·för·mig** *adj* bulbous.

zwie·beln *tr fam (antreiben)* drive hard; *(schikanieren)* harass.

Zwie·bel·scha·le *f* onion-skin; **Zwie·bel·sup·pe** *f* onion soup; **Zwie·bel·turm** *m* onion dome.

Zwie·ge·spräch *n* dialogue; **Zwie·licht** ⟨-(e)s⟩ *n* twilight; *(abends)* dusk; *(morgens)* half-light; ▶ **ins** ~ **geraten** *fig* get into an unfavourable light; **Zwie·spalt** ⟨-(e)s, (-e/⁓e)⟩ *m* conflict; ▶ **in e-n** ~ **geraten** get into a conflict; **ich bin im** ~ ... I'm in conflict with myself ...; **zwie·späl·tig** ['tsvi:ʃpɛltɪç] *adj (gemischt)* mixed; *(wiederstreitend)* conflicting; **Zwie·tracht** ⟨-⟩ *f* discord; ▶ ~ **säen** sow the seeds of discord.

Zwil(·l)ich ['tsvɪlɪç] ⟨-s, -e⟩ *m* ticking.

Zwil·ling ['tsvɪlɪŋ] ⟨-s, -e⟩ *m* 1. twin; 2. *astron:* ~**e** *pl* Gemini; 3. *(doppelläufige Flinte)* double-barrelled gun; ▶ **ein·eiige** ~ identical twins; **Zwil·lings·bru·der** *m* twin brother; **Zwil·lings·schwe·ster** *f* twin sister; **Zwil·lings·stecker (k·k)** *m el* biplug.

Zwing·burg *f a. fig* stronghold.

Zwin·ge ⟨-, -n⟩ *f tech (Werkzeug)* clamp.

zwin·gen ['tsvɪŋən] *irr* I *tr* compel, force; II *refl* force o.s.; ▶ **sich** ~, **etw zu tun** force o.s. to do s.th.; III *itr:* ▶ **ich sehe mich gezwungen** ... I feel compelled to ...; **ich sehe mich zu der Folgerung gezwungen, daß** ... I feel forced to conclude that ...; **zwin·gend** *adj* 1. *(Notwendigkeit)* urgent; 2. *(logisch* ~*)* necessary; 3. *(schlüssig)* conclusive; ▶ **er legte s-n Fall mit** ~**er Logik dar** he presented his case compellingly; **ein** ~**es Argument** a forcible argument.

Zwin·ger *m (Hunde~)* kennels *pl.*

zwin·kern ['tsvɪŋkɐn] *itr (lustig)* blink; *(um auf etw hinzuweisen)* wink; ▶ **mit den Augen** ~ twinkle.

Zwirn [tsvɪrn] ⟨-(e)s, -e⟩ *m* 1. thread, yarn; 2. *fig fam (Geld)* dough; **Zwirns·fa·den** *m* thread.

zwi·schen ['tsvɪʃən] *prp* 1. *(in der Mitte von zwei Dingen)* between; 2. *(unter e-r Anzahl)* among, amongst; ▶ ~ **ihnen ist nichts** there's nothing between them; **sich** ~ **den Büschen verstecken** hide among the bushes; **Zwi·schen·akt** *m theat* interval; **Zwi·schen·auf·ent·halt** *m* intermediate stop; **Zwi·schen·be·mer·kung** *f* incidental remark; *(Unterbrechung)* interruption; **Zwi·schen·be·richt** *m* interim report; **Zwi·schen·be·scheid** *m* provisional

notification; *jur* interlocutory decree; **Zwi·schen·bi·lanz** *f* 1. *com* interim balance; 2. *fig* provisional appraisal; ▶ e-e ~ ziehen *fig* take stock provisionally; **Zwi·schen·deck** *n mar* 'tween decks; **Zwi·schen·decke (k·k)** *f* false ceiling; **Zwi·schen·ding** ⟨-s⟩ *n* cross; ▶ ein ~ sein zwischen ... be halfway between ...
zwi·schen·durch ['--'-] *adv (zeitlich)* in between times; ▶ etw ~ machen *(nebenher)* fit s.th. in.
Zwi·schen·or·geb·nis *n* provisional *(od* interim) result; *sport* latest score; **Zwi·schen·fall** *m* incident; ▶ ohne ~e without incidents; **Zwi·schen·fra·ge** *f* question; **Zwi·schen·gas** *n mot:* ▶ ~ geben double-declutch; **Zwi·schen·ge·richt** *n (Speise)* entrée; **Zwi·schen·glied** *n a. fig* (connection) link; **Zwi·schen·grö·ße** *f* in-between size; **Zwi·schen·han·del** *m* intermediate trade; **Zwi·schen·händ·ler** *m* middleman; **zwi·schen|kup·peln** *n mot* double-clutch; **zwi·schen|la·gern** *tr* store (temporarily); **Zwi·schen·la·ge·rung** *f* temporary storage, **Zwi·schen·lan·dung** *f aero* stopover; **Zwi·schen·mahl·zeit** *f* snack.
zwi·schen·mensch·lich *adj* interhuman; ▶ ~e Beziehungen human relations.
Zwi·schen·prü·fung *f* intermediate examination; **Zwi·schen·raum** *m* 1. *(zeitlich)* interval; 2. *typ* space; *(Lücke)* gap; **Zwi·schen·ruf** *m* interruption; ~e *pl* heckling; **Zwi·schen·ru·fer(in)** *m (f)* heckler; **Zwi·schen·run·de** *f sport* intermediate round; **Zwi·schen·spiel** *n theat mus a. fig* interlude; **zwi·schen·staat·lich** *adj (international)* international; *Am (auf Bundesstaaten-ebene)* interstate; **Zwi·schen·sta·tion** *f* intermediate stop; ▶ ~ machen stop off; **Zwi·schen·stecker (k·k)** *m el* adaptor; **Zwi·schen·stück** *n* connecting piece, connection; **Zwi·schen·ti·tel** *m film* title link; **Zwi·schen·wand** *f* dividing wall; *(Stellwand)* partition; **Zwi·schen·zeit** *f* 1. *(Zeitraum)* interval; 2. *sport* intermediate time; ▶ in der ~ in the meantime; **zwi·schen·zeit·lich** *adv* meantime; **Zwi·**

schen·zeug·nis *n* interim report.
Zwist [tsvɪst] ⟨-es, -e⟩ *m* discordance; ▶ mit jdm über etw in ~ geraten become involved in a dispute with s.o. over s.th.; **Zwi·stig·keit** *f* dispute.
zwit·schern ['tsvɪtʃen] *itr* chirp, twitter.
Zwit·ter ['tsvɪte] ⟨-s, -⟩ *m* hermaphrodite; **zwit·ter·haft** *adj* hermaphroditic.
zwo [tsvoː] *num tele fam* two.
zwölf [tsvœlf] *num* twelve; ▶ ~ Uhr (mittags) twelve noon; fünf Minuten vor ~ *fig* at the eleventh hour; **Zwölf·en·der** *m (Hirsch)* royal; **zwölf·fach** *adj* twelvefold; **Zwölf·fin·ger·darm** ['-'---] *m anat* duodenum; **zwölf·jäh·rig** *adj* twelve-year-old; **Zwölf·kampf** *m sport* twelve-exercise event; **zwölf·ma·lig** *ad* repeated twelve times; **zwölf·tä·gig** *adj* of twelve days, twelve-day; **zwölf·te** *adj* twelfth; **Zwölf·tel** ⟨-s, -⟩ *n* twelfth; **zwölf·tens** *adv* in (the) twelfth place, twelfth(ly); **Zwölf·ton·leh·re** *f mus* dodecaphony; **Zwölf·ton·mu·sik** ['-'---] *f mus* twelve-tone music.
Zya·nid [tsya'niːt] ⟨-s, -e⟩ *n chem* cyanide.
Zy·an·ka·li [tsyaŋ'kaːli] ⟨-(s)⟩ *n chem* potassium cyanide.
zy·klisch ['tsyːklɪʃ] *adj* cyclic(al).
Zy·klon [tsy'kloːn] ⟨-s, -e⟩ *m mete* cyclone.
Zy·klo·tron [tsyklo'troːn] *n phys* cyclotron.
Zy·klus ['tsyːklʊs] ⟨-, -klen⟩ *m* cycle.
Zy·lin·der [tsi'lɪndɐ/tsy'lɪndɐ] ⟨-s, -⟩ *m* 1. *math tech mot* cylinder; 2. *(Hut)* top-hat, *fam* topper; **Zy·lin·der·block** *m mot* cylinder block; **Zy·lin·der·kopf** *m mot* cylinder head; **Zy·lin·der·kopf·dich·tung** *f mot* cylinder head gasket; **zy·lin·drisch** *adj* cylindrical.
Zy·ni·ker(in) ['tsyːnike] *m (f)* cynic; **zy·nisch** *adj* cynical; **Zy·nis·mus** ⟨-, -men⟩ *m* cynicism.
Zy·pern ['tsyːpɐn] *n* Cyprus.
Zy·pres·se [tsy'prɛsə] ⟨-, -n⟩ *f bot* cypress.
Zy·pri·ot(in) ['tsyprɪ'oːt] ⟨-en, -en⟩ *m (f)* Cypriot; **zy·prisch** *adj* Cyprian.
Zy·ste ['tsʏstə] ⟨-, -n⟩ *f med* cyst.

Appendices

American and British Abbreviations

A *answer* Antw.
AA 1. *Alcoholics Anonymous;*
  2. *(Br) Automobile Association;*
  3. *anti-aircraft.*
AAA *Amateur Athletic Association.*
AB 1. *(mar) able-bodied seaman;*
  2. *(Am) Artium Baccalaureus
  (Bachelor of Arts).*
ABC 1. *American Broadcasting
  Company.*
ABC 2. *Australian Broadcasting
  Company;* **3.** *atomic, biological
  and chemical (weapons).*
ABM *anti-ballistic missile.*
abv. *above* ob.
AC 1. *alternating current;* **2.** *air-
  craftman.*
A/C *account.*
ACAS *(BR) Advisory Conciliation
  and Arbitration Service.*
acc.to *according to* gem.
ACORN [ˈeɪkɔːn] *(EDV) auto-
  matic check-out and recording
  network.*
AD *Anno Domini* A.D., a. D.
ad.inf. *ad infinitum.*
adj. *adjective.*
ad.lib. *ad libitum.*
Adm. *admiral* Adm.
adm(in). *administration* Verw.
ADP *automatic data processing.*
AEA *(Br) Atomic Energy Author-
  ity.*
AEC *(Am) Atomic Energy Com-
  mission.*
AFN 1. *American Forces Net-
  work;* **2.** *Armed Forces Network.*
AGM 1. *air-to-ground missile;*
  2. *Annual General Meeting.*
AGR *advanced gas-cooled reac-
  tor.*
AI 1. *Amnesty International AI;*
  2. *artificial insemination* künstl.
  Befr.; **3.** *aratificial intelligence* KI.

AID *artifical insemination by do-
  nor.*
AIDS *acquired immune defi-
  ciency syndrome* AIDS *n.*
a.k.a. *also known as.*
Algol [ˈælgɒl] *(EDV) algorithmic
  language* ALGOL.
alt. 1. *alteration* Änd.; **2.** *altitude.*
a.m. *ante meridiem* vorm.
amp. 1. *ampere;* **2.** *amplitude.*
anon. *anonymous.*
ans. *answer* Antw.
a/o *account of.*
a.o.b. *any other business.*
APA *American Press Association.*
approx. *approximately.*
APR *annual percentage rate.*
Apr. *April* Apr.
APT *advanced passenger train.*
arr. *arrival* Ank.
a.s.a.p. *as soon as possible* mögl.
  bald.
ASPCA *American Society for the
  Prevention of Cruelty to Animals.*
Assoc. *Association.*
ATC 1. *air traffic control;* **2.** (Br)
  Air Training Corps.
Att., Atty. *(Am) Attorney.*
Aug. *August* Aug.
AUT *(Br) Association of Univer-
  sity Teachers.*
AV 1. *audio-visual;* **2.** *Author-
  ized Version (der Bibel).*
av. *average* Durchschn.
Av., Ave. *avenue.*
avdp. *avoirdupois (Gewicht).*
AWACS [ˈeɪwæks] *Airborne
  Early Warning and Control Sys-
  tem* AWACS.
AWOL *(mil) absent without leave.*
AYH *American Youth Hostels.*

b *born* geb.
B A 1. *Bachelor of Arts;* **2.** *Bri-
  tish Airways.*

BAL *(EDV) basic assembly language.*

B & B [biːəndˈbiː] *bed and breakfast.*

BAOR *British Army of the Rhine.*

BASIC [ˈbeɪzɪk] *(EDV) Beginner's Allpurpose Symbolic Instruction Code BASIC.*

BB *Boys' Brigade.*

BBC *British Broadcasting Corporation BBC f.*

BC 1. *before Christ* v. Chr.; 2. *British Columbia.*

BCG *Bacille Calmette Guérin BCG.*

B D *Bachelor of Divinity.*

B Ed *Bachelor of Education.*

bef. *before.*

beg. *begin(ning)* Anf.

BEM *British Empire Medal.*

B/F, b/f *brought forward* Übertrag.

BFPO *British Forces Post Office.*

bhp *brake horse-power.*

biol. *biological.*

bIT *(EDV) binary digit* Bit *n.*

B L *Bachelor of Law.*

B Lit *Bachelor of Letters.*

B M 1. *British Museum;* 2. *Bachelor of Medicine.*

BMA *British Medical Association.*

B Mus *Bachelor of Music.*

BO *body odour.*

BOSS *(Südafrika) Bureau of State Security.*

BOT *Board of Trade.*

bot. *botanical.*

BOTB *British Overseas Trade Board.*

b.p.d. *barrels per day.*

Bq *becquerel.*

BR *British Rail.*

Brit. *British* brit.

Bros. *Brothers* Gebr.

B Sc *Bachelor of Science.*

B Sc Econ *Bachelor of Economic Science.*

BST *British Summer Time.*

Btu *British thermal unit.*

bus. *business* Gesch.

C *centigrade* C.

c 1. *cent;* 2. *circa* ca.

CA *chartered accountant.*

CAB 1. *Citizen's Advice Bureau;* 2. *(Am) Civil Aeronautics Board.*

CAC *(Am) Consumer's Advisory Council.*

CAD/CAM *computer-aided design and manufacture* CAD/CAM.

cal. 1. *calendar;* 2. *calorie* cal.

CAP *(EG) Common Agricultural Policy.*

caps. *capitals.*

Capt. *Captain.*

CARE [keə(r)] *Cooperative for American Relief Everywhere.*

carr. *carriage* Transp.

CAT *(Br) College of Advanced Technology.*

CB *citizens' band (radio)* CB.

CBI 1. *(Am) Central Bureau of Investigation;* 2. *Confederation of British Industry.*

CBW *chemical and biological warfare.*

cc *cubic centimetres* cc, cm³.

CCTV *closed circuit television.*

c.c.w. *counterclockwise.*

CD *Corps Diplomatique* CD.

C/D 1. *Customs Declaration* Zollerklärung; 2. *CD compact disc* CD *f.*

c.d. *cash discount.*

Cert Ed *(Br) Certificate of Education.*

CET *Central European Time* MEZ.

cf. *confer* vgl.

c/f *carried forward* Übertr.

CFC *chlorofluorocarbon* FCKW *m.*

cft *cubic foot, feet.*

c.h. *central heating.*

ch., chap. *chapter* Kap.

Ci. *curie.*

CIA *(Am) Central Intelligence Agency* CIA *f.*

CIC *(Am) Counter Intelligence Corps.*

CID *(Br) Criminal Investigation Department* Kripo *f.*
CinC *Commander in Chief.*
CIO *(Am) Congress of Industrial Organizations.*
cit. *citation* Zit.
ckw. *clockwise.*
cm *centimetre* cm.
CMEA *Council for Mutual Economic Aid.*
CND *Campaign for Nuclear Disarmament.*
Co 1. *company* KG.; 2. *County.*
CO 1. *Commanding Officer;* 2. *consciencious objector;* 3. *Cash Order.*
c/o 1. *care of* bei; 2. *carried over* Übertr.
COBOL ['kəubɒl] *(EDV) Common Business Oriented Language* COBOL.
COD 1. *(Br) cash on delivery;* 2. *(Am) collect on delivery.*
COI *(Br) Central Office of Information.*
COL *computer-oriented language.*
col. *column* Sp.
Col. *Colonel.*
COMECON ['kɒmɪ͵kɒn] *Council for Mutual Economic Aid* COMECON.
compl. 1. *complete;* 2. *complement(ary).*
COMSAT ['kɒmsæt] *(Am) Communications Satellite.*
Cont. *continental.*
contd. *continued* Forts.
CORE [kɔ:(r)] *(Am) Congress of Racial Equality.*
corr. 1. *correction;* 2. *correspondence;* 3. *corresponding.*
cos [kBs] *(math) cosine* cos.
cosec ['kəusek] *(math) cosecant* cosec.
COSPAR ['kəuspɑ:(r)] *Committee on Space Research.*
cot, cotan *(math) cotangent* cot.
CP *Communist Party* KP.
cp *compare* vgl.

CPU *(EDV) central processing unit.*
Cres. *Crescent.*
CRT *cathode ray tube.*
CSCE *Conference on Security and Cooperation in Europe* KSZE *f.*
CSE *(Br) Certificate of Secondary Education.*
ct. 1. *cent;* 2. *certificate.*
CTC (Br) *City Technology College.*
CV *Curriculum Vitae.*
cwt. *hundred weight.*

d 1. *(Br obs) pence;* 2. *date;* 3. *day;* 4. *degree.*
DA 1. *(Am) District Attorney;* 2. *delayed action.*
D/A *deposit account.*
DAT *digital audio tape.*
dat. *dative* dat.
d & c *(med) dilation and curettage* Ausschabung *f.*
dB *decibel.*
DC 1. *Death Certificate;* 2. *Diplomatic Corps;* 3. *direct current;* 4. *District Commissioner;* 5. *District of Columbia.*
DD *doctor of Divinity* Dr. theol.
DDT *Dichlorodiphenyltrichloroethane* DDT *n.*
Dec. *December* Dez.
deg. *degree.*
denom. *denomination* Bek.
dep. 1. *departure* Abf.; 2. *department* Abt.
dept. *department* Abt.
DES (Br) *Department of Education and Science.*
Det. *Detective.*
DEW [dju:] *distant early warning.*
Dip. *Diploma* Dipl.
diss. *dissertation* Diss.
DIY *do it yourself.*
DJ 1. *dinner jacket;* 2. *disc jockey.*
D Lit *Doctor of Letters* Dr. phil.
DM 1. *Deutschmark(s)* DM; 2. *Doctor of medicine* Dr. med.

D Mus *Doctor of Music* Dr. phil.
DNA *de(s)-oxyribonucleic acid*
DNS *f.*
d.o.a. *dead on arrival.*
DOD *(Am) Department of
Defense.*
DoE (Br) *Department of the Envi-
ronment.*
DOS (EDV) *Disk Operating Sys-
tem* DOS.
doz. *dozen* Dtzd.
DP 1. *data processing;* **2.** *dis-
placed person* Vertriebene(r)
f (m).
D Phil *Doctor of Philosophy* Dr.
phil.
Dr. *Doctor* Dr.
DS *Detective Sergeant.*
D Sc *Doctor of Science* Dr. rer.
nat.
DT 1. *data transmission;* **2.** *de-
lirium tremens.*
DTP *desk-top publishing* DTP.
dup. *duplicate.*
DVLC *(Br) Driver and Vehicle Li-
censing Centre.*

E *East* O.
e.a.o.n. *except as otherwise
noted.*
EC *European Community* EG *f.*
ECG *electrocardiogram* EKG *n.*
econ. *economic* wirtsch.
ECT *electro-convulsive therapy*
Elektroschock *m.*
ECU *European Currency Unit*
ECU *f.*
ed. 1. *editor* Hrsg.; **2.** *edition*
Ausg.; **3.** *edited* hrsg.
EDP *electronic data processing*
EDV *f.*
EEC *(obs) European Economic
Community* EWG *f.*
EEG *electroencephalogram* EEG
n.
EFTA ['eftə] *European Free
Trade Association* EFTA *f.*
e.g. *(exempli gratia) for example*
z. B.

EIS *Educational Institute of Scot-
land.*
ELT *English language teaching.*
enc(l). *enclosure(s)* Anl.
END *European Nuclear Disarma-
ment.*
ENE *east-north-east* ONO.
Engl. *English* engl.
ENT *ear, nose and throat* HNO.
env. *envelope* Umschl.
EOC *(Br) Equal Opportunities
Commission.*
e.o.m. 1. *(EDV) end of message;*
2. *end of the month;* **3.** *every
other month.*
EP 1. *electroplate;* **2.** *extended
play (record)* Schallplatte mit
verlängerter Spieldauer.
EPNS *electroplated nickel silver.*
equiv. *equivalent* entspr.
ER *Elisabeth Regina.*
ESE *east-south-east* OSO.
ESN *educationally subnormal.*
ESL *English as a second language.*
ESP *extrasensory perception* ASW
f.
esp. *especially* bes.
Esq. *Esquire* Hr.
ESRO *European Space Research
Organization.*
est. 1. *estimated* gesch.; **2.** *estu-
ary* Münd.
ETA *estimated time of arrival.*
et al. *et alii* et al.
etc. *et cetera* usw.
ETD *estimated time of departure.*
Euratom [juə'rætəm] *European
Atomic Energy Community*
Euratom *f.*
ex *example* Beisp.
exc 1. *excellent;* **2.** *except.*
excl. *excluding, exclusive.*
expl. *explanation* Erl.

F *Fahrenheit* F.
f 1. *foot, feet;* **2.** *feminine* f.
FA *(Br) Football Association.*
FBI *(Am) Federal Bureau of
Investigation* FBI *n.*

FCO *(Br) Foreign and Common-*
wealth Office.
Feb. *February* Febr.
fed. *federal.*
ff. *and the following (pages etc.)* ff.
FIFA *Federation of International*
Football Associations FIFA *f.*
fig. 1. *figure(s)* Abb; **2. fig.** *figu-*
rative fig.
fl. oz. *fluid ounce(s).*
flt. *flight.*
FM 1. *Frequency Modulation*
FM; **2.** *Field Marshal.*
FO (Br) *Foreign Office.*
f.o.b. *free on board* bob.
FoE *Friends of the Earth.*
foll. *following* folg.
FORTRAN [ˈfɔːtræn] *Formula*
Translation Fortran *n.*
Fr. *French* frz.
FRG *Federal Republic of Ger-*
many BRD f.
Fri. *Friday* Fr.
ft. *foot, feet.*

G *(Am) general.*
g *gram(s), gramme(s)* g.
gal(l). *gallon(s).*
GATT [gæt] *General Agreement*
on Tariffs and Trade GATT *n.*
GB *Great Britain.*
GBH *(Br jur) grievous bodily*
harm.
GCE *General Certificate of Edu-*
cation.
GCHQ *(Br) Government Commu-*
nications Headquarters.
GCSE *(Br) General Certificate of*
Secondary Education.
Gdns *Gardens.*
GDP *gross domestic product* BIP *n.*
GDR *(hist) German Democratic*
Republic DDR f.
gent *gentleman.*
geol. *geologic(al)* geol.
geom. *geometric(al)* geom.
Ger. *German* dt.
GFR *German Federal Republic*
BRD f.

G.I. 1. *American Government*
Issue; **2.** *(Am mil)* GI.
GMT *Greenwich Mean Time*
WEZ.
GNP *gross national product* BSP
n.
Gov. *Governor.*
govt. *government* Reg.
GP 1. *general practitioner;*
2. *Gallup Poll;* **3.** *Graduated*
Pension; **4.** *Grand Prix.*
GPO *General Post Office.*
gr. *gross.*
grt *gross register tons* BRT.
GT *gran turismo* GT.
gtd., guar. *guaranteed* gar.

h & c *hot and cold (water).*
HGV *heavy goods vehicle.*
HIV *human immunodeficiency vi-*
rus HIV *n.*
hl *hectolitre* hl.
HMC *His, Her Majesty's Customs.*
HMG *Her Majesty's Government.*
HMI *Her Majesty's Inspector (of*
Schools).
HMSO *Her Majesty's Stationery*
Office.
HNC *Higher National Certificate.*
HND *Higher National Diploma.*
HMS 1. *His, Her Majesty's Ser-*
vice; **2.** *His, Her Majesty's Ship.*
HO 1. *Head Office;* **2.** *Home Of-*
fice.
Hon. Sec. *Honorary Secretary.*
Hons. *Honours.*
HP 1. *high pressure;* **2.** *hire pur-*
chase; **3.** *horse power* PS; **4.**
Houses of Parliament.
HQ *headquarters.*
HRH *His, Her Royal Highness.*
HST *high-speed train.*
ht. *height.*
Hz *hertz* Hz.

IAEA *International Atomic En-*
ergy Agency.
IATA [aɪˈɑːtə] *International Air*
Transport Association IATA *f.*

ib(id) *ibidem* ib., ibd.
IC 1. *integrated circuit;* **2.** *rail* IC
m.
i/c, I/C *in charge* v. D.
ICBM *intercontinental ballistic
missile.*
ICU *intensive care unit.*
ID *identification.*
IDDD *(Am) international direct
distance dialing.*
IDP 1. *integrated data pro-
cessing;* **2.** *international driving
permit.*
i.e. *id est* d. h.
illus. *illustration* Abb.
ILO *International Labour Organ-
isation* IAO f.
ILS *instrument landing system.*
IMF *International Monetary Fund*
IWF m.
in. *inch.*
Inc. *(Am) incorporated.*
incl. *including, inclusive* incl., inkl.
INS *International News Service.*
ins. 1. *inches;* **2.** *insurance* Vers.
inst. *instant* d. M.
Interpol ['ɪntəpɒl] *International
Criminal Police Commission*
Interpol f.
Int. Rev. *(Am) Internal Revenue.*
inv. 1. *invention;* **2.** *invoice.*
I/O *(EDV) input/output.*
IOC *International Olympic Com-
mittee* IOK n.
IOM *Isle of Man.*
IOU *I owe you.*
IOW *Isle of Wight.*
IPA 1. *International Phonetic As-
sociation* IPA n; **2.** *International
Phonetic Alphabet* IPA n.
IQ *intelligence quotient* IQ m.
IRA *Irish Republican Army* IRA
f.
IRBM *intermediate range ballistic
missile.*
ISBN *International Standard
Book Number* ISBN f.
ISD *international subscriber dial-
ling.*

ITA 1. *Independent Television
Authority;* **2.** *initial teaching al-
phabet.*
ITN *(Br) Independent Television
News.*
ITV *(Br) Independent Television.*
IUD *interuterine device.*
i.v. 1. *intravenous;* **2.** *initial
velocity.*

J *(phys) joule* J.
JAEC *(Am) Joint Atomic Energy
Committee.*
Jan. *January* Jan.
JP *(Br) Justice of the Peace.*
Jr. *Junior* jun.
jt. *joint.*
Jul. *July* Jul.
Jun. 1. *June* Jun.; **2.** *Junior* jun.

ka. *(Am) kathode.*
kb *kilobar.*
KC *King's Counsel.*
Kc *kilocycle.*
kg *kilogram(s), kilogramme(s)* kg.
kHz *kilohertz.*
KIA *killed in action* gef.
kJ *kilojoule* kJ.
km *kilometre* km.
km/h, kmph *kilometres per hour*
km/h.
kn. *(mar) knot.*
KO *knock-out* K. o. m.
kph *kilometres per hour* km/h.
kw *kilowatt(s)* kW.
kWh, kwh *kilowatt hour(s)* kWh.
KWIC [kwɪk] *(EDV) keyword in
context.*
KWOC [kwɒk] *(EDV) keyword
out of context.*

L 1. *(Br mot) Learner;* **2.** *Lake;*
3. *large.*
l 1. *litre(s)* l; **2.** *left* l.
lab. *laboratory* Lab.
LAN *(EDV) local area network*
LAN n.
lang. *language* Spr.
lat 1. *latitude* Br; **2. lat.** *latin* lat.

lb. *pound.*

LCD 1. *lowest common denominator;* **2.** *liquid crystal display* LCD-Anzeige *f.*

LCM *lowest common multiple.*

lect. *lecture(r)* Vorl., Vortr.

LED *light-emitting diode.*

LEM *lunar excursion module.*

LEV *lunar excursion vehicle.*

LF *low frequency* LF.

lg. *large.*

lgth. *length.*

Lieut. *Lieutenant* Lt.

lit. *literature* Lit.

LLB *Bachelor of Laws.*

LLD *Doctor of Laws* Dr. jur.

loc. cit. *loco citato* l. c., a. a. O.

log *logarithm.*

long. *longitude* L.

LP 1. *Labour Party;* **2.** *long-playing (record)* LP *f.*

LPG *liquid petroleum gas.*

LSD *lysergic acid diethylamide* LSD *n.*

Lt. *Lieutenant* Lt.

Ltd. *Limited.*

LV *luncheon voucher.*

LW *long wave* LW.

M 1. *mach (number)* M; **2.** *Majesty;* **3.** *Medium;* **4.** *motorway* A; **5.** *mountain.*

m 1. *(phys) mass;* **2.** *metre* m; **3.** *mile(s);* **4.** *million(s)* Mill., Mio.; **5.** *minutes* min; **6.** *married* verh.; **7.** *masculine* m.

MA *Master of Arts.*

mA *milliampere* mA.

MAFF *(Br) Ministry of Agricultural, Fisheries and Food.*

Maj. *Major.*

manuf. *manufacture* Herst.

Mar. *March.*

MASH [mæʃ] *(Am) Mobile Army Surgical Hospital.*

MAT *machine-aided translation.*

max. *maximum* max.

MB *Bachelor of Medicine.*

mb *millibar.*

MC 1. *Master of Ceremonies;* **2.** *Medical Corps;* **3.** *Member of Congress;* **4.** *Military Cross.*

mc 1. *megacycle;* **2.** *millicurie.*

MCP *male chauvinist pig* Chauvi *m.*

MCS 1. *Master of Computer Science;* **2.** *missile control system.*

MD 1. *managing director;* **2.** *Doctor of Medicine* Dr. med.; **3.** *mentally deficient.*

med. 1. *medical;* **2.** *medicine;* **3.** *medium.*

MEP *Member of the European Parliament.*

Messrs. *pl von* Mr., *Abk. von* Messieurs.

met. *meteorological.*

MG *machine gun* MG *f.*

mg *milligramme* mg.

MHF *medium high frequency* MHF.

MHG *Middle High German* mhd.

MHR *(Am) Member of the House of Representatives.*

mHz *megahertz* mHz.

MICR *(EDV) magnetic ink character recognition.*

MIDAS [ˈmaɪdəs] *Missile Defence Alarm System.*

MI 5 [ˈemaɪ ˈfaɪv] *(Br) Military Intelligence (5).*

MIN 1. *Minister;* **2.** *Ministry.*

min. 1. *minute(s)* min; **2.** *minimum* min.

MIRV *multiple independently targetted reentry vehicle.*

misc. *miscellaneous* versch.

MIT *Massachusetts Institute of Technology.*

MLR *minimum lending rate.*

mm *millimetre(s)* mm.

MO 1. *Mail Order;* **2.** *medical officer;* **3.** *money order.*

MOD *(Br) Ministry of Defence.*

mod. *modern* mod.

mod. cons. *modern conveniences.*

MOL *manned orbiting laboratory.*
Mon. *Monday* Mo.
MOT 1. *Ministry of Transport;* **2.**
≈ TÜV *m.*
MP 1. *Member of Parliament;*
2. *Metropolitan Police;* **3.** *Military Police* MP.
mpg *miles per gallon.*
mph *miles per hour.*
Mr. *Mister* Herr.
MRBM *medium range ballistic missile.*
Mrs. ['mɪsɪs] *Mistress* Fr.
Ms 1. [mɪz] *Frau (auch für Unverheiratete);* **2. MS** *multiple sclerosis* MS.
ms *manuscript* MS, Mskr.
M Sc *Master of Science.*
MSG *monosodium glutamate.*
MT *machine translation.*
Mt. *Mount(ain).*
mth. *month.*
MW *medium wave* MW.

N *north* N.
n 1. *(math)* n; **2.** *noun* Subst.;
3. *neuter.*
NAACP *(Am) National Association for the Advancement of Colored People.*
Naafi ['næfɪ] *Navy, Army, and Air Force Institutes.*
NALGO *(Br) National and Local Government Officers Association.*
NASA ['næsə] *(Am) National Aeronautics and Space Administration* NASA *f.*
nat. *national.*
NATO ['neɪtəu] *North Atlantic Treaty Organization* NATO *f.*
NB *nota bene* NB.
NCC *(Br) Nature Conservancy Council.*
NCO *noncommissioned officer.*
NE *north-east* NO.
nec. *necessary* notw.
neg. *negative(ly).*
NF *(Br) National Front.*

NHS *(Br) National Health Service.*
NIH *(Am) National Institutes of Health.*
NNE *north-north-east* NNO.
NNW *north-north-west* NNW.
No, no 1. *north* N; **2.** *number* Nr.
Nov. *November* Nov.
nr. *near.*
NSPCC *National Society for the Prevention of Cruelty to Children.*
NT 1. *New Testament* NT; **2. NT** *National Trust.*
NW *north-west* NW.
NY *New York.*
NZ *New Zealand.*

OAP *old-age pensioner.*
OAS *Organization of American Staates* OAS *f.*
OAU *Organization of African Unity* OAU *f.*
OCR *(EDV) optical character recognition* OCR.
Oct. *October* Okt.
OD *overdose.*
OECD *Organisation for Economic Cooperation and Development* OECD *f.*
OHMS *On His, Her Majesty's Service.*
ONC *Ordinary National Certificate.*
OND *Ordinary National Diploma.*
o.n.o. *or near(est) offer.*
op.cit. *opere citato* op. cit.
OPEC ['əupek] *Organization of Petroleum Exporting Countries* OPEC *f.*
orig. *original(ly)* urspr.
OS 1. *ordinary seaman;* **2.** *Ordnance Survey;* **3.** *outsize.*
OT *Old Testament* AT.
OU *(Br) Open University.*
OXFAM ['ɒksfæm] *Oxford Committee for Famine Relief.*
oz. *ounce(s).*

p. 1. *page* S.; **2.** *penny, pence;*
3. *per.*
PA 1. *Press Association;* **2.** *Power*
of Attorney; **3.** *personal assist-*
ant; **4.** *public address (system).*
p.a. *per annum.*
PABX *tele private automatic*
branch exchange.
PACE [peɪs] *(EDV) Precision*
Analog Computing Equipment.
p & p *postage and packing.*
para. *paragraph* Abs.
Parl. *Parliament(ary).*
pat. *patent* Pat.
pat. pending *B.P.a.*
PAU *Pan American Union.*
PAYE *Pay As You Earn.*
PBS *(Am) Public Broadcasting*
System.
PC 1. *Police Constable;* **2.** *Privy*
Council; **3.** *Privy Councillor;* **4.**
PC *personal computer* PC *m.*
pc 1. *per cent;* **2.** *post card.*
pd. *paid* bez.
PE *physical education.*
p/e *price/earnings.*
PEN [pen] *International Associ-*
ation of Poets, Playwrights, Edi-
tors, Essayists and Novelists PEN.
perf. *performance* Vorst.
per pro. *per procuratorem* i. A.
PERT [pɜːt] *(EDV) Program*
Evaluation and Review Tech-
nique.
PGCE *(Br) Postgraduate Certifi-*
cate in Education.
PhD *Philosophiae Doctor* Dr.
PHS *(Am) Public Health Service.*
PIN *personal identification num-*
ber.
pkg. 1. *package;* **2.** *packing.*
Pl. *Place.*
plc *public limited company.*
PLO *Palestine Liberation Organ-*
ization PLO *f.*
PLP *(Br) Parliamentary Labour*
Party.
PM 1. *Prime Minister;* **2.** *post*
mortem.

p.m. *post meridiem* nachm.
PO 1. *Patent Office;* **2.** *Post Of-*
fice; **3.** *Postal Order.*
POB *Post-Office Box* Postf.
POD *pay on delivery.*
pop. *population.*
poss *possible* mögl.
POW 1. *Prince of Wales;*
2. *prisoner of war.*
pp 1. *pages* ff.; **2.** *per procuratu-*
rem i. A.; **3.** *postage paid.*
PR 1. *proportional representa-*
tion; **2.** *public relations* PR.
prelim. *preliminary.*
Pres. 1. *Presbyterian;* **2.** *Presi-*
dent.
priv. *private.*
pro 1. *professional;* **2.** *prostitute.*
Prof. *Professor* Prof.
prog. *programme* Progr.
PROM *(EDV) programmable*
read-only memory.
prov. *provisional* vorl.
prox. *proximo* nächsten Monats.
PS *postscript* PS.
PSV *public service vehicle.*
PT 1. *physical training;* **2.** *pur-*
chase tax.
pt 1. *part;* **2.** *pint;* **3.** *payment;*
4. *point* Pkt.
p.t.o. *please turn over* b. w
PVC *polyvinyl chloride* PVC *n.*
PWR *pressurised water reactor.*
PX *(Am) Post Exchange.*

Q *Queen.*
QC *(Br) Queen's Council.*
QED *quod erat demonstrandum*
q. e. d.
qt. *quart.*
qtr. *quarter.*
qv *quod vide.*

R 1. *Rex, Regina* König(in);
2. *river* Fl.; **3.** *Roentgen;* **4.** *Ré-*
aumur R.
r. *right* r.
RAC *Royal Automobile Club.*
RAF *Royal Air Force.*

RAM *(EDV) random access memory* RAM *m.*
R & B *Rhythm and Blues.*
RC 1. *Red Cross* (D)RK *n;* **2.** *Roman Catholic* rk.
RCMP Royal Canadian Mounted Police.
Rd. *Road* Str.
RE 1. *Religious Education;* **2.** *rare-earth elements;* **3.** *(Am) Real Estate.*
recd. *received* erh.
ref. 1. *referee* Schiri *m.;* **2.** *reference* Verw.; **3.** *refund.*
regd. *registered.*
reg. no. *registration number* (pol.) Kennz.
REM 1. *rapid eye movement;* **2.** *Roentgen equivalent in man* REM.
Rep. 1. *Republic* Rep.; **2.** *Republican* Rep.
resp. *respective* bzw.
retd. *retired* i. R., a. D.
Revd. *Reverend* Ehrw.
rev. 1. *reverse;* **2.** *review;* **3.** *revision;* **4.** *revolution* Umdr.
RFC *(Br) Rugby Football Club.*
Rh *rhesus* Rh.
RI *religious instruction.*
RIP *rest in peace* R. I. P.
rm. *room* Zim.
RN *Royal Navy.*
RNA *ribonucleic acid* RNS *f.*
RNLI *Royal National Lifeboat Institution.*
ROM *(EDV) read-only memory* ROM *m.*
RoSPA *Royal Society for the Prevention of Accidents.*
RP *received pronunciation.*
rpm *revolutions per minute* Umd. p. min.
RR *(Am) Railroad.*
RSPCA *Royal Society for the Prevention of Cruelty to Animals.*
RSPCC *Royal Society for the Prevention of Cruelty to Children.*

RSVP *répondez s'il vous plaît* u. A. w. g.
Rt. Hon. *Right Honourable.*
RUC *Royal Ulster Constabulary.*
S 1. *south* S; **2.** *Saint;* **3.** *small.*
s *single* led.
SA 1. *South Africa;* **2.** *South America;* **3.** *South Australia;* **4.** *Salvation Army.*
s.a.e. *stamped addressed envelope.*
SALT [sɔːlt] *Strategic Arms Limitation Talks* SALT.
SAM *surface-to-air missile.*
SAS *(Br) Special Air Service.*
Sat. *Saturday* Sa.
SAYE *Save as You Earn.*
sci. fi. *science fiction.*
Scot. 1. *Scotland;* **2.** *Scottish.*
SDI *(Am) Strategic Defense Initiative* SDI.
SE *south-east* SO.
SEATO ['siːtəu] *South-East Asia Treaty Organization* SEATO *f.*
sec. *second(s)* Sek.
Sen. *(Am) Senator.*
Sep(t). *September* Sept.
sep. *separate* getr.
Serg(t). *Sergeant.*
s.g. *specific gravity.*
Sgt. *Sergeant.*
SHAPE [ʃeɪp] *Supreme Headquarters Allied Powers Europe.*
SJ *Society of Jesus.*
SNP *Scottish National Party.*
SONAR ['səunɑː(r)] *Sound Navigation and Ranging.*
Sq. *square* Pl.
SS 1. *steamship;* **2.** *saints.*
SSE *south-south-east* SSO.
SSM *surface-to-surface missile.*
SSR *Soviet Socialist Republic.*
SSW *south-south-west* SSW.
St. 1. *Saint* hl., St.; **2.** *street* Str.; **3.** *Strait.*
st. *stone(s).*
STD *(Br) subscriber trunk dialling.*

START [stɑ:t] *Strategic Arms Reduction Talks.*

STOL [stɒl] *short take-off and landing.*

STUC *Scottish Trades Union Congress.*

SU 1. *strontium unit;* 2. *Soviet Union.*

SUM *surface-to-underwater missile.*

Sun. *Sunday* So.

sup(pl.) *supplement(ary).*

SW *south-west* SW.

SWAPO ['swæpəʊ] *South West African People's Organization* SWAPO *f.*

t *tonne*

TA (Br) *Territorial Army.*

tan *(math) tangent* tan.

TB *tuberculosis* Tb(c) *f.*

tbs *tablespoon(ful)* Eßl., EL.

TCBM *transcontinental ballistic missile.*

TD 1. *touchdown;* 2. *(Am) Treasury Department.*

tel. *telephone* tel, Tel.

temp. 1. *temperature* Temp.; 2. *temporary* zeitw.

Terr. 1. *Terrace;* 2. *territory.*

Thurs. *Thursday* Do.

TIR *International Road Transport.*

TIROS ['taɪrəʊs] *(Am) Television and Infrared Observation Satellite.*

tog. *together* zus.

TNT *trinitrotoluene.*

trans. *transitive* tr.

transl. *translated, translator.*

trig. *trigonometry.*

tripl. *triplicate.*

tsp *teaspoon(ful)* Teel., TL.

TT 1. *teetotal;* 2. *(mot) Tourist Trophy;* 3. *(agr) tuberculin-tested.*

TUC *Trades Union Congress.*

Tues. *Tuesday* Di.

TV *television* TV.

TVP *textured vegetable protein.*

typw. 1. *typewriter;* 2. *typewritten.*

UAE *United Arab Emirates.*

UCCA *(Br) Universities Central Council for Admissions* ≈ ZVS *f.*

UDA *Ulster Defence Association.*

UDR *Ulster Defence Regiment.*

UDI *unilateral declaration of independence.*

UEFA *Union of European Football Associations* UEFA.

UFO *unidentified flying object* Ufo *n.*

UHF *ultrahigh frequency.*

UHT *ultra heat treated.*

UK *United Kingdom.*

ult. 1. *ultimate;* 2. *ultimo* des letzten Monats.

UN *United Nations* UNO *f.*

UNA *(Br) United Nations Association.*

UNCTAD *United Nations Commissions for Trade and Development* UNCTAD *f.*

UNESCO [ju:'neskəʊ] *United Nations Educational, Scientific and Cultural Organization* UNESCO *f.*

UNICEF ['ju:nɪsef] *United Nations International Children's Emergency Fund* UNICEF *f.*

Univ. *university* Univ.

UNO ['ju:nəʊ] *United Nations Organization* UNO *f.*

UPI *(Am) United Press International.*

US *United States* US *pl.*

USA 1. *United States of America* USA *f;* 2. *United States Army.*

USAF *United States Aur Force.*

USM 1. *underwater-to-surface missile;* 2. *United States Mail;* 3. *United States Marines;* 4. *United States Mint.*

USS 1. *United States Ship;* 2. *United States Senate.*

USSR *Union of Soviet Socialist Republics* UdSSR *f.*

usu. *usually* gew.
USW 1. *ultrashort waves* UKW;
  2. *ultrasonic waves.*
UV *ultraviolett* UV.
UVF *Ulster Volunteer Force.*

V, v 1. *verse(s)* V; **2.** *volt(s)* V;
  3. *vide* s.; **4.** *versus* vs.
vac. 1. *vacancy;* **2.** *vacuum;*
  3. *vacation.*
VAT *value added tax* MwSt. *f.*
VC 1. *Victoria Cross;* **2.** *Vietcong.*
VCR *video cassette recorder* VCR.
VD *venereal disease.*
VDU *visual display unit* VDU.
V-E *Victory in Europe.*
VERA ['vi:rə] **1.** *versatile experimental reactor assembly;* **2.** *vision electronic recording apparatus.*
v.g. *very good.*
VHF *very high frequency.*
VIP *very important person* VIP *f.*
viz. *videlicet* siehe.
vol. *volume* Bd. *m.*
Vols. *volumes* Bde.
VSO 1. *very superior old;*
  2. *Voluntary Service Overseas.*
VSOP *very superior old pale.*
VTOL *vertical take-off and landing.*
VTR *video tape recorder.*

W *west* W.
w *watt(s)* W.
WAAF *Women's Auxiliary Air Force.*
WAC *Women's Army Corps.*
WASP [wɒsp] *(Am) White Anglo-Saxon Protestant.*
WC *water closet* WC *n.*
Wed. *Wednesday* Mi.
w.e.f. *with effect from.*

WHO *World Health Organization* WGO *f.*
WI *(Br) Women's Institute.*
wk. *week* Wo.
WNW *west-north-west* WNW.
WNP *Welsh Nationalist Party.*
w/o *without* o.
w.p. 1. *weather permitting;* **2.** *word processor.*
WPC *(Br) Woman Police Constable.*
wpm *words per minute* WpM.
WRAC [ræk] *(Br) Women's Royal Army Corps.*
WRAF [ræf] *(Br) Women's Royal Air Force.*
WRNS [renz] *(Br) Women's Royal Naval Service.*
WSW *west-south-west* WSW.
wt *weight* Gew.
WW I *World War I.*
WW II *World War II.*
WWF *World Wildlife Fund* WWF *m.*
WX *women's extra large size.*
WYSIWYG *(EDV) what you see is what you get* WYSIWYG.

X *(math)* ×.
XL *extra large* XL.
Xm., Xmas *Christmas.*

y. 1. *yard;* **2.** *year.*
yd. *yard(s).*
YHA *Youth Hostel Association.*
YMCA *Young Men's Christian Association* CVJM *m.*
yr. 1. *year;* **2.** *your.*
yrs 1. *years;* **2.** *yours.*
YWCA *Young Women's Christian Assosiation* CVJM *m.*

ZIP [zɪp] *(Am) Zone Improvement Plan.*

German Abbreviations

A *Ampere* amp.

a *Ar* are

AA *Auswärtiges Amt* Foreign Office

a. a. O. *am angegebenen od angeführten Ort* loc. cit.

Abb. *Abbildung* illus.

Abf. *Abfahrt* dep.

Abk. *Abkürzung* abbreviation

ABM *Arbeitsbeschaffungs-maßnahme* job creation scheme

Abs. *Absatz* para.

ABS *Antiblockier-System* anti-lock braking system

Abschn. *Abschnitt* section

Abt. *Abteilung* dep., dept.

abzgl. *abzüglich* less, minus

a. Chr. (n.) *ante Christum (natum)* B C

a.D. *außer Dienst* retd.

A.D. *anno Domini* A D

ADAC *Allgemeiner Deutscher Automobil-Club* General German Automobile Association

Add. *Addenda, Ergänzungen* addenda, additions, supplements

Adr. *Adresse* address.

AG *Aktiengesellschaft* Br plc

ahd. *althochdeutsch* OHG

Aids, AIDS *Acquired Immune Deficiency Syndrome, erworbene Immunschwäche* aids, AIDS

Akad. *Akademie, (Hochschule)* academy, *a.* college

Akku *Akkumulator* accumulator

Akt.-Nr. *Aktennummer* file no.

AKW *Atomkraftwerk* nuclear power station

allg. *allgemein* general

allj. *alljährlich* annual(ly *adv.*), yearly

Alu *Aluminium* alumin (*Br* i)um

a. M. *am Main* on the Main

am., amer(ik) *amerikanisch* American

amtl. *amtlich* official

angeh. *angehörend, angehörig* belonging to

Angest. *Angestellte(r)* employee

Anh. *Anhang* appendix

Ank. *Ankunft* arr.

Anl. *Anlage im Brief* encl.

anl. *anläßlich* on the occasion of

Anm. *Anmerkung* note

anschl. *anschließend* following, subsequent(ly *adv.*)

a.o. *außerordentlich* extraordinary, special

a.o. Prof. *außerordentlicher Professor Br* senior lecturer, *Am* associate professor

Apart. *Apartment* apartment, *Br a.* flat(let)

APO *Außerparlamentarische Opposition* extra-parliamentary opposition

App. *Apparat, Telefon* appliance, instrument, telephone

arab. *Arabisch* Arab(ian), Arabic figures, *etc.*

a. Rh. *am Rhein* on the Rhine

Art. *Artikel* article

ärztl. *ärztlich* doctor's certificate, medical, *etc*

ASCII *American Standard Code for Information Interchange* ASCII

Assist. *Assistent, Assistenz* assistance, assistant

ASTA *Allgemeiner Studenten-ausschuß* general students' committee

ASU *Abgassonderuntersuchung* anti-pollution test of exhaust fumes

A. T. *Altes Testament* OT

atü *Atmosphärenüberdruck* atmosphere excess pressure

Aufl. *Auflage* ed.

Auftr.-Nr. *Auftragsnummer* order no.

Ausbild(g). *Ausbildung* training
Ausg. *Ausgabe, Exemplar, Ausgang* copy, edition, exit
ausgen. *ausgenommen* excl.
ausl. *ausländisch* foreign
ausschl. *ausschließlich* excl.
ausw. *auswärtig* non(-)local, non(-)resident, out-of-town
auton. *autonom* autonomous
Az. *Aktenzeichen* file number

B *Bundesstraße* federal highway
b. *bei, Adresse* c/o
BAföG *Bundesausbildungsförderungsgesetz* ≈ grant
B(au)j. *Baujahr* year of construction od manufacture
b. a. W. *bis auf Widerruf* until recalled, unless countermanded od cancel(l)ed
b. a. w. *bis auf weiteres* until further notice
BB *Bundesbahn* Federal Railway
Bd *Band* (Buch) vol.
  Bund (Vereinigung) union, association;
  Bündnis alliance, *(Staat)* confederacy, confederation
Bde. *Bände* vols.
bds. *beiderseits* on both sides.
Bea(mt). *Beamte(r) (staatlich)* civil servant, official
bef. *befugt* authorized, entitled
Begl. *Beglaubigung* certification
begl. *beglaubigt* certified;
  beglichen paid
beil. *beiliegend* encl.
Beisp. *Beispiel* example, instance
bek. *bekannt* (well-)known
belg. *belgisch* Belgian
Benelux *Belgien, Niederlande, Luxemburg* Belgium, the Netherlands, and Luxemburg
bes. *besonders* esp.
Besch. *Bescheinigung* certificate
Best. *Bestellung* order
Best.-Nr. *Bestellnummer* order no.
Betr. *Betreff, betrifft* re

betr. *betreffend, betreffs* re
Bev. *Bevölkerung* pop.
bevollm. *bevollmächtigt* authorized
Bez. *Bezeichnung, Bezirk* mark, *(Name)* name, designation, district
bez. *bezahlt* paid;
  bezeichnet marked, *(genannt)* designated, called
bfr *belgischer Franc* Belgian franc
BGB *Bürgerliches Gesetzbuch* Civil Code
BGH *Bundesgerichtshof* Federal Supreme Court
Bhf. *Bahnhof* station
bildl. *bildlich (Ausdruck etc)* fig.
biol. *biologisch* biol.
BND *Bundesnachrichtendienst* Federal Intelligence Service
bot. *botanisch* bot.
BP *Bundespost* Federal Post
B.P. a. *Bundespatent angemeldet* pat. pend.
BRD *Bundesrepublik Deutschland* FRG, GFR
brit. *britisch* Brit.
BRT *Bruttoregistertonne* g. r. t.
bsd. *besonders* esp.
BSP *Bruttosozialprodukt* GNP
Btx *Bildschirmtext* viewdata, videotex
bürg. *bürgerlich* civic, civil
Bw. *Bundeswehr* Bundeswehr, Federal Armed Forces
b. w. *bitte wenden* p. t. o.
bzgl. *bezüglich* with reference to
bzw. *beziehungsweise* respectively

C *Celsius* C
c *Cent* cent
  Centime centime
ca. *circa, ungefähr* approximately
CAD *Computer Aided/Assisted Design, computergestützte Entwurf und Konstruktion* CAD
CAM *Computer Aided/Assisted Manufacture, computergestützte Fertigung* CAM

cand. *Kandiat* candidate
cbm *Kubikmeter* m³
ccm *Kubikzentimeter* cm³
CD *Compact Disc* CD
CDU *Christlich-Demokratische Union* Christian Democratic Union
cf. *confer, vergleiche* cf.
chem. *chemisch* chemical
chir. *chirurgisch* surgical
christl. *christlich* Christian
chron. *chronisch* chronic, *chronologisch* chronological
CIM *Computer Integrated Manufacture, computerintegrierte Fertigung* CIM
cl *Zentiliter* cl
cm *Zentimeter* cm
Co. *Gesellschaft* Co.
cos. *Kosinus* cosine
CPU *Central Processing Unit, Zentraleinheit* CPU
CSU *Christlich-Soziale Union* Christian Social Union
ct. *Cent* ct; *Centime* centime
c. t. *cum tempore, mit akademischem Viertel* 15 minutes later
CVJM *Christlicher Verein Junger Menschen* Young Men's/Women's Christian Association YMCA/YWCA

D. *Doktor der (protestantischen Theologie)* D. D.
d. Ä. *der Ältere* senior
DAAD *Deutscher Akademischer Austauschdienst* Academic Exchange Service
DAG *Deutsche Angestelltengewerkschaft* Trade Union for German Employees
dän. *dänisch* Danish
dass. *dasselbe* the same (thing)
Dat. *Dativ* dat.; *Datum* date
DB *Deutsche Bundesbahn* German Federal Railway
DBP(a) *Deutsches Bundespatent (angemeldet)* German Federal Patent (pending)

DDR *Deutsche Demokratische Republik* GDR
ders. *derselbe* the same
desgl. *desgleichen* the like
dez. *dezimal* decimal
DGB *Deutscher Gewerkschaftsbund* Federation of German Trade Unions
dgl. *der-, desgleichen* the like
d. Gr. *der Große* the Great
d. h. *das heißt* i. e.
d. i. *das ist* i. e.
DIN *Deutsche Industrie-Norm,* DIN
Dipl. *Diplom* Dip.
dipl. *diplomatisch* diplomatic; *diplomiert* holding a diploma
Dipl.-Ing. *Diplomingenieur* graduate engineer
Dir. *Direktion* direction, *(Vorstand)* the directors *pl. Direktor* director, manager
Diss. *Dissertation* dissertation, (doctoral) thesis
d. J. *dieses Jahres* of this year
d. J. *der Jüngere* junior
DJH *Deutsche Jugendherberge* German Youth Hostel
DKP *Deutsche Kommunistische Partei* German Communist Party
DLRG *Deutsche Lebensrettungsgesellschaft* RNLA
dkr *dänische Krone* Danish crown
DM *Deutsche Mark* DM
d. M. *dieses Monats* inst.
DNS *Desoxiribonukleinsäure* DNA
d. O. *der od die od das Obige* the above-mentioned
Doppelz. *Doppelzimmer* double room, *Am* room for two people
Doz. *Dozent* lecturer
dpa *Deutsche Presse-Agentur* German Press Agency
Dr. *Doktor* Dr.
dr. *Drachme* drachma
d.Red. *die Redaktion* the ed.
Dr. jur. *Doktor der Rechte* LLD

DRK *Deutsches Rotes Kreuz* German Red Cross

Dr. med. *Doktor der Medizin* MD

Dr. phil. *Doktor der Philosophie* PhD

Dr. rer. nat. *Doktor der Naturwissenschaften* DSc

Dr. theol. *Doktor der Theologie* DD

dt(sch). *deutsch* Ger.

D(t)z(d). *Dutzend* doz.

d. U. *der Unterzeichnete* the undersigned

Dupl. *Duplikat* duplicate; *(Abschrift)* copy

durchschn. *durchschnittlich* (on) av.

Durchw.(-Nr.) *Durchwahl(nummer)* STD (code)

DV *Datenverarbeitung* DP

d. V(er)f. *der Verfasser* the author

d.v.J. *des vorigen Jahres* last year's, of the previous year

dyn. *dynamisch* dynamic

dz *Doppelzentner* metric (*od* double) centner

D-Zug *Schnellzug* express *od* through train

E *Eilzug* express (*od* fast) train, *Elektrizität(s...)* electricity (...) power station; *Europastraße* through route in Europa

EAN *Europäische Artikelnummer* EAN

ebd. *ebenda* ibid.

EC *Eurocity(-Zug)* EC

Ecu, ECU *European Currency Unit, europäische Währungseinheit* ECU

Ed. *Edition, Ausgabe* ed.

ed. *edidit, hat herausgegeben* ed.

EDV *Elektronische Datenverarbeitung* EDP

EG *Europäische Gemeinschaft* EC

e. G. *eingetragene Gesellschaft* registered company

eh(e)m. *ehemalig* former, *ehemals* formerly

Ehrw. *Ehrwürden* Rev.

Einbd. *Einband* binding, cover

einf. *einfach* simple; *(gewöhnlich)* ordinary; *(einzeln)* single

Eing.-Nr. *Eingangsnummer* number of entry, receipt number

Einh. *Einheit* unit

einschl. *einschließlich* incl.

Einschr. *Einschreiben* regd.

EKD *Evangelische Kirche in Deutschland* Protestant Church in Germany

EKG *Elektrokardiogramm* ECG

el(ektr). *elektrisch* electric(al)

Empf. *Empfänger* adressee of letter, receiver, *etc*

empf. *empfohlen* recommended

engl. *englisch* Engl.

Entf. *Entfernung* distance

enth. *enthalten(d)* contain(ing)

entspr. *entsprechen(d)* corr.

entw. *entweder* either

erb. *erbaut* built, erected

Erdg. *Erdgeschoß* ground (*Am a.* first) floor

erf. *erfolgt* effected; *erforderlich* nec.

erg. *ergänze* add, supply

erh. *erhalten* recd.

Erl. *Erläuterung* expl.

erl. *erlaubt* allowed, permitted

erstkl. *erstklassig* first-class

Erw. *Erwachsene* adults

Erz. *Erzeugnis* produce, product

et al. *et alii* et. al.

EURATOM *Europäische Atomgemeinschaft* European Atomic Community EURATOM

e.V *eingetragener Verein* registered association *od* society

ev. *evangelisch* Protestant

ev.-luth. *evangelisch-lutherisch* Lutheran (Protestant)

ev.-ref. *evangelisch-reformiert* Reformed

evtl. *eventuell* poss.

EWG *Europäische Wirtschafts-gemeinschaft* EEC

EWS *Europäisches Währungs-system* EMS

EWU *Europäische Währungs-union* EMU

e.Wz. *eingetragenes Waren-zeichen* regd. trademark

exkl. *exklusive* excl.

Expl. *Exemplar* copy, sample

Exz. *Exzellenz* Excellency

F *Fahrenheit* F

Fa. *Firma* firm (in Briefen: Messrs)

Fabr. *Fabrik* factory, works; *Fabrikat* manuf.

Fahrg(est).-Nr. *Fahrgestellnum-mer* chassis (*od* serial) no.

F(ahr)z. *Fahrzeug* vehicle

Fam. *Familie* family

FC *Fußballclub* FC

FCKW *Fluorchlorkohlenwasser-stoff* CFC

f.d. *für das, für den, für die* for (the), on behalf of

FDP *Freie Demokratische Partei* Liberal Democratic Party

Fernr. *Fernruf* tel.

FF *französischer Franc* French franc

ff. *folgende Seiten* PP

FH *Fachhochschule* technical col-lege

Fig. *Figur* fig.

fig *figürlich* fig.

Fin. *Finanz(en)* finance(s)

fin. *finanziell* financial

finn. *finnisch* Finnic, Finnish

FKK-Strand *Freikörperkultur-strand* nudist beach

fl .W. *fließendes Wasser* running water

fm *Festmeter* cubic metre, (*Am* -er)

fmdl. *fernmündlich* by telephone, telephone . . .

folg. *folgend(e)* foll.

fortl. *fortlaufend* running, succes-sive

Forts. *Fortsetzung* contd.

Forts. f. *Fortsetzung folgt* contd.

Fr. *Frau* Mrs., Ms

Frl. *Fräulein* Miss

frdl. *freundlich* kind

freiw. *freiwillig* voluntary

Frh. *Freiherr* Baron

frz. *französisch* Fr.

Fspr. *Fernsprecher* tel.; *Fernspruch* telegram, wire

FuSpr., Fu-Spr. *Funkspruch* radio message

Fut. *Futur* future (tense)

g. *Gramm* gramme

Gar. *Garantie* guarantee

gar. *garantiert* guaranteed

gastr. *gastronomisch* gastron-omic(al); Personal: catering.

GATT *General Agreement on Tariffs and Trade, Allgemeines Zoll- und Handelsabkommen* GATT

GAU *größter anzunehmender Unfall* MCA

geb. *geboren (geborene)* b.; (née)

Gebr. *Gebrüder* Brothers Bros.

gebr. *gebräuchlich* common, usual; *gebraucht,* second(-)hand, used

gegr. *gegründet* founded

geh. *geheftet* Buch: stitched; *geheim* secret

gek. *gekürzt* abbreviated

GEMA *Gesellschaft für musika-lische Aufführungs- u. mecha-nische Vervielfältigungsrechte* Br ≈ Performing Rights Society PRS; Mechanical Copyright Protection Society MCPS; *Am* American Society of Composers, Authors and Publishers ASAP

gem. *gemacht* made; *gemäß* acc. to; *gemischt* mixed

gen. *genannt* called, named *(erwähnt)* mentioned; *genehmigt* approved, authorized

Gen.-Dir. *Generaldirektor* MD

geogr. *geographisch* geogra-phic(al)

geol. *geologisch* geol.

geom. *geometrisch* geom.

gepr. *geprüft* certified document, checked, tested, etc.

ger. *gerichtlich* judicial, legal

Ges. *Gesellschaft* assa.; *Gesetz* law

gesch. *geschäftlich* business, commercial...; *geschieden* divorced

geschl. *geschlossen* closed, private performance, etc.

ges. gesch. *gesetzlich geschützt* regd.

Gew. *Gewicht* weight

gez. *gezeichnet* signed

ggf. *gegebenenfalls* if need be

ggs. *gegensätzlich* opposite; *gegenseitig* mutual

GmbH *Gesellschaft mit beschränkter Haftung Br* Ltd.; *Am* Inc.

Gr. *Grad* degree

gram(m). *grammatisch* grammatical

graph. *graphisch* graphic

Grdfl. *Grundfläche* (surface) area

griech. *griechisch* Greek

gr.-orth. *griechisch-orthodox* Greek (Orthodox)

gyn(äk). *gynäkologisch* gyn(a)ecologic(al)

H *Haltestelle* bus, *etc.* stop

h *Hekto*...hecto... *hora, Stunde* hour

ha *Hektar* hectare

habil. *habilitatus, habilitiert* habilitated

haftb. *haftbar* liable, responsible

Haftpfl. *Haftpflicht* liability, responsibility

Halbj. *Halbjahr* six months *pl.*

halbj(hl). *halbjährlich* semiannual

H.-Bez. *Handelsbezeichnung* brand, trade name

Hbf. *Hauptbahnhof* central station

h. c. *honoris causa, ehrenhalber* honorary

helv. *helvetisch* Helvetian, Helvetic

Herst. *Hersteller; Herstellung* manuf.

HF *Hochfrequenz* high frequency

hfl *holländischer Gulden* Dutch guilder (*od* florin)

HGB *Handelsgesetzbuch* Commercial Code

HiFi, Hi-Fi *höchste Klangtreue* high fidelity, hi-fi

hist. *historisch* historical

HIV *Human Immunodeficiency Virus, menschliches Immunschwächevirus* HIV

Hj. *Halbjahr* six months *pl*

hl *Hektoliter* hl.

hl. *heilig* holy, St.

hochd. *hochdeutsch* (standard) High German

Hochw. *R. C. Hochwürden* Rev.

höfl. *höflich(st)* kindly (kindliest)

holl(änd). *holländisch* Dutch

HP *Halbpension* demi-pension

Hpt. *Haupt-* chief, head..., main, principal

hpts. *hauptsächlich* chief(ly), main(ly *adv.*), principal(ly)

HR(eg). *Handelsregister* Commercial Register

Hr(n). *Herr(n)* Mr(.)

Hrsg. *Herausgeber* ed.

hrsg. *herausgegeben* ed.

Hs.-Nr. *Hausnummer* house no.

Hz *Hertz* cycle Hz

hzb. *heizbar* heatable

Hzg. *Heizung* heating

i. A. *im Auftrag* pp

i. allg. *im allgemeinen* in general

i. b. *im besonderen* in particular

ibd. *ibidem, ebenda, -dort* ibid.

IC *Intercity(-Zug)* IC

ICE *Intercity Expreß* ICE

i. D. *im Dienst* on duty; *im Durchschnitt* on av.

i. d. M(in). *in der Minute* per minute

i. d. Sek. *in der Sekunde* per second

i. d. St(d). *in der Stunde* per hour

i. e. *im einzelnen* id est; *das heißt, das ist* i. e.

i. e. S. *im eigentlichen od engeren Sinne* in the proper *od* in a narrower sense

IFO *Institut für Wirtschaftsforschung* Institute for Economic Research

IG *Industriegewerkschaft* industrial trade union

i. H. *im Hause* on the premises

IHK *Industrie- und Handelskammer* Chamber of Industry and Commerce

i. J. *im Jahr* p. a.

i. K. *in Kürze* briefly, in short, shortly, soon

ill. *illustriert* illustrated

i. M. *im Monat* in (the month of) July, *etc.; monatlich,* monthly, per month

i. m. *intramuskulär* intramuscular

Imm. *Immobilien* (landed) property *sing, Am* real estate *sing*

Imp. *Imperativ* imperative (mood); *Import* import(ation), import(s *pl*)

Imperf. *Imperfekt* imperfect (tense)

inbegr. *inbegriffen* incl.

Ind. *Index* index, register; *Indikativ* indicative (mood); *Industrie* industry

i. N. d. *im Namen des od der* pp.

indir. *indirekt* indirect

inf. *infolge* as a result of, owing to

Ing. *Ingenieur Br* engineer, *Am* civil engineer

Inh. *Inhaber* proprietor; *Inhalt* contents *pl*

inkl. *inklusive* incl.

insb(es). *insbesondere* esp.

insges. *insgesamt* all told, altogether

int. *intern* internal

intern. *international* international

Interpol *Internationale Kriminalpolizei-Kommission* Interpol

inv. *invariabel* invariable

i. R. *im Ruhestand* retd.

IQ *Intelligenzquotient* IQ

IRK *Internationales Rotes Kreuz* International Red Cross

ISBN *Internationale Standardbuchnummer* ISBN

i. S. d. *im Sinne des* as defined by the law, in the sense of, *etc.*

ISDN *Integrated Services Digital Network, diensteintegrierendes digitales Fernmeldenetz* ISDN

ital. *italienisch* Italian

i. Tr. *in der Trockenmasse* in dry matter, *etc.* percentage of fat

i. V. *in Vertretung* by proxy, on behalf of; *in Vorbereitung* in preparation

i. v. *intravenös* intravenous

IWF *Internationaler Währungsfonds* IMF

J *Joule* joule

jap. *japanisch* Japanese

Jgd. *Jugend* youth

Jg. *Jahrgang* year

Jh. *Jahrhundert* century

JH *Jugendherberge* YH

jhrl. *jährlich* annual

jr., jun. *junior* jun.

jur. *juristisch* legal

Kal. *Kalender* calendar; *Kaliber* calibre (*Am* -er)

Kan. *Kanada* Canada; *Kanadier* Canadian; *Kanal* canal

Kap. *Kapitel* ch., chap(t).; *Kapazität* capacity

Kapt. *Kapitän* Capt.

kart. *kartoniert* cased

Kat. *Katalog* catalog(ue); *Kategorie* category

kath. *katholisch* catholic

kcal *Kilokalorie* kilocalorie

Kennz. *Kennzeichen* reg. no.; *Kennziffer* index number, (Inserat): box number

Kfm. *Kaufmann* agent, business-man, dealer, merchant, trader
kfm. *kaufmännisch* commercial
Kfz. *Kraftfahrzeug* motor vehicle
KG *Kommanditgesellschaft* limited partnership
kg *Kilogramm* kg.
kgl. *königlich* royal
kHz *Kiloherz* kHz
KKW *Kernkraftwerk* nuclear power station
Kl. *Klasse* class
km *Kilometer* kilometre
km/h *Kilometer pro Stunde* kilometres per hour
komf. *komfortabel* comfortable, *(Wohnung):* well-appointed, luxury …
Komp. *Kompanie* Co.; *Komponist* composer
Koop. *Kooperation* cooperation
KP *Kommunistische Partei* CP
KPdSU *Kommunistische Partei der Sowjetunion* CPSU
kpl. *komplett* compl.
Krh(s). *Krankenhaus* hospital
Kripo *Kriminalpolizei* Criminal Investigation Department
Krs. *Kreis* (administrative) district
KSZE *Konferenz über Sicherheit und Zusammenarbeit in Europa* CSCE
Kto. *Konto* a/c
Kto.-Nr. *Kontonummer* a/c no.
Ktr.-Nr. *Kontrollnummer* check *od* code number
künstl. *künstlerisch* artistic; *künstlich* artificial, synthetic
KW *Kurzwellle* SW
kW *Kilowatt* kw
kWh *Kilowattstunde* kWh, kwh
KZ *Konzentrationslager* concentration camp

l *Liter* l
l. *links* l.
Lab. *Laboratorium* lab.
LAN *Local Area Network Lokalnetz* LAN, lan

landw. *landwirtschaftlich* agricultural
lat. *lateinisch* Lat.
LCD *Liquid Crystal Display, Leuchtdiodenanzeige* LCD
Ldg. *Ladung* cargo, consignment, load, shipment
led. *ledig* s.
leg. *legal* legal(ly *adv.*)
lfd. *laufend* current, running
lfdm, lfd. m. *laufende Meter* linear metres (*Am* -ers)
lfd. Nr. *laufende Nummer* current number
LG *Landgericht* district court
Lit. *Literatur* lit.
lit(er) *literarisch* literary
liz. *lizensiert* licenced (*Am* -sed)
LKW, Lkw *Lastkraftwagen* HGV
lösl. *löslich* soluble
LP *Langspielplatte* LP
LSD *Lysergsäurediäthylamid* LSD
lt. *laut* according to, as per
luth. *lutherisch* Lutheran
lux. *luxemburgisch* Luxemb(o)urg …
LW *Langwelle* LW

M. *Magister* Master
m *Meter* m.
m. *männlich* m.
MA. *Mittelalter* Middle Ages *pl.*
mA *Milliampere* mA
männl. *männlich* m.
math. *mathematisch* mathematic(al)
max. *maximal* max.
mbH, m.b.H. *mit beschränkter Haftung* with limited liability
MdB *Mitglied des Bundestags* Member of the (German) Bundestag
MdL *Mitglied des Landtags* member of the 'Landtag'
mdl. *mündlich* verbal
m. E. *meines Erachtens* in my opinion
mex. *mexikanisch* Mexican

MEZ *mitteleuropäische Zeit* Central European Time

MG *Maschinengewehr* machine-gun

mg *Milligramm* mg

mhd. *mittelhochdeutsch* MHG

MHz *Megahertz* MHz

Mia. *Milliarde(n)* thousand million(s), *Br* milliard(s) *Am* billion(s)

mil(it). *militärisch* military

Mill. *Million(en)* m.

Min., min *Minute* min.

min. *minimal* min.

Mio. *Million* m.

Mitgl. *Mitglied* member

mm *Millimeter* mm

m(ö)bl. *möbliert* furnished

mögl. *möglich* poss.

Mot. *Motor* engine, (electric) motor

MP *Maschinenpistole* submachine gun; *Militärpolizei* MP

Mrd. *Milliarde(n) Br* thousand million(s), *Am* billion(s)

Ms *Manuskript* ms

m/sec *Meter pro Sekunde* m/sec

mst. *meist(ens)* mostly, usually

Mt. *Monat* month

mtl. *monatlich* monthly

m. ü. M. *Meter über Meer* metres above sea-level

mus. *musikalisch* musical; *musisch* fine-arts ...

MW *Mittelwelle* MW

m. W. *meines Wissens* as far as I know

MwSt. *Mehrwertsteuer* VAT

N *Norden* N; *Leistung* power

n. *nach* after

N(a)chf. *Nachfolger* successor

Nachm. *Nachmittag* afternoon

nachm. *nachmittags* p. m.

Nachtr. *Nachtrag* addendum, supplement

NATO *Nordatlantikpakt-Organisation* North Atlantic Treaty Organization NATO

N. B. *notabene* NB

Nbk. *Nebenkosten* additional expenses, extras

n. Br. *nördlicher Breite* northern latitude

n. Chr. *nach Christus* AD

ND *Nachrichtendienst* news service

neg. *negativ* neg.

n. Gr. *nach Größe* according to size

nhd. *neuhochdeutsch* NHG

n. J. *nächsten Jahres* of next year

nkr *norwegische Krone* Norwegian crown

n. M. *nächsten Monats* of next month

nmtl. *namentlich* by name, *(besonders)* especially, particularly

NO *Nordosten* NE

norm. *normal* normal(ly *adv.*)

norw. *norwegisch* Norwegian

notf. *notfalls* in case of emergency, if necessary, in case of need

notw. *notwendig* nec.

NPD *Nationaldemokratische Partei Deutschlands* National-Democratic Party of Germany

Nr(n). *Nummer(n)* no(s).

N. T. *Neues Testament* NT

nto. *netto* net

NW *Nordwesten* NW

O *Osten* E

o. *oben* above; *oder* or; *ohne* without

o. ä. *oder ähnlich* or the like

O.B. *Oberbürgermeister* Lord Mayor

o. B. *ohne Befund* no appreciable disease

Oberfl. *Oberfläche* surface

OECD *Organization for Economic Cooperation and Development, Organisation für wirtschaftliche Zusammenarbeit und Entwicklung* OECD

OEZ *osteuropäische Zeit* time of the East European zone

öffentl. *öffentlich* public
OHG *Offene Handelsgesellschaft* general partnership
ökon. *ökonomisch* econ.
OLG *Oberlandesgericht* Higher Regional Court
Op. *Operation* operation; *mus Opus, Werk* composition, opus
op. cit. *opere citato, im angegebenen Werk* op. cit.
o. Prof. *ordentlicher Professor* Prof.
OP *Operationssaal* (operating) theatre
OPEC *Organization of Petroleum Exporting Countries, Organisation der Erdöl exportierenden Länder* OPEC
orient. *orientalisch* Oriental
Orig. *Original* original
orig. *original* original
orth. *orthodox* orthodox
örtl. *örtlich* local
österr. *österreichisch* Austrian
o. U. *ohne Unterschied* indiscriminately, irrespective of nationality, *etc.*

P. *Pater* father
p. *Peso* peso
päd. *pädagogisch* educational, p(a)edagogic(al)
p. Adr. *per Adresse, bei* c/o
Parl. *Parlament* parliament
Pat. *Patent* pat.
PC *Personalcomputer* PC
p. Chr. (n) *post Christum (natum), nach Christus (nach Christi Geburt)* A. D.
pers. *persönlich* personal, *adv.* a. in person
Pf *Pfennig* pfennig
pharm. *pharmazeutisch* pharmaceutic(al)
phil. *philologisch* philologic(al); *philosophisch* philosophic(al)
phys. *physikalisch* physical; *physisch* physical, somatic
Pkt. *Paket* package, parcel; *Punkt* point

PKW, Pkw *Personenkraftwagen* motor car
Pl. *Platz* Sq.
PLO *Palestine Liberation Organization, Palästinensische Befreiungsorganisation* PLO
pol. *politisch* political; *polizeilich* police ...
poln. *polnisch* Polish
port(ug). *portugiesisch* Portuguese
pos. *positiv* positive
Postf. *Postfach* PO box
pp *per procura* pp
Pp(bd) *Pappband* pasteboard binding
prakt. *praktisch* practic
Präs. *Präsidium (Vorsitz)* chairmanship, *(Vorstand)* executive committee, *(Dienststelle)* headquarters *(sg. u. pl.)*
priv. *privat* private, *adv.* a. in private
Prof. *Professor* Prof.
prot. *protestantisch* Protestant
PS *Pferdestärke(n)* HP
psych(ol). *psychologisch* psycholog ic(al)
PVC *Polyvinylchlorid* PVC

qcm *Quadratzentimeter* cm²
q. e. d. *quod erat demonstrandum, was zu beweisen war* Q. E. D.
qkm *Quadratkilometer* km²
qm *Quadratmeter* m²
Qual. *Qualität* quality
Quant. *Quantität* quantity

R *Réaumur* R
r. *rechts* r.
RA *Rechtsanwalt* barrister, lawyer, solicitor, *Am* a. attorney
RAF *Rote-Armee-Fraktion* RAF
RAM *Random Access Memory, Direktzugriffsspeicher* RAM
rd. *rund* c.
rechtl. *rechtlich* lawful, legal

Ref. *Referat (Abteilung)* section, subject department

Reg. *Regierung* govt.

Reg.-Bez. *Regierungsbezirk* administrative district

regelm. *regelmäßig* regular(ly *adv.*)

Rel. *Religion* religion

rel. *relativ* relative; *religiös* religious

Rep. *Republik* Rep.

res. *reserviert* booked, reserved

resp. *respektive* resp.

rh *Rhesusfactor* Rh

R. I. P. *requiescat in pace* rest in peace

rk. *römisch-katholisch* RC

RNS *Ribonukleinsäure* RNA

ROM *Read Only Memory, Festwertspeicher* ROM

röm. *römisch* Roman

RT *Registertonne* registered ton

Rückf. *Rückfahrt* return journey *od* trip, journey *od* way back

Rücks. *Rückseite* back

rückw. *rückwärtig* back ..., rear ... *rückwärts* backwards; *rückwirkend* retroactive, retrospective

russ. *russisch* Russian

S *Süden* S; *Schilling* schilling

S. *Seite* p.

s. *sieh(e)* v.

Sa. *Summa, Summe* sum, total

s. a. *siehe auch* see also

Samml. *Sammlung* collection

Sanat. *Sanatorium* sanatorium, *Am* sanitarium

SB *Selbstbedienung* self-service

S-Bahn *Stadtbahn* suburban (*od* commuter) train

s. Br. *südlicher Breite* southern latitude

schott. *schottisch* Scotch, Scottish

schriftl. *schriftlich* by letter, in writing, written

Schw. *Schwester* sister

schwed. *schwedisch* Swedish

scil. *scilicet, nämlich* namely, that is (to say)

SD *Sicherheitsdienst* secret service, security service

SDI *Strategic Defense Initiative, Strategische Verteidigungsinitiative* SDI

s. d. *siehe dies* see this

seitw. *seitwärts* sideways, sidewards

**Sek., *Sekunde* sec.

selbst. *selbständig* independent, responsible work, *etc.*

Sem. *Semester* term, *Am* semester

sen. *senior* senior

sFr., sfr *Schweizer Franken* Swiss Franc

sin *Sinus* sine

SJ *Societatis Jesu, von der Gesellschaft Jesu* SJ

skand. *skandinavisch* Scandinavian

S. Kgl. H. *Seine Königliche Hoheit* HRH

skr *schwedische Krone* Swedish crown

sm *Seemeile* nautical mile

S. M. S. *Seiner Majestät Schiff* HMS

SO *Südost(en)* SE

s. o. *siehe oben* see above

sog. *sogenannt(e)* so-called

SOS *save our ship (od* our souls), *Internationales Notsignal* SOS

sowj(et). *sowjetisch* soviet

span. *spanisch* Spanish

SPD *Sozialdemokratische Partei Deutschlands* Social Democratic Party of Germany

spez. *speziell* particular, special, *adv. a.* especially

Sr. *Senior, der Ältere* senior

SS. *Sanctae od Sancti, die Heiligen* SS

SSV *Sommerschlußverkauf* summer sale

St. *Stück* piece; *Sankt* St.

s. t. *sine tempore, ohne (akademisches) Viertel, pünktlich* sharp, on time

staatl. *staatlich* state . . ., government . . . statal

Std. *Stunde* hour

stdl. *stündlich* every hour

stellv. *stellvertretend* assistant

StGB *Strafgesetzbuch* Penal Code

StPO *Strafprozeßordnung* Code of Criminal Procedure

Str. *Straße* St.

stud. *studiosus, Student* student

StVO *Straßenverkehrsordnung* road traffic regulations *pl*

s. u. *siehe unten* see below

Subj. *Subjekt* subject

subj. *subjektiv* subjective

SW *Südwest(en)* SW

sym. *symmetrisch* symmetric(al)

synth. *synthetisch* synthetic(al)

t *Tonne* t

Tabl. *Tablette(n)* tablet(s)

t(ä)gl. *täglich* daily, per day

Tb(c) *Tuberkulose* TB

TEE *Trans-Europ-Expreß* TEE

Tel. *Telefon* tel.

Temp. *Temperatur* temp.

TH *Technische Hochschule* technical college *od* university

theor. *theoretisch* theoretic(al)

-tlg. *-teilig* in (*od* consisting of) . . . parts

Tsd. *Tausend* thousand

TU *Technische Universität* technical university

TÜV *Technischer Überwachungsverein* ≠ MoT

TV *Television* TV

UB *Universitätsbibliothek* University library

U-Bahn *Untergrundbahn Br* tube, *Am* subway, *allg* underground

u. *und* and

u. a. *und andere(s)* and others *unter anderem od anderen* among others *od* among other things *od* inter alia

u. ä. *und ähnliche(s)* and the like

u. d. M. *unter dem Meeresspiegel* below sea level

ü. d. M. *über dem Meeresspiegel* above sea level

UdSSR *Union der Sozialistischen Sowjetrepubliken* USSR

u. E. *unseres Erachtens* in our opinion

UFO, Ufo *unbekanntes Flugobjekt* UFO, Ufo

U-Haft *Untersuchungshaft* imprisonment (*od* period) on remand, detention (pending trial)

UKW *Ultrakurzwelle* UHF

U/min *Umdrehungen in der Minute* rpm

UN *United Nations, Vereinte Nationen* UN

unbek. *unbekannt* unknown

unbez. *unbezahlt* unpaid

ungebr. *ungebräuchlich* uncustomary, unusual

ungek. *ungekündigt* not under notice to leave

Uni *Universität* university

UNO *United Nations Organization, Organisation der Vereinten Nationen* UNO

Unterz. *Unterzeichnete(r)* undersigned

Url. *Urlaub* leave, (*Ferien*) holiday(s pl), *Am* vacation

urspr. *ursprünglich* orig.

US(A) *Vereinigte Staaten von Amerika* US(A)

usw. *und so weiter* etc.

u. U. *unter Umständen* circumstances permitting

UV *Ultraviolett* UV

V. *Volt* V; *Volumen* vol.

V. *Vers* line, verse

VB *Verhandlungsbasis* o. n. o.

vbdl. *verbindlich* binding, obliging

v. Chr. *vor Christus* B. C.

v. D. *vom Dienst* in charge, on duty

verb. *verbessert* improved; *verboten* forbidden, not allowed, prohibited

Verf. *Verfasser* author

vergl. *vergleiche* cf.

verh. *verheiratet* m

Verk. *Verkauf* sale

Verl. *Verlag* publishing firm; *Verleger* publisher

vertr. *vertraglich* contractual, *adv. a.* by contract; *vertraulich* confidential

verw. *verwitwet* widowed

Verw. *Verwaltung* administration

verz. *verzeichnet* regd.

Vet. *Veteran* veteran, ex-serviceman; *Veterinär* veterinarian, veterinary surgeon

vgl. *vergleiche* cf.

v., g., u. *vorgelesen, genehmigt, unterschrieben* read, confirmed, signed

v. H. *vom Hundert* pc

VHS *Volkshochschule* adult education centre

V. I. P. *Very Important Person* VIP

v. J. *vorigen Jahres* of last year

v. l. n. r. *von links nach rechts* from left to right

v. M. *vorigen Monats* of last month

v. o. *von oben* from above

vorl. *vorläufig* prov.

Vorm. *Vormittag* morning

vorm. *vormals* formerly; *vormittags* a. m.

Vors. *Vorsitzende(r)* chairwoman (chairman), chair(person)

VP *Vollpension* full pension, room and board

VR *Volksrepublik* People's Republic

v. T. *vom Tausend* per thousand

v. u. *von unten* from below

W *Watt* w; *Westen* W

WAA *Wiederaufbereitungsanlage* reprocessing plant

wahrsch. *wahrscheinlich* probable, *adv* probably

WC *Toilette* WC

Wdhlg. *Wiederholung* repetition

WE *Wärmeeinheit* thermal unit

westdt. *westdeutsch* West German

WEU *Westeuropäische Union* WEU

WEZ *westeuropäische Zeit* GMT

WG *Wohngemeinschaft* shared flat

Whg. *Wohnung* apartment, *Br a.* flat

wirtsch. *wirtschaftlich* econ.

wiss. *wissenschaftlich* scientific

WM *Weltmeisterschaft* world championship

wö. *wöchentlich* weekly

WSV *Winterschlußverkauf* winter sale

Wwe. *Witwe* widow

Wz. *Warenzeichen* regd. trademark

Z. *Zahl* number

z. *zu, zum, zur* at, to

zahlr. *zahlreich* numerous, *adv.* in great number

z. B. *zum Beispiel* e. g.

z. b. V. *zur besonderen Verwendung* for special duty

zeitgen. *zeitgenössisch* contemporary

zeitl. *zeitlich* temporal, time ...

zeitw. *zeitweilig, -weise* at times, temporariliy

Zentr. *Zentrale* central office, headquarters *sing u. pl*

zentr. *zentral* central, *adv* in the centre (*Am* -er)

z. H. *zu Händen* att.

ziv. *zivil* civilian

Zlg. *Zahlung* payment

zool. *zoologisch* zoologic(al)

ZPO *Zivilprozeßordnung* Code of Civil Procedure

Zstzg. *Zusammensetzung* composition

z. T. *zum Teil* partly

Ztg. *Zeitung* newspaper

Ztr. *Zentner* centner

zugel. *zugelassen* allowed, licenced

zul. *zulässig* permissible

zus. *zusammen* together

Zuschr. *Zuschrift* letter, reply

zust. *zuständig* competent, responsible

z(u)zgl. *zuzüglich* plus

zw. *Zwecks* for the purpose of, with a view to; *zwischen* among, between

ZwSt. *Zweigstelle* branch (office)

z. Z. *zur Zeit* at present, for the time being

THE UNITED STATES OF AMERICA

Die Vereinigten Staaten von Amerika

The States with Common Abbreviations, Post Office Abbreviations, and Capitals:

State	Common Abbr.	P.O.	Capital
Alabama	(Ala.)	AL	Montgomery
Alaska	(Alas.)	AK	Juneau
Arizona	(Ariz.)	AZ	Phoenix
Arkansas	(Ark.)	AR	Little Rock
California	(Cal., Calif.)	CA	Sacramento
Colorado	(Colo.)	CO	Denver
Connecticut	(Conn.)	CT	Hartford
Delaware	(Del.)	DE	Dover
Florida	(Fla.)	FL	Tallahassee
Georgia	(Ga.)	GA	Atlanta
Hawaii		HI	Honolulu
Idaho	(Id., Ida.)	ID	Boise
Illinois	(Ill.)	IL	Springfield
Indiana	(Ind.)	IN	Indianapolis
Iowa	(Ia.)	IA	Des Moines
Kansas	(Kan., Kans.)	KS	Topeka
Kentucky	(Ken., Ky.)	KY	Frankfort
Louisiana	(La.)	LA	Baton Rouge
Maine	(Me.)	ME	Augusta
Maryland	(Md.)	MD	Annapolis
Massachusetts	(Mass.)	MA	Boston
Michigan	(Mich.)	MI	Lansing
Minnesota	(Minn.)	MN	St Paul
Mississippi	(Miss.)	MS	Jackson
Missouri	(Mo.)	MO	Jefferson City
Montana	(Mont.)	MT	Helena
Nebraska	(Nebr.)	NB	Lincoln
Nevada	(Nev.)	NV	Carson City
New Hampshire	(N.H.)	NH	Concord
New Jersey	(N.J.)	NJ	Trenton
New Mexico	(N. Mex., N.M.)	NM	Santa Fe
New York	(N.Y.)	NY	Albany
North Carolina	(N.C.)	NC	Raleigh
North Dakota	(N.Dak., N.D.)	ND	Bismarck

Ohio	(Oh.)	OH	Columbus
Oklahoma	(Okla.)	OK	Oklahoma City
Oregon	(Oreg.)	OR	Salem
Pennsylvania	(Pa., Penn., Penna.)	PA	Harrisburg
Rhode Island	(R.I.)	RI	Providence
South Carolina	(S.C.)	SC	Columbia
South Dakota	(S.D., S.Dak.)	SD	Pierre
Tennessee	(Tenn.)	TN	Nashville
Texas	(Tex.)	TX	Austin
Utah	(Ut.)	UT	Salt Lake City
Vermont	(Vt.)	VT	Montpelier
Virginia	(Va.)	VA	Richmond
Washington	(Wash.)	WA	Olympia
West Virginia	(W.Va.)	WV	Charleston
Wisconsin	(Wis.)	WI	Madison
Wyoming	(Wyo., Wy.)	WY	Cheyenne

THE FEDERAL REPUBLIC OF GERMANY

Die Bundesrepublik Deutschland

Federal Capital: Berlin/Bonn

The States and Capitals:

Baden-Württemburg	Stuttgart
Bayern (Bavaria)	München (Munich)
Berlin	Berlin
Brandenburg	Potsdam
Bremen	Bremen
Hamburg	Hamburg
Hessen (Hesse)	Wiesbaden
Mecklenburg-Vorpommern (Mecklenburg-Western Pomerania)	Schwerin
Niedersachsen (Lower Saxony)	Hannover (Hanover)
Nordrhein-Westfalen (North Rhine-Westphalia)	Düsseldorf
Rheinland-Pfalz (Rhineland-Palatinate)	Mainz
Saarland	Saarbrücken
Sachsen (Saxony)	Dresden
Sachsen-Anhalt (Saxony-Anhalt)	Magdeburg
Schleswig-Holstein	Kiel
Thüringen (Thuringia)	Erfurt

THE REPUBLIC OF AUSTRIA

Die Republik Österreich

Federal Capital: Wien (Vienna)

The States, License Plate Codes, and Capitals:

Burgenland (B)	Eisenstadt
Kärnten (Carinthia) (K)	Klagenfurt
Niederösterreich (N) (Lower Austria)	Wien (Vienna)
Oberösterreich (O) (Upper Austria)	Linz (L)
Salzburg (S)	Salzburg
Steiermark (Styria) (St)	Graz (G)
Tirol (T)	Innsbruck
Vorarlberg (V)	Bregenz
Wien (Vienna) (W)	Wien (Vienna)

THE SWISS CONFEDERATION (SWITZERLAND)

Die Schweizerische Eidgenossenschaft (Die Schweiz)

Federal Capital: Bern (Berne) (in Canton Bern(e))

The Cantons and License Plate Codes:

Aargau (AG)	Graubünden (Grisons) (GR)
Appenzell-Außerrhoden (AR)	Jura (JU)
Appenzell-Innerrhoden (AI)	Luzern (Lucerne) (LU)
Basel-Stadt (BS)	Neuchâtel (NE)
Basel-Land (BL)	Nidwalden (NW)
Bern (Berne) (BE)	Obwalden (OW)
Freiburg/Fribourg (FR)	Schaffhausen (SH)
Genève (Geneva, Genf) (GE)	Schwyz (SZ)
Glarus (GL)	Solothurn (SO)

Şt. Gallen (SG)
Ticino (Tessin) (TI)
Thurgau (TG)
Uri (UR)

Vaud (VD)
Valais (VS)
Zug (ZG)
Zürich (ZH)

AMERICAN AND BRITISH WEIGHTS AND MEASURES

Linear Measures — Längenmaße

1 inch (in) 1″		= 2,54 cm
1 foot (ft) 1′	= 12 inches	= 30,48 cm
1 yard (yd)	= 3 feet	= 91,44 cm
1 furlong (fur)	= 220 yards	= 201,17 m
1 mile (m)	= 1760 yards	= 1,609 km
1 league	= 3 miles	= 4,828 km

Nautical Measures — Nautische Maße

1 fathom	= 6 feet	= 1,829 m
1 cable	= 608 feet	= 185,31 m
1 nautical (sea) mile	= 10 cables	= 1,852 km
1 sea league	= 3 nautical miles	= 5,550 km

Surface measures — Flächenmaße

1 square inch		= 6,452 cm²
1 square foot	= 144 sq inches	= 929,029 cm²
1 square yard	= 9 sq feet	= 0,836 m²
1 square rod	= 30,25 sq yards	= 25,29 m²
1 acre	= 4840 sq yards	= 40,47 Ar
1 square mile	= 640 acres	= 2,59 km²

Cubic measures — Raummaße

1 cubic inch		= 16,387 cm³
1 cubic foot	= 1728 cu inches	= 0,028 m³
1 cubic yard	= 27 cu feet	= 0,765 m³
1 register ton	= 100 cu feet	= 2,832 m³

Liquid measures — Flüssigkeitsmaße

1 gill		= 0,118 l
1 pint	= 4 gills	= 0,473 l
1 quart	= 2 pints	= 0,946 l
1 gallon	= 4 quarts	= 3,785 l
1 barrel	= *(for oil)* 42 gallons	= 159,106 l

Weights — Gewichte

1 grain (gr)		= 0,0648 g
1 dram (dr)	= 27,3438 grains	= 1,772 g
1 ounce (oz)	= 16 drams	= 28,35 g
1 pound (lb)	= 16 ounces	= 453,59 g
1 stone	= 14 pounds	= 6,348 kg
1 quarter	= 28 pounds	= 12,701 kg
1 hundredweight (cwt)	= (Br long cwt) 112 pounds	= 50,8 kg
	(Am short cwt) 100 pounds	= 45,36 kg
1 ton	= (Br long ton) 20 cwt	= 1016 kg
	(Am short ton) 2000 pounds	= 907,185 kg

Temperatures

Fahrenheit — Celsius

°F	°C
0	−17,8
32	0
50	10
70	21,1
90	32,2
98,4	37
212	100

to convert subtract 32 and multiply by 5/9

Celsius — Fahrenheit

°C	°F
−10	14
0	32
10	50
20	68
30	86
37	98,4
100	212

to convert multiply by 9/5 and add 32

OFFICIAL GERMAN WEIGHTS AND MEASURES

Length		Symbol	Multiple of Unit
Seemeile	*nautical mile*	sm	1852 m
Kilometer	*kilometer*	km	1000 m
Meter	*meter*	m	1,0 m
Dezimeter	*decimeter*	dm	0,1 m
Zentimeter	*centimeter*	cm	0,01 m
Millimeter	*millimeter*	mm	0,001 m

Surface

Quadratkilometer	*square kilometer*	km²	100 000 m²
Hektar	*hectare*	ha	10 000 m²
Ar	*are*	a	100 m²
Quadratmeter	*square meter*	m²	1 m²
Quadratdezimeter	*square decimeter*	dm²	0,01 m²
Quadratzentimeter	*square centimeter*	cm²	0,000 1 m²
Quadratmillimeter	*square millimeter*	mm²	0,000 001 m²

Volume

Kubikmeter	*cubic meter*	m³	1 m³
Hektoliter	*hectoliter*	hl	0,1 m³
Kubikdezimeter	*cubic decimeter*	dm³	0,001 m³
Liter	*liter*	l	
Kubikzentimeter	*cubic centimeter*	cm³	0,000 001 m³

Weight

Tonne	*ton*	t	1000 kg
Doppelzentner	—	dz	100 kg
Kilogramm	*kilogram*	kg	1000 g
Gramm	*gram*	g	1 g
Milligramm	*milligram*	mg	0,001 g

NUMERALS

1. Cardinal numbers — Grundzahlen

0 null *nought, cipher, zero*
1 eins *one*
2 zwei *two*
3 drei *three*
4 vier *four*
5 fünf *five*
6 sechs *six*
7 sieben *seven*
8 acht *eight*
9 neun *nine*
10 zehn *ten*
11 elf *eleven*
12 zwölf *twelve*
13 dreizehn *thirteen*
14 vierzehn *fourteen*
15 fünfzehn *fifteen*
16 sechzehn *sixteen*
17 siebzehn *seventeen*
18 achtzehn *eighteen*
19 neunzehn *nineteen*
20 zwanzig *twenty*
21 einundzwanzig *twenty-one*
22 zweiundzwanzig *twenty-two*
23 dreiundzwanzig *twenty-three*
30 dreißig *thirty*
31 einunddreißig *thirty-one*
32 zweiunddreißig *thirty-two*
33 dreiunddreißig *thirty-three*
40 vierzig *forty*
41 einundvierzig *forty-one*
50 fünfzig *fifty*
51 einundfünfzig *fifty-one*

60 sechzig *sixty*
61 einundsechzig *sixty-one*
70 siebzig *seventy*
71 einundsiebzig *seventy-one*
80 achtzig *eighty*
81 einundachtzig *eighty-one*
90 neunzig *ninety*
91 einundneunzig *ninety-one*
100 hundert *one hundred*
101 hundert(und)eins
hundred and one
102 hundert(und)zwei
hundred and two
110 hundert(und)zehn
hundred and ten
200 zweihundert
two hundred
300 dreihundert
three hundred
451 vierhundert(und)einundfünfzig
four hundred and fifty-one
1000 tausend *a (or one) thousand*
2000 zweitausend *two thousand*
10 000 zehntausend *ten thousand*
1 000 000 eine Million
a (or one) million
2 000 000 zwei Millionen *two million*
1 000 000 000 eine Milliarde
Br a (or one) milliard, Am billion
1 000 000 000 000 eine Billion
Br a (or one) billion, Am trillion

2. Ordinal numbers — Ordnungszahlen

1. erste *first*
2. zweite *second*
3. dritte *third*
4. vierte *fourth*
5. fünfte *fifth*
6. sechste *sixth*
7. siebente *seventh*

8. achte *eighth*
9. neunte *ninth*
10. zehnte *tenth*
11. elfte *eleventh*
12. zwölfte *twelfth*
13. dreizehnte *thirteenth*
14. vierzehnte *fourteenth*

15. fünfzehnte *fifteenth*
16. sechzehnte *sixteenth*
17. siebzehnte *seventeenth*
18. achtzehnte *eighteenth*
19. neunzehnte *nineteenth*
20. zwanzigste *twentieth*
21. einundzwanzigste
twenty-first
22. zweiundzwanzigste
twenty-second
23. dreiundzwanzigste
twenty-third
30. dreißigste *thirtieth*
31. einunddreißigste
thirty-first
40. vierzigste *fortieth*
41. einundvierzigste
forty-first
50. fünfzigste *fiftieth*
51. einundfünfzigste
fifty-first
60. sechzigste *sixtieth*
61. einundsechzigste
sixty-first
70. siebzigste *seventieth*
71. einundsiebzigste
seventy-first

80. achtzigste *eightieth*
81. einundachtzigste
eighty-first
90. neunzigste *ninetieth*
100. hundertste
(one) hundredth
101. hundertunderste
hundred and first
200. zweihundertste
two hundredth
300. dreihundertste
three hundredth
451. vierhundert(und)-
einundfünfzigste *four
hundred and fifty first*
1000. tausendste *(one) thousandth*
1100. tausend(und)-
einhundertste *(one)
thousand and (one) hundredth*
2000. zweitausendste
two thousandth
100 000. einhunderttausendste
(one) hundred thousandth
1 000 000. millionste
millionth
10 000 000. zehnmillionste
ten millionth

3. Fractions — Bruchzahlen

½ ein halb *one (or a) half*
⅓ ein Drittel *one (or a) third*
¼ ein Viertel *one (or a) fourth
(or a quarter)*
⅕ ein Fünftel *one (or a) fifth*
¹⁄₁₀ ein Zehntel *one (or a) tenth*
¹⁄₁₀₀ ein Hundertstel
one hundredth
¹⁄₁₀₀₀ ein Tausendstel
one thousandth
¹⁄₁ ₀₀₀ ₀₀₀ ein Millionstel
one millionth
⅔ zwei Drittel *two thirds*
¾ drei Viertel
three fourths, three quarters
⅖ zwei Fünftel *two fifths*
³⁄₁₀ drei Zehntel *three tenths*

1½ anderthalb *one and a half*
2½ zwei(und)einhalb *two and a
half*
5⅜ fünf drei Achtel
five and three eighths
1,1 eins Komma eins
one point one (1.1)

4. Multiples

einfach *single*
zweifach *double*
dreifach *threefold, treble, triple*
vierfach *fourfold, quadruple*
fünffach *fivefold*
hundertfach *(one) hundredfold*